日本占星天文暦

1900~2050

松村　潔 監修
大澤義孝 著

実業之日本社

日本占星天文暦

1900-2050

ブックデザイン　新藤 昇

監修にあたって

『天文暦（エフェメリス）』は、占星術の教科書

西洋占星術は天体の位置計算から始まります。ホロスコープに記入される惑星の位置は、できるかぎり精度の高いもののほうが良いのです。ここから最近では、たいていの場合、パソコンで計算することになっています。そのほうがはるかに正確で、また早いからです。

パソコン用のアプリケーションソフトだけでなく、インターネット上で無料で計算するサイトもあり、誰もが自分や知り合いのホロスコープを正確に作ることに困る時代ではありません。生年月日、時間、場所を記入すると、数秒かからないうちにホロスコープが作成されていくのです。

しかしここには弊害もあります。まず、ホロスコープがどのような仕組みで、どのように作られるのか、だんだんとわからなくなってくるというところです。私は数年間ほど、専門学校で占星術を教えていましたが、授業の三分の一は惑星の位置を求めたり、またホロスコープの基本のシートを作ることに費やされていました。

これらは面倒な作業ですが、しかし、こうした面倒な手順なしで占星術をしていると、応用的な使い方もできにくくなります。なので、私の知っている少数の人たちは、あえてパソコンを使わず、電卓を片手に『天文暦』という天体位置表から天体位置を割り出して、比例計算をしながら、ホロスコープを作成する方法を堅持している人たちがいます。東京にも、大阪にもそのように、流派とまではいかないのですが、強く主張するグループがあります。

このような手計算をする場合に、どうしても必要なのは、本書のような『天文暦（エフェメリス）』です。パソコンがいまのように一般的になる前までは、占星術の教科書には、かならず巻末に簡易型の『天文暦』が添付されていて、そこから計算することが必須でした。そして巻末に掲載されていたものはたいていページ数の制限のためにあまり詳しくないものが多く、あらためて専門の『天文暦』を買うことが多かったのです。

この『天文暦』で、歴史的に有名なのはラファエルの『天文暦』ですが、いまでも紀伊國屋書店の洋書コーナーでは、複数冊が積まれているのを見ることがあります。私がルル・ラブアさんという占星術家から、ラファエルの『天文暦』を使うことを勧められたのは、40年前です。パソコン時代のいまでも、この伝統的な『天文暦』を使う人たちが多数いるということなのでしょう。紀伊國屋書店にあるということは、それを注文する人がいるということなのですから。

『天文暦』があると何が便利か。毎日の天体の位置が書かれていますから、惑星の推移をハイスピードに見ることができます。最近電子出版が話題になり、また e-book にすべてが置き換わるなどと言われていますが、そういう話題が増えてくるいまになって、私は紙の本をどんどん集めています。というのも、本のあちこちをランダムに素早く読むには、実際の紙の本以上に優れたものはないからですが、『天文暦』に関しても、天体の移動、逆行などの動きは、パソコンではなかなかわからず、紙の本としての『天文暦』があってこそ、スムーズに見て取ることができるのです。とりわけ地球中心主義の占星術では、見

かけの逆行がありますから、惑星の動きは不安定で、暗算で見当をつけるわけにもいかず、こうした推移の変則性は、書物としての『天文暦』があると、非常にわかりやすいのです。

ホロスコープは、時期を考える時には、よく三重円というものを使います。これは出生図、その出生図をもとにして体内時計的に動く進行図。最後にいま天を移動している天体位置を示すトランシット図を組み合わせていく方法です。ただ、出生図と進行図というのは、純粋に個人としてのこだわり、「自分個人としてはどう見るか」という個人フィルター、あるいは極端に言うと、ねじまげ・偏りですから、環境全体を動かしている集合的な影響力を考える時には、いま天を移動しているトランシット天体の位置だけを考えても良いのです。実際、しだいに年齢を追うごとに、出世図とか進行図に対して重視しなくなる傾向も出てきます。こだわってしまうと重要に見えるが、こだわらなくなるとそんなに重要に見えてこなくなるのです。

トランシット天体の配置は天気図のように日々変化し、また複数の惑星がアスペクトを作ることで、単なるサイクル論ではない、複雑な動きが見て取れます。私は占星術の学習のために、トランシット位置を毎日見ることを勧めています。

すると、月のちょっとした動き、水星のちょっとした逆行、ある天体と離れつつ、次の天体に接近するというような微妙な動きが、いちいち世の中の変化とか、また個人の周辺の動きに密接に関連していることがよくわかるのです。世界の空気を読むのに、いま天を移動している惑星と月の動きを細かくサーチすることは大いに役立ちます。

そして人間はなんて単純にそれに振り回されているのだろうと感じます。知らない人ほど振り回され率が高まり、知っている人はそれに対して意識的な抗体ができますから、振り回され率は減少します。別に振り回されないようにがんばる必要性などありはしないし、反対に、振り回されたほうが集団的な協調性が高まる場合もあって良いのですが、いずれにしても、日々の世界の呼吸のようなものは知っておくと、何かと助かります。

何かトラブルが起きたとき、トランシットを見てみると、なんだこんなことだったのかと納得してしまう面も多々あります。すべては星のせいというわけではありません。共時的な動きの中に星も入っているということなのかもしれません。

私はいまトランシットという天体配置だけを見るときには、小型のスマートフォンに入っている怪しげな占星術計算ソフトを使っています。複雑なことはできないのですが、トランシット位置だけは即座に出てくるのです。朝起きたとき、トイレの中でこれを見ているときもあります。

しかし、もう書いたように、惑星が連続的にどういうふうに推移していくかということを考える場合には、そしていつが節目か、つまりサインを移動するのかとか考える場合には、専用の『天文暦』を引っ張りだしてきたほうがいいでしょう。

毎日の天体の動きで
謎が解明できることも

行動計画などもこれで立ててみると良いでしょう。自分はそれに影響を受けないと主張する人もいるかもしれませんが、他の人は影響を受けるのです。そして仕事も社会生活も、人との関係の上で成り立ちますから、ひとりだけ天体の影響を受けなくても、まるでタバコの二次、三次喫煙と同じように、結局、影響を受けていることになります。

水星の逆行がブームになったり、月のボイドが騒ぎになったりすることもありましたが、占星術の場合、特定のどれかの特徴が影響の主導権を握ることはまずありません。なので、水星の逆行やボイドの影響・弊害を過剰に持ち上げることはできません。が、毎日の天体の動きのさまざまな要素を総合的に組み立ててみると、いろんな謎の解明ができるのではないでしょうか。

地上にある事象は、惑星の影響が乗り込む「依り代」のようなところがあり、太陽系内の運動が地球の上にも十分に反映された段階で、新陳代謝がスムーズに進んだとみなされます。人間ひとりひとりは、これらの流通を円滑にするための触媒であると考えてもいいでしょう。血の通っていないところは、影響がちゃんと運び込まれておらず、何か不活発です。空気を読むという時に、人と人の間の空気を読むだけでなく、天体の動きの空気を読むことも組み合わせてみると良いのです。

『天文暦』は、惑星が10個掲載されています。この10天体はそれぞれ公転速度が違うので、同列に並べるのは難しい面があります。そこで、私はいつもグループ化して考えます。

一つ目が冥王星、海王星、天王星。一番速度の速い天王星でも、公転するのに84年かかります。なので、世代の動き、時代の動きに関係します。今日のコンディションを考えるときに、こうした遅い天体の動きを考慮に入れることは現実的ではないですが、しかし、たまたま月が冥王星と重なっていたりすると、いまの時代の新しい動きを、日常生活を運んでゆく月が持ち込んでくるとみなされますから、何かちょっとした異変があると、それは時代をあらわしているとみなしてもいいのです。

二つ目が土星、木星、火星。一番早い火星が2年、遅い土星が29年で、社会生活をする上での長期的な展望などに関係します。それに土星は減らす、木星は増やす、火星は燃やすという特徴です。リストラしようとすると土星で、増設しようとすると木星。そして勢いよく使うのは火星ということで、これらはわたしたちの活動のリズム、テンションをおおいに刺激してきます。

三つ目が太陽、金星、水星。これらはある程度私的な生活のリズムに関係しやすく、身近なものと言えるでしょう。今日とか明日、などの変化に関係します。また、情報は水星ですから、さまざまな情報の流れというのも、このグループに焦点を当ててみるのも良いでしょう。

最後に月ですが、これは特別です。月には現象とか映像を引き出すための触媒のような作用があります。何か事件が起きるとき、この事象を引き寄せるのは月です。私たちにとって月はとても厄介なもので、これは意識としては眠っているものを示しています。知らず知らずうっかり、自動的に、何も考えない時に陥ってしまうものは月の作用が引き金になります。意識的に目覚めている時には、月の影響はほとんど機能しなくなりますが、ぼーっとしている時にはオートマティックに働くのです。私たちはすべてに意識的に気を配ることはできません。だいたい関心事は限られています。それ以外の要素は、月が自動運転的に運んでいってくれているとみなしても良いでしょう。

冥王星から月までの10個の天体の複合でものを考えるというのは、私たちの思考法としては、極端に広範なもので、全脳的で全方位的な注意力を発揮することになります。とてもそこまでカバーしきれない。だから、特定の惑星だけに着目したり、あるいは二つか三つ程度の惑星の組み合わせを考えたほうが気楽ではあります。

惑星を10人の登場人物にして理解するというやりかたは、専門学校で占星術を教えている時にも、配役を割当て、惑星劇をしてもらうなどで頻繁に活用しましたが、この10人の登場人物で惑星を理解しようとしても、冥王星から月までの極端な速度の違いからくる世界の違いを推理することには役立ちません。10人の配役はみな横並びだからです。いかなるディープなことを考えても、冥王星よりもさらに遠くまでのディープなものを、私たちは想定できないことが多いのです。

冥王星はとりあえずわたしたちの意識の限界点的なものをあらわします。それまでまったく意識に上がってこなかった要素を引き出してきて、世界の地図の組み替えをすることもあるのです。たとえば2008年の終わりに、射手座から山羊座に移動した段階で、日本でも政界は表にあるものが裏に、裏にあるものが表に出てきました。中心領域と周縁領域の入れ替えをしてしまうのが冥王星と考えてもいいのです。

かと思うと、月のように、28日よりも長い記憶を保てないような短絡的なものもあります。そうした大きなバラエティを持つものが複合的に、この一冊に網羅されていると考えると、そこからたくさんの応用的な展開ができると思います。

最後になりましたが、この『天文暦』を作成したのは、大澤義孝氏です。彼はもともとはコンピュータのプログラマをしていた人で、その昔、私がニフティサーブのパソコン通信サービスでシスオペをしている時に知り合いました。ある出版社から幽体離脱の本を出しているので、知っている人も多いと思います。また占星術ソフト「アマテル」の作者でもあるので、ユーザーもいるのではないでしょうか。私が他社で監修している『ムーン・ダイアリー』という手帳の天体計算も、大澤氏の手によるものです。幽体離脱もできるけど、こういう天体位置のシビアな計算もできるのです。いかにも今の時代に合っています。今後もこういうものを開発してほしいと思います。

松村　潔

本書の特徴

○『日本占星天文暦　1900～2050』は、1900年から2050年まで151年間の毎日の天体位置を掲載しています。

○天体位置推算の基準時間は日本標準時0時です。我が国で1948年から1951年までに実施された夏時間制度は本書には反映していません。

○天体位置推算のための基準位置は、日本ではなく地球中心を採用しています。

○十惑星の表示精度は「分」までとし、「秒」の桁は「切り捨て」ています。

○小惑星の表示精度は「度」までとし、「分」の桁は「切り捨て」ています。

○太陽のイングレスタイムが掲載されています。時刻には±1分の誤差が出ることがあります。

○各月間に形成される十惑星のメジャーアスペクトを掲載しています。もっともタイトにアスペクトが形成される日時を掲載しています。時刻には±1分の誤差が出ることがあります。

○月のノードは真位置と平均位置を掲載しています。表示精度は「分」までとし、「秒」の桁は「切り捨て」ています。

○月相（新月、上弦の月、満月、下弦の月）が掲載されています。

○ムーンボイドの時間帯が掲載されています。開始時刻の「秒」の桁は「切り捨て」です。終了時刻は「秒」の桁が0秒以上のときは「切り上げ」ています。

西暦対照表

邦暦	西暦	邦暦	西暦	邦暦	西暦	邦暦	西暦
明治		S.10	1935年	S.50	1975年	H.25	2013年
M.33	1900年	S.11	1936年	S.51	1976年	H.26	2014年
M.34	1901年	S.12	1937年	S.52	1977年	H.27	2015年
M.35	1902年	S.13	1938年	S.53	1978年	H.28	2016年
M.36	1903年	S.14	1939年	S.54	1979年	H.29	2017年
M.37	1904年	S.15	1940年	S.55	1980年	H.30	2018年
M.38	1905年	S.16	1941年	S.56	1981年	H.31	2019年
M.39	1906年	S.17	1942年	S.57	1982年	H.32	2020年
M.40	1907年	S.18	1943年	S.58	1983年	H.33	2021年
M.41	1908年	S.19	1944年	S.59	1984年	H.34	2022年
M.42	1909年	S.20	1945年	S.60	1985年	H.35	2023年
M.43	1910年	S.21	1946年	S.61	1986年	H.36	2024年
M.44	1911年	S.22	1947年	S.62	1987年	H.37	2025年
M.45	1912年	S.23	1948年	S.63	1988年	H.38	2026年
(大正元年)		S.24	1949年	S.64	1989年	H.39	2027年
大正		S.25	1950年	(平成元年)		H.40	2028年
T. 2	1913年	S.26	1951年	**平成**		H.41	2029年
T. 3	1914年	S.27	1952年	H. 2	1990年	H.42	2030年
T. 4	1915年	S.28	1953年	H. 3	1991年	H.43	2031年
T. 5	1916年	S.29	1954年	H. 4	1992年	H.44	2032年
T. 6	1917年	S.30	1955年	H. 5	1993年	H.45	2033年
T. 7	1918年	S.31	1956年	H. 6	1994年	H.46	2034年
T. 8	1919年	S.32	1957年	H. 7	1995年	H.47	2035年
T. 9	1920年	S.33	1958年	H. 8	1996年	H.48	2036年
T.10	1921年	S.34	1959年	H. 9	1997年	H.49	2037年
T.11	1922年	S.35	1960年	H.10	1998年	H.50	2038年
T.12	1923年	S.36	1961年	H.11	1999年	H.51	2039年
T.13	1924年	S.37	1962年	H.12	2000年	H.52	2040年
T.14	1925年	S.38	1963年	H.13	2001年	H.53	2041年
T.15	1926年	S.39	1964年	H.14	2002年	H.54	2042年
(昭和元年)		S.40	1965年	H.15	2003年	H.55	2043年
昭和		S.41	1966年	H.16	2004年	H.56	2044年
S. 2	1927年	S.42	1967年	H.17	2005年	H.57	2045年
S. 3	1928年	S.43	1968年	H.18	2006年	H.58	2046年
S. 4	1929年	S.44	1969年	H.19	2007年	H.59	2047年
S. 5	1930年	S.45	1970年	H.20	2008年	H.60	2048年
S. 6	1931年	S.46	1971年	H.21	2009年	H.61	2049年
S. 7	1932年	S.47	1972年	H.22	2010年	H.62	2050年
S. 8	1933年	S.48	1973年	H.23	2011年		
S. 9	1934年	S.49	1974年	H.24	2012年		

記号の意味

DAY	日 付	☉	太 陽	♈	おひつじ座
° ′	度 分	☽	月	♉	おうし座
D	順 行	☊	ノード	♊	ふたご座
R	逆 行	☿	水 星	♋	かに座
		♀	金 星	♌	しし座
		♂	火 星	♍	おとめ座
		♃	木 星	♎	てんびん座
		♄	土 星	♏	さそり座
		♅	天王星	♐	いて座
		♆	海王星	♑	やぎ座
		♇	冥王星	♒	みずがめ座
		⚳	セレス	♓	うお座
		⚴	パラス		
		⚵	ジュノー		
		⚶	ベスタ		
		⚷	キロン		

SUN INGRESS　太陽入座時刻
MOON PHASE　月の位相形成時刻

aspects

●	新月	☌	０度
◐	上弦月	⚹	６０度
○	満月	□	９０度
◑	下弦月	△	１２０度
		☍	１８０度

目次 *contents*

天文暦

planets

1900 ～1910
1911 ～1920
1921 ～1930
1931 ～1940
1941 ～1950
1951 ～1960
1961 ～1970
1971 ～1980
1981 ～1990
1991 ～2000
2001 ～2010
2011 ～2020
2021 ～2030
2031 ～2040
2041 ～2050

1900年1月

DAY	☉	☽	☊ mean	☊ true	☿	♀	♂	♃	♄	♅	♆	♇	⚳	⚴	⚵	⚶	⚷
	° ′	° ′	° ′	° ′	° ′	° ′	° ′	° ′	° ′	° ′	° ′	° ′	°	°	°	°	°
1	9 ♑ 46	27 ♐ 4	19 ♐ 10	20 R 16	18 D 31	5 D 54	13 D 34	1 D 3	27 D 40	10 D 7	25 R 13	15 R 15	0 D	20 D	22 D	17 D	18 D
2	10 ♑ 47	11 ♑ 25	19 ♐ 7	20 ♐ 15	19 ♐ 48	7 ♒ 9	14 ♑ 20	1 ♐ 15	27 ♐ 47	10 ♐ 10	25 ♊ 12	15 ♊ 14	1 ♑	20 ♐	22 ♑	17 ♈	18 ♐
3	11 ♑ 48	26 ♑ 2	19 ♐ 4	20 ♐ 13	21 ♐ 6	8 ♒ 23	15 ♑ 7	1 ♐ 27	27 ♐ 54	10 ♐ 13	25 ♊ 10	15 ♊ 13	1 ♑	21 ♐	23 ♑	17 ♈	19 ♐
4	12 ♑ 49	10 ♒ 49	19 ♐ 1	20 ♐ 10	22 ♐ 25	9 ♒ 38	15 ♑ 53	1 ♐ 38	28 ♐ 1	10 ♐ 16	25 ♊ 8	15 ♊ 12	2 ♑	21 ♐	23 ♑	17 ♈	19 ♐
5	13 ♑ 51	25 ♒ 36	18 ♐ 58	20 ♐ 6	23 ♐ 46	10 ♒ 52	16 ♑ 39	1 ♐ 50	28 ♐ 8	10 ♐ 20	25 ♊ 7	15 ♊ 11	2 ♑	22 ♐	23 ♑	18 ♈	19 ♐
6	14 ♑ 52	10 ♓ 17	18 ♐ 54	20 ♐ 3	25 ♐ 8	12 ♒ 7	17 ♑ 26	2 ♐ 1	28 ♐ 15	10 ♐ 23	25 ♊ 5	15 ♊ 10	2 ♑	22 ♐	24 ♑	18 ♈	19 ♐
7	15 ♑ 53	24 ♓ 46	18 ♐ 51	20 ♐ 1	26 ♐ 31	13 ♒ 21	18 ♑ 12	2 ♐ 13	28 ♐ 21	10 ♐ 26	25 ♊ 4	15 ♊ 9	3 ♑	22 ♐	24 ♑	18 ♈	19 ♐
8	16 ♑ 54	8 ♈ 59	18 ♐ 48	19 ♐ 59	27 ♐ 55	14 ♒ 36	18 ♑ 59	2 ♐ 24	28 ♐ 28	10 ♐ 29	25 ♊ 2	15 ♊ 8	3 ♑	23 ♐	25 ♑	18 ♈	19 ♐
9	17 ♑ 55	22 ♈ 54	18 ♐ 45	19 D 59	29 ♐ 20	15 ♒ 50	19 ♑ 45	2 ♐ 35	28 ♐ 35	10 ♐ 32	25 ♊ 1	15 ♊ 7	4 ♑	23 ♐	25 ♑	18 ♈	19 ♐
10	18 ♑ 56	6 ♉ 31	18 ♐ 42	20 ♐ 0	0 ♑ 45	17 ♒ 5	20 ♑ 32	2 ♐ 46	28 ♐ 42	10 ♐ 36	24 ♊ 59	15 ♊ 6	4 ♑	24 ♐	25 ♑	19 ♈	19 ♐
11	19 ♑ 57	19 ♉ 50	18 ♐ 39	20 ♐ 2	2 ♑ 12	18 ♒ 19	21 ♑ 18	2 ♐ 57	28 ♐ 49	10 ♐ 39	24 ♊ 57	15 ♊ 5	4 ♑	24 ♐	26 ♑	19 ♈	19 ♐
12	20 ♑ 59	2 ♊ 54	18 ♐ 35	20 ♐ 3	3 ♑ 39	19 ♒ 33	22 ♑ 5	3 ♐ 8	28 ♐ 56	10 ♐ 42	24 ♊ 56	15 ♊ 4	5 ♑	24 ♐	26 ♑	19 ♈	20 ♐
13	22 ♑ 0	15 ♊ 44	18 ♐ 32	20 ♐ 4	5 ♑ 6	20 ♒ 48	22 ♑ 51	3 ♐ 19	29 ♐ 2	10 ♐ 45	24 ♊ 54	15 ♊ 3	5 ♑	25 ♐	27 ♑	19 ♈	20 ♐
14	23 ♑ 1	28 ♊ 22	18 ♐ 29	20 R 4	6 ♑ 34	22 ♒ 2	23 ♑ 38	3 ♐ 30	29 ♐ 9	10 ♐ 48	24 ♊ 53	15 ♊ 2	6 ♑	25 ♐	27 ♑	20 ♈	20 ♐
15	24 ♑ 2	10 ♋ 50	18 ♐ 26	20 ♐ 2	8 ♑ 3	23 ♒ 16	24 ♑ 25	3 ♐ 41	29 ♐ 16	10 ♐ 51	24 ♊ 52	15 ♊ 2	6 ♑	26 ♐	27 ♑	20 ♈	20 ♐
16	25 ♑ 3	23 ♋ 8	18 ♐ 23	19 ♐ 58	9 ♑ 33	24 ♒ 30	25 ♑ 11	3 ♐ 51	29 ♐ 22	10 ♐ 53	24 ♊ 50	15 ♊ 1	6 ♑	26 ♐	28 ♑	20 ♈	20 ♐
17	26 ♑ 4	5 ♌ 17	18 ♐ 20	19 ♐ 53	11 ♑ 3	25 ♒ 44	25 ♑ 58	4 ♐ 2	29 ♐ 29	10 ♐ 56	24 ♊ 49	15 ♊ 0	7 ♑	26 ♐	28 ♑	20 ♈	20 ♐
18	27 ♑ 5	17 ♌ 20	18 ♐ 16	19 ♐ 46	12 ♑ 34	26 ♒ 59	26 ♑ 45	4 ♐ 12	29 ♐ 35	10 ♐ 59	24 ♊ 47	14 ♊ 59	7 ♑	27 ♐	29 ♑	21 ♈	20 ♐
19	28 ♑ 6	29 ♌ 16	18 ♐ 13	19 ♐ 38	14 ♑ 5	28 ♒ 13	27 ♑ 32	4 ♐ 22	29 ♐ 42	11 ♐ 2	24 ♊ 46	14 ♊ 58	8 ♑	27 ♐	29 ♑	21 ♈	20 ♐
20	29 ♑ 7	11 ♍ 9	18 ♐ 10	19 ♐ 31	15 ♑ 37	29 ♒ 27	28 ♑ 18	4 ♐ 33	29 ♐ 48	11 ♐ 5	24 ♊ 45	14 ♊ 57	8 ♑	28 ♐	29 ♑	21 ♈	20 ♐
21	0 ♒ 8	23 ♍ 0	18 ♐ 7	19 ♐ 24	17 ♑ 9	0 ♓ 41	29 ♑ 5	4 ♐ 43	29 ♐ 55	11 ♐ 8	24 ♊ 43	14 ♊ 57	8 ♑	28 ♐	0 ♒	22 ♈	20 ♐
22	1 ♒ 9	4 ♎ 53	18 ♐ 4	19 ♐ 19	18 ♑ 42	1 ♓ 55	29 ♑ 52	4 ♐ 53	0 ♑ 1	11 ♐ 10	24 ♊ 42	14 ♊ 56	9 ♑	28 ♐	0 ♒	22 ♈	21 ♐
23	2 ♒ 10	16 ♎ 52	18 ♐ 0	19 ♐ 15	20 ♑ 16	3 ♓ 9	0 ♒ 39	5 ♐ 3	0 ♑ 8	11 ♐ 13	24 ♊ 41	14 ♊ 55	9 ♑	29 ♐	1 ♒	22 ♈	21 ♐
24	3 ♒ 11	29 ♎ 1	17 ♐ 57	19 ♐ 14	21 ♑ 50	4 ♓ 22	1 ♒ 26	5 ♐ 13	0 ♑ 14	11 ♐ 16	24 ♊ 39	14 ♊ 54	10 ♑	29 ♐	1 ♒	22 ♈	21 ♐
25	4 ♒ 12	11 ♏ 24	17 ♐ 54	19 D 14	23 ♑ 25	5 ♓ 36	2 ♒ 13	5 ♐ 22	0 ♑ 20	11 ♐ 18	24 ♊ 38	14 ♊ 54	10 ♑	0 ♑	2 ♒	23 ♈	21 ♐
26	5 ♒ 13	24 ♏ 7	17 ♐ 51	19 ♐ 15	25 ♑ 0	6 ♓ 50	3 ♒ 0	5 ♐ 32	0 ♑ 27	11 ♐ 21	24 ♊ 37	14 ♊ 53	10 ♑	0 ♑	2 ♒	23 ♈	21 ♐
27	6 ♒ 14	7 ♐ 14	17 ♐ 48	19 ♐ 17	26 ♑ 37	8 ♓ 4	3 ♒ 47	5 ♐ 41	0 ♑ 33	11 ♐ 23	24 ♊ 36	14 ♊ 52	11 ♑	0 ♑	2 ♒	23 ♈	21 ♐
28	7 ♒ 15	20 ♐ 48	17 ♐ 45	19 R 17	28 ♑ 13	9 ♓ 18	4 ♒ 34	5 ♐ 51	0 ♑ 39	11 ♐ 26	24 ♊ 35	14 ♊ 52	11 ♑	1 ♑	3 ♒	24 ♈	21 ♐
29	8 ♒ 16	4 ♑ 51	17 ♐ 41	19 ♐ 16	29 ♑ 51	10 ♓ 31	5 ♒ 21	6 ♐ 0	0 ♑ 45	11 ♐ 28	24 ♊ 33	14 ♊ 51	12 ♑	1 ♑	3 ♒	24 ♈	21 ♐
30	9 ♒ 17	19 ♑ 21	17 ♐ 38	19 ♐ 13	1 ♒ 29	11 ♓ 45	6 ♒ 8	6 ♐ 9	0 ♑ 51	11 ♐ 30	24 ♊ 32	14 ♊ 50	12 ♑	2 ♑	4 ♒	24 ♈	21 ♐
31	10 ♒ 18	4 ♒ 13	17 ♐ 35	19 ♐ 7	3 ♒ 7	12 ♓ 58	6 ♒ 55	6 ♐ 18	0 ♑ 57	11 ♐ 33	24 ♊ 31	14 ♊ 50	12 ♑	2 ♑	4 ♒	25 ♈	21 ♐

SUN INGRESS	☉ → ♒ 20日 20:32
MOON PHASE	● 1日 22:52 ♑ ◐ 8日 14:40 ♈ ○ 16日 04:07 ♋ ◑ 24日 08:53 ♏ ● 31日 10:23 ♒

aspects		
4日	13:02	♀⚹♅
5日	23:08	☿☍♆
8日	10:15	♀△♇
8日	10:17	☿☌♄
16日	06:18	♀△♆
16日	13:49	☉☌♂
20日	07:44	♀⚹♄
24日	18:47	♀□♃
26日	08:40	☉⚹♃
29日	19:09	♀□♅
30日	00:59	♂⚹♃

1900年2月

DAY	☉	☽	☊ mean	☊ true	☿	♀	♂	♃	♄	♅	♆	♇	⚳	⚴	⚵	⚶	⚷
	° ′	° ′	° ′	° ′	° ′	° ′	° ′	° ′	° ′	° ′	° ′	° ′	°	°	°	°	°
1	11 ♒ 19	19 ♒ 21	17 ♐ 32	19 R 0	4 D 47	14 D 12	7 D 42	6 D 27	1 D 3	11 D 35	24 R 30	14 R 49	13 D	2 D	4 D	25 D	22 D
2	12 ♒ 20	4 ♓ 33	17 ♐ 29	18 ♐ 51	6 ♒ 27	15 ♓ 25	8 ♒ 29	6 ♐ 36	1 ♑ 9	11 ♐ 37	24 ♊ 29	14 ♊ 49	13 ♑	3 ♑	5 ♒	25 ♈	22 ♐
3	13 ♒ 21	19 ♓ 40	17 ♐ 26	18 ♐ 43	8 ♒ 8	16 ♓ 39	9 ♒ 16	6 ♐ 45	1 ♑ 15	11 ♐ 40	24 ♊ 28	14 ♊ 48	13 ♑	3 ♑	5 ♒	25 ♈	22 ♐
4	14 ♒ 22	4 ♈ 31	17 ♐ 22	18 ♐ 35	9 ♒ 50	17 ♓ 52	10 ♒ 3	6 ♐ 54	1 ♑ 21	11 ♐ 42	24 ♊ 27	14 ♊ 48	14 ♑	3 ♑	6 ♒	26 ♈	22 ♐
5	15 ♒ 23	19 ♈ 0	17 ♐ 19	18 ♐ 30	11 ♒ 32	19 ♓ 5	10 ♒ 51	7 ♐ 2	1 ♑ 27	11 ♐ 44	24 ♊ 26	14 ♊ 47	14 ♑	4 ♑	6 ♒	26 ♈	22 ♐
6	16 ♒ 23	3 ♉ 4	17 ♐ 16	18 ♐ 27	13 ♒ 15	20 ♓ 19	11 ♒ 38	7 ♐ 10	1 ♑ 32	11 ♐ 46	24 ♊ 25	14 ♊ 47	15 ♑	4 ♑	7 ♒	26 ♈	22 ♐
7	17 ♒ 24	16 ♉ 41	17 ♐ 13	18 ♐ 26	14 ♒ 59	21 ♓ 32	12 ♒ 25	7 ♐ 19	1 ♑ 38	11 ♐ 48	24 ♊ 24	14 ♊ 46	15 ♑	5 ♑	7 ♒	27 ♈	22 ♐
8	18 ♒ 25	29 ♉ 55	17 ♐ 10	18 D 27	16 ♒ 44	22 ♓ 45	13 ♒ 12	7 ♐ 27	1 ♑ 44	11 ♐ 50	24 ♊ 24	14 ♊ 46	15 ♑	5 ♑	7 ♒	27 ♈	22 ♐
9	19 ♒ 26	12 ♊ 48	17 ♐ 6	18 ♐ 27	18 ♒ 29	23 ♓ 58	13 ♒ 59	7 ♐ 35	1 ♑ 49	11 ♐ 52	24 ♊ 23	14 ♊ 45	16 ♑	5 ♑	8 ♒	27 ♈	22 ♐
10	20 ♒ 26	25 ♊ 25	17 ♐ 3	18 R 27	20 ♒ 15	25 ♓ 11	14 ♒ 47	7 ♐ 42	1 ♑ 55	11 ♐ 54	24 ♊ 22	14 ♊ 45	16 ♑	6 ♑	8 ♒	28 ♈	22 ♐
11	21 ♒ 27	7 ♋ 47	17 ♐ 0	18 ♐ 25	22 ♒ 2	26 ♓ 24	15 ♒ 34	7 ♐ 50	2 ♑ 0	11 ♐ 56	24 ♊ 21	14 ♊ 44	17 ♑	6 ♑	9 ♒	28 ♈	22 ♐
12	22 ♒ 28	20 ♋ 0	16 ♐ 57	18 ♐ 21	23 ♒ 50	27 ♓ 37	16 ♒ 21	7 ♐ 58	2 ♑ 5	11 ♐ 58	24 ♊ 20	14 ♊ 44	17 ♑	6 ♑	9 ♒	28 ♈	22 ♐
13	23 ♒ 28	2 ♌ 5	16 ♐ 54	18 ♐ 13	25 ♒ 39	28 ♓ 49	17 ♒ 8	8 ♐ 5	2 ♑ 11	11 ♐ 59	24 ♊ 20	14 ♊ 44	17 ♑	7 ♑	9 ♒	29 ♈	22 ♐
14	24 ♒ 29	14 ♌ 5	16 ♐ 51	18 ♐ 3	27 ♒ 28	0 ♈ 2	17 ♒ 56	8 ♐ 12	2 ♑ 16	12 ♐ 1	24 ♊ 19	14 ♊ 43	18 ♑	7 ♑	10 ♒	29 ♈	23 ♐
15	25 ♒ 30	26 ♌ 1	16 ♐ 47	17 ♐ 51	29 ♒ 18	1 ♈ 15	18 ♒ 43	8 ♐ 19	2 ♑ 21	12 ♐ 3	24 ♊ 18	14 ♊ 43	18 ♑	8 ♑	10 ♒	0 ♉	23 ♐
16	26 ♒ 30	7 ♍ 55	16 ♐ 44	17 ♐ 38	1 ♓ 8	2 ♈ 27	19 ♒ 30	8 ♐ 26	2 ♑ 26	12 ♐ 4	24 ♊ 18	14 ♊ 43	18 ♑	8 ♑	11 ♒	0 ♉	23 ♐
17	27 ♒ 31	19 ♍ 47	16 ♐ 41	17 ♐ 24	2 ♓ 59	3 ♈ 40	20 ♒ 17	8 ♐ 33	2 ♑ 31	12 ♐ 6	24 ♊ 17	14 ♊ 43	19 ♑	8 ♑	11 ♒	0 ♉	23 ♐
18	28 ♒ 31	1 ♎ 40	16 ♐ 38	17 ♐ 12	4 ♓ 51	4 ♈ 52	21 ♒ 5	8 ♐ 40	2 ♑ 36	12 ♐ 7	24 ♊ 17	14 ♊ 42	19 ♑	9 ♑	12 ♒	1 ♉	23 ♐
19	29 ♒ 32	13 ♎ 35	16 ♐ 35	17 ♐ 1	6 ♓ 43	6 ♈ 4	21 ♒ 52	8 ♐ 46	2 ♑ 41	12 ♐ 9	24 ♊ 16	14 ♊ 42	20 ♑	9 ♑	12 ♒	1 ♉	23 ♐
20	0 ♓ 32	25 ♎ 35	16 ♐ 32	16 ♐ 53	8 ♓ 34	7 ♈ 17	22 ♒ 39	8 ♐ 53	2 ♑ 46	12 ♐ 10	24 ♊ 16	14 ♊ 42	20 ♑	9 ♑	12 ♒	1 ♉	23 ♐
21	1 ♓ 33	7 ♏ 44	16 ♐ 28	16 ♐ 48	10 ♓ 26	8 ♈ 29	23 ♒ 27	8 ♐ 59	2 ♑ 51	12 ♐ 12	24 ♊ 15	14 ♊ 42	20 ♑	10 ♑	13 ♒	2 ♉	23 ♐
22	2 ♓ 33	20 ♏ 5	16 ♐ 25	16 ♐ 46	12 ♓ 18	9 ♈ 41	24 ♒ 14	9 ♐ 5	2 ♑ 55	12 ♐ 13	24 ♊ 15	14 ♊ 42	21 ♑	10 ♑	13 ♒	2 ♉	23 ♐
23	3 ♓ 33	2 ♐ 42	16 ♐ 22	16 ♐ 45	14 ♓ 10	10 ♈ 53	25 ♒ 1	9 ♐ 11	3 ♑ 0	12 ♐ 14	24 ♊ 14	14 ♊ 42	21 ♑	10 ♑	14 ♒	2 ♉	23 ♐
24	4 ♓ 34	15 ♐ 41	16 ♐ 19	16 D 45	16 ♓ 0	12 ♈ 4	25 ♒ 49	9 ♐ 17	3 ♑ 5	12 ♐ 15	24 ♊ 14	14 ♊ 41	21 ♑	11 ♑	14 ♒	3 ♉	23 ♐
25	5 ♓ 34	29 ♐ 7	16 ♐ 16	16 R 45	17 ♓ 50	13 ♈ 16	26 ♒ 36	9 ♐ 23	3 ♑ 9	12 ♐ 16	24 ♊ 14	14 ♊ 41	22 ♑	11 ♑	15 ♒	3 ♉	23 ♐
26	6 ♓ 34	13 ♑ 0	16 ♐ 12	16 ♐ 43	19 ♓ 39	14 ♈ 28	27 ♒ 23	9 ♐ 28	3 ♑ 13	12 ♐ 18	24 ♊ 13	14 ♊ 41	22 ♑	11 ♑	15 ♒	3 ♉	23 ♐
27	7 ♓ 35	27 ♑ 23	16 ♐ 9	16 ♐ 38	21 ♓ 25	15 ♈ 39	28 ♒ 11	9 ♐ 33	3 ♑ 18	12 ♐ 19	24 ♊ 13	14 ♊ 41	22 ♑	12 ♑	15 ♒	4 ♉	23 ♐
28	8 ♓ 35	12 ♒ 13	16 ♐ 6	16 ♐ 31	23 ♓ 10	16 ♈ 51	28 ♒ 58	9 ♐ 38	3 ♑ 22	12 ♐ 20	24 ♊ 13	14 D 41	23 ♑	12 ♑	16 ♒	4 ♉	23 ♐

SUN INGRESS	☉ → ♓ 19日 11:01
MOON PHASE	◐ 7日 01:23 ♉ ○ 14日 22:50 ♌ ◑ 23日 01:44 ♐

aspects		
1日	06:32	☉⚹♅
1日	12:04	♀□♇
2日	02:24	☿⚹♃
4日	06:03	☿☌♂
4日	10:03	☉△♇
5日	02:51	☿⚹♅
6日	04:23	♂⚹♅
6日	21:02	☿△♇
9日	08:01	♀□♆
9日	23:07	♂△♇
10日	05:46	☉☌☿
12日	06:38	☿△♆
13日	20:02	☉△♆
15日	23:38	♀□♄
16日	17:39	☿⚹♄
20日	04:10	☿□♃
21日	11:05	♀△♃
21日	22:49	☿□♅
22日	00:22	♂△♆
22日	09:37	☉⚹♄
23日	06:52	☿□♇
24日	03:41	♀△♅
26日	04:29	♀⚹♇
28日	14:41	☿□♆

1900年3月

DAY	☉	☽	☊ mean	☊ true	☿	♀	♂	♃	♄	♅	♆	♇	⚳	⚴	⚵	⚶	⚷
	° ′	° ′	° ′	° ′	° ′	° ′	° ′	° ′	° ′	° ′	° ′	° ′	°	°	°	°	°
1	9 ♓ 35	27 ♒ 23	16 ♐ 3	16 R 21	24 D 52	18 D 2	29 D 45	9 D 43	3 D 26	12 D 21	24 R 13	14 D 41	23 D	12 D	16 D	5 D	24 D
2	10 ♓ 36	12 ♓ 44	16 ♐ 0	16 ♐ 9	26 ♓ 31	19 ♈ 14	0 ♓ 33	9 ♐ 48	3 ♑ 30	12 ♐ 21	24 ♊ 12	14 ♊ 41	23 ♑	13 ♑	17 ♒	5 ♉	24 ♐
3	11 ♓ 36	28 ♓ 4	15 ♐ 57	15 ♐ 58	28 ♓ 6	20 ♈ 25	1 ♓ 20	9 ♐ 53	3 ♑ 34	12 ♐ 22	24 ♊ 12	14 ♊ 41	24 ♑	13 ♑	17 ♒	5 ♉	24 ♐
4	12 ♓ 36	13 ♈ 11	15 ♐ 53	15 ♐ 48	29 ♓ 36	21 ♈ 36	2 ♓ 7	9 ♐ 57	3 ♑ 38	12 ♐ 23	24 ♊ 12	14 ♊ 41	24 ♑	13 ♑	17 ♒	6 ♉	24 ♐
5	13 ♓ 36	27 ♈ 56	15 ♐ 50	15 ♐ 40	1 ♈ 2	22 ♈ 47	2 ♓ 54	10 ♐ 2	3 ♑ 42	12 ♐ 24	24 ♊ 12	14 ♊ 42	25 ♑	14 ♑	18 ♒	6 ♉	24 ♐
6	14 ♓ 36	12 ♉ 13	15 ♐ 47	15 ♐ 35	2 ♈ 23	23 ♈ 58	3 ♓ 42	10 ♐ 6	3 ♑ 46	12 ♐ 24	24 ♊ 12	14 ♊ 42	25 ♑	14 ♑	18 ♒	6 ♉	24 ♐
7	15 ♓ 36	26 ♉ 1	15 ♐ 44	15 ♐ 32	3 ♈ 37	25 ♈ 9	4 ♓ 29	10 ♐ 10	3 ♑ 49	12 ♐ 25	24 D 12	14 ♊ 42	25 ♑	14 ♑	19 ♒	7 ♉	24 ♐
8	16 ♓ 36	9 ♊ 20	15 ♐ 41	15 ♐ 31	4 ♈ 45	26 ♈ 19	5 ♓ 16	10 ♐ 14	3 ♑ 53	12 ♐ 26	24 ♊ 12	14 ♊ 42	26 ♑	15 ♑	19 ♒	7 ♉	24 ♐
9	17 ♓ 36	22 ♊ 14	15 ♐ 37	15 ♐ 31	5 ♈ 46	27 ♈ 30	6 ♓ 4	10 ♐ 17	3 ♑ 57	12 ♐ 26	24 ♊ 12	14 ♊ 42	26 ♑	15 ♑	20 ♒	8 ♉	24 ♐
10	18 ♓ 36	4 ♋ 47	15 ♐ 34	15 ♐ 31	6 ♈ 40	28 ♈ 40	6 ♓ 51	10 ♐ 21	4 ♑ 0	12 ♐ 27	24 ♊ 12	14 ♊ 42	26 ♑	15 ♑	20 ♒	8 ♉	24 ♐
11	19 ♓ 36	17 ♋ 4	15 ♐ 31	15 ♐ 28	7 ♈ 26	29 ♈ 50	7 ♓ 38	10 ♐ 24	4 ♑ 3	12 ♐ 27	24 ♊ 13	14 ♊ 43	27 ♑	15 ♑	20 ♒	8 ♉	24 ♐
12	20 ♓ 36	29 ♋ 10	15 ♐ 28	15 ♐ 23	8 ♈ 4	1 ♉ 0	8 ♓ 25	10 ♐ 27	4 ♑ 7	12 ♐ 27	24 ♊ 13	14 ♊ 43	27 ♑	16 ♑	21 ♒	9 ♉	24 ♐
13	21 ♓ 36	11 ♌ 8	15 ♐ 25	15 ♐ 16	8 ♈ 33	2 ♉ 10	9 ♓ 13	10 ♐ 30	4 ♑ 10	12 ♐ 28	24 ♊ 13	14 ♊ 43	27 ♑	16 ♑	21 ♒	9 ♉	24 ♐
14	22 ♓ 35	23 ♌ 2	15 ♐ 22	15 ♐ 5	8 ♈ 54	3 ♉ 20	10 ♓ 0	10 ♐ 33	4 ♑ 13	12 ♐ 28	24 ♊ 13	14 ♊ 43	28 ♑	16 ♑	22 ♒	10 ♉	24 ♐
15	23 ♓ 35	4 ♍ 54	15 ♐ 18	14 ♐ 52	9 ♈ 6	4 ♉ 30	10 ♓ 47	10 ♐ 35	4 ♑ 16	12 ♐ 28	24 ♊ 13	14 ♊ 44	28 ♑	17 ♑	22 ♒	10 ♉	24 ♐
16	24 ♓ 35	16 ♍ 46	15 ♐ 15	14 ♐ 38	9 R 9	5 ♉ 40	11 ♓ 34	10 ♐ 38	4 ♑ 19	12 ♐ 28	24 ♊ 14	14 ♊ 44	28 ♑	17 ♑	23 ♒	10 ♉	24 ♐
17	25 ♓ 35	28 ♍ 40	15 ♐ 12	14 ♐ 23	9 ♈ 5	6 ♉ 49	12 ♓ 21	10 ♐ 40	4 ♑ 22	12 ♐ 28	24 ♊ 14	14 ♊ 44	29 ♑	17 ♑	23 ♒	11 ♉	24 ♐
18	26 ♓ 34	10 ♎ 37	15 ♐ 9	14 ♐ 10	8 ♈ 52	7 ♉ 58	13 ♓ 8	10 ♐ 42	4 ♑ 24	12 ♐ 28	24 ♊ 15	14 ♊ 45	29 ♑	18 ♑	23 ♒	11 ♉	24 ♐
19	27 ♓ 34	22 ♎ 38	15 ♐ 6	13 ♐ 59	8 ♈ 32	9 ♉ 8	13 ♓ 56	10 ♐ 44	4 ♑ 27	12 R 28	24 ♊ 15	14 ♊ 45	29 ♑	18 ♑	24 ♒	12 ♉	24 ♐
20	28 ♓ 34	4 ♏ 46	15 ♐ 3	13 ♐ 50	8 ♈ 4	10 ♉ 17	14 ♓ 43	10 ♐ 45	4 ♑ 29	12 ♐ 28	24 ♊ 15	14 ♊ 46	0 ♒	18 ♑	24 ♒	12 ♉	24 ♐
21	29 ♓ 33	17 ♏ 1	14 ♐ 59	13 ♐ 45	7 ♈ 30	11 ♉ 25	15 ♓ 30	10 ♐ 47	4 ♑ 32	12 ♐ 28	24 ♊ 16	14 ♊ 46	0 ♒	18 ♑	25 ♒	12 ♉	24 ♐
22	0 ♈ 33	29 ♏ 26	14 ♐ 56	13 ♐ 42	6 ♈ 51	12 ♉ 34	16 ♓ 17	10 ♐ 48	4 ♑ 34	12 ♐ 28	24 ♊ 16	14 ♊ 47	0 ♒	19 ♑	25 ♒	13 ♉	24 ♐
23	1 ♈ 32	12 ♐ 6	14 ♐ 53	13 ♐ 41	6 ♈ 6	13 ♉ 43	17 ♓ 4	10 ♐ 49	4 ♑ 36	12 ♐ 28	24 ♊ 17	14 ♊ 47	0 ♒	19 ♑	25 ♒	13 ♉	24 ♐
24	2 ♈ 32	25 ♐ 4	14 ♐ 50	13 D 41	5 ♈ 19	14 ♉ 51	17 ♓ 51	10 ♐ 50	4 ♑ 39	12 ♐ 28	24 ♊ 18	14 ♊ 48	1 ♒	19 ♑	26 ♒	14 ♉	24 ♐
25	3 ♈ 31	8 ♑ 23	14 ♐ 47	13 R 41	4 ♈ 28	15 ♉ 59	18 ♓ 38	10 ♐ 51	4 ♑ 41	12 ♐ 27	24 ♊ 18	14 ♊ 48	1 ♒	19 ♑	26 ♒	14 ♉	24 ♐
26	4 ♈ 30	22 ♑ 7	14 ♐ 43	13 ♐ 40	3 ♈ 36	17 ♉ 7	19 ♓ 25	10 ♐ 51	4 ♑ 43	12 ♐ 27	24 ♊ 19	14 ♊ 49	1 ♒	20 ♑	27 ♒	14 ♉	24 ♐
27	5 ♈ 30	6 ♒ 17	14 ♐ 40	13 ♐ 36	2 ♈ 44	18 ♉ 15	20 ♓ 12	10 ♐ 52	4 ♑ 45	12 ♐ 26	24 ♊ 20	14 ♊ 49	2 ♒	20 ♑	27 ♒	15 ♉	24 ♐
28	6 ♈ 29	20 ♒ 52	14 ♐ 37	13 ♐ 31	1 ♈ 52	19 ♉ 23	20 ♓ 59	10 ♐ 52	4 ♑ 46	12 ♐ 26	24 ♊ 20	14 ♊ 50	2 ♒	20 ♑	28 ♒	15 ♉	24 ♐
29	7 ♈ 29	5 ♓ 49	14 ♐ 34	13 ♐ 22	1 ♈ 2	20 ♉ 30	21 ♓ 46	10 R 52	4 ♑ 48	12 ♐ 25	24 ♊ 21	14 ♊ 50	2 ♒	20 ♑	28 ♒	16 ♉	24 ♐
30	8 ♈ 28	20 ♓ 58	14 ♐ 31	13 ♐ 13	0 ♈ 15	21 ♉ 38	22 ♓ 33	10 ♐ 51	4 ♑ 50	12 ♐ 25	24 ♊ 22	14 ♊ 51	3 ♒	21 ♑	28 ♒	16 ♉	24 ♐
31	9 ♈ 27	6 ♈ 12	14 ♐ 28	13 ♐ 3	29 ♓ 31	22 ♉ 45	23 ♓ 20	10 ♐ 51	4 ♑ 51	12 ♐ 24	24 ♊ 23	14 ♊ 52	3 ♒	21 ♑	29 ♒	16 ♉	24 ♐

SUN INGRESS	☉ → ♈ 21日 10:39
MOON PHASE	● 1日 20:25 ♓　◐ 8日 14:34 ♊　○ 16日 17:12 ♍　◑ 24日 14:37 ♑　● 31日 05:30 ♈

aspects		
1日	03:31	☉□♃
3日	18:50	☉□♅
6日	02:13	♂⚹♄
6日	02:14	☉□♇
6日	04:52	♀⚹♆
7日	04:22	☿□♄
14日	17:40	♂□♃
14日	18:53	♀△♄
15日	15:28	☉□♆
17日	03:36	♂□♅
20日	01:29	♂□♇
24日	18:19	☿□♄
25日	12:20	☉☌☿
26日	05:07	☉□♄

1900年4月

DAY	☉	☽	☊ mean	☊ true	☿	♀	♂	♃	♄	♅	♆	♇	⚳	⚴	⚵	⚶	⚷
	° ′	° ′	° ′	° ′	° ′	° ′	° ′	° ′	° ′	° ′	° ′	° ′	°	°	°	°	°
1	10 ♈ 26	21 ♈ 18	14 ♐ 24	12 R 54	28 R 51	23 D 52	24 D 7	10 R 50	4 D 53	12 R 23	24 D 23	14 D 52	3 D	21 D	29 D	17 D	24 D
2	11 ♈ 26	6 ♉ 7	14 ♐ 21	12 ♐ 47	28 ♓ 15	24 ♉ 58	24 ♓ 54	10 ♐ 50	4 ♑ 54	12 ♐ 23	24 ♊ 24	14 ♊ 53	4 ♒	21 ♑	0 ♓	17 ♉	24 ♐
3	12 ♈ 25	20 ♉ 31	14 ♐ 18	12 ♐ 43	27 ♓ 44	26 ♉ 5	25 ♓ 41	10 ♐ 49	4 ♑ 55	12 ♐ 22	24 ♊ 25	14 ♊ 54	4 ♒	22 ♑	0 ♓	18 ♉	24 ♐
4	13 ♈ 24	4 ♊ 27	14 ♐ 15	12 ♐ 41	27 ♓ 19	27 ♉ 11	26 ♓ 27	10 ♐ 47	4 ♑ 56	12 ♐ 21	24 ♊ 26	14 ♊ 55	4 ♒	22 ♑	0 ♓	18 ♉	24 ♐
5	14 ♈ 23	17 ♊ 54	14 ♐ 12	12 D 41	26 ♓ 59	28 ♉ 17	27 ♓ 14	10 ♐ 46	4 ♑ 57	12 ♐ 20	24 ♊ 27	14 ♊ 55	4 ♒	22 ♑	1 ♓	18 ♉	24 R
6	15 ♈ 22	0 ♋ 55	14 ♐ 9	12 ♐ 41	26 ♓ 44	29 ♉ 23	28 ♓ 1	10 ♐ 44	4 ♑ 58	12 ♐ 19	24 ♊ 28	14 ♊ 56	5 ♒	22 ♑	1 ♓	19 ♉	24 ♐
7	16 ♈ 21	13 ♋ 32	14 ♐ 5	12 ♐ 42	26 ♓ 35	0 ♊ 29	28 ♓ 48	10 ♐ 43	4 ♑ 59	12 ♐ 18	24 ♊ 29	14 ♊ 57	5 ♒	22 ♑	2 ♓	19 ♉	24 ♐
8	17 ♈ 20	25 ♋ 51	14 ♐ 2	12 R 42	26 ♓ 31	1 ♊ 34	29 ♓ 34	10 ♐ 41	5 ♑ 0	12 ♐ 17	24 ♊ 30	14 ♊ 58	5 ♒	23 ♑	2 ♓	20 ♉	24 ♐
9	18 ♈ 19	7 ♌ 57	13 ♐ 59	12 ♐ 40	26 D 33	2 ♊ 39	0 ♈ 21	10 ♐ 39	5 ♑ 0	12 ♐ 16	24 ♊ 31	14 ♊ 58	5 ♒	23 ♑	3 ♓	20 ♉	24 ♐
10	19 ♈ 18	19 ♌ 53	13 ♐ 56	12 ♐ 35	26 ♓ 40	3 ♊ 44	1 ♈ 8	10 ♐ 36	5 ♑ 1	12 ♐ 15	24 ♊ 33	14 ♊ 59	6 ♒	23 ♑	3 ♓	21 ♉	24 ♐
11	20 ♈ 17	1 ♍ 46	13 ♐ 53	12 ♐ 29	26 ♓ 52	4 ♊ 49	1 ♈ 54	10 ♐ 34	5 ♑ 1	12 ♐ 14	24 ♊ 34	15 ♊ 0	6 ♒	23 ♑	3 ♓	21 ♉	24 ♐
12	21 ♈ 15	13 ♍ 37	13 ♐ 49	12 ♐ 20	27 ♓ 9	5 ♊ 53	2 ♈ 41	10 ♐ 31	5 ♑ 1	12 ♐ 13	24 ♊ 35	15 ♊ 1	6 ♒	23 ♑	4 ♓	21 ♉	24 ♐
13	22 ♈ 14	25 ♍ 30	13 ♐ 46	12 ♐ 11	27 ♓ 31	6 ♊ 58	3 ♈ 27	10 ♐ 29	5 ♑ 2	12 ♐ 11	24 ♊ 36	15 ♊ 2	7 ♒	24 ♑	4 ♓	22 ♉	24 ♐
14	23 ♈ 13	7 ♎ 28	13 ♐ 43	12 ♐ 1	27 ♓ 58	8 ♊ 1	4 ♈ 14	10 ♐ 26	5 ♑ 2	12 ♐ 10	24 ♊ 37	15 ♊ 3	7 ♒	24 ♑	5 ♓	22 ♉	24 ♐
15	24 ♈ 12	19 ♎ 32	13 ♐ 40	11 ♐ 52	28 ♓ 28	9 ♊ 5	5 ♈ 0	10 ♐ 22	5 R 2	12 ♐ 9	24 ♊ 39	15 ♊ 4	7 ♒	24 ♑	5 ♓	23 ♉	24 ♐
16	25 ♈ 10	1 ♏ 42	13 ♐ 37	11 ♐ 45	29 ♓ 3	10 ♊ 8	5 ♈ 47	10 ♐ 19	5 ♑ 2	12 ♐ 7	24 ♊ 40	15 ♊ 5	7 ♒	24 ♑	5 ♓	23 ♉	24 ♐
17	26 ♈ 9	14 ♏ 2	13 ♐ 34	11 ♐ 40	29 ♓ 42	11 ♊ 11	6 ♈ 33	10 ♐ 16	5 ♑ 1	12 ♐ 6	24 ♊ 41	15 ♊ 6	8 ♒	24 ♑	6 ♓	24 ♉	24 ♐
18	27 ♈ 8	26 ♏ 30	13 ♐ 30	11 ♐ 36	0 ♈ 25	12 ♊ 14	7 ♈ 19	10 ♐ 12	5 ♑ 1	12 ♐ 5	24 ♊ 43	15 ♊ 7	8 ♒	24 ♑	6 ♓	24 ♉	24 ♐
19	28 ♈ 6	9 ♐ 10	13 ♐ 27	11 ♐ 35	1 ♈ 11	13 ♊ 16	8 ♈ 6	10 ♐ 8	5 ♑ 1	12 ♐ 3	24 ♊ 44	15 ♊ 8	8 ♒	25 ♑	7 ♓	24 ♉	24 ♐
20	29 ♈ 5	22 ♐ 2	13 ♐ 24	11 D 35	2 ♈ 0	14 ♊ 18	8 ♈ 52	10 ♐ 4	5 ♑ 0	12 ♐ 1	24 ♊ 45	15 ♊ 9	8 ♒	25 ♑	7 ♓	25 ♉	24 ♐
21	0 ♉ 3	5 ♑ 9	13 ♐ 21	11 ♐ 37	2 ♈ 53	15 ♊ 20	9 ♈ 38	10 ♐ 0	5 ♑ 0	12 ♐ 0	24 ♊ 47	15 ♊ 10	9 ♒	25 ♑	7 ♓	25 ♉	24 ♐
22	1 ♉ 2	18 ♑ 33	13 ♐ 18	11 ♐ 38	3 ♈ 49	16 ♊ 21	10 ♈ 24	9 ♐ 55	4 ♑ 59	11 ♐ 58	24 ♊ 48	15 ♊ 11	9 ♒	25 ♑	8 ♓	26 ♉	24 ♐
23	2 ♉ 0	2 ♒ 15	13 ♐ 14	11 R 39	4 ♈ 48	17 ♊ 22	11 ♈ 10	9 ♐ 51	4 ♑ 58	11 ♐ 57	24 ♊ 50	15 ♊ 12	9 ♒	25 ♑	8 ♓	26 ♉	24 ♐
24	2 ♉ 59	16 ♒ 16	13 ♐ 11	11 ♐ 38	5 ♈ 50	18 ♊ 23	11 ♈ 57	9 ♐ 46	4 ♑ 58	11 ♐ 55	24 ♊ 51	15 ♊ 13	9 ♒	25 ♑	9 ♓	26 ♉	24 ♐
25	3 ♉ 57	0 ♓ 36	13 ♐ 8	11 ♐ 36	6 ♈ 55	19 ♊ 23	12 ♈ 43	9 ♐ 41	4 ♑ 57	11 ♐ 53	24 ♊ 53	15 ♊ 14	9 ♒	25 ♑	9 ♓	27 ♉	24 ♐
26	4 ♉ 56	15 ♓ 12	13 ♐ 5	11 ♐ 32	8 ♈ 2	20 ♊ 23	13 ♈ 29	9 ♐ 37	4 ♑ 56	11 ♐ 51	24 ♊ 54	15 ♊ 15	10 ♒	26 ♑	9 ♓	27 ♉	24 ♐
27	5 ♉ 54	29 ♓ 59	13 ♐ 2	11 ♐ 27	9 ♈ 11	21 ♊ 22	14 ♈ 15	9 ♐ 31	4 ♑ 54	11 ♐ 50	24 ♊ 56	15 ♊ 16	10 ♒	26 ♑	10 ♓	28 ♉	24 ♐
28	6 ♉ 52	14 ♈ 51	12 ♐ 59	11 ♐ 22	10 ♈ 24	22 ♊ 22	15 ♈ 1	9 ♐ 26	4 ♑ 53	11 ♐ 48	24 ♊ 58	15 ♊ 17	10 ♒	26 ♑	10 ♓	28 ♉	24 ♐
29	7 ♉ 51	29 ♈ 39	12 ♐ 55	11 ♐ 17	11 ♈ 38	23 ♊ 20	15 ♈ 47	9 ♐ 21	4 ♑ 52	11 ♐ 46	24 ♊ 59	15 ♊ 18	10 ♒	26 ♑	11 ♓	29 ♉	24 ♐
30	8 ♉ 49	14 ♉ 14	12 ♐ 52	11 ♐ 13	12 ♈ 55	24 ♊ 18	16 ♈ 33	9 ♐ 15	4 ♑ 50	11 ♐ 44	25 ♊ 1	15 ♊ 19	11 ♒	26 ♑	11 ♓	29 ♉	24 ♐

SUN INGRESS	☉ → ♉ 20日 22:27
MOON PHASE	◐ 7日 05:55 ♋　○ 15日 10:02 ♎　◑ 22日 23:33 ♒　● 29日 14:23 ♉

aspects		
1日	08:41	♂□♆
1日	09:37	☉△♃
1日	18:23	♀⚹♂
2日	22:54	☉△♅
4日	02:00	☿⚹♀
4日	18:13	☿☌♂
5日	13:20	☉⚹♇
15日	00:50	♂□♄
15日	11:16	☉⚹♆
16日	03:52	♀☍♃
17日	20:29	♀☍♅
20日	19:55	♀☌♇
21日	10:18	♂△♃
23日	04:00	☿□♄
23日	23:07	♂△♅
26日	00:00	☉△♄
27日	06:17	☿△♃
28日	08:46	♂⚹♇
29日	02:22	☿△♅
30日	18:06	♀☌♆

1900年5月

DAY	☉	☽	☊ mean	☊ true	☿	♀	♂	♃	♄	♅	♆	♇	⚳	⚴	⚵	⚶	⚷
	° ′	° ′	° ′	° ′	° ′	° ′	° ′	° ′	° ′	° ′	° ′	° ′	°	°	°	°	°
1	9 ♉ 47	28 ♉ 32	12 ♐ 49	11 R 11	14 D 14	25 D 16	17 D 18	9 R 10	4 R 49	11 R 42	25 D 2	15 D 21	11 D	26 D	11 D	29 D	24 R
2	10 ♉ 45	12 ♊ 26	12 ♐ 46	11 D 11	15 ♈ 35	26 ♊ 14	18 ♈ 4	9 ♐ 4	4 ♑ 47	11 ♐ 40	25 ♊ 4	15 ♊ 22	11 ♒	26 ♑	12 ♓	0 ♊	24 ♐
3	11 ♉ 44	25 ♊ 55	12 ♐ 43	11 ♐ 11	16 ♈ 59	27 ♊ 10	18 ♈ 50	8 ♐ 58	4 ♑ 46	11 ♐ 38	25 ♊ 6	15 ♊ 23	11 ♒	26 ♑	12 ♓	0 ♊	24 ♐
4	12 ♉ 42	9 ♋ 0	12 ♐ 40	11 ♐ 13	18 ♈ 24	28 ♊ 7	19 ♈ 36	8 ♐ 52	4 ♑ 44	11 ♐ 36	25 ♊ 8	15 ♊ 24	11 ♒	26 ♑	13 ♓	1 ♊	24 ♐
5	13 ♉ 40	21 ♋ 42	12 ♐ 36	11 ♐ 14	19 ♈ 52	29 ♊ 2	20 ♈ 21	8 ♐ 46	4 ♑ 42	11 ♐ 34	25 ♊ 9	15 ♊ 25	11 ♒	26 ♑	13 ♓	1 ♊	24 ♐
6	14 ♉ 38	4 ♌ 5	12 ♐ 33	11 ♐ 16	21 ♈ 22	29 ♊ 58	21 ♈ 7	8 ♐ 39	4 ♑ 40	11 ♐ 32	25 ♊ 11	15 ♊ 27	12 ♒	26 ♑	13 ♓	2 ♊	24 ♐
7	15 ♉ 36	16 ♌ 14	12 ♐ 30	11 R 16	22 ♈ 54	0 ♋ 52	21 ♈ 53	8 ♐ 33	4 ♑ 38	11 ♐ 30	25 ♊ 13	15 ♊ 28	12 ♒	27 ♑	14 ♓	2 ♊	24 ♐
8	16 ♉ 34	28 ♌ 12	12 ♐ 27	11 ♐ 15	24 ♈ 27	1 ♋ 47	22 ♈ 38	8 ♐ 26	4 ♑ 36	11 ♐ 27	25 ♊ 15	15 ♊ 29	12 ♒	27 ♑	14 ♓	2 ♊	24 ♐
9	17 ♉ 32	10 ♍ 6	12 ♐ 24	11 ♐ 14	26 ♈ 3	2 ♋ 40	23 ♈ 24	8 ♐ 20	4 ♑ 33	11 ♐ 25	25 ♊ 17	15 ♊ 30	12 ♒	27 ♑	15 ♓	3 ♊	24 ♐
10	18 ♉ 30	21 ♍ 58	12 ♐ 20	11 ♐ 11	27 ♈ 41	3 ♋ 33	24 ♈ 9	8 ♐ 13	4 ♑ 31	11 ♐ 23	25 ♊ 18	15 ♊ 31	12 ♒	27 ♑	15 ♓	3 ♊	24 ♐
11	19 ♉ 28	3 ♎ 54	12 ♐ 17	11 ♐ 8	29 ♈ 21	4 ♋ 25	24 ♈ 54	8 ♐ 6	4 ♑ 29	11 ♐ 21	25 ♊ 20	15 ♊ 33	13 ♒	27 ♑	15 ♓	4 ♊	24 ♐
12	20 ♉ 26	15 ♎ 55	12 ♐ 14	11 ♐ 5	1 ♉ 2	5 ♋ 17	25 ♈ 40	7 ♐ 59	4 ♑ 26	11 ♐ 19	25 ♊ 22	15 ♊ 34	13 ♒	27 ♑	16 ♓	4 ♊	23 ♐
13	21 ♉ 24	28 ♎ 6	12 ♐ 11	11 ♐ 1	2 ♉ 46	6 ♋ 8	26 ♈ 25	7 ♐ 52	4 ♑ 24	11 ♐ 16	25 ♊ 24	15 ♊ 35	13 ♒	27 ♑	16 ♓	5 ♊	23 ♐
14	22 ♉ 22	10 ♏ 28	12 ♐ 8	10 ♐ 59	4 ♉ 32	6 ♋ 58	27 ♈ 10	7 ♐ 45	4 ♑ 21	11 ♐ 14	25 ♊ 26	15 ♊ 37	13 ♒	27 ♑	16 ♓	5 ♊	23 ♐
15	23 ♉ 19	23 ♏ 2	12 ♐ 5	10 ♐ 57	6 ♉ 20	7 ♋ 48	27 ♈ 55	7 ♐ 38	4 ♑ 18	11 ♐ 12	25 ♊ 28	15 ♊ 38	13 ♒	27 ♑	17 ♓	5 ♊	23 ♐
16	24 ♉ 17	5 ♐ 48	12 ♐ 1	10 ♐ 56	8 ♉ 10	8 ♋ 36	28 ♈ 40	7 ♐ 31	4 ♑ 16	11 ♐ 9	25 ♊ 30	15 ♊ 39	13 ♒	27 R	17 ♓	6 ♊	23 ♐
17	25 ♉ 15	18 ♐ 48	11 ♐ 58	10 D 57	10 ♉ 1	9 ♋ 24	29 ♈ 26	7 ♐ 24	4 ♑ 13	11 ♐ 7	25 ♊ 32	15 ♊ 40	13 ♒	27 ♑	18 ♓	6 ♊	23 ♐
18	26 ♉ 13	2 ♑ 2	11 ♐ 55	10 ♐ 57	11 ♉ 55	10 ♋ 11	0 ♉ 11	7 ♐ 16	4 ♑ 10	11 ♐ 5	25 ♊ 34	15 ♊ 42	13 ♒	27 ♑	18 ♓	7 ♊	23 ♐
19	27 ♉ 11	15 ♑ 28	11 ♐ 52	10 ♐ 58	13 ♉ 51	10 ♋ 57	0 ♉ 56	7 ♐ 9	4 ♑ 7	11 ♐ 2	25 ♊ 36	15 ♊ 43	14 ♒	27 ♑	18 ♓	7 ♊	23 ♐
20	28 ♉ 8	29 ♑ 7	11 ♐ 49	10 ♐ 59	15 ♉ 49	11 ♋ 43	1 ♉ 41	7 ♐ 2	4 ♑ 4	11 ♐ 0	25 ♊ 38	15 ♊ 44	14 ♒	27 ♑	19 ♓	8 ♊	23 ♐
21	29 ♉ 6	12 ♒ 59	11 ♐ 46	11 ♐ 0	17 ♉ 48	12 ♋ 27	2 ♉ 25	6 ♐ 54	4 ♑ 1	10 ♐ 58	25 ♊ 40	15 ♊ 46	14 ♒	27 ♑	19 ♓	8 ♊	23 ♐
22	0 ♊ 4	27 ♒ 2	11 ♐ 42	11 ♐ 1	19 ♉ 50	13 ♋ 11	3 ♉ 10	6 ♐ 47	3 ♑ 57	10 ♐ 55	25 ♊ 42	15 ♊ 47	14 ♒	27 ♑	19 ♓	9 ♊	23 ♐
23	1 ♊ 1	11 ♓ 14	11 ♐ 39	11 R 0	21 ♉ 53	13 ♋ 53	3 ♉ 55	6 ♐ 39	3 ♑ 54	10 ♐ 53	25 ♊ 44	15 ♊ 48	14 ♒	27 ♑	20 ♓	9 ♊	23 ♐
24	1 ♊ 59	25 ♓ 35	11 ♐ 36	11 ♐ 0	23 ♉ 58	14 ♋ 35	4 ♉ 40	6 ♐ 32	3 ♑ 51	10 ♐ 50	25 ♊ 46	15 ♊ 50	14 ♒	26 ♑	20 ♓	9 ♊	23 ♐
25	2 ♊ 57	9 ♈ 59	11 ♐ 33	10 ♐ 59	26 ♉ 5	15 ♋ 15	5 ♉ 24	6 ♐ 24	3 ♑ 47	10 ♐ 48	25 ♊ 48	15 ♊ 51	14 ♒	26 ♑	21 ♓	10 ♊	23 ♐
26	3 ♊ 54	24 ♈ 24	11 ♐ 30	10 ♐ 58	28 ♉ 13	15 ♋ 55	6 ♉ 9	6 ♐ 16	3 ♑ 44	10 ♐ 46	25 ♊ 50	15 ♊ 52	14 ♒	26 ♑	21 ♓	10 ♊	23 ♐
27	4 ♊ 52	8 ♉ 44	11 ♐ 26	10 ♐ 58	0 ♊ 22	16 ♋ 33	6 ♉ 54	6 ♐ 9	3 ♑ 40	10 ♐ 43	25 ♊ 52	15 ♊ 54	14 ♒	26 ♑	21 ♓	11 ♊	23 ♐
28	5 ♊ 49	22 ♉ 55	11 ♐ 23	10 ♐ 57	2 ♊ 32	17 ♋ 10	7 ♉ 38	6 ♐ 1	3 ♑ 37	10 ♐ 41	25 ♊ 55	15 ♊ 55	14 ♒	26 ♑	22 ♓	11 ♊	23 ♐
29	6 ♊ 47	6 ♊ 52	11 ♐ 20	10 ♐ 57	4 ♊ 43	17 ♋ 46	8 ♉ 23	5 ♐ 53	3 ♑ 33	10 ♐ 38	25 ♊ 57	15 ♊ 57	15 ♒	26 ♑	22 ♓	12 ♊	22 ♐
30	7 ♊ 45	20 ♊ 33	11 ♐ 17	10 D 57	6 ♊ 55	18 ♋ 20	9 ♉ 7	5 ♐ 46	3 ♑ 29	10 ♐ 36	25 ♊ 59	15 ♊ 58	15 ♒	26 ♑	22 ♓	12 ♊	22 ♐
31	8 ♊ 42	3 ♋ 54	11 ♐ 14	10 ♐ 57	9 ♊ 7	18 ♋ 53	9 ♉ 51	5 ♐ 38	3 ♑ 26	10 ♐ 33	26 ♊ 1	15 ♊ 59	15 ♒	26 ♑	23 ♓	12 ♊	22 ♐

SUN INGRESS	☉ → ♊ 21日 22:17
MOON PHASE	◐ 6日 22:39 ♌　○ 15日 00:37 ♏　◑ 22日 05:31 ♓　● 28日 23:50 ♊

aspects		
1日	19:57	☿⚹♇
5日	16:04	☿☌♂
8日	12:12	☿⚹♆
11日	01:32	♀☍♄
11日	14:21	♂⚹♆
13日	21:37	☿△♄
16日	10:07	☿⚹♀
22日	23:33	♂△♄
28日	04:17	☉☍♃
29日	12:06	☿☍♃
30日	15:59	☉☌☿
31日	15:23	☿☍♅

1900年6月

DAY	☉	☽	☊ mean	☊ true	☿	♀	♂	♃	♄	♅	♆	♇	⚳	⚴	⚵	⚶	⚷
	° ′	° ′	° ′	° ′	° ′	° ′	° ′	° ′	° ′	° ′	° ′	° ′	°	°	°	°	°
1	9 ♊ 40	16 ♋ 55	11 ♐ 11	10 D 57	11 D 19	19 D 25	10 D 36	5 R 31	3 R 22	10 R 31	26 D 3	16 D 1	15 D	26 R	23 D	13 D	22 R
2	10 ♊ 37	29 ♋ 36	11 ♐ 7	10 ♐ 57	13 ♊ 31	19 ♋ 56	11 ♉ 20	5 ♐ 23	3 ♑ 18	10 ♐ 28	26 ♊ 5	16 ♊ 2	15 ♒	26 ♑	23 ♓	13 ♊	22 ♐
3	11 ♊ 35	12 ♌ 1	11 ♐ 4	10 R 57	15 ♊ 42	20 ♋ 25	12 ♉ 4	5 ♐ 15	3 ♑ 14	10 ♐ 26	26 ♊ 7	16 ♊ 4	15 ♒	25 ♑	24 ♓	14 ♊	22 ♐
4	12 ♊ 32	24 ♌ 11	11 ♐ 1	10 ♐ 57	17 ♊ 53	20 ♋ 52	12 ♉ 48	5 ♐ 8	3 ♑ 10	10 ♐ 23	26 ♊ 10	16 ♊ 5	15 ♒	25 ♑	24 ♓	14 ♊	22 ♐
5	13 ♊ 29	6 ♍ 12	10 ♐ 58	10 ♐ 57	20 ♊ 2	21 ♋ 18	13 ♉ 32	5 ♐ 0	3 ♑ 6	10 ♐ 21	26 ♊ 12	16 ♊ 6	15 ♒	25 ♑	24 ♓	15 ♊	22 ♐
6	14 ♊ 27	18 ♍ 6	10 ♐ 55	10 D 57	22 ♊ 11	21 ♋ 42	14 ♉ 16	4 ♐ 53	3 ♑ 2	10 ♐ 18	26 ♊ 14	16 ♊ 8	15 ♒	25 ♑	25 ♓	15 ♊	22 ♐
7	15 ♊ 24	0 ♎ 0	10 ♐ 52	10 ♐ 57	24 ♊ 18	22 ♋ 4	15 ♉ 0	4 ♐ 45	2 ♑ 58	10 ♐ 16	26 ♊ 16	16 ♊ 9	15 ♒	25 ♑	25 ♓	15 ♊	22 ♐
8	16 ♊ 22	11 ♎ 56	10 ♐ 48	10 ♐ 58	26 ♊ 23	22 ♋ 25	15 ♉ 44	4 ♐ 38	2 ♑ 54	10 ♐ 13	26 ♊ 18	16 ♊ 10	15 ♒	25 ♑	25 ♓	16 ♊	22 ♐
9	17 ♊ 19	24 ♎ 1	10 ♐ 45	10 ♐ 58	28 ♊ 26	22 ♋ 43	16 ♉ 28	4 ♐ 31	2 ♑ 50	10 ♐ 11	26 ♊ 21	16 ♊ 12	15 ♒	25 ♑	26 ♓	16 ♊	22 ♐
10	18 ♊ 16	6 ♏ 16	10 ♐ 42	10 ♐ 59	0 ♋ 28	23 ♋ 0	17 ♉ 12	4 ♐ 23	2 ♑ 46	10 ♐ 8	26 ♊ 23	16 ♊ 13	15 ♒	24 ♑	26 ♓	17 ♊	22 ♐
11	19 ♊ 14	18 ♏ 46	10 ♐ 39	11 ♐ 0	2 ♋ 27	23 ♋ 15	17 ♉ 55	4 ♐ 16	2 ♑ 41	10 ♐ 6	26 ♊ 25	16 ♊ 15	15 R	24 ♑	26 ♓	17 ♊	22 ♐
12	20 ♊ 11	1 ♐ 33	10 ♐ 36	11 ♐ 0	4 ♋ 24	23 ♋ 28	18 ♉ 39	4 ♐ 9	2 ♑ 37	10 ♐ 4	26 ♊ 27	16 ♊ 16	15 ♒	24 ♑	27 ♓	18 ♊	22 ♐
13	21 ♊ 8	14 ♐ 38	10 ♐ 32	11 R 0	6 ♋ 20	23 ♋ 38	19 ♉ 23	4 ♐ 2	2 ♑ 33	10 ♐ 1	26 ♊ 30	16 ♊ 17	15 ♒	24 ♑	27 ♓	18 ♊	21 ♐
14	22 ♊ 6	28 ♐ 0	10 ♐ 29	11 ♐ 0	8 ♋ 12	23 ♋ 47	20 ♉ 6	3 ♐ 55	2 ♑ 29	9 ♐ 59	26 ♊ 32	16 ♊ 19	15 ♒	24 ♑	27 ♓	18 ♊	21 ♐
15	23 ♊ 3	11 ♑ 39	10 ♐ 26	10 ♐ 59	10 ♋ 3	23 ♋ 53	20 ♉ 50	3 ♐ 48	2 ♑ 24	9 ♐ 56	26 ♊ 34	16 ♊ 20	15 ♒	23 ♑	28 ♓	19 ♊	21 ♐
16	24 ♊ 0	25 ♑ 32	10 ♐ 23	10 ♐ 57	11 ♋ 51	23 ♋ 58	21 ♉ 33	3 ♐ 41	2 ♑ 20	9 ♐ 54	26 ♊ 36	16 ♊ 22	15 ♒	23 ♑	28 ♓	19 ♊	21 ♐
17	24 ♊ 57	9 ♒ 36	10 ♐ 20	10 ♐ 56	13 ♋ 37	23 ♋ 59	22 ♉ 17	3 ♐ 35	2 ♑ 16	9 ♐ 52	26 ♊ 38	16 ♊ 23	15 ♒	23 ♑	28 ♓	20 ♊	21 ♐
18	25 ♊ 55	23 ♒ 47	10 ♐ 17	10 ♐ 54	15 ♋ 20	23 R 59	23 ♉ 0	3 ♐ 28	2 ♑ 11	9 ♐ 49	26 ♊ 41	16 ♊ 24	15 ♒	23 ♑	29 ♓	20 ♊	21 ♐
19	26 ♊ 52	8 ♓ 2	10 ♐ 13	10 ♐ 53	17 ♋ 1	23 ♋ 56	23 ♉ 43	3 ♐ 22	2 ♑ 7	9 ♐ 47	26 ♊ 43	16 ♊ 26	15 ♒	23 ♑	29 ♓	21 ♊	21 ♐
20	27 ♊ 49	22 ♓ 18	10 ♐ 10	10 ♐ 52	18 ♋ 39	23 ♋ 51	24 ♉ 26	3 ♐ 15	2 ♑ 2	9 ♐ 45	26 ♊ 45	16 ♊ 27	15 ♒	22 ♑	29 ♓	21 ♊	21 ♐
21	28 ♊ 46	6 ♈ 32	10 ♐ 7	10 D 52	20 ♋ 15	23 ♋ 43	25 ♉ 9	3 ♐ 9	1 ♑ 58	9 ♐ 42	26 ♊ 47	16 ♊ 28	15 ♒	22 ♑	0 ♈	22 ♊	21 ♐
22	29 ♊ 44	20 ♈ 41	10 ♐ 4	10 ♐ 53	21 ♋ 49	23 ♋ 34	25 ♉ 52	3 ♐ 3	1 ♑ 54	9 ♐ 40	26 ♊ 50	16 ♊ 30	15 ♒	22 ♑	0 ♈	22 ♊	21 ♐
23	0 ♋ 41	4 ♉ 43	10 ♐ 1	10 ♐ 54	23 ♋ 20	23 ♋ 21	26 ♉ 35	2 ♐ 57	1 ♑ 49	9 ♐ 38	26 ♊ 52	16 ♊ 31	14 ♒	22 ♑	0 ♈	22 ♊	21 ♐
24	1 ♋ 38	18 ♉ 37	9 ♐ 58	10 ♐ 55	24 ♋ 49	23 ♋ 7	27 ♉ 18	2 ♐ 51	1 ♑ 45	9 ♐ 36	26 ♊ 54	16 ♊ 33	14 ♒	21 ♑	1 ♈	23 ♊	21 ♐
25	2 ♋ 35	2 ♊ 21	9 ♐ 54	10 ♐ 56	26 ♋ 15	22 ♋ 50	28 ♉ 1	2 ♐ 45	1 ♑ 40	9 ♐ 33	26 ♊ 56	16 ♊ 34	14 ♒	21 ♑	1 ♈	23 ♊	21 ♐
26	3 ♋ 33	15 ♊ 52	9 ♐ 51	10 R 56	27 ♋ 39	22 ♋ 30	28 ♉ 44	2 ♐ 39	1 ♑ 36	9 ♐ 31	26 ♊ 59	16 ♊ 35	14 ♒	21 ♑	1 ♈	24 ♊	21 ♐
27	4 ♋ 30	29 ♊ 11	9 ♐ 48	10 ♐ 56	29 ♋ 0	22 ♋ 9	29 ♉ 27	2 ♐ 34	1 ♑ 32	9 ♐ 29	27 ♊ 1	16 ♊ 37	14 ♒	21 ♑	1 ♈	24 ♊	21 ♐
28	5 ♋ 27	12 ♋ 16	9 ♐ 45	10 ♐ 53	0 ♌ 18	21 ♋ 45	0 ♊ 10	2 ♐ 28	1 ♑ 27	9 ♐ 27	27 ♊ 3	16 ♊ 38	14 ♒	20 ♑	2 ♈	25 ♊	20 ♐
29	6 ♋ 24	25 ♋ 5	9 ♐ 42	10 ♐ 50	1 ♌ 34	21 ♋ 19	0 ♊ 52	2 ♐ 23	1 ♑ 23	9 ♐ 25	27 ♊ 5	16 ♊ 39	14 ♒	20 ♑	2 ♈	25 ♊	20 ♐
30	7 ♋ 21	7 ♌ 40	9 ♐ 38	10 ♐ 46	2 ♌ 47	20 ♋ 52	1 ♊ 35	2 ♐ 18	1 ♑ 18	9 ♐ 23	27 ♊ 7	16 ♊ 41	14 ♒	20 ♑	2 ♈	25 ♊	20 ♐

SUN INGRESS	☉ → ♋ 22日 06:40
MOON PHASE	◐ 5日 15:59 ♍　○ 13日 12:39 ♐　◑ 20日 09:57 ♓　● 27日 10:27 ♋

aspects		
1日	20:27	☉☍♅
3日	03:57	☿☌♇
7日	19:13	☉☌♇
7日	23:08	☿☌♆
11日	02:46	☿☍♄
18日	20:07	☉☌♆
19日	06:38	♀⚹♂
23日	00:15	☿☌♀
24日	02:36	☉☍♄
27日	18:03	☿⚹♂
29日	14:54	☿△♃
30日	21:43	♂☍♃

1900年7月

DAY	☉	☽	☊ mean	☊ true	☿	♀	♂	♃	♄	♅	♆	♇	⚳	⚴	⚵	⚶	⚷
	° ′	° ′	° ′	° ′	° ′	° ′	° ′	° ′	° ′	° ′	° ′	° ′	°	°	°	°	°
1	8 ♋ 19	20 ♌ 0	9 ♐ 35	10 R 42	3 D 57	20 R 22	2 D 17	2 R 13	1 R 14	9 R 21	27 D 10	16 D 42	14 R	20 R	3 D	26 D	20 R
2	9 ♋ 16	2 ♍ 9	9 ♐ 32	10 ♐ 37	5 ♌ 5	19 ♋ 51	3 ♊ 0	2 ♐ 8	1 ♑ 10	9 ♐ 19	27 ♊ 12	16 ♊ 43	14 ♒	19 ♑	3 ♈	26 ♊	20 ♐
3	10 ♋ 13	14 ♍ 8	9 ♐ 29	10 ♐ 34	6 ♌ 9	19 ♋ 18	3 ♊ 42	2 ♐ 3	1 ♑ 5	9 ♐ 16	27 ♊ 14	16 ♊ 44	13 ♒	19 ♑	3 ♈	27 ♊	20 ♐
4	11 ♋ 10	26 ♍ 2	9 ♐ 26	10 ♐ 31	7 ♌ 11	18 ♋ 44	4 ♊ 24	1 ♐ 59	1 ♑ 1	9 ♐ 15	27 ♊ 16	16 ♊ 46	13 ♒	19 ♑	3 ♈	27 ♊	20 ♐
5	12 ♋ 8	7 ♎ 55	9 ♐ 23	10 ♐ 30	8 ♌ 10	18 ♋ 9	5 ♊ 7	1 ♐ 54	0 ♑ 57	9 ♐ 13	27 ♊ 18	16 ♊ 47	13 ♒	18 ♑	4 ♈	28 ♊	20 ♐
6	13 ♋ 5	19 ♎ 51	9 ♐ 19	10 D 30	9 ♌ 5	17 ♋ 33	5 ♊ 49	1 ♐ 50	0 ♑ 52	9 ♐ 11	27 ♊ 21	16 ♊ 48	13 ♒	18 ♑	4 ♈	28 ♊	20 ♐
7	14 ♋ 2	1 ♏ 55	9 ♐ 16	10 ♐ 31	9 ♌ 57	16 ♋ 56	6 ♊ 31	1 ♐ 46	0 ♑ 48	9 ♐ 9	27 ♊ 23	16 ♊ 50	13 ♒	18 ♑	4 ♈	28 ♊	20 ♐
8	14 ♋ 59	14 ♏ 11	9 ♐ 13	10 ♐ 33	10 ♌ 45	16 ♋ 18	7 ♊ 13	1 ♐ 42	0 ♑ 44	9 ♐ 7	27 ♊ 25	16 ♊ 51	13 ♒	18 ♑	4 ♈	29 ♊	20 ♐
9	15 ♋ 56	26 ♏ 45	9 ♐ 10	10 ♐ 35	11 ♌ 30	15 ♋ 41	7 ♊ 55	1 ♐ 38	0 ♑ 40	9 ♐ 5	27 ♊ 27	16 ♊ 52	13 ♒	17 ♑	5 ♈	29 ♊	20 ♐
10	16 ♋ 53	9 ♐ 40	9 ♐ 7	10 ♐ 35	12 ♌ 12	15 ♋ 3	8 ♊ 37	1 ♐ 35	0 ♑ 36	9 ♐ 3	27 ♊ 29	16 ♊ 53	12 ♒	17 ♑	5 ♈	0 ♋	20 ♐
11	17 ♋ 51	22 ♐ 57	9 ♐ 4	10 R 35	12 ♌ 49	14 ♋ 26	9 ♊ 19	1 ♐ 31	0 ♑ 31	9 ♐ 2	27 ♊ 31	16 ♊ 55	12 ♒	17 ♑	5 ♈	0 ♋	20 ♐
12	18 ♋ 48	6 ♑ 37	9 ♐ 0	10 ♐ 32	13 ♌ 23	13 ♋ 49	10 ♊ 0	1 ♐ 28	0 ♑ 27	9 ♐ 0	27 ♊ 33	16 ♊ 56	12 ♒	17 ♑	5 ♈	1 ♋	20 ♐
13	19 ♋ 45	20 ♑ 39	8 ♐ 57	10 ♐ 28	13 ♌ 52	13 ♋ 13	10 ♊ 42	1 ♐ 25	0 ♑ 23	8 ♐ 58	27 ♊ 36	16 ♊ 57	12 ♒	16 ♑	6 ♈	1 ♋	20 ♐
14	20 ♋ 42	4 ♒ 59	8 ♐ 54	10 ♐ 23	14 ♌ 17	12 ♋ 38	11 ♊ 24	1 ♐ 22	0 ♑ 19	8 ♐ 57	27 ♊ 38	16 ♊ 58	12 ♒	16 ♑	6 ♈	1 ♋	20 ♐
15	21 ♋ 39	19 ♒ 31	8 ♐ 51	10 ♐ 17	14 ♌ 38	12 ♋ 4	12 ♊ 5	1 ♐ 20	0 ♑ 15	8 ♐ 55	27 ♊ 40	16 ♊ 59	11 ♒	16 ♑	6 ♈	2 ♋	19 ♐
16	22 ♋ 37	4 ♓ 8	8 ♐ 48	10 ♐ 11	14 ♌ 54	11 ♋ 32	12 ♊ 47	1 ♐ 17	0 ♑ 11	8 ♐ 53	27 ♊ 42	17 ♊ 0	11 ♒	15 ♑	6 ♈	2 ♋	19 ♐
17	23 ♋ 34	18 ♓ 44	8 ♐ 44	10 ♐ 6	15 ♌ 6	11 ♋ 1	13 ♊ 28	1 ♐ 15	0 ♑ 8	8 ♐ 52	27 ♊ 44	17 ♊ 2	11 ♒	15 ♑	6 ♈	3 ♋	19 ♐
18	24 ♋ 31	3 ♈ 13	8 ♐ 41	10 ♐ 2	15 ♌ 13	10 ♋ 31	14 ♊ 10	1 ♐ 12	0 ♑ 4	8 ♐ 50	27 ♊ 46	17 ♊ 3	11 ♒	15 ♑	7 ♈	3 ♋	19 ♐
19	25 ♋ 28	17 ♈ 31	8 ♐ 38	10 ♐ 0	15 R 15	10 ♋ 4	14 ♊ 51	1 ♐ 10	0 ♑ 0	8 ♐ 49	27 ♊ 48	17 ♊ 4	11 ♒	15 ♑	7 ♈	4 ♋	19 ♐
20	26 ♋ 26	1 ♉ 34	8 ♐ 35	10 D 0	15 ♌ 12	9 ♋ 39	15 ♊ 32	1 ♐ 9	29 ♐ 56	8 ♐ 47	27 ♊ 50	17 ♊ 5	11 ♒	14 ♑	7 ♈	4 ♋	19 ♐
21	27 ♋ 23	15 ♉ 24	8 ♐ 32	10 ♐ 1	15 ♌ 4	9 ♋ 15	16 ♊ 14	1 ♐ 7	29 ♐ 53	8 ♐ 46	27 ♊ 52	17 ♊ 6	10 ♒	14 ♑	7 ♈	4 ♋	19 ♐
22	28 ♋ 20	28 ♉ 59	8 ♐ 29	10 ♐ 2	14 ♌ 51	8 ♋ 54	16 ♊ 55	1 ♐ 5	29 ♐ 49	8 ♐ 45	27 ♊ 54	17 ♊ 7	10 ♒	14 ♑	7 ♈	5 ♋	19 ♐
23	29 ♋ 17	12 ♊ 20	8 ♐ 25	10 R 2	14 ♌ 34	8 ♋ 35	17 ♊ 36	1 ♐ 4	29 ♐ 45	8 ♐ 44	27 ♊ 56	17 ♊ 8	10 ♒	14 ♑	8 ♈	5 ♋	19 ♐
24	0 ♌ 15	25 ♊ 28	8 ♐ 22	10 ♐ 1	14 ♌ 12	8 ♋ 19	18 ♊ 17	1 ♐ 3	29 ♐ 42	8 ♐ 42	27 ♊ 58	17 ♊ 9	10 ♒	13 ♑	8 ♈	6 ♋	19 ♐
25	1 ♌ 12	8 ♋ 25	8 ♐ 19	9 ♐ 58	13 ♌ 45	8 ♋ 5	18 ♊ 58	1 ♐ 2	29 ♐ 38	8 ♐ 41	28 ♊ 0	17 ♊ 10	9 ♒	13 ♑	8 ♈	6 ♋	19 ♐
26	2 ♌ 9	21 ♋ 10	8 ♐ 16	9 ♐ 52	13 ♌ 14	7 ♋ 53	19 ♊ 38	1 ♐ 1	29 ♐ 35	8 ♐ 40	28 ♊ 2	17 ♊ 12	9 ♒	13 ♑	8 ♈	7 ♋	19 ♐
27	3 ♌ 7	3 ♌ 44	8 ♐ 13	9 ♐ 45	12 ♌ 40	7 ♋ 44	20 ♊ 19	1 ♐ 1	29 ♐ 32	8 ♐ 39	28 ♊ 4	17 ♊ 13	9 ♒	13 ♑	8 ♈	7 ♋	19 ♐
28	4 ♌ 4	16 ♌ 7	8 ♐ 10	9 ♐ 35	12 ♌ 2	7 ♋ 37	21 ♊ 0	1 ♐ 1	29 ♐ 28	8 ♐ 38	28 ♊ 6	17 ♊ 14	9 ♒	12 ♑	8 ♈	7 ♋	19 ♐
29	5 ♌ 2	28 ♌ 20	8 ♐ 6	9 ♐ 25	11 ♌ 21	7 ♋ 32	21 ♊ 41	1 ♐ 0	29 ♐ 25	8 ♐ 37	28 ♊ 8	17 ♊ 15	9 ♒	12 ♑	8 ♈	8 ♋	19 ♐
30	5 ♌ 59	10 ♍ 23	8 ♐ 3	9 ♐ 15	10 ♌ 38	7 ♋ 30	22 ♊ 21	1 D 0	29 ♐ 22	8 ♐ 36	28 ♊ 9	17 ♊ 16	8 ♒	12 ♑	9 ♈	8 ♋	19 ♐
31	6 ♌ 56	22 ♍ 20	8 ♐ 0	9 ♐ 6	9 ♌ 53	7 D 30	23 ♊ 2	1 ♐ 1	29 ♐ 19	8 ♐ 35	28 ♊ 11	17 ♊ 17	8 ♒	12 ♑	9 ♈	9 ♋	19 ♐

SUN INGRESS	☉ → ♌ 23日 17:36
MOON PHASE	◐ 5日 09:13 ♎　○ 12日 22:22 ♑　◑ 19日 14:31 ♈　● 26日 22:43 ♌

aspects

6日	02:32	☿△♅
8日	20:05	☉☌♀
10日	14:35	♂☍♅
19日	13:08	☿⚹♂
22日	07:34	♂☌♇
24日	19:55	☉△♃

1900年8月

DAY	☉	☽	☊ mean	☊ true	☿	♀	♂	♃	♄	♅	♆	♇	⚳	⚴	⚵	⚶	⚷
	° ′	° ′	° ′	° ′	° ′	° ′	° ′	° ′	° ′	° ′	° ′	° ′	°	°	°	°	°
1	7 ♌ 54	4 ♎ 11	7 ♐ 57	8 R 59	9 R 8	7 D 32	23 D 42	1 D 1	29 R 16	8 R 34	28 D 13	17 D 17	8 R	12 R	9 D	9 D	19 R
2	8 ♌ 51	16 ♎ 2	7 ♐ 54	8 ♐ 54	8 ♌ 23	7 ♋ 37	24 ♊ 22	1 ♐ 1	29 ♐ 13	8 ♐ 33	28 ♊ 15	17 ♊ 18	8 ♒	11 ♑	9 ♈	9 ♋	19 ♐
3	9 ♌ 49	27 ♎ 56	7 ♐ 50	8 ♐ 51	7 ♌ 39	7 ♋ 43	25 ♊ 3	1 ♐ 2	29 ♐ 10	8 ♐ 32	28 ♊ 17	17 ♊ 19	7 ♒	11 ♑	9 ♈	10 ♋	19 ♐
4	10 ♌ 46	9 ♏ 57	7 ♐ 47	8 ♐ 50	6 ♌ 57	7 ♋ 52	25 ♊ 43	1 ♐ 3	29 ♐ 8	8 ♐ 32	28 ♊ 18	17 ♊ 20	7 ♒	11 ♑	9 ♈	10 ♋	19 ♐
5	11 ♌ 43	22 ♏ 11	7 ♐ 44	8 D 51	6 ♌ 17	8 ♋ 3	26 ♊ 23	1 ♐ 4	29 ♐ 5	8 ♐ 31	28 ♊ 20	17 ♊ 21	7 ♒	11 ♑	9 ♈	11 ♋	19 ♐
6	12 ♌ 41	4 ♐ 43	7 ♐ 41	8 ♐ 51	5 ♌ 40	8 ♋ 17	27 ♊ 3	1 ♐ 6	29 ♐ 2	8 ♐ 30	28 ♊ 22	17 ♊ 22	7 ♒	11 ♑	9 ♈	11 ♋	19 ♐
7	13 ♌ 38	17 ♐ 38	7 ♐ 38	8 R 51	5 ♌ 8	8 ♋ 32	27 ♊ 43	1 ♐ 7	29 ♐ 0	8 ♐ 30	28 ♊ 24	17 ♊ 23	7 ♒	10 ♑	9 ♈	12 ♋	19 ♐
8	14 ♌ 36	0 ♑ 59	7 ♐ 35	8 ♐ 49	4 ♌ 40	8 ♋ 49	28 ♊ 23	1 ♐ 9	28 ♐ 57	8 ♐ 29	28 ♊ 25	17 ♊ 24	6 ♒	10 ♑	10 ♈	12 ♋	19 ♐
9	15 ♌ 33	14 ♑ 48	7 ♐ 31	8 ♐ 45	4 ♌ 18	9 ♋ 7	29 ♊ 3	1 ♐ 11	28 ♐ 55	8 ♐ 29	28 ♊ 27	17 ♊ 25	6 ♒	10 ♑	10 ♈	12 ♋	19 ♐
10	16 ♌ 31	29 ♑ 4	7 ♐ 28	8 ♐ 38	4 ♌ 1	9 ♋ 28	29 ♊ 43	1 ♐ 13	28 ♐ 53	8 ♐ 28	28 ♊ 29	17 ♊ 25	6 ♒	10 ♑	10 ♈	13 ♋	19 ♐
11	17 ♌ 28	13 ♒ 43	7 ♐ 25	8 ♐ 29	3 ♌ 51	9 ♋ 51	0 ♋ 22	1 ♐ 15	28 ♐ 51	8 ♐ 28	28 ♊ 30	17 ♊ 26	6 ♒	10 ♑	10 ♈	13 ♋	19 ♐
12	18 ♌ 26	28 ♒ 38	7 ♐ 22	8 ♐ 19	3 ♌ 48	10 ♋ 15	1 ♋ 2	1 ♐ 17	28 ♐ 49	8 ♐ 28	28 ♊ 32	17 ♊ 27	6 ♒	10 ♑	10 ♈	14 ♋	19 ♐
13	19 ♌ 24	13 ♓ 40	7 ♐ 19	8 ♐ 9	3 D 51	10 ♋ 41	1 ♋ 41	1 ♐ 20	28 ♐ 47	8 ♐ 27	28 ♊ 33	17 ♊ 28	5 ♒	9 ♑	10 ♈	14 ♋	18 ♐
14	20 ♌ 21	28 ♓ 39	7 ♐ 15	8 ♐ 1	4 ♌ 2	11 ♋ 8	2 ♋ 21	1 ♐ 22	28 ♐ 45	8 ♐ 27	28 ♊ 35	17 ♊ 28	5 ♒	9 ♑	10 ♈	14 ♋	18 ♐
15	21 ♌ 19	13 ♈ 27	7 ♐ 12	7 ♐ 54	4 ♌ 20	11 ♋ 37	3 ♋ 0	1 ♐ 25	28 ♐ 43	8 ♐ 27	28 ♊ 36	17 ♊ 29	5 ♒	9 ♑	10 ♈	15 ♋	18 ♐
16	22 ♌ 17	27 ♈ 58	7 ♐ 9	7 ♐ 50	4 ♌ 45	12 ♋ 7	3 ♋ 40	1 ♐ 28	28 ♐ 41	8 ♐ 27	28 ♊ 38	17 ♊ 30	5 ♒	9 ♑	10 ♈	15 ♋	18 ♐
17	23 ♌ 14	12 ♉ 7	7 ♐ 6	7 ♐ 48	5 ♌ 17	12 ♋ 39	4 ♋ 19	1 ♐ 32	28 ♐ 39	8 ♐ 27	28 ♊ 39	17 ♊ 30	5 ♒	9 ♑	10 ♈	16 ♋	18 ♐
18	24 ♌ 12	25 ♉ 54	7 ♐ 3	7 D 47	5 ♌ 57	13 ♋ 13	4 ♋ 58	1 ♐ 35	28 ♐ 38	8 ♐ 27	28 ♊ 41	17 ♊ 31	4 ♒	9 ♑	10 ♈	16 ♋	18 ♐
19	25 ♌ 10	9 ♊ 21	7 ♐ 0	7 R 47	6 ♌ 43	13 ♋ 47	5 ♋ 37	1 ♐ 39	28 ♐ 36	8 D 27	28 ♊ 42	17 ♊ 32	4 ♒	9 ♑	10 R	16 ♋	18 ♐
20	26 ♌ 7	22 ♊ 29	6 ♐ 56	7 ♐ 47	7 ♌ 37	14 ♋ 23	6 ♋ 16	1 ♐ 42	28 ♐ 35	8 ♐ 27	28 ♊ 44	17 ♊ 32	4 ♒	9 ♑	10 ♈	17 ♋	18 ♐
21	27 ♌ 5	5 ♋ 22	6 ♐ 53	7 ♐ 44	8 ♌ 37	15 ♋ 0	6 ♋ 55	1 ♐ 46	28 ♐ 34	8 ♐ 27	28 ♊ 45	17 ♊ 33	4 ♒	9 ♑	10 ♈	17 ♋	18 ♐
22	28 ♌ 3	18 ♋ 1	6 ♐ 50	7 ♐ 39	9 ♌ 44	15 ♋ 38	7 ♋ 34	1 ♐ 50	28 ♐ 32	8 ♐ 27	28 ♊ 46	17 ♊ 34	4 ♒	8 ♑	10 ♈	18 ♋	18 ♐
23	29 ♌ 1	0 ♌ 29	6 ♐ 47	7 ♐ 31	10 ♌ 57	16 ♋ 18	8 ♋ 13	1 ♐ 55	28 ♐ 31	8 ♐ 27	28 ♊ 48	17 ♊ 34	3 ♒	8 ♑	10 ♈	18 ♋	18 ♐
24	29 ♌ 59	12 ♌ 48	6 ♐ 44	7 ♐ 20	12 ♌ 16	16 ♋ 58	8 ♋ 51	1 ♐ 59	28 ♐ 30	8 ♐ 27	28 ♊ 49	17 ♊ 35	3 ♒	8 ♑	10 ♈	18 ♋	18 D
25	0 ♍ 57	24 ♌ 59	6 ♐ 41	7 ♐ 7	13 ♌ 40	17 ♋ 40	9 ♋ 30	2 ♐ 4	28 ♐ 29	8 ♐ 28	28 ♊ 50	17 ♊ 35	3 ♒	8 ♑	10 ♈	19 ♋	18 ♐
26	1 ♍ 55	7 ♍ 2	6 ♐ 37	6 ♐ 53	15 ♌ 10	18 ♋ 22	10 ♋ 9	2 ♐ 8	28 ♐ 29	8 ♐ 28	28 ♊ 51	17 ♊ 36	3 ♒	8 ♑	10 ♈	19 ♋	18 ♐
27	2 ♍ 52	19 ♍ 0	6 ♐ 34	6 ♐ 40	16 ♌ 44	19 ♋ 6	10 ♋ 47	2 ♐ 13	28 ♐ 28	8 ♐ 29	28 ♊ 53	17 ♊ 36	3 ♒	8 ♑	10 ♈	20 ♋	18 ♐
28	3 ♍ 50	0 ♎ 52	6 ♐ 31	6 ♐ 27	18 ♌ 22	19 ♋ 50	11 ♋ 25	2 ♐ 18	28 ♐ 27	8 ♐ 29	28 ♊ 54	17 ♊ 37	3 ♒	8 ♑	10 ♈	20 ♋	18 ♐
29	4 ♍ 48	12 ♎ 42	6 ♐ 28	6 ♐ 17	20 ♌ 4	20 ♋ 36	12 ♋ 4	2 ♐ 24	28 ♐ 27	8 ♐ 30	28 ♊ 55	17 ♊ 37	3 ♒	8 ♑	10 ♈	20 ♋	18 ♐
30	5 ♍ 46	24 ♎ 32	6 ♐ 25	6 ♐ 9	21 ♌ 49	21 ♋ 22	12 ♋ 42	2 ♐ 29	28 ♐ 26	8 ♐ 30	28 ♊ 56	17 ♊ 37	2 ♒	8 ♑	9 ♈	21 ♋	18 ♐
31	6 ♍ 44	6 ♏ 24	6 ♐ 21	6 ♐ 4	23 ♌ 37	22 ♋ 9	13 ♋ 20	2 ♐ 34	28 ♐ 26	8 ♐ 31	28 ♊ 57	17 ♊ 38	2 ♒	8 ♑	9 ♈	21 ♋	18 ♐

SUN INGRESS	☉ → ♍ 24日 00:20
MOON PHASE	◐ 4日 01:46 ♏　○ 11日 06:30 ♒　◑ 17日 20:46 ♉　● 25日 12:53 ♍

aspects

1日	16:35	☉△♅
1日	17:27	☉☌☿
1日	18:35	☿△♅
8日	01:26	♂☌♆
8日	19:39	♂☍♄
10日	23:00	☉⚹♇
17日	00:58	♄☍♆
20日	20:01	☿△♅
22日	12:01	☉△♄
22日	18:23	☉⚹♆
26日	06:14	☉□♃
27日	12:55	☿⚹♇

1900年9月

DAY	☉	☽	☊ mean	☊ true	☿	♀	♂	♃	♄	♅	♆	♇	⚳	⚴	⚵	⚶	⚷
	° ′	° ′	° ′	° ′	° ′	° ′	° ′	° ′	° ′	° ′	° ′	° ′	°	°	°	°	°
1	7 ♍ 43	18 ♏ 24	6 ♐ 18	6 R 2	25 D 28	22 D 57	13 D 58	2 D 40	28 R 26	8 D 32	28 D 58	17 D 38	2 R	8 R	9 R	22 D	18 D
2	8 ♍ 41	0 ♐ 36	6 ♐ 15	6 ♐ 1	27 ♌ 20	23 ♋ 46	14 ♋ 36	2 ♐ 46	28 ♐ 26	8 ♐ 32	28 ♊ 59	17 ♊ 39	2 ♒	8 ♑	9 ♈	22 ♋	18 ♐
3	9 ♍ 39	13 ♐ 4	6 ♐ 12	6 ♐ 1	29 ♌ 13	24 ♋ 35	15 ♋ 14	2 ♐ 52	28 ♐ 25	8 ♐ 33	29 ♊ 0	17 ♊ 39	2 ♒	8 ♑	9 ♈	22 ♋	19 ♐
4	10 ♍ 37	25 ♐ 55	6 ♐ 9	6 ♐ 0	1 ♍ 8	25 ♋ 25	15 ♋ 52	2 ♐ 58	28 D 26	8 ♐ 34	29 ♊ 1	17 ♊ 39	2 ♒	8 D	9 ♈	23 ♋	19 ♐
5	11 ♍ 35	9 ♑ 12	6 ♐ 6	5 ♐ 58	3 ♍ 4	26 ♋ 16	16 ♋ 29	3 ♐ 4	28 ♐ 26	8 ♐ 35	29 ♊ 2	17 ♊ 40	2 ♒	8 ♑	9 ♈	23 ♋	19 ♐
6	12 ♍ 33	22 ♑ 59	6 ♐ 2	5 ♐ 54	4 ♍ 59	27 ♋ 8	17 ♋ 7	3 ♐ 11	28 ♐ 26	8 ♐ 36	29 ♊ 3	17 ♊ 40	2 ♒	8 ♑	9 ♈	24 ♋	19 ♐
7	13 ♍ 31	7 ♒ 15	5 ♐ 59	5 ♐ 47	6 ♍ 55	28 ♋ 0	17 ♋ 44	3 ♐ 18	28 ♐ 26	8 ♐ 37	29 ♊ 4	17 ♊ 40	1 ♒	8 ♑	9 ♈	24 ♋	19 ♐
8	14 ♍ 30	21 ♒ 59	5 ♐ 56	5 ♐ 37	8 ♍ 51	28 ♋ 53	18 ♋ 22	3 ♐ 24	28 ♐ 27	8 ♐ 38	29 ♊ 5	17 ♊ 40	1 ♒	8 ♑	8 ♈	24 ♋	19 ♐
9	15 ♍ 28	7 ♓ 4	5 ♐ 53	5 ♐ 27	10 ♍ 47	29 ♋ 46	18 ♋ 59	3 ♐ 31	28 ♐ 27	8 ♐ 39	29 ♊ 6	17 ♊ 41	1 ♒	8 ♑	8 ♈	25 ♋	19 ♐
10	16 ♍ 26	22 ♓ 21	5 ♐ 50	5 ♐ 16	12 ♍ 42	0 ♌ 40	19 ♋ 36	3 ♐ 38	28 ♐ 28	8 ♐ 40	29 ♊ 6	17 ♊ 41	1 ♒	8 ♑	8 ♈	25 ♋	19 ♐
11	17 ♍ 25	7 ♈ 37	5 ♐ 47	5 ♐ 6	14 ♍ 37	1 ♌ 35	20 ♋ 13	3 ♐ 45	28 ♐ 29	8 ♐ 41	29 ♊ 7	17 ♊ 41	1 ♒	8 ♑	8 ♈	26 ♋	19 ♐
12	18 ♍ 23	22 ♈ 43	5 ♐ 43	4 ♐ 59	16 ♍ 30	2 ♌ 30	20 ♋ 51	3 ♐ 53	28 ♐ 29	8 ♐ 42	29 ♊ 8	17 ♊ 41	1 ♒	8 ♑	8 ♈	26 ♋	19 ♐
13	19 ♍ 21	7 ♉ 29	5 ♐ 40	4 ♐ 54	18 ♍ 24	3 ♌ 26	21 ♋ 28	4 ♐ 0	28 ♐ 30	8 ♐ 44	29 ♊ 8	17 ♊ 41	1 ♒	8 ♑	8 ♈	26 ♋	19 ♐
14	20 ♍ 20	21 ♉ 51	5 ♐ 37	4 ♐ 52	20 ♍ 16	4 ♌ 22	22 ♋ 4	4 ♐ 8	28 ♐ 31	8 ♐ 45	29 ♊ 9	17 ♊ 41	1 ♒	8 ♑	7 ♈	27 ♋	19 ♐
15	21 ♍ 18	5 ♊ 45	5 ♐ 34	4 D 51	22 ♍ 7	5 ♌ 19	22 ♋ 41	4 ♐ 15	28 ♐ 32	8 ♐ 47	29 ♊ 10	17 ♊ 41	1 ♒	8 ♑	7 ♈	27 ♋	19 ♐
16	22 ♍ 17	19 ♊ 14	5 ♐ 31	4 ♐ 52	23 ♍ 57	6 ♌ 17	23 ♋ 18	4 ♐ 23	28 ♐ 34	8 ♐ 48	29 ♊ 10	17 ♊ 41	1 ♒	8 ♑	7 ♈	27 ♋	19 ♐
17	23 ♍ 15	2 ♋ 20	5 ♐ 27	4 R 51	25 ♍ 47	7 ♌ 14	23 ♋ 54	4 ♐ 31	28 ♐ 35	8 ♐ 49	29 ♊ 11	17 ♊ 41	1 ♒	9 ♑	7 ♈	28 ♋	19 ♐
18	24 ♍ 14	15 ♋ 6	5 ♐ 24	4 ♐ 49	27 ♍ 35	8 ♌ 13	24 ♋ 31	4 ♐ 39	28 ♐ 36	8 ♐ 51	29 ♊ 11	17 ♊ 41	1 ♒	9 ♑	7 ♈	28 ♋	19 ♐
19	25 ♍ 12	27 ♋ 36	5 ♐ 21	4 ♐ 45	29 ♍ 23	9 ♌ 11	25 ♋ 7	4 ♐ 47	28 ♐ 38	8 ♐ 53	29 ♊ 12	17 R 41	1 ♒	9 ♑	6 ♈	29 ♋	19 ♐
20	26 ♍ 11	9 ♌ 53	5 ♐ 18	4 ♐ 38	1 ♎ 9	10 ♌ 11	25 ♋ 44	4 ♐ 56	28 ♐ 39	8 ♐ 54	29 ♊ 12	17 ♊ 41	1 ♒	9 ♑	6 ♈	29 ♋	19 ♐
21	27 ♍ 10	22 ♌ 1	5 ♐ 15	4 ♐ 29	2 ♎ 54	11 ♌ 10	26 ♋ 20	5 ♐ 4	28 ♐ 41	8 ♐ 56	29 ♊ 13	17 ♊ 41	1 ♒	9 ♑	6 ♈	29 ♋	19 ♐
22	28 ♍ 8	4 ♍ 3	5 ♐ 12	4 ♐ 17	4 ♎ 39	12 ♌ 10	26 ♋ 56	5 ♐ 13	28 ♐ 43	8 ♐ 58	29 ♊ 13	17 ♊ 41	1 ♒	9 ♑	6 ♈	0 ♌	19 ♐
23	29 ♍ 7	15 ♍ 59	5 ♐ 8	4 ♐ 5	6 ♎ 22	13 ♌ 11	27 ♋ 32	5 ♐ 22	28 ♐ 45	8 ♐ 59	29 ♊ 14	17 ♊ 41	1 D	9 ♑	5 ♈	0 ♌	19 ♐
24	0 ♎ 6	27 ♍ 51	5 ♐ 5	3 ♐ 52	8 ♎ 4	14 ♌ 12	28 ♋ 8	5 ♐ 30	28 ♐ 47	9 ♐ 1	29 ♊ 14	17 ♊ 41	1 ♒	9 ♑	5 ♈	0 ♌	19 ♐
25	1 ♎ 5	9 ♎ 42	5 ♐ 2	3 ♐ 41	9 ♎ 46	15 ♌ 13	28 ♋ 44	5 ♐ 39	28 ♐ 49	9 ♐ 3	29 ♊ 14	17 ♊ 41	1 ♒	9 ♑	5 ♈	1 ♌	19 ♐
26	2 ♎ 4	21 ♎ 33	4 ♐ 59	3 ♐ 32	11 ♎ 26	16 ♌ 14	29 ♋ 19	5 ♐ 48	28 ♐ 51	9 ♐ 5	29 ♊ 14	17 ♊ 41	1 ♒	9 ♑	5 ♈	1 ♌	19 ♐
27	3 ♎ 3	3 ♏ 24	4 ♐ 56	3 ♐ 25	13 ♎ 6	17 ♌ 16	29 ♋ 55	5 ♐ 58	28 ♐ 53	9 ♐ 7	29 ♊ 15	17 ♊ 41	1 ♒	10 ♑	4 ♈	1 ♌	19 ♐
28	4 ♎ 1	15 ♏ 20	4 ♐ 52	3 ♐ 21	14 ♎ 45	18 ♌ 18	0 ♌ 30	6 ♐ 7	28 ♐ 56	9 ♐ 9	29 ♊ 15	17 ♊ 40	1 ♒	10 ♑	4 ♈	2 ♌	19 ♐
29	5 ♎ 0	27 ♏ 23	4 ♐ 49	3 ♐ 19	16 ♎ 22	19 ♌ 21	1 ♌ 6	6 ♐ 16	28 ♐ 58	9 ♐ 11	29 ♊ 15	17 ♊ 40	1 ♒	10 ♑	4 ♈	2 ♌	19 ♐
30	5 ♎ 59	9 ♐ 36	4 ♐ 46	3 D 19	17 ♎ 59	20 ♌ 24	1 ♌ 41	6 ♐ 26	29 ♐ 1	9 ♐ 13	29 ♊ 15	17 ♊ 40	1 ♒	10 ♑	4 ♈	3 ♌	19 ♐

SUN INGRESS	☉ → ♎ 23日 21:20
MOON PHASE	◐ 2日 16:56 ♐ ○ 9日 14:06 ♓ ◑ 16日 05:57 ♊ ● 24日 04:57 ♎

aspects

1日	20:30	☉□♅
2日	13:53	☿△♄
2日	21:10	☿⚹♆
5日	00:12	☿□♃
7日	21:12	☿□♅
11日	06:43	☉□♇
12日	14:58	☿□♇
13日	16:46	♀△♃
14日	01:48	☉☌☿
15日	11:05	☿⚹♂
18日	13:50	☿□♄
18日	16:05	♀△♅
18日	18:32	☉⚹♂
18日	21:35	☿□♆
22日	08:37	☿⚹♃
22日	14:33	☉□♄
23日	02:34	☉□♆
24日	13:38	☿⚹♅
27日	09:23	♀⚹♇
29日	19:11	☿△♇
30日	12:51	☉⚹♃

1900年10月

DAY	☉	☽	☊ mean	☊ true	☿	♀	♂	♃	♄	♅	♆	♇	⚳	⚴	⚵	⚶	⚷
	° ′	° ′	° ′	° ′	° ′	° ′	° ′	° ′	° ′	° ′	° ′	° ′	°	°	°	°	°
1	6 ♎ 58	22 ♐ 4	4 ♐ 43	3 D 20	19 D 35	21 D 27	2 D 16	6 D 35	29 D 3	9 D 15	29 D 15	17 R 40	1 D	10 D	3 R	3 D	20 D
2	7 ♎ 57	4 ♑ 52	4 ♐ 40	3 ♐ 20	21 ♎ 11	22 ♌ 31	2 ♌ 51	6 ♐ 45	29 ♐ 6	9 ♐ 17	29 ♊ 15	17 ♊ 39	1 ♒	10 ♑	3 ♈	3 ♌	20 ♐
3	8 ♎ 57	18 ♑ 3	4 ♐ 37	3 R 20	22 ♎ 45	23 ♌ 34	3 ♌ 26	6 ♐ 55	29 ♐ 9	9 ♐ 20	29 ♊ 15	17 ♊ 39	1 ♒	10 ♑	3 ♈	4 ♌	20 ♐
4	9 ♎ 56	1 ♒ 41	4 ♐ 33	3 ♐ 18	24 ♎ 18	24 ♌ 39	4 ♌ 1	7 ♐ 5	29 ♐ 12	9 ♐ 22	29 R 15	17 ♊ 39	1 ♒	11 ♑	3 ♈	4 ♌	20 ♐
5	10 ♎ 55	15 ♒ 48	4 ♐ 30	3 ♐ 14	25 ♎ 51	25 ♌ 43	4 ♌ 35	7 ♐ 15	29 ♐ 15	9 ♐ 24	29 ♊ 15	17 ♊ 38	1 ♒	11 ♑	3 ♈	4 ♌	20 ♐
6	11 ♎ 54	0 ♓ 23	4 ♐ 27	3 ♐ 8	27 ♎ 23	26 ♌ 48	5 ♌ 10	7 ♐ 25	29 ♐ 18	9 ♐ 26	29 ♊ 15	17 ♊ 38	1 ♒	11 ♑	2 ♈	5 ♌	20 ♐
7	12 ♎ 53	15 ♓ 21	4 ♐ 24	3 ♐ 0	28 ♎ 54	27 ♌ 53	5 ♌ 44	7 ♐ 35	29 ♐ 21	9 ♐ 29	29 ♊ 15	17 ♊ 38	1 ♒	11 ♑	2 ♈	5 ♌	20 ♐
8	13 ♎ 52	0 ♈ 34	4 ♐ 21	2 ♐ 53	0 ♏ 24	28 ♌ 58	6 ♌ 18	7 ♐ 46	29 ♐ 24	9 ♐ 31	29 ♊ 15	17 ♊ 37	2 ♒	11 ♑	2 ♈	5 ♌	20 ♐
9	14 ♎ 52	15 ♈ 52	4 ♐ 18	2 ♐ 46	1 ♏ 54	0 ♍ 3	6 ♌ 53	7 ♐ 56	29 ♐ 28	9 ♐ 34	29 ♊ 15	17 ♊ 37	2 ♒	11 ♑	2 ♈	6 ♌	20 ♐
10	15 ♎ 51	1 ♉ 5	4 ♐ 14	2 ♐ 40	3 ♏ 23	1 ♍ 9	7 ♌ 27	8 ♐ 7	29 ♐ 31	9 ♐ 36	29 ♊ 14	17 ♊ 36	2 ♒	12 ♑	1 ♈	6 ♌	20 ♐
11	16 ♎ 50	16 ♉ 1	4 ♐ 11	2 ♐ 37	4 ♏ 51	2 ♍ 15	8 ♌ 0	8 ♐ 17	29 ♐ 34	9 ♐ 39	29 ♊ 14	17 ♊ 36	2 ♒	12 ♑	1 ♈	6 ♌	20 ♐
12	17 ♎ 50	0 ♊ 34	4 ♐ 8	2 ♐ 36	6 ♏ 18	3 ♍ 21	8 ♌ 34	8 ♐ 28	29 ♐ 38	9 ♐ 41	29 ♊ 14	17 ♊ 35	2 ♒	12 ♑	1 ♈	7 ♌	20 ♐
13	18 ♎ 49	14 ♊ 40	4 ♐ 5	2 D 37	7 ♏ 44	4 ♍ 28	9 ♌ 8	8 ♐ 39	29 ♐ 42	9 ♐ 44	29 ♊ 14	17 ♊ 35	2 ♒	12 ♑	1 ♈	7 ♌	20 ♐
14	19 ♎ 48	28 ♊ 18	4 ♐ 2	2 ♐ 38	9 ♏ 10	5 ♍ 35	9 ♌ 41	8 ♐ 50	29 ♐ 45	9 ♐ 47	29 ♊ 13	17 ♊ 34	2 ♒	12 ♑	0 ♈	7 ♌	20 ♐
15	20 ♎ 48	11 ♋ 30	3 ♐ 58	2 ♐ 39	10 ♏ 34	6 ♍ 42	10 ♌ 15	9 ♐ 1	29 ♐ 49	9 ♐ 49	29 ♊ 13	17 ♊ 34	2 ♒	12 ♑	0 ♈	8 ♌	20 ♐
16	21 ♎ 47	24 ♋ 18	3 ♐ 55	2 R 39	11 ♏ 58	7 ♍ 49	10 ♌ 48	9 ♐ 12	29 ♐ 53	9 ♐ 52	29 ♊ 12	17 ♊ 33	2 ♒	13 ♑	0 ♈	8 ♌	21 ♐
17	22 ♎ 47	6 ♌ 47	3 ♐ 52	2 ♐ 38	13 ♏ 21	8 ♍ 56	11 ♌ 21	9 ♐ 23	29 ♐ 57	9 ♐ 55	29 ♊ 12	17 ♊ 33	3 ♒	13 ♑	0 ♈	8 ♌	21 ♐
18	23 ♎ 46	19 ♌ 0	3 ♐ 49	2 ♐ 35	14 ♏ 43	10 ♍ 4	11 ♌ 54	9 ♐ 34	0 ♑ 1	9 ♐ 58	29 ♊ 12	17 ♊ 32	3 ♒	13 ♑	0 ♈	9 ♌	21 ♐
19	24 ♎ 46	1 ♍ 3	3 ♐ 46	2 ♐ 31	16 ♏ 4	11 ♍ 12	12 ♌ 27	9 ♐ 46	0 ♑ 5	10 ♐ 0	29 ♊ 11	17 ♊ 31	3 ♒	13 ♑	0 ♈	9 ♌	21 ♐
20	25 ♎ 46	12 ♍ 59	3 ♐ 43	2 ♐ 25	17 ♏ 23	12 ♍ 20	13 ♌ 0	9 ♐ 57	0 ♑ 10	10 ♐ 3	29 ♊ 10	17 ♊ 31	3 ♒	14 ♑	29 ♓	9 ♌	21 ♐
21	26 ♎ 45	24 ♍ 51	3 ♐ 39	2 ♐ 18	18 ♏ 42	13 ♍ 28	13 ♌ 32	10 ♐ 9	0 ♑ 14	10 ♐ 6	29 ♊ 10	17 ♊ 30	3 ♒	14 ♑	29 ♓	9 ♌	21 ♐
22	27 ♎ 45	6 ♎ 42	3 ♐ 36	2 ♐ 11	19 ♏ 59	14 ♍ 36	14 ♌ 4	10 ♐ 20	0 ♑ 18	10 ♐ 9	29 ♊ 9	17 ♊ 29	3 ♒	14 ♑	29 ♓	10 ♌	21 ♐
23	28 ♎ 45	18 ♎ 33	3 ♐ 33	2 ♐ 5	21 ♏ 16	15 ♍ 45	14 ♌ 37	10 ♐ 32	0 ♑ 23	10 ♐ 12	29 ♊ 9	17 ♊ 29	3 ♒	14 ♑	29 ♓	10 ♌	21 ♐
24	29 ♎ 45	0 ♏ 27	3 ♐ 30	2 ♐ 0	22 ♏ 30	16 ♍ 53	15 ♌ 9	10 ♐ 43	0 ♑ 27	10 ♐ 15	29 ♊ 8	17 ♊ 28	4 ♒	14 ♑	29 ♓	10 ♌	21 ♐
25	0 ♏ 45	12 ♏ 25	3 ♐ 27	1 ♐ 57	23 ♏ 44	18 ♍ 2	15 ♌ 40	10 ♐ 55	0 ♑ 32	10 ♐ 18	29 ♊ 7	17 ♊ 27	4 ♒	15 ♑	29 ♓	11 ♌	21 ♐
26	1 ♏ 44	24 ♏ 30	3 ♐ 23	1 ♐ 55	24 ♏ 55	19 ♍ 11	16 ♌ 12	11 ♐ 7	0 ♑ 36	10 ♐ 21	29 ♊ 7	17 ♊ 26	4 ♒	15 ♑	28 ♓	11 ♌	21 ♐
27	2 ♏ 44	6 ♐ 42	3 ♐ 20	1 D 55	26 ♏ 5	20 ♍ 21	16 ♌ 44	11 ♐ 19	0 ♑ 41	10 ♐ 24	29 ♊ 6	17 ♊ 26	4 ♒	15 ♑	28 ♓	11 ♌	21 ♐
28	3 ♏ 44	19 ♐ 5	3 ♐ 17	1 ♐ 56	27 ♏ 12	21 ♍ 30	17 ♌ 15	11 ♐ 31	0 ♑ 46	10 ♐ 27	29 ♊ 5	17 ♊ 25	4 ♒	15 ♑	28 ♓	11 ♌	21 ♐
29	4 ♏ 44	1 ♑ 41	3 ♐ 14	1 ♐ 58	28 ♏ 18	22 ♍ 40	17 ♌ 46	11 ♐ 43	0 ♑ 51	10 ♐ 30	29 ♊ 4	17 ♊ 24	5 ♒	16 ♑	28 ♓	12 ♌	22 ♐
30	5 ♏ 44	14 ♑ 33	3 ♐ 11	1 ♐ 59	29 ♏ 20	23 ♍ 49	18 ♌ 17	11 ♐ 55	0 ♑ 56	10 ♐ 34	29 ♊ 3	17 ♊ 23	5 ♒	16 ♑	28 ♓	12 ♌	22 ♐
31	6 ♏ 44	27 ♑ 44	3 ♐ 8	2 ♐ 1	0 ♐ 20	24 ♍ 59	18 ♌ 48	12 ♐ 7	1 ♑ 1	10 ♐ 37	29 ♊ 2	17 ♊ 22	5 ♒	16 ♑	28 ♓	12 ♌	22 ♐

SUN INGRESS	☉ → ♏ 24日 05:55
MOON PHASE	◐ 2日 06:10 ♑ ○ 8日 22:18 ♈ ◑ 15日 18:51 ♋ ● 23日 22:27 ♎ ◐ 31日 17:18 ♒

aspects

3日	09:44	☉⚹♅
4日	17:02	☿⚹♀
5日	03:33	♄☍♆
7日	05:31	☿△♆
7日	07:22	☿⚹♄
8日	06:13	♀⚹♆
8日	10:11	♀△♄
11日	17:39	♂△♃
11日	18:19	☉△♇
14日	04:04	♂△♅
14日	14:52	☿□♂
17日	11:31	♀□♃
17日	21:44	♀□♅
20日	17:14	♃☌♅
23日	09:25	☉△♆
24日	11:53	♀□♇
24日	18:27	☉⚹♄
28日	07:20	♂⚹♇

1900年11月

DAY	☉	☽	☊ mean	☊ true	☿	♀	♂	♃	♄	♅	♆	♇	⚳	⚴	⚵	⚶	⚷
	° ′	° ′	° ′	° ′	° ′	° ′	° ′	° ′	° ′	° ′	° ′	° ′	°	°	°	°	°
1	7 ♏ 44	11 ♒ 17	3 ♐ 4	2 R 1	1 D 17	26 D 9	19 D 19	12 D 20	1 D 6	10 D 40	29 R 2	17 R 22	5 D	16 D	28 R	13 D	22 D
2	8 ♏ 44	25 ♒ 12	3 ♐ 1	2 ♐ 0	2 ♐ 11	27 ♍ 20	19 ♌ 49	12 ♐ 32	1 ♑ 11	10 ♐ 43	29 ♊ 1	17 ♊ 21	5 ♒	17 ♑	28 ♓	13 ♌	22 ♐
3	9 ♏ 44	9 ♓ 30	2 ♐ 58	1 ♐ 58	3 ♐ 1	28 ♍ 30	20 ♌ 20	12 ♐ 44	1 ♑ 16	10 ♐ 46	29 ♊ 0	17 ♊ 20	6 ♒	17 ♑	28 ♓	13 ♌	22 ♐
4	10 ♏ 45	24 ♓ 9	2 ♐ 55	1 ♐ 56	3 ♐ 46	29 ♍ 40	20 ♌ 50	12 ♐ 57	1 ♑ 22	10 ♐ 50	28 ♊ 59	17 ♊ 19	6 ♒	17 ♑	28 ♓	13 ♌	22 ♐
5	11 ♏ 45	9 ♈ 3	2 ♐ 52	1 ♐ 53	4 ♐ 26	0 ♎ 51	21 ♌ 20	13 ♐ 9	1 ♑ 27	10 ♐ 53	28 ♊ 58	17 ♊ 18	6 ♒	17 ♑	28 ♓	14 ♌	22 ♐
6	12 ♏ 45	24 ♈ 5	2 ♐ 49	1 ♐ 50	5 ♐ 2	2 ♎ 2	21 ♌ 49	13 ♐ 22	1 ♑ 32	10 ♐ 56	28 ♊ 57	17 ♊ 17	6 ♒	18 ♑	28 ♓	14 ♌	22 ♐
7	13 ♏ 45	9 ♉ 7	2 ♐ 45	1 ♐ 48	5 ♐ 31	3 ♎ 12	22 ♌ 19	13 ♐ 35	1 ♑ 38	11 ♐ 0	28 ♊ 56	17 ♊ 16	6 ♒	18 ♑	27 ♓	14 ♌	22 ♐
8	14 ♏ 45	23 ♉ 58	2 ♐ 42	1 ♐ 47	5 ♐ 53	4 ♎ 23	22 ♌ 48	13 ♐ 47	1 ♑ 43	11 ♐ 3	28 ♊ 54	17 ♊ 15	7 ♒	18 ♑	27 ♓	14 ♌	22 ♐
9	15 ♏ 46	8 ♊ 33	2 ♐ 39	1 D 47	6 ♐ 9	5 ♎ 34	23 ♌ 17	14 ♐ 0	1 ♑ 49	11 ♐ 7	28 ♊ 53	17 ♊ 14	7 ♒	18 ♑	27 ♓	15 ♌	23 ♐
10	16 ♏ 46	22 ♊ 45	2 ♐ 36	1 ♐ 48	6 ♐ 16	6 ♎ 46	23 ♌ 46	14 ♐ 13	1 ♑ 54	11 ♐ 10	28 ♊ 52	17 ♊ 13	7 ♒	19 ♑	27 D	15 ♌	23 ♐
11	17 ♏ 46	6 ♋ 31	2 ♐ 33	1 ♐ 49	6 R 15	7 ♎ 57	24 ♌ 15	14 ♐ 25	2 ♑ 0	11 ♐ 13	28 ♊ 51	17 ♊ 12	7 ♒	19 ♑	27 ♓	15 ♌	23 ♐
12	18 ♏ 47	19 ♋ 50	2 ♐ 29	1 ♐ 50	6 ♐ 4	9 ♎ 9	24 ♌ 43	14 ♐ 38	2 ♑ 6	11 ♐ 17	28 ♊ 50	17 ♊ 11	8 ♒	19 ♑	27 ♓	15 ♌	23 ♐
13	19 ♏ 47	2 ♌ 45	2 ♐ 26	1 ♐ 51	5 ♐ 44	10 ♎ 20	25 ♌ 12	14 ♐ 51	2 ♑ 12	11 ♐ 20	28 ♊ 49	17 ♊ 10	8 ♒	19 ♑	28 ♓	15 ♌	23 ♐
14	20 ♏ 47	15 ♌ 18	2 ♐ 23	1 ♐ 52	5 ♐ 13	11 ♎ 32	25 ♌ 40	15 ♐ 4	2 ♑ 18	11 ♐ 24	28 ♊ 47	17 ♊ 9	8 ♒	20 ♑	28 ♓	16 ♌	23 ♐
15	21 ♏ 48	27 ♌ 34	2 ♐ 20	1 R 52	4 ♐ 33	12 ♎ 44	26 ♌ 7	15 ♐ 17	2 ♑ 23	11 ♐ 27	28 ♊ 46	17 ♊ 8	8 ♒	20 ♑	28 ♓	16 ♌	23 ♐
16	22 ♏ 48	9 ♍ 37	2 ♐ 17	1 ♐ 51	3 ♐ 42	13 ♎ 55	26 ♌ 35	15 ♐ 30	2 ♑ 29	11 ♐ 31	28 ♊ 45	17 ♊ 7	9 ♒	20 ♑	28 ♓	16 ♌	23 ♐
17	23 ♏ 49	21 ♍ 32	2 ♐ 14	1 ♐ 51	2 ♐ 41	15 ♎ 7	27 ♌ 2	15 ♐ 43	2 ♑ 35	11 ♐ 34	28 ♊ 43	17 ♊ 6	9 ♒	21 ♑	28 ♓	16 ♌	23 ♐
18	24 ♏ 49	3 ♎ 22	2 ♐ 10	1 ♐ 50	1 ♐ 33	16 ♎ 20	27 ♌ 29	15 ♐ 56	2 ♑ 41	11 ♐ 38	28 ♊ 42	17 ♊ 5	9 ♒	21 ♑	28 ♓	16 ♌	23 ♐
19	25 ♏ 50	15 ♎ 13	2 ♐ 7	1 ♐ 49	0 ♐ 18	17 ♎ 32	27 ♌ 56	16 ♐ 10	2 ♑ 48	11 ♐ 41	28 ♊ 41	17 ♊ 4	9 ♒	21 ♑	28 ♓	17 ♌	24 ♐
20	26 ♏ 50	27 ♎ 6	2 ♐ 4	1 ♐ 48	28 ♏ 58	18 ♎ 44	28 ♌ 23	16 ♐ 23	2 ♑ 54	11 ♐ 45	28 ♊ 39	17 ♊ 3	10 ♒	21 ♑	28 ♓	17 ♌	24 ♐
21	27 ♏ 51	9 ♏ 6	2 ♐ 1	1 ♐ 47	27 ♏ 37	19 ♎ 56	28 ♌ 49	16 ♐ 36	3 ♑ 0	11 ♐ 49	28 ♊ 38	17 ♊ 2	10 ♒	22 ♑	28 ♓	17 ♌	24 ♐
22	28 ♏ 52	21 ♏ 13	1 ♐ 58	1 ♐ 47	26 ♏ 16	21 ♎ 9	29 ♌ 15	16 ♐ 49	3 ♑ 6	11 ♐ 52	28 ♊ 37	17 ♊ 1	10 ♒	22 ♑	28 ♓	17 ♌	24 ♐
23	29 ♏ 52	3 ♐ 31	1 ♐ 55	1 D 47	24 ♏ 58	22 ♎ 22	29 ♌ 41	17 ♐ 2	3 ♑ 12	11 ♐ 56	28 ♊ 35	17 ♊ 0	10 ♒	22 ♑	28 ♓	17 ♌	24 ♐
24	0 ♐ 53	16 ♐ 0	1 ♐ 51	1 ♐ 47	23 ♏ 47	23 ♎ 34	0 ♍ 6	17 ♐ 16	3 ♑ 19	11 ♐ 59	28 ♊ 34	16 ♊ 59	11 ♒	23 ♑	28 ♓	18 ♌	24 ♐
25	1 ♐ 54	28 ♐ 42	1 ♐ 48	1 R 47	23 ♏ 43	24 ♎ 47	0 ♍ 31	17 ♐ 29	3 ♑ 25	12 ♐ 3	28 ♊ 32	16 ♊ 58	11 ♒	23 ♑	29 ♓	18 ♌	24 ♐
26	2 ♐ 55	11 ♑ 36	1 ♐ 45	1 ♐ 47	21 ♏ 50	26 ♎ 0	0 ♍ 56	17 ♐ 43	3 ♑ 31	12 ♐ 7	28 ♊ 31	16 ♊ 56	11 ♒	23 ♑	29 ♓	18 ♌	24 ♐
27	3 ♐ 55	24 ♑ 44	1 ♐ 42	1 ♐ 47	21 ♏ 7	27 ♎ 13	1 ♍ 21	17 ♐ 56	3 ♑ 38	12 ♐ 10	28 ♊ 29	16 ♊ 55	12 ♒	23 ♑	29 ♓	18 ♌	24 ♐
28	4 ♐ 56	8 ♒ 6	1 ♐ 39	1 ♐ 47	20 ♏ 35	28 ♎ 25	1 ♍ 45	18 ♐ 9	3 ♑ 44	12 ♐ 14	28 ♊ 28	16 ♊ 54	12 ♒	24 ♑	29 ♓	18 ♌	24 ♐
29	5 ♐ 57	21 ♒ 42	1 ♐ 35	1 ♐ 46	20 ♏ 16	29 ♎ 38	2 ♍ 9	18 ♐ 23	3 ♑ 51	12 ♐ 18	28 ♊ 26	16 ♊ 53	12 ♒	24 ♑	29 ♓	18 ♌	25 ♐
30	6 ♐ 58	5 ♓ 34	1 ♐ 32	1 ♐ 46	20 ♏ 7	0 ♏ 52	2 ♍ 33	18 ♐ 36	3 ♑ 57	12 ♐ 21	28 ♊ 25	16 ♊ 52	12 ♒	24 ♑	29 ♓	18 ♌	25 ♐

SUN INGRESS	☉ → ♐ 23日 02:48
MOON PHASE	○ 7日 08:00 ♉ ◑ 14日 11:37 ♌ ● 22日 16:17 ♏ ◐ 30日 02:35 ♓

aspects		
3日	10:01	♀□♆
5日	13:15	♀□♄
9日	13:17	☿⚹♀
13日	21:11	♀⚹♅
17日	14:33	♀⚹♃
18日	14:57	♀△♇
20日	07:57	☿□♂
20日	14:25	♂⚹♆
20日	21:35	☉☌☿
22日	15:59	☉□♂
22日	19:31	♃☍♇
28日	00:43	♀△♆

1900年12月

DAY	☉	☽	☊ mean	☊ true	☿	♀	♂	♃	♄	♅	♆	♇	⚳	⚴	⚵	⚶	⚷
	° ′	° ′	° ′	° ′	° ′	° ′	° ′	° ′	° ′	° ′	° ′	° ′	°	°	°	°	°
1	7 ♐ 59	19 ♓ 40	1 ♐ 29	1 D 46	20 D 9	2 D 5	2 D 56	18 D 50	4 D 4	12 D 25	28 R 23	16 R 51	13 D	25 D	29 D	19 D	25 D
2	8 ♐ 59	3 ♈ 58	1 ♐ 26	1 ♐ 47	20 ♏ 22	3 ♏ 18	3 ♍ 19	19 ♐ 3	4 ♑ 11	12 ♐ 29	28 ♊ 21	16 ♊ 50	13 ♒	25 ♑	0 ♈	19 ♌	25 ♐
3	10 ♐ 0	18 ♈ 26	1 ♐ 23	1 ♐ 47	20 ♏ 44	4 ♏ 31	3 ♍ 42	19 ♐ 17	4 ♑ 17	12 ♐ 32	28 ♊ 20	16 ♊ 49	13 ♒	25 ♑	0 ♈	19 ♌	25 ♐
4	11 ♐ 1	3 ♉ 1	1 ♐ 20	1 ♐ 48	21 ♏ 14	5 ♏ 44	4 ♍ 4	19 ♐ 30	4 ♑ 24	12 ♐ 36	28 ♊ 18	16 ♊ 47	14 ♒	26 ♑	0 ♈	19 ♌	25 ♐
5	12 ♐ 2	17 ♉ 37	1 ♐ 16	1 ♐ 49	21 ♏ 52	6 ♏ 58	4 ♍ 26	19 ♐ 44	4 ♑ 31	12 ♐ 40	28 ♊ 17	16 ♊ 46	14 ♒	26 ♑	0 ♈	19 ♌	25 ♐
6	13 ♐ 3	2 ♊ 8	1 ♐ 13	1 R 49	22 ♏ 36	8 ♏ 11	4 ♍ 47	19 ♐ 58	4 ♑ 37	12 ♐ 43	28 ♊ 15	16 ♊ 45	14 ♒	26 ♑	1 ♈	19 ♌	25 ♐
7	14 ♐ 4	16 ♊ 28	1 ♐ 10	1 ♐ 49	23 ♏ 27	9 ♏ 25	5 ♍ 9	20 ♐ 11	4 ♑ 44	12 ♐ 47	28 ♊ 13	16 ♊ 44	14 ♒	26 ♑	1 ♈	19 ♌	25 ♐
8	15 ♐ 5	0 ♋ 32	1 ♐ 7	1 ♐ 48	24 ♏ 23	10 ♏ 38	5 ♍ 30	20 ♐ 25	4 ♑ 51	12 ♐ 51	28 ♊ 12	16 ♊ 43	15 ♒	27 ♑	1 ♈	19 ♌	26 ♐
9	16 ♐ 6	14 ♋ 16	1 ♐ 4	1 ♐ 46	25 ♏ 23	11 ♏ 52	5 ♍ 50	20 ♐ 38	4 ♑ 58	12 ♐ 54	28 ♊ 10	16 ♊ 42	15 ♒	27 ♑	1 ♈	19 ♌	26 ♐
10	17 ♐ 7	27 ♋ 38	1 ♐ 1	1 ♐ 44	26 ♏ 27	13 ♏ 6	6 ♍ 10	20 ♐ 52	5 ♑ 5	12 ♐ 58	28 ♊ 8	16 ♊ 40	15 ♒	27 ♑	1 ♈	19 ♌	26 ♐
11	18 ♐ 8	10 ♌ 37	0 ♐ 57	1 ♐ 41	27 ♏ 35	14 ♏ 19	6 ♍ 30	21 ♐ 6	5 ♑ 11	13 ♐ 2	28 ♊ 7	16 ♊ 39	16 ♒	28 ♑	2 ♈	19 ♌	26 ♐
12	19 ♐ 9	23 ♌ 15	0 ♐ 54	1 ♐ 39	28 ♏ 46	15 ♏ 33	6 ♍ 49	21 ♐ 19	5 ♑ 18	13 ♐ 5	28 ♊ 5	16 ♊ 38	16 ♒	28 ♑	2 ♈	19 ♌	26 ♐
13	20 ♐ 10	5 ♍ 35	0 ♐ 51	1 ♐ 38	29 ♏ 59	16 ♏ 47	7 ♍ 8	21 ♐ 33	5 ♑ 25	13 ♐ 9	28 ♊ 3	16 ♊ 37	16 ♒	28 ♑	2 ♈	19 ♌	26 ♐
14	21 ♐ 11	17 ♍ 40	0 ♐ 48	1 ♐ 37	1 ♐ 15	18 ♏ 1	7 ♍ 27	21 ♐ 47	5 ♑ 32	13 ♐ 13	28 ♊ 2	16 ♊ 36	17 ♒	29 ♑	3 ♈	20 ♌	26 ♐
15	22 ♐ 12	29 ♍ 35	0 ♐ 45	1 D 37	2 ♐ 33	19 ♏ 15	7 ♍ 45	22 ♐ 0	5 ♑ 39	13 ♐ 16	28 ♊ 0	16 ♊ 35	17 ♒	29 ♑	3 ♈	20 ♌	26 ♐
16	23 ♐ 13	11 ♎ 26	0 ♐ 41	1 ♐ 38	3 ♐ 52	20 ♏ 29	8 ♍ 2	22 ♐ 14	5 ♑ 46	13 ♐ 20	27 ♊ 58	16 ♊ 33	17 ♒	29 ♑	3 ♈	20 ♌	26 ♐
17	24 ♐ 14	23 ♎ 16	0 ♐ 38	1 ♐ 40	5 ♐ 13	21 ♏ 43	8 ♍ 19	22 ♐ 28	5 ♑ 53	13 ♐ 24	27 ♊ 57	16 ♊ 32	18 ♒	0 ♒	3 ♈	20 ♌	27 ♐
18	25 ♐ 15	5 ♏ 11	0 ♐ 35	1 ♐ 42	6 ♐ 35	22 ♏ 57	8 ♍ 36	22 ♐ 41	6 ♑ 0	13 ♐ 27	27 ♊ 55	16 ♊ 31	18 ♒	0 ♒	4 ♈	20 ♌	27 ♐
19	26 ♐ 16	17 ♏ 15	0 ♐ 32	1 ♐ 43	7 ♐ 59	24 ♏ 11	8 ♍ 52	22 ♐ 55	6 ♑ 7	13 ♐ 31	27 ♊ 53	16 ♊ 30	18 ♒	0 ♒	4 ♈	20 R	27 ♐
20	27 ♐ 17	29 ♏ 32	0 ♐ 29	1 ♐ 44	9 ♐ 23	25 ♏ 25	9 ♍ 8	23 ♐ 9	6 ♑ 14	13 ♐ 34	27 ♊ 52	16 ♊ 29	18 ♒	1 ♒	4 ♈	20 ♌	27 ♐
21	28 ♐ 18	12 ♐ 3	0 ♐ 26	1 R 43	10 ♐ 49	26 ♏ 39	9 ♍ 23	23 ♐ 22	6 ♑ 21	13 ♐ 38	27 ♊ 50	16 ♊ 28	19 ♒	1 ♒	5 ♈	20 ♌	27 ♐
22	29 ♐ 20	24 ♐ 50	0 ♐ 22	1 ♐ 42	12 ♐ 15	27 ♏ 53	9 ♍ 38	23 ♐ 36	6 ♑ 28	13 ♐ 42	27 ♊ 48	16 ♊ 27	19 ♒	1 ♒	5 ♈	20 ♌	27 ♐
23	0 ♑ 21	7 ♑ 54	0 ♐ 19	1 ♐ 38	13 ♐ 42	29 ♏ 8	9 ♍ 52	23 ♐ 50	6 ♑ 35	13 ♐ 45	27 ♊ 46	16 ♊ 25	20 ♒	2 ♒	5 ♈	19 ♌	27 ♐
24	1 ♑ 22	21 ♑ 13	0 ♐ 16	1 ♐ 34	15 ♐ 9	0 ♐ 22	10 ♍ 6	24 ♐ 3	6 ♑ 42	13 ♐ 49	27 ♊ 45	16 ♊ 24	20 ♒	2 ♒	6 ♈	19 ♌	27 ♐
25	2 ♑ 23	4 ♒ 47	0 ♐ 13	1 ♐ 29	16 ♐ 37	1 ♐ 36	10 ♍ 19	24 ♐ 17	6 ♑ 49	13 ♐ 52	27 ♊ 43	16 ♊ 23	20 ♒	2 ♒	6 ♈	19 ♌	27 ♐
26	3 ♑ 24	18 ♒ 32	0 ♐ 10	1 ♐ 24	18 ♐ 6	2 ♐ 50	10 ♍ 32	24 ♐ 31	6 ♑ 56	13 ♐ 56	27 ♊ 41	16 ♊ 22	21 ♒	3 ♒	6 ♈	19 ♌	28 ♐
27	4 ♑ 25	2 ♓ 27	0 ♐ 7	1 ♐ 19	19 ♐ 35	4 ♐ 5	10 ♍ 44	24 ♐ 44	7 ♑ 4	13 ♐ 59	27 ♊ 40	16 ♊ 21	21 ♒	3 ♒	7 ♈	19 ♌	28 ♐
28	5 ♑ 26	16 ♓ 28	0 ♐ 3	1 ♐ 16	21 ♐ 4	5 ♐ 19	10 ♍ 55	24 ♐ 58	7 ♑ 11	14 ♐ 3	27 ♊ 38	16 ♊ 20	21 ♒	3 ♒	7 ♈	19 ♌	28 ♐
29	6 ♑ 28	0 ♈ 34	0 ♐ 0	1 ♐ 15	22 ♐ 34	6 ♐ 33	11 ♍ 6	25 ♐ 11	7 ♑ 18	14 ♐ 6	27 ♊ 36	16 ♊ 19	22 ♒	4 ♒	7 ♈	19 ♌	28 ♐
30	7 ♑ 29	14 ♈ 42	29 ♏ 57	1 D 15	24 ♐ 4	7 ♐ 48	11 ♍ 16	25 ♐ 25	7 ♑ 25	14 ♐ 10	27 ♊ 35	16 ♊ 18	22 ♒	4 ♒	8 ♈	19 ♌	28 ♐
31	8 ♑ 30	28 ♈ 52	29 ♏ 54	1 ♐ 16	25 ♐ 35	9 ♐ 2	11 ♍ 26	25 ♐ 38	7 ♑ 32	14 ♐ 13	27 ♊ 33	16 ♊ 17	22 ♒	4 ♒	8 ♈	19 ♌	28 ♐

SUN INGRESS	☉ → ♑ 22日 15:42
MOON PHASE	○ 6日 19:38 ♊ ◑ 14日 07:42 ♍ ● 22日 09:01 ♐ ◐ 29日 10:48 ♈

aspects		
2日	00:32	♀⚹♂
2日	19:02	♀⚹♄
5日	07:40	♂△♄
5日	15:49	☉☌♅
9日	13:52	☉☍♇
14日	18:15	☿☌♃
19日	18:43	☿□♂
20日	13:06	☉☍♆
23日	01:03	☿☌♅
24日	20:18	☿☍♇
29日	22:14	☉☌♄
31日	01:05	☿☌♃

1901年1月

DAY	☉	☽	☊ mean	☊ true	☿	♀	♂	♃	♄	♅	♆	♇	⚳	⚴	⚵	⚶	⚷
	° ′	° ′	° ′	° ′	° ′	° ′	° ′	° ′	° ′	° ′	° ′	° ′	°	°	°	°	°
1	9 ♑ 31	13 ♉ 1	29 ♏ 51	1 D 17	27 D 6	10 D 17	11 D 35	25 D 52	7 D 39	14 D 17	27 R 31	16 R 16	23 D	5 D	8 D	19 R	28 D
2	10 ♑ 32	27 ♉ 7	29 ♏ 47	1 ♐ 18	28 ♐ 37	11 ♐ 31	11 ♍ 43	26 ♐ 5	7 ♑ 46	14 ♐ 20	27 ♊ 30	16 ♊ 15	23 ♒	5 ♒	9 ♈	19 ♌	28 ♐
3	11 ♑ 33	11 ♊ 9	29 ♏ 44	1 R 18	0 ♑ 9	12 ♐ 46	11 ♍ 51	26 ♐ 19	7 ♑ 53	14 ♐ 23	27 ♊ 28	16 ♊ 14	23 ♒	5 ♒	9 ♈	19 ♌	28 ♐
4	12 ♑ 35	25 ♊ 3	29 ♏ 41	1 ♐ 16	1 ♑ 41	14 ♐ 0	11 ♍ 58	26 ♐ 32	8 ♑ 0	14 ♐ 27	27 ♊ 26	16 ♊ 13	24 ♒	6 ♒	10 ♈	19 ♌	29 ♐
5	13 ♑ 36	8 ♋ 46	29 ♏ 38	1 ♐ 11	3 ♑ 14	15 ♐ 15	12 ♍ 5	26 ♐ 46	8 ♑ 7	14 ♐ 30	27 ♊ 25	16 ♊ 12	24 ♒	6 ♒	10 ♈	18 ♌	29 ♐
6	14 ♑ 37	22 ♋ 16	29 ♏ 35	1 ♐ 5	4 ♑ 47	16 ♐ 29	12 ♍ 11	26 ♐ 59	8 ♑ 14	14 ♐ 33	27 ♊ 23	16 ♊ 11	25 ♒	6 ♒	10 ♈	18 ♌	29 ♐
7	15 ♑ 38	5 ♌ 28	29 ♏ 32	0 ♐ 57	6 ♑ 20	17 ♐ 44	12 ♍ 16	27 ♐ 12	8 ♑ 21	14 ♐ 37	27 ♊ 21	16 ♊ 10	25 ♒	7 ♒	11 ♈	18 ♌	29 ♐
8	16 ♑ 39	18 ♌ 23	29 ♏ 28	0 ♐ 49	7 ♑ 54	18 ♐ 58	12 ♍ 20	27 ♐ 26	8 ♑ 28	14 ♐ 40	27 ♊ 20	16 ♊ 9	25 ♒	7 ♒	11 ♈	18 ♌	29 ♐
9	17 ♑ 40	1 ♍ 0	29 ♏ 25	0 ♐ 40	9 ♑ 28	20 ♐ 13	12 ♍ 24	27 ♐ 39	8 ♑ 35	14 ♐ 43	27 ♊ 18	16 ♊ 8	26 ♒	7 ♒	12 ♈	18 ♌	29 ♐
10	18 ♑ 41	13 ♍ 20	29 ♏ 22	0 ♐ 33	11 ♑ 3	21 ♐ 28	12 ♍ 27	27 ♐ 52	8 ♑ 43	14 ♐ 47	27 ♊ 17	16 ♊ 7	26 ♒	8 ♒	12 ♈	18 ♌	29 ♐
11	19 ♑ 43	25 ♍ 26	29 ♏ 19	0 ♐ 28	12 ♑ 38	22 ♐ 42	12 ♍ 30	28 ♐ 6	8 ♑ 50	14 ♐ 50	27 ♊ 15	16 ♊ 6	26 ♒	8 ♒	12 ♈	17 ♌	29 ♐
12	20 ♑ 44	7 ♎ 22	29 ♏ 16	0 ♐ 25	14 ♑ 13	23 ♐ 57	12 ♍ 31	28 ♐ 19	8 ♑ 57	14 ♐ 53	27 ♊ 14	16 ♊ 5	27 ♒	8 ♒	13 ♈	17 ♌	29 ♐
13	21 ♑ 45	19 ♎ 13	29 ♏ 13	0 ♐ 23	15 ♑ 49	25 ♐ 12	12 ♍ 32	28 ♐ 32	9 ♑ 3	14 ♐ 56	27 ♊ 12	16 ♊ 4	27 ♒	9 ♒	13 ♈	17 ♌	29 ♐
14	22 ♑ 46	1 ♏ 2	29 ♏ 9	0 D 24	17 ♑ 25	26 ♐ 26	12 R 32	28 ♐ 45	9 ♑ 10	14 ♐ 59	27 ♊ 11	16 ♊ 3	27 ♒	9 ♒	14 ♈	17 ♌	0 ♑
15	23 ♑ 47	12 ♏ 57	29 ♏ 6	0 ♐ 25	19 ♑ 2	27 ♐ 41	12 ♍ 32	28 ♐ 58	9 ♑ 17	15 ♐ 2	27 ♊ 9	16 ♊ 2	28 ♒	9 ♒	14 ♈	17 ♌	0 ♑
16	24 ♑ 48	25 ♏ 2	29 ♏ 3	0 ♐ 26	20 ♑ 40	28 ♐ 56	12 ♍ 30	29 ♐ 11	9 ♑ 24	15 ♐ 5	27 ♊ 8	16 ♊ 1	28 ♒	10 ♒	15 ♈	16 ♌	0 ♑
17	25 ♑ 49	7 ♐ 22	29 ♏ 0	0 R 26	22 ♑ 17	0 ♑ 10	12 ♍ 28	29 ♐ 24	9 ♑ 31	15 ♐ 8	27 ♊ 6	16 ♊ 0	29 ♒	10 ♒	15 ♈	16 ♌	0 ♑
18	26 ♑ 50	20 ♐ 0	28 ♏ 57	0 ♐ 24	23 ♑ 56	1 ♑ 25	12 ♍ 25	29 ♐ 37	9 ♑ 38	15 ♐ 11	27 ♊ 5	15 ♊ 59	29 ♒	10 ♒	15 ♈	16 ♌	0 ♑
19	27 ♑ 52	3 ♑ 0	28 ♏ 53	0 ♐ 19	25 ♑ 35	2 ♑ 40	12 ♍ 21	29 ♐ 50	9 ♑ 45	15 ♐ 14	27 ♊ 3	15 ♊ 59	29 ♒	11 ♒	16 ♈	16 ♌	0 ♑
20	28 ♑ 53	16 ♑ 23	28 ♏ 50	0 ♐ 12	27 ♑ 14	3 ♑ 55	12 ♍ 17	0 ♑ 3	9 ♑ 52	15 ♐ 17	27 ♊ 2	15 ♊ 58	0 ♓	11 ♒	16 ♈	16 ♌	0 ♑
21	29 ♑ 54	0 ♒ 7	28 ♏ 47	0 ♐ 3	28 ♑ 55	5 ♑ 9	12 ♍ 11	0 ♑ 16	9 ♑ 59	15 ♐ 20	27 ♊ 1	15 ♊ 57	0 ♓	11 ♒	17 ♈	15 ♌	0 ♑
22	0 ♒ 55	14 ♒ 8	28 ♏ 44	29 ♏ 52	0 ♒ 35	6 ♑ 24	12 ♍ 5	0 ♑ 29	10 ♑ 5	15 ♐ 23	26 ♊ 59	15 ♊ 56	0 ♓	12 ♒	17 ♈	15 ♌	0 ♑
23	1 ♒ 56	28 ♒ 23	28 ♏ 41	29 ♏ 42	2 ♒ 16	7 ♑ 39	11 ♍ 58	0 ♑ 41	10 ♑ 12	15 ♐ 26	26 ♊ 58	15 ♊ 55	1 ♓	12 ♒	18 ♈	15 ♌	0 ♑
24	2 ♒ 57	12 ♓ 45	28 ♏ 38	29 ♏ 32	3 ♒ 58	8 ♑ 54	11 ♍ 50	0 ♑ 54	10 ♑ 19	15 ♐ 28	26 ♊ 57	15 ♊ 55	1 ♓	12 ♒	18 ♈	15 ♌	1 ♑
25	3 ♒ 58	27 ♓ 9	28 ♏ 34	29 ♏ 25	5 ♒ 41	10 ♑ 9	11 ♍ 42	1 ♑ 7	10 ♑ 26	15 ♐ 31	26 ♊ 55	15 ♊ 54	2 ♓	13 ♒	19 ♈	14 ♌	1 ♑
26	4 ♒ 59	11 ♈ 29	28 ♏ 31	29 ♏ 20	7 ♒ 24	11 ♑ 23	11 ♍ 32	1 ♑ 19	10 ♑ 32	15 ♐ 34	26 ♊ 54	15 ♊ 53	2 ♓	13 ♒	19 ♈	14 ♌	1 ♑
27	6 ♒ 0	25 ♈ 43	28 ♏ 28	29 ♏ 18	9 ♒ 7	12 ♑ 38	11 ♍ 22	1 ♑ 32	10 ♑ 39	15 ♐ 37	26 ♊ 53	15 ♊ 52	2 ♓	13 ♒	20 ♈	14 ♌	1 ♑
28	7 ♒ 1	9 ♉ 48	28 ♏ 25	29 D 18	10 ♒ 52	13 ♑ 53	11 ♍ 11	1 ♑ 44	10 ♑ 46	15 ♐ 39	26 ♊ 51	15 ♊ 52	3 ♓	14 ♒	20 ♈	14 ♌	1 ♑
29	8 ♒ 2	23 ♉ 43	28 ♏ 22	29 ♏ 18	12 ♒ 36	15 ♑ 8	11 ♍ 0	1 ♑ 56	10 ♑ 52	15 ♐ 42	26 ♊ 50	15 ♊ 51	3 ♓	14 ♒	21 ♈	13 ♌	1 ♑
30	9 ♒ 3	7 ♊ 29	28 ♏ 19	29 R 18	14 ♒ 22	16 ♑ 23	10 ♍ 47	2 ♑ 9	10 ♑ 59	15 ♐ 44	26 ♊ 49	15 ♊ 50	3 ♓	14 ♒	21 ♈	13 ♌	1 ♑
31	10 ♒ 4	21 ♊ 6	28 ♏ 15	29 ♏ 16	16 ♒ 7	17 ♑ 37	10 ♍ 34	2 ♑ 21	11 ♑ 5	15 ♐ 47	26 ♊ 48	15 ♊ 50	4 ♓	15 ♒	22 ♈	13 ♌	1 ♑

SUN INGRESS: ☉ → ♒ 21日 02:16

MOON PHASE: ○ 5日 09:13 ♋ ◑ 13日 05:38 ♎ ● 20日 23:36 ♑ ◐ 27日 18:52 ♉

aspects		
1日	06:31	☿☍♆
2日	04:24	♀□♂
3日	07:55	☉△♂
4日	09:00	♀☌♅
5日	18:03	♀☍♇
7日	14:29	♃☍♆
8日	09:31	☿☌♄
10日	21:56	☿△♂
14日	13:58	♀☍♆
16日	06:01	♀☌♃
22日	11:44	☉☌☿
25日	06:02	♀☌♄
26日	02:34	♀△♂
29日	09:22	♂△♄
30日	19:18	☿⚹♅
30日	20:05	☿△♇
31日	22:15	♅☍♇

1901年2月

DAY	☉	☽	☊ mean	☊ true	☿	♀	♂	♃	♄	♅	♆	♇	⚳	⚴	⚵	⚶	⚷
	° ′	° ′	° ′	° ′	° ′	° ′	° ′	° ′	° ′	° ′	° ′	° ′	°	°	°	°	°
1	11 ♒ 5	4 ♋ 33	28 ♏ 12	29 R 12	17 D 53	18 D 52	10 R 20	2 D 33	11 D 12	15 D 49	26 R 47	15 R 49	4 D	15 D	22 D	13 R	1 D
2	12 ♒ 5	17 ♋ 51	28 ♏ 9	29 ♏ 4	19 ♒ 40	20 ♑ 7	10 ♍ 5	2 ♑ 45	11 ♑ 18	15 ♐ 52	26 ♊ 46	15 ♊ 49	5 ♓	15 ♒	22 ♈	12 ♌	1 ♑
3	13 ♒ 6	0 ♌ 58	28 ♏ 6	28 ♏ 54	21 ♒ 26	21 ♑ 22	9 ♍ 50	2 ♑ 57	11 ♑ 25	15 ♐ 54	26 ♊ 45	15 ♊ 48	5 ♓	16 ♒	23 ♈	12 ♌	2 ♑
4	14 ♒ 7	13 ♌ 53	28 ♏ 3	28 ♏ 41	23 ♒ 13	22 ♑ 37	9 ♍ 33	3 ♑ 9	11 ♑ 31	15 ♐ 57	26 ♊ 44	15 ♊ 48	5 ♓	16 ♒	23 ♈	12 ♌	2 ♑
5	15 ♒ 8	26 ♌ 34	27 ♏ 59	28 ♏ 27	25 ♒ 0	23 ♑ 51	9 ♍ 17	3 ♑ 21	11 ♑ 37	15 ♐ 59	26 ♊ 43	15 ♊ 47	6 ♓	16 ♒	24 ♈	12 ♌	2 ♑
6	16 ♒ 9	9 ♍ 2	27 ♏ 56	28 ♏ 14	26 ♒ 47	25 ♑ 6	8 ♍ 59	3 ♑ 33	11 ♑ 44	16 ♐ 1	26 ♊ 42	15 ♊ 46	6 ♓	17 ♒	24 ♈	11 ♌	2 ♑
7	17 ♒ 10	21 ♍ 17	27 ♏ 53	28 ♏ 2	28 ♒ 33	26 ♑ 21	8 ♍ 41	3 ♑ 45	11 ♑ 50	16 ♐ 3	26 ♊ 41	15 ♊ 46	7 ♓	17 ♒	25 ♈	11 ♌	2 ♑
8	18 ♒ 10	3 ♎ 21	27 ♏ 50	27 ♏ 52	0 ♓ 19	27 ♑ 36	8 ♍ 22	3 ♑ 56	11 ♑ 56	16 ♐ 6	26 ♊ 40	15 ♊ 46	7 ♓	17 ♒	25 ♈	11 ♌	2 ♑
9	19 ♒ 11	15 ♎ 15	27 ♏ 47	27 ♏ 45	2 ♓ 4	28 ♑ 51	8 ♍ 3	4 ♑ 8	12 ♑ 2	16 ♐ 8	26 ♊ 39	15 ♊ 45	7 ♓	18 ♒	26 ♈	10 ♌	2 ♑
10	20 ♒ 12	27 ♎ 4	27 ♏ 44	27 ♏ 40	3 ♓ 48	0 ♒ 5	7 ♍ 43	4 ♑ 19	12 ♑ 8	16 ♐ 10	26 ♊ 38	15 ♊ 45	8 ♓	18 ♒	26 ♈	10 ♌	2 ♑
11	21 ♒ 12	8 ♏ 53	27 ♏ 40	27 ♏ 38	5 ♓ 30	1 ♒ 20	7 ♍ 22	4 ♑ 31	12 ♑ 14	16 ♐ 12	26 ♊ 37	15 ♊ 44	8 ♓	18 ♒	27 ♈	10 ♌	2 ♑
12	22 ♒ 13	20 ♏ 46	27 ♏ 37	27 ♏ 38	7 ♓ 11	2 ♒ 35	7 ♍ 1	4 ♑ 42	12 ♑ 20	16 ♐ 14	26 ♊ 36	15 ♊ 44	8 ♓	19 ♒	27 ♈	10 ♌	2 ♑
13	23 ♒ 14	2 ♐ 48	27 ♏ 34	27 ♏ 38	8 ♓ 49	3 ♒ 50	6 ♍ 40	4 ♑ 54	12 ♑ 26	16 ♐ 16	26 ♊ 35	15 ♊ 43	9 ♓	19 ♒	28 ♈	9 ♌	2 ♑
14	24 ♒ 14	15 ♐ 7	27 ♏ 31	27 ♏ 37	10 ♓ 24	5 ♒ 5	6 ♍ 18	5 ♑ 5	12 ♑ 32	16 ♐ 18	26 ♊ 35	15 ♊ 43	9 ♓	19 ♒	29 ♈	9 ♌	2 ♑
15	25 ♒ 15	27 ♐ 46	27 ♏ 28	27 ♏ 35	11 ♓ 56	6 ♒ 19	5 ♍ 56	5 ♑ 16	12 ♑ 38	16 ♐ 20	26 ♊ 34	15 ♊ 43	10 ♓	20 ♒	29 ♈	9 ♌	3 ♑
16	26 ♒ 16	10 ♑ 49	27 ♏ 25	27 ♏ 29	13 ♓ 24	7 ♒ 34	5 ♍ 33	5 ♑ 27	12 ♑ 44	16 ♐ 22	26 ♊ 33	15 ♊ 43	10 ♓	20 ♒	0 ♉	9 ♌	3 ♑
17	27 ♒ 16	24 ♑ 20	27 ♏ 21	27 ♏ 21	14 ♓ 47	8 ♒ 49	5 ♍ 10	5 ♑ 38	12 ♑ 50	16 ♐ 23	26 ♊ 33	15 ♊ 42	10 ♓	21 ♒	0 ♉	8 ♌	3 ♑
18	28 ♒ 17	8 ♒ 17	27 ♏ 18	27 ♏ 11	16 ♓ 5	10 ♒ 4	4 ♍ 47	5 ♑ 49	12 ♑ 55	16 ♐ 25	26 ♊ 32	15 ♊ 42	11 ♓	21 ♒	1 ♉	8 ♌	3 ♑
19	29 ♒ 17	22 ♒ 38	27 ♏ 15	26 ♏ 59	17 ♓ 17	11 ♒ 19	4 ♍ 23	5 ♑ 59	13 ♑ 1	16 ♐ 27	26 ♊ 31	15 ♊ 42	11 ♓	21 ♒	1 ♉	8 ♌	3 ♑
20	0 ♓ 18	7 ♓ 17	27 ♏ 12	26 ♏ 47	18 ♓ 23	12 ♒ 34	4 ♍ 0	6 ♑ 10	13 ♑ 6	16 ♐ 28	26 ♊ 31	15 ♊ 42	12 ♓	22 ♒	2 ♉	8 ♌	3 ♑
21	1 ♓ 18	22 ♓ 7	27 ♏ 9	26 ♏ 35	19 ♓ 21	13 ♒ 48	3 ♍ 36	6 ♑ 21	13 ♑ 12	16 ♐ 30	26 ♊ 30	15 ♊ 41	12 ♓	22 ♒	2 ♉	8 ♌	3 ♑
22	2 ♓ 19	6 ♈ 57	27 ♏ 5	26 ♏ 26	20 ♓ 11	15 ♒ 3	3 ♍ 12	6 ♑ 31	13 ♑ 17	16 ♐ 32	26 ♊ 30	15 ♊ 41	12 ♓	22 ♒	3 ♉	7 ♌	3 ♑
23	3 ♓ 19	21 ♈ 41	27 ♏ 2	26 ♏ 20	20 ♓ 52	16 ♒ 18	2 ♍ 48	6 ♑ 41	13 ♑ 23	16 ♐ 33	26 ♊ 29	15 ♊ 41	13 ♓	23 ♒	3 ♉	7 ♌	3 ♑
24	4 ♓ 20	6 ♉ 12	26 ♏ 59	26 ♏ 17	21 ♓ 25	17 ♒ 33	2 ♍ 24	6 ♑ 52	13 ♑ 28	16 ♐ 34	26 ♊ 29	15 ♊ 41	13 ♓	23 ♒	4 ♉	7 ♌	3 ♑
25	5 ♓ 20	20 ♉ 27	26 ♏ 56	26 ♏ 16	21 ♓ 48	18 ♒ 47	2 ♍ 0	7 ♑ 2	13 ♑ 33	16 ♐ 36	26 ♊ 28	15 ♊ 41	14 ♓	23 ♒	4 ♉	7 ♌	3 ♑
26	6 ♓ 20	4 ♊ 24	26 ♏ 53	26 D 16	22 ♓ 2	20 ♒ 2	1 ♍ 37	7 ♑ 12	13 ♑ 39	16 ♐ 37	26 ♊ 28	15 ♊ 41	14 ♓	24 ♒	5 ♉	7 ♌	3 ♑
27	7 ♓ 20	18 ♊ 4	26 ♏ 50	26 R 16	22 R 5	21 ♒ 17	1 ♍ 13	7 ♑ 22	13 ♑ 44	16 ♐ 38	26 ♊ 28	15 ♊ 41	14 ♓	24 ♒	5 ♉	6 ♌	3 ♑
28	8 ♓ 21	1 ♋ 28	26 ♏ 46	26 ♏ 14	21 ♓ 59	22 ♒ 32	0 ♍ 50	7 ♑ 32	13 ♑ 49	16 ♐ 40	26 ♊ 27	15 ♊ 41	15 ♓	24 ♒	6 ♉	6 ♌	3 ♑

SUN INGRESS: ☉ → ♓ 19日 16:45

MOON PHASE: ○ 4日 00:30 ♌ ◑ 12日 03:12 ♏ ● 19日 11:45 ♒ ◐ 26日 03:38 ♊

aspects		
5日	15:17	☉△♇
5日	20:56	☉⚹♅
5日	22:50	☿△♆
10日	08:19	☿⚹♃
11日	22:09	☿☍♂
15日	12:07	☿⚹♄
16日	04:22	♂△♃
16日	06:54	☉△♆
17日	16:42	☿□♇
18日	06:35	☿□♅
22日	12:10	♀△♇
22日	15:11	☉☍♂
23日	04:57	♀⚹♅
27日	00:37	☉⚹♃

1901年3月

DAY	☉	☽	☊ mean	☊ true	☿	♀	♂	♃	♄	♅	♆	♇	⚳	⚴	⚵	⚶	⚷
	° ′	° ′	° ′	° ′	° ′	° ′	° ′	° ′	° ′	° ′	° ′	° ′	°	°	°	°	°
1	9 ♓ 21	14 ♋ 38	26 ♏ 43	26 R 9	21 R 44	23 D 46	0 R 27	7 D 41	13 D 54	16 D 41	26 R 27	15 R 41	15 D	25 D	6 D	6 R	4 D
2	10 ♓ 21	27 ♋ 35	26 ♏ 40	26 ♏ 2	21 ♓ 20	25 ♒ 1	0 ♍ 4	7 ♑ 51	13 ♑ 59	16 ♐ 42	26 ♊ 27	15 D 41	16 ♓	25 ♒	7 ♉	6 ♌	4 ♑
3	11 ♓ 21	10 ♌ 21	26 ♏ 37	25 ♏ 52	20 ♓ 47	26 ♒ 16	29 ♌ 41	8 ♑ 0	14 ♑ 4	16 ♐ 43	26 ♊ 27	15 ♊ 41	16 ♓	25 ♒	8 ♉	6 ♌	4 ♑
4	12 ♓ 21	22 ♌ 56	26 ♏ 34	25 ♏ 40	20 ♓ 6	27 ♒ 31	29 ♌ 19	8 ♑ 10	14 ♑ 8	16 ♐ 44	26 ♊ 26	15 ♊ 41	16 ♓	26 ♒	8 ♉	6 ♌	4 ♑
5	13 ♓ 21	5 ♍ 21	26 ♏ 30	25 ♏ 27	19 ♓ 20	28 ♒ 45	28 ♌ 57	8 ♑ 19	14 ♑ 13	16 ♐ 45	26 ♊ 26	15 ♊ 41	17 ♓	26 ♒	9 ♉	5 ♌	4 ♑
6	14 ♓ 22	17 ♍ 35	26 ♏ 27	25 ♏ 14	18 ♓ 27	0 ♓ 0	28 ♌ 36	8 ♑ 28	14 ♑ 18	16 ♐ 46	26 ♊ 26	15 ♊ 41	17 ♓	26 ♒	9 ♉	5 ♌	4 ♑
7	15 ♓ 22	29 ♍ 41	26 ♏ 24	25 ♏ 2	17 ♓ 31	1 ♓ 15	28 ♌ 15	8 ♑ 37	14 ♑ 22	16 ♐ 47	26 ♊ 26	15 ♊ 41	17 ♓	26 ♒	10 ♉	5 ♌	4 ♑
8	16 ♓ 22	11 ♎ 39	26 ♏ 21	24 ♏ 52	16 ♓ 32	2 ♓ 29	27 ♌ 54	8 ♑ 46	14 ♑ 27	16 ♐ 48	26 ♊ 26	15 ♊ 41	18 ♓	27 ♒	10 ♉	5 ♌	4 ♑
9	17 ♓ 22	23 ♎ 30	26 ♏ 18	24 ♏ 44	15 ♓ 32	3 ♓ 44	27 ♌ 35	8 ♑ 55	14 ♑ 31	16 ♐ 48	26 D 26	15 ♊ 41	18 ♓	27 ♒	11 ♉	5 ♌	4 ♑
10	18 ♓ 21	5 ♏ 18	26 ♏ 15	24 ♏ 40	14 ♓ 32	4 ♓ 59	27 ♌ 15	9 ♑ 4	14 ♑ 36	16 ♐ 49	26 ♊ 26	15 ♊ 41	19 ♓	27 ♒	11 ♉	5 ♌	4 ♑
11	19 ♓ 21	17 ♏ 6	26 ♏ 11	24 ♏ 38	13 ♓ 34	6 ♓ 13	26 ♌ 56	9 ♑ 12	14 ♑ 40	16 ♐ 50	26 ♊ 26	15 ♊ 42	19 ♓	28 ♒	12 ♉	5 ♌	4 ♑
12	20 ♓ 21	28 ♏ 58	26 ♏ 8	24 D 38	12 ♓ 38	7 ♓ 28	26 ♌ 38	9 ♑ 20	14 ♑ 44	16 ♐ 50	26 ♊ 26	15 ♊ 42	19 ♓	28 ♒	12 ♉	5 ♌	4 ♑
13	21 ♓ 21	10 ♐ 59	26 ♏ 5	24 ♏ 38	11 ♓ 46	8 ♓ 43	26 ♌ 21	9 ♑ 29	14 ♑ 48	16 ♐ 51	26 ♊ 26	15 ♊ 42	20 ♓	28 ♒	13 ♉	5 ♌	4 ♑
14	22 ♓ 21	23 ♐ 15	26 ♏ 2	24 R 39	10 ♓ 58	9 ♓ 57	26 ♌ 4	9 ♑ 37	14 ♑ 52	16 ♐ 51	26 ♊ 27	15 ♊ 42	20 ♓	29 ♒	14 ♉	5 ♌	4 ♑
15	23 ♓ 21	5 ♑ 50	25 ♏ 59	24 ♏ 38	10 ♓ 16	11 ♓ 12	25 ♌ 48	9 ♑ 45	14 ♑ 56	16 ♐ 52	26 ♊ 27	15 ♊ 43	21 ♓	29 ♒	14 ♉	4 ♌	4 ♑
16	24 ♓ 20	18 ♑ 50	25 ♏ 56	24 ♏ 35	9 ♓ 39	12 ♓ 26	25 ♌ 32	9 ♑ 53	15 ♑ 0	16 ♐ 52	26 ♊ 27	15 ♊ 43	21 ♓	29 ♒	15 ♉	4 ♌	4 ♑
17	25 ♓ 20	2 ♒ 18	25 ♏ 52	24 ♏ 30	9 ♓ 8	13 ♓ 41	25 ♌ 17	10 ♑ 1	15 ♑ 4	16 ♐ 53	26 ♊ 27	15 ♊ 43	21 ♓	0 ♓	15 ♉	4 ♌	4 ♑
18	26 ♓ 20	16 ♒ 16	25 ♏ 49	24 ♏ 23	8 ♓ 44	14 ♓ 56	25 ♌ 3	10 ♑ 8	15 ♑ 8	16 ♐ 53	26 ♊ 28	15 ♊ 44	22 ♓	0 ♓	16 ♉	4 ♌	4 ♑
19	27 ♓ 20	0 ♓ 41	25 ♏ 46	24 ♏ 14	8 ♓ 26	16 ♓ 10	24 ♌ 50	10 ♑ 16	15 ♑ 12	16 ♐ 53	26 ♊ 28	15 ♊ 44	22 ♓	0 ♓	16 ♉	4 ♌	4 ♑
20	28 ♓ 19	15 ♓ 30	25 ♏ 43	24 ♏ 5	8 ♓ 14	17 ♓ 25	24 ♌ 38	10 ♑ 23	15 ♑ 15	16 ♐ 53	26 ♊ 28	15 ♊ 44	23 ♓	1 ♓	17 ♉	4 ♌	4 ♑
21	29 ♓ 19	0 ♈ 34	25 ♏ 40	23 ♏ 57	8 ♓ 8	18 ♓ 39	24 ♌ 26	10 ♑ 30	15 ♑ 19	16 ♐ 53	26 ♊ 29	15 ♊ 45	23 ♓	1 ♓	17 ♉	4 ♌	5 ♑
22	0 ♈ 18	15 ♈ 43	25 ♏ 36	23 ♏ 50	8 D 8	19 ♓ 54	24 ♌ 15	10 ♑ 37	15 ♑ 22	16 ♐ 54	26 ♊ 29	15 ♊ 45	23 ♓	1 ♓	18 ♉	4 ♌	5 ♑
23	1 ♈ 18	0 ♉ 49	25 ♏ 33	23 ♏ 46	8 ♓ 14	21 ♓ 9	24 ♌ 5	10 ♑ 44	15 ♑ 25	16 R 54	26 ♊ 30	15 ♊ 46	24 ♓	2 ♓	19 ♉	4 D	5 ♑
24	2 ♈ 17	15 ♉ 41	25 ♏ 30	23 ♏ 44	8 ♓ 25	22 ♓ 23	23 ♌ 55	10 ♑ 51	15 ♑ 28	16 ♐ 54	26 ♊ 30	15 ♊ 46	24 ♓	2 ♓	19 ♉	4 ♌	5 ♑
25	3 ♈ 17	0 ♊ 13	25 ♏ 27	23 D 44	8 ♓ 42	23 ♓ 38	23 ♌ 47	10 ♑ 57	15 ♑ 32	16 ♐ 53	26 ♊ 31	15 ♊ 47	25 ♓	2 ♓	20 ♉	4 ♌	5 ♑
26	4 ♈ 16	14 ♊ 23	25 ♏ 24	23 ♏ 45	9 ♓ 4	24 ♓ 52	23 ♌ 39	11 ♑ 4	15 ♑ 35	16 ♐ 53	26 ♊ 31	15 ♊ 47	25 ♓	3 ♓	20 ♉	4 ♌	5 ♑
27	5 ♈ 16	28 ♊ 10	25 ♏ 21	23 ♏ 46	9 ♓ 30	26 ♓ 7	23 ♌ 32	11 ♑ 10	15 ♑ 38	16 ♐ 53	26 ♊ 32	15 ♊ 48	25 ♓	3 ♓	21 ♉	4 ♌	5 ♑
28	6 ♈ 15	11 ♋ 34	25 ♏ 17	23 R 46	10 ♓ 1	27 ♓ 21	23 ♌ 25	11 ♑ 16	15 ♑ 41	16 ♐ 53	26 ♊ 33	15 ♊ 48	26 ♓	3 ♓	21 ♉	4 ♌	5 ♑
29	7 ♈ 14	24 ♋ 38	25 ♏ 14	23 ♏ 44	10 ♓ 36	28 ♓ 36	23 ♌ 20	11 ♑ 22	15 ♑ 43	16 ♐ 53	26 ♊ 33	15 ♊ 49	26 ♓	3 ♓	22 ♉	4 ♌	5 ♑
30	8 ♈ 14	7 ♌ 25	25 ♏ 11	23 ♏ 40	11 ♓ 15	29 ♓ 50	23 ♌ 15	11 ♑ 28	15 ♑ 46	16 ♐ 52	26 ♊ 34	15 ♊ 50	27 ♓	4 ♓	22 ♉	4 ♌	5 ♑
31	9 ♈ 13	19 ♌ 57	25 ♏ 8	23 ♏ 35	11 ♓ 58	1 ♈ 4	23 ♌ 11	11 ♑ 34	15 ♑ 49	16 ♐ 52	26 ♊ 35	15 ♊ 50	27 ♓	4 ♓	23 ♉	4 ♌	5 ♑

SUN INGRESS	☉ → ♈ 21日 16:24
MOON PHASE	○ 5日 17:04 ♍ ◑ 13日 22:06 ♐ ● 20日 21:53 ♓ ◐ 27日 13:39 ♋

aspects		
3日	03:27	♀△♆
5日	02:58	♀☍♂
5日	22:23	☉⚹♄
7日	07:46	☉□♇
7日	17:53	☿□♅
8日	02:09	☉☌☿
8日	10:36	☉□♅
8日	20:25	☿□♇
9日	22:44	☿⚹♄
12日	16:13	♂⚹♆
13日	16:39	♀⚹♃
14日	12:23	☿☌♀
15日	16:19	☿⚹♃
18日	03:07	☉□♆
18日	04:06	♀⚹♄
18日	15:31	♀□♇
19日	13:49	♀□♅
27日	08:12	♀□♆
30日	08:16	☿⚹♃

1901年4月

DAY	☉	☽	☊ mean	☊ true	☿	♀	♂	♃	♄	♅	♆	♇	⚳	⚴	⚵	⚶	⚷
	° ′	° ′	° ′	° ′	° ′	° ′	° ′	° ′	° ′	° ′	° ′	° ′	°	°	°	°	°
1	10 ♈ 12	2 ♍ 18	25 ♏ 5	23 R 28	12 D 45	2 D 19	23 R 8	11 D 39	15 D 51	16 R 51	26 D 35	15 D 51	27 D	4 D	24 D	5 D	5 D
2	11 ♈ 11	14 ♍ 29	25 ♏ 1	23 ♏ 20	13 ♓ 35	3 ♈ 33	23 ♌ 6	11 ♑ 44	15 ♑ 54	16 ♐ 51	26 ♊ 36	15 ♊ 52	28 ♓	5 ♓	24 ♉	5 ♌	5 ♑
3	12 ♈ 10	26 ♍ 31	24 ♏ 58	23 ♏ 12	14 ♓ 28	4 ♈ 48	23 ♌ 4	11 ♑ 50	15 ♑ 56	16 ♐ 50	26 ♊ 37	15 ♊ 52	28 ♓	5 ♓	25 ♉	5 ♌	5 ♑
4	13 ♈ 9	8 ♎ 28	24 ♏ 55	23 ♏ 5	15 ♓ 25	6 ♈ 2	23 ♌ 3	11 ♑ 55	15 ♑ 58	16 ♐ 50	26 ♊ 38	15 ♊ 53	28 ♓	5 ♓	25 ♉	5 ♌	5 ♑
5	14 ♈ 8	20 ♎ 20	24 ♏ 52	22 ♏ 59	16 ♓ 24	7 ♈ 16	23 D 3	11 ♑ 59	16 ♑ 0	16 ♐ 49	26 ♊ 39	15 ♊ 54	29 ♓	6 ♓	26 ♉	5 ♌	5 ♑
6	15 ♈ 8	2 ♏ 9	24 ♏ 49	22 ♏ 55	17 ♓ 26	8 ♈ 31	23 ♌ 4	12 ♑ 4	16 ♑ 2	16 ♐ 48	26 ♊ 40	15 ♊ 54	29 ♓	6 ♓	26 ♉	5 ♌	5 ♑
7	16 ♈ 7	13 ♏ 57	24 ♏ 46	22 ♏ 53	18 ♓ 30	9 ♈ 45	23 ♌ 5	12 ♑ 9	16 ♑ 4	16 ♐ 48	26 ♊ 41	15 ♊ 55	0 ♈	6 ♓	27 ♉	5 ♌	5 ♑
8	17 ♈ 5	25 ♏ 47	24 ♏ 42	22 D 53	19 ♓ 37	10 ♈ 59	23 ♌ 7	12 ♑ 13	16 ♑ 6	16 ♐ 47	26 ♊ 42	15 ♊ 56	0 ♈	7 ♓	28 ♉	5 ♌	5 ♑
9	18 ♈ 4	7 ♐ 42	24 ♏ 39	22 ♏ 53	20 ♓ 46	12 ♈ 14	23 ♌ 10	12 ♑ 17	16 ♑ 8	16 ♐ 46	26 ♊ 43	15 ♊ 57	0 ♈	7 ♓	28 ♉	5 ♌	5 ♑
10	19 ♈ 3	19 ♐ 46	24 ♏ 36	22 ♏ 55	21 ♓ 58	13 ♈ 28	23 ♌ 14	12 ♑ 21	16 ♑ 10	16 ♐ 45	26 ♊ 44	15 ♊ 58	1 ♈	7 ♓	29 ♉	5 ♌	5 ♑
11	20 ♈ 2	2 ♑ 3	24 ♏ 33	22 ♏ 57	23 ♓ 12	14 ♈ 42	23 ♌ 18	12 ♑ 25	16 ♑ 11	16 ♐ 44	26 ♊ 45	15 ♊ 58	1 ♈	7 ♓	29 ♉	6 ♌	5 ♑
12	21 ♈ 1	14 ♑ 37	24 ♏ 30	22 ♏ 58	24 ♓ 28	15 ♈ 57	23 ♌ 22	12 ♑ 28	16 ♑ 13	16 ♐ 43	26 ♊ 46	15 ♊ 59	2 ♈	8 ♓	0 ♊	6 ♌	5 ♑
13	22 ♈ 0	27 ♑ 33	24 ♏ 27	22 R 58	25 ♓ 46	17 ♈ 11	23 ♌ 28	12 ♑ 32	16 ♑ 14	16 ♐ 42	26 ♊ 47	16 ♊ 0	2 ♈	8 ♓	0 ♊	6 ♌	5 ♑
14	22 ♈ 59	10 ♒ 54	24 ♏ 23	22 ♏ 57	27 ♓ 6	18 ♈ 25	23 ♌ 34	12 ♑ 35	16 ♑ 15	16 ♐ 41	26 ♊ 48	16 ♊ 1	2 ♈	8 ♓	1 ♊	6 ♌	5 ♑
15	23 ♈ 57	24 ♒ 43	24 ♏ 20	22 ♏ 54	28 ♓ 28	19 ♈ 39	23 ♌ 41	12 ♑ 38	16 ♑ 16	16 ♐ 40	26 ♊ 49	16 ♊ 2	3 ♈	9 ♓	2 ♊	6 ♌	5 R
16	24 ♈ 56	9 ♓ 0	24 ♏ 17	22 ♏ 51	29 ♓ 52	20 ♈ 54	23 ♌ 48	12 ♑ 41	16 ♑ 18	16 ♐ 39	26 ♊ 51	16 ♊ 3	3 ♈	9 ♓	2 ♊	6 ♌	5 ♑
17	25 ♈ 55	23 ♓ 42	24 ♏ 14	22 ♏ 47	1 ♈ 18	22 ♈ 8	23 ♌ 56	12 ♑ 44	16 ♑ 19	16 ♐ 38	26 ♊ 52	16 ♊ 4	4 ♈	9 ♓	3 ♊	7 ♌	5 ♑
18	26 ♈ 53	8 ♈ 44	24 ♏ 11	22 ♏ 43	2 ♈ 45	23 ♈ 22	24 ♌ 5	12 ♑ 47	16 ♑ 19	16 ♐ 36	26 ♊ 53	16 ♊ 5	4 ♈	9 ♓	3 ♊	7 ♌	5 ♑
19	27 ♈ 52	23 ♈ 56	24 ♏ 7	22 ♏ 40	4 ♈ 14	24 ♈ 36	24 ♌ 14	12 ♑ 49	16 ♑ 20	16 ♐ 35	26 ♊ 54	16 ♊ 6	4 ♈	10 ♓	4 ♊	7 ♌	5 ♑
20	28 ♈ 51	9 ♉ 9	24 ♏ 4	22 ♏ 39	5 ♈ 46	25 ♈ 51	24 ♌ 24	12 ♑ 51	16 ♑ 21	16 ♐ 34	26 ♊ 56	16 ♊ 7	5 ♈	10 ♓	4 ♊	7 ♌	5 ♑
21	29 ♈ 49	24 ♉ 13	24 ♏ 1	22 D 38	7 ♈ 19	27 ♈ 5	24 ♌ 34	12 ♑ 53	16 ♑ 22	16 ♐ 32	26 ♊ 57	16 ♊ 8	5 ♈	10 ♓	5 ♊	7 ♌	5 ♑
22	0 ♉ 48	9 ♊ 1	23 ♏ 58	22 ♏ 39	8 ♈ 53	28 ♈ 19	24 ♌ 45	12 ♑ 55	16 ♑ 22	16 ♐ 31	26 ♊ 59	16 ♊ 9	5 ♈	11 ♓	6 ♊	8 ♌	5 ♑
23	1 ♉ 46	23 ♊ 25	23 ♏ 55	22 ♏ 40	10 ♈ 30	29 ♈ 33	24 ♌ 57	12 ♑ 57	16 ♑ 22	16 ♐ 29	27 ♊ 0	16 ♊ 10	6 ♈	11 ♓	6 ♊	8 ♌	5 ♑
24	2 ♉ 45	7 ♋ 24	23 ♏ 52	22 ♏ 42	12 ♈ 8	0 ♉ 47	25 ♌ 9	12 ♑ 58	16 ♑ 23	16 ♐ 28	27 ♊ 1	16 ♊ 11	6 ♈	11 ♓	7 ♊	8 ♌	5 ♑
25	3 ♉ 43	20 ♋ 56	23 ♏ 48	22 ♏ 43	13 ♈ 47	2 ♉ 1	25 ♌ 21	12 ♑ 59	16 ♑ 23	16 ♐ 26	27 ♊ 3	16 ♊ 12	7 ♈	11 ♓	7 ♊	8 ♌	5 ♑
26	4 ♉ 42	4 ♌ 4	23 ♏ 45	22 ♏ 43	15 ♈ 29	3 ♉ 15	25 ♌ 34	13 ♑ 0	16 ♑ 23	16 ♐ 25	27 ♊ 4	16 ♊ 13	7 ♈	12 ♓	8 ♊	8 ♌	5 ♑
27	5 ♉ 40	16 ♌ 50	23 ♏ 42	22 R 43	17 ♈ 12	4 ♉ 29	25 ♌ 48	13 ♑ 1	16 R 23	16 ♐ 23	27 ♊ 6	16 ♊ 14	7 ♈	12 ♓	8 ♊	9 ♌	5 ♑
28	6 ♉ 38	29 ♌ 18	23 ♏ 39	22 ♏ 42	18 ♈ 57	5 ♉ 44	26 ♌ 2	13 ♑ 2	16 ♑ 23	16 ♐ 21	27 ♊ 7	16 ♊ 15	8 ♈	12 ♓	9 ♊	9 ♌	5 ♑
29	7 ♉ 36	11 ♍ 32	23 ♏ 36	22 ♏ 40	20 ♈ 44	6 ♉ 58	26 ♌ 17	13 ♑ 3	16 ♑ 23	16 ♐ 20	27 ♊ 9	16 ♊ 16	8 ♈	12 ♓	10 ♊	9 ♌	5 ♑
30	8 ♉ 35	23 ♍ 35	23 ♏ 33	22 ♏ 38	22 ♈ 33	8 ♉ 12	26 ♌ 32	13 ♑ 3	16 ♑ 22	16 ♐ 18	27 ♊ 11	16 ♊ 17	8 ♈	13 ♓	10 ♊	9 ♌	5 ♑

SUN INGRESS	☉ → ♉ 21日 04:13
MOON PHASE	○ 4日 10:20 ♎ ◑ 12日 12:57 ♑ ● 19日 06:37 ♈ ◐ 26日 01:15 ♌

aspects		
2日	14:44	☉□♃
4日	11:50	☿□♇
4日	14:16	☿⚹♄
5日	09:52	☿□♅
6日	19:21	☉⚹♇
6日	23:03	☉□♄
7日	16:31	☉△♅
9日	01:07	♀□♃
12日	00:52	♀⚹♇
12日	05:15	♀□♄
12日	14:49	♀△♅
13日	18:40	☿□♆
14日	16:18	☉△♂
17日	23:55	☉⚹♆
18日	15:41	♀△♂
20日	21:31	♀⚹♆
24日	12:20	☿□♃
26日	10:22	☿⚹♇
26日	12:36	☿□♄
26日	12:46	☿△♅
30日	03:34	♅☍♇

1901年5月

DAY	☉	☽	☊ mean	☊ true	☿	♀	♂	♃	♄	♅	♆	♇	⚳	⚴	⚵	⚶	⚷
	° ′	° ′	° ′	° ′	° ′	° ′	° ′	° ′	° ′	° ′	° ′	° ′	°	°	°	°	°
1	9 ♉ 33	5 ♎ 30	23 ♏ 29	22 R 36	24 D 23	9 D 26	26 D 47	13 D 3	16 R 22	16 R 16	27 D 12	16 D 19	9 D	13 D	11 D	10 D	5 R
2	10 ♉ 31	17 ♎ 20	23 ♏ 26	22 ♏ 34	26 ♈ 15	10 ♉ 40	27 ♌ 4	13 R 3	16 ♑ 22	16 ♐ 14	27 ♊ 14	16 ♊ 20	9 ♈	13 ♓	11 ♊	10 ♌	5 ♑
3	11 ♉ 29	29 ♎ 9	23 ♏ 23	22 ♏ 33	28 ♈ 9	11 ♉ 54	27 ♌ 20	13 ♑ 3	16 ♑ 21	16 ♐ 12	27 ♊ 16	16 ♊ 21	10 ♈	13 ♓	12 ♊	10 ♌	5 ♑
4	12 ♉ 27	10 ♏ 57	23 ♏ 20	22 ♏ 32	0 ♉ 5	13 ♉ 8	27 ♌ 37	13 ♑ 2	16 ♑ 20	16 ♐ 11	27 ♊ 17	16 ♊ 22	10 ♈	14 ♓	12 ♊	10 ♌	5 ♑
5	13 ♉ 26	22 ♏ 49	23 ♏ 17	22 D 32	2 ♉ 2	14 ♉ 22	27 ♌ 54	13 ♑ 2	16 ♑ 20	16 ♐ 9	27 ♊ 19	16 ♊ 23	10 ♈	14 ♓	13 ♊	11 ♌	5 ♑
6	14 ♉ 24	4 ♐ 45	23 ♏ 13	22 ♏ 32	4 ♉ 1	15 ♉ 36	28 ♌ 12	13 ♑ 1	16 ♑ 19	16 ♐ 7	27 ♊ 21	16 ♊ 24	11 ♈	14 ♓	14 ♊	11 ♌	5 ♑
7	15 ♉ 22	16 ♐ 48	23 ♏ 10	22 ♏ 32	6 ♉ 2	16 ♉ 50	28 ♌ 30	13 ♑ 0	16 ♑ 18	16 ♐ 5	27 ♊ 22	16 ♊ 26	11 ♈	14 ♓	14 ♊	11 ♌	5 ♑
8	16 ♉ 20	29 ♐ 1	23 ♏ 7	22 ♏ 33	8 ♉ 4	18 ♉ 4	28 ♌ 49	12 ♑ 59	16 ♑ 17	16 ♐ 3	27 ♊ 24	16 ♊ 27	11 ♈	15 ♓	15 ♊	11 ♌	5 ♑
9	17 ♉ 18	11 ♑ 26	23 ♏ 4	22 ♏ 34	10 ♉ 8	19 ♉ 17	29 ♌ 8	12 ♑ 57	16 ♑ 16	16 ♐ 1	27 ♊ 26	16 ♊ 28	12 ♈	15 ♓	15 ♊	12 ♌	5 ♑
10	18 ♉ 16	24 ♑ 6	23 ♏ 1	22 ♏ 34	12 ♉ 13	20 ♉ 31	29 ♌ 27	12 ♑ 56	16 ♑ 14	15 ♐ 59	27 ♊ 28	16 ♊ 29	12 ♈	15 ♓	16 ♊	12 ♌	5 ♑
11	19 ♉ 14	7 ♒ 4	22 ♏ 58	22 ♏ 34	14 ♉ 20	21 ♉ 45	29 ♌ 47	12 ♑ 54	16 ♑ 13	15 ♐ 56	27 ♊ 30	16 ♊ 31	13 ♈	15 ♓	16 ♊	12 ♌	4 ♑
12	20 ♉ 12	20 ♒ 23	22 ♏ 54	22 ♏ 34	16 ♉ 28	22 ♉ 59	0 ♍ 7	12 ♑ 52	16 ♑ 12	15 ♐ 54	27 ♊ 31	16 ♊ 32	13 ♈	16 ♓	17 ♊	13 ♌	4 ♑
13	21 ♉ 9	4 ♓ 4	22 ♏ 51	22 R 34	18 ♉ 37	24 ♉ 13	0 ♍ 28	12 ♑ 50	16 ♑ 10	15 ♐ 52	27 ♊ 33	16 ♊ 33	13 ♈	16 ♓	18 ♊	13 ♌	4 ♑
14	22 ♉ 7	18 ♓ 9	22 ♏ 48	22 ♏ 34	20 ♉ 47	25 ♉ 27	0 ♍ 48	12 ♑ 48	16 ♑ 8	15 ♐ 50	27 ♊ 35	16 ♊ 34	14 ♈	16 ♓	18 ♊	13 ♌	4 ♑
15	23 ♉ 5	2 ♈ 35	22 ♏ 45	22 D 34	22 ♉ 58	26 ♉ 41	1 ♍ 10	12 ♑ 45	16 ♑ 7	15 ♐ 48	27 ♊ 37	16 ♊ 36	14 ♈	16 ♓	19 ♊	13 ♌	4 ♑
16	24 ♉ 3	17 ♈ 21	22 ♏ 42	22 ♏ 34	25 ♉ 9	27 ♉ 55	1 ♍ 31	12 ♑ 43	16 ♑ 5	15 ♐ 46	27 ♊ 39	16 ♊ 37	14 ♈	17 ♓	19 ♊	14 ♌	4 ♑
17	25 ♉ 1	2 ♉ 20	22 ♏ 38	22 ♏ 35	27 ♉ 20	29 ♉ 9	1 ♍ 53	12 ♑ 40	16 ♑ 3	15 ♐ 43	27 ♊ 41	16 ♊ 38	15 ♈	17 ♓	20 ♊	14 ♌	4 ♑
18	25 ♉ 59	17 ♉ 24	22 ♏ 35	22 ♏ 35	29 ♉ 31	0 ♊ 22	2 ♍ 15	12 ♑ 37	16 ♑ 1	15 ♐ 41	27 ♊ 43	16 ♊ 40	15 ♈	17 ♓	20 ♊	14 ♌	4 ♑
19	26 ♉ 56	2 ♊ 25	22 ♏ 32	22 R 35	1 ♊ 42	1 ♊ 36	2 ♍ 38	12 ♑ 34	15 ♑ 59	15 ♐ 39	27 ♊ 45	16 ♊ 41	15 ♈	17 ♓	21 ♊	15 ♌	4 ♑
20	27 ♉ 54	17 ♊ 15	22 ♏ 29	22 ♏ 34	3 ♊ 52	2 ♊ 50	3 ♍ 1	12 ♑ 30	15 ♑ 57	15 ♐ 37	27 ♊ 47	16 ♊ 42	16 ♈	17 ♓	21 ♊	15 ♌	4 ♑
21	28 ♉ 52	1 ♋ 45	22 ♏ 26	22 ♏ 34	6 ♊ 2	4 ♊ 4	3 ♍ 24	12 ♑ 27	15 ♑ 55	15 ♐ 34	27 ♊ 49	16 ♊ 44	16 ♈	18 ♓	22 ♊	15 ♌	4 ♑
22	29 ♉ 50	15 ♋ 52	22 ♏ 23	22 ♏ 33	8 ♊ 10	5 ♊ 18	3 ♍ 47	12 ♑ 23	15 ♑ 52	15 ♐ 32	27 ♊ 51	16 ♊ 45	17 ♈	18 ♓	23 ♊	16 ♌	4 ♑
23	0 ♊ 47	29 ♋ 33	22 ♏ 19	22 ♏ 32	10 ♊ 16	6 ♊ 31	4 ♍ 11	12 ♑ 19	15 ♑ 50	15 ♐ 30	27 ♊ 53	16 ♊ 46	17 ♈	18 ♓	23 ♊	16 ♌	4 ♑
24	1 ♊ 45	12 ♌ 48	22 ♏ 16	22 ♏ 31	12 ♊ 21	7 ♊ 45	4 ♍ 35	12 ♑ 15	15 ♑ 48	15 ♐ 27	27 ♊ 55	16 ♊ 48	17 ♈	18 ♓	24 ♊	16 ♌	4 ♑
25	2 ♊ 43	25 ♌ 38	22 ♏ 13	22 ♏ 31	14 ♊ 24	8 ♊ 59	5 ♍ 0	12 ♑ 11	15 ♑ 45	15 ♐ 25	27 ♊ 57	16 ♊ 49	18 ♈	18 ♓	24 ♊	17 ♌	4 ♑
26	3 ♊ 40	8 ♍ 7	22 ♏ 10	22 D 31	16 ♊ 25	10 ♊ 13	5 ♍ 24	12 ♑ 6	15 ♑ 42	15 ♐ 22	27 ♊ 59	16 ♊ 50	18 ♈	19 ♓	25 ♊	17 ♌	4 ♑
27	4 ♊ 38	20 ♍ 20	22 ♏ 7	22 ♏ 31	18 ♊ 24	11 ♊ 27	5 ♍ 49	12 ♑ 2	15 ♑ 40	15 ♐ 20	28 ♊ 1	16 ♊ 52	18 ♈	19 ♓	25 ♊	17 ♌	4 ♑
28	5 ♊ 35	2 ♎ 20	22 ♏ 4	22 ♏ 32	20 ♊ 20	12 ♊ 40	6 ♍ 14	11 ♑ 57	15 ♑ 37	15 ♐ 18	28 ♊ 3	16 ♊ 53	19 ♈	19 ♓	26 ♊	18 ♌	4 ♑
29	6 ♊ 33	14 ♎ 12	22 ♏ 0	22 ♏ 33	22 ♊ 14	13 ♊ 54	6 ♍ 40	11 ♑ 52	15 ♑ 34	15 ♐ 15	28 ♊ 5	16 ♊ 54	19 ♈	19 ♓	27 ♊	18 ♌	4 ♑
30	7 ♊ 30	26 ♎ 0	21 ♏ 57	22 ♏ 35	24 ♊ 5	15 ♊ 8	7 ♍ 6	11 ♑ 47	15 ♑ 31	15 ♐ 13	28 ♊ 7	16 ♊ 56	19 ♈	19 ♓	27 ♊	18 ♌	4 ♑
31	8 ♊ 28	7 ♏ 48	21 ♏ 54	22 ♏ 36	25 ♊ 54	16 ♊ 21	7 ♍ 32	11 ♑ 42	15 ♑ 28	15 ♐ 10	28 ♊ 9	16 ♊ 57	20 ♈	20 ♓	28 ♊	19 ♌	4 ♑

SUN INGRESS: ☉ → ♊ 22日 04:05

MOON PHASE: ○ 4日 03:19 ♏　◑ 11日 23:38 ♒　● 18日 14:38 ♉　◐ 25日 14:40 ♍

aspects		
1日	11:02	☉☌♀
2日	11:58	☿△♂
2日	12:37	☿⚹♆
2日	16:52	♂⚹♆
3日	22:16	♀△♃
4日	14:15	☉△♃
6日	13:49	♀△♄
7日	22:48	☉△♄
10日	07:57	☿△♃
11日	20:56	☿△♄
15日	02:24	☉☌☿
18日	21:27	☿☌♀
19日	12:23	☿□♂
20日	05:00	♀□♂
25日	11:45	☿☍♅
26日	05:06	☿☌♇
29日	05:11	☉□♂
30日	01:36	♀☍♅
31日	11:53	♀☌♇

1901年6月

DAY	☉	☽	☊ mean	☊ true	☿	♀	♂	♃	♄	♅	♆	♇	⚳	⚴	⚵	⚶	⚷
	° ′	° ′	° ′	° ′	° ′	° ′	° ′	° ′	° ′	° ′	° ′	° ′	°	°	°	°	°
1	9 ♊ 25	19 ♏ 40	21 ♏ 51	22 D 36	27 D 40	17 D 35	7 D 58	11 R 37	15 R 25	15 R 8	28 D 12	16 D 59	20 D	20 D	28 D	19 D	3 R
2	10 ♊ 23	1 ♐ 38	21 ♏ 48	22 R 36	29 ♊ 23	18 ♊ 49	8 ♍ 24	11 ♑ 32	15 ♑ 22	15 ♐ 5	28 ♊ 14	17 ♊ 0	20 ♈	20 ♓	29 ♊	19 ♌	3 ♑
3	11 ♊ 20	13 ♐ 44	21 ♏ 44	22 ♏ 35	1 ♋ 4	20 ♊ 2	8 ♍ 51	11 ♑ 26	15 ♑ 19	15 ♐ 3	28 ♊ 16	17 ♊ 1	21 ♈	20 ♓	29 ♊	20 ♌	3 ♑
4	12 ♊ 18	26 ♐ 0	21 ♏ 41	22 ♏ 33	2 ♋ 41	21 ♊ 16	9 ♍ 18	11 ♑ 20	15 ♑ 15	15 ♐ 1	28 ♊ 18	17 ♊ 3	21 ♈	20 ♓	0 ♋	20 ♌	3 ♑
5	13 ♊ 15	8 ♑ 28	21 ♏ 38	22 ♏ 30	4 ♋ 16	22 ♊ 30	9 ♍ 45	11 ♑ 14	15 ♑ 12	14 ♐ 58	28 ♊ 20	17 ♊ 4	21 ♈	20 ♓	0 ♋	21 ♌	3 ♑
6	14 ♊ 13	21 ♑ 9	21 ♏ 35	22 ♏ 27	5 ♋ 48	23 ♊ 43	10 ♍ 13	11 ♑ 8	15 ♑ 9	14 ♐ 56	28 ♊ 22	17 ♊ 5	22 ♈	21 ♓	1 ♋	21 ♌	3 ♑
7	15 ♊ 10	4 ♒ 3	21 ♏ 32	22 ♏ 24	7 ♋ 17	24 ♊ 57	10 ♍ 40	11 ♑ 2	15 ♑ 5	14 ♐ 53	28 ♊ 25	17 ♊ 7	22 ♈	21 ♓	2 ♋	21 ♌	3 ♑
8	16 ♊ 7	17 ♒ 12	21 ♏ 29	22 ♏ 21	8 ♋ 43	26 ♊ 11	11 ♍ 8	10 ♑ 56	15 ♑ 2	14 ♐ 51	28 ♊ 27	17 ♊ 8	22 ♈	21 ♓	2 ♋	22 ♌	3 ♑
9	17 ♊ 5	0 ♓ 36	21 ♏ 25	22 ♏ 19	10 ♋ 7	27 ♊ 24	11 ♍ 36	10 ♑ 50	14 ♑ 58	14 ♐ 48	28 ♊ 29	17 ♊ 10	23 ♈	21 ♓	3 ♋	22 ♌	3 ♑
10	18 ♊ 2	14 ♓ 17	21 ♏ 22	22 ♏ 18	11 ♋ 27	28 ♊ 38	12 ♍ 4	10 ♑ 43	14 ♑ 54	14 ♐ 46	28 ♊ 31	17 ♊ 11	23 ♈	21 ♓	3 ♋	22 ♌	3 ♑
11	18 ♊ 59	28 ♓ 13	21 ♏ 19	22 D 18	12 ♋ 44	29 ♊ 51	12 ♍ 33	10 ♑ 37	14 ♑ 51	14 ♐ 43	28 ♊ 33	17 ♊ 12	23 ♈	21 ♓	4 ♋	23 ♌	3 ♑
12	19 ♊ 57	12 ♈ 25	21 ♏ 16	22 ♏ 19	13 ♋ 58	1 ♋ 5	13 ♍ 2	10 ♑ 30	14 ♑ 47	14 ♐ 41	28 ♊ 36	17 ♊ 14	24 ♈	21 ♓	4 ♋	23 ♌	3 ♑
13	20 ♊ 54	26 ♈ 52	21 ♏ 13	22 ♏ 21	15 ♋ 9	2 ♋ 19	13 ♍ 30	10 ♑ 23	14 ♑ 43	14 ♐ 38	28 ♊ 38	17 ♊ 15	24 ♈	22 ♓	5 ♋	24 ♌	3 ♑
14	21 ♊ 51	11 ♉ 29	21 ♏ 10	22 ♏ 22	16 ♋ 17	3 ♋ 32	14 ♍ 0	10 ♑ 17	14 ♑ 39	14 ♐ 36	28 ♊ 40	17 ♊ 17	24 ♈	22 ♓	5 ♋	24 ♌	3 ♑
15	22 ♊ 49	26 ♉ 12	21 ♏ 6	22 R 22	17 ♋ 22	4 ♋ 46	14 ♍ 29	10 ♑ 10	14 ♑ 35	14 ♐ 33	28 ♊ 42	17 ♊ 18	25 ♈	22 ♓	6 ♋	24 ♌	3 ♑
16	23 ♊ 46	10 ♊ 56	21 ♏ 3	22 ♏ 21	18 ♋ 23	5 ♋ 59	14 ♍ 58	10 ♑ 3	14 ♑ 31	14 ♐ 31	28 ♊ 44	17 ♊ 19	25 ♈	22 ♓	7 ♋	25 ♌	3 ♑
17	24 ♊ 43	25 ♊ 33	21 ♏ 0	22 ♏ 18	19 ♋ 21	7 ♋ 13	15 ♍ 28	9 ♑ 56	14 ♑ 27	14 ♐ 29	28 ♊ 47	17 ♊ 21	25 ♈	22 ♓	7 ♋	25 ♌	2 ♑
18	25 ♊ 41	9 ♋ 56	20 ♏ 57	22 ♏ 14	20 ♋ 15	8 ♋ 27	15 ♍ 58	9 ♑ 48	14 ♑ 23	14 ♐ 26	28 ♊ 49	17 ♊ 22	26 ♈	22 ♓	8 ♋	26 ♌	2 ♑
19	26 ♊ 38	24 ♋ 1	20 ♏ 54	22 ♏ 9	21 ♋ 6	9 ♋ 40	16 ♍ 28	9 ♑ 41	14 ♑ 19	14 ♐ 24	28 ♊ 51	17 ♊ 24	26 ♈	22 ♓	8 ♋	26 ♌	2 ♑
20	27 ♊ 35	7 ♌ 43	20 ♏ 50	22 ♏ 4	21 ♋ 53	10 ♋ 54	16 ♍ 58	9 ♑ 34	14 ♑ 15	14 ♐ 21	28 ♊ 53	17 ♊ 25	26 ♈	22 ♓	9 ♋	26 ♌	2 ♑
21	28 ♊ 33	21 ♌ 0	20 ♏ 47	21 ♏ 59	22 ♋ 37	12 ♋ 7	17 ♍ 29	9 ♑ 26	14 ♑ 11	14 ♐ 19	28 ♊ 56	17 ♊ 26	27 ♈	23 ♓	9 ♋	27 ♌	2 ♑
22	29 ♊ 30	3 ♍ 53	20 ♏ 44	21 ♏ 55	23 ♋ 16	13 ♋ 21	17 ♍ 59	9 ♑ 19	14 ♑ 7	14 ♐ 17	28 ♊ 58	17 ♊ 28	27 ♈	23 ♓	10 ♋	27 ♌	2 ♑
23	0 ♋ 27	16 ♍ 24	20 ♏ 41	21 ♏ 52	23 ♋ 52	14 ♋ 34	18 ♍ 30	9 ♑ 11	14 ♑ 3	14 ♐ 14	29 ♊ 0	17 ♊ 29	27 ♈	23 ♓	10 ♋	28 ♌	2 ♑
24	1 ♋ 24	28 ♍ 38	20 ♏ 38	21 ♏ 51	24 ♋ 23	15 ♋ 48	19 ♍ 1	9 ♑ 4	13 ♑ 58	14 ♐ 12	29 ♊ 2	17 ♊ 30	28 ♈	23 ♓	11 ♋	28 ♌	2 ♑
25	2 ♋ 21	10 ♎ 38	20 ♏ 35	21 D 52	24 ♋ 50	17 ♋ 1	19 ♍ 32	8 ♑ 56	13 ♑ 54	14 ♐ 10	29 ♊ 5	17 ♊ 32	28 ♈	23 ♓	12 ♋	28 ♌	2 ♑
26	3 ♋ 19	22 ♎ 30	20 ♏ 31	21 ♏ 53	25 ♋ 13	18 ♋ 15	20 ♍ 4	8 ♑ 49	13 ♑ 50	14 ♐ 7	29 ♊ 7	17 ♊ 33	28 ♈	23 ♓	12 ♋	29 ♌	2 ♑
27	4 ♋ 16	4 ♏ 18	20 ♏ 28	21 ♏ 54	25 ♋ 31	19 ♋ 28	20 ♍ 35	8 ♑ 41	13 ♑ 46	14 ♐ 5	29 ♊ 9	17 ♊ 34	28 ♈	23 ♓	13 ♋	29 ♌	2 ♑
28	5 ♋ 13	16 ♏ 8	20 ♏ 25	21 ♏ 55	25 ♋ 45	20 ♋ 42	21 ♍ 7	8 ♑ 33	13 ♑ 41	14 ♐ 3	29 ♊ 11	17 ♊ 36	29 ♈	23 ♓	13 ♋	0 ♍	2 ♑
29	6 ♋ 10	28 ♏ 4	20 ♏ 22	21 R 55	25 ♋ 54	21 ♋ 55	21 ♍ 38	8 ♑ 26	13 ♑ 37	14 ♐ 1	29 ♊ 14	17 ♊ 37	29 ♈	23 ♓	14 ♋	0 ♍	2 ♑
30	7 ♋ 7	10 ♐ 9	20 ♏ 19	21 ♏ 54	25 ♋ 59	23 ♋ 9	22 ♍ 10	8 ♑ 18	13 ♑ 33	13 ♐ 58	29 ♊ 16	17 ♊ 38	29 ♈	23 ♓	14 ♋	1 ♍	2 ♑

SUN INGRESS: ☉ → ♋ 22日 12:28

MOON PHASE: ○ 2日 18:53 ♐　◑ 10日 07:00 ♓　● 16日 22:33 ♊　◐ 24日 05:59 ♎

aspects		
1日	07:26	☿☌♆
6日	17:14	☉☍♅
7日	15:41	♂△♃
9日	02:07	☉☌♇
9日	11:53	☿☍♃
9日	21:46	♀☌♆
10日	18:21	☿⚹♂
12日	15:32	☿☍♄
15日	03:28	♂□♅
15日	04:43	♂△♄
19日	00:18	♀☍♃
20日	22:02	♂□♇
21日	10:06	☉☌♆
22日	14:16	♀☍♄
28日	14:20	♀⚹♂

1901年7月

DAY	☉	☽	☊ mean	☊ true	☿	♀	♂	♃	♄	♅	♆	♇	⚳	⚴	⚵	⚶	⚷
	° ′	° ′	° ′	° ′	° ′	° ′	° ′	° ′	° ′	° ′	° ′	° ′	°	°	°	°	°
1	8 ♋ 5	22 ♐ 27	20 ♏ 16	21 R 50	25 R 59	24 D 22	22 D 42	8 R 10	13 R 28	13 R 56	29 D 18	17 D 40	0 D	23 D	15 D	1 D	2 R
2	9 ♋ 2	4 ♑ 58	20 ♏ 12	21 ♏ 44	25 ♋ 54	25 ♋ 35	23 ♍ 15	8 ♑ 3	13 ♑ 24	13 ♐ 54	29 ♊ 20	17 ♊ 41	0 ♉	23 ♓	15 ♋	1 ♍	2 ♑
3	9 ♋ 59	17 ♑ 45	20 ♏ 9	21 ♏ 37	25 ♋ 45	26 ♋ 49	23 ♍ 47	7 ♑ 55	13 ♑ 19	13 ♐ 52	29 ♊ 22	17 ♊ 42	0 ♉	23 ♓	16 ♋	2 ♍	1 ♑
4	10 ♋ 56	0 ♒ 47	20 ♏ 6	21 ♏ 29	25 ♋ 31	28 ♋ 2	24 ♍ 19	7 ♑ 47	13 ♑ 15	13 ♐ 50	29 ♊ 25	17 ♊ 44	0 ♉	23 ♓	16 ♋	2 ♍	1 ♑
5	11 ♋ 53	14 ♒ 3	20 ♏ 3	21 ♏ 20	25 ♋ 13	29 ♋ 16	24 ♍ 52	7 ♑ 40	13 ♑ 11	13 ♐ 48	29 ♊ 27	17 ♊ 45	1 ♉	24 ♓	17 ♋	3 ♍	1 ♑
6	12 ♋ 51	27 ♒ 31	20 ♏ 0	21 ♏ 13	24 ♋ 51	0 ♌ 29	25 ♍ 25	7 ♑ 32	13 ♑ 6	13 ♐ 46	29 ♊ 29	17 ♊ 46	1 ♉	24 ♓	17 ♋	3 ♍	1 ♑
7	13 ♋ 48	11 ♓ 11	19 ♏ 56	21 ♏ 7	24 ♋ 26	1 ♌ 42	25 ♍ 58	7 ♑ 24	13 ♑ 2	13 ♐ 44	29 ♊ 31	17 ♊ 48	1 ♉	24 ♓	18 ♋	4 ♍	1 ♑
8	14 ♋ 45	25 ♓ 0	19 ♏ 53	21 ♏ 3	23 ♋ 56	2 ♌ 56	26 ♍ 31	7 ♑ 17	12 ♑ 57	13 ♐ 42	29 ♊ 33	17 ♊ 49	2 ♉	24 ♓	19 ♋	4 ♍	1 ♑
9	15 ♋ 42	8 ♈ 58	19 ♏ 50	21 ♏ 2	23 ♋ 24	4 ♌ 9	27 ♍ 4	7 ♑ 9	12 ♑ 53	13 ♐ 40	29 ♊ 36	17 ♊ 50	2 ♉	24 ♓	19 ♋	4 ♍	1 ♑
10	16 ♋ 39	23 ♈ 3	19 ♏ 47	21 D 2	22 ♋ 49	5 ♌ 22	27 ♍ 38	7 ♑ 2	12 ♑ 48	13 ♐ 38	29 ♊ 38	17 ♊ 51	2 ♉	24 ♓	20 ♋	5 ♍	1 ♑
11	17 ♋ 37	7 ♉ 15	19 ♏ 44	21 ♏ 2	22 ♋ 12	6 ♌ 36	28 ♍ 11	6 ♑ 54	12 ♑ 44	13 ♐ 36	29 ♊ 40	17 ♊ 53	2 ♉	24 ♓	20 ♋	5 ♍	1 ♑
12	18 ♋ 34	21 ♉ 32	19 ♏ 41	21 R 3	21 ♋ 34	7 ♌ 49	28 ♍ 45	6 ♑ 47	12 ♑ 40	13 ♐ 34	29 ♊ 42	17 ♊ 54	3 ♉	24 R	21 ♋	6 ♍	1 ♑
13	19 ♋ 31	5 ♊ 52	19 ♏ 37	21 ♏ 2	20 ♋ 55	9 ♌ 2	29 ♍ 19	6 ♑ 40	12 ♑ 35	13 ♐ 32	29 ♊ 44	17 ♊ 55	3 ♉	24 ♓	21 ♋	6 ♍	1 ♑
14	20 ♋ 28	20 ♊ 11	19 ♏ 34	20 ♏ 59	20 ♋ 16	10 ♌ 16	29 ♍ 52	6 ♑ 32	12 ♑ 31	13 ♐ 30	29 ♊ 46	17 ♊ 56	3 ♉	24 ♓	22 ♋	7 ♍	1 ♑
15	21 ♋ 25	4 ♋ 25	19 ♏ 31	20 ♏ 53	19 ♋ 37	11 ♌ 29	0 ♎ 26	6 ♑ 25	12 ♑ 27	13 ♐ 29	29 ♊ 48	17 ♊ 57	3 ♉	24 ♓	22 ♋	7 ♍	1 ♑
16	22 ♋ 23	18 ♋ 30	19 ♏ 28	20 ♏ 46	19 ♋ 0	12 ♌ 42	1 ♎ 1	6 ♑ 18	12 ♑ 22	13 ♐ 27	29 ♊ 50	17 ♊ 59	4 ♉	24 ♓	23 ♋	7 ♍	1 ♑
17	23 ♋ 20	2 ♌ 20	19 ♏ 25	20 ♏ 36	18 ♋ 25	13 ♌ 56	1 ♎ 35	6 ♑ 11	12 ♑ 18	13 ♐ 25	29 ♊ 53	18 ♊ 0	4 ♉	24 ♓	23 ♋	8 ♍	1 ♑
18	24 ♋ 17	15 ♌ 52	19 ♏ 22	20 ♏ 26	17 ♋ 52	15 ♌ 9	2 ♎ 9	6 ♑ 4	12 ♑ 14	13 ♐ 23	29 ♊ 55	18 ♊ 1	4 ♉	24 ♓	24 ♋	8 ♍	1 ♑
19	25 ♋ 15	29 ♌ 4	19 ♏ 18	20 ♏ 15	17 ♋ 22	16 ♌ 22	2 ♎ 44	5 ♑ 57	12 ♑ 9	13 ♐ 22	29 ♊ 57	18 ♊ 2	4 ♉	23 ♓	24 ♋	9 ♍	0 ♑
20	26 ♋ 12	11 ♍ 54	19 ♏ 15	20 ♏ 7	16 ♋ 56	17 ♌ 35	3 ♎ 19	5 ♑ 50	12 ♑ 5	13 ♐ 20	29 ♊ 59	18 ♊ 3	5 ♉	23 ♓	25 ♋	9 ♍	0 ♑
21	27 ♋ 9	24 ♍ 24	19 ♏ 12	20 ♏ 0	16 ♋ 34	18 ♌ 48	3 ♎ 54	5 ♑ 43	12 ♑ 1	13 ♐ 19	0 ♋ 1	18 ♊ 4	5 ♉	23 ♓	25 ♋	10 ♍	0 ♑
22	28 ♋ 6	6 ♎ 37	19 ♏ 9	19 ♏ 56	16 ♋ 17	20 ♌ 2	4 ♎ 28	5 ♑ 37	11 ♑ 57	13 ♐ 17	0 ♋ 3	18 ♊ 6	5 ♉	23 ♓	26 ♋	10 ♍	0 ♑
23	29 ♋ 4	18 ♎ 37	19 ♏ 6	19 ♏ 53	16 ♋ 5	21 ♌ 15	5 ♎ 4	5 ♑ 30	11 ♑ 53	13 ♐ 16	0 ♋ 5	18 ♊ 7	5 ♉	23 ♓	26 ♋	11 ♍	0 ♑
24	0 ♌ 1	0 ♏ 29	19 ♏ 2	19 D 53	15 ♋ 58	22 ♌ 28	5 ♎ 39	5 ♑ 24	11 ♑ 49	13 ♐ 14	0 ♋ 7	18 ♊ 8	6 ♉	23 ♓	27 ♋	11 ♍	0 ♑
25	0 ♌ 58	12 ♏ 18	18 ♏ 59	19 ♏ 53	15 D 56	23 ♌ 41	6 ♎ 14	5 ♑ 17	11 ♑ 45	13 ♐ 13	0 ♋ 9	18 ♊ 9	6 ♉	23 ♓	28 ♋	12 ♍	0 ♑
26	1 ♌ 56	24 ♏ 9	18 ♏ 56	19 R 53	16 ♋ 1	24 ♌ 54	6 ♎ 49	5 ♑ 11	11 ♑ 41	13 ♐ 11	0 ♋ 11	18 ♊ 10	6 ♉	23 ♓	28 ♋	12 ♍	0 ♑
27	2 ♌ 53	6 ♐ 7	18 ♏ 53	19 ♏ 52	16 ♋ 12	26 ♌ 7	7 ♎ 25	5 ♑ 5	11 ♑ 37	13 ♐ 10	0 ♋ 13	18 ♊ 11	6 ♉	23 ♓	29 ♋	13 ♍	0 ♑
28	3 ♌ 50	18 ♐ 18	18 ♏ 50	19 ♏ 49	16 ♋ 28	27 ♌ 21	8 ♎ 1	4 ♑ 59	11 ♑ 33	13 ♐ 9	0 ♋ 15	18 ♊ 12	6 ♉	23 ♓	29 ♋	13 ♍	0 ♑
29	4 ♌ 48	0 ♑ 45	18 ♏ 47	19 ♏ 43	16 ♋ 51	28 ♌ 34	8 ♎ 36	4 ♑ 54	11 ♑ 29	13 ♐ 8	0 ♋ 17	18 ♊ 13	7 ♉	23 ♓	0 ♌	13 ♍	0 ♑
30	5 ♌ 45	13 ♑ 30	18 ♏ 43	19 ♏ 35	17 ♋ 20	29 ♌ 47	9 ♎ 12	4 ♑ 48	11 ♑ 25	13 ♐ 6	0 ♋ 18	18 ♊ 14	7 ♉	23 ♓	0 ♌	14 ♍	0 ♑
31	6 ♌ 42	26 ♑ 35	18 ♏ 40	19 ♏ 25	17 ♋ 55	1 ♍ 0	9 ♎ 48	4 ♑ 42	11 ♑ 21	13 ♐ 5	0 ♋ 20	18 ♊ 15	7 ♉	23 ♓	1 ♌	14 ♍	0 ♑

SUN INGRESS: ☉ → ♌ 23日 23:24

MOON PHASE: ○ 2日 08:18 ♑ ◑ 9日 12:20 ♈ ● 16日 07:10 ♋ ◐ 23日 22:58 ♎ ○ 31日 19:34 ♒

aspects		
1日	02:09	☉☍♃
2日	05:35	☿☌♀
5日	09:31	☿⚹♂
6日	06:05	☉☍♄
13日	19:19	♂□♆
13日	20:58	☉☌☿
16日	14:16	♀△♅
20日	09:21	♀⚹♇
23日	15:21	♂□♃
30日	10:44	♀⚹♆

1901年8月

DAY	☉	☽	☊ mean	☊ true	☿	♀	♂	♃	♄	♅	♆	♇	⚳	⚴	⚵	⚶	⚷
	° ′	° ′	° ′	° ′	° ′	° ′	° ′	° ′	° ′	° ′	° ′	° ′	°	°	°	°	°
1	7 ♌ 40	9 ♒ 59	18 ♏ 37	19 R 13	18 D 36	2 D 13	10 D 24	4 R 37	11 R 17	13 R 4	0 D 22	18 D 16	7 D	22 R	1 D	15 D	0 R
2	8 ♌ 37	23 ♒ 39	18 ♏ 34	19 ♏ 2	19 ♋ 23	3 ♍ 26	11 ♎ 0	4 ♑ 32	11 ♑ 14	13 ♐ 3	0 ♋ 24	18 ♊ 17	7 ♉	22 ♓	2 ♌	15 ♍	0 ♑
3	9 ♌ 34	7 ♓ 33	18 ♏ 31	18 ♏ 51	20 ♋ 16	4 ♍ 39	11 ♎ 37	4 ♑ 27	11 ♑ 10	13 ♐ 2	0 ♋ 26	18 ♊ 18	8 ♉	22 ♓	2 ♌	16 ♍	0 ♑
4	10 ♌ 32	21 ♓ 36	18 ♏ 28	18 ♏ 42	21 ♋ 15	5 ♍ 52	12 ♎ 13	4 ♑ 22	11 ♑ 7	13 ♐ 1	0 ♋ 28	18 ♊ 19	8 ♉	22 ♓	3 ♌	16 ♍	0 ♑
5	11 ♌ 29	5 ♈ 44	18 ♏ 24	18 ♏ 36	22 ♋ 20	7 ♍ 5	12 ♎ 50	4 ♑ 17	11 ♑ 3	13 ♐ 0	0 ♋ 30	18 ♊ 20	8 ♉	22 ♓	3 ♌	17 ♍	0 ♑
6	12 ♌ 27	19 ♈ 54	18 ♏ 21	18 ♏ 33	23 ♋ 31	8 ♍ 18	13 ♎ 26	4 ♑ 12	11 ♑ 0	12 ♐ 59	0 ♋ 31	18 ♊ 21	8 ♉	22 ♓	4 ♌	17 ♍	0 ♑
7	13 ♌ 24	4 ♉ 3	18 ♏ 18	18 ♏ 31	24 ♋ 47	9 ♍ 30	14 ♎ 3	4 ♑ 8	10 ♑ 56	12 ♐ 59	0 ♋ 33	18 ♊ 21	8 ♉	22 ♓	4 ♌	18 ♍	0 ♑
8	14 ♌ 22	18 ♉ 11	18 ♏ 15	18 D 31	26 ♋ 8	10 ♍ 43	14 ♎ 40	4 ♑ 3	10 ♑ 53	12 ♐ 58	0 ♋ 35	18 ♊ 22	9 ♉	22 ♓	5 ♌	18 ♍	0 ♑
9	15 ♌ 19	2 ♊ 16	18 ♏ 12	18 R 31	27 ♋ 34	11 ♍ 56	15 ♎ 17	3 ♑ 59	10 ♑ 50	12 ♐ 57	0 ♋ 37	18 ♊ 23	9 ♉	21 ♓	5 ♌	19 ♍	0 ♑
10	16 ♌ 17	16 ♊ 16	18 ♏ 8	18 ♏ 29	29 ♋ 5	13 ♍ 9	15 ♎ 54	3 ♑ 55	10 ♑ 46	12 ♐ 56	0 ♋ 38	18 ♊ 24	9 ♉	21 ♓	6 ♌	19 ♍	29 ♐
11	17 ♌ 14	0 ♋ 13	18 ♏ 5	18 ♏ 25	0 ♌ 41	14 ♍ 22	16 ♎ 31	3 ♑ 51	10 ♑ 43	12 ♐ 56	0 ♋ 40	18 ♊ 25	9 ♉	21 ♓	6 ♌	20 ♍	29 ♐
12	18 ♌ 12	14 ♋ 2	18 ♏ 2	18 ♏ 18	2 ♌ 20	15 ♍ 35	17 ♎ 8	3 ♑ 48	10 ♑ 40	12 ♐ 55	0 ♋ 42	18 ♊ 26	9 ♉	21 ♓	7 ♌	20 ♍	29 ♐
13	19 ♌ 10	27 ♋ 42	17 ♏ 59	18 ♏ 9	4 ♌ 4	16 ♍ 48	17 ♎ 46	3 ♑ 44	10 ♑ 37	12 ♐ 55	0 ♋ 43	18 ♊ 26	9 ♉	21 ♓	7 ♌	21 ♍	29 ♐
14	20 ♌ 7	11 ♌ 10	17 ♏ 56	17 ♏ 57	5 ♌ 51	18 ♍ 0	18 ♎ 23	3 ♑ 41	10 ♑ 34	12 ♐ 54	0 ♋ 45	18 ♊ 27	9 ♉	21 ♓	8 ♌	21 ♍	29 ♐
15	21 ♌ 5	24 ♌ 24	17 ♏ 53	17 ♏ 44	7 ♌ 41	19 ♍ 13	19 ♎ 1	3 ♑ 38	10 ♑ 32	12 ♐ 54	0 ♋ 46	18 ♊ 28	10 ♉	20 ♓	8 ♌	22 ♍	29 ♐
16	22 ♌ 3	7 ♍ 22	17 ♏ 49	17 ♏ 32	9 ♌ 33	20 ♍ 26	19 ♎ 38	3 ♑ 35	10 ♑ 29	12 ♐ 53	0 ♋ 48	18 ♊ 29	10 ♉	20 ♓	9 ♌	22 ♍	29 ♐
17	23 ♌ 0	20 ♍ 2	17 ♏ 46	17 ♏ 21	11 ♌ 28	21 ♍ 39	20 ♎ 16	3 ♑ 32	10 ♑ 26	12 ♐ 53	0 ♋ 49	18 ♊ 29	10 ♉	20 ♓	9 ♌	22 ♍	29 ♐
18	23 ♌ 58	2 ♎ 26	17 ♏ 43	17 ♏ 12	13 ♌ 25	22 ♍ 51	20 ♎ 54	3 ♑ 30	10 ♑ 24	12 ♐ 53	0 ♋ 51	18 ♊ 30	10 ♉	20 ♓	10 ♌	23 ♍	29 ♐
19	24 ♌ 56	14 ♎ 35	17 ♏ 40	17 ♏ 6	15 ♌ 23	24 ♍ 4	21 ♎ 32	3 ♑ 27	10 ♑ 21	12 ♐ 53	0 ♋ 52	18 ♊ 31	10 ♉	19 ♓	10 ♌	23 ♍	29 ♐
20	25 ♌ 53	26 ♎ 33	17 ♏ 37	17 ♏ 2	17 ♌ 22	25 ♍ 17	22 ♎ 10	3 ♑ 25	10 ♑ 19	12 ♐ 52	0 ♋ 54	18 ♊ 31	10 ♉	19 ♓	11 ♌	24 ♍	29 ♐
21	26 ♌ 51	8 ♏ 23	17 ♏ 34	17 ♏ 1	19 ♌ 22	26 ♍ 29	22 ♎ 48	3 ♑ 23	10 ♑ 16	12 ♐ 52	0 ♋ 55	18 ♊ 32	10 ♉	19 ♓	11 ♌	24 ♍	29 ♐
22	27 ♌ 49	20 ♏ 11	17 ♏ 30	17 D 0	21 ♌ 23	27 ♍ 42	23 ♎ 26	3 ♑ 21	10 ♑ 14	12 ♐ 52	0 ♋ 57	18 ♊ 33	10 ♉	19 ♓	12 ♌	25 ♍	29 ♐
23	28 ♌ 47	2 ♐ 2	17 ♏ 27	17 R 0	23 ♌ 23	28 ♍ 54	24 ♎ 5	3 ♑ 19	10 ♑ 12	12 D 52	0 ♋ 58	18 ♊ 33	11 ♉	19 ♓	12 ♌	25 ♍	29 ♐
24	29 ♌ 45	14 ♐ 1	17 ♏ 24	17 ♏ 0	25 ♌ 23	0 ♎ 7	24 ♎ 43	3 ♑ 18	10 ♑ 10	12 ♐ 52	0 ♋ 59	18 ♊ 34	11 ♉	18 ♓	13 ♌	26 ♍	29 ♐
25	0 ♍ 43	26 ♐ 13	17 ♏ 21	16 ♏ 57	27 ♌ 23	1 ♎ 19	25 ♎ 22	3 ♑ 17	10 ♑ 8	12 ♐ 52	1 ♋ 1	18 ♊ 34	11 ♉	18 ♓	13 ♌	26 ♍	29 ♐
26	1 ♍ 40	8 ♑ 44	17 ♏ 18	16 ♏ 52	29 ♌ 23	2 ♎ 32	26 ♎ 0	3 ♑ 16	10 ♑ 6	12 ♐ 52	1 ♋ 2	18 ♊ 35	11 ♉	18 ♓	14 ♌	27 ♍	29 ♐
27	2 ♍ 38	21 ♑ 37	17 ♏ 14	16 ♏ 45	1 ♍ 22	3 ♎ 44	26 ♎ 39	3 ♑ 15	10 ♑ 4	12 ♐ 53	1 ♋ 3	18 ♊ 35	11 ♉	18 ♓	14 ♌	27 ♍	29 ♐
28	3 ♍ 36	4 ♒ 54	17 ♏ 11	16 ♏ 35	3 ♍ 20	4 ♎ 57	27 ♎ 18	3 ♑ 14	10 ♑ 2	12 ♐ 53	1 ♋ 5	18 ♊ 36	11 ♉	17 ♓	15 ♌	28 ♍	29 ♐
29	4 ♍ 34	18 ♒ 34	17 ♏ 8	16 ♏ 25	5 ♍ 17	6 ♎ 9	27 ♎ 57	3 ♑ 13	10 ♑ 1	12 ♐ 53	1 ♋ 6	18 ♊ 36	11 ♉	17 ♓	15 ♌	28 ♍	29 ♐
30	5 ♍ 32	2 ♓ 35	17 ♏ 5	16 ♏ 14	7 ♍ 13	7 ♎ 21	28 ♎ 36	3 ♑ 13	9 ♑ 59	12 ♐ 53	1 ♋ 7	18 ♊ 37	11 ♉	17 ♓	16 ♌	29 ♍	29 ♐
31	6 ♍ 30	16 ♓ 53	17 ♏ 2	16 ♏ 3	9 ♍ 8	8 ♎ 34	29 ♎ 15	3 ♑ 13	9 ♑ 57	12 ♐ 54	1 ♋ 8	18 ♊ 37	11 ♉	17 ♓	16 ♌	29 ♍	29 ♐

SUN INGRESS: ☉ → ♍ 24日 06:07

MOON PHASE: ◑ 7日 17:02 ♉ ● 14日 17:27 ♌ ◐ 22日 16:52 ♏ ○ 30日 05:21 ♓

aspects		
2日	07:58	♂□♄
2日	20:16	♀△♃
5日	06:49	♂⚹♅
6日	13:29	☉△♅
8日	03:00	♀△♄
8日	21:11	☉⚹♂
9日	19:52	♀□♅
12日	05:47	☉⚹♇
14日	02:40	♂△♇
14日	08:56	♀□♇
17日	17:27	☿△♅
20日	13:55	☿⚹♇
23日	12:15	☿⚹♂
24日	17:42	♀□♆
25日	07:43	☉⚹♆
26日	14:18	♀□♃
26日	20:16	♀⚹♆
27日	14:52	☉△♃
27日	22:53	☿△♃
28日	06:47	☉☌☿
31日	10:22	☿△♄

1901年9月

DAY	☉	☽	☊ mean	☊ true	☿	♀	♂	♃	♄	♅	♆	♇	⚳	⚴	⚵	⚶	⚷
	° ′	° ′	° ′	° ′	° ′	° ′	° ′	° ′	° ′	° ′	° ′	° ′	°	°	°	°	°
1	7 ♍ 28	1 ♈ 22	16 ♏ 59	15 R 55	11 D 1	9 D 46	29 D 54	3 D 13	9 R 56	12 D 54	1 D 9	18 D 38	11 D	16 R	17 D	0 D	29 R
2	8 ♍ 26	15 ♈ 55	16 ♏ 55	15 ♏ 50	12 ♍ 54	10 ♎ 58	0 ♏ 34	3 ♑ 13	9 ♑ 55	12 ♐ 55	1 ♋ 10	18 ♊ 38	11 ♉	16 ♓	17 ♌	0 ♎	29 ♐
3	9 ♍ 24	0 ♉ 26	16 ♏ 52	15 ♏ 47	14 ♍ 46	12 ♎ 11	1 ♏ 13	3 ♑ 14	9 ♑ 54	12 ♐ 55	1 ♋ 11	18 ♊ 38	11 ♉	16 ♓	18 ♌	1 ♎	29 ♐
4	10 ♍ 23	14 ♉ 50	16 ♏ 49	15 ♏ 46	16 ♍ 36	13 ♎ 23	1 ♏ 52	3 ♑ 14	9 ♑ 52	12 ♐ 56	1 ♋ 12	18 ♊ 39	11 ♉	16 ♓	18 ♌	1 ♎	29 ♐
5	11 ♍ 21	29 ♉ 5	16 ♏ 46	15 D 46	18 ♍ 25	14 ♎ 35	2 ♏ 32	3 ♑ 15	9 ♑ 51	12 ♐ 57	1 ♋ 14	18 ♊ 39	11 ♉	15 ♓	19 ♌	2 ♎	29 D
6	12 ♍ 19	13 ♊ 9	16 ♏ 43	15 R 47	20 ♍ 13	15 ♎ 47	3 ♏ 12	3 ♑ 16	9 ♑ 51	12 ♐ 57	1 ♋ 14	18 ♊ 39	11 ♉	15 ♓	19 ♌	2 ♎	29 ♐
7	13 ♍ 17	27 ♊ 2	16 ♏ 39	15 ♏ 46	22 ♍ 0	16 ♎ 59	3 ♏ 51	3 ♑ 17	9 ♑ 50	12 ♐ 58	1 ♋ 15	18 ♊ 40	11 ♉	15 ♓	19 ♌	3 ♎	29 ♐
8	14 ♍ 15	10 ♋ 42	16 ♏ 36	15 ♏ 43	23 ♍ 45	18 ♎ 11	4 ♏ 31	3 ♑ 19	9 ♑ 49	12 ♐ 59	1 ♋ 16	18 ♊ 40	11 ♉	15 ♓	20 ♌	3 ♎	29 ♐
9	15 ♍ 14	24 ♋ 11	16 ♏ 33	15 ♏ 38	25 ♍ 30	19 ♎ 23	5 ♏ 11	3 ♑ 20	9 ♑ 48	13 ♐ 0	1 ♋ 17	18 ♊ 40	11 R	14 ♓	20 ♌	4 ♎	29 ♐
10	16 ♍ 12	7 ♌ 28	16 ♏ 30	15 ♏ 30	27 ♍ 13	20 ♎ 35	5 ♏ 51	3 ♑ 22	9 ♑ 48	13 ♐ 1	1 ♋ 18	18 ♊ 40	11 ♉	14 ♓	21 ♌	4 ♎	29 ♐
11	17 ♍ 10	20 ♌ 34	16 ♏ 27	15 ♏ 21	28 ♍ 55	21 ♎ 47	6 ♏ 31	3 ♑ 24	9 ♑ 47	13 ♐ 1	1 ♋ 19	18 ♊ 40	11 ♉	14 ♓	21 ♌	5 ♎	29 ♐
12	18 ♍ 9	3 ♍ 26	16 ♏ 24	15 ♏ 10	0 ♎ 36	22 ♎ 59	7 ♏ 11	3 ♑ 26	9 ♑ 47	13 ♐ 2	1 ♋ 20	18 ♊ 41	11 ♉	14 ♓	22 ♌	5 ♎	29 ♐
13	19 ♍ 7	16 ♍ 5	16 ♏ 20	15 ♏ 0	2 ♎ 16	24 ♎ 11	7 ♏ 51	3 ♑ 28	9 ♑ 47	13 ♐ 4	1 ♋ 21	18 ♊ 41	11 ♉	13 ♓	22 ♌	6 ♎	29 ♐
14	20 ♍ 6	28 ♍ 31	16 ♏ 17	14 ♏ 51	3 ♎ 54	25 ♎ 23	8 ♏ 32	3 ♑ 31	9 ♑ 47	13 ♐ 5	1 ♋ 21	18 ♊ 41	11 ♉	13 ♓	23 ♌	6 ♎	29 ♐
15	21 ♍ 4	10 ♎ 45	16 ♏ 14	14 ♏ 44	5 ♎ 32	26 ♎ 35	9 ♏ 12	3 ♑ 33	9 D 47	13 ♐ 6	1 ♋ 22	18 ♊ 41	11 ♉	13 ♓	23 ♌	7 ♎	29 ♐
16	22 ♍ 3	22 ♎ 47	16 ♏ 11	14 ♏ 39	7 ♎ 9	27 ♎ 47	9 ♏ 53	3 ♑ 36	9 ♑ 47	13 ♐ 7	1 ♋ 23	18 ♊ 41	11 ♉	13 ♓	24 ♌	7 ♎	29 ♐
17	23 ♍ 1	4 ♏ 40	16 ♏ 8	14 ♏ 37	8 ♎ 44	28 ♎ 58	10 ♏ 33	3 ♑ 39	9 ♑ 47	13 ♐ 8	1 ♋ 23	18 ♊ 41	11 ♉	12 ♓	24 ♌	8 ♎	29 ♐
18	24 ♍ 0	16 ♏ 28	16 ♏ 5	14 D 36	10 ♎ 19	0 ♏ 10	11 ♏ 14	3 ♑ 43	9 ♑ 47	13 ♐ 10	1 ♋ 24	18 ♊ 41	11 ♉	12 ♓	25 ♌	8 ♎	29 ♐
19	24 ♍ 58	28 ♏ 15	16 ♏ 1	14 ♏ 37	11 ♎ 52	1 ♏ 22	11 ♏ 55	3 ♑ 46	9 ♑ 47	13 ♐ 11	1 ♋ 24	18 ♊ 41	11 ♉	12 ♓	25 ♌	9 ♎	29 ♐
20	25 ♍ 57	10 ♐ 4	15 ♏ 58	14 ♏ 38	13 ♎ 25	2 ♏ 33	12 ♏ 36	3 ♑ 50	9 ♑ 48	13 ♐ 12	1 ♋ 25	18 R 41	11 ♉	12 ♓	26 ♌	9 ♎	29 ♐
21	26 ♍ 56	22 ♐ 2	15 ♏ 55	14 ♏ 39	14 ♎ 56	3 ♏ 45	13 ♏ 17	3 ♑ 53	9 ♑ 48	13 ♐ 14	1 ♋ 25	18 ♊ 41	11 ♉	11 ♓	26 ♌	10 ♎	29 ♐
22	27 ♍ 54	4 ♑ 13	15 ♏ 52	14 R 39	16 ♎ 27	4 ♏ 56	13 ♏ 58	3 ♑ 57	9 ♑ 49	13 ♐ 15	1 ♋ 26	18 ♊ 41	11 ♉	11 ♓	26 ♌	10 ♎	29 ♐
23	28 ♍ 53	16 ♑ 43	15 ♏ 49	14 ♏ 37	17 ♎ 56	6 ♏ 8	14 ♏ 39	4 ♑ 1	9 ♑ 50	13 ♐ 17	1 ♋ 26	18 ♊ 41	11 ♉	11 ♓	27 ♌	11 ♎	29 ♐
24	29 ♍ 52	29 ♑ 35	15 ♏ 45	14 ♏ 34	19 ♎ 25	7 ♏ 19	15 ♏ 20	4 ♑ 6	9 ♑ 51	13 ♐ 18	1 ♋ 27	18 ♊ 41	11 ♉	11 ♓	27 ♌	12 ♎	29 ♐
25	0 ♎ 51	12 ♒ 53	15 ♏ 42	14 ♏ 28	20 ♎ 52	8 ♏ 31	16 ♏ 1	4 ♑ 10	9 ♑ 52	13 ♐ 20	1 ♋ 27	18 ♊ 41	11 ♉	10 ♓	28 ♌	12 ♎	29 ♐
26	1 ♎ 49	26 ♒ 39	15 ♏ 39	14 ♏ 22	22 ♎ 19	9 ♏ 42	16 ♏ 43	4 ♑ 15	9 ♑ 53	13 ♐ 22	1 ♋ 28	18 ♊ 41	10 ♉	10 ♓	28 ♌	13 ♎	29 ♐
27	2 ♎ 48	10 ♓ 51	15 ♏ 36	14 ♏ 15	23 ♎ 44	10 ♏ 53	17 ♏ 24	4 ♑ 20	9 ♑ 54	13 ♐ 23	1 ♋ 28	18 ♊ 41	10 ♉	10 ♓	29 ♌	13 ♎	29 ♐
28	3 ♎ 47	25 ♓ 24	15 ♏ 33	14 ♏ 9	25 ♎ 8	12 ♏ 5	18 ♏ 6	4 ♑ 25	9 ♑ 55	13 ♐ 25	1 ♋ 28	18 ♊ 40	10 ♉	10 ♓	29 ♌	14 ♎	29 ♐
29	4 ♎ 46	10 ♈ 12	15 ♏ 30	14 ♏ 4	26 ♎ 31	13 ♏ 16	18 ♏ 47	4 ♑ 30	9 ♑ 56	13 ♐ 27	1 ♋ 28	18 ♊ 40	10 ♉	9 ♓	0 ♍	14 ♎	29 ♐
30	5 ♎ 45	25 ♈ 9	15 ♏ 26	14 ♏ 1	27 ♎ 53	14 ♏ 27	19 ♏ 29	4 ♑ 35	9 ♑ 58	13 ♐ 29	1 ♋ 29	18 ♊ 40	10 ♉	9 ♓	0 ♍	15 ♎	29 ♐

SUN INGRESS	☉ → ♎24日 03:09
MOON PHASE	◑ 5日 22:27 ♊ ● 13日 06:19 ♍ ◐ 21日 10:33 ♐ ○ 28日 14:36 ♈

aspects

1日	03:16	♀□♄
2日	00:10	☿□♅
2日	23:06	♂△♆
3日	11:49	☉△♄
3日	15:01	♀⚹♅
5日	03:07	☿□♇
6日	02:51	♂⚹♃
6日	16:01	☉□♅
8日	09:35	♀△♇
12日	10:37	☿□♆
12日	13:08	☉□♇
13日	18:05	☿□♃
15日	20:22	♂⚹♄
17日	15:53	☿□♄
19日	00:56	♀△♆
19日	20:40	☿⚹♅
21日	02:59	♀⚹♃
23日	12:07	☿△♇
25日	15:02	☉□♆
26日	03:35	♀⚹♄
28日	16:44	☉□♃

1901年10月

DAY	☉	☽	☊ mean	☊ true	☿	♀	♂	♃	♄	♅	♆	♇	⚳	⚴	⚵	⚶	⚷
	° ′	° ′	° ′	° ′	° ′	° ′	° ′	° ′	° ′	° ′	° ′	° ′	°	°	°	°	°
1	6 ♎ 44	10 ♉ 4	15 ♏ 23	14 R 0	29 D 14	15 D 38	20 D 11	4 D 40	9 D 59	13 D 31	1 D 29	18 R 40	10 R	9 R	0 D	15 D	0 D
2	7 ♎ 43	24 ♉ 50	15 ♏ 20	14 D 0	0 ♏ 34	16 ♏ 49	20 ♏ 52	4 ♑ 46	10 ♑ 1	13 ♐ 33	1 ♋ 29	18 ♊ 39	10 ♉	9 ♓	1 ♍	16 ♎	0 ♑
3	8 ♎ 42	9 ♊ 23	15 ♏ 17	14 ♏ 1	1 ♏ 52	18 ♏ 0	21 ♏ 34	4 ♑ 52	10 ♑ 3	13 ♐ 35	1 ♋ 29	18 ♊ 39	10 ♉	9 ♓	1 ♍	16 ♎	0 ♑
4	9 ♎ 41	23 ♊ 37	15 ♏ 14	14 ♏ 3	3 ♏ 9	19 ♏ 11	22 ♏ 16	4 ♑ 58	10 ♑ 4	13 ♐ 37	1 ♋ 29	18 ♊ 39	9 ♉	8 ♓	2 ♍	17 ♎	0 ♑
5	10 ♎ 40	7 ♋ 33	15 ♏ 10	14 ♏ 4	4 ♏ 25	20 ♏ 22	22 ♏ 58	5 ♑ 4	10 ♑ 6	13 ♐ 39	1 ♋ 29	18 ♊ 39	9 ♉	8 ♓	2 ♍	17 ♎	0 ♑
6	11 ♎ 39	21 ♋ 10	15 ♏ 7	14 R 3	5 ♏ 40	21 ♏ 33	23 ♏ 41	5 ♑ 10	10 ♑ 8	13 ♐ 41	1 R 29	18 ♊ 38	9 ♉	8 ♓	3 ♍	18 ♎	0 ♑
7	12 ♎ 38	4 ♌ 28	15 ♏ 4	14 ♏ 1	6 ♏ 52	22 ♏ 44	24 ♏ 23	5 ♑ 17	10 ♑ 10	13 ♐ 43	1 ♋ 29	18 ♊ 38	9 ♉	8 ♓	3 ♍	18 ♎	0 ♑
8	13 ♎ 38	17 ♌ 30	15 ♏ 1	13 ♏ 58	8 ♏ 3	23 ♏ 54	25 ♏ 5	5 ♑ 23	10 ♑ 13	13 ♐ 45	1 ♋ 29	18 ♊ 37	9 ♉	8 ♓	3 ♍	19 ♎	0 ♑
9	14 ♎ 37	0 ♍ 16	14 ♏ 58	13 ♏ 54	9 ♏ 13	25 ♏ 5	25 ♏ 47	5 ♑ 30	10 ♑ 15	13 ♐ 48	1 ♋ 29	18 ♊ 37	9 ♉	7 ♓	4 ♍	19 ♎	0 ♑
10	15 ♎ 36	12 ♍ 50	14 ♏ 55	13 ♏ 49	10 ♏ 20	26 ♏ 16	26 ♏ 30	5 ♑ 37	10 ♑ 17	13 ♐ 50	1 ♋ 29	18 ♊ 37	8 ♉	7 ♓	4 ♍	20 ♎	0 ♑
11	16 ♎ 36	25 ♍ 11	14 ♏ 51	13 ♏ 44	11 ♏ 25	27 ♏ 26	27 ♏ 12	5 ♑ 44	10 ♑ 20	13 ♐ 52	1 ♋ 29	18 ♊ 36	8 ♉	7 ♓	5 ♍	20 ♎	0 ♑
12	17 ♎ 35	7 ♎ 22	14 ♏ 48	13 ♏ 40	12 ♏ 28	28 ♏ 37	27 ♏ 55	5 ♑ 51	10 ♑ 22	13 ♐ 55	1 ♋ 28	18 ♊ 36	8 ♉	7 ♓	5 ♍	21 ♎	0 ♑
13	18 ♎ 34	19 ♎ 24	14 ♏ 45	13 ♏ 37	13 ♏ 29	29 ♏ 47	28 ♏ 38	5 ♑ 58	10 ♑ 25	13 ♐ 57	1 ♋ 28	18 ♊ 35	8 ♉	7 ♓	6 ♍	21 ♎	0 ♑
14	19 ♎ 34	1 ♏ 19	14 ♏ 42	13 ♏ 35	14 ♏ 26	0 ♐ 57	29 ♏ 21	6 ♑ 6	10 ♑ 28	14 ♐ 0	1 ♋ 28	18 ♊ 35	8 ♉	7 ♓	6 ♍	22 ♎	0 ♑
15	20 ♎ 33	13 ♏ 8	14 ♏ 39	13 ♏ 34	15 ♏ 21	2 ♐ 8	0 ♐ 3	6 ♑ 14	10 ♑ 31	14 ♐ 2	1 ♋ 28	18 ♊ 34	7 ♉	7 ♓	6 ♍	22 ♎	0 ♑
16	21 ♎ 33	24 ♏ 55	14 ♏ 36	13 D 35	16 ♏ 13	3 ♐ 18	0 ♐ 46	6 ♑ 21	10 ♑ 34	14 ♐ 5	1 ♋ 27	18 ♊ 34	7 ♉	6 ♓	7 ♍	23 ♎	0 ♑
17	22 ♎ 32	6 ♐ 41	14 ♏ 32	13 ♏ 36	17 ♏ 1	4 ♐ 28	1 ♐ 29	6 ♑ 29	10 ♑ 37	14 ♐ 7	1 ♋ 27	18 ♊ 33	7 ♉	6 ♓	7 ♍	23 ♎	0 ♑
18	23 ♎ 32	18 ♐ 31	14 ♏ 29	13 ♏ 38	17 ♏ 45	5 ♐ 38	2 ♐ 12	6 ♑ 37	10 ♑ 40	14 ♐ 10	1 ♋ 26	18 ♊ 33	7 ♉	6 ♓	8 ♍	24 ♎	0 ♑
19	24 ♎ 32	0 ♑ 29	14 ♏ 26	13 ♏ 39	18 ♏ 24	6 ♐ 48	2 ♐ 56	6 ♑ 45	10 ♑ 43	14 ♐ 12	1 ♋ 26	18 ♊ 32	7 ♉	6 ♓	8 ♍	25 ♎	0 ♑
20	25 ♎ 31	12 ♑ 39	14 ♏ 23	13 ♏ 40	18 ♏ 59	7 ♐ 58	3 ♐ 39	6 ♑ 54	10 ♑ 46	14 ♐ 15	1 ♋ 26	18 ♊ 31	6 ♉	6 ♓	8 ♍	25 ♎	0 ♑
21	26 ♎ 31	25 ♑ 5	14 ♏ 20	13 ♏ 41	19 ♏ 29	9 ♐ 8	4 ♐ 22	7 ♑ 2	10 ♑ 49	14 ♐ 18	1 ♋ 25	18 ♊ 31	6 ♉	6 ♓	9 ♍	26 ♎	1 ♑
22	27 ♎ 31	7 ♒ 52	14 ♏ 16	13 R 41	19 ♏ 53	10 ♐ 18	5 ♐ 5	7 ♑ 11	10 ♑ 53	14 ♐ 21	1 ♋ 25	18 ♊ 30	6 ♉	6 ♓	9 ♍	26 ♎	1 ♑
23	28 ♎ 30	21 ♒ 4	14 ♏ 13	13 ♏ 40	20 ♏ 10	11 ♐ 27	5 ♐ 49	7 ♑ 19	10 ♑ 56	14 ♐ 23	1 ♋ 24	18 ♊ 29	6 ♉	6 ♓	10 ♍	27 ♎	1 ♑
24	29 ♎ 30	4 ♓ 44	14 ♏ 10	13 ♏ 38	20 ♏ 21	12 ♐ 37	6 ♐ 32	7 ♑ 28	11 ♑ 0	14 ♐ 26	1 ♋ 23	18 ♊ 29	5 ♉	6 ♓	10 ♍	27 ♎	1 ♑
25	0 ♏ 30	18 ♓ 51	14 ♏ 7	13 ♏ 36	20 R 24	13 ♐ 46	7 ♐ 16	7 ♑ 37	11 ♑ 4	14 ♐ 29	1 ♋ 23	18 ♊ 28	5 ♉	5 ♓	10 ♍	28 ♎	1 ♑
26	1 ♏ 30	3 ♈ 24	14 ♏ 4	13 ♏ 35	20 ♏ 19	14 ♐ 56	8 ♐ 0	7 ♑ 46	11 ♑ 8	14 ♐ 32	1 ♋ 22	18 ♊ 27	5 ♉	5 ♓	11 ♍	28 ♎	1 ♑
27	2 ♏ 30	18 ♈ 18	14 ♏ 1	13 ♏ 34	20 ♏ 5	16 ♐ 5	8 ♐ 43	7 ♑ 56	11 ♑ 11	14 ♐ 35	1 ♋ 21	18 ♊ 26	5 ♉	5 ♓	11 ♍	29 ♎	1 ♑
28	3 ♏ 30	3 ♉ 26	13 ♏ 57	13 ♏ 33	19 ♏ 42	17 ♐ 14	9 ♐ 27	8 ♑ 5	11 ♑ 15	14 ♐ 38	1 ♋ 21	18 ♊ 26	5 ♉	5 ♓	12 ♍	29 ♎	1 ♑
29	4 ♏ 29	18 ♉ 38	13 ♏ 54	13 D 33	19 ♏ 10	18 ♐ 23	10 ♐ 11	8 ♑ 14	11 ♑ 19	14 ♐ 41	1 ♋ 20	18 ♊ 25	4 ♉	5 ♓	12 ♍	0 ♏	1 ♑
30	5 ♏ 29	3 ♊ 45	13 ♏ 51	13 ♏ 33	18 ♏ 29	19 ♐ 32	10 ♐ 55	8 ♑ 24	11 ♑ 24	14 ♐ 44	1 ♋ 19	18 ♊ 24	4 ♉	5 ♓	12 ♍	0 ♏	1 ♑
31	6 ♏ 29	18 ♊ 37	13 ♏ 48	13 ♏ 34	17 ♏ 39	20 ♐ 41	11 ♐ 39	8 ♑ 34	11 ♑ 28	14 ♐ 47	1 ♋ 18	18 ♊ 23	4 ♉	5 ♓	13 ♍	1 ♏	1 ♑

SUN INGRESS	☉ → ♏24日 11:46
MOON PHASE	◑ 5日 05:52 ♋ ● 12日 22:11 ♎ ◐ 21日 02:58 ♑ ○ 28日 00:06 ♉

aspects

2日	16:47	☿△♆
4日	09:50	☉□♄
5日	13:36	☿⚹♃
8日	03:15	☉⚹♅
9日	23:02	☿⚹♄
10日	12:17	♀☌♂
13日	00:19	☉△♇
25日	15:28	♀☌♅
25日	20:58	☉△♆
29日	00:37	♀☍♇

1901年11月

DAY	☉	☽	☊ mean	☊ true	☿	♀	♂	♃	♄	♅	♆	♇	⚳	⚴	⚵	⚶	⚷
	° ′	° ′	° ′	° ′	° ′	° ′	° ′	° ′	° ′	° ′	° ′	° ′	°	°	°	°	°
1	7 ♏ 29	3 ♋ 10	13 ♏ 45	13 D 34	16 R 40	21 D 50	12 D 23	8 D 43	11 D 32	14 D 50	1 R 18	18 R 22	4 R	5 R	13 D	1 D	1 D
2	8 ♏ 29	17 ♋ 19	13 ♏ 42	13 ♏ 35	15 ♏ 34	22 ♐ 58	13 ♐ 7	8 ♑ 53	11 ♑ 36	14 ♐ 53	1 ♋ 17	18 ♊ 22	3 ♉	5 ♓	14 ♍	2 ♏	1 ♑
3	9 ♏ 29	1 ♌ 2	13 ♏ 38	13 ♏ 35	14 ♏ 21	24 ♐ 7	13 ♐ 51	9 ♑ 3	11 ♑ 41	14 ♐ 56	1 ♋ 16	18 ♊ 21	3 ♉	5 ♓	14 ♍	2 ♏	1 ♑
4	10 ♏ 30	14 ♌ 21	13 ♏ 35	13 R 35	13 ♏ 5	25 ♐ 15	14 ♐ 35	9 ♑ 14	11 ♑ 45	14 ♐ 59	1 ♋ 15	18 ♊ 20	3 ♉	5 ♓	14 ♍	3 ♏	1 ♑
5	11 ♏ 30	27 ♌ 17	13 ♏ 32	13 ♏ 35	11 ♏ 46	26 ♐ 23	15 ♐ 20	9 ♑ 24	11 ♑ 50	15 ♐ 3	1 ♋ 14	18 ♊ 19	3 ♉	5 ♓	15 ♍	3 ♏	2 ♑
6	12 ♏ 30	9 ♍ 54	13 ♏ 29	13 ♏ 35	10 ♏ 28	27 ♐ 31	16 ♐ 4	9 ♑ 34	11 ♑ 54	15 ♐ 6	1 ♋ 13	18 ♊ 18	2 ♉	5 ♓	15 ♍	4 ♏	2 ♑
7	13 ♏ 30	22 ♍ 15	13 ♏ 26	13 ♏ 35	9 ♏ 13	28 ♐ 39	16 ♐ 48	9 ♑ 45	11 ♑ 59	15 ♐ 9	1 ♋ 12	18 ♊ 17	2 ♉	5 D	15 ♍	5 ♏	2 ♑
8	14 ♏ 30	4 ♎ 24	13 ♏ 22	13 D 35	8 ♏ 3	29 ♐ 47	17 ♐ 33	9 ♑ 55	12 ♑ 4	15 ♐ 12	1 ♋ 11	18 ♊ 16	2 ♉	5 ♓	16 ♍	5 ♏	2 ♑
9	15 ♏ 31	16 ♎ 23	13 ♏ 19	13 ♏ 35	7 ♏ 0	0 ♑ 55	18 ♐ 18	10 ♑ 6	12 ♑ 9	15 ♐ 16	1 ♋ 10	18 ♊ 15	2 ♉	5 ♓	16 ♍	6 ♏	2 ♑
10	16 ♏ 31	28 ♎ 16	13 ♏ 16	13 ♏ 35	6 ♏ 7	2 ♑ 2	19 ♐ 2	10 ♑ 17	12 ♑ 14	15 ♐ 19	1 ♋ 9	18 ♊ 14	2 ♉	5 ♓	16 ♍	6 ♏	2 ♑
11	17 ♏ 31	10 ♏ 5	13 ♏ 13	13 ♏ 36	5 ♏ 25	3 ♑ 10	19 ♐ 47	10 ♑ 28	12 ♑ 19	15 ♐ 22	1 ♋ 8	18 ♊ 13	1 ♉	5 ♓	17 ♍	7 ♏	2 ♑
12	18 ♏ 32	21 ♏ 52	13 ♏ 10	13 R 35	4 ♏ 53	4 ♑ 17	20 ♐ 32	10 ♑ 39	12 ♑ 24	15 ♐ 26	1 ♋ 7	18 ♊ 12	1 ♉	5 ♓	17 ♍	7 ♏	2 ♑
13	19 ♏ 32	3 ♐ 40	13 ♏ 7	13 ♏ 35	4 ♏ 34	5 ♑ 24	21 ♐ 16	10 ♑ 50	12 ♑ 29	15 ♐ 29	1 ♋ 5	18 ♊ 11	1 ♉	5 ♓	18 ♍	8 ♏	2 ♑
14	20 ♏ 33	15 ♐ 30	13 ♏ 3	13 ♏ 34	4 ♏ 26	6 ♑ 31	22 ♐ 1	11 ♑ 1	12 ♑ 34	15 ♐ 32	1 ♋ 4	18 ♊ 10	1 ♉	5 ♓	18 ♍	8 ♏	2 ♑
15	21 ♏ 33	27 ♐ 25	13 ♏ 0	13 ♏ 33	4 D 29	7 ♑ 38	22 ♐ 46	11 ♑ 12	12 ♑ 39	15 ♐ 36	1 ♋ 3	18 ♊ 9	1 ♉	5 ♓	18 ♍	9 ♏	2 ♑
16	22 ♏ 34	9 ♑ 28	12 ♏ 57	13 ♏ 32	4 ♏ 43	8 ♑ 44	23 ♐ 31	11 ♑ 23	12 ♑ 45	15 ♐ 39	1 ♋ 2	18 ♊ 8	0 ♉	5 ♓	19 ♍	9 ♏	2 ♑
17	23 ♏ 34	21 ♑ 41	12 ♏ 54	13 ♏ 31	5 ♏ 7	9 ♑ 50	24 ♐ 16	11 ♑ 35	12 ♑ 50	15 ♐ 43	1 ♋ 0	18 ♊ 7	0 ♉	5 ♓	19 ♍	10 ♏	3 ♑
18	24 ♏ 35	4 ♒ 8	12 ♏ 51	13 ♏ 30	5 ♏ 40	10 ♑ 57	25 ♐ 2	11 ♑ 46	12 ♑ 55	15 ♐ 46	0 ♋ 59	18 ♊ 6	0 ♉	5 ♓	19 ♍	10 ♏	3 ♑
19	25 ♏ 35	16 ♒ 53	12 ♏ 47	13 ♏ 29	6 ♏ 21	12 ♑ 3	25 ♐ 47	11 ♑ 58	13 ♑ 1	15 ♐ 50	0 ♋ 58	18 ♊ 5	0 ♉	6 ♓	20 ♍	11 ♏	3 ♑
20	26 ♏ 36	29 ♒ 57	12 ♏ 44	13 D 29	7 ♏ 9	13 ♑ 8	26 ♐ 32	12 ♑ 10	13 ♑ 6	15 ♐ 53	0 ♋ 57	18 ♊ 4	0 ♉	6 ♓	20 ♍	11 ♏	3 ♑
21	27 ♏ 36	13 ♓ 26	12 ♏ 41	13 ♏ 29	8 ♏ 3	14 ♑ 14	27 ♐ 17	12 ♑ 21	13 ♑ 12	15 ♐ 57	0 ♋ 55	18 ♊ 3	29 ♈	6 ♓	20 ♍	12 ♏	3 ♑
22	28 ♏ 37	27 ♓ 19	12 ♏ 38	13 ♏ 30	9 ♏ 3	15 ♑ 19	28 ♐ 3	12 ♑ 33	13 ♑ 18	16 ♐ 0	0 ♋ 54	18 ♊ 2	29 ♈	6 ♓	21 ♍	12 ♏	3 ♑
23	29 ♏ 38	11 ♈ 39	12 ♏ 35	13 ♏ 32	10 ♏ 8	16 ♑ 24	28 ♐ 48	12 ♑ 45	13 ♑ 23	16 ♐ 4	0 ♋ 52	18 ♊ 1	29 ♈	6 ♓	21 ♍	13 ♏	3 ♑
24	0 ♐ 38	26 ♈ 21	12 ♏ 32	13 ♏ 33	11 ♏ 17	17 ♑ 29	29 ♐ 33	12 ♑ 57	13 ♑ 29	16 ♐ 7	0 ♋ 51	18 ♊ 0	29 ♈	6 ♓	21 ♍	14 ♏	3 ♑
25	1 ♐ 39	11 ♉ 22	12 ♏ 28	13 ♏ 33	12 ♏ 29	18 ♑ 33	0 ♑ 19	13 ♑ 9	13 ♑ 35	16 ♐ 11	0 ♋ 50	17 ♊ 59	29 ♈	6 ♓	21 ♍	14 ♏	3 ♑
26	2 ♐ 40	26 ♉ 34	12 ♏ 25	13 R 33	13 ♏ 45	19 ♑ 38	1 ♑ 5	13 ♑ 22	13 ♑ 41	16 ♐ 14	0 ♋ 48	17 ♊ 58	29 ♈	6 ♓	22 ♍	15 ♏	3 ♑
27	3 ♐ 40	11 ♊ 47	12 ♏ 22	13 ♏ 31	15 ♏ 3	20 ♑ 42	1 ♑ 50	13 ♑ 34	13 ♑ 47	16 ♐ 18	0 ♋ 47	17 ♊ 56	29 ♈	6 ♓	22 ♍	15 ♏	3 ♑
28	4 ♐ 41	26 ♊ 52	12 ♏ 19	13 ♏ 29	16 ♏ 24	21 ♑ 45	2 ♑ 36	13 ♑ 46	13 ♑ 53	16 ♐ 22	0 ♋ 45	17 ♊ 55	28 ♈	6 ♓	22 ♍	16 ♏	4 ♑
29	5 ♐ 42	11 ♋ 39	12 ♏ 16	13 ♏ 26	17 ♏ 46	22 ♑ 49	3 ♑ 22	13 ♑ 59	13 ♑ 59	16 ♐ 25	0 ♋ 44	17 ♊ 54	28 ♈	6 ♓	23 ♍	16 ♏	4 ♑
30	6 ♐ 43	26 ♋ 3	12 ♏ 13	13 ♏ 23	19 ♏ 10	23 ♑ 52	4 ♑ 7	14 ♑ 11	14 ♑ 5	16 ♐ 29	0 ♋ 42	17 ♊ 53	28 ♈	7 ♓	23 ♍	17 ♏	4 ♑

SUN INGRESS	☉ → ♐ 23日 08:41
MOON PHASE	◑ 3日 16:24 ♌　● 11日 16:34 ♏　◐ 19日 17:23 ♒　○ 26日 10:18 ♊

aspects		
2日	11:31	☉⚹♃
4日	14:04	♂☌♅
4日	22:56	☿⚹♄
5日	02:49	☉☌☿
5日	08:39	☉⚹♄
6日	14:53	☿⚹♃
8日	22:49	♂☍♇
9日	05:18	♀☍♆
12日	09:42	☿⚹♀
18日	22:00	♀☌♃
19日	23:17	♀☌♄
25日	15:21	☿⚹♃
25日	15:40	♂☍♆
25日	22:43	☿⚹♄
29日	01:29	♃☌♄

1901年12月

DAY	☉	☽	☊ mean	☊ true	☿	♀	♂	♃	♄	♅	♆	♇	⚳	⚴	⚵	⚶	⚷
	° ′	° ′	° ′	° ′	° ′	° ′	° ′	° ′	° ′	° ′	° ′	° ′	°	°	°	°	°
1	7 ♐ 43	9 ♌ 58	12 ♏ 9	13 R 20	20 D 35	24 D 54	4 D 53	14 D 24	14 D 11	16 D 32	0 R 41	17 R 52	28 R	7 D	23 D	17 D	4 D
2	8 ♐ 44	23 ♌ 25	12 ♏ 6	13 ♏ 18	22 ♏ 2	25 ♑ 57	5 ♑ 39	14 ♑ 36	14 ♑ 17	16 ♐ 36	0 ♋ 39	17 ♊ 51	28 ♈	7 ♓	24 ♍	18 ♏	4 ♑
3	9 ♐ 45	6 ♍ 25	12 ♏ 3	13 ♏ 17	23 ♏ 30	26 ♑ 59	6 ♑ 25	14 ♑ 49	14 ♑ 24	16 ♐ 40	0 ♋ 38	17 ♊ 50	28 ♈	7 ♓	24 ♍	18 ♏	4 ♑
4	10 ♐ 46	19 ♍ 1	12 ♏ 0	13 D 17	24 ♏ 58	28 ♑ 1	7 ♑ 11	15 ♑ 2	14 ♑ 30	16 ♐ 43	0 ♋ 36	17 ♊ 49	28 ♈	7 ♓	24 ♍	19 ♏	4 ♑
5	11 ♐ 47	1 ♎ 19	11 ♏ 57	13 ♏ 18	26 ♏ 27	29 ♑ 2	7 ♑ 57	15 ♑ 14	14 ♑ 36	16 ♐ 47	0 ♋ 34	17 ♊ 47	28 ♈	7 ♓	24 ♍	19 ♏	4 ♑
6	12 ♐ 48	13 ♎ 22	11 ♏ 53	13 ♏ 20	27 ♏ 57	0 ♒ 3	8 ♑ 43	15 ♑ 27	14 ♑ 43	16 ♐ 51	0 ♋ 33	17 ♊ 46	28 ♈	7 ♓	25 ♍	20 ♏	4 ♑
7	13 ♐ 49	25 ♎ 15	11 ♏ 50	13 ♏ 22	29 ♏ 27	1 ♒ 4	9 ♑ 29	15 ♑ 40	14 ♑ 49	16 ♐ 54	0 ♋ 31	17 ♊ 45	27 ♈	8 ♓	25 ♍	20 ♏	4 ♑
8	14 ♐ 50	7 ♏ 3	11 ♏ 47	13 ♏ 23	0 ♐ 58	2 ♒ 4	10 ♑ 15	15 ♑ 53	14 ♑ 55	16 ♐ 58	0 ♋ 30	17 ♊ 44	27 ♈	8 ♓	25 ♍	21 ♏	5 ♑
9	15 ♐ 51	18 ♏ 49	11 ♏ 44	13 R 23	2 ♐ 29	3 ♒ 4	11 ♑ 1	16 ♑ 6	15 ♑ 2	17 ♐ 2	0 ♋ 28	17 ♊ 43	27 ♈	8 ♓	25 ♍	21 ♏	5 ♑
10	16 ♐ 52	0 ♐ 36	11 ♏ 41	13 ♏ 22	4 ♐ 0	4 ♒ 3	11 ♑ 48	16 ♑ 19	15 ♑ 8	17 ♐ 5	0 ♋ 26	17 ♊ 42	27 ♈	8 ♓	26 ♍	22 ♏	5 ♑
11	17 ♐ 53	12 ♐ 28	11 ♏ 38	13 ♏ 18	5 ♐ 31	5 ♒ 2	12 ♑ 34	16 ♑ 32	15 ♑ 15	17 ♐ 9	0 ♋ 25	17 ♊ 40	27 ♈	8 ♓	26 ♍	23 ♏	5 ♑
12	18 ♐ 54	24 ♐ 26	11 ♏ 34	13 ♏ 13	7 ♐ 3	6 ♒ 1	13 ♑ 20	16 ♑ 45	15 ♑ 21	17 ♐ 13	0 ♋ 23	17 ♊ 39	27 ♈	8 ♓	26 ♍	23 ♏	5 ♑
13	19 ♐ 55	6 ♑ 32	11 ♏ 31	13 ♏ 7	8 ♐ 35	6 ♒ 59	14 ♑ 7	16 ♑ 59	15 ♑ 28	17 ♐ 16	0 ♋ 21	17 ♊ 38	27 ♈	9 ♓	26 ♍	24 ♏	5 ♑
14	20 ♐ 56	18 ♑ 47	11 ♏ 28	12 ♏ 59	10 ♐ 7	7 ♒ 56	14 ♑ 53	17 ♑ 12	15 ♑ 35	17 ♐ 20	0 ♋ 20	17 ♊ 37	27 ♈	9 ♓	27 ♍	24 ♏	5 ♑
15	21 ♐ 57	1 ♒ 12	11 ♏ 25	12 ♏ 52	11 ♐ 40	8 ♒ 53	15 ♑ 40	17 ♑ 25	15 ♑ 41	17 ♐ 24	0 ♋ 18	17 ♊ 36	27 ♈	9 ♓	27 ♍	25 ♏	5 ♑
16	22 ♐ 58	13 ♒ 48	11 ♏ 22	12 ♏ 46	13 ♐ 12	9 ♒ 50	16 ♑ 26	17 ♑ 39	15 ♑ 48	17 ♐ 27	0 ♋ 16	17 ♊ 35	27 ♈	9 ♓	27 ♍	25 ♏	5 ♑
17	23 ♐ 59	26 ♒ 38	11 ♏ 19	12 ♏ 41	14 ♐ 45	10 ♒ 46	17 ♑ 13	17 ♑ 52	15 ♑ 55	17 ♐ 31	0 ♋ 15	17 ♊ 33	27 ♈	9 ♓	27 ♍	26 ♏	5 ♑
18	25 ♐ 0	9 ♓ 43	11 ♏ 15	12 ♏ 37	16 ♐ 18	11 ♒ 41	17 ♑ 59	18 ♑ 6	16 ♑ 2	17 ♐ 35	0 ♋ 13	17 ♊ 32	27 D	10 ♓	27 ♍	26 ♏	6 ♑
19	26 ♐ 1	23 ♓ 6	11 ♏ 12	12 ♏ 36	17 ♐ 51	12 ♒ 35	18 ♑ 46	18 ♑ 19	16 ♑ 8	17 ♐ 38	0 ♋ 11	17 ♊ 31	27 ♈	10 ♓	28 ♍	27 ♏	6 ♑
20	27 ♐ 2	6 ♈ 47	11 ♏ 9	12 D 36	19 ♐ 24	13 ♒ 29	19 ♑ 33	18 ♑ 33	16 ♑ 15	17 ♐ 42	0 ♋ 10	17 ♊ 30	27 ♈	10 ♓	28 ♍	27 ♏	6 ♑
21	28 ♐ 3	20 ♈ 49	11 ♏ 6	12 ♏ 38	20 ♐ 57	14 ♒ 23	20 ♑ 19	18 ♑ 46	16 ♑ 22	17 ♐ 45	0 ♋ 8	17 ♊ 29	27 ♈	10 ♓	28 ♍	28 ♏	6 ♑
22	29 ♐ 4	5 ♉ 11	11 ♏ 3	12 ♏ 39	22 ♐ 31	15 ♒ 15	21 ♑ 6	19 ♑ 0	16 ♑ 29	17 ♐ 49	0 ♋ 6	17 ♊ 28	27 ♈	11 ♓	28 ♍	28 ♏	6 ♑
23	0 ♑ 6	19 ♉ 51	10 ♏ 59	12 R 39	24 ♐ 4	16 ♒ 7	21 ♑ 53	19 ♑ 13	16 ♑ 36	17 ♐ 53	0 ♋ 5	17 ♊ 27	27 ♈	11 ♓	28 ♍	29 ♏	6 ♑
24	1 ♑ 7	4 ♊ 45	10 ♏ 56	12 ♏ 37	25 ♐ 38	16 ♒ 58	22 ♑ 40	19 ♑ 27	16 ♑ 43	17 ♐ 56	0 ♋ 3	17 ♊ 25	27 ♈	11 ♓	29 ♍	29 ♏	6 ♑
25	2 ♑ 8	19 ♊ 45	10 ♏ 53	12 ♏ 33	27 ♐ 12	17 ♒ 49	23 ♑ 26	19 ♑ 41	16 ♑ 50	18 ♐ 0	0 ♋ 1	17 ♊ 24	27 ♈	11 ♓	29 ♍	0 ♐	6 ♑
26	3 ♑ 9	4 ♋ 44	10 ♏ 50	12 ♏ 26	28 ♐ 47	18 ♒ 38	24 ♑ 13	19 ♑ 55	16 ♑ 57	18 ♐ 3	29 ♊ 59	17 ♊ 23	27 ♈	11 ♓	29 ♍	0 ♐	6 ♑
27	4 ♑ 10	19 ♋ 31	10 ♏ 47	12 ♏ 18	0 ♑ 21	19 ♒ 27	25 ♑ 0	20 ♑ 8	17 ♑ 4	18 ♐ 7	29 ♊ 58	17 ♊ 22	27 ♈	12 ♓	29 ♍	1 ♐	6 ♑
28	5 ♑ 11	4 ♌ 0	10 ♏ 44	12 ♏ 9	1 ♑ 56	20 ♒ 15	25 ♑ 47	20 ♑ 22	17 ♑ 11	18 ♐ 11	29 ♊ 56	17 ♊ 21	27 ♈	12 ♓	29 ♍	1 ♐	7 ♑
29	6 ♑ 12	18 ♌ 3	10 ♏ 40	12 ♏ 0	3 ♑ 31	21 ♒ 1	26 ♑ 34	20 ♑ 36	17 ♑ 18	18 ♐ 14	29 ♊ 54	17 ♊ 20	28 ♈	12 ♓	0 ♎	2 ♐	7 ♑
30	7 ♑ 13	1 ♍ 38	10 ♏ 37	11 ♏ 53	5 ♑ 6	21 ♒ 47	27 ♑ 21	20 ♑ 50	17 ♑ 25	18 ♐ 18	29 ♊ 53	17 ♊ 19	28 ♈	12 ♓	0 ♎	2 ♐	7 ♑
31	8 ♑ 15	14 ♍ 45	10 ♏ 34	11 ♏ 48	6 ♑ 42	22 ♒ 32	28 ♑ 8	21 ♑ 4	17 ♑ 32	18 ♐ 21	29 ♊ 51	17 ♊ 18	28 ♈	13 ♓	0 ♎	3 ♐	7 ♑

SUN INGRESS	☉ → ♑ 22日 21:37
MOON PHASE	◑ 3日 06:50 ♍　● 11日 11:53 ♐　◐ 19日 05:35 ♓　○ 25日 21:16 ♋

aspects		
10日	02:39	☿⚹♀
10日	05:43	☉☌♅
10日	19:16	☉☍♇
15日	01:05	♂☌♄
17日	12:30	♅☍♇
18日	04:32	♂☌♃
18日	19:03	☿☍♇
18日	20:41	☿☌♅
22日	23:35	☉☍♆
24日	12:36	♀△♇
25日	05:50	♀⚹♅
26日	18:10	☿☍♆

1902年1月

DAY	☉	☽	☊ mean	☊ true	☿	♀	♂	♃	♄	♅	♆	♇	⚳	⚴	⚵	⚶	⚷
	° ′	° ′	° ′	° ′	° ′	° ′	° ′	° ′	° ′	° ′	° ′	° ′	°	°	°	°	°
1	9 ♑ 16	27 ♍ 26	10 ♏ 31	11 R 45	8 D 18	23 D 16	28 D 55	21 D 18	17 D 39	18 D 25	29 R 49	17 R 17	28 D	13 D	0 D	4 D	7 D
2	10 ♑ 17	9 ♎ 45	10 ♏ 28	11 ♏ 44	9 ♑ 55	23 ♒ 59	29 ♑ 42	21 ♑ 32	17 ♑ 46	18 ♐ 28	29 ♊ 48	17 ♊ 16	28 ♈	13 ♓	0 ♎	4 ♐	7 ♑
3	11 ♑ 18	21 ♎ 49	10 ♏ 25	11 D 45	11 ♑ 31	24 ♒ 40	0 ♒ 29	21 ♑ 46	17 ♑ 53	18 ♐ 32	29 ♊ 46	17 ♊ 14	28 ♈	13 ♓	0 ♎	5 ♐	7 ♑
4	12 ♑ 19	3 ♏ 41	10 ♏ 21	11 ♏ 46	13 ♑ 8	25 ♒ 21	1 ♒ 16	22 ♑ 0	18 ♑ 0	18 ♐ 35	29 ♊ 44	17 ♊ 13	28 ♈	14 ♓	0 ♎	5 ♐	7 ♑
5	13 ♑ 20	15 ♏ 28	10 ♏ 18	11 R 46	14 ♑ 46	26 ♒ 0	2 ♒ 3	22 ♑ 14	18 ♑ 7	18 ♐ 38	29 ♊ 43	17 ♊ 12	28 ♈	14 ♓	0 ♎	6 ♐	7 ♑
6	14 ♑ 22	27 ♏ 14	10 ♏ 15	11 ♏ 44	16 ♑ 24	26 ♒ 38	2 ♒ 51	22 ♑ 28	18 ♑ 14	18 ♐ 42	29 ♊ 41	17 ♊ 11	28 ♈	14 ♓	1 ♎	6 ♐	7 ♑
7	15 ♑ 23	9 ♐ 4	10 ♏ 12	11 ♏ 41	18 ♑ 2	27 ♒ 15	3 ♒ 38	22 ♑ 42	18 ♑ 21	18 ♐ 45	29 ♊ 39	17 ♊ 10	28 ♈	14 ♓	1 ♎	7 ♐	8 ♑
8	16 ♑ 24	21 ♐ 2	10 ♏ 9	11 ♏ 34	19 ♑ 40	27 ♒ 50	4 ♒ 25	22 ♑ 56	18 ♑ 28	18 ♐ 49	29 ♊ 38	17 ♊ 9	29 ♈	15 ♓	1 ♎	7 ♐	8 ♑
9	17 ♑ 25	3 ♑ 9	10 ♏ 5	11 ♏ 25	21 ♑ 19	28 ♒ 24	5 ♒ 12	23 ♑ 10	18 ♑ 35	18 ♐ 52	29 ♊ 36	17 ♊ 8	29 ♈	15 ♓	1 ♎	8 ♐	8 ♑
10	18 ♑ 26	15 ♑ 28	10 ♏ 2	11 ♏ 13	22 ♑ 59	28 ♒ 56	5 ♒ 59	23 ♑ 24	18 ♑ 43	18 ♐ 55	29 ♊ 35	17 ♊ 7	29 ♈	15 ♓	1 ♎	8 ♐	8 ♑
11	19 ♑ 28	27 ♑ 59	9 ♏ 59	11 ♏ 0	24 ♑ 39	29 ♒ 27	6 ♒ 47	23 ♑ 38	18 ♑ 50	18 ♐ 59	29 ♊ 33	17 ♊ 6	29 ♈	16 ♓	1 ♎	9 ♐	8 ♑
12	20 ♑ 29	10 ♒ 43	9 ♏ 56	10 ♏ 47	26 ♑ 19	29 ♒ 56	7 ♒ 34	23 ♑ 52	18 ♑ 57	19 ♐ 2	29 ♊ 31	17 ♊ 5	29 ♈	16 ♓	1 ♎	9 ♐	8 ♑
13	21 ♑ 30	23 ♒ 38	9 ♏ 53	10 ♏ 36	27 ♑ 59	0 ♓ 24	8 ♒ 21	24 ♑ 6	19 ♑ 4	19 ♐ 5	29 ♊ 30	17 ♊ 5	29 ♈	16 ♓	1 ♎	10 ♐	8 ♑
14	22 ♑ 31	6 ♓ 45	9 ♏ 50	10 ♏ 26	29 ♑ 40	0 ♓ 50	9 ♒ 9	24 ♑ 20	19 ♑ 11	19 ♐ 8	29 ♊ 28	17 ♊ 4	29 ♈	16 ♓	1 ♎	10 ♐	8 ♑
15	23 ♑ 32	20 ♓ 3	9 ♏ 46	10 ♏ 19	1 ♒ 21	1 ♓ 14	9 ♒ 56	24 ♑ 34	19 ♑ 18	19 ♐ 11	29 ♊ 27	17 ♊ 3	0 ♉	17 ♓	1 ♎	11 ♐	8 ♑
16	24 ♑ 33	3 ♈ 32	9 ♏ 43	10 ♏ 14	3 ♒ 3	1 ♓ 36	10 ♒ 43	24 ♑ 48	19 ♑ 25	19 ♐ 15	29 ♊ 25	17 ♊ 2	0 ♉	17 ♓	1 ♎	11 ♐	8 ♑
17	25 ♑ 34	17 ♈ 13	9 ♏ 40	10 ♏ 13	4 ♒ 44	1 ♓ 56	11 ♒ 31	25 ♑ 3	19 ♑ 32	19 ♐ 18	29 ♊ 24	17 ♊ 1	0 ♉	17 ♓	1 ♎	12 ♐	9 ♑
18	26 ♑ 35	1 ♉ 6	9 ♏ 37	10 D 13	6 ♒ 26	2 ♓ 14	12 ♒ 18	25 ♑ 17	19 ♑ 39	19 ♐ 21	29 ♊ 22	17 ♊ 0	0 ♉	18 ♓	1 ♎	12 ♐	9 ♑
19	27 ♑ 37	15 ♉ 12	9 ♏ 34	10 R 13	8 ♒ 8	2 ♓ 31	13 ♒ 6	25 ♑ 31	19 ♑ 46	19 ♐ 24	29 ♊ 21	16 ♊ 59	0 ♉	18 ♓	1 ♎	13 ♐	9 ♑
20	28 ♑ 38	29 ♉ 30	9 ♏ 31	10 ♏ 12	9 ♒ 49	2 ♓ 45	13 ♒ 53	25 ♑ 45	19 ♑ 53	19 ♐ 27	29 ♊ 19	16 ♊ 58	0 ♉	18 ♓	1 ♎	13 ♐	9 ♑
21	29 ♑ 39	13 ♊ 59	9 ♏ 27	10 ♏ 8	11 ♒ 31	2 ♓ 56	14 ♒ 40	25 ♑ 59	20 ♑ 1	19 ♐ 30	29 ♊ 18	16 ♊ 58	1 ♉	18 ♓	1 ♎	14 ♐	9 ♑
22	0 ♒ 40	28 ♊ 33	9 ♏ 24	10 ♏ 2	13 ♒ 12	3 ♓ 6	15 ♒ 28	26 ♑ 13	20 ♑ 8	19 ♐ 33	29 ♊ 16	16 ♊ 57	1 ♉	19 ♓	1 ♎	14 ♐	9 ♑
23	1 ♒ 41	13 ♋ 9	9 ♏ 21	9 ♏ 53	14 ♒ 53	3 ♓ 13	16 ♒ 15	26 ♑ 27	20 ♑ 15	19 ♐ 36	29 ♊ 15	16 ♊ 56	1 ♉	19 ♓	1 R	15 ♐	9 ♑
24	2 ♒ 42	27 ♋ 38	9 ♏ 18	9 ♏ 41	16 ♒ 32	3 ♓ 18	17 ♒ 3	26 ♑ 41	20 ♑ 22	19 ♐ 39	29 ♊ 14	16 ♊ 55	1 ♉	19 ♓	1 ♎	15 ♐	9 ♑
25	3 ♒ 43	11 ♌ 54	9 ♏ 15	9 ♏ 29	18 ♒ 11	3 ♓ 21	17 ♒ 50	26 ♑ 55	20 ♑ 29	19 ♐ 42	29 ♊ 12	16 ♊ 54	1 ♉	20 ♓	1 ♎	16 ♐	9 ♑
26	4 ♒ 44	25 ♌ 51	9 ♏ 11	9 ♏ 16	19 ♒ 49	3 R 21	18 ♒ 37	27 ♑ 9	20 ♑ 36	19 ♐ 45	29 ♊ 11	16 ♊ 54	2 ♉	20 ♓	1 ♎	16 ♐	9 ♑
27	5 ♒ 45	9 ♍ 24	9 ♏ 8	9 ♏ 5	21 ♒ 24	3 ♓ 18	19 ♒ 25	27 ♑ 23	20 ♑ 42	19 ♐ 48	29 ♊ 10	16 ♊ 53	2 ♉	20 ♓	1 ♎	17 ♐	10 ♑
28	6 ♒ 46	22 ♍ 32	9 ♏ 5	8 ♏ 57	22 ♒ 58	3 ♓ 13	20 ♒ 12	27 ♑ 37	20 ♑ 49	19 ♐ 50	29 ♊ 8	16 ♊ 52	2 ♉	21 ♓	1 ♎	17 ♐	10 ♑
29	7 ♒ 47	5 ♎ 16	9 ♏ 2	8 ♏ 51	24 ♒ 29	3 ♓ 6	21 ♒ 0	27 ♑ 52	20 ♑ 56	19 ♐ 53	29 ♊ 7	16 ♊ 52	2 ♉	21 ♓	1 ♎	18 ♐	10 ♑
30	8 ♒ 47	17 ♎ 39	8 ♏ 59	8 ♏ 48	25 ♒ 57	2 ♓ 56	21 ♒ 47	28 ♑ 6	21 ♑ 3	19 ♐ 56	29 ♊ 6	16 ♊ 51	3 ♉	21 ♓	1 ♎	18 ♐	10 ♑
31	9 ♒ 48	29 ♎ 45	8 ♏ 56	8 ♏ 47	27 ♒ 21	2 ♓ 43	22 ♒ 35	28 ♑ 20	21 ♑ 10	19 ♐ 58	29 ♊ 5	16 ♊ 50	3 ♉	22 ♓	1 ♎	19 ♐	10 ♑

SUN INGRESS	☉ → ♒ 21日 08:12
MOON PHASE	◑ 2日 01:08 ♎　● 10日 06:15 ♑　◐ 17日 15:38 ♈　○ 24日 09:06 ♌　◑ 31日 22:08 ♏

aspects		
2日	15:08	☉☌☿
7日	05:06	☿☌♄
10日	07:01	☿☌♃
10日	07:13	☉☌♄
11日	04:33	♀△♆
16日	07:47	☉☌♃
23日	20:19	♂△♇
24日	05:29	☿△♇
24日	14:04	☿☌♂
25日	23:01	☿⚹♅
27日	12:09	♂⚹♅

1902年2月

DAY	☉	☽	☊ mean	☊ true	☿	♀	♂	♃	♄	♅	♆	♇	⚳	⚴	⚵	⚶	⚷
	° ′	° ′	° ′	° ′	° ′	° ′	° ′	° ′	° ′	° ′	° ′	° ′	°	°	°	°	°
1	10 ♒ 49	11 ♏ 40	8 ♏ 52	8 R 47	28 D 41	2 R 28	23 D 22	28 D 33	21 D 17	20 D 1	29 R 4	16 R 50	3 D	22 D	1 R	19 D	10 D
2	11 ♒ 50	23 ♏ 28	8 ♏ 49	8 ♏ 46	29 ♒ 57	2 ♓ 11	24 ♒ 10	28 ♑ 47	21 ♑ 24	20 ♐ 4	29 ♊ 2	16 ♊ 49	3 ♉	22 ♓	1 ♎	20 ♐	10 ♑
3	12 ♒ 51	5 ♐ 16	8 ♏ 46	8 ♏ 45	1 ♓ 6	1 ♓ 51	24 ♒ 57	29 ♑ 1	21 ♑ 31	20 ♐ 6	29 ♊ 1	16 ♊ 48	3 ♉	23 ♓	1 ♎	20 ♐	10 ♑
4	13 ♒ 52	17 ♐ 8	8 ♏ 43	8 ♏ 41	2 ♓ 9	1 ♓ 29	25 ♒ 45	29 ♑ 15	21 ♑ 37	20 ♐ 9	29 ♊ 0	16 ♊ 48	4 ♉	23 ♓	1 ♎	21 ♐	10 ♑
5	14 ♒ 53	29 ♐ 10	8 ♏ 40	8 ♏ 34	3 ♓ 4	1 ♓ 4	26 ♒ 32	29 ♑ 29	21 ♑ 44	20 ♐ 11	28 ♊ 59	16 ♊ 47	4 ♉	23 ♓	1 ♎	21 ♐	10 ♑
6	15 ♒ 54	11 ♑ 25	8 ♏ 37	8 ♏ 25	3 ♓ 52	0 ♓ 38	27 ♒ 20	29 ♑ 43	21 ♑ 51	20 ♐ 14	28 ♊ 58	16 ♊ 47	4 ♉	24 ♓	1 ♎	22 ♐	10 ♑
7	16 ♒ 54	23 ♑ 56	8 ♏ 33	8 ♏ 13	4 ♓ 30	0 ♓ 9	28 ♒ 7	29 ♑ 57	21 ♑ 57	20 ♐ 16	28 ♊ 57	16 ♊ 46	5 ♉	24 ♓	1 ♎	22 ♐	11 ♑
8	17 ♒ 55	6 ♒ 43	8 ♏ 30	8 ♏ 0	5 ♓ 0	29 ♒ 39	28 ♒ 54	0 ♒ 11	22 ♑ 4	20 ♐ 19	28 ♊ 56	16 ♊ 46	5 ♉	24 ♓	1 ♎	23 ♐	11 ♑
9	18 ♒ 56	19 ♒ 46	8 ♏ 27	7 ♏ 46	5 ♓ 19	29 ♒ 7	29 ♒ 42	0 ♒ 25	22 ♑ 11	20 ♐ 21	28 ♊ 55	16 ♊ 45	5 ♉	25 ♓	0 ♎	23 ♐	11 ♑
10	19 ♒ 57	3 ♓ 4	8 ♏ 24	7 ♏ 34	5 ♓ 27	28 ♒ 34	0 ♓ 29	0 ♒ 38	22 ♑ 17	20 ♐ 23	28 ♊ 54	16 ♊ 45	5 ♉	25 ♓	0 ♎	24 ♐	11 ♑
11	20 ♒ 58	16 ♓ 35	8 ♏ 21	7 ♏ 23	5 R 25	27 ♒ 59	1 ♓ 17	0 ♒ 52	22 ♑ 24	20 ♐ 25	28 ♊ 53	16 ♊ 44	6 ♉	25 ♓	0 ♎	24 ♐	11 ♑
12	21 ♒ 58	0 ♈ 16	8 ♏ 17	7 ♏ 15	5 ♓ 12	27 ♒ 23	2 ♓ 4	1 ♒ 6	22 ♑ 30	20 ♐ 28	28 ♊ 52	16 ♊ 44	6 ♉	26 ♓	0 ♎	25 ♐	11 ♑
13	22 ♒ 59	14 ♈ 5	8 ♏ 14	7 ♏ 11	4 ♓ 49	26 ♒ 47	2 ♓ 52	1 ♒ 19	22 ♑ 37	20 ♐ 30	28 ♊ 51	16 ♊ 44	6 ♉	26 ♓	0 ♎	25 ♐	11 ♑
14	24 ♒ 0	28 ♈ 0	8 ♏ 11	7 ♏ 9	4 ♓ 16	26 ♒ 10	3 ♓ 39	1 ♒ 33	22 ♑ 43	20 ♐ 32	28 ♊ 50	16 ♊ 43	6 ♉	26 ♓	0 ♎	25 ♐	11 ♑
15	25 ♒ 0	11 ♉ 59	8 ♏ 8	7 D 9	3 ♓ 33	25 ♒ 33	4 ♓ 26	1 ♒ 47	22 ♑ 50	20 ♐ 34	28 ♊ 50	16 ♊ 43	7 ♉	27 ♓	0 ♎	26 ♐	11 ♑
16	26 ♒ 1	26 ♉ 3	8 ♏ 5	7 R 9	2 ♓ 43	24 ♒ 55	5 ♓ 14	2 ♒ 0	22 ♑ 56	20 ♐ 36	28 ♊ 49	16 ♊ 42	7 ♉	27 ♓	29 ♍	26 ♐	11 ♑
17	27 ♒ 1	10 ♊ 10	8 ♏ 2	7 ♏ 8	1 ♓ 46	24 ♒ 18	6 ♓ 1	2 ♒ 14	23 ♑ 2	20 ♐ 38	28 ♊ 48	16 ♊ 42	7 ♉	27 ♓	29 ♍	27 ♐	11 ♑
18	28 ♒ 2	24 ♊ 19	7 ♏ 58	7 ♏ 6	0 ♓ 43	23 ♒ 41	6 ♓ 49	2 ♒ 27	23 ♑ 9	20 ♐ 40	28 ♊ 47	16 ♊ 42	8 ♉	28 ♓	29 ♍	27 ♐	11 ♑
19	29 ♒ 2	8 ♋ 29	7 ♏ 55	7 ♏ 1	29 ♒ 38	23 ♒ 5	7 ♓ 36	2 ♒ 40	23 ♑ 15	20 ♐ 42	28 ♊ 47	16 ♊ 42	8 ♉	28 ♓	29 ♍	28 ♐	12 ♑
20	0 ♓ 3	22 ♋ 36	7 ♏ 52	6 ♏ 53	28 ♒ 31	22 ♒ 30	8 ♓ 23	2 ♒ 54	23 ♑ 21	20 ♐ 44	28 ♊ 46	16 ♊ 41	8 ♉	28 ♓	29 ♍	28 ♐	12 ♑
21	1 ♓ 3	6 ♌ 38	7 ♏ 49	6 ♏ 43	27 ♒ 23	21 ♒ 56	9 ♓ 11	3 ♒ 7	23 ♑ 27	20 ♐ 46	28 ♊ 46	16 ♊ 41	8 ♉	29 ♓	28 ♍	29 ♐	12 ♑
22	2 ♓ 4	20 ♌ 29	7 ♏ 46	6 ♏ 32	26 ♒ 18	21 ♒ 24	9 ♓ 58	3 ♒ 20	23 ♑ 33	20 ♐ 47	28 ♊ 45	16 ♊ 41	9 ♉	29 ♓	28 ♍	29 ♐	12 ♑
23	3 ♓ 4	4 ♍ 5	7 ♏ 43	6 ♏ 21	25 ♒ 16	20 ♒ 53	10 ♓ 45	3 ♒ 34	23 ♑ 39	20 ♐ 49	28 ♊ 44	16 ♊ 41	9 ♉	29 ♓	28 ♍	0 ♑	12 ♑
24	4 ♓ 4	17 ♍ 23	7 ♏ 39	6 ♏ 11	24 ♒ 18	20 ♒ 24	11 ♓ 32	3 ♒ 47	23 ♑ 45	20 ♐ 51	28 ♊ 44	16 ♊ 41	9 ♉	0 ♈	28 ♍	0 ♑	12 ♑
25	5 ♓ 5	0 ♎ 22	7 ♏ 36	6 ♏ 3	23 ♒ 26	19 ♒ 57	12 ♓ 20	4 ♒ 0	23 ♑ 51	20 ♐ 52	28 ♊ 43	16 ♊ 40	10 ♉	0 ♈	28 ♍	1 ♑	12 ♑
26	6 ♓ 5	13 ♎ 2	7 ♏ 33	5 ♏ 58	22 ♒ 39	19 ♒ 31	13 ♓ 7	4 ♒ 13	23 ♑ 57	20 ♐ 54	28 ♊ 43	16 ♊ 40	10 ♉	1 ♈	27 ♍	1 ♑	12 ♑
27	7 ♓ 5	25 ♎ 23	7 ♏ 30	5 ♏ 55	22 ♒ 0	19 ♒ 9	13 ♓ 54	4 ♒ 26	24 ♑ 3	20 ♐ 55	28 ♊ 42	16 ♊ 40	10 ♉	1 ♈	27 ♍	1 ♑	12 ♑
28	8 ♓ 6	7 ♏ 29	7 ♏ 27	5 D 55	21 ♒ 28	18 ♒ 48	14 ♓ 41	4 ♒ 39	24 ♑ 9	20 ♐ 57	28 ♊ 42	16 ♊ 40	11 ♉	1 ♈	27 ♍	2 ♑	12 ♑

SUN INGRESS	☉ → ♓ 19日 22:40
MOON PHASE	● 8日 22:21 ♒　◐ 15日 23:56 ♉　○ 22日 22:03 ♍

aspects		
1日	06:46	☿△♆
3日	12:30	☿☌♀
6日	20:46	☉△♇
8日	00:44	♂△♆
8日	13:32	♀☌♂
9日	09:08	♀△♆
10日	10:51	☉⚹♅
14日	10:04	☿☌♂
15日	07:57	☉☌♀
18日	17:52	☉△♆
19日	06:40	☉☌☿
19日	18:24	☿△♆
23日	02:58	♀⚹♅

1902年3月

DAY	☉	☽	☊ mean	☊ true	☿	♀	♂	♃	♄	♅	♆	♇	⚳	⚴	⚵	⚶	⚷
	° ′	° ′	° ′	° ′	° ′	° ′	° ′	° ′	° ′	° ′	° ′	° ′	°	°	°	°	°
1	9 ♓ 6	19 ♏ 25	7 ♏ 23	5 D 55	21 R 2	18 R 30	15 D 28	4 D 52	24 D 14	20 D 58	28 R 42	16 R 40	11 D	2 D	27 R	2 D	12 D
2	10 ♓ 6	1 ♐ 15	7 ♏ 20	5 ♏ 56	20 ♒ 44	18 ♒ 14	16 ♓ 16	5 ♒ 5	24 ♑ 20	21 ♐ 0	28 ♊ 41	16 ♊ 40	11 ♉	2 ♈	27 ♍	3 ♑	12 ♑
3	11 ♓ 6	13 ♐ 4	7 ♏ 17	5 R 57	20 ♒ 33	18 ♒ 1	17 ♓ 3	5 ♒ 18	24 ♑ 26	21 ♐ 1	28 ♊ 41	16 D 40	12 ♉	2 ♈	26 ♍	3 ♑	12 ♑
4	12 ♓ 6	24 ♐ 58	7 ♏ 14	5 ♏ 56	20 ♒ 29	17 ♒ 50	17 ♓ 50	5 ♒ 30	24 ♑ 31	21 ♐ 2	28 ♊ 41	16 ♊ 40	12 ♉	3 ♈	26 ♍	4 ♑	12 ♑
5	13 ♓ 7	7 ♑ 1	7 ♏ 11	5 ♏ 53	20 D 31	17 ♒ 41	18 ♓ 37	5 ♒ 43	24 ♑ 37	21 ♐ 3	28 ♊ 41	16 ♊ 40	12 ♉	3 ♈	26 ♍	4 ♑	13 ♑
6	14 ♓ 7	19 ♑ 19	7 ♏ 8	5 ♏ 47	20 ♒ 39	17 ♒ 35	19 ♓ 24	5 ♒ 56	24 ♑ 42	21 ♐ 4	28 ♊ 40	16 ♊ 40	13 ♉	4 ♈	26 ♍	5 ♑	13 ♑
7	15 ♓ 7	1 ♒ 55	7 ♏ 4	5 ♏ 40	20 ♒ 53	17 ♒ 32	20 ♓ 11	6 ♒ 8	24 ♑ 48	21 ♐ 6	28 ♊ 40	16 ♊ 40	13 ♉	4 ♈	25 ♍	5 ♑	13 ♑
8	16 ♓ 7	14 ♒ 52	7 ♏ 1	5 ♏ 32	21 ♒ 13	17 D 31	20 ♓ 58	6 ♒ 21	24 ♑ 53	21 ♐ 7	28 ♊ 40	16 ♊ 41	13 ♉	4 ♈	25 ♍	5 ♑	13 ♑
9	17 ♓ 7	28 ♒ 9	6 ♏ 58	5 ♏ 23	21 ♒ 38	17 ♒ 32	21 ♓ 45	6 ♒ 33	24 ♑ 58	21 ♐ 8	28 ♊ 40	16 ♊ 41	14 ♉	5 ♈	25 ♍	6 ♑	13 ♑
10	18 ♓ 7	11 ♓ 47	6 ♏ 55	5 ♏ 15	22 ♒ 8	17 ♒ 36	22 ♓ 32	6 ♒ 45	25 ♑ 3	21 ♐ 9	28 ♊ 40	16 ♊ 41	14 ♉	5 ♈	25 ♍	6 ♑	13 ♑
11	19 ♓ 7	25 ♓ 41	6 ♏ 52	5 ♏ 8	22 ♒ 42	17 ♒ 42	23 ♓ 19	6 ♒ 58	25 ♑ 9	21 ♐ 9	28 ♊ 40	16 ♊ 41	14 ♉	5 ♈	24 ♍	7 ♑	13 ♑
12	20 ♓ 7	9 ♈ 49	6 ♏ 48	5 ♏ 3	23 ♒ 21	17 ♒ 51	24 ♓ 6	7 ♒ 10	25 ♑ 14	21 ♐ 10	28 D 40	16 ♊ 41	15 ♉	6 ♈	24 ♍	7 ♑	13 ♑
13	21 ♓ 6	24 ♈ 4	6 ♏ 45	5 ♏ 1	24 ♒ 3	18 ♒ 1	24 ♓ 53	7 ♒ 22	25 ♑ 19	21 ♐ 11	28 ♊ 40	16 ♊ 41	15 ♉	6 ♈	24 ♍	8 ♑	13 ♑
14	22 ♓ 6	8 ♉ 24	6 ♏ 42	5 D 1	24 ♒ 49	18 ♒ 14	25 ♓ 40	7 ♒ 34	25 ♑ 24	21 ♐ 12	28 ♊ 40	16 ♊ 42	15 ♉	7 ♈	24 ♍	8 ♑	13 ♑
15	23 ♓ 6	22 ♉ 43	6 ♏ 39	5 ♏ 1	25 ♒ 39	18 ♒ 28	26 ♓ 26	7 ♒ 46	25 ♑ 28	21 ♐ 13	28 ♊ 40	16 ♊ 42	16 ♉	7 ♈	23 ♍	8 ♑	13 ♑
16	24 ♓ 6	6 ♊ 59	6 ♏ 36	5 ♏ 3	26 ♒ 32	18 ♒ 45	27 ♓ 13	7 ♒ 58	25 ♑ 33	21 ♐ 13	28 ♊ 40	16 ♊ 42	16 ♉	7 ♈	23 ♍	9 ♑	13 ♑
17	25 ♓ 6	21 ♊ 9	6 ♏ 33	5 ♏ 4	27 ♒ 28	19 ♒ 4	28 ♓ 0	8 ♒ 10	25 ♑ 38	21 ♐ 14	28 ♊ 41	16 ♊ 43	16 ♉	7 ♈	23 ♍	9 ♑	13 ♑
18	26 ♓ 5	5 ♋ 13	6 ♏ 29	5 R 3	28 ♒ 26	19 ♒ 24	28 ♓ 47	8 ♒ 21	25 ♑ 43	21 ♐ 14	28 ♊ 41	16 ♊ 43	17 ♉	8 ♈	23 ♍	10 ♑	13 ♑
19	27 ♓ 5	19 ♋ 8	6 ♏ 26	5 ♏ 1	29 ♒ 28	19 ♒ 47	29 ♓ 33	8 ♒ 33	25 ♑ 47	21 ♐ 15	28 ♊ 41	16 ♊ 43	17 ♉	9 ♈	22 ♍	10 ♑	13 ♑
20	28 ♓ 5	2 ♌ 54	6 ♏ 23	4 ♏ 58	0 ♓ 32	20 ♒ 11	0 ♈ 20	8 ♒ 44	25 ♑ 52	21 ♐ 15	28 ♊ 41	16 ♊ 44	17 ♉	9 ♈	22 ♍	10 ♑	13 ♑
21	29 ♓ 4	16 ♌ 29	6 ♏ 20	4 ♏ 53	1 ♓ 38	20 ♒ 37	1 ♈ 6	8 ♒ 56	25 ♑ 56	21 ♐ 16	28 ♊ 42	16 ♊ 44	18 ♉	9 ♈	22 ♍	11 ♑	13 ♑
22	0 ♈ 4	29 ♌ 53	6 ♏ 17	4 ♏ 47	2 ♓ 47	21 ♒ 4	1 ♈ 53	9 ♒ 7	26 ♑ 0	21 ♐ 16	28 ♊ 42	16 ♊ 44	18 ♉	10 ♈	22 ♍	11 ♑	13 ♑
23	1 ♈ 3	13 ♍ 3	6 ♏ 14	4 ♏ 41	3 ♓ 57	21 ♒ 33	2 ♈ 40	9 ♒ 19	26 ♑ 5	21 ♐ 16	28 ♊ 42	16 ♊ 45	19 ♉	10 ♈	21 ♍	12 ♑	13 ♑
24	2 ♈ 3	26 ♍ 0	6 ♏ 10	4 ♏ 36	5 ♓ 10	22 ♒ 4	3 ♈ 26	9 ♒ 30	26 ♑ 9	21 ♐ 16	28 ♊ 43	16 ♊ 45	19 ♉	11 ♈	21 ♍	12 ♑	14 ♑
25	3 ♈ 2	8 ♎ 41	6 ♏ 7	4 ♏ 32	6 ♓ 25	22 ♒ 36	4 ♈ 12	9 ♒ 41	26 ♑ 13	21 ♐ 17	28 ♊ 43	16 ♊ 46	19 ♉	11 ♈	21 ♍	12 ♑	14 ♑
26	4 ♈ 2	21 ♎ 8	6 ♏ 4	4 ♏ 30	7 ♓ 42	23 ♒ 10	4 ♈ 59	9 ♒ 52	26 ♑ 17	21 ♐ 17	28 ♊ 44	16 ♊ 46	20 ♉	11 ♈	21 ♍	13 ♑	14 ♑
27	5 ♈ 1	3 ♏ 22	6 ♏ 1	4 ♏ 29	9 ♓ 0	23 ♒ 44	5 ♈ 45	10 ♒ 3	26 ♑ 21	21 ♐ 17	28 ♊ 44	16 ♊ 47	20 ♉	12 ♈	21 ♍	13 ♑	14 ♑
28	6 ♈ 0	15 ♏ 25	5 ♏ 58	4 D 29	10 ♓ 21	24 ♒ 21	6 ♈ 32	10 ♒ 14	26 ♑ 25	21 R 17	28 ♊ 45	16 ♊ 47	20 ♉	12 ♈	20 ♍	14 ♑	14 ♑
29	7 ♈ 0	27 ♏ 19	5 ♏ 54	4 ♏ 31	11 ♓ 43	24 ♒ 58	7 ♈ 18	10 ♒ 24	26 ♑ 29	21 ♐ 17	28 ♊ 45	16 ♊ 48	21 ♉	12 ♈	20 ♍	14 ♑	14 ♑
30	7 ♈ 59	9 ♐ 9	5 ♏ 51	4 ♏ 33	13 ♓ 7	25 ♒ 37	8 ♈ 4	10 ♒ 35	26 ♑ 32	21 ♐ 17	28 ♊ 46	16 ♊ 49	21 ♉	13 ♈	20 ♍	14 ♑	14 ♑
31	8 ♈ 58	20 ♐ 59	5 ♏ 48	4 ♏ 34	14 ♓ 32	26 ♒ 16	8 ♈ 50	10 ♒ 45	26 ♑ 36	21 ♐ 16	28 ♊ 47	16 ♊ 49	22 ♉	13 ♈	20 ♍	15 ♑	14 ♑

SUN INGRESS	☉ → ♈ 21日 22:17
MOON PHASE	◑ 2日 19:39 ♐　● 10日 11:50 ♓　◐ 17日 07:13 ♊　○ 24日 12:21 ♎

aspects	
1日 04:24	☿⚹♅
2日 12:30	♂□♇
7日 16:23	☿⚹♅
8日 04:30	♂□♅
8日 13:32	☉□♇
13日 01:53	☉□♅
13日 14:52	♂⚹♄
17日 14:04	☉⚹♄
17日 21:02	♂□♆
18日 05:48	☿△♆
20日 14:51	☉□♆
22日 09:45	♀⚹♅
30日 09:47	☉☌♂

1902年4月

DAY	☉	☽	☊ mean	☊ true	☿	♀	♂	♃	♄	♅	♆	♇	⚳	⚴	⚵	⚶	⚷
	° ′	° ′	° ′	° ′	° ′	° ′	° ′	° ′	° ′	° ′	° ′	° ′	°	°	°	°	°
1	9 ♈ 57	2 ♑ 53	5 ♏ 45	4 D 35	15 D 59	26 D 57	9 D 37	10 D 56	26 D 40	21 R 16	28 D 47	16 D 50	22 D	14 D	19 R	15 D	14 D
2	10 ♈ 57	14 ♑ 56	5 ♏ 42	4 R 36	17 ♓ 28	27 ♒ 39	10 ♈ 23	11 ♒ 6	26 ♑ 43	21 ♐ 16	28 ♊ 48	16 ♊ 50	22 ♉	14 ♈	19 ♍	15 ♑	14 ♑
3	11 ♈ 56	27 ♑ 13	5 ♏ 39	4 ♏ 35	18 ♓ 58	28 ♒ 22	11 ♈ 9	11 ♒ 16	26 ♑ 47	21 ♐ 16	28 ♊ 49	16 ♊ 51	23 ♉	15 ♈	19 ♍	16 ♑	14 ♑
4	12 ♈ 55	9 ♒ 49	5 ♏ 35	4 ♏ 33	20 ♓ 30	29 ♒ 6	11 ♈ 55	11 ♒ 26	26 ♑ 50	21 ♐ 15	28 ♊ 50	16 ♊ 52	23 ♉	15 ♈	19 ♍	16 ♑	14 ♑
5	13 ♈ 54	22 ♒ 46	5 ♏ 32	4 ♏ 30	22 ♓ 3	29 ♒ 51	12 ♈ 41	11 ♒ 36	26 ♑ 53	21 ♐ 15	28 ♊ 50	16 ♊ 52	23 ♉	15 ♈	19 ♍	16 ♑	14 ♑
6	14 ♈ 53	6 ♓ 8	5 ♏ 29	4 ♏ 27	23 ♓ 38	0 ♓ 37	13 ♈ 27	11 ♒ 46	26 ♑ 56	21 ♐ 14	28 ♊ 51	16 ♊ 53	24 ♉	16 ♈	18 ♍	17 ♑	14 ♑
7	15 ♈ 52	19 ♓ 54	5 ♏ 26	4 ♏ 25	25 ♓ 14	1 ♓ 24	14 ♈ 13	11 ♒ 56	26 ♑ 59	21 ♐ 14	28 ♊ 52	16 ♊ 54	24 ♉	16 ♈	18 ♍	17 ♑	14 ♑
8	16 ♈ 51	4 ♈ 3	5 ♏ 23	4 ♏ 22	26 ♓ 52	2 ♓ 11	14 ♈ 59	12 ♒ 6	27 ♑ 2	21 ♐ 13	28 ♊ 53	16 ♊ 55	25 ♉	17 ♈	18 ♍	17 ♑	14 ♑
9	17 ♈ 50	18 ♈ 30	5 ♏ 19	4 ♏ 21	28 ♓ 31	2 ♓ 59	15 ♈ 45	12 ♒ 15	27 ♑ 5	21 ♐ 13	28 ♊ 54	16 ♊ 55	25 ♉	17 ♈	18 ♍	18 ♑	14 ♑
10	18 ♈ 49	3 ♉ 10	5 ♏ 16	4 ♏ 21	0 ♈ 12	3 ♓ 48	16 ♈ 31	12 ♒ 25	27 ♑ 8	21 ♐ 12	28 ♊ 55	16 ♊ 56	25 ♉	17 ♈	18 ♍	18 ♑	14 ♑
11	19 ♈ 48	17 ♉ 56	5 ♏ 13	4 D 21	1 ♈ 54	4 ♓ 38	17 ♈ 16	12 ♒ 34	27 ♑ 11	21 ♐ 11	28 ♊ 56	16 ♊ 57	26 ♉	18 ♈	18 ♍	18 ♑	14 ♑
12	20 ♈ 47	2 ♊ 41	5 ♏ 10	4 ♏ 22	3 ♈ 38	5 ♓ 28	18 ♈ 2	12 ♒ 43	27 ♑ 13	21 ♐ 11	28 ♊ 57	16 ♊ 58	26 ♉	18 ♈	17 ♍	19 ♑	14 ♑
13	21 ♈ 46	17 ♊ 19	5 ♏ 7	4 ♏ 23	5 ♈ 23	6 ♓ 20	18 ♈ 48	12 ♒ 52	27 ♑ 16	21 ♐ 10	28 ♊ 58	16 ♊ 59	27 ♉	19 ♈	17 ♍	19 ♑	14 ♑
14	22 ♈ 44	1 ♋ 45	5 ♏ 4	4 ♏ 24	7 ♈ 10	7 ♓ 11	19 ♈ 33	13 ♒ 1	27 ♑ 18	21 ♐ 9	28 ♊ 59	17 ♊ 0	27 ♉	19 ♈	17 ♍	19 ♑	14 ♑
15	23 ♈ 43	15 ♋ 55	5 ♏ 0	4 ♏ 24	8 ♈ 58	8 ♓ 4	20 ♈ 19	13 ♒ 10	27 ♑ 20	21 ♐ 8	29 ♊ 0	17 ♊ 1	27 ♉	19 ♈	17 ♍	20 ♑	14 ♑
16	24 ♈ 42	29 ♋ 49	4 ♏ 57	4 R 24	10 ♈ 48	8 ♓ 57	21 ♈ 5	13 ♒ 19	27 ♑ 23	21 ♐ 7	29 ♊ 2	17 ♊ 1	28 ♉	20 ♈	17 ♍	20 ♑	14 ♑
17	25 ♈ 41	13 ♌ 25	4 ♏ 54	4 ♏ 24	12 ♈ 40	9 ♓ 50	21 ♈ 50	13 ♒ 27	27 ♑ 25	21 ♐ 6	29 ♊ 3	17 ♊ 2	28 ♉	20 ♈	17 ♍	20 ♑	14 ♑
18	26 ♈ 39	26 ♌ 44	4 ♏ 51	4 ♏ 23	14 ♈ 33	10 ♓ 45	22 ♈ 36	13 ♒ 35	27 ♑ 27	21 ♐ 5	29 ♊ 4	17 ♊ 3	29 ♉	21 ♈	17 ♍	21 ♑	14 ♑
19	27 ♈ 38	9 ♍ 47	4 ♏ 48	4 ♏ 22	16 ♈ 28	11 ♓ 39	23 ♈ 21	13 ♒ 44	27 ♑ 29	21 ♐ 4	29 ♊ 5	17 ♊ 4	29 ♉	21 ♈	17 ♍	21 ♑	14 ♑
20	28 ♈ 36	22 ♍ 35	4 ♏ 45	4 ♏ 21	18 ♈ 24	12 ♓ 34	24 ♈ 6	13 ♒ 52	27 ♑ 31	21 ♐ 3	29 ♊ 6	17 ♊ 5	29 ♉	21 ♈	17 ♍	21 ♑	14 ♑
21	29 ♈ 35	5 ♎ 10	4 ♏ 41	4 ♏ 21	20 ♈ 22	13 ♓ 30	24 ♈ 52	14 ♒ 0	27 ♑ 32	21 ♐ 2	29 ♊ 8	17 ♊ 6	0 ♊	22 ♈	16 ♍	22 ♑	14 ♑
22	0 ♉ 33	17 ♎ 33	4 ♏ 38	4 ♏ 20	22 ♈ 21	14 ♓ 26	25 ♈ 37	14 ♒ 8	27 ♑ 34	21 ♐ 0	29 ♊ 9	17 ♊ 7	0 ♊	22 ♈	16 ♍	22 ♑	14 ♑
23	1 ♉ 32	29 ♎ 45	4 ♏ 35	4 ♏ 20	24 ♈ 22	15 ♓ 23	26 ♈ 22	14 ♒ 15	27 ♑ 36	20 ♐ 59	29 ♊ 10	17 ♊ 8	1 ♊	23 ♈	16 ♍	22 ♑	14 ♑
24	2 ♉ 30	11 ♏ 49	4 ♏ 32	4 D 20	26 ♈ 24	16 ♓ 20	27 ♈ 7	14 ♒ 23	27 ♑ 37	20 ♐ 58	29 ♊ 12	17 ♊ 9	1 ♊	23 ♈	16 ♍	22 ♑	14 R
25	3 ♉ 29	23 ♏ 45	4 ♏ 29	4 ♏ 20	28 ♈ 28	17 ♓ 18	27 ♈ 52	14 ♒ 30	27 ♑ 39	20 ♐ 56	29 ♊ 13	17 ♊ 10	1 ♊	23 ♈	16 ♍	22 ♑	14 ♑
26	4 ♉ 27	5 ♐ 37	4 ♏ 25	4 R 20	0 ♉ 32	18 ♓ 16	28 ♈ 37	14 ♒ 38	27 ♑ 40	20 ♐ 55	29 ♊ 15	17 ♊ 11	2 ♊	24 ♈	16 ♍	23 ♑	14 ♑
27	5 ♉ 26	17 ♐ 27	4 ♏ 22	4 ♏ 20	2 ♉ 39	19 ♓ 14	29 ♈ 22	14 ♒ 45	27 ♑ 41	20 ♐ 54	29 ♊ 16	17 ♊ 12	2 ♊	24 ♈	16 ♍	23 ♑	14 ♑
28	6 ♉ 24	29 ♐ 17	4 ♏ 19	4 ♏ 20	4 ♉ 46	20 ♓ 13	0 ♉ 7	14 ♒ 52	27 ♑ 42	20 ♐ 52	29 ♊ 18	17 ♊ 13	3 ♊	25 ♈	16 ♍	23 ♑	14 ♑
29	7 ♉ 22	11 ♑ 12	4 ♏ 16	4 ♏ 20	6 ♉ 54	21 ♓ 12	0 ♉ 52	14 ♒ 59	27 ♑ 43	20 ♐ 51	29 ♊ 19	17 ♊ 15	3 ♊	25 ♈	16 ♍	24 ♑	14 ♑
30	8 ♉ 20	23 ♑ 15	4 ♏ 13	4 ♏ 20	9 ♉ 2	22 ♓ 12	1 ♉ 37	15 ♒ 6	27 ♑ 44	20 ♐ 49	29 ♊ 21	17 ♊ 16	3 ♊	26 ♈	16 ♍	24 ♑	14 ♑

SUN INGRESS	☉ → ♉ 21日 10:04
MOON PHASE	◑ 1日 15:24 ♑　● 8日 22:50 ♈　◐ 15日 14:25 ♋　○ 23日 03:49 ♏

aspects	
1日 13:52	☿□♇
2日 04:42	☉⚹♃
3日 04:58	♂⚹♃
3日 14:57	♀△♆
4日 11:45	☿□♅
8日 01:29	☉⚹♇
8日 02:40	☿⚹♄
9日 05:36	☿□♆
10日 13:42	♂⚹♇
12日 09:33	☉△♅
16日 01:14	♂△♅
17日 10:52	☿⚹♃
18日 20:10	☉□♄
19日 07:39	☿⚹♇
20日 12:35	☉⚹♆
21日 07:58	☿△♅
24日 13:16	☿☌♂
24日 14:24	☿□♄
24日 16:26	♂□♄
24日 20:50	♀□♇
25日 08:53	☿⚹♆
26日 20:30	♂⚹♆
28日 15:27	♀□♅
29日 09:43	☉☌☿

1902年5月

DAY	☉	☽	☊ mean	☊ true	☿	♀	♂	♃	♄	♅	♆	♇	⚳	⚴	⚵	⚶	⚷
	° ′	° ′	° ′	° ′	° ′	° ′	° ′	° ′	° ′	° ′	° ′	° ′	°	°	°	°	°
1	9 ♉ 19	5 ♒ 30	4 ♏ 10	4 R 19	11 D 12	23 D 12	2 D 22	15 D 12	27 D 45	20 R 47	29 D 22	17 D 17	4 D	26 D	16 R	24 D	14 R
2	10 ♉ 17	18 ♒ 3	4 ♏ 6	4 D 19	13 ♉ 21	24 ♓ 12	3 ♉ 7	15 ♒ 18	27 ♑ 45	20 ♐ 46	29 ♊ 24	17 ♊ 18	4 ♊	27 ♈	16 ♍	24 ♑	14 ♑
3	11 ♉ 15	0 ♓ 56	4 ♏ 3	4 ♏ 20	15 ♉ 31	25 ♓ 13	3 ♉ 51	15 ♒ 25	27 ♑ 46	20 ♐ 44	29 ♊ 25	17 ♊ 19	5 ♊	27 ♈	16 ♍	24 ♑	14 ♑
4	12 ♉ 13	14 ♓ 14	4 ♏ 0	4 ♏ 20	17 ♉ 40	26 ♓ 13	4 ♉ 36	15 ♒ 31	27 ♑ 47	20 ♐ 42	29 ♊ 27	17 ♊ 20	5 ♊	27 ♈	16 ♍	25 ♑	14 ♑
5	13 ♉ 11	27 ♓ 57	3 ♏ 57	4 ♏ 21	19 ♉ 49	27 ♓ 15	5 ♉ 21	15 ♒ 37	27 ♑ 47	20 ♐ 41	29 ♊ 29	17 ♊ 21	5 ♊	28 ♈	16 ♍	25 ♑	14 ♑
6	14 ♉ 10	12 ♈ 7	3 ♏ 54	4 ♏ 22	21 ♉ 57	28 ♓ 16	6 ♉ 5	15 ♒ 43	27 ♑ 47	20 ♐ 39	29 ♊ 30	17 ♊ 23	6 ♊	28 ♈	16 ♍	25 ♑	14 ♑
7	15 ♉ 8	26 ♈ 41	3 ♏ 51	4 ♏ 22	24 ♉ 3	29 ♓ 18	6 ♉ 50	15 ♒ 48	27 ♑ 47	20 ♐ 37	29 ♊ 32	17 ♊ 24	6 ♊	29 ♈	16 D	25 ♑	14 ♑
8	16 ♉ 6	11 ♉ 33	3 ♏ 47	4 R 22	26 ♉ 9	0 ♈ 20	7 ♉ 34	15 ♒ 54	27 ♑ 48	20 ♐ 35	29 ♊ 34	17 ♊ 25	7 ♊	29 ♈	16 ♍	25 ♑	14 ♑
9	17 ♉ 4	26 ♉ 37	3 ♏ 44	4 ♏ 22	28 ♉ 12	1 ♈ 22	8 ♉ 19	15 ♒ 59	27 R 48	20 ♐ 33	29 ♊ 35	17 ♊ 26	7 ♊	0 ♉	16 ♍	26 ♑	14 ♑
10	18 ♉ 2	11 ♊ 44	3 ♏ 41	4 ♏ 21	0 ♊ 14	2 ♈ 25	9 ♉ 3	16 ♒ 4	27 ♑ 48	20 ♐ 31	29 ♊ 37	17 ♊ 28	7 ♊	0 ♉	16 ♍	26 ♑	14 ♑
11	19 ♉ 0	26 ♊ 44	3 ♏ 38	4 ♏ 19	2 ♊ 13	3 ♈ 28	9 ♉ 47	16 ♒ 9	27 ♑ 47	20 ♐ 29	29 ♊ 39	17 ♊ 29	8 ♊	0 ♉	16 ♍	26 ♑	14 ♑
12	19 ♉ 58	11 ♋ 30	3 ♏ 35	4 ♏ 17	4 ♊ 10	4 ♈ 31	10 ♉ 32	16 ♒ 14	27 ♑ 47	20 ♐ 27	29 ♊ 41	17 ♊ 30	8 ♊	1 ♉	16 ♍	26 ♑	14 ♑
13	20 ♉ 56	25 ♋ 55	3 ♏ 31	4 ♏ 15	6 ♊ 5	5 ♈ 34	11 ♉ 16	16 ♒ 18	27 ♑ 47	20 ♐ 25	29 ♊ 42	17 ♊ 31	9 ♊	1 ♉	16 ♍	26 ♑	14 ♑
14	21 ♉ 54	9 ♌ 56	3 ♏ 28	4 ♏ 14	7 ♊ 56	6 ♈ 38	12 ♉ 0	16 ♒ 23	27 ♑ 46	20 ♐ 23	29 ♊ 44	17 ♊ 33	9 ♊	2 ♉	16 ♍	26 ♑	14 ♑
15	22 ♉ 51	23 ♌ 33	3 ♏ 25	4 D 14	9 ♊ 45	7 ♈ 41	12 ♉ 44	16 ♒ 27	27 ♑ 46	20 ♐ 21	29 ♊ 46	17 ♊ 34	10 ♊	2 ♉	16 ♍	27 ♑	14 ♑
16	23 ♉ 49	6 ♍ 47	3 ♏ 22	4 ♏ 14	11 ♊ 31	8 ♈ 45	13 ♉ 28	16 ♒ 31	27 ♑ 45	20 ♐ 19	29 ♊ 48	17 ♊ 35	10 ♊	3 ♉	16 ♍	27 ♑	14 ♑
17	24 ♉ 47	19 ♍ 39	3 ♏ 19	4 ♏ 15	13 ♊ 13	9 ♈ 50	14 ♉ 12	16 ♒ 35	27 ♑ 44	20 ♐ 17	29 ♊ 50	17 ♊ 36	10 ♊	3 ♉	16 ♍	27 ♑	14 ♑
18	25 ♉ 45	2 ♎ 14	3 ♏ 16	4 ♏ 17	14 ♊ 52	10 ♈ 54	14 ♉ 56	16 ♒ 39	27 ♑ 43	20 ♐ 15	29 ♊ 52	17 ♊ 38	11 ♊	3 ♉	16 ♍	27 ♑	14 ♑
19	26 ♉ 43	14 ♎ 34	3 ♏ 12	4 ♏ 18	16 ♊ 28	11 ♈ 58	15 ♉ 40	16 ♒ 42	27 ♑ 42	20 ♐ 13	29 ♊ 54	17 ♊ 39	11 ♊	4 ♉	16 ♍	27 ♑	14 ♑
20	27 ♉ 40	26 ♎ 42	3 ♏ 9	4 ♏ 19	18 ♊ 1	13 ♈ 3	16 ♉ 24	16 ♒ 46	27 ♑ 41	20 ♐ 11	29 ♊ 56	17 ♊ 40	12 ♊	4 ♉	16 ♍	27 ♑	14 ♑
21	28 ♉ 38	8 ♏ 43	3 ♏ 6	4 R 20	19 ♊ 30	14 ♈ 8	17 ♉ 7	16 ♒ 49	27 ♑ 40	20 ♐ 8	29 ♊ 58	17 ♊ 42	12 ♊	5 ♉	16 ♍	27 ♑	14 ♑
22	29 ♉ 36	20 ♏ 37	3 ♏ 3	4 ♏ 19	20 ♊ 56	15 ♈ 13	17 ♉ 51	16 ♒ 52	27 ♑ 39	20 ♐ 6	0 ♋ 0	17 ♊ 43	12 ♊	5 ♉	16 ♍	27 ♑	14 ♑
23	0 ♊ 33	2 ♐ 29	3 ♏ 0	4 ♏ 16	22 ♊ 19	16 ♈ 19	18 ♉ 35	16 ♒ 55	27 ♑ 38	20 ♐ 4	0 ♋ 2	17 ♊ 44	13 ♊	6 ♉	16 ♍	27 ♑	14 ♑
24	1 ♊ 31	14 ♐ 18	2 ♏ 56	4 ♏ 13	23 ♊ 38	17 ♈ 24	19 ♉ 18	16 ♒ 57	27 ♑ 36	20 ♐ 2	0 ♋ 4	17 ♊ 46	13 ♊	6 ♉	17 ♍	28 ♑	14 ♑
25	2 ♊ 29	26 ♐ 9	2 ♏ 53	4 ♏ 8	24 ♊ 53	18 ♈ 30	20 ♉ 2	17 ♒ 0	27 ♑ 35	19 ♐ 59	0 ♋ 6	17 ♊ 47	14 ♊	6 ♉	17 ♍	28 ♑	14 ♑
26	3 ♊ 26	8 ♑ 2	2 ♏ 50	4 ♏ 3	26 ♊ 5	19 ♈ 35	20 ♉ 45	17 ♒ 2	27 ♑ 33	19 ♐ 57	0 ♋ 8	17 ♊ 48	14 ♊	7 ♉	17 ♍	28 ♑	13 ♑
27	4 ♊ 24	20 ♑ 0	2 ♏ 47	3 ♏ 58	27 ♊ 13	20 ♈ 41	21 ♉ 29	17 ♒ 4	27 ♑ 31	19 ♐ 55	0 ♋ 10	17 ♊ 50	15 ♊	7 ♉	17 ♍	28 ♑	13 ♑
28	5 ♊ 21	2 ♒ 6	2 ♏ 44	3 ♏ 54	28 ♊ 17	21 ♈ 48	22 ♉ 12	17 ♒ 6	27 ♑ 30	19 ♐ 52	0 ♋ 12	17 ♊ 51	15 ♊	8 ♉	17 ♍	28 ♑	13 ♑
29	6 ♊ 19	14 ♒ 23	2 ♏ 41	3 ♏ 50	29 ♊ 18	22 ♈ 54	22 ♉ 56	17 ♒ 8	27 ♑ 28	19 ♐ 50	0 ♋ 14	17 ♊ 52	15 ♊	8 ♉	17 ♍	28 ♑	13 ♑
30	7 ♊ 16	26 ♒ 54	2 ♏ 37	3 ♏ 49	0 ♋ 15	24 ♈ 0	23 ♉ 39	17 ♒ 9	27 ♑ 26	19 ♐ 48	0 ♋ 16	17 ♊ 54	16 ♊	9 ♉	17 ♍	28 ♑	13 ♑
31	8 ♊ 14	9 ♓ 44	2 ♏ 34	3 D 48	1 ♋ 7	25 ♈ 7	24 ♉ 22	17 ♒ 11	27 ♑ 24	19 ♐ 45	0 ♋ 18	17 ♊ 55	16 ♊	9 ♉	17 ♍	28 ♑	13 ♑
SUN INGRESS	☉ → ♊ 22日 09:54																
MOON PHASE	◑ 1日 07:58 ♒	● 8日 07:45 ♉	◐ 14日 22:40 ♌	○ 22日 19:46 ♐	◑ 30日 21:00 ♓												

aspects		
2日	22:50	☿□♃
5日	12:42	♀⚹♄
7日	05:34	♀□♆
7日	18:30	☉□♃
8日	19:12	☿△♄
12日	09:32	☿⚹♀
19日	03:41	☿△♃
19日	18:27	☿☌♇
20日	00:25	☉△♄
20日	13:03	♂□♃
21日	10:12	☿☍♅
23日	13:52	♀⚹♃
24日	08:06	♀⚹♇
26日	07:35	♀△♅
30日	00:37	☿☌♆

1902年6月

DAY	☉	☽	☊ mean	☊ true	☿	♀	♂	♃	♄	♅	♆	♇	⚳	⚴	⚵	⚶	⚷
	° ′	° ′	° ′	° ′	° ′	° ′	° ′	° ′	° ′	° ′	° ′	° ′	°	°	°	°	°
1	9 ♊ 12	22 ♓ 55	2 ♏ 31	3 D 49	1 D 56	26 D 13	25 D 5	17 D 12	27 R 22	19 R 43	0 D 20	17 D 57	17 D	10 D	17 D	28 D	13 R
2	10 ♊ 9	6 ♈ 30	2 ♏ 28	3 ♏ 50	2 ♋ 41	27 ♈ 20	25 ♉ 48	17 ♒ 13	27 ♑ 19	19 ♐ 40	0 ♋ 22	17 ♊ 58	17 ♊	10 ♉	18 ♍	28 R	13 ♑
3	11 ♊ 7	20 ♈ 32	2 ♏ 25	3 ♏ 51	3 ♋ 21	28 ♈ 27	26 ♉ 31	17 ♒ 14	27 ♑ 17	19 ♐ 38	0 ♋ 24	17 ♊ 59	18 ♊	10 ♉	18 ♍	28 ♑	13 ♑
4	12 ♊ 4	5 ♉ 0	2 ♏ 22	3 R 52	3 ♋ 58	29 ♈ 34	27 ♉ 15	17 ♒ 14	27 ♑ 15	19 ♐ 36	0 ♋ 26	18 ♊ 1	18 ♊	11 ♉	18 ♍	28 ♑	13 ♑
5	13 ♊ 1	19 ♉ 50	2 ♏ 18	3 ♏ 51	4 ♋ 30	0 ♉ 42	27 ♉ 57	17 ♒ 15	27 ♑ 12	19 ♐ 33	0 ♋ 29	18 ♊ 2	18 ♊	11 ♉	18 ♍	28 ♑	13 ♑
6	13 ♊ 59	4 ♊ 57	2 ♏ 15	3 ♏ 48	4 ♋ 57	1 ♉ 49	28 ♉ 40	17 ♒ 15	27 ♑ 10	19 ♐ 31	0 ♋ 31	18 ♊ 4	19 ♊	12 ♉	18 ♍	28 ♑	13 ♑
7	14 ♊ 56	20 ♊ 12	2 ♏ 12	3 ♏ 44	5 ♋ 20	2 ♉ 56	29 ♉ 23	17 R 15	27 ♑ 7	19 ♐ 28	0 ♋ 33	18 ♊ 5	19 ♊	12 ♉	18 ♍	28 ♑	13 ♑
8	15 ♊ 54	5 ♋ 24	2 ♏ 9	3 ♏ 38	5 ♋ 39	4 ♉ 4	0 ♊ 6	17 ♒ 15	27 ♑ 4	19 ♐ 26	0 ♋ 35	18 ♊ 6	20 ♊	13 ♉	19 ♍	28 ♑	13 ♑
9	16 ♊ 51	20 ♋ 24	2 ♏ 6	3 ♏ 32	5 ♋ 53	5 ♉ 12	0 ♊ 49	17 ♒ 14	27 ♑ 2	19 ♐ 23	0 ♋ 37	18 ♊ 8	20 ♊	13 ♉	19 ♍	28 ♑	13 ♑
10	17 ♊ 49	5 ♌ 2	2 ♏ 2	3 ♏ 26	6 ♋ 2	6 ♉ 19	1 ♊ 31	17 ♒ 14	26 ♑ 59	19 ♐ 21	0 ♋ 39	18 ♊ 9	21 ♊	14 ♉	19 ♍	28 ♑	13 ♑
11	18 ♊ 46	19 ♌ 14	1 ♏ 59	3 ♏ 21	6 ♋ 7	7 ♉ 27	2 ♊ 14	17 ♒ 13	26 ♑ 56	19 ♐ 18	0 ♋ 42	18 ♊ 11	21 ♊	14 ♉	19 ♍	27 ♑	13 ♑
12	19 ♊ 43	2 ♍ 58	1 ♏ 56	3 ♏ 18	6 R 8	8 ♉ 35	2 ♊ 57	17 ♒ 12	26 ♑ 53	19 ♐ 16	0 ♋ 44	18 ♊ 12	21 ♊	14 ♉	19 ♍	27 ♑	13 ♑
13	20 ♊ 41	16 ♍ 14	1 ♏ 53	3 ♏ 16	6 ♋ 3	9 ♉ 43	3 ♊ 39	17 ♒ 11	26 ♑ 50	19 ♐ 13	0 ♋ 46	18 ♊ 13	22 ♊	15 ♉	19 ♍	27 ♑	13 ♑
14	21 ♊ 38	29 ♍ 4	1 ♏ 50	3 D 17	5 ♋ 55	10 ♉ 51	4 ♊ 22	17 ♒ 10	26 ♑ 47	19 ♐ 11	0 ♋ 48	18 ♊ 15	22 ♊	15 ♉	20 ♍	27 ♑	13 ♑
15	22 ♊ 35	11 ♎ 34	1 ♏ 47	3 ♏ 18	5 ♋ 42	12 ♉ 0	5 ♊ 4	17 ♒ 8	26 ♑ 43	19 ♐ 9	0 ♋ 50	18 ♊ 16	23 ♊	16 ♉	20 ♍	27 ♑	12 ♑
16	23 ♊ 32	23 ♎ 47	1 ♏ 43	3 ♏ 19	5 ♋ 25	13 ♉ 8	5 ♊ 46	17 ♒ 6	26 ♑ 40	19 ♐ 6	0 ♋ 53	18 ♊ 18	23 ♊	16 ♉	20 ♍	27 ♑	12 ♑
17	24 ♊ 30	5 ♏ 48	1 ♏ 40	3 R 19	5 ♋ 5	14 ♉ 17	6 ♊ 29	17 ♒ 5	26 ♑ 37	19 ♐ 4	0 ♋ 55	18 ♊ 19	23 ♊	17 ♉	20 ♍	27 ♑	12 ♑
18	25 ♊ 27	17 ♏ 41	1 ♏ 37	3 ♏ 18	4 ♋ 41	15 ♉ 25	7 ♊ 11	17 ♒ 2	26 ♑ 33	19 ♐ 1	0 ♋ 57	18 ♊ 20	24 ♊	17 ♉	20 ♍	27 ♑	12 ♑
19	26 ♊ 24	29 ♏ 31	1 ♏ 34	3 ♏ 15	4 ♋ 14	16 ♉ 34	7 ♊ 53	17 ♒ 0	26 ♑ 30	18 ♐ 59	0 ♋ 59	18 ♊ 22	24 ♊	18 ♉	21 ♍	27 ♑	12 ♑
20	27 ♊ 22	11 ♐ 20	1 ♏ 31	3 ♏ 9	3 ♋ 44	17 ♉ 43	8 ♊ 35	16 ♒ 58	26 ♑ 26	18 ♐ 56	1 ♋ 2	18 ♊ 23	25 ♊	18 ♉	21 ♍	26 ♑	12 ♑
21	28 ♊ 19	23 ♐ 11	1 ♏ 28	3 ♏ 1	3 ♋ 13	18 ♉ 51	9 ♊ 17	16 ♒ 55	26 ♑ 23	18 ♐ 54	1 ♋ 4	18 ♊ 24	25 ♊	19 ♉	21 ♍	26 ♑	12 ♑
22	29 ♊ 16	5 ♑ 5	1 ♏ 24	2 ♏ 52	2 ♋ 39	20 ♉ 0	9 ♊ 59	16 ♒ 52	26 ♑ 19	18 ♐ 52	1 ♋ 6	18 ♊ 26	26 ♊	19 ♉	21 ♍	26 ♑	12 ♑
23	0 ♋ 13	17 ♑ 4	1 ♏ 21	2 ♏ 41	2 ♋ 5	21 ♉ 9	10 ♊ 41	16 ♒ 49	26 ♑ 16	18 ♐ 49	1 ♋ 8	18 ♊ 27	26 ♊	19 ♉	21 ♍	26 ♑	12 ♑
24	1 ♋ 10	29 ♑ 10	1 ♏ 18	2 ♏ 31	1 ♋ 30	22 ♉ 18	11 ♊ 23	16 ♒ 46	26 ♑ 12	18 ♐ 47	1 ♋ 11	18 ♊ 29	26 ♊	20 ♉	22 ♍	26 ♑	12 ♑
25	2 ♋ 8	11 ♒ 24	1 ♏ 15	2 ♏ 21	0 ♋ 55	23 ♉ 28	12 ♊ 5	16 ♒ 43	26 ♑ 8	18 ♐ 44	1 ♋ 13	18 ♊ 30	27 ♊	20 ♉	22 ♍	26 ♑	12 ♑
26	3 ♋ 5	23 ♒ 48	1 ♏ 12	2 ♏ 13	0 ♋ 21	24 ♉ 37	12 ♊ 47	16 ♒ 39	26 ♑ 4	18 ♐ 42	1 ♋ 15	18 ♊ 31	27 ♊	21 ♉	22 ♍	25 ♑	12 ♑
27	4 ♋ 2	6 ♓ 24	1 ♏ 8	2 ♏ 7	29 ♊ 48	25 ♉ 46	13 ♊ 29	16 ♒ 35	26 ♑ 0	18 ♐ 40	1 ♋ 17	18 ♊ 33	28 ♊	21 ♉	22 ♍	25 ♑	12 ♑
28	4 ♋ 59	19 ♓ 15	1 ♏ 5	2 ♏ 4	29 ♊ 17	26 ♉ 56	14 ♊ 10	16 ♒ 32	25 ♑ 56	18 ♐ 37	1 ♋ 19	18 ♊ 34	28 ♊	22 ♉	22 ♍	25 ♑	12 ♑
29	5 ♋ 56	2 ♈ 24	1 ♏ 2	2 ♏ 3	28 ♊ 48	28 ♉ 5	14 ♊ 52	16 ♒ 28	25 ♑ 52	18 ♐ 35	1 ♋ 22	18 ♊ 35	29 ♊	22 ♉	23 ♍	25 ♑	12 ♑
30	6 ♋ 54	15 ♈ 52	0 ♏ 59	2 D 3	28 ♊ 23	29 ♉ 15	15 ♊ 34	16 ♒ 23	25 ♑ 48	18 ♐ 33	1 ♋ 24	18 ♊ 37	29 ♊	23 ♉	23 ♍	25 ♑	12 ♑
SUN INGRESS	☉ → ♋ 22日 18:15																
MOON PHASE	● 6日 15:11 ♊	◐ 13日 08:54 ♍	○ 21日 11:17 ♐	◑ 29日 06:52 ♈													

aspects		
1日	23:43	♀□♄
4日	00:09	♂△♄
4日	19:14	♀⚹♆
9日	09:38	☉△♃
9日	17:13	☿⚹♀
10日	08:50	☉☌♇
11日	13:02	☉☍♅
19日	08:54	♀□♃
24日	00:04	☉☌♆
24日	05:04	☉☌☿
24日	12:28	☿☌♆
27日	04:37	♀△♄
28日	21:32	♅☍♇

1902年7月

DAY	☉	☽	☊ mean	☊ true	☿	♀	♂	♃	♄	♅	♆	♇	⚳	⚴	⚵	⚶	⚷
	° ′	° ′	° ′	° ′	° ′	° ′	° ′	° ′	° ′	° ′	° ′	° ′	°	°	°	°	°
1	7 ♋ 51	29 ♈ 44	0 ♏ 56	2 D 4	28 R 0	0 D 24	16 D 15	16 R 19	25 R 44	18 R 30	1 D 26	18 D 38	29 D	23 D	23 D	24 R	11 R
2	8 ♋ 48	13 ♉ 59	0 ♏ 53	2 R 3	27 ♊ 42	1 ♊ 34	16 ♊ 57	16 ♒ 14	25 ♑ 40	18 ♐ 28	1 ♋ 28	18 ♊ 39	0 ♋	23 ♉	23 ♍	24 ♑	11 ♑
3	9 ♋ 45	28 ♉ 37	0 ♏ 49	2 ♏ 1	27 ♊ 27	2 ♊ 44	17 ♊ 38	16 ♒ 10	25 ♑ 36	18 ♐ 26	1 ♋ 31	18 ♊ 41	0 ♋	24 ♉	24 ♍	24 ♑	11 ♑
4	10 ♋ 43	13 ♊ 32	0 ♏ 46	1 ♏ 56	27 ♊ 17	3 ♊ 54	18 ♊ 20	16 ♒ 5	25 ♑ 32	18 ♐ 24	1 ♋ 33	18 ♊ 42	1 ♋	24 ♉	24 ♍	24 ♑	11 ♑
5	11 ♋ 40	28 ♊ 39	0 ♏ 43	1 ♏ 49	27 ♊ 12	5 ♊ 4	19 ♊ 1	16 ♒ 0	25 ♑ 28	18 ♐ 21	1 ♋ 35	18 ♊ 43	1 ♋	25 ♉	24 ♍	24 ♑	11 ♑
6	12 ♋ 37	13 ♋ 48	0 ♏ 40	1 ♏ 39	27 D 11	6 ♊ 14	19 ♊ 42	15 ♒ 54	25 ♑ 23	18 ♐ 19	1 ♋ 37	18 ♊ 45	2 ♋	25 ♉	24 ♍	23 ♑	11 ♑
7	13 ♋ 34	28 ♋ 49	0 ♏ 37	1 ♏ 29	27 ♊ 15	7 ♊ 24	20 ♊ 23	15 ♒ 49	25 ♑ 19	18 ♐ 17	1 ♋ 39	18 ♊ 46	2 ♋	26 ♉	25 ♍	23 ♑	11 ♑
8	14 ♋ 31	13 ♌ 31	0 ♏ 34	1 ♏ 19	27 ♊ 24	8 ♊ 34	21 ♊ 5	15 ♒ 44	25 ♑ 15	18 ♐ 15	1 ♋ 42	18 ♊ 47	2 ♋	26 ♉	25 ♍	23 ♑	11 ♑
9	15 ♋ 29	27 ♌ 49	0 ♏ 30	1 ♏ 11	27 ♊ 39	9 ♊ 44	21 ♊ 46	15 ♒ 38	25 ♑ 10	18 ♐ 13	1 ♋ 44	18 ♊ 48	3 ♋	27 ♉	25 ♍	23 ♑	11 ♑
10	16 ♋ 26	11 ♍ 38	0 ♏ 27	1 ♏ 4	27 ♊ 59	10 ♊ 54	22 ♊ 27	15 ♒ 32	25 ♑ 6	18 ♐ 11	1 ♋ 46	18 ♊ 50	3 ♋	27 ♉	25 ♍	22 ♑	11 ♑
11	17 ♋ 23	24 ♍ 58	0 ♏ 24	1 ♏ 0	28 ♊ 23	12 ♊ 5	23 ♊ 8	15 ♒ 26	25 ♑ 2	18 ♐ 9	1 ♋ 48	18 ♊ 51	4 ♋	28 ♉	26 ♍	22 ♑	11 ♑
12	18 ♋ 20	7 ♎ 51	0 ♏ 21	0 ♏ 59	28 ♊ 54	13 ♊ 15	23 ♊ 49	15 ♒ 20	24 ♑ 57	18 ♐ 7	1 ♋ 50	18 ♊ 52	4 ♋	28 ♉	26 ♍	22 ♑	11 ♑
13	19 ♋ 18	20 ♎ 21	0 ♏ 18	0 D 58	29 ♊ 29	14 ♊ 26	24 ♊ 30	15 ♒ 14	24 ♑ 53	18 ♐ 5	1 ♋ 53	18 ♊ 53	5 ♋	29 ♉	26 ♍	22 ♑	11 ♑
14	20 ♋ 15	2 ♏ 33	0 ♏ 14	0 R 58	0 ♋ 9	15 ♊ 36	25 ♊ 11	15 ♒ 8	24 ♑ 48	18 ♐ 3	1 ♋ 55	18 ♊ 55	5 ♋	29 ♉	26 ♍	21 ♑	11 ♑
15	21 ♋ 12	14 ♏ 32	0 ♏ 11	0 ♏ 58	0 ♋ 55	16 ♊ 47	25 ♊ 51	15 ♒ 1	24 ♑ 44	18 ♐ 1	1 ♋ 57	18 ♊ 56	5 ♋	29 ♉	27 ♍	21 ♑	11 ♑
16	22 ♋ 9	26 ♏ 24	0 ♏ 8	0 ♏ 55	1 ♋ 45	17 ♊ 58	26 ♊ 32	14 ♒ 55	24 ♑ 40	17 ♐ 59	1 ♋ 59	18 ♊ 57	6 ♋	0 ♊	27 ♍	21 ♑	11 ♑
17	23 ♋ 6	8 ♐ 13	0 ♏ 5	0 ♏ 51	2 ♋ 41	19 ♊ 8	27 ♊ 13	14 ♒ 48	24 ♑ 35	17 ♐ 57	2 ♋ 1	18 ♊ 58	6 ♋	0 ♊	27 ♍	21 ♑	10 ♑
18	24 ♋ 4	20 ♐ 3	0 ♏ 2	0 ♏ 43	3 ♋ 41	20 ♊ 19	27 ♊ 53	14 ♒ 42	24 ♑ 31	17 ♐ 55	2 ♋ 3	19 ♊ 0	7 ♋	1 ♊	27 ♍	21 ♑	10 ♑
19	25 ♋ 1	1 ♑ 57	29 ♎ 59	0 ♏ 33	4 ♋ 47	21 ♊ 30	28 ♊ 34	14 ♒ 35	24 ♑ 26	17 ♐ 54	2 ♋ 5	19 ♊ 1	7 ♋	1 ♊	28 ♍	20 ♑	10 ♑
20	25 ♋ 58	13 ♑ 57	29 ♎ 55	0 ♏ 21	5 ♋ 57	22 ♊ 41	29 ♊ 14	14 ♒ 28	24 ♑ 22	17 ♐ 52	2 ♋ 7	19 ♊ 2	8 ♋	2 ♊	28 ♍	20 ♑	10 ♑
21	26 ♋ 55	26 ♑ 6	29 ♎ 52	0 ♏ 8	7 ♋ 12	23 ♊ 52	29 ♊ 55	14 ♒ 21	24 ♑ 17	17 ♐ 50	2 ♋ 9	19 ♊ 3	8 ♋	2 ♊	28 ♍	20 ♑	10 ♑
22	27 ♋ 53	8 ♒ 24	29 ♎ 49	29 ♎ 55	8 ♋ 32	25 ♊ 3	0 ♋ 35	14 ♒ 14	24 ♑ 13	17 ♐ 48	2 ♋ 11	19 ♊ 4	8 ♋	3 ♊	29 ♍	20 ♑	10 ♑
23	28 ♋ 50	20 ♒ 51	29 ♎ 46	29 ♎ 42	9 ♋ 56	26 ♊ 14	1 ♋ 16	14 ♒ 6	24 ♑ 9	17 ♐ 47	2 ♋ 14	19 ♊ 5	9 ♋	3 ♊	29 ♍	19 ♑	10 ♑
24	29 ♋ 47	3 ♓ 29	29 ♎ 43	29 ♎ 32	11 ♋ 24	27 ♊ 25	1 ♋ 56	13 ♒ 59	24 ♑ 4	17 ♐ 45	2 ♋ 16	19 ♊ 6	9 ♋	4 ♊	29 ♍	19 ♑	10 ♑
25	0 ♌ 44	16 ♓ 18	29 ♎ 40	29 ♎ 25	12 ♋ 57	28 ♊ 36	2 ♋ 36	13 ♒ 52	24 ♑ 0	17 ♐ 43	2 ♋ 18	19 ♊ 7	10 ♋	4 ♊	29 ♍	19 ♑	10 ♑
26	1 ♌ 42	29 ♓ 18	29 ♎ 36	29 ♎ 20	14 ♋ 34	29 ♊ 48	3 ♋ 16	13 ♒ 44	23 ♑ 55	17 ♐ 42	2 ♋ 20	19 ♊ 9	10 ♋	4 ♊	0 ♎	19 ♑	10 ♑
27	2 ♌ 39	12 ♈ 33	29 ♎ 33	29 ♎ 18	16 ♋ 15	0 ♋ 59	3 ♋ 57	13 ♒ 37	23 ♑ 51	17 ♐ 40	2 ♋ 22	19 ♊ 10	11 ♋	5 ♊	0 ♎	18 ♑	10 ♑
28	3 ♌ 36	26 ♈ 2	29 ♎ 30	29 ♎ 17	17 ♋ 59	2 ♋ 10	4 ♋ 37	13 ♒ 29	23 ♑ 47	17 ♐ 39	2 ♋ 24	19 ♊ 11	11 ♋	5 ♊	0 ♎	18 ♑	10 ♑
29	4 ♌ 34	9 ♉ 49	29 ♎ 27	29 ♎ 17	19 ♋ 47	3 ♋ 22	5 ♋ 17	13 ♒ 22	23 ♑ 42	17 ♐ 38	2 ♋ 26	19 ♊ 12	11 ♋	6 ♊	1 ♎	18 ♑	10 ♑
30	5 ♌ 31	23 ♉ 53	29 ♎ 24	29 ♎ 16	21 ♋ 38	4 ♋ 33	5 ♋ 57	13 ♒ 14	23 ♑ 38	17 ♐ 36	2 ♋ 27	19 ♊ 13	12 ♋	6 ♊	1 ♎	18 ♑	10 ♑
31	6 ♌ 29	8 ♊ 15	29 ♎ 20	29 ♎ 14	23 ♋ 32	5 ♋ 45	6 ♋ 37	13 ♒ 6	23 ♑ 34	17 ♐ 35	2 ♋ 29	19 ♊ 14	12 ♋	7 ♊	1 ♎	18 ♑	10 ♑

SUN INGRESS: ☉ → ♌ 24日 05:10

MOON PHASE: ● 5日 21:59 ♋ ◐ 12日 21:46 ♎ ○ 21日 01:45 ♑ ◑ 28日 14:15 ♉

aspects		
1日	01:54	♂△♃
4日	02:16	♂☍♅
4日	13:27	♂☌♇
13日	15:08	♀△♃
16日	00:30	♀☍♅
16日	06:20	☿☌♆
16日	20:35	♀☌♇
18日	10:33	☉☍♄
24日	12:16	♂☌♆
28日	04:32	♀☌♆
31日	00:22	☿☍♄

1902年8月

DAY	☉	☽	☊ mean	☊ true	☿	♀	♂	♃	♄	♅	♆	♇	⚳	⚴	⚵	⚶	⚷
	° ′	° ′	° ′	° ′	° ′	° ′	° ′	° ′	° ′	° ′	° ′	° ′	°	°	°	°	°
1	7 ♌ 26	22 ♊ 52	29 ♎ 17	29 R 8	25 D 28	6 D 57	7 D 17	12 R 59	23 R 30	17 R 33	2 D 31	19 D 15	13 D	7 D	1 D	17 R	10 R
2	8 ♌ 23	7 ♋ 40	29 ♎ 14	29 ♎ 1	27 ♋ 27	8 ♋ 9	7 ♋ 57	12 ♒ 51	23 ♑ 25	17 ♐ 32	2 ♋ 33	19 ♊ 16	13 ♋	8 ♊	2 ♎	17 ♑	10 ♑
3	9 ♌ 21	22 ♋ 31	29 ♎ 11	28 ♎ 51	29 ♋ 27	9 ♋ 20	8 ♋ 36	12 ♒ 43	23 ♑ 21	17 ♐ 31	2 ♋ 35	19 ♊ 17	14 ♋	8 ♊	2 ♎	17 ♑	10 ♑
4	10 ♌ 18	7 ♌ 17	29 ♎ 8	28 ♎ 40	1 ♌ 29	10 ♋ 32	9 ♋ 16	12 ♒ 35	23 ♑ 17	17 ♐ 30	2 ♋ 37	19 ♊ 18	14 ♋	9 ♊	2 ♎	17 ♑	9 ♑
5	11 ♌ 16	21 ♌ 50	29 ♎ 5	28 ♎ 29	3 ♌ 32	11 ♋ 44	9 ♋ 56	12 ♒ 27	23 ♑ 13	17 ♐ 29	2 ♋ 39	19 ♊ 19	14 ♋	9 ♊	3 ♎	17 ♑	9 ♑
6	12 ♌ 13	6 ♍ 2	29 ♎ 1	28 ♎ 20	5 ♌ 36	12 ♋ 56	10 ♋ 35	12 ♒ 20	23 ♑ 9	17 ♐ 28	2 ♋ 41	19 ♊ 20	15 ♋	9 ♊	3 ♎	16 ♑	9 ♑
7	13 ♌ 11	19 ♍ 49	28 ♎ 58	28 ♎ 12	7 ♌ 40	14 ♋ 8	11 ♋ 15	12 ♒ 12	23 ♑ 5	17 ♐ 27	2 ♋ 42	19 ♊ 20	15 ♋	10 ♊	3 ♎	16 ♑	9 ♑
8	14 ♌ 8	3 ♎ 9	28 ♎ 55	28 ♎ 8	9 ♌ 44	15 ♋ 20	11 ♋ 55	12 ♒ 4	23 ♑ 1	17 ♐ 26	2 ♋ 44	19 ♊ 21	16 ♋	10 ♊	4 ♎	16 ♑	9 ♑
9	15 ♌ 6	16 ♎ 4	28 ♎ 52	28 ♎ 6	11 ♌ 49	16 ♋ 32	12 ♋ 34	11 ♒ 56	22 ♑ 57	17 ♐ 25	2 ♋ 46	19 ♊ 22	16 ♋	11 ♊	4 ♎	16 ♑	9 ♑
10	16 ♌ 3	28 ♎ 36	28 ♎ 49	28 D 5	13 ♌ 53	17 ♋ 44	13 ♋ 13	11 ♒ 48	22 ♑ 53	17 ♐ 24	2 ♋ 48	19 ♊ 23	16 ♋	11 ♊	4 ♎	16 ♑	9 ♑
11	17 ♌ 1	10 ♏ 49	28 ♎ 46	28 ♎ 5	15 ♌ 56	18 ♋ 57	13 ♋ 53	11 ♒ 41	22 ♑ 49	17 ♐ 23	2 ♋ 49	19 ♊ 24	17 ♋	12 ♊	4 ♎	16 ♑	9 ♑
12	17 ♌ 58	22 ♏ 50	28 ♎ 42	28 R 5	17 ♌ 59	20 ♋ 9	14 ♋ 32	11 ♒ 33	22 ♑ 45	17 ♐ 22	2 ♋ 51	19 ♊ 25	17 ♋	12 ♊	5 ♎	16 ♑	9 ♑
13	18 ♌ 56	4 ♐ 43	28 ♎ 39	28 ♎ 4	20 ♌ 0	21 ♋ 21	15 ♋ 11	11 ♒ 25	22 ♑ 42	17 ♐ 21	2 ♋ 53	19 ♊ 25	18 ♋	13 ♊	5 ♎	16 ♑	9 ♑
14	19 ♌ 54	16 ♐ 33	28 ♎ 36	28 ♎ 1	22 ♌ 1	22 ♋ 34	15 ♋ 51	11 ♒ 17	22 ♑ 38	17 ♐ 21	2 ♋ 54	19 ♊ 26	18 ♋	13 ♊	5 ♎	15 ♑	9 ♑
15	20 ♌ 51	28 ♐ 25	28 ♎ 33	27 ♎ 55	24 ♌ 1	23 ♋ 46	16 ♋ 30	11 ♒ 10	22 ♑ 34	17 ♐ 20	2 ♋ 56	19 ♊ 27	19 ♋	14 ♊	6 ♎	15 ♑	9 ♑
16	21 ♌ 49	10 ♑ 23	28 ♎ 30	27 ♎ 47	25 ♌ 59	24 ♋ 59	17 ♋ 9	11 ♒ 2	22 ♑ 31	17 ♐ 19	2 ♋ 58	19 ♊ 28	19 ♋	14 ♊	6 ♎	15 ♑	9 ♑
17	22 ♌ 47	22 ♑ 31	28 ♎ 26	27 ♎ 37	27 ♌ 56	26 ♋ 11	17 ♋ 48	10 ♒ 55	22 ♑ 27	17 ♐ 19	2 ♋ 59	19 ♊ 29	19 ♋	14 ♊	6 ♎	15 ♑	9 ♑
18	23 ♌ 44	4 ♒ 49	28 ♎ 23	27 ♎ 26	29 ♌ 52	27 ♋ 24	18 ♋ 27	10 ♒ 47	22 ♑ 24	17 ♐ 18	3 ♋ 1	19 ♊ 29	20 ♋	15 ♊	7 ♎	15 ♑	9 ♑
19	24 ♌ 42	17 ♒ 20	28 ♎ 20	27 ♎ 15	1 ♍ 46	28 ♋ 36	19 ♋ 6	10 ♒ 40	22 ♑ 20	17 ♐ 18	3 ♋ 2	19 ♊ 30	20 ♋	15 ♊	7 ♎	15 ♑	9 ♑
20	25 ♌ 40	0 ♓ 4	28 ♎ 17	27 ♎ 4	3 ♍ 40	29 ♋ 49	19 ♋ 45	10 ♒ 33	22 ♑ 17	17 ♐ 17	3 ♋ 4	19 ♊ 31	21 ♋	16 ♊	7 ♎	15 ♑	9 ♑
21	26 ♌ 37	13 ♓ 1	28 ♎ 14	26 ♎ 56	5 ♍ 31	1 ♌ 2	20 ♋ 24	10 ♒ 25	22 ♑ 14	17 ♐ 17	3 ♋ 5	19 ♊ 31	21 ♋	16 ♊	8 ♎	15 ♑	9 ♑
22	27 ♌ 35	26 ♓ 9	28 ♎ 11	26 ♎ 50	7 ♍ 22	2 ♌ 15	21 ♋ 2	10 ♒ 18	22 ♑ 11	17 ♐ 17	3 ♋ 7	19 ♊ 32	21 ♋	17 ♊	8 ♎	15 ♑	9 ♑
23	28 ♌ 33	9 ♈ 29	28 ♎ 7	26 ♎ 46	9 ♍ 11	3 ♌ 27	21 ♋ 41	10 ♒ 11	22 ♑ 7	17 ♐ 16	3 ♋ 8	19 ♊ 32	22 ♋	17 ♊	8 ♎	15 ♑	9 ♑
24	29 ♌ 31	22 ♈ 59	28 ♎ 4	26 ♎ 45	10 ♍ 58	4 ♌ 40	22 ♋ 20	10 ♒ 4	22 ♑ 4	17 ♐ 16	3 ♋ 10	19 ♊ 33	22 ♋	18 ♊	9 ♎	15 ♑	9 ♑
25	0 ♍ 29	6 ♉ 40	28 ♎ 1	26 D 45	12 ♍ 44	5 ♌ 53	22 ♋ 58	9 ♒ 57	22 ♑ 1	17 ♐ 16	3 ♋ 11	19 ♊ 34	23 ♋	18 ♊	9 ♎	15 ♑	9 ♑
26	1 ♍ 27	20 ♉ 31	27 ♎ 58	26 ♎ 46	14 ♍ 29	7 ♌ 6	23 ♋ 37	9 ♒ 51	21 ♑ 58	17 ♐ 16	3 ♋ 13	19 ♊ 34	23 ♋	19 ♊	9 ♎	15 ♑	9 ♑
27	2 ♍ 25	4 ♊ 33	27 ♎ 55	26 R 46	16 ♍ 13	8 ♌ 19	24 ♋ 16	9 ♒ 44	21 ♑ 56	17 ♐ 16	3 ♋ 14	19 ♊ 35	24 ♋	19 ♊	10 ♎	15 ♑	9 ♑
28	3 ♍ 22	18 ♊ 45	27 ♎ 51	26 ♎ 45	17 ♍ 55	9 ♌ 33	24 ♋ 54	9 ♒ 37	21 ♑ 53	17 D 16	3 ♋ 15	19 ♊ 35	24 ♋	19 ♊	10 ♎	15 D	9 ♑
29	4 ♍ 20	3 ♋ 5	27 ♎ 48	26 ♎ 42	19 ♍ 36	10 ♌ 46	25 ♋ 32	9 ♒ 31	21 ♑ 50	17 ♐ 16	3 ♋ 16	19 ♊ 36	24 ♋	20 ♊	10 ♎	15 ♑	9 ♑
30	5 ♍ 18	17 ♋ 31	27 ♎ 45	26 ♎ 37	21 ♍ 16	11 ♌ 59	26 ♋ 11	9 ♒ 25	21 ♑ 48	17 ♐ 16	3 ♋ 18	19 ♊ 36	25 ♋	20 ♊	11 ♎	15 ♑	9 ♑
31	6 ♍ 16	1 ♌ 56	27 ♎ 42	26 ♎ 30	22 ♍ 54	13 ♌ 12	26 ♋ 49	9 ♒ 18	21 ♑ 45	17 ♐ 16	3 ♋ 19	19 ♊ 37	25 ♋	21 ♊	11 ♎	15 ♑	9 ♑

SUN INGRESS: ☉ → ♍ 24日 11:53

MOON PHASE: ● 4日 05:17 ♌ ◐ 11日 13:24 ♏ ○ 19日 15:03 ♒ ◑ 26日 20:04 ♊

aspects		
1日	15:00	♀☌♂
6日	02:20	☉☍♃
9日	01:21	☿☍♃
11日	09:01	☉△♅
11日	16:52	☿△♅
11日	23:57	☉☌☿
12日	17:04	☿⚹♇
13日	12:25	☉⚹♇
14日	01:22	♀☍♄
19日	16:19	☿⚹♆
23日	15:07	♂☍♄
27日	14:43	☿□♅
27日	20:56	☉⚹♆
28日	01:25	♀☍♃
28日	23:55	☿□♇
30日	07:31	☿△♄

1902年9月

DAY	☉	☽	☊ mean	☊ true	☿	♀	♂	♃	♄	♅	♆	♇	⚳	⚴	⚵	⚶	⚷
	° ′	° ′	° ′	° ′	° ′	° ′	° ′	° ′	° ′	° ′	° ′	° ′	°	°	°	°	°
1	7 ♍ 15	16 ♌ 17	27 ♎ 39	26 R 22	24 D 31	14 D 26	27 D 27	9 R 12	21 R 43	17 D 16	3 D 20	19 D 37	26 D	21 D	11 D	15 D	9 R
2	8 ♍ 13	0 ♍ 27	27 ♎ 36	26 ♎ 14	26 ♍ 7	15 ♌ 39	28 ♋ 6	9 ♒ 6	21 ♑ 40	17 ♐ 16	3 ♋ 21	19 ♊ 38	26 ♋	22 ♊	11 ♎	15 ♑	8 ♑
3	9 ♍ 11	14 ♍ 22	27 ♎ 32	26 ♎ 8	27 ♍ 42	16 ♌ 53	28 ♋ 44	9 ♒ 0	21 ♑ 38	17 ♐ 17	3 ♋ 23	19 ♊ 38	26 ♋	22 ♊	12 ♎	15 ♑	8 ♑
4	10 ♍ 9	27 ♍ 56	27 ♎ 29	26 ♎ 2	29 ♍ 15	18 ♌ 6	29 ♋ 22	8 ♒ 55	21 ♑ 36	17 ♐ 17	3 ♋ 24	19 ♊ 38	27 ♋	23 ♊	12 ♎	15 ♑	8 ♑
5	11 ♍ 7	11 ♎ 9	27 ♎ 26	25 ♎ 59	0 ♎ 47	19 ♌ 20	0 ♌ 0	8 ♒ 49	21 ♑ 34	17 ♐ 17	3 ♋ 25	19 ♊ 39	27 ♋	23 ♊	12 ♎	15 ♑	8 ♑
6	12 ♍ 5	24 ♎ 0	27 ♎ 23	25 ♎ 58	2 ♎ 18	20 ♌ 33	0 ♌ 38	8 ♒ 44	21 ♑ 32	17 ♐ 18	3 ♋ 26	19 ♊ 39	28 ♋	23 ♊	13 ♎	15 ♑	8 ♑
7	13 ♍ 4	6 ♏ 31	27 ♎ 20	25 D 59	3 ♎ 48	21 ♌ 47	1 ♌ 16	8 ♒ 39	21 ♑ 30	17 ♐ 18	3 ♋ 27	19 ♊ 39	28 ♋	24 ♊	13 ♎	15 ♑	8 ♑
8	14 ♍ 2	18 ♏ 45	27 ♎ 17	26 ♎ 0	5 ♎ 16	23 ♌ 0	1 ♌ 54	8 ♒ 34	21 ♑ 28	17 ♐ 19	3 ♋ 28	19 ♊ 40	28 ♋	24 ♊	13 ♎	15 ♑	8 ♑
9	15 ♍ 0	0 ♐ 47	27 ♎ 13	26 ♎ 2	6 ♎ 44	24 ♌ 14	2 ♌ 31	8 ♒ 29	21 ♑ 26	17 ♐ 20	3 ♋ 29	19 ♊ 40	29 ♋	25 ♊	14 ♎	15 ♑	8 ♑
10	15 ♍ 58	12 ♐ 41	27 ♎ 10	26 ♎ 3	8 ♎ 9	25 ♌ 28	3 ♌ 9	8 ♒ 24	21 ♑ 24	17 ♐ 20	3 ♋ 30	19 ♊ 40	29 ♋	25 ♊	14 ♎	15 ♑	8 ♑
11	16 ♍ 57	24 ♐ 32	27 ♎ 7	26 R 2	9 ♎ 34	26 ♌ 42	3 ♌ 47	8 ♒ 19	21 ♑ 23	17 ♐ 21	3 ♋ 31	19 ♊ 40	0 ♌	26 ♊	14 ♎	16 ♑	8 ♑
12	17 ♍ 55	6 ♑ 26	27 ♎ 4	26 ♎ 0	10 ♎ 57	27 ♌ 55	4 ♌ 24	8 ♒ 15	21 ♑ 21	17 ♐ 22	3 ♋ 31	19 ♊ 41	0 ♌	26 ♊	15 ♎	16 ♑	8 ♑
13	18 ♍ 53	18 ♑ 27	27 ♎ 1	25 ♎ 57	12 ♎ 19	29 ♌ 9	5 ♌ 2	8 ♒ 11	21 ♑ 20	17 ♐ 23	3 ♋ 32	19 ♊ 41	0 ♌	26 ♊	15 ♎	16 ♑	8 ♑
14	19 ♍ 52	0 ♒ 38	26 ♎ 57	25 ♎ 52	13 ♎ 40	0 ♍ 23	5 ♌ 40	8 ♒ 7	21 ♑ 19	17 ♐ 23	3 ♋ 33	19 ♊ 41	1 ♌	27 ♊	16 ♎	16 ♑	8 ♑
15	20 ♍ 50	13 ♒ 4	26 ♎ 54	25 ♎ 46	14 ♎ 59	1 ♍ 37	6 ♌ 17	8 ♒ 3	21 ♑ 17	17 ♐ 24	3 ♋ 34	19 ♊ 41	1 ♌	27 ♊	16 ♎	16 ♑	8 ♑
16	21 ♍ 49	25 ♒ 46	26 ♎ 51	25 ♎ 41	16 ♎ 17	2 ♍ 51	6 ♌ 54	7 ♒ 59	21 ♑ 16	17 ♐ 25	3 ♋ 35	19 ♊ 41	2 ♌	28 ♊	16 ♎	16 ♑	8 D
17	22 ♍ 47	8 ♓ 45	26 ♎ 48	25 ♎ 35	17 ♎ 33	4 ♍ 5	7 ♌ 32	7 ♒ 56	21 ♑ 15	17 ♐ 26	3 ♋ 35	19 ♊ 41	2 ♌	28 ♊	17 ♎	16 ♑	8 ♑
18	23 ♍ 46	22 ♓ 0	26 ♎ 45	25 ♎ 31	18 ♎ 48	5 ♍ 19	8 ♌ 9	7 ♒ 52	21 ♑ 14	17 ♐ 27	3 ♋ 36	19 ♊ 41	2 ♌	28 ♊	17 ♎	16 ♑	8 ♑
19	24 ♍ 44	5 ♈ 32	26 ♎ 42	25 ♎ 28	20 ♎ 1	6 ♍ 33	8 ♌ 46	7 ♒ 49	21 ♑ 14	17 ♐ 28	3 ♋ 37	19 ♊ 41	3 ♌	29 ♊	17 ♎	17 ♑	8 ♑
20	25 ♍ 43	19 ♈ 16	26 ♎ 38	25 ♎ 26	21 ♎ 12	7 ♍ 48	9 ♌ 23	7 ♒ 46	21 ♑ 13	17 ♐ 30	3 ♋ 37	19 ♊ 41	3 ♌	29 ♊	18 ♎	17 ♑	8 ♑
21	26 ♍ 42	3 ♉ 11	26 ♎ 35	25 D 26	22 ♎ 22	9 ♍ 2	10 ♌ 0	7 ♒ 43	21 ♑ 12	17 ♐ 31	3 ♋ 38	19 R 41	4 ♌	0 ♋	18 ♎	17 ♑	8 ♑
22	27 ♍ 40	17 ♉ 14	26 ♎ 32	25 ♎ 28	23 ♎ 29	10 ♍ 16	10 ♌ 38	7 ♒ 41	21 ♑ 12	17 ♐ 32	3 ♋ 38	19 ♊ 41	4 ♌	0 ♋	18 ♎	17 ♑	8 ♑
23	28 ♍ 39	1 ♊ 23	26 ♎ 29	25 ♎ 29	24 ♎ 35	11 ♍ 30	11 ♌ 15	7 ♒ 38	21 ♑ 11	17 ♐ 33	3 ♋ 39	19 ♊ 41	4 ♌	1 ♋	19 ♎	17 ♑	8 ♑
24	29 ♍ 38	15 ♊ 34	26 ♎ 26	25 ♎ 30	25 ♎ 38	12 ♍ 45	11 ♌ 51	7 ♒ 36	21 ♑ 11	17 ♐ 35	3 ♋ 40	19 ♊ 41	5 ♌	1 ♋	19 ♎	18 ♑	8 ♑
25	0 ♎ 36	29 ♊ 46	26 ♎ 23	25 ♎ 31	26 ♎ 39	13 ♍ 59	12 ♌ 28	7 ♒ 34	21 ♑ 11	17 ♐ 36	3 ♋ 40	19 ♊ 41	5 ♌	1 ♋	19 ♎	18 ♑	8 ♑
26	1 ♎ 35	13 ♋ 57	26 ♎ 19	25 R 30	27 ♎ 37	15 ♍ 13	13 ♌ 5	7 ♒ 32	21 ♑ 11	17 ♐ 38	3 ♋ 40	19 ♊ 41	5 ♌	2 ♋	20 ♎	18 ♑	8 ♑
27	2 ♎ 34	28 ♋ 4	26 ♎ 16	25 ♎ 29	28 ♎ 33	16 ♍ 28	13 ♌ 42	7 ♒ 30	21 D 11	17 ♐ 39	3 ♋ 41	19 ♊ 41	6 ♌	2 ♋	20 ♎	18 ♑	8 ♑
28	3 ♎ 33	12 ♌ 6	26 ♎ 13	25 ♎ 26	29 ♎ 25	17 ♍ 42	14 ♌ 19	7 ♒ 29	21 ♑ 11	17 ♐ 41	3 ♋ 41	19 ♊ 41	6 ♌	3 ♋	20 ♎	18 ♑	8 ♑
29	4 ♎ 32	25 ♌ 59	26 ♎ 10	25 ♎ 23	0 ♏ 15	18 ♍ 57	14 ♌ 55	7 ♒ 28	21 ♑ 11	17 ♐ 42	3 ♋ 41	19 ♊ 41	7 ♌	3 ♋	21 ♎	19 ♑	8 ♑
30	5 ♎ 31	9 ♍ 42	26 ♎ 7	25 ♎ 21	1 ♏ 1	20 ♍ 11	15 ♌ 32	7 ♒ 27	21 ♑ 11	17 ♐ 44	3 ♋ 42	19 ♊ 40	7 ♌	3 ♋	21 ♎	19 ♑	9 ♑

SUN INGRESS ☉ → ♎ 24日 08:55

MOON PHASE ● 2日 14:19 ♍ ◐ 10日 07:15 ♐ ○ 18日 03:23 ♓ ◑ 25日 01:32 ♋

aspects		
3日	07:57	♀△♅
4日	02:54	☿⚹♂
5日	06:16	♀⚹♇
6日	18:15	☿□♆
10日	03:52	☿△♃
11日	10:06	☉□♅
13日	19:28	☉□♇
15日	10:57	☉△♄
16日	14:15	♀⚹♆
16日	21:44	☿⚹♅
17日	14:04	♂☍♃
18日	17:29	☿△♇
20日	00:13	☿□♄
27日	23:29	♀□♅
28日	03:21	☉□♆
29日	14:07	♀□♇
30日	19:23	♀△♄

1902年10月

DAY	☉	☽	☊ mean	☊ true	☿	♀	♂	♃	♄	♅	♆	♇	⚳	⚴	⚵	⚶	⚷
	° ′	° ′	° ′	° ′	° ′	° ′	° ′	° ′	° ′	° ′	° ′	° ′	°	°	°	°	°
1	6 ♎ 30	23 ♍ 10	26 ♎ 3	25 R 18	1 D 43	21 D 26	16 D 8	7 R 26	21 D 11	17 D 46	3 D 42	19 R 40	7 D	4 D	21 D	19 D	9 D
2	7 ♎ 29	6 ♎ 24	26 ♎ 0	25 ♎ 16	2 ♏ 21	22 ♍ 40	16 ♌ 45	7 ♒ 25	21 ♑ 12	17 ♐ 47	3 ♋ 42	19 ♊ 40	8 ♌	4 ♋	22 ♎	19 ♑	9 ♑
3	8 ♎ 28	19 ♎ 21	25 ♎ 57	25 ♎ 15	2 ♏ 55	23 ♍ 55	17 ♌ 21	7 ♒ 25	21 ♑ 12	17 ♐ 49	3 ♋ 42	19 ♊ 40	8 ♌	4 ♋	22 ♎	19 ♑	9 ♑
4	9 ♎ 27	2 ♏ 2	25 ♎ 54	25 D 15	3 ♏ 24	25 ♍ 10	17 ♌ 57	7 ♒ 24	21 ♑ 13	17 ♐ 51	3 ♋ 43	19 ♊ 39	8 ♌	5 ♋	22 ♎	20 ♑	9 ♑
5	10 ♎ 26	14 ♏ 27	25 ♎ 51	25 ♎ 16	3 ♏ 47	26 ♍ 24	18 ♌ 34	7 D 24	21 ♑ 14	17 ♐ 53	3 ♋ 43	19 ♊ 39	9 ♌	5 ♋	23 ♎	20 ♑	9 ♑
6	11 ♎ 25	26 ♏ 38	25 ♎ 48	25 ♎ 17	4 ♏ 5	27 ♍ 39	19 ♌ 10	7 ♒ 24	21 ♑ 15	17 ♐ 55	3 ♋ 43	19 ♊ 39	9 ♌	6 ♋	23 ♎	20 ♑	9 ♑
7	12 ♎ 25	8 ♐ 39	25 ♎ 44	25 ♎ 19	4 ♏ 17	28 ♍ 54	19 ♌ 46	7 ♒ 25	21 ♑ 16	17 ♐ 57	3 ♋ 43	19 ♊ 38	9 ♌	6 ♋	23 ♎	20 ♑	9 ♑
8	13 ♎ 24	20 ♐ 33	25 ♎ 41	25 ♎ 20	4 ♏ 22	0 ♎ 9	20 ♌ 22	7 ♒ 25	21 ♑ 17	17 ♐ 59	3 ♋ 43	19 ♊ 38	10 ♌	6 ♋	24 ♎	21 ♑	9 ♑
9	14 ♎ 23	2 ♑ 25	25 ♎ 38	25 ♎ 20	4 R 20	1 ♎ 23	20 ♌ 58	7 ♒ 26	21 ♑ 18	18 ♐ 1	3 R 43	19 ♊ 38	10 ♌	7 ♋	24 ♎	21 ♑	9 ♑
10	15 ♎ 22	14 ♑ 18	25 ♎ 35	25 ♎ 21	4 ♏ 10	2 ♎ 38	21 ♌ 34	7 ♒ 27	21 ♑ 19	18 ♐ 3	3 ♋ 43	19 ♊ 37	11 ♌	7 ♋	24 ♎	21 ♑	9 ♑
11	16 ♎ 22	26 ♑ 18	25 ♎ 32	25 R 21	3 ♏ 52	3 ♎ 53	22 ♌ 9	7 ♒ 28	21 ♑ 21	18 ♐ 5	3 ♋ 43	19 ♊ 37	11 ♌	7 ♋	25 ♎	22 ♑	9 ♑
12	17 ♎ 21	8 ♒ 29	25 ♎ 28	25 ♎ 20	3 ♏ 26	5 ♎ 8	22 ♌ 45	7 ♒ 29	21 ♑ 22	18 ♐ 7	3 ♋ 43	19 ♊ 36	11 ♌	8 ♋	25 ♎	22 ♑	9 ♑
13	18 ♎ 20	20 ♒ 56	25 ♎ 25	25 ♎ 19	2 ♏ 52	6 ♎ 23	23 ♌ 21	7 ♒ 31	21 ♑ 24	18 ♐ 9	3 ♋ 42	19 ♊ 36	12 ♌	8 ♋	25 ♎	22 ♑	9 ♑
14	19 ♎ 20	3 ♓ 41	25 ♎ 22	25 ♎ 18	2 ♏ 10	7 ♎ 38	23 ♌ 56	7 ♒ 33	21 ♑ 25	18 ♐ 12	3 ♋ 42	19 ♊ 35	12 ♌	8 ♋	26 ♎	22 ♑	9 ♑
15	20 ♎ 19	16 ♓ 48	25 ♎ 19	25 ♎ 18	1 ♏ 20	8 ♎ 53	24 ♌ 32	7 ♒ 35	21 ♑ 27	18 ♐ 14	3 ♋ 42	19 ♊ 35	12 ♌	9 ♋	26 ♎	23 ♑	9 ♑
16	21 ♎ 19	0 ♈ 17	25 ♎ 16	25 ♎ 17	0 ♏ 22	10 ♎ 7	25 ♌ 7	7 ♒ 37	21 ♑ 29	18 ♐ 16	3 ♋ 42	19 ♊ 34	13 ♌	9 ♋	27 ♎	23 ♑	9 ♑
17	22 ♎ 18	14 ♈ 6	25 ♎ 13	25 ♎ 17	29 ♎ 18	11 ♎ 22	25 ♌ 43	7 ♒ 39	21 ♑ 31	18 ♐ 19	3 ♋ 42	19 ♊ 34	13 ♌	9 ♋	27 ♎	23 ♑	9 ♑
18	23 ♎ 18	28 ♈ 15	25 ♎ 9	25 D 17	28 ♎ 8	12 ♎ 37	26 ♌ 18	7 ♒ 41	21 ♑ 33	18 ♐ 21	3 ♋ 41	19 ♊ 33	13 ♌	10 ♋	27 ♎	24 ♑	9 ♑
19	24 ♎ 17	12 ♉ 38	25 ♎ 6	25 ♎ 17	26 ♎ 56	13 ♎ 52	26 ♌ 53	7 ♒ 44	21 ♑ 35	18 ♐ 24	3 ♋ 41	19 ♊ 33	14 ♌	10 ♋	28 ♎	24 ♑	9 ♑
20	25 ♎ 17	27 ♉ 9	25 ♎ 3	25 ♎ 17	25 ♎ 41	15 ♎ 7	27 ♌ 28	7 ♒ 47	21 ♑ 37	18 ♐ 26	3 ♋ 40	19 ♊ 32	14 ♌	10 ♋	28 ♎	24 ♑	9 ♑
21	26 ♎ 17	11 ♊ 44	25 ♎ 0	25 R 17	24 ♎ 27	16 ♎ 23	28 ♌ 3	7 ♒ 50	21 ♑ 40	18 ♐ 29	3 ♋ 40	19 ♊ 32	14 ♌	10 ♋	28 ♎	25 ♑	9 ♑
22	27 ♎ 16	26 ♊ 16	24 ♎ 57	25 ♎ 17	23 ♎ 16	17 ♎ 38	28 ♌ 38	7 ♒ 53	21 ♑ 42	18 ♐ 31	3 ♋ 40	19 ♊ 31	15 ♌	11 ♋	29 ♎	25 ♑	9 ♑
23	28 ♎ 16	10 ♋ 41	24 ♎ 54	25 ♎ 17	22 ♎ 10	18 ♎ 53	29 ♌ 13	7 ♒ 57	21 ♑ 44	18 ♐ 34	3 ♋ 39	19 ♊ 30	15 ♌	11 ♋	29 ♎	25 ♑	9 ♑
24	29 ♎ 16	24 ♋ 55	24 ♎ 50	25 ♎ 17	21 ♎ 10	20 ♎ 8	29 ♌ 48	8 ♒ 0	21 ♑ 47	18 ♐ 36	3 ♋ 39	19 ♊ 30	15 ♌	11 ♋	29 ♎	26 ♑	9 ♑
25	0 ♏ 15	8 ♌ 56	24 ♎ 47	25 D 17	20 ♎ 20	21 ♎ 23	0 ♍ 23	8 ♒ 4	21 ♑ 50	18 ♐ 39	3 ♋ 38	19 ♊ 29	16 ♌	12 ♋	0 ♏	26 ♑	9 ♑
26	1 ♏ 15	22 ♌ 42	24 ♎ 44	25 ♎ 17	19 ♎ 39	22 ♎ 38	0 ♍ 57	8 ♒ 8	21 ♑ 53	18 ♐ 42	3 ♋ 38	19 ♊ 28	16 ♌	12 ♋	0 ♏	26 ♑	9 ♑
27	2 ♏ 15	6 ♍ 14	24 ♎ 41	25 ♎ 17	19 ♎ 9	23 ♎ 53	1 ♍ 32	8 ♒ 12	21 ♑ 55	18 ♐ 45	3 ♋ 37	19 ♊ 27	16 ♌	12 ♋	0 ♏	27 ♑	10 ♑
28	3 ♏ 15	19 ♍ 31	24 ♎ 38	25 ♎ 18	18 ♎ 50	25 ♎ 8	2 ♍ 6	8 ♒ 17	21 ♑ 58	18 ♐ 47	3 ♋ 36	19 ♊ 27	17 ♌	12 ♋	1 ♏	27 ♑	10 ♑
29	4 ♏ 15	2 ♎ 34	24 ♎ 34	25 ♎ 19	18 ♎ 43	26 ♎ 24	2 ♍ 41	8 ♒ 21	22 ♑ 1	18 ♐ 50	3 ♋ 36	19 ♊ 26	17 ♌	13 ♋	1 ♏	27 ♑	10 ♑
30	5 ♏ 15	15 ♎ 24	24 ♎ 31	25 ♎ 20	18 D 47	27 ♎ 39	3 ♍ 15	8 ♒ 26	22 ♑ 5	18 ♐ 53	3 ♋ 35	19 ♊ 25	17 ♌	13 ♋	1 ♏	28 ♑	10 ♑
31	6 ♏ 15	28 ♎ 2	24 ♎ 28	25 R 20	19 ♎ 2	28 ♎ 54	3 ♍ 49	8 ♒ 31	22 ♑ 8	18 ♐ 56	3 ♋ 34	19 ♊ 24	17 ♌	13 ♋	2 ♏	28 ♑	10 ♑

SUN INGRESS ☉ → ♏ 24日 17:36

MOON PHASE ● 2日 02:09 ♎ ◐ 10日 02:21 ♑ ○ 17日 15:01 ♈ ◑ 24日 07:58 ♋ ● 31日 17:14 ♏

aspects		
1日	22:29	☉△♃
3日	19:29	♂△♅
4日	18:51	☿△♆
6日	19:09	♂⚹♇
10日	20:44	♀□♆
11日	09:51	☿△♆
12日	19:22	☉⚹♅
13日	22:23	♀△♃
14日	06:17	☉△♇
16日	04:14	☉□♄
19日	00:32	☿⚹♂
20日	04:20	☉☌☿
22日	17:44	♀⚹♅
23日	09:26	☿□♄
23日	11:54	♀△♇
24日	11:42	☿☌♀
25日	07:00	☉⚹♂
25日	08:53	♀□♄
26日	07:36	☿△♇
28日	04:17	☿⚹♅
28日	08:25	☉△♆
30日	13:33	♂⚹♆
30日	14:37	☿⚹♅
31日	21:12	☿△♇

1902年11月

DAY	☉	☽	☊ mean	☊ true	☿	♀	♂	♃	♄	♅	♆	♇	⚳	⚴	⚵	⚶	⚷
	° ′	° ′	° ′	° ′	° ′	° ′	° ′	° ′	° ′	° ′	° ′	° ′	°	°	°	°	°
1	7 ♏ 15	10 ♏ 27	24 ♎ 25	25 R 19	19 D 27	0 D 9	4 D 24	8 D 36	22 D 11	18 D 59	3 R 33	19 R 24	18 D	13 D	2 D	28 D	10 D
2	8 ♏ 15	22 ♏ 42	24 ♎ 22	25 ♎ 18	20 ♎ 2	1 ♏ 25	4 ♍ 58	8 ♒ 41	22 ♑ 15	19 ♐ 2	3 ♋ 33	19 ♊ 23	18 ♌	14 ♋	2 ♏	29 ♑	10 ♑
3	9 ♏ 15	4 ♐ 48	24 ♎ 19	25 ♎ 16	20 ♎ 45	2 ♏ 40	5 ♍ 31	8 ♒ 47	22 ♑ 18	19 ♐ 5	3 ♋ 32	19 ♊ 22	18 ♌	14 ♋	3 ♏	29 ♑	10 ♑
4	10 ♏ 15	16 ♐ 46	24 ♎ 15	25 ♎ 14	21 ♎ 36	3 ♏ 55	6 ♍ 5	8 ♒ 52	22 ♑ 22	19 ♐ 8	3 ♋ 31	19 ♊ 21	19 ♌	14 ♋	3 ♏	29 ♑	10 ♑
5	11 ♏ 15	28 ♐ 39	24 ♎ 12	25 ♎ 12	22 ♎ 33	5 ♏ 11	6 ♍ 39	8 ♒ 58	22 ♑ 25	19 ♐ 11	3 ♋ 30	19 ♊ 20	19 ♌	14 ♋	3 ♏	0 ♒	10 ♑
6	12 ♏ 16	10 ♑ 29	24 ♎ 9	25 ♎ 9	23 ♎ 37	6 ♏ 26	7 ♍ 13	9 ♒ 4	22 ♑ 29	19 ♐ 14	3 ♋ 29	19 ♊ 19	19 ♌	14 ♋	4 ♏	0 ♒	10 ♑
7	13 ♏ 16	22 ♑ 21	24 ♎ 6	25 ♎ 7	24 ♎ 45	7 ♏ 41	7 ♍ 46	9 ♒ 10	22 ♑ 33	19 ♐ 17	3 ♋ 28	19 ♊ 18	20 ♌	14 ♋	4 ♏	0 ♒	10 ♑
8	14 ♏ 16	4 ♒ 19	24 ♎ 3	25 ♎ 6	25 ♎ 59	8 ♏ 56	8 ♍ 20	9 ♒ 17	22 ♑ 37	19 ♐ 20	3 ♋ 27	19 ♊ 17	20 ♌	15 ♋	4 ♏	1 ♒	10 ♑
9	15 ♏ 16	16 ♒ 26	23 ♎ 59	25 D 5	27 ♎ 16	10 ♏ 12	8 ♍ 53	9 ♒ 23	22 ♑ 41	19 ♐ 23	3 ♋ 26	19 ♊ 17	20 ♌	15 ♋	5 ♏	1 ♒	10 ♑
10	16 ♏ 17	28 ♒ 49	23 ♎ 56	25 ♎ 6	28 ♎ 36	11 ♏ 27	9 ♍ 26	9 ♒ 30	22 ♑ 45	19 ♐ 27	3 ♋ 25	19 ♊ 16	20 ♌	15 ♋	5 ♏	2 ♒	10 ♑
11	17 ♏ 17	11 ♓ 30	23 ♎ 53	25 ♎ 7	29 ♎ 59	12 ♏ 42	9 ♍ 59	9 ♒ 36	22 ♑ 49	19 ♐ 30	3 ♋ 24	19 ♊ 15	21 ♌	15 ♋	6 ♏	2 ♒	10 ♑
12	18 ♏ 17	24 ♓ 34	23 ♎ 50	25 ♎ 9	1 ♏ 24	13 ♏ 58	10 ♍ 32	9 ♒ 43	22 ♑ 53	19 ♐ 33	3 ♋ 23	19 ♊ 14	21 ♌	15 ♋	6 ♏	2 ♒	11 ♑
13	19 ♏ 18	8 ♈ 4	23 ♎ 47	25 ♎ 10	2 ♏ 52	15 ♏ 13	11 ♍ 5	9 ♒ 51	22 ♑ 58	19 ♐ 36	3 ♋ 22	19 ♊ 13	21 ♌	15 ♋	6 ♏	3 ♒	11 ♑
14	20 ♏ 18	22 ♈ 1	23 ♎ 44	25 ♎ 11	4 ♏ 21	16 ♏ 29	11 ♍ 38	9 ♒ 58	23 ♑ 2	19 ♐ 40	3 ♋ 21	19 ♊ 12	21 ♌	15 ♋	7 ♏	3 ♒	11 ♑
15	21 ♏ 18	6 ♉ 23	23 ♎ 40	25 R 11	5 ♏ 51	17 ♏ 44	12 ♍ 11	10 ♒ 5	23 ♑ 6	19 ♐ 43	3 ♋ 20	19 ♊ 11	22 ♌	16 ♋	7 ♏	3 ♒	11 ♑
16	22 ♏ 19	21 ♉ 6	23 ♎ 37	25 ♎ 9	7 ♏ 22	18 ♏ 59	12 ♍ 43	10 ♒ 13	23 ♑ 11	19 ♐ 46	3 ♋ 19	19 ♊ 10	22 ♌	16 ♋	7 ♏	4 ♒	11 ♑
17	23 ♏ 19	6 ♊ 3	23 ♎ 34	25 ♎ 6	8 ♏ 54	20 ♏ 15	13 ♍ 16	10 ♒ 20	23 ♑ 16	19 ♐ 50	3 ♋ 17	19 ♊ 9	22 ♌	16 ♋	8 ♏	4 ♒	11 ♑
18	24 ♏ 20	21 ♊ 5	23 ♎ 31	25 ♎ 2	10 ♏ 27	21 ♏ 30	13 ♍ 48	10 ♒ 28	23 ♑ 20	19 ♐ 53	3 ♋ 16	19 ♊ 8	22 ♌	16 ♋	8 ♏	5 ♒	11 ♑
19	25 ♏ 20	6 ♋ 4	23 ♎ 28	24 ♎ 57	12 ♏ 0	22 ♏ 45	14 ♍ 20	10 ♒ 36	23 ♑ 25	19 ♐ 56	3 ♋ 15	19 ♊ 7	23 ♌	16 ♋	8 ♏	5 ♒	11 ♑
20	26 ♏ 21	20 ♋ 51	23 ♎ 25	24 ♎ 53	13 ♏ 34	24 ♏ 1	14 ♍ 52	10 ♒ 44	23 ♑ 30	20 ♐ 0	3 ♋ 14	19 ♊ 6	23 ♌	16 ♋	9 ♏	5 ♒	11 ♑
21	27 ♏ 21	5 ♌ 19	23 ♎ 21	24 ♎ 50	15 ♏ 8	25 ♏ 16	15 ♍ 24	10 ♒ 53	23 ♑ 35	20 ♐ 3	3 ♋ 12	19 ♊ 4	23 ♌	16 ♋	9 ♏	6 ♒	11 ♑
22	28 ♏ 22	19 ♌ 26	23 ♎ 18	24 ♎ 48	16 ♏ 42	26 ♏ 32	15 ♍ 56	11 ♒ 1	23 ♑ 40	20 ♐ 7	3 ♋ 11	19 ♊ 3	23 ♌	16 ♋	9 ♏	6 ♒	11 ♑
23	29 ♏ 23	3 ♍ 10	23 ♎ 15	24 D 48	18 ♏ 17	27 ♏ 47	16 ♍ 28	11 ♒ 10	23 ♑ 45	20 ♐ 10	3 ♋ 10	19 ♊ 2	24 ♌	16 ♋	10 ♏	7 ♒	11 ♑
24	0 ♐ 23	16 ♍ 31	23 ♎ 12	24 ♎ 49	19 ♏ 51	29 ♏ 3	16 ♍ 59	11 ♒ 18	23 ♑ 50	20 ♐ 13	3 ♋ 8	19 ♊ 1	24 ♌	16 R	10 ♏	7 ♒	11 ♑
25	1 ♐ 24	29 ♍ 33	23 ♎ 9	24 ♎ 51	21 ♏ 26	0 ♐ 18	17 ♍ 31	11 ♒ 27	23 ♑ 55	20 ♐ 17	3 ♋ 7	19 ♊ 0	24 ♌	16 ♋	10 ♏	7 ♒	11 ♑
26	2 ♐ 25	12 ♎ 18	23 ♎ 5	24 ♎ 52	23 ♏ 0	1 ♐ 33	18 ♍ 2	11 ♒ 36	24 ♑ 0	20 ♐ 20	3 ♋ 6	18 ♊ 59	24 ♌	16 ♋	11 ♏	8 ♒	12 ♑
27	3 ♐ 25	24 ♎ 49	23 ♎ 2	24 ♎ 53	24 ♏ 35	2 ♐ 49	18 ♍ 33	11 ♒ 45	24 ♑ 6	20 ♐ 24	3 ♋ 4	18 ♊ 58	24 ♌	16 ♋	11 ♏	8 ♒	12 ♑
28	4 ♐ 26	7 ♏ 9	22 ♎ 59	24 R 52	26 ♏ 9	4 ♐ 4	19 ♍ 4	11 ♒ 55	24 ♑ 11	20 ♐ 28	3 ♋ 3	18 ♊ 57	25 ♌	16 ♋	11 ♏	9 ♒	12 ♑
29	5 ♐ 27	19 ♏ 20	22 ♎ 56	24 ♎ 49	27 ♏ 44	5 ♐ 20	19 ♍ 35	12 ♒ 4	24 ♑ 16	20 ♐ 31	3 ♋ 1	18 ♊ 56	25 ♌	16 ♋	12 ♏	9 ♒	12 ♑
30	6 ♐ 28	1 ♐ 24	22 ♎ 53	24 ♎ 44	29 ♏ 18	6 ♐ 35	20 ♍ 6	12 ♒ 14	24 ♑ 22	20 ♐ 35	3 ♋ 0	18 ♊ 55	25 ♌	16 ♋	12 ♏	10 ♒	12 ♑

SUN INGRESS	☉ → ♐ 23日 14:35
MOON PHASE	◐ 8日 21:30 ♒　○ 16日 02:06 ♉　◑ 22日 16:47 ♌　● 30日 11:04 ♐

aspects		
2日	11:33	☉□♃
3日	16:21	♀△♆
4日	20:42	☿□♄
7日	02:54	♀⚹♂
7日	07:42	♅☍♇
8日	07:01	♀□♃
13日	08:08	☿△♆
16日	22:26	☉⚹♄
18日	00:24	☿□♃
19日	13:28	♀⚹♄
21日	06:18	☿⚹♂
26日	16:11	☿⚹♄
27日	18:19	♂□♇
29日	11:36	☉☌♀

1902年12月

DAY	☉	☽	☊ mean	☊ true	☿	♀	♂	♃	♄	♅	♆	♇	⚳	⚴	⚵	⚶	⚷
	° ′	° ′	° ′	° ′	° ′	° ′	° ′	° ′	° ′	° ′	° ′	° ′	°	°	°	°	°
1	7 ♐ 29	13 ♐ 22	22 ♎ 50	24 R 37	0 D 53	7 D 51	20 D 37	12 D 23	24 D 27	20 D 38	2 R 58	18 R 53	25 D	16 R	12 D	10 D	12 D
2	8 ♐ 29	25 ♐ 16	22 ♎ 46	24 ♎ 29	2 ♐ 27	9 ♐ 6	21 ♍ 7	12 ♒ 33	24 ♑ 33	20 ♐ 42	2 ♋ 57	18 ♊ 52	25 ♌	15 ♋	13 ♏	10 ♒	12 ♑
3	9 ♐ 30	7 ♑ 8	22 ♎ 43	24 ♎ 20	4 ♐ 1	10 ♐ 22	21 ♍ 37	12 ♒ 43	24 ♑ 39	20 ♐ 45	2 ♋ 55	18 ♊ 51	25 ♌	15 ♋	13 ♏	11 ♒	12 ♑
4	10 ♐ 31	18 ♑ 59	22 ♎ 40	24 ♎ 10	5 ♐ 36	11 ♐ 37	22 ♍ 7	12 ♒ 53	24 ♑ 45	20 ♐ 49	2 ♋ 54	18 ♊ 50	26 ♌	15 ♋	13 ♏	11 ♒	12 ♑
5	11 ♐ 32	0 ♒ 51	22 ♎ 37	24 ♎ 2	7 ♐ 10	12 ♐ 53	22 ♍ 37	13 ♒ 3	24 ♑ 50	20 ♐ 53	2 ♋ 52	18 ♊ 49	26 ♌	15 ♋	14 ♏	12 ♒	12 ♑
6	12 ♐ 33	12 ♒ 48	22 ♎ 34	23 ♎ 56	8 ♐ 44	14 ♐ 8	23 ♍ 7	13 ♒ 13	24 ♑ 56	20 ♐ 56	2 ♋ 51	18 ♊ 48	26 ♌	15 ♋	14 ♏	12 ♒	12 ♑
7	13 ♐ 34	24 ♒ 53	22 ♎ 31	23 ♎ 52	10 ♐ 18	15 ♐ 24	23 ♍ 37	13 ♒ 24	25 ♑ 2	21 ♐ 0	2 ♋ 49	18 ♊ 46	26 ♌	15 ♋	14 ♏	13 ♒	12 ♑
8	14 ♐ 35	7 ♓ 11	22 ♎ 27	23 ♎ 50	11 ♐ 52	16 ♐ 39	24 ♍ 6	13 ♒ 34	25 ♑ 8	21 ♐ 3	2 ♋ 47	18 ♊ 45	26 ♌	15 ♋	15 ♏	13 ♒	13 ♑
9	15 ♐ 36	19 ♓ 45	22 ♎ 24	23 D 49	13 ♐ 26	17 ♐ 55	24 ♍ 36	13 ♒ 45	25 ♑ 14	21 ♐ 7	2 ♋ 46	18 ♊ 44	26 ♌	14 ♋	15 ♏	13 ♒	13 ♑
10	16 ♐ 37	2 ♈ 41	22 ♎ 21	23 ♎ 50	15 ♐ 1	19 ♐ 10	25 ♍ 5	13 ♒ 55	25 ♑ 20	21 ♐ 11	2 ♋ 44	18 ♊ 43	26 ♌	14 ♋	15 ♏	14 ♒	13 ♑
11	17 ♐ 38	16 ♈ 3	22 ♎ 18	23 ♎ 51	16 ♐ 35	20 ♐ 26	25 ♍ 34	14 ♒ 6	25 ♑ 26	21 ♐ 14	2 ♋ 43	18 ♊ 42	27 ♌	14 ♋	16 ♏	14 ♒	13 ♑
12	18 ♐ 39	29 ♈ 53	22 ♎ 15	23 R 51	18 ♐ 9	21 ♐ 41	26 ♍ 2	14 ♒ 17	25 ♑ 32	21 ♐ 18	2 ♋ 41	18 ♊ 41	27 ♌	14 ♋	16 ♏	15 ♒	13 ♑
13	19 ♐ 40	14 ♉ 12	22 ♎ 11	23 ♎ 50	19 ♐ 43	22 ♐ 57	26 ♍ 31	14 ♒ 28	25 ♑ 38	21 ♐ 22	2 ♋ 39	18 ♊ 40	27 ♌	14 ♋	16 ♏	15 ♒	13 ♑
14	20 ♐ 41	28 ♉ 58	22 ♎ 8	23 ♎ 45	21 ♐ 18	24 ♐ 12	26 ♍ 59	14 ♒ 39	25 ♑ 45	21 ♐ 25	2 ♋ 38	18 ♊ 38	27 ♌	13 ♋	16 ♏	16 ♒	13 ♑
15	21 ♐ 42	14 ♊ 5	22 ♎ 5	23 ♎ 39	22 ♐ 52	25 ♐ 27	27 ♍ 27	14 ♒ 50	25 ♑ 51	21 ♐ 29	2 ♋ 36	18 ♊ 37	27 ♌	13 ♋	17 ♏	16 ♒	13 ♑
16	22 ♐ 43	29 ♊ 24	22 ♎ 2	23 ♎ 30	24 ♐ 27	26 ♐ 43	27 ♍ 55	15 ♒ 2	25 ♑ 57	21 ♐ 33	2 ♋ 34	18 ♊ 36	27 ♌	13 ♋	17 ♏	16 ♒	13 ♑
17	23 ♐ 44	14 ♋ 43	21 ♎ 59	23 ♎ 21	26 ♐ 2	27 ♐ 58	28 ♍ 23	15 ♒ 13	26 ♑ 4	21 ♐ 36	2 ♋ 33	18 ♊ 35	27 ♌	13 ♋	17 ♏	17 ♒	13 ♑
18	24 ♐ 45	29 ♋ 52	21 ♎ 56	23 ♎ 11	27 ♐ 37	29 ♐ 14	28 ♍ 51	15 ♒ 25	26 ♑ 10	21 ♐ 40	2 ♋ 31	18 ♊ 34	27 ♌	12 ♋	18 ♏	17 ♒	13 ♑
19	25 ♐ 46	14 ♌ 40	21 ♎ 52	23 ♎ 4	29 ♐ 12	0 ♑ 29	29 ♍ 18	15 ♒ 36	26 ♑ 17	21 ♐ 44	2 ♋ 29	18 ♊ 33	27 ♌	12 ♋	18 ♏	18 ♒	14 ♑
20	26 ♐ 47	29 ♌ 1	21 ♎ 49	22 ♎ 58	0 ♑ 47	1 ♑ 45	29 ♍ 45	15 ♒ 48	26 ♑ 23	21 ♐ 47	2 ♋ 28	18 ♊ 31	27 ♌	12 ♋	18 ♏	18 ♒	14 ♑
21	27 ♐ 48	12 ♍ 53	21 ♎ 46	22 ♎ 55	2 ♑ 23	3 ♑ 0	0 ♎ 12	16 ♒ 0	26 ♑ 30	21 ♐ 51	2 ♋ 26	18 ♊ 30	27 ♌	11 ♋	19 ♏	19 ♒	14 ♑
22	28 ♐ 49	26 ♍ 18	21 ♎ 43	22 ♎ 54	3 ♑ 58	4 ♑ 16	0 ♎ 39	16 ♒ 12	26 ♑ 36	21 ♐ 55	2 ♋ 24	18 ♊ 29	28 ♌	11 ♋	19 ♏	19 ♒	14 ♑
23	29 ♐ 50	9 ♎ 17	21 ♎ 40	22 D 54	5 ♑ 34	5 ♑ 31	1 ♎ 6	16 ♒ 24	26 ♑ 43	21 ♐ 58	2 ♋ 23	18 ♊ 28	28 ♌	11 ♋	19 ♏	20 ♒	14 ♑
24	0 ♑ 51	21 ♎ 55	21 ♎ 37	22 ♎ 54	7 ♑ 10	6 ♑ 47	1 ♎ 32	16 ♒ 36	26 ♑ 49	22 ♐ 2	2 ♋ 21	18 ♊ 27	28 ♌	11 ♋	20 ♏	20 ♒	14 ♑
25	1 ♑ 53	4 ♏ 16	21 ♎ 33	22 R 54	8 ♑ 46	8 ♑ 2	1 ♎ 58	16 ♒ 48	26 ♑ 56	22 ♐ 5	2 ♋ 19	18 ♊ 26	28 ♌	10 ♋	20 ♏	20 ♒	14 ♑
26	2 ♑ 54	16 ♏ 25	21 ♎ 30	22 ♎ 51	10 ♑ 22	9 ♑ 17	2 ♎ 24	17 ♒ 0	27 ♑ 3	22 ♐ 9	2 ♋ 17	18 ♊ 25	28 ♌	10 ♋	20 ♏	21 ♒	14 ♑
27	3 ♑ 55	28 ♏ 25	21 ♎ 27	22 ♎ 46	11 ♑ 59	10 ♑ 33	2 ♎ 49	17 ♒ 12	27 ♑ 9	22 ♐ 13	2 ♋ 16	18 ♊ 23	28 ♌	10 ♋	21 ♏	21 ♒	14 ♑
28	4 ♑ 56	10 ♐ 21	21 ♎ 24	22 ♎ 37	13 ♑ 36	11 ♑ 48	3 ♎ 14	17 ♒ 25	27 ♑ 16	22 ♐ 16	2 ♋ 14	18 ♊ 22	28 ♌	9 ♋	21 ♏	22 ♒	14 ♑
29	5 ♑ 57	22 ♐ 13	21 ♎ 21	22 ♎ 26	15 ♑ 13	13 ♑ 4	3 ♎ 39	17 ♒ 37	27 ♑ 23	22 ♐ 20	2 ♋ 12	18 ♊ 21	28 R	9 ♋	21 ♏	22 ♒	15 ♑
30	6 ♑ 58	4 ♑ 5	21 ♎ 17	22 ♎ 12	16 ♑ 50	14 ♑ 19	4 ♎ 4	17 ♒ 50	27 ♑ 30	22 ♐ 23	2 ♋ 11	18 ♊ 20	28 ♌	9 ♋	21 ♏	23 ♒	15 ♑
31	8 ♑ 0	15 ♑ 57	21 ♎ 14	21 ♎ 58	18 ♑ 27	15 ♑ 35	4 ♎ 29	18 ♒ 2	27 ♑ 37	22 ♐ 27	2 ♋ 9	18 ♊ 19	28 ♌	8 ♋	22 ♏	23 ♒	15 ♑

SUN INGRESS	☉ → ♑ 23日 03:36
MOON PHASE	◐ 8日 15:27 ♓　○ 15日 12:47 ♊　◑ 22日 05:00 ♍　● 30日 06:25 ♑

aspects		
1日	01:25	♂□♅
5日	03:46	♀⚹♃
6日	19:04	☉⚹♃
9日	05:14	☿⚹♃
9日	15:31	♀☍♇
10日	16:05	♂△♄
11日	16:19	♀☌♅
12日	00:44	☉☍♇
12日	07:56	☿☍♇
12日	21:21	☉☌☿
14日	01:58	☿☌♅
14日	18:39	☉☌♅
17日	12:30	♀□♂
19日	02:15	☿□♂
20日	13:21	♀☍♆
21日	00:50	☿☍♆
22日	20:38	☿☌♀
25日	03:33	☉□♂
25日	10:08	☉☍♆
25日	18:34	♂□♆

1903年1月

DAY	☉	☽	☊ mean	☊ true	☿	♀	♂	♃	♄	♅	♆	♇	⚳	⚴	⚵	⚶	⚷
	° ′	° ′	° ′	° ′	° ′	° ′	° ′	° ′	° ′	° ′	° ′	° ′	°	°	°	°	°
1	9 ♑ 1	27 ♑ 50	21 ♎ 11	21 R 43	20 D 4	16 D 50	4 D 53	18 D 15	27 D 44	22 D 30	2 R 7	18 R 18	28 R	8 R	22 D	24 D	15 D
2	10 ♑ 2	9 ♒ 47	21 ♎ 8	21 ♎ 30	21 ♑ 41	18 ♑ 6	5 ♎ 17	18 ♒ 28	27 ♑ 50	22 ♐ 34	2 ♋ 6	18 ♊ 17	28 ♌	8 ♋	22 ♏	24 ♒	15 ♑
3	11 ♑ 3	21 ♒ 49	21 ♎ 5	21 ♎ 18	23 ♑ 17	19 ♑ 21	5 ♎ 40	18 ♒ 41	27 ♑ 57	22 ♐ 37	2 ♋ 4	18 ♊ 16	28 ♌	7 ♋	23 ♏	25 ♒	15 ♑
4	12 ♑ 4	3 ♓ 57	21 ♎ 2	21 ♎ 10	24 ♑ 54	20 ♑ 36	6 ♎ 4	18 ♒ 53	28 ♑ 4	22 ♐ 41	2 ♋ 2	18 ♊ 15	28 ♌	7 ♋	23 ♏	25 ♒	15 ♑
5	13 ♑ 6	16 ♓ 16	20 ♎ 58	21 ♎ 5	26 ♑ 30	21 ♑ 52	6 ♎ 27	19 ♒ 6	28 ♑ 11	22 ♐ 44	2 ♋ 1	18 ♊ 14	27 ♌	7 ♋	23 ♏	26 ♒	15 ♑
6	14 ♑ 7	28 ♓ 48	20 ♎ 55	21 ♎ 2	28 ♑ 6	23 ♑ 7	6 ♎ 49	19 ♒ 19	28 ♑ 18	22 ♐ 48	1 ♋ 59	18 ♊ 13	27 ♌	6 ♋	23 ♏	26 ♒	15 ♑
7	15 ♑ 8	11 ♈ 39	20 ♎ 52	21 ♎ 2	29 ♑ 42	24 ♑ 23	7 ♎ 12	19 ♒ 32	28 ♑ 25	22 ♐ 51	1 ♋ 57	18 ♊ 12	27 ♌	6 ♋	23 ♏	26 ♒	15 ♑
8	16 ♑ 9	24 ♈ 51	20 ♎ 49	21 ♎ 2	1 ♒ 16	25 ♑ 38	7 ♎ 34	19 ♒ 46	28 ♑ 32	22 ♐ 55	1 ♋ 56	18 ♊ 11	27 ♌	6 ♋	24 ♏	27 ♒	15 ♑
9	17 ♑ 10	8 ♉ 29	20 ♎ 46	21 ♎ 1	2 ♒ 50	26 ♑ 53	7 ♎ 56	19 ♒ 59	28 ♑ 39	22 ♐ 58	1 ♋ 54	18 ♊ 10	27 ♌	5 ♋	24 ♏	27 ♒	16 ♑
10	18 ♑ 11	22 ♉ 35	20 ♎ 43	20 ♎ 58	4 ♒ 22	28 ♑ 9	8 ♎ 17	20 ♒ 12	28 ♑ 46	23 ♐ 1	1 ♋ 52	18 ♊ 9	27 ♌	5 ♋	25 ♏	28 ♒	16 ♑
11	19 ♑ 12	7 ♊ 8	20 ♎ 39	20 ♎ 53	5 ♒ 52	29 ♑ 24	8 ♎ 38	20 ♒ 25	28 ♑ 53	23 ♐ 5	1 ♋ 51	18 ♊ 8	27 ♌	5 ♋	25 ♏	28 ♒	16 ♑
12	20 ♑ 14	22 ♊ 6	20 ♎ 36	20 ♎ 45	7 ♒ 21	0 ♒ 39	8 ♎ 59	20 ♒ 39	29 ♑ 0	23 ♐ 8	1 ♋ 49	18 ♊ 7	27 ♌	4 ♋	25 ♏	29 ♒	16 ♑
13	21 ♑ 15	7 ♋ 20	20 ♎ 33	20 ♎ 35	8 ♒ 47	1 ♒ 55	9 ♎ 19	20 ♒ 52	29 ♑ 8	23 ♐ 12	1 ♋ 48	18 ♊ 6	27 ♌	4 ♋	25 ♏	29 ♒	16 ♑
14	22 ♑ 16	22 ♋ 41	20 ♎ 30	20 ♎ 23	10 ♒ 11	3 ♒ 10	9 ♎ 39	21 ♒ 6	29 ♑ 15	23 ♐ 15	1 ♋ 46	18 ♊ 5	27 ♌	4 ♋	26 ♏	0 ♓	16 ♑
15	23 ♑ 17	7 ♌ 57	20 ♎ 27	20 ♎ 11	11 ♒ 31	4 ♒ 25	9 ♎ 59	21 ♒ 19	29 ♑ 22	23 ♐ 18	1 ♋ 44	18 ♊ 4	27 ♌	4 ♋	26 ♏	0 ♓	16 ♑
16	24 ♑ 18	22 ♌ 56	20 ♎ 23	20 ♎ 1	12 ♒ 47	5 ♒ 41	10 ♎ 18	21 ♒ 33	29 ♑ 29	23 ♐ 22	1 ♋ 43	18 ♊ 3	26 ♌	3 ♋	26 ♏	1 ♓	16 ♑
17	25 ♑ 19	7 ♍ 30	20 ♎ 20	19 ♎ 53	13 ♒ 59	6 ♒ 56	10 ♎ 37	21 ♒ 47	29 ♑ 36	23 ♐ 25	1 ♋ 41	18 ♊ 2	26 ♌	3 ♋	26 ♏	1 ♓	16 ♑
18	26 ♑ 20	21 ♍ 34	20 ♎ 17	19 ♎ 49	15 ♒ 5	8 ♒ 11	10 ♎ 55	22 ♒ 0	29 ♑ 43	23 ♐ 28	1 ♋ 40	18 ♊ 1	26 ♌	3 ♋	27 ♏	2 ♓	16 ♑
19	27 ♑ 21	5 ♎ 8	20 ♎ 14	19 ♎ 46	16 ♒ 5	9 ♒ 26	11 ♎ 14	22 ♒ 14	29 ♑ 50	23 ♐ 31	1 ♋ 38	18 ♊ 0	26 ♌	3 ♋	27 ♏	2 ♓	17 ♑
20	28 ♑ 22	18 ♎ 14	20 ♎ 11	19 ♎ 46	16 ♒ 58	10 ♒ 42	11 ♎ 31	22 ♒ 28	29 ♑ 57	23 ♐ 34	1 ♋ 37	17 ♊ 59	26 ♌	2 ♋	27 ♏	2 ♓	17 ♑
21	29 ♑ 23	0 ♏ 55	20 ♎ 8	19 ♎ 46	17 ♒ 43	11 ♒ 57	11 ♎ 48	22 ♒ 42	0 ♒ 4	23 ♐ 38	1 ♋ 35	17 ♊ 58	26 ♌	2 ♋	28 ♏	3 ♓	17 ♑
22	0 ♒ 24	13 ♏ 16	20 ♎ 4	19 ♎ 45	18 ♒ 20	13 ♒ 12	12 ♎ 5	22 ♒ 55	0 ♒ 12	23 ♐ 41	1 ♋ 34	17 ♊ 58	26 ♌	2 ♋	28 ♏	3 ♓	17 ♑
23	1 ♒ 25	25 ♏ 22	20 ♎ 1	19 ♎ 43	18 ♒ 47	14 ♒ 27	12 ♎ 22	23 ♒ 9	0 ♒ 19	23 ♐ 44	1 ♋ 32	17 ♊ 57	25 ♌	2 ♋	28 ♏	4 ♓	17 ♑
24	2 ♒ 26	7 ♐ 19	19 ♎ 58	19 ♎ 38	19 ♒ 3	15 ♒ 43	12 ♎ 38	23 ♒ 23	0 ♒ 26	23 ♐ 47	1 ♋ 31	17 ♊ 56	25 ♌	2 ♋	28 ♏	4 ♓	17 ♑
25	3 ♒ 27	19 ♐ 11	19 ♎ 55	19 ♎ 30	19 ♒ 9	16 ♒ 58	12 ♎ 53	23 ♒ 37	0 ♒ 33	23 ♐ 50	1 ♋ 30	17 ♊ 55	25 ♌	1 ♋	29 ♏	5 ♓	17 ♑
26	4 ♒ 29	1 ♑ 1	19 ♎ 52	19 ♎ 19	19 R 3	18 ♒ 13	13 ♎ 8	23 ♒ 51	0 ♒ 40	23 ♐ 53	1 ♋ 28	17 ♊ 55	25 ♌	1 ♋	29 ♏	5 ♓	17 ♑
27	5 ♒ 30	12 ♑ 53	19 ♎ 49	19 ♎ 6	18 ♒ 46	19 ♒ 28	13 ♎ 22	24 ♒ 5	0 ♒ 47	23 ♐ 56	1 ♋ 27	17 ♊ 54	25 ♌	1 ♋	29 ♏	6 ♓	17 ♑
28	6 ♒ 31	24 ♑ 47	19 ♎ 45	18 ♎ 52	18 ♒ 18	20 ♒ 43	13 ♎ 36	24 ♒ 19	0 ♒ 54	23 ♐ 59	1 ♋ 26	17 ♊ 53	24 ♌	1 ♋	29 ♏	6 ♓	17 ♑
29	7 ♒ 32	6 ♒ 46	19 ♎ 42	18 ♎ 38	17 ♒ 39	21 ♒ 58	13 ♎ 50	24 ♒ 33	1 ♒ 2	24 ♐ 2	1 ♋ 24	17 ♊ 52	24 ♌	1 ♋	29 ♏	7 ♓	17 ♑
30	8 ♒ 32	18 ♒ 51	19 ♎ 39	18 ♎ 25	16 ♒ 50	23 ♒ 14	14 ♎ 3	24 ♒ 48	1 ♒ 9	24 ♐ 5	1 ♋ 23	17 ♊ 52	24 ♌	1 ♋	0 ♐	7 ♓	18 ♑
31	9 ♒ 33	1 ♓ 3	19 ♎ 36	18 ♎ 14	15 ♒ 52	24 ♒ 29	14 ♎ 15	25 ♒ 2	1 ♒ 16	24 ♐ 7	1 ♋ 22	17 ♊ 51	24 ♌	1 ♋	0 ♐	8 ♓	18 ♑

SUN INGRESS	☉ → ♒ 21日 14:14
MOON PHASE	◐ 7日 06:57 ♈　○ 13日 23:17 ♋　◑ 20日 20:49 ♎　● 29日 01:38 ♒

aspects

1日	05:13	♃△♇
6日	03:13	☿☌♄
10日	13:14	♀☌♄
13日	11:53	☿△♀
20日	20:31	♀△♂
21日	09:07	☿△♇
21日	18:20	☉☌♄
25日	18:10	♀△♇
26日	03:37	♃⚹♅
26日	13:30	☿☌♀
28日	16:16	☿△♇
30日	16:56	♀⚹♅
31日	13:02	♀☌♃

1903年2月

DAY	☉	☽	☊ mean	☊ true	☿	♀	♂	♃	♄	♅	♆	♇	⚳	⚴	⚵	⚶	⚷
	° ′	° ′	° ′	° ′	° ′	° ′	° ′	° ′	° ′	° ′	° ′	° ′	°	°	°	°	°
1	10 ♒ 34	13 ♓ 23	19 ♎ 33	18 R 6	14 R 47	25 D 44	14 D 27	25 D 16	1 D 23	24 D 10	1 R 20	17 R 50	24 R	1 R	0 D	8 D	18 D
2	11 ♒ 35	25 ♓ 52	19 ♎ 29	18 ♎ 1	13 ♒ 38	26 ♒ 59	14 ♎ 38	25 ♒ 30	1 ♒ 30	24 ♐ 13	1 ♋ 19	17 ♊ 50	23 ♌	1 ♋	0 ♐	9 ♓	18 ♑
3	12 ♒ 36	8 ♈ 32	19 ♎ 26	17 ♎ 59	12 ♒ 25	28 ♒ 14	14 ♎ 49	25 ♒ 44	1 ♒ 37	24 ♐ 16	1 ♋ 18	17 ♊ 49	23 ♌	0 ♋	1 ♐	9 ♓	18 ♑
4	13 ♒ 37	21 ♈ 27	19 ♎ 23	17 D 59	11 ♒ 11	29 ♒ 29	14 ♎ 59	25 ♒ 59	1 ♒ 44	24 ♐ 18	1 ♋ 17	17 ♊ 48	23 ♌	0 ♋	1 ♐	10 ♓	18 ♑
5	14 ♒ 38	4 ♉ 39	19 ♎ 20	17 ♎ 59	9 ♒ 59	0 ♓ 44	15 ♎ 9	26 ♒ 13	1 ♒ 51	24 ♐ 21	1 ♋ 16	17 ♊ 48	23 ♌	0 ♋	1 ♐	10 ♓	18 ♑
6	15 ♒ 39	18 ♉ 10	19 ♎ 17	17 R 59	8 ♒ 50	1 ♓ 59	15 ♎ 18	26 ♒ 27	1 ♒ 58	24 ♐ 24	1 ♋ 14	17 ♊ 47	22 ♌	0 ♋	1 ♐	11 ♓	18 ♑
7	16 ♒ 40	2 ♊ 4	19 ♎ 14	17 ♎ 58	7 ♒ 45	3 ♓ 14	15 ♎ 26	26 ♒ 42	2 ♒ 5	24 ♐ 26	1 ♋ 13	17 ♊ 47	22 ♌	0 ♋	1 ♐	11 ♓	18 ♑
8	17 ♒ 40	16 ♊ 21	19 ♎ 10	17 ♎ 55	6 ♒ 46	4 ♓ 29	15 ♎ 34	26 ♒ 56	2 ♒ 12	24 ♐ 29	1 ♋ 12	17 ♊ 46	22 ♌	0 D	2 ♐	12 ♓	18 ♑
9	18 ♒ 41	0 ♋ 58	19 ♎ 7	17 ♎ 49	5 ♒ 54	5 ♓ 44	15 ♎ 41	27 ♒ 10	2 ♒ 19	24 ♐ 31	1 ♋ 11	17 ♊ 46	22 ♌	0 ♋	2 ♐	12 ♓	18 ♑
10	19 ♒ 42	15 ♋ 52	19 ♎ 4	17 ♎ 42	5 ♒ 10	6 ♓ 59	15 ♎ 48	27 ♒ 25	2 ♒ 26	24 ♐ 34	1 ♋ 10	17 ♊ 45	22 ♌	0 ♋	2 ♐	12 ♓	19 ♑
11	20 ♒ 42	0 ♌ 54	19 ♎ 1	17 ♎ 33	4 ♒ 34	8 ♓ 14	15 ♎ 54	27 ♒ 39	2 ♒ 33	24 ♐ 36	1 ♋ 9	17 ♊ 45	21 ♌	0 ♋	2 ♐	13 ♓	19 ♑
12	21 ♒ 43	15 ♌ 56	18 ♎ 58	17 ♎ 24	4 ♒ 6	9 ♓ 28	15 ♎ 59	27 ♒ 53	2 ♒ 40	24 ♐ 39	1 ♋ 8	17 ♊ 44	21 ♌	0 ♋	2 ♐	13 ♓	19 ♑
13	22 ♒ 44	0 ♍ 48	18 ♎ 55	17 ♎ 16	3 ♒ 46	10 ♓ 43	16 ♎ 4	28 ♒ 8	2 ♒ 47	24 ♐ 41	1 ♋ 7	17 ♊ 44	21 ♌	0 ♋	3 ♐	14 ♓	19 ♑
14	23 ♒ 44	15 ♍ 21	18 ♎ 51	17 ♎ 10	3 ♒ 34	11 ♓ 58	16 ♎ 8	28 ♒ 22	2 ♒ 53	24 ♐ 43	1 ♋ 6	17 ♊ 44	21 ♌	1 ♋	3 ♐	14 ♓	19 ♑
15	24 ♒ 45	29 ♍ 29	18 ♎ 48	17 ♎ 6	3 ♒ 29	13 ♓ 13	16 ♎ 11	28 ♒ 37	3 ♒ 0	24 ♐ 46	1 ♋ 6	17 ♊ 43	20 ♌	1 ♋	3 ♐	15 ♓	19 ♑
16	25 ♒ 46	13 ♎ 9	18 ♎ 45	17 ♎ 4	3 D 32	14 ♓ 27	16 ♎ 13	28 ♒ 51	3 ♒ 7	24 ♐ 48	1 ♋ 5	17 ♊ 43	20 ♌	1 ♋	3 ♐	15 ♓	19 ♑
17	26 ♒ 46	26 ♎ 22	18 ♎ 42	17 D 5	3 ♒ 41	15 ♓ 42	16 ♎ 15	29 ♒ 6	3 ♒ 14	24 ♐ 50	1 ♋ 4	17 ♊ 42	20 ♌	1 ♋	3 ♐	16 ♓	19 ♑
18	27 ♒ 47	9 ♏ 10	18 ♎ 39	17 ♎ 6	3 ♒ 56	16 ♓ 57	16 ♎ 16	29 ♒ 20	3 ♒ 20	24 ♐ 52	1 ♋ 3	17 ♊ 42	20 ♌	1 ♋	4 ♐	16 ♓	19 ♑
19	28 ♒ 47	21 ♏ 37	18 ♎ 35	17 ♎ 7	4 ♒ 18	18 ♓ 12	16 ♎ 17	29 ♒ 34	3 ♒ 27	24 ♐ 54	1 ♋ 2	17 ♊ 42	19 ♌	1 ♋	4 ♐	17 ♓	19 ♑
20	29 ♒ 48	3 ♐ 47	18 ♎ 32	17 R 7	4 ♒ 45	19 ♓ 26	16 R 16	29 ♒ 49	3 ♒ 34	24 ♐ 56	1 ♋ 2	17 ♊ 42	19 ♌	1 ♋	4 ♐	17 ♓	19 ♑
21	0 ♓ 48	15 ♐ 46	18 ♎ 29	17 ♎ 6	5 ♒ 17	20 ♓ 41	16 ♎ 15	0 ♓ 3	3 ♒ 40	24 ♐ 58	1 ♋ 1	17 ♊ 41	19 ♌	1 ♋	4 ♐	18 ♓	19 ♑
22	1 ♓ 49	27 ♐ 38	18 ♎ 26	17 ♎ 2	5 ♒ 53	21 ♓ 55	16 ♎ 13	0 ♓ 18	3 ♒ 47	25 ♐ 0	1 ♋ 0	17 ♊ 41	19 ♌	1 ♋	4 ♐	18 ♓	19 ♑
23	2 ♓ 49	9 ♑ 29	18 ♎ 23	16 ♎ 57	6 ♒ 34	23 ♓ 10	16 ♎ 11	0 ♓ 32	3 ♒ 54	25 ♐ 2	1 ♋ 0	17 ♊ 41	19 ♌	2 ♋	4 ♐	19 ♓	20 ♑
24	3 ♓ 49	21 ♑ 22	18 ♎ 20	16 ♎ 50	7 ♒ 19	24 ♓ 24	16 ♎ 7	0 ♓ 47	4 ♒ 0	25 ♐ 4	0 ♋ 59	17 ♊ 41	18 ♌	2 ♋	5 ♐	19 ♓	20 ♑
25	4 ♓ 50	3 ♒ 20	18 ♎ 16	16 ♎ 42	8 ♒ 8	25 ♓ 39	16 ♎ 3	1 ♓ 1	4 ♒ 7	25 ♐ 6	0 ♋ 58	17 ♊ 41	18 ♌	2 ♋	5 ♐	20 ♓	20 ♑
26	5 ♓ 50	15 ♒ 25	18 ♎ 13	16 ♎ 34	8 ♒ 59	26 ♓ 53	15 ♎ 58	1 ♓ 16	4 ♒ 13	25 ♐ 8	0 ♋ 58	17 ♊ 40	18 ♌	2 ♋	5 ♐	20 ♓	20 ♑
27	6 ♓ 51	27 ♒ 40	18 ♎ 10	16 ♎ 26	9 ♒ 55	28 ♓ 8	15 ♎ 52	1 ♓ 30	4 ♒ 20	25 ♐ 9	0 ♋ 57	17 ♊ 40	18 ♌	2 ♋	5 ♐	21 ♓	20 ♑
28	7 ♓ 51	10 ♓ 5	18 ♎ 7	16 ♎ 20	10 ♒ 52	29 ♓ 22	15 ♎ 46	1 ♓ 44	4 ♒ 26	25 ♐ 11	0 ♋ 57	17 ♊ 40	18 ♌	2 ♋	5 ♐	21 ♓	20 ♑

SUN INGRESS	☉ → ♓ 20日 04:41
MOON PHASE	◐ 5日 19:12 ♉　○ 12日 09:58 ♌　◑ 19日 15:23 ♏　● 27日 19:19 ♓

aspects

1日	06:08	♀△♂
2日	21:59	☉☌☿
5日	09:59	♀△♆
5日	14:23	☉△♂
8日	02:20	☉△♇
15日	00:12	☉⚹♅
18日	14:30	♀□♇
20日	00:38	☉☌♃
21日	05:01	☉△♆
24日	13:03	♀□♅
24日	19:43	♃△♆

1903年3月

DAY	☉	☽	☊		☿	♀	♂	♃	♄	♅	♆	♇	⚳	⚴	⚵	⚶	⚷
			mean	true													
	° ′	° ′	° ′	° ′	° ′	° ′	° ′	° ′	° ′	° ′	° ′	° ′	°	°	°	°	°
1	8 ♓ 51	22 ♓ 41	18 ♎ 4	16 R 16	11 D 53	0 D 37	15 R 39	1 D 59	4 D 32	25 D 13	0 R 57	17 R 40	17 R	3 D	5 D	22 D	20 D
2	9 ♓ 51	5 ♈ 28	18 ♎ 0	16 ♎ 13	12 ♒ 56	1 ♈ 51	15 ♎ 31	2 ♓ 13	4 ♒ 39	25 ♐ 14	0 ♋ 56	17 ♊ 40	17 ♌	3 ♋	5 ♐	22 ♓	20 ♑
3	10 ♓ 52	18 ♈ 28	17 ♎ 57	16 D 13	14 ♒ 2	3 ♈ 5	15 ♎ 22	2 ♓ 28	4 ♒ 45	25 ♐ 16	0 ♋ 56	17 ♊ 40	17 ♌	3 ♋	5 ♐	23 ♓	20 ♑
4	11 ♓ 52	1 ♉ 39	17 ♎ 54	16 ♎ 14	15 ♒ 10	4 ♈ 19	15 ♎ 12	2 ♓ 42	4 ♒ 51	25 ♐ 17	0 ♋ 55	17 D 40	17 ♌	3 ♋	6 ♐	23 ♓	20 ♑
5	12 ♓ 52	15 ♉ 3	17 ♎ 51	16 ♎ 15	16 ♒ 20	5 ♈ 34	15 ♎ 2	2 ♓ 56	4 ♒ 57	25 ♐ 19	0 ♋ 55	17 ♊ 40	17 ♌	4 ♋	6 ♐	23 ♓	20 ♑
6	13 ♓ 52	28 ♉ 42	17 ♎ 48	16 ♎ 17	17 ♒ 32	6 ♈ 48	14 ♎ 50	3 ♓ 11	5 ♒ 3	25 ♐ 20	0 ♋ 55	17 ♊ 40	16 ♌	4 ♋	6 ♐	24 ♓	20 ♑
7	14 ♓ 52	12 ♊ 34	17 ♎ 45	16 ♎ 17	18 ♒ 45	8 ♈ 2	14 ♎ 39	3 ♓ 25	5 ♒ 9	25 ♐ 21	0 ♋ 55	17 ♊ 40	16 ♌	4 ♋	6 ♐	24 ♓	20 ♑
8	15 ♓ 52	26 ♊ 41	17 ♎ 41	16 R 17	20 ♒ 1	9 ♈ 16	14 ♎ 26	3 ♓ 39	5 ♒ 15	25 ♐ 23	0 ♋ 54	17 ♊ 40	16 ♌	4 ♋	6 ♐	25 ♓	20 ♑
9	16 ♓ 52	11 ♋ 1	17 ♎ 38	16 ♎ 15	21 ♒ 18	10 ♈ 30	14 ♎ 12	3 ♓ 54	5 ♒ 21	25 ♐ 24	0 ♋ 54	17 ♊ 40	16 ♌	5 ♋	6 ♐	25 ♓	21 ♑
10	17 ♓ 52	25 ♋ 31	17 ♎ 35	16 ♎ 12	22 ♒ 37	11 ♈ 44	13 ♎ 58	4 ♓ 8	5 ♒ 27	25 ♐ 25	0 ♋ 54	17 ♊ 41	16 ♌	5 ♋	6 ♐	26 ♓	21 ♑
11	18 ♓ 52	10 ♌ 6	17 ♎ 32	16 ♎ 8	23 ♒ 58	12 ♈ 58	13 ♎ 44	4 ♓ 22	5 ♒ 33	25 ♐ 26	0 ♋ 54	17 ♊ 41	16 ♌	5 ♋	6 ♐	26 ♓	21 ♑
12	19 ♓ 52	24 ♌ 41	17 ♎ 29	16 ♎ 4	25 ♒ 20	14 ♈ 12	13 ♎ 28	4 ♓ 36	5 ♒ 39	25 ♐ 27	0 ♋ 54	17 ♊ 41	16 ♌	5 ♋	6 ♐	27 ♓	21 ♑
13	20 ♓ 52	9 ♍ 8	17 ♎ 26	16 ♎ 1	26 ♒ 43	15 ♈ 26	13 ♎ 12	4 ♓ 50	5 ♒ 45	25 ♐ 28	0 ♋ 54	17 ♊ 41	15 ♌	6 ♋	6 ♐	27 ♓	21 ♑
14	21 ♓ 52	23 ♍ 23	17 ♎ 22	15 ♎ 58	28 ♒ 8	16 ♈ 40	12 ♎ 55	5 ♓ 5	5 ♒ 50	25 ♐ 29	0 D 54	17 ♊ 41	15 ♌	6 ♋	7 ♐	28 ♓	21 ♑
15	22 ♓ 51	7 ♎ 19	17 ♎ 19	15 ♎ 57	29 ♒ 35	17 ♈ 54	12 ♎ 37	5 ♓ 19	5 ♒ 56	25 ♐ 30	0 ♋ 54	17 ♊ 42	15 ♌	6 ♋	7 ♐	28 ♓	21 ♑
16	23 ♓ 51	20 ♎ 54	17 ♎ 16	15 D 57	1 ♓ 2	19 ♈ 7	12 ♎ 19	5 ♓ 33	6 ♒ 1	25 ♐ 31	0 ♋ 54	17 ♊ 42	15 ♌	6 ♋	7 ♐	29 ♓	21 ♑
17	24 ♓ 51	4 ♏ 7	17 ♎ 13	15 ♎ 58	2 ♓ 31	20 ♈ 21	12 ♎ 1	5 ♓ 47	6 ♒ 7	25 ♐ 32	0 ♋ 54	17 ♊ 42	15 ♌	7 ♋	7 ♐	29 ♓	21 ♑
18	25 ♓ 50	16 ♏ 57	17 ♎ 10	15 ♎ 59	4 ♓ 2	21 ♈ 35	11 ♎ 41	6 ♓ 1	6 ♒ 12	25 ♐ 33	0 ♋ 54	17 ♊ 42	15 ♌	7 ♋	7 ♐	0 ♈	21 ♑
19	26 ♓ 50	29 ♏ 28	17 ♎ 6	16 ♎ 1	5 ♓ 33	22 ♈ 48	11 ♎ 22	6 ♓ 15	6 ♒ 18	25 ♐ 33	0 ♋ 54	17 ♊ 43	15 ♌	7 ♋	7 ♐	0 ♈	21 ♑
20	27 ♓ 50	11 ♐ 42	17 ♎ 3	16 ♎ 2	7 ♓ 6	24 ♈ 2	11 ♎ 1	6 ♓ 29	6 ♒ 23	25 ♐ 34	0 ♋ 55	17 ♊ 43	15 ♌	8 ♋	7 ♐	1 ♈	21 ♑
21	28 ♓ 49	23 ♐ 45	17 ♎ 0	16 ♎ 3	8 ♓ 41	25 ♈ 15	10 ♎ 41	6 ♓ 43	6 ♒ 28	25 ♐ 35	0 ♋ 55	17 ♊ 43	15 ♌	8 ♋	7 ♐	1 ♈	21 ♑
22	29 ♓ 49	5 ♑ 40	16 ♎ 57	16 R 3	10 ♓ 16	26 ♈ 29	10 ♎ 19	6 ♓ 57	6 ♒ 34	25 ♐ 35	0 ♋ 55	17 ♊ 44	15 ♌	8 ♋	7 ♐	2 ♈	21 ♑
23	0 ♈ 49	17 ♑ 32	16 ♎ 54	16 ♎ 2	11 ♓ 53	27 ♈ 42	9 ♎ 58	7 ♓ 11	6 ♒ 39	25 ♐ 36	0 ♋ 55	17 ♊ 44	15 ♌	9 ♋	7 ♐	2 ♈	21 ♑
24	1 ♈ 48	29 ♑ 27	16 ♎ 51	16 ♎ 0	13 ♓ 32	28 ♈ 56	9 ♎ 36	7 ♓ 24	6 ♒ 44	25 ♐ 36	0 ♋ 56	17 ♊ 45	14 ♌	9 ♋	7 ♐	3 ♈	21 ♑
25	2 ♈ 48	11 ♒ 27	16 ♎ 47	15 ♎ 59	15 ♓ 11	0 ♉ 9	9 ♎ 14	7 ♓ 38	6 ♒ 49	25 ♐ 36	0 ♋ 56	17 ♊ 45	14 ♌	9 ♋	7 ♐	3 ♈	21 ♑
26	3 ♈ 47	23 ♒ 37	16 ♎ 44	15 ♎ 57	16 ♓ 52	1 ♉ 22	8 ♎ 51	7 ♓ 52	6 ♒ 54	25 ♐ 37	0 ♋ 56	17 ♊ 46	14 ♌	10 ♋	7 ♐	3 ♈	21 ♑
27	4 ♈ 46	6 ♓ 0	16 ♎ 41	15 ♎ 55	18 ♓ 34	2 ♉ 36	8 ♎ 28	8 ♓ 6	6 ♒ 59	25 ♐ 37	0 ♋ 57	17 ♊ 46	14 ♌	10 ♋	7 ♐	4 ♈	22 ♑
28	5 ♈ 46	18 ♓ 37	16 ♎ 38	15 ♎ 54	20 ♓ 18	3 ♉ 49	8 ♎ 5	8 ♓ 19	7 ♒ 3	25 ♐ 37	0 ♋ 57	17 ♊ 47	14 ♌	10 ♋	7 R	4 ♈	22 ♑
29	6 ♈ 45	1 ♈ 30	16 ♎ 35	15 ♎ 53	22 ♓ 3	5 ♉ 2	7 ♎ 42	8 ♓ 33	7 ♒ 8	25 ♐ 38	0 ♋ 58	17 ♊ 47	14 ♌	11 ♋	7 ♐	5 ♈	22 ♑
30	7 ♈ 44	14 ♈ 39	16 ♎ 31	15 ♎ 53	23 ♓ 49	6 ♉ 15	7 ♎ 19	8 ♓ 46	7 ♒ 13	25 ♐ 38	0 ♋ 58	17 ♊ 48	14 ♌	11 ♋	7 ♐	5 ♈	22 ♑
31	8 ♈ 44	28 ♈ 2	16 ♎ 28	15 D 53	25 ♓ 37	7 ♉ 28	6 ♎ 55	9 ♓ 0	7 ♒ 17	25 ♐ 38	0 ♋ 59	17 ♊ 48	14 D	12 ♋	7 ♐	6 ♈	22 ♑

SUN INGRESS　☉ → ♈ 22日 04:15

MOON PHASE　◐ 7日 04:14 ♊　○ 13日 21:13 ♍　◑ 21日 11:08 ♐　● 29日 10:26 ♈

aspects		
1日	06:25	♀□♆
4日	00:41	☿△♂
4日	11:07	♀⚹♄
6日	02:47	☿△♇
9日	19:23	☉□♇
11日	12:12	♀☍♂
12日	02:11	☿⚹♅
14日	20:04	♀⚹♇
15日	21:45	☿△♆
17日	16:42	☉□♅
19日	12:38	☿☌♃
21日	06:19	♀△♅
23日	02:47	☉□♆
25日	15:29	♀⚹♆
26日	12:40	☿□♇
29日	10:07	☉⚹♄
29日	16:31	☉☍♂
30日	05:02	♂△♄
30日	20:17	♀□♄
31日	00:17	☿□♅

1903年4月

DAY	☉	☽	☊		☿	♀	♂	♃	♄	♅	♆	♇	⚳	⚴	⚵	⚶	⚷
			mean	true													
	° ′	° ′	° ′	° ′	° ′	° ′	° ′	° ′	° ′	° ′	° ′	° ′	°	°	°	°	°
1	9 ♈ 43	11 ♉ 39	16 ♎ 25	15 D 53	27 D 25	8 D 41	6 R 32	9 D 13	7 D 22	25 D 38	1 D 0	17 D 49	14 D	12 D	7 R	6 D	22 D
2	10 ♈ 42	25 ♉ 27	16 ♎ 22	15 ♎ 54	29 ♓ 16	9 ♉ 54	6 ♎ 9	9 ♓ 27	7 ♒ 26	25 R 38	1 ♋ 0	17 ♊ 50	14 ♌	12 ♋	7 ♐	7 ♈	22 ♑
3	11 ♈ 41	9 ♊ 25	16 ♎ 19	15 ♎ 54	1 ♈ 8	11 ♉ 7	5 ♎ 46	9 ♓ 40	7 ♒ 31	25 ♐ 38	1 ♋ 1	17 ♊ 50	14 ♌	13 ♋	7 ♐	7 ♈	22 ♑
4	12 ♈ 41	23 ♊ 30	16 ♎ 16	15 ♎ 55	3 ♈ 1	12 ♉ 20	5 ♎ 22	9 ♓ 53	7 ♒ 35	25 ♐ 38	1 ♋ 2	17 ♊ 51	14 ♌	13 ♋	7 ♐	8 ♈	22 ♑
5	13 ♈ 40	7 ♋ 41	16 ♎ 12	15 ♎ 55	4 ♈ 55	13 ♉ 32	5 ♎ 0	10 ♓ 7	7 ♒ 39	25 ♐ 37	1 ♋ 2	17 ♊ 52	14 ♌	13 ♋	7 ♐	8 ♈	22 ♑
6	14 ♈ 39	21 ♋ 54	16 ♎ 9	15 R 55	6 ♈ 51	14 ♉ 45	4 ♎ 37	10 ♓ 20	7 ♒ 43	25 ♐ 37	1 ♋ 3	17 ♊ 52	15 ♌	14 ♋	7 ♐	9 ♈	22 ♑
7	15 ♈ 38	6 ♌ 7	16 ♎ 6	15 ♎ 55	8 ♈ 48	15 ♉ 58	4 ♎ 14	10 ♓ 33	7 ♒ 47	25 ♐ 37	1 ♋ 4	17 ♊ 53	15 ♌	14 ♋	7 ♐	9 ♈	22 ♑
8	16 ♈ 37	20 ♌ 19	16 ♎ 3	15 D 55	10 ♈ 47	17 ♉ 10	3 ♎ 52	10 ♓ 46	7 ♒ 51	25 ♐ 37	1 ♋ 5	17 ♊ 54	15 ♌	15 ♋	7 ♐	10 ♈	22 ♑
9	17 ♈ 36	4 ♍ 25	16 ♎ 0	15 ♎ 55	12 ♈ 47	18 ♉ 23	3 ♎ 31	10 ♓ 59	7 ♒ 55	25 ♐ 36	1 ♋ 6	17 ♊ 54	15 ♌	15 ♋	7 ♐	10 ♈	22 ♑
10	18 ♈ 35	18 ♍ 23	15 ♎ 57	15 ♎ 55	14 ♈ 48	19 ♉ 35	3 ♎ 9	11 ♓ 12	7 ♒ 59	25 ♐ 36	1 ♋ 7	17 ♊ 55	15 ♌	15 ♋	7 ♐	11 ♈	22 ♑
11	19 ♈ 34	2 ♎ 10	15 ♎ 53	15 ♎ 55	16 ♈ 50	20 ♉ 48	2 ♎ 48	11 ♓ 25	8 ♒ 3	25 ♐ 35	1 ♋ 7	17 ♊ 56	15 ♌	16 ♋	6 ♐	11 ♈	22 ♑
12	20 ♈ 32	15 ♎ 44	15 ♎ 50	15 ♎ 55	18 ♈ 54	22 ♉ 0	2 ♎ 28	11 ♓ 38	8 ♒ 7	25 ♐ 35	1 ♋ 8	17 ♊ 57	15 ♌	16 ♋	6 ♐	11 ♈	22 ♑
13	21 ♈ 31	29 ♎ 2	15 ♎ 47	15 R 55	20 ♈ 58	23 ♉ 12	2 ♎ 8	11 ♓ 50	8 ♒ 10	25 ♐ 34	1 ♋ 9	17 ♊ 58	15 ♌	17 ♋	6 ♐	12 ♈	22 ♑
14	22 ♈ 30	12 ♏ 3	15 ♎ 44	15 ♎ 55	23 ♈ 4	24 ♉ 24	1 ♎ 48	12 ♓ 3	8 ♒ 14	25 ♐ 34	1 ♋ 10	17 ♊ 59	15 ♌	17 ♋	6 ♐	12 ♈	22 ♑
15	23 ♈ 29	24 ♏ 48	15 ♎ 41	15 ♎ 54	25 ♈ 10	25 ♉ 37	1 ♎ 29	12 ♓ 16	8 ♒ 17	25 ♐ 33	1 ♋ 11	17 ♊ 59	15 ♌	17 ♋	6 ♐	13 ♈	22 ♑
16	24 ♈ 27	7 ♐ 16	15 ♎ 37	15 ♎ 53	27 ♈ 16	26 ♉ 49	1 ♎ 11	12 ♓ 28	8 ♒ 20	25 ♐ 32	1 ♋ 13	18 ♊ 0	15 ♌	18 ♋	6 ♐	13 ♈	22 ♑
17	25 ♈ 26	19 ♐ 31	15 ♎ 34	15 ♎ 52	29 ♈ 23	28 ♉ 1	0 ♎ 53	12 ♓ 41	8 ♒ 24	25 ♐ 31	1 ♋ 14	18 ♊ 1	15 ♌	18 ♋	6 ♐	14 ♈	22 ♑
18	26 ♈ 25	1 ♑ 35	15 ♎ 31	15 ♎ 51	1 ♉ 30	29 ♉ 13	0 ♎ 36	12 ♓ 53	8 ♒ 27	25 ♐ 31	1 ♋ 15	18 ♊ 2	16 ♌	19 ♋	6 ♐	14 ♈	22 ♑
19	27 ♈ 23	13 ♑ 31	15 ♎ 28	15 ♎ 50	3 ♉ 37	0 ♊ 24	0 ♎ 19	13 ♓ 6	8 ♒ 30	25 ♐ 30	1 ♋ 16	18 ♊ 3	16 ♌	19 ♋	6 ♐	15 ♈	22 ♑
20	28 ♈ 22	25 ♑ 24	15 ♎ 25	15 ♎ 49	5 ♉ 43	1 ♊ 36	0 ♎ 3	13 ♓ 18	8 ♒ 33	25 ♐ 29	1 ♋ 17	18 ♊ 4	16 ♌	19 ♋	6 ♐	15 ♈	22 ♑
21	29 ♈ 21	7 ♒ 19	15 ♎ 22	15 D 49	7 ♉ 49	2 ♊ 48	29 ♍ 48	13 ♓ 30	8 ♒ 36	25 ♐ 28	1 ♋ 18	18 ♊ 5	16 ♌	20 ♋	5 ♐	16 ♈	22 ♑
22	0 ♉ 19	19 ♒ 20	15 ♎ 18	15 ♎ 50	9 ♉ 53	4 ♊ 0	29 ♍ 34	13 ♓ 42	8 ♒ 39	25 ♐ 27	1 ♋ 20	18 ♊ 6	16 ♌	20 ♋	5 ♐	16 ♈	22 ♑
23	1 ♉ 18	1 ♓ 31	15 ♎ 15	15 ♎ 51	11 ♉ 56	5 ♊ 11	29 ♍ 20	13 ♓ 54	8 ♒ 41	25 ♐ 26	1 ♋ 21	18 ♊ 7	16 ♌	21 ♋	5 ♐	17 ♈	22 ♑
24	2 ♉ 16	13 ♓ 57	15 ♎ 12	15 ♎ 53	13 ♉ 57	6 ♊ 23	29 ♍ 7	14 ♓ 6	8 ♒ 44	25 ♐ 25	1 ♋ 22	18 ♊ 8	16 ♌	21 ♋	5 ♐	17 ♈	22 ♑
25	3 ♉ 15	26 ♓ 42	15 ♎ 9	15 ♎ 54	15 ♉ 57	7 ♊ 34	28 ♍ 55	14 ♓ 18	8 ♒ 46	25 ♐ 23	1 ♋ 24	18 ♊ 9	17 ♌	21 ♋	5 ♐	17 ♈	22 ♑
26	4 ♉ 13	9 ♈ 46	15 ♎ 6	15 ♎ 55	17 ♉ 54	8 ♊ 45	28 ♍ 43	14 ♓ 30	8 ♒ 49	25 ♐ 22	1 ♋ 25	18 ♊ 10	17 ♌	22 ♋	5 ♐	18 ♈	22 ♑
27	5 ♉ 11	23 ♈ 12	15 ♎ 3	15 R 54	19 ♉ 48	9 ♊ 57	28 ♍ 32	14 ♓ 41	8 ♒ 51	25 ♐ 21	1 ♋ 26	18 ♊ 11	17 ♌	22 ♋	4 ♐	18 ♈	22 ♑
28	6 ♉ 10	6 ♉ 58	14 ♎ 59	15 ♎ 53	21 ♉ 39	11 ♊ 8	28 ♍ 22	14 ♓ 53	8 ♒ 53	25 ♐ 20	1 ♋ 28	18 ♊ 12	17 ♌	23 ♋	4 ♐	19 ♈	22 ♑
29	7 ♉ 8	21 ♉ 1	14 ♎ 56	15 ♎ 51	23 ♉ 27	12 ♊ 19	28 ♍ 13	15 ♓ 4	8 ♒ 56	25 ♐ 18	1 ♋ 29	18 ♊ 13	17 ♌	23 ♋	4 ♐	19 ♈	22 ♑
30	8 ♉ 6	5 ♊ 18	14 ♎ 53	15 ♎ 49	25 ♉ 12	13 ♊ 30	28 ♍ 5	15 ♓ 16	8 ♒ 58	25 ♐ 17	1 ♋ 31	18 ♊ 14	17 ♌	24 ♋	4 ♐	20 ♈	22 ♑

SUN INGRESS　☉ → ♉ 21日 15:59

MOON PHASE　◐ 5日 10:51 ♋　○ 12日 09:18 ♎　◑ 20日 06:30 ♑　● 27日 22:31 ♉

aspects		
1日	13:03	♀⚹♃
2日	22:35	☿□♆
5日	00:45	☿☍♂
6日	11:08	☿⚹♄
9日	07:44	☉⚹♇
11日	12:52	☿⚹♇
13日	11:52	☉☌☿
15日	04:22	☿△♅
15日	21:38	♂□♆
17日	02:08	☉△♅
17日	21:04	☿⚹♆
18日	22:34	♀△♂
21日	09:14	☿□♄
23日	01:24	☉⚹♆
24日	01:53	☿⚹♃
26日	01:11	♀△♄
30日	21:51	☉□♄

1903年5月

DAY	☉	☽	☊ mean	☊ true	☿	♀	♂	♃	♄	♅	♆	♇	⚳	⚴	⚵	⚶	⚷
	° ′	° ′	° ′	° ′	° ′	° ′	° ′	° ′	° ′	° ′	° ′	° ′	°	°	°	°	°
1	9 ♉ 5	19 ♊ 43	14 ♎ 50	15 R 45	26 D 53	14 D 41	27 R 57	15 D 27	9 D 0	25 R 16	1 D 32	18 D 15	18 D	24 D	4 R	20 D	22 R
2	10 ♉ 3	4 ♋ 12	14 ♎ 47	15 ♎ 42	28 ♉ 31	15 ♊ 52	27 ♍ 51	15 ♓ 38	9 ♒ 1	25 ♐ 14	1 ♋ 34	18 ♊ 17	18 ♌	25 ♋	4 ♐	21 ♈	22 ♑
3	11 ♉ 1	18 ♋ 37	14 ♎ 43	15 ♎ 40	0 ♊ 5	17 ♊ 3	27 ♍ 45	15 ♓ 49	9 ♒ 3	25 ♐ 13	1 ♋ 35	18 ♊ 18	18 ♌	25 ♋	3 ♐	21 ♈	22 ♑
4	11 ♉ 59	2 ♌ 56	14 ♎ 40	15 ♎ 39	1 ♊ 35	18 ♊ 14	27 ♍ 40	16 ♓ 0	9 ♒ 5	25 ♐ 11	1 ♋ 37	18 ♊ 19	18 ♌	25 ♋	3 ♐	22 ♈	22 ♑
5	12 ♉ 57	17 ♌ 6	14 ♎ 37	15 D 38	3 ♊ 1	19 ♊ 24	27 ♍ 35	16 ♓ 11	9 ♒ 7	25 ♐ 10	1 ♋ 38	18 ♊ 20	18 ♌	26 ♋	3 ♐	22 ♈	22 ♑
6	13 ♉ 56	1 ♍ 4	14 ♎ 34	15 ♎ 39	4 ♊ 23	20 ♊ 35	27 ♍ 32	16 ♓ 22	9 ♒ 8	25 ♐ 8	1 ♋ 40	18 ♊ 21	19 ♌	26 ♋	3 ♐	22 ♈	22 ♑
7	14 ♉ 54	14 ♍ 50	14 ♎ 31	15 ♎ 41	5 ♊ 40	21 ♊ 45	27 ♍ 29	16 ♓ 33	9 ♒ 9	25 ♐ 6	1 ♋ 42	18 ♊ 22	19 ♌	27 ♋	3 ♐	23 ♈	22 ♑
8	15 ♉ 52	28 ♍ 23	14 ♎ 28	15 ♎ 42	6 ♊ 54	22 ♊ 55	27 ♍ 27	16 ♓ 44	9 ♒ 11	25 ♐ 5	1 ♋ 43	18 ♊ 24	19 ♌	27 ♋	2 ♐	23 ♈	22 ♑
9	16 ♉ 50	11 ♎ 44	14 ♎ 24	15 ♎ 43	8 ♊ 3	24 ♊ 6	27 ♍ 26	16 ♓ 54	9 ♒ 12	25 ♐ 3	1 ♋ 45	18 ♊ 25	19 ♌	28 ♋	2 ♐	24 ♈	22 ♑
10	17 ♉ 48	24 ♎ 53	14 ♎ 21	15 R 43	9 ♊ 8	25 ♊ 16	27 ♍ 26	17 ♓ 5	9 ♒ 13	25 ♐ 1	1 ♋ 47	18 ♊ 26	20 ♌	28 ♋	2 ♐	24 ♈	22 ♑
11	18 ♉ 46	7 ♏ 49	14 ♎ 18	15 ♎ 41	10 ♊ 8	26 ♊ 26	27 D 26	17 ♓ 15	9 ♒ 14	24 ♐ 59	1 ♋ 48	18 ♊ 27	20 ♌	28 ♋	2 ♐	25 ♈	22 ♑
12	19 ♉ 44	20 ♏ 33	14 ♎ 15	15 ♎ 37	11 ♊ 4	27 ♊ 36	27 ♍ 27	17 ♓ 25	9 ♒ 15	24 ♐ 58	1 ♋ 50	18 ♊ 28	20 ♌	29 ♋	2 ♐	25 ♈	22 ♑
13	20 ♉ 41	3 ♐ 5	14 ♎ 12	15 ♎ 32	11 ♊ 55	28 ♊ 46	27 ♍ 29	17 ♓ 35	9 ♒ 16	24 ♐ 56	1 ♋ 52	18 ♊ 30	20 ♌	29 ♋	1 ♐	26 ♈	22 ♑
14	21 ♉ 39	15 ♐ 26	14 ♎ 8	15 ♎ 26	12 ♊ 42	29 ♊ 55	27 ♍ 32	17 ♓ 45	9 ♒ 17	24 ♐ 54	1 ♋ 54	18 ♊ 31	21 ♌	0 ♌	1 ♐	26 ♈	22 ♑
15	22 ♉ 37	27 ♐ 36	14 ♎ 5	15 ♎ 20	13 ♊ 23	1 ♋ 5	27 ♍ 35	17 ♓ 55	9 ♒ 17	24 ♐ 52	1 ♋ 55	18 ♊ 32	21 ♌	0 ♌	1 ♐	26 ♈	22 ♑
16	23 ♉ 35	9 ♑ 37	14 ♎ 2	15 ♎ 13	14 ♊ 1	2 ♋ 15	27 ♍ 39	18 ♓ 5	9 ♒ 18	24 ♐ 50	1 ♋ 57	18 ♊ 34	21 ♌	1 ♌	1 ♐	27 ♈	22 ♑
17	24 ♉ 33	21 ♑ 33	13 ♎ 59	15 ♎ 8	14 ♊ 33	3 ♋ 24	27 ♍ 44	18 ♓ 14	9 ♒ 18	24 ♐ 48	1 ♋ 59	18 ♊ 35	21 ♌	1 ♌	1 ♐	27 ♈	22 ♑
18	25 ♉ 31	3 ♒ 25	13 ♎ 56	15 ♎ 4	15 ♊ 0	4 ♋ 33	27 ♍ 49	18 ♓ 24	9 ♒ 18	24 ♐ 46	2 ♋ 1	18 ♊ 36	22 ♌	2 ♌	0 ♐	28 ♈	22 ♑
19	26 ♉ 28	15 ♒ 19	13 ♎ 53	15 ♎ 1	15 ♊ 23	5 ♋ 43	27 ♍ 55	18 ♓ 33	9 ♒ 19	24 ♐ 44	2 ♋ 3	18 ♊ 37	22 ♌	2 ♌	0 ♐	28 ♈	22 ♑
20	27 ♉ 26	27 ♒ 18	13 ♎ 49	15 ♎ 1	15 ♊ 41	6 ♋ 52	28 ♍ 2	18 ♓ 43	9 ♒ 19	24 ♐ 42	2 ♋ 5	18 ♊ 39	22 ♌	3 ♌	0 ♐	29 ♈	22 ♑
21	28 ♉ 24	9 ♓ 27	13 ♎ 46	15 D 1	15 ♊ 54	8 ♋ 1	28 ♍ 9	18 ♓ 52	9 R 19	24 ♐ 40	2 ♋ 7	18 ♊ 40	22 ♌	3 ♌	0 ♐	29 ♈	22 ♑
22	29 ♉ 22	21 ♓ 52	13 ♎ 43	15 ♎ 2	16 ♊ 2	9 ♋ 10	28 ♍ 17	19 ♓ 1	9 ♒ 19	24 ♐ 38	2 ♋ 9	18 ♊ 41	23 ♌	3 ♌	29 ♏	0 ♉	22 ♑
23	0 ♊ 19	4 ♈ 37	13 ♎ 40	15 ♎ 4	16 ♊ 5	10 ♋ 18	28 ♍ 26	19 ♓ 10	9 ♒ 19	24 ♐ 36	2 ♋ 10	18 ♊ 43	23 ♌	4 ♌	29 ♏	0 ♉	22 ♑
24	1 ♊ 17	17 ♈ 46	13 ♎ 37	15 R 4	16 R 4	11 ♋ 27	28 ♍ 36	19 ♓ 18	9 ♒ 18	24 ♐ 33	2 ♋ 12	18 ♊ 44	23 ♌	4 ♌	29 ♏	0 ♉	22 ♑
25	2 ♊ 15	1 ♉ 20	13 ♎ 34	15 ♎ 3	15 ♊ 58	12 ♋ 35	28 ♍ 46	19 ♓ 27	9 ♒ 18	24 ♐ 31	2 ♋ 14	18 ♊ 45	24 ♌	5 ♌	29 ♏	1 ♉	22 ♑
26	3 ♊ 12	15 ♉ 20	13 ♎ 30	15 ♎ 0	15 ♊ 47	13 ♋ 44	28 ♍ 56	19 ♓ 36	9 ♒ 18	24 ♐ 29	2 ♋ 16	18 ♊ 47	24 ♌	5 ♌	29 ♏	1 ♉	22 ♑
27	4 ♊ 10	29 ♉ 43	13 ♎ 27	14 ♎ 54	15 ♊ 33	14 ♋ 52	29 ♍ 7	19 ♓ 44	9 ♒ 17	24 ♐ 27	2 ♋ 18	18 ♊ 48	24 ♌	6 ♌	28 ♏	2 ♉	22 ♑
28	5 ♊ 8	14 ♊ 24	13 ♎ 24	14 ♎ 48	15 ♊ 14	16 ♋ 0	29 ♍ 19	19 ♓ 52	9 ♒ 16	24 ♐ 24	2 ♋ 20	18 ♊ 49	25 ♌	6 ♌	28 ♏	2 ♉	22 ♑
29	6 ♊ 5	29 ♊ 16	13 ♎ 21	14 ♎ 40	14 ♊ 53	17 ♋ 8	29 ♍ 32	20 ♓ 0	9 ♒ 16	24 ♐ 22	2 ♋ 22	18 ♊ 51	25 ♌	7 ♌	28 ♏	3 ♉	22 ♑
30	7 ♊ 3	14 ♋ 10	13 ♎ 18	14 ♎ 32	14 ♊ 28	18 ♋ 16	29 ♍ 45	20 ♓ 8	9 ♒ 15	24 ♐ 20	2 ♋ 25	18 ♊ 52	25 ♌	7 ♌	28 ♏	3 ♉	22 ♑
31	8 ♊ 0	28 ♋ 57	13 ♎ 14	14 ♎ 26	14 ♊ 0	19 ♋ 24	29 ♍ 58	20 ♓ 16	9 ♒ 14	24 ♐ 18	2 ♋ 27	18 ♊ 54	25 ♌	8 ♌	27 ♏	3 ♉	22 ♑

SUN INGRESS	☉ → ♊ 22日 15:45
MOON PHASE	◐ 4日 16:26 ♌　○ 11日 22:18 ♏　◑ 20日 00:18 ♒　● 27日 07:50 ♊

aspects		
1日	14:37	☿△♂
1日	18:30	♀□♃
4日	01:51	♀☌♇
9日	02:13	☉⚹♃
9日	19:06	♀☍♅
10日	02:07	☿△♄
11日	20:57	♀□♂
15日	17:49	♀☌♆
19日	12:37	♃□♇
20日	17:02	☉△♂
31日	20:55	♀△♃

1903年6月

DAY	☉	☽	☊ mean	☊ true	☿	♀	♂	♃	♄	♅	♆	♇	⚳	⚴	⚵	⚶	⚷
	° ′	° ′	° ′	° ′	° ′	° ′	° ′	° ′	° ′	° ′	° ′	° ′	°	°	°	°	°
1	8 ♊ 58	13 ♌ 31	13 ♎ 11	14 R 21	13 R 30	20 D 31	0 D 12	20 D 24	9 R 13	24 R 15	2 D 29	18 D 55	26 D	8 D	27 R	4 D	22 R
2	9 ♊ 55	27 ♌ 47	13 ♎ 8	14 ♎ 19	12 ♊ 58	21 ♋ 39	0 ♎ 27	20 ♓ 31	9 ♒ 12	24 ♐ 13	2 ♋ 31	18 ♊ 56	26 ♌	8 ♌	27 ♏	4 ♉	22 ♑
3	10 ♊ 53	11 ♍ 44	13 ♎ 5	14 D 18	12 ♊ 25	22 ♋ 46	0 ♎ 42	20 ♓ 39	9 ♒ 11	24 ♐ 11	2 ♋ 33	18 ♊ 58	26 ♌	9 ♌	27 ♏	5 ♉	22 ♑
4	11 ♊ 50	25 ♍ 21	13 ♎ 2	14 ♎ 19	11 ♊ 52	23 ♋ 53	0 ♎ 58	20 ♓ 46	9 ♒ 9	24 ♐ 8	2 ♋ 35	18 ♊ 59	27 ♌	9 ♌	27 ♏	5 ♉	22 ♑
5	12 ♊ 48	8 ♎ 40	12 ♎ 59	14 ♎ 19	11 ♊ 18	25 ♋ 0	1 ♎ 14	20 ♓ 53	9 ♒ 8	24 ♐ 6	2 ♋ 37	19 ♊ 1	27 ♌	10 ♌	26 ♏	6 ♉	22 ♑
6	13 ♊ 45	21 ♎ 43	12 ♎ 55	14 R 19	10 ♊ 45	26 ♋ 7	1 ♎ 31	21 ♓ 0	9 ♒ 6	24 ♐ 3	2 ♋ 39	19 ♊ 2	27 ♌	10 ♌	26 ♏	6 ♉	22 ♑
7	14 ♊ 42	4 ♏ 32	12 ♎ 52	14 ♎ 17	10 ♊ 13	27 ♋ 13	1 ♎ 48	21 ♓ 7	9 ♒ 5	24 ♐ 1	2 ♋ 41	19 ♊ 3	28 ♌	11 ♌	26 ♏	6 ♉	21 ♑
8	15 ♊ 40	17 ♏ 9	12 ♎ 49	14 ♎ 13	9 ♊ 43	28 ♋ 20	2 ♎ 5	21 ♓ 13	9 ♒ 3	23 ♐ 59	2 ♋ 43	19 ♊ 5	28 ♌	11 ♌	26 ♏	7 ♉	21 ♑
9	16 ♊ 37	29 ♏ 36	12 ♎ 46	14 ♎ 6	9 ♊ 15	29 ♋ 26	2 ♎ 24	21 ♓ 20	9 ♒ 1	23 ♐ 56	2 ♋ 46	19 ♊ 6	28 ♌	12 ♌	26 ♏	7 ♉	21 ♑
10	17 ♊ 35	11 ♐ 54	12 ♎ 43	13 ♎ 57	8 ♊ 50	0 ♌ 32	2 ♎ 42	21 ♓ 26	8 ♒ 59	23 ♐ 54	2 ♋ 48	19 ♊ 8	29 ♌	12 ♌	25 ♏	8 ♉	21 ♑
11	18 ♊ 32	24 ♐ 4	12 ♎ 40	13 ♎ 46	8 ♊ 27	1 ♌ 38	3 ♎ 1	21 ♓ 32	8 ♒ 58	23 ♐ 51	2 ♋ 50	19 ♊ 9	29 ♌	13 ♌	25 ♏	8 ♉	21 ♑
12	19 ♊ 29	6 ♑ 6	12 ♎ 36	13 ♎ 34	8 ♊ 8	2 ♌ 44	3 ♎ 21	21 ♓ 38	8 ♒ 55	23 ♐ 49	2 ♋ 52	19 ♊ 10	29 ♌	13 ♌	25 ♏	9 ♉	21 ♑
13	20 ♊ 27	18 ♑ 4	12 ♎ 33	13 ♎ 22	7 ♊ 53	3 ♌ 49	3 ♎ 41	21 ♓ 44	8 ♒ 53	23 ♐ 46	2 ♋ 54	19 ♊ 12	0 ♍	14 ♌	25 ♏	9 ♉	21 ♑
14	21 ♊ 24	29 ♑ 57	12 ♎ 30	13 ♎ 12	7 ♊ 42	4 ♌ 55	4 ♎ 1	21 ♓ 50	8 ♒ 51	23 ♐ 44	2 ♋ 57	19 ♊ 13	0 ♍	14 ♌	25 ♏	9 ♉	21 ♑
15	22 ♊ 21	11 ♒ 48	12 ♎ 27	13 ♎ 3	7 ♊ 35	6 ♌ 0	4 ♎ 22	21 ♓ 55	8 ♒ 49	23 ♐ 42	2 ♋ 59	19 ♊ 15	0 ♍	15 ♌	24 ♏	10 ♉	21 ♑
16	23 ♊ 18	23 ♒ 41	12 ♎ 24	12 ♎ 57	7 ♊ 32	7 ♌ 4	4 ♎ 43	22 ♓ 1	8 ♒ 47	23 ♐ 39	3 ♋ 1	19 ♊ 16	1 ♍	15 ♌	24 ♏	10 ♉	21 ♑
17	24 ♊ 16	5 ♓ 38	12 ♎ 20	12 ♎ 53	7 D 34	8 ♌ 9	5 ♎ 4	22 ♓ 6	8 ♒ 44	23 ♐ 37	3 ♋ 3	19 ♊ 17	1 ♍	15 ♌	24 ♏	11 ♉	21 ♑
18	25 ♊ 13	17 ♓ 46	12 ♎ 17	12 ♎ 51	7 ♊ 40	9 ♌ 14	5 ♎ 26	22 ♓ 11	8 ♒ 42	23 ♐ 34	3 ♋ 5	19 ♊ 19	1 ♍	16 ♌	24 ♏	11 ♉	21 ♑
19	26 ♊ 10	0 ♈ 8	12 ♎ 14	12 D 51	7 ♊ 51	10 ♌ 18	5 ♎ 48	22 ♓ 16	8 ♒ 39	23 ♐ 32	3 ♋ 8	19 ♊ 20	2 ♍	16 ♌	24 ♏	11 ♉	21 ♑
20	27 ♊ 8	12 ♈ 50	12 ♎ 11	12 ♎ 51	8 ♊ 7	11 ♌ 22	6 ♎ 11	22 ♓ 20	8 ♒ 36	23 ♐ 29	3 ♋ 10	19 ♊ 22	2 ♍	17 ♌	24 ♏	12 ♉	21 ♑
21	28 ♊ 5	25 ♈ 56	12 ♎ 8	12 R 51	8 ♊ 27	12 ♌ 26	6 ♎ 34	22 ♓ 25	8 ♒ 33	23 ♐ 27	3 ♋ 12	19 ♊ 23	3 ♍	17 ♌	23 ♏	12 ♉	21 ♑
22	29 ♊ 2	9 ♉ 29	12 ♎ 5	12 ♎ 49	8 ♊ 52	13 ♌ 29	6 ♎ 58	22 ♓ 29	8 ♒ 31	23 ♐ 24	3 ♋ 14	19 ♊ 24	3 ♍	18 ♌	23 ♏	13 ♉	21 ♑
23	29 ♊ 59	23 ♉ 32	12 ♎ 1	12 ♎ 44	9 ♊ 21	14 ♌ 32	7 ♎ 21	22 ♓ 33	8 ♒ 28	23 ♐ 22	3 ♋ 16	19 ♊ 26	3 ♍	18 ♌	23 ♏	13 ♉	21 ♑
24	0 ♋ 57	8 ♊ 3	11 ♎ 58	12 ♎ 37	9 ♊ 55	15 ♌ 35	7 ♎ 46	22 ♓ 37	8 ♒ 25	23 ♐ 20	3 ♋ 19	19 ♊ 27	4 ♍	19 ♌	23 ♏	13 ♉	21 ♑
25	1 ♋ 54	22 ♊ 57	11 ♎ 55	12 ♎ 27	10 ♊ 34	16 ♌ 38	8 ♎ 10	22 ♓ 41	8 ♒ 22	23 ♐ 17	3 ♋ 21	19 ♊ 28	4 ♍	19 ♌	23 ♏	14 ♉	21 ♑
26	2 ♋ 51	8 ♋ 5	11 ♎ 52	12 ♎ 17	11 ♊ 17	17 ♌ 41	8 ♎ 35	22 ♓ 45	8 ♒ 19	23 ♐ 15	3 ♋ 23	19 ♊ 30	4 ♍	20 ♌	23 ♏	14 ♉	21 ♑
27	3 ♋ 48	23 ♋ 18	11 ♎ 49	12 ♎ 6	12 ♊ 4	18 ♌ 43	9 ♎ 0	22 ♓ 48	8 ♒ 15	23 ♐ 12	3 ♋ 25	19 ♊ 31	5 ♍	20 ♌	23 ♏	15 ♉	20 ♑
28	4 ♋ 46	8 ♌ 25	11 ♎ 46	11 ♎ 57	12 ♊ 55	19 ♌ 45	9 ♎ 26	22 ♓ 52	8 ♒ 12	23 ♐ 10	3 ♋ 28	19 ♊ 33	5 ♍	21 ♌	23 ♏	15 ♉	20 ♑
29	5 ♋ 43	23 ♌ 16	11 ♎ 42	11 ♎ 50	13 ♊ 51	20 ♌ 46	9 ♎ 51	22 ♓ 55	8 ♒ 9	23 ♐ 8	3 ♋ 30	19 ♊ 34	6 ♍	21 ♌	22 ♏	15 ♉	20 ♑
30	6 ♋ 40	7 ♍ 45	11 ♎ 39	11 ♎ 46	14 ♊ 51	21 ♌ 48	10 ♎ 17	22 ♓ 58	8 ♒ 5	23 ♐ 5	3 ♋ 32	19 ♊ 35	6 ♍	22 ♌	22 ♏	16 ♉	20 ♑

SUN INGRESS	☉ → ♋ 23日 00:05
MOON PHASE	◐ 2日 22:24 ♍　○ 10日 12:08 ♐　◑ 18日 15:44 ♓　● 25日 15:11 ♋

aspects		
1日	06:10	☉△♄
4日	00:25	☉☌☿
9日	13:39	☿△♄
10日	08:05	♂□♆
11日	15:54	☉☌♇
12日	19:25	♀⚹♂
14日	12:04	☉□♃
16日	08:18	☉☍♅
16日	10:17	☿⚹♀
17日	12:32	♀☍♄
21日	05:54	☿△♄
25日	10:03	♂△♄
26日	14:01	☉☌♆
27日	19:11	♀⚹♇

1903年7月

DAY	☉	☽	☊ mean	☊ true	☿	♀	♂	♃	♄	♅	♆	♇	⚳	⚴	⚵	⚶	⚷
	° ′	° ′	° ′	° ′	° ′	° ′	° ′	° ′	° ′	° ′	° ′	° ′	°	°	°	°	°
1	7 ♋ 37	21 ♍ 49	11 ♎ 36	11 R 44	15 D 55	22 D 49	10 D 44	23 D 0	8 R 2	23 R 3	3 D 34	19 D 37	6 D	22 D	22 R	16 D	20 R
2	8 ♋ 34	5 ♎ 27	11 ♎ 33	11 ♎ 43	17 ♊ 3	23 ♌ 49	11 ♎ 11	23 ♓ 3	7 ♒ 58	23 ♐ 0	3 ♋ 37	19 ♊ 38	7 ♍	22 ♌	22 ♏	17 ♉	20 ♑
3	9 ♋ 32	18 ♎ 42	11 ♎ 30	11 ♎ 43	18 ♊ 15	24 ♌ 50	11 ♎ 38	23 ♓ 5	7 ♒ 55	22 ♐ 58	3 ♋ 39	19 ♊ 39	7 ♍	23 ♌	22 ♏	17 ♉	20 ♑
4	10 ♋ 29	1 ♏ 36	11 ♎ 26	11 ♎ 42	19 ♊ 31	25 ♌ 50	12 ♎ 5	23 ♓ 7	7 ♒ 51	22 ♐ 56	3 ♋ 41	19 ♊ 41	7 ♍	23 ♌	22 ♏	17 ♉	20 ♑
5	11 ♋ 26	14 ♏ 14	11 ♎ 23	11 ♎ 39	20 ♊ 50	26 ♌ 49	12 ♎ 33	23 ♓ 9	7 ♒ 47	22 ♐ 54	3 ♋ 43	19 ♊ 42	8 ♍	24 ♌	22 ♏	18 ♉	20 ♑
6	12 ♋ 23	26 ♏ 39	11 ♎ 20	11 ♎ 34	22 ♊ 14	27 ♌ 49	13 ♎ 1	23 ♓ 11	7 ♒ 44	22 ♐ 51	3 ♋ 45	19 ♊ 43	8 ♍	24 ♌	22 ♏	18 ♉	20 ♑
7	13 ♋ 20	8 ♐ 53	11 ♎ 17	11 ♎ 26	23 ♊ 41	28 ♌ 47	13 ♎ 29	23 ♓ 12	7 ♒ 40	22 ♐ 49	3 ♋ 48	19 ♊ 45	9 ♍	25 ♌	22 ♏	19 ♉	20 ♑
8	14 ♋ 18	21 ♐ 0	11 ♎ 14	11 ♎ 15	25 ♊ 13	29 ♌ 46	13 ♎ 57	23 ♓ 14	7 ♒ 36	22 ♐ 47	3 ♋ 50	19 ♊ 46	9 ♍	25 ♌	22 ♏	19 ♉	20 ♑
9	15 ♋ 15	3 ♑ 1	11 ♎ 11	11 ♎ 3	26 ♊ 47	0 ♍ 44	14 ♎ 26	23 ♓ 15	7 ♒ 32	22 ♐ 45	3 ♋ 52	19 ♊ 47	9 ♍	26 ♌	22 ♏	19 ♉	20 ♑
10	16 ♋ 12	14 ♑ 57	11 ♎ 7	10 ♎ 49	28 ♊ 26	1 ♍ 42	14 ♎ 55	23 ♓ 16	7 ♒ 28	22 ♐ 42	3 ♋ 54	19 ♊ 48	10 ♍	26 ♌	22 ♏	20 ♉	20 ♑
11	17 ♋ 9	26 ♑ 51	11 ♎ 4	10 ♎ 36	0 ♋ 8	2 ♍ 39	15 ♎ 24	23 ♓ 17	7 ♒ 24	22 ♐ 40	3 ♋ 56	19 ♊ 50	10 ♍	27 ♌	21 ♏	20 ♉	20 ♑
12	18 ♋ 6	8 ♒ 43	11 ♎ 1	10 ♎ 23	1 ♋ 53	3 ♍ 36	15 ♎ 54	23 ♓ 17	7 ♒ 20	22 ♐ 38	3 ♋ 59	19 ♊ 51	11 ♍	27 ♌	21 ♏	20 ♉	20 ♑
13	19 ♋ 3	20 ♒ 35	10 ♎ 58	10 ♎ 13	3 ♋ 41	4 ♍ 32	16 ♎ 23	23 ♓ 18	7 ♒ 16	22 ♐ 36	4 ♋ 1	19 ♊ 52	11 ♍	28 ♌	21 ♏	21 ♉	20 ♑
14	20 ♋ 1	2 ♓ 29	10 ♎ 55	10 ♎ 6	5 ♋ 33	5 ♍ 28	16 ♎ 53	23 ♓ 18	7 ♒ 12	22 ♐ 34	4 ♋ 3	19 ♊ 53	11 ♍	28 ♌	21 ♏	21 ♉	19 ♑
15	20 ♋ 58	14 ♓ 29	10 ♎ 52	10 ♎ 1	7 ♋ 27	6 ♍ 23	17 ♎ 23	23 R 18	7 ♒ 8	22 ♐ 32	4 ♋ 5	19 ♊ 55	12 ♍	29 ♌	21 ♏	22 ♉	19 ♑
16	21 ♋ 55	26 ♓ 37	10 ♎ 48	9 ♎ 58	9 ♋ 24	7 ♍ 18	17 ♎ 54	23 ♓ 18	7 ♒ 4	22 ♐ 30	4 ♋ 7	19 ♊ 56	12 ♍	29 ♌	21 ♏	22 ♉	19 ♑
17	22 ♋ 52	8 ♈ 59	10 ♎ 45	9 ♎ 58	11 ♋ 23	8 ♍ 12	18 ♎ 24	23 ♓ 17	6 ♒ 59	22 ♐ 28	4 ♋ 9	19 ♊ 57	13 ♍	29 ♌	21 ♏	22 ♉	19 ♑
18	23 ♋ 50	21 ♈ 38	10 ♎ 42	9 D 58	13 ♋ 24	9 ♍ 6	18 ♎ 55	23 ♓ 17	6 ♒ 55	22 ♐ 26	4 ♋ 12	19 ♊ 58	13 ♍	0 ♍	21 ♏	23 ♉	19 ♑
19	24 ♋ 47	4 ♉ 40	10 ♎ 39	9 R 58	15 ♋ 28	9 ♍ 59	19 ♎ 27	23 ♓ 16	6 ♒ 51	22 ♐ 24	4 ♋ 14	20 ♊ 0	13 ♍	0 ♍	21 ♏	23 ♉	19 ♑
20	25 ♋ 44	18 ♉ 9	10 ♎ 36	9 ♎ 56	17 ♋ 32	10 ♍ 52	19 ♎ 58	23 ♓ 15	6 ♒ 46	22 ♐ 22	4 ♋ 16	20 ♊ 1	14 ♍	1 ♍	21 D	23 ♉	19 ♑
21	26 ♋ 41	2 ♊ 6	10 ♎ 32	9 ♎ 52	19 ♋ 38	11 ♍ 44	20 ♎ 29	23 ♓ 14	6 ♒ 42	22 ♐ 20	4 ♋ 18	20 ♊ 2	14 ♍	1 ♍	21 ♏	24 ♉	19 ♑
22	27 ♋ 39	16 ♊ 32	10 ♎ 29	9 ♎ 46	21 ♋ 45	12 ♍ 35	21 ♎ 1	23 ♓ 13	6 ♒ 38	22 ♐ 18	4 ♋ 20	20 ♊ 3	15 ♍	2 ♍	21 ♏	24 ♉	19 ♑
23	28 ♋ 36	1 ♋ 23	10 ♎ 26	9 ♎ 37	23 ♋ 52	13 ♍ 26	21 ♎ 33	23 ♓ 11	6 ♒ 33	22 ♐ 16	4 ♋ 22	20 ♊ 4	15 ♍	2 ♍	21 ♏	24 ♉	19 ♑
24	29 ♋ 33	16 ♋ 32	10 ♎ 23	9 ♎ 27	26 ♋ 0	14 ♍ 16	22 ♎ 5	23 ♓ 9	6 ♒ 29	22 ♐ 15	4 ♋ 24	20 ♊ 5	15 ♍	3 ♍	21 ♏	25 ♉	19 ♑
25	0 ♌ 31	1 ♌ 51	10 ♎ 20	9 ♎ 18	28 ♋ 7	15 ♍ 5	22 ♎ 38	23 ♓ 7	6 ♒ 25	22 ♐ 13	4 ♋ 26	20 ♊ 6	16 ♍	3 ♍	21 ♏	25 ♉	19 ♑
26	1 ♌ 28	17 ♌ 6	10 ♎ 17	9 ♎ 9	0 ♌ 14	15 ♍ 54	23 ♎ 11	23 ♓ 5	6 ♒ 20	22 ♐ 11	4 ♋ 28	20 ♊ 8	16 ♍	4 ♍	21 ♏	25 ♉	19 ♑
27	2 ♌ 25	2 ♍ 8	10 ♎ 13	9 ♎ 2	2 ♌ 21	16 ♍ 42	23 ♎ 43	23 ♓ 3	6 ♒ 16	22 ♐ 9	4 ♋ 30	20 ♊ 9	17 ♍	4 ♍	21 ♏	26 ♉	19 ♑
28	3 ♌ 23	16 ♍ 49	10 ♎ 10	8 ♎ 58	4 ♌ 27	17 ♍ 29	24 ♎ 16	23 ♓ 0	6 ♒ 11	22 ♐ 8	4 ♋ 32	20 ♊ 10	17 ♍	5 ♍	22 ♏	26 ♉	19 ♑
29	4 ♌ 20	1 ♎ 2	10 ♎ 7	8 ♎ 56	6 ♌ 32	18 ♍ 16	24 ♎ 50	22 ♓ 58	6 ♒ 7	22 ♐ 6	4 ♋ 34	20 ♊ 11	17 ♍	5 ♍	22 ♏	26 ♉	19 ♑
30	5 ♌ 17	14 ♎ 48	10 ♎ 4	8 D 56	8 ♌ 36	19 ♍ 1	25 ♎ 23	22 ♓ 55	6 ♒ 2	22 ♐ 5	4 ♋ 36	20 ♊ 12	18 ♍	6 ♍	22 ♏	27 ♉	19 ♑
31	6 ♌ 15	28 ♎ 7	10 ♎ 1	8 ♎ 57	10 ♌ 39	19 ♍ 46	25 ♎ 57	22 ♓ 52	5 ♒ 58	22 ♐ 3	4 ♋ 38	20 ♊ 13	18 ♍	6 ♍	22 ♏	27 ♉	18 ♑

SUN INGRESS	☉ → ♌ 24日 10:59
MOON PHASE	◐ 2日 06:02 ♎　○ 10日 02:43 ♑　◑ 18日 04:24 ♈　● 24日 21:46 ♌　◐ 31日 16:15 ♏

aspects		
1日	05:22	♀△♅
1日	12:39	♃□♅
4日	03:07	☿☌♇
6日	10:05	☿☍♅
6日	16:01	☿□♃
7日	06:58	☉□♂
12日	10:13	♀⚹♆
13日	04:23	☿☌♆
13日	21:59	☿⚹♀
17日	10:25	☉△♃
20日	02:15	♂△♇
21日	13:00	☿□♂
22日	16:21	☿△♃
24日	06:24	♂⚹♅
27日	01:28	☉☌☿
28日	19:18	☿☍♄
30日	17:27	☉☍♄
31日	15:09	♀□♇

1903年8月

DAY	☉	☽	☊ mean	☊ true	☿	♀	♂	♃	♄	♅	♆	♇	⚳	⚴	⚵	⚶	⚷
	° ′	° ′	° ′	° ′	° ′	° ′	° ′	° ′	° ′	° ′	° ′	° ′	°	°	°	°	°
1	7 ♌ 12	11 ♏ 2	9 ♎ 58	8 R 57	12 D 40	20 D 30	26 D 31	22 R 48	5 R 53	22 R 2	4 D 40	20 D 14	19 D	7 D	22 D	27 D	18 R
2	8 ♌ 10	23 ♏ 37	9 ♎ 54	8 ♎ 56	14 ♌ 40	21 ♍ 12	27 ♎ 5	22 ♓ 45	5 ♒ 49	22 ♐ 0	4 ♋ 42	20 ♊ 15	19 ♍	7 ♍	22 ♏	28 ♉	18 ♑
3	9 ♌ 7	5 ♐ 57	9 ♎ 51	8 ♎ 52	16 ♌ 39	21 ♍ 54	27 ♎ 39	22 ♓ 41	5 ♒ 45	21 ♐ 59	4 ♋ 44	20 ♊ 16	20 ♍	7 ♍	22 ♏	28 ♉	18 ♑
4	10 ♌ 4	18 ♐ 5	9 ♎ 48	8 ♎ 47	18 ♌ 36	22 ♍ 35	28 ♎ 13	22 ♓ 37	5 ♒ 40	21 ♐ 57	4 ♋ 46	20 ♊ 17	20 ♍	8 ♍	22 ♏	28 ♉	18 ♑
5	11 ♌ 2	0 ♑ 5	9 ♎ 45	8 ♎ 39	20 ♌ 32	23 ♍ 15	28 ♎ 48	22 ♓ 33	5 ♒ 36	21 ♐ 56	4 ♋ 48	20 ♊ 18	20 ♍	8 ♍	22 ♏	29 ♉	18 ♑
6	11 ♌ 59	12 ♑ 0	9 ♎ 42	8 ♎ 29	22 ♌ 26	23 ♍ 53	29 ♎ 22	22 ♓ 29	5 ♒ 31	21 ♐ 55	4 ♋ 50	20 ♊ 19	21 ♍	9 ♍	22 ♏	29 ♉	18 ♑
7	12 ♌ 57	23 ♑ 53	9 ♎ 38	8 ♎ 19	24 ♌ 18	24 ♍ 31	29 ♎ 57	22 ♓ 25	5 ♒ 27	21 ♐ 53	4 ♋ 52	20 ♊ 20	21 ♍	9 ♍	22 ♏	29 ♉	18 ♑
8	13 ♌ 54	5 ♒ 45	9 ♎ 35	8 ♎ 9	26 ♌ 9	25 ♍ 7	0 ♏ 32	22 ♓ 20	5 ♒ 22	21 ♐ 52	4 ♋ 53	20 ♊ 21	22 ♍	10 ♍	22 ♏	0 ♊	18 ♑
9	14 ♌ 52	17 ♒ 38	9 ♎ 32	7 ♎ 59	27 ♌ 59	25 ♍ 42	1 ♏ 8	22 ♓ 16	5 ♒ 18	21 ♐ 51	4 ♋ 55	20 ♊ 21	22 ♍	10 ♍	22 ♏	0 ♊	18 ♑
10	15 ♌ 49	29 ♒ 34	9 ♎ 29	7 ♎ 52	29 ♌ 47	26 ♍ 16	1 ♏ 43	22 ♓ 11	5 ♒ 14	21 ♐ 50	4 ♋ 57	20 ♊ 22	23 ♍	11 ♍	23 ♏	0 ♊	18 ♑
11	16 ♌ 47	11 ♓ 35	9 ♎ 26	7 ♎ 46	1 ♍ 33	26 ♍ 48	2 ♏ 19	22 ♓ 6	5 ♒ 9	21 ♐ 49	4 ♋ 59	20 ♊ 23	23 ♍	11 ♍	23 ♏	1 ♊	18 ♑
12	17 ♌ 44	23 ♓ 41	9 ♎ 23	7 ♎ 43	3 ♍ 18	27 ♍ 19	2 ♏ 54	22 ♓ 1	5 ♒ 5	21 ♐ 48	5 ♋ 1	20 ♊ 24	23 ♍	12 ♍	23 ♏	1 ♊	18 ♑
13	18 ♌ 42	5 ♈ 57	9 ♎ 19	7 ♎ 42	5 ♍ 1	27 ♍ 49	3 ♏ 30	21 ♓ 55	5 ♒ 1	21 ♐ 47	5 ♋ 2	20 ♊ 25	24 ♍	12 ♍	23 ♏	1 ♊	18 ♑
14	19 ♌ 39	18 ♈ 25	9 ♎ 16	7 D 42	6 ♍ 43	28 ♍ 17	4 ♏ 6	21 ♓ 50	4 ♒ 57	21 ♐ 46	5 ♋ 4	20 ♊ 26	24 ♍	13 ♍	23 ♏	1 ♊	18 ♑
15	20 ♌ 37	1 ♉ 8	9 ♎ 13	7 ♎ 44	8 ♍ 23	28 ♍ 44	4 ♏ 42	21 ♓ 44	4 ♒ 52	21 ♐ 45	5 ♋ 6	20 ♊ 26	25 ♍	13 ♍	23 ♏	2 ♊	18 ♑
16	21 ♌ 35	14 ♉ 10	9 ♎ 10	7 ♎ 45	10 ♍ 2	29 ♍ 9	5 ♏ 19	21 ♓ 38	4 ♒ 48	21 ♐ 44	5 ♋ 7	20 ♊ 27	25 ♍	14 ♍	23 ♏	2 ♊	18 ♑
17	22 ♌ 32	27 ♉ 35	9 ♎ 7	7 R 45	11 ♍ 39	29 ♍ 32	5 ♏ 55	21 ♓ 33	4 ♒ 44	21 ♐ 43	5 ♋ 9	20 ♊ 28	26 ♍	14 ♍	23 ♏	2 ♊	18 ♑
18	23 ♌ 30	11 ♊ 24	9 ♎ 3	7 ♎ 43	13 ♍ 15	29 ♍ 54	6 ♏ 32	21 ♓ 26	4 ♒ 40	21 ♐ 43	5 ♋ 11	20 ♊ 29	26 ♍	14 ♍	24 ♏	3 ♊	18 ♑
19	24 ♌ 28	25 ♊ 38	9 ♎ 0	7 ♎ 40	14 ♍ 50	0 ♎ 14	7 ♏ 9	21 ♓ 20	4 ♒ 36	21 ♐ 42	5 ♋ 12	20 ♊ 29	26 ♍	15 ♍	24 ♏	3 ♊	18 ♑
20	25 ♌ 26	10 ♋ 16	8 ♎ 57	7 ♎ 35	16 ♍ 23	0 ♎ 32	7 ♏ 46	21 ♓ 14	4 ♒ 32	21 ♐ 41	5 ♋ 14	20 ♊ 30	27 ♍	15 ♍	24 ♏	3 ♊	17 ♑
21	26 ♌ 23	25 ♋ 12	8 ♎ 54	7 ♎ 30	17 ♍ 54	0 ♎ 48	8 ♏ 23	21 ♓ 7	4 ♒ 28	21 ♐ 41	5 ♋ 15	20 ♊ 31	27 ♍	16 ♍	24 ♏	3 ♊	17 ♑
22	27 ♌ 21	10 ♌ 19	8 ♎ 51	7 ♎ 24	19 ♍ 24	1 ♎ 2	9 ♏ 0	21 ♓ 1	4 ♒ 24	21 ♐ 40	5 ♋ 17	20 ♊ 32	28 ♍	16 ♍	24 ♏	4 ♊	17 ♑
23	28 ♌ 19	25 ♌ 28	8 ♎ 48	7 ♎ 18	20 ♍ 53	1 ♎ 14	9 ♏ 38	20 ♓ 54	4 ♒ 20	21 ♐ 40	5 ♋ 18	20 ♊ 32	28 ♍	17 ♍	24 ♏	4 ♊	17 ♑
24	29 ♌ 17	10 ♍ 28	8 ♎ 44	7 ♎ 14	22 ♍ 20	1 ♎ 25	10 ♏ 15	20 ♓ 47	4 ♒ 16	21 ♐ 39	5 ♋ 20	20 ♊ 33	29 ♍	17 ♍	24 ♏	4 ♊	17 ♑
25	0 ♍ 15	25 ♍ 10	8 ♎ 41	7 ♎ 12	23 ♍ 45	1 ♎ 33	10 ♏ 53	20 ♓ 40	4 ♒ 12	21 ♐ 39	5 ♋ 21	20 ♊ 33	29 ♍	18 ♍	25 ♏	4 ♊	17 ♑
26	1 ♍ 13	9 ♎ 29	8 ♎ 38	7 D 12	25 ♍ 9	1 ♎ 38	11 ♏ 31	20 ♓ 33	4 ♒ 9	21 ♐ 38	5 ♋ 23	20 ♊ 34	29 ♍	18 ♍	25 ♏	5 ♊	17 ♑
27	2 ♍ 11	23 ♎ 21	8 ♎ 35	7 ♎ 12	26 ♍ 32	1 ♎ 42	12 ♏ 9	20 ♓ 26	4 ♒ 5	21 ♐ 38	5 ♋ 24	20 ♊ 35	0 ♎	19 ♍	25 ♏	5 ♊	17 ♑
28	3 ♍ 8	6 ♏ 46	8 ♎ 32	7 ♎ 14	27 ♍ 53	1 ♎ 44	12 ♏ 47	20 ♓ 19	4 ♒ 1	21 ♐ 38	5 ♋ 26	20 ♊ 35	0 ♎	19 ♍	25 ♏	5 ♊	17 ♑
29	4 ♍ 6	19 ♏ 46	8 ♎ 29	7 ♎ 15	29 ♍ 12	1 R 43	13 ♏ 25	20 ♓ 12	3 ♒ 58	21 ♐ 38	5 ♋ 27	20 ♊ 36	1 ♎	20 ♍	25 ♏	5 ♊	17 ♑
30	5 ♍ 4	2 ♐ 25	8 ♎ 25	7 ♎ 16	0 ♎ 30	1 ♎ 39	14 ♏ 3	20 ♓ 4	3 ♒ 54	21 ♐ 37	5 ♋ 28	20 ♊ 36	1 ♎	20 ♍	26 ♏	6 ♊	17 ♑
31	6 ♍ 2	14 ♐ 45	8 ♎ 22	7 R 16	1 ♎ 46	1 ♎ 34	14 ♏ 42	19 ♓ 57	3 ♒ 51	21 ♐ 37	5 ♋ 30	20 ♊ 37	2 ♎	21 ♍	26 ♏	6 ♊	17 ♑

SUN INGRESS	☉ → ♍ 24日 17:42
MOON PHASE	○ 8日 17:54 ♒　◑ 16日 14:23 ♉　● 23日 04:51 ♌　◐ 30日 05:34 ♐

aspects		
3日	02:34	♀□♅
4日	01:21	♀☍♃
4日	21:03	☿⚹♇
5日	17:28	☿△♅
11日	15:44	☿⚹♂
13日	00:16	☿⚹♆
14日	19:32	☉⚹♇
14日	20:05	♃□♅
15日	05:53	♂□♄
15日	16:09	♂△♆
16日	03:53	☉△♅
22日	18:20	☿□♇
23日	00:22	☿☍♃
23日	12:48	☿□♅
25日	22:19	♃□♇
30日	10:07	☉⚹♆
30日	20:32	☿☌♀

1903年9月

DAY	☉	☽	☊ mean	☊ true	☿	♀	♂	♃	♄	♅	♆	♇	⚳	⚴	⚵	⚶	⚷
	° ′	° ′	° ′	° ′	° ′	° ′	° ′	° ′	° ′	° ′	° ′	° ′	°	°	°	°	°
1	7 ♍ 0	26 ♐ 52	8 ♎ 19	7 R 14	3 D 0	1 R 26	15 D 21	19 R 49	3 R 48	21 R 37	5 D 31	20 D 37	2 D	21 D	26 D	6 D	17 R
2	7 ♍ 59	8 ♑ 50	8 ♎ 16	7 ♎ 11	4 ♎ 12	1 ♎ 15	15 ♏ 59	19 ♓ 42	3 ♒ 44	21 D 37	5 ♋ 32	20 ♊ 37	3 ♎	21 ♍	26 ♏	6 ♊	17 ♑
3	8 ♍ 57	20 ♑ 44	8 ♎ 13	7 ♎ 7	5 ♎ 22	1 ♎ 2	16 ♏ 38	19 ♓ 34	3 ♒ 41	21 ♐ 37	5 ♋ 33	20 ♊ 38	3 ♎	22 ♍	26 ♏	6 ♊	17 ♑
4	9 ♍ 55	2 ♒ 35	8 ♎ 9	7 ♎ 2	6 ♎ 30	0 ♎ 47	17 ♏ 17	19 ♓ 26	3 ♒ 38	21 ♐ 37	5 ♋ 35	20 ♊ 38	3 ♎	22 ♍	26 ♏	7 ♊	17 ♑
5	10 ♍ 53	14 ♒ 29	8 ♎ 6	6 ♎ 58	7 ♎ 37	0 ♎ 30	17 ♏ 56	19 ♓ 19	3 ♒ 35	21 ♐ 38	5 ♋ 36	20 ♊ 39	4 ♎	23 ♍	27 ♏	7 ♊	17 ♑
6	11 ♍ 51	26 ♒ 26	8 ♎ 3	6 ♎ 54	8 ♎ 40	0 ♎ 10	18 ♏ 36	19 ♓ 11	3 ♒ 32	21 ♐ 38	5 ♋ 37	20 ♊ 39	4 ♎	23 ♍	27 ♏	7 ♊	17 ♑
7	12 ♍ 49	8 ♓ 29	8 ♎ 0	6 ♎ 50	9 ♎ 42	29 ♍ 48	19 ♏ 15	19 ♓ 3	3 ♒ 29	21 ♐ 38	5 ♋ 38	20 ♊ 39	5 ♎	24 ♍	27 ♏	7 ♊	17 ♑
8	13 ♍ 47	20 ♓ 39	7 ♎ 57	6 ♎ 48	10 ♎ 41	29 ♍ 23	19 ♏ 55	18 ♓ 55	3 ♒ 26	21 ♐ 38	5 ♋ 39	20 ♊ 40	5 ♎	24 ♍	27 ♏	7 ♊	17 ♑
9	14 ♍ 46	2 ♈ 59	7 ♎ 54	6 ♎ 47	11 ♎ 37	28 ♍ 57	20 ♏ 34	18 ♓ 47	3 ♒ 23	21 ♐ 39	5 ♋ 40	20 ♊ 40	6 ♎	25 ♍	28 ♏	8 ♊	17 ♑
10	15 ♍ 44	15 ♈ 29	7 ♎ 50	6 D 48	12 ♎ 31	28 ♍ 29	21 ♏ 14	18 ♓ 39	3 ♒ 20	21 ♐ 39	5 ♋ 41	20 ♊ 40	6 ♎	25 ♍	28 ♏	8 ♊	17 ♑
11	16 ♍ 42	28 ♈ 11	7 ♎ 47	6 ♎ 49	13 ♎ 22	27 ♍ 59	21 ♏ 54	18 ♓ 31	3 ♒ 18	21 ♐ 40	5 ♋ 42	20 ♊ 40	7 ♎	26 ♍	28 ♏	8 ♊	17 ♑
12	17 ♍ 41	11 ♉ 7	7 ♎ 44	6 ♎ 50	14 ♎ 9	27 ♍ 28	22 ♏ 34	18 ♓ 23	3 ♒ 15	21 ♐ 40	5 ♋ 43	20 ♊ 41	7 ♎	26 ♍	28 ♏	8 ♊	17 ♑
13	18 ♍ 39	24 ♉ 19	7 ♎ 41	6 ♎ 51	14 ♎ 53	26 ♍ 55	23 ♏ 14	18 ♓ 15	3 ♒ 13	21 ♐ 41	5 ♋ 44	20 ♊ 41	7 ♎	27 ♍	28 ♏	8 ♊	17 ♑
14	19 ♍ 37	7 ♊ 47	7 ♎ 38	6 ♎ 52	15 ♎ 33	26 ♍ 21	23 ♏ 54	18 ♓ 7	3 ♒ 10	21 ♐ 41	5 ♋ 45	20 ♊ 41	8 ♎	27 ♍	29 ♏	9 ♊	17 ♑
15	20 ♍ 36	21 ♊ 33	7 ♎ 35	6 R 53	16 ♎ 9	25 ♍ 45	24 ♏ 35	17 ♓ 59	3 ♒ 8	21 ♐ 42	5 ♋ 46	20 ♊ 41	8 ♎	28 ♍	29 ♏	9 ♊	17 ♑
16	21 ♍ 34	5 ♋ 38	7 ♎ 31	6 ♎ 52	16 ♎ 41	25 ♍ 9	25 ♏ 15	17 ♓ 51	3 ♒ 6	21 ♐ 43	5 ♋ 47	20 ♊ 41	9 ♎	28 ♍	29 ♏	9 ♊	17 ♑
17	22 ♍ 33	19 ♋ 59	7 ♎ 28	6 ♎ 51	17 ♎ 8	24 ♍ 33	25 ♏ 56	17 ♓ 43	3 ♒ 4	21 ♐ 43	5 ♋ 47	20 ♊ 42	9 ♎	28 ♍	29 ♏	9 ♊	17 ♑
18	23 ♍ 31	4 ♌ 34	7 ♎ 25	6 ♎ 50	17 ♎ 30	23 ♍ 56	26 ♏ 36	17 ♓ 35	3 ♒ 2	21 ♐ 44	5 ♋ 48	20 ♊ 42	10 ♎	29 ♍	0 ♐	9 ♊	17 ♑
19	24 ♍ 30	19 ♌ 19	7 ♎ 22	6 ♎ 48	17 ♎ 47	23 ♍ 19	27 ♏ 17	17 ♓ 28	3 ♒ 0	21 ♐ 45	5 ♋ 49	20 ♊ 42	10 ♎	29 ♍	0 ♐	9 ♊	17 ♑
20	25 ♍ 29	4 ♍ 6	7 ♎ 19	6 ♎ 47	17 ♎ 58	22 ♍ 42	27 ♏ 58	17 ♓ 20	2 ♒ 58	21 ♐ 46	5 ♋ 50	20 ♊ 42	11 ♎	0 ♎	0 ♐	9 ♊	17 ♑
21	26 ♍ 27	18 ♍ 48	7 ♎ 15	6 ♎ 46	18 ♎ 3	22 ♍ 6	28 ♏ 39	17 ♓ 12	2 ♒ 56	21 ♐ 47	5 ♋ 50	20 ♊ 42	11 ♎	0 ♎	0 ♐	9 ♊	17 ♑
22	27 ♍ 26	3 ♎ 19	7 ♎ 12	6 ♎ 46	18 R 2	21 ♍ 30	29 ♏ 20	17 ♓ 4	2 ♒ 55	21 ♐ 48	5 ♋ 51	20 R 42	11 ♎	1 ♎	1 ♐	10 ♊	17 ♑
23	28 ♍ 25	17 ♎ 32	7 ♎ 9	6 D 46	17 ♎ 54	20 ♍ 55	0 ♐ 1	16 ♓ 56	2 ♒ 53	21 ♐ 49	5 ♋ 51	20 ♊ 42	12 ♎	1 ♎	1 ♐	10 ♊	17 ♑
24	29 ♍ 23	1 ♏ 23	7 ♎ 6	6 ♎ 46	17 ♎ 39	20 ♍ 21	0 ♐ 43	16 ♓ 49	2 ♒ 51	21 ♐ 50	5 ♋ 52	20 ♊ 42	12 ♎	2 ♎	1 ♐	10 ♊	17 ♑
25	0 ♎ 22	14 ♏ 51	7 ♎ 3	6 ♎ 47	17 ♎ 16	19 ♍ 48	1 ♐ 24	16 ♓ 41	2 ♒ 50	21 ♐ 51	5 ♋ 53	20 ♊ 42	13 ♎	2 ♎	1 ♐	10 ♊	17 ♑
26	1 ♎ 21	27 ♏ 55	7 ♎ 0	6 ♎ 47	16 ♎ 47	19 ♍ 17	2 ♐ 6	16 ♓ 34	2 ♒ 49	21 ♐ 53	5 ♋ 53	20 ♊ 42	13 ♎	3 ♎	2 ♐	10 ♊	17 D
27	2 ♎ 20	10 ♐ 37	6 ♎ 56	6 ♎ 48	16 ♎ 10	18 ♍ 47	2 ♐ 47	16 ♓ 26	2 ♒ 48	21 ♐ 54	5 ♋ 54	20 ♊ 42	14 ♎	3 ♎	2 ♐	10 ♊	17 ♑
28	3 ♎ 19	23 ♐ 0	6 ♎ 53	6 ♎ 48	15 ♎ 26	18 ♍ 20	3 ♐ 29	16 ♓ 19	2 ♒ 46	21 ♐ 55	5 ♋ 54	20 ♊ 41	14 ♎	4 ♎	2 ♐	10 ♊	17 ♑
29	4 ♎ 18	5 ♑ 9	6 ♎ 50	6 R 48	14 ♎ 35	17 ♍ 54	4 ♐ 11	16 ♓ 12	2 ♒ 45	21 ♐ 56	5 ♋ 54	20 ♊ 41	15 ♎	4 ♎	2 ♐	10 ♊	17 ♑
30	5 ♎ 17	17 ♑ 8	6 ♎ 47	6 ♎ 48	13 ♎ 38	17 ♍ 30	4 ♐ 53	16 ♓ 5	2 ♒ 45	21 ♐ 58	5 ♋ 55	20 ♊ 41	15 ♎	4 ♎	3 ♐	10 ♊	17 ♑

SUN INGRESS　☉ → ♎ 24日 14:44

MOON PHASE　○ 7日 09:20 ♓　◑ 14日 22:14 ♊　● 21日 13:31 ♍　◐ 28日 22:08 ♑

aspects		
1日	15:10	☿△♄
3日	03:58	☿□♆
6日	17:46	♂△♃
12日	15:24	☉☍♃
15日	02:15	☉□♇
15日	22:15	♀⚹♂
16日	03:27	☉□♅
18日	06:12	☉☌♀
21日	12:14	♀□♅
23日	09:13	♀□♇
27日	00:03	♂⚹♄
27日	11:05	☉△♄
28日	14:48	☉⚹♂
30日	15:38	☉□♆

1903年10月

DAY	☉	☽	☊ mean	☊ true	☿	♀	♂	♃	♄	♅	♆	♇	⚳	⚴	⚵	⚶	⚷
	° ′	° ′	° ′	° ′	° ′	° ′	° ′	° ′	° ′	° ′	° ′	° ′	°	°	°	°	°
1	6 ♎ 16	29 ♑ 1	6 ♎ 44	6 R 48	12 R 36	17 R 8	5 D 35	15 R 58	2 R 44	21 D 59	5 D 55	20 R 41	15 D	5 D	3 D	10 D	17 D
2	7 ♎ 15	10 ♒ 53	6 ♎ 40	6 D 48	11 ♎ 30	16 ♍ 49	6 ♐ 17	15 ♓ 51	2 ♒ 43	22 ♐ 1	5 ♋ 55	20 ♊ 41	16 ♎	5 ♎	3 ♐	10 ♊	17 ♑
3	8 ♎ 14	22 ♒ 48	6 ♎ 37	6 ♎ 48	10 ♎ 22	16 ♍ 32	7 ♐ 0	15 ♓ 44	2 ♒ 42	22 ♐ 2	5 ♋ 56	20 ♊ 40	16 ♎	6 ♎	4 ♐	10 ♊	17 ♑
4	9 ♎ 13	4 ♓ 49	6 ♎ 34	6 ♎ 48	9 ♎ 13	16 ♍ 17	7 ♐ 42	15 ♓ 37	2 ♒ 42	22 ♐ 4	5 ♋ 56	20 ♊ 40	17 ♎	6 ♎	4 ♐	10 ♊	17 ♑
5	10 ♎ 12	17 ♓ 0	6 ♎ 31	6 ♎ 49	8 ♎ 5	16 ♍ 4	8 ♐ 24	15 ♓ 31	2 ♒ 41	22 ♐ 6	5 ♋ 56	20 ♊ 40	17 ♎	7 ♎	4 ♐	10 ♊	17 ♑
6	11 ♎ 11	29 ♓ 23	6 ♎ 28	6 ♎ 49	7 ♎ 0	15 ♍ 54	9 ♐ 7	15 ♓ 24	2 ♒ 41	22 ♐ 7	5 ♋ 56	20 ♊ 40	18 ♎	7 ♎	4 ♐	11 ♊	17 ♑
7	12 ♎ 10	11 ♈ 59	6 ♎ 25	6 R 49	5 ♎ 59	15 ♍ 47	9 ♐ 50	15 ♓ 18	2 ♒ 41	22 ♐ 9	5 ♋ 56	20 ♊ 39	18 ♎	8 ♎	5 ♐	11 ♊	17 ♑
8	13 ♎ 9	24 ♈ 49	6 ♎ 21	6 ♎ 49	5 ♎ 5	15 ♍ 42	10 ♐ 32	15 ♓ 12	2 ♒ 41	22 ♐ 11	5 ♋ 57	20 ♊ 39	19 ♎	8 ♎	5 ♐	11 ♊	17 ♑
9	14 ♎ 8	7 ♉ 53	6 ♎ 18	6 ♎ 48	4 ♎ 19	15 ♍ 39	11 ♐ 15	15 ♓ 6	2 D 41	22 ♐ 13	5 ♋ 57	20 ♊ 39	19 ♎	9 ♎	5 ♐	11 R	17 ♑
10	15 ♎ 8	21 ♉ 11	6 ♎ 15	6 ♎ 47	3 ♎ 42	15 D 39	11 ♐ 58	15 ♓ 0	2 ♒ 41	22 ♐ 15	5 ♋ 57	20 ♊ 38	19 ♎	9 ♎	6 ♐	11 ♊	17 ♑
11	16 ♎ 7	4 ♊ 42	6 ♎ 12	6 ♎ 46	3 ♎ 15	15 ♍ 41	12 ♐ 41	14 ♓ 54	2 ♒ 41	22 ♐ 17	5 R 57	20 ♊ 38	20 ♎	9 ♎	6 ♐	11 ♊	17 ♑
12	17 ♎ 6	18 ♊ 25	6 ♎ 9	6 ♎ 45	2 ♎ 59	15 ♍ 46	13 ♐ 24	14 ♓ 48	2 ♒ 41	22 ♐ 19	5 ♋ 57	20 ♊ 37	20 ♎	10 ♎	6 ♐	10 ♊	17 ♑
13	18 ♎ 6	2 ♋ 19	6 ♎ 6	6 ♎ 44	2 D 53	15 ♍ 53	14 ♐ 7	14 ♓ 43	2 ♒ 42	22 ♐ 21	5 ♋ 57	20 ♊ 37	21 ♎	10 ♎	6 ♐	10 ♊	17 ♑
14	19 ♎ 5	16 ♋ 23	6 ♎ 2	6 ♎ 44	2 ♎ 59	16 ♍ 2	14 ♐ 50	14 ♓ 38	2 ♒ 42	22 ♐ 23	5 ♋ 56	20 ♊ 37	21 ♎	11 ♎	7 ♐	10 ♊	17 ♑
15	20 ♎ 5	0 ♌ 34	5 ♎ 59	6 D 44	3 ♎ 15	16 ♍ 13	15 ♐ 34	14 ♓ 33	2 ♒ 43	22 ♐ 25	5 ♋ 56	20 ♊ 36	22 ♎	11 ♎	7 ♐	10 ♊	17 ♑
16	21 ♎ 4	14 ♌ 50	5 ♎ 56	6 ♎ 44	3 ♎ 42	16 ♍ 27	16 ♐ 17	14 ♓ 28	2 ♒ 43	22 ♐ 27	5 ♋ 56	20 ♊ 36	22 ♎	12 ♎	7 ♐	10 ♊	17 ♑
17	22 ♎ 4	29 ♌ 10	5 ♎ 53	6 ♎ 46	4 ♎ 17	16 ♍ 42	17 ♐ 1	14 ♓ 23	2 ♒ 44	22 ♐ 29	5 ♋ 56	20 ♊ 35	23 ♎	12 ♎	8 ♐	10 ♊	17 ♑
18	23 ♎ 3	13 ♍ 29	5 ♎ 50	6 ♎ 47	5 ♎ 2	17 ♍ 0	17 ♐ 44	14 ♓ 18	2 ♒ 45	22 ♐ 31	5 ♋ 56	20 ♊ 35	23 ♎	13 ♎	8 ♐	10 ♊	17 ♑
19	24 ♎ 3	27 ♍ 44	5 ♎ 46	6 ♎ 48	5 ♎ 55	17 ♍ 20	18 ♐ 28	14 ♓ 14	2 ♒ 46	22 ♐ 34	5 ♋ 56	20 ♊ 34	24 ♎	13 ♎	8 ♐	10 ♊	17 ♑
20	25 ♎ 2	11 ♎ 51	5 ♎ 43	6 R 48	6 ♎ 55	17 ♍ 41	19 ♐ 12	14 ♓ 9	2 ♒ 47	22 ♐ 36	5 ♋ 55	20 ♊ 33	24 ♎	14 ♎	9 ♐	10 ♊	17 ♑
21	26 ♎ 2	25 ♎ 46	5 ♎ 40	6 ♎ 47	8 ♎ 2	18 ♍ 4	19 ♐ 55	14 ♓ 5	2 ♒ 48	22 ♐ 38	5 ♋ 55	20 ♊ 33	24 ♎	14 ♎	9 ♐	10 ♊	17 ♑
22	27 ♎ 2	9 ♏ 25	5 ♎ 37	6 ♎ 45	9 ♎ 14	18 ♍ 29	20 ♐ 39	14 ♓ 1	2 ♒ 50	22 ♐ 41	5 ♋ 55	20 ♊ 32	25 ♎	14 ♎	9 ♐	10 ♊	17 ♑
23	28 ♎ 1	22 ♏ 46	5 ♎ 34	6 ♎ 42	10 ♎ 31	18 ♍ 56	21 ♐ 23	13 ♓ 58	2 ♒ 51	22 ♐ 43	5 ♋ 54	20 ♊ 32	25 ♎	15 ♎	10 ♐	10 ♊	17 ♑
24	29 ♎ 1	5 ♐ 47	5 ♎ 31	6 ♎ 39	11 ♎ 52	19 ♍ 24	22 ♐ 8	13 ♓ 54	2 ♒ 53	22 ♐ 45	5 ♋ 54	20 ♊ 31	26 ♎	15 ♎	10 ♐	10 ♊	17 ♑
25	0 ♏ 1	18 ♐ 29	5 ♎ 27	6 ♎ 35	13 ♎ 17	19 ♍ 54	22 ♐ 52	13 ♓ 51	2 ♒ 54	22 ♐ 48	5 ♋ 53	20 ♊ 30	26 ♎	16 ♎	10 ♐	10 ♊	17 ♑
26	1 ♏ 1	0 ♑ 54	5 ♎ 24	6 ♎ 32	14 ♎ 44	20 ♍ 26	23 ♐ 36	13 ♓ 48	2 ♒ 56	22 ♐ 51	5 ♋ 53	20 ♊ 30	27 ♎	16 ♎	10 ♐	9 ♊	17 ♑
27	2 ♏ 1	13 ♑ 4	5 ♎ 21	6 ♎ 29	16 ♎ 14	20 ♍ 59	24 ♐ 20	13 ♓ 45	2 ♒ 58	22 ♐ 53	5 ♋ 52	20 ♊ 29	27 ♎	17 ♎	11 ♐	9 ♊	17 ♑
28	3 ♏ 1	25 ♑ 3	5 ♎ 18	6 ♎ 28	17 ♎ 47	21 ♍ 33	25 ♐ 5	13 ♓ 42	2 ♒ 59	22 ♐ 56	5 ♋ 52	20 ♊ 28	28 ♎	17 ♎	11 ♐	9 ♊	17 ♑
29	4 ♏ 1	6 ♒ 56	5 ♎ 15	6 D 27	19 ♎ 20	22 ♍ 9	25 ♐ 49	13 ♓ 39	3 ♒ 1	22 ♐ 58	5 ♋ 51	20 ♊ 27	28 ♎	18 ♎	11 ♐	9 ♊	17 ♑
30	5 ♏ 0	18 ♒ 47	5 ♎ 11	6 ♎ 28	20 ♎ 56	22 ♍ 46	26 ♐ 34	13 ♓ 37	3 ♒ 4	23 ♐ 1	5 ♋ 50	20 ♊ 27	28 ♎	18 ♎	12 ♐	9 ♊	17 ♑
31	6 ♏ 0	0 ♓ 42	5 ♎ 8	6 ♎ 30	22 ♎ 32	23 ♍ 24	27 ♐ 18	13 ♓ 35	3 ♒ 6	23 ♐ 4	5 ♋ 50	20 ♊ 26	29 ♎	18 ♎	12 ♐	9 ♊	17 ♑

SUN INGRESS　☉ → ♏ 24日 23:23

MOON PHASE　○ 7日 00:24 ♈　◑ 14日 04:57 ♋　● 21日 00:30 ♎　◐ 28日 17:33 ♒

aspects		
4日	00:03	☉☌☿
4日	19:43	☿⚹♂
7日	01:04	☿□♆
13日	17:45	♂□♃
15日	12:38	☉△♇
16日	08:12	♀□♂
17日	10:40	☉⚹♅
19日	00:10	☿□♆
21日	20:07	♂☍♇
24日	21:53	♂☌♅
26日	02:39	♀□♇
27日	23:32	☉□♄
29日	16:47	☿△♇
30日	10:12	♀□♅
30日	19:47	☉△♆
31日	08:12	☿⚹♅

1903年11月

DAY	☉	☽	☊ mean	☊ true	☿	♀	♂	♃	♄	♅	♆	♇	⚳	⚴	⚵	⚶	⚷
	° ′	° ′	° ′	° ′	° ′	° ′	° ′	° ′	° ′	° ′	° ′	° ′	°	°	°	°	°
1	7 ♏ 0	12 ♓ 45	5 ♎ 5	6 D 32	24 D 9	24 D 4	28 D 3	13 R 33	3 D 8	23 D 7	5 R 49	20 R 25	29 D	19 D	12 D	9 R	18 D
2	8 ♏ 0	25 ♓ 1	5 ♎ 2	6 ♎ 33	25 ♎ 46	24 ♍ 45	28 ♐ 48	13 ♓ 31	3 ♒ 10	23 ♐ 9	5 ♋ 48	20 ♊ 24	0 ♏	19 ♎	13 ♐	8 ♊	18 ♑
3	9 ♏ 1	7 ♈ 32	4 ♎ 59	6 R 34	27 ♎ 24	25 ♍ 27	29 ♐ 32	13 ♓ 30	3 ♒ 13	23 ♐ 12	5 ♋ 48	20 ♊ 23	0 ♏	20 ♎	13 ♐	8 ♊	18 ♑
4	10 ♏ 1	20 ♈ 22	4 ♎ 56	6 ♎ 33	29 ♎ 2	26 ♍ 10	0 ♑ 17	13 ♓ 28	3 ♒ 15	23 ♐ 15	5 ♋ 47	20 ♊ 23	1 ♏	20 ♎	13 ♐	8 ♊	18 ♑
5	11 ♏ 1	3 ♉ 32	4 ♎ 52	6 ♎ 30	0 ♏ 41	26 ♍ 54	1 ♑ 2	13 ♓ 27	3 ♒ 18	23 ♐ 18	5 ♋ 46	20 ♊ 22	1 ♏	21 ♎	14 ♐	8 ♊	18 ♑
6	12 ♏ 1	17 ♉ 1	4 ♎ 49	6 ♎ 26	2 ♏ 19	27 ♍ 39	1 ♑ 47	13 ♓ 26	3 ♒ 21	23 ♐ 21	5 ♋ 45	20 ♊ 21	2 ♏	21 ♎	14 ♐	8 ♊	18 ♑
7	13 ♏ 1	0 ♊ 46	4 ♎ 46	6 ♎ 20	3 ♏ 58	28 ♍ 25	2 ♑ 32	13 ♓ 25	3 ♒ 24	23 ♐ 24	5 ♋ 44	20 ♊ 20	2 ♏	22 ♎	14 ♐	7 ♊	18 ♑
8	14 ♏ 1	14 ♊ 46	4 ♎ 43	6 ♎ 14	5 ♏ 36	29 ♍ 12	3 ♑ 17	13 ♓ 25	3 ♒ 26	23 ♐ 27	5 ♋ 43	20 ♊ 19	2 ♏	22 ♎	15 ♐	7 ♊	18 ♑
9	15 ♏ 1	28 ♊ 54	4 ♎ 40	6 ♎ 8	7 ♏ 14	0 ♎ 0	4 ♑ 3	13 ♓ 25	3 ♒ 30	23 ♐ 30	5 ♋ 43	20 ♊ 18	3 ♏	22 ♎	15 ♐	7 ♊	18 ♑
10	16 ♏ 2	13 ♋ 8	4 ♎ 37	6 ♎ 3	8 ♏ 52	0 ♎ 49	4 ♑ 48	13 ♓ 24	3 ♒ 33	23 ♐ 33	5 ♋ 42	20 ♊ 17	3 ♏	23 ♎	15 ♐	7 ♊	18 ♑
11	17 ♏ 2	27 ♋ 23	4 ♎ 33	6 ♎ 0	10 ♏ 29	1 ♎ 39	5 ♑ 33	13 D 25	3 ♒ 36	23 ♐ 36	5 ♋ 41	20 ♊ 16	4 ♏	23 ♎	16 ♐	7 ♊	18 ♑
12	18 ♏ 2	11 ♌ 36	4 ♎ 30	5 ♎ 58	12 ♏ 7	2 ♎ 29	6 ♑ 18	13 ♓ 25	3 ♒ 39	23 ♐ 39	5 ♋ 40	20 ♊ 15	4 ♏	24 ♎	16 ♐	6 ♊	18 ♑
13	19 ♏ 3	25 ♌ 44	4 ♎ 27	5 D 58	13 ♏ 44	3 ♎ 20	7 ♑ 4	13 ♓ 25	3 ♒ 42	23 ♐ 42	5 ♋ 39	20 ♊ 14	5 ♏	24 ♎	16 ♐	6 ♊	18 ♑
14	20 ♏ 3	9 ♍ 46	4 ♎ 24	5 ♎ 59	15 ♏ 21	4 ♎ 13	7 ♑ 49	13 ♓ 26	3 ♒ 46	23 ♐ 45	5 ♋ 37	20 ♊ 13	5 ♏	25 ♎	17 ♐	6 ♊	18 ♑
15	21 ♏ 4	23 ♍ 42	4 ♎ 21	6 ♎ 0	16 ♏ 58	5 ♎ 5	8 ♑ 35	13 ♓ 27	3 ♒ 49	23 ♐ 49	5 ♋ 36	20 ♊ 12	6 ♏	25 ♎	17 ♐	6 ♊	18 ♑
16	22 ♏ 4	7 ♎ 30	4 ♎ 17	6 R 1	18 ♏ 34	5 ♎ 59	9 ♑ 20	13 ♓ 28	3 ♒ 53	23 ♐ 52	5 ♋ 35	20 ♊ 11	6 ♏	26 ♎	17 ♐	5 ♊	18 ♑
17	23 ♏ 5	21 ♎ 9	4 ♎ 14	6 ♎ 0	20 ♏ 10	6 ♎ 53	10 ♑ 6	13 ♓ 29	3 ♒ 57	23 ♐ 55	5 ♋ 34	20 ♊ 10	6 ♏	26 ♎	18 ♐	5 ♊	18 ♑
18	24 ♏ 5	4 ♏ 39	4 ♎ 11	5 ♎ 56	21 ♏ 46	7 ♎ 48	10 ♑ 52	13 ♓ 31	4 ♒ 1	23 ♐ 58	5 ♋ 33	20 ♊ 9	7 ♏	26 ♎	18 ♐	5 ♊	18 ♑
19	25 ♏ 6	17 ♏ 56	4 ♎ 8	5 ♎ 51	23 ♏ 22	8 ♎ 43	11 ♑ 38	13 ♓ 33	4 ♒ 5	24 ♐ 2	5 ♋ 32	20 ♊ 8	7 ♏	27 ♎	18 ♐	5 ♊	19 ♑
20	26 ♏ 6	1 ♐ 1	4 ♎ 5	5 ♎ 43	24 ♏ 57	9 ♎ 39	12 ♑ 23	13 ♓ 35	4 ♒ 8	24 ♐ 5	5 ♋ 31	20 ♊ 7	8 ♏	27 ♎	19 ♐	4 ♊	19 ♑
21	27 ♏ 7	13 ♐ 52	4 ♎ 2	5 ♎ 33	26 ♏ 33	10 ♎ 36	13 ♑ 9	13 ♓ 37	4 ♒ 13	24 ♐ 8	5 ♋ 29	20 ♊ 6	8 ♏	28 ♎	19 ♐	4 ♊	19 ♑
22	28 ♏ 7	26 ♐ 27	3 ♎ 58	5 ♎ 23	28 ♏ 7	11 ♎ 33	13 ♑ 55	13 ♓ 39	4 ♒ 17	24 ♐ 12	5 ♋ 28	20 ♊ 5	9 ♏	28 ♎	20 ♐	4 ♊	19 ♑
23	29 ♏ 8	8 ♑ 48	3 ♎ 55	5 ♎ 13	29 ♏ 42	12 ♎ 31	14 ♑ 41	13 ♓ 42	4 ♒ 21	24 ♐ 15	5 ♋ 27	20 ♊ 4	9 ♏	29 ♎	20 ♐	4 ♊	19 ♑
24	0 ♐ 9	20 ♑ 56	3 ♎ 52	5 ♎ 5	1 ♐ 17	13 ♎ 29	15 ♑ 27	13 ♓ 44	4 ♒ 25	24 ♐ 18	5 ♋ 25	20 ♊ 3	9 ♏	29 ♎	20 ♐	3 ♊	19 ♑
25	1 ♐ 9	2 ♒ 54	3 ♎ 49	4 ♎ 58	2 ♐ 51	14 ♎ 28	16 ♑ 13	13 ♓ 47	4 ♒ 30	24 ♐ 22	5 ♋ 24	20 ♊ 2	10 ♏	29 ♎	21 ♐	3 ♊	19 ♑
26	2 ♐ 10	14 ♒ 45	3 ♎ 46	4 ♎ 54	4 ♐ 26	15 ♎ 27	16 ♑ 59	13 ♓ 50	4 ♒ 34	24 ♐ 25	5 ♋ 23	20 ♊ 1	10 ♏	0 ♏	21 ♐	3 ♊	19 ♑
27	3 ♐ 11	26 ♒ 35	3 ♎ 43	4 ♎ 52	6 ♐ 0	16 ♎ 27	17 ♑ 46	13 ♓ 54	4 ♒ 39	24 ♐ 29	5 ♋ 21	20 ♊ 0	11 ♏	0 ♏	21 ♐	3 ♊	19 ♑
28	4 ♐ 12	8 ♓ 27	3 ♎ 39	4 D 52	7 ♐ 34	17 ♎ 27	18 ♑ 32	13 ♓ 57	4 ♒ 43	24 ♐ 32	5 ♋ 20	19 ♊ 59	11 ♏	1 ♏	22 ♐	2 ♊	19 ♑
29	5 ♐ 12	20 ♓ 28	3 ♎ 36	4 ♎ 53	9 ♐ 8	18 ♎ 28	19 ♑ 18	14 ♓ 1	4 ♒ 48	24 ♐ 35	5 ♋ 19	19 ♊ 57	12 ♏	1 ♏	22 ♐	2 ♊	19 ♑
30	6 ♐ 13	2 ♈ 43	3 ♎ 33	4 ♎ 54	10 ♐ 41	19 ♎ 29	20 ♑ 4	14 ♓ 5	4 ♒ 53	24 ♐ 39	5 ♋ 17	19 ♊ 56	12 ♏	2 ♏	22 ♐	2 ♊	19 ♑

SUN INGRESS	☉ → ♐ 23日 20:21
MOON PHASE	○ 5日 14:27 ♉　◑ 12日 11:46 ♌　● 19日 14:10 ♏　◐ 27日 14:37 ♓

aspects

5日	09:37	☿⚹♂
6日	15:28	☿□♄
7日	09:39	☉△♃
8日	01:52	☿△♆
11日	03:54	♂☍♆
12日	19:19	♀△♃
13日	10:53	♀△♄
15日	13:39	♀□♆
21日	15:03	♂⚹♃
21日	23:56	☉☌☿
26日	02:16	☿⚹♄
28日	13:31	☉⚹♄
30日	10:30	♀△♇

1903年12月

DAY	☉	☽	☊ mean	☊ true	☿	♀	♂	♃	♄	♅	♆	♇	⚳	⚴	⚵	⚶	⚷
	° ′	° ′	° ′	° ′	° ′	° ′	° ′	° ′	° ′	° ′	° ′	° ′	°	°	°	°	°
1	7 ♐ 14	15 ♈ 17	3 ♎ 30	4 R 53	12 D 15	20 D 30	20 D 51	14 D 9	4 D 57	24 D 42	5 R 16	19 R 55	12 D	2 D	23 D	1 R	19 D
2	8 ♐ 15	28 ♈ 13	3 ♎ 27	4 ♎ 50	13 ♐ 49	21 ♎ 32	21 ♑ 37	14 ♓ 13	5 ♒ 2	24 ♐ 46	5 ♋ 14	19 ♊ 54	13 ♏	2 ♏	23 ♐	1 ♊	19 ♑
3	9 ♐ 16	11 ♉ 34	3 ♎ 23	4 ♎ 45	15 ♐ 22	22 ♎ 35	22 ♑ 23	14 ♓ 18	5 ♒ 7	24 ♐ 49	5 ♋ 13	19 ♊ 53	13 ♏	3 ♏	23 ♐	1 ♊	20 ♑
4	10 ♐ 16	25 ♉ 21	3 ♎ 20	4 ♎ 38	16 ♐ 56	23 ♎ 37	23 ♑ 10	14 ♓ 22	5 ♒ 12	24 ♐ 53	5 ♋ 11	19 ♊ 52	14 ♏	3 ♏	24 ♐	1 ♊	20 ♑
5	11 ♐ 17	9 ♊ 30	3 ♎ 17	4 ♎ 28	18 ♐ 30	24 ♎ 40	23 ♑ 56	14 ♓ 27	5 ♒ 17	24 ♐ 57	5 ♋ 10	19 ♊ 51	14 ♏	4 ♏	24 ♐	0 ♊	20 ♑
6	12 ♐ 18	23 ♊ 58	3 ♎ 14	4 ♎ 17	20 ♐ 3	25 ♎ 44	24 ♑ 43	14 ♓ 32	5 ♒ 23	25 ♐ 0	5 ♋ 8	19 ♊ 49	15 ♏	4 ♏	25 ♐	0 ♊	20 ♑
7	13 ♐ 19	8 ♋ 36	3 ♎ 11	4 ♎ 6	21 ♐ 37	26 ♎ 47	25 ♑ 29	14 ♓ 37	5 ♒ 28	25 ♐ 4	5 ♋ 7	19 ♊ 48	15 ♏	4 ♏	25 ♐	0 ♊	20 ♑
8	14 ♐ 20	23 ♋ 17	3 ♎ 8	3 ♎ 56	23 ♐ 10	27 ♎ 51	26 ♑ 16	14 ♓ 43	5 ♒ 33	25 ♐ 7	5 ♋ 5	19 ♊ 47	15 ♏	5 ♏	25 ♐	0 ♊	20 ♑
9	15 ♐ 21	7 ♌ 55	3 ♎ 4	3 ♎ 49	24 ♐ 43	28 ♎ 56	27 ♑ 3	14 ♓ 48	5 ♒ 38	25 ♐ 11	5 ♋ 4	19 ♊ 46	16 ♏	5 ♏	26 ♐	29 ♉	20 ♑
10	16 ♐ 22	22 ♌ 23	3 ♎ 1	3 ♎ 45	26 ♐ 17	0 ♏ 0	27 ♑ 49	14 ♓ 54	5 ♒ 44	25 ♐ 14	5 ♋ 2	19 ♊ 45	16 ♏	6 ♏	26 ♐	29 ♉	20 ♑
11	17 ♐ 23	6 ♍ 37	2 ♎ 58	3 ♎ 42	27 ♐ 50	1 ♏ 5	28 ♑ 36	15 ♓ 0	5 ♒ 49	25 ♐ 18	5 ♋ 0	19 ♊ 44	17 ♏	6 ♏	26 ♐	29 ♉	20 ♑
12	18 ♐ 24	20 ♍ 36	2 ♎ 55	3 D 42	29 ♐ 24	2 ♏ 11	29 ♑ 23	15 ♓ 6	5 ♒ 55	25 ♐ 22	4 ♋ 59	19 ♊ 43	17 ♏	7 ♏	27 ♐	29 ♉	20 ♑
13	19 ♐ 25	4 ♎ 20	2 ♎ 52	3 R 42	0 ♑ 57	3 ♏ 16	0 ♒ 9	15 ♓ 12	6 ♒ 1	25 ♐ 25	4 ♋ 57	19 ♊ 41	18 ♏	7 ♏	27 ♐	29 ♉	20 ♑
14	20 ♐ 26	17 ♎ 50	2 ♎ 49	3 ♎ 42	2 ♑ 30	4 ♏ 22	0 ♒ 56	15 ♓ 19	6 ♒ 6	25 ♐ 29	4 ♋ 56	19 ♊ 40	18 ♏	7 ♏	27 ♐	28 ♉	20 ♑
15	21 ♐ 27	1 ♏ 8	2 ♎ 45	3 ♎ 39	4 ♑ 3	5 ♏ 28	1 ♒ 43	15 ♓ 25	6 ♒ 12	25 ♐ 33	4 ♋ 54	19 ♊ 39	18 ♏	8 ♏	28 ♐	28 ♉	20 ♑
16	22 ♐ 28	14 ♏ 14	2 ♎ 42	3 ♎ 33	5 ♑ 36	6 ♏ 34	2 ♒ 30	15 ♓ 32	6 ♒ 18	25 ♐ 36	4 ♋ 52	19 ♊ 38	19 ♏	8 ♏	28 ♐	28 ♉	21 ♑
17	23 ♐ 29	27 ♏ 9	2 ♎ 39	3 ♎ 25	7 ♑ 9	7 ♏ 41	3 ♒ 17	15 ♓ 39	6 ♒ 24	25 ♐ 40	4 ♋ 51	19 ♊ 37	19 ♏	9 ♏	29 ♐	28 ♉	21 ♑
18	24 ♐ 30	9 ♐ 54	2 ♎ 36	3 ♎ 13	8 ♑ 41	8 ♏ 48	4 ♒ 4	15 ♓ 46	6 ♒ 30	25 ♐ 43	4 ♋ 49	19 ♊ 36	20 ♏	9 ♏	29 ♐	28 ♉	21 ♑
19	25 ♐ 31	22 ♐ 27	2 ♎ 33	2 ♎ 59	10 ♑ 13	9 ♏ 55	4 ♒ 50	15 ♓ 53	6 ♒ 35	25 ♐ 47	4 ♋ 47	19 ♊ 34	20 ♏	9 ♏	29 ♐	27 ♉	21 ♑
20	26 ♐ 32	4 ♑ 50	2 ♎ 29	2 ♎ 45	11 ♑ 45	11 ♏ 2	5 ♒ 37	16 ♓ 1	6 ♒ 41	25 ♐ 51	4 ♋ 46	19 ♊ 33	20 ♏	10 ♏	0 ♑	27 ♉	21 ♑
21	27 ♐ 33	17 ♑ 3	2 ♎ 26	2 ♎ 30	13 ♑ 15	12 ♏ 9	6 ♒ 24	16 ♓ 8	6 ♒ 48	25 ♐ 54	4 ♋ 44	19 ♊ 32	21 ♏	10 ♏	0 ♑	27 ♉	21 ♑
22	28 ♐ 35	29 ♑ 6	2 ♎ 23	2 ♎ 17	14 ♑ 46	13 ♏ 17	7 ♒ 11	16 ♓ 16	6 ♒ 54	25 ♐ 58	4 ♋ 42	19 ♊ 31	21 ♏	11 ♏	0 ♑	27 ♉	21 ♑
23	29 ♐ 36	11 ♒ 0	2 ♎ 20	2 ♎ 7	16 ♑ 15	14 ♏ 25	7 ♒ 58	16 ♓ 24	7 ♒ 0	26 ♐ 2	4 ♋ 41	19 ♊ 30	22 ♏	11 ♏	1 ♑	27 ♉	21 ♑
24	0 ♑ 37	22 ♒ 50	2 ♎ 17	1 ♎ 59	17 ♑ 43	15 ♏ 33	8 ♒ 45	16 ♓ 32	7 ♒ 6	26 ♐ 5	4 ♋ 39	19 ♊ 29	22 ♏	11 ♏	1 ♑	26 ♉	21 ♑
25	1 ♑ 38	4 ♓ 37	2 ♎ 14	1 ♎ 55	19 ♑ 10	16 ♏ 41	9 ♒ 32	16 ♓ 40	7 ♒ 12	26 ♐ 9	4 ♋ 37	19 ♊ 27	23 ♏	12 ♏	1 ♑	26 ♉	21 ♑
26	2 ♑ 39	16 ♓ 27	2 ♎ 10	1 ♎ 53	20 ♑ 35	17 ♏ 50	10 ♒ 19	16 ♓ 49	7 ♒ 19	26 ♐ 13	4 ♋ 35	19 ♊ 26	23 ♏	12 ♏	2 ♑	26 ♉	21 ♑
27	3 ♑ 40	28 ♓ 25	2 ♎ 7	1 ♎ 52	21 ♑ 59	18 ♏ 58	11 ♒ 6	16 ♓ 57	7 ♒ 25	26 ♐ 16	4 ♋ 34	19 ♊ 25	23 ♏	13 ♏	2 ♑	26 ♉	21 ♑
28	4 ♑ 41	10 ♈ 36	2 ♎ 4	1 ♎ 52	23 ♑ 20	20 ♏ 7	11 ♒ 54	17 ♓ 6	7 ♒ 31	26 ♐ 20	4 ♋ 32	19 ♊ 24	24 ♏	13 ♏	3 ♑	26 ♉	22 ♑
29	5 ♑ 43	23 ♈ 5	2 ♎ 1	1 ♎ 51	24 ♑ 39	21 ♏ 16	12 ♒ 41	17 ♓ 15	7 ♒ 38	26 ♐ 23	4 ♋ 30	19 ♊ 23	24 ♏	13 ♏	3 ♑	26 ♉	22 ♑
30	6 ♑ 44	5 ♉ 59	1 ♎ 58	1 ♎ 49	25 ♑ 54	22 ♏ 25	13 ♒ 28	17 ♓ 23	7 ♒ 44	26 ♐ 27	4 ♋ 29	19 ♊ 22	25 ♏	14 ♏	3 ♑	26 ♉	22 ♑
31	7 ♑ 45	19 ♉ 20	1 ♎ 55	1 ♎ 43	27 ♑ 6	23 ♏ 34	14 ♒ 15	17 ♓ 32	7 ♒ 51	26 ♐ 31	4 ♋ 27	19 ♊ 21	25 ♏	14 ♏	4 ♑	26 ♉	22 ♑

SUN INGRESS	☉ → ♑ 23日 09:20
MOON PHASE	○ 5日 03:13 ♊　◑ 11日 19:53 ♍　● 19日 06:26 ♐　◐ 27日 11:22 ♈

aspects

2日	06:33	☿□♃
2日	07:11	♀□♂
5日	06:35	♀⚹♅
5日	20:34	☿☍♇
8日	09:54	☉□♃
9日	07:20	☿☌♅
13日	06:24	☉☍♇
14日	11:58	♀△♆
15日	12:54	☿☍♆
15日	17:28	♀□♄
18日	06:19	☿⚹♀
19日	06:39	☉☌♅
21日	13:39	♂☌♄
23日	02:43	☿⚹♃
24日	23:39	♀△♃
27日	20:26	☉☍♆

1904年1月

DAY	☉	☽	☊ mean	☊ true	☿	♀	♂	♃	♄	♅	♆	♇	⚳	⚴	⚵	⚶	⚷
	° ′	° ′	° ′	° ′	° ′	° ′	° ′	° ′	° ′	° ′	° ′	° ′	°	°	°	°	°
1	8 ♑ 46	3 ♊ 11	1 ♎ 51	1 R 35	28 D 13	24 D 43	15 D 2	17 D 42	7 D 57	26 D 34	4 R 25	19 R 20	25 D	14 D	4 D	25 R	22 D
2	9 ♑ 47	17 ♊ 30	1 ♎ 48	1 ♎ 25	29 ♑ 15	25 ♏ 53	15 ♒ 49	17 ♓ 51	8 ♒ 4	26 ♐ 38	4 ♋ 24	19 ♊ 19	26 ♏	15 ♏	4 ♑	25 ♉	22 ♑
3	10 ♑ 48	2 ♋ 13	1 ♎ 45	1 ♎ 13	0 ♒ 12	27 ♏ 3	16 ♒ 36	18 ♓ 0	8 ♒ 10	26 ♐ 41	4 ♋ 22	19 ♊ 17	26 ♏	15 ♏	5 ♑	25 ♉	22 ♑
4	11 ♑ 49	17 ♋ 13	1 ♎ 42	1 ♎ 2	1 ♒ 2	28 ♏ 12	17 ♒ 23	18 ♓ 10	8 ♒ 17	26 ♐ 45	4 ♋ 20	19 ♊ 16	27 ♏	16 ♏	5 ♑	25 ♉	22 ♑
5	12 ♑ 51	2 ♌ 19	1 ♎ 39	0 ♎ 51	1 ♒ 45	29 ♏ 22	18 ♒ 10	18 ♓ 20	8 ♒ 24	26 ♐ 48	4 ♋ 19	19 ♊ 15	27 ♏	16 ♏	6 ♑	25 ♉	22 ♑
6	13 ♑ 52	17 ♌ 22	1 ♎ 35	0 ♎ 43	2 ♒ 19	0 ♐ 32	18 ♒ 58	18 ♓ 30	8 ♒ 31	26 ♐ 52	4 ♋ 17	19 ♊ 14	27 ♏	16 ♏	6 ♑	25 ♉	22 ♑
7	14 ♑ 53	2 ♍ 13	1 ♎ 32	0 ♎ 38	2 ♒ 45	1 ♐ 43	19 ♒ 45	18 ♓ 39	8 ♒ 37	26 ♐ 55	4 ♋ 15	19 ♊ 13	28 ♏	17 ♏	6 ♑	25 ♉	22 ♑
8	15 ♑ 54	16 ♍ 45	1 ♎ 29	0 ♎ 35	3 ♒ 0	2 ♐ 53	20 ♒ 32	18 ♓ 50	8 ♒ 44	26 ♐ 59	4 ♋ 14	19 ♊ 12	28 ♏	17 ♏	7 ♑	25 ♉	23 ♑
9	16 ♑ 55	0 ♎ 55	1 ♎ 26	0 D 34	3 R 4	4 ♐ 3	21 ♒ 19	19 ♓ 0	8 ♒ 51	27 ♐ 2	4 ♋ 12	19 ♊ 11	28 ♏	17 ♏	7 ♑	25 ♉	23 ♑
10	17 ♑ 56	14 ♎ 43	1 ♎ 23	0 ♎ 35	2 ♒ 56	5 ♐ 14	22 ♒ 6	19 ♓ 10	8 ♒ 58	27 ♐ 6	4 ♋ 10	19 ♊ 10	29 ♏	18 ♏	7 ♑	25 ♉	23 ♑
11	18 ♑ 57	28 ♎ 9	1 ♎ 20	0 R 34	2 ♒ 37	6 ♐ 25	22 ♒ 53	19 ♓ 20	9 ♒ 5	27 ♐ 9	4 ♋ 9	19 ♊ 9	29 ♏	18 ♏	8 ♑	25 ♉	23 ♑
12	19 ♑ 59	11 ♏ 17	1 ♎ 16	0 ♎ 32	2 ♒ 7	7 ♐ 35	23 ♒ 41	19 ♓ 31	9 ♒ 12	27 ♐ 13	4 ♋ 7	19 ♊ 8	0 ♐	18 ♏	8 ♑	25 ♉	23 ♑
13	21 ♑ 0	24 ♏ 9	1 ♎ 13	0 ♎ 28	1 ♒ 24	8 ♐ 46	24 ♒ 28	19 ♓ 42	9 ♒ 18	27 ♐ 16	4 ♋ 5	19 ♊ 7	0 ♐	19 ♏	9 ♑	25 ♉	23 ♑
14	22 ♑ 1	6 ♐ 47	1 ♎ 10	0 ♎ 20	0 ♒ 32	9 ♐ 57	25 ♒ 15	19 ♓ 52	9 ♒ 25	27 ♐ 20	4 ♋ 4	19 ♊ 6	0 ♐	19 ♏	9 ♑	25 ♉	23 ♑
15	23 ♑ 2	19 ♐ 15	1 ♎ 7	0 ♎ 10	29 ♑ 29	11 ♐ 8	26 ♒ 2	20 ♓ 3	9 ♒ 32	27 ♐ 23	4 ♋ 2	19 ♊ 5	1 ♐	20 ♏	9 ♑	25 D	23 ♑
16	24 ♑ 3	1 ♑ 33	1 ♎ 4	29 ♍ 58	28 ♑ 20	12 ♐ 20	26 ♒ 49	20 ♓ 14	9 ♒ 39	27 ♐ 26	4 ♋ 1	19 ♊ 4	1 ♐	20 ♏	10 ♑	25 ♉	23 ♑
17	25 ♑ 4	13 ♑ 42	1 ♎ 1	29 ♍ 45	27 ♑ 5	13 ♐ 31	27 ♒ 36	20 ♓ 25	9 ♒ 46	27 ♐ 30	3 ♋ 59	19 ♊ 3	1 ♐	20 ♏	10 ♑	25 ♉	23 ♑
18	26 ♑ 5	25 ♑ 44	0 ♎ 57	29 ♍ 32	25 ♑ 47	14 ♐ 42	28 ♒ 24	20 ♓ 37	9 ♒ 53	27 ♐ 33	3 ♋ 57	19 ♊ 2	2 ♐	21 ♏	10 ♑	25 ♉	23 ♑
19	27 ♑ 6	7 ♒ 40	0 ♎ 54	29 ♍ 21	24 ♑ 29	15 ♐ 54	29 ♒ 11	20 ♓ 48	10 ♒ 1	27 ♐ 36	3 ♋ 56	19 ♊ 2	2 ♐	21 ♏	11 ♑	25 ♉	24 ♑
20	28 ♑ 8	19 ♒ 31	0 ♎ 51	29 ♍ 11	23 ♑ 13	17 ♐ 5	29 ♒ 58	20 ♓ 59	10 ♒ 8	27 ♐ 39	3 ♋ 54	19 ♊ 1	3 ♐	21 ♏	11 ♑	25 ♉	24 ♑
21	29 ♑ 9	1 ♓ 19	0 ♎ 48	29 ♍ 5	22 ♑ 0	18 ♐ 17	0 ♓ 45	21 ♓ 11	10 ♒ 15	27 ♐ 43	3 ♋ 53	19 ♊ 0	3 ♐	22 ♏	12 ♑	25 ♉	24 ♑
22	0 ♒ 10	13 ♓ 7	0 ♎ 45	29 ♍ 1	20 ♑ 54	19 ♐ 28	1 ♓ 32	21 ♓ 22	10 ♒ 22	27 ♐ 46	3 ♋ 51	18 ♊ 59	3 ♐	22 ♏	12 ♑	25 ♉	24 ♑
23	1 ♒ 11	24 ♓ 57	0 ♎ 41	28 ♍ 59	19 ♑ 54	20 ♐ 40	2 ♓ 19	21 ♓ 34	10 ♒ 29	27 ♐ 49	3 ♋ 50	18 ♊ 58	4 ♐	22 ♏	12 ♑	25 ♉	24 ♑
24	2 ♒ 12	6 ♈ 54	0 ♎ 38	28 D 59	19 ♑ 3	21 ♐ 52	3 ♓ 6	21 ♓ 46	10 ♒ 36	27 ♐ 52	3 ♋ 48	18 ♊ 57	4 ♐	23 ♏	13 ♑	25 ♉	24 ♑
25	3 ♒ 13	19 ♈ 3	0 ♎ 35	29 ♍ 0	18 ♑ 21	23 ♐ 4	3 ♓ 53	21 ♓ 58	10 ♒ 43	27 ♐ 55	3 ♋ 47	18 ♊ 57	4 ♐	23 ♏	13 ♑	25 ♉	24 ♑
26	4 ♒ 14	1 ♉ 29	0 ♎ 32	29 ♍ 1	17 ♑ 47	24 ♐ 16	4 ♓ 41	22 ♓ 10	10 ♒ 50	27 ♐ 59	3 ♋ 46	18 ♊ 56	5 ♐	23 ♏	13 ♑	25 ♉	24 ♑
27	5 ♒ 15	14 ♉ 16	0 ♎ 29	29 R 1	17 ♑ 23	25 ♐ 28	5 ♓ 28	22 ♓ 22	10 ♒ 57	28 ♐ 2	3 ♋ 44	18 ♊ 55	5 ♐	23 ♏	14 ♑	25 ♉	24 ♑
28	6 ♒ 16	27 ♉ 30	0 ♎ 26	28 ♍ 58	17 ♑ 7	26 ♐ 40	6 ♓ 15	22 ♓ 34	11 ♒ 5	28 ♐ 5	3 ♋ 43	18 ♊ 54	5 ♐	24 ♏	14 ♑	26 ♉	24 ♑
29	7 ♒ 17	11 ♊ 13	0 ♎ 22	28 ♍ 54	17 ♑ 0	27 ♐ 52	7 ♓ 2	22 ♓ 46	11 ♒ 12	28 ♐ 8	3 ♋ 41	18 ♊ 54	6 ♐	24 ♏	14 ♑	26 ♉	24 ♑
30	8 ♒ 18	25 ♊ 26	0 ♎ 19	28 ♍ 48	17 D 1	29 ♐ 4	7 ♓ 49	22 ♓ 59	11 ♒ 19	28 ♐ 11	3 ♋ 40	18 ♊ 53	6 ♐	24 ♏	15 ♑	26 ♉	24 ♑
31	9 ♒ 19	10 ♋ 7	0 ♎ 16	28 ♍ 40	17 ♑ 10	0 ♑ 16	8 ♓ 36	23 ♓ 11	11 ♒ 26	28 ♐ 14	3 ♋ 39	18 ♊ 52	6 ♐	25 ♏	15 ♑	26 ♉	25 ♑

SUN INGRESS	☉ → ♒ 21日 19:58
MOON PHASE	○ 3日 14:47 ♋ ◑ 10日 06:10 ♎ ● 18日 00:47 ♑ ◐ 26日 05:41 ♉

aspects		
6日	08:18	♂△♇
8日	02:34	☿⚹♀
10日	00:15	♃□♇
11日	10:56	☉⚹♃
13日	12:03	♀⚹♄
16日	20:17	♂⚹♅
17日	20:54	☉☌☿
21日	14:17	♀☍♇
21日	14:55	☿⚹♃
23日	21:37	♀□♃
24日	20:47	♂△♆
29日	05:33	♀☌♅

1904年2月

DAY	☉	☽	☊ mean	☊ true	☿	♀	♂	♃	♄	♅	♆	♇	⚳	⚴	⚵	⚶	⚷
	° ′	° ′	° ′	° ′	° ′	° ′	° ′	° ′	° ′	° ′	° ′	° ′	°	°	°	°	°
1	10 ♒ 20	25 ♋ 9	0 ♎ 13	28 R 32	17 D 25	1 D 28	9 D 23	23 D 23	11 D 33	28 D 17	3 R 37	18 R 51	7 D	25 D	16 D	26 D	25 D
2	11 ♒ 20	10 ♌ 25	0 ♎ 10	28 ♍ 25	17 ♑ 47	2 ♑ 41	10 ♓ 10	23 ♓ 36	11 ♒ 40	28 ♐ 20	3 ♋ 36	18 ♊ 51	7 ♐	25 ♏	16 ♑	26 ♉	25 ♑
3	12 ♒ 21	25 ♌ 43	0 ♎ 6	28 ♍ 19	18 ♑ 15	3 ♑ 53	10 ♓ 57	23 ♓ 49	11 ♒ 48	28 ♐ 22	3 ♋ 35	18 ♊ 50	7 ♐	26 ♏	16 ♑	26 ♉	25 ♑
4	13 ♒ 22	10 ♍ 52	0 ♎ 3	28 ♍ 16	18 ♑ 48	5 ♑ 6	11 ♓ 44	24 ♓ 1	11 ♒ 55	28 ♐ 25	3 ♋ 34	18 ♊ 49	8 ♐	26 ♏	17 ♑	26 ♉	25 ♑
5	14 ♒ 23	25 ♍ 43	0 ♎ 0	28 ♍ 15	19 ♑ 26	6 ♑ 18	12 ♓ 30	24 ♓ 14	12 ♒ 2	28 ♐ 28	3 ♋ 32	18 ♊ 49	8 ♐	26 ♏	17 ♑	26 ♉	25 ♑
6	15 ♒ 24	10 ♎ 11	29 ♍ 57	28 D 15	20 ♑ 9	7 ♑ 31	13 ♓ 17	24 ♓ 27	12 ♒ 9	28 ♐ 31	3 ♋ 31	18 ♊ 48	8 ♐	26 ♏	17 ♑	27 ♉	25 ♑
7	16 ♒ 25	24 ♎ 12	29 ♍ 54	28 ♍ 17	20 ♑ 55	8 ♑ 43	14 ♓ 4	24 ♓ 40	12 ♒ 16	28 ♐ 34	3 ♋ 30	18 ♊ 48	9 ♐	27 ♏	18 ♑	27 ♉	25 ♑
8	17 ♒ 25	7 ♏ 47	29 ♍ 51	28 ♍ 18	21 ♑ 46	9 ♑ 56	14 ♓ 51	24 ♓ 53	12 ♒ 24	28 ♐ 36	3 ♋ 29	18 ♊ 47	9 ♐	27 ♏	18 ♑	27 ♉	25 ♑
9	18 ♒ 26	20 ♏ 58	29 ♍ 47	28 R 18	22 ♑ 40	11 ♑ 8	15 ♓ 38	25 ♓ 6	12 ♒ 31	28 ♐ 39	3 ♋ 28	18 ♊ 47	9 ♐	27 ♏	19 ♑	27 ♉	25 ♑
10	19 ♒ 27	3 ♐ 48	29 ♍ 44	28 ♍ 17	23 ♑ 37	12 ♑ 21	16 ♓ 25	25 ♓ 19	12 ♒ 38	28 ♐ 42	3 ♋ 27	18 ♊ 46	10 ♐	28 ♏	19 ♑	27 ♉	25 ♑
11	20 ♒ 28	16 ♐ 20	29 ♍ 41	28 ♍ 14	24 ♑ 36	13 ♑ 34	17 ♓ 11	25 ♓ 32	12 ♒ 45	28 ♐ 44	3 ♋ 26	18 ♊ 46	10 ♐	28 ♏	19 ♑	27 ♉	26 ♑
12	21 ♒ 28	28 ♐ 38	29 ♍ 38	28 ♍ 10	25 ♑ 39	14 ♑ 47	17 ♓ 58	25 ♓ 45	12 ♒ 52	28 ♐ 47	3 ♋ 25	18 ♊ 45	10 ♐	28 ♏	20 ♑	28 ♉	26 ♑
13	22 ♒ 29	10 ♑ 45	29 ♍ 35	28 ♍ 4	26 ♑ 44	15 ♑ 59	18 ♓ 45	25 ♓ 59	12 ♒ 59	28 ♐ 49	3 ♋ 24	18 ♊ 45	11 ♐	28 ♏	20 ♑	28 ♉	26 ♑
14	23 ♒ 30	22 ♑ 44	29 ♍ 32	27 ♍ 57	27 ♑ 51	17 ♑ 12	19 ♓ 32	26 ♓ 12	13 ♒ 6	28 ♐ 52	3 ♋ 23	18 ♊ 44	11 ♐	29 ♏	20 ♑	28 ♉	26 ♑
15	24 ♒ 30	4 ♒ 38	29 ♍ 28	27 ♍ 50	29 ♑ 0	18 ♑ 25	20 ♓ 18	26 ♓ 25	13 ♒ 13	28 ♐ 54	3 ♋ 22	18 ♊ 44	11 ♐	29 ♏	21 ♑	28 ♉	26 ♑
16	25 ♒ 31	16 ♒ 29	29 ♍ 25	27 ♍ 44	0 ♒ 12	19 ♑ 38	21 ♓ 5	26 ♓ 39	13 ♒ 21	28 ♐ 57	3 ♋ 21	18 ♊ 44	12 ♐	29 ♏	21 ♑	28 ♉	26 ♑
17	26 ♒ 32	28 ♒ 18	29 ♍ 22	27 ♍ 40	1 ♒ 25	20 ♑ 51	21 ♓ 52	26 ♓ 52	13 ♒ 28	28 ♐ 59	3 ♋ 20	18 ♊ 43	12 ♐	29 ♏	21 ♑	29 ♉	26 ♑
18	27 ♒ 32	10 ♓ 7	29 ♍ 19	27 ♍ 37	2 ♒ 39	22 ♑ 4	22 ♓ 38	27 ♓ 6	13 ♒ 35	29 ♐ 1	3 ♋ 19	18 ♊ 43	12 ♐	0 ♐	22 ♑	29 ♉	26 ♑
19	28 ♒ 33	21 ♓ 58	29 ♍ 16	27 ♍ 35	3 ♒ 56	23 ♑ 17	23 ♓ 25	27 ♓ 20	13 ♒ 42	29 ♐ 4	3 ♋ 18	18 ♊ 43	12 ♐	0 ♐	22 ♑	29 ♉	26 ♑
20	29 ♒ 33	3 ♈ 54	29 ♍ 12	27 D 35	5 ♒ 14	24 ♑ 30	24 ♓ 11	27 ♓ 33	13 ♒ 49	29 ♐ 6	3 ♋ 17	18 ♊ 42	13 ♐	0 ♐	23 ♑	29 ♉	26 ♑
21	0 ♓ 34	15 ♈ 57	29 ♍ 9	27 ♍ 36	6 ♒ 33	25 ♑ 43	24 ♓ 58	27 ♓ 47	13 ♒ 56	29 ♐ 8	3 ♋ 17	18 ♊ 42	13 ♐	0 ♐	23 ♑	29 ♉	26 ♑
22	1 ♓ 34	28 ♈ 11	29 ♍ 6	27 ♍ 38	7 ♒ 54	26 ♑ 56	25 ♓ 44	28 ♓ 1	14 ♒ 3	29 ♐ 10	3 ♋ 16	18 ♊ 42	13 ♐	0 ♐	23 ♑	0 ♊	26 ♑
23	2 ♓ 35	10 ♉ 39	29 ♍ 3	27 ♍ 40	9 ♒ 16	28 ♑ 9	26 ♓ 31	28 ♓ 15	14 ♒ 10	29 ♐ 12	3 ♋ 15	18 ♊ 41	14 ♐	1 ♐	24 ♑	0 ♊	26 ♑
24	3 ♓ 35	23 ♉ 26	29 ♍ 0	27 ♍ 41	10 ♒ 39	29 ♑ 23	27 ♓ 17	28 ♓ 28	14 ♒ 17	29 ♐ 14	3 ♋ 15	18 ♊ 41	14 ♐	1 ♐	24 ♑	0 ♊	27 ♑
25	4 ♓ 35	6 ♊ 34	28 ♍ 57	27 R 41	12 ♒ 4	0 ♒ 36	28 ♓ 3	28 ♓ 42	14 ♒ 24	29 ♐ 16	3 ♋ 14	18 ♊ 41	14 ♐	1 ♐	24 ♑	0 ♊	27 ♑
26	5 ♓ 36	20 ♊ 7	28 ♍ 53	27 ♍ 41	13 ♒ 30	1 ♒ 49	28 ♓ 50	28 ♓ 56	14 ♒ 30	29 ♐ 18	3 ♋ 13	18 ♊ 41	14 ♐	1 ♐	25 ♑	1 ♊	27 ♑
27	6 ♓ 36	4 ♋ 7	28 ♍ 50	27 ♍ 39	14 ♒ 56	3 ♒ 2	29 ♓ 36	29 ♓ 10	14 ♒ 37	29 ♐ 20	3 ♋ 13	18 ♊ 41	15 ♐	1 ♐	25 ♑	1 ♊	27 ♑
28	7 ♓ 36	18 ♋ 33	28 ♍ 47	27 ♍ 37	16 ♒ 25	4 ♒ 15	0 ♈ 22	29 ♓ 24	14 ♒ 44	29 ♐ 22	3 ♋ 12	18 ♊ 41	15 ♐	2 ♐	25 ♑	1 ♊	27 ♑
29	8 ♓ 37	3 ♌ 21	28 ♍ 44	27 ♍ 34	17 ♒ 54	5 ♒ 28	1 ♈ 8	29 ♓ 38	14 ♒ 51	29 ♐ 24	3 ♋ 12	18 ♊ 41	15 ♐	2 ♐	26 ♑	1 ♊	27 ♑

SUN INGRESS	☉ → ♓ 20日 10:25
MOON PHASE	○ 2日 01:33 ♌ ◑ 8日 18:56 ♏ ● 16日 20:05 ♒ ◐ 24日 20:08 ♊

aspects		
2日	08:57	☉☌♄
2日	18:04	♀☍♆
9日	08:02	☉△♇
12日	03:02	☿⚹♃
12日	23:56	♂□♇
19日	06:49	♀⚹♂
19日	12:42	☉⚹♅
23日	02:06	♀⚹♃
23日	15:56	☉△♆
26日	04:55	♂☌♃
26日	15:28	♂□♅
26日	18:16	☿☌♄
27日	19:38	♃□♅
29日	12:25	☿△♇

1904年3月

DAY	☉	☽	☊ mean	☊ true	☿	♀	♂	♃	♄	♅	♆	♇	⚳	⚴	⚵	⚶	⚷
	° ′	° ′	° ′	° ′	° ′	° ′	° ′	° ′	° ′	° ′	° ′	° ′	°	°	°	°	°
1	9 ♓ 37	18 ♌ 25	28 ♍ 41	27 R 32	19 D 24	6 D 42	1 D 55	29 D 52	14 D 58	29 D 26	3 R 11	18 R 40	15 D	2 D	26 D	2 D	27 D
2	10 ♓ 37	3 ♍ 38	28 ♍ 38	27 ♍ 30	20 ♒ 56	7 ♒ 55	2 ♈ 41	0 ♈ 7	15 ♒ 4	29 ♐ 27	3 ♋ 11	18 ♊ 40	16 ♐	2 ♐	26 ♑	2 ♊	27 ♑
3	11 ♓ 37	18 ♍ 48	28 ♍ 34	27 ♍ 29	22 ♒ 28	9 ♒ 8	3 ♈ 27	0 ♈ 21	15 ♒ 11	29 ♐ 29	3 ♋ 10	18 ♊ 40	16 ♐	2 ♐	27 ♑	2 ♊	27 ♑
4	12 ♓ 37	3 ♎ 47	28 ♍ 31	27 D 29	24 ♒ 2	10 ♒ 22	4 ♈ 13	0 ♈ 35	15 ♒ 18	29 ♐ 31	3 ♋ 10	18 D 40	16 ♐	2 ♐	27 ♑	2 ♊	27 ♑
5	13 ♓ 37	18 ♎ 27	28 ♍ 28	27 ♍ 30	25 ♒ 37	11 ♒ 35	4 ♈ 59	0 ♈ 49	15 ♒ 24	29 ♐ 32	3 ♋ 9	18 ♊ 40	16 ♐	3 ♐	27 ♑	3 ♊	27 ♑
6	14 ♓ 37	2 ♏ 41	28 ♍ 25	27 ♍ 31	27 ♒ 13	12 ♒ 48	5 ♈ 45	1 ♈ 3	15 ♒ 31	29 ♐ 34	3 ♋ 9	18 ♊ 40	17 ♐	3 ♐	28 ♑	3 ♊	27 ♑
7	15 ♓ 37	16 ♏ 29	28 ♍ 22	27 ♍ 32	28 ♒ 50	14 ♒ 2	6 ♈ 31	1 ♈ 18	15 ♒ 38	29 ♐ 35	3 ♋ 9	18 ♊ 40	17 ♐	3 ♐	28 ♑	3 ♊	27 ♑
8	16 ♓ 37	29 ♏ 50	28 ♍ 18	27 ♍ 32	0 ♓ 28	15 ♒ 15	7 ♈ 17	1 ♈ 32	15 ♒ 44	29 ♐ 37	3 ♋ 9	18 ♊ 41	17 ♐	3 ♐	28 ♑	4 ♊	27 ♑
9	17 ♓ 37	12 ♐ 45	28 ♍ 15	27 ♍ 33	2 ♓ 1	16 ♒ 28	8 ♈ 3	1 ♈ 46	15 ♒ 51	29 ♐ 38	3 ♋ 8	18 ♊ 41	17 ♐	3 ♐	29 ♑	4 ♊	28 ♑
10	18 ♓ 37	25 ♐ 20	28 ♍ 12	27 R 33	3 ♓ 48	17 ♒ 42	8 ♈ 48	2 ♈ 1	15 ♒ 57	29 ♐ 40	3 ♋ 8	18 ♊ 41	17 ♐	3 ♐	29 ♑	4 ♊	28 ♑
11	19 ♓ 37	7 ♑ 37	28 ♍ 9	27 ♍ 32	5 ♓ 29	18 ♒ 55	9 ♈ 34	2 ♈ 15	16 ♒ 3	29 ♐ 41	3 ♋ 8	18 ♊ 41	18 ♐	3 ♐	0 ♒	4 ♊	28 ♑
12	20 ♓ 37	19 ♑ 40	28 ♍ 6	27 ♍ 32	7 ♓ 12	20 ♒ 9	10 ♈ 20	2 ♈ 29	16 ♒ 10	29 ♐ 42	3 ♋ 8	18 ♊ 41	18 ♐	4 ♐	0 ♒	5 ♊	28 ♑
13	21 ♓ 37	1 ♒ 35	28 ♍ 3	27 ♍ 31	8 ♓ 56	21 ♒ 22	11 ♈ 6	2 ♈ 44	16 ♒ 16	29 ♐ 43	3 ♋ 8	18 ♊ 41	18 ♐	4 ♐	0 ♒	5 ♊	28 ♑
14	22 ♓ 37	13 ♒ 25	27 ♍ 59	27 ♍ 30	10 ♓ 41	22 ♒ 35	11 ♈ 51	2 ♈ 58	16 ♒ 22	29 ♐ 45	3 ♋ 8	18 ♊ 42	18 ♐	4 ♐	1 ♒	5 ♊	28 ♑
15	23 ♓ 37	25 ♒ 13	27 ♍ 56	27 ♍ 30	12 ♓ 27	23 ♒ 49	12 ♈ 37	3 ♈ 13	16 ♒ 29	29 ♐ 46	3 ♋ 8	18 ♊ 42	18 ♐	4 ♐	1 ♒	6 ♊	28 ♑
16	24 ♓ 36	7 ♓ 2	27 ♍ 53	27 ♍ 29	14 ♓ 14	25 ♒ 2	13 ♈ 23	3 ♈ 27	16 ♒ 35	29 ♐ 47	3 D 8	18 ♊ 42	19 ♐	4 ♐	1 ♒	6 ♊	28 ♑
17	25 ♓ 36	18 ♓ 55	27 ♍ 50	27 ♍ 29	16 ♓ 3	26 ♒ 16	14 ♈ 8	3 ♈ 41	16 ♒ 41	29 ♐ 48	3 ♋ 8	18 ♊ 42	19 ♐	4 ♐	2 ♒	6 ♊	28 ♑
18	26 ♓ 36	0 ♈ 53	27 ♍ 47	27 D 29	17 ♓ 53	27 ♒ 29	14 ♈ 54	3 ♈ 56	16 ♒ 47	29 ♐ 49	3 ♋ 8	18 ♊ 43	19 ♐	4 ♐	2 ♒	7 ♊	28 ♑
19	27 ♓ 35	13 ♈ 0	27 ♍ 43	27 R 29	19 ♓ 44	28 ♒ 43	15 ♈ 39	4 ♈ 10	16 ♒ 53	29 ♐ 50	3 ♋ 8	18 ♊ 43	19 ♐	4 ♐	2 ♒	7 ♊	28 ♑
20	28 ♓ 35	25 ♈ 16	27 ♍ 40	27 ♍ 29	21 ♓ 36	29 ♒ 56	16 ♈ 25	4 ♈ 25	16 ♒ 59	29 ♐ 50	3 ♋ 8	18 ♊ 43	19 ♐	4 ♐	3 ♒	7 ♊	28 ♑
21	29 ♓ 35	7 ♉ 43	27 ♍ 37	27 ♍ 29	23 ♓ 30	1 ♓ 10	17 ♈ 10	4 ♈ 39	17 ♒ 5	29 ♐ 51	3 ♋ 8	18 ♊ 44	19 ♐	4 ♐	3 ♒	8 ♊	28 ♑
22	0 ♈ 34	20 ♉ 24	27 ♍ 34	27 ♍ 28	25 ♓ 24	2 ♓ 23	17 ♈ 55	4 ♈ 54	17 ♒ 11	29 ♐ 52	3 ♋ 9	18 ♊ 44	20 ♐	4 ♐	3 ♒	8 ♊	28 ♑
23	1 ♈ 34	3 ♊ 19	27 ♍ 31	27 ♍ 28	27 ♓ 20	3 ♓ 37	18 ♈ 40	5 ♈ 9	17 ♒ 17	29 ♐ 53	3 ♋ 9	18 ♊ 44	20 ♐	4 ♐	3 ♒	8 ♊	28 ♑
24	2 ♈ 33	16 ♊ 32	27 ♍ 28	27 ♍ 28	29 ♓ 17	4 ♓ 50	19 ♈ 26	5 ♈ 23	17 ♒ 23	29 ♐ 53	3 ♋ 9	18 ♊ 45	20 ♐	4 ♐	4 ♒	8 ♊	28 ♑
25	3 ♈ 33	0 ♋ 2	27 ♍ 24	27 ♍ 27	1 ♈ 16	6 ♓ 4	20 ♈ 11	5 ♈ 38	17 ♒ 28	29 ♐ 54	3 ♋ 9	18 ♊ 45	20 ♐	4 ♐	4 ♒	9 ♊	29 ♑
26	4 ♈ 32	13 ♋ 53	27 ♍ 21	27 D 28	3 ♈ 15	7 ♓ 17	20 ♈ 56	5 ♈ 52	17 ♒ 34	29 ♐ 54	3 ♋ 10	18 ♊ 46	20 ♐	4 ♐	4 ♒	9 ♊	29 ♑
27	5 ♈ 32	28 ♋ 3	27 ♍ 18	27 ♍ 28	5 ♈ 15	8 ♓ 31	21 ♈ 41	6 ♈ 7	17 ♒ 40	29 ♐ 55	3 ♋ 10	18 ♊ 46	20 ♐	4 R	5 ♒	9 ♊	29 ♑
28	6 ♈ 31	12 ♌ 30	27 ♍ 15	27 ♍ 29	7 ♈ 17	9 ♓ 45	22 ♈ 26	6 ♈ 21	17 ♒ 45	29 ♐ 55	3 ♋ 11	18 ♊ 47	20 ♐	4 ♐	5 ♒	10 ♊	29 ♑
29	7 ♈ 30	27 ♌ 12	27 ♍ 12	27 ♍ 29	9 ♈ 19	10 ♓ 58	23 ♈ 11	6 ♈ 36	17 ♒ 51	29 ♐ 56	3 ♋ 11	18 ♊ 47	21 ♐	4 ♐	5 ♒	10 ♊	29 ♑
30	8 ♈ 29	12 ♍ 4	27 ♍ 9	27 ♍ 30	11 ♈ 21	12 ♓ 12	23 ♈ 56	6 ♈ 50	17 ♒ 56	29 ♐ 56	3 ♋ 12	18 ♊ 48	21 ♐	4 ♐	6 ♒	11 ♊	29 ♑
31	9 ♈ 29	26 ♍ 57	27 ♍ 5	27 ♍ 30	13 ♈ 24	13 ♓ 25	24 ♈ 41	7 ♈ 5	18 ♒ 1	29 ♐ 56	3 ♋ 12	18 ♊ 49	21 ♐	4 ♐	6 ♒	11 ♊	29 ♑

SUN INGRESS	☉ → ♈ 21日 09:59
MOON PHASE	○ 2日 11:48 ♍ ◑ 9日 10:01 ♐ ● 17日 14:39 ♓ ◐ 25日 06:37 ♋ ○ 31日 21:44 ♎

aspects

2日	15:25	♂□♆
7日	11:22	☿⚹♅
8日	10:28	♀☌♄
9日	14:38	☿△♆
10日	01:24	☉□♇
10日	19:21	♀△♇
14日	16:01	♃□♆
18日	10:50	☿□♇
19日	22:02	♀⚹♅
20日	21:03	♂⚹♄
21日	06:43	☉□♅
22日	14:48	♀△♆
23日	02:08	♂⚹♇
24日	07:20	☿□♅
24日	14:32	☉□♆
25日	22:57	☿□♆
27日	06:20	☉☌☿
27日	11:34	☿☌♃
27日	18:47	☉☌♃

1904年4月

DAY	☉	☽	☊ mean	☊ true	☿	♀	♂	♃	♄	♅	♆	♇	⚳	⚴	⚵	⚶	⚷
	° ′	° ′	° ′	° ′	° ′	° ′	° ′	° ′	° ′	° ′	° ′	° ′	°	°	°	°	°
1	10 ♈ 28	11 ♎ 46	27 ♍ 2	27 R 30	15 D 28	14 D 39	25 D 26	7 D 19	18 D 7	29 D 56	3 D 13	18 D 49	21 D	4 R	6 D	11 D	29 D
2	11 ♈ 27	26 ♎ 21	26 ♍ 59	27 ♍ 29	17 ♈ 32	15 ♓ 52	26 ♈ 11	7 ♈ 34	18 ♒ 12	29 ♐ 57	3 ♋ 13	18 ♊ 50	21 ♐	4 ♐	7 ♒	12 ♊	29 ♑
3	12 ♈ 26	10 ♏ 38	26 ♍ 56	27 ♍ 27	19 ♈ 35	17 ♓ 6	26 ♈ 55	7 ♈ 48	18 ♒ 17	29 ♐ 57	3 ♋ 14	18 ♊ 50	21 ♐	4 ♐	7 ♒	12 ♊	29 ♑
4	13 ♈ 25	24 ♏ 31	26 ♍ 53	27 ♍ 25	21 ♈ 38	18 ♓ 19	27 ♈ 40	8 ♈ 3	18 ♒ 22	29 ♐ 57	3 ♋ 15	18 ♊ 51	21 ♐	4 ♐	7 ♒	12 ♊	29 ♑
5	14 ♈ 24	7 ♐ 58	26 ♍ 49	27 ♍ 23	23 ♈ 40	19 ♓ 33	28 ♈ 25	8 ♈ 17	18 ♒ 27	29 R 57	3 ♋ 15	18 ♊ 52	21 ♐	4 ♐	8 ♒	13 ♊	29 ♑
6	15 ♈ 23	21 ♐ 1	26 ♍ 46	27 ♍ 21	25 ♈ 41	20 ♓ 46	29 ♈ 9	8 ♈ 32	18 ♒ 32	29 ♐ 57	3 ♋ 16	18 ♊ 52	21 ♐	4 ♐	8 ♒	13 ♊	29 ♑
7	16 ♈ 22	3 ♑ 40	26 ♍ 43	27 ♍ 20	27 ♈ 41	22 ♓ 0	29 ♈ 54	8 ♈ 46	18 ♒ 37	29 ♐ 57	3 ♋ 17	18 ♊ 53	21 ♐	4 ♐	8 ♒	13 ♊	29 ♑
8	17 ♈ 21	16 ♑ 0	26 ♍ 40	27 ♍ 19	29 ♈ 39	23 ♓ 13	0 ♉ 38	9 ♈ 1	18 ♒ 42	29 ♐ 57	3 ♋ 17	18 ♊ 54	21 ♐	4 ♐	8 ♒	14 ♊	29 ♑
9	18 ♈ 20	28 ♑ 5	26 ♍ 37	27 D 20	1 ♉ 35	24 ♓ 27	1 ♉ 23	9 ♈ 15	18 ♒ 47	29 ♐ 56	3 ♋ 18	18 ♊ 55	21 ♐	4 ♐	9 ♒	14 ♊	29 ♑
10	19 ♈ 19	10 ♒ 0	26 ♍ 34	27 ♍ 21	3 ♉ 28	25 ♓ 41	2 ♉ 7	9 ♈ 29	18 ♒ 51	29 ♐ 56	3 ♋ 19	18 ♊ 55	22 ♐	4 ♐	9 ♒	14 ♊	29 ♑
11	20 ♈ 18	21 ♒ 49	26 ♍ 30	27 ♍ 22	5 ♉ 18	26 ♓ 54	2 ♉ 51	9 ♈ 44	18 ♒ 56	29 ♐ 56	3 ♋ 20	18 ♊ 56	22 ♐	3 ♐	9 ♒	15 ♊	29 ♑
12	21 ♈ 17	3 ♓ 37	26 ♍ 27	27 ♍ 24	7 ♉ 6	28 ♓ 8	3 ♉ 36	9 ♈ 58	19 ♒ 1	29 ♐ 55	3 ♋ 21	18 ♊ 57	22 ♐	3 ♐	10 ♒	15 ♊	29 ♑
13	22 ♈ 16	15 ♓ 28	26 ♍ 24	27 ♍ 25	8 ♉ 49	29 ♓ 21	4 ♉ 20	10 ♈ 13	19 ♒ 5	29 ♐ 55	3 ♋ 22	18 ♊ 58	22 ♐	3 ♐	10 ♒	16 ♊	29 ♑
14	23 ♈ 14	27 ♓ 27	26 ♍ 21	27 R 26	10 ♉ 29	0 ♈ 35	5 ♉ 4	10 ♈ 27	19 ♒ 10	29 ♐ 55	3 ♋ 23	18 ♊ 59	22 ♐	3 ♐	10 ♒	16 ♊	29 ♑
15	24 ♈ 13	9 ♈ 35	26 ♍ 18	27 ♍ 25	12 ♉ 5	1 ♈ 48	5 ♉ 48	10 ♈ 41	19 ♒ 14	29 ♐ 54	3 ♋ 24	19 ♊ 0	22 ♐	3 ♐	10 ♒	16 ♊	29 ♑
16	25 ♈ 12	21 ♈ 54	26 ♍ 14	27 ♍ 22	13 ♉ 36	3 ♈ 2	6 ♉ 33	10 ♈ 56	19 ♒ 18	29 ♐ 54	3 ♋ 25	19 ♊ 0	22 ♐	3 ♐	11 ♒	17 ♊	29 ♑
17	26 ♈ 11	4 ♉ 27	26 ♍ 11	27 ♍ 20	15 ♉ 3	4 ♈ 16	7 ♉ 17	11 ♈ 10	19 ♒ 22	29 ♐ 53	3 ♋ 26	19 ♊ 1	22 ♐	3 ♐	11 ♒	17 ♊	29 ♑
18	27 ♈ 9	17 ♉ 14	26 ♍ 8	27 ♍ 15	16 ♉ 25	5 ♈ 29	8 ♉ 1	11 ♈ 24	19 ♒ 26	29 ♐ 52	3 ♋ 27	19 ♊ 2	22 R	2 ♐	11 ♒	17 ♊	29 ♑
19	28 ♈ 8	0 ♊ 15	26 ♍ 5	27 ♍ 10	17 ♉ 43	6 ♈ 43	8 ♉ 45	11 ♈ 38	19 ♒ 30	29 ♐ 52	3 ♋ 28	19 ♊ 3	22 ♐	2 ♐	12 ♒	18 ♊	29 ♑
20	29 ♈ 7	13 ♊ 30	26 ♍ 2	27 ♍ 5	18 ♉ 55	7 ♈ 56	9 ♉ 29	11 ♈ 53	19 ♒ 34	29 ♐ 51	3 ♋ 29	19 ♊ 4	22 ♐	2 ♐	12 ♒	18 ♊	29 ♑
21	0 ♉ 5	26 ♊ 57	25 ♍ 59	27 ♍ 1	20 ♉ 2	9 ♈ 10	10 ♉ 12	12 ♈ 7	19 ♒ 38	29 ♐ 50	3 ♋ 30	19 ♊ 5	22 ♐	2 ♐	12 ♒	19 ♊	29 ♑
22	1 ♉ 4	10 ♋ 37	25 ♍ 55	26 ♍ 58	21 ♉ 4	10 ♈ 23	10 ♉ 56	12 ♈ 21	19 ♒ 42	29 ♐ 49	3 ♋ 32	19 ♊ 6	22 ♐	2 ♐	12 ♒	19 ♊	29 ♑
23	2 ♉ 2	24 ♋ 29	25 ♍ 52	26 ♍ 56	22 ♉ 1	11 ♈ 37	11 ♉ 40	12 ♈ 35	19 ♒ 46	29 ♐ 48	3 ♋ 33	19 ♊ 7	22 ♐	1 ♐	13 ♒	19 ♊	0 ♒
24	3 ♉ 1	8 ♌ 32	25 ♍ 49	26 D 56	22 ♉ 52	12 ♈ 51	12 ♉ 24	12 ♈ 49	19 ♒ 49	29 ♐ 47	3 ♋ 34	19 ♊ 8	22 ♐	1 ♐	13 ♒	20 ♊	0 ♒
25	3 ♉ 59	22 ♌ 44	25 ♍ 46	26 ♍ 57	23 ♉ 38	14 ♈ 4	13 ♉ 7	13 ♈ 3	19 ♒ 53	29 ♐ 46	3 ♋ 35	19 ♊ 9	21 ♐	1 ♐	13 ♒	20 ♊	0 ♒
26	4 ♉ 57	7 ♍ 4	25 ♍ 43	26 ♍ 59	24 ♉ 18	15 ♈ 18	13 ♉ 51	13 ♈ 17	19 ♒ 56	29 ♐ 45	3 ♋ 37	19 ♊ 10	21 ♐	1 ♐	13 ♒	20 ♊	0 ♒
27	5 ♉ 56	21 ♍ 30	25 ♍ 40	27 ♍ 0	24 ♉ 53	16 ♈ 31	14 ♉ 34	13 ♈ 31	20 ♒ 0	29 ♐ 44	3 ♋ 38	19 ♊ 11	21 ♐	0 ♐	14 ♒	21 ♊	0 ♒
28	6 ♉ 54	5 ♎ 58	25 ♍ 36	26 R 59	25 ♉ 22	17 ♈ 45	15 ♉ 18	13 ♈ 45	20 ♒ 3	29 ♐ 43	3 ♋ 40	19 ♊ 12	21 ♐	0 ♐	14 ♒	21 ♊	0 ♒
29	7 ♉ 52	20 ♎ 23	25 ♍ 33	26 ♍ 58	25 ♉ 45	18 ♈ 58	16 ♉ 1	13 ♈ 59	20 ♒ 6	29 ♐ 42	3 ♋ 41	19 ♊ 13	21 ♐	0 ♐	14 ♒	22 ♊	0 ♒
30	8 ♉ 51	4 ♏ 40	25 ♍ 30	26 ♍ 54	26 ♉ 3	20 ♈ 12	16 ♉ 45	14 ♈ 13	20 ♒ 9	29 ♐ 41	3 ♋ 42	19 ♊ 14	21 ♐	0 ♐	14 ♒	22 ♊	0 ♒

SUN INGRESS	☉ → ♉ 20日 21:42
MOON PHASE	◑ 8日 02:53 ♑ ● 16日 06:53 ♈ ◐ 23日 13:55 ♌ ○ 30日 07:36 ♏

aspects

2日	08:11	☿⚹♄
2日	15:16	♀⚹♇
4日	10:28	♀□♇
7日	01:35	♂□♅
8日	03:36	☿△♅
8日	19:53	☿☌♂
9日	11:46	☉⚹♄
9日	14:12	☉⚹♇
9日	22:05	☿⚹♆
11日	00:25	♄△♇
11日	15:46	♂⚹♆
13日	10:57	♀□♅
16日	07:33	♀□♆
20日	14:43	☿□♄
20日	17:56	☉△♅
23日	23:23	♀☌♃
24日	14:07	☉⚹♆
29日	05:02	♀⚹♇
29日	23:12	♀⚹♄

1904年5月

DAY	☉	☽	☊ mean	☊ true	☿	♀	♂	♃	♄	♅	♆	♇	⚳	⚴	⚵	⚶	⚷
	° ′	° ′	° ′	° ′	° ′	° ′	° ′	° ′	° ′	° ′	° ′	° ′	°	°	°	°	°
1	9 ♉ 49	18 ♏ 44	25 ♍ 27	26 R 48	26 D 15	21 D 25	17 D 28	14 D 26	20 D 12	29 R 40	3 D 44	19 D 16	21 R	29 R	15 D	22 D	0 D
2	10 ♉ 47	2 ♐ 29	25 ♍ 24	26 ♍ 41	26 ♉ 22	22 ♈ 39	18 ♉ 11	14 ♈ 40	20 ♒ 15	29 ♐ 38	3 ♋ 45	19 ♊ 17	21 ♐	29 ♏	15 ♒	23 ♊	0 ♒
3	11 ♉ 45	15 ♐ 54	25 ♍ 20	26 ♍ 33	26 R 24	23 ♈ 52	18 ♉ 55	14 ♈ 54	20 ♒ 18	29 ♐ 37	3 ♋ 47	19 ♊ 18	21 ♐	29 ♏	15 ♒	23 ♊	0 ♒
4	12 ♉ 43	28 ♐ 57	25 ♍ 17	26 ♍ 26	26 ♉ 20	25 ♈ 6	19 ♉ 38	15 ♈ 8	20 ♒ 21	29 ♐ 36	3 ♋ 48	19 ♊ 19	21 ♐	29 ♏	15 ♒	24 ♊	0 ♒
5	13 ♉ 41	11 ♑ 38	25 ♍ 14	26 ♍ 20	26 ♉ 11	26 ♈ 19	20 ♉ 21	15 ♈ 21	20 ♒ 24	29 ♐ 34	3 ♋ 50	19 ♊ 20	21 ♐	28 ♏	16 ♒	24 ♊	0 ♒
6	14 ♉ 39	24 ♑ 0	25 ♍ 11	26 ♍ 16	25 ♉ 58	27 ♈ 33	21 ♉ 4	15 ♈ 35	20 ♒ 26	29 ♐ 33	3 ♋ 51	19 ♊ 21	21 ♐	28 ♏	16 ♒	24 ♊	0 ♒
7	15 ♉ 37	6 ♒ 6	25 ♍ 8	26 ♍ 14	25 ♉ 40	28 ♈ 46	21 ♉ 47	15 ♈ 48	20 ♒ 29	29 ♐ 31	3 ♋ 53	19 ♊ 23	20 ♐	28 ♏	16 ♒	25 ♊	0 R
8	16 ♉ 35	18 ♒ 2	25 ♍ 5	26 D 13	25 ♉ 18	0 ♉ 0	22 ♉ 30	16 ♈ 2	20 ♒ 31	29 ♐ 30	3 ♋ 55	19 ♊ 24	20 ♐	28 ♏	16 ♒	25 ♊	0 ♒
9	17 ♉ 34	29 ♒ 51	25 ♍ 1	26 ♍ 14	24 ♉ 52	1 ♉ 13	23 ♉ 13	16 ♈ 15	20 ♒ 33	29 ♐ 28	3 ♋ 56	19 ♊ 25	20 ♐	27 ♏	16 ♒	26 ♊	0 ♒
10	18 ♉ 31	11 ♓ 40	24 ♍ 58	26 ♍ 15	24 ♉ 24	2 ♉ 27	23 ♉ 56	16 ♈ 29	20 ♒ 36	29 ♐ 27	3 ♋ 58	19 ♊ 26	20 ♐	27 ♏	17 ♒	26 ♊	0 ♒
11	19 ♉ 29	23 ♓ 34	24 ♍ 55	26 ♍ 16	23 ♉ 53	3 ♉ 40	24 ♉ 39	16 ♈ 42	20 ♒ 38	29 ♐ 25	4 ♋ 0	19 ♊ 27	20 ♐	27 ♏	17 ♒	26 ♊	0 ♒
12	20 ♉ 27	5 ♈ 37	24 ♍ 52	26 R 16	23 ♉ 19	4 ♉ 54	25 ♉ 22	16 ♈ 55	20 ♒ 40	29 ♐ 23	4 ♋ 1	19 ♊ 29	20 ♐	26 ♏	17 ♒	27 ♊	0 ♒
13	21 ♉ 25	17 ♈ 53	24 ♍ 49	26 ♍ 13	22 ♉ 45	6 ♉ 8	26 ♉ 4	17 ♈ 8	20 ♒ 42	29 ♐ 21	4 ♋ 3	19 ♊ 30	20 ♐	26 ♏	17 ♒	27 ♊	0 ♒
14	22 ♉ 23	0 ♉ 25	24 ♍ 46	26 ♍ 9	22 ♉ 9	7 ♉ 21	26 ♉ 47	17 ♈ 22	20 ♒ 43	29 ♐ 20	4 ♋ 5	19 ♊ 31	19 ♐	26 ♏	17 ♒	28 ♊	0 ♒
15	23 ♉ 21	13 ♉ 15	24 ♍ 42	26 ♍ 2	21 ♉ 34	8 ♉ 35	27 ♉ 30	17 ♈ 35	20 ♒ 45	29 ♐ 18	4 ♋ 7	19 ♊ 32	19 ♐	25 ♏	18 ♒	28 ♊	0 ♒
16	24 ♉ 19	26 ♉ 23	24 ♍ 39	25 ♍ 53	20 ♉ 58	9 ♉ 48	28 ♉ 12	17 ♈ 48	20 ♒ 47	29 ♐ 16	4 ♋ 8	19 ♊ 34	19 ♐	25 ♏	18 ♒	28 ♊	0 ♒
17	25 ♉ 17	9 ♊ 48	24 ♍ 36	25 ♍ 43	20 ♉ 24	11 ♉ 2	28 ♉ 55	18 ♈ 1	20 ♒ 48	29 ♐ 14	4 ♋ 10	19 ♊ 35	19 ♐	25 ♏	18 ♒	29 ♊	0 ♒
18	26 ♉ 15	23 ♊ 27	24 ♍ 33	25 ♍ 33	19 ♉ 52	12 ♉ 15	29 ♉ 37	18 ♈ 14	20 ♒ 50	29 ♐ 12	4 ♋ 12	19 ♊ 36	19 ♐	25 ♏	18 ♒	29 ♊	0 ♒
19	27 ♉ 12	7 ♋ 19	24 ♍ 30	25 ♍ 24	19 ♉ 21	13 ♉ 29	0 ♊ 20	18 ♈ 26	20 ♒ 51	29 ♐ 10	4 ♋ 14	19 ♊ 38	19 ♐	24 ♏	18 ♒	0 ♋	0 ♒
20	28 ♉ 10	21 ♋ 18	24 ♍ 26	25 ♍ 17	18 ♉ 54	14 ♉ 42	1 ♊ 2	18 ♈ 39	20 ♒ 52	29 ♐ 8	4 ♋ 16	19 ♊ 39	18 ♐	24 ♏	18 ♒	0 ♋	0 ♒
21	29 ♉ 8	5 ♌ 22	24 ♍ 23	25 ♍ 13	18 ♉ 29	15 ♉ 56	1 ♊ 44	18 ♈ 52	20 ♒ 54	29 ♐ 6	4 ♋ 18	19 ♊ 40	18 ♐	24 ♏	19 ♒	1 ♋	29 ♑
22	0 ♊ 6	19 ♌ 30	24 ♍ 20	25 ♍ 11	18 ♉ 8	17 ♉ 9	2 ♊ 27	19 ♈ 5	20 ♒ 55	29 ♐ 4	4 ♋ 20	19 ♊ 42	18 ♐	23 ♏	19 ♒	1 ♋	29 ♑
23	1 ♊ 3	3 ♍ 38	24 ♍ 17	25 D 10	17 ♉ 50	18 ♉ 23	3 ♊ 9	19 ♈ 17	20 ♒ 56	29 ♐ 2	4 ♋ 21	19 ♊ 43	18 ♐	23 ♏	19 ♒	1 ♋	29 ♑
24	2 ♊ 1	17 ♍ 46	24 ♍ 14	25 ♍ 11	17 ♉ 37	19 ♉ 36	3 ♊ 51	19 ♈ 30	20 ♒ 56	29 ♐ 0	4 ♋ 23	19 ♊ 44	18 ♐	23 ♏	19 ♒	2 ♋	29 ♑
25	2 ♊ 58	1 ♎ 52	24 ♍ 11	25 R 11	17 ♉ 29	20 ♉ 50	4 ♊ 33	19 ♈ 42	20 ♒ 57	28 ♐ 58	4 ♋ 25	19 ♊ 46	17 ♐	22 ♏	19 ♒	2 ♋	29 ♑
26	3 ♊ 56	15 ♎ 56	24 ♍ 7	25 ♍ 9	17 ♉ 23	22 ♉ 3	5 ♊ 15	19 ♈ 54	20 ♒ 58	28 ♐ 56	4 ♋ 27	19 ♊ 47	17 ♐	22 ♏	19 ♒	3 ♋	29 ♑
27	4 ♊ 54	29 ♎ 55	24 ♍ 4	25 ♍ 5	17 D 22	23 ♉ 17	5 ♊ 57	20 ♈ 7	20 ♒ 58	28 ♐ 54	4 ♋ 29	19 ♊ 48	17 ♐	22 ♏	20 ♒	3 ♋	29 ♑
28	5 ♊ 51	13 ♏ 46	24 ♍ 1	24 ♍ 58	17 ♉ 26	24 ♉ 30	6 ♊ 39	20 ♈ 19	20 ♒ 59	28 ♐ 52	4 ♋ 31	19 ♊ 50	17 ♐	22 ♏	20 ♒	3 ♋	29 ♑
29	6 ♊ 49	27 ♏ 28	23 ♍ 58	24 ♍ 49	17 ♉ 35	25 ♉ 44	7 ♊ 21	20 ♈ 31	20 ♒ 59	28 ♐ 50	4 ♋ 33	19 ♊ 51	17 ♐	21 ♏	20 ♒	4 ♋	29 ♑
30	7 ♊ 46	10 ♐ 55	23 ♍ 55	24 ♍ 38	17 ♉ 47	26 ♉ 57	8 ♊ 3	20 ♈ 43	21 ♒ 0	28 ♐ 47	4 ♋ 35	19 ♊ 52	16 ♐	21 ♏	20 ♒	4 ♋	29 ♑
31	8 ♊ 44	24 ♐ 6	23 ♍ 52	24 ♍ 26	18 ♉ 5	28 ♉ 11	8 ♊ 45	20 ♈ 55	21 ♒ 0	28 ♐ 45	4 ♋ 37	19 ♊ 54	16 ♐	21 ♏	20 ♒	5 ♋	29 ♑

SUN INGRESS	☉ → ♊ 21日 21:29
MOON PHASE	◑ 7日 20:50 ♒ ● 15日 19:58 ♉ ◐ 22日 19:18 ♍ ○ 29日 17:55 ♐

aspects		
5日	01:34	♂□♄
7日	14:21	♀△♅
10日	09:09	☿☌♂
11日	06:24	♀⚹♆
12日	05:16	☉□♄
13日	20:25	☉☌☿
16日	07:43	☿□♄
22日	15:22	☿☌♀
25日	02:27	♀□♄
25日	07:34	♃⚹♇
31日	02:06	☉☌♂
31日	09:32	♃⚹♄

1904年6月

DAY	☉	☽	☊ mean	☊ true	☿	♀	♂	♃	♄	♅	♆	♇	⚳	⚴	⚵	⚶	⚷
	° ′	° ′	° ′	° ′	° ′	° ′	° ′	° ′	° ′	° ′	° ′	° ′	°	°	°	°	°
1	9 ♊ 41	7 ♑ 0	23 ♍ 48	24 R 15	18 D 27	29 D 24	9 D 27	21 D 7	21 D 0	28 R 43	4 D 39	19 D 55	16 R	21 R	20 D	5 D	29 R
2	10 ♊ 39	19 ♑ 36	23 ♍ 45	24 ♍ 5	18 ♉ 53	0 ♊ 38	10 ♊ 9	21 ♈ 19	21 R 0	28 ♐ 41	4 ♋ 41	19 ♊ 57	16 ♐	20 ♏	20 ♒	6 ♋	29 ♑
3	11 ♊ 36	1 ♒ 55	23 ♍ 42	23 ♍ 57	19 ♉ 23	1 ♊ 51	10 ♊ 50	21 ♈ 30	21 ♒ 0	28 ♐ 38	4 ♋ 44	19 ♊ 58	15 ♐	20 ♏	20 ♒	6 ♋	29 ♑
4	12 ♊ 34	14 ♒ 0	23 ♍ 39	23 ♍ 51	19 ♉ 58	3 ♊ 5	11 ♊ 32	21 ♈ 42	21 ♒ 0	28 ♐ 36	4 ♋ 46	19 ♊ 59	15 ♐	20 ♏	21 ♒	6 ♋	29 ♑
5	13 ♊ 31	25 ♒ 55	23 ♍ 36	23 ♍ 48	20 ♉ 36	4 ♊ 19	12 ♊ 14	21 ♈ 54	20 ♒ 59	28 ♐ 34	4 ♋ 48	20 ♊ 1	15 ♐	20 ♏	21 ♒	7 ♋	29 ♑
6	14 ♊ 28	7 ♓ 45	23 ♍ 32	23 ♍ 47	21 ♉ 19	5 ♊ 32	12 ♊ 55	22 ♈ 5	20 ♒ 59	28 ♐ 31	4 ♋ 50	20 ♊ 2	15 ♐	19 ♏	21 ♒	7 ♋	29 ♑
7	15 ♊ 26	19 ♓ 34	23 ♍ 29	23 D 47	22 ♉ 5	6 ♊ 46	13 ♊ 37	22 ♈ 16	20 ♒ 58	28 ♐ 29	4 ♋ 52	20 ♊ 4	15 ♐	19 ♏	21 ♒	8 ♋	29 ♑
8	16 ♊ 23	1 ♈ 28	23 ♍ 26	23 R 47	22 ♉ 55	7 ♊ 59	14 ♊ 18	22 ♈ 28	20 ♒ 58	28 ♐ 27	4 ♋ 54	20 ♊ 5	14 ♐	19 ♏	21 ♒	8 ♋	29 ♑
9	17 ♊ 21	13 ♈ 33	23 ♍ 23	23 ♍ 46	23 ♉ 49	9 ♊ 13	15 ♊ 0	22 ♈ 39	20 ♒ 57	28 ♐ 24	4 ♋ 56	20 ♊ 6	14 ♐	19 ♏	21 ♒	9 ♋	29 ♑
10	18 ♊ 18	25 ♈ 54	23 ♍ 20	23 ♍ 43	24 ♉ 47	10 ♊ 26	15 ♊ 41	22 ♈ 50	20 ♒ 56	28 ♐ 22	4 ♋ 58	20 ♊ 8	14 ♐	18 ♏	21 ♒	9 ♋	29 ♑
11	19 ♊ 15	8 ♉ 34	23 ♍ 17	23 ♍ 37	25 ♉ 48	11 ♊ 40	16 ♊ 22	23 ♈ 1	20 ♒ 55	28 ♐ 20	5 ♋ 1	20 ♊ 9	14 ♐	18 ♏	21 ♒	9 ♋	29 ♑
12	20 ♊ 13	21 ♉ 36	23 ♍ 13	23 ♍ 29	26 ♉ 53	12 ♊ 53	17 ♊ 4	23 ♈ 12	20 ♒ 54	28 ♐ 17	5 ♋ 3	20 ♊ 11	13 ♐	18 ♏	21 ♒	10 ♋	29 ♑
13	21 ♊ 10	5 ♊ 0	23 ♍ 10	23 ♍ 18	28 ♉ 1	14 ♊ 7	17 ♊ 45	23 ♈ 23	20 ♒ 53	28 ♐ 15	5 ♋ 5	20 ♊ 12	13 ♐	18 ♏	21 ♒	10 ♋	29 ♑
14	22 ♊ 7	18 ♊ 47	23 ♍ 7	23 ♍ 7	29 ♉ 12	15 ♊ 21	18 ♊ 26	23 ♈ 33	20 ♒ 52	28 ♐ 12	5 ♋ 7	20 ♊ 13	13 ♐	18 ♏	21 ♒	11 ♋	29 ♑
15	23 ♊ 5	2 ♋ 51	23 ♍ 4	22 ♍ 55	0 ♊ 27	16 ♊ 34	19 ♊ 7	23 ♈ 44	20 ♒ 51	28 ♐ 10	5 ♋ 9	20 ♊ 15	13 ♐	17 ♏	21 ♒	11 ♋	29 ♑
16	24 ♊ 2	17 ♋ 8	23 ♍ 1	22 ♍ 44	1 ♊ 45	17 ♊ 48	19 ♊ 48	23 ♈ 54	20 ♒ 49	28 ♐ 7	5 ♋ 11	20 ♊ 16	13 ♐	17 ♏	21 ♒	12 ♋	29 ♑
17	24 ♊ 59	1 ♌ 32	22 ♍ 58	22 ♍ 36	3 ♊ 6	19 ♊ 1	20 ♊ 29	24 ♈ 5	20 ♒ 48	28 ♐ 5	5 ♋ 14	20 ♊ 18	12 ♐	17 ♏	21 ♒	12 ♋	29 ♑
18	25 ♊ 57	15 ♌ 58	22 ♍ 54	22 ♍ 30	4 ♊ 30	20 ♊ 15	21 ♊ 10	24 ♈ 15	20 ♒ 46	28 ♐ 3	5 ♋ 16	20 ♊ 19	12 ♐	17 ♏	21 ♒	13 ♋	29 ♑
19	26 ♊ 54	0 ♍ 20	22 ♍ 51	22 ♍ 27	5 ♊ 58	21 ♊ 29	21 ♊ 51	24 ♈ 25	20 ♒ 45	28 ♐ 0	5 ♋ 18	20 ♊ 20	12 ♐	17 ♏	21 ♒	13 ♋	29 ♑
20	27 ♊ 51	14 ♍ 36	22 ♍ 48	22 ♍ 26	7 ♊ 28	22 ♊ 42	22 ♊ 32	24 ♈ 35	20 ♒ 43	27 ♐ 58	5 ♋ 20	20 ♊ 22	12 ♐	17 ♏	21 ♒	13 ♋	29 ♑
21	28 ♊ 48	28 ♍ 43	22 ♍ 45	22 D 25	9 ♊ 2	23 ♊ 56	23 ♊ 13	24 ♈ 45	20 ♒ 41	27 ♐ 55	5 ♋ 23	20 ♊ 23	12 ♐	17 ♏	21 R	14 ♋	28 ♑
22	29 ♊ 46	12 ♎ 40	22 ♍ 42	22 R 25	10 ♊ 39	25 ♊ 10	23 ♊ 54	24 ♈ 55	20 ♒ 39	27 ♐ 53	5 ♋ 25	20 ♊ 25	11 ♐	16 ♏	21 ♒	14 ♋	28 ♑
23	0 ♋ 43	26 ♎ 29	22 ♍ 38	22 ♍ 23	12 ♊ 19	26 ♊ 24	24 ♊ 35	25 ♈ 5	20 ♒ 37	27 ♐ 50	5 ♋ 27	20 ♊ 26	11 ♐	16 ♏	21 ♒	15 ♋	28 ♑
24	1 ♋ 40	10 ♏ 7	22 ♍ 35	22 ♍ 19	14 ♊ 2	27 ♊ 37	25 ♊ 16	25 ♈ 14	20 ♒ 35	27 ♐ 48	5 ♋ 29	20 ♊ 27	11 ♐	16 ♏	21 ♒	15 ♋	28 ♑
25	2 ♋ 37	23 ♏ 35	22 ♍ 32	22 ♍ 12	15 ♊ 47	28 ♊ 51	25 ♊ 56	25 ♈ 24	20 ♒ 33	27 ♐ 45	5 ♋ 31	20 ♊ 29	11 ♐	16 ♏	21 ♒	16 ♋	28 ♑
26	3 ♋ 34	6 ♐ 53	22 ♍ 29	22 ♍ 3	17 ♊ 36	0 ♋ 4	26 ♊ 37	25 ♈ 33	20 ♒ 31	27 ♐ 43	5 ♋ 34	20 ♊ 30	11 ♐	16 ♏	21 ♒	16 ♋	28 ♑
27	4 ♋ 32	19 ♐ 58	22 ♍ 26	21 ♍ 51	19 ♊ 27	1 ♋ 18	27 ♊ 18	25 ♈ 42	20 ♒ 28	27 ♐ 41	5 ♋ 36	20 ♊ 31	11 ♐	16 ♏	21 ♒	16 ♋	28 ♑
28	5 ♋ 29	2 ♑ 50	22 ♍ 23	21 ♍ 39	21 ♊ 22	2 ♋ 32	27 ♊ 58	25 ♈ 51	20 ♒ 26	27 ♐ 38	5 ♋ 38	20 ♊ 33	10 ♐	16 ♏	21 ♒	17 ♋	28 ♑
29	6 ♋ 26	15 ♑ 29	22 ♍ 19	21 ♍ 27	23 ♊ 18	3 ♋ 45	28 ♊ 39	26 ♈ 0	20 ♒ 24	27 ♐ 36	5 ♋ 40	20 ♊ 34	10 ♐	16 ♏	21 ♒	17 ♋	28 ♑
30	7 ♋ 23	27 ♑ 53	22 ♍ 16	21 ♍ 16	25 ♊ 17	4 ♋ 59	29 ♊ 19	26 ♈ 9	20 ♒ 21	27 ♐ 33	5 ♋ 43	20 ♊ 36	10 ♐	16 ♏	21 ♒	18 ♋	28 ♑

SUN INGRESS	☉ → ♋ 22日 05:51
MOON PHASE	◑ 6日 14:53 ♓ ● 14日 06:10 ♊ ◐ 21日 00:10 ♍ ○ 28日 05:23 ♑

aspects		
5日	13:06	☿□♄
11日	23:07	☉☌♇
12日	17:08	☉△♄
15日	20:11	☉⚹♃
16日	16:49	♂☌♇
17日	10:27	♂△♄
18日	01:17	♀☌♇
18日	09:59	♀△♄
19日	16:41	♀☌♂
20日	02:39	☉☍♅
21日	18:32	♀⚹♃
23日	22:59	♂⚹♃
24日	03:28	♀☍♅
26日	04:30	♄△♇
27日	12:38	☿△♄
27日	12:49	♂☍♅
27日	13:41	☿☌♇
28日	04:06	☉☌♆
30日	11:07	☿⚹♃
30日	14:41	☿☌♆

1904年7月

DAY	☉	☽	☊ mean	☊ true	☿	♀	♂	♃	♄	♅	♆	♇	⚳	⚴	⚵	⚶	⚷
	° ′	° ′	° ′	° ′	° ′	° ′	° ′	° ′	° ′	° ′	° ′	° ′	°	°	°	°	°
1	8 ♋ 20	10 ♒ 5	22 ♍ 13	21 R 8	27 D 19	6 D 13	0 D 0	26 D 18	20 R 18	27 R 31	5 D 45	20 D 37	10 R	16 R	21 R	18 D	28 R
2	9 ♋ 17	22 ♒ 5	22 ♍ 10	21 ♍ 2	29 ♊ 22	7 ♋ 26	0 ♋ 40	26 ♈ 27	20 ♒ 16	27 ♐ 29	5 ♋ 47	20 ♊ 38	10 ♐	16 ♏	21 ♒	19 ♋	28 ♑
3	10 ♋ 15	3 ♓ 57	22 ♍ 7	20 ♍ 58	1 ♋ 27	8 ♋ 40	1 ♋ 20	26 ♈ 35	20 ♒ 13	27 ♐ 26	5 ♋ 49	20 ♊ 40	10 ♐	16 ♏	21 ♒	19 ♋	28 ♑
4	11 ♋ 12	15 ♓ 45	22 ♍ 4	20 ♍ 57	3 ♋ 34	9 ♋ 54	2 ♋ 1	26 ♈ 43	20 ♒ 10	27 ♐ 24	5 ♋ 52	20 ♊ 41	9 ♐	16 ♏	21 ♒	20 ♋	28 ♑
5	12 ♋ 9	27 ♓ 34	22 ♍ 0	20 D 57	5 ♋ 42	11 ♋ 7	2 ♋ 41	26 ♈ 51	20 ♒ 7	27 ♐ 21	5 ♋ 54	20 ♊ 42	9 ♐	16 ♏	21 ♒	20 ♋	28 ♑
6	13 ♋ 6	9 ♈ 28	21 ♍ 57	20 ♍ 57	7 ♋ 50	12 ♋ 21	3 ♋ 21	27 ♈ 0	20 ♒ 4	27 ♐ 19	5 ♋ 56	20 ♊ 44	9 ♐	16 ♏	21 ♒	20 ♋	28 ♑
7	14 ♋ 3	21 ♈ 33	21 ♍ 54	20 R 57	10 ♋ 0	13 ♋ 35	4 ♋ 1	27 ♈ 7	20 ♒ 1	27 ♐ 17	5 ♋ 58	20 ♊ 45	9 ♐	15 ♏	20 ♒	21 ♋	28 ♑
8	15 ♋ 1	3 ♉ 54	21 ♍ 51	20 ♍ 55	12 ♋ 10	14 ♋ 49	4 ♋ 42	27 ♈ 15	19 ♒ 57	27 ♐ 15	6 ♋ 0	20 ♊ 46	9 ♐	15 D	20 ♒	21 ♋	28 ♑
9	15 ♋ 58	16 ♉ 36	21 ♍ 48	20 ♍ 52	14 ♋ 20	16 ♋ 3	5 ♋ 22	27 ♈ 23	19 ♒ 54	27 ♐ 12	6 ♋ 3	20 ♊ 47	9 ♐	15 ♏	20 ♒	22 ♋	28 ♑
10	16 ♋ 55	29 ♉ 42	21 ♍ 44	20 ♍ 46	16 ♋ 29	17 ♋ 16	6 ♋ 2	27 ♈ 30	19 ♒ 51	27 ♐ 10	6 ♋ 5	20 ♊ 49	9 ♐	16 ♏	20 ♒	22 ♋	27 ♑
11	17 ♋ 52	13 ♊ 15	21 ♍ 41	20 ♍ 38	18 ♋ 39	18 ♋ 30	6 ♋ 42	27 ♈ 38	19 ♒ 47	27 ♐ 8	6 ♋ 7	20 ♊ 50	9 ♐	16 ♏	20 ♒	23 ♋	27 ♑
12	18 ♋ 50	27 ♊ 13	21 ♍ 38	20 ♍ 28	20 ♋ 47	19 ♋ 44	7 ♋ 22	27 ♈ 45	19 ♒ 44	27 ♐ 6	6 ♋ 9	20 ♊ 51	8 ♐	16 ♏	20 ♒	23 ♋	27 ♑
13	19 ♋ 47	11 ♋ 34	21 ♍ 35	20 ♍ 19	22 ♋ 55	20 ♋ 58	8 ♋ 2	27 ♈ 52	19 ♒ 40	27 ♐ 3	6 ♋ 11	20 ♊ 53	8 ♐	16 ♏	20 ♒	24 ♋	27 ♑
14	20 ♋ 44	26 ♋ 12	21 ♍ 32	20 ♍ 10	25 ♋ 2	22 ♋ 12	8 ♋ 42	27 ♈ 59	19 ♒ 37	27 ♐ 1	6 ♋ 14	20 ♊ 54	8 ♐	16 ♏	20 ♒	24 ♋	27 ♑
15	21 ♋ 41	11 ♌ 0	21 ♍ 29	20 ♍ 3	27 ♋ 7	23 ♋ 25	9 ♋ 22	28 ♈ 5	19 ♒ 33	26 ♐ 59	6 ♋ 16	20 ♊ 55	8 ♐	16 ♏	19 ♒	24 ♋	27 ♑
16	22 ♋ 38	25 ♌ 49	21 ♍ 25	19 ♍ 59	29 ♋ 11	24 ♋ 39	10 ♋ 2	28 ♈ 12	19 ♒ 30	26 ♐ 57	6 ♋ 18	20 ♊ 56	8 ♐	16 ♏	19 ♒	25 ♋	27 ♑
17	23 ♋ 36	10 ♍ 32	21 ♍ 22	19 ♍ 57	1 ♌ 14	25 ♋ 53	10 ♋ 41	28 ♈ 18	19 ♒ 26	26 ♐ 55	6 ♋ 20	20 ♊ 58	8 ♐	16 ♏	19 ♒	25 ♋	27 ♑
18	24 ♋ 33	25 ♍ 4	21 ♍ 19	19 D 56	3 ♌ 15	27 ♋ 7	11 ♋ 21	28 ♈ 25	19 ♒ 22	26 ♐ 53	6 ♋ 22	20 ♊ 59	8 ♐	16 ♏	19 ♒	26 ♋	27 ♑
19	25 ♋ 30	9 ♎ 20	21 ♍ 16	19 ♍ 57	5 ♌ 14	28 ♋ 21	12 ♋ 1	28 ♈ 31	19 ♒ 18	26 ♐ 51	6 ♋ 24	21 ♊ 0	8 ♐	16 ♏	19 ♒	26 ♋	27 ♑
20	26 ♋ 28	23 ♎ 21	21 ♍ 13	19 ♍ 58	7 ♌ 12	29 ♋ 35	12 ♋ 41	28 ♈ 37	19 ♒ 14	26 ♐ 49	6 ♋ 26	21 ♊ 1	8 ♐	16 ♏	19 ♒	27 ♋	27 ♑
21	27 ♋ 25	7 ♏ 4	21 ♍ 9	19 R 58	9 ♌ 8	0 ♌ 49	13 ♋ 20	28 ♈ 42	19 ♒ 10	26 ♐ 47	6 ♋ 29	21 ♊ 2	8 ♐	16 ♏	18 ♒	27 ♋	27 ♑
22	28 ♋ 22	20 ♏ 31	21 ♍ 6	19 ♍ 55	11 ♌ 2	2 ♌ 3	14 ♋ 0	28 ♈ 48	19 ♒ 6	26 ♐ 45	6 ♋ 31	21 ♊ 3	8 ♐	16 ♏	18 ♒	28 ♋	27 ♑
23	29 ♋ 19	3 ♐ 44	21 ♍ 3	19 ♍ 51	12 ♌ 55	3 ♌ 17	14 ♋ 39	28 ♈ 53	19 ♒ 2	26 ♐ 43	6 ♋ 33	21 ♊ 5	8 ♐	16 ♏	18 ♒	28 ♋	27 ♑
24	0 ♌ 17	16 ♐ 42	21 ♍ 0	19 ♍ 45	14 ♌ 46	4 ♌ 30	15 ♋ 19	28 ♈ 59	18 ♒ 58	26 ♐ 41	6 ♋ 35	21 ♊ 6	8 ♐	16 ♏	18 ♒	28 ♋	27 ♑
25	1 ♌ 14	29 ♐ 28	20 ♍ 57	19 ♍ 37	16 ♌ 35	5 ♌ 44	15 ♋ 58	29 ♈ 4	18 ♒ 54	26 ♐ 39	6 ♋ 37	21 ♊ 7	8 ♐	16 ♏	18 ♒	29 ♋	27 ♑
26	2 ♌ 11	12 ♑ 1	20 ♍ 54	19 ♍ 29	18 ♌ 22	6 ♌ 58	16 ♋ 38	29 ♈ 9	18 ♒ 50	26 ♐ 37	6 ♋ 39	21 ♊ 8	8 ♐	17 ♏	17 ♒	29 ♋	27 ♑
27	3 ♌ 9	24 ♑ 23	20 ♍ 50	19 ♍ 20	20 ♌ 8	8 ♌ 12	17 ♋ 17	29 ♈ 14	18 ♒ 46	26 ♐ 35	6 ♋ 41	21 ♊ 9	8 ♐	17 ♏	17 ♒	0 ♌	26 ♑
28	4 ♌ 6	6 ♒ 34	20 ♍ 47	19 ♍ 13	21 ♌ 52	9 ♌ 26	17 ♋ 57	29 ♈ 18	18 ♒ 41	26 ♐ 33	6 ♋ 43	21 ♊ 10	8 D	17 ♏	17 ♒	0 ♌	26 ♑
29	5 ♌ 3	18 ♒ 36	20 ♍ 44	19 ♍ 7	23 ♌ 34	10 ♌ 40	18 ♋ 36	29 ♈ 23	18 ♒ 37	26 ♐ 32	6 ♋ 45	21 ♊ 11	8 ♐	17 ♏	17 ♒	1 ♌	26 ♑
30	6 ♌ 1	0 ♓ 30	20 ♍ 41	19 ♍ 4	25 ♌ 15	11 ♌ 54	19 ♋ 15	29 ♈ 27	18 ♒ 33	26 ♐ 30	6 ♋ 47	21 ♊ 12	8 ♐	17 ♏	16 ♒	1 ♌	26 ♑
31	6 ♌ 58	12 ♓ 19	20 ♍ 38	19 ♍ 2	26 ♌ 53	13 ♌ 8	19 ♋ 55	29 ♈ 31	18 ♒ 28	26 ♐ 28	6 ♋ 49	21 ♊ 13	8 ♐	17 ♏	16 ♒	2 ♌	26 ♑

SUN INGRESS ☉ → ♌ 23日 16:50

MOON PHASE ◑ 6日 07:54 ♈　● 13日 14:27 ♋　◐ 20日 05:48 ♎　○ 27日 18:42 ♒

aspects		
1日	02:21	☿☍♅
2日	22:07	☿☌♂
5日	02:19	☿☌♆
7日	22:24	♃△♅
8日	17:13	☉☌♀
10日	01:54	♂☌♆
10日	08:32	☉☌☿
10日	20:17	☿☌♀
15日	11:54	☿□♃
19日	03:29	♀□♃
22日	12:03	☉□♃
26日	05:58	☿☍♄
27日	14:13	☿⚹♇
30日	18:00	☿△♅

1904年8月

DAY	☉	☽	☊ mean	☊ true	☿	♀	♂	♃	♄	♅	♆	♇	⚳	⚴	⚵	⚶	⚷
	° ′	° ′	° ′	° ′	° ′	° ′	° ′	° ′	° ′	° ′	° ′	° ′	°	°	°	°	°
1	7 ♌ 55	24 ♓ 6	20 ♍ 35	19 D 2	28 D 30	14 D 22	20 D 34	29 D 35	18 R 24	26 R 27	6 D 51	21 D 14	8 D	17 D	16 R	2 D	26 R
2	8 ♌ 53	5 ♈ 54	20 ♍ 31	19 ♍ 3	0 ♍ 6	15 ♌ 36	21 ♋ 13	29 ♈ 38	18 ♒ 20	26 ♐ 25	6 ♋ 53	21 ♊ 15	8 ♐	18 ♏	16 ♒	2 ♌	26 ♑
3	9 ♌ 50	17 ♈ 48	20 ♍ 28	19 ♍ 4	1 ♍ 39	16 ♌ 50	21 ♋ 52	29 ♈ 42	18 ♒ 15	26 ♐ 24	6 ♋ 55	21 ♊ 16	8 ♐	18 ♏	15 ♒	3 ♌	26 ♑
4	10 ♌ 47	29 ♈ 53	20 ♍ 25	19 ♍ 6	3 ♍ 11	18 ♌ 4	22 ♋ 31	29 ♈ 45	18 ♒ 11	26 ♐ 22	6 ♋ 57	21 ♊ 17	8 ♐	18 ♏	15 ♒	3 ♌	26 ♑
5	11 ♌ 45	12 ♉ 12	20 ♍ 22	19 R 6	4 ♍ 42	19 ♌ 18	23 ♋ 10	29 ♈ 48	18 ♒ 6	26 ♐ 21	6 ♋ 59	21 ♊ 18	8 ♐	18 ♏	15 ♒	4 ♌	26 ♑
6	12 ♌ 42	24 ♉ 52	20 ♍ 19	19 ♍ 5	6 ♍ 10	20 ♌ 32	23 ♋ 49	29 ♈ 51	18 ♒ 2	26 ♐ 19	7 ♋ 1	21 ♊ 19	8 ♐	18 ♏	15 ♒	4 ♌	26 ♑
7	13 ♌ 40	7 ♊ 56	20 ♍ 15	19 ♍ 3	7 ♍ 37	21 ♌ 46	24 ♋ 28	29 ♈ 54	17 ♒ 57	26 ♐ 18	7 ♋ 3	21 ♊ 20	8 ♐	18 ♏	15 ♒	5 ♌	26 ♑
8	14 ♌ 37	21 ♊ 28	20 ♍ 12	19 ♍ 0	9 ♍ 2	23 ♌ 0	25 ♋ 7	29 ♈ 57	17 ♒ 53	26 ♐ 16	7 ♋ 5	21 ♊ 21	8 ♐	19 ♏	14 ♒	5 ♌	26 ♑
9	15 ♌ 35	5 ♋ 27	20 ♍ 9	18 ♍ 55	10 ♍ 25	24 ♌ 14	25 ♋ 46	29 ♈ 59	17 ♒ 49	26 ♐ 15	7 ♋ 6	21 ♊ 22	8 ♐	19 ♏	14 ♒	6 ♌	26 ♑
10	16 ♌ 33	19 ♋ 52	20 ♍ 6	18 ♍ 50	11 ♍ 47	25 ♌ 28	26 ♋ 25	0 ♉ 1	17 ♒ 44	26 ♐ 14	7 ♋ 8	21 ♊ 23	8 ♐	19 ♏	14 ♒	6 ♌	26 ♑
11	17 ♌ 30	4 ♌ 39	20 ♍ 3	18 ♍ 46	13 ♍ 6	26 ♌ 42	27 ♋ 4	0 ♉ 3	17 ♒ 40	26 ♐ 13	7 ♋ 10	21 ♊ 24	8 ♐	19 ♏	14 ♒	6 ♌	26 ♑
12	18 ♌ 28	19 ♌ 40	20 ♍ 0	18 ♍ 43	14 ♍ 24	27 ♌ 56	27 ♋ 43	0 ♉ 5	17 ♒ 35	26 ♐ 11	7 ♋ 12	21 ♊ 25	9 ♐	19 ♏	13 ♒	7 ♌	26 ♑
13	19 ♌ 25	4 ♍ 46	19 ♍ 56	18 ♍ 41	15 ♍ 40	29 ♌ 10	28 ♋ 22	0 ♉ 7	17 ♒ 31	26 ♐ 10	7 ♋ 14	21 ♊ 25	9 ♐	20 ♏	13 ♒	7 ♌	26 ♑
14	20 ♌ 23	19 ♍ 48	19 ♍ 53	18 D 40	16 ♍ 54	0 ♍ 25	29 ♋ 1	0 ♉ 8	17 ♒ 26	26 ♐ 9	7 ♋ 15	21 ♊ 26	9 ♐	20 ♏	13 ♒	8 ♌	25 ♑
15	21 ♌ 21	4 ♎ 39	19 ♍ 50	18 ♍ 41	18 ♍ 5	1 ♍ 39	29 ♋ 40	0 ♉ 9	17 ♒ 22	26 ♐ 8	7 ♋ 17	21 ♊ 27	9 ♐	20 ♏	13 ♒	8 ♌	25 ♑
16	22 ♌ 18	19 ♎ 12	19 ♍ 47	18 ♍ 42	19 ♍ 15	2 ♍ 53	0 ♌ 18	0 ♉ 10	17 ♒ 17	26 ♐ 7	7 ♋ 19	21 ♊ 28	9 ♐	20 ♏	12 ♒	9 ♌	25 ♑
17	23 ♌ 16	3 ♏ 23	19 ♍ 44	18 ♍ 43	20 ♍ 22	4 ♍ 7	0 ♌ 57	0 ♉ 11	17 ♒ 13	26 ♐ 6	7 ♋ 20	21 ♊ 29	9 ♐	20 ♏	12 ♒	9 ♌	25 ♑
18	24 ♌ 14	17 ♏ 12	19 ♍ 41	18 ♍ 44	21 ♍ 27	5 ♍ 21	1 ♌ 36	0 ♉ 12	17 ♒ 8	26 ♐ 5	7 ♋ 22	21 ♊ 29	9 ♐	21 ♏	12 ♒	10 ♌	25 ♑
19	25 ♌ 12	0 ♐ 38	19 ♍ 37	18 R 44	22 ♍ 29	6 ♍ 35	2 ♌ 14	0 ♉ 12	17 ♒ 4	26 ♐ 4	7 ♋ 24	21 ♊ 30	9 ♐	21 ♏	12 ♒	10 ♌	25 ♑
20	26 ♌ 9	13 ♐ 44	19 ♍ 34	18 ♍ 43	23 ♍ 29	7 ♍ 49	2 ♌ 53	0 ♉ 12	16 ♒ 59	26 ♐ 3	7 ♋ 25	21 ♊ 31	9 ♐	21 ♏	11 ♒	11 ♌	25 ♑
21	27 ♌ 7	26 ♐ 31	19 ♍ 31	18 ♍ 41	24 ♍ 27	9 ♍ 3	3 ♌ 31	0 R 12	16 ♒ 55	26 ♐ 3	7 ♋ 27	21 ♊ 31	10 ♐	21 ♏	11 ♒	11 ♌	25 ♑
22	28 ♌ 5	9 ♑ 3	19 ♍ 28	18 ♍ 39	25 ♍ 21	10 ♍ 17	4 ♌ 10	0 ♉ 12	16 ♒ 51	26 ♐ 2	7 ♋ 29	21 ♊ 32	10 ♐	22 ♏	11 ♒	11 ♌	25 ♑
23	29 ♌ 3	21 ♑ 22	19 ♍ 25	18 ♍ 36	26 ♍ 12	11 ♍ 31	4 ♌ 48	0 ♉ 12	16 ♒ 46	26 ♐ 1	7 ♋ 30	21 ♊ 33	10 ♐	22 ♏	11 ♒	12 ♌	25 ♑
24	0 ♍ 0	3 ♒ 30	19 ♍ 21	18 ♍ 33	27 ♍ 1	12 ♍ 46	5 ♌ 27	0 ♉ 11	16 ♒ 42	26 ♐ 1	7 ♋ 32	21 ♊ 33	10 ♐	22 ♏	10 ♒	12 ♌	25 ♑
25	0 ♍ 58	15 ♒ 30	19 ♍ 18	18 ♍ 30	27 ♍ 46	14 ♍ 0	6 ♌ 5	0 ♉ 10	16 ♒ 38	26 ♐ 0	7 ♋ 33	21 ♊ 34	10 ♐	22 ♏	10 ♒	13 ♌	25 ♑
26	1 ♍ 56	27 ♒ 23	19 ♍ 15	18 ♍ 28	28 ♍ 27	15 ♍ 14	6 ♌ 44	0 ♉ 9	16 ♒ 33	25 ♐ 59	7 ♋ 35	21 ♊ 35	10 ♐	23 ♏	10 ♒	13 ♌	25 ♑
27	2 ♍ 54	9 ♓ 13	19 ♍ 12	18 ♍ 27	29 ♍ 4	16 ♍ 28	7 ♌ 22	0 ♉ 8	16 ♒ 29	25 ♐ 59	7 ♋ 36	21 ♊ 35	10 ♐	23 ♏	10 ♒	14 ♌	25 ♑
28	3 ♍ 52	21 ♓ 0	19 ♍ 9	18 D 27	29 ♍ 38	17 ♍ 42	8 ♌ 0	0 ♉ 7	16 ♒ 25	25 ♐ 58	7 ♋ 37	21 ♊ 36	11 ♐	23 ♏	10 ♒	14 ♌	25 ♑
29	4 ♍ 50	2 ♈ 48	19 ♍ 6	18 ♍ 28	0 ♎ 7	18 ♍ 56	8 ♌ 39	0 ♉ 5	16 ♒ 21	25 ♐ 58	7 ♋ 39	21 ♊ 36	11 ♐	23 ♏	9 ♒	15 ♌	25 ♑
30	5 ♍ 48	14 ♈ 39	19 ♍ 2	18 ♍ 28	0 ♎ 32	20 ♍ 10	9 ♌ 17	0 ♉ 4	16 ♒ 17	25 ♐ 58	7 ♋ 40	21 ♊ 37	11 ♐	24 ♏	9 ♒	15 ♌	25 ♑
31	6 ♍ 46	26 ♈ 37	18 ♍ 59	18 ♍ 30	0 ♎ 52	21 ♍ 24	9 ♌ 55	0 ♉ 2	16 ♒ 13	25 ♐ 57	7 ♋ 42	21 ♊ 37	11 ♐	24 ♏	9 ♒	15 ♌	25 ♑

SUN INGRESS ☉ → ♍ 23日 23:36

MOON PHASE ◑ 4日 23:03 ♉　● 11日 21:58 ♌　◐ 18日 13:27 ♏　○ 26日 10:02 ♓

aspects		
1日	16:48	☿△♃
4日	02:05	♀☍♄
6日	14:15	☿⚹♆
6日	15:30	♀⚹♇
10日	14:30	♀△♅
11日	03:38	☉☍♄
13日	18:33	♀△♃
15日	02:42	☉⚹♇
15日	18:54	♂□♃
18日	00:56	☿□♇
19日	16:08	♀⚹♆
19日	21:36	☉△♅
22日	18:41	☿□♅
24日	04:24	☉△♃
31日	04:15	♀□♇
31日	23:30	☉⚹♆

1904年9月

DAY	☉	☽	☊ mean	☊ true	☿	♀	♂	♃	♄	♅	♆	♇	⚳	⚴	⚵	⚶	⚷
	° ′	° ′	° ′	° ′	° ′	° ′	° ′	° ′	° ′	° ′	° ′	° ′	°	°	°	°	°
1	7 ♍ 44	8 ♉ 44	18 ♍ 56	18 D 31	1 D 7	22 D 38	10 D 33	29 R 59	16 R 9	25 R 57	7 D 43	21 D 38	11 D	24 D	9 R	16 D	25 R
2	8 ♍ 42	21 ♉ 5	18 ♍ 53	18 ♍ 31	1 ♎ 16	23 ♍ 52	11 ♌ 11	29 ♈ 57	16 ♒ 5	25 ♐ 57	7 ♋ 44	21 ♊ 38	12 ♐	24 ♏	9 ♒	16 ♌	25 ♑
3	9 ♍ 40	3 ♊ 43	18 ♍ 50	18 ♍ 32	1 ♎ 20	25 ♍ 7	11 ♌ 49	29 ♈ 54	16 ♒ 1	25 ♐ 57	7 ♋ 45	21 ♊ 39	12 ♐	25 ♏	8 ♒	17 ♌	25 ♑
4	10 ♍ 38	16 ♊ 43	18 ♍ 46	18 R 32	1 R 18	26 ♍ 21	12 ♌ 28	29 ♈ 52	15 ♒ 57	25 ♐ 57	7 ♋ 47	21 ♊ 39	12 ♐	25 ♏	8 ♒	17 ♌	25 ♑
5	11 ♍ 37	0 ♋ 7	18 ♍ 43	18 ♍ 32	1 ♎ 10	27 ♍ 35	13 ♌ 6	29 ♈ 49	15 ♒ 53	25 ♐ 57	7 ♋ 48	21 ♊ 39	12 ♐	25 ♏	8 ♒	18 ♌	25 ♑
6	12 ♍ 35	13 ♋ 58	18 ♍ 40	18 ♍ 31	0 ♎ 55	28 ♍ 49	13 ♌ 44	29 ♈ 46	15 ♒ 49	25 D 57	7 ♋ 49	21 ♊ 40	12 ♐	26 ♏	8 ♒	18 ♌	25 ♑
7	13 ♍ 33	28 ♋ 15	18 ♍ 37	18 ♍ 30	0 ♎ 34	0 ♎ 3	14 ♌ 22	29 ♈ 42	15 ♒ 46	25 ♐ 57	7 ♋ 50	21 ♊ 40	12 ♐	26 ♏	8 ♒	19 ♌	25 ♑
8	14 ♍ 31	12 ♌ 55	18 ♍ 34	18 ♍ 30	0 ♎ 7	1 ♎ 17	15 ♌ 0	29 ♈ 39	15 ♒ 42	25 ♐ 57	7 ♋ 51	21 ♊ 40	13 ♐	26 ♏	8 ♒	19 ♌	24 ♑
9	15 ♍ 30	27 ♌ 55	18 ♍ 31	18 ♍ 30	29 ♍ 33	2 ♎ 31	15 ♌ 38	29 ♈ 35	15 ♒ 38	25 ♐ 57	7 ♋ 52	21 ♊ 41	13 ♐	27 ♏	8 ♒	20 ♌	24 ♑
10	16 ♍ 28	13 ♍ 5	18 ♍ 27	18 ♍ 30	28 ♍ 53	3 ♎ 45	16 ♌ 16	29 ♈ 31	15 ♒ 35	25 ♐ 57	7 ♋ 53	21 ♊ 41	13 ♐	27 ♏	7 ♒	20 ♌	24 ♑
11	17 ♍ 26	28 ♍ 16	18 ♍ 24	18 D 30	28 ♍ 7	5 ♎ 0	16 ♌ 53	29 ♈ 27	15 ♒ 31	25 ♐ 58	7 ♋ 54	21 ♊ 41	13 ♐	27 ♏	7 ♒	20 ♌	24 ♑
12	18 ♍ 25	13 ♎ 20	18 ♍ 21	18 ♍ 30	27 ♍ 16	6 ♎ 14	17 ♌ 31	29 ♈ 23	15 ♒ 28	25 ♐ 58	7 ♋ 55	21 ♊ 42	14 ♐	27 ♏	7 ♒	21 ♌	24 ♑
13	19 ♍ 23	28 ♎ 7	18 ♍ 18	18 R 30	26 ♍ 20	7 ♎ 28	18 ♌ 9	29 ♈ 18	15 ♒ 25	25 ♐ 58	7 ♋ 56	21 ♊ 42	14 ♐	28 ♏	7 ♒	21 ♌	24 ♑
14	20 ♍ 22	12 ♏ 32	18 ♍ 15	18 ♍ 29	25 ♍ 21	8 ♎ 42	18 ♌ 47	29 ♈ 14	15 ♒ 21	25 ♐ 59	7 ♋ 57	21 ♊ 42	14 ♐	28 ♏	7 ♒	22 ♌	24 ♑
15	21 ♍ 20	26 ♏ 31	18 ♍ 12	18 ♍ 29	24 ♍ 19	9 ♎ 56	19 ♌ 25	29 ♈ 9	15 ♒ 18	25 ♐ 59	7 ♋ 58	21 ♊ 42	14 ♐	28 ♏	7 ♒	22 ♌	24 ♑
16	22 ♍ 19	10 ♐ 4	18 ♍ 8	18 ♍ 29	23 ♍ 16	11 ♎ 10	20 ♌ 2	29 ♈ 4	15 ♒ 15	26 ♐ 0	7 ♋ 59	21 ♊ 42	15 ♐	29 ♏	7 ♒	23 ♌	24 ♑
17	23 ♍ 17	23 ♐ 11	18 ♍ 5	18 D 29	22 ♍ 14	12 ♎ 24	20 ♌ 40	28 ♈ 59	15 ♒ 12	26 ♐ 0	8 ♋ 0	21 ♊ 42	15 ♐	29 ♏	7 ♒	23 ♌	24 ♑
18	24 ♍ 16	5 ♑ 55	18 ♍ 2	18 ♍ 29	21 ♍ 13	13 ♎ 38	21 ♌ 18	28 ♈ 54	15 ♒ 9	26 ♐ 1	8 ♋ 1	21 ♊ 43	15 ♐	29 ♏	7 ♒	24 ♌	24 ♑
19	25 ♍ 14	18 ♑ 21	17 ♍ 59	18 ♍ 29	20 ♍ 16	14 ♎ 52	21 ♌ 55	28 ♈ 48	15 ♒ 6	26 ♐ 1	8 ♋ 2	21 ♊ 43	15 ♐	0 ♐	7 ♒	24 ♌	24 ♑
20	26 ♍ 13	0 ♒ 32	17 ♍ 56	18 ♍ 30	19 ♍ 23	16 ♎ 6	22 ♌ 33	28 ♈ 43	15 ♒ 3	26 ♐ 2	8 ♋ 2	21 ♊ 43	15 ♐	0 ♐	7 ♒	24 ♌	24 ♑
21	27 ♍ 12	12 ♒ 32	17 ♍ 52	18 ♍ 31	18 ♍ 37	17 ♎ 21	23 ♌ 10	28 ♈ 37	15 ♒ 0	26 ♐ 3	8 ♋ 3	21 ♊ 43	16 ♐	0 ♐	6 ♒	25 ♌	24 ♑
22	28 ♍ 10	24 ♒ 24	17 ♍ 49	18 ♍ 32	17 ♍ 58	18 ♎ 35	23 ♌ 48	28 ♈ 31	14 ♒ 58	26 ♐ 4	8 ♋ 4	21 ♊ 43	16 ♐	1 ♐	6 ♒	25 ♌	24 ♑
23	29 ♍ 9	6 ♓ 13	17 ♍ 46	18 ♍ 33	17 ♍ 28	19 ♎ 49	24 ♌ 25	28 ♈ 25	14 ♒ 55	26 ♐ 5	8 ♋ 4	21 R 43	16 ♐	1 ♐	6 ♒	26 ♌	24 ♑
24	0 ♎ 8	18 ♓ 1	17 ♍ 43	18 ♍ 33	17 ♍ 6	21 ♎ 3	25 ♌ 3	28 ♈ 19	14 ♒ 53	26 ♐ 6	8 ♋ 5	21 ♊ 43	17 ♐	1 ♐	6 ♒	26 ♌	24 ♑
25	1 ♎ 6	29 ♓ 50	17 ♍ 40	18 R 33	16 ♍ 55	22 ♎ 17	25 ♌ 40	28 ♈ 12	14 ♒ 50	26 ♐ 7	8 ♋ 6	21 ♊ 43	17 ♐	2 ♐	6 ♒	27 ♌	24 ♑
26	2 ♎ 5	11 ♈ 42	17 ♍ 37	18 ♍ 32	16 D 53	23 ♎ 31	26 ♌ 18	28 ♈ 6	14 ♒ 48	26 ♐ 8	8 ♋ 6	21 ♊ 43	17 ♐	2 ♐	6 ♒	27 ♌	24 ♑
27	3 ♎ 4	23 ♈ 41	17 ♍ 33	18 ♍ 30	17 ♍ 2	24 ♎ 45	26 ♌ 55	27 ♈ 59	14 ♒ 46	26 ♐ 9	8 ♋ 7	21 ♊ 42	17 ♐	2 ♐	6 ♒	28 ♌	24 ♑
28	4 ♎ 3	5 ♉ 47	17 ♍ 30	18 ♍ 28	17 ♍ 20	25 ♎ 59	27 ♌ 32	27 ♈ 53	14 ♒ 44	26 ♐ 10	8 ♋ 7	21 ♊ 42	18 ♐	3 ♐	6 D	28 ♌	24 ♑
29	5 ♎ 2	18 ♉ 3	17 ♍ 27	18 ♍ 25	17 ♍ 48	27 ♎ 13	28 ♌ 10	27 ♈ 46	14 ♒ 41	26 ♐ 11	8 ♋ 8	21 ♊ 42	18 ♐	3 ♐	6 ♒	28 ♌	24 ♑
30	6 ♎ 1	0 ♊ 32	17 ♍ 24	18 ♍ 23	18 ♍ 26	28 ♎ 27	28 ♌ 47	27 ♈ 39	14 ♒ 40	26 ♐ 12	8 ♋ 8	21 ♊ 42	18 ♐	3 ♐	6 ♒	29 ♌	24 ♑

SUN INGRESS　☉ → ♎ 23日 20:40

MOON PHASE　◑ 3日 11:58 ♊　● 10日 05:43 ♍　◐ 17日 00:13 ♐　○ 25日 02:50 ♈

aspects		
3日	16:15	♀□♅
7日	07:29	☿☌♀
9日	00:22	♂☍♄
13日	08:56	☿□♅
13日	09:23	♀□♆
15日	09:05	☉□♇
16日	11:27	☉☌☿
17日	12:19	☿□♇
18日	15:53	♂⚹♇
19日	04:15	♀△♄
19日	19:35	☉□♅
24日	12:58	♀△♇
25日	17:24	♂△♅
28日	03:39	♀⚹♅
28日	11:05	♂△♃
29日	09:48	♀☍♃
30日	13:05	♀⚹♂

1904年10月

DAY	☉	☽	☊ mean	☊ true	☿	♀	♂	♃	♄	♅	♆	♇	⚳	⚴	⚵	⚶	⚷
	° ′	° ′	° ′	° ′	° ′	° ′	° ′	° ′	° ′	° ′	° ′	° ′	°	°	°	°	°
1	7 ♎ 0	13 ♊ 14	17 ♍ 21	18 R 21	19 D 12	29 D 41	29 D 24	27 R 32	14 R 38	26 D 14	8 D 8	21 R 42	18 D	4 D	6 D	29 D	24 R
2	7 ♎ 59	26 ♊ 14	17 ♍ 18	18 ♍ 19	20 ♍ 7	0 ♏ 55	0 ♍ 1	27 ♈ 25	14 ♒ 36	26 ♐ 15	8 ♋ 9	21 ♊ 42	19 ♐	4 ♐	6 ♒	0 ♍	24 ♑
3	8 ♎ 58	9 ♋ 33	17 ♍ 14	18 D 19	21 ♍ 9	2 ♏ 9	0 ♍ 38	27 ♈ 17	14 ♒ 34	26 ♐ 16	8 ♋ 9	21 ♊ 41	19 ♐	4 ♐	6 ♒	0 ♍	24 D
4	9 ♎ 57	23 ♋ 14	17 ♍ 11	18 ♍ 20	22 ♍ 18	3 ♏ 23	1 ♍ 16	27 ♈ 10	14 ♒ 33	26 ♐ 18	8 ♋ 9	21 ♊ 41	19 ♐	5 ♐	6 ♒	1 ♍	24 ♑
5	10 ♎ 56	7 ♌ 17	17 ♍ 8	18 ♍ 21	23 ♍ 32	4 ♏ 37	1 ♍ 53	27 ♈ 2	14 ♒ 31	26 ♐ 19	8 ♋ 10	21 ♊ 41	20 ♐	5 ♐	7 ♒	1 ♍	24 ♑
6	11 ♎ 55	21 ♌ 41	17 ♍ 5	18 ♍ 22	24 ♍ 52	5 ♏ 51	2 ♍ 30	26 ♈ 55	14 ♒ 30	26 ♐ 21	8 ♋ 10	21 ♊ 41	20 ♐	5 ♐	7 ♒	1 ♍	24 ♑
7	12 ♎ 55	6 ♍ 24	17 ♍ 2	18 ♍ 23	26 ♍ 17	7 ♏ 5	3 ♍ 7	26 ♈ 47	14 ♒ 28	26 ♐ 22	8 ♋ 10	21 ♊ 40	20 ♐	6 ♐	7 ♒	2 ♍	24 ♑
8	13 ♎ 54	21 ♍ 22	16 ♍ 58	18 R 24	27 ♍ 45	8 ♏ 19	3 ♍ 44	26 ♈ 40	14 ♒ 27	26 ♐ 24	8 ♋ 10	21 ♊ 40	20 ♐	6 ♐	7 ♒	2 ♍	24 ♑
9	14 ♎ 53	6 ♎ 26	16 ♍ 55	18 ♍ 23	29 ♍ 17	9 ♏ 33	4 ♍ 21	26 ♈ 32	14 ♒ 26	26 ♐ 25	8 ♋ 10	21 ♊ 40	21 ♐	6 ♐	7 ♒	3 ♍	24 ♑
10	15 ♎ 52	21 ♎ 28	16 ♍ 52	18 ♍ 20	0 ♎ 52	10 ♏ 47	4 ♍ 58	26 ♈ 24	14 ♒ 25	26 ♐ 27	8 ♋ 11	21 ♊ 39	21 ♐	7 ♐	7 ♒	3 ♍	24 ♑
11	16 ♎ 52	6 ♏ 19	16 ♍ 49	18 ♍ 17	2 ♎ 29	12 ♏ 1	5 ♍ 35	26 ♈ 16	14 ♒ 24	26 ♐ 29	8 ♋ 11	21 ♊ 39	21 ♐	7 ♐	7 ♒	4 ♍	24 ♑
12	17 ♎ 51	20 ♏ 52	16 ♍ 46	18 ♍ 13	4 ♎ 7	13 ♏ 14	6 ♍ 11	26 ♈ 8	14 ♒ 23	26 ♐ 31	8 ♋ 11	21 ♊ 38	22 ♐	7 ♐	7 ♒	4 ♍	24 ♑
13	18 ♎ 51	5 ♐ 0	16 ♍ 43	18 ♍ 8	5 ♎ 47	14 ♏ 28	6 ♍ 48	26 ♈ 0	14 ♒ 22	26 ♐ 33	8 R 11	21 ♊ 38	22 ♐	8 ♐	7 ♒	4 ♍	24 ♑
14	19 ♎ 50	18 ♐ 40	16 ♍ 39	18 ♍ 4	7 ♎ 29	15 ♏ 42	7 ♍ 25	25 ♈ 52	14 ♒ 22	26 ♐ 34	8 ♋ 11	21 ♊ 38	22 ♐	8 ♐	7 ♒	5 ♍	24 ♑
15	20 ♎ 50	1 ♑ 53	16 ♍ 36	18 ♍ 1	9 ♎ 11	16 ♏ 56	8 ♍ 2	25 ♈ 44	14 ♒ 21	26 ♐ 36	8 ♋ 10	21 ♊ 37	23 ♐	9 ♐	7 ♒	5 ♍	24 ♑
16	21 ♎ 49	14 ♑ 41	16 ♍ 33	17 ♍ 59	10 ♎ 53	18 ♏ 10	8 ♍ 38	25 ♈ 36	14 ♒ 21	26 ♐ 38	8 ♋ 10	21 ♊ 37	23 ♐	9 ♐	8 ♒	6 ♍	24 ♑
17	22 ♎ 49	27 ♑ 6	16 ♍ 30	17 D 59	12 ♎ 36	19 ♏ 24	9 ♍ 15	25 ♈ 28	14 ♒ 21	26 ♐ 40	8 ♋ 10	21 ♊ 36	23 ♐	9 ♐	8 ♒	6 ♍	24 ♑
18	23 ♎ 48	9 ♒ 15	16 ♍ 27	18 ♍ 0	14 ♎ 19	20 ♏ 38	9 ♍ 52	25 ♈ 20	14 ♒ 20	26 ♐ 43	8 ♋ 10	21 ♊ 36	24 ♐	10 ♐	8 ♒	7 ♍	24 ♑
19	24 ♎ 48	21 ♒ 12	16 ♍ 23	18 ♍ 2	16 ♎ 2	21 ♏ 52	10 ♍ 28	25 ♈ 12	14 ♒ 20	26 ♐ 45	8 ♋ 10	21 ♊ 35	24 ♐	10 ♐	8 ♒	7 ♍	24 ♑
20	25 ♎ 47	3 ♓ 1	16 ♍ 20	18 ♍ 4	17 ♎ 45	23 ♏ 6	11 ♍ 5	25 ♈ 3	14 D 20	26 ♐ 47	8 ♋ 10	21 ♊ 34	24 ♐	10 ♐	8 ♒	7 ♍	24 ♑
21	26 ♎ 47	14 ♓ 48	16 ♍ 17	18 ♍ 5	19 ♎ 28	24 ♏ 19	11 ♍ 41	24 ♈ 55	14 ♒ 20	26 ♐ 49	8 ♋ 9	21 ♊ 34	25 ♐	11 ♐	8 ♒	8 ♍	24 ♑
22	27 ♎ 47	26 ♓ 37	16 ♍ 14	18 R 4	21 ♎ 11	25 ♏ 33	12 ♍ 18	24 ♈ 47	14 ♒ 20	26 ♐ 51	8 ♋ 9	21 ♊ 33	25 ♐	11 ♐	8 ♒	8 ♍	24 ♑
23	28 ♎ 47	8 ♈ 30	16 ♍ 11	18 ♍ 2	22 ♎ 53	26 ♏ 47	12 ♍ 54	24 ♈ 39	14 ♒ 21	26 ♐ 53	8 ♋ 9	21 ♊ 33	25 ♐	11 ♐	9 ♒	9 ♍	24 ♑
24	29 ♎ 46	20 ♈ 30	16 ♍ 8	17 ♍ 58	24 ♎ 35	28 ♏ 1	13 ♍ 31	24 ♈ 31	14 ♒ 21	26 ♐ 56	8 ♋ 8	21 ♊ 32	26 ♐	12 ♐	9 ♒	9 ♍	24 ♑
25	0 ♏ 46	2 ♉ 40	16 ♍ 4	17 ♍ 52	26 ♎ 16	29 ♏ 15	14 ♍ 7	24 ♈ 23	14 ♒ 22	26 ♐ 58	8 ♋ 8	21 ♊ 31	26 ♐	12 ♐	9 ♒	10 ♍	24 ♑
26	1 ♏ 46	15 ♉ 1	16 ♍ 1	17 ♍ 44	27 ♎ 57	0 ♐ 28	14 ♍ 43	24 ♈ 15	14 ♒ 22	27 ♐ 1	8 ♋ 7	21 ♊ 31	26 ♐	13 ♐	9 ♒	10 ♍	24 ♑
27	2 ♏ 46	27 ♉ 33	15 ♍ 58	17 ♍ 36	29 ♎ 38	1 ♐ 42	15 ♍ 20	24 ♈ 7	14 ♒ 23	27 ♐ 3	8 ♋ 7	21 ♊ 30	27 ♐	13 ♐	9 ♒	10 ♍	24 ♑
28	3 ♏ 46	10 ♊ 17	15 ♍ 55	17 ♍ 28	1 ♏ 18	2 ♐ 56	15 ♍ 56	23 ♈ 59	14 ♒ 24	27 ♐ 5	8 ♋ 6	21 ♊ 29	27 ♐	13 ♐	10 ♒	11 ♍	25 ♑
29	4 ♏ 46	23 ♊ 14	15 ♍ 52	17 ♍ 20	2 ♏ 57	4 ♐ 10	16 ♍ 32	23 ♈ 51	14 ♒ 25	27 ♐ 8	8 ♋ 6	21 ♊ 28	27 ♐	14 ♐	10 ♒	11 ♍	25 ♑
30	5 ♏ 45	6 ♋ 23	15 ♍ 49	17 ♍ 14	4 ♏ 36	5 ♐ 23	17 ♍ 8	23 ♈ 44	14 ♒ 26	27 ♐ 11	8 ♋ 5	21 ♊ 28	28 ♐	14 ♐	10 ♒	12 ♍	25 ♑
31	6 ♏ 45	19 ♋ 46	15 ♍ 45	17 ♍ 11	6 ♏ 15	6 ♐ 37	17 ♍ 44	23 ♈ 36	14 ♒ 27	27 ♐ 13	8 ♋ 5	21 ♊ 27	28 ♐	14 ♐	10 ♒	12 ♍	25 ♑

SUN INGRESS　☉ → ♏ 24日 05:19

MOON PHASE　◑ 2日 22:52 ♋　● 9日 14:25 ♎　◐ 16日 14:54 ♑　○ 24日 19:56 ♉

aspects		
2日	04:06	☉□♆
3日	11:37	☿□♇
7日	01:32	☿□♅
7日	21:17	♀△♆
8日	13:13	☉△♄
9日	15:55	♃△♅
12日	22:05	♀□♄
14日	09:53	☿□♆
15日	05:41	♂⚹♆
15日	19:02	☉△♇
18日	00:16	☿△♄
19日	08:26	☉☍♃
21日	00:47	☉⚹♅
22日	05:15	☿△♇
23日	23:12	☿☍♃
25日	10:13	☿⚹♅
31日	19:23	☉☌☿

1904年11月

DAY	☉	☽	☊ mean	☊ true	☿	♀	♂	♃	♄	♅	♆	♇	⚳	⚴	⚵	⚶	⚷
	° ′	° ′	° ′	° ′	° ′	° ′	° ′	° ′	° ′	° ′	° ′	° ′	°	°	°	°	°
1	7 ♏ 46	3 ♌ 23	15 ♍ 42	17 R 9	7 D 53	7 D 51	18 D 20	23 R 28	14 D 28	27 D 16	8 R 4	21 R 26	28 D	15 D	10 D	13 D	25 D
2	8 ♏ 46	17 ♌ 15	15 ♍ 39	17 D 10	9 ♏ 30	9 ♐ 4	18 ♍ 56	23 ♈ 21	14 ♒ 29	27 ♐ 18	8 ♋ 3	21 ♊ 25	29 ♐	15 ♐	11 ♒	13 ♍	25 ♑
3	9 ♏ 46	1 ♍ 23	15 ♍ 36	17 ♍ 11	11 ♏ 8	10 ♐ 18	19 ♍ 32	23 ♈ 13	14 ♒ 31	27 ♐ 21	8 ♋ 3	21 ♊ 25	29 ♐	16 ♐	11 ♒	13 ♍	25 ♑
4	10 ♏ 46	15 ♍ 45	15 ♍ 33	17 ♍ 11	12 ♏ 44	11 ♐ 32	20 ♍ 8	23 ♈ 6	14 ♒ 32	27 ♐ 24	8 ♋ 2	21 ♊ 24	29 ♐	16 ♐	11 ♒	14 ♍	25 ♑
5	11 ♏ 46	0 ♎ 20	15 ♍ 29	17 R 11	14 ♏ 21	12 ♐ 45	20 ♍ 44	22 ♈ 58	14 ♒ 34	27 ♐ 27	8 ♋ 1	21 ♊ 23	0 ♑	16 ♐	11 ♒	14 ♍	25 ♑
6	12 ♏ 46	15 ♎ 3	15 ♍ 26	17 ♍ 8	15 ♏ 57	13 ♐ 59	21 ♍ 20	22 ♈ 51	14 ♒ 35	27 ♐ 29	8 ♋ 0	21 ♊ 22	0 ♑	17 ♐	12 ♒	14 ♍	25 ♑
7	13 ♏ 46	29 ♎ 47	15 ♍ 23	17 ♍ 2	17 ♏ 32	15 ♐ 13	21 ♍ 56	22 ♈ 44	14 ♒ 37	27 ♐ 32	8 ♋ 0	21 ♊ 21	0 ♑	17 ♐	12 ♒	15 ♍	25 ♑
8	14 ♏ 47	14 ♏ 26	15 ♍ 20	16 ♍ 54	19 ♏ 7	16 ♐ 26	22 ♍ 32	22 ♈ 37	14 ♒ 39	27 ♐ 35	7 ♋ 59	21 ♊ 20	1 ♑	18 ♐	12 ♒	15 ♍	25 ♑
9	15 ♏ 47	28 ♏ 52	15 ♍ 17	16 ♍ 45	20 ♏ 42	17 ♐ 40	23 ♍ 7	22 ♈ 30	14 ♒ 41	27 ♐ 38	7 ♋ 58	21 ♊ 19	1 ♑	18 ♐	12 ♒	16 ♍	25 ♑
10	16 ♏ 47	12 ♐ 58	15 ♍ 14	16 ♍ 34	22 ♏ 17	18 ♐ 53	23 ♍ 43	22 ♈ 24	14 ♒ 43	27 ♐ 41	7 ♋ 57	21 ♊ 18	1 ♑	18 ♐	13 ♒	16 ♍	25 ♑
11	17 ♏ 48	26 ♐ 40	15 ♍ 10	16 ♍ 25	23 ♏ 51	20 ♐ 7	24 ♍ 19	22 ♈ 17	14 ♒ 46	27 ♐ 44	7 ♋ 56	21 ♊ 17	2 ♑	19 ♐	13 ♒	17 ♍	25 ♑
12	18 ♏ 48	9 ♑ 56	15 ♍ 7	16 ♍ 17	25 ♏ 25	21 ♐ 20	24 ♍ 54	22 ♈ 11	14 ♒ 48	27 ♐ 47	7 ♋ 55	21 ♊ 16	2 ♑	19 ♐	13 ♒	17 ♍	25 ♑
13	19 ♏ 49	22 ♑ 47	15 ♍ 4	16 ♍ 11	26 ♏ 58	22 ♐ 34	25 ♍ 30	22 ♈ 4	14 ♒ 50	27 ♐ 50	7 ♋ 54	21 ♊ 15	2 ♑	19 ♐	14 ♒	17 ♍	25 ♑
14	20 ♏ 49	5 ♒ 16	15 ♍ 1	16 ♍ 7	28 ♏ 31	23 ♐ 47	26 ♍ 5	21 ♈ 58	14 ♒ 53	27 ♐ 53	7 ♋ 53	21 ♊ 15	3 ♑	20 ♐	14 ♒	18 ♍	25 ♑
15	21 ♏ 49	17 ♒ 26	14 ♍ 58	16 ♍ 6	0 ♐ 4	25 ♐ 1	26 ♍ 41	21 ♈ 52	14 ♒ 55	27 ♐ 56	7 ♋ 52	21 ♊ 14	3 ♑	20 ♐	14 ♒	18 ♍	25 ♑
16	22 ♏ 50	29 ♒ 23	14 ♍ 55	16 D 6	1 ♐ 37	26 ♐ 14	27 ♍ 16	21 ♈ 46	14 ♒ 58	27 ♐ 59	7 ♋ 51	21 ♊ 13	4 ♑	21 ♐	14 ♒	19 ♍	25 ♑
17	23 ♏ 50	11 ♓ 12	14 ♍ 51	16 ♍ 7	3 ♐ 9	27 ♐ 28	27 ♍ 51	21 ♈ 40	15 ♒ 1	28 ♐ 2	7 ♋ 50	21 ♊ 12	4 ♑	21 ♐	15 ♒	19 ♍	25 ♑
18	24 ♏ 51	22 ♓ 59	14 ♍ 48	16 R 7	4 ♐ 42	28 ♐ 41	28 ♍ 27	21 ♈ 35	15 ♒ 4	28 ♐ 5	7 ♋ 49	21 ♊ 10	4 ♑	21 ♐	15 ♒	19 ♍	25 ♑
19	25 ♏ 51	4 ♈ 49	14 ♍ 45	16 ♍ 5	6 ♐ 13	29 ♐ 54	29 ♍ 2	21 ♈ 29	15 ♒ 7	28 ♐ 9	7 ♋ 47	21 ♊ 9	5 ♑	22 ♐	15 ♒	20 ♍	25 ♑
20	26 ♏ 52	16 ♈ 47	14 ♍ 42	16 ♍ 1	7 ♐ 45	1 ♑ 8	29 ♍ 37	21 ♈ 24	15 ♒ 10	28 ♐ 12	7 ♋ 46	21 ♊ 8	5 ♑	22 ♐	16 ♒	20 ♍	25 ♑
21	27 ♏ 53	28 ♈ 55	14 ♍ 39	15 ♍ 54	9 ♐ 17	2 ♑ 21	0 ♎ 12	21 ♈ 19	15 ♒ 13	28 ♐ 15	7 ♋ 45	21 ♊ 7	5 ♑	23 ♐	16 ♒	20 ♍	26 ♑
22	28 ♏ 53	11 ♉ 17	14 ♍ 35	15 ♍ 44	10 ♐ 48	3 ♑ 34	0 ♎ 47	21 ♈ 14	15 ♒ 16	28 ♐ 18	7 ♋ 44	21 ♊ 6	6 ♑	23 ♐	16 ♒	21 ♍	26 ♑
23	29 ♏ 54	23 ♉ 54	14 ♍ 32	15 ♍ 32	12 ♐ 19	4 ♑ 48	1 ♎ 22	21 ♈ 9	15 ♒ 19	28 ♐ 22	7 ♋ 43	21 ♊ 5	6 ♑	23 ♐	17 ♒	21 ♍	26 ♑
24	0 ♐ 54	6 ♊ 46	14 ♍ 29	15 ♍ 19	13 ♐ 50	6 ♑ 1	1 ♎ 57	21 ♈ 5	15 ♒ 23	28 ♐ 25	7 ♋ 41	21 ♊ 4	6 ♑	24 ♐	17 ♒	22 ♍	26 ♑
25	1 ♐ 55	19 ♊ 52	14 ♍ 26	15 ♍ 6	15 ♐ 20	7 ♑ 14	2 ♎ 32	21 ♈ 0	15 ♒ 26	28 ♐ 28	7 ♋ 40	21 ♊ 3	7 ♑	24 ♐	17 ♒	22 ♍	26 ♑
26	2 ♐ 56	3 ♋ 11	14 ♍ 23	14 ♍ 54	16 ♐ 50	8 ♑ 27	3 ♎ 7	20 ♈ 56	15 ♒ 30	28 ♐ 32	7 ♋ 39	21 ♊ 2	7 ♑	25 ♐	18 ♒	22 ♍	26 ♑
27	3 ♐ 57	16 ♋ 40	14 ♍ 20	14 ♍ 45	18 ♐ 20	9 ♑ 40	3 ♎ 41	20 ♈ 52	15 ♒ 34	28 ♐ 35	7 ♋ 37	21 ♊ 1	8 ♑	25 ♐	18 ♒	23 ♍	26 ♑
28	4 ♐ 57	0 ♌ 19	14 ♍ 16	14 ♍ 38	19 ♐ 50	10 ♑ 53	4 ♎ 16	20 ♈ 48	15 ♒ 37	28 ♐ 38	7 ♋ 36	21 ♊ 0	8 ♑	25 ♐	18 ♒	23 ♍	26 ♑
29	5 ♐ 58	14 ♌ 5	14 ♍ 13	14 ♍ 34	21 ♐ 19	12 ♑ 6	4 ♎ 51	20 ♈ 45	15 ♒ 41	28 ♐ 42	7 ♋ 35	20 ♊ 59	8 ♑	26 ♐	19 ♒	23 ♍	26 ♑
30	6 ♐ 59	27 ♌ 59	14 ♍ 10	14 ♍ 33	22 ♐ 48	13 ♑ 19	5 ♎ 25	20 ♈ 41	15 ♒ 45	28 ♐ 45	7 ♋ 33	20 ♊ 57	9 ♑	26 ♐	19 ♒	24 ♍	26 ♑

SUN INGRESS	☉ → ♐ 23日 02:16
MOON PHASE	◑ 1日 08:13 ♌　● 8日 00:37 ♏　◐ 15日 09:35 ♒　○ 23日 12:12 ♊　◑ 30日 16:38 ♍

aspects		
1日	02:44	☿△♆
1日	07:18	☉△♆
5日	03:20	☿□♄
6日	01:12	♂□♇
6日	12:13	♀⚹♄
7日	20:55	☉□♄
11日	11:33	☿⚹♂
11日	22:45	☿☍♇
12日	15:04	♀△♃
17日	08:09	♂□♅
17日	11:50	♀☌♅
17日	14:56	♀□♂
24日	04:33	♃⚹♇
25日	01:43	☿⚹♄
25日	08:25	♀☍♆
26日	10:06	☉⚹♂
28日	15:08	☿△♃
28日	18:35	♀☍♇

1904年12月

DAY	☉	☽	☊ mean	☊ true	☿	♀	♂	♃	♄	♅	♆	♇	⚳	⚴	⚵	⚶	⚷
	° ′	° ′	° ′	° ′	° ′	° ′	° ′	° ′	° ′	° ′	° ′	° ′	°	°	°	°	°
1	8 ♐ 0	12 ♍ 0	14 ♍ 7	14 D 33	24 D 16	14 D 32	6 D 0	20 R 38	15 D 49	28 D 49	7 R 32	20 R 56	9 D	27 D	19 D	24 D	26 D
2	9 ♐ 1	26 ♍ 7	14 ♍ 4	14 R 32	25 ♐ 44	15 ♑ 45	6 ♎ 34	20 ♈ 35	15 ♒ 53	28 ♐ 52	7 ♋ 30	20 ♊ 55	9 ♑	27 ♐	20 ♒	25 ♍	26 ♑
3	10 ♐ 1	10 ♎ 20	14 ♍ 0	14 ♍ 31	27 ♐ 11	16 ♑ 58	7 ♎ 9	20 ♈ 32	15 ♒ 58	28 ♐ 55	7 ♋ 29	20 ♊ 54	10 ♑	27 ♐	20 ♒	25 ♍	26 ♑
4	11 ♐ 2	24 ♎ 37	13 ♍ 57	14 ♍ 26	28 ♐ 37	18 ♑ 11	7 ♎ 43	20 ♈ 30	16 ♒ 2	28 ♐ 59	7 ♋ 27	20 ♊ 53	10 ♑	28 ♐	20 ♒	25 ♍	26 ♑
5	12 ♐ 3	8 ♏ 55	13 ♍ 54	14 ♍ 19	0 ♑ 2	19 ♑ 24	8 ♎ 17	20 ♈ 27	16 ♒ 6	29 ♐ 2	7 ♋ 26	20 ♊ 52	11 ♑	28 ♐	21 ♒	26 ♍	26 ♑
6	13 ♐ 4	23 ♏ 9	13 ♍ 51	14 ♍ 9	1 ♑ 27	20 ♑ 37	8 ♎ 51	20 ♈ 25	16 ♒ 11	29 ♐ 6	7 ♋ 24	20 ♊ 51	11 ♑	29 ♐	21 ♒	26 ♍	26 ♑
7	14 ♐ 5	7 ♐ 14	13 ♍ 48	13 ♍ 57	2 ♑ 50	21 ♑ 49	9 ♎ 26	20 ♈ 23	16 ♒ 15	29 ♐ 9	7 ♋ 23	20 ♊ 49	11 ♑	29 ♐	22 ♒	26 ♍	27 ♑
8	15 ♐ 6	21 ♐ 4	13 ♍ 45	13 ♍ 44	4 ♑ 11	23 ♑ 2	10 ♎ 0	20 ♈ 21	16 ♒ 20	29 ♐ 13	7 ♋ 21	20 ♊ 48	12 ♑	29 ♐	22 ♒	27 ♍	27 ♑
9	16 ♐ 7	4 ♑ 36	13 ♍ 41	13 ♍ 31	5 ♑ 31	24 ♑ 15	10 ♎ 34	20 ♈ 19	16 ♒ 24	29 ♐ 17	7 ♋ 20	20 ♊ 47	12 ♑	0 ♑	22 ♒	27 ♍	27 ♑
10	17 ♐ 8	17 ♑ 46	13 ♍ 38	13 ♍ 20	6 ♑ 50	25 ♑ 27	11 ♎ 7	20 ♈ 18	16 ♒ 29	29 ♐ 20	7 ♋ 18	20 ♊ 46	13 ♑	0 ♑	23 ♒	27 ♍	27 ♑
11	18 ♐ 9	0 ♒ 35	13 ♍ 35	13 ♍ 11	8 ♑ 6	26 ♑ 40	11 ♎ 41	20 ♈ 17	16 ♒ 34	29 ♐ 24	7 ♋ 17	20 ♊ 45	13 ♑	0 ♑	23 ♒	28 ♍	27 ♑
12	19 ♐ 10	13 ♒ 3	13 ♍ 32	13 ♍ 5	9 ♑ 19	27 ♑ 52	12 ♎ 15	20 ♈ 16	16 ♒ 39	29 ♐ 27	7 ♋ 15	20 ♊ 44	13 ♑	1 ♑	23 ♒	28 ♍	27 ♑
13	20 ♐ 11	25 ♒ 14	13 ♍ 29	13 ♍ 2	10 ♑ 29	29 ♑ 5	12 ♎ 49	20 ♈ 15	16 ♒ 44	29 ♐ 31	7 ♋ 14	20 ♊ 42	14 ♑	1 ♑	24 ♒	28 ♍	27 ♑
14	21 ♐ 12	7 ♓ 12	13 ♍ 26	13 ♍ 1	11 ♑ 36	0 ♒ 17	13 ♎ 22	20 ♈ 14	16 ♒ 49	29 ♐ 34	7 ♋ 12	20 ♊ 41	14 ♑	2 ♑	24 ♒	29 ♍	27 ♑
15	22 ♐ 13	19 ♓ 2	13 ♍ 22	13 D 0	12 ♑ 39	1 ♒ 30	13 ♎ 56	20 ♈ 14	16 ♒ 54	29 ♐ 38	7 ♋ 10	20 ♊ 40	14 ♑	2 ♑	25 ♒	29 ♍	27 ♑
16	23 ♐ 14	0 ♈ 49	13 ♍ 19	13 R 1	13 ♑ 37	2 ♒ 42	14 ♎ 29	20 ♈ 14	16 ♒ 59	29 ♐ 42	7 ♋ 9	20 ♊ 39	15 ♑	2 ♑	25 ♒	29 ♍	27 ♑
17	24 ♐ 15	12 ♈ 40	13 ♍ 16	12 ♍ 59	14 ♑ 29	3 ♒ 54	15 ♎ 2	20 D 14	17 ♒ 4	29 ♐ 45	7 ♋ 7	20 ♊ 38	15 ♑	3 ♑	25 ♒	0 ♎	27 ♑
18	25 ♐ 16	24 ♈ 39	13 ♍ 13	12 ♍ 56	15 ♑ 16	5 ♒ 6	15 ♎ 36	20 ♈ 14	17 ♒ 10	29 ♐ 49	7 ♋ 5	20 ♊ 37	16 ♑	3 ♑	26 ♒	0 ♎	27 ♑
19	26 ♐ 17	6 ♉ 52	13 ♍ 10	12 ♍ 50	15 ♑ 56	6 ♒ 18	16 ♎ 9	20 ♈ 15	17 ♒ 15	29 ♐ 52	7 ♋ 4	20 ♊ 35	16 ♑	4 ♑	26 ♒	0 ♎	27 ♑
20	27 ♐ 19	19 ♉ 22	13 ♍ 6	12 ♍ 41	16 ♑ 27	7 ♒ 30	16 ♎ 42	20 ♈ 15	17 ♒ 20	29 ♐ 56	7 ♋ 2	20 ♊ 34	16 ♑	4 ♑	27 ♒	1 ♎	28 ♑
21	28 ♐ 20	2 ♊ 10	13 ♍ 3	12 ♍ 30	16 ♑ 51	8 ♒ 42	17 ♎ 15	20 ♈ 16	17 ♒ 26	0 ♑ 0	7 ♋ 0	20 ♊ 33	17 ♑	4 ♑	27 ♒	1 ♎	28 ♑
22	29 ♐ 21	15 ♊ 19	13 ♍ 0	12 ♍ 17	17 ♑ 4	9 ♒ 54	17 ♎ 48	20 ♈ 17	17 ♒ 31	0 ♑ 3	6 ♋ 59	20 ♊ 32	17 ♑	5 ♑	28 ♒	1 ♎	28 ♑
23	0 ♑ 22	28 ♊ 47	12 ♍ 57	12 ♍ 5	17 R 7	11 ♒ 6	18 ♎ 20	20 ♈ 19	17 ♒ 37	0 ♑ 7	6 ♋ 57	20 ♊ 31	18 ♑	5 ♑	28 ♒	1 ♎	28 ♑
24	1 ♑ 23	12 ♋ 31	12 ♍ 54	11 ♍ 53	16 ♑ 59	12 ♒ 17	18 ♎ 53	20 ♈ 20	17 ♒ 43	0 ♑ 11	6 ♋ 55	20 ♊ 30	18 ♑	6 ♑	28 ♒	2 ♎	28 ♑
25	2 ♑ 24	26 ♋ 27	12 ♍ 51	11 ♍ 44	16 ♑ 39	13 ♒ 29	19 ♎ 26	20 ♈ 22	17 ♒ 49	0 ♑ 14	6 ♋ 54	20 ♊ 29	18 ♑	6 ♑	29 ♒	2 ♎	28 ♑
26	3 ♑ 25	10 ♌ 31	12 ♍ 47	11 ♍ 37	16 ♑ 8	14 ♒ 40	19 ♎ 58	20 ♈ 24	17 ♒ 54	0 ♑ 18	6 ♋ 52	20 ♊ 27	19 ♑	6 ♑	29 ♒	2 ♎	28 ♑
27	4 ♑ 26	24 ♌ 40	12 ♍ 44	11 ♍ 34	15 ♑ 25	15 ♒ 52	20 ♎ 30	20 ♈ 26	18 ♒ 0	0 ♑ 21	6 ♋ 50	20 ♊ 26	19 ♑	7 ♑	0 ♓	3 ♎	28 ♑
28	5 ♑ 27	8 ♍ 50	12 ♍ 41	11 ♍ 33	14 ♑ 31	17 ♒ 3	21 ♎ 3	20 ♈ 28	18 ♒ 6	0 ♑ 25	6 ♋ 49	20 ♊ 25	20 ♑	7 ♑	0 ♓	3 ♎	28 ♑
29	6 ♑ 29	22 ♍ 59	12 ♍ 38	11 D 33	13 ♑ 27	18 ♒ 14	21 ♎ 35	20 ♈ 31	18 ♒ 12	0 ♑ 29	6 ♋ 47	20 ♊ 24	20 ♑	8 ♑	1 ♓	3 ♎	28 ♑
30	7 ♑ 30	7 ♎ 5	12 ♍ 35	11 ♍ 33	12 ♑ 15	19 ♒ 25	22 ♎ 7	20 ♈ 34	18 ♒ 18	0 ♑ 32	6 ♋ 45	20 ♊ 23	20 ♑	8 ♑	1 ♓	3 ♎	28 ♑
31	8 ♑ 31	21 ♎ 8	12 ♍ 32	11 R 33	10 ♑ 57	20 ♒ 36	22 ♎ 39	20 ♈ 37	18 ♒ 24	0 ♑ 36	6 ♋ 43	20 ♊ 22	21 ♑	8 ♑	1 ♓	4 ♎	28 ♑

SUN INGRESS	☉ → ♑ 22日 15:14
MOON PHASE	● 7日 12:46 ♐　◐ 15日 07:07 ♓　○ 23日 03:01 ♋　◑ 30日 00:46 ♎

aspects		
3日	13:33	♂□♆
4日	06:27	☿☌♅
5日	20:15	♀□♃
9日	07:24	☉⚹♄
10日	08:48	☿☍♆
13日	01:32	☉△♃
13日	12:06	☉☍♇
21日	09:52	♂△♄
22日	17:48	☉☌♅
26日	20:30	♂☍♃
26日	20:58	♂△♇
27日	01:14	♃⚹♇
28日	23:13	♀☌♄
29日	06:58	☉☍♆
30日	19:10	♀△♇
31日	00:07	♀⚹♃

1905年1月

DAY	☉	☽	☊ mean	☊ true	☿	♀	♂	♃	♄	♅	♆	♇	⚳	⚴	⚵	⚶	⚷
	° ′	° ′	° ′	° ′	° ′	° ′	° ′	° ′	° ′	° ′	° ′	° ′	°	°	°	°	°
1	9 ♑ 32	5 ♏ 6	12 ♍ 28	11 R 30	9 R 37	21 D 47	23 D 11	20 D 40	18 D 30	0 D 39	6 R 42	20 R 21	21 D	9 D	2 D	4 D	28 D
2	10 ♑ 33	19 ♏ 0	12 ♍ 25	11 ♍ 24	8 ♑ 15	22 ♒ 58	23 ♎ 43	20 ♈ 43	18 ♒ 36	0 ♑ 43	6 ♋ 40	20 ♊ 20	22 ♑	9 ♑	2 ♓	4 ♎	29 ♑
3	11 ♑ 34	2 ♐ 46	12 ♍ 22	11 ♍ 17	6 ♑ 56	24 ♒ 9	24 ♎ 14	20 ♈ 47	18 ♒ 43	0 ♑ 47	6 ♋ 38	20 ♊ 18	22 ♑	10 ♑	3 ♓	4 ♎	29 ♑
4	12 ♑ 36	16 ♐ 23	12 ♍ 19	11 ♍ 7	5 ♑ 41	25 ♒ 19	24 ♎ 46	20 ♈ 50	18 ♒ 49	0 ♑ 50	6 ♋ 37	20 ♊ 17	22 ♑	10 ♑	3 ♓	5 ♎	29 ♑
5	13 ♑ 37	29 ♐ 48	12 ♍ 16	10 ♍ 56	4 ♑ 32	26 ♒ 30	25 ♎ 17	20 ♈ 54	18 ♒ 55	0 ♑ 54	6 ♋ 35	20 ♊ 16	23 ♑	10 ♑	4 ♓	5 ♎	29 ♑
6	14 ♑ 38	12 ♑ 59	12 ♍ 12	10 ♍ 46	3 ♑ 32	27 ♒ 40	25 ♎ 49	20 ♈ 58	19 ♒ 2	0 ♑ 57	6 ♋ 33	20 ♊ 15	23 ♑	11 ♑	4 ♓	5 ♎	29 ♑
7	15 ♑ 39	25 ♑ 54	12 ♍ 9	10 ♍ 37	2 ♑ 41	28 ♒ 50	26 ♎ 20	21 ♈ 3	19 ♒ 8	1 ♑ 1	6 ♋ 32	20 ♊ 14	24 ♑	11 ♑	5 ♓	5 ♎	29 ♑
8	16 ♑ 40	8 ♒ 32	12 ♍ 6	10 ♍ 30	1 ♑ 59	0 ♓ 1	26 ♎ 51	21 ♈ 7	19 ♒ 14	1 ♑ 4	6 ♋ 30	20 ♊ 13	24 ♑	12 ♑	5 ♓	6 ♎	29 ♑
9	17 ♑ 41	20 ♒ 54	12 ♍ 3	10 ♍ 25	1 ♑ 28	1 ♓ 11	27 ♎ 22	21 ♈ 12	19 ♒ 21	1 ♑ 8	6 ♋ 28	20 ♊ 12	24 ♑	12 ♑	5 ♓	6 ♎	29 ♑
10	18 ♑ 43	3 ♓ 2	12 ♍ 0	10 ♍ 23	1 ♑ 7	2 ♓ 20	27 ♎ 52	21 ♈ 17	19 ♒ 28	1 ♑ 11	6 ♋ 27	20 ♊ 11	25 ♑	12 ♑	6 ♓	6 ♎	29 ♑
11	19 ♑ 44	14 ♓ 59	11 ♍ 57	10 D 23	0 ♑ 55	3 ♓ 30	28 ♎ 23	21 ♈ 22	19 ♒ 34	1 ♑ 15	6 ♋ 25	20 ♊ 10	25 ♑	13 ♑	6 ♓	6 ♎	29 ♑
12	20 ♑ 45	26 ♓ 46	11 ♍ 53	10 ♍ 24	0 D 52	4 ♓ 40	28 ♎ 53	21 ♈ 27	19 ♒ 41	1 ♑ 18	6 ♋ 23	20 ♊ 9	25 ♑	13 ♑	7 ♓	6 ♎	29 ♑
13	21 ♑ 46	8 ♈ 36	11 ♍ 50	10 ♍ 25	0 ♑ 58	5 ♓ 49	29 ♎ 24	21 ♈ 32	19 ♒ 47	1 ♑ 22	6 ♋ 22	20 ♊ 8	26 ♑	13 ♑	7 ♓	7 ♎	29 ♑
14	22 ♑ 47	20 ♈ 26	11 ♍ 47	10 ♍ 26	1 ♑ 11	6 ♓ 58	29 ♎ 54	21 ♈ 38	19 ♒ 54	1 ♑ 25	6 ♋ 20	20 ♊ 7	26 ♑	14 ♑	8 ♓	7 ♎	0 ♒
15	23 ♑ 48	2 ♉ 25	11 ♍ 44	10 R 25	1 ♑ 32	8 ♓ 7	0 ♏ 24	21 ♈ 44	20 ♒ 1	1 ♑ 29	6 ♋ 18	20 ♊ 6	27 ♑	14 ♑	8 ♓	7 ♎	0 ♒
16	24 ♑ 49	14 ♉ 37	11 ♍ 41	10 ♍ 23	2 ♑ 0	9 ♓ 16	0 ♏ 54	21 ♈ 50	20 ♒ 8	1 ♑ 32	6 ♋ 17	20 ♊ 5	27 ♑	15 ♑	9 ♓	7 ♎	0 ♒
17	25 ♑ 51	27 ♉ 7	11 ♍ 38	10 ♍ 19	2 ♑ 33	10 ♓ 25	1 ♏ 24	21 ♈ 56	20 ♒ 14	1 ♑ 36	6 ♋ 15	20 ♊ 4	27 ♑	15 ♑	9 ♓	7 ♎	0 ♒
18	26 ♑ 52	9 ♊ 59	11 ♍ 34	10 ♍ 13	3 ♑ 12	11 ♓ 34	1 ♏ 53	22 ♈ 2	20 ♒ 21	1 ♑ 39	6 ♋ 14	20 ♊ 3	28 ♑	15 ♑	10 ♓	7 ♎	0 ♒
19	27 ♑ 53	23 ♊ 15	11 ♍ 31	10 ♍ 6	3 ♑ 56	12 ♓ 42	2 ♏ 23	22 ♈ 8	20 ♒ 28	1 ♑ 42	6 ♋ 12	20 ♊ 3	28 ♑	16 ♑	10 ♓	8 ♎	0 ♒
20	28 ♑ 54	6 ♋ 55	11 ♍ 28	9 ♍ 59	4 ♑ 44	13 ♓ 50	2 ♏ 52	22 ♈ 15	20 ♒ 35	1 ♑ 46	6 ♋ 11	20 ♊ 2	29 ♑	16 ♑	11 ♓	8 ♎	0 ♒
21	29 ♑ 55	20 ♋ 56	11 ♍ 25	9 ♍ 52	5 ♑ 36	14 ♓ 58	3 ♏ 21	22 ♈ 22	20 ♒ 42	1 ♑ 49	6 ♋ 9	20 ♊ 1	29 ♑	17 ♑	11 ♓	8 ♎	0 ♒
22	0 ♒ 56	5 ♌ 16	11 ♍ 22	9 ♍ 47	6 ♑ 31	16 ♓ 6	3 ♏ 50	22 ♈ 29	20 ♒ 49	1 ♑ 52	6 ♋ 8	20 ♊ 0	29 ♑	17 ♑	12 ♓	8 ♎	0 ♒
23	1 ♒ 57	19 ♌ 47	11 ♍ 18	9 ♍ 43	7 ♑ 30	17 ♓ 14	4 ♏ 19	22 ♈ 36	20 ♒ 56	1 ♑ 55	6 ♋ 6	19 ♊ 59	0 ♒	17 ♑	12 ♓	8 ♎	0 ♒
24	2 ♒ 58	4 ♍ 24	11 ♍ 15	9 ♍ 42	8 ♑ 32	18 ♓ 21	4 ♏ 47	22 ♈ 43	21 ♒ 3	1 ♑ 59	6 ♋ 5	19 ♊ 58	0 ♒	18 ♑	13 ♓	8 ♎	0 ♒
25	3 ♒ 59	19 ♍ 0	11 ♍ 12	9 D 42	9 ♑ 36	19 ♓ 28	5 ♏ 16	22 ♈ 50	21 ♒ 10	2 ♑ 2	6 ♋ 3	19 ♊ 57	1 ♒	18 ♑	13 ♓	8 ♎	0 ♒
26	5 ♒ 0	3 ♎ 31	11 ♍ 9	9 ♍ 43	10 ♑ 43	20 ♓ 35	5 ♏ 44	22 ♈ 58	21 ♒ 17	2 ♑ 5	6 ♋ 2	19 ♊ 57	1 ♒	18 ♑	14 ♓	9 ♎	1 ♒
27	6 ♒ 1	17 ♎ 51	11 ♍ 6	9 ♍ 45	11 ♑ 51	21 ♓ 42	6 ♏ 12	23 ♈ 6	21 ♒ 24	2 ♑ 8	6 ♋ 0	19 ♊ 56	1 ♒	19 ♑	14 ♓	9 ♎	1 ♒
28	7 ♒ 2	1 ♏ 59	11 ♍ 3	9 ♍ 46	13 ♑ 2	22 ♓ 49	6 ♏ 40	23 ♈ 14	21 ♒ 31	2 ♑ 11	5 ♋ 59	19 ♊ 55	2 ♒	19 ♑	15 ♓	9 ♎	1 ♒
29	8 ♒ 3	15 ♏ 54	10 ♍ 59	9 R 45	14 ♑ 15	23 ♓ 55	7 ♏ 8	23 ♈ 22	21 ♒ 38	2 ♑ 15	5 ♋ 57	19 ♊ 54	2 ♒	20 ♑	15 ♓	9 ♎	1 ♒
30	9 ♒ 4	29 ♏ 35	10 ♍ 56	9 ♍ 44	15 ♑ 30	25 ♓ 1	7 ♏ 35	23 ♈ 30	21 ♒ 45	2 ♑ 18	5 ♋ 56	19 ♊ 54	3 ♒	20 ♑	16 ♓	9 ♎	1 ♒
31	10 ♒ 5	13 ♐ 2	10 ♍ 53	9 ♍ 41	16 ♑ 46	26 ♓ 7	8 ♏ 3	23 ♈ 38	21 ♒ 52	2 ♑ 21	5 ♋ 55	19 ♊ 53	3 ♒	20 ♑	16 ♓	9 ♎	1 ♒

SUN INGRESS ☉ → ♒ 21日 01:52

MOON PHASE ● 6日 03:17 ♑ ◐ 14日 05:11 ♈ ○ 21日 16:14 ♌ ◑ 28日 09:20 ♏

aspects

1日	00:46	☉☌☿
3日	03:26	♀△♂
3日	05:31	☿☍♆
8日	23:03	♀⚹♅
9日	04:24	☿⚹♀
9日	18:31	☿☌♅
12日	18:03	☉□♃
13日	11:01	♀△♆
14日	19:42	☿☌♅
15日	16:59	♄△♇
17日	10:52	♂⚹♅
21日	14:15	☿☍♆
25日	10:19	♀□♇
26日	14:13	♂△♆
27日	08:19	☉□♂

1905年2月

DAY	☉	☽	☊ mean	☊ true	☿	♀	♂	♃	♄	♅	♆	♇	⚳	⚴	⚵	⚶	⚷
	° ′	° ′	° ′	° ′	° ′	° ′	° ′	° ′	° ′	° ′	° ′	° ′	°	°	°	°	°
1	11 ♒ 5	26 ♐ 15	10 ♍ 50	9 R 37	18 D 3	27 D 12	8 D 30	23 D 47	21 D 59	2 D 24	5 R 53	19 R 52	3 D	21 D	17 D	9 D	1 D
2	12 ♒ 6	9 ♑ 16	10 ♍ 47	9 ♍ 32	19 ♑ 22	28 ♓ 17	8 ♏ 56	23 ♈ 55	22 ♒ 7	2 ♑ 27	5 ♋ 52	19 ♊ 52	4 ♒	21 ♑	17 ♓	9 ♎	1 ♒
3	13 ♒ 7	22 ♑ 3	10 ♍ 44	9 ♍ 27	20 ♑ 42	29 ♓ 22	9 ♏ 23	24 ♈ 4	22 ♒ 14	2 ♑ 30	5 ♋ 51	19 ♊ 51	4 ♒	21 ♑	18 ♓	9 ♎	1 ♒
4	14 ♒ 8	4 ♒ 37	10 ♍ 40	9 ♍ 23	22 ♑ 3	0 ♈ 27	9 ♏ 50	24 ♈ 13	22 ♒ 21	2 ♑ 33	5 ♋ 49	19 ♊ 50	5 ♒	22 ♑	18 ♓	9 ♎	1 ♒
5	15 ♒ 9	16 ♒ 59	10 ♍ 37	9 ♍ 20	23 ♑ 26	1 ♈ 31	10 ♏ 16	24 ♈ 22	22 ♒ 28	2 ♑ 36	5 ♋ 48	19 ♊ 50	5 ♒	22 ♑	19 ♓	9 ♎	1 ♒
6	16 ♒ 10	29 ♒ 10	10 ♍ 34	9 ♍ 19	24 ♑ 49	2 ♈ 35	10 ♏ 42	24 ♈ 31	22 ♒ 35	2 ♑ 38	5 ♋ 47	19 ♊ 49	5 ♒	23 ♑	19 ♓	9 ♎	1 ♒
7	17 ♒ 11	11 ♓ 17	10 ♍ 31	9 D 18	26 ♑ 14	3 ♈ 39	11 ♏ 7	24 ♈ 40	22 ♒ 43	2 ♑ 41	5 ♋ 46	19 ♊ 49	6 ♒	23 ♑	20 ♓	9 ♎	2 ♒
8	18 ♒ 11	23 ♓ 4	10 ♍ 28	9 ♍ 19	27 ♑ 40	4 ♈ 43	11 ♏ 33	24 ♈ 50	22 ♒ 50	2 ♑ 44	5 ♋ 45	19 ♊ 48	6 ♒	23 ♑	20 ♓	9 ♎	2 ♒
9	19 ♒ 12	4 ♈ 53	10 ♍ 24	9 ♍ 20	29 ♑ 6	5 ♈ 46	11 ♏ 58	24 ♈ 59	22 ♒ 57	2 ♑ 47	5 ♋ 43	19 ♊ 47	7 ♒	24 ♑	21 ♓	9 ♎	2 ♒
10	20 ♒ 13	16 ♈ 40	10 ♍ 21	9 ♍ 22	0 ♒ 34	6 ♈ 48	12 ♏ 23	25 ♈ 9	23 ♒ 4	2 ♑ 50	5 ♋ 42	19 ♊ 47	7 ♒	24 ♑	21 ♓	9 R	2 ♒
11	21 ♒ 14	28 ♈ 30	10 ♍ 18	9 ♍ 23	2 ♒ 3	7 ♈ 51	12 ♏ 48	25 ♈ 19	23 ♒ 11	2 ♑ 52	5 ♋ 41	19 ♊ 46	7 ♒	24 ♑	22 ♓	9 ♎	2 ♒
12	22 ♒ 14	10 ♉ 28	10 ♍ 15	9 ♍ 25	3 ♒ 32	8 ♈ 53	13 ♏ 12	25 ♈ 29	23 ♒ 19	2 ♑ 55	5 ♋ 40	19 ♊ 46	8 ♒	25 ♑	22 ♓	9 ♎	2 ♒
13	23 ♒ 15	22 ♉ 37	10 ♍ 12	9 ♍ 25	5 ♒ 2	9 ♈ 54	13 ♏ 36	25 ♈ 39	23 ♒ 26	2 ♑ 58	5 ♋ 39	19 ♊ 46	8 ♒	25 ♑	23 ♓	9 ♎	2 ♒
14	24 ♒ 16	5 ♊ 4	10 ♍ 9	9 R 25	6 ♒ 34	10 ♈ 56	14 ♏ 0	25 ♈ 49	23 ♒ 33	3 ♑ 0	5 ♋ 38	19 ♊ 45	8 ♒	25 ♑	23 ♓	9 ♎	2 ♒
15	25 ♒ 16	17 ♊ 51	10 ♍ 5	9 ♍ 24	8 ♒ 6	11 ♈ 56	14 ♏ 24	25 ♈ 59	23 ♒ 40	3 ♑ 3	5 ♋ 37	19 ♊ 45	9 ♒	26 ♑	24 ♓	9 ♎	2 ♒
16	26 ♒ 17	1 ♋ 4	10 ♍ 2	9 ♍ 22	9 ♒ 39	12 ♈ 57	14 ♏ 47	26 ♈ 9	23 ♒ 48	3 ♑ 5	5 ♋ 36	19 ♊ 44	9 ♒	26 ♑	24 ♓	9 ♎	2 ♒
17	27 ♒ 17	14 ♋ 43	9 ♍ 59	9 ♍ 21	11 ♒ 13	13 ♈ 57	15 ♏ 10	26 ♈ 20	23 ♒ 55	3 ♑ 8	5 ♋ 35	19 ♊ 44	10 ♒	27 ♑	25 ♓	9 ♎	2 ♒
18	28 ♒ 18	28 ♋ 48	9 ♍ 56	9 ♍ 19	12 ♒ 48	14 ♈ 56	15 ♏ 33	26 ♈ 30	24 ♒ 2	3 ♑ 10	5 ♋ 34	19 ♊ 44	10 ♒	27 ♑	25 ♓	9 ♎	2 ♒
19	29 ♒ 18	13 ♌ 17	9 ♍ 53	9 ♍ 18	14 ♒ 24	15 ♈ 55	15 ♏ 56	26 ♈ 41	24 ♒ 9	3 ♑ 13	5 ♋ 33	19 ♊ 43	10 ♒	27 ♑	26 ♓	9 ♎	3 ♒
20	0 ♓ 19	28 ♌ 4	9 ♍ 50	9 ♍ 17	16 ♒ 0	16 ♈ 54	16 ♏ 18	26 ♈ 52	24 ♒ 17	3 ♑ 15	5 ♋ 33	19 ♊ 43	11 ♒	28 ♑	27 ♓	9 ♎	3 ♒
21	1 ♓ 19	13 ♍ 3	9 ♍ 46	9 D 17	17 ♒ 38	17 ♈ 51	16 ♏ 39	27 ♈ 3	24 ♒ 24	3 ♑ 17	5 ♋ 32	19 ♊ 43	11 ♒	28 ♑	27 ♓	9 ♎	3 ♒
22	2 ♓ 20	28 ♍ 5	9 ♍ 43	9 ♍ 17	19 ♒ 16	18 ♈ 49	17 ♏ 1	27 ♈ 14	24 ♒ 31	3 ♑ 20	5 ♋ 31	19 ♊ 43	12 ♒	28 ♑	28 ♓	9 ♎	3 ♒
23	3 ♓ 20	13 ♎ 1	9 ♍ 40	9 ♍ 18	20 ♒ 56	19 ♈ 46	17 ♏ 22	27 ♈ 25	24 ♒ 38	3 ♑ 22	5 ♋ 30	19 ♊ 42	12 ♒	29 ♑	28 ♓	9 ♎	3 ♒
24	4 ♓ 20	27 ♎ 45	9 ♍ 37	9 ♍ 18	22 ♒ 36	20 ♈ 42	17 ♏ 43	27 ♈ 36	24 ♒ 45	3 ♑ 24	5 ♋ 30	19 ♊ 42	12 ♒	29 ♑	29 ♓	9 ♎	3 ♒
25	5 ♓ 21	12 ♏ 10	9 ♍ 34	9 ♍ 19	24 ♒ 18	21 ♈ 38	18 ♏ 3	27 ♈ 47	24 ♒ 53	3 ♑ 26	5 ♋ 29	19 ♊ 42	13 ♒	29 ♑	29 ♓	8 ♎	3 ♒
26	6 ♓ 21	26 ♏ 14	9 ♍ 30	9 ♍ 19	26 ♒ 0	22 ♈ 33	18 ♏ 23	27 ♈ 59	25 ♒ 0	3 ♑ 28	5 ♋ 28	19 ♊ 42	13 ♒	0 ♒	0 ♈	8 ♎	3 ♒
27	7 ♓ 21	9 ♐ 56	9 ♍ 27	9 R 19	27 ♒ 44	23 ♈ 28	18 ♏ 43	28 ♈ 10	25 ♒ 7	3 ♑ 30	5 ♋ 28	19 ♊ 41	14 ♒	0 ♒	0 ♈	8 ♎	3 ♒
28	8 ♓ 22	23 ♐ 17	9 ♍ 24	9 ♍ 19	29 ♒ 28	24 ♈ 21	19 ♏ 3	28 ♈ 22	25 ♒ 14	3 ♑ 32	5 ♋ 27	19 ♊ 41	14 ♒	0 ♒	1 ♈	8 ♎	3 ♒

SUN INGRESS ☉ → ♓ 19日 16:21

MOON PHASE ● 4日 20:06 ♒ ◐ 13日 01:20 ♉ ○ 20日 03:52 ♍ ◑ 26日 19:04 ♐

aspects

5日	18:04	☿□♃
6日	01:13	♀□♅
8日	23:11	♀□♆
9日	13:50	☉△♇
13日	04:56	☉☌♄
15日	20:26	☉⚹♃
20日	05:32	☿□♂
21日	08:02	☿⚹♀
22日	06:17	☿△♇
22日	22:29	♀⚹♇
23日	00:47	☉⚹♅
25日	03:13	☉△♆
25日	08:45	☿☌♄
27日	06:53	☿⚹♃

1905年3月

DAY	☉	☽	☊ mean	☊ true	☿	♀	♂	♃	♄	♅	♆	♇	⚳	⚴	⚵	⚶	⚷
	° ′	° ′	° ′	° ′	° ′	° ′	° ′	° ′	° ′	° ′	° ′	° ′	°	°	°	°	°
1	9 ♓ 22	6 ♑ 18	9 ♍ 21	9 D 19	1 D 14	25 D 15	19 D 22	28 D 34	25 D 21	3 D 34	5 R 26	19 R 41	14 D	1 D	1 D	8 R	3 D
2	10 ♓ 22	19 ♑ 1	9 ♍ 18	9 ♍ 19	3 ♓ 0	26 ♈ 7	19 ♏ 40	28 ♈ 45	25 ♒ 28	3 ♑ 36	5 ♋ 26	19 ♊ 41	15 ♒	1 ♒	2 ♈	8 ♎	3 ♒
3	11 ♓ 22	1 ♒ 30	9 ♍ 15	9 ♍ 19	4 ♓ 48	26 ♈ 59	19 ♏ 58	28 ♈ 57	25 ♒ 35	3 ♑ 38	5 ♋ 25	19 ♊ 41	15 ♒	1 ♒	2 ♈	8 ♎	3 ♒
4	12 ♓ 22	13 ♒ 46	9 ♍ 11	9 ♍ 20	6 ♓ 37	27 ♈ 50	20 ♏ 16	29 ♈ 9	25 ♒ 42	3 ♑ 40	5 ♋ 25	19 ♊ 41	15 ♒	2 ♒	3 ♈	7 ♎	4 ♒
5	13 ♓ 22	25 ♒ 53	9 ♍ 8	9 ♍ 20	8 ♓ 26	28 ♈ 41	20 ♏ 33	29 ♈ 21	25 ♒ 49	3 ♑ 42	5 ♋ 24	19 ♊ 41	16 ♒	2 ♒	4 ♈	7 ♎	4 ♒
6	14 ♓ 23	7 ♓ 52	9 ♍ 5	9 ♍ 20	10 ♓ 17	29 ♈ 30	20 ♏ 50	29 ♈ 33	25 ♒ 56	3 ♑ 44	5 ♋ 24	19 D 41	16 ♒	2 ♒	4 ♈	7 ♎	4 ♒
7	15 ♓ 23	19 ♓ 46	9 ♍ 2	9 R 20	12 ♓ 9	0 ♉ 19	21 ♏ 7	29 ♈ 45	26 ♒ 3	3 ♑ 45	5 ♋ 24	19 ♊ 41	17 ♒	3 ♒	5 ♈	7 ♎	4 ♒
8	16 ♓ 23	1 ♈ 35	8 ♍ 59	9 ♍ 19	14 ♓ 2	1 ♉ 7	21 ♏ 23	29 ♈ 58	26 ♒ 10	3 ♑ 47	5 ♋ 23	19 ♊ 41	17 ♒	3 ♒	5 ♈	7 ♎	4 ♒
9	17 ♓ 23	13 ♈ 23	8 ♍ 55	9 ♍ 19	15 ♓ 56	1 ♉ 54	21 ♏ 38	0 ♉ 10	26 ♒ 17	3 ♑ 49	5 ♋ 23	19 ♊ 41	17 ♒	3 ♒	6 ♈	7 ♎	4 ♒
10	18 ♓ 23	25 ♈ 12	8 ♍ 52	9 ♍ 17	17 ♓ 51	2 ♉ 40	21 ♏ 53	0 ♉ 22	26 ♒ 24	3 ♑ 50	5 ♋ 23	19 ♊ 41	18 ♒	4 ♒	6 ♈	6 ♎	4 ♒
11	19 ♓ 23	7 ♉ 5	8 ♍ 49	9 ♍ 16	19 ♓ 47	3 ♉ 25	22 ♏ 8	0 ♉ 35	26 ♒ 31	3 ♑ 52	5 ♋ 22	19 ♊ 41	18 ♒	4 ♒	7 ♈	6 ♎	4 ♒
12	20 ♓ 22	19 ♉ 4	8 ♍ 46	9 ♍ 14	21 ♓ 43	4 ♉ 9	22 ♏ 22	0 ♉ 48	26 ♒ 38	3 ♑ 53	5 ♋ 22	19 ♊ 42	18 ♒	4 ♒	7 ♈	6 ♎	4 ♒
13	21 ♓ 22	1 ♊ 14	8 ♍ 43	9 ♍ 13	23 ♓ 41	4 ♉ 52	22 ♏ 35	1 ♉ 0	26 ♒ 45	3 ♑ 55	5 ♋ 22	19 ♊ 42	19 ♒	5 ♒	8 ♈	6 ♎	4 ♒
14	22 ♓ 22	13 ♊ 38	8 ♍ 40	9 ♍ 12	25 ♓ 39	5 ♉ 34	22 ♏ 49	1 ♉ 13	26 ♒ 51	3 ♑ 56	5 ♋ 22	19 ♊ 42	19 ♒	5 ♒	8 ♈	5 ♎	4 ♒
15	23 ♓ 22	26 ♊ 20	8 ♍ 36	9 D 12	27 ♓ 38	6 ♉ 15	23 ♏ 1	1 ♉ 26	26 ♒ 58	3 ♑ 57	5 ♋ 22	19 ♊ 42	20 ♒	5 ♒	9 ♈	5 ♎	4 ♒
16	24 ♓ 22	9 ♋ 24	8 ♍ 33	9 ♍ 13	29 ♓ 37	6 ♉ 54	23 ♏ 13	1 ♉ 38	27 ♒ 5	3 ♑ 59	5 ♋ 22	19 ♊ 42	20 ♒	6 ♒	10 ♈	5 ♎	4 ♒
17	25 ♓ 21	22 ♋ 54	8 ♍ 30	9 ♍ 14	1 ♈ 36	7 ♉ 33	23 ♏ 25	1 ♉ 51	27 ♒ 12	4 ♑ 0	5 ♋ 22	19 ♊ 43	20 ♒	6 ♒	10 ♈	5 ♎	4 ♒
18	26 ♓ 21	6 ♌ 50	8 ♍ 27	9 ♍ 15	3 ♈ 36	8 ♉ 10	23 ♏ 35	2 ♉ 4	27 ♒ 18	4 ♑ 1	5 D 22	19 ♊ 43	21 ♒	6 ♒	11 ♈	4 ♎	4 ♒
19	27 ♓ 21	21 ♌ 13	8 ♍ 24	9 ♍ 16	5 ♈ 35	8 ♉ 46	23 ♏ 46	2 ♉ 17	27 ♒ 25	4 ♑ 2	5 ♋ 22	19 ♊ 43	21 ♒	7 ♒	11 ♈	4 ♎	4 ♒
20	28 ♓ 20	6 ♍ 0	8 ♍ 21	9 ♍ 17	7 ♈ 34	9 ♉ 20	23 ♏ 56	2 ♉ 30	27 ♒ 32	4 ♑ 3	5 ♋ 22	19 ♊ 44	21 ♒	7 ♒	12 ♈	4 ♎	5 ♒
21	29 ♓ 20	21 ♍ 5	8 ♍ 17	9 R 16	9 ♈ 32	9 ♉ 53	24 ♏ 5	2 ♉ 44	27 ♒ 38	4 ♑ 4	5 ♋ 22	19 ♊ 44	22 ♒	7 ♒	12 ♈	4 ♎	5 ♒
22	0 ♈ 19	6 ♎ 19	8 ♍ 14	9 ♍ 15	11 ♈ 29	10 ♉ 25	24 ♏ 13	2 ♉ 57	27 ♒ 45	4 ♑ 5	5 ♋ 22	19 ♊ 44	22 ♒	7 ♒	13 ♈	3 ♎	5 ♒
23	1 ♈ 19	21 ♎ 32	8 ♍ 11	9 ♍ 13	13 ♈ 25	10 ♉ 55	24 ♏ 21	3 ♉ 10	27 ♒ 51	4 ♑ 6	5 ♋ 22	19 ♊ 45	22 ♒	8 ♒	13 ♈	3 ♎	5 ♒
24	2 ♈ 18	6 ♏ 35	8 ♍ 8	9 ♍ 10	15 ♈ 18	11 ♉ 23	24 ♏ 29	3 ♉ 23	27 ♒ 57	4 ♑ 7	5 ♋ 22	19 ♊ 45	23 ♒	8 ♒	14 ♈	3 ♎	5 ♒
25	3 ♈ 18	21 ♏ 20	8 ♍ 5	9 ♍ 6	17 ♈ 10	11 ♉ 50	24 ♏ 36	3 ♉ 37	28 ♒ 4	4 ♑ 8	5 ♋ 23	19 ♊ 45	23 ♒	8 ♒	15 ♈	3 ♎	5 ♒
26	4 ♈ 17	5 ♐ 39	8 ♍ 1	9 ♍ 4	18 ♈ 58	12 ♉ 15	24 ♏ 42	3 ♉ 50	28 ♒ 10	4 ♑ 9	5 ♋ 23	19 ♊ 46	24 ♒	9 ♒	15 ♈	2 ♎	5 ♒
27	5 ♈ 17	19 ♐ 31	7 ♍ 58	9 ♍ 2	20 ♈ 44	12 ♉ 38	24 ♏ 47	4 ♉ 3	28 ♒ 16	4 ♑ 9	5 ♋ 23	19 ♊ 46	24 ♒	9 ♒	16 ♈	2 ♎	5 ♒
28	6 ♈ 16	2 ♑ 56	7 ♍ 55	9 ♍ 1	22 ♈ 26	13 ♉ 0	24 ♏ 52	4 ♉ 17	28 ♒ 23	4 ♑ 10	5 ♋ 24	19 ♊ 47	24 ♒	9 ♒	16 ♈	2 ♎	5 ♒
29	7 ♈ 15	15 ♑ 55	7 ♍ 52	9 D 1	24 ♈ 4	13 ♉ 19	24 ♏ 56	4 ♉ 30	28 ♒ 29	4 ♑ 11	5 ♋ 24	19 ♊ 47	25 ♒	9 ♒	17 ♈	2 ♎	5 ♒
30	8 ♈ 15	28 ♑ 33	7 ♍ 49	9 ♍ 2	25 ♈ 38	13 ♉ 37	24 ♏ 59	4 ♉ 44	28 ♒ 35	4 ♑ 11	5 ♋ 24	19 ♊ 48	25 ♒	10 ♒	17 ♈	1 ♎	5 ♒
31	9 ♈ 14	10 ♒ 53	7 ♍ 46	9 ♍ 4	27 ♈ 7	13 ♉ 53	25 ♏ 2	4 ♉ 58	28 ♒ 41	4 ♑ 12	5 ♋ 25	19 ♊ 49	25 ♒	10 ♒	18 ♈	1 ♎	5 ♒

SUN INGRESS	☉ → ♈ 21日 15:58
MOON PHASE	● 6日 14:19 ♓　◐ 14日 17:59 ♊　○ 21日 13:55 ♍　◑ 28日 06:35 ♑

aspects		
1日	03:20	♀⚹♄
2日	08:13	☿⚹♅
3日	08:15	☿△♆
6日	02:04	♀☌♃
10日	13:46	☉☌☿
10日	22:58	☿□♇
11日	07:35	☉□♇
11日	15:08	♀△♅
12日	08:58	☿△♂
13日	17:09	♀⚹♆
14日	13:25	☉△♂
18日	05:07	☿□♅
18日	21:19	☿□♆
25日	20:28	☉□♅
26日	10:47	☿⚹♇
27日	02:43	☉□♆
27日	11:11	♃△♅

1905年4月

DAY	☉	☽	☊ mean	☊ true	☿	♀	♂	♃	♄	♅	♆	♇	⚳	⚴	⚵	⚶	⚷
	° ′	° ′	° ′	° ′	° ′	° ′	° ′	° ′	° ′	° ′	° ′	° ′	°	°	°	°	°
1	10 ♈ 13	22 ♒ 59	7 ♍ 42	9 D 5	28 D 31	14 D 6	25 D 4	5 D 11	28 D 47	4 D 12	5 D 25	19 D 49	26 D	10 D	19 D	1 R	5 D
2	11 ♈ 12	4 ♓ 56	7 ♍ 39	9 ♍ 6	29 ♈ 49	14 ♉ 18	25 ♏ 5	5 ♉ 25	28 ♒ 53	4 ♑ 13	5 ♋ 26	19 ♊ 50	26 ♒	11 ♒	19 ♈	1 ♎	5 ♒
3	12 ♈ 11	16 ♓ 47	7 ♍ 36	9 R 6	1 ♉ 2	14 ♉ 27	25 ♏ 6	5 ♉ 39	28 ♒ 59	4 ♑ 13	5 ♋ 26	19 ♊ 50	26 ♒	11 ♒	20 ♈	0 ♎	5 ♒
4	13 ♈ 11	28 ♓ 35	7 ♍ 33	9 ♍ 4	2 ♉ 9	14 ♉ 34	25 R 6	5 ♉ 52	29 ♒ 5	4 ♑ 13	5 ♋ 27	19 ♊ 51	27 ♒	11 ♒	20 ♈	0 ♎	5 ♒
5	14 ♈ 10	10 ♈ 23	7 ♍ 30	9 ♍ 1	3 ♉ 10	14 ♉ 39	25 ♏ 5	6 ♉ 6	29 ♒ 11	4 ♑ 13	5 ♋ 28	19 ♊ 52	27 ♒	11 ♒	21 ♈	0 ♎	5 ♒
6	15 ♈ 9	22 ♈ 12	7 ♍ 26	8 ♍ 56	4 ♉ 5	14 ♉ 42	25 ♏ 3	6 ♉ 20	29 ♒ 17	4 ♑ 14	5 ♋ 28	19 ♊ 52	27 ♒	12 ♒	21 ♈	0 ♎	5 ♒
7	16 ♈ 8	4 ♉ 6	7 ♍ 23	8 ♍ 49	4 ♉ 53	14 R 42	25 ♏ 1	6 ♉ 34	29 ♒ 22	4 ♑ 14	5 ♋ 29	19 ♊ 53	28 ♒	12 ♒	22 ♈	29 ♍	5 ♒
8	17 ♈ 7	16 ♉ 4	7 ♍ 20	8 ♍ 42	5 ♉ 35	14 ♉ 39	24 ♏ 58	6 ♉ 48	29 ♒ 28	4 ♑ 14	5 ♋ 30	19 ♊ 54	28 ♒	12 ♒	23 ♈	29 ♍	5 ♒
9	18 ♈ 6	28 ♉ 11	7 ♍ 17	8 ♍ 35	6 ♉ 10	14 ♉ 35	24 ♏ 54	7 ♉ 2	29 ♒ 34	4 ♑ 14	5 ♋ 30	19 ♊ 54	28 ♒	12 ♒	23 ♈	29 ♍	6 ♒
10	19 ♈ 5	10 ♊ 26	7 ♍ 14	8 ♍ 28	6 ♉ 38	14 ♉ 27	24 ♏ 49	7 ♉ 16	29 ♒ 39	4 R 14	5 ♋ 31	19 ♊ 55	29 ♒	13 ♒	24 ♈	29 ♍	6 ♒
11	20 ♈ 4	22 ♊ 54	7 ♍ 11	8 ♍ 23	7 ♉ 0	14 ♉ 18	24 ♏ 43	7 ♉ 30	29 ♒ 45	4 ♑ 14	5 ♋ 32	19 ♊ 56	29 ♒	13 ♒	24 ♈	29 ♍	6 ♒
12	21 ♈ 2	5 ♋ 36	7 ♍ 7	8 ♍ 20	7 ♉ 16	14 ♉ 5	24 ♏ 37	7 ♉ 44	29 ♒ 50	4 ♑ 14	5 ♋ 33	19 ♊ 57	29 ♒	13 ♒	25 ♈	28 ♍	6 ♒
13	22 ♈ 1	18 ♋ 37	7 ♍ 4	8 ♍ 19	7 ♉ 24	13 ♉ 51	24 ♏ 30	7 ♉ 58	29 ♒ 56	4 ♑ 14	5 ♋ 34	19 ♊ 58	0 ♓	13 ♒	25 ♈	28 ♍	6 ♒
14	23 ♈ 0	1 ♌ 58	7 ♍ 1	8 D 19	7 R 26	13 ♉ 34	24 ♏ 22	8 ♉ 12	0 ♓ 1	4 ♑ 13	5 ♋ 34	19 ♊ 58	0 ♓	14 ♒	26 ♈	28 ♍	6 ♒
15	23 ♈ 59	15 ♌ 43	6 ♍ 58	8 ♍ 21	7 ♉ 22	13 ♉ 14	24 ♏ 14	8 ♉ 26	0 ♓ 6	4 ♑ 13	5 ♋ 35	19 ♊ 59	0 ♓	14 ♒	27 ♈	28 ♍	6 ♒
16	24 ♈ 57	29 ♌ 52	6 ♍ 55	8 ♍ 22	7 ♉ 13	12 ♉ 52	24 ♏ 4	8 ♉ 40	0 ♓ 11	4 ♑ 13	5 ♋ 36	20 ♊ 0	1 ♓	14 ♒	27 ♈	28 ♍	6 ♒
17	25 ♈ 56	14 ♍ 25	6 ♍ 52	8 R 22	6 ♉ 57	12 ♉ 28	23 ♏ 54	8 ♉ 54	0 ♓ 16	4 ♑ 12	5 ♋ 37	20 ♊ 1	1 ♓	14 ♒	28 ♈	27 ♍	6 ♒
18	26 ♈ 55	29 ♍ 19	6 ♍ 48	8 ♍ 20	6 ♉ 36	12 ♉ 2	23 ♏ 44	9 ♉ 9	0 ♓ 21	4 ♑ 12	5 ♋ 38	20 ♊ 2	1 ♓	15 ♒	28 ♈	27 ♍	6 ♒
19	27 ♈ 53	14 ♎ 27	6 ♍ 45	8 ♍ 16	6 ♉ 11	11 ♉ 34	23 ♏ 32	9 ♉ 23	0 ♓ 26	4 ♑ 11	5 ♋ 39	20 ♊ 3	2 ♓	15 ♒	29 ♈	27 ♍	6 ♒
20	28 ♈ 52	29 ♎ 41	6 ♍ 42	8 ♍ 10	5 ♉ 41	11 ♉ 4	23 ♏ 20	9 ♉ 37	0 ♓ 31	4 ♑ 11	5 ♋ 40	20 ♊ 4	2 ♓	15 ♒	0 ♉	27 ♍	6 ♒
21	29 ♈ 50	14 ♏ 49	6 ♍ 39	8 ♍ 3	5 ♉ 8	10 ♉ 32	23 ♏ 7	9 ♉ 51	0 ♓ 36	4 ♑ 10	5 ♋ 42	20 ♊ 5	2 ♓	15 ♒	0 ♉	27 ♍	6 ♒
22	0 ♉ 49	29 ♏ 42	6 ♍ 36	7 ♍ 55	4 ♉ 31	9 ♉ 59	22 ♏ 53	10 ♉ 5	0 ♓ 41	4 ♑ 10	5 ♋ 43	20 ♊ 6	3 ♓	16 ♒	1 ♉	27 ♍	6 ♒
23	1 ♉ 47	14 ♐ 12	6 ♍ 32	7 ♍ 47	3 ♉ 53	9 ♉ 24	22 ♏ 39	10 ♉ 20	0 ♓ 46	4 ♑ 9	5 ♋ 44	20 ♊ 7	3 ♓	16 ♒	1 ♉	26 ♍	6 ♒
24	2 ♉ 46	28 ♐ 14	6 ♍ 29	7 ♍ 41	3 ♉ 13	8 ♉ 48	22 ♏ 24	10 ♉ 34	0 ♓ 50	4 ♑ 8	5 ♋ 45	20 ♊ 8	3 ♓	16 ♒	2 ♉	26 ♍	6 ♒
25	3 ♉ 44	11 ♑ 47	6 ♍ 26	7 ♍ 36	2 ♉ 32	8 ♉ 11	22 ♏ 8	10 ♉ 48	0 ♓ 55	4 ♑ 8	5 ♋ 46	20 ♊ 9	4 ♓	16 ♒	2 ♉	26 ♍	6 ♒
26	4 ♉ 43	24 ♑ 51	6 ♍ 23	7 ♍ 34	1 ♉ 51	7 ♉ 34	21 ♏ 52	11 ♉ 2	0 ♓ 59	4 ♑ 7	5 ♋ 48	20 ♊ 10	4 ♓	16 ♒	3 ♉	26 ♍	6 ♒
27	5 ♉ 41	7 ♒ 30	6 ♍ 20	7 D 34	1 ♉ 11	6 ♉ 56	21 ♏ 35	11 ♉ 17	1 ♓ 4	4 ♑ 6	5 ♋ 49	20 ♊ 11	4 ♓	17 ♒	4 ♉	26 ♍	6 ♒
28	6 ♉ 39	19 ♒ 48	6 ♍ 17	7 ♍ 34	0 ♉ 33	6 ♉ 19	21 ♏ 18	11 ♉ 31	1 ♓ 8	4 ♑ 5	5 ♋ 50	20 ♊ 12	5 ♓	17 ♒	4 ♉	26 ♍	6 ♒
29	7 ♉ 38	1 ♓ 52	6 ♍ 13	7 ♍ 35	29 ♈ 56	5 ♉ 41	21 ♏ 0	11 ♉ 45	1 ♓ 12	4 ♑ 4	5 ♋ 51	20 ♊ 13	5 ♓	17 ♒	5 ♉	26 ♍	6 ♒
30	8 ♉ 36	13 ♓ 45	6 ♍ 10	7 R 35	29 ♈ 22	5 ♉ 3	20 ♏ 41	11 ♉ 59	1 ♓ 17	4 ♑ 3	5 ♋ 53	20 ♊ 14	5 ♓	17 ♒	5 ♉	26 ♍	6 ♒

SUN INGRESS	☉ → ♉ 21日 03:44
MOON PHASE	● 5日 08:23 ♈　◐ 13日 06:41 ♋　○ 19日 22:38 ♎　◑ 26日 20:13 ♒

aspects		
1日	05:22	☿⚹♄
2日	01:37	♃⚹♆
6日	04:12	☿△♅
7日	20:43	☿⚹♆
10日	20:51	☉⚹♇
20日	00:21	☿⚹♆
21日	20:28	☉⚹♄
21日	20:36	♀☌♃
22日	13:45	☿△♅
24日	06:31	☉☌☿
25日	09:30	☉△♅
27日	03:18	☉⚹♆
27日	04:05	☿⚹♄
27日	18:50	☉☌♀
28日	17:30	♀⚹♆

1905年5月

DAY	☉	☽	☊ mean	☊ true	☿	♀	♂	♃	♄	♅	♆	♇	⚳	⚴	⚵	⚶	⚷
	° ′	° ′	° ′	° ′	° ′	° ′	° ′	° ′	° ′	° ′	° ′	° ′	°	°	°	°	°
1	9 ♉ 34	25 ♓ 33	6 ♍ 7	7 R 33	28 R 52	4 R 27	20 R 22	12 D 14	1 D 21	4 R 2	5 D 54	20 D 15	5 D	17 D	6 D	26 R	6 D
2	10 ♉ 32	7 ♈ 20	6 ♍ 4	7 ♍ 29	28 ♈ 25	3 ♉ 51	20 ♏ 2	12 ♉ 28	1 ♓ 25	4 ♑ 1	5 ♋ 56	20 ♊ 16	6 ♓	17 ♒	7 ♉	26 ♍	6 ♒
3	11 ♉ 31	19 ♈ 9	6 ♍ 1	7 ♍ 22	28 ♈ 1	3 ♉ 16	19 ♏ 42	12 ♉ 42	1 ♓ 29	4 ♑ 0	5 ♋ 57	20 ♊ 17	6 ♓	18 ♒	7 ♉	26 ♍	6 ♒
4	12 ♉ 29	1 ♉ 3	5 ♍ 58	7 ♍ 13	27 ♈ 42	2 ♉ 42	19 ♏ 22	12 ♉ 57	1 ♓ 32	3 ♑ 59	5 ♋ 58	20 ♊ 18	6 ♓	18 ♒	8 ♉	25 ♍	6 ♒
5	13 ♉ 27	13 ♉ 4	5 ♍ 54	7 ♍ 2	27 ♈ 28	2 ♉ 10	19 ♏ 1	13 ♉ 11	1 ♓ 36	3 ♑ 57	6 ♋ 0	20 ♊ 19	7 ♓	18 ♒	8 ♉	25 ♍	6 ♒
6	14 ♉ 25	25 ♉ 13	5 ♍ 51	6 ♍ 50	27 ♈ 18	1 ♉ 39	18 ♏ 41	13 ♉ 25	1 ♓ 40	3 ♑ 56	6 ♋ 1	20 ♊ 21	7 ♓	18 ♒	9 ♉	25 ♍	6 ♒
7	15 ♉ 23	7 ♊ 31	5 ♍ 48	6 ♍ 37	27 ♈ 13	1 ♉ 10	18 ♏ 19	13 ♉ 40	1 ♓ 44	3 ♑ 55	6 ♋ 3	20 ♊ 22	7 ♓	18 ♒	9 ♉	25 ♍	6 ♒
8	16 ♉ 21	19 ♊ 59	5 ♍ 45	6 ♍ 26	27 D 12	0 ♉ 43	17 ♏ 58	13 ♉ 54	1 ♓ 47	3 ♑ 54	6 ♋ 5	20 ♊ 23	7 ♓	18 ♒	10 ♉	25 ♍	6 ♒
9	17 ♉ 19	2 ♋ 38	5 ♍ 42	6 ♍ 17	27 ♈ 17	0 ♉ 18	17 ♏ 36	14 ♉ 8	1 ♓ 51	3 ♑ 52	6 ♋ 6	20 ♊ 24	8 ♓	19 ♒	11 ♉	25 ♍	6 ♒
10	18 ♉ 17	15 ♋ 29	5 ♍ 38	6 ♍ 10	27 ♈ 25	29 ♈ 56	17 ♏ 14	14 ♉ 22	1 ♓ 54	3 ♑ 51	6 ♋ 8	20 ♊ 25	8 ♓	19 ♒	11 ♉	25 D	6 ♒
11	19 ♉ 15	28 ♋ 35	5 ♍ 35	6 ♍ 6	27 ♈ 39	29 ♈ 35	16 ♏ 53	14 ♉ 37	1 ♓ 57	3 ♑ 49	6 ♋ 9	20 ♊ 27	8 ♓	19 ♒	12 ♉	25 ♍	6 ♒
12	20 ♉ 13	11 ♌ 55	5 ♍ 32	6 ♍ 5	27 ♈ 57	29 ♈ 17	16 ♏ 31	14 ♉ 51	2 ♓ 0	3 ♑ 48	6 ♋ 11	20 ♊ 28	9 ♓	19 ♒	12 ♉	25 ♍	6 ♒
13	21 ♉ 11	25 ♌ 34	5 ♍ 29	6 D 5	28 ♈ 19	29 ♈ 1	16 ♏ 9	15 ♉ 5	2 ♓ 3	3 ♑ 46	6 ♋ 13	20 ♊ 29	9 ♓	19 ♒	13 ♉	25 ♍	6 ♒
14	22 ♉ 9	9 ♍ 32	5 ♍ 26	6 R 5	28 ♈ 46	28 ♈ 47	15 ♏ 47	15 ♉ 19	2 ♓ 6	3 ♑ 45	6 ♋ 14	20 ♊ 30	9 ♓	19 ♒	14 ♉	25 ♍	6 R
15	23 ♉ 7	23 ♍ 50	5 ♍ 23	6 ♍ 4	29 ♈ 17	28 ♈ 36	15 ♏ 26	15 ♉ 34	2 ♓ 9	3 ♑ 43	6 ♋ 16	20 ♊ 32	9 ♓	19 ♒	14 ♉	25 ♍	6 ♒
16	24 ♉ 5	8 ♎ 25	5 ♍ 19	6 ♍ 1	29 ♈ 52	28 ♈ 27	15 ♏ 4	15 ♉ 48	2 ♓ 12	3 ♑ 41	6 ♋ 18	20 ♊ 33	10 ♓	20 ♒	15 ♉	26 ♍	6 ♒
17	25 ♉ 2	23 ♎ 15	5 ♍ 16	5 ♍ 55	0 ♉ 30	28 ♈ 21	14 ♏ 43	16 ♉ 2	2 ♓ 15	3 ♑ 40	6 ♋ 20	20 ♊ 34	10 ♓	20 ♒	15 ♉	26 ♍	6 ♒
18	26 ♉ 0	8 ♏ 12	5 ♍ 13	5 ♍ 47	1 ♉ 13	28 ♈ 17	14 ♏ 22	16 ♉ 16	2 ♓ 18	3 ♑ 38	6 ♋ 21	20 ♊ 35	10 ♓	20 ♒	16 ♉	26 ♍	6 ♒
19	26 ♉ 58	23 ♏ 9	5 ♍ 10	5 ♍ 37	1 ♉ 59	28 ♈ 16	14 ♏ 1	16 ♉ 30	2 ♓ 20	3 ♑ 36	6 ♋ 23	20 ♊ 37	10 ♓	20 ♒	16 ♉	26 ♍	6 ♒
20	27 ♉ 56	7 ♐ 55	5 ♍ 7	5 ♍ 26	2 ♉ 49	28 D 17	13 ♏ 41	16 ♉ 45	2 ♓ 23	3 ♑ 34	6 ♋ 25	20 ♊ 38	11 ♓	20 ♒	17 ♉	26 ♍	6 ♒
21	28 ♉ 53	22 ♐ 22	5 ♍ 3	5 ♍ 15	3 ♉ 42	28 ♈ 20	13 ♏ 21	16 ♉ 59	2 ♓ 25	3 ♑ 33	6 ♋ 27	20 ♊ 39	11 ♓	20 ♒	18 ♉	26 ♍	6 ♒
22	29 ♉ 51	6 ♑ 25	5 ♍ 0	5 ♍ 6	4 ♉ 39	28 ♈ 25	13 ♏ 1	17 ♉ 13	2 ♓ 27	3 ♑ 31	6 ♋ 29	20 ♊ 41	11 ♓	20 ♒	18 ♉	26 ♍	6 ♒
23	0 ♊ 49	20 ♑ 0	4 ♍ 57	4 ♍ 59	5 ♉ 38	28 ♈ 33	12 ♏ 42	17 ♉ 27	2 ♓ 29	3 ♑ 29	6 ♋ 31	20 ♊ 42	11 ♓	20 ♒	19 ♉	26 ♍	6 ♒
24	1 ♊ 46	3 ♒ 8	4 ♍ 54	4 ♍ 54	6 ♉ 41	28 ♈ 43	12 ♏ 23	17 ♉ 41	2 ♓ 32	3 ♑ 27	6 ♋ 33	20 ♊ 43	12 ♓	20 ♒	19 ♉	26 ♍	6 ♒
25	2 ♊ 44	15 ♒ 50	4 ♍ 51	4 ♍ 52	7 ♉ 47	28 ♈ 55	12 ♏ 5	17 ♉ 55	2 ♓ 34	3 ♑ 25	6 ♋ 34	20 ♊ 45	12 ♓	20 ♒	20 ♉	26 ♍	6 ♒
26	3 ♊ 42	28 ♒ 11	4 ♍ 48	4 ♍ 51	8 ♉ 56	29 ♈ 9	11 ♏ 47	18 ♉ 9	2 ♓ 35	3 ♑ 23	6 ♋ 36	20 ♊ 46	12 ♓	20 ♒	21 ♉	26 ♍	6 ♒
27	4 ♊ 39	10 ♓ 16	4 ♍ 44	4 ♍ 51	10 ♉ 8	29 ♈ 25	11 ♏ 30	18 ♉ 23	2 ♓ 37	3 ♑ 21	6 ♋ 38	20 ♊ 47	12 ♓	21 ♒	21 ♉	27 ♍	6 ♒
28	5 ♊ 37	22 ♓ 10	4 ♍ 41	4 ♍ 51	11 ♉ 22	29 ♈ 43	11 ♏ 13	18 ♉ 37	2 ♓ 39	3 ♑ 19	6 ♋ 40	20 ♊ 49	13 ♓	21 ♒	22 ♉	27 ♍	6 ♒
29	6 ♊ 34	3 ♈ 59	4 ♍ 38	4 ♍ 48	12 ♉ 40	0 ♉ 3	10 ♏ 57	18 ♉ 51	2 ♓ 41	3 ♑ 17	6 ♋ 42	20 ♊ 50	13 ♓	21 ♒	22 ♉	27 ♍	6 ♒
30	7 ♊ 32	15 ♈ 48	4 ♍ 35	4 ♍ 44	14 ♉ 0	0 ♉ 24	10 ♏ 42	19 ♉ 5	2 ♓ 42	3 ♑ 15	6 ♋ 44	20 ♊ 52	13 ♓	21 ♒	23 ♉	27 ♍	6 ♒
31	8 ♊ 29	27 ♈ 40	4 ♍ 32	4 ♍ 37	15 ♉ 23	0 ♉ 48	10 ♏ 27	19 ♉ 19	2 ♓ 44	3 ♑ 13	6 ♋ 46	20 ♊ 53	13 ♓	21 ♒	24 ♉	27 ♍	6 ♒

SUN INGRESS: ☉ → ♊ 22日 03:31

MOON PHASE: ● 5日 00:50 ♉ ◐ 12日 15:46 ♌ ○ 19日 06:36 ♏ ◑ 26日 11:50 ♓

aspects		
1日	16:49	♀△♅
4日	15:17	☉☌♃
5日	23:22	♀⚹♄
9日	05:07	☉☍♂
14日	00:47	☿☌♀
14日	18:37	♂☍♃
19日	10:54	☿⚹♄
20日	19:57	☿△♅
23日	20:42	☿⚹♆
24日	19:31	☉□♄
27日	21:39	☿☍♂

1905年6月

DAY	☉	☽	☊ mean	☊ true	☿	♀	♂	♃	♄	♅	♆	♇	⚳	⚴	⚵	⚶	⚷
	° ′	° ′	° ′	° ′	° ′	° ′	° ′	° ′	° ′	° ′	° ′	° ′	°	°	°	°	°
1	9 ♊ 27	9 ♉ 40	4 ♍ 29	4 R 27	16 D 48	1 D 13	10 R 13	19 D 32	2 D 45	3 R 10	6 D 48	20 D 54	13 D	21 D	24 D	27 D	6 R
2	10 ♊ 24	21 ♉ 49	4 ♍ 25	4 ♍ 15	18 ♉ 16	1 ♉ 39	10 ♏ 0	19 ♉ 46	2 ♓ 46	3 ♑ 8	6 ♋ 50	20 ♊ 56	14 ♓	21 ♒	25 ♉	28 ♍	6 ♒
3	11 ♊ 22	4 ♊ 10	4 ♍ 22	4 ♍ 2	19 ♉ 47	2 ♉ 7	9 ♏ 48	20 ♉ 0	2 ♓ 47	3 ♑ 6	6 ♋ 52	20 ♊ 57	14 ♓	21 ♒	25 ♉	28 ♍	6 ♒
4	12 ♊ 19	16 ♊ 43	4 ♍ 19	3 ♍ 49	21 ♉ 20	2 ♉ 37	9 ♏ 36	20 ♉ 14	2 ♓ 48	3 ♑ 4	6 ♋ 54	20 ♊ 58	14 ♓	21 ♒	26 ♉	28 ♍	6 ♒
5	13 ♊ 17	29 ♊ 29	4 ♍ 16	3 ♍ 37	22 ♉ 56	3 ♉ 8	9 ♏ 25	20 ♉ 27	2 ♓ 49	3 ♑ 2	6 ♋ 56	21 ♊ 0	14 ♓	21 ♒	27 ♉	28 ♍	6 ♒
6	14 ♊ 14	12 ♋ 26	4 ♍ 13	3 ♍ 27	24 ♉ 35	3 ♉ 41	9 ♏ 15	20 ♉ 41	2 ♓ 50	2 ♑ 59	6 ♋ 59	21 ♊ 1	14 ♓	21 ♒	27 ♉	28 ♍	6 ♒
7	15 ♊ 12	25 ♋ 35	4 ♍ 9	3 ♍ 20	26 ♉ 16	4 ♉ 14	9 ♏ 6	20 ♉ 55	2 ♓ 51	2 ♑ 57	7 ♋ 1	21 ♊ 3	15 ♓	21 R	28 ♉	29 ♍	6 ♒
8	16 ♊ 9	8 ♌ 54	4 ♍ 6	3 ♍ 15	28 ♉ 0	4 ♉ 49	8 ♏ 58	21 ♉ 8	2 ♓ 51	2 ♑ 55	7 ♋ 3	21 ♊ 4	15 ♓	21 ♒	28 ♉	29 ♍	6 ♒
9	17 ♊ 7	22 ♌ 26	4 ♍ 3	3 ♍ 14	29 ♉ 46	5 ♉ 26	8 ♏ 50	21 ♉ 22	2 ♓ 52	2 ♑ 52	7 ♋ 5	21 ♊ 6	15 ♓	21 ♒	29 ♉	29 ♍	6 ♒
10	18 ♊ 4	6 ♍ 9	4 ♍ 0	3 D 13	1 ♊ 35	6 ♉ 3	8 ♏ 43	21 ♉ 35	2 ♓ 52	2 ♑ 50	7 ♋ 7	21 ♊ 7	15 ♓	21 ♒	29 ♉	29 ♍	6 ♒
11	19 ♊ 1	20 ♍ 4	3 ♍ 57	3 R 13	3 ♊ 26	6 ♉ 42	8 ♏ 37	21 ♉ 49	2 ♓ 53	2 ♑ 48	7 ♋ 9	21 ♊ 8	15 ♓	21 ♒	0 ♊	29 ♍	6 ♒
12	19 ♊ 59	4 ♎ 12	3 ♍ 54	3 ♍ 13	5 ♊ 20	7 ♉ 21	8 ♏ 32	22 ♉ 2	2 ♓ 53	2 ♑ 45	7 ♋ 11	21 ♊ 10	15 ♓	21 ♒	1 ♊	0 ♎	6 ♒
13	20 ♊ 56	18 ♎ 32	3 ♍ 50	3 ♍ 10	7 ♊ 16	8 ♉ 2	8 ♏ 28	22 ♉ 15	2 ♓ 53	2 ♑ 43	7 ♋ 13	21 ♊ 11	16 ♓	21 ♒	1 ♊	0 ♎	6 ♒
14	21 ♊ 53	3 ♏ 1	3 ♍ 47	3 ♍ 5	9 ♊ 14	8 ♉ 44	8 ♏ 25	22 ♉ 29	2 ♓ 53	2 ♑ 41	7 ♋ 16	21 ♊ 13	16 ♓	21 ♒	2 ♊	0 ♎	6 ♒
15	22 ♊ 50	17 ♏ 34	3 ♍ 44	2 ♍ 58	11 ♊ 14	9 ♉ 26	8 ♏ 22	22 ♉ 42	2 R 53	2 ♑ 38	7 ♋ 18	21 ♊ 14	16 ♓	21 ♒	2 ♊	0 ♎	6 ♒
16	23 ♊ 48	2 ♐ 7	3 ♍ 41	2 ♍ 49	13 ♊ 17	10 ♉ 10	8 ♏ 20	22 ♉ 55	2 ♓ 53	2 ♑ 36	7 ♋ 20	21 ♊ 15	16 ♓	21 ♒	3 ♊	1 ♎	6 ♒
17	24 ♊ 45	16 ♐ 32	3 ♍ 38	2 ♍ 39	15 ♊ 21	10 ♉ 54	8 ♏ 19	23 ♉ 8	2 ♓ 53	2 ♑ 34	7 ♋ 22	21 ♊ 17	16 ♓	21 ♒	4 ♊	1 ♎	6 ♒
18	25 ♊ 42	0 ♑ 43	3 ♍ 35	2 ♍ 29	17 ♊ 27	11 ♉ 40	8 D 19	23 ♉ 21	2 ♓ 52	2 ♑ 31	7 ♋ 24	21 ♊ 18	16 ♓	21 ♒	4 ♊	1 ♎	5 ♒
19	26 ♊ 40	14 ♑ 34	3 ♍ 31	2 ♍ 20	19 ♊ 35	12 ♉ 26	8 ♏ 20	23 ♉ 35	2 ♓ 52	2 ♑ 29	7 ♋ 26	21 ♊ 20	17 ♓	20 ♒	5 ♊	1 ♎	5 ♒
20	27 ♊ 37	28 ♑ 2	3 ♍ 28	2 ♍ 13	21 ♊ 44	13 ♉ 13	8 ♏ 21	23 ♉ 48	2 ♓ 52	2 ♑ 26	7 ♋ 29	21 ♊ 21	17 ♓	20 ♒	5 ♊	2 ♎	5 ♒
21	28 ♊ 34	11 ♒ 6	3 ♍ 25	2 ♍ 9	23 ♊ 54	14 ♉ 1	8 ♏ 23	24 ♉ 0	2 ♓ 51	2 ♑ 24	7 ♋ 31	21 ♊ 22	17 ♓	20 ♒	6 ♊	2 ♎	5 ♒
22	29 ♊ 31	23 ♒ 48	3 ♍ 22	2 ♍ 7	26 ♊ 5	14 ♉ 49	8 ♏ 26	24 ♉ 13	2 ♓ 50	2 ♑ 21	7 ♋ 33	21 ♊ 24	17 ♓	20 ♒	7 ♊	2 ♎	5 ♒
23	0 ♋ 28	6 ♓ 10	3 ♍ 19	2 D 7	28 ♊ 16	15 ♉ 39	8 ♏ 30	24 ♉ 26	2 ♓ 49	2 ♑ 19	7 ♋ 35	21 ♊ 25	17 ♓	20 ♒	7 ♊	3 ♎	5 ♒
24	1 ♋ 26	18 ♓ 17	3 ♍ 15	2 ♍ 7	0 ♋ 27	16 ♉ 29	8 ♏ 35	24 ♉ 39	2 ♓ 48	2 ♑ 17	7 ♋ 38	21 ♊ 27	17 ♓	20 ♒	8 ♊	3 ♎	5 ♒
25	2 ♋ 23	0 ♈ 13	3 ♍ 12	2 ♍ 8	2 ♋ 39	17 ♉ 19	8 ♏ 40	24 ♉ 52	2 ♓ 47	2 ♑ 14	7 ♋ 40	21 ♊ 28	17 ♓	20 ♒	8 ♊	3 ♎	5 ♒
26	3 ♋ 20	12 ♈ 4	3 ♍ 9	2 R 7	4 ♋ 50	18 ♉ 11	8 ♏ 46	25 ♉ 4	2 ♓ 46	2 ♑ 12	7 ♋ 42	21 ♊ 29	17 ♓	20 ♒	9 ♊	3 ♎	5 ♒
27	4 ♋ 17	23 ♈ 55	3 ♍ 6	2 ♍ 5	7 ♋ 0	19 ♉ 3	8 ♏ 53	25 ♉ 17	2 ♓ 45	2 ♑ 9	7 ♋ 44	21 ♊ 31	18 ♓	20 ♒	9 ♊	4 ♎	5 ♒
28	5 ♋ 15	5 ♉ 50	3 ♍ 3	2 ♍ 1	9 ♋ 10	19 ♉ 55	9 ♏ 1	25 ♉ 29	2 ♓ 44	2 ♑ 7	7 ♋ 46	21 ♊ 32	18 ♓	20 ♒	10 ♊	4 ♎	5 ♒
29	6 ♋ 12	17 ♉ 55	3 ♍ 0	1 ♍ 55	11 ♋ 19	20 ♉ 48	9 ♏ 9	25 ♉ 42	2 ♓ 42	2 ♑ 4	7 ♋ 49	21 ♊ 34	18 ♓	19 ♒	11 ♊	4 ♎	5 ♒
30	7 ♋ 9	0 ♊ 12	2 ♍ 56	1 ♍ 47	13 ♋ 26	21 ♉ 42	9 ♏ 18	25 ♉ 54	2 ♓ 41	2 ♑ 2	7 ♋ 51	21 ♊ 35	18 ♓	19 ♒	11 ♊	5 ♎	5 ♒

SUN INGRESS: ☉ → ♋ 22日 11:51

MOON PHASE: ● 3日 14:56 ♊ ◐ 10日 22:04 ♍ ○ 17日 14:51 ♐ ◑ 25日 04:46 ♈

aspects		
3日	03:59	☿☌♃
4日	09:10	♀⚹♄
4日	19:24	♀△♅
9日	03:35	♄⚹♅
10日	16:53	☿□♄
11日	17:41	♀⚹♆
13日	06:33	☉☌♇
13日	13:54	♀☍♂
19日	19:42	☿☌♇
24日	18:51	☉☌☿
24日	19:34	☿☍♅
24日	20:28	☉☍♅
25日	01:34	☿△♄
25日	10:05	☉△♄
27日	08:15	☿☌♆
27日	22:09	☿△♂
30日	18:17	☉☌♆

1905年7月

DAY	☉	☽	☊ mean	☊ true	☿	♀	♂	♃	♄	♅	♆	♇	⚳	⚴	⚵	⚶	⚷
	° ′	° ′	° ′	° ′	° ′	° ′	° ′	° ′	° ′	° ′	° ′	° ′	°	°	°	°	°
1	8 ♋ 6	12 ♊ 43	2 ♍ 53	1 R 38	15 D 32	22 D 36	9 D 28	26 D 6	2 R 39	1 R 59	7 D 53	21 D 36	18 D	19 R	12 D	5 D	5 R
2	9 ♋ 3	25 ♊ 31	2 ♍ 50	1 ♍ 28	17 ♋ 36	23 ♉ 31	9 ♏ 38	26 ♉ 19	2 ♓ 38	1 ♑ 57	7 ♋ 55	21 ♊ 38	18 ♓	19 ♒	12 ♊	5 ♎	5 ♒
3	10 ♋ 1	8 ♋ 34	2 ♍ 47	1 ♍ 20	19 ♋ 39	24 ♉ 26	9 ♏ 49	26 ♉ 31	2 ♓ 36	1 ♑ 55	7 ♋ 58	21 ♊ 39	18 ♓	19 ♒	13 ♊	6 ♎	5 ♒
4	10 ♋ 58	21 ♋ 52	2 ♍ 44	1 ♍ 13	21 ♋ 40	25 ♉ 22	10 ♏ 1	26 ♉ 43	2 ♓ 34	1 ♑ 52	8 ♋ 0	21 ♊ 40	18 ♓	19 ♒	14 ♊	6 ♎	5 ♒
5	11 ♋ 55	5 ♌ 24	2 ♍ 41	1 ♍ 8	23 ♋ 40	26 ♉ 18	10 ♏ 13	26 ♉ 55	2 ♓ 32	1 ♑ 50	8 ♋ 2	21 ♊ 42	18 ♓	18 ♒	14 ♊	6 ♎	5 ♒
6	12 ♋ 52	19 ♌ 6	2 ♍ 37	1 ♍ 5	25 ♋ 37	27 ♉ 15	10 ♏ 26	27 ♉ 7	2 ♓ 30	1 ♑ 47	8 ♋ 4	21 ♊ 43	18 ♓	18 ♒	15 ♊	7 ♎	5 ♒
7	13 ♋ 50	2 ♍ 57	2 ♍ 34	1 D 5	27 ♋ 33	28 ♉ 12	10 ♏ 40	27 ♉ 19	2 ♓ 28	1 ♑ 45	8 ♋ 7	21 ♊ 44	18 ♓	18 ♒	15 ♊	7 ♎	5 ♒
8	14 ♋ 47	16 ♍ 56	2 ♍ 31	1 ♍ 5	29 ♋ 26	29 ♉ 9	10 ♏ 55	27 ♉ 30	2 ♓ 26	1 ♑ 43	8 ♋ 9	21 ♊ 46	18 ♓	18 ♒	16 ♊	7 ♎	5 ♒
9	15 ♋ 44	1 ♎ 1	2 ♍ 28	1 ♍ 7	1 ♌ 18	0 ♊ 7	11 ♏ 10	27 ♉ 42	2 ♓ 23	1 ♑ 40	8 ♋ 11	21 ♊ 47	18 ♓	18 ♒	16 ♊	8 ♎	5 ♒
10	16 ♋ 41	15 ♎ 10	2 ♍ 25	1 ♍ 7	3 ♌ 8	1 ♊ 5	11 ♏ 25	27 ♉ 54	2 ♓ 21	1 ♑ 38	8 ♋ 13	21 ♊ 48	18 ♓	18 ♒	17 ♊	8 ♎	4 ♒
11	17 ♋ 38	29 ♎ 22	2 ♍ 21	1 R 7	4 ♌ 55	2 ♊ 4	11 ♏ 41	28 ♉ 5	2 ♓ 18	1 ♑ 36	8 ♋ 15	21 ♊ 50	18 ♓	17 ♒	18 ♊	8 ♎	4 ♒
12	18 ♋ 36	13 ♏ 35	2 ♍ 18	1 ♍ 4	6 ♌ 41	3 ♊ 3	11 ♏ 58	28 ♉ 17	2 ♓ 16	1 ♑ 33	8 ♋ 18	21 ♊ 51	18 ♓	17 ♒	18 ♊	9 ♎	4 ♒
13	19 ♋ 33	27 ♏ 46	2 ♍ 15	1 ♍ 0	8 ♌ 25	4 ♊ 2	12 ♏ 16	28 ♉ 28	2 ♓ 13	1 ♑ 31	8 ♋ 20	21 ♊ 52	18 ♓	17 ♒	19 ♊	9 ♎	4 ♒
14	20 ♋ 30	11 ♐ 53	2 ♍ 12	0 ♍ 55	10 ♌ 7	5 ♊ 2	12 ♏ 34	28 ♉ 39	2 ♓ 11	1 ♑ 29	8 ♋ 22	21 ♊ 53	18 ♓	17 ♒	19 ♊	10 ♎	4 ♒
15	21 ♋ 27	25 ♐ 50	2 ♍ 9	0 ♍ 49	11 ♌ 47	6 ♊ 2	12 ♏ 52	28 ♉ 50	2 ♓ 8	1 ♑ 27	8 ♋ 24	21 ♊ 55	18 ♓	17 ♒	20 ♊	10 ♎	4 ♒
16	22 ♋ 24	9 ♑ 36	2 ♍ 6	0 ♍ 43	13 ♌ 25	7 ♊ 2	13 ♏ 11	29 ♉ 1	2 ♓ 5	1 ♑ 24	8 ♋ 26	21 ♊ 56	18 R	16 ♒	21 ♊	10 ♎	4 ♒
17	23 ♋ 22	23 ♑ 5	2 ♍ 2	0 ♍ 38	15 ♌ 1	8 ♊ 3	13 ♏ 31	29 ♉ 12	2 ♓ 2	1 ♑ 22	8 ♋ 29	21 ♊ 57	18 ♓	16 ♒	21 ♊	11 ♎	4 ♒
18	24 ♋ 19	6 ♒ 17	1 ♍ 59	0 ♍ 34	16 ♌ 35	9 ♊ 4	13 ♏ 51	29 ♉ 23	1 ♓ 59	1 ♑ 20	8 ♋ 31	21 ♊ 58	18 ♓	16 ♒	22 ♊	11 ♎	4 ♒
19	25 ♋ 16	19 ♒ 10	1 ♍ 56	0 ♍ 32	18 ♌ 7	10 ♊ 5	14 ♏ 11	29 ♉ 34	1 ♓ 56	1 ♑ 18	8 ♋ 33	22 ♊ 0	18 ♓	16 ♒	22 ♊	11 ♎	4 ♒
20	26 ♋ 13	1 ♓ 46	1 ♍ 53	0 D 31	19 ♌ 37	11 ♊ 6	14 ♏ 32	29 ♉ 45	1 ♓ 53	1 ♑ 16	8 ♋ 35	22 ♊ 1	18 ♓	15 ♒	23 ♊	12 ♎	4 ♒
21	27 ♋ 11	14 ♓ 4	1 ♍ 50	0 ♍ 32	21 ♌ 5	12 ♊ 8	14 ♏ 54	29 ♉ 55	1 ♓ 49	1 ♑ 14	8 ♋ 37	22 ♊ 2	18 ♓	15 ♒	23 ♊	12 ♎	4 ♒
22	28 ♋ 8	26 ♓ 10	1 ♍ 47	0 ♍ 33	22 ♌ 32	13 ♊ 10	15 ♏ 16	0 ♊ 6	1 ♓ 46	1 ♑ 11	8 ♋ 39	22 ♊ 3	18 ♓	15 ♒	24 ♊	13 ♎	4 ♒
23	29 ♋ 5	8 ♈ 7	1 ♍ 43	0 ♍ 35	23 ♌ 56	14 ♊ 13	15 ♏ 38	0 ♊ 16	1 ♓ 43	1 ♑ 9	8 ♋ 41	22 ♊ 4	18 ♓	15 ♒	25 ♊	13 ♎	4 ♒
24	0 ♌ 2	19 ♈ 59	1 ♍ 40	0 ♍ 36	25 ♌ 18	15 ♊ 16	16 ♏ 1	0 ♊ 27	1 ♓ 39	1 ♑ 7	8 ♋ 44	22 ♊ 5	18 ♓	14 ♒	25 ♊	13 ♎	4 ♒
25	1 ♌ 0	1 ♉ 51	1 ♍ 37	0 R 37	26 ♌ 38	16 ♊ 19	16 ♏ 25	0 ♊ 37	1 ♓ 36	1 ♑ 5	8 ♋ 46	22 ♊ 7	18 ♓	14 ♒	26 ♊	14 ♎	4 ♒
26	1 ♌ 57	13 ♉ 47	1 ♍ 34	0 ♍ 36	27 ♌ 55	17 ♊ 22	16 ♏ 48	0 ♊ 47	1 ♓ 32	1 ♑ 3	8 ♋ 48	22 ♊ 8	18 ♓	14 ♒	26 ♊	14 ♎	4 ♒
27	2 ♌ 54	25 ♉ 54	1 ♍ 31	0 ♍ 34	29 ♌ 11	18 ♊ 25	17 ♏ 13	0 ♊ 57	1 ♓ 29	1 ♑ 1	8 ♋ 50	22 ♊ 9	18 ♓	14 ♒	27 ♊	15 ♎	4 ♒
28	3 ♌ 52	8 ♊ 14	1 ♍ 27	0 ♍ 31	0 ♍ 24	19 ♊ 29	17 ♏ 37	1 ♊ 7	1 ♓ 25	0 ♑ 59	8 ♋ 52	22 ♊ 10	18 ♓	13 ♒	27 ♊	15 ♎	3 ♒
29	4 ♌ 49	20 ♊ 51	1 ♍ 24	0 ♍ 28	1 ♍ 35	20 ♊ 33	18 ♏ 2	1 ♊ 16	1 ♓ 21	0 ♑ 58	8 ♋ 54	22 ♊ 11	18 ♓	13 ♒	28 ♊	15 ♎	3 ♒
30	5 ♌ 47	3 ♋ 48	1 ♍ 21	0 ♍ 24	2 ♍ 44	21 ♊ 37	18 ♏ 28	1 ♊ 26	1 ♓ 17	0 ♑ 56	8 ♋ 56	22 ♊ 12	18 ♓	13 ♒	29 ♊	16 ♎	3 ♒
31	6 ♌ 44	17 ♋ 5	1 ♍ 18	0 ♍ 20	3 ♍ 50	22 ♊ 42	18 ♏ 54	1 ♊ 36	1 ♓ 13	0 ♑ 54	8 ♋ 58	22 ♊ 13	18 ♓	13 ♒	29 ♊	16 ♎	3 ♒
SUN INGRESS	☉ → ♌ 23日 22:46																
MOON PHASE	● 3日 02:50 ♋ ◐ 10日 02:46 ♎ ○ 17日 00:32 ♑ ◑ 24日 22:09 ♉																

aspects		
2日	17:58	☉△♂
5日	19:53	♀☌♃
6日	20:45	☿⚹♃
7日	16:31	☿⚹♀
11日	05:49	♀□♄
15日	19:44	☿□♂
21日	15:55	☿⚹♇
24日	12:17	☉⚹♃
28日	11:32	☿△♅
28日	16:33	☿□♃
28日	19:25	☿☍♄
29日	08:21	♃□♄
30日	13:17	♀☌♇

1905年8月

DAY	☉	☽	☊ mean	☊ true	☿	♀	♂	♃	♄	♅	♆	♇	⚳	⚴	⚵	⚶	⚷
	° ′	° ′	° ′	° ′	° ′	° ′	° ′	° ′	° ′	° ′	° ′	° ′	°	°	°	°	°
1	7 ♌ 41	0 ♌ 41	1 ♍ 15	0 R 17	4 D 53	23 D 46	19 D 20	1 D 45	1 R 9	0 R 52	9 D 0	22 D 14	18 R	12 R	0 D	17 D	3 R
2	8 ♌ 39	14 ♌ 35	1 ♍ 12	0 ♍ 16	5 ♍ 54	24 ♊ 51	19 ♏ 47	1 ♊ 54	1 ♓ 5	0 ♑ 50	9 ♋ 2	22 ♊ 15	17 ♓	12 ♒	0 ♋	17 ♎	3 ♒
3	9 ♌ 36	28 ♌ 43	1 ♍ 8	0 ♍ 15	6 ♍ 52	25 ♊ 56	20 ♏ 14	2 ♊ 3	1 ♓ 1	0 ♑ 49	9 ♋ 4	22 ♊ 16	17 ♓	12 ♒	1 ♋	17 ♎	3 ♒
4	10 ♌ 34	13 ♍ 1	1 ♍ 5	0 D 15	7 ♍ 48	27 ♊ 1	20 ♏ 42	2 ♊ 12	0 ♓ 57	0 ♑ 47	9 ♋ 6	22 ♊ 17	17 ♓	12 ♒	1 ♋	18 ♎	3 ♒
5	11 ♌ 31	27 ♍ 24	1 ♍ 2	0 ♍ 16	8 ♍ 40	28 ♊ 7	21 ♏ 9	2 ♊ 21	0 ♓ 53	0 ♑ 45	9 ♋ 8	22 ♊ 18	17 ♓	11 ♒	2 ♋	18 ♎	3 ♒
6	12 ♌ 29	11 ♎ 47	0 ♍ 59	0 ♍ 18	9 ♍ 29	29 ♊ 12	21 ♏ 38	2 ♊ 30	0 ♓ 49	0 ♑ 44	9 ♋ 10	22 ♊ 19	17 ♓	11 ♒	2 ♋	19 ♎	3 ♒
7	13 ♌ 26	26 ♎ 8	0 ♍ 56	0 ♍ 19	10 ♍ 14	0 ♋ 18	22 ♏ 6	2 ♊ 39	0 ♓ 45	0 ♑ 42	9 ♋ 12	22 ♊ 20	17 ♓	11 ♒	3 ♋	19 ♎	3 ♒
8	14 ♌ 24	10 ♏ 24	0 ♍ 53	0 ♍ 19	10 ♍ 56	1 ♋ 24	22 ♏ 35	2 ♊ 47	0 ♓ 41	0 ♑ 40	9 ♋ 14	22 ♊ 21	17 ♓	11 ♒	4 ♋	20 ♎	3 ♒
9	15 ♌ 21	24 ♏ 30	0 ♍ 49	0 R 19	11 ♍ 35	2 ♋ 30	23 ♏ 5	2 ♊ 56	0 ♓ 36	0 ♑ 39	9 ♋ 16	22 ♊ 22	17 ♓	10 ♒	4 ♋	20 ♎	3 ♒
10	16 ♌ 19	8 ♐ 27	0 ♍ 46	0 ♍ 18	12 ♍ 9	3 ♋ 36	23 ♏ 34	3 ♊ 4	0 ♓ 32	0 ♑ 38	9 ♋ 18	22 ♊ 23	16 ♓	10 ♒	5 ♋	20 ♎	3 ♒
11	17 ♌ 16	22 ♐ 12	0 ♍ 43	0 ♍ 17	12 ♍ 39	4 ♋ 43	24 ♏ 4	3 ♊ 12	0 ♓ 28	0 ♑ 36	9 ♋ 19	22 ♊ 24	16 ♓	10 ♒	5 ♋	21 ♎	3 ♒
12	18 ♌ 14	5 ♑ 45	0 ♍ 40	0 ♍ 15	13 ♍ 5	5 ♋ 49	24 ♏ 34	3 ♊ 20	0 ♓ 23	0 ♑ 35	9 ♋ 21	22 ♊ 25	16 ♓	10 ♒	6 ♋	21 ♎	3 ♒
13	19 ♌ 11	19 ♑ 4	0 ♍ 37	0 ♍ 14	13 ♍ 27	6 ♋ 56	25 ♏ 5	3 ♊ 28	0 ♓ 19	0 ♑ 33	9 ♋ 23	22 ♊ 26	16 ♓	9 ♒	6 ♋	22 ♎	3 ♒
14	20 ♌ 9	2 ♒ 9	0 ♍ 33	0 ♍ 13	13 ♍ 43	8 ♋ 3	25 ♏ 36	3 ♊ 35	0 ♓ 15	0 ♑ 32	9 ♋ 25	22 ♊ 26	16 ♓	9 ♒	7 ♋	22 ♎	3 ♒
15	21 ♌ 7	15 ♒ 0	0 ♍ 30	0 ♍ 12	13 ♍ 55	9 ♋ 10	26 ♏ 7	3 ♊ 43	0 ♓ 10	0 ♑ 31	9 ♋ 27	22 ♊ 27	16 ♓	9 ♒	7 ♋	23 ♎	3 ♒
16	22 ♌ 4	27 ♒ 37	0 ♍ 27	0 ♍ 12	14 ♍ 2	10 ♋ 18	26 ♏ 38	3 ♊ 50	0 ♓ 6	0 ♑ 30	9 ♋ 28	22 ♊ 28	15 ♓	9 ♒	8 ♋	23 ♎	2 ♒
17	23 ♌ 2	10 ♓ 0	0 ♍ 24	0 D 12	14 R 3	11 ♋ 25	27 ♏ 10	3 ♊ 58	0 ♓ 1	0 ♑ 28	9 ♋ 30	22 ♊ 29	15 ♓	8 ♒	9 ♋	24 ♎	2 ♒
18	24 ♌ 0	22 ♓ 12	0 ♍ 21	0 ♍ 12	13 ♍ 59	12 ♋ 33	27 ♏ 42	4 ♊ 5	29 ♒ 57	0 ♑ 27	9 ♋ 32	22 ♊ 30	15 ♓	8 ♒	9 ♋	24 ♎	2 ♒
19	24 ♌ 57	4 ♈ 14	0 ♍ 18	0 ♍ 13	13 ♍ 49	13 ♋ 41	28 ♏ 15	4 ♊ 12	29 ♒ 52	0 ♑ 26	9 ♋ 33	22 ♊ 30	15 ♓	8 ♒	10 ♋	25 ♎	2 ♒
20	25 ♌ 55	16 ♈ 9	0 ♍ 14	0 ♍ 13	13 ♍ 33	14 ♋ 48	28 ♏ 47	4 ♊ 19	29 ♒ 48	0 ♑ 25	9 ♋ 35	22 ♊ 31	15 ♓	8 ♒	10 ♋	25 ♎	2 ♒
21	26 ♌ 53	28 ♈ 0	0 ♍ 11	0 ♍ 14	13 ♍ 12	15 ♋ 57	29 ♏ 20	4 ♊ 25	29 ♒ 43	0 ♑ 24	9 ♋ 37	22 ♊ 32	15 ♓	7 ♒	11 ♋	25 ♎	2 ♒
22	27 ♌ 51	9 ♉ 52	0 ♍ 8	0 ♍ 14	12 ♍ 44	17 ♋ 5	29 ♏ 53	4 ♊ 32	29 ♒ 39	0 ♑ 23	9 ♋ 38	22 ♊ 33	14 ♓	7 ♒	11 ♋	26 ♎	2 ♒
23	28 ♌ 48	21 ♉ 48	0 ♍ 5	0 ♍ 14	12 ♍ 12	18 ♋ 13	0 ♐ 27	4 ♊ 38	29 ♒ 34	0 ♑ 22	9 ♋ 40	22 ♊ 33	14 ♓	7 ♒	12 ♋	26 ♎	2 ♒
24	29 ♌ 46	3 ♊ 53	0 ♍ 2	0 R 14	11 ♍ 34	19 ♋ 22	1 ♐ 0	4 ♊ 44	29 ♒ 30	0 ♑ 21	9 ♋ 42	22 ♊ 34	14 ♓	7 ♒	12 ♋	27 ♎	2 ♒
25	0 ♍ 44	16 ♊ 12	29 ♌ 58	0 D 14	10 ♍ 51	20 ♋ 30	1 ♐ 34	4 ♊ 50	29 ♒ 25	0 ♑ 21	9 ♋ 43	22 ♊ 35	14 ♓	6 ♒	13 ♋	27 ♎	2 ♒
26	1 ♍ 42	28 ♊ 49	29 ♌ 55	0 ♍ 14	10 ♍ 4	21 ♋ 39	2 ♐ 8	4 ♊ 56	29 ♒ 21	0 ♑ 20	9 ♋ 45	22 ♊ 35	14 ♓	6 ♒	13 ♋	28 ♎	2 ♒
27	2 ♍ 40	11 ♋ 47	29 ♌ 52	0 ♍ 14	9 ♍ 14	22 ♋ 48	2 ♐ 43	5 ♊ 2	29 ♒ 16	0 ♑ 19	9 ♋ 46	22 ♊ 36	13 ♓	6 ♒	14 ♋	28 ♎	2 ♒
28	3 ♍ 38	25 ♋ 9	29 ♌ 49	0 ♍ 15	8 ♍ 20	23 ♋ 57	3 ♐ 17	5 ♊ 8	29 ♒ 12	0 ♑ 18	9 ♋ 48	22 ♊ 36	13 ♓	6 ♒	14 ♋	29 ♎	2 ♒
29	4 ♍ 36	8 ♌ 55	29 ♌ 46	0 ♍ 15	7 ♍ 25	25 ♋ 6	3 ♐ 52	5 ♊ 13	29 ♒ 7	0 ♑ 18	9 ♋ 49	22 ♊ 37	13 ♓	6 ♒	15 ♋	29 ♎	2 ♒
30	5 ♍ 34	23 ♌ 4	29 ♌ 43	0 ♍ 15	6 ♍ 29	26 ♋ 16	4 ♐ 27	5 ♊ 18	29 ♒ 3	0 ♑ 17	9 ♋ 51	22 ♊ 37	13 ♓	5 ♒	15 ♋	0 ♏	2 ♒
31	6 ♍ 32	7 ♍ 33	29 ♌ 39	0 R 15	5 ♍ 33	27 ♋ 25	5 ♐ 3	5 ♊ 23	28 ♒ 58	0 ♑ 17	9 ♋ 52	22 ♊ 38	12 ♓	5 ♒	16 ♋	0 ♏	2 ♒
SUN INGRESS	☉ → ♍ 24日 05:29																
MOON PHASE	● 1日 13:02 ♌ ◐ 8日 07:16 ♏ ○ 15日 12:31 ♒ ◑ 23日 15:10 ♉ ● 30日 22:13 ♍																

aspects		
5日	14:16	☿⚹♆
7日	08:35	♀☍♅
7日	09:15	♀△♄
8日	02:02	♄⚹♅
15日	05:57	♀☌♆
16日	10:03	☉⚹♇
19日	02:25	☿⚹♀
21日	14:49	♂□♄
23日	17:37	☉☍♄
24日	14:21	☉△♅
26日	09:11	☿⚹♆
27日	02:46	☉□♂
29日	16:50	☉□♃
30日	11:36	☉☌☿
31日	04:05	☿□♃
31日	08:09	☿□♂
31日	16:02	♂☍♃

1905年9月

DAY	☉	☽	☊ mean	☊ true	☿	♀	♂	♃	♄	♅	♆	♇	⚳	⚴	⚵	⚶	⚷
	° ′	° ′	° ′	° ′	° ′	° ′	° ′	° ′	° ′	° ′	° ′	° ′	°	°	°	°	°
1	7 ♍ 30	22 ♍ 15	29 ♌ 36	0 R 15	4 R 39	28 D 35	5 D 38	5 D 28	28 R 54	0 R 16	9 D 53	22 D 38	12 R	5 R	17 D	1 D	2 R
2	8 ♍ 28	7 ♎ 5	29 ♌ 33	0 ♍ 14	3 ♍ 48	29 ♋ 44	6 ♐ 14	5 ♊ 33	28 ♒ 49	0 ♑ 16	9 ♋ 55	22 ♊ 39	12 ♓	5 ♒	17 ♋	1 ♏	2 ♒
3	9 ♍ 26	21 ♎ 53	29 ♌ 30	0 ♍ 13	3 ♍ 1	0 ♌ 54	6 ♐ 50	5 ♊ 37	28 ♒ 45	0 ♑ 15	9 ♋ 56	22 ♊ 39	12 ♓	5 ♒	18 ♋	2 ♏	2 ♒
4	10 ♍ 24	6 ♏ 35	29 ♌ 27	0 ♍ 12	2 ♍ 18	2 ♌ 4	7 ♐ 26	5 ♊ 42	28 ♒ 40	0 ♑ 15	9 ♋ 57	22 ♊ 40	12 ♓	5 ♒	18 ♋	2 ♏	2 ♒
5	11 ♍ 23	21 ♏ 3	29 ♌ 24	0 ♍ 11	1 ♍ 42	3 ♌ 14	8 ♐ 3	5 ♊ 46	28 ♒ 36	0 ♑ 15	9 ♋ 59	22 ♊ 40	11 ♓	4 ♒	19 ♋	2 ♏	2 ♒
6	12 ♍ 21	5 ♐ 14	29 ♌ 20	0 ♍ 11	1 ♍ 13	4 ♌ 24	8 ♐ 40	5 ♊ 50	28 ♒ 32	0 ♑ 15	10 ♋ 0	22 ♊ 41	11 ♓	4 ♒	19 ♋	3 ♏	2 ♒
7	13 ♍ 19	19 ♐ 7	29 ♌ 17	0 D 11	0 ♍ 52	5 ♌ 34	9 ♐ 16	5 ♊ 54	28 ♒ 27	0 ♑ 14	10 ♋ 1	22 ♊ 41	11 ♓	4 ♒	20 ♋	3 ♏	1 ♒
8	14 ♍ 17	2 ♑ 40	29 ♌ 14	0 ♍ 11	0 ♍ 39	6 ♌ 45	9 ♐ 54	5 ♊ 57	28 ♒ 23	0 ♑ 14	10 ♋ 2	22 ♊ 41	11 ♓	4 ♒	20 ♋	4 ♏	1 ♒
9	15 ♍ 16	15 ♑ 56	29 ♌ 11	0 ♍ 12	0 ♍ 34	7 ♌ 55	10 ♐ 31	6 ♊ 1	28 ♒ 19	0 ♑ 14	10 ♋ 4	22 ♊ 42	10 ♓	4 ♒	21 ♋	4 ♏	1 ♒
10	16 ♍ 14	28 ♑ 54	29 ♌ 8	0 ♍ 13	0 D 39	9 ♌ 6	11 ♐ 8	6 ♊ 4	28 ♒ 15	0 ♑ 14	10 ♋ 5	22 ♊ 42	10 ♓	4 ♒	21 ♋	5 ♏	1 ♒
11	17 ♍ 12	11 ♒ 38	29 ♌ 4	0 ♍ 15	0 ♍ 52	10 ♌ 16	11 ♐ 46	6 ♊ 7	28 ♒ 10	0 D 14	10 ♋ 6	22 ♊ 42	10 ♓	4 ♒	22 ♋	5 ♏	1 ♒
12	18 ♍ 11	24 ♒ 9	29 ♌ 1	0 ♍ 15	1 ♍ 15	11 ♌ 27	12 ♐ 24	6 ♊ 10	28 ♒ 6	0 ♑ 14	10 ♋ 7	22 ♊ 43	10 ♓	3 ♒	22 ♋	6 ♏	1 ♒
13	19 ♍ 9	6 ♓ 29	28 ♌ 58	0 R 15	1 ♍ 46	12 ♌ 38	13 ♐ 2	6 ♊ 13	28 ♒ 2	0 ♑ 14	10 ♋ 8	22 ♊ 43	10 ♓	3 ♒	23 ♋	6 ♏	1 ♒
14	20 ♍ 7	18 ♓ 39	28 ♌ 55	0 ♍ 14	2 ♍ 27	13 ♌ 49	13 ♐ 40	6 ♊ 15	27 ♒ 58	0 ♑ 15	10 ♋ 9	22 ♊ 43	9 ♓	3 ♒	23 ♋	7 ♏	1 ♒
15	21 ♍ 6	0 ♈ 42	28 ♌ 52	0 ♍ 12	3 ♍ 15	15 ♌ 0	14 ♐ 18	6 ♊ 17	27 ♒ 54	0 ♑ 15	10 ♋ 10	22 ♊ 43	9 ♓	3 ♒	24 ♋	7 ♏	1 ♒
16	22 ♍ 4	12 ♈ 39	28 ♌ 49	0 ♍ 9	4 ♍ 11	16 ♌ 11	14 ♐ 57	6 ♊ 19	27 ♒ 50	0 ♑ 15	10 ♋ 11	22 ♊ 43	9 ♓	3 ♒	24 ♋	8 ♏	1 ♒
17	23 ♍ 3	24 ♈ 31	28 ♌ 45	0 ♍ 6	5 ♍ 15	17 ♌ 22	15 ♐ 36	6 ♊ 21	27 ♒ 46	0 ♑ 15	10 ♋ 12	22 ♊ 44	9 ♓	3 ♒	25 ♋	8 ♏	1 ♒
18	24 ♍ 1	6 ♉ 22	28 ♌ 42	0 ♍ 2	6 ♍ 26	18 ♌ 34	16 ♐ 14	6 ♊ 23	27 ♒ 42	0 ♑ 16	10 ♋ 13	22 ♊ 44	9 ♓	3 ♒	25 ♋	9 ♏	1 ♒
19	25 ♍ 0	18 ♉ 14	28 ♌ 39	29 ♌ 58	7 ♍ 42	19 ♌ 45	16 ♐ 54	6 ♊ 25	27 ♒ 39	0 ♑ 16	10 ♋ 14	22 ♊ 44	8 ♓	3 ♒	26 ♋	9 ♏	1 ♒
20	25 ♍ 59	0 ♊ 10	28 ♌ 36	29 ♌ 55	9 ♍ 4	20 ♌ 57	17 ♐ 33	6 ♊ 26	27 ♒ 35	0 ♑ 17	10 ♋ 14	22 ♊ 44	8 ♓	3 ♒	26 ♋	10 ♏	1 ♒
21	26 ♍ 57	12 ♊ 13	28 ♌ 33	29 ♌ 52	10 ♍ 32	22 ♌ 8	18 ♐ 12	6 ♊ 27	27 ♒ 31	0 ♑ 17	10 ♋ 15	22 ♊ 44	8 ♓	3 ♒	27 ♋	10 ♏	1 ♒
22	27 ♍ 56	24 ♊ 29	28 ♌ 30	29 ♌ 51	12 ♍ 3	23 ♌ 20	18 ♐ 52	6 ♊ 28	27 ♒ 28	0 ♑ 18	10 ♋ 16	22 ♊ 44	8 ♓	3 ♒	27 ♋	11 ♏	1 ♒
23	28 ♍ 55	7 ♋ 1	28 ♌ 26	29 D 52	13 ♍ 38	24 ♌ 32	19 ♐ 31	6 ♊ 29	27 ♒ 24	0 ♑ 18	10 ♋ 17	22 ♊ 44	8 ♓	3 ♒	28 ♋	11 ♏	1 ♒
24	29 ♍ 53	19 ♋ 54	28 ♌ 23	29 ♌ 53	15 ♍ 17	25 ♌ 44	20 ♐ 11	6 ♊ 29	27 ♒ 21	0 ♑ 19	10 ♋ 17	22 R 44	7 ♓	3 ♒	28 ♋	12 ♏	1 ♒
25	0 ♎ 52	3 ♌ 12	28 ♌ 20	29 ♌ 54	16 ♍ 57	26 ♌ 56	20 ♐ 51	6 ♊ 30	27 ♒ 17	0 ♑ 20	10 ♋ 18	22 ♊ 44	7 ♓	2 ♒	28 ♋	12 ♏	1 ♒
26	1 ♎ 51	16 ♌ 56	28 ♌ 17	29 ♌ 56	18 ♍ 41	28 ♌ 8	21 ♐ 31	6 ♊ 30	27 ♒ 14	0 ♑ 21	10 ♋ 19	22 ♊ 44	7 ♓	2 ♒	29 ♋	13 ♏	1 ♒
27	2 ♎ 50	1 ♍ 8	28 ♌ 14	29 R 56	20 ♍ 25	29 ♌ 20	22 ♐ 11	6 R 30	27 ♒ 11	0 ♑ 21	10 ♋ 19	22 ♊ 44	7 ♓	2 ♒	29 ♋	13 ♏	1 ♒
28	3 ♎ 49	15 ♍ 44	28 ♌ 10	29 ♌ 55	22 ♍ 11	0 ♍ 33	22 ♐ 52	6 ♊ 30	27 ♒ 8	0 ♑ 22	10 ♋ 20	22 ♊ 44	7 ♓	2 ♒	0 ♌	14 ♏	1 ♒
29	4 ♎ 48	0 ♎ 41	28 ♌ 7	29 ♌ 53	23 ♍ 58	1 ♍ 45	23 ♐ 32	6 ♊ 29	27 ♒ 4	0 ♑ 23	10 ♋ 20	22 ♊ 44	6 ♓	2 ♒	0 ♌	14 ♏	1 ♒
30	5 ♎ 47	15 ♎ 50	28 ♌ 4	29 ♌ 49	25 ♍ 46	2 ♍ 57	24 ♐ 13	6 ♊ 28	27 ♒ 1	0 ♑ 24	10 ♋ 21	22 ♊ 44	6 ♓	2 ♒	1 ♌	15 ♏	1 ♒

SUN INGRESS ☉→♎24日 02:30

MOON PHASE ◐ 6日 13:09 ♐ ○ 14日 03:10 ♓ ◑ 22日 07:13 ♊ ● 29日 06:59 ♎

aspects		
3日	12:35	☉⚹♆
7日	06:59	♀⚹♃
13日	17:34	♀△♂
16日	16:05	☉□♇
17日	23:11	☿□♃
20日	19:32	☿⚹♆
21日	11:56	♀⚹♇
24日	10:38	☉□♅
25日	06:49	♀☍♄
27日	19:15	♂☍♇
27日	20:35	♀△♅
28日	07:18	☿□♇
28日	14:40	☿□♂
30日	16:42	☉△♃

1905年10月

DAY	☉	☽	☊ mean	☊ true	☿	♀	♂	♃	♄	♅	♆	♇	⚳	⚴	⚵	⚶	⚷
	° ′	° ′	° ′	° ′	° ′	° ′	° ′	° ′	° ′	° ′	° ′	° ′	°	°	°	°	°
1	6 ♎ 46	1 ♏ 1	28 ♌ 1	29 R 43	27 D 34	4 D 10	24 D 54	6 R 28	26 R 58	0 D 25	10 D 21	22 R 43	6 R	2 R	1 D	15 D	1 R
2	7 ♎ 45	16 ♏ 5	27 ♌ 58	29 ♌ 38	29 ♍ 22	5 ♍ 22	25 ♐ 35	6 ♊ 26	26 ♒ 56	0 ♑ 26	10 ♋ 22	22 ♊ 43	6 ♓	2 D	2 ♌	16 ♏	1 ♒
3	8 ♎ 44	0 ♐ 51	27 ♌ 55	29 ♌ 33	1 ♎ 10	6 ♍ 35	26 ♐ 16	6 ♊ 25	26 ♒ 53	0 ♑ 28	10 ♋ 22	22 ♊ 43	6 ♓	2 ♒	2 ♌	16 ♏	1 ♒
4	9 ♎ 43	15 ♐ 15	27 ♌ 51	29 ♌ 29	2 ♎ 58	7 ♍ 48	26 ♐ 57	6 ♊ 24	26 ♒ 50	0 ♑ 29	10 ♋ 23	22 ♊ 43	6 ♓	2 ♒	3 ♌	17 ♏	1 ♒
5	10 ♎ 42	29 ♐ 14	27 ♌ 48	29 ♌ 26	4 ♎ 46	9 ♍ 1	27 ♐ 39	6 ♊ 22	26 ♒ 47	0 ♑ 30	10 ♋ 23	22 ♊ 43	6 ♓	2 ♒	3 ♌	17 ♏	1 ♒
6	11 ♎ 41	12 ♑ 46	27 ♌ 45	29 D 26	6 ♎ 33	10 ♍ 14	28 ♐ 20	6 ♊ 20	26 ♒ 45	0 ♑ 31	10 ♋ 23	22 ♊ 42	5 ♓	2 ♒	4 ♌	18 ♏	1 ♒
7	12 ♎ 40	25 ♑ 54	27 ♌ 42	29 ♌ 27	8 ♎ 20	11 ♍ 27	29 ♐ 2	6 ♊ 18	26 ♒ 42	0 ♑ 33	10 ♋ 24	22 ♊ 42	5 ♓	2 ♒	4 ♌	18 ♏	1 ♒
8	13 ♎ 40	8 ♒ 42	27 ♌ 39	29 ♌ 28	10 ♎ 6	12 ♍ 40	29 ♐ 44	6 ♊ 16	26 ♒ 40	0 ♑ 34	10 ♋ 24	22 ♊ 42	5 ♓	2 ♒	4 ♌	19 ♏	1 ♒
9	14 ♎ 39	21 ♒ 12	27 ♌ 35	29 ♌ 29	11 ♎ 52	13 ♍ 53	0 ♑ 26	6 ♊ 13	26 ♒ 38	0 ♑ 35	10 ♋ 24	22 ♊ 41	5 ♓	2 ♒	5 ♌	20 ♏	1 ♒
10	15 ♎ 38	3 ♓ 29	27 ♌ 32	29 R 29	13 ♎ 37	15 ♍ 6	1 ♑ 7	6 ♊ 11	26 ♒ 36	0 ♑ 37	10 ♋ 24	22 ♊ 41	5 ♓	3 ♒	5 ♌	20 ♏	1 ♒
11	16 ♎ 38	15 ♓ 36	27 ♌ 29	29 ♌ 28	15 ♎ 21	16 ♍ 19	1 ♑ 50	6 ♊ 8	26 ♒ 34	0 ♑ 39	10 ♋ 24	22 ♊ 41	5 ♓	3 ♒	6 ♌	21 ♏	1 D
12	17 ♎ 37	27 ♓ 36	27 ♌ 26	29 ♌ 24	17 ♎ 5	17 ♍ 32	2 ♑ 32	6 ♊ 5	26 ♒ 31	0 ♑ 40	10 ♋ 24	22 ♊ 40	5 ♓	3 ♒	6 ♌	21 ♏	1 ♒
13	18 ♎ 36	9 ♈ 31	27 ♌ 23	29 ♌ 18	18 ♎ 48	18 ♍ 46	3 ♑ 14	6 ♊ 1	26 ♒ 30	0 ♑ 42	10 ♋ 24	22 ♊ 40	5 ♓	3 ♒	7 ♌	22 ♏	1 ♒
14	19 ♎ 36	21 ♈ 23	27 ♌ 20	29 ♌ 10	20 ♎ 30	19 ♍ 59	3 ♑ 56	5 ♊ 58	26 ♒ 28	0 ♑ 43	10 ♋ 25	22 ♊ 39	5 ♓	3 ♒	7 ♌	22 ♏	1 ♒
15	20 ♎ 35	3 ♉ 15	27 ♌ 16	29 ♌ 0	22 ♎ 11	21 ♍ 13	4 ♑ 39	5 ♊ 54	26 ♒ 26	0 ♑ 45	10 R 25	22 ♊ 39	5 ♓	3 ♒	7 ♌	23 ♏	1 ♒
16	21 ♎ 35	15 ♉ 7	27 ♌ 13	28 ♌ 50	23 ♎ 52	22 ♍ 26	5 ♑ 22	5 ♊ 50	26 ♒ 24	0 ♑ 47	10 ♋ 25	22 ♊ 39	5 ♓	3 ♒	8 ♌	23 ♏	1 ♒
17	22 ♎ 34	27 ♉ 1	27 ♌ 10	28 ♌ 40	25 ♎ 33	23 ♍ 40	6 ♑ 4	5 ♊ 46	26 ♒ 23	0 ♑ 49	10 ♋ 24	22 ♊ 38	5 ♓	3 ♒	8 ♌	24 ♏	1 ♒
18	23 ♎ 34	9 ♊ 0	27 ♌ 7	28 ♌ 31	27 ♎ 12	24 ♍ 53	6 ♑ 47	5 ♊ 42	26 ♒ 21	0 ♑ 51	10 ♋ 24	22 ♊ 38	4 ♓	3 ♒	9 ♌	24 ♏	1 ♒
19	24 ♎ 33	21 ♊ 5	27 ♌ 4	28 ♌ 23	28 ♎ 51	26 ♍ 7	7 ♑ 30	5 ♊ 38	26 ♒ 20	0 ♑ 52	10 ♋ 24	22 ♊ 37	4 ♓	3 ♒	9 ♌	25 ♏	1 ♒
20	25 ♎ 33	3 ♋ 20	27 ♌ 1	28 ♌ 18	0 ♏ 29	27 ♍ 21	8 ♑ 13	5 ♊ 33	26 ♒ 19	0 ♑ 54	10 ♋ 24	22 ♊ 37	4 ♓	3 ♒	9 ♌	25 ♏	1 ♒
21	26 ♎ 33	15 ♋ 50	26 ♌ 57	28 ♌ 16	2 ♏ 7	28 ♍ 35	8 ♑ 56	5 ♊ 29	26 ♒ 18	0 ♑ 56	10 ♋ 24	22 ♊ 36	4 ♓	3 ♒	10 ♌	26 ♏	1 ♒
22	27 ♎ 32	28 ♋ 37	26 ♌ 54	28 D 15	3 ♏ 44	29 ♍ 49	9 ♑ 39	5 ♊ 24	26 ♒ 17	0 ♑ 58	10 ♋ 24	22 ♊ 35	4 ♓	3 ♒	10 ♌	26 ♏	1 ♒
23	28 ♎ 32	11 ♌ 46	26 ♌ 51	28 ♌ 16	5 ♏ 20	1 ♎ 3	10 ♑ 23	5 ♊ 19	26 ♒ 16	1 ♑ 0	10 ♋ 23	22 ♊ 35	4 ♓	4 ♒	11 ♌	27 ♏	1 ♒
24	29 ♎ 32	25 ♌ 20	26 ♌ 48	28 ♌ 16	6 ♏ 56	2 ♎ 17	11 ♑ 6	5 ♊ 13	26 ♒ 15	1 ♑ 3	10 ♋ 23	22 ♊ 34	4 ♓	4 ♒	11 ♌	27 ♏	1 ♒
25	0 ♏ 32	9 ♍ 23	26 ♌ 45	28 R 16	8 ♏ 31	3 ♎ 31	11 ♑ 49	5 ♊ 8	26 ♒ 14	1 ♑ 5	10 ♋ 23	22 ♊ 33	4 ♓	4 ♒	11 ♌	28 ♏	1 ♒
26	1 ♏ 31	23 ♍ 53	26 ♌ 41	28 ♌ 13	10 ♏ 6	4 ♎ 45	12 ♑ 33	5 ♊ 2	26 ♒ 13	1 ♑ 7	10 ♋ 22	22 ♊ 33	4 ♓	4 ♒	12 ♌	28 ♏	1 ♒
27	2 ♏ 31	8 ♎ 47	26 ♌ 38	28 ♌ 8	11 ♏ 40	5 ♎ 59	13 ♑ 17	4 ♊ 57	26 ♒ 13	1 ♑ 9	10 ♋ 22	22 ♊ 32	4 D	4 ♒	12 ♌	29 ♏	1 ♒
28	3 ♏ 31	23 ♎ 59	26 ♌ 35	28 ♌ 1	13 ♏ 14	7 ♎ 13	14 ♑ 0	4 ♊ 51	26 ♒ 12	1 ♑ 12	10 ♋ 22	22 ♊ 31	4 ♓	4 ♒	12 ♌	29 ♏	1 ♒
29	4 ♏ 31	9 ♏ 19	26 ♌ 32	27 ♌ 51	14 ♏ 47	8 ♎ 27	14 ♑ 44	4 ♊ 45	26 ♒ 12	1 ♑ 14	10 ♋ 21	22 ♊ 31	4 ♓	4 ♒	13 ♌	0 ♐	1 ♒
30	5 ♏ 31	24 ♏ 36	26 ♌ 29	27 ♌ 41	16 ♏ 20	9 ♎ 42	15 ♑ 28	4 ♊ 39	26 ♒ 12	1 ♑ 16	10 ♋ 21	22 ♊ 30	4 ♓	4 ♒	13 ♌	0 ♐	1 ♒
31	6 ♏ 31	9 ♐ 37	26 ♌ 26	27 ♌ 31	17 ♏ 52	10 ♎ 56	16 ♑ 12	4 ♊ 32	26 ♒ 12	1 ♑ 19	10 ♋ 20	22 ♊ 29	4 ♓	5 ♒	14 ♌	1 ♐	1 ♒

SUN INGRESS ☉→♏24日 11:08

MOON PHASE ◐ 5日 21:54 ♑ ○ 13日 20:02 ♈ ◑ 21日 21:50 ♋ ● 28日 15:58 ♏

aspects		
2日	14:25	☿□♅
2日	20:46	♀□♃
3日	20:02	♂⚹♄
4日	16:12	☉□♆
5日	21:06	☿△♃
6日	03:13	☿⚹♆
8日	03:59	☿□♆
9日	05:55	♂☌♅
12日	17:39	☉☌☿
15日	06:31	☿△♇
16日	04:03	♀□♇
17日	01:36	☉△♇
17日	11:57	☿△♄
20日	06:20	☿⚹♅
20日	18:07	☉△♄
22日	23:18	♀□♅
23日	00:27	♂☍♆
25日	13:49	☉⚹♅
26日	04:09	☿△♆
26日	05:19	♀△♃
28日	22:29	☿⚹♂
30日	12:27	♀□♆

1905年11月

DAY	☉	☽	☊		☿	♀	♂	♃	♄	♅	♆	♇	⚳	⚴	⚵	⚶	⚷
			mean	true													
	° ′	° ′	° ′	° ′	° ′	° ′	° ′	° ′	° ′	° ′	° ′	° ′	°	°	°	°	°
1	7 ♏ 31	24 ♐ 15	26 ♌ 22	27 R 23	19 D 24	12 D 10	16 D 56	4 R 26	26 D 12	1 D 21	10 R 19	22 R 28	4 D	5 D	14 D	2 D	1 D
2	8 ♏ 31	8 ♑ 25	26 ♌ 19	27 ♌ 17	20 ♏ 55	13 ♎ 25	17 ♑ 40	4 ♊ 19	26 ♒ 12	1 ♑ 24	10 ♋ 19	22 ♊ 28	4 ♓	5 ♒	14 ♌	2 ♐	1 ♒
3	9 ♏ 31	22 ♑ 5	26 ♌ 16	27 ♌ 14	22 ♏ 26	14 ♎ 39	18 ♑ 24	4 ♊ 13	26 ♒ 12	1 ♑ 26	10 ♋ 18	22 ♊ 27	4 ♓	5 ♒	15 ♌	3 ♐	1 ♒
4	10 ♏ 32	5 ♒ 15	26 ♌ 13	27 ♌ 12	23 ♏ 57	15 ♎ 54	19 ♑ 9	4 ♊ 6	26 ♒ 12	1 ♑ 29	10 ♋ 18	22 ♊ 26	4 ♓	5 ♒	15 ♌	3 ♐	1 ♒
5	11 ♏ 32	18 ♒ 2	26 ♌ 10	27 D 12	25 ♏ 27	17 ♎ 8	19 ♑ 53	3 ♊ 59	26 ♒ 13	1 ♑ 31	10 ♋ 17	22 ♊ 25	4 ♓	5 ♒	15 ♌	4 ♐	1 ♒
6	12 ♏ 32	0 ♓ 27	26 ♌ 7	27 R 12	26 ♏ 56	18 ♎ 23	20 ♑ 37	3 ♊ 52	26 ♒ 13	1 ♑ 34	10 ♋ 16	22 ♊ 24	5 ♓	5 ♒	16 ♌	4 ♐	1 ♒
7	13 ♏ 32	12 ♓ 38	26 ♌ 3	27 ♌ 11	28 ♏ 26	19 ♎ 38	21 ♑ 22	3 ♊ 44	26 ♒ 14	1 ♑ 37	10 ♋ 15	22 ♊ 23	5 ♓	6 ♒	16 ♌	5 ♐	1 ♒
8	14 ♏ 32	24 ♓ 38	26 ♌ 0	27 ♌ 8	29 ♏ 54	20 ♎ 52	22 ♑ 6	3 ♊ 37	26 ♒ 14	1 ♑ 39	10 ♋ 15	22 ♊ 23	5 ♓	6 ♒	16 ♌	5 ♐	1 ♒
9	15 ♏ 33	6 ♈ 32	25 ♌ 57	27 ♌ 3	1 ♐ 22	22 ♎ 7	22 ♑ 51	3 ♊ 30	26 ♒ 15	1 ♑ 42	10 ♋ 14	22 ♊ 22	5 ♓	6 ♒	16 ♌	6 ♐	1 ♒
10	16 ♏ 33	18 ♈ 23	25 ♌ 54	26 ♌ 54	2 ♐ 50	23 ♎ 22	23 ♑ 36	3 ♊ 22	26 ♒ 16	1 ♑ 45	10 ♋ 13	22 ♊ 21	5 ♓	6 ♒	17 ♌	6 ♐	1 ♒
11	17 ♏ 33	0 ♉ 14	25 ♌ 51	26 ♌ 42	4 ♐ 17	24 ♎ 36	24 ♑ 20	3 ♊ 15	26 ♒ 17	1 ♑ 48	10 ♋ 12	22 ♊ 20	5 ♓	6 ♒	17 ♌	7 ♐	1 ♒
12	18 ♏ 33	12 ♉ 6	25 ♌ 47	26 ♌ 29	5 ♐ 44	25 ♎ 51	25 ♑ 5	3 ♊ 7	26 ♒ 18	1 ♑ 50	10 ♋ 11	22 ♊ 19	5 ♓	7 ♒	17 ♌	7 ♐	1 ♒
13	19 ♏ 34	24 ♉ 3	25 ♌ 44	26 ♌ 14	7 ♐ 10	27 ♎ 6	25 ♑ 50	2 ♊ 59	26 ♒ 19	1 ♑ 53	10 ♋ 10	22 ♊ 18	5 ♓	7 ♒	18 ♌	8 ♐	1 ♒
14	20 ♏ 34	6 ♊ 3	25 ♌ 41	25 ♌ 59	8 ♐ 35	28 ♎ 21	26 ♑ 35	2 ♊ 51	26 ♒ 21	1 ♑ 56	10 ♋ 9	22 ♊ 17	5 ♓	7 ♒	18 ♌	8 ♐	2 ♒
15	21 ♏ 35	18 ♊ 10	25 ♌ 38	25 ♌ 46	9 ♐ 59	29 ♎ 36	27 ♑ 20	2 ♊ 44	26 ♒ 22	1 ♑ 59	10 ♋ 8	22 ♊ 16	5 ♓	7 ♒	18 ♌	9 ♐	2 ♒
16	22 ♏ 35	0 ♋ 23	25 ♌ 35	25 ♌ 35	11 ♐ 23	0 ♏ 50	28 ♑ 5	2 ♊ 36	26 ♒ 24	2 ♑ 2	10 ♋ 7	22 ♊ 15	5 ♓	7 ♒	18 ♌	10 ♐	2 ♒
17	23 ♏ 36	12 ♋ 46	25 ♌ 32	25 ♌ 27	12 ♐ 46	2 ♏ 5	28 ♑ 50	2 ♊ 28	26 ♒ 25	2 ♑ 5	10 ♋ 6	22 ♊ 14	6 ♓	8 ♒	19 ♌	10 ♐	2 ♒
18	24 ♏ 36	25 ♋ 19	25 ♌ 28	25 ♌ 22	14 ♐ 8	3 ♏ 20	29 ♑ 35	2 ♊ 20	26 ♒ 27	2 ♑ 8	10 ♋ 5	22 ♊ 13	6 ♓	8 ♒	19 ♌	11 ♐	2 ♒
19	25 ♏ 37	8 ♌ 7	25 ♌ 25	25 ♌ 20	15 ♐ 29	4 ♏ 35	0 ♒ 20	2 ♊ 12	26 ♒ 29	2 ♑ 11	10 ♋ 4	22 ♊ 12	6 ♓	8 ♒	19 ♌	11 ♐	2 ♒
20	26 ♏ 37	21 ♌ 12	25 ♌ 22	25 ♌ 19	16 ♐ 49	5 ♏ 50	1 ♒ 5	2 ♊ 3	26 ♒ 31	2 ♑ 14	10 ♋ 3	22 ♊ 11	6 ♓	8 ♒	19 ♌	12 ♐	2 ♒
21	27 ♏ 38	4 ♍ 38	25 ♌ 19	25 ♌ 19	18 ♐ 7	7 ♏ 5	1 ♒ 50	1 ♊ 55	26 ♒ 33	2 ♑ 17	10 ♋ 2	22 ♊ 10	6 ♓	8 ♒	20 ♌	12 ♐	2 ♒
22	28 ♏ 38	18 ♍ 28	25 ♌ 16	25 ♌ 18	19 ♐ 24	8 ♏ 20	2 ♒ 35	1 ♊ 47	26 ♒ 35	2 ♑ 20	10 ♋ 1	22 ♊ 9	6 ♓	9 ♒	20 ♌	13 ♐	2 ♒
23	29 ♏ 39	2 ♎ 42	25 ♌ 12	25 ♌ 16	20 ♐ 39	9 ♏ 35	3 ♒ 21	1 ♊ 39	26 ♒ 37	2 ♑ 24	10 ♋ 0	22 ♊ 8	6 ♓	9 ♒	20 ♌	13 ♐	2 ♒
24	0 ♐ 40	17 ♎ 21	25 ♌ 9	25 ♌ 10	21 ♐ 51	10 ♏ 51	4 ♒ 6	1 ♊ 31	26 ♒ 40	2 ♑ 27	9 ♋ 58	22 ♊ 7	7 ♓	9 ♒	20 ♌	14 ♐	2 ♒
25	1 ♐ 40	2 ♏ 19	25 ♌ 6	25 ♌ 2	23 ♐ 2	12 ♏ 6	4 ♒ 51	1 ♊ 23	26 ♒ 42	2 ♑ 30	9 ♋ 57	22 ♊ 6	7 ♓	9 ♒	21 ♌	14 ♐	2 ♒
26	2 ♐ 41	17 ♏ 28	25 ♌ 3	24 ♌ 51	24 ♐ 10	13 ♏ 21	5 ♒ 37	1 ♊ 14	26 ♒ 44	2 ♑ 33	9 ♋ 56	22 ♊ 5	7 ♓	9 ♒	21 ♌	15 ♐	2 ♒
27	3 ♐ 42	2 ♐ 39	25 ♌ 0	24 ♌ 39	25 ♐ 15	14 ♏ 36	6 ♒ 22	1 ♊ 6	26 ♒ 47	2 ♑ 36	9 ♋ 55	22 ♊ 3	7 ♓	10 ♒	21 ♌	15 ♐	2 ♒
28	4 ♐ 43	17 ♐ 41	24 ♌ 57	24 ♌ 28	26 ♐ 17	15 ♏ 51	7 ♒ 8	0 ♊ 58	26 ♒ 50	2 ♑ 40	9 ♋ 53	22 ♊ 2	7 ♓	10 ♒	21 ♌	16 ♐	2 ♒
29	5 ♐ 44	2 ♑ 23	24 ♌ 53	24 ♌ 18	27 ♐ 14	17 ♏ 6	7 ♒ 53	0 ♊ 50	26 ♒ 53	2 ♑ 43	9 ♋ 52	22 ♊ 1	7 ♓	10 ♒	21 ♌	17 ♐	2 ♒
30	6 ♐ 44	16 ♑ 40	24 ♌ 50	24 ♌ 11	28 ♐ 8	18 ♏ 22	8 ♒ 39	0 ♊ 42	26 ♒ 56	2 ♑ 46	9 ♋ 51	22 ♊ 0	8 ♓	10 ♒	22 ♌	17 ♐	2 ♒

SUN INGRESS	☉ → ♐ 23日 08:05
MOON PHASE	◐ 4日 10:39 ♒ ○ 12日 14:11 ♉ ◑ 20日 10:34 ♌ ● 27日 01:47 ♐

aspects		
3日	18:30	☉△♆
5日	12:18	☿□♄
9日	04:43	♀△♇
10日	08:10	☿☍♃
10日	11:11	♀□♂
12日	08:51	♀△♄
16日	23:54	♀⚹♅
19日	21:23	☉□♄
21日	02:23	♂△♃
23日	07:36	♀△♆
24日	05:04	☿☍♇
24日	17:47	☉☍♃
28日	14:16	☿⚹♄

1905年12月

DAY	☉	☽	☊		☿	♀	♂	♃	♄	♅	♆	♇	⚳	⚴	⚵	⚶	⚷
			mean	true													
	° ′	° ′	° ′	° ′	° ′	° ′	° ′	° ′	° ′	° ′	° ′	° ′	°	°	°	°	°
1	7 ♐ 45	0 ♒ 27	24 ♌ 47	24 R 6	28 D 56	19 D 37	9 D 24	0 R 34	26 D 59	2 D 50	9 R 49	21 R 59	8 D	11 D	22 D	18 D	2 D
2	8 ♐ 46	13 ♒ 45	24 ♌ 44	24 ♌ 4	29 ♐ 38	20 ♏ 52	10 ♒ 10	0 ♊ 26	27 ♒ 2	2 ♑ 53	9 ♋ 48	21 ♊ 58	8 ♓	11 ♒	22 ♌	18 ♐	2 ♒
3	9 ♐ 47	26 ♒ 37	24 ♌ 41	24 D 4	0 ♑ 14	22 ♏ 7	10 ♒ 56	0 ♊ 18	27 ♒ 5	2 ♑ 56	9 ♋ 46	21 ♊ 57	8 ♓	11 ♒	22 ♌	19 ♐	2 ♒
4	10 ♐ 48	9 ♓ 6	24 ♌ 38	24 ♌ 4	0 ♑ 43	23 ♏ 23	11 ♒ 41	0 ♊ 10	27 ♒ 8	3 ♑ 0	9 ♋ 45	21 ♊ 56	8 ♓	11 ♒	22 ♌	19 ♐	3 ♒
5	11 ♐ 49	21 ♓ 17	24 ♌ 34	24 R 4	1 ♑ 3	24 ♏ 38	12 ♒ 27	0 ♊ 2	27 ♒ 11	3 ♑ 3	9 ♋ 44	21 ♊ 54	9 ♓	12 ♒	22 ♌	20 ♐	3 ♒
6	12 ♐ 50	3 ♈ 16	24 ♌ 31	24 ♌ 1	1 ♑ 14	25 ♏ 53	13 ♒ 13	29 ♉ 54	27 ♒ 15	3 ♑ 7	9 ♋ 42	21 ♊ 53	9 ♓	12 ♒	23 ♌	20 ♐	3 ♒
7	13 ♐ 50	15 ♈ 9	24 ♌ 28	23 ♌ 57	1 R 16	27 ♏ 8	13 ♒ 58	29 ♉ 46	27 ♒ 19	3 ♑ 10	9 ♋ 41	21 ♊ 52	9 ♓	12 ♒	23 ♌	21 ♐	3 ♒
8	14 ♐ 51	26 ♈ 59	24 ♌ 25	23 ♌ 50	1 ♑ 7	28 ♏ 24	14 ♒ 44	29 ♉ 39	27 ♒ 22	3 ♑ 14	9 ♋ 39	21 ♊ 51	9 ♓	12 ♒	23 ♌	21 ♐	3 ♒
9	15 ♐ 52	8 ♉ 50	24 ♌ 22	23 ♌ 40	0 ♑ 47	29 ♏ 39	15 ♒ 30	29 ♉ 31	27 ♒ 26	3 ♑ 17	9 ♋ 38	21 ♊ 50	9 ♓	13 ♒	23 ♌	22 ♐	3 ♒
10	16 ♐ 53	20 ♉ 46	24 ♌ 18	23 ♌ 28	0 ♑ 16	0 ♐ 54	16 ♒ 16	29 ♉ 24	27 ♒ 30	3 ♑ 21	9 ♋ 36	21 ♊ 49	10 ♓	13 ♒	23 ♌	23 ♐	3 ♒
11	17 ♐ 54	2 ♊ 48	24 ♌ 15	23 ♌ 15	29 ♐ 33	2 ♐ 10	17 ♒ 1	29 ♉ 16	27 ♒ 34	3 ♑ 24	9 ♋ 35	21 ♊ 47	10 ♓	13 ♒	23 ♌	23 ♐	3 ♒
12	18 ♐ 55	14 ♊ 58	24 ♌ 12	23 ♌ 2	28 ♐ 39	3 ♐ 25	17 ♒ 47	29 ♉ 9	27 ♒ 38	3 ♑ 28	9 ♋ 33	21 ♊ 46	10 ♓	13 ♒	23 ♌	24 ♐	3 ♒
13	19 ♐ 56	27 ♊ 17	24 ♌ 9	22 ♌ 51	27 ♐ 36	4 ♐ 40	18 ♒ 33	29 ♉ 2	27 ♒ 42	3 ♑ 31	9 ♋ 31	21 ♊ 45	10 ♓	14 ♒	23 ♌	24 ♐	3 ♒
14	20 ♐ 57	9 ♋ 45	24 ♌ 6	22 ♌ 41	26 ♐ 24	5 ♐ 56	19 ♒ 19	28 ♉ 55	27 ♒ 46	3 ♑ 35	9 ♋ 30	21 ♊ 44	11 ♓	14 ♒	23 ♌	25 ♐	3 ♒
15	21 ♐ 58	22 ♋ 23	24 ♌ 3	22 ♌ 34	25 ♐ 6	7 ♐ 11	20 ♒ 5	28 ♉ 48	27 ♒ 50	3 ♑ 38	9 ♋ 28	21 ♊ 43	11 ♓	14 ♒	23 ♌	25 ♐	3 ♒
16	22 ♐ 59	5 ♌ 11	23 ♌ 59	22 ♌ 30	23 ♐ 44	8 ♐ 26	20 ♒ 51	28 ♉ 41	27 ♒ 54	3 ♑ 42	9 ♋ 27	21 ♊ 42	11 ♓	14 ♒	23 ♌	26 ♐	3 ♒
17	24 ♐ 0	18 ♌ 10	23 ♌ 56	22 ♌ 29	22 ♐ 21	9 ♐ 42	21 ♒ 37	28 ♉ 34	27 ♒ 59	3 ♑ 45	9 ♋ 25	21 ♊ 40	11 ♓	15 ♒	23 ♌	26 ♐	3 ♒
18	25 ♐ 1	1 ♍ 23	23 ♌ 53	22 D 29	20 ♐ 59	10 ♐ 57	22 ♒ 22	28 ♉ 28	28 ♒ 3	3 ♑ 49	9 ♋ 23	21 ♊ 39	12 ♓	15 ♒	23 ♌	27 ♐	3 ♒
19	26 ♐ 3	14 ♍ 51	23 ♌ 50	22 ♌ 30	19 ♐ 43	12 ♐ 13	23 ♒ 8	28 ♉ 21	28 ♒ 8	3 ♑ 53	9 ♋ 22	21 ♊ 38	12 ♓	15 ♒	24 ♌	27 ♐	3 ♒
20	27 ♐ 4	28 ♍ 35	23 ♌ 47	22 R 30	18 ♐ 33	13 ♐ 28	23 ♒ 54	28 ♉ 15	28 ♒ 12	3 ♑ 56	9 ♋ 20	21 ♊ 37	12 ♓	16 ♒	24 ♌	28 ♐	4 ♒
21	28 ♐ 5	12 ♎ 38	23 ♌ 44	22 ♌ 29	17 ♐ 31	14 ♐ 43	24 ♒ 40	28 ♉ 9	28 ♒ 17	4 ♑ 0	9 ♋ 18	21 ♊ 36	12 ♓	16 ♒	24 ♌	28 ♐	4 ♒
22	29 ♐ 6	26 ♎ 58	23 ♌ 40	22 ♌ 26	16 ♐ 39	15 ♐ 59	25 ♒ 26	28 ♉ 3	28 ♒ 22	4 ♑ 3	9 ♋ 17	21 ♊ 35	13 ♓	16 ♒	24 R	29 ♐	4 ♒
23	0 ♑ 7	11 ♏ 32	23 ♌ 37	22 ♌ 21	15 ♐ 58	17 ♐ 14	26 ♒ 12	27 ♉ 57	28 ♒ 27	4 ♑ 7	9 ♋ 15	21 ♊ 33	13 ♓	16 ♒	24 ♌	0 ♑	4 ♒
24	1 ♑ 8	26 ♏ 17	23 ♌ 34	22 ♌ 13	15 ♐ 28	18 ♐ 30	26 ♒ 58	27 ♉ 51	28 ♒ 32	4 ♑ 10	9 ♋ 13	21 ♊ 32	13 ♓	17 ♒	24 ♌	0 ♑	4 ♒
25	2 ♑ 9	11 ♐ 5	23 ♌ 31	22 ♌ 5	15 ♐ 8	19 ♐ 45	27 ♒ 44	27 ♉ 46	28 ♒ 37	4 ♑ 14	9 ♋ 12	21 ♊ 31	13 ♓	17 ♒	24 ♌	1 ♑	4 ♒
26	3 ♑ 10	25 ♐ 48	23 ♌ 28	21 ♌ 57	14 ♐ 59	21 ♐ 1	28 ♒ 30	27 ♉ 41	28 ♒ 42	4 ♑ 18	9 ♋ 10	21 ♊ 30	14 ♓	17 ♒	23 ♌	1 ♑	4 ♒
27	4 ♑ 12	10 ♑ 18	23 ♌ 24	21 ♌ 50	15 D 0	22 ♐ 16	29 ♒ 16	27 ♉ 35	28 ♒ 47	4 ♑ 21	9 ♋ 8	21 ♊ 29	14 ♓	18 ♒	23 ♌	2 ♑	4 ♒
28	5 ♑ 13	24 ♑ 29	23 ♌ 21	21 ♌ 45	15 ♐ 9	23 ♐ 32	0 ♓ 2	27 ♉ 30	28 ♒ 52	4 ♑ 25	9 ♋ 7	21 ♊ 28	14 ♓	18 ♒	23 ♌	2 ♑	4 ♒
29	6 ♑ 14	8 ♒ 15	23 ♌ 18	21 ♌ 42	15 ♐ 27	24 ♐ 47	0 ♓ 48	27 ♉ 25	28 ♒ 58	4 ♑ 29	9 ♋ 5	21 ♊ 27	14 ♓	18 ♒	23 ♌	3 ♑	4 ♒
30	7 ♑ 15	21 ♒ 36	23 ♌ 15	21 ♌ 41	15 ♐ 53	26 ♐ 3	1 ♓ 34	27 ♉ 21	29 ♒ 3	4 ♑ 32	9 ♋ 3	21 ♊ 25	15 ♓	18 ♒	23 ♌	3 ♑	4 ♒
31	8 ♑ 16	4 ♓ 31	23 ♌ 12	21 D 41	16 ♐ 25	27 ♐ 18	2 ♓ 20	27 ♉ 16	29 ♒ 8	4 ♑ 36	9 ♋ 2	21 ♊ 24	15 ♓	19 ♒	23 ♌	4 ♑	4 ♒

SUN INGRESS	☉ → ♑ 22日 21:04
MOON PHASE	◐ 4日 03:37 ♓ ○ 12日 08:25 ♊ ◑ 19日 21:09 ♍ ● 26日 13:04 ♑

aspects		
7日	03:22	♀□♄
7日	12:27	☉⚹♂
8日	21:44	♀☍♃
12日	22:03	☿⚹♄
14日	18:02	☉☍♇
16日	07:23	☉☌☿
17日	01:59	♂△♇
17日	08:16	☿⚹♂
17日	11:57	☿☍♇
20日	05:51	♃□♄
21日	05:18	☉⚹♄
22日	08:06	☿☌♀
25日	00:57	♂□♃
26日	07:06	♂☌♄
26日	09:11	♀☍♇
27日	04:03	☉☌♅
31日	17:18	☉☍♆

1906年1月

DAY	☉	☽	☊ mean	☊ true	☿	♀	♂	♃	♄	♅	♆	♇	⚳	⚴	⚵	⚶	⚷
	° ′	° ′	° ′	° ′	° ′	° ′	° ′	° ′	° ′	° ′	° ′	° ′	°	°	°	°	°
1	9 ♑ 17	17 ♓ 5	23 ♌ 9	21 D 43	17 D 4	28 D 33	3 D 6	27 R 12	29 D 14	4 D 39	9 R 0	21 R 23	15 D	19 D	23 R	4 D	4 D
2	10 ♑ 19	29 ♓ 21	23 ♌ 5	21 ♌ 44	17 ♐ 48	29 ♐ 49	3 ♓ 51	27 ♉ 8	29 ♒ 19	4 ♑ 43	8 ♋ 58	21 ♊ 22	16 ♓	19 ♒	23 ♌	5 ♑	4 ♒
3	11 ♑ 20	11 ♈ 23	23 ♌ 2	21 R 45	18 ♐ 36	1 ♑ 4	4 ♓ 37	27 ♉ 4	29 ♒ 25	4 ♑ 47	8 ♋ 57	21 ♊ 21	16 ♓	20 ♒	23 ♌	5 ♑	5 ♒
4	12 ♑ 21	23 ♈ 18	22 ♌ 59	21 ♌ 44	19 ♐ 30	2 ♑ 20	5 ♓ 23	27 ♉ 0	29 ♒ 31	4 ♑ 50	8 ♋ 55	21 ♊ 20	16 ♓	20 ♒	23 ♌	6 ♑	5 ♒
5	13 ♑ 22	5 ♉ 9	22 ♌ 56	21 ♌ 42	20 ♐ 27	3 ♑ 35	6 ♓ 9	26 ♉ 57	29 ♒ 36	4 ♑ 54	8 ♋ 53	21 ♊ 19	17 ♓	20 ♒	23 ♌	7 ♑	5 ♒
6	14 ♑ 23	17 ♉ 2	22 ♌ 53	21 ♌ 37	21 ♐ 27	4 ♑ 51	6 ♓ 55	26 ♉ 53	29 ♒ 42	4 ♑ 57	8 ♋ 51	21 ♊ 18	17 ♓	21 ♒	23 ♌	7 ♑	5 ♒
7	15 ♑ 24	29 ♉ 0	22 ♌ 50	21 ♌ 32	22 ♐ 31	6 ♑ 6	7 ♓ 41	26 ♉ 50	29 ♒ 48	5 ♑ 1	8 ♋ 50	21 ♊ 17	17 ♓	21 ♒	22 ♌	8 ♑	5 ♒
8	16 ♑ 26	11 ♊ 7	22 ♌ 46	21 ♌ 25	23 ♐ 37	7 ♑ 21	8 ♓ 27	26 ♉ 47	29 ♒ 54	5 ♑ 4	8 ♋ 48	21 ♊ 16	17 ♓	21 ♒	22 ♌	8 ♑	5 ♒
9	17 ♑ 27	23 ♊ 26	22 ♌ 43	21 ♌ 19	24 ♐ 46	8 ♑ 37	9 ♓ 13	26 ♉ 44	0 ♓ 0	5 ♑ 8	8 ♋ 46	21 ♊ 15	18 ♓	21 ♒	22 ♌	9 ♑	5 ♒
10	18 ♑ 28	5 ♋ 57	22 ♌ 40	21 ♌ 13	25 ♐ 57	9 ♑ 52	9 ♓ 58	26 ♉ 42	0 ♓ 6	5 ♑ 12	8 ♋ 45	21 ♊ 14	18 ♓	22 ♒	22 ♌	9 ♑	5 ♒
11	19 ♑ 29	18 ♋ 41	22 ♌ 37	21 ♌ 8	27 ♐ 9	11 ♑ 8	10 ♓ 44	26 ♉ 40	0 ♓ 12	5 ♑ 15	8 ♋ 43	21 ♊ 13	18 ♓	22 ♒	22 ♌	10 ♑	5 ♒
12	20 ♑ 30	1 ♌ 39	22 ♌ 34	21 ♌ 5	28 ♐ 24	12 ♑ 23	11 ♓ 30	26 ♉ 37	0 ♓ 18	5 ♑ 19	8 ♋ 41	21 ♊ 12	19 ♓	22 ♒	22 ♌	10 ♑	5 ♒
13	21 ♑ 31	14 ♌ 50	22 ♌ 30	21 ♌ 3	29 ♐ 40	13 ♑ 39	12 ♓ 16	26 ♉ 35	0 ♓ 25	5 ♑ 22	8 ♋ 40	21 ♊ 11	19 ♓	23 ♒	21 ♌	11 ♑	5 ♒
14	22 ♑ 32	28 ♌ 12	22 ♌ 27	21 D 3	0 ♑ 58	14 ♑ 54	13 ♓ 2	26 ♉ 34	0 ♓ 31	5 ♑ 26	8 ♋ 38	21 ♊ 10	19 ♓	23 ♒	21 ♌	11 ♑	5 ♒
15	23 ♑ 33	11 ♍ 46	22 ♌ 24	21 ♌ 5	2 ♑ 17	16 ♑ 9	13 ♓ 47	26 ♉ 32	0 ♓ 37	5 ♑ 29	8 ♋ 36	21 ♊ 9	20 ♓	23 ♒	21 ♌	12 ♑	5 ♒
16	24 ♑ 34	25 ♍ 30	22 ♌ 21	21 ♌ 6	3 ♑ 38	17 ♑ 25	14 ♓ 33	26 ♉ 31	0 ♓ 43	5 ♑ 33	8 ♋ 35	21 ♊ 8	20 ♓	24 ♒	21 ♌	12 ♑	6 ♒
17	25 ♑ 36	9 ♎ 23	22 ♌ 18	21 ♌ 8	4 ♑ 59	18 ♑ 40	15 ♓ 19	26 ♉ 30	0 ♓ 50	5 ♑ 36	8 ♋ 33	21 ♊ 7	20 ♓	24 ♒	21 ♌	13 ♑	6 ♒
18	26 ♑ 37	23 ♎ 26	22 ♌ 15	21 ♌ 8	6 ♑ 21	19 ♑ 56	16 ♓ 4	26 ♉ 29	0 ♓ 56	5 ♑ 39	8 ♋ 32	21 ♊ 6	21 ♓	24 ♒	20 ♌	14 ♑	6 ♒
19	27 ♑ 38	7 ♏ 37	22 ♌ 11	21 R 8	7 ♑ 45	21 ♑ 11	16 ♓ 50	26 ♉ 28	1 ♓ 3	5 ♑ 43	8 ♋ 30	21 ♊ 5	21 ♓	25 ♒	20 ♌	14 ♑	6 ♒
20	28 ♑ 39	21 ♏ 53	22 ♌ 8	21 ♌ 7	9 ♑ 9	22 ♑ 26	17 ♓ 36	26 ♉ 28	1 ♓ 9	5 ♑ 46	8 ♋ 28	21 ♊ 4	21 ♓	25 ♒	20 ♌	15 ♑	6 ♒
21	29 ♑ 40	6 ♐ 12	22 ♌ 5	21 ♌ 4	10 ♑ 35	23 ♑ 42	18 ♓ 21	26 ♉ 27	1 ♓ 16	5 ♑ 50	8 ♋ 27	21 ♊ 3	22 ♓	25 ♒	20 ♌	15 ♑	6 ♒
22	0 ♒ 41	20 ♐ 30	22 ♌ 2	21 ♌ 1	12 ♑ 1	24 ♑ 57	19 ♓ 7	26 D 27	1 ♓ 22	5 ♑ 53	8 ♋ 25	21 ♊ 2	22 ♓	26 ♒	20 ♌	16 ♑	6 ♒
23	1 ♒ 42	4 ♑ 43	21 ♌ 59	20 ♌ 59	13 ♑ 28	26 ♑ 13	19 ♓ 53	26 ♉ 27	1 ♓ 29	5 ♑ 56	8 ♋ 24	21 ♊ 1	22 ♓	26 ♒	19 ♌	16 ♑	6 ♒
24	2 ♒ 43	18 ♑ 47	21 ♌ 56	20 ♌ 56	14 ♑ 55	27 ♑ 28	20 ♓ 38	26 ♉ 28	1 ♓ 36	6 ♑ 0	8 ♋ 22	21 ♊ 0	23 ♓	26 ♒	19 ♌	17 ♑	6 ♒
25	3 ♒ 44	2 ♒ 36	21 ♌ 52	20 ♌ 54	16 ♑ 24	28 ♑ 43	21 ♓ 24	26 ♉ 28	1 ♓ 42	6 ♑ 3	8 ♋ 21	21 ♊ 0	23 ♓	27 ♒	19 ♌	17 ♑	6 ♒
26	4 ♒ 45	16 ♒ 8	21 ♌ 49	20 ♌ 54	17 ♑ 53	29 ♑ 59	22 ♓ 9	26 ♉ 29	1 ♓ 49	6 ♑ 6	8 ♋ 19	20 ♊ 59	23 ♓	27 ♒	19 ♌	18 ♑	6 ♒
27	5 ♒ 46	29 ♒ 20	21 ♌ 46	20 D 54	19 ♑ 23	1 ♒ 14	22 ♓ 55	26 ♉ 30	1 ♓ 56	6 ♑ 10	8 ♋ 18	20 ♊ 58	24 ♓	27 ♒	18 ♌	18 ♑	6 ♒
28	6 ♒ 47	12 ♓ 13	21 ♌ 43	20 ♌ 55	20 ♑ 53	2 ♒ 30	23 ♓ 40	26 ♉ 31	2 ♓ 3	6 ♑ 13	8 ♋ 16	20 ♊ 57	24 ♓	27 ♒	18 ♌	19 ♑	7 ♒
29	7 ♒ 48	24 ♓ 47	21 ♌ 40	20 ♌ 56	22 ♑ 24	3 ♒ 45	24 ♓ 26	26 ♉ 32	2 ♓ 10	6 ♑ 16	8 ♋ 15	20 ♊ 56	24 ♓	28 ♒	18 ♌	19 ♑	7 ♒
30	8 ♒ 49	7 ♈ 5	21 ♌ 36	20 ♌ 57	23 ♑ 56	5 ♒ 0	25 ♓ 11	26 ♉ 34	2 ♓ 17	6 ♑ 19	8 ♋ 13	20 ♊ 56	25 ♓	28 ♒	18 ♌	20 ♑	7 ♒
31	9 ♒ 50	19 ♈ 10	21 ♌ 33	20 ♌ 58	25 ♑ 29	6 ♒ 16	25 ♓ 57	26 ♉ 36	2 ♓ 23	6 ♑ 22	8 ♋ 12	20 ♊ 55	25 ♓	28 ♒	17 ♌	20 ♑	7 ♒

SUN INGRESS	☉ → ♒ 21日 07:43
MOON PHASE	◐ 2日 23:52 ♈ ○ 11日 01:36 ♋ ◑ 18日 05:49 ♎ ● 25日 02:09 ♒

aspects		
1日	13:54	♀⚹♄
3日	05:14	♂⚹♅
5日	20:27	☿☍♇
6日	02:15	♀☌♅
8日	10:45	♂△♆
9日	02:58	♀☍♆
10日	04:59	♀⚹♂
13日	14:51	☿⚹♄
17日	11:17	☿☌♅
17日	20:58	☉△♃
19日	12:38	☿☍♆
23日	04:39	♀△♃
24日	11:30	♂□♇
31日	13:49	☿⚹♂
31日	17:29	☿△♃
31日	21:34	♂⚹♃

1906年2月

DAY	☉	☽	☊ mean	☊ true	☿	♀	♂	♃	♄	♅	♆	♇	⚳	⚴	⚵	⚶	⚷
	° ′	° ′	° ′	° ′	° ′	° ′	° ′	° ′	° ′	° ′	° ′	° ′	°	°	°	°	°
1	10 ♒ 51	1 ♉ 7	21 ♌ 30	20 D 59	27 D 2	7 D 31	26 D 42	26 D 37	2 D 30	6 D 26	8 R 11	20 R 54	25 D	29 D	17 R	21 D	7 D
2	11 ♒ 52	12 ♉ 59	21 ♌ 27	20 R 59	28 ♑ 36	8 ♒ 46	27 ♓ 27	26 ♉ 40	2 ♓ 37	6 ♑ 29	8 ♋ 9	20 ♊ 54	26 ♓	29 ♒	17 ♌	21 ♑	7 ♒
3	12 ♒ 53	24 ♉ 53	21 ♌ 24	20 ♌ 59	0 ♒ 11	10 ♒ 2	28 ♓ 13	26 ♉ 42	2 ♓ 44	6 ♑ 32	8 ♋ 8	20 ♊ 53	26 ♓	29 ♒	17 ♌	22 ♑	7 ♒
4	13 ♒ 53	6 ♊ 51	21 ♌ 21	20 ♌ 58	1 ♒ 47	11 ♒ 17	28 ♓ 58	26 ♉ 45	2 ♓ 51	6 ♑ 35	8 ♋ 7	20 ♊ 52	27 ♓	0 ♓	16 ♌	23 ♑	7 ♒
5	14 ♒ 54	19 ♊ 0	21 ♌ 17	20 ♌ 57	3 ♒ 23	12 ♒ 32	29 ♓ 43	26 ♉ 47	2 ♓ 58	6 ♑ 38	8 ♋ 5	20 ♊ 52	27 ♓	0 ♓	16 ♌	23 ♑	7 ♒
6	15 ♒ 55	1 ♋ 22	21 ♌ 14	20 ♌ 57	5 ♒ 0	13 ♒ 47	0 ♈ 28	26 ♉ 50	3 ♓ 6	6 ♑ 41	8 ♋ 4	20 ♊ 51	27 ♓	0 ♓	16 ♌	24 ♑	7 ♒
7	16 ♒ 56	14 ♋ 1	21 ♌ 11	20 ♌ 56	6 ♒ 37	15 ♒ 3	1 ♈ 13	26 ♉ 53	3 ♓ 13	6 ♑ 44	8 ♋ 3	20 ♊ 50	28 ♓	1 ♓	15 ♌	24 ♑	7 ♒
8	17 ♒ 57	26 ♋ 58	21 ♌ 8	20 ♌ 56	8 ♒ 16	16 ♒ 18	1 ♈ 59	26 ♉ 57	3 ♓ 20	6 ♑ 47	8 ♋ 2	20 ♊ 50	28 ♓	1 ♓	15 ♌	25 ♑	7 ♒
9	18 ♒ 57	10 ♌ 13	21 ♌ 5	20 ♌ 55	9 ♒ 55	17 ♒ 33	2 ♈ 44	27 ♉ 0	3 ♓ 27	6 ♑ 50	8 ♋ 0	20 ♊ 49	28 ♓	1 ♓	15 ♌	25 ♑	7 ♒
10	19 ♒ 58	23 ♌ 47	21 ♌ 2	20 D 55	11 ♒ 35	18 ♒ 48	3 ♈ 29	27 ♉ 4	3 ♓ 34	6 ♑ 53	7 ♋ 59	20 ♊ 49	29 ♓	2 ♓	15 ♌	26 ♑	8 ♒
11	20 ♒ 59	7 ♍ 37	20 ♌ 58	20 R 55	13 ♒ 16	20 ♒ 4	4 ♈ 14	27 ♉ 8	3 ♓ 41	6 ♑ 55	7 ♋ 58	20 ♊ 48	29 ♓	2 ♓	14 ♌	26 ♑	8 ♒
12	21 ♒ 59	21 ♍ 39	20 ♌ 55	20 ♌ 55	14 ♒ 58	21 ♒ 19	4 ♈ 59	27 ♉ 12	3 ♓ 48	6 ♑ 58	7 ♋ 57	20 ♊ 48	29 ♓	2 ♓	14 ♌	27 ♑	8 ♒
13	23 ♒ 0	5 ♎ 51	20 ♌ 52	20 ♌ 55	16 ♒ 40	22 ♒ 34	5 ♈ 44	27 ♉ 16	3 ♓ 56	7 ♑ 1	7 ♋ 56	20 ♊ 47	0 ♈	3 ♓	14 ♌	27 ♑	8 ♒
14	24 ♒ 1	20 ♎ 7	20 ♌ 49	20 ♌ 55	18 ♒ 24	23 ♒ 49	6 ♈ 29	27 ♉ 21	4 ♓ 3	7 ♑ 4	7 ♋ 55	20 ♊ 47	0 ♈	3 ♓	14 ♌	28 ♑	8 ♒
15	25 ♒ 1	4 ♏ 25	20 ♌ 46	20 ♌ 55	20 ♒ 8	25 ♒ 4	7 ♈ 13	27 ♉ 25	4 ♓ 10	7 ♑ 6	7 ♋ 54	20 ♊ 46	1 ♈	3 ♓	13 ♌	28 ♑	8 ♒
16	26 ♒ 2	18 ♏ 41	20 ♌ 42	20 ♌ 54	21 ♒ 53	26 ♒ 20	7 ♈ 58	27 ♉ 30	4 ♓ 17	7 ♑ 9	7 ♋ 53	20 ♊ 46	1 ♈	4 ♓	13 ♌	29 ♑	8 ♒
17	27 ♒ 2	2 ♐ 51	20 ♌ 39	20 D 54	23 ♒ 39	27 ♒ 35	8 ♈ 43	27 ♉ 35	4 ♓ 25	7 ♑ 12	7 ♋ 52	20 ♊ 46	1 ♈	4 ♓	13 ♌	29 ♑	8 ♒
18	28 ♒ 3	16 ♐ 55	20 ♌ 36	20 ♌ 55	25 ♒ 26	28 ♒ 50	9 ♈ 28	27 ♉ 40	4 ♓ 32	7 ♑ 14	7 ♋ 51	20 ♊ 45	2 ♈	4 ♓	13 ♌	0 ♒	8 ♒
19	29 ♒ 3	0 ♑ 50	20 ♌ 33	20 ♌ 55	27 ♒ 14	0 ♓ 5	10 ♈ 13	27 ♉ 45	4 ♓ 39	7 ♑ 17	7 ♋ 50	20 ♊ 45	2 ♈	5 ♓	13 ♌	0 ♒	8 ♒
20	0 ♓ 4	14 ♑ 35	20 ♌ 30	20 ♌ 56	29 ♒ 2	1 ♓ 20	10 ♈ 57	27 ♉ 51	4 ♓ 47	7 ♑ 19	7 ♋ 49	20 ♊ 44	2 ♈	5 ♓	12 ♌	1 ♒	8 ♒
21	1 ♓ 4	28 ♑ 9	20 ♌ 27	20 ♌ 57	0 ♓ 52	2 ♓ 35	11 ♈ 42	27 ♉ 57	4 ♓ 54	7 ♑ 22	7 ♋ 48	20 ♊ 44	3 ♈	5 ♓	12 ♌	1 ♒	8 ♒
22	2 ♓ 5	11 ♒ 31	20 ♌ 23	20 ♌ 58	2 ♓ 42	3 ♓ 50	12 ♈ 27	28 ♉ 2	5 ♓ 1	7 ♑ 24	7 ♋ 47	20 ♊ 44	3 ♈	6 ♓	12 ♌	2 ♒	8 ♒
23	3 ♓ 5	24 ♒ 39	20 ♌ 20	20 R 58	4 ♓ 34	5 ♓ 6	13 ♈ 11	28 ♉ 8	5 ♓ 8	7 ♑ 27	7 ♋ 46	20 ♊ 44	4 ♈	6 ♓	12 ♌	2 ♒	9 ♒
24	4 ♓ 6	7 ♓ 34	20 ♌ 17	20 ♌ 57	6 ♓ 26	6 ♓ 21	13 ♈ 56	28 ♉ 15	5 ♓ 16	7 ♑ 29	7 ♋ 45	20 ♊ 43	4 ♈	6 ♓	12 ♌	3 ♒	9 ♒
25	5 ♓ 6	20 ♓ 15	20 ♌ 14	20 ♌ 56	8 ♓ 18	7 ♓ 36	14 ♈ 40	28 ♉ 21	5 ♓ 23	7 ♑ 32	7 ♋ 45	20 ♊ 43	4 ♈	7 ♓	11 ♌	3 ♒	9 ♒
26	6 ♓ 6	2 ♈ 42	20 ♌ 11	20 ♌ 54	10 ♓ 12	8 ♓ 51	15 ♈ 25	28 ♉ 27	5 ♓ 30	7 ♑ 34	7 ♋ 44	20 ♊ 43	5 ♈	7 ♓	11 ♌	4 ♒	9 ♒
27	7 ♓ 7	14 ♈ 56	20 ♌ 7	20 ♌ 51	12 ♓ 6	10 ♓ 6	16 ♈ 9	28 ♉ 34	5 ♓ 38	7 ♑ 36	7 ♋ 43	20 ♊ 43	5 ♈	7 ♓	11 ♌	4 ♒	9 ♒
28	8 ♓ 7	27 ♈ 1	20 ♌ 4	20 ♌ 49	14 ♓ 0	11 ♓ 21	16 ♈ 54	28 ♉ 41	5 ♓ 45	7 ♑ 38	7 ♋ 43	20 ♊ 43	5 ♈	8 ♓	11 ♌	5 ♒	9 ♒

SUN INGRESS	☉ → ♓ 19日 22:14
MOON PHASE	◐ 1日 21:31 ♉ ○ 9日 16:46 ♌ ◑ 16日 13:22 ♏ ● 23日 16:57 ♓

aspects		
10日	19:54	☉△♇
11日	14:07	♀△♇
14日	18:39	☉☌♀
14日	20:02	♂□♅
15日	08:47	☿△♇
15日	21:04	♂□♆
17日	00:02	♀□♃
17日	14:05	☉□♃
19日	07:23	☿□♃
21日	06:01	☉☌☿
23日	01:02	♀☌♄
23日	08:01	☿☌♄
23日	20:49	☿☌♀
24日	13:52	☿⚹♅
24日	16:54	☿△♆
24日	22:38	♀⚹♅
25日	02:51	♀△♆
25日	07:42	☉☌♄
27日	12:09	☉⚹♅
27日	14:23	☉△♆

1906年3月

DAY	☉	☽	☊		☿	♀	♂	♃	♄	♅	♆	♇	⚳	⚴	⚵	⚶	⚷
			mean	true													
	° ′	° ′	° ′	° ′	° ′	° ′	° ′	° ′	° ′	° ′	° ′	° ′	°	°	°	°	°
1	9 ♓ 7	8 ♉ 57	20 ♌ 1	20 R 46	15 D 55	12 D 36	17 D 38	28 D 48	5 D 52	7 D 40	7 R 42	20 R 42	6 D	8 D	11 R	5 D	9 D
2	10 ♓ 7	20 ♉ 50	19 ♌ 58	20 ♌ 44	17 ♓ 50	13 ♓ 51	18 ♈ 22	28 ♉ 55	6 ♓ 0	7 ♑ 43	7 ♋ 41	20 ♊ 42	6 ♈	8 ♓	11 ♌	6 ♒	9 ♒
3	11 ♓ 8	2 ♊ 43	19 ♌ 55	20 ♌ 43	19 ♓ 44	15 ♓ 6	19 ♈ 6	29 ♉ 2	6 ♓ 7	7 ♑ 45	7 ♋ 41	20 ♊ 42	7 ♈	9 ♓	10 ♌	6 ♒	9 ♒
4	12 ♓ 8	14 ♊ 40	19 ♌ 52	20 D 43	21 ♓ 39	16 ♓ 21	19 ♈ 51	29 ♉ 10	6 ♓ 14	7 ♑ 47	7 ♋ 40	20 ♊ 42	7 ♈	9 ♓	10 ♌	7 ♒	9 ♒
5	13 ♓ 8	26 ♊ 46	19 ♌ 48	20 ♌ 43	23 ♓ 33	17 ♓ 36	20 ♈ 35	29 ♉ 17	6 ♓ 21	7 ♑ 49	7 ♋ 40	20 ♊ 42	7 ♈	9 ♓	10 ♌	7 ♒	9 ♒
6	14 ♓ 8	9 ♋ 7	19 ♌ 45	20 ♌ 45	25 ♓ 26	18 ♓ 50	21 ♈ 19	29 ♉ 25	6 ♓ 29	7 ♑ 51	7 ♋ 39	20 ♊ 42	8 ♈	10 ♓	10 ♌	8 ♒	9 ♒
7	15 ♓ 8	21 ♋ 46	19 ♌ 42	20 ♌ 46	27 ♓ 18	20 ♓ 5	22 ♈ 3	29 ♉ 33	6 ♓ 36	7 ♑ 53	7 ♋ 39	20 D 42	8 ♈	10 ♓	10 ♌	8 ♒	9 ♒
8	16 ♓ 8	4 ♌ 46	19 ♌ 39	20 ♌ 48	29 ♓ 9	21 ♓ 20	22 ♈ 47	29 ♉ 41	6 ♓ 43	7 ♑ 54	7 ♋ 38	20 ♊ 42	9 ♈	10 ♓	10 ♌	9 ♒	10 ♒
9	17 ♓ 8	18 ♌ 11	19 ♌ 36	20 ♌ 48	0 ♈ 57	22 ♓ 35	23 ♈ 31	29 ♉ 49	6 ♓ 50	7 ♑ 56	7 ♋ 38	20 ♊ 42	9 ♈	11 ♓	10 ♌	9 ♒	10 ♒
10	18 ♓ 8	2 ♍ 0	19 ♌ 33	20 R 48	2 ♈ 43	23 ♓ 50	24 ♈ 15	29 ♉ 57	6 ♓ 58	7 ♑ 58	7 ♋ 38	20 ♊ 42	9 ♈	11 ♓	10 ♌	10 ♒	10 ♒
11	19 ♓ 8	16 ♍ 11	19 ♌ 29	20 ♌ 46	4 ♈ 27	25 ♓ 5	24 ♈ 59	0 ♊ 6	7 ♓ 5	8 ♑ 0	7 ♋ 37	20 ♊ 42	10 ♈	11 ♓	9 ♌	10 ♒	10 ♒
12	20 ♓ 8	0 ♎ 40	19 ♌ 26	20 ♌ 43	6 ♈ 6	26 ♓ 19	25 ♈ 43	0 ♊ 14	7 ♓ 12	8 ♑ 1	7 ♋ 37	20 ♊ 43	10 ♈	12 ♓	9 ♌	11 ♒	10 ♒
13	21 ♓ 8	15 ♎ 21	19 ♌ 23	20 ♌ 39	7 ♈ 42	27 ♓ 34	26 ♈ 27	0 ♊ 23	7 ♓ 19	8 ♑ 3	7 ♋ 37	20 ♊ 43	11 ♈	12 ♓	9 ♌	11 ♒	10 ♒
14	22 ♓ 7	0 ♏ 7	19 ♌ 20	20 ♌ 34	9 ♈ 14	28 ♓ 49	27 ♈ 10	0 ♊ 32	7 ♓ 26	8 ♑ 5	7 ♋ 36	20 ♊ 43	11 ♈	12 ♓	9 ♌	12 ♒	10 ♒
15	23 ♓ 7	14 ♏ 50	19 ♌ 17	20 ♌ 30	10 ♈ 41	0 ♈ 4	27 ♈ 54	0 ♊ 40	7 ♓ 34	8 ♑ 6	7 ♋ 36	20 ♊ 43	11 ♈	13 ♓	9 ♌	12 ♒	10 ♒
16	24 ♓ 7	29 ♏ 23	19 ♌ 13	20 ♌ 26	12 ♈ 2	1 ♈ 18	28 ♈ 38	0 ♊ 50	7 ♓ 41	8 ♑ 8	7 ♋ 36	20 ♊ 43	12 ♈	13 ♓	9 ♌	13 ♒	10 ♒
17	25 ♓ 7	13 ♐ 42	19 ♌ 10	20 ♌ 24	13 ♈ 17	2 ♈ 33	29 ♈ 22	0 ♊ 59	7 ♓ 48	8 ♑ 9	7 ♋ 36	20 ♊ 43	12 ♈	13 ♓	9 ♌	13 ♒	10 ♒
18	26 ♓ 6	27 ♐ 45	19 ♌ 7	20 D 24	14 ♈ 26	3 ♈ 48	0 ♉ 5	1 ♊ 8	7 ♓ 55	8 ♑ 11	7 ♋ 36	20 ♊ 44	12 ♈	14 ♓	9 ♌	14 ♒	10 ♒
19	27 ♓ 6	11 ♑ 29	19 ♌ 4	20 ♌ 25	15 ♈ 29	5 ♈ 2	0 ♉ 49	1 ♊ 17	8 ♓ 2	8 ♑ 12	7 ♋ 36	20 ♊ 44	13 ♈	14 ♓	9 ♌	14 ♒	10 ♒
20	28 ♓ 6	24 ♑ 57	19 ♌ 1	20 ♌ 26	16 ♈ 24	6 ♈ 17	1 ♉ 32	1 ♊ 27	8 ♓ 9	8 ♑ 13	7 ♋ 36	20 ♊ 44	13 ♈	14 ♓	9 ♌	15 ♒	10 ♒
21	29 ♓ 5	8 ♒ 9	18 ♌ 58	20 ♌ 27	17 ♈ 12	7 ♈ 31	2 ♉ 16	1 ♊ 37	8 ♓ 16	8 ♑ 14	7 D 36	20 ♊ 45	14 ♈	15 ♓	9 ♌	15 ♒	10 ♒
22	0 ♈ 5	21 ♒ 8	18 ♌ 54	20 R 28	17 ♈ 53	8 ♈ 46	2 ♉ 59	1 ♊ 46	8 ♓ 23	8 ♑ 16	7 ♋ 36	20 ♊ 45	14 ♈	15 ♓	9 ♌	16 ♒	10 ♒
23	1 ♈ 4	3 ♓ 53	18 ♌ 51	20 ♌ 27	18 ♈ 26	10 ♈ 1	3 ♉ 42	1 ♊ 56	8 ♓ 30	8 ♑ 17	7 ♋ 36	20 ♊ 45	14 ♈	15 ♓	9 D	16 ♒	10 ♒
24	2 ♈ 4	16 ♓ 28	18 ♌ 48	20 ♌ 24	18 ♈ 51	11 ♈ 15	4 ♉ 26	2 ♊ 6	8 ♓ 37	8 ♑ 18	7 ♋ 36	20 ♊ 46	15 ♈	16 ♓	9 ♌	17 ♒	11 ♒
25	3 ♈ 3	28 ♓ 53	18 ♌ 45	20 ♌ 19	19 ♈ 8	12 ♈ 30	5 ♉ 9	2 ♊ 16	8 ♓ 44	8 ♑ 19	7 ♋ 36	20 ♊ 46	15 ♈	16 ♓	9 ♌	17 ♒	11 ♒
26	4 ♈ 3	11 ♈ 8	18 ♌ 42	20 ♌ 12	19 ♈ 17	13 ♈ 44	5 ♉ 52	2 ♊ 27	8 ♓ 51	8 ♑ 20	7 ♋ 36	20 ♊ 47	16 ♈	16 ♓	9 ♌	18 ♒	11 ♒
27	5 ♈ 2	23 ♈ 15	18 ♌ 39	20 ♌ 4	19 R 19	14 ♈ 59	6 ♉ 36	2 ♊ 37	8 ♓ 58	8 ♑ 21	7 ♋ 37	20 ♊ 47	16 ♈	17 ♓	9 ♌	18 ♒	11 ♒
28	6 ♈ 2	5 ♉ 15	18 ♌ 35	19 ♌ 55	19 ♈ 13	16 ♈ 13	7 ♉ 19	2 ♊ 47	9 ♓ 4	8 ♑ 22	7 ♋ 37	20 ♊ 47	16 ♈	17 ♓	9 ♌	19 ♒	11 ♒
29	7 ♈ 1	17 ♉ 10	18 ♌ 32	19 ♌ 46	19 ♈ 0	17 ♈ 27	8 ♉ 2	2 ♊ 58	9 ♓ 11	8 ♑ 23	7 ♋ 37	20 ♊ 48	17 ♈	17 ♓	9 ♌	19 ♒	11 ♒
30	8 ♈ 0	29 ♉ 1	18 ♌ 29	19 ♌ 38	18 ♈ 40	18 ♈ 42	8 ♉ 45	3 ♊ 8	9 ♓ 18	8 ♑ 23	7 ♋ 38	20 ♊ 48	17 ♈	18 ♓	9 ♌	20 ♒	11 ♒
31	8 ♈ 59	10 ♊ 53	18 ♌ 26	19 ♌ 33	18 ♈ 14	19 ♈ 56	9 ♉ 28	3 ♊ 19	9 ♓ 25	8 ♑ 24	7 ♋ 38	20 ♊ 49	18 ♈	18 ♓	9 ♌	20 ♒	11 ♒

SUN INGRESS	☉ → ♈ 21日 21:53
MOON PHASE	◐ 3日 18:28 ♊　○ 11日 05:17 ♍　◑ 17日 20:57 ♐　● 25日 08:52 ♈

aspects

1日	12:16	♅☍♆
3日	12:07	☿□♇
5日	04:00	♂⚹♇
7日	11:50	♀□♇
8日	07:35	☿⚹♃
12日	14:01	☉□♇
12日	22:33	☿□♆
13日	05:25	☿□♅
15日	08:46	♄△♆
15日	13:29	♀⚹♃
20日	17:16	♄⚹♅
21日	01:25	♀□♆
21日	14:03	♀□♅
24日	01:10	☉⚹♃
28日	10:10	♂⚹♆
29日	11:44	♂△♅
29日	14:47	☉□♆
29日	23:30	☿☌♀
30日	09:30	☉□♅
30日	21:43	♂⚹♄
31日	17:08	♀⚹♇

1906年4月

DAY	☉	☽	☊		☿	♀	♂	♃	♄	♅	♆	♇	⚳	⚴	⚵	⚶	⚷
			mean	true													
	° ′	° ′	° ′	° ′	° ′	° ′	° ′	° ′	° ′	° ′	° ′	° ′	°	°	°	°	°
1	9 ♈ 59	22 ♊ 48	18 ♌ 23	19 R 29	17 R 42	21 D 11	10 D 11	3 D 30	9 D 31	8 D 25	7 D 38	20 D 50	18 D	18 D	9 D	21 D	11 D
2	10 ♈ 58	4 ♋ 52	18 ♌ 19	19 ♌ 27	17 ♈ 6	22 ♈ 25	10 ♉ 54	3 ♊ 41	9 ♓ 38	8 ♑ 25	7 ♋ 39	20 ♊ 50	18 ♈	19 ♓	9 ♌	21 ♒	11 ♒
3	11 ♈ 57	17 ♋ 9	18 ♌ 16	19 D 27	16 ♈ 25	23 ♈ 39	11 ♉ 37	3 ♊ 52	9 ♓ 44	8 ♑ 26	7 ♋ 39	20 ♊ 51	19 ♈	19 ♓	9 ♌	21 ♒	11 ♒
4	12 ♈ 56	29 ♋ 43	18 ♌ 13	19 ♌ 28	15 ♈ 41	24 ♈ 53	12 ♉ 20	4 ♊ 3	9 ♓ 51	8 ♑ 27	7 ♋ 40	20 ♊ 51	19 ♈	19 ♓	9 ♌	22 ♒	11 ♒
5	13 ♈ 55	12 ♌ 40	18 ♌ 10	19 ♌ 29	14 ♈ 55	26 ♈ 8	13 ♉ 2	4 ♊ 14	9 ♓ 57	8 ♑ 27	7 ♋ 40	20 ♊ 52	20 ♈	20 ♓	10 ♌	22 ♒	11 ♒
6	14 ♈ 54	26 ♌ 4	18 ♌ 7	19 R 29	14 ♈ 7	27 ♈ 22	13 ♉ 45	4 ♊ 25	10 ♓ 4	8 ♑ 27	7 ♋ 41	20 ♊ 53	20 ♈	20 ♓	10 ♌	23 ♒	11 ♒
7	15 ♈ 53	9 ♍ 55	18 ♌ 4	19 ♌ 27	13 ♈ 19	28 ♈ 36	14 ♉ 28	4 ♊ 37	10 ♓ 10	8 ♑ 28	7 ♋ 41	20 ♊ 53	20 ♈	20 ♓	10 ♌	23 ♒	11 ♒
8	16 ♈ 52	24 ♍ 15	18 ♌ 0	19 ♌ 23	12 ♈ 32	29 ♈ 50	15 ♉ 11	4 ♊ 48	10 ♓ 17	8 ♑ 28	7 ♋ 42	20 ♊ 54	21 ♈	21 ♓	10 ♌	24 ♒	11 ♒
9	17 ♈ 51	8 ♎ 59	17 ♌ 57	19 ♌ 16	11 ♈ 46	1 ♉ 4	15 ♉ 53	5 ♊ 0	10 ♓ 23	8 ♑ 28	7 ♋ 43	20 ♊ 55	21 ♈	21 ♓	10 ♌	24 ♒	11 ♒
10	18 ♈ 50	24 ♎ 0	17 ♌ 54	19 ♌ 8	11 ♈ 2	2 ♉ 18	16 ♉ 36	5 ♊ 11	10 ♓ 29	8 ♑ 29	7 ♋ 43	20 ♊ 55	22 ♈	21 ♓	10 ♌	25 ♒	11 ♒
11	19 ♈ 49	9 ♏ 10	17 ♌ 51	18 ♌ 59	10 ♈ 21	3 ♉ 33	17 ♉ 18	5 ♊ 23	10 ♓ 36	8 ♑ 29	7 ♋ 44	20 ♊ 56	22 ♈	22 ♓	10 ♌	25 ♒	11 ♒
12	20 ♈ 48	24 ♏ 17	17 ♌ 48	18 ♌ 50	9 ♈ 44	4 ♉ 47	18 ♉ 1	5 ♊ 35	10 ♓ 42	8 ♑ 29	7 ♋ 45	20 ♊ 57	22 ♈	22 ♓	10 ♌	26 ♒	11 ♒
13	21 ♈ 47	9 ♐ 12	17 ♌ 44	18 ♌ 42	9 ♈ 11	6 ♉ 1	18 ♉ 43	5 ♊ 47	10 ♓ 48	8 ♑ 29	7 ♋ 46	20 ♊ 58	23 ♈	22 ♓	10 ♌	26 ♒	11 ♒
14	22 ♈ 45	23 ♐ 48	17 ♌ 41	18 ♌ 37	8 ♈ 42	7 ♉ 15	19 ♉ 26	5 ♊ 58	10 ♓ 54	8 R 29	7 ♋ 46	20 ♊ 58	23 ♈	22 ♓	11 ♌	27 ♒	12 ♒
15	23 ♈ 44	8 ♑ 0	17 ♌ 38	18 ♌ 34	8 ♈ 18	8 ♉ 29	20 ♉ 8	6 ♊ 10	11 ♓ 0	8 ♑ 29	7 ♋ 47	20 ♊ 59	24 ♈	23 ♓	11 ♌	27 ♒	12 ♒
16	24 ♈ 43	21 ♑ 47	17 ♌ 35	18 ♌ 33	7 ♈ 59	9 ♉ 43	20 ♉ 50	6 ♊ 22	11 ♓ 6	8 ♑ 29	7 ♋ 48	21 ♊ 0	24 ♈	23 ♓	11 ♌	27 ♒	12 ♒
17	25 ♈ 41	5 ♒ 10	17 ♌ 32	18 D 33	7 ♈ 45	10 ♉ 56	21 ♉ 32	6 ♊ 35	11 ♓ 12	8 ♑ 29	7 ♋ 49	21 ♊ 1	24 ♈	23 ♓	11 ♌	28 ♒	12 ♒
18	26 ♈ 40	18 ♒ 13	17 ♌ 29	18 ♌ 33	7 ♈ 36	12 ♉ 10	22 ♉ 15	6 ♊ 47	11 ♓ 18	8 ♑ 29	7 ♋ 50	21 ♊ 2	25 ♈	24 ♓	11 ♌	28 ♒	12 ♒
19	27 ♈ 39	0 ♓ 57	17 ♌ 25	18 R 33	7 ♈ 33	13 ♉ 24	22 ♉ 57	6 ♊ 59	11 ♓ 24	8 ♑ 28	7 ♋ 51	21 ♊ 3	25 ♈	24 ♓	11 ♌	29 ♒	12 ♒
20	28 ♈ 37	13 ♓ 28	17 ♌ 22	18 ♌ 30	7 D 34	14 ♉ 38	23 ♉ 39	7 ♊ 11	11 ♓ 29	8 ♑ 28	7 ♋ 52	21 ♊ 4	26 ♈	24 ♓	11 ♌	29 ♒	12 ♒
21	29 ♈ 36	25 ♓ 47	17 ♌ 19	18 ♌ 25	7 ♈ 41	15 ♉ 52	24 ♉ 21	7 ♊ 24	11 ♓ 35	8 ♑ 28	7 ♋ 53	21 ♊ 5	26 ♈	25 ♓	12 ♌	0 ♓	12 ♒
22	0 ♉ 34	7 ♈ 58	17 ♌ 16	18 ♌ 16	7 ♈ 52	17 ♉ 6	25 ♉ 3	7 ♊ 36	11 ♓ 41	8 ♑ 27	7 ♋ 54	21 ♊ 6	26 ♈	25 ♓	12 ♌	0 ♓	12 ♒
23	1 ♉ 33	20 ♈ 2	17 ♌ 13	18 ♌ 6	8 ♈ 9	18 ♉ 19	25 ♉ 45	7 ♊ 49	11 ♓ 46	8 ♑ 27	7 ♋ 55	21 ♊ 7	27 ♈	25 ♓	12 ♌	0 ♓	12 ♒
24	2 ♉ 31	2 ♉ 1	17 ♌ 10	17 ♌ 53	8 ♈ 30	19 ♉ 33	26 ♉ 27	8 ♊ 1	11 ♓ 52	8 ♑ 26	7 ♋ 56	21 ♊ 8	27 ♈	26 ♓	12 ♌	1 ♓	12 ♒
25	3 ♉ 30	13 ♉ 56	17 ♌ 6	17 ♌ 39	8 ♈ 55	20 ♉ 47	27 ♉ 9	8 ♊ 14	11 ♓ 57	8 ♑ 26	7 ♋ 57	21 ♊ 9	28 ♈	26 ♓	12 ♌	1 ♓	12 ♒
26	4 ♉ 28	25 ♉ 48	17 ♌ 3	17 ♌ 26	9 ♈ 25	22 ♉ 1	27 ♉ 51	8 ♊ 27	12 ♓ 3	8 ♑ 25	7 ♋ 59	21 ♊ 10	28 ♈	26 ♓	13 ♌	2 ♓	12 ♒
27	5 ♉ 27	7 ♊ 40	17 ♌ 0	17 ♌ 13	9 ♈ 59	23 ♉ 14	28 ♉ 33	8 ♊ 39	12 ♓ 8	8 ♑ 25	8 ♋ 0	21 ♊ 11	28 ♈	27 ♓	13 ♌	2 ♓	12 ♒
28	6 ♉ 25	19 ♊ 32	16 ♌ 57	17 ♌ 3	10 ♈ 37	24 ♉ 28	29 ♉ 14	8 ♊ 52	12 ♓ 13	8 ♑ 24	8 ♋ 1	21 ♊ 12	29 ♈	27 ♓	13 ♌	3 ♓	12 ♒
29	7 ♉ 23	1 ♋ 28	16 ♌ 54	16 ♌ 56	11 ♈ 18	25 ♉ 41	29 ♉ 56	9 ♊ 5	12 ♓ 19	8 ♑ 23	8 ♋ 2	21 ♊ 13	29 ♈	27 ♓	13 ♌	3 ♓	12 ♒
30	8 ♉ 22	13 ♋ 32	16 ♌ 50	16 ♌ 52	12 ♈ 3	26 ♉ 55	0 ♊ 38	9 ♊ 18	12 ♓ 24	8 ♑ 22	8 ♋ 3	21 ♊ 14	0 ♉	27 ♓	13 ♌	3 ♓	12 ♒

SUN INGRESS	☉ → ♉ 21日 09:39
MOON PHASE	◐ 2日 13:02 ♋　○ 9日 15:12 ♎　◑ 16日 05:37 ♑　● 24日 01:06 ♉

aspects

5日	13:28	☉☌☿
12日	03:47	☉⚹♇
14日	10:25	♀⚹♆
14日	12:23	☿□♅
15日	00:08	♀△♅
16日	16:40	☿□♆
17日	05:28	♀⚹♄
22日	02:42	☿□♆
23日	20:28	☿□♅
29日	16:19	☉⚹♆
30日	00:17	☉△♅

1906年5月

DAY	☉	☽	☊ mean	☊ true	☿	♀	♂	♃	♄	♅	♆	♇	⚳	⚴	⚵	⚶	⚷
	° ′	° ′	° ′	° ′	° ′	° ′	° ′	° ′	° ′	° ′	° ′	° ′	°	°	°	°	°
1	9 ♉ 20	25 ♋ 47	16 ♌ 47	16 R 49	12 D 52	28 D 9	1 D 19	9 D 31	12 D 29	8 R 22	8 D 5	21 D 15	0 D	28 D	14 D	4 D	12 D
2	10 ♉ 18	8 ♌ 18	16 ♌ 44	16 ♌ 49	13 ♈ 44	29 ♉ 22	2 ♊ 1	9 ♊ 44	12 ♓ 34	8 ♑ 21	8 ♋ 6	21 ♊ 16	0 ♉	28 ♓	14 ♌	4 ♓	12 ♒
3	11 ♉ 16	21 ♌ 10	16 ♌ 41	16 ♌ 49	14 ♈ 39	0 ♊ 36	2 ♊ 43	9 ♊ 57	12 ♓ 39	8 ♑ 20	8 ♋ 8	21 ♊ 17	1 ♉	28 ♓	14 ♌	5 ♓	12 ♒
4	12 ♉ 15	4 ♍ 27	16 ♌ 38	16 ♌ 48	15 ♈ 38	1 ♊ 49	3 ♊ 24	10 ♊ 10	12 ♓ 44	8 ♑ 19	8 ♋ 9	21 ♊ 18	1 ♉	29 ♓	14 ♌	5 ♓	12 ♒
5	13 ♉ 13	18 ♍ 13	16 ♌ 35	16 ♌ 46	16 ♈ 39	3 ♊ 2	4 ♊ 5	10 ♊ 23	12 ♓ 48	8 ♑ 18	8 ♋ 10	21 ♊ 19	2 ♉	29 ♓	14 ♌	5 ♓	12 ♒
6	14 ♉ 11	2 ♎ 28	16 ♌ 31	16 ♌ 41	17 ♈ 43	4 ♊ 16	4 ♊ 47	10 ♊ 36	12 ♓ 53	8 ♑ 17	8 ♋ 12	21 ♊ 20	2 ♉	29 ♓	15 ♌	6 ♓	12 ♒
7	15 ♉ 9	17 ♎ 11	16 ♌ 28	16 ♌ 33	18 ♈ 50	5 ♊ 29	5 ♊ 28	10 ♊ 49	12 ♓ 58	8 ♑ 16	8 ♋ 13	21 ♊ 22	2 ♉	0 ♈	15 ♌	6 ♓	12 ♒
8	16 ♉ 7	2 ♏ 17	16 ♌ 25	16 ♌ 24	19 ♈ 59	6 ♊ 42	6 ♊ 10	11 ♊ 3	13 ♓ 2	8 ♑ 14	8 ♋ 15	21 ♊ 23	3 ♉	0 ♈	15 ♌	7 ♓	12 ♒
9	17 ♉ 5	17 ♏ 35	16 ♌ 22	16 ♌ 13	21 ♈ 11	7 ♊ 56	6 ♊ 51	11 ♊ 16	13 ♓ 7	8 ♑ 13	8 ♋ 16	21 ♊ 24	3 ♉	0 ♈	15 ♌	7 ♓	12 ♒
10	18 ♉ 3	2 ♐ 55	16 ♌ 19	16 ♌ 2	22 ♈ 26	9 ♊ 9	7 ♊ 32	11 ♊ 29	13 ♓ 11	8 ♑ 12	8 ♋ 18	21 ♊ 25	4 ♉	0 ♈	16 ♌	7 ♓	12 ♒
11	19 ♉ 1	18 ♐ 5	16 ♌ 15	15 ♌ 53	23 ♈ 43	10 ♊ 22	8 ♊ 13	11 ♊ 43	13 ♓ 16	8 ♑ 11	8 ♋ 19	21 ♊ 26	4 ♉	1 ♈	16 ♌	8 ♓	12 ♒
12	19 ♉ 59	2 ♑ 56	16 ♌ 12	15 ♌ 46	25 ♈ 2	11 ♊ 35	8 ♊ 55	11 ♊ 56	13 ♓ 20	8 ♑ 9	8 ♋ 21	21 ♊ 28	4 ♉	1 ♈	16 ♌	8 ♓	12 ♒
13	20 ♉ 57	17 ♑ 20	16 ♌ 9	15 ♌ 41	26 ♈ 24	12 ♊ 49	9 ♊ 36	12 ♊ 9	13 ♓ 24	8 ♑ 8	8 ♋ 23	21 ♊ 29	5 ♉	1 ♈	16 ♌	9 ♓	12 ♒
14	21 ♉ 55	1 ♒ 17	16 ♌ 6	15 ♌ 39	27 ♈ 48	14 ♊ 2	10 ♊ 17	12 ♊ 23	13 ♓ 28	8 ♑ 7	8 ♋ 24	21 ♊ 30	5 ♉	2 ♈	17 ♌	9 ♓	12 ♒
15	22 ♉ 52	14 ♒ 45	16 ♌ 3	15 ♌ 39	29 ♈ 15	15 ♊ 15	10 ♊ 58	12 ♊ 36	13 ♓ 32	8 ♑ 5	8 ♋ 26	21 ♊ 31	6 ♉	2 ♈	17 ♌	9 ♓	12 ♒
16	23 ♉ 50	27 ♒ 48	16 ♌ 0	15 ♌ 39	0 ♉ 43	16 ♊ 28	11 ♊ 39	12 ♊ 50	13 ♓ 36	8 ♑ 4	8 ♋ 28	21 ♊ 33	6 ♉	2 ♈	17 ♌	10 ♓	12 ♒
17	24 ♉ 48	10 ♓ 30	15 ♌ 56	15 ♌ 38	2 ♉ 14	17 ♊ 41	12 ♊ 20	13 ♊ 3	13 ♓ 40	8 ♑ 2	8 ♋ 29	21 ♊ 34	6 ♉	2 ♈	17 ♌	10 ♓	12 ♒
18	25 ♉ 46	22 ♓ 54	15 ♌ 53	15 ♌ 35	3 ♉ 48	18 ♊ 54	13 ♊ 1	13 ♊ 17	13 ♓ 44	8 ♑ 1	8 ♋ 31	21 ♊ 35	7 ♉	3 ♈	18 ♌	11 ♓	12 ♒
19	26 ♉ 44	5 ♈ 6	15 ♌ 50	15 ♌ 30	5 ♉ 23	20 ♊ 7	13 ♊ 42	13 ♊ 31	13 ♓ 48	7 ♑ 59	8 ♋ 33	21 ♊ 36	7 ♉	3 ♈	18 ♌	11 ♓	12 ♒
20	27 ♉ 41	17 ♈ 9	15 ♌ 47	15 ♌ 22	7 ♉ 0	21 ♊ 20	14 ♊ 22	13 ♊ 44	13 ♓ 51	7 ♑ 58	8 ♋ 35	21 ♊ 38	8 ♉	3 ♈	18 ♌	11 ♓	12 R
21	28 ♉ 39	29 ♈ 6	15 ♌ 44	15 ♌ 12	8 ♉ 40	22 ♊ 33	15 ♊ 3	13 ♊ 58	13 ♓ 55	7 ♑ 56	8 ♋ 36	21 ♊ 39	8 ♉	4 ♈	19 ♌	12 ♓	12 ♒
22	29 ♉ 37	10 ♉ 59	15 ♌ 41	15 ♌ 0	10 ♉ 22	23 ♊ 46	15 ♊ 44	14 ♊ 12	13 ♓ 58	7 ♑ 54	8 ♋ 38	21 ♊ 40	8 ♉	4 ♈	19 ♌	12 ♓	12 ♒
23	0 ♊ 35	22 ♉ 51	15 ♌ 37	14 ♌ 46	12 ♉ 6	24 ♊ 58	16 ♊ 25	14 ♊ 25	14 ♓ 2	7 ♑ 52	8 ♋ 40	21 ♊ 42	9 ♉	4 ♈	19 ♌	12 ♓	12 ♒
24	1 ♊ 32	4 ♊ 43	15 ♌ 34	14 ♌ 33	13 ♉ 52	26 ♊ 11	17 ♊ 5	14 ♊ 39	14 ♓ 5	7 ♑ 51	8 ♋ 42	21 ♊ 43	9 ♉	4 ♈	19 ♌	13 ♓	12 ♒
25	2 ♊ 30	16 ♊ 36	15 ♌ 31	14 ♌ 21	15 ♉ 41	27 ♊ 24	17 ♊ 46	14 ♊ 53	14 ♓ 8	7 ♑ 49	8 ♋ 44	21 ♊ 44	10 ♉	5 ♈	20 ♌	13 ♓	12 ♒
26	3 ♊ 28	28 ♊ 33	15 ♌ 28	14 ♌ 11	17 ♉ 31	28 ♊ 37	18 ♊ 27	15 ♊ 6	14 ♓ 11	7 ♑ 47	8 ♋ 46	21 ♊ 46	10 ♉	5 ♈	20 ♌	13 ♓	12 ♒
27	4 ♊ 25	10 ♋ 34	15 ♌ 25	14 ♌ 4	19 ♉ 24	29 ♊ 50	19 ♊ 7	15 ♊ 20	14 ♓ 14	7 ♑ 45	8 ♋ 47	21 ♊ 47	10 ♉	5 ♈	20 ♌	14 ♓	12 ♒
28	5 ♊ 23	22 ♋ 43	15 ♌ 21	14 ♌ 0	21 ♉ 19	1 ♋ 2	19 ♊ 48	15 ♊ 34	14 ♓ 17	7 ♑ 43	8 ♋ 49	21 ♊ 48	11 ♉	6 ♈	21 ♌	14 ♓	12 ♒
29	6 ♊ 20	5 ♌ 2	15 ♌ 18	13 ♌ 57	23 ♉ 16	2 ♋ 15	20 ♊ 28	15 ♊ 48	14 ♓ 20	7 ♑ 41	8 ♋ 51	21 ♊ 50	11 ♉	6 ♈	21 ♌	14 ♓	12 ♒
30	7 ♊ 18	17 ♌ 35	15 ♌ 15	13 D 57	25 ♉ 15	3 ♋ 28	21 ♊ 9	16 ♊ 2	14 ♓ 23	7 ♑ 39	8 ♋ 53	21 ♊ 51	12 ♉	6 ♈	21 ♌	15 ♓	12 ♒
31	8 ♊ 15	0 ♍ 26	15 ♌ 12	13 ♌ 58	27 ♉ 16	4 ♋ 40	21 ♊ 49	16 ♊ 15	14 ♓ 26	7 ♑ 37	8 ♋ 55	21 ♊ 53	12 ♉	6 ♈	21 ♌	15 ♓	12 ♒

SUN INGRESS ☉ → ♊ 22日 09:25

MOON PHASE ◐ 2日 04:07 ♌ ○ 8日 23:09 ♏ ◑ 15日 16:03 ♒ ● 23日 17:01 ♊ ◐ 31日 15:23 ♍

aspects		
4日	13:05	☉⚹♄
6日	23:22	♀☌♂
7日	21:40	♅☍♆
9日	04:11	☿⚹♇
12日	08:17	♀☌♃
13日	12:25	♀□♄
18日	14:19	♂☌♃
19日	03:58	♂□♄
20日	06:01	♀☌♇
20日	13:36	☿△♅
20日	17:03	♃□♄
20日	23:06	☿⚹♆
24日	02:56	☿⚹♄
31日	01:56	♂☌♇

1906年6月

DAY	☉	☽	☊ mean	☊ true	☿	♀	♂	♃	♄	♅	♆	♇	⚳	⚴	⚵	⚶	⚷
	° ′	° ′	° ′	° ′	° ′	° ′	° ′	° ′	° ′	° ′	° ′	° ′	°	°	°	°	°
1	9 ♊ 13	13 ♍ 40	15 ♌ 9	13 R 58	29 D 19	5 D 53	22 D 30	16 D 29	14 D 28	7 R 35	8 D 57	21 D 54	12 D	7 D	22 D	15 D	12 R
2	10 ♊ 10	27 ♍ 18	15 ♌ 6	13 ♌ 56	1 ♊ 24	7 ♋ 5	23 ♊ 10	16 ♊ 43	14 ♓ 31	7 ♑ 33	8 ♋ 59	21 ♊ 55	13 ♉	7 ♈	22 ♌	16 ♓	12 ♒
3	11 ♊ 8	11 ♎ 24	15 ♌ 2	13 ♌ 53	3 ♊ 30	8 ♋ 18	23 ♊ 50	16 ♊ 57	14 ♓ 33	7 ♑ 31	9 ♋ 1	21 ♊ 57	13 ♉	7 ♈	22 ♌	16 ♓	12 ♒
4	12 ♊ 5	25 ♎ 56	14 ♌ 59	13 ♌ 48	5 ♊ 38	9 ♋ 30	24 ♊ 31	17 ♊ 11	14 ♓ 35	7 ♑ 29	9 ♋ 3	21 ♊ 58	14 ♉	7 ♈	23 ♌	16 ♓	12 ♒
5	13 ♊ 3	10 ♏ 51	14 ♌ 56	13 ♌ 40	7 ♊ 47	10 ♋ 42	25 ♊ 11	17 ♊ 25	14 ♓ 38	7 ♑ 27	9 ♋ 5	21 ♊ 59	14 ♉	8 ♈	23 ♌	17 ♓	12 ♒
6	14 ♊ 0	26 ♏ 1	14 ♌ 53	13 ♌ 32	9 ♊ 57	11 ♋ 55	25 ♊ 51	17 ♊ 38	14 ♓ 40	7 ♑ 25	9 ♋ 7	22 ♊ 1	14 ♉	8 ♈	23 ♌	17 ♓	12 ♒
7	14 ♊ 58	11 ♐ 17	14 ♌ 50	13 ♌ 23	12 ♊ 8	13 ♋ 7	26 ♊ 31	17 ♊ 52	14 ♓ 42	7 ♑ 23	9 ♋ 9	22 ♊ 2	15 ♉	8 ♈	24 ♌	17 ♓	12 ♒
8	15 ♊ 55	26 ♐ 27	14 ♌ 47	13 ♌ 16	14 ♊ 20	14 ♋ 19	27 ♊ 12	18 ♊ 6	14 ♓ 44	7 ♑ 20	9 ♋ 11	22 ♊ 4	15 ♉	8 ♈	24 ♌	18 ♓	12 ♒
9	16 ♊ 52	11 ♑ 21	14 ♌ 43	13 ♌ 10	16 ♊ 32	15 ♋ 31	27 ♊ 52	18 ♊ 20	14 ♓ 45	7 ♑ 18	9 ♋ 14	22 ♊ 5	15 ♉	9 ♈	24 ♌	18 ♓	12 ♒
10	17 ♊ 50	25 ♑ 53	14 ♌ 40	13 ♌ 7	18 ♊ 44	16 ♋ 44	28 ♊ 32	18 ♊ 34	14 ♓ 47	7 ♑ 16	9 ♋ 16	22 ♊ 6	16 ♉	9 ♈	25 ♌	18 ♓	12 ♒
11	18 ♊ 47	9 ♒ 57	14 ♌ 37	13 ♌ 5	20 ♊ 56	17 ♋ 56	29 ♊ 12	18 ♊ 48	14 ♓ 49	7 ♑ 14	9 ♋ 18	22 ♊ 8	16 ♉	9 ♈	25 ♌	18 ♓	12 ♒
12	19 ♊ 44	23 ♒ 33	14 ♌ 34	13 D 6	23 ♊ 7	19 ♋ 8	29 ♊ 52	19 ♊ 2	14 ♓ 50	7 ♑ 11	9 ♋ 20	22 ♊ 9	17 ♉	9 ♈	25 ♌	19 ♓	12 ♒
13	20 ♊ 42	6 ♓ 41	14 ♌ 31	13 ♌ 7	25 ♊ 18	20 ♋ 20	0 ♋ 32	19 ♊ 16	14 ♓ 52	7 ♑ 9	9 ♋ 22	22 ♊ 11	17 ♉	10 ♈	26 ♌	19 ♓	12 ♒
14	21 ♊ 39	19 ♓ 26	14 ♌ 27	13 ♌ 7	27 ♊ 28	21 ♋ 32	1 ♋ 12	19 ♊ 29	14 ♓ 53	7 ♑ 7	9 ♋ 24	22 ♊ 12	17 ♉	10 ♈	26 ♌	19 ♓	12 ♒
15	22 ♊ 36	1 ♈ 52	14 ♌ 24	13 R 7	29 ♊ 36	22 ♋ 44	1 ♋ 52	19 ♊ 43	14 ♓ 54	7 ♑ 5	9 ♋ 26	22 ♊ 14	18 ♉	10 ♈	26 ♌	20 ♓	12 ♒
16	23 ♊ 34	14 ♈ 3	14 ♌ 21	13 ♌ 5	1 ♋ 43	23 ♋ 56	2 ♋ 31	19 ♊ 57	14 ♓ 56	7 ♑ 2	9 ♋ 28	22 ♊ 15	18 ♉	10 ♈	27 ♌	20 ♓	12 ♒
17	24 ♊ 31	26 ♈ 3	14 ♌ 18	13 ♌ 1	3 ♋ 49	25 ♋ 8	3 ♋ 11	20 ♊ 11	14 ♓ 57	7 ♑ 0	9 ♋ 31	22 ♊ 16	19 ♉	10 ♈	27 ♌	20 ♓	12 ♒
18	25 ♊ 28	7 ♉ 58	14 ♌ 15	12 ♌ 54	5 ♋ 53	26 ♋ 19	3 ♋ 51	20 ♊ 25	14 ♓ 58	6 ♑ 58	9 ♋ 33	22 ♊ 18	19 ♉	11 ♈	27 ♌	20 ♓	12 ♒
19	26 ♊ 25	19 ♉ 49	14 ♌ 12	12 ♌ 47	7 ♋ 55	27 ♋ 31	4 ♋ 31	20 ♊ 39	14 ♓ 58	6 ♑ 55	9 ♋ 35	22 ♊ 19	19 ♉	11 ♈	28 ♌	21 ♓	12 ♒
20	27 ♊ 23	1 ♊ 41	14 ♌ 8	12 ♌ 38	9 ♋ 55	28 ♋ 43	5 ♋ 11	20 ♊ 52	14 ♓ 59	6 ♑ 53	9 ♋ 37	22 ♊ 21	20 ♉	11 ♈	28 ♌	21 ♓	12 ♒
21	28 ♊ 20	13 ♊ 35	14 ♌ 5	12 ♌ 30	11 ♋ 53	29 ♋ 55	5 ♋ 50	21 ♊ 6	15 ♓ 0	6 ♑ 50	9 ♋ 39	22 ♊ 22	20 ♉	11 ♈	28 ♌	21 ♓	12 ♒
22	29 ♊ 17	25 ♊ 33	14 ♌ 2	12 ♌ 22	13 ♋ 49	1 ♌ 6	6 ♋ 30	21 ♊ 20	15 ♓ 0	6 ♑ 48	9 ♋ 42	22 ♊ 23	20 ♉	12 ♈	29 ♌	21 ♓	12 ♒
23	0 ♋ 15	7 ♋ 37	13 ♌ 59	12 ♌ 16	15 ♋ 43	2 ♌ 18	7 ♋ 10	21 ♊ 34	15 ♓ 1	6 ♑ 46	9 ♋ 44	22 ♊ 25	21 ♉	12 ♈	29 ♌	22 ♓	12 ♒
24	1 ♋ 12	19 ♋ 49	13 ♌ 56	12 ♌ 12	17 ♋ 34	3 ♌ 30	7 ♋ 49	21 ♊ 48	15 ♓ 1	6 ♑ 43	9 ♋ 46	22 ♊ 26	21 ♉	12 ♈	29 ♌	22 ♓	12 ♒
25	2 ♋ 9	2 ♌ 9	13 ♌ 53	12 ♌ 10	19 ♋ 24	4 ♌ 41	8 ♋ 29	22 ♊ 1	15 ♓ 1	6 ♑ 41	9 ♋ 48	22 ♊ 28	22 ♉	12 ♈	0 ♍	22 ♓	11 ♒
26	3 ♋ 6	14 ♌ 40	13 ♌ 49	12 D 9	21 ♋ 11	5 ♌ 53	9 ♋ 9	22 ♊ 15	15 ♓ 2	6 ♑ 38	9 ♋ 50	22 ♊ 29	22 ♉	12 ♈	0 ♍	22 ♓	11 ♒
27	4 ♋ 4	27 ♌ 24	13 ♌ 46	12 ♌ 10	22 ♋ 56	7 ♌ 4	9 ♋ 48	22 ♊ 29	15 R 2	6 ♑ 36	9 ♋ 53	22 ♊ 30	22 ♉	13 ♈	0 ♍	22 ♓	11 ♒
28	5 ♋ 1	10 ♍ 23	13 ♌ 43	12 ♌ 12	24 ♋ 39	8 ♌ 15	10 ♋ 28	22 ♊ 42	15 ♓ 2	6 ♑ 33	9 ♋ 55	22 ♊ 32	23 ♉	13 ♈	1 ♍	23 ♓	11 ♒
29	5 ♋ 58	23 ♍ 40	13 ♌ 40	12 ♌ 13	26 ♋ 20	9 ♌ 27	11 ♋ 7	22 ♊ 56	15 ♓ 1	6 ♑ 31	9 ♋ 57	22 ♊ 33	23 ♉	13 ♈	1 ♍	23 ♓	11 ♒
30	6 ♋ 55	7 ♎ 17	13 ♌ 37	12 R 14	27 ♋ 58	10 ♌ 38	11 ♋ 47	23 ♊ 10	15 ♓ 1	6 ♑ 29	9 ♋ 59	22 ♊ 35	23 ♉	13 ♈	1 ♍	23 ♓	11 ♒

SUN INGRESS ☉ → ♋ 22日 17:42

MOON PHASE ○ 7日 06:12 ♐ ◑ 14日 04:34 ♓ ● 22日 08:05 ♊ ◐ 29日 23:19 ♎

aspects		
2日	09:04	♀☍♅
3日	14:53	♀☌♆
6日	17:09	☉□♄
8日	04:24	☿□♄
8日	08:20	♀△♄
9日	06:33	☉☌☿
9日	21:58	☿☌♃
11日	00:29	☉☌♃
11日	13:18	☿☌♇
14日	14:15	☉☌♇
16日	13:27	☿☌♂
18日	12:29	☿☍♅
19日	20:24	☿☌♆
22日	10:10	♂☍♅
22日	15:07	☿△♄
27日	02:52	♂☌♆
27日	03:12	♃☌♇
29日	13:17	☉☍♅

1906年7月

DAY	☉	☽	☊ mean	☊ true	☿	♀	♂	♃	♄	♅	♆	♇	⚳	⚴	⚵	⚶	⚷
	° ′	° ′	° ′	° ′	° ′	° ′	° ′	° ′	° ′	° ′	° ′	° ′	°	°	°	°	°
1	7 ♋ 52	21 ♎ 15	13 ♌ 33	12 R 13	29 D 34	11 D 49	12 D 26	23 D 23	15 R 1	6 R 26	10 D 2	22 D 36	24 D	13 D	2 D	23 D	11 R
2	8 ♋ 50	5 ♏ 34	13 ♌ 30	12 ♌ 11	1 ♌ 8	13 ♌ 0	13 ♋ 5	23 ♊ 37	15 ♓ 0	6 ♑ 24	10 ♋ 4	22 ♊ 37	24 ♉	13 ♈	2 ♍	23 ♓	11 ♒
3	9 ♋ 47	20 ♏ 11	13 ♌ 27	12 ♌ 7	2 ♌ 39	14 ♌ 11	13 ♋ 45	23 ♊ 51	15 ♓ 0	6 ♑ 21	10 ♋ 6	22 ♊ 39	24 ♉	14 ♈	2 ♍	24 ♓	11 ♒
4	10 ♋ 44	5 ♐ 2	13 ♌ 24	12 ♌ 3	4 ♌ 9	15 ♌ 22	14 ♋ 24	24 ♊ 4	14 ♓ 59	6 ♑ 19	10 ♋ 8	22 ♊ 40	25 ♉	14 ♈	3 ♍	24 ♓	11 ♒
5	11 ♋ 41	19 ♐ 58	13 ♌ 21	11 ♌ 59	5 ♌ 36	16 ♌ 33	15 ♋ 3	24 ♊ 18	14 ♓ 58	6 ♑ 16	10 ♋ 10	22 ♊ 41	25 ♉	14 ♈	3 ♍	24 ♓	11 ♒
6	12 ♋ 38	4 ♑ 53	13 ♌ 18	11 ♌ 55	7 ♌ 0	17 ♌ 44	15 ♋ 43	24 ♊ 31	14 ♓ 58	6 ♑ 14	10 ♋ 13	22 ♊ 43	26 ♉	14 ♈	3 ♍	24 ♓	11 ♒
7	13 ♋ 36	19 ♑ 37	13 ♌ 14	11 ♌ 53	8 ♌ 23	18 ♌ 55	16 ♋ 22	24 ♊ 45	14 ♓ 57	6 ♑ 12	10 ♋ 15	22 ♊ 44	26 ♉	14 ♈	4 ♍	24 ♓	11 ♒
8	14 ♋ 33	4 ♒ 3	13 ♌ 11	11 ♌ 51	9 ♌ 43	20 ♌ 6	17 ♋ 1	24 ♊ 58	14 ♓ 56	6 ♑ 9	10 ♋ 17	22 ♊ 45	26 ♉	15 ♈	4 ♍	24 ♓	11 ♒
9	15 ♋ 30	18 ♒ 7	13 ♌ 8	11 D 51	11 ♌ 0	21 ♌ 16	17 ♋ 40	25 ♊ 11	14 ♓ 54	6 ♑ 7	10 ♋ 19	22 ♊ 47	27 ♉	15 ♈	4 ♍	24 ♓	11 ♒
10	16 ♋ 27	1 ♓ 45	13 ♌ 5	11 ♌ 52	12 ♌ 15	22 ♌ 27	18 ♋ 20	25 ♊ 25	14 ♓ 53	6 ♑ 4	10 ♋ 22	22 ♊ 48	27 ♉	15 ♈	5 ♍	25 ♓	11 ♒
11	17 ♋ 24	14 ♓ 58	13 ♌ 2	11 ♌ 53	13 ♌ 28	23 ♌ 38	18 ♋ 59	25 ♊ 38	14 ♓ 52	6 ♑ 2	10 ♋ 24	22 ♊ 49	27 ♉	15 ♈	5 ♍	25 ♓	11 ♒
12	18 ♋ 21	27 ♓ 47	12 ♌ 59	11 ♌ 55	14 ♌ 37	24 ♌ 48	19 ♋ 38	25 ♊ 51	14 ♓ 51	6 ♑ 0	10 ♋ 26	22 ♊ 51	28 ♉	15 ♈	5 ♍	25 ♓	11 ♒
13	19 ♋ 19	10 ♈ 16	12 ♌ 55	11 ♌ 56	15 ♌ 44	25 ♌ 59	20 ♋ 17	26 ♊ 5	14 ♓ 49	5 ♑ 57	10 ♋ 28	22 ♊ 52	28 ♉	15 ♈	6 ♍	25 ♓	11 ♒
14	20 ♋ 16	22 ♈ 30	12 ♌ 52	11 R 56	16 ♌ 49	27 ♌ 9	20 ♋ 56	26 ♊ 18	14 ♓ 47	5 ♑ 55	10 ♋ 30	22 ♊ 53	28 ♉	15 ♈	6 ♍	25 ♓	11 ♒
15	21 ♋ 13	4 ♉ 31	12 ♌ 49	11 ♌ 56	17 ♌ 50	28 ♌ 19	21 ♋ 35	26 ♊ 31	14 ♓ 46	5 ♑ 53	10 ♋ 33	22 ♊ 55	29 ♉	16 ♈	7 ♍	25 ♓	11 ♒
16	22 ♋ 10	16 ♉ 26	12 ♌ 46	11 ♌ 54	18 ♌ 49	29 ♌ 29	22 ♋ 14	26 ♊ 44	14 ♓ 44	5 ♑ 50	10 ♋ 35	22 ♊ 56	29 ♉	16 ♈	7 ♍	25 ♓	11 ♒
17	23 ♋ 8	28 ♉ 18	12 ♌ 43	11 ♌ 52	19 ♌ 44	0 ♍ 40	22 ♋ 53	26 ♊ 57	14 ♓ 42	5 ♑ 48	10 ♋ 37	22 ♊ 57	29 ♉	16 ♈	7 ♍	25 ♓	11 ♒
18	24 ♋ 5	10 ♊ 11	12 ♌ 39	11 ♌ 49	20 ♌ 37	1 ♍ 50	23 ♋ 32	27 ♊ 10	14 ♓ 40	5 ♑ 46	10 ♋ 39	22 ♊ 58	0 ♊	16 ♈	8 ♍	25 ♓	10 ♒
19	25 ♋ 2	22 ♊ 9	12 ♌ 36	11 ♌ 47	21 ♌ 26	3 ♍ 0	24 ♋ 11	27 ♊ 23	14 ♓ 38	5 ♑ 43	10 ♋ 41	23 ♊ 0	0 ♊	16 ♈	8 ♍	25 ♓	10 ♒
20	25 ♋ 59	4 ♋ 13	12 ♌ 33	11 ♌ 44	22 ♌ 11	4 ♍ 10	24 ♋ 50	27 ♊ 36	14 ♓ 36	5 ♑ 41	10 ♋ 44	23 ♊ 1	0 ♊	16 ♈	8 ♍	25 ♓	10 ♒
21	26 ♋ 57	16 ♋ 27	12 ♌ 30	11 ♌ 42	22 ♌ 53	5 ♍ 19	25 ♋ 29	27 ♊ 49	14 ♓ 34	5 ♑ 39	10 ♋ 46	23 ♊ 2	1 ♊	16 ♈	9 ♍	26 ♓	10 ♒
22	27 ♋ 54	28 ♋ 52	12 ♌ 27	11 ♌ 41	23 ♌ 31	6 ♍ 29	26 ♋ 8	28 ♊ 2	14 ♓ 31	5 ♑ 37	10 ♋ 48	23 ♊ 3	1 ♊	16 ♈	9 ♍	26 ♓	10 ♒
23	28 ♋ 51	11 ♌ 29	12 ♌ 24	11 ♌ 41	24 ♌ 6	7 ♍ 39	26 ♋ 47	28 ♊ 15	14 ♓ 29	5 ♑ 35	10 ♋ 50	23 ♊ 4	2 ♊	16 ♈	9 ♍	26 ♓	10 ♒
24	29 ♋ 49	24 ♌ 19	12 ♌ 20	11 D 41	24 ♌ 36	8 ♍ 48	27 ♋ 26	28 ♊ 28	14 ♓ 26	5 ♑ 33	10 ♋ 52	23 ♊ 6	2 ♊	17 ♈	10 ♍	26 ♓	10 ♒
25	0 ♌ 46	7 ♍ 22	12 ♌ 17	11 ♌ 42	25 ♌ 2	9 ♍ 58	28 ♋ 4	28 ♊ 40	14 ♓ 24	5 ♑ 30	10 ♋ 54	23 ♊ 7	2 ♊	17 ♈	10 ♍	26 ♓	10 ♒
26	1 ♌ 43	20 ♍ 39	12 ♌ 14	11 ♌ 43	25 ♌ 24	11 ♍ 7	28 ♋ 43	28 ♊ 53	14 ♓ 21	5 ♑ 28	10 ♋ 56	23 ♊ 8	3 ♊	17 ♈	11 ♍	26 ♓	10 ♒
27	2 ♌ 41	4 ♎ 10	12 ♌ 11	11 ♌ 44	25 ♌ 41	12 ♍ 17	29 ♋ 22	29 ♊ 5	14 ♓ 18	5 ♑ 26	10 ♋ 59	23 ♊ 9	3 ♊	17 ♈	11 ♍	26 ♓	10 ♒
28	3 ♌ 38	17 ♎ 55	12 ♌ 8	11 ♌ 44	25 ♌ 53	13 ♍ 26	0 ♌ 1	29 ♊ 18	14 ♓ 15	5 ♑ 24	11 ♋ 1	23 ♊ 10	3 ♊	17 ♈	11 ♍	26 R	10 ♒
29	4 ♌ 35	1 ♏ 53	12 ♌ 5	11 ♌ 45	26 ♌ 1	14 ♍ 35	0 ♌ 40	29 ♊ 31	14 ♓ 13	5 ♑ 22	11 ♋ 3	23 ♊ 11	4 ♊	17 ♈	12 ♍	26 ♓	10 ♒
30	5 ♌ 33	16 ♏ 4	12 ♌ 1	11 R 44	26 R 3	15 ♍ 44	1 ♌ 18	29 ♊ 43	14 ♓ 10	5 ♑ 20	11 ♋ 5	23 ♊ 12	4 ♊	17 ♈	12 ♍	26 ♓	10 ♒
31	6 ♌ 30	0 ♐ 25	11 ♌ 58	11 ♌ 44	26 ♌ 0	16 ♍ 53	1 ♌ 57	29 ♊ 55	14 ♓ 7	5 ♑ 18	11 ♋ 7	23 ♊ 13	4 ♊	17 ♈	12 ♍	26 ♓	10 ♒
SUN INGRESS	☉ → ♌ 24日 04 : 33																
MOON PHASE	○ 6日 13 : 27 ♑	◑ 13日 19 : 13 ♈	● 21日 21 : 59 ♋	◐ 29日 04 : 56 ♏													

aspects		
3日	08 : 24	☉☌♆
4日	21 : 00	♂△♄
8日	09 : 27	☉△♄
10日	07 : 18	♀⚹♇
13日	02 : 33	♀⚹♃
16日	04 : 57	☉☌♂
21日	05 : 27	☿⚹♇
21日	06 : 33	♀△♅
25日	20 : 05	♀⚹♆
28日	16 : 27	♀☍♄

1906年8月

DAY	☉	☽	☊ mean	☊ true	☿	♀	♂	♃	♄	♅	♆	♇	⚳	⚴	⚵	⚶	⚷
	° ′	° ′	° ′	° ′	° ′	° ′	° ′	° ′	° ′	° ′	° ′	° ′	°	°	°	°	°
1	7 ♌ 27	14 ♐ 53	11 ♌ 55	11 R 44	25 R 53	18 D 2	2 D 36	0 D 8	14 R 3	5 R 16	11 D 9	23 D 14	4 D	17 D	13 D	26 R	10 R
2	8 ♌ 25	29 ♐ 24	11 ♌ 52	11 ♌ 43	25 ♌ 40	19 ♍ 11	3 ♌ 14	0 ♋ 20	14 ♓ 0	5 ♑ 14	11 ♋ 11	23 ♊ 16	5 ♊	17 ♈	13 ♍	26 ♓	10 ♒
3	9 ♌ 22	13 ♑ 53	11 ♌ 49	11 ♌ 43	25 ♌ 21	20 ♍ 20	3 ♌ 53	0 ♋ 32	13 ♓ 57	5 ♑ 12	11 ♋ 13	23 ♊ 17	5 ♊	17 ♈	14 ♍	26 ♓	10 ♒
4	10 ♌ 20	28 ♑ 14	11 ♌ 45	11 ♌ 43	24 ♌ 58	21 ♍ 28	4 ♌ 31	0 ♋ 44	13 ♓ 54	5 ♑ 11	11 ♋ 15	23 ♊ 18	5 ♊	17 ♈	14 ♍	25 ♓	10 ♒
5	11 ♌ 17	12 ♒ 23	11 ♌ 42	11 D 43	24 ♌ 30	22 ♍ 37	5 ♌ 10	0 ♋ 56	13 ♓ 50	5 ♑ 9	11 ♋ 17	23 ♊ 19	6 ♊	17 ♈	14 ♍	25 ♓	9 ♒
6	12 ♌ 15	26 ♒ 14	11 ♌ 39	11 R 43	23 ♌ 58	23 ♍ 45	5 ♌ 49	1 ♋ 8	13 ♓ 47	5 ♑ 7	11 ♋ 19	23 ♊ 20	6 ♊	17 ♈	15 ♍	25 ♓	9 ♒
7	13 ♌ 12	9 ♓ 46	11 ♌ 36	11 ♌ 43	23 ♌ 21	24 ♍ 53	6 ♌ 27	1 ♋ 20	13 ♓ 43	5 ♑ 5	11 ♋ 21	23 ♊ 21	6 ♊	17 ♈	15 ♍	25 ♓	9 ♒
8	14 ♌ 10	22 ♓ 56	11 ♌ 33	11 ♌ 43	22 ♌ 40	26 ♍ 1	7 ♌ 6	1 ♋ 32	13 ♓ 39	5 ♑ 3	11 ♋ 23	23 ♊ 22	7 ♊	17 ♈	15 ♍	25 ♓	9 ♒
9	15 ♌ 7	5 ♈ 46	11 ♌ 30	11 ♌ 42	21 ♌ 56	27 ♍ 9	7 ♌ 44	1 ♋ 44	13 ♓ 36	5 ♑ 2	11 ♋ 25	23 ♊ 23	7 ♊	17 ♈	16 ♍	25 ♓	9 ♒
10	16 ♌ 5	18 ♈ 17	11 ♌ 26	11 ♌ 42	21 ♌ 10	28 ♍ 17	8 ♌ 23	1 ♋ 55	13 ♓ 32	5 ♑ 0	11 ♋ 27	23 ♊ 23	7 ♊	17 ♈	16 ♍	25 ♓	9 ♒
11	17 ♌ 2	0 ♉ 32	11 ♌ 23	11 ♌ 41	20 ♌ 22	29 ♍ 25	9 ♌ 1	2 ♋ 7	13 ♓ 28	4 ♑ 59	11 ♋ 29	23 ♊ 24	8 ♊	17 R	16 ♍	25 ♓	9 ♒
12	18 ♌ 0	12 ♉ 36	11 ♌ 20	11 ♌ 41	19 ♌ 33	0 ♎ 32	9 ♌ 40	2 ♋ 18	13 ♓ 24	4 ♑ 57	11 ♋ 31	23 ♊ 25	8 ♊	17 ♈	17 ♍	25 ♓	9 ♒
13	18 ♌ 57	24 ♉ 31	11 ♌ 17	11 D 41	18 ♌ 44	1 ♎ 40	10 ♌ 18	2 ♋ 30	13 ♓ 20	4 ♑ 55	11 ♋ 32	23 ♊ 26	8 ♊	17 ♈	17 ♍	25 ♓	9 ♒
14	19 ♌ 55	6 ♊ 24	11 ♌ 14	11 ♌ 41	17 ♌ 56	2 ♎ 47	10 ♌ 57	2 ♋ 41	13 ♓ 16	4 ♑ 54	11 ♋ 34	23 ♊ 27	8 ♊	17 ♈	18 ♍	24 ♓	9 ♒
15	20 ♌ 53	18 ♊ 18	11 ♌ 11	11 ♌ 42	17 ♌ 9	3 ♎ 54	11 ♌ 35	2 ♋ 53	13 ♓ 12	4 ♑ 53	11 ♋ 36	23 ♊ 28	9 ♊	17 ♈	18 ♍	24 ♓	9 ♒
16	21 ♌ 50	0 ♋ 18	11 ♌ 7	11 ♌ 43	16 ♌ 26	5 ♎ 1	12 ♌ 13	3 ♋ 4	13 ♓ 8	4 ♑ 51	11 ♋ 38	23 ♊ 29	9 ♊	17 ♈	18 ♍	24 ♓	9 ♒
17	22 ♌ 48	12 ♋ 28	11 ♌ 4	11 ♌ 44	15 ♌ 46	6 ♎ 8	12 ♌ 52	3 ♋ 15	13 ♓ 4	4 ♑ 50	11 ♋ 40	23 ♊ 30	9 ♊	17 ♈	19 ♍	24 ♓	9 ♒
18	23 ♌ 46	24 ♋ 51	11 ♌ 1	11 ♌ 45	15 ♌ 11	7 ♎ 15	13 ♌ 30	3 ♋ 26	13 ♓ 0	4 ♑ 48	11 ♋ 41	23 ♊ 30	10 ♊	17 ♈	19 ♍	24 ♓	9 ♒
19	24 ♌ 43	7 ♌ 29	10 ♌ 58	11 ♌ 45	14 ♌ 42	8 ♎ 22	14 ♌ 9	3 ♋ 37	12 ♓ 56	4 ♑ 47	11 ♋ 43	23 ♊ 31	10 ♊	17 ♈	19 ♍	24 ♓	9 ♒
20	25 ♌ 41	20 ♌ 23	10 ♌ 55	11 R 45	14 ♌ 18	9 ♎ 28	14 ♌ 47	3 ♋ 48	12 ♓ 52	4 ♑ 46	11 ♋ 45	23 ♊ 32	10 ♊	17 ♈	20 ♍	24 ♓	9 ♒
21	26 ♌ 39	3 ♍ 35	10 ♌ 51	11 ♌ 45	14 ♌ 1	10 ♎ 35	15 ♌ 25	3 ♋ 58	12 ♓ 47	4 ♑ 45	11 ♋ 47	23 ♊ 33	10 ♊	17 ♈	20 ♍	23 ♓	9 ♒
22	27 ♌ 37	17 ♍ 3	10 ♌ 48	11 ♌ 43	13 ♌ 51	11 ♎ 41	16 ♌ 4	4 ♋ 9	12 ♓ 43	4 ♑ 43	11 ♋ 48	23 ♊ 33	11 ♊	17 ♈	21 ♍	23 ♓	9 ♒
23	28 ♌ 35	0 ♎ 45	10 ♌ 45	11 ♌ 41	13 D 48	12 ♎ 47	16 ♌ 42	4 ♋ 20	12 ♓ 39	4 ♑ 42	11 ♋ 50	23 ♊ 34	11 ♊	17 ♈	21 ♍	23 ♓	9 ♒
24	29 ♌ 32	14 ♎ 40	10 ♌ 42	11 ♌ 39	13 ♌ 53	13 ♎ 53	17 ♌ 20	4 ♋ 30	12 ♓ 34	4 ♑ 41	11 ♋ 52	23 ♊ 35	11 ♊	17 ♈	21 ♍	23 ♓	8 ♒
25	0 ♍ 30	28 ♎ 43	10 ♌ 39	11 ♌ 36	14 ♌ 6	14 ♎ 59	17 ♌ 58	4 ♋ 41	12 ♓ 30	4 ♑ 40	11 ♋ 53	23 ♊ 35	12 ♊	17 ♈	22 ♍	23 ♓	8 ♒
26	1 ♍ 28	12 ♏ 52	10 ♌ 36	11 ♌ 35	14 ♌ 27	16 ♎ 4	18 ♌ 37	4 ♋ 51	12 ♓ 25	4 ♑ 39	11 ♋ 55	23 ♊ 36	12 ♊	17 ♈	22 ♍	22 ♓	8 ♒
27	2 ♍ 26	27 ♏ 5	10 ♌ 32	11 ♌ 34	14 ♌ 56	17 ♎ 10	19 ♌ 15	5 ♋ 1	12 ♓ 21	4 ♑ 38	11 ♋ 56	23 ♊ 37	12 ♊	16 ♈	22 ♍	22 ♓	8 ♒
28	3 ♍ 24	11 ♐ 18	10 ♌ 29	11 D 34	15 ♌ 33	18 ♎ 15	19 ♌ 53	5 ♋ 11	12 ♓ 16	4 ♑ 37	11 ♋ 58	23 ♊ 37	12 ♊	16 ♈	23 ♍	22 ♓	8 ♒
29	4 ♍ 22	25 ♐ 29	10 ♌ 26	11 ♌ 35	16 ♌ 17	19 ♎ 20	20 ♌ 31	5 ♋ 21	12 ♓ 12	4 ♑ 37	11 ♋ 59	23 ♊ 38	13 ♊	16 ♈	23 ♍	22 ♓	8 ♒
30	5 ♍ 20	9 ♑ 37	10 ♌ 23	11 ♌ 36	17 ♌ 9	20 ♎ 25	21 ♌ 10	5 ♋ 31	12 ♓ 7	4 ♑ 36	12 ♋ 1	23 ♊ 38	13 ♊	16 ♈	24 ♍	22 ♓	8 ♒
31	6 ♍ 18	23 ♑ 39	10 ♌ 20	11 ♌ 38	18 ♌ 8	21 ♎ 29	21 ♌ 48	5 ♋ 41	12 ♓ 3	4 ♑ 35	12 ♋ 2	23 ♊ 39	13 ♊	16 ♈	24 ♍	21 ♓	8 ♒
SUN INGRESS	☉ → ♍ 24日 11 : 14																
MOON PHASE	○ 4日 22 : 00 ♒	◑ 12日 11 : 47 ♉	● 20日 10 : 27 ♌	◐ 27日 09 : 42 ♐													

aspects		
5日	15 : 01	♀□♇
7日	00 : 02	☿⚹♇
12日	20 : 57	☉☌☿
13日	21 : 28	♀□♃
15日	20 : 21	♀□♅
17日	17 : 34	☉⚹♇
19日	12 : 29	☿☌♂
22日	02 : 41	♀□♆
24日	00 : 04	☿⚹♀
24日	23 : 14	♃☍♅
29日	05 : 57	☉△♅
30日	05 : 29	☉⚹♃
31日	01 : 50	♄△♆
31日	16 : 45	♀⚹♂

1906年9月

DAY	☉	☽	☊ mean	☊ true	☿	♀	♂	♃	♄	♅	♆	♇	⚳	⚴	⚵	⚶	⚷
	° ′	° ′	° ′	° ′	° ′	° ′	° ′	° ′	° ′	° ′	° ′	° ′	°	°	°	°	°
1	7 ♍ 16	7 ♒ 32	10 ♌ 16	11 D 38	19 D 14	22 D 34	22 D 26	5 D 50	11 R 58	4 R 34	12 D 4	23 D 40	13 D	16 R	24 D	21 R	8 R
2	8 ♍ 14	21 ♒ 15	10 ♌ 13	11 R 38	20 ♌ 26	23 ♎ 38	23 ♌ 4	6 ♋ 0	11 ♓ 54	4 ♑ 34	12 ♋ 5	23 ♊ 40	14 ♊	16 ♈	25 ♍	21 ♓	8 ♒
3	9 ♍ 12	4 ♓ 46	10 ♌ 10	11 ♌ 36	21 ♌ 44	24 ♎ 42	23 ♌ 42	6 ♋ 9	11 ♓ 49	4 ♑ 33	12 ♋ 7	23 ♊ 41	14 ♊	16 ♈	25 ♍	21 ♓	8 ♒
4	10 ♍ 10	18 ♓ 2	10 ♌ 7	11 ♌ 33	23 ♌ 8	25 ♎ 46	24 ♌ 20	6 ♋ 19	11 ♓ 45	4 ♑ 33	12 ♋ 8	23 ♊ 41	14 ♊	15 ♈	26 ♍	20 ♓	8 ♒
5	11 ♍ 8	1 ♈ 2	10 ♌ 4	11 ♌ 29	24 ♌ 37	26 ♎ 49	24 ♌ 58	6 ♋ 28	11 ♓ 40	4 ♑ 32	12 ♋ 9	23 ♊ 41	14 ♊	15 ♈	26 ♍	20 ♓	8 ♒
6	12 ♍ 7	13 ♈ 46	10 ♌ 1	11 ♌ 24	26 ♌ 11	27 ♎ 52	25 ♌ 36	6 ♋ 37	11 ♓ 35	4 ♑ 32	12 ♋ 11	23 ♊ 42	15 ♊	15 ♈	26 ♍	20 ♓	8 ♒
7	13 ♍ 5	26 ♈ 14	9 ♌ 57	11 ♌ 19	27 ♌ 49	28 ♎ 55	26 ♌ 15	6 ♋ 46	11 ♓ 31	4 ♑ 31	12 ♋ 12	23 ♊ 42	15 ♊	15 ♈	27 ♍	20 ♓	8 ♒
8	14 ♍ 3	8 ♉ 28	9 ♌ 54	11 ♌ 14	29 ♌ 30	29 ♎ 58	26 ♌ 53	6 ♋ 55	11 ♓ 26	4 ♑ 31	12 ♋ 13	23 ♊ 43	15 ♊	15 ♈	27 ♍	19 ♓	8 ♒
9	15 ♍ 1	20 ♉ 30	9 ♌ 51	11 ♌ 10	1 ♍ 14	1 ♏ 1	27 ♌ 31	7 ♋ 4	11 ♓ 22	4 ♑ 30	12 ♋ 15	23 ♊ 43	15 ♊	14 ♈	27 ♍	19 ♓	8 ♒
10	16 ♍ 0	2 ♊ 26	9 ♌ 48	11 ♌ 8	3 ♍ 1	2 ♏ 3	28 ♌ 9	7 ♋ 12	11 ♓ 17	4 ♑ 30	12 ♋ 16	23 ♊ 43	15 ♊	14 ♈	28 ♍	19 ♓	8 ♒
11	16 ♍ 58	14 ♊ 17	9 ♌ 45	11 ♌ 7	4 ♍ 49	3 ♏ 5	28 ♌ 47	7 ♋ 21	11 ♓ 13	4 ♑ 30	12 ♋ 17	23 ♊ 44	16 ♊	14 ♈	28 ♍	19 ♓	8 ♒
12	17 ♍ 56	26 ♊ 11	9 ♌ 42	11 D 7	6 ♍ 40	4 ♏ 6	29 ♌ 25	7 ♋ 29	11 ♓ 8	4 ♑ 30	12 ♋ 18	23 ♊ 44	16 ♊	14 ♈	29 ♍	18 ♓	8 ♒
13	18 ♍ 55	8 ♋ 11	9 ♌ 38	11 ♌ 8	8 ♍ 31	5 ♏ 8	0 ♍ 3	7 ♋ 37	11 ♓ 4	4 ♑ 30	12 ♋ 19	23 ♊ 44	16 ♊	14 ♈	29 ♍	18 ♓	8 ♒
14	19 ♍ 53	20 ♋ 22	9 ♌ 35	11 ♌ 10	10 ♍ 23	6 ♏ 9	0 ♍ 41	7 ♋ 45	10 ♓ 59	4 ♑ 30	12 ♋ 20	23 ♊ 44	16 ♊	13 ♈	29 ♍	18 ♓	8 ♒
15	20 ♍ 52	2 ♌ 48	9 ♌ 32	11 ♌ 11	12 ♍ 16	7 ♏ 10	1 ♍ 19	7 ♋ 53	10 ♓ 55	4 D 30	12 ♋ 21	23 ♊ 45	16 ♊	13 ♈	0 ♎	18 ♓	8 ♒
16	21 ♍ 50	15 ♌ 35	9 ♌ 29	11 R 11	14 ♍ 10	8 ♏ 10	1 ♍ 57	8 ♋ 1	10 ♓ 50	4 ♑ 30	12 ♋ 22	23 ♊ 45	17 ♊	13 ♈	0 ♎	17 ♓	8 ♒
17	22 ♍ 49	28 ♌ 43	9 ♌ 26	11 ♌ 10	16 ♍ 3	9 ♏ 10	2 ♍ 35	8 ♋ 9	10 ♓ 46	4 ♑ 30	12 ♋ 23	23 ♊ 45	17 ♊	13 ♈	0 ♎	17 ♓	7 ♒
18	23 ♍ 47	12 ♍ 14	9 ♌ 22	11 ♌ 7	17 ♍ 56	10 ♏ 10	3 ♍ 13	8 ♋ 16	10 ♓ 41	4 ♑ 30	12 ♋ 24	23 ♊ 45	17 ♊	13 ♈	1 ♎	17 ♓	7 ♒
19	24 ♍ 46	26 ♍ 5	9 ♌ 19	11 ♌ 1	19 ♍ 49	11 ♏ 10	3 ♍ 51	8 ♋ 24	10 ♓ 37	4 ♑ 30	12 ♋ 25	23 ♊ 45	17 ♊	12 ♈	1 ♎	17 ♓	7 ♒
20	25 ♍ 44	10 ♎ 15	9 ♌ 16	10 ♌ 55	21 ♍ 41	12 ♏ 9	4 ♍ 29	8 ♋ 31	10 ♓ 32	4 ♑ 30	12 ♋ 26	23 ♊ 46	17 ♊	12 ♈	2 ♎	16 ♓	7 ♒
21	26 ♍ 43	24 ♎ 38	9 ♌ 13	10 ♌ 47	23 ♍ 32	13 ♏ 7	5 ♍ 7	8 ♋ 38	10 ♓ 28	4 ♑ 31	12 ♋ 27	23 ♊ 46	17 ♊	12 ♈	2 ♎	16 ♓	7 ♒
22	27 ♍ 42	9 ♏ 7	9 ♌ 10	10 ♌ 40	25 ♍ 23	14 ♏ 6	5 ♍ 45	8 ♋ 45	10 ♓ 24	4 ♑ 31	12 ♋ 28	23 ♊ 46	18 ♊	12 ♈	2 ♎	16 ♓	7 ♒
23	28 ♍ 41	23 ♏ 37	9 ♌ 7	10 ♌ 35	27 ♍ 14	15 ♏ 4	6 ♍ 23	8 ♋ 52	10 ♓ 20	4 ♑ 31	12 ♋ 29	23 ♊ 46	18 ♊	11 ♈	3 ♎	16 ♓	7 ♒
24	29 ♍ 39	8 ♐ 2	9 ♌ 3	10 ♌ 31	29 ♍ 3	16 ♏ 1	7 ♍ 0	8 ♋ 58	10 ♓ 15	4 ♑ 32	12 ♋ 30	23 ♊ 46	18 ♊	11 ♈	3 ♎	15 ♓	7 ♒
25	0 ♎ 38	22 ♐ 19	9 ♌ 0	10 ♌ 29	0 ♎ 52	16 ♏ 58	7 ♍ 38	9 ♋ 5	10 ♓ 11	4 ♑ 32	12 ♋ 30	23 R 46	18 ♊	11 ♈	3 ♎	15 ♓	7 ♒
26	1 ♎ 37	6 ♑ 24	8 ♌ 57	10 D 28	2 ♎ 39	17 ♏ 55	8 ♍ 16	9 ♋ 11	10 ♓ 7	4 ♑ 33	12 ♋ 31	23 ♊ 46	18 ♊	10 ♈	4 ♎	15 ♓	7 ♒
27	2 ♎ 36	20 ♑ 18	8 ♌ 54	10 ♌ 29	4 ♎ 26	18 ♏ 51	8 ♍ 54	9 ♋ 17	10 ♓ 3	4 ♑ 33	12 ♋ 32	23 ♊ 46	18 ♊	10 ♈	4 ♎	15 ♓	7 ♒
28	3 ♎ 35	3 ♒ 59	8 ♌ 51	10 ♌ 30	6 ♎ 12	19 ♏ 47	9 ♍ 32	9 ♋ 23	9 ♓ 59	4 ♑ 34	12 ♋ 32	23 ♊ 46	18 ♊	10 ♈	5 ♎	14 ♓	7 ♒
29	4 ♎ 34	17 ♒ 29	8 ♌ 48	10 R 30	7 ♎ 57	20 ♏ 42	10 ♍ 10	9 ♋ 29	9 ♓ 55	4 ♑ 35	12 ♋ 33	23 ♊ 46	19 ♊	10 ♈	5 ♎	14 ♓	7 ♒
30	5 ♎ 32	0 ♓ 47	8 ♌ 44	10 ♌ 28	9 ♎ 41	21 ♏ 36	10 ♍ 48	9 ♋ 35	9 ♓ 51	4 ♑ 36	12 ♋ 34	23 ♊ 45	19 ♊	9 ♈	5 ♎	14 ♓	7 ♒

SUN INGRESS ☉ → ♎ 24日 08:15

MOON PHASE ○ 3日 08:36 ♓ ◑ 11日 05:54 ♊ ● 18日 21:33 ♍ ◐ 25日 15:11 ♑

aspects		
2日	00:48	♀△♇
2日	22:58	♂⚹♇
4日	08:59	☿⚹♇
5日	09:16	☿☌♂
5日	12:06	☉☍♄
6日	01:46	☉⚹♆
8日	16:28	☿⚹♀
10日	19:46	☿△♅
12日	09:06	♀⚹♅
12日	11:30	☿⚹♃
14日	07:17	☿☍♄
15日	01:04	☿⚹♆
15日	19:49	♀△♃
17日	23:12	☉□♇
18日	11:39	♀△♄
20日	01:02	♂△♅
20日	07:16	♀△♆
21日	02:50	☿□♇
24日	17:23	☉☌☿
27日	01:38	☿□♅
27日	17:37	♂⚹♃
28日	15:34	♂☍♄
29日	00:34	☉□♅
29日	22:26	☿□♃

1906年10月

DAY	☉	☽	☊ mean	☊ true	☿	♀	♂	♃	♄	♅	♆	♇	⚳	⚴	⚵	⚶	⚷
	° ′	° ′	° ′	° ′	° ′	° ′	° ′	° ′	° ′	° ′	° ′	° ′	°	°	°	°	°
1	6 ♎ 31	13 ♓ 54	8 ♌ 41	10 R 24	11 D 25	22 D 30	11 D 25	9 D 41	9 R 47	4 D 36	12 D 34	23 R 45	19 D	9 R	6 D	14 R	7 R
2	7 ♎ 30	26 ♓ 50	8 ♌ 38	10 ♌ 17	13 ♎ 7	23 ♏ 24	12 ♍ 3	9 ♋ 46	9 ♓ 44	4 ♑ 37	12 ♋ 35	23 ♊ 45	19 ♊	8 ♈	6 ♎	14 ♓	7 ♒
3	8 ♎ 29	9 ♈ 33	8 ♌ 35	10 ♌ 8	14 ♎ 49	24 ♏ 17	12 ♍ 41	9 ♋ 51	9 ♓ 40	4 ♑ 38	12 ♋ 35	23 ♊ 45	19 ♊	8 ♈	6 ♎	13 ♓	7 ♒
4	9 ♎ 28	22 ♈ 5	8 ♌ 32	9 ♌ 57	16 ♎ 29	25 ♏ 9	13 ♍ 19	9 ♋ 56	9 ♓ 36	4 ♑ 39	12 ♋ 36	23 ♊ 45	19 ♊	8 ♈	7 ♎	13 ♓	7 ♒
5	10 ♎ 28	4 ♉ 25	8 ♌ 28	9 ♌ 46	18 ♎ 9	26 ♏ 1	13 ♍ 57	10 ♋ 1	9 ♓ 33	4 ♑ 40	12 ♋ 36	23 ♊ 45	19 ♊	8 ♈	7 ♎	13 ♓	7 ♒
6	11 ♎ 27	16 ♉ 34	8 ♌ 25	9 ♌ 35	19 ♎ 48	26 ♏ 52	14 ♍ 34	10 ♋ 6	9 ♓ 29	4 ♑ 41	12 ♋ 36	23 ♊ 44	19 ♊	8 ♈	8 ♎	13 ♓	7 ♒
7	12 ♎ 26	28 ♉ 34	8 ♌ 22	9 ♌ 25	21 ♎ 26	27 ♏ 42	15 ♍ 12	10 ♋ 10	9 ♓ 25	4 ♑ 42	12 ♋ 37	23 ♊ 44	19 ♊	7 ♈	8 ♎	13 ♓	7 ♒
8	13 ♎ 25	10 ♊ 27	8 ♌ 19	9 ♌ 18	23 ♎ 4	28 ♏ 32	15 ♍ 50	10 ♋ 15	9 ♓ 22	4 ♑ 43	12 ♋ 37	23 ♊ 44	19 ♊	7 ♈	8 ♎	13 ♓	7 ♒
9	14 ♎ 24	22 ♊ 17	8 ♌ 16	9 ♌ 13	24 ♎ 40	29 ♏ 20	16 ♍ 28	10 ♋ 19	9 ♓ 19	4 ♑ 45	12 ♋ 37	23 ♊ 44	20 ♊	7 ♈	9 ♎	13 ♓	7 ♒
10	15 ♎ 24	4 ♋ 8	8 ♌ 13	9 ♌ 10	26 ♎ 16	0 ♐ 8	17 ♍ 5	10 ♋ 23	9 ♓ 16	4 ♑ 46	12 ♋ 38	23 ♊ 43	20 ♊	6 ♈	9 ♎	12 ♓	7 ♒
11	16 ♎ 23	16 ♋ 5	8 ♌ 9	9 ♌ 10	27 ♎ 51	0 ♐ 56	17 ♍ 43	10 ♋ 27	9 ♓ 12	4 ♑ 47	12 ♋ 38	23 ♊ 43	20 ♊	6 ♈	9 ♎	12 ♓	7 ♒
12	17 ♎ 22	28 ♋ 13	8 ♌ 6	9 D 10	29 ♎ 26	1 ♐ 42	18 ♍ 21	10 ♋ 30	9 ♓ 9	4 ♑ 49	12 ♋ 38	23 ♊ 43	20 ♊	6 ♈	10 ♎	12 ♓	7 ♒
13	18 ♎ 22	10 ♌ 39	8 ♌ 3	9 R 10	1 ♏ 0	2 ♐ 28	18 ♍ 59	10 ♋ 34	9 ♓ 6	4 ♑ 50	12 ♋ 38	23 ♊ 42	20 ♊	6 ♈	10 ♎	12 ♓	7 ♒
14	19 ♎ 21	23 ♌ 25	8 ♌ 0	9 ♌ 9	2 ♏ 33	3 ♐ 12	19 ♍ 36	10 ♋ 37	9 ♓ 3	4 ♑ 51	12 ♋ 38	23 ♊ 42	20 ♊	5 ♈	10 ♎	12 ♓	7 ♒
15	20 ♎ 21	6 ♍ 38	7 ♌ 57	9 ♌ 7	4 ♏ 5	3 ♐ 56	20 ♍ 14	10 ♋ 40	9 ♓ 0	4 ♑ 53	12 ♋ 38	23 ♊ 41	20 ♊	5 ♈	11 ♎	12 ♓	7 ♒
16	21 ♎ 20	20 ♍ 17	7 ♌ 53	9 ♌ 1	5 ♏ 37	4 ♐ 39	20 ♍ 52	10 ♋ 43	8 ♓ 58	4 ♑ 55	12 ♋ 39	23 ♊ 41	20 ♊	5 ♈	11 ♎	12 ♓	7 ♒
17	22 ♎ 20	4 ♎ 24	7 ♌ 50	8 ♌ 53	7 ♏ 8	5 ♐ 21	21 ♍ 29	10 ♋ 46	8 ♓ 55	4 ♑ 56	12 ♋ 39	23 ♊ 40	20 ♊	4 ♈	12 ♎	12 ♓	7 ♒
18	23 ♎ 19	18 ♎ 55	7 ♌ 47	8 ♌ 43	8 ♏ 38	6 ♐ 2	22 ♍ 7	10 ♋ 48	8 ♓ 52	4 ♑ 58	12 R 39	23 ♊ 40	20 ♊	4 ♈	12 ♎	12 ♓	7 D
19	24 ♎ 19	3 ♏ 42	7 ♌ 44	8 ♌ 31	10 ♏ 8	6 ♐ 41	22 ♍ 45	10 ♋ 51	8 ♓ 50	4 ♑ 59	12 ♋ 39	23 ♊ 39	20 ♊	4 ♈	12 ♎	11 ♓	7 ♒
20	25 ♎ 18	18 ♏ 38	7 ♌ 41	8 ♌ 20	11 ♏ 37	7 ♐ 20	23 ♍ 22	10 ♋ 53	8 ♓ 47	5 ♑ 1	12 ♋ 38	23 ♊ 39	20 R	4 ♈	13 ♎	11 ♓	7 ♒
21	26 ♎ 18	3 ♐ 34	7 ♌ 38	8 ♌ 11	13 ♏ 5	7 ♐ 57	24 ♍ 0	10 ♋ 55	8 ♓ 45	5 ♑ 3	12 ♋ 38	23 ♊ 38	20 ♊	3 ♈	13 ♎	11 ♓	7 ♒
22	27 ♎ 18	18 ♐ 20	7 ♌ 34	8 ♌ 4	14 ♏ 33	8 ♐ 33	24 ♍ 38	10 ♋ 57	8 ♓ 43	5 ♑ 5	12 ♋ 38	23 ♊ 38	20 ♊	3 ♈	13 ♎	11 ♓	7 ♒
23	28 ♎ 18	2 ♑ 51	7 ♌ 31	7 ♌ 59	16 ♏ 0	9 ♐ 8	25 ♍ 15	10 ♋ 58	8 ♓ 40	5 ♑ 7	12 ♋ 38	23 ♊ 37	20 ♊	3 ♈	14 ♎	11 ♓	7 ♒
24	29 ♎ 17	17 ♑ 3	7 ♌ 28	7 ♌ 58	17 ♏ 26	9 ♐ 41	25 ♍ 53	11 ♋ 0	8 ♓ 38	5 ♑ 9	12 ♋ 38	23 ♊ 37	20 ♊	3 ♈	14 ♎	11 ♓	7 ♒
25	0 ♏ 17	0 ♒ 54	7 ♌ 25	7 D 57	18 ♏ 52	10 ♐ 13	26 ♍ 31	11 ♋ 1	8 ♓ 36	5 ♑ 11	12 ♋ 38	23 ♊ 36	20 ♊	2 ♈	14 ♎	11 ♓	7 ♒
26	1 ♏ 17	14 ♒ 27	7 ♌ 22	7 R 57	20 ♏ 16	10 ♐ 44	27 ♍ 8	11 ♋ 2	8 ♓ 35	5 ♑ 13	12 ♋ 37	23 ♊ 35	20 ♊	2 ♈	15 ♎	11 ♓	7 ♒
27	2 ♏ 17	27 ♒ 42	7 ♌ 19	7 ♌ 56	21 ♏ 40	11 ♐ 13	27 ♍ 46	11 ♋ 2	8 ♓ 33	5 ♑ 15	12 ♋ 37	23 ♊ 35	20 ♊	2 ♈	15 ♎	11 ♓	7 ♒
28	3 ♏ 17	10 ♓ 43	7 ♌ 15	7 ♌ 53	23 ♏ 4	11 ♐ 40	28 ♍ 23	11 ♋ 3	8 ♓ 31	5 ♑ 17	12 ♋ 37	23 ♊ 34	20 ♊	2 ♈	16 ♎	11 D	7 ♒
29	4 ♏ 17	23 ♓ 30	7 ♌ 12	7 ♌ 47	24 ♏ 26	12 ♐ 6	29 ♍ 1	11 ♋ 3	8 ♓ 29	5 ♑ 19	12 ♋ 36	23 ♊ 33	20 ♊	1 ♈	16 ♎	11 ♓	7 ♒
30	5 ♏ 17	6 ♈ 7	7 ♌ 9	7 ♌ 38	25 ♏ 47	12 ♐ 30	29 ♍ 38	11 ♋ 4	8 ♓ 28	5 ♑ 21	12 ♋ 36	23 ♊ 33	20 ♊	1 ♈	16 ♎	11 ♓	7 ♒
31	6 ♏ 17	18 ♈ 34	7 ♌ 6	7 ♌ 26	27 ♏ 8	12 ♐ 52	0 ♎ 16	11 R 4	8 ♓ 27	5 ♑ 23	12 ♋ 35	23 ♊ 32	19 ♊	1 ♈	17 ♎	11 ♓	7 ♒

SUN INGRESS ☉ → ♏ 24日 16:55

MOON PHASE ○ 2日 21:48 ♈ ◑ 11日 00:39 ♋ ● 18日 07:43 ♎ ◐ 24日 22:50 ♒

aspects		
1日	16:21	☿□♅
1日	17:36	♃△♄
2日	20:15	♂⚹♆
4日	12:18	☉□♃
7日	04:28	☉□♆
8日	09:57	☿△♇
15日	12:47	☿⚹♅
18日	03:42	☿△♄
18日	08:18	☉△♇
19日	11:53	☿△♃
20日	10:21	♂□♇
20日	16:43	☿△♆
22日	06:09	♀□♄
30日	01:51	☉⚹♅

1906年11月

DAY	☉	☽	☊ mean	☊ true	☿	♀	♂	♃	♄	♅	♆	♇	⚳	⚴	⚵	⚶	⚷
	° ′	° ′	° ′	° ′	° ′	° ′	° ′	° ′	° ′	° ′	° ′	° ′	°	°	°	°	°
1	7 ♏ 17	0 ♉ 52	7 ♌ 3	7 R 12	28 D 27	13 D 13	0 D 54	11 R 3	8 R 25	5 D 25	12 R 35	23 R 31	19 R	1 R	17 D	11 D	7 D
2	8 ♏ 17	13 ♉ 1	6 ♌ 59	6 ♌ 58	29 ♏ 45	13 ♐ 31	1 ♎ 31	11 ♋ 3	8 ♓ 24	5 ♑ 28	12 ♋ 34	23 ♊ 30	19 ♊	1 ♈	17 ♎	11 ♓	7 ♒
3	9 ♏ 17	25 ♉ 3	6 ♌ 56	6 ♌ 43	1 ♐ 2	13 ♐ 48	2 ♎ 9	11 ♋ 2	8 ♓ 23	5 ♑ 30	12 ♋ 34	23 ♊ 30	19 ♊	0 ♈	18 ♎	11 ♓	7 ♒
4	10 ♏ 17	6 ♊ 58	6 ♌ 53	6 ♌ 31	2 ♐ 17	14 ♐ 2	2 ♎ 46	11 ♋ 1	8 ♓ 22	5 ♑ 32	12 ♋ 33	23 ♊ 29	19 ♊	0 ♈	18 ♎	11 ♓	7 ♒
5	11 ♏ 17	18 ♊ 49	6 ♌ 50	6 ♌ 21	3 ♐ 31	14 ♐ 15	3 ♎ 24	11 ♋ 0	8 ♓ 21	5 ♑ 35	12 ♋ 33	23 ♊ 28	19 ♊	0 ♈	18 ♎	11 ♓	7 ♒
6	12 ♏ 17	0 ♋ 37	6 ♌ 47	6 ♌ 13	4 ♐ 43	14 ♐ 25	4 ♎ 1	10 ♋ 59	8 ♓ 20	5 ♑ 37	12 ♋ 32	23 ♊ 27	19 ♊	0 ♈	19 ♎	11 ♓	7 ♒
7	13 ♏ 17	12 ♋ 27	6 ♌ 44	6 ♌ 9	5 ♐ 53	14 ♐ 33	4 ♎ 39	10 ♋ 58	8 ♓ 20	5 ♑ 40	12 ♋ 31	23 ♊ 26	19 ♊	0 ♈	19 ♎	12 ♓	7 ♒
8	14 ♏ 17	24 ♋ 22	6 ♌ 40	6 ♌ 7	7 ♐ 1	14 ♐ 39	5 ♎ 16	10 ♋ 56	8 ♓ 19	5 ♑ 42	12 ♋ 31	23 ♊ 25	19 ♊	0 ♈	19 ♎	12 ♓	7 ♒
9	15 ♏ 18	6 ♌ 27	6 ♌ 37	6 D 6	8 ♐ 6	14 ♐ 43	5 ♎ 54	10 ♋ 54	8 ♓ 19	5 ♑ 45	12 ♋ 30	23 ♊ 25	18 ♊	29 ♓	20 ♎	12 ♓	7 ♒
10	16 ♏ 18	18 ♌ 49	6 ♌ 34	6 R 6	9 ♐ 9	14 ♐ 44	6 ♎ 31	10 ♋ 52	8 ♓ 18	5 ♑ 48	12 ♋ 29	23 ♊ 24	18 ♊	29 ♓	20 ♎	12 ♓	7 ♒
11	17 ♏ 18	1 ♍ 31	6 ♌ 31	6 ♌ 6	10 ♐ 8	14 R 43	7 ♎ 8	10 ♋ 50	8 ♓ 18	5 ♑ 50	12 ♋ 28	23 ♊ 23	18 ♊	29 ♓	21 ♎	12 ♓	7 ♒
12	18 ♏ 19	14 ♍ 38	6 ♌ 28	6 ♌ 3	11 ♐ 4	14 ♐ 39	7 ♎ 46	10 ♋ 48	8 ♓ 18	5 ♑ 53	12 ♋ 27	23 ♊ 22	18 ♊	29 ♓	21 ♎	12 ♓	7 ♒
13	19 ♏ 19	28 ♍ 15	6 ♌ 24	5 ♌ 58	11 ♐ 57	14 ♐ 33	8 ♎ 23	10 ♋ 45	8 ♓ 18	5 ♑ 56	12 ♋ 27	23 ♊ 21	18 ♊	29 ♓	21 ♎	12 ♓	7 ♒
14	20 ♏ 19	12 ♎ 22	6 ♌ 21	5 ♌ 51	12 ♐ 45	14 ♐ 25	9 ♎ 1	10 ♋ 42	8 D 18	5 ♑ 58	12 ♋ 26	23 ♊ 20	18 ♊	29 ♓	22 ♎	12 ♓	7 ♒
15	21 ♏ 20	26 ♎ 58	6 ♌ 18	5 ♌ 41	13 ♐ 28	14 ♐ 14	9 ♎ 38	10 ♋ 39	8 ♓ 18	6 ♑ 1	12 ♋ 25	23 ♊ 19	18 ♊	29 ♓	22 ♎	12 ♓	7 ♒
16	22 ♏ 20	11 ♏ 56	6 ♌ 15	5 ♌ 30	14 ♐ 5	14 ♐ 1	10 ♎ 15	10 ♋ 36	8 ♓ 18	6 ♑ 4	12 ♋ 24	23 ♊ 18	17 ♊	29 ♓	22 ♎	13 ♓	7 ♒
17	23 ♏ 21	27 ♏ 9	6 ♌ 12	5 ♌ 19	14 ♐ 37	13 ♐ 45	10 ♎ 53	10 ♋ 33	8 ♓ 19	6 ♑ 7	12 ♋ 23	23 ♊ 17	17 ♊	29 ♓	23 ♎	13 ♓	7 ♒
18	24 ♏ 21	12 ♐ 24	6 ♌ 9	5 ♌ 9	15 ♐ 1	13 ♐ 27	11 ♎ 30	10 ♋ 29	8 ♓ 19	6 ♑ 10	12 ♋ 22	23 ♊ 16	17 ♊	28 ♓	23 ♎	13 ♓	8 ♒
19	25 ♏ 22	27 ♐ 31	6 ♌ 5	5 ♌ 2	15 ♐ 18	13 ♐ 7	12 ♎ 8	10 ♋ 25	8 ♓ 20	6 ♑ 13	12 ♋ 21	23 ♊ 15	17 ♊	28 ♓	23 ♎	13 ♓	8 ♒
20	26 ♏ 23	12 ♑ 21	6 ♌ 2	4 ♌ 58	15 ♐ 27	12 ♐ 45	12 ♎ 45	10 ♋ 21	8 ♓ 20	6 ♑ 16	12 ♋ 20	23 ♊ 14	17 ♊	28 ♓	24 ♎	13 ♓	8 ♒
21	27 ♏ 23	26 ♑ 48	5 ♌ 59	4 ♌ 56	15 R 26	12 ♐ 20	13 ♎ 22	10 ♋ 17	8 ♓ 21	6 ♑ 18	12 ♋ 19	23 ♊ 13	16 ♊	28 ♓	24 ♎	13 ♓	8 ♒
22	28 ♏ 24	10 ♒ 50	5 ♌ 56	4 D 56	15 ♐ 16	11 ♐ 53	14 ♎ 0	10 ♋ 13	8 ♓ 22	6 ♑ 21	12 ♋ 18	23 ♊ 12	16 ♊	28 ♓	24 ♎	13 ♓	8 ♒
23	29 ♏ 24	24 ♒ 27	5 ♌ 53	4 ♌ 56	14 ♐ 55	11 ♐ 25	14 ♎ 37	10 ♋ 8	8 ♓ 23	6 ♑ 25	12 ♋ 17	23 ♊ 11	16 ♊	28 ♓	25 ♎	14 ♓	8 ♒
24	0 ♐ 25	7 ♓ 40	5 ♌ 50	4 R 56	14 ♐ 24	10 ♐ 54	15 ♎ 14	10 ♋ 4	8 ♓ 24	6 ♑ 28	12 ♋ 15	23 ♊ 10	16 ♊	28 ♓	25 ♎	14 ♓	8 ♒
25	1 ♐ 26	20 ♓ 34	5 ♌ 46	4 ♌ 54	13 ♐ 42	10 ♐ 23	15 ♎ 51	9 ♋ 59	8 ♓ 25	6 ♑ 31	12 ♋ 14	23 ♊ 9	16 ♊	28 ♓	25 ♎	14 ♓	8 ♒
26	2 ♐ 26	3 ♈ 11	5 ♌ 43	4 ♌ 50	12 ♐ 49	9 ♐ 49	16 ♎ 29	9 ♋ 54	8 ♓ 27	6 ♑ 34	12 ♋ 13	23 ♊ 8	15 ♊	28 ♓	26 ♎	14 ♓	8 ♒
27	3 ♐ 27	15 ♈ 35	5 ♌ 40	4 ♌ 43	11 ♐ 47	9 ♐ 15	17 ♎ 6	9 ♋ 49	8 ♓ 28	6 ♑ 37	12 ♋ 12	23 ♊ 7	15 ♊	28 ♓	26 ♎	14 ♓	8 ♒
28	4 ♐ 28	27 ♈ 49	5 ♌ 37	4 ♌ 33	10 ♐ 36	8 ♐ 40	17 ♎ 43	9 ♋ 43	8 ♓ 30	6 ♑ 40	12 ♋ 11	23 ♊ 5	15 ♊	28 ♓	26 ♎	15 ♓	8 ♒
29	5 ♐ 29	9 ♉ 55	5 ♌ 34	4 ♌ 22	9 ♐ 19	8 ♐ 4	18 ♎ 20	9 ♋ 38	8 ♓ 31	6 ♑ 43	12 ♋ 9	23 ♊ 4	15 ♊	28 D	27 ♎	15 ♓	8 ♒
30	6 ♐ 29	21 ♉ 55	5 ♌ 30	4 ♌ 11	7 ♐ 58	7 ♐ 27	18 ♎ 57	9 ♋ 32	8 ♓ 33	6 ♑ 46	12 ♋ 8	23 ♊ 3	15 ♊	28 ♓	27 ♎	15 ♓	8 ♒

SUN INGRESS ☉ → ♐ 23日 13:54

MOON PHASE ○ 1日 13:46 ♉ ◑ 9日 18:45 ♌ ● 16日 17:36 ♏ ◐ 23日 09:39 ♒

aspects		
2日	02:58	☉△♄
4日	17:35	☉△♃
4日	19:15	☿⚹♂
6日	05:55	☉△♆
8日	18:07	♂□♅
9日	04:43	☿□♄
15日	21:52	☿☌♀
16日	12:09	♂□♃
19日	08:22	♂□♆
19日	23:52	♀⚹♂
23日	06:49	☿⚹♂
28日	06:33	♀□♄
29日	14:04	☿□♄
30日	14:18	☉☌♀
30日	14:52	☉☌☿
30日	16:01	☿☌♀

1906年12月

DAY	☉	☽	☊ mean	☊ true	☿	♀	♂	♃	♄	♅	♆	♇	⚳	⚴	⚵	⚶	⚷
	° ′	° ′	° ′	° ′	° ′	° ′	° ′	° ′	° ′	° ′	° ′	° ′	°	°	°	°	°
1	7 ♐ 30	3 ♊ 50	5 ♌ 27	3 R 59	6 R 35	6 R 51	19 D 35	9 R 26	8 D 35	6 D 50	12 R 7	23 R 2	14 R	28 D	27 D	15 D	8 D
2	8 ♐ 31	15 ♊ 41	5 ♌ 24	3 ♌ 49	5 ♐ 14	6 ♐ 14	20 ♎ 12	9 ♋ 20	8 ♓ 37	6 ♑ 53	12 ♋ 5	23 ♊ 1	14 ♊	28 ♓	28 ♎	15 ♓	8 ♒
3	9 ♐ 32	27 ♊ 31	5 ♌ 21	3 ♌ 41	3 ♐ 57	5 ♐ 38	20 ♎ 49	9 ♋ 14	8 ♓ 39	6 ♑ 56	12 ♋ 4	23 ♊ 0	14 ♊	28 ♓	28 ♎	16 ♓	8 ♒
4	10 ♐ 33	9 ♋ 21	5 ♌ 18	3 ♌ 35	2 ♐ 46	5 ♐ 3	21 ♎ 26	9 ♋ 8	8 ♓ 41	7 ♑ 0	12 ♋ 3	22 ♊ 59	14 ♊	28 ♓	28 ♎	16 ♓	8 ♒
5	11 ♐ 34	21 ♋ 13	5 ♌ 15	3 ♌ 32	1 ♐ 43	4 ♐ 28	22 ♎ 3	9 ♋ 2	8 ♓ 43	7 ♑ 3	12 ♋ 1	22 ♊ 58	13 ♊	28 ♓	28 ♎	16 ♓	8 ♒
6	12 ♐ 34	3 ♌ 11	5 ♌ 11	3 ♌ 31	0 ♐ 51	3 ♐ 55	22 ♎ 40	8 ♋ 55	8 ♓ 45	7 ♑ 6	12 ♋ 0	22 ♊ 56	13 ♊	28 ♓	29 ♎	16 ♓	8 ♒
7	13 ♐ 35	15 ♌ 18	5 ♌ 8	3 D 32	0 ♐ 10	3 ♐ 22	23 ♎ 17	8 ♋ 49	8 ♓ 48	7 ♑ 10	11 ♋ 58	22 ♊ 55	13 ♊	28 ♓	29 ♎	17 ♓	8 ♒
8	14 ♐ 36	27 ♌ 39	5 ♌ 5	3 ♌ 33	29 ♏ 40	2 ♐ 51	23 ♎ 54	8 ♋ 42	8 ♓ 50	7 ♑ 13	11 ♋ 57	22 ♊ 54	13 ♊	28 ♓	29 ♎	17 ♓	8 ♒
9	15 ♐ 37	10 ♍ 18	5 ♌ 2	3 ♌ 34	29 ♏ 21	2 ♐ 22	24 ♎ 31	8 ♋ 35	8 ♓ 53	7 ♑ 16	11 ♋ 55	22 ♊ 53	12 ♊	28 ♓	0 ♏	17 ♓	8 ♒
10	16 ♐ 38	23 ♍ 19	4 ♌ 59	3 R 34	29 ♏ 13	1 ♐ 55	25 ♎ 8	8 ♋ 28	8 ♓ 56	7 ♑ 20	11 ♋ 54	22 ♊ 52	12 ♊	29 ♓	0 ♏	17 ♓	9 ♒
11	17 ♐ 39	6 ♎ 47	4 ♌ 56	3 ♌ 32	29 D 16	1 ♐ 30	25 ♎ 45	8 ♋ 21	8 ♓ 59	7 ♑ 23	11 ♋ 52	22 ♊ 51	12 ♊	29 ♓	0 ♏	18 ♓	9 ♒
12	18 ♐ 40	20 ♎ 43	4 ♌ 52	3 ♌ 28	29 ♏ 28	1 ♐ 7	26 ♎ 22	8 ♋ 14	9 ♓ 1	7 ♑ 27	11 ♋ 51	22 ♊ 49	12 ♊	29 ♓	1 ♏	18 ♓	9 ♒
13	19 ♐ 41	5 ♏ 8	4 ♌ 49	3 ♌ 23	29 ♏ 50	0 ♐ 46	26 ♎ 59	8 ♋ 6	9 ♓ 4	7 ♑ 30	11 ♋ 49	22 ♊ 48	11 ♊	29 ♓	1 ♏	18 ♓	9 ♒
14	20 ♐ 42	19 ♏ 59	4 ♌ 46	3 ♌ 16	0 ♐ 19	0 ♐ 28	27 ♎ 36	7 ♋ 59	9 ♓ 8	7 ♑ 34	11 ♋ 48	22 ♊ 47	11 ♊	29 ♓	1 ♏	18 ♓	9 ♒
15	21 ♐ 43	5 ♐ 7	4 ♌ 43	3 ♌ 9	0 ♐ 56	0 ♐ 11	28 ♎ 13	7 ♋ 51	9 ♓ 11	7 ♑ 37	11 ♋ 46	22 ♊ 46	11 ♊	29 ♓	2 ♏	19 ♓	9 ♒
16	22 ♐ 44	20 ♐ 25	4 ♌ 40	3 ♌ 3	1 ♐ 39	29 ♏ 58	28 ♎ 50	7 ♋ 44	9 ♓ 14	7 ♑ 40	11 ♋ 45	22 ♊ 45	11 ♊	29 ♓	2 ♏	19 ♓	9 ♒
17	23 ♐ 45	5 ♑ 40	4 ♌ 36	2 ♌ 59	2 ♐ 27	29 ♏ 47	29 ♎ 27	7 ♋ 36	9 ♓ 18	7 ♑ 44	11 ♋ 43	22 ♊ 44	11 ♊	29 ♓	2 ♏	19 ♓	9 ♒
18	24 ♐ 47	20 ♑ 44	4 ♌ 33	2 ♌ 57	3 ♐ 21	29 ♏ 38	0 ♏ 4	7 ♋ 28	9 ♓ 21	7 ♑ 48	11 ♋ 41	22 ♊ 42	10 ♊	29 ♓	2 ♏	20 ♓	9 ♒
19	25 ♐ 48	5 ♒ 26	4 ♌ 30	2 D 56	4 ♐ 19	29 ♏ 31	0 ♏ 41	7 ♋ 20	9 ♓ 25	7 ♑ 51	11 ♋ 40	22 ♊ 41	10 ♊	0 ♈	3 ♏	20 ♓	9 ♒
20	26 ♐ 49	19 ♒ 42	4 ♌ 27	2 ♌ 57	5 ♐ 21	29 ♏ 28	1 ♏ 18	7 ♋ 13	9 ♓ 28	7 ♑ 55	11 ♋ 38	22 ♊ 40	10 ♊	0 ♈	3 ♏	20 ♓	9 ♒
21	27 ♐ 50	3 ♓ 31	4 ♌ 24	2 ♌ 58	6 ♐ 26	29 ♏ 26	1 ♏ 54	7 ♋ 5	9 ♓ 32	7 ♑ 58	11 ♋ 37	22 ♊ 39	10 ♊	0 ♈	3 ♏	20 ♓	9 ♒
22	28 ♐ 51	16 ♓ 53	4 ♌ 21	3 ♌ 0	7 ♐ 35	29 D 27	2 ♏ 31	6 ♋ 57	9 ♓ 36	8 ♑ 2	11 ♋ 35	22 ♊ 38	9 ♊	0 ♈	4 ♏	21 ♓	9 ♒
23	29 ♐ 52	29 ♓ 50	4 ♌ 17	3 R 1	8 ♐ 46	29 ♏ 31	3 ♏ 8	6 ♋ 49	9 ♓ 40	8 ♑ 5	11 ♋ 33	22 ♊ 37	9 ♊	0 ♈	4 ♏	21 ♓	9 ♒
24	0 ♑ 53	12 ♈ 27	4 ♌ 14	3 ♌ 0	9 ♐ 59	29 ♏ 37	3 ♏ 45	6 ♋ 41	9 ♓ 44	8 ♑ 9	11 ♋ 32	22 ♊ 35	9 ♊	0 ♈	4 ♏	21 ♓	9 ♒
25	1 ♑ 54	24 ♈ 47	4 ♌ 11	2 ♌ 58	11 ♐ 14	29 ♏ 45	4 ♏ 21	6 ♋ 32	9 ♓ 48	8 ♑ 12	11 ♋ 30	22 ♊ 34	9 ♊	1 ♈	4 ♏	22 ♓	9 ♒
26	2 ♑ 56	6 ♉ 55	4 ♌ 8	2 ♌ 54	12 ♐ 31	29 ♏ 55	4 ♏ 58	6 ♋ 24	9 ♓ 52	8 ♑ 16	11 ♋ 28	22 ♊ 33	9 ♊	1 ♈	5 ♏	22 ♓	9 ♒
27	3 ♑ 57	18 ♉ 54	4 ♌ 5	2 ♌ 49	13 ♐ 50	0 ♐ 8	5 ♏ 35	6 ♋ 16	9 ♓ 56	8 ♑ 20	11 ♋ 27	22 ♊ 32	9 ♊	1 ♈	5 ♏	22 ♓	10 ♒
28	4 ♑ 58	0 ♊ 47	4 ♌ 2	2 ♌ 44	15 ♐ 10	0 ♐ 22	6 ♏ 11	6 ♋ 8	10 ♓ 1	8 ♑ 23	11 ♋ 25	22 ♊ 31	8 ♊	1 ♈	5 ♏	23 ♓	10 ♒
29	5 ♑ 59	12 ♊ 38	3 ♌ 58	2 ♌ 39	16 ♐ 31	0 ♐ 39	6 ♏ 48	6 ♋ 0	10 ♓ 5	8 ♑ 27	11 ♋ 23	22 ♊ 30	8 ♊	1 ♈	6 ♏	23 ♓	10 ♒
30	7 ♑ 0	24 ♊ 28	3 ♌ 55	2 ♌ 34	17 ♐ 54	0 ♐ 58	7 ♏ 24	5 ♋ 52	10 ♓ 10	8 ♑ 30	11 ♋ 22	22 ♊ 28	8 ♊	2 ♈	6 ♏	23 ♓	10 ♒
31	8 ♑ 1	6 ♋ 20	3 ♌ 52	2 ♌ 31	19 ♐ 17	1 ♐ 19	8 ♏ 1	5 ♋ 44	10 ♓ 14	8 ♑ 34	11 ♋ 20	22 ♊ 27	8 ♊	2 ♈	6 ♏	24 ♓	10 ♒

SUN INGRESS ☉ → ♑ 23日 02:53

MOON PHASE ○ 1日 08:07 ♊ ◑ 9日 10:45 ♍ ● 16日 03:54 ♐ ◐ 23日 00:04 ♓ ○ 31日 03:44 ♋

aspects		
2日	02:19	☉□♄
6日	10:14	♂△♇
7日	01:54	♃△♄
14日	04:04	☿☌♀
16日	00:09	☉☍♇
16日	06:45	♃☍♅
23日	18:47	☿□♄
27日	22:20	♂△♃
29日	00:22	☉☍♃
30日	23:44	☉⚹♂
31日	13:40	☉☌♅

1907年1月

DAY	☉	☽	☊		☿	♀	♂	♃	♄	♅	♆	♇	⚳	⚴	⚵	⚶	⚷
			mean	true													
	° ′	° ′	° ′	° ′	° ′	° ′	° ′	° ′	° ′	° ′	° ′	° ′	°	°	°	°	°
1	9 ♑ 2	18 ♋ 15	3 ♌ 49	2 R 29	20 D 42	1 D 42	8 D 37	5 R 36	10 D 19	8 D 38	11 R 18	22 R 26	8 R	2 D	6 D	24 D	10 D
2	10 ♑ 3	0 ♌ 15	3 ♌ 46	2 ♌ 28	22 ♐ 7	2 ♐ 6	9 ♏ 14	5 ♋ 28	10 ♓ 24	8 ♑ 41	11 ♋ 17	22 ♊ 25	8 ♊	2 ♈	7 ♏	24 ♓	10 ♒
3	11 ♑ 5	12 ♌ 23	3 ♌ 42	2 D 28	23 ♐ 33	2 ♐ 32	9 ♏ 50	5 ♋ 19	10 ♓ 29	8 ♑ 45	11 ♋ 15	22 ♊ 24	7 ♊	2 ♈	7 ♏	25 ♓	10 ♒
4	12 ♑ 6	24 ♌ 39	3 ♌ 39	2 ♌ 30	24 ♐ 59	3 ♐ 1	10 ♏ 27	5 ♋ 11	10 ♓ 34	8 ♑ 48	11 ♋ 13	22 ♊ 23	7 ♊	3 ♈	7 ♏	25 ♓	10 ♒
5	13 ♑ 7	7 ♍ 8	3 ♌ 36	2 ♌ 31	26 ♐ 27	3 ♐ 30	11 ♏ 3	5 ♋ 3	10 ♓ 39	8 ♑ 52	11 ♋ 11	22 ♊ 22	7 ♊	3 ♈	7 ♏	25 ♓	10 ♒
6	14 ♑ 8	19 ♍ 52	3 ♌ 33	2 ♌ 33	27 ♐ 54	4 ♐ 1	11 ♏ 40	4 ♋ 55	10 ♓ 44	8 ♑ 56	11 ♋ 10	22 ♊ 21	7 ♊	3 ♈	8 ♏	26 ♓	10 ♒
7	15 ♑ 9	2 ♎ 54	3 ♌ 30	2 ♌ 34	29 ♐ 23	4 ♐ 34	12 ♏ 16	4 ♋ 48	10 ♓ 49	8 ♑ 59	11 ♋ 8	22 ♊ 20	7 ♊	3 ♈	8 ♏	26 ♓	10 ♒
8	16 ♑ 10	16 ♎ 17	3 ♌ 27	2 R 34	0 ♑ 52	5 ♐ 9	12 ♏ 52	4 ♋ 40	10 ♓ 54	9 ♑ 3	11 ♋ 6	22 ♊ 19	7 ♊	4 ♈	8 ♏	26 ♓	10 ♒
9	17 ♑ 12	0 ♏ 2	3 ♌ 23	2 ♌ 34	2 ♑ 21	5 ♐ 44	13 ♏ 29	4 ♋ 32	10 ♓ 59	9 ♑ 6	11 ♋ 5	22 ♊ 17	7 ♊	4 ♈	8 ♏	27 ♓	10 ♒
10	18 ♑ 13	14 ♏ 11	3 ♌ 20	2 ♌ 33	3 ♑ 51	6 ♐ 21	14 ♏ 5	4 ♋ 24	11 ♓ 5	9 ♑ 10	11 ♋ 3	22 ♊ 16	7 ♊	4 ♈	9 ♏	27 ♓	11 ♒
11	19 ♑ 14	28 ♏ 42	3 ♌ 17	2 ♌ 31	5 ♑ 22	7 ♐ 0	14 ♏ 41	4 ♋ 17	11 ♓ 10	9 ♑ 13	11 ♋ 1	22 ♊ 15	6 ♊	4 ♈	9 ♏	27 ♓	11 ♒
12	20 ♑ 15	13 ♐ 30	3 ♌ 14	2 ♌ 29	6 ♑ 53	7 ♐ 39	15 ♏ 17	4 ♋ 9	11 ♓ 15	9 ♑ 17	11 ♋ 0	22 ♊ 14	6 ♊	5 ♈	9 ♏	28 ♓	11 ♒
13	21 ♑ 16	28 ♐ 31	3 ♌ 11	2 ♌ 28	8 ♑ 24	8 ♐ 20	15 ♏ 53	4 ♋ 2	11 ♓ 21	9 ♑ 20	10 ♋ 58	22 ♊ 13	6 ♊	5 ♈	9 ♏	28 ♓	11 ♒
14	22 ♑ 17	13 ♑ 35	3 ♌ 8	2 ♌ 27	9 ♑ 57	9 ♐ 2	16 ♏ 29	3 ♋ 54	11 ♓ 27	9 ♑ 24	10 ♋ 56	22 ♊ 12	6 ♊	5 ♈	9 ♏	28 ♓	11 ♒
15	23 ♑ 18	28 ♑ 33	3 ♌ 4	2 ♌ 27	11 ♑ 29	9 ♐ 45	17 ♏ 5	3 ♋ 47	11 ♓ 32	9 ♑ 28	10 ♋ 55	22 ♊ 11	6 ♊	5 ♈	10 ♏	29 ♓	11 ♒
16	24 ♑ 20	13 ♒ 17	3 ♌ 1	2 D 27	13 ♑ 2	10 ♐ 29	17 ♏ 41	3 ♋ 40	11 ♓ 38	9 ♑ 31	10 ♋ 53	22 ♊ 10	6 ♊	6 ♈	10 ♏	29 ♓	11 ♒
17	25 ♑ 21	27 ♒ 41	2 ♌ 58	2 ♌ 27	14 ♑ 36	11 ♐ 14	18 ♏ 17	3 ♋ 33	11 ♓ 44	9 ♑ 35	10 ♋ 51	22 ♊ 9	6 ♊	6 ♈	10 ♏	0 ♈	11 ♒
18	26 ♑ 22	11 ♓ 39	2 ♌ 55	2 ♌ 28	16 ♑ 10	12 ♐ 0	18 ♏ 53	3 ♋ 26	11 ♓ 50	9 ♑ 38	10 ♋ 50	22 ♊ 8	6 ♊	6 ♈	10 ♏	0 ♈	11 ♒
19	27 ♑ 23	25 ♓ 11	2 ♌ 52	2 ♌ 28	17 ♑ 44	12 ♐ 47	19 ♏ 29	3 ♋ 19	11 ♓ 56	9 ♑ 42	10 ♋ 48	22 ♊ 8	6 ♊	7 ♈	11 ♏	0 ♈	11 ♒
20	28 ♑ 24	8 ♈ 18	2 ♌ 48	2 ♌ 29	19 ♑ 19	13 ♐ 35	20 ♏ 5	3 ♋ 12	12 ♓ 2	9 ♑ 45	10 ♋ 46	22 ♊ 7	6 ♊	7 ♈	11 ♏	1 ♈	11 ♒
21	29 ♑ 25	21 ♈ 0	2 ♌ 45	2 ♌ 29	20 ♑ 55	14 ♐ 24	20 ♏ 41	3 ♋ 5	12 ♓ 8	9 ♑ 48	10 ♋ 45	22 ♊ 6	6 ♊	7 ♈	11 ♏	1 ♈	11 ♒
22	0 ♒ 26	3 ♉ 24	2 ♌ 42	2 R 29	22 ♑ 31	15 ♐ 13	21 ♏ 17	2 ♋ 59	12 ♓ 14	9 ♑ 52	10 ♋ 43	22 ♊ 5	6 ♊	8 ♈	11 ♏	1 ♈	11 ♒
23	1 ♒ 27	15 ♉ 32	2 ♌ 39	2 ♌ 29	24 ♑ 8	16 ♐ 3	21 ♏ 52	2 ♋ 53	12 ♓ 20	9 ♑ 55	10 ♋ 42	22 ♊ 4	6 ♊	8 ♈	11 ♏	2 ♈	11 ♒
24	2 ♒ 28	27 ♉ 29	2 ♌ 36	2 D 29	25 ♑ 45	16 ♐ 55	22 ♏ 28	2 ♋ 46	12 ♓ 26	9 ♑ 59	10 ♋ 40	22 ♊ 3	6 ♊	8 ♈	12 ♏	2 ♈	12 ♒
25	3 ♒ 29	9 ♊ 20	2 ♌ 33	2 ♌ 29	27 ♑ 23	17 ♐ 46	23 ♏ 4	2 ♋ 40	12 ♓ 32	10 ♑ 2	10 ♋ 39	22 ♊ 2	6 D	8 ♈	12 ♏	3 ♈	12 ♒
26	4 ♒ 30	21 ♊ 9	2 ♌ 29	2 ♌ 29	29 ♑ 2	18 ♐ 39	23 ♏ 39	2 ♋ 34	12 ♓ 39	10 ♑ 5	10 ♋ 37	22 ♊ 1	6 ♊	9 ♈	12 ♏	3 ♈	12 ♒
27	5 ♒ 31	3 ♋ 0	2 ♌ 26	2 ♌ 30	0 ♒ 41	19 ♐ 32	24 ♏ 15	2 ♋ 29	12 ♓ 45	10 ♑ 9	10 ♋ 36	22 ♊ 1	6 ♊	9 ♈	12 ♏	3 ♈	12 ♒
28	6 ♒ 32	14 ♋ 55	2 ♌ 23	2 ♌ 30	2 ♒ 21	20 ♐ 26	24 ♏ 50	2 ♋ 23	12 ♓ 51	10 ♑ 12	10 ♋ 34	22 ♊ 0	6 ♊	9 ♈	12 ♏	4 ♈	12 ♒
29	7 ♒ 33	26 ♋ 57	2 ♌ 20	2 ♌ 30	4 ♒ 1	21 ♐ 20	25 ♏ 26	2 ♋ 18	12 ♓ 58	10 ♑ 15	10 ♋ 33	21 ♊ 59	6 ♊	10 ♈	12 ♏	4 ♈	12 ♒
30	8 ♒ 34	9 ♌ 9	2 ♌ 17	2 R 30	5 ♒ 42	22 ♐ 16	26 ♏ 1	2 ♋ 12	13 ♓ 4	10 ♑ 19	10 ♋ 31	21 ♊ 58	6 ♊	10 ♈	13 ♏	4 ♈	12 ♒
31	9 ♒ 35	21 ♌ 32	2 ♌ 14	2 ♌ 30	7 ♒ 24	23 ♐ 11	26 ♏ 37	2 ♋ 7	13 ♓ 11	10 ♑ 22	10 ♋ 30	21 ♊ 57	6 ♊	10 ♈	13 ♏	5 ♈	12 ♒

SUN INGRESS	☉ → ♒ 21日 13:31
MOON PHASE	◑ 7日 23:47 ♎　● 14日 14:57 ♑　◐ 21日 17:42 ♉　○ 29日 22:45 ♌

aspects		
1日	00:06	♂⚹♅
2日	05:04	☿☍♇
2日	08:41	☉⚹♄
3日	03:54	☉☍♆
4日	05:12	♂△♄
5日	05:11	♂△♆
9日	18:22	♄△♆
10日	08:03	☿☍♃
13日	15:12	☿☌♅
14日	15:14	☿☍♆
15日	00:55	☿⚹♄
17日	17:53	♀□♄
20日	18:26	☿⚹♂
29日	16:34	♀☍♇

1907年2月

DAY	☉	☽	☊		☿	♀	♂	♃	♄	♅	♆	♇	⚳	⚴	⚵	⚶	⚷
			mean	true													
	° ′	° ′	° ′	° ′	° ′	° ′	° ′	° ′	° ′	° ′	° ′	° ′	°	°	°	°	°
1	10 ♒ 36	4 ♍ 6	2 ♌ 10	2 R 29	9 D 7	24 D 8	27 D 12	2 R 2	13 D 17	10 D 25	10 R 28	21 R 57	6 D	11 D	13 D	5 D	12 D
2	11 ♒ 37	16 ♍ 53	2 ♌ 7	2 ♌ 28	10 ♒ 50	25 ♐ 4	27 ♏ 47	1 ♋ 58	13 ♓ 24	10 ♑ 28	10 ♋ 27	21 ♊ 56	6 ♊	11 ♈	13 ♏	6 ♈	12 ♒
3	12 ♒ 38	29 ♍ 54	2 ♌ 4	2 ♌ 27	12 ♒ 34	26 ♐ 2	28 ♏ 22	1 ♋ 53	13 ♓ 31	10 ♑ 32	10 ♋ 25	21 ♊ 55	6 ♊	12 ♈	13 ♏	6 ♈	12 ♒
4	13 ♒ 38	13 ♎ 9	2 ♌ 1	2 ♌ 25	14 ♒ 19	27 ♐ 0	28 ♏ 57	1 ♋ 49	13 ♓ 37	10 ♑ 35	10 ♋ 24	21 ♊ 55	6 ♊	12 ♈	13 ♏	6 ♈	12 ♒
5	14 ♒ 39	26 ♎ 38	1 ♌ 58	2 ♌ 24	16 ♒ 4	27 ♐ 58	29 ♏ 33	1 ♋ 44	13 ♓ 44	10 ♑ 38	10 ♋ 23	21 ♊ 54	6 ♊	12 ♈	14 ♏	7 ♈	12 ♒
6	15 ♒ 40	10 ♏ 22	1 ♌ 54	2 ♌ 23	17 ♒ 50	28 ♐ 57	0 ♐ 8	1 ♋ 40	13 ♓ 51	10 ♑ 41	10 ♋ 21	21 ♊ 53	6 ♊	13 ♈	14 ♏	7 ♈	13 ♒
7	16 ♒ 41	24 ♏ 21	1 ♌ 51	2 D 24	19 ♒ 37	29 ♐ 56	0 ♐ 43	1 ♋ 36	13 ♓ 58	10 ♑ 44	10 ♋ 20	21 ♊ 53	6 ♊	13 ♈	14 ♏	8 ♈	13 ♒
8	17 ♒ 42	8 ♐ 34	1 ♌ 48	2 ♌ 24	21 ♒ 24	0 ♑ 56	1 ♐ 17	1 ♋ 33	14 ♓ 5	10 ♑ 47	10 ♋ 19	21 ♊ 52	7 ♊	13 ♈	14 ♏	8 ♈	13 ♒
9	18 ♒ 42	22 ♐ 59	1 ♌ 45	2 ♌ 25	23 ♒ 12	1 ♑ 56	1 ♐ 52	1 ♋ 29	14 ♓ 12	10 ♑ 50	10 ♋ 18	21 ♊ 51	7 ♊	14 ♈	14 ♏	8 ♈	13 ♒
10	19 ♒ 43	7 ♑ 32	1 ♌ 42	2 ♌ 27	25 ♒ 1	2 ♑ 56	2 ♐ 27	1 ♋ 26	14 ♓ 18	10 ♑ 53	10 ♋ 16	21 ♊ 51	7 ♊	14 ♈	14 ♏	9 ♈	13 ♒
11	20 ♒ 44	22 ♑ 10	1 ♌ 39	2 ♌ 28	26 ♒ 50	3 ♑ 57	3 ♐ 2	1 ♋ 23	14 ♓ 25	10 ♑ 56	10 ♋ 15	21 ♊ 50	7 ♊	14 ♈	14 ♏	9 ♈	13 ♒
12	21 ♒ 45	6 ♒ 46	1 ♌ 35	2 R 28	28 ♒ 39	4 ♑ 58	3 ♐ 36	1 ♋ 20	14 ♓ 32	10 ♑ 59	10 ♋ 14	21 ♊ 50	7 ♊	15 ♈	14 ♏	10 ♈	13 ♒
13	22 ♒ 45	21 ♒ 15	1 ♌ 32	2 ♌ 27	0 ♓ 29	6 ♑ 0	4 ♐ 11	1 ♋ 17	14 ♓ 39	11 ♑ 2	10 ♋ 13	21 ♊ 49	7 ♊	15 ♈	15 ♏	10 ♈	13 ♒
14	23 ♒ 46	5 ♓ 29	1 ♌ 29	2 ♌ 25	2 ♓ 18	7 ♑ 2	4 ♐ 46	1 ♋ 14	14 ♓ 46	11 ♑ 5	10 ♋ 12	21 ♊ 49	7 ♊	16 ♈	15 ♏	11 ♈	13 ♒
15	24 ♒ 47	19 ♓ 25	1 ♌ 26	2 ♌ 22	4 ♓ 8	8 ♑ 4	5 ♐ 20	1 ♋ 12	14 ♓ 54	11 ♑ 8	10 ♋ 10	21 ♊ 48	7 ♊	16 ♈	15 ♏	11 ♈	13 ♒
16	25 ♒ 47	2 ♈ 59	1 ♌ 23	2 ♌ 18	5 ♓ 58	9 ♑ 7	5 ♐ 54	1 ♋ 10	15 ♓ 1	11 ♑ 11	10 ♋ 9	21 ♊ 48	8 ♊	16 ♈	15 ♏	11 ♈	13 ♒
17	26 ♒ 48	16 ♈ 10	1 ♌ 20	2 ♌ 15	7 ♓ 47	10 ♑ 10	6 ♐ 29	1 ♋ 8	15 ♓ 8	11 ♑ 13	10 ♋ 8	21 ♊ 48	8 ♊	17 ♈	15 ♏	12 ♈	13 ♒
18	27 ♒ 48	28 ♈ 58	1 ♌ 16	2 ♌ 11	9 ♓ 36	11 ♑ 13	7 ♐ 3	1 ♋ 6	15 ♓ 15	11 ♑ 16	10 ♋ 7	21 ♊ 47	8 ♊	17 ♈	15 ♏	12 ♈	13 ♒
19	28 ♒ 49	11 ♉ 25	1 ♌ 13	2 ♌ 9	11 ♓ 24	12 ♑ 16	7 ♐ 37	1 ♋ 5	15 ♓ 22	11 ♑ 19	10 ♋ 6	21 ♊ 47	8 ♊	18 ♈	15 ♏	13 ♈	14 ♒
20	29 ♒ 49	23 ♉ 36	1 ♌ 10	2 ♌ 7	13 ♓ 10	13 ♑ 20	8 ♐ 11	1 ♋ 3	15 ♓ 29	11 ♑ 22	10 ♋ 5	21 ♊ 46	8 ♊	18 ♈	15 ♏	13 ♈	14 ♒
21	0 ♓ 50	5 ♊ 35	1 ♌ 7	2 D 7	14 ♓ 55	14 ♑ 24	8 ♐ 45	1 ♋ 2	15 ♓ 37	11 ♑ 24	10 ♋ 4	21 ♊ 46	8 ♊	18 ♈	15 ♏	13 ♈	14 ♒
22	1 ♓ 50	17 ♊ 26	1 ♌ 4	2 ♌ 8	16 ♓ 37	15 ♑ 28	9 ♐ 19	1 ♋ 1	15 ♓ 44	11 ♑ 27	10 ♋ 3	21 ♊ 46	9 ♊	19 ♈	15 ♏	14 ♈	14 ♒
23	2 ♓ 51	29 ♊ 15	1 ♌ 0	2 ♌ 10	18 ♓ 17	16 ♑ 33	9 ♐ 53	1 ♋ 1	15 ♓ 51	11 ♑ 29	10 ♋ 2	21 ♊ 45	9 ♊	19 ♈	15 ♏	14 ♈	14 ♒
24	3 ♓ 51	11 ♋ 7	0 ♌ 57	2 ♌ 12	19 ♓ 54	17 ♑ 37	10 ♐ 26	1 ♋ 0	15 ♓ 58	11 ♑ 32	10 ♋ 2	21 ♊ 45	9 ♊	20 ♈	15 ♏	15 ♈	14 ♒
25	4 ♓ 52	23 ♋ 5	0 ♌ 54	2 ♌ 13	21 ♓ 28	18 ♑ 42	11 ♐ 0	1 ♋ 0	16 ♓ 6	11 ♑ 34	10 ♋ 1	21 ♊ 45	9 ♊	20 ♈	15 ♏	15 ♈	14 ♒
26	5 ♓ 52	5 ♌ 15	0 ♌ 51	2 R 14	22 ♓ 57	19 ♑ 47	11 ♐ 34	0 ♋ 59	16 ♓ 13	11 ♑ 37	10 ♋ 0	21 ♊ 45	9 ♊	20 ♈	16 ♏	16 ♈	14 ♒
27	6 ♓ 52	17 ♌ 38	0 ♌ 48	2 ♌ 12	24 ♓ 21	20 ♑ 53	12 ♐ 7	0 D 59	16 ♓ 20	11 ♑ 39	9 ♋ 59	21 ♊ 45	9 ♊	21 ♈	16 ♏	16 ♈	14 ♒
28	7 ♓ 52	0 ♍ 16	0 ♌ 45	2 ♌ 10	25 ♓ 40	21 ♑ 59	12 ♐ 41	1 ♋ 0	16 ♓ 28	11 ♑ 42	9 ♋ 58	21 ♊ 44	10 ♊	21 ♈	16 ♏	16 ♈	14 ♒

SUN INGRESS	☉ → ♓ 20日 03:58
MOON PHASE	◑ 6日 09:52 ♏　● 13日 02:43 ♒　◐ 20日 13:35 ♊　○ 28日 15:23 ♍

aspects		
1日	15:53	♅☍♆
3日	01:58	☉☌☿
8日	06:11	☿△♇
8日	14:01	♀☍♃
12日	02:02	☉△♇
13日	10:21	☿△♃
15日	22:52	☿□♂
16日	23:32	♀☍♆
18日	01:21	♀☌♅
18日	06:54	☿△♆
18日	22:55	☿⚹♅
20日	05:44	☿⚹♀
21日	04:47	☉△♃
21日	10:27	☿☌♄
22日	06:35	♀⚹♄
25日	04:33	☿□♇

1907年3月

DAY	☉	☽	☊ mean	☊ true	☿	♀	♂	♃	♄	♅	♆	♇	⚳	⚴	⚵	⚶	⚷
	° ′	° ′	° ′	° ′	° ′	° ′	° ′	° ′	° ′	° ′	° ′	° ′	°	°	°	°	°
1	8 ♓ 53	13 ♍ 11	0 ♌ 41	2 R 5	26 D 52	23 D 4	13 D 14	1 D 0	16 D 35	11 D 44	9 R 58	21 R 44	10 D	22 D	16 D	17 D	14 D
2	9 ♓ 53	26 ♍ 22	0 ♌ 38	1 ♌ 59	27 ♓ 58	24 ♑ 10	13 ♐ 47	1 ♋ 1	16 ♓ 42	11 ♑ 46	9 ♋ 57	21 ♊ 44	10 ♊	22 ♈	16 ♏	17 ♈	14 ♒
3	10 ♓ 53	9 ♎ 48	0 ♌ 35	1 ♌ 52	28 ♓ 57	25 ♑ 17	14 ♐ 20	1 ♋ 2	16 ♓ 50	11 ♑ 49	9 ♋ 56	21 ♊ 44	10 ♊	23 ♈	16 ♏	18 ♈	14 ♒
4	11 ♓ 53	23 ♎ 26	0 ♌ 32	1 ♌ 46	29 ♓ 48	26 ♑ 23	14 ♐ 53	1 ♋ 3	16 ♓ 57	11 ♑ 51	9 ♋ 56	21 ♊ 44	11 ♊	23 ♈	16 ♏	18 ♈	15 ♒
5	12 ♓ 53	7 ♏ 15	0 ♌ 29	1 ♌ 40	0 ♈ 31	27 ♑ 30	15 ♐ 26	1 ♋ 4	17 ♓ 4	11 ♑ 53	9 ♋ 55	21 ♊ 44	11 ♊	23 ♈	16 ♏	19 ♈	15 ♒
6	13 ♓ 53	21 ♏ 11	0 ♌ 25	1 ♌ 36	1 ♈ 5	28 ♑ 36	15 ♐ 59	1 ♋ 5	17 ♓ 12	11 ♑ 55	9 ♋ 55	21 ♊ 44	11 ♊	24 ♈	16 R	19 ♈	15 ♒
7	14 ♓ 53	5 ♐ 14	0 ♌ 22	1 ♌ 34	1 ♈ 31	29 ♑ 43	16 ♐ 32	1 ♋ 7	17 ♓ 19	11 ♑ 57	9 ♋ 54	21 ♊ 44	11 ♊	24 ♈	16 ♏	19 ♈	15 ♒
8	15 ♓ 53	19 ♐ 20	0 ♌ 19	1 D 33	1 ♈ 47	0 ♒ 51	17 ♐ 4	1 ♋ 9	17 ♓ 26	11 ♑ 59	9 ♋ 53	21 D 44	11 ♊	25 ♈	16 ♏	20 ♈	15 ♒
9	16 ♓ 53	3 ♑ 30	0 ♌ 16	1 ♌ 34	1 ♈ 54	1 ♒ 58	17 ♐ 37	1 ♋ 11	17 ♓ 34	12 ♑ 1	9 ♋ 53	21 ♊ 44	12 ♊	25 ♈	16 ♏	20 ♈	15 ♒
10	17 ♓ 53	17 ♑ 41	0 ♌ 13	1 ♌ 36	1 R 53	3 ♒ 5	18 ♐ 9	1 ♋ 13	17 ♓ 41	12 ♑ 3	9 ♋ 53	21 ♊ 44	12 ♊	26 ♈	16 ♏	21 ♈	15 ♒
11	18 ♓ 53	1 ♒ 52	0 ♌ 10	1 R 36	1 ♈ 42	4 ♒ 13	18 ♐ 41	1 ♋ 15	17 ♓ 49	12 ♑ 5	9 ♋ 52	21 ♊ 44	12 ♊	26 ♈	16 ♏	21 ♈	15 ♒
12	19 ♓ 53	16 ♒ 0	0 ♌ 6	1 ♌ 35	1 ♈ 23	5 ♒ 21	19 ♐ 13	1 ♋ 18	17 ♓ 56	12 ♑ 7	9 ♋ 52	21 ♊ 44	12 ♊	27 ♈	16 ♏	22 ♈	15 ♒
13	20 ♓ 53	0 ♓ 2	0 ♌ 3	1 ♌ 32	0 ♈ 56	6 ♒ 29	19 ♐ 45	1 ♋ 21	18 ♓ 3	12 ♑ 9	9 ♋ 51	21 ♊ 44	13 ♊	27 ♈	15 ♏	22 ♈	15 ♒
14	21 ♓ 53	13 ♓ 54	0 ♌ 0	1 ♌ 27	0 ♈ 22	7 ♒ 37	20 ♐ 17	1 ♋ 24	18 ♓ 11	12 ♑ 11	9 ♋ 51	21 ♊ 44	13 ♊	28 ♈	15 ♏	22 ♈	15 ♒
15	22 ♓ 53	27 ♓ 33	29 ♋ 57	1 ♌ 19	29 ♓ 42	8 ♒ 45	20 ♐ 49	1 ♋ 27	18 ♓ 18	12 ♑ 12	9 ♋ 51	21 ♊ 44	13 ♊	28 ♈	15 ♏	23 ♈	15 ♒
16	23 ♓ 53	10 ♈ 56	29 ♋ 54	1 ♌ 10	28 ♓ 56	9 ♒ 53	21 ♐ 21	1 ♋ 30	18 ♓ 25	12 ♑ 14	9 ♋ 51	21 ♊ 44	14 ♊	28 ♈	15 ♏	23 ♈	15 ♒
17	24 ♓ 52	24 ♈ 1	29 ♋ 51	1 ♌ 0	28 ♓ 6	11 ♒ 1	21 ♐ 52	1 ♋ 33	18 ♓ 33	12 ♑ 16	9 ♋ 50	21 ♊ 45	14 ♊	29 ♈	15 ♏	24 ♈	15 ♒
18	25 ♓ 52	6 ♉ 46	29 ♋ 47	0 ♌ 51	27 ♓ 13	12 ♒ 10	22 ♐ 24	1 ♋ 37	18 ♓ 40	12 ♑ 17	9 ♋ 50	21 ♊ 45	14 ♊	29 ♈	15 ♏	24 ♈	15 ♒
19	26 ♓ 52	19 ♉ 14	29 ♋ 44	0 ♌ 43	26 ♓ 18	13 ♒ 18	22 ♐ 55	1 ♋ 41	18 ♓ 48	12 ♑ 19	9 ♋ 50	21 ♊ 45	14 ♊	0 ♉	15 ♏	25 ♈	16 ♒
20	27 ♓ 51	1 ♊ 25	29 ♋ 41	0 ♌ 37	25 ♓ 23	14 ♒ 27	23 ♐ 26	1 ♋ 45	18 ♓ 55	12 ♑ 20	9 ♋ 50	21 ♊ 45	15 ♊	0 ♉	15 ♏	25 ♈	16 ♒
21	28 ♓ 51	13 ♊ 24	29 ♋ 38	0 ♌ 33	24 ♓ 27	15 ♒ 36	23 ♐ 57	1 ♋ 49	19 ♓ 2	12 ♑ 22	9 ♋ 50	21 ♊ 46	15 ♊	1 ♉	15 ♏	25 ♈	16 ♒
22	29 ♓ 51	25 ♊ 16	29 ♋ 35	0 ♌ 32	23 ♓ 34	16 ♒ 45	24 ♐ 28	1 ♋ 54	19 ♓ 10	12 ♑ 23	9 ♋ 50	21 ♊ 46	15 ♊	1 ♉	15 ♏	26 ♈	16 ♒
23	0 ♈ 50	7 ♋ 5	29 ♋ 31	0 D 32	22 ♓ 43	17 ♒ 54	24 ♐ 58	1 ♋ 58	19 ♓ 17	12 ♑ 25	9 D 50	21 ♊ 46	15 ♊	2 ♉	15 ♏	26 ♈	16 ♒
24	1 ♈ 50	18 ♋ 56	29 ♋ 28	0 ♌ 33	21 ♓ 56	19 ♒ 3	25 ♐ 29	2 ♋ 3	19 ♓ 24	12 ♑ 26	9 ♋ 50	21 ♊ 47	16 ♊	2 ♉	15 ♏	27 ♈	16 ♒
25	2 ♈ 49	0 ♌ 56	29 ♋ 25	0 R 33	21 ♓ 12	20 ♒ 12	25 ♐ 59	2 ♋ 8	19 ♓ 31	12 ♑ 27	9 ♋ 50	21 ♊ 47	16 ♊	3 ♉	15 ♏	27 ♈	16 ♒
26	3 ♈ 49	13 ♌ 9	29 ♋ 22	0 ♌ 32	20 ♓ 34	21 ♒ 22	26 ♐ 29	2 ♋ 13	19 ♓ 39	12 ♑ 28	9 ♋ 50	21 ♊ 47	16 ♊	3 ♉	14 ♏	28 ♈	16 ♒
27	4 ♈ 48	25 ♌ 39	29 ♋ 19	0 ♌ 29	20 ♓ 1	22 ♒ 31	26 ♐ 59	2 ♋ 18	19 ♓ 46	12 ♑ 30	9 ♋ 50	21 ♊ 48	17 ♊	4 ♉	14 ♏	28 ♈	16 ♒
28	5 ♈ 47	8 ♍ 30	29 ♋ 16	0 ♌ 24	19 ♓ 33	23 ♒ 40	27 ♐ 29	2 ♋ 23	19 ♓ 53	12 ♑ 31	9 ♋ 50	21 ♊ 48	17 ♊	4 ♉	14 ♏	29 ♈	16 ♒
29	6 ♈ 47	21 ♍ 42	29 ♋ 12	0 ♌ 16	19 ♓ 11	24 ♒ 50	27 ♐ 58	2 ♋ 29	20 ♓ 0	12 ♑ 32	9 ♋ 51	21 ♊ 49	17 ♊	5 ♉	14 ♏	29 ♈	16 ♒
30	7 ♈ 46	5 ♎ 15	29 ♋ 9	0 ♌ 6	18 ♓ 55	26 ♒ 0	28 ♐ 28	2 ♋ 35	20 ♓ 7	12 ♑ 33	9 ♋ 51	21 ♊ 49	18 ♊	5 ♉	14 ♏	29 ♈	16 ♒
31	8 ♈ 45	19 ♎ 6	29 ♋ 6	29 ♋ 55	18 ♓ 45	27 ♒ 9	28 ♐ 57	2 ♋ 41	20 ♓ 15	12 ♑ 34	9 ♋ 51	21 ♊ 50	18 ♊	6 ♉	14 ♏	0 ♉	16 ♒

SUN INGRESS	☉ → ♈ 22日 03:33
MOON PHASE	◑ 7日 17:42 ♐ ● 14日 15:05 ♓ ◐ 22日 10:10 ♋ ○ 30日 04:44 ♎

aspects		
2日	01:39	☉△♆
3日	23:02	☉⚹♅
5日	23:57	☿□♃
8日	21:14	♂□♄
8日	22:42	☿⚹♀
9日	18:26	☉☌♄
10日	13:36	☉□♂
12日	04:50	☿□♃
13日	20:26	☉□♇
16日	18:11	♂☍♇
18日	16:59	☉☌☿
21日	08:39	☿□♂
24日	04:40	☿□♇
24日	05:47	☉□♃
26日	09:03	♀△♇
27日	09:47	☿☌♄

1907年4月

DAY	☉	☽	☊ mean	☊ true	☿	♀	♂	♃	♄	♅	♆	♇	⚳	⚴	⚵	⚶	⚷
	° ′	° ′	° ′	° ′	° ′	° ′	° ′	° ′	° ′	° ′	° ′	° ′	°	°	°	°	°
1	9 ♈ 44	3 ♏ 13	29 ♋ 3	29 R 44	18 R 41	28 D 19	29 D 26	2 D 47	20 D 22	12 D 35	9 D 51	21 D 50	18 D	6 D	14 R	0 D	16 D
2	10 ♈ 44	17 ♏ 28	29 ♋ 0	29 ♋ 34	18 D 42	29 ♒ 29	29 ♐ 55	2 ♋ 53	20 ♓ 29	12 ♑ 35	9 ♋ 52	21 ♊ 51	19 ♊	7 ♉	13 ♏	1 ♉	16 ♒
3	11 ♈ 43	1 ♐ 47	28 ♋ 57	29 ♋ 27	18 ♓ 48	0 ♓ 39	0 ♑ 24	2 ♋ 59	20 ♓ 36	12 ♑ 36	9 ♋ 52	21 ♊ 51	19 ♊	7 ♉	13 ♏	1 ♉	16 ♒
4	12 ♈ 42	16 ♐ 6	28 ♋ 53	29 ♋ 22	19 ♓ 0	1 ♓ 49	0 ♑ 53	3 ♋ 6	20 ♓ 43	12 ♑ 37	9 ♋ 53	21 ♊ 52	19 ♊	8 ♉	13 ♏	2 ♉	16 ♒
5	13 ♈ 41	0 ♑ 21	28 ♋ 50	29 ♋ 19	19 ♓ 17	2 ♓ 59	1 ♑ 21	3 ♋ 12	20 ♓ 50	12 ♑ 38	9 ♋ 53	21 ♊ 53	20 ♊	8 ♉	13 ♏	2 ♉	16 ♒
6	14 ♈ 40	14 ♑ 29	28 ♋ 47	29 ♋ 19	19 ♓ 39	4 ♓ 9	1 ♑ 49	3 ♋ 19	20 ♓ 57	12 ♑ 38	9 ♋ 53	21 ♊ 53	20 ♊	9 ♉	13 ♏	2 ♉	17 ♒
7	15 ♈ 39	28 ♑ 30	28 ♋ 44	29 D 19	20 ♓ 6	5 ♓ 20	2 ♑ 17	3 ♋ 26	21 ♓ 4	12 ♑ 39	9 ♋ 54	21 ♊ 54	20 ♊	9 ♉	13 ♏	3 ♉	17 ♒
8	16 ♈ 38	12 ♒ 23	28 ♋ 41	29 R 19	20 ♓ 37	6 ♓ 30	2 ♑ 45	3 ♋ 33	21 ♓ 11	12 ♑ 40	9 ♋ 55	21 ♊ 55	21 ♊	10 ♉	12 ♏	3 ♉	17 ♒
9	17 ♈ 37	26 ♒ 8	28 ♋ 37	29 ♋ 16	21 ♓ 12	7 ♓ 40	3 ♑ 12	3 ♋ 40	21 ♓ 18	12 ♑ 40	9 ♋ 55	21 ♊ 55	21 ♊	10 ♉	12 ♏	4 ♉	17 ♒
10	18 ♈ 36	9 ♓ 44	28 ♋ 34	29 ♋ 11	21 ♓ 51	8 ♓ 51	3 ♑ 39	3 ♋ 48	21 ♓ 25	12 ♑ 41	9 ♋ 56	21 ♊ 56	21 ♊	11 ♉	12 ♏	4 ♉	17 ♒
11	19 ♈ 35	23 ♓ 11	28 ♋ 31	29 ♋ 3	22 ♓ 34	10 ♓ 1	4 ♑ 6	3 ♋ 55	21 ♓ 31	12 ♑ 41	9 ♋ 56	21 ♊ 57	22 ♊	11 ♉	12 ♏	5 ♉	17 ♒
12	20 ♈ 34	6 ♈ 27	28 ♋ 28	28 ♋ 53	23 ♓ 20	11 ♓ 12	4 ♑ 33	4 ♋ 3	21 ♓ 38	12 ♑ 41	9 ♋ 57	21 ♊ 57	22 ♊	12 ♉	12 ♏	5 ♉	17 ♒
13	21 ♈ 33	19 ♈ 30	28 ♋ 25	28 ♋ 40	24 ♓ 10	12 ♓ 22	4 ♑ 59	4 ♋ 10	21 ♓ 45	12 ♑ 42	9 ♋ 58	21 ♊ 58	22 ♊	12 ♉	12 ♏	6 ♉	17 ♒
14	22 ♈ 31	2 ♉ 20	28 ♋ 22	28 ♋ 27	25 ♓ 3	13 ♓ 33	5 ♑ 26	4 ♋ 18	21 ♓ 52	12 ♑ 42	9 ♋ 58	21 ♊ 59	23 ♊	13 ♉	11 ♏	6 ♉	17 ♒
15	23 ♈ 30	14 ♉ 55	28 ♋ 18	28 ♋ 14	25 ♓ 59	14 ♓ 44	5 ♑ 52	4 ♋ 26	21 ♓ 58	12 ♑ 42	9 ♋ 59	22 ♊ 0	23 ♊	13 ♉	11 ♏	6 ♉	17 ♒
16	24 ♈ 29	27 ♉ 15	28 ♋ 15	28 ♋ 2	26 ♓ 58	15 ♓ 55	6 ♑ 17	4 ♋ 35	22 ♓ 5	12 ♑ 42	10 ♋ 0	22 ♊ 1	23 ♊	14 ♉	11 ♏	7 ♉	17 ♒
17	25 ♈ 28	9 ♊ 22	28 ♋ 12	27 ♋ 53	28 ♓ 0	17 ♓ 5	6 ♑ 43	4 ♋ 43	22 ♓ 12	12 ♑ 42	10 ♋ 1	22 ♊ 1	24 ♊	14 ♉	11 ♏	7 ♉	17 ♒
18	26 ♈ 26	21 ♊ 19	28 ♋ 9	27 ♋ 47	29 ♓ 5	18 ♓ 16	7 ♑ 8	4 ♋ 51	22 ♓ 18	12 ♑ 42	10 ♋ 2	22 ♊ 2	24 ♊	15 ♉	11 ♏	8 ♉	17 ♒
19	27 ♈ 25	3 ♋ 10	28 ♋ 6	27 ♋ 43	0 ♈ 12	19 ♓ 27	7 ♑ 33	5 ♋ 0	22 ♓ 25	12 R 42	10 ♋ 3	22 ♊ 3	24 ♊	15 ♉	10 ♏	8 ♉	17 ♒
20	28 ♈ 24	14 ♋ 57	28 ♋ 2	27 ♋ 42	1 ♈ 21	20 ♓ 38	7 ♑ 57	5 ♋ 8	22 ♓ 31	12 ♑ 42	10 ♋ 4	22 ♊ 4	25 ♊	16 ♉	10 ♏	9 ♉	17 ♒
21	29 ♈ 22	26 ♋ 48	27 ♋ 59	27 ♋ 41	2 ♈ 33	21 ♓ 49	8 ♑ 21	5 ♋ 17	22 ♓ 38	12 ♑ 42	10 ♋ 4	22 ♊ 5	25 ♊	16 ♉	10 ♏	9 ♉	17 ♒
22	0 ♉ 21	8 ♌ 47	27 ♋ 56	27 ♋ 41	3 ♈ 47	23 ♓ 0	8 ♑ 45	5 ♋ 26	22 ♓ 44	12 ♑ 42	10 ♋ 5	22 ♊ 6	26 ♊	17 ♉	10 ♏	10 ♉	17 ♒
23	1 ♉ 19	21 ♌ 0	27 ♋ 53	27 ♋ 40	5 ♈ 4	24 ♓ 11	9 ♑ 9	5 ♋ 35	22 ♓ 50	12 ♑ 42	10 ♋ 6	22 ♊ 7	26 ♊	17 ♉	9 ♏	10 ♉	17 ♒
24	2 ♉ 18	3 ♍ 32	27 ♋ 50	27 ♋ 37	6 ♈ 22	25 ♓ 22	9 ♑ 32	5 ♋ 44	22 ♓ 57	12 ♑ 41	10 ♋ 8	22 ♊ 8	26 ♊	18 ♉	9 ♏	10 ♉	17 ♒
25	3 ♉ 16	16 ♍ 27	27 ♋ 47	27 ♋ 32	7 ♈ 43	26 ♓ 33	9 ♑ 55	5 ♋ 53	23 ♓ 3	12 ♑ 41	10 ♋ 9	22 ♊ 9	27 ♊	18 ♉	9 ♏	11 ♉	17 ♒
26	4 ♉ 15	29 ♍ 47	27 ♋ 43	27 ♋ 24	9 ♈ 6	27 ♓ 45	10 ♑ 18	6 ♋ 3	23 ♓ 9	12 ♑ 41	10 ♋ 10	22 ♊ 10	27 ♊	19 ♉	9 ♏	11 ♉	17 ♒
27	5 ♉ 13	13 ♎ 34	27 ♋ 40	27 ♋ 14	10 ♈ 31	28 ♓ 56	10 ♑ 40	6 ♋ 12	23 ♓ 15	12 ♑ 40	10 ♋ 11	22 ♊ 11	27 ♊	19 ♉	9 ♏	12 ♉	17 ♒
28	6 ♉ 11	27 ♎ 44	27 ♋ 37	27 ♋ 2	11 ♈ 57	0 ♈ 7	11 ♑ 2	6 ♋ 22	23 ♓ 21	12 ♑ 40	10 ♋ 12	22 ♊ 12	28 ♊	20 ♉	8 ♏	12 ♉	17 ♒
29	7 ♉ 10	12 ♏ 13	27 ♋ 34	26 ♋ 51	13 ♈ 26	1 ♈ 18	11 ♑ 24	6 ♋ 31	23 ♓ 27	12 ♑ 39	10 ♋ 13	22 ♊ 13	28 ♊	21 ♉	8 ♏	13 ♉	17 ♒
30	8 ♉ 8	26 ♏ 54	27 ♋ 31	26 ♋ 41	14 ♈ 57	2 ♈ 30	11 ♑ 45	6 ♋ 41	23 ♓ 33	12 ♑ 39	10 ♋ 14	22 ♊ 14	29 ♊	21 ♉	8 ♏	13 ♉	17 ♒

SUN INGRESS	☉ → ♉ 21日 15:17
MOON PHASE	◑ 6日 00:20 ♑ ● 13日 04:06 ♈ ◐ 21日 05:38 ♋ ○ 28日 15:05 ♏

aspects		
1日	02:53	☉□♆
2日	15:18	♀⚹♂
3日	22:01	☉□♅
5日	04:58	♀△♃
9日	04:38	☿☌♄
10日	03:00	☿□♇
10日	10:15	♂☍♃
10日	22:19	♀△♆
13日	06:32	♀⚹♅
13日	10:35	☉⚹♇
15日	05:36	♄□♇
21日	05:29	♀□♇
21日	18:05	♀☌♄
23日	10:54	☿□♃
25日	14:54	♂☍♆
26日	18:23	☿□♆
27日	03:35	☿□♂
28日	05:14	☉⚹♃
28日	11:31	☿□♅

1907年5月

DAY	☉	☽	☊ mean	☊ true	☿	♀	♂	♃	♄	♅	♆	♇	⚳	⚴	⚵	⚶	⚷
	° ′	° ′	° ′	° ′	° ′	° ′	° ′	° ′	° ′	° ′	° ′	° ′	°	°	°	°	°
1	9 ♉ 6	11 ♐ 39	27 ♋ 28	26 R 33	16 D 29	3 D 41	12 D 6	6 D 51	23 D 39	12 R 38	10 D 16	22 D 15	29 D	22 D	8 R	14 D	17 D
2	10 ♉ 4	26 ♐ 21	27 ♋ 24	26 ♋ 27	18 ♈ 4	4 ♈ 52	12 ♑ 26	7 ♋ 1	23 ♓ 45	12 ♑ 38	10 ♋ 17	22 ♊ 16	29 ♊	22 ♉	7 ♏	14 ♉	17 ♒
3	11 ♉ 2	10 ♑ 53	27 ♋ 21	26 ♋ 25	19 ♈ 40	6 ♈ 4	12 ♑ 46	7 ♋ 11	23 ♓ 51	12 ♑ 37	10 ♋ 18	22 ♊ 17	0 ♋	23 ♉	7 ♏	14 ♉	17 ♒
4	12 ♉ 1	25 ♑ 12	27 ♋ 18	26 ♋ 24	21 ♈ 18	7 ♈ 15	13 ♑ 6	7 ♋ 21	23 ♓ 57	12 ♑ 36	10 ♋ 20	22 ♊ 18	0 ♋	23 ♉	7 ♏	15 ♉	18 ♒
5	12 ♉ 59	9 ♒ 16	27 ♋ 15	26 D 24	22 ♈ 58	8 ♈ 27	13 ♑ 25	7 ♋ 32	24 ♓ 3	12 ♑ 35	10 ♋ 21	22 ♊ 19	0 ♋	24 ♉	7 ♏	15 ♉	18 ♒
6	13 ♉ 57	23 ♒ 4	27 ♋ 12	26 R 24	24 ♈ 40	9 ♈ 38	13 ♑ 44	7 ♋ 42	24 ♓ 8	12 ♑ 35	10 ♋ 22	22 ♊ 21	1 ♋	24 ♉	6 ♏	16 ♉	18 ♒
7	14 ♉ 55	6 ♓ 38	27 ♋ 8	26 ♋ 22	26 ♈ 24	10 ♈ 50	14 ♑ 2	7 ♋ 52	24 ♓ 14	12 ♑ 34	10 ♋ 24	22 ♊ 22	1 ♋	25 ♉	6 ♏	16 ♉	18 ♒
8	15 ♉ 53	19 ♓ 57	27 ♋ 5	26 ♋ 18	28 ♈ 10	12 ♈ 2	14 ♑ 20	8 ♋ 3	24 ♓ 19	12 ♑ 33	10 ♋ 25	22 ♊ 23	2 ♋	25 ♉	6 ♏	17 ♉	18 ♒
9	16 ♉ 51	3 ♈ 4	27 ♋ 2	26 ♋ 11	29 ♈ 58	13 ♈ 13	14 ♑ 38	8 ♋ 14	24 ♓ 25	12 ♑ 32	10 ♋ 27	22 ♊ 24	2 ♋	26 ♉	6 ♏	17 ♉	18 ♒
10	17 ♉ 49	15 ♈ 59	26 ♋ 59	26 ♋ 2	1 ♉ 47	14 ♈ 25	14 ♑ 55	8 ♋ 24	24 ♓ 30	12 ♑ 31	10 ♋ 28	22 ♊ 25	2 ♋	27 ♉	6 ♏	18 ♉	18 ♒
11	18 ♉ 47	28 ♈ 41	26 ♋ 56	25 ♋ 51	3 ♉ 39	15 ♈ 36	15 ♑ 11	8 ♋ 35	24 ♓ 36	12 ♑ 30	10 ♋ 30	22 ♊ 26	3 ♋	27 ♉	5 ♏	18 ♉	18 ♒
12	19 ♉ 45	11 ♉ 13	26 ♋ 53	25 ♋ 39	5 ♉ 32	16 ♈ 48	15 ♑ 27	8 ♋ 46	24 ♓ 41	12 ♑ 28	10 ♋ 31	22 ♊ 28	3 ♋	28 ♉	5 ♏	18 ♉	18 ♒
13	20 ♉ 43	23 ♉ 33	26 ♋ 49	25 ♋ 27	7 ♉ 28	18 ♈ 0	15 ♑ 42	8 ♋ 57	24 ♓ 46	12 ♑ 27	10 ♋ 33	22 ♊ 29	4 ♋	28 ♉	5 ♏	19 ♉	18 ♒
14	21 ♉ 41	5 ♊ 42	26 ♋ 46	25 ♋ 17	9 ♉ 25	19 ♈ 12	15 ♑ 57	9 ♋ 8	24 ♓ 51	12 ♑ 26	10 ♋ 34	22 ♊ 30	4 ♋	29 ♉	5 ♏	19 ♉	18 ♒
15	22 ♉ 39	17 ♊ 42	26 ♋ 43	25 ♋ 9	11 ♉ 24	20 ♈ 24	16 ♑ 12	9 ♋ 19	24 ♓ 56	12 ♑ 25	10 ♋ 36	22 ♊ 31	4 ♋	29 ♉	5 ♏	20 ♉	18 ♒
16	23 ♉ 37	29 ♊ 35	26 ♋ 40	25 ♋ 3	13 ♉ 24	21 ♈ 35	16 ♑ 26	9 ♋ 30	25 ♓ 1	12 ♑ 24	10 ♋ 37	22 ♊ 33	5 ♋	0 ♊	4 ♏	20 ♉	18 ♒
17	24 ♉ 35	11 ♋ 26	26 ♋ 37	25 ♋ 0	15 ♉ 27	22 ♈ 47	16 ♑ 39	9 ♋ 42	25 ♓ 6	12 ♑ 22	10 ♋ 39	22 ♊ 34	5 ♋	0 ♊	4 ♏	21 ♉	18 ♒
18	25 ♉ 32	23 ♋ 10	26 ♋ 34	24 ♋ 59	17 ♉ 31	23 ♈ 59	16 ♑ 52	9 ♋ 53	25 ♓ 11	12 ♑ 21	10 ♋ 41	22 ♊ 35	6 ♋	1 ♊	4 ♏	21 ♉	18 ♒
19	26 ♉ 30	5 ♌ 0	26 ♋ 30	24 D 59	19 ♉ 37	25 ♈ 11	17 ♑ 4	10 ♋ 4	25 ♓ 16	12 ♑ 19	10 ♋ 42	22 ♊ 36	6 ♋	2 ♊	4 ♏	21 ♉	18 ♒
20	27 ♉ 28	16 ♌ 58	26 ♋ 27	25 ♋ 0	21 ♉ 44	26 ♈ 23	17 ♑ 15	10 ♋ 16	25 ♓ 21	12 ♑ 18	10 ♋ 44	22 ♊ 38	6 ♋	2 ♊	4 ♏	22 ♉	18 ♒
21	28 ♉ 26	29 ♌ 10	26 ♋ 24	25 R 1	23 ♉ 52	27 ♈ 35	17 ♑ 26	10 ♋ 27	25 ♓ 25	12 ♑ 17	10 ♋ 46	22 ♊ 39	7 ♋	3 ♊	3 ♏	22 ♉	18 ♒
22	29 ♉ 23	11 ♍ 40	26 ♋ 21	25 ♋ 0	26 ♉ 2	28 ♈ 47	17 ♑ 37	10 ♋ 39	25 ♓ 30	12 ♑ 15	10 ♋ 48	22 ♊ 40	7 ♋	3 ♊	3 ♏	23 ♉	18 ♒
23	0 ♊ 21	24 ♍ 33	26 ♋ 18	24 ♋ 57	28 ♉ 12	29 ♈ 59	17 ♑ 47	10 ♋ 51	25 ♓ 34	12 ♑ 13	10 ♋ 49	22 ♊ 42	8 ♋	4 ♊	3 ♏	23 ♉	18 ♒
24	1 ♊ 19	7 ♎ 53	26 ♋ 14	24 ♋ 52	0 ♊ 23	1 ♉ 11	17 ♑ 56	11 ♋ 3	25 ♓ 39	12 ♑ 12	10 ♋ 51	22 ♊ 43	8 ♋	4 ♊	3 ♏	24 ♉	18 ♒
25	2 ♊ 16	21 ♎ 42	26 ♋ 11	24 ♋ 46	2 ♊ 35	2 ♉ 23	18 ♑ 4	11 ♋ 14	25 ♓ 43	12 ♑ 10	10 ♋ 53	22 ♊ 44	8 ♋	5 ♊	3 ♏	24 ♉	18 R
26	3 ♊ 14	5 ♏ 58	26 ♋ 8	24 ♋ 38	4 ♊ 47	3 ♉ 35	18 ♑ 12	11 ♋ 26	25 ♓ 47	12 ♑ 8	10 ♋ 55	22 ♊ 46	9 ♋	6 ♊	2 ♏	25 ♉	18 ♒
27	4 ♊ 11	20 ♏ 37	26 ♋ 5	24 ♋ 31	6 ♊ 58	4 ♉ 47	18 ♑ 19	11 ♋ 38	25 ♓ 51	12 ♑ 7	10 ♋ 57	22 ♊ 47	9 ♋	6 ♊	2 ♏	25 ♉	18 ♒
28	5 ♊ 9	5 ♐ 34	26 ♋ 2	24 ♋ 24	9 ♊ 10	5 ♉ 59	18 ♑ 26	11 ♋ 50	25 ♓ 56	12 ♑ 5	10 ♋ 59	22 ♊ 48	10 ♋	7 ♊	2 ♏	25 ♉	18 ♒
29	6 ♊ 7	20 ♐ 38	25 ♋ 59	24 ♋ 18	11 ♊ 21	7 ♉ 11	18 ♑ 32	12 ♋ 2	26 ♓ 0	12 ♑ 3	11 ♋ 1	22 ♊ 50	10 ♋	7 ♊	2 ♏	26 ♉	18 ♒
30	7 ♊ 4	5 ♑ 41	25 ♋ 55	24 ♋ 15	13 ♊ 31	8 ♉ 23	18 ♑ 37	12 ♋ 15	26 ♓ 4	12 ♑ 1	11 ♋ 2	22 ♊ 51	11 ♋	8 ♊	2 ♏	26 ♉	18 ♒
31	8 ♊ 2	20 ♑ 34	25 ♋ 52	24 ♋ 13	15 ♊ 39	9 ♉ 35	18 ♑ 42	12 ♋ 27	26 ♓ 7	12 ♑ 0	11 ♋ 4	22 ♊ 52	11 ♋	8 ♊	2 ♏	27 ♉	18 ♒

SUN INGRESS	☉ → ♊ 22日 15:03
MOON PHASE	◑ 5日 06:53 ♒ ● 12日 17:59 ♉ ◐ 20日 22:27 ♌ ○ 27日 23:18 ♐

aspects

2日	05:22	☉⚹♆
2日	13:10	♂☌♅
4日	02:22	♀□♃
4日	14:30	☉△♅
4日	14:37	☿⚹♇
5日	16:09	☉△♂
6日	15:02	♀□♆
8日	10:19	♀□♅
10日	12:57	♀□♂
13日	20:15	☿⚹♃
14日	14:17	☿⚹♆
15日	12:06	☿△♅
16日	19:30	♀⚹♇
17日	14:23	☉⚹♄
17日	15:35	☿△♂
21日	17:53	☿⚹♄
22日	20:48	♃☌♆
24日	17:57	☉☌☿
29日	01:32	♃☍♅

1907年6月

DAY	☉	☽	☊ mean	☊ true	☿	♀	♂	♃	♄	♅	♆	♇	⚳	⚴	⚵	⚶	⚷
	° ′	° ′	° ′	° ′	° ′	° ′	° ′	° ′	° ′	° ′	° ′	° ′	°	°	°	°	°
1	8 ♊ 59	5 ♒ 10	25 ♋ 49	24 D 14	17 D 47	10 D 47	18 D 45	12 D 39	26 D 11	11 R 58	11 D 6	22 D 54	11 D	9 D	2 R	27 D	18 R
2	9 ♊ 57	19 ♒ 26	25 ♋ 46	24 ♋ 15	19 ♊ 52	11 ♉ 59	18 ♑ 48	12 ♋ 51	26 ♓ 15	11 ♑ 56	11 ♋ 8	22 ♊ 55	12 ♋	10 ♊	1 ♏	28 ♉	18 ♒
3	10 ♊ 54	3 ♓ 20	25 ♋ 43	24 ♋ 16	21 ♊ 56	13 ♉ 12	18 ♑ 51	13 ♋ 4	26 ♓ 18	11 ♑ 54	11 ♋ 10	22 ♊ 57	12 ♋	10 ♊	1 ♏	28 ♉	18 ♒
4	11 ♊ 52	16 ♓ 54	25 ♋ 40	24 R 16	23 ♊ 58	14 ♉ 24	18 ♑ 52	13 ♋ 16	26 ♓ 22	11 ♑ 52	11 ♋ 12	22 ♊ 58	13 ♋	11 ♊	1 ♏	28 ♉	18 ♒
5	12 ♊ 49	0 ♈ 7	25 ♋ 36	24 ♋ 15	25 ♊ 58	15 ♉ 36	18 ♑ 53	13 ♋ 28	26 ♓ 25	11 ♑ 50	11 ♋ 14	22 ♊ 59	13 ♋	11 ♊	1 ♏	29 ♉	18 ♒
6	13 ♊ 46	13 ♈ 3	25 ♋ 33	24 ♋ 11	27 ♊ 56	16 ♉ 48	18 R 53	13 ♋ 41	26 ♓ 29	11 ♑ 48	11 ♋ 16	23 ♊ 1	14 ♋	12 ♊	1 ♏	29 ♉	18 ♒
7	14 ♊ 44	25 ♈ 43	25 ♋ 30	24 ♋ 7	29 ♊ 51	18 ♉ 1	18 ♑ 53	13 ♋ 53	26 ♓ 32	11 ♑ 46	11 ♋ 18	23 ♊ 2	14 ♋	12 ♊	1 ♏	0 ♊	18 ♒
8	15 ♊ 41	8 ♉ 10	25 ♋ 27	24 ♋ 1	1 ♋ 44	19 ♉ 13	18 ♑ 51	14 ♋ 6	26 ♓ 35	11 ♑ 44	11 ♋ 20	23 ♊ 4	14 ♋	13 ♊	1 ♏	0 ♊	18 ♒
9	16 ♊ 39	20 ♉ 26	25 ♋ 24	23 ♋ 54	3 ♋ 35	20 ♉ 25	18 ♑ 49	14 ♋ 19	26 ♓ 38	11 ♑ 42	11 ♋ 22	23 ♊ 5	15 ♋	14 ♊	1 ♏	1 ♊	18 ♒
10	17 ♊ 36	2 ♊ 33	25 ♋ 20	23 ♋ 47	5 ♋ 23	21 ♉ 38	18 ♑ 46	14 ♋ 31	26 ♓ 41	11 ♑ 40	11 ♋ 24	23 ♊ 6	15 ♋	14 ♊	1 ♏	1 ♊	18 ♒
11	18 ♊ 33	14 ♊ 32	25 ♋ 17	23 ♋ 42	7 ♋ 9	22 ♉ 50	18 ♑ 43	14 ♋ 44	26 ♓ 44	11 ♑ 37	11 ♋ 26	23 ♊ 8	16 ♋	15 ♊	1 ♏	1 ♊	18 ♒
12	19 ♊ 31	26 ♊ 24	25 ♋ 14	23 ♋ 37	8 ♋ 52	24 ♉ 2	18 ♑ 38	14 ♋ 57	26 ♓ 47	11 ♑ 35	11 ♋ 29	23 ♊ 9	16 ♋	15 ♊	0 ♏	2 ♊	18 ♒
13	20 ♊ 28	8 ♋ 13	25 ♋ 11	23 ♋ 35	10 ♋ 33	25 ♉ 15	18 ♑ 33	15 ♋ 10	26 ♓ 50	11 ♑ 33	11 ♋ 31	23 ♊ 11	17 ♋	16 ♊	0 ♏	2 ♊	18 ♒
14	21 ♊ 25	20 ♋ 0	25 ♋ 8	23 ♋ 33	12 ♋ 11	26 ♉ 27	18 ♑ 27	15 ♋ 23	26 ♓ 52	11 ♑ 31	11 ♋ 33	23 ♊ 12	17 ♋	17 ♊	0 ♏	3 ♊	18 ♒
15	22 ♊ 23	1 ♌ 47	25 ♋ 5	23 D 34	13 ♋ 46	27 ♉ 40	18 ♑ 20	15 ♋ 35	26 ♓ 55	11 ♑ 29	11 ♋ 35	23 ♊ 14	17 ♋	17 ♊	0 ♏	3 ♊	18 ♒
16	23 ♊ 20	13 ♌ 39	25 ♋ 1	23 ♋ 35	15 ♋ 19	28 ♉ 52	18 ♑ 13	15 ♋ 48	26 ♓ 57	11 ♑ 26	11 ♋ 37	23 ♊ 15	18 ♋	18 ♊	0 ♏	4 ♊	17 ♒
17	24 ♊ 17	25 ♌ 39	24 ♋ 58	23 ♋ 37	16 ♋ 49	0 ♊ 5	18 ♑ 5	16 ♋ 1	27 ♓ 0	11 ♑ 24	11 ♋ 39	23 ♊ 16	18 ♋	18 ♊	0 ♏	4 ♊	17 ♒
18	25 ♊ 15	7 ♍ 52	24 ♋ 55	23 ♋ 38	18 ♋ 16	1 ♊ 17	17 ♑ 56	16 ♋ 14	27 ♓ 2	11 ♑ 22	11 ♋ 41	23 ♊ 18	19 ♋	19 ♊	0 ♏	4 ♊	17 ♒
19	26 ♊ 12	20 ♍ 21	24 ♋ 52	23 ♋ 39	19 ♋ 41	2 ♊ 30	17 ♑ 46	16 ♋ 27	27 ♓ 4	11 ♑ 19	11 ♋ 44	23 ♊ 19	19 ♋	20 ♊	0 ♏	5 ♊	17 ♒
20	27 ♊ 9	3 ♎ 11	24 ♋ 49	23 R 39	21 ♋ 3	3 ♊ 42	17 ♑ 36	16 ♋ 40	27 ♓ 6	11 ♑ 17	11 ♋ 46	23 ♊ 21	20 ♋	20 ♊	0 ♏	5 ♊	17 ♒
21	28 ♊ 7	16 ♎ 27	24 ♋ 45	23 ♋ 38	22 ♋ 23	4 ♊ 55	17 ♑ 25	16 ♋ 53	27 ♓ 8	11 ♑ 15	11 ♋ 48	23 ♊ 22	20 ♋	21 ♊	0 ♏	6 ♊	17 ♒
22	29 ♊ 4	0 ♏ 10	24 ♋ 42	23 ♋ 36	23 ♋ 39	6 ♊ 8	17 ♑ 14	17 ♋ 7	27 ♓ 10	11 ♑ 12	11 ♋ 50	23 ♊ 23	20 ♋	21 ♊	0 ♏	6 ♊	17 ♒
23	0 ♋ 1	14 ♏ 20	24 ♋ 39	23 ♋ 33	24 ♋ 53	7 ♊ 20	17 ♑ 2	17 ♋ 20	27 ♓ 12	11 ♑ 10	11 ♋ 52	23 ♊ 25	21 ♋	22 ♊	0 ♏	7 ♊	17 ♒
24	0 ♋ 58	28 ♏ 56	24 ♋ 36	23 ♋ 30	26 ♋ 3	8 ♊ 33	16 ♑ 49	17 ♋ 33	27 ♓ 13	11 ♑ 8	11 ♋ 54	23 ♊ 26	21 ♋	23 ♊	0 ♏	7 ♊	17 ♒
25	1 ♋ 55	13 ♐ 53	24 ♋ 33	23 ♋ 27	27 ♋ 11	9 ♊ 46	16 ♑ 36	17 ♋ 46	27 ♓ 15	11 ♑ 5	11 ♋ 57	23 ♊ 28	22 ♋	23 ♊	0 ♏	7 ♊	17 ♒
26	2 ♋ 53	29 ♐ 3	24 ♋ 30	23 ♋ 25	28 ♋ 16	10 ♊ 58	16 ♑ 22	17 ♋ 59	27 ♓ 17	11 ♑ 3	11 ♋ 59	23 ♊ 29	22 ♋	24 ♊	0 ♏	8 ♊	17 ♒
27	3 ♋ 50	14 ♑ 15	24 ♋ 26	23 ♋ 24	29 ♋ 18	12 ♊ 11	16 ♑ 8	18 ♋ 12	27 ♓ 18	11 ♑ 1	12 ♋ 1	23 ♊ 30	23 ♋	24 ♊	0 D	8 ♊	17 ♒
28	4 ♋ 47	29 ♑ 22	24 ♋ 23	23 D 24	0 ♌ 16	13 ♊ 24	15 ♑ 53	18 ♋ 26	27 ♓ 19	10 ♑ 58	12 ♋ 3	23 ♊ 32	23 ♋	25 ♊	0 ♏	9 ♊	17 ♒
29	5 ♋ 44	14 ♒ 13	24 ♋ 20	23 ♋ 25	1 ♌ 11	14 ♊ 36	15 ♑ 38	18 ♋ 39	27 ♓ 20	10 ♑ 56	12 ♋ 5	23 ♊ 33	23 ♋	25 ♊	0 ♏	9 ♊	17 ♒
30	6 ♋ 41	28 ♒ 44	24 ♋ 17	23 ♋ 26	2 ♌ 3	15 ♊ 49	15 ♑ 22	18 ♋ 52	27 ♓ 21	10 ♑ 53	12 ♋ 8	23 ♊ 35	24 ♋	26 ♊	0 ♏	10 ♊	17 ♒

SUN INGRESS	☉ → ♋ 22日 23:23
MOON PHASE	◑ 3日 14:20 ♓ ● 11日 08:50 ♊ ◐ 19日 11:55 ♍ ○ 26日 06:27 ♑

aspects

1日	06:32	♀⚹♆
1日	22:51	♀△♅
2日	20:48	♀⚹♃
3日	11:58	☿☌♇
5日	05:41	☿□♄
7日	16:59	♀△♂
13日	12:47	♅☍♆
13日	14:24	☿☍♅
13日	14:28	☿☌♆
14日	08:36	♀⚹♄
15日	21:47	☉☌♇
16日	09:07	☿☌♃
17日	18:51	☿☍♂
19日	22:40	☉□♄
22日	06:57	♂☍♃
25日	01:25	☿△♄
22日	20:48	♃☌♆
24日	17:57	☉☌☿
29日	01:32	♃☍♅

1907年7月

DAY	☉	☽	☊ mean	☊ true	☿	♀	♂	♃	♄	♅	♆	♇	⚳	⚴	⚵	⚶	⚷
	° ′	° ′	° ′	° ′	° ′	° ′	° ′	° ′	° ′	° ′	° ′	° ′	°	°	°	°	°
1	7 ♋ 39	12 ♓ 50	24 ♋ 14	23 D 27	2 D 51	17 D 2	15 R 6	19 D 5	27 D 22	10 R 51	12 D 10	23 D 36	24 D	27 D	0 D	10 D	17 R
2	8 ♋ 36	26 ♓ 30	24 ♋ 11	23 ♋ 28	3 ♌ 36	18 ♊ 15	14 ♑ 49	19 ♋ 19	27 ♓ 23	10 ♑ 48	12 ♋ 12	23 ♊ 37	25 ♋	27 ♊	0 ♏	10 ♊	17 ♒
3	9 ♋ 33	9 ♈ 46	24 ♋ 7	23 R 28	4 ♌ 16	19 ♊ 28	14 ♑ 33	19 ♋ 32	27 ♓ 24	10 ♑ 46	12 ♋ 14	23 ♊ 39	25 ♋	28 ♊	0 ♏	11 ♊	17 ♒
4	10 ♋ 30	22 ♈ 40	24 ♋ 4	23 ♋ 28	4 ♌ 53	20 ♊ 41	14 ♑ 16	19 ♋ 45	27 ♓ 25	10 ♑ 44	12 ♋ 17	23 ♊ 40	26 ♋	28 ♊	0 ♏	11 ♊	17 ♒
5	11 ♋ 27	5 ♉ 14	24 ♋ 1	23 ♋ 27	5 ♌ 26	21 ♊ 54	13 ♑ 58	19 ♋ 59	27 ♓ 25	10 ♑ 41	12 ♋ 19	23 ♊ 42	26 ♋	29 ♊	0 ♏	12 ♊	17 ♒
6	12 ♋ 25	17 ♉ 32	23 ♋ 58	23 ♋ 26	5 ♌ 55	23 ♊ 7	13 ♑ 41	20 ♋ 12	27 ♓ 26	10 ♑ 39	12 ♋ 21	23 ♊ 43	27 ♋	0 ♋	0 ♏	12 ♊	17 ♒
7	13 ♋ 22	29 ♉ 39	23 ♋ 55	23 ♋ 24	6 ♌ 20	24 ♊ 20	13 ♑ 23	20 ♋ 26	27 ♓ 26	10 ♑ 36	12 ♋ 23	23 ♊ 44	27 ♋	0 ♋	0 ♏	13 ♊	17 ♒
8	14 ♋ 19	11 ♊ 36	23 ♋ 51	23 ♋ 23	6 ♌ 40	25 ♊ 33	13 ♑ 6	20 ♋ 39	27 ♓ 27	10 ♑ 34	12 ♋ 26	23 ♊ 46	27 ♋	1 ♋	0 ♏	13 ♊	17 ♒
9	15 ♋ 16	23 ♊ 28	23 ♋ 48	23 ♋ 22	6 ♌ 55	26 ♊ 46	12 ♑ 48	20 ♋ 52	27 ♓ 27	10 ♑ 31	12 ♋ 28	23 ♊ 47	28 ♋	1 ♋	0 ♏	13 ♊	17 ♒
10	16 ♋ 13	5 ♋ 16	23 ♋ 45	23 ♋ 21	7 ♌ 6	27 ♊ 59	12 ♑ 30	21 ♋ 6	27 ♓ 27	10 ♑ 29	12 ♋ 30	23 ♊ 48	28 ♋	2 ♋	0 ♏	14 ♊	17 ♒
11	17 ♋ 11	17 ♋ 3	23 ♋ 42	23 ♋ 21	7 ♌ 13	29 ♊ 12	12 ♑ 12	21 ♋ 19	27 R 27	10 ♑ 27	12 ♋ 32	23 ♊ 50	29 ♋	3 ♋	0 ♏	14 ♊	17 ♒
12	18 ♋ 8	28 ♋ 52	23 ♋ 39	23 D 21	7 R 14	0 ♋ 25	11 ♑ 55	21 ♋ 33	27 ♓ 27	10 ♑ 24	12 ♋ 34	23 ♊ 51	29 ♋	3 ♋	1 ♏	15 ♊	17 ♒
13	19 ♋ 5	10 ♌ 44	23 ♋ 36	23 ♋ 21	7 ♌ 11	1 ♋ 38	11 ♑ 37	21 ♋ 46	27 ♓ 26	10 ♑ 22	12 ♋ 37	23 ♊ 52	0 ♌	4 ♋	1 ♏	15 ♊	17 ♒
14	20 ♋ 2	22 ♌ 42	23 ♋ 32	23 ♋ 21	7 ♌ 3	2 ♋ 51	11 ♑ 20	21 ♋ 59	27 ♓ 26	10 ♑ 19	12 ♋ 39	23 ♊ 54	0 ♌	4 ♋	1 ♏	15 ♊	16 ♒
15	21 ♋ 0	4 ♍ 49	23 ♋ 29	23 ♋ 22	6 ♌ 51	4 ♋ 4	11 ♑ 3	22 ♋ 13	27 ♓ 26	10 ♑ 17	12 ♋ 41	23 ♊ 55	1 ♌	5 ♋	1 ♏	16 ♊	16 ♒
16	21 ♋ 57	17 ♍ 8	23 ♋ 26	23 ♋ 22	6 ♌ 34	5 ♋ 17	10 ♑ 46	22 ♋ 26	27 ♓ 25	10 ♑ 15	12 ♋ 43	23 ♊ 56	1 ♌	6 ♋	1 ♏	16 ♊	16 ♒
17	22 ♋ 54	29 ♍ 41	23 ♋ 23	23 ♋ 22	6 ♌ 12	6 ♋ 31	10 ♑ 30	22 ♋ 40	27 ♓ 25	10 ♑ 12	12 ♋ 46	23 ♊ 57	1 ♌	6 ♋	1 ♏	17 ♊	16 ♒
18	23 ♋ 51	12 ♎ 33	23 ♋ 20	23 R 22	5 ♌ 46	7 ♋ 44	10 ♑ 14	22 ♋ 53	27 ♓ 24	10 ♑ 10	12 ♋ 48	23 ♊ 59	2 ♌	7 ♋	1 ♏	17 ♊	16 ♒
19	24 ♋ 49	25 ♎ 45	23 ♋ 17	23 D 22	5 ♌ 16	8 ♋ 57	9 ♑ 58	23 ♋ 7	27 ♓ 23	10 ♑ 8	12 ♋ 50	24 ♊ 0	2 ♌	8 ♋	1 ♏	17 ♊	16 ♒
20	25 ♋ 46	9 ♏ 20	23 ♋ 13	23 ♋ 22	4 ♌ 43	10 ♋ 10	9 ♑ 43	23 ♋ 20	27 ♓ 22	10 ♑ 5	12 ♋ 52	24 ♊ 1	3 ♌	8 ♋	1 ♏	18 ♊	16 ♒
21	26 ♋ 43	23 ♏ 20	23 ♋ 10	23 ♋ 22	4 ♌ 7	11 ♋ 24	9 ♑ 29	23 ♋ 33	27 ♓ 21	10 ♑ 3	12 ♋ 54	24 ♊ 2	3 ♌	9 ♋	1 ♏	18 ♊	16 ♒
22	27 ♋ 40	7 ♐ 43	23 ♋ 7	23 ♋ 23	3 ♌ 28	12 ♋ 37	9 ♑ 14	23 ♋ 47	27 ♓ 20	10 ♑ 1	12 ♋ 56	24 ♊ 4	4 ♌	9 ♋	2 ♏	19 ♊	16 ♒
23	28 ♋ 38	22 ♐ 27	23 ♋ 4	23 ♋ 23	2 ♌ 47	13 ♋ 50	9 ♑ 1	24 ♋ 0	27 ♓ 19	9 ♑ 59	12 ♋ 59	24 ♊ 5	4 ♌	10 ♋	2 ♏	19 ♊	16 ♒
24	29 ♋ 35	7 ♑ 27	23 ♋ 1	23 ♋ 23	2 ♌ 5	15 ♋ 4	8 ♑ 48	24 ♋ 14	27 ♓ 17	9 ♑ 56	13 ♋ 1	24 ♊ 6	5 ♌	11 ♋	2 ♏	19 ♊	16 ♒
25	0 ♌ 32	22 ♑ 34	22 ♋ 57	23 ♋ 23	1 ♌ 23	16 ♋ 17	8 ♑ 36	24 ♋ 27	27 ♓ 16	9 ♑ 54	13 ♋ 3	24 ♊ 7	5 ♌	11 ♋	2 ♏	20 ♊	16 ♒
26	1 ♌ 29	7 ♒ 41	22 ♋ 54	23 R 23	0 ♌ 40	17 ♋ 31	8 ♑ 24	24 ♋ 40	27 ♓ 15	9 ♑ 52	13 ♋ 5	24 ♊ 8	6 ♌	12 ♋	2 ♏	20 ♊	16 ♒
27	2 ♌ 27	22 ♒ 37	22 ♋ 51	23 ♋ 23	29 ♋ 59	18 ♋ 44	8 ♑ 13	24 ♋ 54	27 ♓ 13	9 ♑ 50	13 ♋ 7	24 ♊ 9	6 ♌	12 ♋	2 ♏	21 ♊	16 ♒
28	3 ♌ 24	7 ♓ 16	22 ♋ 48	23 ♋ 22	29 ♋ 19	19 ♋ 58	8 ♑ 3	25 ♋ 7	27 ♓ 11	9 ♑ 48	13 ♋ 9	24 ♊ 11	6 ♌	13 ♋	2 ♏	21 ♊	16 ♒
29	4 ♌ 21	21 ♓ 32	22 ♋ 45	23 ♋ 20	28 ♋ 42	21 ♋ 11	7 ♑ 53	25 ♋ 20	27 ♓ 9	9 ♑ 45	13 ♋ 11	24 ♊ 12	7 ♌	14 ♋	2 ♏	21 ♊	16 ♒
30	5 ♌ 19	5 ♈ 21	22 ♋ 42	23 ♋ 19	28 ♋ 8	22 ♋ 25	7 ♑ 44	25 ♋ 34	27 ♓ 8	9 ♑ 43	13 ♋ 14	24 ♊ 13	7 ♌	14 ♋	3 ♏	22 ♊	16 ♒
31	6 ♌ 16	18 ♈ 43	22 ♋ 38	23 ♋ 18	27 ♋ 38	23 ♋ 38	7 ♑ 36	25 ♋ 47	27 ♓ 6	9 ♑ 41	13 ♋ 16	24 ♊ 14	8 ♌	15 ♋	3 ♏	22 ♊	16 ♒
SUN INGRESS	☉ → ♌ 24日 10:18																
MOON PHASE	◑ 2日 23:34 ♈	● 11日 00:17 ♋	◐ 18日 22:11 ♎	○ 25日 13:29 ♒													

aspects		
4日	05:25	☉☍♅
5日	22:29	☉☌♆
6日	12:11	♀☌♇
7日	00:29	☉☍♂
9日	13:34	♀□♄
10日	00:04	♂☍♆
16日	16:09	☉☌♃
18日	07:00	♂☌♅
19日	16:35	♀☍♂
19日	22:23	♀☍♅
21日	15:37	☉△♄
22日	06:32	♀☌♆
25日	12:07	☉☌☿

1907年8月

DAY	☉	☽	☊ mean	☊ true	☿	♀	♂	♃	♄	♅	♆	♇	⚳	⚴	⚵	⚶	⚷
	° ′	° ′	° ′	° ′	° ′	° ′	° ′	° ′	° ′	° ′	° ′	° ′	°	°	°	°	°
1	7 ♌ 14	1 ♉ 39	22 ♋ 35	23 R 18	27 R 12	24 D 52	7 R 29	26 D 0	27 R 4	9 R 39	13 D 18	24 D 15	8 D	15 D	3 D	23 D	16 R
2	8 ♌ 11	14 ♉ 14	22 ♋ 32	23 D 18	26 ♋ 52	26 ♋ 6	7 ♑ 22	26 ♋ 14	27 ♓ 1	9 ♑ 37	13 ♋ 20	24 ♊ 16	9 ♌	16 ♋	3 ♏	23 ♊	16 ♒
3	9 ♌ 8	26 ♉ 30	22 ♋ 29	23 ♋ 18	26 ♋ 36	27 ♋ 19	7 ♑ 16	26 ♋ 27	26 ♓ 59	9 ♑ 35	13 ♋ 22	24 ♊ 17	9 ♌	17 ♋	3 ♏	23 ♊	15 ♒
4	10 ♌ 6	8 ♊ 32	22 ♋ 26	23 ♋ 19	26 ♋ 27	28 ♋ 33	7 ♑ 11	26 ♋ 40	26 ♓ 57	9 ♑ 33	13 ♋ 24	24 ♊ 18	10 ♌	17 ♋	3 ♏	24 ♊	15 ♒
5	11 ♌ 3	20 ♊ 25	22 ♋ 23	23 ♋ 21	26 ♋ 24	29 ♋ 47	7 ♑ 7	26 ♋ 53	26 ♓ 54	9 ♑ 31	13 ♋ 26	24 ♊ 19	10 ♌	18 ♋	4 ♏	24 ♊	15 ♒
6	12 ♌ 1	2 ♋ 14	22 ♋ 19	23 ♋ 22	26 D 27	1 ♌ 1	7 ♑ 4	27 ♋ 6	26 ♓ 52	9 ♑ 29	13 ♋ 28	24 ♊ 20	10 ♌	18 ♋	4 ♏	25 ♊	15 ♒
7	12 ♌ 58	14 ♋ 0	22 ♋ 16	23 ♋ 23	26 ♋ 37	2 ♌ 14	7 ♑ 1	27 ♋ 20	26 ♓ 49	9 ♑ 27	13 ♋ 30	24 ♊ 21	11 ♌	19 ♋	4 ♏	25 ♊	15 ♒
8	13 ♌ 56	25 ♋ 49	22 ♋ 13	23 R 24	26 ♋ 53	3 ♌ 28	6 ♑ 59	27 ♋ 33	26 ♓ 47	9 ♑ 25	13 ♋ 32	24 ♊ 22	11 ♌	20 ♋	4 ♏	25 ♊	15 ♒
9	14 ♌ 53	7 ♌ 43	22 ♋ 10	23 ♋ 23	27 ♋ 16	4 ♌ 42	6 ♑ 58	27 ♋ 46	26 ♓ 44	9 ♑ 24	13 ♋ 34	24 ♊ 23	12 ♌	20 ♋	4 ♏	26 ♊	15 ♒
10	15 ♌ 51	19 ♌ 44	22 ♋ 7	23 ♋ 21	27 ♋ 46	5 ♌ 56	6 D 58	27 ♋ 59	26 ♓ 41	9 ♑ 22	13 ♋ 36	24 ♊ 24	12 ♌	21 ♋	5 ♏	26 ♊	15 ♒
11	16 ♌ 48	1 ♍ 53	22 ♋ 3	23 ♋ 18	28 ♋ 23	7 ♌ 10	6 ♑ 59	28 ♋ 12	26 ♓ 38	9 ♑ 20	13 ♋ 38	24 ♊ 25	13 ♌	21 ♋	5 ♏	26 ♊	15 ♒
12	17 ♌ 46	14 ♍ 14	22 ♋ 0	23 ♋ 14	29 ♋ 6	8 ♌ 24	7 ♑ 1	28 ♋ 25	26 ♓ 35	9 ♑ 18	13 ♋ 40	24 ♊ 26	13 ♌	22 ♋	5 ♏	27 ♊	15 ♒
13	18 ♌ 44	26 ♍ 46	21 ♋ 57	23 ♋ 10	29 ♋ 57	9 ♌ 38	7 ♑ 3	28 ♋ 38	26 ♓ 32	9 ♑ 17	13 ♋ 42	24 ♊ 27	14 ♌	23 ♋	5 ♏	27 ♊	15 ♒
14	19 ♌ 41	9 ♎ 31	21 ♋ 54	23 ♋ 7	0 ♌ 53	10 ♌ 52	7 ♑ 7	28 ♋ 51	26 ♓ 29	9 ♑ 15	13 ♋ 44	24 ♊ 28	14 ♌	23 ♋	5 ♏	28 ♊	15 ♒
15	20 ♌ 39	22 ♎ 31	21 ♋ 51	23 ♋ 3	1 ♌ 56	12 ♌ 6	7 ♑ 11	29 ♋ 4	26 ♓ 25	9 ♑ 13	13 ♋ 45	24 ♊ 29	15 ♌	24 ♋	5 ♏	28 ♊	15 ♒
16	21 ♌ 37	5 ♏ 47	21 ♋ 48	23 ♋ 1	3 ♌ 5	13 ♌ 20	7 ♑ 16	29 ♋ 17	26 ♓ 22	9 ♑ 12	13 ♋ 47	24 ♊ 30	15 ♌	24 ♋	6 ♏	28 ♊	15 ♒
17	22 ♌ 34	19 ♏ 20	21 ♋ 44	23 ♋ 0	4 ♌ 20	14 ♌ 34	7 ♑ 22	29 ♋ 30	26 ♓ 19	9 ♑ 10	13 ♋ 49	24 ♊ 31	15 ♌	25 ♋	6 ♏	29 ♊	15 ♒
18	23 ♌ 32	3 ♐ 11	21 ♋ 41	23 D 0	5 ♌ 40	15 ♌ 48	7 ♑ 29	29 ♋ 42	26 ♓ 15	9 ♑ 9	13 ♋ 51	24 ♊ 31	16 ♌	25 ♋	6 ♏	29 ♊	15 ♒
19	24 ♌ 30	17 ♐ 20	21 ♋ 38	23 ♋ 2	7 ♌ 6	17 ♌ 2	7 ♑ 36	29 ♋ 55	26 ♓ 12	9 ♑ 7	13 ♋ 53	24 ♊ 32	16 ♌	26 ♋	6 ♏	29 ♊	15 ♒
20	25 ♌ 27	1 ♑ 45	21 ♋ 35	23 ♋ 3	8 ♌ 36	18 ♌ 16	7 ♑ 44	0 ♌ 8	26 ♓ 8	9 ♑ 6	13 ♋ 55	24 ♊ 33	17 ♌	27 ♋	7 ♏	0 ♋	15 ♒
21	26 ♌ 25	16 ♑ 25	21 ♋ 32	23 ♋ 4	10 ♌ 12	19 ♌ 30	7 ♑ 53	0 ♌ 21	26 ♓ 5	9 ♑ 4	13 ♋ 56	24 ♊ 34	17 ♌	27 ♋	7 ♏	0 ♋	15 ♒
22	27 ♌ 23	1 ♒ 14	21 ♋ 29	23 R 4	11 ♌ 51	20 ♌ 44	8 ♑ 3	0 ♌ 33	26 ♓ 1	9 ♑ 3	13 ♋ 58	24 ♊ 34	18 ♌	28 ♋	7 ♏	1 ♋	14 ♒
23	28 ♌ 21	16 ♒ 6	21 ♋ 25	23 ♋ 2	13 ♌ 34	21 ♌ 58	8 ♑ 14	0 ♌ 46	25 ♓ 57	9 ♑ 2	14 ♋ 0	24 ♊ 35	18 ♌	28 ♋	7 ♏	1 ♋	14 ♒
24	29 ♌ 18	0 ♓ 53	21 ♋ 22	22 ♋ 59	15 ♌ 20	23 ♌ 13	8 ♑ 25	0 ♌ 58	25 ♓ 53	9 ♑ 0	14 ♋ 1	24 ♊ 36	19 ♌	29 ♋	7 ♏	1 ♋	14 ♒
25	0 ♍ 16	15 ♓ 28	21 ♋ 19	22 ♋ 54	17 ♌ 10	24 ♌ 27	8 ♑ 37	1 ♌ 11	25 ♓ 49	8 ♑ 59	14 ♋ 3	24 ♊ 37	19 ♌	0 ♌	8 ♏	2 ♋	14 ♒
26	1 ♍ 14	29 ♓ 43	21 ♋ 16	22 ♋ 48	19 ♌ 1	25 ♌ 41	8 ♑ 50	1 ♌ 23	25 ♓ 45	8 ♑ 58	14 ♋ 5	24 ♊ 37	20 ♌	0 ♌	8 ♏	2 ♋	14 ♒
27	2 ♍ 12	13 ♈ 35	21 ♋ 13	22 ♋ 42	20 ♌ 55	26 ♌ 55	9 ♑ 3	1 ♌ 36	25 ♓ 41	8 ♑ 57	14 ♋ 6	24 ♊ 38	20 ♌	1 ♌	8 ♏	2 ♋	14 ♒
28	3 ♍ 10	27 ♈ 1	21 ♋ 9	22 ♋ 37	22 ♌ 50	28 ♌ 10	9 ♑ 17	1 ♌ 48	25 ♓ 37	8 ♑ 56	14 ♋ 8	24 ♊ 39	20 ♌	1 ♌	8 ♏	3 ♋	14 ♒
29	4 ♍ 8	10 ♉ 1	21 ♋ 6	22 ♋ 33	24 ♌ 46	29 ♌ 24	9 ♑ 32	2 ♌ 0	25 ♓ 33	8 ♑ 55	14 ♋ 10	24 ♊ 39	21 ♌	2 ♌	9 ♏	3 ♋	14 ♒
30	5 ♍ 6	22 ♉ 38	21 ♋ 3	22 ♋ 30	26 ♌ 44	0 ♍ 38	9 ♑ 48	2 ♌ 13	25 ♓ 29	8 ♑ 54	14 ♋ 11	24 ♊ 40	21 ♌	3 ♌	9 ♏	3 ♋	14 ♒
31	6 ♍ 4	4 ♊ 55	21 ♋ 0	22 ♋ 29	28 ♌ 41	1 ♍ 53	10 ♑ 4	2 ♌ 25	25 ♓ 25	8 ♑ 53	14 ♋ 13	24 ♊ 40	22 ♌	3 ♌	9 ♏	4 ♋	14 ♒
SUN INGRESS	☉ → ♍ 24日 17:03																
MOON PHASE	◑ 1日 11:26 ♉	● 9日 15:36 ♌	◐ 17日 06:05 ♏	○ 23日 21:15 ♒	◑ 31日 02:28 ♊												

aspects		
1日	10:31	☿△♄
2日	03:09	♀☌♃
2日	12:13	☿☌♀
2日	17:36	♀△♄
3日	09:21	☿☌♃
5日	01:38	♃△♄
7日	16:45	☿△♄
10日	13:42	☿☌♃
19日	01:06	☉⚹♇
25日	03:13	♀⚹♇
26日	13:41	♂☌♅
28日	22:31	☿⚹♇
17日	18:51	☿☍♂
19日	22:40	☉□♄
22日	06:57	♂☍♃
25日	01:25	☿△♄

1907年9月

DAY	☉	☽	☊ mean	☊ true	☿	♀	♂	♃	♄	♅	♆	♇	⚳	⚴	⚵	⚶	⚷
	° ′	° ′	° ′	° ′	° ′	° ′	° ′	° ′	° ′	° ′	° ′	° ′	°	°	°	°	°
1	7 ♍ 2	16 ♊ 57	20 ♋ 57	22 D 30	0 D 39	3 D 7	10 D 20	2 D 37	25 R 21	8 R 52	14 D 14	24 D 41	22 D	4 D	9 D	4 D	14 R
2	8 ♍ 0	28 ♊ 50	20 ♋ 54	22 ♋ 31	2 ♍ 37	4 ♍ 21	10 ♑ 38	2 ♌ 49	25 ♓ 16	8 ♑ 51	14 ♋ 16	24 ♊ 41	23 ♌	4 ♌	10 ♏	4 ♋	14 ♒
3	8 ♍ 58	10 ♋ 37	20 ♋ 50	22 ♋ 32	4 ♍ 35	5 ♍ 36	10 ♑ 56	3 ♌ 1	25 ♓ 12	8 ♑ 50	14 ♋ 17	24 ♊ 42	23 ♌	5 ♌	10 ♏	5 ♋	14 ♒
4	9 ♍ 56	22 ♋ 25	20 ♋ 47	22 ♋ 33	6 ♍ 32	6 ♍ 50	11 ♑ 15	3 ♌ 13	25 ♓ 8	8 ♑ 49	14 ♋ 19	24 ♊ 42	24 ♌	5 ♌	10 ♏	5 ♋	14 ♒
5	10 ♍ 54	4 ♌ 17	20 ♋ 44	22 R 32	8 ♍ 29	8 ♍ 5	11 ♑ 34	3 ♌ 25	25 ♓ 3	8 ♑ 49	14 ♋ 20	24 ♊ 43	24 ♌	6 ♌	10 ♏	5 ♋	14 ♒
6	11 ♍ 53	16 ♌ 18	20 ♋ 41	22 ♋ 29	10 ♍ 25	9 ♍ 19	11 ♑ 54	3 ♌ 37	24 ♓ 59	8 ♑ 48	14 ♋ 21	24 ♊ 43	25 ♌	7 ♌	11 ♏	6 ♋	14 ♒
7	12 ♍ 51	28 ♌ 29	20 ♋ 38	22 ♋ 24	12 ♍ 20	10 ♍ 34	12 ♑ 14	3 ♌ 48	24 ♓ 54	8 ♑ 47	14 ♋ 23	24 ♊ 44	25 ♌	7 ♌	11 ♏	6 ♋	14 ♒
8	13 ♍ 49	10 ♍ 54	20 ♋ 35	22 ♋ 17	14 ♍ 14	11 ♍ 48	12 ♑ 35	4 ♌ 0	24 ♓ 50	8 ♑ 47	14 ♋ 24	24 ♊ 44	25 ♌	8 ♌	11 ♏	6 ♋	14 ♒
9	14 ♍ 47	23 ♍ 32	20 ♋ 31	22 ♋ 8	16 ♍ 7	13 ♍ 3	12 ♑ 57	4 ♌ 12	24 ♓ 45	8 ♑ 46	14 ♋ 25	24 ♊ 45	26 ♌	8 ♌	11 ♏	7 ♋	14 ♒
10	15 ♍ 46	6 ♎ 23	20 ♋ 28	21 ♋ 59	17 ♍ 59	14 ♍ 17	13 ♑ 19	4 ♌ 23	24 ♓ 41	8 ♑ 46	14 ♋ 27	24 ♊ 45	26 ♌	9 ♌	12 ♏	7 ♋	14 ♒
11	16 ♍ 44	19 ♎ 28	20 ♋ 25	21 ♋ 49	19 ♍ 50	15 ♍ 32	13 ♑ 41	4 ♌ 35	24 ♓ 36	8 ♑ 45	14 ♋ 28	24 ♊ 45	27 ♌	9 ♌	12 ♏	7 ♋	14 ♒
12	17 ♍ 42	2 ♏ 46	20 ♋ 22	21 ♋ 41	21 ♍ 41	16 ♍ 47	14 ♑ 5	4 ♌ 46	24 ♓ 32	8 ♑ 45	14 ♋ 29	24 ♊ 46	27 ♌	10 ♌	12 ♏	8 ♋	14 ♒
13	18 ♍ 41	16 ♏ 15	20 ♋ 19	21 ♋ 35	23 ♍ 30	18 ♍ 1	14 ♑ 28	4 ♌ 58	24 ♓ 27	8 ♑ 44	14 ♋ 30	24 ♊ 46	28 ♌	11 ♌	12 ♏	8 ♋	13 ♒
14	19 ♍ 39	29 ♏ 55	20 ♋ 15	21 ♋ 31	25 ♍ 17	19 ♍ 16	14 ♑ 52	5 ♌ 9	24 ♓ 22	8 ♑ 44	14 ♋ 32	24 ♊ 46	28 ♌	11 ♌	13 ♏	8 ♋	13 ♒
15	20 ♍ 38	13 ♐ 46	20 ♋ 12	21 ♋ 29	27 ♍ 4	20 ♍ 30	15 ♑ 17	5 ♌ 20	24 ♓ 18	8 ♑ 44	14 ♋ 33	24 ♊ 47	29 ♌	12 ♌	13 ♏	9 ♋	13 ♒
16	21 ♍ 36	27 ♐ 47	20 ♋ 9	21 D 29	28 ♍ 50	21 ♍ 45	15 ♑ 42	5 ♌ 31	24 ♓ 13	8 ♑ 44	14 ♋ 34	24 ♊ 47	29 ♌	12 ♌	13 ♏	9 ♋	13 ♒
17	22 ♍ 35	11 ♑ 57	20 ♋ 6	21 ♋ 30	0 ♎ 35	23 ♍ 0	16 ♑ 8	5 ♌ 42	24 ♓ 8	8 ♑ 44	14 ♋ 35	24 ♊ 47	29 ♌	13 ♌	14 ♏	9 ♋	13 ♒
18	23 ♍ 33	26 ♑ 16	20 ♋ 3	21 R 30	2 ♎ 18	24 ♍ 14	16 ♑ 34	5 ♌ 53	24 ♓ 4	8 ♑ 43	14 ♋ 36	24 ♊ 47	0 ♍	13 ♌	14 ♏	10 ♋	13 ♒
19	24 ♍ 32	10 ♒ 41	20 ♋ 0	21 ♋ 28	4 ♎ 1	25 ♍ 29	17 ♑ 1	6 ♌ 4	23 ♓ 59	8 ♑ 43	14 ♋ 37	24 ♊ 47	0 ♍	14 ♌	14 ♏	10 ♋	13 ♒
20	25 ♍ 30	25 ♒ 9	19 ♋ 56	21 ♋ 25	5 ♎ 42	26 ♍ 44	17 ♑ 28	6 ♌ 15	23 ♓ 54	8 D 43	14 ♋ 38	24 ♊ 47	1 ♍	15 ♌	14 ♏	10 ♋	13 ♒
21	26 ♍ 29	9 ♓ 34	19 ♋ 53	21 ♋ 18	7 ♎ 23	27 ♍ 59	17 ♑ 55	6 ♌ 26	23 ♓ 50	8 ♑ 43	14 ♋ 39	24 ♊ 48	1 ♍	15 ♌	15 ♏	10 ♋	13 ♒
22	27 ♍ 27	23 ♓ 51	19 ♋ 50	21 ♋ 9	9 ♎ 2	29 ♍ 13	18 ♑ 23	6 ♌ 36	23 ♓ 45	8 ♑ 44	14 ♋ 40	24 ♊ 48	2 ♍	16 ♌	15 ♏	11 ♋	13 ♒
23	28 ♍ 26	7 ♈ 54	19 ♋ 47	20 ♋ 59	10 ♎ 40	0 ♎ 28	18 ♑ 51	6 ♌ 47	23 ♓ 41	8 ♑ 44	14 ♋ 41	24 ♊ 48	2 ♍	16 ♌	15 ♏	11 ♋	13 ♒
24	29 ♍ 25	21 ♈ 39	19 ♋ 44	20 ♋ 48	12 ♎ 18	1 ♎ 43	19 ♑ 19	6 ♌ 57	23 ♓ 36	8 ♑ 44	14 ♋ 42	24 ♊ 48	3 ♍	17 ♌	16 ♏	11 ♋	13 ♒
25	0 ♎ 24	5 ♉ 1	19 ♋ 40	20 ♋ 37	13 ♎ 54	2 ♎ 57	19 ♑ 48	7 ♌ 7	23 ♓ 31	8 ♑ 44	14 ♋ 42	24 ♊ 48	3 ♍	17 ♌	16 ♏	12 ♋	13 ♒
26	1 ♎ 22	18 ♉ 0	19 ♋ 37	20 ♋ 28	15 ♎ 30	4 ♎ 12	20 ♑ 18	7 ♌ 18	23 ♓ 27	8 ♑ 45	14 ♋ 43	24 ♊ 48	3 ♍	18 ♌	16 ♏	12 ♋	13 ♒
27	2 ♎ 21	0 ♊ 37	19 ♋ 34	20 ♋ 22	17 ♎ 5	5 ♎ 27	20 ♑ 47	7 ♌ 28	23 ♓ 22	8 ♑ 45	14 ♋ 44	24 R 48	4 ♍	18 ♌	16 ♏	12 ♋	13 ♒
28	3 ♎ 20	12 ♊ 54	19 ♋ 31	20 ♋ 18	18 ♎ 39	6 ♎ 42	21 ♑ 17	7 ♌ 38	23 ♓ 18	8 ♑ 45	14 ♋ 45	24 ♊ 48	4 ♍	19 ♌	17 ♏	12 ♋	13 ♒
29	4 ♎ 19	24 ♊ 57	19 ♋ 28	20 ♋ 16	20 ♎ 11	7 ♎ 57	21 ♑ 48	7 ♌ 48	23 ♓ 13	8 ♑ 46	14 ♋ 45	24 ♊ 48	5 ♍	20 ♌	17 ♏	13 ♋	13 ♒
30	5 ♎ 18	6 ♋ 50	19 ♋ 25	20 D 15	21 ♎ 43	9 ♎ 11	22 ♑ 18	7 ♌ 58	23 ♓ 9	8 ♑ 46	14 ♋ 46	24 ♊ 48	5 ♍	20 ♌	17 ♏	13 ♋	13 ♒

SUN INGRESS	☉ → ♎ 24日 14:09
MOON PHASE	● 8日 06:04 ♍　◐ 15日 12:40 ♐　○ 22日 06:34 ♓　◑ 29日 20:37 ♋

aspects		
2日	20:46	☉△♅
4日	10:18	☿☌♀
5日	04:04	☿△♅
5日	13:59	♀△♅
6日	00:42	☉△♂
6日	22:33	☿△♂
7日	13:16	☉☌☿
8日	02:11	☿⚹♆
8日	14:48	☉⚹♆
8日	21:11	♀△♂
9日	02:54	♄□♇
10日	03:03	♀⚹♆
13日	02:13	♂☍♆
13日	12:13	☿☍♄
13日	17:02	☿□♇
15日	10:36	☉☌♀
17日	20:47	♀☍♄
18日	10:33	♀□♇
18日	11:39	☉☍♄
19日	06:27	☉□♇
20日	08:44	☿⚹♃
21日	19:32	☿□♅
25日	12:06	☿□♆
28日	20:44	♀⚹♃
29日	15:53	♀□♅
30日	13:54	☿□♂

1907年10月

DAY	☉	☽	☊ mean	☊ true	☿	♀	♂	♃	♄	♅	♆	♇	⚳	⚴	⚵	⚶	⚷
	° ′	° ′	° ′	° ′	° ′	° ′	° ′	° ′	° ′	° ′	° ′	° ′	°	°	°	°	°
1	6 ♎ 17	18 ♋ 38	19 ♋ 21	20 D 16	23 D 15	10 D 26	22 D 49	8 D 7	23 R 4	8 D 47	14 D 47	24 R 48	6 D	21 D	18 D	13 D	13 R
2	7 ♎ 16	0 ♌ 27	19 ♋ 18	20 R 15	24 ♎ 45	11 ♎ 41	23 ♑ 21	8 ♌ 17	23 ♓ 0	8 ♑ 48	14 ♋ 47	24 ♊ 48	6 ♍	21 ♌	18 ♏	13 ♋	13 ♒
3	8 ♎ 15	12 ♌ 22	19 ♋ 15	20 ♋ 13	26 ♎ 14	12 ♎ 56	23 ♑ 53	8 ♌ 27	22 ♓ 55	8 ♑ 48	14 ♋ 48	24 ♊ 47	7 ♍	22 ♌	18 ♏	14 ♋	13 ♒
4	9 ♎ 14	24 ♌ 28	19 ♋ 12	20 ♋ 9	27 ♎ 43	14 ♎ 11	24 ♑ 25	8 ♌ 36	22 ♓ 51	8 ♑ 49	14 ♋ 48	24 ♊ 47	7 ♍	22 ♌	19 ♏	14 ♋	13 ♒
5	10 ♎ 13	6 ♍ 48	19 ♋ 9	20 ♋ 2	29 ♎ 10	15 ♎ 26	24 ♑ 57	8 ♌ 45	22 ♓ 47	8 ♑ 50	14 ♋ 49	24 ♊ 47	7 ♍	23 ♌	19 ♏	14 ♋	13 ♒
6	11 ♎ 12	19 ♍ 26	19 ♋ 6	19 ♋ 52	0 ♏ 37	16 ♎ 41	25 ♑ 29	8 ♌ 55	22 ♓ 42	8 ♑ 51	14 ♋ 49	24 ♊ 47	8 ♍	23 ♌	19 ♏	14 ♋	13 ♒
7	12 ♎ 11	2 ♎ 21	19 ♋ 2	19 ♋ 40	2 ♏ 3	17 ♎ 55	26 ♑ 2	9 ♌ 4	22 ♓ 38	8 ♑ 51	14 ♋ 50	24 ♊ 47	8 ♍	24 ♌	20 ♏	15 ♋	13 ♒
8	13 ♎ 11	15 ♎ 35	18 ♋ 59	19 ♋ 28	3 ♏ 28	19 ♎ 10	26 ♑ 36	9 ♌ 13	22 ♓ 34	8 ♑ 52	14 ♋ 50	24 ♊ 46	9 ♍	24 ♌	20 ♏	15 ♋	13 ♒
9	14 ♎ 10	29 ♎ 4	18 ♋ 56	19 ♋ 15	4 ♏ 51	20 ♎ 25	27 ♑ 9	9 ♌ 21	22 ♓ 30	8 ♑ 53	14 ♋ 51	24 ♊ 46	9 ♍	25 ♌	20 ♏	15 ♋	13 ♒
10	15 ♎ 9	12 ♏ 46	18 ♋ 53	19 ♋ 3	6 ♏ 14	21 ♎ 40	27 ♑ 43	9 ♌ 30	22 ♓ 26	8 ♑ 54	14 ♋ 51	24 ♊ 46	10 ♍	25 ♌	20 ♏	15 ♋	13 ♒
11	16 ♎ 9	26 ♏ 38	18 ♋ 50	18 ♋ 54	7 ♏ 36	22 ♎ 55	28 ♑ 17	9 ♌ 39	22 ♓ 22	8 ♑ 55	14 ♋ 51	24 ♊ 45	10 ♍	26 ♌	21 ♏	16 ♋	13 ♒
12	17 ♎ 8	10 ♐ 37	18 ♋ 46	18 ♋ 48	8 ♏ 57	24 ♎ 10	28 ♑ 51	9 ♌ 47	22 ♓ 18	8 ♑ 57	14 ♋ 52	24 ♊ 45	11 ♍	26 ♌	21 ♏	16 ♋	13 ♒
13	18 ♎ 7	24 ♐ 39	18 ♋ 43	18 ♋ 45	10 ♏ 17	25 ♎ 25	29 ♑ 25	9 ♌ 56	22 ♓ 14	8 ♑ 58	14 ♋ 52	24 ♊ 45	11 ♍	27 ♌	21 ♏	16 ♋	13 ♒
14	19 ♎ 7	8 ♑ 43	18 ♋ 40	18 ♋ 44	11 ♏ 35	26 ♎ 40	0 ♒ 0	10 ♌ 4	22 ♓ 10	8 ♑ 59	14 ♋ 52	24 ♊ 44	11 ♍	27 ♌	22 ♏	16 ♋	13 ♒
15	20 ♎ 6	22 ♑ 49	18 ♋ 37	18 ♋ 44	12 ♏ 53	27 ♎ 55	0 ♒ 35	10 ♌ 12	22 ♓ 6	9 ♑ 0	14 ♋ 52	24 ♊ 44	12 ♍	28 ♌	22 ♏	17 ♋	13 ♒
16	21 ♎ 6	6 ♒ 55	18 ♋ 34	18 ♋ 43	14 ♏ 8	29 ♎ 10	1 ♒ 10	10 ♌ 20	22 ♓ 2	9 ♑ 2	14 ♋ 52	24 ♊ 44	12 ♍	29 ♌	22 ♏	17 ♋	13 ♒
17	22 ♎ 5	21 ♒ 0	18 ♋ 31	18 ♋ 41	15 ♏ 23	0 ♏ 25	1 ♒ 46	10 ♌ 28	21 ♓ 58	9 ♑ 3	14 ♋ 52	24 ♊ 43	13 ♍	29 ♌	23 ♏	17 ♋	13 ♒
18	23 ♎ 5	5 ♓ 4	18 ♋ 27	18 ♋ 37	16 ♏ 36	1 ♏ 40	2 ♒ 22	10 ♌ 35	21 ♓ 55	9 ♑ 4	14 ♋ 53	24 ♊ 43	13 ♍	0 ♍	23 ♏	17 ♋	13 ♒
19	24 ♎ 4	19 ♓ 2	18 ♋ 24	18 ♋ 29	17 ♏ 47	2 ♏ 55	2 ♒ 57	10 ♌ 43	21 ♓ 51	9 ♑ 6	14 ♋ 53	24 ♊ 42	14 ♍	0 ♍	23 ♏	17 ♋	13 ♒
20	25 ♎ 4	2 ♈ 54	18 ♋ 21	18 ♋ 19	18 ♏ 57	4 ♏ 10	3 ♒ 34	10 ♌ 51	21 ♓ 48	9 ♑ 7	14 R 53	24 ♊ 42	14 ♍	1 ♍	24 ♏	17 ♋	13 ♒
21	26 ♎ 4	16 ♈ 34	18 ♋ 18	18 ♋ 7	20 ♏ 4	5 ♏ 25	4 ♒ 10	10 ♌ 58	21 ♓ 44	9 ♑ 9	14 ♋ 53	24 ♊ 41	14 ♍	1 ♍	24 ♏	18 ♋	13 ♒
22	27 ♎ 3	0 ♉ 0	18 ♋ 15	17 ♋ 54	21 ♏ 9	6 ♏ 39	4 ♒ 46	11 ♌ 5	21 ♓ 41	9 ♑ 10	14 ♋ 52	24 ♊ 41	15 ♍	2 ♍	24 ♏	18 ♋	13 ♒
23	28 ♎ 3	13 ♉ 8	18 ♋ 11	17 ♋ 42	22 ♏ 12	7 ♏ 54	5 ♒ 23	11 ♌ 12	21 ♓ 38	9 ♑ 12	14 ♋ 52	24 ♊ 40	15 ♍	2 ♍	25 ♏	18 ♋	13 ♒
24	29 ♎ 3	25 ♉ 58	18 ♋ 8	17 ♋ 31	23 ♏ 13	9 ♏ 9	6 ♒ 0	11 ♌ 19	21 ♓ 34	9 ♑ 14	14 ♋ 52	24 ♊ 40	16 ♍	3 ♍	25 ♏	18 ♋	13 ♒
25	0 ♏ 2	8 ♊ 30	18 ♋ 5	17 ♋ 23	24 ♏ 10	10 ♏ 24	6 ♒ 37	11 ♌ 26	21 ♓ 31	9 ♑ 16	14 ♋ 52	24 ♊ 39	16 ♍	3 ♍	25 ♏	18 ♋	13 D
26	1 ♏ 2	20 ♊ 45	18 ♋ 2	17 ♋ 17	25 ♏ 4	11 ♏ 39	7 ♒ 14	11 ♌ 32	21 ♓ 28	9 ♑ 17	14 ♋ 52	24 ♊ 38	17 ♍	3 ♍	26 ♏	18 ♋	13 ♒
27	2 ♏ 2	2 ♋ 46	17 ♋ 59	17 ♋ 14	25 ♏ 55	12 ♏ 54	7 ♒ 51	11 ♌ 39	21 ♓ 25	9 ♑ 19	14 ♋ 52	24 ♊ 38	17 ♍	4 ♍	26 ♏	19 ♋	13 ♒
28	3 ♏ 2	14 ♋ 39	17 ♋ 56	17 ♋ 13	26 ♏ 42	14 ♏ 9	8 ♒ 29	11 ♌ 45	21 ♓ 22	9 ♑ 21	14 ♋ 51	24 ♊ 37	17 ♍	4 ♍	26 ♏	19 ♋	13 ♒
29	4 ♏ 2	26 ♋ 26	17 ♋ 52	17 D 14	27 ♏ 24	15 ♏ 24	9 ♒ 7	11 ♌ 51	21 ♓ 20	9 ♑ 23	14 ♋ 51	24 ♊ 36	18 ♍	5 ♍	27 ♏	19 ♋	13 ♒
30	5 ♏ 2	8 ♌ 15	17 ♋ 49	17 R 14	28 ♏ 2	16 ♏ 39	9 ♒ 44	11 ♌ 57	21 ♓ 17	9 ♑ 25	14 ♋ 51	24 ♊ 36	18 ♍	5 ♍	27 ♏	19 ♋	13 ♒
31	6 ♏ 2	20 ♌ 11	17 ♋ 46	17 ♋ 13	28 ♏ 34	17 ♏ 54	10 ♒ 22	12 ♌ 3	21 ♓ 14	9 ♑ 27	14 ♋ 50	24 ♊ 35	19 ♍	6 ♍	27 ♏	19 ♋	13 ♒

SUN INGRESS	☉ → ♏ 24日 22:52
MOON PHASE	● 7日 19:20 ♎　◐ 14日 19:02 ♑　○ 21日 18:17 ♈　◑ 29日 16:51 ♌

aspects		
1日	09:53	♂⚹♄
2日	00:43	☿△♇
3日	05:38	☉⚹♃
3日	13:40	☉□♅
4日	12:08	♀□♆
9日	16:34	☉□♆
11日	23:50	☿⚹♅
12日	11:12	♀△♇
12日	16:51	☿□♃
16日	14:07	☿△♆
19日	01:47	♀□♂
19日	15:10	☉△♇
22日	11:20	☿△♄
24日	01:29	♀⚹♅
25日	21:31	♀□♃
28日	13:27	♀△♆

1907年11月

DAY	☉	☽	☊ mean	☊ true	☿	♀	♂	♃	♄	♅	♆	♇	⚳	⚴	⚵	⚶	⚷
	° ′	° ′	° ′	° ′	° ′	° ′	° ′	° ′	° ′	° ′	° ′	° ′	°	°	°	°	°
1	7♏2	2♍18	17♋43	17 R 10	29 D 0	19 D 9	11 D 1	12 D 8	21 R 12	9 D 29	14 R 50	24 R 34	19 D	6 D	28 D	19 D	13 D
2	8♏2	14♍42	17♋40	17♋4	29♏20	20♏24	11♒39	12♌14	21♓9	9♑31	14♋50	24♊33	19♍	7♍	28♏	19♋	13♒
3	9♏2	27♍26	17♋37	16♋56	29♏33	21♏39	12♒17	12♌19	21♓7	9♑33	14♋49	24♊33	20♍	7♍	28♏	19♋	13♒
4	10♏2	10♎33	17♋33	16♋46	29♏37	22♏54	12♒56	12♌24	21♓5	9♑36	14♋49	24♊32	20♍	8♍	29♏	20♋	13♒
5	11♏2	24♎3	17♋30	16♋35	29 R 34	24♏9	13♒35	12♌29	21♓3	9♑38	14♋48	24♊31	21♍	8♍	29♏	20♋	13♒
6	12♏2	7♏53	17♋27	16♋24	29♏21	25♏24	14♒13	12♌34	21♓1	9♑40	14♋48	24♊30	21♍	9♍	29♏	20♋	13♒
7	13♏2	22♏0	17♋24	16♋14	28♏58	26♏39	14♒52	12♌39	20♓59	9♑42	14♋47	24♊29	21♍	9♍	0♐	20♋	13♒
8	14♏3	6♐19	17♋21	16♋6	28♏26	27♏54	15♒32	12♌43	20♓57	9♑45	14♋46	24♊29	22♍	10♍	0♐	20♋	13♒
9	15♏3	20♐44	17♋17	16♋1	27♏44	29♏9	16♒11	12♌48	20♓55	9♑47	14♋46	24♊28	22♍	10♍	0♐	20♋	13♒
10	16♏3	5♑9	17♋14	15♋58	26♏53	0♐24	16♒50	12♌52	20♓53	9♑50	14♋45	24♊27	23♍	10♍	1♐	20♋	13♒
11	17♏4	19♑31	17♋11	15 D 58	25♏52	1♐39	17♒30	12♌56	20♓52	9♑52	14♋44	24♊26	23♍	11♍	1♐	20♋	13♒
12	18♏4	3♒45	17♋8	15♋59	24♏44	2♐54	18♒9	13♌0	20♓50	9♑55	14♋43	24♊25	23♍	11♍	1♐	20♋	13♒
13	19♏4	17♒51	17♋5	15♋59	23♏29	4♐9	18♒49	13♌3	20♓49	9♑57	14♋43	24♊24	24♍	12♍	2♐	20♋	13♒
14	20♏5	1♓48	17♋2	15 R 59	22♏11	5♐24	19♒29	13♌7	20♓48	10♑0	14♋42	24♊23	24♍	12♍	2♐	20♋	13♒
15	21♏5	15♓35	16♋58	15♋56	20♏50	6♐39	20♒9	13♌10	20♓46	10♑2	14♋41	24♊22	25♍	13♍	2♐	20♋	13♒
16	22♏6	29♓12	16♋55	15♋51	19♏30	7♐54	20♒49	13♌13	20♓45	10♑5	14♋40	24♊21	25♍	13♍	3♐	20♋	13♒
17	23♏6	12♈38	16♋52	15♋44	18♏14	9♐9	21♒29	13♌16	20♓44	10♑8	14♋39	24♊20	25♍	13♍	3♐	20♋	13♒
18	24♏7	25♈53	16♋49	15♋35	17♏4	10♐24	22♒9	13♌18	20♓44	10♑10	14♋38	24♊19	26♍	14♍	3♐	20♋	13♒
19	25♏7	8♉55	16♋46	15♋25	16♏1	11♐39	22♒49	13♌21	20♓43	10♑13	14♋37	24♊18	26♍	14♍	4♐	20 R	13♒
20	26♏8	21♉44	16♋43	15♋16	15♏9	12♐54	23♒30	13♌23	20♓42	10♑16	14♋36	24♊17	27♍	15♍	4♐	20♋	13♒
21	27♏8	4♊18	16♋39	15♋8	14♏27	14♐9	24♒10	13♌25	20♓42	10♑19	14♋35	24♊16	27♍	15♍	4♐	20♋	13♒
22	28♏9	16♊39	16♋36	15♋2	13♏57	15♐24	24♒51	13♌27	20♓41	10♑22	14♋34	24♊15	27♍	16♍	5♐	20♋	13♒
23	29♏9	28♊47	16♋33	14♋59	13♏39	16♐39	25♒31	13♌29	20♓41	10♑24	14♋33	24♊14	28♍	16♍	5♐	20♋	13♒
24	0♐10	10♋45	16♋30	14♋57	13♏32	17♐54	26♒12	13♌31	20♓41	10♑27	14♋32	24♊13	28♍	16♍	5♐	20♋	13♒
25	1♐11	22♋35	16♋27	14 D 57	13 D 36	19♐9	26♒53	13♌32	20♓41	10♑30	14♋31	24♊12	29♍	17♍	6♐	20♋	13♒
26	2♐11	4♌22	16♋23	14♋59	13♏50	20♐24	27♒34	13♌33	20 D 41	10♑33	14♋30	24♊11	29♍	17♍	6♐	20♋	13♒
27	3♐12	16♌11	16♋20	15♋0	14♏14	21♐39	28♒14	13♌34	20♓41	10♑36	14♋29	24♊10	29♍	17♍	6♐	20♋	13♒
28	4♐13	28♌5	16♋17	15♋1	14♏46	22♐53	28♒55	13♌35	20♓41	10♑39	14♋28	24♊9	0♎	18♍	7♐	20♋	13♒
29	5♐14	10♍10	16♋14	15 R 2	15♏26	24♐8	29♒36	13♌36	20♓41	10♑42	14♋26	24♊8	0♎	18♍	7♐	20♋	13♒
30	6♐14	22♍32	16♋11	15♋0	16♏13	25♐23	0♓17	13♌36	20♓42	10♑45	14♋25	24♊7	0♎	19♍	7♐	20♋	13♒

SUN INGRESS ☉→♐ 23日 19:52

MOON PHASE ● 6日 07:39 ♏ ◐ 13日 02:14 ♒ ○ 20日 09:04 ♉ ◑ 28日 13:21 ♍

aspects		
2日	14:03	♀△♄
3日	01:26	♂☍♃
3日	13:04	☉⚹♅
6日	13:50	☉□♃
8日	06:50	☿☌♀
8日	17:10	☉△♆
12日	06:15	☉□♂
14日	16:42	☉△♄
14日	21:26	☉☌☿
15日	01:05	☿△♄
15日	08:13	☿□♂
20日	09:42	♀△♃
20日	18:29	☿△♆
21日	03:33	♂△♇
24日	06:03	☿□♃
26日	05:26	♀□♄
27日	11:30	♀△♆
28日	23:49	♀☍♇

1907年12月

DAY	☉	☽	☊ mean	☊ true	☿	♀	♂	♃	♄	♅	♆	♇	⚳	⚴	⚵	⚶	⚷
	° ′	° ′	° ′	° ′	° ′	° ′	° ′	° ′	° ′	° ′	° ′	° ′	°	°	°	°	°
1	7♐15	5♎15	16♋8	14 R 57	17 D 6	26 D 38	0 D 59	13 D 36	20 D 42	10 D 49	14 R 24	24 R 6	1 D	19 D	8 D	20 R	13 D
2	8♐16	18♎23	16♋4	14♋52	18♏4	27♐53	1♓40	13 R 36	20♓43	10♑52	14♋23	24♊4	1♎	19♍	8♐	20♋	13♒
3	9♐17	1♏57	16♋1	14♋47	19♏7	29♐8	2♓21	13♌36	20♓43	10♑55	14♋21	24♊3	1♎	20♍	9♐	19♋	13♒
4	10♐18	15♏56	15♋58	14♋41	20♏14	0♑23	3♓2	13♌35	20♓44	10♑58	14♋20	24♊2	2♎	20♍	9♐	19♋	14♒
5	11♐19	0♐19	15♋55	14♋35	21♏24	1♑38	3♓44	13♌35	20♓45	11♑1	14♋19	24♊1	2♎	20♍	9♐	19♋	14♒
6	12♐20	14♐58	15♋52	14♋31	22♏37	2♑53	4♓25	13♌34	20♓46	11♑4	14♋17	24♊0	2♎	21♍	10♐	19♋	14♒
7	13♐20	29♐48	15♋49	14♋29	23♏53	4♑8	5♓7	13♌33	20♓48	11♑8	14♋16	23♊59	3♎	21♍	10♐	19♋	14♒
8	14♐21	14♑40	15♋45	14 D 28	25♏11	5♑23	5♓48	13♌32	20♓49	11♑11	14♋14	23♊58	3♎	21♍	10♐	19♋	14♒
9	15♐22	29♑27	15♋42	14♋29	26♏31	6♑38	6♓30	13♌30	20♓50	11♑14	14♋13	23♊56	4♎	22♍	11♐	19♋	14♒
10	16♐23	14♒3	15♋39	14♋30	27♏52	7♑53	7♓11	13♌29	20♓52	11♑18	14♋12	23♊55	4♎	22♍	11♐	19♋	14♒
11	17♐24	28♒23	15♋36	14♋32	29♏15	9♑7	7♓53	13♌27	20♓53	11♑21	14♋10	23♊54	4♎	22♍	11♐	18♋	14♒
12	18♐25	12♓25	15♋33	14♋33	0♐40	10♑22	8♓35	13♌25	20♓55	11♑24	14♋9	23♊53	5♎	23♍	12♐	18♋	14♒
13	19♐26	26♓9	15♋29	14 R 33	2♐5	11♑37	9♓16	13♌23	20♓57	11♑28	14♋7	23♊52	5♎	23♍	12♐	18♋	14♒
14	20♐27	9♈35	15♋26	14♋32	3♐31	12♑52	9♓58	13♌20	20♓59	11♑31	14♋6	23♊51	5♎	23♍	12♐	18♋	14♒
15	21♐28	22♈45	15♋23	14♋29	4♐58	14♑7	10♓40	13♌18	21♓1	11♑35	14♋4	23♊49	6♎	24♍	13♐	18♋	14♒
16	22♐29	5♉40	15♋20	14♋26	6♐26	15♑22	11♓22	13♌15	21♓3	11♑38	14♋3	23♊48	6♎	24♍	13♐	17♋	14♒
17	23♐30	18♉20	15♋17	14♋23	7♐54	16♑37	12♓4	13♌12	21♓5	11♑41	14♋1	23♊47	6♎	24♍	13♐	17♋	14♒
18	24♐32	0♊49	15♋14	14♋19	9♐22	17♑51	12♓46	13♌9	21♓7	11♑45	13♋59	23♊46	6♎	24♍	14♐	17♋	14♒
19	25♐33	13♊6	15♋10	14♋16	10♐52	19♑6	13♓27	13♌6	21♓10	11♑48	13♋58	23♊45	7♎	25♍	14♐	17♋	14♒
20	26♐34	25♊13	15♋7	14♋14	12♐21	20♑21	14♓9	13♌2	21♓12	11♑52	13♋56	23♊44	7♎	25♍	14♐	17♋	14♒
21	27♐35	7♋13	15♋4	14♋13	13♐51	21♑36	14♓51	12♌59	21♓15	11♑55	13♋55	23♊42	7♎	25♍	15♐	16♋	14♒
22	28♐36	19♋5	15♋1	14 D 13	15♐22	22♑50	15♓33	12♌55	21♓18	11♑59	13♋53	23♊41	8♎	25♍	15♐	16♋	14♒
23	29♐37	0♌54	14♋58	14♋14	16♐53	24♑5	16♓15	12♌51	21♓21	12♑2	13♋51	23♊40	8♎	26♍	15♐	16♋	14♒
24	0♑38	12♌41	14♋55	14♋15	18♐24	25♑20	16♓57	12♌46	21♓24	12♑6	13♋50	23♊39	8♎	26♍	16♐	16♋	15♒
25	1♑39	24♌30	14♋51	14♋16	19♐55	26♑35	17♓39	12♌42	21♓27	12♑9	13♋48	23♊38	9♎	26♍	16♐	15♋	15♒
26	2♑40	6♍24	14♋48	14♋18	21♐27	27♑49	18♓21	12♌37	21♓30	12♑13	13♋46	23♊36	9♎	26♍	17♐	15♋	15♒
27	3♑41	18♍29	14♋45	14♋19	22♐59	29♑4	19♓3	12♌33	21♓33	12♑16	13♋45	23♊35	9♎	27♍	17♐	15♋	15♒
28	4♑43	0♎48	14♋42	14♋19	24♐31	0♒19	19♓45	12♌28	21♓36	12♑20	13♋43	23♊34	9♎	27♍	17♐	15♋	15♒
29	5♑44	13♎25	14♋39	14 R 19	26♐3	1♒33	20♓28	12♌23	21♓40	12♑24	13♋41	23♊33	10♎	27♍	18♐	14♋	15♒
30	6♑45	26♎26	14♋35	14♋18	27♐36	2♒48	21♓10	12♌17	21♓43	12♑27	13♋40	23♊32	10♎	27♍	18♐	14♋	15♒
31	7♑46	9♏53	14♋32	14♋18	29♐9	4♒2	21♓52	12♌12	21♓47	12♑31	13♋38	23♊31	10♎	27♍	18♐	14♋	15♒

SUN INGRESS ☉→♑ 23日 08:52

MOON PHASE ● 5日 19:22 ♐ ◐ 12日 11:16 ♓ ○ 20日 02:55 ♊ ◑ 28日 08:10 ♎

aspects		
4日	10:44	♀△♄
7日	04:52	☉△♃
8日	18:16	♀⚹♂
12日	20:49	♀☌♅
14日	12:46	☉□♄
14日	23:07	♀☍♆
16日	10:05	☉⚹♅
17日	06:23	☉☍♇
19日	16:46	♂△♆
20日	10:29	☿△♃
20日	17:09	♀⚹♄
22日	05:40	☿□♂
26日	00:50	☿□♄
27日	09:28	☿☍♇
30日	20:52	♂☌♄

1908年1月

DAY	☉	☽	☊ mean	☊ true	☿	♀	♂	♃	♄	♅	♆	♇	⚳	⚴	⚵	⚶	⚷
	° ′	° ′	° ′	° ′	° ′	° ′	° ′	° ′	° ′	° ′	° ′	° ′	°	°	°	°	°
1	8 ♑ 47	23 ♏ 47	14 ♋ 29	14 R 17	0 D 43	5 D 17	22 D 34	12 R 6	21 D 50	12 D 34	13 R 36	23 R 30	11 D	28 D	19 D	14 R	15 D
2	9 ♑ 48	8 ♐ 8	14 ♋ 26	14 ♋ 16	2 ♑ 16	6 ♒ 32	23 ♓ 16	12 ♌ 1	21 ♓ 54	12 ♑ 38	13 ♋ 35	23 ♊ 28	11 ♎	28 ♍	19 ♐	13 ♋	15 ♒
3	10 ♑ 50	22 ♐ 52	14 ♋ 23	14 ♋ 16	3 ♑ 50	7 ♒ 46	23 ♓ 58	11 ♌ 55	21 ♓ 58	12 ♑ 41	13 ♋ 33	23 ♊ 27	11 ♎	28 ♍	19 ♐	13 ♋	15 ♒
4	11 ♑ 51	7 ♑ 54	14 ♋ 20	14 ♋ 16	5 ♑ 25	9 ♒ 1	24 ♓ 40	11 ♌ 49	22 ♓ 2	12 ♑ 45	13 ♋ 31	23 ♊ 26	11 ♎	28 ♍	20 ♐	13 ♋	15 ♒
5	12 ♑ 52	23 ♑ 3	14 ♋ 16	14 D 16	6 ♑ 59	10 ♒ 15	25 ♓ 22	11 ♌ 43	22 ♓ 6	12 ♑ 49	13 ♋ 30	23 ♊ 25	12 ♎	28 ♍	20 ♐	13 ♋	15 ♒
6	13 ♑ 53	8 ♒ 12	14 ♋ 13	14 ♋ 16	8 ♑ 34	11 ♒ 30	26 ♓ 5	11 ♌ 36	22 ♓ 10	12 ♑ 52	13 ♋ 28	23 ♊ 24	12 ♎	28 ♍	20 ♐	12 ♋	15 ♒
7	14 ♑ 54	23 ♒ 11	14 ♋ 10	14 R 16	10 ♑ 10	12 ♒ 44	26 ♓ 47	11 ♌ 30	22 ♓ 14	12 ♑ 56	13 ♋ 26	23 ♊ 23	12 ♎	29 ♍	21 ♐	12 ♋	15 ♒
8	15 ♑ 56	7 ♓ 52	14 ♋ 7	14 ♋ 16	11 ♑ 46	13 ♒ 59	27 ♓ 29	11 ♌ 23	22 ♓ 19	12 ♑ 59	13 ♋ 25	23 ♊ 22	12 ♎	29 ♍	21 ♐	12 ♋	15 ♒
9	16 ♑ 57	22 ♓ 11	14 ♋ 4	14 ♋ 16	13 ♑ 22	15 ♒ 13	28 ♓ 11	11 ♌ 17	22 ♓ 23	13 ♑ 3	13 ♋ 23	23 ♊ 21	13 ♎	29 ♍	21 ♐	12 ♋	16 ♒
10	17 ♑ 58	6 ♈ 5	14 ♋ 1	14 ♋ 15	14 ♑ 59	16 ♒ 27	28 ♓ 53	11 ♌ 10	22 ♓ 27	13 ♑ 7	13 ♋ 21	23 ♊ 20	13 ♎	29 ♍	22 ♐	11 ♋	16 ♒
11	18 ♑ 59	19 ♈ 33	13 ♋ 57	14 D 15	16 ♑ 36	17 ♒ 42	29 ♓ 36	11 ♌ 3	22 ♓ 32	13 ♑ 10	13 ♋ 19	23 ♊ 19	13 ♎	29 ♍	22 ♐	11 ♋	16 ♒
12	20 ♑ 0	2 ♉ 39	13 ♋ 54	14 ♋ 15	18 ♑ 13	18 ♒ 56	0 ♈ 18	10 ♌ 56	22 ♓ 37	13 ♑ 14	13 ♋ 18	23 ♊ 18	13 ♎	29 ♍	22 ♐	11 ♋	16 ♒
13	21 ♑ 1	15 ♉ 24	13 ♋ 51	14 ♋ 16	19 ♑ 51	20 ♒ 10	1 ♈ 0	10 ♌ 49	22 ♓ 41	13 ♑ 17	13 ♋ 16	23 ♊ 17	13 ♎	29 ♍	23 ♐	10 ♋	16 ♒
14	22 ♑ 2	27 ♉ 51	13 ♋ 48	14 ♋ 17	21 ♑ 30	21 ♒ 24	1 ♈ 42	10 ♌ 42	22 ♓ 46	13 ♑ 21	13 ♋ 14	23 ♊ 16	14 ♎	29 ♍	23 ♐	10 ♋	16 ♒
15	23 ♑ 4	10 ♊ 5	13 ♋ 45	14 ♋ 18	23 ♑ 9	22 ♒ 39	2 ♈ 24	10 ♌ 35	22 ♓ 51	13 ♑ 24	13 ♋ 13	23 ♊ 15	14 ♎	29 ♍	23 ♐	10 ♋	16 ♒
16	24 ♑ 5	22 ♊ 9	13 ♋ 41	14 ♋ 19	24 ♑ 48	23 ♒ 53	3 ♈ 6	10 ♌ 27	22 ♓ 56	13 ♑ 28	13 ♋ 11	23 ♊ 14	14 ♎	29 ♍	24 ♐	10 ♋	16 ♒
17	25 ♑ 6	4 ♋ 5	13 ♋ 38	14 ♋ 19	26 ♑ 28	25 ♒ 7	3 ♈ 49	10 ♌ 20	23 ♓ 1	13 ♑ 31	13 ♋ 9	23 ♊ 13	14 ♎	29 ♍	24 ♐	9 ♋	16 ♒
18	26 ♑ 7	15 ♋ 57	13 ♋ 35	14 R 19	28 ♑ 9	26 ♒ 21	4 ♈ 31	10 ♌ 12	23 ♓ 6	13 ♑ 35	13 ♋ 8	23 ♊ 12	14 ♎	0 ♎	24 ♐	9 ♋	16 ♒
19	27 ♑ 8	27 ♋ 45	13 ♋ 32	14 ♋ 19	29 ♑ 50	27 ♒ 35	5 ♈ 13	10 ♌ 5	23 ♓ 11	13 ♑ 38	13 ♋ 6	23 ♊ 11	15 ♎	0 ♎	25 ♐	9 ♋	16 ♒
20	28 ♑ 9	9 ♌ 34	13 ♋ 29	14 ♋ 18	1 ♒ 31	28 ♒ 49	5 ♈ 55	9 ♌ 57	23 ♓ 16	13 ♑ 42	13 ♋ 4	23 ♊ 10	15 ♎	0 ♎	25 ♐	9 ♋	16 ♒
21	29 ♑ 10	21 ♌ 23	13 ♋ 26	14 ♋ 16	3 ♒ 13	0 ♓ 3	6 ♈ 37	9 ♌ 49	23 ♓ 22	13 ♑ 45	13 ♋ 3	23 ♊ 9	15 ♎	0 ♎	25 ♐	9 ♋	16 ♒
22	0 ♒ 11	3 ♍ 17	13 ♋ 22	14 ♋ 13	4 ♒ 55	1 ♓ 17	7 ♈ 19	9 ♌ 41	23 ♓ 27	13 ♑ 49	13 ♋ 1	23 ♊ 8	15 ♎	0 ♎	26 ♐	8 ♋	16 ♒
23	1 ♒ 12	15 ♍ 16	13 ♋ 19	14 ♋ 11	6 ♒ 38	2 ♓ 31	8 ♈ 1	9 ♌ 34	23 ♓ 33	13 ♑ 52	13 ♋ 0	23 ♊ 7	15 ♎	0 R	26 ♐	8 ♋	17 ♒
24	2 ♒ 13	27 ♍ 25	13 ♋ 16	14 ♋ 8	8 ♒ 22	3 ♓ 45	8 ♈ 43	9 ♌ 26	23 ♓ 38	13 ♑ 56	12 ♋ 58	23 ♊ 6	15 ♎	0 ♎	26 ♐	8 ♋	17 ♒
25	3 ♒ 14	9 ♎ 45	13 ♋ 13	14 ♋ 6	10 ♒ 5	4 ♓ 59	9 ♈ 25	9 ♌ 18	23 ♓ 44	13 ♑ 59	12 ♋ 56	23 ♊ 5	16 ♎	0 ♎	27 ♐	8 ♋	17 ♒
26	4 ♒ 15	22 ♎ 21	13 ♋ 10	14 ♋ 4	11 ♒ 50	6 ♓ 12	10 ♈ 7	9 ♌ 10	23 ♓ 49	14 ♑ 3	12 ♋ 55	23 ♊ 4	16 ♎	0 ♎	27 ♐	7 ♋	17 ♒
27	5 ♒ 16	5 ♏ 16	13 ♋ 7	14 ♋ 4	13 ♒ 34	7 ♓ 26	10 ♈ 49	9 ♌ 2	23 ♓ 55	14 ♑ 6	12 ♋ 53	23 ♊ 3	16 ♎	0 ♎	27 ♐	7 ♋	17 ♒
28	6 ♒ 17	18 ♏ 32	13 ♋ 3	14 D 4	15 ♒ 18	8 ♓ 40	11 ♈ 31	8 ♌ 54	24 ♓ 1	14 ♑ 9	12 ♋ 52	23 ♊ 3	16 ♎	29 ♍	28 ♐	7 ♋	17 ♒
29	7 ♒ 18	2 ♐ 14	13 ♋ 0	14 ♋ 5	17 ♒ 3	9 ♓ 53	12 ♈ 13	8 ♌ 46	24 ♓ 7	14 ♑ 13	12 ♋ 50	23 ♊ 2	16 ♎	29 ♍	28 ♐	7 ♋	17 ♒
30	8 ♒ 19	16 ♐ 21	12 ♋ 57	14 ♋ 7	18 ♒ 48	11 ♓ 7	12 ♈ 55	8 ♌ 38	24 ♓ 13	14 ♑ 16	12 ♋ 49	23 ♊ 1	16 ♎	29 ♍	28 ♐	7 ♋	17 ♒
31	9 ♒ 20	0 ♑ 53	12 ♋ 54	14 ♋ 8	20 ♒ 32	12 ♓ 20	13 ♈ 37	8 ♌ 30	24 ♓ 19	14 ♑ 20	12 ♋ 47	23 ♊ 0	16 ♎	29 ♍	29 ♐	7 ♋	17 ♒

SUN INGRESS	☉ → ♒ 21日 19:28
MOON PHASE	● 4日 06:43 ♑　◐ 10日 22:53 ♈　○ 18日 22:37 ♋　◑ 27日 00:01 ♏

aspects		
2日	06:56	♂□♇
4日	22:36	☉☌♅
5日	14:22	☉☍♆
6日	02:01	♀☍♃
8日	19:05	☿☌♅
9日	00:13	☿☍♆
12日	18:44	♅☍♆
14日	18:41	☉⚹♄
14日	19:30	☿⚹♄
14日	20:44	☉☌☿
15日	11:27	♀△♇
18日	21:36	♄□♇
24日	08:25	☿⚹♂
24日	13:47	☿☍♃
24日	20:23	♂△♃
29日	20:20	♂□♆
30日	06:33	☉☍♃
31日	08:37	♀△♆

1908年2月

DAY	☉	☽	☊ mean	☊ true	☿	♀	♂	♃	♄	♅	♆	♇	⚳	⚴	⚵	⚶	⚷
	° ′	° ′	° ′	° ′	° ′	° ′	° ′	° ′	° ′	° ′	° ′	° ′	°	°	°	°	°
1	10 ♒ 21	15 ♑ 47	12 ♋ 51	14 R 9	22 D 16	13 D 34	14 D 19	8 R 22	24 D 25	14 D 23	12 R 46	23 R 0	16 D	29 R	29 D	6 R	17 D
2	11 ♒ 22	0 ♒ 55	12 ♋ 47	14 ♋ 8	24 ♒ 0	14 ♓ 47	15 ♈ 1	8 ♌ 14	24 ♓ 31	14 ♑ 26	12 ♋ 44	22 ♊ 59	16 ♎	29 ♍	29 ♐	6 ♋	17 ♒
3	12 ♒ 23	16 ♒ 10	12 ♋ 44	14 ♋ 6	25 ♒ 43	16 ♓ 1	15 ♈ 43	8 ♌ 6	24 ♓ 37	14 ♑ 29	12 ♋ 43	22 ♊ 58	17 ♎	29 ♍	0 ♑	6 ♋	17 ♒
4	13 ♒ 24	1 ♓ 21	12 ♋ 41	14 ♋ 2	27 ♒ 24	17 ♓ 14	16 ♈ 25	7 ♌ 58	24 ♓ 43	14 ♑ 33	12 ♋ 42	22 ♊ 57	17 ♎	29 ♍	0 ♑	6 ♋	17 ♒
5	14 ♒ 25	16 ♓ 18	12 ♋ 38	13 ♋ 57	29 ♒ 4	18 ♓ 27	17 ♈ 7	7 ♌ 50	24 ♓ 49	14 ♑ 36	12 ♋ 40	22 ♊ 57	17 ♎	29 ♍	0 ♑	6 ♋	17 ♒
6	15 ♒ 25	0 ♈ 53	12 ♋ 35	13 ♋ 53	0 ♓ 43	19 ♓ 40	17 ♈ 49	7 ♌ 42	24 ♓ 56	14 ♑ 39	12 ♋ 39	22 ♊ 56	17 ♎	29 ♍	1 ♑	6 ♋	18 ♒
7	16 ♒ 26	15 ♈ 0	12 ♋ 32	13 ♋ 49	2 ♓ 19	20 ♓ 54	18 ♈ 31	7 ♌ 34	25 ♓ 2	14 ♑ 42	12 ♋ 37	22 ♊ 55	17 ♎	28 ♍	1 ♑	6 ♋	18 ♒
8	17 ♒ 27	28 ♈ 39	12 ♋ 28	13 ♋ 45	3 ♓ 52	22 ♓ 7	19 ♈ 13	7 ♌ 26	25 ♓ 8	14 ♑ 46	12 ♋ 36	22 ♊ 55	17 ♎	28 ♍	1 ♑	5 ♋	18 ♒
9	18 ♒ 28	11 ♉ 50	12 ♋ 25	13 ♋ 44	5 ♓ 22	23 ♓ 20	19 ♈ 55	7 ♌ 19	25 ♓ 15	14 ♑ 49	12 ♋ 35	22 ♊ 54	17 ♎	28 ♍	1 ♑	5 ♋	18 ♒
10	19 ♒ 29	24 ♉ 35	12 ♋ 22	13 D 44	6 ♓ 48	24 ♓ 33	20 ♈ 37	7 ♌ 11	25 ♓ 21	14 ♑ 52	12 ♋ 33	22 ♊ 54	17 ♎	28 ♍	2 ♑	5 ♋	18 ♒
11	20 ♒ 29	7 ♊ 0	12 ♋ 19	13 ♋ 45	8 ♓ 9	25 ♓ 45	21 ♈ 18	7 ♌ 3	25 ♓ 28	14 ♑ 55	12 ♋ 32	22 ♊ 53	17 ♎	28 ♍	2 ♑	5 ♋	18 ♒
12	21 ♒ 30	19 ♊ 8	12 ♋ 16	13 ♋ 47	9 ♓ 26	26 ♓ 58	22 ♈ 0	6 ♌ 56	25 ♓ 34	14 ♑ 58	12 ♋ 31	22 ♊ 52	17 ♎	28 ♍	2 ♑	5 ♋	18 ♒
13	22 ♒ 31	1 ♋ 5	12 ♋ 13	13 ♋ 48	10 ♓ 36	28 ♓ 11	22 ♈ 42	6 ♌ 48	25 ♓ 41	15 ♑ 1	12 ♋ 30	22 ♊ 52	17 ♎	27 ♍	3 ♑	5 ♋	18 ♒
14	23 ♒ 31	12 ♋ 55	12 ♋ 9	13 ♋ 49	11 ♓ 39	29 ♓ 23	23 ♈ 24	6 ♌ 41	25 ♓ 48	15 ♑ 4	12 ♋ 28	22 ♊ 51	17 ♎	27 ♍	3 ♑	5 ♋	18 ♒
15	24 ♒ 32	24 ♋ 42	12 ♋ 6	13 R 48	12 ♓ 35	0 ♈ 36	24 ♈ 5	6 ♌ 34	25 ♓ 54	15 ♑ 7	12 ♋ 27	22 ♊ 51	17 ♎	27 ♍	3 ♑	5 ♋	18 ♒
16	25 ♒ 32	6 ♌ 30	12 ♋ 3	13 ♋ 46	13 ♓ 23	1 ♈ 48	24 ♈ 47	6 ♌ 26	26 ♓ 1	15 ♑ 10	12 ♋ 26	22 ♊ 50	17 R	27 ♍	4 ♑	5 ♋	18 ♒
17	26 ♒ 33	18 ♌ 20	12 ♋ 0	13 ♋ 41	14 ♓ 2	3 ♈ 1	25 ♈ 29	6 ♌ 19	26 ♓ 8	15 ♑ 13	12 ♋ 25	22 ♊ 50	17 ♎	27 ♍	4 ♑	5 ♋	18 ♒
18	27 ♒ 34	0 ♍ 15	11 ♋ 57	13 ♋ 34	14 ♓ 32	4 ♈ 13	26 ♈ 10	6 ♌ 12	26 ♓ 15	15 ♑ 16	12 ♋ 24	22 ♊ 50	17 ♎	26 ♍	4 ♑	5 ♋	18 ♒
19	28 ♒ 34	12 ♍ 18	11 ♋ 53	13 ♋ 26	14 ♓ 52	5 ♈ 25	26 ♈ 52	6 ♌ 5	26 ♓ 22	15 ♑ 19	12 ♋ 23	22 ♊ 49	17 ♎	26 ♍	5 ♑	5 ♋	18 ♒
20	29 ♒ 35	24 ♍ 28	11 ♋ 50	13 ♋ 17	15 ♓ 2	6 ♈ 38	27 ♈ 33	5 ♌ 58	26 ♓ 29	15 ♑ 21	12 ♋ 22	22 ♊ 49	17 ♎	26 ♍	5 ♑	5 ♋	19 ♒
21	0 ♓ 35	6 ♎ 48	11 ♋ 47	13 ♋ 8	15 R 2	7 ♈ 50	28 ♈ 15	5 ♌ 52	26 ♓ 36	15 ♑ 24	12 ♋ 21	22 ♊ 48	17 ♎	25 ♍	5 ♑	5 ♋	19 ♒
22	1 ♓ 35	19 ♎ 18	11 ♋ 44	13 ♋ 0	14 ♓ 51	9 ♈ 2	28 ♈ 57	5 ♌ 45	26 ♓ 42	15 ♑ 27	12 ♋ 20	22 ♊ 48	17 ♎	25 ♍	5 ♑	5 ♋	19 ♒
23	2 ♓ 36	2 ♏ 0	11 ♋ 41	12 ♋ 54	14 ♓ 31	10 ♈ 13	29 ♈ 38	5 ♌ 39	26 ♓ 50	15 ♑ 30	12 ♋ 19	22 ♊ 48	17 ♎	25 ♍	6 ♑	5 D	19 ♒
24	3 ♓ 36	14 ♏ 57	11 ♋ 38	12 ♋ 50	14 ♓ 1	11 ♈ 25	0 ♉ 20	5 ♌ 32	26 ♓ 57	15 ♑ 32	12 ♋ 18	22 ♊ 47	17 ♎	25 ♍	6 ♑	5 ♋	19 ♒
25	4 ♓ 37	28 ♏ 10	11 ♋ 34	12 ♋ 48	13 ♓ 23	12 ♈ 37	1 ♉ 1	5 ♌ 26	27 ♓ 4	15 ♑ 35	12 ♋ 17	22 ♊ 47	17 ♎	24 ♍	6 ♑	5 ♋	19 ♒
26	5 ♓ 37	11 ♐ 43	11 ♋ 31	12 D 48	12 ♓ 37	13 ♈ 48	1 ♉ 42	5 ♌ 20	27 ♓ 11	15 ♑ 38	12 ♋ 16	22 ♊ 47	17 ♎	24 ♍	7 ♑	5 ♋	19 ♒
27	6 ♓ 37	25 ♐ 36	11 ♋ 28	12 ♋ 49	11 ♓ 45	15 ♈ 0	2 ♉ 24	5 ♌ 14	27 ♓ 18	15 ♑ 40	12 ♋ 15	22 ♊ 47	17 ♎	24 ♍	7 ♑	5 ♋	19 ♒
28	7 ♓ 38	9 ♑ 50	11 ♋ 25	12 ♋ 49	10 ♓ 48	16 ♈ 11	3 ♉ 5	5 ♌ 8	27 ♓ 25	15 ♑ 43	12 ♋ 14	22 ♊ 46	16 ♎	23 ♍	7 ♑	5 ♋	19 ♒
29	8 ♓ 38	24 ♑ 25	11 ♋ 22	12 R 49	9 ♓ 47	17 ♈ 23	3 ♉ 47	5 ♌ 3	27 ♓ 32	15 ♑ 45	12 ♋ 14	22 ♊ 46	16 ♎	23 ♍	7 ♑	5 ♋	19 ♒

SUN INGRESS	☉ → ♓ 20日 09:54
MOON PHASE	● 2日 17:36 ♒　◐ 9日 13:27 ♉　○ 17日 18:05 ♌　◑ 25日 12:24 ♐

aspects		
1日	02:10	♂□♅
1日	09:56	☿△♇
1日	16:47	♀⚹♅
8日	15:41	♀□♇
10日	17:37	♀☌♄
13日	05:41	♂⚹♇
13日	08:20	☉△♇
13日	14:16	☉⚹♂
14日	20:26	☿△♆
19日	12:05	♀△♃
24日	17:25	♀□♆
26日	10:18	☿△♆
27日	14:02	♀□♅
29日	13:32	☉☌☿

1908年3月

DAY	☉	☽	☊ mean	☊ true	☿	♀	♂	♃	♄	♅	♆	♇	⚳	⚴	⚵	⚶	⚷
	° ′	° ′	° ′	° ′	° ′	° ′	° ′	° ′	° ′	° ′	° ′	° ′	°	°	°	°	°
1	9 ♓ 38	9 ♒ 16	11 ♋ 18	12 R 46	8 R 44	18 D 34	4 D 28	4 R 57	27 D 39	15 D 48	12 R 13	22 R 46	16 R	23 R	8 D	5 D	19 D
2	10 ♓ 38	24 ♒ 17	11 ♋ 15	12 ♋ 41	7 ♓ 41	19 ♈ 45	5 ♉ 9	4 ♌ 52	27 ♓ 47	15 ♑ 50	12 ♋ 12	22 ♊ 46	16 ♎	23 ♍	8 ♑	5 ♋	19 ♒
3	11 ♓ 39	9 ♓ 20	11 ♋ 12	12 ♋ 33	6 ♓ 39	20 ♈ 56	5 ♉ 50	4 ♌ 47	27 ♓ 54	15 ♑ 53	12 ♋ 11	22 ♊ 46	16 ♎	22 ♍	8 ♑	5 ♋	19 ♒
4	12 ♓ 39	24 ♓ 16	11 ♋ 9	12 ♋ 24	5 ♓ 39	22 ♈ 7	6 ♉ 32	4 ♌ 42	28 ♓ 1	15 ♑ 55	12 ♋ 11	22 ♊ 46	16 ♎	22 ♍	8 ♑	5 ♋	19 ♒
5	13 ♓ 39	8 ♈ 54	11 ♋ 6	12 ♋ 14	4 ♓ 43	23 ♈ 18	7 ♉ 13	4 ♌ 37	28 ♓ 9	15 ♑ 57	12 ♋ 10	22 ♊ 46	16 ♎	22 ♍	9 ♑	5 ♋	20 ♒
6	14 ♓ 39	23 ♈ 8	11 ♋ 3	12 ♋ 5	3 ♓ 51	24 ♈ 28	7 ♉ 54	4 ♌ 32	28 ♓ 16	15 ♑ 59	12 ♋ 9	22 ♊ 46	16 ♎	21 ♍	9 ♑	5 ♋	20 ♒
7	15 ♓ 39	6 ♉ 55	10 ♋ 59	11 ♋ 57	3 ♓ 4	25 ♈ 39	8 ♉ 35	4 ♌ 27	28 ♓ 23	16 ♑ 2	12 ♋ 9	22 ♊ 46	16 ♎	21 ♍	9 ♑	5 ♋	20 ♒
8	16 ♓ 39	20 ♉ 12	10 ♋ 56	11 ♋ 52	2 ♓ 24	26 ♈ 49	9 ♉ 17	4 ♌ 23	28 ♓ 31	16 ♑ 4	12 ♋ 8	22 D 46	15 ♎	21 ♍	10 ♑	5 ♋	20 ♒
9	17 ♓ 39	3 ♊ 3	10 ♋ 53	11 ♋ 48	1 ♓ 50	27 ♈ 59	9 ♉ 58	4 ♌ 19	28 ♓ 38	16 ♑ 6	12 ♋ 8	22 ♊ 46	15 ♎	20 ♍	10 ♑	5 ♋	20 ♒
10	18 ♓ 39	15 ♊ 31	10 ♋ 50	11 ♋ 47	1 ♓ 22	29 ♈ 10	10 ♉ 39	4 ♌ 15	28 ♓ 45	16 ♑ 8	12 ♋ 7	22 ♊ 46	15 ♎	20 ♍	10 ♑	6 ♋	20 ♒
11	19 ♓ 39	27 ♊ 40	10 ♋ 47	11 D 47	1 ♓ 1	0 ♉ 20	11 ♉ 20	4 ♌ 11	28 ♓ 53	16 ♑ 10	12 ♋ 7	22 ♊ 46	15 ♎	20 ♍	10 ♑	6 ♋	20 ♒
12	20 ♓ 39	9 ♋ 36	10 ♋ 44	11 ♋ 48	0 ♓ 46	1 ♉ 30	12 ♉ 1	4 ♌ 7	29 ♓ 0	16 ♑ 12	12 ♋ 6	22 ♊ 46	15 ♎	19 ♍	11 ♑	6 ♋	20 ♒
13	21 ♓ 39	21 ♋ 25	10 ♋ 40	11 R 47	0 ♓ 38	2 ♉ 39	12 ♉ 42	4 ♌ 4	29 ♓ 8	16 ♑ 14	12 ♋ 6	22 ♊ 46	15 ♎	19 ♍	11 ♑	6 ♋	20 ♒
14	22 ♓ 38	3 ♌ 12	10 ♋ 37	11 ♋ 45	0 D 37	3 ♉ 49	13 ♉ 23	4 ♌ 1	29 ♓ 15	16 ♑ 16	12 ♋ 6	22 ♊ 46	14 ♎	19 ♍	11 ♑	6 ♋	20 ♒
15	23 ♓ 38	15 ♌ 1	10 ♋ 34	11 ♋ 40	0 ♓ 41	4 ♉ 58	14 ♉ 4	3 ♌ 57	29 ♓ 22	16 ♑ 18	12 ♋ 5	22 ♊ 46	14 ♎	18 ♍	11 ♑	6 ♋	20 ♒
16	24 ♓ 38	26 ♌ 55	10 ♋ 31	11 ♋ 33	0 ♓ 51	6 ♉ 8	14 ♉ 45	3 ♌ 55	29 ♓ 30	16 ♑ 20	12 ♋ 5	22 ♊ 46	14 ♎	18 ♍	12 ♑	6 ♋	20 ♒
17	25 ♓ 38	8 ♍ 58	10 ♋ 28	11 ♋ 23	1 ♓ 7	7 ♉ 17	15 ♉ 26	3 ♌ 52	29 ♓ 37	16 ♑ 22	12 ♋ 5	22 ♊ 46	14 ♎	18 ♍	12 ♑	6 ♋	20 ♒
18	26 ♓ 37	21 ♍ 11	10 ♋ 24	11 ♋ 11	1 ♓ 28	8 ♉ 26	16 ♉ 6	3 ♌ 49	29 ♓ 45	16 ♑ 23	12 ♋ 5	22 ♊ 47	14 ♎	17 ♍	12 ♑	7 ♋	20 ♒
19	27 ♓ 37	3 ♎ 36	10 ♋ 21	10 ♋ 57	1 ♓ 54	9 ♉ 35	16 ♉ 47	3 ♌ 47	29 ♓ 52	16 ♑ 25	12 ♋ 4	22 ♊ 47	13 ♎	17 ♍	12 ♑	7 ♋	20 ♒
20	28 ♓ 36	16 ♎ 12	10 ♋ 18	10 ♋ 44	2 ♓ 24	10 ♉ 43	17 ♉ 28	3 ♌ 45	0 ♈ 0	16 ♑ 27	12 ♋ 4	22 ♊ 47	13 ♎	17 ♍	13 ♑	7 ♋	21 ♒
21	29 ♓ 36	28 ♎ 59	10 ♋ 15	10 ♋ 32	2 ♓ 59	11 ♉ 52	18 ♉ 9	3 ♌ 43	0 ♈ 7	16 ♑ 28	12 ♋ 4	22 ♊ 47	13 ♎	16 ♍	13 ♑	7 ♋	21 ♒
22	0 ♈ 36	11 ♏ 58	10 ♋ 12	10 ♋ 22	3 ♓ 38	13 ♉ 0	18 ♉ 50	3 ♌ 41	0 ♈ 15	16 ♑ 30	12 ♋ 4	22 ♊ 48	13 ♎	16 ♍	13 ♑	7 ♋	21 ♒
23	1 ♈ 35	25 ♏ 8	10 ♋ 9	10 ♋ 15	4 ♓ 21	14 ♉ 8	19 ♉ 30	3 ♌ 39	0 ♈ 22	16 ♑ 31	12 ♋ 4	22 ♊ 48	13 ♎	16 ♍	13 ♑	8 ♋	21 ♒
24	2 ♈ 35	8 ♐ 31	10 ♋ 5	10 ♋ 11	5 ♓ 7	15 ♉ 16	20 ♉ 11	3 ♌ 38	0 ♈ 30	16 ♑ 33	12 ♋ 4	22 ♊ 48	12 ♎	16 ♍	13 ♑	8 ♋	21 ♒
25	3 ♈ 34	22 ♐ 5	10 ♋ 2	10 ♋ 9	5 ♓ 57	16 ♉ 24	20 ♉ 52	3 ♌ 37	0 ♈ 37	16 ♑ 34	12 D 4	22 ♊ 49	12 ♎	15 ♍	14 ♑	8 ♋	21 ♒
26	4 ♈ 33	5 ♑ 53	9 ♋ 59	10 D 9	6 ♓ 50	17 ♉ 32	21 ♉ 32	3 ♌ 36	0 ♈ 44	16 ♑ 36	12 ♋ 4	22 ♊ 49	12 ♎	15 ♍	14 ♑	8 ♋	21 ♒
27	5 ♈ 33	19 ♑ 56	9 ♋ 56	10 R 9	7 ♓ 46	18 ♉ 39	22 ♉ 13	3 ♌ 35	0 ♈ 52	16 ♑ 37	12 ♋ 4	22 ♊ 50	12 ♎	15 ♍	14 ♑	8 ♋	21 ♒
28	6 ♈ 32	4 ♒ 13	9 ♋ 53	10 ♋ 7	8 ♓ 45	19 ♉ 47	22 ♉ 53	3 ♌ 34	0 ♈ 59	16 ♑ 38	12 ♋ 4	22 ♊ 50	11 ♎	15 ♍	14 ♑	9 ♋	21 ♒
29	7 ♈ 31	18 ♒ 42	9 ♋ 50	10 ♋ 4	9 ♓ 47	20 ♉ 54	23 ♉ 34	3 ♌ 34	1 ♈ 7	16 ♑ 40	12 ♋ 4	22 ♊ 51	11 ♎	14 ♍	14 ♑	9 ♋	21 ♒
30	8 ♈ 31	3 ♓ 19	9 ♋ 46	9 ♋ 57	10 ♓ 51	22 ♉ 1	24 ♉ 14	3 ♌ 33	1 ♈ 14	16 ♑ 41	12 ♋ 5	22 ♊ 51	11 ♎	14 ♍	15 ♑	9 ♋	21 ♒
31	9 ♈ 30	18 ♓ 0	9 ♋ 43	9 ♋ 48	11 ♓ 58	23 ♉ 8	24 ♉ 55	3 D 33	1 ♈ 22	16 ♑ 42	12 ♋ 5	22 ♊ 52	11 ♎	14 ♍	15 ♑	9 ♋	21 ♒

SUN INGRESS	☉ → ♈ 21日 09:27
MOON PHASE	● 3日 03:57 ♓ ◐ 10日 06:42 ♊ ○ 18日 11:28 ♍ ◑ 25日 21:32 ♑

aspects		
1日	15:00	♂□♃
3日	11:23	☿⚹♂
3日	12:57	☉△♆
4日	13:11	♀⚹♇
7日	09:26	☉⚹♅
11日	11:31	☿⚹♀
12日	03:13	♂⚹♆
14日	03:03	☉□♇
14日	03:52	♀□♃
18日	10:23	♂△♅
21日	04:18	♀⚹♆
21日	14:21	☉☌♄
25日	01:04	☉△♃
25日	03:38	♀△♅
31日	02:30	☿△♆

1908年4月

DAY	☉	☽	☊ mean	☊ true	☿	♀	♂	♃	♄	♅	♆	♇	⚳	⚴	⚵	⚶	⚷
	° ′	° ′	° ′	° ′	° ′	° ′	° ′	° ′	° ′	° ′	° ′	° ′	°	°	°	°	°
1	10 ♈ 29	2 ♈ 36	9 ♋ 40	9 R 37	13 D 7	24 D 14	25 D 35	3 D 33	1 D 29	16 D 43	12 D 5	22 D 52	11 R	14 R	15 D	9 D	21 D
2	11 ♈ 28	17 ♈ 1	9 ♋ 37	9 ♋ 25	14 ♓ 18	25 ♉ 20	26 ♉ 16	3 ♌ 34	1 ♈ 37	16 ♑ 44	12 ♋ 5	22 ♊ 53	10 ♎	13 ♍	15 ♑	10 ♋	21 ♒
3	12 ♈ 28	1 ♉ 7	9 ♋ 34	9 ♋ 13	15 ♓ 32	26 ♉ 26	26 ♉ 56	3 ♌ 34	1 ♈ 44	16 ♑ 45	12 ♋ 6	22 ♊ 53	10 ♎	13 ♍	15 ♑	10 ♋	21 ♒
4	13 ♈ 27	14 ♉ 50	9 ♋ 30	9 ♋ 3	16 ♓ 47	27 ♉ 32	27 ♉ 37	3 ♌ 35	1 ♈ 51	16 ♑ 46	12 ♋ 6	22 ♊ 54	10 ♎	13 ♍	16 ♑	10 ♋	21 ♒
5	14 ♈ 26	28 ♉ 7	9 ♋ 27	8 ♋ 55	18 ♓ 4	28 ♉ 38	28 ♉ 17	3 ♌ 36	1 ♈ 59	16 ♑ 47	12 ♋ 6	22 ♊ 54	10 ♎	13 ♍	16 ♑	10 ♋	21 ♒
6	15 ♈ 25	11 ♊ 0	9 ♋ 24	8 ♋ 51	19 ♓ 24	29 ♉ 43	28 ♉ 57	3 ♌ 37	2 ♈ 6	16 ♑ 48	12 ♋ 7	22 ♊ 55	9 ♎	13 ♍	16 ♑	11 ♋	21 ♒
7	16 ♈ 24	23 ♊ 30	9 ♋ 21	8 ♋ 48	20 ♓ 45	0 ♊ 49	29 ♉ 38	3 ♌ 38	2 ♈ 13	16 ♑ 48	12 ♋ 7	22 ♊ 56	9 ♎	12 ♍	16 ♑	11 ♋	22 ♒
8	17 ♈ 23	5 ♋ 42	9 ♋ 18	8 ♋ 47	22 ♓ 8	1 ♊ 53	0 ♊ 18	3 ♌ 40	2 ♈ 21	16 ♑ 49	12 ♋ 8	22 ♊ 56	9 ♎	12 ♍	16 ♑	11 ♋	22 ♒
9	18 ♈ 22	17 ♋ 40	9 ♋ 15	8 D 47	23 ♓ 33	2 ♊ 58	0 ♊ 58	3 ♌ 41	2 ♈ 28	16 ♑ 50	12 ♋ 8	22 ♊ 57	9 ♎	12 ♍	17 ♑	11 ♋	22 ♒
10	19 ♈ 21	29 ♋ 31	9 ♋ 11	8 R 47	25 ♓ 0	4 ♊ 2	1 ♊ 38	3 ♌ 43	2 ♈ 35	16 ♑ 50	12 ♋ 9	22 ♊ 58	8 ♎	12 ♍	17 ♑	12 ♋	22 ♒
11	20 ♈ 20	11 ♌ 20	9 ♋ 8	8 ♋ 45	26 ♓ 28	5 ♊ 7	2 ♊ 18	3 ♌ 45	2 ♈ 42	16 ♑ 51	12 ♋ 9	22 ♊ 58	8 ♎	12 ♍	17 ♑	12 ♋	22 ♒
12	21 ♈ 18	23 ♌ 11	9 ♋ 5	8 ♋ 41	27 ♓ 58	6 ♊ 10	2 ♊ 59	3 ♌ 47	2 ♈ 50	16 ♑ 52	12 ♋ 10	22 ♊ 59	8 ♎	12 ♍	17 ♑	12 ♋	22 ♒
13	22 ♈ 17	5 ♍ 9	9 ♋ 2	8 ♋ 35	29 ♓ 29	7 ♊ 14	3 ♊ 39	3 ♌ 50	2 ♈ 57	16 ♑ 52	12 ♋ 11	23 ♊ 0	8 ♎	11 ♍	17 ♑	12 ♋	22 ♒
14	23 ♈ 16	17 ♍ 19	8 ♋ 59	8 ♋ 26	1 ♈ 3	8 ♊ 17	4 ♊ 19	3 ♌ 52	3 ♈ 4	16 ♑ 52	12 ♋ 11	23 ♊ 1	8 ♎	11 ♍	17 ♑	13 ♋	22 ♒
15	24 ♈ 15	29 ♍ 42	8 ♋ 55	8 ♋ 14	2 ♈ 38	9 ♊ 20	4 ♊ 59	3 ♌ 55	3 ♈ 11	16 ♑ 53	12 ♋ 12	23 ♊ 2	7 ♎	11 ♍	17 ♑	13 ♋	22 ♒
16	25 ♈ 13	12 ♎ 21	8 ♋ 52	8 ♋ 2	4 ♈ 14	10 ♊ 23	5 ♊ 39	3 ♌ 58	3 ♈ 18	16 ♑ 53	12 ♋ 13	23 ♊ 2	7 ♎	11 ♍	18 ♑	13 ♋	22 ♒
17	26 ♈ 12	25 ♎ 14	8 ♋ 49	7 ♋ 50	5 ♈ 52	11 ♊ 25	6 ♊ 19	4 ♌ 1	3 ♈ 25	16 ♑ 53	12 ♋ 14	23 ♊ 3	7 ♎	11 ♍	18 ♑	14 ♋	22 ♒
18	27 ♈ 11	8 ♏ 22	8 ♋ 46	7 ♋ 39	7 ♈ 32	12 ♊ 27	6 ♊ 59	4 ♌ 4	3 ♈ 33	16 ♑ 54	12 ♋ 14	23 ♊ 4	7 ♎	11 ♍	18 ♑	14 ♋	22 ♒
19	28 ♈ 9	21 ♏ 44	8 ♋ 43	7 ♋ 29	9 ♈ 14	13 ♊ 29	7 ♊ 39	4 ♌ 7	3 ♈ 40	16 ♑ 54	12 ♋ 15	23 ♊ 5	7 ♎	11 ♍	18 ♑	14 ♋	22 ♒
20	29 ♈ 8	5 ♐ 16	8 ♋ 40	7 ♋ 23	10 ♈ 57	14 ♊ 30	8 ♊ 18	4 ♌ 11	3 ♈ 47	16 ♑ 54	12 ♋ 16	23 ♊ 6	6 ♎	11 ♍	18 ♑	15 ♋	22 ♒
21	0 ♉ 6	18 ♐ 57	8 ♋ 36	7 ♋ 19	12 ♈ 41	15 ♊ 31	8 ♊ 58	4 ♌ 15	3 ♈ 54	16 ♑ 54	12 ♋ 17	23 ♊ 7	6 ♎	11 ♍	18 ♑	15 ♋	22 ♒
22	1 ♉ 5	2 ♑ 47	8 ♋ 33	7 ♋ 18	14 ♈ 28	16 ♊ 31	9 ♊ 38	4 ♌ 19	4 ♈ 1	16 R 54	12 ♋ 18	23 ♊ 8	6 ♎	11 ♍	18 ♑	15 ♋	22 ♒
23	2 ♉ 3	16 ♑ 44	8 ♋ 30	7 D 18	16 ♈ 16	17 ♊ 32	10 ♊ 18	4 ♌ 23	4 ♈ 7	16 ♑ 54	12 ♋ 19	23 ♊ 9	6 ♎	11 ♍	18 ♑	15 ♋	22 ♒
24	3 ♉ 2	0 ♒ 47	8 ♋ 27	7 ♋ 19	18 ♈ 6	18 ♊ 31	10 ♊ 58	4 ♌ 27	4 ♈ 14	16 ♑ 54	12 ♋ 20	23 ♊ 10	6 ♎	11 ♍	19 ♑	16 ♋	22 ♒
25	4 ♉ 0	14 ♒ 56	8 ♋ 24	7 R 18	19 ♈ 57	19 ♊ 31	11 ♊ 38	4 ♌ 31	4 ♈ 21	16 ♑ 54	12 ♋ 21	23 ♊ 10	6 ♎	10 ♍	19 ♑	16 ♋	22 ♒
26	4 ♉ 59	29 ♒ 9	8 ♋ 21	7 ♋ 16	21 ♈ 50	20 ♊ 30	12 ♊ 17	4 ♌ 36	4 ♈ 28	16 ♑ 54	12 ♋ 22	23 ♊ 11	5 ♎	10 ♍	19 ♑	16 ♋	22 ♒
27	5 ♉ 57	13 ♓ 25	8 ♋ 17	7 ♋ 11	23 ♈ 45	21 ♊ 28	12 ♊ 57	4 ♌ 41	4 ♈ 35	16 ♑ 53	12 ♋ 23	23 ♊ 12	5 ♎	10 ♍	19 ♑	17 ♋	22 ♒
28	6 ♉ 55	27 ♓ 39	8 ♋ 14	7 ♋ 4	25 ♈ 42	22 ♊ 26	13 ♊ 37	4 ♌ 46	4 ♈ 42	16 ♑ 53	12 ♋ 24	23 ♊ 14	5 ♎	10 ♍	19 ♑	17 ♋	22 ♒
29	7 ♉ 54	11 ♈ 49	8 ♋ 11	6 ♋ 55	27 ♈ 40	23 ♊ 24	14 ♊ 16	4 ♌ 51	4 ♈ 48	16 ♑ 53	12 ♋ 25	23 ♊ 15	5 ♎	10 D	19 ♑	17 ♋	22 ♒
30	8 ♉ 52	25 ♈ 48	8 ♋ 8	6 ♋ 46	29 ♈ 39	24 ♊ 21	14 ♊ 56	4 ♌ 56	4 ♈ 55	16 ♑ 52	12 ♋ 27	23 ♊ 16	5 ♎	10 ♍	19 ♑	18 ♋	22 ♒

SUN INGRESS	☉ → ♉ 20日 21:11
MOON PHASE	● 1日 14:02 ♈ ◐ 9日 01:31 ♋ ○ 17日 01:55 ♎ ◑ 24日 04:07 ♒

aspects		
2日	15:02	☉□♆
3日	23:40	☿⚹♅
4日	04:03	♀☌♂
7日	10:05	☉□♅
8日	11:24	♀⚹♄
8日	13:49	☿□♇
9日	16:31	♀⚹♃
11日	17:36	♂⚹♄
13日	06:57	♂⚹♃
13日	17:40	☉⚹♇
15日	09:06	☿☌♄
15日	19:48	☿△♃
17日	10:40	☿⚹♂
20日	18:24	☿□♆
23日	08:21	☿□♅
24日	11:54	☿⚹♀
25日	13:55	☉□♃
26日	17:10	☿⚹♇
28日	20:01	♀☌♇
30日	21:12	♃△♄

1908年5月

DAY	☉	☽	☊ mean	☊ true	☿	♀	♂	♃	♄	♅	♆	♇	⚳	⚴	⚵	⚶	⚷
	° ′	° ′	° ′	° ′	° ′	° ′	° ′	° ′	° ′	° ′	° ′	° ′	°	°	°	°	°
1	9 ♉ 50	9 ♉ 33	8 ♋ 5	6 R 37	1 D 41	25 D 18	15 D 36	5 D 1	5 D 1	16 R 52	12 D 28	23 D 17	5 R	10 D	19 D	18 D	22 D
2	10 ♉ 48	23 ♉ 0	8 ♋ 1	6 ♋ 28	3 ♉ 44	26 ♊ 14	16 ♊ 15	5 ♌ 7	5 ♈ 8	16 ♑ 51	12 ♋ 29	23 ♊ 18	5 ♎	10 ♍	19 ♑	18 ♋	23 ♒
3	11 ♉ 47	6 ♊ 6	7 ♋ 58	6 ♋ 22	5 ♉ 48	27 ♊ 10	16 ♊ 55	5 ♌ 13	5 ♈ 15	16 ♑ 51	12 ♋ 30	23 ♊ 19	5 ♎	11 ♍	19 ♑	19 ♋	23 ♒
4	12 ♉ 45	18 ♊ 53	7 ♋ 55	6 ♋ 19	7 ♉ 54	28 ♊ 5	17 ♊ 34	5 ♌ 18	5 ♈ 21	16 ♑ 50	12 ♋ 32	23 ♊ 20	5 ♎	11 ♍	19 ♑	19 ♋	23 ♒
5	13 ♉ 43	1 ♋ 20	7 ♋ 52	6 ♋ 17	10 ♉ 1	28 ♊ 59	18 ♊ 14	5 ♌ 24	5 ♈ 27	16 ♑ 50	12 ♋ 33	23 ♊ 21	4 ♎	11 ♍	19 ♑	19 ♋	23 ♒
6	14 ♉ 41	13 ♋ 32	7 ♋ 49	6 D 17	12 ♉ 9	29 ♊ 53	18 ♊ 53	5 ♌ 31	5 ♈ 34	16 ♑ 49	12 ♋ 34	23 ♊ 22	4 ♎	11 ♍	19 ♑	20 ♋	23 ♒
7	15 ♉ 39	25 ♋ 31	7 ♋ 46	6 ♋ 18	14 ♉ 18	0 ♋ 47	19 ♊ 33	5 ♌ 37	5 ♈ 40	16 ♑ 48	12 ♋ 36	23 ♊ 23	4 ♎	11 ♍	19 ♑	20 ♋	23 ♒
8	16 ♉ 37	7 ♌ 23	7 ♋ 42	6 ♋ 19	16 ♉ 27	1 ♋ 40	20 ♊ 12	5 ♌ 43	5 ♈ 46	16 ♑ 48	12 ♋ 37	23 ♊ 25	4 ♎	11 ♍	19 ♑	20 ♋	23 ♒
9	17 ♉ 35	19 ♌ 13	7 ♋ 39	6 R 20	18 ♉ 38	2 ♋ 32	20 ♊ 52	5 ♌ 50	5 ♈ 53	16 ♑ 47	12 ♋ 38	23 ♊ 26	4 ♎	11 ♍	19 ♑	21 ♋	23 ♒
10	18 ♉ 33	1 ♍ 6	7 ♋ 36	6 ♋ 19	20 ♉ 48	3 ♋ 23	21 ♊ 31	5 ♌ 57	5 ♈ 59	16 ♑ 46	12 ♋ 40	23 ♊ 27	4 ♎	11 ♍	20 ♑	21 ♋	23 ♒
11	19 ♉ 31	13 ♍ 7	7 ♋ 33	6 ♋ 16	22 ♉ 59	4 ♋ 14	22 ♊ 10	6 ♌ 3	6 ♈ 5	16 ♑ 45	12 ♋ 41	23 ♊ 28	4 ♎	11 ♍	20 ♑	22 ♋	23 ♒
12	20 ♉ 29	25 ♍ 20	7 ♋ 30	6 ♋ 11	25 ♉ 9	5 ♋ 4	22 ♊ 50	6 ♌ 10	6 ♈ 11	16 ♑ 44	12 ♋ 43	23 ♊ 29	4 ♎	11 ♍	20 ♑	22 ♋	23 ♒
13	21 ♉ 27	7 ♎ 50	7 ♋ 27	6 ♋ 5	27 ♉ 19	5 ♋ 53	23 ♊ 29	6 ♌ 18	6 ♈ 17	16 ♑ 43	12 ♋ 44	23 ♊ 31	4 ♎	11 ♍	20 ♑	22 ♋	23 ♒
14	22 ♉ 25	20 ♎ 37	7 ♋ 23	5 ♋ 58	29 ♉ 28	6 ♋ 42	24 ♊ 8	6 ♌ 25	6 ♈ 23	16 ♑ 42	12 ♋ 46	23 ♊ 32	4 ♎	11 ♍	20 R	23 ♋	23 ♒
15	23 ♉ 23	3 ♏ 45	7 ♋ 20	5 ♋ 51	1 ♊ 36	7 ♋ 30	24 ♊ 48	6 ♌ 32	6 ♈ 29	16 ♑ 41	12 ♋ 47	23 ♊ 33	4 ♎	11 ♍	20 ♑	23 ♋	23 ♒
16	24 ♉ 20	17 ♏ 11	7 ♋ 17	5 ♋ 44	3 ♊ 43	8 ♋ 16	25 ♊ 27	6 ♌ 40	6 ♈ 35	16 ♑ 40	12 ♋ 49	23 ♊ 34	4 ♎	12 ♍	20 ♑	23 ♋	23 ♒
17	25 ♉ 18	0 ♐ 54	7 ♋ 14	5 ♋ 39	5 ♊ 48	9 ♋ 2	26 ♊ 6	6 ♌ 47	6 ♈ 41	16 ♑ 38	12 ♋ 51	23 ♊ 36	4 ♎	12 ♍	20 ♑	24 ♋	23 ♒
18	26 ♉ 16	14 ♐ 51	7 ♋ 11	5 ♋ 35	7 ♊ 51	9 ♋ 47	26 ♊ 45	6 ♌ 55	6 ♈ 46	16 ♑ 37	12 ♋ 52	23 ♊ 37	4 ♎	12 ♍	19 ♑	24 ♋	23 ♒
19	27 ♉ 14	28 ♐ 58	7 ♋ 7	5 ♋ 33	9 ♊ 52	10 ♋ 32	27 ♊ 24	7 ♌ 3	6 ♈ 52	16 ♑ 36	12 ♋ 54	23 ♊ 38	4 D	12 ♍	19 ♑	25 ♋	23 ♒
20	28 ♉ 11	13 ♑ 12	7 ♋ 4	5 D 33	11 ♊ 51	11 ♋ 15	28 ♊ 3	7 ♌ 11	6 ♈ 58	16 ♑ 35	12 ♋ 56	23 ♊ 39	4 ♎	12 ♍	19 ♑	25 ♋	23 ♒
21	29 ♉ 9	27 ♑ 28	7 ♋ 1	5 ♋ 35	13 ♊ 47	11 ♋ 57	28 ♊ 43	7 ♌ 19	7 ♈ 3	16 ♑ 33	12 ♋ 57	23 ♊ 41	4 ♎	12 ♍	19 ♑	25 ♋	23 ♒
22	0 ♊ 7	11 ♒ 44	6 ♋ 58	5 ♋ 36	15 ♊ 41	12 ♋ 38	29 ♊ 22	7 ♌ 27	7 ♈ 9	16 ♑ 32	12 ♋ 59	23 ♊ 42	4 ♎	12 ♍	19 ♑	26 ♋	23 ♒
23	1 ♊ 4	25 ♒ 58	6 ♋ 55	5 ♋ 37	17 ♊ 32	13 ♋ 18	0 ♋ 1	7 ♌ 36	7 ♈ 14	16 ♑ 31	13 ♋ 1	23 ♊ 43	4 ♎	13 ♍	19 ♑	26 ♋	23 ♒
24	2 ♊ 2	10 ♓ 6	6 ♋ 52	5 R 37	19 ♊ 21	13 ♋ 57	0 ♋ 40	7 ♌ 44	7 ♈ 20	16 ♑ 29	13 ♋ 3	23 ♊ 45	4 ♎	13 ♍	19 ♑	26 ♋	23 ♒
25	3 ♊ 0	24 ♓ 9	6 ♋ 48	5 ♋ 35	21 ♊ 6	14 ♋ 35	1 ♋ 19	7 ♌ 53	7 ♈ 25	16 ♑ 28	13 ♋ 4	23 ♊ 46	4 ♎	13 ♍	19 ♑	27 ♋	23 ♒
26	3 ♊ 57	8 ♈ 3	6 ♋ 45	5 ♋ 32	22 ♊ 49	15 ♋ 12	1 ♋ 58	8 ♌ 1	7 ♈ 30	16 ♑ 26	13 ♋ 6	23 ♊ 47	4 ♎	13 ♍	19 ♑	27 ♋	23 ♒
27	4 ♊ 55	21 ♈ 47	6 ♋ 42	5 ♋ 28	24 ♊ 29	15 ♋ 47	2 ♋ 37	8 ♌ 10	7 ♈ 35	16 ♑ 24	13 ♋ 8	23 ♊ 49	4 ♎	13 ♍	19 ♑	28 ♋	23 ♒
28	5 ♊ 53	5 ♉ 20	6 ♋ 39	5 ♋ 24	26 ♊ 5	16 ♋ 21	3 ♋ 16	8 ♌ 19	7 ♈ 40	16 ♑ 23	13 ♋ 10	23 ♊ 50	4 ♎	13 ♍	19 ♑	28 ♋	23 ♒
29	6 ♊ 50	18 ♉ 39	6 ♋ 36	5 ♋ 19	27 ♊ 39	16 ♋ 54	3 ♋ 55	8 ♌ 28	7 ♈ 45	16 ♑ 21	13 ♋ 12	23 ♊ 51	4 ♎	14 ♍	19 ♑	28 ♋	23 R
30	7 ♊ 48	1 ♊ 43	6 ♋ 32	5 ♋ 15	29 ♊ 10	17 ♋ 26	4 ♋ 34	8 ♌ 37	7 ♈ 50	16 ♑ 20	13 ♋ 14	23 ♊ 53	4 ♎	14 ♍	19 ♑	29 ♋	23 ♒
31	8 ♊ 45	14 ♊ 32	6 ♋ 29	5 ♋ 13	0 ♋ 37	17 ♋ 56	5 ♋ 13	8 ♌ 47	7 ♈ 55	16 ♑ 18	13 ♋ 15	23 ♊ 54	4 ♎	14 ♍	19 ♑	29 ♋	23 ♒
SUN INGRESS	☉ → ♊ 21日 20:58																
MOON PHASE	● 1日 00:33 ♉	◐ 8日 20:23 ♌	○ 16日 13:32 ♏	◑ 23日 09:17 ♓	● 30日 12:14 ♊												

aspects		
2日	16:53	☿□♃
3日	18:26	☉⚹♆
6日	04:50	☿⚹♆
8日	03:16	☉☌☿
8日	03:42	☿△♅
8日	04:14	☉△♅
12日	16:05	♃△♄
13日	00:57	♂☌♇
13日	13:25	♀□♄
17日	10:47	☿⚹♄
17日	12:21	☿⚹♃
22日	12:54	♀☌♆
26日	14:11	☿☌♇
28日	01:00	♀☍♅
30日	01:12	☉⚹♄
31日	00:45	☉⚹♃

1908年6月

DAY	☉	☽	☊ mean	☊ true	☿	♀	♂	♃	♄	♅	♆	♇	⚳	⚴	⚵	⚶	⚷
	° ′	° ′	° ′	° ′	° ′	° ′	° ′	° ′	° ′	° ′	° ′	° ′	°	°	°	°	°
1	9 ♊ 43	27 ♊ 5	6 ♋ 26	5 R 11	2 D 2	18 D 24	5 D 52	8 D 56	8 D 0	16 R 16	13 D 17	23 D 56	4 D	14 D	19 R	0 D	23 R
2	10 ♊ 40	9 ♋ 24	6 ♋ 23	5 D 11	3 ♋ 23	18 ♋ 51	6 ♋ 30	9 ♌ 6	8 ♈ 5	16 ♑ 14	13 ♋ 19	23 ♊ 57	4 ♎	14 ♍	18 ♑	0 ♌	23 ♒
3	11 ♊ 38	21 ♋ 31	6 ♋ 20	5 ♋ 12	4 ♋ 41	19 ♋ 16	7 ♋ 9	9 ♌ 15	8 ♈ 9	16 ♑ 12	13 ♋ 21	23 ♊ 58	5 ♎	15 ♍	18 ♑	0 ♌	23 ♒
4	12 ♊ 35	3 ♌ 29	6 ♋ 17	5 ♋ 13	5 ♋ 56	19 ♋ 40	7 ♋ 48	9 ♌ 25	8 ♈ 14	16 ♑ 11	13 ♋ 23	24 ♊ 0	5 ♎	15 ♍	18 ♑	1 ♌	23 ♒
5	13 ♊ 33	15 ♌ 20	6 ♋ 13	5 ♋ 15	7 ♋ 7	20 ♋ 2	8 ♋ 27	9 ♌ 34	8 ♈ 18	16 ♑ 9	13 ♋ 25	24 ♊ 1	5 ♎	15 ♍	18 ♑	1 ♌	23 ♒
6	14 ♊ 30	27 ♌ 10	6 ♋ 10	5 ♋ 16	8 ♋ 15	20 ♋ 22	9 ♋ 6	9 ♌ 44	8 ♈ 23	16 ♑ 7	13 ♋ 27	24 ♊ 3	5 ♎	15 ♍	18 ♑	2 ♌	23 ♒
7	15 ♊ 27	9 ♍ 4	6 ♋ 7	5 ♋ 17	9 ♋ 20	20 ♋ 40	9 ♋ 45	9 ♌ 54	8 ♈ 27	16 ♑ 5	13 ♋ 29	24 ♊ 4	5 ♎	16 ♍	18 ♑	2 ♌	23 ♒
8	16 ♊ 25	21 ♍ 4	6 ♋ 4	5 R 17	10 ♋ 21	20 ♋ 56	10 ♋ 23	10 ♌ 4	8 ♈ 32	16 ♑ 3	13 ♋ 31	24 ♊ 5	5 ♎	16 ♍	18 ♑	2 ♌	23 ♒
9	17 ♊ 22	3 ♎ 18	6 ♋ 1	5 ♋ 17	11 ♋ 18	21 ♋ 10	11 ♋ 2	10 ♌ 14	8 ♈ 36	16 ♑ 1	13 ♋ 33	24 ♊ 7	5 ♎	16 ♍	17 ♑	3 ♌	23 ♒
10	18 ♊ 20	15 ♎ 48	5 ♋ 58	5 ♋ 15	12 ♋ 12	21 ♋ 22	11 ♋ 41	10 ♌ 25	8 ♈ 40	15 ♑ 59	13 ♋ 35	24 ♊ 8	5 ♎	16 ♍	17 ♑	3 ♌	23 ♒
11	19 ♊ 17	28 ♎ 38	5 ♋ 54	5 ♋ 13	13 ♋ 3	21 ♋ 33	12 ♋ 19	10 ♌ 35	8 ♈ 44	15 ♑ 57	13 ♋ 37	24 ♊ 10	6 ♎	17 ♍	17 ♑	4 ♌	23 ♒
12	20 ♊ 14	11 ♏ 51	5 ♋ 51	5 ♋ 11	13 ♋ 49	21 ♋ 40	12 ♋ 58	10 ♌ 45	8 ♈ 48	15 ♑ 55	13 ♋ 39	24 ♊ 11	6 ♎	17 ♍	17 ♑	4 ♌	23 ♒
13	21 ♊ 11	25 ♏ 27	5 ♋ 48	5 ♋ 9	14 ♋ 31	21 ♋ 46	13 ♋ 37	10 ♌ 56	8 ♈ 52	15 ♑ 53	13 ♋ 41	24 ♊ 12	6 ♎	17 ♍	17 ♑	5 ♌	23 ♒
14	22 ♊ 9	9 ♐ 25	5 ♋ 45	5 ♋ 8	15 ♋ 10	21 ♋ 50	14 ♋ 15	11 ♌ 6	8 ♈ 55	15 ♑ 50	13 ♋ 44	24 ♊ 14	6 ♎	17 ♍	17 ♑	5 ♌	23 ♒
15	23 ♊ 6	23 ♐ 42	5 ♋ 42	5 ♋ 7	15 ♋ 44	21 R 51	14 ♋ 54	11 ♌ 17	8 ♈ 59	15 ♑ 48	13 ♋ 46	24 ♊ 15	6 ♎	18 ♍	16 ♑	5 ♌	23 ♒
16	24 ♊ 3	8 ♑ 14	5 ♋ 38	5 D 7	16 ♋ 14	21 ♋ 50	15 ♋ 33	11 ♌ 28	9 ♈ 3	15 ♑ 46	13 ♋ 48	24 ♊ 17	6 ♎	18 ♍	16 ♑	6 ♌	23 ♒
17	25 ♊ 1	22 ♑ 54	5 ♋ 35	5 ♋ 7	16 ♋ 40	21 ♋ 46	16 ♋ 11	11 ♌ 38	9 ♈ 6	15 ♑ 44	13 ♋ 50	24 ♊ 18	6 ♎	18 ♍	16 ♑	6 ♌	23 ♒
18	25 ♊ 58	7 ♒ 36	5 ♋ 32	5 ♋ 8	17 ♋ 1	21 ♋ 40	16 ♋ 50	11 ♌ 49	9 ♈ 10	15 ♑ 42	13 ♋ 52	24 ♊ 20	7 ♎	18 ♍	16 ♑	7 ♌	23 ♒
19	26 ♊ 55	22 ♒ 13	5 ♋ 29	5 ♋ 9	17 ♋ 18	21 ♋ 32	17 ♋ 28	12 ♌ 0	9 ♈ 13	15 ♑ 39	13 ♋ 54	24 ♊ 21	7 ♎	19 ♍	16 ♑	7 ♌	23 ♒
20	27 ♊ 52	6 ♓ 42	5 ♋ 26	5 ♋ 9	17 ♋ 30	21 ♋ 21	18 ♋ 7	12 ♌ 11	9 ♈ 16	15 ♑ 37	13 ♋ 56	24 ♊ 22	7 ♎	19 ♍	16 ♑	8 ♌	23 ♒
21	28 ♊ 50	20 ♓ 57	5 ♋ 23	5 ♋ 10	17 ♋ 38	21 ♋ 8	18 ♋ 46	12 ♌ 22	9 ♈ 20	15 ♑ 35	13 ♋ 59	24 ♊ 24	7 ♎	19 ♍	15 ♑	8 ♌	23 ♒
22	29 ♊ 47	4 ♈ 57	5 ♋ 19	5 R 10	17 ♋ 41	20 ♋ 52	19 ♋ 24	12 ♌ 33	9 ♈ 23	15 ♑ 33	14 ♋ 1	24 ♊ 25	7 ♎	20 ♍	15 ♑	8 ♌	23 ♒
23	0 ♋ 44	18 ♈ 41	5 ♋ 16	5 ♋ 9	17 R 40	20 ♋ 35	20 ♋ 3	12 ♌ 45	9 ♈ 26	15 ♑ 30	14 ♋ 3	24 ♊ 27	8 ♎	20 ♍	15 ♑	9 ♌	23 ♒
24	1 ♋ 41	2 ♉ 8	5 ♋ 13	5 ♋ 9	17 ♋ 34	20 ♋ 14	20 ♋ 41	12 ♌ 56	9 ♈ 28	15 ♑ 28	14 ♋ 5	24 ♊ 28	8 ♎	20 ♍	15 ♑	9 ♌	23 ♒
25	2 ♋ 39	15 ♉ 19	5 ♋ 10	5 ♋ 9	17 ♋ 23	19 ♋ 52	21 ♋ 20	13 ♌ 7	9 ♈ 31	15 ♑ 26	14 ♋ 7	24 ♊ 29	8 ♎	20 ♍	14 ♑	10 ♌	23 ♒
26	3 ♋ 36	28 ♉ 15	5 ♋ 7	5 ♋ 8	17 ♋ 9	19 ♋ 28	21 ♋ 58	13 ♌ 19	9 ♈ 34	15 ♑ 23	14 ♋ 9	24 ♊ 31	8 ♎	21 ♍	14 ♑	10 ♌	22 ♒
27	4 ♋ 33	10 ♊ 57	5 ♋ 4	5 ♋ 8	16 ♋ 50	19 ♋ 1	22 ♋ 37	13 ♌ 30	9 ♈ 37	15 ♑ 21	14 ♋ 12	24 ♊ 32	8 ♎	21 ♍	14 ♑	11 ♌	22 ♒
28	5 ♋ 30	23 ♊ 27	5 ♋ 0	5 D 8	16 ♋ 28	18 ♋ 33	23 ♋ 15	13 ♌ 42	9 ♈ 39	15 ♑ 19	14 ♋ 14	24 ♊ 34	9 ♎	21 ♍	14 ♑	11 ♌	22 ♒
29	6 ♋ 27	5 ♋ 45	4 ♋ 57	5 ♋ 8	16 ♋ 2	18 ♋ 3	23 ♋ 53	13 ♌ 53	9 ♈ 42	15 ♑ 16	14 ♋ 16	24 ♊ 35	9 ♎	22 ♍	14 ♑	11 ♌	22 ♒
30	7 ♋ 25	17 ♋ 53	4 ♋ 54	5 R 8	15 ♋ 33	17 ♋ 31	24 ♋ 32	14 ♌ 5	9 ♈ 44	15 ♑ 14	14 ♋ 18	24 ♊ 36	9 ♎	22 ♍	13 ♑	12 ♌	22 ♒
SUN INGRESS	☉ → ♋ 22日 05:19																
MOON PHASE	◐ 7日 13:56 ♍	○ 14日 22:55 ♐	◑ 21日 14:26 ♓	● 29日 01:31 ♋													

aspects		
4日	18:05	♂□♄
6日	03:01	☿□♄
8日	02:46	☿☌♂
11日	18:41	☿☌♆
13日	03:05	♂☌♆
15日	03:07	☿☍♅
16日	05:44	☉☌♇
16日	07:54	♂☍♅
18日	12:48	☿☌♂
23日	13:13	♀☌♂
30日	16:03	☿☍♅

1908年7月

DAY	☉	☽	☊ mean	☊ true	☿	♀	♂	♃	♄	♅	♆	♇	⚳	⚴	⚵	⚶	⚷
	° ′	° ′	° ′	° ′	° ′	° ′	° ′	° ′	° ′	° ′	° ′	° ′	°	°	°	°	°
1	8 ♋ 22	29 ♋ 52	4 ♋ 51	5 R 8	15 R 1	16 R 58	25 D 10	14 D 17	9 D 46	15 R 11	14 D 20	24 D 38	9 D	22 D	13 R	12 D	22 R
2	9 ♋ 19	11 ♌ 46	4 ♋ 48	5 ♋ 8	14 ♋ 28	16 ♋ 24	25 ♋ 49	14 ♌ 29	9 ♈ 48	15 ♑ 9	14 ♋ 23	24 ♊ 39	10 ♎	23 ♍	13 ♑	13 ♌	22 ♒
3	10 ♋ 16	23 ♌ 36	4 ♋ 44	5 ♋ 7	13 ♋ 52	15 ♋ 48	26 ♋ 27	14 ♌ 41	9 ♈ 50	15 ♑ 7	14 ♋ 25	24 ♊ 41	10 ♎	23 ♍	13 ♑	13 ♌	22 ♒
4	11 ♋ 14	5 ♍ 26	4 ♋ 41	5 ♋ 6	13 ♋ 15	15 ♋ 12	27 ♋ 5	14 ♌ 52	9 ♈ 52	15 ♑ 4	14 ♋ 27	24 ♊ 42	10 ♎	23 ♍	12 ♑	14 ♌	22 ♒
5	12 ♋ 11	17 ♍ 19	4 ♋ 38	5 ♋ 6	12 ♋ 38	14 ♋ 35	27 ♋ 44	15 ♌ 4	9 ♈ 54	15 ♑ 2	14 ♋ 29	24 ♊ 43	10 ♎	24 ♍	12 ♑	14 ♌	22 ♒
6	13 ♋ 8	29 ♍ 19	4 ♋ 35	5 ♋ 5	12 ♋ 1	13 ♋ 57	28 ♋ 22	15 ♌ 16	9 ♈ 56	14 ♑ 59	14 ♋ 32	24 ♊ 45	11 ♎	24 ♍	12 ♑	15 ♌	22 ♒
7	14 ♋ 5	11 ♎ 31	4 ♋ 32	5 ♋ 5	11 ♋ 25	13 ♋ 20	29 ♋ 1	15 ♌ 28	9 ♈ 58	14 ♑ 57	14 ♋ 34	24 ♊ 46	11 ♎	24 ♍	12 ♑	15 ♌	22 ♒
8	15 ♋ 2	23 ♎ 58	4 ♋ 29	5 D 5	10 ♋ 51	12 ♋ 42	29 ♋ 39	15 ♌ 41	9 ♈ 59	14 ♑ 55	14 ♋ 36	24 ♊ 47	11 ♎	25 ♍	11 ♑	15 ♌	22 ♒
9	16 ♋ 0	6 ♏ 46	4 ♋ 25	5 ♋ 5	10 ♋ 18	12 ♋ 5	0 ♌ 17	15 ♌ 53	10 ♈ 1	14 ♑ 52	14 ♋ 38	24 ♊ 49	11 ♎	25 ♍	11 ♑	16 ♌	22 ♒
10	16 ♋ 57	19 ♏ 56	4 ♋ 22	5 ♋ 6	9 ♋ 48	11 ♋ 29	0 ♌ 56	16 ♌ 5	10 ♈ 2	14 ♑ 50	14 ♋ 41	24 ♊ 50	12 ♎	25 ♍	11 ♑	16 ♌	22 ♒
11	17 ♋ 54	3 ♐ 32	4 ♋ 19	5 ♋ 7	9 ♋ 21	10 ♋ 53	1 ♌ 34	16 ♌ 17	10 ♈ 3	14 ♑ 47	14 ♋ 43	24 ♊ 51	12 ♎	26 ♍	11 ♑	17 ♌	22 ♒
12	18 ♋ 51	17 ♐ 35	4 ♋ 16	5 ♋ 8	8 ♋ 58	10 ♋ 18	2 ♌ 12	16 ♌ 29	10 ♈ 4	14 ♑ 45	14 ♋ 45	24 ♊ 53	12 ♎	26 ♍	11 ♑	17 ♌	22 ♒
13	19 ♋ 48	2 ♑ 1	4 ♋ 13	5 ♋ 9	8 ♋ 39	9 ♋ 45	2 ♌ 50	16 ♌ 42	10 ♈ 5	14 ♑ 42	14 ♋ 47	24 ♊ 54	12 ♎	26 ♍	10 ♑	18 ♌	22 ♒
14	20 ♋ 46	16 ♑ 48	4 ♋ 10	5 R 8	8 ♋ 24	9 ♋ 13	3 ♌ 29	16 ♌ 54	10 ♈ 6	14 ♑ 40	14 ♋ 49	24 ♊ 55	13 ♎	27 ♍	10 ♑	18 ♌	22 ♒
15	21 ♋ 43	1 ♒ 48	4 ♋ 6	5 ♋ 7	8 ♋ 15	8 ♋ 42	4 ♌ 7	17 ♌ 7	10 ♈ 7	14 ♑ 38	14 ♋ 52	24 ♊ 57	13 ♎	27 ♍	10 ♑	19 ♌	22 ♒
16	22 ♋ 40	16 ♒ 52	4 ♋ 3	5 ♋ 6	8 ♋ 10	8 ♋ 13	4 ♌ 45	17 ♌ 19	10 ♈ 8	14 ♑ 35	14 ♋ 54	24 ♊ 58	13 ♎	27 ♍	10 ♑	19 ♌	22 ♒
17	23 ♋ 37	1 ♓ 53	4 ♋ 0	5 ♋ 4	8 D 10	7 ♋ 46	5 ♌ 23	17 ♌ 32	10 ♈ 9	14 ♑ 33	14 ♋ 56	24 ♊ 59	13 ♎	28 ♍	9 ♑	19 ♌	22 ♒
18	24 ♋ 34	16 ♓ 41	3 ♋ 57	5 ♋ 1	8 ♋ 17	7 ♋ 22	6 ♌ 2	17 ♌ 44	10 ♈ 9	14 ♑ 30	14 ♋ 58	25 ♊ 1	14 ♎	28 ♍	9 ♑	20 ♌	22 ♒
19	25 ♋ 32	1 ♈ 10	3 ♋ 54	4 ♋ 59	8 ♋ 28	6 ♋ 59	6 ♌ 40	17 ♌ 57	10 ♈ 10	14 ♑ 28	15 ♋ 1	25 ♊ 2	14 ♎	28 ♍	9 ♑	20 ♌	22 ♒
20	26 ♋ 29	15 ♈ 17	3 ♋ 50	4 ♋ 58	8 ♋ 45	6 ♋ 39	7 ♌ 18	18 ♌ 9	10 ♈ 10	14 ♑ 26	15 ♋ 3	25 ♊ 3	14 ♎	29 ♍	9 ♑	21 ♌	22 ♒
21	27 ♋ 26	29 ♈ 0	3 ♋ 47	4 D 58	9 ♋ 8	6 ♋ 21	7 ♌ 56	18 ♌ 22	10 ♈ 10	14 ♑ 23	15 ♋ 5	25 ♊ 4	15 ♎	29 ♍	9 ♑	21 ♌	22 ♒
22	28 ♋ 23	12 ♉ 20	3 ♋ 44	4 ♋ 58	9 ♋ 37	6 ♋ 5	8 ♌ 35	18 ♌ 35	10 ♈ 10	14 ♑ 21	15 ♋ 7	25 ♊ 6	15 ♎	29 ♍	8 ♑	22 ♌	21 ♒
23	29 ♋ 21	25 ♉ 19	3 ♋ 41	4 ♋ 59	10 ♋ 12	5 ♋ 51	9 ♌ 13	18 ♌ 47	10 R 10	14 ♑ 19	15 ♋ 9	25 ♊ 7	15 ♎	0 ♎	8 ♑	22 ♌	21 ♒
24	0 ♌ 18	8 ♊ 0	3 ♋ 38	5 ♋ 1	10 ♋ 52	5 ♋ 40	9 ♌ 51	19 ♌ 0	10 ♈ 10	14 ♑ 16	15 ♋ 11	25 ♊ 8	16 ♎	0 ♎	8 ♑	23 ♌	21 ♒
25	1 ♌ 15	20 ♊ 26	3 ♋ 35	5 ♋ 2	11 ♋ 38	5 ♋ 32	10 ♌ 29	19 ♌ 13	10 ♈ 10	14 ♑ 14	15 ♋ 14	25 ♊ 9	16 ♎	0 ♎	8 ♑	23 ♌	21 ♒
26	2 ♌ 13	2 ♋ 39	3 ♋ 31	5 ♋ 3	12 ♋ 29	5 ♋ 25	11 ♌ 8	19 ♌ 26	10 ♈ 10	14 ♑ 12	15 ♋ 16	25 ♊ 10	16 ♎	1 ♎	8 ♑	24 ♌	21 ♒
27	3 ♌ 10	14 ♋ 44	3 ♋ 28	5 R 3	13 ♋ 26	5 ♋ 22	11 ♌ 46	19 ♌ 38	10 ♈ 10	14 ♑ 10	15 ♋ 18	25 ♊ 11	16 ♎	1 ♎	7 ♑	24 ♌	21 ♒
28	4 ♌ 7	26 ♋ 42	3 ♋ 25	5 ♋ 1	14 ♋ 28	5 ♋ 20	12 ♌ 24	19 ♌ 51	10 ♈ 9	14 ♑ 7	15 ♋ 20	25 ♊ 13	17 ♎	2 ♎	7 ♑	25 ♌	21 ♒
29	5 ♌ 5	8 ♌ 35	3 ♋ 22	4 ♋ 58	15 ♋ 36	5 D 21	13 ♌ 2	20 ♌ 4	10 ♈ 9	14 ♑ 5	15 ♋ 22	25 ♊ 14	17 ♎	2 ♎	7 ♑	25 ♌	21 ♒
30	6 ♌ 2	20 ♌ 26	3 ♋ 19	4 ♋ 53	16 ♋ 49	5 ♋ 24	13 ♌ 40	20 ♌ 17	10 ♈ 8	14 ♑ 3	15 ♋ 24	25 ♊ 15	17 ♎	2 ♎	7 ♑	25 ♌	21 ♒
31	7 ♌ 0	2 ♍ 16	3 ♋ 16	4 ♋ 48	18 ♋ 7	5 ♋ 29	14 ♌ 19	20 ♌ 30	10 ♈ 7	14 ♑ 1	15 ♋ 26	25 ♊ 16	18 ♎	3 ♎	7 ♑	26 ♌	21 ♒

SUN INGRESS	☉ → ♌ 23日 16:14
MOON PHASE	◐ 7日 05:25 ♎ ○ 14日 06:48 ♑ ◑ 20日 21:02 ♈ ● 28日 16:17 ♌

aspects	
2日 03:09	☿☌♆
2日 12:43	☉□♄
4日 05:12	♀☍♅
5日 03:13	♀☌♆
5日 07:02	☉☌☿
6日 12:31	☉☌♀
7日 12:32	☉☌♆
7日 20:51	☉☍♅
9日 13:01	☿□♄
11日 23:14	♅☍♆
12日 09:26	♀□♄
16日 03:10	☿☌♀
22日 23:13	☿□♄
24日 12:06	♂△♄
27日 16:24	☿☍♅
28日 19:02	☿☌♆

1908年8月

DAY	☉	☽	☊ mean	☊ true	☿	♀	♂	♃	♄	♅	♆	♇	⚳	⚴	⚵	⚶	⚷
	° ′	° ′	° ′	° ′	° ′	° ′	° ′	° ′	° ′	° ′	° ′	° ′	°	°	°	°	°
1	7 ♌ 57	14 ♍ 7	3 ♋ 12	4 R 42	19 D 30	5 D 37	14 D 57	20 D 43	10 R 6	13 R 59	15 D 29	25 D 17	18 D	3 D	6 R	26 D	21 R
2	8 ♌ 54	26 ♍ 2	3 ♋ 9	4 ♋ 36	20 ♋ 58	5 ♋ 47	15 ♌ 35	20 ♌ 56	10 ♈ 5	13 ♑ 57	15 ♋ 31	25 ♊ 18	18 ♎	3 ♎	6 ♑	27 ♌	21 ♒
3	9 ♌ 52	8 ♎ 3	3 ♋ 6	4 ♋ 31	22 ♋ 30	5 ♋ 58	16 ♌ 13	21 ♌ 9	10 ♈ 4	13 ♑ 54	15 ♋ 33	25 ♊ 19	19 ♎	3 ♎	6 ♑	27 ♌	21 ♒
4	10 ♌ 49	20 ♎ 15	3 ♋ 3	4 ♋ 28	24 ♋ 7	6 ♋ 12	16 ♌ 51	21 ♌ 22	10 ♈ 3	13 ♑ 52	15 ♋ 35	25 ♊ 20	19 ♎	4 ♎	6 ♑	28 ♌	21 ♒
5	11 ♌ 47	2 ♏ 40	3 ♋ 0	4 ♋ 26	25 ♋ 47	6 ♋ 28	17 ♌ 29	21 ♌ 35	10 ♈ 2	13 ♑ 50	15 ♋ 37	25 ♊ 21	19 ♎	5 ♎	6 ♑	28 ♌	21 ♒
6	12 ♌ 44	15 ♏ 23	2 ♋ 56	4 D 26	27 ♋ 32	6 ♋ 45	18 ♌ 8	21 ♌ 48	10 ♈ 0	13 ♑ 48	15 ♋ 39	25 ♊ 22	20 ♎	5 ♎	6 ♑	29 ♌	21 ♒
7	13 ♌ 42	28 ♏ 27	2 ♋ 53	4 ♋ 26	29 ♋ 19	7 ♋ 5	18 ♌ 46	22 ♌ 1	9 ♈ 59	13 ♑ 46	15 ♋ 41	25 ♊ 23	20 ♎	5 ♎	5 ♑	29 ♌	21 ♒
8	14 ♌ 39	11 ♐ 56	2 ♋ 50	4 ♋ 28	1 ♌ 10	7 ♋ 26	19 ♌ 24	22 ♌ 14	9 ♈ 57	13 ♑ 44	15 ♋ 43	25 ♊ 24	20 ♎	6 ♎	5 ♑	0 ♍	21 ♒
9	15 ♌ 37	25 ♐ 53	2 ♋ 47	4 ♋ 29	3 ♌ 4	7 ♋ 49	20 ♌ 2	22 ♌ 27	9 ♈ 56	13 ♑ 42	15 ♋ 45	25 ♊ 25	21 ♎	6 ♎	5 ♑	0 ♍	21 ♒
10	16 ♌ 34	10 ♑ 16	2 ♋ 44	4 R 29	4 ♌ 59	8 ♋ 14	20 ♌ 40	22 ♌ 40	9 ♈ 54	13 ♑ 40	15 ♋ 47	25 ♊ 26	21 ♎	6 ♎	5 ♑	1 ♍	21 ♒
11	17 ♌ 32	25 ♑ 4	2 ♋ 41	4 ♋ 28	6 ♌ 57	8 ♋ 40	21 ♌ 18	22 ♌ 53	9 ♈ 52	13 ♑ 39	15 ♋ 49	25 ♊ 27	21 ♎	7 ♎	5 ♑	1 ♍	21 ♒
12	18 ♌ 29	10 ♒ 10	2 ♋ 37	4 ♋ 24	8 ♌ 57	9 ♋ 8	21 ♌ 57	23 ♌ 6	9 ♈ 50	13 ♑ 37	15 ♋ 51	25 ♊ 28	22 ♎	7 ♎	5 ♑	2 ♍	20 ♒
13	19 ♌ 27	25 ♒ 26	2 ♋ 34	4 ♋ 19	10 ♌ 57	9 ♋ 37	22 ♌ 35	23 ♌ 19	9 ♈ 48	13 ♑ 35	15 ♋ 53	25 ♊ 29	22 ♎	8 ♎	5 ♑	2 ♍	20 ♒
14	20 ♌ 25	10 ♓ 42	2 ♋ 31	4 ♋ 12	12 ♌ 59	10 ♋ 8	23 ♌ 13	23 ♌ 32	9 ♈ 46	13 ♑ 33	15 ♋ 55	25 ♊ 30	22 ♎	8 ♎	5 ♑	3 ♍	20 ♒
15	21 ♌ 22	25 ♓ 46	2 ♋ 28	4 ♋ 5	15 ♌ 1	10 ♋ 40	23 ♌ 51	23 ♌ 45	9 ♈ 44	13 ♑ 31	15 ♋ 57	25 ♊ 31	23 ♎	8 ♎	5 ♑	3 ♍	20 ♒
16	22 ♌ 20	10 ♈ 30	2 ♋ 25	3 ♋ 59	17 ♌ 3	11 ♋ 14	24 ♌ 29	23 ♌ 59	9 ♈ 41	13 ♑ 30	15 ♋ 58	25 ♊ 32	23 ♎	9 ♎	5 ♑	4 ♍	20 ♒
17	23 ♌ 18	24 ♈ 48	2 ♋ 22	3 ♋ 54	19 ♌ 5	11 ♋ 49	25 ♌ 7	24 ♌ 12	9 ♈ 39	13 ♑ 28	16 ♋ 0	25 ♊ 33	24 ♎	9 ♎	4 ♑	4 ♍	20 ♒
18	24 ♌ 15	8 ♉ 37	2 ♋ 18	3 ♋ 51	21 ♌ 7	12 ♋ 25	25 ♌ 45	24 ♌ 25	9 ♈ 36	13 ♑ 26	16 ♋ 2	25 ♊ 34	24 ♎	10 ♎	4 ♑	4 ♍	20 ♒
19	25 ♌ 13	21 ♉ 58	2 ♋ 15	3 ♋ 50	23 ♌ 8	13 ♋ 2	26 ♌ 24	24 ♌ 38	9 ♈ 34	13 ♑ 25	16 ♋ 4	25 ♊ 34	24 ♎	10 ♎	4 ♑	5 ♍	20 ♒
20	26 ♌ 11	4 ♊ 54	2 ♋ 12	3 D 50	25 ♌ 9	13 ♋ 41	27 ♌ 2	24 ♌ 51	9 ♈ 31	13 ♑ 23	16 ♋ 6	25 ♊ 35	25 ♎	10 ♎	4 ♑	5 ♍	20 ♒
21	27 ♌ 9	17 ♊ 29	2 ♋ 9	3 ♋ 51	27 ♌ 9	14 ♋ 21	27 ♌ 40	25 ♌ 4	9 ♈ 28	13 ♑ 22	16 ♋ 8	25 ♊ 36	25 ♎	11 ♎	4 ♑	6 ♍	20 ♒
22	28 ♌ 6	29 ♊ 46	2 ♋ 6	3 ♋ 52	29 ♌ 8	15 ♋ 2	28 ♌ 18	25 ♌ 17	9 ♈ 26	13 ♑ 20	16 ♋ 9	25 ♊ 37	25 ♎	11 ♎	4 ♑	6 ♍	20 ♒
23	29 ♌ 4	11 ♋ 51	2 ♋ 2	3 R 52	1 ♍ 6	15 ♋ 43	28 ♌ 56	25 ♌ 30	9 ♈ 23	13 ♑ 19	16 ♋ 11	25 ♊ 37	26 ♎	12 ♎	4 ♑	7 ♍	20 ♒
24	0 ♍ 2	23 ♋ 48	1 ♋ 59	3 ♋ 50	3 ♍ 2	16 ♋ 26	29 ♌ 34	25 ♌ 43	9 ♈ 20	13 ♑ 17	16 ♋ 13	25 ♊ 38	26 ♎	12 ♎	4 ♑	7 ♍	20 ♒
25	1 ♍ 0	5 ♌ 39	1 ♋ 56	3 ♋ 45	4 ♍ 58	17 ♋ 10	0 ♍ 13	25 ♌ 56	9 ♈ 17	13 ♑ 16	16 ♋ 15	25 ♊ 39	26 ♎	12 ♎	4 ♑	8 ♍	20 ♒
26	1 ♍ 58	17 ♌ 29	1 ♋ 53	3 ♋ 38	6 ♍ 53	17 ♋ 55	0 ♍ 51	26 ♌ 10	9 ♈ 13	13 ♑ 15	16 ♋ 16	25 ♊ 40	27 ♎	13 ♎	4 ♑	8 ♍	20 ♒
27	2 ♍ 56	29 ♌ 19	1 ♋ 50	3 ♋ 29	8 ♍ 46	18 ♋ 41	1 ♍ 29	26 ♌ 23	9 ♈ 10	13 ♑ 13	16 ♋ 18	25 ♊ 40	27 ♎	13 ♎	4 ♑	9 ♍	20 ♒
28	3 ♍ 54	11 ♍ 11	1 ♋ 47	3 ♋ 18	10 ♍ 38	19 ♋ 27	2 ♍ 7	26 ♌ 36	9 ♈ 7	13 ♑ 12	16 ♋ 20	25 ♊ 41	27 ♎	14 ♎	4 ♑	9 ♍	20 ♒
29	4 ♍ 52	23 ♍ 6	1 ♋ 43	3 ♋ 6	12 ♍ 28	20 ♋ 14	2 ♍ 45	26 ♌ 49	9 ♈ 3	13 ♑ 11	16 ♋ 21	25 ♊ 41	28 ♎	14 ♎	4 ♑	10 ♍	20 ♒
30	5 ♍ 50	5 ♎ 7	1 ♋ 40	2 ♋ 55	14 ♍ 18	21 ♋ 3	3 ♍ 24	27 ♌ 2	9 ♈ 0	13 ♑ 10	16 ♋ 23	25 ♊ 42	28 ♎	14 ♎	4 D	10 ♍	20 ♒
31	6 ♍ 48	17 ♎ 15	1 ♋ 37	2 ♋ 44	16 ♍ 6	21 ♋ 51	4 ♍ 2	27 ♌ 15	8 ♈ 56	13 ♑ 8	16 ♋ 24	25 ♊ 43	29 ♎	15 ♎	4 ♑	11 ♍	19 ♒

SUN INGRESS	☉ → ♍ 23日 22:57
MOON PHASE	◐ 5日 18:40 ♏ ○ 12日 13:59 ♒ ◑ 19日 06:25 ♉ ● 27日 07:59 ♍

aspects	
3日 05:03	☉△♄
12日 10:29	☿△♄
13日 07:59	♀□♄
14日 18:41	♂☌♃
17日 16:20	♂⚹♇
18日 05:07	☉☌♃
19日 09:01	☉⚹♇
19日 13:23	♀☍♅
19日 20:00	☿☌♃
20日 05:17	☿⚹♇
20日 23:55	☉☌☿
21日 09:14	☿☌♂
22日 14:24	☉☌♂
23日 13:53	♃⚹♇
23日 16:11	♀☌♆
29日 09:10	☿△♅
31日 04:10	☿⚹♆

1908年9月

DAY	☉	☽	☊ mean	☊ true	☿	♀	♂	♃	♄	♅	♆	♇	⚳	⚴	⚵	⚶	⚷
	° ′	° ′	° ′	° ′	° ′	° ′	° ′	° ′	° ′	° ′	° ′	° ′	°	°	°	°	°
1	7 ♍ 46	29 ♎ 31	1 ♋ 34	2 R 36	17 D 53	22 D 41	4 D 40	27 D 28	8 R 53	13 R 7	16 D 26	25 D 43	29 D	15 D	4 D	11 D	19 R
2	8 ♍ 44	11 ♏ 59	1 ♋ 31	2 ♋ 31	19 ♍ 38	23 ♋ 31	5 ♍ 18	27 ♌ 41	8 ♈ 49	13 ♑ 6	16 ♋ 27	25 ♊ 44	29 ♎	16 ♎	4 ♑	12 ♍	19 ♒
3	9 ♍ 42	24 ♏ 41	1 ♋ 28	2 ♋ 28	21 ♍ 23	24 ♋ 22	5 ♍ 56	27 ♌ 54	8 ♈ 45	13 ♑ 5	16 ♋ 29	25 ♊ 44	0 ♏	16 ♎	4 ♑	12 ♍	19 ♒
4	10 ♍ 40	7 ♐ 41	1 ♋ 24	2 ♋ 27	23 ♍ 6	25 ♋ 14	6 ♍ 35	28 ♌ 7	8 ♈ 41	13 ♑ 4	16 ♋ 30	25 ♊ 45	0 ♏	17 ♎	4 ♑	13 ♍	19 ♒
5	11 ♍ 38	21 ♐ 3	1 ♋ 21	2 D 27	24 ♍ 48	26 ♋ 7	7 ♍ 13	28 ♌ 20	8 ♈ 38	13 ♑ 4	16 ♋ 32	25 ♊ 45	1 ♏	17 ♎	4 ♑	13 ♍	19 ♒
6	12 ♍ 37	4 ♑ 49	1 ♋ 18	2 R 27	26 ♍ 28	27 ♋ 0	7 ♍ 51	28 ♌ 33	8 ♈ 34	13 ♑ 3	16 ♋ 33	25 ♊ 46	1 ♏	17 ♎	4 ♑	14 ♍	19 ♒
7	13 ♍ 35	19 ♑ 0	1 ♋ 15	2 ♋ 26	28 ♍ 8	27 ♋ 53	8 ♍ 29	28 ♌ 45	8 ♈ 30	13 ♑ 2	16 ♋ 35	25 ♊ 46	1 ♏	18 ♎	4 ♑	14 ♍	19 ♒
8	14 ♍ 33	3 ♒ 37	1 ♋ 12	2 ♋ 23	29 ♍ 46	28 ♋ 47	9 ♍ 8	28 ♌ 58	8 ♈ 26	13 ♑ 1	16 ♋ 36	25 ♊ 47	2 ♏	18 ♎	4 ♑	15 ♍	19 ♒
9	15 ♍ 31	18 ♒ 34	1 ♋ 8	2 ♋ 17	1 ♎ 24	29 ♋ 42	9 ♍ 46	29 ♌ 11	8 ♈ 22	13 ♑ 0	16 ♋ 37	25 ♊ 47	2 ♏	19 ♎	4 ♑	15 ♍	19 ♒
10	16 ♍ 30	3 ♓ 46	1 ♋ 5	2 ♋ 9	3 ♎ 0	0 ♌ 38	10 ♍ 24	29 ♌ 24	8 ♈ 17	13 ♑ 0	16 ♋ 39	25 ♊ 47	2 ♏	19 ♎	4 ♑	16 ♍	19 ♒
11	17 ♍ 28	19 ♓ 1	1 ♋ 2	1 ♋ 59	4 ♎ 35	1 ♌ 33	11 ♍ 2	29 ♌ 37	8 ♈ 13	12 ♑ 59	16 ♋ 40	25 ♊ 48	3 ♏	19 ♎	4 ♑	16 ♍	19 ♒
12	18 ♍ 26	4 ♈ 10	0 ♋ 59	1 ♋ 49	6 ♎ 8	2 ♌ 30	11 ♍ 41	29 ♌ 49	8 ♈ 9	12 ♑ 59	16 ♋ 41	25 ♊ 48	3 ♏	20 ♎	5 ♑	17 ♍	19 ♒
13	19 ♍ 25	19 ♈ 1	0 ♋ 56	1 ♋ 38	7 ♎ 41	3 ♌ 27	12 ♍ 19	0 ♍ 2	8 ♈ 5	12 ♑ 58	16 ♋ 42	25 ♊ 48	4 ♏	20 ♎	5 ♑	17 ♍	19 ♒
14	20 ♍ 23	3 ♉ 27	0 ♋ 53	1 ♋ 30	9 ♎ 13	4 ♌ 24	12 ♍ 57	0 ♍ 15	8 ♈ 0	12 ♑ 58	16 ♋ 44	25 ♊ 49	4 ♏	21 ♎	5 ♑	18 ♍	19 ♒
15	21 ♍ 22	17 ♉ 24	0 ♋ 49	1 ♋ 24	10 ♎ 43	5 ♌ 22	13 ♍ 35	0 ♍ 27	7 ♈ 56	12 ♑ 57	16 ♋ 45	25 ♊ 49	4 ♏	21 ♎	5 ♑	18 ♍	19 ♒
16	22 ♍ 20	0 ♊ 51	0 ♋ 46	1 ♋ 20	12 ♎ 12	6 ♌ 20	14 ♍ 14	0 ♍ 40	7 ♈ 52	12 ♑ 57	16 ♋ 46	25 ♊ 49	5 ♏	22 ♎	5 ♑	19 ♍	19 ♒
17	23 ♍ 19	13 ♊ 50	0 ♋ 43	1 ♋ 19	13 ♎ 41	7 ♌ 19	14 ♍ 52	0 ♍ 53	7 ♈ 47	12 ♑ 56	16 ♋ 47	25 ♊ 49	5 ♏	22 ♎	5 ♑	19 ♍	19 ♒
18	24 ♍ 17	26 ♊ 25	0 ♋ 40	1 D 19	15 ♎ 8	8 ♌ 18	15 ♍ 30	1 ♍ 5	7 ♈ 43	12 ♑ 56	16 ♋ 48	25 ♊ 50	6 ♏	22 ♎	5 ♑	20 ♍	19 ♒
19	25 ♍ 16	8 ♋ 41	0 ♋ 37	1 R 18	16 ♎ 34	9 ♌ 18	16 ♍ 9	1 ♍ 18	7 ♈ 38	12 ♑ 56	16 ♋ 49	25 ♊ 50	6 ♏	23 ♎	5 ♑	20 ♍	19 ♒
20	26 ♍ 14	20 ♋ 43	0 ♋ 33	1 ♋ 17	17 ♎ 59	10 ♌ 18	16 ♍ 47	1 ♍ 30	7 ♈ 34	12 ♑ 56	16 ♋ 50	25 ♊ 50	6 ♏	23 ♎	5 ♑	21 ♍	19 ♒
21	27 ♍ 13	2 ♌ 37	0 ♋ 30	1 ♋ 14	19 ♎ 23	11 ♌ 19	17 ♍ 25	1 ♍ 43	7 ♈ 29	12 ♑ 56	16 ♋ 51	25 ♊ 50	7 ♏	24 ♎	6 ♑	21 ♍	19 ♒
22	28 ♍ 12	14 ♌ 26	0 ♋ 27	1 ♋ 8	20 ♎ 45	12 ♌ 20	18 ♍ 4	1 ♍ 55	7 ♈ 24	12 ♑ 56	16 ♋ 52	25 ♊ 50	7 ♏	24 ♎	6 ♑	22 ♍	19 ♒
23	29 ♍ 11	26 ♌ 15	0 ♋ 24	1 ♋ 0	22 ♎ 6	13 ♌ 21	18 ♍ 42	2 ♍ 7	7 ♈ 20	12 D 56	16 ♋ 53	25 ♊ 50	8 ♏	25 ♎	6 ♑	22 ♍	19 ♒
24	0 ♎ 9	8 ♍ 7	0 ♋ 21	0 ♋ 48	23 ♎ 26	14 ♌ 22	19 ♍ 20	2 ♍ 20	7 ♈ 15	12 ♑ 56	16 ♋ 54	25 ♊ 50	8 ♏	25 ♎	6 ♑	23 ♍	18 ♒
25	1 ♎ 8	20 ♍ 4	0 ♋ 18	0 ♋ 35	24 ♎ 45	15 ♌ 24	19 ♍ 59	2 ♍ 32	7 ♈ 10	12 ♑ 56	16 ♋ 55	25 ♊ 50	8 ♏	25 ♎	6 ♑	23 ♍	18 ♒
26	2 ♎ 7	2 ♎ 7	0 ♋ 14	0 ♋ 21	26 ♎ 3	16 ♌ 27	20 ♍ 37	2 ♍ 44	7 ♈ 6	12 ♑ 56	16 ♋ 56	25 ♊ 50	9 ♏	26 ♎	6 ♑	24 ♍	18 ♒
27	3 ♎ 6	14 ♎ 18	0 ♋ 11	0 ♋ 7	27 ♎ 18	17 ♌ 29	21 ♍ 15	2 ♍ 56	7 ♈ 1	12 ♑ 56	16 ♋ 57	25 R 50	9 ♏	26 ♎	6 ♑	24 ♍	18 ♒
28	4 ♎ 5	26 ♎ 38	0 ♋ 8	29 ♊ 54	28 ♎ 33	18 ♌ 32	21 ♍ 54	3 ♍ 8	6 ♈ 56	12 ♑ 56	16 ♋ 57	25 ♊ 50	10 ♏	27 ♎	7 ♑	25 ♍	18 ♒
29	5 ♎ 4	9 ♏ 6	0 ♋ 5	29 ♊ 44	29 ♎ 46	19 ♌ 36	22 ♍ 32	3 ♍ 21	6 ♈ 52	12 ♑ 57	16 ♋ 58	25 ♊ 50	10 ♏	27 ♎	7 ♑	25 ♍	18 ♒
30	6 ♎ 3	21 ♏ 44	0 ♋ 2	29 ♊ 36	0 ♏ 57	20 ♌ 39	23 ♍ 11	3 ♍ 33	6 ♈ 47	12 ♑ 57	16 ♋ 59	25 ♊ 50	10 ♏	28 ♎	7 ♑	26 ♍	18 ♒
SUN INGRESS	☉ → ♎ 23日 19:58																
MOON PHASE	◐ 4日 05:51 ♐	○ 10日 21:23 ♓	◑ 17日 19:33 ♊	● 25日 23:59 ♎													

aspects		
5日	13:44	☿□♇
6日	10:36	☉△♅
6日	16:11	☿⚹♀
10日	03:48	☉⚹♆
13日	05:54	☿☍♄
14日	00:20	♂△♅
16日	11:58	☿□♅
17日	10:32	♀△♄
19日	04:23	☿□♆
19日	13:56	☉□♇
20日	02:14	♂⚹♆
25日	20:13	☿△♇
30日	16:40	☉☍♄

1908年10月

DAY	☉	☽	☊ mean	☊ true	☿	♀	♂	♃	♄	♅	♆	♇	⚳	⚴	⚵	⚶	⚷
	° ′	° ′	° ′	° ′	° ′	° ′	° ′	° ′	° ′	° ′	° ′	° ′	°	°	°	°	°
1	7 ♎ 2	4 ♐ 35	29 ♊ 59	29 R 32	2 D 6	21 D 43	23 D 49	3 D 45	6 R 42	12 D 57	17 D 0	25 R 50	11 D	28 D	7 D	26 D	18 R
2	8 ♎ 1	17 ♐ 39	29 ♊ 55	29 ♊ 30	3 ♏ 14	22 ♌ 47	24 ♍ 27	3 ♍ 56	6 ♈ 38	12 ♑ 58	17 ♋ 0	25 ♊ 50	11 ♏	28 ♎	7 ♑	27 ♍	18 ♒
3	9 ♎ 0	1 ♑ 0	29 ♊ 52	29 D 30	4 ♏ 19	23 ♌ 52	25 ♍ 6	4 ♍ 8	6 ♈ 33	12 ♑ 58	17 ♋ 1	25 ♊ 50	12 ♏	29 ♎	7 ♑	27 ♍	18 ♒
4	9 ♎ 59	14 ♑ 39	29 ♊ 49	29 R 30	5 ♏ 22	24 ♌ 56	25 ♍ 44	4 ♍ 20	6 ♈ 28	12 ♑ 59	17 ♋ 2	25 ♊ 50	12 ♏	29 ♎	8 ♑	27 ♍	18 ♒
5	10 ♎ 58	28 ♑ 39	29 ♊ 46	29 ♊ 29	6 ♏ 23	26 ♌ 1	26 ♍ 23	4 ♍ 32	6 ♈ 24	12 ♑ 59	17 ♋ 2	25 ♊ 50	12 ♏	0 ♏	8 ♑	28 ♍	18 ♒
6	11 ♎ 57	12 ♒ 59	29 ♊ 43	29 ♊ 26	7 ♏ 21	27 ♌ 6	27 ♍ 1	4 ♍ 43	6 ♈ 19	13 ♑ 0	17 ♋ 3	25 ♊ 49	13 ♏	0 ♏	8 ♑	28 ♍	18 ♒
7	12 ♎ 56	27 ♒ 38	29 ♊ 39	29 ♊ 20	8 ♏ 16	28 ♌ 12	27 ♍ 40	4 ♍ 55	6 ♈ 14	13 ♑ 1	17 ♋ 3	25 ♊ 49	13 ♏	1 ♏	8 ♑	29 ♍	18 ♒
8	13 ♎ 56	12 ♓ 30	29 ♊ 36	29 ♊ 12	9 ♏ 9	29 ♌ 18	28 ♍ 18	5 ♍ 7	6 ♈ 10	13 ♑ 1	17 ♋ 4	25 ♊ 49	14 ♏	1 ♏	8 ♑	29 ♍	18 ♒
9	14 ♎ 55	27 ♓ 29	29 ♊ 33	29 ♊ 2	9 ♏ 57	0 ♍ 24	28 ♍ 57	5 ♍ 18	6 ♈ 5	13 ♑ 2	17 ♋ 4	25 ♊ 49	14 ♏	1 ♏	9 ♑	0 ♎	18 ♒
10	15 ♎ 54	12 ♈ 25	29 ♊ 30	28 ♊ 51	10 ♏ 42	1 ♍ 30	29 ♍ 35	5 ♍ 29	6 ♈ 0	13 ♑ 3	17 ♋ 4	25 ♊ 48	14 ♏	2 ♏	9 ♑	0 ♎	18 ♒
11	16 ♎ 54	27 ♈ 8	29 ♊ 27	28 ♊ 41	11 ♏ 23	2 ♍ 36	0 ♎ 14	5 ♍ 41	5 ♈ 56	13 ♑ 4	17 ♋ 5	25 ♊ 48	15 ♏	2 ♏	9 ♑	1 ♎	18 ♒
12	17 ♎ 53	11 ♉ 32	29 ♊ 24	28 ♊ 32	12 ♏ 0	3 ♍ 43	0 ♎ 52	5 ♍ 52	5 ♈ 51	13 ♑ 5	17 ♋ 5	25 ♊ 48	15 ♏	3 ♏	9 ♑	1 ♎	18 ♒
13	18 ♎ 52	25 ♉ 29	29 ♊ 20	28 ♊ 25	12 ♏ 32	4 ♍ 50	1 ♎ 31	6 ♍ 3	5 ♈ 47	13 ♑ 6	17 ♋ 5	25 ♊ 47	16 ♏	3 ♏	10 ♑	2 ♎	18 ♒
14	19 ♎ 52	9 ♊ 0	29 ♊ 17	28 ♊ 21	12 ♏ 58	5 ♍ 57	2 ♎ 9	6 ♍ 14	5 ♈ 42	13 ♑ 7	17 ♋ 6	25 ♊ 47	16 ♏	4 ♏	10 ♑	2 ♎	18 ♒
15	20 ♎ 51	22 ♊ 3	29 ♊ 14	28 ♊ 20	13 ♏ 19	7 ♍ 5	2 ♎ 48	6 ♍ 25	5 ♈ 38	13 ♑ 8	17 ♋ 6	25 ♊ 47	16 ♏	4 ♏	10 ♑	3 ♎	18 ♒
16	21 ♎ 51	4 ♋ 41	29 ♊ 11	28 D 20	13 ♏ 33	8 ♍ 12	3 ♎ 27	6 ♍ 36	5 ♈ 33	13 ♑ 9	17 ♋ 6	25 ♊ 46	17 ♏	4 ♏	10 ♑	3 ♎	18 ♒
17	22 ♎ 50	17 ♋ 0	29 ♊ 8	28 ♊ 20	13 ♏ 41	9 ♍ 20	4 ♎ 5	6 ♍ 47	5 ♈ 29	13 ♑ 10	17 ♋ 6	25 ♊ 46	17 ♏	5 ♏	11 ♑	4 ♎	18 ♒
18	23 ♎ 50	29 ♋ 4	29 ♊ 5	28 R 20	13 R 41	10 ♍ 28	4 ♎ 44	6 ♍ 58	5 ♈ 24	13 ♑ 12	17 ♋ 6	25 ♊ 45	18 ♏	5 ♏	11 ♑	4 ♎	18 ♒
19	24 ♎ 49	10 ♌ 59	29 ♊ 1	28 ♊ 19	13 ♏ 33	11 ♍ 36	5 ♎ 23	7 ♍ 9	5 ♈ 20	13 ♑ 13	17 ♋ 6	25 ♊ 45	18 ♏	6 ♏	11 ♑	5 ♎	18 ♒
20	25 ♎ 49	22 ♌ 49	28 ♊ 58	28 ♊ 15	13 ♏ 17	12 ♍ 44	6 ♎ 1	7 ♍ 19	5 ♈ 16	13 ♑ 14	17 ♋ 6	25 ♊ 44	19 ♏	6 ♏	11 ♑	5 ♎	18 ♒
21	26 ♎ 49	4 ♍ 40	28 ♊ 55	28 ♊ 9	12 ♏ 52	13 ♍ 53	6 ♎ 40	7 ♍ 30	5 ♈ 12	13 ♑ 16	17 ♋ 7	25 ♊ 44	19 ♏	7 ♏	12 ♑	6 ♎	18 ♒
22	27 ♎ 48	16 ♍ 35	28 ♊ 52	28 ♊ 0	12 ♏ 18	15 ♍ 2	7 ♎ 18	7 ♍ 40	5 ♈ 8	13 ♑ 17	17 R 6	25 ♊ 43	19 ♏	7 ♏	12 ♑	6 ♎	18 ♒
23	28 ♎ 48	28 ♍ 37	28 ♊ 49	27 ♊ 50	11 ♏ 35	16 ♍ 11	7 ♎ 57	7 ♍ 51	5 ♈ 3	13 ♑ 19	17 ♋ 6	25 ♊ 43	20 ♏	8 ♏	12 ♑	7 ♎	18 ♒
24	29 ♎ 48	10 ♎ 49	28 ♊ 45	27 ♊ 39	10 ♏ 44	17 ♍ 20	8 ♎ 36	8 ♍ 1	4 ♈ 59	13 ♑ 20	17 ♋ 6	25 ♊ 42	20 ♏	8 ♏	12 ♑	7 ♎	18 ♒
25	0 ♏ 48	23 ♎ 13	28 ♊ 42	27 ♊ 28	9 ♏ 45	18 ♍ 29	9 ♎ 15	8 ♍ 11	4 ♈ 55	13 ♑ 22	17 ♋ 6	25 ♊ 42	21 ♏	8 ♏	13 ♑	8 ♎	18 ♒
26	1 ♏ 48	5 ♏ 47	28 ♊ 39	27 ♊ 18	8 ♏ 39	19 ♍ 38	9 ♎ 53	8 ♍ 21	4 ♈ 51	13 ♑ 23	17 ♋ 6	25 ♊ 41	21 ♏	9 ♏	13 ♑	8 ♎	18 ♒
27	2 ♏ 48	18 ♏ 33	28 ♊ 36	27 ♊ 10	7 ♏ 27	20 ♍ 48	10 ♎ 32	8 ♍ 31	4 ♈ 48	13 ♑ 25	17 ♋ 6	25 ♊ 40	21 ♏	9 ♏	13 ♑	9 ♎	18 ♒
28	3 ♏ 48	1 ♐ 31	28 ♊ 33	27 ♊ 4	6 ♏ 12	21 ♍ 58	11 ♎ 11	8 ♍ 41	4 ♈ 44	13 ♑ 27	17 ♋ 6	25 ♊ 40	22 ♏	10 ♏	14 ♑	9 ♎	18 ♒
29	4 ♏ 47	14 ♐ 40	28 ♊ 30	27 ♊ 1	4 ♏ 55	23 ♍ 8	11 ♎ 50	8 ♍ 51	4 ♈ 40	13 ♑ 29	17 ♋ 5	25 ♊ 39	22 ♏	10 ♏	14 ♑	10 ♎	18 ♒
30	5 ♏ 47	28 ♐ 0	28 ♊ 26	27 D 1	3 ♏ 39	24 ♍ 18	12 ♎ 28	9 ♍ 1	4 ♈ 36	13 ♑ 30	17 ♋ 5	25 ♊ 38	23 ♏	11 ♏	14 ♑	10 ♎	18 D
31	6 ♏ 47	11 ♑ 31	28 ♊ 23	27 ♊ 1	2 ♏ 26	25 ♍ 28	13 ♎ 7	9 ♍ 10	4 ♈ 33	13 ♑ 32	17 ♋ 5	25 ♊ 38	23 ♏	11 ♏	14 ♑	11 ♎	18 ♒
SUN INGRESS	☉ → ♏ 24日 04:37																
MOON PHASE	◐ 3日 15:13 ♑	○ 10日 06:03 ♈	◑ 17日 12:35 ♋	● 25日 15:46 ♏													

aspects		
2日	19:05	☿⚹♃
4日	03:21	♂□♇
4日	19:44	♀⚹♇
7日	01:44	☉□♅
11日	04:34	☉□♆
14日	07:16	♀☌♃
14日	09:48	☿⚹♅
18日	22:42	♂☍♄
19日	22:09	☉△♇
20日	02:26	☿⚹♅
20日	08:30	☿⚹♀
20日	10:39	♀△♅
23日	19:20	♀⚹♆
26日	05:24	☿⚹♃
29日	01:21	☉☌☿
31日	03:18	♀□♇
31日	16:17	♂□♅

1908年11月

DAY	☉	☽	☊ mean	☊ true	☿	♀	♂	♃	♄	♅	♆	♇	⚳	⚴	⚵	⚶	⚷
	° ′	° ′	° ′	° ′	° ′	° ′	° ′	° ′	° ′	° ′	° ′	° ′	°	°	°	°	°
1	7 ♏ 48	25 ♑ 15	28 ♊ 20	27 D 2	1 R 18	26 D 38	13 D 46	9 D 20	4 R 29	13 D 34	17 R 4	25 R 37	24 D	12 D	15 D	11 D	18 D
2	8 ♏ 48	9 ♒ 11	28 ♊ 17	27 R 3	0 ♏ 17	27 ♍ 49	14 ♎ 25	9 ♍ 29	4 ♈ 26	13 ♑ 36	17 ♋ 4	25 ♊ 36	24 ♏	12 ♏	15 ♑	12 ♎	18 ♒
3	9 ♏ 48	23 ♒ 20	28 ♊ 14	27 ♊ 2	29 ♎ 26	28 ♍ 59	15 ♎ 4	9 ♍ 38	4 ♈ 22	13 ♑ 38	17 ♋ 4	25 ♊ 35	24 ♏	12 ♏	15 ♑	12 ♎	18 ♒
4	10 ♏ 48	7 ♓ 41	28 ♊ 10	26 ♊ 59	28 ♎ 45	0 ♎ 10	15 ♎ 42	9 ♍ 47	4 ♈ 19	13 ♑ 40	17 ♋ 3	25 ♊ 35	25 ♏	13 ♏	16 ♑	13 ♎	18 ♒
5	11 ♏ 48	22 ♓ 9	28 ♊ 7	26 ♊ 55	28 ♎ 15	1 ♎ 21	16 ♎ 21	9 ♍ 56	4 ♈ 16	13 ♑ 42	17 ♋ 3	25 ♊ 34	25 ♏	13 ♏	16 ♑	13 ♎	18 ♒
6	12 ♏ 48	6 ♈ 41	28 ♊ 4	26 ♊ 48	27 ♎ 57	2 ♎ 32	17 ♎ 0	10 ♍ 5	4 ♈ 13	13 ♑ 44	17 ♋ 2	25 ♊ 33	26 ♏	14 ♏	16 ♑	14 ♎	18 ♒
7	13 ♏ 48	21 ♈ 10	28 ♊ 1	26 ♊ 41	27 ♎ 51	3 ♎ 43	17 ♎ 39	10 ♍ 14	4 ♈ 10	13 ♑ 46	17 ♋ 2	25 ♊ 32	26 ♏	14 ♏	17 ♑	14 ♎	18 ♒
8	14 ♏ 49	5 ♉ 31	27 ♊ 58	26 ♊ 34	27 D 56	4 ♎ 54	18 ♎ 18	10 ♍ 23	4 ♈ 7	13 ♑ 49	17 ♋ 1	25 ♊ 31	27 ♏	15 ♏	17 ♑	15 ♎	18 ♒
9	15 ♏ 49	19 ♉ 37	27 ♊ 55	26 ♊ 29	28 ♎ 11	6 ♎ 5	18 ♎ 57	10 ♍ 32	4 ♈ 4	13 ♑ 51	17 ♋ 1	25 ♊ 30	27 ♏	15 ♏	17 ♑	15 ♎	18 ♒
10	16 ♏ 49	3 ♊ 24	27 ♊ 51	26 ♊ 24	28 ♎ 37	7 ♎ 17	19 ♎ 36	10 ♍ 40	4 ♈ 1	13 ♑ 53	17 ♋ 0	25 ♊ 30	27 ♏	15 ♏	17 ♑	16 ♎	18 ♒
11	17 ♏ 49	16 ♊ 48	27 ♊ 48	26 ♊ 22	29 ♎ 11	8 ♎ 28	20 ♎ 15	10 ♍ 48	3 ♈ 58	13 ♑ 55	16 ♋ 59	25 ♊ 29	28 ♏	16 ♏	18 ♑	16 ♎	18 ♒
12	18 ♏ 50	29 ♊ 50	27 ♊ 45	26 D 22	29 ♎ 54	9 ♎ 40	20 ♎ 54	10 ♍ 57	3 ♈ 55	13 ♑ 58	16 ♋ 58	25 ♊ 28	28 ♏	16 ♏	18 ♑	17 ♎	18 ♒
13	19 ♏ 50	12 ♋ 30	27 ♊ 42	26 ♊ 23	0 ♏ 44	10 ♎ 52	21 ♎ 33	11 ♍ 5	3 ♈ 53	14 ♑ 0	16 ♋ 58	25 ♊ 27	29 ♏	17 ♏	18 ♑	17 ♎	18 ♒
14	20 ♏ 51	24 ♋ 52	27 ♊ 39	26 ♊ 25	1 ♏ 40	12 ♎ 4	22 ♎ 12	11 ♍ 13	3 ♈ 50	14 ♑ 3	16 ♋ 57	25 ♊ 26	29 ♏	17 ♏	19 ♑	18 ♎	18 ♒
15	21 ♏ 51	6 ♌ 59	27 ♊ 36	26 ♊ 26	2 ♏ 43	13 ♎ 15	22 ♎ 51	11 ♍ 20	3 ♈ 48	14 ♑ 5	16 ♋ 56	25 ♊ 25	29 ♏	18 ♏	19 ♑	18 ♎	18 ♒
16	22 ♏ 51	18 ♌ 55	27 ♊ 32	26 ♊ 27	3 ♏ 50	14 ♎ 28	23 ♎ 30	11 ♍ 28	3 ♈ 46	14 ♑ 8	16 ♋ 55	25 ♊ 24	0 ♐	18 ♏	19 ♑	19 ♎	18 ♒
17	23 ♏ 52	0 ♍ 47	27 ♊ 29	26 R 27	5 ♏ 1	15 ♎ 40	24 ♎ 9	11 ♍ 36	3 ♈ 44	14 ♑ 10	16 ♋ 55	25 ♊ 23	0 ♐	19 ♏	20 ♑	19 ♎	18 ♒
18	24 ♏ 52	12 ♍ 40	27 ♊ 26	26 ♊ 25	6 ♏ 16	16 ♎ 52	24 ♎ 48	11 ♍ 43	3 ♈ 42	14 ♑ 13	16 ♋ 54	25 ♊ 22	1 ♐	19 ♏	20 ♑	20 ♎	18 ♒
19	25 ♏ 53	24 ♍ 36	27 ♊ 23	26 ♊ 22	7 ♏ 34	18 ♎ 4	25 ♎ 27	11 ♍ 50	3 ♈ 40	14 ♑ 15	16 ♋ 53	25 ♊ 21	1 ♐	19 ♏	21 ♑	20 ♎	18 ♒
20	26 ♏ 54	6 ♎ 42	27 ♊ 20	26 ♊ 18	8 ♏ 54	19 ♎ 17	26 ♎ 6	11 ♍ 58	3 ♈ 38	14 ♑ 18	16 ♋ 52	25 ♊ 20	2 ♐	20 ♏	21 ♑	21 ♎	18 ♒
21	27 ♏ 54	19 ♎ 0	27 ♊ 16	26 ♊ 13	10 ♏ 17	20 ♎ 29	26 ♎ 45	12 ♍ 5	3 ♈ 36	14 ♑ 21	16 ♋ 51	25 ♊ 19	2 ♐	20 ♏	21 ♑	21 ♎	18 ♒
22	28 ♏ 55	1 ♏ 32	27 ♊ 13	26 ♊ 8	11 ♏ 42	21 ♎ 42	27 ♎ 24	12 ♍ 12	3 ♈ 34	14 ♑ 24	16 ♋ 50	25 ♊ 18	2 ♐	21 ♏	22 ♑	22 ♎	18 ♒
23	29 ♏ 56	14 ♏ 21	27 ♊ 10	26 ♊ 4	13 ♏ 8	22 ♎ 55	28 ♎ 3	12 ♍ 18	3 ♈ 33	14 ♑ 26	16 ♋ 49	25 ♊ 17	3 ♐	21 ♏	22 ♑	22 ♎	18 ♒
24	0 ♐ 56	27 ♏ 26	27 ♊ 7	26 ♊ 1	14 ♏ 36	24 ♎ 8	28 ♎ 42	12 ♍ 25	3 ♈ 31	14 ♑ 29	16 ♋ 48	25 ♊ 16	3 ♐	22 ♏	22 ♑	23 ♎	18 ♒
25	1 ♐ 57	10 ♐ 46	27 ♊ 4	25 ♊ 59	16 ♏ 5	25 ♎ 20	29 ♎ 21	12 ♍ 31	3 ♈ 30	14 ♑ 32	16 ♋ 47	25 ♊ 15	4 ♐	22 ♏	23 ♑	23 ♎	18 ♒
26	2 ♐ 58	24 ♐ 20	27 ♊ 1	25 ♊ 58	17 ♏ 34	26 ♎ 33	0 ♏ 1	12 ♍ 38	3 ♈ 29	14 ♑ 35	16 ♋ 46	25 ♊ 14	4 ♐	22 ♏	23 ♑	24 ♎	18 ♒
27	3 ♐ 58	8 ♑ 6	26 ♊ 57	25 D 58	19 ♏ 4	27 ♎ 46	0 ♏ 40	12 ♍ 44	3 ♈ 27	14 ♑ 38	16 ♋ 44	25 ♊ 13	5 ♐	23 ♏	23 ♑	24 ♎	18 ♒
28	4 ♐ 59	22 ♑ 1	26 ♊ 54	25 ♊ 59	20 ♏ 35	28 ♎ 59	1 ♏ 19	12 ♍ 50	3 ♈ 26	14 ♑ 41	16 ♋ 43	25 ♊ 12	5 ♐	23 ♏	24 ♑	25 ♎	18 ♒
29	6 ♐ 0	6 ♒ 3	26 ♊ 51	26 ♊ 1	22 ♏ 7	0 ♏ 13	1 ♏ 58	12 ♍ 56	3 ♈ 25	14 ♑ 44	16 ♋ 42	25 ♊ 11	5 ♐	24 ♏	24 ♑	25 ♎	18 ♒
30	7 ♐ 1	20 ♒ 10	26 ♊ 48	26 ♊ 2	23 ♏ 39	1 ♏ 26	2 ♏ 37	13 ♍ 1	3 ♈ 25	14 ♑ 47	16 ♋ 41	25 ♊ 9	6 ♐	24 ♏	24 ♑	26 ♎	18 ♒

SUN INGRESS	☉ → ♐ 23日 01:35
MOON PHASE	◐ 1日 23:16 ♒　○ 8日 16:58 ♉　◑ 16日 08:41 ♌　● 24日 06:53 ♐

aspects		
2日	19:33	☉⚹♃
6日	01:17	♂□♆
6日	23:14	☉⚹♅
7日	08:41	♀☍♄
10日	04:15	☉△♆
15日	17:09	♀□♅
18日	00:32	♀□♆
18日	20:37	♂△♇
22日	08:58	☿⚹♃
23日	22:06	☿⚹♅
24日	22:12	♀△♇
25日	11:11	☿△♆
26日	11:58	☉△♄

1908年12月

DAY	☉	☽	☊ mean	☊ true	☿	♀	♂	♃	♄	♅	♆	♇	⚳	⚴	⚵	⚶	⚷
	° ′	° ′	° ′	° ′	° ′	° ′	° ′	° ′	° ′	° ′	° ′	° ′	°	°	°	°	°
1	8 ♐ 2	4 ♓ 20	26 ♊ 45	26 D 3	25 D 11	2 D 39	3 D 17	13 D 7	3 R 24	14 D 50	16 R 40	25 R 8	6 D	25 D	25 D	26 D	18 D
2	9 ♐ 2	18 ♓ 31	26 ♊ 42	26 R 2	26 ♏ 43	3 ♏ 52	3 ♏ 56	13 ♍ 12	3 ♈ 23	14 ♑ 53	16 ♋ 38	25 ♊ 7	7 ♐	25 ♏	25 ♑	27 ♎	18 ♒
3	10 ♐ 3	2 ♈ 41	26 ♊ 38	26 ♊ 1	28 ♏ 16	5 ♏ 6	4 ♏ 35	13 ♍ 17	3 ♈ 23	14 ♑ 56	16 ♋ 37	25 ♊ 6	7 ♐	26 ♏	26 ♑	27 ♎	18 ♒
4	11 ♐ 4	16 ♈ 48	26 ♊ 35	26 ♊ 0	29 ♏ 48	6 ♏ 19	5 ♏ 14	13 ♍ 22	3 ♈ 22	14 ♑ 59	16 ♋ 36	25 ♊ 5	7 ♐	26 ♏	26 ♑	28 ♎	19 ♒
5	12 ♐ 5	0 ♉ 48	26 ♊ 32	25 ♊ 58	1 ♐ 21	7 ♏ 33	5 ♏ 54	13 ♍ 27	3 ♈ 22	15 ♑ 2	16 ♋ 35	25 ♊ 4	8 ♐	26 ♏	26 ♑	28 ♎	19 ♒
6	13 ♐ 6	14 ♉ 39	26 ♊ 29	25 ♊ 56	2 ♐ 54	8 ♏ 46	6 ♏ 33	13 ♍ 32	3 ♈ 22	15 ♑ 5	16 ♋ 33	25 ♊ 3	8 ♐	27 ♏	27 ♑	29 ♎	19 ♒
7	14 ♐ 7	28 ♉ 18	26 ♊ 26	25 ♊ 55	4 ♐ 27	10 ♏ 0	7 ♏ 12	13 ♍ 36	3 ♈ 22	15 ♑ 8	16 ♋ 32	25 ♊ 1	9 ♐	27 ♏	27 ♑	29 ♎	19 ♒
8	15 ♐ 8	11 ♊ 42	26 ♊ 22	25 ♊ 54	6 ♐ 0	11 ♏ 13	7 ♏ 52	13 ♍ 41	3 D 22	15 ♑ 11	16 ♋ 30	25 ♊ 0	9 ♐	28 ♏	28 ♑	0 ♏	19 ♒
9	16 ♐ 9	24 ♊ 50	26 ♊ 19	25 ♊ 53	7 ♐ 34	12 ♏ 27	8 ♏ 31	13 ♍ 45	3 ♈ 22	15 ♑ 15	16 ♋ 29	24 ♊ 59	10 ♐	28 ♏	28 ♑	0 ♏	19 ♒
10	17 ♐ 10	7 ♋ 42	26 ♊ 16	25 D 54	9 ♐ 7	13 ♏ 41	9 ♏ 10	13 ♍ 49	3 ♈ 22	15 ♑ 18	16 ♋ 28	24 ♊ 58	10 ♐	29 ♏	28 ♑	1 ♏	19 ♒
11	18 ♐ 11	20 ♋ 17	26 ♊ 13	25 ♊ 54	10 ♐ 40	14 ♏ 55	9 ♏ 50	13 ♍ 53	3 ♈ 22	15 ♑ 21	16 ♋ 26	24 ♊ 57	10 ♐	29 ♏	29 ♑	1 ♏	19 ♒
12	19 ♐ 12	2 ♌ 37	26 ♊ 10	25 ♊ 55	12 ♐ 14	16 ♏ 9	10 ♏ 29	13 ♍ 56	3 ♈ 23	15 ♑ 24	16 ♋ 25	24 ♊ 56	11 ♐	29 ♏	29 ♑	2 ♏	19 ♒
13	20 ♐ 13	14 ♌ 44	26 ♊ 7	25 ♊ 56	13 ♐ 47	17 ♏ 23	11 ♏ 9	14 ♍ 0	3 ♈ 23	15 ♑ 28	16 ♋ 23	24 ♊ 54	11 ♐	0 ♐	29 ♑	2 ♏	19 ♒
14	21 ♐ 14	26 ♌ 42	26 ♊ 3	25 ♊ 56	15 ♐ 21	18 ♏ 37	11 ♏ 48	14 ♍ 3	3 ♈ 24	15 ♑ 31	16 ♋ 22	24 ♊ 53	12 ♐	0 ♐	0 ♒	3 ♏	19 ♒
15	22 ♐ 15	8 ♍ 35	26 ♊ 0	25 ♊ 57	16 ♐ 55	19 ♏ 51	12 ♏ 28	14 ♍ 6	3 ♈ 25	15 ♑ 34	16 ♋ 20	24 ♊ 52	12 ♐	1 ♐	0 ♒	3 ♏	19 ♒
16	23 ♐ 16	20 ♍ 27	25 ♊ 57	25 ♊ 57	18 ♐ 29	21 ♏ 5	13 ♏ 7	14 ♍ 9	3 ♈ 26	15 ♑ 38	16 ♋ 19	24 ♊ 51	12 ♐	1 ♐	1 ♒	4 ♏	19 ♒
17	24 ♐ 17	2 ♎ 23	25 ♊ 54	25 R 57	20 ♐ 3	22 ♏ 19	13 ♏ 46	14 ♍ 12	3 ♈ 27	15 ♑ 41	16 ♋ 17	24 ♊ 50	13 ♐	2 ♐	1 ♒	4 ♏	19 ♒
18	25 ♐ 18	14 ♎ 28	25 ♊ 51	25 ♊ 57	21 ♐ 37	23 ♏ 33	14 ♏ 26	14 ♍ 15	3 ♈ 28	15 ♑ 44	16 ♋ 16	24 ♊ 49	13 ♐	2 ♐	1 ♒	4 ♏	19 ♒
19	26 ♐ 19	26 ♎ 46	25 ♊ 48	25 D 57	23 ♐ 11	24 ♏ 47	15 ♏ 5	14 ♍ 17	3 ♈ 29	15 ♑ 48	16 ♋ 14	24 ♊ 47	14 ♐	2 ♐	2 ♒	5 ♏	19 ♒
20	27 ♐ 20	9 ♏ 21	25 ♊ 44	25 ♊ 57	24 ♐ 45	26 ♏ 1	15 ♏ 45	14 ♍ 19	3 ♈ 30	15 ♑ 51	16 ♋ 13	24 ♊ 46	14 ♐	3 ♐	2 ♒	5 ♏	19 ♒
21	28 ♐ 21	22 ♏ 16	25 ♊ 41	25 ♊ 57	26 ♐ 20	27 ♏ 15	16 ♏ 25	14 ♍ 21	3 ♈ 32	15 ♑ 55	16 ♋ 11	24 ♊ 45	15 ♐	3 ♐	3 ♒	6 ♏	19 ♒
22	29 ♐ 22	5 ♐ 33	25 ♊ 38	25 ♊ 57	27 ♐ 55	28 ♏ 30	17 ♏ 4	14 ♍ 23	3 ♈ 33	15 ♑ 58	16 ♋ 9	24 ♊ 44	15 ♐	4 ♐	3 ♒	6 ♏	19 ♒
23	0 ♑ 24	19 ♐ 11	25 ♊ 35	25 ♊ 57	29 ♐ 30	29 ♏ 44	17 ♏ 44	14 ♍ 25	3 ♈ 35	16 ♑ 2	16 ♋ 8	24 ♊ 43	15 ♐	4 ♐	4 ♒	7 ♏	19 ♒
24	1 ♑ 25	3 ♑ 8	25 ♊ 32	25 R 57	1 ♑ 5	0 ♐ 58	18 ♏ 23	14 ♍ 26	3 ♈ 37	16 ♑ 5	16 ♋ 6	24 ♊ 41	16 ♐	4 ♐	4 ♒	7 ♏	19 ♒
25	2 ♑ 26	17 ♑ 22	25 ♊ 28	25 ♊ 57	2 ♑ 40	2 ♐ 13	19 ♏ 3	14 ♍ 27	3 ♈ 39	16 ♑ 9	16 ♋ 4	24 ♊ 40	16 ♐	5 ♐	4 ♒	8 ♏	19 ♒
26	3 ♑ 27	1 ♒ 47	25 ♊ 25	25 ♊ 56	4 ♑ 16	3 ♐ 27	19 ♏ 42	14 ♍ 28	3 ♈ 41	16 ♑ 12	16 ♋ 3	24 ♊ 39	17 ♐	5 ♐	5 ♒	8 ♏	20 ♒
27	4 ♑ 28	16 ♒ 18	25 ♊ 22	25 ♊ 55	5 ♑ 52	4 ♐ 41	20 ♏ 22	14 ♍ 29	3 ♈ 43	16 ♑ 16	16 ♋ 1	24 ♊ 38	17 ♐	6 ♐	5 ♒	9 ♏	20 ♒
28	5 ♑ 29	0 ♓ 49	25 ♊ 19	25 ♊ 54	7 ♑ 28	5 ♐ 56	21 ♏ 2	14 ♍ 30	3 ♈ 45	16 ♑ 19	16 ♋ 0	24 ♊ 37	17 ♐	6 ♐	6 ♒	9 ♏	20 ♒
29	6 ♑ 31	15 ♓ 15	25 ♊ 16	25 ♊ 53	9 ♑ 5	7 ♐ 10	21 ♏ 41	14 ♍ 30	3 ♈ 47	16 ♑ 23	15 ♋ 58	24 ♊ 36	18 ♐	7 ♐	6 ♒	10 ♏	20 ♒
30	7 ♑ 32	29 ♓ 31	25 ♊ 13	25 ♊ 53	10 ♑ 41	8 ♐ 25	22 ♏ 21	14 ♍ 31	3 ♈ 50	16 ♑ 26	15 ♋ 56	24 ♊ 34	18 ♐	7 ♐	6 ♒	10 ♏	20 ♒
31	8 ♑ 33	13 ♈ 36	25 ♊ 9	25 D 53	12 ♑ 19	9 ♐ 39	23 ♏ 1	14 R 31	3 ♈ 52	16 ♑ 30	15 ♋ 54	24 ♊ 33	19 ♐	7 ♐	7 ♒	11 ♏	20 ♒

SUN INGRESS	☉ → ♑ 22日 14:33
MOON PHASE	◐ 1日 06:44 ♓　○ 8日 06:44 ♊　◑ 16日 06:12 ♍　● 23日 20:50 ♑　◐ 30日 14:40 ♈

aspects		
2日	02:32	♀☌♂
6日	07:06	☿△♄
6日	11:01	☉□♃
10日	02:44	♀⚹♃
11日	08:58	♀⚹♅
12日	05:08	♀△♆
13日	03:19	☿□♃
17日	12:40	☉☍♇
17日	16:38	♂⚹♃
20日	00:12	☿☍♇
20日	04:12	♂⚹♅
20日	16:04	♂△♆
24日	04:24	♅☍♆
24日	13:53	☉☌☿
25日	14:58	☿□♄
26日	04:33	♀△♄
26日	05:34	☉□♄

1909年1月

DAY	☉	☽	☊ mean	☊ true	☿	♀	♂	♃	♄	♅	♆	♇	⚳	⚴	⚵	⚶	⚷
	° ′	° ′	° ′	° ′	° ′	° ′	° ′	° ′	° ′	° ′	° ′	° ′	°	°	°	°	°
1	9 ♑ 34	27 ♈ 28	25 ♊ 6	25 D 53	13 D 56	10 D 54	23 D 40	14 R 31	3 D 55	16 D 33	15 R 53	24 R 32	19 D	8 D	7 D	11 D	20 D
2	10 ♑ 35	11 ♉ 7	25 ♊ 3	25 ♊ 54	15 ♑ 34	12 ♐ 8	24 ♏ 20	14 ♍ 30	3 ♈ 57	16 ♑ 37	15 ♋ 51	24 ♊ 31	19 ♐	8 ♐	8 ♒	11 ♏	20 ♒
3	11 ♑ 36	24 ♉ 32	25 ♊ 0	25 ♊ 56	17 ♑ 12	13 ♐ 23	25 ♏ 0	14 ♍ 30	4 ♈ 0	16 ♑ 40	15 ♋ 49	24 ♊ 30	20 ♐	9 ♐	8 ♒	12 ♏	20 ♒
4	12 ♑ 37	7 ♊ 43	24 ♊ 57	25 ♊ 57	18 ♑ 50	14 ♐ 37	25 ♏ 39	14 ♍ 29	4 ♈ 3	16 ♑ 44	15 ♋ 48	24 ♊ 29	20 ♐	9 ♐	9 ♒	12 ♏	20 ♒
5	13 ♑ 39	20 ♊ 42	24 ♊ 54	25 ♊ 57	20 ♑ 28	15 ♐ 52	26 ♏ 19	14 ♍ 28	4 ♈ 6	16 ♑ 48	15 ♋ 46	24 ♊ 28	21 ♐	9 ♐	9 ♒	13 ♏	20 ♒
6	14 ♑ 40	3 ♋ 29	24 ♊ 50	25 R 57	22 ♑ 7	17 ♐ 7	26 ♏ 59	14 ♍ 27	4 ♈ 9	16 ♑ 51	15 ♋ 44	24 ♊ 27	21 ♐	10 ♐	9 ♒	13 ♏	20 ♒
7	15 ♑ 41	16 ♋ 4	24 ♊ 47	25 ♊ 56	23 ♑ 46	18 ♐ 21	27 ♏ 39	14 ♍ 26	4 ♈ 12	16 ♑ 55	15 ♋ 43	24 ♊ 25	21 ♐	10 ♐	10 ♒	14 ♏	20 ♒
8	16 ♑ 42	28 ♋ 27	24 ♊ 44	25 ♊ 54	25 ♑ 26	19 ♐ 36	28 ♏ 18	14 ♍ 25	4 ♈ 16	16 ♑ 58	15 ♋ 41	24 ♊ 24	22 ♐	11 ♐	10 ♒	14 ♏	20 ♒
9	17 ♑ 43	10 ♌ 40	24 ♊ 41	25 ♊ 51	27 ♑ 5	20 ♐ 51	28 ♏ 58	14 ♍ 23	4 ♈ 19	17 ♑ 2	15 ♋ 39	24 ♊ 23	22 ♐	11 ♐	11 ♒	15 ♏	20 ♒
10	18 ♑ 44	22 ♌ 44	24 ♊ 38	25 ♊ 47	28 ♑ 45	22 ♐ 5	29 ♏ 38	14 ♍ 21	4 ♈ 23	17 ♑ 5	15 ♋ 38	24 ♊ 22	23 ♐	11 ♐	11 ♒	15 ♏	20 ♒
11	19 ♑ 45	4 ♍ 41	24 ♊ 34	25 ♊ 43	0 ♒ 24	23 ♐ 20	0 ♐ 18	14 ♍ 19	4 ♈ 26	17 ♑ 9	15 ♋ 36	24 ♊ 21	23 ♐	12 ♐	12 ♒	16 ♏	20 ♒
12	20 ♑ 47	16 ♍ 33	24 ♊ 31	25 ♊ 39	2 ♒ 4	24 ♐ 35	0 ♐ 58	14 ♍ 17	4 ♈ 30	17 ♑ 13	15 ♋ 34	24 ♊ 20	23 ♐	12 ♐	12 ♒	16 ♏	21 ♒
13	21 ♑ 48	28 ♍ 25	24 ♊ 28	25 ♊ 35	3 ♒ 43	25 ♐ 49	1 ♐ 38	14 ♍ 15	4 ♈ 34	17 ♑ 16	15 ♋ 32	24 ♊ 19	24 ♐	13 ♐	12 ♒	16 ♏	21 ♒
14	22 ♑ 49	10 ♎ 20	24 ♊ 25	25 ♊ 33	5 ♒ 23	27 ♐ 4	2 ♐ 17	14 ♍ 12	4 ♈ 37	17 ♑ 20	15 ♋ 31	24 ♊ 18	24 ♐	13 ♐	13 ♒	17 ♏	21 ♒
15	23 ♑ 50	22 ♎ 21	24 ♊ 22	25 ♊ 33	7 ♒ 2	28 ♐ 19	2 ♐ 57	14 ♍ 9	4 ♈ 41	17 ♑ 23	15 ♋ 29	24 ♊ 17	25 ♐	13 ♐	13 ♒	17 ♏	21 ♒
16	24 ♑ 51	4 ♏ 36	24 ♊ 19	25 D 33	8 ♒ 40	29 ♐ 34	3 ♐ 37	14 ♍ 6	4 ♈ 45	17 ♑ 27	15 ♋ 27	24 ♊ 16	25 ♐	14 ♐	14 ♒	18 ♏	21 ♒
17	25 ♑ 52	17 ♏ 6	24 ♊ 15	25 ♊ 34	10 ♒ 17	0 ♑ 48	4 ♐ 17	14 ♍ 3	4 ♈ 49	17 ♑ 30	15 ♋ 26	24 ♊ 15	25 ♐	14 ♐	14 ♒	18 ♏	21 ♒
18	26 ♑ 53	29 ♏ 59	24 ♊ 12	25 ♊ 36	11 ♒ 54	2 ♑ 3	4 ♐ 57	14 ♍ 0	4 ♈ 54	17 ♑ 34	15 ♋ 24	24 ♊ 14	26 ♐	15 ♐	15 ♒	19 ♏	21 ♒
19	27 ♑ 54	13 ♐ 16	24 ♊ 9	25 ♊ 38	13 ♒ 29	3 ♑ 18	5 ♐ 37	13 ♍ 56	4 ♈ 58	17 ♑ 37	15 ♋ 22	24 ♊ 13	26 ♐	15 ♐	15 ♒	19 ♏	21 ♒
20	28 ♑ 55	26 ♐ 59	24 ♊ 6	25 R 38	15 ♒ 2	4 ♑ 33	6 ♐ 17	13 ♍ 52	5 ♈ 2	17 ♑ 41	15 ♋ 21	24 ♊ 12	27 ♐	15 ♐	16 ♒	19 ♏	21 ♒
21	29 ♑ 56	11 ♑ 9	24 ♊ 3	25 ♊ 37	16 ♒ 33	5 ♑ 48	6 ♐ 57	13 ♍ 49	5 ♈ 7	17 ♑ 44	15 ♋ 19	24 ♊ 11	27 ♐	16 ♐	16 ♒	20 ♏	21 ♒
22	0 ♒ 58	25 ♑ 42	24 ♊ 0	25 ♊ 34	18 ♒ 2	7 ♑ 2	7 ♐ 37	13 ♍ 45	5 ♈ 11	17 ♑ 48	15 ♋ 18	24 ♊ 10	27 ♐	16 ♐	16 ♒	20 ♏	21 ♒
23	1 ♒ 59	10 ♒ 32	23 ♊ 56	25 ♊ 30	19 ♒ 28	8 ♑ 17	8 ♐ 17	13 ♍ 40	5 ♈ 16	17 ♑ 51	15 ♋ 16	24 ♊ 9	28 ♐	17 ♐	17 ♒	21 ♏	21 ♒
24	3 ♒ 0	25 ♒ 31	23 ♊ 53	25 ♊ 24	20 ♒ 50	9 ♑ 32	8 ♐ 57	13 ♍ 36	5 ♈ 21	17 ♑ 55	15 ♋ 14	24 ♊ 9	28 ♐	17 ♐	17 ♒	21 ♏	21 ♒
25	4 ♒ 1	10 ♓ 30	23 ♊ 50	25 ♊ 18	22 ♒ 8	10 ♑ 47	9 ♐ 37	13 ♍ 31	5 ♈ 25	17 ♑ 58	15 ♋ 13	24 ♊ 8	29 ♐	17 ♐	18 ♒	22 ♏	21 ♒
26	5 ♒ 2	25 ♓ 20	23 ♊ 47	25 ♊ 13	23 ♒ 22	12 ♑ 2	10 ♐ 17	13 ♍ 27	5 ♈ 30	18 ♑ 2	15 ♋ 11	24 ♊ 7	29 ♐	18 ♐	18 ♒	22 ♏	21 ♒
27	6 ♒ 3	9 ♈ 55	23 ♊ 44	25 ♊ 8	24 ♒ 29	13 ♑ 16	10 ♐ 57	13 ♍ 22	5 ♈ 35	18 ♑ 5	15 ♋ 10	24 ♊ 6	29 ♐	18 ♐	19 ♒	22 ♏	22 ♒
28	7 ♒ 4	24 ♈ 9	23 ♊ 40	25 ♊ 6	25 ♒ 30	14 ♑ 31	11 ♐ 37	13 ♍ 17	5 ♈ 40	18 ♑ 9	15 ♋ 8	24 ♊ 5	0 ♑	19 ♐	19 ♒	23 ♏	22 ♒
29	8 ♒ 5	8 ♉ 1	23 ♊ 37	25 D 5	26 ♒ 24	15 ♑ 46	12 ♐ 17	13 ♍ 12	5 ♈ 45	18 ♑ 12	15 ♋ 6	24 ♊ 4	0 ♑	19 ♐	20 ♒	23 ♏	22 ♒
30	9 ♒ 6	21 ♉ 31	23 ♊ 34	25 ♊ 5	27 ♒ 9	17 ♑ 1	12 ♐ 57	13 ♍ 6	5 ♈ 51	18 ♑ 16	15 ♋ 5	24 ♊ 3	0 ♑	19 ♐	20 ♒	24 ♏	22 ♒
31	10 ♒ 7	4 ♊ 42	23 ♊ 31	25 ♊ 7	27 ♒ 46	18 ♑ 16	13 ♐ 37	13 ♍ 1	5 ♈ 56	18 ♑ 19	15 ♋ 3	24 ♊ 3	1 ♑	20 ♐	21 ♒	24 ♏	22 ♒

SUN INGRESS ☉ → ♒ 21日 01:11

MOON PHASE ○ 6日 23:12 ♋ ◑ 15日 03:11 ♎ ● 22日 09:12 ♒ ◐ 29日 00:07 ♉

aspects	
1日 08:33	☿△♃
2日 04:13	☿☍♆
2日 16:05	☿☌♅
3日 21:24	♀□♃
5日 19:14	☉△♃
7日 00:41	☉☍♆
8日 06:47	☉☌♅
10日 21:23	☿⚹♂
11日 19:25	♀☍♇
13日 12:35	☿⚹♄
17日 21:46	♂△♄
20日 10:07	♀□♄
26日 12:15	☉⚹♄
26日 15:40	☿△♇
27日 01:36	♀△♃
28日 11:32	♀☍♆
30日 04:56	♂□♃
31日 01:03	♀☌♅

1909年2月

DAY	☉	☽	☊ mean	☊ true	☿	♀	♂	♃	♄	♅	♆	♇	⚳	⚴	⚵	⚶	⚷
	° ′	° ′	° ′	° ′	° ′	° ′	° ′	° ′	° ′	° ′	° ′	° ′	°	°	°	°	°
1	11 ♒ 7	17 ♊ 35	23 ♊ 28	25 D 8	28 D 13	19 D 31	14 D 17	12 R 55	6 D 1	18 D 22	15 R 2	24 R 2	1 D	20 D	21 D	24 D	22 D
2	12 ♒ 8	0 ♋ 14	23 ♊ 25	25 R 8	28 ♒ 29	20 ♑ 45	14 ♐ 57	12 ♍ 49	6 ♈ 7	18 ♑ 26	15 ♋ 0	24 ♊ 1	2 ♑	20 ♐	21 ♒	25 ♏	22 ♒
3	13 ♒ 9	12 ♋ 41	23 ♊ 21	25 ♊ 6	28 ♒ 35	22 ♑ 0	15 ♐ 37	12 ♍ 43	6 ♈ 12	18 ♑ 29	14 ♋ 59	24 ♊ 0	2 ♑	21 ♐	22 ♒	25 ♏	22 ♒
4	14 ♒ 10	24 ♋ 59	23 ♊ 18	25 ♊ 2	28 R 30	23 ♑ 15	16 ♐ 17	12 ♍ 37	6 ♈ 18	18 ♑ 32	14 ♋ 58	24 ♊ 0	2 ♑	21 ♐	22 ♒	26 ♏	22 ♒
5	15 ♒ 11	7 ♌ 9	23 ♊ 15	24 ♊ 56	28 ♒ 14	24 ♑ 30	16 ♐ 57	12 ♍ 31	6 ♈ 23	18 ♑ 36	14 ♋ 56	23 ♊ 59	3 ♑	21 ♐	23 ♒	26 ♏	22 ♒
6	16 ♒ 12	19 ♌ 13	23 ♊ 12	24 ♊ 47	27 ♒ 47	25 ♑ 45	17 ♐ 37	12 ♍ 25	6 ♈ 29	18 ♑ 39	14 ♋ 55	23 ♊ 58	3 ♑	22 ♐	23 ♒	26 ♏	22 ♒
7	17 ♒ 12	1 ♍ 11	23 ♊ 9	24 ♊ 37	27 ♒ 9	27 ♑ 0	18 ♐ 17	12 ♍ 18	6 ♈ 35	18 ♑ 42	14 ♋ 53	23 ♊ 58	3 ♑	22 ♐	24 ♒	27 ♏	22 ♒
8	18 ♒ 13	13 ♍ 6	23 ♊ 6	24 ♊ 26	26 ♒ 23	28 ♑ 14	18 ♐ 58	12 ♍ 12	6 ♈ 40	18 ♑ 45	14 ♋ 52	23 ♊ 57	4 ♑	23 ♐	24 ♒	27 ♏	22 ♒
9	19 ♒ 14	24 ♍ 58	23 ♊ 2	24 ♊ 15	25 ♒ 28	29 ♑ 29	19 ♐ 38	12 ♍ 5	6 ♈ 46	18 ♑ 49	14 ♋ 51	23 ♊ 56	4 ♑	23 ♐	25 ♒	28 ♏	22 ♒
10	20 ♒ 15	6 ♎ 50	22 ♊ 59	24 ♊ 6	24 ♒ 26	0 ♒ 44	20 ♐ 18	11 ♍ 58	6 ♈ 52	18 ♑ 52	14 ♋ 49	23 ♊ 56	5 ♑	23 ♐	25 ♒	28 ♏	23 ♒
11	21 ♒ 15	18 ♎ 44	22 ♊ 56	23 ♊ 59	23 ♒ 20	1 ♒ 59	20 ♐ 58	11 ♍ 51	6 ♈ 58	18 ♑ 55	14 ♋ 48	23 ♊ 55	5 ♑	24 ♐	26 ♒	28 ♏	23 ♒
12	22 ♒ 16	0 ♏ 45	22 ♊ 53	23 ♊ 54	22 ♒ 11	3 ♒ 14	21 ♐ 38	11 ♍ 44	7 ♈ 4	18 ♑ 58	14 ♋ 47	23 ♊ 55	5 ♑	24 ♐	26 ♒	29 ♏	23 ♒
13	23 ♒ 17	12 ♏ 56	22 ♊ 50	23 ♊ 51	21 ♒ 1	4 ♒ 29	22 ♐ 18	11 ♍ 37	7 ♈ 10	19 ♑ 1	14 ♋ 45	23 ♊ 54	6 ♑	24 ♐	27 ♒	29 ♏	23 ♒
14	24 ♒ 17	25 ♏ 21	22 ♊ 46	23 D 50	19 ♒ 51	5 ♒ 44	22 ♐ 58	11 ♍ 30	7 ♈ 16	19 ♑ 4	14 ♋ 44	23 ♊ 54	6 ♑	25 ♐	27 ♒	29 ♏	23 ♒
15	25 ♒ 18	8 ♐ 7	22 ♊ 43	23 ♊ 51	18 ♒ 45	6 ♒ 58	23 ♐ 39	11 ♍ 23	7 ♈ 23	19 ♑ 7	14 ♋ 43	23 ♊ 53	6 ♑	25 ♐	28 ♒	0 ♐	23 ♒
16	26 ♒ 18	21 ♐ 16	22 ♊ 40	23 ♊ 51	17 ♒ 42	8 ♒ 13	24 ♐ 19	11 ♍ 16	7 ♈ 29	19 ♑ 10	14 ♋ 42	23 ♊ 53	7 ♑	25 ♐	28 ♒	0 ♐	23 ♒
17	27 ♒ 19	4 ♑ 54	22 ♊ 37	23 R 51	16 ♒ 44	9 ♒ 28	24 ♐ 59	11 ♍ 8	7 ♈ 35	19 ♑ 13	14 ♋ 41	23 ♊ 52	7 ♑	26 ♐	28 ♒	0 ♐	23 ♒
18	28 ♒ 20	19 ♑ 1	22 ♊ 34	23 ♊ 48	15 ♒ 53	10 ♒ 43	25 ♐ 39	11 ♍ 1	7 ♈ 42	19 ♑ 16	14 ♋ 39	23 ♊ 52	7 ♑	26 ♐	29 ♒	1 ♐	23 ♒
19	29 ♒ 20	3 ♒ 36	22 ♊ 31	23 ♊ 43	15 ♒ 9	11 ♒ 58	26 ♐ 20	10 ♍ 53	7 ♈ 48	19 ♑ 19	14 ♋ 38	23 ♊ 51	8 ♑	26 ♐	29 ♒	1 ♐	23 ♒
20	0 ♓ 21	18 ♒ 35	22 ♊ 27	23 ♊ 36	14 ♒ 31	13 ♒ 13	27 ♐ 0	10 ♍ 46	7 ♈ 54	19 ♑ 22	14 ♋ 37	23 ♊ 51	8 ♑	26 ♐	0 ♓	1 ♐	23 ♒
21	1 ♓ 21	3 ♓ 49	22 ♊ 24	23 ♊ 26	14 ♒ 2	14 ♒ 27	27 ♐ 40	10 ♍ 38	8 ♈ 1	19 ♑ 25	14 ♋ 36	23 ♊ 51	8 ♑	27 ♐	0 ♓	2 ♐	23 ♒
22	2 ♓ 22	19 ♓ 7	22 ♊ 21	23 ♊ 15	13 ♒ 40	15 ♒ 42	28 ♐ 20	10 ♍ 30	8 ♈ 8	19 ♑ 28	14 ♋ 35	23 ♊ 50	9 ♑	27 ♐	1 ♓	2 ♐	23 ♒
23	3 ♓ 22	4 ♈ 19	22 ♊ 18	23 ♊ 5	13 ♒ 25	16 ♒ 57	29 ♐ 0	10 ♍ 22	8 ♈ 14	19 ♑ 31	14 ♋ 34	23 ♊ 50	9 ♑	28 ♐	1 ♓	2 ♐	23 ♒
24	4 ♓ 22	19 ♈ 14	22 ♊ 15	22 ♊ 57	13 ♒ 18	18 ♒ 12	29 ♐ 41	10 ♍ 15	8 ♈ 21	19 ♑ 34	14 ♋ 33	23 ♊ 50	9 ♑	28 ♐	2 ♓	3 ♐	24 ♒
25	5 ♓ 23	3 ♉ 44	22 ♊ 12	22 ♊ 51	13 D 17	19 ♒ 27	0 ♑ 21	10 ♍ 7	8 ♈ 28	19 ♑ 36	14 ♋ 32	23 ♊ 49	10 ♑	28 ♐	2 ♓	3 ♐	24 ♒
26	6 ♓ 23	17 ♉ 47	22 ♊ 8	22 ♊ 47	13 ♒ 23	20 ♒ 41	1 ♑ 1	9 ♍ 59	8 ♈ 34	19 ♑ 39	14 ♋ 31	23 ♊ 49	10 ♑	29 ♐	3 ♓	3 ♐	24 ♒
27	7 ♓ 23	1 ♊ 21	22 ♊ 5	22 ♊ 46	13 ♒ 35	21 ♒ 56	1 ♑ 41	9 ♍ 51	8 ♈ 41	19 ♑ 42	14 ♋ 30	23 ♊ 49	10 ♑	29 ♐	3 ♓	4 ♐	24 ♒
28	8 ♓ 24	14 ♊ 31	22 ♊ 2	22 D 46	13 ♒ 53	23 ♒ 11	2 ♑ 22	9 ♍ 43	8 ♈ 48	19 ♑ 44	14 ♋ 30	23 ♊ 49	11 ♑	29 ♐	4 ♓	4 ♐	24 ♒

SUN INGRESS ☉ → ♓ 19日 15:38

MOON PHASE ○ 5日 17:25 ♌ ◑ 13日 21:47 ♏ ● 20日 19:52 ♓ ◐ 27日 11:49 ♊

aspects	
10日 03:49	☉⚹♂
10日 11:23	☿△♇
11日 23:07	☉☌☿
12日 07:10	☿⚹♂
13日 14:46	☉△♇
15日 08:28	♀⚹♄
15日 08:33	♂☍♇
20日 17:58	☿☌♀
28日 12:04	♀△♇

1909年3月

DAY	☉	☽	☊ mean	☊ true	☿	♀	♂	♃	♄	♅	♆	♇	⚳	⚴	⚵	⚶	⚷
	° ′	° ′	° ′	° ′	° ′	° ′	° ′	° ′	° ′	° ′	° ′	° ′	°	°	°	°	°
1	9 ♓ 24	27 ♊ 18	21 ♊ 59	22 R 46	14 D 17	24 D 26	3 D 2	9 R 36	8 D 55	19 D 47	14 R 29	23 R 48	11 D	29 D	4 D	4 D	24 D
2	10 ♓ 24	9 ♋ 48	21 ♊ 56	22 ♊ 45	14 ♒ 45	25 ♒ 40	3 ♑ 42	9 ♍ 28	9 ♈ 2	19 ♑ 50	14 ♋ 28	23 ♊ 48	11 ♑	0 ♑	5 ♓	5 ♐	24 ♒
3	11 ♓ 24	22 ♋ 4	21 ♊ 52	22 ♊ 41	15 ♒ 19	26 ♒ 55	4 ♑ 22	9 ♍ 20	9 ♈ 9	19 ♑ 52	14 ♋ 27	23 ♊ 48	12 ♑	0 ♑	5 ♓	5 ♐	24 ♒
4	12 ♓ 24	4 ♌ 11	21 ♊ 49	22 ♊ 35	15 ♒ 56	28 ♒ 10	5 ♑ 3	9 ♍ 12	9 ♈ 16	19 ♑ 55	14 ♋ 26	23 ♊ 48	12 ♑	0 ♑	6 ♓	5 ♐	24 ♒
5	13 ♓ 24	16 ♌ 11	21 ♊ 46	22 ♊ 26	16 ♒ 38	29 ♒ 25	5 ♑ 43	9 ♍ 4	9 ♈ 23	19 ♑ 57	14 ♋ 26	23 ♊ 48	12 ♑	1 ♑	6 ♓	6 ♐	24 ♒
6	14 ♓ 24	28 ♌ 7	21 ♊ 43	22 ♊ 14	17 ♒ 23	0 ♓ 39	6 ♑ 23	8 ♍ 56	9 ♈ 30	20 ♑ 0	14 ♋ 25	23 ♊ 48	13 ♑	1 ♑	7 ♓	6 ♐	24 ♒
7	15 ♓ 24	10 ♍ 0	21 ♊ 40	22 ♊ 1	18 ♒ 13	1 ♓ 54	7 ♑ 3	8 ♍ 49	9 ♈ 37	20 ♑ 2	14 ♋ 24	23 ♊ 48	13 ♑	1 ♑	7 ♓	6 ♐	24 ♒
8	16 ♓ 24	21 ♍ 53	21 ♊ 37	21 ♊ 46	19 ♒ 5	3 ♓ 9	7 ♑ 44	8 ♍ 41	9 ♈ 44	20 ♑ 4	14 ♋ 24	23 ♊ 48	13 ♑	1 ♑	8 ♓	6 ♐	24 ♒
9	17 ♓ 24	3 ♎ 46	21 ♊ 33	21 ♊ 31	20 ♒ 0	4 ♓ 23	8 ♑ 24	8 ♍ 33	9 ♈ 51	20 ♑ 7	14 ♋ 23	23 ♊ 48	14 ♑	2 ♑	8 ♓	7 ♐	24 ♒
10	18 ♓ 24	15 ♎ 41	21 ♊ 30	21 ♊ 18	20 ♒ 59	5 ♓ 38	9 ♑ 4	8 ♍ 25	9 ♈ 58	20 ♑ 9	14 ♋ 22	23 D 48	14 ♑	2 ♑	9 ♓	7 ♐	24 ♒
11	19 ♓ 24	27 ♎ 39	21 ♊ 27	21 ♊ 7	22 ♒ 0	6 ♓ 53	9 ♑ 45	8 ♍ 18	10 ♈ 6	20 ♑ 11	14 ♋ 22	23 ♊ 48	14 ♑	2 ♑	9 ♓	7 ♐	25 ♒
12	20 ♓ 24	9 ♏ 43	21 ♊ 24	21 ♊ 0	23 ♒ 3	8 ♓ 7	10 ♑ 25	8 ♍ 10	10 ♈ 13	20 ♑ 13	14 ♋ 21	23 ♊ 48	15 ♑	3 ♑	9 ♓	7 ♐	25 ♒
13	21 ♓ 24	21 ♏ 56	21 ♊ 21	20 ♊ 55	24 ♒ 9	9 ♓ 22	11 ♑ 5	8 ♍ 3	10 ♈ 20	20 ♑ 15	14 ♋ 21	23 ♊ 48	15 ♑	3 ♑	10 ♓	8 ♐	25 ♒
14	22 ♓ 24	4 ♐ 22	21 ♊ 17	20 ♊ 53	25 ♒ 17	10 ♓ 37	11 ♑ 45	7 ♍ 55	10 ♈ 27	20 ♑ 18	14 ♋ 21	23 ♊ 48	15 ♑	3 ♑	10 ♓	8 ♐	25 ♒
15	23 ♓ 24	17 ♐ 4	21 ♊ 14	20 ♊ 52	26 ♒ 28	11 ♓ 51	12 ♑ 26	7 ♍ 48	10 ♈ 35	20 ♑ 20	14 ♋ 20	23 ♊ 48	16 ♑	3 ♑	11 ♓	8 ♐	25 ♒
16	24 ♓ 23	0 ♑ 7	21 ♊ 11	20 ♊ 52	27 ♒ 40	13 ♓ 6	13 ♑ 6	7 ♍ 41	10 ♈ 42	20 ♑ 22	14 ♋ 20	23 ♊ 48	16 ♑	4 ♑	11 ♓	8 ♐	25 ♒
17	25 ♓ 23	13 ♑ 36	21 ♊ 8	20 ♊ 51	28 ♒ 54	14 ♓ 21	13 ♑ 46	7 ♍ 33	10 ♈ 49	20 ♑ 24	14 ♋ 19	23 ♊ 48	16 ♑	4 ♑	12 ♓	9 ♐	25 ♒
18	26 ♓ 23	27 ♑ 32	21 ♊ 5	20 ♊ 48	0 ♓ 11	15 ♓ 35	14 ♑ 27	7 ♍ 26	10 ♈ 57	20 ♑ 26	14 ♋ 19	23 ♊ 49	16 ♑	4 ♑	12 ♓	9 ♐	25 ♒
19	27 ♓ 22	11 ♒ 56	21 ♊ 2	20 ♊ 43	1 ♓ 29	16 ♓ 50	15 ♑ 7	7 ♍ 19	11 ♈ 4	20 ♑ 28	14 ♋ 19	23 ♊ 49	17 ♑	4 ♑	13 ♓	9 ♐	25 ♒
20	28 ♓ 22	26 ♒ 47	20 ♊ 58	20 ♊ 35	2 ♓ 48	18 ♓ 5	15 ♑ 47	7 ♍ 12	11 ♈ 12	20 ♑ 29	14 ♋ 19	23 ♊ 49	17 ♑	5 ♑	13 ♓	9 ♐	25 ♒
21	29 ♓ 22	11 ♓ 56	20 ♊ 55	20 ♊ 25	4 ♓ 10	19 ♓ 19	16 ♑ 27	7 ♍ 5	11 ♈ 19	20 ♑ 31	14 ♋ 18	23 ♊ 49	17 ♑	5 ♑	14 ♓	9 ♐	25 ♒
22	0 ♈ 21	27 ♓ 15	20 ♊ 52	20 ♊ 14	5 ♓ 33	20 ♓ 34	17 ♑ 8	6 ♍ 59	11 ♈ 27	20 ♑ 33	14 ♋ 18	23 ♊ 50	18 ♑	5 ♑	14 ♓	10 ♐	25 ♒
23	1 ♈ 21	12 ♈ 33	20 ♊ 49	20 ♊ 3	6 ♓ 57	21 ♓ 48	17 ♑ 48	6 ♍ 52	11 ♈ 34	20 ♑ 35	14 ♋ 18	23 ♊ 50	18 ♑	5 ♑	15 ♓	10 ♐	25 ♒
24	2 ♈ 20	27 ♈ 37	20 ♊ 46	19 ♊ 54	8 ♓ 23	23 ♓ 3	18 ♑ 28	6 ♍ 46	11 ♈ 41	20 ♑ 36	14 ♋ 18	23 ♊ 50	18 ♑	5 ♑	15 ♓	10 ♐	25 ♒
25	3 ♈ 20	12 ♉ 19	20 ♊ 43	19 ♊ 47	9 ♓ 51	24 ♓ 17	19 ♑ 8	6 ♍ 39	11 ♈ 49	20 ♑ 38	14 ♋ 18	23 ♊ 51	18 ♑	6 ♑	16 ♓	10 ♐	25 ♒
26	4 ♈ 19	26 ♉ 33	20 ♊ 39	19 ♊ 43	11 ♓ 20	25 ♓ 32	19 ♑ 49	6 ♍ 33	11 ♈ 56	20 ♑ 40	14 ♋ 18	23 ♊ 51	19 ♑	6 ♑	16 ♓	10 ♐	25 ♒
27	5 ♈ 19	10 ♊ 18	20 ♊ 36	19 ♊ 41	12 ♓ 50	26 ♓ 46	20 ♑ 29	6 ♍ 27	12 ♈ 4	20 ♑ 41	14 D 18	23 ♊ 51	19 ♑	6 ♑	17 ♓	11 ♐	26 ♒
28	6 ♈ 18	23 ♊ 34	20 ♊ 33	19 D 40	14 ♓ 22	28 ♓ 1	21 ♑ 9	6 ♍ 21	12 ♈ 11	20 ♑ 43	14 ♋ 18	23 ♊ 52	19 ♑	6 ♑	17 ♓	11 ♐	26 ♒
29	7 ♈ 17	6 ♋ 25	20 ♊ 30	19 ♊ 41	15 ♓ 56	29 ♓ 15	21 ♑ 49	6 ♍ 15	12 ♈ 19	20 ♑ 44	14 ♋ 18	23 ♊ 52	19 ♑	6 ♑	18 ♓	11 ♐	26 ♒
30	8 ♈ 17	18 ♋ 55	20 ♊ 27	19 R 40	17 ♓ 30	0 ♈ 30	22 ♑ 29	6 ♍ 9	12 ♈ 27	20 ♑ 45	14 ♋ 18	23 ♊ 53	20 ♑	7 ♑	18 ♓	11 ♐	26 ♒
31	9 ♈ 16	1 ♌ 9	20 ♊ 23	19 ♊ 38	19 ♓ 7	1 ♈ 44	23 ♑ 9	6 ♍ 3	12 ♈ 34	20 ♑ 47	14 ♋ 18	23 ♊ 53	20 ♑	7 ♑	19 ♓	11 ♐	26 ♒

SUN INGRESS	☉ → ♈ 21日 15:13
MOON PHASE	○ 7日 11:56 ♍　◑ 15日 12:41 ♐　● 22日 05:11 ♈　◐ 29日 01:49 ♋

aspects		
1日	04:08	☉☍♃
6日	00:12	☉△♆
9日	04:33	♂△♃
11日	15:17	♂□♄
11日	19:30	☉⚹♅
12日	00:48	♀☍♃
12日	16:20	☿△♇
15日	09:52	☉□♇
15日	23:55	♀⚹♂
16日	23:36	♀△♆
17日	19:38	♂☍♆
21日	23:45	♀⚹♅
22日	22:40	☿☍♃
24日	15:19	♀□♇
27日	07:41	♂☌♅
27日	22:53	☿△♆

1909年4月

DAY	☉	☽	☊ mean	☊ true	☿	♀	♂	♃	♄	♅	♆	♇	⚳	⚴	⚵	⚶	⚷
	° ′	° ′	° ′	° ′	° ′	° ′	° ′	° ′	° ′	° ′	° ′	° ′	°	°	°	°	°
1	10 ♈ 15	13 ♌ 11	20 ♊ 20	19 R 33	20 D 44	2 D 59	23 D 50	5 R 58	12 D 42	20 D 48	14 D 18	23 D 54	20 D	7 D	19 D	11 D	26 D
2	11 ♈ 14	25 ♌ 7	20 ♊ 17	19 ♊ 26	22 ♓ 23	4 ♈ 13	24 ♑ 30	5 ♍ 53	12 ♈ 49	20 ♑ 49	14 ♋ 19	23 ♊ 54	20 ♑	7 ♑	20 ♓	11 ♐	26 ♒
3	12 ♈ 13	6 ♍ 59	20 ♊ 14	19 ♊ 16	24 ♓ 4	5 ♈ 28	25 ♑ 10	5 ♍ 47	12 ♈ 57	20 ♑ 50	14 ♋ 19	23 ♊ 55	21 ♑	7 ♑	20 ♓	11 ♐	26 ♒
4	13 ♈ 13	18 ♍ 51	20 ♊ 11	19 ♊ 5	25 ♓ 45	6 ♈ 42	25 ♑ 50	5 ♍ 42	13 ♈ 4	20 ♑ 52	14 ♋ 19	23 ♊ 55	21 ♑	8 ♑	21 ♓	12 ♐	26 ♒
5	14 ♈ 12	0 ♎ 44	20 ♊ 8	18 ♊ 52	27 ♓ 29	7 ♈ 56	26 ♑ 30	5 ♍ 38	13 ♈ 12	20 ♑ 53	14 ♋ 19	23 ♊ 56	21 ♑	8 ♑	21 ♓	12 ♐	26 ♒
6	15 ♈ 11	12 ♎ 40	20 ♊ 4	18 ♊ 40	29 ♓ 13	9 ♈ 11	27 ♑ 10	5 ♍ 33	13 ♈ 19	20 ♑ 54	14 ♋ 20	23 ♊ 56	21 ♑	8 ♑	22 ♓	12 ♐	26 ♒
7	16 ♈ 10	24 ♎ 41	20 ♊ 1	18 ♊ 29	1 ♈ 0	10 ♈ 25	27 ♑ 50	5 ♍ 28	13 ♈ 27	20 ♑ 55	14 ♋ 20	23 ♊ 57	22 ♑	8 ♑	22 ♓	12 ♐	26 ♒
8	17 ♈ 9	6 ♏ 48	19 ♊ 58	18 ♊ 20	2 ♈ 47	11 ♈ 39	28 ♑ 30	5 ♍ 24	13 ♈ 34	20 ♑ 56	14 ♋ 21	23 ♊ 58	22 ♑	8 ♑	23 ♓	12 ♐	26 ♒
9	18 ♈ 7	19 ♏ 2	19 ♊ 55	18 ♊ 13	4 ♈ 36	12 ♈ 54	29 ♑ 10	5 ♍ 20	13 ♈ 42	20 ♑ 57	14 ♋ 21	23 ♊ 58	22 ♑	8 ♑	23 ♓	12 ♐	26 ♒
10	19 ♈ 6	1 ♐ 24	19 ♊ 52	18 ♊ 10	6 ♈ 27	14 ♈ 8	29 ♑ 50	5 ♍ 16	13 ♈ 50	20 ♑ 57	14 ♋ 21	23 ♊ 59	22 ♑	8 ♑	24 ♓	12 ♐	26 ♒
11	20 ♈ 5	13 ♐ 58	19 ♊ 48	18 ♊ 8	8 ♈ 19	15 ♈ 22	0 ♒ 30	5 ♍ 12	13 ♈ 57	20 ♑ 58	14 ♋ 22	24 ♊ 0	22 ♑	9 ♑	24 ♓	12 ♐	26 ♒
12	21 ♈ 4	26 ♐ 47	19 ♊ 45	18 D 8	10 ♈ 13	16 ♈ 37	1 ♒ 10	5 ♍ 8	14 ♈ 5	20 ♑ 59	14 ♋ 23	24 ♊ 0	23 ♑	9 ♑	25 ♓	12 ♐	26 ♒
13	22 ♈ 3	9 ♑ 52	19 ♊ 42	18 ♊ 9	12 ♈ 8	17 ♈ 51	1 ♒ 50	5 ♍ 4	14 ♈ 12	21 ♑ 0	14 ♋ 23	24 ♊ 1	23 ♑	9 ♑	25 ♓	12 ♐	26 ♒
14	23 ♈ 2	23 ♑ 17	19 ♊ 39	18 R 10	14 ♈ 4	19 ♈ 5	2 ♒ 30	5 ♍ 1	14 ♈ 20	21 ♑ 0	14 ♋ 24	24 ♊ 2	23 ♑	9 ♑	26 ♓	12 ♐	26 ♒
15	24 ♈ 0	7 ♒ 5	19 ♊ 36	18 ♊ 9	16 ♈ 3	20 ♈ 20	3 ♒ 10	4 ♍ 58	14 ♈ 27	21 ♑ 1	14 ♋ 24	24 ♊ 3	23 ♑	9 ♑	26 ♓	12 ♐	27 ♒
16	24 ♈ 59	21 ♒ 17	19 ♊ 33	18 ♊ 6	18 ♈ 2	21 ♈ 34	3 ♒ 50	4 ♍ 55	14 ♈ 35	21 ♑ 2	14 ♋ 25	24 ♊ 3	23 ♑	9 ♑	27 ♓	12 ♐	27 ♒
17	25 ♈ 58	5 ♓ 50	19 ♊ 29	18 ♊ 1	20 ♈ 3	22 ♈ 48	4 ♒ 30	4 ♍ 52	14 ♈ 42	21 ♑ 2	14 ♋ 26	24 ♊ 4	24 ♑	9 ♑	27 ♓	12 R	27 ♒
18	26 ♈ 56	20 ♓ 42	19 ♊ 26	17 ♊ 55	22 ♈ 5	24 ♈ 2	5 ♒ 10	4 ♍ 49	14 ♈ 49	21 ♑ 2	14 ♋ 26	24 ♊ 5	24 ♑	9 ♑	28 ♓	12 ♐	27 ♒
19	27 ♈ 55	5 ♈ 44	19 ♊ 23	17 ♊ 47	24 ♈ 9	25 ♈ 16	5 ♒ 49	4 ♍ 47	14 ♈ 57	21 ♑ 3	14 ♋ 27	24 ♊ 6	24 ♑	9 ♑	28 ♓	12 ♐	27 ♒
20	28 ♈ 54	20 ♈ 49	19 ♊ 20	17 ♊ 40	26 ♈ 13	26 ♈ 31	6 ♒ 29	4 ♍ 45	15 ♈ 4	21 ♑ 3	14 ♋ 28	24 ♊ 7	24 ♑	9 ♑	29 ♓	12 ♐	27 ♒
21	29 ♈ 52	5 ♉ 45	19 ♊ 17	17 ♊ 33	28 ♈ 19	27 ♈ 45	7 ♒ 9	4 ♍ 42	15 ♈ 12	21 ♑ 4	14 ♋ 29	24 ♊ 8	24 ♑	9 ♑	29 ♓	12 ♐	27 ♒
22	0 ♉ 51	20 ♉ 24	19 ♊ 14	17 ♊ 28	0 ♉ 26	28 ♈ 59	7 ♒ 49	4 ♍ 40	15 ♈ 19	21 ♑ 4	14 ♋ 30	24 ♊ 9	25 ♑	9 ♑	0 ♈	12 ♐	27 ♒
23	1 ♉ 49	4 ♊ 41	19 ♊ 10	17 ♊ 26	2 ♉ 34	0 ♉ 13	8 ♒ 28	4 ♍ 39	15 ♈ 26	21 ♑ 4	14 ♋ 31	24 ♊ 10	25 ♑	10 ♑	0 ♈	12 ♐	27 ♒
24	2 ♉ 48	18 ♊ 30	19 ♊ 7	17 D 25	4 ♉ 42	1 ♉ 27	9 ♒ 8	4 ♍ 37	15 ♈ 34	21 ♑ 4	14 ♋ 31	24 ♊ 11	25 ♑	10 ♑	1 ♈	12 ♐	27 ♒
25	3 ♉ 46	1 ♋ 52	19 ♊ 4	17 ♊ 26	6 ♉ 50	2 ♉ 41	9 ♒ 48	4 ♍ 36	15 ♈ 41	21 ♑ 4	14 ♋ 32	24 ♊ 11	25 ♑	10 ♑	1 ♈	12 ♐	27 ♒
26	4 ♉ 45	14 ♋ 49	19 ♊ 1	17 ♊ 27	8 ♉ 59	3 ♉ 56	10 ♒ 27	4 ♍ 35	15 ♈ 48	21 ♑ 4	14 ♋ 33	24 ♊ 12	25 ♑	10 ♑	2 ♈	12 ♐	27 ♒
27	5 ♉ 43	27 ♋ 24	18 ♊ 58	17 ♊ 28	11 ♉ 7	5 ♉ 10	11 ♒ 7	4 ♍ 34	15 ♈ 56	21 R 4	14 ♋ 34	24 ♊ 13	25 ♑	10 ♑	2 ♈	12 ♐	27 ♒
28	6 ♉ 41	9 ♌ 41	18 ♊ 54	17 R 29	13 ♉ 15	6 ♉ 24	11 ♒ 46	4 ♍ 33	16 ♈ 3	21 ♑ 4	14 ♋ 35	24 ♊ 14	25 ♑	10 ♑	3 ♈	12 ♐	27 ♒
29	7 ♉ 40	21 ♌ 45	18 ♊ 51	17 ♊ 27	15 ♉ 22	7 ♉ 38	12 ♒ 25	4 ♍ 32	16 ♈ 10	21 ♑ 4	14 ♋ 37	24 ♊ 15	26 ♑	10 ♑	3 ♈	12 ♐	27 ♒
30	8 ♉ 38	3 ♍ 41	18 ♊ 48	17 ♊ 25	17 ♉ 29	8 ♉ 52	13 ♒ 5	4 ♍ 32	16 ♈ 17	21 ♑ 4	14 ♋ 38	24 ♊ 17	26 ♑	10 R	4 ♈	12 ♐	27 ♒

SUN INGRESS	☉ → ♉ 21日 02:58
MOON PHASE	○ 6日 05:28 ♎　◑ 13日 23:30 ♑　● 20日 13:51 ♈　◐ 27日 17:36 ♌

aspects		
1日	00:58	☿⚹♅
2日	21:52	☿□♇
3日	20:10	☉☌♄
4日	01:42	☿⚹♂
5日	03:14	☉□♆
9日	17:20	♀☌♄
10日	04:21	♀□♆
11日	21:56	☉□♅
14日	03:18	☿☌♄
14日	03:57	☿□♆
14日	14:19	♄□♆
15日	00:58	☉⚹♇
15日	13:31	♀□♅
17日	11:41	☿□♅
18日	00:58	♀⚹♇
18日	23:28	☿⚹♇
20日	08:02	☿☌♀
22日	08:40	☉☌☿
23日	23:11	☿△♃
25日	19:56	☉△♃
26日	12:28	♀△♃
26日	23:52	☿□♂
28日	15:17	☿⚹♆
29日	02:50	☉☌♀

1909年5月

DAY	☉	☽	☊ mean	☊ true	☿	♀	♂	♃	♄	♅	♆	♇	⚳	⚴	⚵	⚶	⚷
	° ′	° ′	° ′	° ′	° ′	° ′	° ′	° ′	° ′	° ′	° ′	° ′	°	°	°	°	°
1	9 ♉ 36	15 ♍ 33	18 ♊ 45	17 R 20	19 D 33	10 D 6	13 D 44	4 R 31	16 D 25	21 R 4	14 D 39	24 D 18	26 D	10 R	4 D	11 R	27 D
2	10 ♉ 34	27 ♍ 25	18 ♊ 42	17 ♊ 14	21 ♉ 37	11 ♉ 20	14 ♒ 23	4 D 31	16 ♈ 32	21 ♑ 3	14 ♋ 40	24 ♊ 19	26 ♑	10 ♑	5 ♈	11 ♐	27 ♒
3	11 ♉ 32	9 ♎ 21	18 ♊ 39	17 ♊ 8	23 ♉ 38	12 ♉ 34	15 ♒ 3	4 ♍ 31	16 ♈ 39	21 ♑ 3	14 ♋ 41	24 ♊ 20	26 ♑	10 ♑	5 ♈	11 ♐	27 ♒
4	12 ♉ 31	21 ♎ 22	18 ♊ 35	17 ♊ 2	25 ♉ 37	13 ♉ 48	15 ♒ 42	4 ♍ 32	16 ♈ 46	21 ♑ 3	14 ♋ 42	24 ♊ 21	26 ♑	10 ♑	6 ♈	11 ♐	27 ♒
5	13 ♉ 29	3 ♏ 31	18 ♊ 32	16 ♊ 56	27 ♉ 34	15 ♉ 2	16 ♒ 21	4 ♍ 32	16 ♈ 53	21 ♑ 2	14 ♋ 44	24 ♊ 22	26 ♑	10 ♑	6 ♈	11 ♐	27 ♒
6	14 ♉ 27	15 ♏ 49	18 ♊ 29	16 ♊ 51	29 ♉ 28	16 ♉ 16	17 ♒ 0	4 ♍ 33	17 ♈ 0	21 ♑ 2	14 ♋ 45	24 ♊ 23	26 ♑	10 ♑	7 ♈	11 ♐	27 ♒
7	15 ♉ 25	28 ♏ 17	18 ♊ 26	16 ♊ 48	1 ♊ 19	17 ♉ 30	17 ♒ 39	4 ♍ 34	17 ♈ 7	21 ♑ 1	14 ♋ 46	24 ♊ 24	26 ♑	9 ♑	7 ♈	11 ♐	27 ♒
8	16 ♉ 23	10 ♐ 56	18 ♊ 23	16 ♊ 47	3 ♊ 7	18 ♉ 44	18 ♒ 18	4 ♍ 35	17 ♈ 14	21 ♑ 1	14 ♋ 47	24 ♊ 25	27 ♑	9 ♑	8 ♈	10 ♐	27 ♒
9	17 ♉ 21	23 ♐ 48	18 ♊ 20	16 D 47	4 ♊ 52	19 ♉ 58	18 ♒ 57	4 ♍ 36	17 ♈ 21	21 ♑ 0	14 ♋ 49	24 ♊ 26	27 ♑	9 ♑	8 ♈	10 ♐	27 ♒
10	18 ♉ 19	6 ♑ 52	18 ♊ 16	16 ♊ 48	6 ♊ 34	21 ♉ 12	19 ♒ 36	4 ♍ 37	17 ♈ 28	21 ♑ 0	14 ♋ 50	24 ♊ 28	27 ♑	9 ♑	9 ♈	10 ♐	27 ♒
11	19 ♉ 17	20 ♑ 10	18 ♊ 13	16 ♊ 50	8 ♊ 12	22 ♉ 25	20 ♒ 15	4 ♍ 39	17 ♈ 34	20 ♑ 59	14 ♋ 52	24 ♊ 29	27 ♑	9 ♑	9 ♈	10 ♐	27 ♒
12	20 ♉ 15	3 ♒ 44	18 ♊ 10	16 ♊ 51	9 ♊ 47	23 ♉ 39	20 ♒ 53	4 ♍ 40	17 ♈ 41	20 ♑ 58	14 ♋ 53	24 ♊ 30	27 ♑	9 ♑	10 ♈	10 ♐	27 ♒
13	21 ♉ 13	17 ♒ 33	18 ♊ 7	16 ♊ 52	11 ♊ 18	24 ♉ 53	21 ♒ 32	4 ♍ 42	17 ♈ 48	20 ♑ 57	14 ♋ 54	24 ♊ 31	27 ♑	9 ♑	10 ♈	10 ♐	27 ♒
14	22 ♉ 11	1 ♓ 38	18 ♊ 4	16 R 52	12 ♊ 46	26 ♉ 7	22 ♒ 11	4 ♍ 44	17 ♈ 55	20 ♑ 57	14 ♋ 56	24 ♊ 32	27 ♑	9 ♑	11 ♈	9 ♐	27 ♒
15	23 ♉ 8	15 ♓ 57	18 ♊ 0	16 ♊ 50	14 ♊ 9	27 ♉ 21	22 ♒ 49	4 ♍ 47	18 ♈ 1	20 ♑ 56	14 ♋ 57	24 ♊ 34	27 ♑	9 ♑	11 ♈	9 ♐	28 ♒
16	24 ♉ 6	0 ♈ 28	17 ♊ 57	16 ♊ 48	15 ♊ 29	28 ♉ 35	23 ♒ 28	4 ♍ 49	18 ♈ 8	20 ♑ 55	14 ♋ 59	24 ♊ 35	27 ♑	9 ♑	12 ♈	9 ♐	28 ♒
17	25 ♉ 4	15 ♈ 6	17 ♊ 54	16 ♊ 45	16 ♊ 46	29 ♉ 49	24 ♒ 6	4 ♍ 52	18 ♈ 15	20 ♑ 54	15 ♋ 1	24 ♊ 36	27 ♑	9 ♑	12 ♈	9 ♐	28 ♒
18	26 ♉ 2	29 ♈ 45	17 ♊ 51	16 ♊ 42	17 ♊ 58	1 ♊ 3	24 ♒ 44	4 ♍ 54	18 ♈ 21	20 ♑ 53	15 ♋ 2	24 ♊ 37	27 ♑	8 ♑	13 ♈	9 ♐	28 ♒
19	27 ♉ 0	14 ♉ 19	17 ♊ 48	16 ♊ 40	19 ♊ 7	2 ♊ 16	25 ♒ 22	4 ♍ 57	18 ♈ 28	20 ♑ 52	15 ♋ 4	24 ♊ 39	27 ♑	8 ♑	13 ♈	8 ♐	28 ♒
20	27 ♉ 57	28 ♉ 41	17 ♊ 45	16 ♊ 38	20 ♊ 11	3 ♊ 30	26 ♒ 1	5 ♍ 0	18 ♈ 34	20 ♑ 51	15 ♋ 5	24 ♊ 40	27 ♑	8 ♑	14 ♈	8 ♐	28 ♒
21	28 ♉ 55	12 ♊ 45	17 ♊ 41	16 ♊ 38	21 ♊ 12	4 ♊ 44	26 ♒ 39	5 ♍ 4	18 ♈ 40	20 ♑ 49	15 ♋ 7	24 ♊ 41	27 ♑	8 ♑	14 ♈	8 ♐	28 ♒
22	29 ♉ 53	26 ♊ 29	17 ♊ 38	16 D 38	22 ♊ 8	5 ♊ 58	27 ♒ 17	5 ♍ 7	18 ♈ 47	20 ♑ 48	15 ♋ 9	24 ♊ 43	27 ♑	8 ♑	15 ♈	8 ♐	28 ♒
23	0 ♊ 51	9 ♋ 49	17 ♊ 35	16 ♊ 39	23 ♊ 0	7 ♊ 12	27 ♒ 54	5 ♍ 11	18 ♈ 53	20 ♑ 47	15 ♋ 10	24 ♊ 44	27 R	8 ♑	15 ♈	7 ♐	28 ♒
24	1 ♊ 48	22 ♋ 48	17 ♊ 32	16 ♊ 40	23 ♊ 48	8 ♊ 25	28 ♒ 32	5 ♍ 15	18 ♈ 59	20 ♑ 46	15 ♋ 12	24 ♊ 45	27 ♑	7 ♑	16 ♈	7 ♐	28 ♒
25	2 ♊ 46	5 ♌ 25	17 ♊ 29	16 ♊ 41	24 ♊ 32	9 ♊ 39	29 ♒ 10	5 ♍ 19	19 ♈ 6	20 ♑ 44	15 ♋ 14	24 ♊ 47	27 ♑	7 ♑	16 ♈	7 ♐	28 ♒
26	3 ♊ 44	17 ♌ 46	17 ♊ 26	16 ♊ 42	25 ♊ 11	10 ♊ 53	29 ♒ 47	5 ♍ 23	19 ♈ 12	20 ♑ 43	15 ♋ 16	24 ♊ 48	27 ♑	7 ♑	17 ♈	7 ♐	28 ♒
27	4 ♊ 41	29 ♌ 53	17 ♊ 22	16 ♊ 43	25 ♊ 46	12 ♊ 7	0 ♓ 25	5 ♍ 27	19 ♈ 18	20 ♑ 42	15 ♋ 17	24 ♊ 49	27 ♑	7 ♑	17 ♈	6 ♐	28 ♒
28	5 ♊ 39	11 ♍ 50	17 ♊ 19	16 R 43	26 ♊ 16	13 ♊ 20	1 ♓ 2	5 ♍ 31	19 ♈ 24	20 ♑ 40	15 ♋ 19	24 ♊ 51	27 ♑	7 ♑	18 ♈	6 ♐	28 ♒
29	6 ♊ 36	23 ♍ 44	17 ♊ 16	16 ♊ 42	26 ♊ 42	14 ♊ 34	1 ♓ 39	5 ♍ 36	19 ♈ 30	20 ♑ 39	15 ♋ 21	24 ♊ 52	27 ♑	6 ♑	18 ♈	6 ♐	28 ♒
30	7 ♊ 34	5 ♎ 37	17 ♊ 13	16 ♊ 41	27 ♊ 3	15 ♊ 48	2 ♓ 16	5 ♍ 41	19 ♈ 36	20 ♑ 37	15 ♋ 23	24 ♊ 53	27 ♑	6 ♑	19 ♈	6 ♐	28 ♒
31	8 ♊ 31	17 ♎ 35	17 ♊ 10	16 ♊ 40	27 ♊ 20	17 ♊ 1	2 ♓ 53	5 ♍ 46	19 ♈ 41	20 ♑ 36	15 ♋ 25	24 ♊ 55	27 ♑	6 ♑	19 ♈	5 ♐	28 ♒

SUN INGRESS ☉ → ♊ 22日 02:45

MOON PHASE ○ 5日 21:08 ♏ ◑ 13日 06:45 ♒ ● 19日 22:42 ♉ ◐ 27日 10:28 ♍

aspects

1日 17:30 ☿△♅
4日 17:58 ♀⚹♆
5日 23:57 ♂⚹♄
6日 07:37 ☉⚹♆
7日 06:24 ♀□♂
8日 20:09 ☿□♃
9日 20:09 ♀△♅
12日 17:45 ☉△♅
14日 00:10 ☉□♂
17日 19:35 ♂△♇
18日 08:43 ☿⚹♄
21日 06:44 ♀□♃
25日 08:55 ☿☌♇
27日 20:42 ☉□♃

1909年6月

DAY	☉	☽	☊ mean	☊ true	☿	♀	♂	♃	♄	♅	♆	♇	⚳	⚴	⚵	⚶	⚷
	° ′	° ′	° ′	° ′	° ′	° ′	° ′	° ′	° ′	° ′	° ′	° ′	°	°	°	°	°
1	9 ♊ 29	29 ♎ 41	17 ♊ 6	16 R 39	27 D 31	18 D 15	3 D 30	5 D 51	19 D 47	20 R 34	15 D 26	24 D 56	27 R	6 R	20 D	5 R	28 D
2	10 ♊ 26	11 ♏ 57	17 ♊ 3	16 ♊ 38	27 ♊ 38	19 ♊ 29	4 ♓ 7	5 ♍ 56	19 ♈ 53	20 ♑ 32	15 ♋ 28	24 ♊ 58	27 ♑	6 ♑	20 ♈	5 ♐	28 ♒
3	11 ♊ 24	24 ♏ 26	17 ♊ 0	16 ♊ 38	27 ♊ 41	20 ♊ 42	4 ♓ 43	6 ♍ 1	19 ♈ 59	20 ♑ 31	15 ♋ 30	24 ♊ 59	27 ♑	5 ♑	21 ♈	5 ♐	28 R
4	12 ♊ 21	7 ♐ 10	16 ♊ 57	16 ♊ 37	27 R 39	21 ♊ 56	5 ♓ 20	6 ♍ 7	20 ♈ 4	20 ♑ 29	15 ♋ 32	25 ♊ 0	27 ♑	5 ♑	21 ♈	4 ♐	28 ♒
5	13 ♊ 19	20 ♐ 9	16 ♊ 54	16 D 37	27 ♊ 32	23 ♊ 10	5 ♓ 56	6 ♍ 12	20 ♈ 10	20 ♑ 27	15 ♋ 34	25 ♊ 2	27 ♑	5 ♑	22 ♈	4 ♐	28 ♒
6	14 ♊ 16	3 ♑ 23	16 ♊ 51	16 ♊ 37	27 ♊ 22	24 ♊ 23	6 ♓ 32	6 ♍ 18	20 ♈ 15	20 ♑ 26	15 ♋ 36	25 ♊ 3	27 ♑	5 ♑	22 ♈	4 ♐	28 ♒
7	15 ♊ 13	16 ♑ 51	16 ♊ 47	16 ♊ 38	27 ♊ 7	25 ♊ 37	7 ♓ 8	6 ♍ 24	20 ♈ 21	20 ♑ 24	15 ♋ 38	25 ♊ 5	27 ♑	4 ♑	23 ♈	4 ♐	28 ♒
8	16 ♊ 11	0 ♒ 32	16 ♊ 44	16 ♊ 38	26 ♊ 48	26 ♊ 51	7 ♓ 44	6 ♍ 30	20 ♈ 26	20 ♑ 22	15 ♋ 40	25 ♊ 6	26 ♑	4 ♑	23 ♈	4 ♐	28 ♒
9	17 ♊ 8	14 ♒ 24	16 ♊ 41	16 R 38	26 ♊ 26	28 ♊ 4	8 ♓ 20	6 ♍ 36	20 ♈ 31	20 ♑ 20	15 ♋ 42	25 ♊ 7	26 ♑	4 ♑	24 ♈	3 ♐	28 ♒
10	18 ♊ 5	28 ♒ 26	16 ♊ 38	16 ♊ 38	26 ♊ 1	29 ♊ 18	8 ♓ 55	6 ♍ 43	20 ♈ 37	20 ♑ 18	15 ♋ 44	25 ♊ 9	26 ♑	4 ♑	24 ♈	3 ♐	28 ♒
11	19 ♊ 3	12 ♓ 35	16 ♊ 35	16 ♊ 38	25 ♊ 33	0 ♋ 31	9 ♓ 31	6 ♍ 49	20 ♈ 42	20 ♑ 16	15 ♋ 46	25 ♊ 10	26 ♑	3 ♑	25 ♈	3 ♐	28 ♒
12	20 ♊ 0	26 ♓ 48	16 ♊ 32	16 D 38	25 ♊ 3	1 ♋ 45	10 ♓ 6	6 ♍ 56	20 ♈ 47	20 ♑ 14	15 ♋ 48	25 ♊ 12	26 ♑	3 ♑	25 ♈	3 ♐	28 ♒
13	20 ♊ 57	11 ♈ 5	16 ♊ 28	16 ♊ 38	24 ♊ 31	2 ♋ 58	10 ♓ 41	7 ♍ 3	20 ♈ 52	20 ♑ 12	15 ♋ 50	25 ♊ 13	26 ♑	3 ♑	26 ♈	2 ♐	28 ♒
14	21 ♊ 55	25 ♈ 21	16 ♊ 25	16 ♊ 38	23 ♊ 58	4 ♋ 12	11 ♓ 16	7 ♍ 10	20 ♈ 57	20 ♑ 10	15 ♋ 52	25 ♊ 14	26 ♑	2 ♑	26 ♈	2 ♐	28 ♒
15	22 ♊ 52	9 ♉ 33	16 ♊ 22	16 ♊ 39	23 ♊ 24	5 ♋ 26	11 ♓ 51	7 ♍ 17	21 ♈ 2	20 ♑ 8	15 ♋ 54	25 ♊ 16	26 ♑	2 ♑	27 ♈	2 ♐	28 ♒
16	23 ♊ 49	23 ♉ 39	16 ♊ 19	16 ♊ 39	22 ♊ 50	6 ♋ 39	12 ♓ 25	7 ♍ 24	21 ♈ 6	20 ♑ 6	15 ♋ 56	25 ♊ 17	25 ♑	2 ♑	27 ♈	2 ♐	28 ♒
17	24 ♊ 47	7 ♊ 35	16 ♊ 16	16 ♊ 40	22 ♊ 16	7 ♋ 53	13 ♓ 0	7 ♍ 31	21 ♈ 11	20 ♑ 4	15 ♋ 58	25 ♊ 19	25 ♑	2 ♑	28 ♈	2 ♐	28 ♒
18	25 ♊ 44	21 ♊ 17	16 ♊ 12	16 R 40	21 ♊ 44	9 ♋ 6	13 ♓ 34	7 ♍ 39	21 ♈ 16	20 ♑ 2	16 ♋ 1	25 ♊ 20	25 ♑	1 ♑	28 ♈	2 ♐	28 ♒
19	26 ♊ 41	4 ♋ 44	16 ♊ 9	16 ♊ 39	21 ♊ 13	10 ♋ 20	14 ♓ 8	7 ♍ 46	21 ♈ 20	20 ♑ 0	16 ♋ 3	25 ♊ 22	25 ♑	1 ♑	28 ♈	1 ♐	28 ♒
20	27 ♊ 39	17 ♋ 54	16 ♊ 6	16 ♊ 38	20 ♊ 45	11 ♋ 33	14 ♓ 41	7 ♍ 54	21 ♈ 25	19 ♑ 58	16 ♋ 5	25 ♊ 23	25 ♑	1 ♑	29 ♈	1 ♐	28 ♒
21	28 ♊ 36	0 ♌ 46	16 ♊ 3	16 ♊ 37	20 ♊ 19	12 ♋ 47	15 ♓ 15	8 ♍ 2	21 ♈ 29	19 ♑ 55	16 ♋ 7	25 ♊ 24	25 ♑	0 ♑	29 ♈	1 ♐	28 ♒
22	29 ♊ 33	13 ♌ 21	16 ♊ 0	16 ♊ 35	19 ♊ 56	14 ♋ 0	15 ♓ 48	8 ♍ 9	21 ♈ 33	19 ♑ 53	16 ♋ 9	25 ♊ 26	25 ♑	0 ♑	0 ♉	1 ♐	27 ♒
23	0 ♋ 30	25 ♌ 41	15 ♊ 57	16 ♊ 33	19 ♊ 37	15 ♋ 14	16 ♓ 21	8 ♍ 18	21 ♈ 38	19 ♑ 51	16 ♋ 11	25 ♊ 27	24 ♑	0 ♑	0 ♉	1 ♐	27 ♒
24	1 ♋ 28	7 ♍ 48	15 ♊ 53	16 ♊ 32	19 ♊ 21	16 ♋ 27	16 ♓ 54	8 ♍ 26	21 ♈ 42	19 ♑ 49	16 ♋ 13	25 ♊ 29	24 ♑	0 ♑	1 ♉	1 ♐	27 ♒
25	2 ♋ 25	19 ♍ 47	15 ♊ 50	16 ♊ 31	19 ♊ 10	17 ♋ 41	17 ♓ 26	8 ♍ 34	21 ♈ 46	19 ♑ 47	16 ♋ 16	25 ♊ 30	24 ♑	29 ♐	1 ♉	0 ♐	27 ♒
26	3 ♋ 22	1 ♎ 41	15 ♊ 47	16 ♊ 30	19 ♊ 3	18 ♋ 54	17 ♓ 59	8 ♍ 42	21 ♈ 50	19 ♑ 44	16 ♋ 18	25 ♊ 32	24 ♑	29 ♐	2 ♉	0 ♐	27 ♒
27	4 ♋ 19	13 ♎ 34	15 ♊ 44	16 D 30	19 ♊ 0	20 ♋ 8	18 ♓ 31	8 ♍ 51	21 ♈ 54	19 ♑ 42	16 ♋ 20	25 ♊ 33	24 ♑	29 ♐	2 ♉	0 ♐	27 ♒
28	5 ♋ 16	25 ♎ 32	15 ♊ 41	16 ♊ 31	19 D 2	21 ♋ 21	19 ♓ 2	8 ♍ 59	21 ♈ 58	19 ♑ 40	16 ♋ 22	25 ♊ 34	23 ♑	28 ♐	3 ♉	0 ♐	27 ♒
29	6 ♋ 14	7 ♏ 40	15 ♊ 38	16 ♊ 33	19 ♊ 9	22 ♋ 35	19 ♓ 34	9 ♍ 8	22 ♈ 1	19 ♑ 37	16 ♋ 24	25 ♊ 36	23 ♑	28 ♐	3 ♉	0 ♐	27 ♒
30	7 ♋ 11	20 ♏ 0	15 ♊ 34	16 ♊ 34	19 ♊ 21	23 ♋ 48	20 ♓ 5	9 ♍ 17	22 ♈ 5	19 ♑ 35	16 ♋ 27	25 ♊ 37	23 ♑	28 ♐	4 ♉	0 ♐	27 ♒

SUN INGRESS ☉ → ♋ 22日 11:06

MOON PHASE ○ 4日 10:24 ♐ ◑ 11日 11:43 ♓ ● 18日 08:28 ♊ ◐ 26日 03:43 ♎

aspects

2日 08:33 ♀⚹♄
5日 12:59 ♂☍♃
6日 13:13 ♀☌♇
7日 10:04 ♄□♅
7日 23:25 ☿☌♀
11日 17:24 ☿☌♇
12日 21:25 ☉⚹♄
15日 08:20 ☉☌☿
16日 16:10 ♀⚹♃
17日 13:47 ☉☌♇
18日 19:18 ☿⚹♄
22日 16:21 ♂△♆
23日 19:19 ♀☌♆
24日 15:33 ♀△♂
26日 15:52 ♀☍♅
27日 23:52 ☿□♂
28日 12:33 ♀□♄
29日 02:29 ♂⚹♅

1909年7月

DAY	☉	☽	☊ mean	☊ true	☿	♀	♂	♃	♄	♅	♆	♇	⚳	⚴	⚵	⚶	⚷
	° ′	° ′	° ′	° ′	° ′	° ′	° ′	° ′	° ′	° ′	° ′	° ′	°	°	°	°	°
1	8 ♋ 8	2 ♐ 37	15 ♊ 31	16 D 35	19 D 37	25 D 1	20 D 36	9 D 26	22 D 8	19 R 33	16 D 29	25 D 39	23 R	28 R	4 D	0 R	27 R
2	9 ♋ 5	15 ♐ 33	15 ♊ 28	16 ♊ 36	19 ♊ 59	26 ♋ 15	21 ♓ 7	9 ♍ 35	22 ♈ 12	19 ♑ 30	16 ♋ 31	25 ♊ 40	23 ♑	27 ♐	5 ♉	0 ♐	27 ♒
3	10 ♋ 2	28 ♐ 50	15 ♊ 25	16 R 35	20 ♊ 25	27 ♋ 28	21 ♓ 37	9 ♍ 44	22 ♈ 15	19 ♑ 28	16 ♋ 33	25 ♊ 41	22 ♑	27 ♐	5 ♉	0 ♐	27 ♒
4	11 ♋ 0	12 ♑ 26	15 ♊ 22	16 ♊ 34	20 ♊ 57	28 ♋ 41	22 ♓ 7	9 ♍ 53	22 ♈ 19	19 ♑ 26	16 ♋ 35	25 ♊ 43	22 ♑	27 ♐	6 ♉	0 ♐	27 ♒
5	11 ♋ 57	26 ♑ 21	15 ♊ 18	16 ♊ 31	21 ♊ 33	29 ♋ 55	22 ♓ 37	10 ♍ 3	22 ♈ 22	19 ♑ 23	16 ♋ 38	25 ♊ 44	22 ♑	27 ♐	6 ♉	0 ♐	27 ♒
6	12 ♋ 54	10 ♒ 29	15 ♊ 15	16 ♊ 28	22 ♊ 14	1 ♌ 8	23 ♓ 6	10 ♍ 12	22 ♈ 25	19 ♑ 21	16 ♋ 40	25 ♊ 46	22 ♑	26 ♐	7 ♉	0 ♐	27 ♒
7	13 ♋ 51	24 ♒ 48	15 ♊ 12	16 ♊ 24	23 ♊ 0	2 ♌ 21	23 ♓ 36	10 ♍ 22	22 ♈ 28	19 ♑ 18	16 ♋ 42	25 ♊ 47	22 ♑	26 ♐	7 ♉	0 ♐	27 ♒
8	14 ♋ 48	9 ♓ 11	15 ♊ 9	16 ♊ 20	23 ♊ 50	3 ♌ 35	24 ♓ 4	10 ♍ 31	22 ♈ 31	19 ♑ 16	16 ♋ 44	25 ♊ 48	21 ♑	26 ♐	8 ♉	0 ♐	27 ♒
9	15 ♋ 45	23 ♓ 34	15 ♊ 6	16 ♊ 18	24 ♊ 45	4 ♌ 48	24 ♓ 33	10 ♍ 41	22 ♈ 34	19 ♑ 14	16 ♋ 47	25 ♊ 50	21 ♑	26 ♐	8 ♉	0 ♐	27 ♒
10	16 ♋ 43	7 ♈ 53	15 ♊ 3	16 ♊ 16	25 ♊ 45	6 ♌ 1	25 ♓ 1	10 ♍ 51	22 ♈ 36	19 ♑ 11	16 ♋ 49	25 ♊ 51	21 ♑	25 ♐	9 ♉	0 ♐	27 ♒
11	17 ♋ 40	22 ♈ 5	14 ♊ 59	16 D 16	26 ♊ 49	7 ♌ 15	25 ♓ 29	11 ♍ 1	22 ♈ 39	19 ♑ 9	16 ♋ 51	25 ♊ 52	21 ♑	25 ♐	9 ♉	0 D	27 ♒
12	18 ♋ 37	6 ♉ 7	14 ♊ 56	16 ♊ 17	27 ♊ 58	8 ♌ 28	25 ♓ 56	11 ♍ 11	22 ♈ 42	19 ♑ 6	16 ♋ 53	25 ♊ 54	21 ♑	25 ♐	10 ♉	0 ♐	27 ♒
13	19 ♋ 34	20 ♉ 0	14 ♊ 53	16 ♊ 18	29 ♊ 11	9 ♌ 41	26 ♓ 23	11 ♍ 21	22 ♈ 44	19 ♑ 4	16 ♋ 55	25 ♊ 55	20 ♑	25 ♐	10 ♉	0 ♐	27 ♒
14	20 ♋ 31	3 ♊ 41	14 ♊ 50	16 ♊ 20	0 ♋ 29	10 ♌ 55	26 ♓ 49	11 ♍ 31	22 ♈ 47	19 ♑ 2	16 ♋ 58	25 ♊ 56	20 ♑	24 ♐	11 ♉	0 ♐	27 ♒
15	21 ♋ 29	17 ♊ 11	14 ♊ 47	16 R 20	1 ♋ 51	12 ♌ 8	27 ♓ 15	11 ♍ 41	22 ♈ 49	18 ♑ 59	17 ♋ 0	25 ♊ 58	20 ♑	24 ♐	11 ♉	0 ♐	27 ♒
16	22 ♋ 26	0 ♋ 28	14 ♊ 44	16 ♊ 19	3 ♋ 17	13 ♌ 21	27 ♓ 41	11 ♍ 51	22 ♈ 51	18 ♑ 57	17 ♋ 2	25 ♊ 59	20 ♑	24 ♐	12 ♉	0 ♐	27 ♒
17	23 ♋ 23	13 ♋ 34	14 ♊ 40	16 ♊ 17	4 ♋ 47	14 ♌ 34	28 ♓ 6	12 ♍ 2	22 ♈ 53	18 ♑ 54	17 ♋ 4	26 ♊ 0	19 ♑	24 ♐	12 ♉	0 ♐	27 ♒
18	24 ♋ 21	26 ♋ 26	14 ♊ 37	16 ♊ 12	6 ♋ 21	15 ♌ 47	28 ♓ 31	12 ♍ 12	22 ♈ 55	18 ♑ 52	17 ♋ 7	26 ♊ 2	19 ♑	24 ♐	12 ♉	0 ♐	27 ♒
19	25 ♋ 18	9 ♌ 6	14 ♊ 34	16 ♊ 6	7 ♋ 59	17 ♌ 1	28 ♓ 55	12 ♍ 23	22 ♈ 57	18 ♑ 50	17 ♋ 9	26 ♊ 3	19 ♑	23 ♐	13 ♉	0 ♐	27 ♒
20	26 ♋ 15	21 ♌ 32	14 ♊ 31	15 ♊ 59	9 ♋ 41	18 ♌ 14	29 ♓ 19	12 ♍ 33	22 ♈ 59	18 ♑ 47	17 ♋ 11	26 ♊ 4	19 ♑	23 ♐	13 ♉	0 ♐	27 ♒
21	27 ♋ 12	3 ♍ 47	14 ♊ 28	15 ♊ 52	11 ♋ 26	19 ♌ 27	29 ♓ 43	12 ♍ 44	23 ♈ 0	18 ♑ 45	17 ♋ 13	26 ♊ 5	19 ♑	23 ♐	14 ♉	0 ♐	27 ♒
22	28 ♋ 10	15 ♍ 51	14 ♊ 24	15 ♊ 45	13 ♋ 14	20 ♌ 40	0 ♈ 6	12 ♍ 55	23 ♈ 2	18 ♑ 42	17 ♋ 15	26 ♊ 7	18 ♑	23 ♐	14 ♉	0 ♐	27 ♒
23	29 ♋ 7	27 ♍ 48	14 ♊ 21	15 ♊ 40	15 ♋ 6	21 ♌ 53	0 ♈ 28	13 ♍ 6	23 ♈ 3	18 ♑ 40	17 ♋ 18	26 ♊ 8	18 ♑	23 ♐	15 ♉	0 ♐	27 ♒
24	0 ♌ 4	9 ♎ 40	14 ♊ 18	15 ♊ 36	17 ♋ 0	23 ♌ 6	0 ♈ 50	13 ♍ 17	23 ♈ 5	18 ♑ 38	17 ♋ 20	26 ♊ 9	18 ♑	23 ♐	15 ♉	0 ♐	26 ♒
25	1 ♌ 2	21 ♎ 32	14 ♊ 15	15 ♊ 34	18 ♋ 57	24 ♌ 20	1 ♈ 11	13 ♍ 28	23 ♈ 6	18 ♑ 35	17 ♋ 22	26 ♊ 10	18 ♑	22 ♐	16 ♉	0 ♐	26 ♒
26	1 ♌ 59	3 ♏ 29	14 ♊ 12	15 D 33	20 ♋ 56	25 ♌ 33	1 ♈ 32	13 ♍ 39	23 ♈ 7	18 ♑ 33	17 ♋ 24	26 ♊ 11	18 ♑	22 ♐	16 ♉	0 ♐	26 ♒
27	2 ♌ 56	15 ♏ 34	14 ♊ 9	15 ♊ 34	22 ♋ 58	26 ♌ 46	1 ♈ 52	13 ♍ 50	23 ♈ 8	18 ♑ 31	17 ♋ 26	26 ♊ 13	17 ♑	22 ♐	17 ♉	1 ♐	26 ♒
28	3 ♌ 54	27 ♏ 54	14 ♊ 5	15 ♊ 35	25 ♋ 0	27 ♌ 59	2 ♈ 12	14 ♍ 1	23 ♈ 9	18 ♑ 28	17 ♋ 28	26 ♊ 14	17 ♑	22 ♐	17 ♉	1 ♐	26 ♒
29	4 ♌ 51	10 ♐ 33	14 ♊ 2	15 ♊ 36	27 ♋ 4	29 ♌ 12	2 ♈ 31	14 ♍ 13	23 ♈ 10	18 ♑ 26	17 ♋ 31	26 ♊ 15	17 ♑	22 ♐	17 ♉	1 ♐	26 ♒
30	5 ♌ 48	23 ♐ 35	13 ♊ 59	15 R 36	29 ♋ 9	0 ♍ 25	2 ♈ 50	14 ♍ 24	23 ♈ 11	18 ♑ 24	17 ♋ 33	26 ♊ 16	17 ♑	22 ♐	18 ♉	1 ♐	26 ♒
31	6 ♌ 46	7 ♑ 2	13 ♊ 56	15 ♊ 34	1 ♌ 15	1 ♍ 38	3 ♈ 8	14 ♍ 35	23 ♈ 11	18 ♑ 22	17 ♋ 35	26 ♊ 17	17 ♑	22 ♐	18 ♉	1 ♐	26 ♒

SUN INGRESS ☉ → ♌ 23日 22:00

MOON PHASE ○ 3日 21:17 ♑ ◑ 10日 15:58 ♈ ● 17日 19:45 ♋ ◐ 25日 20:45 ♏

aspects		
2日	14:51	☉⚹♃
6日	06:29	☿⚹♄
8日	13:17	☿□♂
10日	02:21	☿☌♇
10日	02:42	☉☌♆
11日	21:59	♂□♇
12日	11:49	☉☍♅
16日	10:52	☉□♄
21日	19:21	☿⚹♃
23日	23:26	♀△♄
24日	04:08	☿☌♆
24日	19:38	☿☍♅
25日	06:21	☉△♂
26日	12:58	♀⚹♇
27日	02:07	☿□♄

1909年8月

DAY	☉	☽	☊ mean	☊ true	☿	♀	♂	♃	♄	♅	♆	♇	⚳	⚴	⚵	⚶	⚷
	° ′	° ′	° ′	° ′	° ′	° ′	° ′	° ′	° ′	° ′	° ′	° ′	°	°	°	°	°
1	7 ♌ 43	20 ♑ 54	13 ♊ 53	15 R 30	3 D 20	2 D 51	3 D 25	14 D 47	23 D 12	18 R 19	17 D 37	26 D 18	16 R	22 R	19 D	1 D	26 R
2	8 ♌ 40	5 ♒ 10	13 ♊ 50	15 ♊ 23	5 ♌ 26	4 ♍ 4	3 ♈ 42	14 ♍ 58	23 ♈ 12	18 ♑ 17	17 ♋ 39	26 ♊ 19	16 ♑	21 ♐	19 ♉	1 ♐	26 ♒
3	9 ♌ 38	19 ♒ 44	13 ♊ 46	15 ♊ 16	7 ♌ 32	5 ♍ 17	3 ♈ 58	15 ♍ 10	23 ♈ 13	18 ♑ 15	17 ♋ 41	26 ♊ 21	16 ♑	21 ♐	20 ♉	2 ♐	26 ♒
4	10 ♌ 35	4 ♓ 30	13 ♊ 43	15 ♊ 7	9 ♌ 37	6 ♍ 29	4 ♈ 14	15 ♍ 22	23 ♈ 13	18 ♑ 13	17 ♋ 43	26 ♊ 22	16 ♑	21 ♐	20 ♉	2 ♐	26 ♒
5	11 ♌ 33	19 ♓ 19	13 ♊ 40	14 ♊ 59	11 ♌ 41	7 ♍ 42	4 ♈ 28	15 ♍ 33	23 ♈ 13	18 ♑ 11	17 ♋ 45	26 ♊ 23	16 ♑	21 ♐	21 ♉	2 ♐	26 ♒
6	12 ♌ 30	4 ♈ 3	13 ♊ 37	14 ♊ 53	13 ♌ 44	8 ♍ 55	4 ♈ 43	15 ♍ 45	23 R 13	18 ♑ 8	17 ♋ 48	26 ♊ 24	16 ♑	21 ♐	21 ♉	2 ♐	26 ♒
7	13 ♌ 28	18 ♈ 36	13 ♊ 34	14 ♊ 48	15 ♌ 47	10 ♍ 8	4 ♈ 56	15 ♍ 57	23 ♈ 13	18 ♑ 6	17 ♋ 50	26 ♊ 25	15 ♑	21 ♐	21 ♉	2 ♐	26 ♒
8	14 ♌ 25	2 ♉ 54	13 ♊ 30	14 ♊ 46	17 ♌ 48	11 ♍ 21	5 ♈ 9	16 ♍ 9	23 ♈ 13	18 ♑ 4	17 ♋ 52	26 ♊ 26	15 ♑	21 ♐	22 ♉	3 ♐	26 ♒
9	15 ♌ 23	16 ♉ 54	13 ♊ 27	14 D 45	19 ♌ 48	12 ♍ 34	5 ♈ 21	16 ♍ 21	23 ♈ 13	18 ♑ 2	17 ♋ 54	26 ♊ 27	15 ♑	21 ♐	22 ♉	3 ♐	26 ♒
10	16 ♌ 20	0 ♊ 36	13 ♊ 24	14 ♊ 46	21 ♌ 47	13 ♍ 46	5 ♈ 32	16 ♍ 33	23 ♈ 12	18 ♑ 0	17 ♋ 56	26 ♊ 28	15 ♑	21 ♐	23 ♉	3 ♐	26 ♒
11	17 ♌ 18	14 ♊ 2	13 ♊ 21	14 ♊ 46	23 ♌ 45	14 ♍ 59	5 ♈ 43	16 ♍ 45	23 ♈ 12	17 ♑ 58	17 ♋ 58	26 ♊ 29	15 ♑	21 ♐	23 ♉	3 ♐	26 ♒
12	18 ♌ 15	27 ♊ 12	13 ♊ 18	14 R 46	25 ♌ 41	16 ♍ 12	5 ♈ 53	16 ♍ 57	23 ♈ 11	17 ♑ 56	18 ♋ 0	26 ♊ 30	15 ♑	21 ♐	24 ♉	3 ♐	26 ♒
13	19 ♌ 13	10 ♋ 9	13 ♊ 15	14 ♊ 43	27 ♌ 36	17 ♍ 25	6 ♈ 2	17 ♍ 9	23 ♈ 10	17 ♑ 54	18 ♋ 2	26 ♊ 31	14 ♑	21 ♐	24 ♉	4 ♐	26 ♒
14	20 ♌ 11	22 ♋ 54	13 ♊ 11	14 ♊ 38	29 ♌ 29	18 ♍ 37	6 ♈ 10	17 ♍ 21	23 ♈ 10	17 ♑ 52	18 ♋ 4	26 ♊ 32	14 ♑	21 ♐	24 ♉	4 ♐	25 ♒
15	21 ♌ 8	5 ♌ 29	13 ♊ 8	14 ♊ 30	1 ♍ 21	19 ♍ 50	6 ♈ 17	17 ♍ 33	23 ♈ 9	17 ♑ 50	18 ♋ 6	26 ♊ 33	14 ♑	21 ♐	25 ♉	4 ♐	25 ♒
16	22 ♌ 6	17 ♌ 53	13 ♊ 5	14 ♊ 19	3 ♍ 11	21 ♍ 3	6 ♈ 24	17 ♍ 46	23 ♈ 8	17 ♑ 48	18 ♋ 7	26 ♊ 33	14 ♑	21 D	25 ♉	4 ♐	25 ♒
17	23 ♌ 4	0 ♍ 9	13 ♊ 2	14 ♊ 7	5 ♍ 0	22 ♍ 15	6 ♈ 30	17 ♍ 58	23 ♈ 7	17 ♑ 47	18 ♋ 9	26 ♊ 34	14 ♑	21 ♐	26 ♉	5 ♐	25 ♒
18	24 ♌ 1	12 ♍ 15	12 ♊ 59	13 ♊ 55	6 ♍ 47	23 ♍ 28	6 ♈ 35	18 ♍ 10	23 ♈ 5	17 ♑ 45	18 ♋ 11	26 ♊ 35	14 ♑	21 ♐	26 ♉	5 ♐	25 ♒
19	24 ♌ 59	24 ♍ 14	12 ♊ 56	13 ♊ 42	8 ♍ 33	24 ♍ 41	6 ♈ 39	18 ♍ 23	23 ♈ 4	17 ♑ 43	18 ♋ 13	26 ♊ 36	14 ♑	21 ♐	27 ♉	5 ♐	25 ♒
20	25 ♌ 57	6 ♎ 7	12 ♊ 52	13 ♊ 32	10 ♍ 18	25 ♍ 53	6 ♈ 42	18 ♍ 35	23 ♈ 3	17 ♑ 41	18 ♋ 15	26 ♊ 37	14 ♑	21 ♐	27 ♉	5 ♐	25 ♒
21	26 ♌ 55	17 ♎ 58	12 ♊ 49	13 ♊ 23	12 ♍ 1	27 ♍ 6	6 ♈ 45	18 ♍ 47	23 ♈ 1	17 ♑ 40	18 ♋ 17	26 ♊ 38	14 ♑	21 ♐	27 ♉	6 ♐	25 ♒
22	27 ♌ 52	29 ♎ 48	12 ♊ 46	13 ♊ 18	13 ♍ 43	28 ♍ 18	6 ♈ 46	19 ♍ 0	23 ♈ 0	17 ♑ 38	18 ♋ 19	26 ♊ 38	14 ♑	21 ♐	28 ♉	6 ♐	25 ♒
23	28 ♌ 50	11 ♏ 42	12 ♊ 43	13 ♊ 14	15 ♍ 23	29 ♍ 31	6 ♈ 47	19 ♍ 12	22 ♈ 58	17 ♑ 36	18 ♋ 20	26 ♊ 39	14 ♑	21 ♐	28 ♉	6 ♐	25 ♒
24	29 ♌ 48	23 ♏ 45	12 ♊ 40	13 ♊ 13	17 ♍ 3	0 ♎ 43	6 R 47	19 ♍ 25	22 ♈ 56	17 ♑ 35	18 ♋ 22	26 ♊ 40	13 ♑	21 ♐	29 ♉	7 ♐	25 ♒
25	0 ♍ 46	6 ♐ 2	12 ♊ 36	13 D 13	18 ♍ 40	1 ♎ 55	6 ♈ 46	19 ♍ 37	22 ♈ 54	17 ♑ 33	18 ♋ 24	26 ♊ 41	13 ♑	21 ♐	29 ♉	7 ♐	25 ♒
26	1 ♍ 44	18 ♐ 38	12 ♊ 33	13 R 13	20 ♍ 17	3 ♎ 8	6 ♈ 45	19 ♍ 50	22 ♈ 52	17 ♑ 32	18 ♋ 26	26 ♊ 41	13 ♑	21 ♐	29 ♉	7 ♐	25 ♒
27	2 ♍ 42	1 ♑ 38	12 ♊ 30	13 ♊ 12	21 ♍ 52	4 ♎ 20	6 ♈ 42	20 ♍ 3	22 ♈ 50	17 ♑ 30	18 ♋ 27	26 ♊ 42	13 ♑	21 ♐	0 ♊	7 ♐	25 ♒
28	3 ♍ 40	15 ♑ 5	12 ♊ 27	13 ♊ 9	23 ♍ 25	5 ♎ 33	6 ♈ 39	20 ♍ 15	22 ♈ 48	17 ♑ 29	18 ♋ 29	26 ♊ 43	13 ♑	21 ♐	0 ♊	8 ♐	25 ♒
29	4 ♍ 38	29 ♑ 2	12 ♊ 24	13 ♊ 3	24 ♍ 58	6 ♎ 45	6 ♈ 34	20 ♍ 28	22 ♈ 46	17 ♑ 27	18 ♋ 31	26 ♊ 43	13 ♑	21 ♐	0 ♊	8 ♐	25 ♒
30	5 ♍ 36	13 ♒ 28	12 ♊ 21	12 ♊ 55	26 ♍ 28	7 ♎ 57	6 ♈ 29	20 ♍ 41	22 ♈ 43	17 ♑ 26	18 ♋ 32	26 ♊ 44	13 ♑	22 ♐	1 ♊	8 ♐	25 ♒
31	6 ♍ 34	28 ♒ 16	12 ♊ 17	12 ♊ 45	27 ♍ 58	9 ♎ 9	6 ♈ 24	20 ♍ 54	22 ♈ 41	17 ♑ 25	18 ♋ 34	26 ♊ 45	13 ♑	22 ♐	1 ♊	9 ♐	25 ♒

SUN INGRESS ☉ → ♍ 24日 04:44

MOON PHASE ○ 2日 06:14 ♒ ◑ 8日 21:10 ♉ ● 16日 08:55 ♌ ◐ 24日 12:55 ♐ ○ 31日 14:08 ♓

aspects		
1日	01:03	☿△♂
4日	21:00	☉☌☿
10日	17:15	☿△♄
11日	02:22	♅☍♆
12日	10:16	☿⚹♇
12日	17:45	♀☌♃
13日	09:28	♀△♅
13日	12:33	♀⚹♆
16日	04:57	♃△♅
17日	01:15	☉△♄
18日	02:35	♃⚹♆
20日	14:39	♀□♇
20日	16:52	☉⚹♇
24日	07:45	☿△♅
24日	19:56	☿⚹♆
25日	16:23	☿☌♃
28日	20:46	♀☍♂
30日	04:11	☿□♇

1909年9月

DAY	☉	☽	☊ mean	☊ true	☿	♀	♂	♃	♄	♅	♆	♇	⚳	⚴	⚵	⚶	⚷
	° ′	° ′	° ′	° ′	° ′	° ′	° ′	° ′	° ′	° ′	° ′	° ′	°	°	°	°	°
1	7 ♍ 32	13 ♓ 21	12 ♊ 14	12 R 34	29 D 26	10 D 21	6 R 17	21 D 6	22 R 38	17 R 23	18 D 36	26 D 45	13 R	22 D	2 D	9 D	25 R
2	8 ♍ 30	28 ♓ 32	12 ♊ 11	12 ♊ 23	0 ♎ 53	11 ♎ 34	6 ♈ 10	21 ♍ 19	22 ♈ 36	17 ♑ 22	18 ♋ 37	26 ♊ 46	13 ♑	22 ♐	2 ♊	9 ♐	25 ♒
3	9 ♍ 28	13 ♈ 38	12 ♊ 8	12 ♊ 14	2 ♎ 19	12 ♎ 46	6 ♈ 1	21 ♍ 32	22 ♈ 33	17 ♑ 21	18 ♋ 39	26 ♊ 46	13 ♑	22 ♐	2 ♊	10 ♐	24 ♒
4	10 ♍ 26	28 ♈ 30	12 ♊ 5	12 ♊ 8	3 ♎ 43	13 ♎ 58	5 ♈ 52	21 ♍ 45	22 ♈ 30	17 ♑ 20	18 ♋ 40	26 ♊ 47	13 D	22 ♐	3 ♊	10 ♐	24 ♒
5	11 ♍ 24	13 ♉ 1	12 ♊ 1	12 ♊ 4	5 ♎ 6	15 ♎ 10	5 ♈ 43	21 ♍ 58	22 ♈ 27	17 ♑ 19	18 ♋ 42	26 ♊ 47	13 ♑	22 ♐	3 ♊	10 ♐	24 ♒
6	12 ♍ 22	27 ♉ 9	11 ♊ 58	12 ♊ 2	6 ♎ 27	16 ♎ 22	5 ♈ 32	22 ♍ 10	22 ♈ 24	17 ♑ 18	18 ♋ 43	26 ♊ 48	13 ♑	22 ♐	3 ♊	11 ♐	24 ♒
7	13 ♍ 21	10 ♊ 52	11 ♊ 55	12 ♊ 2	7 ♎ 47	17 ♎ 34	5 ♈ 21	22 ♍ 23	22 ♈ 21	17 ♑ 17	18 ♋ 45	26 ♊ 48	13 ♑	22 ♐	4 ♊	11 ♐	24 ♒
8	14 ♍ 19	24 ♊ 13	11 ♊ 52	12 ♊ 2	9 ♎ 6	18 ♎ 46	5 ♈ 9	22 ♍ 36	22 ♈ 18	17 ♑ 16	18 ♋ 46	26 ♊ 49	13 ♑	23 ♐	4 ♊	11 ♐	24 ♒
9	15 ♍ 17	7 ♋ 14	11 ♊ 49	12 ♊ 0	10 ♎ 22	19 ♎ 58	4 ♈ 57	22 ♍ 49	22 ♈ 15	17 ♑ 15	18 ♋ 48	26 ♊ 49	13 ♑	23 ♐	4 ♊	12 ♐	24 ♒
10	16 ♍ 15	19 ♋ 58	11 ♊ 46	11 ♊ 57	11 ♎ 37	21 ♎ 10	4 ♈ 44	23 ♍ 2	22 ♈ 11	17 ♑ 14	18 ♋ 49	26 ♊ 50	13 ♑	23 ♐	5 ♊	12 ♐	24 ♒
11	17 ♍ 14	2 ♌ 29	11 ♊ 42	11 ♊ 51	12 ♎ 51	22 ♎ 21	4 ♈ 30	23 ♍ 15	22 ♈ 8	17 ♑ 13	18 ♋ 50	26 ♊ 50	13 ♑	23 ♐	5 ♊	12 ♐	24 ♒
12	18 ♍ 12	14 ♌ 49	11 ♊ 39	11 ♊ 42	14 ♎ 3	23 ♎ 33	4 ♈ 16	23 ♍ 28	22 ♈ 4	17 ♑ 12	18 ♋ 52	26 ♊ 50	13 ♑	23 ♐	5 ♊	13 ♐	24 ♒
13	19 ♍ 11	27 ♌ 1	11 ♊ 36	11 ♊ 30	15 ♎ 13	24 ♎ 45	4 ♈ 1	23 ♍ 41	22 ♈ 1	17 ♑ 12	18 ♋ 53	26 ♊ 51	13 ♑	23 ♐	6 ♊	13 ♐	24 ♒
14	20 ♍ 9	9 ♍ 5	11 ♊ 33	11 ♊ 17	16 ♎ 20	25 ♎ 57	3 ♈ 45	23 ♍ 54	21 ♈ 57	17 ♑ 11	18 ♋ 54	26 ♊ 51	13 ♑	23 ♐	6 ♊	13 ♐	24 ♒
15	21 ♍ 7	21 ♍ 4	11 ♊ 30	11 ♊ 3	17 ♎ 26	27 ♎ 8	3 ♈ 30	24 ♍ 7	21 ♈ 54	17 ♑ 10	18 ♋ 56	26 ♊ 51	13 ♑	24 ♐	6 ♊	14 ♐	24 ♒
16	22 ♍ 6	2 ♎ 58	11 ♊ 27	10 ♊ 49	18 ♎ 30	28 ♎ 20	3 ♈ 14	24 ♍ 20	21 ♈ 50	17 ♑ 10	18 ♋ 57	26 ♊ 52	14 ♑	24 ♐	7 ♊	14 ♐	24 ♒
17	23 ♍ 5	14 ♎ 48	11 ♊ 23	10 ♊ 37	19 ♎ 31	29 ♎ 32	2 ♈ 57	24 ♍ 33	21 ♈ 46	17 ♑ 9	18 ♋ 58	26 ♊ 52	14 ♑	24 ♐	7 ♊	15 ♐	24 ♒
18	24 ♍ 3	26 ♎ 38	11 ♊ 20	10 ♊ 28	20 ♎ 30	0 ♏ 43	2 ♈ 40	24 ♍ 46	21 ♈ 42	17 ♑ 9	18 ♋ 59	26 ♊ 52	14 ♑	24 ♐	7 ♊	15 ♐	24 ♒
19	25 ♍ 2	8 ♏ 28	11 ♊ 17	10 ♊ 21	21 ♎ 26	1 ♏ 55	2 ♈ 23	24 ♍ 59	21 ♈ 38	17 ♑ 8	19 ♋ 0	26 ♊ 52	14 ♑	24 ♐	7 ♊	15 ♐	24 ♒
20	26 ♍ 0	20 ♏ 23	11 ♊ 14	10 ♊ 17	22 ♎ 19	3 ♏ 6	2 ♈ 6	25 ♍ 12	21 ♈ 34	17 ♑ 8	19 ♋ 1	26 ♊ 53	14 ♑	24 ♐	8 ♊	16 ♐	24 ♒
21	26 ♍ 59	2 ♐ 25	11 ♊ 11	10 ♊ 15	23 ♎ 9	4 ♏ 18	1 ♈ 49	25 ♍ 25	21 ♈ 30	17 ♑ 7	19 ♋ 3	26 ♊ 53	14 ♑	25 ♐	8 ♊	16 ♐	24 ♒
22	27 ♍ 58	14 ♐ 40	11 ♊ 7	10 D 15	23 ♎ 56	5 ♏ 29	1 ♈ 31	25 ♍ 38	21 ♈ 26	17 ♑ 7	19 ♋ 4	26 ♊ 53	14 ♑	25 ♐	8 ♊	16 ♐	24 ♒
23	28 ♍ 56	27 ♐ 13	11 ♊ 4	10 ♊ 15	24 ♎ 39	6 ♏ 40	1 ♈ 14	25 ♍ 51	21 ♈ 22	17 ♑ 7	19 ♋ 5	26 ♊ 53	14 ♑	25 ♐	9 ♊	17 ♐	24 ♒
24	29 ♍ 55	10 ♑ 8	11 ♊ 1	10 R 15	25 ♎ 18	7 ♏ 52	0 ♈ 56	26 ♍ 4	21 ♈ 18	17 ♑ 7	19 ♋ 6	26 ♊ 53	14 ♑	25 ♐	9 ♊	17 ♐	24 ♒
25	0 ♎ 54	23 ♑ 30	10 ♊ 58	10 ♊ 13	25 ♎ 53	9 ♏ 3	0 ♈ 39	26 ♍ 17	21 ♈ 13	17 ♑ 6	19 ♋ 7	26 ♊ 53	14 ♑	25 ♐	9 ♊	18 ♐	24 ♒
26	1 ♎ 53	7 ♒ 21	10 ♊ 55	10 ♊ 8	26 ♎ 24	10 ♏ 14	0 ♈ 21	26 ♍ 30	21 ♈ 9	17 ♑ 6	19 ♋ 8	26 ♊ 53	15 ♑	26 ♐	9 ♊	18 ♐	23 ♒
27	2 ♎ 52	21 ♒ 42	10 ♊ 52	10 ♊ 1	26 ♎ 49	11 ♏ 25	0 ♈ 4	26 ♍ 43	21 ♈ 5	17 ♑ 6	19 ♋ 8	26 ♊ 53	15 ♑	26 ♐	9 ♊	18 ♐	23 ♒
28	3 ♎ 51	6 ♓ 30	10 ♊ 48	9 ♊ 53	27 ♎ 9	12 ♏ 36	29 ♓ 47	26 ♍ 55	21 ♈ 0	17 D 6	19 ♋ 9	26 R 53	15 ♑	26 ♐	10 ♊	19 ♐	23 ♒
29	4 ♎ 49	21 ♓ 38	10 ♊ 45	9 ♊ 43	27 ♎ 24	13 ♏ 47	29 ♓ 30	27 ♍ 8	20 ♈ 56	17 ♑ 6	19 ♋ 10	26 ♊ 53	15 ♑	26 ♐	10 ♊	19 ♐	23 ♒
30	5 ♎ 48	6 ♈ 57	10 ♊ 42	9 ♊ 34	27 ♎ 32	14 ♏ 58	29 ♓ 14	27 ♍ 21	20 ♈ 51	17 ♑ 6	19 ♋ 11	26 ♊ 53	15 ♑	27 ♐	10 ♊	20 ♐	23 ♒

SUN INGRESS	☉ → ♎ 24日 01:45
MOON PHASE	◑ 7日 04:44 ♊ ● 15日 00:08 ♍ ◐ 23日 03:31 ♐ ○ 29日 22:05 ♈

aspects		
5日	09:37	☿☍♂
6日	18:22	♀□♅
8日	00:13	♀□♆
10日	19:44	♀☍♄
10日	23:44	☉△♅
12日	16:41	☉⚹♆
14日	18:11	☿□♅
14日	18:18	♀△♇
16日	10:45	☿□♆
18日	22:25	☉☌♃
19日	05:07	☿☍♄
20日	21:24	☉□♇
24日	19:09	☉☍♂
27日	04:23	☿△♇
27日	19:52	♃□♇

1909年10月

DAY	☉	☽	☊ mean	☊ true	☿	♀	♂	♃	♄	♅	♆	♇	⚳	⚴	⚵	⚶	⚷
	° ′	° ′	° ′	° ′	° ′	° ′	° ′	° ′	° ′	° ′	° ′	° ′	°	°	°	°	°
1	6 ♎ 47	22 ♈ 15	10 ♊ 39	9 R 25	27 R 33	16 D 9	28 R 57	27 D 34	20 R 47	17 D 7	19 D 12	26 R 53	15 D	27 D	10 D	20 D	23 R
2	7 ♎ 46	7 ♉ 22	10 ♊ 36	9 ♊ 20	27 ♎ 28	17 ♏ 20	28 ♓ 42	27 ♍ 47	20 ♈ 42	17 ♑ 7	19 ♋ 12	26 ♊ 53	15 ♑	27 ♐	11 ♊	20 ♐	23 ♒
3	8 ♎ 45	22 ♉ 8	10 ♊ 32	9 ♊ 16	27 ♎ 15	18 ♏ 31	28 ♓ 26	28 ♍ 0	20 ♈ 38	17 ♑ 7	19 ♋ 13	26 ♊ 53	16 ♑	27 ♐	11 ♊	21 ♐	23 ♒
4	9 ♎ 44	6 ♊ 28	10 ♊ 29	9 ♊ 15	26 ♎ 55	19 ♏ 42	28 ♓ 11	28 ♍ 13	20 ♈ 33	17 ♑ 7	19 ♋ 14	26 ♊ 53	16 ♑	27 ♐	11 ♊	21 ♐	23 ♒
5	10 ♎ 44	20 ♊ 21	10 ♊ 26	9 D 15	26 ♎ 26	20 ♏ 52	27 ♓ 57	28 ♍ 26	20 ♈ 28	17 ♑ 8	19 ♋ 14	26 ♊ 53	16 ♑	28 ♐	11 ♊	22 ♐	23 ♒
6	11 ♎ 43	3 ♋ 47	10 ♊ 23	9 ♊ 16	25 ♎ 50	22 ♏ 3	27 ♓ 43	28 ♍ 38	20 ♈ 24	17 ♑ 8	19 ♋ 15	26 ♊ 52	16 ♑	28 ♐	11 ♊	22 ♐	23 ♒
7	12 ♎ 42	16 ♋ 48	10 ♊ 20	9 R 16	25 ♎ 6	23 ♏ 14	27 ♓ 29	28 ♍ 51	20 ♈ 19	17 ♑ 9	19 ♋ 16	26 ♊ 52	16 ♑	28 ♐	11 ♊	23 ♐	23 ♒
8	13 ♎ 41	29 ♋ 29	10 ♊ 17	9 ♊ 15	24 ♎ 15	24 ♏ 24	27 ♓ 16	29 ♍ 4	20 ♈ 14	17 ♑ 9	19 ♋ 16	26 ♊ 52	16 ♑	28 ♐	12 ♊	23 ♐	23 ♒
9	14 ♎ 40	11 ♌ 54	10 ♊ 13	9 ♊ 13	23 ♎ 17	25 ♏ 35	27 ♓ 4	29 ♍ 17	20 ♈ 10	17 ♑ 10	19 ♋ 17	26 ♊ 52	17 ♑	29 ♐	12 ♊	23 ♐	23 ♒
10	15 ♎ 40	24 ♌ 6	10 ♊ 10	9 ♊ 5	22 ♎ 13	26 ♏ 45	26 ♓ 52	29 ♍ 30	20 ♈ 5	17 ♑ 10	19 ♋ 17	26 ♊ 52	17 ♑	29 ♐	12 ♊	24 ♐	23 ♒
11	16 ♎ 39	6 ♍ 9	10 ♊ 7	8 ♊ 57	21 ♎ 5	27 ♏ 55	26 ♓ 41	29 ♍ 42	20 ♈ 0	17 ♑ 11	19 ♋ 18	26 ♊ 51	17 ♑	29 ♐	12 ♊	24 ♐	23 ♒
12	17 ♎ 38	18 ♍ 6	10 ♊ 4	8 ♊ 48	19 ♎ 54	29 ♏ 6	26 ♓ 31	29 ♍ 55	19 ♈ 55	17 ♑ 12	19 ♋ 18	26 ♊ 51	17 ♑	29 ♐	12 ♊	25 ♐	23 ♒
13	18 ♎ 38	29 ♍ 59	10 ♊ 1	8 ♊ 38	18 ♎ 41	0 ♐ 16	26 ♓ 21	0 ♎ 8	19 ♈ 51	17 ♑ 12	19 ♋ 18	26 ♊ 51	17 ♑	0 ♑	12 ♊	25 ♐	23 ♒
14	19 ♎ 37	11 ♎ 50	9 ♊ 58	8 ♊ 28	17 ♎ 30	1 ♐ 26	26 ♓ 12	0 ♎ 20	19 ♈ 46	17 ♑ 13	19 ♋ 19	26 ♊ 50	17 ♑	0 ♑	12 ♊	26 ♐	23 ♒
15	20 ♎ 37	23 ♎ 41	9 ♊ 54	8 ♊ 19	16 ♎ 22	2 ♐ 36	26 ♓ 4	0 ♎ 33	19 ♈ 41	17 ♑ 14	19 ♋ 19	26 ♊ 50	18 ♑	0 ♑	12 ♊	26 ♐	23 ♒
16	21 ♎ 36	5 ♏ 33	9 ♊ 51	8 ♊ 13	15 ♎ 18	3 ♐ 46	25 ♓ 57	0 ♎ 45	19 ♈ 36	17 ♑ 15	19 ♋ 19	26 ♊ 50	18 ♑	0 ♑	13 ♊	26 ♐	23 ♒
17	22 ♎ 36	17 ♏ 28	9 ♊ 48	8 ♊ 8	14 ♎ 22	4 ♐ 56	25 ♓ 50	0 ♎ 58	19 ♈ 32	17 ♑ 16	19 ♋ 20	26 ♊ 49	18 ♑	1 ♑	13 ♊	27 ♐	23 ♒
18	23 ♎ 35	29 ♏ 28	9 ♊ 45	8 ♊ 6	13 ♎ 34	6 ♐ 6	25 ♓ 44	1 ♎ 10	19 ♈ 27	17 ♑ 17	19 ♋ 20	26 ♊ 49	18 ♑	1 ♑	13 ♊	27 ♐	23 ♒
19	24 ♎ 35	11 ♐ 37	9 ♊ 42	8 D 5	12 ♎ 55	7 ♐ 15	25 ♓ 39	1 ♎ 23	19 ♈ 22	17 ♑ 18	19 ♋ 20	26 ♊ 48	19 ♑	1 ♑	13 ♊	28 ♐	23 ♒
20	25 ♎ 35	23 ♐ 56	9 ♊ 38	8 ♊ 6	12 ♎ 28	8 ♐ 25	25 ♓ 35	1 ♎ 35	19 ♈ 17	17 ♑ 19	19 ♋ 20	26 ♊ 48	19 ♑	2 ♑	13 ♊	28 ♐	23 ♒
21	26 ♎ 34	6 ♑ 31	9 ♊ 35	8 ♊ 8	12 ♎ 11	9 ♐ 34	25 ♓ 32	1 ♎ 48	19 ♈ 13	17 ♑ 20	19 ♋ 20	26 ♊ 47	19 ♑	2 ♑	13 ♊	29 ♐	23 ♒
22	27 ♎ 34	19 ♑ 24	9 ♊ 32	8 ♊ 9	12 D 6	10 ♐ 44	25 ♓ 29	2 ♎ 0	19 ♈ 8	17 ♑ 22	19 ♋ 20	26 ♊ 47	19 ♑	2 ♑	13 ♊	29 ♐	23 ♒
23	28 ♎ 34	2 ♒ 40	9 ♊ 29	8 R 9	12 ♎ 12	11 ♐ 53	25 ♓ 28	2 ♎ 12	19 ♈ 3	17 ♑ 23	19 ♋ 20	26 ♊ 46	19 ♑	2 ♑	13 ♊	0 ♑	23 ♒
24	29 ♎ 34	16 ♒ 22	9 ♊ 26	8 ♊ 8	12 ♎ 28	13 ♐ 3	25 ♓ 27	2 ♎ 25	18 ♈ 59	17 ♑ 24	19 R 20	26 ♊ 46	20 ♑	3 ♑	13 ♊	0 ♑	23 ♒
25	0 ♏ 33	0 ♓ 30	9 ♊ 23	8 ♊ 5	12 ♎ 55	14 ♐ 12	25 D 26	2 ♎ 37	18 ♈ 54	17 ♑ 26	19 ♋ 20	26 ♊ 45	20 ♑	3 ♑	13 ♊	0 ♑	23 ♒
26	1 ♏ 33	15 ♓ 4	9 ♊ 19	8 ♊ 1	13 ♎ 31	15 ♐ 21	25 ♓ 27	2 ♎ 49	18 ♈ 49	17 ♑ 27	19 ♋ 20	26 ♊ 45	20 ♑	3 ♑	13 R	1 ♑	23 ♒
27	2 ♏ 33	29 ♓ 59	9 ♊ 16	7 ♊ 56	14 ♎ 16	16 ♐ 30	25 ♓ 29	3 ♎ 1	18 ♈ 45	17 ♑ 28	19 ♋ 20	26 ♊ 44	20 ♑	4 ♑	13 ♊	1 ♑	23 ♒
28	3 ♏ 33	15 ♈ 7	9 ♊ 13	7 ♊ 50	15 ♎ 8	17 ♐ 39	25 ♓ 31	3 ♎ 13	18 ♈ 40	17 ♑ 30	19 ♋ 20	26 ♊ 43	21 ♑	4 ♑	13 ♊	2 ♑	23 ♒
29	4 ♏ 33	0 ♉ 21	9 ♊ 10	7 ♊ 46	16 ♎ 8	18 ♐ 47	25 ♓ 34	3 ♎ 25	18 ♈ 36	17 ♑ 32	19 ♋ 20	26 ♊ 43	21 ♑	4 ♑	13 ♊	2 ♑	23 ♒
30	5 ♏ 33	15 ♉ 28	9 ♊ 7	7 ♊ 43	17 ♎ 13	19 ♐ 56	25 ♓ 38	3 ♎ 37	18 ♈ 31	17 ♑ 33	19 ♋ 20	26 ♊ 42	21 ♑	4 ♑	13 ♊	3 ♑	23 ♒
31	6 ♏ 33	0 ♊ 20	9 ♊ 4	7 ♊ 41	18 ♎ 24	21 ♐ 4	25 ♓ 42	3 ♎ 49	18 ♈ 27	17 ♑ 35	19 ♋ 19	26 ♊ 41	21 ♑	5 ♑	13 ♊	3 ♑	23 ♒

SUN INGRESS	☉ → ♏ 24日 10:23
MOON PHASE	◑ 6日 15:44 ♋ ● 14日 17:13 ♎ ◐ 22日 16:03 ♑ ○ 29日 07:07 ♉

aspects		
1日	19:28	♀⚹♅
3日	14:27	☿△♆
3日	22:36	♂☍♃
4日	01:52	☿△♇
10日	01:26	♂□♇
10日	02:09	♀△♂
11日	13:03	☉□♅
11日	23:25	☿☍♄
12日	11:48	☿□♆
12日	20:39	♀⚹♃
13日	00:39	☉☌☿
13日	16:27	☉□♆
14日	03:10	☉☍♄
14日	05:43	☿□♅
19日	10:10	♄□♆
21日	05:09	☉△♇
23日	07:48	☿⚹♀
28日	20:13	♀△♄
30日	07:07	☿□♅
31日	00:53	☿☍♄
31日	17:43	☿□♆

1909年11月

DAY	☉	☽	☊ mean	☊ true	☿	♀	♂	♃	♄	♅	♆	♇	⚳	⚴	⚵	⚶	⚷
	° ′	° ′	° ′	° ′	° ′	° ′	° ′	° ′	° ′	° ′	° ′	° ′	°	°	°	°	°
1	7 ♏ 33	14 ♊ 49	9 ♊ 0	7 D 41	19 D 39	22 D 13	25 D 47	4 D 1	18 R 22	17 D 37	19 R 19	26 R 41	22 D	5 D	13 R	4 D	23 R
2	8 ♏ 33	28 ♊ 52	8 ♊ 57	7 ♊ 42	20 ♎ 59	23 ♐ 21	25 ♓ 53	4 ♎ 13	18 ♈ 18	17 ♑ 38	19 ♋ 19	26 ♊ 40	22 ♑	5 ♑	13 ♊	4 ♑	23 ♒
3	9 ♏ 33	12 ♋ 28	8 ♊ 54	7 ♊ 44	22 ♎ 21	24 ♐ 29	26 ♓ 0	4 ♎ 24	18 ♈ 14	17 ♑ 40	19 ♋ 18	26 ♊ 39	22 ♑	6 ♑	13 ♊	5 ♑	23 ♒
4	10 ♏ 33	25 ♋ 37	8 ♊ 51	7 ♊ 45	23 ♎ 47	25 ♐ 37	26 ♓ 8	4 ♎ 36	18 ♈ 10	17 ♑ 42	19 ♋ 18	26 ♊ 38	22 ♑	6 ♑	12 ♊	5 ♑	23 D
5	11 ♏ 33	8 ♌ 22	8 ♊ 48	7 ♊ 46	25 ♎ 14	26 ♐ 45	26 ♓ 16	4 ♎ 48	18 ♈ 5	17 ♑ 44	19 ♋ 18	26 ♊ 38	23 ♑	6 ♑	12 ♊	6 ♑	23 ♒
6	12 ♏ 33	20 ♌ 48	8 ♊ 44	7 R 46	26 ♎ 44	27 ♐ 52	26 ♓ 25	4 ♎ 59	18 ♈ 1	17 ♑ 46	19 ♋ 17	26 ♊ 37	23 ♑	7 ♑	12 ♊	6 ♑	23 ♒
7	13 ♏ 34	2 ♍ 59	8 ♊ 41	7 ♊ 44	28 ♎ 15	29 ♐ 0	26 ♓ 34	5 ♎ 11	17 ♈ 57	17 ♑ 48	19 ♋ 17	26 ♊ 36	23 ♑	7 ♑	12 ♊	7 ♑	23 ♒
8	14 ♏ 34	14 ♍ 59	8 ♊ 38	7 ♊ 42	29 ♎ 48	0 ♑ 7	26 ♓ 45	5 ♎ 22	17 ♈ 53	17 ♑ 50	19 ♋ 16	26 ♊ 35	24 ♑	7 ♑	12 ♊	7 ♑	23 ♒
9	15 ♏ 34	26 ♍ 52	8 ♊ 35	7 ♊ 39	1 ♏ 21	1 ♑ 15	26 ♓ 56	5 ♎ 33	17 ♈ 49	17 ♑ 52	19 ♋ 16	26 ♊ 34	24 ♑	8 ♑	12 ♊	7 ♑	23 ♒
10	16 ♏ 34	8 ♎ 43	8 ♊ 32	7 ♊ 35	2 ♏ 55	2 ♑ 22	27 ♓ 7	5 ♎ 45	17 ♈ 45	17 ♑ 54	19 ♋ 15	26 ♊ 34	24 ♑	8 ♑	12 ♊	8 ♑	23 ♒
11	17 ♏ 35	20 ♎ 33	8 ♊ 29	7 ♊ 31	4 ♏ 30	3 ♑ 29	27 ♓ 19	5 ♎ 56	17 ♈ 42	17 ♑ 56	19 ♋ 15	26 ♊ 33	24 ♑	8 ♑	12 ♊	8 ♑	23 ♒
12	18 ♏ 35	2 ♏ 26	8 ♊ 25	7 ♊ 28	6 ♏ 5	4 ♑ 35	27 ♓ 32	6 ♎ 7	17 ♈ 38	17 ♑ 58	19 ♋ 14	26 ♊ 32	25 ♑	8 ♑	11 ♊	9 ♑	23 ♒
13	19 ♏ 36	14 ♏ 24	8 ♊ 22	7 ♊ 26	7 ♏ 41	5 ♑ 42	27 ♓ 46	6 ♎ 18	17 ♈ 34	18 ♑ 0	19 ♋ 13	26 ♊ 31	25 ♑	9 ♑	11 ♊	9 ♑	23 ♒
14	20 ♏ 36	26 ♏ 28	8 ♊ 19	7 ♊ 25	9 ♏ 17	6 ♑ 48	28 ♓ 0	6 ♎ 29	17 ♈ 31	18 ♑ 3	19 ♋ 13	26 ♊ 30	25 ♑	9 ♑	11 ♊	10 ♑	23 ♒
15	21 ♏ 36	8 ♐ 40	8 ♊ 16	7 D 24	10 ♏ 53	7 ♑ 54	28 ♓ 15	6 ♎ 40	17 ♈ 27	18 ♑ 5	19 ♋ 12	26 ♊ 29	26 ♑	9 ♑	11 ♊	10 ♑	23 ♒
16	22 ♏ 37	21 ♐ 2	8 ♊ 13	7 ♊ 25	12 ♏ 29	9 ♑ 0	28 ♓ 30	6 ♎ 51	17 ♈ 24	18 ♑ 7	19 ♋ 11	26 ♊ 28	26 ♑	10 ♑	11 ♊	11 ♑	23 ♒
17	23 ♏ 37	3 ♑ 36	8 ♊ 10	7 ♊ 26	14 ♏ 5	10 ♑ 6	28 ♓ 46	7 ♎ 2	17 ♈ 20	18 ♑ 10	19 ♋ 10	26 ♊ 27	26 ♑	10 ♑	11 ♊	11 ♑	23 ♒
18	24 ♏ 38	16 ♑ 22	8 ♊ 6	7 ♊ 27	15 ♏ 41	11 ♑ 12	29 ♓ 2	7 ♎ 12	17 ♈ 17	18 ♑ 12	19 ♋ 10	26 ♊ 26	26 ♑	10 ♑	10 ♊	12 ♑	23 ♒
19	25 ♏ 39	29 ♑ 24	8 ♊ 3	7 ♊ 28	17 ♏ 17	12 ♑ 17	29 ♓ 19	7 ♎ 23	17 ♈ 14	18 ♑ 14	19 ♋ 9	26 ♊ 25	27 ♑	11 ♑	10 ♊	12 ♑	23 ♒
20	26 ♏ 39	12 ♒ 43	8 ♊ 0	7 ♊ 29	18 ♏ 53	13 ♑ 22	29 ♓ 37	7 ♎ 33	17 ♈ 11	18 ♑ 17	19 ♋ 8	26 ♊ 24	27 ♑	11 ♑	10 ♊	13 ♑	23 ♒
21	27 ♏ 40	26 ♒ 20	7 ♊ 57	7 ♊ 29	20 ♏ 28	14 ♑ 27	29 ♓ 55	7 ♎ 44	17 ♈ 8	18 ♑ 20	19 ♋ 7	26 ♊ 23	27 ♑	11 ♑	10 ♊	13 ♑	23 ♒
22	28 ♏ 40	10 ♓ 17	7 ♊ 54	7 R 29	22 ♏ 4	15 ♑ 32	0 ♈ 14	7 ♎ 54	17 ♈ 5	18 ♑ 22	19 ♋ 6	26 ♊ 22	28 ♑	12 ♑	10 ♊	14 ♑	23 ♒
23	29 ♏ 41	24 ♓ 33	7 ♊ 50	7 ♊ 29	23 ♏ 39	16 ♑ 36	0 ♈ 33	8 ♎ 4	17 ♈ 2	18 ♑ 25	19 ♋ 5	26 ♊ 21	28 ♑	12 ♑	9 ♊	14 ♑	23 ♒
24	0 ♐ 42	9 ♈ 6	7 ♊ 47	7 ♊ 28	25 ♏ 15	17 ♑ 40	0 ♈ 52	8 ♎ 15	16 ♈ 59	18 ♑ 27	19 ♋ 4	26 ♊ 20	28 ♑	12 ♑	9 ♊	15 ♑	23 ♒
25	1 ♐ 42	23 ♈ 50	7 ♊ 44	7 ♊ 27	26 ♏ 50	18 ♑ 44	1 ♈ 12	8 ♎ 25	16 ♈ 56	18 ♑ 30	19 ♋ 3	26 ♊ 19	29 ♑	13 ♑	9 ♊	15 ♑	23 ♒
26	2 ♐ 43	8 ♉ 42	7 ♊ 41	7 ♊ 26	28 ♏ 25	19 ♑ 48	1 ♈ 33	8 ♎ 35	16 ♈ 54	18 ♑ 33	19 ♋ 2	26 ♊ 18	29 ♑	13 ♑	9 ♊	16 ♑	23 ♒
27	3 ♐ 44	23 ♉ 32	7 ♊ 38	7 ♊ 26	0 ♐ 0	20 ♑ 51	1 ♈ 54	8 ♎ 44	16 ♈ 51	18 ♑ 35	19 ♋ 1	26 ♊ 17	29 ♑	13 ♑	9 ♊	16 ♑	23 ♒
28	4 ♐ 44	8 ♊ 13	7 ♊ 35	7 D 26	1 ♐ 34	21 ♑ 54	2 ♈ 15	8 ♎ 54	16 ♈ 49	18 ♑ 38	19 ♋ 0	26 ♊ 16	0 ♒	14 ♑	8 ♊	17 ♑	23 ♒
29	5 ♐ 45	22 ♊ 39	7 ♊ 31	7 ♊ 26	3 ♐ 9	22 ♑ 56	2 ♈ 37	9 ♎ 4	16 ♈ 46	18 ♑ 41	18 ♋ 59	26 ♊ 15	0 ♒	14 ♑	8 ♊	17 ♑	23 ♒
30	6 ♐ 46	6 ♋ 44	7 ♊ 28	7 ♊ 26	4 ♐ 43	23 ♑ 59	2 ♈ 59	9 ♎ 13	16 ♈ 44	18 ♑ 44	18 ♋ 58	26 ♊ 14	0 ♒	14 ♑	8 ♊	18 ♑	23 ♒

SUN INGRESS	☉ → ♐ 23日 07:20
MOON PHASE	◑ 5日 06:38 ♌　● 13日 11:18 ♏　◐ 21日 02:29 ♒　○ 27日 17:52 ♊

aspects		
4日	12:20	♀□♂
4日	21:30	♀☍♇
5日	22:09	☿△♇
7日	03:43	♂□♇
8日	14:29	♄□♅
8日	18:17	☿⚹♀
11日	08:43	☉⚹♅
12日	15:16	☉△♆
13日	15:44	♀□♃
19日	14:50	☿⚹♅
20日	03:47	☿△♆
23日	09:10	♀□♄
24日	06:20	☉△♂
24日	18:28	♀☌♅
25日	07:03	♀☍♆
28日	13:32	☿△♂

1909年12月

DAY	☉	☽	☊ mean	☊ true	☿	♀	♂	♃	♄	♅	♆	♇	⚳	⚴	⚵	⚶	⚷
	° ′	° ′	° ′	° ′	° ′	° ′	° ′	° ′	° ′	° ′	° ′	° ′	°	°	°	°	°
1	7 ♐ 47	20 ♋ 24	7 ♊ 25	7 R 26	6 D 18	25 D 0	3 D 22	9 D 23	16 R 42	18 D 47	18 R 56	26 R 12	1 D	15 D	8 R	18 D	23 D
2	8 ♐ 48	3 ♌ 40	7 ♊ 22	7 ♊ 26	7 ♐ 52	26 ♑ 2	3 ♈ 45	9 ♎ 32	16 ♈ 40	18 ♑ 50	18 ♋ 55	26 ♊ 11	1 ♒	15 ♑	7 ♊	19 ♑	23 ♒
3	9 ♐ 48	16 ♌ 32	7 ♊ 19	7 ♊ 26	9 ♐ 26	27 ♑ 3	4 ♈ 9	9 ♎ 41	16 ♈ 38	18 ♑ 53	18 ♋ 54	26 ♊ 10	1 ♒	15 ♑	7 ♊	19 ♑	23 ♒
4	10 ♐ 49	29 ♌ 3	7 ♊ 16	7 ♊ 26	11 ♐ 1	28 ♑ 4	4 ♈ 32	9 ♎ 51	16 ♈ 36	18 ♑ 56	18 ♋ 53	26 ♊ 9	2 ♒	16 ♑	7 ♊	20 ♑	23 ♒
5	11 ♐ 50	11 ♍ 17	7 ♊ 12	7 ♊ 26	12 ♐ 35	29 ♑ 4	4 ♈ 56	10 ♎ 0	16 ♈ 35	18 ♑ 59	18 ♋ 52	26 ♊ 8	2 ♒	16 ♑	7 ♊	20 ♑	23 ♒
6	12 ♐ 51	23 ♍ 18	7 ♊ 9	7 D 26	14 ♐ 9	0 ♒ 4	5 ♈ 21	10 ♎ 8	16 ♈ 33	19 ♑ 2	18 ♋ 50	26 ♊ 7	2 ♒	16 ♑	6 ♊	21 ♑	23 ♒
7	13 ♐ 52	5 ♎ 11	7 ♊ 6	7 ♊ 26	15 ♐ 43	1 ♒ 4	5 ♈ 46	10 ♎ 17	16 ♈ 32	19 ♑ 5	18 ♋ 49	26 ♊ 6	3 ♒	17 ♑	6 ♊	21 ♑	23 ♒
8	14 ♐ 53	17 ♎ 1	7 ♊ 3	7 ♊ 27	17 ♐ 17	2 ♒ 3	6 ♈ 11	10 ♎ 26	16 ♈ 30	19 ♑ 8	18 ♋ 48	26 ♊ 4	3 ♒	17 ♑	6 ♊	22 ♑	23 ♒
9	15 ♐ 54	28 ♎ 52	7 ♊ 0	7 ♊ 28	18 ♐ 52	3 ♒ 2	6 ♈ 37	10 ♎ 34	16 ♈ 29	19 ♑ 11	18 ♋ 46	26 ♊ 3	3 ♒	17 ♑	6 ♊	22 ♑	23 ♒
10	16 ♐ 55	10 ♏ 48	6 ♊ 56	7 ♊ 29	20 ♐ 26	4 ♒ 0	7 ♈ 2	10 ♎ 43	16 ♈ 28	19 ♑ 14	18 ♋ 45	26 ♊ 2	4 ♒	18 ♑	6 ♊	23 ♑	23 ♒
11	17 ♐ 56	22 ♏ 52	6 ♊ 53	7 ♊ 30	22 ♐ 0	4 ♒ 58	7 ♈ 29	10 ♎ 51	16 ♈ 27	19 ♑ 17	18 ♋ 44	26 ♊ 1	4 ♒	18 ♑	5 ♊	23 ♑	23 ♒
12	18 ♐ 57	5 ♐ 7	6 ♊ 50	7 ♊ 30	23 ♐ 35	5 ♒ 55	7 ♈ 55	10 ♎ 59	16 ♈ 26	19 ♑ 20	18 ♋ 42	26 ♊ 0	4 ♒	19 ♑	5 ♊	24 ♑	23 ♒
13	19 ♐ 58	17 ♐ 34	6 ♊ 47	7 R 30	25 ♐ 9	6 ♒ 52	8 ♈ 22	11 ♎ 7	16 ♈ 25	19 ♑ 23	18 ♋ 41	25 ♊ 59	5 ♒	19 ♑	5 ♊	24 ♑	24 ♒
14	20 ♐ 59	0 ♑ 15	6 ♊ 44	7 ♊ 29	26 ♐ 44	7 ♒ 48	8 ♈ 49	11 ♎ 15	16 ♈ 24	19 ♑ 27	18 ♋ 39	25 ♊ 57	5 ♒	19 ♑	5 ♊	25 ♑	24 ♒
15	22 ♐ 0	13 ♑ 10	6 ♊ 41	7 ♊ 27	28 ♐ 19	8 ♒ 43	9 ♈ 16	11 ♎ 23	16 ♈ 23	19 ♑ 30	18 ♋ 38	25 ♊ 56	5 ♒	20 ♑	5 ♊	25 ♑	24 ♒
16	23 ♐ 1	26 ♑ 19	6 ♊ 37	7 ♊ 25	29 ♐ 53	9 ♒ 38	9 ♈ 44	11 ♎ 31	16 ♈ 23	19 ♑ 33	18 ♋ 36	25 ♊ 55	6 ♒	20 ♑	4 ♊	26 ♑	24 ♒
17	24 ♐ 2	9 ♒ 41	6 ♊ 34	7 ♊ 23	1 ♑ 28	10 ♒ 33	10 ♈ 12	11 ♎ 38	16 ♈ 23	19 ♑ 36	18 ♋ 35	25 ♊ 54	6 ♒	20 ♑	4 ♊	26 ♑	24 ♒
18	25 ♐ 3	23 ♒ 15	6 ♊ 31	7 ♊ 20	3 ♑ 3	11 ♒ 26	10 ♈ 40	11 ♎ 46	16 ♈ 22	19 ♑ 40	18 ♋ 33	25 ♊ 53	6 ♒	21 ♑	4 ♊	27 ♑	24 ♒
19	26 ♐ 4	7 ♓ 1	6 ♊ 28	7 ♊ 19	4 ♑ 38	12 ♒ 19	11 ♈ 9	11 ♎ 53	16 ♈ 22	19 ♑ 43	18 ♋ 32	25 ♊ 52	7 ♒	21 ♑	4 ♊	27 ♑	24 ♒
20	27 ♐ 6	20 ♓ 57	6 ♊ 25	7 ♊ 18	6 ♑ 14	13 ♒ 12	11 ♈ 38	12 ♎ 0	16 ♈ 22	19 ♑ 46	18 ♋ 30	25 ♊ 50	7 ♒	21 ♑	4 ♊	28 ♑	24 ♒
21	28 ♐ 7	5 ♈ 3	6 ♊ 22	7 D 18	7 ♑ 49	14 ♒ 3	12 ♈ 7	12 ♎ 7	16 D 22	19 ♑ 50	18 ♋ 29	25 ♊ 49	8 ♒	22 ♑	4 ♊	28 ♑	24 ♒
22	29 ♐ 8	19 ♈ 17	6 ♊ 18	7 ♊ 19	9 ♑ 24	14 ♒ 54	12 ♈ 36	12 ♎ 14	16 ♈ 22	19 ♑ 53	18 ♋ 27	25 ♊ 48	8 ♒	22 ♑	3 ♊	29 ♑	24 ♒
23	0 ♑ 9	3 ♉ 36	6 ♊ 15	7 ♊ 20	10 ♑ 59	15 ♒ 44	13 ♈ 5	12 ♎ 21	16 ♈ 22	19 ♑ 57	18 ♋ 25	25 ♊ 47	8 ♒	22 ♑	3 ♊	29 ♑	24 ♒
24	1 ♑ 10	17 ♉ 59	6 ♊ 12	7 ♊ 21	12 ♑ 35	16 ♒ 33	13 ♈ 35	12 ♎ 27	16 ♈ 23	20 ♑ 0	18 ♋ 24	25 ♊ 46	9 ♒	23 ♑	3 ♊	0 ♒	24 ♒
25	2 ♑ 11	2 ♊ 20	6 ♊ 9	7 ♊ 22	14 ♑ 10	17 ♒ 21	14 ♈ 5	12 ♎ 34	16 ♈ 23	20 ♑ 3	18 ♋ 22	25 ♊ 44	9 ♒	23 ♑	3 ♊	0 ♒	24 ♒
26	3 ♑ 12	16 ♊ 37	6 ♊ 6	7 R 22	15 ♑ 45	18 ♒ 9	14 ♈ 35	12 ♎ 40	16 ♈ 24	20 ♑ 7	18 ♋ 21	25 ♊ 43	9 ♒	23 ♑	3 ♊	1 ♒	24 ♒
27	4 ♑ 13	0 ♋ 43	6 ♊ 2	7 ♊ 20	17 ♑ 20	18 ♒ 55	15 ♈ 5	12 ♎ 46	16 ♈ 24	20 ♑ 10	18 ♋ 19	25 ♊ 42	10 ♒	24 ♑	3 ♊	1 ♒	24 ♒
28	5 ♑ 14	14 ♋ 35	5 ♊ 59	7 ♊ 17	18 ♑ 54	19 ♒ 41	15 ♈ 36	12 ♎ 52	16 ♈ 25	20 ♑ 14	18 ♋ 17	25 ♊ 41	10 ♒	24 ♑	3 ♊	2 ♒	24 ♒
29	6 ♑ 16	28 ♋ 10	5 ♊ 56	7 ♊ 13	20 ♑ 28	20 ♒ 25	16 ♈ 6	12 ♎ 58	16 ♈ 26	20 ♑ 17	18 ♋ 16	25 ♊ 40	10 ♒	24 ♑	3 ♊	2 ♒	24 ♒
30	7 ♑ 17	11 ♌ 24	5 ♊ 53	7 ♊ 8	22 ♑ 2	21 ♒ 8	16 ♈ 37	13 ♎ 3	16 ♈ 27	20 ♑ 21	18 ♋ 14	25 ♊ 39	11 ♒	25 ♑	3 ♊	3 ♒	24 ♒
31	8 ♑ 18	24 ♌ 17	5 ♊ 50	7 ♊ 3	23 ♑ 35	21 ♒ 51	17 ♈ 8	13 ♎ 9	16 ♈ 28	20 ♑ 24	18 ♋ 12	25 ♊ 37	11 ♒	25 ♑	3 ♊	3 ♒	24 ♒

SUN INGRESS	☉ → ♑ 22日 20:20
MOON PHASE	◑ 5日 01:12 ♍　● 13日 04:58 ♐　◐ 20日 11:17 ♓　○ 27日 06:30 ♋

aspects		
2日	20:45	☉⚹♃
3日	04:14	☿⚹♃
3日	08:19	♅☍♆
3日	15:49	☉☌☿
7日	12:08	☿△♄
9日	13:31	☉△♄
13日	12:22	☿☍♇
16日	05:10	♀⚹♂
18日	10:06	♀△♃
18日	19:02	☉☍♇
21日	00:36	♂☍♃
23日	18:47	♀⚹♄
23日	22:01	☿□♃
24日	22:12	☿□♂
26日	09:56	☿□♄
27日	14:49	☿☍♆
28日	21:03	☿☌♅
29日	15:57	♂☌♄

1910年1月

DAY	☉	☽	☊ mean	☊ true	☿	♀	♂	♃	♄	♅	♆	♇	⚳	⚴	⚵	⚶	⚷
	° ′	° ′	° ′	° ′	° ′	° ′	° ′	° ′	° ′	° ′	° ′	° ′	°	°	°	°	°
1	9 ♑ 19	6 ♍ 51	5 ♊ 47	6 R 58	25 D 7	22 D 32	17 D 39	13 D 14	16 D 30	20 D 28	18 R 11	25 R 36	12 D	26 D	3 R	4 D	24 D
2	10 ♑ 20	19 ♍ 8	5 ♊ 43	6 ♊ 55	26 ♑ 38	23 ♒ 12	18 ♈ 11	13 ♎ 19	16 ♈ 31	20 ♑ 31	18 ♋ 9	25 ♊ 35	12 ♒	26 ♑	3 ♊	4 ♒	24 ♒
3	11 ♑ 21	1 ♎ 11	5 ♊ 40	6 ♊ 52	28 ♑ 8	23 ♒ 50	18 ♈ 42	13 ♎ 24	16 ♈ 32	20 ♑ 35	18 ♋ 7	25 ♊ 34	12 ♒	26 ♑	2 ♊	5 ♒	25 ♒
4	12 ♑ 22	13 ♎ 5	5 ♊ 37	6 D 52	29 ♑ 36	24 ♒ 28	19 ♈ 14	13 ♎ 29	16 ♈ 34	20 ♑ 38	18 ♋ 6	25 ♊ 33	13 ♒	27 ♑	2 ♊	5 ♒	25 ♒
5	13 ♑ 24	24 ♎ 55	5 ♊ 34	6 ♊ 52	1 ♒ 2	25 ♒ 4	19 ♈ 46	13 ♎ 34	16 ♈ 36	20 ♑ 42	18 ♋ 4	25 ♊ 32	13 ♒	27 ♑	2 ♊	6 ♒	25 ♒
6	14 ♑ 25	6 ♏ 45	5 ♊ 31	6 ♊ 54	2 ♒ 26	25 ♒ 38	20 ♈ 18	13 ♎ 38	16 ♈ 37	20 ♑ 45	18 ♋ 2	25 ♊ 31	13 ♒	27 ♑	2 ♊	6 ♒	25 ♒
7	15 ♑ 26	18 ♏ 43	5 ♊ 28	6 ♊ 56	3 ♒ 47	26 ♒ 12	20 ♈ 50	13 ♎ 43	16 ♈ 39	20 ♑ 49	18 ♋ 1	25 ♊ 29	14 ♒	28 ♑	2 D	7 ♒	25 ♒
8	16 ♑ 27	0 ♐ 50	5 ♊ 24	6 ♊ 57	5 ♒ 5	26 ♒ 43	21 ♈ 23	13 ♎ 47	16 ♈ 41	20 ♑ 52	17 ♋ 59	25 ♊ 28	14 ♒	28 ♑	2 ♊	7 ♒	25 ♒
9	17 ♑ 28	13 ♐ 13	5 ♊ 21	6 R 57	6 ♒ 19	27 ♒ 14	21 ♈ 55	13 ♎ 51	16 ♈ 43	20 ♑ 56	17 ♋ 57	25 ♊ 27	15 ♒	28 ♑	2 ♊	8 ♒	25 ♒
10	18 ♑ 29	25 ♐ 53	5 ♊ 18	6 ♊ 55	7 ♒ 28	27 ♒ 42	22 ♈ 28	13 ♎ 54	16 ♈ 46	20 ♑ 59	17 ♋ 56	25 ♊ 26	15 ♒	29 ♑	3 ♊	8 ♒	25 ♒
11	19 ♑ 31	8 ♑ 52	5 ♊ 15	6 ♊ 51	8 ♒ 32	28 ♒ 9	23 ♈ 1	13 ♎ 58	16 ♈ 48	21 ♑ 3	17 ♋ 54	25 ♊ 25	15 ♒	29 ♑	3 ♊	9 ♒	25 ♒
12	20 ♑ 32	22 ♑ 10	5 ♊ 12	6 ♊ 45	9 ♒ 30	28 ♒ 34	23 ♈ 34	14 ♎ 2	16 ♈ 50	21 ♑ 7	17 ♋ 52	25 ♊ 24	16 ♒	29 ♑	3 ♊	9 ♒	25 ♒
13	21 ♑ 33	5 ♒ 45	5 ♊ 8	6 ♊ 38	10 ♒ 21	28 ♒ 57	24 ♈ 7	14 ♎ 5	16 ♈ 53	21 ♑ 10	17 ♋ 50	25 ♊ 23	16 ♒	0 ♒	3 ♊	10 ♒	25 ♒
14	22 ♑ 34	19 ♒ 35	5 ♊ 5	6 ♊ 30	11 ♒ 5	29 ♒ 19	24 ♈ 40	14 ♎ 8	16 ♈ 55	21 ♑ 14	17 ♋ 49	25 ♊ 22	16 ♒	0 ♒	3 ♊	10 ♒	25 ♒
15	23 ♑ 35	3 ♓ 36	5 ♊ 2	6 ♊ 22	11 ♒ 39	29 ♒ 38	25 ♈ 13	14 ♎ 11	16 ♈ 58	21 ♑ 17	17 ♋ 47	25 ♊ 21	17 ♒	1 ♒	3 ♊	11 ♒	25 ♒
16	24 ♑ 36	17 ♓ 44	4 ♊ 59	6 ♊ 15	12 ♒ 5	29 ♒ 56	25 ♈ 47	14 ♎ 14	17 ♈ 1	21 ♑ 21	17 ♋ 45	25 ♊ 20	17 ♒	1 ♒	3 ♊	11 ♒	25 ♒
17	25 ♑ 37	1 ♈ 54	4 ♊ 56	6 ♊ 11	12 ♒ 19	0 ♓ 11	26 ♈ 20	14 ♎ 16	17 ♈ 4	21 ♑ 24	17 ♋ 44	25 ♊ 19	18 ♒	1 ♒	3 ♊	12 ♒	25 ♒
18	26 ♑ 39	16 ♈ 4	4 ♊ 53	6 ♊ 8	12 R 23	0 ♓ 24	26 ♈ 54	14 ♎ 19	17 ♈ 7	21 ♑ 28	17 ♋ 42	25 ♊ 18	18 ♒	2 ♒	3 ♊	12 ♒	25 ♒
19	27 ♑ 40	0 ♉ 12	4 ♊ 49	6 D 8	12 ♒ 15	0 ♓ 35	27 ♈ 28	14 ♎ 21	17 ♈ 10	21 ♑ 31	17 ♋ 40	25 ♊ 17	18 ♒	2 ♒	3 ♊	13 ♒	25 ♒
20	28 ♑ 41	14 ♉ 16	4 ♊ 46	6 ♊ 8	11 ♒ 56	0 ♓ 44	28 ♈ 2	14 ♎ 23	17 ♈ 13	21 ♑ 35	17 ♋ 39	25 ♊ 16	19 ♒	2 ♒	3 ♊	13 ♒	26 ♒
21	29 ♑ 42	28 ♉ 16	4 ♊ 43	6 ♊ 9	11 ♒ 25	0 ♓ 50	28 ♈ 36	14 ♎ 25	17 ♈ 17	21 ♑ 39	17 ♋ 37	25 ♊ 15	19 ♒	3 ♒	3 ♊	14 ♒	26 ♒
22	0 ♒ 43	12 ♊ 10	4 ♊ 40	6 R 10	10 ♒ 43	0 ♓ 54	29 ♈ 10	14 ♎ 26	17 ♈ 20	21 ♑ 42	17 ♋ 35	25 ♊ 14	20 ♒	3 ♒	4 ♊	14 ♒	26 ♒
23	1 ♒ 44	25 ♊ 58	4 ♊ 37	6 ♊ 8	9 ♒ 51	0 ♓ 55	29 ♈ 44	14 ♎ 28	17 ♈ 24	21 ♑ 46	17 ♋ 34	25 ♊ 13	20 ♒	3 ♒	4 ♊	15 ♒	26 ♒
24	2 ♒ 45	9 ♋ 38	4 ♊ 34	6 ♊ 3	8 ♒ 50	0 R 54	0 ♉ 18	14 ♎ 29	17 ♈ 27	21 ♑ 49	17 ♋ 32	25 ♊ 12	20 ♒	4 ♒	4 ♊	15 ♒	26 ♒
25	3 ♒ 46	23 ♋ 7	4 ♊ 30	5 ♊ 56	7 ♒ 42	0 ♓ 51	0 ♉ 53	14 ♎ 30	17 ♈ 31	21 ♑ 53	17 ♋ 30	25 ♊ 11	21 ♒	4 ♒	4 ♊	16 ♒	26 ♒
26	4 ♒ 47	6 ♌ 23	4 ♊ 27	5 ♊ 47	6 ♒ 29	0 ♓ 45	1 ♉ 27	14 ♎ 31	17 ♈ 35	21 ♑ 56	17 ♋ 29	25 ♊ 10	21 ♒	4 ♒	4 ♊	16 ♒	26 ♒
27	5 ♒ 48	19 ♌ 24	4 ♊ 24	5 ♊ 36	5 ♒ 14	0 ♓ 36	2 ♉ 2	14 ♎ 32	17 ♈ 39	22 ♑ 0	17 ♋ 27	25 ♊ 10	21 ♒	5 ♒	4 ♊	17 ♒	26 ♒
28	6 ♒ 49	2 ♍ 10	4 ♊ 21	5 ♊ 24	3 ♒ 58	0 ♓ 25	2 ♉ 36	14 ♎ 32	17 ♈ 43	22 ♑ 3	17 ♋ 26	25 ♊ 9	22 ♒	5 ♒	4 ♊	17 ♒	26 ♒
29	7 ♒ 50	14 ♍ 40	4 ♊ 18	5 ♊ 13	2 ♒ 44	0 ♓ 11	3 ♉ 11	14 ♎ 32	17 ♈ 47	22 ♑ 7	17 ♋ 24	25 ♊ 8	22 ♒	6 ♒	5 ♊	18 ♒	26 ♒
30	8 ♒ 51	26 ♍ 55	4 ♊ 14	5 ♊ 4	1 ♒ 34	29 ♒ 55	3 ♉ 46	14 ♎ 32	17 ♈ 51	22 ♑ 10	17 ♋ 23	25 ♊ 7	23 ♒	6 ♒	5 ♊	18 ♒	26 ♒
31	9 ♒ 51	8 ♎ 58	4 ♊ 11	4 ♊ 57	0 ♒ 29	29 ♒ 37	4 ♉ 21	14 R 32	17 ♈ 55	22 ♑ 13	17 ♋ 21	25 ♊ 6	23 ♒	6 ♒	5 ♊	19 ♒	26 ♒

SUN INGRESS: ☉ → ♒ 21日 06:59

MOON PHASE: ◑ 3日 22:27 ♎　● 11日 20:51 ♑　◐ 18日 19:20 ♈　○ 25日 20:50 ♌

aspects

1日 22:43 ♂□♆
5日 04:18 ☉□♃
5日 18:38 ♀△♇
6日 22:45 ♂□♅
8日 05:45 ☉□♄
9日 11:04 ☉☍♆
12日 14:31 ☉☌♅
15日 05:25 ♂⚹♇
18日 13:31 ☉□♂
24日 22:16 ♄□♆
24日 22:54 ♀⚹♂
26日 18:03 ☉☌☿
28日 17:59 ☿□♂

1910年2月

DAY	☉	☽	☊ mean	☊ true	☿	♀	♂	♃	♄	♅	♆	♇	⚳	⚴	⚵	⚶	⚷
	° ′	° ′	° ′	° ′	° ′	° ′	° ′	° ′	° ′	° ′	° ′	° ′	°	°	°	°	°
1	10 ♒ 52	20 ♎ 51	4 ♊ 8	4 R 52	29 R 31	29 R 16	4 D 56	14 R 32	17 D 59	22 D 17	17 R 19	25 R 5	23 D	7 D	5 D	19 D	26 D
2	11 ♒ 53	2 ♏ 41	4 ♊ 5	4 ♊ 50	28 ♑ 40	28 ♒ 53	5 ♉ 31	14 ♎ 32	18 ♈ 4	22 ♑ 20	17 ♋ 18	25 ♊ 5	24 ♒	7 ♒	5 ♊	20 ♒	26 ♒
3	12 ♒ 54	14 ♏ 30	4 ♊ 2	4 D 50	27 ♑ 58	28 ♒ 27	6 ♉ 6	14 ♎ 31	18 ♈ 8	22 ♑ 24	17 ♋ 16	25 ♊ 4	24 ♒	7 ♒	6 ♊	20 ♒	26 ♒
4	13 ♒ 55	26 ♏ 26	3 ♊ 59	4 ♊ 50	27 ♑ 24	28 ♒ 0	6 ♉ 41	14 ♎ 30	18 ♈ 13	22 ♑ 27	17 ♋ 15	25 ♊ 3	25 ♒	8 ♒	6 ♊	21 ♒	27 ♒
5	14 ♒ 56	8 ♐ 34	3 ♊ 55	4 R 50	26 ♑ 58	27 ♒ 31	7 ♉ 16	14 ♎ 29	18 ♈ 18	22 ♑ 30	17 ♋ 13	25 ♊ 2	25 ♒	8 ♒	6 ♊	21 ♒	27 ♒
6	15 ♒ 57	20 ♐ 58	3 ♊ 52	4 ♊ 49	26 ♑ 41	27 ♒ 0	7 ♉ 52	14 ♎ 28	18 ♈ 22	22 ♑ 34	17 ♋ 12	25 ♊ 2	25 ♒	8 ♒	6 ♊	22 ♒	27 ♒
7	16 ♒ 57	3 ♑ 43	3 ♊ 49	4 ♊ 45	26 ♑ 33	26 ♒ 27	8 ♉ 27	14 ♎ 27	18 ♈ 27	22 ♑ 37	17 ♋ 11	25 ♊ 1	26 ♒	9 ♒	7 ♊	22 ♒	27 ♒
8	17 ♒ 58	16 ♑ 52	3 ♊ 46	4 ♊ 39	26 D 31	25 ♒ 53	9 ♉ 2	14 ♎ 25	18 ♈ 32	22 ♑ 40	17 ♋ 9	25 ♊ 0	26 ♒	9 ♒	7 ♊	23 ♒	27 ♒
9	18 ♒ 59	0 ♒ 26	3 ♊ 43	4 ♊ 30	26 ♑ 37	25 ♒ 18	9 ♉ 38	14 ♎ 23	18 ♈ 37	22 ♑ 44	17 ♋ 8	25 ♊ 0	27 ♒	9 ♒	7 ♊	23 ♒	27 ♒
10	20 ♒ 0	14 ♒ 23	3 ♊ 40	4 ♊ 19	26 ♑ 50	24 ♒ 42	10 ♉ 13	14 ♎ 21	18 ♈ 42	22 ♑ 47	17 ♋ 6	24 ♊ 59	27 ♒	10 ♒	7 ♊	24 ♒	27 ♒
11	21 ♒ 1	28 ♒ 40	3 ♊ 36	4 ♊ 7	27 ♑ 9	24 ♒ 6	10 ♉ 49	14 ♎ 19	18 ♈ 47	22 ♑ 50	17 ♋ 5	24 ♊ 59	27 ♒	10 ♒	8 ♊	25 ♒	27 ♒
12	22 ♒ 1	13 ♓ 9	3 ♊ 33	3 ♊ 56	27 ♑ 34	23 ♒ 28	11 ♉ 25	14 ♎ 17	18 ♈ 52	22 ♑ 53	17 ♋ 4	24 ♊ 58	28 ♒	10 ♒	8 ♊	25 ♒	27 ♒
13	23 ♒ 2	27 ♓ 45	3 ♊ 30	3 ♊ 45	28 ♑ 4	22 ♒ 51	12 ♉ 1	14 ♎ 14	18 ♈ 58	22 ♑ 57	17 ♋ 2	24 ♊ 57	28 ♒	11 ♒	8 ♊	26 ♒	27 ♒
14	24 ♒ 3	12 ♈ 20	3 ♊ 27	3 ♊ 37	28 ♑ 39	22 ♒ 14	12 ♉ 36	14 ♎ 11	19 ♈ 3	23 ♑ 0	17 ♋ 1	24 ♊ 57	29 ♒	11 ♒	9 ♊	26 ♒	27 ♒
15	25 ♒ 3	26 ♈ 48	3 ♊ 24	3 ♊ 32	29 ♑ 19	21 ♒ 37	13 ♉ 12	14 ♎ 9	19 ♈ 9	23 ♑ 3	17 ♋ 0	24 ♊ 56	29 ♒	11 ♒	9 ♊	27 ♒	27 ♒
16	26 ♒ 4	11 ♉ 6	3 ♊ 20	3 ♊ 30	0 ♒ 3	21 ♒ 1	13 ♉ 48	14 ♎ 5	19 ♈ 14	23 ♑ 6	16 ♋ 59	24 ♊ 56	29 ♒	12 ♒	9 ♊	27 ♒	27 ♒
17	27 ♒ 4	25 ♉ 10	3 ♊ 17	3 ♊ 30	0 ♒ 51	20 ♒ 25	14 ♉ 24	14 ♎ 2	19 ♈ 20	23 ♑ 9	16 ♋ 57	24 ♊ 55	0 ♓	12 ♒	9 ♊	28 ♒	27 ♒
18	28 ♒ 5	9 ♊ 1	3 ♊ 14	3 ♊ 30	1 ♒ 42	19 ♒ 51	15 ♉ 0	13 ♎ 59	19 ♈ 25	23 ♑ 12	16 ♋ 56	24 ♊ 55	0 ♓	12 ♒	10 ♊	28 ♒	27 ♒
19	29 ♒ 5	22 ♊ 40	3 ♊ 11	3 ♊ 29	2 ♒ 36	19 ♒ 17	15 ♉ 36	13 ♎ 55	19 ♈ 31	23 ♑ 15	16 ♋ 55	24 ♊ 54	0 ♓	13 ♒	10 ♊	29 ♒	28 ♒
20	0 ♓ 6	6 ♋ 6	3 ♊ 8	3 ♊ 26	3 ♒ 34	18 ♒ 46	16 ♉ 12	13 ♎ 51	19 ♈ 37	23 ♑ 18	16 ♋ 54	24 ♊ 54	1 ♓	13 ♒	10 ♊	29 ♒	28 ♒
21	1 ♓ 6	19 ♋ 22	3 ♊ 5	3 ♊ 20	4 ♒ 34	18 ♒ 16	16 ♉ 48	13 ♎ 47	19 ♈ 43	23 ♑ 21	16 ♋ 53	24 ♊ 54	1 ♓	14 ♒	11 ♊	0 ♓	28 ♒
22	2 ♓ 7	2 ♌ 27	3 ♊ 1	3 ♊ 11	5 ♒ 37	17 ♒ 47	17 ♉ 25	13 ♎ 43	19 ♈ 49	23 ♑ 24	16 ♋ 52	24 ♊ 53	2 ♓	14 ♒	11 ♊	0 ♓	28 ♒
23	3 ♓ 7	15 ♌ 21	2 ♊ 58	2 ♊ 59	6 ♒ 42	17 ♒ 21	18 ♉ 1	13 ♎ 39	19 ♈ 55	23 ♑ 27	16 ♋ 51	24 ♊ 53	2 ♓	14 ♒	11 ♊	1 ♓	28 ♒
24	4 ♓ 7	28 ♌ 4	2 ♊ 55	2 ♊ 46	7 ♒ 49	16 ♒ 57	18 ♉ 37	13 ♎ 35	20 ♈ 1	23 ♑ 30	16 ♋ 49	24 ♊ 53	2 ♓	15 ♒	12 ♊	1 ♓	28 ♒
25	5 ♓ 8	10 ♍ 35	2 ♊ 52	2 ♊ 32	8 ♒ 59	16 ♒ 35	19 ♉ 13	13 ♎ 30	20 ♈ 7	23 ♑ 33	16 ♋ 48	24 ♊ 52	3 ♓	15 ♒	12 ♊	2 ♓	28 ♒
26	6 ♓ 8	22 ♍ 54	2 ♊ 49	2 ♊ 18	10 ♒ 10	16 ♒ 15	19 ♉ 50	13 ♎ 25	20 ♈ 13	23 ♑ 36	16 ♋ 47	24 ♊ 52	3 ♓	15 ♒	12 ♊	2 ♓	28 ♒
27	7 ♓ 8	5 ♎ 2	2 ♊ 45	2 ♊ 6	11 ♒ 24	15 ♒ 58	20 ♉ 26	13 ♎ 20	20 ♈ 19	23 ♑ 39	16 ♋ 46	24 ♊ 52	4 ♓	16 ♒	13 ♊	3 ♓	28 ♒
28	8 ♓ 9	17 ♎ 1	2 ♊ 42	1 ♊ 56	12 ♒ 39	15 ♒ 43	21 ♉ 2	13 ♎ 15	20 ♈ 25	23 ♑ 42	16 ♋ 46	24 ♊ 51	4 ♓	16 ♒	13 ♊	3 ♓	28 ♒

SUN INGRESS: ☉ → ♓ 19日 21:28

MOON PHASE: ◑ 2日 20:27 ♏　● 10日 10:13 ♒　◐ 17日 03:32 ♉　○ 24日 12:36 ♍

aspects

4日 13:41 ☉△♃
8日 14:32 ☉⚹♄
9日 12:36 ♀△♇
12日 21:23 ☉☌♀
14日 21:19 ☉△♇
18日 15:31 ♀⚹♄
21日 02:48 ♂⚹♆
22日 08:42 ♀□♂
28日 10:46 ☿△♃

1910年3月

DAY	☉	☽	☊ mean	☊ true	☿	♀	♂	♃	♄	♅	♆	♇	⚳	⚴	⚵	⚶	⚷
	° ′	° ′	° ′	° ′	° ′	° ′	° ′	° ′	° ′	° ′	° ′	° ′	°	°	°	°	°
1	9 ♓ 9	28 ♎ 53	2 ♊ 39	1 R 49	13 D 55	15 R 31	21 D 39	13 R 10	20 D 32	23 D 44	16 R 45	24 R 51	4 D	16 D	13 D	4 D	28 D
2	10 ♓ 9	10 ♏ 41	2 ♊ 36	1 ♊ 45	15 ♒ 14	15 ♒ 21	22 ♉ 15	13 ♎ 5	20 ♈ 38	23 ♑ 47	16 ♋ 44	24 ♊ 51	5 ♓	17 ♒	14 ♊	4 ♓	28 ♒
3	11 ♓ 9	22 ♏ 29	2 ♊ 33	1 ♊ 44	16 ♒ 34	15 ♒ 14	22 ♉ 52	12 ♎ 59	20 ♈ 44	23 ♑ 50	16 ♋ 43	24 ♊ 51	5 ♓	17 ♒	14 ♊	5 ♓	28 ♒
4	12 ♓ 9	4 ♐ 23	2 ♊ 30	1 D 44	17 ♒ 55	15 ♒ 9	23 ♉ 28	12 ♎ 53	20 ♈ 51	23 ♑ 52	16 ♋ 42	24 ♊ 51	6 ♓	17 ♒	14 ♊	5 ♓	28 ♒
5	13 ♓ 9	16 ♐ 29	2 ♊ 26	1 R 44	19 ♒ 18	15 ♒ 7	24 ♉ 5	12 ♎ 48	20 ♈ 57	23 ♑ 55	16 ♋ 41	24 ♊ 51	6 ♓	18 ♒	15 ♊	6 ♓	28 ♒
6	14 ♓ 10	28 ♐ 51	2 ♊ 23	1 ♊ 43	20 ♒ 42	15 D 7	24 ♉ 41	12 ♎ 42	21 ♈ 4	23 ♑ 58	16 ♋ 41	24 ♊ 50	6 ♓	18 ♒	15 ♊	6 ♓	29 ♒
7	15 ♓ 10	11 ♑ 34	2 ♊ 20	1 ♊ 40	22 ♒ 8	15 ♒ 10	25 ♉ 18	12 ♎ 36	21 ♈ 11	24 ♑ 0	16 ♋ 40	24 ♊ 50	7 ♓	18 ♒	15 ♊	7 ♓	29 ♒
8	16 ♓ 10	24 ♑ 43	2 ♊ 17	1 ♊ 35	23 ♒ 34	15 ♒ 14	25 ♉ 54	12 ♎ 30	21 ♈ 17	24 ♑ 3	16 ♋ 39	24 ♊ 50	7 ♓	19 ♒	16 ♊	7 ♓	29 ♒
9	17 ♓ 10	8 ♒ 21	2 ♊ 14	1 ♊ 27	25 ♒ 2	15 ♒ 22	26 ♉ 31	12 ♎ 23	21 ♈ 24	24 ♑ 5	16 ♋ 38	24 ♊ 50	8 ♓	19 ♒	16 ♊	8 ♓	29 ♒
10	18 ♓ 10	22 ♒ 27	2 ♊ 11	1 ♊ 17	26 ♒ 32	15 ♒ 31	27 ♉ 8	12 ♎ 17	21 ♈ 31	24 ♑ 8	16 ♋ 38	24 ♊ 50	8 ♓	19 ♒	17 ♊	8 ♓	29 ♒
11	19 ♓ 10	6 ♓ 58	2 ♊ 7	1 ♊ 6	28 ♒ 2	15 ♒ 43	27 ♉ 44	12 ♎ 10	21 ♈ 38	24 ♑ 10	16 ♋ 37	24 D 50	8 ♓	20 ♒	17 ♊	9 ♓	29 ♒
12	20 ♓ 10	21 ♓ 47	2 ♊ 4	0 ♊ 55	29 ♒ 34	15 ♒ 56	28 ♉ 21	12 ♎ 4	21 ♈ 45	24 ♑ 12	16 ♋ 37	24 ♊ 50	9 ♓	20 ♒	17 ♊	9 ♓	29 ♒
13	21 ♓ 9	6 ♈ 46	2 ♊ 1	0 ♊ 46	1 ♓ 7	16 ♒ 12	28 ♉ 58	11 ♎ 57	21 ♈ 51	24 ♑ 15	16 ♋ 36	24 ♊ 50	9 ♓	20 ♒	18 ♊	10 ♓	29 ♒
14	22 ♓ 9	21 ♈ 46	1 ♊ 58	0 ♊ 38	2 ♓ 41	16 ♒ 30	29 ♉ 35	11 ♎ 50	21 ♈ 58	24 ♑ 17	16 ♋ 35	24 ♊ 50	10 ♓	20 ♒	18 ♊	10 ♓	29 ♒
15	23 ♓ 9	6 ♉ 37	1 ♊ 55	0 ♊ 33	4 ♓ 17	16 ♒ 49	0 ♊ 11	11 ♎ 43	22 ♈ 5	24 ♑ 19	16 ♋ 35	24 ♊ 50	10 ♓	21 ♒	19 ♊	11 ♓	29 ♒
16	24 ♓ 9	21 ♉ 14	1 ♊ 51	0 ♊ 31	5 ♓ 54	17 ♒ 11	0 ♊ 48	11 ♎ 36	22 ♈ 12	24 ♑ 21	16 ♋ 35	24 ♊ 51	10 ♓	21 ♒	19 ♊	11 ♓	29 ♒
17	25 ♓ 9	5 ♊ 31	1 ♊ 48	0 D 31	7 ♓ 31	17 ♒ 34	1 ♊ 25	11 ♎ 29	22 ♈ 19	24 ♑ 24	16 ♋ 34	24 ♊ 51	11 ♓	21 ♒	19 ♊	11 ♓	29 ♒
18	26 ♓ 8	19 ♊ 28	1 ♊ 45	0 ♊ 32	9 ♓ 10	17 ♒ 59	2 ♊ 2	11 ♎ 22	22 ♈ 27	24 ♑ 26	16 ♋ 34	24 ♊ 51	11 ♓	22 ♒	20 ♊	12 ♓	29 ♒
19	27 ♓ 8	3 ♋ 5	1 ♊ 42	0 R 32	10 ♓ 51	18 ♒ 26	2 ♊ 39	11 ♎ 15	22 ♈ 34	24 ♑ 28	16 ♋ 33	24 ♊ 51	11 ♓	22 ♒	20 ♊	12 ♓	29 ♒
20	28 ♓ 8	16 ♋ 23	1 ♊ 39	0 ♊ 30	12 ♓ 32	18 ♒ 54	3 ♊ 16	11 ♎ 7	22 ♈ 41	24 ♑ 30	16 ♋ 33	24 ♊ 51	12 ♓	22 ♒	21 ♊	13 ♓	29 ♒
21	29 ♓ 7	29 ♋ 25	1 ♊ 36	0 ♊ 26	14 ♓ 15	19 ♒ 24	3 ♊ 52	11 ♎ 0	22 ♈ 48	24 ♑ 32	16 ♋ 33	24 ♊ 51	12 ♓	23 ♒	21 ♊	13 ♓	0 ♓
22	0 ♈ 7	12 ♌ 14	1 ♊ 32	0 ♊ 20	15 ♓ 59	19 ♒ 55	4 ♊ 29	10 ♎ 52	22 ♈ 55	24 ♑ 34	16 ♋ 33	24 ♊ 52	13 ♓	23 ♒	21 ♊	14 ♓	0 ♓
23	1 ♈ 6	24 ♌ 49	1 ♊ 29	0 ♊ 11	17 ♓ 45	20 ♒ 28	5 ♊ 6	10 ♎ 45	23 ♈ 3	24 ♑ 36	16 ♋ 32	24 ♊ 52	13 ♓	23 ♒	22 ♊	14 ♓	0 ♓
24	2 ♈ 6	7 ♍ 15	1 ♊ 26	0 ♊ 1	19 ♓ 31	21 ♒ 2	5 ♊ 43	10 ♎ 37	23 ♈ 10	24 ♑ 38	16 ♋ 32	24 ♊ 52	13 ♓	24 ♒	22 ♊	15 ♓	0 ♓
25	3 ♈ 5	19 ♍ 30	1 ♊ 23	29 ♉ 50	21 ♓ 19	21 ♒ 37	6 ♊ 20	10 ♎ 30	23 ♈ 17	24 ♑ 39	16 ♋ 32	24 ♊ 53	14 ♓	24 ♒	23 ♊	15 ♓	0 ♓
26	4 ♈ 5	1 ♎ 37	1 ♊ 20	29 ♉ 39	23 ♓ 8	22 ♒ 14	6 ♊ 57	10 ♎ 22	23 ♈ 24	24 ♑ 41	16 ♋ 32	24 ♊ 53	14 ♓	24 ♒	23 ♊	16 ♓	0 ♓
27	5 ♈ 4	13 ♎ 37	1 ♊ 17	29 ♉ 29	24 ♓ 59	22 ♒ 52	7 ♊ 34	10 ♎ 15	23 ♈ 32	24 ♑ 43	16 ♋ 32	24 ♊ 53	15 ♓	25 ♒	23 ♊	16 ♓	0 ♓
28	6 ♈ 3	25 ♎ 30	1 ♊ 13	29 ♉ 22	26 ♓ 51	23 ♒ 31	8 ♊ 11	10 ♎ 7	23 ♈ 39	24 ♑ 45	16 ♋ 32	24 ♊ 54	15 ♓	25 ♒	24 ♊	17 ♓	0 ♓
29	7 ♈ 3	7 ♏ 19	1 ♊ 10	29 ♉ 17	28 ♓ 44	24 ♒ 12	8 ♊ 48	9 ♎ 59	23 ♈ 47	24 ♑ 46	16 ♋ 32	24 ♊ 54	15 ♓	25 ♒	24 ♊	17 ♓	0 ♓
30	8 ♈ 2	19 ♏ 7	1 ♊ 7	29 ♉ 14	0 ♈ 38	24 ♒ 53	9 ♊ 25	9 ♎ 51	23 ♈ 54	24 ♑ 48	16 D 32	24 ♊ 55	16 ♓	25 ♒	25 ♊	18 ♓	0 ♓
31	9 ♈ 1	0 ♐ 56	1 ♊ 4	29 D 14	2 ♈ 34	25 ♒ 35	10 ♊ 2	9 ♎ 44	24 ♈ 1	24 ♑ 49	16 ♋ 32	24 ♊ 55	16 ♓	26 ♒	25 ♊	18 ♓	0 ♓

SUN INGRESS	☉ → ♈ 21日 21:03
MOON PHASE	◑ 4日 16:52 ♐　● 11日 21:12 ♓　◐ 18日 12:37 ♊　○ 26日 05:21 ♎

aspects

2日	02:04	☿☌♀
4日	17:14	♂△♅
6日	06:45	☿⚹♄
8日	11:37	☉△♆
8日	20:42	☿△♇
10日	16:02	☿□♂
16日	05:13	☉⚹♅
16日	16:46	☉□♇
22日	07:37	☿△♆
26日	20:30	☿⚹♅
26日	22:48	☿□♇
28日	05:52	♀⚹♄
30日	00:56	♀△♇
30日	14:10	♂△♃
31日	15:14	☉☍♃

1910年4月

DAY	☉	☽	☊ mean	☊ true	☿	♀	♂	♃	♄	♅	♆	♇	⚳	⚴	⚵	⚶	⚷
	° ′	° ′	° ′	° ′	° ′	° ′	° ′	° ′	° ′	° ′	° ′	° ′	°	°	°	°	°
1	10 ♈ 0	12 ♐ 50	1 ♊ 1	29 D 15	4 D 31	26 D 19	10 D 39	9 R 36	24 D 9	24 D 51	16 D 32	24 D 55	16 D	26 D	26 D	19 D	0 D
2	11 ♈ 0	24 ♐ 55	0 ♊ 57	29 ♉ 16	6 ♈ 30	27 ♒ 3	11 ♊ 16	9 ♎ 28	24 ♈ 16	24 ♑ 52	16 ♋ 32	24 ♊ 56	17 ♓	26 ♒	26 ♊	19 ♓	0 ♓
3	11 ♈ 59	7 ♑ 16	0 ♊ 54	29 ♉ 17	8 ♈ 29	27 ♒ 49	11 ♊ 53	9 ♎ 21	24 ♈ 24	24 ♑ 54	16 ♋ 32	24 ♊ 56	17 ♓	27 ♒	26 ♊	20 ♓	0 ♓
4	12 ♈ 58	19 ♑ 56	0 ♊ 51	29 R 17	10 ♈ 30	28 ♒ 35	12 ♊ 30	9 ♎ 13	24 ♈ 31	24 ♑ 55	16 ♋ 32	24 ♊ 57	18 ♓	27 ♒	27 ♊	20 ♓	0 ♓
5	13 ♈ 57	3 ♒ 0	0 ♊ 48	29 ♉ 15	12 ♈ 32	29 ♒ 22	13 ♊ 7	9 ♎ 5	24 ♈ 39	24 ♑ 56	16 ♋ 33	24 ♊ 58	18 ♓	27 ♒	27 ♊	21 ♓	0 ♓
6	14 ♈ 56	16 ♒ 33	0 ♊ 45	29 ♉ 11	14 ♈ 35	0 ♓ 10	13 ♊ 44	8 ♎ 57	24 ♈ 47	24 ♑ 58	16 ♋ 33	24 ♊ 58	18 ♓	27 ♒	28 ♊	21 ♓	0 ♓
7	15 ♈ 55	0 ♓ 35	0 ♊ 42	29 ♉ 6	16 ♈ 39	0 ♓ 58	14 ♊ 21	8 ♎ 50	24 ♈ 54	24 ♑ 59	16 ♋ 33	24 ♊ 59	19 ♓	28 ♒	28 ♊	22 ♓	0 ♓
8	16 ♈ 54	15 ♓ 4	0 ♊ 38	29 ♉ 0	18 ♈ 43	1 ♓ 48	14 ♊ 59	8 ♎ 42	25 ♈ 2	25 ♑ 0	16 ♋ 33	24 ♊ 59	19 ♓	28 ♒	29 ♊	22 ♓	1 ♓
9	17 ♈ 53	29 ♓ 56	0 ♊ 35	28 ♉ 53	20 ♈ 48	2 ♓ 38	15 ♊ 36	8 ♎ 35	25 ♈ 9	25 ♑ 1	16 ♋ 34	25 ♊ 0	19 ♓	28 ♒	29 ♊	23 ♓	1 ♓
10	18 ♈ 52	15 ♈ 4	0 ♊ 32	28 ♉ 48	22 ♈ 54	3 ♓ 29	16 ♊ 13	8 ♎ 27	25 ♈ 17	25 ♑ 2	16 ♋ 34	25 ♊ 1	20 ♓	29 ♒	29 ♊	23 ♓	1 ♓
11	19 ♈ 51	0 ♉ 17	0 ♊ 29	28 ♉ 43	25 ♈ 0	4 ♓ 20	16 ♊ 50	8 ♎ 20	25 ♈ 24	25 ♑ 3	16 ♋ 35	25 ♊ 1	20 ♓	29 ♒	0 ♋	24 ♓	1 ♓
12	20 ♈ 50	15 ♉ 25	0 ♊ 26	28 ♉ 41	27 ♈ 5	5 ♓ 13	17 ♊ 27	8 ♎ 12	25 ♈ 32	25 ♑ 4	16 ♋ 35	25 ♊ 2	21 ♓	29 ♒	0 ♋	24 ♓	1 ♓
13	21 ♈ 49	0 ♊ 20	0 ♊ 22	28 D 40	29 ♈ 10	6 ♓ 5	18 ♊ 4	8 ♎ 5	25 ♈ 40	25 ♑ 5	16 ♋ 36	25 ♊ 3	21 ♓	29 ♒	1 ♋	24 ♓	1 ♓
14	22 ♈ 48	14 ♊ 55	0 ♊ 19	28 ♉ 41	1 ♉ 15	6 ♓ 59	18 ♊ 41	7 ♎ 57	25 ♈ 47	25 ♑ 6	16 ♋ 36	25 ♊ 3	21 ♓	0 ♓	1 ♋	25 ♓	1 ♓
15	23 ♈ 46	29 ♊ 5	0 ♊ 16	28 ♉ 42	3 ♉ 18	7 ♓ 53	19 ♊ 18	7 ♎ 50	25 ♈ 55	25 ♑ 7	16 ♋ 37	25 ♊ 4	22 ♓	0 ♓	2 ♋	25 ♓	1 ♓
16	24 ♈ 45	12 ♋ 51	0 ♊ 13	28 ♉ 44	5 ♉ 21	8 ♓ 47	19 ♊ 56	7 ♎ 43	26 ♈ 3	25 ♑ 8	16 ♋ 37	25 ♊ 5	22 ♓	0 ♓	2 ♋	26 ♓	1 ♓
17	25 ♈ 44	26 ♋ 12	0 ♊ 10	28 R 44	7 ♉ 21	9 ♓ 42	20 ♊ 33	7 ♎ 36	26 ♈ 10	25 ♑ 8	16 ♋ 38	25 ♊ 6	22 ♓	1 ♓	3 ♋	26 ♓	1 ♓
18	26 ♈ 42	9 ♌ 12	0 ♊ 7	28 ♉ 44	9 ♉ 20	10 ♓ 38	21 ♊ 10	7 ♎ 29	26 ♈ 18	25 ♑ 9	16 ♋ 38	25 ♊ 7	23 ♓	1 ♓	3 ♋	27 ♓	1 ♓
19	27 ♈ 41	21 ♌ 54	0 ♊ 3	28 ♉ 41	11 ♉ 16	11 ♓ 34	21 ♊ 47	7 ♎ 22	26 ♈ 25	25 ♑ 10	16 ♋ 39	25 ♊ 7	23 ♓	1 ♓	3 ♋	27 ♓	1 ♓
20	28 ♈ 40	4 ♍ 20	0 ♊ 0	28 ♉ 38	13 ♉ 9	12 ♓ 30	22 ♊ 24	7 ♎ 15	26 ♈ 33	25 ♑ 10	16 ♋ 40	25 ♊ 8	24 ♓	1 ♓	4 ♋	28 ♓	1 ♓
21	29 ♈ 38	16 ♍ 33	29 ♉ 57	28 ♉ 33	15 ♉ 0	13 ♓ 27	23 ♊ 1	7 ♎ 9	26 ♈ 41	25 ♑ 11	16 ♋ 41	25 ♊ 9	24 ♓	2 ♓	4 ♋	28 ♓	1 ♓
22	0 ♉ 37	28 ♍ 38	29 ♉ 54	28 ♉ 29	16 ♉ 47	14 ♓ 24	23 ♊ 39	7 ♎ 2	26 ♈ 48	25 ♑ 11	16 ♋ 41	25 ♊ 10	24 ♓	2 ♓	5 ♋	29 ♓	1 ♓
23	1 ♉ 35	10 ♎ 35	29 ♉ 51	28 ♉ 24	18 ♉ 31	15 ♓ 22	24 ♊ 16	6 ♎ 55	26 ♈ 56	25 ♑ 12	16 ♋ 42	25 ♊ 11	25 ♓	2 ♓	5 ♋	29 ♓	1 ♓
24	2 ♉ 34	22 ♎ 27	29 ♉ 48	28 ♉ 20	20 ♉ 12	16 ♓ 21	24 ♊ 53	6 ♎ 49	27 ♈ 4	25 ♑ 12	16 ♋ 43	25 ♊ 12	25 ♓	2 ♓	6 ♋	0 ♈	1 ♓
25	3 ♉ 32	4 ♏ 16	29 ♉ 44	28 ♉ 17	21 ♉ 48	17 ♓ 19	25 ♊ 30	6 ♎ 43	27 ♈ 11	25 ♑ 12	16 ♋ 44	25 ♊ 13	25 ♓	3 ♓	6 ♋	0 ♈	1 ♓
26	4 ♉ 30	16 ♏ 4	29 ♉ 41	28 ♉ 15	23 ♉ 20	18 ♓ 18	26 ♊ 7	6 ♎ 37	27 ♈ 19	25 ♑ 12	16 ♋ 45	25 ♊ 14	26 ♓	3 ♓	7 ♋	1 ♈	1 ♓
27	5 ♉ 29	27 ♏ 54	29 ♉ 38	28 ♉ 14	24 ♉ 49	19 ♓ 18	26 ♊ 45	6 ♎ 31	27 ♈ 26	25 ♑ 13	16 ♋ 46	25 ♊ 15	26 ♓	3 ♓	7 ♋	1 ♈	1 ♓
28	6 ♉ 27	9 ♐ 48	29 ♉ 35	28 D 15	26 ♉ 12	20 ♓ 17	27 ♊ 22	6 ♎ 25	27 ♈ 34	25 ♑ 13	16 ♋ 47	25 ♊ 16	27 ♓	3 ♓	7 ♋	1 ♈	1 ♓
29	7 ♉ 25	21 ♐ 48	29 ♉ 32	28 ♉ 16	27 ♉ 32	21 ♓ 17	27 ♊ 59	6 ♎ 19	27 ♈ 41	25 ♑ 13	16 ♋ 48	25 ♊ 17	27 ♓	4 ♓	8 ♋	2 ♈	1 ♓
30	8 ♉ 24	3 ♑ 58	29 ♉ 28	28 ♉ 17	28 ♉ 47	22 ♓ 18	28 ♊ 36	6 ♎ 13	27 ♈ 49	25 ♑ 13	16 ♋ 49	25 ♊ 18	27 ♓	4 ♓	8 ♋	2 ♈	2 ♓

SUN INGRESS	☉ → ♉ 21日 08:46
MOON PHASE	◑ 3日 09:47 ♑　● 10日 06:25 ♈　◐ 16日 23:04 ♋　○ 24日 22:22 ♏

aspects

2日	17:52	☉⚹♂
3日	09:34	☿☍♃
5日	09:53	☿⚹♂
6日	07:52	☉☌☿
6日	22:55	☿□♆
7日	15:31	☉□♆
7日	15:57	♄⚹♇
7日	17:49	♄□♅
11日	00:21	☿⚹♇
11日	00:43	☿□♅
11日	05:04	☿☌♄
16日	08:18	☉⚹♇
16日	09:21	☉□♅
17日	12:28	☉☌♄
19日	07:21	☿⚹♀
21日	22:37	☿⚹♆
24日	09:22	♀△♆
24日	12:33	♂☌♇
27日	06:49	☿△♅
28日	09:55	♂⚹♄

1910年5月

DAY	☉	☽	☊ mean	☊ true	☿	♀	♂	♃	♄	♅	♆	♇	⚳	⚴	⚵	⚶	⚷
	° ′	° ′	° ′	° ′	° ′	° ′	° ′	° ′	° ′	° ′	° ′	° ′	°	°	°	°	°
1	9 ♉ 22	16 ♑ 22	29 ♉ 25	28 D 19	29 D 57	23 D 19	29 D 13	6 R 8	27 D 57	25 R 13	16 D 50	25 D 19	28 D	4 D	9 D	3 D	2 D
2	10 ♉ 20	29 ♑ 3	29 ♉ 22	28 ♉ 20	1 ♊ 3	24 ♓ 20	29 ♊ 50	6 ♎ 2	28 ♈ 4	25 ♑ 13	16 ♋ 51	25 ♊ 20	28 ♓	4 ♓	9 ♋	3 ♈	2 ♓
3	11 ♉ 18	12 ♒ 5	29 ♉ 19	28 R 20	2 ♊ 3	25 ♓ 21	0 ♋ 28	5 ♎ 57	28 ♈ 12	25 ♑ 13	16 ♋ 52	25 ♊ 21	28 ♓	4 ♓	10 ♋	4 ♈	2 ♓
4	12 ♉ 16	25 ♒ 31	29 ♉ 16	28 ♉ 20	2 ♊ 59	26 ♓ 23	1 ♋ 5	5 ♎ 52	28 ♈ 19	25 ♑ 13	16 ♋ 53	25 ♊ 22	29 ♓	5 ♓	10 ♋	4 ♈	2 ♓
5	13 ♉ 15	9 ♓ 23	29 ♉ 13	28 ♉ 19	3 ♊ 51	27 ♓ 25	1 ♋ 42	5 ♎ 47	28 ♈ 27	25 ♑ 13	16 ♋ 54	25 ♊ 23	29 ♓	5 ♓	11 ♋	5 ♈	2 ♓
6	14 ♉ 13	23 ♓ 40	29 ♉ 9	28 ♉ 17	4 ♊ 37	28 ♓ 27	2 ♋ 19	5 ♎ 42	28 ♈ 34	25 ♑ 12	16 ♋ 55	25 ♊ 24	29 ♓	5 ♓	11 ♋	5 ♈	2 ♓
7	15 ♉ 11	8 ♈ 22	29 ♉ 6	28 ♉ 16	5 ♊ 18	29 ♓ 30	2 ♋ 57	5 ♎ 38	28 ♈ 41	25 ♑ 12	16 ♋ 57	25 ♊ 25	0 ♈	5 ♓	12 ♋	6 ♈	2 ♓
8	16 ♉ 9	23 ♈ 21	29 ♉ 3	28 ♉ 14	5 ♊ 54	0 ♈ 32	3 ♋ 34	5 ♎ 33	28 ♈ 49	25 ♑ 12	16 ♋ 58	25 ♊ 26	0 ♈	6 ♓	12 ♋	6 ♈	2 ♓
9	17 ♉ 7	8 ♉ 30	29 ♉ 0	28 ♉ 13	6 ♊ 25	1 ♈ 35	4 ♋ 11	5 ♎ 29	28 ♈ 56	25 ♑ 11	16 ♋ 59	25 ♊ 28	0 ♈	6 ♓	13 ♋	6 ♈	2 ♓
10	18 ♉ 5	23 ♉ 40	28 ♉ 57	28 ♉ 13	6 ♊ 51	2 ♈ 39	4 ♋ 48	5 ♎ 25	29 ♈ 4	25 ♑ 11	17 ♋ 1	25 ♊ 29	1 ♈	6 ♓	13 ♋	7 ♈	2 ♓
11	19 ♉ 3	8 ♊ 42	28 ♉ 54	28 D 13	7 ♊ 11	3 ♈ 42	5 ♋ 26	5 ♎ 21	29 ♈ 11	25 ♑ 10	17 ♋ 2	25 ♊ 30	1 ♈	6 ♓	13 ♋	7 ♈	2 ♓
12	20 ♉ 1	23 ♊ 27	28 ♉ 50	28 ♉ 13	7 ♊ 27	4 ♈ 46	6 ♋ 3	5 ♎ 17	29 ♈ 18	25 ♑ 10	17 ♋ 3	25 ♊ 31	1 ♈	6 ♓	14 ♋	8 ♈	2 ♓
13	20 ♉ 59	7 ♋ 50	28 ♉ 47	28 ♉ 14	7 ♊ 37	5 ♈ 50	6 ♋ 40	5 ♎ 13	29 ♈ 26	25 ♑ 9	17 ♋ 5	25 ♊ 32	2 ♈	7 ♓	14 ♋	8 ♈	2 ♓
14	21 ♉ 57	21 ♋ 46	28 ♉ 44	28 ♉ 15	7 ♊ 43	6 ♈ 54	7 ♋ 17	5 ♎ 10	29 ♈ 33	25 ♑ 9	17 ♋ 6	25 ♊ 34	2 ♈	7 ♓	15 ♋	9 ♈	2 ♓
15	22 ♉ 55	5 ♌ 16	28 ♉ 41	28 ♉ 15	7 R 43	7 ♈ 58	7 ♋ 55	5 ♎ 6	29 ♈ 40	25 ♑ 8	17 ♋ 7	25 ♊ 35	2 ♈	7 ♓	15 ♋	9 ♈	2 ♓
16	23 ♉ 53	18 ♌ 21	28 ♉ 38	28 ♉ 15	7 ♊ 39	9 ♈ 3	8 ♋ 32	5 ♎ 3	29 ♈ 47	25 ♑ 7	17 ♋ 9	25 ♊ 36	3 ♈	7 ♓	16 ♋	9 ♈	2 ♓
17	24 ♉ 50	1 ♍ 3	28 ♉ 34	28 R 15	7 ♊ 30	10 ♈ 7	9 ♋ 9	5 ♎ 0	29 ♈ 55	25 ♑ 7	17 ♋ 10	25 ♊ 37	3 ♈	7 ♓	16 ♋	10 ♈	2 ♓
18	25 ♉ 48	13 ♍ 27	28 ♉ 31	28 ♉ 15	7 ♊ 17	11 ♈ 12	9 ♋ 46	4 ♎ 57	0 ♉ 2	25 ♑ 6	17 ♋ 12	25 ♊ 39	3 ♈	8 ♓	17 ♋	10 ♈	2 ♓
19	26 ♉ 46	25 ♍ 36	28 ♉ 28	28 ♉ 15	7 ♊ 0	12 ♈ 17	10 ♋ 24	4 ♎ 55	0 ♉ 9	25 ♑ 5	17 ♋ 13	25 ♊ 40	4 ♈	8 ♓	17 ♋	11 ♈	2 ♓
20	27 ♉ 44	7 ♎ 34	28 ♉ 25	28 ♉ 15	6 ♊ 38	13 ♈ 23	11 ♋ 1	4 ♎ 52	0 ♉ 16	25 ♑ 4	17 ♋ 15	25 ♊ 41	4 ♈	8 ♓	18 ♋	11 ♈	2 ♓
21	28 ♉ 41	19 ♎ 26	28 ♉ 22	28 D 15	6 ♊ 14	14 ♈ 28	11 ♋ 38	4 ♎ 50	0 ♉ 23	25 ♑ 3	17 ♋ 17	25 ♊ 42	4 ♈	8 ♓	18 ♋	12 ♈	2 ♓
22	29 ♉ 39	1 ♏ 15	28 ♉ 19	28 ♉ 15	5 ♊ 46	15 ♈ 34	12 ♋ 15	4 ♎ 48	0 ♉ 30	25 ♑ 2	17 ♋ 18	25 ♊ 44	5 ♈	8 ♓	19 ♋	12 ♈	2 ♓
23	0 ♊ 37	13 ♏ 3	28 ♉ 15	28 ♉ 15	5 ♊ 17	16 ♈ 39	12 ♋ 53	4 ♎ 46	0 ♉ 37	25 ♑ 1	17 ♋ 20	25 ♊ 45	5 ♈	8 ♓	19 ♋	12 ♈	2 ♓
24	1 ♊ 34	24 ♏ 54	28 ♉ 12	28 ♉ 15	4 ♊ 45	17 ♈ 45	13 ♋ 30	4 ♎ 44	0 ♉ 44	25 ♑ 0	17 ♋ 22	25 ♊ 46	5 ♈	9 ♓	19 ♋	13 ♈	2 ♓
25	2 ♊ 32	6 ♐ 49	28 ♉ 9	28 R 15	4 ♊ 12	18 ♈ 51	14 ♋ 7	4 ♎ 42	0 ♉ 51	24 ♑ 59	17 ♋ 23	25 ♊ 48	6 ♈	9 ♓	20 ♋	13 ♈	2 ♓
26	3 ♊ 30	18 ♐ 51	28 ♉ 6	28 ♉ 15	3 ♊ 38	19 ♈ 57	14 ♋ 44	4 ♎ 41	0 ♉ 58	24 ♑ 58	17 ♋ 25	25 ♊ 49	6 ♈	9 ♓	20 ♋	14 ♈	2 ♓
27	4 ♊ 27	1 ♑ 3	28 ♉ 3	28 ♉ 14	3 ♊ 4	21 ♈ 4	15 ♋ 22	4 ♎ 40	1 ♉ 5	24 ♑ 56	17 ♋ 27	25 ♊ 50	6 ♈	9 ♓	21 ♋	14 ♈	2 ♓
28	5 ♊ 25	13 ♑ 24	28 ♉ 0	28 ♉ 13	2 ♊ 30	22 ♈ 10	15 ♋ 59	4 ♎ 39	1 ♉ 11	24 ♑ 55	17 ♋ 28	25 ♊ 52	7 ♈	9 ♓	21 ♋	15 ♈	2 ♓
29	6 ♊ 22	25 ♑ 59	27 ♉ 56	28 ♉ 12	1 ♊ 57	23 ♈ 17	16 ♋ 36	4 ♎ 38	1 ♉ 18	24 ♑ 54	17 ♋ 30	25 ♊ 53	7 ♈	9 ♓	22 ♋	15 ♈	2 ♓
30	7 ♊ 20	8 ♒ 49	27 ♉ 53	28 ♉ 11	1 ♊ 26	24 ♈ 24	17 ♋ 13	4 ♎ 37	1 ♉ 25	24 ♑ 53	17 ♋ 32	25 ♊ 54	7 ♈	10 ♓	22 ♋	15 ♈	2 ♓
31	8 ♊ 17	21 ♒ 55	27 ♉ 50	28 ♉ 11	0 ♊ 57	25 ♈ 31	17 ♋ 51	4 ♎ 37	1 ♉ 31	24 ♑ 51	17 ♋ 34	25 ♊ 56	8 ♈	10 ♓	23 ♋	16 ♈	2 ♓

SUN INGRESS: ☉ → ♊ 22日 08:30

MOON PHASE: ◑ 2日 22:29 ♒　● 9日 14:33 ♉　◐ 16日 11:13 ♌　○ 24日 14:39 ♐

aspects		
2日	20:49	♀⚹♅
2日	23:55	♀□♇
7日	11:19	☿△♃
8日	20:44	☉⚹♆
10日	21:07	♂□♃
12日	10:59	♀☍♃
14日	18:38	☿⚹♀
14日	20:48	♀□♂
17日	06:39	☉△♅
23日	15:11	♀□♆
24日	00:34	☿△♃
26日	02:07	☉☌☿
27日	05:11	☉△♃
30日	10:09	♀□♅
30日	12:29	♂☌♆
31日	09:10	♀⚹♇

1910年6月

DAY	☉	☽	☊ mean	☊ true	☿	♀	♂	♃	♄	♅	♆	♇	⚳	⚴	⚵	⚶	⚷
	° ′	° ′	° ′	° ′	° ′	° ′	° ′	° ′	° ′	° ′	° ′	° ′	°	°	°	°	°
1	9 ♊ 15	5 ♓ 20	27 ♉ 47	28 R 10	0 R 31	26 D 38	18 D 28	4 R 36	1 D 38	24 R 50	17 D 36	25 D 57	8 D	10 D	23 D	16 D	2 D
2	10 ♊ 12	19 ♓ 5	27 ♉ 44	28 D 10	0 ♊ 7	27 ♈ 45	19 ♋ 5	4 ♎ 36	1 ♉ 45	24 ♑ 48	17 ♋ 37	25 ♊ 58	8 ♈	10 ♓	24 ♋	17 ♈	2 ♓
3	11 ♊ 10	3 ♈ 11	27 ♉ 40	28 ♉ 11	29 ♉ 47	28 ♈ 52	19 ♋ 43	4 D 36	1 ♉ 51	24 ♑ 47	17 ♋ 39	26 ♊ 0	9 ♈	10 ♓	24 ♋	17 ♈	2 ♓
4	12 ♊ 7	17 ♈ 35	27 ♉ 37	28 ♉ 12	29 ♉ 30	0 ♉ 0	20 ♋ 20	4 ♎ 37	1 ♉ 58	24 ♑ 45	17 ♋ 41	26 ♊ 1	9 ♈	10 ♓	25 ♋	17 ♈	2 ♓
5	13 ♊ 5	2 ♉ 16	27 ♉ 34	28 ♉ 13	29 ♉ 18	1 ♉ 7	20 ♋ 57	4 ♎ 37	2 ♉ 4	24 ♑ 44	17 ♋ 43	26 ♊ 3	9 ♈	10 ♓	25 ♋	18 ♈	2 ♓
6	14 ♊ 2	17 ♉ 7	27 ♉ 31	28 ♉ 14	29 ♉ 9	2 ♉ 15	21 ♋ 35	4 ♎ 38	2 ♉ 10	24 ♑ 42	17 ♋ 45	26 ♊ 4	9 ♈	10 ♓	26 ♋	18 ♈	2 ♓
7	15 ♊ 0	2 ♊ 4	27 ♉ 28	28 R 14	29 ♉ 5	3 ♉ 23	22 ♋ 12	4 ♎ 38	2 ♉ 17	24 ♑ 40	17 ♋ 47	26 ♊ 5	10 ♈	11 ♓	26 ♋	19 ♈	2 ♓
8	15 ♊ 57	16 ♊ 57	27 ♉ 25	28 ♉ 13	29 D 5	4 ♉ 30	22 ♋ 49	4 ♎ 39	2 ♉ 23	24 ♑ 39	17 ♋ 49	26 ♊ 7	10 ♈	11 ♓	26 ♋	19 ♈	2 R
9	16 ♊ 54	1 ♋ 39	27 ♉ 21	28 ♉ 12	29 ♉ 10	5 ♉ 38	23 ♋ 27	4 ♎ 40	2 ♉ 29	24 ♑ 37	17 ♋ 51	26 ♊ 8	10 ♈	11 ♓	27 ♋	19 ♈	2 ♓
10	17 ♊ 52	16 ♋ 3	27 ♉ 18	28 ♉ 9	29 ♉ 19	6 ♉ 46	24 ♋ 4	4 ♎ 42	2 ♉ 35	24 ♑ 35	17 ♋ 53	26 ♊ 10	11 ♈	11 ♓	27 ♋	20 ♈	2 ♓
11	18 ♊ 49	0 ♌ 4	27 ♉ 15	28 ♉ 7	29 ♉ 33	7 ♉ 55	24 ♋ 41	4 ♎ 43	2 ♉ 41	24 ♑ 34	17 ♋ 55	26 ♊ 11	11 ♈	11 ♓	28 ♋	20 ♈	2 ♓
12	19 ♊ 47	13 ♌ 40	27 ♉ 12	28 ♉ 4	29 ♉ 51	9 ♉ 3	25 ♋ 19	4 ♎ 45	2 ♉ 47	24 ♑ 32	17 ♋ 57	26 ♊ 13	11 ♈	11 ♓	28 ♋	21 ♈	2 ♓
13	20 ♊ 44	26 ♌ 50	27 ♉ 9	28 ♉ 1	0 ♊ 14	10 ♉ 11	25 ♋ 56	4 ♎ 47	2 ♉ 53	24 ♑ 30	17 ♋ 59	26 ♊ 14	12 ♈	11 ♓	29 ♋	21 ♈	2 ♓
14	21 ♊ 41	9 ♍ 36	27 ♉ 6	28 ♉ 0	0 ♊ 41	11 ♉ 20	26 ♋ 33	4 ♎ 49	2 ♉ 59	24 ♑ 28	18 ♋ 1	26 ♊ 15	12 ♈	11 ♓	29 ♋	21 ♈	2 ♓
15	22 ♊ 39	22 ♍ 1	27 ♉ 2	27 ♉ 59	1 ♊ 13	12 ♉ 28	27 ♋ 11	4 ♎ 51	3 ♉ 5	24 ♑ 26	18 ♋ 3	26 ♊ 17	12 ♈	11 ♓	0 ♌	22 ♈	2 ♓
16	23 ♊ 36	4 ♎ 10	26 ♉ 59	28 D 0	1 ♊ 48	13 ♉ 37	27 ♋ 48	4 ♎ 53	3 ♉ 11	24 ♑ 24	18 ♋ 5	26 ♊ 18	12 ♈	11 ♓	0 ♌	22 ♈	2 ♓
17	24 ♊ 33	16 ♎ 7	26 ♉ 56	28 ♉ 1	2 ♊ 28	14 ♉ 46	28 ♋ 25	4 ♎ 56	3 ♉ 17	24 ♑ 22	18 ♋ 7	26 ♊ 20	13 ♈	11 ♓	1 ♌	23 ♈	2 ♓
18	25 ♊ 30	27 ♎ 58	26 ♉ 53	28 ♉ 3	3 ♊ 12	15 ♉ 54	29 ♋ 3	4 ♎ 59	3 ♉ 22	24 ♑ 20	18 ♋ 9	26 ♊ 21	13 ♈	11 ♓	1 ♌	23 ♈	2 ♓
19	26 ♊ 28	9 ♏ 46	26 ♉ 50	28 ♉ 4	4 ♊ 1	17 ♉ 3	29 ♋ 40	5 ♎ 1	3 ♉ 28	24 ♑ 18	18 ♋ 11	26 ♊ 23	13 ♈	11 ♓	2 ♌	23 ♈	2 ♓
20	27 ♊ 25	21 ♏ 35	26 ♉ 46	28 ♉ 5	4 ♊ 53	18 ♉ 12	0 ♌ 17	5 ♎ 4	3 ♉ 34	24 ♑ 16	18 ♋ 13	26 ♊ 24	13 ♈	12 ♓	2 ♌	24 ♈	2 ♓
21	28 ♊ 22	3 ♐ 31	26 ♉ 43	28 R 5	5 ♊ 49	19 ♉ 21	0 ♌ 55	5 ♎ 8	3 ♉ 39	24 ♑ 14	18 ♋ 15	26 ♊ 25	14 ♈	12 ♓	2 ♌	24 ♈	2 ♓
22	29 ♊ 19	15 ♐ 34	26 ♉ 40	28 ♉ 4	6 ♊ 49	20 ♉ 30	1 ♌ 32	5 ♎ 11	3 ♉ 44	24 ♑ 12	18 ♋ 17	26 ♊ 27	14 ♈	12 ♓	3 ♌	24 ♈	2 ♓
23	0 ♋ 17	27 ♐ 49	26 ♉ 37	28 ♉ 1	7 ♊ 53	21 ♉ 40	2 ♌ 10	5 ♎ 15	3 ♉ 50	24 ♑ 10	18 ♋ 20	26 ♊ 28	14 ♈	12 ♓	3 ♌	25 ♈	2 ♓
24	1 ♋ 14	10 ♑ 15	26 ♉ 34	27 ♉ 57	9 ♊ 1	22 ♉ 49	2 ♌ 47	5 ♎ 18	3 ♉ 55	24 ♑ 8	18 ♋ 22	26 ♊ 30	15 ♈	12 ♓	4 ♌	25 ♈	2 ♓
25	2 ♋ 11	22 ♑ 55	26 ♉ 31	27 ♉ 52	10 ♊ 12	23 ♉ 58	3 ♌ 24	5 ♎ 22	4 ♉ 0	24 ♑ 6	18 ♋ 24	26 ♊ 31	15 ♈	12 ♓	4 ♌	26 ♈	2 ♓
26	3 ♋ 8	5 ♒ 48	26 ♉ 27	27 ♉ 46	11 ♊ 27	25 ♉ 8	4 ♌ 2	5 ♎ 26	4 ♉ 5	24 ♑ 3	18 ♋ 26	26 ♊ 33	15 ♈	12 ♓	5 ♌	26 ♈	2 ♓
27	4 ♋ 5	18 ♒ 54	26 ♉ 24	27 ♉ 41	12 ♊ 46	26 ♉ 17	4 ♌ 39	5 ♎ 30	4 ♉ 10	24 ♑ 1	18 ♋ 28	26 ♊ 34	15 ♈	12 ♓	5 ♌	26 ♈	2 ♓
28	5 ♋ 3	2 ♓ 14	26 ♉ 21	27 ♉ 36	14 ♊ 8	27 ♉ 27	5 ♌ 17	5 ♎ 35	4 ♉ 15	23 ♑ 59	18 ♋ 30	26 ♊ 35	16 ♈	12 ♓	6 ♌	27 ♈	2 ♓
29	6 ♋ 0	15 ♓ 48	26 ♉ 18	27 ♉ 33	15 ♊ 34	28 ♉ 37	5 ♌ 54	5 ♎ 39	4 ♉ 20	23 ♑ 57	18 ♋ 33	26 ♊ 37	16 ♈	12 R	6 ♌	27 ♈	2 ♓
30	6 ♋ 57	29 ♓ 34	26 ♉ 15	27 ♉ 31	17 ♊ 3	29 ♉ 46	6 ♌ 31	5 ♎ 44	4 ♉ 25	23 ♑ 55	18 ♋ 35	26 ♊ 38	16 ♈	12 ♓	7 ♌	27 ♈	2 ♓

SUN INGRESS: ☉ → ♋ 22日 16:49

MOON PHASE: ◑ 1日 07:24 ♓　● 7日 22:16 ♊　◐ 15日 01:19 ♍　○ 23日 05:12 ♑　◑ 30日 13:39 ♈

aspects		
5日	22:15	♀☌♄
10日	19:21	♂☍♅
18日	21:47	☉☌♇
20日	00:21	♀⚹♆
20日	05:21	☿△♃
25日	02:28	♀△♅
26日	02:44	♂□♄
27日	02:19	☉⚹♄
28日	13:09	♂⚹♃
28日	14:32	☉□♃

1910年7月

DAY	☉	☽	☊ mean	☊ true	☿	♀	♂	♃	♄	♅	♆	♇	⚳	⚴	⚵	⚶	⚷
	° ′	° ′	° ′	° ′	° ′	° ′	° ′	° ′	° ′	° ′	° ′	° ′	°	°	°	°	°
1	7 ♋ 54	13 ♈ 33	26 ♉ 12	27 D 31	18 D 36	0 D 56	7 D 9	5 D 49	4 D 30	23 R 52	18 D 37	26 D 40	16 D	12 R	7 D	28 D	2 R
2	8 ♋ 51	27 ♈ 44	26 ♉ 8	27 ♉ 32	20 ♊ 12	2 ♊ 6	7 ♌ 46	5 ♎ 54	4 ♉ 35	23 ♑ 50	18 ♋ 39	26 ♊ 41	16 ♈	12 ♓	8 ♌	28 ♈	2 ♓
3	9 ♋ 49	12 ♉ 5	26 ♉ 5	27 ♉ 33	21 ♊ 51	3 ♊ 16	8 ♌ 24	5 ♎ 59	4 ♉ 39	23 ♑ 48	18 ♋ 41	26 ♊ 42	17 ♈	12 ♓	8 ♌	28 ♈	2 ♓
4	10 ♋ 46	26 ♉ 35	26 ♉ 2	27 ♉ 34	23 ♊ 34	4 ♊ 26	9 ♌ 1	6 ♎ 4	4 ♉ 44	23 ♑ 45	18 ♋ 44	26 ♊ 44	17 ♈	12 ♓	8 ♌	29 ♈	2 ♓
5	11 ♋ 43	11 ♊ 8	25 ♉ 59	27 R 33	25 ♊ 20	5 ♊ 36	9 ♌ 39	6 ♎ 9	4 ♉ 48	23 ♑ 43	18 ♋ 46	26 ♊ 45	17 ♈	12 ♓	9 ♌	29 ♈	2 ♓
6	12 ♋ 40	25 ♊ 41	25 ♉ 56	27 ♉ 30	27 ♊ 8	6 ♊ 46	10 ♌ 16	6 ♎ 15	4 ♉ 53	23 ♑ 41	18 ♋ 48	26 ♊ 47	17 ♈	12 ♓	9 ♌	29 ♈	2 ♓
7	13 ♋ 38	10 ♋ 6	25 ♉ 52	27 ♉ 26	29 ♊ 0	7 ♊ 57	10 ♌ 54	6 ♎ 21	4 ♉ 57	23 ♑ 38	18 ♋ 50	26 ♊ 48	18 ♈	11 ♓	10 ♌	0 ♉	2 ♓
8	14 ♋ 35	24 ♋ 19	25 ♉ 49	27 ♉ 19	0 ♋ 55	9 ♊ 7	11 ♌ 31	6 ♎ 26	5 ♉ 1	23 ♑ 36	18 ♋ 52	26 ♊ 49	18 ♈	11 ♓	10 ♌	0 ♉	2 ♓
9	15 ♋ 32	8 ♌ 13	25 ♉ 46	27 ♉ 11	2 ♋ 52	10 ♊ 17	12 ♌ 9	6 ♎ 32	5 ♉ 5	23 ♑ 34	18 ♋ 55	26 ♊ 51	18 ♈	11 ♓	11 ♌	0 ♉	2 ♓
10	16 ♋ 29	21 ♌ 46	25 ♉ 43	27 ♉ 4	4 ♋ 52	11 ♊ 28	12 ♌ 46	6 ♎ 39	5 ♉ 9	23 ♑ 31	18 ♋ 57	26 ♊ 52	18 ♈	11 ♓	11 ♌	1 ♉	2 ♓
11	17 ♋ 27	4 ♍ 56	25 ♉ 40	26 ♉ 56	6 ♋ 53	12 ♊ 38	13 ♌ 24	6 ♎ 45	5 ♉ 13	23 ♑ 29	18 ♋ 59	26 ♊ 53	18 ♈	11 ♓	12 ♌	1 ♉	2 ♓
12	18 ♋ 24	17 ♍ 43	25 ♉ 37	26 ♉ 50	8 ♋ 57	13 ♊ 49	14 ♌ 1	6 ♎ 51	5 ♉ 17	23 ♑ 26	19 ♋ 1	26 ♊ 55	19 ♈	11 ♓	12 ♌	1 ♉	2 ♓
13	19 ♋ 21	0 ♎ 9	25 ♉ 33	26 ♉ 47	11 ♋ 2	15 ♊ 0	14 ♌ 39	6 ♎ 58	5 ♉ 21	23 ♑ 24	19 ♋ 4	26 ♊ 56	19 ♈	11 ♓	13 ♌	2 ♉	2 ♓
14	20 ♋ 18	12 ♎ 19	25 ♉ 30	26 ♉ 45	13 ♋ 9	16 ♊ 10	15 ♌ 17	7 ♎ 4	5 ♉ 25	23 ♑ 22	19 ♋ 6	26 ♊ 58	19 ♈	11 ♓	13 ♌	2 ♉	2 ♓
15	21 ♋ 15	24 ♎ 16	25 ♉ 27	26 D 44	15 ♋ 16	17 ♊ 21	15 ♌ 54	7 ♎ 11	5 ♉ 28	23 ♑ 19	19 ♋ 8	26 ♊ 59	19 ♈	11 ♓	14 ♌	2 ♉	2 ♓
16	22 ♋ 13	6 ♏ 6	25 ♉ 24	26 ♉ 45	17 ♋ 24	18 ♊ 32	16 ♌ 32	7 ♎ 18	5 ♉ 32	23 ♑ 17	19 ♋ 10	27 ♊ 0	19 ♈	11 ♓	14 ♌	3 ♉	2 ♓
17	23 ♋ 10	17 ♏ 55	25 ♉ 21	26 ♉ 46	19 ♋ 33	19 ♊ 43	17 ♌ 9	7 ♎ 25	5 ♉ 35	23 ♑ 14	19 ♋ 12	27 ♊ 1	20 ♈	11 ♓	14 ♌	3 ♉	1 ♓
18	24 ♋ 7	29 ♏ 47	25 ♉ 18	26 R 46	21 ♋ 42	20 ♊ 54	17 ♌ 47	7 ♎ 32	5 ♉ 39	23 ♑ 12	19 ♋ 15	27 ♊ 3	20 ♈	11 ♓	15 ♌	3 ♉	1 ♓
19	25 ♋ 4	11 ♐ 47	25 ♉ 14	26 ♉ 45	23 ♋ 50	22 ♊ 5	18 ♌ 25	7 ♎ 40	5 ♉ 42	23 ♑ 10	19 ♋ 17	27 ♊ 4	20 ♈	10 ♓	15 ♌	3 ♉	1 ♓
20	26 ♋ 2	23 ♐ 58	25 ♉ 11	26 ♉ 42	25 ♋ 58	23 ♊ 16	19 ♌ 2	7 ♎ 47	5 ♉ 45	23 ♑ 7	19 ♋ 19	27 ♊ 5	20 ♈	10 ♓	16 ♌	4 ♉	1 ♓
21	26 ♋ 59	6 ♑ 25	25 ♉ 8	26 ♉ 36	28 ♋ 5	24 ♊ 27	19 ♌ 40	7 ♎ 55	5 ♉ 48	23 ♑ 5	19 ♋ 21	27 ♊ 7	20 ♈	10 ♓	16 ♌	4 ♉	1 ♓
22	27 ♋ 56	19 ♑ 8	25 ♉ 5	26 ♉ 28	0 ♌ 12	25 ♊ 38	20 ♌ 17	8 ♎ 3	5 ♉ 51	23 ♑ 2	19 ♋ 24	27 ♊ 8	20 ♈	10 ♓	17 ♌	4 ♉	1 ♓
23	28 ♋ 53	2 ♒ 7	25 ♉ 2	26 ♉ 18	2 ♌ 17	26 ♊ 49	20 ♌ 55	8 ♎ 10	5 ♉ 54	23 ♑ 0	19 ♋ 26	27 ♊ 9	21 ♈	10 ♓	17 ♌	5 ♉	1 ♓
24	29 ♋ 51	15 ♒ 23	24 ♉ 58	26 ♉ 8	4 ♌ 22	28 ♊ 0	21 ♌ 33	8 ♎ 18	5 ♉ 57	22 ♑ 58	19 ♋ 28	27 ♊ 10	21 ♈	10 ♓	18 ♌	5 ♉	1 ♓
25	0 ♌ 48	28 ♒ 53	24 ♉ 55	25 ♉ 58	6 ♌ 25	29 ♊ 12	22 ♌ 10	8 ♎ 26	6 ♉ 0	22 ♑ 55	19 ♋ 30	27 ♊ 12	21 ♈	10 ♓	18 ♌	5 ♉	1 ♓
26	1 ♌ 45	12 ♓ 35	24 ♉ 52	25 ♉ 49	8 ♌ 27	0 ♋ 23	22 ♌ 48	8 ♎ 35	6 ♉ 2	22 ♑ 53	19 ♋ 32	27 ♊ 13	21 ♈	10 ♓	19 ♌	5 ♉	1 ♓
27	2 ♌ 43	26 ♓ 26	24 ♉ 49	25 ♉ 42	10 ♌ 27	1 ♋ 35	23 ♌ 26	8 ♎ 43	6 ♉ 5	22 ♑ 50	19 ♋ 35	27 ♊ 14	21 ♈	9 ♓	19 ♌	6 ♉	1 ♓
28	3 ♌ 40	10 ♈ 24	24 ♉ 46	25 ♉ 38	12 ♌ 25	2 ♋ 46	24 ♌ 4	8 ♎ 51	6 ♉ 7	22 ♑ 48	19 ♋ 37	27 ♊ 15	21 ♈	9 ♓	19 ♌	6 ♉	1 ♓
29	4 ♌ 37	24 ♈ 27	24 ♉ 43	25 ♉ 36	14 ♌ 22	3 ♋ 58	24 ♌ 41	9 ♎ 0	6 ♉ 9	22 ♑ 46	19 ♋ 39	27 ♊ 16	21 ♈	9 ♓	20 ♌	6 ♉	1 ♓
30	5 ♌ 35	8 ♉ 33	24 ♉ 39	25 D 35	16 ♌ 18	5 ♋ 10	25 ♌ 19	9 ♎ 8	6 ♉ 12	22 ♑ 43	19 ♋ 41	27 ♊ 18	21 ♈	9 ♓	20 ♌	6 ♉	1 ♓
31	6 ♌ 32	22 ♉ 42	24 ♉ 36	25 ♉ 35	18 ♌ 12	6 ♋ 21	25 ♌ 57	9 ♎ 17	6 ♉ 14	22 ♑ 41	19 ♋ 43	27 ♊ 19	22 ♈	9 ♓	21 ♌	7 ♉	1 ♓

SUN INGRESS	☉ → ♌ 24日 03:43
MOON PHASE	● 7日 06:20 ♋　◐ 14日 17:24 ♎　○ 22日 17:37 ♑　◑ 29日 18:34 ♉

aspects		
5日	12:15	♀△♃
5日	19:11	☿☌♇
10日	03:39	☿⚹♄
10日	22:14	☿□♃
12日	09:02	♀⚹♂
12日	16:25	☉☌♆
16日	20:08	☿☌♆
17日	01:49	☉☍♅
18日	16:35	☿☍♅
20日	01:13	☉☌☿
23日	06:51	♀☌♇
24日	18:57	☿□♄
26日	01:44	☿⚹♃
30日	16:07	☉□♄
30日	21:27	♀⚹♄

1910年8月

DAY	☉	☽	☊ mean	☊ true	☿	♀	♂	♃	♄	♅	♆	♇	⚳	⚴	⚵	⚶	⚷
	° ′	° ′	° ′	° ′	° ′	° ′	° ′	° ′	° ′	° ′	° ′	° ′	°	°	°	°	°
1	7 ♌ 29	6 ♊ 53	24 ♉ 33	25 R 35	20 D 4	7 D 33	26 D 35	9 D 26	6 D 16	22 R 39	19 D 45	27 D 20	22 D	9 R	21 D	7 D	1 R
2	8 ♌ 27	21 ♊ 3	24 ♉ 30	25 ♉ 33	21 ♌ 55	8 ♋ 45	27 ♌ 12	9 ♎ 35	6 ♉ 18	22 ♑ 36	19 ♋ 48	27 ♊ 21	22 ♈	8 ♓	22 ♌	7 ♉	1 ♓
3	9 ♌ 24	5 ♋ 10	24 ♉ 27	25 ♉ 28	23 ♌ 44	9 ♋ 57	27 ♌ 50	9 ♎ 44	6 ♉ 20	22 ♑ 34	19 ♋ 50	27 ♊ 22	22 ♈	8 ♓	22 ♌	7 ♉	1 ♓
4	10 ♌ 22	19 ♋ 12	24 ♉ 24	25 ♉ 21	25 ♌ 31	11 ♋ 9	28 ♌ 28	9 ♎ 53	6 ♉ 21	22 ♑ 32	19 ♋ 52	27 ♊ 23	22 ♈	8 ♓	23 ♌	8 ♉	1 ♓
5	11 ♌ 19	3 ♌ 3	24 ♉ 20	25 ♉ 11	27 ♌ 17	12 ♋ 21	29 ♌ 6	10 ♎ 3	6 ♉ 23	22 ♑ 30	19 ♋ 54	27 ♊ 24	22 ♈	8 ♓	23 ♌	8 ♉	1 ♓
6	12 ♌ 17	16 ♌ 40	24 ♉ 17	24 ♉ 59	29 ♌ 1	13 ♋ 33	29 ♌ 44	10 ♎ 12	6 ♉ 24	22 ♑ 27	19 ♋ 56	27 ♊ 25	22 ♈	8 ♓	24 ♌	8 ♉	1 ♓
7	13 ♌ 14	0 ♍ 1	24 ♉ 14	24 ♉ 47	0 ♍ 44	14 ♋ 45	0 ♍ 22	10 ♎ 21	6 ♉ 26	22 ♑ 25	19 ♋ 58	27 ♊ 27	22 ♈	7 ♓	24 ♌	8 ♉	1 ♓
8	14 ♌ 12	13 ♍ 2	24 ♉ 11	24 ♉ 36	2 ♍ 25	15 ♋ 57	1 ♍ 0	10 ♎ 31	6 ♉ 27	22 ♑ 23	20 ♋ 0	27 ♊ 28	22 ♈	7 ♓	24 ♌	8 ♉	1 ♓
9	15 ♌ 9	25 ♍ 43	24 ♉ 8	24 ♉ 26	4 ♍ 4	17 ♋ 9	1 ♍ 37	10 ♎ 41	6 ♉ 28	22 ♑ 21	20 ♋ 2	27 ♊ 29	22 ♈	7 ♓	25 ♌	9 ♉	1 ♓
10	16 ♌ 7	8 ♎ 7	24 ♉ 4	24 ♉ 19	5 ♍ 42	18 ♋ 22	2 ♍ 15	10 ♎ 50	6 ♉ 29	22 ♑ 19	20 ♋ 4	27 ♊ 30	22 ♈	7 ♓	25 ♌	9 ♉	0 ♓
11	17 ♌ 4	20 ♎ 15	24 ♉ 1	24 ♉ 14	7 ♍ 18	19 ♋ 34	2 ♍ 53	11 ♎ 0	6 ♉ 30	22 ♑ 17	20 ♋ 6	27 ♊ 31	23 ♈	6 ♓	26 ♌	9 ♉	0 ♓
12	18 ♌ 2	2 ♏ 11	23 ♉ 58	24 ♉ 12	8 ♍ 53	20 ♋ 46	3 ♍ 31	11 ♎ 10	6 ♉ 31	22 ♑ 14	20 ♋ 8	27 ♊ 32	23 ♈	6 ♓	26 ♌	9 ♉	0 ♓
13	19 ♌ 0	14 ♏ 1	23 ♉ 55	24 ♉ 11	10 ♍ 26	21 ♋ 59	4 ♍ 9	11 ♎ 20	6 ♉ 32	22 ♑ 12	20 ♋ 10	27 ♊ 33	23 ♈	6 ♓	27 ♌	9 ♉	0 ♓
14	19 ♌ 57	25 ♏ 50	23 ♉ 52	24 ♉ 11	11 ♍ 57	23 ♋ 11	4 ♍ 47	11 ♎ 30	6 ♉ 33	22 ♑ 10	20 ♋ 12	27 ♊ 34	23 ♈	6 ♓	27 ♌	10 ♉	0 ♓
15	20 ♌ 55	7 ♐ 42	23 ♉ 49	24 ♉ 11	13 ♍ 27	24 ♋ 24	5 ♍ 25	11 ♎ 41	6 ♉ 33	22 ♑ 8	20 ♋ 14	27 ♊ 34	23 ♈	5 ♓	28 ♌	10 ♉	0 ♓
16	21 ♌ 52	19 ♐ 44	23 ♉ 45	24 ♉ 9	14 ♍ 56	25 ♋ 36	6 ♍ 3	11 ♎ 51	6 ♉ 34	22 ♑ 6	20 ♋ 16	27 ♊ 35	23 ♈	5 ♓	28 ♌	10 ♉	0 ♓
17	22 ♌ 50	2 ♑ 1	23 ♉ 42	24 ♉ 5	16 ♍ 23	26 ♋ 49	6 ♍ 41	12 ♎ 1	6 ♉ 34	22 ♑ 4	20 ♋ 18	27 ♊ 36	23 ♈	5 ♓	28 ♌	10 ♉	0 ♓
18	23 ♌ 48	14 ♑ 36	23 ♉ 39	23 ♉ 58	17 ♍ 48	28 ♋ 1	7 ♍ 19	12 ♎ 12	6 ♉ 34	22 ♑ 2	20 ♋ 20	27 ♊ 37	23 ♈	5 ♓	29 ♌	10 ♉	0 ♓
19	24 ♌ 45	27 ♑ 31	23 ♉ 36	23 ♉ 49	19 ♍ 11	29 ♋ 14	7 ♍ 57	12 ♎ 22	6 ♉ 34	22 ♑ 1	20 ♋ 22	27 ♊ 38	23 ♈	5 ♓	29 ♌	10 ♉	0 ♓
20	25 ♌ 43	10 ♒ 48	23 ♉ 33	23 ♉ 38	20 ♍ 33	0 ♌ 27	8 ♍ 36	12 ♎ 33	6 R 35	21 ♑ 59	20 ♋ 24	27 ♊ 39	23 ♈	4 ♓	0 ♍	11 ♉	0 ♓
21	26 ♌ 41	24 ♒ 25	23 ♉ 30	23 ♉ 26	21 ♍ 53	1 ♌ 40	9 ♍ 14	12 ♎ 44	6 ♉ 34	21 ♑ 57	20 ♋ 26	27 ♊ 40	23 R	4 ♓	0 ♍	11 ♉	0 ♓
22	27 ♌ 39	8 ♓ 20	23 ♉ 26	23 ♉ 14	23 ♍ 12	2 ♌ 53	9 ♍ 52	12 ♎ 54	6 ♉ 34	21 ♑ 55	20 ♋ 28	27 ♊ 41	23 ♈	4 ♓	1 ♍	11 ♉	0 ♓
23	28 ♌ 36	22 ♓ 28	23 ♉ 23	23 ♉ 4	24 ♍ 28	4 ♌ 6	10 ♍ 30	13 ♎ 5	6 ♉ 34	21 ♑ 53	20 ♋ 30	27 ♊ 41	23 ♈	3 ♓	1 ♍	11 ♉	0 ♓
24	29 ♌ 34	6 ♈ 43	23 ♉ 20	22 ♉ 56	25 ♍ 43	5 ♌ 19	11 ♍ 8	13 ♎ 16	6 ♉ 34	21 ♑ 51	20 ♋ 31	27 ♊ 42	23 ♈	3 ♓	1 ♍	11 ♉	0 ♓
25	0 ♍ 32	21 ♈ 2	23 ♉ 17	22 ♉ 50	26 ♍ 56	6 ♌ 32	11 ♍ 46	13 ♎ 27	6 ♉ 33	21 ♑ 50	20 ♋ 33	27 ♊ 43	23 ♈	3 ♓	2 ♍	11 ♉	0 ♓
26	1 ♍ 30	5 ♉ 19	23 ♉ 14	22 ♉ 48	28 ♍ 7	7 ♌ 45	12 ♍ 24	13 ♎ 38	6 ♉ 33	21 ♑ 48	20 ♋ 35	27 ♊ 44	23 ♈	3 ♓	2 ♍	11 ♉	0 ♓
27	2 ♍ 28	19 ♉ 33	23 ♉ 10	22 ♉ 47	29 ♍ 16	8 ♌ 58	13 ♍ 3	13 ♎ 49	6 ♉ 32	21 ♑ 46	20 ♋ 37	27 ♊ 44	23 ♈	2 ♓	3 ♍	11 ♉	0 ♓
28	3 ♍ 26	3 ♊ 41	23 ♉ 7	22 ♉ 47	0 ♎ 22	10 ♌ 11	13 ♍ 41	14 ♎ 0	6 ♉ 31	21 ♑ 45	20 ♋ 39	27 ♊ 45	23 ♈	2 ♓	3 ♍	11 ♉	0 ♓
29	4 ♍ 24	17 ♊ 42	23 ♉ 4	22 ♉ 46	1 ♎ 27	11 ♌ 24	14 ♍ 19	14 ♎ 12	6 ♉ 30	21 ♑ 43	20 ♋ 40	27 ♊ 46	23 ♈	2 ♓	4 ♍	12 ♉	0 ♓
30	5 ♍ 22	1 ♋ 35	23 ♉ 1	22 ♉ 44	2 ♎ 29	12 ♌ 38	14 ♍ 58	14 ♎ 23	6 ♉ 29	21 ♑ 42	20 ♋ 42	27 ♊ 46	23 ♈	2 ♓	4 ♍	12 ♉	29 ♒
31	6 ♍ 20	15 ♋ 21	22 ♉ 58	22 ♉ 40	3 ♎ 28	13 ♌ 51	15 ♍ 36	14 ♎ 35	6 ♉ 28	21 ♑ 40	20 ♋ 44	27 ♊ 47	22 ♈	1 ♓	5 ♍	12 ♉	29 ♒

SUN INGRESS	☉ → ♍ 24日 10:27
MOON PHASE	● 5日 15:37 ♌　◐ 13日 11:01 ♏　○ 21日 04:14 ♒　◑ 27日 23:33 ♊

aspects		
2日	05:40	♂⚹♇
2日	19:10	♀□♃
3日	09:52	☉⚹♃
5日	01:43	☿⚹♇
6日	15:46	☿☌♂
10日	11:56	☿△♄
11日	11:05	♀☌♆
13日	04:27	♀☍♅
16日	19:23	♂△♄
19日	21:13	☿⚹♆
21日	01:03	☿△♅
22日	00:47	☉⚹♇
25日	00:29	♀□♄
25日	15:58	☿□♇
31日	03:19	☉△♄
31日	16:52	♀⚹♃

1910年9月

DAY	☉	☽	☊ mean	☊ true	☿	♀	♂	♃	♄	♅	♆	♇	⚳	⚴	⚵	⚶	⚷
	° ′	° ′	° ′	° ′	° ′	° ′	° ′	° ′	° ′	° ′	° ′	° ′	°	°	°	°	°
1	7 ♍ 18	28 ♋ 58	22 ♉ 55	22 R 32	4 D 25	15 D 4	16 D 14	14 D 46	6 R 27	21 R 39	20 D 45	27 D 48	22 R	1 R	5 D	12 D	29 R
2	8 ♍ 16	12 ♌ 25	22 ♉ 51	22 ♉ 22	5 ♎ 19	16 ♌ 18	16 ♍ 53	14 ♎ 58	6 ♉ 26	21 ♑ 37	20 ♋ 47	27 ♊ 48	22 ♈	1 ♓	5 ♍	12 ♉	29 ♒
3	9 ♍ 14	25 ♌ 40	22 ♉ 48	22 ♉ 11	6 ♎ 10	17 ♌ 31	17 ♍ 31	15 ♎ 9	6 ♉ 24	21 ♑ 36	20 ♋ 49	27 ♊ 49	22 ♈	1 ♓	6 ♍	12 ♉	29 ♒
4	10 ♍ 12	8 ♍ 40	22 ♉ 45	21 ♉ 58	6 ♎ 58	18 ♌ 45	18 ♍ 9	15 ♎ 21	6 ♉ 23	21 ♑ 35	20 ♋ 50	27 ♊ 49	22 ♈	0 ♓	6 ♍	12 ♉	29 ♒
5	11 ♍ 10	21 ♍ 26	22 ♉ 42	21 ♉ 47	7 ♎ 43	19 ♌ 59	18 ♍ 48	15 ♎ 33	6 ♉ 21	21 ♑ 33	20 ♋ 52	27 ♊ 50	22 ♈	0 ♓	7 ♍	12 ♉	29 ♒
6	12 ♍ 9	3 ♎ 56	22 ♉ 39	21 ♉ 37	8 ♎ 23	21 ♌ 12	19 ♍ 26	15 ♎ 44	6 ♉ 19	21 ♑ 32	20 ♋ 53	27 ♊ 50	22 ♈	0 ♓	7 ♍	12 ♉	29 ♒
7	13 ♍ 7	16 ♎ 12	22 ♉ 35	21 ♉ 29	9 ♎ 0	22 ♌ 26	20 ♍ 5	15 ♎ 56	6 ♉ 17	21 ♑ 31	20 ♋ 55	27 ♊ 51	22 ♈	0 ♓	8 ♍	12 ♉	29 ♒
8	14 ♍ 5	28 ♎ 16	22 ♉ 32	21 ♉ 24	9 ♎ 33	23 ♌ 40	20 ♍ 43	16 ♎ 8	6 ♉ 15	21 ♑ 30	20 ♋ 56	27 ♊ 51	22 ♈	29 ♒	8 ♍	12 ♉	29 ♒
9	15 ♍ 3	10 ♏ 9	22 ♉ 29	21 ♉ 22	10 ♎ 2	24 ♌ 53	21 ♍ 22	16 ♎ 20	6 ♉ 13	21 ♑ 29	20 ♋ 58	27 ♊ 52	22 ♈	29 ♒	8 ♍	12 ♉	29 ♒
10	16 ♍ 2	21 ♏ 57	22 ♉ 26	21 D 21	10 ♎ 25	26 ♌ 7	22 ♍ 0	16 ♎ 32	6 ♉ 11	21 ♑ 28	20 ♋ 59	27 ♊ 52	22 ♈	29 ♒	9 ♍	12 ♉	29 ♒
11	17 ♍ 0	3 ♐ 45	22 ♉ 23	21 ♉ 21	10 ♎ 44	27 ♌ 21	22 ♍ 39	16 ♎ 44	6 ♉ 9	21 ♑ 26	21 ♋ 1	27 ♊ 53	21 ♈	29 ♒	9 ♍	12 R	29 ♒
12	17 ♍ 58	15 ♐ 37	22 ♉ 20	21 ♉ 22	10 ♎ 57	28 ♌ 35	23 ♍ 17	16 ♎ 56	6 ♉ 7	21 ♑ 25	21 ♋ 2	27 ♊ 53	21 ♈	29 ♒	10 ♍	12 ♉	29 ♒
13	18 ♍ 57	27 ♐ 38	22 ♉ 16	21 R 21	11 ♎ 5	29 ♌ 49	23 ♍ 56	17 ♎ 8	6 ♉ 4	21 ♑ 25	21 ♋ 3	27 ♊ 53	21 ♈	28 ♒	10 ♍	12 ♉	29 ♒
14	19 ♍ 55	9 ♑ 55	22 ♉ 13	21 ♉ 19	11 R 6	1 ♍ 3	24 ♍ 35	17 ♎ 21	6 ♉ 2	21 ♑ 24	21 ♋ 5	27 ♊ 54	21 ♈	28 ♒	11 ♍	12 ♉	29 ♒
15	20 ♍ 54	22 ♑ 31	22 ♉ 10	21 ♉ 15	11 ♎ 1	2 ♍ 17	25 ♍ 13	17 ♎ 33	5 ♉ 59	21 ♑ 23	21 ♋ 6	27 ♊ 54	21 ♈	28 ♒	11 ♍	12 ♉	29 ♒
16	21 ♍ 52	5 ♒ 32	22 ♉ 7	21 ♉ 9	10 ♎ 50	3 ♍ 31	25 ♍ 52	17 ♎ 45	5 ♉ 57	21 ♑ 22	21 ♋ 7	27 ♊ 54	21 ♈	28 ♒	11 ♍	12 ♉	29 ♒
17	22 ♍ 51	18 ♒ 57	22 ♉ 4	21 ♉ 1	10 ♎ 31	4 ♍ 45	26 ♍ 31	17 ♎ 57	5 ♉ 54	21 ♑ 21	21 ♋ 9	27 ♊ 55	20 ♈	27 ♒	12 ♍	12 ♉	29 ♒
18	23 ♍ 49	2 ♓ 48	22 ♉ 1	20 ♉ 51	10 ♎ 6	5 ♍ 59	27 ♍ 9	18 ♎ 10	5 ♉ 51	21 ♑ 21	21 ♋ 10	27 ♊ 55	20 ♈	27 ♒	12 ♍	12 ♉	29 ♒
19	24 ♍ 48	17 ♓ 0	21 ♉ 57	20 ♉ 42	9 ♎ 34	7 ♍ 13	27 ♍ 48	18 ♎ 22	5 ♉ 48	21 ♑ 20	21 ♋ 11	27 ♊ 55	20 ♈	27 ♒	13 ♍	12 ♉	29 ♒
20	25 ♍ 46	1 ♈ 31	21 ♉ 54	20 ♉ 34	8 ♎ 55	8 ♍ 27	28 ♍ 27	18 ♎ 35	5 ♉ 45	21 ♑ 19	21 ♋ 12	27 ♊ 55	20 ♈	27 ♒	13 ♍	12 ♉	29 ♒
21	26 ♍ 45	16 ♈ 11	21 ♉ 51	20 ♉ 28	8 ♎ 9	9 ♍ 41	29 ♍ 6	18 ♎ 47	5 ♉ 42	21 ♑ 19	21 ♋ 13	27 ♊ 56	20 ♈	27 ♒	13 ♍	12 ♉	28 ♒
22	27 ♍ 44	0 ♉ 55	21 ♉ 48	20 ♉ 24	7 ♎ 17	10 ♍ 56	29 ♍ 45	19 ♎ 0	5 ♉ 39	21 ♑ 18	21 ♋ 15	27 ♊ 56	20 ♈	26 ♒	14 ♍	12 ♉	28 ♒
23	28 ♍ 42	15 ♉ 35	21 ♉ 45	20 ♉ 23	6 ♎ 20	12 ♍ 10	0 ♎ 23	19 ♎ 12	5 ♉ 35	21 ♑ 18	21 ♋ 16	27 ♊ 56	19 ♈	26 ♒	14 ♍	11 ♉	28 ♒
24	29 ♍ 41	0 ♊ 6	21 ♉ 41	20 D 23	5 ♎ 19	13 ♍ 24	1 ♎ 2	19 ♎ 25	5 ♉ 32	21 ♑ 17	21 ♋ 17	27 ♊ 56	19 ♈	26 ♒	15 ♍	11 ♉	28 ♒
25	0 ♎ 40	14 ♊ 25	21 ♉ 38	20 ♉ 24	4 ♎ 14	14 ♍ 39	1 ♎ 41	19 ♎ 37	5 ♉ 29	21 ♑ 17	21 ♋ 18	27 ♊ 56	19 ♈	26 ♒	15 ♍	11 ♉	28 ♒
26	1 ♎ 39	28 ♊ 28	21 ♉ 35	20 ♉ 25	3 ♎ 8	15 ♍ 53	2 ♎ 20	19 ♎ 50	5 ♉ 25	21 ♑ 17	21 ♋ 19	27 ♊ 56	19 ♈	26 ♒	16 ♍	11 ♉	28 ♒
27	2 ♎ 38	12 ♋ 17	21 ♉ 32	20 R 24	2 ♎ 2	17 ♍ 8	2 ♎ 59	20 ♎ 3	5 ♉ 22	21 ♑ 16	21 ♋ 20	27 ♊ 56	19 ♈	26 ♒	16 ♍	11 ♉	28 ♒
28	3 ♎ 36	25 ♋ 50	21 ♉ 29	20 ♉ 22	0 ♎ 57	18 ♍ 22	3 ♎ 38	20 ♎ 15	5 ♉ 18	21 ♑ 16	21 ♋ 21	27 ♊ 56	18 ♈	25 ♒	16 ♍	11 ♉	28 ♒
29	4 ♎ 35	9 ♌ 10	21 ♉ 26	20 ♉ 18	29 ♍ 55	19 ♍ 37	4 ♎ 17	20 ♎ 28	5 ♉ 14	21 ♑ 16	21 ♋ 22	27 ♊ 56	18 ♈	25 ♒	17 ♍	11 ♉	28 ♒
30	5 ♎ 34	22 ♌ 15	21 ♉ 22	20 ♉ 12	28 ♍ 59	20 ♍ 51	4 ♎ 56	20 ♎ 41	5 ♉ 10	21 ♑ 16	21 ♋ 23	27 R 56	18 ♈	25 ♒	17 ♍	11 ♉	28 ♒

SUN INGRESS ☉ → ♎ 24日 07:31

MOON PHASE ● 4日 03:06 ♍ ◐ 12日 05:10 ♐ ○ 19日 13:52 ♓ ◑ 26日 05:54 ♋

aspects		
8日	08:31	♂⚹♆
9日	04:10	♂△♅
11日	10:23	♀⚹♇
15日	05:13	☉⚹♆
15日	11:46	☉△♅
17日	21:32	♀△♄
19日	04:25	♂□♇
22日	04:59	☉□♇
24日	08:05	♅☍♆
26日	10:57	☿☌♂
26日	17:09	☉☌☿
28日	02:00	☉☌♂
30日	07:52	♀△♅
30日	10:11	♀⚹♆

1910年10月

DAY	☉	☽	☊ mean	☊ true	☿	♀	♂	♃	♄	♅	♆	♇	⚳	⚴	⚵	⚶	⚷
	° ′	° ′	° ′	° ′	° ′	° ′	° ′	° ′	° ′	° ′	° ′	° ′	°	°	°	°	°
1	6 ♎ 33	5 ♍ 8	21 ♉ 19	20 R 4	28 R 8	22 D 6	5 D 35	20 D 54	5 R 6	21 R 16	21 D 23	27 R 56	18 R	25 R	18 D	10 R	28 R
2	7 ♎ 32	17 ♍ 48	21 ♉ 16	19 ♉ 56	27 ♍ 26	23 ♍ 20	6 ♎ 14	21 ♎ 7	5 ♉ 3	21 ♑ 16	21 ♋ 24	27 ♊ 56	18 ♈	25 ♒	18 ♍	10 ♉	28 ♒
3	8 ♎ 31	0 ♎ 16	21 ♉ 13	19 ♉ 49	26 ♍ 53	24 ♍ 35	6 ♎ 53	21 ♎ 19	4 ♉ 59	21 D 16	21 ♋ 25	27 ♊ 56	17 ♈	25 ♒	18 ♍	10 ♉	28 ♒
4	9 ♎ 31	12 ♎ 32	21 ♉ 10	19 ♉ 43	26 ♍ 29	25 ♍ 50	7 ♎ 33	21 ♎ 32	4 ♉ 54	21 ♑ 16	21 ♋ 26	27 ♊ 56	17 ♈	25 ♒	19 ♍	10 ♉	28 ♒
5	10 ♎ 30	24 ♎ 38	21 ♉ 7	19 ♉ 38	26 ♍ 16	27 ♍ 5	8 ♎ 12	21 ♎ 45	4 ♉ 50	21 ♑ 16	21 ♋ 26	27 ♊ 56	17 ♈	24 ♒	19 ♍	10 ♉	28 ♒
6	11 ♎ 29	6 ♏ 34	21 ♉ 3	19 ♉ 35	26 D 13	28 ♍ 19	8 ♎ 51	21 ♎ 58	4 ♉ 46	21 ♑ 16	21 ♋ 27	27 ♊ 56	17 ♈	24 ♒	20 ♍	10 ♉	28 ♒
7	12 ♎ 28	18 ♏ 24	21 ♉ 0	19 ♉ 34	26 ♍ 21	29 ♍ 34	9 ♎ 30	22 ♎ 11	4 ♉ 42	21 ♑ 16	21 ♋ 28	27 ♊ 56	17 ♈	24 ♒	20 ♍	9 ♉	28 ♒
8	13 ♎ 27	0 ♐ 11	20 ♉ 57	19 D 35	26 ♍ 39	0 ♎ 49	10 ♎ 10	22 ♎ 24	4 ♉ 38	21 ♑ 17	21 ♋ 28	27 ♊ 56	16 ♈	24 ♒	20 ♍	9 ♉	28 ♒
9	14 ♎ 27	11 ♐ 57	20 ♉ 54	19 ♉ 36	27 ♍ 7	2 ♎ 4	10 ♎ 49	22 ♎ 37	4 ♉ 33	21 ♑ 17	21 ♋ 29	27 ♊ 55	16 ♈	24 ♒	21 ♍	9 ♉	28 ♒
10	15 ♎ 26	23 ♐ 48	20 ♉ 51	19 ♉ 38	27 ♍ 45	3 ♎ 18	11 ♎ 28	22 ♎ 50	4 ♉ 29	21 ♑ 17	21 ♋ 30	27 ♊ 55	16 ♈	24 ♒	21 ♍	9 ♉	28 ♒
11	16 ♎ 25	5 ♑ 48	20 ♉ 47	19 ♉ 39	28 ♍ 31	4 ♎ 33	12 ♎ 8	23 ♎ 3	4 ♉ 24	21 ♑ 18	21 ♋ 30	27 ♊ 55	16 ♈	24 ♒	22 ♍	9 ♉	28 ♒
12	17 ♎ 24	18 ♑ 3	20 ♉ 44	19 R 40	29 ♍ 25	5 ♎ 48	12 ♎ 47	23 ♎ 16	4 ♉ 20	21 ♑ 18	21 ♋ 31	27 ♊ 55	15 ♈	24 ♒	22 ♍	8 ♉	28 ♒
13	18 ♎ 24	0 ♒ 36	20 ♉ 41	19 ♉ 39	0 ♎ 27	7 ♎ 3	13 ♎ 26	23 ♎ 29	4 ♉ 15	21 ♑ 19	21 ♋ 31	27 ♊ 54	15 ♈	24 ♒	22 ♍	8 ♉	28 ♒
14	19 ♎ 23	13 ♒ 33	20 ♉ 38	19 ♉ 37	1 ♎ 35	8 ♎ 18	14 ♎ 6	23 ♎ 42	4 ♉ 11	21 ♑ 19	21 ♋ 31	27 ♊ 54	15 ♈	24 ♒	23 ♍	8 ♉	28 ♒
15	20 ♎ 23	26 ♒ 56	20 ♉ 35	19 ♉ 34	2 ♎ 49	9 ♎ 33	14 ♎ 45	23 ♎ 55	4 ♉ 6	21 ♑ 20	21 ♋ 32	27 ♊ 54	15 ♈	24 ♒	23 ♍	8 ♉	28 ♒
16	21 ♎ 22	10 ♓ 47	20 ♉ 32	19 ♉ 30	4 ♎ 8	10 ♎ 48	15 ♎ 25	24 ♎ 8	4 ♉ 2	21 ♑ 21	21 ♋ 32	27 ♊ 53	14 ♈	23 ♒	24 ♍	8 ♉	28 ♒
17	22 ♎ 22	25 ♓ 5	20 ♉ 28	19 ♉ 25	5 ♎ 31	12 ♎ 3	16 ♎ 4	24 ♎ 21	3 ♉ 57	21 ♑ 21	21 ♋ 33	27 ♊ 53	14 ♈	23 ♒	24 ♍	7 ♉	28 ♒
18	23 ♎ 21	9 ♈ 45	20 ♉ 25	19 ♉ 22	6 ♎ 58	13 ♎ 18	16 ♎ 44	24 ♎ 34	3 ♉ 52	21 ♑ 22	21 ♋ 33	27 ♊ 52	14 ♈	23 ♒	24 ♍	7 ♉	28 ♒
19	24 ♎ 21	24 ♈ 42	20 ♉ 22	19 ♉ 19	8 ♎ 28	14 ♎ 33	17 ♎ 23	24 ♎ 47	3 ♉ 48	21 ♑ 23	21 ♋ 33	27 ♊ 52	14 ♈	23 ♒	25 ♍	7 ♉	28 ♒
20	25 ♎ 20	9 ♉ 46	20 ♉ 19	19 ♉ 18	10 ♎ 0	15 ♎ 48	18 ♎ 3	25 ♎ 0	3 ♉ 43	21 ♑ 24	21 ♋ 33	27 ♊ 52	14 ♈	23 ♒	25 ♍	7 ♉	28 ♒
21	26 ♎ 20	24 ♉ 49	20 ♉ 16	19 D 18	11 ♎ 34	17 ♎ 3	18 ♎ 43	25 ♎ 13	3 ♉ 38	21 ♑ 25	21 ♋ 34	27 ♊ 51	13 ♈	23 ♒	26 ♍	6 ♉	28 ♒
22	27 ♎ 20	9 ♊ 43	20 ♉ 12	19 ♉ 18	13 ♎ 10	18 ♎ 18	19 ♎ 22	25 ♎ 26	3 ♉ 33	21 ♑ 26	21 ♋ 34	27 ♊ 51	13 ♈	23 ♒	26 ♍	6 ♉	28 ♒
23	28 ♎ 19	24 ♊ 20	20 ♉ 9	19 ♉ 20	14 ♎ 48	19 ♎ 33	20 ♎ 2	25 ♎ 40	3 ♉ 29	21 ♑ 27	21 ♋ 34	27 ♊ 50	13 ♈	23 ♒	26 ♍	6 ♉	28 ♒
24	29 ♎ 19	8 ♋ 37	20 ♉ 6	19 ♉ 21	16 ♎ 26	20 ♎ 48	20 ♎ 42	25 ♎ 53	3 ♉ 24	21 ♑ 28	21 ♋ 34	27 ♊ 50	13 ♈	23 ♒	27 ♍	6 ♉	27 ♒
25	0 ♏ 19	22 ♋ 32	20 ♉ 3	19 ♉ 22	18 ♎ 5	22 ♎ 4	21 ♎ 22	26 ♎ 6	3 ♉ 19	21 ♑ 29	21 ♋ 34	27 ♊ 49	12 ♈	23 ♒	27 ♍	5 ♉	27 ♒
26	1 ♏ 19	6 ♌ 5	20 ♉ 0	19 R 22	19 ♎ 45	23 ♎ 19	22 ♎ 1	26 ♎ 19	3 ♉ 14	21 ♑ 30	21 ♋ 34	27 ♊ 49	12 ♈	23 D	27 ♍	5 ♉	27 ♒
27	2 ♏ 19	19 ♌ 17	19 ♉ 57	19 ♉ 21	21 ♎ 25	24 ♎ 34	22 ♎ 41	26 ♎ 32	3 ♉ 9	21 ♑ 32	21 R 34	27 ♊ 48	12 ♈	23 ♒	28 ♍	5 ♉	27 ♒
28	3 ♏ 19	2 ♍ 10	19 ♉ 53	19 ♉ 20	23 ♎ 6	25 ♎ 49	23 ♎ 21	26 ♎ 45	3 ♉ 5	21 ♑ 33	21 ♋ 34	27 ♊ 47	12 ♈	23 ♒	28 ♍	4 ♉	27 ♒
29	4 ♏ 18	14 ♍ 48	19 ♉ 50	19 ♉ 18	24 ♎ 46	27 ♎ 4	24 ♎ 1	26 ♎ 58	3 ♉ 0	21 ♑ 34	21 ♋ 34	27 ♊ 47	12 ♈	23 ♒	29 ♍	4 ♉	27 ♒
30	5 ♏ 18	27 ♍ 11	19 ♉ 47	19 ♉ 16	26 ♎ 26	28 ♎ 20	24 ♎ 41	27 ♎ 11	2 ♉ 55	21 ♑ 36	21 ♋ 34	27 ♊ 46	12 ♈	23 ♒	29 ♍	4 ♉	27 ♒
31	6 ♏ 18	9 ♎ 23	19 ♉ 44	19 ♉ 13	28 ♎ 6	29 ♎ 35	25 ♎ 21	27 ♎ 24	2 ♉ 50	21 ♑ 37	21 ♋ 34	27 ♊ 45	11 ♈	23 ♒	29 ♍	4 ♉	27 ♒

SUN INGRESS ☉ → ♏ 24日 16:11

MOON PHASE ● 3日 17:32 ♎ ◐ 11日 22:40 ♑ ○ 18日 23:24 ♈ ◑ 25日 14:48 ♌

aspects		
1日	06:25	☿□♇
2日	16:52	♃□♅
3日	10:54	♃□♆
4日	10:20	☿☌♀
5日	16:31	♀□♇
10日	05:47	☿□♇
15日	23:23	☉□♅
16日	04:04	☉□♆
19日	13:39	☉☌♃
22日	12:20	☉△♇
23日	19:34	♀☌♂
24日	12:52	♀□♅
24日	14:33	♀□♆
25日	04:42	♂□♅
25日	07:26	♂□♆
27日	01:33	☿□♅
27日	02:06	☿□♆
27日	18:49	☉☍♄
28日	06:13	☿☌♂
28日	16:50	♅☍♆
28日	21:30	♀☌♃
29日	13:25	♀△♇
30日	12:17	☿☌♃
30日	19:00	☿△♇

1910年11月

DAY	☉	☽	☊ mean	☊ true	☿	♀	♂	♃	♄	♅	♆	♇	⚳	⚴	⚵	⚶	⚷
	° ′	° ′	° ′	° ′	° ′	° ′	° ′	° ′	° ′	° ′	° ′	° ′	°	°	°	°	°
1	7 ♏ 18	21 ♎ 26	19 ♉ 41	19 R 12	29 D 46	0 D 50	26 D 1	27 D 37	2 R 45	21 D 39	21 R 33	27 R 45	11 R	23 D	0 D	3 R	27 R
2	8 ♏ 19	3 ♏ 22	19 ♉ 38	19 ♉ 11	1 ♏ 26	2 ♏ 5	26 ♎ 41	27 ♎ 50	2 ♉ 40	21 ♑ 40	21 ♋ 33	27 ♊ 44	11 ♈	23 ♒	0 ♎	3 ♉	27 ♒
3	9 ♏ 19	15 ♏ 12	19 ♉ 34	19 ♉ 10	3 ♏ 6	3 ♏ 21	27 ♎ 21	28 ♎ 3	2 ♉ 36	21 ♑ 42	21 ♋ 33	27 ♊ 43	11 ♈	23 ♒	0 ♎	3 ♉	27 ♒
4	10 ♏ 19	27 ♏ 0	19 ♉ 31	19 D 10	4 ♏ 45	4 ♏ 36	28 ♎ 1	28 ♎ 16	2 ♉ 31	21 ♑ 43	21 ♋ 33	27 ♊ 43	11 ♈	24 ♒	1 ♎	3 ♉	27 ♒
5	11 ♏ 19	8 ♐ 46	19 ♉ 28	19 ♉ 11	6 ♏ 24	5 ♏ 51	28 ♎ 41	28 ♎ 29	2 ♉ 26	21 ♑ 45	21 ♋ 32	27 ♊ 42	10 ♈	24 ♒	1 ♎	2 ♉	27 ♒
6	12 ♏ 19	20 ♐ 35	19 ♉ 25	19 ♉ 12	8 ♏ 2	7 ♏ 7	29 ♎ 22	28 ♎ 41	2 ♉ 21	21 ♑ 47	21 ♋ 32	27 ♊ 41	10 ♈	24 ♒	2 ♎	2 ♉	27 ♒
7	13 ♏ 19	2 ♑ 28	19 ♉ 22	19 ♉ 12	9 ♏ 40	8 ♏ 22	0 ♏ 2	28 ♎ 54	2 ♉ 17	21 ♑ 48	21 ♋ 32	27 ♊ 40	10 ♈	24 ♒	2 ♎	2 ♉	27 ♒
8	14 ♏ 20	14 ♑ 30	19 ♉ 18	19 ♉ 13	11 ♏ 18	9 ♏ 37	0 ♏ 42	29 ♎ 7	2 ♉ 12	21 ♑ 50	21 ♋ 31	27 ♊ 39	10 ♈	24 ♒	2 ♎	2 ♉	27 ♒
9	15 ♏ 20	26 ♑ 44	19 ♉ 15	19 ♉ 13	12 ♏ 56	10 ♏ 53	1 ♏ 22	29 ♎ 20	2 ♉ 7	21 ♑ 52	21 ♋ 31	27 ♊ 39	10 ♈	24 ♒	3 ♎	1 ♉	27 D
10	16 ♏ 20	9 ♒ 14	19 ♉ 12	19 ♉ 13	14 ♏ 33	12 ♏ 8	2 ♏ 3	29 ♎ 33	2 ♉ 3	21 ♑ 54	21 ♋ 30	27 ♊ 38	10 ♈	24 ♒	3 ♎	1 ♉	27 ♒
11	17 ♏ 20	22 ♒ 5	19 ♉ 9	19 R 13	16 ♏ 9	13 ♏ 23	2 ♏ 43	29 ♎ 46	1 ♉ 58	21 ♑ 56	21 ♋ 30	27 ♊ 37	10 ♈	24 ♒	3 ♎	1 ♉	27 ♒
12	18 ♏ 21	5 ♓ 19	19 ♉ 6	19 ♉ 13	17 ♏ 46	14 ♏ 39	3 ♏ 23	29 ♎ 58	1 ♉ 54	21 ♑ 58	21 ♋ 29	27 ♊ 36	10 ♈	24 ♒	4 ♎	1 ♉	27 ♒
13	19 ♏ 21	19 ♓ 0	19 ♉ 3	19 D 13	19 ♏ 22	15 ♏ 54	4 ♏ 4	0 ♏ 11	1 ♉ 49	22 ♑ 0	21 ♋ 29	27 ♊ 35	9 ♈	24 ♒	4 ♎	1 ♉	27 ♒
14	20 ♏ 22	3 ♈ 9	18 ♉ 59	19 ♉ 13	20 ♏ 58	17 ♏ 9	4 ♏ 44	0 ♏ 24	1 ♉ 45	22 ♑ 2	21 ♋ 28	27 ♊ 34	9 ♈	24 ♒	4 ♎	0 ♉	27 ♒
15	21 ♏ 22	17 ♈ 43	18 ♉ 56	19 ♉ 14	22 ♏ 33	18 ♏ 25	5 ♏ 25	0 ♏ 36	1 ♉ 40	22 ♑ 4	21 ♋ 27	27 ♊ 33	9 ♈	24 ♒	5 ♎	0 ♉	27 ♒
16	22 ♏ 22	2 ♉ 38	18 ♉ 53	19 ♉ 14	24 ♏ 8	19 ♏ 40	6 ♏ 5	0 ♏ 49	1 ♉ 36	22 ♑ 6	21 ♋ 27	27 ♊ 32	9 ♈	25 ♒	5 ♎	0 ♉	27 ♒
17	23 ♏ 23	17 ♉ 48	18 ♉ 50	19 ♉ 14	25 ♏ 43	20 ♏ 55	6 ♏ 46	1 ♏ 2	1 ♉ 32	22 ♑ 9	21 ♋ 26	27 ♊ 31	9 ♈	25 ♒	5 ♎	0 ♉	27 ♒
18	24 ♏ 23	3 ♊ 3	18 ♉ 47	19 R 14	27 ♏ 18	22 ♏ 11	7 ♏ 26	1 ♏ 14	1 ♉ 27	22 ♑ 11	21 ♋ 25	27 ♊ 30	9 ♈	25 ♒	6 ♎	29 ♈	27 ♒
19	25 ♏ 24	18 ♊ 13	18 ♉ 44	19 ♉ 13	28 ♏ 52	23 ♏ 26	8 ♏ 7	1 ♏ 27	1 ♉ 23	22 ♑ 13	21 ♋ 24	27 ♊ 30	9 ♈	25 ♒	6 ♎	29 ♈	27 ♒
20	26 ♏ 24	3 ♋ 9	18 ♉ 40	19 ♉ 13	0 ♐ 26	24 ♏ 42	8 ♏ 47	1 ♏ 39	1 ♉ 19	22 ♑ 15	21 ♋ 24	27 ♊ 29	9 ♈	25 ♒	6 ♎	29 ♈	27 ♒
21	27 ♏ 25	17 ♋ 44	18 ♉ 37	19 ♉ 12	2 ♐ 0	25 ♏ 57	9 ♏ 28	1 ♏ 52	1 ♉ 15	22 ♑ 18	21 ♋ 23	27 ♊ 28	9 ♈	25 ♒	7 ♎	29 ♈	27 ♒
22	28 ♏ 26	1 ♌ 53	18 ♉ 34	19 ♉ 11	3 ♐ 34	27 ♏ 12	10 ♏ 9	2 ♏ 4	1 ♉ 11	22 ♑ 20	21 ♋ 22	27 ♊ 27	9 ♈	25 ♒	7 ♎	29 ♈	27 ♒
23	29 ♏ 26	15 ♌ 35	18 ♉ 31	19 ♉ 10	5 ♐ 7	28 ♏ 28	10 ♏ 49	2 ♏ 16	1 ♉ 7	22 ♑ 23	21 ♋ 21	27 ♊ 26	9 ♈	25 ♒	7 ♎	29 ♈	27 ♒
24	0 ♐ 27	28 ♌ 50	18 ♉ 28	19 ♉ 10	6 ♐ 41	29 ♏ 43	11 ♏ 30	2 ♏ 29	1 ♉ 3	22 ♑ 25	21 ♋ 20	27 ♊ 24	9 ♈	26 ♒	8 ♎	28 ♈	27 ♒
25	1 ♐ 28	11 ♍ 41	18 ♉ 24	19 D 10	8 ♐ 14	0 ♐ 59	12 ♏ 11	2 ♏ 41	0 ♉ 59	22 ♑ 28	21 ♋ 19	27 ♊ 23	9 ♈	26 ♒	8 ♎	28 ♈	27 ♒
26	2 ♐ 28	24 ♍ 12	18 ♉ 21	19 ♉ 11	9 ♐ 47	2 ♐ 14	12 ♏ 52	2 ♏ 53	0 ♉ 56	22 ♑ 30	21 ♋ 18	27 ♊ 22	9 ♈	26 ♒	8 ♎	28 ♈	28 ♒
27	3 ♐ 29	6 ♎ 27	18 ♉ 18	19 ♉ 12	11 ♐ 20	3 ♐ 30	13 ♏ 33	3 ♏ 5	0 ♉ 52	22 ♑ 33	21 ♋ 17	27 ♊ 21	9 ♈	26 ♒	9 ♎	28 ♈	28 ♒
28	4 ♐ 30	18 ♎ 29	18 ♉ 15	19 ♉ 13	12 ♐ 53	4 ♐ 45	14 ♏ 14	3 ♏ 17	0 ♉ 48	22 ♑ 35	21 ♋ 16	27 ♊ 20	9 ♈	26 ♒	9 ♎	28 ♈	28 ♒
29	5 ♐ 31	0 ♏ 23	18 ♉ 12	19 ♉ 15	14 ♐ 26	6 ♐ 1	14 ♏ 55	3 ♏ 30	0 ♉ 45	22 ♑ 38	21 ♋ 15	27 ♊ 19	9 ♈	26 ♒	9 ♎	28 ♈	28 ♒
30	6 ♐ 31	12 ♏ 12	18 ♉ 9	19 ♉ 16	15 ♐ 59	7 ♐ 16	15 ♏ 36	3 ♏ 42	0 ♉ 41	22 ♑ 41	21 ♋ 14	27 ♊ 18	9 D	27 ♒	10 ♎	28 ♈	28 ♒

SUN INGRESS　☉ → ♐ 23日 13:11

MOON PHASE　● 2日 10:56 ♏　◐ 10日 14:29 ♒　○ 17日 09:25 ♉　◑ 24日 03:13 ♍

aspects		
1日	13:53	♃△♇
2日	10:32	♀☍♄
2日	17:05	☿☍♄
3日	13:01	♂△♇
3日	14:54	☿☌♀
4日	12:44	♂☌♃
10日	00:07	♂☍♄
12日	23:33	☉☌☿
14日	07:35	☿△♆
14日	16:35	☿⚹♅
15日	02:05	☉△♆
15日	17:22	☉⚹♅
17日	09:37	♀△♆
17日	23:59	♀⚹♅
18日	18:55	♃☍♄
26日	22:54	☉☌♀

1910年12月

DAY	☉	☽	☊ mean	☊ true	☿	♀	♂	♃	♄	♅	♆	♇	⚳	⚴	⚵	⚶	⚷
	° ′	° ′	° ′	° ′	° ′	° ′	° ′	° ′	° ′	° ′	° ′	° ′	°	°	°	°	°
1	7 ♐ 32	23 ♏ 59	18 ♉ 5	19 R 16	17 D 31	8 D 31	16 D 17	3 D 53	0 R 38	22 D 43	21 R 13	27 R 17	9 D	27 D	10 D	27 R	28 D
2	8 ♐ 33	5 ♐ 46	18 ♉ 2	19 ♉ 15	19 ♐ 4	9 ♐ 47	16 ♏ 58	4 ♏ 5	0 ♉ 35	22 ♑ 46	21 ♋ 12	27 ♊ 16	9 ♈	27 ♒	10 ♎	27 ♈	28 ♒
3	9 ♐ 34	17 ♐ 36	17 ♉ 59	19 ♉ 13	20 ♐ 36	11 ♐ 2	17 ♏ 39	4 ♏ 17	0 ♉ 31	22 ♑ 49	21 ♋ 11	27 ♊ 15	9 ♈	27 ♒	11 ♎	27 ♈	28 ♒
4	10 ♐ 35	29 ♐ 31	17 ♉ 56	19 ♉ 10	22 ♐ 8	12 ♐ 18	18 ♏ 20	4 ♏ 29	0 ♉ 28	22 ♑ 52	21 ♋ 9	27 ♊ 14	9 ♈	27 ♒	11 ♎	27 ♈	28 ♒
5	11 ♐ 36	11 ♑ 32	17 ♉ 53	19 ♉ 6	23 ♐ 40	13 ♐ 33	19 ♏ 1	4 ♏ 41	0 ♉ 25	22 ♑ 55	21 ♋ 8	27 ♊ 12	9 ♈	27 ♒	11 ♎	27 ♈	28 ♒
6	12 ♐ 37	23 ♑ 42	17 ♉ 50	19 ♉ 2	25 ♐ 12	14 ♐ 49	19 ♏ 42	4 ♏ 52	0 ♉ 22	22 ♑ 57	21 ♋ 7	27 ♊ 11	9 ♈	28 ♒	11 ♎	27 ♈	28 ♒
7	13 ♐ 38	6 ♒ 3	17 ♉ 46	18 ♉ 58	26 ♐ 44	16 ♐ 4	20 ♏ 23	5 ♏ 4	0 ♉ 20	23 ♑ 0	21 ♋ 6	27 ♊ 10	9 ♈	28 ♒	12 ♎	27 ♈	28 ♒
8	14 ♐ 38	18 ♒ 36	17 ♉ 43	18 ♉ 55	28 ♐ 15	17 ♐ 20	21 ♏ 5	5 ♏ 15	0 ♉ 17	23 ♑ 3	21 ♋ 4	27 ♊ 9	9 ♈	28 ♒	12 ♎	27 ♈	28 ♒
9	15 ♐ 39	1 ♓ 26	17 ♉ 40	18 ♉ 53	29 ♐ 47	18 ♐ 35	21 ♏ 46	5 ♏ 27	0 ♉ 14	23 ♑ 6	21 ♋ 3	27 ♊ 8	9 ♈	28 ♒	12 ♎	27 ♈	28 ♒
10	16 ♐ 40	14 ♓ 35	17 ♉ 37	18 ♉ 52	1 ♑ 18	19 ♐ 51	22 ♏ 27	5 ♏ 38	0 ♉ 12	23 ♑ 9	21 ♋ 2	27 ♊ 7	9 ♈	28 ♒	13 ♎	27 ♈	28 ♒
11	17 ♐ 41	28 ♓ 4	17 ♉ 34	18 D 52	2 ♑ 48	21 ♐ 6	23 ♏ 9	5 ♏ 50	0 ♉ 9	23 ♑ 12	21 ♋ 1	27 ♊ 6	9 ♈	29 ♒	13 ♎	27 ♈	28 ♒
12	18 ♐ 42	11 ♈ 57	17 ♉ 30	18 ♉ 53	4 ♑ 18	22 ♐ 22	23 ♏ 50	6 ♏ 1	0 ♉ 7	23 ♑ 15	20 ♋ 59	27 ♊ 4	9 ♈	29 ♒	13 ♎	27 ♈	28 ♒
13	19 ♐ 43	26 ♈ 14	17 ♉ 27	18 ♉ 55	5 ♑ 48	23 ♐ 37	24 ♏ 32	6 ♏ 12	0 ♉ 4	23 ♑ 18	20 ♋ 58	27 ♊ 3	9 ♈	29 ♒	13 ♎	27 ♈	28 ♒
14	20 ♐ 44	10 ♉ 52	17 ♉ 24	18 ♉ 56	7 ♑ 16	24 ♐ 53	25 ♏ 13	6 ♏ 23	0 ♉ 2	23 ♑ 22	20 ♋ 56	27 ♊ 2	9 ♈	29 ♒	14 ♎	27 ♈	28 ♒
15	21 ♐ 45	25 ♉ 49	17 ♉ 21	18 R 56	8 ♑ 44	26 ♐ 8	25 ♏ 55	6 ♏ 34	0 ♉ 0	23 ♑ 25	20 ♋ 55	27 ♊ 1	9 ♈	0 ♓	14 ♎	27 ♈	28 ♒
16	22 ♐ 46	10 ♊ 56	17 ♉ 18	18 ♉ 55	10 ♑ 11	27 ♐ 23	26 ♏ 36	6 ♏ 45	29 ♈ 58	23 ♑ 28	20 ♋ 54	27 ♊ 0	9 ♈	0 ♓	14 ♎	27 D	28 ♒
17	23 ♐ 47	26 ♊ 6	17 ♉ 15	18 ♉ 51	11 ♑ 37	28 ♐ 39	27 ♏ 18	6 ♏ 56	29 ♈ 56	23 ♑ 31	20 ♋ 52	26 ♊ 58	9 ♈	0 ♓	15 ♎	27 ♈	28 ♒
18	24 ♐ 48	11 ♋ 8	17 ♉ 11	18 ♉ 46	13 ♑ 2	29 ♐ 54	27 ♏ 59	7 ♏ 7	29 ♈ 55	23 ♑ 34	20 ♋ 51	26 ♊ 57	10 ♈	0 ♓	15 ♎	27 ♈	28 ♒
19	25 ♐ 50	25 ♋ 53	17 ♉ 8	18 ♉ 41	14 ♑ 25	1 ♑ 10	28 ♏ 41	7 ♏ 17	29 ♈ 53	23 ♑ 37	20 ♋ 49	26 ♊ 56	10 ♈	0 ♓	15 ♎	27 ♈	28 ♒
20	26 ♐ 51	10 ♌ 14	17 ♉ 5	18 ♉ 35	15 ♑ 45	2 ♑ 25	29 ♏ 23	7 ♏ 28	29 ♈ 51	23 ♑ 41	20 ♋ 48	26 ♊ 55	10 ♈	1 ♓	15 ♎	27 ♈	28 ♒
21	27 ♐ 52	24 ♌ 7	17 ♉ 2	18 ♉ 29	17 ♑ 4	3 ♑ 41	0 ♐ 4	7 ♏ 38	29 ♈ 50	23 ♑ 44	20 ♋ 46	26 ♊ 54	10 ♈	1 ♓	16 ♎	27 ♈	28 ♒
22	28 ♐ 53	7 ♍ 31	16 ♉ 59	18 ♉ 25	18 ♑ 20	4 ♑ 56	0 ♐ 46	7 ♏ 49	29 ♈ 49	23 ♑ 47	20 ♋ 45	26 ♊ 53	10 ♈	1 ♓	16 ♎	27 ♈	28 ♒
23	29 ♐ 54	20 ♍ 28	16 ♉ 56	18 ♉ 23	19 ♑ 33	6 ♑ 12	1 ♐ 28	7 ♏ 59	29 ♈ 47	23 ♑ 51	20 ♋ 43	26 ♊ 51	10 ♈	1 ♓	16 ♎	27 ♈	28 ♒
24	0 ♑ 55	3 ♎ 0	16 ♉ 52	18 D 23	20 ♑ 42	7 ♑ 27	2 ♐ 10	8 ♏ 9	29 ♈ 46	23 ♑ 54	20 ♋ 41	26 ♊ 50	10 ♈	2 ♓	16 ♎	27 ♈	28 ♒
25	1 ♑ 56	15 ♎ 14	16 ♉ 49	18 ♉ 23	21 ♑ 47	8 ♑ 42	2 ♐ 51	8 ♏ 19	29 ♈ 45	23 ♑ 57	20 ♋ 40	26 ♊ 49	10 ♈	2 ♓	17 ♎	27 ♈	28 ♒
26	2 ♑ 57	27 ♎ 13	16 ♉ 46	18 ♉ 25	22 ♑ 47	9 ♑ 58	3 ♐ 33	8 ♏ 29	29 ♈ 44	24 ♑ 1	20 ♋ 38	26 ♊ 48	11 ♈	2 ♓	17 ♎	27 ♈	28 ♒
27	3 ♑ 58	9 ♏ 4	16 ♉ 43	18 ♉ 26	23 ♑ 41	11 ♑ 13	4 ♐ 15	8 ♏ 39	29 ♈ 44	24 ♑ 4	20 ♋ 37	26 ♊ 47	11 ♈	2 ♓	17 ♎	27 ♈	28 ♒
28	5 ♑ 0	20 ♏ 50	16 ♉ 40	18 R 27	24 ♑ 29	12 ♑ 29	4 ♐ 57	8 ♏ 49	29 ♈ 43	24 ♑ 7	20 ♋ 35	26 ♊ 45	11 ♈	3 ♓	17 ♎	27 ♈	29 ♒
29	6 ♑ 1	2 ♐ 36	16 ♉ 36	18 ♉ 25	25 ♑ 10	13 ♑ 44	5 ♐ 39	8 ♏ 59	29 ♈ 42	24 ♑ 11	20 ♋ 33	26 ♊ 44	11 ♈	3 ♓	17 ♎	27 ♈	29 ♒
30	7 ♑ 2	14 ♐ 26	16 ♉ 33	18 ♉ 22	25 ♑ 43	15 ♑ 0	6 ♐ 21	9 ♏ 9	29 ♈ 42	24 ♑ 14	20 ♋ 32	26 ♊ 43	11 ♈	3 ♓	18 ♎	27 ♈	29 ♒
31	8 ♑ 3	26 ♐ 22	16 ♉ 30	18 ♉ 16	26 ♑ 6	16 ♑ 15	7 ♐ 3	9 ♏ 18	29 ♈ 41	24 ♑ 18	20 ♋ 30	26 ♊ 42	11 ♈	3 ♓	18 ♎	28 ♈	29 ♒

SUN INGRESS　☉ → ♑ 23日 02:12

MOON PHASE　● 2日 06:10 ♐　◐ 10日 04:05 ♓　○ 16日 20:05 ♊　◑ 23日 19:36 ♎

aspects		
7日	06:47	☿☍♇
7日	23:52	♂△♆
9日	07:02	☿△♄
11日	02:14	♂⚹♅
13日	07:30	☿⚹♃
15日	16:32	♀☍♇
18日	00:04	♀△♄
20日	01:39	☉☍♇
22日	21:29	☉△♄
23日	23:46	☿☍♆
24日	15:31	♀⚹♃
27日	11:36	☿☌♅

1900 ～1910
1911 ～1920
1921 ～1930
1931 ～1940
1941 ～1950
1951 ～1960
1961 ～1970
1971 ～1980
1981 ～1990
1991 ～2000
2001 ～2010
2011 ～2020
2021 ～2030
2031 ～2040
2041 ～2050

1911年1月

DAY	☉	☽	☊ mean	☊ true	☿	♀	♂	♃	♄	♅	♆	♇	⚳	⚴	⚵	⚶	⚷
	° ′	° ′	° ′	° ′	° ′	° ′	° ′	° ′	° ′	° ′	° ′	° ′	°	°	°	°	°
1	9 ♑ 4	8 ♑ 27	16 ♉ 27	18 R 8	26 D 19	17 D 31	7 D 46	9 D 27	29 R 41	24 D 21	20 R 28	26 R 41	12 D	4 D	18 D	28 D	29 D
2	10 ♑ 5	20 ♑ 41	16 ♉ 24	17 ♉ 58	26 R 22	18 ♑ 46	8 ♐ 28	9 ♏ 37	29 ♈ 41	24 ♑ 24	20 ♋ 27	26 ♊ 40	12 ♈	4 ♓	18 ♎	28 ♈	29 ♒
3	11 ♑ 7	3 ♒ 5	16 ♉ 21	17 ♉ 47	26 ♑ 13	20 ♑ 1	9 ♐ 10	9 ♏ 46	29 D 41	24 ♑ 28	20 ♋ 25	26 ♊ 38	12 ♈	4 ♓	19 ♎	28 ♈	29 ♒
4	12 ♑ 8	15 ♒ 41	16 ♉ 17	17 ♉ 37	25 ♑ 52	21 ♑ 17	9 ♐ 52	9 ♏ 55	29 ♈ 41	24 ♑ 31	20 ♋ 23	26 ♊ 37	12 ♈	4 ♓	19 ♎	28 ♈	29 ♒
5	13 ♑ 9	28 ♒ 28	16 ♉ 14	17 ♉ 28	25 ♑ 19	22 ♑ 32	10 ♐ 34	10 ♏ 4	29 ♈ 41	24 ♑ 35	20 ♋ 22	26 ♊ 36	12 ♈	5 ♓	19 ♎	28 ♈	29 ♒
6	14 ♑ 10	11 ♓ 27	16 ♉ 11	17 ♉ 21	24 ♑ 35	23 ♑ 48	11 ♐ 17	10 ♏ 13	29 ♈ 42	24 ♑ 38	20 ♋ 20	26 ♊ 35	13 ♈	5 ♓	19 ♎	28 ♈	29 ♒
7	15 ♑ 11	24 ♓ 40	16 ♉ 8	17 ♉ 17	23 ♑ 41	25 ♑ 3	11 ♐ 59	10 ♏ 22	29 ♈ 42	24 ♑ 42	20 ♋ 18	26 ♊ 34	13 ♈	5 ♓	19 ♎	28 ♈	29 ♒
8	16 ♑ 13	8 ♈ 7	16 ♉ 5	17 ♉ 14	22 ♑ 37	26 ♑ 18	12 ♐ 41	10 ♏ 30	29 ♈ 43	24 ♑ 45	20 ♋ 17	26 ♊ 33	13 ♈	6 ♓	20 ♎	29 ♈	29 ♒
9	17 ♑ 14	21 ♈ 51	16 ♉ 2	17 D 14	21 ♑ 25	27 ♑ 34	13 ♐ 24	10 ♏ 39	29 ♈ 43	24 ♑ 49	20 ♋ 15	26 ♊ 32	13 ♈	6 ♓	20 ♎	29 ♈	29 ♒
10	18 ♑ 15	5 ♉ 51	15 ♉ 58	17 ♉ 15	20 ♑ 8	28 ♑ 49	14 ♐ 6	10 ♏ 47	29 ♈ 44	24 ♑ 52	20 ♋ 13	26 ♊ 31	13 ♈	6 ♓	20 ♎	29 ♈	29 ♒
11	19 ♑ 16	20 ♉ 9	15 ♉ 55	17 R 15	18 ♑ 49	0 ♒ 4	14 ♐ 48	10 ♏ 55	29 ♈ 45	24 ♑ 56	20 ♋ 12	26 ♊ 29	14 ♈	6 ♓	20 ♎	29 ♈	29 ♒
12	20 ♑ 17	4 ♊ 42	15 ♉ 52	17 ♉ 14	17 ♑ 29	1 ♒ 20	15 ♐ 31	11 ♏ 3	29 ♈ 46	25 ♑ 0	20 ♋ 10	26 ♊ 28	14 ♈	7 ♓	20 ♎	29 ♈	29 ♒
13	21 ♑ 18	19 ♊ 27	15 ♉ 49	17 ♉ 10	16 ♑ 11	2 ♒ 35	16 ♐ 13	11 ♏ 11	29 ♈ 47	25 ♑ 3	20 ♋ 8	26 ♊ 27	14 ♈	7 ♓	20 ♎	29 ♈	29 ♒
14	22 ♑ 19	4 ♋ 17	15 ♉ 46	17 ♉ 4	14 ♑ 58	3 ♒ 50	16 ♐ 56	11 ♏ 19	29 ♈ 48	25 ♑ 7	20 ♋ 7	26 ♊ 26	14 ♈	7 ♓	21 ♎	0 ♉	29 ♒
15	23 ♑ 20	19 ♋ 6	15 ♉ 42	16 ♉ 55	13 ♑ 52	5 ♒ 6	17 ♐ 39	11 ♏ 27	29 ♈ 50	25 ♑ 10	20 ♋ 5	26 ♊ 25	15 ♈	8 ♓	21 ♎	0 ♉	29 ♒
16	24 ♑ 21	3 ♌ 44	15 ♉ 39	16 ♉ 44	12 ♑ 53	6 ♒ 21	18 ♐ 21	11 ♏ 35	29 ♈ 51	25 ♑ 14	20 ♋ 3	26 ♊ 24	15 ♈	8 ♓	21 ♎	0 ♉	0 ♓
17	25 ♑ 23	18 ♌ 4	15 ♉ 36	16 ♉ 33	12 ♑ 3	7 ♒ 36	19 ♐ 4	11 ♏ 42	29 ♈ 53	25 ♑ 17	20 ♋ 1	26 ♊ 23	15 ♈	8 ♓	21 ♎	0 ♉	0 ♓
18	26 ♑ 24	1 ♍ 59	15 ♉ 33	16 ♉ 22	11 ♑ 22	8 ♒ 51	19 ♐ 47	11 ♏ 49	29 ♈ 54	25 ♑ 21	20 ♋ 0	26 ♊ 22	15 ♈	9 ♓	21 ♎	0 ♉	0 ♓
19	27 ♑ 25	15 ♍ 28	15 ♉ 30	16 ♉ 13	10 ♑ 50	10 ♒ 7	20 ♐ 29	11 ♏ 57	29 ♈ 56	25 ♑ 24	19 ♋ 58	26 ♊ 21	16 ♈	9 ♓	21 ♎	1 ♉	0 ♓
20	28 ♑ 26	28 ♍ 30	15 ♉ 27	16 ♉ 7	10 ♑ 28	11 ♒ 22	21 ♐ 12	12 ♏ 4	29 ♈ 58	25 ♑ 28	19 ♋ 56	26 ♊ 20	16 ♈	9 ♓	21 ♎	1 ♉	0 ♓
21	29 ♑ 27	11 ♎ 8	15 ♉ 23	16 ♉ 3	10 ♑ 16	12 ♒ 37	21 ♐ 55	12 ♏ 11	0 ♉ 0	25 ♑ 31	19 ♋ 55	26 ♊ 19	16 ♈	9 ♓	21 ♎	1 ♉	0 ♓
22	0 ♒ 28	23 ♎ 24	15 ♉ 20	16 ♉ 2	10 D 12	13 ♒ 52	22 ♐ 38	12 ♏ 17	0 ♉ 2	25 ♑ 35	19 ♋ 53	26 ♊ 18	16 ♈	10 ♓	22 ♎	1 ♉	0 ♓
23	1 ♒ 29	5 ♏ 26	15 ♉ 17	16 D 2	10 ♑ 16	15 ♒ 7	23 ♐ 20	12 ♏ 24	0 ♉ 4	25 ♑ 38	19 ♋ 51	26 ♊ 17	17 ♈	10 ♓	22 ♎	1 ♉	0 ♓
24	2 ♒ 30	17 ♏ 17	15 ♉ 14	16 R 2	10 ♑ 27	16 ♒ 23	24 ♐ 3	12 ♏ 30	0 ♉ 7	25 ♑ 42	19 ♋ 50	26 ♊ 16	17 ♈	10 ♓	22 ♎	2 ♉	0 ♓
25	3 ♒ 31	29 ♏ 3	15 ♉ 11	16 ♉ 1	10 ♑ 46	17 ♒ 38	24 ♐ 46	12 ♏ 37	0 ♉ 9	25 ♑ 46	19 ♋ 48	26 ♊ 15	17 ♈	11 ♓	22 ♎	2 ♉	0 ♓
26	4 ♒ 32	10 ♐ 51	15 ♉ 8	15 ♉ 59	11 ♑ 11	18 ♒ 53	25 ♐ 29	12 ♏ 43	0 ♉ 11	25 ♑ 49	19 ♋ 46	26 ♊ 14	17 ♈	11 ♓	22 ♎	2 ♉	0 ♓
27	5 ♒ 33	22 ♐ 44	15 ♉ 4	15 ♉ 53	11 ♑ 42	20 ♒ 8	26 ♐ 12	12 ♏ 49	0 ♉ 14	25 ♑ 53	19 ♋ 45	26 ♊ 14	18 ♈	11 ♓	22 ♎	2 ♉	0 ♓
28	6 ♒ 34	4 ♑ 47	15 ♉ 1	15 ♉ 45	12 ♑ 18	21 ♒ 23	26 ♐ 55	12 ♏ 55	0 ♉ 17	25 ♑ 56	19 ♋ 43	26 ♊ 13	18 ♈	12 ♓	22 ♎	3 ♉	0 ♓
29	7 ♒ 35	17 ♑ 1	14 ♉ 58	15 ♉ 34	12 ♑ 59	22 ♒ 38	27 ♐ 38	13 ♏ 1	0 ♉ 20	26 ♑ 0	19 ♋ 42	26 ♊ 12	18 ♈	12 ♓	22 ♎	3 ♉	0 ♓
30	8 ♒ 36	29 ♑ 29	14 ♉ 55	15 ♉ 21	13 ♑ 45	23 ♒ 53	28 ♐ 22	13 ♏ 6	0 ♉ 23	26 ♑ 3	19 ♋ 40	26 ♊ 11	19 ♈	12 ♓	22 ♎	3 ♉	0 ♓
31	9 ♒ 37	12 ♒ 12	14 ♉ 52	15 ♉ 7	14 ♑ 34	25 ♒ 9	29 ♐ 5	13 ♏ 11	0 ♉ 26	26 ♑ 7	19 ♋ 38	26 ♊ 10	19 ♈	13 ♓	22 ♎	3 ♉	0 ♓

SUN INGRESS	☉ → ♒ 21日 12:51
MOON PHASE	● 1日 01:21 ♑　◐ 8日 15:20 ♈　○ 15日 07:26 ♋　◑ 22日 15:21 ♏　● 30日 18:44 ♒

aspects

1日	10:44	☉⚹♃
3日	07:25	♀☍♆
5日	22:40	☿☌♅
6日	09:04	☿☌♀
6日	16:59	♀☌♅
9日	22:27	☿☍♆
10日	17:47	♀□♄
10日	19:23	☉☌☿
11日	21:17	☉☍♆
16日	21:47	☉☌♅
17日	09:38	☿⚹♃
20日	14:43	♀□♃
21日	13:30	☉□♄
27日	00:42	♂☍♇
29日	00:49	♀⚹♃
31日	19:29	♀△♇

1911年2月

DAY	☉	☽	☊ mean	☊ true	☿	♀	♂	♃	♄	♅	♆	♇	⚳	⚴	⚵	⚶	⚷
	° ′	° ′	° ′	° ′	° ′	° ′	° ′	° ′	° ′	° ′	° ′	° ′	°	°	°	°	°
1	10 ♒ 38	25 ♒ 8	14 ♉ 48	14 R 53	15 D 27	26 D 24	29 D 48	13 D 17	0 D 29	26 D 10	19 R 37	26 R 9	19 D	13 D	22 D	4 D	0 D
2	11 ♒ 39	8 ♓ 16	14 ♉ 45	14 ♉ 41	16 ♑ 23	27 ♒ 39	0 ♑ 31	13 ♏ 22	0 ♉ 32	26 ♑ 13	19 ♋ 35	26 ♊ 9	19 ♈	13 ♓	23 ♎	4 ♉	1 ♓
3	12 ♒ 40	21 ♓ 36	14 ♉ 42	14 ♉ 31	17 ♑ 23	28 ♒ 54	1 ♑ 14	13 ♏ 27	0 ♉ 35	26 ♑ 17	19 ♋ 34	26 ♊ 8	20 ♈	14 ♓	23 ♎	4 ♉	1 ♓
4	13 ♒ 40	5 ♈ 6	14 ♉ 39	14 ♉ 24	18 ♑ 25	0 ♓ 9	1 ♑ 57	13 ♏ 31	0 ♉ 39	26 ♑ 20	19 ♋ 32	26 ♊ 7	20 ♈	14 ♓	23 ♎	5 ♉	1 ♓
5	14 ♒ 41	18 ♈ 44	14 ♉ 36	14 ♉ 20	19 ♑ 29	1 ♓ 24	2 ♑ 41	13 ♏ 36	0 ♉ 42	26 ♑ 24	19 ♋ 31	26 ♊ 6	20 ♈	14 ♓	23 ♎	5 ♉	1 ♓
6	15 ♒ 42	2 ♉ 32	14 ♉ 33	14 ♉ 19	20 ♑ 36	2 ♓ 39	3 ♑ 24	13 ♏ 40	0 ♉ 46	26 ♑ 27	19 ♋ 29	26 ♊ 6	21 ♈	14 ♓	23 ♎	5 ♉	1 ♓
7	16 ♒ 43	16 ♉ 28	14 ♉ 29	14 D 18	21 ♑ 45	3 ♓ 54	4 ♑ 7	13 ♏ 45	0 ♉ 50	26 ♑ 31	19 ♋ 28	26 ♊ 5	21 ♈	15 ♓	23 ♎	5 ♉	1 ♓
8	17 ♒ 44	0 ♊ 33	14 ♉ 26	14 R 18	22 ♑ 56	5 ♓ 9	4 ♑ 51	13 ♏ 49	0 ♉ 53	26 ♑ 34	19 ♋ 26	26 ♊ 4	21 ♈	15 ♓	23 ♎	6 ♉	1 ♓
9	18 ♒ 44	14 ♊ 47	14 ♉ 23	14 ♉ 16	24 ♑ 9	6 ♓ 23	5 ♑ 34	13 ♏ 53	0 ♉ 57	26 ♑ 37	19 ♋ 25	26 ♊ 3	22 ♈	15 ♓	23 ♎	6 ♉	1 ♓
10	19 ♒ 45	29 ♊ 7	14 ♉ 20	14 ♉ 12	25 ♑ 23	7 ♓ 38	6 ♑ 18	13 ♏ 56	1 ♉ 1	26 ♑ 41	19 ♋ 23	26 ♊ 3	22 ♈	16 ♓	23 ♎	6 ♉	1 ♓
11	20 ♒ 46	13 ♋ 30	14 ♉ 17	14 ♉ 5	26 ♑ 39	8 ♓ 53	7 ♑ 1	14 ♏ 0	1 ♉ 5	26 ♑ 44	19 ♋ 22	26 ♊ 2	22 ♈	16 ♓	23 R	7 ♉	1 ♓
12	21 ♒ 47	27 ♋ 52	14 ♉ 14	13 ♉ 55	27 ♑ 57	10 ♓ 8	7 ♑ 45	14 ♏ 3	1 ♉ 9	26 ♑ 47	19 ♋ 21	26 ♊ 2	23 ♈	16 ♓	23 ♎	7 ♉	1 ♓
13	22 ♒ 47	12 ♌ 7	14 ♉ 10	13 ♉ 43	29 ♑ 16	11 ♓ 23	8 ♑ 28	14 ♏ 6	1 ♉ 14	26 ♑ 50	19 ♋ 19	26 ♊ 1	23 ♈	17 ♓	23 ♎	7 ♉	1 ♓
14	23 ♒ 48	26 ♌ 9	14 ♉ 7	13 ♉ 31	0 ♒ 36	12 ♓ 37	9 ♑ 12	14 ♏ 9	1 ♉ 18	26 ♑ 54	19 ♋ 18	26 ♊ 0	23 ♈	17 ♓	23 ♎	7 ♉	1 ♓
15	24 ♒ 48	9 ♍ 53	14 ♉ 4	13 ♉ 19	1 ♒ 58	13 ♓ 52	9 ♑ 55	14 ♏ 12	1 ♉ 23	26 ♑ 57	19 ♋ 17	26 ♊ 0	23 ♈	17 ♓	23 ♎	8 ♉	1 ♓
16	25 ♒ 49	23 ♍ 15	14 ♉ 1	13 ♉ 9	3 ♒ 21	15 ♓ 7	10 ♑ 39	14 ♏ 15	1 ♉ 27	27 ♑ 0	19 ♋ 15	25 ♊ 59	24 ♈	18 ♓	23 ♎	8 ♉	1 ♓
17	26 ♒ 50	6 ♎ 15	13 ♉ 58	13 ♉ 1	4 ♒ 45	16 ♓ 22	11 ♑ 22	14 ♏ 17	1 ♉ 32	27 ♑ 3	19 ♋ 14	25 ♊ 59	24 ♈	18 ♓	23 ♎	8 ♉	2 ♓
18	27 ♒ 50	18 ♎ 52	13 ♉ 54	12 ♉ 56	6 ♒ 10	17 ♓ 36	12 ♑ 6	14 ♏ 20	1 ♉ 36	27 ♑ 7	19 ♋ 13	25 ♊ 58	24 ♈	18 ♓	23 ♎	9 ♉	2 ♓
19	28 ♒ 51	1 ♏ 11	13 ♉ 51	12 ♉ 54	7 ♒ 36	18 ♓ 51	12 ♑ 50	14 ♏ 22	1 ♉ 41	27 ♑ 10	19 ♋ 12	25 ♊ 58	25 ♈	19 ♓	23 ♎	9 ♉	2 ♓
20	29 ♒ 51	13 ♏ 14	13 ♉ 48	12 D 53	9 ♒ 3	20 ♓ 5	13 ♑ 34	14 ♏ 24	1 ♉ 46	27 ♑ 13	19 ♋ 10	25 ♊ 57	25 ♈	19 ♓	23 ♎	9 ♉	2 ♓
21	0 ♓ 52	25 ♏ 8	13 ♉ 45	12 ♉ 53	10 ♒ 32	21 ♓ 20	14 ♑ 17	14 ♏ 25	1 ♉ 51	27 ♑ 16	19 ♋ 9	25 ♊ 57	25 ♈	20 ♓	22 ♎	10 ♉	2 ♓
22	1 ♓ 52	6 ♐ 56	13 ♉ 42	12 R 53	12 ♒ 1	22 ♓ 35	15 ♑ 1	14 ♏ 27	1 ♉ 56	27 ♑ 19	19 ♋ 8	25 ♊ 57	26 ♈	20 ♓	22 ♎	10 ♉	2 ♓
23	2 ♓ 52	18 ♐ 45	13 ♉ 39	12 ♉ 52	13 ♒ 32	23 ♓ 49	15 ♑ 45	14 ♏ 28	2 ♉ 1	27 ♑ 22	19 ♋ 7	25 ♊ 56	26 ♈	20 ♓	22 ♎	10 ♉	2 ♓
24	3 ♓ 53	0 ♑ 41	13 ♉ 35	12 ♉ 49	15 ♒ 3	25 ♓ 4	16 ♑ 29	14 ♏ 30	2 ♉ 6	27 ♑ 25	19 ♋ 6	25 ♊ 56	27 ♈	21 ♓	22 ♎	11 ♉	2 ♓
25	4 ♓ 53	12 ♑ 47	13 ♉ 32	12 ♉ 43	16 ♒ 36	26 ♓ 18	17 ♑ 13	14 ♏ 31	2 ♉ 11	27 ♑ 28	19 ♋ 5	25 ♊ 55	27 ♈	21 ♓	22 ♎	11 ♉	2 ♓
26	5 ♓ 54	25 ♑ 8	13 ♉ 29	12 ♉ 34	18 ♒ 10	27 ♓ 32	17 ♑ 57	14 ♏ 31	2 ♉ 17	27 ♑ 31	19 ♋ 4	25 ♊ 55	27 ♈	21 ♓	22 ♎	11 ♉	2 ♓
27	6 ♓ 54	7 ♒ 46	13 ♉ 26	12 ♉ 24	19 ♒ 44	28 ♓ 47	18 ♑ 41	14 ♏ 32	2 ♉ 22	27 ♑ 34	19 ♋ 3	25 ♊ 55	28 ♈	22 ♓	22 ♎	12 ♉	2 ♓
28	7 ♓ 54	20 ♒ 43	13 ♉ 23	12 ♉ 12	21 ♒ 20	0 ♈ 1	19 ♑ 25	14 ♏ 32	2 ♉ 28	27 ♑ 37	19 ♋ 2	25 ♊ 55	28 ♈	22 ♓	22 ♎	12 ♉	2 ♓

SUN INGRESS	☉ → ♓ 20日 03:20
MOON PHASE	◐ 7日 00:27 ♉　○ 13日 19:37 ♌　◑ 21日 12:44 ♐

aspects

2日	00:35	♂△♄
3日	20:08	☉□♃
4日	10:04	♀⚹♄
5日	00:29	☿☍♆
7日	10:29	♀⚹♂
11日	01:27	☿☌♅
14日	13:03	☿□♄
15日	06:41	♀△♃
16日	04:03	☉△♇
19日	06:34	♀△♆
21日	04:34	♂⚹♃
22日	01:41	☉⚹♄
23日	15:02	☿□♃
24日	16:47	♀□♇
25日	23:35	♀⚹♅
27日	11:41	♂☍♆

1911年3月

DAY	☉	☽	☊ mean	☊ true	☿	♀	♂	♃	♄	♅	♆	♇	⚳	⚴	⚵	⚶	⚷
	° ′	° ′	° ′	° ′	° ′	° ′	° ′	° ′	° ′	° ′	° ′	° ′	°	°	°	°	°
1	8 ♓ 54	3 ♓ 58	13 ♉ 20	12 R 1	22 D 56	1 D 15	20 D 9	14 D 33	2 D 33	27 D 40	19 R 1	25 R 54	28 D	22 D	22 R	12 D	2 D
2	9 ♓ 55	17 ♓ 30	13 ♉ 16	11 ♉ 50	24 ♒ 34	2 ♈ 30	20 ♑ 53	14 R 33	2 ♉ 39	27 ♑ 43	19 ♋ 0	25 ♊ 54	29 ♈	23 ♓	22 ♎	13 ♉	2 ♓
3	10 ♓ 55	1 ♈ 15	13 ♉ 13	11 ♉ 42	26 ♒ 13	3 ♈ 44	21 ♑ 37	14 ♏ 33	2 ♉ 44	27 ♑ 46	18 ♋ 59	25 ♊ 54	29 ♈	23 ♓	22 ♎	13 ♉	2 ♓
4	11 ♓ 55	15 ♈ 10	13 ♉ 10	11 ♉ 36	27 ♒ 52	4 ♈ 58	22 ♑ 21	14 ♏ 32	2 ♉ 50	27 ♑ 48	18 ♋ 58	25 ♊ 54	29 ♈	23 ♓	21 ♎	13 ♉	3 ♓
5	12 ♓ 55	29 ♈ 12	13 ♉ 7	11 ♉ 34	29 ♒ 33	6 ♈ 12	23 ♑ 5	14 ♏ 32	2 ♉ 56	27 ♑ 51	18 ♋ 57	25 ♊ 54	0 ♉	24 ♓	21 ♎	14 ♉	3 ♓
6	13 ♓ 55	13 ♉ 17	13 ♉ 4	11 D 33	1 ♓ 15	7 ♈ 26	23 ♑ 49	14 ♏ 31	3 ♉ 2	27 ♑ 54	18 ♋ 56	25 ♊ 53	0 ♉	24 ♓	21 ♎	14 ♉	3 ♓
7	14 ♓ 55	27 ♉ 25	13 ♉ 0	11 ♉ 34	2 ♓ 58	8 ♈ 41	24 ♑ 33	14 ♏ 30	3 ♉ 8	27 ♑ 57	18 ♋ 55	25 ♊ 53	0 ♉	24 ♓	21 ♎	14 ♉	3 ♓
8	15 ♓ 55	11 ♊ 32	12 ♉ 57	11 ♉ 34	4 ♓ 42	9 ♈ 55	25 ♑ 17	14 ♏ 29	3 ♉ 14	27 ♑ 59	18 ♋ 55	25 ♊ 53	1 ♉	25 ♓	21 ♎	15 ♉	3 ♓
9	16 ♓ 55	25 ♊ 39	12 ♉ 54	11 R 34	6 ♓ 27	11 ♈ 9	26 ♑ 1	14 ♏ 28	3 ♉ 20	28 ♑ 2	18 ♋ 54	25 ♊ 53	1 ♉	25 ♓	21 ♎	15 ♉	3 ♓
10	17 ♓ 55	9 ♋ 44	12 ♉ 51	11 ♉ 32	8 ♓ 13	12 ♈ 23	26 ♑ 46	14 ♏ 26	3 ♉ 26	28 ♑ 4	18 ♋ 53	25 ♊ 53	2 ♉	25 ♓	21 ♎	16 ♉	3 ♓
11	18 ♓ 55	23 ♋ 45	12 ♉ 48	11 ♉ 28	10 ♓ 1	13 ♈ 37	27 ♑ 30	14 ♏ 25	3 ♉ 32	28 ♑ 7	18 ♋ 52	25 ♊ 53	2 ♉	26 ♓	20 ♎	16 ♉	3 ♓
12	19 ♓ 55	7 ♌ 40	12 ♉ 45	11 ♉ 21	11 ♓ 49	14 ♈ 50	28 ♑ 14	14 ♏ 23	3 ♉ 38	28 ♑ 9	18 ♋ 52	25 D 53	2 ♉	26 ♓	20 ♎	16 ♉	3 ♓
13	20 ♓ 55	21 ♌ 26	12 ♉ 41	11 ♉ 13	13 ♓ 39	16 ♈ 4	28 ♑ 58	14 ♏ 21	3 ♉ 45	28 ♑ 12	18 ♋ 51	25 ♊ 53	3 ♉	27 ♓	20 ♎	17 ♉	3 ♓
14	21 ♓ 55	5 ♍ 1	12 ♉ 38	11 ♉ 4	15 ♓ 30	17 ♈ 18	29 ♑ 43	14 ♏ 19	3 ♉ 51	28 ♑ 14	18 ♋ 50	25 ♊ 53	3 ♉	27 ♓	20 ♎	17 ♉	3 ♓
15	22 ♓ 55	18 ♍ 22	12 ♉ 35	10 ♉ 56	17 ♓ 22	18 ♈ 32	0 ♒ 27	14 ♏ 16	3 ♉ 57	28 ♑ 17	18 ♋ 50	25 ♊ 53	3 ♉	27 ♓	20 ♎	17 ♉	3 ♓
16	23 ♓ 54	1 ♎ 26	12 ♉ 32	10 ♉ 49	19 ♓ 15	19 ♈ 45	1 ♒ 11	14 ♏ 14	4 ♉ 4	28 ♑ 19	18 ♋ 49	25 ♊ 53	4 ♉	28 ♓	19 ♎	18 ♉	3 ♓
17	24 ♓ 54	14 ♎ 14	12 ♉ 29	10 ♉ 43	21 ♓ 9	20 ♈ 59	1 ♒ 56	14 ♏ 11	4 ♉ 10	28 ♑ 22	18 ♋ 49	25 ♊ 53	4 ♉	28 ♓	19 ♎	18 ♉	3 ♓
18	25 ♓ 54	26 ♎ 44	12 ♉ 25	10 ♉ 40	23 ♓ 5	22 ♈ 13	2 ♒ 40	14 ♏ 8	4 ♉ 17	28 ♑ 24	18 ♋ 48	25 ♊ 53	4 ♉	28 ♓	19 ♎	18 ♉	3 ♓
19	26 ♓ 53	8 ♏ 59	12 ♉ 22	10 ♉ 39	25 ♓ 1	23 ♈ 26	3 ♒ 24	14 ♏ 5	4 ♉ 24	28 ♑ 26	18 ♋ 48	25 ♊ 54	5 ♉	29 ♓	19 ♎	19 ♉	4 ♓
20	27 ♓ 53	21 ♏ 1	12 ♉ 19	10 D 40	26 ♓ 59	24 ♈ 40	4 ♒ 9	14 ♏ 2	4 ♉ 30	28 ♑ 28	18 ♋ 48	25 ♊ 54	5 ♉	29 ♓	19 ♎	19 ♉	4 ♓
21	28 ♓ 53	2 ♐ 55	12 ♉ 16	10 ♉ 41	28 ♓ 57	25 ♈ 53	4 ♒ 53	13 ♏ 58	4 ♉ 37	28 ♑ 30	18 ♋ 47	25 ♊ 54	6 ♉	29 ♓	18 ♎	20 ♉	4 ♓
22	29 ♓ 52	14 ♐ 45	12 ♉ 13	10 ♉ 43	0 ♈ 57	27 ♈ 7	5 ♒ 38	13 ♏ 55	4 ♉ 44	28 ♑ 33	18 ♋ 47	25 ♊ 54	6 ♉	0 ♈	18 ♎	20 ♉	4 ♓
23	0 ♈ 52	26 ♐ 35	12 ♉ 10	10 ♉ 44	2 ♈ 57	28 ♈ 20	6 ♒ 22	13 ♏ 51	4 ♉ 50	28 ♑ 35	18 ♋ 47	25 ♊ 54	6 ♉	0 ♈	18 ♎	20 ♉	4 ♓
24	1 ♈ 51	8 ♑ 31	12 ♉ 6	10 R 44	4 ♈ 58	29 ♈ 33	7 ♒ 7	13 ♏ 47	4 ♉ 57	28 ♑ 37	18 ♋ 46	25 ♊ 55	7 ♉	1 ♈	18 ♎	21 ♉	4 ♓
25	2 ♈ 51	20 ♑ 38	12 ♉ 3	10 ♉ 42	6 ♈ 59	0 ♉ 47	7 ♒ 51	13 ♏ 43	5 ♉ 4	28 ♑ 39	18 ♋ 46	25 ♊ 55	7 ♉	1 ♈	18 ♎	21 ♉	4 ♓
26	3 ♈ 50	3 ♒ 0	12 ♉ 0	10 ♉ 39	9 ♈ 1	2 ♉ 0	8 ♒ 36	13 ♏ 38	5 ♉ 11	28 ♑ 41	18 ♋ 46	25 ♊ 55	8 ♉	1 ♈	17 ♎	22 ♉	4 ♓
27	4 ♈ 50	15 ♒ 42	11 ♉ 57	10 ♉ 34	11 ♈ 3	3 ♉ 13	9 ♒ 20	13 ♏ 34	5 ♉ 18	28 ♑ 43	18 ♋ 46	25 ♊ 56	8 ♉	2 ♈	17 ♎	22 ♉	4 ♓
28	5 ♈ 49	28 ♒ 46	11 ♉ 54	10 ♉ 28	13 ♈ 5	4 ♉ 26	10 ♒ 5	13 ♏ 29	5 ♉ 25	28 ♑ 44	18 ♋ 46	25 ♊ 56	8 ♉	2 ♈	17 ♎	22 ♉	4 ♓
29	6 ♈ 48	12 ♓ 12	11 ♉ 51	10 ♉ 23	15 ♈ 7	5 ♉ 39	10 ♒ 50	13 ♏ 25	5 ♉ 32	28 ♑ 46	18 ♋ 45	25 ♊ 56	9 ♉	2 ♈	17 ♎	23 ♉	4 ♓
30	7 ♈ 48	25 ♓ 59	11 ♉ 47	10 ♉ 18	17 ♈ 7	6 ♉ 52	11 ♒ 34	13 ♏ 20	5 ♉ 39	28 ♑ 48	18 ♋ 45	25 ♊ 57	9 ♉	3 ♈	16 ♎	23 ♉	4 ♓
31	8 ♈ 47	10 ♈ 6	11 ♉ 44	10 ♉ 14	19 ♈ 7	8 ♉ 5	12 ♒ 19	13 ♏ 15	5 ♉ 46	28 ♑ 50	18 ♋ 45	25 ♊ 57	9 ♉	3 ♈	16 ♎	23 ♉	4 ♓

SUN INGRESS	☉ → ♈ 22日 02:54
MOON PHASE	● 1日 09:31 ♓ ◐ 8日 08:01 ♊ ○ 15日 08:58 ♍ ◑ 23日 09:26 ♑ ● 30日 21:38 ♈

aspects		
2日	19:28	☿△♇
6日	14:03	☉△♃
7日	02:24	☿⚹♄
10日	22:50	☉△♆
11日	21:21	♂☌♅
13日	08:53	☿△♃
15日	05:53	♀□♆
15日	18:36	☿△♆
17日	23:52	☉□♇
19日	10:44	☿□♇
20日	13:33	♂□♄
20日	14:42	☉⚹♅
20日	18:28	☿⚹♅
20日	22:07	☉☌☿
21日	00:17	♀⚹♇
23日	04:58	♀□♅
25日	16:08	☿⚹♂
28日	21:30	♀☌♄
30日	19:35	☿□♆

1911年4月

DAY	☉	☽	☊ mean	☊ true	☿	♀	♂	♃	♄	♅	♆	♇	⚳	⚴	⚵	⚶	⚷
	° ′	° ′	° ′	° ′	° ′	° ′	° ′	° ′	° ′	° ′	° ′	° ′	°	°	°	°	°
1	9 ♈ 46	24 ♈ 26	11 ♉ 41	10 R 11	21 D 6	9 D 18	13 D 3	13 R 9	5 D 54	28 D 52	18 D 45	25 D 58	10 D	3 D	16 R	24 D	4 D
2	10 ♈ 46	8 ♉ 55	11 ♉ 38	10 ♉ 10	23 ♈ 3	10 ♉ 31	13 ♒ 48	13 ♏ 4	6 ♉ 1	28 ♑ 53	18 ♋ 45	25 ♊ 58	10 ♉	4 ♈	16 ♎	24 ♉	4 ♓
3	11 ♈ 45	23 ♉ 27	11 ♉ 35	10 D 11	24 ♈ 58	11 ♉ 44	14 ♒ 33	12 ♏ 59	6 ♉ 8	28 ♑ 55	18 ♋ 45	25 ♊ 59	11 ♉	4 ♈	16 ♎	25 ♉	4 ♓
4	12 ♈ 44	7 ♊ 57	11 ♉ 31	10 ♉ 12	26 ♈ 50	12 ♉ 56	15 ♒ 17	12 ♏ 53	6 ♉ 15	28 ♑ 56	18 ♋ 46	25 ♊ 59	11 ♉	5 ♈	15 ♎	25 ♉	4 ♓
5	13 ♈ 43	22 ♊ 20	11 ♉ 28	10 ♉ 14	28 ♈ 39	14 ♉ 9	16 ♒ 2	12 ♏ 47	6 ♉ 23	28 ♑ 58	18 ♋ 46	26 ♊ 0	11 ♉	5 ♈	15 ♎	25 ♉	5 ♓
6	14 ♈ 42	6 ♋ 34	11 ♉ 25	10 ♉ 15	0 ♉ 25	15 ♉ 22	16 ♒ 47	12 ♏ 41	6 ♉ 30	28 ♑ 59	18 ♋ 46	26 ♊ 0	12 ♉	5 ♈	15 ♎	26 ♉	5 ♓
7	15 ♈ 41	20 ♋ 36	11 ♉ 22	10 R 15	2 ♉ 8	16 ♉ 34	17 ♒ 31	12 ♏ 35	6 ♉ 37	29 ♑ 1	18 ♋ 46	26 ♊ 1	12 ♉	6 ♈	15 ♎	26 ♉	5 ♓
8	16 ♈ 40	4 ♌ 26	11 ♉ 19	10 ♉ 14	3 ♉ 47	17 ♉ 47	18 ♒ 16	12 ♏ 29	6 ♉ 45	29 ♑ 2	18 ♋ 46	26 ♊ 1	13 ♉	6 ♈	14 ♎	27 ♉	5 ♓
9	17 ♈ 39	18 ♌ 3	11 ♉ 16	10 ♉ 12	5 ♉ 21	18 ♉ 59	19 ♒ 1	12 ♏ 23	6 ♉ 52	29 ♑ 3	18 ♋ 47	26 ♊ 2	13 ♉	6 ♈	14 ♎	27 ♉	5 ♓
10	18 ♈ 38	1 ♍ 27	11 ♉ 12	10 ♉ 9	6 ♉ 51	20 ♉ 11	19 ♒ 45	12 ♏ 17	7 ♉ 0	29 ♑ 5	18 ♋ 47	26 ♊ 3	13 ♉	7 ♈	14 ♎	27 ♉	5 ♓
11	19 ♈ 37	14 ♍ 36	11 ♉ 9	10 ♉ 6	8 ♉ 16	21 ♉ 24	20 ♒ 30	12 ♏ 10	7 ♉ 7	29 ♑ 6	18 ♋ 47	26 ♊ 3	14 ♉	7 ♈	14 ♎	28 ♉	5 ♓
12	20 ♈ 36	27 ♍ 32	11 ♉ 6	10 ♉ 3	9 ♉ 36	22 ♉ 36	21 ♒ 15	12 ♏ 3	7 ♉ 14	29 ♑ 7	18 ♋ 48	26 ♊ 4	14 ♉	7 ♈	13 ♎	28 ♉	5 ♓
13	21 ♈ 35	10 ♎ 15	11 ♉ 3	10 ♉ 0	10 ♉ 51	23 ♉ 48	22 ♒ 0	11 ♏ 57	7 ♉ 22	29 ♑ 8	18 ♋ 48	26 ♊ 5	15 ♉	8 ♈	13 ♎	29 ♉	5 ♓
14	22 ♈ 33	22 ♎ 45	11 ♉ 0	9 ♉ 59	12 ♉ 0	25 ♉ 0	22 ♒ 44	11 ♏ 50	7 ♉ 29	29 ♑ 9	18 ♋ 48	26 ♊ 5	15 ♉	8 ♈	13 ♎	29 ♉	5 ♓
15	23 ♈ 32	5 ♏ 2	10 ♉ 57	9 ♉ 58	13 ♉ 4	26 ♉ 12	23 ♒ 29	11 ♏ 43	7 ♉ 37	29 ♑ 10	18 ♋ 49	26 ♊ 6	15 ♉	9 ♈	13 ♎	29 ♉	5 ♓
16	24 ♈ 31	17 ♏ 9	10 ♉ 53	9 D 58	14 ♉ 2	27 ♉ 24	24 ♒ 14	11 ♏ 36	7 ♉ 45	29 ♑ 11	18 ♋ 49	26 ♊ 7	16 ♉	9 ♈	13 ♎	0 ♊	5 ♓
17	25 ♈ 29	29 ♏ 7	10 ♉ 50	9 ♉ 59	14 ♉ 54	28 ♉ 36	24 ♒ 58	11 ♏ 29	7 ♉ 52	29 ♑ 12	18 ♋ 50	26 ♊ 8	16 ♉	9 ♈	12 ♎	0 ♊	5 ♓
18	26 ♈ 28	10 ♐ 59	10 ♉ 47	10 ♉ 0	15 ♉ 41	29 ♉ 48	25 ♒ 43	11 ♏ 22	8 ♉ 0	29 ♑ 13	18 ♋ 50	26 ♊ 8	17 ♉	10 ♈	12 ♎	1 ♊	5 ♓
19	27 ♈ 27	22 ♐ 49	10 ♉ 44	10 ♉ 1	16 ♉ 21	0 ♊ 59	26 ♒ 28	11 ♏ 15	8 ♉ 7	29 ♑ 14	18 ♋ 51	26 ♊ 9	17 ♉	10 ♈	12 ♎	1 ♊	5 ♓
20	28 ♈ 25	4 ♑ 39	10 ♉ 41	10 ♉ 2	16 ♉ 56	2 ♊ 11	27 ♒ 13	11 ♏ 8	8 ♉ 15	29 ♑ 15	18 ♋ 52	26 ♊ 10	17 ♉	10 ♈	12 ♎	2 ♊	5 ♓
21	29 ♈ 24	16 ♑ 35	10 ♉ 37	10 ♉ 3	17 ♉ 25	3 ♊ 23	27 ♒ 57	11 ♏ 0	8 ♉ 23	29 ♑ 16	18 ♋ 52	26 ♊ 11	18 ♉	11 ♈	11 ♎	2 ♊	5 ♓
22	0 ♉ 22	28 ♑ 41	10 ♉ 34	10 ♉ 3	17 ♉ 47	4 ♊ 34	28 ♒ 42	10 ♏ 53	8 ♉ 30	29 ♑ 16	18 ♋ 53	26 ♊ 12	18 ♉	11 ♈	11 ♎	2 ♊	5 ♓
23	1 ♉ 21	11 ♒ 2	10 ♉ 31	10 R 3	18 ♉ 4	5 ♊ 46	29 ♒ 27	10 ♏ 46	8 ♉ 38	29 ♑ 17	18 ♋ 54	26 ♊ 13	19 ♉	12 ♈	11 ♎	3 ♊	5 ♓
24	2 ♉ 19	23 ♒ 42	10 ♉ 28	10 ♉ 3	18 ♉ 14	6 ♊ 57	0 ♓ 12	10 ♏ 38	8 ♉ 46	29 ♑ 18	18 ♋ 55	26 ♊ 14	19 ♉	12 ♈	11 ♎	3 ♊	5 ♓
25	3 ♉ 18	6 ♓ 44	10 ♉ 25	10 ♉ 2	18 ♉ 19	8 ♊ 8	0 ♓ 56	10 ♏ 31	8 ♉ 53	29 ♑ 18	18 ♋ 55	26 ♊ 15	19 ♉	12 ♈	11 ♎	4 ♊	5 ♓
26	4 ♉ 16	20 ♓ 11	10 ♉ 22	10 ♉ 1	18 R 18	9 ♊ 20	1 ♓ 41	10 ♏ 23	9 ♉ 1	29 ♑ 19	18 ♋ 56	26 ♊ 15	20 ♉	13 ♈	10 ♎	4 ♊	6 ♓
27	5 ♉ 15	4 ♈ 3	10 ♉ 18	10 ♉ 0	18 ♉ 12	10 ♊ 31	2 ♓ 26	10 ♏ 15	9 ♉ 9	29 ♑ 19	18 ♋ 57	26 ♊ 16	20 ♉	13 ♈	10 ♎	4 ♊	6 ♓
28	6 ♉ 13	18 ♈ 19	10 ♉ 15	10 ♉ 0	18 ♉ 0	11 ♊ 42	3 ♓ 11	10 ♏ 8	9 ♉ 16	29 ♑ 19	18 ♋ 58	26 ♊ 17	21 ♉	13 ♈	10 ♎	5 ♊	6 ♓
29	7 ♉ 11	2 ♉ 56	10 ♉ 12	10 ♉ 0	17 ♉ 44	12 ♊ 53	3 ♓ 55	10 ♏ 0	9 ♉ 24	29 ♑ 20	18 ♋ 59	26 ♊ 18	21 ♉	14 ♈	10 ♎	5 ♊	6 ♓
30	8 ♉ 10	17 ♉ 46	10 ♉ 9	10 D 0	17 ♉ 23	14 ♊ 4	4 ♓ 40	9 ♏ 53	9 ♉ 32	29 ♑ 20	19 ♋ 0	26 ♊ 19	22 ♉	14 ♈	10 ♎	6 ♊	6 ♓

SUN INGRESS	☉ → ♉ 21日 14:36
MOON PHASE	◐ 6日 14:55 ♋ ○ 13日 23:36 ♎ ◑ 22日 03:35 ♒ ● 29日 07:25 ♉

aspects		
1日	02:54	♂□♃
3日	13:03	☿⚹♇
3日	22:58	♀☍♃
5日	04:13	☿□♅
8日	19:51	♀⚹♆
9日	01:24	♀□♂
10日	02:37	☿☌♄
10日	03:39	☉□♆
13日	20:45	☿☍♃
14日	18:42	☉⚹♂
17日	12:19	♀△♅
17日	15:52	☉⚹♇
18日	13:49	♂△♇
20日	20:34	☉□♅

1911年5月

DAY	☉	☽	☊ mean	☊ true	☿	♀	♂	♃	♄	♅	♆	♇	⚳	⚴	⚵	⚶	⚷
	° ′	° ′	° ′	° ′	° ′	° ′	° ′	° ′	° ′	° ′	° ′	° ′	°	°	°	°	°
1	9 ♉ 8	2 ♊ 42	10 ♉ 6	10 D 0	16 R 58	15 D 14	5 D 25	9 R 45	9 D 39	29 D 20	19 D 1	26 D 20	22 D	15 D	10 R	6 D	6 D
2	10 ♉ 6	17 ♊ 37	10 ♉ 2	10 R 0	16 ♉ 29	16 ♊ 25	6 ♓ 9	9 ♏ 37	9 ♉ 47	29 ♑ 20	19 ♋ 2	26 ♊ 21	22 ♉	15 ♈	9 ♎	7 ♊	6 ♓
3	11 ♉ 5	2 ♋ 22	9 ♉ 59	10 ♉ 0	15 ♉ 57	17 ♊ 36	6 ♓ 54	9 ♏ 30	9 ♉ 55	29 ♑ 21	19 ♋ 3	26 ♊ 22	23 ♉	15 ♈	9 ♎	7 ♊	6 ♓
4	12 ♉ 3	16 ♋ 53	9 ♉ 56	10 ♉ 0	15 ♉ 23	18 ♊ 46	7 ♓ 39	9 ♏ 22	10 ♉ 2	29 ♑ 21	19 ♋ 4	26 ♊ 24	23 ♉	16 ♈	9 ♎	7 ♊	6 ♓
5	13 ♉ 1	1 ♌ 5	9 ♉ 53	10 ♉ 0	14 ♉ 47	19 ♊ 57	8 ♓ 23	9 ♏ 14	10 ♉ 10	29 ♑ 21	19 ♋ 5	26 ♊ 25	24 ♉	16 ♈	9 ♎	8 ♊	6 ♓
6	13 ♉ 59	14 ♌ 55	9 ♉ 50	10 D 0	14 ♉ 10	21 ♊ 7	9 ♓ 8	9 ♏ 7	10 ♉ 18	29 R 21	19 ♋ 6	26 ♊ 26	24 ♉	16 ♈	9 ♎	8 ♊	6 ♓
7	14 ♉ 57	28 ♌ 25	9 ♉ 47	10 ♉ 0	13 ♉ 33	22 ♊ 17	9 ♓ 53	8 ♏ 59	10 ♉ 26	29 ♑ 21	19 ♋ 7	26 ♊ 27	24 ♉	17 ♈	9 ♎	9 ♊	6 ♓
8	15 ♉ 55	11 ♍ 36	9 ♉ 43	10 ♉ 0	12 ♉ 55	23 ♊ 28	10 ♓ 37	8 ♏ 51	10 ♉ 33	29 ♑ 20	19 ♋ 8	26 ♊ 28	25 ♉	17 ♈	8 ♎	9 ♊	6 ♓
9	16 ♉ 53	24 ♍ 29	9 ♉ 40	10 ♉ 1	12 ♉ 19	24 ♊ 38	11 ♓ 22	8 ♏ 44	10 ♉ 41	29 ♑ 20	19 ♋ 10	26 ♊ 29	25 ♉	17 ♈	8 ♎	9 ♊	6 ♓
10	17 ♉ 51	7 ♎ 6	9 ♉ 37	10 ♉ 1	11 ♉ 44	25 ♊ 48	12 ♓ 6	8 ♏ 36	10 ♉ 49	29 ♑ 20	19 ♋ 11	26 ♊ 30	26 ♉	18 ♈	8 ♎	10 ♊	6 ♓
11	18 ♉ 49	19 ♎ 30	9 ♉ 34	10 ♉ 2	11 ♉ 11	26 ♊ 57	12 ♓ 51	8 ♏ 29	10 ♉ 56	29 ♑ 20	19 ♋ 12	26 ♊ 31	26 ♉	18 ♈	8 ♎	10 ♊	6 ♓
12	19 ♉ 47	1 ♏ 43	9 ♉ 31	10 ♉ 3	10 ♉ 40	28 ♊ 7	13 ♓ 35	8 ♏ 22	11 ♉ 4	29 ♑ 20	19 ♋ 13	26 ♊ 33	26 ♉	19 ♈	8 ♎	11 ♊	6 ♓
13	20 ♉ 45	13 ♏ 48	9 ♉ 28	10 R 3	10 ♉ 13	29 ♊ 17	14 ♓ 20	8 ♏ 14	11 ♉ 12	29 ♑ 19	19 ♋ 15	26 ♊ 34	27 ♉	19 ♈	8 ♎	11 ♊	6 ♓
14	21 ♉ 43	25 ♏ 45	9 ♉ 24	10 ♉ 2	9 ♉ 49	0 ♋ 26	15 ♓ 4	8 ♏ 7	11 ♉ 19	29 ♑ 19	19 ♋ 16	26 ♊ 35	27 ♉	19 ♈	8 ♎	12 ♊	6 ♓
15	22 ♉ 41	7 ♐ 38	9 ♉ 21	10 ♉ 1	9 ♉ 29	1 ♋ 36	15 ♓ 49	8 ♏ 0	11 ♉ 27	29 ♑ 18	19 ♋ 18	26 ♊ 36	28 ♉	20 ♈	8 ♎	12 ♊	6 ♓
16	23 ♉ 39	19 ♐ 28	9 ♉ 18	10 ♉ 0	9 ♉ 13	2 ♋ 45	16 ♓ 33	7 ♏ 53	11 ♉ 34	29 ♑ 18	19 ♋ 19	26 ♊ 37	28 ♉	20 ♈	8 ♎	12 ♊	6 ♓
17	24 ♉ 36	1 ♑ 18	9 ♉ 15	9 ♉ 57	9 ♉ 1	3 ♋ 54	17 ♓ 18	7 ♏ 45	11 ♉ 42	29 ♑ 17	19 ♋ 20	26 ♊ 39	29 ♉	20 ♈	8 ♎	13 ♊	6 ♓
18	25 ♉ 34	13 ♑ 10	9 ♉ 12	9 ♉ 55	8 ♉ 54	5 ♋ 3	18 ♓ 2	7 ♏ 38	11 ♉ 49	29 ♑ 17	19 ♋ 22	26 ♊ 40	29 ♉	21 ♈	7 ♎	13 ♊	6 ♓
19	26 ♉ 32	25 ♑ 8	9 ♉ 8	9 ♉ 53	8 ♉ 51	6 ♋ 12	18 ♓ 46	7 ♏ 31	11 ♉ 57	29 ♑ 16	19 ♋ 23	26 ♊ 41	29 ♉	21 ♈	7 ♎	14 ♊	6 ♓
20	27 ♉ 30	7 ♒ 15	9 ♉ 5	9 ♉ 51	8 D 52	7 ♋ 21	19 ♓ 31	7 ♏ 25	12 ♉ 5	29 ♑ 15	19 ♋ 25	26 ♊ 42	0 ♊	22 ♈	7 ♎	14 ♊	6 ♓
21	28 ♉ 27	19 ♒ 34	9 ♉ 2	9 ♉ 50	8 ♉ 58	8 ♋ 30	20 ♓ 15	7 ♏ 18	12 ♉ 12	29 ♑ 15	19 ♋ 26	26 ♊ 44	0 ♊	22 ♈	7 ♎	15 ♊	6 ♓
22	29 ♉ 25	2 ♓ 11	8 ♉ 59	9 D 50	9 ♉ 9	9 ♋ 39	20 ♓ 59	7 ♏ 11	12 ♉ 20	29 ♑ 14	19 ♋ 28	26 ♊ 45	1 ♊	22 ♈	7 ♎	15 ♊	6 ♓
23	0 ♊ 23	15 ♓ 8	8 ♉ 56	9 ♉ 50	9 ♉ 24	10 ♋ 47	21 ♓ 43	7 ♏ 5	12 ♉ 27	29 ♑ 13	19 ♋ 29	26 ♊ 46	1 ♊	23 ♈	7 ♎	15 ♊	6 ♓
24	1 ♊ 20	28 ♓ 29	8 ♉ 53	9 ♉ 52	9 ♉ 44	11 ♋ 55	22 ♓ 28	6 ♏ 58	12 ♉ 35	29 ♑ 12	19 ♋ 31	26 ♊ 48	1 ♊	23 ♈	7 ♎	16 ♊	6 ♓
25	2 ♊ 18	12 ♈ 16	8 ♉ 49	9 ♉ 53	10 ♉ 8	13 ♋ 4	23 ♓ 12	6 ♏ 52	12 ♉ 42	29 ♑ 11	19 ♋ 33	26 ♊ 49	2 ♊	23 ♈	7 ♎	16 ♊	6 ♓
26	3 ♊ 16	26 ♈ 29	8 ♉ 46	9 ♉ 54	10 ♉ 36	14 ♋ 12	23 ♓ 56	6 ♏ 46	12 ♉ 49	29 ♑ 10	19 ♋ 34	26 ♊ 50	2 ♊	24 ♈	7 ♎	17 ♊	6 ♓
27	4 ♊ 13	11 ♉ 8	8 ♉ 43	9 R 55	11 ♉ 8	15 ♋ 20	24 ♓ 40	6 ♏ 39	12 ♉ 57	29 ♑ 9	19 ♋ 36	26 ♊ 52	3 ♊	24 ♈	7 ♎	17 ♊	6 ♓
28	5 ♊ 11	26 ♉ 5	8 ♉ 40	9 ♉ 54	11 ♉ 45	16 ♋ 27	25 ♓ 24	6 ♏ 33	13 ♉ 4	29 ♑ 8	19 ♋ 38	26 ♊ 53	3 ♊	24 ♈	7 ♎	18 ♊	6 ♓
29	6 ♊ 9	11 ♊ 15	8 ♉ 37	9 ♉ 52	12 ♉ 25	17 ♋ 35	26 ♓ 8	6 ♏ 28	13 ♉ 11	29 ♑ 7	19 ♋ 39	26 ♊ 54	4 ♊	25 ♈	7 ♎	18 ♊	6 ♓
30	7 ♊ 6	26 ♊ 27	8 ♉ 34	9 ♉ 49	13 ♉ 9	18 ♋ 43	26 ♓ 52	6 ♏ 22	13 ♉ 19	29 ♑ 6	19 ♋ 41	26 ♊ 56	4 ♊	25 ♈	7 ♎	18 ♊	6 ♓
31	8 ♊ 4	11 ♋ 31	8 ♉ 30	9 ♉ 45	13 ♉ 57	19 ♋ 50	27 ♓ 36	6 ♏ 16	13 ♉ 26	29 ♑ 5	19 ♋ 43	26 ♊ 57	4 ♊	26 ♈	7 ♎	19 ♊	6 ♓

SUN INGRESS	☉ → ♊ 22日 14:19
MOON PHASE	◐ 5日 22:13 ♌ ○ 13日 15:09 ♏ ◑ 21日 18:23 ♒ ● 28日 15:24 ♊

aspects		
1日	08:35	♃☍♄
1日	13:25	☉☍♃
1日	14:53	☉☌♄
5日	23:23	♂△♃
6日	02:50	☉☌☿
7日	21:27	♂⚹♄
9日	17:11	☿⚹♂
10日	14:53	♀☌♇
11日	09:00	☿☌♄
11日	09:47	☉⚹♆
19日	20:46	♂△♆
20日	01:05	♀△♃
21日	11:32	☿⚹♀
21日	19:22	☉△♅
24日	15:27	♀⚹♄
30日	02:08	♂□♇
30日	05:44	☿☌♄
30日	21:21	♀☌♆

1911年6月

DAY	☉	☽	☊ mean	☊ true	☿	♀	♂	♃	♄	♅	♆	♇	⚳	⚴	⚵	⚶	⚷
	° ′	° ′	° ′	° ′	° ′	° ′	° ′	° ′	° ′	° ′	° ′	° ′	°	°	°	°	°
1	9 ♊ 1	26 ♋ 19	8 ♉ 27	9 R 41	14 D 49	20 D 57	28 D 20	6 R 11	13 D 33	29 R 3	19 D 45	26 D 58	5 D	26 D	7 D	19 D	6 D
2	9 ♊ 59	10 ♌ 45	8 ♉ 24	9 ♉ 38	15 ♉ 44	22 ♋ 4	29 ♓ 3	6 ♏ 5	13 ♉ 40	29 ♑ 2	19 ♋ 46	27 ♊ 0	5 ♊	26 ♈	7 ♎	20 ♊	6 ♓
3	10 ♊ 56	24 ♌ 44	8 ♉ 21	9 ♉ 36	16 ♉ 42	23 ♋ 11	29 ♓ 47	6 ♏ 0	13 ♉ 48	29 ♑ 1	19 ♋ 48	27 ♊ 1	6 ♊	27 ♈	7 ♎	20 ♊	6 ♓
4	11 ♊ 54	8 ♍ 16	8 ♉ 18	9 ♉ 35	17 ♉ 44	24 ♋ 18	0 ♈ 31	5 ♏ 55	13 ♉ 55	29 ♑ 0	19 ♋ 50	27 ♊ 3	6 ♊	27 ♈	7 ♎	21 ♊	7 ♓
5	12 ♊ 51	21 ♍ 24	8 ♉ 14	9 D 35	18 ♉ 49	25 ♋ 25	1 ♈ 14	5 ♏ 50	14 ♉ 2	28 ♑ 58	19 ♋ 52	27 ♊ 4	6 ♊	27 ♈	7 ♎	21 ♊	7 ♓
6	13 ♊ 49	4 ♎ 9	8 ♉ 11	9 ♉ 36	19 ♉ 57	26 ♋ 31	1 ♈ 58	5 ♏ 45	14 ♉ 9	28 ♑ 57	19 ♋ 54	27 ♊ 5	7 ♊	28 ♈	7 ♎	22 ♊	7 ♓
7	14 ♊ 46	16 ♎ 36	8 ♉ 8	9 ♉ 38	21 ♉ 8	27 ♋ 37	2 ♈ 42	5 ♏ 41	14 ♉ 16	28 ♑ 55	19 ♋ 56	27 ♊ 7	7 ♊	28 ♈	7 ♎	22 ♊	7 ♓
8	15 ♊ 43	28 ♎ 48	8 ♉ 5	9 ♉ 39	22 ♉ 23	28 ♋ 43	3 ♈ 25	5 ♏ 36	14 ♉ 23	28 ♑ 54	19 ♋ 57	27 ♊ 8	8 ♊	28 ♈	7 ♎	22 ♊	7 ♓
9	16 ♊ 41	10 ♏ 51	8 ♉ 2	9 R 40	23 ♉ 40	29 ♋ 49	4 ♈ 8	5 ♏ 32	14 ♉ 30	28 ♑ 52	19 ♋ 59	27 ♊ 10	8 ♊	29 ♈	7 ♎	23 ♊	7 ♓
10	17 ♊ 38	22 ♏ 46	7 ♉ 59	9 ♉ 39	25 ♉ 1	0 ♌ 55	4 ♈ 52	5 ♏ 28	14 ♉ 37	28 ♑ 51	20 ♋ 1	27 ♊ 11	9 ♊	29 ♈	7 ♎	23 ♊	7 ♓
11	18 ♊ 35	4 ♐ 37	7 ♉ 55	9 ♉ 36	26 ♉ 24	2 ♌ 0	5 ♈ 35	5 ♏ 24	14 ♉ 44	28 ♑ 49	20 ♋ 3	27 ♊ 12	9 ♊	0 ♉	7 ♎	24 ♊	7 ♓
12	19 ♊ 33	16 ♐ 27	7 ♉ 52	9 ♉ 31	27 ♉ 50	3 ♌ 5	6 ♈ 18	5 ♏ 20	14 ♉ 50	28 ♑ 47	20 ♋ 5	27 ♊ 14	9 ♊	0 ♉	7 ♎	24 ♊	7 R
13	20 ♊ 30	28 ♐ 17	7 ♉ 49	9 ♉ 25	29 ♉ 20	4 ♌ 10	7 ♈ 1	5 ♏ 16	14 ♉ 57	28 ♑ 46	20 ♋ 7	27 ♊ 15	10 ♊	0 ♉	7 ♎	25 ♊	7 ♓
14	21 ♊ 27	10 ♑ 10	7 ♉ 46	9 ♉ 18	0 ♊ 52	5 ♌ 15	7 ♈ 45	5 ♏ 13	15 ♉ 4	28 ♑ 44	20 ♋ 9	27 ♊ 17	10 ♊	1 ♉	7 ♎	25 ♊	7 ♓
15	22 ♊ 25	22 ♑ 6	7 ♉ 43	9 ♉ 10	2 ♊ 27	6 ♌ 20	8 ♈ 28	5 ♏ 10	15 ♉ 11	28 ♑ 42	20 ♋ 11	27 ♊ 18	11 ♊	1 ♉	7 ♎	25 ♊	7 ♓
16	23 ♊ 22	4 ♒ 9	7 ♉ 40	9 ♉ 2	4 ♊ 5	7 ♌ 24	9 ♈ 11	5 ♏ 6	15 ♉ 17	28 ♑ 40	20 ♋ 13	27 ♊ 20	11 ♊	1 ♉	8 ♎	26 ♊	7 ♓
17	24 ♊ 19	16 ♒ 21	7 ♉ 36	8 ♉ 56	5 ♊ 46	8 ♌ 28	9 ♈ 54	5 ♏ 3	15 ♉ 24	28 ♑ 39	20 ♋ 15	27 ♊ 21	11 ♊	2 ♉	8 ♎	26 ♊	7 ♓
18	25 ♊ 17	28 ♒ 43	7 ♉ 33	8 ♉ 51	7 ♊ 29	9 ♌ 32	10 ♈ 36	5 ♏ 1	15 ♉ 30	28 ♑ 37	20 ♋ 17	27 ♊ 22	12 ♊	2 ♉	8 ♎	27 ♊	7 ♓
19	26 ♊ 14	11 ♓ 20	7 ♉ 30	8 ♉ 48	9 ♊ 16	10 ♌ 36	11 ♈ 19	4 ♏ 58	15 ♉ 37	28 ♑ 35	20 ♋ 19	27 ♊ 24	12 ♊	2 ♉	8 ♎	27 ♊	7 ♓
20	27 ♊ 11	24 ♓ 14	7 ♉ 27	8 ♉ 46	11 ♊ 5	11 ♌ 39	12 ♈ 2	4 ♏ 55	15 ♉ 43	28 ♑ 33	20 ♋ 21	27 ♊ 25	13 ♊	3 ♉	8 ♎	28 ♊	6 ♓
21	28 ♊ 8	7 ♈ 28	7 ♉ 24	8 D 47	12 ♊ 56	12 ♌ 42	12 ♈ 44	4 ♏ 53	15 ♉ 50	28 ♑ 31	20 ♋ 24	27 ♊ 27	13 ♊	3 ♉	8 ♎	28 ♊	6 ♓
22	29 ♊ 6	21 ♈ 7	7 ♉ 20	8 ♉ 48	14 ♊ 51	13 ♌ 45	13 ♈ 27	4 ♏ 51	15 ♉ 56	28 ♑ 29	20 ♋ 26	27 ♊ 28	14 ♊	3 ♉	8 ♎	28 ♊	6 ♓
23	0 ♋ 3	5 ♉ 11	7 ♉ 17	8 ♉ 48	16 ♊ 47	14 ♌ 48	14 ♈ 9	4 ♏ 49	16 ♉ 2	28 ♑ 27	20 ♋ 28	27 ♊ 30	14 ♊	4 ♉	8 ♎	29 ♊	6 ♓
24	1 ♋ 0	19 ♉ 39	7 ♉ 14	8 R 48	18 ♊ 47	15 ♌ 50	14 ♈ 52	4 ♏ 47	16 ♉ 9	28 ♑ 25	20 ♋ 30	27 ♊ 31	14 ♊	4 ♉	8 ♎	29 ♊	6 ♓
25	1 ♋ 57	4 ♊ 30	7 ♉ 11	8 ♉ 46	20 ♊ 48	16 ♌ 53	15 ♈ 34	4 ♏ 46	16 ♉ 15	28 ♑ 23	20 ♋ 32	27 ♊ 32	15 ♊	5 ♉	8 ♎	0 ♋	6 ♓
26	2 ♋ 55	19 ♊ 37	7 ♉ 8	8 ♉ 41	22 ♊ 51	17 ♌ 54	16 ♈ 16	4 ♏ 44	16 ♉ 21	28 ♑ 21	20 ♋ 34	27 ♊ 34	15 ♊	5 ♉	9 ♎	0 ♋	6 ♓
27	3 ♋ 52	4 ♋ 52	7 ♉ 5	8 ♉ 35	24 ♊ 56	18 ♌ 56	16 ♈ 58	4 ♏ 43	16 ♉ 27	28 ♑ 19	20 ♋ 36	27 ♊ 35	16 ♊	5 ♉	9 ♎	1 ♋	6 ♓
28	4 ♋ 49	20 ♋ 3	7 ♉ 1	8 ♉ 26	27 ♊ 3	19 ♌ 57	17 ♈ 40	4 ♏ 42	16 ♉ 33	28 ♑ 17	20 ♋ 38	27 ♊ 37	16 ♊	6 ♉	9 ♎	1 ♋	6 ♓
29	5 ♋ 46	5 ♌ 0	6 ♉ 58	8 ♉ 18	29 ♊ 11	20 ♌ 58	18 ♈ 22	4 ♏ 41	16 ♉ 39	28 ♑ 14	20 ♋ 41	27 ♊ 38	16 ♊	6 ♉	9 ♎	1 ♋	6 ♓
30	6 ♋ 44	19 ♌ 36	6 ♉ 55	8 ♉ 10	1 ♋ 20	21 ♌ 59	19 ♈ 4	4 ♏ 40	16 ♉ 45	28 ♑ 12	20 ♋ 43	27 ♊ 40	17 ♊	6 ♉	9 ♎	2 ♋	6 ♓

SUN INGRESS	☉ → ♋ 22日 22:36
MOON PHASE	◐ 4日 07:04 ♍ ○ 12日 06:50 ♐ ◑ 20日 05:51 ♓ ● 26日 22:19 ♋

aspects		
1日	23:22	♂⚹♅
5日	22:53	☿⚹♆
8日	03:44	♀☍♅
12日	15:06	♀△♅
13日	23:10	♀□♃
20日	06:06	☉☌♇
20日	17:15	☿⚹♀
20日	19:54	☿⚹♂
21日	02:19	♀△♂
24日	07:47	♀□♄
27日	21:05	☉△♃
28日	06:23	☿☌♇

1911年7月

DAY	☉	☽	☊ mean	☊ true	☿	♀	♂	♃	♄	♅	♆	♇	⚳	⚴	⚵	⚶	⚷
	° ′	° ′	° ′	° ′	° ′	° ′	° ′	° ′	° ′	° ′	° ′	° ′	°	°	°	°	°
1	7♋41	3♍44	6♉52	8 R 4	3 D 30	22 D 59	19 D 46	4 R 40	16 D 51	28 R 10	20 D 45	27 D 41	17 D	7 D	9 D	2 D	6 R
2	8♋38	17♍22	6♉49	8♉0	5♋41	23♌59	20♈27	4♏40	16♉56	28♑8	20♋47	27♊42	18♊	7♉	9♎	3♋	6♓
3	9♋35	0♎32	6♉46	7♉58	7♋52	24♌58	21♈9	4♏39	17♉2	28♑6	20♋49	27♊44	18♊	7♉	10♎	3♋	6♓
4	10♋32	13♎17	6♉42	7 D 58	10♋2	25♌57	21♈50	4 D 40	17♉8	28♑3	20♋52	27♊45	18♊	8♉	10♎	4♋	6♓
5	11♋30	25♎42	6♉39	7♉58	12♋12	26♌56	22♈31	4♏40	17♉13	28♑1	20♋54	27♊47	19♊	8♉	10♎	4♋	6♓
6	12♋27	7♏50	6♉36	7♉58	14♋22	27♌54	23♈13	4♏40	17♉19	27♑59	20♋56	27♊48	19♊	8♉	10♎	5♋	6♓
7	13♋24	19♏47	6♉33	7 R 58	16♋31	28♌52	23♈54	4♏41	17♉24	27♑57	20♋58	27♊49	20♊	9♉	10♎	5♋	6♓
8	14♋21	1♐38	6♉30	7♉55	18♋39	29♌50	24♈35	4♏42	17♉30	27♑54	21♋0	27♊51	20♊	9♉	10♎	5♋	6♓
9	15♋18	13♐27	6♉26	7♉50	20♋46	0♍47	25♈15	4♏42	17♉35	27♑52	21♋3	27♊52	21♊	9♉	11♎	6♋	6♓
10	16♋16	25♐17	6♉23	7♉42	22♋51	1♍43	25♈56	4♏44	17♉40	27♑50	21♋5	27♊54	21♊	10♉	11♎	6♋	6♓
11	17♋13	7♑10	6♉20	7♉32	24♋55	2♍40	26♈37	4♏45	17♉45	27♑47	21♋7	27♊55	21♊	10♉	11♎	7♋	6♓
12	18♋10	19♑8	6♉17	7♉21	26♋57	3♍35	27♈17	4♏46	17♉50	27♑45	21♋9	27♊56	22♊	10♉	11♎	7♋	6♓
13	19♋7	1♒14	6♉14	7♉8	28♋58	4♍30	27♈58	4♏48	17♉55	27♑43	21♋11	27♊58	22♊	11♉	11♎	8♋	6♓
14	20♋4	13♒26	6♉11	6♉56	0♌57	5♍25	28♈38	4♏50	18♉0	27♑40	21♋14	27♊59	23♊	11♉	11♎	8♋	6♓
15	21♋2	25♒48	6♉7	6♉45	2♌54	6♍19	29♈18	4♏52	18♉5	27♑38	21♋16	28♊0	23♊	11♉	12♎	8♋	6♓
16	21♋59	8♓20	6♉4	6♉36	4♌50	7♍13	29♈58	4♏54	18♉10	27♑35	21♋18	28♊2	23♊	12♉	12♎	9♋	6♓
17	22♋56	21♓4	6♉1	6♉30	6♌44	8♍6	0♉38	4♏56	18♉15	27♑33	21♋20	28♊3	24♊	12♉	12♎	9♋	6♓
18	23♋53	4♈2	5♉58	6♉26	8♌35	8♍58	1♉17	4♏59	18♉19	27♑31	21♋23	28♊4	24♊	12♉	12♎	10♋	6♓
19	24♋50	17♈16	5♉55	6♉25	10♌25	9♍50	1♉57	5♏2	18♉24	27♑28	21♋25	28♊6	25♊	13♉	12♎	10♋	6♓
20	25♋48	0♉49	5♉52	6 D 25	12♌14	10♍41	2♉36	5♏4	18♉28	27♑26	21♋27	28♊7	25♊	13♉	13♎	11♋	6♓
21	26♋45	14♉43	5♉48	6 R 25	14♌0	11♍31	3♉16	5♏7	18♉33	27♑23	21♋29	28♊8	25♊	13♉	13♎	11♋	6♓
22	27♋42	28♉58	5♉45	6♉24	15♌45	12♍21	3♉55	5♏11	18♉37	27♑21	21♋31	28♊10	26♊	14♉	13♎	11♋	6♓
23	28♋40	13♊34	5♉42	6♉20	17♌27	13♍10	4♉34	5♏14	18♉41	27♑19	21♋34	28♊11	26♊	14♉	13♎	12♋	6♓
24	29♋37	28♊26	5♉39	6♉14	19♌8	13♍59	5♉12	5♏18	18♉45	27♑16	21♋36	28♊12	27♊	14♉	13♎	12♋	6♓
25	0♌34	13♋28	5♉36	6♉5	20♌47	14♍46	5♉51	5♏21	18♉49	27♑14	21♋38	28♊13	27♊	15♉	14♎	13♋	6♓
26	1♌32	28♋29	5♉32	5♉55	22♌25	15♍33	6♉29	5♏25	18♉53	27♑11	21♋40	28♊15	27♊	15♉	14♎	13♋	6♓
27	2♌29	13♌22	5♉29	5♉44	24♌0	16♍19	7♉8	5♏29	18♉57	27♑9	21♋43	28♊16	28♊	15♉	14♎	14♋	6♓
28	3♌26	27♌56	5♉26	5♉33	25♌34	17♍4	7♉46	5♏33	19♉1	27♑7	21♋45	28♊17	28♊	15♉	14♎	14♋	6♓
29	4♌24	12♍6	5♉23	5♉24	27♌6	17♍48	8♉24	5♏38	19♉5	27♑5	21♋47	28♊18	29♊	16♉	15♎	14♋	6♓
30	5♌21	25♍48	5♉20	5♉18	28♌36	18♍32	9♉1	5♏42	19♉8	27♑2	21♋49	28♊19	29♊	16♉	15♎	15♋	5♓
31	6♌18	9♎1	5♉17	5♉14	0♍4	19♍14	9♉39	5♏47	19♉12	27♑0	21♋51	28♊21	29♊	16♉	15♎	15♋	5♓

SUN INGRESS ☉ → ♌ 24日 09:29

MOON PHASE ◐ 3日 18:20 ♎ ○ 11日 21:53 ♑ ◑ 19日 14:31 ♈ ● 26日 05:12 ♌

aspects		
1日	12:47	☿△♃
2日	12:04	♂□♆
4日	09:55	☉☌☿
5日	21:20	♀⚹♇
7日	10:23	☿⚹♄
9日	03:16	☿☌♆
11日	15:00	☉⚹♄
12日	05:53	☿□♂
12日	09:14	☿☍♅
12日	15:35	♂□♅
13日	00:06	♂⚹♇
13日	07:59	♀⚹♃
15日	06:17	☉☌♆
16日	00:53	☿□♃
21日	15:28	☉☍♅
23日	18:16	☿□♄
24日	03:36	♂☍♃
29日	19:29	☿⚹♇
30日	09:42	☉□♃
30日	22:32	♀△♄

1911年8月

DAY	☉	☽	☊ mean	☊ true	☿	♀	♂	♃	♄	♅	♆	♇	⚳	⚴	⚵	⚶	⚷
	° ′	° ′	° ′	° ′	° ′	° ′	° ′	° ′	° ′	° ′	° ′	° ′	°	°	°	°	°
1	7♌16	21♎48	5♉13	5 R 12	1 D 31	19 D 56	10 D 16	5 D 52	19 D 15	26 R 57	21 D 53	28 D 22	0 D	17 D	15 D	16 D	5 R
2	8♌13	4♏14	5♉10	5♉12	2♍55	20♍36	10♉53	5♏57	19♉19	26♑55	21♋56	28♊23	0♋	17♉	16♎	16♋	5♓
3	9♌11	16♏23	5♉7	5♉12	4♍18	21♍15	11♉30	6♏2	19♉22	26♑52	21♋58	28♊24	1♋	17♉	16♎	17♋	5♓
4	10♌8	28♏20	5♉4	5♉11	5♍38	21♍54	12♉7	6♏7	19♉25	26♑50	22♋0	28♊25	1♋	18♉	16♎	17♋	5♓
5	11♌5	10♐11	5♉1	5♉8	6♍57	22♍31	12♉44	6♏13	19♉28	26♑48	22♋2	28♊26	1♋	18♉	16♎	17♋	5♓
6	12♌3	22♐1	4♉58	5♉3	8♍14	23♍6	13♉20	6♏18	19♉31	26♑46	22♋4	28♊27	2♋	18♉	17♎	18♋	5♓
7	13♌0	3♑53	4♉54	4♉55	9♍28	23♍41	13♉56	6♏24	19♉34	26♑43	22♋6	28♊29	2♋	18♉	17♎	18♋	5♓
8	13♌58	15♑50	4♉51	4♉45	10♍41	24♍14	14♉32	6♏30	19♉37	26♑41	22♋8	28♊30	3♋	19♉	17♎	19♋	5♓
9	14♌55	27♑57	4♉48	4♉33	11♍51	24♍46	15♉8	6♏36	19♉39	26♑39	22♋10	28♊31	3♋	19♉	17♎	19♋	5♓
10	15♌53	10♒12	4♉45	4♉20	12♍59	25♍17	15♉44	6♏42	19♉42	26♑37	22♋13	28♊32	3♋	19♉	18♎	20♋	5♓
11	16♌50	22♒39	4♉42	4♉7	14♍4	25♍46	16♉19	6♏48	19♉44	26♑34	22♋15	28♊33	4♋	20♉	18♎	20♋	5♓
12	17♌48	5♓16	4♉38	3♉55	15♍7	26♍13	16♉54	6♏55	19♉47	26♑32	22♋17	28♊34	4♋	20♉	18♎	20♋	5♓
13	18♌45	18♓4	4♉35	3♉46	16♍8	26♍39	17♉29	7♏2	19♉49	26♑30	22♋19	28♊35	5♋	20♉	18♎	21♋	5♓
14	19♌43	1♈4	4♉32	3♉40	17♍5	27♍3	18♉3	7♏8	19♉51	26♑28	22♋21	28♊36	5♋	20♉	19♎	21♋	5♓
15	20♌41	14♈15	4♉29	3♉36	18♍0	27♍26	18♉38	7♏15	19♉53	26♑26	22♋23	28♊37	5♋	21♉	19♎	22♋	5♓
16	21♌38	27♈38	4♉26	3♉35	18♍52	27♍47	19♉12	7♏22	19♉55	26♑24	22♋25	28♊38	6♋	21♉	19♎	22♋	5♓
17	22♌36	11♉14	4♉23	3 D 35	19♍41	28♍6	19♉46	7♏29	19♉57	26♑21	22♋27	28♊39	6♋	21♉	19♎	23♋	5♓
18	23♌34	25♉5	4♉19	3 R 35	20♍26	28♍23	20♉19	7♏37	19♉59	26♑19	22♋29	28♊39	7♋	21♉	20♎	23♋	5♓
19	24♌31	9♊11	4♉16	3♉34	21♍8	28♍39	20♉53	7♏44	20♉1	26♑17	22♋31	28♊40	7♋	22♉	20♎	23♋	5♓
20	25♌29	23♊32	4♉13	3♉31	21♍46	28♍52	21♉26	7♏52	20♉2	26♑15	22♋33	28♊41	7♋	22♉	20♎	24♋	5♓
21	26♌27	8♋4	4♉10	3♉26	22♍20	29♍3	21♉58	7♏59	20♉4	26♑13	22♋35	28♊42	8♋	22♉	20♎	24♋	5♓
22	27♌25	22♋43	4♉7	3♉19	22♍50	29♍13	22♉31	8♏7	20♉5	26♑11	22♋37	28♊43	8♋	22♉	21♎	25♋	4♓
23	28♌23	7♌23	4♉4	3♉10	23♍16	29♍20	23♉3	8♏15	20♉6	26♑10	22♋38	28♊44	8♋	23♉	21♎	25♋	4♓
24	29♌20	21♌56	4♉0	3♉0	23♍37	29♍25	23♉35	8♏23	20♉7	26♑8	22♋40	28♊45	9♋	23♉	21♎	26♋	4♓
25	0♍18	6♍16	3♉57	2♉50	23♍53	29♍28	24♉7	8♏31	20♉9	26♑6	22♋42	28♊45	9♋	23♉	22♎	26♋	4♓
26	1♍16	20♍15	3♉54	2♉42	24♍4	29 R 28	24♉38	8♏39	20♉9	26♑4	22♋44	28♊46	10♋	23♉	22♎	26♋	4♓
27	2♍14	3♎52	3♉51	2♉37	24♍9	29♍26	25♉9	8♏48	20♉10	26♑2	22♋46	28♊47	10♋	24♉	22♎	27♋	4♓
28	3♍12	17♎3	3♉48	2♉33	24 R 9	29♍22	25♉39	8♏56	20♉11	26♑0	22♋48	28♊48	10♋	24♉	22♎	27♋	4♓
29	4♍10	29♎51	3♉44	2♉32	24♍3	29♍15	26♉10	9♏5	20♉12	25♑59	22♋49	28♊48	11♋	24♉	23♎	28♋	4♓
30	5♍8	12♏18	3♉41	2 D 32	23♍51	29♍6	26♉40	9♏14	20♉12	25♑57	22♋51	28♊49	11♋	24♉	23♎	28♋	4♓
31	6♍6	24♏29	3♉38	2♉33	23♍33	28♍55	27♉9	9♏23	20♉13	25♑55	22♋53	28♊50	11♋	24♉	23♎	28♋	4♓

SUN INGRESS ☉ → ♍ 24日 16:13

MOON PHASE ◐ 2日 08:29 ♏ ○ 10日 11:54 ♒ ◑ 17日 21:11 ♉ ● 24日 13:14 ♌

aspects		
4日	04:20	♀⚹♆
4日	09:21	☿⚹♃
9日	13:54	☉□♂
12日	16:03	♀△♅
14日	03:34	☉□♄
17日	08:42	♂☌♄
17日	08:54	☿△♄
17日	09:25	☿△♂
19日	03:02	♀□♇
21日	11:53	☿⚹♆
22日	04:24	♂⚹♆
23日	08:56	☉⚹♇
24日	03:05	☿△♂
28日	15:41	♂△♅
31日	09:35	♀□♇

1911年9月

DAY	☉	☽	☊ mean	☊ true	☿	♀	♂	♃	♄	♅	♆	♇	⚳	⚴	⚵	⚶	⚷
	° ′	° ′	° ′	° ′	° ′	° ′	° ′	° ′	° ′	° ′	° ′	° ′	°	°	°	°	°
1	7♍4	6♐27	3♉35	2 D 34	23 R 9	28 R 41	27 D 38	9 D 32	20 D 13	25 R 54	22 D 55	28 D 50	12 D	25 D	24 D	29 D	4 R
2	8♍2	18♐20	3♉32	2 R 33	22♍38	28♍25	28♉7	9♏41	20♉13	25♑52	22♋56	28♊51	12♋	25♉	24♎	29♋	4♓
3	9♍0	0♑11	3♉29	2♉31	22♍2	28♍7	28♉36	9♏50	20♉13	25♑51	22♋58	28♊52	12♋	25♉	24♎	0♌	4♓
4	9♍58	12♑5	3♉25	2♉26	21♍20	27♍46	29♉4	9♏59	20 R 13	25♑49	23♋0	28♊52	13♋	25♉	25♎	0♌	4♓
5	10♍56	24♑7	3♉22	2♉19	20♍33	27♍23	29♉32	10♏9	20♉13	25♑48	23♋1	28♊53	13♋	25♉	25♎	1♌	4♓
6	11♍55	6♒20	3♉19	2♉11	19♍41	26♍58	29♉59	10♏18	20♉13	25♑46	23♋3	28♊53	14♋	26♉	25♎	1♌	4♓
7	12♍53	18♒46	3♉16	2♉3	18♍46	26♍31	0♊26	10♏28	20♉12	25♑45	23♋4	28♊54	14♋	26♉	25♎	1♌	4♓
8	13♍51	1♓26	3♉13	1♉54	17♍48	26♍2	0♊53	10♏37	20♉12	25♑43	23♋6	28♊54	14♋	26♉	26♎	2♌	4♓
9	14♍49	14♓21	3♉10	1♉46	16♍48	25♍32	1♊19	10♏47	20♉11	25♑42	23♋8	28♊55	15♋	26♉	26♎	2♌	4♓
10	15♍48	27♓30	3♉6	1♉40	15♍48	25♍0	1♊45	10♏57	20♉11	25♑41	23♋9	28♊55	15♋	26♉	26♎	3♌	4♓
11	16♍46	10♈51	3♉3	1♉36	14♍49	24♍26	2♊10	11♏7	20♉10	25♑40	23♋11	28♊56	15♋	26♉	27♎	3♌	3♓
12	17♍44	24♈24	3♉0	1♉34	13♍53	23♍51	2♊35	11♏17	20♉9	25♑38	23♋12	28♊56	16♋	26♉	27♎	3♌	3♓
13	18♍43	8♉7	2♉57	1 D 34	13♍0	23♍16	2♊59	11♏27	20♉8	25♑37	23♋13	28♊57	16♋	27♉	27♎	4♌	3♓
14	19♍41	21♉58	2♉54	1♉35	12♍12	22♍39	3♊23	11♏38	20♉7	25♑36	23♋15	28♊57	16♋	27♉	28♎	4♌	3♓
15	20♍39	5♊58	2♉50	1♉36	11♍30	22♍3	3♊47	11♏48	20♉6	25♑35	23♋16	28♊57	17♋	27♉	28♎	5♌	3♓
16	21♍38	20♊4	2♉47	1♉37	10♍56	21♍26	4♊10	11♏58	20♉4	25♑34	23♋18	28♊58	17♋	27♉	28♎	5♌	3♓
17	22♍36	4♋16	2♉44	1 R 37	10♍30	20♍49	4♊32	12♏9	20♉3	25♑33	23♋19	28♊58	17♋	27♉	28♎	5♌	3♓
18	23♍35	18♋31	2♉41	1♉34	10♍13	20♍12	4♊54	12♏20	20♉2	25♑32	23♋20	28♊58	18♋	27♉	29♎	6♌	3♓
19	24♍33	2♌47	2♉38	1♉31	10♍5	19♍36	5♊16	12♏30	20♉0	25♑31	23♋22	28♊58	18♋	27♉	29♎	6♌	3♓
20	25♍32	17♌1	2♉35	1♉25	10 D 7	19♍0	5♊37	12♏41	19♉58	25♑30	23♋23	28♊59	18♋	27♉	29♎	7♌	3♓
21	26♍31	1♍7	2♉31	1♉20	10♍19	18♍25	5♊57	12♏52	19♉56	25♑30	23♋24	28♊59	19♋	28♉	0♏	7♌	3♓
22	27♍29	15♍1	2♉28	1♉15	10♍40	17♍52	6♊17	13♏3	19♉54	25♑29	23♋25	28♊59	19♋	28♉	0♏	7♌	3♓
23	28♍28	28♍40	2♉25	1♉10	11♍11	17♍20	6♊36	13♏14	19♉52	25♑28	23♋26	28♊59	19♋	28♉	0♏	8♌	3♓
24	29♍27	12♎1	2♉22	1♉7	11♍50	16♍49	6♊55	13♏25	19♉50	25♑28	23♋28	28♊59	20♋	28♉	1♏	8♌	3♓
25	0♎26	25♎3	2♉19	1♉6	12♍38	16♍20	7♊13	13♏36	19♉48	25♑27	23♋29	29♊0	20♋	28♉	1♏	9♌	3♓
26	1♎25	7♏45	2♉15	1 D 6	13♍34	15♍53	7♊30	13♏48	19♉46	25♑26	23♋30	29♊0	20♋	28♉	1♏	9♌	3♓
27	2♎23	20♏10	2♉12	1♉7	14♍38	15♍28	7♊47	13♏59	19♉43	25♑26	23♋31	29♊0	21♋	28♉	2♏	9♌	3♓
28	3♎22	2♐20	2♉9	1♉9	15♍48	15♍5	8♊3	14♏10	19♉41	25♑25	23♋32	29♊0	21♋	28♉	2♏	10♌	3♓
29	4♎21	14♐20	2♉6	1♉10	17♍4	14♍44	8♊19	14♏22	19♉38	25♑25	23♋33	29♊0	21♋	28♉	2♏	10♌	3♓
30	5♎20	26♐13	2♉3	1♉12	18♍26	14♍25	8♊34	14♏33	19♉36	25♑25	23♋34	29♊0	22♋	28♉	3♏	10♌	3♓

SUN INGRESS: ☉→♎24日 13:18

MOON PHASE: ◐ 1日 01:20 ♐ ○ 9日 00:56 ♓ ◑ 16日 02:51 ♊ ● 22日 23:37 ♍ ◐ 30日 20:08 ♑

aspects

1日	11:04	☿⚹♆
2日	09:17	♀△♂
4日	00:25	☉⚹♃
5日	09:34	☿△♄
8日	15:42	♀△♅
10日	00:09	☉☌☿
13日	01:30	♀⚹♆
14日	10:29	☉△♄
14日	15:29	☿⚹♃
15日	20:56	☉☌♀
17日	17:52	☉⚹♆
18日	07:05	♀△♄
19日	23:20	☉△♅
23日	12:45	☉□♇
26日	06:24	☿⚹♃
27日	13:00	☿☌♀
29日	17:27	♀⚹♃
30日	18:53	☿△♄

1911年10月

DAY	☉	☽	☊ mean	☊ true	☿	♀	♂	♃	♄	♅	♆	♇	⚳	⚴	⚵	⚶	⚷
	° ′	° ′	° ′	° ′	° ′	° ′	° ′	° ′	° ′	° ′	° ′	° ′	°	°	°	°	°
1	6♎19	8♑5	2♉0	1 R 12	19 D 52	14 R 9	8 D 48	14 D 45	19 R 33	25 R 24	23 D 35	29 R 0	22 D	28 D	3 D	11 D	3 R
2	7♎18	20♑0	1♉56	1♉11	21♍22	13♍55	9♊2	14♏57	19♉30	25♑24	23♋36	29♊0	22♋	28♉	3♏	11♌	3♓
3	8♎17	2♒3	1♉53	1♉9	22♍56	13♍44	9♊14	15♏9	19♉27	25♑24	23♋36	29♊0	23♋	28 R	4♏	12♌	3♓
4	9♎16	14♒18	1♉50	1♉7	24♍33	13♍35	9♊27	15♏20	19♉24	25♑24	23♋37	29♊0	23♋	28♉	4♏	12♌	3♓
5	10♎15	26♒49	1♉47	1♉4	26♍11	13♍28	9♊38	15♏32	19♉21	25♑24	23♋38	29♊0	23♋	28♉	4♏	12♌	2♓
6	11♎14	9♓38	1♉44	1♉1	27♍52	13♍24	9♊49	15♏44	19♉17	25♑24	23♋39	29♊0	23♋	28♉	5♏	13♌	2♓
7	12♎14	22♓47	1♉41	0♉58	29♍35	13♍22	9♊59	15♏56	19♉14	25 D 24	23♋40	28♊59	24♋	28♉	5♏	13♌	2♓
8	13♎13	6♈14	1♉37	0♉56	1♎18	13 D 23	10♊8	16♏8	19♉11	25♑24	23♋40	28♊59	24♋	28♉	5♏	14♌	2♓
9	14♎12	19♈59	1♉34	0♉55	3♎2	13♍26	10♊17	16♏20	19♉7	25♑24	23♋41	28♊59	24♋	28♉	6♏	14♌	2♓
10	15♎11	3♉58	1♉31	0 D 54	4♎47	13♍31	10♊24	16♏33	19♉4	25♑24	23♋42	28♊59	25♋	28♉	6♏	14♌	2♓
11	16♎11	18♉8	1♉28	0♉55	6♎32	13♍39	10♊31	16♏45	19♉0	25♑24	23♋42	28♊59	25♋	28♉	6♏	15♌	2♓
12	17♎10	2♊25	1♉25	0♉56	8♎17	13♍49	10♊38	16♏57	18♉56	25♑24	23♋43	28♊58	25♋	28♉	7♏	15♌	2♓
13	18♎9	16♊45	1♉21	0♉57	10♎2	14♍1	10♊43	17♏9	18♉53	25♑25	23♋43	28♊58	25♋	28♉	7♏	15♌	2♓
14	19♎9	1♋4	1♉18	0♉58	11♎48	14♍15	10♊47	17♏22	18♉49	25♑25	23♋44	28♊58	26♋	27♉	7♏	16♌	2♓
15	20♎8	15♋19	1♉15	0♉58	13♎32	14♍31	10♊51	17♏34	18♉45	25♑26	23♋44	28♊58	26♋	27♉	8♏	16♌	2♓
16	21♎8	29♋28	1♉12	0 R 58	15♎17	14♍50	10♊54	17♏47	18♉41	25♑26	23♋45	28♊57	26♋	27♉	8♏	16♌	2♓
17	22♎7	13♌28	1♉9	0♉58	17♎1	15♍10	10♊56	17♏59	18♉37	25♑27	23♋45	28♊57	26♋	27♉	8♏	17♌	2♓
18	23♎7	27♌19	1♉6	0♉57	18♎45	15♍32	10♊57	18♏12	18♉33	25♑27	23♋46	28♊57	27♋	27♉	9♏	17♌	2♓
19	24♎6	10♍58	1♉2	0♉56	20♎28	15♍56	10 R 57	18♏24	18♉29	25♑28	23♋46	28♊56	27♋	27♉	9♏	17♌	2♓
20	25♎6	24♍24	0♉59	0♉55	22♎10	16♍21	10♊57	18♏37	18♉24	25♑28	23♋46	28♊56	27♋	27♉	9♏	18♌	2♓
21	26♎6	7♎38	0♉56	0♉55	23♎52	16♍49	10♊55	18♏50	18♉20	25♑29	23♋46	28♊55	27♋	26♉	10♏	18♌	2♓
22	27♎5	20♎37	0♉53	0♉54	25♎34	17♍18	10♊53	19♏2	18♉16	25♑30	23♋47	28♊55	28♋	26♉	10♏	19♌	2♓
23	28♎5	3♏22	0♉50	0 D 54	27♎15	17♍48	10♊49	19♏15	18♉11	25♑31	23♋47	28♊54	28♋	26♉	10♏	19♌	2♓
24	29♎5	15♏53	0♉47	0♉54	28♎55	18♍20	10♊45	19♏28	18♉7	25♑32	23♋47	28♊54	28♋	26♉	11♏	19♌	2♓
25	0♏5	28♏11	0♉43	0♉54	0♏35	18♍54	10♊40	19♏41	18♉3	25♑32	23♋47	28♊53	28♋	26♉	11♏	20♌	2♓
26	1♏4	10♐17	0♉40	0 R 54	2♏14	19♍29	10♊34	19♏54	17♉58	25♑33	23♋47	28♊53	29♋	26♉	11♏	20♌	2♓
27	2♏4	22♐16	0♉37	0♉54	3♏52	20♍5	10♊27	20♏7	17♉53	25♑34	23♋47	28♊52	29♋	25♉	12♏	20♌	2♓
28	3♏4	4♑8	0♉34	0♉54	5♏30	20♍42	10♊19	20♏20	17♉49	25♑36	23♋47	28♊52	29♋	25♉	12♏	21♌	2♓
29	4♏4	15♑59	0♉31	0♉54	7♏8	21♍21	10♊10	20♏33	17♉44	25♑37	23 R 47	28♊51	29♋	25♉	12♏	21♌	2♓
30	5♏4	27♑53	0♉27	0♉54	8♏45	22♍1	10♊0	20♏46	17♉39	25♑38	23♋47	28♊50	29♋	25♉	13♏	21♌	2♓
31	6♏4	9♒54	0♉24	0 D 54	10♏21	22♍42	9♊50	20♏59	17♉35	25♑39	23♋47	28♊50	0♌	24♉	13♏	22♌	2♓

SUN INGRESS: ☉→♏24日 21:58

MOON PHASE: ○ 8日 13:11 ♈ ◑ 15日 08:46 ♋ ● 22日 13:09 ♎ ◐ 30日 15:41 ♒

aspects

3日	10:13	☿⚻♆
4日	05:18	☉△♂
4日	12:30	☿△♅
6日	15:49	☿□♇
13日	09:41	☿△♂
18日	15:46	☉□♆
19日	06:06	♃☍♄
20日	09:11	☉□♅
20日	22:39	☿□♆
21日	23:06	☿□♅
23日	15:22	♀△♄
23日	19:40	☉△♇
23日	23:47	☿△♇
24日	05:57	☉☌☿
27日	01:52	♀⚹♃

1911年11月

DAY	☉	☽	☊ mean	☊ true	☿	♀	♂	♃	♄	♅	♆	♇	⚳	⚴	⚵	⚶	⚷
	° ′	° ′	° ′	° ′	° ′	° ′	° ′	° ′	° ′	° ′	° ′	° ′	°	°	°	°	°
1	7 ♏ 4	22 ♒ 7	0 ♉ 21	0 D 54	11 D 57	23 D 25	9 R 39	21 D 12	17 R 30	25 D 40	23 R 47	28 R 49	0 D	24 R	13 D	22 D	2 R
2	8 ♏ 4	4 ♓ 37	0 ♉ 18	0 ♉ 54	13 ♏ 33	24 ♍ 8	9 ♊ 27	21 ♏ 25	17 ♉ 25	25 ♑ 42	23 ♋ 47	28 ♊ 48	0 ♌	24 ♉	14 ♏	22 ♌	2 ♓
3	9 ♏ 4	17 ♓ 26	0 ♉ 15	0 ♉ 55	15 ♏ 8	24 ♍ 52	9 ♊ 14	21 ♏ 38	17 ♉ 20	25 ♑ 43	23 ♋ 47	28 ♊ 48	0 ♌	24 ♉	14 ♏	23 ♌	2 ♓
4	10 ♏ 4	0 ♈ 39	0 ♉ 12	0 ♉ 56	16 ♏ 43	25 ♍ 38	9 ♊ 0	21 ♏ 51	17 ♉ 16	25 ♑ 44	23 ♋ 47	28 ♊ 47	0 ♌	23 ♉	14 ♏	23 ♌	2 ♓
5	11 ♏ 4	14 ♈ 16	0 ♉ 8	0 ♉ 57	18 ♏ 17	26 ♍ 24	8 ♊ 45	22 ♏ 4	17 ♉ 11	25 ♑ 46	23 ♋ 46	28 ♊ 46	1 ♌	23 ♉	15 ♏	23 ♌	2 ♓
6	12 ♏ 4	28 ♈ 16	0 ♉ 5	0 ♉ 57	19 ♏ 51	27 ♍ 11	8 ♊ 30	22 ♏ 17	17 ♉ 6	25 ♑ 47	23 ♋ 46	28 ♊ 46	1 ♌	23 ♉	15 ♏	23 ♌	2 ♓
7	13 ♏ 5	12 ♉ 38	0 ♉ 2	0 R 57	21 ♏ 24	28 ♍ 0	8 ♊ 14	22 ♏ 31	17 ♉ 1	25 ♑ 49	23 ♋ 46	28 ♊ 45	1 ♌	22 ♉	15 ♏	24 ♌	2 ♓
8	14 ♏ 5	27 ♉ 15	29 ♈ 59	0 ♉ 56	22 ♏ 57	28 ♍ 49	7 ♊ 57	22 ♏ 44	16 ♉ 56	25 ♑ 51	23 ♋ 46	28 ♊ 44	1 ♌	22 ♉	16 ♏	24 ♌	2 ♓
9	15 ♏ 5	12 ♊ 1	29 ♈ 56	0 ♉ 55	24 ♏ 30	29 ♍ 39	7 ♊ 40	22 ♏ 57	16 ♉ 51	25 ♑ 52	23 ♋ 45	28 ♊ 43	1 ♌	22 ♉	16 ♏	24 ♌	2 ♓
10	16 ♏ 5	26 ♊ 48	29 ♈ 52	0 ♉ 53	26 ♏ 3	0 ♎ 29	7 ♊ 22	23 ♏ 10	16 ♉ 47	25 ♑ 54	23 ♋ 45	28 ♊ 42	1 ♌	21 ♉	16 ♏	25 ♌	2 ♓
11	17 ♏ 6	11 ♋ 31	29 ♈ 49	0 ♉ 51	27 ♏ 35	1 ♎ 21	7 ♊ 3	23 ♏ 24	16 ♉ 42	25 ♑ 56	23 ♋ 44	28 ♊ 42	2 ♌	21 ♉	17 ♏	25 ♌	2 ♓
12	18 ♏ 6	26 ♋ 1	29 ♈ 46	0 ♉ 49	29 ♏ 6	2 ♎ 13	6 ♊ 44	23 ♏ 37	16 ♉ 37	25 ♑ 57	23 ♋ 44	28 ♊ 41	2 ♌	21 ♉	17 ♏	25 ♌	2 ♓
13	19 ♏ 6	10 ♌ 16	29 ♈ 43	0 ♉ 48	0 ♐ 38	3 ♎ 6	6 ♊ 24	23 ♏ 50	16 ♉ 32	25 ♑ 59	23 ♋ 43	28 ♊ 40	2 ♌	20 ♉	17 ♏	26 ♌	2 ♓
14	20 ♏ 7	24 ♌ 13	29 ♈ 40	0 D 48	2 ♐ 9	4 ♎ 0	6 ♊ 4	24 ♏ 3	16 ♉ 27	26 ♑ 1	23 ♋ 43	28 ♊ 39	2 ♌	20 ♉	18 ♏	26 ♌	2 ♓
15	21 ♏ 7	7 ♍ 52	29 ♈ 37	0 ♉ 49	3 ♐ 40	4 ♎ 54	5 ♊ 43	24 ♏ 17	16 ♉ 22	26 ♑ 3	23 ♋ 42	28 ♊ 38	2 ♌	20 ♉	18 ♏	26 ♌	2 D
16	22 ♏ 8	21 ♍ 13	29 ♈ 33	0 ♉ 50	5 ♐ 10	5 ♎ 49	5 ♊ 22	24 ♏ 30	16 ♉ 17	26 ♑ 5	23 ♋ 42	28 ♊ 37	2 ♌	19 ♉	18 ♏	26 ♌	2 ♓
17	23 ♏ 8	4 ♎ 17	29 ♈ 30	0 ♉ 51	6 ♐ 40	6 ♎ 45	5 ♊ 1	24 ♏ 43	16 ♉ 13	26 ♑ 7	23 ♋ 41	28 ♊ 36	2 ♌	19 ♉	19 ♏	27 ♌	2 ♓
18	24 ♏ 9	17 ♎ 8	29 ♈ 27	0 ♉ 53	8 ♐ 10	7 ♎ 41	4 ♊ 39	24 ♏ 57	16 ♉ 8	26 ♑ 9	23 ♋ 40	28 ♊ 35	2 ♌	19 ♉	19 ♏	27 ♌	2 ♓
19	25 ♏ 9	29 ♎ 45	29 ♈ 24	0 ♉ 53	9 ♐ 39	8 ♎ 38	4 ♊ 17	25 ♏ 10	16 ♉ 3	26 ♑ 11	23 ♋ 40	28 ♊ 34	3 ♌	18 ♉	19 ♏	27 ♌	2 ♓
20	26 ♏ 10	12 ♏ 11	29 ♈ 21	0 R 53	11 ♐ 8	9 ♎ 35	3 ♊ 54	25 ♏ 23	15 ♉ 58	26 ♑ 13	23 ♋ 39	28 ♊ 33	3 ♌	18 ♉	20 ♏	27 ♌	2 ♓
21	27 ♏ 10	24 ♏ 28	29 ♈ 18	0 ♉ 51	12 ♐ 37	10 ♎ 33	3 ♊ 32	25 ♏ 37	15 ♉ 53	26 ♑ 15	23 ♋ 38	28 ♊ 32	3 ♌	18 ♉	20 ♏	28 ♌	2 ♓
22	28 ♏ 11	6 ♐ 36	29 ♈ 14	0 ♉ 48	14 ♐ 5	11 ♎ 32	3 ♊ 9	25 ♏ 50	15 ♉ 49	26 ♑ 18	23 ♋ 37	28 ♊ 31	3 ♌	17 ♉	20 ♏	28 ♌	2 ♓
23	29 ♏ 12	18 ♐ 36	29 ♈ 11	0 ♉ 43	15 ♐ 33	12 ♎ 31	2 ♊ 47	26 ♏ 3	15 ♉ 44	26 ♑ 20	23 ♋ 37	28 ♊ 30	3 ♌	17 ♉	21 ♏	28 ♌	2 ♓
24	0 ♐ 12	0 ♑ 32	29 ♈ 8	0 ♉ 38	17 ♐ 0	13 ♎ 30	2 ♊ 24	26 ♏ 17	15 ♉ 39	26 ♑ 22	23 ♋ 36	28 ♊ 29	3 ♌	17 ♉	21 ♏	28 ♌	2 ♓
25	1 ♐ 13	12 ♑ 23	29 ♈ 5	0 ♉ 32	18 ♐ 27	14 ♎ 30	2 ♊ 2	26 ♏ 30	15 ♉ 35	26 ♑ 25	23 ♋ 35	28 ♊ 28	3 ♌	16 ♉	21 ♏	29 ♌	2 ♓
26	2 ♐ 14	24 ♑ 14	29 ♈ 2	0 ♉ 27	19 ♐ 53	15 ♎ 30	1 ♊ 39	26 ♏ 43	15 ♉ 30	26 ♑ 27	23 ♋ 34	28 ♊ 27	3 ♌	16 ♉	22 ♏	29 ♌	2 ♓
27	3 ♐ 14	6 ♒ 6	28 ♈ 58	0 ♉ 22	21 ♐ 18	16 ♎ 31	1 ♊ 17	26 ♏ 57	15 ♉ 26	26 ♑ 29	23 ♋ 33	28 ♊ 26	3 ♌	16 ♉	22 ♏	29 ♌	2 ♓
28	4 ♐ 15	18 ♒ 5	28 ♈ 55	0 ♉ 19	22 ♐ 42	17 ♎ 32	0 ♊ 55	27 ♏ 10	15 ♉ 21	26 ♑ 32	23 ♋ 32	28 ♊ 25	3 ♌	15 ♉	23 ♏	29 ♌	2 ♓
29	5 ♐ 16	0 ♓ 14	28 ♈ 52	0 ♉ 18	24 ♐ 5	18 ♎ 34	0 ♊ 33	27 ♏ 23	15 ♉ 17	26 ♑ 34	23 ♋ 31	28 ♊ 24	3 ♌	15 ♉	23 ♏	0 ♍	2 ♓
30	6 ♐ 17	12 ♓ 38	28 ♈ 49	0 D 18	25 ♐ 28	19 ♎ 36	0 ♊ 11	27 ♏ 37	15 ♉ 12	26 ♑ 37	23 ♋ 30	28 ♊ 23	3 ♌	15 ♉	23 ♏	0 ♍	2 ♓

SUN INGRESS	☉ → ♐ 23日 18:56
MOON PHASE	○ 7日 00:48 ♉　◑ 13日 16:19 ♌　● 21日 05:49 ♏　◐ 29日 10:42 ♓

aspects	
1日 12:33	♀⚹♆
4日 03:36	♀△♅
4日 07:58	☿☍♄
7日 19:55	☿☌♃
7日 21:44	♀□♇
8日 12:23	☿△♆
9日 21:42	☿⚹♅
10日 15:11	☉☍♄
12日 12:11	♃△♆
15日 15:31	♀△♂
16日 02:37	☿☍♂
17日 03:22	☿⚹♀
17日 12:56	☉△♆
19日 00:27	☉☌♃
20日 01:28	☉⚹♅
24日 12:06	♃⚹♅
25日 13:59	☉☍♂

1911年12月

DAY	☉	☽	☊ mean	☊ true	☿	♀	♂	♃	♄	♅	♆	♇	⚳	⚴	⚵	⚶	⚷
	° ′	° ′	° ′	° ′	° ′	° ′	° ′	° ′	° ′	° ′	° ′	° ′	°	°	°	°	°
1	7 ♐ 18	25 ♓ 21	28 ♈ 46	0 D 19	26 D 48	20 D 38	29 R 50	27 D 50	15 R 8	26 D 39	23 R 29	28 R 22	3 D	14 R	24 D	0 D	2 D
2	8 ♐ 18	8 ♈ 28	28 ♈ 43	0 ♉ 21	28 ♐ 8	21 ♎ 41	29 ♉ 29	28 ♏ 3	15 ♉ 4	26 ♑ 42	23 ♋ 28	28 ♊ 21	3 ♌	14 ♉	24 ♏	0 ♍	2 ♓
3	9 ♐ 19	22 ♈ 2	28 ♈ 39	0 ♉ 22	29 ♐ 25	22 ♎ 44	29 ♉ 9	28 ♏ 16	14 ♉ 59	26 ♑ 45	23 ♋ 27	28 ♊ 20	3 ♌	14 ♉	24 ♏	0 ♍	2 ♓
4	10 ♐ 20	6 ♉ 4	28 ♈ 36	0 R 22	0 ♑ 41	23 ♎ 47	28 ♉ 49	28 ♏ 29	14 ♉ 55	26 ♑ 47	23 ♋ 26	28 ♊ 18	3 ♌	14 ♉	25 ♏	1 ♍	2 ♓
5	11 ♐ 21	20 ♉ 33	28 ♈ 33	0 ♉ 20	1 ♑ 54	24 ♎ 51	28 ♉ 30	28 ♏ 43	14 ♉ 51	26 ♑ 50	23 ♋ 25	28 ♊ 17	3 R	13 ♉	25 ♏	1 ♍	2 ♓
6	12 ♐ 22	5 ♊ 25	28 ♈ 30	0 ♉ 17	3 ♑ 5	25 ♎ 55	28 ♉ 11	28 ♏ 56	14 ♉ 47	26 ♑ 53	23 ♋ 23	28 ♊ 16	3 ♌	13 ♉	25 ♏	1 ♍	2 ♓
7	13 ♐ 23	20 ♊ 32	28 ♈ 27	0 ♉ 11	4 ♑ 13	27 ♎ 0	27 ♉ 52	29 ♏ 9	14 ♉ 43	26 ♑ 56	23 ♋ 22	28 ♊ 15	3 ♌	13 ♉	26 ♏	1 ♍	2 ♓
8	14 ♐ 24	5 ♋ 45	28 ♈ 24	0 ♉ 4	5 ♑ 17	28 ♎ 4	27 ♉ 35	29 ♏ 22	14 ♉ 39	26 ♑ 58	23 ♋ 21	28 ♊ 14	3 ♌	13 ♉	26 ♏	1 ♍	2 ♓
9	15 ♐ 25	20 ♋ 52	28 ♈ 20	29 ♈ 57	6 ♑ 17	29 ♎ 9	27 ♉ 18	29 ♏ 35	14 ♉ 35	27 ♑ 1	23 ♋ 20	28 ♊ 13	3 ♌	12 ♉	26 ♏	1 ♍	2 ♓
10	16 ♐ 26	5 ♌ 45	28 ♈ 17	29 ♈ 51	7 ♑ 12	0 ♏ 15	27 ♉ 1	29 ♏ 48	14 ♉ 32	27 ♑ 4	23 ♋ 19	28 ♊ 12	3 ♌	12 ♉	27 ♏	2 ♍	2 ♓
11	17 ♐ 26	20 ♌ 17	28 ♈ 14	29 ♈ 46	8 ♑ 3	1 ♏ 20	26 ♉ 46	0 ♐ 1	14 ♉ 28	27 ♑ 7	23 ♋ 17	28 ♊ 10	3 ♌	12 ♉	27 ♏	2 ♍	2 ♓
12	18 ♐ 27	4 ♍ 23	28 ♈ 11	29 ♈ 43	8 ♑ 47	2 ♏ 26	26 ♉ 31	0 ♐ 14	14 ♉ 24	27 ♑ 10	23 ♋ 16	28 ♊ 9	3 ♌	12 ♉	27 ♏	2 ♍	2 ♓
13	19 ♐ 28	18 ♍ 3	28 ♈ 8	29 ♈ 42	9 ♑ 24	3 ♏ 32	26 ♉ 17	0 ♐ 27	14 ♉ 21	27 ♑ 13	23 ♋ 15	28 ♊ 8	3 ♌	11 ♉	28 ♏	2 ♍	2 ♓
14	20 ♐ 30	1 ♎ 18	28 ♈ 4	29 D 42	9 ♑ 54	4 ♏ 39	26 ♉ 3	0 ♐ 40	14 ♉ 17	27 ♑ 16	23 ♋ 13	28 ♊ 7	3 ♌	11 ♉	28 ♏	2 ♍	2 ♓
15	21 ♐ 31	14 ♎ 12	28 ♈ 1	29 ♈ 43	10 ♑ 15	5 ♏ 45	25 ♉ 51	0 ♐ 53	14 ♉ 14	27 ♑ 19	23 ♋ 12	28 ♊ 6	3 ♌	11 ♉	28 ♏	2 ♍	2 ♓
16	22 ♐ 32	26 ♎ 48	27 ♈ 58	29 ♈ 44	10 ♑ 26	6 ♏ 52	25 ♉ 39	1 ♐ 6	14 ♉ 11	27 ♑ 22	23 ♋ 10	28 ♊ 5	3 ♌	11 ♉	29 ♏	3 ♍	2 ♓
17	23 ♐ 33	9 ♏ 11	27 ♈ 55	29 R 44	10 R 28	7 ♏ 59	25 ♉ 27	1 ♐ 19	14 ♉ 7	27 ♑ 25	23 ♋ 9	28 ♊ 3	3 ♌	11 ♉	29 ♏	3 ♍	2 ♓
18	24 ♐ 34	21 ♏ 22	27 ♈ 52	29 ♈ 41	10 ♑ 18	9 ♏ 7	25 ♉ 17	1 ♐ 32	14 ♉ 4	27 ♑ 28	23 ♋ 8	28 ♊ 2	3 ♌	11 ♉	29 ♏	3 ♍	2 ♓
19	25 ♐ 35	3 ♐ 26	27 ♈ 49	29 ♈ 36	9 ♑ 57	10 ♏ 14	25 ♉ 8	1 ♐ 45	14 ♉ 1	27 ♑ 31	23 ♋ 6	28 ♊ 1	3 ♌	10 ♉	0 ♐	3 ♍	2 ♓
20	26 ♐ 36	15 ♐ 24	27 ♈ 45	29 ♈ 28	9 ♑ 24	11 ♏ 22	24 ♉ 59	1 ♐ 57	13 ♉ 58	27 ♑ 34	23 ♋ 5	28 ♊ 0	2 ♌	10 ♉	0 ♐	3 ♍	2 ♓
21	27 ♐ 37	27 ♐ 19	27 ♈ 42	29 ♈ 18	8 ♑ 40	12 ♏ 30	24 ♉ 51	2 ♐ 10	13 ♉ 56	27 ♑ 37	23 ♋ 3	27 ♊ 59	2 ♌	10 ♉	0 ♐	3 ♍	2 ♓
22	28 ♐ 38	9 ♑ 11	27 ♈ 39	29 ♈ 6	7 ♑ 45	13 ♏ 38	24 ♉ 44	2 ♐ 23	13 ♉ 53	27 ♑ 41	23 ♋ 2	27 ♊ 57	2 ♌	10 ♉	1 ♐	3 ♍	2 ♓
23	29 ♐ 39	21 ♑ 3	27 ♈ 36	28 ♈ 53	6 ♑ 40	14 ♏ 46	24 ♉ 38	2 ♐ 35	13 ♉ 50	27 ♑ 44	23 ♋ 0	27 ♊ 56	2 ♌	10 ♉	1 ♐	3 ♍	2 ♓
24	0 ♑ 41	2 ♒ 55	27 ♈ 33	28 ♈ 41	5 ♑ 27	15 ♏ 55	24 ♉ 33	2 ♐ 48	13 ♉ 48	27 ♑ 47	22 ♋ 59	27 ♊ 55	2 ♌	10 ♉	1 ♐	3 ♍	3 ♓
25	1 ♑ 42	14 ♒ 50	27 ♈ 30	28 ♈ 31	4 ♑ 9	17 ♏ 4	24 ♉ 28	3 ♐ 1	13 ♉ 45	27 ♑ 50	22 ♋ 57	27 ♊ 54	2 ♌	10 ♉	1 ♐	3 ♍	3 ♓
26	2 ♑ 43	26 ♒ 49	27 ♈ 26	28 ♈ 22	2 ♑ 47	18 ♏ 12	24 ♉ 24	3 ♐ 13	13 ♉ 43	27 ♑ 54	22 ♋ 56	27 ♊ 53	2 ♌	10 ♉	2 ♐	3 ♍	3 ♓
27	3 ♑ 44	8 ♓ 58	27 ♈ 23	28 ♈ 16	1 ♑ 25	19 ♏ 21	24 ♉ 21	3 ♐ 26	13 ♉ 40	27 ♑ 57	22 ♋ 54	27 ♊ 51	1 ♌	10 ♉	2 ♐	4 ♍	3 ♓
28	4 ♑ 45	21 ♓ 18	27 ♈ 20	28 ♈ 13	0 ♑ 5	20 ♏ 31	24 ♉ 19	3 ♐ 38	13 ♉ 38	28 ♑ 0	22 ♋ 52	27 ♊ 50	1 ♌	10 ♉	2 ♐	4 ♍	3 ♓
29	5 ♑ 46	3 ♈ 55	27 ♈ 17	28 ♈ 12	28 ♐ 49	21 ♏ 40	24 ♉ 18	3 ♐ 50	13 ♉ 36	28 ♑ 3	22 ♋ 51	27 ♊ 49	1 ♌	10 ♉	3 ♐	4 ♍	3 ♓
30	6 ♑ 47	16 ♈ 53	27 ♈ 14	28 D 13	27 ♐ 41	22 ♏ 49	24 ♉ 18	4 ♐ 3	13 ♉ 34	28 ♑ 7	22 ♋ 49	27 ♊ 48	1 ♌	10 ♉	3 ♐	4 ♍	3 ♓
31	7 ♑ 49	0 ♉ 16	27 ♈ 10	28 R 13	26 ♐ 41	23 ♏ 59	24 D 18	4 ♐ 15	13 ♉ 32	28 ♑ 10	22 ♋ 48	27 ♊ 47	1 ♌	10 D	3 ♐	4 ♍	3 ♓

SUN INGRESS	☉ → ♑ 23日 07:53
MOON PHASE	○ 6日 11:52 ♊　◑ 13日 02:45 ♍　● 21日 00:40 ♐　◐ 29日 03:47 ♈

aspects	
2日 03:55	☿☍♇
3日 15:58	♀□♆
4日 14:17	♂☍♃
6日 22:23	♀□♅
8日 03:27	♀△♇
9日 20:48	♂△♅
18日 19:35	☿⚹♀
21日 08:17	☉☍♇
22日 04:57	☿☍♄
26日 00:40	☉☌☿
29日 21:26	☿☍♇
29日 23:58	♀△♆
31日 06:41	♀☍♂

1912年1月

DAY	☉	☽	☊ mean	☊ true	☿	♀	♂	♃	♄	♅	♆	♇	⚳	⚴	⚵	⚶	⚷
	° ′	° ′	° ′	° ′	° ′	° ′	° ′	° ′	° ′	° ′	° ′	° ′	°	°	°	°	°
1	8 ♑ 50	14 ♉ 8	27 ♈ 7	28 R 12	25 R 51	25 D 9	24 D 19	4 D 27	13 R 31	28 D 14	22 R 46	27 R 46	1 R	10 D	4 D	4 D	3 D
2	9 ♑ 51	28 ♉ 29	27 ♈ 4	28 ♈ 9	25 ♐ 11	26 ♏ 18	24 ♉ 21	4 ♐ 39	13 ♉ 29	28 ♑ 17	22 ♋ 44	27 ♊ 44	0 ♌	10 ♉	4 ♐	4 ♍	3 ♓
3	10 ♑ 52	13 ♊ 17	27 ♈ 1	28 ♈ 3	24 ♐ 41	27 ♏ 28	24 ♉ 24	4 ♐ 51	13 ♉ 28	28 ♑ 20	22 ♋ 43	27 ♊ 43	0 ♌	10 ♉	4 ♐	4 ♍	3 ♓
4	11 ♑ 53	28 ♊ 27	26 ♈ 58	27 ♈ 54	24 ♐ 22	28 ♏ 39	24 ♉ 27	5 ♐ 3	13 ♉ 26	28 ♑ 24	22 ♋ 41	27 ♊ 42	0 ♌	10 ♉	5 ♐	4 R	3 ♓
5	12 ♑ 54	13 ♋ 49	26 ♈ 55	27 ♈ 44	24 ♐ 12	29 ♏ 49	24 ♉ 31	5 ♐ 15	13 ♉ 25	28 ♑ 27	22 ♋ 39	27 ♊ 41	0 ♌	10 ♉	5 ♐	4 ♍	3 ♓
6	13 ♑ 55	29 ♋ 10	26 ♈ 51	27 ♈ 32	24 D 12	0 ♐ 59	24 ♉ 36	5 ♐ 27	13 ♉ 24	28 ♑ 31	22 ♋ 38	27 ♊ 40	0 ♌	10 ♉	5 ♐	4 ♍	3 ♓
7	14 ♑ 57	14 ♌ 20	26 ♈ 48	27 ♈ 22	24 ♐ 20	2 ♐ 10	24 ♉ 42	5 ♐ 39	13 ♉ 23	28 ♑ 34	22 ♋ 36	27 ♊ 39	29 ♋	10 ♉	6 ♐	4 ♍	3 ♓
8	15 ♑ 58	29 ♌ 9	26 ♈ 45	27 ♈ 13	24 ♐ 37	3 ♐ 20	24 ♉ 48	5 ♐ 50	13 ♉ 22	28 ♑ 38	22 ♋ 34	27 ♊ 38	29 ♋	10 ♉	6 ♐	4 ♍	3 ♓
9	16 ♑ 59	13 ♍ 30	26 ♈ 42	27 ♈ 7	25 ♐ 1	4 ♐ 31	24 ♉ 55	6 ♐ 2	13 ♉ 21	28 ♑ 41	22 ♋ 33	27 ♊ 36	29 ♋	10 ♉	6 ♐	4 ♍	3 ♓
10	18 ♑ 0	27 ♍ 20	26 ♈ 39	27 ♈ 3	25 ♐ 31	5 ♐ 42	25 ♉ 2	6 ♐ 14	13 ♉ 20	28 ♑ 44	22 ♋ 31	27 ♊ 35	29 ♋	10 ♉	7 ♐	4 ♍	3 ♓
11	19 ♑ 1	10 ♎ 42	26 ♈ 36	27 ♈ 2	26 ♐ 7	6 ♐ 53	25 ♉ 11	6 ♐ 25	13 ♉ 19	28 ♑ 48	22 ♋ 29	27 ♊ 34	29 ♋	11 ♉	7 ♐	3 ♍	3 ♓
12	20 ♑ 2	23 ♎ 37	26 ♈ 32	27 D 2	26 ♐ 49	8 ♐ 4	25 ♉ 19	6 ♐ 37	13 ♉ 19	28 ♑ 51	22 ♋ 28	27 ♊ 33	28 ♋	11 ♉	7 ♐	3 ♍	3 ♓
13	21 ♑ 3	6 ♏ 10	26 ♈ 29	27 R 1	27 ♐ 35	9 ♐ 15	25 ♉ 29	6 ♐ 48	13 ♉ 18	28 ♑ 55	22 ♋ 26	27 ♊ 32	28 ♋	11 ♉	7 ♐	3 ♍	3 ♓
14	22 ♑ 5	18 ♏ 26	26 ♈ 26	27 ♈ 0	28 ♐ 26	10 ♐ 26	25 ♉ 39	6 ♐ 59	13 ♉ 18	28 ♑ 58	22 ♋ 24	27 ♊ 31	28 ♋	11 ♉	8 ♐	3 ♍	3 ♓
15	23 ♑ 6	0 ♐ 31	26 ♈ 23	26 ♈ 56	29 ♐ 21	11 ♐ 38	25 ♉ 50	7 ♐ 10	13 ♉ 18	29 ♑ 2	22 ♋ 22	27 ♊ 30	28 ♋	11 ♉	8 ♐	3 ♍	4 ♓
16	24 ♑ 7	12 ♐ 28	26 ♈ 20	26 ♈ 49	0 ♑ 19	12 ♐ 49	26 ♉ 1	7 ♐ 21	13 ♉ 18	29 ♑ 6	22 ♋ 21	27 ♊ 29	27 ♋	11 ♉	8 ♐	3 ♍	4 ♓
17	25 ♑ 8	24 ♐ 20	26 ♈ 17	26 ♈ 40	1 ♑ 20	14 ♐ 0	26 ♉ 13	7 ♐ 33	13 D 18	29 ♑ 9	22 ♋ 19	27 ♊ 28	27 ♋	11 ♉	9 ♐	3 ♍	4 ♓
18	26 ♑ 9	6 ♑ 11	26 ♈ 13	26 ♈ 27	2 ♑ 24	15 ♐ 12	26 ♉ 26	7 ♐ 43	13 ♉ 18	29 ♑ 13	22 ♋ 17	27 ♊ 27	27 ♋	12 ♉	9 ♐	3 ♍	4 ♓
19	27 ♑ 10	18 ♑ 2	26 ♈ 10	26 ♈ 13	3 ♑ 30	16 ♐ 24	26 ♉ 39	7 ♐ 54	13 ♉ 18	29 ♑ 16	22 ♋ 16	27 ♊ 26	27 ♋	12 ♉	9 ♐	3 ♍	4 ♓
20	28 ♑ 11	29 ♑ 56	26 ♈ 7	25 ♈ 57	4 ♑ 39	17 ♐ 35	26 ♉ 52	8 ♐ 5	13 ♉ 19	29 ♑ 20	22 ♋ 14	27 ♊ 25	26 ♋	12 ♉	10 ♐	3 ♍	4 ♓
21	29 ♑ 12	11 ♒ 53	26 ♈ 4	25 ♈ 42	5 ♑ 50	18 ♐ 47	27 ♉ 6	8 ♐ 16	13 ♉ 19	29 ♑ 23	22 ♋ 12	27 ♊ 24	26 ♋	12 ♉	10 ♐	2 ♍	4 ♓
22	0 ♒ 14	23 ♒ 54	26 ♈ 1	25 ♈ 29	7 ♑ 3	19 ♐ 59	27 ♉ 21	8 ♐ 26	13 ♉ 20	29 ♑ 27	22 ♋ 11	27 ♊ 23	26 ♋	13 ♉	10 ♐	2 ♍	4 ♓
23	1 ♒ 15	6 ♓ 1	25 ♈ 57	25 ♈ 18	8 ♑ 17	21 ♐ 11	27 ♉ 36	8 ♐ 37	13 ♉ 20	29 ♑ 30	22 ♋ 9	27 ♊ 22	26 ♋	13 ♉	10 ♐	2 ♍	4 ♓
24	2 ♒ 16	18 ♓ 16	25 ♈ 54	25 ♈ 10	9 ♑ 33	22 ♐ 23	27 ♉ 52	8 ♐ 47	13 ♉ 21	29 ♑ 34	22 ♋ 7	27 ♊ 21	25 ♋	13 ♉	11 ♐	2 ♍	4 ♓
25	3 ♒ 17	0 ♈ 41	25 ♈ 51	25 ♈ 5	10 ♑ 50	23 ♐ 35	28 ♉ 8	8 ♐ 58	13 ♉ 22	29 ♑ 37	22 ♋ 6	27 ♊ 20	25 ♋	13 ♉	11 ♐	2 ♍	4 ♓
26	4 ♒ 18	13 ♈ 19	25 ♈ 48	25 ♈ 3	12 ♑ 9	24 ♐ 47	28 ♉ 25	9 ♐ 8	13 ♉ 23	29 ♑ 41	22 ♋ 4	27 ♊ 19	25 ♋	14 ♉	11 ♐	2 ♍	4 ♓
27	5 ♒ 19	26 ♈ 14	25 ♈ 45	25 D 3	13 ♑ 29	25 ♐ 59	28 ♉ 42	9 ♐ 18	13 ♉ 24	29 ♑ 44	22 ♋ 2	27 ♊ 18	25 ♋	14 ♉	12 ♐	2 ♍	4 ♓
28	6 ♒ 20	9 ♉ 30	25 ♈ 42	25 R 3	14 ♑ 50	27 ♐ 12	28 ♉ 59	9 ♐ 28	13 ♉ 26	29 ♑ 48	22 ♋ 1	27 ♊ 17	25 ♋	14 ♉	12 ♐	1 ♍	4 ♓
29	7 ♒ 21	23 ♉ 10	25 ♈ 38	25 ♈ 2	16 ♑ 13	28 ♐ 24	29 ♉ 17	9 ♐ 38	13 ♉ 27	29 ♑ 51	21 ♋ 59	27 ♊ 16	24 ♋	14 ♉	12 ♐	1 ♍	4 ♓
30	8 ♒ 22	7 ♊ 17	25 ♈ 35	24 ♈ 59	17 ♑ 36	29 ♐ 36	29 ♉ 36	9 ♐ 48	13 ♉ 29	29 ♑ 55	21 ♋ 57	27 ♊ 15	24 ♋	15 ♉	12 ♐	1 ♍	4 ♓
31	9 ♒ 23	21 ♊ 48	25 ♈ 32	24 ♈ 54	19 ♑ 1	0 ♑ 49	29 ♉ 55	9 ♐ 57	13 ♉ 30	29 ♑ 58	21 ♋ 56	27 ♊ 14	24 ♋	15 ♉	13 ♐	1 ♍	4 ♓

SUN INGRESS	☉ → ♒ 21日 18:29
MOON PHASE	○ 4日 22:29 ♋　◑ 11日 16:43 ♎　● 19日 20:10 ♑　◐ 27日 17:51 ♉

aspects		
3日	18:39	♀⚹♅
5日	11:45	☉△♄
10日	12:49	♀☌♃
12日	22:28	☿☍♇
14日	07:29	☉☍♆
18日	08:11	☉△♂
21日	04:28	☉☌♅
26日	22:31	☿△♄
28日	01:49	♀☍♇
31日	05:40	♂△♅
31日	16:20	☉⚹♃

1912年2月

DAY	☉	☽	☊ mean	☊ true	☿	♀	♂	♃	♄	♅	♆	♇	⚳	⚴	⚵	⚶	⚷
	° ′	° ′	° ′	° ′	° ′	° ′	° ′	° ′	° ′	° ′	° ′	° ′	°	°	°	°	°
1	10 ♒ 23	6 ♋ 43	25 ♈ 29	24 R 46	20 D 26	2 D 1	0 D 14	10 D 7	13 D 32	0 D 2	21 R 54	27 R 14	24 R	15 D	13 D	1 R	4 D
2	11 ♒ 24	21 ♋ 52	25 ♈ 26	24 ♈ 36	21 ♑ 52	3 ♑ 13	0 ♊ 34	10 ♐ 16	13 ♉ 34	0 ♒ 5	21 ♋ 53	27 ♊ 13	23 ♋	16 ♉	13 ♐	0 ♍	5 ♓
3	12 ♒ 25	7 ♌ 7	25 ♈ 23	24 ♈ 25	23 ♑ 19	4 ♑ 26	0 ♊ 54	10 ♐ 26	13 ♉ 36	0 ♒ 9	21 ♋ 51	27 ♊ 12	23 ♋	16 ♉	13 ♐	0 ♍	5 ♓
4	13 ♒ 26	22 ♌ 16	25 ♈ 19	24 ♈ 14	24 ♑ 47	5 ♑ 39	1 ♊ 14	10 ♐ 35	13 ♉ 38	0 ♒ 12	21 ♋ 50	27 ♊ 11	23 ♋	16 ♉	14 ♐	0 ♍	5 ♓
5	14 ♒ 27	7 ♍ 9	25 ♈ 16	24 ♈ 5	26 ♑ 16	6 ♑ 51	1 ♊ 35	10 ♐ 44	13 ♉ 40	0 ♒ 16	21 ♋ 48	27 ♊ 10	23 ♋	17 ♉	14 ♐	0 ♍	5 ♓
6	15 ♒ 28	21 ♍ 38	25 ♈ 13	23 ♈ 59	27 ♑ 46	8 ♑ 4	1 ♊ 56	10 ♐ 53	13 ♉ 42	0 ♒ 19	21 ♋ 46	27 ♊ 10	23 ♋	17 ♉	14 ♐	29 ♌	5 ♓
7	16 ♒ 28	5 ♎ 39	25 ♈ 10	23 ♈ 55	29 ♑ 16	9 ♑ 17	2 ♊ 17	11 ♐ 2	13 ♉ 44	0 ♒ 23	21 ♋ 45	27 ♊ 9	22 ♋	17 ♉	14 ♐	29 ♌	5 ♓
8	17 ♒ 29	19 ♎ 9	25 ♈ 7	23 ♈ 54	0 ♒ 48	10 ♑ 29	2 ♊ 39	11 ♐ 11	13 ♉ 47	0 ♒ 26	21 ♋ 43	27 ♊ 8	22 ♋	18 ♉	15 ♐	29 ♌	5 ♓
9	18 ♒ 30	2 ♏ 12	25 ♈ 3	23 D 54	2 ♒ 20	11 ♑ 42	3 ♊ 1	11 ♐ 20	13 ♉ 49	0 ♒ 29	21 ♋ 42	27 ♊ 8	22 ♋	18 ♉	15 ♐	29 ♌	5 ♓
10	19 ♒ 31	14 ♏ 50	25 ♈ 0	23 ♈ 54	3 ♒ 53	12 ♑ 55	3 ♊ 24	11 ♐ 28	13 ♉ 52	0 ♒ 33	21 ♋ 40	27 ♊ 7	22 ♋	18 ♉	15 ♐	28 ♌	5 ♓
11	20 ♒ 31	27 ♏ 10	24 ♈ 57	23 R 54	5 ♒ 26	14 ♑ 8	3 ♊ 47	11 ♐ 37	13 ♉ 55	0 ♒ 36	21 ♋ 39	27 ♊ 6	22 ♋	19 ♉	15 ♐	28 ♌	5 ♓
12	21 ♒ 32	9 ♐ 14	24 ♈ 54	23 ♈ 52	7 ♒ 1	15 ♑ 21	4 ♊ 10	11 ♐ 45	13 ♉ 58	0 ♒ 40	21 ♋ 38	27 ♊ 6	22 ♋	19 ♉	16 ♐	28 ♌	5 ♓
13	22 ♒ 33	21 ♐ 10	24 ♈ 51	23 ♈ 48	8 ♒ 36	16 ♑ 34	4 ♊ 33	11 ♐ 53	14 ♉ 1	0 ♒ 43	21 ♋ 36	27 ♊ 5	21 ♋	19 ♉	16 ♐	28 ♌	5 ♓
14	23 ♒ 33	3 ♑ 1	24 ♈ 48	23 ♈ 41	10 ♒ 13	17 ♑ 47	4 ♊ 57	12 ♐ 1	14 ♉ 4	0 ♒ 46	21 ♋ 35	27 ♊ 4	21 ♋	20 ♉	16 ♐	27 ♌	5 ♓
15	24 ♒ 34	14 ♑ 51	24 ♈ 44	23 ♈ 32	11 ♒ 50	19 ♑ 0	5 ♊ 21	12 ♐ 9	14 ♉ 7	0 ♒ 50	21 ♋ 33	27 ♊ 4	21 ♋	20 ♉	16 ♐	27 ♌	5 ♓
16	25 ♒ 35	26 ♑ 44	24 ♈ 41	23 ♈ 22	13 ♒ 28	20 ♑ 13	5 ♊ 45	12 ♐ 17	14 ♉ 10	0 ♒ 53	21 ♋ 32	27 ♊ 3	21 ♋	21 ♉	17 ♐	27 ♌	5 ♓
17	26 ♒ 35	8 ♒ 41	24 ♈ 38	23 ♈ 10	15 ♒ 7	21 ♑ 26	6 ♊ 10	12 ♐ 24	14 ♉ 14	0 ♒ 56	21 ♋ 31	27 ♊ 3	21 ♋	21 ♉	17 ♐	27 ♌	6 ♓
18	27 ♒ 36	20 ♒ 45	24 ♈ 35	22 ♈ 59	16 ♒ 46	22 ♑ 39	6 ♊ 35	12 ♐ 32	14 ♉ 17	0 ♒ 59	21 ♋ 29	27 ♊ 2	21 ♋	21 ♉	17 ♐	26 ♌	6 ♓
19	28 ♒ 36	2 ♓ 56	24 ♈ 32	22 ♈ 49	18 ♒ 27	23 ♑ 52	7 ♊ 0	12 ♐ 39	14 ♉ 21	1 ♒ 3	21 ♋ 28	27 ♊ 2	21 ♋	22 ♉	17 ♐	26 ♌	6 ♓
20	29 ♒ 37	15 ♓ 16	24 ♈ 28	22 ♈ 41	20 ♒ 8	25 ♑ 5	7 ♊ 25	12 ♐ 47	14 ♉ 24	1 ♒ 6	21 ♋ 27	27 ♊ 1	21 ♋	22 ♉	18 ♐	26 ♌	6 ♓
21	0 ♓ 37	27 ♓ 45	24 ♈ 25	22 ♈ 35	21 ♒ 51	26 ♑ 18	7 ♊ 51	12 ♐ 54	14 ♉ 28	1 ♒ 9	21 ♋ 26	27 ♊ 1	20 ♋	23 ♉	18 ♐	26 ♌	6 ♓
22	1 ♓ 38	10 ♈ 24	24 ♈ 22	22 ♈ 32	23 ♒ 34	27 ♑ 32	8 ♊ 17	13 ♐ 1	14 ♉ 32	1 ♒ 12	21 ♋ 24	27 ♊ 0	20 ♋	23 ♉	18 ♐	25 ♌	6 ♓
23	2 ♓ 38	23 ♈ 15	24 ♈ 19	22 D 31	25 ♒ 19	28 ♑ 45	8 ♊ 43	13 ♐ 7	14 ♉ 36	1 ♒ 15	21 ♋ 23	27 ♊ 0	20 ♋	23 ♉	18 ♐	25 ♌	6 ♓
24	3 ♓ 39	6 ♉ 19	24 ♈ 16	22 ♈ 32	27 ♒ 4	29 ♑ 58	9 ♊ 9	13 ♐ 14	14 ♉ 40	1 ♒ 19	21 ♋ 22	26 ♊ 59	20 ♋	24 ♉	19 ♐	25 ♌	6 ♓
25	4 ♓ 39	19 ♉ 40	24 ♈ 13	22 ♈ 33	28 ♒ 50	1 ♒ 11	9 ♊ 36	13 ♐ 20	14 ♉ 44	1 ♒ 22	21 ♋ 21	26 ♊ 59	20 ♋	24 ♉	19 ♐	25 ♌	6 ♓
26	5 ♓ 40	3 ♊ 17	24 ♈ 9	22 ♈ 34	0 ♓ 37	2 ♒ 25	10 ♊ 2	13 ♐ 27	14 ♉ 48	1 ♒ 25	21 ♋ 20	26 ♊ 59	20 ♋	25 ♉	19 ♐	24 ♌	6 ♓
27	6 ♓ 40	17 ♊ 14	24 ♈ 6	22 R 34	2 ♓ 26	3 ♒ 38	10 ♊ 29	13 ♐ 33	14 ♉ 53	1 ♒ 28	21 ♋ 19	26 ♊ 58	20 ♋	25 ♉	19 ♐	24 ♌	6 ♓
28	7 ♓ 40	1 ♋ 30	24 ♈ 3	22 ♈ 31	4 ♓ 15	4 ♒ 51	10 ♊ 56	13 ♐ 39	14 ♉ 57	1 ♒ 31	21 ♋ 18	26 ♊ 58	20 ♋	26 ♉	19 ♐	24 ♌	6 ♓
29	8 ♓ 40	16 ♋ 2	24 ♈ 0	22 ♈ 27	6 ♓ 5	6 ♒ 4	11 ♊ 24	13 ♐ 45	15 ♉ 2	1 ♒ 34	21 ♋ 17	26 ♊ 58	20 ♋	26 ♉	20 ♐	23 ♌	6 ♓

SUN INGRESS	☉ → ♓ 20日 08:56
MOON PHASE	○ 3日 08:58 ♌　◑ 10日 09:50 ♏　● 18日 14:44 ♒　◐ 26日 04:26 ♊

aspects		
2日	00:10	☿☍♆
4日	04:46	☉□♄
7日	18:10	☿☌♅
9日	14:15	☿△♂
10日	19:34	♀△♄
15日	05:10	☿⚹♃
16日	10:43	☿□♄
17日	01:35	♀☍♆
17日	10:45	☉△♇
23日	23:00	☿△♇
25日	03:34	♀☌♅

1912年3月

DAY	☉	☽	☊ mean	☊ true	☿	♀	♂	♃	♄	♅	♆	♇	⚳	⚴	⚵	⚶	⚷
	° ′	° ′	° ′	° ′	° ′	° ′	° ′	° ′	° ′	° ′	° ′	° ′	°	°	°	°	°
1	9 ♓ 41	0 ♌ 47	23 ♈ 57	22 R 21	7 D 56	7 D 18	11 D 51	13 D 51	15 D 6	1 D 37	21 R 15	26 R 58	20 R	27 D	20 D	23 R	6 D
2	10 ♓ 41	15 ♌ 39	23 ♈ 54	22 ♈ 15	9 ♓ 48	8 ♒ 31	12 ♊ 19	13 ♐ 56	15 ♉ 11	1 ♒ 40	21 ♋ 14	26 ♊ 57	20 ♋	27 ♉	20 ♐	23 ♌	6 ♓
3	11 ♓ 41	0 ♍ 28	23 ♈ 50	22 ♈ 8	11 ♓ 41	9 ♒ 44	12 ♊ 47	14 ♐ 2	15 ♉ 16	1 ♒ 43	21 ♋ 14	26 ♊ 57	20 ♋	28 ♉	20 ♐	23 ♌	6 ♓
4	12 ♓ 41	15 ♍ 7	23 ♈ 47	22 ♈ 3	13 ♓ 35	10 ♒ 58	13 ♊ 15	14 ♐ 7	15 ♉ 20	1 ♒ 46	21 ♋ 13	26 ♊ 57	20 ♋	28 ♉	20 ♐	23 ♌	7 ♓
5	13 ♓ 41	29 ♍ 28	23 ♈ 44	21 ♈ 59	15 ♓ 30	12 ♒ 11	13 ♊ 44	14 ♐ 12	15 ♉ 25	1 ♒ 48	21 ♋ 12	26 ♊ 57	20 ♋	28 ♉	20 ♐	22 ♌	7 ♓
6	14 ♓ 41	13 ♎ 26	23 ♈ 41	21 ♈ 57	17 ♓ 26	13 ♒ 25	14 ♊ 12	14 ♐ 17	15 ♉ 30	1 ♒ 51	21 ♋ 11	26 ♊ 57	20 D	29 ♉	21 ♐	22 ♌	7 ♓
7	15 ♓ 41	27 ♎ 0	23 ♈ 38	21 D 57	19 ♓ 22	14 ♒ 38	14 ♊ 41	14 ♐ 22	15 ♉ 35	1 ♒ 54	21 ♋ 10	26 ♊ 57	20 ♋	29 ♉	21 ♐	22 ♌	7 ♓
8	16 ♓ 41	10 ♏ 7	23 ♈ 34	21 ♈ 58	21 ♓ 19	15 ♒ 52	15 ♊ 10	14 ♐ 26	15 ♉ 41	1 ♒ 57	21 ♋ 9	26 ♊ 56	20 ♋	0 ♊	21 ♐	22 ♌	7 ♓
9	17 ♓ 41	22 ♏ 52	23 ♈ 31	22 ♈ 0	23 ♓ 16	17 ♒ 5	15 ♊ 39	14 ♐ 31	15 ♉ 46	1 ♒ 59	21 ♋ 8	26 ♊ 56	20 ♋	0 ♊	21 ♐	21 ♌	7 ♓
10	18 ♓ 41	5 ♐ 16	23 ♈ 28	22 ♈ 1	25 ♓ 13	18 ♒ 18	16 ♊ 8	14 ♐ 35	15 ♉ 51	2 ♒ 2	21 ♋ 8	26 ♊ 56	20 ♋	1 ♊	21 ♐	21 ♌	7 ♓
11	19 ♓ 41	17 ♐ 25	23 ♈ 25	22 ♈ 2	27 ♓ 11	19 ♒ 32	16 ♊ 37	14 ♐ 39	15 ♉ 56	2 ♒ 5	21 ♋ 7	26 ♊ 56	20 ♋	1 ♊	22 ♐	21 ♌	7 ♓
12	20 ♓ 41	29 ♐ 24	23 ♈ 22	22 R 2	29 ♓ 9	20 ♒ 45	17 ♊ 7	14 ♐ 43	16 ♉ 2	2 ♒ 7	21 ♋ 6	26 D 56	20 ♋	2 ♊	22 ♐	21 ♌	7 ♓
13	21 ♓ 41	11 ♑ 17	23 ♈ 19	22 ♈ 0	1 ♈ 6	21 ♒ 59	17 ♊ 36	14 ♐ 47	16 ♉ 7	2 ♒ 10	21 ♋ 5	26 ♊ 56	20 ♋	2 ♊	22 ♐	21 ♌	7 ♓
14	22 ♓ 41	23 ♑ 8	23 ♈ 15	21 ♈ 57	3 ♈ 2	23 ♒ 12	18 ♊ 6	14 ♐ 50	16 ♉ 13	2 ♒ 13	21 ♋ 5	26 ♊ 56	20 ♋	3 ♊	22 ♐	21 ♌	7 ♓
15	23 ♓ 40	5 ♒ 3	23 ♈ 12	21 ♈ 52	4 ♈ 57	24 ♒ 26	18 ♊ 36	14 ♐ 54	16 ♉ 19	2 ♒ 15	21 ♋ 4	26 ♊ 56	20 ♋	3 ♊	22 ♐	20 ♌	7 ♓
16	24 ♓ 40	17 ♒ 4	23 ♈ 9	21 ♈ 48	6 ♈ 51	25 ♒ 40	19 ♊ 6	14 ♐ 57	16 ♉ 24	2 ♒ 18	21 ♋ 4	26 ♊ 56	20 ♋	4 ♊	22 ♐	20 ♌	7 ♓
17	25 ♓ 40	29 ♒ 15	23 ♈ 6	21 ♈ 43	8 ♈ 44	26 ♒ 53	19 ♊ 36	15 ♐ 0	16 ♉ 30	2 ♒ 20	21 ♋ 3	26 ♊ 57	20 ♋	4 ♊	22 ♐	20 ♌	7 ♓
18	26 ♓ 40	11 ♓ 36	23 ♈ 3	21 ♈ 39	10 ♈ 34	28 ♒ 7	20 ♊ 6	15 ♐ 3	16 ♉ 36	2 ♒ 23	21 ♋ 3	26 ♊ 57	20 ♋	5 ♊	23 ♐	20 ♌	7 ♓
19	27 ♓ 39	24 ♓ 10	23 ♈ 0	21 ♈ 36	12 ♈ 21	29 ♒ 20	20 ♊ 37	15 ♐ 5	16 ♉ 42	2 ♒ 25	21 ♋ 2	26 ♊ 57	20 ♋	5 ♊	23 ♐	20 ♌	7 ♓
20	28 ♓ 39	6 ♈ 57	22 ♈ 56	21 ♈ 34	14 ♈ 5	0 ♓ 34	21 ♊ 7	15 ♐ 8	16 ♉ 48	2 ♒ 27	21 ♋ 2	26 ♊ 57	20 ♋	6 ♊	23 ♐	20 ♌	8 ♓
21	29 ♓ 38	19 ♈ 57	22 ♈ 53	21 ♈ 33	15 ♈ 46	1 ♓ 47	21 ♊ 38	15 ♐ 10	16 ♉ 54	2 ♒ 30	21 ♋ 1	26 ♊ 57	21 ♋	6 ♊	23 ♐	20 ♌	8 ♓
22	0 ♈ 38	3 ♉ 10	22 ♈ 50	21 D 33	17 ♈ 23	3 ♓ 1	22 ♊ 9	15 ♐ 12	17 ♉ 0	2 ♒ 32	21 ♋ 1	26 ♊ 57	21 ♋	7 ♊	23 ♐	19 ♌	8 ♓
23	1 ♈ 38	16 ♉ 35	22 ♈ 47	21 ♈ 34	18 ♈ 55	4 ♓ 15	22 ♊ 40	15 ♐ 14	17 ♉ 6	2 ♒ 34	21 ♋ 0	26 ♊ 58	21 ♋	8 ♊	23 ♐	19 ♌	8 ♓
24	2 ♈ 37	0 ♊ 13	22 ♈ 44	21 ♈ 36	20 ♈ 23	5 ♓ 28	23 ♊ 11	15 ♐ 16	17 ♉ 12	2 ♒ 36	21 ♋ 0	26 ♊ 58	21 ♋	8 ♊	23 ♐	19 ♌	8 ♓
25	3 ♈ 36	14 ♊ 1	22 ♈ 40	21 ♈ 37	21 ♈ 45	6 ♓ 42	23 ♊ 42	15 ♐ 18	17 ♉ 19	2 ♒ 38	21 ♋ 0	26 ♊ 58	21 ♋	9 ♊	23 ♐	19 ♌	8 ♓
26	4 ♈ 36	28 ♊ 1	22 ♈ 37	21 ♈ 38	23 ♈ 1	7 ♓ 55	24 ♊ 13	15 ♐ 19	17 ♉ 25	2 ♒ 40	21 ♋ 0	26 ♊ 58	21 ♋	9 ♊	23 ♐	19 ♌	8 ♓
27	5 ♈ 35	12 ♋ 11	22 ♈ 34	21 R 38	24 ♈ 12	9 ♓ 9	24 ♊ 45	15 ♐ 20	17 ♉ 32	2 ♒ 42	20 ♋ 59	26 ♊ 59	21 ♋	10 ♊	24 ♐	19 ♌	8 ♓
28	6 ♈ 35	26 ♋ 28	22 ♈ 31	21 ♈ 37	25 ♈ 16	10 ♓ 22	25 ♊ 16	15 ♐ 21	17 ♉ 38	2 ♒ 44	20 ♋ 59	26 ♊ 59	21 ♋	10 ♊	24 ♐	19 ♌	8 ♓
29	7 ♈ 34	10 ♌ 50	22 ♈ 28	21 ♈ 36	26 ♈ 14	11 ♓ 36	25 ♊ 48	15 ♐ 22	17 ♉ 44	2 ♒ 46	20 ♋ 59	27 ♊ 0	22 ♋	11 ♊	24 ♐	19 ♌	8 ♓
30	8 ♈ 33	25 ♌ 13	22 ♈ 25	21 ♈ 34	27 ♈ 5	12 ♓ 50	26 ♊ 20	15 ♐ 23	17 ♉ 51	2 ♒ 48	20 ♋ 59	27 ♊ 0	22 ♋	11 ♊	24 ♐	19 ♌	8 ♓
31	9 ♈ 32	9 ♍ 33	22 ♈ 21	21 ♈ 33	27 ♈ 49	14 ♓ 3	26 ♊ 52	15 ♐ 23	17 ♉ 58	2 ♒ 50	20 ♋ 59	27 ♊ 0	22 ♋	12 ♊	24 ♐	19 ♌	8 ♓

SUN INGRESS ☉ → ♈ 21日 08:29

MOON PHASE ○ 3日 19:42 ♍ ◑ 11日 04:55 ♐ ● 19日 07:08 ♓ ◐ 26日 12:02 ♋

aspects

2日 23:45 ☉☌☿
3日 18:25 ☿□♂
4日 06:55 ☿□♃
4日 22:57 ☿⚹♄
5日 02:00 ☉□♂
5日 13:28 ☉□♃
6日 04:44 ♂☍♃
6日 18:16 ♀⚹♃
6日 21:29 ☉⚹♄
7日 01:30 ♀△♂
7日 20:08 ♀□♄
7日 22:03 ☿△♆
10日 20:59 ☿□♇
12日 10:02 ☉△♆
13日 13:34 ☿⚹♅
17日 01:07 ♀△♇
18日 06:55 ☉□♇
20日 15:06 ☿△♃
23日 23:39 ☉⚹♅
24日 10:42 ☿□♆
28日 00:10 ☿⚹♂
29日 21:31 ☿⚹♇
31日 06:47 ♂☌♇

1912年4月

DAY	☉	☽	☊ mean	☊ true	☿	♀	♂	♃	♄	♅	♆	♇	⚳	⚴	⚵	⚶	⚷
	° ′	° ′	° ′	° ′	° ′	° ′	° ′	° ′	° ′	° ′	° ′	° ′	°	°	°	°	°
1	10 ♈ 32	23 ♍ 45	22 ♈ 18	21 R 31	28 D 26	15 D 17	27 D 23	15 D 23	18 D 4	2 D 52	20 R 59	27 D 1	22 D	12 D	24 D	19 R	8 D
2	11 ♈ 31	7 ♎ 44	22 ♈ 15	21 ♈ 30	28 ♈ 56	16 ♓ 30	27 ♊ 55	15 R 23	18 ♉ 11	2 ♒ 54	20 ♋ 59	27 ♊ 1	22 ♋	13 ♊	24 ♐	19 ♌	8 ♓
3	12 ♈ 30	21 ♎ 26	22 ♈ 12	21 ♈ 30	29 ♈ 18	17 ♓ 44	28 ♊ 27	15 ♐ 23	18 ♉ 18	2 ♒ 56	20 D 59	27 ♊ 2	22 ♋	13 ♊	24 ♐	19 ♌	8 ♓
4	13 ♈ 29	4 ♏ 50	22 ♈ 9	21 D 30	29 ♈ 34	18 ♓ 58	29 ♊ 0	15 ♐ 23	18 ♉ 25	2 ♒ 57	20 ♋ 59	27 ♊ 2	23 ♋	14 ♊	24 ♐	19 ♌	8 ♓
5	14 ♈ 28	17 ♏ 53	22 ♈ 5	21 ♈ 31	29 ♈ 42	20 ♓ 11	29 ♊ 32	15 ♐ 22	18 ♉ 31	2 ♒ 59	20 ♋ 59	27 ♊ 3	23 ♋	14 ♊	24 ♐	19 D	8 ♓
6	15 ♈ 27	0 ♐ 38	22 ♈ 2	21 ♈ 32	29 R 44	21 ♓ 25	0 ♋ 4	15 ♐ 22	18 ♉ 38	3 ♒ 1	20 ♋ 59	27 ♊ 3	23 ♋	15 ♊	24 ♐	19 ♌	9 ♓
7	16 ♈ 26	13 ♐ 4	21 ♈ 59	21 ♈ 32	29 ♈ 39	22 ♓ 38	0 ♋ 37	15 ♐ 21	18 ♉ 45	3 ♒ 2	20 ♋ 59	27 ♊ 4	23 ♋	16 ♊	24 ♐	19 ♌	9 ♓
8	17 ♈ 25	25 ♐ 16	21 ♈ 56	21 ♈ 33	29 ♈ 27	23 ♓ 52	1 ♋ 9	15 ♐ 20	18 ♉ 52	3 ♒ 4	20 ♋ 59	27 ♊ 4	23 ♋	16 ♊	24 ♐	19 ♌	9 ♓
9	18 ♈ 24	7 ♑ 17	21 ♈ 53	21 ♈ 33	29 ♈ 10	25 ♓ 6	1 ♋ 42	15 ♐ 19	18 ♉ 59	3 ♒ 5	21 ♋ 0	27 ♊ 5	24 ♋	17 ♊	24 ♐	19 ♌	9 ♓
10	19 ♈ 23	19 ♑ 12	21 ♈ 50	21 ♈ 33	28 ♈ 46	26 ♓ 19	2 ♋ 14	15 ♐ 17	19 ♉ 6	3 ♒ 7	21 ♋ 0	27 ♊ 6	24 ♋	17 ♊	24 ♐	19 ♌	9 ♓
11	20 ♈ 22	1 ♒ 5	21 ♈ 46	21 R 33	28 ♈ 18	27 ♓ 33	2 ♋ 47	15 ♐ 16	19 ♉ 14	3 ♒ 8	21 ♋ 0	27 ♊ 6	24 ♋	18 ♊	24 ♐	19 ♌	9 ♓
12	21 ♈ 21	13 ♒ 1	21 ♈ 43	21 ♈ 33	27 ♈ 46	28 ♓ 46	3 ♋ 20	15 ♐ 14	19 ♉ 21	3 ♒ 9	21 ♋ 0	27 ♊ 7	24 ♋	18 ♊	24 ♐	19 ♌	9 ♓
13	22 ♈ 19	25 ♒ 4	21 ♈ 40	21 D 33	27 ♈ 9	0 ♈ 0	3 ♋ 53	15 ♐ 12	19 ♉ 28	3 ♒ 11	21 ♋ 1	27 ♊ 8	24 ♋	19 ♊	24 ♐	19 ♌	9 ♓
14	23 ♈ 18	7 ♓ 18	21 ♈ 37	21 ♈ 33	26 ♈ 30	1 ♈ 14	4 ♋ 26	15 ♐ 10	19 ♉ 35	3 ♒ 12	21 ♋ 1	27 ♊ 8	25 ♋	19 ♊	24 ♐	19 ♌	9 ♓
15	24 ♈ 17	19 ♓ 47	21 ♈ 34	21 ♈ 33	25 ♈ 48	2 ♈ 27	4 ♋ 59	15 ♐ 7	19 ♉ 42	3 ♒ 13	21 ♋ 2	27 ♊ 9	25 ♋	20 ♊	25 R	19 ♌	9 ♓
16	25 ♈ 16	2 ♈ 32	21 ♈ 31	21 ♈ 34	25 ♈ 5	3 ♈ 41	5 ♋ 32	15 ♐ 5	19 ♉ 50	3 ♒ 14	21 ♋ 2	27 ♊ 10	25 ♋	21 ♊	24 ♐	19 ♌	9 ♓
17	26 ♈ 14	15 ♈ 36	21 ♈ 27	21 ♈ 34	24 ♈ 21	4 ♈ 54	6 ♋ 5	15 ♐ 2	19 ♉ 57	3 ♒ 15	21 ♋ 3	27 ♊ 11	25 ♋	21 ♊	24 ♐	19 ♌	9 ♓
18	27 ♈ 13	28 ♈ 57	21 ♈ 24	21 R 34	23 ♈ 38	6 ♈ 8	6 ♋ 38	14 ♐ 59	20 ♉ 4	3 ♒ 16	21 ♋ 3	27 ♊ 11	26 ♋	22 ♊	24 ♐	19 ♌	9 ♓
19	28 ♈ 12	12 ♉ 35	21 ♈ 21	21 ♈ 33	22 ♈ 56	7 ♈ 22	7 ♋ 12	14 ♐ 56	20 ♉ 12	3 ♒ 17	21 ♋ 4	27 ♊ 12	26 ♋	22 ♊	24 ♐	19 ♌	9 ♓
20	29 ♈ 10	26 ♉ 28	21 ♈ 18	21 ♈ 33	22 ♈ 15	8 ♈ 35	7 ♋ 45	14 ♐ 53	20 ♉ 19	3 ♒ 18	21 ♋ 4	27 ♊ 13	26 ♋	23 ♊	24 ♐	20 ♌	9 ♓
21	0 ♉ 9	10 ♊ 32	21 ♈ 15	21 ♈ 32	21 ♈ 37	9 ♈ 49	8 ♋ 19	14 ♐ 49	20 ♉ 26	3 ♒ 19	21 ♋ 5	27 ♊ 14	26 ♋	23 ♊	24 ♐	20 ♌	9 ♓
22	1 ♉ 7	24 ♊ 43	21 ♈ 11	21 ♈ 31	21 ♈ 2	11 ♈ 2	8 ♋ 52	14 ♐ 46	20 ♉ 34	3 ♒ 20	21 ♋ 6	27 ♊ 15	27 ♋	24 ♊	24 ♐	20 ♌	9 ♓
23	2 ♉ 6	8 ♋ 59	21 ♈ 8	21 ♈ 30	20 ♈ 30	12 ♈ 16	9 ♋ 26	14 ♐ 42	20 ♉ 41	3 ♒ 21	21 ♋ 6	27 ♊ 16	27 ♋	24 ♊	24 ♐	20 ♌	9 ♓
24	3 ♉ 4	23 ♋ 15	21 ♈ 5	21 ♈ 29	20 ♈ 2	13 ♈ 30	10 ♋ 0	14 ♐ 38	20 ♉ 49	3 ♒ 22	21 ♋ 7	27 ♊ 17	27 ♋	25 ♊	24 ♐	20 ♌	9 ♓
25	4 ♉ 3	7 ♌ 28	21 ♈ 2	21 D 29	19 ♈ 39	14 ♈ 43	10 ♋ 33	14 ♐ 34	20 ♉ 56	3 ♒ 22	21 ♋ 8	27 ♊ 18	27 ♋	26 ♊	24 ♐	20 ♌	9 ♓
26	5 ♉ 1	21 ♌ 37	20 ♈ 59	21 ♈ 29	19 ♈ 20	15 ♈ 57	11 ♋ 7	14 ♐ 30	21 ♉ 4	3 ♒ 23	21 ♋ 8	27 ♊ 18	28 ♋	26 ♊	24 ♐	20 ♌	10 ♓
27	5 ♉ 59	5 ♍ 39	20 ♈ 56	21 ♈ 30	19 ♈ 6	17 ♈ 10	11 ♋ 41	14 ♐ 25	21 ♉ 12	3 ♒ 24	21 ♋ 9	27 ♊ 19	28 ♋	27 ♊	24 ♐	21 ♌	10 ♓
28	6 ♉ 58	19 ♍ 33	20 ♈ 52	21 ♈ 31	18 ♈ 57	18 ♈ 24	12 ♋ 15	14 ♐ 21	21 ♉ 19	3 ♒ 24	21 ♋ 10	27 ♊ 20	28 ♋	27 ♊	24 ♐	21 ♌	10 ♓
29	7 ♉ 56	3 ♎ 16	20 ♈ 49	21 ♈ 33	18 ♈ 52	19 ♈ 38	12 ♋ 49	14 ♐ 16	21 ♉ 27	3 ♒ 25	21 ♋ 11	27 ♊ 21	29 ♋	28 ♊	24 ♐	21 ♌	10 ♓
30	8 ♉ 54	16 ♎ 48	20 ♈ 46	21 ♈ 33	18 D 53	20 ♈ 51	13 ♋ 23	14 ♐ 11	21 ♉ 34	3 ♒ 25	21 ♋ 12	27 ♊ 22	29 ♋	28 ♊	24 ♐	21 ♌	10 ♓

SUN INGRESS ☉ → ♉ 20日 20:12

MOON PHASE ○ 2日 07:04 ♎ ◑ 10日 00:23 ♑ ● 17日 20:40 ♈ ◐ 24日 17:47 ♌

aspects

1日 02:07 ♀□♃
3日 12:10 ♀⚹♄
5日 08:55 ☿⚹♂
5日 15:37 ♀△♆
5日 21:53 ☉△♃
10日 15:19 ♀□♇
11日 15:47 ☉□♆
13日 00:50 ☿⚹♇
15日 15:13 ♀⚹♅
15日 21:30 ☉☌☿
17日 23:24 ☉⚹♇
18日 18:07 ♀□♂
21日 21:25 ☿□♆
24日 07:17 ☉□♅
24日 21:11 ♀△♃
26日 15:46 ♄⚹♆
28日 09:53 ☿☌♀
30日 06:52 ♀□♆

1912年5月

DAY	☉	☽	☊ mean	☊ true	☿	♀	♂	♃	♄	♅	♆	♇	⚳	⚴	⚵	⚶	⚷
	° ′	° ′	° ′	° ′	° ′	° ′	° ′	° ′	° ′	° ′	° ′	° ′	°	°	°	°	°
1	9 ♉ 52	0 ♏ 6	20 ♈ 43	21 R 33	18 D 58	22 D 5	13 D 57	14 R 6	21 D 42	3 D 26	21 D 13	27 D 23	29 D	29 D	24 R	21 D	10 D
2	10 ♉ 51	13 ♏ 11	20 ♈ 40	21 ♈ 32	19 ♈ 8	23 ♈ 18	14 ♋ 31	14 ♐ 1	21 ♉ 50	3 ♒ 26	21 ♋ 14	27 ♊ 24	29 ♋	0 ♋	24 ♐	21 ♌	10 ♓
3	11 ♉ 49	26 ♏ 2	20 ♈ 37	21 ♈ 30	19 ♈ 23	24 ♈ 32	15 ♋ 5	13 ♐ 56	21 ♉ 57	3 ♒ 26	21 ♋ 15	27 ♊ 25	0 ♌	0 ♋	24 ♐	22 ♌	10 ♓
4	12 ♉ 47	8 ♐ 38	20 ♈ 33	21 ♈ 27	19 ♈ 42	25 ♈ 45	15 ♋ 39	13 ♐ 50	22 ♉ 5	3 ♒ 27	21 ♋ 16	27 ♊ 27	0 ♌	1 ♋	23 ♐	22 ♌	10 ♓
5	13 ♉ 45	21 ♐ 0	20 ♈ 30	21 ♈ 23	20 ♈ 6	26 ♈ 59	16 ♋ 13	13 ♐ 45	22 ♉ 13	3 ♒ 27	21 ♋ 17	27 ♊ 28	0 ♌	1 ♋	23 ♐	22 ♌	10 ♓
6	14 ♉ 43	3 ♑ 10	20 ♈ 27	21 ♈ 20	20 ♈ 34	28 ♈ 12	16 ♋ 48	13 ♐ 39	22 ♉ 20	3 ♒ 27	21 ♋ 18	27 ♊ 29	1 ♌	2 ♋	23 ♐	22 ♌	10 ♓
7	15 ♉ 41	15 ♑ 11	20 ♈ 24	21 ♈ 17	21 ♈ 6	29 ♈ 26	17 ♋ 22	13 ♐ 33	22 ♉ 28	3 ♒ 27	21 ♋ 19	27 ♊ 30	1 ♌	2 ♋	23 ♐	22 ♌	10 ♓
8	16 ♉ 39	27 ♑ 6	20 ♈ 21	21 ♈ 14	21 ♈ 42	0 ♉ 40	17 ♋ 57	13 ♐ 27	22 ♉ 36	3 ♒ 27	21 ♋ 20	27 ♊ 31	1 ♌	3 ♋	23 ♐	23 ♌	10 ♓
9	17 ♉ 37	8 ♒ 59	20 ♈ 17	21 ♈ 13	22 ♈ 22	1 ♉ 53	18 ♋ 31	13 ♐ 21	22 ♉ 44	3 R 27	21 ♋ 21	27 ♊ 32	2 ♌	4 ♋	23 ♐	23 ♌	10 ♓
10	18 ♉ 35	20 ♒ 54	20 ♈ 14	21 D 12	23 ♈ 6	3 ♉ 7	19 ♋ 5	13 ♐ 15	22 ♉ 51	3 ♒ 27	21 ♋ 22	27 ♊ 33	2 ♌	4 ♋	23 ♐	23 ♌	10 ♓
11	19 ♉ 33	2 ♓ 57	20 ♈ 11	21 ♈ 13	23 ♈ 53	4 ♉ 20	19 ♋ 40	13 ♐ 9	22 ♉ 59	3 ♒ 27	21 ♋ 24	27 ♊ 34	2 ♌	5 ♋	23 ♐	23 ♌	10 ♓
12	20 ♉ 31	15 ♓ 11	20 ♈ 8	21 ♈ 14	24 ♈ 44	5 ♉ 34	20 ♋ 15	13 ♐ 2	23 ♉ 7	3 ♒ 27	21 ♋ 25	27 ♊ 36	3 ♌	5 ♋	22 ♐	24 ♌	10 ♓
13	21 ♉ 29	27 ♓ 42	20 ♈ 5	21 ♈ 16	25 ♈ 38	6 ♉ 47	20 ♋ 49	12 ♐ 56	23 ♉ 15	3 ♒ 27	21 ♋ 26	27 ♊ 37	3 ♌	6 ♋	22 ♐	24 ♌	10 ♓
14	22 ♉ 27	10 ♈ 32	20 ♈ 2	21 ♈ 17	26 ♈ 36	8 ♉ 1	21 ♋ 24	12 ♐ 49	23 ♉ 22	3 ♒ 26	21 ♋ 28	27 ♊ 38	3 ♌	6 ♋	22 ♐	24 ♌	10 ♓
15	23 ♉ 25	23 ♈ 46	19 ♈ 58	21 R 18	27 ♈ 36	9 ♉ 14	21 ♋ 59	12 ♐ 42	23 ♉ 30	3 ♒ 26	21 ♋ 29	27 ♊ 39	4 ♌	7 ♋	22 ♐	24 ♌	10 ♓
16	24 ♉ 23	7 ♉ 22	19 ♈ 55	21 ♈ 17	28 ♈ 39	10 ♉ 28	22 ♋ 33	12 ♐ 35	23 ♉ 38	3 ♒ 26	21 ♋ 30	27 ♊ 40	4 ♌	8 ♋	22 ♐	25 ♌	10 ♓
17	25 ♉ 20	21 ♉ 21	19 ♈ 52	21 ♈ 14	29 ♈ 46	11 ♉ 42	23 ♋ 8	12 ♐ 29	23 ♉ 46	3 ♒ 25	21 ♋ 32	27 ♊ 42	4 ♌	8 ♋	22 ♐	25 ♌	10 ♓
18	26 ♉ 18	5 ♊ 40	19 ♈ 49	21 ♈ 10	0 ♉ 55	12 ♉ 55	23 ♋ 43	12 ♐ 22	23 ♉ 53	3 ♒ 25	21 ♋ 33	27 ♊ 43	5 ♌	9 ♋	21 ♐	25 ♌	10 ♓
19	27 ♉ 16	20 ♊ 11	19 ♈ 46	21 ♈ 5	2 ♉ 7	14 ♉ 9	24 ♋ 18	12 ♐ 14	24 ♉ 1	3 ♒ 24	21 ♋ 34	27 ♊ 44	5 ♌	9 ♋	21 ♐	25 ♌	10 ♓
20	28 ♉ 14	4 ♋ 50	19 ♈ 43	21 ♈ 0	3 ♉ 21	15 ♉ 22	24 ♋ 53	12 ♐ 7	24 ♉ 9	3 ♒ 24	21 ♋ 36	27 ♊ 45	5 ♌	10 ♋	21 ♐	26 ♌	10 ♓
21	29 ♉ 12	19 ♋ 29	19 ♈ 39	20 ♈ 55	4 ♉ 38	16 ♉ 36	25 ♋ 28	12 ♐ 0	24 ♉ 17	3 ♒ 23	21 ♋ 37	27 ♊ 47	6 ♌	10 ♋	21 ♐	26 ♌	10 ♓
22	0 ♊ 9	4 ♌ 2	19 ♈ 36	20 ♈ 51	5 ♉ 58	17 ♉ 49	26 ♋ 3	11 ♐ 53	24 ♉ 24	3 ♒ 23	21 ♋ 39	27 ♊ 48	6 ♌	11 ♋	21 ♐	26 ♌	10 ♓
23	1 ♊ 7	18 ♌ 24	19 ♈ 33	20 ♈ 48	7 ♉ 20	19 ♉ 3	26 ♋ 38	11 ♐ 45	24 ♉ 32	3 ♒ 22	21 ♋ 40	27 ♊ 49	6 ♌	12 ♋	21 ♐	26 ♌	10 ♓
24	2 ♊ 5	2 ♍ 31	19 ♈ 30	20 D 48	8 ♉ 45	20 ♉ 16	27 ♋ 13	11 ♐ 38	24 ♉ 40	3 ♒ 21	21 ♋ 42	27 ♊ 51	7 ♌	12 ♋	20 ♐	27 ♌	10 ♓
25	3 ♊ 2	16 ♍ 23	19 ♈ 27	20 ♈ 48	10 ♉ 12	21 ♉ 30	27 ♋ 48	11 ♐ 31	24 ♉ 48	3 ♒ 21	21 ♋ 44	27 ♊ 52	7 ♌	13 ♋	20 ♐	27 ♌	10 ♓
26	4 ♊ 0	0 ♎ 0	19 ♈ 23	20 ♈ 49	11 ♉ 42	22 ♉ 43	28 ♋ 24	11 ♐ 23	24 ♉ 55	3 ♒ 20	21 ♋ 45	27 ♊ 53	7 ♌	13 ♋	20 ♐	27 ♌	10 ♓
27	4 ♊ 57	13 ♎ 22	19 ♈ 20	20 ♈ 51	13 ♉ 14	23 ♉ 57	28 ♋ 59	11 ♐ 16	25 ♉ 3	3 ♒ 19	21 ♋ 47	27 ♊ 55	8 ♌	14 ♋	20 ♐	28 ♌	10 ♓
28	5 ♊ 55	26 ♎ 30	19 ♈ 17	20 R 51	14 ♉ 49	25 ♉ 11	29 ♋ 34	11 ♐ 8	25 ♉ 11	3 ♒ 18	21 ♋ 48	27 ♊ 56	8 ♌	14 ♋	20 ♐	28 ♌	11 ♓
29	6 ♊ 52	9 ♏ 26	19 ♈ 14	20 ♈ 49	16 ♉ 26	26 ♉ 24	0 ♌ 9	11 ♐ 0	25 ♉ 18	3 ♒ 17	21 ♋ 50	27 ♊ 57	9 ♌	15 ♋	19 ♐	28 ♌	11 ♓
30	7 ♊ 50	22 ♏ 10	19 ♈ 11	20 ♈ 45	18 ♉ 5	27 ♉ 38	0 ♌ 45	10 ♐ 53	25 ♉ 26	3 ♒ 16	21 ♋ 52	27 ♊ 59	9 ♌	16 ♋	19 ♐	29 ♌	11 ♓
31	8 ♊ 47	4 ♐ 44	19 ♈ 8	20 ♈ 39	19 ♉ 47	28 ♉ 51	1 ♌ 20	10 ♐ 45	25 ♉ 34	3 ♒ 15	21 ♋ 54	28 ♊ 0	9 ♌	16 ♋	19 ♐	29 ♌	11 ♓

SUN INGRESS	☉ → ♊ 21日 19:57
MOON PHASE	○ 1日 19:19 ♏　◑ 9日 18:56 ♒　● 17日 07:13 ♉　◐ 23日 23:11 ♍　○ 31日 08:29 ♐

aspects		
5日	09:32	♀⚹♇
7日	09:11	☿□♆
10日	06:40	♀□♅
11日	07:05	☉⚹♂
12日	22:51	☉⚹♆
14日	02:36	♂☌♆
15日	01:17	☿⚹♇
15日	02:34	☉☌♄
18日	09:04	♂⚹♄
20日	00:53	☿□♅
25日	04:35	♀⚹♆
25日	07:34	☉△♅
28日	00:02	♀☌♄

1912年6月

DAY	☉	☽	☊ mean	☊ true	☿	♀	♂	♃	♄	♅	♆	♇	⚳	⚴	⚵	⚶	⚷
	° ′	° ′	° ′	° ′	° ′	° ′	° ′	° ′	° ′	° ′	° ′	° ′	°	°	°	°	°
1	9 ♊ 45	17 ♐ 7	19 ♈ 4	20 R 32	21 D 31	0 D 5	1 D 56	10 R 37	25 D 41	3 R 14	21 D 55	28 D 1	10 D	17 D	19 R	29 D	11 D
2	10 ♊ 42	29 ♐ 21	19 ♈ 1	20 ♈ 23	23 ♉ 18	1 ♊ 18	2 ♌ 31	10 ♐ 30	25 ♉ 49	3 ♒ 13	21 ♋ 57	28 ♊ 3	10 ♌	17 ♋	18 ♐	0 ♍	11 ♓
3	11 ♊ 40	11 ♑ 25	18 ♈ 58	20 ♈ 13	25 ♉ 7	2 ♊ 32	3 ♌ 6	10 ♐ 22	25 ♉ 56	3 ♒ 12	21 ♋ 59	28 ♊ 4	10 ♌	18 ♋	18 ♐	0 ♍	11 ♓
4	12 ♊ 37	23 ♑ 23	18 ♈ 55	20 ♈ 4	26 ♉ 58	3 ♊ 45	3 ♌ 42	10 ♐ 15	26 ♉ 4	3 ♒ 10	22 ♋ 1	28 ♊ 6	11 ♌	18 ♋	18 ♐	0 ♍	11 ♓
5	13 ♊ 35	5 ♒ 17	18 ♈ 52	19 ♈ 57	28 ♉ 51	4 ♊ 59	4 ♌ 18	10 ♐ 7	26 ♉ 11	3 ♒ 9	22 ♋ 2	28 ♊ 7	11 ♌	19 ♋	18 ♐	1 ♍	11 ♓
6	14 ♊ 32	17 ♒ 8	18 ♈ 49	19 ♈ 51	0 ♊ 47	6 ♊ 12	4 ♌ 53	9 ♐ 59	26 ♉ 19	3 ♒ 8	22 ♋ 4	28 ♊ 8	12 ♌	19 ♋	18 ♐	1 ♍	11 ♓
7	15 ♊ 29	29 ♒ 2	18 ♈ 45	19 ♈ 47	2 ♊ 45	7 ♊ 26	5 ♌ 29	9 ♐ 52	26 ♉ 26	3 ♒ 7	22 ♋ 6	28 ♊ 10	12 ♌	20 ♋	17 ♐	1 ♍	11 ♓
8	16 ♊ 27	11 ♓ 3	18 ♈ 42	19 ♈ 46	4 ♊ 45	8 ♊ 40	6 ♌ 4	9 ♐ 44	26 ♉ 34	3 ♒ 5	22 ♋ 8	28 ♊ 11	12 ♌	21 ♋	17 ♐	2 ♍	11 ♓
9	17 ♊ 24	23 ♓ 15	18 ♈ 39	19 D 46	6 ♊ 48	9 ♊ 53	6 ♌ 40	9 ♐ 37	26 ♉ 41	3 ♒ 4	22 ♋ 10	28 ♊ 13	13 ♌	21 ♋	17 ♐	2 ♍	11 ♓
10	18 ♊ 22	5 ♈ 43	18 ♈ 36	19 ♈ 46	8 ♊ 52	11 ♊ 7	7 ♌ 16	9 ♐ 29	26 ♉ 49	3 ♒ 2	22 ♋ 12	28 ♊ 14	13 ♌	22 ♋	17 ♐	2 ♍	11 ♓
11	19 ♊ 19	18 ♈ 33	18 ♈ 33	19 ♈ 47	10 ♊ 57	12 ♊ 20	7 ♌ 52	9 ♐ 22	26 ♉ 56	3 ♒ 1	22 ♋ 14	28 ♊ 15	13 ♌	22 ♋	16 ♐	3 ♍	11 ♓
12	20 ♊ 16	1 ♉ 48	18 ♈ 29	19 R 46	13 ♊ 5	13 ♊ 34	8 ♌ 27	9 ♐ 14	27 ♉ 4	2 ♒ 59	22 ♋ 16	28 ♊ 17	14 ♌	23 ♋	16 ♐	3 ♍	11 ♓
13	21 ♊ 14	15 ♉ 30	18 ♈ 26	19 ♈ 44	15 ♊ 14	14 ♊ 48	9 ♌ 3	9 ♐ 7	27 ♉ 11	2 ♒ 58	22 ♋ 18	28 ♊ 18	14 ♌	23 ♋	16 ♐	3 ♍	11 ♓
14	22 ♊ 11	29 ♉ 40	18 ♈ 23	19 ♈ 39	17 ♊ 24	16 ♊ 1	9 ♌ 39	9 ♐ 0	27 ♉ 18	2 ♒ 56	22 ♋ 20	28 ♊ 20	15 ♌	24 ♋	16 ♐	4 ♍	11 ♓
15	23 ♊ 8	14 ♊ 14	18 ♈ 20	19 ♈ 32	19 ♊ 34	17 ♊ 15	10 ♌ 15	8 ♐ 52	27 ♉ 25	2 ♒ 55	22 ♋ 22	28 ♊ 21	15 ♌	25 ♋	16 ♐	4 ♍	11 R
16	24 ♊ 6	29 ♊ 7	18 ♈ 17	19 ♈ 23	21 ♊ 46	18 ♊ 28	10 ♌ 51	8 ♐ 45	27 ♉ 33	2 ♒ 53	22 ♋ 24	28 ♊ 23	15 ♌	25 ♋	15 ♐	5 ♍	11 ♓
17	25 ♊ 3	14 ♋ 10	18 ♈ 14	19 ♈ 13	23 ♊ 58	19 ♊ 42	11 ♌ 27	8 ♐ 38	27 ♉ 40	2 ♒ 51	22 ♋ 26	28 ♊ 24	16 ♌	26 ♋	15 ♐	5 ♍	11 ♓
18	26 ♊ 0	29 ♋ 12	18 ♈ 10	19 ♈ 4	26 ♊ 9	20 ♊ 56	12 ♌ 3	8 ♐ 31	27 ♉ 47	2 ♒ 49	22 ♋ 28	28 ♊ 25	16 ♌	26 ♋	15 ♐	5 ♍	11 ♓
19	26 ♊ 58	14 ♌ 5	18 ♈ 7	18 ♈ 57	28 ♊ 21	22 ♊ 9	12 ♌ 39	8 ♐ 24	27 ♉ 54	2 ♒ 48	22 ♋ 30	28 ♊ 27	17 ♌	27 ♋	15 ♐	6 ♍	11 ♓
20	27 ♊ 55	28 ♌ 42	18 ♈ 4	18 ♈ 51	0 ♋ 32	23 ♊ 23	13 ♌ 15	8 ♐ 17	28 ♉ 1	2 ♒ 46	22 ♋ 32	28 ♊ 28	17 ♌	27 ♋	14 ♐	6 ♍	11 ♓
21	28 ♊ 52	12 ♍ 57	18 ♈ 1	18 ♈ 48	2 ♋ 43	24 ♊ 37	13 ♌ 51	8 ♐ 10	28 ♉ 8	2 ♒ 44	22 ♋ 34	28 ♊ 30	17 ♌	28 ♋	14 ♐	6 ♍	11 ♓
22	29 ♊ 49	26 ♍ 50	17 ♈ 58	18 ♈ 47	4 ♋ 52	25 ♊ 50	14 ♌ 27	8 ♐ 4	28 ♉ 15	2 ♒ 42	22 ♋ 36	28 ♊ 31	18 ♌	28 ♋	14 ♐	7 ♍	11 ♓
23	0 ♋ 47	10 ♎ 21	17 ♈ 55	18 D 48	7 ♋ 1	27 ♊ 4	15 ♌ 4	7 ♐ 57	28 ♉ 22	2 ♒ 40	22 ♋ 38	28 ♊ 33	18 ♌	29 ♋	14 ♐	7 ♍	11 ♓
24	1 ♋ 44	23 ♎ 32	17 ♈ 51	18 R 48	9 ♋ 8	28 ♊ 18	15 ♌ 40	7 ♐ 51	28 ♉ 29	2 ♒ 38	22 ♋ 40	28 ♊ 34	19 ♌	0 ♌	14 ♐	8 ♍	11 ♓
25	2 ♋ 41	6 ♏ 26	17 ♈ 48	18 ♈ 46	11 ♋ 13	29 ♊ 31	16 ♌ 16	7 ♐ 44	28 ♉ 36	2 ♒ 36	22 ♋ 42	28 ♊ 36	19 ♌	0 ♌	13 ♐	8 ♍	11 ♓
26	3 ♋ 38	19 ♏ 5	17 ♈ 45	18 ♈ 43	13 ♋ 17	0 ♋ 45	16 ♌ 52	7 ♐ 38	28 ♉ 43	2 ♒ 34	22 ♋ 44	28 ♊ 37	20 ♌	1 ♌	13 ♐	8 ♍	11 ♓
27	4 ♋ 35	1 ♐ 34	17 ♈ 42	18 ♈ 37	15 ♋ 19	1 ♋ 59	17 ♌ 29	7 ♐ 32	28 ♉ 50	2 ♒ 32	22 ♋ 46	28 ♊ 38	20 ♌	1 ♌	13 ♐	9 ♍	11 ♓
28	5 ♋ 33	13 ♐ 52	17 ♈ 39	18 ♈ 28	17 ♋ 19	3 ♋ 12	18 ♌ 5	7 ♐ 26	28 ♉ 57	2 ♒ 30	22 ♋ 49	28 ♊ 40	20 ♌	2 ♌	13 ♐	9 ♍	11 ♓
29	6 ♋ 30	26 ♐ 3	17 ♈ 35	18 ♈ 17	19 ♋ 18	4 ♋ 26	18 ♌ 41	7 ♐ 20	29 ♉ 3	2 ♒ 28	22 ♋ 51	28 ♊ 41	21 ♌	2 ♌	13 ♐	10 ♍	11 ♓
30	7 ♋ 27	8 ♑ 7	17 ♈ 32	18 ♈ 4	21 ♋ 14	5 ♋ 40	19 ♌ 18	7 ♐ 14	29 ♉ 10	2 ♒ 26	22 ♋ 53	28 ♊ 43	21 ♌	3 ♌	12 ♐	10 ♍	11 ♓

SUN INGRESS	☉ → ♋ 22日 04:17
MOON PHASE	◑ 8日 11:35 ♓　● 15日 15:23 ♊　◐ 22日 05:39 ♎　○ 29日 22:33 ♑

aspects		
1日	05:36	☿⚹♆
1日	19:23	☉☍♃
3日	03:25	♂☍♅
3日	11:36	☿☌♄
3日	12:49	♀△♅
3日	21:54	♀⚹♂
7日	04:15	☿△♅
8日	19:07	♀☍♃
8日	21:57	☿⚹♂
10日	06:47	☿☍♃
12日	12:43	☿☌♀
13日	02:03	♂△♃
17日	21:03	☉☌☿
19日	01:05	☿☌♇
20日	14:26	☉☌♇
24日	05:30	♀☌♇
30日	21:05	☿☌♆

1912年7月

DAY	☉	☽	☊ mean	☊ true	☿	♀	♂	♃	♄	♅	♆	♇	⚳	⚴	⚵	⚶	⚷
	° ′	° ′	° ′	° ′	° ′	° ′	° ′	° ′	° ′	° ′	° ′	° ′	°	°	°	°	°
1	8 ♋ 24	20 ♑ 5	17 ♈ 29	17 R 51	23 D 9	6 D 53	19 D 54	7 R 9	29 D 17	2 R 24	22 D 55	28 D 44	22 D	3 D	12 R	10 D	11 R
2	9 ♋ 21	2 ♒ 0	17 ♈ 26	17 ♈ 38	25 ♋ 1	8 ♋ 7	20 ♌ 31	7 ♐ 3	29 ♉ 23	2 ♒ 22	22 ♋ 57	28 ♊ 46	22 ♌	4 ♌	12 ♐	11 ♍	11 ♓
3	10 ♋ 18	13 ♒ 51	17 ♈ 23	17 ♈ 27	26 ♋ 51	9 ♋ 21	21 ♌ 7	6 ♐ 58	29 ♉ 30	2 ♒ 20	22 ♋ 59	28 ♊ 47	22 ♌	5 ♌	12 ♐	11 ♍	10 ♓
4	11 ♋ 16	25 ♒ 42	17 ♈ 20	17 ♈ 17	28 ♋ 40	10 ♋ 35	21 ♌ 44	6 ♐ 53	29 ♉ 36	2 ♒ 18	23 ♋ 2	28 ♊ 48	23 ♌	5 ♌	12 ♐	12 ♍	10 ♓
5	12 ♋ 13	7 ♓ 36	17 ♈ 16	17 ♈ 11	0 ♌ 26	11 ♋ 48	22 ♌ 20	6 ♐ 48	29 ♉ 43	2 ♒ 16	23 ♋ 4	28 ♊ 50	23 ♌	6 ♌	11 ♐	12 ♍	10 ♓
6	13 ♋ 10	19 ♓ 36	17 ♈ 13	17 ♈ 7	2 ♌ 10	13 ♋ 2	22 ♌ 57	6 ♐ 43	29 ♉ 49	2 ♒ 13	23 ♋ 6	28 ♊ 51	24 ♌	6 ♌	11 ♐	12 ♍	10 ♓
7	14 ♋ 7	1 ♈ 47	17 ♈ 10	17 ♈ 6	3 ♌ 52	14 ♋ 16	23 ♌ 33	6 ♐ 38	29 ♉ 56	2 ♒ 11	23 ♋ 8	28 ♊ 53	24 ♌	7 ♌	11 ♐	13 ♍	10 ♓
8	15 ♋ 4	14 ♈ 13	17 ♈ 7	17 ♈ 5	5 ♌ 32	15 ♋ 30	24 ♌ 10	6 ♐ 33	0 ♊ 2	2 ♒ 9	23 ♋ 10	28 ♊ 54	25 ♌	7 ♌	11 ♐	13 ♍	10 ♓
9	16 ♋ 2	26 ♈ 59	17 ♈ 4	17 ♈ 5	7 ♌ 10	16 ♋ 43	24 ♌ 47	6 ♐ 29	0 ♊ 8	2 ♒ 7	23 ♋ 13	28 ♊ 55	25 ♌	8 ♌	11 ♐	14 ♍	10 ♓
10	16 ♋ 59	10 ♉ 10	17 ♈ 1	17 ♈ 4	8 ♌ 46	17 ♋ 57	25 ♌ 23	6 ♐ 24	0 ♊ 14	2 ♒ 4	23 ♋ 15	28 ♊ 57	25 ♌	8 ♌	11 ♐	14 ♍	10 ♓
11	17 ♋ 56	23 ♉ 49	16 ♈ 57	17 ♈ 1	10 ♌ 20	19 ♋ 11	26 ♌ 0	6 ♐ 20	0 ♊ 20	2 ♒ 2	23 ♋ 17	28 ♊ 58	26 ♌	9 ♌	11 ♐	15 ♍	10 ♓
12	18 ♋ 53	7 ♊ 58	16 ♈ 54	16 ♈ 56	11 ♌ 52	20 ♋ 25	26 ♌ 37	6 ♐ 16	0 ♊ 26	2 ♒ 0	23 ♋ 19	29 ♊ 0	26 ♌	9 ♌	10 ♐	15 ♍	10 ♓
13	19 ♋ 51	22 ♊ 35	16 ♈ 51	16 ♈ 48	13 ♌ 21	21 ♋ 39	27 ♌ 14	6 ♐ 12	0 ♊ 32	1 ♒ 57	23 ♋ 21	29 ♊ 1	27 ♌	10 ♌	10 ♐	15 ♍	10 ♓
14	20 ♋ 48	7 ♋ 35	16 ♈ 48	16 ♈ 38	14 ♌ 49	22 ♋ 52	27 ♌ 51	6 ♐ 9	0 ♊ 38	1 ♒ 55	23 ♋ 24	29 ♊ 2	27 ♌	11 ♌	10 ♐	16 ♍	10 ♓
15	21 ♋ 45	22 ♋ 49	16 ♈ 45	16 ♈ 27	16 ♌ 14	24 ♋ 6	28 ♌ 28	6 ♐ 5	0 ♊ 44	1 ♒ 53	23 ♋ 26	29 ♊ 4	28 ♌	11 ♌	10 ♐	16 ♍	10 ♓
16	22 ♋ 42	8 ♌ 6	16 ♈ 41	16 ♈ 17	17 ♌ 38	25 ♋ 20	29 ♌ 4	6 ♐ 2	0 ♊ 50	1 ♒ 50	23 ♋ 28	29 ♊ 5	28 ♌	12 ♌	10 ♐	17 ♍	10 ♓
17	23 ♋ 40	23 ♌ 15	16 ♈ 38	16 ♈ 8	18 ♌ 59	26 ♋ 34	29 ♌ 41	5 ♐ 59	0 ♊ 56	1 ♒ 48	23 ♋ 30	29 ♊ 6	28 ♌	12 ♌	10 ♐	17 ♍	10 ♓
18	24 ♋ 37	8 ♍ 7	16 ♈ 35	16 ♈ 1	20 ♌ 17	27 ♋ 48	0 ♍ 18	5 ♐ 56	1 ♊ 1	1 ♒ 46	23 ♋ 33	29 ♊ 8	29 ♌	13 ♌	10 ♐	18 ♍	10 ♓
19	25 ♋ 34	22 ♍ 34	16 ♈ 32	15 ♈ 58	21 ♌ 34	29 ♋ 2	0 ♍ 55	5 ♐ 53	1 ♊ 7	1 ♒ 43	23 ♋ 35	29 ♊ 9	29 ♌	13 ♌	10 ♐	18 ♍	10 ♓
20	26 ♋ 31	6 ♎ 35	16 ♈ 29	15 ♈ 56	22 ♌ 48	0 ♌ 16	1 ♍ 33	5 ♐ 50	1 ♊ 12	1 ♒ 41	23 ♋ 37	29 ♊ 10	0 ♍	14 ♌	10 ♐	19 ♍	10 ♓
21	27 ♋ 29	20 ♎ 9	16 ♈ 26	15 D 56	24 ♌ 0	1 ♌ 30	2 ♍ 10	5 ♐ 48	1 ♊ 18	1 ♒ 38	23 ♋ 39	29 ♊ 12	0 ♍	14 ♌	9 ♐	19 ♍	10 ♓
22	28 ♋ 26	3 ♏ 19	16 ♈ 22	15 R 56	25 ♌ 9	2 ♌ 44	2 ♍ 47	5 ♐ 46	1 ♊ 23	1 ♒ 36	23 ♋ 41	29 ♊ 13	1 ♍	15 ♌	9 ♐	19 ♍	10 ♓
23	29 ♋ 23	16 ♏ 8	16 ♈ 19	15 ♈ 55	26 ♌ 16	3 ♌ 57	3 ♍ 24	5 ♐ 43	1 ♊ 29	1 ♒ 34	23 ♋ 44	29 ♊ 14	1 ♍	15 ♌	9 ♐	20 ♍	10 ♓
24	0 ♌ 20	28 ♏ 40	16 ♈ 16	15 ♈ 52	27 ♌ 20	5 ♌ 11	4 ♍ 1	5 ♐ 42	1 ♊ 34	1 ♒ 31	23 ♋ 46	29 ♊ 15	1 ♍	16 ♌	9 ♐	20 ♍	10 ♓
25	1 ♌ 18	10 ♐ 58	16 ♈ 13	15 ♈ 47	28 ♌ 21	6 ♌ 25	4 ♍ 38	5 ♐ 40	1 ♊ 39	1 ♒ 29	23 ♋ 48	29 ♊ 17	2 ♍	16 ♌	9 ♐	21 ♍	10 ♓
26	2 ♌ 15	23 ♐ 7	16 ♈ 10	15 ♈ 38	29 ♌ 19	7 ♌ 39	5 ♍ 16	5 ♐ 38	1 ♊ 44	1 ♒ 26	23 ♋ 50	29 ♊ 18	2 ♍	17 ♌	9 ♐	21 ♍	10 ♓
27	3 ♌ 12	5 ♑ 9	16 ♈ 7	15 ♈ 28	0 ♍ 15	8 ♌ 53	5 ♍ 53	5 ♐ 37	1 ♊ 49	1 ♒ 24	23 ♋ 53	29 ♊ 19	3 ♍	18 ♌	9 ♐	22 ♍	10 ♓
28	4 ♌ 10	17 ♑ 6	16 ♈ 3	15 ♈ 16	1 ♍ 7	10 ♌ 7	6 ♍ 30	5 ♐ 36	1 ♊ 54	1 ♒ 22	23 ♋ 55	29 ♊ 20	3 ♍	18 ♌	9 ♐	22 ♍	10 ♓
29	5 ♌ 7	29 ♑ 0	16 ♈ 0	15 ♈ 3	1 ♍ 56	11 ♌ 21	7 ♍ 8	5 ♐ 35	1 ♊ 59	1 ♒ 19	23 ♋ 57	29 ♊ 22	4 ♍	19 ♌	9 ♐	23 ♍	10 ♓
30	6 ♌ 4	10 ♒ 52	15 ♈ 57	14 ♈ 51	2 ♍ 42	12 ♌ 35	7 ♍ 45	5 ♐ 34	2 ♊ 4	1 ♒ 17	23 ♋ 59	29 ♊ 23	4 ♍	19 ♌	9 ♐	23 ♍	10 ♓
31	7 ♌ 2	22 ♒ 44	15 ♈ 54	14 ♈ 40	3 ♍ 24	13 ♌ 49	8 ♍ 22	5 ♐ 33	2 ♊ 8	1 ♒ 14	24 ♋ 1	29 ♊ 24	5 ♍	20 ♌	9 ♐	24 ♍	10 ♓

SUN INGRESS: ☉ → ♌ 23日 15:14

MOON PHASE: ◑ 8日 01:47 ♈ ● 14日 22:13 ♋ ◐ 21日 14:18 ♎ ○ 29日 13:28 ♒

aspects

4日	13:36	☿⚹♄
6日	00:45	☿☍♅
6日	11:32	☉☌♀
8日	14:13	☿△♃
14日	10:27	♀☌♆
16日	00:21	♂⚹♇
16日	20:01	☉☌♆
19日	08:41	♂□♄
20日	19:53	♀⚹♄
21日	02:47	♀☍♅
23日	15:56	♄△♅
24日	09:34	♀△♃
25日	04:28	☉☍♅
25日	09:47	☉⚹♄
25日	23:23	☿⚹♇
26日	14:02	♂□♃
29日	01:30	☿□♄
29日	11:24	☉△♃

1912年8月

DAY	☉	☽	☊ mean	☊ true	☿	♀	♂	♃	♄	♅	♆	♇	⚳	⚴	⚵	⚶	⚷
	° ′	° ′	° ′	° ′	° ′	° ′	° ′	° ′	° ′	° ′	° ′	° ′	°	°	°	°	°
1	7 ♌ 59	4 ♓ 37	15 ♈ 51	14 R 31	4 D 3	15 D 3	9 D 0	5 R 33	2 D 13	1 R 12	24 D 4	29 D 25	5 D	20 D	9 R	24 D	10 R
2	8 ♌ 56	16 ♓ 35	15 ♈ 47	14 ♈ 25	4 ♍ 37	16 ♌ 17	9 ♍ 37	5 ♐ 32	2 ♊ 18	1 ♒ 10	24 ♋ 6	29 ♊ 26	5 ♍	21 ♌	9 ♐	24 ♍	10 ♓
3	9 ♌ 54	28 ♓ 39	15 ♈ 44	14 ♈ 22	5 ♍ 8	17 ♌ 31	10 ♍ 15	5 D 32	2 ♊ 22	1 ♒ 7	24 ♋ 8	29 ♊ 27	6 ♍	21 ♌	9 ♐	25 ♍	10 ♓
4	10 ♌ 51	10 ♈ 52	15 ♈ 41	14 ♈ 21	5 ♍ 34	18 ♌ 45	10 ♍ 52	5 ♐ 32	2 ♊ 27	1 ♒ 5	24 ♋ 10	29 ♊ 29	6 ♍	22 ♌	9 ♐	25 ♍	10 ♓
5	11 ♌ 49	23 ♈ 20	15 ♈ 38	14 D 21	5 ♍ 56	19 ♌ 59	11 ♍ 30	5 ♐ 33	2 ♊ 31	1 ♒ 3	24 ♋ 12	29 ♊ 30	7 ♍	22 ♌	9 D	26 ♍	10 ♓
6	12 ♌ 46	6 ♉ 5	15 ♈ 35	14 ♈ 21	6 ♍ 13	21 ♌ 13	12 ♍ 8	5 ♐ 33	2 ♊ 35	1 ♒ 0	24 ♋ 14	29 ♊ 31	7 ♍	23 ♌	9 ♐	26 ♍	9 ♓
7	13 ♌ 44	19 ♉ 13	15 ♈ 32	14 R 21	6 ♍ 25	22 ♌ 27	12 ♍ 45	5 ♐ 34	2 ♊ 39	0 ♒ 58	24 ♋ 16	29 ♊ 32	8 ♍	23 ♌	9 ♐	27 ♍	9 ♓
8	14 ♌ 41	2 ♊ 46	15 ♈ 28	14 ♈ 20	6 ♍ 33	23 ♌ 41	13 ♍ 23	5 ♐ 35	2 ♊ 43	0 ♒ 56	24 ♋ 19	29 ♊ 33	8 ♍	24 ♌	9 ♐	27 ♍	9 ♓
9	15 ♌ 39	16 ♊ 47	15 ♈ 25	14 ♈ 16	6 R 35	24 ♌ 55	14 ♍ 1	5 ♐ 36	2 ♊ 47	0 ♒ 53	24 ♋ 21	29 ♊ 34	9 ♍	24 ♌	9 ♐	28 ♍	9 ♓
10	16 ♌ 36	1 ♋ 15	15 ♈ 22	14 ♈ 11	6 ♍ 32	26 ♌ 9	14 ♍ 39	5 ♐ 37	2 ♊ 51	0 ♒ 51	24 ♋ 23	29 ♊ 35	9 ♍	25 ♌	9 ♐	28 ♍	9 ♓
11	17 ♌ 34	16 ♋ 7	15 ♈ 19	14 ♈ 3	6 ♍ 23	27 ♌ 23	15 ♍ 16	5 ♐ 38	2 ♊ 55	0 ♒ 49	24 ♋ 25	29 ♊ 36	9 ♍	25 ♌	9 ♐	29 ♍	9 ♓
12	18 ♌ 32	1 ♌ 16	15 ♈ 16	13 ♈ 55	6 ♍ 9	28 ♌ 37	15 ♍ 54	5 ♐ 40	2 ♊ 59	0 ♒ 47	24 ♋ 27	29 ♊ 37	10 ♍	26 ♌	9 ♐	29 ♍	9 ♓
13	19 ♌ 29	16 ♌ 32	15 ♈ 13	13 ♈ 47	5 ♍ 50	29 ♌ 51	16 ♍ 32	5 ♐ 42	3 ♊ 2	0 ♒ 44	24 ♋ 29	29 ♊ 38	10 ♍	27 ♌	9 ♐	0 ♎	9 ♓
14	20 ♌ 27	1 ♍ 44	15 ♈ 9	13 ♈ 40	5 ♍ 25	1 ♍ 5	17 ♍ 10	5 ♐ 44	3 ♊ 6	0 ♒ 42	24 ♋ 31	29 ♊ 39	11 ♍	27 ♌	9 ♐	0 ♎	9 ♓
15	21 ♌ 24	16 ♍ 42	15 ♈ 6	13 ♈ 36	4 ♍ 55	2 ♍ 19	17 ♍ 48	5 ♐ 46	3 ♊ 9	0 ♒ 40	24 ♋ 33	29 ♊ 40	11 ♍	28 ♌	9 ♐	1 ♎	9 ♓
16	22 ♌ 22	1 ♎ 19	15 ♈ 3	13 ♈ 33	4 ♍ 20	3 ♍ 33	18 ♍ 26	5 ♐ 48	3 ♊ 13	0 ♒ 38	24 ♋ 35	29 ♊ 41	12 ♍	28 ♌	9 ♐	1 ♎	9 ♓
17	23 ♌ 20	15 ♎ 29	15 ♈ 0	13 D 32	3 ♍ 40	4 ♍ 47	19 ♍ 4	5 ♐ 50	3 ♊ 16	0 ♒ 36	24 ♋ 37	29 ♊ 42	12 ♍	29 ♌	9 ♐	2 ♎	9 ♓
18	24 ♌ 18	29 ♎ 10	14 ♈ 57	13 ♈ 33	2 ♍ 56	6 ♍ 2	19 ♍ 42	5 ♐ 53	3 ♊ 19	0 ♒ 33	24 ♋ 39	29 ♊ 43	13 ♍	29 ♌	9 ♐	2 ♎	9 ♓
19	25 ♌ 15	12 ♏ 25	14 ♈ 53	13 ♈ 34	2 ♍ 9	7 ♍ 16	20 ♍ 20	5 ♐ 56	3 ♊ 22	0 ♒ 31	24 ♋ 41	29 ♊ 44	13 ♍	0 ♍	9 ♐	3 ♎	9 ♓
20	26 ♌ 13	25 ♏ 16	14 ♈ 50	13 ♈ 35	1 ♍ 19	8 ♍ 30	20 ♍ 58	5 ♐ 59	3 ♊ 25	0 ♒ 29	24 ♋ 43	29 ♊ 45	13 ♍	0 ♍	9 ♐	3 ♎	9 ♓
21	27 ♌ 11	7 ♐ 48	14 ♈ 47	13 R 34	0 ♍ 27	9 ♍ 44	21 ♍ 37	6 ♐ 2	3 ♊ 28	0 ♒ 27	24 ♋ 45	29 ♊ 46	14 ♍	1 ♍	10 ♐	4 ♎	9 ♓
22	28 ♌ 9	20 ♐ 4	14 ♈ 44	13 ♈ 32	29 ♌ 34	10 ♍ 58	22 ♍ 15	6 ♐ 5	3 ♊ 31	0 ♒ 25	24 ♋ 47	29 ♊ 47	14 ♍	1 ♍	10 ♐	4 ♎	9 ♓
23	29 ♌ 6	2 ♑ 8	14 ♈ 41	13 ♈ 28	28 ♌ 41	12 ♍ 12	22 ♍ 53	6 ♐ 9	3 ♊ 33	0 ♒ 23	24 ♋ 49	29 ♊ 47	15 ♍	2 ♍	10 ♐	5 ♎	9 ♓
24	0 ♍ 4	14 ♑ 6	14 ♈ 38	13 ♈ 21	27 ♌ 49	13 ♍ 26	23 ♍ 31	6 ♐ 13	3 ♊ 36	0 ♒ 21	24 ♋ 51	29 ♊ 48	15 ♍	2 ♍	10 ♐	5 ♎	9 ♓
25	1 ♍ 2	25 ♑ 59	14 ♈ 34	13 ♈ 14	26 ♌ 59	14 ♍ 40	24 ♍ 10	6 ♐ 16	3 ♊ 38	0 ♒ 19	24 ♋ 53	29 ♊ 49	16 ♍	3 ♍	10 ♐	5 ♎	9 ♓
26	2 ♍ 0	7 ♒ 51	14 ♈ 31	13 ♈ 6	26 ♌ 13	15 ♍ 54	24 ♍ 48	6 ♐ 20	3 ♊ 41	0 ♒ 17	24 ♋ 55	29 ♊ 50	16 ♍	3 ♍	10 ♐	6 ♎	9 ♓
27	2 ♍ 58	19 ♒ 43	14 ♈ 28	12 ♈ 59	25 ♌ 31	17 ♍ 8	25 ♍ 26	6 ♐ 25	3 ♊ 43	0 ♒ 15	24 ♋ 56	29 ♊ 50	17 ♍	4 ♍	10 ♐	6 ♎	9 ♓
28	3 ♍ 56	1 ♓ 39	14 ♈ 25	12 ♈ 52	24 ♌ 55	18 ♍ 22	26 ♍ 5	6 ♐ 29	3 ♊ 45	0 ♒ 13	24 ♋ 58	29 ♊ 51	17 ♍	4 ♍	10 ♐	7 ♎	8 ♓
29	4 ♍ 54	13 ♓ 39	14 ♈ 22	12 ♈ 47	24 ♌ 24	19 ♍ 36	26 ♍ 43	6 ♐ 34	3 ♊ 47	0 ♒ 12	25 ♋ 0	29 ♊ 52	18 ♍	5 ♍	10 ♐	7 ♎	8 ♓
30	5 ♍ 52	25 ♓ 45	14 ♈ 19	12 ♈ 44	24 ♌ 1	20 ♍ 50	27 ♍ 22	6 ♐ 38	3 ♊ 49	0 ♒ 10	25 ♋ 2	29 ♊ 53	18 ♍	5 ♍	10 ♐	8 ♎	8 ♓
31	6 ♍ 50	7 ♈ 59	14 ♈ 15	12 ♈ 43	23 ♌ 45	22 ♍ 5	28 ♍ 0	6 ♐ 43	3 ♊ 51	0 ♒ 8	25 ♋ 4	29 ♊ 53	18 ♍	6 ♍	11 ♐	8 ♎	8 ♓

SUN INGRESS: ☉ → ♍ 23日 22:01

MOON PHASE: ◑ 6日 13:17 ♉ ● 13日 04:57 ♌ ◐ 20日 01:56 ♏ ○ 28日 04:58 ♓

aspects

3日	22:23	☿□♃
12日	19:46	☿⚹♇
13日	08:00	☿□♃
15日	16:58	♀□♄
16日	09:55	☿☌♀
17日	12:38	☿□♄
17日	21:09	♀□♃
21日	18:20	☿⚹♇
22日	18:26	☉☌☿
23日	17:14	☉⚹♇
26日	04:20	♂⚹♆
27日	19:24	☉□♄
30日	20:58	☉□♃

1912年9月

DAY	☉	☽	☊ mean	☊ true	☿	♀	♂	♃	♄	♅	♆	♇	⚳	⚴	⚵	⚶	⚷
	° ′	° ′	° ′	° ′	° ′	° ′	° ′	° ′	° ′	° ′	° ′	° ′	°	°	°	°	°
1	7♍48	20♈23	14♈12	12 D 43	23 R 37	23 D 19	28 D 39	6 D 48	3 D 53	0 R 6	25 D 5	29 D 54	19 D	6 D	11 D	9 D	8 R
2	8♍46	3♉0	14♈9	12♈44	23 D 37	24♍33	29♍18	6♐53	3♊54	0♒5	25♋7	29♊55	19♍	7♍	11♐	9♎	8♓
3	9♍44	15♉51	14♈6	12♈46	23♌46	25♍47	29♍56	6♐59	3♊56	0♒3	25♋9	29♊55	20♍	7♍	11♐	10♎	8♓
4	10♍42	29♉1	14♈3	12♈47	24♌3	27♍1	0♎35	7♐4	3♊57	0♒1	25♋10	29♊56	20♍	8♍	11♐	10♎	8♓
5	11♍40	12♊32	13♈59	12 R 48	24♌29	28♍15	1♎14	7♐10	3♊59	0♒0	25♋12	29♊56	21♍	8♍	11♐	11♎	8♓
6	12♍38	26♊24	13♈56	12♈47	25♌4	29♍29	1♎52	7♐15	4♊0	29♑58	25♋14	29♊57	21♍	9♍	12♐	11♎	8♓
7	13♍37	10♋39	13♈53	12♈45	25♌46	0♎43	2♎31	7♐21	4♊1	29♑57	25♋15	29♊58	22♍	9♍	12♐	12♎	8♓
8	14♍35	25♋15	13♈50	12♈42	26♌37	1♎57	3♎10	7♐28	4♊2	29♑55	25♋17	29♊58	22♍	10♍	12♐	12♎	8♓
9	15♍33	10♌5	13♈47	12♈38	27♌35	3♎11	3♎49	7♐34	4♊3	29♑54	25♋19	29♊59	23♍	10♍	12♐	13♎	8♓
10	16♍32	25♌5	13♈44	12♈34	28♌41	4♎25	4♎28	7♐40	4♊4	29♑52	25♋20	29♊59	23♍	11♍	12♐	13♎	8♓
11	17♍30	10♍4	13♈40	12♈31	29♌53	5♎39	5♎7	7♐47	4♊4	29♑51	25♋22	29♊59	23♍	11♍	12♐	14♎	8♓
12	18♍28	24♍55	13♈37	12♈29	1♍11	6♎53	5♎46	7♐53	4♊5	29♑49	25♋23	0♋0	24♍	12♍	13♐	15♎	8♓
13	19♍27	9♎29	13♈34	12♈28	2♍35	8♎8	6♎25	8♐0	4♊5	29♑48	25♋25	0♋0	24♍	12♍	13♐	15♎	8♓
14	20♍25	23♎41	13♈31	12 D 29	4♍3	9♎22	7♎4	8♐7	4♊6	29♑47	25♋26	0♋1	25♍	13♍	13♐	16♎	8♓
15	21♍24	7♏27	13♈28	12♈30	5♍36	10♎36	7♎43	8♐14	4♊6	29♑46	25♋28	0♋1	25♍	13♍	13♐	16♎	8♓
16	22♍22	20♏48	13♈24	12♈31	7♍13	11♎50	8♎23	8♐22	4♊6	29♑45	25♋29	0♋1	26♍	14♍	13♐	17♎	8♓
17	23♍21	3♐44	13♈21	12♈33	8♍53	13♎4	9♎2	8♐29	4 R 6	29♑43	25♋30	0♋2	26♍	14♍	13♐	17♎	8♓
18	24♍19	16♐19	13♈18	12♈34	10♍35	14♎18	9♎41	8♐37	4♊6	29♑42	25♋32	0♋2	27♍	15♍	14♐	18♎	8♓
19	25♍18	28♐37	13♈15	12 R 34	12♍20	15♎32	10♎21	8♐44	4♊6	29♑41	25♋33	0♋2	27♍	15♍	14♐	18♎	7♓
20	26♍17	10♑42	13♈12	12♈33	14♍7	16♎46	11♎0	8♐52	4♊6	29♑40	25♋34	0♋3	28♍	16♍	14♐	19♎	7♓
21	27♍15	22♑38	13♈9	12♈32	15♍55	18♎0	11♎39	9♐0	4♊5	29♑39	25♋36	0♋3	28♍	16♍	14♐	19♎	7♓
22	28♍14	4♒31	13♈5	12♈30	17♍44	19♎14	12♎19	9♐8	4♊5	29♑38	25♋37	0♋3	28♍	17♍	15♐	20♎	7♓
23	29♍13	16♒23	13♈2	12♈28	19♍34	20♎28	12♎58	9♐16	4♊4	29♑38	25♋38	0♋3	29♍	17♍	15♐	20♎	7♓
24	0♎11	28♒17	12♈59	12♈26	21♍24	21♎42	13♎38	9♐25	4♊3	29♑37	25♋39	0♋3	29♍	18♍	15♐	21♎	7♓
25	1♎10	10♓18	12♈56	12♈24	23♍14	22♎56	14♎17	9♐33	4♊2	29♑36	25♋40	0♋4	0♎	18♍	15♐	21♎	7♓
26	2♎9	22♓27	12♈53	12♈23	25♍5	24♎10	14♎57	9♐42	4♊2	29♑35	25♋41	0♋4	0♎	19♍	15♐	22♎	7♓
27	3♎8	4♈46	12♈50	12♈23	26♍55	25♎24	15♎37	9♐50	4♊0	29♑35	25♋42	0♋4	1♎	19♍	16♐	22♎	7♓
28	4♎7	17♈15	12♈46	12 D 23	28♍45	26♎38	16♎16	9♐59	3♊59	29♑34	25♋44	0♋4	1♎	20♍	16♐	23♎	7♓
29	5♎6	29♈57	12♈43	12♈23	0♎34	27♎52	16♎56	10♐8	3♊58	29♑34	25♋45	0♋4	2♎	20♍	16♐	23♎	7♓
30	6♎5	12♉52	12♈40	12♈23	2♎23	29♎6	17♎36	10♐17	3♊57	29♑33	25♋46	0♋4	2♎	21♍	16♐	24♎	7♓

SUN INGRESS	☉→♎23日 19:08
MOON PHASE	◑ 4日 22:23 ♊　● 11日 12:48 ♍　◐ 18日 16:54 ♐　○ 26日 20:34 ♈

aspects

2日	11:25	♀⚹♆
2日	23:25	♂□♇
3日	03:59	♂△♅
6日	09:09	♀□♇
6日	09:14	♀△♅
9日	08:44	♂△♄
9日	16:57	♀△♄
10日	01:52	♀☌♂
11日	02:07	☿⚹♇
12日	21:25	♀⚹♃
14日	00:42	☿□♄
15日	23:15	♂⚹♃
16日	17:55	☿□♃
19日	06:16	☉⚹♆
23日	10:04	☉△♅
23日	20:43	☉□♇
26日	08:05	☿⚹♆
27日	06:08	♀□♆
27日	21:03	☉△♄
28日	10:49	☿△♅
28日	17:25	☿□♇
30日	08:47	♀□♅
30日	18:52	♀△♇
30日	20:36	☿△♄

1912年10月

DAY	☉	☽	☊ mean	☊ true	☿	♀	♂	♃	♄	♅	♆	♇	⚳	⚴	⚵	⚶	⚷
	° ′	° ′	° ′	° ′	° ′	° ′	° ′	° ′	° ′	° ′	° ′	° ′	°	°	°	°	°
1	7♎4	26♉0	12♈37	12 D 24	4 D 11	0 D 20	18 D 16	10 D 26	3 R 55	29 R 33	25 D 47	0 R 4	3 D	21 D	17 D	24 D	7 R
2	8♎3	9♊23	12♈34	12♈25	5♎58	1♏34	18♎56	10♐36	3♊54	29♑32	25♋48	0♋4	3♎	22♍	17♐	25♎	7♓
3	9♎2	23♊0	12♈30	12♈25	7♎45	2♏48	19♎35	10♐45	3♊52	29♑32	25♋48	0♋4	3♎	22♍	17♐	25♎	7♓
4	10♎1	6♋52	12♈27	12♈25	9♎31	4♏2	20♎15	10♐55	3♊50	29♑31	25♋49	0♋4	4♎	23♍	17♐	26♎	7♓
5	11♎0	20♋58	12♈24	12 R 25	11♎16	5♏15	20♎55	11♐4	3♊48	29♑31	25♋50	0♋4	4♎	23♍	18♐	26♎	7♓
6	11♎59	5♌16	12♈21	12♈25	13♎1	6♏29	21♎36	11♐14	3♊46	29♑31	25♋51	0♋4	5♎	24♍	18♐	27♎	7♓
7	12♎58	19♌44	12♈18	12 D 25	14♎44	7♏43	22♎16	11♐24	3♊44	29♑31	25♋52	0♋3	5♎	24♍	18♐	27♎	7♓
8	13♎57	4♍18	12♈15	12♈25	16♎27	8♏57	22♎56	11♐34	3♊42	29♑31	25♋53	0♋3	6♎	24♍	18♐	28♎	7♓
9	14♎57	18♍52	12♈11	12♈25	18♎9	10♏11	23♎36	11♐44	3♊40	29♑31	25♋53	0♋3	6♎	25♍	19♐	28♎	7♓
10	15♎56	3♎21	12♈8	12♈25	19♎51	11♏25	24♎16	11♐54	3♊37	29 D 31	25♋54	0♋3	7♎	25♍	19♐	29♎	7♓
11	16♎55	17♎39	12♈5	12 R 25	21♎31	12♏39	24♎56	12♐4	3♊35	29♑31	25♋55	0♋3	7♎	26♍	19♐	0♏	7♓
12	17♎55	1♏41	12♈2	12♈25	23♎11	13♏53	25♎37	12♐14	3♊32	29♑31	25♋55	0♋3	8♎	26♍	19♐	0♏	7♓
13	18♎54	15♏23	11♈59	12♈25	24♎50	15♏7	26♎17	12♐25	3♊29	29♑31	25♋56	0♋2	8♎	27♍	20♐	1♏	7♓
14	19♎54	28♏44	11♈56	12♈24	26♎29	16♏20	26♎58	12♐35	3♊27	29♑31	25♋56	0♋2	8♎	27♍	20♐	1♏	6♓
15	20♎53	11♐42	11♈52	12♈23	28♎6	17♏34	27♎38	12♐46	3♊24	29♑31	25♋57	0♋2	9♎	28♍	20♐	2♏	6♓
16	21♎53	24♐20	11♈49	12♈22	29♎44	18♏48	28♎19	12♐57	3♊21	29♑31	25♋57	0♋1	9♎	28♍	21♐	2♏	6♓
17	22♎52	6♑41	11♈46	12♈21	1♏20	20♏2	28♎59	13♐8	3♊18	29♑32	25♋58	0♋1	10♎	29♍	21♐	3♏	6♓
18	23♎52	18♑47	11♈43	12♈20	2♏56	21♏16	29♎40	13♐19	3♊15	29♑32	25♋58	0♋1	10♎	29♍	21♐	3♏	6♓
19	24♎51	0♒44	11♈40	12 D 20	4♏31	22♏30	0♏20	13♐30	3♊11	29♑33	25♋59	0♋0	11♎	0♎	21♐	4♏	6♓
20	25♎51	12♒36	11♈36	12♈21	6♏5	23♏43	1♏1	13♐41	3♊8	29♑33	25♋59	0♋0	11♎	0♎	22♐	4♏	6♓
21	26♎51	24♒28	11♈33	12♈22	7♏39	24♏57	1♏42	13♐52	3♊5	29♑34	25♋59	29♊59	12♎	1♎	22♐	5♏	6♓
22	27♎50	6♓25	11♈30	12♈23	9♏12	26♏11	2♏23	14♐3	3♊1	29♑34	26♋0	29♊59	12♎	1♎	22♐	5♏	6♓
23	28♎50	18♓30	11♈27	12♈25	10♏45	27♏25	3♏3	14♐14	2♊58	29♑35	26♋0	29♊58	13♎	1♎	23♐	6♏	6♓
24	29♎50	0♈46	11♈24	12♈26	12♏17	28♏38	3♏44	14♐26	2♊54	29♑36	26♋0	29♊58	13♎	2♎	23♐	6♏	6♓
25	0♏50	13♈18	11♈21	12 R 26	13♏49	29♏52	4♏25	14♐37	2♊50	29♑36	26♋0	29♊57	13♎	2♎	23♐	7♏	6♓
26	1♏50	26♈5	11♈17	12♈25	15♏20	1♐6	5♏6	14♐49	2♊46	29♑37	26♋0	29♊57	14♎	3♎	24♐	7♏	6♓
27	2♏49	9♉8	11♈14	12♈24	16♏51	2♐19	5♏47	15♐1	2♊43	29♑38	26♋1	29♊56	14♎	3♎	24♐	8♏	6♓
28	3♏49	22♉28	11♈11	12♈21	18♏21	3♐33	6♏28	15♐12	2♊39	29♑39	26♋1	29♊56	15♎	4♎	24♐	9♏	6♓
29	4♏49	6♊2	11♈8	12♈18	19♏50	4♐47	7♏9	15♐24	2♊35	29♑40	26♋1	29♊55	15♎	4♎	25♐	9♏	6♓
30	5♏49	19♊48	11♈5	12♈15	21♏19	6♐0	7♏51	15♐36	2♊31	29♑41	26♋1	29♊55	16♎	5♎	25♐	10♏	6♓
31	6♏49	3♋43	11♈1	12♈11	22♏47	7♐14	8♏32	15♐48	2♊26	29♑42	26 R 1	29♊54	16♎	5♎	25♐	10♏	6♓

SUN INGRESS	☉→♏24日 03:50
MOON PHASE	◑ 4日 05:48 ♋　● 10日 22:40 ♎　◐ 18日 11:06 ♑　○ 26日 11:30 ♉

aspects

4日	15:28	☉☌☿
4日	20:59	☿⚹♃
5日	02:06	☉⚹♃
12日	11:06	♂□♆
13日	16:03	☿□♆
14日	12:05	☿☌♂
15日	21:01	☿□♅
16日	04:25	☿△♇
17日	19:30	♂□♅
18日	12:12	♂△♇
20日	03:12	☉□♆
21日	20:20	♀△♆
23日	18:11	☉□♅
24日	03:11	☉△♇
24日	18:50	♀⚹♅
27日	07:10	♀☍♄

1912年11月

DAY	☉	☽	☊ mean	☊ true	☿	♀	♂	♃	♄	♅	♆	♇	⚳	⚴	⚵	⚶	⚷
	° ′	° ′	° ′	° ′	° ′	° ′	° ′	° ′	° ′	° ′	° ′	° ′	°	°	°	°	°
1	7 ♏ 49	17 ♋ 46	10 ♈ 58	12 R 9	24 D 15	8 D 28	9 D 13	16 D 0	2 R 22	29 D 43	26 R 1	29 R 53	17 D	6 D	25 D	11 D	6 R
2	8 ♏ 49	1 ♌ 54	10 ♈ 55	12 ♈ 8	25 ♏ 42	9 ♐ 41	9 ♏ 54	16 ♐ 12	2 ♊ 18	29 ♑ 44	26 ♋ 1	29 ♊ 53	17 ♎	6 ♎	26 ♐	11 ♏	6 ♓
3	9 ♏ 49	16 ♌ 4	10 ♈ 52	12 D 8	27 ♏ 9	10 ♐ 55	10 ♏ 36	16 ♐ 24	2 ♊ 14	29 ♑ 45	26 ♋ 0	29 ♊ 52	17 ♎	6 ♎	26 ♐	12 ♏	6 ♓
4	10 ♏ 49	0 ♍ 15	10 ♈ 49	12 ♈ 9	28 ♏ 35	12 ♐ 8	11 ♏ 17	16 ♐ 36	2 ♊ 9	29 ♑ 47	26 ♋ 0	29 ♊ 51	18 ♎	7 ♎	26 ♐	12 ♏	6 ♓
5	11 ♏ 50	14 ♍ 24	10 ♈ 46	12 ♈ 10	0 ♐ 0	13 ♐ 22	11 ♏ 58	16 ♐ 49	2 ♊ 5	29 ♑ 48	26 ♋ 0	29 ♊ 50	18 ♎	7 ♎	27 ♐	13 ♏	6 ♓
6	12 ♏ 50	28 ♍ 31	10 ♈ 42	12 ♈ 12	1 ♐ 25	14 ♐ 35	12 ♏ 40	17 ♐ 1	2 ♊ 0	29 ♑ 49	26 ♋ 0	29 ♊ 50	19 ♎	8 ♎	27 ♐	13 ♏	6 ♓
7	13 ♏ 50	12 ♎ 31	10 ♈ 39	12 R 12	2 ♐ 49	15 ♐ 49	13 ♏ 21	17 ♐ 14	1 ♊ 56	29 ♑ 51	26 ♋ 0	29 ♊ 49	19 ♎	8 ♎	27 ♐	14 ♏	6 ♓
8	14 ♏ 50	26 ♎ 23	10 ♈ 36	12 ♈ 11	4 ♐ 12	17 ♐ 3	14 ♏ 3	17 ♐ 26	1 ♊ 51	29 ♑ 52	25 ♋ 59	29 ♊ 48	20 ♎	9 ♎	28 ♐	14 ♏	6 ♓
9	15 ♏ 51	10 ♏ 4	10 ♈ 33	12 ♈ 9	5 ♐ 34	18 ♐ 16	14 ♏ 45	17 ♐ 39	1 ♊ 47	29 ♑ 54	25 ♋ 59	29 ♊ 47	20 ♎	9 ♎	28 ♐	15 ♏	6 ♓
10	16 ♏ 51	23 ♏ 31	10 ♈ 30	12 ♈ 5	6 ♐ 55	19 ♐ 30	15 ♏ 26	17 ♐ 51	1 ♊ 42	29 ♑ 55	25 ♋ 59	29 ♊ 47	21 ♎	10 ♎	28 ♐	16 ♏	6 ♓
11	17 ♏ 51	6 ♐ 42	10 ♈ 27	11 ♈ 59	8 ♐ 15	20 ♐ 43	16 ♏ 8	18 ♐ 4	1 ♊ 37	29 ♑ 57	25 ♋ 58	29 ♊ 46	21 ♎	10 ♎	29 ♐	16 ♏	6 ♓
12	18 ♏ 52	19 ♐ 35	10 ♈ 23	11 ♈ 52	9 ♐ 34	21 ♐ 56	16 ♏ 50	18 ♐ 16	1 ♊ 33	29 ♑ 58	25 ♋ 58	29 ♊ 45	21 ♎	10 ♎	29 ♐	17 ♏	6 ♓
13	19 ♏ 52	2 ♑ 11	10 ♈ 20	11 ♈ 45	10 ♐ 52	23 ♐ 10	17 ♏ 32	18 ♐ 29	1 ♊ 28	0 ♒ 0	25 ♋ 57	29 ♊ 44	22 ♎	11 ♎	29 ♐	17 ♏	6 ♓
14	20 ♏ 53	14 ♑ 31	10 ♈ 17	11 ♈ 39	12 ♐ 8	24 ♐ 23	18 ♏ 14	18 ♐ 42	1 ♊ 23	0 ♒ 2	25 ♋ 57	29 ♊ 43	22 ♎	11 ♎	0 ♑	18 ♏	6 ♓
15	21 ♏ 53	26 ♑ 37	10 ♈ 14	11 ♈ 35	13 ♐ 23	25 ♐ 37	18 ♏ 56	18 ♐ 55	1 ♊ 18	0 ♒ 3	25 ♋ 56	29 ♊ 42	23 ♎	12 ♎	0 ♑	18 ♏	6 ♓
16	22 ♏ 54	8 ♒ 34	10 ♈ 11	11 ♈ 31	14 ♐ 35	26 ♐ 50	19 ♏ 37	19 ♐ 8	1 ♊ 14	0 ♒ 5	25 ♋ 56	29 ♊ 41	23 ♎	12 ♎	0 ♑	19 ♏	6 ♓
17	23 ♏ 54	20 ♒ 25	10 ♈ 7	11 ♈ 30	15 ♐ 46	28 ♐ 3	20 ♏ 19	19 ♐ 21	1 ♊ 9	0 ♒ 7	25 ♋ 55	29 ♊ 40	24 ♎	13 ♎	1 ♑	19 ♏	6 ♓
18	24 ♏ 55	2 ♓ 16	10 ♈ 4	11 D 30	16 ♐ 54	29 ♐ 17	21 ♏ 2	19 ♐ 34	1 ♊ 4	0 ♒ 9	25 ♋ 55	29 ♊ 39	24 ♎	13 ♎	1 ♑	20 ♏	6 D
19	25 ♏ 55	14 ♓ 11	10 ♈ 1	11 ♈ 32	17 ♐ 59	0 ♑ 30	21 ♏ 44	19 ♐ 47	0 ♊ 59	0 ♒ 11	25 ♋ 54	29 ♊ 38	24 ♎	13 ♎	2 ♑	20 ♏	6 ♓
20	26 ♏ 56	26 ♓ 17	9 ♈ 58	11 ♈ 33	19 ♐ 2	1 ♑ 43	22 ♏ 26	20 ♐ 0	0 ♊ 54	0 ♒ 13	25 ♋ 53	29 ♊ 37	25 ♎	14 ♎	2 ♑	21 ♏	6 ♓
21	27 ♏ 56	8 ♈ 37	9 ♈ 55	11 ♈ 34	20 ♐ 1	2 ♑ 56	23 ♏ 8	20 ♐ 13	0 ♊ 49	0 ♒ 15	25 ♋ 53	29 ♊ 36	25 ♎	14 ♎	2 ♑	21 ♏	6 ♓
22	28 ♏ 57	21 ♈ 15	9 ♈ 52	11 R 34	20 ♐ 56	4 ♑ 9	23 ♏ 50	20 ♐ 26	0 ♊ 44	0 ♒ 17	25 ♋ 52	29 ♊ 35	26 ♎	15 ♎	3 ♑	22 ♏	6 ♓
23	29 ♏ 57	4 ♉ 15	9 ♈ 48	11 ♈ 31	21 ♐ 46	5 ♑ 23	24 ♏ 33	20 ♐ 39	0 ♊ 39	0 ♒ 19	25 ♋ 51	29 ♊ 34	26 ♎	15 ♎	3 ♑	22 ♏	6 ♓
24	0 ♐ 58	17 ♉ 37	9 ♈ 45	11 ♈ 26	22 ♐ 31	6 ♑ 36	25 ♏ 15	20 ♐ 52	0 ♊ 34	0 ♒ 21	25 ♋ 50	29 ♊ 33	27 ♎	16 ♎	3 ♑	23 ♏	6 ♓
25	1 ♐ 59	1 ♊ 20	9 ♈ 42	11 ♈ 20	23 ♐ 11	7 ♑ 49	25 ♏ 57	21 ♐ 6	0 ♊ 29	0 ♒ 23	25 ♋ 49	29 ♊ 32	27 ♎	16 ♎	4 ♑	24 ♏	6 ♓
26	2 ♐ 59	15 ♊ 22	9 ♈ 39	11 ♈ 11	23 ♐ 44	9 ♑ 2	26 ♏ 40	21 ♐ 19	0 ♊ 25	0 ♒ 26	25 ♋ 49	29 ♊ 31	27 ♎	16 ♎	4 ♑	24 ♏	6 ♓
27	4 ♐ 0	29 ♊ 38	9 ♈ 36	11 ♈ 2	24 ♐ 10	10 ♑ 15	27 ♏ 22	21 ♐ 32	0 ♊ 20	0 ♒ 28	25 ♋ 48	29 ♊ 30	28 ♎	17 ♎	4 ♑	25 ♏	6 ♓
28	5 ♐ 1	14 ♋ 1	9 ♈ 33	10 ♈ 54	24 ♐ 28	11 ♑ 28	28 ♏ 5	21 ♐ 46	0 ♊ 15	0 ♒ 30	25 ♋ 47	29 ♊ 29	28 ♎	17 ♎	5 ♑	25 ♏	6 ♓
29	6 ♐ 2	28 ♋ 27	9 ♈ 29	10 ♈ 47	24 ♐ 38	12 ♑ 41	28 ♏ 47	21 ♐ 59	0 ♊ 10	0 ♒ 33	25 ♋ 46	29 ♊ 28	29 ♎	18 ♎	5 ♑	26 ♏	6 ♓
30	7 ♐ 3	12 ♌ 50	9 ♈ 26	10 ♈ 42	24 R 37	13 ♑ 54	29 ♏ 30	22 ♐ 13	0 ♊ 5	0 ♒ 35	25 ♋ 45	29 ♊ 27	29 ♎	18 ♎	5 ♑	26 ♏	6 ♓
SUN INGRESS	☉ → ♐ 23日 00:48																
MOON PHASE	◑ 2日 12:38 ♌	● 9日 11:05 ♏	◐ 17日 07:43 ♒	○ 25日 01:12 ♊													

aspects		
2日	05:02	☿△♆
4日	20:26	☿⚹♅
5日	11:17	☉☌♂
6日	09:37	☿☍♄
8日	09:14	♀☌♃
18日	07:23	♀☍♇
18日	23:35	☉△♆
21日	06:47	☿☌♃
23日	08:54	☉⚹♅
23日	15:20	☉☍♄
24日	19:42	♂△♆
25日	20:11	♄△♅
30日	17:46	♂☍♄

1912年12月

DAY	☉	☽	☊ mean	☊ true	☿	♀	♂	♃	♄	♅	♆	♇	⚳	⚴	⚵	⚶	⚷
	° ′	° ′	° ′	° ′	° ′	° ′	° ′	° ′	° ′	° ′	° ′	° ′	°	°	°	°	°
1	8 ♐ 3	27 ♌ 5	9 ♈ 23	10 R 39	24 R 27	15 D 6	0 D 13	22 D 26	0 R 0	0 D 38	25 R 44	29 R 26	0 D	18 D	6 D	27 D	6 D
2	9 ♐ 4	11 ♍ 12	9 ♈ 20	10 D 39	24 ♐ 5	16 ♑ 19	0 ♐ 55	22 ♐ 39	29 ♉ 55	0 ♒ 40	25 ♋ 43	29 ♊ 25	0 ♏	19 ♎	6 ♑	27 ♏	6 ♓
3	10 ♐ 5	25 ♍ 8	9 ♈ 17	10 ♈ 39	23 ♐ 33	17 ♑ 32	1 ♐ 38	22 ♐ 53	29 ♉ 51	0 ♒ 42	25 ♋ 42	29 ♊ 24	0 ♏	19 ♎	7 ♑	28 ♏	6 ♓
4	11 ♐ 6	8 ♎ 54	9 ♈ 13	10 ♈ 40	22 ♐ 49	18 ♑ 45	2 ♐ 21	23 ♐ 7	29 ♉ 46	0 ♒ 45	25 ♋ 41	29 ♊ 23	1 ♏	20 ♎	7 ♑	28 ♏	6 ♓
5	12 ♐ 7	22 ♎ 30	9 ♈ 10	10 R 39	21 ♐ 55	19 ♑ 57	3 ♐ 4	23 ♐ 20	29 ♉ 41	0 ♒ 48	25 ♋ 40	29 ♊ 22	1 ♏	20 ♎	7 ♑	29 ♏	6 ♓
6	13 ♐ 8	5 ♏ 56	9 ♈ 7	10 ♈ 37	20 ♐ 50	21 ♑ 10	3 ♐ 47	23 ♐ 34	29 ♉ 36	0 ♒ 50	25 ♋ 38	29 ♊ 20	2 ♏	20 ♎	8 ♑	29 ♏	6 ♓
7	14 ♐ 9	19 ♏ 11	9 ♈ 4	10 ♈ 31	19 ♐ 38	22 ♑ 23	4 ♐ 30	23 ♐ 47	29 ♉ 32	0 ♒ 53	25 ♋ 37	29 ♊ 19	2 ♏	21 ♎	8 ♑	0 ♐	6 ♓
8	15 ♐ 10	2 ♐ 16	9 ♈ 1	10 ♈ 22	18 ♐ 20	23 ♑ 35	5 ♐ 13	24 ♐ 1	29 ♉ 27	0 ♒ 56	25 ♋ 36	29 ♊ 18	2 ♏	21 ♎	8 ♑	1 ♐	6 ♓
9	16 ♐ 11	15 ♐ 9	8 ♈ 58	10 ♈ 11	16 ♐ 58	24 ♑ 48	5 ♐ 56	24 ♐ 14	29 ♉ 22	0 ♒ 58	25 ♋ 35	29 ♊ 17	3 ♏	22 ♎	9 ♑	1 ♐	6 ♓
10	17 ♐ 12	27 ♐ 49	8 ♈ 54	9 ♈ 59	15 ♐ 35	26 ♑ 0	6 ♐ 39	24 ♐ 28	29 ♉ 18	1 ♒ 1	25 ♋ 34	29 ♊ 16	3 ♏	22 ♎	9 ♑	2 ♐	6 ♓
11	18 ♐ 13	10 ♑ 16	8 ♈ 51	9 ♈ 46	14 ♐ 14	27 ♑ 13	7 ♐ 22	24 ♐ 42	29 ♉ 13	1 ♒ 4	25 ♋ 32	29 ♊ 15	4 ♏	22 ♎	10 ♑	2 ♐	6 ♓
12	19 ♐ 14	22 ♑ 31	8 ♈ 48	9 ♈ 34	12 ♐ 57	28 ♑ 25	8 ♐ 5	24 ♐ 55	29 ♉ 9	1 ♒ 7	25 ♋ 31	29 ♊ 13	4 ♏	23 ♎	10 ♑	3 ♐	6 ♓
13	20 ♐ 15	4 ♒ 34	8 ♈ 45	9 ♈ 23	11 ♐ 48	29 ♑ 37	8 ♐ 48	25 ♐ 9	29 ♉ 4	1 ♒ 9	25 ♋ 30	29 ♊ 12	5 ♏	23 ♎	10 ♑	3 ♐	6 ♓
14	21 ♐ 16	16 ♒ 29	8 ♈ 42	9 ♈ 15	10 ♐ 47	0 ♒ 49	9 ♐ 32	25 ♐ 23	29 ♉ 0	1 ♒ 12	25 ♋ 29	29 ♊ 11	5 ♏	24 ♎	11 ♑	4 ♐	6 ♓
15	22 ♐ 17	28 ♒ 18	8 ♈ 39	9 ♈ 10	9 ♐ 56	2 ♒ 2	10 ♐ 15	25 ♐ 37	28 ♉ 56	1 ♒ 15	25 ♋ 27	29 ♊ 10	5 ♏	24 ♎	11 ♑	4 ♐	6 ♓
16	23 ♐ 18	10 ♓ 7	8 ♈ 35	9 ♈ 7	9 ♐ 16	3 ♒ 14	10 ♐ 58	25 ♐ 50	28 ♉ 51	1 ♒ 18	25 ♋ 26	29 ♊ 9	6 ♏	24 ♎	11 ♑	5 ♐	6 ♓
17	24 ♐ 19	21 ♓ 59	8 ♈ 32	9 ♈ 6	8 ♐ 47	4 ♒ 26	11 ♐ 42	26 ♐ 4	28 ♉ 47	1 ♒ 21	25 ♋ 24	29 ♊ 8	6 ♏	25 ♎	12 ♑	5 ♐	6 ♓
18	25 ♐ 20	4 ♈ 2	8 ♈ 29	9 D 6	8 ♐ 29	5 ♒ 38	12 ♐ 25	26 ♐ 18	28 ♉ 43	1 ♒ 24	25 ♋ 23	29 ♊ 6	7 ♏	25 ♎	12 ♑	6 ♐	6 ♓
19	26 ♐ 21	16 ♈ 19	8 ♈ 26	9 R 6	8 ♐ 22	6 ♒ 50	13 ♐ 9	26 ♐ 31	28 ♉ 39	1 ♒ 27	25 ♋ 22	29 ♊ 5	7 ♏	25 ♎	13 ♑	6 ♐	6 ♓
20	27 ♐ 22	28 ♈ 57	8 ♈ 23	9 ♈ 5	8 D 24	8 ♒ 1	13 ♐ 52	26 ♐ 45	28 ♉ 35	1 ♒ 30	25 ♋ 20	29 ♊ 4	7 ♏	26 ♎	13 ♑	7 ♐	6 ♓
21	28 ♐ 23	11 ♉ 59	8 ♈ 19	9 ♈ 1	8 ♐ 36	9 ♒ 13	14 ♐ 36	26 ♐ 59	28 ♉ 31	1 ♒ 33	25 ♋ 19	29 ♊ 3	8 ♏	26 ♎	13 ♑	8 ♐	6 ♓
22	29 ♐ 25	25 ♉ 29	8 ♈ 16	8 ♈ 54	8 ♐ 57	10 ♒ 25	15 ♐ 20	27 ♐ 13	28 ♉ 27	1 ♒ 36	25 ♋ 17	29 ♊ 2	8 ♏	26 ♎	14 ♑	8 ♐	6 ♓
23	0 ♑ 26	9 ♊ 26	8 ♈ 13	8 ♈ 45	9 ♐ 25	11 ♒ 36	16 ♐ 3	27 ♐ 26	28 ♉ 23	1 ♒ 39	25 ♋ 16	29 ♊ 0	9 ♏	27 ♎	14 ♑	9 ♐	7 ♓
24	1 ♑ 27	23 ♊ 48	8 ♈ 10	8 ♈ 34	10 ♐ 0	12 ♒ 48	16 ♐ 47	27 ♐ 40	28 ♉ 20	1 ♒ 43	25 ♋ 14	28 ♊ 59	9 ♏	27 ♎	14 ♑	9 ♐	7 ♓
25	2 ♑ 28	8 ♋ 28	8 ♈ 7	8 ♈ 22	10 ♐ 41	13 ♒ 59	17 ♐ 31	27 ♐ 54	28 ♉ 16	1 ♒ 46	25 ♋ 13	28 ♊ 58	9 ♏	28 ♎	15 ♑	10 ♐	7 ♓
26	3 ♑ 29	23 ♋ 20	8 ♈ 4	8 ♈ 10	11 ♐ 27	15 ♒ 10	18 ♐ 15	28 ♐ 7	28 ♉ 12	1 ♒ 49	25 ♋ 11	28 ♊ 57	10 ♏	28 ♎	15 ♑	10 ♐	7 ♓
27	4 ♑ 30	8 ♌ 14	8 ♈ 0	8 ♈ 0	12 ♐ 19	16 ♒ 22	18 ♐ 58	28 ♐ 21	28 ♉ 9	1 ♒ 52	25 ♋ 10	28 ♊ 56	10 ♏	28 ♎	16 ♑	11 ♐	7 ♓
28	5 ♑ 31	23 ♌ 1	7 ♈ 57	7 ♈ 52	13 ♐ 15	17 ♒ 33	19 ♐ 42	28 ♐ 35	28 ♉ 6	1 ♒ 55	25 ♋ 8	28 ♊ 54	10 ♏	29 ♎	16 ♑	11 ♐	7 ♓
29	6 ♑ 32	7 ♍ 34	7 ♈ 54	7 ♈ 48	14 ♐ 14	18 ♒ 44	20 ♐ 26	28 ♐ 49	28 ♉ 2	1 ♒ 59	25 ♋ 6	28 ♊ 53	11 ♏	29 ♎	16 ♑	12 ♐	7 ♓
30	7 ♑ 34	21 ♍ 51	7 ♈ 51	7 ♈ 46	15 ♐ 17	19 ♒ 54	21 ♐ 10	29 ♐ 2	27 ♉ 59	2 ♒ 2	25 ♋ 5	28 ♊ 52	11 ♏	29 ♎	17 ♑	12 ♐	7 ♓
31	8 ♑ 35	5 ♎ 49	7 ♈ 48	7 ♈ 46	16 ♐ 23	21 ♒ 5	21 ♐ 54	29 ♐ 16	27 ♉ 56	2 ♒ 5	25 ♋ 3	28 ♊ 51	12 ♏	0 ♏	17 ♑	13 ♐	7 ♓
SUN INGRESS	☉ → ♑ 22日 13:45																
MOON PHASE	◑ 1日 20:05 ♍	● 9日 02:06 ♐	◐ 17日 05:06 ♓	○ 24日 13:30 ♋	◑ 31日 05:12 ♎												

aspects		
1日	14:54	♂⚹♅
3日	17:06	☿☌♃
9日	07:50	☉☌☿
9日	15:22	♀☍♆
12日	13:41	♀△♄
14日	07:56	♀☌♅
14日	18:54	☿☌♂
19日	05:11	☉☌♃
20日	08:48	☿⚹♀
21日	15:10	☉☍♇
29日	07:30	♃☍♇

1913年1月

DAY	☉	☽	☊ mean	☊ true	☿	♀	♂	♃	♄	♅	♆	♇	⚳	⚴	⚵	⚶	⚷
	° ′	° ′	° ′	° ′	° ′	° ′	° ′	° ′	° ′	° ′	° ′	° ′	°	°	°	°	°
1	9 ♑ 36	19 ♎ 29	7 ♈ 45	7 R 45	17 D 32	22 D 16	22 D 38	29 D 30	27 R 53	2 D 9	25 R 2	28 R 50	12 D	0 D	18 D	13 D	7 D
2	10 ♑ 37	2 ♏ 51	7 ♈ 41	7 ♈ 44	18 ♐ 43	23 ♒ 26	23 ♐ 23	29 ♐ 43	27 ♉ 50	2 ♒ 12	25 ♋ 0	28 ♊ 48	12 ♏	0 ♏	18 ♑	14 ♐	7 ♓
3	11 ♑ 38	15 ♏ 59	7 ♈ 38	7 ♈ 41	19 ♐ 56	24 ♒ 37	24 ♐ 7	29 ♐ 57	27 ♉ 47	2 ♒ 15	24 ♋ 58	28 ♊ 47	13 ♏	1 ♏	18 ♑	14 ♐	7 ♓
4	12 ♑ 39	28 ♏ 55	7 ♈ 35	7 ♈ 34	21 ♐ 10	25 ♒ 47	24 ♐ 51	0 ♑ 10	27 ♉ 44	2 ♒ 19	24 ♋ 57	28 ♊ 46	13 ♏	1 ♏	19 ♑	15 ♐	7 ♓
5	13 ♑ 41	11 ♐ 39	7 ♈ 32	7 ♈ 25	22 ♐ 27	26 ♒ 57	25 ♐ 35	0 ♑ 24	27 ♉ 42	2 ♒ 22	24 ♋ 55	28 ♊ 45	13 ♏	1 ♏	19 ♑	16 ♐	7 ♓
6	14 ♑ 42	24 ♐ 12	7 ♈ 29	7 ♈ 12	23 ♐ 45	28 ♒ 7	26 ♐ 20	0 ♑ 38	27 ♉ 39	2 ♒ 25	24 ♋ 53	28 ♊ 44	14 ♏	2 ♏	20 ♑	16 ♐	7 ♓
7	15 ♑ 43	6 ♑ 36	7 ♈ 25	6 ♈ 58	25 ♐ 5	29 ♒ 17	27 ♐ 4	0 ♑ 51	27 ♉ 37	2 ♒ 29	24 ♋ 52	28 ♊ 43	14 ♏	2 ♏	20 ♑	17 ♐	7 ♓
8	16 ♑ 44	18 ♑ 51	7 ♈ 22	6 ♈ 43	26 ♐ 25	0 ♓ 27	27 ♐ 48	1 ♑ 5	27 ♉ 34	2 ♒ 32	24 ♋ 50	28 ♊ 42	14 ♏	2 ♏	20 ♑	17 ♐	7 ♓
9	17 ♑ 45	0 ♒ 56	7 ♈ 19	6 ♈ 29	27 ♐ 47	1 ♓ 37	28 ♐ 33	1 ♑ 18	27 ♉ 32	2 ♒ 36	24 ♋ 48	28 ♊ 40	15 ♏	2 ♏	21 ♑	18 ♐	7 ♓
10	18 ♑ 46	12 ♒ 54	7 ♈ 16	6 ♈ 17	29 ♐ 10	2 ♓ 46	29 ♐ 17	1 ♑ 32	27 ♉ 30	2 ♒ 39	24 ♋ 47	28 ♊ 39	15 ♏	3 ♏	21 ♑	18 ♐	7 ♓
11	19 ♑ 48	24 ♒ 45	7 ♈ 13	6 ♈ 7	0 ♑ 33	3 ♓ 56	0 ♑ 2	1 ♑ 45	27 ♉ 28	2 ♒ 42	24 ♋ 45	28 ♊ 38	16 ♏	3 ♏	22 ♑	19 ♐	7 ♓
12	20 ♑ 49	6 ♓ 33	7 ♈ 10	6 ♈ 1	1 ♑ 58	5 ♓ 5	0 ♑ 46	1 ♑ 58	27 ♉ 26	2 ♒ 46	24 ♋ 43	28 ♊ 37	16 ♏	3 ♏	22 ♑	19 ♐	7 ♓
13	21 ♑ 50	18 ♓ 20	7 ♈ 6	5 ♈ 57	3 ♑ 23	6 ♓ 14	1 ♑ 31	2 ♑ 12	27 ♉ 24	2 ♒ 49	24 ♋ 42	28 ♊ 36	16 ♏	4 ♏	22 ♑	20 ♐	7 ♓
14	22 ♑ 51	0 ♈ 11	7 ♈ 3	5 ♈ 55	4 ♑ 49	7 ♓ 23	2 ♑ 16	2 ♑ 25	27 ♉ 22	2 ♒ 53	24 ♋ 40	28 ♊ 35	17 ♏	4 ♏	23 ♑	20 ♐	7 ♓
15	23 ♑ 52	12 ♈ 11	7 ♈ 0	5 D 55	6 ♑ 16	8 ♓ 32	3 ♑ 0	2 ♑ 38	27 ♉ 21	2 ♒ 56	24 ♋ 38	28 ♊ 34	17 ♏	4 ♏	23 ♑	21 ♐	7 ♓
16	24 ♑ 53	24 ♈ 24	6 ♈ 57	5 ♈ 56	7 ♑ 44	9 ♓ 40	3 ♑ 45	2 ♑ 52	27 ♉ 19	3 ♒ 0	24 ♋ 37	28 ♊ 33	17 ♏	5 ♏	24 ♑	21 ♐	8 ♓
17	25 ♑ 54	6 ♉ 57	6 ♈ 54	5 R 55	9 ♑ 12	10 ♓ 49	4 ♑ 30	3 ♑ 5	27 ♉ 18	3 ♒ 3	24 ♋ 35	28 ♊ 32	18 ♏	5 ♏	24 ♑	22 ♐	8 ♓
18	26 ♑ 56	19 ♉ 54	6 ♈ 51	5 ♈ 53	10 ♑ 41	11 ♓ 57	5 ♑ 15	3 ♑ 18	27 ♉ 16	3 ♒ 7	24 ♋ 33	28 ♊ 31	18 ♏	5 ♏	24 ♑	22 ♐	8 ♓
19	27 ♑ 57	3 ♊ 20	6 ♈ 47	5 ♈ 48	12 ♑ 11	13 ♓ 5	5 ♑ 59	3 ♑ 31	27 ♉ 15	3 ♒ 10	24 ♋ 31	28 ♊ 30	18 ♏	5 ♏	25 ♑	23 ♐	8 ♓
20	28 ♑ 58	17 ♊ 16	6 ♈ 44	5 ♈ 41	13 ♑ 41	14 ♓ 13	6 ♑ 44	3 ♑ 44	27 ♉ 14	3 ♒ 14	24 ♋ 30	28 ♊ 29	19 ♏	6 ♏	25 ♑	23 ♐	8 ♓
21	29 ♑ 59	1 ♋ 41	6 ♈ 41	5 ♈ 31	15 ♑ 11	15 ♓ 20	7 ♑ 29	3 ♑ 57	27 ♉ 13	3 ♒ 17	24 ♋ 28	28 ♊ 28	19 ♏	6 ♏	26 ♑	24 ♐	8 ♓
22	1 ♒ 0	16 ♋ 30	6 ♈ 38	5 ♈ 21	16 ♑ 43	16 ♓ 28	8 ♑ 14	4 ♑ 10	27 ♉ 12	3 ♒ 21	24 ♋ 26	28 ♊ 27	19 ♏	6 ♏	26 ♑	24 ♐	8 ♓
23	2 ♒ 1	1 ♌ 37	6 ♈ 35	5 ♈ 11	18 ♑ 15	17 ♓ 35	8 ♑ 59	4 ♑ 23	27 ♉ 12	3 ♒ 24	24 ♋ 25	28 ♊ 26	20 ♏	6 ♏	26 ♑	25 ♐	8 ♓
24	3 ♒ 2	16 ♌ 51	6 ♈ 31	5 ♈ 2	19 ♑ 47	18 ♓ 42	9 ♑ 44	4 ♑ 36	27 ♉ 11	3 ♒ 28	24 ♋ 23	28 ♊ 25	20 ♏	7 ♏	27 ♑	25 ♐	8 ♓
25	4 ♒ 3	2 ♍ 0	6 ♈ 28	4 ♈ 56	21 ♑ 21	19 ♓ 48	10 ♑ 29	4 ♑ 49	27 ♉ 10	3 ♒ 31	24 ♋ 21	28 ♊ 24	20 ♏	7 ♏	27 ♑	26 ♐	8 ♓
26	5 ♒ 4	16 ♍ 56	6 ♈ 25	4 ♈ 52	22 ♑ 54	20 ♓ 55	11 ♑ 14	5 ♑ 2	27 ♉ 10	3 ♒ 35	24 ♋ 20	28 ♊ 23	20 ♏	7 ♏	28 ♑	27 ♐	8 ♓
27	6 ♒ 5	1 ♎ 32	6 ♈ 22	4 ♈ 51	24 ♑ 29	22 ♓ 1	12 ♑ 0	5 ♑ 15	27 ♉ 10	3 ♒ 39	24 ♋ 18	28 ♊ 22	21 ♏	7 ♏	28 ♑	27 ♐	8 ♓
28	7 ♒ 6	15 ♎ 44	6 ♈ 19	4 D 51	26 ♑ 4	23 ♓ 7	12 ♑ 45	5 ♑ 28	27 ♉ 9	3 ♒ 42	24 ♋ 16	28 ♊ 21	21 ♏	8 ♏	28 ♑	28 ♐	8 ♓
29	8 ♒ 7	29 ♎ 31	6 ♈ 16	4 ♈ 52	27 ♑ 40	24 ♓ 13	13 ♑ 30	5 ♑ 40	27 ♉ 9	3 ♒ 46	24 ♋ 15	28 ♊ 20	21 ♏	8 ♏	29 ♑	28 ♐	8 ♓
30	9 ♒ 8	12 ♏ 55	6 ♈ 12	4 R 52	29 ♑ 16	25 ♓ 18	14 ♑ 15	5 ♑ 53	27 D 9	3 ♒ 49	24 ♋ 13	28 ♊ 19	22 ♏	8 ♏	29 ♑	29 ♐	8 ♓
31	10 ♒ 8	25 ♏ 59	6 ♈ 9	4 ♈ 51	0 ♒ 53	26 ♓ 23	15 ♑ 0	6 ♑ 6	27 ♉ 10	3 ♒ 53	24 ♋ 11	28 ♊ 18	22 ♏	8 ♏	0 ♒	29 ♐	8 ♓

SUN INGRESS	☉ → ♒ 21日 00:19
MOON PHASE	● 7日 19:28 ♑　◐ 16日 01:01 ♈　○ 23日 00:40 ♌　◑ 29日 16:34 ♏

aspects		
1日	20:32	♀⚹♂
5日	14:37	♀□♄
6日	12:17	♀△♇
8日	15:57	♀⚹♃
9日	04:00	♂☍♇
9日	15:22	☿☍♇
10日	04:48	☿☌♂
12日	00:11	☿☌♃
14日	07:13	♂☌♃
15日	17:36	☉☍♆
18日	08:02	☉△♄
21日	09:00	☿⚹♀
24日	10:58	☉☌♅
26日	21:19	☿☍♆
28日	16:25	☿△♄
29日	00:43	♀△♆
31日	17:09	♀⚹♄

1913年2月

DAY	☉	☽	☊ mean	☊ true	☿	♀	♂	♃	♄	♅	♆	♇	⚳	⚴	⚵	⚶	⚷
	° ′	° ′	° ′	° ′	° ′	° ′	° ′	° ′	° ′	° ′	° ′	° ′	°	°	°	°	°
1	11 ♒ 9	8 ♐ 44	6 ♈ 6	4 R 47	2 D 31	27 D 28	15 D 46	6 D 18	27 D 10	3 D 56	24 R 10	28 R 18	22 D	8 D	0 D	0 D	8 D
2	12 ♒ 10	21 ♐ 15	6 ♈ 3	4 ♈ 41	4 ♒ 10	28 ♓ 33	16 ♑ 31	6 ♑ 31	27 ♉ 10	4 ♒ 0	24 ♋ 8	28 ♊ 17	23 ♏	9 ♏	0 ♒	0 ♑	8 ♓
3	13 ♒ 11	3 ♑ 35	6 ♈ 0	4 ♈ 33	5 ♒ 49	29 ♓ 37	17 ♑ 17	6 ♑ 43	27 ♉ 11	4 ♒ 3	24 ♋ 7	28 ♊ 16	23 ♏	9 ♏	1 ♒	1 ♑	9 ♓
4	14 ♒ 12	15 ♑ 45	5 ♈ 57	4 ♈ 23	7 ♒ 29	0 ♈ 41	18 ♑ 2	6 ♑ 55	27 ♉ 11	4 ♒ 7	24 ♋ 5	28 ♊ 15	23 ♏	9 ♏	1 ♒	1 ♑	9 ♓
5	15 ♒ 13	27 ♑ 47	5 ♈ 53	4 ♈ 13	9 ♒ 9	1 ♈ 45	18 ♑ 47	7 ♑ 8	27 ♉ 12	4 ♒ 10	24 ♋ 4	28 ♊ 14	23 ♏	9 ♏	2 ♒	2 ♑	9 ♓
6	16 ♒ 14	9 ♒ 44	5 ♈ 50	4 ♈ 3	10 ♒ 51	2 ♈ 48	19 ♑ 33	7 ♑ 20	27 ♉ 13	4 ♒ 14	24 ♋ 2	28 ♊ 14	24 ♏	9 ♏	2 ♒	2 ♑	9 ♓
7	17 ♒ 15	21 ♒ 36	5 ♈ 47	3 ♈ 55	12 ♒ 33	3 ♈ 51	20 ♑ 18	7 ♑ 32	27 ♉ 14	4 ♒ 17	24 ♋ 0	28 ♊ 13	24 ♏	10 ♏	2 ♒	3 ♑	9 ♓
8	18 ♒ 15	3 ♓ 25	5 ♈ 44	3 ♈ 48	14 ♒ 16	4 ♈ 54	21 ♑ 4	7 ♑ 44	27 ♉ 15	4 ♒ 20	23 ♋ 59	28 ♊ 12	24 ♏	10 ♏	3 ♒	3 ♑	9 ♓
9	19 ♒ 16	15 ♓ 13	5 ♈ 41	3 ♈ 44	16 ♒ 0	5 ♈ 56	21 ♑ 50	7 ♑ 56	27 ♉ 16	4 ♒ 24	23 ♋ 57	28 ♊ 11	24 ♏	10 ♏	3 ♒	4 ♑	9 ♓
10	20 ♒ 17	27 ♓ 2	5 ♈ 37	3 ♈ 42	17 ♒ 45	6 ♈ 58	22 ♑ 35	8 ♑ 8	27 ♉ 17	4 ♒ 27	23 ♋ 56	28 ♊ 11	25 ♏	10 ♏	4 ♒	4 ♑	9 ♓
11	21 ♒ 18	8 ♈ 56	5 ♈ 34	3 D 42	19 ♒ 30	8 ♈ 0	23 ♑ 21	8 ♑ 20	27 ♉ 19	4 ♒ 31	23 ♋ 54	28 ♊ 10	25 ♏	10 ♏	4 ♒	5 ♑	9 ♓
12	22 ♒ 18	20 ♈ 57	5 ♈ 31	3 ♈ 43	21 ♒ 16	9 ♈ 1	24 ♑ 7	8 ♑ 31	27 ♉ 20	4 ♒ 34	23 ♋ 53	28 ♊ 9	25 ♏	10 ♏	5 ♒	5 ♑	9 ♓
13	23 ♒ 19	3 ♉ 11	5 ♈ 28	3 ♈ 45	23 ♒ 3	10 ♈ 1	24 ♑ 52	8 ♑ 43	27 ♉ 22	4 ♒ 38	23 ♋ 52	28 ♊ 9	25 ♏	11 ♏	5 ♒	6 ♑	9 ♓
14	24 ♒ 20	15 ♉ 42	5 ♈ 25	3 ♈ 46	24 ♒ 51	11 ♈ 2	25 ♑ 38	8 ♑ 55	27 ♉ 24	4 ♒ 41	23 ♋ 50	28 ♊ 8	26 ♏	11 ♏	5 ♒	6 ♑	9 ♓
15	25 ♒ 20	28 ♉ 33	5 ♈ 22	3 R 46	26 ♒ 40	12 ♈ 2	26 ♑ 24	9 ♑ 6	27 ♉ 26	4 ♒ 44	23 ♋ 49	28 ♊ 8	26 ♏	11 ♏	6 ♒	7 ♑	9 ♓
16	26 ♒ 21	11 ♊ 51	5 ♈ 18	3 ♈ 45	28 ♒ 29	13 ♈ 1	27 ♑ 9	9 ♑ 18	27 ♉ 27	4 ♒ 48	23 ♋ 47	28 ♊ 7	26 ♏	11 ♏	6 ♒	7 ♑	9 ♓
17	27 ♒ 21	25 ♊ 36	5 ♈ 15	3 ♈ 42	0 ♓ 19	14 ♈ 0	27 ♑ 55	9 ♑ 29	27 ♉ 30	4 ♒ 51	23 ♋ 46	28 ♊ 6	26 ♏	11 ♏	7 ♒	8 ♑	9 ♓
18	28 ♒ 22	9 ♋ 51	5 ♈ 12	3 ♈ 38	2 ♓ 10	14 ♈ 58	28 ♑ 41	9 ♑ 40	27 ♉ 32	4 ♒ 54	23 ♋ 45	28 ♊ 6	27 ♏	11 ♏	7 ♒	8 ♑	9 ♓
19	29 ♒ 22	24 ♋ 32	5 ♈ 9	3 ♈ 33	4 ♓ 1	15 ♈ 56	29 ♑ 27	9 ♑ 52	27 ♉ 34	4 ♒ 58	23 ♋ 43	28 ♊ 5	27 ♏	11 ♏	7 ♒	9 ♑	10 ♓
20	0 ♓ 23	9 ♌ 34	5 ♈ 6	3 ♈ 28	5 ♓ 53	16 ♈ 53	0 ♒ 13	10 ♑ 3	27 ♉ 36	5 ♒ 1	23 ♋ 42	28 ♊ 5	27 ♏	11 ♏	8 ♒	9 ♑	10 ♓
21	1 ♓ 23	24 ♌ 48	5 ♈ 3	3 ♈ 24	7 ♓ 45	17 ♈ 50	0 ♒ 59	10 ♑ 14	27 ♉ 39	5 ♒ 4	23 ♋ 41	28 ♊ 4	27 ♏	11 ♏	8 ♒	10 ♑	10 ♓
22	2 ♓ 24	10 ♍ 5	4 ♈ 59	3 ♈ 20	9 ♓ 38	18 ♈ 46	1 ♒ 45	10 ♑ 25	27 ♉ 41	5 ♒ 7	23 ♋ 39	28 ♊ 4	27 ♏	11 ♏	9 ♒	10 ♑	10 ♓
23	3 ♓ 24	25 ♍ 14	4 ♈ 56	3 ♈ 19	11 ♓ 31	19 ♈ 42	2 ♒ 31	10 ♑ 36	27 ♉ 44	5 ♒ 10	23 ♋ 38	28 ♊ 4	28 ♏	12 ♏	9 ♒	11 ♑	10 ♓
24	4 ♓ 24	10 ♎ 6	4 ♈ 53	3 D 19	13 ♓ 23	20 ♈ 37	3 ♒ 17	10 ♑ 46	27 ♉ 47	5 ♒ 14	23 ♋ 37	28 ♊ 3	28 ♏	12 ♏	9 ♒	11 ♑	10 ♓
25	5 ♓ 25	24 ♎ 34	4 ♈ 50	3 ♈ 20	15 ♓ 16	21 ♈ 31	4 ♒ 3	10 ♑ 57	27 ♉ 50	5 ♒ 17	23 ♋ 36	28 ♊ 3	28 ♏	12 ♏	10 ♒	12 ♑	10 ♓
26	6 ♓ 25	8 ♏ 36	4 ♈ 47	3 ♈ 21	17 ♓ 8	22 ♈ 25	4 ♒ 49	11 ♑ 8	27 ♉ 53	5 ♒ 20	23 ♋ 35	28 ♊ 2	28 ♏	12 ♏	10 ♒	12 ♑	10 ♓
27	7 ♓ 25	22 ♏ 10	4 ♈ 43	3 ♈ 23	18 ♓ 59	23 ♈ 18	5 ♒ 35	11 ♑ 18	27 ♉ 56	5 ♒ 23	23 ♋ 34	28 ♊ 2	28 ♏	12 ♏	11 ♒	12 ♑	10 ♓
28	8 ♓ 26	5 ♐ 19	4 ♈ 40	3 ♈ 24	20 ♓ 49	24 ♈ 11	6 ♒ 21	11 ♑ 28	27 ♉ 59	5 ♒ 26	23 ♋ 32	28 ♊ 2	29 ♏	12 ♏	11 ♒	13 ♑	10 ♓

SUN INGRESS	☉ → ♓ 19日 14:44
MOON PHASE	● 6日 14:22 ♒　◐ 14日 17:34 ♉　○ 21日 11:03 ♍　◑ 28日 06:15 ♐

aspects		
1日	18:04	♀□♇
1日	21:30	☿☌♅
7日	10:26	♀⚹♅
11日	09:45	♀□♃
11日	17:07	♂☍♆
13日	08:01	☉☌☿
15日	10:15	☿□♄
15日	19:12	☿△♇
16日	09:52	♂△♄
17日	03:22	☉□♄
17日	17:44	☉△♇
22日	11:02	☿⚹♃
26日	17:28	♂☌♅
27日	06:50	♀□♆

1913年3月

DAY	☉	☽	☊ mean	☊ true	☿	♀	♂	♃	♄	♅	♆	♇	⚳	⚴	⚵	⚶	⚷
	° ′	° ′	° ′	° ′	° ′	° ′	° ′	° ′	° ′	° ′	° ′	° ′	°	°	°	°	°
1	9 ♓ 26	18 ♐ 6	4 ♈ 37	3 R 23	22 D 38	25 D 2	7 D 7	11 D 39	28 D 2	5 D 29	23 R 31	28 R 2	29 D	12 D	11 D	13 D	10 D
2	10 ♓ 26	0 ♑ 34	4 ♈ 34	3 ♈ 22	24 ♓ 25	25 ♈ 53	7 ♒ 53	11 ♑ 49	28 ♉ 6	5 ♒ 32	23 ♋ 30	28 ♊ 1	29 ♏	12 ♏	12 ♒	14 ♑	10 ♓
3	11 ♓ 26	12 ♑ 48	4 ♈ 31	3 ♈ 20	26 ♓ 9	26 ♈ 43	8 ♒ 39	11 ♑ 59	28 ♉ 9	5 ♒ 35	23 ♋ 29	28 ♊ 1	29 ♏	12 ♏	12 ♒	14 ♑	10 ♓
4	12 ♓ 26	24 ♑ 50	4 ♈ 28	3 ♈ 16	27 ♓ 51	27 ♈ 33	9 ♒ 25	12 ♑ 9	28 ♉ 13	5 ♒ 38	23 ♋ 28	28 ♊ 1	29 ♏	12 ♏	13 ♒	15 ♑	10 ♓
5	13 ♓ 26	6 ♒ 45	4 ♈ 24	3 ♈ 13	29 ♓ 29	28 ♈ 21	10 ♒ 12	12 ♑ 19	28 ♉ 17	5 ♒ 41	23 ♋ 27	28 ♊ 1	29 ♏	12 R	13 ♒	15 ♑	10 ♓
6	14 ♓ 27	18 ♒ 36	4 ♈ 21	3 ♈ 10	1 ♈ 4	29 ♈ 9	10 ♒ 58	12 ♑ 28	28 ♉ 20	5 ♒ 44	23 ♋ 26	28 ♊ 0	0 ♐	12 ♏	13 ♒	16 ♑	10 ♓
7	15 ♓ 27	0 ♓ 24	4 ♈ 18	3 ♈ 7	2 ♈ 34	29 ♈ 55	11 ♒ 44	12 ♑ 38	28 ♉ 24	5 ♒ 47	23 ♋ 25	28 ♊ 0	0 ♐	12 ♏	14 ♒	16 ♑	11 ♓
8	16 ♓ 27	12 ♓ 13	4 ♈ 15	3 ♈ 5	3 ♈ 59	0 ♉ 41	12 ♒ 30	12 ♑ 48	28 ♉ 28	5 ♒ 50	23 ♋ 25	28 ♊ 0	0 ♐	12 ♏	14 ♒	17 ♑	11 ♓
9	17 ♓ 27	24 ♓ 4	4 ♈ 12	3 ♈ 4	5 ♈ 18	1 ♉ 26	13 ♒ 17	12 ♑ 57	28 ♉ 32	5 ♒ 53	23 ♋ 24	28 ♊ 0	0 ♐	12 ♏	15 ♒	17 ♑	11 ♓
10	18 ♓ 27	6 ♈ 0	4 ♈ 9	3 D 4	6 ♈ 32	2 ♉ 10	14 ♒ 3	13 ♑ 6	28 ♉ 36	5 ♒ 56	23 ♋ 23	28 ♊ 0	0 ♐	12 ♏	15 ♒	18 ♑	11 ♓
11	19 ♓ 27	18 ♈ 2	4 ♈ 5	3 ♈ 4	7 ♈ 39	2 ♉ 52	14 ♒ 49	13 ♑ 15	28 ♉ 41	5 ♒ 59	23 ♋ 22	28 ♊ 0	0 ♐	12 ♏	15 ♒	18 ♑	11 ♓
12	20 ♓ 27	0 ♉ 12	4 ♈ 2	3 ♈ 5	8 ♈ 39	3 ♉ 34	15 ♒ 36	13 ♑ 24	28 ♉ 45	6 ♒ 1	23 ♋ 21	28 ♊ 0	0 ♐	12 ♏	16 ♒	19 ♑	11 ♓
13	21 ♓ 26	12 ♉ 35	3 ♈ 59	3 ♈ 6	9 ♈ 31	4 ♉ 15	16 ♒ 22	13 ♑ 33	28 ♉ 49	6 ♒ 4	23 ♋ 20	28 ♊ 0	0 ♐	12 ♏	16 ♒	19 ♑	11 ♓
14	22 ♓ 26	25 ♉ 11	3 ♈ 56	3 ♈ 7	10 ♈ 16	4 ♉ 54	17 ♒ 8	13 ♑ 42	28 ♉ 54	6 ♒ 7	23 ♋ 20	28 D 0	0 ♐	12 ♏	17 ♒	20 ♑	11 ♓
15	23 ♓ 26	8 ♊ 6	3 ♈ 53	3 ♈ 8	10 ♈ 53	5 ♉ 32	17 ♒ 55	13 ♑ 51	28 ♉ 59	6 ♒ 9	23 ♋ 19	28 ♊ 0	1 ♐	11 ♏	17 ♒	20 ♑	11 ♓
16	24 ♓ 26	21 ♊ 20	3 ♈ 49	3 ♈ 8	11 ♈ 22	6 ♉ 9	18 ♒ 41	13 ♑ 59	29 ♉ 3	6 ♒ 12	23 ♋ 18	28 ♊ 0	1 ♐	11 ♏	17 ♒	20 ♑	11 ♓
17	25 ♓ 26	4 ♋ 57	3 ♈ 46	3 R 8	11 ♈ 42	6 ♉ 44	19 ♒ 27	14 ♑ 8	29 ♉ 8	6 ♒ 15	23 ♋ 18	28 ♊ 0	1 ♐	11 ♏	18 ♒	21 ♑	11 ♓
18	26 ♓ 25	18 ♋ 57	3 ♈ 43	3 ♈ 8	11 ♈ 53	7 ♉ 18	20 ♒ 14	14 ♑ 16	29 ♉ 13	6 ♒ 17	23 ♋ 17	28 ♊ 0	1 ♐	11 ♏	18 ♒	21 ♑	11 ♓
19	27 ♓ 25	3 ♌ 21	3 ♈ 40	3 ♈ 7	11 R 57	7 ♉ 51	21 ♒ 0	14 ♑ 24	29 ♉ 18	6 ♒ 20	23 ♋ 17	28 ♊ 0	1 ♐	11 ♏	19 ♒	22 ♑	11 ♓
20	28 ♓ 24	18 ♌ 4	3 ♈ 37	3 ♈ 7	11 ♈ 52	8 ♉ 22	21 ♒ 46	14 ♑ 32	29 ♉ 23	6 ♒ 22	23 ♋ 16	28 ♊ 0	1 ♐	11 ♏	19 ♒	22 ♑	11 ♓
21	29 ♓ 24	3 ♍ 2	3 ♈ 34	3 ♈ 6	11 ♈ 39	8 ♉ 52	22 ♒ 33	14 ♑ 40	29 ♉ 28	6 ♒ 25	23 ♋ 16	28 ♊ 1	1 ♐	11 ♏	19 ♒	23 ♑	11 ♓
22	0 ♈ 24	18 ♍ 7	3 ♈ 30	3 ♈ 6	11 ♈ 19	9 ♉ 20	23 ♒ 19	14 ♑ 48	29 ♉ 33	6 ♒ 27	23 ♋ 15	28 ♊ 1	1 ♐	11 ♏	20 ♒	23 ♑	12 ♓
23	1 ♈ 23	3 ♎ 11	3 ♈ 27	3 D 6	10 ♈ 53	9 ♉ 46	24 ♒ 6	14 ♑ 55	29 ♉ 38	6 ♒ 29	23 ♋ 15	28 ♊ 1	1 ♐	11 ♏	20 ♒	24 ♑	12 ♓
24	2 ♈ 23	18 ♎ 3	3 ♈ 24	3 ♈ 6	10 ♈ 19	10 ♉ 10	24 ♒ 52	15 ♑ 3	29 ♉ 44	6 ♒ 32	23 ♋ 14	28 ♊ 1	1 ♐	10 ♏	21 ♒	24 ♑	12 ♓
25	3 ♈ 22	2 ♏ 38	3 ♈ 21	3 R 6	9 ♈ 41	10 ♉ 33	25 ♒ 38	15 ♑ 10	29 ♉ 49	6 ♒ 34	23 ♋ 14	28 ♊ 1	1 ♐	10 ♏	21 ♒	24 ♑	12 ♓
26	4 ♈ 21	16 ♏ 49	3 ♈ 18	3 ♈ 6	8 ♈ 58	10 ♉ 54	26 ♒ 25	15 ♑ 17	29 ♉ 54	6 ♒ 36	23 ♋ 14	28 ♊ 2	1 ♐	10 ♏	21 ♒	25 ♑	12 ♓
27	5 ♈ 21	0 ♐ 34	3 ♈ 14	3 ♈ 6	8 ♈ 11	11 ♉ 13	27 ♒ 11	15 ♑ 24	0 ♊ 0	6 ♒ 39	23 ♋ 13	28 ♊ 2	1 ♐	10 ♏	22 ♒	25 ♑	12 ♓
28	6 ♈ 20	13 ♐ 52	3 ♈ 11	3 ♈ 5	7 ♈ 22	11 ♉ 30	27 ♒ 58	15 ♑ 31	0 ♊ 6	6 ♒ 41	23 ♋ 13	28 ♊ 2	1 ♐	10 ♏	22 ♒	26 ♑	12 ♓
29	7 ♈ 19	26 ♐ 45	3 ♈ 8	3 ♈ 5	6 ♈ 31	11 ♉ 45	28 ♒ 44	15 ♑ 38	0 ♊ 11	6 ♒ 43	23 ♋ 13	28 ♊ 3	1 R	9 ♏	23 ♒	26 ♑	12 ♓
30	8 ♈ 19	9 ♑ 17	3 ♈ 5	3 D 5	5 ♈ 40	11 ♉ 58	29 ♒ 31	15 ♑ 44	0 ♊ 17	6 ♒ 45	23 ♋ 13	28 ♊ 3	1 ♐	9 ♏	23 ♒	26 ♑	12 ♓
31	9 ♈ 18	21 ♑ 31	3 ♈ 2	3 ♈ 5	4 ♈ 49	12 ♉ 9	0 ♓ 17	15 ♑ 51	0 ♊ 23	6 ♒ 47	23 ♋ 12	28 ♊ 3	1 ♐	9 ♏	23 ♒	27 ♑	12 ♓

SUN INGRESS ☉ → ♈ 21日 14:18

MOON PHASE ● 8日 09:22 ♓ ◐ 16日 05:58 ♊ ○ 22日 20:56 ♎ ◑ 29日 21:57 ♑

aspects

1日	11:50	☿△♆
3日	15:38	☉⚹♃
4日	02:24	☿□♇
4日	05:31	☿⚹♄
4日	13:53	♀⚹♇
9日	11:29	☿⚹♅
14日	21:15	☉△♆
16日	02:19	♀□♅
19日	14:17	☉□♇
21日	01:42	☉⚹♄
28日	02:23	♂△♇
28日	08:43	☉⚹♅
28日	13:29	☉☌☿
28日	18:37	☿⚹♅
31日	03:19	♂□♄

1913年4月

DAY	☉	☽	☊ mean	☊ true	☿	♀	♂	♃	♄	♅	♆	♇	⚳	⚴	⚵	⚶	⚷
	° ′	° ′	° ′	° ′	° ′	° ′	° ′	° ′	° ′	° ′	° ′	° ′	°	°	°	°	°
1	10 ♈ 17	3 ♒ 32	2 ♈ 59	3 D 6	4 R 0	12 D 17	1 D 4	15 D 57	0 D 29	6 D 49	23 R 12	28 D 4	1 R	9 R	24 D	27 D	12 D
2	11 ♈ 16	15 ♒ 25	2 ♈ 55	3 ♈ 7	3 ♈ 14	12 ♉ 24	1 ♓ 50	16 ♑ 3	0 ♊ 35	6 ♒ 51	23 ♋ 12	28 ♊ 4	1 ♐	9 ♏	24 ♒	28 ♑	12 ♓
3	12 ♈ 16	27 ♒ 13	2 ♈ 52	3 ♈ 7	2 ♈ 30	12 ♉ 28	2 ♓ 37	16 ♑ 9	0 ♊ 41	6 ♒ 53	23 ♋ 12	28 ♊ 5	1 ♐	8 ♏	25 ♒	28 ♑	12 ♓
4	13 ♈ 15	9 ♓ 1	2 ♈ 49	3 ♈ 8	1 ♈ 51	12 ♉ 29	3 ♓ 23	16 ♑ 15	0 ♊ 47	6 ♒ 55	23 ♋ 12	28 ♊ 5	1 ♐	8 ♏	25 ♒	29 ♑	12 ♓
5	14 ♈ 14	20 ♓ 52	2 ♈ 46	3 ♈ 9	1 ♈ 15	12 R 29	4 ♓ 10	16 ♑ 21	0 ♊ 53	6 ♒ 57	23 D 12	28 ♊ 6	1 ♐	8 ♏	25 ♒	29 ♑	12 ♓
6	15 ♈ 13	2 ♈ 49	2 ♈ 43	3 ♈ 9	0 ♈ 45	12 ♉ 25	4 ♓ 56	16 ♑ 26	0 ♊ 59	6 ♒ 59	23 ♋ 12	28 ♊ 6	1 ♐	8 ♏	26 ♒	29 ♑	12 ♓
7	16 ♈ 12	14 ♈ 54	2 ♈ 40	3 R 9	0 ♈ 20	12 ♉ 20	5 ♓ 42	16 ♑ 31	1 ♊ 5	7 ♒ 0	23 ♋ 12	28 ♊ 7	1 ♐	7 ♏	26 ♒	0 ♒	12 ♓
8	17 ♈ 11	27 ♈ 9	2 ♈ 36	3 ♈ 8	0 ♈ 0	12 ♉ 12	6 ♓ 29	16 ♑ 37	1 ♊ 12	7 ♒ 2	23 ♋ 12	28 ♊ 7	1 ♐	7 ♏	26 ♒	0 ♒	12 ♓
9	18 ♈ 10	9 ♉ 35	2 ♈ 33	3 ♈ 6	29 ♓ 45	12 ♉ 1	7 ♓ 15	16 ♑ 42	1 ♊ 18	7 ♒ 4	23 ♋ 12	28 ♊ 8	1 ♐	7 ♏	27 ♒	1 ♒	13 ♓
10	19 ♈ 9	22 ♉ 14	2 ♈ 30	3 ♈ 4	29 ♓ 36	11 ♉ 48	8 ♓ 2	16 ♑ 46	1 ♊ 24	7 ♒ 5	23 ♋ 13	28 ♊ 9	1 ♐	7 ♏	27 ♒	1 ♒	13 ♓
11	20 ♈ 8	5 ♊ 7	2 ♈ 27	3 ♈ 2	29 ♓ 32	11 ♉ 33	8 ♓ 48	16 ♑ 51	1 ♊ 31	7 ♒ 7	23 ♋ 13	28 ♊ 9	1 ♐	6 ♏	28 ♒	1 ♒	13 ♓
12	21 ♈ 6	18 ♊ 13	2 ♈ 24	2 ♈ 59	29 D 33	11 ♉ 15	9 ♓ 35	16 ♑ 56	1 ♊ 37	7 ♒ 9	23 ♋ 13	28 ♊ 10	0 ♐	6 ♏	28 ♒	2 ♒	13 ♓
13	22 ♈ 5	1 ♋ 35	2 ♈ 20	2 ♈ 58	29 ♓ 40	10 ♉ 55	10 ♓ 21	17 ♑ 0	1 ♊ 44	7 ♒ 10	23 ♋ 13	28 ♊ 11	0 ♐	6 ♏	28 ♒	2 ♒	13 ♓
14	23 ♈ 4	15 ♋ 13	2 ♈ 17	2 ♈ 57	29 ♓ 52	10 ♉ 32	11 ♓ 7	17 ♑ 4	1 ♊ 51	7 ♒ 11	23 ♋ 14	28 ♊ 11	0 ♐	5 ♏	29 ♒	2 ♒	13 ♓
15	24 ♈ 3	29 ♋ 7	2 ♈ 14	2 D 56	0 ♈ 9	10 ♉ 8	11 ♓ 54	17 ♑ 8	1 ♊ 57	7 ♒ 13	23 ♋ 14	28 ♊ 12	0 ♐	5 ♏	29 ♒	3 ♒	13 ♓
16	25 ♈ 2	13 ♌ 16	2 ♈ 11	2 ♈ 57	0 ♈ 30	9 ♉ 41	12 ♓ 40	17 ♑ 12	2 ♊ 4	7 ♒ 14	23 ♋ 14	28 ♊ 13	0 ♐	5 ♏	0 ♓	3 ♒	13 ♓
17	26 ♈ 0	27 ♌ 39	2 ♈ 8	2 ♈ 58	0 ♈ 56	9 ♉ 12	13 ♓ 27	17 ♑ 15	2 ♊ 11	7 ♒ 16	23 ♋ 15	28 ♊ 13	0 ♐	5 ♏	0 ♓	4 ♒	13 ♓
18	26 ♈ 59	12 ♍ 13	2 ♈ 5	3 ♈ 0	1 ♈ 26	8 ♉ 41	14 ♓ 13	17 ♑ 19	2 ♊ 18	7 ♒ 17	23 ♋ 15	28 ♊ 14	0 ♐	4 ♏	0 ♓	4 ♒	13 ♓
19	27 ♈ 57	26 ♍ 54	2 ♈ 1	3 ♈ 1	2 ♈ 1	8 ♉ 9	14 ♓ 59	17 ♑ 22	2 ♊ 24	7 ♒ 18	23 ♋ 16	28 ♊ 15	0 ♐	4 ♏	1 ♓	4 ♒	13 ♓
20	28 ♈ 56	11 ♎ 36	1 ♈ 58	3 R 1	2 ♈ 39	7 ♉ 35	15 ♓ 46	17 ♑ 25	2 ♊ 31	7 ♒ 19	23 ♋ 16	28 ♊ 16	29 ♏	4 ♏	1 ♓	5 ♒	13 ♓
21	29 ♈ 55	26 ♎ 13	1 ♈ 55	2 ♈ 59	3 ♈ 21	7 ♉ 0	16 ♓ 32	17 ♑ 28	2 ♊ 38	7 ♒ 20	23 ♋ 17	28 ♊ 17	29 ♏	3 ♏	1 ♓	5 ♒	13 ♓
22	0 ♉ 53	10 ♏ 38	1 ♈ 52	2 ♈ 56	4 ♈ 7	6 ♉ 24	17 ♓ 18	17 ♑ 31	2 ♊ 45	7 ♒ 21	23 ♋ 17	28 ♊ 17	29 ♏	3 ♏	2 ♓	5 ♒	13 ♓
23	1 ♉ 51	24 ♏ 46	1 ♈ 49	2 ♈ 53	4 ♈ 56	5 ♉ 47	18 ♓ 5	17 ♑ 33	2 ♊ 52	7 ♒ 22	23 ♋ 18	28 ♊ 18	29 ♏	3 ♏	2 ♓	6 ♒	13 ♓
24	2 ♉ 50	8 ♐ 31	1 ♈ 46	2 ♈ 48	5 ♈ 48	5 ♉ 9	18 ♓ 51	17 ♑ 36	2 ♊ 59	7 ♒ 23	23 ♋ 18	28 ♊ 19	29 ♏	2 ♏	3 ♓	6 ♒	13 ♓
25	3 ♉ 48	21 ♐ 53	1 ♈ 42	2 ♈ 43	6 ♈ 44	4 ♉ 32	19 ♓ 37	17 ♑ 38	3 ♊ 7	7 ♒ 24	23 ♋ 19	28 ♊ 20	29 ♏	2 ♏	3 ♓	6 ♒	13 ♓
26	4 ♉ 47	4 ♑ 50	1 ♈ 39	2 ♈ 39	7 ♈ 43	3 ♉ 54	20 ♓ 23	17 ♑ 40	3 ♊ 14	7 ♒ 25	23 ♋ 20	28 ♊ 21	28 ♏	2 ♏	3 ♓	7 ♒	13 ♓
27	5 ♉ 45	17 ♑ 26	1 ♈ 36	2 ♈ 36	8 ♈ 44	3 ♉ 16	21 ♓ 10	17 ♑ 42	3 ♊ 21	7 ♒ 26	23 ♋ 21	28 ♊ 22	28 ♏	2 ♏	4 ♓	7 ♒	13 ♓
28	6 ♉ 43	29 ♑ 43	1 ♈ 33	2 ♈ 35	9 ♈ 48	2 ♉ 39	21 ♓ 56	17 ♑ 44	3 ♊ 28	7 ♒ 27	23 ♋ 21	28 ♊ 23	28 ♏	1 ♏	4 ♓	7 ♒	13 ♓
29	7 ♉ 42	11 ♒ 45	1 ♈ 30	2 D 35	10 ♈ 55	2 ♉ 2	22 ♓ 42	17 ♑ 45	3 ♊ 35	7 ♒ 27	23 ♋ 22	28 ♊ 24	28 ♏	1 ♏	4 ♓	8 ♒	13 ♓
30	8 ♉ 40	23 ♒ 38	1 ♈ 26	2 ♈ 36	12 ♈ 5	1 ♉ 26	23 ♓ 28	17 ♑ 46	3 ♊ 43	7 ♒ 28	23 ♋ 23	28 ♊ 25	28 ♏	1 ♏	5 ♓	8 ♒	14 ♓

SUN INGRESS ☉ → ♉ 21日 02:03

MOON PHASE ● 7日 02:48 ♈ ◐ 14日 14:39 ♋ ○ 21日 06:32 ♏ ◑ 28日 15:09 ♒

aspects

5日	14:26	☿⚹♄
7日	08:46	☉□♃
13日	11:51	♀⚹♂
14日	03:56	☉□♆
19日	07:17	☉⚹♇
19日	18:33	☿⚹♄
20日	10:41	♀□♅
22日	07:00	♂⚹♃
25日	10:48	☉☌♀
25日	16:55	☿⚹♅
28日	18:05	☉□♇
29日	21:18	♂△♆

1913年5月

DAY	☉	☽	☊ mean	☊ true	☿	♀	♂	♃	♄	♅	♆	♇	⚳	⚴	⚵	⚶	⚷
	° ′	° ′	° ′	° ′	° ′	° ′	° ′	° ′	° ′	° ′	° ′	° ′	°	°	°	°	°
1	9 ♉ 38	5 ♓ 27	1 ♈ 23	2 D 37	13 D 17	0 R 52	24 D 14	17 D 47	3 D 50	7 D 29	23 D 24	28 D 26	28 R	0 R	5 D	8 D	14 D
2	10 ♉ 36	17 ♓ 16	1 ♈ 20	2 ♈ 39	14 ♈ 31	0 ♉ 18	25 ♓ 0	17 ♑ 48	3 ♊ 57	7 ♒ 29	23 ♋ 25	28 ♊ 27	27 ♏	0 ♏	5 ♓	9 ♒	14 ♓
3	11 ♉ 35	29 ♓ 10	1 ♈ 17	2 ♈ 40	15 ♈ 48	29 ♈ 47	25 ♓ 46	17 ♑ 49	4 ♊ 5	7 ♒ 30	23 ♋ 26	28 ♊ 28	27 ♏	0 ♏	6 ♓	9 ♒	14 ♓
4	12 ♉ 33	11 ♈ 13	1 ♈ 14	2 R 39	17 ♈ 7	29 ♈ 17	26 ♓ 33	17 ♑ 49	4 ♊ 12	7 ♒ 30	23 ♋ 27	28 ♊ 29	27 ♏	29 ♎	6 ♓	9 ♒	14 ♓
5	13 ♉ 31	23 ♈ 29	1 ♈ 11	2 ♈ 37	18 ♈ 28	28 ♈ 48	27 ♓ 19	17 ♑ 50	4 ♊ 20	7 ♒ 31	23 ♋ 28	28 ♊ 30	27 ♏	29 ♎	6 ♓	10 ♒	14 ♓
6	14 ♉ 29	5 ♉ 58	1 ♈ 7	2 ♈ 33	19 ♈ 52	28 ♈ 22	28 ♓ 5	17 ♑ 50	4 ♊ 27	7 ♒ 31	23 ♋ 29	28 ♊ 31	27 ♏	29 ♎	7 ♓	10 ♒	14 ♓
7	15 ♉ 27	18 ♉ 43	1 ♈ 4	2 ♈ 28	21 ♈ 18	27 ♈ 58	28 ♓ 51	17 R 50	4 ♊ 35	7 ♒ 31	23 ♋ 30	28 ♊ 32	26 ♏	29 ♎	7 ♓	10 ♒	14 ♓
8	16 ♉ 25	1 ♊ 44	1 ♈ 1	2 ♈ 21	22 ♈ 45	27 ♈ 36	29 ♓ 37	17 ♑ 50	4 ♊ 42	7 ♒ 32	23 ♋ 31	28 ♊ 33	26 ♏	28 ♎	8 ♓	10 ♒	14 ♓
9	17 ♉ 23	14 ♊ 59	0 ♈ 58	2 ♈ 13	24 ♈ 15	27 ♈ 16	0 ♈ 22	17 ♑ 49	4 ♊ 50	7 ♒ 32	23 ♋ 32	28 ♊ 34	26 ♏	28 ♎	8 ♓	11 ♒	14 ♓
10	18 ♉ 21	28 ♊ 27	0 ♈ 55	2 ♈ 6	25 ♈ 47	26 ♈ 59	1 ♈ 8	17 ♑ 48	4 ♊ 57	7 ♒ 32	23 ♋ 33	28 ♊ 35	26 ♏	28 ♎	8 ♓	11 ♒	14 ♓
11	19 ♉ 19	12 ♋ 8	0 ♈ 52	1 ♈ 59	27 ♈ 21	26 ♈ 44	1 ♈ 54	17 ♑ 48	5 ♊ 5	7 ♒ 32	23 ♋ 34	28 ♊ 37	25 ♏	28 ♎	9 ♓	11 ♒	14 ♓
12	20 ♉ 17	25 ♋ 57	0 ♈ 48	1 ♈ 55	28 ♈ 57	26 ♈ 31	2 ♈ 40	17 ♑ 47	5 ♊ 13	7 ♒ 32	23 ♋ 35	28 ♊ 38	25 ♏	27 ♎	9 ♓	12 ♒	14 ♓
13	21 ♉ 15	9 ♌ 55	0 ♈ 45	1 ♈ 52	0 ♉ 36	26 ♈ 21	3 ♈ 26	17 ♑ 45	5 ♊ 20	7 ♒ 32	23 ♋ 36	28 ♊ 39	25 ♏	27 ♎	9 ♓	12 ♒	14 ♓
14	22 ♉ 13	24 ♌ 0	0 ♈ 42	1 D 52	2 ♉ 16	26 ♈ 13	4 ♈ 12	17 ♑ 44	5 ♊ 28	7 R 32	23 ♋ 38	28 ♊ 40	25 ♏	27 ♎	10 ♓	12 ♒	14 ♓
15	23 ♉ 11	8 ♍ 10	0 ♈ 39	1 ♈ 53	3 ♉ 58	26 ♈ 8	4 ♈ 57	17 ♑ 42	5 ♊ 36	7 ♒ 32	23 ♋ 39	28 ♊ 41	25 ♏	27 ♎	10 ♓	12 ♒	14 ♓
16	24 ♉ 9	22 ♍ 25	0 ♈ 36	1 ♈ 53	5 ♉ 42	26 ♈ 5	5 ♈ 43	17 ♑ 41	5 ♊ 43	7 ♒ 32	23 ♋ 40	28 ♊ 43	24 ♏	26 ♎	10 ♓	13 ♒	14 ♓
17	25 ♉ 6	6 ♎ 42	0 ♈ 32	1 R 54	7 ♉ 29	26 D 4	6 ♈ 29	17 ♑ 39	5 ♊ 51	7 ♒ 32	23 ♋ 41	28 ♊ 44	24 ♏	26 ♎	11 ♓	13 ♒	14 ♓
18	26 ♉ 4	20 ♎ 58	0 ♈ 29	1 ♈ 52	9 ♉ 17	26 ♈ 6	7 ♈ 14	17 ♑ 37	5 ♊ 59	7 ♒ 32	23 ♋ 43	28 ♊ 45	24 ♏	26 ♎	11 ♓	13 ♒	14 ♓
19	27 ♉ 2	5 ♏ 10	0 ♈ 26	1 ♈ 48	11 ♉ 7	26 ♈ 10	8 ♈ 0	17 ♑ 34	6 ♊ 6	7 ♒ 32	23 ♋ 44	28 ♊ 46	24 ♏	26 ♎	11 ♓	13 ♒	14 ♓
20	28 ♉ 0	19 ♏ 13	0 ♈ 23	1 ♈ 42	13 ♉ 0	26 ♈ 16	8 ♈ 45	17 ♑ 32	6 ♊ 14	7 ♒ 31	23 ♋ 46	28 ♊ 48	23 ♏	25 ♎	12 ♓	13 ♒	14 ♓
21	28 ♉ 57	3 ♐ 4	0 ♈ 20	1 ♈ 34	14 ♉ 54	26 ♈ 25	9 ♈ 31	17 ♑ 29	6 ♊ 22	7 ♒ 31	23 ♋ 47	28 ♊ 49	23 ♏	25 ♎	12 ♓	14 ♒	14 ♓
22	29 ♉ 55	16 ♐ 38	0 ♈ 17	1 ♈ 24	16 ♉ 51	26 ♈ 35	10 ♈ 16	17 ♑ 26	6 ♊ 30	7 ♒ 30	23 ♋ 48	28 ♊ 50	23 ♏	25 ♎	12 ♓	14 ♒	14 ♓
23	0 ♊ 53	29 ♐ 53	0 ♈ 13	1 ♈ 15	18 ♉ 49	26 ♈ 48	11 ♈ 2	17 ♑ 23	6 ♊ 37	7 ♒ 30	23 ♋ 50	28 ♊ 51	23 ♏	25 ♎	13 ♓	14 ♒	14 ♓
24	1 ♊ 50	12 ♑ 47	0 ♈ 10	1 ♈ 5	20 ♉ 50	27 ♈ 3	11 ♈ 47	17 ♑ 20	6 ♊ 45	7 ♒ 29	23 ♋ 51	28 ♊ 53	23 ♏	25 ♎	13 ♓	14 ♒	14 ♓
25	2 ♊ 48	25 ♑ 21	0 ♈ 7	0 ♈ 58	22 ♉ 52	27 ♈ 19	12 ♈ 33	17 ♑ 17	6 ♊ 53	7 ♒ 29	23 ♋ 53	28 ♊ 54	22 ♏	25 ♎	13 ♓	14 ♒	14 ♓
26	3 ♊ 46	7 ♒ 38	0 ♈ 4	0 ♈ 52	24 ♉ 56	27 ♈ 38	13 ♈ 18	17 ♑ 13	7 ♊ 1	7 ♒ 28	23 ♋ 55	28 ♊ 55	22 ♏	24 ♎	14 ♓	15 ♒	14 ♓
27	4 ♊ 43	19 ♒ 41	0 ♈ 1	0 ♈ 49	27 ♉ 2	27 ♈ 58	14 ♈ 3	17 ♑ 9	7 ♊ 9	7 ♒ 28	23 ♋ 56	28 ♊ 57	22 ♏	24 ♎	14 ♓	15 ♒	14 ♓
28	5 ♊ 41	1 ♓ 35	29 ♓ 58	0 ♈ 48	29 ♉ 9	28 ♈ 20	14 ♈ 48	17 ♑ 6	7 ♊ 16	7 ♒ 27	23 ♋ 58	28 ♊ 58	22 ♏	24 ♎	14 ♓	15 ♒	14 ♓
29	6 ♊ 38	13 ♓ 24	29 ♓ 54	0 D 48	1 ♊ 17	28 ♈ 44	15 ♈ 34	17 ♑ 2	7 ♊ 24	7 ♒ 26	23 ♋ 59	28 ♊ 59	22 ♏	24 ♎	14 ♓	15 ♒	14 ♓
30	7 ♊ 36	25 ♓ 14	29 ♓ 51	0 ♈ 48	3 ♊ 27	29 ♈ 10	16 ♈ 19	16 ♑ 57	7 ♊ 32	7 ♒ 25	24 ♋ 1	29 ♊ 1	21 ♏	24 ♎	15 ♓	15 ♒	14 ♓
31	8 ♊ 33	7 ♈ 10	29 ♓ 48	0 R 48	5 ♊ 38	29 ♈ 37	17 ♈ 4	16 ♑ 53	7 ♊ 40	7 ♒ 25	24 ♋ 3	29 ♊ 2	21 ♏	24 ♎	15 ♓	15 ♒	14 ♓

SUN INGRESS: ☉ → ♊ 22日 01:50

MOON PHASE: ● 6日 17:24 ♉ ◐ 13日 20:45 ♌ ○ 20日 16:18 ♏ ◑ 28日 09:03 ♓

aspects		
4日	12:38	☿□♃
5日	16:05	♀⚹♇
6日	14:08	♂□♇
8日	12:18	☿□♆
9日	10:36	☉△♃
10日	15:47	☿☌♀
11日	19:05	☿⚹♇
15日	11:54	☉⚹♆
16日	00:09	♂⚹♄
17日	00:46	☿□♅
18日	09:10	♂⚹♅
22日	07:04	☿△♃
25日	12:00	☿⚹♆
29日	05:53	♄△♅
29日	14:57	♀⚹♇
29日	19:43	☉△♅
29日	22:06	☉☌♄
30日	18:46	♂□♃
31日	19:24	☿△♅
31日	23:42	☿☌♄

1913年6月

DAY	☉	☽	☊ mean	☊ true	☿	♀	♂	♃	♄	♅	♆	♇	⚳	⚴	⚵	⚶	⚷
	° ′	° ′	° ′	° ′	° ′	° ′	° ′	° ′	° ′	° ′	° ′	° ′	°	°	°	°	°
1	9 ♊ 31	19 ♈ 18	29 ♓ 45	0 R 47	7 D 49	0 D 6	17 D 49	16 R 48	7 D 48	7 R 24	24 D 4	29 D 3	21 R	24 R	15 D	16 D	14 D
2	10 ♊ 28	1 ♉ 41	29 ♓ 42	0 ♈ 43	10 ♊ 1	0 ♉ 36	18 ♈ 34	16 ♑ 44	7 ♊ 55	7 ♒ 23	24 ♋ 6	29 ♊ 5	21 ♏	24 ♎	16 ♓	16 ♒	14 ♓
3	11 ♊ 26	14 ♉ 22	29 ♓ 38	0 ♈ 37	12 ♊ 13	1 ♉ 8	19 ♈ 19	16 ♑ 39	8 ♊ 3	7 ♒ 22	24 ♋ 8	29 ♊ 6	21 ♏	23 ♎	16 ♓	16 ♒	15 ♓
4	12 ♊ 23	27 ♉ 24	29 ♓ 35	0 ♈ 28	14 ♊ 25	1 ♉ 41	20 ♈ 4	16 ♑ 34	8 ♊ 11	7 ♒ 21	24 ♋ 9	29 ♊ 8	20 ♏	23 ♎	16 ♓	16 ♒	15 ♓
5	13 ♊ 21	10 ♊ 45	29 ♓ 32	0 ♈ 17	16 ♊ 37	2 ♉ 15	20 ♈ 48	16 ♑ 29	8 ♊ 19	7 ♒ 20	24 ♋ 11	29 ♊ 9	20 ♏	23 ♎	17 ♓	16 ♒	15 ♓
6	14 ♊ 18	24 ♊ 25	29 ♓ 29	0 ♈ 6	18 ♊ 48	2 ♉ 50	21 ♈ 33	16 ♑ 23	8 ♊ 26	7 ♒ 19	24 ♋ 13	29 ♊ 10	20 ♏	23 ♎	17 ♓	16 ♒	15 ♓
7	15 ♊ 16	8 ♋ 19	29 ♓ 26	29 ♓ 55	20 ♊ 58	3 ♉ 27	22 ♈ 18	16 ♑ 18	8 ♊ 34	7 ♒ 18	24 ♋ 15	29 ♊ 12	20 ♏	23 ♎	17 ♓	16 ♒	15 ♓
8	16 ♊ 13	22 ♋ 24	29 ♓ 23	29 ♓ 45	23 ♊ 7	4 ♉ 5	23 ♈ 3	16 ♑ 12	8 ♊ 42	7 ♒ 16	24 ♋ 17	29 ♊ 13	20 ♏	23 ♎	17 ♓	16 ♒	15 ♓
9	17 ♊ 11	6 ♌ 35	29 ♓ 19	29 ♓ 38	25 ♊ 15	4 ♉ 44	23 ♈ 47	16 ♑ 7	8 ♊ 50	7 ♒ 15	24 ♋ 18	29 ♊ 15	20 ♏	23 ♎	18 ♓	17 ♒	15 ♓
10	18 ♊ 8	20 ♌ 48	29 ♓ 16	29 ♓ 33	27 ♊ 21	5 ♉ 24	24 ♈ 32	16 ♑ 1	8 ♊ 57	7 ♒ 14	24 ♋ 20	29 ♊ 16	19 ♏	23 ♎	18 ♓	17 ♒	15 ♓
11	19 ♊ 5	5 ♍ 0	29 ♓ 13	29 ♓ 31	29 ♊ 26	6 ♉ 5	25 ♈ 16	15 ♑ 55	9 ♊ 5	7 ♒ 13	24 ♋ 22	29 ♊ 17	19 ♏	23 ♎	18 ♓	17 ♒	15 ♓
12	20 ♊ 3	19 ♍ 9	29 ♓ 10	29 ♓ 31	1 ♋ 29	6 ♉ 47	26 ♈ 1	15 ♑ 49	9 ♊ 13	7 ♒ 11	24 ♋ 24	29 ♊ 19	19 ♏	23 ♎	18 ♓	17 ♒	15 ♓
13	21 ♊ 0	3 ♎ 14	29 ♓ 7	29 ♓ 31	3 ♋ 29	7 ♉ 30	26 ♈ 45	15 ♑ 42	9 ♊ 21	7 ♒ 10	24 ♋ 26	29 ♊ 20	19 ♏	23 ♎	19 ♓	17 ♒	15 ♓
14	21 ♊ 57	17 ♎ 14	29 ♓ 4	29 ♓ 30	5 ♋ 28	8 ♉ 14	27 ♈ 29	15 ♑ 36	9 ♊ 28	7 ♒ 8	24 ♋ 28	29 ♊ 22	19 ♏	23 ♎	19 ♓	17 ♒	15 ♓
15	22 ♊ 55	1 ♏ 9	29 ♓ 0	29 ♓ 27	7 ♋ 25	8 ♉ 59	28 ♈ 14	15 ♑ 30	9 ♊ 36	7 ♒ 7	24 ♋ 30	29 ♊ 23	19 ♏	23 D	19 ♓	17 ♒	15 ♓
16	23 ♊ 52	14 ♏ 56	28 ♓ 57	29 ♓ 22	9 ♋ 19	9 ♉ 45	28 ♈ 58	15 ♑ 23	9 ♊ 44	7 ♒ 5	24 ♋ 32	29 ♊ 25	19 ♏	23 ♎	19 ♓	17 ♒	15 ♓
17	24 ♊ 49	28 ♏ 34	28 ♓ 54	29 ♓ 14	11 ♋ 11	10 ♉ 31	29 ♈ 42	15 ♑ 16	9 ♊ 51	7 ♒ 4	24 ♋ 34	29 ♊ 26	18 ♏	23 ♎	20 ♓	17 ♒	15 ♓
18	25 ♊ 46	12 ♐ 2	28 ♓ 51	29 ♓ 3	13 ♋ 1	11 ♉ 19	0 ♉ 26	15 ♑ 10	9 ♊ 59	7 ♒ 2	24 ♋ 36	29 ♊ 28	18 ♏	23 ♎	20 ♓	17 ♒	15 ♓
19	26 ♊ 44	25 ♐ 16	28 ♓ 48	28 ♓ 51	14 ♋ 48	12 ♉ 7	1 ♉ 10	15 ♑ 3	10 ♊ 6	7 ♒ 1	24 ♋ 38	29 ♊ 29	18 ♏	23 ♎	20 ♓	17 ♒	15 R
20	27 ♊ 41	8 ♑ 15	28 ♓ 44	28 ♓ 38	16 ♋ 33	12 ♉ 56	1 ♉ 54	14 ♑ 56	10 ♊ 14	6 ♒ 59	24 ♋ 40	29 ♊ 30	18 ♏	23 ♎	20 ♓	17 R	15 ♓
21	28 ♊ 38	20 ♑ 58	28 ♓ 41	28 ♓ 26	18 ♋ 16	13 ♉ 45	2 ♉ 38	14 ♑ 49	10 ♊ 22	6 ♒ 57	24 ♋ 42	29 ♊ 32	18 ♏	23 ♎	21 ♓	17 ♒	15 ♓
22	29 ♊ 35	3 ♒ 25	28 ♓ 38	28 ♓ 16	19 ♋ 56	14 ♉ 35	3 ♉ 21	14 ♑ 42	10 ♊ 29	6 ♒ 56	24 ♋ 44	29 ♊ 33	18 ♏	23 ♎	21 ♓	17 ♒	15 ♓
23	0 ♋ 33	15 ♒ 37	28 ♓ 35	28 ♓ 8	21 ♋ 34	15 ♉ 26	4 ♉ 5	14 ♑ 34	10 ♊ 37	6 ♒ 54	24 ♋ 46	29 ♊ 35	18 ♏	23 ♎	21 ♓	17 ♒	15 ♓
24	1 ♋ 30	27 ♒ 38	28 ♓ 32	28 ♓ 3	23 ♋ 10	16 ♉ 18	4 ♉ 49	14 ♑ 27	10 ♊ 44	6 ♒ 52	24 ♋ 48	29 ♊ 36	18 ♏	23 ♎	21 ♓	17 ♒	15 ♓
25	2 ♋ 27	9 ♓ 30	28 ♓ 29	28 ♓ 0	24 ♋ 43	17 ♉ 10	5 ♉ 32	14 ♑ 20	10 ♊ 52	6 ♒ 50	24 ♋ 50	29 ♊ 38	18 ♏	23 ♎	22 ♓	17 ♒	15 ♓
26	3 ♋ 24	21 ♓ 18	28 ♓ 25	27 ♓ 59	26 ♋ 14	18 ♉ 3	6 ♉ 16	14 ♑ 12	10 ♊ 59	6 ♒ 48	24 ♋ 52	29 ♊ 39	18 ♏	23 ♎	22 ♓	17 ♒	15 ♓
27	4 ♋ 21	3 ♈ 8	28 ♓ 22	27 D 59	27 ♋ 42	18 ♉ 56	6 ♉ 59	14 ♑ 5	11 ♊ 6	6 ♒ 47	24 ♋ 54	29 ♊ 41	18 ♏	23 ♎	22 ♓	17 ♒	15 ♓
28	5 ♋ 19	15 ♈ 5	28 ♓ 19	27 R 59	29 ♋ 8	19 ♉ 50	7 ♉ 43	13 ♑ 57	11 ♊ 14	6 ♒ 45	24 ♋ 56	29 ♊ 42	18 ♏	24 ♎	22 ♓	17 ♒	15 ♓
29	6 ♋ 16	27 ♈ 14	28 ♓ 16	27 ♓ 58	0 ♌ 32	20 ♉ 44	8 ♉ 26	13 ♑ 50	11 ♊ 21	6 ♒ 43	24 ♋ 59	29 ♊ 43	18 ♏	24 ♎	22 ♓	17 ♒	15 ♓
30	7 ♋ 13	9 ♉ 40	28 ♓ 13	27 ♓ 54	1 ♌ 53	21 ♉ 39	9 ♉ 9	13 ♑ 42	11 ♊ 28	6 ♒ 41	25 ♋ 1	29 ♊ 45	18 ♏	24 ♎	23 ♓	17 ♒	15 ♓

SUN INGRESS: ☉ → ♋ 22日 10:09

MOON PHASE: ● 5日 04:57 ♊ ◐ 12日 01:37 ♍ ○ 19日 02:53 ♐ ◑ 27日 02:40 ♈

aspects		
2日	08:49	☉☌☿
7日	22:39	☿⚹♂
9日	17:35	♂□♆
10日	22:20	☿☌♇
12日	12:55	♀□♅
16日	09:24	☿⚹♀
16日	15:09	♂⚹♇
19日	03:05	☿☍♃
21日	23:09	☉☌♇
22日	02:32	♀△♃
25日	01:49	☿☌♆
26日	17:11	♂□♅

1913年7月

DAY	☉	☽	☊ mean	☊ true	☿	♀	♂	♃	♄	♅	♆	♇	⚳	⚴	⚵	⚶	⚷
	° ′	° ′	° ′	° ′	° ′	° ′	° ′	° ′	° ′	° ′	° ′	° ′	°	°	°	°	°
1	8 ♋ 10	22 ♉ 28	28 ♓ 10	27 R 48	3 D 11	22 D 35	9 D 53	13 R 35	11 D 36	6 R 39	25 D 3	29 D 46	17 R	24 D	23 D	17 R	15 R
2	9 ♋ 7	5 ♊ 39	28 ♓ 6	27 ♓ 40	4 ♌ 27	23 ♉ 31	10 ♉ 36	13 ♑ 27	11 ♊ 43	6 ♒ 37	25 ♋ 5	29 ♊ 48	17 ♏	24 ♎	23 ♓	16 ♒	15 ♓
3	10 ♋ 5	19 ♊ 15	28 ♓ 3	27 ♓ 30	5 ♌ 40	24 ♉ 27	11 ♉ 19	13 ♑ 19	11 ♊ 50	6 ♒ 35	25 ♋ 7	29 ♊ 49	17 ♏	24 ♎	23 ♓	16 ♒	15 ♓
4	11 ♋ 2	3 ♋ 14	28 ♓ 0	27 ♓ 18	6 ♌ 50	25 ♉ 24	12 ♉ 2	13 ♑ 12	11 ♊ 57	6 ♒ 33	25 ♋ 9	29 ♊ 51	17 ♏	24 ♎	23 ♓	16 ♒	15 ♓
5	11 ♋ 59	17 ♋ 31	27 ♓ 57	27 ♓ 7	7 ♌ 58	26 ♉ 21	12 ♉ 45	13 ♑ 4	12 ♊ 5	6 ♒ 31	25 ♋ 11	29 ♊ 52	17 D	24 ♎	24 ♓	16 ♒	15 ♓
6	12 ♋ 56	2 ♌ 1	27 ♓ 54	26 ♓ 58	9 ♌ 3	27 ♉ 18	13 ♉ 27	12 ♑ 56	12 ♊ 12	6 ♒ 28	25 ♋ 14	29 ♊ 53	17 ♏	25 ♎	24 ♓	16 ♒	14 ♓
7	13 ♋ 54	16 ♌ 37	27 ♓ 50	26 ♓ 51	10 ♌ 5	28 ♉ 16	14 ♉ 10	12 ♑ 49	12 ♊ 19	6 ♒ 26	25 ♋ 16	29 ♊ 55	17 ♏	25 ♎	24 ♓	16 ♒	14 ♓
8	14 ♋ 51	1 ♍ 12	27 ♓ 47	26 ♓ 46	11 ♌ 3	29 ♉ 15	14 ♉ 53	12 ♑ 41	12 ♊ 26	6 ♒ 24	25 ♋ 18	29 ♊ 56	17 ♏	25 ♎	24 ♓	16 ♒	14 ♓
9	15 ♋ 48	15 ♍ 41	27 ♓ 44	26 ♓ 44	11 ♌ 59	0 ♊ 14	15 ♉ 35	12 ♑ 33	12 ♊ 33	6 ♒ 22	25 ♋ 20	29 ♊ 58	17 ♏	25 ♎	24 ♓	16 ♒	14 ♓
10	16 ♋ 45	0 ♎ 0	27 ♓ 41	26 D 44	12 ♌ 51	1 ♊ 13	16 ♉ 18	12 ♑ 25	12 ♊ 40	6 ♒ 20	25 ♋ 22	29 ♊ 59	18 ♏	25 ♎	24 ♓	15 ♒	14 ♓
11	17 ♋ 42	14 ♎ 7	27 ♓ 38	26 ♓ 48	13 ♌ 40	2 ♊ 12	17 ♉ 0	12 ♑ 18	12 ♊ 47	6 ♒ 18	25 ♋ 25	0 ♋ 0	18 ♏	25 ♎	24 ♓	15 ♒	14 ♓
12	18 ♋ 40	28 ♎ 1	27 ♓ 35	26 R 44	14 ♌ 25	3 ♊ 12	17 ♉ 42	12 ♑ 10	12 ♊ 53	6 ♒ 15	25 ♋ 27	0 ♋ 2	18 ♏	25 ♎	25 ♓	15 ♒	14 ♓
13	19 ♋ 37	11 ♏ 43	27 ♓ 31	26 ♓ 42	15 ♌ 7	4 ♊ 12	18 ♉ 24	12 ♑ 3	13 ♊ 0	6 ♒ 13	25 ♋ 29	0 ♋ 3	18 ♏	26 ♎	25 ♓	15 ♒	14 ♓
14	20 ♋ 34	25 ♏ 12	27 ♓ 28	26 ♓ 37	15 ♌ 45	5 ♊ 13	19 ♉ 6	11 ♑ 55	13 ♊ 7	6 ♒ 11	25 ♋ 31	0 ♋ 5	18 ♏	26 ♎	25 ♓	15 ♒	14 ♓
15	21 ♋ 31	8 ♐ 29	27 ♓ 25	26 ♓ 31	16 ♌ 19	6 ♊ 13	19 ♉ 48	11 ♑ 47	13 ♊ 14	6 ♒ 9	25 ♋ 34	0 ♋ 6	18 ♏	26 ♎	25 ♓	15 ♒	14 ♓
16	22 ♋ 29	21 ♐ 34	27 ♓ 22	26 ♓ 22	16 ♌ 49	7 ♊ 14	20 ♉ 30	11 ♑ 40	13 ♊ 20	6 ♒ 6	25 ♋ 36	0 ♋ 7	18 ♏	26 ♎	25 ♓	14 ♒	14 ♓
17	23 ♋ 26	4 ♑ 27	27 ♓ 19	26 ♓ 11	17 ♌ 15	8 ♊ 16	21 ♉ 12	11 ♑ 33	13 ♊ 27	6 ♒ 4	25 ♋ 38	0 ♋ 9	18 ♏	26 ♎	25 ♓	14 ♒	14 ♓
18	24 ♋ 23	17 ♑ 7	27 ♓ 16	26 ♓ 1	17 ♌ 36	9 ♊ 17	21 ♉ 54	11 ♑ 25	13 ♊ 34	6 ♒ 2	25 ♋ 40	0 ♋ 10	18 ♏	26 ♎	25 ♓	14 ♒	14 ♓
19	25 ♋ 20	29 ♑ 35	27 ♓ 12	25 ♓ 50	17 ♌ 53	10 ♊ 19	22 ♉ 35	11 ♑ 18	13 ♊ 40	5 ♒ 59	25 ♋ 42	0 ♋ 11	18 ♏	27 ♎	25 ♓	14 ♒	14 ♓
20	26 ♋ 17	11 ♒ 50	27 ♓ 9	25 ♓ 41	18 ♌ 5	11 ♊ 22	23 ♉ 17	11 ♑ 11	13 ♊ 47	5 ♒ 57	25 ♋ 45	0 ♋ 13	18 ♏	27 ♎	25 ♓	14 ♒	14 ♓
21	27 ♋ 15	23 ♒ 55	27 ♓ 6	25 ♓ 35	18 ♌ 12	12 ♊ 24	23 ♉ 58	11 ♑ 4	13 ♊ 53	5 ♒ 55	25 ♋ 47	0 ♋ 14	18 ♏	27 ♎	26 ♓	13 ♒	14 ♓
22	28 ♋ 12	5 ♓ 50	27 ♓ 3	25 ♓ 30	18 ♌ 15	13 ♊ 27	24 ♉ 40	10 ♑ 56	13 ♊ 59	5 ♒ 52	25 ♋ 49	0 ♋ 15	18 ♏	27 ♎	26 ♓	13 ♒	14 ♓
23	29 ♋ 9	17 ♓ 40	27 ♓ 0	25 ♓ 28	18 R 12	14 ♊ 30	25 ♉ 21	10 ♑ 49	14 ♊ 6	5 ♒ 50	25 ♋ 51	0 ♋ 17	18 ♏	28 ♎	26 ♓	13 ♒	14 ♓
24	0 ♌ 7	29 ♓ 27	26 ♓ 56	25 D 28	18 ♌ 5	15 ♊ 33	26 ♉ 2	10 ♑ 43	14 ♊ 12	5 ♒ 47	25 ♋ 54	0 ♋ 18	19 ♏	28 ♎	26 ♓	13 ♒	14 ♓
25	1 ♌ 4	11 ♈ 16	26 ♓ 53	25 ♓ 29	17 ♌ 53	16 ♊ 37	26 ♉ 43	10 ♑ 36	14 ♊ 18	5 ♒ 45	25 ♋ 56	0 ♋ 19	19 ♏	28 ♎	26 ♓	12 ♒	14 ♓
26	2 ♌ 1	23 ♈ 12	26 ♓ 50	25 ♓ 30	17 ♌ 35	17 ♊ 40	27 ♉ 24	10 ♑ 29	14 ♊ 24	5 ♒ 43	25 ♋ 58	0 ♋ 20	19 ♏	28 ♎	26 ♓	12 ♒	14 ♓
27	2 ♌ 58	5 ♉ 20	26 ♓ 47	25 R 30	17 ♌ 13	18 ♊ 44	28 ♉ 5	10 ♑ 22	14 ♊ 30	5 ♒ 40	26 ♋ 0	0 ♋ 22	19 ♏	29 ♎	26 ♓	12 ♒	14 ♓
28	3 ♌ 56	17 ♉ 46	26 ♓ 44	25 ♓ 29	16 ♌ 46	19 ♊ 49	28 ♉ 46	10 ♑ 16	14 ♊ 36	5 ♒ 38	26 ♋ 2	0 ♋ 23	19 ♏	29 ♎	26 ♓	12 ♒	14 ♓
29	4 ♌ 53	0 ♊ 33	26 ♓ 41	25 ♓ 26	16 ♌ 16	20 ♊ 53	29 ♉ 27	10 ♑ 9	14 ♊ 42	5 ♒ 35	26 ♋ 5	0 ♋ 24	19 ♏	29 ♎	26 ♓	11 ♒	14 ♓
30	5 ♌ 51	13 ♊ 46	26 ♓ 37	25 ♓ 21	15 ♌ 41	21 ♊ 58	0 ♊ 7	10 ♑ 3	14 ♊ 48	5 ♒ 33	26 ♋ 7	0 ♋ 25	19 ♏	29 ♎	26 ♓	11 ♒	14 ♓
31	6 ♌ 48	27 ♊ 27	26 ♓ 34	25 ♓ 15	15 ♌ 2	23 ♊ 3	0 ♊ 48	9 ♑ 57	14 ♊ 54	5 ♒ 31	26 ♋ 9	0 ♋ 27	19 ♏	0 ♏	26 ♓	11 ♒	14 ♓

SUN INGRESS ☉ → ♌ 23日 21:04

MOON PHASE ● 4日 14:06 ♋ ◐ 11日 06:37 ♎ ○ 18日 15:06 ♑ ◑ 26日 18:58 ♉

aspects		
3日	17:44	♀⚹♆
3日	18:02	☿☍♅
5日	09:15	♂△♃
5日	23:58	☉☍♃
8日	02:57	☉⚹♂
9日	17:45	☿⚹♄
14日	22:11	♀△♅
19日	09:42	☉☌♆
22日	13:43	♀☌♄
23日	18:40	♂⚹♆
25日	22:30	☿⚹♀
29日	16:59	☉☍♅
31日	04:22	☿⚹♄

1913年8月

DAY	☉	☽	☊ mean	☊ true	☿	♀	♂	♃	♄	♅	♆	♇	⚳	⚴	⚵	⚶	⚷
	° ′	° ′	° ′	° ′	° ′	° ′	° ′	° ′	° ′	° ′	° ′	° ′	°	°	°	°	°
1	7 ♌ 45	11 ♋ 34	26 ♓ 31	25 R 8	14 R 21	24 D 8	1 D 28	9 R 51	15 D 0	5 R 28	26 D 11	0 D 28	20 D	0 D	26 D	11 R	14 R
2	8 ♌ 43	26 ♋ 4	26 ♓ 28	25 ♓ 0	13 ♌ 37	25 ♊ 13	2 ♊ 8	9 ♑ 45	15 ♊ 5	5 ♒ 26	26 ♋ 13	0 ♋ 29	20 ♏	0 ♏	26 R	10 ♒	14 ♓
3	9 ♌ 40	10 ♌ 51	26 ♓ 25	24 ♓ 54	12 ♌ 52	26 ♊ 18	2 ♊ 48	9 ♑ 39	15 ♊ 11	5 ♒ 23	26 ♋ 16	0 ♋ 30	20 ♏	0 ♏	26 ♓	10 ♒	14 ♓
4	10 ♌ 38	25 ♌ 48	26 ♓ 22	24 ♓ 50	12 ♌ 6	27 ♊ 24	3 ♊ 28	9 ♑ 34	15 ♊ 17	5 ♒ 21	26 ♋ 18	0 ♋ 31	20 ♏	1 ♏	26 ♓	10 ♒	14 ♓
5	11 ♌ 35	10 ♍ 45	26 ♓ 18	24 ♓ 47	11 ♌ 20	28 ♊ 30	4 ♊ 8	9 ♑ 28	15 ♊ 22	5 ♒ 19	26 ♋ 20	0 ♋ 32	20 ♏	1 ♏	26 ♓	10 ♒	14 ♓
6	12 ♌ 33	25 ♍ 35	26 ♓ 15	24 D 46	10 ♌ 35	29 ♊ 36	4 ♊ 48	9 ♑ 23	15 ♊ 27	5 ♒ 16	26 ♋ 22	0 ♋ 34	20 ♏	1 ♏	26 ♓	9 ♒	14 ♓
7	13 ♌ 30	10 ♎ 11	26 ♓ 12	24 ♓ 47	9 ♌ 51	0 ♋ 42	5 ♊ 27	9 ♑ 18	15 ♊ 33	5 ♒ 14	26 ♋ 24	0 ♋ 35	21 ♏	1 ♏	26 ♓	9 ♒	14 ♓
8	14 ♌ 28	24 ♎ 29	26 ♓ 9	24 ♓ 48	9 ♌ 10	1 ♋ 48	6 ♊ 7	9 ♑ 12	15 ♊ 38	5 ♒ 12	26 ♋ 26	0 ♋ 36	21 ♏	2 ♏	26 ♓	9 ♒	14 ♓
9	15 ♌ 25	8 ♏ 29	26 ♓ 6	24 ♓ 49	8 ♌ 32	2 ♋ 55	6 ♊ 46	9 ♑ 7	15 ♊ 43	5 ♒ 9	26 ♋ 29	0 ♋ 37	21 ♏	2 ♏	26 ♓	9 ♒	14 ♓
10	16 ♌ 23	22 ♏ 8	26 ♓ 2	24 R 49	7 ♌ 59	4 ♋ 2	7 ♊ 26	9 ♑ 3	15 ♊ 48	5 ♒ 7	26 ♋ 31	0 ♋ 38	21 ♏	2 ♏	26 ♓	9 ♒	13 ♓
11	17 ♌ 20	5 ♐ 29	25 ♓ 59	24 ♓ 48	7 ♌ 30	5 ♋ 9	8 ♊ 5	8 ♑ 58	15 ♊ 53	5 ♒ 5	26 ♋ 33	0 ♋ 39	21 ♏	3 ♏	26 ♓	8 ♒	13 ♓
12	18 ♌ 18	18 ♐ 33	25 ♓ 56	24 ♓ 45	7 ♌ 7	6 ♋ 16	8 ♊ 44	8 ♑ 54	15 ♊ 58	5 ♒ 2	26 ♋ 35	0 ♋ 40	21 ♏	3 ♏	26 ♓	8 ♒	13 ♓
13	19 ♌ 16	1 ♑ 22	25 ♓ 53	24 ♓ 40	6 ♌ 50	7 ♋ 23	9 ♊ 23	8 ♑ 49	16 ♊ 3	5 ♒ 0	26 ♋ 37	0 ♋ 41	22 ♏	3 ♏	26 ♓	8 ♒	13 ♓
14	20 ♌ 13	13 ♑ 57	25 ♓ 50	24 ♓ 35	6 ♌ 39	8 ♋ 30	10 ♊ 1	8 ♑ 45	16 ♊ 8	4 ♒ 58	26 ♋ 39	0 ♋ 42	22 ♏	3 ♏	25 ♓	8 ♒	13 ♓
15	21 ♌ 11	26 ♑ 20	25 ♓ 47	24 ♓ 29	6 ♌ 35	9 ♋ 37	10 ♊ 40	8 ♑ 41	16 ♊ 13	4 ♒ 55	26 ♋ 41	0 ♋ 43	22 ♏	4 ♏	25 ♓	7 ♒	13 ♓
16	22 ♌ 8	8 ♒ 33	25 ♓ 43	24 ♓ 23	6 D 39	10 ♋ 45	11 ♊ 19	8 ♑ 38	16 ♊ 17	4 ♒ 53	26 ♋ 43	0 ♋ 44	22 ♏	4 ♏	25 ♓	7 ♒	13 ♓
17	23 ♌ 6	20 ♒ 36	25 ♓ 40	24 ♓ 19	6 ♌ 49	11 ♋ 53	11 ♊ 57	8 ♑ 34	16 ♊ 22	4 ♒ 51	26 ♋ 45	0 ♋ 45	22 ♏	4 ♏	25 ♓	7 ♒	13 ♓
18	24 ♌ 4	2 ♓ 32	25 ♓ 37	24 ♓ 15	7 ♌ 7	13 ♋ 1	12 ♊ 35	8 ♑ 30	16 ♊ 27	4 ♒ 49	26 ♋ 47	0 ♋ 46	23 ♏	5 ♏	25 ♓	7 ♒	13 ♓
19	25 ♌ 1	14 ♓ 23	25 ♓ 34	24 ♓ 13	7 ♌ 32	14 ♋ 9	13 ♊ 13	8 ♑ 27	16 ♊ 31	4 ♒ 46	26 ♋ 49	0 ♋ 47	23 ♏	5 ♏	25 ♓	7 ♒	13 ♓
20	25 ♌ 59	26 ♓ 10	25 ♓ 31	24 D 13	8 ♌ 5	15 ♋ 17	13 ♊ 51	8 ♑ 24	16 ♊ 35	4 ♒ 44	26 ♋ 51	0 ♋ 48	23 ♏	5 ♏	25 ♓	6 ♒	13 ♓
21	26 ♌ 57	7 ♈ 57	25 ♓ 27	24 ♓ 14	8 ♌ 45	16 ♋ 26	14 ♊ 29	8 ♑ 21	16 ♊ 40	4 ♒ 42	26 ♋ 53	0 ♋ 49	23 ♏	6 ♏	25 ♓	6 ♒	13 ♓
22	27 ♌ 55	19 ♈ 47	25 ♓ 24	24 ♓ 15	9 ♌ 33	17 ♋ 34	15 ♊ 7	8 ♑ 18	16 ♊ 44	4 ♒ 40	26 ♋ 55	0 ♋ 50	24 ♏	6 ♏	25 ♓	6 ♒	13 ♓
23	28 ♌ 52	1 ♉ 45	25 ♓ 21	24 ♓ 17	10 ♌ 27	18 ♋ 43	15 ♊ 44	8 ♑ 16	16 ♊ 48	4 ♒ 38	26 ♋ 57	0 ♋ 51	24 ♏	6 ♏	24 ♓	6 ♒	13 ♓
24	29 ♌ 50	13 ♉ 53	25 ♓ 18	24 ♓ 18	11 ♌ 29	19 ♋ 51	16 ♊ 22	8 ♑ 14	16 ♊ 52	4 ♒ 36	26 ♋ 59	0 ♋ 51	24 ♏	7 ♏	24 ♓	6 ♒	13 ♓
25	0 ♍ 48	26 ♉ 17	25 ♓ 15	24 ♓ 19	12 ♌ 37	21 ♋ 0	16 ♊ 59	8 ♑ 11	16 ♊ 56	4 ♒ 34	27 ♋ 1	0 ♋ 52	24 ♏	7 ♏	24 ♓	5 ♒	13 ♓
26	1 ♍ 46	9 ♊ 2	25 ♓ 12	24 R 19	13 ♌ 51	22 ♋ 9	17 ♊ 36	8 ♑ 9	16 ♊ 59	4 ♒ 32	27 ♋ 3	0 ♋ 53	25 ♏	7 ♏	24 ♓	5 ♒	13 ♓
27	2 ♍ 44	22 ♊ 11	25 ♓ 8	24 ♓ 18	15 ♌ 10	23 ♋ 18	18 ♊ 13	8 ♑ 8	17 ♊ 3	4 ♒ 30	27 ♋ 5	0 ♋ 54	25 ♏	8 ♏	24 ♓	5 ♒	13 ♓
28	3 ♍ 42	5 ♋ 46	25 ♓ 5	24 ♓ 16	16 ♌ 36	24 ♋ 28	18 ♊ 50	8 ♑ 6	17 ♊ 7	4 ♒ 28	27 ♋ 7	0 ♋ 55	25 ♏	8 ♏	24 ♓	5 ♒	13 ♓
29	4 ♍ 40	19 ♋ 49	25 ♓ 2	24 ♓ 14	18 ♌ 6	25 ♋ 37	19 ♊ 27	8 ♑ 5	17 ♊ 10	4 ♒ 26	27 ♋ 9	0 ♋ 55	25 ♏	8 ♏	23 ♓	5 ♒	13 ♓
30	5 ♍ 38	4 ♌ 18	24 ♓ 59	24 ♓ 11	19 ♌ 41	26 ♋ 47	20 ♊ 3	8 ♑ 3	17 ♊ 14	4 ♒ 24	27 ♋ 10	0 ♋ 56	26 ♏	9 ♏	23 ♓	5 ♒	13 ♓
31	6 ♍ 36	19 ♌ 9	24 ♓ 56	24 ♓ 9	21 ♌ 20	27 ♋ 56	20 ♊ 39	8 ♑ 2	17 ♊ 17	4 ♒ 22	27 ♋ 12	0 ♋ 57	26 ♏	9 ♏	23 ♓	5 ♒	13 ♓

SUN INGRESS ☉ → ♍ 24日 03:48

MOON PHASE ● 2日 21:58 ♌ ◐ 9日 13:03 ♏ ○ 17日 05:27 ♒ ◑ 25日 09:17 ♊

aspects		
4日	20:27	☉☌☿
6日	16:18	♂△♅
6日	21:17	♀☌♇
9日	08:15	☉⚹♄
10日	11:35	☿⚹♂
14日	05:08	♀☍♃
24日	21:33	♂☌♄
25日	01:41	☉⚹♇
28日	08:44	☿⚹♄
30日	08:25	♀☌♆
30日	08:41	☿⚹♂

1913年9月

DAY	☉	☽	☊ mean	☊ true	☿	♀	♂	♃	♄	♅	♆	♇	⚳	⚴	⚵	⚶	⚷
	° ′	° ′	° ′	° ′	° ′	° ′	° ′	° ′	° ′	° ′	° ′	° ′	°	°	°	°	°
1	7 ♍ 34	4 ♍ 14	24 ♓ 53	24 R 7	23 D 2	29 D 6	21 D 16	8 R 1	17 D 20	4 R 20	27 D 14	0 D 57	26 D	9 D	23 R	4 R	12 R
2	8 ♍ 32	19 ♍ 25	24 ♓ 49	24 ♓ 7	24 ♌ 48	0 ♌ 16	21 ♊ 52	8 ♑ 1	17 ♊ 23	4 ♒ 18	27 ♋ 16	0 ♋ 58	26 ♏	10 ♏	23 ♓	4 ♒	12 ♓
3	9 ♍ 30	4 ♎ 31	24 ♓ 46	24 D 7	26 ♌ 36	1 ♌ 26	22 ♊ 27	8 ♑ 0	17 ♊ 27	4 ♒ 16	27 ♋ 18	0 ♋ 59	27 ♏	10 ♏	22 ♓	4 ♒	12 ♓
4	10 ♍ 28	19 ♎ 25	24 ♓ 43	24 ♓ 8	28 ♌ 26	2 ♌ 36	23 ♊ 3	8 ♑ 0	17 ♊ 29	4 ♒ 14	27 ♋ 19	0 ♋ 59	27 ♏	10 ♏	22 ♓	4 ♒	12 ♓
5	11 ♍ 27	4 ♏ 0	24 ♓ 40	24 ♓ 9	0 ♍ 18	3 ♌ 46	23 ♊ 39	8 D 0	17 ♊ 32	4 ♒ 13	27 ♋ 21	1 ♋ 0	27 ♏	11 ♏	22 ♓	4 ♒	12 ♓
6	12 ♍ 25	18 ♏ 11	24 ♓ 37	24 ♓ 10	2 ♍ 12	4 ♌ 57	24 ♊ 14	8 ♑ 0	17 ♊ 35	4 ♒ 11	27 ♋ 23	1 ♋ 1	27 ♏	11 ♏	22 ♓	4 ♒	12 ♓
7	13 ♍ 23	1 ♐ 58	24 ♓ 33	24 ♓ 10	4 ♍ 6	6 ♌ 7	24 ♊ 49	8 ♑ 0	17 ♊ 38	4 ♒ 9	27 ♋ 24	1 ♋ 1	28 ♏	11 ♏	21 ♓	4 ♒	12 ♓
8	14 ♍ 21	15 ♐ 20	24 ♓ 30	24 R 10	6 ♍ 1	7 ♌ 18	25 ♊ 24	8 ♑ 1	17 ♊ 40	4 ♒ 8	27 ♋ 26	1 ♋ 2	28 ♏	12 ♏	21 ♓	4 ♒	12 ♓
9	15 ♍ 20	28 ♐ 20	24 ♓ 27	24 ♓ 10	7 ♍ 56	8 ♌ 28	25 ♊ 59	8 ♑ 1	17 ♊ 43	4 ♒ 6	27 ♋ 28	1 ♋ 2	28 ♏	12 ♏	21 ♓	4 ♒	12 ♓
10	16 ♍ 18	11 ♑ 0	24 ♓ 24	24 ♓ 10	9 ♍ 51	9 ♌ 39	26 ♊ 33	8 ♑ 2	17 ♊ 45	4 ♒ 4	27 ♋ 29	1 ♋ 3	29 ♏	12 ♏	21 ♓	4 ♒	12 ♓
11	17 ♍ 16	23 ♑ 24	24 ♓ 21	24 ♓ 9	11 ♍ 47	10 ♌ 50	27 ♊ 7	8 ♑ 3	17 ♊ 47	4 ♒ 3	27 ♋ 31	1 ♋ 3	29 ♏	13 ♏	20 ♓	4 ♒	12 ♓
12	18 ♍ 15	5 ♒ 35	24 ♓ 18	24 ♓ 8	13 ♍ 41	12 ♌ 1	27 ♊ 42	8 ♑ 5	17 ♊ 49	4 ♒ 1	27 ♋ 33	1 ♋ 4	29 ♏	13 ♏	20 ♓	4 ♒	12 ♓
13	19 ♍ 13	17 ♒ 37	24 ♓ 14	24 ♓ 7	15 ♍ 36	13 ♌ 12	28 ♊ 16	8 ♑ 6	17 ♊ 52	4 ♒ 0	27 ♋ 34	1 ♋ 4	29 ♏	13 ♏	20 ♓	4 ♒	12 ♓
14	20 ♍ 11	29 ♒ 31	24 ♓ 11	24 ♓ 7	17 ♍ 29	14 ♌ 23	28 ♊ 49	8 ♑ 8	17 ♊ 53	3 ♒ 58	27 ♋ 36	1 ♋ 5	0 ♐	14 ♏	20 ♓	3 ♒	12 ♓
15	21 ♍ 10	11 ♓ 21	24 ♓ 8	24 ♓ 6	19 ♍ 22	15 ♌ 34	29 ♊ 23	8 ♑ 9	17 ♊ 55	3 ♒ 57	27 ♋ 37	1 ♋ 5	0 ♐	14 ♏	20 ♓	3 ♒	12 ♓
16	22 ♍ 8	23 ♓ 9	24 ♓ 5	24 ♓ 6	21 ♍ 14	16 ♌ 46	29 ♊ 56	8 ♑ 11	17 ♊ 57	3 ♒ 56	27 ♋ 39	1 ♋ 5	0 ♐	15 ♏	19 ♓	3 ♒	12 ♓
17	23 ♍ 7	4 ♈ 57	24 ♓ 2	24 D 6	23 ♍ 6	17 ♌ 57	0 ♋ 29	8 ♑ 14	17 ♊ 59	3 ♒ 54	27 ♋ 40	1 ♋ 6	1 ♐	15 ♏	19 ♓	3 D	12 ♓
18	24 ♍ 5	16 ♈ 47	23 ♓ 59	24 ♓ 6	24 ♍ 56	19 ♌ 8	1 ♋ 2	8 ♑ 16	18 ♊ 0	3 ♒ 53	27 ♋ 41	1 ♋ 6	1 ♐	15 ♏	19 ♓	3 ♒	12 ♓
19	25 ♍ 4	28 ♈ 43	23 ♓ 55	24 R 6	26 ♍ 46	20 ♌ 20	1 ♋ 35	8 ♑ 18	18 ♊ 2	3 ♒ 52	27 ♋ 43	1 ♋ 6	1 ♐	16 ♏	19 ♓	3 ♒	12 ♓
20	26 ♍ 3	10 ♉ 46	23 ♓ 52	24 ♓ 6	28 ♍ 34	21 ♌ 32	2 ♋ 8	8 ♑ 21	18 ♊ 3	3 ♒ 51	27 ♋ 44	1 ♋ 7	2 ♐	16 ♏	18 ♓	4 ♒	12 ♓
21	27 ♍ 1	22 ♉ 59	23 ♓ 49	24 ♓ 6	0 ♎ 22	22 ♌ 44	2 ♋ 40	8 ♑ 24	18 ♊ 4	3 ♒ 50	27 ♋ 45	1 ♋ 7	2 ♐	16 ♏	18 ♓	4 ♒	12 ♓
22	28 ♍ 0	5 ♊ 26	23 ♓ 46	24 ♓ 6	2 ♎ 8	23 ♌ 55	3 ♋ 12	8 ♑ 27	18 ♊ 5	3 ♒ 48	27 ♋ 47	1 ♋ 7	2 ♐	17 ♏	18 ♓	4 ♒	12 ♓
23	28 ♍ 59	18 ♊ 10	23 ♓ 43	24 ♓ 5	3 ♎ 54	25 ♌ 7	3 ♋ 44	8 ♑ 31	18 ♊ 6	3 ♒ 47	27 ♋ 48	1 ♋ 7	3 ♐	17 ♏	18 ♓	4 ♒	11 ♓
24	29 ♍ 57	1 ♋ 14	23 ♓ 39	24 D 5	5 ♎ 38	26 ♌ 20	4 ♋ 15	8 ♑ 34	18 ♊ 7	3 ♒ 46	27 ♋ 49	1 ♋ 8	3 ♐	18 ♏	17 ♓	4 ♒	11 ♓
25	0 ♎ 56	14 ♋ 41	23 ♓ 36	24 ♓ 5	7 ♎ 22	27 ♌ 32	4 ♋ 47	8 ♑ 38	18 ♊ 8	3 ♒ 45	27 ♋ 51	1 ♋ 8	3 ♐	18 ♏	17 ♓	4 ♒	11 ♓
26	1 ♎ 55	28 ♋ 33	23 ♓ 33	24 ♓ 6	9 ♎ 5	28 ♌ 44	5 ♋ 18	8 ♑ 41	18 ♊ 8	3 ♒ 45	27 ♋ 52	1 ♋ 8	4 ♐	18 ♏	17 ♓	4 ♒	11 ♓
27	2 ♎ 54	12 ♌ 50	23 ♓ 30	24 ♓ 6	10 ♎ 46	29 ♌ 56	5 ♋ 49	8 ♑ 45	18 ♊ 9	3 ♒ 44	27 ♋ 53	1 ♋ 8	4 ♐	19 ♏	17 ♓	4 ♒	11 ♓
28	3 ♎ 53	27 ♌ 30	23 ♓ 27	24 ♓ 7	12 ♎ 27	1 ♍ 9	6 ♋ 19	8 ♑ 50	18 ♊ 9	3 ♒ 43	27 ♋ 54	1 ♋ 8	4 ♐	19 ♏	16 ♓	4 ♒	11 ♓
29	4 ♎ 52	12 ♍ 27	23 ♓ 24	24 ♓ 8	14 ♎ 7	2 ♍ 21	6 ♋ 50	8 ♑ 54	18 ♊ 10	3 ♒ 42	27 ♋ 55	1 ♋ 8	4 ♐	19 ♏	16 ♓	4 ♒	11 ♓
30	5 ♎ 51	27 ♍ 36	23 ♓ 20	24 R 8	15 ♎ 46	3 ♍ 34	7 ♋ 20	8 ♑ 59	18 ♊ 10	3 ♒ 41	27 ♋ 56	1 ♋ 8	5 ♐	20 ♏	16 ♓	4 ♒	11 ♓

SUN INGRESS	☉ → ♎ 24日 00:53
MOON PHASE	● 1日 05:38 ♍ ◐ 7日 22:05 ♐ ○ 15日 21:46 ♓ ◑ 23日 21:30 ♊ ● 30日 13:57 ♎

aspects		
1日	11:07	☉△♃
5日	08:46	♀☍♅
5日	08:53	☿⚹♇
9日	01:06	☿△♃
11日	13:16	☉□♄
14日	05:13	☿□♄
17日	00:32	☉☌☿
17日	00:35	♀⚹♄
18日	02:39	♂☌♇
19日	12:47	☿⚹♆
21日	10:11	☿□♇
21日	18:32	☉⚹♆
22日	20:46	☿□♂
22日	22:34	☿△♅
25日	04:44	☉□♇
25日	18:21	☿□♃
27日	20:01	☉△♅
27日	23:49	♀⚹♇

1913年10月

DAY	☉	☽	☊ mean	☊ true	☿	♀	♂	♃	♄	♅	♆	♇	⚳	⚴	⚵	⚶	⚷
	° ′	° ′	° ′	° ′	° ′	° ′	° ′	° ′	° ′	° ′	° ′	° ′	°	°	°	°	°
1	6 ♎ 50	12 ♎ 46	23 ♓ 17	24 R 8	17 D 24	4 D 46	7 D 49	9 D 3	18 D 10	3 R 41	27 D 57	1 D 8	5 D	20 D	16 R	4 D	11 R
2	7 ♎ 49	27 ♎ 49	23 ♓ 14	24 ♓ 6	19 ♎ 2	5 ♍ 59	8 ♋ 19	9 ♑ 8	18 R 10	3 ♒ 40	27 ♋ 58	1 ♋ 8	5 ♐	21 ♏	16 ♓	4 ♒	11 ♓
3	8 ♎ 48	12 ♏ 35	23 ♓ 11	24 ♓ 5	20 ♎ 38	7 ♍ 12	8 ♋ 48	9 ♑ 13	18 ♊ 10	3 ♒ 39	27 ♋ 59	1 R 8	6 ♐	21 ♏	15 ♓	5 ♒	11 ♓
4	9 ♎ 47	26 ♏ 58	23 ♓ 8	24 ♓ 3	22 ♎ 14	8 ♍ 25	9 ♋ 17	9 ♑ 18	18 ♊ 10	3 ♒ 39	28 ♋ 0	1 ♋ 8	6 ♐	21 ♏	15 ♓	5 ♒	11 ♓
5	10 ♎ 46	10 ♐ 55	23 ♓ 5	24 ♓ 1	23 ♎ 49	9 ♍ 38	9 ♋ 46	9 ♑ 24	18 ♊ 9	3 ♒ 38	28 ♋ 1	1 ♋ 8	7 ♐	22 ♏	15 ♓	5 ♒	11 ♓
6	11 ♎ 45	24 ♐ 25	23 ♓ 1	23 ♓ 59	25 ♎ 23	10 ♍ 51	10 ♋ 14	9 ♑ 29	18 ♊ 9	3 ♒ 38	28 ♋ 2	1 ♋ 8	7 ♐	22 ♏	15 ♓	5 ♒	11 ♓
7	12 ♎ 44	7 ♑ 28	22 ♓ 58	23 ♓ 58	26 ♎ 56	12 ♍ 4	10 ♋ 42	9 ♑ 35	18 ♊ 8	3 ♒ 38	28 ♋ 3	1 ♋ 8	7 ♐	23 ♏	15 ♓	5 ♒	11 ♓
8	13 ♎ 44	20 ♑ 7	22 ♓ 55	23 D 58	28 ♎ 28	13 ♍ 17	11 ♋ 10	9 ♑ 41	18 ♊ 7	3 ♒ 37	28 ♋ 4	1 ♋ 8	8 ♐	23 ♏	14 ♓	5 ♒	11 ♓
9	14 ♎ 43	2 ♒ 28	22 ♓ 52	23 ♓ 59	0 ♏ 0	14 ♍ 30	11 ♋ 37	9 ♑ 47	18 ♊ 7	3 ♒ 37	28 ♋ 5	1 ♋ 8	8 ♐	23 ♏	14 ♓	5 ♒	11 ♓
10	15 ♎ 42	14 ♒ 33	22 ♓ 49	24 ♓ 1	1 ♏ 31	15 ♍ 43	12 ♋ 4	9 ♑ 53	18 ♊ 6	3 ♒ 37	28 ♋ 5	1 ♋ 8	8 ♐	24 ♏	14 ♓	6 ♒	11 ♓
11	16 ♎ 41	26 ♒ 29	22 ♓ 45	24 ♓ 3	3 ♏ 1	16 ♍ 57	12 ♋ 31	10 ♑ 0	18 ♊ 5	3 ♒ 36	28 ♋ 6	1 ♋ 7	9 ♐	24 ♏	14 ♓	6 ♒	11 ♓
12	17 ♎ 41	8 ♓ 18	22 ♓ 42	24 ♓ 4	4 ♏ 30	18 ♍ 10	12 ♋ 57	10 ♑ 6	18 ♊ 4	3 ♒ 36	28 ♋ 7	1 ♋ 7	9 ♐	25 ♏	14 ♓	6 ♒	11 ♓
13	18 ♎ 40	20 ♓ 5	22 ♓ 39	24 ♓ 5	5 ♏ 59	19 ♍ 23	13 ♋ 23	10 ♑ 13	18 ♊ 2	3 ♒ 36	28 ♋ 7	1 ♋ 7	9 ♐	25 ♏	14 ♓	6 ♒	11 ♓
14	19 ♎ 40	1 ♈ 54	22 ♓ 36	24 R 5	7 ♏ 27	20 ♍ 37	13 ♋ 49	10 ♑ 20	18 ♊ 1	3 ♒ 36	28 ♋ 8	1 ♋ 7	10 ♐	25 ♏	14 ♓	6 ♒	11 ♓
15	20 ♎ 39	13 ♈ 45	22 ♓ 33	24 ♓ 3	8 ♏ 54	21 ♍ 51	14 ♋ 14	10 ♑ 26	18 ♊ 0	3 D 36	28 ♋ 9	1 ♋ 6	10 ♐	26 ♏	13 ♓	6 ♒	11 ♓
16	21 ♎ 39	25 ♈ 43	22 ♓ 30	24 ♓ 0	10 ♏ 20	23 ♍ 4	14 ♋ 39	10 ♑ 34	17 ♊ 58	3 ♒ 36	28 ♋ 9	1 ♋ 6	10 ♐	26 ♏	13 ♓	7 ♒	11 ♓
17	22 ♎ 38	7 ♉ 49	22 ♓ 26	23 ♓ 56	11 ♏ 46	24 ♍ 18	15 ♋ 4	10 ♑ 41	17 ♊ 56	3 ♒ 36	28 ♋ 10	1 ♋ 6	11 ♐	27 ♏	13 ♓	7 ♒	11 ♓
18	23 ♎ 38	20 ♉ 4	22 ♓ 23	23 ♓ 51	13 ♏ 11	25 ♍ 32	15 ♋ 28	10 ♑ 48	17 ♊ 55	3 ♒ 37	28 ♋ 10	1 ♋ 5	11 ♐	27 ♏	13 ♓	7 ♒	11 ♓
19	24 ♎ 37	2 ♊ 29	22 ♓ 20	23 ♓ 46	14 ♏ 34	26 ♍ 45	15 ♋ 52	10 ♑ 56	17 ♊ 53	3 ♒ 37	28 ♋ 11	1 ♋ 5	11 ♐	27 ♏	13 ♓	7 ♒	10 ♓
20	25 ♎ 37	15 ♊ 6	22 ♓ 17	23 ♓ 41	15 ♏ 57	27 ♍ 59	16 ♋ 16	11 ♑ 4	17 ♊ 51	3 ♒ 37	28 ♋ 11	1 ♋ 5	12 ♐	28 ♏	13 ♓	7 ♒	10 ♓
21	26 ♎ 36	27 ♊ 58	22 ♓ 14	23 ♓ 37	17 ♏ 19	29 ♍ 13	16 ♋ 39	11 ♑ 11	17 ♊ 49	3 ♒ 37	28 ♋ 12	1 ♋ 4	12 ♐	28 ♏	13 ♓	8 ♒	10 ♓
22	27 ♎ 36	11 ♋ 4	22 ♓ 10	23 ♓ 34	18 ♏ 40	0 ♎ 27	17 ♋ 1	11 ♑ 19	17 ♊ 47	3 ♒ 38	28 ♋ 12	1 ♋ 4	13 ♐	29 ♏	13 ♓	8 ♒	10 ♓
23	28 ♎ 36	24 ♋ 28	22 ♓ 7	23 ♓ 32	20 ♏ 0	1 ♎ 41	17 ♋ 24	11 ♑ 27	17 ♊ 44	3 ♒ 38	28 ♋ 12	1 ♋ 3	13 ♐	29 ♏	13 ♓	8 ♒	10 ♓
24	29 ♎ 36	8 ♌ 10	22 ♓ 4	23 D 33	21 ♏ 19	2 ♎ 55	17 ♋ 45	11 ♑ 36	17 ♊ 42	3 ♒ 39	28 ♋ 13	1 ♋ 3	13 ♐	29 ♏	13 ♓	8 ♒	10 ♓
25	0 ♏ 35	22 ♌ 12	22 ♓ 1	23 ♓ 34	22 ♏ 37	4 ♎ 9	18 ♋ 7	11 ♑ 44	17 ♊ 39	3 ♒ 39	28 ♋ 13	1 ♋ 3	14 ♐	0 ♐	13 ♓	9 ♒	10 ♓
26	1 ♏ 35	6 ♍ 33	21 ♓ 58	23 ♓ 35	23 ♏ 53	5 ♎ 24	18 ♋ 28	11 ♑ 53	17 ♊ 37	3 ♒ 40	28 ♋ 13	1 ♋ 2	14 ♐	0 ♐	13 ♓	9 ♒	10 ♓
27	2 ♏ 35	21 ♍ 10	21 ♓ 55	23 ♓ 36	25 ♏ 8	6 ♎ 38	18 ♋ 48	12 ♑ 1	17 ♊ 34	3 ♒ 40	28 ♋ 13	1 ♋ 1	14 ♐	1 ♐	13 ♓	9 ♒	10 ♓
28	3 ♏ 35	6 ♎ 1	21 ♓ 51	23 R 36	26 ♏ 22	7 ♎ 52	19 ♋ 8	12 ♑ 10	17 ♊ 31	3 ♒ 41	28 ♋ 14	1 ♋ 1	15 ♐	1 ♐	13 ♓	9 ♒	10 ♓
29	4 ♏ 35	20 ♎ 58	21 ♓ 48	23 ♓ 33	27 ♏ 33	9 ♎ 6	19 ♋ 27	12 ♑ 19	17 ♊ 29	3 ♒ 42	28 ♋ 14	1 ♋ 0	15 ♐	1 ♐	13 D	10 ♒	10 ♓
30	5 ♏ 35	5 ♏ 53	21 ♓ 45	23 ♓ 29	28 ♏ 43	10 ♎ 21	19 ♋ 46	12 ♑ 28	17 ♊ 26	3 ♒ 42	28 ♋ 14	1 ♋ 0	15 ♐	2 ♐	13 ♓	10 ♒	10 ♓
31	6 ♏ 35	20 ♏ 38	21 ♓ 42	23 ♓ 22	29 ♏ 51	11 ♎ 35	20 ♋ 5	12 ♑ 37	17 ♊ 23	3 ♒ 43	28 ♋ 14	0 ♋ 59	16 ♐	2 ♐	13 ♓	10 ♒	10 ♓

SUN INGRESS	☉ → ♏ 24日 09:35
MOON PHASE	◐ 7日 10:46 ♑ ○ 15日 15:06 ♈ ◑ 23日 07:53 ♋ ● 29日 23:29 ♏

aspects		
1日	11:13	☿△♄
3日	00:18	☉□♂
3日	11:18	☉□♃
4日	01:21	♂☍♃
4日	19:04	♀△♃
5日	04:19	♀⚹♂
7日	17:34	☿□♆
9日	17:51	☿△♇
11日	09:28	☿□♅
11日	21:56	♀□♄
12日	09:02	☉△♄
16日	04:02	☿⚹♃
20日	03:55	♀⚹♆
20日	07:24	☿△♂
22日	11:51	♀□♇
22日	14:31	☉□♆
24日	14:08	♀△♅
25日	10:46	☉△♇
28日	02:24	☉□♅
29日	13:51	☿△♆
31日	22:53	♀□♃

1913年11月

DAY	☉	☽	☊ mean	☊ true	☿	♀	♂	♃	♄	♅	♆	♇	⚳	⚴	⚵	⚶	⚷
	° ′	° ′	° ′	° ′	° ′	° ′	° ′	° ′	° ′	° ′	° ′	° ′	°	°	°	°	°
1	7 ♏ 35	5 ♐ 4	21 ♓ 39	23 R 15	0 D 56	12 D 50	20 D 23	12 D 47	17 R 19	3 D 44	28 D 14	0 R 58	16 D	3 D	13 D	10 D	10 R
2	8 ♏ 35	19 ♐ 7	21 ♓ 36	23 ♓ 8	1 ♐ 59	14 ♎ 4	20 ♋ 40	12 ♑ 56	17 ♊ 16	3 ♒ 45	28 R 14	0 ♋ 58	17 ♐	3 ♐	13 ♓	11 ♒	10 ♓
3	9 ♏ 35	2 ♑ 43	21 ♓ 32	23 ♓ 1	3 ♐ 0	15 ♎ 19	20 ♋ 57	13 ♑ 6	17 ♊ 13	3 ♒ 46	28 ♋ 14	0 ♋ 57	17 ♐	4 ♐	13 ♓	11 ♒	10 ♓
4	10 ♏ 35	15 ♑ 51	21 ♓ 29	22 ♓ 56	3 ♐ 57	16 ♎ 33	21 ♋ 14	13 ♑ 15	17 ♊ 9	3 ♒ 47	28 ♋ 14	0 ♋ 56	17 ♐	4 ♐	13 ♓	11 ♒	10 ♓
5	11 ♏ 36	28 ♑ 34	21 ♓ 26	22 ♓ 53	4 ♐ 50	17 ♎ 48	21 ♋ 29	13 ♑ 25	17 ♊ 6	3 ♒ 48	28 ♋ 14	0 ♋ 56	18 ♐	4 ♐	13 ♓	12 ♒	10 ♓
6	12 ♏ 36	10 ♒ 56	21 ♓ 23	22 ♓ 52	5 ♐ 40	19 ♎ 2	21 ♋ 45	13 ♑ 35	17 ♊ 2	3 ♒ 49	28 ♋ 14	0 ♋ 55	18 ♐	5 ♐	13 ♓	12 ♒	10 ♓
7	13 ♏ 36	23 ♒ 1	21 ♓ 20	22 D 53	6 ♐ 25	20 ♎ 17	21 ♋ 59	13 ♑ 45	16 ♊ 59	3 ♒ 50	28 ♋ 13	0 ♋ 54	18 ♐	5 ♐	13 ♓	12 ♒	10 ♓
8	14 ♏ 36	4 ♓ 55	21 ♓ 16	22 ♓ 54	7 ♐ 5	21 ♎ 32	22 ♋ 13	13 ♑ 55	16 ♊ 55	3 ♒ 52	28 ♋ 13	0 ♋ 54	19 ♐	6 ♐	13 ♓	13 ♒	10 ♓
9	15 ♏ 36	16 ♓ 43	21 ♓ 13	22 ♓ 55	7 ♐ 40	22 ♎ 46	22 ♋ 27	14 ♑ 5	16 ♊ 51	3 ♒ 53	28 ♋ 13	0 ♋ 53	19 ♐	6 ♐	13 ♓	13 ♒	10 ♓
10	16 ♏ 37	28 ♓ 30	21 ♓ 10	22 R 55	8 ♐ 8	24 ♎ 1	22 ♋ 40	14 ♑ 16	16 ♊ 47	3 ♒ 54	28 ♋ 13	0 ♋ 52	20 ♐	6 ♐	13 ♓	13 ♒	10 ♓
11	17 ♏ 37	10 ♈ 21	21 ♓ 7	22 ♓ 53	8 ♐ 30	25 ♎ 16	22 ♋ 52	14 ♑ 26	16 ♊ 43	3 ♒ 56	28 ♋ 12	0 ♋ 51	20 ♐	7 ♐	13 ♓	13 ♒	10 ♓
12	18 ♏ 37	22 ♈ 18	21 ♓ 4	22 ♓ 49	8 ♐ 44	26 ♎ 31	23 ♋ 4	14 ♑ 37	16 ♊ 39	3 ♒ 57	28 ♋ 12	0 ♋ 50	20 ♐	7 ♐	13 ♓	14 ♒	10 ♓
13	19 ♏ 38	4 ♉ 25	21 ♓ 1	22 ♓ 42	8 ♐ 50	27 ♎ 46	23 ♋ 15	14 ♑ 47	16 ♊ 35	3 ♒ 59	28 ♋ 12	0 ♋ 49	21 ♐	8 ♐	14 ♓	14 ♒	10 ♓
14	20 ♏ 38	16 ♉ 44	20 ♓ 57	22 ♓ 33	8 R 47	29 ♎ 0	23 ♋ 25	14 ♑ 58	16 ♊ 31	4 ♒ 0	28 ♋ 11	0 ♋ 49	21 ♐	8 ♐	14 ♓	14 ♒	10 ♓
15	21 ♏ 39	29 ♉ 15	20 ♓ 54	22 ♓ 23	8 ♐ 35	0 ♏ 15	23 ♋ 34	15 ♑ 9	16 ♊ 27	4 ♒ 2	28 ♋ 11	0 ♋ 48	22 ♐	9 ♐	14 ♓	15 ♒	10 ♓
16	22 ♏ 39	11 ♊ 59	20 ♓ 51	22 ♓ 12	8 ♐ 12	1 ♏ 30	23 ♋ 43	15 ♑ 20	16 ♊ 23	4 ♒ 3	28 ♋ 10	0 ♋ 47	22 ♐	9 ♐	14 ♓	15 ♒	10 ♓
17	23 ♏ 39	24 ♊ 56	20 ♓ 48	22 ♓ 1	7 ♐ 40	2 ♏ 45	23 ♋ 52	15 ♑ 31	16 ♊ 19	4 ♒ 5	28 ♋ 10	0 ♋ 46	22 ♐	9 ♐	14 ♓	15 ♒	10 ♓
18	24 ♏ 40	8 ♋ 4	20 ♓ 45	21 ♓ 51	6 ♐ 56	4 ♏ 0	23 ♋ 59	15 ♑ 42	16 ♊ 14	4 ♒ 7	28 ♋ 9	0 ♋ 45	23 ♐	10 ♐	14 ♓	16 ♒	10 ♓
19	25 ♏ 40	21 ♋ 24	20 ♓ 42	21 ♓ 44	6 ♐ 3	5 ♏ 15	24 ♋ 6	15 ♑ 53	16 ♊ 10	4 ♒ 8	28 ♋ 9	0 ♋ 44	23 ♐	10 ♐	15 ♓	16 ♒	10 ♓
20	26 ♏ 41	4 ♌ 55	20 ♓ 38	21 ♓ 39	5 ♐ 1	6 ♏ 30	24 ♋ 12	16 ♑ 5	16 ♊ 5	4 ♒ 10	28 ♋ 8	0 ♋ 43	23 ♐	11 ♐	15 ♓	16 ♒	10 ♓
21	27 ♏ 42	18 ♌ 37	20 ♓ 35	21 ♓ 37	3 ♐ 50	7 ♏ 45	24 ♋ 18	16 ♑ 16	16 ♊ 1	4 ♒ 12	28 ♋ 7	0 ♋ 42	24 ♐	11 ♐	15 ♓	17 ♒	10 ♓
22	28 ♏ 42	2 ♍ 31	20 ♓ 32	21 D 37	2 ♐ 33	9 ♏ 0	24 ♋ 22	16 ♑ 28	15 ♊ 56	4 ♒ 14	28 ♋ 7	0 ♋ 41	24 ♐	11 ♐	15 ♓	17 ♒	10 ♓
23	29 ♏ 43	16 ♍ 37	20 ♓ 29	21 ♓ 37	1 ♐ 13	10 ♏ 16	24 ♋ 26	16 ♑ 39	15 ♊ 51	4 ♒ 16	28 ♋ 6	0 ♋ 40	25 ♐	12 ♐	15 ♓	17 ♒	10 D
24	0 ♐ 44	0 ♎ 53	20 ♓ 26	21 R 37	29 ♏ 51	11 ♏ 31	24 ♋ 29	16 ♑ 51	15 ♊ 47	4 ♒ 18	28 ♋ 5	0 ♋ 39	25 ♐	12 ♐	15 ♓	18 ♒	10 ♓
25	1 ♐ 44	15 ♎ 20	20 ♓ 22	21 ♓ 35	28 ♏ 30	12 ♏ 46	24 ♋ 31	17 ♑ 3	15 ♊ 42	4 ♒ 20	28 ♋ 5	0 ♋ 38	25 ♐	13 ♐	16 ♓	18 ♒	10 ♓
26	2 ♐ 45	29 ♎ 52	20 ♓ 19	21 ♓ 30	27 ♏ 14	14 ♏ 1	24 ♋ 33	17 ♑ 15	15 ♊ 37	4 ♒ 22	28 ♋ 4	0 ♋ 37	26 ♐	13 ♐	16 ♓	19 ♒	10 ♓
27	3 ♐ 46	14 ♏ 24	20 ♓ 16	21 ♓ 23	26 ♏ 4	15 ♏ 16	24 ♋ 33	17 ♑ 26	15 ♊ 33	4 ♒ 24	28 ♋ 3	0 ♋ 36	26 ♐	14 ♐	16 ♓	19 ♒	10 ♓
28	4 ♐ 46	28 ♏ 51	20 ♓ 13	21 ♓ 12	25 ♏ 2	16 ♏ 31	24 R 33	17 ♑ 38	15 ♊ 28	4 ♒ 26	28 ♋ 2	0 ♋ 35	27 ♐	14 ♐	16 ♓	19 ♒	10 ♓
29	5 ♐ 47	13 ♐ 6	20 ♓ 10	21 ♓ 1	24 ♏ 11	17 ♏ 47	24 ♋ 32	17 ♑ 51	15 ♊ 23	4 ♒ 28	28 ♋ 1	0 ♋ 34	27 ♐	14 ♐	17 ♓	20 ♒	10 ♓
30	6 ♐ 48	27 ♐ 1	20 ♓ 7	20 ♓ 48	23 ♏ 31	19 ♏ 2	24 ♋ 30	18 ♑ 3	15 ♊ 18	4 ♒ 30	28 ♋ 0	0 ♋ 33	27 ♐	15 ♐	17 ♓	20 ♒	10 ♓

SUN INGRESS	☉ → ♐ 23日 06:35
MOON PHASE	◐ 6日 03:34 ♒　○ 14日 08:11 ♉　◑ 21日 16:56 ♌　● 28日 10:41 ♐

aspects

3日	19:50	☿⚹♅
4日	11:10	♀△♄
7日	04:19	☉⚹♃
8日	16:21	♀□♂
13日	08:18	♀□♆
15日	10:14	♀△♇
17日	05:36	☉△♂
18日	02:05	♀□♅
20日	16:59	☿⚹♅
21日	10:09	☉△♆
23日	15:08	☉☌☿
25日	07:56	☿△♆
27日	15:37	☉⚹♅
28日	13:17	☿△♂
29日	01:32	♀⚹♃

1913年12月

DAY	☉	☽	☊ mean	☊ true	☿	♀	♂	♃	♄	♅	♆	♇	⚳	⚴	⚵	⚶	⚷
	° ′	° ′	° ′	° ′	° ′	° ′	° ′	° ′	° ′	° ′	° ′	° ′	°	°	°	°	°
1	7 ♐ 49	10 ♑ 35	20 ♓ 3	20 R 37	23 R 2	20 D 17	24 R 28	18 D 15	15 R 13	4 D 33	27 R 59	0 R 32	28 D	15 D	17 D	20 D	10 D
2	8 ♐ 50	23 ♑ 44	20 ♓ 0	20 ♓ 27	22 ♏ 45	21 ♏ 32	24 ♋ 24	18 ♑ 27	15 ♊ 8	4 ♒ 35	27 ♋ 58	0 ♋ 31	28 ♐	16 ♐	17 ♓	21 ♒	10 ♓
3	9 ♐ 51	6 ♒ 29	19 ♓ 57	20 ♓ 21	22 ♏ 39	22 ♏ 48	24 ♋ 20	18 ♑ 40	15 ♊ 3	4 ♒ 37	27 ♋ 58	0 ♋ 30	29 ♐	16 ♐	18 ♓	21 ♒	10 ♓
4	10 ♐ 52	18 ♒ 52	19 ♓ 54	20 ♓ 16	22 D 43	24 ♏ 3	24 ♋ 14	18 ♑ 52	14 ♊ 59	4 ♒ 40	27 ♋ 56	0 ♋ 28	29 ♐	16 ♐	18 ♓	21 ♒	10 ♓
5	11 ♐ 52	0 ♓ 59	19 ♓ 51	20 ♓ 15	22 ♏ 58	25 ♏ 18	24 ♋ 8	19 ♑ 5	14 ♊ 54	4 ♒ 42	27 ♋ 55	0 ♋ 27	29 ♐	17 ♐	18 ♓	22 ♒	10 ♓
6	12 ♐ 53	12 ♓ 54	19 ♓ 48	20 D 14	23 ♏ 21	26 ♏ 34	24 ♋ 1	19 ♑ 17	14 ♊ 49	4 ♒ 45	27 ♋ 54	0 ♋ 26	0 ♑	17 ♐	19 ♓	22 ♒	10 ♓
7	13 ♐ 54	24 ♓ 43	19 ♓ 44	20 R 14	23 ♏ 53	27 ♏ 49	23 ♋ 53	19 ♑ 30	14 ♊ 44	4 ♒ 47	27 ♋ 53	0 ♋ 25	0 ♑	18 ♐	19 ♓	23 ♒	10 ♓
8	14 ♐ 55	6 ♈ 30	19 ♓ 41	20 ♓ 13	24 ♏ 32	29 ♏ 4	23 ♋ 45	19 ♑ 43	14 ♊ 39	4 ♒ 50	27 ♋ 52	0 ♋ 24	1 ♑	18 ♐	19 ♓	23 ♒	10 ♓
9	15 ♐ 56	18 ♈ 22	19 ♓ 38	20 ♓ 11	25 ♏ 17	0 ♐ 20	23 ♋ 35	19 ♑ 56	14 ♊ 34	4 ♒ 52	27 ♋ 51	0 ♋ 23	1 ♑	19 ♐	19 ♓	23 ♒	10 ♓
10	16 ♐ 57	0 ♉ 24	19 ♓ 35	20 ♓ 5	26 ♏ 8	1 ♐ 35	23 ♋ 25	20 ♑ 8	14 ♊ 29	4 ♒ 55	27 ♋ 50	0 ♋ 22	1 ♑	19 ♐	20 ♓	24 ♒	10 ♓
11	17 ♐ 58	12 ♉ 39	19 ♓ 32	19 ♓ 57	27 ♏ 4	2 ♐ 50	23 ♋ 14	20 ♑ 21	14 ♊ 24	4 ♒ 57	27 ♋ 49	0 ♋ 20	2 ♑	19 ♐	20 ♓	24 ♒	10 ♓
12	18 ♐ 59	25 ♉ 9	19 ♓ 28	19 ♓ 46	28 ♏ 5	4 ♐ 6	23 ♋ 2	20 ♑ 34	14 ♊ 19	5 ♒ 0	27 ♋ 47	0 ♋ 19	2 ♑	20 ♐	20 ♓	25 ♒	10 ♓
13	20 ♐ 0	7 ♊ 57	19 ♓ 25	19 ♓ 34	29 ♏ 9	5 ♐ 21	22 ♋ 49	20 ♑ 47	14 ♊ 14	5 ♒ 3	27 ♋ 46	0 ♋ 18	3 ♑	20 ♐	21 ♓	25 ♒	10 ♓
14	21 ♐ 1	21 ♊ 1	19 ♓ 22	19 ♓ 20	0 ♐ 17	6 ♐ 36	22 ♋ 35	21 ♑ 1	14 ♊ 9	5 ♒ 5	27 ♋ 45	0 ♋ 17	3 ♑	21 ♐	21 ♓	25 ♒	10 ♓
15	22 ♐ 2	4 ♋ 21	19 ♓ 19	19 ♓ 6	1 ♐ 28	7 ♐ 52	22 ♋ 21	21 ♑ 14	14 ♊ 4	5 ♒ 8	27 ♋ 44	0 ♋ 16	3 ♑	21 ♐	21 ♓	26 ♒	10 ♓
16	23 ♐ 3	17 ♋ 54	19 ♓ 16	18 ♓ 55	2 ♐ 41	9 ♐ 7	22 ♋ 6	21 ♑ 27	13 ♊ 59	5 ♒ 11	27 ♋ 42	0 ♋ 15	4 ♑	21 ♐	22 ♓	26 ♒	10 ♓
17	24 ♐ 4	1 ♌ 38	19 ♓ 13	18 ♓ 46	3 ♐ 57	10 ♐ 22	21 ♋ 50	21 ♑ 40	13 ♊ 55	5 ♒ 14	27 ♋ 41	0 ♋ 13	4 ♑	22 ♐	22 ♓	27 ♒	10 ♓
18	25 ♐ 5	15 ♌ 29	19 ♓ 9	18 ♓ 39	5 ♐ 14	11 ♐ 38	21 ♋ 33	21 ♑ 53	13 ♊ 50	5 ♒ 17	27 ♋ 40	0 ♋ 12	5 ♑	22 ♐	22 ♓	27 ♒	10 ♓
19	26 ♐ 6	29 ♌ 25	19 ♓ 6	18 ♓ 36	6 ♐ 33	12 ♐ 53	21 ♋ 16	22 ♑ 7	13 ♊ 45	5 ♒ 20	27 ♋ 38	0 ♋ 11	5 ♑	23 ♐	23 ♓	27 ♒	10 ♓
20	27 ♐ 7	13 ♍ 25	19 ♓ 3	18 ♓ 35	7 ♐ 54	14 ♐ 9	20 ♋ 58	22 ♑ 20	13 ♊ 40	5 ♒ 22	27 ♋ 37	0 ♋ 10	5 ♑	23 ♐	23 ♓	28 ♒	10 ♓
21	28 ♐ 9	27 ♍ 28	19 ♓ 0	18 D 35	9 ♐ 16	15 ♐ 24	20 ♋ 39	22 ♑ 34	13 ♊ 35	5 ♒ 25	27 ♋ 35	0 ♋ 9	6 ♑	24 ♐	23 ♓	28 ♒	10 ♓
22	29 ♐ 10	11 ♎ 33	18 ♓ 57	18 R 35	10 ♐ 39	16 ♐ 40	20 ♋ 20	22 ♑ 47	13 ♊ 31	5 ♒ 28	27 ♋ 34	0 ♋ 7	6 ♑	24 ♐	24 ♓	29 ♒	10 ♓
23	0 ♑ 11	25 ♎ 40	18 ♓ 54	18 ♓ 33	12 ♐ 3	17 ♐ 55	20 ♋ 0	23 ♑ 1	13 ♊ 26	5 ♒ 31	27 ♋ 33	0 ♋ 6	7 ♑	24 ♐	24 ♓	29 ♒	10 ♓
24	1 ♑ 12	9 ♏ 47	18 ♓ 50	18 ♓ 28	13 ♐ 28	19 ♐ 10	19 ♋ 39	23 ♑ 14	13 ♊ 22	5 ♒ 34	27 ♋ 31	0 ♋ 5	7 ♑	25 ♐	25 ♓	29 ♒	10 ♓
25	2 ♑ 13	23 ♏ 52	18 ♓ 47	18 ♓ 20	14 ♐ 54	20 ♐ 26	19 ♋ 18	23 ♑ 28	13 ♊ 17	5 ♒ 37	27 ♋ 30	0 ♋ 4	7 ♑	25 ♐	25 ♓	0 ♓	10 ♓
26	3 ♑ 14	7 ♐ 52	18 ♓ 44	18 ♓ 10	16 ♐ 20	21 ♐ 41	18 ♋ 57	23 ♑ 41	13 ♊ 12	5 ♒ 41	27 ♋ 28	0 ♋ 3	8 ♑	26 ♐	25 ♓	0 ♓	10 ♓
27	4 ♑ 15	21 ♐ 42	18 ♓ 41	17 ♓ 58	17 ♐ 47	22 ♐ 57	18 ♋ 35	23 ♑ 55	13 ♊ 8	5 ♒ 44	27 ♋ 27	0 ♋ 1	8 ♑	26 ♐	26 ♓	1 ♓	11 ♓
28	5 ♑ 17	5 ♑ 17	18 ♓ 38	17 ♓ 45	19 ♐ 15	24 ♐ 12	18 ♋ 12	24 ♑ 9	13 ♊ 4	5 ♒ 47	27 ♋ 25	0 ♋ 0	9 ♑	26 ♐	26 ♓	1 ♓	11 ♓
29	6 ♑ 18	18 ♑ 36	18 ♓ 34	17 ♓ 33	20 ♐ 43	25 ♐ 28	17 ♋ 50	24 ♑ 23	12 ♊ 59	5 ♒ 50	27 ♋ 23	29 ♊ 59	9 ♑	27 ♐	27 ♓	2 ♓	11 ♓
30	7 ♑ 19	1 ♒ 36	18 ♓ 31	17 ♓ 23	22 ♐ 12	26 ♐ 43	17 ♋ 26	24 ♑ 36	12 ♊ 55	5 ♒ 53	27 ♋ 22	29 ♊ 58	9 ♑	27 ♐	27 ♓	2 ♓	11 ♓
31	8 ♑ 20	14 ♒ 16	18 ♓ 28	17 ♓ 16	23 ♐ 42	27 ♐ 59	17 ♋ 3	24 ♑ 50	12 ♊ 51	5 ♒ 56	27 ♋ 20	29 ♊ 57	10 ♑	28 ♐	27 ♓	2 ♓	11 ♓

SUN INGRESS	☉ → ♑ 22日 19:35
MOON PHASE	◐ 5日 23:58 ♓　○ 14日 00:00 ♊　◑ 21日 01:15 ♍　● 27日 23:58 ♑

aspects

2日	21:14	☿☌♀
4日	03:22	♀△♂
7日	00:20	☿△♂
7日	01:24	♀△♆
7日	18:00	☉☍♄
11日	17:20	☿△♆
12日	18:00	♀⚹♅
17日	07:58	♂☍♃
18日	00:49	☿⚹♅
19日	15:29	♀☍♄
22日	22:14	☉☍♇
23日	22:18	☿☍♄

1914年1月

DAY	☉	☽	☊ mean	☊ true	☿	♀	♂	♃	♄	♅	♆	♇	⚳	⚴	⚵	⚶	⚷
	° ′	° ′	° ′	° ′	° ′	° ′	° ′	° ′	° ′	° ′	° ′	° ′	°	°	°	°	°
1	9 ♑ 21	26 ♒ 37	18 ♓ 25	17 R 11	25 D 11	29 D 14	16 R 39	25 D 4	12 R 47	6 D 0	27 R 19	29 R 55	10 D	28 D	28 D	3 D	11 D
2	10 ♑ 22	8 ♓ 44	18 ♓ 22	17 ♓ 9	26 ♐ 41	0 ♑ 30	16 ♋ 16	25 ♑ 18	12 ♊ 43	6 ♒ 3	27 ♋ 17	29 ♊ 54	11 ♑	28 ♐	28 ♓	3 ♓	11 ♓
3	11 ♑ 24	20 ♓ 39	18 ♓ 19	17 D 9	28 ♐ 12	1 ♑ 45	15 ♋ 52	25 ♑ 32	12 ♊ 38	6 ♒ 6	27 ♋ 16	29 ♊ 53	11 ♑	29 ♐	29 ♓	4 ♓	11 ♓
4	12 ♑ 25	2 ♈ 28	18 ♓ 15	17 ♓ 9	29 ♐ 43	3 ♑ 1	15 ♋ 28	25 ♑ 46	12 ♊ 35	6 ♒ 9	27 ♋ 14	29 ♊ 52	11 ♑	29 ♐	29 ♓	4 ♓	11 ♓
5	13 ♑ 26	14 ♈ 16	18 ♓ 12	17 R 10	1 ♑ 14	4 ♑ 16	15 ♋ 4	26 ♑ 0	12 ♊ 31	6 ♒ 13	27 ♋ 12	29 ♊ 51	12 ♑	0 ♑	29 ♓	5 ♓	11 ♓
6	14 ♑ 27	26 ♈ 8	18 ♓ 9	17 ♓ 9	2 ♑ 46	5 ♑ 31	14 ♋ 40	26 ♑ 14	12 ♊ 27	6 ♒ 16	27 ♋ 11	29 ♊ 50	12 ♑	0 ♑	0 ♈	5 ♓	11 ♓
7	15 ♑ 28	8 ♉ 11	18 ♓ 6	17 ♓ 6	4 ♑ 18	6 ♑ 47	14 ♋ 16	26 ♑ 28	12 ♊ 23	6 ♒ 19	27 ♋ 9	29 ♊ 48	13 ♑	0 ♑	0 ♈	5 ♓	11 ♓
8	16 ♑ 29	20 ♉ 28	18 ♓ 3	17 ♓ 1	5 ♑ 51	8 ♑ 2	13 ♋ 52	26 ♑ 42	12 ♊ 19	6 ♒ 23	27 ♋ 7	29 ♊ 47	13 ♑	1 ♑	1 ♈	6 ♓	11 ♓
9	17 ♑ 31	3 ♊ 3	18 ♓ 0	16 ♓ 53	7 ♑ 24	9 ♑ 18	13 ♋ 29	26 ♑ 56	12 ♊ 16	6 ♒ 26	27 ♋ 6	29 ♊ 46	13 ♑	1 ♑	1 ♈	6 ♓	11 ♓
10	18 ♑ 32	16 ♊ 0	17 ♓ 56	16 ♓ 44	8 ♑ 58	10 ♑ 33	13 ♋ 5	27 ♑ 10	12 ♊ 12	6 ♒ 29	27 ♋ 4	29 ♊ 45	14 ♑	2 ♑	2 ♈	7 ♓	11 ♓
11	19 ♑ 33	29 ♊ 19	17 ♓ 53	16 ♓ 34	10 ♑ 31	11 ♑ 49	12 ♋ 42	27 ♑ 24	12 ♊ 9	6 ♒ 33	27 ♋ 2	29 ♊ 44	14 ♑	2 ♑	2 ♈	7 ♓	11 ♓
12	20 ♑ 34	12 ♋ 58	17 ♓ 50	16 ♓ 23	12 ♑ 6	13 ♑ 4	12 ♋ 19	27 ♑ 38	12 ♊ 6	6 ♒ 36	27 ♋ 1	29 ♊ 43	15 ♑	2 ♑	2 ♈	8 ♓	11 ♓
13	21 ♑ 35	26 ♋ 56	17 ♓ 47	16 ♓ 14	13 ♑ 40	14 ♑ 19	11 ♋ 57	27 ♑ 52	12 ♊ 2	6 ♒ 40	26 ♋ 59	29 ♊ 42	15 ♑	3 ♑	3 ♈	8 ♓	11 ♓
14	22 ♑ 36	11 ♌ 6	17 ♓ 44	16 ♓ 8	15 ♑ 16	15 ♑ 35	11 ♋ 35	28 ♑ 6	11 ♊ 59	6 ♒ 43	26 ♋ 57	29 ♊ 41	15 ♑	3 ♑	3 ♈	9 ♓	11 ♓
15	23 ♑ 37	25 ♌ 25	17 ♓ 40	16 ♓ 3	16 ♑ 51	16 ♑ 50	11 ♋ 13	28 ♑ 20	11 ♊ 56	6 ♒ 46	26 ♋ 56	29 ♊ 39	16 ♑	4 ♑	4 ♈	9 ♓	11 ♓
16	24 ♑ 38	9 ♍ 46	17 ♓ 37	16 ♓ 1	18 ♑ 28	18 ♑ 6	10 ♋ 52	28 ♑ 34	11 ♊ 53	6 ♒ 50	26 ♋ 54	29 ♊ 38	16 ♑	4 ♑	4 ♈	9 ♓	11 ♓
17	25 ♑ 39	24 ♍ 7	17 ♓ 34	16 D 2	20 ♑ 4	19 ♑ 21	10 ♋ 31	28 ♑ 49	11 ♊ 50	6 ♒ 53	26 ♋ 52	29 ♊ 37	17 ♑	4 ♑	5 ♈	10 ♓	11 ♓
18	26 ♑ 41	8 ♎ 23	17 ♓ 31	16 ♓ 3	21 ♑ 41	20 ♑ 37	10 ♋ 11	29 ♑ 3	11 ♊ 48	6 ♒ 57	26 ♋ 51	29 ♊ 36	17 ♑	5 ♑	5 ♈	10 ♓	11 ♓
19	27 ♑ 42	22 ♎ 32	17 ♓ 28	16 ♓ 3	23 ♑ 19	21 ♑ 52	9 ♋ 51	29 ♑ 17	11 ♊ 45	7 ♒ 0	26 ♋ 49	29 ♊ 35	17 ♑	5 ♑	6 ♈	11 ♓	11 ♓
20	28 ♑ 43	6 ♏ 34	17 ♓ 25	16 R 3	24 ♑ 58	23 ♑ 7	9 ♋ 32	29 ♑ 31	11 ♊ 42	7 ♒ 4	26 ♋ 47	29 ♊ 34	18 ♑	6 ♑	6 ♈	11 ♓	12 ♓
21	29 ♑ 44	20 ♏ 27	17 ♓ 21	16 ♓ 1	26 ♑ 36	24 ♑ 23	9 ♋ 14	29 ♑ 45	11 ♊ 40	7 ♒ 7	26 ♋ 45	29 ♊ 33	18 ♑	6 ♑	7 ♈	12 ♓	12 ♓
22	0 ♒ 45	4 ♐ 10	17 ♓ 18	15 ♓ 57	28 ♑ 16	25 ♑ 38	8 ♋ 56	29 ♑ 59	11 ♊ 37	7 ♒ 11	26 ♋ 44	29 ♊ 32	19 ♑	6 ♑	7 ♈	12 ♓	12 ♓
23	1 ♒ 46	17 ♐ 44	17 ♓ 15	15 ♓ 51	29 ♑ 56	26 ♑ 54	8 ♋ 39	0 ♒ 14	11 ♊ 35	7 ♒ 14	26 ♋ 42	29 ♊ 31	19 ♑	7 ♑	8 ♈	13 ♓	12 ♓
24	2 ♒ 47	1 ♑ 7	17 ♓ 12	15 ♓ 44	1 ♒ 37	28 ♑ 9	8 ♋ 23	0 ♒ 28	11 ♊ 33	7 ♒ 18	26 ♋ 40	29 ♊ 30	19 ♑	7 ♑	8 ♈	13 ♓	12 ♓
25	3 ♒ 48	14 ♑ 17	17 ♓ 9	15 ♓ 36	3 ♒ 18	29 ♑ 24	8 ♋ 7	0 ♒ 42	11 ♊ 31	7 ♒ 21	26 ♋ 39	29 ♊ 29	20 ♑	8 ♑	9 ♈	13 ♓	12 ♓
26	4 ♒ 49	27 ♑ 13	17 ♓ 6	15 ♓ 29	5 ♒ 0	0 ♒ 40	7 ♋ 52	0 ♒ 56	11 ♊ 29	7 ♒ 25	26 ♋ 37	29 ♊ 28	20 ♑	8 ♑	9 ♈	14 ♓	12 ♓
27	5 ♒ 50	9 ♒ 55	17 ♓ 2	15 ♓ 22	6 ♒ 42	1 ♒ 55	7 ♋ 38	1 ♒ 10	11 ♊ 27	7 ♒ 28	26 ♋ 35	29 ♊ 27	21 ♑	8 ♑	10 ♈	14 ♓	12 ♓
28	6 ♒ 51	22 ♒ 22	16 ♓ 59	15 ♓ 18	8 ♒ 25	3 ♒ 11	7 ♋ 25	1 ♒ 24	11 ♊ 25	7 ♒ 32	26 ♋ 34	29 ♊ 26	21 ♑	9 ♑	10 ♈	15 ♓	12 ♓
29	7 ♒ 52	4 ♓ 36	16 ♓ 56	15 ♓ 15	10 ♒ 9	4 ♒ 26	7 ♋ 12	1 ♒ 38	11 ♊ 24	7 ♒ 35	26 ♋ 32	29 ♊ 25	21 ♑	9 ♑	11 ♈	15 ♓	12 ♓
30	8 ♒ 53	16 ♓ 39	16 ♓ 53	15 D 15	11 ♒ 54	5 ♒ 41	7 ♋ 0	1 ♒ 53	11 ♊ 22	7 ♒ 39	26 ♋ 30	29 ♊ 24	22 ♑	10 ♑	11 ♈	16 ♓	12 ♓
31	9 ♒ 54	28 ♓ 32	16 ♓ 50	15 ♓ 16	13 ♒ 39	6 ♒ 57	6 ♋ 49	2 ♒ 7	11 ♊ 21	7 ♒ 42	26 ♋ 29	29 ♊ 24	22 ♑	10 ♑	12 ♈	16 ♓	12 ♓

SUN INGRESS	☉ → ♒ 21日 06:12
MOON PHASE	◐ 4日 22:09 ♈　○ 12日 14:09 ♋　◑ 19日 09:30 ♎　● 26日 15:34 ♒

aspects		
1日	12:55	♀☍♇
4日	02:18	☿☍♇
6日	03:36	☉☍♂
9日	15:05	♃☍♆
11日	13:04	♀☍♂
12日	02:48	☿☍♂
14日	22:49	☿☌♀
18日	03:50	☉☍♆
21日	00:46	☉☌♃
21日	02:09	☿☍♆
22日	20:23	♀☍♆
23日	04:54	☿☌♃
25日	17:40	☉☌☿
26日	06:21	♀☌♃
27日	11:05	☿☌♅
28日	17:01	☉☌♅
29日	16:52	☿△♄
31日	15:14	♀☌♅

1914年2月

DAY	☉	☽	☊ mean	☊ true	☿	♀	♂	♃	♄	♅	♆	♇	⚳	⚴	⚵	⚶	⚷
	° ′	° ′	° ′	° ′	° ′	° ′	° ′	° ′	° ′	° ′	° ′	° ′	°	°	°	°	°
1	10 ♒ 55	10 ♈ 21	16 ♓ 46	15 D 17	15 D 24	8 D 12	6 R 39	2 D 21	11 R 19	7 D 46	26 R 27	29 R 23	23 D	10 D	12 D	17 D	12 D
2	11 ♒ 56	22 ♈ 9	16 ♓ 43	15 ♓ 19	17 ♒ 10	9 ♒ 27	6 ♋ 30	2 ♒ 35	11 ♊ 18	7 ♒ 49	26 ♋ 25	29 ♊ 22	23 ♑	11 ♑	13 ♈	17 ♓	12 ♓
3	12 ♒ 57	4 ♉ 0	16 ♓ 40	15 ♓ 21	18 ♒ 57	10 ♒ 43	6 ♋ 21	2 ♒ 49	11 ♊ 17	7 ♒ 53	26 ♋ 24	29 ♊ 21	23 ♑	11 ♑	13 ♈	18 ♓	12 ♓
4	13 ♒ 57	16 ♉ 1	16 ♓ 37	15 R 21	20 ♒ 43	11 ♒ 58	6 ♋ 14	3 ♒ 3	11 ♊ 16	7 ♒ 56	26 ♋ 22	29 ♊ 20	24 ♑	11 ♑	14 ♈	18 ♓	12 ♓
5	14 ♒ 58	28 ♉ 16	16 ♓ 34	15 ♓ 20	22 ♒ 31	13 ♒ 13	6 ♋ 7	3 ♒ 17	11 ♊ 15	8 ♒ 0	26 ♋ 21	29 ♊ 19	24 ♑	12 ♑	14 ♈	18 ♓	12 ♓
6	15 ♒ 59	10 ♊ 50	16 ♓ 31	15 ♓ 18	24 ♒ 18	14 ♒ 29	6 ♋ 0	3 ♒ 31	11 ♊ 14	8 ♒ 3	26 ♋ 19	29 ♊ 19	25 ♑	12 ♑	15 ♈	19 ♓	12 ♓
7	17 ♒ 0	23 ♊ 47	16 ♓ 27	15 ♓ 14	26 ♒ 6	15 ♒ 44	5 ♋ 55	3 ♒ 45	11 ♊ 14	8 ♒ 7	26 ♋ 17	29 ♊ 18	25 ♑	13 ♑	15 ♈	19 ♓	12 ♓
8	18 ♒ 1	7 ♋ 8	16 ♓ 24	15 ♓ 10	27 ♒ 53	16 ♒ 59	5 ♋ 51	3 ♒ 59	11 ♊ 13	8 ♒ 10	26 ♋ 16	29 ♊ 17	25 ♑	13 ♑	16 ♈	20 ♓	13 ♓
9	19 ♒ 1	20 ♋ 55	16 ♓ 21	15 ♓ 6	29 ♒ 41	18 ♒ 14	5 ♋ 47	4 ♒ 13	11 ♊ 13	8 ♒ 14	26 ♋ 14	29 ♊ 16	26 ♑	13 ♑	16 ♈	20 ♓	13 ♓
10	20 ♒ 2	5 ♌ 5	16 ♓ 18	15 ♓ 2	1 ♓ 28	19 ♒ 30	5 ♋ 44	4 ♒ 27	11 ♊ 12	8 ♒ 17	26 ♋ 13	29 ♊ 16	26 ♑	14 ♑	17 ♈	21 ♓	13 ♓
11	21 ♒ 3	19 ♌ 35	16 ♓ 15	14 ♓ 59	3 ♓ 14	20 ♒ 45	5 ♋ 42	4 ♒ 41	11 ♊ 12	8 ♒ 21	26 ♋ 11	29 ♊ 15	26 ♑	14 ♑	17 ♈	21 ♓	13 ♓
12	22 ♒ 3	4 ♍ 18	16 ♓ 12	14 ♓ 58	5 ♓ 0	22 ♒ 0	5 ♋ 40	4 ♒ 55	11 ♊ 12	8 ♒ 24	26 ♋ 10	29 ♊ 14	27 ♑	14 ♑	18 ♈	22 ♓	13 ♓
13	23 ♒ 4	19 ♍ 7	16 ♓ 8	14 D 58	6 ♓ 44	23 ♒ 15	5 ♋ 40	5 ♒ 9	11 D 12	8 ♒ 27	26 ♋ 8	29 ♊ 14	27 ♑	15 ♑	18 ♈	22 ♓	13 ♓
14	24 ♒ 5	3 ♎ 55	16 ♓ 5	14 ♓ 58	8 ♓ 27	24 ♒ 30	5 D 40	5 ♒ 22	11 ♊ 12	8 ♒ 31	26 ♋ 7	29 ♊ 13	28 ♑	15 ♑	19 ♈	23 ♓	13 ♓
15	25 ♒ 5	18 ♎ 35	16 ♓ 2	15 ♓ 0	10 ♓ 7	25 ♒ 46	5 ♋ 41	5 ♒ 36	11 ♊ 13	8 ♒ 34	26 ♋ 5	29 ♊ 12	28 ♑	16 ♑	19 ♈	23 ♓	13 ♓
16	26 ♒ 6	3 ♏ 2	15 ♓ 59	15 ♓ 1	11 ♓ 45	27 ♒ 1	5 ♋ 42	5 ♒ 50	11 ♊ 13	8 ♒ 38	26 ♋ 4	29 ♊ 12	28 ♑	16 ♑	20 ♈	23 ♓	13 ♓
17	27 ♒ 6	17 ♏ 13	15 ♓ 56	15 ♓ 2	13 ♓ 20	28 ♒ 16	5 ♋ 45	6 ♒ 4	11 ♊ 13	8 ♒ 41	26 ♋ 3	29 ♊ 11	29 ♑	16 ♑	20 ♈	24 ♓	13 ♓
18	28 ♒ 7	1 ♐ 6	15 ♓ 52	15 R 2	14 ♓ 52	29 ♒ 31	5 ♋ 48	6 ♒ 17	11 ♊ 14	8 ♒ 44	26 ♋ 1	29 ♊ 11	29 ♑	17 ♑	21 ♈	24 ♓	13 ♓
19	29 ♒ 7	14 ♐ 42	15 ♓ 49	15 ♓ 1	16 ♓ 19	0 ♓ 46	5 ♋ 51	6 ♒ 31	11 ♊ 15	8 ♒ 48	26 ♋ 0	29 ♊ 10	0 ♒	17 ♑	21 ♈	25 ♓	13 ♓
20	0 ♓ 8	28 ♐ 0	15 ♓ 46	15 ♓ 0	17 ♓ 42	2 ♓ 1	5 ♋ 56	6 ♒ 45	11 ♊ 16	8 ♒ 51	25 ♋ 58	29 ♊ 10	0 ♒	17 ♑	22 ♈	25 ♓	13 ♓
21	1 ♓ 8	11 ♑ 3	15 ♓ 43	14 ♓ 58	18 ♓ 59	3 ♓ 16	6 ♋ 1	6 ♒ 58	11 ♊ 17	8 ♒ 54	25 ♋ 57	29 ♊ 9	0 ♒	18 ♑	23 ♈	26 ♓	13 ♓
22	2 ♓ 9	23 ♑ 51	15 ♓ 40	14 ♓ 56	20 ♓ 10	4 ♓ 32	6 ♋ 7	7 ♒ 12	11 ♊ 18	8 ♒ 58	25 ♋ 56	29 ♊ 9	1 ♒	18 ♑	23 ♈	26 ♓	13 ♓
23	3 ♓ 9	6 ♒ 25	15 ♓ 37	14 ♓ 55	21 ♓ 14	5 ♓ 47	6 ♋ 13	7 ♒ 25	11 ♊ 19	9 ♒ 1	25 ♋ 55	29 ♊ 8	1 ♒	18 ♑	24 ♈	27 ♓	13 ♓
24	4 ♓ 10	18 ♒ 48	15 ♓ 33	14 ♓ 53	22 ♓ 11	7 ♓ 2	6 ♋ 20	7 ♒ 39	11 ♊ 20	9 ♒ 4	25 ♋ 53	29 ♊ 8	1 ♒	19 ♑	24 ♈	27 ♓	13 ♓
25	5 ♓ 10	1 ♓ 0	15 ♓ 30	14 ♓ 52	22 ♓ 59	8 ♓ 17	6 ♋ 28	7 ♒ 52	11 ♊ 21	9 ♒ 8	25 ♋ 52	29 ♊ 7	2 ♒	19 ♑	25 ♈	28 ♓	14 ♓
26	6 ♓ 10	13 ♓ 3	15 ♓ 27	14 ♓ 52	23 ♓ 39	9 ♓ 32	6 ♋ 36	8 ♒ 5	11 ♊ 23	9 ♒ 11	25 ♋ 51	29 ♊ 7	2 ♒	19 ♑	25 ♈	28 ♓	14 ♓
27	7 ♓ 11	24 ♓ 59	15 ♓ 24	14 D 52	24 ♓ 11	10 ♓ 47	6 ♋ 45	8 ♒ 19	11 ♊ 25	9 ♒ 14	25 ♋ 50	29 ♊ 7	3 ♒	20 ♑	26 ♈	29 ♓	14 ♓
28	8 ♓ 11	6 ♈ 49	15 ♓ 21	14 ♓ 53	24 ♓ 32	12 ♓ 2	6 ♋ 54	8 ♒ 32	11 ♊ 26	9 ♒ 17	25 ♋ 48	29 ♊ 6	3 ♒	20 ♑	26 ♈	29 ♓	14 ♓

SUN INGRESS	☉ → ♓ 19日 20:38
MOON PHASE	◐ 3日 19:32 ♉　○ 11日 02:34 ♌　◑ 17日 18:23 ♏　● 25日 09:02 ♓

aspects		
1日	09:28	☉△♄
3日	10:48	♀△♄
8日	18:35	☿△♇
12日	05:37	☉☌♀
12日	09:16	☿△♂
15日	15:59	♀□♄
17日	17:33	♀△♇
19日	01:04	☉△♇
23日	09:15	♀△♂
26日	11:51	☉△♂
27日	12:20	♀□♄

1914年3月

DAY	☉	☽	☊ mean	☊ true	☿	♀	♂	♃	♄	♅	♆	♇	⚳	⚴	⚵	⚶	⚷
	° ′	° ′	° ′	° ′	° ′	° ′	° ′	° ′	° ′	° ′	° ′	° ′	°	°	°	°	°
1	9 ♓ 11	18 ♈ 37	15 ♓ 18	14 D 53	24 D 45	13 D 17	7 D 4	8 D 45	11 D 28	9 D 20	25 R 47	29 R 6	3 D	20 D	27 D	0 D	14 D
2	10 ♓ 12	0 ♉ 25	15 ♓ 14	14 ♓ 54	24 R 47	14 ♓ 32	7 ♋ 15	8 ♒ 58	11 ♊ 30	9 ♒ 23	25 ♋ 46	29 ♊ 6	4 ♒	21 ♑	27 ♈	0 ♈	14 ♓
3	11 ♓ 12	12 ♉ 18	15 ♓ 11	14 ♓ 54	24 ♓ 41	15 ♓ 47	7 ♋ 26	9 ♒ 12	11 ♊ 32	9 ♒ 27	25 ♋ 45	29 ♊ 5	4 ♒	21 ♑	28 ♈	0 ♈	14 ♓
4	12 ♓ 12	24 ♉ 18	15 ♓ 8	14 ♓ 55	24 ♓ 25	17 ♓ 2	7 ♋ 38	9 ♒ 25	11 ♊ 34	9 ♒ 30	25 ♋ 44	29 ♊ 5	4 ♒	21 ♑	29 ♈	1 ♈	14 ♓
5	13 ♓ 12	6 ♊ 31	15 ♓ 5	14 ♓ 55	24 ♓ 0	18 ♓ 17	7 ♋ 50	9 ♒ 38	11 ♊ 36	9 ♒ 33	25 ♋ 43	29 ♊ 5	5 ♒	22 ♑	29 ♈	1 ♈	14 ♓
6	14 ♓ 12	19 ♊ 1	15 ♓ 2	14 R 55	23 ♓ 27	19 ♓ 32	8 ♋ 3	9 ♒ 51	11 ♊ 39	9 ♒ 36	25 ♋ 42	29 ♊ 5	5 ♒	22 ♑	0 ♉	2 ♈	14 ♓
7	15 ♓ 12	1 ♋ 51	14 ♓ 58	14 D 55	22 ♓ 47	20 ♓ 46	8 ♋ 17	10 ♒ 3	11 ♊ 41	9 ♒ 39	25 ♋ 41	29 ♊ 5	5 ♒	22 ♑	0 ♉	2 ♈	14 ♓
8	16 ♓ 12	15 ♋ 6	14 ♓ 55	14 ♓ 55	22 ♓ 0	22 ♓ 1	8 ♋ 31	10 ♒ 16	11 ♊ 44	9 ♒ 42	25 ♋ 40	29 ♊ 4	6 ♒	23 ♑	1 ♉	3 ♈	14 ♓
9	17 ♓ 12	28 ♋ 48	14 ♓ 52	14 ♓ 55	21 ♓ 9	23 ♓ 16	8 ♋ 45	10 ♒ 29	11 ♊ 47	9 ♒ 45	25 ♋ 39	29 ♊ 4	6 ♒	23 ♑	1 ♉	3 ♈	14 ♓
10	18 ♓ 12	12 ♌ 57	14 ♓ 49	14 ♓ 55	20 ♓ 14	24 ♓ 31	9 ♋ 0	10 ♒ 42	11 ♊ 49	9 ♒ 48	25 ♋ 38	29 ♊ 4	7 ♒	23 ♑	2 ♉	4 ♈	14 ♓
11	19 ♓ 12	27 ♌ 30	14 ♓ 46	14 ♓ 56	19 ♓ 16	25 ♓ 46	9 ♋ 15	10 ♒ 54	11 ♊ 52	9 ♒ 51	25 ♋ 37	29 ♊ 4	7 ♒	24 ♑	3 ♉	4 ♈	14 ♓
12	20 ♓ 12	12 ♍ 24	14 ♓ 43	14 ♓ 56	18 ♓ 17	27 ♓ 0	9 ♋ 31	11 ♒ 7	11 ♊ 55	9 ♒ 54	25 ♋ 36	29 ♊ 4	7 ♒	24 ♑	3 ♉	5 ♈	14 ♓
13	21 ♓ 12	27 ♍ 30	14 ♓ 39	14 R 56	17 ♓ 18	28 ♓ 15	9 ♋ 47	11 ♒ 19	11 ♊ 58	9 ♒ 56	25 ♋ 36	29 ♊ 4	8 ♒	24 ♑	4 ♉	5 ♈	15 ♓
14	22 ♓ 12	12 ♎ 39	14 ♓ 36	14 ♓ 55	16 ♓ 21	29 ♓ 30	10 ♋ 4	11 ♒ 32	12 ♊ 1	9 ♒ 59	25 ♋ 35	29 ♊ 4	8 ♒	25 ♑	4 ♉	6 ♈	15 ♓
15	23 ♓ 11	27 ♎ 43	14 ♓ 33	14 ♓ 54	15 ♓ 26	0 ♈ 45	10 ♋ 21	11 ♒ 44	12 ♊ 5	10 ♒ 2	25 ♋ 34	29 D 4	8 ♒	25 ♑	5 ♉	6 ♈	15 ♓
16	24 ♓ 11	12 ♏ 32	14 ♓ 30	14 ♓ 53	14 ♓ 35	1 ♈ 59	10 ♋ 38	11 ♒ 56	12 ♊ 8	10 ♒ 5	25 ♋ 33	29 ♊ 4	9 ♒	25 ♑	5 ♉	6 ♈	15 ♓
17	25 ♓ 11	27 ♏ 1	14 ♓ 27	14 ♓ 52	13 ♓ 48	3 ♈ 14	10 ♋ 56	12 ♒ 9	12 ♊ 12	10 ♒ 8	25 ♋ 33	29 ♊ 4	9 ♒	26 ♑	6 ♉	7 ♈	15 ♓
18	26 ♓ 10	11 ♐ 6	14 ♓ 23	14 ♓ 51	13 ♓ 7	4 ♈ 29	11 ♋ 14	12 ♒ 21	12 ♊ 15	10 ♒ 10	25 ♋ 32	29 ♊ 4	9 ♒	26 ♑	6 ♉	7 ♈	15 ♓
19	27 ♓ 10	24 ♐ 46	14 ♓ 20	14 ♓ 51	12 ♓ 30	5 ♈ 43	11 ♋ 33	12 ♒ 33	12 ♊ 19	10 ♒ 13	25 ♋ 31	29 ♊ 4	10 ♒	26 ♑	7 ♉	8 ♈	15 ♓
20	28 ♓ 10	8 ♑ 1	14 ♓ 17	14 D 51	12 ♓ 0	6 ♈ 58	11 ♋ 52	12 ♒ 45	12 ♊ 23	10 ♒ 16	25 ♋ 31	29 ♊ 4	10 ♒	26 ♑	8 ♉	8 ♈	15 ♓
21	29 ♓ 9	20 ♑ 55	14 ♓ 14	14 ♓ 52	11 ♓ 36	8 ♈ 12	12 ♋ 11	12 ♒ 57	12 ♊ 26	10 ♒ 18	25 ♋ 30	29 ♊ 4	10 ♒	27 ♑	8 ♉	9 ♈	15 ♓
22	0 ♈ 9	3 ♒ 30	14 ♓ 11	14 ♓ 53	11 ♓ 18	9 ♈ 27	12 ♋ 31	13 ♒ 9	12 ♊ 30	10 ♒ 21	25 ♋ 30	29 ♊ 5	11 ♒	27 ♑	9 ♉	9 ♈	15 ♓
23	1 ♈ 9	15 ♒ 50	14 ♓ 8	14 ♓ 55	11 ♓ 6	10 ♈ 42	12 ♋ 51	13 ♒ 20	12 ♊ 34	10 ♒ 23	25 ♋ 29	29 ♊ 5	11 ♒	27 ♑	9 ♉	10 ♈	15 ♓
24	2 ♈ 8	27 ♒ 58	14 ♓ 4	14 ♓ 56	11 ♓ 1	11 ♈ 56	13 ♋ 12	13 ♒ 32	12 ♊ 39	10 ♒ 26	25 ♋ 29	29 ♊ 5	11 ♒	28 ♑	10 ♉	10 ♈	15 ♓
25	3 ♈ 8	9 ♓ 58	14 ♓ 1	14 ♓ 57	11 D 1	13 ♈ 11	13 ♋ 32	13 ♒ 44	12 ♊ 43	10 ♒ 28	25 ♋ 28	29 ♊ 5	12 ♒	28 ♑	10 ♉	11 ♈	15 ♓
26	4 ♈ 7	21 ♓ 51	13 ♓ 58	14 R 56	11 ♓ 7	14 ♈ 25	13 ♋ 54	13 ♒ 55	12 ♊ 47	10 ♒ 31	25 ♋ 28	29 ♊ 5	12 ♒	28 ♑	11 ♉	11 ♈	15 ♓
27	5 ♈ 6	3 ♈ 41	13 ♓ 55	14 ♓ 55	11 ♓ 18	15 ♈ 40	14 ♋ 15	14 ♒ 7	12 ♊ 52	10 ♒ 33	25 ♋ 27	29 ♊ 6	12 ♒	28 ♑	12 ♉	12 ♈	15 ♓
28	6 ♈ 6	15 ♈ 30	13 ♓ 52	14 ♓ 53	11 ♓ 34	16 ♈ 54	14 ♋ 37	14 ♒ 18	12 ♊ 56	10 ♒ 35	25 ♋ 27	29 ♊ 6	13 ♒	29 ♑	12 ♉	12 ♈	15 ♓
29	7 ♈ 5	27 ♈ 18	13 ♓ 49	14 ♓ 50	11 ♓ 56	18 ♈ 8	14 ♋ 59	14 ♒ 29	13 ♊ 1	10 ♒ 38	25 ♋ 27	29 ♊ 6	13 ♒	29 ♑	13 ♉	13 ♈	16 ♓
30	8 ♈ 4	9 ♉ 10	13 ♓ 45	14 ♓ 46	12 ♓ 22	19 ♈ 23	15 ♋ 21	14 ♒ 40	13 ♊ 5	10 ♒ 40	25 ♋ 26	29 ♊ 7	13 ♒	29 ♑	13 ♉	13 ♈	16 ♓
31	9 ♈ 4	21 ♉ 6	13 ♓ 42	14 ♓ 42	12 ♓ 53	20 ♈ 37	15 ♋ 44	14 ♒ 51	13 ♊ 10	10 ♒ 42	25 ♋ 26	29 ♊ 7	14 ♒	29 ♑	14 ♉	13 ♈	16 ♓

SUN INGRESS　☉ → ♈ 21日 20:11

MOON PHASE　◐ 5日 14:03 ♊　○ 12日 13:18 ♍　◑ 19日 04:39 ♐　● 27日 03:09 ♈

aspects		
3日	08:23	☉□♄
4日	12:24	♃☌♅
7日	23:51	☿☌♀
10日	21:20	♀△♆
11日	00:45	☉☌☿
13日	15:39	♀□♇
17日	08:06	♃△♄
17日	08:40	☉△♆
19日	07:47	☿□♄
20日	04:22	☿△♂
20日	21:59	☉□♇
22日	17:54	♀⚹♅
24日	14:31	♀⚹♄
25日	09:50	♀□♂
25日	12:38	♀⚹♃
31日	13:51	☿□♄

1914年4月

DAY	☉	☽	☊ mean	☊ true	☿	♀	♂	♃	♄	♅	♆	♇	⚳	⚴	⚵	⚶	⚷
	° ′	° ′	° ′	° ′	° ′	° ′	° ′	° ′	° ′	° ′	° ′	° ′	°	°	°	°	°
1	10 ♈ 3	3 ♊ 10	13 ♓ 39	14 R 38	13 D 28	21 D 51	16 D 7	15 D 2	13 D 15	10 D 44	25 R 26	29 D 7	14 D	0 D	15 D	14 D	16 D
2	11 ♈ 2	15 ♊ 25	13 ♓ 36	14 ♓ 35	14 ♓ 7	23 ♈ 6	16 ♋ 30	15 ♒ 13	13 ♊ 20	10 ♒ 47	25 ♋ 26	29 ♊ 8	14 ♒	0 ♒	15 ♉	14 ♈	16 ♓
3	12 ♈ 1	27 ♊ 54	13 ♓ 33	14 ♓ 33	14 ♓ 50	24 ♈ 20	16 ♋ 54	15 ♒ 24	13 ♊ 25	10 ♒ 49	25 ♋ 26	29 ♊ 8	15 ♒	0 ♒	16 ♉	15 ♈	16 ♓
4	13 ♈ 0	10 ♋ 40	13 ♓ 29	14 ♓ 32	15 ♓ 36	25 ♈ 34	17 ♋ 18	15 ♒ 35	13 ♊ 30	10 ♒ 51	25 ♋ 25	29 ♊ 9	15 ♒	0 ♒	16 ♉	15 ♈	16 ♓
5	14 ♈ 0	23 ♋ 47	13 ♓ 26	14 D 32	16 ♓ 26	26 ♈ 48	17 ♋ 42	15 ♒ 45	13 ♊ 35	10 ♒ 53	25 ♋ 25	29 ♊ 9	15 ♒	1 ♒	17 ♉	16 ♈	16 ♓
6	14 ♈ 59	7 ♌ 19	13 ♓ 23	14 ♓ 33	17 ♓ 19	28 ♈ 3	18 ♋ 6	15 ♒ 56	13 ♊ 40	10 ♒ 55	25 ♋ 25	29 ♊ 10	16 ♒	1 ♒	17 ♉	16 ♈	16 ♓
7	15 ♈ 58	21 ♌ 17	13 ♓ 20	14 ♓ 35	18 ♓ 15	29 ♈ 17	18 ♋ 31	16 ♒ 6	13 ♊ 45	10 ♒ 57	25 D 25	29 ♊ 10	16 ♒	1 ♒	18 ♉	17 ♈	16 ♓
8	16 ♈ 57	5 ♍ 40	13 ♓ 17	14 ♓ 36	19 ♓ 14	0 ♉ 31	18 ♋ 56	16 ♒ 16	13 ♊ 51	10 ♒ 59	25 ♋ 25	29 ♊ 11	16 ♒	1 ♒	19 ♉	17 ♈	16 ♓
9	17 ♈ 56	20 ♍ 28	13 ♓ 14	14 R 36	20 ♓ 16	1 ♉ 45	19 ♋ 21	16 ♒ 26	13 ♊ 56	11 ♒ 0	25 ♋ 25	29 ♊ 11	17 ♒	2 ♒	19 ♉	18 ♈	16 ♓
10	18 ♈ 54	5 ♎ 33	13 ♓ 10	14 ♓ 35	21 ♓ 20	2 ♉ 59	19 ♋ 46	16 ♒ 36	14 ♊ 2	11 ♒ 2	25 ♋ 25	29 ♊ 12	17 ♒	2 ♒	20 ♉	18 ♈	16 ♓
11	19 ♈ 53	20 ♎ 48	13 ♓ 7	14 ♓ 32	22 ♓ 27	4 ♉ 13	20 ♋ 11	16 ♒ 46	14 ♊ 7	11 ♒ 4	25 ♋ 26	29 ♊ 12	17 ♒	2 ♒	20 ♉	19 ♈	16 ♓
12	20 ♈ 52	6 ♏ 3	13 ♓ 4	14 ♓ 27	23 ♓ 36	5 ♉ 27	20 ♋ 37	16 ♒ 56	14 ♊ 13	11 ♒ 6	25 ♋ 26	29 ♊ 13	18 ♒	2 ♒	21 ♉	19 ♈	16 ♓
13	21 ♈ 51	21 ♏ 7	13 ♓ 1	14 ♓ 22	24 ♓ 48	6 ♉ 41	21 ♋ 3	17 ♒ 6	14 ♊ 19	11 ♒ 7	25 ♋ 26	29 ♊ 14	18 ♒	3 ♒	21 ♉	19 ♈	16 ♓
14	22 ♈ 50	5 ♐ 51	12 ♓ 58	14 ♓ 16	26 ♓ 2	7 ♉ 55	21 ♋ 29	17 ♒ 15	14 ♊ 24	11 ♒ 9	25 ♋ 26	29 ♊ 14	18 ♒	3 ♒	22 ♉	20 ♈	16 ♓
15	23 ♈ 48	20 ♐ 10	12 ♓ 55	14 ♓ 11	27 ♓ 18	9 ♉ 9	21 ♋ 56	17 ♒ 25	14 ♊ 30	11 ♒ 11	25 ♋ 26	29 ♊ 15	18 ♒	3 ♒	23 ♉	20 ♈	16 ♓
16	24 ♈ 47	3 ♑ 59	12 ♓ 51	14 ♓ 8	28 ♓ 36	10 ♉ 23	22 ♋ 22	17 ♒ 34	14 ♊ 36	11 ♒ 12	25 ♋ 27	29 ♊ 16	19 ♒	3 ♒	23 ♉	21 ♈	17 ♓
17	25 ♈ 46	17 ♑ 20	12 ♓ 48	14 ♓ 6	29 ♓ 56	11 ♉ 37	22 ♋ 49	17 ♒ 43	14 ♊ 42	11 ♒ 14	25 ♋ 27	29 ♊ 17	19 ♒	3 ♒	24 ♉	21 ♈	17 ♓
18	26 ♈ 44	0 ♒ 15	12 ♓ 45	14 D 5	1 ♈ 18	12 ♉ 51	23 ♋ 16	17 ♒ 52	14 ♊ 48	11 ♒ 15	25 ♋ 27	29 ♊ 17	19 ♒	4 ♒	24 ♉	22 ♈	17 ♓
19	27 ♈ 43	12 ♒ 47	12 ♓ 42	14 ♓ 6	2 ♈ 42	14 ♉ 5	23 ♋ 43	18 ♒ 1	14 ♊ 54	11 ♒ 17	25 ♋ 28	29 ♊ 18	20 ♒	4 ♒	25 ♉	22 ♈	17 ♓
20	28 ♈ 42	25 ♒ 1	12 ♓ 39	14 ♓ 8	4 ♈ 8	15 ♉ 18	24 ♋ 11	18 ♒ 10	15 ♊ 1	11 ♒ 18	25 ♋ 28	29 ♊ 19	20 ♒	4 ♒	26 ♉	23 ♈	17 ♓
21	29 ♈ 40	7 ♓ 3	12 ♓ 35	14 ♓ 9	5 ♈ 36	16 ♉ 32	24 ♋ 38	18 ♒ 19	15 ♊ 7	11 ♒ 19	25 ♋ 29	29 ♊ 20	20 ♒	4 ♒	26 ♉	23 ♈	17 ♓
22	0 ♉ 39	18 ♓ 56	12 ♓ 32	14 R 9	7 ♈ 5	17 ♉ 46	25 ♋ 6	18 ♒ 27	15 ♊ 13	11 ♒ 21	25 ♋ 29	29 ♊ 20	20 ♒	4 ♒	27 ♉	24 ♈	17 ♓
23	1 ♉ 37	0 ♈ 44	12 ♓ 29	14 ♓ 7	8 ♈ 37	19 ♉ 0	25 ♋ 34	18 ♒ 36	15 ♊ 19	11 ♒ 22	25 ♋ 30	29 ♊ 21	21 ♒	5 ♒	27 ♉	24 ♈	17 ♓
24	2 ♉ 36	12 ♈ 31	12 ♓ 26	14 ♓ 4	10 ♈ 10	20 ♉ 13	26 ♋ 2	18 ♒ 44	15 ♊ 26	11 ♒ 23	25 ♋ 30	29 ♊ 22	21 ♒	5 ♒	28 ♉	24 ♈	17 ♓
25	3 ♉ 34	24 ♈ 20	12 ♓ 23	13 ♓ 58	11 ♈ 45	21 ♉ 27	26 ♋ 30	18 ♒ 52	15 ♊ 32	11 ♒ 24	25 ♋ 31	29 ♊ 23	21 ♒	5 ♒	28 ♉	25 ♈	17 ♓
26	4 ♉ 33	6 ♉ 12	12 ♓ 20	13 ♓ 50	13 ♈ 21	22 ♉ 41	26 ♋ 59	19 ♒ 0	15 ♊ 39	11 ♒ 25	25 ♋ 31	29 ♊ 24	22 ♒	5 ♒	29 ♉	25 ♈	17 ♓
27	5 ♉ 31	18 ♉ 10	12 ♓ 16	13 ♓ 40	15 ♈ 0	23 ♉ 54	27 ♋ 27	19 ♒ 8	15 ♊ 45	11 ♒ 26	25 ♋ 32	29 ♊ 25	22 ♒	5 ♒	0 ♊	26 ♈	17 ♓
28	6 ♉ 29	0 ♊ 15	12 ♓ 13	13 ♓ 30	16 ♈ 40	25 ♉ 8	27 ♋ 56	19 ♒ 16	15 ♊ 52	11 ♒ 27	25 ♋ 33	29 ♊ 26	22 ♒	5 ♒	0 ♊	26 ♈	17 ♓
29	7 ♉ 28	12 ♊ 29	12 ♓ 10	13 ♓ 20	18 ♈ 22	26 ♉ 22	28 ♋ 25	19 ♒ 24	15 ♊ 59	11 ♒ 28	25 ♋ 33	29 ♊ 27	22 ♒	6 ♒	1 ♊	27 ♈	17 ♓
30	8 ♉ 26	24 ♊ 52	12 ♓ 7	13 ♓ 12	20 ♈ 6	27 ♉ 35	28 ♋ 54	19 ♒ 31	16 ♊ 5	11 ♒ 29	25 ♋ 34	29 ♊ 28	23 ♒	6 ♒	1 ♊	27 ♈	17 ♓

SUN INGRESS　☉ → ♉ 21日 07:53

MOON PHASE　◐ 4日 04:41 ♋　○ 10日 22:28 ♎　◑ 17日 16:52 ♑　● 25日 20:21 ♉

aspects		
1日	17:25	☉⚹♅
3日	21:10	♀□♆
4日	13:02	☉⚹♄
6日	21:50	♀⚹♇
7日	04:04	☉⚹♃
7日	11:12	☿△♂
11日	13:11	☉□♂
13日	12:31	☿△♆
16日	12:12	☿□♇
16日	16:16	☉□♆
16日	16:19	♀□♅
20日	15:26	☉⚹♇
22日	15:13	♀□♃
22日	20:17	♂☌♆
24日	18:47	☿⚹♅
27日	11:41	☿⚹♄
28日	08:09	♀⚹♆
29日	15:19	☿⚹♃

1914年5月

DAY	☉	☽	☊ mean	☊ true	☿	♀	♂	♃	♄	♅	♆	♇	⚳	⚴	⚵	⚶	⚷
	° ′	° ′	° ′	° ′	° ′	° ′	° ′	° ′	° ′	° ′	° ′	° ′	°	°	°	°	°
1	9 ♉ 24	7 ♋ 27	12 ♓ 4	13 R 5	21 D 52	28 D 49	29 D 23	19 D 38	16 D 12	11 D 30	25 D 35	29 D 29	23 D	6 D	2 D	28 D	17 D
2	10 ♉ 23	20 ♋ 16	12 ♓ 1	13 ♓ 1	23 ♈ 39	0 ♊ 2	29 ♋ 53	19 ♒ 46	16 ♊ 19	11 ♒ 31	25 ♋ 36	29 ♊ 30	23 ♒	6 ♒	3 ♊	28 ♈	17 ♓
3	11 ♉ 21	3 ♌ 21	11 ♓ 57	12 ♓ 59	25 ♈ 28	1 ♊ 15	0 ♌ 22	19 ♒ 53	16 ♊ 26	11 ♒ 31	25 ♋ 37	29 ♊ 31	23 ♒	6 ♒	3 ♊	29 ♈	17 ♓
4	12 ♉ 19	16 ♌ 47	11 ♓ 54	12 D 59	27 ♈ 19	2 ♊ 29	0 ♌ 52	20 ♒ 0	16 ♊ 33	11 ♒ 32	25 ♋ 37	29 ♊ 32	24 ♒	6 ♒	4 ♊	29 ♈	17 ♓
5	13 ♉ 17	0 ♍ 33	11 ♓ 51	13 ♓ 0	29 ♈ 12	3 ♊ 42	1 ♌ 22	20 ♒ 6	16 ♊ 40	11 ♒ 33	25 ♋ 38	29 ♊ 33	24 ♒	6 ♒	4 ♊	29 ♈	17 ♓
6	14 ♉ 15	14 ♍ 43	11 ♓ 48	13 R 0	1 ♉ 7	4 ♊ 56	1 ♌ 52	20 ♒ 13	16 ♊ 47	11 ♒ 33	25 ♋ 39	29 ♊ 34	24 ♒	6 ♒	5 ♊	0 ♉	17 ♓
7	15 ♉ 13	29 ♍ 15	11 ♓ 45	12 ♓ 59	3 ♉ 3	6 ♊ 9	2 ♌ 22	20 ♒ 19	16 ♊ 54	11 ♒ 34	25 ♋ 40	29 ♊ 35	24 ♒	7 ♒	6 ♊	0 ♉	17 ♓
8	16 ♉ 11	14 ♎ 5	11 ♓ 41	12 ♓ 56	5 ♉ 1	7 ♊ 22	2 ♌ 52	20 ♒ 26	17 ♊ 1	11 ♒ 34	25 ♋ 41	29 ♊ 36	25 ♒	7 ♒	6 ♊	1 ♉	18 ♓
9	17 ♉ 9	29 ♎ 9	11 ♓ 38	12 ♓ 50	7 ♉ 1	8 ♊ 35	3 ♌ 22	20 ♒ 32	17 ♊ 8	11 ♒ 35	25 ♋ 42	29 ♊ 37	25 ♒	7 ♒	7 ♊	1 ♉	18 ♓
10	18 ♉ 7	14 ♏ 17	11 ♓ 35	12 ♓ 42	9 ♉ 3	9 ♊ 49	3 ♌ 53	20 ♒ 38	17 ♊ 15	11 ♒ 35	25 ♋ 43	29 ♊ 38	25 ♒	7 ♒	7 ♊	2 ♉	18 ♓
11	19 ♉ 5	29 ♏ 20	11 ♓ 32	12 ♓ 33	11 ♉ 6	11 ♊ 2	4 ♌ 23	20 ♒ 43	17 ♊ 22	11 ♒ 36	25 ♋ 44	29 ♊ 39	25 ♒	7 ♒	8 ♊	2 ♉	18 ♓
12	20 ♉ 3	14 ♐ 7	11 ♓ 29	12 ♓ 23	13 ♉ 10	12 ♊ 15	4 ♌ 54	20 ♒ 49	17 ♊ 29	11 ♒ 36	25 ♋ 45	29 ♊ 40	25 ♒	7 ♒	8 ♊	3 ♉	18 ♓
13	21 ♉ 1	28 ♐ 31	11 ♓ 26	12 ♓ 13	15 ♉ 17	13 ♊ 28	5 ♌ 25	20 ♒ 55	17 ♊ 37	11 ♒ 36	25 ♋ 47	29 ♊ 42	26 ♒	7 ♒	9 ♊	3 ♉	18 ♓
14	21 ♉ 59	12 ♑ 27	11 ♓ 22	12 ♓ 6	17 ♉ 24	14 ♊ 41	5 ♌ 56	21 ♒ 0	17 ♊ 44	11 ♒ 36	25 ♋ 48	29 ♊ 43	26 ♒	7 ♒	10 ♊	4 ♉	18 ♓
15	22 ♉ 57	25 ♑ 54	11 ♓ 19	12 ♓ 1	19 ♉ 33	15 ♊ 54	6 ♌ 27	21 ♒ 5	17 ♊ 51	11 ♒ 36	25 ♋ 49	29 ♊ 44	26 ♒	7 ♒	10 ♊	4 ♉	18 ♓
16	23 ♉ 55	8 ♒ 53	11 ♓ 16	11 ♓ 58	21 ♉ 42	17 ♊ 7	6 ♌ 58	21 ♒ 10	17 ♊ 59	11 ♒ 37	25 ♋ 50	29 ♊ 45	26 ♒	7 ♒	11 ♊	4 ♉	18 ♓
17	24 ♉ 52	21 ♒ 28	11 ♓ 13	11 ♓ 57	23 ♉ 53	18 ♊ 20	7 ♌ 30	21 ♒ 15	18 ♊ 6	11 ♒ 37	25 ♋ 51	29 ♊ 46	27 ♒	7 ♒	11 ♊	5 ♉	18 ♓
18	25 ♉ 50	3 ♓ 43	11 ♓ 10	11 D 57	26 ♉ 4	19 ♊ 33	8 ♌ 1	21 ♒ 20	18 ♊ 13	11 R 37	25 ♋ 53	29 ♊ 48	27 ♒	7 ♒	12 ♊	5 ♉	18 ♓
19	26 ♉ 48	15 ♓ 43	11 ♓ 7	11 R 57	28 ♉ 15	20 ♊ 46	8 ♌ 33	21 ♒ 24	18 ♊ 21	11 ♒ 37	25 ♋ 54	29 ♊ 49	27 ♒	7 ♒	13 ♊	6 ♉	18 ♓
20	27 ♉ 46	27 ♓ 35	11 ♓ 3	11 ♓ 56	0 ♊ 27	21 ♊ 59	9 ♌ 4	21 ♒ 28	18 ♊ 28	11 ♒ 36	25 ♋ 55	29 ♊ 50	27 ♒	7 ♒	13 ♊	6 ♉	18 ♓
21	28 ♉ 43	9 ♈ 22	11 ♓ 0	11 ♓ 53	2 ♊ 38	23 ♊ 12	9 ♌ 36	21 ♒ 33	18 ♊ 36	11 ♒ 36	25 ♋ 57	29 ♊ 51	27 ♒	8 ♒	14 ♊	7 ♉	18 ♓
22	29 ♉ 41	21 ♈ 10	10 ♓ 57	11 ♓ 48	4 ♊ 49	24 ♊ 24	10 ♌ 8	21 ♒ 36	18 ♊ 43	11 ♒ 36	25 ♋ 58	29 ♊ 53	27 ♒	8 ♒	14 ♊	7 ♉	18 ♓
23	0 ♊ 39	3 ♉ 2	10 ♓ 54	11 ♓ 39	6 ♊ 59	25 ♊ 37	10 ♌ 40	21 ♒ 40	18 ♊ 51	11 ♒ 36	25 ♋ 59	29 ♊ 54	28 ♒	8 ♒	15 ♊	7 ♉	18 ♓
24	1 ♊ 37	15 ♉ 1	10 ♓ 51	11 ♓ 28	9 ♊ 7	26 ♊ 50	11 ♌ 12	21 ♒ 44	18 ♊ 59	11 ♒ 36	26 ♋ 1	29 ♊ 55	28 ♒	8 ♒	15 ♊	8 ♉	18 ♓
25	2 ♊ 34	27 ♉ 8	10 ♓ 47	11 ♓ 16	11 ♊ 15	28 ♊ 3	11 ♌ 44	21 ♒ 47	19 ♊ 6	11 ♒ 35	26 ♋ 2	29 ♊ 57	28 ♒	8 ♒	16 ♊	8 ♉	18 ♓
26	3 ♊ 32	9 ♊ 25	10 ♓ 44	11 ♓ 2	13 ♊ 21	29 ♊ 15	12 ♌ 16	21 ♒ 51	19 ♊ 14	11 ♒ 35	26 ♋ 4	29 ♊ 58	28 ♒	8 R	17 ♊	9 ♉	18 ♓
27	4 ♊ 29	21 ♊ 52	10 ♓ 41	10 ♓ 49	15 ♊ 26	0 ♋ 28	12 ♌ 49	21 ♒ 54	19 ♊ 21	11 ♒ 34	26 ♋ 5	29 ♊ 59	28 ♒	8 ♒	17 ♊	9 ♉	18 ♓
28	5 ♊ 27	4 ♋ 30	10 ♓ 38	10 ♓ 38	17 ♊ 28	1 ♋ 41	13 ♌ 21	21 ♒ 56	19 ♊ 29	11 ♒ 34	26 ♋ 7	0 ♋ 1	28 ♒	8 ♒	18 ♊	10 ♉	18 ♓
29	6 ♊ 25	17 ♋ 19	10 ♓ 35	10 ♓ 28	19 ♊ 28	2 ♋ 53	13 ♌ 54	21 ♒ 59	19 ♊ 37	11 ♒ 33	26 ♋ 8	0 ♋ 2	29 ♒	8 ♒	18 ♊	10 ♉	18 ♓
30	7 ♊ 22	0 ♌ 20	10 ♓ 32	10 ♓ 22	21 ♊ 26	4 ♋ 6	14 ♌ 26	22 ♒ 2	19 ♊ 44	11 ♒ 33	26 ♋ 10	0 ♋ 3	29 ♒	8 ♒	19 ♊	11 ♉	18 ♓
31	8 ♊ 20	13 ♌ 34	10 ♓ 28	10 ♓ 18	23 ♊ 22	5 ♋ 18	14 ♌ 59	22 ♒ 4	19 ♊ 52	11 ♒ 32	26 ♋ 12	0 ♋ 5	29 ♒	7 ♒	20 ♊	11 ♉	18 ♓

SUN INGRESS ☉→♊ 22日 07:38

MOON PHASE ◐ 3日 15:29 ♌ ○ 10日 06:30 ♏ ◑ 17日 07:12 ♒ ● 25日 11:34 ♊

aspects

1日	18:57	♀⚹♂
3日	01:48	☿□♆
3日	04:27	☉□♅
5日	04:24	☿⚹♇
6日	12:36	☿□♂
11日	05:48	☿□♅
11日	11:09	♀△♅
12日	21:06	☉□♃
15日	17:50	☿□♃
16日	18:53	♀☌♄
17日	19:33	☉☌☿
17日	21:57	☿⚹♆
18日	01:04	☉⚹♆
19日	13:22	♀△♃
24日	17:33	♂☍♅
25日	03:48	☿△♅
25日	07:21	☿⚹♂
26日	14:17	♀☌♇
29日	01:51	☿☌♄
30日	07:27	☿△♃

1914年6月

DAY	☉	☽	☊ mean	☊ true	☿	♀	♂	♃	♄	♅	♆	♇	⚳	⚴	⚵	⚶	⚷
	° ′	° ′	° ′	° ′	° ′	° ′	° ′	° ′	° ′	° ′	° ′	° ′	°	°	°	°	°
1	9 ♊ 17	27 ♌ 2	10 ♓ 25	10 R 17	25 D 15	6 D 31	15 D 32	22 D 6	20 D 0	11 R 31	26 D 13	0 D 6	29 D	7 R	20 D	11 D	18 D
2	10 ♊ 15	10 ♍ 46	10 ♓ 22	10 D 17	27 ♊ 6	7 ♋ 43	16 ♌ 5	22 ♒ 8	20 ♊ 8	11 ♒ 31	26 ♋ 15	0 ♋ 7	29 ♒	7 ♒	21 ♊	12 ♉	18 ♓
3	11 ♊ 12	24 ♍ 46	10 ♓ 19	10 R 17	28 ♊ 54	8 ♋ 56	16 ♌ 38	22 ♒ 10	20 ♊ 15	11 ♒ 30	26 ♋ 17	0 ♋ 9	29 ♒	7 ♒	21 ♊	12 ♉	18 ♓
4	12 ♊ 10	9 ♎ 3	10 ♓ 16	10 ♓ 15	0 ♋ 39	10 ♋ 8	17 ♌ 11	22 ♒ 11	20 ♊ 23	11 ♒ 29	26 ♋ 18	0 ♋ 10	29 ♒	7 ♒	22 ♊	13 ♉	18 ♓
5	13 ♊ 7	23 ♎ 34	10 ♓ 12	10 ♓ 11	2 ♋ 22	11 ♋ 20	17 ♌ 44	22 ♒ 13	20 ♊ 31	11 ♒ 28	26 ♋ 20	0 ♋ 11	0 ♓	7 ♒	22 ♊	13 ♉	18 ♓
6	14 ♊ 5	8 ♏ 17	10 ♓ 9	10 ♓ 5	4 ♋ 2	12 ♋ 32	18 ♌ 17	22 ♒ 14	20 ♊ 39	11 ♒ 27	26 ♋ 22	0 ♋ 13	0 ♓	7 ♒	23 ♊	14 ♉	18 ♓
7	15 ♊ 2	23 ♏ 5	10 ♓ 6	9 ♓ 56	5 ♋ 39	13 ♋ 45	18 ♌ 51	22 ♒ 15	20 ♊ 47	11 ♒ 26	26 ♋ 23	0 ♋ 14	0 ♓	7 ♒	24 ♊	14 ♉	18 ♓
8	15 ♊ 59	7 ♐ 51	10 ♓ 3	9 ♓ 45	7 ♋ 14	14 ♋ 57	19 ♌ 24	22 ♒ 16	20 ♊ 54	11 ♒ 25	26 ♋ 25	0 ♋ 16	0 ♓	7 ♒	24 ♊	14 ♉	18 ♓
9	16 ♊ 57	22 ♐ 25	10 ♓ 0	9 ♓ 34	8 ♋ 45	16 ♋ 9	19 ♌ 58	22 ♒ 16	21 ♊ 2	11 ♒ 24	26 ♋ 27	0 ♋ 17	0 ♓	7 ♒	25 ♊	15 ♉	18 ♓
10	17 ♊ 54	6 ♑ 41	9 ♓ 57	9 ♓ 23	10 ♋ 14	17 ♋ 21	20 ♌ 31	22 ♒ 17	21 ♊ 10	11 ♒ 23	26 ♋ 29	0 ♋ 19	0 ♓	7 ♒	25 ♊	15 ♉	18 ♓
11	18 ♊ 51	20 ♑ 33	9 ♓ 53	9 ♓ 15	11 ♋ 40	18 ♋ 33	21 ♌ 5	22 ♒ 17	21 ♊ 18	11 ♒ 22	26 ♋ 31	0 ♋ 20	0 ♓	7 ♒	26 ♊	16 ♉	18 ♓
12	19 ♊ 49	3 ♒ 59	9 ♓ 50	9 ♓ 8	13 ♋ 3	19 ♋ 45	21 ♌ 39	22 R 17	21 ♊ 26	11 ♒ 21	26 ♋ 32	0 ♋ 21	0 ♓	7 ♒	26 ♊	16 ♉	18 ♓
13	20 ♊ 46	17 ♒ 0	9 ♓ 47	9 ♓ 4	14 ♋ 23	20 ♋ 57	22 ♌ 13	22 ♒ 17	21 ♊ 33	11 ♒ 20	26 ♋ 34	0 ♋ 23	0 ♓	6 ♒	27 ♊	17 ♉	18 ♓
14	21 ♊ 43	29 ♒ 37	9 ♓ 44	9 ♓ 3	15 ♋ 40	22 ♋ 9	22 ♌ 47	22 ♒ 17	21 ♊ 41	11 ♒ 19	26 ♋ 36	0 ♋ 24	0 ♓	6 ♒	28 ♊	17 ♉	18 ♓
15	22 ♊ 41	11 ♓ 54	9 ♓ 41	9 D 2	16 ♋ 55	23 ♋ 21	23 ♌ 21	22 ♒ 16	21 ♊ 49	11 ♒ 17	26 ♋ 38	0 ♋ 26	1 ♓	6 ♒	28 ♊	17 ♉	18 ♓
16	23 ♊ 38	23 ♓ 56	9 ♓ 38	9 R 3	18 ♋ 6	24 ♋ 33	23 ♌ 55	22 ♒ 15	21 ♊ 57	11 ♒ 16	26 ♋ 40	0 ♋ 27	1 ♓	6 ♒	29 ♊	18 ♉	18 ♓
17	24 ♊ 35	5 ♈ 50	9 ♓ 34	9 ♓ 2	19 ♋ 14	25 ♋ 44	24 ♌ 29	22 ♒ 15	22 ♊ 5	11 ♒ 15	26 ♋ 42	0 ♋ 29	1 ♓	6 ♒	29 ♊	18 ♉	18 ♓
18	25 ♊ 32	17 ♈ 39	9 ♓ 31	9 ♓ 0	20 ♋ 19	26 ♋ 56	25 ♌ 3	22 ♒ 13	22 ♊ 12	11 ♒ 13	26 ♋ 44	0 ♋ 30	1 ♓	6 ♒	0 ♋	19 ♉	18 ♓
19	26 ♊ 30	29 ♈ 30	9 ♓ 28	8 ♓ 56	21 ♋ 20	28 ♋ 8	25 ♌ 37	22 ♒ 12	22 ♊ 20	11 ♒ 12	26 ♋ 46	0 ♋ 31	1 ♓	6 ♒	0 ♋	19 ♉	18 ♓
20	27 ♊ 27	11 ♉ 25	9 ♓ 25	8 ♓ 49	22 ♋ 19	29 ♋ 19	26 ♌ 12	22 ♒ 11	22 ♊ 28	11 ♒ 10	26 ♋ 48	0 ♋ 33	1 ♓	5 ♒	1 ♋	19 ♉	18 ♓
21	28 ♊ 24	23 ♉ 30	9 ♓ 22	8 ♓ 39	23 ♋ 13	0 ♌ 31	26 ♌ 46	22 ♒ 9	22 ♊ 36	11 ♒ 9	26 ♋ 50	0 ♋ 34	1 ♓	5 ♒	2 ♋	20 ♉	18 ♓
22	29 ♊ 22	5 ♊ 47	9 ♓ 19	8 ♓ 29	24 ♋ 5	1 ♌ 43	27 ♌ 21	22 ♒ 7	22 ♊ 44	11 ♒ 7	26 ♋ 52	0 ♋ 36	1 ♓	5 ♒	2 ♋	20 ♉	18 ♓
23	0 ♋ 19	18 ♊ 16	9 ♓ 15	8 ♓ 17	24 ♋ 52	2 ♌ 54	27 ♌ 55	22 ♒ 5	22 ♊ 51	11 ♒ 6	26 ♋ 54	0 ♋ 37	1 ♓	5 ♒	3 ♋	21 ♉	18 R
24	1 ♋ 16	1 ♋ 0	9 ♓ 12	8 ♓ 5	25 ♋ 36	4 ♌ 6	28 ♌ 30	22 ♒ 3	22 ♊ 59	11 ♒ 4	26 ♋ 56	0 ♋ 39	1 ♓	5 ♒	3 ♋	21 ♉	18 ♓
25	2 ♋ 13	13 ♋ 57	9 ♓ 9	7 ♓ 55	26 ♋ 16	5 ♌ 17	29 ♌ 5	22 ♒ 0	23 ♊ 7	11 ♒ 2	26 ♋ 58	0 ♋ 40	1 ♓	5 ♒	4 ♋	22 ♉	18 ♓
26	3 ♋ 11	27 ♋ 6	9 ♓ 6	7 ♓ 47	26 ♋ 53	6 ♌ 28	29 ♌ 39	21 ♒ 58	23 ♊ 15	11 ♒ 1	27 ♋ 0	0 ♋ 42	1 ♓	4 ♒	4 ♋	22 ♉	18 ♓
27	4 ♋ 8	10 ♌ 27	9 ♓ 3	7 ♓ 41	27 ♋ 25	7 ♌ 40	0 ♍ 14	21 ♒ 55	23 ♊ 22	10 ♒ 59	27 ♋ 2	0 ♋ 43	1 ♓	4 ♒	5 ♋	22 ♉	18 ♓
28	5 ♋ 5	23 ♌ 59	8 ♓ 59	7 ♓ 39	27 ♋ 53	8 ♌ 51	0 ♍ 49	21 ♒ 52	23 ♊ 30	10 ♒ 57	27 ♋ 4	0 ♋ 45	1 R	4 ♒	5 ♋	23 ♉	18 ♓
29	6 ♋ 2	7 ♍ 40	8 ♓ 56	7 D 38	28 ♋ 16	10 ♌ 2	1 ♍ 24	21 ♒ 49	23 ♊ 38	10 ♒ 55	27 ♋ 6	0 ♋ 46	1 ♓	4 ♒	6 ♋	23 ♉	18 ♓
30	6 ♋ 59	21 ♍ 31	8 ♓ 53	7 ♓ 38	28 ♋ 35	11 ♌ 13	1 ♍ 59	21 ♒ 46	23 ♊ 46	10 ♒ 54	27 ♋ 8	0 ♋ 47	1 ♓	4 ♒	7 ♋	24 ♉	18 ♓

SUN INGRESS ☉→♋ 22日 15:55

MOON PHASE ◐ 1日 23:03 ♍ ○ 8日 14:18 ♐ ◑ 15日 23:20 ♓ ● 24日 00:33 ♋

aspects

3日	07:19	☉△♅
3日	17:13	☿☌♇
11日	11:43	♂⚹♄
13日	03:05	♂☍♃
13日	22:59	☉☌♄
14日	13:54	☉△♃
16日	17:23	☉⚹♂
17日	19:49	♀☌♆
18日	02:47	♃△♄
23日	07:57	☉☌♇
26日	05:39	☿☌♆
27日	20:36	♂⚹♇
29日	17:34	♀☍♅

1914年7月

DAY	☉	☽	☊ mean	☊ true	☿	♀	♂	♃	♄	♅	♆	♇	⚳	⚴	⚵	⚶	⚷
	° ′	° ′	° ′	° ′	° ′	° ′	° ′	° ′	° ′	° ′	° ′	° ′	°	°	°	°	°
1	7 ♋ 57	5 ♎ 32	8 ♓ 50	7 D 39	28 D 50	12 D 24	2 D 35	21 R 42	23 D 53	10 R 52	27 D 11	0 D 49	1 R	3 R	7 D	24 D	18 R
2	8 ♋ 54	19 ♎ 42	8 ♓ 47	7 R 38	29 ♋ 0	13 ♌ 35	3 ♍ 10	21 ♒ 38	24 ♊ 1	10 ♒ 50	27 ♋ 13	0 ♋ 50	1 ♓	3 ♒	8 ♋	24 ♉	18 ♓
3	9 ♋ 51	3 ♏ 59	8 ♓ 44	7 ♓ 36	29 ♋ 6	14 ♌ 46	3 ♍ 45	21 ♒ 34	24 ♊ 9	10 ♒ 48	27 ♋ 15	0 ♋ 52	1 ♓	3 ♒	8 ♋	25 ♉	18 ♓
4	10 ♋ 48	18 ♏ 21	8 ♓ 40	7 ♓ 32	29 R 6	15 ♌ 57	4 ♍ 20	21 ♒ 30	24 ♊ 16	10 ♒ 46	27 ♋ 17	0 ♋ 53	1 ♓	3 ♒	9 ♋	25 ♉	18 ♓
5	11 ♋ 45	2 ♐ 44	8 ♓ 37	7 ♓ 25	29 ♋ 2	17 ♌ 8	4 ♍ 56	21 ♒ 26	24 ♊ 24	10 ♒ 44	27 ♋ 19	0 ♋ 55	1 ♓	2 ♒	9 ♋	26 ♉	18 ♓
6	12 ♋ 43	17 ♐ 3	8 ♓ 34	7 ♓ 17	28 ♋ 54	18 ♌ 18	5 ♍ 31	21 ♒ 22	24 ♊ 31	10 ♒ 42	27 ♋ 21	0 ♋ 56	1 ♓	2 ♒	10 ♋	26 ♉	18 ♓
7	13 ♋ 40	1 ♑ 14	8 ♓ 31	7 ♓ 9	28 ♋ 41	19 ♌ 29	6 ♍ 7	21 ♒ 17	24 ♊ 39	10 ♒ 40	27 ♋ 23	0 ♋ 58	1 ♓	2 ♒	11 ♋	26 ♉	18 ♓
8	14 ♋ 37	15 ♑ 9	8 ♓ 28	7 ♓ 1	28 ♋ 23	20 ♌ 40	6 ♍ 42	21 ♒ 13	24 ♊ 46	10 ♒ 38	27 ♋ 26	0 ♋ 59	1 ♓	2 ♒	11 ♋	27 ♉	18 ♓
9	15 ♋ 34	28 ♑ 46	8 ♓ 25	6 ♓ 54	28 ♋ 2	21 ♌ 50	7 ♍ 18	21 ♒ 8	24 ♊ 54	10 ♒ 36	27 ♋ 28	1 ♋ 0	1 ♓	1 ♒	12 ♋	27 ♉	18 ♓
10	16 ♋ 31	12 ♒ 3	8 ♓ 21	6 ♓ 49	27 ♋ 36	23 ♌ 1	7 ♍ 54	21 ♒ 3	25 ♊ 1	10 ♒ 34	27 ♋ 30	1 ♋ 2	0 ♓	1 ♒	12 ♋	27 ♉	18 ♓
11	17 ♋ 29	24 ♒ 57	8 ♓ 18	6 ♓ 47	27 ♋ 7	24 ♌ 11	8 ♍ 30	20 ♒ 58	25 ♊ 9	10 ♒ 32	27 ♋ 32	1 ♋ 3	0 ♓	1 ♒	13 ♋	28 ♉	18 ♓
12	18 ♋ 26	7 ♓ 32	8 ♓ 15	6 D 46	26 ♋ 35	25 ♌ 21	9 ♍ 6	20 ♒ 52	25 ♊ 16	10 ♒ 29	27 ♋ 34	1 ♋ 5	0 ♓	1 ♒	13 ♋	28 ♉	18 ♓
13	19 ♋ 23	19 ♓ 49	8 ♓ 12	6 ♓ 47	26 ♋ 0	26 ♌ 32	9 ♍ 41	20 ♒ 47	25 ♊ 24	10 ♒ 27	27 ♋ 37	1 ♋ 6	0 ♓	0 ♒	14 ♋	29 ♉	18 ♓
14	20 ♋ 20	1 ♈ 52	8 ♓ 9	6 ♓ 48	25 ♋ 23	27 ♌ 42	10 ♍ 17	20 ♒ 41	25 ♊ 31	10 ♒ 25	27 ♋ 39	1 ♋ 7	0 ♓	0 ♒	14 ♋	29 ♉	18 ♓
15	21 ♋ 17	13 ♈ 47	8 ♓ 5	6 ♓ 49	24 ♋ 44	28 ♌ 52	10 ♍ 53	20 ♒ 35	25 ♊ 38	10 ♒ 23	27 ♋ 41	1 ♋ 9	0 ♓	0 ♒	15 ♋	29 ♉	18 ♓
16	22 ♋ 15	25 ♈ 38	8 ♓ 2	6 R 49	24 ♋ 4	0 ♍ 2	11 ♍ 30	20 ♒ 29	25 ♊ 46	10 ♒ 21	27 ♋ 43	1 ♋ 10	0 ♓	0 ♒	15 ♋	0 ♊	18 ♓
17	23 ♋ 12	7 ♉ 31	7 ♓ 59	6 ♓ 48	23 ♋ 24	1 ♍ 12	12 ♍ 6	20 ♒ 23	25 ♊ 53	10 ♒ 18	27 ♋ 45	1 ♋ 11	0 ♓	29 ♑	16 ♋	0 ♊	18 ♓
18	24 ♋ 9	19 ♉ 29	7 ♓ 56	6 ♓ 45	22 ♋ 44	2 ♍ 22	12 ♍ 42	20 ♒ 17	26 ♊ 0	10 ♒ 16	27 ♋ 48	1 ♋ 13	0 ♓	29 ♑	17 ♋	1 ♊	18 ♓
19	25 ♋ 6	1 ♊ 38	7 ♓ 53	6 ♓ 40	22 ♋ 6	3 ♍ 32	13 ♍ 18	20 ♒ 11	26 ♊ 7	10 ♒ 14	27 ♋ 50	1 ♋ 14	0 ♓	29 ♑	17 ♋	1 ♊	18 ♓
20	26 ♋ 4	14 ♊ 1	7 ♓ 50	6 ♓ 34	21 ♋ 29	4 ♍ 41	13 ♍ 55	20 ♒ 5	26 ♊ 15	10 ♒ 12	27 ♋ 52	1 ♋ 16	29 ♒	28 ♑	18 ♋	1 ♊	18 ♓
21	27 ♋ 1	26 ♊ 40	7 ♓ 46	6 ♓ 28	20 ♋ 55	5 ♍ 51	14 ♍ 31	19 ♒ 58	26 ♊ 22	10 ♒ 9	27 ♋ 54	1 ♋ 17	29 ♒	28 ♑	18 ♋	2 ♊	18 ♓
22	27 ♋ 58	9 ♋ 38	7 ♓ 43	6 ♓ 21	20 ♋ 24	7 ♍ 0	15 ♍ 7	19 ♒ 51	26 ♊ 29	10 ♒ 7	27 ♋ 57	1 ♋ 18	29 ♒	28 ♑	19 ♋	2 ♊	18 ♓
23	28 ♋ 56	22 ♋ 52	7 ♓ 40	6 ♓ 16	19 ♋ 57	8 ♍ 10	15 ♍ 44	19 ♒ 45	26 ♊ 36	10 ♒ 5	27 ♋ 59	1 ♋ 20	29 ♒	28 ♑	19 ♋	2 ♊	18 ♓
24	29 ♋ 53	6 ♌ 23	7 ♓ 37	6 ♓ 11	19 ♋ 33	9 ♍ 19	16 ♍ 21	19 ♒ 38	26 ♊ 43	10 ♒ 2	28 ♋ 1	1 ♋ 21	29 ♒	27 ♑	20 ♋	3 ♊	18 ♓
25	0 ♌ 50	20 ♌ 8	7 ♓ 34	6 ♓ 8	19 ♋ 15	10 ♍ 29	16 ♍ 57	19 ♒ 31	26 ♊ 50	10 ♒ 0	28 ♋ 3	1 ♋ 22	29 ♒	27 ♑	20 ♋	3 ♊	18 ♓
26	1 ♌ 48	4 ♍ 4	7 ♓ 31	6 ♓ 7	19 ♋ 2	11 ♍ 38	17 ♍ 34	19 ♒ 24	26 ♊ 57	9 ♒ 58	28 ♋ 6	1 ♋ 23	28 ♒	27 ♑	21 ♋	4 ♊	18 ♓
27	2 ♌ 45	18 ♍ 9	7 ♓ 27	6 D 8	18 ♋ 54	12 ♍ 47	18 ♍ 11	19 ♒ 17	27 ♊ 4	9 ♒ 55	28 ♋ 8	1 ♋ 25	28 ♒	27 ♑	21 ♋	4 ♊	18 ♓
28	3 ♌ 42	2 ♎ 18	7 ♓ 24	6 ♓ 9	18 D 51	13 ♍ 56	18 ♍ 48	19 ♒ 9	27 ♊ 10	9 ♒ 53	28 ♋ 10	1 ♋ 26	28 ♒	26 ♑	22 ♋	4 ♊	18 ♓
29	4 ♌ 40	16 ♎ 31	7 ♓ 21	6 ♓ 10	18 ♋ 55	15 ♍ 5	19 ♍ 25	19 ♒ 2	27 ♊ 17	9 ♒ 50	28 ♋ 12	1 ♋ 27	28 ♒	26 ♑	23 ♋	5 ♊	18 ♓
30	5 ♌ 37	0 ♏ 44	7 ♓ 18	6 ♓ 11	19 ♋ 5	16 ♍ 14	20 ♍ 2	18 ♒ 55	27 ♊ 24	9 ♒ 48	28 ♋ 14	1 ♋ 28	28 ♒	26 ♑	23 ♋	5 ♊	18 ♓
31	6 ♌ 34	14 ♏ 56	7 ♓ 15	6 R 11	19 ♋ 21	17 ♍ 22	20 ♍ 39	18 ♒ 47	27 ♊ 31	9 ♒ 46	28 ♋ 17	1 ♋ 30	28 ♒	26 ♑	24 ♋	5 ♊	18 ♓

SUN INGRESS	☉ → ♌ 24日 02:47
MOON PHASE	◐ 1日 04:24 ♎ ○ 7日 22:59 ♑ ◑ 15日 16:31 ♈ ● 23日 11:38 ♋ ◐ 30日 08:51 ♏

aspects	
8日 10:28	♀☍♃
10日 05:01	☿☌♆
11日 22:03	♀⚹♄
16日 23:52	♀⚹♇
17日 03:01	☉☌☿
21日 23:18	☉☌♆
28日 02:32	☿⚹♂

1914年8月

DAY	☉	☽	☊ mean	☊ true	☿	♀	♂	♃	♄	♅	♆	♇	⚳	⚴	⚵	⚶	⚷
	° ′	° ′	° ′	° ′	° ′	° ′	° ′	° ′	° ′	° ′	° ′	° ′	°	°	°	°	°
1	7 ♌ 32	29 ♏ 3	7 ♓ 11	6 R 10	19 D 43	18 D 31	21 D 16	18 R 40	27 D 37	9 R 43	28 D 19	1 D 31	27 R	25 R	24 D	6 D	18 R
2	8 ♌ 29	13 ♐ 5	7 ♓ 8	6 ♓ 7	20 ♋ 12	19 ♍ 39	21 ♍ 53	18 ♒ 32	27 ♊ 44	9 ♒ 41	28 ♋ 21	1 ♋ 32	27 ♒	25 ♑	25 ♋	6 ♊	18 ♓
3	9 ♌ 27	26 ♐ 59	7 ♓ 5	6 ♓ 4	20 ♋ 47	20 ♍ 48	22 ♍ 30	18 ♒ 25	27 ♊ 50	9 ♒ 38	28 ♋ 23	1 ♋ 33	27 ♒	25 ♑	25 ♋	6 ♊	18 ♓
4	10 ♌ 24	10 ♑ 42	7 ♓ 2	6 ♓ 0	21 ♋ 28	21 ♍ 56	23 ♍ 7	18 ♒ 17	27 ♊ 57	9 ♒ 36	28 ♋ 25	1 ♋ 34	27 ♒	25 ♑	26 ♋	7 ♊	18 ♓
5	11 ♌ 21	24 ♑ 12	6 ♓ 59	5 ♓ 56	22 ♋ 15	23 ♍ 4	23 ♍ 45	18 ♒ 9	28 ♊ 3	9 ♒ 34	28 ♋ 28	1 ♋ 36	27 ♒	24 ♑	26 ♋	7 ♊	18 ♓
6	12 ♌ 19	7 ♒ 26	6 ♓ 56	5 ♓ 53	23 ♋ 9	24 ♍ 12	24 ♍ 22	18 ♒ 2	28 ♊ 10	9 ♒ 31	28 ♋ 30	1 ♋ 37	26 ♒	24 ♑	27 ♋	7 ♊	18 ♓
7	13 ♌ 16	20 ♒ 25	6 ♓ 52	5 ♓ 52	24 ♋ 8	25 ♍ 20	24 ♍ 59	17 ♒ 54	28 ♊ 16	9 ♒ 29	28 ♋ 32	1 ♋ 38	26 ♒	24 ♑	27 ♋	8 ♊	18 ♓
8	14 ♌ 14	3 ♓ 7	6 ♓ 49	5 ♓ 51	25 ♋ 14	26 ♍ 28	25 ♍ 37	17 ♒ 46	28 ♊ 22	9 ♒ 27	28 ♋ 34	1 ♋ 39	26 ♒	24 ♑	28 ♋	8 ♊	18 ♓
9	15 ♌ 11	15 ♓ 33	6 ♓ 46	5 D 51	26 ♋ 25	27 ♍ 36	26 ♍ 14	17 ♒ 38	28 ♊ 28	9 ♒ 24	28 ♋ 36	1 ♋ 40	26 ♒	23 ♑	28 ♋	8 ♊	18 ♓
10	16 ♌ 9	27 ♓ 46	6 ♓ 43	5 ♓ 52	27 ♋ 42	28 ♍ 43	26 ♍ 52	17 ♒ 30	28 ♊ 35	9 ♒ 22	28 ♋ 38	1 ♋ 41	26 ♒	23 ♑	29 ♋	9 ♊	17 ♓
11	17 ♌ 6	9 ♈ 48	6 ♓ 40	5 ♓ 53	29 ♋ 4	29 ♍ 51	27 ♍ 30	17 ♒ 23	28 ♊ 41	9 ♒ 19	28 ♋ 41	1 ♋ 42	25 ♒	23 ♑	29 ♋	9 ♊	17 ♓
12	18 ♌ 4	21 ♈ 42	6 ♓ 36	5 ♓ 55	0 ♌ 31	0 ♎ 58	28 ♍ 7	17 ♒ 15	28 ♊ 47	9 ♒ 17	28 ♋ 43	1 ♋ 43	25 ♒	23 ♑	0 ♌	9 ♊	17 ♓
13	19 ♌ 1	3 ♉ 34	6 ♓ 33	5 ♓ 56	2 ♌ 3	2 ♎ 5	28 ♍ 45	17 ♒ 7	28 ♊ 53	9 ♒ 15	28 ♋ 45	1 ♋ 45	25 ♒	23 ♑	0 ♌	10 ♊	17 ♓
14	19 ♌ 59	15 ♉ 27	6 ♓ 30	5 ♓ 57	3 ♌ 39	3 ♎ 12	29 ♍ 23	16 ♒ 59	28 ♊ 59	9 ♒ 12	28 ♋ 47	1 ♋ 46	25 ♒	22 ♑	1 ♌	10 ♊	17 ♓
15	20 ♌ 57	27 ♉ 25	6 ♓ 27	5 R 57	5 ♌ 19	4 ♎ 19	0 ♎ 1	16 ♒ 51	29 ♊ 4	9 ♒ 10	28 ♋ 49	1 ♋ 47	25 ♒	22 ♑	2 ♌	10 ♊	17 ♓
16	21 ♌ 54	9 ♊ 35	6 ♓ 24	5 ♓ 56	7 ♌ 3	5 ♎ 25	0 ♎ 39	16 ♒ 43	29 ♊ 10	9 ♒ 8	28 ♋ 51	1 ♋ 48	24 ♒	22 ♑	2 ♌	11 ♊	17 ♓
17	22 ♌ 52	21 ♊ 59	6 ♓ 21	5 ♓ 55	8 ♌ 51	6 ♎ 32	1 ♎ 17	16 ♒ 36	29 ♊ 16	9 ♒ 5	28 ♋ 53	1 ♋ 49	24 ♒	22 ♑	3 ♌	11 ♊	17 ♓
18	23 ♌ 50	4 ♋ 42	6 ♓ 17	5 ♓ 53	10 ♌ 41	7 ♎ 38	1 ♎ 55	16 ♒ 28	29 ♊ 21	9 ♒ 3	28 ♋ 55	1 ♋ 50	24 ♒	22 ♑	3 ♌	11 ♊	17 ♓
19	24 ♌ 48	17 ♋ 46	6 ♓ 14	5 ♓ 52	12 ♌ 34	8 ♎ 45	2 ♎ 33	16 ♒ 20	29 ♊ 27	9 ♒ 1	28 ♋ 57	1 ♋ 51	24 ♒	21 ♑	4 ♌	12 ♊	17 ♓
20	25 ♌ 45	1 ♌ 12	6 ♓ 11	5 ♓ 50	14 ♌ 29	9 ♎ 51	3 ♎ 11	16 ♒ 13	29 ♊ 33	8 ♒ 59	28 ♋ 59	1 ♋ 51	23 ♒	21 ♑	4 ♌	12 ♊	17 ♓
21	26 ♌ 43	14 ♌ 59	6 ♓ 8	5 ♓ 49	16 ♌ 26	10 ♎ 57	3 ♎ 49	16 ♒ 5	29 ♊ 38	8 ♒ 56	29 ♋ 1	1 ♋ 52	23 ♒	21 ♑	5 ♌	12 ♊	17 ♓
22	27 ♌ 41	29 ♌ 6	6 ♓ 5	5 ♓ 49	18 ♌ 24	12 ♎ 3	4 ♎ 28	15 ♒ 57	29 ♊ 43	8 ♒ 54	29 ♋ 3	1 ♋ 53	23 ♒	21 ♑	5 ♌	13 ♊	17 ♓
23	28 ♌ 39	13 ♍ 28	6 ♓ 2	5 D 49	20 ♌ 23	13 ♎ 8	5 ♎ 6	15 ♒ 50	29 ♊ 49	8 ♒ 52	29 ♋ 5	1 ♋ 54	23 ♒	21 ♑	6 ♌	13 ♊	17 ♓
24	29 ♌ 37	27 ♍ 59	5 ♓ 58	5 ♓ 49	22 ♌ 22	14 ♎ 14	5 ♎ 45	15 ♒ 43	29 ♊ 54	8 ♒ 50	29 ♋ 7	1 ♋ 55	23 ♒	21 ♑	6 ♌	13 ♊	17 ♓
25	0 ♍ 34	12 ♎ 34	5 ♓ 55	5 ♓ 50	24 ♌ 22	15 ♎ 19	6 ♎ 23	15 ♒ 35	29 ♊ 59	8 ♒ 47	29 ♋ 9	1 ♋ 56	22 ♒	20 ♑	7 ♌	13 ♊	17 ♓
26	1 ♍ 32	27 ♎ 8	5 ♓ 52	5 ♓ 50	26 ♌ 22	16 ♎ 24	7 ♎ 2	15 ♒ 28	0 ♋ 4	8 ♒ 45	29 ♋ 11	1 ♋ 57	22 ♒	20 ♑	7 ♌	14 ♊	17 ♓
27	2 ♍ 30	11 ♏ 35	5 ♓ 49	5 ♓ 51	28 ♌ 21	17 ♎ 29	7 ♎ 40	15 ♒ 21	0 ♋ 9	8 ♒ 43	29 ♋ 13	1 ♋ 58	22 ♒	20 ♑	8 ♌	14 ♊	17 ♓
28	3 ♍ 28	25 ♏ 52	5 ♓ 46	5 ♓ 51	0 ♍ 21	18 ♎ 34	8 ♎ 19	15 ♒ 14	0 ♋ 14	8 ♒ 41	29 ♋ 15	1 ♋ 58	22 ♒	20 ♑	8 ♌	14 ♊	17 ♓
29	4 ♍ 26	9 ♐ 56	5 ♓ 42	5 R 51	2 ♍ 19	19 ♎ 38	8 ♎ 58	15 ♒ 7	0 ♋ 19	8 ♒ 39	29 ♋ 17	1 ♋ 59	21 ♒	20 ♑	8 ♌	15 ♊	17 ♓
30	5 ♍ 24	23 ♐ 46	5 ♓ 39	5 ♓ 51	4 ♍ 17	20 ♎ 42	9 ♎ 36	15 ♒ 0	0 ♋ 23	8 ♒ 37	29 ♋ 19	2 ♋ 0	21 ♒	20 ♑	9 ♌	15 ♊	17 ♓
31	6 ♍ 22	7 ♑ 20	5 ♓ 36	5 D 51	6 ♍ 14	21 ♎ 46	10 ♎ 15	14 ♒ 53	0 ♋ 28	8 ♒ 35	29 ♋ 21	2 ♋ 1	21 ♒	20 ♑	10 ♌	15 ♊	17 ♓

SUN INGRESS	☉ → ♍ 24日 09:30
MOON PHASE	○ 6日 09:40 ♒ ◑ 14日 09:56 ♉ ● 21日 21:26 ♌ ◐ 28日 13:52 ♐

aspects	
2日 23:07	☿⚹♀
3日 04:48	☉☍♅
6日 07:35	♀☌♂
8日 16:46	☿⚹♂
9日 20:38	♀□♄
9日 22:16	☿⚹♆
10日 17:10	☿☌♆
11日 05:57	☉☍♃
12日 16:35	♀□♇
12日 23:48	♂⚹♆
13日 01:58	☿⚹♀
13日 05:40	♂□♄
17日 03:07	☿☍♅
17日 20:35	♂□♇
19日 05:38	♀△♅
20日 20:01	☿☍♃
24日 07:51	☉⚹♄
25日 05:24	♀△♃
26日 10:14	☉⚹♇
27日 22:37	☿⚹♄
28日 13:06	♂△♅
28日 19:55	☿⚹♇
31日 03:21	☉☌☿

1914年9月

DAY	☉	☽	☊ mean	☊ true	☿	♀	♂	♃	♄	♅	♆	♇	⚳	⚴	⚵	⚶	⚷
	° ′	° ′	° ′	° ′	° ′	° ′	° ′	° ′	° ′	° ′	° ′	° ′	°	°	°	°	°
1	7 ♍ 20	20 ♑ 40	5 ♓ 33	5 D 51	8 D 10	22 D 50	10 D 54	14 R 46	0 D 33	8 R 33	29 D 23	2 D 1	21 R	20 R	10 D	15 D	17 R
2	8 ♍ 18	3 ♒ 45	5 ♓ 30	5 ♓ 51	10 ♍ 5	23 ♎ 54	11 ♎ 33	14 ♒ 40	0 ♋ 37	8 ♒ 31	29 ♋ 24	2 ♋ 2	21 ♒	20 ♑	11 ♌	16 ♊	17 ♓
3	9 ♍ 16	16 ♒ 36	5 ♓ 27	5 ♓ 51	11 ♍ 59	24 ♎ 57	12 ♎ 12	14 ♒ 33	0 ♋ 42	8 ♒ 29	29 ♋ 26	2 ♋ 3	20 ♒	19 ♑	11 ♌	16 ♊	16 ♓
4	10 ♍ 15	29 ♒ 15	5 ♓ 23	5 ♓ 52	13 ♍ 52	26 ♎ 0	12 ♎ 51	14 ♒ 27	0 ♋ 46	8 ♒ 27	29 ♋ 28	2 ♋ 3	20 ♒	19 ♑	12 ♌	16 ♊	16 ♓
5	11 ♍ 13	11 ♓ 41	5 ♓ 20	5 R 52	15 ♍ 44	27 ♎ 3	13 ♎ 30	14 ♒ 21	0 ♋ 50	8 ♒ 25	29 ♋ 30	2 ♋ 4	20 ♒	19 ♑	12 ♌	16 ♊	16 ♓
6	12 ♍ 11	23 ♓ 56	5 ♓ 17	5 ♓ 51	17 ♍ 35	28 ♎ 6	14 ♎ 9	14 ♒ 15	0 ♋ 54	8 ♒ 23	29 ♋ 32	2 ♋ 5	20 ♒	19 ♑	13 ♌	17 ♊	16 ♓
7	13 ♍ 9	6 ♈ 1	5 ♓ 14	5 ♓ 51	19 ♍ 24	29 ♎ 8	14 ♎ 48	14 ♒ 9	0 ♋ 58	8 ♒ 21	29 ♋ 33	2 ♋ 5	20 ♒	19 ♑	13 ♌	17 ♊	16 ♓
8	14 ♍ 7	17 ♈ 59	5 ♓ 11	5 ♓ 50	21 ♍ 12	0 ♏ 10	15 ♎ 28	14 ♒ 3	1 ♋ 2	8 ♒ 20	29 ♋ 35	2 ♋ 6	20 ♒	19 ♑	14 ♌	17 ♊	16 ♓
9	15 ♍ 5	29 ♈ 52	5 ♓ 8	5 ♓ 48	22 ♍ 59	1 ♏ 12	16 ♎ 7	13 ♒ 57	1 ♋ 6	8 ♒ 18	29 ♋ 37	2 ♋ 6	19 ♒	19 ♑	14 ♌	17 ♊	16 ♓
10	16 ♍ 4	11 ♉ 43	5 ♓ 4	5 ♓ 47	24 ♍ 45	2 ♏ 13	16 ♎ 46	13 ♒ 52	1 ♋ 10	8 ♒ 16	29 ♋ 38	2 ♋ 7	19 ♒	19 ♑	15 ♌	18 ♊	16 ♓
11	17 ♍ 2	23 ♉ 35	5 ♓ 1	5 ♓ 46	26 ♍ 30	3 ♏ 14	17 ♎ 26	13 ♒ 46	1 ♋ 14	8 ♒ 14	29 ♋ 40	2 ♋ 7	19 ♒	19 ♑	15 ♌	18 ♊	16 ♓
12	18 ♍ 0	5 ♊ 33	4 ♓ 58	5 ♓ 45	28 ♍ 14	4 ♏ 15	18 ♎ 5	13 ♒ 41	1 ♋ 17	8 ♒ 13	29 ♋ 42	2 ♋ 8	19 ♒	19 ♑	16 ♌	18 ♊	16 ♓
13	18 ♍ 59	17 ♊ 40	4 ♓ 55	5 ♓ 44	29 ♍ 56	5 ♏ 16	18 ♎ 45	13 ♒ 36	1 ♋ 21	8 ♒ 11	29 ♋ 43	2 ♋ 8	19 ♒	19 ♑	16 ♌	18 ♊	16 ♓
14	19 ♍ 57	0 ♋ 1	4 ♓ 52	5 D 45	1 ♎ 38	6 ♏ 16	19 ♎ 25	13 ♒ 31	1 ♋ 24	8 ♒ 9	29 ♋ 45	2 ♋ 9	19 ♒	19 ♑	17 ♌	18 ♊	16 ♓
15	20 ♍ 56	12 ♋ 42	4 ♓ 48	5 ♓ 45	3 ♎ 18	7 ♏ 16	20 ♎ 4	13 ♒ 26	1 ♋ 28	8 ♒ 8	29 ♋ 46	2 ♋ 9	18 ♒	19 ♑	17 ♌	19 ♊	16 ♓
16	21 ♍ 54	25 ♋ 44	4 ♓ 45	5 ♓ 47	4 ♎ 57	8 ♏ 15	20 ♎ 44	13 ♒ 22	1 ♋ 31	8 ♒ 6	29 ♋ 48	2 ♋ 10	18 ♒	19 ♑	17 ♌	19 ♊	16 ♓
17	22 ♍ 53	9 ♌ 11	4 ♓ 42	5 ♓ 48	6 ♎ 35	9 ♏ 15	21 ♎ 24	13 ♒ 17	1 ♋ 34	8 ♒ 5	29 ♋ 49	2 ♋ 10	18 ♒	19 D	18 ♌	19 ♊	16 ♓
18	23 ♍ 51	23 ♌ 4	4 ♓ 39	5 ♓ 49	8 ♎ 13	10 ♏ 13	22 ♎ 4	13 ♒ 13	1 ♋ 37	8 ♒ 3	29 ♋ 51	2 ♋ 10	18 ♒	19 ♑	18 ♌	19 ♊	16 ♓
19	24 ♍ 50	7 ♍ 22	4 ♓ 36	5 R 49	9 ♎ 49	11 ♏ 12	22 ♎ 44	13 ♒ 9	1 ♋ 40	8 ♒ 2	29 ♋ 52	2 ♋ 11	18 ♒	19 ♑	19 ♌	19 ♊	16 ♓
20	25 ♍ 49	22 ♍ 2	4 ♓ 33	5 ♓ 49	11 ♎ 24	12 ♏ 10	23 ♎ 24	13 ♒ 5	1 ♋ 43	8 ♒ 1	29 ♋ 54	2 ♋ 11	18 ♒	19 ♑	19 ♌	20 ♊	16 ♓
21	26 ♍ 47	6 ♎ 56	4 ♓ 29	5 ♓ 47	12 ♎ 58	13 ♏ 8	24 ♎ 4	13 ♒ 1	1 ♋ 46	7 ♒ 59	29 ♋ 55	2 ♋ 11	18 ♒	19 ♑	20 ♌	20 ♊	16 ♓
22	27 ♍ 46	21 ♎ 56	4 ♓ 26	5 ♓ 45	14 ♎ 31	14 ♏ 5	24 ♎ 44	12 ♒ 58	1 ♋ 48	7 ♒ 58	29 ♋ 57	2 ♋ 12	18 ♒	19 ♑	20 ♌	20 ♊	16 ♓
23	28 ♍ 45	6 ♏ 55	4 ♓ 23	5 ♓ 42	16 ♎ 3	15 ♏ 2	25 ♎ 24	12 ♒ 54	1 ♋ 51	7 ♒ 57	29 ♋ 58	2 ♋ 12	18 ♒	19 ♑	21 ♌	20 ♊	16 ♓
24	29 ♍ 43	21 ♏ 44	4 ♓ 20	5 ♓ 38	17 ♎ 35	15 ♏ 58	26 ♎ 4	12 ♒ 51	1 ♋ 53	7 ♒ 56	29 ♋ 59	2 ♋ 12	17 ♒	19 ♑	21 ♌	20 ♊	15 ♓
25	0 ♎ 42	6 ♐ 15	4 ♓ 17	5 ♓ 36	19 ♎ 5	16 ♏ 54	26 ♎ 45	12 ♒ 48	1 ♋ 56	7 ♒ 54	0 ♌ 1	2 ♋ 12	17 ♒	19 ♑	22 ♌	21 ♊	15 ♓
26	1 ♎ 41	20 ♐ 25	4 ♓ 14	5 ♓ 34	20 ♎ 34	17 ♏ 49	27 ♎ 25	12 ♒ 45	1 ♋ 58	7 ♒ 53	0 ♌ 2	2 ♋ 13	17 ♒	19 ♑	22 ♌	21 ♊	15 ♓
27	2 ♎ 40	4 ♑ 13	4 ♓ 10	5 D 34	22 ♎ 2	18 ♏ 44	28 ♎ 5	12 ♒ 43	2 ♋ 0	7 ♒ 52	0 ♌ 3	2 ♋ 13	17 ♒	19 ♑	23 ♌	21 ♊	15 ♓
28	3 ♎ 39	17 ♑ 39	4 ♓ 7	5 ♓ 35	23 ♎ 30	19 ♏ 38	28 ♎ 46	12 ♒ 40	2 ♋ 2	7 ♒ 51	0 ♌ 4	2 ♋ 13	17 ♒	19 ♑	23 ♌	21 ♊	15 ♓
29	4 ♎ 38	0 ♒ 45	4 ♓ 4	5 ♓ 36	24 ♎ 56	20 ♏ 32	29 ♎ 26	12 ♒ 38	2 ♋ 4	7 ♒ 50	0 ♌ 5	2 ♋ 13	17 ♒	19 ♑	23 ♌	21 ♊	15 ♓
30	5 ♎ 37	13 ♒ 32	4 ♓ 1	5 ♓ 38	26 ♎ 21	21 ♏ 25	0 ♏ 7	12 ♒ 36	2 ♋ 6	7 ♒ 49	0 ♌ 7	2 ♋ 13	17 ♒	19 ♑	24 ♌	21 ♊	15 ♓

SUN INGRESS	☉ → ♎ 24日 06:34
MOON PHASE	○ 4日 23:01 ♓　◑ 13日 02:48 ♊　● 20日 06:33 ♍　◐ 26日 21:03 ♑

aspects		
6日	02:49	♂△♃
7日	10:07	♀□♆
8日	21:46	♀△♄
9日	21:33	♀△♇
12日	20:55	☿⚹♆
13日	20:45	☿□♄
14日	07:29	☿□♇
15日	20:26	♀□♅
17日	21:45	☿△♅
20日	21:26	♀□♃
21日	00:43	☿△♃
24日	06:35	☉⚹♆
26日	07:05	☉□♄
26日	12:52	☉□♇
29日	23:47	♂□♆

1914年10月

DAY	☉	☽	☊ mean	☊ true	☿	♀	♂	♃	♄	♅	♆	♇	⚳	⚴	⚵	⚶	⚷
	° ′	° ′	° ′	° ′	° ′	° ′	° ′	° ′	° ′	° ′	° ′	° ′	°	°	°	°	°
1	6 ♎ 36	26 ♒ 5	3 ♓ 58	5 D 39	27 D 45	22 D 18	0 D 48	12 R 34	2 D 7	7 R 48	0 D 8	2 D 13	17 R	20 D	24 D	21 D	15 R
2	7 ♎ 35	8 ♓ 26	3 ♓ 54	5 R 39	29 ♎ 8	23 ♏ 10	1 ♏ 28	12 ♒ 32	2 ♋ 9	7 ♒ 48	0 ♌ 9	2 ♋ 13	17 ♒	20 ♑	25 ♌	22 ♊	15 ♓
3	8 ♎ 34	20 ♓ 37	3 ♓ 51	5 ♓ 38	0 ♏ 30	24 ♏ 1	2 ♏ 9	12 ♒ 31	2 ♋ 10	7 ♒ 47	0 ♌ 10	2 ♋ 13	17 ♒	20 ♑	25 ♌	22 ♊	15 ♓
4	9 ♎ 33	2 ♈ 41	3 ♓ 48	5 ♓ 35	1 ♏ 51	24 ♏ 51	2 ♏ 50	12 ♒ 30	2 ♋ 12	7 ♒ 46	0 ♌ 11	2 R 13	17 ♒	20 ♑	26 ♌	22 ♊	15 ♓
5	10 ♎ 32	14 ♈ 39	3 ♓ 45	5 ♓ 31	3 ♏ 11	25 ♏ 41	3 ♏ 31	12 ♒ 29	2 ♋ 13	7 ♒ 45	0 ♌ 12	2 ♋ 13	17 ♒	20 ♑	26 ♌	22 ♊	15 ♓
6	11 ♎ 31	26 ♈ 33	3 ♓ 42	5 ♓ 25	4 ♏ 30	26 ♏ 30	4 ♏ 12	12 ♒ 28	2 ♋ 14	7 ♒ 45	0 ♌ 13	2 ♋ 13	17 ♒	20 ♑	27 ♌	22 ♊	15 ♓
7	12 ♎ 30	8 ♉ 24	3 ♓ 39	5 ♓ 18	5 ♏ 47	27 ♏ 19	4 ♏ 52	12 ♒ 27	2 ♋ 15	7 ♒ 44	0 ♌ 14	2 ♋ 13	17 ♒	20 ♑	27 ♌	22 ♊	15 ♓
8	13 ♎ 29	20 ♉ 15	3 ♓ 35	5 ♓ 11	7 ♏ 3	28 ♏ 6	5 ♏ 34	12 ♒ 27	2 ♋ 16	7 ♒ 44	0 ♌ 15	2 ♋ 13	17 ♒	20 ♑	28 ♌	22 ♊	15 ♓
9	14 ♎ 28	2 ♊ 8	3 ♓ 32	5 ♓ 4	8 ♏ 17	28 ♏ 53	6 ♏ 15	12 ♒ 26	2 ♋ 17	7 ♒ 43	0 ♌ 16	2 ♋ 13	17 D	20 ♑	28 ♌	22 ♊	15 ♓
10	15 ♎ 28	14 ♊ 6	3 ♓ 29	4 ♓ 59	9 ♏ 30	29 ♏ 39	6 ♏ 56	12 D 26	2 ♋ 18	7 ♒ 43	0 ♌ 16	2 ♋ 13	17 ♒	20 ♑	28 ♌	22 ♊	15 ♓
11	16 ♎ 27	26 ♊ 12	3 ♓ 26	4 ♓ 55	10 ♏ 41	0 ♐ 24	7 ♏ 37	12 ♒ 26	2 ♋ 18	7 ♒ 42	0 ♌ 17	2 ♋ 13	17 ♒	21 ♑	29 ♌	22 ♊	15 ♓
12	17 ♎ 26	8 ♋ 31	3 ♓ 23	4 ♓ 52	11 ♏ 50	1 ♐ 8	8 ♏ 18	12 ♒ 27	2 ♋ 19	7 ♒ 42	0 ♌ 18	2 ♋ 12	17 ♒	21 ♑	29 ♌	22 ♊	15 ♓
13	18 ♎ 26	21 ♋ 5	3 ♓ 19	4 D 52	12 ♏ 58	1 ♐ 51	9 ♏ 0	12 ♒ 27	2 ♋ 19	7 ♒ 41	0 ♌ 19	2 ♋ 12	17 ♒	21 ♑	0 ♍	23 ♊	15 ♓
14	19 ♎ 25	4 ♌ 1	3 ♓ 16	4 ♓ 53	14 ♏ 3	2 ♐ 34	9 ♏ 41	12 ♒ 28	2 ♋ 19	7 ♒ 41	0 ♌ 20	2 ♋ 12	17 ♒	21 ♑	0 ♍	23 ♊	15 ♓
15	20 ♎ 25	17 ♌ 21	3 ♓ 13	4 ♓ 54	15 ♏ 6	3 ♐ 15	10 ♏ 22	12 ♒ 29	2 ♋ 20	7 ♒ 41	0 ♌ 20	2 ♋ 12	17 ♒	21 ♑	1 ♍	23 ♊	15 ♓
16	21 ♎ 24	1 ♍ 9	3 ♓ 10	4 ♓ 55	16 ♏ 7	3 ♐ 55	11 ♏ 4	12 ♒ 30	2 R 20	7 ♒ 41	0 ♌ 21	2 ♋ 11	17 ♒	21 ♑	1 ♍	23 ♊	15 ♓
17	22 ♎ 24	15 ♍ 24	3 ♓ 7	4 R 55	17 ♏ 5	4 ♐ 34	11 ♏ 46	12 ♒ 31	2 ♋ 20	7 ♒ 41	0 ♌ 21	2 ♋ 11	17 ♒	21 ♑	1 ♍	23 ♊	15 ♓
18	23 ♎ 23	0 ♎ 6	3 ♓ 4	4 ♓ 52	18 ♏ 0	5 ♐ 12	12 ♏ 27	12 ♒ 33	2 ♋ 19	7 ♒ 41	0 ♌ 22	2 ♋ 11	17 ♒	22 ♑	2 ♍	23 ♊	15 ♓
19	24 ♎ 23	15 ♎ 9	3 ♓ 0	4 ♓ 48	18 ♏ 51	5 ♐ 48	13 ♏ 9	12 ♒ 35	2 ♋ 19	7 D 41	0 ♌ 23	2 ♋ 11	17 ♒	22 ♑	2 ♍	23 ♊	15 ♓
20	25 ♎ 23	0 ♏ 24	2 ♓ 57	4 ♓ 41	19 ♏ 39	6 ♐ 24	13 ♏ 51	12 ♒ 37	2 ♋ 19	7 ♒ 41	0 ♌ 23	2 ♋ 10	17 ♒	22 ♑	3 ♍	23 ♊	14 ♓
21	26 ♎ 22	15 ♏ 42	2 ♓ 54	4 ♓ 33	20 ♏ 23	6 ♐ 58	14 ♏ 33	12 ♒ 39	2 ♋ 18	7 ♒ 41	0 ♌ 24	2 ♋ 10	17 ♒	22 ♑	3 ♍	23 R	14 ♓
22	27 ♎ 22	0 ♐ 49	2 ♓ 51	4 ♓ 25	21 ♏ 3	7 ♐ 30	15 ♏ 14	12 ♒ 41	2 ♋ 17	7 ♒ 41	0 ♌ 24	2 ♋ 9	17 ♒	22 ♑	3 ♍	23 ♊	14 ♓
23	28 ♎ 22	15 ♐ 39	2 ♓ 48	4 ♓ 18	21 ♏ 37	8 ♐ 2	15 ♏ 56	12 ♒ 44	2 ♋ 17	7 ♒ 41	0 ♌ 25	2 ♋ 9	17 ♒	22 ♑	4 ♍	23 ♊	14 ♓
24	29 ♎ 21	0 ♑ 3	2 ♓ 45	4 ♓ 12	22 ♏ 7	8 ♐ 31	16 ♏ 38	12 ♒ 46	2 ♋ 16	7 ♒ 41	0 ♌ 25	2 ♋ 9	17 ♒	23 ♑	4 ♍	23 ♊	14 ♓
25	0 ♏ 21	13 ♑ 58	2 ♓ 41	4 ♓ 9	22 ♏ 30	9 ♐ 0	17 ♏ 20	12 ♒ 49	2 ♋ 15	7 ♒ 42	0 ♌ 25	2 ♋ 8	18 ♒	23 ♑	5 ♍	23 ♊	14 ♓
26	1 ♏ 21	27 ♑ 26	2 ♓ 38	4 ♓ 7	22 ♏ 47	9 ♐ 26	18 ♏ 2	12 ♒ 52	2 ♋ 14	7 ♒ 42	0 ♌ 26	2 ♋ 8	18 ♒	23 ♑	5 ♍	23 ♊	14 ♓
27	2 ♏ 21	10 ♒ 28	2 ♓ 35	4 D 8	22 ♏ 56	9 ♐ 51	18 ♏ 45	12 ♒ 56	2 ♋ 13	7 ♒ 42	0 ♌ 26	2 ♋ 7	18 ♒	23 ♑	5 ♍	23 ♊	14 ♓
28	3 ♏ 21	23 ♒ 8	2 ♓ 32	4 ♓ 8	22 R 58	10 ♐ 14	19 ♏ 27	12 ♒ 59	2 ♋ 11	7 ♒ 43	0 ♌ 26	2 ♋ 7	18 ♒	23 ♑	6 ♍	22 ♊	14 ♓
29	4 ♏ 21	5 ♓ 31	2 ♓ 29	4 R 9	22 ♏ 52	10 ♐ 36	20 ♏ 9	13 ♒ 3	2 ♋ 10	7 ♒ 43	0 ♌ 26	2 ♋ 6	18 ♒	23 ♑	6 ♍	22 ♊	14 ♓
30	5 ♏ 21	17 ♓ 41	2 ♓ 25	4 ♓ 8	22 ♏ 37	10 ♐ 55	20 ♏ 51	13 ♒ 7	2 ♋ 8	7 ♒ 44	0 ♌ 27	2 ♋ 5	18 ♒	24 ♑	7 ♍	22 ♊	14 ♓
31	6 ♏ 21	29 ♓ 42	2 ♓ 22	4 ♓ 4	22 ♏ 12	11 ♐ 13	21 ♏ 34	13 ♒ 11	2 ♋ 7	7 ♒ 45	0 ♌ 27	2 ♋ 5	18 ♒	24 ♑	7 ♍	22 ♊	14 ♓

SUN INGRESS	☉ → ♏ 24日 15:17
MOON PHASE	○ 4日 14:59 ♈　◑ 12日 18:33 ♋　● 19日 15:33 ♎　◐ 26日 07:44 ♒

aspects		
2日	05:14	☉△♅
2日	17:50	☿□♆
3日	00:51	♂△♄
3日	02:29	♂△♇
4日	06:11	☿△♄
4日	06:31	☿△♇
5日	03:25	♄☌♇
5日	12:20	☿☌♂
6日	22:50	☉△♃
8日	13:02	☿□♅
10日	20:13	♀△♆
11日	02:58	♂□♅
12日	12:56	☿□♃
18日	03:28	♂□♃
22日	08:01	♀⚹♅
25日	01:38	☉□♆
26日	18:29	☉△♇
26日	20:45	☉△♄
31日	12:27	☿☌♂

1914年11月

DAY	☉	☽	☊ mean	☊ true	☿	♀	♂	♃	♄	♅	♆	♇	⚳	⚴	⚵	⚶	⚷
	° ′	° ′	° ′	° ′	° ′	° ′	° ′	° ′	° ′	° ′	° ′	° ′	°	°	°	°	°
1	7 ♏ 21	11 ♈ 38	2 ♓ 19	3 R 58	21 R 38	11 D 28	22 D 16	13 D 15	2 R 5	7 D 45	0 D 27	2 R 4	18 D	24 D	7 D	22 R	14 R
2	8 ♏ 21	23 ♈ 30	2 ♓ 16	3 ♓ 50	20 ♏ 55	11 ♐ 42	22 ♏ 59	13 ♒ 19	2 ♋ 3	7 ♒ 46	0 ♌ 27	2 ♋ 4	18 ♒	24 ♑	8 ♍	22 ♊	14 ♓
3	9 ♏ 21	5 ♉ 22	2 ♓ 13	3 ♓ 39	20 ♏ 3	11 ♐ 53	23 ♏ 41	13 ♒ 24	2 ♋ 1	7 ♒ 47	0 ♌ 27	2 ♋ 3	19 ♒	24 ♑	8 ♍	22 ♊	14 ♓
4	10 ♏ 21	17 ♉ 14	2 ♓ 10	3 ♓ 26	19 ♏ 2	12 ♐ 2	24 ♏ 24	13 ♒ 29	1 ♋ 59	7 ♒ 47	0 R 27	2 ♋ 2	19 ♒	25 ♑	8 ♍	22 ♊	14 ♓
5	11 ♏ 21	29 ♉ 8	2 ♓ 6	3 ♓ 13	17 ♏ 54	12 ♐ 9	25 ♏ 7	13 ♒ 34	1 ♋ 57	7 ♒ 48	0 ♌ 27	2 ♋ 2	19 ♒	25 ♑	9 ♍	22 ♊	14 ♓
6	12 ♏ 21	11 ♊ 6	2 ♓ 3	3 ♓ 0	16 ♏ 40	12 ♐ 14	25 ♏ 49	13 ♒ 39	1 ♋ 55	7 ♒ 49	0 ♌ 27	2 ♋ 1	19 ♒	25 ♑	9 ♍	22 ♊	14 ♓
7	13 ♏ 21	23 ♊ 8	2 ♓ 0	2 ♓ 49	15 ♏ 22	12 ♐ 17	26 ♏ 32	13 ♒ 44	1 ♋ 53	7 ♒ 50	0 ♌ 27	2 ♋ 0	19 ♒	25 ♑	10 ♍	22 ♊	14 ♓
8	14 ♏ 21	5 ♋ 19	1 ♓ 57	2 ♓ 40	14 ♏ 3	12 R 17	27 ♏ 15	13 ♒ 50	1 ♋ 50	7 ♒ 51	0 ♌ 27	1 ♋ 59	19 ♒	26 ♑	10 ♍	21 ♊	14 ♓
9	15 ♏ 22	17 ♋ 39	1 ♓ 54	2 ♓ 34	12 ♏ 44	12 ♐ 14	27 ♏ 58	13 ♒ 55	1 ♋ 48	7 ♒ 52	0 ♌ 27	1 ♋ 59	19 ♒	26 ♑	10 ♍	21 ♊	14 ♓
10	16 ♏ 22	0 ♌ 12	1 ♓ 51	2 ♓ 31	11 ♏ 30	12 ♐ 9	28 ♏ 41	14 ♒ 1	1 ♋ 45	7 ♒ 53	0 ♌ 26	1 ♋ 58	20 ♒	26 ♑	11 ♍	21 ♊	14 ♓
11	17 ♏ 22	13 ♌ 3	1 ♓ 47	2 ♓ 30	10 ♏ 21	12 ♐ 2	29 ♏ 24	14 ♒ 7	1 ♋ 42	7 ♒ 54	0 ♌ 26	1 ♋ 57	20 ♒	26 ♑	11 ♍	21 ♊	14 ♓
12	18 ♏ 23	26 ♌ 14	1 ♓ 44	2 D 30	9 ♏ 20	11 ♐ 52	0 ♐ 7	14 ♒ 13	1 ♋ 39	7 ♒ 56	0 ♌ 26	1 ♋ 56	20 ♒	27 ♑	11 ♍	21 ♊	14 ♓
13	19 ♏ 23	9 ♍ 51	1 ♓ 41	2 R 30	8 ♏ 29	11 ♐ 40	0 ♐ 50	14 ♒ 19	1 ♋ 36	7 ♒ 57	0 ♌ 26	1 ♋ 55	20 ♒	27 ♑	12 ♍	21 ♊	14 ♓
14	20 ♏ 23	23 ♍ 54	1 ♓ 38	2 ♓ 28	7 ♏ 49	11 ♐ 26	1 ♐ 33	14 ♒ 26	1 ♋ 33	7 ♒ 58	0 ♌ 25	1 ♋ 55	20 ♒	27 ♑	12 ♍	21 ♊	14 ♓
15	21 ♏ 24	8 ♎ 24	1 ♓ 35	2 ♓ 25	7 ♏ 20	11 ♐ 9	2 ♐ 17	14 ♒ 33	1 ♋ 30	8 ♒ 0	0 ♌ 25	1 ♋ 54	21 ♒	27 ♑	12 ♍	20 ♊	14 ♓
16	22 ♏ 24	23 ♎ 18	1 ♓ 31	2 ♓ 18	7 ♏ 3	10 ♐ 50	3 ♐ 0	14 ♒ 39	1 ♋ 27	8 ♒ 1	0 ♌ 24	1 ♋ 53	21 ♒	27 ♑	13 ♍	20 ♊	14 ♓
17	23 ♏ 25	8 ♏ 30	1 ♓ 28	2 ♓ 9	6 D 58	10 ♐ 28	3 ♐ 43	14 ♒ 46	1 ♋ 24	8 ♒ 2	0 ♌ 24	1 ♋ 52	21 ♒	28 ♑	13 ♍	20 ♊	14 ♓
18	24 ♏ 25	23 ♏ 49	1 ♓ 25	1 ♓ 57	7 ♏ 4	10 ♐ 5	4 ♐ 27	14 ♒ 54	1 ♋ 20	8 ♒ 4	0 ♌ 24	1 ♋ 51	21 ♒	28 ♑	13 ♍	20 ♊	14 ♓
19	25 ♏ 26	9 ♐ 3	1 ♓ 22	1 ♓ 46	7 ♏ 20	9 ♐ 39	5 ♐ 10	15 ♒ 1	1 ♋ 17	8 ♒ 5	0 ♌ 23	1 ♋ 50	21 ♒	28 ♑	14 ♍	20 ♊	14 ♓
20	26 ♏ 26	24 ♐ 2	1 ♓ 19	1 ♓ 35	7 ♏ 45	9 ♐ 12	5 ♐ 54	15 ♒ 8	1 ♋ 13	8 ♒ 7	0 ♌ 23	1 ♋ 49	22 ♒	28 ♑	14 ♍	19 ♊	14 ♓
21	27 ♏ 27	8 ♑ 38	1 ♓ 16	1 ♓ 26	8 ♏ 20	8 ♐ 42	6 ♐ 38	15 ♒ 16	1 ♋ 10	8 ♒ 9	0 ♌ 22	1 ♋ 48	22 ♒	29 ♑	14 ♍	19 ♊	14 ♓
22	28 ♏ 28	22 ♑ 44	1 ♓ 12	1 ♓ 20	9 ♏ 2	8 ♐ 11	7 ♐ 21	15 ♒ 24	1 ♋ 6	8 ♒ 10	0 ♌ 21	1 ♋ 47	22 ♒	29 ♑	15 ♍	19 ♊	14 ♓
23	29 ♏ 28	6 ♒ 20	1 ♓ 9	1 ♓ 16	9 ♏ 51	7 ♐ 39	8 ♐ 5	15 ♒ 32	1 ♋ 2	8 ♒ 12	0 ♌ 21	1 ♋ 46	22 ♒	29 ♑	15 ♍	19 ♊	14 ♓
24	0 ♐ 29	19 ♒ 27	1 ♓ 6	1 ♓ 15	10 ♏ 46	7 ♐ 5	8 ♐ 49	15 ♒ 40	0 ♋ 58	8 ♒ 14	0 ♌ 20	1 ♋ 45	22 ♒	0 ♒	15 ♍	18 ♊	14 ♓
25	1 ♐ 30	2 ♓ 9	1 ♓ 3	1 ♓ 15	11 ♏ 47	6 ♐ 30	9 ♐ 32	15 ♒ 48	0 ♋ 55	8 ♒ 16	0 ♌ 19	1 ♋ 44	23 ♒	0 ♒	16 ♍	18 ♊	14 ♓
26	2 ♐ 30	14 ♓ 31	1 ♓ 0	1 ♓ 15	12 ♏ 52	5 ♐ 55	10 ♐ 16	15 ♒ 56	0 ♋ 51	8 ♒ 18	0 ♌ 19	1 ♋ 43	23 ♒	0 ♒	16 ♍	18 ♊	14 ♓
27	3 ♐ 31	26 ♓ 38	0 ♓ 57	1 ♓ 13	14 ♏ 1	5 ♐ 19	11 ♐ 0	16 ♒ 5	0 ♋ 46	8 ♒ 19	0 ♌ 18	1 ♋ 42	23 ♒	0 ♒	16 ♍	18 ♊	14 D
28	4 ♐ 32	8 ♈ 35	0 ♓ 53	1 ♓ 9	15 ♏ 13	4 ♐ 42	11 ♐ 44	16 ♒ 13	0 ♋ 42	8 ♒ 21	0 ♌ 17	1 ♋ 41	23 ♒	1 ♒	16 ♍	18 ♊	14 ♓
29	5 ♐ 33	20 ♈ 27	0 ♓ 50	1 ♓ 3	16 ♏ 29	4 ♐ 6	12 ♐ 28	16 ♒ 22	0 ♋ 38	8 ♒ 23	0 ♌ 16	1 ♋ 40	24 ♒	1 ♒	17 ♍	17 ♊	14 ♓
30	6 ♐ 33	2 ♉ 17	0 ♓ 47	0 ♓ 53	17 ♏ 47	3 ♐ 29	13 ♐ 12	16 ♒ 31	0 ♋ 34	8 ♒ 25	0 ♌ 16	1 ♋ 39	24 ♒	1 ♒	17 ♍	17 ♊	14 ♓

SUN INGRESS: ☉ → ♐ 23日 12:20

MOON PHASE: ○ 3日 08:48 ♉ ◑ 11日 08:36 ♌ ● 18日 01:02 ♏ ◐ 24日 22:38 ♓

aspects		
1日	09:56	☉□♅
1日	18:00	♄☌♇
7日	10:01	☉□♃
7日	20:47	☉☌☿
8日	03:44	☿□♃
12日	10:21	♂△♆
13日	18:04	☿□♅
20日	16:27	♀□♅
22日	00:42	♀⚹♅
22日	15:50	♀☌♂
23日	04:06	♂⚹♅
23日	20:33	☉△♆
28日	02:34	☉☌♀
28日	21:30	☿□♃

1914年12月

DAY	☉	☽	☊ mean	☊ true	☿	♀	♂	♃	♄	♅	♆	♇	⚳	⚴	⚵	⚶	⚷
	° ′	° ′	° ′	° ′	° ′	° ′	° ′	° ′	° ′	° ′	° ′	° ′	°	°	°	°	°
1	7 ♐ 34	14 ♉ 8	0 ♓ 44	0 R 41	19 D 7	2 R 54	13 D 56	16 D 40	0 R 30	8 D 27	0 R 15	1 R 38	24 D	1 D	17 D	17 R	14 D
2	8 ♐ 35	26 ♉ 3	0 ♓ 41	0 ♓ 27	20 ♏ 29	2 ♐ 18	14 ♐ 41	16 ♒ 49	0 ♋ 25	8 ♒ 30	0 ♌ 14	1 ♋ 37	24 ♒	2 ♒	18 ♍	16 ♊	14 ♓
3	9 ♐ 36	8 ♊ 4	0 ♓ 37	0 ♓ 12	21 ♏ 53	1 ♐ 44	15 ♐ 25	16 ♒ 58	0 ♋ 21	8 ♒ 32	0 ♌ 13	1 ♋ 36	25 ♒	2 ♒	18 ♍	16 ♊	14 ♓
4	10 ♐ 37	20 ♊ 10	0 ♓ 34	29 ♒ 58	23 ♏ 18	1 ♐ 11	16 ♐ 9	17 ♒ 8	0 ♋ 16	8 ♒ 34	0 ♌ 12	1 ♋ 35	25 ♒	2 ♒	18 ♍	16 ♊	14 ♓
5	11 ♐ 37	2 ♋ 23	0 ♓ 31	29 ♒ 45	24 ♏ 44	0 ♐ 40	16 ♐ 54	17 ♒ 17	0 ♋ 12	8 ♒ 36	0 ♌ 11	1 ♋ 34	25 ♒	3 ♒	18 ♍	16 ♊	14 ♓
6	12 ♐ 38	14 ♋ 45	0 ♓ 28	29 ♒ 35	26 ♏ 11	0 ♐ 10	17 ♐ 38	17 ♒ 27	0 ♋ 7	8 ♒ 38	0 ♌ 10	1 ♋ 32	25 ♒	3 ♒	19 ♍	15 ♊	14 ♓
7	13 ♐ 39	27 ♋ 15	0 ♓ 25	29 ♒ 28	27 ♏ 39	29 ♏ 41	18 ♐ 22	17 ♒ 37	0 ♋ 3	8 ♒ 41	0 ♌ 9	1 ♋ 31	26 ♒	3 ♒	19 ♍	15 ♊	14 ♓
8	14 ♐ 40	9 ♌ 57	0 ♓ 22	29 ♒ 24	29 ♏ 8	29 ♏ 15	19 ♐ 7	17 ♒ 47	29 ♊ 58	8 ♒ 43	0 ♌ 8	1 ♋ 30	26 ♒	3 ♒	19 ♍	15 ♊	14 ♓
9	15 ♐ 41	22 ♌ 51	0 ♓ 18	29 ♒ 23	0 ♐ 37	28 ♏ 51	19 ♐ 51	17 ♒ 57	29 ♊ 53	8 ♒ 46	0 ♌ 7	1 ♋ 29	26 ♒	4 ♒	19 ♍	15 ♊	14 ♓
10	16 ♐ 42	6 ♍ 3	0 ♓ 15	29 D 22	2 ♐ 7	28 ♏ 29	20 ♐ 36	18 ♒ 7	29 ♊ 48	8 ♒ 48	0 ♌ 6	1 ♋ 28	26 ♒	4 ♒	20 ♍	14 ♊	14 ♓
11	17 ♐ 43	19 ♍ 33	0 ♓ 12	29 R 23	3 ♐ 37	28 ♏ 9	21 ♐ 21	18 ♒ 17	29 ♊ 44	8 ♒ 50	0 ♌ 5	1 ♋ 27	27 ♒	4 ♒	20 ♍	14 ♊	14 ♓
12	18 ♐ 44	3 ♎ 24	0 ♓ 9	29 ♒ 22	5 ♐ 8	27 ♏ 51	22 ♐ 5	18 ♒ 28	29 ♊ 39	8 ♒ 53	0 ♌ 3	1 ♋ 26	27 ♒	5 ♒	20 ♍	14 ♊	14 ♓
13	19 ♐ 45	17 ♎ 38	0 ♓ 6	29 ♒ 19	6 ♐ 39	27 ♏ 36	22 ♐ 50	18 ♒ 38	29 ♊ 34	8 ♒ 55	0 ♌ 2	1 ♋ 24	27 ♒	5 ♒	20 ♍	14 ♊	14 ♓
14	20 ♐ 46	2 ♏ 13	0 ♓ 3	29 ♒ 13	8 ♐ 10	27 ♏ 24	23 ♐ 35	18 ♒ 49	29 ♊ 29	8 ♒ 58	0 ♌ 1	1 ♋ 23	28 ♒	5 ♒	20 ♍	13 ♊	14 ♓
15	21 ♐ 47	17 ♏ 4	29 ♒ 59	29 ♒ 5	9 ♐ 41	27 ♏ 14	24 ♐ 20	19 ♒ 0	29 ♊ 24	9 ♒ 1	0 ♌ 0	1 ♋ 22	28 ♒	5 ♒	21 ♍	13 ♊	14 ♓
16	22 ♐ 48	2 ♐ 5	29 ♒ 56	28 ♒ 55	11 ♐ 13	27 ♏ 6	25 ♐ 5	19 ♒ 10	29 ♊ 19	9 ♒ 3	29 ♋ 59	1 ♋ 21	28 ♒	6 ♒	21 ♍	13 ♊	14 ♓
17	23 ♐ 49	17 ♐ 7	29 ♒ 53	28 ♒ 45	12 ♐ 45	27 ♏ 1	25 ♐ 50	19 ♒ 21	29 ♊ 14	9 ♒ 6	29 ♋ 57	1 ♋ 20	28 ♒	6 ♒	21 ♍	13 ♊	14 ♓
18	24 ♐ 50	1 ♑ 59	29 ♒ 50	28 ♒ 35	14 ♐ 17	26 ♏ 58	26 ♐ 35	19 ♒ 32	29 ♊ 10	9 ♒ 9	29 ♋ 56	1 ♋ 18	29 ♒	6 ♒	21 ♍	12 ♊	14 ♓
19	25 ♐ 52	16 ♑ 33	29 ♒ 47	28 ♒ 27	15 ♐ 49	26 D 58	27 ♐ 20	19 ♒ 44	29 ♊ 5	9 ♒ 11	29 ♋ 55	1 ♋ 17	29 ♒	7 ♒	21 ♍	12 ♊	14 ♓
20	26 ♐ 53	0 ♒ 42	29 ♒ 43	28 ♒ 21	17 ♐ 22	27 ♏ 1	28 ♐ 5	19 ♒ 55	29 ♊ 0	9 ♒ 14	29 ♋ 53	1 ♋ 16	29 ♒	7 ♒	22 ♍	12 ♊	14 ♓
21	27 ♐ 54	14 ♒ 23	29 ♒ 40	28 ♒ 18	18 ♐ 54	27 ♏ 5	28 ♐ 50	20 ♒ 6	28 ♊ 55	9 ♒ 17	29 ♋ 52	1 ♋ 15	0 ♓	7 ♒	22 ♍	12 ♊	14 ♓
22	28 ♐ 55	27 ♒ 37	29 ♒ 37	28 ♒ 17	20 ♐ 27	27 ♏ 12	29 ♐ 35	20 ♒ 18	28 ♊ 50	9 ♒ 20	29 ♋ 51	1 ♋ 14	0 ♓	8 ♒	22 ♍	11 ♊	14 ♓
23	29 ♐ 56	10 ♓ 25	29 ♒ 34	28 D 17	22 ♐ 0	27 ♏ 21	0 ♑ 20	20 ♒ 29	28 ♊ 45	9 ♒ 23	29 ♋ 49	1 ♋ 12	0 ♓	8 ♒	22 ♍	11 ♊	14 ♓
24	0 ♑ 57	22 ♓ 51	29 ♒ 31	28 ♒ 18	23 ♐ 34	27 ♏ 33	1 ♑ 6	20 ♒ 41	28 ♊ 40	9 ♒ 26	29 ♋ 48	1 ♋ 11	1 ♓	8 ♒	22 ♍	11 ♊	14 ♓
25	1 ♑ 58	5 ♈ 1	29 ♒ 28	28 R 18	25 ♐ 7	27 ♏ 46	1 ♑ 51	20 ♒ 53	28 ♊ 35	9 ♒ 29	29 ♋ 46	1 ♋ 10	1 ♓	8 ♒	22 ♍	11 ♊	14 ♓
26	2 ♑ 59	16 ♈ 59	29 ♒ 24	28 ♒ 17	26 ♐ 41	28 ♏ 2	2 ♑ 37	21 ♒ 4	28 ♊ 30	9 ♒ 32	29 ♋ 45	1 ♋ 9	1 ♓	9 ♒	23 ♍	10 ♊	14 ♓
27	4 ♑ 1	28 ♈ 51	29 ♒ 21	28 ♒ 14	28 ♐ 15	28 ♏ 20	3 ♑ 22	21 ♒ 16	28 ♊ 25	9 ♒ 35	29 ♋ 43	1 ♋ 8	2 ♓	9 ♒	23 ♍	10 ♊	14 ♓
28	5 ♑ 2	10 ♉ 42	29 ♒ 18	28 ♒ 8	29 ♐ 49	28 ♏ 40	4 ♑ 8	21 ♒ 28	28 ♊ 20	9 ♒ 38	29 ♋ 42	1 ♋ 6	2 ♓	9 ♒	23 ♍	10 ♊	14 ♓
29	6 ♑ 3	22 ♉ 35	29 ♒ 15	28 ♒ 0	1 ♑ 23	29 ♏ 1	4 ♑ 53	21 ♒ 41	28 ♊ 15	9 ♒ 41	29 ♋ 40	1 ♋ 5	2 ♓	10 ♒	23 ♍	10 ♊	14 ♓
30	7 ♑ 4	4 ♊ 33	29 ♒ 12	27 ♒ 50	2 ♑ 58	29 ♏ 25	5 ♑ 39	21 ♒ 53	28 ♊ 10	9 ♒ 44	29 ♋ 39	1 ♋ 4	3 ♓	10 ♒	23 ♍	10 ♊	14 ♓
31	8 ♑ 5	16 ♊ 40	29 ♒ 9	27 ♒ 40	4 ♑ 33	29 ♏ 50	6 ♑ 24	22 ♒ 5	28 ♊ 5	9 ♒ 47	29 ♋ 37	1 ♋ 3	3 ♓	10 ♒	23 ♍	9 ♊	14 ♓

SUN INGRESS: ☉ → ♑ 23日 01:22

MOON PHASE: ○ 3日 03:20 ♊ ◑ 10日 20:31 ♍ ● 17日 11:35 ♐ ◐ 24日 17:24 ♈

aspects		
1日	21:48	☉⚹♅
5日	16:27	♂⚹♃
5日	23:34	♀△♆
8日	01:27	☿☌♀
8日	15:57	☿△♆
11日	16:13	☉⚹♃
14日	13:04	☿⚹♅
21日	02:08	♂☍♄
21日	21:09	☿⚹♃
21日	22:06	☉☍♄
24日	02:46	♂☍♇
24日	05:26	☉☍♇
24日	13:18	☉☌♂
27日	02:26	☿☍♄
28日	19:26	☿☍♇
30日	12:28	♀△♆

1915年1月

DAY	☉	☽	☊ mean	☊ true	☿	♀	♂	♃	♄	♅	♆	♇	⚳	⚴	⚵	⚶	⚷
1	9 ♑ 6	28 ♊ 57	29 ♒ 5	27 R 31	6 D 9	0 D 17	7 D 10	22 D 17	28 R 1	9 D 50	29 R 36	1 R 2	3 D	11 D	23 D	9 R	14 D
2	10 ♑ 7	11 ♋ 24	29 ♒ 2	27 ♒ 22	7 ♑ 44	0 ♐ 46	7 ♑ 55	22 ♒ 30	27 ♊ 56	9 ♒ 53	29 ♋ 34	1 ♋ 0	4 ♓	11 ♒	23 ♍	9 ♊	14 ♓
3	11 ♑ 9	24 ♋ 2	28 ♒ 59	27 ♒ 15	9 ♑ 20	1 ♐ 17	8 ♑ 41	22 ♒ 42	27 ♊ 51	9 ♒ 56	29 ♋ 33	0 ♋ 59	4 ♓	11 ♒	24 ♍	9 ♊	14 ♓
4	12 ♑ 10	6 ♌ 51	28 ♒ 56	27 ♒ 11	10 ♑ 57	1 ♐ 49	9 ♑ 27	22 ♒ 55	27 ♊ 46	9 ♒ 59	29 ♋ 31	0 ♋ 58	4 ♓	12 ♒	24 ♍	9 ♊	15 ♓
5	13 ♑ 11	19 ♌ 51	28 ♒ 53	27 ♒ 9	12 ♑ 33	2 ♐ 22	10 ♑ 13	23 ♒ 7	27 ♊ 42	10 ♒ 3	29 ♋ 29	0 ♋ 57	5 ♓	12 ♒	24 ♍	9 ♊	15 ♓
6	14 ♑ 12	3 ♍ 3	28 ♒ 49	27 D 9	14 ♑ 10	2 ♐ 57	10 ♑ 59	23 ♒ 20	27 ♊ 37	10 ♒ 6	29 ♋ 28	0 ♋ 56	5 ♓	12 ♒	24 ♍	8 ♊	15 ♓
7	15 ♑ 13	16 ♍ 27	28 ♒ 46	27 ♒ 10	15 ♑ 48	3 ♐ 33	11 ♑ 45	23 ♒ 33	27 ♊ 32	10 ♒ 9	29 ♋ 26	0 ♋ 55	5 ♓	13 ♒	24 ♍	8 ♊	15 ♓
8	16 ♑ 14	0 ♎ 4	28 ♒ 43	27 ♒ 12	17 ♑ 26	4 ♐ 11	12 ♑ 30	23 ♒ 46	27 ♊ 28	10 ♒ 12	29 ♋ 24	0 ♋ 53	6 ♓	13 ♒	24 ♍	8 ♊	15 ♓
9	17 ♑ 15	13 ♎ 54	28 ♒ 40	27 ♒ 12	19 ♑ 4	4 ♐ 50	13 ♑ 16	23 ♒ 59	27 ♊ 23	10 ♒ 16	29 ♋ 23	0 ♋ 52	6 ♓	13 ♒	24 ♍	8 ♊	15 ♓
10	18 ♑ 17	27 ♎ 58	28 ♒ 37	27 R 12	20 ♑ 43	5 ♐ 30	14 ♑ 2	24 ♒ 12	27 ♊ 19	10 ♒ 19	29 ♋ 21	0 ♋ 51	6 ♓	14 ♒	24 ♍	8 ♊	15 ♓
11	19 ♑ 18	12 ♏ 15	28 ♒ 34	27 ♒ 10	22 ♑ 22	6 ♐ 11	14 ♑ 48	24 ♒ 25	27 ♊ 14	10 ♒ 22	29 ♋ 20	0 ♋ 50	7 ♓	14 ♒	24 ♍	8 ♊	15 ♓
12	20 ♑ 19	26 ♏ 43	28 ♒ 30	27 ♒ 6	24 ♑ 2	6 ♐ 54	15 ♑ 35	24 ♒ 38	27 ♊ 10	10 ♒ 25	29 ♋ 18	0 ♋ 49	7 ♓	14 ♒	24 ♍	8 ♊	15 ♓
13	21 ♑ 20	11 ♐ 16	28 ♒ 27	27 ♒ 1	25 ♑ 42	7 ♐ 37	16 ♑ 21	24 ♒ 51	27 ♊ 6	10 ♒ 29	29 ♋ 16	0 ♋ 48	7 ♓	15 ♒	24 ♍	8 ♊	15 ♓
14	22 ♑ 21	25 ♐ 50	28 ♒ 24	26 ♒ 56	27 ♑ 22	8 ♐ 22	17 ♑ 7	25 ♒ 4	27 ♊ 1	10 ♒ 32	29 ♋ 15	0 ♋ 47	8 ♓	15 ♒	24 ♍	7 ♊	15 ♓
15	23 ♑ 22	10 ♑ 18	28 ♒ 21	26 ♒ 50	29 ♑ 3	9 ♐ 8	17 ♑ 53	25 ♒ 18	26 ♊ 57	10 ♒ 36	29 ♋ 13	0 ♋ 46	8 ♓	15 ♒	24 ♍	7 ♊	15 ♓
16	24 ♑ 23	24 ♑ 33	28 ♒ 18	26 ♒ 46	0 ♒ 44	9 ♐ 54	18 ♑ 39	25 ♒ 31	26 ♊ 53	10 ♒ 39	29 ♋ 11	0 ♋ 44	8 ♓	16 ♒	24 ♍	7 ♊	15 ♓
17	25 ♑ 25	8 ♒ 31	28 ♒ 15	26 ♒ 43	2 ♒ 26	10 ♐ 42	19 ♑ 26	25 ♒ 44	26 ♊ 49	10 ♒ 42	29 ♋ 9	0 ♋ 43	9 ♓	16 ♒	24 R	7 ♊	15 ♓
18	26 ♑ 26	22 ♒ 6	28 ♒ 11	26 ♒ 42	4 ♒ 7	11 ♐ 30	20 ♑ 12	25 ♒ 58	26 ♊ 45	10 ♒ 46	29 ♋ 8	0 ♋ 42	9 ♓	16 ♒	24 ♍	7 ♊	15 ♓
19	27 ♑ 27	5 ♓ 19	28 ♒ 8	26 D 42	5 ♒ 50	12 ♐ 19	20 ♑ 58	26 ♒ 11	26 ♊ 41	10 ♒ 49	29 ♋ 6	0 ♋ 41	9 ♓	17 ♒	24 ♍	7 ♊	15 ♓
20	28 ♑ 28	18 ♓ 9	28 ♒ 5	26 ♒ 43	7 ♒ 32	13 ♐ 9	21 ♑ 45	26 ♒ 25	26 ♊ 37	10 ♒ 53	29 ♋ 4	0 ♋ 40	10 ♓	17 ♒	24 ♍	7 ♊	15 ♓
21	29 ♑ 29	0 ♈ 40	28 ♒ 2	26 ♒ 45	9 ♒ 14	14 ♐ 0	22 ♑ 31	26 ♒ 39	26 ♊ 33	10 ♒ 56	29 ♋ 3	0 ♋ 39	10 ♓	17 ♒	24 ♍	7 ♊	15 ♓
22	0 ♒ 30	12 ♈ 53	27 ♒ 59	26 ♒ 47	10 ♒ 57	14 ♐ 51	23 ♑ 17	26 ♒ 52	26 ♊ 30	11 ♒ 0	29 ♋ 1	0 ♋ 38	10 ♓	18 ♒	24 ♍	7 ♊	15 ♓
23	1 ♒ 31	24 ♈ 55	27 ♒ 55	26 ♒ 48	12 ♒ 39	15 ♐ 44	24 ♑ 4	27 ♒ 6	26 ♊ 26	11 ♒ 3	28 ♋ 59	0 ♋ 37	11 ♓	18 ♒	24 ♍	7 ♊	15 ♓
24	2 ♒ 32	6 ♉ 49	27 ♒ 52	26 R 48	14 ♒ 21	16 ♐ 36	24 ♑ 50	27 ♒ 20	26 ♊ 23	11 ♒ 6	28 ♋ 58	0 ♋ 36	11 ♓	18 ♒	24 ♍	7 ♊	15 ♓
25	3 ♒ 33	18 ♉ 41	27 ♒ 49	26 ♒ 47	16 ♒ 3	17 ♐ 30	25 ♑ 37	27 ♒ 34	26 ♊ 19	11 ♒ 10	28 ♋ 56	0 ♋ 35	12 ♓	18 ♒	24 ♍	7 ♊	15 ♓
26	4 ♒ 34	0 ♊ 35	27 ♒ 46	26 ♒ 45	17 ♒ 44	18 ♐ 24	26 ♑ 23	27 ♒ 47	26 ♊ 16	11 ♒ 13	28 ♋ 54	0 ♋ 34	12 ♓	19 ♒	24 ♍	7 D	15 ♓
27	5 ♒ 35	12 ♊ 36	27 ♒ 43	26 ♒ 42	19 ♒ 25	19 ♐ 19	27 ♑ 10	28 ♒ 1	26 ♊ 13	11 ♒ 17	28 ♋ 53	0 ♋ 33	12 ♓	19 ♒	24 ♍	7 ♊	16 ♓
28	6 ♒ 36	24 ♊ 47	27 ♒ 40	26 ♒ 38	21 ♒ 4	20 ♐ 14	27 ♑ 57	28 ♒ 15	26 ♊ 9	11 ♒ 20	28 ♋ 51	0 ♋ 32	13 ♓	19 ♒	24 ♍	7 ♊	16 ♓
29	7 ♒ 37	7 ♋ 11	27 ♒ 36	26 ♒ 35	22 ♒ 42	21 ♐ 10	28 ♑ 43	28 ♒ 29	26 ♊ 6	11 ♒ 24	28 ♋ 49	0 ♋ 31	13 ♓	20 ♒	24 ♍	7 ♊	16 ♓
30	8 ♒ 38	19 ♋ 50	27 ♒ 33	26 ♒ 32	24 ♒ 18	22 ♐ 7	29 ♑ 30	28 ♒ 43	26 ♊ 3	11 ♒ 27	28 ♋ 47	0 ♋ 30	13 ♓	20 ♒	23 ♍	7 ♊	16 ♓
31	9 ♒ 39	2 ♌ 45	27 ♒ 30	26 ♒ 30	25 ♒ 52	23 ♐ 4	0 ♒ 17	28 ♒ 57	26 ♊ 0	11 ♒ 31	28 ♋ 46	0 ♋ 29	14 ♓	20 ♒	23 ♍	7 ♊	16 ♓

SUN INGRESS: ☉ → ♒ 21日 12:00

MOON PHASE: ○ 1日 21:20 ♋　◑ 9日 06:12 ♎　● 15日 23:42 ♑　◐ 23日 14:32 ♉　○ 31日 13:41 ♌

aspects		
2日	05:23	☿☌♂
6日	01:02	☉☌☿
15日	02:20	☿☍♆
17日	00:25	♀⚹♅
20日	13:56	☉☍♆
20日	16:51	♃△♄
22日	00:39	♀☌♅
26日	20:53	☿⚹♀
29日	02:55	♂☍♆
31日	02:10	☿△♄

1915年2月

DAY	☉	☽	☊ mean	☊ true	☿	♀	♂	♃	♄	♅	♆	♇	⚳	⚴	⚵	⚶	⚷
1	10 ♒ 40	15 ♌ 55	27 ♒ 27	26 R 29	27 D 23	24 D 2	1 D 3	29 D 11	25 R 58	11 D 34	28 R 44	0 R 29	14 D	21 D	23 R	7 D	16 D
2	11 ♒ 41	29 ♌ 20	27 ♒ 24	26 D 29	28 ♒ 51	25 ♐ 0	1 ♒ 50	29 ♒ 25	25 ♊ 55	11 ♒ 38	28 ♋ 43	0 ♋ 28	14 ♓	21 ♒	23 ♍	7 ♊	16 ♓
3	12 ♒ 42	12 ♍ 58	27 ♒ 21	26 ♒ 29	0 ♓ 15	25 ♐ 58	2 ♒ 37	29 ♒ 40	25 ♊ 52	11 ♒ 41	28 ♋ 41	0 ♋ 27	15 ♓	21 ♒	23 ♍	7 ♊	16 ♓
4	13 ♒ 42	26 ♍ 47	27 ♒ 17	26 ♒ 30	1 ♓ 34	26 ♐ 57	3 ♒ 24	29 ♒ 54	25 ♊ 50	11 ♒ 45	28 ♋ 39	0 ♋ 26	15 ♓	22 ♒	23 ♍	7 ♊	16 ♓
5	14 ♒ 43	10 ♎ 45	27 ♒ 14	26 ♒ 31	2 ♓ 49	27 ♐ 57	4 ♒ 10	0 ♓ 8	25 ♊ 47	11 ♒ 48	28 ♋ 38	0 ♋ 25	16 ♓	22 ♒	23 ♍	7 ♊	16 ♓
6	15 ♒ 44	24 ♎ 49	27 ♒ 11	26 ♒ 32	3 ♓ 57	28 ♐ 57	4 ♒ 57	0 ♓ 22	25 ♊ 45	11 ♒ 52	28 ♋ 36	0 ♋ 24	16 ♓	22 ♒	23 ♍	7 ♊	16 ♓
7	16 ♒ 45	8 ♏ 58	27 ♒ 8	26 ♒ 33	4 ♓ 58	29 ♐ 57	5 ♒ 44	0 ♓ 36	25 ♊ 43	11 ♒ 55	28 ♋ 34	0 ♋ 23	16 ♓	23 ♒	22 ♍	7 ♊	16 ♓
8	17 ♒ 46	23 ♏ 9	27 ♒ 5	26 R 33	5 ♓ 53	0 ♑ 58	6 ♒ 31	0 ♓ 51	25 ♊ 41	11 ♒ 59	28 ♋ 33	0 ♋ 23	17 ♓	23 ♒	22 ♍	8 ♊	16 ♓
9	18 ♒ 46	7 ♐ 21	27 ♒ 1	26 ♒ 33	6 ♓ 38	1 ♑ 59	7 ♒ 18	1 ♓ 5	25 ♊ 39	12 ♒ 2	28 ♋ 31	0 ♋ 22	17 ♓	23 ♒	22 ♍	8 ♊	16 ♓
10	19 ♒ 47	21 ♐ 31	26 ♒ 58	26 ♒ 32	7 ♓ 15	3 ♑ 0	8 ♒ 5	1 ♓ 19	25 ♊ 37	12 ♒ 6	28 ♋ 30	0 ♋ 21	17 ♓	24 ♒	22 ♍	8 ♊	16 ♓
11	20 ♒ 48	5 ♑ 36	26 ♒ 55	26 ♒ 31	7 ♓ 43	4 ♑ 2	8 ♒ 52	1 ♓ 34	25 ♊ 35	12 ♒ 9	28 ♋ 28	0 ♋ 21	18 ♓	24 ♒	22 ♍	8 ♊	16 ♓
12	21 ♒ 49	19 ♑ 33	26 ♒ 52	26 ♒ 31	8 ♓ 0	5 ♑ 4	9 ♒ 39	1 ♓ 48	25 ♊ 33	12 ♒ 13	28 ♋ 27	0 ♋ 20	18 ♓	24 ♒	22 ♍	8 ♊	16 ♓
13	22 ♒ 49	3 ♒ 20	26 ♒ 49	26 ♒ 30	8 ♓ 7	6 ♑ 7	10 ♒ 26	2 ♓ 2	25 ♊ 32	12 ♒ 16	28 ♋ 25	0 ♋ 19	19 ♓	25 ♒	21 ♍	8 ♊	16 ♓
14	23 ♒ 50	16 ♒ 53	26 ♒ 46	26 ♒ 30	8 R 3	7 ♑ 10	11 ♒ 13	2 ♓ 17	25 ♊ 30	12 ♒ 20	28 ♋ 24	0 ♋ 18	19 ♓	25 ♒	21 ♍	8 ♊	16 ♓
15	24 ♒ 51	0 ♓ 11	26 ♒ 42	26 D 30	7 ♓ 49	8 ♑ 13	12 ♒ 0	2 ♓ 31	25 ♊ 29	12 ♒ 23	28 ♋ 22	0 ♋ 18	19 ♓	25 ♒	21 ♍	8 ♊	17 ♓
16	25 ♒ 51	13 ♓ 12	26 ♒ 39	26 ♒ 30	7 ♓ 24	9 ♑ 16	12 ♒ 47	2 ♓ 46	25 ♊ 28	12 ♒ 27	28 ♋ 21	0 ♋ 17	20 ♓	26 ♒	21 ♍	8 ♊	17 ♓
17	26 ♒ 52	25 ♓ 56	26 ♒ 36	26 R 30	6 ♓ 50	10 ♑ 20	13 ♒ 34	3 ♓ 0	25 ♊ 27	12 ♒ 30	28 ♋ 19	0 ♋ 17	20 ♓	26 ♒	21 ♍	9 ♊	17 ♓
18	27 ♒ 52	8 ♈ 24	26 ♒ 33	26 ♒ 30	6 ♓ 7	11 ♑ 24	14 ♒ 21	3 ♓ 14	25 ♊ 26	12 ♒ 33	28 ♋ 18	0 ♋ 16	21 ♓	26 ♒	20 ♍	9 ♊	17 ♓
19	28 ♒ 53	20 ♈ 38	26 ♒ 30	26 ♒ 30	5 ♓ 16	12 ♑ 28	15 ♒ 8	3 ♓ 29	25 ♊ 25	12 ♒ 37	28 ♋ 16	0 ♋ 15	21 ♓	27 ♒	20 ♍	9 ♊	17 ♓
20	29 ♒ 53	2 ♉ 41	26 ♒ 27	26 ♒ 29	4 ♓ 19	13 ♑ 32	15 ♒ 55	3 ♓ 43	25 ♊ 24	12 ♒ 40	28 ♋ 15	0 ♋ 15	21 ♓	27 ♒	20 ♍	9 ♊	17 ♓
21	0 ♓ 54	14 ♉ 37	26 ♒ 23	26 ♒ 29	3 ♓ 17	14 ♑ 37	16 ♒ 42	3 ♓ 58	25 ♊ 23	12 ♒ 44	28 ♋ 14	0 ♋ 14	22 ♓	27 ♒	20 ♍	9 ♊	17 ♓
22	1 ♓ 54	26 ♉ 29	26 ♒ 20	26 ♒ 29	2 ♓ 12	15 ♑ 42	17 ♒ 29	4 ♓ 12	25 ♊ 23	12 ♒ 47	28 ♋ 12	0 ♋ 14	22 ♓	28 ♒	20 ♍	9 ♊	17 ♓
23	2 ♓ 55	8 ♊ 23	26 ♒ 17	26 D 29	1 ♓ 6	16 ♑ 47	18 ♒ 16	4 ♓ 27	25 ♊ 22	12 ♒ 50	28 ♋ 11	0 ♋ 13	22 ♓	28 ♒	19 ♍	10 ♊	17 ♓
24	3 ♓ 55	20 ♊ 23	26 ♒ 14	26 ♒ 29	0 ♓ 0	17 ♑ 53	19 ♒ 3	4 ♓ 41	25 ♊ 22	12 ♒ 54	28 ♋ 10	0 ♋ 13	23 ♓	28 ♒	19 ♍	10 ♊	17 ♓
25	4 ♓ 56	2 ♋ 34	26 ♒ 11	26 ♒ 30	28 ♒ 56	18 ♑ 58	19 ♒ 50	4 ♓ 56	25 ♊ 22	12 ♒ 57	28 ♋ 8	0 ♋ 13	23 ♓	29 ♒	19 ♍	10 ♊	17 ♓
26	5 ♓ 56	15 ♋ 0	26 ♒ 7	26 ♒ 31	27 ♒ 55	20 ♑ 4	20 ♒ 38	5 ♓ 10	25 ♊ 22	13 ♒ 0	28 ♋ 7	0 ♋ 12	24 ♓	29 ♒	19 ♍	10 ♊	17 ♓
27	6 ♓ 56	27 ♋ 44	26 ♒ 4	26 ♒ 31	26 ♒ 58	21 ♑ 10	21 ♒ 25	5 ♓ 25	25 D 22	13 ♒ 4	28 ♋ 6	0 ♋ 12	24 ♓	29 ♒	18 ♍	10 ♊	17 ♓
28	7 ♓ 56	10 ♌ 49	26 ♒ 1	26 ♒ 32	26 ♒ 7	22 ♑ 16	22 ♒ 12	5 ♓ 39	25 ♊ 22	13 ♒ 7	28 ♋ 4	0 ♋ 11	24 ♓	0 ♓	18 ♍	11 ♊	17 ♓

SUN INGRESS: ☉ → ♓ 20日 02:23

MOON PHASE: ◑ 7日 14:11 ♏　● 14日 13:31 ♒　◐ 22日 11:58 ♊　◑ 0日 0:0 ♏

aspects		
1日	22:50	☉☌♅
2日	11:44	☿☌♃
2日	21:38	♀☍♄
3日	03:29	☿△♇
6日	03:23	♃△♇
7日	10:19	♀☍♇
7日	20:19	♀⚹♃
14日	16:50	☿⚹♀
15日	12:54	♂☌♅
15日	14:53	☉△♄
20日	08:25	☉△♇
20日	11:16	☿☌♃
22日	03:19	☉☌☿
23日	19:06	☿△♇
25日	00:02	☉☌♃

1915年3月

DAY	☉	☽	☊ mean	☊ true	☿	♀	♂	♃	♄	♅	♆	♇	⚳	⚴	⚵	⚶	⚷
	° ′	° ′	° ′	° ′	° ′	° ′	° ′	° ′	° ′	° ′	° ′	° ′	°	°	°	°	°
1	8 ♓ 57	24 ♌ 15	25 ♒ 58	26 D 33	25 R 22	23 D 22	22 D 59	5 D 54	25 D 22	13 D 10	28 R 3	0 R 11	25 D	0 D	18 R	11 D	17 D
2	9 ♓ 57	8 ♍ 2	25 ♒ 55	26 R 32	24 ♒ 44	24 ♑ 29	23 ♒ 46	6 ♓ 8	25 ♊ 22	13 ♒ 13	28 ♋ 2	0 ♋ 11	25 ♓	0 ♓	18 ♍	11 ♊	17 ♓
3	10 ♓ 57	22 ♍ 7	25 ♒ 52	26 ♒ 32	24 ♒ 12	25 ♑ 36	24 ♒ 33	6 ♓ 22	25 ♊ 23	13 ♒ 16	28 ♋ 1	0 ♋ 10	26 ♓	1 ♓	17 ♍	11 ♊	17 ♓
4	11 ♓ 57	6 ♎ 26	25 ♒ 48	26 ♒ 30	23 ♒ 48	26 ♑ 43	25 ♒ 21	6 ♓ 37	25 ♊ 23	13 ♒ 20	28 ♋ 0	0 ♋ 10	26 ♓	1 ♓	17 ♍	11 ♊	18 ♓
5	12 ♓ 57	20 ♎ 53	25 ♒ 45	26 ♒ 28	23 ♒ 30	27 ♑ 50	26 ♒ 8	6 ♓ 51	25 ♊ 24	13 ♒ 23	27 ♋ 59	0 ♋ 10	26 ♓	1 ♓	17 ♍	12 ♊	18 ♓
6	13 ♓ 57	5 ♏ 23	25 ♒ 42	26 ♒ 25	23 ♒ 19	28 ♑ 57	26 ♒ 55	7 ♓ 6	25 ♊ 25	13 ♒ 26	27 ♋ 58	0 ♋ 10	27 ♓	2 ♓	17 ♍	12 ♊	18 ♓
7	14 ♓ 57	19 ♏ 50	25 ♒ 39	26 ♒ 24	23 ♒ 16	0 ♒ 4	27 ♒ 42	7 ♓ 20	25 ♊ 26	13 ♒ 29	27 ♋ 57	0 ♋ 9	27 ♓	2 ♓	16 ♍	12 ♊	18 ♓
8	15 ♓ 58	4 ♐ 10	25 ♒ 36	26 ♒ 22	23 D 18	1 ♒ 12	28 ♒ 29	7 ♓ 35	25 ♊ 27	13 ♒ 32	27 ♋ 56	0 ♋ 9	28 ♓	2 ♓	16 ♍	12 ♊	18 ♓
9	16 ♓ 58	18 ♐ 21	25 ♒ 32	26 D 22	23 ♒ 26	2 ♒ 20	29 ♒ 16	7 ♓ 49	25 ♊ 28	13 ♒ 35	27 ♋ 55	0 ♋ 9	28 ♓	3 ♓	16 ♍	13 ♊	18 ♓
10	17 ♓ 58	2 ♑ 19	25 ♒ 29	26 ♒ 22	23 ♒ 41	3 ♒ 28	0 ♓ 4	8 ♓ 3	25 ♊ 29	13 ♒ 38	27 ♋ 54	0 ♋ 9	28 ♓	3 ♓	16 ♍	13 ♊	18 ♓
11	18 ♓ 57	16 ♑ 5	25 ♒ 26	26 ♒ 24	24 ♒ 1	4 ♒ 36	0 ♓ 51	8 ♓ 18	25 ♊ 30	13 ♒ 41	27 ♋ 53	0 ♋ 9	29 ♓	3 ♓	15 ♍	13 ♊	18 ♓
12	19 ♓ 57	29 ♑ 37	25 ♒ 23	26 ♒ 25	24 ♒ 26	5 ♒ 44	1 ♓ 38	8 ♓ 32	25 ♊ 32	13 ♒ 44	27 ♋ 52	0 ♋ 9	29 ♓	4 ♓	15 ♍	13 ♊	18 ♓
13	20 ♓ 57	12 ♒ 56	25 ♒ 20	26 ♒ 27	24 ♒ 55	6 ♒ 52	2 ♓ 25	8 ♓ 46	25 ♊ 33	13 ♒ 47	27 ♋ 51	0 ♋ 9	0 ♈	4 ♓	15 ♍	14 ♊	18 ♓
14	21 ♓ 57	26 ♒ 3	25 ♒ 17	26 ♒ 27	25 ♒ 29	8 ♒ 0	3 ♓ 12	9 ♓ 1	25 ♊ 35	13 ♒ 50	27 ♋ 50	0 ♋ 9	0 ♈	4 ♓	15 ♍	14 ♊	18 ♓
15	22 ♓ 57	8 ♓ 58	25 ♒ 13	26 R 27	26 ♒ 8	9 ♒ 9	3 ♓ 59	9 ♓ 15	25 ♊ 37	13 ♒ 53	27 ♋ 49	0 ♋ 8	0 ♈	5 ♓	14 ♍	14 ♊	18 ♓
16	23 ♓ 57	21 ♓ 41	25 ♒ 10	26 ♒ 24	26 ♒ 50	10 ♒ 18	4 ♓ 47	9 ♓ 29	25 ♊ 39	13 ♒ 56	27 ♋ 48	0 D 8	1 ♈	5 ♓	14 ♍	14 ♊	18 ♓
17	24 ♓ 57	4 ♈ 11	25 ♒ 7	26 ♒ 21	27 ♒ 36	11 ♒ 26	5 ♓ 34	9 ♓ 43	25 ♊ 41	13 ♒ 59	27 ♋ 48	0 ♋ 8	1 ♈	5 ♓	14 ♍	15 ♊	18 ♓
18	25 ♓ 56	16 ♈ 31	25 ♒ 4	26 ♒ 16	28 ♒ 26	12 ♒ 35	6 ♓ 21	9 ♓ 58	25 ♊ 43	14 ♒ 2	27 ♋ 47	0 ♋ 9	1 ♈	6 ♓	14 ♍	15 ♊	18 ♓
19	26 ♓ 56	28 ♈ 40	25 ♒ 1	26 ♒ 11	29 ♒ 19	13 ♒ 44	7 ♓ 8	10 ♓ 12	25 ♊ 45	14 ♒ 4	27 ♋ 46	0 ♋ 9	2 ♈	6 ♓	13 ♍	15 ♊	18 ♓
20	27 ♓ 56	10 ♉ 41	24 ♒ 58	26 ♒ 5	0 ♓ 14	14 ♒ 53	7 ♓ 55	10 ♓ 26	25 ♊ 47	14 ♒ 7	27 ♋ 45	0 ♋ 9	2 ♈	6 ♓	13 ♍	15 ♊	19 ♓
21	28 ♓ 55	22 ♉ 36	24 ♒ 54	26 ♒ 0	1 ♓ 13	16 ♒ 2	8 ♓ 42	10 ♓ 40	25 ♊ 50	14 ♒ 10	27 ♋ 45	0 ♋ 9	3 ♈	7 ♓	13 ♍	16 ♊	19 ♓
22	29 ♓ 55	4 ♊ 27	24 ♒ 51	25 ♒ 56	2 ♓ 14	17 ♒ 12	9 ♓ 29	10 ♓ 54	25 ♊ 52	14 ♒ 13	27 ♋ 44	0 ♋ 9	3 ♈	7 ♓	13 ♍	16 ♊	19 ♓
23	0 ♈ 54	16 ♊ 20	24 ♒ 48	25 ♒ 53	3 ♓ 18	18 ♒ 21	10 ♓ 17	11 ♓ 8	25 ♊ 55	14 ♒ 15	27 ♋ 44	0 ♋ 9	3 ♈	7 ♓	12 ♍	16 ♊	19 ♓
24	1 ♈ 54	28 ♊ 18	24 ♒ 45	25 ♒ 52	4 ♓ 24	19 ♒ 30	11 ♓ 4	11 ♓ 22	25 ♊ 58	14 ♒ 18	27 ♋ 43	0 ♋ 9	4 ♈	8 ♓	12 ♍	17 ♊	19 ♓
25	2 ♈ 53	10 ♋ 26	24 ♒ 42	25 D 52	5 ♓ 33	20 ♒ 40	11 ♓ 51	11 ♓ 36	26 ♊ 0	14 ♒ 21	27 ♋ 42	0 ♋ 9	4 ♈	8 ♓	12 ♍	17 ♊	19 ♓
26	3 ♈ 53	22 ♋ 49	24 ♒ 38	25 ♒ 53	6 ♓ 44	21 ♒ 49	12 ♓ 38	11 ♓ 50	26 ♊ 3	14 ♒ 23	27 ♋ 42	0 ♋ 10	5 ♈	8 ♓	12 ♍	17 ♊	19 ♓
27	4 ♈ 52	5 ♌ 32	24 ♒ 35	25 ♒ 55	7 ♓ 57	22 ♒ 59	13 ♓ 25	12 ♓ 4	26 ♊ 6	14 ♒ 26	27 ♋ 41	0 ♋ 10	5 ♈	9 ♓	12 ♍	17 ♊	19 ♓
28	5 ♈ 52	18 ♌ 38	24 ♒ 32	25 ♒ 56	9 ♓ 12	24 ♒ 9	14 ♓ 12	12 ♓ 18	26 ♊ 10	14 ♒ 28	27 ♋ 41	0 ♋ 10	5 ♈	9 ♓	11 ♍	18 ♊	19 ♓
29	6 ♈ 51	2 ♍ 9	24 ♒ 29	25 R 56	10 ♓ 28	25 ♒ 19	14 ♓ 59	12 ♓ 32	26 ♊ 13	14 ♒ 31	27 ♋ 41	0 ♋ 10	6 ♈	9 ♓	11 ♍	18 ♊	19 ♓
30	7 ♈ 50	16 ♍ 7	24 ♒ 26	25 ♒ 54	11 ♓ 47	26 ♒ 28	15 ♓ 46	12 ♓ 46	26 ♊ 16	14 ♒ 33	27 ♋ 40	0 ♋ 11	6 ♈	10 ♓	11 ♍	18 ♊	19 ♓
31	8 ♈ 50	0 ♎ 30	24 ♒ 23	25 ♒ 51	13 ♓ 8	27 ♒ 38	16 ♓ 33	12 ♓ 59	26 ♊ 20	14 ♒ 35	27 ♋ 40	0 ♋ 11	7 ♈	10 ♓	11 ♍	19 ♊	19 ♓

SUN INGRESS	☉ → ♈ 22日 01:51
MOON PHASE	○ 2日 03:32 ♍　◑ 8日 21:27 ♐　● 16日 04:42 ♓　◐ 24日 07:48 ♋　○ 31日 14:37 ♎

aspects

1日	00:07	☿△♄
2日	17:18	☿☌♂
4日	01:23	♂△♄
5日	03:08	♀☍♆
10日	02:41	♂△♇
14日	03:46	☿△♄
17日	18:19	☉□♄
19日	07:22	♀☌♅
19日	19:53	☉△♆
19日	21:38	☿△♇
22日	05:39	☉□♇
24日	13:32	♂☌♃
29日	19:32	♀△♄
30日	21:06	☿☌♃

1915年4月

DAY	☉	☽	☊ mean	☊ true	☿	♀	♂	♃	♄	♅	♆	♇	⚳	⚴	⚵	⚶	⚷
	° ′	° ′	° ′	° ′	° ′	° ′	° ′	° ′	° ′	° ′	° ′	° ′	°	°	°	°	°
1	9 ♈ 49	15 ♎ 12	24 ♒ 19	25 R 45	14 D 30	28 D 48	17 D 20	13 D 13	26 D 23	14 D 38	27 R 40	0 D 11	7 D	10 D	11 R	19 D	19 D
2	10 ♈ 48	0 ♏ 7	24 ♒ 16	25 ♒ 39	15 ♓ 54	29 ♒ 59	18 ♓ 7	13 ♓ 27	26 ♊ 27	14 ♒ 40	27 ♋ 39	0 ♋ 12	7 ♈	10 ♓	11 ♍	19 ♊	19 ♓
3	11 ♈ 47	15 ♏ 4	24 ♒ 13	25 ♒ 31	17 ♓ 19	1 ♓ 9	18 ♓ 54	13 ♓ 40	26 ♊ 30	14 ♒ 42	27 ♋ 39	0 ♋ 12	8 ♈	11 ♓	10 ♍	20 ♊	19 ♓
4	12 ♈ 46	29 ♏ 56	24 ♒ 10	25 ♒ 25	18 ♓ 47	2 ♓ 19	19 ♓ 41	13 ♓ 54	26 ♊ 34	14 ♒ 45	27 ♋ 39	0 ♋ 13	8 ♈	11 ♓	10 ♍	20 ♊	19 ♓
5	13 ♈ 45	14 ♐ 36	24 ♒ 7	25 ♒ 20	20 ♓ 15	3 ♓ 29	20 ♓ 27	14 ♓ 8	26 ♊ 38	14 ♒ 47	27 ♋ 39	0 ♋ 13	9 ♈	11 ♓	10 ♍	20 ♊	19 ♓
6	14 ♈ 44	28 ♐ 57	24 ♒ 4	25 ♒ 17	21 ♓ 46	4 ♓ 40	21 ♓ 14	14 ♓ 21	26 ♊ 42	14 ♒ 49	27 ♋ 39	0 ♋ 14	9 ♈	12 ♓	10 ♍	21 ♊	20 ♓
7	15 ♈ 43	12 ♑ 57	24 ♒ 0	25 ♒ 16	23 ♓ 18	5 ♓ 50	22 ♓ 1	14 ♓ 34	26 ♊ 46	14 ♒ 51	27 ♋ 39	0 ♋ 14	9 ♈	12 ♓	10 ♍	21 ♊	20 ♓
8	16 ♈ 42	26 ♑ 36	23 ♒ 57	25 D 16	24 ♓ 51	7 ♓ 1	22 ♓ 48	14 ♓ 48	26 ♊ 50	14 ♒ 53	27 ♋ 38	0 ♋ 15	10 ♈	12 ♓	10 ♍	21 ♊	20 ♓
9	17 ♈ 41	9 ♒ 56	23 ♒ 54	25 ♒ 17	26 ♓ 27	8 ♓ 11	23 ♓ 35	15 ♓ 1	26 ♊ 55	14 ♒ 55	27 ♋ 38	0 ♋ 15	10 ♈	13 ♓	10 ♍	22 ♊	20 ♓
10	18 ♈ 40	22 ♒ 58	23 ♒ 51	25 ♒ 18	28 ♓ 3	9 ♓ 22	24 ♓ 22	15 ♓ 14	26 ♊ 59	14 ♒ 57	27 D 38	0 ♋ 16	11 ♈	13 ♓	10 ♍	22 ♊	20 ♓
11	19 ♈ 39	5 ♓ 45	23 ♒ 48	25 R 17	29 ♓ 41	10 ♓ 33	25 ♓ 8	15 ♓ 28	27 ♊ 3	14 ♒ 59	27 ♋ 38	0 ♋ 16	11 ♈	13 ♓	9 ♍	22 ♊	20 ♓
12	20 ♈ 38	18 ♓ 20	23 ♒ 44	25 ♒ 15	1 ♈ 21	11 ♓ 44	25 ♓ 55	15 ♓ 41	27 ♊ 8	15 ♒ 1	27 ♋ 39	0 ♋ 17	11 ♈	14 ♓	9 ♍	23 ♊	20 ♓
13	21 ♈ 37	0 ♈ 45	23 ♒ 41	25 ♒ 9	3 ♈ 3	12 ♓ 54	26 ♓ 42	15 ♓ 54	27 ♊ 12	15 ♒ 3	27 ♋ 39	0 ♋ 18	12 ♈	14 ♓	9 ♍	23 ♊	20 ♓
14	22 ♈ 36	13 ♈ 1	23 ♒ 38	25 ♒ 2	4 ♈ 45	14 ♓ 5	27 ♓ 29	16 ♓ 7	27 ♊ 17	15 ♒ 5	27 ♋ 39	0 ♋ 18	12 ♈	14 ♓	9 ♍	23 ♊	20 ♓
15	23 ♈ 35	25 ♈ 9	23 ♒ 35	24 ♒ 52	6 ♈ 30	15 ♓ 16	28 ♓ 15	16 ♓ 20	27 ♊ 22	15 ♒ 7	27 ♋ 39	0 ♋ 19	13 ♈	14 ♓	9 ♍	24 ♊	20 ♓
16	24 ♈ 33	7 ♉ 11	23 ♒ 32	24 ♒ 41	8 ♈ 16	16 ♓ 27	29 ♓ 2	16 ♓ 33	27 ♊ 27	15 ♒ 8	27 ♋ 39	0 ♋ 19	13 ♈	15 ♓	9 ♍	24 ♊	20 ♓
17	25 ♈ 32	19 ♉ 8	23 ♒ 29	24 ♒ 29	10 ♈ 3	17 ♓ 38	29 ♓ 48	16 ♓ 46	27 ♊ 32	15 ♒ 10	27 ♋ 39	0 ♋ 20	13 ♈	15 ♓	9 ♍	24 ♊	20 ♓
18	26 ♈ 31	1 ♊ 0	23 ♒ 25	24 ♒ 18	11 ♈ 52	18 ♓ 49	0 ♈ 35	16 ♓ 58	27 ♊ 37	15 ♒ 12	27 ♋ 40	0 ♋ 21	14 ♈	15 ♓	9 ♍	25 ♊	20 ♓
19	27 ♈ 29	12 ♊ 51	23 ♒ 22	24 ♒ 8	13 ♈ 43	20 ♓ 0	1 ♈ 22	17 ♓ 11	27 ♊ 42	15 ♒ 13	27 ♋ 40	0 ♋ 22	14 ♈	16 ♓	9 ♍	25 ♊	20 ♓
20	28 ♈ 28	24 ♊ 43	23 ♒ 19	24 ♒ 1	15 ♈ 35	21 ♓ 11	2 ♈ 8	17 ♓ 24	27 ♊ 47	15 ♒ 15	27 ♋ 40	0 ♋ 22	15 ♈	16 ♓	9 ♍	26 ♊	20 ♓
21	29 ♈ 27	6 ♋ 40	23 ♒ 16	23 ♒ 56	17 ♈ 29	22 ♓ 22	2 ♈ 55	17 ♓ 36	27 ♊ 52	15 ♒ 16	27 ♋ 41	0 ♋ 23	15 ♈	16 ♓	9 ♍	26 ♊	20 ♓
22	0 ♉ 25	18 ♋ 46	23 ♒ 13	23 ♒ 53	19 ♈ 25	23 ♓ 34	3 ♈ 41	17 ♓ 49	27 ♊ 58	15 ♒ 18	27 ♋ 41	0 ♋ 24	15 ♈	17 ♓	9 ♍	26 ♊	20 ♓
23	1 ♉ 24	1 ♌ 5	23 ♒ 10	23 ♒ 52	21 ♈ 22	24 ♓ 45	4 ♈ 27	18 ♓ 1	28 ♊ 3	15 ♒ 19	27 ♋ 42	0 ♋ 25	16 ♈	17 ♓	9 ♍	27 ♊	20 ♓
24	2 ♉ 22	13 ♌ 43	23 ♒ 6	23 D 53	23 ♈ 20	25 ♓ 56	5 ♈ 14	18 ♓ 14	28 ♊ 8	15 ♒ 21	27 ♋ 42	0 ♋ 26	16 ♈	17 ♓	9 ♍	27 ♊	21 ♓
25	3 ♉ 21	26 ♌ 44	23 ♒ 3	23 R 53	25 ♈ 20	27 ♓ 7	6 ♈ 0	18 ♓ 26	28 ♊ 14	15 ♒ 22	27 ♋ 42	0 ♋ 27	17 ♈	17 ♓	9 ♍	27 ♊	21 ♓
26	4 ♉ 19	10 ♍ 12	23 ♒ 0	23 ♒ 52	27 ♈ 22	28 ♓ 19	6 ♈ 46	18 ♓ 38	28 ♊ 20	15 ♒ 23	27 ♋ 43	0 ♋ 27	17 ♈	18 ♓	9 ♍	28 ♊	21 ♓
27	5 ♉ 17	24 ♍ 10	22 ♒ 57	23 ♒ 49	29 ♈ 25	29 ♓ 30	7 ♈ 33	18 ♓ 50	28 ♊ 25	15 ♒ 24	27 ♋ 44	0 ♋ 28	17 ♈	18 ♓	9 ♍	28 ♊	21 ♓
28	6 ♉ 16	8 ♎ 36	22 ♒ 54	23 ♒ 43	1 ♉ 29	0 ♈ 41	8 ♈ 19	19 ♓ 2	28 ♊ 31	15 ♒ 26	27 ♋ 44	0 ♋ 29	18 ♈	18 ♓	9 D	29 ♊	21 ♓
29	7 ♉ 14	23 ♎ 28	22 ♒ 50	23 ♒ 35	3 ♉ 35	1 ♈ 53	9 ♈ 5	19 ♓ 14	28 ♊ 37	15 ♒ 27	27 ♋ 45	0 ♋ 30	18 ♈	19 ♓	9 ♍	29 ♊	21 ♓
30	8 ♉ 12	8 ♏ 37	22 ♒ 47	23 ♒ 25	5 ♉ 42	3 ♈ 4	9 ♈ 51	19 ♓ 26	28 ♊ 43	15 ♒ 28	27 ♋ 45	0 ♋ 31	18 ♈	19 ♓	9 ♍	29 ♊	21 ♓

SUN INGRESS	☉ → ♉ 21日 13:29
MOON PHASE	◑ 7日 05:12 ♑　● 14日 20:35 ♈　◐ 23日 00:39 ♌　○ 29日 23:19 ♏

aspects

2日	04:34	♀△♇
5日	06:41	☿☌♂
6日	01:57	☉⚹♅
9日	07:18	☿□♄
9日	17:52	☿△♆
11日	08:28	☿□♇
13日	17:29	♂□♄
14日	05:16	♂△♆
16日	02:23	♀☌♃
17日	16:37	♂□♇
19日	04:20	☉□♆
19日	05:34	☉⚹♄
19日	19:36	☿⚹♅
21日	23:31	☉⚹♇
25日	11:55	♀△♆
26日	00:19	♀□♄
26日	04:08	☿□♆
26日	11:47	☿⚹♄
27日	12:19	☿⚹♇
27日	19:51	♀□♇

1915年5月

DAY	☉	☽	☊ mean	☊ true	☿	♀	♂	♃	♄	♅	♆	♇	⚳	⚴	⚵	⚶	⚷
	° ′	° ′	° ′	° ′	° ′	° ′	° ′	° ′	° ′	° ′	° ′	° ′	°	°	°	°	°
1	9♉10	23♏53	22♒44	23 R 15	7 D 50	4 D 16	10 D 37	19 D 38	28 D 49	15 D 29	27 D 46	0 D 32	19 D	19 D	9 D	0 D	21 D
2	10♉9	9♐6	22♒41	23♒5	9♉58	5♈27	11♈23	19♓50	28♊55	15♒30	27♋47	0♋33	19♈	19♓	9♍	0♋	21♓
3	11♉7	24♐4	22♒38	22♒56	12♉8	6♈39	12♈10	20♓1	29♊1	15♒31	27♋48	0♋34	20♈	20♓	9♍	0♋	21♓
4	12♉5	8♑41	22♒35	22♒51	14♉17	7♈50	12♈56	20♓13	29♊7	15♒32	27♋48	0♋35	20♈	20♓	9♍	0♋	21♓
5	13♉3	22♑51	22♒31	22♒47	16♉27	9♈2	13♈42	20♓24	29♊13	15♒33	27♋49	0♋36	20♈	20♓	9♍	1♋	21♓
6	14♉1	6♒35	22♒28	22♒46	18♉37	10♈14	14♈27	20♓36	29♊19	15♒33	27♋50	0♋37	21♈	20♓	9♍	2♋	21♓
7	14♉59	19♒54	22♒25	22 D 46	20♉46	11♈25	15♈13	20♓47	29♊25	15♒34	27♋51	0♋38	21♈	21♓	9♍	2♋	21♓
8	15♉57	2♓50	22♒22	22 R 46	22♉55	12♈37	15♈59	20♓58	29♊32	15♒35	27♋52	0♋39	22♈	21♓	9♍	2♋	21♓
9	16♉55	15♓28	22♒19	22♒44	25♉3	13♈49	16♈45	21♓9	29♊38	15♒36	27♋53	0♋40	22♈	21♓	9♍	3♋	21♓
10	17♉54	27♓52	22♒15	22♒41	27♉9	15♈1	17♈31	21♓20	29♊45	15♒36	27♋54	0♋41	22♈	21♓	9♍	3♋	21♓
11	18♉52	10♈5	22♒12	22♒34	29♉14	16♈12	18♈17	21♓31	29♊51	15♒37	27♋55	0♋43	23♈	22♓	9♍	4♋	21♓
12	19♉49	22♈9	22♒9	22♒25	1♊17	17♈24	19♈2	21♓42	29♊58	15♒37	27♋56	0♋44	23♈	22♓	9♍	4♋	21♓
13	20♉47	4♉9	22♒6	22♒13	3♊18	18♈36	19♈48	21♓52	0♋4	15♒38	27♋57	0♋45	23♈	22♓	9♍	4♋	21♓
14	21♉45	16♉4	22♒3	21♒59	5♊17	19♈48	20♈33	22♓3	0♋11	15♒38	27♋58	0♋46	24♈	23♓	9♍	5♋	21♓
15	22♉43	27♉57	22♒0	21♒45	7♊14	21♈0	21♈19	22♓13	0♋18	15♒39	27♋59	0♋47	24♈	23♓	9♍	5♋	21♓
16	23♉41	9♊48	21♒56	21♒31	9♊7	22♈12	22♈5	22♓24	0♋25	15♒39	28♋0	0♋48	25♈	23♓	9♍	6♋	21♓
17	24♉39	21♊40	21♒53	21♒19	10♊58	23♈24	22♈50	22♓34	0♋31	15♒39	28♋1	0♋50	25♈	23♓	10♍	6♋	21♓
18	25♉37	3♋35	21♒50	21♒9	12♊46	24♈36	23♈35	22♓44	0♋38	15♒39	28♋3	0♋51	25♈	23♓	10♍	6♋	22♓
19	26♉35	15♋34	21♒47	21♒2	14♊32	25♈48	24♈21	22♓54	0♋45	15♒39	28♋4	0♋52	26♈	24♓	10♍	7♋	22♓
20	27♉32	27♋41	21♒44	20♒59	16♊13	27♈0	25♈6	23♓4	0♋52	15♒40	28♋5	0♋53	26♈	24♓	10♍	7♋	22♓
21	28♉30	10♌1	21♒41	20♒57	17♊52	28♈12	25♈51	23♓14	0♋59	15♒40	28♋6	0♋55	27♈	24♓	10♍	8♋	22♓
22	29♉28	22♌36	21♒37	20 D 57	19♊28	29♈24	26♈36	23♓23	1♋6	15 R 40	28♋8	0♋56	27♈	24♓	10♍	8♋	22♓
23	0♊26	5♍33	21♒34	20 R 57	21♊0	0♉36	27♈22	23♓33	1♋13	15♒40	28♋9	0♋57	27♈	25♓	10♍	8♋	22♓
24	1♊23	18♍55	21♒31	20♒56	22♊29	1♉48	28♈7	23♓42	1♋20	15♒40	28♋10	0♋58	28♈	25♓	10♍	9♋	22♓
25	2♊21	2♎45	21♒28	20♒53	23♊55	3♉0	28♈52	23♓52	1♋27	15♒39	28♋12	1♋0	28♈	25♓	11♍	9♋	22♓
26	3♊18	17♎5	21♒25	20♒48	25♊17	4♉12	29♈37	24♓1	1♋35	15♒39	28♋13	1♋1	28♈	25♓	11♍	10♋	22♓
27	4♊16	1♏50	21♒21	20♒40	26♊36	5♉24	0♉22	24♓10	1♋42	15♒39	28♋15	1♋2	29♈	26♓	11♍	10♋	22♓
28	5♊14	16♏57	21♒18	20♒30	27♊52	6♉36	1♉7	24♓19	1♋49	15♒39	28♋16	1♋4	29♈	26♓	11♍	10♋	22♓
29	6♊11	2♐16	21♒15	20♒20	29♊4	7♉48	1♉51	24♓28	1♋56	15♒38	28♋18	1♋5	0♉	26♓	11♍	11♋	22♓
30	7♊9	17♐35	21♒12	20♒10	0♋12	9♉1	2♉36	24♓36	2♋4	15♒38	28♋19	1♋6	0♉	26♓	11♍	11♋	22♓
31	8♊6	2♑43	21♒9	20♒2	1♋16	10♉13	3♉21	24♓45	2♋11	15♒38	28♋21	1♋8	0♉	26♓	12♍	12♋	22♓

SUN INGRESS ☉→♊ 22日 13:10

MOON PHASE ◑ 6日 14:22 ♒ ● 14日 12:31 ♉ ◐ 22日 13:49 ♍ ○ 29日 06:33 ♐

aspects		
2日	03:29	☉☌☿
4日	13:50	☿□♅
7日	00:04	☿⚹♃
7日	11:06	♂⚹♅
7日	14:34	☉□♅
10日	08:34	☿⚹♆
10日	11:59	♀⚹♅
14日	08:51	☉⚹♃
15日	17:24	♀☌♂
19日	15:56	☿△♅
20日	04:52	♄☌♇
20日	13:55	☉⚹♆
20日	22:13	♀□♆
23日	07:13	♀⚹♇
23日	13:50	♀⚹♄
24日	02:02	♂□♆
24日	22:55	☿□♃
27日	22:19	♂⚹♇
29日	03:11	♂⚹♄
30日	20:32	☿☌♇

1915年6月

DAY	☉	☽	☊ mean	☊ true	☿	♀	♂	♃	♄	♅	♆	♇	⚳	⚴	⚵	⚶	⚷
	° ′	° ′	° ′	° ′	° ′	° ′	° ′	° ′	° ′	° ′	° ′	° ′	°	°	°	°	°
1	9♊4	17♑31	21♒6	19 R 56	2 D 17	11 D 25	4 D 6	24 D 53	2 D 19	15 R 37	28 D 22	1 D 9	1 D	27 D	12 D	12 D	22 D
2	10♊1	1♒52	21♒2	19♒53	3♋15	12♉37	4♉50	25♓2	2♋26	15♒37	28♋24	1♋10	1♉	27♓	12♍	13♋	22♓
3	10♊59	15♒45	20♒59	19♒52	4♋8	13♉50	5♉35	25♓10	2♋33	15♒36	28♋26	1♋12	1♉	27♓	12♍	13♋	22♓
4	11♊56	29♒9	20♒56	19 D 52	4♋57	15♉2	6♉19	25♓18	2♋41	15♒36	28♋27	1♋13	2♉	27♓	12♍	13♋	22♓
5	12♊53	12♓8	20♒53	19♒52	5♋43	16♉14	7♉4	25♓26	2♋48	15♒35	28♋29	1♋14	2♉	28♓	12♍	14♋	22♓
6	13♊51	24♓46	20♒50	19 R 52	6♋24	17♉27	7♉48	25♓33	2♋56	15♒34	28♋30	1♋16	2♉	28♓	13♍	14♋	22♓
7	14♊48	7♈6	20♒47	19♒50	7♋1	18♉39	8♉33	25♓41	3♋3	15♒33	28♋32	1♋17	3♉	28♓	13♍	15♋	22♓
8	15♊46	19♈14	20♒43	19♒45	7♋34	19♉51	9♉17	25♓48	3♋11	15♒33	28♋34	1♋19	3♉	28♓	13♍	15♋	22♓
9	16♊43	1♉14	20♒40	19♒38	8♋3	21♉4	10♉1	25♓56	3♋19	15♒32	28♋36	1♋20	4♉	28♓	13♍	16♋	22♓
10	17♊41	13♉8	20♒37	19♒28	8♋27	22♉16	10♉45	26♓3	3♋26	15♒31	28♋37	1♋22	4♉	28♓	13♍	16♋	22♓
11	18♊38	25♉0	20♒34	19♒18	8♋46	23♉29	11♉29	26♓10	3♋34	15♒30	28♋39	1♋23	4♉	29♓	14♍	16♋	22♓
12	19♊35	6♊51	20♒31	19♒6	9♋1	24♉41	12♉14	26♓17	3♋42	15♒29	28♋41	1♋24	5♉	29♓	14♍	17♋	22♓
13	20♊33	18♊45	20♒27	18♒55	9♋12	25♉54	12♉58	26♓23	3♋49	15♒28	28♋43	1♋26	5♉	29♓	14♍	17♋	22♓
14	21♊30	0♋41	20♒24	18♒46	9♋18	27♉6	13♉42	26♓30	3♋57	15♒27	28♋45	1♋27	5♉	29♓	14♍	18♋	22♓
15	22♊27	12♋41	20♒21	18♒38	9 R 19	28♉19	14♉25	26♓36	4♋5	15♒26	28♋47	1♋29	6♉	29♓	14♍	18♋	22♓
16	23♊25	24♋48	20♒18	18♒33	9♋16	29♉31	15♉9	26♓43	4♋12	15♒25	28♋48	1♋30	6♉	0♈	15♍	19♋	22♓
17	24♊22	7♌4	20♒15	18♒30	9♋9	0♊44	15♉53	26♓49	4♋20	15♒23	28♋50	1♋32	6♉	0♈	15♍	19♋	22♓
18	25♊19	19♌30	20♒12	18 D 30	8♋57	1♊56	16♉37	26♓55	4♋28	15♒22	28♋52	1♋33	7♉	0♈	15♍	19♋	22♓
19	26♊16	2♍11	20♒8	18♒30	8♋41	3♊9	17♉20	27♓0	4♋36	15♒21	28♋54	1♋34	7♉	0♈	15♍	20♋	22♓
20	27♊14	15♍10	20♒5	18♒31	8♋22	4♊22	18♉4	27♓6	4♋43	15♒20	28♋56	1♋36	7♉	0♈	16♍	20♋	22♓
21	28♊11	28♍30	20♒2	18 R 32	7♋58	5♊34	18♉47	27♓11	4♋51	15♒18	28♋58	1♋37	8♉	0♈	16♍	21♋	22♓
22	29♊8	12♎13	19♒59	18♒31	7♋32	6♊47	19♉31	27♓17	4♋59	15♒17	29♋0	1♋39	8♉	0♈	16♍	21♋	22♓
23	0♋5	26♎22	19♒56	18♒28	7♋3	8♊0	20♉14	27♓22	5♋7	15♒15	29♋2	1♋40	8♉	1♈	16♍	22♋	22♓
24	1♋3	10♏54	19♒53	18♒24	6♋31	9♊12	20♉58	27♓27	5♋14	15♒14	29♋4	1♋42	9♉	1♈	17♍	22♋	22♓
25	2♋0	25♏46	19♒49	18♒18	5♋58	10♊25	21♉41	27♓31	5♋22	15♒13	29♋6	1♋43	9♉	1♈	17♍	22♋	22♓
26	2♋57	10♐47	19♒46	18♒12	5♋23	11♊38	22♉24	27♓36	5♋30	15♒11	29♋8	1♋45	9♉	1♈	17♍	23♋	22♓
27	3♋54	25♐59	19♒43	18♒5	4♋48	12♊51	23♉7	27♓40	5♋38	15♒9	29♋10	1♋46	10♉	1♈	17♍	23♋	22 R
28	4♋52	11♑2	19♒40	18♒0	4♋12	14♊3	23♉50	27♓44	5♋46	15♒8	29♋12	1♋48	10♉	1♈	18♍	24♋	22♓
29	5♋49	25♑48	19♒37	17♒56	3♋37	15♊16	24♉33	27♓48	5♋54	15♒6	29♋14	1♋49	10♉	1♈	18♍	24♋	22♓
30	6♋46	10♒13	19♒33	17♒54	3♋4	16♊29	25♉16	27♓52	6♋1	15♒4	29♋16	1♋51	11♉	1♈	18♍	25♋	22♓

SUN INGRESS ☉→♋ 22日 21:29

MOON PHASE ◑ 5日 01:32 ♓ ● 13日 03:57 ♊ ◐ 20日 23:24 ♍ ○ 27日 13:27 ♑

aspects		
1日	00:29	☿☌♄
4日	11:03	♀□♅
7日	18:35	☉△♅
13日	10:52	♀⚹♃
15日	09:27	♀⚹♆
16日	08:13	♂□♅
19日	20:21	☉□♃
24日	16:48	☉☌♇
25日	20:06	☿☌♄
27日	13:50	☉☌☿
28日	20:47	♀△♅
29日	02:20	☉☌♄

1915年7月

DAY	☉	☽	☊ mean	☊ true	☿	♀	♂	♃	♄	♅	♆	♇	⚳	⚴	⚵	⚶	⚷
	° ′	° ′	° ′	° ′	° ′	° ′	° ′	° ′	° ′	° ′	° ′	° ′	°	°	°	°	°
1	7 ♋ 43	24 ♒ 10	19 ♒ 30	17 D 54	2 R 32	17 D 42	25 D 59	27 D 56	6 D 9	15 R 3	29 D 18	1 D 52	11 D	2 D	18 D	25 D	22 R
2	8 ♋ 40	7 ♓ 41	19 ♒ 27	17 ♒ 55	2 ♋ 2	18 ♊ 55	26 ♉ 42	28 ♓ 0	6 ♋ 17	15 ♒ 1	29 ♋ 20	1 ♋ 53	11 ♉	2 ♈	19 ♍	26 ♋	22 ♓
3	9 ♋ 37	20 ♓ 45	19 ♒ 24	17 ♒ 57	1 ♋ 35	20 ♊ 8	27 ♉ 24	28 ♓ 3	6 ♋ 25	14 ♒ 59	29 ♋ 23	1 ♋ 55	12 ♉	2 ♈	19 ♍	26 ♋	22 ♓
4	10 ♋ 35	3 ♈ 27	19 ♒ 21	17 ♒ 58	1 ♋ 11	21 ♊ 21	28 ♉ 7	28 ♓ 6	6 ♋ 33	14 ♒ 57	29 ♋ 25	1 ♋ 56	12 ♉	2 ♈	19 ♍	26 ♋	22 ♓
5	11 ♋ 32	15 ♈ 50	19 ♒ 18	17 R 58	0 ♋ 51	22 ♊ 34	28 ♉ 50	28 ♓ 9	6 ♋ 40	14 ♒ 56	29 ♋ 27	1 ♋ 58	12 ♉	2 ♈	19 ♍	27 ♋	22 ♓
6	12 ♋ 29	27 ♈ 58	19 ♒ 14	17 ♒ 57	0 ♋ 35	23 ♊ 47	29 ♉ 32	28 ♓ 12	6 ♋ 48	14 ♒ 54	29 ♋ 29	1 ♋ 59	13 ♉	2 ♈	20 ♍	27 ♋	22 ♓
7	13 ♋ 26	9 ♉ 57	19 ♒ 11	17 ♒ 54	0 ♋ 23	25 ♊ 0	0 ♊ 15	28 ♓ 14	6 ♋ 56	14 ♒ 52	29 ♋ 31	2 ♋ 1	13 ♉	2 ♈	20 ♍	28 ♋	22 ♓
8	14 ♋ 23	21 ♉ 50	19 ♒ 8	17 ♒ 50	0 ♋ 16	26 ♊ 13	0 ♊ 57	28 ♓ 17	7 ♋ 4	14 ♒ 50	29 ♋ 33	2 ♋ 2	13 ♉	2 ♈	20 ♍	28 ♋	22 ♓
9	15 ♋ 21	3 ♊ 42	19 ♒ 5	17 ♒ 45	0 D 14	27 ♊ 26	1 ♊ 39	28 ♓ 19	7 ♋ 12	14 ♒ 48	29 ♋ 35	2 ♋ 4	14 ♉	2 ♈	20 ♍	29 ♋	22 ♓
10	16 ♋ 18	15 ♊ 35	19 ♒ 2	17 ♒ 39	0 ♋ 17	28 ♊ 39	2 ♊ 22	28 ♓ 21	7 ♋ 19	14 ♒ 46	29 ♋ 38	2 ♋ 5	14 ♉	2 ♈	21 ♍	29 ♋	22 ♓
11	17 ♋ 15	27 ♊ 31	18 ♒ 59	17 ♒ 34	0 ♋ 25	29 ♊ 52	3 ♊ 4	28 ♓ 23	7 ♋ 27	14 ♒ 44	29 ♋ 40	2 ♋ 6	14 ♉	2 ♈	21 ♍	0 ♌	22 ♓
12	18 ♋ 12	9 ♋ 34	18 ♒ 55	17 ♒ 29	0 ♋ 39	1 ♋ 5	3 ♊ 46	28 ♓ 24	7 ♋ 35	14 ♒ 42	29 ♋ 42	2 ♋ 8	15 ♉	3 ♈	21 ♍	0 ♌	22 ♓
13	19 ♋ 10	21 ♋ 44	18 ♒ 52	17 ♒ 26	0 ♋ 57	2 ♋ 18	4 ♊ 28	28 ♓ 26	7 ♋ 42	14 ♒ 40	29 ♋ 44	2 ♋ 9	15 ♉	3 ♈	22 ♍	0 ♌	22 ♓
14	20 ♋ 7	4 ♌ 4	18 ♒ 49	17 ♒ 24	1 ♋ 21	3 ♋ 31	5 ♊ 10	28 ♓ 27	7 ♋ 50	14 ♒ 38	29 ♋ 46	2 ♋ 11	15 ♉	3 ♈	22 ♍	1 ♌	22 ♓
15	21 ♋ 4	16 ♌ 34	18 ♒ 46	17 ♒ 23	1 ♋ 51	4 ♋ 45	5 ♊ 52	28 ♓ 28	7 ♋ 58	14 ♒ 36	29 ♋ 49	2 ♋ 12	16 ♉	3 ♈	22 ♍	1 ♌	22 ♓
16	22 ♋ 1	29 ♌ 16	18 ♒ 43	17 D 24	2 ♋ 25	5 ♋ 58	6 ♊ 34	28 ♓ 29	8 ♋ 6	14 ♒ 33	29 ♋ 51	2 ♋ 13	16 ♉	3 ♈	22 ♍	2 ♌	22 ♓
17	22 ♋ 59	12 ♍ 11	18 ♒ 39	17 ♒ 25	3 ♋ 5	7 ♋ 11	7 ♊ 16	28 ♓ 29	8 ♋ 13	14 ♒ 31	29 ♋ 53	2 ♋ 15	16 ♉	3 ♈	23 ♍	2 ♌	22 ♓
18	23 ♋ 56	25 ♍ 21	18 ♒ 36	17 ♒ 26	3 ♋ 50	8 ♋ 24	7 ♊ 57	28 ♓ 30	8 ♋ 21	14 ♒ 29	29 ♋ 55	2 ♋ 16	17 ♉	3 ♈	23 ♍	3 ♌	22 ♓
19	24 ♋ 53	8 ♎ 47	18 ♒ 33	17 ♒ 28	4 ♋ 41	9 ♋ 38	8 ♊ 39	28 ♓ 30	8 ♋ 28	14 ♒ 27	29 ♋ 57	2 ♋ 18	17 ♉	3 ♈	23 ♍	3 ♌	22 ♓
20	25 ♋ 50	22 ♎ 31	18 ♒ 30	17 ♒ 28	5 ♋ 36	10 ♋ 51	9 ♊ 20	28 R 30	8 ♋ 36	14 ♒ 25	0 ♌ 0	2 ♋ 19	17 ♉	3 ♈	24 ♍	4 ♌	22 ♓
21	26 ♋ 48	6 ♏ 33	18 ♒ 27	17 R 28	6 ♋ 37	12 ♋ 4	10 ♊ 2	28 ♓ 30	8 ♋ 44	14 ♒ 22	0 ♌ 2	2 ♋ 20	17 ♉	3 ♈	24 ♍	4 ♌	22 ♓
22	27 ♋ 45	20 ♏ 52	18 ♒ 24	17 ♒ 27	7 ♋ 42	13 ♋ 18	10 ♊ 43	28 ♓ 30	8 ♋ 51	14 ♒ 20	0 ♌ 4	2 ♋ 22	18 ♉	3 ♈	24 ♍	4 ♌	22 ♓
23	28 ♋ 42	5 ♐ 24	18 ♒ 20	17 ♒ 25	8 ♋ 53	14 ♋ 31	11 ♊ 25	28 ♓ 29	8 ♋ 59	14 ♒ 18	0 ♌ 6	2 ♋ 23	18 ♉	3 R	25 ♍	5 ♌	22 ♓
24	29 ♋ 39	20 ♐ 7	18 ♒ 17	17 ♒ 23	10 ♋ 8	15 ♋ 45	12 ♊ 6	28 ♓ 28	9 ♋ 6	14 ♒ 16	0 ♌ 9	2 ♋ 24	18 ♉	3 ♈	25 ♍	5 ♌	22 ♓
25	0 ♌ 37	4 ♑ 53	18 ♒ 14	17 ♒ 21	11 ♋ 28	16 ♋ 58	12 ♊ 47	28 ♓ 28	9 ♋ 14	14 ♒ 13	0 ♌ 11	2 ♋ 26	19 ♉	3 ♈	25 ♍	6 ♌	22 ♓
26	1 ♌ 34	19 ♑ 35	18 ♒ 11	17 ♒ 19	12 ♋ 53	18 ♋ 12	13 ♊ 28	28 ♓ 26	9 ♋ 21	14 ♒ 11	0 ♌ 13	2 ♋ 27	19 ♉	3 ♈	25 ♍	6 ♌	22 ♓
27	2 ♌ 31	4 ♒ 6	18 ♒ 8	17 ♒ 18	14 ♋ 22	19 ♋ 25	14 ♊ 9	28 ♓ 25	9 ♋ 29	14 ♒ 9	0 ♌ 15	2 ♋ 28	19 ♉	3 ♈	26 ♍	7 ♌	22 ♓
28	3 ♌ 29	18 ♒ 21	18 ♒ 5	17 D 18	15 ♋ 56	20 ♋ 39	14 ♊ 50	28 ♓ 24	9 ♋ 36	14 ♒ 6	0 ♌ 17	2 ♋ 29	19 ♉	3 ♈	26 ♍	7 ♌	22 ♓
29	4 ♌ 26	2 ♓ 15	18 ♒ 1	17 ♒ 18	17 ♋ 33	21 ♋ 52	15 ♊ 31	28 ♓ 22	9 ♋ 43	14 ♒ 4	0 ♌ 20	2 ♋ 31	20 ♉	3 ♈	26 ♍	8 ♌	22 ♓
30	5 ♌ 23	15 ♓ 45	17 ♒ 58	17 ♒ 19	19 ♋ 15	23 ♋ 6	16 ♊ 12	28 ♓ 20	9 ♋ 51	14 ♒ 2	0 ♌ 22	2 ♋ 32	20 ♉	3 ♈	27 ♍	8 ♌	22 ♓
31	6 ♌ 21	28 ♓ 52	17 ♒ 55	17 ♒ 20	21 ♋ 0	24 ♋ 19	16 ♊ 52	28 ♓ 18	9 ♋ 58	13 ♒ 59	0 ♌ 24	2 ♋ 33	20 ♉	3 ♈	27 ♍	9 ♌	22 ♓

SUN INGRESS	☉ → ♌ 24日 08:26
MOON PHASE	◑ 4日 14:54 ♈ ● 12日 18:30 ♋ ◐ 20日 06:08 ♎ ○ 26日 21:11 ♒

aspects		
2日	06:42	☿☌♇
3日	23:17	♂⚹♃
5日	22:01	♂⚹♆
9日	17:58	♀□♃
11日	13:09	☿☌♀
12日	20:59	♀☌♇
15日	15:55	☿☌♇
17日	22:43	♀☌♄
22日	18:39	☉△♃
23日	02:10	☿☌♄
24日	12:43	☉☌♆
26日	23:53	♂△♅

1915年8月

DAY	☉	☽	☊ mean	☊ true	☿	♀	♂	♃	♄	♅	♆	♇	⚳	⚴	⚵	⚶	⚷
	° ′	° ′	° ′	° ′	° ′	° ′	° ′	° ′	° ′	° ′	° ′	° ′	°	°	°	°	°
1	7 ♌ 18	11 ♈ 37	17 ♒ 52	17 D 21	22 D 48	25 D 33	17 D 33	28 R 16	10 D 5	13 R 57	0 D 26	2 D 34	20 D	3 R	27 D	9 D	22 R
2	8 ♌ 15	24 ♈ 3	17 ♒ 49	17 ♒ 21	24 ♋ 40	26 ♋ 47	18 ♊ 13	28 ♓ 13	10 ♋ 13	13 ♒ 55	0 ♌ 29	2 ♋ 36	21 ♉	2 ♈	28 ♍	9 ♌	22 ♓
3	9 ♌ 13	6 ♉ 14	17 ♒ 45	17 ♒ 22	26 ♋ 34	28 ♋ 0	18 ♊ 54	28 ♓ 11	10 ♋ 20	13 ♒ 52	0 ♌ 31	2 ♋ 37	21 ♉	2 ♈	28 ♍	10 ♌	22 ♓
4	10 ♌ 10	18 ♉ 14	17 ♒ 42	17 R 22	28 ♋ 31	29 ♋ 14	19 ♊ 34	28 ♓ 8	10 ♋ 27	13 ♒ 50	0 ♌ 33	2 ♋ 38	21 ♉	2 ♈	28 ♍	10 ♌	22 ♓
5	11 ♌ 8	0 ♊ 8	17 ♒ 39	17 ♒ 21	0 ♌ 29	0 ♌ 28	20 ♊ 15	28 ♓ 5	10 ♋ 34	13 ♒ 47	0 ♌ 35	2 ♋ 39	21 ♉	2 ♈	29 ♍	11 ♌	22 ♓
6	12 ♌ 5	12 ♊ 0	17 ♒ 36	17 ♒ 21	2 ♌ 30	1 ♌ 42	20 ♊ 55	28 ♓ 1	10 ♋ 41	13 ♒ 45	0 ♌ 37	2 ♋ 40	22 ♉	2 ♈	29 ♍	11 ♌	22 ♓
7	13 ♌ 3	23 ♊ 55	17 ♒ 33	17 ♒ 20	4 ♌ 32	2 ♌ 55	21 ♊ 35	27 ♓ 58	10 ♋ 48	13 ♒ 43	0 ♌ 40	2 ♋ 42	22 ♉	2 ♈	29 ♍	12 ♌	21 ♓
8	14 ♌ 0	5 ♋ 55	17 ♒ 30	17 ♒ 20	6 ♌ 34	4 ♌ 9	22 ♊ 15	27 ♓ 54	10 ♋ 55	13 ♒ 40	0 ♌ 42	2 ♋ 43	22 ♉	2 ♈	0 ♎	12 ♌	21 ♓
9	14 ♌ 58	18 ♋ 5	17 ♒ 26	17 ♒ 19	8 ♌ 38	5 ♌ 23	22 ♊ 55	27 ♓ 51	11 ♋ 2	13 ♒ 38	0 ♌ 44	2 ♋ 44	22 ♉	2 ♈	0 ♎	13 ♌	21 ♓
10	15 ♌ 55	0 ♌ 27	17 ♒ 23	17 ♒ 19	10 ♌ 42	6 ♌ 37	23 ♊ 35	27 ♓ 47	11 ♋ 9	13 ♒ 36	0 ♌ 46	2 ♋ 45	23 ♉	2 ♈	0 ♎	13 ♌	21 ♓
11	16 ♌ 53	13 ♌ 1	17 ♒ 20	17 ♒ 19	12 ♌ 45	7 ♌ 51	24 ♊ 15	27 ♓ 43	11 ♋ 16	13 ♒ 33	0 ♌ 48	2 ♋ 46	23 ♉	2 ♈	0 ♎	14 ♌	21 ♓
12	17 ♌ 50	25 ♌ 50	17 ♒ 17	17 ♒ 19	14 ♌ 49	9 ♌ 5	24 ♊ 54	27 ♓ 38	11 ♋ 23	13 ♒ 31	0 ♌ 50	2 ♋ 47	23 ♉	2 ♈	1 ♎	14 ♌	21 ♓
13	18 ♌ 48	8 ♍ 53	17 ♒ 14	17 ♒ 19	16 ♌ 52	10 ♌ 19	25 ♊ 34	27 ♓ 34	11 ♋ 30	13 ♒ 28	0 ♌ 53	2 ♋ 48	23 ♉	2 ♈	1 ♎	15 ♌	21 ♓
14	19 ♌ 46	22 ♍ 11	17 ♒ 11	17 ♒ 19	18 ♌ 55	11 ♌ 33	26 ♊ 14	27 ♓ 29	11 ♋ 36	13 ♒ 26	0 ♌ 55	2 ♋ 49	24 ♉	1 ♈	1 ♎	15 ♌	21 ♓
15	20 ♌ 43	5 ♎ 42	17 ♒ 7	17 ♒ 19	20 ♌ 57	12 ♌ 47	26 ♊ 53	27 ♓ 24	11 ♋ 43	13 ♒ 24	0 ♌ 57	2 ♋ 50	24 ♉	1 ♈	2 ♎	15 ♌	21 ♓
16	21 ♌ 41	19 ♎ 25	17 ♒ 4	17 ♒ 18	22 ♌ 57	14 ♌ 1	27 ♊ 32	27 ♓ 19	11 ♋ 50	13 ♒ 21	0 ♌ 59	2 ♋ 52	24 ♉	1 ♈	2 ♎	16 ♌	21 ♓
17	22 ♌ 39	3 ♏ 20	17 ♒ 1	17 ♒ 18	24 ♌ 57	15 ♌ 15	28 ♊ 12	27 ♓ 14	11 ♋ 56	13 ♒ 19	1 ♌ 1	2 ♋ 53	24 ♉	1 ♈	2 ♎	16 ♌	21 ♓
18	23 ♌ 36	17 ♏ 24	16 ♒ 58	17 ♒ 17	26 ♌ 56	16 ♌ 29	28 ♊ 51	27 ♓ 9	12 ♋ 3	13 ♒ 17	1 ♌ 3	2 ♋ 54	24 ♉	1 ♈	3 ♎	17 ♌	21 ♓
19	24 ♌ 34	1 ♐ 36	16 ♒ 55	17 D 17	28 ♌ 53	17 ♌ 43	29 ♊ 30	27 ♓ 3	12 ♋ 9	13 ♒ 14	1 ♌ 5	2 ♋ 55	25 ♉	1 ♈	3 ♎	17 ♌	21 ♓
20	25 ♌ 32	15 ♐ 53	16 ♒ 51	17 ♒ 18	0 ♍ 50	18 ♌ 57	0 ♋ 9	26 ♓ 58	12 ♋ 16	13 ♒ 12	1 ♌ 7	2 ♋ 55	25 ♉	1 ♈	3 ♎	18 ♌	21 ♓
21	26 ♌ 29	0 ♑ 13	16 ♒ 48	17 ♒ 18	2 ♍ 44	20 ♌ 11	0 ♋ 48	26 ♓ 52	12 ♋ 22	13 ♒ 10	1 ♌ 9	2 ♋ 56	25 ♉	0 ♈	4 ♎	18 ♌	21 ♓
22	27 ♌ 27	14 ♑ 32	16 ♒ 45	17 ♒ 19	4 ♍ 38	21 ♌ 26	1 ♋ 27	26 ♓ 46	12 ♋ 28	13 ♒ 7	1 ♌ 11	2 ♋ 57	25 ♉	0 ♈	4 ♎	19 ♌	21 ♓
23	28 ♌ 25	28 ♑ 47	16 ♒ 42	17 ♒ 20	6 ♍ 30	22 ♌ 40	2 ♋ 5	26 ♓ 40	12 ♋ 35	13 ♒ 5	1 ♌ 13	2 ♋ 58	25 ♉	0 ♈	4 ♎	19 ♌	21 ♓
24	29 ♌ 23	12 ♒ 53	16 ♒ 39	17 ♒ 20	8 ♍ 21	23 ♌ 54	2 ♋ 44	26 ♓ 34	12 ♋ 41	13 ♒ 3	1 ♌ 15	2 ♋ 59	26 ♉	0 ♈	5 ♎	20 ♌	21 ♓
25	0 ♍ 21	26 ♒ 48	16 ♒ 36	17 R 20	10 ♍ 10	25 ♌ 8	3 ♋ 23	26 ♓ 28	12 ♋ 47	13 ♒ 0	1 ♌ 17	3 ♋ 0	26 ♉	0 ♈	5 ♎	20 ♌	21 ♓
26	1 ♍ 18	10 ♓ 26	16 ♒ 32	17 ♒ 20	11 ♍ 59	26 ♌ 22	4 ♋ 1	26 ♓ 21	12 ♋ 53	12 ♒ 58	1 ♌ 19	3 ♋ 1	26 ♉	29 ♓	5 ♎	21 ♌	21 ♓
27	2 ♍ 16	23 ♓ 47	16 ♒ 29	17 ♒ 18	13 ♍ 45	27 ♌ 37	4 ♋ 39	26 ♓ 15	12 ♋ 59	12 ♒ 56	1 ♌ 21	3 ♋ 2	26 ♉	29 ♓	6 ♎	21 ♌	21 ♓
28	3 ♍ 14	6 ♈ 49	16 ♒ 26	17 ♒ 16	15 ♍ 31	28 ♌ 51	5 ♋ 18	26 ♓ 8	13 ♋ 5	12 ♒ 54	1 ♌ 23	3 ♋ 3	26 ♉	29 ♓	6 ♎	21 ♌	21 ♓
29	4 ♍ 12	19 ♈ 33	16 ♒ 23	17 ♒ 14	17 ♍ 15	0 ♍ 5	5 ♋ 56	26 ♓ 1	13 ♋ 11	12 ♒ 52	1 ♌ 25	3 ♋ 3	27 ♉	29 ♓	6 ♎	22 ♌	21 ♓
30	5 ♍ 10	1 ♉ 59	16 ♒ 20	17 ♒ 11	18 ♍ 58	1 ♍ 20	6 ♋ 34	25 ♓ 54	13 ♋ 17	12 ♒ 49	1 ♌ 27	3 ♋ 4	27 ♉	29 ♓	7 ♎	22 ♌	21 ♓
31	6 ♍ 8	14 ♉ 11	16 ♒ 17	17 ♒ 9	20 ♍ 39	2 ♍ 34	7 ♋ 12	25 ♓ 47	13 ♋ 22	12 ♒ 47	1 ♌ 29	3 ♋ 5	27 ♉	28 ♓	7 ♎	23 ♌	21 ♓

SUN INGRESS	☉ → ♍ 24日 15:15
MOON PHASE	◑ 3日 06:27 ♉ ● 11日 07:52 ♌ ◐ 18日 11:17 ♏ ○ 25日 06:40 ♓

aspects		
3日	03:12	♀△♃
3日	19:25	☿△♃
4日	23:10	☿☌♀
5日	01:10	☿☌♆
5日	02:27	♀☌♆
7日	16:05	☉☍♅
11日	09:04	☿☍♅
14日	18:56	☉☌☿
15日	11:32	♀☍♅
15日	16:54	♂□♃
19日	11:21	☿⚹♂
21日	02:33	☿⚹♇
24日	09:36	♂☌♇
26日	12:55	☿⚹♄
27日	19:07	☉⚹♇
31日	10:04	♀⚹♇

1915年9月

DAY	☉	☽	☊		☿	♀	♂	♃	♄	♅	♆	♇	⚳	⚴	⚵	⚶	⚷
			mean	true													
	° ′	° ′	° ′	° ′	° ′	° ′	° ′	° ′	° ′	° ′	° ′	° ′	°	°	°	°	°
1	7 ♍ 6	26 ♉ 12	16 ♒ 13	17 R 8	22 D 20	3 D 48	7 D 50	25 R 40	13 D 28	12 R 45	1 D 31	3 D 6	27 D	28 R	7 D	23 D	20 R
2	8 ♍ 4	8 ♊ 6	16 ♒ 10	17 ♒ 7	23 ♍ 59	5 ♍ 3	8 ♋ 28	25 ♓ 33	13 ♋ 34	12 ♒ 43	1 ♌ 33	3 ♋ 6	27 ♉	28 ♓	8 ♎	24 ♌	20 ♓
3	9 ♍ 2	19 ♊ 58	16 ♒ 7	17 D 8	25 ♍ 37	6 ♍ 17	9 ♋ 5	25 ♓ 26	13 ♋ 39	12 ♒ 41	1 ♌ 35	3 ♋ 7	27 ♉	28 ♓	8 ♎	24 ♌	20 ♓
4	10 ♍ 0	1 ♋ 53	16 ♒ 4	17 ♒ 9	27 ♍ 13	7 ♍ 32	9 ♋ 43	25 ♓ 18	13 ♋ 45	12 ♒ 39	1 ♌ 37	3 ♋ 8	27 ♉	28 ♓	9 ♎	25 ♌	20 ♓
5	10 ♍ 59	13 ♋ 56	16 ♒ 1	17 ♒ 11	28 ♍ 49	8 ♍ 46	10 ♋ 20	25 ♓ 11	13 ♋ 50	12 ♒ 37	1 ♌ 38	3 ♋ 9	28 ♉	27 ♓	9 ♎	25 ♌	20 ♓
6	11 ♍ 57	26 ♋ 10	15 ♒ 57	17 ♒ 12	0 ♎ 23	10 ♍ 1	10 ♋ 58	25 ♓ 3	13 ♋ 56	12 ♒ 35	1 ♌ 40	3 ♋ 9	28 ♉	27 ♓	9 ♎	26 ♌	20 ♓
7	12 ♍ 55	8 ♌ 39	15 ♒ 54	17 ♒ 13	1 ♎ 56	11 ♍ 15	11 ♋ 35	24 ♓ 55	14 ♋ 1	12 ♒ 33	1 ♌ 42	3 ♋ 10	28 ♉	27 ♓	10 ♎	26 ♌	20 ♓
8	13 ♍ 53	21 ♌ 27	15 ♒ 51	17 R 14	3 ♎ 28	12 ♍ 30	12 ♋ 12	24 ♓ 48	14 ♋ 6	12 ♒ 31	1 ♌ 44	3 ♋ 10	28 ♉	27 ♓	10 ♎	27 ♌	20 ♓
9	14 ♍ 52	4 ♍ 34	15 ♒ 48	17 ♒ 12	4 ♎ 58	13 ♍ 44	12 ♋ 49	24 ♓ 40	14 ♋ 11	12 ♒ 29	1 ♌ 46	3 ♋ 11	28 ♉	26 ♓	10 ♎	27 ♌	20 ♓
10	15 ♍ 50	18 ♍ 0	15 ♒ 45	17 ♒ 10	6 ♎ 27	14 ♍ 59	13 ♋ 26	24 ♓ 32	14 ♋ 16	12 ♒ 27	1 ♌ 47	3 ♋ 12	28 ♉	26 ♓	11 ♎	27 ♌	20 ♓
11	16 ♍ 48	1 ♎ 43	15 ♒ 42	17 ♒ 6	7 ♎ 56	16 ♍ 13	14 ♋ 3	24 ♓ 24	14 ♋ 21	12 ♒ 25	1 ♌ 49	3 ♋ 12	28 ♉	26 ♓	11 ♎	28 ♌	20 ♓
12	17 ♍ 47	15 ♎ 42	15 ♒ 38	17 ♒ 2	9 ♎ 23	17 ♍ 28	14 ♋ 40	24 ♓ 16	14 ♋ 26	12 ♒ 24	1 ♌ 51	3 ♋ 13	28 ♉	26 ♓	11 ♎	28 ♌	20 ♓
13	18 ♍ 45	29 ♎ 51	15 ♒ 35	16 ♒ 57	10 ♎ 48	18 ♍ 43	15 ♋ 17	24 ♓ 9	14 ♋ 31	12 ♒ 22	1 ♌ 52	3 ♋ 13	28 ♉	25 ♓	12 ♎	29 ♌	20 ♓
14	19 ♍ 43	14 ♏ 6	15 ♒ 32	16 ♒ 53	12 ♎ 13	19 ♍ 57	15 ♋ 53	24 ♓ 1	14 ♋ 36	12 ♒ 20	1 ♌ 54	3 ♋ 14	28 ♉	25 ♓	12 ♎	29 ♌	20 ♓
15	20 ♍ 42	28 ♏ 24	15 ♒ 29	16 ♒ 50	13 ♎ 36	21 ♍ 12	16 ♋ 29	23 ♓ 53	14 ♋ 40	12 ♒ 18	1 ♌ 55	3 ♋ 14	29 ♉	25 ♓	12 ♎	0 ♍	20 ♓
16	21 ♍ 40	12 ♐ 40	15 ♒ 26	16 ♒ 48	14 ♎ 58	22 ♍ 27	17 ♋ 6	23 ♓ 45	14 ♋ 45	12 ♒ 17	1 ♌ 57	3 ♋ 15	29 ♉	24 ♓	13 ♎	0 ♍	20 ♓
17	22 ♍ 39	26 ♐ 51	15 ♒ 22	16 D 48	16 ♎ 18	23 ♍ 41	17 ♋ 42	23 ♓ 37	14 ♋ 49	12 ♒ 15	1 ♌ 59	3 ♋ 15	29 ♉	24 ♓	13 ♎	1 ♍	20 ♓
18	23 ♍ 37	10 ♑ 56	15 ♒ 19	16 ♒ 49	17 ♎ 37	24 ♍ 56	18 ♋ 18	23 ♓ 29	14 ♋ 54	12 ♒ 13	2 ♌ 0	3 ♋ 15	29 ♉	24 ♓	13 ♎	1 ♍	20 ♓
19	24 ♍ 36	24 ♑ 54	15 ♒ 16	16 ♒ 50	18 ♎ 55	26 ♍ 11	18 ♋ 54	23 ♓ 21	14 ♋ 58	12 ♒ 12	2 ♌ 2	3 ♋ 16	29 ♉	24 ♓	14 ♎	2 ♍	20 ♓
20	25 ♍ 35	8 ♒ 43	15 ♒ 13	16 ♒ 51	20 ♎ 11	27 ♍ 25	19 ♋ 30	23 ♓ 13	15 ♋ 2	12 ♒ 10	2 ♌ 3	3 ♋ 16	29 ♉	23 ♓	14 ♎	2 ♍	20 ♓
21	26 ♍ 33	22 ♒ 22	15 ♒ 10	16 R 51	21 ♎ 26	28 ♍ 40	20 ♋ 5	23 ♓ 5	15 ♋ 6	12 ♒ 9	2 ♌ 5	3 ♋ 16	29 ♉	23 ♓	14 ♎	3 ♍	20 ♓
22	27 ♍ 32	5 ♓ 51	15 ♒ 7	16 ♒ 50	22 ♎ 39	29 ♍ 55	20 ♋ 41	22 ♓ 57	15 ♋ 10	12 ♒ 7	2 ♌ 6	3 ♋ 17	29 ♉	23 ♓	15 ♎	3 ♍	20 ♓
23	28 ♍ 30	19 ♓ 8	15 ♒ 3	16 ♒ 46	23 ♎ 50	1 ♎ 10	21 ♋ 16	22 ♓ 49	15 ♋ 14	12 ♒ 6	2 ♌ 8	3 ♋ 17	29 ♉	23 ♓	15 ♎	3 ♍	19 ♓
24	29 ♍ 29	2 ♈ 12	15 ♒ 0	16 ♒ 41	25 ♎ 0	2 ♎ 24	21 ♋ 52	22 ♓ 41	15 ♋ 18	12 ♒ 5	2 ♌ 9	3 ♋ 17	29 ♉	22 ♓	15 ♎	4 ♍	19 ♓
25	0 ♎ 28	15 ♈ 2	14 ♒ 57	16 ♒ 33	26 ♎ 8	3 ♎ 39	22 ♋ 27	22 ♓ 33	15 ♋ 22	12 ♒ 3	2 ♌ 10	3 ♋ 18	29 ♉	22 ♓	16 ♎	4 ♍	19 ♓
26	1 ♎ 27	27 ♈ 37	14 ♒ 54	16 ♒ 25	27 ♎ 13	4 ♎ 54	23 ♋ 2	22 ♓ 25	15 ♋ 26	12 ♒ 2	2 ♌ 12	3 ♋ 18	29 ♉	22 ♓	16 ♎	5 ♍	19 ♓
27	2 ♎ 25	9 ♉ 59	14 ♒ 51	16 ♒ 17	28 ♎ 16	6 ♎ 9	23 ♋ 37	22 ♓ 17	15 ♋ 29	12 ♒ 1	2 ♌ 13	3 ♋ 18	29 ♉	22 ♓	17 ♎	5 ♍	19 ♓
28	3 ♎ 24	22 ♉ 8	14 ♒ 48	16 ♒ 10	29 ♎ 17	7 ♎ 23	24 ♋ 11	22 ♓ 10	15 ♋ 33	11 ♒ 59	2 ♌ 14	3 ♋ 18	29 R	21 ♓	17 ♎	6 ♍	19 ♓
29	4 ♎ 23	4 ♊ 7	14 ♒ 44	16 ♒ 3	0 ♏ 16	8 ♎ 38	24 ♋ 46	22 ♓ 2	15 ♋ 36	11 ♒ 58	2 ♌ 15	3 ♋ 18	29 ♉	21 ♓	17 ♎	6 ♍	19 ♓
30	5 ♎ 22	16 ♊ 0	14 ♒ 41	15 ♒ 59	1 ♏ 12	9 ♎ 53	25 ♋ 21	21 ♓ 55	15 ♋ 40	11 ♒ 57	2 ♌ 17	3 ♋ 18	29 ♉	21 ♓	18 ♎	7 ♍	19 ♓

SUN INGRESS	☉ → ♎24日 12:24
MOON PHASE	◑ 1日 23:56 ♊　● 9日 19:52 ♍　◐ 16日 16:21 ♐　○ 23日 18:35 ♓

aspects		
2日	21:26	☿☍♃
3日	03:38	☉⚹♂
6日	20:21	☿⚹♆
7日	12:48	♀⚹♂
7日	19:28	☿□♇
8日	05:49	☉⚹♄
9日	09:17	♀⚹♄
11日	13:35	♂☌♄
13日	03:18	☉☌♀
14日	02:03	☿△♅
15日	19:58	☿□♄
16日	22:39	♀☍♃
17日	20:51	☉☍♃
18日	23:11	☿□♂
23日	18:58	♀⚹♆
24日	17:04	♀□♇
25日	03:34	♂△♃
26日	18:44	☉⚹♆
27日	21:26	☉□♇

1915年10月

DAY	☉	☽	☊		☿	♀	♂	♃	♄	♅	♆	♇	⚳	⚴	⚵	⚶	⚷
			mean	true													
	° ′	° ′	° ′	° ′	° ′	° ′	° ′	° ′	° ′	° ′	° ′	° ′	°	°	°	°	°
1	6 ♎ 21	27 ♊ 51	14 ♒ 38	15 R 57	2 D 4	11 D 8	25 D 55	21 R 47	15 D 43	11 R 56	2 D 18	3 D 18	29 R	20 R	18 D	7 D	19 R
2	7 ♎ 20	9 ♋ 44	14 ♒ 35	15 D 57	2 ♏ 54	12 ♎ 23	26 ♋ 29	21 ♓ 40	15 ♋ 46	11 ♒ 55	2 ♌ 19	3 ♋ 19	29 ♉	20 ♓	18 ♎	8 ♍	19 ♓
3	8 ♎ 19	21 ♋ 45	14 ♒ 32	15 ♒ 57	3 ♏ 40	13 ♎ 37	27 ♋ 3	21 ♓ 32	15 ♋ 49	11 ♒ 54	2 ♌ 20	3 ♋ 19	29 ♉	20 ♓	19 ♎	8 ♍	19 ♓
4	9 ♎ 18	3 ♌ 59	14 ♒ 28	15 ♒ 58	4 ♏ 22	14 ♎ 52	27 ♋ 37	21 ♓ 25	15 ♋ 52	11 ♒ 53	2 ♌ 21	3 ♋ 19	29 ♉	20 ♓	19 ♎	9 ♍	19 ♓
5	10 ♎ 17	16 ♌ 31	14 ♒ 25	15 R 59	5 ♏ 0	16 ♎ 7	28 ♋ 11	21 ♓ 18	15 ♋ 55	11 ♒ 52	2 ♌ 22	3 R 19	29 ♉	19 ♓	19 ♎	9 ♍	19 ♓
6	11 ♎ 17	29 ♌ 24	14 ♒ 22	15 ♒ 58	5 ♏ 34	17 ♎ 22	28 ♋ 45	21 ♓ 11	15 ♋ 57	11 ♒ 51	2 ♌ 23	3 ♋ 19	29 ♉	19 ♓	20 ♎	9 ♍	19 ♓
7	12 ♎ 16	12 ♍ 42	14 ♒ 19	15 ♒ 55	6 ♏ 2	18 ♎ 37	29 ♋ 18	21 ♓ 4	16 ♋ 0	11 ♒ 50	2 ♌ 24	3 ♋ 19	29 ♉	19 ♓	20 ♎	10 ♍	19 ♓
8	13 ♎ 15	26 ♍ 25	14 ♒ 16	15 ♒ 50	6 ♏ 25	19 ♎ 52	29 ♋ 51	20 ♓ 57	16 ♋ 2	11 ♒ 50	2 ♌ 25	3 ♋ 19	29 ♉	19 ♓	20 ♎	10 ♍	19 ♓
9	14 ♎ 14	10 ♎ 31	14 ♒ 13	15 ♒ 42	6 ♏ 43	21 ♎ 7	0 ♌ 25	20 ♓ 50	16 ♋ 5	11 ♒ 49	2 ♌ 26	3 ♋ 18	29 ♉	19 ♓	21 ♎	11 ♍	19 ♓
10	15 ♎ 13	24 ♎ 56	14 ♒ 9	15 ♒ 33	6 ♏ 54	22 ♎ 22	0 ♌ 58	20 ♓ 44	16 ♋ 7	11 ♒ 48	2 ♌ 27	3 ♋ 18	29 ♉	18 ♓	21 ♎	11 ♍	19 ♓
11	16 ♎ 13	9 ♏ 34	14 ♒ 6	15 ♒ 23	6 ♏ 58	23 ♎ 36	1 ♌ 31	20 ♓ 37	16 ♋ 9	11 ♒ 48	2 ♌ 28	3 ♋ 18	28 ♉	18 ♓	21 ♎	12 ♍	19 ♓
12	17 ♎ 12	24 ♏ 16	14 ♒ 3	15 ♒ 14	6 R 55	24 ♎ 51	2 ♌ 3	20 ♓ 31	16 ♋ 11	11 ♒ 47	2 ♌ 29	3 ♋ 18	28 ♉	18 ♓	22 ♎	12 ♍	19 ♓
13	18 ♎ 12	8 ♐ 56	14 ♒ 0	15 ♒ 7	6 ♏ 44	26 ♎ 6	2 ♌ 36	20 ♓ 24	16 ♋ 13	11 ♒ 47	2 ♌ 30	3 ♋ 18	28 ♉	18 ♓	22 ♎	13 ♍	19 ♓
14	19 ♎ 11	23 ♐ 27	13 ♒ 57	15 ♒ 2	6 ♏ 26	27 ♎ 21	3 ♌ 8	20 ♓ 18	16 ♋ 15	11 ♒ 46	2 ♌ 31	3 ♋ 18	28 ♉	17 ♓	22 ♎	13 ♍	19 ♓
15	20 ♎ 10	7 ♑ 45	13 ♒ 54	14 ♒ 59	5 ♏ 58	28 ♎ 36	3 ♌ 40	20 ♓ 12	16 ♋ 17	11 ♒ 46	2 ♌ 31	3 ♋ 18	28 ♉	17 ♓	23 ♎	14 ♍	19 ♓
16	21 ♎ 10	21 ♑ 47	13 ♒ 50	14 D 58	5 ♏ 23	29 ♎ 51	4 ♌ 12	20 ♓ 7	16 ♋ 19	11 ♒ 45	2 ♌ 32	3 ♋ 17	28 ♉	17 ♓	23 ♎	14 ♍	19 ♓
17	22 ♎ 9	5 ♒ 34	13 ♒ 47	14 ♒ 59	4 ♏ 39	1 ♏ 6	4 ♌ 44	20 ♓ 1	16 ♋ 20	11 ♒ 45	2 ♌ 33	3 ♋ 17	28 ♉	17 ♓	24 ♎	14 ♍	18 ♓
18	23 ♎ 9	19 ♒ 6	13 ♒ 44	14 R 59	3 ♏ 47	2 ♏ 21	5 ♌ 16	19 ♓ 56	16 ♋ 21	11 ♒ 45	2 ♌ 34	3 ♋ 17	28 ♉	17 ♓	24 ♎	15 ♍	18 ♓
19	24 ♎ 9	2 ♓ 24	13 ♒ 41	14 ♒ 58	2 ♏ 47	3 ♏ 36	5 ♌ 47	19 ♓ 50	16 ♋ 23	11 ♒ 44	2 ♌ 34	3 ♋ 16	28 ♉	16 ♓	24 ♎	15 ♍	18 ♓
20	25 ♎ 8	15 ♓ 30	13 ♒ 38	14 ♒ 54	1 ♏ 42	4 ♏ 51	6 ♌ 18	19 ♓ 45	16 ♋ 24	11 ♒ 44	2 ♌ 35	3 ♋ 16	27 ♉	16 ♓	25 ♎	16 ♍	18 ♓
21	26 ♎ 8	28 ♓ 25	13 ♒ 34	14 ♒ 47	0 ♏ 31	6 ♏ 6	6 ♌ 49	19 ♓ 40	16 ♋ 25	11 ♒ 44	2 ♌ 35	3 ♋ 16	27 ♉	16 ♓	25 ♎	16 ♍	18 ♓
22	27 ♎ 7	11 ♈ 9	13 ♒ 31	14 ♒ 38	29 ♎ 17	7 ♏ 21	7 ♌ 20	19 ♓ 35	16 ♋ 26	11 ♒ 44	2 ♌ 36	3 ♋ 15	27 ♉	16 ♓	25 ♎	17 ♍	18 ♓
23	28 ♎ 7	23 ♈ 42	13 ♒ 28	14 ♒ 26	28 ♎ 2	8 ♏ 36	7 ♌ 51	19 ♓ 31	16 ♋ 27	11 ♒ 44	2 ♌ 36	3 ♋ 15	27 ♉	16 ♓	26 ♎	17 ♍	18 ♓
24	29 ♎ 7	6 ♉ 5	13 ♒ 25	14 ♒ 13	26 ♎ 47	9 ♏ 50	8 ♌ 21	19 ♓ 26	16 ♋ 28	11 D 44	2 ♌ 37	3 ♋ 15	27 ♉	16 ♓	26 ♎	18 ♍	18 ♓
25	0 ♏ 7	18 ♉ 18	13 ♒ 22	14 ♒ 0	25 ♎ 36	11 ♏ 5	8 ♌ 52	19 ♓ 22	16 ♋ 28	11 ♒ 44	2 ♌ 37	3 ♋ 14	27 ♉	16 ♓	26 ♎	18 ♍	18 ♓
26	1 ♏ 6	0 ♊ 22	13 ♒ 19	13 ♒ 47	24 ♎ 31	12 ♏ 20	9 ♌ 22	19 ♓ 18	16 ♋ 29	11 ♒ 44	2 ♌ 38	3 ♋ 14	27 ♉	15 ♓	27 ♎	19 ♍	18 ♓
27	2 ♏ 6	12 ♊ 18	13 ♒ 15	13 ♒ 36	23 ♎ 32	13 ♏ 35	9 ♌ 52	19 ♓ 14	16 ♋ 29	11 ♒ 44	2 ♌ 38	3 ♋ 13	26 ♉	15 ♓	27 ♎	19 ♍	18 ♓
28	3 ♏ 6	24 ♊ 9	13 ♒ 12	13 ♒ 27	22 ♎ 43	14 ♏ 50	10 ♌ 21	19 ♓ 10	16 ♋ 30	11 ♒ 45	2 ♌ 38	3 ♋ 13	26 ♉	15 ♓	27 ♎	19 ♍	18 ♓
29	4 ♏ 6	5 ♋ 57	13 ♒ 9	13 ♒ 22	22 ♎ 4	16 ♏ 5	10 ♌ 51	19 ♓ 6	16 ♋ 30	11 ♒ 45	2 ♌ 39	3 ♋ 12	26 ♉	15 ♓	28 ♎	20 ♍	18 ♓
30	5 ♏ 6	17 ♋ 48	13 ♒ 6	13 ♒ 19	21 ♎ 37	17 ♏ 20	11 ♌ 20	19 ♓ 3	16 ♋ 30	11 ♒ 45	2 ♌ 39	3 ♋ 12	26 ♉	15 ♓	28 ♎	20 ♍	18 ♓
31	6 ♏ 6	29 ♋ 46	13 ♒ 3	13 ♒ 18	21 ♎ 20	18 ♏ 35	11 ♌ 49	19 ♓ 0	16 R 30	11 ♒ 46	2 ♌ 39	3 ♋ 11	26 ♉	15 ♓	28 ♎	21 ♍	18 ♓

SUN INGRESS	☉ → ♏24日 21:10
MOON PHASE	◑ 1日 18:44 ♋　● 9日 06:42 ♎　◐ 15日 22:51 ♑　○ 23日 09:15 ♈　◑ 31日 13:39 ♌

aspects		
1日	06:34	☿□♆
1日	15:15	♀△♅
2日	12:41	☿△♇
4日	19:48	♀□♄
6日	13:53	☉△♅
10日	22:29	☉□♄
12日	19:35	♂☌♆
16日	22:25	☿□♂
18日	04:05	♀□♆
18日	12:31	☿△♇
18日	15:28	☿☌♀
18日	17:48	♀△♇
19日	04:54	☿□♆
21日	23:47	♀□♂
22日	23:00	☉☌☿
25日	12:23	♀□♅
27日	12:52	☉□♆
28日	02:38	☉△♇
29日	07:54	♀△♄
30日	21:07	♂☍♅
31日	07:37	♀△♃

1915年11月

DAY	☉	☽	☊ mean	☊ true	☿	♀	♂	♃	♄	♅	♆	♇	⚳	⚴	⚵	⚶	⚷
	° ′	° ′	° ′	° ′	° ′	° ′	° ′	° ′	° ′	° ′	° ′	° ′	°	°	°	°	°
1	7 ♏ 6	11 ♌ 57	13 ♒ 0	13 D 17	21 D 16	19 D 50	12 D 18	18 R 57	16 R 30	11 D 46	2 D 39	3 R 10	25 R	15 R	29 D	21 D	18 R
2	8 ♏ 6	24 ♌ 25	12 ♒ 56	13 R 17	21 ♎ 22	21 ♏ 5	12 ♌ 46	18 ♓ 54	16 ♋ 30	11 ♒ 46	2 ♌ 40	3 ♋ 10	25 ♉	15 ♓	29 ♎	22 ♍	18 ♓
3	9 ♏ 6	7 ♍ 16	12 ♒ 53	13 ♒ 16	21 ♎ 39	22 ♏ 20	13 ♌ 14	18 ♓ 51	16 ♋ 29	11 ♒ 47	2 ♌ 40	3 ♋ 9	25 ♉	15 ♓	0 ♏	22 ♍	18 ♓
4	10 ♏ 6	20 ♍ 34	12 ♒ 50	13 ♒ 12	22 ♎ 7	23 ♏ 35	13 ♌ 43	18 ♓ 49	16 ♋ 29	11 ♒ 48	2 ♌ 40	3 ♋ 9	25 ♉	14 ♓	0 ♏	23 ♍	18 ♓
5	11 ♏ 6	4 ♎ 22	12 ♒ 47	13 ♒ 5	22 ♎ 43	24 ♏ 50	14 ♌ 10	18 ♓ 47	16 ♋ 28	11 ♒ 48	2 ♌ 40	3 ♋ 8	25 ♉	14 ♓	0 ♏	23 ♍	18 ♓
6	12 ♏ 6	18 ♎ 38	12 ♒ 44	12 ♒ 56	23 ♎ 27	26 ♏ 5	14 ♌ 38	18 ♓ 45	16 ♋ 27	11 ♒ 49	2 ♌ 40	3 ♋ 7	24 ♉	14 ♓	1 ♏	23 ♍	18 ♓
7	13 ♏ 7	3 ♏ 19	12 ♒ 40	12 ♒ 45	24 ♎ 19	27 ♏ 20	15 ♌ 5	18 ♓ 43	16 ♋ 27	11 ♒ 50	2 R 40	3 ♋ 7	24 ♉	14 ♓	1 ♏	24 ♍	18 ♓
8	14 ♏ 7	18 ♏ 17	12 ♒ 37	12 ♒ 33	25 ♎ 18	28 ♏ 35	15 ♌ 32	18 ♓ 41	16 ♋ 26	11 ♒ 50	2 ♌ 40	3 ♋ 6	24 ♉	14 ♓	1 ♏	24 ♍	18 ♓
9	15 ♏ 7	3 ♐ 24	12 ♒ 34	12 ♒ 21	26 ♎ 22	29 ♏ 50	15 ♌ 59	18 ♓ 40	16 ♋ 25	11 ♒ 51	2 ♌ 40	3 ♋ 5	24 ♉	14 ♓	2 ♏	25 ♍	18 ♓
10	16 ♏ 7	18 ♐ 28	12 ♒ 31	12 ♒ 12	27 ♎ 32	1 ♐ 5	16 ♌ 25	18 ♓ 39	16 ♋ 24	11 ♒ 52	2 ♌ 40	3 ♋ 4	23 ♉	14 ♓	2 ♏	25 ♍	18 ♓
11	17 ♏ 8	3 ♑ 21	12 ♒ 28	12 ♒ 5	28 ♎ 45	2 ♐ 20	16 ♌ 51	18 ♓ 38	16 ♋ 22	11 ♒ 53	2 ♌ 40	3 ♋ 4	23 ♉	14 ♓	2 ♏	26 ♍	18 ♓
12	18 ♏ 8	17 ♑ 55	12 ♒ 25	12 ♒ 1	0 ♏ 2	3 ♐ 35	17 ♌ 17	18 ♓ 37	16 ♋ 21	11 ♒ 54	2 ♌ 39	3 ♋ 3	23 ♉	14 ♓	3 ♏	26 ♍	18 ♓
13	19 ♏ 8	2 ♒ 7	12 ♒ 21	12 ♒ 0	1 ♏ 23	4 ♐ 50	17 ♌ 43	18 ♓ 37	16 ♋ 19	11 ♒ 55	2 ♌ 39	3 ♋ 2	23 ♉	14 ♓	3 ♏	27 ♍	18 ♓
14	20 ♏ 9	15 ♒ 56	12 ♒ 18	11 D 59	2 ♏ 46	6 ♐ 5	18 ♌ 8	18 ♓ 36	16 ♋ 18	11 ♒ 56	2 ♌ 39	3 ♋ 1	23 ♉	14 ♓	3 ♏	27 ♍	18 ♓
15	21 ♏ 9	29 ♒ 24	12 ♒ 15	11 R 59	4 ♏ 11	7 ♐ 20	18 ♌ 33	18 ♓ 36	16 ♋ 16	11 ♒ 57	2 ♌ 39	3 ♋ 0	22 ♉	14 ♓	4 ♏	27 ♍	18 ♓
16	22 ♏ 10	12 ♓ 32	12 ♒ 12	11 ♒ 58	5 ♏ 38	8 ♐ 35	18 ♌ 58	18 D 36	16 ♋ 14	11 ♒ 58	2 ♌ 38	2 ♋ 59	22 ♉	14 D	4 ♏	28 ♍	18 ♓
17	23 ♏ 10	25 ♓ 24	12 ♒ 9	11 ♒ 54	7 ♏ 6	9 ♐ 50	19 ♌ 22	18 ♓ 36	16 ♋ 12	12 ♒ 0	2 ♌ 38	2 ♋ 59	22 ♉	14 ♓	4 ♏	28 ♍	18 ♓
18	24 ♏ 11	8 ♈ 3	12 ♒ 5	11 ♒ 48	8 ♏ 36	11 ♐ 4	19 ♌ 46	18 ♓ 37	16 ♋ 10	12 ♒ 1	2 ♌ 38	2 ♋ 58	22 ♉	14 ♓	5 ♏	29 ♍	18 ♓
19	25 ♏ 11	20 ♈ 30	12 ♒ 2	11 ♒ 38	10 ♏ 7	12 ♐ 19	20 ♌ 10	18 ♓ 38	16 ♋ 8	12 ♒ 2	2 ♌ 37	2 ♋ 57	21 ♉	14 ♓	5 ♏	29 ♍	18 ♓
20	26 ♏ 12	2 ♉ 48	11 ♒ 59	11 ♒ 26	11 ♏ 38	13 ♐ 34	20 ♌ 33	18 ♓ 39	16 ♋ 6	12 ♒ 4	2 ♌ 37	2 ♋ 56	21 ♉	14 ♓	5 ♏	0 ♎	18 ♓
21	27 ♏ 12	14 ♉ 58	11 ♒ 56	11 ♒ 13	13 ♏ 10	14 ♐ 49	20 ♌ 56	18 ♓ 40	16 ♋ 4	12 ♒ 5	2 ♌ 36	2 ♋ 55	21 ♉	14 ♓	6 ♏	0 ♎	18 ♓
22	28 ♏ 13	27 ♉ 1	11 ♒ 53	10 ♒ 59	14 ♏ 43	16 ♐ 4	21 ♌ 19	18 ♓ 41	16 ♋ 1	12 ♒ 7	2 ♌ 36	2 ♋ 54	21 ♉	14 ♓	6 ♏	0 ♎	18 ♓
23	29 ♏ 13	8 ♊ 59	11 ♒ 50	10 ♒ 45	16 ♏ 16	17 ♐ 19	21 ♌ 41	18 ♓ 42	15 ♋ 59	12 ♒ 8	2 ♌ 35	2 ♋ 53	20 ♉	14 ♓	6 ♏	1 ♎	18 ♓
24	0 ♐ 14	20 ♊ 51	11 ♒ 46	10 ♒ 34	17 ♏ 50	18 ♐ 34	22 ♌ 3	18 ♓ 44	15 ♋ 56	12 ♒ 10	2 ♌ 35	2 ♋ 52	20 ♉	14 ♓	7 ♏	1 ♎	18 ♓
25	1 ♐ 15	2 ♋ 40	11 ♒ 43	10 ♒ 25	19 ♏ 23	19 ♐ 49	22 ♌ 24	18 ♓ 46	15 ♋ 54	12 ♒ 11	2 ♌ 34	2 ♋ 51	20 ♉	14 ♓	7 ♏	2 ♎	18 ♓
26	2 ♐ 15	14 ♋ 29	11 ♒ 40	10 ♒ 19	20 ♏ 57	21 ♐ 4	22 ♌ 45	18 ♓ 48	15 ♋ 51	12 ♒ 13	2 ♌ 34	2 ♋ 50	20 ♉	14 ♓	7 ♏	2 ♎	18 ♓
27	3 ♐ 16	26 ♋ 20	11 ♒ 37	10 ♒ 16	22 ♏ 31	22 ♐ 19	23 ♌ 6	18 ♓ 50	15 ♋ 48	12 ♒ 15	2 ♌ 33	2 ♋ 49	20 ♉	14 ♓	8 ♏	2 ♎	18 ♓
28	4 ♐ 17	8 ♌ 17	11 ♒ 34	10 ♒ 15	24 ♏ 5	23 ♐ 34	23 ♌ 27	18 ♓ 53	15 ♋ 45	12 ♒ 16	2 ♌ 32	2 ♋ 48	19 ♉	15 ♓	8 ♏	3 ♎	18 ♓
29	5 ♐ 18	20 ♌ 26	11 ♒ 31	10 D 15	25 ♏ 39	24 ♐ 49	23 ♌ 47	18 ♓ 56	15 ♋ 42	12 ♒ 18	2 ♌ 31	2 ♋ 47	19 ♉	15 ♓	8 ♏	3 ♎	18 ♓
30	6 ♐ 18	2 ♍ 50	11 ♒ 27	10 ♒ 16	27 ♏ 14	26 ♐ 3	24 ♌ 6	18 ♓ 59	15 ♋ 39	12 ♒ 20	2 ♌ 31	2 ♋ 46	19 ♉	15 ♓	9 ♏	4 ♎	18 ♓

SUN INGRESS ☉ → ♐ 23日 18:13

MOON PHASE ● 7日 16:52 ♏ ◐ 14日 08:03 ♒ ○ 22日 02:36 ♉ ◑ 30日 07:10 ♍

aspects		
5日	16:55	☉□♅
10日	06:16	☉△♄
10日	12:30	☉□♂
11日	06:20	♀△♆
12日	11:26	☉△♃
13日	22:07	☿□♆
14日	04:23	☿△♇
18日	18:26	♀⚹♅
20日	06:46	☿□♅
22日	19:39	☿△♄
24日	03:19	♀□♃
24日	14:13	☿△♃
26日	07:04	☉△♆
27日	11:23	☿□♂
27日	20:53	♀△♂

1915年12月

DAY	☉	☽	☊ mean	☊ true	☿	♀	♂	♃	♄	♅	♆	♇	⚳	⚴	⚵	⚶	⚷
	° ′	° ′	° ′	° ′	° ′	° ′	° ′	° ′	° ′	° ′	° ′	° ′	°	°	°	°	°
1	7 ♐ 19	15 ♍ 36	11 ♒ 24	10 R 15	28 D 48	27 D 18	24 D 25	19 D 2	15 R 35	12 D 22	2 R 30	2 R 45	19 R	15 D	9 D	4 D	18 D
2	8 ♐ 20	28 ♍ 47	11 ♒ 21	10 ♒ 13	0 ♐ 22	28 ♐ 33	24 ♌ 44	19 ♓ 5	15 ♋ 32	12 ♒ 24	2 ♌ 29	2 ♋ 44	18 ♉	15 ♓	9 ♏	5 ♎	18 ♓
3	9 ♐ 21	12 ♎ 28	11 ♒ 18	10 ♒ 9	1 ♐ 56	29 ♐ 48	25 ♌ 2	19 ♓ 9	15 ♋ 29	12 ♒ 26	2 ♌ 28	2 ♋ 43	18 ♉	15 ♓	10 ♏	5 ♎	18 ♓
4	10 ♐ 22	26 ♎ 39	11 ♒ 15	10 ♒ 2	3 ♐ 30	1 ♑ 3	25 ♌ 20	19 ♓ 12	15 ♋ 25	12 ♒ 28	2 ♌ 27	2 ♋ 42	18 ♉	15 ♓	10 ♏	5 ♎	18 ♓
5	11 ♐ 23	11 ♏ 18	11 ♒ 11	9 ♒ 54	5 ♐ 4	2 ♑ 18	25 ♌ 37	19 ♓ 16	15 ♋ 21	12 ♒ 30	2 ♌ 26	2 ♋ 40	18 ♉	15 ♓	10 ♏	6 ♎	18 ♓
6	12 ♐ 24	26 ♏ 20	11 ♒ 8	9 ♒ 44	6 ♐ 38	3 ♑ 33	25 ♌ 54	19 ♓ 20	15 ♋ 18	12 ♒ 32	2 ♌ 25	2 ♋ 39	18 ♉	15 ♓	11 ♏	6 ♎	18 ♓
7	13 ♐ 25	11 ♐ 35	11 ♒ 5	9 ♒ 35	8 ♐ 12	4 ♑ 48	26 ♌ 10	19 ♓ 24	15 ♋ 14	12 ♒ 34	2 ♌ 25	2 ♋ 38	18 ♉	15 ♓	11 ♏	7 ♎	18 ♓
8	14 ♐ 25	26 ♐ 54	11 ♒ 2	9 ♒ 28	9 ♐ 46	6 ♑ 3	26 ♌ 26	19 ♓ 29	15 ♋ 10	12 ♒ 36	2 ♌ 24	2 ♋ 37	17 ♉	16 ♓	11 ♏	7 ♎	18 ♓
9	15 ♐ 26	12 ♑ 4	10 ♒ 59	9 ♒ 23	11 ♐ 20	7 ♑ 17	26 ♌ 41	19 ♓ 34	15 ♋ 6	12 ♒ 39	2 ♌ 23	2 ♋ 36	17 ♉	16 ♓	12 ♏	7 ♎	18 ♓
10	16 ♐ 27	26 ♑ 56	10 ♒ 56	9 ♒ 20	12 ♐ 55	8 ♑ 32	26 ♌ 56	19 ♓ 38	15 ♋ 2	12 ♒ 41	2 ♌ 21	2 ♋ 35	17 ♉	16 ♓	12 ♏	8 ♎	18 ♓
11	17 ♐ 28	11 ♒ 25	10 ♒ 52	9 D 19	14 ♐ 29	9 ♑ 47	27 ♌ 11	19 ♓ 43	14 ♋ 58	12 ♒ 43	2 ♌ 20	2 ♋ 34	17 ♉	16 ♓	12 ♏	8 ♎	18 ♓
12	18 ♐ 29	25 ♒ 27	10 ♒ 49	9 ♒ 20	16 ♐ 3	11 ♑ 2	27 ♌ 24	19 ♓ 49	14 ♋ 54	12 ♒ 45	2 ♌ 19	2 ♋ 32	17 ♉	16 ♓	13 ♏	9 ♎	18 ♓
13	19 ♐ 30	9 ♓ 2	10 ♒ 46	9 ♒ 21	17 ♐ 37	12 ♑ 17	27 ♌ 37	19 ♓ 54	14 ♋ 50	12 ♒ 48	2 ♌ 18	2 ♋ 31	17 ♉	16 ♓	13 ♏	9 ♎	18 ♓
14	20 ♐ 31	22 ♓ 12	10 ♒ 43	9 R 21	19 ♐ 11	13 ♑ 32	27 ♌ 50	20 ♓ 0	14 ♋ 46	12 ♒ 50	2 ♌ 17	2 ♋ 30	16 ♉	16 ♓	13 ♏	9 ♎	18 ♓
15	21 ♐ 32	5 ♈ 2	10 ♒ 40	9 ♒ 20	20 ♐ 46	14 ♑ 46	28 ♌ 2	20 ♓ 5	14 ♋ 41	12 ♒ 53	2 ♌ 16	2 ♋ 29	16 ♉	17 ♓	14 ♏	10 ♎	18 ♓
16	22 ♐ 34	17 ♈ 34	10 ♒ 37	9 ♒ 17	22 ♐ 20	16 ♑ 1	28 ♌ 14	20 ♓ 11	14 ♋ 37	12 ♒ 55	2 ♌ 15	2 ♋ 28	16 ♉	17 ♓	14 ♏	10 ♎	18 ♓
17	23 ♐ 35	29 ♈ 52	10 ♒ 33	9 ♒ 12	23 ♐ 55	17 ♑ 16	28 ♌ 24	20 ♓ 17	14 ♋ 33	12 ♒ 58	2 ♌ 13	2 ♋ 27	16 ♉	17 ♓	14 ♏	10 ♎	18 ♓
18	24 ♐ 36	12 ♉ 0	10 ♒ 30	9 ♒ 5	25 ♐ 29	18 ♑ 31	28 ♌ 35	20 ♓ 24	14 ♋ 28	13 ♒ 0	2 ♌ 12	2 ♋ 25	16 ♉	17 ♓	14 ♏	11 ♎	18 ♓
19	25 ♐ 37	24 ♉ 0	10 ♒ 27	8 ♒ 56	27 ♐ 4	19 ♑ 46	28 ♌ 44	20 ♓ 30	14 ♋ 24	13 ♒ 3	2 ♌ 11	2 ♋ 24	16 ♉	17 ♓	15 ♏	11 ♎	18 ♓
20	26 ♐ 38	5 ♊ 55	10 ♒ 24	8 ♒ 48	28 ♐ 39	21 ♑ 0	28 ♌ 53	20 ♓ 37	14 ♋ 19	13 ♒ 6	2 ♌ 10	2 ♋ 23	16 ♉	18 ♓	15 ♏	12 ♎	18 ♓
21	27 ♐ 39	17 ♊ 47	10 ♒ 21	8 ♒ 40	0 ♑ 14	22 ♑ 15	29 ♌ 2	20 ♓ 43	14 ♋ 14	13 ♒ 8	2 ♌ 8	2 ♋ 22	16 ♉	18 ♓	15 ♏	12 ♎	18 ♓
22	28 ♐ 40	29 ♊ 38	10 ♒ 17	8 ♒ 33	1 ♑ 50	23 ♑ 30	29 ♌ 10	20 ♓ 50	14 ♋ 10	13 ♒ 11	2 ♌ 7	2 ♋ 21	15 ♉	18 ♓	16 ♏	12 ♎	18 ♓
23	29 ♐ 41	11 ♋ 28	10 ♒ 14	8 ♒ 27	3 ♑ 25	24 ♑ 44	29 ♌ 17	20 ♓ 57	14 ♋ 5	13 ♒ 14	2 ♌ 6	2 ♋ 19	15 ♉	18 ♓	16 ♏	13 ♎	18 ♓
24	0 ♑ 42	23 ♋ 20	10 ♒ 11	8 ♒ 24	5 ♑ 1	25 ♑ 59	29 ♌ 23	21 ♓ 5	14 ♋ 0	13 ♒ 16	2 ♌ 4	2 ♋ 18	15 ♉	18 ♓	16 ♏	13 ♎	18 ♓
25	1 ♑ 43	5 ♌ 17	10 ♒ 8	8 ♒ 23	6 ♑ 37	27 ♑ 14	29 ♌ 29	21 ♓ 12	13 ♋ 56	13 ♒ 19	2 ♌ 3	2 ♋ 17	15 ♉	19 ♓	17 ♏	13 ♎	18 ♓
26	2 ♑ 44	17 ♌ 20	10 ♒ 5	8 D 23	8 ♑ 13	28 ♑ 28	29 ♌ 34	21 ♓ 20	13 ♋ 51	13 ♒ 22	2 ♌ 1	2 ♋ 16	15 ♉	19 ♓	17 ♏	14 ♎	18 ♓
27	3 ♑ 45	29 ♌ 33	10 ♒ 2	8 ♒ 24	9 ♑ 50	29 ♑ 43	29 ♌ 38	21 ♓ 27	13 ♋ 46	13 ♒ 25	2 ♌ 0	2 ♋ 15	15 ♉	19 ♓	17 ♏	14 ♎	18 ♓
28	4 ♑ 47	12 ♍ 0	9 ♒ 58	8 ♒ 26	11 ♑ 27	0 ♒ 57	29 ♌ 42	21 ♓ 35	13 ♋ 41	13 ♒ 28	1 ♌ 59	2 ♋ 13	15 ♉	19 ♓	18 ♏	14 ♎	18 ♓
29	5 ♑ 48	24 ♍ 45	9 ♒ 55	8 ♒ 28	13 ♑ 3	2 ♒ 12	29 ♌ 45	21 ♓ 43	13 ♋ 36	13 ♒ 31	1 ♌ 57	2 ♋ 12	15 ♉	19 ♓	18 ♏	15 ♎	18 ♓
30	6 ♑ 49	7 ♎ 51	9 ♒ 52	8 R 28	14 ♑ 41	3 ♒ 27	29 ♌ 47	21 ♓ 52	13 ♋ 31	13 ♒ 34	1 ♌ 56	2 ♋ 11	15 ♉	20 ♓	18 ♏	15 ♎	18 ♓
31	7 ♑ 50	21 ♎ 22	9 ♒ 49	8 ♒ 27	16 ♑ 18	4 ♒ 41	29 ♌ 48	22 ♓ 0	13 ♋ 26	13 ♒ 37	1 ♌ 54	2 ♋ 10	15 ♉	20 ♓	18 ♏	16 ♎	18 ♓

SUN INGRESS ☉ → ♑ 23日 07:16

MOON PHASE ● 7日 03:03 ♐ ◐ 13日 20:38 ♓ ○ 21日 21:52 ♊ ◑ 29日 21:58 ♎

aspects		
3日	08:08	☿△♆
5日	07:06	♀☍♇
6日	03:27	☉⚹♅
9日	20:25	☿⚹♅
13日	10:12	☉□♃
14日	13:05	☿□♃
14日	22:27	♀☍♄
16日	09:38	☉☌☿
19日	15:41	♀⚹♃
20日	03:55	☿△♂
22日	07:37	☿☍♇
22日	13:12	☉△♂
25日	12:59	☉☍♇
28日	19:15	♀☍♆
29日	07:43	☿☍♄

1916年1月

DAY	☉	☽	☊ mean	☊ true	☿	♀	♂	♃	♄	♅	♆	♇	⚳	⚴	⚵	⚶	⚷
	° ′	° ′	° ′	° ′	° ′	° ′	° ′	° ′	° ′	° ′	° ′	° ′	°	°	°	°	°
1	8 ♑ 51	5 ♏ 19	9 ♒ 46	8 R 25	17 D 55	5 D 56	29 D 49	22 D 8	13 R 21	13 D 40	1 R 53	2 R 9	15 R	20 D	19 D	16 D	18 D
2	9 ♑ 52	19 ♏ 43	9 ♒ 43	8 ♒ 22	19 ♑ 33	7 ♒ 10	29 R 49	22 ♓ 17	13 ♋ 17	13 ♒ 43	1 ♌ 51	2 ♋ 7	15 ♉	20 ♓	19 ♏	16 ♎	18 ♓
3	10 ♑ 54	4 ♐ 31	9 ♒ 39	8 ♒ 18	21 ♑ 10	8 ♒ 25	29 ♌ 48	22 ♓ 26	13 ♋ 12	13 ♒ 46	1 ♌ 49	2 ♋ 6	15 ♉	21 ♓	19 ♏	17 ♎	18 ♓
4	11 ♑ 55	19 ♐ 35	9 ♒ 36	8 ♒ 14	22 ♑ 48	9 ♒ 39	29 ♌ 46	22 ♓ 35	13 ♋ 7	13 ♒ 49	1 ♌ 48	2 ♋ 5	15 ♉	21 ♓	20 ♏	17 ♎	18 ♓
5	12 ♑ 56	4 ♑ 48	9 ♒ 33	8 ♒ 11	24 ♑ 26	10 ♒ 54	29 ♌ 44	22 ♓ 44	13 ♋ 2	13 ♒ 52	1 ♌ 46	2 ♋ 4	15 D	21 ♓	20 ♏	17 ♎	18 ♓
6	13 ♑ 57	19 ♑ 59	9 ♒ 30	8 ♒ 8	26 ♑ 3	12 ♒ 8	29 ♌ 40	22 ♓ 53	12 ♋ 57	13 ♒ 55	1 ♌ 45	2 ♋ 3	15 ♉	21 ♓	20 ♏	18 ♎	18 ♓
7	14 ♑ 58	4 ♒ 59	9 ♒ 27	8 ♒ 7	27 ♑ 41	13 ♒ 22	29 ♌ 36	23 ♓ 2	12 ♋ 52	13 ♒ 58	1 ♌ 43	2 ♋ 1	15 ♉	22 ♓	20 ♏	18 ♎	18 ♓
8	15 ♑ 59	19 ♒ 39	9 ♒ 24	8 D 8	29 ♑ 18	14 ♒ 37	29 ♌ 31	23 ♓ 12	12 ♋ 47	14 ♒ 1	1 ♌ 42	2 ♋ 0	15 ♉	22 ♓	21 ♏	18 ♎	18 ♓
9	17 ♑ 1	3 ♓ 54	9 ♒ 20	8 ♒ 9	0 ♒ 54	15 ♒ 51	29 ♌ 25	23 ♓ 21	12 ♋ 42	14 ♒ 4	1 ♌ 40	1 ♋ 59	15 ♉	22 ♓	21 ♏	18 ♎	18 ♓
10	18 ♑ 2	17 ♓ 41	9 ♒ 17	8 ♒ 10	2 ♒ 30	17 ♒ 5	29 ♌ 19	23 ♓ 31	12 ♋ 37	14 ♒ 8	1 ♌ 38	1 ♋ 58	15 ♉	22 ♓	21 ♏	19 ♎	18 ♓
11	19 ♑ 3	1 ♈ 2	9 ♒ 14	8 ♒ 12	4 ♒ 5	18 ♒ 20	29 ♌ 11	23 ♓ 41	12 ♋ 32	14 ♒ 11	1 ♌ 37	1 ♋ 57	15 ♉	23 ♓	21 ♏	19 ♎	18 ♓
12	20 ♑ 4	13 ♈ 57	9 ♒ 11	8 ♒ 13	5 ♒ 39	19 ♒ 34	29 ♌ 3	23 ♓ 51	12 ♋ 27	14 ♒ 14	1 ♌ 35	1 ♋ 56	15 ♉	23 ♓	22 ♏	19 ♎	18 ♓
13	21 ♑ 5	26 ♈ 32	9 ♒ 8	8 R 13	7 ♒ 12	20 ♒ 48	28 ♌ 54	24 ♓ 1	12 ♋ 22	14 ♒ 17	1 ♌ 33	1 ♋ 54	15 ♉	23 ♓	22 ♏	20 ♎	18 ♓
14	22 ♑ 6	8 ♉ 49	9 ♒ 4	8 ♒ 12	8 ♒ 43	22 ♒ 2	28 ♌ 44	24 ♓ 11	12 ♋ 17	14 ♒ 21	1 ♌ 32	1 ♋ 53	15 ♉	23 ♓	22 ♏	20 ♎	19 ♓
15	23 ♑ 8	20 ♉ 53	9 ♒ 1	8 ♒ 10	10 ♒ 12	23 ♒ 17	28 ♌ 34	24 ♓ 21	12 ♋ 12	14 ♒ 24	1 ♌ 30	1 ♋ 52	15 ♉	24 ♓	23 ♏	20 ♎	19 ♓
16	24 ♑ 9	2 ♊ 49	8 ♒ 58	8 ♒ 8	11 ♒ 38	24 ♒ 31	28 ♌ 22	24 ♓ 32	12 ♋ 8	14 ♒ 27	1 ♌ 28	1 ♋ 51	15 ♉	24 ♓	23 ♏	21 ♎	19 ♓
17	25 ♑ 10	14 ♊ 40	8 ♒ 55	8 ♒ 6	13 ♒ 2	25 ♒ 45	28 ♌ 10	24 ♓ 42	12 ♋ 3	14 ♒ 31	1 ♌ 27	1 ♋ 50	15 ♉	24 ♓	23 ♏	21 ♎	19 ♓
18	26 ♑ 11	26 ♊ 29	8 ♒ 52	8 ♒ 4	14 ♒ 22	26 ♒ 59	27 ♌ 57	24 ♓ 53	11 ♋ 58	14 ♒ 34	1 ♌ 25	1 ♋ 49	15 ♉	25 ♓	23 ♏	21 ♎	19 ♓
19	27 ♑ 12	8 ♋ 20	8 ♒ 49	8 ♒ 3	15 ♒ 38	28 ♒ 13	27 ♌ 44	25 ♓ 4	11 ♋ 53	14 ♒ 37	1 ♌ 23	1 ♋ 48	16 ♉	25 ♓	24 ♏	21 ♎	19 ♓
20	28 ♑ 13	20 ♋ 14	8 ♒ 45	8 ♒ 1	16 ♒ 49	29 ♒ 27	27 ♌ 29	25 ♓ 14	11 ♋ 49	14 ♒ 41	1 ♌ 22	1 ♋ 47	16 ♉	25 ♓	24 ♏	22 ♎	19 ♓
21	29 ♑ 14	2 ♌ 14	8 ♒ 42	8 ♒ 1	17 ♒ 54	0 ♓ 41	27 ♌ 14	25 ♓ 25	11 ♋ 44	14 ♒ 44	1 ♌ 20	1 ♋ 46	16 ♉	26 ♓	24 ♏	22 ♎	19 ♓
22	0 ♒ 15	14 ♌ 21	8 ♒ 39	8 D 1	18 ♒ 53	1 ♓ 54	26 ♌ 58	25 ♓ 37	11 ♋ 40	14 ♒ 48	1 ♌ 18	1 ♋ 45	16 ♉	26 ♓	24 ♏	22 ♎	19 ♓
23	1 ♒ 16	26 ♌ 37	8 ♒ 36	8 ♒ 1	19 ♒ 45	3 ♓ 8	26 ♌ 41	25 ♓ 48	11 ♋ 35	14 ♒ 51	1 ♌ 17	1 ♋ 44	16 ♉	26 ♓	25 ♏	22 ♎	19 ♓
24	2 ♒ 17	9 ♍ 4	8 ♒ 33	8 ♒ 2	20 ♒ 28	4 ♓ 22	26 ♌ 24	25 ♓ 59	11 ♋ 31	14 ♒ 54	1 ♌ 15	1 ♋ 43	16 ♉	26 ♓	25 ♏	23 ♎	19 ♓
25	3 ♒ 18	21 ♍ 44	8 ♒ 29	8 ♒ 3	21 ♒ 3	5 ♓ 36	26 ♌ 6	26 ♓ 10	11 ♋ 26	14 ♒ 58	1 ♌ 13	1 ♋ 42	16 ♉	27 ♓	25 ♏	23 ♎	19 ♓
26	4 ♒ 19	4 ♎ 38	8 ♒ 26	8 ♒ 3	21 ♒ 28	6 ♓ 49	25 ♌ 48	26 ♓ 22	11 ♋ 22	15 ♒ 1	1 ♌ 11	1 ♋ 41	16 ♉	27 ♓	25 ♏	23 ♎	19 ♓
27	5 ♒ 20	17 ♎ 48	8 ♒ 23	8 ♒ 3	21 ♒ 42	8 ♓ 3	25 ♌ 28	26 ♓ 34	11 ♋ 17	15 ♒ 5	1 ♌ 10	1 ♋ 40	16 ♉	27 ♓	25 ♏	23 ♎	19 ♓
28	6 ♒ 21	1 ♏ 17	8 ♒ 20	8 ♒ 3	21 R 46	9 ♓ 16	25 ♌ 8	26 ♓ 45	11 ♋ 13	15 ♒ 8	1 ♌ 8	1 ♋ 39	17 ♉	28 ♓	26 ♏	24 ♎	19 ♓
29	7 ♒ 22	15 ♏ 5	8 ♒ 17	8 R 3	21 ♒ 38	10 ♓ 30	24 ♌ 48	26 ♓ 57	11 ♋ 9	15 ♒ 12	1 ♌ 6	1 ♋ 38	17 ♉	28 ♓	26 ♏	24 ♎	19 ♓
30	8 ♒ 23	29 ♏ 13	8 ♒ 14	8 D 3	21 ♒ 19	11 ♓ 43	24 ♌ 27	27 ♓ 9	11 ♋ 5	15 ♒ 15	1 ♌ 5	1 ♋ 37	17 ♉	28 ♓	26 ♏	24 ♎	19 ♓
31	9 ♒ 24	13 ♐ 39	8 ♒ 10	8 ♒ 3	20 ♒ 48	12 ♓ 57	24 ♌ 6	27 ♓ 21	11 ♋ 1	15 ♒ 19	1 ♌ 3	1 ♋ 36	17 ♉	29 ♓	26 ♏	24 ♎	19 ♓

SUN INGRESS: ☉ → ♒ 21日 17:54

MOON PHASE: ● 5日 13:45 ♑ ◐ 12日 12:37 ♈ ○ 20日 17:29 ♋ ◑ 28日 09:35 ♏

aspects		
3日	20:20	☿⚹♃
5日	02:03	☉☍♄
7日	12:01	♀☌♅
9日	11:12	☿☍♆
16日	10:55	☉⚹♃
18日	03:56	☿☌♅
18日	16:04	♀☍♂
21日	20:52	♀△♇
23日	00:10	☉☍♆
29日	12:03	♀△♄

1916年2月

DAY	☉	☽	☊ mean	☊ true	☿	♀	♂	♃	♄	♅	♆	♇	⚳	⚴	⚵	⚶	⚷
	° ′	° ′	° ′	° ′	° ′	° ′	° ′	° ′	° ′	° ′	° ′	° ′	°	°	°	°	°
1	10 ♒ 25	28 ♐ 19	8 ♒ 7	8 D 4	20 R 8	14 D 10	23 R 44	27 D 33	10 R 57	15 D 22	1 R 1	1 R 35	17 D	29 D	27 D	25 D	19 D
2	11 ♒ 26	13 ♑ 10	8 ♒ 4	8 ♒ 4	19 ♒ 17	15 ♓ 24	23 ♌ 22	27 ♓ 45	10 ♋ 53	15 ♒ 26	1 ♌ 0	1 ♋ 34	17 ♉	29 ♓	27 ♏	25 ♎	19 ♓
3	12 ♒ 27	28 ♑ 2	8 ♒ 1	8 ♒ 4	18 ♒ 19	16 ♓ 37	22 ♌ 59	27 ♓ 57	10 ♋ 49	15 ♒ 29	0 ♌ 58	1 ♋ 33	18 ♉	0 ♈	27 ♏	25 ♎	19 ♓
4	13 ♒ 28	12 ♒ 50	7 ♒ 58	8 R 4	17 ♒ 14	17 ♓ 50	22 ♌ 36	28 ♓ 10	10 ♋ 45	15 ♒ 33	0 ♌ 56	1 ♋ 32	18 ♉	0 ♈	27 ♏	25 ♎	19 ♓
5	14 ♒ 28	27 ♒ 26	7 ♒ 55	8 ♒ 4	16 ♒ 4	19 ♓ 3	22 ♌ 13	28 ♓ 22	10 ♋ 42	15 ♒ 36	0 ♌ 55	1 ♋ 31	18 ♉	0 ♈	27 ♏	25 ♎	20 ♓
6	15 ♒ 29	11 ♓ 42	7 ♒ 51	8 ♒ 3	14 ♒ 52	20 ♓ 16	21 ♌ 49	28 ♓ 34	10 ♋ 38	15 ♒ 40	0 ♌ 53	1 ♋ 31	18 ♉	1 ♈	28 ♏	25 ♎	20 ♓
7	16 ♒ 30	25 ♓ 36	7 ♒ 48	8 ♒ 2	13 ♒ 39	21 ♓ 29	21 ♌ 25	28 ♓ 47	10 ♋ 34	15 ♒ 43	0 ♌ 51	1 ♋ 30	18 ♉	1 ♈	28 ♏	26 ♎	20 ♓
8	17 ♒ 31	9 ♈ 4	7 ♒ 45	8 ♒ 1	12 ♒ 28	22 ♓ 42	21 ♌ 2	29 ♓ 0	10 ♋ 31	15 ♒ 46	0 ♌ 50	1 ♋ 29	19 ♉	1 ♈	28 ♏	26 ♎	20 ♓
9	18 ♒ 32	22 ♈ 7	7 ♒ 42	8 ♒ 0	11 ♒ 20	23 ♓ 55	20 ♌ 38	29 ♓ 12	10 ♋ 28	15 ♒ 50	0 ♌ 48	1 ♋ 28	19 ♉	2 ♈	28 ♏	26 ♎	20 ♓
10	19 ♒ 33	4 ♉ 48	7 ♒ 39	7 ♒ 59	10 ♒ 17	25 ♓ 8	20 ♌ 14	29 ♓ 25	10 ♋ 24	15 ♒ 53	0 ♌ 47	1 ♋ 27	19 ♉	2 ♈	28 ♏	26 ♎	20 ♓
11	20 ♒ 33	17 ♉ 9	7 ♒ 35	7 ♒ 58	9 ♒ 20	26 ♓ 21	19 ♌ 50	29 ♓ 38	10 ♋ 21	15 ♒ 57	0 ♌ 45	1 ♋ 27	19 ♉	2 ♈	29 ♏	26 ♎	20 ♓
12	21 ♒ 34	29 ♉ 14	7 ♒ 32	7 D 59	8 ♒ 30	27 ♓ 33	19 ♌ 26	29 ♓ 51	10 ♋ 18	16 ♒ 0	0 ♌ 44	1 ♋ 26	19 ♉	3 ♈	29 ♏	26 ♎	20 ♓
13	22 ♒ 35	11 ♊ 10	7 ♒ 29	7 ♒ 59	7 ♒ 47	28 ♓ 46	19 ♌ 2	0 ♈ 4	10 ♋ 15	16 ♒ 4	0 ♌ 42	1 ♋ 25	20 ♉	3 ♈	29 ♏	27 ♎	20 ♓
14	23 ♒ 35	23 ♊ 0	7 ♒ 26	8 ♒ 1	7 ♒ 12	29 ♓ 58	18 ♌ 38	0 ♈ 17	10 ♋ 12	16 ♒ 7	0 ♌ 40	1 ♋ 24	20 ♉	4 ♈	29 ♏	27 ♎	20 ♓
15	24 ♒ 36	4 ♋ 49	7 ♒ 23	8 ♒ 2	6 ♒ 45	1 ♈ 11	18 ♌ 14	0 ♈ 30	10 ♋ 9	16 ♒ 11	0 ♌ 39	1 ♋ 24	20 ♉	4 ♈	29 ♏	27 ♎	20 ♓
16	25 ♒ 36	16 ♋ 41	7 ♒ 20	8 ♒ 4	6 ♒ 26	2 ♈ 23	17 ♌ 51	0 ♈ 43	10 ♋ 6	16 ♒ 14	0 ♌ 37	1 ♋ 23	20 ♉	4 ♈	29 ♏	27 ♎	20 ♓
17	26 ♒ 37	28 ♋ 40	7 ♒ 16	8 ♒ 5	6 ♒ 15	3 ♈ 35	17 ♌ 28	0 ♈ 56	10 ♋ 4	16 ♒ 18	0 ♌ 36	1 ♋ 23	20 ♉	5 ♈	0 ♐	27 ♎	20 ♓
18	27 ♒ 38	10 ♌ 48	7 ♒ 13	8 R 5	6 ♒ 11	4 ♈ 47	17 ♌ 5	1 ♈ 10	10 ♋ 1	16 ♒ 21	0 ♌ 34	1 ♋ 22	21 ♉	5 ♈	0 ♐	27 ♎	20 ♓
19	28 ♒ 38	23 ♌ 9	7 ♒ 10	8 ♒ 4	6 D 14	6 ♈ 0	16 ♌ 43	1 ♈ 23	9 ♋ 59	16 ♒ 25	0 ♌ 33	1 ♋ 21	21 ♉	5 ♈	0 ♐	27 ♎	20 ♓
20	29 ♒ 39	5 ♍ 42	7 ♒ 7	8 ♒ 2	6 ♒ 24	7 ♈ 11	16 ♌ 21	1 ♈ 36	9 ♋ 57	16 ♒ 28	0 ♌ 32	1 ♋ 21	21 ♉	6 ♈	0 ♐	27 ♎	20 ♓
21	0 ♓ 39	18 ♍ 29	7 ♒ 4	7 ♒ 59	6 ♒ 40	8 ♈ 23	15 ♌ 59	1 ♈ 50	9 ♋ 54	16 ♒ 31	0 ♌ 30	1 ♋ 20	21 ♉	6 ♈	0 ♐	27 ♎	20 ♓
22	1 ♓ 39	1 ♎ 31	7 ♒ 1	7 ♒ 56	7 ♒ 1	9 ♈ 35	15 ♌ 38	2 ♈ 3	9 ♋ 52	16 ♒ 35	0 ♌ 29	1 ♋ 20	22 ♉	6 ♈	0 ♐	27 ♎	20 ♓
23	2 ♓ 40	14 ♎ 45	6 ♒ 57	7 ♒ 52	7 ♒ 28	10 ♈ 47	15 ♌ 17	2 ♈ 17	9 ♋ 50	16 ♒ 38	0 ♌ 27	1 ♋ 19	22 ♉	7 ♈	0 ♐	27 ♎	21 ♓
24	3 ♓ 40	28 ♎ 13	6 ♒ 54	7 ♒ 48	8 ♒ 0	11 ♈ 58	14 ♌ 57	2 ♈ 30	9 ♋ 48	16 ♒ 42	0 ♌ 26	1 ♋ 19	22 ♉	7 ♈	1 ♐	28 ♎	21 ♓
25	4 ♓ 41	11 ♏ 52	6 ♒ 51	7 ♒ 45	8 ♒ 37	13 ♈ 10	14 ♌ 38	2 ♈ 44	9 ♋ 46	16 ♒ 45	0 ♌ 25	1 ♋ 18	23 ♉	8 ♈	1 ♐	28 ♎	21 ♓
26	5 ♓ 41	25 ♏ 43	6 ♒ 48	7 ♒ 44	9 ♒ 18	14 ♈ 21	14 ♌ 19	2 ♈ 58	9 ♋ 45	16 ♒ 48	0 ♌ 23	1 ♋ 18	23 ♉	8 ♈	1 ♐	28 ♎	21 ♓
27	6 ♓ 41	9 ♐ 45	6 ♒ 45	7 D 43	10 ♒ 3	15 ♈ 33	14 ♌ 0	3 ♈ 12	9 ♋ 43	16 ♒ 52	0 ♌ 22	1 ♋ 17	23 ♉	8 ♈	1 ♐	28 ♎	21 ♓
28	7 ♓ 42	23 ♐ 55	6 ♒ 41	7 ♒ 44	10 ♒ 51	16 ♈ 44	13 ♌ 42	3 ♈ 25	9 ♋ 42	16 ♒ 55	0 ♌ 21	1 ♋ 17	23 ♉	9 ♈	1 ♐	28 ♎	21 ♓
29	8 ♓ 42	8 ♑ 13	6 ♒ 38	7 ♒ 46	11 ♒ 43	17 ♈ 55	13 ♌ 25	3 ♈ 39	9 ♋ 40	16 ♒ 58	0 ♌ 19	1 ♋ 17	24 ♉	9 ♈	1 ♐	28 ♎	21 ♓

SUN INGRESS: ☉ → ♓ 20日 08:18

MOON PHASE: ● 4日 01:05 ♒ ◐ 11日 07:20 ♉ ○ 19日 11:28 ♌ ◑ 26日 18:24 ♐

aspects		
5日	08:56	☿☌♅
5日	17:15	☉☌☿
6日	04:15	☉☌♅
10日	11:38	☉☍♂
14日	07:28	♀☌♃
14日	13:40	♀△♆
15日	04:18	♀□♇
15日	14:44	♃△♆
18日	21:20	♃□♇
19日	05:24	☿⚹♀
19日	17:10	♂☍♅
21日	16:12	☉△♇
22日	05:32	♀□♄
25日	23:15	♀△♂
28日	03:57	♀⚹♅
29日	22:44	☉△♄

1916年3月

DAY	☉	☽	☊ mean	☊ true	☿	♀	♂	♃	♄	♅	♆	♇	⚳	⚴	⚵	⚶	⚷
	° ′	° ′	° ′	° ′	° ′	° ′	° ′	° ′	° ′	° ′	° ′	° ′	°	°	°	°	°
1	9 ♓ 42	22 ♑ 36	6 ♒ 35	7 D 47	12 D 38	19 D 6	13 R 9	3 D 53	9 R 39	17 D 2	0 R 18	1 R 16	24 D	10 D	1 D	28 D	21 D
2	10 ♓ 42	7 ♒ 1	6 ♒ 32	7 ♒ 48	13 ♒ 36	20 ♈ 17	12 ♌ 53	4 ♈ 7	9 ♋ 38	17 ♒ 5	0 ♌ 17	1 ♋ 16	24 ♉	10 ♈	1 ♐	28 R	21 ♓
3	11 ♓ 43	21 ♒ 24	6 ♒ 29	7 R 47	14 ♒ 37	21 ♈ 28	12 ♌ 38	4 ♈ 21	9 ♋ 37	17 ♒ 8	0 ♌ 16	1 ♋ 16	24 ♉	10 ♈	2 ♐	28 ♎	21 ♓
4	12 ♓ 43	5 ♓ 39	6 ♒ 26	7 ♒ 44	15 ♒ 40	22 ♈ 38	12 ♌ 24	4 ♈ 35	9 ♋ 36	17 ♒ 11	0 ♌ 15	1 ♋ 15	25 ♉	11 ♈	2 ♐	28 ♎	21 ♓
5	13 ♓ 43	19 ♓ 41	6 ♒ 22	7 ♒ 40	16 ♒ 45	23 ♈ 49	12 ♌ 10	4 ♈ 49	9 ♋ 35	17 ♒ 15	0 ♌ 13	1 ♋ 15	25 ♉	11 ♈	2 ♐	28 ♎	21 ♓
6	14 ♓ 43	3 ♈ 26	6 ♒ 19	7 ♒ 35	17 ♒ 53	24 ♈ 59	11 ♌ 57	5 ♈ 3	9 ♋ 34	17 ♒ 18	0 ♌ 12	1 ♋ 15	25 ♉	11 ♈	2 ♐	28 ♎	21 ♓
7	15 ♓ 43	16 ♈ 52	6 ♒ 16	7 ♒ 28	19 ♒ 3	26 ♈ 10	11 ♌ 45	5 ♈ 17	9 ♋ 34	17 ♒ 21	0 ♌ 11	1 ♋ 15	26 ♉	12 ♈	2 ♐	28 ♎	21 ♓
8	16 ♓ 43	29 ♈ 55	6 ♒ 13	7 ♒ 21	20 ♒ 15	27 ♈ 20	11 ♌ 34	5 ♈ 31	9 ♋ 33	17 ♒ 24	0 ♌ 10	1 ♋ 14	26 ♉	12 ♈	2 ♐	27 ♎	21 ♓
9	17 ♓ 43	12 ♉ 38	6 ♒ 10	7 ♒ 15	21 ♒ 29	28 ♈ 30	11 ♌ 23	5 ♈ 46	9 ♋ 33	17 ♒ 27	0 ♌ 9	1 ♋ 14	26 ♉	13 ♈	2 ♐	27 ♎	21 ♓
10	18 ♓ 43	25 ♉ 2	6 ♒ 7	7 ♒ 11	22 ♒ 44	29 ♈ 40	11 ♌ 14	6 ♈ 0	9 ♋ 32	17 ♒ 30	0 ♌ 8	1 ♋ 14	27 ♉	13 ♈	2 ♐	27 ♎	21 ♓
11	19 ♓ 43	7 ♊ 10	6 ♒ 3	7 ♒ 8	24 ♒ 2	0 ♉ 49	11 ♌ 5	6 ♈ 14	9 ♋ 32	17 ♒ 34	0 ♌ 7	1 ♋ 14	27 ♉	14 ♈	2 ♐	27 ♎	22 ♓
12	20 ♓ 43	19 ♊ 7	6 ♒ 0	7 ♒ 7	25 ♒ 21	1 ♉ 59	10 ♌ 57	6 ♈ 28	9 D 32	17 ♒ 37	0 ♌ 6	1 ♋ 14	27 ♉	14 ♈	2 ♐	27 ♎	22 ♓
13	21 ♓ 43	0 ♋ 57	5 ♒ 57	7 D 8	26 ♒ 41	3 ♉ 9	10 ♌ 50	6 ♈ 42	9 ♋ 32	17 ♒ 40	0 ♌ 5	1 ♋ 14	28 ♉	14 ♈	2 ♐	27 ♎	22 ♓
14	22 ♓ 42	12 ♋ 46	5 ♒ 54	7 ♒ 9	28 ♒ 4	4 ♉ 18	10 ♌ 43	6 ♈ 57	9 ♋ 32	17 ♒ 43	0 ♌ 4	1 ♋ 14	28 ♉	15 ♈	2 ♐	27 ♎	22 ♓
15	23 ♓ 42	24 ♋ 39	5 ♒ 51	7 ♒ 10	29 ♒ 27	5 ♉ 27	10 ♌ 37	7 ♈ 11	9 ♋ 33	17 ♒ 46	0 ♌ 3	1 ♋ 14	28 ♉	15 ♈	2 ♐	27 ♎	22 ♓
16	24 ♓ 42	6 ♌ 42	5 ♒ 47	7 ♒ 11	0 ♓ 52	6 ♉ 36	10 ♌ 32	7 ♈ 25	9 ♋ 33	17 ♒ 49	0 ♌ 3	1 ♋ 14	28 ♉	16 ♈	2 ♐	27 ♎	22 ♓
17	25 ♓ 42	18 ♌ 57	5 ♒ 44	7 R 10	2 ♓ 19	7 ♉ 45	10 ♌ 28	7 ♈ 40	9 ♋ 34	17 ♒ 52	0 ♌ 2	1 D 14	29 ♉	16 ♈	2 ♐	27 ♎	22 ♓
18	26 ♓ 41	1 ♍ 28	5 ♒ 41	7 ♒ 7	3 ♓ 47	8 ♉ 54	10 ♌ 25	7 ♈ 54	9 ♋ 34	17 ♒ 54	0 ♌ 1	1 ♋ 14	29 ♉	16 ♈	2 ♐	26 ♎	22 ♓
19	27 ♓ 41	14 ♍ 17	5 ♒ 38	7 ♒ 2	5 ♓ 16	10 ♉ 2	10 ♌ 22	8 ♈ 9	9 ♋ 35	17 ♒ 57	0 ♌ 0	1 ♋ 14	29 ♉	17 ♈	2 ♐	26 ♎	22 ♓
20	28 ♓ 41	27 ♍ 26	5 ♒ 35	6 ♒ 55	6 ♓ 47	11 ♉ 11	10 ♌ 21	8 ♈ 23	9 ♋ 36	18 ♒ 0	0 ♌ 0	1 ♋ 14	0 ♊	17 ♈	2 ♐	26 ♎	22 ♓
21	29 ♓ 40	10 ♎ 52	5 ♒ 32	6 ♒ 47	8 ♓ 19	12 ♉ 19	10 ♌ 19	8 ♈ 37	9 ♋ 37	18 ♒ 3	29 ♋ 59	1 ♋ 14	0 ♊	18 ♈	2 ♐	26 ♎	22 ♓
22	0 ♈ 40	24 ♎ 33	5 ♒ 28	6 ♒ 37	9 ♓ 52	13 ♉ 27	10 D 19	8 ♈ 52	9 ♋ 38	18 ♒ 6	29 ♋ 58	1 ♋ 14	0 ♊	18 ♈	2 R	26 ♎	22 ♓
23	1 ♈ 39	8 ♏ 26	5 ♒ 25	6 ♒ 28	11 ♓ 27	14 ♉ 35	10 ♌ 19	9 ♈ 6	9 ♋ 39	18 ♒ 9	29 ♋ 58	1 ♋ 14	1 ♊	18 ♈	2 ♐	26 ♎	22 ♓
24	2 ♈ 39	22 ♏ 28	5 ♒ 22	6 ♒ 21	13 ♓ 3	15 ♉ 42	10 ♌ 21	9 ♈ 21	9 ♋ 40	18 ♒ 11	29 ♋ 57	1 ♋ 14	1 ♊	19 ♈	2 ♐	26 ♎	22 ♓
25	3 ♈ 38	6 ♐ 35	5 ♒ 19	6 ♒ 16	14 ♓ 40	16 ♉ 50	10 ♌ 22	9 ♈ 35	9 ♋ 42	18 ♒ 14	29 ♋ 56	1 ♋ 15	1 ♊	19 ♈	2 ♐	25 ♎	22 ♓
26	4 ♈ 38	20 ♐ 44	5 ♒ 16	6 ♒ 13	16 ♓ 19	17 ♉ 57	10 ♌ 25	9 ♈ 50	9 ♋ 43	18 ♒ 17	29 ♋ 56	1 ♋ 15	2 ♊	20 ♈	2 ♐	25 ♎	22 ♓
27	5 ♈ 37	4 ♑ 52	5 ♒ 12	6 ♒ 12	17 ♓ 59	19 ♉ 4	10 ♌ 28	10 ♈ 4	9 ♋ 45	18 ♒ 19	29 ♋ 55	1 ♋ 15	2 ♊	20 ♈	2 ♐	25 ♎	22 ♓
28	6 ♈ 36	18 ♑ 59	5 ♒ 9	6 D 12	19 ♓ 41	20 ♉ 11	10 ♌ 32	10 ♈ 19	9 ♋ 46	18 ♒ 22	29 ♋ 55	1 ♋ 15	3 ♊	21 ♈	2 ♐	25 ♎	23 ♓
29	7 ♈ 36	3 ♒ 3	5 ♒ 6	6 ♒ 13	21 ♓ 23	21 ♉ 18	10 ♌ 36	10 ♈ 33	9 ♋ 48	18 ♒ 25	29 ♋ 54	1 ♋ 16	3 ♊	21 ♈	2 ♐	25 ♎	23 ♓
30	8 ♈ 35	17 ♒ 3	5 ♒ 3	6 R 12	23 ♓ 8	22 ♉ 24	10 ♌ 42	10 ♈ 48	9 ♋ 50	18 ♒ 27	29 ♋ 54	1 ♋ 16	3 ♊	21 ♈	2 ♐	24 ♎	23 ♓
31	9 ♈ 34	0 ♓ 58	5 ♒ 0	6 ♒ 10	24 ♓ 53	23 ♉ 31	10 ♌ 48	11 ♈ 2	9 ♋ 52	18 ♒ 30	29 ♋ 54	1 ♋ 16	4 ♊	22 ♈	2 ♐	24 ♎	23 ♓

SUN INGRESS ☉ → ♈ 21日 07:47

MOON PHASE ● 4日 12:57 ♓ ◐ 12日 03:33 ♊ ○ 20日 02:26 ♍ ◑ 27日 01:22 ♑

aspects		
1日	10:03	☿☍♂
5日	10:57	☿☌♅
10日	09:38	♀□♆
11日	08:24	☿⚹♇
16日	05:55	☿△♇
18日	14:18	♀⚹♄
19日	06:50	♀□♂
21日	07:25	☉△♆
21日	20:13	☿△♄
22日	13:51	☉□♇
25日	11:41	♃□♄
26日	07:16	♀□♅
28日	20:19	☿⚹♀
29日	08:05	♂△♃
31日	07:34	☉□♄

1916年4月

DAY	☉	☽	☊ mean	☊ true	☿	♀	♂	♃	♄	♅	♆	♇	⚳	⚴	⚵	⚶	⚷
	° ′	° ′	° ′	° ′	° ′	° ′	° ′	° ′	° ′	° ′	° ′	° ′	°	°	°	°	°
1	10 ♈ 33	14 ♓ 46	4 ♒ 57	6 R 5	26 D 40	24 D 37	10 D 54	11 D 17	9 D 54	18 D 32	29 R 53	1 D 17	4 D	22 D	2 R	24 R	23 D
2	11 ♈ 33	28 ♓ 25	4 ♒ 53	5 ♒ 57	28 ♓ 28	25 ♉ 42	11 ♌ 1	11 ♈ 31	9 ♋ 57	18 ♒ 34	29 ♋ 53	1 ♋ 17	4 ♊	23 ♈	2 ♐	24 ♎	23 ♓
3	12 ♈ 32	11 ♈ 50	4 ♒ 50	5 ♒ 47	0 ♈ 18	26 ♉ 48	11 ♌ 9	11 ♈ 46	9 ♋ 59	18 ♒ 37	29 ♋ 53	1 ♋ 17	5 ♊	23 ♈	2 ♐	23 ♎	23 ♓
4	13 ♈ 31	25 ♈ 1	4 ♒ 47	5 ♒ 35	2 ♈ 9	27 ♉ 53	11 ♌ 17	12 ♈ 0	10 ♋ 1	18 ♒ 39	29 ♋ 52	1 ♋ 18	5 ♊	24 ♈	2 ♐	23 ♎	23 ♓
5	14 ♈ 30	7 ♉ 56	4 ♒ 44	5 ♒ 23	4 ♈ 2	28 ♉ 59	11 ♌ 26	12 ♈ 15	10 ♋ 4	18 ♒ 42	29 ♋ 52	1 ♋ 18	5 ♊	24 ♈	2 ♐	23 ♎	23 ♓
6	15 ♈ 29	20 ♉ 33	4 ♒ 41	5 ♒ 12	5 ♈ 55	0 ♊ 3	11 ♌ 36	12 ♈ 29	10 ♋ 7	18 ♒ 44	29 ♋ 52	1 ♋ 19	6 ♊	25 ♈	2 ♐	23 ♎	23 ♓
7	16 ♈ 28	2 ♊ 53	4 ♒ 38	5 ♒ 3	7 ♈ 51	1 ♊ 8	11 ♌ 46	12 ♈ 44	10 ♋ 9	18 ♒ 46	29 ♋ 52	1 ♋ 19	6 ♊	25 ♈	2 ♐	22 ♎	23 ♓
8	17 ♈ 27	15 ♊ 0	4 ♒ 34	4 ♒ 56	9 ♈ 48	2 ♊ 12	11 ♌ 57	12 ♈ 58	10 ♋ 12	18 ♒ 48	29 ♋ 52	1 ♋ 20	7 ♊	25 ♈	2 ♐	22 ♎	23 ♓
9	18 ♈ 26	26 ♊ 56	4 ♒ 31	4 ♒ 51	11 ♈ 46	3 ♊ 17	12 ♌ 8	13 ♈ 13	10 ♋ 15	18 ♒ 50	29 ♋ 52	1 ♋ 20	7 ♊	26 ♈	1 ♐	22 ♎	23 ♓
10	19 ♈ 25	8 ♋ 46	4 ♒ 28	4 ♒ 49	13 ♈ 45	4 ♊ 20	12 ♌ 20	13 ♈ 27	10 ♋ 18	18 ♒ 53	29 ♋ 52	1 ♋ 21	7 ♊	26 ♈	1 ♐	22 ♎	23 ♓
11	20 ♈ 24	20 ♋ 35	4 ♒ 25	4 D 49	15 ♈ 46	5 ♊ 24	12 ♌ 32	13 ♈ 42	10 ♋ 22	18 ♒ 55	29 D 52	1 ♋ 21	8 ♊	27 ♈	1 ♐	21 ♎	23 ♓
12	21 ♈ 23	2 ♌ 28	4 ♒ 22	4 ♒ 49	17 ♈ 48	6 ♊ 27	12 ♌ 45	13 ♈ 56	10 ♋ 25	18 ♒ 57	29 ♋ 52	1 ♋ 22	8 ♊	27 ♈	1 ♐	21 ♎	23 ♓
13	22 ♈ 22	14 ♌ 31	4 ♒ 18	4 R 48	19 ♈ 51	7 ♊ 30	12 ♌ 59	14 ♈ 11	10 ♋ 28	18 ♒ 59	29 ♋ 52	1 ♋ 23	8 ♊	28 ♈	1 ♐	21 ♎	23 ♓
14	23 ♈ 20	26 ♌ 49	4 ♒ 15	4 ♒ 47	21 ♈ 56	8 ♊ 33	13 ♌ 13	14 ♈ 25	10 ♋ 32	19 ♒ 1	29 ♋ 52	1 ♋ 23	9 ♊	28 ♈	1 ♐	21 ♎	24 ♓
15	24 ♈ 19	9 ♍ 26	4 ♒ 12	4 ♒ 43	24 ♈ 1	9 ♊ 35	13 ♌ 27	14 ♈ 39	10 ♋ 35	19 ♒ 3	29 ♋ 52	1 ♋ 24	9 ♊	29 ♈	1 ♐	20 ♎	24 ♓
16	25 ♈ 18	22 ♍ 25	4 ♒ 9	4 ♒ 36	26 ♈ 7	10 ♊ 37	13 ♌ 42	14 ♈ 54	10 ♋ 39	19 ♒ 4	29 ♋ 52	1 ♋ 24	10 ♊	29 ♈	1 ♐	20 ♎	24 ♓
17	26 ♈ 16	5 ♎ 48	4 ♒ 6	4 ♒ 27	28 ♈ 14	11 ♊ 38	13 ♌ 57	15 ♈ 8	10 ♋ 42	19 ♒ 6	29 ♋ 52	1 ♋ 25	10 ♊	29 ♈	1 ♐	20 ♎	24 ♓
18	27 ♈ 15	19 ♎ 34	4 ♒ 3	4 ♒ 16	0 ♉ 21	12 ♊ 40	14 ♌ 13	15 ♈ 23	10 ♋ 46	19 ♒ 8	29 ♋ 52	1 ♋ 26	10 ♊	0 ♉	0 ♐	20 ♎	24 ♓
19	28 ♈ 14	3 ♏ 40	3 ♒ 59	4 ♒ 4	2 ♉ 28	13 ♊ 41	14 ♌ 29	15 ♈ 37	10 ♋ 50	19 ♒ 10	29 ♋ 53	1 ♋ 27	11 ♊	0 ♉	0 ♐	19 ♎	24 ♓
20	29 ♈ 12	18 ♏ 0	3 ♒ 56	3 ♒ 52	4 ♉ 36	14 ♊ 41	14 ♌ 46	15 ♈ 51	10 ♋ 54	19 ♒ 12	29 ♋ 53	1 ♋ 27	11 ♊	1 ♉	0 ♐	19 ♎	24 ♓
21	0 ♉ 11	2 ♐ 29	3 ♒ 53	3 ♒ 42	6 ♉ 43	15 ♊ 41	15 ♌ 3	16 ♈ 5	10 ♋ 58	19 ♒ 13	29 ♋ 53	1 ♋ 28	11 ♊	1 ♉	0 ♐	19 ♎	24 ♓
22	1 ♉ 9	17 ♐ 0	3 ♒ 50	3 ♒ 35	8 ♉ 49	16 ♊ 41	15 ♌ 20	16 ♈ 20	11 ♋ 3	19 ♒ 15	29 ♋ 54	1 ♋ 29	12 ♊	2 ♉	0 ♐	19 ♎	24 ♓
23	2 ♉ 8	1 ♑ 27	3 ♒ 47	3 ♒ 30	10 ♉ 55	17 ♊ 40	15 ♌ 38	16 ♈ 34	11 ♋ 7	19 ♒ 16	29 ♋ 54	1 ♋ 30	12 ♊	2 ♉	0 ♐	19 ♎	24 ♓
24	3 ♉ 6	15 ♑ 46	3 ♒ 44	3 ♒ 28	12 ♉ 59	18 ♊ 39	15 ♌ 56	16 ♈ 48	11 ♋ 11	19 ♒ 18	29 ♋ 54	1 ♋ 31	13 ♊	3 ♉	29 ♏	18 ♎	24 ♓
25	4 ♉ 5	29 ♑ 55	3 ♒ 40	3 ♒ 28	15 ♉ 2	19 ♊ 37	16 ♌ 15	17 ♈ 2	11 ♋ 16	19 ♒ 19	29 ♋ 55	1 ♋ 31	13 ♊	3 ♉	29 ♏	18 ♎	24 ♓
26	5 ♉ 3	13 ♒ 53	3 ♒ 37	3 ♒ 28	17 ♉ 3	20 ♊ 35	16 ♌ 34	17 ♈ 17	11 ♋ 20	19 ♒ 21	29 ♋ 55	1 ♋ 32	13 ♊	4 ♉	29 ♏	18 ♎	24 ♓
27	6 ♉ 1	27 ♒ 40	3 ♒ 34	3 ♒ 27	19 ♉ 1	21 ♊ 33	16 ♌ 54	17 ♈ 31	11 ♋ 25	19 ♒ 22	29 ♋ 56	1 ♋ 33	14 ♊	4 ♉	29 ♏	18 ♎	24 ♓
28	7 ♉ 0	11 ♓ 16	3 ♒ 31	3 ♒ 24	20 ♉ 58	22 ♊ 30	17 ♌ 13	17 ♈ 45	11 ♋ 29	19 ♒ 24	29 ♋ 56	1 ♋ 34	14 ♊	5 ♉	29 ♏	17 ♎	24 ♓
29	7 ♉ 58	24 ♓ 41	3 ♒ 28	3 ♒ 18	22 ♉ 51	23 ♊ 27	17 ♌ 34	17 ♈ 59	11 ♋ 34	19 ♒ 25	29 ♋ 57	1 ♋ 35	15 ♊	5 ♉	28 ♏	17 ♎	24 ♓
30	8 ♉ 56	7 ♈ 55	3 ♒ 24	3 ♒ 9	24 ♉ 42	24 ♊ 23	17 ♌ 54	18 ♈ 13	11 ♋ 39	19 ♒ 26	29 ♋ 58	1 ♋ 36	15 ♊	5 ♉	28 ♏	17 ♎	24 ♓

SUN INGRESS ☉ → ♉ 20日 19:25

MOON PHASE ● 3日 01:21 ♈ ◐ 10日 23:35 ♋ ○ 18日 14:07 ♎ ◑ 25日 07:38 ♒

aspects		
1日	09:29	☉△♂
1日	23:17	☉☌♃
2日	18:30	☿△♆
3日	12:55	☿□♇
5日	19:44	♀⚹♆
8日	05:11	☿□♄
9日	05:02	☿△♂
9日	10:16	☉⚹♅
9日	19:56	☿☌♃
12日	13:37	♀⚹♅
15日	06:31	☉☌☿
17日	18:38	☿□♆
18日	12:20	☿⚹♇
20日	02:37	♀⚹♂
20日	16:48	☉□♆
21日	12:50	♀⚹♃
22日	08:13	☉⚹♇
23日	02:25	☿⚹♄
24日	16:23	♀△♅
25日	17:15	☿□♂
27日	04:19	♀□♅

1916年5月

DAY	☉	☽	☊ mean	☊ true	☿	♀	♂	♃	♄	♅	♆	♇	⚳	⚴	⚵	⚶	⚷
	° ′	° ′	° ′	° ′	° ′	° ′	° ′	° ′	° ′	° ′	° ′	° ′	°	°	°	°	°
1	9 ♉ 55	20 ♈ 58	3 ♒ 21	2 R 58	26 D 29	25 D 18	18 D 15	18 D 27	11 D 44	19 D 27	29 D 58	1 D 37	15 D	6 D	28 R	17 R	24 D
2	10 ♉ 53	3 ♉ 49	3 ♒ 18	2 ♒ 45	28 ♉ 14	26 ♊ 13	18 ♌ 36	18 ♈ 41	11 ♋ 49	19 ♒ 28	29 ♋ 59	1 ♋ 38	16 ♊	6 ♉	28 ♏	17 ♎	24 ♓
3	11 ♉ 51	16 ♉ 27	3 ♒ 15	2 ♒ 32	29 ♉ 54	27 ♊ 8	18 ♌ 58	18 ♈ 55	11 ♋ 54	19 ♒ 30	0 ♌ 0	1 ♋ 39	16 ♊	7 ♉	28 ♏	16 ♎	24 ♓
4	12 ♉ 49	28 ♉ 52	3 ♒ 12	2 ♒ 19	1 ♊ 32	28 ♊ 1	19 ♌ 20	19 ♈ 9	11 ♋ 59	19 ♒ 31	0 ♌ 0	1 ♋ 40	17 ♊	7 ♉	27 ♏	16 ♎	25 ♓
5	13 ♉ 47	11 ♊ 5	3 ♒ 9	2 ♒ 9	3 ♊ 5	28 ♊ 55	19 ♌ 42	19 ♈ 22	12 ♋ 4	19 ♒ 32	0 ♌ 1	1 ♋ 41	17 ♊	8 ♉	27 ♏	16 ♎	25 ♓
6	14 ♉ 45	23 ♊ 6	3 ♒ 5	2 ♒ 0	4 ♊ 35	29 ♊ 47	20 ♌ 4	19 ♈ 36	12 ♋ 10	19 ♒ 33	0 ♌ 2	1 ♋ 42	17 ♊	8 ♉	27 ♏	16 ♎	25 ♓
7	15 ♉ 43	4 ♋ 59	3 ♒ 2	1 ♒ 55	6 ♊ 0	0 ♋ 39	20 ♌ 27	19 ♈ 50	12 ♋ 15	19 ♒ 34	0 ♌ 3	1 ♋ 43	18 ♊	9 ♉	27 ♏	16 ♎	25 ♓
8	16 ♉ 42	16 ♋ 48	2 ♒ 59	1 ♒ 52	7 ♊ 22	1 ♋ 31	20 ♌ 50	20 ♈ 4	12 ♋ 21	19 ♒ 34	0 ♌ 4	1 ♋ 44	18 ♊	9 ♉	27 ♏	16 ♎	25 ♓
9	17 ♉ 40	28 ♋ 35	2 ♒ 56	1 ♒ 51	8 ♊ 39	2 ♋ 21	21 ♌ 14	20 ♈ 17	12 ♋ 26	19 ♒ 35	0 ♌ 5	1 ♋ 45	19 ♊	10 ♉	26 ♏	15 ♎	25 ♓
10	18 ♉ 38	10 ♌ 27	2 ♒ 53	1 D 51	9 ♊ 53	3 ♋ 11	21 ♌ 38	20 ♈ 31	12 ♋ 32	19 ♒ 36	0 ♌ 5	1 ♋ 46	19 ♊	10 ♉	26 ♏	15 ♎	25 ♓
11	19 ♉ 36	22 ♌ 29	2 ♒ 50	1 R 51	11 ♊ 2	4 ♋ 0	22 ♌ 2	20 ♈ 45	12 ♋ 37	19 ♒ 37	0 ♌ 6	1 ♋ 47	19 ♊	11 ♉	26 ♏	15 ♎	25 ♓
12	20 ♉ 33	4 ♍ 46	2 ♒ 46	1 ♒ 50	12 ♊ 7	4 ♋ 49	22 ♌ 26	20 ♈ 58	12 ♋ 43	19 ♒ 37	0 ♌ 7	1 ♋ 49	20 ♊	11 ♉	26 ♏	15 ♎	25 ♓
13	21 ♉ 31	17 ♍ 23	2 ♒ 43	1 ♒ 48	13 ♊ 7	5 ♋ 36	22 ♌ 50	21 ♈ 12	12 ♋ 49	19 ♒ 38	0 ♌ 8	1 ♋ 50	20 ♊	12 ♉	26 ♏	15 ♎	25 ♓
14	22 ♉ 29	0 ♎ 24	2 ♒ 40	1 ♒ 42	14 ♊ 4	6 ♋ 23	23 ♌ 15	21 ♈ 25	12 ♋ 55	19 ♒ 39	0 ♌ 9	1 ♋ 51	21 ♊	12 ♉	25 ♏	15 ♎	25 ♓
15	23 ♉ 27	13 ♎ 53	2 ♒ 37	1 ♒ 35	14 ♊ 55	7 ♋ 9	23 ♌ 40	21 ♈ 38	13 ♋ 1	19 ♒ 39	0 ♌ 11	1 ♋ 52	21 ♊	13 ♉	25 ♏	15 ♎	25 ♓
16	24 ♉ 25	27 ♎ 48	2 ♒ 34	1 ♒ 26	15 ♊ 42	7 ♋ 53	24 ♌ 5	21 ♈ 52	13 ♋ 7	19 ♒ 40	0 ♌ 12	1 ♋ 53	22 ♊	13 ♉	25 ♏	15 ♎	25 ♓
17	25 ♉ 23	12 ♏ 9	2 ♒ 30	1 ♒ 16	16 ♊ 25	8 ♋ 37	24 ♌ 31	22 ♈ 5	13 ♋ 13	19 ♒ 40	0 ♌ 13	1 ♋ 54	22 ♊	14 ♉	25 ♏	15 ♎	25 ♓
18	26 ♉ 20	26 ♏ 49	2 ♒ 27	1 ♒ 6	17 ♊ 3	9 ♋ 20	24 ♌ 57	22 ♈ 18	13 ♋ 19	19 ♒ 40	0 ♌ 14	1 ♋ 56	22 ♊	14 ♉	24 ♏	14 ♎	25 ♓
19	27 ♉ 18	11 ♐ 40	2 ♒ 24	0 ♒ 58	17 ♊ 36	10 ♋ 2	25 ♌ 23	22 ♈ 31	13 ♋ 25	19 ♒ 41	0 ♌ 15	1 ♋ 57	23 ♊	15 ♉	24 ♏	14 ♎	25 ♓
20	28 ♉ 16	26 ♐ 35	2 ♒ 21	0 ♒ 51	18 ♊ 5	10 ♋ 43	25 ♌ 49	22 ♈ 44	13 ♋ 31	19 ♒ 41	0 ♌ 16	1 ♋ 58	23 ♊	15 ♉	24 ♏	14 ♎	25 ♓
21	29 ♉ 14	11 ♑ 24	2 ♒ 18	0 ♒ 48	18 ♊ 29	11 ♋ 23	26 ♌ 16	22 ♈ 57	13 ♋ 37	19 ♒ 41	0 ♌ 18	1 ♋ 59	24 ♊	16 ♉	24 ♏	14 ♎	25 ♓
22	0 ♊ 11	26 ♑ 2	2 ♒ 15	0 ♒ 46	18 ♊ 47	12 ♋ 2	26 ♌ 42	23 ♈ 10	13 ♋ 44	19 ♒ 41	0 ♌ 19	2 ♋ 1	24 ♊	16 ♉	24 ♏	14 ♎	25 ♓
23	1 ♊ 9	10 ♒ 24	2 ♒ 11	0 D 47	19 ♊ 2	12 ♋ 39	27 ♌ 9	23 ♈ 23	13 ♋ 50	19 ♒ 42	0 ♌ 20	2 ♋ 2	24 ♊	17 ♉	23 ♏	14 ♎	25 ♓
24	2 ♊ 7	24 ♒ 28	2 ♒ 8	0 ♒ 47	19 ♊ 11	13 ♋ 15	27 ♌ 36	23 ♈ 36	13 ♋ 57	19 ♒ 42	0 ♌ 22	2 ♋ 3	25 ♊	17 ♉	23 ♏	14 ♎	25 ♓
25	3 ♊ 4	8 ♓ 13	2 ♒ 5	0 R 47	19 ♊ 15	13 ♋ 50	28 ♌ 4	23 ♈ 49	14 ♋ 3	19 ♒ 42	0 ♌ 23	2 ♋ 5	25 ♊	18 ♉	23 ♏	14 ♎	25 ♓
26	4 ♊ 2	21 ♓ 41	2 ♒ 2	0 ♒ 46	19 R 15	14 ♋ 24	28 ♌ 31	24 ♈ 2	14 ♋ 10	19 R 42	0 ♌ 24	2 ♋ 6	26 ♊	18 ♉	23 ♏	14 ♎	25 ♓
27	4 ♊ 59	4 ♈ 53	1 ♒ 59	0 ♒ 42	19 ♊ 11	14 ♋ 56	28 ♌ 59	24 ♈ 14	14 ♋ 16	19 ♒ 42	0 ♌ 26	2 ♋ 7	26 ♊	19 ♉	22 ♏	14 D	25 ♓
28	5 ♊ 57	17 ♈ 50	1 ♒ 56	0 ♒ 36	19 ♊ 2	15 ♋ 27	29 ♌ 27	24 ♈ 27	14 ♋ 23	19 ♒ 42	0 ♌ 27	2 ♋ 8	27 ♊	19 ♉	22 ♏	14 ♎	25 ♓
29	6 ♊ 55	0 ♉ 34	1 ♒ 52	0 ♒ 28	18 ♊ 49	15 ♋ 57	29 ♌ 55	24 ♈ 39	14 ♋ 30	19 ♒ 41	0 ♌ 29	2 ♋ 10	27 ♊	19 ♉	22 ♏	14 ♎	25 ♓
30	7 ♊ 52	13 ♉ 6	1 ♒ 49	0 ♒ 19	18 ♊ 31	16 ♋ 25	0 ♍ 24	24 ♈ 52	14 ♋ 36	19 ♒ 41	0 ♌ 30	2 ♋ 11	27 ♊	20 ♉	22 ♏	14 ♎	25 ♓
31	8 ♊ 50	25 ♉ 28	1 ♒ 46	0 ♒ 10	18 ♊ 11	16 ♋ 51	0 ♍ 52	25 ♈ 4	14 ♋ 43	19 ♒ 41	0 ♌ 32	2 ♋ 13	28 ♊	20 ♉	22 ♏	14 ♎	25 ♓

SUN INGRESS	☉ → ♊ 21日 19:06
MOON PHASE	● 2日 14:29 ♉　◐ 10日 17:47 ♌　○ 17日 23:11 ♏　◑ 24日 14:16 ♓

aspects

2日	14:18	♂△♃
3日	01:15	☿⚹♆
3日	01:24	☉⚹♄
4日	12:26	♂☍♅
5日	17:18	♃⚹♅
8日	06:33	♀☌♇
11日	00:30	☉□♅
15日	09:38	☉□♂
22日	03:14	☉⚹♆
25日	11:13	♀☌♄

1916年6月

DAY	☉	☽	☊ mean	☊ true	☿	♀	♂	♃	♄	♅	♆	♇	⚳	⚴	⚵	⚶	⚷
	° ′	° ′	° ′	° ′	° ′	° ′	° ′	° ′	° ′	° ′	° ′	° ′	°	°	°	°	°
1	9 ♊ 47	7 ♊ 39	1 ♒ 43	0 R 1	17 R 47	17 D 16	1 D 21	25 D 16	14 D 50	19 R 41	0 D 33	2 D 14	28 D	21 D	21 R	14 D	25 D
2	10 ♊ 45	19 ♊ 41	1 ♒ 40	29 ♑ 53	17 ♊ 20	17 ♋ 39	1 ♍ 50	25 ♈ 29	14 ♋ 57	19 ♒ 40	0 ♌ 35	2 ♋ 15	29 ♊	21 ♉	21 ♏	14 ♎	26 ♓
3	11 ♊ 42	1 ♋ 36	1 ♒ 36	29 ♑ 47	16 ♊ 51	18 ♋ 0	2 ♍ 19	25 ♈ 41	15 ♋ 4	19 ♒ 40	0 ♌ 36	2 ♋ 17	29 ♊	22 ♉	21 ♏	14 ♎	26 ♓
4	12 ♊ 40	13 ♋ 25	1 ♒ 33	29 ♑ 44	16 ♊ 20	18 ♋ 20	2 ♍ 48	25 ♈ 53	15 ♋ 11	19 ♒ 39	0 ♌ 38	2 ♋ 18	0 ♋	22 ♉	21 ♏	14 ♎	26 ♓
5	13 ♊ 37	25 ♋ 12	1 ♒ 30	29 ♑ 42	15 ♊ 47	18 ♋ 37	3 ♍ 18	26 ♈ 5	15 ♋ 18	19 ♒ 39	0 ♌ 39	2 ♋ 19	0 ♋	23 ♉	21 ♏	14 ♎	26 ♓
6	14 ♊ 35	6 ♌ 59	1 ♒ 27	29 D 42	15 ♊ 14	18 ♋ 53	3 ♍ 47	26 ♈ 17	15 ♋ 25	19 ♒ 38	0 ♌ 41	2 ♋ 21	0 ♋	24 ♉	20 ♏	15 ♎	26 ♓
7	15 ♊ 32	18 ♌ 51	1 ♒ 24	29 ♑ 44	14 ♊ 40	19 ♋ 7	4 ♍ 17	26 ♈ 29	15 ♋ 32	19 ♒ 38	0 ♌ 43	2 ♋ 22	1 ♋	24 ♉	20 ♏	15 ♎	26 ♓
8	16 ♊ 29	0 ♍ 53	1 ♒ 21	29 ♑ 45	14 ♊ 7	19 ♋ 18	4 ♍ 47	26 ♈ 40	15 ♋ 39	19 ♒ 37	0 ♌ 44	2 ♋ 24	1 ♋	25 ♉	20 ♏	15 ♎	26 ♓
9	17 ♊ 27	13 ♍ 8	1 ♒ 17	29 ♑ 46	13 ♊ 35	19 ♋ 28	5 ♍ 17	26 ♈ 52	15 ♋ 46	19 ♒ 36	0 ♌ 46	2 ♋ 25	2 ♋	25 ♉	20 ♏	15 ♎	26 ♓
10	18 ♊ 24	25 ♍ 43	1 ♒ 14	29 R 46	13 ♊ 4	19 ♋ 35	5 ♍ 48	27 ♈ 3	15 ♋ 54	19 ♒ 36	0 ♌ 48	2 ♋ 26	2 ♋	26 ♉	20 ♏	15 ♎	26 ♓
11	19 ♊ 21	8 ♎ 42	1 ♒ 11	29 ♑ 44	12 ♊ 35	19 ♋ 40	6 ♍ 18	27 ♈ 15	16 ♋ 1	19 ♒ 35	0 ♌ 50	2 ♋ 28	3 ♋	26 ♉	19 ♏	15 ♎	26 ♓
12	20 ♊ 19	22 ♎ 8	1 ♒ 8	29 ♑ 41	12 ♊ 9	19 ♋ 43	6 ♍ 49	27 ♈ 26	16 ♋ 8	19 ♒ 34	0 ♌ 51	2 ♋ 29	3 ♋	27 ♉	19 ♏	15 ♎	26 ♓
13	21 ♊ 16	6 ♏ 2	1 ♒ 5	29 ♑ 36	11 ♊ 45	19 R 43	7 ♍ 20	27 ♈ 38	16 ♋ 15	19 ♒ 33	0 ♌ 53	2 ♋ 31	3 ♋	27 ♉	19 ♏	15 ♎	26 ♓
14	22 ♊ 13	20 ♏ 24	1 ♒ 1	29 ♑ 31	11 ♊ 25	19 ♋ 41	7 ♍ 51	27 ♈ 49	16 ♋ 23	19 ♒ 32	0 ♌ 55	2 ♋ 32	4 ♋	28 ♉	19 ♏	15 ♎	26 ♓
15	23 ♊ 11	5 ♐ 9	0 ♒ 58	29 ♑ 25	11 ♊ 8	19 ♋ 37	8 ♍ 22	28 ♈ 0	16 ♋ 30	19 ♒ 31	0 ♌ 57	2 ♋ 34	4 ♋	28 ♉	19 ♏	16 ♎	26 ♓
16	24 ♊ 8	20 ♐ 11	0 ♒ 55	29 ♑ 21	10 ♊ 56	19 ♋ 30	8 ♍ 53	28 ♈ 11	16 ♋ 37	19 ♒ 30	0 ♌ 59	2 ♋ 35	5 ♋	29 ♉	19 ♏	16 ♎	26 ♓
17	25 ♊ 5	5 ♑ 20	0 ♒ 52	29 ♑ 18	10 ♊ 47	19 ♋ 21	9 ♍ 24	28 ♈ 22	16 ♋ 45	19 ♒ 29	1 ♌ 1	2 ♋ 37	5 ♋	29 ♉	19 ♏	16 ♎	26 ♓
18	26 ♊ 2	20 ♑ 27	0 ♒ 49	29 ♑ 16	10 ♊ 43	19 ♋ 10	9 ♍ 56	28 ♈ 33	16 ♋ 52	19 ♒ 28	1 ♌ 2	2 ♋ 38	6 ♋	0 ♊	18 ♏	16 ♎	26 ♓
19	27 ♊ 0	5 ♒ 24	0 ♒ 46	29 D 16	10 D 44	18 ♋ 56	10 ♍ 28	28 ♈ 43	17 ♋ 0	19 ♒ 27	1 ♌ 4	2 ♋ 39	6 ♋	0 ♊	18 ♏	16 ♎	26 ♓
20	27 ♊ 57	20 ♒ 2	0 ♒ 42	29 ♑ 17	10 ♊ 48	18 ♋ 40	10 ♍ 59	28 ♈ 54	17 ♋ 7	19 ♒ 26	1 ♌ 6	2 ♋ 41	6 ♋	1 ♊	18 ♏	16 ♎	26 ♓
21	28 ♊ 54	4 ♓ 19	0 ♒ 39	29 ♑ 18	10 ♊ 58	18 ♋ 21	11 ♍ 31	29 ♈ 4	17 ♋ 15	19 ♒ 25	1 ♌ 8	2 ♋ 42	7 ♋	1 ♊	18 ♏	17 ♎	26 ♓
22	29 ♊ 51	18 ♓ 12	0 ♒ 36	29 ♑ 19	11 ♊ 12	18 ♋ 0	12 ♍ 3	29 ♈ 15	17 ♋ 22	19 ♒ 24	1 ♌ 10	2 ♋ 44	7 ♋	2 ♊	18 ♏	17 ♎	26 ♓
23	0 ♋ 49	1 ♈ 42	0 ♒ 33	29 R 20	11 ♊ 31	17 ♋ 37	12 ♍ 36	29 ♈ 25	17 ♋ 30	19 ♒ 22	1 ♌ 12	2 ♋ 45	8 ♋	2 ♊	18 ♏	17 ♎	26 ♓
24	1 ♋ 46	14 ♈ 50	0 ♒ 30	29 ♑ 19	11 ♊ 55	17 ♋ 12	13 ♍ 8	29 ♈ 35	17 ♋ 38	19 ♒ 21	1 ♌ 14	2 ♋ 47	8 ♋	3 ♊	18 ♏	17 ♎	26 ♓
25	2 ♋ 43	27 ♈ 40	0 ♒ 27	29 ♑ 17	12 ♊ 23	16 ♋ 45	13 ♍ 40	29 ♈ 45	17 ♋ 45	19 ♒ 20	1 ♌ 16	2 ♋ 48	9 ♋	3 ♊	18 ♏	17 ♎	26 ♓
26	3 ♋ 40	10 ♉ 12	0 ♒ 23	29 ♑ 14	12 ♊ 56	16 ♋ 16	14 ♍ 13	29 ♈ 55	17 ♋ 53	19 ♒ 18	1 ♌ 18	2 ♋ 50	9 ♋	4 ♊	18 ♏	18 ♎	26 ♓
27	4 ♋ 38	22 ♉ 32	0 ♒ 20	29 ♑ 11	13 ♊ 34	15 ♋ 45	14 ♍ 46	0 ♉ 5	18 ♋ 0	19 ♒ 17	1 ♌ 20	2 ♋ 51	9 ♋	4 ♊	17 ♏	18 ♎	26 ♓
28	5 ♋ 35	4 ♊ 40	0 ♒ 17	29 ♑ 7	14 ♊ 16	15 ♋ 13	15 ♍ 19	0 ♉ 15	18 ♋ 8	19 ♒ 15	1 ♌ 22	2 ♋ 53	10 ♋	5 ♊	17 ♏	18 ♎	26 ♓
29	6 ♋ 32	16 ♊ 40	0 ♒ 14	29 ♑ 3	15 ♊ 3	14 ♋ 39	15 ♍ 52	0 ♉ 24	18 ♋ 16	19 ♒ 14	1 ♌ 24	2 ♋ 54	10 ♋	5 ♊	17 ♏	18 ♎	26 ♓
30	7 ♋ 29	28 ♊ 33	0 ♒ 11	29 ♑ 0	15 ♊ 53	14 ♋ 4	16 ♍ 25	0 ♉ 34	18 ♋ 23	19 ♒ 12	1 ♌ 26	2 ♋ 56	11 ♋	6 ♊	17 ♏	19 ♎	26 R

SUN INGRESS	☉ → ♋ 22日 03:24
MOON PHASE	● 1日 04:37 ♊　◐ 9日 08:58 ♍　○ 16日 06:41 ♐　◑ 22日 22:16 ♈　● 30日 19:43 ♋

aspects

2日	22:01	♂⚹♇
6日	10:19	☉☌☿
11日	05:34	☉△♅
19日	13:43	☿□♂
21日	05:12	☉⚹♃
23日	05:22	♀☌♄
25日	02:14	☉☌♇
27日	21:52	♀⚹♂

1916年7月

DAY	☉	☽	☊ mean	☊ true	☿	♀	♂	♃	♄	♅	♆	♇	⚳	⚴	⚵	⚶	⚷
1	8♋26	10♋23	0♒8	28 R 58	16 D 49	13 R 29	16 D 58	0 D 43	18 D 31	19 R 10	1 D 28	2 D 57	11 D	6 D	17 R	19 D	26 R
2	9♋24	22♋10	0♒4	28♑57	17♊48	12♋52	17♍31	0♉52	18♋39	19♒9	1♌30	2♋59	12♋	7♊	17♏	19♎	26♓
3	10♋21	3♌57	0♒1	28 D 57	18♊52	12♋15	18♍5	1♉2	18♋47	19♒7	1♌32	3♋0	12♋	7♊	17♏	19♎	26♓
4	11♋18	15♌47	29♑58	28♑58	20♊0	11♋38	18♍39	1♉11	18♋54	19♒5	1♌35	3♋1	12♋	7♊	17♏	20♎	26♓
5	12♋15	27♌43	29♑55	28♑59	21♊12	11♋0	19♍12	1♉19	19♋2	19♒4	1♌37	3♋3	13♋	8♊	17♏	20♎	26♓
6	13♋12	9♍48	29♑52	29♑0	22♊28	10♋23	19♍46	1♉28	19♋10	19♒2	1♌39	3♋4	13♋	9♊	17♏	20♎	26♓
7	14♋10	22♍7	29♑48	29♑1	23♊48	9♋46	20♍20	1♉37	19♋18	19♒0	1♌41	3♋6	14♋	10♊	17♏	20♎	26♓
8	15♋7	4♎42	29♑45	29♑2	25♊11	9♋10	20♍54	1♉45	19♋25	18♒58	1♌43	3♋7	14♋	10♊	17♏	21♎	26♓
9	16♋4	17♎38	29♑42	29 R 2	26♊39	8♋34	21♍28	1♉54	19♋33	18♒56	1♌45	3♋9	15♋	11♊	17♏	21♎	26♓
10	17♋1	0♏58	29♑39	29♑2	28♊11	8♋0	22♍3	2♉2	19♋41	18♒55	1♌47	3♋10	15♋	11♊	17♏	21♎	26♓
11	17♋59	14♏44	29♑36	29♑1	29♊46	7♋27	22♍37	2♉10	19♋49	18♒53	1♌50	3♋12	16♋	12♊	17♏	22♎	26♓
12	18♋56	28♏57	29♑33	29♑0	1♋25	6♋55	23♍12	2♉18	19♋57	18♒51	1♌52	3♋13	16♋	12♊	17♏	22♎	26♓
13	19♋53	13♐34	29♑29	28♑59	3♋8	6♋25	23♍46	2♉26	20♋4	18♒49	1♌54	3♋14	16♋	13♊	17♏	22♎	26♓
14	20♋50	28♐31	29♑26	28♑58	4♋53	5♋57	24♍21	2♉33	20♋12	18♒47	1♌56	3♋16	17♋	13♊	17 D	22♎	26♓
15	21♋47	13♑40	29♑23	28♑58	6♋42	5♋31	24♍56	2♉41	20♋20	18♒45	1♌58	3♋17	17♋	14♊	17♏	23♎	26♓
16	22♋45	28♑53	29♑20	28 D 57	8♋34	5♋7	25♍31	2♉48	20♋28	18♒43	2♌1	3♋19	18♋	14♊	17♏	23♎	26♓
17	23♋42	13♒58	29♑17	28♑58	10♋29	4♋45	26♍6	2♉55	20♋36	18♒41	2♌3	3♋20	18♋	15♊	17♏	23♎	26♓
18	24♋39	28♒49	29♑14	28♑58	12♋27	4♋25	26♍41	3♉2	20♋43	18♒39	2♌5	3♋21	19♋	15♊	17♏	24♎	26♓
19	25♋36	13♓19	29♑10	28♑58	14♋26	4♋7	27♍16	3♉9	20♋51	18♒36	2♌7	3♋23	19♋	16♊	17♏	24♎	26♓
20	26♋33	27♓23	29♑7	28♑58	16♋28	3♋52	27♍51	3♉16	20♋59	18♒34	2♌9	3♋24	20♋	16♊	17♏	24♎	26♓
21	27♋31	11♈0	29♑4	28♑59	18♋31	3♋40	28♍27	3♉23	21♋7	18♒32	2♌12	3♋25	20♋	17♊	17♏	25♎	26♓
22	28♋28	24♈12	29♑1	28♑59	20♋36	3♋29	29♍2	3♉29	21♋14	18♒30	2♌14	3♋27	20♋	18♊	17♏	25♎	26♓
23	29♋25	7♉1	28♑58	28♑59	22♋42	3♋21	29♍38	3♉35	21♋22	18♒28	2♌16	3♋28	21♋	18♊	17♏	25♎	26♓
24	0♌23	19♉30	28♑54	28♑59	24♋49	3♋16	0♎14	3♉41	21♋30	18♒25	2♌18	3♋30	21♋	19♊	17♏	26♎	26♓
25	1♌20	1♊43	28♑51	28♑59	26♋56	3♋13	0♎50	3♉47	21♋38	18♒23	2♌20	3♋31	22♋	19♊	17♏	26♎	26♓
26	2♌17	13♊44	28♑48	28♑59	29♋3	3 D 12	1♎26	3♉53	21♋45	18♒21	2♌23	3♋32	22♋	20♊	17♏	26♎	26♓
27	3♌15	25♊37	28♑45	29♑0	1♌10	3♋14	2♎2	3♉59	21♋53	18♒19	2♌25	3♋33	23♋	20♊	17♏	27♎	26♓
28	4♌12	7♋26	28♑42	29♑0	3♌16	3♋18	2♎38	4♉4	22♋1	18♒16	2♌27	3♋35	23♋	21♊	17♏	27♎	26♓
29	5♌9	19♋13	28♑39	29♑0	5♌22	3♋24	3♎14	4♉10	22♋8	18♒14	2♌29	3♋36	23♋	21♊	17♏	28♎	25♓
30	6♌7	1♌1	28♑35	29 R 1	7♌28	3♋32	3♎50	4♉15	22♋16	18♒12	2♌32	3♋37	24♋	22♊	17♏	28♎	25♓
31	7♌4	12♌52	28♑32	29♑0	9♌32	3♋42	4♎27	4♉20	22♋24	18♒9	2♌34	3♋39	24♋	22♊	18♏	28♎	25♓

SUN INGRESS ☉→♌23日 14:21

MOON PHASE ◐ 8日 20:55 ♎ ○ 15日 13:40 ♑ ◑ 22日 08:33 ♈ ● 30日 11:15 ♌

aspects		
1日	09:09	☿□♂
3日	05:26	☿△♅
4日	04:56	☉☌♀
4日	14:34	♂⚹♄
7日	15:51	♃□♆
12日	13:27	♀⚹♃
13日	01:35	♀☌♇
13日	05:34	☉☌♄
14日	11:20	☿☌♀
21日	13:44	♃⚹♇
22日	00:37	♀⚹♃
22日	06:03	♀☌♇
22日	07:45	☿☌♄
23日	14:18	☉⚹♂
26日	02:23	☉☌♆
27日	13:43	☿⚹♂
27日	14:28	☿☌♆
27日	16:28	♂⚹♆
27日	20:29	☉□♃
28日	09:30	☿□♃
28日	19:23	☉☌☿
29日	07:59	♀□♂
29日	15:06	♂□♇
30日	15:13	♀☌♇

1916年8月

DAY	☉	☽	☊ mean	☊ true	☿	♀	♂	♃	♄	♅	♆	♇	⚳	⚴	⚵	⚶	⚷
1	8♌1	24♌49	28♑29	29 R 0	11 D 35	3 D 55	5 D 3	4 D 24	22 D 31	18 R 7	2 D 36	3 D 40	25 D	23 D	18 D	29 D	25 R
2	8♌59	6♍55	28♑26	28♑58	13♌37	4♋9	5♎40	4♉29	22♋39	18♒5	2♌38	3♋41	25♋	24♊	18♏	29♎	25♓
3	9♌56	19♍10	28♑23	28♑57	15♌37	4♋25	6♎17	4♉34	22♋46	18♒2	2♌40	3♋42	26♋	24♊	18♏	29♎	25♓
4	10♌54	1♎37	28♑19	28♑55	17♌36	4♋44	6♎53	4♉38	22♋54	18♒0	2♌43	3♋44	26♋	25♊	18♏	0♏	25♓
5	11♌51	14♎19	28♑16	28♑54	19♌34	5♋4	7♎30	4♉42	23♋2	17♒58	2♌45	3♋45	27♋	25♊	18♏	0♏	25♓
6	12♌49	27♎17	28♑13	28♑53	21♌30	5♋25	8♎7	4♉46	23♋9	17♒55	2♌47	3♋46	27♋	26♊	18♏	1♏	25♓
7	13♌46	10♏35	28♑10	28♑52	23♌25	5♋49	8♎44	4♉49	23♋17	17♒53	2♌49	3♋47	27♋	26♊	18♏	1♏	25♓
8	14♌44	24♏14	28♑7	28 D 53	25♌18	6♋14	9♎21	4♉53	23♋24	17♒51	2♌51	3♋48	28♋	27♊	18♏	1♏	25♓
9	15♌41	8♐15	28♑4	28♑53	27♌10	6♋41	9♎59	4♉56	23♋31	17♒48	2♌54	3♋49	28♋	27♊	18♏	2♏	25♓
10	16♌39	22♐36	28♑0	28♑55	29♌0	7♋9	10♎36	4♉59	23♋39	17♒46	2♌56	3♋51	29♋	28♊	19♏	2♏	25♓
11	17♌36	7♑17	27♑57	28♑56	0♍49	7♋39	11♎13	5♉2	23♋46	17♒43	2♌58	3♋52	29♋	28♊	19♏	3♏	25♓
12	18♌34	22♑12	27♑54	28♑56	2♍36	8♋10	11♎51	5♉5	23♋54	17♒41	3♌0	3♋53	0♌	29♊	19♏	3♏	25♓
13	19♌31	7♒13	27♑51	28 R 56	4♍21	8♋43	12♎29	5♉8	24♋1	17♒39	3♌2	3♋54	0♌	29♊	19♏	3♏	25♓
14	20♌29	22♒14	27♑48	28♑55	6♍6	9♋17	13♎6	5♉10	24♋8	17♒36	3♌4	3♋55	1♌	0♋	19♏	4♏	25♓
15	21♌27	7♓5	27♑45	28♑53	7♍48	9♋52	13♎44	5♉12	24♋15	17♒34	3♌7	3♋56	1♌	1♋	19♏	4♏	25♓
16	22♌24	21♓39	27♑41	28♑50	9♍29	10♋29	14♎22	5♉15	24♋23	17♒31	3♌9	3♋57	1♌	1♋	19♏	5♏	25♓
17	23♌22	5♈50	27♑38	28♑47	11♍9	11♋6	15♎0	5♉16	24♋30	17♒29	3♌11	3♋58	2♌	2♋	20♏	5♏	25♓
18	24♌20	19♈34	27♑35	28♑44	12♍47	11♋45	15♎38	5♉18	24♋37	17♒27	3♌13	3♋59	2♌	2♋	20♏	5♏	25♓
19	25♌17	2♉52	27♑32	28♑41	14♍24	12♋25	16♎16	5♉19	24♋44	17♒24	3♌15	4♋0	3♌	3♋	20♏	6♏	25♓
20	26♌15	15♉44	27♑29	28♑39	15♍59	13♋6	16♎54	5♉21	24♋51	17♒22	3♌17	4♋1	3♌	3♋	20♏	6♏	25♓
21	27♌13	28♉13	27♑25	28 D 39	17♍33	13♋49	17♎32	5♉22	24♋58	17♒20	3♌19	4♋2	4♌	4♋	20♏	7♏	25♓
22	28♌11	10♊25	27♑22	28♑39	19♍6	14♋32	18♎11	5♉23	25♋5	17♒17	3♌21	4♋3	4♌	4♋	20♏	7♏	25♓
23	29♌9	22♊24	27♑19	28♑41	20♍37	15♋16	18♎49	5♉23	25♋12	17♒15	3♌23	4♋4	4♌	5♋	21♏	8♏	25♓
24	0♍6	4♋15	27♑16	28♑43	22♍6	16♋1	19♎28	5♉24	25♋19	17♒13	3♌25	4♋5	5♌	5♋	21♏	8♏	25♓
25	1♍4	16♋2	27♑13	28♑44	23♍35	16♋47	20♎6	5♉24	25♋26	17♒10	3♌27	4♋6	5♌	6♋	21♏	8♏	25♓
26	2♍2	27♋50	27♑10	28♑45	25♍1	17♋33	20♎45	5 R 24	25♋33	17♒8	3♌29	4♋7	6♌	7♋	21♏	9♏	25♓
27	3♍0	9♌41	27♑6	28 R 44	26♍27	18♋21	21♎24	5♉24	25♋39	17♒6	3♌31	4♋7	6♌	7♋	21♏	9♏	24♓
28	3♍58	21♌40	27♑3	28♑42	27♍50	19♋9	22♎2	5♉24	25♋46	17♒3	3♌33	4♋8	7♌	8♋	22♏	10♏	24♓
29	4♍56	3♍48	27♑0	28♑38	29♍13	19♋58	22♎41	5♉23	25♋53	17♒1	3♌35	4♋9	7♌	8♋	22♏	10♏	24♓
30	5♍54	16♍7	26♑57	28♑33	0♎33	20♋48	23♎20	5♉22	25♋59	16♒59	3♌37	4♋10	7♌	9♋	22♏	11♏	24♓
31	6♍52	28♍38	26♑54	28♑26	1♎52	21♋39	23♎59	5♉21	26♋6	16♒57	3♌39	4♋11	8♌	9♋	22♏	11♏	24♓

SUN INGRESS ☉→♍23日 21:09

MOON PHASE ◐ 7日 06:05 ♏ ○ 13日 21:00 ♒ ◑ 20日 21:52 ♉ ● 29日 02:24 ♍

aspects		
3日	14:30	♀⚹♃
4日	04:41	♀☍♅
11日	02:48	☉☍♅
12日	17:37	♀⚹♇
13日	10:54	☿△♃
16日	22:59	☿⚹♀
20日	16:32	♂△♅
26日	09:30	☿⚹♄
28日	04:16	☉⚹♇
29日	10:59	☉△♃

1916年9月

DAY	☉	☽	☊ mean	☊ true	☿	♀	♂	♃	♄	♅	♆	♇	⚳	⚴	⚵	⚶	⚷
	° ′	° ′	° ′	° ′	° ′	° ′	° ′	° ′	° ′	° ′	° ′	° ′	°	°	°	°	°
1	7♍50	11♎22	26♑51	28 R 19	3 D 10	22 D 30	24 D 39	5 R 20	26 D 12	16 R 55	3 D 41	4 D 11	8 D	10 D	22 D	11 D	24 R
2	8♍48	24♎19	26♑47	28♑13	4♎26	23♋22	25♎18	5♉19	26♋19	16♒52	3♌43	4♋12	9♌	10♋	23♏	12♏	24♓
3	9♍46	7♏29	26♑44	28♑7	5♎40	24♋14	25♎57	5♉17	26♋25	16♒50	3♌45	4♋13	9♌	11♋	23♏	12♏	24♓
4	10♍45	20♏53	26♑41	28♑4	6♎52	25♋8	26♎37	5♉15	26♋32	16♒48	3♌47	4♋14	10♌	11♋	23♏	13♏	24♓
5	11♍43	4♐31	26♑38	28♑2	8♎2	26♋1	27♎16	5♉14	26♋38	16♒46	3♌49	4♋14	10♌	12♋	23♏	13♏	24♓
6	12♍41	18♐24	26♑35	28 D 2	9♎11	26♋56	27♎56	5♉11	26♋44	16♒44	3♌51	4♋15	10♌	13♋	23♏	14♏	24♓
7	13♍39	2♑31	26♑31	28♑3	10♎17	27♋51	28♎35	5♉9	26♋50	16♒42	3♌52	4♋16	11♌	13♋	24♏	14♏	24♓
8	14♍37	16♑53	26♑28	28♑4	11♎21	28♋46	29♎15	5♉6	26♋56	16♒40	3♌54	4♋16	11♌	14♋	24♏	15♏	24♓
9	15♍36	1♒25	26♑25	28 R 4	12♎22	29♋42	29♎55	5♉4	27♋3	16♒38	3♌56	4♋17	12♌	14♋	24♏	15♏	24♓
10	16♍34	16♒6	26♑22	28♑3	13♎21	0♌39	0♏35	5♉1	27♋8	16♒36	3♌58	4♋17	12♌	15♋	24♏	16♏	24♓
11	17♍32	0♓47	26♑19	28♑0	14♎18	1♌36	1♏15	4♉58	27♋14	16♒34	3♌59	4♋18	13♌	15♋	25♏	16♏	24♓
12	18♍31	15♓24	26♑16	27♑54	15♎12	2♌33	1♏55	4♉54	27♋20	16♒32	4♌1	4♋18	13♌	16♋	25♏	17♏	24♓
13	19♍29	29♓49	26♑12	27♑47	16♎2	3♌31	2♏35	4♉51	27♋26	16♒30	4♌3	4♋19	13♌	16♋	25♏	17♏	24♓
14	20♍27	13♈56	26♑9	27♑38	16♎50	4♌29	3♏15	4♉47	27♋32	16♒28	4♌4	4♋19	14♌	17♋	25♏	17♏	24♓
15	21♍26	27♈40	26♑6	27♑29	17♎33	5♌28	3♏55	4♉43	27♋37	16♒26	4♌6	4♋20	14♌	17♋	26♏	18♏	24♓
16	22♍24	10♉58	26♑3	27♑22	18♎13	6♌28	4♏36	4♉39	27♋43	16♒25	4♌8	4♋20	15♌	18♋	26♏	18♏	24♓
17	23♍23	23♉53	26♑0	27♑16	18♎50	7♌27	5♏16	4♉35	27♋49	16♒23	4♌9	4♋21	15♌	18♋	26♏	19♏	24♓
18	24♍21	6♊24	25♑57	27♑12	19♎21	8♌27	5♏57	4♉31	27♋54	16♒21	4♌11	4♋21	16♌	19♋	26♏	19♏	24♓
19	25♍20	18♊37	25♑53	27♑10	19♎48	9♌28	6♏37	4♉26	27♋59	16♒19	4♌12	4♋22	16♌	19♋	27♏	20♏	23♓
20	26♍19	0♋37	25♑50	27 D 10	20♎10	10♌29	7♏18	4♉21	28♋5	16♒18	4♌14	4♋22	16♌	20♋	27♏	20♏	23♓
21	27♍17	12♋27	25♑47	27♑11	20♎27	11♌30	7♏59	4♉16	28♋10	16♒16	4♌16	4♋22	17♌	21♋	27♏	21♏	23♓
22	28♍16	24♋15	25♑44	27♑11	20♎38	12♌32	8♏39	4♉11	28♋15	16♒15	4♌17	4♋23	17♌	21♋	27♏	21♏	23♓
23	29♍15	6♌4	25♑41	27 R 11	20♎43	13♌34	9♏20	4♉6	28♋20	16♒13	4♌18	4♋23	18♌	22♋	28♏	22♏	23♓
24	0♎14	18♌0	25♑37	27♑9	20 R 41	14♌36	10♏1	4♉1	28♋25	16♒11	4♌20	4♋23	18♌	22♋	28♏	22♏	23♓
25	1♎12	0♍6	25♑34	27♑4	20♎32	15♌39	10♏42	3♉55	28♋30	16♒10	4♌21	4♋23	19♌	23♋	28♏	23♏	23♓
26	2♎11	12♍26	25♑31	26♑57	20♎16	16♌42	11♏23	3♉49	28♋35	16♒9	4♌23	4♋24	19♌	23♋	28♏	23♏	23♓
27	3♎10	25♍1	25♑28	26♑47	19♎53	17♌45	12♏5	3♉43	28♋40	16♒7	4♌24	4♋24	19♌	24♋	29♏	24♏	23♓
28	4♎9	7♎51	25♑25	26♑36	19♎22	18♌49	12♏46	3♉37	28♋44	16♒6	4♌25	4♋24	20♌	24♋	29♏	24♏	23♓
29	5♎8	20♎57	25♑22	26♑24	18♎44	19♌53	13♏27	3♉31	28♋49	16♒4	4♌27	4♋24	20♌	25♋	29♏	25♏	23♓
30	6♎7	4♏16	25♑18	26♑13	17♎59	20♌57	14♏9	3♉25	28♋54	16♒3	4♌28	4♋24	21♌	25♋	0♐	25♏	23♓

SUN INGRESS	☉ → ♎ 23日 18:15
MOON PHASE	◐ 5日 13:26 ♐ ○ 12日 05:30 ♓ ◑ 19日 14:35 ♊ ● 27日 16:34 ♎

aspects

1日	10:05	☿⚹♆
1日	19:36	☿□♇
3日	20:21	♂□♄
5日	18:15	♀☌♄
9日	18:42	♀□♂
13日	13:25	☿△♅
13日	13:29	♀☌♆
14日	06:51	♀□♃
15日	06:38	♂□♆
15日	14:45	♂△♇
16日	01:54	♂☍♃
19日	21:03	♃⚹♇
21日	03:20	♃□♆
21日	23:35	☉⚹♄
25日	11:39	♀☍♅
28日	06:08	☉□♇
28日	06:46	☉⚹♆
28日	08:05	☿⚹♀

1916年10月

DAY	☉	☽	☊ mean	☊ true	☿	♀	♂	♃	♄	♅	♆	♇	⚳	⚴	⚵	⚶	⚷
	° ′	° ′	° ′	° ′	° ′	° ′	° ′	° ′	° ′	° ′	° ′	° ′	°	°	°	°	°
1	7♎6	17♏46	25♑15	26 R 3	17 R 7	22 D 1	14 D 50	3 R 18	28 D 58	16 R 2	4 D 29	4 D 24	21 D	26 D	0 D	26 D	23 R
2	8♎5	1♐27	25♑12	25♑56	16♎8	23♌6	15♏32	3♉12	29♋2	16♒1	4♌30	4♋25	21♌	26♋	0♐	26♏	23♓
3	9♎4	15♐15	25♑9	25♑51	15♎5	24♌11	16♏13	3♉5	29♋7	16♒0	4♌32	4♋25	22♌	27♋	0♐	27♏	23♓
4	10♎3	29♐11	25♑6	25♑49	13♎58	25♌16	16♏55	2♉58	29♋11	15♒59	4♌33	4♋25	22♌	27♋	1♐	27♏	23♓
5	11♎2	13♑13	25♑2	25 D 49	12♎49	26♌22	17♏37	2♉51	29♋15	15♒57	4♌34	4♋25	23♌	28♋	1♐	28♏	23♓
6	12♎2	27♑21	24♑59	25 R 49	11♎39	27♌27	18♏19	2♉44	29♋19	15♒56	4♌35	4 R 25	23♌	28♋	1♐	28♏	23♓
7	13♎1	11♒34	24♑56	25♑48	10♎30	28♌33	19♏1	2♉37	29♋23	15♒55	4♌36	4♋25	23♌	29♋	2♐	29♏	23♓
8	14♎0	25♒50	24♑53	25♑45	9♎29	29♌40	19♏43	2♉30	29♋27	15♒55	4♌37	4♋25	24♌	29♋	2♐	29♏	23♓
9	14♎59	10♓6	24♑50	25♑40	8♎25	0♍46	20♏25	2♉22	29♋30	15♒54	4♌38	4♋25	24♌	0♌	2♐	0♐	23♓
10	15♎58	24♓18	24♑47	25♑32	7♎31	1♍53	21♏7	2♉15	29♋34	15♒53	4♌39	4♋24	25♌	0♌	2♐	0♐	23♓
11	16♎58	8♈22	24♑43	25♑21	6♎46	3♍0	21♏49	2♉7	29♋37	15♒52	4♌40	4♋24	25♌	1♌	3♐	1♐	23♓
12	17♎57	22♈12	24♑40	25♑9	6♎11	4♍7	22♏31	2♉0	29♋41	15♒51	4♌41	4♋24	25♌	1♌	3♐	1♐	22♓
13	18♎56	5♉44	24♑37	24♑56	5♎46	5♍14	23♏14	1♉52	29♋44	15♒51	4♌42	4♋24	26♌	2♌	3♐	2♐	22♓
14	19♎56	18♉56	24♑34	24♑44	5♎31	6♍22	23♏56	1♉44	29♋47	15♒50	4♌43	4♋24	26♌	2♌	4♐	2♐	22♓
15	20♎55	1♊46	24♑31	24♑35	5 D 28	7♍29	24♏39	1♉36	29♋51	15♒49	4♌43	4♋24	27♌	3♌	4♐	3♐	22♓
16	21♎55	14♊17	24♑28	24♑28	5♎36	8♍37	25♏21	1♉28	29♋54	15♒49	4♌44	4♋23	27♌	3♌	4♐	3♐	22♓
17	22♎54	26♊30	24♑24	24♑24	5♎54	9♍46	26♏4	1♉20	29♋57	15♒48	4♌45	4♋23	27♌	4♌	5♐	4♐	22♓
18	23♎54	8♋29	24♑21	24♑22	6♎22	10♍54	26♏47	1♉12	29♋59	15♒48	4♌46	4♋23	28♌	4♌	5♐	4♐	22♓
19	24♎54	20♋20	24♑18	24♑21	7♎0	12♍3	27♏29	1♉4	0♌2	15♒47	4♌46	4♋23	28♌	4♌	5♐	5♐	22♓
20	25♎53	2♌7	24♑15	24♑21	7♎47	13♍11	28♏12	0♉56	0♌5	15♒47	4♌47	4♋22	28♌	5♌	6♐	5♐	22♓
21	26♎53	13♌58	24♑12	24♑20	8♎41	14♍20	28♏55	0♉48	0♌7	15♒47	4♌48	4♋22	29♌	5♌	6♐	6♐	22♓
22	27♎53	25♌56	24♑8	24♑18	9♎42	15♍29	29♏38	0♉40	0♌10	15♒47	4♌48	4♋22	29♌	6♌	6♐	6♐	22♓
23	28♎52	8♍7	24♑5	24♑13	10♎50	16♍38	0♐21	0♉32	0♌12	15♒46	4♌49	4♋21	0♍	6♌	6♐	7♐	22♓
24	29♎52	20♍34	24♑2	24♑5	12♎2	17♍48	1♐4	0♉24	0♌14	15♒46	4♌49	4♋21	0♍	7♌	7♐	7♐	22♓
25	0♏52	3♎21	23♑59	23♑55	13♎20	18♍57	1♐47	0♉16	0♌16	15♒46	4♌50	4♋20	1♍	7♌	7♐	8♐	22♓
26	1♏52	16♎28	23♑56	23♑43	14♎41	20♍7	2♐31	0♉8	0♌18	15♒46	4♌50	4♋20	1♍	8♌	7♐	8♐	22♓
27	2♏52	29♎55	23♑53	23♑30	16♎6	21♍17	3♐14	29♈59	0♌20	15 D 46	4♌51	4♋19	1♍	8♌	8♐	9♐	22♓
28	3♏52	13♏38	23♑49	23♑17	17♎34	22♍27	3♐57	29♈51	0♌22	15♒46	4♌51	4♋19	2♍	8♌	8♐	9♐	22♓
29	4♏52	27♏35	23♑46	23♑7	19♎4	23♍37	4♐41	29♈43	0♌24	15♒46	4♌51	4♋18	2♍	9♌	8♐	10♐	22♓
30	5♏52	11♐41	23♑43	22♑59	20♎36	24♍47	5♐24	29♈35	0♌25	15♒46	4♌52	4♋18	2♍	9♌	9♐	10♐	22♓
31	6♏52	25♐51	23♑40	22♑53	22♎9	25♍58	6♐8	29♈27	0♌27	15♒47	4♌52	4♋17	3♍	10♌	9♐	11♐	22♓

SUN INGRESS	☉ → ♏ 24日 02:57
MOON PHASE	◐ 4日 20:00 ♑ ○ 11日 16:01 ♈ ◑ 19日 10:08 ♋ ● 27日 05:37 ♏

aspects

2日	03:00	☿△♅
2日	16:15	♂□♅
5日	19:43	☉☌☿
9日	21:45	☉△♅
10日	07:07	♀△♃
12日	06:11	♀⚹♇
22日	18:42	♂△♄
24日	09:13	☉□♄
24日	11:12	☉☍♃
24日	22:22	♃□♄
26日	18:25	☿△♅
28日	10:49	☉△♇
28日	23:53	☉□♆
29日	05:49	♂△♆

1916年11月

DAY	☉	☽	☊ mean	☊ true	☿	♀	♂	♃	♄	♅	♆	♇	⚳	⚴	⚵	⚶	⚷
	° ′	° ′	° ′	° ′	° ′	° ′	° ′	° ′	° ′	° ′	° ′	° ′	°	°	°	°	°
1	7 ♏ 52	10 ♑ 2	23 ♑ 37	22 R 51	23 D 44	27 D 8	6 D 52	29 R 19	0 D 28	15 D 47	4 D 52	4 R 17	3 D	10 D	9 D	11 D	22 R
2	8 ♏ 52	24 ♑ 12	23 ♑ 34	22 D 51	25 ♎ 19	28 ♍ 19	7 ♐ 35	29 ♈ 11	0 ♌ 29	15 ♒ 47	4 ♌ 52	4 ♋ 16	3 ♍	11 ♌	10 ♐	12 ♐	22 ♓
3	9 ♏ 52	8 ♒ 19	23 ♑ 30	22 ♑ 51	26 ♎ 56	29 ♍ 30	8 ♐ 19	29 ♈ 3	0 ♌ 31	15 ♒ 48	4 ♌ 53	4 ♋ 16	4 ♍	11 ♌	10 ♐	12 ♐	22 ♓
4	10 ♏ 52	22 ♒ 22	23 ♑ 27	22 R 50	28 ♎ 33	0 ♎ 41	9 ♐ 3	28 ♈ 56	0 ♌ 32	15 ♒ 48	4 ♌ 53	4 ♋ 15	4 ♍	11 ♌	10 ♐	13 ♐	22 ♓
5	11 ♏ 52	6 ♓ 21	23 ♑ 24	22 ♑ 48	0 ♏ 10	1 ♎ 52	9 ♐ 47	28 ♈ 48	0 ♌ 32	15 ♒ 48	4 ♌ 53	4 ♋ 14	5 ♍	12 ♌	11 ♐	13 ♐	22 ♓
6	12 ♏ 52	20 ♓ 14	23 ♑ 21	22 ♑ 43	1 ♏ 48	3 ♎ 3	10 ♐ 31	28 ♈ 40	0 ♌ 33	15 ♒ 49	4 ♌ 53	4 ♋ 14	5 ♍	12 ♌	11 ♐	14 ♐	22 ♓
7	13 ♏ 52	4 ♈ 0	23 ♑ 18	22 ♑ 36	3 ♏ 25	4 ♎ 14	11 ♐ 15	28 ♈ 33	0 ♌ 34	15 ♒ 49	4 ♌ 53	4 ♋ 13	5 ♍	13 ♌	11 ♐	14 ♐	22 ♓
8	14 ♏ 53	17 ♈ 37	23 ♑ 14	22 ♑ 26	5 ♏ 3	5 ♎ 26	11 ♐ 59	28 ♈ 25	0 ♌ 35	15 ♒ 50	4 R 53	4 ♋ 12	6 ♍	13 ♌	12 ♐	15 ♐	22 ♓
9	15 ♏ 53	1 ♉ 2	23 ♑ 11	22 ♑ 14	6 ♏ 41	6 ♎ 37	12 ♐ 43	28 ♈ 18	0 ♌ 35	15 ♒ 51	4 ♌ 53	4 ♋ 11	6 ♍	13 ♌	12 ♐	16 ♐	22 ♓
10	16 ♏ 53	14 ♉ 14	23 ♑ 8	22 ♑ 3	8 ♏ 18	7 ♎ 49	13 ♐ 27	28 ♈ 10	0 ♌ 35	15 ♒ 51	4 ♌ 53	4 ♋ 11	6 ♍	14 ♌	12 ♐	16 ♐	22 ♓
11	17 ♏ 54	27 ♉ 10	23 ♑ 5	21 ♑ 52	9 ♏ 56	9 ♎ 1	14 ♐ 12	28 ♈ 3	0 ♌ 36	15 ♒ 52	4 ♌ 53	4 ♋ 10	7 ♍	14 ♌	13 ♐	17 ♐	22 ♓
12	18 ♏ 54	9 ♊ 49	23 ♑ 2	21 ♑ 43	11 ♏ 33	10 ♎ 13	14 ♐ 56	27 ♈ 56	0 ♌ 36	15 ♒ 53	4 ♌ 53	4 ♋ 9	7 ♍	14 ♌	13 ♐	17 ♐	22 ♓
13	19 ♏ 54	22 ♊ 13	22 ♑ 59	21 ♑ 36	13 ♏ 10	11 ♎ 25	15 ♐ 40	27 ♈ 49	0 R 36	15 ♒ 54	4 ♌ 53	4 ♋ 8	7 ♍	15 ♌	13 ♐	18 ♐	21 ♓
14	20 ♏ 55	4 ♋ 22	22 ♑ 55	21 ♑ 32	14 ♏ 47	12 ♎ 37	16 ♐ 25	27 ♈ 42	0 ♌ 36	15 ♒ 55	4 ♌ 52	4 ♋ 7	8 ♍	15 ♌	14 ♐	18 ♐	21 ♓
15	21 ♏ 55	16 ♋ 19	22 ♑ 52	21 ♑ 30	16 ♏ 24	13 ♎ 49	17 ♐ 9	27 ♈ 35	0 ♌ 35	15 ♒ 56	4 ♌ 52	4 ♋ 7	8 ♍	15 ♌	14 ♐	19 ♐	21 ♓
16	22 ♏ 56	28 ♋ 9	22 ♑ 49	21 D 30	18 ♏ 0	15 ♎ 1	17 ♐ 54	27 ♈ 29	0 ♌ 35	15 ♒ 57	4 ♌ 52	4 ♋ 6	8 ♍	16 ♌	14 ♐	19 ♐	21 ♓
17	23 ♏ 56	9 ♌ 56	22 ♑ 46	21 ♑ 31	19 ♏ 37	16 ♎ 13	18 ♐ 39	27 ♈ 22	0 ♌ 35	15 ♒ 58	4 ♌ 52	4 ♋ 5	9 ♍	16 ♌	15 ♐	20 ♐	21 ♓
18	24 ♏ 57	21 ♌ 46	22 ♑ 43	21 ♑ 32	21 ♏ 13	17 ♎ 26	19 ♐ 23	27 ♈ 16	0 ♌ 34	15 ♒ 59	4 ♌ 51	4 ♋ 4	9 ♍	16 ♌	15 ♐	20 ♐	21 ♓
19	25 ♏ 57	3 ♍ 43	22 ♑ 40	21 R 32	22 ♏ 48	18 ♎ 38	20 ♐ 8	27 ♈ 10	0 ♌ 33	16 ♒ 0	4 ♌ 51	4 ♋ 3	9 ♍	17 ♌	15 ♐	21 ♐	21 ♓
20	26 ♏ 58	15 ♍ 54	22 ♑ 36	21 ♑ 29	24 ♏ 24	19 ♎ 51	20 ♐ 53	27 ♈ 4	0 ♌ 33	16 ♒ 1	4 ♌ 51	4 ♋ 2	10 ♍	17 ♌	16 ♐	21 ♐	21 ♓
21	27 ♏ 58	28 ♍ 23	22 ♑ 33	21 ♑ 25	25 ♏ 59	21 ♎ 4	21 ♐ 38	26 ♈ 58	0 ♌ 32	16 ♒ 3	4 ♌ 50	4 ♋ 1	10 ♍	17 ♌	16 ♐	22 ♐	21 ♓
22	28 ♏ 59	11 ♎ 13	22 ♑ 30	21 ♑ 19	27 ♏ 35	22 ♎ 16	22 ♐ 23	26 ♈ 52	0 ♌ 31	16 ♒ 4	4 ♌ 50	4 ♋ 0	10 ♍	18 ♌	17 ♐	22 ♐	21 ♓
23	0 ♐ 0	24 ♎ 28	22 ♑ 27	21 ♑ 11	29 ♏ 9	23 ♎ 29	23 ♐ 8	26 ♈ 46	0 ♌ 30	16 ♒ 5	4 ♌ 49	3 ♋ 59	11 ♍	18 ♌	17 ♐	23 ♐	21 ♓
24	1 ♐ 0	8 ♏ 7	22 ♑ 24	21 ♑ 2	0 ♐ 44	24 ♎ 42	23 ♐ 53	26 ♈ 41	0 ♌ 28	16 ♒ 7	4 ♌ 49	3 ♋ 58	11 ♍	18 ♌	17 ♐	23 ♐	21 ♓
25	2 ♐ 1	22 ♏ 9	22 ♑ 20	20 ♑ 53	2 ♐ 19	25 ♎ 55	24 ♐ 38	26 ♈ 36	0 ♌ 27	16 ♒ 8	4 ♌ 48	3 ♋ 57	11 ♍	18 ♌	18 ♐	24 ♐	21 ♓
26	3 ♐ 2	6 ♐ 28	22 ♑ 17	20 ♑ 46	3 ♐ 53	27 ♎ 8	25 ♐ 23	26 ♈ 31	0 ♌ 26	16 ♒ 10	4 ♌ 47	3 ♋ 56	11 ♍	19 ♌	18 ♐	24 ♐	21 ♓
27	4 ♐ 3	21 ♐ 1	22 ♑ 14	20 ♑ 40	5 ♐ 28	28 ♎ 22	26 ♐ 8	26 ♈ 26	0 ♌ 24	16 ♒ 11	4 ♌ 47	3 ♋ 55	12 ♍	19 ♌	18 ♐	25 ♐	21 ♓
28	5 ♐ 3	5 ♑ 38	22 ♑ 11	20 ♑ 37	7 ♐ 2	29 ♎ 35	26 ♐ 54	26 ♈ 21	0 ♌ 22	16 ♒ 13	4 ♌ 46	3 ♋ 54	12 ♍	19 ♌	19 ♐	26 ♐	21 ♓
29	6 ♐ 4	20 ♑ 15	22 ♑ 8	20 ♑ 36	8 ♐ 36	0 ♏ 48	27 ♐ 39	26 ♈ 16	0 ♌ 21	16 ♒ 14	4 ♌ 46	3 ♋ 53	12 ♍	19 ♌	19 ♐	26 ♐	21 ♓
30	7 ♐ 5	4 ♒ 45	22 ♑ 5	20 D 37	10 ♐ 10	2 ♏ 1	28 ♐ 24	26 ♈ 12	0 ♌ 19	16 ♒ 16	4 ♌ 45	3 ♋ 52	13 ♍	20 ♌	19 ♐	27 ♐	21 ♓

SUN INGRESS	☉ → ♐ 22日 23:58
MOON PHASE	◐ 3日 02:50 ♒ ○ 10日 05:18 ♉ ◑ 18日 07:00 ♌ ● 25日 17:50 ♐

aspects		
3日	20:47	♀⚹♄
4日	05:14	☿☍♃
5日	05:35	☿□♄
6日	23:27	♀□♇
7日	11:36	☿△♇
7日	12:57	♀⚹♆
7日	21:33	☿□♆
8日	23:06	☉□♅
13日	07:23	♂⚹♅
14日	16:55	☿□♅
16日	18:46	♀△♅
22日	05:28	♀⚹♂
23日	11:38	☉△♄
23日	20:01	♂△♄
24日	11:19	☉☌☿
25日	12:23	♀☍♃
26日	13:40	☿△♆
27日	08:13	♂△♃
27日	17:19	☉△♆
28日	15:14	♀□♄

1916年12月

DAY	☉	☽	☊ mean	☊ true	☿	♀	♂	♃	♄	♅	♆	♇	⚳	⚴	⚵	⚶	⚷
	° ′	° ′	° ′	° ′	° ′	° ′	° ′	° ′	° ′	° ′	° ′	° ′	°	°	°	°	°
1	8 ♐ 6	19 ♒ 5	22 ♑ 1	20 D 38	11 D 44	3 D 15	29 D 10	26 R 8	0 R 17	16 D 18	4 R 44	3 R 51	13 D	20 D	20 D	27 D	21 R
2	9 ♐ 7	3 ♓ 13	21 ♑ 58	20 ♑ 39	13 ♐ 18	4 ♏ 28	29 ♐ 55	26 ♈ 4	0 ♌ 15	16 ♒ 20	4 ♌ 43	3 ♋ 50	13 ♍	20 ♌	20 ♐	28 ♐	21 ♓
3	10 ♐ 7	17 ♓ 7	21 ♑ 55	20 R 39	14 ♐ 52	5 ♏ 42	0 ♑ 41	26 ♈ 0	0 ♌ 12	16 ♒ 22	4 ♌ 42	3 ♋ 49	13 ♍	20 ♌	20 ♐	28 ♐	21 ♓
4	11 ♐ 8	0 ♈ 48	21 ♑ 52	20 ♑ 37	16 ♐ 26	6 ♏ 55	1 ♑ 27	25 ♈ 56	0 ♌ 10	16 ♒ 23	4 ♌ 42	3 ♋ 48	14 ♍	21 ♌	21 ♐	29 ♐	21 D
5	12 ♐ 9	14 ♈ 15	21 ♑ 49	20 ♑ 34	17 ♐ 59	8 ♏ 9	2 ♑ 12	25 ♈ 53	0 ♌ 8	16 ♒ 25	4 ♌ 41	3 ♋ 47	14 ♍	21 ♌	21 ♐	29 ♐	21 ♓
6	13 ♐ 10	27 ♈ 29	21 ♑ 45	20 ♑ 29	19 ♐ 33	9 ♏ 23	2 ♑ 58	25 ♈ 49	0 ♌ 5	16 ♒ 27	4 ♌ 40	3 ♋ 46	14 ♍	21 ♌	21 ♐	0 ♑	21 ♓
7	14 ♐ 11	10 ♉ 30	21 ♑ 42	20 ♑ 22	21 ♐ 7	10 ♏ 36	3 ♑ 44	25 ♈ 46	0 ♌ 3	16 ♒ 29	4 ♌ 39	3 ♋ 45	15 ♍	21 ♌	22 ♐	0 ♑	21 ♓
8	15 ♐ 12	23 ♉ 14	21 ♑ 39	20 ♑ 16	22 ♐ 41	11 ♏ 50	4 ♑ 29	25 ♈ 44	0 ♌ 0	16 ♒ 31	4 ♌ 38	3 ♋ 43	15 ♍	21 ♌	22 ♐	1 ♑	21 ♓
9	16 ♐ 13	5 ♊ 55	21 ♑ 36	20 ♑ 10	24 ♐ 15	13 ♏ 4	5 ♑ 15	25 ♈ 41	29 ♋ 57	16 ♒ 33	4 ♌ 37	3 ♋ 42	15 ♍	21 ♌	23 ♐	1 ♑	21 ♓
10	17 ♐ 14	18 ♊ 18	21 ♑ 33	20 ♑ 5	25 ♐ 48	14 ♏ 18	6 ♑ 1	25 ♈ 38	29 ♋ 54	16 ♒ 36	4 ♌ 36	3 ♋ 41	15 ♍	21 ♌	23 ♐	2 ♑	21 ♓
11	18 ♐ 15	0 ♋ 30	21 ♑ 30	20 ♑ 1	27 ♐ 22	15 ♏ 32	6 ♑ 47	25 ♈ 36	29 ♋ 51	16 ♒ 38	4 ♌ 35	3 ♋ 40	16 ♍	22 ♌	23 ♐	2 ♑	21 ♓
12	19 ♐ 16	12 ♋ 32	21 ♑ 26	20 ♑ 0	28 ♐ 56	16 ♏ 46	7 ♑ 33	25 ♈ 34	29 ♋ 48	16 ♒ 40	4 ♌ 34	3 ♋ 39	16 ♍	22 ♌	24 ♐	3 ♑	21 ♓
13	20 ♐ 17	24 ♋ 26	21 ♑ 23	20 D 0	0 ♑ 30	18 ♏ 0	8 ♑ 19	25 ♈ 32	29 ♋ 45	16 ♒ 42	4 ♌ 33	3 ♋ 38	16 ♍	22 ♌	24 ♐	4 ♑	21 ♓
14	21 ♐ 18	6 ♌ 14	21 ♑ 20	20 ♑ 1	2 ♑ 4	19 ♏ 14	9 ♑ 5	25 ♈ 31	29 ♋ 42	16 ♒ 44	4 ♌ 32	3 ♋ 36	16 ♍	22 ♌	24 ♐	4 ♑	21 ♓
15	22 ♐ 19	18 ♌ 1	21 ♑ 17	20 ♑ 2	3 ♑ 37	20 ♏ 28	9 ♑ 51	25 ♈ 29	29 ♋ 39	16 ♒ 47	4 ♌ 31	3 ♋ 35	16 ♍	22 ♌	25 ♐	5 ♑	21 ♓
16	23 ♐ 20	29 ♌ 50	21 ♑ 14	20 ♑ 4	5 ♑ 11	21 ♏ 42	10 ♑ 37	25 ♈ 28	29 ♋ 35	16 ♒ 49	4 ♌ 29	3 ♋ 34	17 ♍	22 ♌	25 ♐	5 ♑	21 ♓
17	24 ♐ 21	11 ♍ 47	21 ♑ 11	20 ♑ 6	6 ♑ 45	22 ♏ 56	11 ♑ 24	25 ♈ 27	29 ♋ 32	16 ♒ 52	4 ♌ 28	3 ♋ 33	17 ♍	22 ♌	25 ♐	6 ♑	21 ♓
18	25 ♐ 22	23 ♍ 55	21 ♑ 7	20 ♑ 6	8 ♑ 18	24 ♏ 10	12 ♑ 10	25 ♈ 26	29 ♋ 28	16 ♒ 54	4 ♌ 27	3 ♋ 32	17 ♍	22 ♌	26 ♐	6 ♑	21 ♓
19	26 ♐ 23	6 ♎ 20	21 ♑ 4	20 R 6	9 ♑ 51	25 ♏ 24	12 ♑ 56	25 ♈ 26	29 ♋ 24	16 ♒ 56	4 ♌ 26	3 ♋ 31	17 ♍	22 ♌	26 ♐	7 ♑	21 ♓
20	27 ♐ 24	19 ♎ 6	21 ♑ 1	20 ♑ 4	11 ♑ 24	26 ♏ 39	13 ♑ 42	25 ♈ 25	29 ♋ 21	16 ♒ 59	4 ♌ 25	3 ♋ 29	18 ♍	22 ♌	26 ♐	7 ♑	21 ♓
21	28 ♐ 25	2 ♏ 17	20 ♑ 58	20 ♑ 2	12 ♑ 57	27 ♏ 53	14 ♑ 29	25 ♈ 25	29 ♋ 17	17 ♒ 1	4 ♌ 23	3 ♋ 28	18 ♍	22 ♌	27 ♐	8 ♑	21 ♓
22	29 ♐ 26	15 ♏ 56	20 ♑ 55	19 ♑ 59	14 ♑ 29	29 ♏ 7	15 ♑ 15	25 D 25	29 ♋ 13	17 ♒ 4	4 ♌ 22	3 ♋ 27	18 ♍	22 R	27 ♐	8 ♑	21 ♓
23	0 ♑ 28	0 ♐ 1	20 ♑ 51	19 ♑ 56	16 ♑ 0	0 ♐ 22	16 ♑ 2	25 ♈ 25	29 ♋ 9	17 ♒ 7	4 ♌ 21	3 ♋ 26	18 ♍	22 ♌	28 ♐	9 ♑	21 ♓
24	1 ♑ 29	14 ♐ 30	20 ♑ 48	19 ♑ 54	17 ♑ 31	1 ♐ 36	16 ♑ 48	25 ♈ 26	29 ♋ 5	17 ♒ 9	4 ♌ 19	3 ♋ 24	18 ♍	22 ♌	28 ♐	9 ♑	21 ♓
25	2 ♑ 30	29 ♐ 18	20 ♑ 45	19 ♑ 52	19 ♑ 1	2 ♐ 51	17 ♑ 35	25 ♈ 26	29 ♋ 1	17 ♒ 12	4 ♌ 18	3 ♋ 23	18 ♍	22 ♌	28 ♐	10 ♑	22 ♓
26	3 ♑ 31	14 ♑ 17	20 ♑ 42	19 ♑ 51	20 ♑ 30	4 ♐ 5	18 ♑ 21	25 ♈ 27	28 ♋ 57	17 ♒ 15	4 ♌ 17	3 ♋ 22	19 ♍	22 ♌	29 ♐	10 ♑	22 ♓
27	4 ♑ 32	29 ♑ 19	20 ♑ 39	19 D 51	21 ♑ 57	5 ♐ 20	19 ♑ 8	25 ♈ 28	28 ♋ 53	17 ♒ 18	4 ♌ 15	3 ♋ 21	19 ♍	22 ♌	29 ♐	11 ♑	22 ♓
28	5 ♑ 33	14 ♒ 15	20 ♑ 36	19 ♑ 52	23 ♑ 23	6 ♐ 34	19 ♑ 54	25 ♈ 30	28 ♋ 48	17 ♒ 20	4 ♌ 14	3 ♋ 20	19 ♍	22 ♌	29 ♐	12 ♑	22 ♓
29	6 ♑ 35	28 ♒ 58	20 ♑ 32	19 ♑ 53	24 ♑ 47	7 ♐ 49	20 ♑ 41	25 ♈ 31	28 ♋ 44	17 ♒ 23	4 ♌ 12	3 ♋ 18	19 ♍	22 ♌	0 ♑	12 ♑	22 ♓
30	7 ♑ 36	13 ♓ 23	20 ♑ 29	19 ♑ 54	26 ♑ 8	9 ♐ 3	21 ♑ 28	25 ♈ 33	28 ♋ 39	17 ♒ 26	4 ♌ 11	3 ♋ 17	19 ♍	22 ♌	0 ♑	13 ♑	22 ♓
31	8 ♑ 37	27 ♓ 27	20 ♑ 26	19 ♑ 55	27 ♑ 27	10 ♐ 18	22 ♑ 15	25 ♈ 35	28 ♋ 35	17 ♒ 29	4 ♌ 9	3 ♋ 16	19 ♍	22 ♌	0 ♑	13 ♑	22 ♓

SUN INGRESS	☉ → ♑ 22日 12:59
MOON PHASE	◐ 2日 10:55 ♓ ○ 9日 21:43 ♊ ◑ 18日 03:06 ♍ ● 25日 05:31 ♑ ◐ 31日 21:07 ♈

aspects		
1日	11:43	♀△♇
2日	04:52	♀□♆
3日	23:24	☿⚹♅
7日	00:29	♂☍♇
9日	08:21	☉⚹♅
9日	21:29	☿△♃
11日	22:06	♀□♅
14日	23:26	☿☍♇
18日	01:36	☉△♃
22日	01:43	♀△♄
23日	00:38	☿☌♂
25日	20:31	☉☍♇
26日	03:37	♀△♆
29日	13:18	☿□♃
31日	20:30	☿☍♄

1917年1月

DAY	☉	☽	☊ mean	☊ true	☿	♀	♂	♃	♄	♅	♆	♇	⚳	⚴	⚵	⚶	⚷
	° ′	° ′	° ′	° ′	° ′	° ′	° ′	° ′	° ′	° ′	° ′	° ′	°	°	°	°	°
1	9 ♑ 38	11 ♈ 8	20 ♑ 23	19 R 55	28 D 42	11 D 32	23 D 1	25 D 37	28 R 31	17 D 32	4 R 8	3 R 15	20 D	22 R	1 D	14 D	22 D
2	10 ♑ 39	24 ♈ 29	20 ♑ 20	19 ♑ 55	29 ♑ 53	12 ♐ 47	23 ♑ 48	25 ♈ 39	28 ♋ 26	17 ♒ 35	4 ♌ 6	3 ♋ 14	20 ♍	22 ♌	1 ♑	14 ♑	22 ♓
3	11 ♑ 40	7 ♉ 31	20 ♑ 17	19 ♑ 54	1 ♒ 0	14 ♐ 1	24 ♑ 35	25 ♈ 42	28 ♋ 21	17 ♒ 38	4 ♌ 5	3 ♋ 12	20 ♍	21 ♌	2 ♑	15 ♑	22 ♓
4	12 ♑ 42	20 ♉ 16	20 ♑ 13	19 ♑ 53	2 ♒ 2	15 ♐ 16	25 ♑ 22	25 ♈ 44	28 ♋ 17	17 ♒ 41	4 ♌ 3	3 ♋ 11	20 ♍	21 ♌	2 ♑	15 ♑	22 ♓
5	13 ♑ 43	2 ♊ 46	20 ♑ 10	19 ♑ 52	2 ♒ 58	16 ♐ 31	26 ♑ 9	25 ♈ 47	28 ♋ 12	17 ♒ 44	4 ♌ 2	3 ♋ 10	20 ♍	21 ♌	2 ♑	16 ♑	22 ♓
6	14 ♑ 44	15 ♊ 4	20 ♑ 7	19 ♑ 51	3 ♒ 47	17 ♐ 45	26 ♑ 56	25 ♈ 50	28 ♋ 7	17 ♒ 47	4 ♌ 0	3 ♋ 9	20 ♍	21 ♌	3 ♑	16 ♑	22 ♓
7	15 ♑ 45	27 ♊ 12	20 ♑ 4	19 ♑ 51	4 ♒ 28	19 ♐ 0	27 ♑ 43	25 ♈ 54	28 ♋ 3	17 ♒ 50	3 ♌ 59	3 ♋ 8	20 ♍	21 ♌	3 ♑	17 ♑	22 ♓
8	16 ♑ 46	9 ♋ 11	20 ♑ 1	19 ♑ 50	5 ♒ 1	20 ♐ 15	28 ♑ 30	25 ♈ 57	27 ♋ 58	17 ♒ 53	3 ♌ 57	3 ♋ 6	20 ♍	21 ♌	3 ♑	17 ♑	22 ♓
9	17 ♑ 47	21 ♋ 5	19 ♑ 58	19 D 50	5 ♒ 24	21 ♐ 29	29 ♑ 17	26 ♈ 1	27 ♋ 53	17 ♒ 56	3 ♌ 55	3 ♋ 5	20 ♍	20 ♌	4 ♑	18 ♑	22 ♓
10	18 ♑ 48	2 ♌ 55	19 ♑ 54	19 ♑ 50	5 ♒ 37	22 ♐ 44	0 ♒ 4	26 ♈ 5	27 ♋ 48	17 ♒ 59	3 ♌ 54	3 ♋ 4	20 ♍	20 ♌	4 ♑	18 ♑	22 ♓
11	19 ♑ 49	14 ♌ 43	19 ♑ 51	19 ♑ 51	5 R 39	23 ♐ 59	0 ♒ 51	26 ♈ 9	27 ♋ 43	18 ♒ 2	3 ♌ 52	3 ♋ 3	20 ♍	20 ♌	4 ♑	19 ♑	22 ♓
12	20 ♑ 51	26 ♌ 32	19 ♑ 48	19 R 50	5 ♒ 29	25 ♐ 14	1 ♒ 38	26 ♈ 13	27 ♋ 38	18 ♒ 5	3 ♌ 50	3 ♋ 2	21 ♍	20 ♌	5 ♑	20 ♑	22 ♓
13	21 ♑ 52	8 ♍ 23	19 ♑ 45	19 ♑ 50	5 ♒ 7	26 ♐ 28	2 ♒ 25	26 ♈ 18	27 ♋ 34	18 ♒ 9	3 ♌ 49	3 ♋ 1	21 ♍	19 ♌	5 ♑	20 ♑	22 ♓
14	22 ♑ 53	20 ♍ 22	19 ♑ 42	19 ♑ 50	4 ♒ 34	27 ♐ 43	3 ♒ 12	26 ♈ 22	27 ♋ 29	18 ♒ 12	3 ♌ 47	3 ♋ 0	21 ♍	19 ♌	6 ♑	21 ♑	22 ♓
15	23 ♑ 54	2 ♎ 30	19 ♑ 38	19 ♑ 50	3 ♒ 50	28 ♐ 58	3 ♒ 59	26 ♈ 27	27 ♋ 24	18 ♒ 15	3 ♌ 46	2 ♋ 58	21 ♍	19 ♌	6 ♑	21 ♑	22 ♓
16	24 ♑ 55	14 ♎ 53	19 ♑ 35	19 ♑ 49	2 ♒ 55	0 ♑ 13	4 ♒ 46	26 ♈ 32	27 ♋ 19	18 ♒ 18	3 ♌ 44	2 ♋ 57	21 ♍	19 ♌	6 ♑	22 ♑	22 ♓
17	25 ♑ 56	27 ♎ 34	19 ♑ 32	19 D 49	1 ♒ 52	1 ♑ 28	5 ♒ 33	26 ♈ 37	27 ♋ 14	18 ♒ 22	3 ♌ 42	2 ♋ 56	21 ♍	18 ♌	7 ♑	22 ♑	22 ♓
18	26 ♑ 57	10 ♏ 37	19 ♑ 29	19 ♑ 49	0 ♒ 41	2 ♑ 42	6 ♒ 21	26 ♈ 43	27 ♋ 9	18 ♒ 25	3 ♌ 41	2 ♋ 55	21 ♍	18 ♌	7 ♑	23 ♑	22 ♓
19	27 ♑ 58	24 ♏ 5	19 ♑ 26	19 ♑ 50	29 ♑ 26	3 ♑ 57	7 ♒ 8	26 ♈ 48	27 ♋ 4	18 ♒ 28	3 ♌ 39	2 ♋ 54	21 ♍	18 ♌	7 ♑	23 ♑	22 ♓
20	28 ♑ 59	8 ♐ 0	19 ♑ 23	19 ♑ 51	28 ♑ 9	5 ♑ 12	7 ♒ 55	26 ♈ 54	26 ♋ 59	18 ♒ 31	3 ♌ 37	2 ♋ 53	21 ♍	17 ♌	8 ♑	24 ♑	22 ♓
21	0 ♒ 0	22 ♐ 22	19 ♑ 19	19 ♑ 52	26 ♑ 51	6 ♑ 27	8 ♒ 42	27 ♈ 0	26 ♋ 54	18 ♒ 35	3 ♌ 35	2 ♋ 52	21 R	17 ♌	8 ♑	24 ♑	22 ♓
22	1 ♒ 2	7 ♑ 8	19 ♑ 16	19 ♑ 52	25 ♑ 36	7 ♑ 42	9 ♒ 30	27 ♈ 6	26 ♋ 49	18 ♒ 38	3 ♌ 34	2 ♋ 51	21 ♍	17 ♌	8 ♑	25 ♑	22 ♓
23	2 ♒ 3	22 ♑ 11	19 ♑ 13	19 R 52	24 ♑ 25	8 ♑ 57	10 ♒ 17	27 ♈ 12	26 ♋ 44	18 ♒ 41	3 ♌ 32	2 ♋ 50	21 ♍	17 ♌	9 ♑	25 ♑	22 ♓
24	3 ♒ 4	7 ♒ 25	19 ♑ 10	19 ♑ 52	23 ♑ 20	10 ♑ 11	11 ♒ 4	27 ♈ 19	26 ♋ 39	18 ♒ 45	3 ♌ 30	2 ♋ 49	21 ♍	16 ♌	9 ♑	26 ♑	22 ♓
25	4 ♒ 5	22 ♒ 38	19 ♑ 7	19 ♑ 51	22 ♑ 23	11 ♑ 26	11 ♒ 52	27 ♈ 25	26 ♋ 34	18 ♒ 48	3 ♌ 29	2 ♋ 48	21 ♍	16 ♌	10 ♑	26 ♑	23 ♓
26	5 ♒ 6	7 ♓ 41	19 ♑ 4	19 ♑ 49	21 ♑ 33	12 ♑ 41	12 ♒ 39	27 ♈ 32	26 ♋ 30	18 ♒ 52	3 ♌ 27	2 ♋ 47	21 ♍	16 ♌	10 ♑	27 ♑	23 ♓
27	6 ♒ 7	22 ♓ 26	19 ♑ 0	19 ♑ 47	20 ♑ 53	13 ♑ 56	13 ♒ 26	27 ♈ 39	26 ♋ 25	18 ♒ 55	3 ♌ 25	2 ♋ 46	21 ♍	15 ♌	10 ♑	27 ♑	23 ♓
28	7 ♒ 8	6 ♈ 47	18 ♑ 57	19 ♑ 45	20 ♑ 21	15 ♑ 11	14 ♒ 14	27 ♈ 46	26 ♋ 20	18 ♒ 58	3 ♌ 24	2 ♋ 45	21 ♍	15 ♌	11 ♑	28 ♑	23 ♓
29	8 ♒ 9	20 ♈ 40	18 ♑ 54	19 ♑ 43	19 ♑ 58	16 ♑ 26	15 ♒ 1	27 ♈ 53	26 ♋ 15	19 ♒ 2	3 ♌ 22	2 ♋ 44	20 ♍	15 ♌	11 ♑	29 ♑	23 ♓
30	9 ♒ 10	4 ♉ 6	18 ♑ 51	19 ♑ 42	19 ♑ 44	17 ♑ 41	15 ♒ 49	28 ♈ 0	26 ♋ 10	19 ♒ 5	3 ♌ 20	2 ♋ 43	20 ♍	14 ♌	11 ♑	29 ♑	23 ♓
31	10 ♒ 11	17 ♉ 7	18 ♑ 48	19 D 42	19 ♑ 38	18 ♑ 56	16 ♒ 36	28 ♈ 8	26 ♋ 6	19 ♒ 9	3 ♌ 19	2 ♋ 42	20 ♍	14 ♌	12 ♑	0 ♒	23 ♓

SUN INGRESS	☉ → ♒ 20日 23:37
MOON PHASE	○ 8日 16:42 ♋ ◑ 16日 20:42 ♎ ● 23日 16:40 ♒ ◐ 30日 10:01 ♉

aspects		
4日	12:17	♂□♃
6日	00:26	♀⚹♅
6日	06:51	☿☍♆
7日	09:17	♂☍♄
12日	20:19	♀△♃
14日	17:20	♂☍♆
14日	21:40	☿☌♂
15日	02:05	☿☍♆
17日	17:42	☉□♃
18日	04:01	♀☍♇
18日	04:15	☉☍♄
19日	15:14	☉☌☿
20日	11:24	♃□♄
20日	21:29	☿□♃
20日	23:01	☿☍♄
24日	10:13	☉☍♆
31日	13:47	☿☌♀

1917年2月

DAY	☉	☽	☊ mean	☊ true	☿	♀	♂	♃	♄	♅	♆	♇	⚳	⚴	⚵	⚶	⚷
	° ′	° ′	° ′	° ′	° ′	° ′	° ′	° ′	° ′	° ′	° ′	° ′	°	°	°	°	°
1	11 ♒ 11	29 ♉ 46	18 ♑ 44	19 D 43	19 D 40	20 D 10	17 D 23	28 D 16	26 R 1	19 D 12	3 R 17	2 R 41	20 R	13 R	12 D	0 D	23 D
2	12 ♒ 12	12 ♊ 7	18 ♑ 41	19 ♑ 45	19 ♑ 50	21 ♑ 25	18 ♒ 11	28 ♈ 24	25 ♋ 56	19 ♒ 16	3 ♌ 15	2 ♋ 40	20 ♍	13 ♌	12 ♑	1 ♒	23 ♓
3	13 ♒ 13	24 ♊ 14	18 ♑ 38	19 ♑ 47	20 ♑ 6	22 ♑ 40	18 ♒ 58	28 ♈ 32	25 ♋ 52	19 ♒ 19	3 ♌ 14	2 ♋ 39	20 ♍	13 ♌	13 ♑	1 ♒	23 ♓
4	14 ♒ 14	6 ♋ 12	18 ♑ 35	19 ♑ 48	20 ♑ 28	23 ♑ 55	19 ♒ 46	28 ♈ 40	25 ♋ 47	19 ♒ 23	3 ♌ 12	2 ♋ 38	20 ♍	12 ♌	13 ♑	2 ♒	23 ♓
5	15 ♒ 15	18 ♋ 3	18 ♑ 32	19 ♑ 49	20 ♑ 56	25 ♑ 10	20 ♒ 33	28 ♈ 48	25 ♋ 43	19 ♒ 26	3 ♌ 10	2 ♋ 37	20 ♍	12 ♌	13 ♑	2 ♒	23 ♓
6	16 ♒ 16	29 ♋ 52	18 ♑ 29	19 R 48	21 ♑ 30	26 ♑ 25	21 ♒ 21	28 ♈ 56	25 ♋ 38	19 ♒ 30	3 ♌ 9	2 ♋ 37	20 ♍	12 ♌	14 ♑	3 ♒	23 ♓
7	17 ♒ 16	11 ♌ 40	18 ♑ 25	19 ♑ 47	22 ♑ 8	27 ♑ 40	22 ♒ 8	29 ♈ 5	25 ♋ 34	19 ♒ 33	3 ♌ 7	2 ♋ 36	20 ♍	11 ♌	14 ♑	3 ♒	23 ♓
8	18 ♒ 17	23 ♌ 29	18 ♑ 22	19 ♑ 43	22 ♑ 50	28 ♑ 54	22 ♒ 55	29 ♈ 14	25 ♋ 29	19 ♒ 37	3 ♌ 5	2 ♋ 35	19 ♍	11 ♌	15 ♑	4 ♒	23 ♓
9	19 ♒ 18	5 ♍ 22	18 ♑ 19	19 ♑ 39	23 ♑ 37	0 ♒ 9	23 ♒ 43	29 ♈ 22	25 ♋ 25	19 ♒ 40	3 ♌ 4	2 ♋ 34	19 ♍	11 ♌	15 ♑	4 ♒	23 ♓
10	20 ♒ 19	17 ♍ 21	18 ♑ 16	19 ♑ 33	24 ♑ 28	1 ♒ 24	24 ♒ 30	29 ♈ 31	25 ♋ 21	19 ♒ 44	3 ♌ 2	2 ♋ 33	19 ♍	11 ♌	15 ♑	5 ♒	23 ♓
11	21 ♒ 19	29 ♍ 27	18 ♑ 13	19 ♑ 27	25 ♑ 21	2 ♒ 39	25 ♒ 18	29 ♈ 41	25 ♋ 17	19 ♒ 47	3 ♌ 1	2 ♋ 33	19 ♍	10 ♌	16 ♑	5 ♒	23 ♓
12	22 ♒ 20	11 ♎ 42	18 ♑ 9	19 ♑ 22	26 ♑ 18	3 ♒ 54	26 ♒ 5	29 ♈ 50	25 ♋ 12	19 ♒ 50	2 ♌ 59	2 ♋ 32	19 ♍	10 ♌	16 ♑	6 ♒	23 ♓
13	23 ♒ 21	24 ♎ 9	18 ♑ 6	19 ♑ 17	27 ♑ 18	5 ♒ 9	26 ♒ 53	29 ♈ 59	25 ♋ 8	19 ♒ 54	2 ♌ 57	2 ♋ 31	19 ♍	10 ♌	16 ♑	6 ♒	23 ♓
14	24 ♒ 21	6 ♏ 51	18 ♑ 3	19 ♑ 14	28 ♑ 20	6 ♒ 24	27 ♒ 40	0 ♉ 9	25 ♋ 4	19 ♒ 57	2 ♌ 56	2 ♋ 30	19 ♍	9 ♌	17 ♑	7 ♒	23 ♓
15	25 ♒ 22	19 ♏ 50	18 ♑ 0	19 ♑ 12	29 ♑ 25	7 ♒ 39	28 ♒ 27	0 ♉ 18	25 ♋ 0	20 ♒ 1	2 ♌ 54	2 ♋ 30	18 ♍	9 ♌	17 ♑	7 ♒	24 ♓
16	26 ♒ 22	3 ♐ 9	17 ♑ 57	19 D 12	0 ♒ 32	8 ♒ 53	29 ♒ 15	0 ♉ 28	24 ♋ 57	20 ♒ 4	2 ♌ 53	2 ♋ 29	18 ♍	9 ♌	17 ♑	8 ♒	24 ♓
17	27 ♒ 23	16 ♐ 51	17 ♑ 54	19 ♑ 13	1 ♒ 42	10 ♒ 8	0 ♓ 2	0 ♉ 38	24 ♋ 53	20 ♒ 8	2 ♌ 51	2 ♋ 28	18 ♍	8 ♌	18 ♑	8 ♒	24 ♓
18	28 ♒ 23	0 ♑ 57	17 ♑ 50	19 ♑ 15	2 ♒ 53	11 ♒ 23	0 ♓ 50	0 ♉ 48	24 ♋ 49	20 ♒ 11	2 ♌ 50	2 ♋ 28	18 ♍	8 ♌	18 ♑	9 ♒	24 ♓
19	29 ♒ 24	15 ♑ 27	17 ♑ 47	19 ♑ 16	4 ♒ 6	12 ♒ 38	1 ♓ 37	0 ♉ 58	24 ♋ 46	20 ♒ 15	2 ♌ 48	2 ♋ 27	18 ♍	8 ♌	18 ♑	9 ♒	24 ♓
20	0 ♓ 25	0 ♒ 17	17 ♑ 44	19 R 15	5 ♒ 20	13 ♒ 53	2 ♓ 25	1 ♉ 8	24 ♋ 42	20 ♒ 18	2 ♌ 47	2 ♋ 27	17 ♍	8 ♌	19 ♑	10 ♒	24 ♓
21	1 ♓ 25	15 ♒ 22	17 ♑ 41	19 ♑ 13	6 ♒ 37	15 ♒ 8	3 ♓ 12	1 ♉ 18	24 ♋ 39	20 ♒ 22	2 ♌ 45	2 ♋ 26	17 ♍	7 ♌	19 ♑	10 ♒	24 ♓
22	2 ♓ 25	0 ♓ 34	17 ♑ 38	19 ♑ 9	7 ♒ 55	16 ♒ 23	4 ♓ 0	1 ♉ 29	24 ♋ 35	20 ♒ 25	2 ♌ 44	2 ♋ 26	17 ♍	7 ♌	19 ♑	11 ♒	24 ♓
23	3 ♓ 26	15 ♓ 42	17 ♑ 35	19 ♑ 3	9 ♒ 14	17 ♒ 37	4 ♓ 47	1 ♉ 39	24 ♋ 32	20 ♒ 28	2 ♌ 42	2 ♋ 25	17 ♍	7 ♌	20 ♑	11 ♒	24 ♓
24	4 ♓ 26	0 ♈ 36	17 ♑ 31	18 ♑ 55	10 ♒ 35	18 ♒ 52	5 ♓ 34	1 ♉ 50	24 ♋ 29	20 ♒ 32	2 ♌ 41	2 ♋ 25	17 ♍	7 ♌	20 ♑	12 ♒	24 ♓
25	5 ♓ 27	15 ♈ 9	17 ♑ 28	18 ♑ 48	11 ♒ 57	20 ♒ 7	6 ♓ 22	2 ♉ 1	24 ♋ 25	20 ♒ 35	2 ♌ 40	2 ♋ 24	16 ♍	7 ♌	20 ♑	13 ♒	24 ♓
26	6 ♓ 27	29 ♈ 14	17 ♑ 25	18 ♑ 41	13 ♒ 21	21 ♒ 22	7 ♓ 9	2 ♉ 12	24 ♋ 22	20 ♒ 39	2 ♌ 38	2 ♋ 24	16 ♍	6 ♌	21 ♑	13 ♒	24 ♓
27	7 ♓ 27	12 ♉ 50	17 ♑ 22	18 ♑ 37	14 ♒ 45	22 ♒ 37	7 ♓ 56	2 ♉ 23	24 ♋ 20	20 ♒ 42	2 ♌ 37	2 ♋ 23	16 ♍	6 ♌	21 ♑	14 ♒	24 ♓
28	8 ♓ 28	25 ♉ 57	17 ♑ 19	18 ♑ 34	16 ♒ 11	23 ♒ 51	8 ♓ 44	2 ♉ 34	24 ♋ 17	20 ♒ 45	2 ♌ 36	2 ♋ 23	16 ♍	6 ♌	21 ♑	14 ♒	24 ♓

SUN INGRESS	☉ → ♓ 19日 14:05
MOON PHASE	○ 7日 12:28 ♌ ◑ 15日 10:53 ♏ ● 22日 03:09 ♓

aspects		
3日	11:26	♂☌♅
5日	09:53	♀☍♄
8日	06:57	♀□♃
9日	09:18	☉☌♅
10日	22:04	☿☍♄
11日	06:43	♀☍♆
15日	22:11	☿□♃
17日	22:43	♂⚹♃
17日	23:00	☿☍♆
20日	01:00	♂△♇
20日	20:52	☉⚹♃
22日	00:03	☉△♇
25日	09:29	♀☌♅
27日	01:01	♃⚹♇
28日	03:35	♃□♆

1917年3月

DAY	☉	☽	☊ mean	☊ true	☿	♀	♂	♃	♄	♅	♆	♇	⚳	⚴	⚵	⚶	⚷
	° ′	° ′	° ′	° ′	° ′	° ′	° ′	° ′	° ′	° ′	° ′	° ′	°	°	°	°	°
1	9 ♓ 28	8 ♊ 38	17 ♑ 15	18 R 33	17 D 38	25 D 6	9 D 31	2 D 45	24 R 14	20 D 49	2 R 34	2 R 22	15 R	6 R	22 D	15 D	24 D
2	10 ♓ 28	20 ♊ 59	17 ♑ 12	18 D 33	19 ♒ 7	26 ♒ 21	10 ♓ 18	2 ♉ 56	24 ♋ 11	20 ♒ 52	2 ♌ 33	2 ♋ 22	15 ♍	6 ♌	22 ♑	15 ♒	24 ♓
3	11 ♓ 28	3 ♋ 4	17 ♑ 9	18 ♑ 35	20 ♒ 36	27 ♒ 36	11 ♓ 6	3 ♉ 8	24 ♋ 9	20 ♒ 55	2 ♌ 32	2 ♋ 22	15 ♍	6 ♌	22 ♑	16 ♒	24 ♓
4	12 ♓ 28	14 ♋ 57	17 ♑ 6	18 ♑ 35	22 ♒ 7	28 ♒ 51	11 ♓ 53	3 ♉ 19	24 ♋ 6	20 ♒ 59	2 ♌ 31	2 ♋ 21	15 ♍	5 ♌	23 ♑	16 ♒	25 ♓
5	13 ♓ 28	26 ♋ 45	17 ♑ 3	18 R 35	23 ♒ 39	0 ♓ 5	12 ♓ 40	3 ♉ 31	24 ♋ 4	21 ♒ 2	2 ♌ 29	2 ♋ 21	15 ♍	5 ♌	23 ♑	17 ♒	25 ♓
6	14 ♓ 28	8 ♌ 32	17 ♑ 0	18 ♑ 33	25 ♒ 12	1 ♓ 20	13 ♓ 27	3 ♉ 42	24 ♋ 2	21 ♒ 5	2 ♌ 28	2 ♋ 21	14 ♍	5 ♌	23 ♑	17 ♒	25 ♓
7	15 ♓ 28	20 ♌ 21	16 ♑ 56	18 ♑ 28	26 ♒ 46	2 ♓ 35	14 ♓ 15	3 ♉ 54	24 ♋ 0	21 ♒ 9	2 ♌ 27	2 ♋ 21	14 ♍	5 ♌	24 ♑	18 ♒	25 ♓
8	16 ♓ 28	2 ♍ 14	16 ♑ 53	18 ♑ 21	28 ♒ 21	3 ♓ 49	15 ♓ 2	4 ♉ 6	23 ♋ 57	21 ♒ 12	2 ♌ 26	2 ♋ 20	14 ♍	5 ♌	24 ♑	18 ♒	25 ♓
9	17 ♓ 28	14 ♍ 15	16 ♑ 50	18 ♑ 11	29 ♒ 57	5 ♓ 4	15 ♓ 49	4 ♉ 18	23 ♋ 56	21 ♒ 15	2 ♌ 25	2 ♋ 20	14 ♍	5 ♌	24 ♑	19 ♒	25 ♓
10	18 ♓ 28	26 ♍ 25	16 ♑ 47	18 ♑ 0	1 ♓ 35	6 ♓ 19	16 ♓ 36	4 ♉ 30	23 ♋ 54	21 ♒ 18	2 ♌ 24	2 ♋ 20	13 ♍	5 ♌	25 ♑	19 ♒	25 ♓
11	19 ♓ 28	8 ♎ 44	16 ♑ 44	17 ♑ 48	3 ♓ 13	7 ♓ 34	17 ♓ 23	4 ♉ 42	23 ♋ 52	21 ♒ 21	2 ♌ 23	2 ♋ 20	13 ♍	5 ♌	25 ♑	20 ♒	25 ♓
12	20 ♓ 28	21 ♎ 13	16 ♑ 41	17 ♑ 37	4 ♓ 53	8 ♓ 48	18 ♓ 10	4 ♉ 54	23 ♋ 50	21 ♒ 24	2 ♌ 22	2 ♋ 20	13 ♍	5 ♌	25 ♑	20 ♒	25 ♓
13	21 ♓ 28	3 ♏ 53	16 ♑ 37	17 ♑ 27	6 ♓ 34	10 ♓ 3	18 ♓ 58	5 ♉ 6	23 ♋ 49	21 ♒ 28	2 ♌ 21	2 ♋ 20	13 ♍	5 ♌	26 ♑	21 ♒	25 ♓
14	22 ♓ 28	16 ♏ 45	16 ♑ 34	17 ♑ 19	8 ♓ 16	11 ♓ 18	19 ♓ 45	5 ♉ 18	23 ♋ 47	21 ♒ 31	2 ♌ 20	2 ♋ 19	12 ♍	5 ♌	26 ♑	21 ♒	25 ♓
15	23 ♓ 28	29 ♏ 50	16 ♑ 31	17 ♑ 15	9 ♓ 59	12 ♓ 32	20 ♓ 32	5 ♉ 31	23 ♋ 46	21 ♒ 34	2 ♌ 19	2 ♋ 19	12 ♍	5 ♌	26 ♑	22 ♒	25 ♓
16	24 ♓ 27	13 ♐ 9	16 ♑ 28	17 ♑ 12	11 ♓ 44	13 ♓ 47	21 ♓ 19	5 ♉ 43	23 ♋ 45	21 ♒ 37	2 ♌ 18	2 ♋ 19	12 ♍	5 ♌	27 ♑	22 ♒	25 ♓
17	25 ♓ 27	26 ♐ 45	16 ♑ 25	17 D 12	13 ♓ 29	15 ♓ 1	22 ♓ 6	5 ♉ 56	23 ♋ 44	21 ♒ 40	2 ♌ 17	2 ♋ 19	12 ♍	5 D	27 ♑	23 ♒	25 ♓
18	26 ♓ 27	10 ♑ 39	16 ♑ 21	17 ♑ 12	15 ♓ 16	16 ♓ 16	22 ♓ 53	6 ♉ 8	23 ♋ 43	21 ♒ 43	2 ♌ 16	2 D 19	12 ♍	5 ♌	27 ♑	23 ♒	25 ♓
19	27 ♓ 26	24 ♑ 52	16 ♑ 18	17 R 12	17 ♓ 4	17 ♓ 31	23 ♓ 40	6 ♉ 21	23 ♋ 42	21 ♒ 46	2 ♌ 15	2 ♋ 19	11 ♍	5 ♌	28 ♑	24 ♒	25 ♓
20	28 ♓ 26	9 ♒ 22	16 ♑ 15	17 ♑ 10	18 ♓ 54	18 ♓ 45	24 ♓ 27	6 ♉ 34	23 ♋ 41	21 ♒ 49	2 ♌ 15	2 ♋ 19	11 ♍	5 ♌	28 ♑	24 ♒	25 ♓
21	29 ♓ 26	24 ♒ 6	16 ♑ 12	17 ♑ 6	20 ♓ 44	20 ♓ 0	25 ♓ 14	6 ♉ 46	23 ♋ 40	21 ♒ 52	2 ♌ 14	2 ♋ 19	11 ♍	5 ♌	28 ♑	25 ♒	26 ♓
22	0 ♈ 25	8 ♓ 59	16 ♑ 9	16 ♑ 59	22 ♓ 36	21 ♓ 15	26 ♓ 0	6 ♉ 59	23 ♋ 40	21 ♒ 55	2 ♌ 13	2 ♋ 20	11 ♍	5 ♌	28 ♑	25 ♒	26 ♓
23	1 ♈ 25	23 ♓ 53	16 ♑ 6	16 ♑ 49	24 ♓ 29	22 ♓ 29	26 ♓ 47	7 ♉ 12	23 ♋ 39	21 ♒ 58	2 ♌ 12	2 ♋ 20	11 ♍	5 ♌	29 ♑	25 ♒	26 ♓
24	2 ♈ 24	8 ♈ 39	16 ♑ 2	16 ♑ 38	26 ♓ 24	23 ♓ 44	27 ♓ 34	7 ♉ 25	23 ♋ 39	22 ♒ 0	2 ♌ 12	2 ♋ 20	10 ♍	5 ♌	29 ♑	26 ♒	26 ♓
25	3 ♈ 24	23 ♈ 8	15 ♑ 59	16 ♑ 27	28 ♓ 19	24 ♓ 58	28 ♓ 21	7 ♉ 38	23 ♋ 39	22 ♒ 3	2 ♌ 11	2 ♋ 20	10 ♍	5 ♌	29 ♑	26 ♒	26 ♓
26	4 ♈ 23	7 ♉ 14	15 ♑ 56	16 ♑ 16	0 ♈ 16	26 ♓ 13	29 ♓ 8	7 ♉ 51	23 ♋ 39	22 ♒ 6	2 ♌ 10	2 ♋ 20	10 ♍	5 ♌	0 ♒	27 ♒	26 ♓
27	5 ♈ 23	20 ♉ 53	15 ♑ 53	16 ♑ 7	2 ♈ 14	27 ♓ 27	29 ♓ 54	8 ♉ 4	23 D 39	22 ♒ 9	2 ♌ 10	2 ♋ 20	10 ♍	5 ♌	0 ♒	27 ♒	26 ♓
28	6 ♈ 22	4 ♊ 5	15 ♑ 50	16 ♑ 1	4 ♈ 13	28 ♓ 42	0 ♈ 41	8 ♉ 17	23 ♋ 39	22 ♒ 12	2 ♌ 9	2 ♋ 21	10 ♍	5 ♌	0 ♒	28 ♒	26 ♓
29	7 ♈ 21	16 ♊ 51	15 ♑ 46	15 ♑ 58	6 ♈ 14	29 ♓ 56	1 ♈ 28	8 ♉ 31	23 ♋ 39	22 ♒ 14	2 ♌ 9	2 ♋ 21	10 ♍	5 ♌	1 ♒	28 ♒	26 ♓
30	8 ♈ 21	29 ♊ 15	15 ♑ 43	15 ♑ 56	8 ♈ 15	1 ♈ 11	2 ♈ 14	8 ♉ 44	23 ♋ 39	22 ♒ 17	2 ♌ 8	2 ♋ 21	9 ♍	5 ♌	1 ♒	29 ♒	26 ♓
31	9 ♈ 20	11 ♋ 21	15 ♑ 40	15 D 56	10 ♈ 17	2 ♈ 25	3 ♈ 1	8 ♉ 57	23 ♋ 40	22 ♒ 20	2 ♌ 8	2 ♋ 21	9 ♍	6 ♌	1 ♒	29 ♒	26 ♓

SUN INGRESS: ☉ → ♈ 21日 13:37

MOON PHASE: ◐ 1日 01:43 ♊ ○ 9日 06:58 ♍ ◑ 16日 21:33 ♐ ● 23日 13:05 ♈ ◐ 30日 19:36 ♋

aspects		
1日	06:08	☉☌♂
3日	05:16	☿☌♅
6日	19:28	♀△♇
8日	06:14	♀⚹♃
10日	11:02	☿△♇
12日	00:13	☿⚹♃
15日	07:15	☉△♄
19日	01:05	♂△♄
19日	18:16	☿☌♀
22日	13:27	☿△♄
23日	18:55	☉△♆
23日	22:10	☉□♇
23日	22:30	♀△♄
25日	00:30	☿☌♂
26日	23:06	☿△♆
27日	01:15	☿□♇
29日	20:53	♂△♆
30日	02:16	☉☌☿
30日	03:33	♂□♇
30日	18:22	♀△♆
30日	22:45	♀□♇

1917年4月

DAY	☉	☽	☊ mean	☊ true	☿	♀	♂	♃	♄	♅	♆	♇	⚳	⚴	⚵	⚶	⚷
	° ′	° ′	° ′	° ′	° ′	° ′	° ′	° ′	° ′	° ′	° ′	° ′	°	°	°	°	°
1	10 ♈ 19	23 ♋ 16	15 ♑ 37	15 R 56	12 D 20	3 D 40	3 D 47	9 D 11	23 D 40	22 D 22	2 R 7	2 D 22	9 R	6 D	1 D	0 D	26 D
2	11 ♈ 18	5 ♌ 5	15 ♑ 34	15 ♑ 55	14 ♈ 23	4 ♈ 54	4 ♈ 34	9 ♉ 24	23 ♋ 41	22 ♒ 25	2 ♌ 7	2 ♋ 22	9 ♍	6 ♌	2 ♒	0 ♓	26 ♓
3	12 ♈ 17	16 ♌ 53	15 ♑ 31	15 ♑ 52	16 ♈ 27	6 ♈ 9	5 ♈ 20	9 ♉ 38	23 ♋ 42	22 ♒ 27	2 ♌ 7	2 ♋ 23	9 ♍	6 ♌	2 ♒	1 ♓	26 ♓
4	13 ♈ 17	28 ♌ 44	15 ♑ 27	15 ♑ 46	18 ♈ 31	7 ♈ 23	6 ♈ 7	9 ♉ 51	23 ♋ 43	22 ♒ 30	2 ♌ 6	2 ♋ 23	9 ♍	6 ♌	2 ♒	1 ♓	26 ♓
5	14 ♈ 16	10 ♍ 43	15 ♑ 24	15 ♑ 38	20 ♈ 35	8 ♈ 37	6 ♈ 53	10 ♉ 5	23 ♋ 44	22 ♒ 32	2 ♌ 6	2 ♋ 23	9 ♍	6 ♌	2 ♒	2 ♓	26 ♓
6	15 ♈ 15	22 ♍ 52	15 ♑ 21	15 ♑ 27	22 ♈ 39	9 ♈ 52	7 ♈ 40	10 ♉ 18	23 ♋ 45	22 ♒ 35	2 ♌ 6	2 ♋ 24	8 ♍	6 ♌	3 ♒	2 ♓	26 ♓
7	16 ♈ 14	5 ♎ 13	15 ♑ 18	15 ♑ 14	24 ♈ 42	11 ♈ 6	8 ♈ 26	10 ♉ 32	23 ♋ 46	22 ♒ 37	2 ♌ 5	2 ♋ 24	8 ♍	7 ♌	3 ♒	3 ♓	27 ♓
8	17 ♈ 13	17 ♎ 47	15 ♑ 15	15 ♑ 0	26 ♈ 45	12 ♈ 20	9 ♈ 12	10 ♉ 46	23 ♋ 47	22 ♒ 40	2 ♌ 5	2 ♋ 25	8 ♍	7 ♌	3 ♒	3 ♓	27 ♓
9	18 ♈ 12	0 ♏ 35	15 ♑ 12	14 ♑ 47	28 ♈ 46	13 ♈ 35	9 ♈ 58	10 ♉ 59	23 ♋ 49	22 ♒ 42	2 ♌ 5	2 ♋ 25	8 ♍	7 ♌	4 ♒	4 ♓	27 ♓
10	19 ♈ 10	13 ♏ 34	15 ♑ 8	14 ♑ 35	0 ♉ 46	14 ♈ 49	10 ♈ 45	11 ♉ 13	23 ♋ 50	22 ♒ 44	2 ♌ 5	2 ♋ 26	8 ♍	7 ♌	4 ♒	4 ♓	27 ♓
11	20 ♈ 9	26 ♏ 45	15 ♑ 5	14 ♑ 26	2 ♉ 43	16 ♈ 3	11 ♈ 31	11 ♉ 27	23 ♋ 52	22 ♒ 46	2 ♌ 5	2 ♋ 26	8 ♍	7 ♌	4 ♒	5 ♓	27 ♓
12	21 ♈ 8	10 ♐ 7	15 ♑ 2	14 ♑ 20	4 ♉ 39	17 ♈ 18	12 ♈ 17	11 ♉ 41	23 ♋ 54	22 ♒ 49	2 ♌ 5	2 ♋ 27	8 ♍	8 ♌	4 ♒	5 ♓	27 ♓
13	22 ♈ 7	23 ♐ 39	14 ♑ 59	14 ♑ 17	6 ♉ 31	18 ♈ 32	13 ♈ 3	11 ♉ 55	23 ♋ 56	22 ♒ 51	2 ♌ 5	2 ♋ 27	8 ♍	8 ♌	5 ♒	5 ♓	27 ♓
14	23 ♈ 6	7 ♑ 22	14 ♑ 56	14 ♑ 15	8 ♉ 21	19 ♈ 46	13 ♈ 49	12 ♉ 9	23 ♋ 58	22 ♒ 53	2 D 5	2 ♋ 28	8 ♍	8 ♌	5 ♒	6 ♓	27 ♓
15	24 ♈ 4	21 ♑ 15	14 ♑ 52	14 D 15	10 ♉ 8	21 ♈ 1	14 ♈ 35	12 ♉ 22	24 ♋ 0	22 ♒ 55	2 ♌ 5	2 ♋ 29	8 ♍	8 ♌	5 ♒	6 ♓	27 ♓
16	25 ♈ 3	5 ♒ 20	14 ♑ 49	14 R 15	11 ♉ 51	22 ♈ 15	15 ♈ 21	12 ♉ 36	24 ♋ 2	22 ♒ 57	2 ♌ 5	2 ♋ 29	8 ♍	8 ♌	5 ♒	7 ♓	27 ♓
17	26 ♈ 2	19 ♒ 34	14 ♑ 46	14 ♑ 14	13 ♉ 30	23 ♈ 29	16 ♈ 7	12 ♉ 50	24 ♋ 4	22 ♒ 59	2 ♌ 5	2 ♋ 30	8 ♍	9 ♌	6 ♒	7 ♓	27 ♓
18	27 ♈ 1	3 ♓ 57	14 ♑ 43	14 ♑ 10	15 ♉ 5	24 ♈ 43	16 ♈ 53	13 ♉ 4	24 ♋ 7	23 ♒ 1	2 ♌ 5	2 ♋ 31	8 ♍	9 ♌	6 ♒	8 ♓	27 ♓
19	27 ♈ 59	18 ♓ 25	14 ♑ 40	14 ♑ 3	16 ♉ 36	25 ♈ 58	17 ♈ 39	13 ♉ 18	24 ♋ 9	23 ♒ 3	2 ♌ 5	2 ♋ 31	8 ♍	9 ♌	6 ♒	8 ♓	27 ♓
20	28 ♈ 58	2 ♈ 54	14 ♑ 37	13 ♑ 54	18 ♉ 2	27 ♈ 12	18 ♈ 25	13 ♉ 32	24 ♋ 12	23 ♒ 5	2 ♌ 5	2 ♋ 32	8 ♍	9 ♌	6 ♒	9 ♓	27 ♓
21	29 ♈ 56	17 ♈ 17	14 ♑ 33	13 ♑ 43	19 ♉ 24	28 ♈ 26	19 ♈ 10	13 ♉ 47	24 ♋ 14	23 ♒ 7	2 ♌ 6	2 ♋ 33	8 ♍	10 ♌	7 ♒	9 ♓	27 ♓
22	0 ♉ 55	1 ♉ 27	14 ♑ 30	13 ♑ 31	20 ♉ 41	29 ♈ 40	19 ♈ 56	14 ♉ 1	24 ♋ 17	23 ♒ 8	2 ♌ 6	2 ♋ 34	8 D	10 ♌	7 ♒	10 ♓	27 ♓
23	1 ♉ 53	15 ♉ 20	14 ♑ 27	13 ♑ 21	21 ♉ 53	0 ♉ 54	20 ♈ 42	14 ♉ 15	24 ♋ 20	23 ♒ 10	2 ♌ 6	2 ♋ 34	8 ♍	10 ♌	7 ♒	10 ♓	27 ♓
24	2 ♉ 52	28 ♉ 51	14 ♑ 24	13 ♑ 12	23 ♉ 0	2 ♉ 8	21 ♈ 27	14 ♉ 29	24 ♋ 23	23 ♒ 12	2 ♌ 7	2 ♋ 35	8 ♍	10 ♌	7 ♒	10 ♓	27 ♓
25	3 ♉ 50	11 ♊ 58	14 ♑ 21	13 ♑ 6	24 ♉ 2	3 ♉ 23	22 ♈ 13	14 ♉ 43	24 ♋ 26	23 ♒ 14	2 ♌ 7	2 ♋ 36	8 ♍	11 ♌	7 ♒	11 ♓	27 ♓
26	4 ♉ 49	24 ♊ 43	14 ♑ 18	13 ♑ 2	24 ♉ 58	4 ♉ 37	22 ♈ 58	14 ♉ 57	24 ♋ 29	23 ♒ 15	2 ♌ 7	2 ♋ 37	8 ♍	11 ♌	8 ♒	11 ♓	28 ♓
27	5 ♉ 47	7 ♋ 8	14 ♑ 14	13 ♑ 0	25 ♉ 50	5 ♉ 51	23 ♈ 44	15 ♉ 11	24 ♋ 32	23 ♒ 17	2 ♌ 8	2 ♋ 38	8 ♍	11 ♌	8 ♒	12 ♓	28 ♓
28	6 ♉ 45	19 ♋ 16	14 ♑ 11	13 D 0	26 ♉ 36	7 ♉ 5	24 ♈ 29	15 ♉ 26	24 ♋ 36	23 ♒ 18	2 ♌ 8	2 ♋ 39	8 ♍	11 ♌	8 ♒	12 ♓	28 ♓
29	7 ♉ 44	1 ♌ 13	14 ♑ 8	13 ♑ 1	27 ♉ 17	8 ♉ 19	25 ♈ 15	15 ♉ 40	24 ♋ 39	23 ♒ 20	2 ♌ 9	2 ♋ 40	8 ♍	12 ♌	8 ♒	13 ♓	28 ♓
30	8 ♉ 42	13 ♌ 4	14 ♑ 5	13 R 1	27 ♉ 52	9 ♉ 33	26 ♈ 0	15 ♉ 54	24 ♋ 43	23 ♒ 21	2 ♌ 9	2 ♋ 41	8 ♍	12 ♌	8 ♒	13 ♓	28 ♓

SUN INGRESS: ☉ → ♉ 21日 01:17

MOON PHASE: ○ 7日 22:48 ♎ ◑ 15日 05:12 ♑ ● 21日 23:01 ♉ ◐ 29日 14:21 ♌

aspects		
1日	06:35	♀☌♂
5日	23:08	☿⚹♅
6日	12:55	☿□♄
10日	16:07	☿□♆
10日	20:29	☿⚹♇
13日	18:34	☉⚹♅
14日	21:58	☉□♄
16日	12:42	☿☌♃
16日	14:01	♀⚹♅
17日	11:42	♀□♄
23日	05:17	☉□♆
23日	17:04	☉⚹♇
23日	23:24	♀□♆
24日	04:41	☿□♅
24日	08:47	♀⚹♇
25日	10:34	☿⚹♄
26日	09:13	♂⚹♅
26日	18:26	☉☌♀
28日	03:41	♂□♄

1917年5月

DAY	☉	☽	☊ mean	☊ true	☿	♀	♂	♃	♄	♅	♆	♇	⚳	⚴	⚵	⚶	⚷
	° ′	° ′	° ′	° ′	° ′	° ′	° ′	° ′	° ′	° ′	° ′	° ′	°	°	°	°	°
1	9 ♉ 40	24 ♌ 53	14 ♑ 2	12 R 59	28 D 22	10 D 47	26 D 45	16 D 8	24 D 46	23 D 23	2 D 10	2 D 41	8 D	12 D	9 D	14 D	28 D
2	10 ♉ 39	6 ♍ 47	13 ♑ 58	12 ♑ 56	28 ♉ 46	12 ♉ 1	27 ♈ 31	16 ♉ 22	24 ♋ 50	23 ♒ 24	2 ♌ 10	2 ♋ 42	8 ♍	12 ♌	9 ♒	14 ♓	28 ♓
3	11 ♉ 37	18 ♍ 50	13 ♑ 55	12 ♑ 50	29 ♉ 5	13 ♉ 15	28 ♈ 16	16 ♉ 37	24 ♋ 54	23 ♒ 25	2 ♌ 11	2 ♋ 43	8 ♍	13 ♌	9 ♒	14 ♓	28 ♓
4	12 ♉ 35	1 ♎ 5	13 ♑ 52	12 ♑ 43	29 ♉ 18	14 ♉ 29	29 ♈ 1	16 ♉ 51	24 ♋ 58	23 ♒ 27	2 ♌ 12	2 ♋ 44	8 ♍	13 ♌	9 ♒	15 ♓	28 ♓
5	13 ♉ 33	13 ♎ 36	13 ♑ 49	12 ♑ 33	29 ♉ 27	15 ♉ 43	29 ♈ 46	17 ♉ 5	25 ♋ 2	23 ♒ 28	2 ♌ 12	2 ♋ 45	8 ♍	13 ♌	9 ♒	15 ♓	28 ♓
6	14 ♉ 31	26 ♎ 24	13 ♑ 46	12 ♑ 23	29 ♉ 29	16 ♉ 57	0 ♉ 31	17 ♉ 19	25 ♋ 6	23 ♒ 29	2 ♌ 13	2 ♋ 46	8 ♍	14 ♌	10 ♒	16 ♓	28 ♓
7	15 ♉ 29	9 ♏ 29	13 ♑ 43	12 ♑ 13	29 R 27	18 ♉ 11	1 ♉ 16	17 ♉ 34	25 ♋ 10	23 ♒ 30	2 ♌ 14	2 ♋ 47	8 ♍	14 ♌	10 ♒	16 ♓	28 ♓
8	16 ♉ 27	22 ♏ 49	13 ♑ 39	12 ♑ 4	29 ♉ 20	19 ♉ 25	2 ♉ 1	17 ♉ 48	25 ♋ 14	23 ♒ 31	2 ♌ 15	2 ♋ 49	9 ♍	14 ♌	10 ♒	16 ♓	28 ♓
9	17 ♉ 25	6 ♐ 24	13 ♑ 36	11 ♑ 58	29 ♉ 8	20 ♉ 39	2 ♉ 46	18 ♉ 2	25 ♋ 19	23 ♒ 32	2 ♌ 16	2 ♋ 50	9 ♍	15 ♌	10 ♒	17 ♓	28 ♓
10	18 ♉ 23	20 ♐ 9	13 ♑ 33	11 ♑ 53	28 ♉ 51	21 ♉ 53	3 ♉ 31	18 ♉ 16	25 ♋ 23	23 ♒ 33	2 ♌ 16	2 ♋ 51	9 ♍	15 ♌	10 ♒	17 ♓	28 ♓
11	19 ♉ 21	4 ♑ 4	13 ♑ 30	11 ♑ 51	28 ♉ 31	23 ♉ 7	4 ♉ 15	18 ♉ 31	25 ♋ 28	23 ♒ 34	2 ♌ 17	2 ♋ 52	9 ♍	15 ♌	10 ♒	18 ♓	28 ♓
12	20 ♉ 19	18 ♑ 5	13 ♑ 27	11 D 51	28 ♉ 6	24 ♉ 21	5 ♉ 0	18 ♉ 45	25 ♋ 32	23 ♒ 35	2 ♌ 18	2 ♋ 53	9 ♍	16 ♌	11 ♒	18 ♓	28 ♓
13	21 ♉ 17	2 ♒ 10	13 ♑ 24	11 ♑ 52	27 ♉ 39	25 ♉ 34	5 ♉ 45	18 ♉ 59	25 ♋ 37	23 ♒ 36	2 ♌ 19	2 ♋ 54	9 ♍	16 ♌	11 ♒	19 ♓	28 ♓
14	22 ♉ 15	16 ♒ 19	13 ♑ 20	11 ♑ 53	27 ♉ 9	26 ♉ 48	6 ♉ 29	19 ♉ 13	25 ♋ 42	23 ♒ 37	2 ♌ 20	2 ♋ 55	9 ♍	16 ♌	11 ♒	19 ♓	28 ♓
15	23 ♉ 13	0 ♓ 29	13 ♑ 17	11 R 53	26 ♉ 37	28 ♉ 2	7 ♉ 14	19 ♉ 28	25 ♋ 47	23 ♒ 37	2 ♌ 21	2 ♋ 56	9 ♍	16 ♌	11 ♒	19 ♓	28 ♓
16	24 ♉ 10	14 ♓ 39	13 ♑ 14	11 ♑ 51	26 ♉ 3	29 ♉ 16	7 ♉ 58	19 ♉ 42	25 ♋ 52	23 ♒ 38	2 ♌ 22	2 ♋ 58	10 ♍	17 ♌	11 ♒	20 ♓	28 ♓
17	25 ♉ 8	28 ♓ 47	13 ♑ 11	11 ♑ 48	25 ♉ 28	0 ♊ 30	8 ♉ 43	19 ♉ 56	25 ♋ 57	23 ♒ 39	2 ♌ 23	2 ♋ 59	10 ♍	17 ♌	11 ♒	20 ♓	28 ♓
18	26 ♉ 6	12 ♈ 50	13 ♑ 8	11 ♑ 42	24 ♉ 53	1 ♊ 44	9 ♉ 27	20 ♉ 10	26 ♋ 2	23 ♒ 39	2 ♌ 24	3 ♋ 0	10 ♍	17 ♌	11 ♒	21 ♓	29 ♓
19	27 ♉ 4	26 ♈ 45	13 ♑ 4	11 ♑ 35	24 ♉ 18	2 ♊ 57	10 ♉ 12	20 ♉ 24	26 ♋ 7	23 ♒ 40	2 ♌ 25	3 ♋ 1	10 ♍	18 ♌	12 ♒	21 ♓	29 ♓
20	28 ♉ 2	10 ♉ 29	13 ♑ 1	11 ♑ 28	23 ♉ 44	4 ♊ 11	10 ♉ 56	20 ♉ 39	26 ♋ 12	23 ♒ 40	2 ♌ 27	3 ♋ 2	10 ♍	18 ♌	12 ♒	21 ♓	29 ♓
21	28 ♉ 59	23 ♉ 58	12 ♑ 58	11 ♑ 21	23 ♉ 12	5 ♊ 25	11 ♉ 40	20 ♉ 53	26 ♋ 17	23 ♒ 41	2 ♌ 28	3 ♋ 4	10 ♍	19 ♌	12 ♒	22 ♓	29 ♓
22	29 ♉ 57	7 ♊ 11	12 ♑ 55	11 ♑ 16	22 ♉ 41	6 ♊ 39	12 ♉ 25	21 ♉ 7	26 ♋ 23	23 ♒ 41	2 ♌ 29	3 ♋ 5	11 ♍	19 ♌	12 ♒	22 ♓	29 ♓
23	0 ♊ 55	20 ♊ 5	12 ♑ 52	11 ♑ 12	22 ♉ 13	7 ♊ 53	13 ♉ 9	21 ♉ 21	26 ♋ 28	23 ♒ 42	2 ♌ 30	3 ♋ 6	11 ♍	19 ♌	12 ♒	23 ♓	29 ♓
24	1 ♊ 53	2 ♋ 41	12 ♑ 49	11 ♑ 10	21 ♉ 48	9 ♊ 6	13 ♉ 53	21 ♉ 35	26 ♋ 34	23 ♒ 42	2 ♌ 31	3 ♋ 7	11 ♍	20 ♌	12 ♒	23 ♓	29 ♓
25	2 ♊ 50	15 ♋ 2	12 ♑ 45	11 D 10	21 ♉ 26	10 ♊ 20	14 ♉ 37	21 ♉ 49	26 ♋ 39	23 ♒ 42	2 ♌ 33	3 ♋ 9	11 ♍	20 ♌	12 ♒	23 ♓	29 ♓
26	3 ♊ 48	27 ♋ 8	12 ♑ 42	11 ♑ 10	21 ♉ 7	11 ♊ 34	15 ♉ 21	22 ♉ 3	26 ♋ 45	23 ♒ 42	2 ♌ 34	3 ♋ 10	11 ♍	20 ♌	12 ♒	24 ♓	29 ♓
27	4 ♊ 45	9 ♌ 5	12 ♑ 39	11 ♑ 12	20 ♉ 53	12 ♊ 48	16 ♉ 5	22 ♉ 17	26 ♋ 50	23 ♒ 42	2 ♌ 35	3 ♋ 11	12 ♍	21 ♌	12 ♒	24 ♓	29 ♓
28	5 ♊ 43	20 ♌ 57	12 ♑ 36	11 ♑ 14	20 ♉ 43	14 ♊ 1	16 ♉ 49	22 ♉ 31	26 ♋ 56	23 ♒ 43	2 ♌ 37	3 ♋ 13	12 ♍	21 ♌	12 ♒	24 ♓	29 ♓
29	6 ♊ 41	2 ♍ 47	12 ♑ 33	11 ♑ 15	20 ♉ 37	15 ♊ 15	17 ♉ 32	22 ♉ 45	27 ♋ 2	23 ♒ 43	2 ♌ 38	3 ♋ 14	12 ♍	21 ♌	13 ♒	25 ♓	29 ♓
30	7 ♊ 38	14 ♍ 42	12 ♑ 30	11 R 14	20 D 35	16 ♊ 29	18 ♉ 16	22 ♉ 59	27 ♋ 8	23 R 43	2 ♌ 40	3 ♋ 15	12 ♍	22 ♌	13 ♒	25 ♓	29 ♓
31	8 ♊ 36	26 ♍ 46	12 ♑ 26	11 ♑ 13	20 ♉ 38	17 ♊ 43	19 ♉ 0	23 ♉ 13	27 ♋ 14	23 ♒ 43	2 ♌ 41	3 ♋ 17	12 ♍	22 ♌	13 ♒	26 ♓	29 ♓

SUN INGRESS: ☉ → ♊ 22日 00:59

MOON PHASE: ○ 7日 11:43 ♏ ◑ 14日 10:48 ♒ ● 21日 09:46 ♉ ◐ 29日 08:33 ♍

aspects		
6日	08:59	♀☌♃
8日	07:32	♂□♆
9日	02:08	♂⚹♇
9日	20:17	☉☌♃
11日	09:03	♀□♅
13日	00:54	♀⚹♄
14日	04:42	☿☌♀
15日	10:24	☉□♅
16日	06:55	☿⚹♄
17日	05:07	☉☌☿
17日	21:55	☉⚹♄
18日	13:23	♀⚹♆
20日	02:41	☿□♅
24日	08:05	☿☌♃
24日	16:32	☉⚹♆

1917年6月

DAY	☉	☽	☊ mean	☊ true	☿	♀	♂	♃	♄	♅	♆	♇	⚳	⚴	⚵	⚶	⚷
	° ′	° ′	° ′	° ′	° ′	° ′	° ′	° ′	° ′	° ′	° ′	° ′	°	°	°	°	°
1	9 ♊ 33	9 ♎ 4	12 ♑ 23	11 R 10	20 D 45	18 D 56	19 D 44	23 D 27	27 D 20	23 R 42	2 D 42	3 D 18	13 D	22 D	13 D	26 D	29 D
2	10 ♊ 31	21 ♎ 39	12 ♑ 20	11 ♑ 6	20 ♉ 57	20 ♊ 10	20 ♉ 27	23 ♉ 41	27 ♋ 26	23 ♒ 42	2 ♌ 44	3 ♋ 19	13 ♍	23 ♌	13 ♒	26 ♓	29 ♓
3	11 ♊ 28	4 ♏ 34	12 ♑ 17	11 ♑ 2	21 ♉ 13	21 ♊ 23	21 ♉ 11	23 ♉ 55	27 ♋ 32	23 ♒ 42	2 ♌ 45	3 ♋ 21	13 ♍	23 ♌	13 ♒	27 ♓	29 ♓
4	12 ♊ 25	17 ♏ 50	12 ♑ 14	10 ♑ 57	21 ♉ 33	22 ♊ 37	21 ♉ 54	24 ♉ 9	27 ♋ 38	23 ♒ 42	2 ♌ 47	3 ♋ 22	13 ♍	24 ♌	13 ♒	27 ♓	29 ♓
5	13 ♊ 23	1 ♐ 27	12 ♑ 10	10 ♑ 53	21 ♉ 58	23 ♊ 51	22 ♉ 38	24 ♉ 23	27 ♋ 45	23 ♒ 42	2 ♌ 49	3 ♋ 24	14 ♍	24 ♌	13 ♒	27 ♓	29 ♓
6	14 ♊ 20	15 ♐ 22	12 ♑ 7	10 ♑ 50	22 ♉ 28	25 ♊ 4	23 ♉ 21	24 ♉ 37	27 ♋ 51	23 ♒ 41	2 ♌ 50	3 ♋ 25	14 ♍	24 ♌	13 ♒	28 ♓	29 ♓
7	15 ♊ 18	29 ♐ 33	12 ♑ 4	10 ♑ 49	23 ♉ 1	26 ♊ 18	24 ♉ 4	24 ♉ 50	27 ♋ 57	23 ♒ 41	2 ♌ 52	3 ♋ 26	14 ♍	25 ♌	13 ♒	28 ♓	29 ♓
8	16 ♊ 15	13 ♑ 53	12 ♑ 1	10 D 48	23 ♉ 39	27 ♊ 32	24 ♉ 48	25 ♉ 4	28 ♋ 4	23 ♒ 40	2 ♌ 53	3 ♋ 28	14 ♍	25 ♌	13 ♒	28 ♓	29 ♓
9	17 ♊ 12	28 ♑ 20	11 ♑ 58	10 ♑ 49	24 ♉ 20	28 ♊ 45	25 ♉ 31	25 ♉ 18	28 ♋ 10	23 ♒ 40	2 ♌ 55	3 ♋ 29	15 ♍	25 ♌	13 ♒	29 ♓	29 ♓
10	18 ♊ 10	12 ♒ 47	11 ♑ 55	10 ♑ 50	25 ♉ 6	29 ♊ 59	26 ♉ 14	25 ♉ 31	28 ♋ 17	23 ♒ 39	2 ♌ 57	3 ♋ 31	15 ♍	26 ♌	13 ♒	29 ♓	29 ♓
11	19 ♊ 7	27 ♒ 11	11 ♑ 51	10 ♑ 51	25 ♉ 56	1 ♋ 12	26 ♉ 57	25 ♉ 45	28 ♋ 23	23 ♒ 39	2 ♌ 58	3 ♋ 32	15 ♍	26 ♌	13 R	29 ♓	29 ♓
12	20 ♊ 4	11 ♓ 28	11 ♑ 48	10 ♑ 52	26 ♉ 49	2 ♋ 26	27 ♉ 40	25 ♉ 59	28 ♋ 30	23 ♒ 38	3 ♌ 0	3 ♋ 33	15 ♍	27 ♌	13 ♒	0 ♈	29 ♓
13	21 ♊ 2	25 ♓ 36	11 ♑ 45	10 R 53	27 ♉ 46	3 ♋ 39	28 ♉ 23	26 ♉ 12	28 ♋ 36	23 ♒ 38	3 ♌ 2	3 ♋ 35	16 ♍	27 ♌	13 ♒	0 ♈	29 ♓
14	21 ♊ 59	9 ♈ 33	11 ♑ 42	10 ♑ 52	28 ♉ 46	4 ♋ 53	29 ♉ 6	26 ♉ 26	28 ♋ 43	23 ♒ 37	3 ♌ 4	3 ♋ 36	16 ♍	27 ♌	13 ♒	0 ♈	29 ♓
15	22 ♊ 56	23 ♈ 18	11 ♑ 39	10 ♑ 50	29 ♉ 51	6 ♋ 6	29 ♉ 49	26 ♉ 39	28 ♋ 50	23 ♒ 36	3 ♌ 5	3 ♋ 38	16 ♍	28 ♌	13 ♒	1 ♈	29 ♓
16	23 ♊ 54	6 ♉ 50	11 ♑ 35	10 ♑ 48	0 ♊ 58	7 ♋ 20	0 ♊ 32	26 ♉ 52	28 ♋ 57	23 ♒ 35	3 ♌ 7	3 ♋ 39	17 ♍	28 ♌	13 ♒	1 ♈	29 ♓
17	24 ♊ 51	20 ♉ 9	11 ♑ 32	10 ♑ 46	2 ♊ 9	8 ♋ 34	1 ♊ 14	27 ♉ 6	29 ♋ 4	23 ♒ 35	3 ♌ 9	3 ♋ 41	17 ♍	29 ♌	13 ♒	1 ♈	29 ♓
18	25 ♊ 48	3 ♊ 13	11 ♑ 29	10 ♑ 44	3 ♊ 24	9 ♋ 47	1 ♊ 57	27 ♉ 19	29 ♋ 10	23 ♒ 34	3 ♌ 11	3 ♋ 42	17 ♍	29 ♌	13 ♒	2 ♈	29 ♓
19	26 ♊ 46	16 ♊ 3	11 ♑ 26	10 ♑ 42	4 ♊ 42	11 ♋ 1	2 ♊ 40	27 ♉ 32	29 ♋ 17	23 ♒ 33	3 ♌ 13	3 ♋ 44	17 ♍	29 ♌	13 ♒	2 ♈	29 ♓
20	27 ♊ 43	28 ♊ 40	11 ♑ 23	10 ♑ 41	6 ♊ 3	12 ♋ 14	3 ♊ 22	27 ♉ 46	29 ♋ 24	23 ♒ 32	3 ♌ 15	3 ♋ 45	18 ♍	0 ♍	13 ♒	2 ♈	29 ♓
21	28 ♊ 40	11 ♋ 3	11 ♑ 20	10 D 41	7 ♊ 27	13 ♋ 28	4 ♊ 5	27 ♉ 59	29 ♋ 31	23 ♒ 31	3 ♌ 16	3 ♋ 47	18 ♍	0 ♍	13 ♒	2 ♈	29 ♓
22	29 ♊ 37	23 ♋ 14	11 ♑ 16	10 ♑ 41	8 ♊ 55	14 ♋ 41	4 ♊ 47	28 ♉ 12	29 ♋ 38	23 ♒ 30	3 ♌ 18	3 ♋ 48	18 ♍	0 ♍	13 ♒	3 ♈	29 ♓
23	0 ♋ 35	5 ♌ 16	11 ♑ 13	10 ♑ 42	10 ♊ 26	15 ♋ 54	5 ♊ 30	28 ♉ 25	29 ♋ 46	23 ♒ 29	3 ♌ 20	3 ♋ 49	19 ♍	1 ♍	12 ♒	3 ♈	29 ♓
24	1 ♋ 32	17 ♌ 10	11 ♑ 10	10 ♑ 43	12 ♊ 0	17 ♋ 8	6 ♊ 12	28 ♉ 38	29 ♋ 53	23 ♒ 27	3 ♌ 22	3 ♋ 51	19 ♍	1 ♍	12 ♒	3 ♈	29 ♓
25	2 ♋ 29	29 ♌ 1	11 ♑ 7	10 ♑ 44	13 ♊ 37	18 ♋ 21	6 ♊ 54	28 ♉ 51	0 ♌ 0	23 ♒ 26	3 ♌ 24	3 ♋ 52	19 ♍	2 ♍	12 ♒	4 ♈	29 ♓
26	3 ♋ 26	10 ♍ 51	11 ♑ 4	10 ♑ 45	15 ♊ 18	19 ♋ 35	7 ♊ 37	29 ♉ 4	0 ♌ 7	23 ♒ 25	3 ♌ 26	3 ♋ 54	20 ♍	2 ♍	12 ♒	4 ♈	29 ♓
27	4 ♋ 24	22 ♍ 46	11 ♑ 1	10 ♑ 45	17 ♊ 1	20 ♋ 48	8 ♊ 19	29 ♉ 17	0 ♌ 14	23 ♒ 24	3 ♌ 28	3 ♋ 55	20 ♍	2 ♍	12 ♒	4 ♈	29 ♓
28	5 ♋ 21	4 ♎ 49	10 ♑ 57	10 ♑ 45	18 ♊ 48	22 ♋ 2	9 ♊ 1	29 ♉ 29	0 ♌ 22	23 ♒ 22	3 ♌ 30	3 ♋ 57	20 ♍	3 ♍	12 ♒	4 ♈	29 ♓
29	6 ♋ 18	17 ♎ 6	10 ♑ 54	10 R 45	20 ♊ 37	23 ♋ 15	9 ♊ 43	29 ♉ 42	0 ♌ 29	23 ♒ 21	3 ♌ 32	3 ♋ 58	21 ♍	3 ♍	12 ♒	5 ♈	29 ♓
30	7 ♋ 15	29 ♎ 40	10 ♑ 51	10 ♑ 45	22 ♊ 29	24 ♋ 28	10 ♊ 25	29 ♉ 55	0 ♌ 36	23 ♒ 20	3 ♌ 34	4 ♋ 0	21 ♍	4 ♍	12 ♒	5 ♈	29 ♓

SUN INGRESS: ☉ → ♋ 22日 09:14

MOON PHASE: ○ 5日 22:06 ♐ ◑ 12日 15:38 ♓ ● 19日 22:02 ♊ ◐ 28日 01:08 ♎

aspects		
2日	01:53	♃□♅
3日	02:00	☿☌♂
4日	21:02	♀△♅
6日	11:08	♂□♅
8日	00:59	☿□♅
8日	13:22	♂☌♃
10日	17:11	☿☌♃
12日	22:30	♀☌♇
13日	08:52	♂⚹♄
13日	22:36	☿⚹♄
14日	22:12	☿☌♂
15日	16:24	☉△♅
17日	19:45	☿⚹♆
19日	19:22	♂⚹♆
26日	11:49	☉☌♇
30日	10:29	☿△♅

1917年7月

DAY	☉	☽	☊ mean	☊ true	☿	♀	♂	♃	♄	♅	♆	♇	⚳	⚴	⚵	⚶	⚷
	° ′	° ′	° ′	° ′	° ′	° ′	° ′	° ′	° ′	° ′	° ′	° ′	°	°	°	°	°
1	8 ♋ 12	12 ♏ 35	10 ♑ 48	10 R 45	24 D 24	25 D 42	11 D 7	0 D 7	0 D 43	23 R 18	3 D 36	4 D 1	21 D	4 D	12 R	5 D	29 D
2	9 ♋ 10	25 ♏ 54	10 ♑ 45	10 ♑ 44	26 ♊ 21	26 ♋ 55	11 ♊ 49	0 ♊ 20	0 ♌ 51	23 ♒ 17	3 ♌ 38	4 ♋ 3	22 ♍	5 ♍	11 ♒	5 ♈	29 ♓
3	10 ♋ 7	9 ♐ 38	10 ♑ 41	10 ♑ 44	28 ♊ 21	28 ♋ 8	12 ♊ 31	0 ♊ 32	0 ♌ 58	23 ♒ 15	3 ♌ 40	4 ♋ 4	22 ♍	5 ♍	11 ♒	6 ♈	29 ♓
4	11 ♋ 4	23 ♐ 45	10 ♑ 38	10 D 44	0 ♋ 23	29 ♋ 22	13 ♊ 12	0 ♊ 45	1 ♌ 6	23 ♒ 14	3 ♌ 42	4 ♋ 6	22 ♍	5 ♍	11 ♒	6 ♈	29 R
5	12 ♋ 1	8 ♑ 13	10 ♑ 35	10 ♑ 44	2 ♋ 27	0 ♌ 35	13 ♊ 54	0 ♊ 57	1 ♌ 13	23 ♒ 12	3 ♌ 44	4 ♋ 7	23 ♍	6 ♍	11 ♒	6 ♈	29 ♓
6	12 ♋ 58	22 ♑ 56	10 ♑ 32	10 R 44	4 ♋ 32	1 ♌ 48	14 ♊ 36	1 ♊ 9	1 ♌ 21	23 ♒ 10	3 ♌ 47	4 ♋ 9	23 ♍	6 ♍	11 ♒	6 ♈	29 ♓
7	13 ♋ 56	7 ♒ 48	10 ♑ 29	10 ♑ 44	6 ♋ 39	3 ♌ 2	15 ♊ 17	1 ♊ 22	1 ♌ 28	23 ♒ 9	3 ♌ 49	4 ♋ 10	23 ♍	7 ♍	11 ♒	7 ♈	29 ♓
8	14 ♋ 53	22 ♒ 40	10 ♑ 26	10 ♑ 44	8 ♋ 47	4 ♌ 15	15 ♊ 59	1 ♊ 34	1 ♌ 36	23 ♒ 7	3 ♌ 51	4 ♋ 11	24 ♍	7 ♍	11 ♒	7 ♈	29 ♓
9	15 ♋ 50	7 ♓ 26	10 ♑ 22	10 ♑ 43	10 ♋ 56	5 ♌ 28	16 ♊ 40	1 ♊ 46	1 ♌ 43	23 ♒ 5	3 ♌ 53	4 ♋ 13	24 ♍	7 ♍	10 ♒	7 ♈	29 ♓
10	16 ♋ 47	21 ♓ 59	10 ♑ 19	10 ♑ 43	13 ♋ 5	6 ♌ 42	17 ♊ 22	1 ♊ 58	1 ♌ 51	23 ♒ 4	3 ♌ 55	4 ♋ 14	24 ♍	8 ♍	10 ♒	7 ♈	29 ♓
11	17 ♋ 44	6 ♈ 15	10 ♑ 16	10 ♑ 42	15 ♋ 15	7 ♌ 55	18 ♊ 3	2 ♊ 10	1 ♌ 58	23 ♒ 2	3 ♌ 57	4 ♋ 16	25 ♍	8 ♍	10 ♒	8 ♈	29 ♓
12	18 ♋ 42	20 ♈ 12	10 ♑ 13	10 D 42	17 ♋ 24	9 ♌ 8	18 ♊ 45	2 ♊ 21	2 ♌ 6	23 ♒ 0	3 ♌ 59	4 ♋ 17	25 ♍	8 ♍	10 ♒	8 ♈	29 ♓
13	19 ♋ 39	3 ♉ 49	10 ♑ 10	10 ♑ 42	19 ♋ 34	10 ♌ 21	19 ♊ 26	2 ♊ 33	2 ♌ 14	22 ♒ 58	4 ♌ 2	4 ♋ 19	25 ♍	9 ♍	10 ♒	8 ♈	29 ♓
14	20 ♋ 36	17 ♉ 6	10 ♑ 7	10 ♑ 43	21 ♋ 42	11 ♌ 34	20 ♊ 7	2 ♊ 45	2 ♌ 21	22 ♒ 56	4 ♌ 4	4 ♋ 20	26 ♍	9 ♍	9 ♒	8 ♈	29 ♓
15	21 ♋ 33	0 ♊ 6	10 ♑ 3	10 ♑ 44	23 ♋ 50	12 ♌ 48	20 ♊ 48	2 ♊ 56	2 ♌ 29	22 ♒ 54	4 ♌ 6	4 ♋ 22	26 ♍	10 ♍	9 ♒	8 ♈	29 ♓
16	22 ♋ 30	12 ♊ 51	10 ♑ 0	10 ♑ 45	25 ♋ 57	14 ♌ 1	21 ♊ 29	3 ♊ 8	2 ♌ 37	22 ♒ 52	4 ♌ 8	4 ♋ 23	26 ♍	10 ♍	9 ♒	8 ♈	29 ♓
17	23 ♋ 28	25 ♊ 21	9 ♑ 57	10 ♑ 46	28 ♋ 3	15 ♌ 14	22 ♊ 10	3 ♊ 19	2 ♌ 44	22 ♒ 50	4 ♌ 10	4 ♋ 24	27 ♍	11 ♍	9 ♒	9 ♈	29 ♓
18	24 ♋ 25	7 ♋ 40	9 ♑ 54	10 ♑ 46	0 ♌ 8	16 ♌ 27	22 ♊ 51	3 ♊ 31	2 ♌ 52	22 ♒ 48	4 ♌ 12	4 ♋ 26	27 ♍	11 ♍	9 ♒	9 ♈	29 ♓
19	25 ♋ 22	19 ♋ 50	9 ♑ 51	10 R 46	2 ♌ 11	17 ♌ 40	23 ♊ 32	3 ♊ 42	3 ♌ 0	22 ♒ 46	4 ♌ 15	4 ♋ 27	27 ♍	12 ♍	8 ♒	9 ♈	29 ♓
20	26 ♋ 20	1 ♌ 51	9 ♑ 47	10 ♑ 45	4 ♌ 12	18 ♌ 53	24 ♊ 13	3 ♊ 53	3 ♌ 7	22 ♒ 44	4 ♌ 17	4 ♋ 29	28 ♍	12 ♍	8 ♒	9 ♈	29 ♓
21	27 ♋ 17	13 ♌ 46	9 ♑ 44	10 ♑ 43	6 ♌ 13	20 ♌ 7	24 ♊ 54	4 ♊ 4	3 ♌ 15	22 ♒ 42	4 ♌ 19	4 ♋ 30	28 ♍	12 ♍	8 ♒	9 ♈	29 ♓
22	28 ♋ 14	25 ♌ 38	9 ♑ 41	10 ♑ 41	8 ♌ 11	21 ♌ 20	25 ♊ 35	4 ♊ 15	3 ♌ 23	22 ♒ 40	4 ♌ 21	4 ♋ 31	29 ♍	13 ♍	8 ♒	9 ♈	29 ♓
23	29 ♋ 11	7 ♍ 27	9 ♑ 38	10 ♑ 38	10 ♌ 8	22 ♌ 33	26 ♊ 15	4 ♊ 26	3 ♌ 31	22 ♒ 38	4 ♌ 24	4 ♋ 33	29 ♍	13 ♍	8 ♒	10 ♈	29 ♓
24	0 ♌ 9	19 ♍ 18	9 ♑ 35	10 ♑ 35	12 ♌ 3	23 ♌ 46	26 ♊ 56	4 ♊ 37	3 ♌ 38	22 ♒ 36	4 ♌ 26	4 ♋ 34	29 ♍	14 ♍	7 ♒	10 ♈	29 ♓
25	1 ♌ 6	1 ♎ 13	9 ♑ 32	10 ♑ 32	13 ♌ 57	24 ♌ 59	27 ♊ 36	4 ♊ 47	3 ♌ 46	22 ♒ 34	4 ♌ 28	4 ♋ 35	0 ♎	14 ♍	7 ♒	10 ♈	29 ♓
26	2 ♌ 3	13 ♎ 16	9 ♑ 28	10 ♑ 30	15 ♌ 48	26 ♌ 12	28 ♊ 16	4 ♊ 58	3 ♌ 54	22 ♒ 32	4 ♌ 30	4 ♋ 37	0 ♎	15 ♍	7 ♒	10 ♈	29 ♓
27	3 ♌ 1	25 ♎ 30	9 ♑ 25	10 ♑ 29	17 ♌ 38	27 ♌ 25	28 ♊ 57	5 ♊ 8	4 ♌ 2	22 ♒ 29	4 ♌ 32	4 ♋ 38	0 ♎	15 ♍	7 ♒	10 ♈	29 ♓
28	3 ♌ 58	8 ♏ 1	9 ♑ 22	10 D 29	19 ♌ 27	28 ♌ 38	29 ♊ 38	5 ♊ 19	4 ♌ 9	22 ♒ 27	4 ♌ 35	4 ♋ 39	1 ♎	15 ♍	6 ♒	10 ♈	29 ♓
29	4 ♌ 55	20 ♏ 52	9 ♑ 19	10 ♑ 30	21 ♌ 13	29 ♌ 51	0 ♋ 18	5 ♊ 29	4 ♌ 17	22 ♒ 25	4 ♌ 37	4 ♋ 41	1 ♎	16 ♍	6 ♒	10 ♈	29 ♓
30	5 ♌ 53	4 ♐ 6	9 ♑ 16	10 ♑ 31	22 ♌ 58	1 ♍ 4	0 ♋ 58	5 ♊ 39	4 ♌ 25	22 ♒ 23	4 ♌ 39	4 ♋ 42	2 ♎	16 ♍	6 ♒	10 ♈	29 ♓
31	6 ♌ 50	17 ♐ 47	9 ♑ 13	10 ♑ 33	24 ♌ 42	2 ♍ 17	1 ♋ 38	5 ♊ 49	4 ♌ 33	22 ♒ 20	4 ♌ 41	4 ♋ 43	2 ♎	17 ♍	6 ♒	10 ♈	29 ♓

SUN INGRESS　☉ → ♌ 23日 20:08

MOON PHASE　○ 5日 06:40 ♑　◑ 11日 21:12 ♈　● 19日 12:00 ♋　◐ 27日 15:40 ♏

aspects		
5日	08:40	♀⚹♃
5日	13:52	♀☌♄
5日	19:29	☿☌♇
7日	15:50	♀☌♆
8日	10:18	♃⚹♄
13日	01:44	☉☌☿
17日	22:26	♂△♅
19日	10:15	☿☌♄
19日	19:45	☿⚹♃
20日	00:53	☿☌♆
22日	17:24	♃⚹♆
23日	01:44	♀☍♅
28日	05:25	☉☌♄
28日	15:56	☉☌♆
29日	15:58	☿☍♅
29日	17:03	☉⚹♃
29日	19:56	♀⚹♂

1917年8月

DAY	☉	☽	☊ mean	☊ true	☿	♀	♂	♃	♄	♅	♆	♇	⚳	⚴	⚵	⚶	⚷
	° ′	° ′	° ′	° ′	° ′	° ′	° ′	° ′	° ′	° ′	° ′	° ′	°	°	°	°	°
1	7 ♌ 48	1 ♑ 54	9 ♑ 9	10 D 34	26 D 23	3 D 30	2 D 19	5 D 59	4 D 40	22 R 18	4 D 44	4 D 45	2 D	17 D	5 R	10 D	29 R
2	8 ♌ 45	16 ♑ 27	9 ♑ 6	10 R 34	28 ♌ 3	4 ♍ 42	2 ♋ 59	6 ♊ 9	4 ♌ 48	22 ♒ 16	4 ♌ 46	4 ♋ 46	3 ♎	18 ♍	5 ♒	10 ♈	29 ♓
3	9 ♌ 42	1 ♒ 21	9 ♑ 3	10 ♑ 33	29 ♌ 41	5 ♍ 55	3 ♋ 39	6 ♊ 19	4 ♌ 56	22 ♒ 14	4 ♌ 48	4 ♋ 47	3 ♎	18 ♍	5 ♒	11 ♈	29 ♓
4	10 ♌ 40	16 ♒ 29	9 ♑ 0	10 ♑ 30	1 ♍ 18	7 ♍ 8	4 ♋ 19	6 ♊ 28	5 ♌ 3	22 ♒ 11	4 ♌ 50	4 ♋ 48	3 ♎	18 ♍	5 ♒	11 ♈	29 ♓
5	11 ♌ 37	1 ♓ 41	8 ♑ 57	10 ♑ 26	2 ♍ 53	8 ♍ 21	4 ♋ 58	6 ♊ 38	5 ♌ 11	22 ♒ 9	4 ♌ 52	4 ♋ 49	4 ♎	19 ♍	4 ♒	11 ♈	29 ♓
6	12 ♌ 35	16 ♓ 47	8 ♑ 53	10 ♑ 22	4 ♍ 26	9 ♍ 34	5 ♋ 38	6 ♊ 47	5 ♌ 19	22 ♒ 7	4 ♌ 55	4 ♋ 51	4 ♎	19 ♍	4 ♒	11 ♈	29 ♓
7	13 ♌ 32	1 ♈ 39	8 ♑ 50	10 ♑ 18	5 ♍ 57	10 ♍ 46	6 ♋ 18	6 ♊ 56	5 ♌ 27	22 ♒ 4	4 ♌ 57	4 ♋ 52	5 ♎	20 ♍	4 ♒	11 ♈	29 ♓
8	14 ♌ 30	16 ♈ 9	8 ♑ 47	10 ♑ 14	7 ♍ 27	11 ♍ 59	6 ♋ 58	7 ♊ 5	5 ♌ 34	22 ♒ 2	4 ♌ 59	4 ♋ 53	5 ♎	20 ♍	4 ♒	11 ♈	29 ♓
9	15 ♌ 27	0 ♉ 13	8 ♑ 44	10 ♑ 11	8 ♍ 55	13 ♍ 12	7 ♋ 37	7 ♊ 14	5 ♌ 42	22 ♒ 0	5 ♌ 1	4 ♋ 54	6 ♎	21 ♍	3 ♒	11 ♈	29 ♓
10	16 ♌ 25	13 ♉ 51	8 ♑ 41	10 ♑ 10	10 ♍ 22	14 ♍ 25	8 ♋ 17	7 ♊ 23	5 ♌ 50	21 ♒ 57	5 ♌ 3	4 ♋ 55	6 ♎	21 ♍	3 ♒	11 ♈	29 ♓
11	17 ♌ 22	27 ♉ 4	8 ♑ 38	10 D 11	11 ♍ 47	15 ♍ 37	8 ♋ 57	7 ♊ 32	5 ♌ 57	21 ♒ 55	5 ♌ 6	4 ♋ 57	6 ♎	21 ♍	3 ♒	11 R	29 ♓
12	18 ♌ 20	9 ♊ 55	8 ♑ 34	10 ♑ 12	13 ♍ 9	16 ♍ 50	9 ♋ 36	7 ♊ 41	6 ♌ 5	21 ♒ 52	5 ♌ 8	4 ♋ 58	7 ♎	22 ♍	3 ♒	11 ♈	29 ♓
13	19 ♌ 17	22 ♊ 28	8 ♑ 31	10 ♑ 14	14 ♍ 31	18 ♍ 3	10 ♋ 15	7 ♊ 49	6 ♌ 13	21 ♒ 50	5 ♌ 10	4 ♋ 59	7 ♎	22 ♍	3 ♒	11 ♈	29 ♓
14	20 ♌ 15	4 ♋ 45	8 ♑ 28	10 ♑ 15	15 ♍ 50	19 ♍ 15	10 ♋ 55	7 ♊ 58	6 ♌ 20	21 ♒ 48	5 ♌ 12	5 ♋ 0	7 ♎	23 ♍	2 ♒	11 ♈	29 ♓
15	21 ♌ 13	16 ♋ 52	8 ♑ 25	10 R 15	17 ♍ 8	20 ♍ 28	11 ♋ 34	8 ♊ 6	6 ♌ 28	21 ♒ 45	5 ♌ 14	5 ♋ 1	8 ♎	23 ♍	2 ♒	11 ♈	29 ♓
16	22 ♌ 10	28 ♋ 50	8 ♑ 22	10 ♑ 13	18 ♍ 23	21 ♍ 40	12 ♋ 13	8 ♊ 14	6 ♌ 35	21 ♒ 43	5 ♌ 16	5 ♋ 2	8 ♎	24 ♍	2 ♒	11 ♈	29 ♓
17	23 ♌ 8	10 ♌ 44	8 ♑ 19	10 ♑ 9	19 ♍ 37	22 ♍ 53	12 ♋ 53	8 ♊ 22	6 ♌ 43	21 ♒ 40	5 ♌ 19	5 ♋ 3	9 ♎	24 ♍	2 ♒	11 ♈	29 ♓
18	24 ♌ 6	22 ♌ 35	8 ♑ 15	10 ♑ 3	20 ♍ 48	24 ♍ 5	13 ♋ 32	8 ♊ 30	6 ♌ 50	21 ♒ 38	5 ♌ 21	5 ♋ 4	9 ♎	24 ♍	1 ♒	11 ♈	29 ♓
19	25 ♌ 3	4 ♍ 25	8 ♑ 12	9 ♑ 56	21 ♍ 58	25 ♍ 18	14 ♋ 11	8 ♊ 37	6 ♌ 58	21 ♒ 36	5 ♌ 23	5 ♋ 5	9 ♎	25 ♍	1 ♒	11 ♈	29 ♓
20	26 ♌ 1	16 ♍ 16	8 ♑ 9	9 ♑ 47	23 ♍ 5	26 ♍ 30	14 ♋ 50	8 ♊ 45	7 ♌ 5	21 ♒ 33	5 ♌ 25	5 ♋ 6	10 ♎	25 ♍	1 ♒	10 ♈	29 ♓
21	26 ♌ 59	28 ♍ 9	8 ♑ 6	9 ♑ 38	24 ♍ 10	27 ♍ 43	15 ♋ 29	8 ♊ 52	7 ♌ 13	21 ♒ 31	5 ♌ 27	5 ♋ 7	10 ♎	26 ♍	1 ♒	10 ♈	28 ♓
22	27 ♌ 57	10 ♎ 8	8 ♑ 3	9 ♑ 30	25 ♍ 13	28 ♍ 55	16 ♋ 7	9 ♊ 0	7 ♌ 20	21 ♒ 29	5 ♌ 29	5 ♋ 8	11 ♎	26 ♍	1 ♒	10 ♈	28 ♓
23	28 ♌ 55	22 ♎ 13	7 ♑ 59	9 ♑ 23	26 ♍ 13	0 ♎ 8	16 ♋ 46	9 ♊ 7	7 ♌ 28	21 ♒ 26	5 ♌ 31	5 ♋ 9	11 ♎	27 ♍	0 ♒	10 ♈	28 ♓
24	29 ♌ 53	4 ♏ 29	7 ♑ 56	9 ♑ 18	27 ♍ 10	1 ♎ 20	17 ♋ 25	9 ♊ 14	7 ♌ 35	21 ♒ 24	5 ♌ 33	5 ♋ 10	11 ♎	27 ♍	0 ♒	10 ♈	28 ♓
25	0 ♍ 50	16 ♏ 58	7 ♑ 53	9 ♑ 15	28 ♍ 5	2 ♎ 32	18 ♋ 4	9 ♊ 20	7 ♌ 43	21 ♒ 21	5 ♌ 35	5 ♋ 11	12 ♎	28 ♍	0 ♒	10 ♈	28 ♓
26	1 ♍ 48	29 ♏ 44	7 ♑ 50	9 ♑ 14	28 ♍ 56	3 ♎ 45	18 ♋ 42	9 ♊ 27	7 ♌ 50	21 ♒ 19	5 ♌ 37	5 ♋ 12	12 ♎	28 ♍	0 ♒	10 ♈	28 ♓
27	2 ♍ 46	12 ♐ 52	7 ♑ 47	9 D 14	29 ♍ 44	4 ♎ 57	19 ♋ 21	9 ♊ 34	7 ♌ 57	21 ♒ 17	5 ♌ 40	5 ♋ 13	13 ♎	28 ♍	0 ♒	10 ♈	28 ♓
28	3 ♍ 44	26 ♐ 24	7 ♑ 44	9 ♑ 15	0 ♎ 29	6 ♎ 9	19 ♋ 59	9 ♊ 40	8 ♌ 4	21 ♒ 14	5 ♌ 42	5 ♋ 14	13 ♎	29 ♍	0 ♒	10 ♈	28 ♓
29	4 ♍ 42	10 ♑ 23	7 ♑ 40	9 R 15	1 ♎ 11	7 ♎ 21	20 ♋ 38	9 ♊ 46	8 ♌ 12	21 ♒ 12	5 ♌ 44	5 ♋ 14	14 ♎	29 ♍	29 ♑	9 ♈	28 ♓
30	5 ♍ 40	24 ♑ 48	7 ♑ 37	9 ♑ 14	1 ♎ 49	8 ♎ 33	21 ♋ 16	9 ♊ 52	8 ♌ 19	21 ♒ 10	5 ♌ 46	5 ♋ 15	14 ♎	0 ♎	29 ♑	9 ♈	28 ♓
31	6 ♍ 38	9 ♒ 38	7 ♑ 34	9 ♑ 11	2 ♎ 22	9 ♎ 45	21 ♋ 54	9 ♊ 58	8 ♌ 26	21 ♒ 8	5 ♌ 48	5 ♋ 16	14 ♎	0 ♎	29 ♑	9 ♈	28 ♓

SUN INGRESS　☉ → ♍ 24日 02:54

MOON PHASE　○ 3日 14:11 ♒　◑ 10日 04:56 ♉　● 18日 03:21 ♌　◐ 26日 04:08 ♐

aspects		
1日	14:20	♄☌♆
2日	01:06	♀⚹♇
3日	08:51	♀□♃
4日	18:27	♂☌♇
6日	06:34	☿⚹♇
7日	09:48	☿⚹♂
7日	17:29	☿□♃
15日	13:01	☉☍♅
27日	05:23	♀□♇
27日	14:36	♀⚹♆
29日	13:36	☉⚹♇
29日	18:39	♀⚹♄
31日	04:31	♀△♃

1917年9月

DAY	☉	☽	☊ mean	☊ true	☿	♀	♂	♃	♄	♅	♆	♇	⚳	⚴	⚵	⚶	⚷
	° ′	° ′	° ′	° ′	° ′	° ′	° ′	° ′	° ′	° ′	° ′	° ′	°	°	°	°	°
1	7 ♍ 36	24 ♒ 47	7 ♑ 31	9 R 6	2 D 52	10 D 57	22 D 32	10 D 4	8 D 33	21 R 5	5 D 49	5 D 17	15 D	1 D	29 R	9 R	28 R
2	8 ♍ 34	10 ♓ 5	7 ♑ 28	8 ♑ 58	3 ♎ 16	12 ♎ 9	23 ♋ 11	10 ♊ 9	8 ♌ 40	21 ♒ 3	5 ♌ 51	5 ♋ 18	15 ♎	1 ♎	29 ♑	9 ♈	28 ♓
3	9 ♍ 32	25 ♓ 21	7 ♑ 25	8 ♑ 49	3 ♎ 36	13 ♎ 21	23 ♋ 49	10 ♊ 14	8 ♌ 47	21 ♒ 1	5 ♌ 53	5 ♋ 18	16 ♎	2 ♎	29 ♑	9 ♈	28 ♓
4	10 ♍ 30	10 ♈ 25	7 ♑ 21	8 ♑ 40	3 ♎ 51	14 ♎ 33	24 ♋ 27	10 ♊ 20	8 ♌ 54	20 ♒ 59	5 ♌ 55	5 ♋ 19	16 ♎	2 ♎	29 ♑	9 ♈	28 ♓
5	11 ♍ 28	25 ♈ 8	7 ♑ 18	8 ♑ 32	4 ♎ 0	15 ♎ 45	25 ♋ 5	10 ♊ 25	9 ♌ 1	20 ♒ 56	5 ♌ 57	5 ♋ 20	16 ♎	2 ♎	29 ♑	8 ♈	28 ♓
6	12 ♍ 27	9 ♉ 22	7 ♑ 15	8 ♑ 26	4 ♎ 4	16 ♎ 57	25 ♋ 43	10 ♊ 30	9 ♌ 8	20 ♒ 54	5 ♌ 59	5 ♋ 21	17 ♎	3 ♎	28 ♑	8 ♈	28 ♓
7	13 ♍ 25	23 ♉ 7	7 ♑ 12	8 ♑ 22	4 R 2	18 ♎ 9	26 ♋ 20	10 ♊ 34	9 ♌ 15	20 ♒ 52	6 ♌ 1	5 ♋ 21	17 ♎	3 ♎	28 ♑	8 ♈	28 ♓
8	14 ♍ 23	6 ♊ 24	7 ♑ 9	8 ♑ 20	3 ♎ 53	19 ♎ 21	26 ♋ 58	10 ♊ 39	9 ♌ 22	20 ♒ 50	6 ♌ 3	5 ♋ 22	18 ♎	4 ♎	28 ♑	8 ♈	28 ♓
9	15 ♍ 21	19 ♊ 14	7 ♑ 5	8 D 20	3 ♎ 38	20 ♎ 33	27 ♋ 36	10 ♊ 43	9 ♌ 29	20 ♒ 48	6 ♌ 5	5 ♋ 23	18 ♎	4 ♎	28 ♑	8 ♈	28 ♓
10	16 ♍ 20	1 ♋ 42	7 ♑ 2	8 ♑ 21	3 ♎ 16	21 ♎ 44	28 ♋ 13	10 ♊ 47	9 ♌ 35	20 ♒ 46	6 ♌ 6	5 ♋ 23	19 ♎	5 ♎	28 ♑	7 ♈	28 ♓
11	17 ♍ 18	13 ♋ 54	6 ♑ 59	8 R 21	2 ♎ 48	22 ♎ 56	28 ♋ 51	10 ♊ 51	9 ♌ 42	20 ♒ 44	6 ♌ 8	5 ♋ 24	19 ♎	5 ♎	28 ♑	7 ♈	28 ♓
12	18 ♍ 16	25 ♋ 55	6 ♑ 56	8 ♑ 19	2 ♎ 13	24 ♎ 8	29 ♋ 29	10 ♊ 55	9 ♌ 49	20 ♒ 42	6 ♌ 10	5 ♋ 24	19 ♎	6 ♎	28 ♑	7 ♈	28 ♓
13	19 ♍ 15	7 ♌ 48	6 ♑ 53	8 ♑ 15	1 ♎ 32	25 ♎ 19	0 ♌ 6	10 ♊ 59	9 ♌ 55	20 ♒ 40	6 ♌ 12	5 ♋ 25	20 ♎	6 ♎	28 ♑	7 ♈	28 ♓
14	20 ♍ 13	19 ♌ 38	6 ♑ 50	8 ♑ 9	0 ♎ 45	26 ♎ 31	0 ♌ 43	11 ♊ 2	10 ♌ 2	20 ♒ 38	6 ♌ 13	5 ♋ 25	20 ♎	6 ♎	28 ♑	6 ♈	27 ♓
15	21 ♍ 12	1 ♍ 27	6 ♑ 46	8 ♑ 0	29 ♍ 53	27 ♎ 43	1 ♌ 21	11 ♊ 5	10 ♌ 9	20 ♒ 36	6 ♌ 15	5 ♋ 26	21 ♎	7 ♎	28 ♑	6 ♈	27 ♓
16	22 ♍ 10	13 ♍ 19	6 ♑ 43	7 ♑ 48	28 ♍ 56	28 ♎ 54	1 ♌ 58	11 ♊ 8	10 ♌ 15	20 ♒ 34	6 ♌ 17	5 ♋ 26	21 ♎	7 ♎	28 ♑	6 ♈	27 ♓
17	23 ♍ 9	25 ♍ 14	6 ♑ 40	7 ♑ 35	27 ♍ 56	0 ♏ 5	2 ♌ 35	11 ♊ 11	10 ♌ 21	20 ♒ 32	6 ♌ 18	5 ♋ 27	22 ♎	8 ♎	28 ♑	6 ♈	27 ♓
18	24 ♍ 7	7 ♎ 14	6 ♑ 37	7 ♑ 21	26 ♍ 53	1 ♏ 17	3 ♌ 12	11 ♊ 14	10 ♌ 28	20 ♒ 30	6 ♌ 20	5 ♋ 27	22 ♎	8 ♎	28 ♑	5 ♈	27 ♓
19	25 ♍ 6	19 ♎ 20	6 ♑ 34	7 ♑ 8	25 ♍ 49	2 ♏ 28	3 ♌ 49	11 ♊ 16	10 ♌ 34	20 ♒ 28	6 ♌ 22	5 ♋ 28	22 ♎	9 ♎	28 ♑	5 ♈	27 ♓
20	26 ♍ 5	1 ♏ 34	6 ♑ 30	6 ♑ 56	24 ♍ 46	3 ♏ 40	4 ♌ 26	11 ♊ 19	10 ♌ 40	20 ♒ 26	6 ♌ 23	5 ♋ 28	23 ♎	9 ♎	28 ♑	5 ♈	27 ♓
21	27 ♍ 3	13 ♏ 57	6 ♑ 27	6 ♑ 48	23 ♍ 45	4 ♏ 51	5 ♌ 3	11 ♊ 21	10 ♌ 46	20 ♒ 24	6 ♌ 25	5 ♋ 28	23 ♎	10 ♎	28 D	5 ♈	27 ♓
22	28 ♍ 2	26 ♏ 32	6 ♑ 24	6 ♑ 42	22 ♍ 47	6 ♏ 2	5 ♌ 39	11 ♊ 23	10 ♌ 53	20 ♒ 23	6 ♌ 26	5 ♋ 29	24 ♎	10 ♎	28 ♑	4 ♈	27 ♓
23	29 ♍ 1	9 ♐ 20	6 ♑ 21	6 ♑ 38	21 ♍ 55	7 ♏ 13	6 ♌ 16	11 ♊ 24	10 ♌ 59	20 ♒ 21	6 ♌ 28	5 ♋ 29	24 ♎	10 ♎	28 ♑	4 ♈	27 ♓
24	29 ♍ 59	22 ♐ 25	6 ♑ 18	6 ♑ 37	21 ♍ 9	8 ♏ 24	6 ♌ 53	11 ♊ 26	11 ♌ 5	20 ♒ 19	6 ♌ 29	5 ♋ 29	25 ♎	11 ♎	28 ♑	4 ♈	27 ♓
25	0 ♎ 58	5 ♑ 51	6 ♑ 15	6 D 37	20 ♍ 30	9 ♏ 36	7 ♌ 29	11 ♊ 27	11 ♌ 11	20 ♒ 18	6 ♌ 31	5 ♋ 30	25 ♎	11 ♎	28 ♑	4 ♈	27 ♓
26	1 ♎ 57	19 ♑ 39	6 ♑ 11	6 R 37	20 ♍ 1	10 ♏ 47	8 ♌ 6	11 ♊ 28	11 ♌ 16	20 ♒ 16	6 ♌ 32	5 ♋ 30	25 ♎	12 ♎	28 ♑	3 ♈	27 ♓
27	2 ♎ 56	3 ♒ 51	6 ♑ 8	6 ♑ 35	19 ♍ 41	11 ♏ 58	8 ♌ 42	11 ♊ 29	11 ♌ 22	20 ♒ 15	6 ♌ 34	5 ♋ 30	26 ♎	12 ♎	28 ♑	3 ♈	27 ♓
28	3 ♎ 55	18 ♒ 26	6 ♑ 5	6 ♑ 31	19 ♍ 31	13 ♏ 8	9 ♌ 18	11 ♊ 30	11 ♌ 28	20 ♒ 13	6 ♌ 35	5 ♋ 30	26 ♎	13 ♎	28 ♑	3 ♈	27 ♓
29	4 ♎ 54	3 ♓ 20	6 ♑ 2	6 ♑ 24	19 D 31	14 ♏ 19	9 ♌ 55	11 ♊ 30	11 ♌ 34	20 ♒ 11	6 ♌ 36	5 ♋ 31	27 ♎	13 ♎	28 ♑	3 ♈	27 ♓
30	5 ♎ 53	18 ♓ 27	5 ♑ 59	6 ♑ 15	19 ♍ 41	15 ♏ 30	10 ♌ 31	11 ♊ 31	11 ♌ 39	20 ♒ 10	6 ♌ 38	5 ♋ 31	27 ♎	14 ♎	28 ♑	2 ♈	27 ♓

SUN INGRESS	☉ → ♎ 24日 00:00
MOON PHASE	○ 1日 21:28 ♓ ◑ 8日 16:05 ♊ ● 16日 19:27 ♍ ◐ 24日 14:41 ♑

aspects

3日	19:09	☉□♃
9日	04:54	♀△♅
14日	00:35	☿⚹♂
19日	08:31	☉☌☿
21日	08:14	♀□♂
21日	12:43	♀△♇
22日	08:20	♀□♆
23日	07:59	♂☌♆
26日	10:59	♀□♄
28日	08:38	♃⚹♄
29日	15:05	☉□♇
30日	18:47	☉⚹♆

1917年10月

DAY	☉	☽	☊ mean	☊ true	☿	♀	♂	♃	♄	♅	♆	♇	⚳	⚴	⚵	⚶	⚷
	° ′	° ′	° ′	° ′	° ′	° ′	° ′	° ′	° ′	° ′	° ′	° ′	°	°	°	°	°
1	6 ♎ 52	3 ♈ 37	5 ♑ 56	6 R 4	20 D 1	16 D 41	11 D 7	11 D 31	11 D 45	20 R 9	6 D 39	5 D 31	28 D	14 D	28 D	2 R	27 R
2	7 ♎ 51	18 ♈ 39	5 ♑ 52	5 ♑ 52	20 ♍ 31	17 ♏ 51	11 ♌ 43	11 R 31	11 ♌ 50	20 ♒ 7	6 ♌ 40	5 ♋ 31	28 ♎	14 ♎	28 ♑	2 ♈	27 ♓
3	8 ♎ 50	3 ♉ 23	5 ♑ 49	5 ♑ 42	21 ♍ 11	19 ♏ 2	12 ♌ 19	11 ♊ 30	11 ♌ 56	20 ♒ 6	6 ♌ 42	5 ♋ 31	28 ♎	15 ♎	28 ♑	2 ♈	27 ♓
4	9 ♎ 49	17 ♉ 43	5 ♑ 46	5 ♑ 33	21 ♍ 59	20 ♏ 13	12 ♌ 54	11 ♊ 30	12 ♌ 1	20 ♒ 5	6 ♌ 43	5 ♋ 31	29 ♎	15 ♎	28 ♑	1 ♈	27 ♓
5	10 ♎ 48	1 ♊ 34	5 ♑ 43	5 ♑ 27	22 ♍ 55	21 ♏ 23	13 ♌ 30	11 ♊ 29	12 ♌ 6	20 ♒ 3	6 ♌ 44	5 ♋ 31	29 ♎	16 ♎	28 ♑	1 ♈	27 ♓
6	11 ♎ 47	14 ♊ 55	5 ♑ 40	5 ♑ 24	23 ♍ 58	22 ♏ 33	14 ♌ 6	11 ♊ 28	12 ♌ 11	20 ♒ 2	6 ♌ 45	5 ♋ 31	0 ♏	16 ♎	29 ♑	1 ♈	26 ♓
7	12 ♎ 46	27 ♊ 50	5 ♑ 36	5 ♑ 23	25 ♍ 8	23 ♏ 44	14 ♌ 41	11 ♊ 27	12 ♌ 16	20 ♒ 1	6 ♌ 46	5 R 31	0 ♏	17 ♎	29 ♑	1 ♈	26 ♓
8	13 ♎ 45	10 ♋ 21	5 ♑ 33	5 D 23	26 ♍ 23	24 ♏ 54	15 ♌ 17	11 ♊ 26	12 ♌ 21	20 ♒ 0	6 ♌ 47	5 ♋ 31	1 ♏	17 ♎	29 ♑	0 ♈	26 ♓
9	14 ♎ 45	22 ♋ 33	5 ♑ 30	5 R 23	27 ♍ 44	26 ♏ 4	15 ♌ 52	11 ♊ 24	12 ♌ 26	19 ♒ 59	6 ♌ 49	5 ♋ 31	1 ♏	18 ♎	29 ♑	0 ♈	26 ♓
10	15 ♎ 44	4 ♌ 33	5 ♑ 27	5 ♑ 21	29 ♍ 9	27 ♏ 14	16 ♌ 28	11 ♊ 23	12 ♌ 31	19 ♒ 58	6 ♌ 50	5 ♋ 31	1 ♏	18 ♎	29 ♑	0 ♈	26 ♓
11	16 ♎ 43	16 ♌ 26	5 ♑ 24	5 ♑ 18	0 ♎ 38	28 ♏ 25	17 ♌ 3	11 ♊ 21	12 ♌ 36	19 ♒ 57	6 ♌ 51	5 ♋ 31	2 ♏	18 ♎	29 ♑	0 ♈	26 ♓
12	17 ♎ 43	28 ♌ 15	5 ♑ 21	5 ♑ 12	2 ♎ 10	29 ♏ 35	17 ♌ 38	11 ♊ 19	12 ♌ 41	19 ♒ 56	6 ♌ 52	5 ♋ 31	2 ♏	19 ♎	29 ♑	0 ♈	26 ♓
13	18 ♎ 42	10 ♍ 5	5 ♑ 17	5 ♑ 3	3 ♎ 44	0 ♐ 44	18 ♌ 13	11 ♊ 16	12 ♌ 45	19 ♒ 55	6 ♌ 53	5 ♋ 31	3 ♏	19 ♎	29 ♑	29 ♓	26 ♓
14	19 ♎ 41	22 ♍ 0	5 ♑ 14	4 ♑ 51	5 ♎ 21	1 ♐ 54	18 ♌ 48	11 ♊ 14	12 ♌ 50	19 ♒ 54	6 ♌ 53	5 ♋ 31	3 ♏	20 ♎	0 ♒	29 ♓	26 ♓
15	20 ♎ 41	4 ♎ 2	5 ♑ 11	4 ♑ 38	6 ♎ 59	3 ♐ 4	19 ♌ 23	11 ♊ 11	12 ♌ 54	19 ♒ 53	6 ♌ 54	5 ♋ 31	4 ♏	20 ♎	0 ♒	29 ♓	26 ♓
16	21 ♎ 40	16 ♎ 11	5 ♑ 8	4 ♑ 25	8 ♎ 39	4 ♐ 14	19 ♌ 58	11 ♊ 8	12 ♌ 59	19 ♒ 53	6 ♌ 55	5 ♋ 30	4 ♏	21 ♎	0 ♒	29 ♓	26 ♓
17	22 ♎ 40	28 ♎ 30	5 ♑ 5	4 ♑ 12	10 ♎ 19	5 ♐ 23	20 ♌ 32	11 ♊ 5	13 ♌ 3	19 ♒ 52	6 ♌ 56	5 ♋ 30	5 ♏	21 ♎	0 ♒	29 ♓	26 ♓
18	23 ♎ 40	10 ♏ 58	5 ♑ 2	4 ♑ 0	12 ♎ 1	6 ♐ 33	21 ♌ 7	11 ♊ 2	13 ♌ 7	19 ♒ 51	6 ♌ 57	5 ♋ 30	5 ♏	22 ♎	0 ♒	28 ♓	26 ♓
19	24 ♎ 39	23 ♏ 36	4 ♑ 58	3 ♑ 52	13 ♎ 43	7 ♐ 42	21 ♌ 41	10 ♊ 58	13 ♌ 11	19 ♒ 51	6 ♌ 58	5 ♋ 30	5 ♏	22 ♎	0 ♒	28 ♓	26 ♓
20	25 ♎ 39	6 ♐ 25	4 ♑ 55	3 ♑ 46	15 ♎ 25	8 ♐ 52	22 ♌ 16	10 ♊ 55	13 ♌ 15	19 ♒ 50	6 ♌ 58	5 ♋ 29	6 ♏	23 ♎	1 ♒	28 ♓	26 ♓
21	26 ♎ 39	19 ♐ 25	4 ♑ 52	3 ♑ 43	17 ♎ 7	10 ♐ 1	22 ♌ 50	10 ♊ 51	13 ♌ 19	19 ♒ 49	6 ♌ 59	5 ♋ 29	6 ♏	23 ♎	1 ♒	28 ♓	26 ♓
22	27 ♎ 38	2 ♑ 38	4 ♑ 49	3 ♑ 42	18 ♎ 50	11 ♐ 10	23 ♌ 24	10 ♊ 47	13 ♌ 23	19 ♒ 49	7 ♌ 0	5 ♋ 29	7 ♏	23 ♎	1 ♒	28 ♓	26 ♓
23	28 ♎ 38	16 ♑ 6	4 ♑ 46	3 D 42	20 ♎ 32	12 ♐ 19	23 ♌ 58	10 ♊ 43	13 ♌ 26	19 ♒ 49	7 ♌ 0	5 ♋ 28	7 ♏	24 ♎	1 ♒	27 ♓	26 ♓
24	29 ♎ 38	29 ♑ 50	4 ♑ 42	3 R 42	22 ♎ 14	13 ♐ 28	24 ♌ 32	10 ♊ 38	13 ♌ 30	19 ♒ 48	7 ♌ 1	5 ♋ 28	8 ♏	24 ♎	1 ♒	27 ♓	26 ♓
25	0 ♏ 38	13 ♒ 51	4 ♑ 39	3 ♑ 42	23 ♎ 56	14 ♐ 37	25 ♌ 6	10 ♊ 34	13 ♌ 34	19 ♒ 48	7 ♌ 2	5 ♋ 28	8 ♏	25 ♎	2 ♒	27 ♓	26 ♓
26	1 ♏ 37	28 ♒ 9	4 ♑ 36	3 ♑ 39	25 ♎ 37	15 ♐ 46	25 ♌ 39	10 ♊ 29	13 ♌ 37	19 ♒ 48	7 ♌ 2	5 ♋ 27	8 ♏	25 ♎	2 ♒	27 ♓	26 ♓
27	2 ♏ 37	12 ♓ 43	4 ♑ 33	3 ♑ 34	27 ♎ 19	16 ♐ 54	26 ♌ 13	10 ♊ 24	13 ♌ 40	19 ♒ 47	7 ♌ 3	5 ♋ 27	9 ♏	26 ♎	2 ♒	27 ♓	26 ♓
28	3 ♏ 37	27 ♓ 27	4 ♑ 30	3 ♑ 26	28 ♎ 59	18 ♐ 3	26 ♌ 46	10 ♊ 19	13 ♌ 44	19 ♒ 47	7 ♌ 3	5 ♋ 26	9 ♏	26 ♎	2 ♒	27 ♓	26 ♓
29	4 ♏ 37	12 ♈ 14	4 ♑ 27	3 ♑ 17	0 ♏ 40	19 ♐ 11	27 ♌ 20	10 ♊ 14	13 ♌ 47	19 ♒ 47	7 ♌ 3	5 ♋ 26	10 ♏	27 ♎	3 ♒	27 ♓	26 ♓
30	5 ♏ 37	26 ♈ 57	4 ♑ 23	3 ♑ 8	2 ♏ 19	20 ♐ 20	27 ♌ 53	10 ♊ 8	13 ♌ 50	19 ♒ 47	7 ♌ 4	5 ♋ 25	10 ♏	27 ♎	3 ♒	27 ♓	26 ♓
31	6 ♏ 37	11 ♉ 29	4 ♑ 20	2 ♑ 59	3 ♏ 59	21 ♐ 28	28 ♌ 26	10 ♊ 3	13 ♌ 53	19 D 47	7 ♌ 4	5 ♋ 25	11 ♏	27 ♎	3 ♒	26 ♓	26 ♓

SUN INGRESS	☉ → ♏ 24日 08:44
MOON PHASE	○ 1日 05:31 ♈ ◑ 8日 07:14 ♋ ● 16日 11:41 ♎ ◐ 23日 23:37 ♑ ○ 30日 15:19 ♉

aspects

1日	15:54	♂⚹♃
2日	05:48	♂☌♄
3日	21:20	♀□♅
5日	16:32	☉△♃
6日	10:48	☉⚹♄
11日	19:26	☉⚹♂
14日	02:27	☿□♇
14日	05:02	☉△♅
14日	22:51	☿⚹♆
15日	20:35	♂☍♅
17日	10:30	☿△♃
18日	08:19	♀△♆
18日	16:14	♀⚹♄
21日	16:19	♀☍♃
22日	13:49	☿△♅
24日	00:40	♀△♄
26日	00:40	☿⚹♂
29日	12:34	♀⚹♄
29日	19:20	☉△♇
31日	11:00	☉□♆
31日	20:41	☿△♇

1917年11月

DAY	☉	☽	☊ mean	☊ true	☿	♀	♂	♃	♄	♅	♆	♇	⚳	⚴	⚵	⚶	⚷
	° ′	° ′	° ′	° ′	° ′	° ′	° ′	° ′	° ′	° ′	° ′	° ′	°	°	°	°	°
1	7 ♏ 37	25 ♉ 40	4 ♑ 17	2 R 52	5 D 38	22 D 36	28 D 59	9 R 57	13 D 56	19 D 47	7 D 5	5 R 24	11 D	28 D	3 D	26 R	26 R
2	8 ♏ 37	9 ♊ 29	4 ♑ 14	2 ♑ 47	7 ♏ 16	23 ♐ 43	29 ♌ 32	9 ♊ 51	13 ♌ 58	19 ♒ 47	7 ♌ 5	5 ♋ 24	12 ♏	28 ♎	4 ♒	26 ♓	25 ♓
3	9 ♏ 37	22 ♊ 51	4 ♑ 11	2 ♑ 45	8 ♏ 54	24 ♐ 51	0 ♍ 5	9 ♊ 45	14 ♌ 1	19 ♒ 47	7 ♌ 5	5 ♋ 23	12 ♏	29 ♎	4 ♒	26 ♓	25 ♓
4	10 ♏ 37	5 ♋ 48	4 ♑ 7	2 D 44	10 ♏ 32	25 ♐ 59	0 ♍ 38	9 ♊ 39	14 ♌ 4	19 ♒ 47	7 ♌ 5	5 ♋ 22	12 ♏	29 ♎	4 ♒	26 ♓	25 ♓
5	11 ♏ 37	18 ♋ 23	4 ♑ 4	2 ♑ 45	12 ♏ 10	27 ♐ 6	1 ♍ 10	9 ♊ 32	14 ♌ 6	19 ♒ 48	7 ♌ 6	5 ♋ 22	13 ♏	0 ♏	4 ♒	26 ♓	25 ♓
6	12 ♏ 37	0 ♌ 39	4 ♑ 1	2 ♑ 47	13 ♏ 46	28 ♐ 13	1 ♍ 43	9 ♊ 26	14 ♌ 8	19 ♒ 48	7 ♌ 6	5 ♋ 21	13 ♏	0 ♏	5 ♒	26 ♓	25 ♓
7	13 ♏ 38	12 ♌ 41	3 ♑ 58	2 ♑ 47	15 ♏ 22	29 ♐ 20	2 ♍ 15	9 ♊ 19	14 ♌ 11	19 ♒ 48	7 ♌ 6	5 ♋ 20	14 ♏	1 ♏	5 ♒	26 ♓	25 ♓
8	14 ♏ 38	24 ♌ 36	3 ♑ 55	2 R 47	16 ♏ 58	0 ♑ 27	2 ♍ 47	9 ♊ 13	14 ♌ 13	19 ♒ 49	7 ♌ 6	5 ♋ 20	14 ♏	1 ♏	5 ♒	26 ♓	25 ♓
9	15 ♏ 38	6 ♍ 26	3 ♑ 52	2 ♑ 44	18 ♏ 34	1 ♑ 34	3 ♍ 19	9 ♊ 6	14 ♌ 15	19 ♒ 49	7 ♌ 6	5 ♋ 19	15 ♏	1 ♏	5 ♒	26 ♓	25 ♓
10	16 ♏ 38	18 ♍ 19	3 ♑ 48	2 ♑ 40	20 ♏ 9	2 ♑ 41	3 ♍ 51	8 ♊ 59	14 ♌ 17	19 ♒ 50	7 ♌ 6	5 ♋ 18	15 ♏	2 ♏	6 ♒	26 ♓	25 ♓
11	17 ♏ 39	0 ♎ 16	3 ♑ 45	2 ♑ 33	21 ♏ 44	3 ♑ 47	4 ♍ 23	8 ♊ 52	14 ♌ 18	19 ♒ 50	7 R 6	5 ♋ 18	15 ♏	2 ♏	6 ♒	26 ♓	25 ♓
12	18 ♏ 39	12 ♎ 23	3 ♑ 42	2 ♑ 25	23 ♏ 19	4 ♑ 53	4 ♍ 54	8 ♊ 44	14 ♌ 20	19 ♒ 51	7 ♌ 6	5 ♋ 17	16 ♏	3 ♏	6 ♒	26 ♓	25 ♓
13	19 ♏ 40	24 ♎ 42	3 ♑ 39	2 ♑ 17	24 ♏ 53	5 ♑ 59	5 ♍ 26	8 ♊ 37	14 ♌ 22	19 ♒ 51	7 ♌ 6	5 ♋ 16	16 ♏	3 ♏	7 ♒	26 D	25 ♓
14	20 ♏ 40	7 ♏ 13	3 ♑ 36	2 ♑ 9	26 ♏ 27	7 ♑ 5	5 ♍ 57	8 ♊ 30	14 ♌ 23	19 ♒ 52	7 ♌ 6	5 ♋ 15	17 ♏	4 ♏	7 ♒	26 ♓	25 ♓
15	21 ♏ 40	19 ♏ 58	3 ♑ 33	2 ♑ 2	28 ♏ 1	8 ♑ 11	6 ♍ 28	8 ♊ 22	14 ♌ 24	19 ♒ 53	7 ♌ 6	5 ♋ 14	17 ♏	4 ♏	7 ♒	26 ♓	25 ♓
16	22 ♏ 41	2 ♐ 56	3 ♑ 29	1 ♑ 57	29 ♏ 34	9 ♑ 16	6 ♍ 59	8 ♊ 15	14 ♌ 26	19 ♒ 54	7 ♌ 6	5 ♋ 14	18 ♏	4 ♏	8 ♒	26 ♓	25 ♓
17	23 ♏ 41	16 ♐ 6	3 ♑ 26	1 ♑ 54	1 ♐ 8	10 ♑ 21	7 ♍ 30	8 ♊ 7	14 ♌ 27	19 ♒ 55	7 ♌ 5	5 ♋ 13	18 ♏	5 ♏	8 ♒	26 ♓	25 ♓
18	24 ♏ 42	29 ♐ 29	3 ♑ 23	1 ♑ 53	2 ♐ 41	11 ♑ 26	8 ♍ 1	7 ♊ 59	14 ♌ 28	19 ♒ 55	7 ♌ 5	5 ♋ 12	19 ♏	5 ♏	8 ♒	26 ♓	25 ♓
19	25 ♏ 43	13 ♑ 2	3 ♑ 20	1 D 53	4 ♐ 13	12 ♑ 31	8 ♍ 31	7 ♊ 51	14 ♌ 29	19 ♒ 56	7 ♌ 5	5 ♋ 11	19 ♏	6 ♏	8 ♒	26 ♓	25 ♓
20	26 ♏ 43	26 ♑ 45	3 ♑ 17	1 ♑ 54	5 ♐ 46	13 ♑ 36	9 ♍ 1	7 ♊ 43	14 ♌ 30	19 ♒ 57	7 ♌ 5	5 ♋ 10	19 ♏	6 ♏	9 ♒	26 ♓	25 ♓
21	27 ♏ 44	10 ♒ 38	3 ♑ 13	1 ♑ 56	7 ♐ 18	14 ♑ 40	9 ♍ 32	7 ♊ 35	14 ♌ 30	19 ♒ 58	7 ♌ 4	5 ♋ 9	20 ♏	7 ♏	9 ♒	26 ♓	25 ♓
22	28 ♏ 44	24 ♒ 39	3 ♑ 10	1 ♑ 57	8 ♐ 50	15 ♑ 44	10 ♍ 2	7 ♊ 27	14 ♌ 31	20 ♒ 0	7 ♌ 4	5 ♋ 8	20 ♏	7 ♏	9 ♒	26 ♓	25 ♓
23	29 ♏ 45	8 ♓ 49	3 ♑ 7	1 R 57	10 ♐ 22	16 ♑ 47	10 ♍ 31	7 ♊ 19	14 ♌ 31	20 ♒ 1	7 ♌ 3	5 ♋ 7	21 ♏	8 ♏	10 ♒	26 ♓	25 ♓
24	0 ♐ 46	23 ♓ 5	3 ♑ 4	1 ♑ 55	11 ♐ 54	17 ♑ 51	11 ♍ 1	7 ♊ 11	14 ♌ 32	20 ♒ 2	7 ♌ 3	5 ♋ 6	21 ♏	8 ♏	10 ♒	26 ♓	25 ♓
25	1 ♐ 46	7 ♈ 24	3 ♑ 1	1 ♑ 52	13 ♐ 25	18 ♑ 54	11 ♍ 31	7 ♊ 3	14 ♌ 32	20 ♒ 3	7 ♌ 2	5 ♋ 5	22 ♏	8 ♏	10 ♒	27 ♓	25 ♓
26	2 ♐ 47	21 ♈ 43	2 ♑ 58	1 ♑ 48	14 ♐ 57	19 ♑ 56	12 ♍ 0	6 ♊ 55	14 ♌ 32	20 ♒ 4	7 ♌ 2	5 ♋ 4	22 ♏	9 ♏	11 ♒	27 ♓	25 ♓
27	3 ♐ 48	5 ♉ 57	2 ♑ 54	1 ♑ 43	16 ♐ 28	20 ♑ 59	12 ♍ 29	6 ♊ 47	14 R 32	20 ♒ 6	7 ♌ 1	5 ♋ 3	22 ♏	9 ♏	11 ♒	27 ♓	25 ♓
28	4 ♐ 48	20 ♉ 2	2 ♑ 51	1 ♑ 39	17 ♐ 59	22 ♑ 1	12 ♍ 58	6 ♊ 39	14 ♌ 32	20 ♒ 7	7 ♌ 1	5 ♋ 2	23 ♏	10 ♏	12 ♒	27 ♓	25 ♓
29	5 ♐ 49	3 ♊ 53	2 ♑ 48	1 ♑ 36	19 ♐ 29	23 ♑ 3	13 ♍ 27	6 ♊ 31	14 ♌ 32	20 ♒ 9	7 ♌ 0	5 ♋ 1	23 ♏	10 ♏	12 ♒	27 ♓	25 ♓
30	6 ♐ 50	17 ♊ 25	2 ♑ 45	1 ♑ 34	20 ♐ 59	24 ♑ 4	13 ♍ 55	6 ♊ 22	14 ♌ 31	20 ♒ 10	7 ♌ 0	5 ♋ 0	24 ♏	11 ♏	12 ♒	27 ♓	25 ♓

SUN INGRESS	☉ → ♐ 23日 05:45
MOON PHASE	◑ 7日 02:03 ♌ ● 15日 03:28 ♏ ◐ 22日 07:29 ♒ ○ 29日 03:41 ♊

aspects	
1日 21:12	☿□♆
4日 03:16	☉☌☿
6日 05:40	☿□♄
7日 13:35	☉□♄
9日 19:01	☿□♅
12日 00:40	♀△♂
12日 08:25	♀☍♇
12日 16:45	♂⚹♇
13日 04:47	☉□♅
17日 23:01	♂□♃
20日 20:22	☿△♆
21日 04:08	☿☍♃
23日 03:36	☿□♂
25日 02:20	♃⚹♆
25日 17:29	☿△♄
29日 10:40	☿⚹♅
29日 14:23	☉☍♃
30日 03:45	☉△♆

1917年12月

DAY	☉	☽	☊ mean	☊ true	☿	♀	♂	♃	♄	♅	♆	♇	⚳	⚴	⚵	⚶	⚷
	° ′	° ′	° ′	° ′	° ′	° ′	° ′	° ′	° ′	° ′	° ′	° ′	°	°	°	°	°
1	7 ♐ 51	0 ♋ 39	2 ♑ 42	1 R 33	22 D 29	25 D 5	14 D 24	6 R 14	14 R 31	20 D 12	6 R 59	4 R 59	24 D	11 D	13 D	27 D	25 R
2	8 ♐ 52	13 ♋ 32	2 ♑ 39	1 D 34	23 ♐ 59	26 ♑ 6	14 ♍ 52	6 ♊ 6	14 ♌ 30	20 ♒ 13	6 ♌ 58	4 ♋ 58	25 ♏	11 ♏	13 ♒	27 ♓	25 ♓
3	9 ♐ 52	26 ♋ 6	2 ♑ 35	1 ♑ 35	25 ♐ 28	27 ♑ 6	15 ♍ 20	5 ♊ 58	14 ♌ 30	20 ♒ 15	6 ♌ 57	4 ♋ 57	25 ♏	12 ♏	13 ♒	27 ♓	25 ♓
4	10 ♐ 53	8 ♌ 24	2 ♑ 32	1 ♑ 37	26 ♐ 57	28 ♑ 6	15 ♍ 47	5 ♊ 50	14 ♌ 29	20 ♒ 17	6 ♌ 57	4 ♋ 56	25 ♏	12 ♏	14 ♒	28 ♓	25 ♓
5	11 ♐ 54	20 ♌ 29	2 ♑ 29	1 ♑ 38	28 ♐ 25	29 ♑ 5	16 ♍ 15	5 ♊ 42	14 ♌ 28	20 ♒ 18	6 ♌ 56	4 ♋ 55	26 ♏	13 ♏	14 ♒	28 ♓	25 ♓
6	12 ♐ 55	2 ♍ 25	2 ♑ 26	1 ♑ 39	29 ♐ 52	0 ♒ 4	16 ♍ 42	5 ♊ 34	14 ♌ 27	20 ♒ 20	6 ♌ 55	4 ♋ 54	26 ♏	13 ♏	14 ♒	28 ♓	25 ♓
7	13 ♐ 56	14 ♍ 17	2 ♑ 23	1 R 40	1 ♑ 19	1 ♒ 2	17 ♍ 9	5 ♊ 26	14 ♌ 26	20 ♒ 22	6 ♌ 54	4 ♋ 53	27 ♏	14 ♏	15 ♒	28 ♓	25 ♓
8	14 ♐ 57	26 ♍ 10	2 ♑ 19	1 ♑ 39	2 ♑ 45	2 ♒ 0	17 ♍ 36	5 ♊ 18	14 ♌ 25	20 ♒ 24	6 ♌ 53	4 ♋ 51	27 ♏	14 ♏	15 ♒	28 ♓	25 D
9	15 ♐ 58	8 ♎ 9	2 ♑ 16	1 ♑ 38	4 ♑ 10	2 ♒ 58	18 ♍ 3	5 ♊ 10	14 ♌ 23	20 ♒ 26	6 ♌ 52	4 ♋ 50	28 ♏	14 ♏	16 ♒	28 ♓	25 ♓
10	16 ♐ 59	20 ♎ 17	2 ♑ 13	1 ♑ 36	5 ♑ 33	3 ♒ 55	18 ♍ 29	5 ♊ 2	14 ♌ 22	20 ♒ 28	6 ♌ 52	4 ♋ 49	28 ♏	15 ♏	16 ♒	29 ♓	25 ♓
11	18 ♐ 0	2 ♏ 39	2 ♑ 10	1 ♑ 34	6 ♑ 55	4 ♒ 51	18 ♍ 55	4 ♊ 54	14 ♌ 20	20 ♒ 30	6 ♌ 51	4 ♋ 48	28 ♏	15 ♏	16 ♒	29 ♓	25 ♓
12	19 ♐ 1	15 ♏ 18	2 ♑ 7	1 ♑ 32	8 ♑ 16	5 ♒ 47	19 ♍ 21	4 ♊ 46	14 ♌ 19	20 ♒ 32	6 ♌ 50	4 ♋ 47	29 ♏	16 ♏	17 ♒	29 ♓	25 ♓
13	20 ♐ 2	28 ♏ 15	2 ♑ 4	1 ♑ 31	9 ♑ 34	6 ♒ 42	19 ♍ 47	4 ♊ 39	14 ♌ 17	20 ♒ 34	6 ♌ 49	4 ♋ 46	29 ♏	16 ♏	17 ♒	29 ♓	25 ♓
14	21 ♐ 3	11 ♐ 31	2 ♑ 0	1 ♑ 30	10 ♑ 50	7 ♒ 37	20 ♍ 12	4 ♊ 31	14 ♌ 15	20 ♒ 36	6 ♌ 48	4 ♋ 45	0 ♐	16 ♏	18 ♒	29 ♓	25 ♓
15	22 ♐ 4	25 ♐ 5	1 ♑ 57	1 ♑ 29	12 ♑ 4	8 ♒ 31	20 ♍ 37	4 ♊ 24	14 ♌ 13	20 ♒ 38	6 ♌ 46	4 ♋ 43	0 ♐	17 ♏	18 ♒	0 ♈	25 ♓
16	23 ♐ 5	8 ♑ 54	1 ♑ 54	1 D 29	13 ♑ 14	9 ♒ 24	21 ♍ 2	4 ♊ 16	14 ♌ 11	20 ♒ 40	6 ♌ 45	4 ♋ 42	0 ♐	17 ♏	18 ♒	0 ♈	25 ♓
17	24 ♐ 6	22 ♑ 56	1 ♑ 51	1 ♑ 29	14 ♑ 21	10 ♒ 17	21 ♍ 26	4 ♊ 9	14 ♌ 9	20 ♒ 42	6 ♌ 44	4 ♋ 41	1 ♐	18 ♏	19 ♒	0 ♈	25 ♓
18	25 ♐ 7	7 ♒ 6	1 ♑ 48	1 ♑ 30	15 ♑ 23	11 ♒ 9	21 ♍ 50	4 ♊ 2	14 ♌ 7	20 ♒ 45	6 ♌ 43	4 ♋ 40	1 ♐	18 ♏	19 ♒	0 ♈	25 ♓
19	26 ♐ 8	21 ♒ 21	1 ♑ 45	1 ♑ 31	16 ♑ 21	12 ♒ 0	22 ♍ 14	3 ♊ 55	14 ♌ 4	20 ♒ 47	6 ♌ 42	4 ♋ 39	2 ♐	19 ♏	20 ♒	0 ♈	25 ♓
20	27 ♐ 10	5 ♓ 38	1 ♑ 41	1 ♑ 31	17 ♑ 13	12 ♒ 50	22 ♍ 38	3 ♊ 48	14 ♌ 2	20 ♒ 49	6 ♌ 41	4 ♋ 37	2 ♐	19 ♏	20 ♒	1 ♈	25 ♓
21	28 ♐ 11	19 ♓ 53	1 ♑ 38	1 ♑ 31	17 ♑ 59	13 ♒ 40	23 ♍ 1	3 ♊ 41	13 ♌ 59	20 ♒ 52	6 ♌ 39	4 ♋ 36	3 ♐	19 ♏	20 ♒	1 ♈	25 ♓
22	29 ♐ 12	4 ♈ 3	1 ♑ 35	1 R 31	18 ♑ 37	14 ♒ 29	23 ♍ 24	3 ♊ 34	13 ♌ 56	20 ♒ 54	6 ♌ 38	4 ♋ 35	3 ♐	20 ♏	21 ♒	1 ♈	25 ♓
23	0 ♑ 13	18 ♈ 7	1 ♑ 32	1 ♑ 31	19 ♑ 7	15 ♒ 17	23 ♍ 47	3 ♊ 28	13 ♌ 54	20 ♒ 57	6 ♌ 37	4 ♋ 34	3 ♐	20 ♏	21 ♒	1 ♈	25 ♓
24	1 ♑ 14	2 ♉ 3	1 ♑ 29	1 ♑ 31	19 ♑ 29	16 ♒ 4	24 ♍ 9	3 ♊ 21	13 ♌ 51	20 ♒ 59	6 ♌ 36	4 ♋ 33	4 ♐	21 ♏	22 ♒	2 ♈	25 ♓
25	2 ♑ 15	15 ♉ 49	1 ♑ 25	1 D 31	19 ♑ 40	16 ♒ 50	24 ♍ 31	3 ♊ 15	13 ♌ 48	21 ♒ 2	6 ♌ 34	4 ♋ 31	4 ♐	21 ♏	22 ♒	2 ♈	25 ♓
26	3 ♑ 16	29 ♉ 24	1 ♑ 22	1 ♑ 31	19 R 41	17 ♒ 35	24 ♍ 53	3 ♊ 9	13 ♌ 45	21 ♒ 4	6 ♌ 33	4 ♋ 30	4 ♐	21 ♏	23 ♒	2 ♈	25 ♓
27	4 ♑ 17	12 ♊ 47	1 ♑ 19	1 ♑ 32	19 ♑ 30	18 ♒ 19	25 ♍ 14	3 ♊ 3	13 ♌ 42	21 ♒ 7	6 ♌ 32	4 ♋ 29	5 ♐	22 ♏	23 ♒	2 ♈	25 ♓
28	5 ♑ 18	25 ♊ 56	1 ♑ 16	1 ♑ 32	19 ♑ 8	19 ♒ 2	25 ♍ 35	2 ♊ 57	13 ♌ 38	21 ♒ 9	6 ♌ 30	4 ♋ 28	5 ♐	22 ♏	23 ♒	3 ♈	25 ♓
29	6 ♑ 20	8 ♋ 51	1 ♑ 13	1 R 32	18 ♑ 34	19 ♒ 43	25 ♍ 56	2 ♊ 52	13 ♌ 35	21 ♒ 12	6 ♌ 29	4 ♋ 26	6 ♐	23 ♏	24 ♒	3 ♈	25 ♓
30	7 ♑ 21	21 ♋ 32	1 ♑ 10	1 ♑ 31	17 ♑ 48	20 ♒ 24	26 ♍ 16	2 ♊ 46	13 ♌ 32	21 ♒ 15	6 ♌ 27	4 ♋ 25	6 ♐	23 ♏	24 ♒	3 ♈	25 ♓
31	8 ♑ 22	3 ♌ 59	1 ♑ 6	1 ♑ 31	16 ♑ 52	21 ♒ 3	26 ♍ 36	2 ♊ 41	13 ♌ 28	21 ♒ 18	6 ♌ 26	4 ♋ 24	7 ♐	23 ♏	25 ♒	3 ♈	25 ♓

SUN INGRESS	☉ → ♑ 22日 18:46
MOON PHASE	◑ 6日 23:13 ♍ ● 14日 18:17 ♐ ◐ 21日 15:07 ♓ ○ 28日 18:51 ♋

aspects	
7日 11:33	☉△♄
9日 11:27	☿☍♇
11日 01:08	♀△♃
12日 13:35	☉□♂
13日 02:47	♀☍♆
13日 12:54	☉⚹♅
21日 08:49	♀☍♄
27日 04:28	☉☍♇
31日 09:25	♀☌♅

1918年1月

DAY	☉	☽	☊ mean	☊ true	☿	♀	♂	♃	♄	♅	♆	♇	⚳	⚴	⚵	⚶	⚷
	° ′	° ′	° ′	° ′	° ′	° ′	° ′	° ′	° ′	° ′	° ′	° ′	°	°	°	°	°
1	9 ♑ 23	16 ♌ 14	1 ♑ 3	1 R 30	15 R 46	21 D 42	26 D 56	2 R 36	13 R 25	21 D 20	6 R 25	4 R 23	7 D	24 D	25 D	4 D	25 D
2	10 ♑ 24	28 ♌ 18	1 ♑ 0	1 ♑ 28	14 ♑ 33	22 ♒ 18	27 ♍ 15	2 ♊ 31	13 ♌ 21	21 ♒ 23	6 ♌ 23	4 ♋ 22	8 ♐	24 ♏	26 ♒	4 ♈	25 ♓
3	11 ♑ 25	10 ♍ 14	0 ♑ 57	1 ♑ 27	13 ♑ 15	22 ♒ 54	27 ♍ 34	2 ♊ 26	13 ♌ 17	21 ♒ 26	6 ♌ 22	4 ♋ 20	8 ♐	25 ♏	26 ♒	4 ♈	25 ♓
4	12 ♑ 26	22 ♍ 7	0 ♑ 54	1 ♑ 26	11 ♑ 54	23 ♒ 28	27 ♍ 52	2 ♊ 21	13 ♌ 13	21 ♒ 29	6 ♌ 20	4 ♋ 19	8 ♐	25 ♏	26 ♒	5 ♈	25 ♓
5	13 ♑ 28	3 ♎ 59	0 ♑ 51	1 ♑ 25	10 ♑ 33	24 ♒ 0	28 ♍ 10	2 ♊ 17	13 ♌ 10	21 ♒ 32	6 ♌ 19	4 ♋ 18	9 ♐	25 ♏	27 ♒	5 ♈	25 ♓
6	14 ♑ 29	15 ♎ 56	0 ♑ 47	1 D 25	9 ♑ 15	24 ♒ 31	28 ♍ 28	2 ♊ 12	13 ♌ 6	21 ♒ 35	6 ♌ 17	4 ♋ 17	9 ♐	26 ♏	27 ♒	5 ♈	25 ♓
7	15 ♑ 30	28 ♎ 2	0 ♑ 44	1 ♑ 25	8 ♑ 1	25 ♒ 1	28 ♍ 45	2 ♊ 8	13 ♌ 2	21 ♒ 38	6 ♌ 16	4 ♋ 16	10 ♐	26 ♏	28 ♒	5 ♈	25 ♓
8	16 ♑ 31	10 ♏ 23	0 ♑ 41	1 ♑ 26	6 ♑ 55	25 ♒ 29	29 ♍ 1	2 ♊ 4	12 ♌ 58	21 ♒ 40	6 ♌ 14	4 ♋ 14	10 ♐	27 ♏	28 ♒	6 ♈	25 ♓
9	17 ♑ 32	23 ♏ 1	0 ♑ 38	1 ♑ 28	5 ♑ 57	25 ♒ 55	29 ♍ 18	2 ♊ 1	12 ♌ 53	21 ♒ 43	6 ♌ 12	4 ♋ 13	10 ♐	27 ♏	29 ♒	6 ♈	25 ♓
10	18 ♑ 33	6 ♐ 1	0 ♑ 35	1 ♑ 29	5 ♑ 8	26 ♒ 19	29 ♍ 33	1 ♊ 57	12 ♌ 49	21 ♒ 47	6 ♌ 11	4 ♋ 12	11 ♐	27 ♏	29 ♒	6 ♈	25 ♓
11	19 ♑ 35	19 ♐ 25	0 ♑ 31	1 ♑ 30	4 ♑ 28	26 ♒ 41	29 ♍ 48	1 ♊ 54	12 ♌ 45	21 ♒ 50	6 ♌ 9	4 ♋ 11	11 ♐	28 ♏	0 ♓	7 ♈	25 ♓
12	20 ♑ 36	3 ♑ 13	0 ♑ 28	1 R 30	3 ♑ 59	27 ♒ 2	0 ♎ 3	1 ♊ 51	12 ♌ 41	21 ♒ 53	6 ♌ 8	4 ♋ 10	11 ♐	28 ♏	0 ♓	7 ♈	25 ♓
13	21 ♑ 37	17 ♑ 23	0 ♑ 25	1 ♑ 30	3 ♑ 39	27 ♒ 20	0 ♎ 17	1 ♊ 48	12 ♌ 36	21 ♒ 56	6 ♌ 6	4 ♋ 9	12 ♐	28 ♏	1 ♓	7 ♈	26 ♓
14	22 ♑ 38	1 ♒ 52	0 ♑ 22	1 ♑ 28	3 ♑ 29	27 ♒ 37	0 ♎ 31	1 ♊ 45	12 ♌ 32	21 ♒ 59	6 ♌ 4	4 ♋ 7	12 ♐	29 ♏	1 ♓	8 ♈	26 ♓
15	23 ♑ 39	16 ♒ 32	0 ♑ 19	1 ♑ 25	3 D 28	27 ♒ 51	0 ♎ 44	1 ♊ 42	12 ♌ 27	22 ♒ 2	6 ♌ 3	4 ♋ 6	13 ♐	29 ♏	2 ♓	8 ♈	26 ♓
16	24 ♑ 40	1 ♓ 17	0 ♑ 16	1 ♑ 22	3 ♑ 35	28 ♒ 4	0 ♎ 57	1 ♊ 40	12 ♌ 23	22 ♒ 5	6 ♌ 1	4 ♋ 5	13 ♐	0 ♐	2 ♓	8 ♈	26 ♓
17	25 ♑ 41	16 ♓ 0	0 ♑ 12	1 ♑ 19	3 ♑ 50	28 ♒ 14	1 ♎ 9	1 ♊ 38	12 ♌ 18	22 ♒ 8	5 ♌ 59	4 ♋ 4	13 ♐	0 ♐	2 ♓	9 ♈	26 ♓
18	26 ♑ 43	0 ♈ 34	0 ♑ 9	1 ♑ 16	4 ♑ 11	28 ♒ 21	1 ♎ 21	1 ♊ 36	12 ♌ 14	22 ♒ 12	5 ♌ 58	4 ♋ 3	14 ♐	0 ♐	3 ♓	9 ♈	26 ♓
19	27 ♑ 44	14 ♈ 53	0 ♑ 6	1 ♑ 14	4 ♑ 39	28 ♒ 27	1 ♎ 32	1 ♊ 34	12 ♌ 9	22 ♒ 15	5 ♌ 56	4 ♋ 2	14 ♐	1 ♐	3 ♓	9 ♈	26 ♓
20	28 ♑ 45	28 ♈ 57	0 ♑ 3	1 D 13	5 ♑ 13	28 ♒ 30	1 ♎ 42	1 ♊ 33	12 ♌ 4	22 ♒ 18	5 ♌ 54	4 ♋ 1	15 ♐	1 ♐	4 ♓	10 ♈	26 ♓
21	29 ♑ 46	12 ♉ 43	0 ♑ 0	1 ♑ 14	5 ♑ 52	28 R 30	1 ♎ 52	1 ♊ 31	12 ♌ 0	22 ♒ 21	5 ♌ 53	4 ♋ 0	15 ♐	1 ♐	4 ♓	10 ♈	26 ♓
22	0 ♒ 47	26 ♉ 11	29 ♐ 57	1 ♑ 15	6 ♑ 36	28 ♒ 28	2 ♎ 1	1 ♊ 30	11 ♌ 55	22 ♒ 25	5 ♌ 51	3 ♋ 59	15 ♐	2 ♐	5 ♓	10 ♈	26 ♓
23	1 ♒ 48	9 ♊ 24	29 ♐ 53	1 ♑ 17	7 ♑ 24	28 ♒ 24	2 ♎ 10	1 ♊ 29	11 ♌ 50	22 ♒ 28	5 ♌ 49	3 ♋ 57	16 ♐	2 ♐	5 ♓	11 ♈	26 ♓
24	2 ♒ 49	22 ♊ 22	29 ♐ 50	1 ♑ 18	8 ♑ 16	28 ♒ 17	2 ♎ 18	1 ♊ 29	11 ♌ 45	22 ♒ 31	5 ♌ 48	3 ♋ 56	16 ♐	3 ♐	6 ♓	11 ♈	26 ♓
25	3 ♒ 50	5 ♋ 8	29 ♐ 47	1 R 19	9 ♑ 12	28 ♒ 7	2 ♎ 26	1 ♊ 28	11 ♌ 40	22 ♒ 34	5 ♌ 46	3 ♋ 55	16 ♐	3 ♐	6 ♓	11 ♈	26 ♓
26	4 ♒ 51	17 ♋ 43	29 ♐ 44	1 ♑ 17	10 ♑ 11	27 ♒ 55	2 ♎ 32	1 ♊ 28	11 ♌ 36	22 ♒ 38	5 ♌ 44	3 ♋ 54	17 ♐	3 ♐	7 ♓	12 ♈	26 ♓
27	5 ♒ 52	0 ♌ 7	29 ♐ 41	1 ♑ 14	11 ♑ 12	27 ♒ 40	2 ♎ 39	1 D 28	11 ♌ 31	22 ♒ 41	5 ♌ 43	3 ♋ 53	17 ♐	4 ♐	7 ♓	12 ♈	26 ♓
28	6 ♒ 53	12 ♌ 22	29 ♐ 37	1 ♑ 9	12 ♑ 17	27 ♒ 23	2 ♎ 44	1 ♊ 28	11 ♌ 26	22 ♒ 45	5 ♌ 41	3 ♋ 52	18 ♐	4 ♐	8 ♓	12 ♈	26 ♓
29	7 ♒ 54	24 ♌ 29	29 ♐ 34	1 ♑ 3	13 ♑ 23	27 ♒ 4	2 ♎ 49	1 ♊ 28	11 ♌ 21	22 ♒ 48	5 ♌ 39	3 ♋ 51	18 ♐	4 ♐	8 ♓	13 ♈	26 ♓
30	8 ♒ 55	6 ♍ 29	29 ♐ 31	0 ♑ 56	14 ♑ 32	26 ♒ 42	2 ♎ 53	1 ♊ 29	11 ♌ 16	22 ♒ 51	5 ♌ 38	3 ♋ 50	18 ♐	5 ♐	9 ♓	13 ♈	26 ♓
31	9 ♒ 55	18 ♍ 24	29 ♐ 28	0 ♑ 48	15 ♑ 43	26 ♒ 18	2 ♎ 57	1 ♊ 29	11 ♌ 11	22 ♒ 55	5 ♌ 36	3 ♋ 49	19 ♐	5 ♐	9 ♓	13 ♈	26 ♓

SUN INGRESS	☉ → ♒ 21日 05:25
MOON PHASE	◑ 5日 20:49 ♎　● 13日 07:35 ♑　◐ 19日 23:38 ♈　○ 27日 12:14 ♌

aspects		
3日	18:29	☉☌☿
11日	13:47	☿☍♇
17日	15:59	☿☍♇
19日	04:39	♂△♃
22日	16:47	☉△♃
23日	10:05	☉△♂
26日	20:29	☉☍♆

1918年2月

DAY	☉	☽	☊ mean	☊ true	☿	♀	♂	♃	♄	♅	♆	♇	⚳	⚴	⚵	⚶	⚷
	° ′	° ′	° ′	° ′	° ′	° ′	° ′	° ′	° ′	° ′	° ′	° ′	°	°	°	°	°
1	10 ♒ 56	0 ♎ 16	29 ♐ 25	0 R 41	16 D 55	25 R 51	2 D 59	1 D 30	11 R 6	22 D 58	5 R 34	3 R 48	19 D	5 D	10 D	14 D	26 D
2	11 ♒ 57	12 ♎ 8	29 ♐ 22	0 ♑ 35	18 ♑ 10	25 ♒ 23	3 ♎ 1	1 ♊ 31	11 ♌ 1	23 ♒ 2	5 ♌ 32	3 ♋ 48	19 ♐	6 ♐	10 ♓	14 ♈	26 ♓
3	12 ♒ 58	24 ♎ 3	29 ♐ 18	0 ♑ 31	19 ♑ 26	24 ♒ 53	3 ♎ 3	1 ♊ 33	10 ♌ 56	23 ♒ 5	5 ♌ 31	3 ♋ 47	20 ♐	6 ♐	11 ♓	15 ♈	26 ♓
4	13 ♒ 59	6 ♏ 7	29 ♐ 15	0 ♑ 29	20 ♑ 43	24 ♒ 21	3 ♎ 3	1 ♊ 34	10 ♌ 52	23 ♒ 8	5 ♌ 29	3 ♋ 46	20 ♐	6 ♐	11 ♓	15 ♈	26 ♓
5	15 ♒ 0	18 ♏ 22	29 ♐ 12	0 D 29	22 ♑ 2	23 ♒ 48	3 R 3	1 ♊ 36	10 ♌ 47	23 ♒ 12	5 ♌ 27	3 ♋ 45	20 ♐	7 ♐	12 ♓	15 ♈	26 ♓
6	16 ♒ 1	0 ♐ 55	29 ♐ 9	0 ♑ 30	23 ♑ 22	23 ♒ 14	3 ♎ 2	1 ♊ 38	10 ♌ 42	23 ♒ 15	5 ♌ 26	3 ♋ 44	21 ♐	7 ♐	12 ♓	16 ♈	26 ♓
7	17 ♒ 1	13 ♐ 50	29 ♐ 6	0 ♑ 31	24 ♑ 43	22 ♒ 38	3 ♎ 1	1 ♊ 40	10 ♌ 37	23 ♒ 19	5 ♌ 24	3 ♋ 43	21 ♐	7 ♐	13 ♓	16 ♈	27 ♓
8	18 ♒ 2	27 ♐ 11	29 ♐ 3	0 ♑ 32	26 ♑ 6	22 ♒ 2	2 ♎ 58	1 ♊ 43	10 ♌ 32	23 ♒ 22	5 ♌ 22	3 ♋ 42	22 ♐	8 ♐	13 ♓	16 ♈	27 ♓
9	19 ♒ 3	11 ♑ 0	28 ♐ 59	0 R 32	27 ♑ 29	21 ♒ 25	2 ♎ 55	1 ♊ 45	10 ♌ 27	23 ♒ 26	5 ♌ 21	3 ♋ 41	22 ♐	8 ♐	14 ♓	17 ♈	27 ♓
10	20 ♒ 4	25 ♑ 17	28 ♐ 56	0 ♑ 29	28 ♑ 54	20 ♒ 48	2 ♎ 51	1 ♊ 48	10 ♌ 22	23 ♒ 29	5 ♌ 19	3 ♋ 41	22 ♐	8 ♐	14 ♓	17 ♈	27 ♓
11	21 ♒ 4	9 ♒ 58	28 ♐ 53	0 ♑ 24	0 ♒ 20	20 ♒ 10	2 ♎ 46	1 ♊ 51	10 ♌ 18	23 ♒ 33	5 ♌ 18	3 ♋ 40	23 ♐	8 ♐	15 ♓	18 ♈	27 ♓
12	22 ♒ 5	24 ♒ 59	28 ♐ 50	0 ♑ 17	1 ♒ 46	19 ♒ 33	2 ♎ 41	1 ♊ 54	10 ♌ 13	23 ♒ 36	5 ♌ 16	3 ♋ 39	23 ♐	9 ♐	15 ♓	18 ♈	27 ♓
13	23 ♒ 6	10 ♓ 8	28 ♐ 47	0 ♑ 9	3 ♒ 14	18 ♒ 57	2 ♎ 35	1 ♊ 57	10 ♌ 8	23 ♒ 40	5 ♌ 14	3 ♋ 38	23 ♐	9 ♐	16 ♓	18 ♈	27 ♓
14	24 ♒ 7	25 ♓ 17	28 ♐ 43	0 ♑ 1	4 ♒ 43	18 ♒ 21	2 ♎ 27	2 ♊ 1	10 ♌ 3	23 ♒ 43	5 ♌ 13	3 ♋ 38	24 ♐	9 ♐	16 ♓	19 ♈	27 ♓
15	25 ♒ 7	10 ♈ 15	28 ♐ 40	29 ♐ 53	6 ♒ 12	17 ♒ 46	2 ♎ 20	2 ♊ 4	9 ♌ 59	23 ♒ 46	5 ♌ 11	3 ♋ 37	24 ♐	10 ♐	17 ♓	19 ♈	27 ♓
16	26 ♒ 8	24 ♈ 53	28 ♐ 37	29 ♐ 47	7 ♒ 43	17 ♒ 12	2 ♎ 11	2 ♊ 8	9 ♌ 54	23 ♒ 50	5 ♌ 10	3 ♋ 36	24 ♐	10 ♐	17 ♓	19 ♈	27 ♓
17	27 ♒ 8	9 ♉ 8	28 ♐ 34	29 ♐ 43	9 ♒ 15	16 ♒ 40	2 ♎ 1	2 ♊ 12	9 ♌ 50	23 ♒ 53	5 ♌ 8	3 ♋ 36	25 ♐	10 ♐	18 ♓	20 ♈	27 ♓
18	28 ♒ 9	22 ♉ 58	28 ♐ 31	29 ♐ 42	10 ♒ 47	16 ♒ 9	1 ♎ 51	2 ♊ 16	9 ♌ 45	23 ♒ 57	5 ♌ 7	3 ♋ 35	25 ♐	11 ♐	18 ♓	20 ♈	27 ♓
19	29 ♒ 9	6 ♊ 23	28 ♐ 28	29 D 42	12 ♒ 20	15 ♒ 39	1 ♎ 40	2 ♊ 21	9 ♌ 41	24 ♒ 0	5 ♌ 5	3 ♋ 34	25 ♐	11 ♐	19 ♓	21 ♈	27 ♓
20	0 ♓ 10	19 ♊ 26	28 ♐ 24	29 ♐ 42	13 ♒ 55	15 ♒ 12	1 ♎ 28	2 ♊ 26	9 ♌ 36	24 ♒ 4	5 ♌ 4	3 ♋ 34	26 ♐	11 ♐	19 ♓	21 ♈	27 ♓
21	1 ♓ 10	2 ♋ 11	28 ♐ 21	29 R 43	15 ♒ 30	14 ♒ 47	1 ♎ 16	2 ♊ 30	9 ♌ 32	24 ♒ 7	5 ♌ 2	3 ♋ 33	26 ♐	11 ♐	20 ♓	21 ♈	27 ♓
22	2 ♓ 11	14 ♋ 41	28 ♐ 18	29 ♐ 41	17 ♒ 6	14 ♒ 24	1 ♎ 3	2 ♊ 35	9 ♌ 27	24 ♒ 11	5 ♌ 1	3 ♋ 33	26 ♐	12 ♐	20 ♓	22 ♈	27 ♓
23	3 ♓ 11	27 ♋ 0	28 ♐ 15	29 ♐ 38	18 ♒ 43	14 ♒ 3	0 ♎ 49	2 ♊ 40	9 ♌ 23	24 ♒ 14	4 ♌ 59	3 ♋ 32	27 ♐	12 ♐	21 ♓	22 ♈	27 ♓
24	4 ♓ 12	9 ♌ 10	28 ♐ 12	29 ♐ 32	20 ♒ 21	13 ♒ 44	0 ♎ 34	2 ♊ 46	9 ♌ 19	24 ♒ 18	4 ♌ 58	3 ♋ 32	27 ♐	12 ♐	21 ♓	23 ♈	27 ♓
25	5 ♓ 12	21 ♌ 14	28 ♐ 9	29 ♐ 23	22 ♒ 0	13 ♒ 28	0 ♎ 18	2 ♊ 51	9 ♌ 15	24 ♒ 21	4 ♌ 56	3 ♋ 31	27 ♐	12 ♐	22 ♓	23 ♈	27 ♓
26	6 ♓ 12	3 ♍ 13	28 ♐ 5	29 ♐ 11	23 ♒ 40	13 ♒ 15	0 ♎ 2	2 ♊ 57	9 ♌ 11	24 ♒ 24	4 ♌ 55	3 ♋ 31	27 ♐	13 ♐	22 ♓	23 ♈	28 ♓
27	7 ♓ 12	15 ♍ 8	28 ♐ 2	28 ♐ 58	25 ♒ 21	13 ♒ 3	29 ♍ 45	3 ♊ 3	9 ♌ 7	24 ♒ 28	4 ♌ 53	3 ♋ 30	28 ♐	13 ♐	23 ♓	24 ♈	28 ♓
28	8 ♓ 13	27 ♍ 1	27 ♐ 59	28 ♐ 45	27 ♒ 3	12 ♒ 55	29 ♍ 28	3 ♊ 9	9 ♌ 3	24 ♒ 31	4 ♌ 52	3 ♋ 30	28 ♐	13 ♐	23 ♓	24 ♈	28 ♓

SUN INGRESS	☉ → ♓ 19日 19:53
MOON PHASE	◑ 4日 16:51 ♏　● 11日 19:04 ♒　◐ 18日 09:56 ♉　○ 26日 06:34 ♍

aspects		
1日	03:37	☉☍♄
5日	22:53	♀☌♅
10日	10:44	☉☌♀
12日	02:07	☿△♃
12日	13:58	☿△♂
13日	14:08	☉☌♅
14日	07:55	☿☍♆
16日	04:51	♂△♃
17日	08:40	☿☍♄
20日	15:23	☿☌♀
22日	10:38	☉□♃
23日	08:14	☉△♇
26日	10:52	☿☌♅

1918年3月

DAY	☉	☽	☊ mean	☊ true	☿	♀	♂	♃	♄	♅	♆	♇	⚳	⚴	⚵	⚶	⚷
	° ′	° ′	° ′	° ′	° ′	° ′	° ′	° ′	° ′	° ′	° ′	° ′	°	°	°	°	°
1	9 ♓ 13	8 ♎ 53	27 ♐ 56	28 R 32	28 D 46	12 R 48	29 R 10	3 D 15	8 R 59	24 D 35	4 R 51	3 R 29	28 D	13 D	24 D	25 D	28 D
2	10 ♓ 13	20 ♎ 46	27 ♐ 53	28 ♐ 21	0 ♓ 31	12 ♒ 45	28 ♍ 51	3 ♊ 21	8 ♌ 55	24 ♒ 38	4 ♌ 49	3 ♋ 29	29 ♐	14 ♐	24 ♓	25 ♈	28 ♓
3	11 ♓ 13	2 ♏ 43	27 ♐ 49	28 ♐ 12	2 ♓ 16	12 ♒ 43	28 ♍ 32	3 ♊ 28	8 ♌ 51	24 ♒ 41	4 ♌ 48	3 ♋ 28	29 ♐	14 ♐	25 ♓	25 ♈	28 ♓
4	12 ♓ 13	14 ♏ 47	27 ♐ 46	28 ♐ 6	4 ♓ 2	12 D 45	28 ♍ 12	3 ♊ 34	8 ♌ 47	24 ♒ 45	4 ♌ 47	3 ♋ 28	29 ♐	14 ♐	26 ♓	26 ♈	28 ♓
5	13 ♓ 13	27 ♏ 0	27 ♐ 43	28 ♐ 3	5 ♓ 49	12 ♒ 48	27 ♍ 52	3 ♊ 41	8 ♌ 44	24 ♒ 48	4 ♌ 46	3 ♋ 28	0 ♑	14 ♐	26 ♓	26 ♈	28 ♓
6	14 ♓ 14	9 ♐ 29	27 ♐ 40	28 ♐ 2	7 ♓ 37	12 ♒ 54	27 ♍ 31	3 ♊ 48	8 ♌ 40	24 ♒ 51	4 ♌ 44	3 ♋ 27	0 ♑	15 ♐	27 ♓	27 ♈	28 ♓
7	15 ♓ 14	22 ♐ 18	27 ♐ 37	28 D 2	9 ♓ 27	13 ♒ 2	27 ♍ 10	3 ♊ 55	8 ♌ 37	24 ♒ 55	4 ♌ 43	3 ♋ 27	0 ♑	15 ♐	27 ♓	27 ♈	28 ♓
8	16 ♓ 14	5 ♑ 30	27 ♐ 34	28 R 2	11 ♓ 17	13 ♒ 13	26 ♍ 48	4 ♊ 2	8 ♌ 33	24 ♒ 58	4 ♌ 42	3 ♋ 27	0 ♑	15 ♐	28 ♓	27 ♈	28 ♓
9	17 ♓ 14	19 ♑ 11	27 ♐ 30	28 ♐ 0	13 ♓ 9	13 ♒ 25	26 ♍ 26	4 ♊ 10	8 ♌ 30	25 ♒ 1	4 ♌ 41	3 ♋ 27	1 ♑	15 ♐	28 ♓	28 ♈	28 ♓
10	18 ♓ 14	3 ♒ 21	27 ♐ 27	27 ♐ 56	15 ♓ 2	13 ♒ 40	26 ♍ 4	4 ♊ 17	8 ♌ 27	25 ♒ 5	4 ♌ 40	3 ♋ 26	1 ♑	15 ♐	29 ♓	28 ♈	28 ♓
11	19 ♓ 14	17 ♒ 59	27 ♐ 24	27 ♐ 50	16 ♓ 56	13 ♒ 57	25 ♍ 41	4 ♊ 25	8 ♌ 24	25 ♒ 8	4 ♌ 39	3 ♋ 26	1 ♑	16 ♐	29 ♓	29 ♈	28 ♓
12	20 ♓ 14	3 ♓ 1	27 ♐ 21	27 ♐ 41	18 ♓ 50	14 ♒ 15	25 ♍ 18	4 ♊ 33	8 ♌ 21	25 ♒ 11	4 ♌ 37	3 ♋ 26	1 ♑	16 ♐	0 ♈	29 ♈	28 ♓
13	21 ♓ 13	18 ♓ 19	27 ♐ 18	27 ♐ 30	20 ♓ 46	14 ♒ 36	24 ♍ 55	4 ♊ 41	8 ♌ 18	25 ♒ 14	4 ♌ 36	3 ♋ 26	2 ♑	16 ♐	0 ♈	0 ♉	28 ♓
14	22 ♓ 13	3 ♈ 40	27 ♐ 14	27 ♐ 19	22 ♓ 43	14 ♒ 58	24 ♍ 31	4 ♊ 49	8 ♌ 15	25 ♒ 17	4 ♌ 35	3 ♋ 26	2 ♑	16 ♐	1 ♈	0 ♉	28 ♓
15	23 ♓ 13	18 ♈ 53	27 ♐ 11	27 ♐ 8	24 ♓ 40	15 ♒ 22	24 ♍ 8	4 ♊ 57	8 ♌ 12	25 ♒ 21	4 ♌ 34	3 ♋ 26	2 ♑	16 ♐	1 ♈	0 ♉	29 ♓
16	24 ♓ 13	3 ♉ 49	27 ♐ 8	26 ♐ 59	26 ♓ 39	15 ♒ 48	23 ♍ 44	5 ♊ 5	8 ♌ 10	25 ♒ 24	4 ♌ 33	3 ♋ 26	2 ♑	17 ♐	2 ♈	1 ♉	29 ♓
17	25 ♓ 13	18 ♉ 18	27 ♐ 5	26 ♐ 53	28 ♓ 38	16 ♒ 16	23 ♍ 21	5 ♊ 14	8 ♌ 7	25 ♒ 27	4 ♌ 32	3 ♋ 26	3 ♑	17 ♐	2 ♈	1 ♉	29 ♓
18	26 ♓ 12	2 ♊ 19	27 ♐ 2	26 ♐ 50	0 ♈ 37	16 ♒ 45	22 ♍ 57	5 ♊ 22	8 ♌ 5	25 ♒ 30	4 ♌ 32	3 ♋ 26	3 ♑	17 ♐	3 ♈	2 ♉	29 ♓
19	27 ♓ 12	15 ♊ 51	26 ♐ 59	26 ♐ 49	2 ♈ 37	17 ♒ 15	22 ♍ 33	5 ♊ 31	8 ♌ 2	25 ♒ 33	4 ♌ 31	3 D 26	3 ♑	17 ♐	4 ♈	2 ♉	29 ♓
20	28 ♓ 12	28 ♊ 56	26 ♐ 55	26 ♐ 48	4 ♈ 38	17 ♒ 47	22 ♍ 10	5 ♊ 40	8 ♌ 0	25 ♒ 36	4 ♌ 30	3 ♋ 26	3 ♑	17 ♐	4 ♈	2 ♉	29 ♓
21	29 ♓ 11	11 ♋ 39	26 ♐ 52	26 ♐ 48	6 ♈ 38	18 ♒ 21	21 ♍ 47	5 ♊ 49	7 ♌ 58	25 ♒ 39	4 ♌ 29	3 ♋ 26	4 ♑	17 ♐	5 ♈	3 ♉	29 ♓
22	0 ♈ 11	24 ♋ 4	26 ♐ 49	26 ♐ 46	8 ♈ 38	18 ♒ 56	21 ♍ 24	5 ♊ 58	7 ♌ 56	25 ♒ 42	4 ♌ 28	3 ♋ 26	4 ♑	17 ♐	5 ♈	3 ♉	29 ♓
23	1 ♈ 10	6 ♌ 16	26 ♐ 46	26 ♐ 42	10 ♈ 37	19 ♒ 32	21 ♍ 1	6 ♊ 8	7 ♌ 54	25 ♒ 45	4 ♌ 27	3 ♋ 26	4 ♑	18 ♐	6 ♈	4 ♉	29 ♓
24	2 ♈ 10	18 ♌ 18	26 ♐ 43	26 ♐ 36	12 ♈ 35	20 ♒ 9	20 ♍ 38	6 ♊ 17	7 ♌ 52	25 ♒ 48	4 ♌ 27	3 ♋ 26	4 ♑	18 ♐	6 ♈	4 ♉	29 ♓
25	3 ♈ 9	0 ♍ 14	26 ♐ 40	26 ♐ 26	14 ♈ 32	20 ♒ 48	20 ♍ 16	6 ♊ 26	7 ♌ 50	25 ♒ 51	4 ♌ 26	3 ♋ 26	5 ♑	18 ♐	7 ♈	5 ♉	29 ♓
26	4 ♈ 9	12 ♍ 8	26 ♐ 36	26 ♐ 14	16 ♈ 28	21 ♒ 27	19 ♍ 54	6 ♊ 36	7 ♌ 48	25 ♒ 54	4 ♌ 25	3 ♋ 26	5 ♑	18 ♐	7 ♈	5 ♉	29 ♓
27	5 ♈ 8	24 ♍ 0	26 ♐ 33	26 ♐ 0	18 ♈ 21	22 ♒ 8	19 ♍ 33	6 ♊ 46	7 ♌ 47	25 ♒ 57	4 ♌ 24	3 ♋ 26	5 ♑	18 ♐	8 ♈	5 ♉	29 ♓
28	6 ♈ 7	5 ♎ 53	26 ♐ 30	25 ♐ 46	20 ♈ 13	22 ♒ 50	19 ♍ 12	6 ♊ 56	7 ♌ 45	26 ♒ 0	4 ♌ 24	3 ♋ 27	5 ♑	18 ♐	8 ♈	6 ♉	29 ♓
29	7 ♈ 7	17 ♎ 48	26 ♐ 27	25 ♐ 32	22 ♈ 1	23 ♒ 33	18 ♍ 51	7 ♊ 6	7 ♌ 44	26 ♒ 3	4 ♌ 23	3 ♋ 27	5 ♑	18 ♐	9 ♈	6 ♉	29 ♓
30	8 ♈ 6	29 ♎ 46	26 ♐ 24	25 ♐ 20	23 ♈ 46	24 ♒ 17	18 ♍ 31	7 ♊ 16	7 ♌ 43	26 ♒ 5	4 ♌ 23	3 ♋ 27	6 ♑	18 ♐	10 ♈	7 ♉	29 ♓
31	9 ♈ 5	11 ♏ 48	26 ♐ 20	25 ♐ 10	25 ♈ 27	25 ♒ 2	18 ♍ 12	7 ♊ 26	7 ♌ 42	26 ♒ 8	4 ♌ 22	3 ♋ 27	6 ♑	18 ♐	10 ♈	7 ♉	29 ♓

SUN INGRESS ☉ → ♈ 21日 19:26

MOON PHASE ◑ 6日 09:43 ♐ ● 13日 04:52 ♓ ◐ 19日 22:30 ♊ ○ 28日 00:32 ♎

aspects		
3日	16:25	☿△♇
3日	17:21	☿□♃
12日	12:56	♃⚹♆
13日	11:35	☉☌☿
14日	18:27	☿☍♂
15日	15:44	☉☍♂
19日	09:38	☿□♇
19日	22:27	☿△♆
20日	13:30	☿⚹♃
21日	15:45	☿△♄
25日	06:46	☉□♇
26日	06:33	☉△♆
28日	23:23	☉⚹♃
29日	14:47	☉△♄
30日	12:49	☿⚹♀
31日	10:14	☿⚹♅

1918年4月

DAY	☉	☽	☊ mean	☊ true	☿	♀	♂	♃	♄	♅	♆	♇	⚳	⚴	⚵	⚶	⚷
	° ′	° ′	° ′	° ′	° ′	° ′	° ′	° ′	° ′	° ′	° ′	° ′	°	°	°	°	°
1	10 ♈ 4	23 ♏ 58	26 ♐ 17	25 R 4	27 D 5	25 D 47	17 R 53	7 D 36	7 R 41	26 D 11	4 R 22	3 D 28	6 D	18 D	11 D	8 D	0 D
2	11 ♈ 4	6 ♐ 17	26 ♐ 14	25 ♐ 0	28 ♈ 38	26 ♒ 34	17 ♍ 34	7 ♊ 46	7 ♌ 40	26 ♒ 14	4 ♌ 21	3 ♋ 28	6 ♑	18 ♐	11 ♈	8 ♉	0 ♈
3	12 ♈ 3	18 ♐ 49	26 ♐ 11	24 ♐ 59	0 ♉ 6	27 ♒ 21	17 ♍ 16	7 ♊ 57	7 ♌ 39	26 ♒ 16	4 ♌ 21	3 ♋ 28	6 ♑	19 ♐	12 ♈	8 ♉	0 ♈
4	13 ♈ 2	1 ♑ 37	26 ♐ 8	24 D 59	1 ♉ 29	28 ♒ 10	16 ♍ 59	8 ♊ 7	7 ♌ 38	26 ♒ 19	4 ♌ 20	3 ♋ 29	6 ♑	19 ♐	12 ♈	9 ♉	0 ♈
5	14 ♈ 1	14 ♑ 46	26 ♐ 5	24 R 59	2 ♉ 47	28 ♒ 59	16 ♍ 43	8 ♊ 18	7 ♌ 38	26 ♒ 22	4 ♌ 20	3 ♋ 29	7 ♑	19 ♐	13 ♈	9 ♉	0 ♈
6	15 ♈ 0	28 ♑ 18	26 ♐ 1	24 ♐ 58	3 ♉ 59	29 ♒ 49	16 ♍ 27	8 ♊ 29	7 ♌ 37	26 ♒ 24	4 ♌ 20	3 ♋ 29	7 ♑	19 ♐	13 ♈	10 ♉	0 ♈
7	15 ♈ 59	12 ♒ 17	25 ♐ 58	24 ♐ 56	5 ♉ 5	0 ♓ 39	16 ♍ 12	8 ♊ 40	7 ♌ 37	26 ♒ 27	4 ♌ 19	3 ♋ 30	7 ♑	19 ♐	14 ♈	10 ♉	0 ♈
8	16 ♈ 58	26 ♒ 43	25 ♐ 55	24 ♐ 51	6 ♉ 6	1 ♓ 30	15 ♍ 57	8 ♊ 51	7 ♌ 37	26 ♒ 29	4 ♌ 19	3 ♋ 30	7 ♑	19 ♐	15 ♈	11 ♉	0 ♈
9	17 ♈ 57	11 ♓ 31	25 ♐ 52	24 ♐ 43	7 ♉ 0	2 ♓ 22	15 ♍ 44	9 ♊ 2	7 ♌ 36	26 ♒ 32	4 ♌ 19	3 ♋ 31	7 ♑	19 ♐	15 ♈	11 ♉	0 ♈
10	18 ♈ 56	26 ♓ 38	25 ♐ 49	24 ♐ 34	7 ♉ 48	3 ♓ 15	15 ♍ 31	9 ♊ 13	7 D 36	26 ♒ 34	4 ♌ 19	3 ♋ 31	7 ♑	19 ♐	16 ♈	11 ♉	0 ♈
11	19 ♈ 55	11 ♈ 52	25 ♐ 46	24 ♐ 24	8 ♉ 30	4 ♓ 8	15 ♍ 19	9 ♊ 24	7 ♌ 36	26 ♒ 37	4 ♌ 18	3 ♋ 32	8 ♑	19 R	16 ♈	12 ♉	0 ♈
12	20 ♈ 54	27 ♈ 4	25 ♐ 42	24 ♐ 15	9 ♉ 5	5 ♓ 2	15 ♍ 7	9 ♊ 35	7 ♌ 37	26 ♒ 39	4 ♌ 18	3 ♋ 32	8 ♑	19 ♐	17 ♈	12 ♉	0 ♈
13	21 ♈ 53	12 ♉ 2	25 ♐ 39	24 ♐ 7	9 ♉ 34	5 ♓ 56	14 ♍ 57	9 ♊ 47	7 ♌ 37	26 ♒ 41	4 ♌ 18	3 ♋ 33	8 ♑	19 ♐	17 ♈	13 ♉	0 ♈
14	22 ♈ 52	26 ♉ 38	25 ♐ 36	24 ♐ 2	9 ♉ 56	6 ♓ 51	14 ♍ 47	9 ♊ 58	7 ♌ 37	26 ♒ 43	4 ♌ 18	3 ♋ 34	8 ♑	19 ♐	18 ♈	13 ♉	0 ♈
15	23 ♈ 50	10 ♊ 47	25 ♐ 33	23 ♐ 59	10 ♉ 12	7 ♓ 46	14 ♍ 38	10 ♊ 10	7 ♌ 38	26 ♒ 46	4 ♌ 18	3 ♋ 34	8 ♑	19 ♐	18 ♈	14 ♉	0 ♈
16	24 ♈ 49	24 ♊ 28	25 ♐ 30	23 D 58	10 ♉ 22	8 ♓ 42	14 ♍ 29	10 ♊ 21	7 ♌ 38	26 ♒ 48	4 D 18	3 ♋ 35	8 ♑	19 ♐	19 ♈	14 ♉	0 ♈
17	25 ♈ 48	7 ♋ 40	25 ♐ 26	23 ♐ 59	10 ♉ 25	9 ♓ 38	14 ♍ 22	10 ♊ 33	7 ♌ 39	26 ♒ 50	4 ♌ 18	3 ♋ 35	8 ♑	19 ♐	20 ♈	14 ♉	0 ♈
18	26 ♈ 46	20 ♋ 28	25 ♐ 23	24 ♐ 0	10 R 22	10 ♓ 35	14 ♍ 15	10 ♊ 45	7 ♌ 40	26 ♒ 52	4 ♌ 18	3 ♋ 36	8 ♑	19 ♐	20 ♈	15 ♉	0 ♈
19	27 ♈ 45	2 ♌ 55	25 ♐ 20	24 R 0	10 ♉ 13	11 ♓ 32	14 ♍ 10	10 ♊ 57	7 ♌ 41	26 ♒ 54	4 ♌ 18	3 ♋ 37	9 ♑	18 ♐	21 ♈	15 ♉	1 ♈
20	28 ♈ 44	15 ♌ 7	25 ♐ 17	23 ♐ 58	9 ♉ 59	12 ♓ 30	14 ♍ 4	11 ♊ 9	7 ♌ 42	26 ♒ 56	4 ♌ 18	3 ♋ 37	9 ♑	18 ♐	21 ♈	16 ♉	1 ♈
21	29 ♈ 42	27 ♌ 7	25 ♐ 14	23 ♐ 55	9 ♉ 39	13 ♓ 28	14 ♍ 0	11 ♊ 21	7 ♌ 43	26 ♒ 58	4 ♌ 18	3 ♋ 38	9 ♑	18 ♐	22 ♈	16 ♉	1 ♈
22	0 ♉ 41	9 ♍ 2	25 ♐ 11	23 ♐ 49	9 ♉ 15	14 ♓ 26	13 ♍ 57	11 ♊ 33	7 ♌ 44	27 ♒ 0	4 ♌ 19	3 ♋ 39	9 ♑	18 ♐	22 ♈	17 ♉	1 ♈
23	1 ♉ 39	20 ♍ 53	25 ♐ 7	23 ♐ 41	8 ♉ 47	15 ♓ 25	13 ♍ 54	11 ♊ 45	7 ♌ 46	27 ♒ 2	4 ♌ 19	3 ♋ 40	9 ♑	18 ♐	23 ♈	17 ♉	1 ♈
24	2 ♉ 38	2 ♎ 45	25 ♐ 4	23 ♐ 32	8 ♉ 15	16 ♓ 24	13 ♍ 52	11 ♊ 57	7 ♌ 47	27 ♒ 4	4 ♌ 19	3 ♋ 41	9 ♑	18 ♐	24 ♈	18 ♉	1 ♈
25	3 ♉ 36	14 ♎ 40	25 ♐ 1	23 ♐ 22	7 ♉ 40	17 ♓ 24	13 ♍ 51	12 ♊ 9	7 ♌ 49	27 ♒ 6	4 ♌ 19	3 ♋ 41	9 ♑	18 ♐	24 ♈	18 ♉	1 ♈
26	4 ♉ 34	26 ♎ 40	24 ♐ 58	23 ♐ 13	7 ♉ 3	18 ♓ 24	13 ♍ 50	12 ♊ 22	7 ♌ 50	27 ♒ 8	4 ♌ 20	3 ♋ 42	9 ♑	18 ♐	25 ♈	18 ♉	1 ♈
27	5 ♉ 33	8 ♏ 46	24 ♐ 55	23 ♐ 5	6 ♉ 24	19 ♓ 24	13 D 51	12 ♊ 34	7 ♌ 52	27 ♒ 10	4 ♌ 20	3 ♋ 43	9 ♑	18 ♐	25 ♈	19 ♉	1 ♈
28	6 ♉ 31	20 ♏ 59	24 ♐ 51	22 ♐ 58	5 ♉ 44	20 ♓ 25	13 ♍ 52	12 ♊ 46	7 ♌ 54	27 ♒ 11	4 ♌ 20	3 ♋ 44	9 ♑	18 ♐	26 ♈	19 ♉	1 ♈
29	7 ♉ 29	3 ♐ 21	24 ♐ 48	22 ♐ 54	5 ♉ 4	21 ♓ 26	13 ♍ 54	12 ♊ 59	7 ♌ 56	27 ♒ 13	4 ♌ 21	3 ♋ 45	9 ♑	17 ♐	26 ♈	20 ♉	1 ♈
30	8 ♉ 28	15 ♐ 53	24 ♐ 45	22 ♐ 52	4 ♉ 25	22 ♓ 27	13 ♍ 56	13 ♊ 11	7 ♌ 58	27 ♒ 15	4 ♌ 21	3 ♋ 46	9 ♑	17 ♐	27 ♈	20 ♉	1 ♈

SUN INGRESS ☉ → ♉ 21日 07:05

MOON PHASE ◑ 4日 22:33 ♑ ● 11日 13:34 ♈ ◐ 18日 13:07 ♋ ○ 26日 17:05 ♏

aspects		
1日	09:58	♃⚹♄
1日	12:57	♀☌♅
5日	13:54	☿⚹♇
6日	07:10	♀□♆
9日	17:43	♀□♄
10日	07:33	♀△♇
17日	18:58	☿⚹♀
18日	02:29	☉⚹♅
18日	05:14	♀□♃
21日	12:32	♀☍♂
24日	18:30	☿□♄
25日	02:11	☉⚹♇
25日	17:51	☉□♆
27日	12:31	☉☌☿
29日	11:21	☉□♄
30日	02:15	☿□♆

1918年5月

DAY	☉	☽	☊ mean	☊ true	☿	♀	♂	♃	♄	♅	♆	♇	⚳	⚴	⚵	⚶	⚷
	° ′	° ′	° ′	° ′	° ′	° ′	° ′	° ′	° ′	° ′	° ′	° ′	°	°	°	°	°
1	9 ♉ 26	28 ♐ 38	24 ♐ 42	22 D 52	3 R 47	23 D 29	13 D 59	13 D 24	8 D 0	27 D 16	4 D 22	3 D 47	9 D	17 R	28 D	21 D	1 D
2	10 ♉ 24	11 ♑ 36	24 ♐ 39	22 ♐ 53	3 ♉ 11	24 ♓ 30	14 ♍ 3	13 ♊ 37	8 ♌ 3	27 ♒ 18	4 ♌ 22	3 ♋ 48	9 ♑	17 ♐	28 ♈	21 ♉	1 ♈
3	11 ♉ 22	24 ♑ 50	24 ♐ 36	22 ♐ 55	2 ♉ 37	25 ♓ 33	14 ♍ 8	13 ♊ 49	8 ♌ 5	27 ♒ 19	4 ♌ 23	3 ♋ 48	9 ♑	17 ♐	29 ♈	21 ♉	1 ♈
4	12 ♉ 21	8 ♒ 23	24 ♐ 32	22 ♐ 56	2 ♉ 6	26 ♓ 35	14 ♍ 13	14 ♊ 2	8 ♌ 8	27 ♒ 21	4 ♌ 23	3 ♋ 49	9 ♑	17 ♐	29 ♈	22 ♉	1 ♈
5	13 ♉ 19	22 ♒ 16	24 ♐ 29	22 R 55	1 ♉ 39	27 ♓ 38	14 ♍ 19	14 ♊ 15	8 ♌ 10	27 ♒ 22	4 ♌ 24	3 ♋ 50	9 ♑	16 ♐	0 ♉	22 ♉	1 ♈
6	14 ♉ 17	6 ♓ 28	24 ♐ 26	22 ♐ 54	1 ♉ 15	28 ♓ 41	14 ♍ 26	14 ♊ 28	8 ♌ 13	27 ♒ 24	4 ♌ 25	3 ♋ 51	9 R	16 ♐	0 ♉	23 ♉	1 ♈
7	15 ♉ 15	20 ♓ 59	24 ♐ 23	22 ♐ 50	0 ♉ 56	29 ♓ 44	14 ♍ 33	14 ♊ 41	8 ♌ 16	27 ♒ 25	4 ♌ 25	3 ♋ 52	9 ♑	16 ♐	1 ♉	23 ♉	1 ♈
8	16 ♉ 13	5 ♈ 45	24 ♐ 20	22 ♐ 46	0 ♉ 41	0 ♈ 47	14 ♍ 41	14 ♊ 54	8 ♌ 19	27 ♒ 26	4 ♌ 26	3 ♋ 54	9 ♑	16 ♐	1 ♉	24 ♉	1 ♈
9	17 ♉ 11	20 ♈ 38	24 ♐ 17	22 ♐ 40	0 ♉ 30	1 ♈ 51	14 ♍ 49	15 ♊ 7	8 ♌ 21	27 ♒ 27	4 ♌ 27	3 ♋ 55	9 ♑	16 ♐	2 ♉	24 ♉	2 ♈
10	18 ♉ 9	5 ♉ 31	24 ♐ 13	22 ♐ 35	0 ♉ 24	2 ♈ 55	14 ♍ 58	15 ♊ 20	8 ♌ 25	27 ♒ 29	4 ♌ 27	3 ♋ 56	9 ♑	15 ♐	3 ♉	25 ♉	2 ♈
11	19 ♉ 7	20 ♉ 15	24 ♐ 10	22 ♐ 31	0 D 23	3 ♈ 59	15 ♍ 8	15 ♊ 33	8 ♌ 28	27 ♒ 30	4 ♌ 28	3 ♋ 57	9 ♑	15 ♐	3 ♉	25 ♉	2 ♈
12	20 ♉ 5	4 ♊ 43	24 ♐ 7	22 ♐ 29	0 ♉ 26	5 ♈ 3	15 ♍ 19	15 ♊ 46	8 ♌ 31	27 ♒ 31	4 ♌ 29	3 ♋ 58	9 ♑	15 ♐	4 ♉	25 ♉	2 ♈
13	21 ♉ 3	18 ♊ 50	24 ♐ 4	22 ♐ 27	0 ♉ 34	6 ♈ 8	15 ♍ 30	15 ♊ 59	8 ♌ 34	27 ♒ 32	4 ♌ 30	3 ♋ 59	9 ♑	15 ♐	4 ♉	26 ♉	2 ♈
14	22 ♉ 1	2 ♋ 31	24 ♐ 1	22 D 28	0 ♉ 47	7 ♈ 12	15 ♍ 41	16 ♊ 13	8 ♌ 38	27 ♒ 33	4 ♌ 31	4 ♋ 0	9 ♑	14 ♐	5 ♉	26 ♉	2 ♈
15	22 ♉ 59	15 ♋ 47	23 ♐ 57	22 ♐ 29	1 ♉ 4	8 ♈ 17	15 ♍ 53	16 ♊ 26	8 ♌ 41	27 ♒ 34	4 ♌ 32	4 ♋ 1	9 ♑	14 ♐	6 ♉	27 ♉	2 ♈
16	23 ♉ 57	28 ♋ 40	23 ♐ 54	22 ♐ 31	1 ♉ 25	9 ♈ 22	16 ♍ 6	16 ♊ 39	8 ♌ 45	27 ♒ 35	4 ♌ 33	4 ♋ 2	9 ♑	14 ♐	6 ♉	27 ♉	2 ♈
17	24 ♉ 55	11 ♌ 11	23 ♐ 51	22 ♐ 32	1 ♉ 51	10 ♈ 27	16 ♍ 19	16 ♊ 53	8 ♌ 49	27 ♒ 36	4 ♌ 34	4 ♋ 4	9 ♑	14 ♐	7 ♉	28 ♉	2 ♈
18	25 ♉ 52	23 ♌ 26	23 ♐ 48	22 ♐ 33	2 ♉ 21	11 ♈ 33	16 ♍ 33	17 ♊ 6	8 ♌ 53	27 ♒ 36	4 ♌ 35	4 ♋ 5	9 ♑	13 ♐	7 ♉	28 ♉	2 ♈
19	26 ♉ 50	5 ♍ 29	23 ♐ 45	22 R 32	2 ♉ 55	12 ♈ 38	16 ♍ 47	17 ♊ 19	8 ♌ 57	27 ♒ 37	4 ♌ 36	4 ♋ 6	9 ♑	13 ♐	8 ♉	28 ♉	2 ♈
20	27 ♉ 48	17 ♍ 25	23 ♐ 42	22 ♐ 31	3 ♉ 33	13 ♈ 44	17 ♍ 2	17 ♊ 33	9 ♌ 1	27 ♒ 38	4 ♌ 37	4 ♋ 7	9 ♑	13 ♐	8 ♉	29 ♉	2 ♈
21	28 ♉ 46	29 ♍ 17	23 ♐ 38	22 ♐ 28	4 ♉ 15	14 ♈ 50	17 ♍ 17	17 ♊ 46	9 ♌ 5	27 ♒ 38	4 ♌ 38	4 ♋ 8	9 ♑	13 ♐	9 ♉	29 ♉	2 ♈
22	29 ♉ 43	11 ♎ 11	23 ♐ 35	22 ♐ 25	5 ♉ 0	15 ♈ 56	17 ♍ 33	18 ♊ 0	9 ♌ 9	27 ♒ 39	4 ♌ 39	4 ♋ 10	8 ♑	12 ♐	10 ♉	0 ♊	2 ♈
23	0 ♊ 41	23 ♎ 9	23 ♐ 32	22 ♐ 22	5 ♉ 50	17 ♈ 2	17 ♍ 49	18 ♊ 13	9 ♌ 13	27 ♒ 40	4 ♌ 40	4 ♋ 11	8 ♑	12 ♐	10 ♉	0 ♊	2 ♈
24	1 ♊ 39	5 ♏ 14	23 ♐ 29	22 ♐ 18	6 ♉ 42	18 ♈ 8	18 ♍ 6	18 ♊ 27	9 ♌ 17	27 ♒ 40	4 ♌ 41	4 ♋ 12	8 ♑	12 ♐	11 ♉	1 ♊	2 ♈
25	2 ♊ 36	17 ♏ 29	23 ♐ 26	22 ♐ 16	7 ♉ 38	19 ♈ 15	18 ♍ 23	18 ♊ 40	9 ♌ 22	27 ♒ 41	4 ♌ 43	4 ♋ 13	8 ♑	11 ♐	11 ♉	1 ♊	2 ♈
26	3 ♊ 34	29 ♏ 55	23 ♐ 23	22 ♐ 13	8 ♉ 37	20 ♈ 21	18 ♍ 41	18 ♊ 54	9 ♌ 26	27 ♒ 41	4 ♌ 44	4 ♋ 15	8 ♑	11 ♐	12 ♉	2 ♊	2 ♈
27	4 ♊ 31	12 ♐ 33	23 ♐ 19	22 ♐ 12	9 ♉ 40	21 ♈ 28	18 ♍ 59	19 ♊ 7	9 ♌ 31	27 ♒ 41	4 ♌ 45	4 ♋ 16	8 ♑	11 ♐	12 ♉	2 ♊	2 ♈
28	5 ♊ 29	25 ♐ 25	23 ♐ 16	22 D 12	10 ♉ 45	22 ♈ 35	19 ♍ 17	19 ♊ 21	9 ♌ 36	27 ♒ 42	4 ♌ 47	4 ♋ 17	8 ♑	10 ♐	13 ♉	2 ♊	2 ♈
29	6 ♊ 27	8 ♑ 29	23 ♐ 13	22 ♐ 13	11 ♉ 54	23 ♈ 42	19 ♍ 36	19 ♊ 35	9 ♌ 40	27 ♒ 42	4 ♌ 48	4 ♋ 19	8 ♑	10 ♐	14 ♉	3 ♊	2 ♈
30	7 ♊ 24	21 ♑ 47	23 ♐ 10	22 ♐ 14	13 ♉ 5	24 ♈ 49	19 ♍ 56	19 ♊ 48	9 ♌ 45	27 ♒ 42	4 ♌ 49	4 ♋ 20	7 ♑	10 ♐	14 ♉	3 ♊	2 ♈
31	8 ♊ 22	5 ♒ 18	23 ♐ 7	22 ♐ 15	14 ♉ 19	25 ♈ 56	20 ♍ 15	20 ♊ 2	9 ♌ 50	27 ♒ 42	4 ♌ 51	4 ♋ 21	7 ♑	10 ♐	15 ♉	4 ♊	2 ♈
SUN INGRESS	☉ → ♊ 22日 06:45																
MOON PHASE	◑ 4日 07:26 ♒	● 10日 22:00 ♉	◐ 18日 05:14 ♌	○ 26日 07:32 ♐													

aspects		
1日	00:07	☿⚹♇
5日	14:52	♂□♃
6日	04:08	☉△♂
10日	23:13	♀□♇
11日	11:10	♀△♆
15日	09:32	♀△♄
19日	19:47	☉□♅
20日	20:15	☿⚹♇
21日	12:41	☿□♆
24日	08:25	♀⚹♃
26日	20:28	☿□♄
27日	05:53	☉⚹♆
28日	17:18	♂□♃

1918年6月

DAY	☉	☽	☊ mean	☊ true	☿	♀	♂	♃	♄	♅	♆	♇	⚳	⚴	⚵	⚶	⚷
	° ′	° ′	° ′	° ′	° ′	° ′	° ′	° ′	° ′	° ′	° ′	° ′	°	°	°	°	°
1	9 ♊ 19	19 ♒ 2	23 ♐ 3	22 D 16	15 D 37	27 D 4	20 D 36	20 D 16	9 D 55	27 D 42	4 D 52	4 D 23	7 R	9 R	15 D	4 D	2 D
2	10 ♊ 17	2 ♓ 59	23 ♐ 0	22 ♐ 16	16 ♉ 57	28 ♈ 11	20 ♍ 56	20 ♊ 30	10 ♌ 0	27 ♒ 43	4 ♌ 53	4 ♋ 24	7 ♑	9 ♐	16 ♉	5 ♊	2 ♈
3	11 ♊ 14	17 ♓ 7	22 ♐ 57	22 R 16	18 ♉ 19	29 ♈ 19	21 ♍ 17	20 ♊ 43	10 ♌ 5	27 R 43	4 ♌ 55	4 ♋ 25	7 ♑	9 ♐	16 ♉	5 ♊	2 ♈
4	12 ♊ 12	1 ♈ 25	22 ♐ 54	22 ♐ 16	19 ♉ 45	0 ♉ 26	21 ♍ 38	20 ♊ 57	10 ♌ 10	27 ♒ 43	4 ♌ 56	4 ♋ 27	7 ♑	8 ♐	17 ♉	5 ♊	2 ♈
5	13 ♊ 9	15 ♈ 50	22 ♐ 51	22 ♐ 15	21 ♉ 13	1 ♉ 34	22 ♍ 0	21 ♊ 11	10 ♌ 16	27 ♒ 42	4 ♌ 58	4 ♋ 28	6 ♑	8 ♐	18 ♉	6 ♊	3 ♈
6	14 ♊ 6	0 ♉ 18	22 ♐ 48	22 ♐ 14	22 ♉ 44	2 ♉ 42	22 ♍ 22	21 ♊ 25	10 ♌ 21	27 ♒ 42	4 ♌ 59	4 ♋ 30	6 ♑	8 ♐	18 ♉	6 ♊	3 ♈
7	15 ♊ 4	14 ♉ 44	22 ♐ 44	22 ♐ 13	24 ♉ 18	3 ♉ 50	22 ♍ 44	21 ♊ 38	10 ♌ 26	27 ♒ 42	5 ♌ 1	4 ♋ 31	6 ♑	8 ♐	19 ♉	7 ♊	3 ♈
8	16 ♊ 1	29 ♉ 3	22 ♐ 41	22 ♐ 13	25 ♉ 54	4 ♉ 58	23 ♍ 7	21 ♊ 52	10 ♌ 32	27 ♒ 42	5 ♌ 2	4 ♋ 32	6 ♑	7 ♐	19 ♉	7 ♊	3 ♈
9	16 ♊ 59	13 ♊ 10	22 ♐ 38	22 ♐ 12	27 ♉ 33	6 ♉ 7	23 ♍ 30	22 ♊ 6	10 ♌ 37	27 ♒ 42	5 ♌ 4	4 ♋ 34	6 ♑	7 ♐	20 ♉	8 ♊	3 ♈
10	17 ♊ 56	27 ♊ 1	22 ♐ 35	22 D 12	29 ♉ 15	7 ♉ 15	23 ♍ 54	22 ♊ 20	10 ♌ 43	27 ♒ 41	5 ♌ 6	4 ♋ 35	6 ♑	7 ♐	20 ♉	8 ♊	3 ♈
11	18 ♊ 53	10 ♋ 33	22 ♐ 32	22 ♐ 12	0 ♊ 59	8 ♉ 24	24 ♍ 18	22 ♊ 34	10 ♌ 49	27 ♒ 41	5 ♌ 7	4 ♋ 37	5 ♑	6 ♐	21 ♉	8 ♊	3 ♈
12	19 ♊ 51	23 ♋ 45	22 ♐ 29	22 ♐ 13	2 ♊ 46	9 ♉ 32	24 ♍ 42	22 ♊ 47	10 ♌ 54	27 ♒ 41	5 ♌ 9	4 ♋ 38	5 ♑	6 ♐	22 ♉	9 ♊	3 ♈
13	20 ♊ 48	6 ♌ 36	22 ♐ 25	22 ♐ 13	4 ♊ 35	10 ♉ 41	25 ♍ 6	23 ♊ 1	11 ♌ 0	27 ♒ 40	5 ♌ 11	4 ♋ 40	5 ♑	6 ♐	22 ♉	9 ♊	3 ♈
14	21 ♊ 46	19 ♌ 9	22 ♐ 22	22 ♐ 13	6 ♊ 27	11 ♉ 49	25 ♍ 31	23 ♊ 15	11 ♌ 6	27 ♒ 40	5 ♌ 12	4 ♋ 41	5 ♑	6 ♐	23 ♉	10 ♊	3 ♈
15	22 ♊ 43	1 ♍ 26	22 ♐ 19	22 R 13	8 ♊ 21	12 ♉ 58	25 ♍ 56	23 ♊ 29	11 ♌ 12	27 ♒ 39	5 ♌ 14	4 ♋ 42	4 ♑	5 ♐	23 ♉	10 ♊	3 ♈
16	23 ♊ 40	13 ♍ 30	22 ♐ 16	22 ♐ 13	10 ♊ 18	14 ♉ 7	26 ♍ 21	23 ♊ 43	11 ♌ 18	27 ♒ 38	5 ♌ 16	4 ♋ 44	4 ♑	5 ♐	24 ♉	11 ♊	3 ♈
17	24 ♊ 37	25 ♍ 27	22 ♐ 13	22 D 13	12 ♊ 17	15 ♉ 16	26 ♍ 47	23 ♊ 56	11 ♌ 24	27 ♒ 38	5 ♌ 18	4 ♋ 45	4 ♑	5 ♐	25 ♉	11 ♊	3 ♈
18	25 ♊ 35	7 ♎ 20	22 ♐ 9	22 ♐ 13	14 ♊ 18	16 ♉ 25	27 ♍ 13	24 ♊ 10	11 ♌ 30	27 ♒ 37	5 ♌ 19	4 ♋ 47	4 ♑	5 ♐	25 ♉	12 ♊	3 ♈
19	26 ♊ 32	19 ♎ 15	22 ♐ 6	22 ♐ 13	16 ♊ 21	17 ♉ 34	27 ♍ 39	24 ♊ 24	11 ♌ 36	27 ♒ 36	5 ♌ 21	4 ♋ 48	4 ♑	4 ♐	26 ♉	12 ♊	3 ♈
20	27 ♊ 29	1 ♏ 15	22 ♐ 3	22 ♐ 14	18 ♊ 26	18 ♉ 43	28 ♍ 6	24 ♊ 38	11 ♌ 42	27 ♒ 36	5 ♌ 23	4 ♋ 50	3 ♑	4 ♐	26 ♉	12 ♊	3 ♈
21	28 ♊ 27	13 ♏ 24	22 ♐ 0	22 ♐ 14	20 ♊ 33	19 ♉ 53	28 ♍ 33	24 ♊ 52	11 ♌ 49	27 ♒ 35	5 ♌ 25	4 ♋ 51	3 ♑	4 ♐	27 ♉	13 ♊	3 ♈
22	29 ♊ 24	25 ♏ 47	21 ♐ 57	22 ♐ 15	22 ♊ 41	21 ♉ 2	29 ♍ 0	25 ♊ 5	11 ♌ 55	27 ♒ 34	5 ♌ 27	4 ♋ 53	3 ♑	4 ♐	27 ♉	13 ♊	3 ♈
23	0 ♋ 21	8 ♐ 24	21 ♐ 54	22 ♐ 16	24 ♊ 50	22 ♉ 11	29 ♍ 27	25 ♊ 19	12 ♌ 1	27 ♒ 33	5 ♌ 29	4 ♋ 54	3 ♑	3 ♐	28 ♉	14 ♊	3 ♈
24	1 ♋ 18	21 ♐ 19	21 ♐ 50	22 ♐ 16	27 ♊ 0	23 ♉ 21	29 ♍ 55	25 ♊ 33	12 ♌ 8	27 ♒ 32	5 ♌ 31	4 ♋ 56	3 ♑	3 ♐	29 ♉	14 ♊	3 ♈
25	2 ♋ 15	4 ♑ 30	21 ♐ 47	22 R 16	29 ♊ 11	24 ♉ 30	0 ♎ 22	25 ♊ 47	12 ♌ 14	27 ♒ 31	5 ♌ 32	4 ♋ 57	2 ♑	3 ♐	29 ♉	15 ♊	3 ♈
26	3 ♋ 13	17 ♑ 59	21 ♐ 44	22 ♐ 15	1 ♋ 22	25 ♉ 40	0 ♎ 50	26 ♊ 0	12 ♌ 21	27 ♒ 30	5 ♌ 34	4 ♋ 59	2 ♑	3 ♐	0 ♊	15 ♊	3 ♈
27	4 ♋ 10	1 ♒ 43	21 ♐ 41	22 ♐ 14	3 ♋ 34	26 ♉ 50	1 ♎ 19	26 ♊ 14	12 ♌ 27	27 ♒ 29	5 ♌ 36	5 ♋ 0	2 ♑	3 ♐	0 ♊	15 ♊	3 ♈
28	5 ♋ 7	15 ♒ 39	21 ♐ 38	22 ♐ 12	5 ♋ 45	28 ♉ 0	1 ♎ 47	26 ♊ 28	12 ♌ 34	27 ♒ 28	5 ♌ 38	5 ♋ 2	2 ♑	2 ♐	1 ♊	16 ♊	3 ♈
29	6 ♋ 4	29 ♒ 44	21 ♐ 35	22 ♐ 11	7 ♋ 55	29 ♉ 9	2 ♎ 16	26 ♊ 42	12 ♌ 41	27 ♒ 27	5 ♌ 40	5 ♋ 3	1 ♑	2 ♐	1 ♊	16 ♊	3 ♈
30	7 ♋ 1	13 ♓ 56	21 ♐ 31	22 ♐ 9	10 ♋ 5	0 ♊ 19	2 ♎ 45	26 ♊ 55	12 ♌ 47	27 ♒ 25	5 ♌ 42	5 ♋ 4	1 ♑	2 ♐	2 ♊	17 ♊	3 ♈
SUN INGRESS	☉ → ♋ 22日 15:00																
MOON PHASE	◑ 2日 13:20 ♓	● 9日 07:02 ♊	◐ 16日 22:11 ♍	○ 24日 19:38 ♑													

aspects		
1日	13:50	♀⚹♅
1日	16:24	☉⚹♄
5日	16:20	☿△♂
7日	14:37	♀⚹♇
8日	01:26	♀□♆
9日	02:00	☿□♅
13日	07:25	♀□♄
13日	07:47	☿⚹♆
16日	01:21	☉☌♃
16日	12:46	☿⚹♄
20日	02:35	☉△♅
21日	04:47	☉□♂
23日	05:59	☿☌♃
24日	05:45	☿△♅
25日	16:32	☿□♂
27日	11:42	☉☌☿
27日	13:14	♀□♅
27日	15:59	☿☌♇
27日	21:38	☉☌♇

1918年7月

DAY	☉	☽	☊ mean	☊ true	☿	♀	♂	♃	♄	♅	♆	♇	⚳	⚴	⚵	⚶	⚷
	° ′	° ′	° ′	° ′	° ′	° ′	° ′	° ′	° ′	° ′	° ′	° ′	°	°	°	°	°
1	7♋59	28♓10	21♐28	22 R 8	12 D 14	1 D 29	3 D 14	27 D 9	12 D 54	27 R 24	5 D 44	5 D 6	1 R	2 R	3 D	17 D	3 D
2	8♋56	12♈25	21♐25	22 D 8	14♋22	2♊39	3♎44	27♊23	13♌1	27♒23	5♌46	5♋7	1♑	2♐	3♊	17♊	3♈
3	9♋53	26♈37	21♐22	22♐9	16♋29	3♊50	4♎14	27♊36	13♌8	27♒21	5♌48	5♋9	1♑	1♐	4♊	18♊	3♈
4	10♋50	10♉44	21♐19	22♐10	18♋34	5♊0	4♎43	27♊50	13♌15	27♒20	5♌50	5♋10	0♑	1♐	4♊	18♊	3♈
5	11♋47	24♉44	21♐15	22♐11	20♋38	6♊10	5♎14	28♊3	13♌21	27♒19	5♌52	5♋12	0♑	1♐	5♊	19♊	3♈
6	12♋45	8♊36	21♐12	22♐12	22♋40	7♊20	5♎44	28♊17	13♌28	27♒17	5♌54	5♋13	0♑	1♐	5♊	19♊	3♈
7	13♋42	22♊17	21♐9	22♐13	24♋40	8♊31	6♎15	28♊31	13♌35	27♒16	5♌57	5♋15	0♑	1♐	6♊	20♊	3♈
8	14♋39	5♋45	21♐6	22 R 12	26♋38	9♊41	6♎45	28♊44	13♌42	27♒14	5♌59	5♋16	0♑	1♐	7♊	20♊	3 R
9	15♋36	18♋59	21♐3	22♐10	28♋35	10♊52	7♎16	28♊58	13♌50	27♒13	6♌1	5♋18	29♐	1♐	7♊	20♊	3♈
10	16♋34	1♌57	21♐0	22♐7	0♌30	12♊2	7♎48	29♊11	13♌57	27♒11	6♌3	5♋19	29♐	1♐	8♊	21♊	3♈
11	17♋31	14♌40	20♐56	22♐4	2♌23	13♊13	8♎19	29♊24	14♌4	27♒9	6♌5	5♋21	29♐	1♐	8♊	21♊	3♈
12	18♋28	27♌9	20♐53	22♐0	4♌13	14♊24	8♎51	29♊38	14♌11	27♒8	6♌7	5♋22	29♐	0♐	9♊	22♊	3♈
13	19♋25	9♍23	20♐50	21♐55	6♌2	15♊35	9♎22	29♊51	14♌18	27♒6	6♌9	5♋24	29♐	0♐	9♊	22♊	3♈
14	20♋23	21♍27	20♐47	21♐52	7♌49	16♊45	9♎54	0♋5	14♌25	27♒4	6♌11	5♋25	28♐	0♐	10♊	23♊	3♈
15	21♋20	3♎23	20♐44	21♐49	9♌35	17♊56	10♎27	0♋18	14♌33	27♒2	6♌14	5♋26	28♐	0♐	11♊	23♊	3♈
16	22♋17	15♎16	20♐41	21♐48	11♌18	19♊7	10♎59	0♋31	14♌40	27♒1	6♌16	5♋28	28♐	0♐	11♊	23♊	3♈
17	23♋14	27♎10	20♐37	21 D 48	12♌59	20♊18	11♎31	0♋44	14♌47	26♒59	6♌18	5♋29	28♐	0♐	12♊	24♊	3♈
18	24♋12	9♏9	20♐34	21♐48	14♌38	21♊29	12♎4	0♋58	14♌55	26♒57	6♌20	5♋31	28♐	0♐	12♊	24♊	3♈
19	25♋9	21♏19	20♐31	21♐50	16♌16	22♊40	12♎37	1♋11	15♌2	26♒55	6♌22	5♋32	28♐	0♐	13♊	25♊	3♈
20	26♋6	3♐44	20♐28	21♐52	17♌51	23♊52	13♎10	1♋24	15♌9	26♒53	6♌24	5♋34	27♐	0♐	13♊	25♊	3♈
21	27♋3	16♐28	20♐25	21♐53	19♌25	25♊3	13♎43	1♋37	15♌17	26♒51	6♌27	5♋35	27♐	0♐	14♊	25♊	3♈
22	28♋1	29♐34	20♐21	21 R 52	20♌57	26♊14	14♎17	1♋50	15♌24	26♒49	6♌29	5♋36	27♐	0♐	15♊	26♊	3♈
23	28♋58	13♑2	20♐18	21♐51	22♌27	27♊26	14♎50	2♋3	15♌32	26♒47	6♌31	5♋38	27♐	0♐	15♊	26♊	3♈
24	29♋55	26♑53	20♐15	21♐47	23♌54	28♊37	15♎24	2♋16	15♌39	26♒45	6♌33	5♋39	27♐	0 D	16♊	27♊	3♈
25	0♌52	11♒2	20♐12	21♐42	25♌20	29♊48	15♎58	2♋29	15♌47	26♒43	6♌36	5♋40	27♐	0♐	16♊	27♊	3♈
26	1♌50	25♒26	20♐9	21♐37	26♌44	1♋0	16♎32	2♋42	15♌54	26♒41	6♌38	5♋42	27♐	0♐	17♊	28♊	3♈
27	2♌47	9♓59	20♐6	21♐31	28♌6	2♋12	17♎6	2♋54	16♌2	26♒39	6♌40	5♋43	26♐	0♐	17♊	28♊	3♈
28	3♌44	24♓33	20♐2	21♐25	29♌25	3♋23	17♎41	3♋7	16♌9	26♒37	6♌42	5♋44	26♐	0♐	18♊	28♊	3♈
29	4♌42	9♈3	19♐59	21♐21	0♍43	4♋35	18♎15	3♋20	16♌17	26♒35	6♌44	5♋46	26♐	0♐	19♊	29♊	3♈
30	5♌39	23♈25	19♐56	21♐19	1♍58	5♋47	18♎50	3♋32	16♌25	26♒32	6♌47	5♋47	26♐	0♐	19♊	29♊	3♈
31	6♌36	7♉34	19♐53	21 D 18	3♍12	6♋58	19♎25	3♋45	16♌32	26♒30	6♌49	5♋48	26♐	0♐	20♊	0♋	3♈

SUN INGRESS ☉ → ♌ 24日 01:51

MOON PHASE ◑ 1日 17:43 ♈　● 8日 17:22 ♋　◐ 16日 15:24 ♎　○ 24日 05:34 ♒　◑ 30日 22:14 ♉

aspects		
2日	00:12	♃△♅
3日	14:17	♀△♂
4日	17:47	♀⚹♆
4日	22:32	♂□♇
6日	08:50	♂⚹♆
11日	19:08	♀⚹♄
13日	01:33	☿☌♆
15日	17:31	☿⚹♂
18日	04:17	☿☌♄
22日	11:26	♀△♅
24日	13:52	♂⚹♄
25日	23:08	☿☍♅
27日	17:29	♀☌♃
30日	00:10	♀☌♇
31日	05:26	☉☌♆
31日	13:38	☿⚹♃

1918年8月

DAY	☉	☽	☊ mean	☊ true	☿	♀	♂	♃	♄	♅	♆	♇	⚳	⚴	⚵	⚶	⚷
	° ′	° ′	° ′	° ′	° ′	° ′	° ′	° ′	° ′	° ′	° ′	° ′	°	°	°	°	°
1	7♌34	21♉31	19♐50	21 D 19	4 D 23	8 D 10	20 D 0	3 D 58	16 D 40	26 R 28	6 D 51	5 D 50	26 R	0 D	20 D	0 D	3 R
2	8♌31	5♊13	19♐47	21♐20	5♍31	9♋22	20♎35	4♋10	16♌48	26♒26	6♌53	5♋51	26♐	0♐	21♊	0♋	3♈
3	9♌29	18♊43	19♐43	21♐21	6♍37	10♋34	21♎10	4♋23	16♌55	26♒24	6♌56	5♋52	26♐	0♐	21♊	1♋	3♈
4	10♌26	2♋0	19♐40	21 R 20	7♍41	11♋46	21♎45	4♋35	17♌3	26♒21	6♌58	5♋54	26♐	0♐	22♊	1♋	3♈
5	11♌24	15♋5	19♐37	21♐18	8♍42	12♋58	22♎21	4♋47	17♌11	26♒19	7♌0	5♋55	26♐	1♐	22♊	2♋	3♈
6	12♌21	27♋58	19♐34	21♐13	9♍40	14♋11	22♎57	4♋59	17♌18	26♒17	7♌2	5♋56	26♐	1♐	23♊	2♋	3♈
7	13♌19	10♌39	19♐31	21♐6	10♍35	15♋23	23♎33	5♋12	17♌26	26♒14	7♌4	5♋57	26♐	1♐	24♊	2♋	3♈
8	14♌16	23♌9	19♐27	20♐57	11♍27	16♋35	24♎9	5♋24	17♌34	26♒12	7♌7	5♋58	25♐	1♐	24♊	3♋	3♈
9	15♌14	5♍28	19♐24	20♐47	12♍17	17♋47	24♎45	5♋36	17♌41	26♒10	7♌9	6♋0	25♐	1♐	25♊	3♋	3♈
10	16♌11	17♍37	19♐21	20♐37	13♍2	19♋0	25♎21	5♋48	17♌49	26♒7	7♌11	6♋1	25♐	1♐	25♊	4♋	3♈
11	17♌9	29♍37	19♐18	20♐28	13♍45	20♋12	25♎58	6♋0	17♌57	26♒5	7♌13	6♋2	25♐	1♐	26♊	4♋	2♈
12	18♌6	11♎31	19♐15	20♐20	14♍23	21♋25	26♎34	6♋12	18♌4	26♒3	7♌15	6♋3	25♐	1♐	26♊	4♋	2♈
13	19♌4	23♎21	19♐12	20♐15	14♍58	22♋37	27♎11	6♋23	18♌12	26♒0	7♌18	6♋4	25♐	1♐	27♊	5♋	2♈
14	20♌2	5♏13	19♐8	20♐11	15♍28	23♋50	27♎48	6♋35	18♌20	25♒58	7♌20	6♋5	25♐	1♐	27♊	5♋	2♈
15	20♌59	17♏10	19♐5	20♐10	15♍54	25♋2	28♎25	6♋47	18♌27	25♒56	7♌22	6♋7	25♐	2♐	28♊	6♋	2♈
16	21♌57	29♏17	19♐2	20 D 10	16♍16	26♋15	29♎2	6♋58	18♌35	25♒53	7♌24	6♋8	25 D	2♐	28♊	6♋	2♈
17	22♌54	11♐41	18♐59	20♐11	16♍33	27♋28	29♎39	7♋10	18♌43	25♒51	7♌26	6♋9	25♐	2♐	29♊	6♋	2♈
18	23♌52	24♐25	18♐56	20 R 11	16♍45	28♋40	0♏16	7♋21	18♌50	25♒48	7♌29	6♋10	25♐	2♐	0♋	7♋	2♈
19	24♌50	7♑33	18♐52	20♐10	16♍52	29♋53	0♏54	7♋32	18♌58	25♒46	7♌31	6♋11	25♐	2♐	0♋	7♋	2♈
20	25♌48	21♑9	18♐49	20♐6	16 R 53	1♌6	1♏31	7♋44	19♌6	25♒44	7♌33	6♋12	25♐	2♐	1♋	7♋	2♈
21	26♌45	5♒12	18♐46	20♐0	16♍49	2♌19	2♏9	7♋55	19♌13	25♒41	7♌35	6♋13	25♐	3♐	1♋	8♋	2♈
22	27♌43	19♒40	18♐43	19♐52	16♍39	3♌32	2♏47	8♋6	19♌21	25♒39	7♌37	6♋14	25♐	3♐	2♋	8♋	2♈
23	28♌41	4♓27	18♐40	19♐42	16♍23	4♌45	3♏25	8♋17	19♌29	25♒36	7♌39	6♋15	25♐	3♐	2♋	9♋	2♈
24	29♌39	19♓25	18♐37	19♐32	16♍1	5♌58	4♏3	8♋28	19♌36	25♒34	7♌41	6♋16	26♐	3♐	3♋	9♋	2♈
25	0♍37	4♈24	18♐33	19♐23	15♍33	7♌11	4♏41	8♋39	19♌44	25♒32	7♌43	6♋17	26♐	3♐	3♋	9♋	2♈
26	1♍34	19♈15	18♐30	19♐15	15♍0	8♌24	5♏19	8♋49	19♌51	25♒29	7♌45	6♋18	26♐	3♐	4♋	10♋	2♈
27	2♍32	3♉52	18♐27	19♐10	14♍22	9♌37	5♏58	9♋0	19♌59	25♒27	7♌48	6♋19	26♐	4♐	4♋	10♋	2♈
28	3♍30	18♉10	18♐24	19♐8	13♍38	10♌51	6♏36	9♋10	20♌7	25♒25	7♌50	6♋20	26♐	4♐	5♋	11♋	2♈
29	4♍28	2♊6	18♐21	19♐7	12♍50	12♌4	7♏15	9♋21	20♌14	25♒22	7♌52	6♋20	26♐	4♐	5♋	11♋	2♈
30	5♍26	15♊42	18♐18	19 D 7	11♍59	13♌17	7♏54	9♋31	20♌22	25♒20	7♌54	6♋21	26♐	4♐	6♋	11♋	2♈
31	6♍24	28♊59	18♐14	19 R 7	11♍4	14♌31	8♏33	9♋41	20♌29	25♒18	7♌56	6♋22	26♐	4♐	6♋	12♋	2♈

SUN INGRESS ☉ → ♍ 24日 08:37

MOON PHASE ● 7日 05:29 ♌　◐ 15日 08:16 ♏　○ 22日 14:02 ♒　◑ 29日 04:27 ♊

aspects		
2日	07:15	☿⚹♇
11日	04:38	♂△♅
11日	05:02	♃☌♇
11日	23:01	☉☌♄
19日	22:24	☉☍♅
20日	17:14	♀□♂
25日	10:55	♀☌♆
27日	13:22	♂△♇
29日	23:59	♂□♆
30日	23:07	☉⚹♇

1918年9月

DAY	☉	☽	☊ mean	☊ true	☿	♀	♂	♃	♄	♅	♆	♇	⚳	⚴	⚵	⚶	⚷
	° ′	° ′	° ′	° ′	° ′	° ′	° ′	° ′	° ′	° ′	° ′	° ′	°	°	°	°	°
1	7 ♍ 22	12 ♋ 0	18 ♐ 11	19 R 5	10 R 8	15 D 44	9 D 12	9 D 51	20 D 37	25 R 15	7 D 58	6 D 23	26 D	5 D	7 D	12 D	2 R
2	8 ♍ 20	24 ♋ 47	18 ♐ 8	19 ♐ 1	9 ♍ 11	16 ♌ 58	9 ♏ 51	10 ♋ 2	20 ♌ 44	25 ♒ 13	8 ♌ 0	6 ♋ 24	26 ♐	5 ♐	7 ♋	12 ♋	2 ♈
3	9 ♍ 18	7 ♌ 22	18 ♐ 5	18 ♐ 54	8 ♍ 14	18 ♌ 11	10 ♏ 30	10 ♋ 11	20 ♌ 52	25 ♒ 11	8 ♌ 2	6 ♋ 25	26 ♐	5 ♐	8 ♋	13 ♋	2 ♈
4	10 ♍ 17	19 ♌ 47	18 ♐ 2	18 ♐ 44	7 ♍ 19	19 ♌ 25	11 ♏ 9	10 ♋ 21	20 ♌ 59	25 ♒ 8	8 ♌ 4	6 ♋ 25	26 ♐	5 ♐	8 ♋	13 ♋	2 ♈
5	11 ♍ 15	2 ♍ 4	17 ♐ 58	18 ♐ 31	6 ♍ 27	20 ♌ 38	11 ♏ 49	10 ♋ 31	21 ♌ 6	25 ♒ 6	8 ♌ 5	6 ♋ 26	26 ♐	6 ♐	9 ♋	13 ♋	2 ♈
6	12 ♍ 13	14 ♍ 12	17 ♐ 55	18 ♐ 18	5 ♍ 39	21 ♌ 52	12 ♏ 28	10 ♋ 41	21 ♌ 14	25 ♒ 4	8 ♌ 7	6 ♋ 27	27 ♐	6 ♐	9 ♋	14 ♋	2 ♈
7	13 ♍ 11	26 ♍ 13	17 ♐ 52	18 ♐ 4	4 ♍ 57	23 ♌ 6	13 ♏ 8	10 ♋ 50	21 ♌ 21	25 ♒ 1	8 ♌ 9	6 ♋ 27	27 ♐	6 ♐	10 ♋	14 ♋	2 ♈
8	14 ♍ 9	8 ♎ 8	17 ♐ 49	17 ♐ 50	4 ♍ 20	24 ♌ 20	13 ♏ 48	10 ♋ 59	21 ♌ 28	24 ♒ 59	8 ♌ 11	6 ♋ 28	27 ♐	6 ♐	10 ♋	15 ♋	1 ♈
9	15 ♍ 8	19 ♎ 59	17 ♐ 46	17 ♐ 39	3 ♍ 51	25 ♌ 33	14 ♏ 28	11 ♋ 9	21 ♌ 36	24 ♒ 57	8 ♌ 13	6 ♋ 29	27 ♐	6 ♐	11 ♋	15 ♋	1 ♈
10	16 ♍ 6	1 ♏ 48	17 ♐ 43	17 ♐ 30	3 ♍ 30	26 ♌ 47	15 ♏ 8	11 ♋ 18	21 ♌ 43	24 ♒ 55	8 ♌ 15	6 ♋ 29	27 ♐	7 ♐	11 ♋	15 ♋	1 ♈
11	17 ♍ 4	13 ♏ 38	17 ♐ 39	17 ♐ 25	3 ♍ 18	28 ♌ 1	15 ♏ 48	11 ♋ 27	21 ♌ 50	24 ♒ 53	8 ♌ 17	6 ♋ 30	27 ♐	7 ♐	12 ♋	16 ♋	1 ♈
12	18 ♍ 3	25 ♏ 34	17 ♐ 36	17 ♐ 21	3 D 14	29 ♌ 15	16 ♏ 28	11 ♋ 36	21 ♌ 57	24 ♒ 51	8 ♌ 19	6 ♋ 31	27 ♐	7 ♐	12 ♋	16 ♋	1 ♈
13	19 ♍ 1	7 ♐ 39	17 ♐ 33	17 ♐ 20	3 ♍ 20	0 ♍ 29	17 ♏ 8	11 ♋ 44	22 ♌ 5	24 ♒ 48	8 ♌ 20	6 ♋ 31	28 ♐	7 ♐	13 ♋	16 ♋	1 ♈
14	20 ♍ 0	19 ♐ 59	17 ♐ 30	17 D 20	3 ♍ 35	1 ♍ 43	17 ♏ 49	11 ♋ 53	22 ♌ 12	24 ♒ 46	8 ♌ 22	6 ♋ 32	28 ♐	8 ♐	13 ♋	17 ♋	1 ♈
15	20 ♍ 58	2 ♑ 39	17 ♐ 27	17 R 20	3 ♍ 59	2 ♍ 57	18 ♏ 29	12 ♋ 2	22 ♌ 19	24 ♒ 44	8 ♌ 24	6 ♋ 32	28 ♐	8 ♐	14 ♋	17 ♋	1 ♈
16	21 ♍ 57	15 ♑ 43	17 ♐ 24	17 ♐ 18	4 ♍ 32	4 ♍ 11	19 ♏ 10	12 ♋ 10	22 ♌ 26	24 ♒ 42	8 ♌ 26	6 ♋ 33	28 ♐	8 ♐	14 ♋	17 ♋	1 ♈
17	22 ♍ 55	29 ♑ 16	17 ♐ 20	17 ♐ 15	5 ♍ 13	5 ♍ 25	19 ♏ 50	12 ♋ 18	22 ♌ 33	24 ♒ 40	8 ♌ 27	6 ♋ 33	28 ♐	9 ♐	15 ♋	18 ♋	1 ♈
18	23 ♍ 54	13 ♒ 20	17 ♐ 17	17 ♐ 8	6 ♍ 3	6 ♍ 40	20 ♏ 31	12 ♋ 26	22 ♌ 40	24 ♒ 38	8 ♌ 29	6 ♋ 34	28 ♐	9 ♐	15 ♋	18 ♋	1 ♈
19	24 ♍ 52	27 ♒ 52	17 ♐ 14	17 ♐ 0	7 ♍ 1	7 ♍ 54	21 ♏ 12	12 ♋ 34	22 ♌ 47	24 ♒ 36	8 ♌ 31	6 ♋ 34	29 ♐	9 ♐	16 ♋	18 ♋	1 ♈
20	25 ♍ 51	12 ♓ 49	17 ♐ 11	16 ♐ 49	8 ♍ 6	9 ♍ 8	21 ♏ 53	12 ♋ 42	22 ♌ 54	24 ♒ 34	8 ♌ 32	6 ♋ 35	29 ♐	9 ♐	16 ♋	19 ♋	1 ♈
21	26 ♍ 49	28 ♓ 0	17 ♐ 8	16 ♐ 38	9 ♍ 18	10 ♍ 22	22 ♏ 34	12 ♋ 50	23 ♌ 0	24 ♒ 32	8 ♌ 34	6 ♋ 35	29 ♐	10 ♐	17 ♋	19 ♋	1 ♈
22	27 ♍ 48	13 ♈ 17	17 ♐ 4	16 ♐ 28	10 ♍ 35	11 ♍ 36	23 ♏ 15	12 ♋ 58	23 ♌ 7	24 ♒ 30	8 ♌ 36	6 ♋ 36	29 ♐	10 ♐	17 ♋	19 ♋	1 ♈
23	28 ♍ 47	28 ♈ 28	17 ♐ 1	16 ♐ 20	11 ♍ 58	12 ♍ 51	23 ♏ 57	13 ♋ 5	23 ♌ 14	24 ♒ 29	8 ♌ 37	6 ♋ 36	29 ♐	10 ♐	18 ♋	20 ♋	1 ♈
24	29 ♍ 45	13 ♉ 22	16 ♐ 58	16 ♐ 14	13 ♍ 26	14 ♍ 5	24 ♏ 38	13 ♋ 12	23 ♌ 21	24 ♒ 27	8 ♌ 39	6 ♋ 36	29 ♐	10 ♐	18 ♋	20 ♋	1 ♈
25	0 ♎ 44	27 ♉ 54	16 ♐ 55	16 ♐ 11	14 ♍ 58	15 ♍ 20	25 ♏ 19	13 ♋ 20	23 ♌ 27	24 ♒ 25	8 ♌ 40	6 ♋ 37	0 ♑	11 ♐	19 ♋	20 ♋	1 ♈
26	1 ♎ 43	12 ♊ 0	16 ♐ 52	16 ♐ 10	16 ♍ 34	16 ♍ 34	26 ♏ 1	13 ♋ 27	23 ♌ 34	24 ♒ 23	8 ♌ 42	6 ♋ 37	0 ♑	11 ♐	19 ♋	21 ♋	1 ♈
27	2 ♎ 42	25 ♊ 40	16 ♐ 49	16 D 10	18 ♍ 12	17 ♍ 49	26 ♏ 43	13 ♋ 34	23 ♌ 41	24 ♒ 22	8 ♌ 43	6 ♋ 37	0 ♑	11 ♐	20 ♋	21 ♋	1 ♈
28	3 ♎ 41	8 ♋ 56	16 ♐ 45	16 R 10	19 ♍ 53	19 ♍ 3	27 ♏ 24	13 ♋ 40	23 ♌ 47	24 ♒ 20	8 ♌ 45	6 ♋ 37	0 ♑	12 ♐	20 ♋	21 ♋	1 ♈
29	4 ♎ 40	21 ♋ 51	16 ♐ 42	16 ♐ 8	21 ♍ 36	20 ♍ 18	28 ♏ 6	13 ♋ 47	23 ♌ 54	24 ♒ 18	8 ♌ 46	6 ♋ 38	1 ♑	12 ♐	21 ♋	22 ♋	1 ♈
30	5 ♎ 39	4 ♌ 29	16 ♐ 39	16 ♐ 5	23 ♍ 20	21 ♍ 32	28 ♏ 48	13 ♋ 53	24 ♌ 0	24 ♒ 17	8 ♌ 47	6 ♋ 38	1 ♑	12 ♐	21 ♋	22 ♋	0 ♈

SUN INGRESS	☉ → ♎24日 05:46
MOON PHASE	● 5日 19:43 ♍　◐ 14日 00:02 ♐　○ 20日 22:01 ♓　◑ 27日 13:38 ♋

aspects		
1日	05:53	☿⚹♃
1日	14:05	☿⚹♂
2日	08:55	♂△♃
2日	10:32	☉☌☿
4日	02:17	☉⚹♃
5日	00:33	☿⚹♇
5日	10:06	♀☌♄
6日	19:38	☉⚹♂
8日	12:29	♀☍♅
16日	14:17	☿☌♀
17日	22:09	♀⚹♇
18日	13:13	☿⚹♇
21日	18:24	♂□♄
23日	05:07	♀⚹♃
23日	17:46	♂□♅
23日	20:00	☿⚹♃
26日	00:33	☿☌♀

1918年10月

DAY	☉	☽	☊ mean	☊ true	☿	♀	♂	♃	♄	♅	♆	♇	⚳	⚴	⚵	⚶	⚷
	° ′	° ′	° ′	° ′	° ′	° ′	° ′	° ′	° ′	° ′	° ′	° ′	°	°	°	°	°
1	6 ♎ 38	16 ♌ 53	16 ♐ 36	15 R 59	25 D 6	22 D 47	29 D 30	14 D 0	24 D 6	24 R 15	8 D 49	6 D 38	1 D	13 D	21 D	22 D	0 R
2	7 ♎ 37	29 ♌ 6	16 ♐ 33	15 ♐ 50	26 ♍ 52	24 ♍ 1	0 ♐ 12	14 ♋ 6	24 ♌ 13	24 ♒ 13	8 ♌ 50	6 ♋ 38	1 ♑	13 ♐	22 ♋	22 ♋	0 ♈
3	8 ♎ 36	11 ♍ 11	16 ♐ 29	15 ♐ 39	28 ♍ 39	25 ♍ 16	0 ♐ 55	14 ♋ 12	24 ♌ 19	24 ♒ 12	8 ♌ 52	6 ♋ 38	1 ♑	13 ♐	22 ♋	23 ♋	0 ♈
4	9 ♎ 35	23 ♍ 10	16 ♐ 26	15 ♐ 27	0 ♎ 26	26 ♍ 31	1 ♐ 37	14 ♋ 17	24 ♌ 25	24 ♒ 10	8 ♌ 53	6 ♋ 38	2 ♑	13 ♐	23 ♋	23 ♋	0 ♈
5	10 ♎ 34	5 ♎ 5	16 ♐ 23	15 ♐ 14	2 ♎ 14	27 ♍ 46	2 ♐ 19	14 ♋ 23	24 ♌ 31	24 ♒ 9	8 ♌ 54	6 ♋ 38	2 ♑	14 ♐	23 ♋	23 ♋	0 ♈
6	11 ♎ 33	16 ♎ 57	16 ♐ 20	15 ♐ 2	4 ♎ 1	29 ♍ 0	3 ♐ 2	14 ♋ 29	24 ♌ 37	24 ♒ 8	8 ♌ 55	6 ♋ 39	2 ♑	14 ♐	24 ♋	24 ♋	0 ♈
7	12 ♎ 32	28 ♎ 47	16 ♐ 17	14 ♐ 52	5 ♎ 48	0 ♎ 15	3 ♐ 44	14 ♋ 34	24 ♌ 43	24 ♒ 6	8 ♌ 57	6 ♋ 39	2 ♑	14 ♐	24 ♋	24 ♋	0 ♈
8	13 ♎ 31	10 ♏ 37	16 ♐ 14	14 ♐ 44	7 ♎ 35	1 ♎ 30	4 ♐ 27	14 ♋ 39	24 ♌ 49	24 ♒ 5	8 ♌ 58	6 ♋ 39	3 ♑	15 ♐	24 ♋	24 ♋	0 ♈
9	14 ♎ 31	22 ♏ 29	16 ♐ 10	14 ♐ 39	9 ♎ 22	2 ♎ 45	5 ♐ 10	14 ♋ 44	24 ♌ 55	24 ♒ 4	8 ♌ 59	6 R 39	3 ♑	15 ♐	25 ♋	25 ♋	0 ♈
10	15 ♎ 30	4 ♐ 27	16 ♐ 7	14 ♐ 36	11 ♎ 8	4 ♎ 0	5 ♐ 53	14 ♋ 49	25 ♌ 1	24 ♒ 2	9 ♌ 0	6 ♋ 39	3 ♑	15 ♐	25 ♋	25 ♋	0 ♈
11	16 ♎ 29	16 ♐ 34	16 ♐ 4	14 D 36	12 ♎ 53	5 ♎ 14	6 ♐ 35	14 ♋ 53	25 ♌ 7	24 ♒ 1	9 ♌ 1	6 ♋ 38	3 ♑	16 ♐	26 ♋	25 ♋	0 ♈
12	17 ♎ 29	28 ♐ 54	16 ♐ 1	14 ♐ 36	14 ♎ 38	6 ♎ 29	7 ♐ 18	14 ♋ 58	25 ♌ 13	24 ♒ 0	9 ♌ 2	6 ♋ 38	4 ♑	16 ♐	26 ♋	25 ♋	0 ♈
13	18 ♎ 28	11 ♑ 31	15 ♐ 58	14 ♐ 37	16 ♎ 22	7 ♎ 44	8 ♐ 2	15 ♋ 2	25 ♌ 18	23 ♒ 59	9 ♌ 3	6 ♋ 38	4 ♑	16 ♐	27 ♋	26 ♋	0 ♈
14	19 ♎ 27	24 ♑ 31	15 ♐ 55	14 R 37	18 ♎ 6	8 ♎ 59	8 ♐ 45	15 ♋ 6	25 ♌ 24	23 ♒ 58	9 ♌ 4	6 ♋ 38	4 ♑	17 ♐	27 ♋	26 ♋	0 ♈
15	20 ♎ 27	7 ♒ 56	15 ♐ 51	14 ♐ 36	19 ♎ 49	10 ♎ 14	9 ♐ 28	15 ♋ 10	25 ♌ 29	23 ♒ 57	9 ♌ 5	6 ♋ 38	4 ♑	17 ♐	27 ♋	26 ♋	0 ♈
16	21 ♎ 26	21 ♒ 51	15 ♐ 48	14 ♐ 32	21 ♎ 31	11 ♎ 29	10 ♐ 11	15 ♋ 14	25 ♌ 35	23 ♒ 56	9 ♌ 6	6 ♋ 38	5 ♑	17 ♐	28 ♋	26 ♋	0 ♈
17	22 ♎ 26	6 ♓ 14	15 ♐ 45	14 ♐ 26	23 ♎ 12	12 ♎ 44	10 ♐ 55	15 ♋ 18	25 ♌ 40	23 ♒ 55	9 ♌ 7	6 ♋ 38	5 ♑	18 ♐	28 ♋	27 ♋	0 ♈
18	23 ♎ 25	21 ♓ 3	15 ♐ 42	14 ♐ 19	24 ♎ 53	13 ♎ 59	11 ♐ 38	15 ♋ 21	25 ♌ 45	23 ♒ 54	9 ♌ 8	6 ♋ 37	5 ♑	18 ♐	28 ♋	27 ♋	0 ♈
19	24 ♎ 25	6 ♈ 11	15 ♐ 39	14 ♐ 12	26 ♎ 34	15 ♎ 14	12 ♐ 22	15 ♋ 24	25 ♌ 51	23 ♒ 53	9 ♌ 9	6 ♋ 37	5 ♑	18 ♐	29 ♋	27 ♋	0 ♈
20	25 ♎ 25	21 ♈ 29	15 ♐ 35	14 ♐ 4	28 ♎ 13	16 ♎ 29	13 ♐ 5	15 ♋ 27	25 ♌ 56	23 ♒ 53	9 ♌ 10	6 ♋ 37	6 ♑	19 ♐	29 ♋	27 ♋	0 ♈
21	26 ♎ 24	6 ♉ 46	15 ♐ 32	13 ♐ 58	29 ♎ 52	17 ♎ 44	13 ♐ 49	15 ♋ 30	26 ♌ 1	23 ♒ 52	9 ♌ 10	6 ♋ 37	6 ♑	19 ♐	0 ♌	28 ♋	0 ♈
22	27 ♎ 24	21 ♉ 51	15 ♐ 29	13 ♐ 54	1 ♏ 31	18 ♎ 59	14 ♐ 33	15 ♋ 33	26 ♌ 6	23 ♒ 51	9 ♌ 11	6 ♋ 36	6 ♑	19 ♐	0 ♌	28 ♋	0 ♈
23	28 ♎ 24	6 ♊ 36	15 ♐ 26	13 ♐ 52	3 ♏ 8	20 ♎ 15	15 ♐ 17	15 ♋ 35	26 ♌ 11	23 ♒ 51	9 ♌ 12	6 ♋ 36	7 ♑	20 ♐	0 ♌	28 ♋	0 ♈
24	29 ♎ 23	20 ♊ 54	15 ♐ 23	13 D 52	4 ♏ 45	21 ♎ 30	16 ♐ 0	15 ♋ 37	26 ♌ 15	23 ♒ 50	9 ♌ 13	6 ♋ 36	7 ♑	20 ♐	1 ♌	28 ♋	29 ♓
25	0 ♏ 23	4 ♋ 45	15 ♐ 20	13 ♐ 53	6 ♏ 22	22 ♎ 45	16 ♐ 44	15 ♋ 39	26 ♌ 20	23 ♒ 50	9 ♌ 13	6 ♋ 35	7 ♑	20 ♐	1 ♌	29 ♋	29 ♓
26	1 ♏ 23	18 ♋ 8	15 ♐ 16	13 ♐ 55	7 ♏ 58	24 ♎ 0	17 ♐ 29	15 ♋ 41	26 ♌ 25	23 ♒ 49	9 ♌ 14	6 ♋ 35	7 ♑	21 ♐	1 ♌	29 ♋	29 ♓
27	2 ♏ 23	1 ♌ 7	15 ♐ 13	13 ♐ 55	9 ♏ 34	25 ♎ 15	18 ♐ 13	15 ♋ 43	26 ♌ 29	23 ♒ 49	9 ♌ 14	6 ♋ 35	8 ♑	21 ♐	2 ♌	29 ♋	29 ♓
28	3 ♏ 23	13 ♌ 44	15 ♐ 10	13 R 55	11 ♏ 9	26 ♎ 30	18 ♐ 57	15 ♋ 44	26 ♌ 34	23 ♒ 48	9 ♌ 15	6 ♋ 34	8 ♑	21 ♐	2 ♌	29 ♋	29 ♓
29	4 ♏ 23	26 ♌ 5	15 ♐ 7	13 ♐ 52	12 ♏ 43	27 ♎ 46	19 ♐ 41	15 ♋ 46	26 ♌ 38	23 ♒ 48	9 ♌ 15	6 ♋ 34	8 ♑	22 ♐	2 ♌	29 ♋	29 ♓
30	5 ♏ 22	8 ♍ 13	15 ♐ 4	13 ♐ 48	14 ♏ 17	29 ♎ 1	20 ♐ 26	15 ♋ 47	26 ♌ 43	23 ♒ 48	9 ♌ 16	6 ♋ 33	9 ♑	22 ♐	3 ♌	0 ♌	29 ♓
31	6 ♏ 22	20 ♍ 12	15 ♐ 1	13 ♐ 43	15 ♏ 51	0 ♏ 16	21 ♐ 10	15 ♋ 48	26 ♌ 47	23 ♒ 47	9 ♌ 16	6 ♋ 33	9 ♑	22 ♐	3 ♌	0 ♌	29 ♓

SUN INGRESS	☉ → ♏24日 14:33
MOON PHASE	● 5日 12:05 ♎　◐ 13日 14:00 ♑　○ 20日 06:34 ♈　◑ 27日 02:35 ♌

aspects		
1日	00:11	☉□♇
2日	02:02	♄☍♅
3日	06:37	☉⚹♆
5日	01:59	☿⚹♂
7日	11:15	☿□♇
8日	18:47	☿⚹♆
9日	05:53	☉□♃
12日	02:53	♀□♇
12日	04:47	☿□♃
13日	12:58	♀⚹♂
14日	01:36	♀⚹♆
14日	11:06	♂△♆
15日	21:28	☉☌☿
17日	10:04	☿△♅
18日	11:29	☉△♅
18日	13:07	☿⚹♄
19日	03:17	♀□♃
20日	13:41	☉⚹♄
25日	03:17	☿△♇
25日	20:32	♀△♅
26日	19:07	☿□♆
28日	01:11	♀⚹♄
30日	23:12	☿△♃
31日	04:01	☉△♇

1918年11月

DAY	☉	☽	☊ mean	☊ true	☿	♀	♂	♃	♄	♅	♆	♇	⚳	⚴	⚵	⚶	⚷
	° ′	° ′	° ′	° ′	° ′	° ′	° ′	° ′	° ′	° ′	° ′	° ′	°	°	°	°	°
1	7 ♏ 22	2 ♎ 6	14 ♐ 57	13 R 36	17 D 24	1 D 31	21 D 54	15 D 48	26 D 51	23 R 47	9 D 17	6 R 32	9 D	23 D	3 D	0 D	29 R
2	8 ♏ 23	13 ♎ 57	14 ♐ 54	13 ♐ 29	18 ♏ 56	2 ♏ 47	22 ♐ 39	15 ♋ 49	26 ♌ 55	23 ♒ 47	9 ♌ 17	6 ♋ 32	10 ♑	23 ♐	4 ♌	0 ♌	29 ♓
3	9 ♏ 23	25 ♎ 47	14 ♐ 51	13 ♐ 23	20 ♏ 29	4 ♏ 2	23 ♐ 24	15 ♋ 49	26 ♌ 59	23 ♒ 47	9 ♌ 18	6 ♋ 31	10 ♑	24 ♐	4 ♌	0 ♌	29 ♓
4	10 ♏ 23	7 ♏ 39	14 ♐ 48	13 ♐ 17	22 ♏ 0	5 ♏ 17	24 ♐ 8	15 R 49	27 ♌ 3	23 ♒ 47	9 ♌ 18	6 ♋ 30	10 ♑	24 ♐	4 ♌	1 ♌	29 ♓
5	11 ♏ 23	19 ♏ 34	14 ♐ 45	13 ♐ 13	23 ♏ 32	6 ♏ 32	24 ♐ 53	15 ♋ 49	27 ♌ 7	23 D 47	9 ♌ 18	6 ♋ 30	11 ♑	24 ♐	5 ♌	1 ♌	29 ♓
6	12 ♏ 23	1 ♐ 34	14 ♐ 41	13 ♐ 11	25 ♏ 3	7 ♏ 48	25 ♐ 38	15 ♋ 49	27 ♌ 10	23 ♒ 47	9 ♌ 18	6 ♋ 29	11 ♑	25 ♐	5 ♌	1 ♌	29 ♓
7	13 ♏ 23	13 ♐ 41	14 ♐ 38	13 D 10	26 ♏ 33	9 ♏ 3	26 ♐ 23	15 ♋ 48	27 ♌ 14	23 ♒ 47	9 ♌ 19	6 ♋ 29	11 ♑	25 ♐	5 ♌	1 ♌	29 ♓
8	14 ♏ 24	25 ♐ 57	14 ♐ 35	13 ♐ 11	28 ♏ 3	10 ♏ 18	27 ♐ 8	15 ♋ 48	27 ♌ 17	23 ♒ 47	9 ♌ 19	6 ♋ 28	12 ♑	25 ♐	5 ♌	1 ♌	29 ♓
9	15 ♏ 24	8 ♑ 25	14 ♐ 32	13 ♐ 12	29 ♏ 33	11 ♏ 34	27 ♐ 53	15 ♋ 47	27 ♌ 21	23 ♒ 48	9 ♌ 19	6 ♋ 27	12 ♑	26 ♐	6 ♌	1 ♌	29 ♓
10	16 ♏ 24	21 ♑ 7	14 ♐ 29	13 ♐ 14	1 ♐ 2	12 ♏ 49	28 ♐ 38	15 ♋ 46	27 ♌ 24	23 ♒ 48	9 ♌ 19	6 ♋ 26	12 ♑	26 ♐	6 ♌	1 ♌	29 ♓
11	17 ♏ 24	4 ♒ 8	14 ♐ 26	13 ♐ 15	2 ♐ 31	14 ♏ 4	29 ♐ 23	15 ♋ 44	27 ♌ 27	23 ♒ 48	9 ♌ 19	6 ♋ 26	12 ♑	26 ♐	6 ♌	2 ♌	29 ♓
12	18 ♏ 25	17 ♒ 29	14 ♐ 22	13 ♐ 16	4 ♐ 0	15 ♏ 20	0 ♑ 9	15 ♋ 43	27 ♌ 30	23 ♒ 49	9 ♌ 19	6 ♋ 25	13 ♑	27 ♐	6 ♌	2 ♌	29 ♓
13	19 ♏ 25	1 ♓ 14	14 ♐ 19	13 R 15	5 ♐ 27	16 ♏ 35	0 ♑ 54	15 ♋ 41	27 ♌ 33	23 ♒ 49	9 R 19	6 ♋ 24	13 ♑	27 ♐	7 ♌	2 ♌	29 ♓
14	20 ♏ 26	15 ♓ 22	14 ♐ 16	13 ♐ 14	6 ♐ 55	17 ♏ 51	1 ♑ 39	15 ♋ 39	27 ♌ 36	23 ♒ 49	9 ♌ 19	6 ♋ 23	13 ♑	28 ♐	7 ♌	2 ♌	29 ♓
15	21 ♏ 26	29 ♓ 53	14 ♐ 13	13 ♐ 11	8 ♐ 22	19 ♏ 6	2 ♑ 25	15 ♋ 37	27 ♌ 39	23 ♒ 50	9 ♌ 19	6 ♋ 23	14 ♑	28 ♐	7 ♌	2 ♌	29 ♓
16	22 ♏ 26	14 ♈ 42	14 ♐ 10	13 ♐ 9	9 ♐ 48	20 ♏ 21	3 ♑ 10	15 ♋ 35	27 ♌ 42	23 ♒ 51	9 ♌ 19	6 ♋ 22	14 ♑	28 ♐	7 ♌	2 ♌	29 ♓
17	23 ♏ 27	29 ♈ 43	14 ♐ 6	13 ♐ 6	11 ♐ 14	21 ♏ 37	3 ♑ 56	15 ♋ 32	27 ♌ 44	23 ♒ 51	9 ♌ 19	6 ♋ 21	14 ♑	29 ♐	7 ♌	2 ♌	29 ♓
18	24 ♏ 27	14 ♉ 48	14 ♐ 3	13 ♐ 4	12 ♐ 38	22 ♏ 52	4 ♑ 41	15 ♋ 29	27 ♌ 47	23 ♒ 52	9 ♌ 19	6 ♋ 20	15 ♑	29 ♐	8 ♌	2 ♌	29 ♓
19	25 ♏ 28	29 ♉ 47	14 ♐ 0	13 ♐ 2	14 ♐ 3	24 ♏ 7	5 ♑ 27	15 ♋ 27	27 ♌ 49	23 ♒ 53	9 ♌ 19	6 ♋ 19	15 ♑	29 ♐	8 ♌	2 ♌	29 ♓
20	26 ♏ 28	14 ♊ 32	13 ♐ 57	13 D 2	15 ♐ 26	25 ♏ 23	6 ♑ 12	15 ♋ 23	27 ♌ 52	23 ♒ 53	9 ♌ 18	6 ♋ 18	16 ♑	0 ♑	8 ♌	3 ♌	29 ♓
21	27 ♏ 29	28 ♊ 57	13 ♐ 54	13 ♐ 3	16 ♐ 48	26 ♏ 38	6 ♑ 58	15 ♋ 20	27 ♌ 54	23 ♒ 54	9 ♌ 18	6 ♋ 18	16 ♑	0 ♑	8 ♌	3 ♌	29 ♓
22	28 ♏ 29	12 ♋ 56	13 ♐ 51	13 ♐ 4	18 ♐ 9	27 ♏ 54	7 ♑ 44	15 ♋ 17	27 ♌ 56	23 ♒ 55	9 ♌ 18	6 ♋ 17	16 ♑	0 ♑	8 ♌	3 ♌	29 ♓
23	29 ♏ 30	26 ♋ 28	13 ♐ 47	13 ♐ 5	19 ♐ 29	29 ♏ 9	8 ♑ 30	15 ♋ 13	27 ♌ 58	23 ♒ 56	9 ♌ 17	6 ♋ 16	17 ♑	1 ♑	9 ♌	3 ♌	29 ♓
24	0 ♐ 31	9 ♌ 34	13 ♐ 44	13 ♐ 6	20 ♐ 48	0 ♐ 25	9 ♑ 16	15 ♋ 9	28 ♌ 0	23 ♒ 57	9 ♌ 17	6 ♋ 15	17 ♑	1 ♑	9 ♌	3 ♌	29 ♓
25	1 ♐ 31	22 ♌ 18	13 ♐ 41	13 ♐ 7	22 ♐ 5	1 ♐ 40	10 ♑ 2	15 ♋ 5	28 ♌ 1	23 ♒ 58	9 ♌ 17	6 ♋ 14	17 ♑	2 ♑	9 ♌	3 ♌	29 ♓
26	2 ♐ 32	4 ♍ 41	13 ♐ 38	13 R 7	23 ♐ 20	2 ♐ 55	10 ♑ 48	15 ♋ 1	28 ♌ 3	23 ♒ 59	9 ♌ 16	6 ♋ 13	18 ♑	2 ♑	9 ♌	3 ♌	29 ♓
27	3 ♐ 33	16 ♍ 50	13 ♐ 35	13 ♐ 6	24 ♐ 34	4 ♐ 11	11 ♑ 34	14 ♋ 57	28 ♌ 5	24 ♒ 0	9 ♌ 16	6 ♋ 12	18 ♑	2 ♑	9 ♌	3 ♌	29 ♓
28	4 ♐ 34	28 ♍ 48	13 ♐ 32	13 ♐ 6	25 ♐ 44	5 ♐ 26	12 ♑ 20	14 ♋ 52	28 ♌ 6	24 ♒ 2	9 ♌ 15	6 ♋ 11	18 ♑	3 ♑	9 ♌	3 ♌	29 ♓
29	5 ♐ 34	10 ♎ 39	13 ♐ 28	13 ♐ 5	26 ♐ 52	6 ♐ 42	13 ♑ 6	14 ♋ 47	28 ♌ 7	24 ♒ 3	9 ♌ 15	6 ♋ 10	19 ♑	3 ♑	9 ♌	3 ♌	29 ♓
30	6 ♐ 35	22 ♎ 29	13 ♐ 25	13 ♐ 4	27 ♐ 58	7 ♐ 57	13 ♑ 52	14 ♋ 42	28 ♌ 9	24 ♒ 4	9 ♌ 14	6 ♋ 9	19 ♑	3 ♑	10 ♌	3 ♌	29 ♓
SUN INGRESS	☉ → ♐ 23日 11:38																
MOON PHASE	● 4日 06:01 ♏	◐ 12日 01:46 ♒	○ 18日 16:33 ♉	◑ 25日 19:25 ♍													

aspects		
2日	21:57	☉□♆
3日	12:30	♂⚹♅
4日	23:09	♀△♇
5日	04:01	☿□♅
7日	04:57	♀□♆
7日	11:15	☿□♄
8日	05:26	♂△♄
9日	08:55	☉△♃
12日	07:07	♀△♃
15日	15:57	☿△♆
17日	09:47	☉□♅
18日	19:13	♀□♅
20日	03:06	♂☍♇
21日	10:12	☉□♄
22日	00:42	♀□♄
24日	10:05	☉☌♀
26日	12:50	☿⚹♅
30日	04:17	☿△♄
30日	23:38	♂☍♃

1918年12月

DAY	☉	☽	☊ mean	☊ true	☿	♀	♂	♃	♄	♅	♆	♇	⚳	⚴	⚵	⚶	⚷
	° ′	° ′	° ′	° ′	° ′	° ′	° ′	° ′	° ′	° ′	° ′	° ′	°	°	°	°	°
1	7 ♐ 36	4 ♏ 20	13 ♐ 22	13 R 3	28 D 59	9 D 13	14 D 38	14 R 37	28 D 10	24 D 5	9 R 14	6 R 8	19 D	4 D	10 D	3 D	29 R
2	8 ♐ 37	16 ♏ 16	13 ♐ 19	13 ♐ 2	29 ♐ 56	10 ♐ 28	15 ♑ 24	14 ♋ 32	28 ♌ 11	24 ♒ 7	9 ♌ 13	6 ♋ 7	20 ♑	4 ♑	10 ♌	3 R	29 ♓
3	9 ♐ 38	28 ♏ 18	13 ♐ 16	13 ♐ 2	0 ♑ 49	11 ♐ 44	16 ♑ 11	14 ♋ 27	28 ♌ 12	24 ♒ 8	9 ♌ 12	6 ♋ 6	20 ♑	5 ♑	10 ♌	3 ♌	28 ♓
4	10 ♐ 39	10 ♐ 30	13 ♐ 12	13 ♐ 2	1 ♑ 37	12 ♐ 59	16 ♑ 57	14 ♋ 21	28 ♌ 12	24 ♒ 10	9 ♌ 12	6 ♋ 5	20 ♑	5 ♑	10 ♌	3 ♌	28 ♓
5	11 ♐ 39	22 ♐ 51	13 ♐ 9	13 D 2	2 ♑ 19	14 ♐ 15	17 ♑ 44	14 ♋ 15	28 ♌ 13	24 ♒ 11	9 ♌ 11	6 ♋ 3	21 ♑	5 ♑	10 ♌	3 ♌	28 ♓
6	12 ♐ 40	5 ♑ 25	13 ♐ 6	13 ♐ 2	2 ♑ 53	15 ♐ 30	18 ♑ 30	14 ♋ 10	28 ♌ 14	24 ♒ 13	9 ♌ 10	6 ♋ 2	21 ♑	6 ♑	10 ♌	3 ♌	28 ♓
7	13 ♐ 41	18 ♑ 10	13 ♐ 3	13 R 2	3 ♑ 21	16 ♐ 45	19 ♑ 17	14 ♋ 4	28 ♌ 14	24 ♒ 14	9 ♌ 9	6 ♋ 1	22 ♑	6 ♑	10 ♌	3 ♌	28 ♓
8	14 ♐ 42	1 ♒ 9	13 ♐ 0	13 ♐ 2	3 ♑ 40	18 ♐ 1	20 ♑ 3	13 ♋ 57	28 ♌ 14	24 ♒ 16	9 ♌ 9	6 ♋ 0	22 ♑	6 ♑	10 ♌	3 ♌	28 ♓
9	15 ♐ 43	14 ♒ 23	12 ♐ 57	13 ♐ 1	3 ♑ 49	19 ♐ 16	20 ♑ 50	13 ♋ 51	28 ♌ 14	24 ♒ 18	9 ♌ 8	5 ♋ 59	22 ♑	7 ♑	10 ♌	3 ♌	28 ♓
10	16 ♐ 44	27 ♒ 51	12 ♐ 53	13 ♐ 1	3 R 49	20 ♐ 32	21 ♑ 36	13 ♋ 45	28 ♌ 15	24 ♒ 19	9 ♌ 7	5 ♋ 58	23 ♑	7 ♑	10 ♌	3 ♌	28 ♓
11	17 ♐ 45	11 ♓ 34	12 ♐ 50	13 ♐ 1	3 ♑ 38	21 ♐ 47	22 ♑ 23	13 ♋ 38	28 R 15	24 ♒ 21	9 ♌ 6	5 ♋ 57	23 ♑	8 ♑	10 ♌	3 ♌	28 ♓
12	18 ♐ 46	25 ♓ 33	12 ♐ 47	13 D 1	3 ♑ 15	23 ♐ 3	23 ♑ 10	13 ♋ 31	28 ♌ 14	24 ♒ 23	9 ♌ 5	5 ♋ 56	23 ♑	8 ♑	10 R	3 ♌	28 D
13	19 ♐ 47	9 ♈ 46	12 ♐ 44	13 ♐ 1	2 ♑ 41	24 ♐ 18	23 ♑ 56	13 ♋ 25	28 ♌ 14	24 ♒ 25	9 ♌ 4	5 ♋ 54	24 ♑	8 ♑	10 ♌	2 ♌	28 ♓
14	20 ♐ 48	24 ♈ 11	12 ♐ 41	13 ♐ 2	1 ♑ 56	25 ♐ 34	24 ♑ 43	13 ♋ 18	28 ♌ 14	24 ♒ 27	9 ♌ 3	5 ♋ 53	24 ♑	9 ♑	10 ♌	2 ♌	28 ♓
15	21 ♐ 49	8 ♉ 45	12 ♐ 38	13 ♐ 3	1 ♑ 0	26 ♐ 49	25 ♑ 30	13 ♋ 11	28 ♌ 13	24 ♒ 29	9 ♌ 2	5 ♋ 52	24 ♑	9 ♑	10 ♌	2 ♌	28 ♓
16	22 ♐ 50	23 ♉ 24	12 ♐ 34	13 ♐ 3	29 ♐ 54	28 ♐ 5	26 ♑ 17	13 ♋ 3	28 ♌ 13	24 ♒ 31	9 ♌ 1	5 ♋ 51	25 ♑	10 ♑	10 ♌	2 ♌	28 ♓
17	23 ♐ 51	8 ♊ 1	12 ♐ 31	13 ♐ 4	28 ♐ 40	29 ♐ 20	27 ♑ 3	12 ♋ 56	28 ♌ 12	24 ♒ 33	9 ♌ 0	5 ♋ 50	25 ♑	10 ♑	10 ♌	2 ♌	28 ♓
18	24 ♐ 52	22 ♊ 29	12 ♐ 28	13 R 4	27 ♐ 21	0 ♑ 35	27 ♑ 50	12 ♋ 49	28 ♌ 11	24 ♒ 35	8 ♌ 59	5 ♋ 48	26 ♑	10 ♑	10 ♌	2 ♌	28 ♓
19	25 ♐ 53	6 ♋ 44	12 ♐ 25	13 ♐ 3	25 ♐ 58	1 ♑ 51	28 ♑ 37	12 ♋ 41	28 ♌ 10	24 ♒ 37	8 ♌ 58	5 ♋ 47	26 ♑	11 ♑	10 ♌	2 ♌	28 ♓
20	26 ♐ 54	20 ♋ 40	12 ♐ 22	13 ♐ 1	24 ♐ 36	3 ♑ 6	29 ♑ 24	12 ♋ 34	28 ♌ 9	24 ♒ 39	8 ♌ 57	5 ♋ 46	26 ♑	11 ♑	10 ♌	2 ♌	28 ♓
21	27 ♐ 56	4 ♌ 14	12 ♐ 18	12 ♐ 59	23 ♐ 15	4 ♑ 22	0 ♒ 11	12 ♋ 26	28 ♌ 8	24 ♒ 42	8 ♌ 56	5 ♋ 45	27 ♑	11 ♑	10 ♌	2 ♌	29 ♓
22	28 ♐ 57	17 ♌ 25	12 ♐ 15	12 ♐ 57	22 ♐ 0	5 ♑ 37	0 ♒ 58	12 ♋ 19	28 ♌ 7	24 ♒ 44	8 ♌ 54	5 ♋ 44	27 ♑	12 ♑	10 ♌	1 ♌	29 ♓
23	29 ♐ 58	0 ♍ 14	12 ♐ 12	12 ♐ 55	20 ♐ 52	6 ♑ 53	1 ♒ 45	12 ♋ 11	28 ♌ 6	24 ♒ 46	8 ♌ 53	5 ♋ 42	27 ♑	12 ♑	10 ♌	1 ♌	29 ♓
24	0 ♑ 59	12 ♍ 42	12 ♐ 9	12 ♐ 53	19 ♐ 53	8 ♑ 8	2 ♒ 32	12 ♋ 3	28 ♌ 4	24 ♒ 48	8 ♌ 52	5 ♋ 41	28 ♑	13 ♑	9 ♌	1 ♌	29 ♓
25	2 ♑ 0	24 ♍ 54	12 ♐ 6	12 ♐ 52	19 ♐ 4	9 ♑ 23	3 ♒ 19	11 ♋ 55	28 ♌ 3	24 ♒ 51	8 ♌ 51	5 ♋ 40	28 ♑	13 ♑	9 ♌	1 ♌	29 ♓
26	3 ♑ 1	6 ♎ 53	12 ♐ 3	12 D 52	18 ♐ 25	10 ♑ 39	4 ♒ 6	11 ♋ 47	28 ♌ 1	24 ♒ 53	8 ♌ 49	5 ♋ 39	29 ♑	13 ♑	9 ♌	1 ♌	29 ♓
27	4 ♑ 2	18 ♎ 45	11 ♐ 59	12 ♐ 53	17 ♐ 57	11 ♑ 54	4 ♒ 53	11 ♋ 39	27 ♌ 59	24 ♒ 56	8 ♌ 48	5 ♋ 38	29 ♑	14 ♑	9 ♌	1 ♌	29 ♓
28	5 ♑ 3	0 ♏ 35	11 ♐ 56	12 ♐ 54	17 ♐ 39	13 ♑ 10	5 ♒ 40	11 ♋ 31	27 ♌ 57	24 ♒ 58	8 ♌ 47	5 ♋ 36	29 ♑	14 ♑	9 ♌	0 ♌	29 ♓
29	6 ♑ 5	12 ♏ 27	11 ♐ 53	12 ♐ 56	17 ♐ 32	14 ♑ 25	6 ♒ 28	11 ♋ 23	27 ♌ 55	25 ♒ 1	8 ♌ 45	5 ♋ 35	0 ♒	14 ♑	9 ♌	0 ♌	29 ♓
30	7 ♑ 6	24 ♏ 25	11 ♐ 50	12 ♐ 58	17 D 34	15 ♑ 41	7 ♒ 15	11 ♋ 15	27 ♌ 53	25 ♒ 3	8 ♌ 44	5 ♋ 34	0 ♒	15 ♑	9 ♌	0 ♌	29 ♓
31	8 ♑ 7	6 ♐ 34	11 ♐ 47	12 ♐ 59	17 ♐ 45	16 ♑ 56	8 ♒ 2	11 ♋ 7	27 ♌ 51	25 ♒ 6	8 ♌ 43	5 ♋ 33	1 ♒	15 ♑	8 ♌	0 ♌	29 ♓
SUN INGRESS	☉ → ♑ 23日 00:41																
MOON PHASE	● 4日 00:19 ♐	◐ 11日 11:31 ♓	○ 18日 04:17 ♊	◑ 25日 15:30 ♎													

aspects		
1日	00:18	♀△♆
2日	14:06	☉△♆
13日	02:12	♀⚹♅
16日	02:34	♀△♄
16日	17:41	☿☌♀
17日	08:45	☿△♄
17日	16:57	☉⚹♅
19日	00:50	☉☌☿
19日	22:56	☿⚹♅
21日	04:51	☉△♄
22日	02:02	♀☍♇
26日	19:38	♀☍♃
28日	12:41	☉☍♇
31日	20:06	♂☍♆

1919年1月

DAY	☉	☽	☊ mean	☊ true	☿	♀	♂	♃	♄	♅	♆	♇	⚳	⚴	⚵	⚶	⚷
	° ′	° ′	° ′	° ′	° ′	° ′	° ′	° ′	° ′	° ′	° ′	° ′	°	°	°	°	°
1	9 ♑ 8	18 ♐ 57	11 ♐ 44	12 R 59	18 D 5	18 D 11	8 D 49	10 R 59	27 R 49	25 D 9	8 R 41	5 R 31	1 D	16 D	8 R	29 R	29 D
2	10 ♑ 9	1 ♑ 34	11 ♐ 40	12 ♐ 57	18 ♐ 31	19 ♑ 27	9 ♒ 36	10 ♋ 51	27 ♌ 46	25 ♒ 11	8 ♌ 40	5 ♋ 30	1 ♒	16 ♑	8 ♌	29 ♋	29 ♓
3	11 ♑ 10	14 ♑ 28	11 ♐ 37	12 ♐ 54	19 ♐ 4	20 ♑ 42	10 ♒ 24	10 ♋ 43	27 ♌ 44	25 ♒ 14	8 ♌ 38	5 ♋ 29	2 ♒	16 ♑	8 ♌	29 ♋	29 ♓
4	12 ♑ 12	27 ♑ 38	11 ♐ 34	12 ♐ 50	19 ♐ 43	21 ♑ 58	11 ♒ 11	10 ♋ 34	27 ♌ 41	25 ♒ 17	8 ♌ 37	5 ♋ 28	2 ♒	17 ♑	8 ♌	29 ♋	29 ♓
5	13 ♑ 13	11 ♒ 2	11 ♐ 31	12 ♐ 45	20 ♐ 28	23 ♑ 13	11 ♒ 58	10 ♋ 26	27 ♌ 38	25 ♒ 19	8 ♌ 35	5 ♋ 27	2 ♒	17 ♑	7 ♌	29 ♋	29 ♓
6	14 ♑ 14	24 ♒ 40	11 ♐ 28	12 ♐ 40	21 ♐ 17	24 ♑ 28	12 ♒ 45	10 ♋ 18	27 ♌ 36	25 ♒ 22	8 ♌ 34	5 ♋ 25	3 ♒	18 ♑	7 ♌	28 ♋	29 ♓
7	15 ♑ 15	8 ♓ 27	11 ♐ 24	12 ♐ 35	22 ♐ 10	25 ♑ 44	13 ♒ 33	10 ♋ 10	27 ♌ 33	25 ♒ 25	8 ♌ 32	5 ♋ 24	3 ♒	18 ♑	7 ♌	28 ♋	29 ♓
8	16 ♑ 16	22 ♓ 24	11 ♐ 21	12 ♐ 32	23 ♐ 7	26 ♑ 59	14 ♒ 20	10 ♋ 2	27 ♌ 30	25 ♒ 28	8 ♌ 31	5 ♋ 23	4 ♒	18 ♑	7 ♌	28 ♋	29 ♓
9	17 ♑ 17	6 ♈ 26	11 ♐ 18	12 ♐ 30	24 ♐ 8	28 ♑ 14	15 ♒ 7	9 ♋ 54	27 ♌ 27	25 ♒ 31	8 ♌ 29	5 ♋ 22	4 ♒	19 ♑	7 ♌	28 ♋	29 ♓
10	18 ♑ 19	20 ♈ 33	11 ♐ 15	12 D 29	25 ♐ 11	29 ♑ 30	15 ♒ 55	9 ♋ 46	27 ♌ 24	25 ♒ 34	8 ♌ 28	5 ♋ 21	4 ♒	19 ♑	6 ♌	27 ♋	29 ♓
11	19 ♑ 20	4 ♉ 42	11 ♐ 12	12 ♐ 30	26 ♐ 18	0 ♒ 45	16 ♒ 42	9 ♋ 38	27 ♌ 20	25 ♒ 37	8 ♌ 26	5 ♋ 19	5 ♒	19 ♑	6 ♌	27 ♋	29 ♓
12	20 ♑ 21	18 ♉ 53	11 ♐ 9	12 ♐ 32	27 ♐ 26	2 ♒ 0	17 ♒ 29	9 ♋ 30	27 ♌ 17	25 ♒ 39	8 ♌ 25	5 ♋ 18	5 ♒	20 ♑	6 ♌	27 ♋	29 ♓
13	21 ♑ 22	3 ♊ 3	11 ♐ 5	12 ♐ 33	28 ♐ 37	3 ♒ 16	18 ♒ 17	9 ♋ 22	27 ♌ 14	25 ♒ 42	8 ♌ 23	5 ♋ 17	6 ♒	20 ♑	6 ♌	27 ♋	29 ♓
14	22 ♑ 23	17 ♊ 10	11 ♐ 2	12 R 33	29 ♐ 50	4 ♒ 31	19 ♒ 4	9 ♋ 15	27 ♌ 10	25 ♒ 45	8 ♌ 21	5 ♋ 16	6 ♒	21 ♑	5 ♌	26 ♋	29 ♓
15	23 ♑ 24	1 ♋ 12	10 ♐ 59	12 ♐ 32	1 ♑ 4	5 ♒ 46	19 ♒ 51	9 ♋ 7	27 ♌ 7	25 ♒ 49	8 ♌ 20	5 ♋ 15	6 ♒	21 ♑	5 ♌	26 ♋	29 ♓
16	24 ♑ 25	15 ♋ 4	10 ♐ 56	12 ♐ 28	2 ♑ 20	7 ♒ 2	20 ♒ 39	8 ♋ 59	27 ♌ 3	25 ♒ 52	8 ♌ 18	5 ♋ 14	7 ♒	21 ♑	5 ♌	26 ♋	29 ♓
17	25 ♑ 26	28 ♋ 43	10 ♐ 53	12 ♐ 22	3 ♑ 38	8 ♒ 17	21 ♒ 26	8 ♋ 52	26 ♌ 59	25 ♒ 55	8 ♌ 17	5 ♋ 12	7 ♒	22 ♑	5 ♌	26 ♋	29 ♓
18	26 ♑ 27	12 ♌ 6	10 ♐ 50	12 ♐ 15	4 ♑ 57	9 ♒ 32	22 ♒ 13	8 ♋ 45	26 ♌ 56	25 ♒ 58	8 ♌ 15	5 ♋ 11	8 ♒	22 ♑	4 ♌	25 ♋	29 ♓
19	27 ♑ 29	25 ♌ 12	10 ♐ 46	12 ♐ 6	6 ♑ 17	10 ♒ 47	23 ♒ 1	8 ♋ 37	26 ♌ 52	26 ♒ 1	8 ♌ 13	5 ♋ 10	8 ♒	22 ♑	4 ♌	25 ♋	29 ♓
20	28 ♑ 30	7 ♍ 58	10 ♐ 43	11 ♐ 58	7 ♑ 38	12 ♒ 2	23 ♒ 48	8 ♋ 30	26 ♌ 48	26 ♒ 4	8 ♌ 12	5 ♋ 9	8 ♒	23 ♑	4 ♌	25 ♋	29 ♓
21	29 ♑ 31	20 ♍ 27	10 ♐ 40	11 ♐ 51	9 ♑ 0	13 ♒ 18	24 ♒ 35	8 ♋ 23	26 ♌ 44	26 ♒ 7	8 ♌ 10	5 ♋ 8	9 ♒	23 ♑	4 ♌	24 ♋	29 ♓
22	0 ♒ 32	2 ♎ 40	10 ♐ 37	11 ♐ 45	10 ♑ 24	14 ♒ 33	25 ♒ 23	8 ♋ 16	26 ♌ 40	26 ♒ 10	8 ♌ 8	5 ♋ 7	9 ♒	24 ♑	3 ♌	24 ♋	29 ♓
23	1 ♒ 33	14 ♎ 40	10 ♐ 34	11 ♐ 41	11 ♑ 48	15 ♒ 48	26 ♒ 10	8 ♋ 9	26 ♌ 36	26 ♒ 14	8 ♌ 7	5 ♋ 6	10 ♒	24 ♑	3 ♌	24 ♋	29 ♓
24	2 ♒ 34	26 ♎ 33	10 ♐ 30	11 ♐ 39	13 ♑ 13	17 ♒ 3	26 ♒ 57	8 ♋ 2	26 ♌ 31	26 ♒ 17	8 ♌ 5	5 ♋ 5	10 ♒	24 ♑	3 ♌	24 ♋	29 ♓
25	3 ♒ 35	8 ♏ 22	10 ♐ 27	11 D 39	14 ♑ 39	18 ♒ 18	27 ♒ 45	7 ♋ 55	26 ♌ 27	26 ♒ 20	8 ♌ 3	5 ♋ 4	10 ♒	25 ♑	3 ♌	23 ♋	29 ♓
26	4 ♒ 36	20 ♏ 14	10 ♐ 24	11 ♐ 40	16 ♑ 6	19 ♒ 34	28 ♒ 32	7 ♋ 49	26 ♌ 23	26 ♒ 23	8 ♌ 2	5 ♋ 3	11 ♒	25 ♑	2 ♌	23 ♋	29 ♓
27	5 ♒ 37	2 ♐ 13	10 ♐ 21	11 ♐ 41	17 ♑ 34	20 ♒ 49	29 ♒ 19	7 ♋ 42	26 ♌ 19	26 ♒ 27	8 ♌ 0	5 ♋ 2	11 ♒	25 ♑	2 ♌	23 ♋	29 ♓
28	6 ♒ 38	14 ♐ 24	10 ♐ 18	11 R 41	19 ♑ 2	22 ♒ 4	0 ♓ 7	7 ♋ 36	26 ♌ 14	26 ♒ 30	7 ♌ 58	5 ♋ 1	11 ♒	26 ♑	2 ♌	23 ♋	29 ♓
29	7 ♒ 39	26 ♐ 53	10 ♐ 15	11 ♐ 40	20 ♑ 31	23 ♒ 19	0 ♓ 54	7 ♋ 30	26 ♌ 10	26 ♒ 33	7 ♌ 57	5 ♋ 0	12 ♒	26 ♑	2 ♌	22 ♋	29 ♓
30	8 ♒ 40	9 ♑ 41	10 ♐ 11	11 ♐ 36	22 ♑ 1	24 ♒ 34	1 ♓ 41	7 ♋ 24	26 ♌ 5	26 ♒ 37	7 ♌ 55	4 ♋ 59	12 ♒	27 ♑	1 ♌	22 ♋	0 ♈
31	9 ♒ 41	22 ♑ 52	10 ♐ 8	11 ♐ 30	23 ♑ 32	25 ♒ 49	2 ♓ 29	7 ♋ 18	26 ♌ 1	26 ♒ 40	7 ♌ 53	4 ♋ 58	13 ♒	27 ♑	1 ♌	22 ♋	0 ♈

SUN INGRESS	☉ → ♒ 21日 11:21
MOON PHASE	● 2日 17:24 ♑　◐ 9日 19:55 ♈　○ 16日 17:44 ♋　◑ 24日 13:22 ♏

aspects		
2日	14:20	☉☍♃
10日	08:33	☿⚹♅
11日	21:02	☿△♄
16日	23:55	♀☍♆
18日	04:23	☿☍♇
20日	13:58	☿☍♃
23日	01:56	♂☌♅
23日	11:55	♂☍♄
25日	22:37	♄☍♅
29日	06:48	☉☍♆
31日	03:32	♀☍♄
31日	17:03	♀☌♅

1919年2月

DAY	☉	☽	☊ mean	☊ true	☿	♀	♂	♃	♄	♅	♆	♇	⚳	⚴	⚵	⚶	⚷
	° ′	° ′	° ′	° ′	° ′	° ′	° ′	° ′	° ′	° ′	° ′	° ′	°	°	°	°	°
1	10 ♒ 42	6 ♒ 23	10 ♐ 5	11 R 22	25 D 3	27 D 4	3 D 16	7 R 13	25 R 56	26 D 43	7 R 51	4 R 57	13 D	27 D	1 R	22 R	0 D
2	11 ♒ 43	20 ♒ 14	10 ♐ 2	11 ♐ 11	26 ♑ 36	28 ♒ 19	4 ♓ 3	7 ♋ 7	25 ♌ 52	26 ♒ 47	7 ♌ 50	4 ♋ 56	13 ♒	28 ♑	1 ♌	21 ♋	0 ♈
3	12 ♒ 43	4 ♓ 21	9 ♐ 59	11 ♐ 1	28 ♑ 8	29 ♒ 34	4 ♓ 51	7 ♋ 2	25 ♌ 47	26 ♒ 50	7 ♌ 48	4 ♋ 55	14 ♒	28 ♑	0 ♌	21 ♋	0 ♈
4	13 ♒ 44	18 ♓ 37	9 ♐ 56	10 ♐ 51	29 ♑ 42	0 ♓ 49	5 ♓ 38	6 ♋ 56	25 ♌ 42	26 ♒ 53	7 ♌ 46	4 ♋ 54	14 ♒	28 ♑	0 ♌	21 ♋	0 ♈
5	14 ♒ 45	2 ♈ 58	9 ♐ 52	10 ♐ 43	1 ♒ 16	2 ♓ 4	6 ♓ 25	6 ♋ 51	25 ♌ 37	26 ♒ 57	7 ♌ 45	4 ♋ 53	15 ♒	29 ♑	0 ♌	21 ♋	0 ♈
6	15 ♒ 46	17 ♈ 18	9 ♐ 49	10 ♐ 37	2 ♒ 51	3 ♓ 19	7 ♓ 12	6 ♋ 46	25 ♌ 33	27 ♒ 0	7 ♌ 43	4 ♋ 52	15 ♒	29 ♑	0 ♌	21 ♋	0 ♈
7	16 ♒ 47	1 ♉ 33	9 ♐ 46	10 ♐ 34	4 ♒ 27	4 ♓ 34	7 ♓ 59	6 ♋ 42	25 ♌ 28	27 ♒ 4	7 ♌ 41	4 ♋ 51	15 ♒	29 ♑	0 ♌	20 ♋	0 ♈
8	17 ♒ 48	15 ♉ 41	9 ♐ 43	10 ♐ 33	6 ♒ 4	5 ♓ 49	8 ♓ 47	6 ♋ 37	25 ♌ 23	27 ♒ 7	7 ♌ 40	4 ♋ 50	16 ♒	0 ♒	29 ♋	20 ♋	0 ♈
9	18 ♒ 48	29 ♉ 42	9 ♐ 40	10 D 33	7 ♒ 41	7 ♓ 4	9 ♓ 34	6 ♋ 33	25 ♌ 18	27 ♒ 11	7 ♌ 38	4 ♋ 49	16 ♒	0 ♒	29 ♋	20 ♋	0 ♈
10	19 ♒ 49	13 ♊ 34	9 ♐ 36	10 R 33	9 ♒ 19	8 ♓ 18	10 ♓ 21	6 ♋ 29	25 ♌ 14	27 ♒ 14	7 ♌ 36	4 ♋ 49	17 ♒	1 ♒	29 ♋	20 ♋	0 ♈
11	20 ♒ 50	27 ♊ 17	9 ♐ 33	10 ♐ 32	10 ♒ 58	9 ♓ 33	11 ♓ 8	6 ♋ 25	25 ♌ 9	27 ♒ 17	7 ♌ 35	4 ♋ 48	17 ♒	1 ♒	29 ♋	20 ♋	0 ♈
12	21 ♒ 50	10 ♋ 52	9 ♐ 30	10 ♐ 29	12 ♒ 38	10 ♓ 48	11 ♓ 55	6 ♋ 21	25 ♌ 4	27 ♒ 21	7 ♌ 33	4 ♋ 47	17 ♒	1 ♒	29 ♋	19 ♋	0 ♈
13	22 ♒ 51	24 ♋ 17	9 ♐ 27	10 ♐ 22	14 ♒ 19	12 ♓ 3	12 ♓ 42	6 ♋ 17	24 ♌ 59	27 ♒ 24	7 ♌ 31	4 ♋ 46	18 ♒	2 ♒	28 ♋	19 ♋	0 ♈
14	23 ♒ 52	7 ♌ 32	9 ♐ 24	10 ♐ 13	16 ♒ 0	13 ♓ 18	13 ♓ 29	6 ♋ 14	24 ♌ 54	27 ♒ 28	7 ♌ 30	4 ♋ 46	18 ♒	2 ♒	28 ♋	19 ♋	0 ♈
15	24 ♒ 52	20 ♌ 36	9 ♐ 21	10 ♐ 1	17 ♒ 42	14 ♓ 32	14 ♓ 17	6 ♋ 11	24 ♌ 49	27 ♒ 31	7 ♌ 28	4 ♋ 45	19 ♒	2 ♒	28 ♋	19 ♋	0 ♈
16	25 ♒ 53	3 ♍ 26	9 ♐ 17	9 ♐ 48	19 ♒ 25	15 ♓ 47	15 ♓ 4	6 ♋ 8	24 ♌ 44	27 ♒ 35	7 ♌ 27	4 ♋ 44	19 ♒	3 ♒	28 ♋	19 ♋	0 ♈
17	26 ♒ 53	16 ♍ 2	9 ♐ 14	9 ♐ 35	21 ♒ 10	17 ♓ 2	15 ♓ 51	6 ♋ 5	24 ♌ 40	27 ♒ 38	7 ♌ 25	4 ♋ 43	19 ♒	3 ♒	28 ♋	19 ♋	0 ♈
18	27 ♒ 54	28 ♍ 24	9 ♐ 11	9 ♐ 22	22 ♒ 54	18 ♓ 16	16 ♓ 38	6 ♋ 2	24 ♌ 35	27 ♒ 42	7 ♌ 24	4 ♋ 43	20 ♒	3 ♒	28 ♋	19 ♋	0 ♈
19	28 ♒ 55	10 ♎ 34	9 ♐ 8	9 ♐ 11	24 ♒ 40	19 ♓ 31	17 ♓ 24	5 ♋ 59	24 ♌ 30	27 ♒ 45	7 ♌ 22	4 ♋ 42	20 ♒	4 ♒	27 ♋	18 ♋	0 ♈
20	29 ♒ 55	22 ♎ 32	9 ♐ 5	9 ♐ 3	26 ♒ 27	20 ♓ 45	18 ♓ 11	5 ♋ 57	24 ♌ 25	27 ♒ 49	7 ♌ 20	4 ♋ 41	21 ♒	4 ♒	27 ♋	18 ♋	1 ♈
21	0 ♓ 55	4 ♏ 24	9 ♐ 2	8 ♐ 58	28 ♒ 15	22 ♓ 0	18 ♓ 58	5 ♋ 55	24 ♌ 20	27 ♒ 52	7 ♌ 19	4 ♋ 41	21 ♒	4 ♒	27 ♋	18 ♋	1 ♈
22	1 ♓ 56	16 ♏ 12	8 ♐ 58	8 ♐ 56	0 ♓ 3	23 ♓ 14	19 ♓ 45	5 ♋ 53	24 ♌ 15	27 ♒ 55	7 ♌ 17	4 ♋ 40	21 ♒	5 ♒	27 ♋	18 ♋	1 ♈
23	2 ♓ 56	28 ♏ 2	8 ♐ 55	8 ♐ 55	1 ♓ 53	24 ♓ 29	20 ♓ 32	5 ♋ 51	24 ♌ 11	27 ♒ 59	7 ♌ 16	4 ♋ 40	22 ♒	5 ♒	27 ♋	18 ♋	1 ♈
24	3 ♓ 57	10 ♐ 0	8 ♐ 52	8 ♐ 55	3 ♓ 43	25 ♓ 43	21 ♓ 19	5 ♋ 50	24 ♌ 6	28 ♒ 2	7 ♌ 14	4 ♋ 39	22 ♒	5 ♒	27 ♋	18 ♋	1 ♈
25	4 ♓ 57	22 ♐ 10	8 ♐ 49	8 ♐ 54	5 ♓ 34	26 ♓ 58	22 ♓ 6	5 ♋ 49	24 ♌ 1	28 ♒ 6	7 ♌ 13	4 ♋ 39	22 ♒	6 ♒	27 ♋	18 ♋	1 ♈
26	5 ♓ 57	4 ♑ 38	8 ♐ 46	8 ♐ 52	7 ♓ 27	28 ♓ 12	22 ♓ 52	5 ♋ 48	23 ♌ 56	28 ♒ 9	7 ♌ 12	4 ♋ 38	23 ♒	6 ♒	27 ♋	18 ♋	1 ♈
27	6 ♓ 58	17 ♑ 30	8 ♐ 42	8 ♐ 48	9 ♓ 19	29 ♓ 26	23 ♓ 39	5 ♋ 47	23 ♌ 52	28 ♒ 13	7 ♌ 10	4 ♋ 38	23 ♒	6 ♒	27 ♋	18 ♋	1 ♈
28	7 ♓ 58	0 ♒ 47	8 ♐ 39	8 ♐ 41	11 ♓ 13	0 ♈ 41	24 ♓ 26	5 ♋ 46	23 ♌ 47	28 ♒ 16	7 ♌ 9	4 ♋ 37	24 ♒	7 ♒	27 ♋	18 ♋	1 ♈

SUN INGRESS	☉ → ♓ 20日 01:47
MOON PHASE	● 1日 08:07 ♒　◐ 8日 03:52 ♉　○ 15日 08:38 ♌　◑ 23日 10:47 ♐

aspects		
3日	02:06	♂△♇
5日	12:05	♂△♃
7日	05:28	♀△♇
8日	14:39	♀△♃
8日	23:13	☿☍♆
14日	10:19	♀☌♂
14日	22:51	☉☍♄
17日	18:47	☉☌♅
18日	21:44	☿☍♄
20日	18:47	☿☌♅
24日	06:24	☉☌☿
24日	12:01	☿△♇
24日	16:41	☉△♇
25日	03:01	☿△♃
25日	20:09	☉△♃

1919年3月

DAY	☉	☽	☊ mean	☊ true	☿	♀	♂	♃	♄	♅	♆	♇	⚳	⚴	⚵	⚶	⚷
	° ′	° ′	° ′	° ′	° ′	° ′	° ′	° ′	° ′	° ′	° ′	° ′	°	°	°	°	°
1	8 ♓ 58	14 ♒ 30	8 ♐ 36	8 R 31	13 D 7	1 D 55	25 D 13	5 R 45	23 R 42	28 D 20	7 R 7	4 R 37	24 D	7 D	27 R	18 R	1 D
2	9 ♓ 59	28 ♒ 39	8 ♐ 33	8 ♐ 20	15 ♓ 2	3 ♈ 9	25 ♓ 59	5 ♋ 45	23 ♌ 38	28 ♒ 23	7 ♌ 6	4 ♋ 36	24 ♒	7 ♒	26 ♋	18 ♋	1 ♈
3	10 ♓ 59	13 ♓ 8	8 ♐ 30	8 ♐ 8	16 ♓ 57	4 ♈ 23	26 ♓ 46	5 ♋ 45	23 ♌ 33	28 ♒ 26	7 ♌ 5	4 ♋ 36	25 ♒	8 ♒	26 ♋	17 ♋	1 ♈
4	11 ♓ 59	27 ♓ 51	8 ♐ 27	7 ♐ 56	18 ♓ 53	5 ♈ 37	27 ♓ 33	5 D 45	23 ♌ 29	28 ♒ 30	7 ♌ 3	4 ♋ 35	25 ♒	8 ♒	26 ♋	17 ♋	1 ♈
5	12 ♓ 59	12 ♈ 39	8 ♐ 23	7 ♐ 46	20 ♓ 48	6 ♈ 52	28 ♓ 19	5 ♋ 45	23 ♌ 24	28 ♒ 33	7 ♌ 2	4 ♋ 35	26 ♒	9 ♒	26 ♋	17 ♋	1 ♈
6	13 ♓ 59	27 ♈ 24	8 ♐ 20	7 ♐ 39	22 ♓ 44	8 ♈ 6	29 ♓ 6	5 ♋ 46	23 ♌ 20	28 ♒ 37	7 ♌ 1	4 ♋ 35	26 ♒	9 ♒	26 ♋	17 ♋	1 ♈
7	14 ♓ 59	12 ♉ 0	8 ♐ 17	7 ♐ 34	24 ♓ 39	9 ♈ 20	29 ♓ 52	5 ♋ 47	23 ♌ 16	28 ♒ 40	6 ♌ 59	4 ♋ 34	26 ♒	9 ♒	26 ♋	17 D	1 ♈
8	15 ♓ 59	26 ♉ 21	8 ♐ 14	7 ♐ 33	26 ♓ 34	10 ♈ 34	0 ♈ 39	5 ♋ 47	23 ♌ 11	28 ♒ 43	6 ♌ 58	4 ♋ 34	27 ♒	10 ♒	26 D	17 ♋	1 ♈
9	16 ♓ 59	10 ♊ 26	8 ♐ 11	7 D 32	28 ♓ 27	11 ♈ 48	1 ♈ 25	5 ♋ 49	23 ♌ 7	28 ♒ 47	6 ♌ 57	4 ♋ 34	27 ♒	10 ♒	26 ♋	17 ♋	1 ♈
10	17 ♓ 59	24 ♊ 14	8 ♐ 7	7 R 32	0 ♈ 20	13 ♈ 2	2 ♈ 11	5 ♋ 50	23 ♌ 3	28 ♒ 50	6 ♌ 56	4 ♋ 34	27 ♒	10 ♒	26 ♋	17 ♋	2 ♈
11	18 ♓ 59	7 ♋ 47	8 ♐ 4	7 ♐ 31	2 ♈ 10	14 ♈ 15	2 ♈ 58	5 ♋ 51	22 ♌ 59	28 ♒ 53	6 ♌ 55	4 ♋ 33	28 ♒	10 ♒	26 ♋	18 ♋	2 ♈
12	19 ♓ 59	21 ♋ 5	8 ♐ 1	7 ♐ 28	3 ♈ 59	15 ♈ 29	3 ♈ 44	5 ♋ 53	22 ♌ 55	28 ♒ 57	6 ♌ 53	4 ♋ 33	28 ♒	11 ♒	26 ♋	18 ♋	2 ♈
13	20 ♓ 59	4 ♌ 10	7 ♐ 58	7 ♐ 22	5 ♈ 45	16 ♈ 43	4 ♈ 30	5 ♋ 55	22 ♌ 51	29 ♒ 0	6 ♌ 52	4 ♋ 33	29 ♒	11 ♒	26 ♋	18 ♋	2 ♈
14	21 ♓ 59	17 ♌ 4	7 ♐ 55	7 ♐ 13	7 ♈ 27	17 ♈ 57	5 ♈ 17	5 ♋ 57	22 ♌ 47	29 ♒ 3	6 ♌ 51	4 ♋ 33	29 ♒	11 ♒	27 ♋	18 ♋	2 ♈
15	22 ♓ 59	29 ♌ 46	7 ♐ 52	7 ♐ 1	9 ♈ 7	19 ♈ 10	6 ♈ 3	5 ♋ 59	22 ♌ 43	29 ♒ 6	6 ♌ 50	4 ♋ 33	29 ♒	12 ♒	27 ♋	18 ♋	2 ♈
16	23 ♓ 58	12 ♍ 18	7 ♐ 48	6 ♐ 49	10 ♈ 42	20 ♈ 24	6 ♈ 49	6 ♋ 1	22 ♌ 39	29 ♒ 10	6 ♌ 49	4 ♋ 33	0 ♓	12 ♒	27 ♋	18 ♋	2 ♈
17	24 ♓ 58	24 ♍ 39	7 ♐ 45	6 ♐ 35	12 ♈ 13	21 ♈ 38	7 ♈ 35	6 ♋ 4	22 ♌ 35	29 ♒ 13	6 ♌ 48	4 ♋ 33	0 ♓	12 ♒	27 ♋	18 ♋	2 ♈
18	25 ♓ 58	6 ♎ 50	7 ♐ 42	6 ♐ 23	13 ♈ 39	22 ♈ 51	8 ♈ 21	6 ♋ 7	22 ♌ 32	29 ♒ 16	6 ♌ 47	4 ♋ 32	1 ♓	13 ♒	27 ♋	18 ♋	2 ♈
19	26 ♓ 57	18 ♎ 52	7 ♐ 39	6 ♐ 12	14 ♈ 59	24 ♈ 5	9 ♈ 7	6 ♋ 10	22 ♌ 28	29 ♒ 19	6 ♌ 46	4 ♋ 32	1 ♓	13 ♒	27 ♋	18 ♋	2 ♈
20	27 ♓ 57	0 ♏ 47	7 ♐ 36	6 ♐ 4	16 ♈ 13	25 ♈ 18	9 ♈ 53	6 ♋ 13	22 ♌ 25	29 ♒ 22	6 ♌ 45	4 ♋ 32	1 ♓	13 ♒	27 ♋	18 ♋	2 ♈
21	28 ♓ 57	12 ♏ 36	7 ♐ 33	5 ♐ 59	17 ♈ 22	26 ♈ 31	10 ♈ 39	6 ♋ 16	22 ♌ 21	29 ♒ 25	6 ♌ 44	4 D 32	2 ♓	14 ♒	27 ♋	18 ♋	2 ♈
22	29 ♓ 56	24 ♏ 23	7 ♐ 29	5 ♐ 56	18 ♈ 23	27 ♈ 45	11 ♈ 25	6 ♋ 20	22 ♌ 18	29 ♒ 28	6 ♌ 43	4 ♋ 32	2 ♓	14 ♒	27 ♋	18 ♋	2 ♈
23	0 ♈ 56	6 ♐ 13	7 ♐ 26	5 D 56	19 ♈ 18	28 ♈ 58	12 ♈ 11	6 ♋ 24	22 ♌ 15	29 ♒ 32	6 ♌ 42	4 ♋ 32	2 ♓	14 ♒	27 ♋	18 ♋	2 ♈
24	1 ♈ 55	18 ♐ 9	7 ♐ 23	5 ♐ 56	20 ♈ 5	0 ♉ 11	12 ♈ 57	6 ♋ 27	22 ♌ 11	29 ♒ 35	6 ♌ 42	4 ♋ 33	3 ♓	15 ♒	27 ♋	19 ♋	2 ♈
25	2 ♈ 55	0 ♑ 17	7 ♐ 20	5 ♐ 57	20 ♈ 45	1 ♉ 24	13 ♈ 42	6 ♋ 31	22 ♌ 8	29 ♒ 38	6 ♌ 41	4 ♋ 33	3 ♓	15 ♒	27 ♋	19 ♋	2 ♈
26	3 ♈ 54	12 ♑ 43	7 ♐ 17	5 R 56	21 ♈ 17	2 ♉ 38	14 ♈ 28	6 ♋ 36	22 ♌ 5	29 ♒ 41	6 ♌ 40	4 ♋ 33	4 ♓	15 ♒	28 ♋	19 ♋	2 ♈
27	4 ♈ 54	25 ♑ 32	7 ♐ 13	5 ♐ 54	21 ♈ 42	3 ♉ 51	15 ♈ 14	6 ♋ 40	22 ♌ 2	29 ♒ 44	6 ♌ 39	4 ♋ 33	4 ♓	15 ♒	28 ♋	19 ♋	3 ♈
28	5 ♈ 53	8 ♒ 46	7 ♐ 10	5 ♐ 50	21 ♈ 59	5 ♉ 4	16 ♈ 0	6 ♋ 45	21 ♌ 59	29 ♒ 47	6 ♌ 39	4 ♋ 33	4 ♓	16 ♒	28 ♋	19 ♋	3 ♈
29	6 ♈ 52	22 ♒ 30	7 ♐ 7	5 ♐ 43	22 ♈ 8	6 ♉ 17	16 ♈ 45	6 ♋ 49	21 ♌ 57	29 ♒ 50	6 ♌ 38	4 ♋ 33	5 ♓	16 ♒	28 ♋	19 ♋	3 ♈
30	7 ♈ 52	6 ♓ 42	7 ♐ 4	5 ♐ 35	22 R 10	7 ♉ 30	17 ♈ 31	6 ♋ 54	21 ♌ 54	29 ♒ 52	6 ♌ 37	4 ♋ 34	5 ♓	16 ♒	28 ♋	19 ♋	3 ♈
31	8 ♈ 51	21 ♓ 20	7 ♐ 1	5 ♐ 26	22 ♈ 5	8 ♉ 42	18 ♈ 16	6 ♋ 59	21 ♌ 52	29 ♒ 55	6 ♌ 37	4 ♋ 34	5 ♓	17 ♒	28 ♋	20 ♋	3 ♈

SUN INGRESS	☉ → ♈ 22日 01:19
MOON PHASE	● 2日 20:11 ♓　◐ 9日 12:14 ♊　○ 17日 00:41 ♍　◑ 25日 05:34 ♑

aspects		
3日	04:00	♀□♇
4日	02:28	♀□♃
5日	03:17	♀△♆
11日	18:18	☿☌♂
12日	07:44	☿□♇
13日	01:21	♂□♇
13日	02:23	☿□♃
13日	15:32	☿△♆
14日	21:57	♂□♃
16日	00:03	♂△♆
17日	17:55	♀△♄
23日	11:27	♀⚹♅
26日	15:38	☉□♇
27日	13:55	♀⚹♇
28日	01:02	☿△♄
28日	18:14	☉△♆
28日	22:41	☉□♃
29日	06:56	♀□♆
29日	11:31	♀⚹♃

1919年4月

DAY	☉	☽	☊ mean	☊ true	☿	♀	♂	♃	♄	♅	♆	♇	⚳	⚴	⚵	⚶	⚷
	° ′	° ′	° ′	° ′	° ′	° ′	° ′	° ′	° ′	° ′	° ′	° ′	°	°	°	°	°
1	9 ♈ 50	6 ♈ 16	6 ♐ 58	5 R 17	21 R 52	9 D 55	19 D 2	7 D 5	21 R 49	29 D 58	6 R 36	4 D 34	6 D	17 D	28 D	20 D	3 D
2	10 ♈ 49	21 ♈ 23	6 ♐ 54	5 ♐ 10	21 ♈ 33	11 ♉ 8	19 ♈ 47	7 ♋ 10	21 ♌ 47	0 ♓ 1	6 ♌ 36	4 ♋ 34	6 ♓	17 ♒	29 ♋	20 ♋	3 ♈
3	11 ♈ 49	6 ♉ 29	6 ♐ 51	5 ♐ 4	21 ♈ 8	12 ♉ 21	20 ♈ 33	7 ♋ 16	21 ♌ 44	0 ♓ 4	6 ♌ 35	4 ♋ 35	7 ♓	18 ♒	29 ♋	20 ♋	3 ♈
4	12 ♈ 48	21 ♉ 26	6 ♐ 48	5 ♐ 2	20 ♈ 38	13 ♉ 33	21 ♈ 18	7 ♋ 21	21 ♌ 42	0 ♓ 7	6 ♌ 35	4 ♋ 35	7 ♓	18 ♒	29 ♋	20 ♋	3 ♈
5	13 ♈ 47	6 ♊ 7	6 ♐ 45	5 D 1	20 ♈ 2	14 ♉ 46	22 ♈ 3	7 ♋ 27	21 ♌ 40	0 ♓ 9	6 ♌ 34	4 ♋ 35	7 ♓	18 ♒	29 ♋	20 ♋	3 ♈
6	14 ♈ 46	20 ♊ 26	6 ♐ 42	5 ♐ 2	19 ♈ 23	15 ♉ 58	22 ♈ 48	7 ♋ 33	21 ♌ 38	0 ♓ 12	6 ♌ 34	4 ♋ 36	8 ♓	18 ♒	29 ♋	21 ♋	3 ♈
7	15 ♈ 45	4 ♋ 23	6 ♐ 39	5 ♐ 3	18 ♈ 40	17 ♉ 11	23 ♈ 34	7 ♋ 39	21 ♌ 36	0 ♓ 15	6 ♌ 33	4 ♋ 36	8 ♓	19 ♒	0 ♌	21 ♋	3 ♈
8	16 ♈ 44	17 ♋ 57	6 ♐ 35	5 R 3	17 ♈ 55	18 ♉ 23	24 ♈ 19	7 ♋ 46	21 ♌ 35	0 ♓ 17	6 ♌ 33	4 ♋ 37	8 ♓	19 ♒	0 ♌	21 ♋	3 ♈
9	17 ♈ 43	1 ♌ 11	6 ♐ 32	5 ♐ 2	17 ♈ 9	19 ♉ 36	25 ♈ 4	7 ♋ 52	21 ♌ 33	0 ♓ 20	6 ♌ 33	4 ♋ 37	9 ♓	19 ♒	0 ♌	21 ♋	3 ♈
10	18 ♈ 42	14 ♌ 7	6 ♐ 29	4 ♐ 59	16 ♈ 22	20 ♉ 48	25 ♈ 49	7 ♋ 59	21 ♌ 31	0 ♓ 23	6 ♌ 32	4 ♋ 37	9 ♓	19 ♒	0 ♌	21 ♋	3 ♈
11	19 ♈ 41	26 ♌ 48	6 ♐ 26	4 ♐ 54	15 ♈ 36	22 ♉ 0	26 ♈ 34	8 ♋ 6	21 ♌ 30	0 ♓ 25	6 ♌ 32	4 ♋ 38	9 ♓	20 ♒	0 ♌	22 ♋	3 ♈
12	20 ♈ 40	9 ♍ 15	6 ♐ 23	4 ♐ 48	14 ♈ 51	23 ♉ 12	27 ♈ 19	8 ♋ 13	21 ♌ 29	0 ♓ 28	6 ♌ 32	4 ♋ 39	10 ♓	20 ♒	1 ♌	22 ♋	3 ♈
13	21 ♈ 39	21 ♍ 32	6 ♐ 19	4 ♐ 40	14 ♈ 8	24 ♉ 24	28 ♈ 4	8 ♋ 20	21 ♌ 27	0 ♓ 30	6 ♌ 32	4 ♋ 39	10 ♓	20 ♒	1 ♌	22 ♋	4 ♈
14	22 ♈ 37	3 ♎ 40	6 ♐ 16	4 ♐ 32	13 ♈ 28	25 ♉ 36	28 ♈ 49	8 ♋ 27	21 ♌ 26	0 ♓ 33	6 ♌ 31	4 ♋ 40	10 ♓	20 ♒	1 ♌	22 ♋	4 ♈
15	23 ♈ 36	15 ♎ 40	6 ♐ 13	4 ♐ 24	12 ♈ 51	26 ♉ 48	29 ♈ 33	8 ♋ 34	21 ♌ 25	0 ♓ 35	6 ♌ 31	4 ♋ 40	11 ♓	21 ♒	1 ♌	23 ♋	4 ♈
16	24 ♈ 35	27 ♎ 34	6 ♐ 10	4 ♐ 18	12 ♈ 18	28 ♉ 0	0 ♉ 18	8 ♋ 42	21 ♌ 24	0 ♓ 37	6 ♌ 31	4 ♋ 41	11 ♓	21 ♒	1 ♌	23 ♋	4 ♈
17	25 ♈ 33	9 ♏ 24	6 ♐ 7	4 ♐ 13	11 ♈ 49	29 ♉ 12	1 ♉ 3	8 ♋ 49	21 ♌ 23	0 ♓ 40	6 ♌ 31	4 ♋ 41	12 ♓	21 ♒	2 ♌	23 ♋	4 ♈
18	26 ♈ 32	21 ♏ 12	6 ♐ 4	4 ♐ 11	11 ♈ 25	0 ♊ 23	1 ♉ 47	8 ♋ 57	21 ♌ 23	0 ♓ 42	6 ♌ 31	4 ♋ 42	12 ♓	21 ♒	2 ♌	23 ♋	4 ♈
19	27 ♈ 31	3 ♐ 1	6 ♐ 0	4 ♐ 10	11 ♈ 6	1 ♊ 35	2 ♉ 32	9 ♋ 5	21 ♌ 22	0 ♓ 44	6 D 31	4 ♋ 43	12 ♓	22 ♒	2 ♌	24 ♋	4 ♈
20	28 ♈ 29	14 ♐ 53	5 ♐ 57	4 D 10	10 ♈ 51	2 ♊ 46	3 ♉ 17	9 ♋ 13	21 ♌ 22	0 ♓ 46	6 ♌ 31	4 ♋ 43	13 ♓	22 ♒	2 ♌	24 ♋	4 ♈
21	29 ♈ 28	26 ♐ 51	5 ♐ 54	4 ♐ 12	10 ♈ 42	3 ♊ 58	4 ♉ 1	9 ♋ 21	21 ♌ 21	0 ♓ 49	6 ♌ 31	4 ♋ 44	13 ♓	22 ♒	3 ♌	24 ♋	4 ♈
22	0 ♉ 26	9 ♑ 1	5 ♐ 51	4 ♐ 13	10 ♈ 38	5 ♊ 9	4 ♉ 46	9 ♋ 29	21 ♌ 21	0 ♓ 51	6 ♌ 31	4 ♋ 45	13 ♓	22 ♒	3 ♌	24 ♋	4 ♈
23	1 ♉ 25	21 ♑ 27	5 ♐ 48	4 ♐ 15	10 D 39	6 ♊ 20	5 ♉ 30	9 ♋ 38	21 ♌ 21	0 ♓ 53	6 ♌ 31	4 ♋ 46	14 ♓	23 ♒	3 ♌	25 ♋	4 ♈
24	2 ♉ 23	4 ♒ 12	5 ♐ 44	4 R 15	10 ♈ 45	7 ♊ 32	6 ♉ 14	9 ♋ 46	21 ♌ 21	0 ♓ 55	6 ♌ 32	4 ♋ 46	14 ♓	23 ♒	3 ♌	25 ♋	4 ♈
25	3 ♉ 22	17 ♒ 22	5 ♐ 41	4 ♐ 14	10 ♈ 56	8 ♊ 43	6 ♉ 59	9 ♋ 55	21 D 21	0 ♓ 57	6 ♌ 32	4 ♋ 47	14 ♓	23 ♒	4 ♌	25 ♋	4 ♈
26	4 ♉ 20	0 ♓ 59	5 ♐ 38	4 ♐ 12	11 ♈ 12	9 ♊ 54	7 ♉ 43	10 ♋ 4	21 ♌ 21	0 ♓ 59	6 ♌ 32	4 ♋ 48	15 ♓	23 ♒	4 ♌	25 ♋	4 ♈
27	5 ♉ 19	15 ♓ 4	5 ♐ 35	4 ♐ 9	11 ♈ 32	11 ♊ 5	8 ♉ 27	10 ♋ 12	21 ♌ 21	1 ♓ 1	6 ♌ 32	4 ♋ 49	15 ♓	24 ♒	4 ♌	26 ♋	4 ♈
28	6 ♉ 17	29 ♓ 35	5 ♐ 32	4 ♐ 5	11 ♈ 57	12 ♊ 16	9 ♉ 11	10 ♋ 21	21 ♌ 21	1 ♓ 3	6 ♌ 33	4 ♋ 50	15 ♓	24 ♒	4 ♌	26 ♋	4 ♈
29	7 ♉ 15	14 ♈ 29	5 ♐ 29	4 ♐ 1	12 ♈ 26	13 ♊ 27	9 ♉ 55	10 ♋ 31	21 ♌ 22	1 ♓ 5	6 ♌ 33	4 ♋ 50	16 ♓	24 ♒	5 ♌	26 ♋	4 ♈
30	8 ♉ 14	29 ♈ 37	5 ♐ 25	3 ♐ 58	13 ♈ 0	14 ♊ 37	10 ♉ 39	10 ♋ 40	21 ♌ 22	1 ♓ 6	6 ♌ 33	4 ♋ 51	16 ♓	24 ♒	5 ♌	27 ♋	4 ♈

SUN INGRESS	☉ → ♉ 21日 12:59
MOON PHASE	● 1日 06:04 ♈　◐ 7日 21:38 ♋　○ 15日 17:25 ♎　◑ 23日 20:21 ♒　● 30日 14:30 ♉

aspects		
1日	05:18	☿△♄
3日	11:28	☿☌♂
4日	12:21	♂△♄
8日	16:17	☉☌☿
10日	14:11	♀□♄
12日	19:32	☉△♄
16日	10:52	♂⚹♅
18日	06:28	♀□♅
21日	23:35	♂⚹♇
22日	10:23	☉⚹♅
23日	03:42	♀⚹♆
24日	09:24	♂□♆
26日	11:32	☉⚹♇
27日	14:03	☿⚹♀
28日	06:27	☉□♆
30日	00:15	♂⚹♃

1900 ～1910
1911 ～1920
1921 ～1930
1931 ～1940
1941 ～1950
1951 ～1960
1961 ～1970
1971 ～1980
1981 ～1990
1991 ～2000
2001 ～2010
2011 ～2020
2021 ～2030
2031 ～2040
2041 ～2050

1919年5月

DAY	☉	☽	☊ mean	☊ true	☿	♀	♂	♃	♄	♅	♆	♇	⚳	⚴	⚵	⚶	⚷
	° ′	° ′	° ′	° ′	° ′	° ′	° ′	° ′	° ′	° ′	° ′	° ′	°	°	°	°	°
1	9 ♉ 12	14 ♉ 50	5 ♐ 22	3 R 56	13 D 37	15 D 48	11 D 23	10 D 49	21 D 23	1 D 8	6 D 34	4 D 52	16 D	24 D	5 D	27 D	4 D
2	10 ♉ 10	29 ♉ 59	5 ♐ 19	3 ♐ 55	14 ♈ 18	16 ♊ 58	12 ♉ 7	10 ♋ 59	21 ♌ 24	1 ♓ 10	6 ♌ 34	4 ♋ 53	17 ♓	25 ♒	6 ♌	27 ♋	5 ♈
3	11 ♉ 8	14 ♊ 55	5 ♐ 16	3 D 55	15 ♈ 3	18 ♊ 9	12 ♉ 51	11 ♋ 8	21 ♌ 25	1 ♓ 12	6 ♌ 35	4 ♋ 54	17 ♓	25 ♒	6 ♌	28 ♋	5 ♈
4	12 ♉ 7	29 ♊ 29	5 ♐ 13	3 ♐ 56	15 ♈ 51	19 ♊ 19	13 ♉ 35	11 ♋ 18	21 ♌ 26	1 ♓ 13	6 ♌ 35	4 ♋ 55	17 ♓	25 ♒	6 ♌	28 ♋	5 ♈
5	13 ♉ 5	13 ♋ 39	5 ♐ 10	3 ♐ 58	16 ♈ 42	20 ♊ 30	14 ♉ 19	11 ♋ 27	21 ♌ 27	1 ♓ 15	6 ♌ 36	4 ♋ 56	18 ♓	25 ♒	6 ♌	28 ♋	5 ♈
6	14 ♉ 3	27 ♋ 24	5 ♐ 6	3 ♐ 59	17 ♈ 37	21 ♊ 40	15 ♉ 3	11 ♋ 37	21 ♌ 28	1 ♓ 17	6 ♌ 36	4 ♋ 57	18 ♓	25 ♒	7 ♌	28 ♋	5 ♈
7	15 ♉ 1	10 ♌ 43	5 ♐ 3	4 ♐ 0	18 ♈ 35	22 ♊ 50	15 ♉ 46	11 ♋ 47	21 ♌ 29	1 ♓ 18	6 ♌ 37	4 ♋ 58	18 ♓	26 ♒	7 ♌	29 ♋	5 ♈
8	15 ♉ 59	23 ♌ 39	5 ♐ 0	3 R 59	19 ♈ 36	24 ♊ 0	16 ♉ 30	11 ♋ 57	21 ♌ 31	1 ♓ 19	6 ♌ 37	4 ♋ 59	19 ♓	26 ♒	7 ♌	29 ♋	5 ♈
9	16 ♉ 57	6 ♍ 15	4 ♐ 57	3 ♐ 58	20 ♈ 40	25 ♊ 10	17 ♉ 14	12 ♋ 7	21 ♌ 32	1 ♓ 21	6 ♌ 38	5 ♋ 0	19 ♓	26 ♒	8 ♌	29 ♋	5 ♈
10	17 ♉ 55	18 ♍ 36	4 ♐ 54	3 ♐ 57	21 ♈ 46	26 ♊ 19	17 ♉ 57	12 ♋ 18	21 ♌ 34	1 ♓ 22	6 ♌ 39	5 ♋ 1	19 ♓	26 ♒	8 ♌	0 ♌	5 ♈
11	18 ♉ 53	0 ♎ 44	4 ♐ 50	3 ♐ 55	22 ♈ 55	27 ♊ 29	18 ♉ 41	12 ♋ 28	21 ♌ 36	1 ♓ 24	6 ♌ 40	5 ♋ 2	20 ♓	26 ♒	8 ♌	0 ♌	5 ♈
12	19 ♉ 51	12 ♎ 43	4 ♐ 47	3 ♐ 53	24 ♈ 7	28 ♊ 39	19 ♉ 24	12 ♋ 38	21 ♌ 37	1 ♓ 25	6 ♌ 40	5 ♋ 3	20 ♓	27 ♒	9 ♌	0 ♌	5 ♈
13	20 ♉ 49	24 ♎ 35	4 ♐ 44	3 ♐ 51	25 ♈ 22	29 ♊ 48	20 ♉ 7	12 ♋ 49	21 ♌ 39	1 ♓ 26	6 ♌ 41	5 ♋ 4	20 ♓	27 ♒	9 ♌	1 ♌	5 ♈
14	21 ♉ 47	6 ♏ 25	4 ♐ 41	3 ♐ 49	26 ♈ 39	0 ♋ 57	20 ♉ 51	13 ♋ 0	21 ♌ 41	1 ♓ 27	6 ♌ 42	5 ♋ 6	20 ♓	27 ♒	9 ♌	1 ♌	5 ♈
15	22 ♉ 45	18 ♏ 13	4 ♐ 38	3 ♐ 48	27 ♈ 58	2 ♋ 7	21 ♉ 34	13 ♋ 10	21 ♌ 43	1 ♓ 28	6 ♌ 43	5 ♋ 7	21 ♓	27 ♒	9 ♌	1 ♌	5 ♈
16	23 ♉ 43	0 ♐ 3	4 ♐ 35	3 ♐ 48	29 ♈ 20	3 ♋ 16	22 ♉ 17	13 ♋ 21	21 ♌ 46	1 ♓ 30	6 ♌ 44	5 ♋ 8	21 ♓	27 ♒	10 ♌	2 ♌	5 ♈
17	24 ♉ 40	11 ♐ 55	4 ♐ 31	3 D 48	0 ♉ 44	4 ♋ 25	23 ♉ 0	13 ♋ 32	21 ♌ 48	1 ♓ 31	6 ♌ 45	5 ♋ 9	21 ♓	27 ♒	10 ♌	2 ♌	5 ♈
18	25 ♉ 38	23 ♐ 54	4 ♐ 28	3 ♐ 48	2 ♉ 10	5 ♋ 33	23 ♉ 43	13 ♋ 43	21 ♌ 50	1 ♓ 32	6 ♌ 45	5 ♋ 10	22 ♓	27 ♒	10 ♌	3 ♌	5 ♈
19	26 ♉ 36	6 ♑ 1	4 ♐ 25	3 ♐ 49	3 ♉ 39	6 ♋ 42	24 ♉ 26	13 ♋ 54	21 ♌ 53	1 ♓ 33	6 ♌ 46	5 ♋ 11	22 ♓	28 ♒	11 ♌	3 ♌	5 ♈
20	27 ♉ 34	18 ♑ 19	4 ♐ 22	3 ♐ 50	5 ♉ 10	7 ♋ 51	25 ♉ 9	14 ♋ 5	21 ♌ 56	1 ♓ 34	6 ♌ 47	5 ♋ 13	22 ♓	28 ♒	11 ♌	3 ♌	5 ♈
21	28 ♉ 31	0 ♒ 50	4 ♐ 19	3 ♐ 50	6 ♉ 44	8 ♋ 59	25 ♉ 52	14 ♋ 16	21 ♌ 58	1 ♓ 34	6 ♌ 48	5 ♋ 14	23 ♓	28 ♒	11 ♌	4 ♌	5 ♈
22	29 ♉ 29	13 ♒ 39	4 ♐ 16	3 ♐ 50	8 ♉ 19	10 ♋ 7	26 ♉ 35	14 ♋ 27	22 ♌ 1	1 ♓ 35	6 ♌ 50	5 ♋ 15	23 ♓	28 ♒	12 ♌	4 ♌	5 ♈
23	0 ♊ 27	26 ♒ 48	4 ♐ 12	3 ♐ 51	9 ♉ 57	11 ♋ 16	27 ♉ 18	14 ♋ 39	22 ♌ 4	1 ♓ 36	6 ♌ 51	5 ♋ 16	23 ♓	28 ♒	12 ♌	4 ♌	5 ♈
24	1 ♊ 24	10 ♓ 18	4 ♐ 9	3 R 51	11 ♉ 37	12 ♋ 24	28 ♉ 1	14 ♋ 50	22 ♌ 7	1 ♓ 37	6 ♌ 52	5 ♋ 17	23 ♓	28 ♒	12 ♌	5 ♌	6 ♈
25	2 ♊ 22	24 ♓ 13	4 ♐ 6	3 ♐ 50	13 ♉ 19	13 ♋ 32	28 ♉ 44	15 ♋ 1	22 ♌ 10	1 ♓ 37	6 ♌ 53	5 ♋ 19	24 ♓	28 ♒	13 ♌	5 ♌	6 ♈
26	3 ♊ 20	8 ♈ 31	4 ♐ 3	3 ♐ 50	15 ♉ 4	14 ♋ 39	29 ♉ 26	15 ♋ 13	22 ♌ 13	1 ♓ 38	6 ♌ 54	5 ♋ 20	24 ♓	28 ♒	13 ♌	5 ♌	6 ♈
27	4 ♊ 17	23 ♈ 9	4 ♐ 0	3 D 50	16 ♉ 51	15 ♋ 47	0 ♊ 9	15 ♋ 25	22 ♌ 17	1 ♓ 39	6 ♌ 55	5 ♋ 21	24 ♓	29 ♒	13 ♌	6 ♌	6 ♈
28	5 ♊ 15	8 ♉ 5	3 ♐ 56	3 ♐ 50	18 ♉ 40	16 ♋ 54	0 ♊ 52	15 ♋ 36	22 ♌ 20	1 ♓ 39	6 ♌ 56	5 ♋ 23	25 ♓	29 ♒	14 ♌	6 ♌	6 ♈
29	6 ♊ 13	23 ♉ 9	3 ♐ 53	3 ♐ 51	20 ♉ 31	18 ♋ 2	1 ♊ 34	15 ♋ 48	22 ♌ 23	1 ♓ 40	6 ♌ 58	5 ♋ 24	25 ♓	29 ♒	14 ♌	7 ♌	6 ♈
30	7 ♊ 10	8 ♊ 14	3 ♐ 50	3 R 51	22 ♉ 25	19 ♋ 9	2 ♊ 17	16 ♋ 0	22 ♌ 27	1 ♓ 40	6 ♌ 59	5 ♋ 25	25 ♓	29 ♒	14 ♌	7 ♌	6 ♈
31	8 ♊ 8	23 ♊ 11	3 ♐ 47	3 ♐ 50	24 ♉ 20	20 ♋ 16	2 ♊ 59	16 ♋ 12	22 ♌ 31	1 ♓ 40	7 ♌ 0	5 ♋ 27	25 ♓	29 ♒	15 ♌	7 ♌	6 ♈

SUN INGRESS	☉ → ♊ 22日 12:39
MOON PHASE	◐ 7日 08:33 ♌ ○ 15日 10:01 ♏ ◑ 23日 07:04 ♓ ● 29日 22:12 ♊

aspects

2日	23:49	☉⚹♃
5日	19:54	♀⚹♄
9日	19:33	☿△♄
10日	03:13	☉☌♂
13日	21:38	☉□♄
14日	10:35	♀△♅
15日	05:36	♂□♄
17日	13:12	☿⚹♅
17日	15:45	♀☌♇
20日	00:36	☿⚹♇
21日	01:15	☿□♆
24日	05:09	☉□♅
25日	08:03	☿⚹♀
26日	02:16	☿⚹♃
26日	14:24	♀☌♃
29日	03:02	♂□♅
29日	19:14	☉⚹♆
30日	00:31	☿□♄

1919年6月

DAY	☉	☽	☊ mean	☊ true	☿	♀	♂	♃	♄	♅	♆	♇	⚳	⚴	⚵	⚶	⚷
	° ′	° ′	° ′	° ′	° ′	° ′	° ′	° ′	° ′	° ′	° ′	° ′	°	°	°	°	°
1	9 ♊ 5	7 ♋ 51	3 ♐ 44	3 R 50	26 D 18	21 D 23	3 D 42	16 D 24	22 D 34	1 D 41	7 D 2	5 D 28	26 D	29 D	15 D	8 D	6 D
2	10 ♊ 3	22 ♋ 10	3 ♐ 41	3 ♐ 49	28 ♉ 18	22 ♋ 30	4 ♊ 24	16 ♋ 36	22 ♌ 38	1 ♓ 41	7 ♌ 3	5 ♋ 29	26 ♓	29 ♒	15 ♌	8 ♌	6 ♈
3	11 ♊ 0	6 ♌ 3	3 ♐ 37	3 ♐ 49	0 ♊ 19	23 ♋ 36	5 ♊ 6	16 ♋ 48	22 ♌ 42	1 ♓ 41	7 ♌ 4	5 ♋ 31	26 ♓	29 ♒	16 ♌	8 ♌	6 ♈
4	11 ♊ 58	19 ♌ 29	3 ♐ 34	3 ♐ 48	2 ♊ 23	24 ♋ 43	5 ♊ 48	17 ♋ 0	22 ♌ 46	1 ♓ 41	7 ♌ 6	5 ♋ 32	26 ♓	29 ♒	16 ♌	9 ♌	6 ♈
5	12 ♊ 55	2 ♍ 30	3 ♐ 31	3 ♐ 47	4 ♊ 28	25 ♋ 49	6 ♊ 31	17 ♋ 12	22 ♌ 50	1 ♓ 41	7 ♌ 7	5 ♋ 33	27 ♓	29 ♒	17 ♌	9 ♌	6 ♈
6	13 ♊ 53	15 ♍ 9	3 ♐ 28	3 D 47	6 ♊ 35	26 ♋ 55	7 ♊ 13	17 ♋ 24	22 ♌ 54	1 ♓ 42	7 ♌ 9	5 ♋ 35	27 ♓	29 ♒	17 ♌	10 ♌	6 ♈
7	14 ♊ 50	27 ♍ 28	3 ♐ 25	3 ♐ 48	8 ♊ 44	28 ♋ 1	7 ♊ 55	17 ♋ 36	22 ♌ 59	1 ♓ 42	7 ♌ 10	5 ♋ 36	27 ♓	29 ♒	17 ♌	10 ♌	6 ♈
8	15 ♊ 47	9 ♎ 34	3 ♐ 22	3 ♐ 48	10 ♊ 53	29 ♋ 6	8 ♊ 37	17 ♋ 49	23 ♌ 3	1 R 42	7 ♌ 12	5 ♋ 38	27 ♓	29 ♒	18 ♌	10 ♌	6 ♈
9	16 ♊ 45	21 ♎ 29	3 ♐ 18	3 ♐ 49	13 ♊ 4	0 ♌ 12	9 ♊ 19	18 ♋ 1	23 ♌ 7	1 ♓ 42	7 ♌ 13	5 ♋ 39	28 ♓	0 ♓	18 ♌	11 ♌	6 ♈
10	17 ♊ 42	3 ♏ 19	3 ♐ 15	3 ♐ 51	15 ♊ 15	1 ♌ 17	10 ♊ 1	18 ♋ 13	23 ♌ 12	1 ♓ 41	7 ♌ 15	5 ♋ 40	28 ♓	0 ♓	18 ♌	11 ♌	6 ♈
11	18 ♊ 40	15 ♏ 6	3 ♐ 12	3 ♐ 52	17 ♊ 27	2 ♌ 22	10 ♊ 43	18 ♋ 26	23 ♌ 16	1 ♓ 41	7 ♌ 16	5 ♋ 42	28 ♓	0 ♓	19 ♌	12 ♌	6 ♈
12	19 ♊ 37	26 ♏ 56	3 ♐ 9	3 ♐ 52	19 ♊ 39	3 ♌ 26	11 ♊ 25	18 ♋ 38	23 ♌ 21	1 ♓ 41	7 ♌ 18	5 ♋ 43	28 ♓	0 ♓	19 ♌	12 ♌	6 ♈
13	20 ♊ 34	8 ♐ 50	3 ♐ 6	3 R 53	21 ♊ 51	4 ♌ 31	12 ♊ 6	18 ♋ 51	23 ♌ 26	1 ♓ 41	7 ♌ 20	5 ♋ 45	29 ♓	0 ♓	19 ♌	12 ♌	6 ♈
14	21 ♊ 32	20 ♐ 51	3 ♐ 2	3 ♐ 52	24 ♊ 3	5 ♌ 35	12 ♊ 48	19 ♋ 4	23 ♌ 31	1 ♓ 40	7 ♌ 21	5 ♋ 46	29 ♓	0 ♓	20 ♌	13 ♌	6 ♈
15	22 ♊ 29	3 ♑ 1	2 ♐ 59	3 ♐ 50	26 ♊ 14	6 ♌ 39	13 ♊ 30	19 ♋ 16	23 ♌ 35	1 ♓ 40	7 ♌ 23	5 ♋ 48	29 ♓	0 ♓	20 ♌	13 ♌	6 ♈
16	23 ♊ 26	15 ♑ 21	2 ♐ 56	3 ♐ 48	28 ♊ 24	7 ♌ 43	14 ♊ 11	19 ♋ 29	23 ♌ 40	1 ♓ 40	7 ♌ 25	5 ♋ 49	29 ♓	0 ♓	20 ♌	14 ♌	6 ♈
17	24 ♊ 23	27 ♑ 54	2 ♐ 53	3 ♐ 45	0 ♋ 33	8 ♌ 47	14 ♊ 53	19 ♋ 42	23 ♌ 45	1 ♓ 39	7 ♌ 26	5 ♋ 51	29 ♓	0 R	21 ♌	14 ♌	6 ♈
18	25 ♊ 21	10 ♒ 39	2 ♐ 50	3 ♐ 42	2 ♋ 41	9 ♌ 50	15 ♊ 34	19 ♋ 54	23 ♌ 51	1 ♓ 39	7 ♌ 28	5 ♋ 52	0 ♈	0 ♓	21 ♌	15 ♌	6 ♈
19	26 ♊ 18	23 ♒ 40	2 ♐ 47	3 ♐ 39	4 ♋ 47	10 ♌ 53	16 ♊ 16	20 ♋ 7	23 ♌ 56	1 ♓ 38	7 ♌ 30	5 ♋ 53	0 ♈	0 ♓	22 ♌	15 ♌	6 ♈
20	27 ♊ 15	6 ♓ 55	2 ♐ 43	3 ♐ 37	6 ♋ 52	11 ♌ 56	16 ♊ 57	20 ♋ 20	24 ♌ 1	1 ♓ 38	7 ♌ 32	5 ♋ 55	0 ♈	0 ♓	22 ♌	15 ♌	6 ♈
21	28 ♊ 12	20 ♓ 27	2 ♐ 40	3 ♐ 35	8 ♋ 55	12 ♌ 59	17 ♊ 39	20 ♋ 33	24 ♌ 6	1 ♓ 37	7 ♌ 33	5 ♋ 56	0 ♈	0 ♓	22 ♌	16 ♌	6 ♈
22	29 ♊ 10	4 ♈ 16	2 ♐ 37	3 D 35	10 ♋ 56	14 ♌ 1	18 ♊ 20	20 ♋ 46	24 ♌ 12	1 ♓ 36	7 ♌ 35	5 ♋ 58	0 ♈	0 ♓	23 ♌	16 ♌	6 ♈
23	0 ♋ 7	18 ♈ 21	2 ♐ 34	3 ♐ 36	12 ♋ 56	15 ♌ 3	19 ♊ 1	20 ♋ 59	24 ♌ 17	1 ♓ 36	7 ♌ 37	5 ♋ 59	1 ♈	0 ♓	23 ♌	17 ♌	6 ♈
24	1 ♋ 4	2 ♉ 43	2 ♐ 31	3 ♐ 37	14 ♋ 53	16 ♌ 5	19 ♊ 43	21 ♋ 12	24 ♌ 23	1 ♓ 35	7 ♌ 39	6 ♋ 1	1 ♈	29 ♒	23 ♌	17 ♌	6 ♈
25	2 ♋ 1	17 ♉ 18	2 ♐ 28	3 ♐ 39	16 ♋ 48	17 ♌ 6	20 ♊ 24	21 ♋ 25	24 ♌ 28	1 ♓ 34	7 ♌ 41	6 ♋ 2	1 ♈	29 ♒	24 ♌	17 ♌	6 ♈
26	2 ♋ 59	2 ♊ 2	2 ♐ 24	3 ♐ 39	18 ♋ 41	18 ♌ 7	21 ♊ 5	21 ♋ 38	24 ♌ 34	1 ♓ 33	7 ♌ 43	6 ♋ 4	1 ♈	29 ♒	24 ♌	18 ♌	6 ♈
27	3 ♋ 56	16 ♊ 49	2 ♐ 21	3 R 39	20 ♋ 32	19 ♌ 8	21 ♊ 46	21 ♋ 51	24 ♌ 39	1 ♓ 32	7 ♌ 45	6 ♋ 5	1 ♈	29 ♒	25 ♌	18 ♌	6 ♈
28	4 ♋ 53	1 ♋ 32	2 ♐ 18	3 ♐ 37	22 ♋ 21	20 ♌ 8	22 ♊ 27	22 ♋ 4	24 ♌ 45	1 ♓ 31	7 ♌ 47	6 ♋ 7	2 ♈	29 ♒	25 ♌	19 ♌	6 ♈
29	5 ♋ 50	16 ♋ 5	2 ♐ 15	3 ♐ 33	24 ♋ 7	21 ♌ 8	23 ♊ 8	22 ♋ 17	24 ♌ 51	1 ♓ 30	7 ♌ 48	6 ♋ 8	2 ♈	29 ♒	25 ♌	19 ♌	6 ♈
30	6 ♋ 48	0 ♌ 21	2 ♐ 12	3 ♐ 29	25 ♋ 52	22 ♌ 8	23 ♊ 49	22 ♋ 30	24 ♌ 57	1 ♓ 29	7 ♌ 50	6 ♋ 10	2 ♈	29 ♒	26 ♌	20 ♌	6 ♈

SUN INGRESS	☉ → ♋ 22日 20:54
MOON PHASE	◐ 5日 21:22 ♍ ○ 14日 01:28 ♐ ◑ 21日 14:33 ♓ ● 28日 05:52 ♋

aspects

3日	15:57	☿□♅
5日	21:36	♂⚹♆
6日	06:21	☿⚹♆
6日	10:29	☿☌♂
11日	23:19	☉☌☿
13日	17:55	☿⚹♄
15日	16:48	♀☌♆
16日	06:34	☉⚹♄
17日	12:21	☿△♅
19日	12:48	☿☌♇
24日	12:42	☉△♅
27日	19:41	☿☌♃
29日	07:40	☉☌♇

1919年7月

DAY	☉	☽	☊ mean	☊ true	☿	♀	♂	♃	♄	♅	♆	♇	⚳	⚴	⚵	⚶	⚷
	° ′	° ′	° ′	° ′	° ′	° ′	° ′	° ′	° ′	° ′	° ′	° ′	°	°	°	°	°
1	7♋45	14♌15	2♐8	3 R 24	27 D 34	23 D 7	24 D 30	22 D 43	25 D 3	1 R 28	7 D 52	6 D 11	2 D	29 R	26 D	20 D	6 D
2	8♋42	27♌44	2♐5	3♐19	29♋14	24♌6	25♊11	22♋56	25♌9	1♓27	7♌54	6♋13	2♈	29♒	26♌	21♌	6♈
3	9♋39	10♍48	2♐2	3♐14	0♌52	25♌5	25♊52	23♋10	25♌15	1♓26	7♌56	6♋14	2♈	29♒	27♌	21♌	6♈
4	10♋37	23♍29	1♐59	3♐11	2♌28	26♌3	26♊33	23♋23	25♌21	1♓25	7♌58	6♋16	3♈	29♒	27♌	21♌	6♈
5	11♋34	5♎50	1♐56	3♐10	4♌1	27♌1	27♊13	23♋36	25♌27	1♓24	8♌0	6♋17	3♈	29♒	28♌	22♌	6♈
6	12♋31	17♎56	1♐53	3 D 10	5♌32	27♌58	27♊54	23♋49	25♌33	1♓22	8♌2	6♋19	3♈	29♒	28♌	22♌	6♈
7	13♋28	29♎50	1♐49	3♐11	7♌1	28♌55	28♊35	24♋3	25♌40	1♓21	8♌4	6♋20	3♈	28♒	28♌	23♌	6♈
8	14♋25	11♏40	1♐46	3♐12	8♌28	29♌52	29♊15	24♋16	25♌46	1♓20	8♌7	6♋22	3♈	28♒	29♌	23♌	6♈
9	15♋23	23♏28	1♐43	3♐14	9♌53	0♍48	29♊56	24♋29	25♌52	1♓18	8♌9	6♋23	3♈	28♒	29♌	24♌	6♈
10	16♋20	5♐20	1♐40	3 R 14	11♌15	1♍43	0♋36	24♋43	25♌59	1♓17	8♌11	6♋25	3♈	28♒	29♌	24♌	6♈
11	17♋17	17♐20	1♐37	3♐13	12♌35	2♍38	1♋17	24♋56	26♌5	1♓15	8♌13	6♋26	4♈	28♒	0♍	25♌	6♈
12	18♋14	29♐31	1♐34	3♐10	13♌52	3♍33	1♋57	25♋9	26♌12	1♓14	8♌15	6♋27	4♈	28♒	0♍	25♌	6 R
13	19♋11	11♑54	1♐30	3♐5	15♌7	4♍27	2♋37	25♋23	26♌18	1♓12	8♌17	6♋29	4♈	28♒	1♍	25♌	6♈
14	20♋9	24♑32	1♐27	2♐58	16♌19	5♍20	3♋18	25♋36	26♌25	1♓11	8♌19	6♋30	4♈	27♒	1♍	26♌	6♈
15	21♋6	7♒24	1♐24	2♐50	17♌29	6♍13	3♋58	25♋49	26♌32	1♓9	8♌21	6♋32	4♈	27♒	1♍	26♌	6♈
16	22♋3	20♒31	1♐21	2♐42	18♌36	7♍5	4♋38	26♋3	26♌38	1♓7	8♌23	6♋33	4♈	27♒	2♍	27♌	6♈
17	23♋0	3♓51	1♐18	2♐34	19♌41	7♍56	5♋18	26♋16	26♌45	1♓6	8♌26	6♋35	4♈	27♒	2♍	27♌	6♈
18	23♋57	17♓22	1♐14	2♐28	20♌42	8♍47	5♋59	26♋29	26♌52	1♓4	8♌28	6♋36	4♈	27♒	3♍	28♌	6♈
19	24♋55	1♈5	1♐11	2♐24	21♌41	9♍37	6♋39	26♋43	26♌59	1♓2	8♌30	6♋38	4♈	27♒	3♍	28♌	6♈
20	25♋52	14♈57	1♐8	2♐21	22♌37	10♍27	7♋19	26♋56	27♌6	1♓0	8♌32	6♋39	4♈	26♒	3♍	29♌	6♈
21	26♋49	28♈59	1♐5	2 D 21	23♌29	11♍16	7♋59	27♋9	27♌13	0♓58	8♌34	6♋40	4♈	26♒	4♍	29♌	6♈
22	27♋46	13♉8	1♐2	2♐21	24♌18	12♍4	8♋39	27♋23	27♌19	0♓57	8♌36	6♋42	5♈	26♒	4♍	29♌	6♈
23	28♋44	27♉25	0♐59	2♐22	25♌4	12♍51	9♋19	27♋36	27♌26	0♓55	8♌39	6♋43	5♈	26♒	4♍	0♍	6♈
24	29♋41	11♊46	0♐55	2 R 22	25♌46	13♍37	9♋58	27♋50	27♌34	0♓53	8♌41	6♋45	5♈	26♒	5♍	0♍	6♈
25	0♌38	26♊1	0♐52	2♐20	26♌25	14♍23	10♋38	28♋3	27♌41	0♓51	8♌43	6♋46	5♈	25♒	5♍	1♍	6♈
26	1♌36	10♋30	0♐49	2♐15	27♌0	15♍8	11♋18	28♋16	27♌48	0♓49	8♌45	6♋47	5♈	25♒	6♍	1♍	6♈
27	2♌33	24♋43	0♐46	2♐8	27♌30	15♍52	11♋58	28♋30	27♌55	0♓47	8♌47	6♋49	5♈	25♒	6♍	2♍	6♈
28	3♌30	8♌43	0♐43	1♐59	27♌57	16♍35	12♋38	28♋43	28♌2	0♓45	8♌50	6♋50	5♈	25♒	6♍	2♍	6♈
29	4♌28	22♌26	0♐39	1♐49	28♌19	17♍17	13♋17	28♋56	28♌9	0♓43	8♌52	6♋51	5♈	24♒	7♍	3♍	6♈
30	5♌25	5♍49	0♐36	1♐39	28♌36	17♍58	13♋57	29♋10	28♌16	0♓41	8♌54	6♋53	5♈	24♒	7♍	3♍	6♈
31	6♌23	18♍50	0♐33	1♐30	28♌49	18♍38	14♋36	29♋23	28♌24	0♓39	8♌56	6♋54	5♈	24♒	8♍	4♍	6♈

SUN INGRESS: ☉ → ♌ 24日 07:44

MOON PHASE: ◐ 5日 12:17 ♎　○ 13日 15:02 ♑　◑ 20日 20:03 ♈　● 27日 14:22 ♌

aspects	
1日 22:32	♂⚹♄
3日 04:31	♀☌♄
5日 17:31	♀⚹♂
7日 17:47	☿☌♆
9日 12:45	♀☍♅
10日 23:10	♂△♅
15日 09:02	♀⚹♇
18日 23:20	♂☌♇
21日 11:07	☉☌♃
28日 07:34	☿☌♄

1919年8月

DAY	☉	☽	☊ mean	☊ true	☿	♀	♂	♃	♄	♅	♆	♇	⚳	⚴	⚵	⚶	⚷
	° ′	° ′	° ′	° ′	° ′	° ′	° ′	° ′	° ′	° ′	° ′	° ′	°	°	°	°	°
1	7♌20	1♎30	0♐30	1 R 22	28 D 57	19 D 17	15 D 16	29 D 36	28 D 31	0 R 37	8 D 59	6 D 55	5 D	24 R	8 D	4 D	6 R
2	8♌17	13♎51	0♐27	1♐17	29♌0	19♍54	15♋55	29♋50	28♌38	0♓34	9♌1	6♋57	5 R	23♒	8♍	5♍	6♈
3	9♌15	25♎56	0♐24	1♐15	28 R 57	20♍31	16♋35	0♌3	28♌45	0♓32	9♌3	6♋58	5♈	23♒	9♍	5♍	6♈
4	10♌12	7♏51	0♐20	1♐14	28♌50	21♍6	17♋14	0♌16	28♌53	0♓30	9♌5	6♋59	5♈	23♒	9♍	6♍	6♈
5	11♌10	19♏40	0♐17	1 D 14	28♌37	21♍40	17♋54	0♌30	29♌0	0♓28	9♌7	7♋1	5♈	23♒	10♍	6♍	6♈
6	12♌7	1♐30	0♐14	1 R 14	28♌19	22♍13	18♋33	0♌43	29♌8	0♓26	9♌10	7♋2	5♈	22♒	10♍	7♍	6♈
7	13♌5	13♐24	0♐11	1♐14	27♌55	22♍45	19♋12	0♌56	29♌15	0♓23	9♌12	7♋3	5♈	22♒	10♍	7♍	6♈
8	14♌2	25♐28	0♐8	1♐11	27♌27	23♍14	19♋51	1♌9	29♌22	0♓21	9♌14	7♋4	5♈	22♒	11♍	7♍	6♈
9	15♌0	7♑47	0♐5	1♐6	26♌54	23♍43	20♋31	1♌22	29♌30	0♓19	9♌16	7♋6	5♈	22♒	11♍	8♍	6♈
10	15♌57	20♑23	0♐1	0♐59	26♌17	24♍10	21♋10	1♌36	29♌37	0♓17	9♌19	7♋7	5♈	21♒	11♍	8♍	6♈
11	16♌55	3♒17	29♏58	0♐49	25♌36	24♍35	21♋49	1♌49	29♌45	0♓14	9♌21	7♋8	5♈	21♒	12♍	9♍	6♈
12	17♌52	16♒30	29♏55	0♐38	24♌51	24♍59	22♋28	2♌2	29♌52	0♓12	9♌23	7♋9	5♈	21♒	12♍	9♍	6♈
13	18♌50	0♓0	29♏52	0♐26	24♌4	25♍21	23♋7	2♌15	0♍0	0♓10	9♌25	7♋10	4♈	21♒	13♍	10♍	6♈
14	19♌47	13♓45	29♏49	0♐15	23♌15	25♍41	23♋46	2♌28	0♍7	0♓7	9♌27	7♋11	4♈	20♒	13♍	10♍	6♈
15	20♌45	27♓40	29♏45	0♐5	22♌25	25♍59	24♋25	2♌41	0♍15	0♓5	9♌30	7♋13	4♈	20♒	13♍	11♍	6♈
16	21♌43	11♈43	29♏42	29♏58	21♌35	26♍16	25♋4	2♌54	0♍22	0♓3	9♌32	7♋14	4♈	20♒	14♍	11♍	6♈
17	22♌40	25♈49	29♏39	29♏54	20♌46	26♍30	25♋43	3♌7	0♍30	0♓0	9♌34	7♋15	4♈	20♒	14♍	12♍	6♈
18	23♌38	9♉57	29♏36	29♏52	19♌59	26♍43	26♋21	3♌20	0♍38	29♒58	9♌36	7♋16	4♈	19♒	15♍	12♍	6♈
19	24♌36	24♉5	29♏33	29♏51	19♌14	26♍53	27♋0	3♌33	0♍45	29♒55	9♌38	7♋17	4♈	19♒	15♍	13♍	6♈
20	25♌33	8♊11	29♏30	29♏51	18♌33	27♍2	27♋39	3♌46	0♍53	29♒53	9♌40	7♋18	4♈	19♒	15♍	13♍	6♈
21	26♌31	22♊16	29♏26	29♏50	17♌58	27♍8	28♋18	3♌58	1♍0	29♒51	9♌43	7♋19	4♈	19♒	16♍	14♍	6♈
22	27♌29	6♋16	29♏23	29♏47	17♌27	27♍12	28♋56	4♌11	1♍8	29♒48	9♌45	7♋20	4♈	18♒	16♍	14♍	6♈
23	28♌27	20♋26	29♏20	29♏41	17♌3	27♍14	29♋35	4♌24	1♍16	29♒46	9♌47	7♋21	3♈	18♒	17♍	14♍	6♈
24	29♌25	4♌0	29♏17	29♏32	16♌45	27 R 13	0♌14	4♌37	1♍23	29♒44	9♌49	7♋22	3♈	18♒	17♍	15♍	6♈
25	0♍22	17♌38	29♏14	29♏21	16♌35	27♍10	0♌52	4♌49	1♍31	29♒41	9♌51	7♋23	3♈	18♒	17♍	16♍	6♈
26	1♍20	1♍2	29♏11	29♏9	16 D 33	27♍5	1♌31	5♌2	1♍38	29♒39	9♌53	7♋24	3♈	17♒	18♍	16♍	6♈
27	2♍18	14♍9	29♏7	28♏56	16♌38	26♍58	2♌9	5♌15	1♍46	29♒36	9♌55	7♋25	3♈	17♒	18♍	17♍	6♈
28	3♍16	27♍0	29♏4	28♏44	16♌52	26♍48	2♌47	5♌27	1♍54	29♒34	9♌57	7♋26	3♈	17♒	19♍	17♍	6♈
29	4♍14	9♎32	29♏1	28♏35	17♌13	26♍36	3♌26	5♌40	2♍1	29♒32	10♌0	7♋27	3♈	17♒	19♍	18♍	6♈
30	5♍12	21♎49	28♏58	28♏28	17♌43	26♍21	4♌4	5♌52	2♍9	29♒29	10♌2	7♋28	2♈	17♒	19♍	18♍	5♈
31	6♍10	3♏52	28♏55	28♏23	18♌20	26♍4	4♌42	6♌4	2♍17	29♒27	10♌4	7♋29	2♈	16♒	20♍	19♍	5♈

SUN INGRESS: ☉ → ♍ 24日 14:28

MOON PHASE: ◐ 4日 05:11 ♏　○ 12日 02:39 ♒　◑ 19日 00:56 ♉　● 26日 00:37 ♍

aspects	
2日 18:54	☉☌♆
3日 19:25	☿☌♄
13日 23:43	♄☍♅
15日 22:18	☉☌☿
18日 18:22	♀⚹♂
24日 07:31	☉☍♅
26日 08:38	☉☌♄

1919年9月

DAY	☉	☽	☊ mean	☊ true	☿	♀	♂	♃	♄	♅	♆	♇	⚳	⚴	⚵	⚶	⚷
	° ′	° ′	° ′	° ′	° ′	° ′	° ′	° ′	° ′	° ′	° ′	° ′	°	°	°	°	°
1	7 ♍ 8	15 ♏ 45	28 ♏ 51	28 R 21	19 D 6	25 R 45	5 D 21	6 D 17	2 D 24	29 R 24	10 D 6	7 D 29	2 R	16 R	20 D	19 D	5 R
2	8 ♍ 6	27 ♏ 33	28 ♏ 48	28 ♏ 21	19 ♌ 59	25 ♍ 23	5 ♌ 59	6 ♌ 29	2 ♍ 32	29 ♒ 22	10 ♌ 8	7 ♋ 30	2 ♈	16 ♒	21 ♍	20 ♍	5 ♈
3	9 ♍ 4	9 ♐ 22	28 ♏ 45	28 ♏ 21	20 ♌ 59	24 ♍ 59	6 ♌ 37	6 ♌ 41	2 ♍ 39	29 ♒ 20	10 ♌ 10	7 ♋ 31	2 ♈	16 ♒	21 ♍	20 ♍	5 ♈
4	10 ♍ 3	21 ♐ 16	28 ♏ 42	28 ♏ 20	22 ♌ 6	24 ♍ 34	7 ♌ 15	6 ♌ 53	2 ♍ 47	29 ♒ 17	10 ♌ 12	7 ♋ 32	2 ♈	15 ♒	21 ♍	21 ♍	5 ♈
5	11 ♍ 1	3 ♑ 22	28 ♏ 39	28 ♏ 18	23 ♌ 19	24 ♍ 6	7 ♌ 53	7 ♌ 6	2 ♍ 55	29 ♒ 15	10 ♌ 14	7 ♋ 33	1 ♈	15 ♒	22 ♍	21 ♍	5 ♈
6	11 ♍ 59	15 ♑ 44	28 ♏ 36	28 ♏ 14	24 ♌ 39	23 ♍ 36	8 ♌ 31	7 ♌ 18	3 ♍ 2	29 ♒ 13	10 ♌ 16	7 ♋ 33	1 ♈	15 ♒	22 ♍	22 ♍	5 ♈
7	12 ♍ 57	28 ♑ 26	28 ♏ 32	28 ♏ 7	26 ♌ 4	23 ♍ 5	9 ♌ 9	7 ♌ 30	3 ♍ 10	29 ♒ 10	10 ♌ 18	7 ♋ 34	1 ♈	15 ♒	22 ♍	22 ♍	5 ♈
8	13 ♍ 55	11 ♒ 31	28 ♏ 29	27 ♏ 58	27 ♌ 34	22 ♍ 33	9 ♌ 47	7 ♌ 42	3 ♍ 17	29 ♒ 8	10 ♌ 20	7 ♋ 35	1 ♈	15 ♒	23 ♍	23 ♍	5 ♈
9	14 ♍ 54	24 ♒ 59	28 ♏ 26	27 ♏ 48	29 ♌ 8	21 ♍ 59	10 ♌ 25	7 ♌ 54	3 ♍ 25	29 ♒ 6	10 ♌ 21	7 ♋ 36	1 ♈	14 ♒	23 ♍	23 ♍	5 ♈
10	15 ♍ 52	8 ♓ 49	28 ♏ 23	27 ♏ 36	0 ♍ 46	21 ♍ 23	11 ♌ 3	8 ♌ 5	3 ♍ 32	29 ♒ 4	10 ♌ 23	7 ♋ 36	0 ♈	14 ♒	24 ♍	24 ♍	5 ♈
11	16 ♍ 50	22 ♓ 57	28 ♏ 20	27 ♏ 26	2 ♍ 28	20 ♍ 47	11 ♌ 41	8 ♌ 17	3 ♍ 40	29 ♒ 1	10 ♌ 25	7 ♋ 37	0 ♈	14 ♒	24 ♍	24 ♍	5 ♈
12	17 ♍ 48	7 ♈ 19	28 ♏ 16	27 ♏ 17	4 ♍ 12	20 ♍ 11	12 ♌ 19	8 ♌ 29	3 ♍ 47	28 ♒ 59	10 ♌ 27	7 ♋ 38	0 ♈	14 ♒	24 ♍	25 ♍	5 ♈
13	18 ♍ 47	21 ♈ 47	28 ♏ 13	27 ♏ 10	5 ♍ 59	19 ♍ 34	12 ♌ 56	8 ♌ 40	3 ♍ 55	28 ♒ 57	10 ♌ 29	7 ♋ 38	0 ♈	14 ♒	25 ♍	25 ♍	5 ♈
14	19 ♍ 45	6 ♉ 16	28 ♏ 10	27 ♏ 6	7 ♍ 47	18 ♍ 57	13 ♌ 34	8 ♌ 52	4 ♍ 2	28 ♒ 55	10 ♌ 31	7 ♋ 39	0 ♈	13 ♒	25 ♍	26 ♍	5 ♈
15	20 ♍ 44	20 ♉ 42	28 ♏ 7	27 ♏ 4	9 ♍ 37	18 ♍ 20	14 ♌ 12	9 ♌ 4	4 ♍ 10	28 ♒ 52	10 ♌ 33	7 ♋ 39	29 ♓	13 ♒	26 ♍	26 ♍	5 ♈
16	21 ♍ 42	4 ♊ 59	28 ♏ 4	27 D 4	11 ♍ 28	17 ♍ 43	14 ♌ 49	9 ♌ 15	4 ♍ 17	28 ♒ 50	10 ♌ 34	7 ♋ 40	29 ♓	13 ♒	26 ♍	27 ♍	5 ♈
17	22 ♍ 41	19 ♊ 8	28 ♏ 1	27 ♏ 5	13 ♍ 20	17 ♍ 7	15 ♌ 27	9 ♌ 26	4 ♍ 24	28 ♒ 48	10 ♌ 36	7 ♋ 40	29 ♓	13 ♒	26 ♍	27 ♍	5 ♈
18	23 ♍ 39	3 ♋ 6	27 ♏ 57	27 R 4	15 ♍ 12	16 ♍ 31	16 ♌ 5	9 ♌ 38	4 ♍ 32	28 ♒ 46	10 ♌ 38	7 ♋ 41	29 ♓	13 ♒	27 ♍	28 ♍	5 ♈
19	24 ♍ 38	16 ♋ 53	27 ♏ 54	27 ♏ 2	17 ♍ 5	15 ♍ 57	16 ♌ 42	9 ♌ 49	4 ♍ 39	28 ♒ 44	10 ♌ 40	7 ♋ 41	28 ♓	13 ♒	27 ♍	28 ♍	5 ♈
20	25 ♍ 36	0 ♌ 29	27 ♏ 51	26 ♏ 58	18 ♍ 57	15 ♍ 24	17 ♌ 20	10 ♌ 0	4 ♍ 46	28 ♒ 42	10 ♌ 41	7 ♋ 42	28 ♓	13 ♒	28 ♍	29 ♍	5 ♈
21	26 ♍ 35	13 ♌ 54	27 ♏ 48	26 ♏ 51	20 ♍ 49	14 ♍ 52	17 ♌ 57	10 ♌ 11	4 ♍ 54	28 ♒ 40	10 ♌ 43	7 ♋ 42	28 ♓	12 ♒	28 ♍	29 ♍	5 ♈
22	27 ♍ 34	27 ♌ 8	27 ♏ 45	26 ♏ 42	22 ♍ 41	14 ♍ 22	18 ♌ 34	10 ♌ 22	5 ♍ 1	28 ♒ 38	10 ♌ 45	7 ♋ 43	28 ♓	12 ♒	28 ♍	0 ♎	5 ♈
23	28 ♍ 32	10 ♍ 9	27 ♏ 42	26 ♏ 32	24 ♍ 33	13 ♍ 54	19 ♌ 12	10 ♌ 33	5 ♍ 8	28 ♒ 36	10 ♌ 46	7 ♋ 43	28 ♓	12 ♒	29 ♍	0 ♎	4 ♈
24	29 ♍ 31	22 ♍ 57	27 ♏ 38	26 ♏ 21	26 ♍ 23	13 ♍ 28	19 ♌ 49	10 ♌ 44	5 ♍ 15	28 ♒ 34	10 ♌ 48	7 ♋ 43	27 ♓	12 ♒	29 ♍	1 ♎	4 ♈
25	0 ♎ 30	5 ♎ 31	27 ♏ 35	26 ♏ 12	28 ♍ 14	13 ♍ 3	20 ♌ 26	10 ♌ 54	5 ♍ 22	28 ♒ 32	10 ♌ 49	7 ♋ 44	27 ♓	12 ♒	29 ♍	1 ♎	4 ♈
26	1 ♎ 29	17 ♎ 51	27 ♏ 32	26 ♏ 4	0 ♎ 3	12 ♍ 41	21 ♌ 4	11 ♌ 5	5 ♍ 30	28 ♒ 30	10 ♌ 51	7 ♋ 44	27 ♓	12 ♒	0 ♎	2 ♎	4 ♈
27	2 ♎ 28	0 ♏ 0	27 ♏ 29	25 ♏ 58	1 ♎ 51	12 ♍ 21	21 ♌ 41	11 ♌ 16	5 ♍ 37	28 ♒ 28	10 ♌ 53	7 ♋ 44	27 ♓	12 ♒	0 ♎	2 ♎	4 ♈
28	3 ♎ 26	11 ♏ 58	27 ♏ 26	25 ♏ 55	3 ♎ 39	12 ♍ 4	22 ♌ 18	11 ♌ 26	5 ♍ 44	28 ♒ 26	10 ♌ 54	7 ♋ 45	26 ♓	12 ♒	1 ♎	3 ♎	4 ♈
29	4 ♎ 25	23 ♏ 48	27 ♏ 22	25 ♏ 53	5 ♎ 26	11 ♍ 48	22 ♌ 55	11 ♌ 36	5 ♍ 51	28 ♒ 25	10 ♌ 56	7 ♋ 45	26 ♓	12 ♒	1 ♎	3 ♎	4 ♈
30	5 ♎ 24	5 ♐ 35	27 ♏ 19	25 D 54	7 ♎ 12	11 ♍ 35	23 ♌ 32	11 ♌ 47	5 ♍ 58	28 ♒ 23	10 ♌ 57	7 ♋ 45	26 ♓	12 ♒	1 ♎	4 ♎	4 ♈

SUN INGRESS	☉ → ♎ 24日 11:35
MOON PHASE	◐ 2日 23:22 ♐　○ 10日 12:54 ♓　◑ 17日 06:31 ♊　● 24日 13:34 ♎

aspects		
1日	08:52	☉⚹♇
3日	03:55	♂☌♃
8日	21:30	♂☌♆
8日	23:28	☿☍♅
11日	17:56	☿☌♄
13日	11:49	☉☌♀
13日	22:10	☿⚹♇
18日	12:55	☿☌♀
24日	10:59	♃☌♆
27日	17:42	☉☌☿
30日	07:32	☿□♇

1919年10月

DAY	☉	☽	☊ mean	☊ true	☿	♀	♂	♃	♄	♅	♆	♇	⚳	⚴	⚵	⚶	⚷
	° ′	° ′	° ′	° ′	° ′	° ′	° ′	° ′	° ′	° ′	° ′	° ′	°	°	°	°	°
1	6 ♎ 23	17 ♐ 22	27 ♏ 16	25 D 55	8 D 57	11 R 25	24 D 9	11 D 57	6 D 5	28 R 21	10 D 58	7 D 45	26 R	12 R	2 D	4 D	4 R
2	7 ♎ 22	29 ♐ 15	27 ♏ 13	25 ♏ 56	10 ♎ 42	11 ♍ 17	24 ♌ 46	12 ♌ 7	6 ♍ 12	28 ♒ 19	11 ♌ 0	7 ♋ 46	26 ♓	11 ♒	2 ♎	5 ♎	4 ♈
3	8 ♎ 21	11 ♑ 20	27 ♏ 10	25 R 57	12 ♎ 25	11 ♍ 11	25 ♌ 23	12 ♌ 17	6 ♍ 18	28 ♒ 18	11 ♌ 1	7 ♋ 46	25 ♓	11 ♒	3 ♎	5 ♎	4 ♈
4	9 ♎ 20	23 ♑ 40	27 ♏ 7	25 ♏ 55	14 ♎ 8	11 ♍ 8	26 ♌ 0	12 ♌ 27	6 ♍ 25	28 ♒ 16	11 ♌ 3	7 ♋ 46	25 ♓	11 ♒	3 ♎	6 ♎	4 ♈
5	10 ♎ 19	6 ♒ 21	27 ♏ 3	25 ♏ 52	15 ♎ 49	11 D 7	26 ♌ 37	12 ♌ 36	6 ♍ 32	28 ♒ 15	11 ♌ 4	7 ♋ 46	25 ♓	11 ♒	3 ♎	6 ♎	4 ♈
6	11 ♎ 19	19 ♒ 27	27 ♏ 0	25 ♏ 47	17 ♎ 30	11 ♍ 8	27 ♌ 13	12 ♌ 46	6 ♍ 39	28 ♒ 13	11 ♌ 5	7 ♋ 46	25 ♓	11 ♒	4 ♎	7 ♎	4 ♈
7	12 ♎ 18	3 ♓ 0	26 ♏ 57	25 ♏ 41	19 ♎ 10	11 ♍ 12	27 ♌ 50	12 ♌ 56	6 ♍ 45	28 ♒ 11	11 ♌ 7	7 ♋ 46	25 ♓	11 ♒	4 ♎	7 ♎	4 ♈
8	13 ♎ 17	16 ♓ 59	26 ♏ 54	25 ♏ 34	20 ♎ 50	11 ♍ 18	28 ♌ 27	13 ♌ 5	6 ♍ 52	28 ♒ 10	11 ♌ 8	7 ♋ 46	24 ♓	11 ♒	4 ♎	8 ♎	4 ♈
9	14 ♎ 16	1 ♈ 22	26 ♏ 51	25 ♏ 28	22 ♎ 28	11 ♍ 27	29 ♌ 3	13 ♌ 14	6 ♍ 59	28 ♒ 9	11 ♌ 9	7 ♋ 46	24 ♓	11 ♒	5 ♎	8 ♎	4 ♈
10	15 ♎ 15	16 ♈ 2	26 ♏ 48	25 ♏ 22	24 ♎ 6	11 ♍ 37	29 ♌ 40	13 ♌ 24	7 ♍ 5	28 ♒ 7	11 ♌ 10	7 R 46	24 ♓	11 ♒	5 ♎	9 ♎	4 ♈
11	16 ♎ 15	0 ♉ 54	26 ♏ 44	25 ♏ 18	25 ♎ 43	11 ♍ 50	0 ♍ 16	13 ♌ 33	7 ♍ 12	28 ♒ 6	11 ♌ 11	7 ♋ 46	24 ♓	11 ♒	6 ♎	9 ♎	4 ♈
12	17 ♎ 14	15 ♉ 48	26 ♏ 41	25 ♏ 16	27 ♎ 19	12 ♍ 5	0 ♍ 53	13 ♌ 42	7 ♍ 18	28 ♒ 4	11 ♌ 13	7 ♋ 46	24 ♓	11 D	6 ♎	10 ♎	4 ♈
13	18 ♎ 13	0 ♊ 37	26 ♏ 38	25 D 16	28 ♎ 55	12 ♍ 22	1 ♍ 29	13 ♌ 51	7 ♍ 25	28 ♒ 3	11 ♌ 14	7 ♋ 46	23 ♓	11 ♒	6 ♎	10 ♎	4 ♈
14	19 ♎ 13	15 ♊ 15	26 ♏ 35	25 ♏ 17	0 ♏ 29	12 ♍ 41	2 ♍ 6	13 ♌ 59	7 ♍ 31	28 ♒ 2	11 ♌ 15	7 ♋ 46	23 ♓	11 ♒	7 ♎	11 ♎	4 ♈
15	20 ♎ 12	29 ♊ 36	26 ♏ 32	25 ♏ 18	2 ♏ 4	13 ♍ 2	2 ♍ 42	14 ♌ 8	7 ♍ 37	28 ♒ 1	11 ♌ 16	7 ♋ 46	23 ♓	11 ♒	7 ♎	11 ♎	3 ♈
16	21 ♎ 12	13 ♋ 40	26 ♏ 28	25 ♏ 19	3 ♏ 37	13 ♍ 24	3 ♍ 18	14 ♌ 17	7 ♍ 44	28 ♒ 0	11 ♌ 17	7 ♋ 46	23 ♓	11 ♒	7 ♎	12 ♎	3 ♈
17	22 ♎ 11	27 ♋ 26	26 ♏ 25	25 R 20	5 ♏ 10	13 ♍ 49	3 ♍ 55	14 ♌ 25	7 ♍ 50	27 ♒ 59	11 ♌ 18	7 ♋ 46	23 ♓	11 ♒	8 ♎	12 ♎	3 ♈
18	23 ♎ 11	10 ♌ 53	26 ♏ 22	25 ♏ 18	6 ♏ 42	14 ♍ 15	4 ♍ 31	14 ♌ 33	7 ♍ 56	27 ♒ 57	11 ♌ 19	7 ♋ 46	23 ♓	11 ♒	8 ♎	13 ♎	3 ♈
19	24 ♎ 10	24 ♌ 3	26 ♏ 19	25 ♏ 15	8 ♏ 13	14 ♍ 43	5 ♍ 7	14 ♌ 41	8 ♍ 2	27 ♒ 56	11 ♌ 20	7 ♋ 45	22 ♓	11 ♒	9 ♎	13 ♎	3 ♈
20	25 ♎ 10	6 ♍ 58	26 ♏ 16	25 ♏ 11	9 ♏ 44	15 ♍ 12	5 ♍ 43	14 ♌ 49	8 ♍ 8	27 ♒ 55	11 ♌ 21	7 ♋ 45	22 ♓	11 ♒	9 ♎	14 ♎	3 ♈
21	26 ♎ 10	19 ♍ 40	26 ♏ 13	25 ♏ 7	11 ♏ 15	15 ♍ 43	6 ♍ 19	14 ♌ 57	8 ♍ 14	27 ♒ 55	11 ♌ 21	7 ♋ 45	22 ♓	11 ♒	9 ♎	14 ♎	3 ♈
22	27 ♎ 9	2 ♎ 8	26 ♏ 9	25 ♏ 2	12 ♏ 44	16 ♍ 16	6 ♍ 55	15 ♌ 5	8 ♍ 20	27 ♒ 54	11 ♌ 22	7 ♋ 45	22 ♓	11 ♒	10 ♎	15 ♎	3 ♈
23	28 ♎ 9	14 ♎ 26	26 ♏ 6	24 ♏ 57	14 ♏ 13	16 ♍ 50	7 ♍ 31	15 ♌ 13	8 ♍ 26	27 ♒ 53	11 ♌ 23	7 ♋ 44	22 ♓	12 ♒	10 ♎	15 ♎	3 ♈
24	29 ♎ 9	26 ♎ 33	26 ♏ 3	24 ♏ 53	15 ♏ 42	17 ♍ 25	8 ♍ 7	15 ♌ 20	8 ♍ 31	27 ♒ 52	11 ♌ 24	7 ♋ 44	22 ♓	12 ♒	10 ♎	16 ♎	3 ♈
25	0 ♏ 9	8 ♏ 32	26 ♏ 0	24 ♏ 51	17 ♏ 9	18 ♍ 2	8 ♍ 43	15 ♌ 28	8 ♍ 37	27 ♒ 51	11 ♌ 25	7 ♋ 44	22 ♓	12 ♒	11 ♎	16 ♎	3 ♈
26	1 ♏ 8	20 ♏ 24	25 ♏ 57	24 ♏ 50	18 ♏ 36	18 ♍ 40	9 ♍ 19	15 ♌ 35	8 ♍ 43	27 ♒ 51	11 ♌ 25	7 ♋ 43	21 ♓	12 ♒	11 ♎	17 ♎	3 ♈
27	2 ♏ 8	2 ♐ 12	25 ♏ 53	24 D 50	20 ♏ 3	19 ♍ 19	9 ♍ 54	15 ♌ 42	8 ♍ 48	27 ♒ 50	11 ♌ 26	7 ♋ 43	21 ♓	12 ♒	11 ♎	17 ♎	3 ♈
28	3 ♏ 8	13 ♐ 58	25 ♏ 50	24 ♏ 51	21 ♏ 29	19 ♍ 59	10 ♍ 30	15 ♌ 49	8 ♍ 54	27 ♒ 49	11 ♌ 27	7 ♋ 42	21 ♓	12 ♒	12 ♎	18 ♎	3 ♈
29	4 ♏ 8	25 ♐ 46	25 ♏ 47	24 ♏ 53	22 ♏ 54	20 ♍ 41	11 ♍ 6	15 ♌ 55	8 ♍ 59	27 ♒ 49	11 ♌ 27	7 ♋ 42	21 ♓	12 ♒	12 ♎	18 ♎	3 ♈
30	5 ♏ 8	7 ♑ 39	25 ♏ 44	24 ♏ 54	24 ♏ 18	21 ♍ 23	11 ♍ 41	16 ♌ 2	9 ♍ 5	27 ♒ 48	11 ♌ 28	7 ♋ 42	21 ♓	12 ♒	13 ♎	19 ♎	3 ♈
31	6 ♏ 8	19 ♑ 42	25 ♏ 41	24 ♏ 56	25 ♏ 41	22 ♍ 7	12 ♍ 17	16 ♌ 9	9 ♍ 10	27 ♒ 48	11 ♌ 28	7 ♋ 41	21 ♓	12 ♒	13 ♎	19 ♎	3 ♈

SUN INGRESS	☉ → ♏ 24日 20:21
MOON PHASE	◐ 2日 17:37 ♑　○ 9日 22:38 ♈　◑ 16日 14:04 ♋　● 24日 05:39 ♎

aspects		
2日	04:16	☿⚹♆
2日	09:31	☉□♇
2日	21:51	☿⚹♃
5日	18:27	☉⚹♆
7日	13:28	♂☍♅
7日	18:16	☉⚹♃
12日	11:14	☿△♅
15日	16:10	☿⚹♂
16日	08:32	♄⚹♇
18日	16:36	☿△♇
18日	20:45	☿⚹♄
21日	01:49	☿□♆
22日	17:34	☉△♅
23日	08:42	♂⚹♇
23日	17:36	☿□♃
24日	19:28	♂☌♄
26日	01:37	☿⚹♀

1919年11月

DAY	☉	☽	☊ mean	☊ true	☿	♀	♂	♃	♄	♅	♆	♇	⚳	⚴	⚵	⚶	⚷
	° ′	° ′	° ′	° ′	° ′	° ′	° ′	° ′	° ′	° ′	° ′	° ′	°	°	°	°	°
1	7 ♏ 8	2 ♒ 0	25 ♏ 38	24 D 57	27 D 4	22 D 52	12 D 52	16 D 15	9 D 15	27 R 47	11 D 29	7 R 41	21 R	12 D	13 D	20 D	3 R
2	8 ♏ 8	14 ♒ 36	25 ♏ 34	24 R 56	28 ♏ 25	23 ♍ 38	13 ♍ 27	16 ♌ 21	9 ♍ 20	27 ♒ 47	11 ♌ 29	7 ♋ 40	21 ♓	12 ♒	14 ♎	20 ♎	3 ♈
3	9 ♏ 8	27 ♒ 36	25 ♏ 31	24 ♏ 56	29 ♏ 46	24 ♍ 24	14 ♍ 3	16 ♌ 27	9 ♍ 25	27 ♒ 47	11 ♌ 30	7 ♋ 39	21 ♓	12 ♒	14 ♎	21 ♎	3 ♈
4	10 ♏ 8	11 ♓ 3	25 ♏ 28	24 ♏ 54	1 ♐ 5	25 ♍ 12	14 ♍ 38	16 ♌ 33	9 ♍ 30	27 ♒ 47	11 ♌ 30	7 ♋ 39	21 ♓	13 ♒	14 ♎	21 ♎	3 ♈
5	11 ♏ 8	24 ♓ 57	25 ♏ 25	24 ♏ 52	2 ♐ 24	26 ♍ 0	15 ♍ 13	16 ♌ 39	9 ♍ 35	27 ♒ 46	11 ♌ 30	7 ♋ 38	21 ♓	13 ♒	15 ♎	22 ♎	3 ♈
6	12 ♏ 8	9 ♈ 19	25 ♏ 22	24 ♏ 51	3 ♐ 41	26 ♍ 50	15 ♍ 48	16 ♌ 44	9 ♍ 40	27 ♒ 46	11 ♌ 31	7 ♋ 38	21 ♓	13 ♒	15 ♎	22 ♎	3 ♈
7	13 ♏ 9	24 ♈ 4	25 ♏ 19	24 ♏ 49	4 ♐ 56	27 ♍ 40	16 ♍ 23	16 ♌ 49	9 ♍ 45	27 ♒ 46	11 ♌ 31	7 ♋ 37	21 ♓	13 ♒	15 ♎	23 ♎	3 ♈
8	14 ♏ 9	9 ♉ 5	25 ♏ 15	24 ♏ 48	6 ♐ 10	28 ♍ 31	16 ♍ 58	16 ♌ 55	9 ♍ 49	27 ♒ 46	11 ♌ 31	7 ♋ 36	21 ♓	13 ♒	16 ♎	24 ♎	3 ♈
9	15 ♏ 9	24 ♉ 16	25 ♏ 12	24 ♏ 48	7 ♐ 23	29 ♍ 22	17 ♍ 33	17 ♌ 0	9 ♍ 54	27 D 46	11 ♌ 32	7 ♋ 36	21 ♓	13 ♒	16 ♎	24 ♎	3 ♈
10	16 ♏ 9	9 ♊ 25	25 ♏ 9	24 D 48	8 ♐ 33	0 ♎ 15	18 ♍ 8	17 ♌ 5	9 ♍ 58	27 ♒ 46	11 ♌ 32	7 ♋ 35	21 ♓	13 ♒	16 ♎	25 ♎	3 ♈
11	17 ♏ 10	24 ♊ 25	25 ♏ 6	24 ♏ 49	9 ♐ 41	1 ♎ 8	18 ♍ 43	17 ♌ 9	10 ♍ 3	27 ♒ 46	11 ♌ 32	7 ♋ 34	21 ♓	14 ♒	17 ♎	25 ♎	3 ♈
12	18 ♏ 10	9 ♋ 6	25 ♏ 3	24 ♏ 50	10 ♐ 46	2 ♎ 2	19 ♍ 18	17 ♌ 14	10 ♍ 7	27 ♒ 46	11 ♌ 32	7 ♋ 34	21 ♓	14 ♒	17 ♎	26 ♎	2 ♈
13	19 ♏ 10	23 ♋ 26	24 ♏ 59	24 ♏ 50	11 ♐ 49	2 ♎ 56	19 ♍ 52	17 ♌ 18	10 ♍ 11	27 ♒ 47	11 ♌ 32	7 ♋ 33	21 D	14 ♒	18 ♎	26 ♎	2 ♈
14	20 ♏ 11	7 ♌ 21	24 ♏ 56	24 ♏ 51	12 ♐ 49	3 ♎ 51	20 ♍ 27	17 ♌ 22	10 ♍ 16	27 ♒ 47	11 ♌ 32	7 ♋ 32	21 ♓	14 ♒	18 ♎	27 ♎	2 ♈
15	21 ♏ 11	20 ♌ 50	24 ♏ 53	24 ♏ 51	13 ♐ 45	4 ♎ 47	21 ♍ 1	17 ♌ 26	10 ♍ 20	27 ♒ 47	11 ♌ 32	7 ♋ 31	21 ♓	14 ♒	18 ♎	27 ♎	2 ♈
16	22 ♏ 12	3 ♍ 57	24 ♏ 50	24 R 51	14 ♐ 37	5 ♎ 44	21 ♍ 36	17 ♌ 30	10 ♍ 24	27 ♒ 48	11 R 32	7 ♋ 31	21 ♓	14 ♒	19 ♎	28 ♎	2 ♈
17	23 ♏ 12	16 ♍ 43	24 ♏ 47	24 ♏ 50	15 ♐ 25	6 ♎ 41	22 ♍ 10	17 ♌ 34	10 ♍ 28	27 ♒ 48	11 ♌ 32	7 ♋ 30	21 ♓	14 ♒	19 ♎	28 ♎	2 ♈
18	24 ♏ 13	29 ♍ 12	24 ♏ 44	24 ♏ 50	16 ♐ 8	7 ♎ 38	22 ♍ 45	17 ♌ 37	10 ♍ 31	27 ♒ 48	11 ♌ 32	7 ♋ 29	21 ♓	15 ♒	19 ♎	29 ♎	2 ♈
19	25 ♏ 13	11 ♎ 27	24 ♏ 40	24 D 50	16 ♐ 45	8 ♎ 36	23 ♍ 19	17 ♌ 41	10 ♍ 35	27 ♒ 49	11 ♌ 32	7 ♋ 28	21 ♓	15 ♒	20 ♎	29 ♎	2 ♈
20	26 ♏ 14	23 ♎ 31	24 ♏ 37	24 ♏ 50	17 ♐ 15	9 ♎ 35	23 ♍ 53	17 ♌ 44	10 ♍ 39	27 ♒ 49	11 ♌ 32	7 ♋ 27	21 ♓	15 ♒	20 ♎	0 ♏	2 ♈
21	27 ♏ 14	5 ♏ 28	24 ♏ 34	24 ♏ 51	17 ♐ 39	10 ♎ 34	24 ♍ 27	17 ♌ 47	10 ♍ 42	27 ♒ 50	11 ♌ 32	7 ♋ 26	21 ♓	15 ♒	20 ♎	0 ♏	2 ♈
22	28 ♏ 15	17 ♏ 19	24 ♏ 31	24 ♏ 51	17 ♐ 54	11 ♎ 33	25 ♍ 1	17 ♌ 50	10 ♍ 46	27 ♒ 51	11 ♌ 31	7 ♋ 26	21 ♓	15 ♒	21 ♎	1 ♏	2 ♈
23	29 ♏ 15	29 ♏ 7	24 ♏ 28	24 R 51	18 ♐ 1	12 ♎ 33	25 ♍ 35	17 ♌ 52	10 ♍ 49	27 ♒ 51	11 ♌ 31	7 ♋ 25	21 ♓	16 ♒	21 ♎	1 ♏	2 ♈
24	0 ♐ 16	10 ♐ 54	24 ♏ 25	24 ♏ 51	17 R 59	13 ♎ 34	26 ♍ 9	17 ♌ 55	10 ♍ 52	27 ♒ 52	11 ♌ 31	7 ♋ 24	21 ♓	16 ♒	21 ♎	2 ♏	2 ♈
25	1 ♐ 17	22 ♐ 42	24 ♏ 21	24 ♏ 50	17 ♐ 46	14 ♎ 35	26 ♍ 43	17 ♌ 57	10 ♍ 55	27 ♒ 53	11 ♌ 31	7 ♋ 23	21 ♓	16 ♒	22 ♎	2 ♏	2 ♈
26	2 ♐ 18	4 ♑ 34	24 ♏ 18	24 ♏ 49	17 ♐ 24	15 ♎ 36	27 ♍ 16	17 ♌ 59	10 ♍ 58	27 ♒ 54	11 ♌ 30	7 ♋ 22	21 ♓	16 ♒	22 ♎	3 ♏	2 ♈
27	3 ♐ 18	16 ♑ 32	24 ♏ 15	24 ♏ 48	16 ♐ 50	16 ♎ 38	27 ♍ 50	18 ♌ 1	11 ♍ 1	27 ♒ 55	11 ♌ 30	7 ♋ 21	21 ♓	16 ♒	22 ♎	3 ♏	2 ♈
28	4 ♐ 19	28 ♑ 39	24 ♏ 12	24 ♏ 47	16 ♐ 5	17 ♎ 40	28 ♍ 23	18 ♌ 2	11 ♍ 4	27 ♒ 56	11 ♌ 29	7 ♋ 20	21 ♓	17 ♒	23 ♎	4 ♏	2 ♈
29	5 ♐ 20	10 ♒ 59	24 ♏ 9	24 ♏ 45	15 ♐ 10	18 ♎ 42	28 ♍ 57	18 ♌ 4	11 ♍ 7	27 ♒ 57	11 ♌ 29	7 ♋ 19	21 ♓	17 ♒	23 ♎	4 ♏	2 ♈
30	6 ♐ 21	23 ♒ 34	24 ♏ 5	24 ♏ 44	14 ♐ 6	19 ♎ 45	29 ♍ 30	18 ♌ 5	11 ♍ 9	27 ♒ 58	11 ♌ 29	7 ♋ 18	22 ♓	17 ♒	23 ♎	5 ♏	2 ♈

SUN INGRESS	☉ → ♐ 23日 17:25
MOON PHASE	◐ 1日 10:43 ♒ ○ 8日 08:35 ♉ ◑ 15日 00:40 ♌ ● 23日 00:19 ♏

aspects		
1日	12:48	☿□♅
1日	12:53	☉△♇
3日	07:28	☉⚹♄
5日	08:52	☉□♆
10日	23:53	☉□♃
11日	08:29	☿□♄
12日	17:19	☿△♆
14日	15:04	☉⚹♂
17日	20:16	♀□♇
21日	13:34	☿△♃
21日	14:22	☉□♅
21日	23:14	♀⚹♆
24日	09:05	☿△♃
27日	02:49	☿⚹♀
28日	08:48	♀⚹♃

1919年12月

DAY	☉	☽	☊ mean	☊ true	☿	♀	♂	♃	♄	♅	♆	♇	⚳	⚴	⚵	⚶	⚷
	° ′	° ′	° ′	° ′	° ′	° ′	° ′	° ′	° ′	° ′	° ′	° ′	°	°	°	°	°
1	7 ♐ 21	6 ♓ 28	24 ♏ 2	24 R 44	12 R 53	20 D 48	0 D 3	18 D 6	11 D 12	27 D 59	11 R 28	7 R 17	22 D	17 D	24 D	5 D	2 R
2	8 ♐ 22	19 ♓ 44	23 ♏ 59	24 D 44	11 ♐ 35	21 ♎ 52	0 ♎ 37	18 ♌ 7	11 ♍ 14	28 ♒ 0	11 ♌ 28	7 ♋ 16	22 ♓	17 ♒	24 ♎	6 ♏	2 ♈
3	9 ♐ 23	3 ♈ 26	23 ♏ 56	24 ♏ 45	10 ♐ 13	22 ♎ 56	1 ♎ 10	18 ♌ 7	11 ♍ 17	28 ♒ 1	11 ♌ 27	7 ♋ 15	22 ♓	18 ♒	24 ♎	6 ♏	2 ♈
4	10 ♐ 24	17 ♈ 34	23 ♏ 53	24 ♏ 46	8 ♐ 50	24 ♎ 0	1 ♎ 43	18 ♌ 8	11 ♍ 19	28 ♒ 3	11 ♌ 26	7 ♋ 14	22 ♓	18 ♒	25 ♎	7 ♏	2 ♈
5	11 ♐ 25	2 ♉ 6	23 ♏ 50	24 ♏ 48	7 ♐ 29	25 ♎ 4	2 ♎ 15	18 ♌ 8	11 ♍ 21	28 ♒ 4	11 ♌ 26	7 ♋ 13	22 ♓	18 ♒	25 ♎	7 ♏	2 ♈
6	12 ♐ 26	17 ♉ 0	23 ♏ 46	24 ♏ 48	6 ♐ 13	26 ♎ 9	2 ♎ 48	18 R 8	11 ♍ 23	28 ♒ 5	11 ♌ 25	7 ♋ 11	22 ♓	18 ♒	25 ♎	8 ♏	2 ♈
7	13 ♐ 27	2 ♊ 9	23 ♏ 43	24 R 48	5 ♐ 4	27 ♎ 14	3 ♎ 21	18 ♌ 8	11 ♍ 25	28 ♒ 7	11 ♌ 24	7 ♋ 10	22 ♓	18 ♒	25 ♎	8 ♏	2 ♈
8	14 ♐ 27	17 ♊ 23	23 ♏ 40	24 ♏ 47	4 ♐ 4	28 ♎ 20	3 ♎ 53	18 ♌ 8	11 ♍ 27	28 ♒ 8	11 ♌ 24	7 ♋ 9	23 ♓	19 ♒	26 ♎	9 ♏	2 ♈
9	15 ♐ 28	2 ♋ 34	23 ♏ 37	24 ♏ 45	3 ♐ 14	29 ♎ 25	4 ♎ 26	18 ♌ 7	11 ♍ 28	28 ♒ 10	11 ♌ 23	7 ♋ 8	23 ♓	19 ♒	26 ♎	9 ♏	2 ♈
10	16 ♐ 29	17 ♋ 31	23 ♏ 34	24 ♏ 43	2 ♐ 35	0 ♏ 31	4 ♎ 58	18 ♌ 6	11 ♍ 30	28 ♒ 11	11 ♌ 22	7 ♋ 7	23 ♓	19 ♒	26 ♎	10 ♏	2 ♈
11	17 ♐ 30	2 ♌ 7	23 ♏ 31	24 ♏ 39	2 ♐ 8	1 ♏ 37	5 ♎ 30	18 ♌ 5	11 ♍ 31	28 ♒ 13	11 ♌ 21	7 ♋ 6	23 ♓	19 ♒	27 ♎	10 ♏	2 ♈
12	18 ♐ 31	16 ♌ 16	23 ♏ 27	24 ♏ 36	1 ♐ 51	2 ♏ 44	6 ♎ 3	18 ♌ 4	11 ♍ 33	28 ♒ 15	11 ♌ 20	7 ♋ 5	23 ♓	20 ♒	27 ♎	11 ♏	2 ♈
13	19 ♐ 32	29 ♌ 56	23 ♏ 24	24 ♏ 34	1 ♐ 46	3 ♏ 51	6 ♎ 35	18 ♌ 3	11 ♍ 34	28 ♒ 16	11 ♌ 19	7 ♋ 4	23 ♓	20 ♒	27 ♎	11 ♏	2 ♈
14	20 ♐ 33	13 ♍ 8	23 ♏ 21	24 ♏ 32	1 D 51	4 ♏ 57	7 ♎ 7	18 ♌ 1	11 ♍ 35	28 ♒ 18	11 ♌ 19	7 ♋ 2	23 ♓	20 ♒	28 ♎	12 ♏	2 ♈
15	21 ♐ 34	25 ♍ 55	23 ♏ 18	24 D 32	2 ♐ 5	6 ♏ 5	7 ♎ 38	18 ♌ 0	11 ♍ 36	28 ♒ 20	11 ♌ 18	7 ♋ 1	24 ♓	20 ♒	28 ♎	12 ♏	2 ♈
16	22 ♐ 35	8 ♎ 21	23 ♏ 15	24 ♏ 33	2 ♐ 27	7 ♏ 12	8 ♎ 10	17 ♌ 58	11 ♍ 37	28 ♒ 22	11 ♌ 17	7 ♋ 0	24 ♓	21 ♒	28 ♎	13 ♏	2 D
17	23 ♐ 36	20 ♎ 30	23 ♏ 11	24 ♏ 35	2 ♐ 58	8 ♏ 20	8 ♎ 42	17 ♌ 56	11 ♍ 38	28 ♒ 24	11 ♌ 16	6 ♋ 59	24 ♓	21 ♒	28 ♎	13 ♏	2 ♈
18	24 ♐ 37	2 ♏ 28	23 ♏ 8	24 ♏ 37	3 ♐ 36	9 ♏ 27	9 ♎ 13	17 ♌ 53	11 ♍ 39	28 ♒ 25	11 ♌ 15	6 ♋ 58	24 ♓	21 ♒	29 ♎	14 ♏	2 ♈
19	25 ♐ 39	14 ♏ 18	23 ♏ 5	24 ♏ 38	4 ♐ 19	10 ♏ 35	9 ♎ 44	17 ♌ 51	11 ♍ 39	28 ♒ 27	11 ♌ 14	6 ♋ 57	24 ♓	21 ♒	29 ♎	14 ♏	2 ♈
20	26 ♐ 40	26 ♏ 5	23 ♏ 2	24 R 39	5 ♐ 8	11 ♏ 44	10 ♎ 16	17 ♌ 48	11 ♍ 40	28 ♒ 29	11 ♌ 13	6 ♋ 55	25 ♓	22 ♒	29 ♎	15 ♏	2 ♈
21	27 ♐ 41	7 ♐ 51	22 ♏ 59	24 ♏ 38	6 ♐ 2	12 ♏ 52	10 ♎ 47	17 ♌ 45	11 ♍ 40	28 ♒ 31	11 ♌ 11	6 ♋ 54	25 ♓	22 ♒	0 ♏	15 ♏	2 ♈
22	28 ♐ 42	19 ♐ 40	22 ♏ 56	24 ♏ 35	7 ♐ 1	14 ♏ 1	11 ♎ 18	17 ♌ 42	11 ♍ 40	28 ♒ 34	11 ♌ 10	6 ♋ 53	25 ♓	22 ♒	0 ♏	16 ♏	2 ♈
23	29 ♐ 43	1 ♑ 35	22 ♏ 52	24 ♏ 31	8 ♐ 3	15 ♏ 9	11 ♎ 48	17 ♌ 39	11 ♍ 40	28 ♒ 36	11 ♌ 9	6 ♋ 52	25 ♓	22 ♒	0 ♏	16 ♏	2 ♈
24	0 ♑ 44	13 ♑ 35	22 ♏ 49	24 ♏ 24	9 ♐ 8	16 ♏ 18	12 ♎ 19	17 ♌ 36	11 R 40	28 ♒ 38	11 ♌ 8	6 ♋ 50	25 ♓	23 ♒	0 ♏	17 ♏	2 ♈
25	1 ♑ 45	25 ♑ 44	22 ♏ 46	24 ♏ 17	10 ♐ 17	17 ♏ 27	12 ♎ 50	17 ♌ 32	11 ♍ 40	28 ♒ 40	11 ♌ 7	6 ♋ 49	26 ♓	23 ♒	1 ♏	17 ♏	2 ♈
26	2 ♑ 47	8 ♒ 3	22 ♏ 43	24 ♏ 10	11 ♐ 27	18 ♏ 36	13 ♎ 20	17 ♌ 28	11 ♍ 40	28 ♒ 42	11 ♌ 6	6 ♋ 48	26 ♓	23 ♒	1 ♏	18 ♏	2 ♈
27	3 ♑ 48	20 ♒ 32	22 ♏ 40	24 ♏ 3	12 ♐ 41	19 ♏ 46	13 ♎ 50	17 ♌ 24	11 ♍ 40	28 ♒ 45	11 ♌ 4	6 ♋ 47	26 ♓	24 ♒	1 ♏	18 ♏	2 ♈
28	4 ♑ 49	3 ♓ 14	22 ♏ 37	23 ♏ 57	13 ♐ 56	20 ♏ 55	14 ♎ 20	17 ♌ 20	11 ♍ 39	28 ♒ 47	11 ♌ 3	6 ♋ 46	26 ♓	24 ♒	2 ♏	19 ♏	2 ♈
29	5 ♑ 50	16 ♓ 10	22 ♏ 33	23 ♏ 53	15 ♐ 12	22 ♏ 5	14 ♎ 50	17 ♌ 16	11 ♍ 39	28 ♒ 49	11 ♌ 2	6 ♋ 44	27 ♓	24 ♒	2 ♏	19 ♏	2 ♈
30	6 ♑ 51	29 ♓ 23	22 ♏ 30	23 ♏ 52	16 ♐ 31	23 ♏ 15	15 ♎ 20	17 ♌ 11	11 ♍ 38	28 ♒ 52	11 ♌ 0	6 ♋ 43	27 ♓	24 ♒	2 ♏	20 ♏	2 ♈
31	7 ♑ 52	12 ♈ 55	22 ♏ 27	23 D 51	17 ♐ 51	24 ♏ 25	15 ♎ 49	17 ♌ 6	11 ♍ 37	28 ♒ 54	10 ♌ 59	6 ♋ 42	27 ♓	25 ♒	2 ♏	20 ♏	2 ♈

SUN INGRESS	☉ → ♑ 23日 06:27
MOON PHASE	◐ 1日 01:47 ♓ ○ 7日 19:03 ♊ ◑ 14日 15:02 ♍ ● 22日 19:55 ♐ ◐ 30日 14:25 ♈

aspects		
2日	02:11	☿△♆
2日	05:54	☿□♄
3日	08:19	☉☌☿
4日	22:26	☉□♄
5日	00:21	☉△♆
7日	19:46	♀△♅
8日	02:56	☿⚹♂
11日	13:34	☉△♃
13日	21:01	♂□♇
15日	19:50	♀△♇
19日	13:14	♀□♆
19日	22:34	♀⚹♄
21日	18:31	♂⚹♆
21日	20:35	☉⚹♅
25日	01:32	♀□♃
25日	16:47	☿△♆
26日	04:10	☿□♄
28日	12:41	☿⚹♂
29日	20:55	☉☍♇
30日	11:28	☿△♃

1920年1月

DAY	☉	☽	☊ mean	☊ true	☿	♀	♂	♃	♄	♅	♆	♇	⚳	⚴	⚵	⚶	⚷
1	8 ♑ 53	26 ♈ 47	22 ♏ 24	23 D 52	19 D 12	25 D 35	16 D 19	17 R 2	11 R 37	28 D 57	10 R 58	6 R 41	27 D	25 D	3 D	21 D	2 D
2	9 ♑ 55	11 ♉ 0	22 ♏ 21	23 ♏ 54	20 ♐ 34	26 ♏ 45	16 ♎ 48	16 ♌ 56	11 ♍ 36	28 ♒ 59	10 ♌ 56	6 ♋ 39	28 ♓	25 ♒	3 ♏	21 ♏	2 ♈
3	10 ♑ 56	25 ♉ 34	22 ♏ 17	23 R 54	21 ♐ 57	27 ♏ 55	17 ♎ 17	16 ♌ 51	11 ♍ 34	29 ♒ 2	10 ♌ 55	6 ♋ 38	28 ♓	26 ♒	3 ♏	22 ♏	2 ♈
4	11 ♑ 57	10 ♊ 23	22 ♏ 14	23 ♏ 53	23 ♐ 21	29 ♏ 6	17 ♎ 46	16 ♌ 46	11 ♍ 33	29 ♒ 4	10 ♌ 53	6 ♋ 37	28 ♓	26 ♒	3 ♏	22 ♏	2 ♈
5	12 ♑ 58	25 ♊ 24	22 ♏ 11	23 ♏ 50	24 ♐ 46	0 ♐ 16	18 ♎ 15	16 ♌ 41	11 ♍ 32	29 ♒ 7	10 ♌ 52	6 ♋ 36	28 ♓	26 ♒	4 ♏	23 ♏	2 ♈
6	13 ♑ 59	10 ♋ 27	22 ♏ 8	23 ♏ 44	26 ♐ 12	1 ♐ 27	18 ♎ 44	16 ♌ 35	11 ♍ 31	29 ♒ 10	10 ♌ 51	6 ♋ 35	29 ♓	26 ♒	4 ♏	23 ♏	2 ♈
7	15 ♑ 0	25 ♋ 23	22 ♏ 5	23 ♏ 36	27 ♐ 38	2 ♐ 38	19 ♎ 12	16 ♌ 29	11 ♍ 29	29 ♒ 12	10 ♌ 49	6 ♋ 33	29 ♓	27 ♒	4 ♏	24 ♏	2 ♈
8	16 ♑ 1	10 ♌ 2	22 ♏ 2	23 ♏ 28	29 ♐ 5	3 ♐ 48	19 ♎ 40	16 ♌ 23	11 ♍ 27	29 ♒ 15	10 ♌ 48	6 ♋ 32	29 ♓	27 ♒	4 ♏	24 ♏	2 ♈
9	17 ♑ 3	24 ♌ 19	21 ♏ 58	23 ♏ 19	0 ♑ 33	4 ♐ 59	20 ♎ 8	16 ♌ 17	11 ♍ 26	29 ♒ 18	10 ♌ 46	6 ♋ 31	29 ♓	27 ♒	5 ♏	25 ♏	2 ♈
10	18 ♑ 4	8 ♍ 8	21 ♏ 55	23 ♏ 11	2 ♑ 1	6 ♐ 11	20 ♎ 36	16 ♌ 11	11 ♍ 24	29 ♒ 20	10 ♌ 45	6 ♋ 30	0 ♈	28 ♒	5 ♏	25 ♏	2 ♈
11	19 ♑ 5	21 ♍ 28	21 ♏ 52	23 ♏ 5	3 ♑ 30	7 ♐ 22	21 ♎ 4	16 ♌ 5	11 ♍ 22	29 ♒ 23	10 ♌ 43	6 ♋ 29	0 ♈	28 ♒	5 ♏	26 ♏	2 ♈
12	20 ♑ 6	4 ♎ 21	21 ♏ 49	23 ♏ 2	4 ♑ 59	8 ♐ 33	21 ♎ 32	15 ♌ 58	11 ♍ 20	29 ♒ 26	10 ♌ 42	6 ♋ 27	0 ♈	28 ♒	5 ♏	26 ♏	2 ♈
13	21 ♑ 7	16 ♎ 50	21 ♏ 46	23 ♏ 0	6 ♑ 29	9 ♐ 44	21 ♎ 59	15 ♌ 51	11 ♍ 18	29 ♒ 29	10 ♌ 40	6 ♋ 26	0 ♈	28 ♒	5 ♏	27 ♏	2 ♈
14	22 ♑ 8	29 ♎ 1	21 ♏ 43	23 D 0	8 ♑ 0	10 ♐ 56	22 ♎ 26	15 ♌ 45	11 ♍ 16	29 ♒ 32	10 ♌ 38	6 ♋ 25	1 ♈	29 ♒	6 ♏	27 ♏	2 ♈
15	23 ♑ 9	10 ♏ 58	21 ♏ 39	23 ♏ 1	9 ♑ 31	12 ♐ 7	22 ♎ 53	15 ♌ 38	11 ♍ 13	29 ♒ 35	10 ♌ 37	6 ♋ 24	1 ♈	29 ♒	6 ♏	28 ♏	2 ♈
16	24 ♑ 10	22 ♏ 46	21 ♏ 36	23 ♏ 2	11 ♑ 3	13 ♐ 19	23 ♎ 19	15 ♌ 31	11 ♍ 11	29 ♒ 38	10 ♌ 35	6 ♋ 23	1 ♈	29 ♒	6 ♏	28 ♏	2 ♈
17	25 ♑ 12	4 ♐ 32	21 ♏ 33	23 R 1	12 ♑ 35	14 ♐ 31	23 ♎ 46	15 ♌ 24	11 ♍ 8	29 ♒ 41	10 ♌ 34	6 ♋ 21	2 ♈	0 ♓	6 ♏	29 ♏	2 ♈
18	26 ♑ 13	16 ♐ 20	21 ♏ 30	22 ♏ 58	14 ♑ 7	15 ♐ 42	24 ♎ 12	15 ♌ 17	11 ♍ 6	29 ♒ 44	10 ♌ 32	6 ♋ 20	2 ♈	0 ♓	6 ♏	29 ♏	2 ♈
19	27 ♑ 14	28 ♐ 13	21 ♏ 27	22 ♏ 52	15 ♑ 40	16 ♐ 54	24 ♎ 38	15 ♌ 10	11 ♍ 3	29 ♒ 47	10 ♌ 30	6 ♋ 19	2 ♈	0 ♓	7 ♏	29 ♏	3 ♈
20	28 ♑ 15	10 ♑ 15	21 ♏ 23	22 ♏ 44	17 ♑ 14	18 ♐ 6	25 ♎ 4	15 ♌ 2	11 ♍ 0	29 ♒ 50	10 ♌ 29	6 ♋ 18	3 ♈	1 ♓	7 ♏	0 ♐	3 ♈
21	29 ♑ 16	22 ♑ 27	21 ♏ 20	22 ♏ 33	18 ♑ 48	19 ♐ 18	25 ♎ 29	14 ♌ 55	10 ♍ 57	29 ♒ 53	10 ♌ 27	6 ♋ 17	3 ♈	1 ♓	7 ♏	0 ♐	3 ♈
22	0 ♒ 17	4 ♒ 50	21 ♏ 17	22 ♏ 21	20 ♑ 23	20 ♐ 30	25 ♎ 54	14 ♌ 47	10 ♍ 54	29 ♒ 56	10 ♌ 25	6 ♋ 16	3 ♈	1 ♓	7 ♏	1 ♐	3 ♈
23	1 ♒ 18	17 ♒ 26	21 ♏ 14	22 ♏ 7	21 ♑ 59	21 ♐ 42	26 ♎ 19	14 ♌ 40	10 ♍ 51	29 ♒ 59	10 ♌ 24	6 ♋ 15	3 ♈	2 ♓	7 ♏	1 ♐	3 ♈
24	2 ♒ 19	0 ♓ 13	21 ♏ 11	21 ♏ 55	23 ♑ 35	22 ♐ 55	26 ♎ 44	14 ♌ 32	10 ♍ 48	0 ♓ 2	10 ♌ 22	6 ♋ 14	4 ♈	2 ♓	8 ♏	2 ♐	3 ♈
25	3 ♒ 20	13 ♓ 12	21 ♏ 8	21 ♏ 44	25 ♑ 11	24 ♐ 7	27 ♎ 9	14 ♌ 24	10 ♍ 45	0 ♓ 5	10 ♌ 20	6 ♋ 13	4 ♈	2 ♓	8 ♏	2 ♐	3 ♈
26	4 ♒ 21	26 ♓ 22	21 ♏ 4	21 ♏ 36	26 ♑ 48	25 ♐ 19	27 ♎ 33	14 ♌ 17	10 ♍ 42	0 ♓ 9	10 ♌ 19	6 ♋ 11	4 ♈	2 ♓	8 ♏	3 ♐	3 ♈
27	5 ♒ 22	9 ♈ 44	21 ♏ 1	21 ♏ 31	28 ♑ 26	26 ♐ 32	27 ♎ 57	14 ♌ 9	10 ♍ 38	0 ♓ 12	10 ♌ 17	6 ♋ 10	5 ♈	3 ♓	8 ♏	3 ♐	3 ♈
28	6 ♒ 23	23 ♈ 18	20 ♏ 58	21 ♏ 28	0 ♒ 4	27 ♐ 44	28 ♎ 20	14 ♌ 1	10 ♍ 35	0 ♓ 15	10 ♌ 15	6 ♋ 9	5 ♈	3 ♓	8 ♏	4 ♐	3 ♈
29	7 ♒ 24	7 ♉ 4	20 ♏ 55	21 ♏ 28	1 ♒ 43	28 ♐ 56	28 ♎ 44	13 ♌ 53	10 ♍ 31	0 ♓ 18	10 ♌ 14	6 ♋ 8	5 ♈	3 ♓	8 ♏	4 ♐	3 ♈
30	8 ♒ 25	21 ♉ 4	20 ♏ 52	21 D 28	3 ♒ 23	0 ♑ 9	29 ♎ 7	13 ♌ 45	10 ♍ 27	0 ♓ 21	10 ♌ 12	6 ♋ 7	6 ♈	4 ♓	9 ♏	5 ♐	3 ♈
31	9 ♒ 26	5 ♊ 18	20 ♏ 49	21 R 27	5 ♒ 4	1 ♑ 21	29 ♎ 29	13 ♌ 37	10 ♍ 24	0 ♓ 25	10 ♌ 10	6 ♋ 6	6 ♈	4 ♓	9 ♏	5 ♐	3 ♈

SUN INGRESS: ☉ → ♒ 21日 17:04

MOON PHASE: ○ 6日 06:05 ♋　◑ 13日 09:08 ♎　● 21日 14:27 ♑　◐ 29日 00:38 ♉

aspects		
2日	05:47	♂⚹♃
3日	14:54	☉△♄
3日	23:30	♀□♅
8日	02:47	☿⚹♅
12日	23:09	☿☍♇
13日	18:17	♀△♆
14日	06:26	♀□♄
14日	12:23	☉□♂
16日	02:07	☿△♄
17日	16:11	♀△♃
26日	14:31	☿□♂
28日	17:47	♀⚹♂
30日	04:22	♀⚹♅
31日	16:55	☉☍♆

1920年2月

DAY	☉	☽	☊ mean	☊ true	☿	♀	♂	♃	♄	♅	♆	♇	⚳	⚴	⚵	⚶	⚷
1	10 ♒ 27	19 ♊ 44	20 ♏ 45	21 R 25	6 D 45	2 D 34	29 D 52	13 R 29	10 R 20	0 D 28	10 R 9	6 R 5	6 D	4 D	9 D	5 D	3 D
2	11 ♒ 28	4 ♋ 19	20 ♏ 42	21 ♏ 20	8 ♒ 26	3 ♑ 47	0 ♏ 14	13 ♌ 21	10 ♍ 16	0 ♓ 31	10 ♌ 7	6 ♋ 4	7 ♈	5 ♓	9 ♏	6 ♐	3 ♈
3	12 ♒ 29	18 ♋ 58	20 ♏ 39	21 ♏ 12	10 ♒ 9	4 ♑ 59	0 ♏ 36	13 ♌ 13	10 ♍ 12	0 ♓ 35	10 ♌ 5	6 ♋ 3	7 ♈	5 ♓	9 ♏	6 ♐	3 ♈
4	13 ♒ 30	3 ♌ 35	20 ♏ 36	21 ♏ 1	11 ♒ 52	6 ♑ 12	0 ♏ 57	13 ♌ 5	10 ♍ 8	0 ♓ 38	10 ♌ 4	6 ♋ 2	7 ♈	5 ♓	9 ♏	7 ♐	3 ♈
5	14 ♒ 31	18 ♌ 0	20 ♏ 33	20 ♏ 49	13 ♒ 36	7 ♑ 25	1 ♏ 18	12 ♌ 57	10 ♍ 4	0 ♓ 41	10 ♌ 2	6 ♋ 2	8 ♈	6 ♓	9 ♏	7 ♐	3 ♈
6	15 ♒ 31	2 ♍ 9	20 ♏ 29	20 ♏ 36	15 ♒ 21	8 ♑ 38	1 ♏ 39	12 ♌ 49	10 ♍ 0	0 ♓ 45	10 ♌ 0	6 ♋ 1	8 ♈	6 ♓	9 ♏	8 ♐	3 ♈
7	16 ♒ 32	15 ♍ 55	20 ♏ 26	20 ♏ 25	17 ♒ 6	9 ♑ 50	2 ♏ 0	12 ♌ 41	9 ♍ 56	0 ♓ 48	9 ♌ 59	6 ♋ 0	8 ♈	6 ♓	10 ♏	8 ♐	3 ♈
8	17 ♒ 33	29 ♍ 16	20 ♏ 23	20 ♏ 16	18 ♒ 52	11 ♑ 3	2 ♏ 20	12 ♌ 33	9 ♍ 52	0 ♓ 51	9 ♌ 57	5 ♋ 59	9 ♈	7 ♓	10 ♏	9 ♐	3 ♈
9	18 ♒ 34	12 ♎ 12	20 ♏ 20	20 ♏ 9	20 ♒ 39	12 ♑ 16	2 ♏ 40	12 ♌ 26	9 ♍ 47	0 ♓ 55	9 ♌ 55	5 ♋ 58	9 ♈	7 ♓	10 ♏	9 ♐	3 ♈
10	19 ♒ 34	24 ♎ 45	20 ♏ 17	20 ♏ 5	22 ♒ 27	13 ♑ 29	2 ♏ 59	12 ♌ 18	9 ♍ 43	0 ♓ 58	9 ♌ 54	5 ♋ 57	9 ♈	7 ♓	10 ♏	9 ♐	3 ♈
11	20 ♒ 35	6 ♏ 59	20 ♏ 14	20 ♏ 3	24 ♒ 15	14 ♑ 42	3 ♏ 18	12 ♌ 10	9 ♍ 39	1 ♓ 2	9 ♌ 52	5 ♋ 56	10 ♈	8 ♓	10 ♏	10 ♐	3 ♈
12	21 ♒ 36	18 ♏ 58	20 ♏ 10	20 ♏ 3	26 ♒ 3	15 ♑ 55	3 ♏ 36	12 ♌ 2	9 ♍ 34	1 ♓ 5	9 ♌ 50	5 ♋ 55	10 ♈	8 ♓	10 ♏	10 ♐	3 ♈
13	22 ♒ 36	0 ♐ 48	20 ♏ 7	20 ♏ 3	27 ♒ 53	17 ♑ 8	3 ♏ 55	11 ♌ 54	9 ♍ 30	1 ♓ 8	9 ♌ 49	5 ♋ 55	10 ♈	8 ♓	10 ♏	11 ♐	3 ♈
14	23 ♒ 37	12 ♐ 36	20 ♏ 4	20 ♏ 2	29 ♒ 43	18 ♑ 21	4 ♏ 12	11 ♌ 47	9 ♍ 25	1 ♓ 12	9 ♌ 47	5 ♋ 54	11 ♈	9 ♓	10 ♏	11 ♐	4 ♈
15	24 ♒ 38	24 ♐ 25	20 ♏ 1	19 ♏ 59	1 ♓ 33	19 ♑ 34	4 ♏ 30	11 ♌ 39	9 ♍ 21	1 ♓ 15	9 ♌ 45	5 ♋ 53	11 ♈	9 ♓	10 ♏	12 ♐	4 ♈
16	25 ♒ 38	6 ♑ 22	19 ♏ 58	19 ♏ 53	3 ♓ 23	20 ♑ 48	4 ♏ 47	11 ♌ 31	9 ♍ 16	1 ♓ 19	9 ♌ 44	5 ♋ 52	11 ♈	9 ♓	10 ♏	12 ♐	4 ♈
17	26 ♒ 39	18 ♑ 30	19 ♏ 54	19 ♏ 45	5 ♓ 14	22 ♑ 1	5 ♏ 3	11 ♌ 24	9 ♍ 12	1 ♓ 22	9 ♌ 42	5 ♋ 52	12 ♈	10 ♓	11 ♏	12 ♐	4 ♈
18	27 ♒ 40	0 ♒ 52	19 ♏ 51	19 ♏ 34	7 ♓ 4	23 ♑ 14	5 ♏ 19	11 ♌ 16	9 ♍ 7	1 ♓ 26	9 ♌ 40	5 ♋ 51	12 ♈	10 ♓	11 ♏	13 ♐	4 ♈
19	28 ♒ 40	13 ♒ 29	19 ♏ 48	19 ♏ 21	8 ♓ 55	24 ♑ 27	5 ♏ 35	11 ♌ 9	9 ♍ 2	1 ♓ 29	9 ♌ 39	5 ♋ 50	13 ♈	10 ♓	11 ♏	13 ♐	4 ♈
20	29 ♒ 41	26 ♒ 23	19 ♏ 45	19 ♏ 7	10 ♓ 45	25 ♑ 41	5 ♏ 50	11 ♌ 2	8 ♍ 58	1 ♓ 33	9 ♌ 37	5 ♋ 50	13 ♈	10 ♓	11 ♏	14 ♐	4 ♈
21	0 ♓ 41	9 ♓ 31	19 ♏ 42	18 ♏ 54	12 ♓ 34	26 ♑ 54	6 ♏ 5	10 ♌ 55	8 ♍ 53	1 ♓ 36	9 ♌ 36	5 ♋ 49	13 ♈	11 ♓	11 ♏	14 ♐	4 ♈
22	1 ♓ 42	22 ♓ 54	19 ♏ 39	18 ♏ 43	14 ♓ 22	28 ♑ 7	6 ♏ 19	10 ♌ 47	8 ♍ 48	1 ♓ 39	9 ♌ 34	5 ♋ 48	14 ♈	11 ♓	11 ♏	14 ♐	4 ♈
23	2 ♓ 42	6 ♈ 27	19 ♏ 35	18 ♏ 34	16 ♓ 9	29 ♑ 20	6 ♏ 32	10 ♌ 41	8 ♍ 43	1 ♓ 43	9 ♌ 33	5 ♋ 48	14 ♈	12 ♓	11 ♏	15 ♐	4 ♈
24	3 ♓ 42	20 ♈ 9	19 ♏ 32	18 ♏ 28	17 ♓ 54	0 ♒ 34	6 ♏ 46	10 ♌ 34	8 ♍ 38	1 ♓ 46	9 ♌ 31	5 ♋ 47	14 ♈	12 ♓	11 ♏	15 ♐	4 ♈
25	4 ♓ 43	3 ♉ 59	19 ♏ 29	18 ♏ 25	19 ♓ 36	1 ♒ 47	6 ♏ 58	10 ♌ 27	8 ♍ 34	1 ♓ 50	9 ♌ 30	5 ♋ 47	15 ♈	12 ♓	11 ♏	16 ♐	4 ♈
26	5 ♓ 43	17 ♉ 55	19 ♏ 26	18 ♏ 25	21 ♓ 16	3 ♒ 0	7 ♏ 10	10 ♌ 20	8 ♍ 29	1 ♓ 53	9 ♌ 28	5 ♋ 46	15 ♈	13 ♓	11 ♏	16 ♐	4 ♈
27	6 ♓ 44	1 ♊ 55	19 ♏ 23	18 D 25	22 ♓ 53	4 ♒ 14	7 ♏ 22	10 ♌ 14	8 ♍ 24	1 ♓ 57	9 ♌ 27	5 ♋ 46	15 ♈	13 ♓	11 ♏	16 ♐	4 ♈
28	7 ♓ 44	16 ♊ 1	19 ♏ 20	18 R 25	24 ♓ 26	5 ♒ 27	7 ♏ 33	10 ♌ 7	8 ♍ 19	2 ♓ 0	9 ♌ 25	5 ♋ 45	16 ♈	13 ♓	11 ♏	17 ♐	4 ♈
29	8 ♓ 44	0 ♋ 11	19 ♏ 16	18 ♏ 23	25 ♓ 54	6 ♒ 41	7 ♏ 43	10 ♌ 1	8 ♍ 14	2 ♓ 4	9 ♌ 24	5 ♋ 45	16 ♈	14 ♓	11 R	17 ♐	4 ♈

SUN INGRESS: ☉ → ♓ 20日 07:29

MOON PHASE: ○ 4日 17:42 ♌　◑ 12日 05:49 ♏　● 20日 06:34 ♒　◐ 27日 08:49 ♊

aspects		
2日	22:33	♂△♅
2日	23:10	☿☍♆
3日	15:30	☉☍♃
3日	20:54	♀☍♇
4日	15:43	☿☍♃
6日	05:46	☉☌☿
7日	01:42	♀△♄
14日	20:05	☿☌♅
16日	21:18	☿△♂
17日	08:09	☿△♇
19日	01:33	☿☍♄
19日	23:21	♂△♇
21日	23:06	☉☌♅
26日	01:06	☉△♇
27日	18:39	☉△♂
28日	13:04	☉☍♄
29日	23:37	♀□♂

1920年3月

DAY	☉	☽	☊ mean	☊ true	☿	♀	♂	♃	♄	♅	♆	♇	⚳	⚴	⚵	⚶	⚷
	° ′	° ′	° ′	° ′	° ′	° ′	° ′	° ′	° ′	° ′	° ′	° ′	°	°	°	°	°
1	9♓44	14♋23	19♏13	18 R 19	27 D 18	7 D 54	7 D 53	9 R 55	8 R 10	2 D 7	9 R 22	5 R 44	17 D	14 D	11 R	18 D	4 D
2	10♓44	28♋35	19♏10	18♏12	28♓35	9♒8	8♏2	9♌49	8♍5	2♓11	9♌21	5♋44	17♈	14♓	11♏	18♐	4♈
3	11♓45	12♌43	19♏7	18♏3	29♓47	10♒21	8♏11	9♌43	8♍0	2♓14	9♌20	5♋43	17♈	15♓	11♏	18♐	4♈
4	12♓45	26♌43	19♏4	17♏52	0♈52	11♒34	8♏19	9♌38	7♍55	2♓17	9♌18	5♋43	18♈	15♓	11♏	19♐	4♈
5	13♓45	10♍29	19♏0	17♏41	1♈49	12♒48	8♏27	9♌32	7♍50	2♓21	9♌17	5♋42	18♈	15♓	11♏	19♐	5♈
6	14♓45	23♍59	18♏57	17♏31	2♈39	14♒1	8♏34	9♌27	7♍46	2♓24	9♌16	5♋42	18♈	16♓	11♏	19♐	5♈
7	15♓45	7♎9	18♏54	17♏22	3♈21	15♒15	8♏40	9♌21	7♍41	2♓28	9♌14	5♋42	18♈	16♓	11♏	20♐	5♈
8	16♓45	19♎59	18♏51	17♏16	3♈54	16♒28	8♏45	9♌16	7♍36	2♓31	9♌13	5♋42	19♈	16♓	11♏	20♐	5♈
9	17♓45	2♏29	18♏48	17♏13	4♈18	17♒42	8♏50	9♌11	7♍31	2♓34	9♌12	5♋41	19♈	17♓	11♏	21♐	5♈
10	18♓45	14♏43	18♏45	17♏12	4♈34	18♒56	8♏55	9♌7	7♍27	2♓38	9♌11	5♋41	20♈	17♓	11♏	21♐	5♈
11	19♓45	26♏43	18♏41	17 D 12	4♈40	20♒9	8♏58	9♌2	7♍22	2♓41	9♌9	5♋41	20♈	17♓	11♏	21♐	5♈
12	20♓45	8♐36	18♏38	17♏13	4 R 38	21♒23	9♏1	8♌58	7♍18	2♓44	9♌8	5♋41	21♈	18♓	10♏	22♐	5♈
13	21♓44	20♐25	18♏35	17♏14	4♈27	22♒36	9♏3	8♌53	7♍13	2♓48	9♌7	5♋40	21♈	18♓	10♏	22♐	5♈
14	22♓44	2♑16	18♏32	17 R 13	4♈8	23♒50	9♏5	8♌49	7♍8	2♓51	9♌6	5♋40	21♈	18♓	10♏	22♐	5♈
15	23♓44	14♑14	18♏29	17♏11	3♈42	25♒3	9♏5	8♌45	7♍4	2♓54	9♌5	5♋40	22♈	19♓	10♏	23♐	5♈
16	24♓44	26♑25	18♏26	17♏6	3♈8	26♒17	9 R 5	8♌42	6♍59	2♓58	9♌4	5♋40	22♈	19♓	10♏	23♐	5♈
17	25♓44	8♒51	18♏22	17♏0	2♈29	27♒31	9♏5	8♌38	6♍55	3♓1	9♌3	5♋40	23♈	19♓	10♏	23♐	5♈
18	26♓43	21♒37	18♏19	16♏52	1♈44	28♒44	9♏3	8♌35	6♍51	3♓4	9♌2	5♋40	23♈	20♓	10♏	24♐	5♈
19	27♓43	4♓43	18♏16	16♏43	0♈55	29♒58	9♏1	8♌31	6♍46	3♓7	9♌1	5♋40	23♈	20♓	10♏	24♐	5♈
20	28♓43	18♓9	18♏13	16♏34	0♈3	1♓12	8♏58	8♌28	6♍42	3♓10	9♌0	5♋40	24♈	20♓	10♏	24♐	5♈
21	29♓42	1♈53	18♏10	16♏27	29♓9	2♓25	8♏54	8♌26	6♍38	3♓14	8♌59	5 D 40	24♈	21♓	10♏	24♐	6♈
22	0♈42	15♈52	18♏6	16♏21	28♓14	3♓39	8♏50	8♌23	6♍33	3♓17	8♌58	5♋40	25♈	21♓	9♏	25♐	6♈
23	1♈41	0♉1	18♏3	16♏18	27♓20	4♓52	8♏44	8♌20	6♍29	3♓20	8♌57	5♋40	25♈	21♓	9♏	25♐	6♈
24	2♈41	14♉16	18♏0	16♏17	26♓28	6♓6	8♏38	8♌18	6♍25	3♓23	8♌56	5♋40	25♈	22♓	9♏	25♐	6♈
25	3♈40	28♉33	17♏57	16 D 17	25♓38	7♓20	8♏31	8♌16	6♍21	3♓26	8♌55	5♋40	26♈	22♓	9♏	26♐	6♈
26	4♈40	12♊49	17♏54	16♏19	24♓52	8♓33	8♏24	8♌14	6♍17	3♓29	8♌54	5♋40	26♈	23♓	9♏	26♐	6♈
27	5♈39	27♊2	17♏51	16♏20	24♓9	9♓47	8♏15	8♌12	6♍13	3♓32	8♌54	5♋40	27♈	23♓	9♏	26♐	6♈
28	6♈38	11♋9	17♏47	16 R 20	23♓31	11♓1	8♏6	8♌11	6♍10	3♓35	8♌53	5♋40	27♈	23♓	9♏	27♐	6♈
29	7♈38	25♋9	17♏44	16♏19	22♓59	12♓14	7♏56	8♌10	6♍6	3♓38	8♌52	5♋41	27♈	24♓	8♏	27♐	6♈
30	8♈37	9♌2	17♏41	16♏16	22♓31	13♓28	7♏45	8♌9	6♍2	3♓41	8♌51	5♋41	28♈	24♓	8♏	27♐	6♈
31	9♈36	22♌45	17♏38	16♏11	22♓10	14♓42	7♏34	8♌8	5♍59	3♓44	8♌51	5♋41	28♈	24♓	8♏	27♐	6♈

SUN INGRESS: ☉→♈ 21日 06:59

MOON PHASE: ○ 5日 06:12 ♍ ◑ 13日 02:57 ♐ ● 20日 19:55 ♓ ◐ 27日 15:45 ♋

aspects

2日	04:16	♂⚹♄
2日	04:19	♀☍♆
2日	12:34	♀☍♃
8日	20:57	♃☌♆
11日	12:21	♂□♃
14日	15:13	♂□♆
19日	04:03	♂□♆
20日	16:58	☉☌☿
21日	16:30	♀☌♅
23日	15:25	♀△♇
24日	05:55	♀☍♄
25日	21:06	♀△♂
27日	00:28	☉□♇
27日	08:45	♂□♃
29日	12:40	☉△♃
30日	05:45	☉△♆

1920年4月

DAY	☉	☽	☊ mean	☊ true	☿	♀	♂	♃	♄	♅	♆	♇	⚳	⚴	⚵	⚶	⚷
	° ′	° ′	° ′	° ′	° ′	° ′	° ′	° ′	° ′	° ′	° ′	° ′	°	°	°	°	°
1	10♈35	6♍17	17♏35	16 R 5	21 R 54	15 D 55	7 R 22	8 R 7	5 R 55	3 D 47	8 R 50	5 D 41	28 D	25 D	8 R	28 D	6 D
2	11♈35	19♍37	17♏31	15♏59	21♓43	17♓9	7♏9	8♌6	5♍52	3♓50	8♌49	5♋42	29♈	25♓	8♏	28♐	6♈
3	12♈34	2♎42	17♏28	15♏54	21♓39	18♓23	6♏55	8♌6	5♍48	3♓53	8♌49	5♋42	29♈	25♓	8♏	28♐	6♈
4	13♈33	15♎33	17♏25	15♏50	21 D 40	19♓36	6♏41	8♌6	5♍45	3♓56	8♌48	5♋42	0♉	26♓	7♏	28♐	6♈
5	14♈32	28♎9	17♏22	15♏47	21♓46	20♓50	6♏26	8 D 6	5♍42	3♓59	8♌48	5♋43	0♉	26♓	7♏	29♐	6♈
6	15♈31	10♏30	17♏19	15♏45	21♓58	22♓3	6♏10	8♌6	5♍39	4♓2	8♌47	5♋43	0♉	26♓	7♏	29♐	6♈
7	16♈30	22♏39	17♏16	15 D 46	22♓15	23♓17	5♏54	8♌6	5♍36	4♓4	8♌47	5♋43	1♉	27♓	7♏	29♐	7♈
8	17♈29	4♐37	17♏12	15♏47	22♓36	24♓31	5♏37	8♌7	5♍33	4♓7	8♌47	5♋44	1♉	27♓	7♏	29♐	7♈
9	18♈28	16♐29	17♏9	15♏48	23♓2	25♓44	5♏20	8♌8	5♍30	4♓10	8♌46	5♋44	2♉	27♓	6♏	29♐	7♈
10	19♈27	28♐19	17♏6	15♏50	23♓33	26♓58	5♏1	8♌9	5♍27	4♓12	8♌46	5♋45	2♉	28♓	6♏	0♑	7♈
11	20♈25	10♑10	17♏3	15♏51	24♓8	28♓12	4♏43	8♌10	5♍24	4♓15	8♌46	5♋45	2♉	28♓	6♏	0♑	7♈
12	21♈24	22♑9	17♏0	15 R 52	24♓46	29♓25	4♏24	8♌11	5♍22	4♓18	8♌45	5♋46	3♉	28♓	6♏	0♑	7♈
13	22♈23	4♒19	16♏57	15♏51	25♓29	0♈39	4♏4	8♌13	5♍19	4♓20	8♌45	5♋46	3♉	29♓	6♏	0♑	7♈
14	23♈22	16♒46	16♏53	15♏50	26♓15	1♈53	3♏44	8♌14	5♍17	4♓23	8♌45	5♋47	4♉	29♓	5♏	0♑	7♈
15	24♈21	29♒32	16♏50	15♏47	27♓4	3♈6	3♏23	8♌16	5♍14	4♓25	8♌45	5♋47	4♉	29♓	5♏	0♑	7♈
16	25♈19	12♓42	16♏47	15♏44	27♓57	4♈20	3♏2	8♌18	5♍12	4♓28	8♌44	5♋48	4♉	0♈	5♏	1♑	7♈
17	26♈18	26♓16	16♏44	15♏41	28♓53	5♈34	2♏41	8♌20	5♍10	4♓30	8♌44	5♋49	5♉	0♈	5♏	1♑	7♈
18	27♈17	10♈12	16♏41	15♏39	29♓52	6♈47	2♏19	8♌23	5♍8	4♓33	8♌44	5♋49	5♉	0♈	4♏	1♑	7♈
19	28♈15	24♈29	16♏37	15♏37	0♈53	8♈1	1♏57	8♌25	5♍6	4♓35	8♌44	5♋50	6♉	1♈	4♏	1♑	7♈
20	29♈14	9♉1	16♏34	15♏36	1♈58	9♈15	1♏35	8♌28	5♍4	4♓37	8 D 44	5♋50	6♉	1♈	4♏	1♑	7♈
21	0♉13	23♉43	16♏31	15 D 36	3♈5	10♈28	1♏12	8♌31	5♍2	4♓40	8♌44	5♋51	7♉	1♈	4♏	1♑	7♈
22	1♉11	8♊26	16♏28	15♏37	4♈14	11♈42	0♏50	8♌34	5♍1	4♓42	8♌44	5♋52	7♉	2♈	4♏	1♑	7♈
23	2♉10	23♊6	16♏25	15♏38	5♈26	12♈56	0♏27	8♌38	4♍59	4♓44	8♌44	5♋53	7♉	2♈	3♏	2♑	7♈
24	3♉8	7♋36	16♏22	15♏39	6♈40	14♈9	0♏5	8♌41	4♍58	4♓46	8♌44	5♋53	8♉	2♈	3♏	2♑	7♈
25	4♉6	21♋53	16♏18	15♏40	7♈56	15♈23	29♎42	8♌45	4♍56	4♓49	8♌45	5♋54	8♉	3♈	3♏	2♑	8♈
26	5♉5	5♌55	16♏15	15 R 40	9♈15	16♈36	29♎20	8♌49	4♍55	4♓51	8♌45	5♋55	9♉	3♈	3♏	2♑	8♈
27	6♉3	19♌40	16♏12	15♏40	10♈36	17♈50	28♎57	8♌53	4♍54	4♓53	8♌45	5♋56	9♉	3♈	2♏	2♑	8♈
28	7♉2	3♍8	16♏9	15♏39	11♈59	19♈4	28♎35	8♌57	4♍53	4♓55	8♌45	5♋57	9♉	4♈	2♏	2♑	8♈
29	8♉0	16♍20	16♏6	15♏38	13♈23	20♈17	28♎13	9♌1	4♍52	4♓57	8♌46	5♋58	10♉	4♈	2♏	2♑	8♈
30	8♉58	29♍18	16♏2	15♏37	14♈50	21♈31	27♎51	9♌6	4♍51	4♓59	8♌46	5♋58	10♉	4♈	2♏	2♑	8♈

SUN INGRESS: ☉→♉ 20日 18:39

MOON PHASE: ○ 3日 19:54 ♎ ◑ 11日 22:24 ♑ ● 19日 06:43 ♈ ◐ 25日 22:27 ♌

aspects

4日	18:34	♄⚹♇
5日	21:46	☿☌♀
7日	14:57	♂△♇
8日	07:30	♂⚹♄
12日	06:15	♂△♅
17日	04:52	♀□♇
19日	08:17	♀△♃
19日	14:05	♀△♆
21日	17:43	☉☍♂
23日	08:51	☿□♇
24日	22:52	♃☌♆
25日	14:50	☿△♆
25日	15:36	☿△♃
25日	17:57	☉⚹♅
25日	20:04	☉△♄
26日	20:54	☉⚹♇
27日	09:25	♄☍♅
29日	18:56	☉□♆
30日	03:21	☉□♃

1920年5月

DAY	☉	☽	☊ mean	☊ true	☿	♀	♂	♃	♄	♅	♆	♇	⚳	⚴	⚵	⚶	⚷
	° ′	° ′	° ′	° ′	° ′	° ′	° ′	° ′	° ′	° ′	° ′	° ′	°	°	°	°	°
1	9 ♉ 56	12 ♎ 1	15 ♏ 59	15 R 37	16 D 19	22 D 44	27 R 29	9 D 10	4 R 50	5 D 1	8 D 46	5 D 59	11 D	5 D	1 R	2 D	8 D
2	10 ♉ 54	24 ♎ 31	15 ♏ 56	15 ♏ 36	17 ♈ 50	23 ♈ 58	27 ♎ 8	9 ♌ 15	4 ♍ 50	5 ♓ 3	8 ♌ 47	6 ♋ 0	11 ♉	5 ♈	1 ♏	2 ♑	8 ♈
3	11 ♉ 53	6 ♏ 50	15 ♏ 53	15 ♏ 36	19 ♈ 23	25 ♈ 12	26 ♎ 47	9 ♌ 20	4 ♍ 49	5 ♓ 4	8 ♌ 47	6 ♋ 1	11 ♉	5 ♈	1 ♏	2 ♑	8 ♈
4	12 ♉ 51	18 ♏ 59	15 ♏ 50	15 D 36	20 ♈ 58	26 ♈ 25	26 ♎ 26	9 ♌ 25	4 ♍ 49	5 ♓ 6	8 ♌ 47	6 ♋ 2	12 ♉	6 ♈	1 ♏	2 ♑	8 ♈
5	13 ♉ 49	1 ♐ 0	15 ♏ 47	15 ♏ 36	22 ♈ 34	27 ♈ 39	26 ♎ 6	9 ♌ 30	4 ♍ 49	5 ♓ 8	8 ♌ 48	6 ♋ 3	12 ♉	6 ♈	1 ♏	2 ♑	8 ♈
6	14 ♉ 47	12 ♐ 54	15 ♏ 43	15 ♏ 36	24 ♈ 13	28 ♈ 52	25 ♎ 46	9 ♌ 36	4 ♍ 48	5 ♓ 10	8 ♌ 48	6 ♋ 4	13 ♉	6 ♈	0 ♏	2 ♑	8 ♈
7	15 ♉ 45	24 ♐ 45	15 ♏ 40	15 ♏ 36	25 ♈ 53	0 ♉ 6	25 ♎ 27	9 ♌ 41	4 ♍ 48	5 ♓ 11	8 ♌ 49	6 ♋ 5	13 ♉	7 ♈	0 ♏	2 R	8 ♈
8	16 ♉ 43	6 ♑ 34	15 ♏ 37	15 ♏ 36	27 ♈ 36	1 ♉ 19	25 ♎ 9	9 ♌ 47	4 D 48	5 ♓ 13	8 ♌ 50	6 ♋ 6	13 ♉	7 ♈	0 ♏	2 ♑	8 ♈
9	17 ♉ 41	18 ♑ 27	15 ♏ 34	15 ♏ 36	29 ♈ 20	2 ♉ 33	24 ♎ 50	9 ♌ 53	4 ♍ 48	5 ♓ 14	8 ♌ 50	6 ♋ 7	14 ♉	7 ♈	0 ♏	2 ♑	8 ♈
10	18 ♉ 39	0 ♒ 25	15 ♏ 31	15 ♏ 35	1 ♉ 7	3 ♉ 47	24 ♎ 33	9 ♌ 59	4 ♍ 49	5 ♓ 16	8 ♌ 51	6 ♋ 8	14 ♉	7 ♈	0 ♏	2 ♑	8 ♈
11	19 ♉ 37	12 ♒ 35	15 ♏ 28	15 ♏ 35	2 ♉ 55	5 ♉ 0	24 ♎ 16	10 ♌ 5	4 ♍ 49	5 ♓ 17	8 ♌ 52	6 ♋ 9	15 ♉	8 ♈	29 ♎	2 ♑	8 ♈
12	20 ♉ 35	24 ♒ 59	15 ♏ 24	15 D 35	4 ♉ 45	6 ♉ 14	24 ♎ 0	10 ♌ 12	4 ♍ 49	5 ♓ 19	8 ♌ 52	6 ♋ 10	15 ♉	8 ♈	29 ♎	2 ♑	8 ♈
13	21 ♉ 33	7 ♓ 42	15 ♏ 21	15 ♏ 36	6 ♉ 37	7 ♉ 27	23 ♎ 44	10 ♌ 18	4 ♍ 50	5 ♓ 20	8 ♌ 53	6 ♋ 11	15 ♉	8 ♈	29 ♎	2 ♑	8 ♈
14	22 ♉ 31	20 ♓ 48	15 ♏ 18	15 ♏ 36	8 ♉ 31	8 ♉ 41	23 ♎ 29	10 ♌ 25	4 ♍ 51	5 ♓ 22	8 ♌ 54	6 ♋ 13	16 ♉	9 ♈	29 ♎	2 ♑	8 ♈
15	23 ♉ 29	4 ♈ 20	15 ♏ 15	15 ♏ 37	10 ♉ 27	9 ♉ 55	23 ♎ 15	10 ♌ 31	4 ♍ 51	5 ♓ 23	8 ♌ 55	6 ♋ 14	16 ♉	9 ♈	29 ♎	2 ♑	9 ♈
16	24 ♉ 26	18 ♈ 17	15 ♏ 12	15 ♏ 37	12 ♉ 25	11 ♉ 8	23 ♎ 2	10 ♌ 38	4 ♍ 52	5 ♓ 24	8 ♌ 55	6 ♋ 15	17 ♉	9 ♈	28 ♎	2 ♑	9 ♈
17	25 ♉ 24	2 ♉ 40	15 ♏ 8	15 ♏ 38	14 ♉ 25	12 ♉ 22	22 ♎ 49	10 ♌ 45	4 ♍ 53	5 ♓ 25	8 ♌ 56	6 ♋ 16	17 ♉	10 ♈	28 ♎	2 ♑	9 ♈
18	26 ♉ 22	17 ♉ 23	15 ♏ 5	15 R 38	16 ♉ 26	13 ♉ 35	22 ♎ 37	10 ♌ 52	4 ♍ 54	5 ♓ 27	8 ♌ 57	6 ♋ 17	17 ♉	10 ♈	28 ♎	2 ♑	9 ♈
19	27 ♉ 20	2 ♊ 22	15 ♏ 2	15 ♏ 38	18 ♉ 29	14 ♉ 49	22 ♎ 26	11 ♌ 0	4 ♍ 55	5 ♓ 28	8 ♌ 58	6 ♋ 18	18 ♉	10 ♈	28 ♎	2 ♑	9 ♈
20	28 ♉ 18	17 ♊ 27	14 ♏ 59	15 ♏ 37	20 ♉ 34	16 ♉ 2	22 ♎ 15	11 ♌ 7	4 ♍ 57	5 ♓ 29	8 ♌ 59	6 ♋ 20	18 ♉	11 ♈	28 ♎	2 ♑	9 ♈
21	29 ♉ 15	2 ♋ 29	14 ♏ 56	15 ♏ 35	22 ♉ 41	17 ♉ 16	22 ♎ 6	11 ♌ 15	4 ♍ 58	5 ♓ 30	9 ♌ 0	6 ♋ 21	19 ♉	11 ♈	28 ♎	2 ♑	9 ♈
22	0 ♊ 13	17 ♋ 20	14 ♏ 53	15 ♏ 34	24 ♉ 49	18 ♉ 30	21 ♎ 57	11 ♌ 22	5 ♍ 0	5 ♓ 31	9 ♌ 1	6 ♋ 22	19 ♉	11 ♈	27 ♎	1 ♑	9 ♈
23	1 ♊ 11	1 ♌ 54	14 ♏ 49	15 ♏ 32	26 ♉ 58	19 ♉ 43	21 ♎ 49	11 ♌ 30	5 ♍ 1	5 ♓ 32	9 ♌ 2	6 ♋ 23	19 ♉	12 ♈	27 ♎	1 ♑	9 ♈
24	2 ♊ 8	16 ♌ 6	14 ♏ 46	15 ♏ 31	29 ♉ 8	20 ♉ 57	21 ♎ 42	11 ♌ 38	5 ♍ 3	5 ♓ 32	9 ♌ 3	6 ♋ 25	20 ♉	12 ♈	27 ♎	1 ♑	9 ♈
25	3 ♊ 6	29 ♌ 54	14 ♏ 43	15 ♏ 30	1 ♊ 19	22 ♉ 10	21 ♎ 36	11 ♌ 46	5 ♍ 5	5 ♓ 33	9 ♌ 4	6 ♋ 26	20 ♉	12 ♈	27 ♎	1 ♑	9 ♈
26	4 ♊ 4	13 ♍ 18	14 ♏ 40	15 D 30	3 ♊ 30	23 ♉ 24	21 ♎ 30	11 ♌ 54	5 ♍ 6	5 ♓ 34	9 ♌ 5	6 ♋ 27	21 ♉	12 ♈	27 ♎	1 ♑	9 ♈
27	5 ♊ 1	26 ♍ 20	14 ♏ 37	15 ♏ 31	5 ♊ 42	24 ♉ 37	21 ♎ 25	12 ♌ 2	5 ♍ 8	5 ♓ 35	9 ♌ 6	6 ♋ 28	21 ♉	13 ♈	27 ♎	1 ♑	9 ♈
28	5 ♊ 59	9 ♎ 4	14 ♏ 34	15 ♏ 33	7 ♊ 54	25 ♉ 51	21 ♎ 22	12 ♌ 11	5 ♍ 11	5 ♓ 36	9 ♌ 8	6 ♋ 30	22 ♉	13 ♈	27 ♎	1 ♑	9 ♈
29	6 ♊ 56	21 ♎ 32	14 ♏ 30	15 ♏ 34	10 ♊ 5	27 ♉ 5	21 ♎ 18	12 ♌ 19	5 ♍ 13	5 ♓ 36	9 ♌ 9	6 ♋ 31	22 ♉	13 ♈	26 ♎	0 ♑	9 ♈
30	7 ♊ 54	3 ♏ 47	14 ♏ 27	15 ♏ 35	12 ♊ 17	28 ♉ 18	21 ♎ 16	12 ♌ 28	5 ♍ 15	5 ♓ 37	9 ♌ 10	6 ♋ 32	22 ♉	14 ♈	26 ♎	0 ♑	9 ♈
31	8 ♊ 51	15 ♏ 52	14 ♏ 24	15 R 36	14 ♊ 27	29 ♉ 32	21 ♎ 15	12 ♌ 37	5 ♍ 17	5 ♓ 37	9 ♌ 11	6 ♋ 34	23 ♉	14 ♈	26 ♎	0 ♑	9 ♈

SUN INGRESS	☉ → ♊ 21日 18:22
MOON PHASE	○ 3日 10:47 ♏ ◑ 11日 14:51 ♒ ● 18日 15:25 ♉ ◐ 25日 06:07 ♍

aspects		
4日	00:17	♀☍♂
6日	18:47	☿☍♂
10日	20:20	♀△♄
11日	05:43	♀⚹♅
11日	22:51	♀⚹♇
12日	00:58	☿△♄
12日	07:23	☿⚹♅
12日	18:29	☿⚹♇
14日	04:12	♀□♆
14日	04:44	☿□♆
14日	05:38	☿☌♀
15日	00:54	☿□♃
15日	13:13	♀□♃
26日	10:53	☉☌☿
26日	17:49	☿□♄
26日	22:43	☿□♅
27日	03:06	☉□♄
27日	14:10	☉□♅
28日	13:35	☿⚹♆
30日	02:12	☿⚹♃
31日	08:34	☉⚹♆

1920年6月

DAY	☉	☽	☊ mean	☊ true	☿	♀	♂	♃	♄	♅	♆	♇	⚳	⚴	⚵	⚶	⚷
	° ′	° ′	° ′	° ′	° ′	° ′	° ′	° ′	° ′	° ′	° ′	° ′	°	°	°	°	°
1	9 ♊ 49	27 ♏ 50	14 ♏ 21	15 R 35	16 D 37	0 D 45	21 R 14	12 D 45	5 D 20	5 D 38	9 D 13	6 D 35	23 D	14 D	26 R	0 R	9 D
2	10 ♊ 46	9 ♐ 44	14 ♏ 18	15 ♏ 33	18 ♊ 45	1 ♊ 59	21 D 0	12 ♌ 54	5 ♍ 22	5 ♓ 38	9 ♌ 14	6 ♋ 36	24 ♉	15 ♈	26 ♎	0 ♑	9 ♈
3	11 ♊ 44	21 ♐ 34	14 ♏ 14	15 ♏ 30	20 ♊ 52	3 ♊ 12	21 ♎ 15	13 ♌ 3	5 ♍ 25	5 ♓ 39	9 ♌ 15	6 ♋ 38	24 ♉	15 ♈	26 ♎	29 ♐	9 ♈
4	12 ♊ 41	3 ♑ 24	14 ♏ 11	15 ♏ 26	22 ♊ 57	4 ♊ 26	21 ♎ 17	13 ♌ 13	5 ♍ 28	5 ♓ 39	9 ♌ 17	6 ♋ 39	24 ♉	15 ♈	26 ♎	29 ♐	9 ♈
5	13 ♊ 39	15 ♑ 16	14 ♏ 8	15 ♏ 22	25 ♊ 0	5 ♊ 39	21 ♎ 19	13 ♌ 22	5 ♍ 31	5 ♓ 39	9 ♌ 18	6 ♋ 40	25 ♉	15 ♈	26 ♎	29 ♐	9 ♈
6	14 ♊ 36	27 ♑ 11	14 ♏ 5	15 ♏ 17	27 ♊ 1	6 ♊ 53	21 ♎ 23	13 ♌ 31	5 ♍ 34	5 ♓ 39	9 ♌ 20	6 ♋ 42	25 ♉	16 ♈	26 ♎	29 ♐	9 ♈
7	15 ♊ 33	9 ♒ 12	14 ♏ 2	15 ♏ 12	29 ♊ 1	8 ♊ 7	21 ♎ 27	13 ♌ 41	5 ♍ 37	5 ♓ 40	9 ♌ 21	6 ♋ 43	26 ♉	16 ♈	26 ♎	29 ♐	9 ♈
8	16 ♊ 31	21 ♒ 23	13 ♏ 59	15 ♏ 9	0 ♋ 58	9 ♊ 20	21 ♎ 31	13 ♌ 50	5 ♍ 40	5 ♓ 40	9 ♌ 22	6 ♋ 45	26 ♉	16 ♈	25 ♎	28 ♐	9 ♈
9	17 ♊ 28	3 ♓ 47	13 ♏ 55	15 ♏ 6	2 ♋ 52	10 ♊ 34	21 ♎ 37	14 ♌ 0	5 ♍ 43	5 ♓ 40	9 ♌ 24	6 ♋ 46	26 ♉	17 ♈	25 ♎	28 ♐	9 ♈
10	18 ♊ 25	16 ♓ 27	13 ♏ 52	15 ♏ 5	4 ♋ 45	11 ♊ 47	21 ♎ 43	14 ♌ 10	5 ♍ 46	5 ♓ 40	9 ♌ 26	6 ♋ 47	27 ♉	17 ♈	25 ♎	28 ♐	9 ♈
11	19 ♊ 23	29 ♓ 28	13 ♏ 49	15 D 6	6 ♋ 35	13 ♊ 1	21 ♎ 50	14 ♌ 20	5 ♍ 50	5 R 40	9 ♌ 27	6 ♋ 49	27 ♉	17 ♈	25 ♎	28 ♐	10 ♈
12	20 ♊ 20	12 ♈ 52	13 ♏ 46	15 ♏ 7	8 ♋ 22	14 ♊ 15	21 ♎ 57	14 ♌ 30	5 ♍ 53	5 ♓ 40	9 ♌ 29	6 ♋ 50	28 ♉	17 ♈	25 ♎	27 ♐	10 ♈
13	21 ♊ 17	26 ♈ 43	13 ♏ 43	15 ♏ 8	10 ♋ 7	15 ♊ 28	22 ♎ 6	14 ♌ 40	5 ♍ 57	5 ♓ 40	9 ♌ 30	6 ♋ 52	28 ♉	18 ♈	25 ♎	27 ♐	10 ♈
14	22 ♊ 15	10 ♉ 59	13 ♏ 40	15 ♏ 9	11 ♋ 50	16 ♊ 42	22 ♎ 15	14 ♌ 50	6 ♍ 0	5 ♓ 40	9 ♌ 32	6 ♋ 53	28 ♉	18 ♈	25 ♎	27 ♐	10 ♈
15	23 ♊ 12	25 ♉ 40	13 ♏ 36	15 R 9	13 ♋ 30	17 ♊ 56	22 ♎ 24	15 ♌ 0	6 ♍ 4	5 ♓ 40	9 ♌ 33	6 ♋ 55	29 ♉	18 ♈	25 ♎	27 ♐	10 ♈
16	24 ♊ 9	10 ♊ 41	13 ♏ 33	15 ♏ 7	15 ♋ 7	19 ♊ 9	22 ♎ 34	15 ♌ 10	6 ♍ 8	5 ♓ 39	9 ♌ 35	6 ♋ 56	29 ♉	19 ♈	25 ♎	27 ♐	10 ♈
17	25 ♊ 7	25 ♊ 54	13 ♏ 30	15 ♏ 3	16 ♋ 42	20 ♊ 23	22 ♎ 45	15 ♌ 21	6 ♍ 12	5 ♓ 39	9 ♌ 37	6 ♋ 58	0 ♊	19 ♈	25 ♎	26 ♐	10 ♈
18	26 ♊ 4	11 ♋ 9	13 ♏ 27	14 ♏ 58	18 ♋ 15	21 ♊ 36	22 ♎ 57	15 ♌ 31	6 ♍ 16	5 ♓ 39	9 ♌ 39	6 ♋ 59	0 ♊	19 ♈	25 ♎	26 ♐	10 ♈
19	27 ♊ 1	26 ♋ 15	13 ♏ 24	14 ♏ 52	19 ♋ 44	22 ♊ 50	23 ♎ 9	15 ♌ 42	6 ♍ 20	5 ♓ 38	9 ♌ 40	7 ♋ 1	0 ♊	19 ♈	25 ♎	26 ♐	10 ♈
20	27 ♊ 59	11 ♌ 3	13 ♏ 20	14 ♏ 46	21 ♋ 12	24 ♊ 4	23 ♎ 22	15 ♌ 52	6 ♍ 24	5 ♓ 38	9 ♌ 42	7 ♋ 2	1 ♊	20 ♈	25 D	26 ♐	10 ♈
21	28 ♊ 56	25 ♌ 27	13 ♏ 17	14 ♏ 41	22 ♋ 36	25 ♊ 17	23 ♎ 36	16 ♌ 3	6 ♍ 28	5 ♓ 37	9 ♌ 44	7 ♋ 4	1 ♊	20 ♈	25 ♎	25 ♐	10 ♈
22	29 ♊ 53	9 ♍ 23	13 ♏ 14	14 ♏ 37	23 ♋ 58	26 ♊ 31	23 ♎ 50	16 ♌ 14	6 ♍ 33	5 ♓ 37	9 ♌ 46	7 ♋ 5	2 ♊	20 ♈	25 ♎	25 ♐	10 ♈
23	0 ♋ 50	22 ♍ 50	13 ♏ 11	14 ♏ 35	25 ♋ 17	27 ♊ 45	24 ♎ 4	16 ♌ 25	6 ♍ 37	5 ♓ 36	9 ♌ 47	7 ♋ 6	2 ♊	20 ♈	25 ♎	25 ♐	10 ♈
24	1 ♋ 48	5 ♎ 52	13 ♏ 8	14 D 35	26 ♋ 34	28 ♊ 58	24 ♎ 20	16 ♌ 36	6 ♍ 42	5 ♓ 36	9 ♌ 49	7 ♋ 8	2 ♊	21 ♈	25 ♎	25 ♐	10 ♈
25	2 ♋ 45	18 ♎ 30	13 ♏ 5	14 ♏ 36	27 ♋ 48	0 ♋ 12	24 ♎ 35	16 ♌ 47	6 ♍ 46	5 ♓ 35	9 ♌ 51	7 ♋ 9	3 ♊	21 ♈	25 ♎	24 ♐	10 ♈
26	3 ♋ 42	0 ♏ 51	13 ♏ 1	14 ♏ 37	28 ♋ 59	1 ♋ 26	24 ♎ 52	16 ♌ 58	6 ♍ 51	5 ♓ 34	9 ♌ 53	7 ♋ 11	3 ♊	21 ♈	25 ♎	24 ♐	10 ♈
27	4 ♋ 39	12 ♏ 58	12 ♏ 58	14 ♏ 38	0 ♌ 6	2 ♋ 40	25 ♎ 9	17 ♌ 9	6 ♍ 56	5 ♓ 34	9 ♌ 55	7 ♋ 12	3 ♊	21 ♈	25 ♎	24 ♐	10 ♈
28	5 ♋ 36	24 ♏ 55	12 ♏ 55	14 R 37	1 ♌ 11	3 ♋ 53	25 ♎ 26	17 ♌ 20	7 ♍ 0	5 ♓ 33	9 ♌ 57	7 ♋ 14	4 ♊	22 ♈	25 ♎	24 ♐	10 ♈
29	6 ♋ 34	6 ♐ 47	12 ♏ 52	14 ♏ 35	2 ♌ 13	5 ♋ 7	25 ♎ 44	17 ♌ 31	7 ♍ 5	5 ♓ 32	9 ♌ 59	7 ♋ 15	4 ♊	22 ♈	25 ♎	23 ♐	10 ♈
30	7 ♋ 31	18 ♐ 36	12 ♏ 49	14 ♏ 30	3 ♌ 12	6 ♋ 21	26 ♎ 2	17 ♌ 43	7 ♍ 10	5 ♓ 31	10 ♌ 0	7 ♋ 17	5 ♊	22 ♈	25 ♎	23 ♐	10 ♈

SUN INGRESS	☉ → ♋ 22日 02:40
MOON PHASE	○ 2日 02:18 ♐ ◑ 10日 03:58 ♓ ● 16日 22:41 ♊ ◐ 23日 15:49 ♎

aspects		
3日	04:32	☿△♂
4日	15:41	☉⚹♃
4日	20:59	♀□♄
4日	23:55	♀□♅
8日	00:37	♄☍♅
8日	00:45	♀⚹♆
10日	12:01	☿△♅
10日	13:49	☿⚹♄
11日	03:13	☿☌♇
12日	05:36	☿⚹♃
13日	23:52	☉△♂
19日	07:31	♀△♂
21日	20:54	☿□♂
27日	22:27	☉△♅
29日	08:02	♀△♅
29日	14:30	☉⚹♄
29日	17:59	☉☌♇
30日	17:19	♀⚹♄
30日	18:42	♀☌♇

1920年7月

DAY	☉	☽	☊ mean	☊ true	☿	♀	♂	♃	♄	♅	♆	♇	⚳	⚴	⚵	⚶	⚷
	° ′	° ′	° ′	° ′	° ′	° ′	° ′	° ′	° ′	° ′	° ′	° ′	°	°	°	°	°
1	8 ♋ 28	0 ♑ 26	12 ♏ 46	14 R 23	4 D 7	7 D 34	26 D 21	17 D 54	7 D 15	5 R 30	10 D 2	7 D 18	5 D	22 D	25 D	23 R	10 D
2	9 ♋ 25	12 ♑ 18	12 ♏ 42	14 ♏ 14	4 ♌ 59	8 ♋ 48	26 ♎ 41	18 ♌ 6	7 ♍ 20	5 ♓ 29	10 ♌ 4	7 ♋ 20	5 ♊	23 ♈	25 ♎	23 ♐	10 ♈
3	10 ♋ 22	24 ♑ 14	12 ♏ 39	14 ♏ 4	5 ♌ 48	10 ♋ 2	27 ♎ 1	18 ♌ 17	7 ♍ 25	5 ♓ 28	10 ♌ 6	7 ♋ 21	6 ♊	23 ♈	26 ♎	23 ♐	10 ♈
4	11 ♋ 20	6 ♒ 16	12 ♏ 36	13 ♏ 53	6 ♌ 33	11 ♋ 16	27 ♎ 21	18 ♌ 29	7 ♍ 31	5 ♓ 27	10 ♌ 8	7 ♋ 23	6 ♊	23 ♈	26 ♎	22 ♐	10 ♈
5	12 ♋ 17	18 ♒ 25	12 ♏ 33	13 ♏ 43	7 ♌ 14	12 ♋ 29	27 ♎ 42	18 ♌ 40	7 ♍ 36	5 ♓ 26	10 ♌ 10	7 ♋ 24	7 ♊	23 ♈	26 ♎	22 ♐	10 ♈
6	13 ♋ 14	0 ♓ 42	12 ♏ 30	13 ♏ 35	7 ♌ 52	13 ♋ 43	28 ♎ 3	18 ♌ 52	7 ♍ 41	5 ♓ 25	10 ♌ 12	7 ♋ 26	7 ♊	24 ♈	26 ♎	22 ♐	10 ♈
7	14 ♋ 11	13 ♓ 11	12 ♏ 26	13 ♏ 29	8 ♌ 25	14 ♋ 57	28 ♎ 25	19 ♌ 4	7 ♍ 47	5 ♓ 24	10 ♌ 14	7 ♋ 27	7 ♊	24 ♈	26 ♎	22 ♐	10 ♈
8	15 ♋ 8	25 ♓ 54	12 ♏ 23	13 ♏ 25	8 ♌ 55	16 ♋ 11	28 ♎ 47	19 ♌ 16	7 ♍ 52	5 ♓ 22	10 ♌ 16	7 ♋ 29	8 ♊	24 ♈	26 ♎	22 ♐	10 ♈
9	16 ♋ 5	8 ♈ 53	12 ♏ 20	13 ♏ 23	9 ♌ 20	17 ♋ 24	29 ♎ 10	19 ♌ 28	7 ♍ 58	5 ♓ 21	10 ♌ 18	7 ♋ 30	8 ♊	24 ♈	26 ♎	21 ♐	10 ♈
10	17 ♋ 3	22 ♈ 12	12 ♏ 17	13 D 23	9 ♌ 41	18 ♋ 38	29 ♎ 33	19 ♌ 40	8 ♍ 3	5 ♓ 20	10 ♌ 21	7 ♋ 32	9 ♊	24 ♈	26 ♎	21 ♐	10 ♈
11	18 ♋ 0	5 ♉ 53	12 ♏ 14	13 ♏ 23	9 ♌ 57	19 ♋ 52	29 ♎ 56	19 ♌ 52	8 ♍ 9	5 ♓ 18	10 ♌ 23	7 ♋ 33	9 ♊	25 ♈	26 ♎	21 ♐	10 ♈
12	18 ♋ 57	19 ♉ 58	12 ♏ 11	13 R 23	10 ♌ 9	21 ♋ 6	0 ♏ 20	20 ♌ 4	8 ♍ 15	5 ♓ 17	10 ♌ 25	7 ♋ 35	9 ♊	25 ♈	26 ♎	21 ♐	10 ♈
13	19 ♋ 54	4 ♊ 27	12 ♏ 7	13 ♏ 22	10 ♌ 15	22 ♋ 20	0 ♏ 44	20 ♌ 16	8 ♍ 21	5 ♓ 16	10 ♌ 27	7 ♋ 36	10 ♊	25 ♈	26 ♎	21 ♐	10 ♈
14	20 ♋ 52	19 ♊ 18	12 ♏ 4	13 ♏ 18	10 R 18	23 ♋ 33	1 ♏ 9	20 ♌ 28	8 ♍ 26	5 ♓ 14	10 ♌ 29	7 ♋ 38	10 ♊	25 ♈	27 ♎	21 ♐	10 ♈
15	21 ♋ 49	4 ♋ 23	12 ♏ 1	13 ♏ 11	10 ♌ 15	24 ♋ 47	1 ♏ 34	20 ♌ 40	8 ♍ 32	5 ♓ 13	10 ♌ 31	7 ♋ 39	10 ♊	26 ♈	27 ♎	21 ♐	10 R
16	22 ♋ 46	19 ♋ 34	11 ♏ 58	13 ♏ 3	10 ♌ 8	26 ♋ 1	2 ♏ 0	20 ♌ 52	8 ♍ 38	5 ♓ 11	10 ♌ 33	7 ♋ 41	11 ♊	26 ♈	27 ♎	20 ♐	10 ♈
17	23 ♋ 43	4 ♌ 41	11 ♏ 55	12 ♏ 53	9 ♌ 56	27 ♋ 15	2 ♏ 25	21 ♌ 5	8 ♍ 44	5 ♓ 9	10 ♌ 35	7 ♋ 42	11 ♊	26 ♈	27 ♎	20 ♐	10 ♈
18	24 ♋ 41	19 ♌ 33	11 ♏ 52	12 ♏ 43	9 ♌ 39	28 ♋ 29	2 ♏ 51	21 ♌ 17	8 ♍ 50	5 ♓ 8	10 ♌ 37	7 ♋ 43	12 ♊	26 ♈	27 ♎	20 ♐	10 ♈
19	25 ♋ 38	4 ♍ 3	11 ♏ 48	12 ♏ 34	9 ♌ 17	29 ♋ 43	3 ♏ 18	21 ♌ 29	8 ♍ 57	5 ♓ 6	10 ♌ 40	7 ♋ 45	12 ♊	26 ♈	27 ♎	20 ♐	10 ♈
20	26 ♋ 35	18 ♍ 5	11 ♏ 45	12 ♏ 27	8 ♌ 52	0 ♌ 57	3 ♏ 45	21 ♌ 42	9 ♍ 3	5 ♓ 5	10 ♌ 42	7 ♋ 46	12 ♊	26 ♈	27 ♎	20 ♐	10 ♈
21	27 ♋ 32	1 ♎ 38	11 ♏ 42	12 ♏ 22	8 ♌ 22	2 ♌ 11	4 ♏ 12	21 ♌ 54	9 ♍ 9	5 ♓ 3	10 ♌ 44	7 ♋ 48	13 ♊	27 ♈	27 ♎	20 ♐	10 ♈
22	28 ♋ 30	14 ♎ 43	11 ♏ 39	12 ♏ 20	7 ♌ 48	3 ♌ 24	4 ♏ 40	22 ♌ 7	9 ♍ 15	5 ♓ 1	10 ♌ 46	7 ♋ 49	13 ♊	27 ♈	28 ♎	20 ♐	10 ♈
23	29 ♋ 27	27 ♎ 23	11 ♏ 36	12 ♏ 19	7 ♌ 12	4 ♌ 38	5 ♏ 8	22 ♌ 19	9 ♍ 22	4 ♓ 59	10 ♌ 48	7 ♋ 51	13 ♊	27 ♈	28 ♎	20 ♐	10 ♈
24	0 ♌ 24	9 ♏ 42	11 ♏ 32	12 D 19	6 ♌ 33	5 ♌ 52	5 ♏ 36	22 ♌ 32	9 ♍ 28	4 ♓ 57	10 ♌ 51	7 ♋ 52	14 ♊	27 ♈	28 ♎	20 ♐	10 ♈
25	1 ♌ 22	21 ♏ 47	11 ♏ 29	12 R 19	5 ♌ 51	7 ♌ 6	6 ♏ 4	22 ♌ 44	9 ♍ 34	4 ♓ 56	10 ♌ 53	7 ♋ 53	14 ♊	27 ♈	28 ♎	20 ♐	10 ♈
26	2 ♌ 19	3 ♐ 42	11 ♏ 26	12 ♏ 17	5 ♌ 8	8 ♌ 20	6 ♏ 33	22 ♌ 57	9 ♍ 41	4 ♓ 54	10 ♌ 55	7 ♋ 55	15 ♊	28 ♈	28 ♎	20 ♐	10 ♈
27	3 ♌ 16	15 ♐ 32	11 ♏ 23	12 ♏ 13	4 ♌ 25	9 ♌ 34	7 ♏ 2	23 ♌ 10	9 ♍ 47	4 ♓ 52	10 ♌ 57	7 ♋ 56	15 ♊	28 ♈	28 ♎	20 ♐	10 ♈
28	4 ♌ 14	27 ♐ 21	11 ♏ 20	12 ♏ 7	3 ♌ 42	10 ♌ 48	7 ♏ 32	23 ♌ 22	9 ♍ 54	4 ♓ 50	10 ♌ 59	7 ♋ 57	15 ♊	28 ♈	29 ♎	20 ♐	10 ♈
29	5 ♌ 11	9 ♑ 12	11 ♏ 17	11 ♏ 58	2 ♌ 59	12 ♌ 2	8 ♏ 2	23 ♌ 35	10 ♍ 1	4 ♓ 48	11 ♌ 2	7 ♋ 59	16 ♊	28 ♈	29 ♎	20 ♐	10 ♈
30	6 ♌ 8	21 ♑ 9	11 ♏ 13	11 ♏ 46	2 ♌ 18	13 ♌ 16	8 ♏ 32	23 ♌ 48	10 ♍ 7	4 ♓ 46	11 ♌ 4	8 ♋ 0	16 ♊	28 ♈	29 ♎	20 ♐	10 ♈
31	7 ♌ 6	3 ♒ 13	11 ♏ 10	11 ♏ 33	1 ♌ 40	14 ♌ 30	9 ♏ 2	24 ♌ 1	10 ♍ 14	4 ♓ 44	11 ♌ 6	8 ♋ 2	16 ♊	28 ♈	29 ♎	20 D	10 ♈

SUN INGRESS	☉ → ♌ 23日 13:35
MOON PHASE	○ 1日 17:40 ♑　◑ 9日 14:05 ♈　● 16日 05:25 ♋　◐ 23日 04:20 ♎　○ 31日 08:19 ♒

aspects		
1日	21:25	♄⚹♇
4日	05:51	☉☌♀
22日	17:17	♂△♅
23日	15:19	♀□♂
24日	08:24	☿☌♀
24日	19:30	☿□♂
27日	16:21	☉☌☿
28日	03:47	♀☌♆
28日	21:38	♂△♇

1920年8月

DAY	☉	☽	☊ mean	☊ true	☿	♀	♂	♃	♄	♅	♆	♇	⚳	⚴	⚵	⚶	⚷
	° ′	° ′	° ′	° ′	° ′	° ′	° ′	° ′	° ′	° ′	° ′	° ′	°	°	°	°	°
1	8 ♌ 3	15 ♒ 25	11 ♏ 7	11 R 20	1 R 5	15 D 44	9 D 33	24 D 13	10 D 21	4 R 42	11 D 8	8 D 3	17 D	28 D	29 D	20 D	10 R
2	9 ♌ 0	27 ♒ 46	11 ♏ 4	11 ♏ 7	0 ♌ 33	16 ♌ 58	10 ♏ 4	24 ♌ 26	10 ♍ 28	4 ♓ 40	11 ♌ 10	8 ♋ 4	17 ♊	29 ♈	29 ♎	20 ♐	10 ♈
3	9 ♌ 58	10 ♓ 16	11 ♏ 1	10 ♏ 56	0 ♌ 7	18 ♌ 12	10 ♏ 35	24 ♌ 39	10 ♍ 34	4 ♓ 38	11 ♌ 13	8 ♋ 5	17 ♊	29 ♈	0 ♏	20 ♐	10 ♈
4	10 ♌ 55	22 ♓ 57	10 ♏ 58	10 ♏ 47	29 ♋ 45	19 ♌ 26	11 ♏ 6	24 ♌ 52	10 ♍ 41	4 ♓ 36	11 ♌ 15	8 ♋ 7	18 ♊	29 ♈	0 ♏	20 ♐	10 ♈
5	11 ♌ 53	5 ♈ 50	10 ♏ 54	10 ♏ 41	29 ♋ 29	20 ♌ 40	11 ♏ 38	25 ♌ 5	10 ♍ 48	4 ♓ 33	11 ♌ 17	8 ♋ 8	18 ♊	29 ♈	0 ♏	20 ♐	10 ♈
6	12 ♌ 50	18 ♈ 56	10 ♏ 51	10 ♏ 38	29 ♋ 18	21 ♌ 54	12 ♏ 10	25 ♌ 18	10 ♍ 55	4 ♓ 31	11 ♌ 19	8 ♋ 9	18 ♊	29 ♈	0 ♏	20 ♐	10 ♈
7	13 ♌ 48	2 ♉ 16	10 ♏ 48	10 ♏ 37	29 ♋ 14	23 ♌ 8	12 ♏ 42	25 ♌ 31	11 ♍ 2	4 ♓ 29	11 ♌ 22	8 ♋ 11	19 ♊	29 ♈	0 ♏	20 ♐	10 ♈
8	14 ♌ 45	15 ♉ 54	10 ♏ 45	10 ♏ 37	29 D 17	24 ♌ 22	13 ♏ 14	25 ♌ 44	11 ♍ 9	4 ♓ 27	11 ♌ 24	8 ♋ 12	19 ♊	29 ♈	1 ♏	20 ♐	10 ♈
9	15 ♌ 43	29 ♉ 51	10 ♏ 42	10 ♏ 37	29 ♋ 26	25 ♌ 36	13 ♏ 47	25 ♌ 57	11 ♍ 16	4 ♓ 25	11 ♌ 26	8 ♋ 13	20 ♊	29 ♈	1 ♏	20 ♐	10 ♈
10	16 ♌ 40	14 ♊ 6	10 ♏ 38	10 ♏ 35	29 ♋ 43	26 ♌ 50	14 ♏ 20	26 ♌ 10	11 ♍ 23	4 ♓ 23	11 ♌ 28	8 ♋ 14	20 ♊	29 ♈	1 ♏	20 ♐	10 ♈
11	17 ♌ 38	28 ♊ 39	10 ♏ 35	10 ♏ 31	0 ♌ 6	28 ♌ 4	14 ♏ 53	26 ♌ 23	11 ♍ 30	4 ♓ 20	11 ♌ 30	8 ♋ 15	20 ♊	0 ♉	1 ♏	20 ♐	10 ♈
12	18 ♌ 35	13 ♋ 26	10 ♏ 32	10 ♏ 24	0 ♌ 36	29 ♌ 18	15 ♏ 26	26 ♌ 36	11 ♍ 37	4 ♓ 18	11 ♌ 33	8 ♋ 17	21 ♊	0 ♉	1 ♏	20 ♐	10 ♈
13	19 ♌ 33	28 ♋ 19	10 ♏ 29	10 ♏ 14	1 ♌ 13	0 ♍ 32	16 ♏ 0	26 ♌ 49	11 ♍ 45	4 ♓ 16	11 ♌ 35	8 ♋ 18	21 ♊	0 ♉	2 ♏	20 ♐	10 ♈
14	20 ♌ 31	13 ♌ 12	10 ♏ 26	10 ♏ 4	1 ♌ 57	1 ♍ 46	16 ♏ 34	27 ♌ 2	11 ♍ 52	4 ♓ 13	11 ♌ 37	8 ♋ 19	21 ♊	0 ♉	2 ♏	20 ♐	10 ♈
15	21 ♌ 28	27 ♌ 54	10 ♏ 23	9 ♏ 53	2 ♌ 48	3 ♍ 0	17 ♏ 8	27 ♌ 15	11 ♍ 59	4 ♓ 11	11 ♌ 39	8 ♋ 20	22 ♊	0 ♉	2 ♏	20 ♐	10 ♈
16	22 ♌ 26	12 ♍ 18	10 ♏ 19	9 ♏ 43	3 ♌ 45	4 ♍ 14	17 ♏ 42	27 ♌ 28	12 ♍ 6	4 ♓ 9	11 ♌ 41	8 ♋ 21	22 ♊	0 ♉	2 ♏	21 ♐	10 ♈
17	23 ♌ 24	26 ♍ 18	10 ♏ 16	9 ♏ 34	4 ♌ 49	5 ♍ 28	18 ♏ 17	27 ♌ 41	12 ♍ 14	4 ♓ 6	11 ♌ 44	8 ♋ 22	22 ♊	0 ♉	2 ♏	21 ♐	9 ♈
18	24 ♌ 22	9 ♎ 51	10 ♏ 13	9 ♏ 29	5 ♌ 58	6 ♍ 42	18 ♏ 52	27 ♌ 54	12 ♍ 21	4 ♓ 4	11 ♌ 46	8 ♋ 24	23 ♊	0 ♉	3 ♏	21 ♐	9 ♈
19	25 ♌ 19	22 ♎ 58	10 ♏ 10	9 ♏ 26	7 ♌ 14	7 ♍ 56	19 ♏ 27	28 ♌ 7	12 ♍ 28	4 ♓ 2	11 ♌ 48	8 ♋ 25	23 ♊	0 ♉	3 ♏	21 ♐	9 ♈
20	26 ♌ 17	5 ♏ 40	10 ♏ 7	9 ♏ 25	8 ♌ 36	9 ♍ 10	20 ♏ 2	28 ♌ 20	12 ♍ 35	3 ♓ 59	11 ♌ 50	8 ♋ 26	23 ♊	0 ♉	3 ♏	21 ♐	9 ♈
21	27 ♌ 15	18 ♏ 1	10 ♏ 3	9 D 25	10 ♌ 2	10 ♍ 24	20 ♏ 37	28 ♌ 33	12 ♍ 43	3 ♓ 57	11 ♌ 52	8 ♋ 27	24 ♊	0 ♉	3 ♏	21 ♐	9 ♈
22	28 ♌ 13	0 ♐ 7	10 ♏ 0	9 R 25	11 ♌ 34	11 ♍ 38	21 ♏ 13	28 ♌ 46	12 ♍ 50	3 ♓ 55	11 ♌ 55	8 ♋ 28	24 ♊	0 ♉	4 ♏	21 ♐	9 ♈
23	29 ♌ 10	12 ♐ 3	9 ♏ 57	9 ♏ 24	13 ♌ 10	12 ♍ 52	21 ♏ 49	28 ♌ 59	12 ♍ 58	3 ♓ 52	11 ♌ 57	8 ♋ 29	24 ♊	0 ♉	4 ♏	22 ♐	9 ♈
24	0 ♍ 8	23 ♐ 54	9 ♏ 54	9 ♏ 22	14 ♌ 50	14 ♍ 7	22 ♏ 25	29 ♌ 12	13 ♍ 5	3 ♓ 50	11 ♌ 59	8 ♋ 30	25 ♊	0 ♉	4 ♏	22 ♐	9 ♈
25	1 ♍ 6	5 ♑ 44	9 ♏ 51	9 ♏ 17	16 ♌ 33	15 ♍ 21	23 ♏ 1	29 ♌ 25	13 ♍ 12	3 ♓ 47	12 ♌ 1	8 ♋ 31	25 ♊	0 ♉	4 ♏	22 ♐	9 ♈
26	2 ♍ 4	17 ♑ 39	9 ♏ 48	9 ♏ 9	18 ♌ 20	16 ♍ 35	23 ♏ 37	29 ♌ 39	13 ♍ 20	3 ♓ 45	12 ♌ 3	8 ♋ 32	25 ♊	0 ♉	5 ♏	22 ♐	9 ♈
27	3 ♍ 2	29 ♑ 41	9 ♏ 44	9 ♏ 0	20 ♌ 9	17 ♍ 49	24 ♏ 14	29 ♌ 52	13 ♍ 27	3 ♓ 43	12 ♌ 5	8 ♋ 33	26 ♊	0 R	5 ♏	22 ♐	9 ♈
28	4 ♍ 0	11 ♒ 54	9 ♏ 41	8 ♏ 48	22 ♌ 1	19 ♍ 3	24 ♏ 51	0 ♍ 5	13 ♍ 35	3 ♓ 40	12 ♌ 7	8 ♋ 34	26 ♊	0 ♉	5 ♏	22 ♐	9 ♈
29	4 ♍ 58	24 ♒ 17	9 ♏ 38	8 ♏ 37	23 ♌ 55	20 ♍ 17	25 ♏ 28	0 ♍ 18	13 ♍ 42	3 ♓ 38	12 ♌ 9	8 ♋ 35	26 ♊	0 ♉	5 ♏	23 ♐	9 ♈
30	5 ♍ 56	6 ♓ 53	9 ♏ 35	8 ♏ 26	25 ♌ 50	21 ♍ 31	26 ♏ 5	0 ♍ 31	13 ♍ 50	3 ♓ 35	12 ♌ 11	8 ♋ 36	26 ♊	0 ♉	6 ♏	23 ♐	9 ♈
31	6 ♍ 54	19 ♓ 41	9 ♏ 32	8 ♏ 16	27 ♌ 46	22 ♍ 45	26 ♏ 42	0 ♍ 44	13 ♍ 57	3 ♓ 33	12 ♌ 14	8 ♋ 36	27 ♊	0 ♉	6 ♏	23 ♐	9 ♈

SUN INGRESS	☉ → ♍ 23日 20:21
MOON PHASE	◑ 7日 21:50 ♉　● 14日 12:43 ♌　◐ 21日 19:51 ♏　○ 29日 22:02 ♓

aspects		
2日	23:47	♂⚹♄
4日	07:16	♂□♆
4日	08:31	☉☌♆
4日	10:00	☉□♂
9日	08:11	♀☌♃
15日	22:21	♀☍♅
19日	09:20	♀⚹♇
22日	05:27	☿☌♆
22日	18:01	☉☌♃
23日	01:50	♀☌♄
27日	16:12	☉☍♅
30日	04:34	☿□♂

1920年9月

DAY	☉	☽	☊ mean	☊ true	☿	♀	♂	♃	♄	♅	♆	♇	⚳	⚴	⚵	⚶	⚷
	° ′	° ′	° ′	° ′	° ′	° ′	° ′	° ′	° ′	° ′	° ′	° ′	°	°	°	°	°
1	7 ♍ 52	2 ♈ 41	9 ♏ 29	8 R 9	29 D 43	23 D 59	27 D 19	0 D 57	14 D 5	3 R 31	12 D 16	8 D 37	27 D	0 R	6 D	23 D	9 R
2	8 ♍ 50	15 ♈ 53	9 ♏ 25	8 ♏ 5	1 ♍ 40	25 ♍ 13	27 ♏ 57	1 ♍ 10	14 ♍ 12	3 ♓ 28	12 ♌ 18	8 ♋ 38	27 ♊	0 ♉	6 ♏	24 ♐	9 ♈
3	9 ♍ 48	29 ♈ 15	9 ♏ 22	8 ♏ 2	3 ♍ 37	26 ♍ 27	28 ♏ 35	1 ♍ 23	14 ♍ 20	3 ♓ 26	12 ♌ 20	8 ♋ 39	28 ♊	0 ♉	7 ♏	24 ♐	9 ♈
4	10 ♍ 46	12 ♉ 48	9 ♏ 19	8 D 2	5 ♍ 34	27 ♍ 41	29 ♏ 13	1 ♍ 36	14 ♍ 27	3 ♓ 24	12 ♌ 22	8 ♋ 40	28 ♊	0 ♉	7 ♏	24 ♐	9 ♈
5	11 ♍ 44	26 ♉ 33	9 ♏ 16	8 ♏ 3	7 ♍ 31	28 ♍ 55	29 ♏ 51	1 ♍ 49	14 ♍ 35	3 ♓ 21	12 ♌ 24	8 ♋ 41	28 ♊	0 ♉	7 ♏	24 ♐	9 ♈
6	12 ♍ 42	10 ♊ 29	9 ♏ 13	8 ♏ 4	9 ♍ 27	0 ♎ 9	0 ♐ 29	2 ♍ 2	14 ♍ 42	3 ♓ 19	12 ♌ 26	8 ♋ 41	29 ♊	0 ♉	7 ♏	24 ♐	9 ♈
7	13 ♍ 41	24 ♊ 37	9 ♏ 9	8 R 3	11 ♍ 23	1 ♎ 23	1 ♐ 8	2 ♍ 15	14 ♍ 50	3 ♓ 17	12 ♌ 28	8 ♋ 42	29 ♊	0 ♉	8 ♏	25 ♐	9 ♈
8	14 ♍ 39	8 ♋ 55	9 ♏ 6	8 ♏ 1	13 ♍ 18	2 ♎ 37	1 ♐ 46	2 ♍ 28	14 ♍ 57	3 ♓ 14	12 ♌ 30	8 ♋ 43	29 ♊	0 ♉	8 ♏	25 ♐	9 ♈
9	15 ♍ 37	23 ♋ 20	9 ♏ 3	7 ♏ 56	15 ♍ 12	3 ♎ 51	2 ♐ 25	2 ♍ 41	15 ♍ 5	3 ♓ 12	12 ♌ 32	8 ♋ 44	29 ♊	0 ♉	8 ♏	25 ♐	9 ♈
10	16 ♍ 36	7 ♌ 49	9 ♏ 0	7 ♏ 50	17 ♍ 5	5 ♎ 5	3 ♐ 4	2 ♍ 54	15 ♍ 13	3 ♓ 10	12 ♌ 33	8 ♋ 44	0 ♋	29 ♈	9 ♏	26 ♐	9 ♈
11	17 ♍ 34	22 ♌ 16	8 ♏ 57	7 ♏ 42	18 ♍ 58	6 ♎ 19	3 ♐ 43	3 ♍ 6	15 ♍ 20	3 ♓ 7	12 ♌ 35	8 ♋ 45	0 ♋	29 ♈	9 ♏	26 ♐	9 ♈
12	18 ♍ 32	6 ♍ 35	8 ♏ 54	7 ♏ 34	20 ♍ 49	7 ♎ 33	4 ♐ 22	3 ♍ 19	15 ♍ 28	3 ♓ 5	12 ♌ 37	8 ♋ 46	0 ♋	29 ♈	9 ♏	26 ♐	9 ♈
13	19 ♍ 31	20 ♍ 40	8 ♏ 50	7 ♏ 27	22 ♍ 39	8 ♎ 47	5 ♐ 1	3 ♍ 32	15 ♍ 35	3 ♓ 3	12 ♌ 39	8 ♋ 46	1 ♋	29 ♈	9 ♏	26 ♐	9 ♈
14	20 ♍ 29	4 ♎ 27	8 ♏ 47	7 ♏ 21	24 ♍ 29	10 ♎ 1	5 ♐ 41	3 ♍ 45	15 ♍ 43	3 ♓ 0	12 ♌ 41	8 ♋ 47	1 ♋	29 ♈	10 ♏	27 ♐	8 ♈
15	21 ♍ 28	17 ♎ 52	8 ♏ 44	7 ♏ 17	26 ♍ 17	11 ♎ 15	6 ♐ 21	3 ♍ 58	15 ♍ 50	2 ♓ 58	12 ♌ 43	8 ♋ 47	1 ♋	29 ♈	10 ♏	27 ♐	8 ♈
16	22 ♍ 26	0 ♏ 54	8 ♏ 41	7 ♏ 15	28 ♍ 4	12 ♎ 29	7 ♐ 0	4 ♍ 11	15 ♍ 58	2 ♓ 56	12 ♌ 45	8 ♋ 48	1 ♋	29 ♈	10 ♏	27 ♐	8 ♈
17	23 ♍ 25	13 ♏ 35	8 ♏ 38	7 D 15	29 ♍ 50	13 ♎ 43	7 ♐ 40	4 ♍ 23	16 ♍ 5	2 ♓ 54	12 ♌ 46	8 ♋ 48	2 ♋	29 ♈	11 ♏	28 ♐	8 ♈
18	24 ♍ 23	25 ♏ 57	8 ♏ 34	7 ♏ 16	1 ♎ 35	14 ♎ 57	8 ♐ 21	4 ♍ 36	16 ♍ 13	2 ♓ 52	12 ♌ 48	8 ♋ 49	2 ♋	28 ♈	11 ♏	28 ♐	8 ♈
19	25 ♍ 22	8 ♐ 4	8 ♏ 31	7 ♏ 18	3 ♎ 19	16 ♎ 11	9 ♐ 1	4 ♍ 49	16 ♍ 20	2 ♓ 49	12 ♌ 50	8 ♋ 49	2 ♋	28 ♈	11 ♏	28 ♐	8 ♈
20	26 ♍ 21	20 ♐ 2	8 ♏ 28	7 ♏ 19	5 ♎ 2	17 ♎ 25	9 ♐ 41	5 ♍ 1	16 ♍ 28	2 ♓ 47	12 ♌ 52	8 ♋ 50	2 ♋	28 ♈	11 ♏	28 ♐	8 ♈
21	27 ♍ 19	1 ♑ 54	8 ♏ 25	7 R 19	6 ♎ 43	18 ♎ 39	10 ♐ 22	5 ♍ 14	16 ♍ 35	2 ♓ 45	12 ♌ 53	8 ♋ 50	3 ♋	28 ♈	12 ♏	29 ♐	8 ♈
22	28 ♍ 18	13 ♑ 46	8 ♏ 22	7 ♏ 18	8 ♎ 24	19 ♎ 53	11 ♐ 2	5 ♍ 26	16 ♍ 43	2 ♓ 43	12 ♌ 55	8 ♋ 51	3 ♋	28 ♈	12 ♏	29 ♐	8 ♈
23	29 ♍ 17	25 ♑ 42	8 ♏ 19	7 ♏ 15	10 ♎ 4	21 ♎ 7	11 ♐ 43	5 ♍ 39	16 ♍ 50	2 ♓ 41	12 ♌ 57	8 ♋ 51	3 ♋	28 ♈	12 ♏	29 ♐	8 ♈
24	0 ♎ 15	7 ♒ 48	8 ♏ 15	7 ♏ 10	11 ♎ 43	22 ♎ 21	12 ♐ 24	5 ♍ 51	16 ♍ 57	2 ♓ 39	12 ♌ 58	8 ♋ 52	3 ♋	27 ♈	13 ♏	0 ♑	8 ♈
25	1 ♎ 14	20 ♒ 6	8 ♏ 12	7 ♏ 4	13 ♎ 21	23 ♎ 35	13 ♐ 5	6 ♍ 4	17 ♍ 5	2 ♓ 37	13 ♌ 0	8 ♋ 52	4 ♋	27 ♈	13 ♏	0 ♑	8 ♈
26	2 ♎ 13	2 ♓ 39	8 ♏ 9	6 ♏ 58	14 ♎ 58	24 ♎ 49	13 ♐ 46	6 ♍ 16	17 ♍ 12	2 ♓ 35	13 ♌ 2	8 ♋ 52	4 ♋	27 ♈	13 ♏	0 ♑	8 ♈
27	3 ♎ 12	15 ♓ 28	8 ♏ 6	6 ♏ 53	16 ♎ 34	26 ♎ 3	14 ♐ 27	6 ♍ 28	17 ♍ 20	2 ♓ 33	13 ♌ 3	8 ♋ 53	4 ♋	27 ♈	14 ♏	1 ♑	8 ♈
28	4 ♎ 11	28 ♓ 34	8 ♏ 3	6 ♏ 48	18 ♎ 9	27 ♎ 17	15 ♐ 9	6 ♍ 41	17 ♍ 27	2 ♓ 31	13 ♌ 5	8 ♋ 53	4 ♋	26 ♈	14 ♏	1 ♑	8 ♈
29	5 ♎ 10	11 ♈ 56	8 ♏ 0	6 ♏ 44	19 ♎ 44	28 ♎ 31	15 ♐ 50	6 ♍ 53	17 ♍ 34	2 ♓ 29	13 ♌ 6	8 ♋ 53	5 ♋	26 ♈	14 ♏	1 ♑	8 ♈
30	6 ♎ 9	25 ♈ 31	7 ♏ 56	6 ♏ 42	21 ♎ 17	29 ♎ 45	16 ♐ 32	7 ♍ 5	17 ♍ 41	2 ♓ 27	13 ♌ 8	8 ♋ 53	5 ♋	26 ♈	14 ♏	2 ♑	8 ♈

SUN INGRESS	☉ → ♎23日 17:28
MOON PHASE	◑ 6日 04:05 ♊ ● 12日 21:51 ♍ ◐ 20日 13:55 ♐ ○ 28日 10:56 ♈

aspects		
1日	17:08	☿☌♃
1日	19:03	☉⚹♇
2日	21:47	☿☍♅
5日	14:26	☿⚹♇
6日	13:27	♀⚹♂
8日	08:43	☉☌♄
8日	22:22	☿☌♄
9日	10:54	☉☌☿
9日	14:37	♂□♃
10日	03:19	♂□♅
11日	01:10	♃☍♅
12日	23:35	♀□♇
16日	05:02	♀⚹♆
22日	06:23	☿□♇
24日	17:10	☿⚹♂
24日	18:45	☿⚹♆
24日	21:01	♂△♆

1920年10月

DAY	☉	☽	☊ mean	☊ true	☿	♀	♂	♃	♄	♅	♆	♇	⚳	⚴	⚵	⚶	⚷
	° ′	° ′	° ′	° ′	° ′	° ′	° ′	° ′	° ′	° ′	° ′	° ′	°	°	°	°	°
1	7 ♎ 8	9 ♉ 18	7 ♏ 53	6 D 42	22 D 50	0 D 59	17 D 13	7 D 17	17 D 49	2 R 25	13 D 9	8 D 54	5 D	26 R	15 D	2 D	8 R
2	8 ♎ 7	23 ♉ 15	7 ♏ 50	6 ♏ 42	24 ♎ 21	2 ♏ 13	17 ♐ 55	7 ♍ 29	17 ♍ 56	2 ♓ 24	13 ♌ 11	8 ♋ 54	5 ♋	25 ♈	15 ♏	2 ♑	8 ♈
3	9 ♎ 6	7 ♊ 18	7 ♏ 47	6 ♏ 44	25 ♎ 52	3 ♏ 27	18 ♐ 37	7 ♍ 42	18 ♍ 3	2 ♓ 22	13 ♌ 12	8 ♋ 54	5 ♋	25 ♈	15 ♏	3 ♑	8 ♈
4	10 ♎ 5	21 ♊ 26	7 ♏ 44	6 ♏ 45	27 ♎ 22	4 ♏ 40	19 ♐ 19	7 ♍ 54	18 ♍ 10	2 ♓ 20	13 ♌ 14	8 ♋ 54	6 ♋	25 ♈	16 ♏	3 ♑	8 ♈
5	11 ♎ 4	5 ♋ 37	7 ♏ 40	6 ♏ 46	28 ♎ 52	5 ♏ 54	20 ♐ 1	8 ♍ 6	18 ♍ 18	2 ♓ 18	13 ♌ 15	8 ♋ 54	6 ♋	25 ♈	16 ♏	3 ♑	8 ♈
6	12 ♎ 3	19 ♋ 49	7 ♏ 37	6 R 46	0 ♏ 20	7 ♏ 8	20 ♐ 44	8 ♍ 17	18 ♍ 25	2 ♓ 17	13 ♌ 16	8 ♋ 54	6 ♋	24 ♈	16 ♏	4 ♑	8 ♈
7	13 ♎ 2	3 ♌ 59	7 ♏ 34	6 ♏ 45	1 ♏ 47	8 ♏ 22	21 ♐ 26	8 ♍ 29	18 ♍ 32	2 ♓ 15	13 ♌ 18	8 ♋ 54	6 ♋	24 ♈	17 ♏	4 ♑	7 ♈
8	14 ♎ 1	18 ♌ 6	7 ♏ 31	6 ♏ 43	3 ♏ 14	9 ♏ 36	22 ♐ 9	8 ♍ 41	18 ♍ 39	2 ♓ 13	13 ♌ 19	8 ♋ 55	6 ♋	24 ♈	17 ♏	5 ♑	7 ♈
9	15 ♎ 1	2 ♍ 6	7 ♏ 28	6 ♏ 40	4 ♏ 40	10 ♏ 50	22 ♐ 51	8 ♍ 53	18 ♍ 46	2 ♓ 12	13 ♌ 20	8 ♋ 55	6 ♋	24 ♈	17 ♏	5 ♑	7 ♈
10	16 ♎ 0	15 ♍ 56	7 ♏ 25	6 ♏ 37	6 ♏ 5	12 ♏ 3	23 ♐ 34	9 ♍ 4	18 ♍ 53	2 ♓ 10	13 ♌ 21	8 R 55	7 ♋	23 ♈	18 ♏	5 ♑	7 ♈
11	16 ♎ 59	29 ♍ 35	7 ♏ 21	6 ♏ 34	7 ♏ 28	13 ♏ 17	24 ♐ 17	9 ♍ 16	19 ♍ 0	2 ♓ 9	13 ♌ 23	8 ♋ 55	7 ♋	23 ♈	18 ♏	6 ♑	7 ♈
12	17 ♎ 59	12 ♎ 58	7 ♏ 18	6 ♏ 32	8 ♏ 51	14 ♏ 31	24 ♐ 59	9 ♍ 28	19 ♍ 7	2 ♓ 7	13 ♌ 24	8 ♋ 55	7 ♋	23 ♈	18 ♏	6 ♑	7 ♈
13	18 ♎ 58	26 ♎ 6	7 ♏ 15	6 ♏ 30	10 ♏ 13	15 ♏ 45	25 ♐ 42	9 ♍ 39	19 ♍ 14	2 ♓ 6	13 ♌ 25	8 ♋ 54	7 ♋	22 ♈	19 ♏	6 ♑	7 ♈
14	19 ♎ 58	8 ♏ 56	7 ♏ 12	6 D 30	11 ♏ 34	16 ♏ 59	26 ♐ 26	9 ♍ 50	19 ♍ 21	2 ♓ 5	13 ♌ 26	8 ♋ 54	7 ♋	22 ♈	19 ♏	7 ♑	7 ♈
15	20 ♎ 57	21 ♏ 30	7 ♏ 9	6 ♏ 31	12 ♏ 54	18 ♏ 12	27 ♐ 9	10 ♍ 2	19 ♍ 28	2 ♓ 3	13 ♌ 27	8 ♋ 54	7 ♋	22 ♈	19 ♏	7 ♑	7 ♈
16	21 ♎ 57	3 ♐ 49	7 ♏ 6	6 ♏ 32	14 ♏ 13	19 ♏ 26	27 ♐ 52	10 ♍ 13	19 ♍ 34	2 ♓ 2	13 ♌ 28	8 ♋ 54	8 ♋	21 ♈	19 ♏	8 ♑	7 ♈
17	22 ♎ 56	15 ♐ 55	7 ♏ 2	6 ♏ 33	15 ♏ 30	20 ♏ 40	28 ♐ 35	10 ♍ 24	19 ♍ 41	2 ♓ 1	13 ♌ 29	8 ♋ 54	8 ♋	21 ♈	20 ♏	8 ♑	7 ♈
18	23 ♎ 56	27 ♐ 52	6 ♏ 59	6 ♏ 34	16 ♏ 46	21 ♏ 54	29 ♐ 19	10 ♍ 35	19 ♍ 48	1 ♓ 59	13 ♌ 30	8 ♋ 54	8 ♋	21 ♈	20 ♏	8 ♑	7 ♈
19	24 ♎ 55	9 ♑ 45	6 ♏ 56	6 ♏ 35	18 ♏ 1	23 ♏ 8	0 ♑ 2	10 ♍ 46	19 ♍ 54	1 ♓ 58	13 ♌ 31	8 ♋ 54	8 ♋	21 ♈	20 ♏	9 ♑	7 ♈
20	25 ♎ 55	21 ♑ 37	6 ♏ 53	6 ♏ 36	19 ♏ 14	24 ♏ 21	0 ♑ 46	10 ♍ 57	20 ♍ 1	1 ♓ 57	13 ♌ 32	8 ♋ 53	8 ♋	20 ♈	21 ♏	9 ♑	7 ♈
21	26 ♎ 55	3 ♒ 33	6 ♏ 50	6 R 36	20 ♏ 26	25 ♏ 35	1 ♑ 30	11 ♍ 8	20 ♍ 8	1 ♓ 56	13 ♌ 33	8 ♋ 53	8 ♋	20 ♈	21 ♏	10 ♑	7 ♈
22	27 ♎ 55	15 ♒ 38	6 ♏ 46	6 ♏ 35	21 ♏ 35	26 ♏ 49	2 ♑ 14	11 ♍ 19	20 ♍ 14	1 ♓ 55	13 ♌ 34	8 ♋ 53	8 ♋	20 ♈	21 ♏	10 ♑	7 ♈
23	28 ♎ 54	27 ♒ 57	6 ♏ 43	6 ♏ 34	22 ♏ 43	28 ♏ 2	2 ♑ 58	11 ♍ 30	20 ♍ 21	1 ♓ 54	13 ♌ 35	8 ♋ 53	8 ♋	19 ♈	22 ♏	10 ♑	7 ♈
24	29 ♎ 54	10 ♓ 32	6 ♏ 40	6 ♏ 33	23 ♏ 48	29 ♏ 16	3 ♑ 42	11 ♍ 40	20 ♍ 27	1 ♓ 53	13 ♌ 36	8 ♋ 52	9 ♋	19 ♈	22 ♏	11 ♑	7 ♈
25	0 ♏ 54	23 ♓ 28	6 ♏ 37	6 ♏ 33	24 ♏ 52	0 ♐ 30	4 ♑ 26	11 ♍ 51	20 ♍ 33	1 ♓ 52	13 ♌ 36	8 ♋ 52	9 ♋	19 ♈	22 ♏	11 ♑	7 ♈
26	1 ♏ 54	6 ♈ 45	6 ♏ 34	6 ♏ 32	25 ♏ 52	1 ♐ 43	5 ♑ 10	12 ♍ 1	20 ♍ 40	1 ♓ 51	13 ♌ 37	8 ♋ 52	9 ♋	18 ♈	23 ♏	12 ♑	7 ♈
27	2 ♏ 53	20 ♈ 23	6 ♏ 31	6 ♏ 32	26 ♏ 50	2 ♐ 57	5 ♑ 54	12 ♍ 12	20 ♍ 46	1 ♓ 51	13 ♌ 38	8 ♋ 51	9 ♋	18 ♈	23 ♏	12 ♑	7 ♈
28	3 ♏ 53	4 ♉ 21	6 ♏ 27	6 ♏ 32	27 ♏ 44	4 ♐ 10	6 ♑ 38	12 ♍ 22	20 ♍ 52	1 ♓ 50	13 ♌ 39	8 ♋ 51	9 ♋	18 ♈	23 ♏	13 ♑	7 ♈
29	4 ♏ 53	18 ♉ 35	6 ♏ 24	6 D 32	28 ♏ 35	5 ♐ 24	7 ♑ 23	12 ♍ 32	20 ♍ 58	1 ♓ 49	13 ♌ 39	8 ♋ 50	9 ♋	17 ♈	24 ♏	13 ♑	7 ♈
30	5 ♏ 53	3 ♊ 1	6 ♏ 21	6 ♏ 32	29 ♏ 21	6 ♐ 38	8 ♑ 7	12 ♍ 42	21 ♍ 4	1 ♓ 49	13 ♌ 40	8 ♋ 50	9 ♋	17 ♈	24 ♏	13 ♑	6 ♈
31	6 ♏ 53	17 ♊ 32	6 ♏ 18	6 R 32	0 ♐ 3	7 ♐ 51	8 ♑ 52	12 ♍ 52	21 ♍ 10	1 ♓ 48	13 ♌ 40	8 ♋ 49	9 ♋	17 ♈	24 ♏	14 ♑	6 ♈

SUN INGRESS	☉ → ♏24日 02:13
MOON PHASE	◑ 5日 09:53 ♋ ● 12日 09:50 ♎ ◐ 20日 09:28 ♑ ○ 27日 23:09 ♉

aspects		
2日	00:31	♂□♄
2日	03:27	♀△♅
2日	19:15	☉□♇
7日	02:49	♀⚹♃
7日	06:21	☉⚹♆
7日	07:30	☿△♅
7日	10:34	♀△♇
9日	03:38	♃⚹♇
11日	01:45	♀□♆
12日	00:55	☿△♇
12日	12:18	☿⚹♃
15日	10:11	☿□♆
16日	02:52	♀⚹♄
20日	17:18	☿⚹♄
21日	14:03	♂⚹♅
25日	23:08	☉△♅
26日	02:38	♀□♅
30日	22:54	♂☍♇

1920年11月

DAY	☉	☽	☊ mean	☊ true	☿	♀	♂	♃	♄	♅	♆	♇	⚳	⚴	⚵	⚶	⚷
	° ′	° ′	° ′	° ′	° ′	° ′	° ′	° ′	° ′	° ′	° ′	° ′	°	°	°	°	°
1	7 ♏ 53	2 ♋ 4	6 ♏ 15	6 R 32	0 D 41	9 D 5	9 D 36	13 D 2	21 D 16	1 R 47	13 D 41	8 R 49	9 D	17 R	25 D	14 D	6 R
2	8 ♏ 53	16 ♋ 31	6 ♏ 11	6 ♏ 31	1 ♐ 12	10 ♐ 18	10 ♑ 21	13 ♍ 12	21 ♍ 22	1 ♓ 47	13 ♌ 41	8 ♋ 48	9 ♋	16 ♈	25 ♏	15 ♑	6 ♈
3	9 ♏ 53	0 ♌ 49	6 ♏ 8	6 ♏ 31	1 ♐ 38	11 ♐ 32	11 ♑ 5	13 ♍ 22	21 ♍ 28	1 ♓ 46	13 ♌ 42	8 ♋ 48	9 ♋	16 ♈	25 ♏	15 ♑	6 ♈
4	10 ♏ 53	14 ♌ 55	6 ♏ 5	6 D 31	1 ♐ 57	12 ♐ 45	11 ♑ 50	13 ♍ 32	21 ♍ 34	1 ♓ 46	13 ♌ 42	8 ♋ 47	9 ♋	16 ♈	26 ♏	15 ♑	6 ♈
5	11 ♏ 54	28 ♌ 49	6 ♏ 2	6 ♏ 32	2 ♐ 8	13 ♐ 59	12 ♑ 35	13 ♍ 41	21 ♍ 40	1 ♓ 46	13 ♌ 43	8 ♋ 47	9 ♋	16 ♈	26 ♏	16 ♑	6 ♈
6	12 ♏ 54	12 ♍ 29	5 ♏ 59	6 ♏ 32	2 R 12	15 ♐ 12	13 ♑ 20	13 ♍ 50	21 ♍ 45	1 ♓ 45	13 ♌ 43	8 ♋ 46	9 ♋	15 ♈	26 ♏	16 ♑	6 ♈
7	13 ♏ 54	25 ♍ 54	5 ♏ 56	6 ♏ 33	2 ♐ 7	16 ♐ 25	14 ♑ 5	14 ♍ 0	21 ♍ 51	1 ♓ 45	13 ♌ 44	8 ♋ 46	9 ♋	15 ♈	27 ♏	17 ♑	6 ♈
8	14 ♏ 54	9 ♎ 6	5 ♏ 52	6 ♏ 33	1 ♐ 52	17 ♐ 39	14 ♑ 50	14 ♍ 9	21 ♍ 56	1 ♓ 45	13 ♌ 44	8 ♋ 45	9 ♋	15 ♈	27 ♏	17 ♑	6 ♈
9	15 ♏ 55	22 ♎ 5	5 ♏ 49	6 ♏ 34	1 ♐ 28	18 ♐ 52	15 ♑ 35	14 ♍ 18	22 ♍ 2	1 ♓ 45	13 ♌ 44	8 ♋ 44	9 R	15 ♈	27 ♏	18 ♑	6 ♈
10	16 ♏ 55	4 ♏ 51	5 ♏ 46	6 ♏ 34	0 ♐ 54	20 ♐ 6	16 ♑ 20	14 ♍ 27	22 ♍ 7	1 ♓ 45	13 ♌ 44	8 ♋ 44	9 ♋	14 ♈	28 ♏	18 ♑	6 ♈
11	17 ♏ 55	17 ♏ 24	5 ♏ 43	6 R 34	0 ♐ 9	21 ♐ 19	17 ♑ 6	14 ♍ 36	22 ♍ 13	1 ♓ 44	13 ♌ 45	8 ♋ 43	9 ♋	14 ♈	28 ♏	19 ♑	6 ♈
12	18 ♏ 56	29 ♏ 46	5 ♏ 40	6 ♏ 33	29 ♏ 16	22 ♐ 32	17 ♑ 51	14 ♍ 45	22 ♍ 18	1 D 44	13 ♌ 45	8 ♋ 42	9 ♋	14 ♈	28 ♏	19 ♑	6 ♈
13	19 ♏ 56	11 ♐ 57	5 ♏ 37	6 ♏ 32	28 ♏ 13	23 ♐ 46	18 ♑ 36	14 ♍ 53	22 ♍ 23	1 ♓ 45	13 ♌ 45	8 ♋ 42	9 ♋	14 ♈	29 ♏	19 ♑	6 ♈
14	20 ♏ 56	24 ♐ 0	5 ♏ 33	6 ♏ 30	27 ♏ 3	24 ♐ 59	19 ♑ 22	15 ♍ 2	22 ♍ 28	1 ♓ 45	13 ♌ 45	8 ♋ 41	9 ♋	13 ♈	29 ♏	20 ♑	6 ♈
15	21 ♏ 57	5 ♑ 55	5 ♏ 30	6 ♏ 27	25 ♏ 47	26 ♐ 12	20 ♑ 7	15 ♍ 10	22 ♍ 33	1 ♓ 45	13 ♌ 45	8 ♋ 40	9 ♋	13 ♈	0 ♐	20 ♑	6 ♈
16	22 ♏ 57	17 ♑ 47	5 ♏ 27	6 ♏ 25	24 ♏ 27	27 ♐ 26	20 ♑ 53	15 ♍ 18	22 ♍ 38	1 ♓ 45	13 ♌ 45	8 ♋ 39	9 ♋	13 ♈	0 ♐	21 ♑	6 ♈
17	23 ♏ 58	29 ♑ 38	5 ♏ 24	6 ♏ 23	23 ♏ 6	28 ♐ 39	21 ♑ 38	15 ♍ 26	22 ♍ 43	1 ♓ 45	13 R 45	8 ♋ 38	9 ♋	13 ♈	0 ♐	21 ♑	6 ♈
18	24 ♏ 58	11 ♒ 32	5 ♏ 21	6 ♏ 21	21 ♏ 46	29 ♐ 52	22 ♑ 24	15 ♍ 34	22 ♍ 48	1 ♓ 45	13 ♌ 45	8 ♋ 38	9 ♋	13 ♈	1 ♐	22 ♑	6 ♈
19	25 ♏ 59	23 ♒ 34	5 ♏ 17	6 ♏ 20	20 ♏ 31	1 ♑ 5	23 ♑ 9	15 ♍ 42	22 ♍ 52	1 ♓ 46	13 ♌ 45	8 ♋ 37	9 ♋	12 ♈	1 ♐	22 ♑	6 ♈
20	27 ♏ 0	5 ♓ 48	5 ♏ 14	6 D 21	19 ♏ 22	2 ♑ 18	23 ♑ 55	15 ♍ 50	22 ♍ 57	1 ♓ 46	13 ♌ 45	8 ♋ 36	9 ♋	12 ♈	1 ♐	23 ♑	6 ♈
21	28 ♏ 0	18 ♓ 20	5 ♏ 11	6 ♏ 22	18 ♏ 22	3 ♑ 31	24 ♑ 41	15 ♍ 58	23 ♍ 2	1 ♓ 47	13 ♌ 45	8 ♋ 35	9 ♋	12 ♈	2 ♐	23 ♑	6 ♈
22	29 ♏ 1	1 ♈ 13	5 ♏ 8	6 ♏ 23	17 ♏ 32	4 ♑ 44	25 ♑ 27	16 ♍ 5	23 ♍ 6	1 ♓ 47	13 ♌ 45	8 ♋ 34	9 ♋	12 ♈	2 ♐	23 ♑	6 ♈
23	0 ♐ 1	14 ♈ 30	5 ♏ 5	6 ♏ 25	16 ♏ 52	5 ♑ 57	26 ♑ 12	16 ♍ 12	23 ♍ 11	1 ♓ 48	13 ♌ 45	8 ♋ 33	9 ♋	12 ♈	2 ♐	24 ♑	6 ♈
24	1 ♐ 2	28 ♈ 14	5 ♏ 2	6 ♏ 26	16 ♏ 25	7 ♑ 10	26 ♑ 58	16 ♍ 20	23 ♍ 15	1 ♓ 48	13 ♌ 44	8 ♋ 32	8 ♋	12 ♈	3 ♐	24 ♑	6 ♈
25	2 ♐ 3	12 ♉ 23	4 ♏ 58	6 R 26	16 ♏ 9	8 ♑ 23	27 ♑ 44	16 ♍ 27	23 ♍ 19	1 ♓ 49	13 ♌ 44	8 ♋ 31	8 ♋	12 ♈	3 ♐	25 ♑	6 ♈
26	3 ♐ 3	26 ♉ 55	4 ♏ 55	6 ♏ 25	16 D 5	9 ♑ 36	28 ♑ 30	16 ♍ 33	23 ♍ 23	1 ♓ 50	13 ♌ 44	8 ♋ 30	8 ♋	12 ♈	3 ♐	25 ♑	6 ♈
27	4 ♐ 4	11 ♊ 45	4 ♏ 52	6 ♏ 22	16 ♏ 11	10 ♑ 49	29 ♑ 16	16 ♍ 40	23 ♍ 27	1 ♓ 50	13 ♌ 43	8 ♋ 29	8 ♋	11 ♈	4 ♐	26 ♑	6 ♈
28	5 ♐ 5	26 ♊ 44	4 ♏ 49	6 ♏ 18	16 ♏ 27	12 ♑ 2	0 ♒ 2	16 ♍ 47	23 ♍ 31	1 ♓ 51	13 ♌ 43	8 ♋ 28	8 ♋	11 ♈	4 ♐	26 ♑	6 ♈
29	6 ♐ 6	11 ♋ 44	4 ♏ 46	6 ♏ 14	16 ♏ 53	13 ♑ 15	0 ♒ 48	16 ♍ 53	23 ♍ 35	1 ♓ 52	13 ♌ 43	8 ♋ 27	8 ♋	11 ♈	4 ♐	27 ♑	6 ♈
30	7 ♐ 6	26 ♋ 36	4 ♏ 43	6 ♏ 10	17 ♏ 26	14 ♑ 28	1 ♒ 34	17 ♍ 0	23 ♍ 39	1 ♓ 53	13 ♌ 42	8 ♋ 26	8 ♋	11 ♈	5 ♐	27 ♑	6 ♈

SUN INGRESS	☉ → ♐ 22日 23:15
MOON PHASE	◑ 3日 16:35 ♌ ● 11日 01:05 ♏ ◐ 19日 05:12 ♒ ○ 26日 10:42 ♊

aspects		
1日	22:07	☉△♇
3日	09:24	☿□♅
4日	17:24	♀□♃
4日	18:49	♀△♆
6日	19:48	☉□♆
6日	20:30	♂△♃
7日	02:41	☉⚹♃
7日	17:15	☉⚹♂
8日	08:20	♀□♅
11日	18:52	♀□♄
15日	15:40	☉⚹♄
16日	15:09	☉☌☿
17日	06:24	☿⚹♄
17日	16:45	☿⚹♂
18日	14:07	♂△♄
19日	13:25	♀⚹♅
24日	04:40	☿⚹♃
24日	18:31	☉□♅
25日	02:33	♀☍♇
29日	00:50	☿⚹♃

1920年12月

DAY	☉	☽	☊ mean	☊ true	☿	♀	♂	♃	♄	♅	♆	♇	⚳	⚴	⚵	⚶	⚷
	° ′	° ′	° ′	° ′	° ′	° ′	° ′	° ′	° ′	° ′	° ′	° ′	°	°	°	°	°
1	8 ♐ 7	11 ♌ 12	4 ♏ 39	6 R 6	18 D 7	15 D 40	2 D 20	17 D 6	23 D 42	1 D 54	13 R 42	8 R 25	8 R	11 R	5 D	28 D	6 R
2	9 ♐ 8	25 ♌ 28	4 ♏ 36	6 ♏ 4	18 ♏ 55	16 ♑ 53	3 ♒ 7	17 ♍ 12	23 ♍ 46	1 ♓ 55	13 ♌ 41	8 ♋ 24	7 ♋	11 ♈	5 ♐	28 ♑	6 ♈
3	10 ♐ 9	9 ♍ 22	4 ♏ 33	6 ♏ 3	19 ♏ 49	18 ♑ 6	3 ♒ 53	17 ♍ 18	23 ♍ 50	1 ♓ 56	13 ♌ 41	8 ♋ 23	7 ♋	11 ♈	6 ♐	29 ♑	6 ♈
4	11 ♐ 10	22 ♍ 54	4 ♏ 30	6 D 4	20 ♏ 47	19 ♑ 18	4 ♒ 39	17 ♍ 23	23 ♍ 53	1 ♓ 57	13 ♌ 40	8 ♋ 22	7 ♋	11 ♈	6 ♐	29 ♑	6 ♈
5	12 ♐ 11	6 ♎ 6	4 ♏ 27	6 ♏ 5	21 ♏ 50	20 ♑ 31	5 ♒ 25	17 ♍ 29	23 ♍ 56	1 ♓ 58	13 ♌ 40	8 ♋ 21	7 ♋	11 ♈	6 ♐	0 ♒	6 ♈
6	13 ♐ 12	18 ♎ 59	4 ♏ 23	6 ♏ 7	22 ♏ 57	21 ♑ 43	6 ♒ 11	17 ♍ 34	23 ♍ 59	2 ♓ 0	13 ♌ 39	8 ♋ 20	7 ♋	11 ♈	7 ♐	0 ♒	6 ♈
7	14 ♐ 12	1 ♏ 38	4 ♏ 20	6 ♏ 8	24 ♏ 8	22 ♑ 56	6 ♒ 58	17 ♍ 40	24 ♍ 3	2 ♓ 1	13 ♌ 38	8 ♋ 19	6 ♋	11 ♈	7 ♐	0 ♒	6 ♈
8	15 ♐ 13	14 ♏ 5	4 ♏ 17	6 R 7	25 ♏ 21	24 ♑ 8	7 ♒ 44	17 ♍ 45	24 ♍ 6	2 ♓ 2	13 ♌ 38	8 ♋ 18	6 ♋	11 ♈	7 ♐	1 ♒	6 ♈
9	16 ♐ 14	26 ♏ 22	4 ♏ 14	6 ♏ 5	26 ♏ 36	25 ♑ 20	8 ♒ 30	17 ♍ 50	24 ♍ 9	2 ♓ 3	13 ♌ 37	8 ♋ 17	6 ♋	11 D	8 ♐	1 ♒	6 ♈
10	17 ♐ 15	8 ♐ 30	4 ♏ 11	6 ♏ 1	27 ♏ 54	26 ♑ 33	9 ♒ 17	17 ♍ 54	24 ♍ 11	2 ♓ 5	13 ♌ 36	8 ♋ 16	6 ♋	11 ♈	8 ♐	2 ♒	6 ♈
11	18 ♐ 16	20 ♐ 32	4 ♏ 8	5 ♏ 55	29 ♏ 14	27 ♑ 45	10 ♒ 3	17 ♍ 59	24 ♍ 14	2 ♓ 6	13 ♌ 35	8 ♋ 14	6 ♋	11 ♈	8 ♐	2 ♒	5 ♈
12	19 ♐ 17	2 ♑ 29	4 ♏ 4	5 ♏ 47	0 ♐ 35	28 ♑ 57	10 ♒ 50	18 ♍ 3	24 ♍ 17	2 ♓ 8	13 ♌ 35	8 ♋ 13	5 ♋	11 ♈	9 ♐	3 ♒	5 ♈
13	20 ♐ 19	14 ♑ 22	4 ♏ 1	5 ♏ 38	1 ♐ 57	0 ♒ 9	11 ♒ 36	18 ♍ 7	24 ♍ 19	2 ♓ 9	13 ♌ 34	8 ♋ 12	5 ♋	11 ♈	9 ♐	3 ♒	5 ♈
14	21 ♐ 20	26 ♑ 13	3 ♏ 58	5 ♏ 28	3 ♐ 21	1 ♒ 21	12 ♒ 23	18 ♍ 12	24 ♍ 22	2 ♓ 11	13 ♌ 33	8 ♋ 11	5 ♋	11 ♈	9 ♐	4 ♒	5 ♈
15	22 ♐ 21	8 ♒ 4	3 ♏ 55	5 ♏ 20	4 ♐ 46	2 ♒ 33	13 ♒ 9	18 ♍ 15	24 ♍ 24	2 ♓ 13	13 ♌ 32	8 ♋ 10	5 ♋	11 ♈	10 ♐	4 ♒	5 ♈
16	23 ♐ 22	19 ♒ 58	3 ♏ 52	5 ♏ 13	6 ♐ 12	3 ♒ 45	13 ♒ 56	18 ♍ 19	24 ♍ 26	2 ♓ 14	13 ♌ 31	8 ♋ 9	5 ♋	11 ♈	10 ♐	5 ♒	5 ♈
17	24 ♐ 23	1 ♓ 59	3 ♏ 49	5 ♏ 8	7 ♐ 38	4 ♒ 57	14 ♒ 42	18 ♍ 23	24 ♍ 28	2 ♓ 16	13 ♌ 30	8 ♋ 7	4 ♋	11 ♈	11 ♐	5 ♒	5 ♈
18	25 ♐ 24	14 ♓ 9	3 ♏ 45	5 ♏ 5	9 ♐ 6	6 ♒ 9	15 ♒ 29	18 ♍ 26	24 ♍ 30	2 ♓ 18	13 ♌ 29	8 ♋ 6	4 ♋	11 ♈	11 ♐	6 ♒	5 ♈
19	26 ♐ 25	26 ♓ 35	3 ♏ 42	5 D 4	10 ♐ 34	7 ♒ 20	16 ♒ 15	18 ♍ 29	24 ♍ 32	2 ♓ 20	13 ♌ 28	8 ♋ 5	4 ♋	11 ♈	11 ♐	6 ♒	5 D
20	27 ♐ 26	9 ♈ 20	3 ♏ 39	5 ♏ 5	12 ♐ 2	8 ♒ 32	17 ♒ 2	18 ♍ 32	24 ♍ 34	2 ♓ 21	13 ♌ 27	8 ♋ 4	4 ♋	11 ♈	12 ♐	7 ♒	5 ♈
21	28 ♐ 27	22 ♈ 28	3 ♏ 36	5 ♏ 6	13 ♐ 31	9 ♒ 44	17 ♒ 48	18 ♍ 35	24 ♍ 35	2 ♓ 23	13 ♌ 26	8 ♋ 3	3 ♋	12 ♈	12 ♐	7 ♒	5 ♈
22	29 ♐ 28	6 ♉ 5	3 ♏ 33	5 R 6	15 ♐ 0	10 ♒ 55	18 ♒ 35	18 ♍ 37	24 ♍ 37	2 ♓ 25	13 ♌ 25	8 ♋ 1	3 ♋	12 ♈	12 ♐	8 ♒	5 ♈
23	0 ♑ 29	20 ♉ 11	3 ♏ 29	5 ♏ 5	16 ♐ 30	12 ♒ 6	19 ♒ 21	18 ♍ 40	24 ♍ 39	2 ♓ 27	13 ♌ 24	8 ♋ 0	3 ♋	12 ♈	13 ♐	8 ♒	5 ♈
24	1 ♑ 30	4 ♊ 45	3 ♏ 26	5 ♏ 2	18 ♐ 0	13 ♒ 18	20 ♒ 8	18 ♍ 42	24 ♍ 40	2 ♓ 29	13 ♌ 23	7 ♋ 59	3 ♋	12 ♈	13 ♐	9 ♒	5 ♈
25	2 ♑ 32	19 ♊ 43	3 ♏ 23	4 ♏ 56	19 ♐ 31	14 ♒ 29	20 ♒ 55	18 ♍ 44	24 ♍ 41	2 ♓ 31	13 ♌ 21	7 ♋ 58	3 ♋	12 ♈	13 ♐	9 ♒	5 ♈
26	3 ♑ 33	4 ♋ 57	3 ♏ 20	4 ♏ 48	21 ♐ 2	15 ♒ 40	21 ♒ 41	18 ♍ 46	24 ♍ 42	2 ♓ 34	13 ♌ 20	7 ♋ 57	2 ♋	12 ♈	14 ♐	10 ♒	5 ♈
27	4 ♑ 34	20 ♋ 17	3 ♏ 17	4 ♏ 38	22 ♐ 33	16 ♒ 51	22 ♒ 28	18 ♍ 48	24 ♍ 43	2 ♓ 36	13 ♌ 19	7 ♋ 55	2 ♋	12 ♈	14 ♐	10 ♒	6 ♈
28	5 ♑ 35	5 ♌ 31	3 ♏ 14	4 ♏ 29	24 ♐ 4	18 ♒ 2	23 ♒ 14	18 ♍ 49	24 ♍ 44	2 ♓ 38	13 ♌ 18	7 ♋ 54	2 ♋	12 ♈	14 ♐	11 ♒	6 ♈
29	6 ♑ 36	20 ♌ 28	3 ♏ 10	4 ♏ 21	25 ♐ 36	19 ♒ 12	24 ♒ 1	18 ♍ 51	24 ♍ 45	2 ♓ 40	13 ♌ 17	7 ♋ 53	2 ♋	13 ♈	15 ♐	11 ♒	6 ♈
30	7 ♑ 37	5 ♍ 1	3 ♏ 7	4 ♏ 14	27 ♐ 8	20 ♒ 23	24 ♒ 48	18 ♍ 52	24 ♍ 46	2 ♓ 42	13 ♌ 15	7 ♋ 52	1 ♋	13 ♈	15 ♐	12 ♒	6 ♈
31	8 ♑ 38	19 ♍ 7	3 ♏ 4	4 ♏ 10	28 ♐ 41	21 ♒ 33	25 ♒ 34	18 ♍ 53	24 ♍ 46	2 ♓ 45	13 ♌ 14	7 ♋ 50	1 ♋	13 ♈	15 ♐	12 ♒	6 ♈

SUN INGRESS	☉ → ♑ 22日 12:17
MOON PHASE	◑ 3日 01:29 ♍ ● 10日 19:04 ♐ ◐ 18日 23:40 ♓ ○ 25日 21:38 ♋

aspects		
2日	06:47	♀△♃
6日	10:40	☉△♆
6日	22:16	☿⚹♄
7日	23:09	♀△♄
10日	16:31	☉□♃
13日	03:30	☿□♅
15日	11:33	♂☍♆
17日	02:11	☉□♄
20日	22:40	☿△♆
24日	01:39	♀☍♆
24日	11:23	☿□♃
24日	23:56	☉⚹♅
26日	21:18	☿⚹♂
28日	10:31	☿□♄
30日	05:33	☉☍♇

1921年1月

DAY	☉	☽	☊ mean	☊ true	☿	♀	♂	♃	♄	♅	♆	♇	⚳	⚴	⚵	⚶	⚷
	° ′	° ′	° ′	° ′	° ′	° ′	° ′	° ′	° ′	° ′	° ′	° ′	°	°	°	°	°
1	9 ♑ 39	2 ♎ 44	3 ♏ 1	4 R 9	0 D 14	22 D 44	26 D 21	18 D 53	24 D 47	2 D 47	13 R 13	7 R 49	1 R	13 D	16 D	13 D	6 D
2	10 ♑ 41	15 ♎ 54	2 ♏ 58	4 D 9	1 ♑ 47	23 ♒ 54	27 ♒ 7	18 ♍ 54	24 ♍ 47	2 ♓ 49	13 ♌ 11	7 ♋ 48	1 ♋	13 ♈	16 ♐	13 ♒	6 ♈
3	11 ♑ 42	28 ♎ 42	2 ♏ 55	4 ♏ 9	3 ♑ 20	25 ♒ 4	27 ♒ 54	18 ♍ 54	24 ♍ 47	2 ♓ 52	13 ♌ 10	7 ♋ 47	0 ♋	14 ♈	16 ♐	14 ♒	6 ♈
4	12 ♑ 43	11 ♏ 12	2 ♏ 51	4 R 9	4 ♑ 54	26 ♒ 14	28 ♒ 41	18 ♍ 54	24 ♍ 48	2 ♓ 54	13 ♌ 8	7 ♋ 45	0 ♋	14 ♈	17 ♐	14 ♒	6 ♈
5	13 ♑ 44	23 ♏ 27	2 ♏ 48	4 ♏ 7	6 ♑ 28	27 ♒ 24	29 ♒ 27	18 R 54	24 R 48	2 ♓ 57	13 ♌ 7	7 ♋ 44	0 ♋	14 ♈	17 ♐	15 ♒	6 ♈
6	14 ♑ 45	5 ♐ 32	2 ♏ 45	4 ♏ 3	8 ♑ 3	28 ♒ 34	0 ♓ 14	18 ♍ 54	24 ♍ 47	2 ♓ 59	13 ♌ 6	7 ♋ 43	0 ♋	14 ♈	17 ♐	15 ♒	6 ♈
7	15 ♑ 47	17 ♐ 31	2 ♏ 42	3 ♏ 55	9 ♑ 38	29 ♒ 43	1 ♓ 0	18 ♍ 54	24 ♍ 47	3 ♓ 2	13 ♌ 4	7 ♋ 42	0 ♋	14 ♈	18 ♐	15 ♒	6 ♈
8	16 ♑ 48	29 ♐ 25	2 ♏ 39	3 ♏ 45	11 ♑ 13	0 ♓ 53	1 ♓ 47	18 ♍ 53	24 ♍ 47	3 ♓ 5	13 ♌ 3	7 ♋ 41	29 ♊	15 ♈	18 ♐	16 ♒	6 ♈
9	17 ♑ 49	11 ♑ 17	2 ♏ 35	3 ♏ 32	12 ♑ 49	2 ♓ 2	2 ♓ 34	18 ♍ 52	24 ♍ 47	3 ♓ 7	13 ♌ 1	7 ♋ 39	29 ♊	15 ♈	18 ♐	16 ♒	6 ♈
10	18 ♑ 50	23 ♑ 9	2 ♏ 32	3 ♏ 18	14 ♑ 25	3 ♓ 11	3 ♓ 20	18 ♍ 51	24 ♍ 46	3 ♓ 10	13 ♌ 0	7 ♋ 38	29 ♊	15 ♈	19 ♐	17 ♒	6 ♈
11	19 ♑ 51	5 ♒ 2	2 ♏ 29	3 ♏ 3	16 ♑ 1	4 ♓ 20	4 ♓ 7	18 ♍ 50	24 ♍ 45	3 ♓ 13	12 ♌ 58	7 ♋ 37	29 ♊	15 ♈	19 ♐	17 ♒	6 ♈
12	20 ♑ 52	16 ♒ 56	2 ♏ 26	2 ♏ 49	17 ♑ 38	5 ♓ 29	4 ♓ 53	18 ♍ 49	24 ♍ 45	3 ♓ 15	12 ♌ 57	7 ♋ 36	28 ♊	16 ♈	19 ♐	18 ♒	6 ♈
13	21 ♑ 53	28 ♒ 54	2 ♏ 23	2 ♏ 37	19 ♑ 16	6 ♓ 38	5 ♓ 40	18 ♍ 47	24 ♍ 44	3 ♓ 18	12 ♌ 55	7 ♋ 35	28 ♊	16 ♈	20 ♐	18 ♒	6 ♈
14	22 ♑ 55	10 ♓ 58	2 ♏ 20	2 ♏ 27	20 ♑ 54	7 ♓ 47	6 ♓ 26	18 ♍ 45	24 ♍ 43	3 ♓ 21	12 ♌ 54	7 ♋ 33	28 ♊	16 ♈	20 ♐	19 ♒	6 ♈
15	23 ♑ 56	23 ♓ 10	2 ♏ 16	2 ♏ 21	22 ♑ 32	8 ♓ 55	7 ♓ 13	18 ♍ 43	24 ♍ 42	3 ♓ 24	12 ♌ 52	7 ♋ 32	28 ♊	16 ♈	20 ♐	19 ♒	6 ♈
16	24 ♑ 57	5 ♈ 35	2 ♏ 13	2 ♏ 18	24 ♑ 11	10 ♓ 3	7 ♓ 59	18 ♍ 41	24 ♍ 41	3 ♓ 27	12 ♌ 50	7 ♋ 31	28 ♊	17 ♈	21 ♐	20 ♒	6 ♈
17	25 ♑ 58	18 ♈ 15	2 ♏ 10	2 ♏ 17	25 ♑ 51	11 ♓ 11	8 ♓ 46	18 ♍ 39	24 ♍ 39	3 ♓ 29	12 ♌ 49	7 ♋ 30	28 ♊	17 ♈	21 ♐	20 ♒	6 ♈
18	26 ♑ 59	1 ♉ 16	2 ♏ 7	2 D 16	27 ♑ 31	12 ♓ 19	9 ♓ 32	18 ♍ 36	24 ♍ 38	3 ♓ 32	12 ♌ 47	7 ♋ 29	27 ♊	17 ♈	21 ♐	21 ♒	6 ♈
19	28 ♑ 0	14 ♉ 42	2 ♏ 4	2 R 16	29 ♑ 11	13 ♓ 26	10 ♓ 19	18 ♍ 33	24 ♍ 37	3 ♓ 35	12 ♌ 46	7 ♋ 28	27 ♊	17 ♈	22 ♐	21 ♒	6 ♈
20	29 ♑ 1	28 ♉ 35	2 ♏ 1	2 ♏ 14	0 ♒ 52	14 ♓ 34	11 ♓ 5	18 ♍ 30	24 ♍ 35	3 ♓ 38	12 ♌ 44	7 ♋ 26	27 ♊	18 ♈	22 ♐	22 ♒	6 ♈
21	0 ♒ 2	12 ♊ 57	1 ♏ 57	2 ♏ 10	2 ♒ 34	15 ♓ 41	11 ♓ 52	18 ♍ 27	24 ♍ 33	3 ♓ 41	12 ♌ 42	7 ♋ 25	27 ♊	18 ♈	22 ♐	22 ♒	6 ♈
22	1 ♒ 3	27 ♊ 45	1 ♏ 54	2 ♏ 3	4 ♒ 16	16 ♓ 48	12 ♓ 38	18 ♍ 24	24 ♍ 32	3 ♓ 44	12 ♌ 41	7 ♋ 24	27 ♊	18 ♈	23 ♐	23 ♒	6 ♈
23	2 ♒ 4	12 ♋ 54	1 ♏ 51	1 ♏ 54	5 ♒ 59	17 ♓ 54	13 ♓ 24	18 ♍ 21	24 ♍ 30	3 ♓ 47	12 ♌ 39	7 ♋ 23	27 ♊	19 ♈	23 ♐	23 ♒	6 ♈
24	3 ♒ 5	28 ♋ 14	1 ♏ 48	1 ♏ 42	7 ♒ 42	19 ♓ 1	14 ♓ 11	18 ♍ 17	24 ♍ 28	3 ♓ 50	12 ♌ 37	7 ♋ 22	27 ♊	19 ♈	23 ♐	24 ♒	6 ♈
25	4 ♒ 6	13 ♌ 34	1 ♏ 45	1 ♏ 31	9 ♒ 26	20 ♓ 7	14 ♓ 57	18 ♍ 13	24 ♍ 26	3 ♓ 53	12 ♌ 36	7 ♋ 21	26 ♊	19 ♈	23 ♐	24 ♒	6 ♈
26	5 ♒ 7	28 ♌ 42	1 ♏ 41	1 ♏ 20	11 ♒ 10	21 ♓ 13	15 ♓ 43	18 ♍ 9	24 ♍ 23	3 ♓ 57	12 ♌ 34	7 ♋ 20	26 ♊	20 ♈	24 ♐	25 ♒	6 ♈
27	6 ♒ 8	13 ♍ 29	1 ♏ 38	1 ♏ 11	12 ♒ 54	22 ♓ 19	16 ♓ 30	18 ♍ 5	24 ♍ 21	4 ♓ 0	12 ♌ 32	7 ♋ 19	26 ♊	20 ♈	24 ♐	25 ♒	6 ♈
28	7 ♒ 9	27 ♍ 47	1 ♏ 35	1 ♏ 5	14 ♒ 39	23 ♓ 24	17 ♓ 16	18 ♍ 1	24 ♍ 19	4 ♓ 3	12 ♌ 31	7 ♋ 18	26 ♊	20 ♈	24 ♐	26 ♒	6 ♈
29	8 ♒ 10	11 ♎ 35	1 ♏ 32	1 ♏ 2	16 ♒ 24	24 ♓ 29	18 ♓ 2	17 ♍ 56	24 ♍ 16	4 ♓ 6	12 ♌ 29	7 ♋ 17	26 ♊	21 ♈	25 ♐	26 ♒	6 ♈
30	9 ♒ 11	24 ♎ 54	1 ♏ 29	1 ♏ 1	18 ♒ 10	25 ♓ 34	18 ♓ 48	17 ♍ 52	24 ♍ 14	4 ♓ 9	12 ♌ 27	7 ♋ 16	26 ♊	21 ♈	25 ♐	27 ♒	6 ♈
31	10 ♒ 12	7 ♏ 46	1 ♏ 26	1 D 1	19 ♒ 55	26 ♓ 38	19 ♓ 34	17 ♍ 47	24 ♍ 11	4 ♓ 12	12 ♌ 26	7 ♋ 15	26 ♊	21 ♈	25 ♐	27 ♒	6 ♈

SUN INGRESS	☉ → ♒ 20日 22:55
MOON PHASE	◑ 1日 13:34 ♎ ● 9日 14:26 ♑ ◐ 17日 15:30 ♈ ○ 24日 08:07 ♌ ◑ 31日 05:02 ♏

aspects		
2日	16:33	☿⚹♅
5日	19:06	☿☍♇
9日	18:25	♂☌♅
9日	23:25	♀☌♅
10日	00:26	☉△♃
10日	09:12	♀☌♂
12日	17:02	☿△♃
13日	19:27	♀△♇
15日	09:46	♂△♇
15日	17:46	☉△♄
16日	07:02	☿△♄
17日	04:31	☉☌☿
23日	08:58	♀☍♃
26日	19:06	☿☍♆
28日	19:27	♀☍♄
28日	21:16	♂☍♃

1921年2月

DAY	☉	☽	☊ mean	☊ true	☿	♀	♂	♃	♄	♅	♆	♇	⚳	⚴	⚵	⚶	⚷
	° ′	° ′	° ′	° ′	° ′	° ′	° ′	° ′	° ′	° ′	° ′	° ′	°	°	°	°	°
1	11 ♒ 13	20 ♏ 16	1 ♏ 22	1 R 1	21 D 40	27 D 43	20 D 20	17 R 42	24 R 8	4 D 16	12 R 24	7 R 14	26 R	22 D	26 D	28 D	6 D
2	12 ♒ 14	2 ♐ 29	1 ♏ 19	0 ♏ 59	23 ♒ 25	28 ♓ 46	21 ♓ 7	17 ♍ 37	24 ♍ 5	4 ♓ 19	12 ♌ 22	7 ♋ 13	26 ♊	22 ♈	26 ♐	28 ♒	6 ♈
3	13 ♒ 15	14 ♐ 31	1 ♏ 16	0 ♏ 55	25 ♒ 10	29 ♓ 50	21 ♓ 53	17 ♍ 31	24 ♍ 2	4 ♓ 22	12 ♌ 21	7 ♋ 12	26 ♊	22 ♈	26 ♐	29 ♒	6 ♈
4	14 ♒ 16	26 ♐ 25	1 ♏ 13	0 ♏ 48	26 ♒ 54	0 ♈ 53	22 ♓ 39	17 ♍ 26	23 ♍ 59	4 ♓ 25	12 ♌ 19	7 ♋ 11	26 ♊	23 ♈	27 ♐	29 ♒	6 ♈
5	15 ♒ 16	8 ♑ 16	1 ♏ 10	0 ♏ 38	28 ♒ 38	1 ♈ 56	23 ♓ 25	17 ♍ 20	23 ♍ 56	4 ♓ 29	12 ♌ 17	7 ♋ 10	25 ♊	23 ♈	27 ♐	0 ♓	7 ♈
6	16 ♒ 17	20 ♑ 6	1 ♏ 7	0 ♏ 26	0 ♓ 20	2 ♈ 59	24 ♓ 11	17 ♍ 14	23 ♍ 53	4 ♓ 32	12 ♌ 16	7 ♋ 9	25 ♊	23 ♈	27 ♐	0 ♓	7 ♈
7	17 ♒ 18	1 ♒ 59	1 ♏ 3	0 ♏ 13	2 ♓ 0	4 ♈ 1	24 ♓ 57	17 ♍ 9	23 ♍ 50	4 ♓ 35	12 ♌ 14	7 ♋ 8	25 ♊	24 ♈	28 ♐	1 ♓	7 ♈
8	18 ♒ 19	13 ♒ 55	1 ♏ 0	29 ♎ 58	3 ♓ 39	5 ♈ 3	25 ♓ 43	17 ♍ 3	23 ♍ 46	4 ♓ 39	12 ♌ 12	7 ♋ 7	25 ♊	24 ♈	28 ♐	1 ♓	7 ♈
9	19 ♒ 20	25 ♒ 56	0 ♏ 57	29 ♎ 45	5 ♓ 15	6 ♈ 4	26 ♓ 29	16 ♍ 56	23 ♍ 43	4 ♓ 42	12 ♌ 11	7 ♋ 6	25 ♊	25 ♈	28 ♐	2 ♓	7 ♈
10	20 ♒ 20	8 ♓ 3	0 ♏ 54	29 ♎ 33	6 ♓ 48	7 ♈ 5	27 ♓ 15	16 ♍ 50	23 ♍ 40	4 ♓ 45	12 ♌ 9	7 ♋ 5	25 ♊	25 ♈	28 ♐	2 ♓	7 ♈
11	21 ♒ 21	20 ♓ 17	0 ♏ 51	29 ♎ 24	8 ♓ 18	8 ♈ 6	28 ♓ 1	16 ♍ 44	23 ♍ 36	4 ♓ 49	12 ♌ 7	7 ♋ 4	25 ♊	25 ♈	29 ♐	3 ♓	7 ♈
12	22 ♒ 22	2 ♈ 40	0 ♏ 47	29 ♎ 18	9 ♓ 43	9 ♈ 6	28 ♓ 46	16 ♍ 37	23 ♍ 32	4 ♓ 52	12 ♌ 6	7 ♋ 4	25 D	26 ♈	29 ♐	3 ♓	7 ♈
13	23 ♒ 22	15 ♈ 13	0 ♏ 44	29 ♎ 15	11 ♓ 4	10 ♈ 6	29 ♓ 32	16 ♍ 31	23 ♍ 29	4 ♓ 56	12 ♌ 4	7 ♋ 3	25 ♊	26 ♈	29 ♐	4 ♓	7 ♈
14	24 ♒ 23	27 ♈ 59	0 ♏ 41	29 ♎ 14	12 ♓ 19	11 ♈ 5	0 ♈ 18	16 ♍ 24	23 ♍ 25	4 ♓ 59	12 ♌ 2	7 ♋ 2	25 ♊	27 ♈	0 ♑	4 ♓	7 ♈
15	25 ♒ 24	11 ♉ 1	0 ♏ 38	29 D 14	13 ♓ 28	12 ♈ 4	1 ♈ 4	16 ♍ 17	23 ♍ 21	5 ♓ 2	12 ♌ 1	7 ♋ 1	25 ♊	27 ♈	0 ♑	5 ♓	7 ♈
16	26 ♒ 24	24 ♉ 22	0 ♏ 35	29 ♎ 15	14 ♓ 31	13 ♈ 2	1 ♈ 49	16 ♍ 10	23 ♍ 17	5 ♓ 6	11 ♌ 59	7 ♋ 0	25 ♊	27 ♈	0 ♑	5 ♓	7 ♈
17	27 ♒ 25	8 ♊ 6	0 ♏ 32	29 R 14	15 ♓ 25	14 ♈ 0	2 ♈ 35	16 ♍ 3	23 ♍ 13	5 ♓ 9	11 ♌ 57	7 ♋ 0	25 ♊	28 ♈	0 ♑	6 ♓	7 ♈
18	28 ♒ 25	22 ♊ 13	0 ♏ 28	29 ♎ 12	16 ♓ 12	14 ♈ 57	3 ♈ 21	15 ♍ 56	23 ♍ 9	5 ♓ 13	11 ♌ 56	6 ♋ 59	26 ♊	28 ♈	1 ♑	6 ♓	7 ♈
19	29 ♒ 26	6 ♋ 42	0 ♏ 25	29 ♎ 7	16 ♓ 49	15 ♈ 54	4 ♈ 6	15 ♍ 49	23 ♍ 5	5 ♓ 16	11 ♌ 54	6 ♋ 58	26 ♊	29 ♈	1 ♑	7 ♓	7 ♈
20	0 ♓ 26	21 ♋ 31	0 ♏ 22	29 ♎ 0	17 ♓ 17	16 ♈ 50	4 ♈ 52	15 ♍ 41	23 ♍ 1	5 ♓ 20	11 ♌ 53	6 ♋ 58	26 ♊	29 ♈	1 ♑	7 ♓	7 ♈
21	1 ♓ 27	6 ♌ 33	0 ♏ 19	28 ♎ 51	17 ♓ 36	17 ♈ 46	5 ♈ 37	15 ♍ 34	22 ♍ 57	5 ♓ 23	11 ♌ 51	6 ♋ 57	26 ♊	0 ♉	2 ♑	8 ♓	7 ♈
22	2 ♓ 27	21 ♌ 38	0 ♏ 16	28 ♎ 42	17 ♓ 44	18 ♈ 40	6 ♈ 23	15 ♍ 27	22 ♍ 52	5 ♓ 26	11 ♌ 49	6 ♋ 56	26 ♊	0 ♉	2 ♑	8 ♓	7 ♈
23	3 ♓ 28	6 ♍ 38	0 ♏ 12	28 ♎ 34	17 R 43	19 ♈ 35	7 ♈ 8	15 ♍ 19	22 ♍ 48	5 ♓ 30	11 ♌ 48	6 ♋ 56	26 ♊	0 ♉	2 ♑	9 ♓	7 ♈
24	4 ♓ 28	21 ♍ 22	0 ♏ 9	28 ♎ 27	17 ♓ 31	20 ♈ 28	7 ♈ 53	15 ♍ 12	22 ♍ 44	5 ♓ 33	11 ♌ 46	6 ♋ 55	26 ♊	1 ♉	2 ♑	9 ♓	7 ♈
25	5 ♓ 28	5 ♎ 43	0 ♏ 6	28 ♎ 23	17 ♓ 10	21 ♈ 21	8 ♈ 39	15 ♍ 4	22 ♍ 39	5 ♓ 37	11 ♌ 45	6 ♋ 55	26 ♊	1 ♉	3 ♑	10 ♓	7 ♈
26	6 ♓ 29	19 ♎ 37	0 ♏ 3	28 ♎ 20	16 ♓ 40	22 ♈ 13	9 ♈ 24	14 ♍ 56	22 ♍ 35	5 ♓ 40	11 ♌ 43	6 ♋ 54	26 ♊	2 ♉	3 ♑	10 ♓	7 ♈
27	7 ♓ 29	3 ♏ 3	0 ♏ 0	28 D 20	16 ♓ 1	23 ♈ 5	10 ♈ 9	14 ♍ 49	22 ♍ 30	5 ♓ 44	11 ♌ 42	6 ♋ 54	26 ♊	2 ♉	3 ♑	11 ♓	8 ♈
28	8 ♓ 29	16 ♏ 2	29 ♎ 57	28 ♎ 21	15 ♓ 15	23 ♈ 55	10 ♈ 55	14 ♍ 41	22 ♍ 26	5 ♓ 47	11 ♌ 40	6 ♋ 53	26 ♊	3 ♉	3 ♑	11 ♓	8 ♈

SUN INGRESS	☉ → ♓ 19日 13:20
MOON PHASE	● 8日 09:36 ♒ ◐ 16日 03:53 ♉ ○ 22日 18:32 ♍

aspects		
2日	03:17	☉☍♆
5日	15:21	♂☍♄
8日	15:27	☿☌♅
9日	23:59	♀□♇
10日	04:30	☿△♇
14日	22:40	♀△♆
17日	16:33	☿☍♃
22日	17:34	♂□♇
25日	03:35	☉☌♅
26日	10:02	☉△♇
28日	19:01	☿☍♃
28日	23:33	♂△♆

1921年3月

DAY	☉	☽	☊		☿	♀	♂	♃	♄	♅	♆	♇	⚳	⚴	⚵	⚶	⚷
			mean	true													
	° ′	° ′	° ′	° ′	° ′	° ′	° ′	° ′	° ′	° ′	° ′	° ′	°	°	°	°	°
1	9 ♓ 29	28 ♏ 39	29 ♎ 53	28 D 22	14 R 24	24 D 45	11 D 40	14 R 33	22 R 21	5 D 51	11 R 39	6 R 53	26 D	3 D	4 D	12 D	8 D
2	10 ♓ 30	10 ♐ 56	29 ♎ 50	28 R 23	13 ♓ 27	25 ♈ 34	12 ♈ 25	14 ♍ 25	22 ♍ 17	5 ♓ 54	11 ♌ 37	6 ♋ 52	27 ♊	4 ♉	4 ♑	12 ♓	8 ♈
3	11 ♓ 30	23 ♐ 0	29 ♎ 47	28 ♎ 22	12 ♓ 27	26 ♈ 23	13 ♈ 10	14 ♍ 18	22 ♍ 12	5 ♓ 57	11 ♌ 36	6 ♋ 52	27 ♊	4 ♉	4 ♑	13 ♓	8 ♈
4	12 ♓ 30	4 ♑ 55	29 ♎ 44	28 ♎ 19	11 ♓ 25	27 ♈ 10	13 ♈ 55	14 ♍ 10	22 ♍ 7	6 ♓ 1	11 ♌ 35	6 ♋ 51	27 ♊	4 ♉	4 ♑	13 ♓	8 ♈
5	13 ♓ 30	16 ♑ 46	29 ♎ 41	28 ♎ 14	10 ♓ 23	27 ♈ 56	14 ♈ 40	14 ♍ 2	22 ♍ 3	6 ♓ 4	11 ♌ 33	6 ♋ 51	27 ♊	5 ♉	5 ♑	14 ♓	8 ♈
6	14 ♓ 30	28 ♑ 38	29 ♎ 38	28 ♎ 8	9 ♓ 22	28 ♈ 42	15 ♈ 25	13 ♍ 54	21 ♍ 58	6 ♓ 8	11 ♌ 32	6 ♋ 50	27 ♊	5 ♉	5 ♑	14 ♓	8 ♈
7	15 ♓ 30	10 ♒ 32	29 ♎ 34	28 ♎ 0	8 ♓ 23	29 ♈ 26	16 ♈ 10	13 ♍ 46	21 ♍ 53	6 ♓ 11	11 ♌ 31	6 ♋ 50	27 ♊	6 ♉	5 ♑	15 ♓	8 ♈
8	16 ♓ 30	22 ♒ 33	29 ♎ 31	27 ♎ 52	7 ♓ 28	0 ♉ 10	16 ♈ 55	13 ♍ 38	21 ♍ 49	6 ♓ 15	11 ♌ 29	6 ♋ 50	27 ♊	6 ♉	5 ♑	15 ♓	8 ♈
9	17 ♓ 30	4 ♓ 42	29 ♎ 28	27 ♎ 44	6 ♓ 37	0 ♉ 52	17 ♈ 40	13 ♍ 30	21 ♍ 44	6 ♓ 18	11 ♌ 28	6 ♋ 49	28 ♊	7 ♉	6 ♑	16 ♓	8 ♈
10	18 ♓ 30	17 ♓ 0	29 ♎ 25	27 ♎ 37	5 ♓ 52	1 ♉ 33	18 ♈ 25	13 ♍ 23	21 ♍ 39	6 ♓ 21	11 ♌ 27	6 ♋ 49	28 ♊	7 ♉	6 ♑	16 ♓	8 ♈
11	19 ♓ 30	29 ♓ 29	29 ♎ 22	27 ♎ 32	5 ♓ 12	2 ♉ 14	19 ♈ 9	13 ♍ 15	21 ♍ 34	6 ♓ 25	11 ♌ 25	6 ♋ 49	28 ♊	8 ♉	6 ♑	17 ♓	8 ♈
12	20 ♓ 30	12 ♈ 9	29 ♎ 18	27 ♎ 29	4 ♓ 39	2 ♉ 53	19 ♈ 54	13 ♍ 7	21 ♍ 30	6 ♓ 28	11 ♌ 24	6 ♋ 49	28 ♊	8 ♉	6 ♑	17 ♓	8 ♈
13	21 ♓ 30	24 ♈ 59	29 ♎ 15	27 ♎ 28	4 ♓ 12	3 ♉ 30	20 ♈ 39	12 ♍ 59	21 ♍ 25	6 ♓ 32	11 ♌ 23	6 ♋ 48	28 ♊	9 ♉	7 ♑	18 ♓	8 ♈
14	22 ♓ 30	8 ♉ 3	29 ♎ 12	27 D 28	3 ♓ 51	4 ♉ 7	21 ♈ 23	12 ♍ 52	21 ♍ 20	6 ♓ 35	11 ♌ 22	6 ♋ 48	28 ♊	9 ♉	7 ♑	18 ♓	8 ♈
15	23 ♓ 30	21 ♉ 19	29 ♎ 9	27 ♎ 30	3 ♓ 37	4 ♉ 42	22 ♈ 8	12 ♍ 44	21 ♍ 15	6 ♓ 38	11 ♌ 21	6 ♋ 48	29 ♊	10 ♉	7 ♑	19 ♓	8 ♈
16	24 ♓ 29	4 ♊ 49	29 ♎ 6	27 ♎ 31	3 ♓ 30	5 ♉ 15	22 ♈ 52	12 ♍ 37	21 ♍ 11	6 ♓ 42	11 ♌ 19	6 ♋ 48	29 ♊	10 ♉	7 ♑	19 ♓	8 ♈
17	25 ♓ 29	18 ♊ 34	29 ♎ 3	27 ♎ 33	3 D 28	5 ♉ 48	23 ♈ 37	12 ♍ 29	21 ♍ 6	6 ♓ 45	11 ♌ 18	6 ♋ 48	29 ♊	11 ♉	8 ♑	20 ♓	9 ♈
18	26 ♓ 29	2 ♋ 35	28 ♎ 59	27 R 33	3 ♓ 32	6 ♉ 18	24 ♈ 21	12 ♍ 22	21 ♍ 1	6 ♓ 48	11 ♌ 17	6 ♋ 48	29 ♊	11 ♉	8 ♑	20 ♓	9 ♈
19	27 ♓ 28	16 ♋ 50	28 ♎ 56	27 ♎ 31	3 ♓ 43	6 ♉ 47	25 ♈ 6	12 ♍ 14	20 ♍ 56	6 ♓ 51	11 ♌ 16	6 ♋ 48	29 ♊	12 ♉	8 ♑	20 ♓	9 ♈
20	28 ♓ 28	1 ♌ 17	28 ♎ 53	27 ♎ 29	3 ♓ 58	7 ♉ 15	25 ♈ 50	12 ♍ 7	20 ♍ 52	6 ♓ 55	11 ♌ 15	6 ♋ 48	0 ♋	12 ♉	8 ♑	21 ♓	9 ♈
21	29 ♓ 28	15 ♌ 53	28 ♎ 50	27 ♎ 25	4 ♓ 19	7 ♉ 41	26 ♈ 34	12 ♍ 0	20 ♍ 47	6 ♓ 58	11 ♌ 14	6 ♋ 47	0 ♋	13 ♉	8 ♑	21 ♓	9 ♈
22	0 ♈ 27	0 ♍ 32	28 ♎ 47	27 ♎ 21	4 ♓ 45	8 ♉ 5	27 ♈ 19	11 ♍ 53	20 ♍ 42	7 ♓ 1	11 ♌ 13	6 D 47	0 ♋	13 ♉	9 ♑	22 ♓	9 ♈
23	1 ♈ 27	15 ♍ 6	28 ♎ 43	27 ♎ 17	5 ♓ 15	8 ♉ 27	28 ♈ 3	11 ♍ 46	20 ♍ 38	7 ♓ 4	11 ♌ 12	6 ♋ 48	0 ♋	14 ♉	9 ♑	22 ♓	9 ♈
24	2 ♈ 26	29 ♍ 30	28 ♎ 40	27 ♎ 14	5 ♓ 50	8 ♉ 47	28 ♈ 47	11 ♍ 39	20 ♍ 33	7 ♓ 8	11 ♌ 11	6 ♋ 48	1 ♋	14 ♉	9 ♑	23 ♓	9 ♈
25	3 ♈ 26	13 ♎ 38	28 ♎ 37	27 ♎ 13	6 ♓ 28	9 ♉ 6	29 ♈ 31	11 ♍ 32	20 ♍ 28	7 ♓ 11	11 ♌ 10	6 ♋ 48	1 ♋	15 ♉	9 ♑	23 ♓	9 ♈
26	4 ♈ 25	27 ♎ 25	28 ♎ 34	27 D 12	7 ♓ 11	9 ♉ 22	0 ♉ 15	11 ♍ 25	20 ♍ 24	7 ♓ 14	11 ♌ 9	6 ♋ 48	1 ♋	15 ♉	9 ♑	24 ♓	9 ♈
27	5 ♈ 24	10 ♏ 49	28 ♎ 31	27 ♎ 13	7 ♓ 57	9 ♉ 36	0 ♉ 59	11 ♍ 18	20 ♍ 19	7 ♓ 17	11 ♌ 8	6 ♋ 48	1 ♋	16 ♉	10 ♑	24 ♓	9 ♈
28	6 ♈ 24	23 ♏ 51	28 ♎ 28	27 ♎ 14	8 ♓ 47	9 ♉ 49	1 ♉ 43	11 ♍ 12	20 ♍ 15	7 ♓ 20	11 ♌ 8	6 ♋ 48	2 ♋	16 ♉	10 ♑	25 ♓	9 ♈
29	7 ♈ 23	6 ♐ 31	28 ♎ 24	27 ♎ 15	9 ♓ 40	9 ♉ 59	2 ♉ 27	11 ♍ 5	20 ♍ 11	7 ♓ 23	11 ♌ 7	6 ♋ 48	2 ♋	17 ♉	10 ♑	25 ♓	9 ♈
30	8 ♈ 22	18 ♐ 53	28 ♎ 21	27 ♎ 17	10 ♓ 36	10 ♉ 6	3 ♉ 11	10 ♍ 59	20 ♍ 6	7 ♓ 26	11 ♌ 6	6 ♋ 48	2 ♋	17 ♉	10 ♑	26 ♓	9 ♈
31	9 ♈ 22	1 ♑ 1	28 ♎ 18	27 ♎ 18	11 ♓ 34	10 ♉ 12	3 ♉ 55	10 ♍ 53	20 ♍ 2	7 ♓ 30	11 ♌ 5	6 ♋ 48	2 ♋	18 ♉	10 ♑	26 ♓	9 ♈

SUN INGRESS	☉ → ♈ 21日 12:51
MOON PHASE	◑ 1日 23:03 ♐　● 10日 03:09 ♓　◐ 17日 12:49 ♊　○ 24日 05:18 ♎　◑ 31日 18:13 ♑

aspects		
3日	11:16	☉☌☿
5日	11:15	☉☍♃
8日	18:02	☿△♇
9日	09:11	☿☌♅
12日	22:06	☉☍♄
13日	17:10	☿⚹♀
17日	20:18	♅△♇
19日	00:05	♀⚹♇
19日	03:51	♀⚹♅
25日	11:06	☿△♇
26日	01:45	☿☌♅
28日	09:50	☉□♇
29日	09:44	☿⚹♀
30日	08:46	☿☍♃

1921年4月

DAY	☉	☽	☊		☿	♀	♂	♃	♄	♅	♆	♇	⚳	⚴	⚵	⚶	⚷
			mean	true													
	° ′	° ′	° ′	° ′	° ′	° ′	° ′	° ′	° ′	° ′	° ′	° ′	°	°	°	°	°
1	10 ♈ 21	12 ♑ 59	28 ♎ 15	27 R 18	12 D 36	10 D 15	4 D 39	10 R 47	19 R 57	7 D 33	11 R 5	6 D 49	3 D	18 D	10 D	27 D	9 D
2	11 ♈ 20	24 ♑ 52	28 ♎ 12	27 ♎ 17	13 ♓ 40	10 R 16	5 ♉ 22	10 ♍ 41	19 ♍ 53	7 ♓ 36	11 ♌ 4	6 ♋ 49	3 ♋	19 ♉	11 ♑	27 ♓	9 ♈
3	12 ♈ 19	6 ♒ 45	28 ♎ 9	27 ♎ 16	14 ♓ 47	10 ♉ 14	6 ♉ 6	10 ♍ 35	19 ♍ 49	7 ♓ 39	11 ♌ 3	6 ♋ 49	3 ♋	19 ♉	11 ♑	28 ♓	10 ♈
4	13 ♈ 18	18 ♒ 42	28 ♎ 5	27 ♎ 14	15 ♓ 56	10 ♉ 10	6 ♉ 50	10 ♍ 29	19 ♍ 45	7 ♓ 42	11 ♌ 3	6 ♋ 50	3 ♋	20 ♉	11 ♑	28 ♓	10 ♈
5	14 ♈ 17	0 ♓ 46	28 ♎ 2	27 ♎ 12	17 ♓ 7	10 ♉ 4	7 ♉ 33	10 ♍ 24	19 ♍ 41	7 ♓ 44	11 ♌ 2	6 ♋ 50	4 ♋	21 ♉	11 ♑	29 ♓	10 ♈
6	15 ♈ 16	13 ♓ 2	27 ♎ 59	27 ♎ 11	18 ♓ 20	9 ♉ 55	8 ♉ 17	10 ♍ 19	19 ♍ 37	7 ♓ 47	11 ♌ 2	6 ♋ 50	4 ♋	21 ♉	11 ♑	29 ♓	10 ♈
7	16 ♈ 15	25 ♓ 30	27 ♎ 56	27 ♎ 9	19 ♓ 36	9 ♉ 44	9 ♉ 0	10 ♍ 13	19 ♍ 33	7 ♓ 50	11 ♌ 1	6 ♋ 51	4 ♋	22 ♉	11 ♑	0 ♈	10 ♈
8	17 ♈ 14	8 ♈ 14	27 ♎ 53	27 ♎ 8	20 ♓ 53	9 ♉ 30	9 ♉ 44	10 ♍ 8	19 ♍ 29	7 ♓ 53	11 ♌ 1	6 ♋ 51	5 ♋	22 ♉	11 ♑	0 ♈	10 ♈
9	18 ♈ 13	21 ♈ 12	27 ♎ 49	27 ♎ 8	22 ♓ 13	9 ♉ 14	10 ♉ 27	10 ♍ 3	19 ♍ 25	7 ♓ 56	11 ♌ 0	6 ♋ 51	5 ♋	23 ♉	12 ♑	1 ♈	10 ♈
10	19 ♈ 12	4 ♉ 26	27 ♎ 46	27 D 8	23 ♓ 34	8 ♉ 55	11 ♉ 10	9 ♍ 59	19 ♍ 21	7 ♓ 59	11 ♌ 0	6 ♋ 52	5 ♋	23 ♉	12 ♑	1 ♈	10 ♈
11	20 ♈ 11	17 ♉ 54	27 ♎ 43	27 ♎ 8	24 ♓ 57	8 ♉ 34	11 ♉ 54	9 ♍ 54	19 ♍ 17	8 ♓ 2	10 ♌ 59	6 ♋ 52	6 ♋	24 ♉	12 ♑	2 ♈	10 ♈
12	21 ♈ 10	1 ♊ 34	27 ♎ 40	27 ♎ 8	26 ♓ 22	8 ♉ 11	12 ♉ 37	9 ♍ 50	19 ♍ 14	8 ♓ 4	10 ♌ 59	6 ♋ 53	6 ♋	24 ♉	12 ♑	2 ♈	10 ♈
13	22 ♈ 9	15 ♊ 25	27 ♎ 37	27 ♎ 9	27 ♓ 49	7 ♉ 45	13 ♉ 20	9 ♍ 45	19 ♍ 10	8 ♓ 7	10 ♌ 59	6 ♋ 53	6 ♋	25 ♉	12 ♑	2 ♈	10 ♈
14	23 ♈ 8	29 ♊ 25	27 ♎ 34	27 ♎ 9	29 ♓ 18	7 ♉ 18	14 ♉ 3	9 ♍ 41	19 ♍ 6	8 ♓ 10	10 ♌ 58	6 ♋ 54	6 ♋	25 ♉	12 ♑	3 ♈	10 ♈
15	24 ♈ 6	13 ♋ 32	27 ♎ 30	27 ♎ 10	0 ♈ 48	6 ♉ 48	14 ♉ 47	9 ♍ 37	19 ♍ 3	8 ♓ 12	10 ♌ 58	6 ♋ 54	7 ♋	26 ♉	12 ♑	3 ♈	10 ♈
16	25 ♈ 5	27 ♋ 45	27 ♎ 27	27 R 10	2 ♈ 20	6 ♉ 17	15 ♉ 30	9 ♍ 33	19 ♍ 0	8 ♓ 15	10 ♌ 58	6 ♋ 55	7 ♋	27 ♉	12 ♑	4 ♈	10 ♈
17	26 ♈ 4	11 ♌ 59	27 ♎ 24	27 ♎ 10	3 ♈ 53	5 ♉ 44	16 ♉ 13	9 ♍ 30	18 ♍ 56	8 ♓ 18	10 ♌ 58	6 ♋ 55	7 ♋	27 ♉	13 ♑	4 ♈	10 ♈
18	27 ♈ 2	26 ♌ 14	27 ♎ 21	27 ♎ 10	5 ♈ 29	5 ♉ 10	16 ♉ 56	9 ♍ 26	18 ♍ 53	8 ♓ 20	10 ♌ 57	6 ♋ 56	8 ♋	28 ♉	13 ♑	5 ♈	10 ♈
19	28 ♈ 1	10 ♍ 25	27 ♎ 18	27 D 10	7 ♈ 6	4 ♉ 35	17 ♉ 38	9 ♍ 23	18 ♍ 50	8 ♓ 23	10 ♌ 57	6 ♋ 57	8 ♋	28 ♉	13 ♑	5 ♈	10 ♈
20	29 ♈ 0	24 ♍ 31	27 ♎ 15	27 ♎ 10	8 ♈ 44	3 ♉ 58	18 ♉ 21	9 ♍ 20	18 ♍ 47	8 ♓ 25	10 ♌ 57	6 ♋ 57	8 ♋	29 ♉	13 ♑	6 ♈	11 ♈
21	29 ♈ 58	8 ♎ 26	27 ♎ 11	27 ♎ 10	10 ♈ 24	3 ♉ 21	19 ♉ 4	9 ♍ 17	18 ♍ 44	8 ♓ 28	10 ♌ 57	6 ♋ 58	9 ♋	29 ♉	13 ♑	6 ♈	11 ♈
22	0 ♉ 57	22 ♎ 10	27 ♎ 8	27 ♎ 10	12 ♈ 6	2 ♉ 44	19 ♉ 47	9 ♍ 14	18 ♍ 41	8 ♓ 30	10 ♌ 57	6 ♋ 59	9 ♋	0 ♊	13 ♑	7 ♈	11 ♈
23	1 ♉ 55	5 ♏ 38	27 ♎ 5	27 R 10	13 ♈ 50	2 ♉ 6	20 ♉ 30	9 ♍ 12	18 ♍ 38	8 ♓ 32	10 D 57	6 ♋ 59	9 ♋	0 ♊	13 ♑	7 ♈	11 ♈
24	2 ♉ 54	18 ♏ 49	27 ♎ 2	27 ♎ 10	15 ♈ 35	1 ♉ 28	21 ♉ 12	9 ♍ 9	18 ♍ 35	8 ♓ 35	10 ♌ 57	7 ♋ 0	10 ♋	1 ♊	13 ♑	8 ♈	11 ♈
25	3 ♉ 52	1 ♐ 43	26 ♎ 59	27 ♎ 9	17 ♈ 22	0 ♉ 50	21 ♉ 55	9 ♍ 7	18 ♍ 33	8 ♓ 37	10 ♌ 57	7 ♋ 1	10 ♋	2 ♊	13 ♑	8 ♈	11 ♈
26	4 ♉ 50	14 ♐ 21	26 ♎ 55	27 ♎ 8	19 ♈ 11	0 ♉ 13	22 ♉ 37	9 ♍ 5	18 ♍ 30	8 ♓ 39	10 ♌ 57	7 ♋ 2	10 ♋	2 ♊	13 ♑	9 ♈	11 ♈
27	5 ♉ 49	26 ♐ 42	26 ♎ 52	27 ♎ 7	21 ♈ 1	29 ♈ 36	23 ♉ 20	9 ♍ 3	18 ♍ 28	8 ♓ 42	10 ♌ 57	7 ♋ 3	11 ♋	3 ♊	13 ♑	9 ♈	11 ♈
28	6 ♉ 47	8 ♑ 51	26 ♎ 49	27 ♎ 6	22 ♈ 54	29 ♈ 1	24 ♉ 2	9 ♍ 2	18 ♍ 25	8 ♓ 44	10 ♌ 58	7 ♋ 3	11 ♋	3 ♊	13 ♑	9 ♈	11 ♈
29	7 ♉ 45	20 ♑ 51	26 ♎ 46	27 ♎ 5	24 ♈ 47	28 ♈ 27	24 ♉ 45	9 ♍ 0	18 ♍ 23	8 ♓ 46	10 ♌ 58	7 ♋ 4	11 ♋	4 ♊	13 ♑	10 ♈	11 ♈
30	8 ♉ 44	2 ♒ 45	26 ♎ 43	27 ♎ 5	26 ♈ 43	27 ♈ 54	25 ♉ 27	8 ♍ 59	18 ♍ 21	8 ♓ 48	10 ♌ 58	7 ♋ 5	12 ♋	4 ♊	13 ♑	10 ♈	11 ♈

SUN INGRESS	☉ → ♉ 21日 00:32
MOON PHASE	● 8日 18:05 ♈　◐ 15日 19:11 ♋　○ 22日 16:49 ♏　◑ 30日 13:08 ♒

aspects		
1日	17:36	☉△♆
3日	23:57	♂⚹♇
5日	06:38	♂⚹♅
6日	23:02	☿☍♄
7日	18:15	♀☌♂
8日	12:10	♂△♃
9日	18:05	♂□♆
12日	05:35	♀⚹♅
14日	19:21	♀⚹♇
18日	21:48	☿□♇
20日	13:19	♂△♄
21日	07:44	☿△♆
23日	02:36	☉☌♀
28日	06:49	☉⚹♇
30日	01:52	☉⚹♅
30日	06:15	☉△♃
30日	11:29	☿☌♀

1921年5月

DAY	☉	☽	☊ mean	☊ true	☿	♀	♂	♃	♄	♅	♆	♇	⚳	⚴	⚵	⚶	⚷
	° ′	° ′	° ′	° ′	° ′	° ′	° ′	° ′	° ′	° ′	° ′	° ′	°	°	°	°	°
1	9 ♉ 42	14 ♒ 39	26 ♎ 40	27 D 4	28 D 40	27 R 23	26 D 10	8 R 58	18 R 19	8 D 50	10 D 58	7 D 6	12 D	5 D	14 D	11 D	11 D
2	10 ♉ 40	26 ♒ 36	26 ♎ 36	27 ♎ 5	0 ♉ 39	26 ♈ 53	26 ♉ 52	8 ♍ 57	18 ♍ 17	8 ♓ 52	10 ♌ 59	7 ♋ 7	12 ♋	6 ♊	14 ♑	11 ♈	11 ♈
3	11 ♉ 38	8 ♓ 41	26 ♎ 33	27 ♎ 6	2 ♉ 40	26 ♈ 26	27 ♉ 34	8 ♍ 56	18 ♍ 15	8 ♓ 54	10 ♌ 59	7 ♋ 8	13 ♋	6 ♊	14 ♑	12 ♈	11 ♈
4	12 ♉ 36	21 ♓ 0	26 ♎ 30	27 ♎ 7	4 ♉ 42	26 ♈ 0	28 ♉ 16	8 ♍ 56	18 ♍ 13	8 ♓ 56	10 ♌ 59	7 ♋ 9	13 ♋	7 ♊	14 ♑	12 ♈	11 ♈
5	13 ♉ 35	3 ♈ 34	26 ♎ 27	27 ♎ 9	6 ♉ 45	25 ♈ 37	28 ♉ 59	8 ♍ 55	18 ♍ 11	8 ♓ 58	11 ♌ 0	7 ♋ 10	14 ♋	7 ♊	14 ♑	13 ♈	11 ♈
6	14 ♉ 33	16 ♈ 28	26 ♎ 24	27 ♎ 10	8 ♉ 50	25 ♈ 16	29 ♉ 41	8 ♍ 55	18 ♍ 10	9 ♓ 0	11 ♌ 0	7 ♋ 11	14 ♋	8 ♊	14 ♑	13 ♈	11 ♈
7	15 ♉ 31	29 ♈ 42	26 ♎ 20	27 R 10	10 ♉ 57	24 ♈ 57	0 ♊ 23	8 D 55	18 ♍ 8	9 ♓ 2	11 ♌ 1	7 ♋ 12	14 ♋	8 ♊	14 R	14 ♈	11 ♈
8	16 ♉ 29	13 ♉ 16	26 ♎ 17	27 ♎ 9	13 ♉ 5	24 ♈ 40	1 ♊ 5	8 ♍ 55	18 ♍ 7	9 ♓ 4	11 ♌ 1	7 ♋ 13	15 ♋	9 ♊	14 ♑	14 ♈	11 ♈
9	17 ♉ 27	27 ♉ 9	26 ♎ 14	27 ♎ 8	15 ♉ 13	24 ♈ 26	1 ♊ 47	8 ♍ 56	18 ♍ 5	9 ♓ 5	11 ♌ 2	7 ♋ 14	15 ♋	10 ♊	14 ♑	14 ♈	12 ♈
10	18 ♉ 25	11 ♊ 17	26 ♎ 11	27 ♎ 5	17 ♉ 23	24 ♈ 15	2 ♊ 29	8 ♍ 56	18 ♍ 4	9 ♓ 7	11 ♌ 2	7 ♋ 15	15 ♋	10 ♊	14 ♑	15 ♈	12 ♈
11	19 ♉ 23	25 ♊ 36	26 ♎ 8	27 ♎ 2	19 ♉ 33	24 ♈ 5	3 ♊ 11	8 ♍ 57	18 ♍ 3	9 ♓ 9	11 ♌ 3	7 ♋ 16	16 ♋	11 ♊	14 ♑	15 ♈	12 ♈
12	20 ♉ 21	10 ♋ 1	26 ♎ 5	26 ♎ 59	21 ♉ 44	23 ♈ 58	3 ♊ 52	8 ♍ 58	18 ♍ 2	9 ♓ 10	11 ♌ 3	7 ♋ 17	16 ♋	11 ♊	14 ♑	16 ♈	12 ♈
13	21 ♉ 19	24 ♋ 26	26 ♎ 1	26 ♎ 56	23 ♉ 55	23 ♈ 54	4 ♊ 34	8 ♍ 59	18 ♍ 1	9 ♓ 12	11 ♌ 4	7 ♋ 18	17 ♋	12 ♊	13 ♑	16 ♈	12 ♈
14	22 ♉ 17	8 ♌ 47	25 ♎ 58	26 ♎ 55	26 ♉ 5	23 ♈ 52	5 ♊ 16	9 ♍ 0	18 ♍ 0	9 ♓ 13	11 ♌ 5	7 ♋ 19	17 ♋	13 ♊	13 ♑	17 ♈	12 ♈
15	23 ♉ 15	23 ♌ 1	25 ♎ 55	26 ♎ 54	28 ♉ 16	23 D 52	5 ♊ 58	9 ♍ 2	18 ♍ 0	9 ♓ 15	11 ♌ 6	7 ♋ 20	17 ♋	13 ♊	13 ♑	17 ♈	12 ♈
16	24 ♉ 12	7 ♍ 5	25 ♎ 52	26 D 55	0 ♊ 26	23 ♈ 55	6 ♊ 39	9 ♍ 4	17 ♍ 59	9 ♓ 16	11 ♌ 6	7 ♋ 21	18 ♋	14 ♊	13 ♑	18 ♈	12 ♈
17	25 ♉ 10	20 ♍ 58	25 ♎ 49	26 ♎ 56	2 ♊ 35	23 ♈ 59	7 ♊ 21	9 ♍ 5	17 ♍ 59	9 ♓ 18	11 ♌ 7	7 ♋ 22	18 ♋	14 ♊	13 ♑	18 ♈	12 ♈
18	26 ♉ 8	4 ♎ 40	25 ♎ 46	26 ♎ 57	4 ♊ 42	24 ♈ 6	8 ♊ 2	9 ♍ 7	17 ♍ 58	9 ♓ 19	11 ♌ 8	7 ♋ 24	18 ♋	15 ♊	13 ♑	18 ♈	12 ♈
19	27 ♉ 6	18 ♎ 9	25 ♎ 42	26 ♎ 59	6 ♊ 48	24 ♈ 16	8 ♊ 44	9 ♍ 10	17 ♍ 58	9 ♓ 20	11 ♌ 9	7 ♋ 25	19 ♋	15 ♊	13 ♑	19 ♈	12 ♈
20	28 ♉ 3	1 ♏ 27	25 ♎ 39	26 R 59	8 ♊ 53	24 ♈ 27	9 ♊ 25	9 ♍ 12	17 ♍ 58	9 ♓ 22	11 ♌ 10	7 ♋ 26	19 ♋	16 ♊	13 ♑	19 ♈	12 ♈
21	29 ♉ 1	14 ♏ 32	25 ♎ 36	26 ♎ 58	10 ♊ 55	24 ♈ 40	10 ♊ 7	9 ♍ 15	17 ♍ 58	9 ♓ 23	11 ♌ 11	7 ♋ 27	20 ♋	17 ♊	13 ♑	20 ♈	12 ♈
22	29 ♉ 59	27 ♏ 24	25 ♎ 33	26 ♎ 55	12 ♊ 56	24 ♈ 56	10 ♊ 48	9 ♍ 17	17 D 58	9 ♓ 24	11 ♌ 11	7 ♋ 28	20 ♋	17 ♊	13 ♑	20 ♈	12 ♈
23	0 ♊ 56	10 ♐ 4	25 ♎ 30	26 ♎ 50	14 ♊ 54	25 ♈ 13	11 ♊ 30	9 ♍ 20	17 ♍ 58	9 ♓ 25	11 ♌ 12	7 ♋ 30	20 ♋	18 ♊	13 ♑	21 ♈	12 ♈
24	1 ♊ 54	22 ♐ 31	25 ♎ 26	26 ♎ 45	16 ♊ 50	25 ♈ 32	12 ♊ 11	9 ♍ 23	17 ♍ 58	9 ♓ 26	11 ♌ 13	7 ♋ 31	21 ♋	18 ♊	13 ♑	21 ♈	12 ♈
25	2 ♊ 52	4 ♑ 47	25 ♎ 23	26 ♎ 39	18 ♊ 43	25 ♈ 53	12 ♊ 52	9 ♍ 26	17 ♍ 58	9 ♓ 27	11 ♌ 14	7 ♋ 32	21 ♋	19 ♊	13 ♑	21 ♈	12 ♈
26	3 ♊ 49	16 ♑ 53	25 ♎ 20	26 ♎ 32	20 ♊ 34	26 ♈ 16	13 ♊ 33	9 ♍ 30	17 ♍ 59	9 ♓ 28	11 ♌ 15	7 ♋ 33	22 ♋	20 ♊	13 ♑	22 ♈	12 ♈
27	4 ♊ 47	28 ♑ 51	25 ♎ 17	26 ♎ 27	22 ♊ 21	26 ♈ 41	14 ♊ 14	9 ♍ 33	17 ♍ 59	9 ♓ 29	11 ♌ 17	7 ♋ 35	22 ♋	20 ♊	12 ♑	22 ♈	12 ♈
28	5 ♊ 44	10 ♒ 45	25 ♎ 14	26 ♎ 22	24 ♊ 6	27 ♈ 7	14 ♊ 56	9 ♍ 37	18 ♍ 0	9 ♓ 30	11 ♌ 18	7 ♋ 36	22 ♋	21 ♊	12 ♑	23 ♈	12 ♈
29	6 ♊ 42	22 ♒ 37	25 ♎ 11	26 ♎ 19	25 ♊ 48	27 ♈ 35	15 ♊ 37	9 ♍ 41	18 ♍ 1	9 ♓ 31	11 ♌ 19	7 ♋ 37	23 ♋	21 ♊	12 ♑	23 ♈	12 ♈
30	7 ♊ 40	4 ♓ 33	25 ♎ 7	26 ♎ 18	27 ♊ 28	28 ♈ 4	16 ♊ 18	9 ♍ 45	18 ♍ 2	9 ♓ 32	11 ♌ 20	7 ♋ 38	23 ♋	22 ♊	12 ♑	24 ♈	12 ♈
31	8 ♊ 37	16 ♓ 38	25 ♎ 4	26 D 18	29 ♊ 4	28 ♈ 35	16 ♊ 59	9 ♍ 49	18 ♍ 3	9 ♓ 32	11 ♌ 21	7 ♋ 40	24 ♋	23 ♊	12 ♑	24 ♈	13 ♈
SUN INGRESS	☉ → ♊ 22日 00:17																
MOON PHASE	● 8日 06:01 ♉	◐ 15日 00:24 ♌	○ 22日 05:15 ♐	◑ 30日 06:44 ♓													

aspects		
2日	07:42	☉□♆
3日	21:18	♃☍♅
5日	04:42	☿⚹♇
6日	00:55	☿△♃
6日	01:49	☿⚹♅
7日	00:42	☿□♆
9日	15:37	☉△♄
10日	07:35	☿△♄
10日	20:38	☉☌☿
19日	15:44	♂□♃
19日	21:44	♂□♅
20日	03:47	☿□♃
20日	05:38	☿□♅
20日	09:32	☿☌♂
21日	02:59	☿⚹♆
22日	13:48	♂⚹♆
24日	14:27	☿□♄
25日	09:44	♃☍♅
30日	13:06	☿⚹♀
31日	23:23	☉□♅

1921年6月

DAY	☉	☽	☊ mean	☊ true	☿	♀	♂	♃	♄	♅	♆	♇	⚳	⚴	⚵	⚶	⚷
	° ′	° ′	° ′	° ′	° ′	° ′	° ′	° ′	° ′	° ′	° ′	° ′	°	°	°	°	°
1	9 ♊ 35	28 ♓ 55	25 ♎ 1	26 D 20	0 D 37	29 D 7	17 D 40	9 D 53	18 D 4	9 D 33	11 D 22	7 D 41	24 D	23 D	12 R	24 D	13 D
2	10 ♊ 32	11 ♈ 30	24 ♎ 58	26 ♎ 21	2 ♋ 8	29 ♈ 40	18 ♊ 21	9 ♍ 58	18 ♍ 5	9 ♓ 34	11 ♌ 24	7 ♋ 43	24 ♋	24 ♊	12 ♑	25 ♈	13 ♈
3	11 ♊ 30	24 ♈ 27	24 ♎ 55	26 ♎ 22	3 ♋ 35	0 ♉ 15	19 ♊ 1	10 ♍ 3	18 ♍ 6	9 ♓ 34	11 ♌ 25	7 ♋ 44	25 ♋	24 ♊	11 ♑	25 ♈	13 ♈
4	12 ♊ 27	7 ♉ 48	24 ♎ 52	26 R 21	4 ♋ 59	0 ♉ 51	19 ♊ 42	10 ♍ 7	18 ♍ 7	9 ♓ 35	11 ♌ 26	7 ♋ 45	25 ♋	25 ♊	11 ♑	26 ♈	13 ♈
5	13 ♊ 25	21 ♉ 35	24 ♎ 48	26 ♎ 19	6 ♋ 20	1 ♉ 28	20 ♊ 23	10 ♍ 12	18 ♍ 9	9 ♓ 35	11 ♌ 28	7 ♋ 47	26 ♋	26 ♊	11 ♑	26 ♈	13 ♈
6	14 ♊ 22	5 ♊ 47	24 ♎ 45	26 ♎ 14	7 ♋ 38	2 ♉ 7	21 ♊ 4	10 ♍ 17	18 ♍ 10	9 ♓ 36	11 ♌ 29	7 ♋ 48	26 ♋	26 ♊	11 ♑	26 ♈	13 ♈
7	15 ♊ 19	20 ♊ 19	24 ♎ 42	26 ♎ 8	8 ♋ 53	2 ♉ 46	21 ♊ 45	10 ♍ 23	18 ♍ 12	9 ♓ 36	11 ♌ 30	7 ♋ 49	26 ♋	27 ♊	11 ♑	27 ♈	13 ♈
8	16 ♊ 17	5 ♋ 4	24 ♎ 39	26 ♎ 0	10 ♋ 5	3 ♉ 27	22 ♊ 25	10 ♍ 28	18 ♍ 14	9 ♓ 37	11 ♌ 32	7 ♋ 51	27 ♋	27 ♊	11 ♑	27 ♈	13 ♈
9	17 ♊ 14	19 ♋ 55	24 ♎ 36	25 ♎ 53	11 ♋ 13	4 ♉ 8	23 ♊ 6	10 ♍ 34	18 ♍ 16	9 ♓ 37	11 ♌ 33	7 ♋ 52	27 ♋	28 ♊	10 ♑	28 ♈	13 ♈
10	18 ♊ 12	4 ♌ 44	24 ♎ 32	25 ♎ 46	12 ♋ 18	4 ♉ 51	23 ♊ 47	10 ♍ 39	18 ♍ 18	9 ♓ 37	11 ♌ 35	7 ♋ 54	28 ♋	29 ♊	10 ♑	28 ♈	13 ♈
11	19 ♊ 9	19 ♌ 22	24 ♎ 29	25 ♎ 41	13 ♋ 19	5 ♉ 34	24 ♊ 27	10 ♍ 45	18 ♍ 20	9 ♓ 37	11 ♌ 36	7 ♋ 55	28 ♋	29 ♊	10 ♑	29 ♈	13 ♈
12	20 ♊ 6	3 ♍ 45	24 ♎ 26	25 ♎ 38	14 ♋ 17	6 ♉ 18	25 ♊ 8	10 ♍ 51	18 ♍ 22	9 ♓ 38	11 ♌ 38	7 ♋ 56	29 ♋	0 ♋	10 ♑	29 ♈	13 ♈
13	21 ♊ 4	17 ♍ 50	24 ♎ 23	25 ♎ 37	15 ♋ 12	7 ♉ 4	25 ♊ 48	10 ♍ 58	18 ♍ 24	9 ♓ 38	11 ♌ 39	7 ♋ 58	29 ♋	0 ♋	10 ♑	29 ♈	13 ♈
14	22 ♊ 1	1 ♎ 36	24 ♎ 20	25 D 37	16 ♋ 3	7 ♉ 50	26 ♊ 29	11 ♍ 4	18 ♍ 26	9 ♓ 38	11 ♌ 41	7 ♋ 59	29 ♋	1 ♋	9 ♑	0 ♉	13 ♈
15	22 ♊ 58	15 ♎ 4	24 ♎ 17	25 ♎ 38	16 ♋ 49	8 ♉ 37	27 ♊ 9	11 ♍ 10	18 ♍ 29	9 R 38	11 ♌ 42	8 ♋ 1	0 ♌	2 ♋	9 ♑	0 ♉	13 ♈
16	23 ♊ 56	28 ♎ 16	24 ♎ 13	25 R 38	17 ♋ 33	9 ♉ 24	27 ♊ 49	11 ♍ 17	18 ♍ 31	9 ♓ 38	11 ♌ 44	8 ♋ 2	0 ♌	2 ♋	9 ♑	1 ♉	13 ♈
17	24 ♊ 53	11 ♏ 13	24 ♎ 10	25 ♎ 37	18 ♋ 12	10 ♉ 13	28 ♊ 30	11 ♍ 24	18 ♍ 34	9 ♓ 38	11 ♌ 46	8 ♋ 4	1 ♌	3 ♋	9 ♑	1 ♉	13 ♈
18	25 ♊ 50	23 ♏ 58	24 ♎ 7	25 ♎ 33	18 ♋ 47	11 ♉ 2	29 ♊ 10	11 ♍ 30	18 ♍ 37	9 ♓ 38	11 ♌ 47	8 ♋ 5	1 ♌	3 ♋	9 ♑	1 ♉	13 ♈
19	26 ♊ 47	6 ♐ 32	24 ♎ 4	25 ♎ 27	19 ♋ 18	11 ♉ 51	29 ♊ 50	11 ♍ 37	18 ♍ 40	9 ♓ 37	11 ♌ 49	8 ♋ 7	2 ♌	4 ♋	8 ♑	2 ♉	13 ♈
20	27 ♊ 45	18 ♐ 56	24 ♎ 1	25 ♎ 19	19 ♋ 44	12 ♉ 42	0 ♋ 30	11 ♍ 44	18 ♍ 42	9 ♓ 37	11 ♌ 51	8 ♋ 8	2 ♌	5 ♋	8 ♑	2 ♉	13 ♈
21	28 ♊ 42	1 ♑ 11	23 ♎ 58	25 ♎ 9	20 ♋ 6	13 ♉ 33	1 ♋ 11	11 ♍ 52	18 ♍ 45	9 ♓ 37	11 ♌ 52	8 ♋ 10	2 ♌	5 ♋	8 ♑	3 ♉	13 ♈
22	29 ♊ 39	13 ♑ 19	23 ♎ 54	24 ♎ 57	20 ♋ 24	14 ♉ 25	1 ♋ 51	11 ♍ 59	18 ♍ 49	9 ♓ 37	11 ♌ 54	8 ♋ 11	3 ♌	6 ♋	8 ♑	3 ♉	13 ♈
23	0 ♋ 36	25 ♑ 19	23 ♎ 51	24 ♎ 45	20 ♋ 37	15 ♉ 17	2 ♋ 31	12 ♍ 6	18 ♍ 52	9 ♓ 36	11 ♌ 56	8 ♋ 13	3 ♌	6 ♋	8 ♑	3 ♉	13 ♈
24	1 ♋ 33	7 ♒ 14	23 ♎ 48	24 ♎ 35	20 ♋ 46	16 ♉ 10	3 ♋ 11	12 ♍ 14	18 ♍ 55	9 ♓ 36	11 ♌ 58	8 ♋ 14	4 ♌	7 ♋	7 ♑	4 ♉	13 ♈
25	2 ♋ 31	19 ♒ 6	23 ♎ 45	24 ♎ 25	20 ♋ 50	17 ♉ 4	3 ♋ 51	12 ♍ 22	18 ♍ 58	9 ♓ 35	11 ♌ 59	8 ♋ 16	4 ♌	8 ♋	7 ♑	4 ♉	13 ♈
26	3 ♋ 28	0 ♓ 57	23 ♎ 42	24 ♎ 18	20 R 50	17 ♉ 58	4 ♋ 31	12 ♍ 30	19 ♍ 2	9 ♓ 35	12 ♌ 1	8 ♋ 17	5 ♌	8 ♋	7 ♑	4 ♉	13 ♈
27	4 ♋ 25	12 ♓ 52	23 ♎ 38	24 ♎ 14	20 ♋ 45	18 ♉ 52	5 ♋ 11	12 ♍ 38	19 ♍ 5	9 ♓ 34	12 ♌ 3	8 ♋ 19	5 ♌	9 ♋	7 ♑	5 ♉	13 ♈
28	5 ♋ 22	24 ♓ 54	23 ♎ 35	24 ♎ 12	20 ♋ 35	19 ♉ 47	5 ♋ 51	12 ♍ 46	19 ♍ 9	9 ♓ 34	12 ♌ 5	8 ♋ 20	5 ♌	9 ♋	6 ♑	5 ♉	13 ♈
29	6 ♋ 19	7 ♈ 9	23 ♎ 32	24 D 11	20 ♋ 21	20 ♉ 43	6 ♋ 31	12 ♍ 54	19 ♍ 13	9 ♓ 33	12 ♌ 7	8 ♋ 22	6 ♌	10 ♋	6 ♑	6 ♉	13 ♈
30	7 ♋ 17	19 ♈ 41	23 ♎ 29	24 ♎ 12	20 ♋ 3	21 ♉ 39	7 ♋ 10	13 ♍ 2	19 ♍ 16	9 ♓ 32	12 ♌ 9	8 ♋ 23	6 ♌	11 ♋	6 ♑	6 ♉	13 ♈
SUN INGRESS	☉ → ♋ 22日 08:36																
MOON PHASE	● 6日 15:14 ♊	◐ 13日 05:59 ♍	○ 20日 18:41 ♐	◑ 28日 22:17 ♈													

aspects		
1日	08:29	☉□♃
1日	14:27	♂□♄
2日	22:01	☉⚹♆
6日	03:08	☿☌♇
7日	14:27	☿△♅
8日	08:51	☿⚹♃
10日	02:37	☉□♄
14日	05:07	♀⚹♇
16日	06:47	♀⚹♅
17日	16:16	☿⚹♄
18日	16:07	♀△♃
18日	22:43	♀□♆
27日	06:08	♀△♄
28日	16:43	☿⚹♀
29日	15:26	☉☌♂

1921年7月

DAY	☉	☽	☊ mean	☊ true	☿	♀	♂	♃	♄	♅	♆	♇	⚳	⚴	⚵	⚶	⚷
	° ′	° ′	° ′	° ′	° ′	° ′	° ′	° ′	° ′	° ′	° ′	° ′	°	°	°	°	°
1	8 ♋ 14	2 ♉ 35	23 ♎ 26	24 R 12	19 R 41	22 D 35	7 D 50	13 D 11	19 D 20	9 R 32	12 D 10	8 D 25	7 D	11 D	6 R	6 D	13 D
2	9 ♋ 11	15 ♉ 56	23 ♎ 23	24 ♎ 10	19 ♋ 16	23 ♉ 32	8 ♋ 30	13 ♍ 19	19 ♍ 24	9 ♓ 31	12 ♌ 12	8 ♋ 26	7 ♌	12 ♋	5 ♑	7 ♉	13 ♈
3	10 ♋ 8	29 ♉ 46	23 ♎ 19	24 ♎ 6	18 ♋ 47	24 ♉ 30	9 ♋ 10	13 ♍ 28	19 ♍ 28	9 ♓ 30	12 ♌ 14	8 ♋ 28	8 ♌	12 ♋	5 ♑	7 ♉	13 ♈
4	11 ♋ 6	14 ♊ 4	23 ♎ 16	24 ♎ 0	18 ♋ 16	25 ♉ 27	9 ♋ 50	13 ♍ 37	19 ♍ 32	9 ♓ 29	12 ♌ 16	8 ♋ 29	8 ♌	13 ♋	5 ♑	7 ♉	13 ♈
5	12 ♋ 3	28 ♊ 48	23 ♎ 13	23 ♎ 51	17 ♋ 42	26 ♉ 26	10 ♋ 29	13 ♍ 45	19 ♍ 37	9 ♓ 28	12 ♌ 18	8 ♋ 31	8 ♌	14 ♋	5 ♑	8 ♉	13 ♈
6	13 ♋ 0	13 ♋ 50	23 ♎ 10	23 ♎ 41	17 ♋ 6	27 ♉ 24	11 ♋ 9	13 ♍ 54	19 ♍ 41	9 ♓ 27	12 ♌ 20	8 ♋ 32	9 ♌	14 ♋	5 ♑	8 ♉	13 ♈
7	13 ♋ 57	29 ♋ 0	23 ♎ 7	23 ♎ 30	16 ♋ 29	28 ♉ 23	11 ♋ 49	14 ♍ 3	19 ♍ 45	9 ♓ 26	12 ♌ 22	8 ♋ 34	9 ♌	15 ♋	4 ♑	8 ♉	13 ♈
8	14 ♋ 54	14 ♌ 9	23 ♎ 4	23 ♎ 20	15 ♋ 51	29 ♉ 22	12 ♋ 28	14 ♍ 13	19 ♍ 50	9 ♓ 25	12 ♌ 24	8 ♋ 35	10 ♌	15 ♋	4 ♑	9 ♉	13 ♈
9	15 ♋ 52	29 ♌ 7	23 ♎ 0	23 ♎ 12	15 ♋ 13	0 ♊ 22	13 ♋ 8	14 ♍ 22	19 ♍ 54	9 ♓ 24	12 ♌ 26	8 ♋ 37	10 ♌	16 ♋	4 ♑	9 ♉	13 ♈
10	16 ♋ 49	13 ♍ 44	22 ♎ 57	23 ♎ 7	14 ♋ 36	1 ♊ 22	13 ♋ 47	14 ♍ 31	19 ♍ 59	9 ♓ 23	12 ♌ 28	8 ♋ 38	11 ♌	17 ♋	4 ♑	10 ♉	13 ♈
11	17 ♋ 46	27 ♍ 58	22 ♎ 54	23 ♎ 4	14 ♋ 1	2 ♊ 22	14 ♋ 27	14 ♍ 41	20 ♍ 3	9 ♓ 22	12 ♌ 30	8 ♋ 40	11 ♌	17 ♋	3 ♑	10 ♉	13 ♈
12	18 ♋ 43	11 ♎ 47	22 ♎ 51	23 ♎ 3	13 ♋ 27	3 ♊ 23	15 ♋ 6	14 ♍ 50	20 ♍ 8	9 ♓ 21	12 ♌ 32	8 ♋ 41	12 ♌	18 ♋	3 ♑	10 ♉	13 ♈
13	19 ♋ 41	25 ♎ 13	22 ♎ 48	23 ♎ 3	12 ♋ 55	4 ♊ 24	15 ♋ 46	15 ♍ 0	20 ♍ 13	9 ♓ 19	12 ♌ 34	8 ♋ 42	12 ♌	18 ♋	3 ♑	11 ♉	13 ♈
14	20 ♋ 38	8 ♏ 17	22 ♎ 44	23 ♎ 3	12 ♋ 27	5 ♊ 25	16 ♋ 25	15 ♍ 10	20 ♍ 18	9 ♓ 18	12 ♌ 37	8 ♋ 44	12 ♌	19 ♋	3 ♑	11 ♉	13 ♈
15	21 ♋ 35	21 ♏ 3	22 ♎ 41	23 ♎ 1	12 ♋ 3	6 ♊ 26	17 ♋ 5	15 ♍ 20	20 ♍ 23	9 ♓ 17	12 ♌ 39	8 ♋ 45	13 ♌	20 ♋	3 ♑	11 ♉	13 ♈
16	22 ♋ 32	3 ♐ 35	22 ♎ 38	22 ♎ 57	11 ♋ 42	7 ♊ 28	17 ♋ 44	15 ♍ 30	20 ♍ 28	9 ♓ 15	12 ♌ 41	8 ♋ 47	13 ♌	20 ♋	2 ♑	12 ♉	13 ♈
17	23 ♋ 29	15 ♐ 55	22 ♎ 35	22 ♎ 50	11 ♋ 26	8 ♊ 30	18 ♋ 23	15 ♍ 40	20 ♍ 33	9 ♓ 14	12 ♌ 43	8 ♋ 48	14 ♌	21 ♋	2 ♑	12 ♉	13 ♈
18	24 ♋ 27	28 ♐ 7	22 ♎ 32	22 ♎ 40	11 ♋ 15	9 ♊ 32	19 ♋ 2	15 ♍ 50	20 ♍ 38	9 ♓ 12	12 ♌ 45	8 ♋ 50	14 ♌	21 ♋	2 ♑	12 ♉	13 ♈
19	25 ♋ 24	10 ♑ 11	22 ♎ 29	22 ♎ 28	11 ♋ 9	10 ♊ 35	19 ♋ 42	16 ♍ 0	20 ♍ 43	9 ♓ 11	12 ♌ 47	8 ♋ 51	15 ♌	22 ♋	2 ♑	13 ♉	13 R
20	26 ♋ 21	22 ♑ 11	22 ♎ 25	22 ♎ 14	11 D 9	11 ♊ 38	20 ♋ 21	16 ♍ 10	20 ♍ 49	9 ♓ 9	12 ♌ 49	8 ♋ 53	15 ♌	23 ♋	2 ♑	13 ♉	13 ♈
21	27 ♋ 18	4 ♒ 6	22 ♎ 22	22 ♎ 0	11 ♋ 14	12 ♊ 41	21 ♋ 0	16 ♍ 21	20 ♍ 54	9 ♓ 8	12 ♌ 51	8 ♋ 54	16 ♌	23 ♋	1 ♑	13 ♉	13 ♈
22	28 ♋ 16	15 ♒ 58	22 ♎ 19	21 ♎ 47	11 ♋ 24	13 ♊ 44	21 ♋ 39	16 ♍ 31	20 ♍ 59	9 ♓ 6	12 ♌ 54	8 ♋ 56	16 ♌	24 ♋	1 ♑	14 ♉	13 ♈
23	29 ♋ 13	27 ♒ 49	22 ♎ 16	21 ♎ 36	11 ♋ 41	14 ♊ 48	22 ♋ 18	16 ♍ 42	21 ♍ 5	9 ♓ 5	12 ♌ 56	8 ♋ 57	16 ♌	24 ♋	1 ♑	14 ♉	13 ♈
24	0 ♌ 10	9 ♓ 42	22 ♎ 13	21 ♎ 28	12 ♋ 3	15 ♊ 52	22 ♋ 57	16 ♍ 52	21 ♍ 10	9 ♓ 3	12 ♌ 58	8 ♋ 58	17 ♌	25 ♋	1 ♑	14 ♉	13 ♈
25	1 ♌ 8	21 ♓ 38	22 ♎ 10	21 ♎ 22	12 ♋ 31	16 ♊ 56	23 ♋ 37	17 ♍ 3	21 ♍ 16	9 ♓ 1	13 ♌ 0	9 ♋ 0	17 ♌	26 ♋	1 ♑	14 ♉	13 ♈
26	2 ♌ 5	3 ♈ 41	22 ♎ 6	21 ♎ 19	13 ♋ 6	18 ♊ 0	24 ♋ 16	17 ♍ 14	21 ♍ 22	9 ♓ 0	13 ♌ 2	9 ♋ 1	18 ♌	26 ♋	0 ♑	15 ♉	13 ♈
27	3 ♌ 2	15 ♈ 55	22 ♎ 3	21 ♎ 18	13 ♋ 45	19 ♊ 5	24 ♋ 55	17 ♍ 24	21 ♍ 27	8 ♓ 58	13 ♌ 4	9 ♋ 3	18 ♌	27 ♋	0 ♑	15 ♉	13 ♈
28	3 ♌ 59	28 ♈ 26	22 ♎ 0	21 D 18	14 ♋ 31	20 ♊ 9	25 ♋ 34	17 ♍ 35	21 ♍ 33	8 ♓ 56	13 ♌ 7	9 ♋ 4	19 ♌	27 ♋	0 ♑	15 ♉	13 ♈
29	4 ♌ 57	11 ♉ 17	21 ♎ 57	21 R 18	15 ♋ 23	21 ♊ 14	26 ♋ 13	17 ♍ 46	21 ♍ 39	8 ♓ 54	13 ♌ 9	9 ♋ 5	19 ♌	28 ♋	0 ♑	16 ♉	13 ♈
30	5 ♌ 54	24 ♉ 33	21 ♎ 54	21 ♎ 17	16 ♋ 20	22 ♊ 19	26 ♋ 52	17 ♍ 57	21 ♍ 45	8 ♓ 52	13 ♌ 11	9 ♋ 7	20 ♌	28 ♋	0 ♑	16 ♉	13 ♈
31	6 ♌ 52	8 ♊ 17	21 ♎ 50	21 ♎ 14	17 ♋ 23	23 ♊ 25	27 ♋ 30	18 ♍ 8	21 ♍ 51	8 ♓ 50	13 ♌ 13	9 ♋ 8	20 ♌	29 ♋	0 ♑	16 ♉	13 ♈
SUN INGRESS	☉ → ♌ 23日 19:30																
MOON PHASE	● 5日 22:36 ♋	◐ 12日 13:15 ♎	○ 20日 09:07 ♑	◑ 28日 11:20 ♉													

aspects		
1日	04:35	☉☌♇
1日	17:30	☿⚹♄
1日	21:27	♂☌♇
2日	08:09	☉△♅
3日	11:54	♂△♅
7日	03:06	☉⚹♃
8日	14:17	☉☌☿
10日	02:36	☿⚹♃
10日	15:33	☿☌♂
11日	11:11	♂⚹♃
13日	14:51	☉⚹♄
17日	16:28	♀□♅
20日	19:38	♂⚹♄
21日	04:05	♀⚹♆
25日	03:09	♀□♃
25日	10:57	♅△♇
29日	10:06	♀□♄
31日	19:27	☿⚹♃

1921年8月

DAY	☉	☽	☊ mean	☊ true	☿	♀	♂	♃	♄	♅	♆	♇	⚳	⚴	⚵	⚶	⚷
	° ′	° ′	° ′	° ′	° ′	° ′	° ′	° ′	° ′	° ′	° ′	° ′	°	°	°	°	°
1	7 ♌ 49	22 ♊ 31	21 ♎ 47	21 R 8	18 D 31	24 D 30	28 D 9	18 D 20	21 D 57	8 R 48	13 D 16	9 D 9	21 D	0 D	0 R	17 D	13 R
2	8 ♌ 46	7 ♋ 12	21 ♎ 44	21 ♎ 0	19 ♋ 44	25 ♊ 36	28 ♋ 48	18 ♍ 31	22 ♍ 3	8 ♓ 46	13 ♌ 18	9 ♋ 11	21 ♌	0 ♌	29 ♐	17 ♉	13 ♈
3	9 ♌ 44	22 ♋ 16	21 ♎ 41	20 ♎ 51	21 ♋ 3	26 ♊ 42	29 ♋ 27	18 ♍ 42	22 ♍ 9	8 ♓ 44	13 ♌ 20	9 ♋ 12	21 ♌	1 ♌	29 ♐	17 ♉	13 ♈
4	10 ♌ 41	7 ♌ 32	21 ♎ 38	20 ♎ 41	22 ♋ 27	27 ♊ 48	0 ♌ 6	18 ♍ 54	22 ♍ 15	8 ♓ 42	13 ♌ 22	9 ♋ 13	22 ♌	1 ♌	29 ♐	17 ♉	13 ♈
5	11 ♌ 39	22 ♌ 50	21 ♎ 35	20 ♎ 31	23 ♋ 55	28 ♊ 54	0 ♌ 45	19 ♍ 5	22 ♍ 22	8 ♓ 40	13 ♌ 24	9 ♋ 15	22 ♌	2 ♌	29 ♐	18 ♉	13 ♈
6	12 ♌ 36	7 ♍ 59	21 ♎ 31	20 ♎ 24	25 ♋ 28	0 ♋ 0	1 ♌ 24	19 ♍ 17	22 ♍ 28	8 ♓ 38	13 ♌ 27	9 ♋ 16	23 ♌	3 ♌	29 ♐	18 ♉	13 ♈
7	13 ♌ 34	22 ♍ 49	21 ♎ 28	20 ♎ 19	27 ♋ 6	1 ♋ 7	2 ♌ 2	19 ♍ 28	22 ♍ 34	8 ♓ 36	13 ♌ 29	9 ♋ 17	23 ♌	3 ♌	29 ♐	18 ♉	13 ♈
8	14 ♌ 31	7 ♎ 14	21 ♎ 25	20 ♎ 16	28 ♋ 47	2 ♋ 14	2 ♌ 41	19 ♍ 40	22 ♍ 41	8 ♓ 34	13 ♌ 31	9 ♋ 19	24 ♌	4 ♌	29 ♐	18 ♉	13 ♈
9	15 ♌ 29	21 ♎ 12	21 ♎ 22	20 D 15	0 ♌ 32	3 ♋ 20	3 ♌ 20	19 ♍ 51	22 ♍ 47	8 ♓ 32	13 ♌ 33	9 ♋ 20	24 ♌	4 ♌	29 ♐	19 ♉	13 ♈
10	16 ♌ 26	4 ♏ 42	21 ♎ 19	20 ♎ 16	2 ♌ 20	4 ♋ 28	3 ♌ 58	20 ♍ 3	22 ♍ 53	8 ♓ 30	13 ♌ 36	9 ♋ 21	25 ♌	5 ♌	29 ♐	19 ♉	13 ♈
11	17 ♌ 24	17 ♏ 47	21 ♎ 15	20 R 16	4 ♌ 11	5 ♋ 35	4 ♌ 37	20 ♍ 15	23 ♍ 0	8 ♓ 28	13 ♌ 38	9 ♋ 22	25 ♌	5 ♌	28 ♐	19 ♉	13 ♈
12	18 ♌ 22	0 ♐ 31	21 ♎ 12	20 ♎ 16	6 ♌ 5	6 ♋ 42	5 ♌ 16	20 ♍ 27	23 ♍ 6	8 ♓ 26	13 ♌ 40	9 ♋ 24	26 ♌	6 ♌	28 ♐	19 ♉	13 ♈
13	19 ♌ 19	12 ♐ 58	21 ♎ 9	20 ♎ 13	8 ♌ 1	7 ♋ 50	5 ♌ 54	20 ♍ 39	23 ♍ 13	8 ♓ 23	13 ♌ 42	9 ♋ 25	26 ♌	7 ♌	28 ♐	20 ♉	13 ♈
14	20 ♌ 17	25 ♐ 12	21 ♎ 6	20 ♎ 8	9 ♌ 59	8 ♋ 57	6 ♌ 33	20 ♍ 51	23 ♍ 20	8 ♓ 21	13 ♌ 44	9 ♋ 26	26 ♌	7 ♌	28 ♐	20 ♉	13 ♈
15	21 ♌ 14	7 ♑ 16	21 ♎ 3	20 ♎ 1	11 ♌ 59	10 ♋ 5	7 ♌ 11	21 ♍ 3	23 ♍ 26	8 ♓ 19	13 ♌ 47	9 ♋ 27	27 ♌	8 ♌	28 ♐	20 ♉	13 ♈
16	22 ♌ 12	19 ♑ 14	21 ♎ 0	19 ♎ 51	13 ♌ 59	11 ♋ 13	7 ♌ 50	21 ♍ 15	23 ♍ 33	8 ♓ 17	13 ♌ 49	9 ♋ 28	27 ♌	8 ♌	28 ♐	20 ♉	13 ♈
17	23 ♌ 10	1 ♒ 8	20 ♎ 56	19 ♎ 41	16 ♌ 0	12 ♋ 21	8 ♌ 28	21 ♍ 27	23 ♍ 40	8 ♓ 14	13 ♌ 51	9 ♋ 29	28 ♌	9 ♌	28 ♐	21 ♉	13 ♈
18	24 ♌ 7	13 ♒ 0	20 ♎ 53	19 ♎ 30	18 ♌ 1	13 ♋ 29	9 ♌ 7	21 ♍ 39	23 ♍ 47	8 ♓ 12	13 ♌ 53	9 ♋ 31	28 ♌	9 ♌	28 ♐	21 ♉	13 ♈
19	25 ♌ 5	24 ♒ 52	20 ♎ 50	19 ♎ 20	20 ♌ 3	14 ♋ 38	9 ♌ 45	21 ♍ 51	23 ♍ 53	8 ♓ 10	13 ♌ 55	9 ♋ 32	29 ♌	10 ♌	28 ♐	21 ♉	13 ♈
20	26 ♌ 3	6 ♓ 46	20 ♎ 47	19 ♎ 12	22 ♌ 5	15 ♋ 46	10 ♌ 24	22 ♍ 3	24 ♍ 0	8 ♓ 7	13 ♌ 58	9 ♋ 33	29 ♌	11 ♌	28 ♐	21 ♉	13 ♈
21	27 ♌ 1	18 ♓ 43	20 ♎ 44	19 ♎ 5	24 ♌ 6	16 ♋ 55	11 ♌ 2	22 ♍ 16	24 ♍ 7	8 ♓ 5	14 ♌ 0	9 ♋ 34	0 ♍	11 ♌	28 ♐	21 ♉	13 ♈
22	27 ♌ 58	0 ♈ 45	20 ♎ 41	19 ♎ 1	26 ♌ 6	18 ♋ 3	11 ♌ 40	22 ♍ 28	24 ♍ 14	8 ♓ 3	14 ♌ 2	9 ♋ 35	0 ♍	12 ♌	28 ♐	22 ♉	13 ♈
23	28 ♌ 56	12 ♈ 55	20 ♎ 37	19 ♎ 0	28 ♌ 6	19 ♋ 12	12 ♌ 19	22 ♍ 40	24 ♍ 21	8 ♓ 0	14 ♌ 4	9 ♋ 36	1 ♍	12 ♌	28 ♐	22 ♉	13 ♈
24	29 ♌ 54	25 ♈ 15	20 ♎ 34	19 D 0	0 ♍ 5	20 ♋ 21	12 ♌ 57	22 ♍ 53	24 ♍ 28	7 ♓ 58	14 ♌ 6	9 ♋ 37	1 ♍	13 ♌	28 D	22 ♉	13 ♈
25	0 ♍ 52	7 ♉ 49	20 ♎ 31	19 ♎ 1	2 ♍ 3	21 ♋ 30	13 ♌ 35	23 ♍ 5	24 ♍ 35	7 ♓ 56	14 ♌ 8	9 ♋ 38	2 ♍	13 ♌	28 ♐	22 ♉	13 ♈
26	1 ♍ 50	20 ♉ 41	20 ♎ 28	19 ♎ 2	4 ♍ 0	22 ♋ 40	14 ♌ 14	23 ♍ 17	24 ♍ 42	7 ♓ 53	14 ♌ 11	9 ♋ 39	2 ♍	14 ♌	28 ♐	22 ♉	13 ♈
27	2 ♍ 48	3 ♊ 55	20 ♎ 25	19 R 2	5 ♍ 56	23 ♋ 49	14 ♌ 52	23 ♍ 30	24 ♍ 49	7 ♓ 51	14 ♌ 13	9 ♋ 40	2 ♍	15 ♌	28 ♐	23 ♉	13 ♈
28	3 ♍ 46	17 ♊ 32	20 ♎ 21	19 ♎ 1	7 ♍ 51	24 ♋ 59	15 ♌ 30	23 ♍ 43	24 ♍ 56	7 ♓ 48	14 ♌ 15	9 ♋ 41	3 ♍	15 ♌	28 ♐	23 ♉	13 ♈
29	4 ♍ 44	1 ♋ 36	20 ♎ 18	18 ♎ 59	9 ♍ 44	26 ♋ 8	16 ♌ 9	23 ♍ 55	25 ♍ 4	7 ♓ 46	14 ♌ 17	9 ♋ 42	3 ♍	16 ♌	28 ♐	23 ♉	13 ♈
30	5 ♍ 42	16 ♋ 5	20 ♎ 15	18 ♎ 54	11 ♍ 36	27 ♋ 18	16 ♌ 47	24 ♍ 8	25 ♍ 11	7 ♓ 44	14 ♌ 19	9 ♋ 43	4 ♍	16 ♌	28 ♐	23 ♉	13 ♈
31	6 ♍ 40	0 ♌ 55	20 ♎ 12	18 ♎ 49	13 ♍ 27	28 ♋ 28	17 ♌ 25	24 ♍ 20	25 ♍ 18	7 ♓ 41	14 ♌ 21	9 ♋ 44	4 ♍	17 ♌	28 ♐	23 ♉	13 ♈
SUN INGRESS	☉ → ♍ 24日 02:15																
MOON PHASE	● 4日 05:17 ♌	◐ 10日 23:13 ♏	○ 19日 00:28 ♒	◑ 26日 21:51 ♊													

aspects		
3日	20:33	☿⚹♄
6日	21:49	☉☌♆
11日	08:14	☿☌♂
13日	11:37	♀△♅
14日	10:22	♀☌♇
15日	21:57	☿☌♆
23日	19:42	☉☌☿
25日	21:54	♂☌♆
26日	15:56	♀⚹♃
27日	23:09	♀⚹♄
27日	23:34	☿☍♅
28日	23:33	☿⚹♇

1921年9月

DAY	☉	☽	☊ mean	☊ true	☿	♀	♂	♃	♄	♅	♆	♇	⚳	⚴	⚵	⚶	⚷
	° ′	° ′	° ′	° ′	° ′	° ′	° ′	° ′	° ′	° ′	° ′	° ′	°	°	°	°	°
1	7 ♍ 38	16 ♌ 1	20 ♎ 9	18 R 43	15 D 17	29 D 38	18 D 3	24 D 33	25 D 25	7 R 39	14 D 23	9 D 45	5 D	17 D	28 D	23 D	13 R
2	8 ♍ 36	1 ♍ 11	20 ♎ 6	18 ♎ 37	17 ♍ 6	0 ♌ 48	18 ♌ 41	24 ♍ 46	25 ♍ 32	7 ♓ 37	14 ♌ 25	9 ♋ 46	5 ♍	18 ♌	28 ♐	23 ♉	13 ♈
3	9 ♍ 34	16 ♍ 18	20 ♎ 2	18 ♎ 32	18 ♍ 53	1 ♌ 58	19 ♌ 19	24 ♍ 58	25 ♍ 40	7 ♓ 34	14 ♌ 27	9 ♋ 46	6 ♍	18 ♌	28 ♐	24 ♉	13 ♈
4	10 ♍ 32	1 ♎ 10	19 ♎ 59	18 ♎ 29	20 ♍ 39	3 ♌ 9	19 ♌ 58	25 ♍ 11	25 ♍ 47	7 ♓ 32	14 ♌ 29	9 ♋ 47	6 ♍	19 ♌	28 ♐	24 ♉	13 ♈
5	11 ♍ 30	15 ♎ 41	19 ♎ 56	18 ♎ 28	22 ♍ 24	4 ♌ 19	20 ♌ 36	25 ♍ 24	25 ♍ 54	7 ♓ 29	14 ♌ 31	9 ♋ 48	7 ♍	20 ♌	28 ♐	24 ♉	13 ♈
6	12 ♍ 29	29 ♎ 46	19 ♎ 53	18 D 29	24 ♍ 8	5 ♌ 29	21 ♌ 14	25 ♍ 37	26 ♍ 2	7 ♓ 27	14 ♌ 34	9 ♋ 49	7 ♍	20 ♌	28 ♐	24 ♉	12 ♈
7	13 ♍ 27	13 ♏ 23	19 ♎ 50	18 ♎ 30	25 ♍ 50	6 ♌ 40	21 ♌ 52	25 ♍ 49	26 ♍ 9	7 ♓ 25	14 ♌ 36	9 ♋ 50	7 ♍	21 ♌	29 ♐	24 ♉	12 ♈
8	14 ♍ 25	26 ♏ 35	19 ♎ 47	18 ♎ 31	27 ♍ 31	7 ♌ 51	22 ♌ 30	26 ♍ 2	26 ♍ 16	7 ♓ 22	14 ♌ 38	9 ♋ 50	8 ♍	21 ♌	29 ♐	24 ♉	12 ♈
9	15 ♍ 23	9 ♐ 22	19 ♎ 43	18 ♎ 32	29 ♍ 11	9 ♌ 2	23 ♌ 8	26 ♍ 15	26 ♍ 24	7 ♓ 20	14 ♌ 39	9 ♋ 51	8 ♍	22 ♌	29 ♐	24 ♉	12 ♈
10	16 ♍ 22	21 ♐ 51	19 ♎ 40	18 R 32	0 ♎ 50	10 ♌ 13	23 ♌ 46	26 ♍ 28	26 ♍ 31	7 ♓ 17	14 ♌ 41	9 ♋ 52	9 ♍	22 ♌	29 ♐	24 ♉	12 ♈
11	17 ♍ 20	4 ♑ 3	19 ♎ 37	18 ♎ 31	2 ♎ 28	11 ♌ 24	24 ♌ 24	26 ♍ 41	26 ♍ 38	7 ♓ 15	14 ♌ 43	9 ♋ 53	9 ♍	22 ♌	29 ♐	24 ♉	12 ♈
12	18 ♍ 18	16 ♑ 5	19 ♎ 34	18 ♎ 28	4 ♎ 5	12 ♌ 35	25 ♌ 2	26 ♍ 54	26 ♍ 46	7 ♓ 13	14 ♌ 45	9 ♋ 53	10 ♍	23 ♌	29 ♐	24 ♉	12 ♈
13	19 ♍ 17	28 ♑ 0	19 ♎ 31	18 ♎ 24	5 ♎ 41	13 ♌ 46	25 ♌ 40	27 ♍ 7	26 ♍ 53	7 ♓ 10	14 ♌ 47	9 ♋ 54	10 ♍	24 ♌	29 ♐	25 ♉	12 ♈
14	20 ♍ 15	9 ♒ 52	19 ♎ 27	18 ♎ 20	7 ♎ 15	14 ♌ 57	26 ♌ 18	27 ♍ 20	27 ♍ 1	7 ♓ 8	14 ♌ 49	9 ♋ 55	11 ♍	24 ♌	29 ♐	25 ♉	12 ♈
15	21 ♍ 14	21 ♒ 44	19 ♎ 24	18 ♎ 15	8 ♎ 48	16 ♌ 9	26 ♌ 56	27 ♍ 32	27 ♍ 8	7 ♓ 6	14 ♌ 51	9 ♋ 55	11 ♍	25 ♌	29 ♐	25 ♉	12 ♈
16	22 ♍ 12	3 ♓ 39	19 ♎ 21	18 ♎ 11	10 ♎ 21	17 ♌ 20	27 ♌ 33	27 ♍ 45	27 ♍ 15	7 ♓ 4	14 ♌ 53	9 ♋ 56	12 ♍	26 ♌	0 ♑	25 ♉	12 ♈
17	23 ♍ 11	15 ♓ 38	19 ♎ 18	18 ♎ 7	11 ♎ 52	18 ♌ 32	28 ♌ 11	27 ♍ 58	27 ♍ 23	7 ♓ 1	14 ♌ 55	9 ♋ 56	12 ♍	26 ♌	0 ♑	25 ♉	12 ♈
18	24 ♍ 9	27 ♓ 43	19 ♎ 15	18 ♎ 4	13 ♎ 22	19 ♌ 43	28 ♌ 49	28 ♍ 11	27 ♍ 30	6 ♓ 59	14 ♌ 57	9 ♋ 57	13 ♍	27 ♌	0 ♑	25 ♉	12 ♈
19	25 ♍ 8	9 ♈ 57	19 ♎ 12	18 ♎ 3	14 ♎ 51	20 ♌ 55	29 ♌ 27	28 ♍ 24	27 ♍ 38	6 ♓ 57	14 ♌ 58	9 ♋ 57	13 ♍	27 ♌	0 ♑	25 ♉	12 ♈
20	26 ♍ 6	22 ♈ 20	19 ♎ 8	18 D 3	16 ♎ 19	22 ♌ 7	0 ♍ 5	28 ♍ 37	27 ♍ 45	6 ♓ 54	15 ♌ 0	9 ♋ 58	13 ♍	28 ♌	0 ♑	25 ♉	12 ♈
21	27 ♍ 5	4 ♉ 54	19 ♎ 5	18 ♎ 3	17 ♎ 46	23 ♌ 19	0 ♍ 43	28 ♍ 50	27 ♍ 53	6 ♓ 52	15 ♌ 2	9 ♋ 58	14 ♍	28 ♌	0 ♑	25 ♉	12 ♈
22	28 ♍ 4	17 ♉ 41	19 ♎ 2	18 ♎ 5	19 ♎ 12	24 ♌ 31	1 ♍ 20	29 ♍ 3	28 ♍ 0	6 ♓ 50	15 ♌ 4	9 ♋ 59	14 ♍	29 ♌	0 ♑	25 ♉	12 ♈
23	29 ♍ 2	0 ♊ 43	18 ♎ 59	18 ♎ 6	20 ♎ 37	25 ♌ 43	1 ♍ 58	29 ♍ 16	28 ♍ 8	6 ♓ 48	15 ♌ 5	9 ♋ 59	15 ♍	29 ♌	1 ♑	25 R	12 ♈
24	0 ♎ 1	14 ♊ 1	18 ♎ 56	18 ♎ 7	22 ♎ 1	26 ♌ 55	2 ♍ 36	29 ♍ 29	28 ♍ 15	6 ♓ 46	15 ♌ 7	10 ♋ 0	15 ♍	0 ♍	1 ♑	25 ♉	12 ♈
25	1 ♎ 0	27 ♊ 38	18 ♎ 52	18 ♎ 8	23 ♎ 23	28 ♌ 7	3 ♍ 14	29 ♍ 42	28 ♍ 23	6 ♓ 44	15 ♌ 9	10 ♋ 0	16 ♍	0 ♍	1 ♑	25 ♉	12 ♈
26	1 ♎ 59	11 ♋ 34	18 ♎ 49	18 R 8	24 ♎ 44	29 ♌ 20	3 ♍ 51	29 ♍ 55	28 ♍ 30	6 ♓ 42	15 ♌ 10	10 ♋ 1	16 ♍	1 ♍	1 ♑	25 ♉	12 ♈
27	2 ♎ 58	25 ♋ 49	18 ♎ 46	18 ♎ 7	26 ♎ 4	0 ♍ 32	4 ♍ 29	0 ♎ 8	28 ♍ 37	6 ♓ 39	15 ♌ 12	10 ♋ 1	17 ♍	1 ♍	1 ♑	25 ♉	12 ♈
28	3 ♎ 57	10 ♌ 19	18 ♎ 43	18 ♎ 6	27 ♎ 23	1 ♍ 45	5 ♍ 7	0 ♎ 21	28 ♍ 45	6 ♓ 37	15 ♌ 14	10 ♋ 1	17 ♍	2 ♍	1 ♑	25 ♉	12 ♈
29	4 ♎ 55	25 ♌ 3	18 ♎ 40	18 ♎ 4	28 ♎ 40	2 ♍ 57	5 ♍ 44	0 ♎ 34	28 ♍ 52	6 ♓ 35	15 ♌ 15	10 ♋ 2	18 ♍	2 ♍	2 ♑	25 ♉	12 ♈
30	5 ♎ 54	9 ♍ 52	18 ♎ 37	18 ♎ 2	29 ♎ 56	4 ♍ 10	6 ♍ 22	0 ♎ 47	29 ♍ 0	6 ♓ 33	15 ♌ 17	10 ♋ 2	18 ♍	3 ♍	2 ♑	25 ♉	11 ♈

SUN INGRESS ☉ → ♎ 23日 23:20

MOON PHASE ● 2日 12:33 ♍ ◐ 9日 12:29 ♐ ○ 17日 16:20 ♓ ◑ 25日 06:17 ♋

aspects	
1日 00:26	☉☍♅
3日 05:12	☉⚹♇
6日 23:49	☿☌♃
7日 04:46	☿☌♄
10日 13:14	♃☌♄
13日 21:13	♀☌♆
15日 17:26	☿□♇
19日 01:56	☿⚹♆
21日 22:20	☉☌♄
23日 07:12	☉☌♃
30日 06:58	♂☍♅

1921年10月

DAY	☉	☽	☊ mean	☊ true	☿	♀	♂	♃	♄	♅	♆	♇	⚳	⚴	⚵	⚶	⚷
	° ′	° ′	° ′	° ′	° ′	° ′	° ′	° ′	° ′	° ′	° ′	° ′	°	°	°	°	°
1	6 ♎ 53	24 ♍ 40	18 ♎ 33	18 R 1	1 D 11	5 D 23	6 D 59	1 D 0	29 D 7	6 R 31	15 D 18	10 D 2	18 D	3 D	2 D	25 R	11 R
2	7 ♎ 52	9 ♎ 20	18 ♎ 30	18 ♎ 1	2 ♏ 24	6 ♍ 36	7 ♍ 37	1 ♎ 13	29 ♍ 15	6 ♓ 29	15 ♌ 20	10 ♋ 2	19 ♍	4 ♍	2 ♑	25 ♉	11 ♈
3	8 ♎ 52	23 ♎ 44	18 ♎ 27	18 D 1	3 ♏ 35	7 ♍ 49	8 ♍ 15	1 ♎ 26	29 ♍ 22	6 ♓ 28	15 ♌ 21	10 ♋ 3	19 ♍	4 ♍	2 ♑	24 ♉	11 ♈
4	9 ♎ 51	7 ♏ 47	18 ♎ 24	18 ♎ 1	4 ♏ 44	9 ♍ 2	8 ♍ 52	1 ♎ 39	29 ♍ 29	6 ♓ 26	15 ♌ 23	10 ♋ 3	20 ♍	5 ♍	3 ♑	24 ♉	11 ♈
5	10 ♎ 50	21 ♏ 27	18 ♎ 21	18 ♎ 2	5 ♏ 52	10 ♍ 15	9 ♍ 30	1 ♎ 52	29 ♍ 37	6 ♓ 24	15 ♌ 24	10 ♋ 3	20 ♍	5 ♍	3 ♑	24 ♉	11 ♈
6	11 ♎ 49	4 ♐ 43	18 ♎ 18	18 ♎ 2	6 ♏ 58	11 ♍ 28	10 ♍ 7	2 ♎ 5	29 ♍ 44	6 ♓ 22	15 ♌ 26	10 ♋ 3	21 ♍	6 ♍	3 ♑	24 ♉	11 ♈
7	12 ♎ 48	17 ♐ 35	18 ♎ 14	18 ♎ 3	8 ♏ 1	12 ♍ 41	10 ♍ 45	2 ♎ 17	29 ♍ 51	6 ♓ 20	15 ♌ 27	10 ♋ 3	21 ♍	7 ♍	3 ♑	24 ♉	11 ♈
8	13 ♎ 47	0 ♑ 7	18 ♎ 11	18 ♎ 3	9 ♏ 2	13 ♍ 54	11 ♍ 22	2 ♎ 30	29 ♍ 59	6 ♓ 18	15 ♌ 28	10 ♋ 3	22 ♍	7 ♍	4 ♑	24 ♉	11 ♈
9	14 ♎ 47	12 ♑ 22	18 ♎ 8	18 ♎ 3	10 ♏ 0	15 ♍ 7	12 ♍ 0	2 ♎ 43	0 ♎ 6	6 ♓ 17	15 ♌ 30	10 ♋ 3	22 ♍	8 ♍	4 ♑	24 ♉	11 ♈
10	15 ♎ 46	24 ♑ 25	18 ♎ 5	18 R 3	10 ♏ 55	16 ♍ 21	12 ♍ 37	2 ♎ 56	0 ♎ 13	6 ♓ 15	15 ♌ 31	10 ♋ 3	23 ♍	8 ♍	4 ♑	24 ♉	11 ♈
11	16 ♎ 45	6 ♒ 20	18 ♎ 2	18 ♎ 3	11 ♏ 48	17 ♍ 34	13 ♍ 15	3 ♎ 9	0 ♎ 21	6 ♓ 13	15 ♌ 32	10 ♋ 3	23 ♍	9 ♍	4 ♑	24 ♉	11 ♈
12	17 ♎ 45	18 ♒ 12	17 ♎ 58	18 ♎ 3	12 ♏ 36	18 ♍ 48	13 ♍ 52	3 ♎ 22	0 ♎ 28	6 ♓ 12	15 ♌ 34	10 R 3	23 ♍	9 ♍	4 ♑	23 ♉	11 ♈
13	18 ♎ 44	0 ♓ 4	17 ♎ 55	18 D 3	13 ♏ 22	20 ♍ 1	14 ♍ 29	3 ♎ 34	0 ♎ 35	6 ♓ 10	15 ♌ 35	10 ♋ 3	24 ♍	10 ♍	5 ♑	23 ♉	11 ♈
14	19 ♎ 43	12 ♓ 1	17 ♎ 52	18 ♎ 3	14 ♏ 3	21 ♍ 15	15 ♍ 7	3 ♎ 47	0 ♎ 42	6 ♓ 9	15 ♌ 36	10 ♋ 3	24 ♍	10 ♍	5 ♑	23 ♉	11 ♈
15	20 ♎ 43	24 ♓ 7	17 ♎ 49	18 ♎ 3	14 ♏ 39	22 ♍ 28	15 ♍ 44	4 ♎ 0	0 ♎ 50	6 ♓ 7	15 ♌ 37	10 ♋ 3	25 ♍	10 ♍	5 ♑	23 ♉	11 ♈
16	21 ♎ 42	6 ♈ 22	17 ♎ 46	18 ♎ 4	15 ♏ 10	23 ♍ 42	16 ♍ 21	4 ♎ 13	0 ♎ 57	6 ♓ 6	15 ♌ 38	10 ♋ 3	25 ♍	11 ♍	5 ♑	23 ♉	11 ♈
17	22 ♎ 42	18 ♈ 50	17 ♎ 43	18 R 4	15 ♏ 37	24 ♍ 56	16 ♍ 59	4 ♎ 25	1 ♎ 4	6 ♓ 4	15 ♌ 39	10 ♋ 3	26 ♍	11 ♍	6 ♑	23 ♉	11 ♈
18	23 ♎ 41	1 ♉ 31	17 ♎ 39	18 ♎ 4	15 ♏ 57	26 ♍ 10	17 ♍ 36	4 ♎ 38	1 ♎ 11	6 ♓ 3	15 ♌ 40	10 ♋ 3	26 ♍	12 ♍	6 ♑	22 ♉	11 ♈
19	24 ♎ 41	14 ♉ 26	17 ♎ 36	18 ♎ 3	16 ♏ 10	27 ♍ 24	18 ♍ 13	4 ♎ 50	1 ♎ 18	6 ♓ 2	15 ♌ 42	10 ♋ 3	27 ♍	12 ♍	6 ♑	22 ♉	11 ♈
20	25 ♎ 41	27 ♉ 35	17 ♎ 33	18 ♎ 2	16 ♏ 17	28 ♍ 38	18 ♍ 50	5 ♎ 3	1 ♎ 25	6 ♓ 0	15 ♌ 43	10 ♋ 2	27 ♍	13 ♍	6 ♑	22 ♉	11 ♈
21	26 ♎ 40	10 ♊ 57	17 ♎ 30	18 ♎ 1	16 R 16	29 ♍ 52	19 ♍ 28	5 ♎ 16	1 ♎ 32	5 ♓ 59	15 ♌ 44	10 ♋ 2	28 ♍	13 ♍	7 ♑	22 ♉	11 ♈
22	27 ♎ 40	24 ♊ 33	17 ♎ 27	18 ♎ 0	16 ♏ 7	1 ♎ 6	20 ♍ 5	5 ♎ 28	1 ♎ 39	5 ♓ 58	15 ♌ 45	10 ♋ 2	28 ♍	14 ♍	7 ♑	22 ♉	10 ♈
23	28 ♎ 40	8 ♋ 19	17 ♎ 23	17 ♎ 59	15 ♏ 49	2 ♎ 20	20 ♍ 42	5 ♎ 41	1 ♎ 46	5 ♓ 57	15 ♌ 45	10 ♋ 2	28 ♍	14 ♍	7 ♑	21 ♉	10 ♈
24	29 ♎ 39	22 ♋ 17	17 ♎ 20	17 ♎ 59	15 ♏ 23	3 ♎ 34	21 ♍ 19	5 ♎ 53	1 ♎ 53	5 ♓ 55	15 ♌ 46	10 ♋ 2	29 ♍	15 ♍	8 ♑	21 ♉	10 ♈
25	0 ♏ 39	6 ♌ 24	17 ♎ 17	17 D 59	14 ♏ 47	4 ♎ 48	21 ♍ 56	6 ♎ 5	2 ♎ 0	5 ♓ 54	15 ♌ 47	10 ♋ 1	29 ♍	15 ♍	8 ♑	21 ♉	10 ♈
26	1 ♏ 39	20 ♌ 39	17 ♎ 14	17 ♎ 59	14 ♏ 3	6 ♎ 2	22 ♍ 34	6 ♎ 18	2 ♎ 7	5 ♓ 53	15 ♌ 48	10 ♋ 1	0 ♎	16 ♍	8 ♑	21 ♉	10 ♈
27	2 ♏ 39	4 ♍ 59	17 ♎ 11	18 ♎ 0	13 ♏ 10	7 ♎ 17	23 ♍ 11	6 ♎ 30	2 ♎ 13	5 ♓ 52	15 ♌ 49	10 ♋ 0	0 ♎	16 ♍	8 ♑	21 ♉	10 ♈
28	3 ♏ 39	19 ♍ 21	17 ♎ 8	18 ♎ 1	12 ♏ 9	8 ♎ 31	23 ♍ 48	6 ♎ 42	2 ♎ 20	5 ♓ 51	15 ♌ 50	10 ♋ 0	1 ♎	17 ♍	9 ♑	20 ♉	10 ♈
29	4 ♏ 39	3 ♎ 41	17 ♎ 4	18 ♎ 2	11 ♏ 1	9 ♎ 45	24 ♍ 25	6 ♎ 55	2 ♎ 27	5 ♓ 50	15 ♌ 50	10 ♋ 0	1 ♎	17 ♍	9 ♑	20 ♉	10 ♈
30	5 ♏ 39	17 ♎ 56	17 ♎ 1	18 ♎ 3	9 ♏ 48	11 ♎ 0	25 ♍ 2	7 ♎ 7	2 ♎ 34	5 ♓ 50	15 ♌ 51	9 ♋ 59	2 ♎	18 ♍	9 ♑	20 ♉	10 ♈
31	6 ♏ 39	2 ♏ 0	16 ♎ 58	18 R 2	8 ♏ 31	12 ♎ 14	25 ♍ 39	7 ♎ 19	2 ♎ 40	5 ♓ 49	15 ♌ 52	9 ♋ 59	2 ♎	18 ♍	10 ♑	20 ♉	10 ♈

SUN INGRESS ☉ → ♏ 24日 08:02

MOON PHASE ● 1日 21:26 ♎ ◐ 9日 05:11 ♑ ○ 17日 07:59 ♈ ◑ 24日 13:31 ♌ ● 31日 08:38 ♏

aspects	
1日 21:59	♀☍♅
3日 17:39	♀☌♂
4日 04:53	☉□♇
4日 20:07	♀⚹♇
5日 11:13	☿△♅
5日 21:15	♂⚹♇
9日 01:24	☿△♇
9日 17:49	☉⚹♆
17日 03:12	☿□♆
22日 11:56	♀☌♄
23日 03:45	☿□♆
26日 05:59	♀☌♃
29日 04:38	♀□♇
29日 20:13	☿△♇
30日 04:14	☉△♅
31日 19:34	☉☌☿

1921年11月

DAY	☉	☽	☊ mean	☊ true	☿	♀	♂	♃	♄	♅	♆	♇	⚳	⚴	⚵	⚶	⚷
	° ′	° ′	° ′	° ′	° ′	° ′	° ′	° ′	° ′	° ′	° ′	° ′	°	°	°	°	°
1	7 ♏ 39	15 ♏ 50	16 ♎ 55	18 R 1	7 R 13	13 D 29	26 D 16	7 D 31	2 D 47	5 R 48	15 D 52	9 R 58	2 D	19 D	10 D	19 R	10 R
2	8 ♏ 39	29 ♏ 22	16 ♎ 52	17 ♎ 58	5 ♏ 57	14 ♎ 43	26 ♍ 53	7 ♎ 43	2 ♎ 53	5 ♓ 47	15 ♌ 53	9 ♋ 58	3 ♎	19 ♍	10 ♑	19 ♉	10 ♈
3	9 ♏ 39	12 ♐ 34	16 ♎ 49	17 ♎ 55	4 ♏ 44	15 ♎ 58	27 ♍ 30	7 ♎ 55	3 ♎ 0	5 ♓ 47	15 ♌ 53	9 ♋ 57	3 ♎	19 ♍	11 ♑	19 ♉	10 ♈
4	10 ♏ 39	25 ♐ 27	16 ♎ 45	17 ♎ 51	3 ♏ 37	17 ♎ 12	28 ♍ 7	8 ♎ 7	3 ♎ 6	5 ♓ 46	15 ♌ 54	9 ♋ 57	4 ♎	20 ♍	11 ♑	19 ♉	10 ♈
5	11 ♏ 39	8 ♑ 0	16 ♎ 42	17 ♎ 48	2 ♏ 38	18 ♎ 27	28 ♍ 44	8 ♎ 19	3 ♎ 13	5 ♓ 45	15 ♌ 55	9 ♋ 56	4 ♎	20 ♍	11 ♑	18 ♉	10 ♈
6	12 ♏ 40	20 ♑ 17	16 ♎ 39	17 ♎ 45	1 ♏ 49	19 ♎ 42	29 ♍ 21	8 ♎ 31	3 ♎ 19	5 ♓ 45	15 ♌ 55	9 ♋ 56	5 ♎	21 ♍	11 ♑	18 ♉	10 ♈
7	13 ♏ 40	2 ♒ 21	16 ♎ 36	17 ♎ 43	1 ♏ 11	20 ♎ 56	29 ♍ 58	8 ♎ 42	3 ♎ 25	5 ♓ 44	15 ♌ 55	9 ♋ 55	5 ♎	21 ♍	12 ♑	18 ♉	10 ♈
8	14 ♏ 40	14 ♒ 16	16 ♎ 33	17 ♎ 43	0 ♏ 43	22 ♎ 11	0 ♎ 34	8 ♎ 54	3 ♎ 32	5 ♓ 44	15 ♌ 56	9 ♋ 55	5 ♎	22 ♍	12 ♑	18 ♉	10 ♈
9	15 ♏ 40	26 ♒ 7	16 ♎ 29	17 D 43	0 ♏ 28	23 ♎ 26	1 ♎ 11	9 ♎ 6	3 ♎ 38	5 ♓ 44	15 ♌ 56	9 ♋ 54	6 ♎	22 ♍	12 ♑	17 ♉	10 ♈
10	16 ♏ 41	7 ♓ 59	16 ♎ 26	17 ♎ 45	0 D 24	24 ♎ 41	1 ♎ 48	9 ♎ 17	3 ♎ 44	5 ♓ 43	15 ♌ 57	9 ♋ 53	6 ♎	23 ♍	13 ♑	17 ♉	10 ♈
11	17 ♏ 41	19 ♓ 57	16 ♎ 23	17 ♎ 46	0 ♏ 31	25 ♎ 56	2 ♎ 25	9 ♎ 29	3 ♎ 50	5 ♓ 43	15 ♌ 57	9 ♋ 53	7 ♎	23 ♍	13 ♑	17 ♉	10 ♈
12	18 ♏ 41	2 ♈ 6	16 ♎ 20	17 ♎ 48	0 ♏ 49	27 ♎ 10	3 ♎ 2	9 ♎ 40	3 ♎ 56	5 ♓ 43	15 ♌ 57	9 ♋ 52	7 ♎	23 ♍	13 ♑	17 ♉	10 ♈
13	19 ♏ 42	14 ♈ 29	16 ♎ 17	17 ♎ 49	1 ♏ 16	28 ♎ 25	3 ♎ 38	9 ♎ 51	4 ♎ 2	5 ♓ 43	15 ♌ 57	9 ♋ 51	8 ♎	24 ♍	14 ♑	16 ♉	10 ♈
14	20 ♏ 42	27 ♈ 9	16 ♎ 14	17 R 49	1 ♏ 52	29 ♎ 40	4 ♎ 15	10 ♎ 3	4 ♎ 8	5 ♓ 42	15 ♌ 58	9 ♋ 51	8 ♎	24 ♍	14 ♑	16 ♉	10 ♈
15	21 ♏ 42	10 ♉ 7	16 ♎ 10	17 ♎ 47	2 ♏ 37	0 ♏ 55	4 ♎ 52	10 ♎ 14	4 ♎ 14	5 ♓ 42	15 ♌ 58	9 ♋ 50	8 ♎	25 ♍	14 ♑	16 ♉	10 ♈
16	22 ♏ 43	23 ♉ 25	16 ♎ 7	17 ♎ 43	3 ♏ 28	2 ♏ 10	5 ♎ 28	10 ♎ 25	4 ♎ 20	5 D 42	15 ♌ 58	9 ♋ 49	9 ♎	25 ♍	15 ♑	16 ♉	10 ♈
17	23 ♏ 43	7 ♊ 0	16 ♎ 4	17 ♎ 38	4 ♏ 25	3 ♏ 25	6 ♎ 5	10 ♎ 36	4 ♎ 25	5 ♓ 42	15 ♌ 58	9 ♋ 48	9 ♎	26 ♍	15 ♑	15 ♉	10 ♈
18	24 ♏ 44	20 ♊ 51	16 ♎ 1	17 ♎ 32	5 ♏ 28	4 ♏ 40	6 ♎ 42	10 ♎ 47	4 ♎ 31	5 ♓ 42	15 ♌ 58	9 ♋ 47	10 ♎	26 ♍	15 ♑	15 ♉	9 ♈
19	25 ♏ 44	4 ♋ 52	15 ♎ 58	17 ♎ 26	6 ♏ 35	5 ♏ 55	7 ♎ 18	10 ♎ 58	4 ♎ 37	5 ♓ 43	15 ♌ 58	9 ♋ 47	10 ♎	26 ♍	16 ♑	15 ♉	9 ♈
20	26 ♏ 45	19 ♋ 1	15 ♎ 55	17 ♎ 20	7 ♏ 47	7 ♏ 10	7 ♎ 55	11 ♎ 9	4 ♎ 42	5 ♓ 43	15 R 58	9 ♋ 46	11 ♎	27 ♍	16 ♑	15 ♉	9 ♈
21	27 ♏ 45	3 ♌ 14	15 ♎ 51	17 ♎ 16	9 ♏ 2	8 ♏ 25	8 ♎ 31	11 ♎ 20	4 ♎ 48	5 ♓ 43	15 ♌ 58	9 ♋ 45	11 ♎	27 ♍	17 ♑	14 ♉	9 ♈
22	28 ♏ 46	17 ♌ 26	15 ♎ 48	17 ♎ 14	10 ♏ 19	9 ♏ 40	9 ♎ 8	11 ♎ 31	4 ♎ 53	5 ♓ 43	15 ♌ 58	9 ♋ 44	11 ♎	28 ♍	17 ♑	14 ♉	9 ♈
23	29 ♏ 47	1 ♍ 36	15 ♎ 45	17 D 13	11 ♏ 40	10 ♏ 56	9 ♎ 44	11 ♎ 41	4 ♎ 58	5 ♓ 44	15 ♌ 58	9 ♋ 43	12 ♎	28 ♍	17 ♑	14 ♉	9 ♈
24	0 ♐ 47	15 ♍ 41	15 ♎ 42	17 ♎ 14	13 ♏ 2	12 ♏ 11	10 ♎ 21	11 ♎ 52	5 ♎ 4	5 ♓ 44	15 ♌ 58	9 ♋ 42	12 ♎	29 ♍	18 ♑	14 ♉	9 ♈
25	1 ♐ 48	29 ♍ 41	15 ♎ 39	17 ♎ 15	14 ♏ 27	13 ♏ 26	10 ♎ 57	12 ♎ 2	5 ♎ 9	5 ♓ 44	15 ♌ 57	9 ♋ 41	13 ♎	29 ♍	18 ♑	13 ♉	9 ♈
26	2 ♐ 49	13 ♎ 35	15 ♎ 35	17 ♎ 16	15 ♏ 53	14 ♏ 41	11 ♎ 34	12 ♎ 12	5 ♎ 14	5 ♓ 45	15 ♌ 57	9 ♋ 40	13 ♎	29 ♍	18 ♑	13 ♉	9 ♈
27	3 ♐ 49	27 ♎ 21	15 ♎ 32	17 R 16	17 ♏ 20	15 ♏ 56	12 ♎ 10	12 ♎ 23	5 ♎ 19	5 ♓ 46	15 ♌ 57	9 ♋ 39	13 ♎	0 ♎	19 ♑	13 ♉	9 ♈
28	4 ♐ 50	10 ♏ 59	15 ♎ 29	17 ♎ 13	18 ♏ 48	17 ♏ 11	12 ♎ 46	12 ♎ 33	5 ♎ 24	5 ♓ 46	15 ♌ 57	9 ♋ 38	14 ♎	0 ♎	19 ♑	13 ♉	9 ♈
29	5 ♐ 51	24 ♏ 26	15 ♎ 26	17 ♎ 8	20 ♏ 17	18 ♏ 27	13 ♎ 23	12 ♎ 43	5 ♎ 29	5 ♓ 47	15 ♌ 56	9 ♋ 37	14 ♎	0 ♎	19 ♑	12 ♉	9 ♈
30	6 ♐ 52	7 ♐ 40	15 ♎ 23	17 ♎ 1	21 ♏ 47	19 ♏ 42	13 ♎ 59	12 ♎ 53	5 ♎ 34	5 ♓ 47	15 ♌ 56	9 ♋ 36	15 ♎	1 ♎	20 ♑	12 ♉	9 ♈

SUN INGRESS	☉ → ♐ 23日 05:04
MOON PHASE	◐ 8日 00:53 ♒　○ 15日 22:39 ♉　◑ 22日 20:41 ♌　● 29日 22:25 ♐

aspects

2日	03:10	☿△♅
2日	22:36	♀⚹♆
3日	07:16	☉△♇
9日	06:22	☉□♆
12日	23:31	♃□♇
13日	18:25	♂☌♄
18日	05:24	☿△♅
18日	19:59	♀△♅
21日	13:18	☿△♇
22日	01:09	♀△♇
22日	23:15	♂□♇
26日	01:14	☿□♆
27日	00:13	♀□♆
27日	11:45	♂☌♃
28日	14:25	☉⚹♄
28日	22:17	☉□♅

1921年12月

DAY	☉	☽	☊ mean	☊ true	☿	♀	♂	♃	♄	♅	♆	♇	⚳	⚴	⚵	⚶	⚷
	° ′	° ′	° ′	° ′	° ′	° ′	° ′	° ′	° ′	° ′	° ′	° ′	°	°	°	°	°
1	7 ♐ 53	20 ♐ 39	15 ♎ 20	16 R 52	23 D 17	20 D 57	14 D 35	13 D 3	5 D 38	5 D 48	15 R 56	9 R 35	15 D	1 D	20 D	12 R	9 R
2	8 ♐ 54	3 ♑ 24	15 ♎ 16	16 ♎ 42	24 ♏ 48	22 ♏ 13	15 ♎ 11	13 ♎ 13	5 ♎ 43	5 ♓ 49	15 ♌ 55	9 ♋ 34	15 ♎	2 ♎	20 ♑	12 ♉	9 ♈
3	9 ♐ 54	15 ♑ 53	15 ♎ 13	16 ♎ 32	26 ♏ 20	23 ♏ 28	15 ♎ 47	13 ♎ 22	5 ♎ 48	5 ♓ 50	15 ♌ 55	9 ♋ 33	16 ♎	2 ♎	21 ♑	12 ♉	9 ♈
4	10 ♐ 55	28 ♑ 8	15 ♎ 10	16 ♎ 23	27 ♏ 51	24 ♏ 43	16 ♎ 24	13 ♎ 32	5 ♎ 52	5 ♓ 51	15 ♌ 54	9 ♋ 32	16 ♎	2 ♎	21 ♑	11 ♉	9 ♈
5	11 ♐ 56	10 ♒ 11	15 ♎ 7	16 ♎ 16	29 ♏ 23	25 ♏ 58	17 ♎ 0	13 ♎ 41	5 ♎ 56	5 ♓ 52	15 ♌ 54	9 ♋ 31	17 ♎	3 ♎	22 ♑	11 ♉	9 ♈
6	12 ♐ 57	22 ♒ 5	15 ♎ 4	16 ♎ 11	0 ♐ 55	27 ♏ 14	17 ♎ 36	13 ♎ 51	6 ♎ 1	5 ♓ 53	15 ♌ 53	9 ♋ 30	17 ♎	3 ♎	22 ♑	11 ♉	9 ♈
7	13 ♐ 58	3 ♓ 54	15 ♎ 1	16 ♎ 8	2 ♐ 28	28 ♏ 29	18 ♎ 12	14 ♎ 0	6 ♎ 5	5 ♓ 54	15 ♌ 53	9 ♋ 29	17 ♎	3 ♎	22 ♑	11 ♉	9 ♈
8	14 ♐ 59	15 ♓ 45	14 ♎ 57	16 D 8	4 ♐ 0	29 ♏ 45	18 ♎ 48	14 ♎ 9	6 ♎ 9	5 ♓ 55	15 ♌ 52	9 ♋ 28	18 ♎	4 ♎	23 ♑	11 ♉	9 ♈
9	16 ♐ 0	27 ♓ 41	14 ♎ 54	16 ♎ 8	5 ♐ 33	1 ♐ 0	19 ♎ 24	14 ♎ 18	6 ♎ 13	5 ♓ 56	15 ♌ 51	9 ♋ 27	18 ♎	4 ♎	23 ♑	11 ♉	9 ♈
10	17 ♐ 1	9 ♈ 48	14 ♎ 51	16 ♎ 9	7 ♐ 6	2 ♐ 15	20 ♎ 0	14 ♎ 27	6 ♎ 17	5 ♓ 57	15 ♌ 51	9 ♋ 26	19 ♎	5 ♎	24 ♑	11 ♉	9 ♈
11	18 ♐ 2	22 ♈ 12	14 ♎ 48	16 R 9	8 ♐ 39	3 ♐ 31	20 ♎ 36	14 ♎ 36	6 ♎ 21	5 ♓ 58	15 ♌ 50	9 ♋ 25	19 ♎	5 ♎	24 ♑	10 ♉	9 ♈
12	19 ♐ 3	4 ♉ 57	14 ♎ 45	16 ♎ 7	10 ♐ 12	4 ♐ 46	21 ♎ 11	14 ♎ 45	6 ♎ 25	6 ♓ 0	15 ♌ 49	9 ♋ 23	19 ♎	5 ♎	24 ♑	10 ♉	9 ♈
13	20 ♐ 4	18 ♉ 5	14 ♎ 41	16 ♎ 3	11 ♐ 45	6 ♐ 1	21 ♎ 47	14 ♎ 53	6 ♎ 29	6 ♓ 1	15 ♌ 48	9 ♋ 22	20 ♎	6 ♎	25 ♑	10 ♉	9 ♈
14	21 ♐ 5	1 ♊ 38	14 ♎ 38	15 ♎ 56	13 ♐ 18	7 ♐ 17	22 ♎ 23	15 ♎ 2	6 ♎ 32	6 ♓ 2	15 ♌ 48	9 ♋ 21	20 ♎	6 ♎	25 ♑	10 ♉	9 ♈
15	22 ♐ 6	15 ♊ 35	14 ♎ 35	15 ♎ 47	14 ♐ 51	8 ♐ 32	22 ♎ 59	15 ♎ 10	6 ♎ 36	6 ♓ 4	15 ♌ 47	9 ♋ 20	20 ♎	6 ♎	25 ♑	10 ♉	9 ♈
16	23 ♐ 7	29 ♊ 53	14 ♎ 32	15 ♎ 36	16 ♐ 25	9 ♐ 48	23 ♎ 34	15 ♎ 18	6 ♎ 39	6 ♓ 5	15 ♌ 46	9 ♋ 19	21 ♎	7 ♎	26 ♑	10 ♉	9 ♈
17	24 ♐ 8	14 ♋ 24	14 ♎ 29	15 ♎ 25	17 ♐ 58	11 ♐ 3	24 ♎ 10	15 ♎ 26	6 ♎ 43	6 ♓ 7	15 ♌ 45	9 ♋ 18	21 ♎	7 ♎	26 ♑	10 ♉	9 ♈
18	25 ♐ 9	29 ♋ 2	14 ♎ 26	15 ♎ 15	19 ♐ 32	12 ♐ 18	24 ♎ 46	15 ♎ 34	6 ♎ 46	6 ♓ 9	15 ♌ 44	9 ♋ 16	22 ♎	7 ♎	27 ♑	10 ♉	9 ♈
19	26 ♐ 10	13 ♌ 39	14 ♎ 22	15 ♎ 6	21 ♐ 6	13 ♐ 34	25 ♎ 21	15 ♎ 42	6 ♎ 49	6 ♓ 10	15 ♌ 43	9 ♋ 15	22 ♎	8 ♎	27 ♑	10 ♉	9 ♈
20	27 ♐ 11	28 ♌ 10	14 ♎ 19	15 ♎ 1	22 ♐ 40	14 ♐ 49	25 ♎ 57	15 ♎ 50	6 ♎ 52	6 ♓ 12	15 ♌ 42	9 ♋ 14	22 ♎	8 ♎	27 ♑	10 ♉	9 ♈
21	28 ♐ 12	12 ♍ 29	14 ♎ 16	14 ♎ 58	24 ♐ 14	16 ♐ 5	26 ♎ 32	15 ♎ 57	6 ♎ 55	6 ♓ 14	15 ♌ 41	9 ♋ 13	23 ♎	8 ♎	28 ♑	10 ♉	9 ♈
22	29 ♐ 13	26 ♍ 35	14 ♎ 13	14 ♎ 57	25 ♐ 48	17 ♐ 20	27 ♎ 8	16 ♎ 5	6 ♎ 58	6 ♓ 15	15 ♌ 40	9 ♋ 12	23 ♎	8 ♎	28 ♑	9 ♉	9 D
23	0 ♑ 14	10 ♎ 26	14 ♎ 10	14 D 57	27 ♐ 23	18 ♐ 36	27 ♎ 43	16 ♎ 12	7 ♎ 1	6 ♓ 17	15 ♌ 39	9 ♋ 10	23 ♎	9 ♎	29 ♑	9 ♉	9 ♈
24	1 ♑ 16	24 ♎ 4	14 ♎ 7	14 R 57	28 ♐ 57	19 ♐ 51	28 ♎ 18	16 ♎ 19	7 ♎ 3	6 ♓ 19	15 ♌ 38	9 ♋ 9	24 ♎	9 ♎	29 ♑	9 ♉	9 ♈
25	2 ♑ 17	7 ♏ 29	14 ♎ 3	14 ♎ 55	0 ♑ 32	21 ♐ 6	28 ♎ 54	16 ♎ 26	7 ♎ 6	6 ♓ 21	15 ♌ 37	9 ♋ 8	24 ♎	9 ♎	29 ♑	9 ♉	9 ♈
26	3 ♑ 18	20 ♏ 43	14 ♎ 0	14 ♎ 51	2 ♑ 7	22 ♐ 22	29 ♎ 29	16 ♎ 33	7 ♎ 8	6 ♓ 23	15 ♌ 36	9 ♋ 7	24 ♎	10 ♎	0 ♒	9 ♉	9 ♈
27	4 ♑ 19	3 ♐ 46	13 ♎ 57	14 ♎ 43	3 ♑ 43	23 ♐ 37	0 ♏ 4	16 ♎ 40	7 ♎ 11	6 ♓ 25	15 ♌ 35	9 ♋ 6	25 ♎	10 ♎	0 ♒	9 ♉	9 ♈
28	5 ♑ 20	16 ♐ 38	13 ♎ 54	14 ♎ 32	5 ♑ 19	24 ♐ 53	0 ♏ 39	16 ♎ 46	7 ♎ 13	6 ♓ 27	15 ♌ 34	9 ♋ 4	25 ♎	10 ♎	1 ♒	9 ♉	9 ♈
29	6 ♑ 21	29 ♐ 19	13 ♎ 51	14 ♎ 19	6 ♑ 55	26 ♐ 8	1 ♏ 14	16 ♎ 53	7 ♎ 15	6 ♓ 29	15 ♌ 32	9 ♋ 3	25 ♎	10 ♎	1 ♒	9 D	9 ♈
30	7 ♑ 23	11 ♑ 50	13 ♎ 47	14 ♎ 5	8 ♑ 31	27 ♐ 24	1 ♏ 50	16 ♎ 59	7 ♎ 17	6 ♓ 31	15 ♌ 31	9 ♋ 2	26 ♎	11 ♎	2 ♒	9 ♉	9 ♈
31	8 ♑ 24	24 ♑ 9	13 ♎ 44	13 ♎ 50	10 ♑ 7	28 ♐ 39	2 ♏ 25	17 ♎ 5	7 ♎ 19	6 ♓ 33	15 ♌ 30	9 ♋ 1	26 ♎	11 ♎	2 ♒	9 ♉	9 ♈

SUN INGRESS	☉ → ♑ 22日 18:07
MOON PHASE	◐ 7日 22:19 ♓　○ 15日 11:50 ♊　◑ 22日 04:54 ♍　● 29日 14:39 ♑

aspects

3日	04:45	♂⚹♆
7日	00:53	☉⚹♃
8日	20:38	☉△♆
9日	06:03	☿□♅
9日	10:54	☿⚹♄
12日	23:55	♀□♅
13日	09:07	♀⚹♄
15日	05:18	☿⚹♃
15日	14:10	☿△♆
17日	01:56	☉⚹♂
19日	03:17	♃⚹♆
20日	16:40	♀△♆
20日	21:25	♀⚹♃
23日	08:18	☿⚹♂
28日	01:10	☉☌☿
28日	17:27	☿⚹♅
29日	03:02	☉⚹♅
29日	05:15	☿□♄
29日	21:48	☉□♄
30日	07:37	☿☍♇
31日	14:11	☉☍♇

1922年1月

DAY	☉	☽	☊ mean	☊ true	☿	♀	♂	♃	♄	♅	♆	♇	⚳	⚴	⚵	⚶	⚷
	° ′	° ′	° ′	° ′	° ′	° ′	° ′	° ′	° ′	° ′	° ′	° ′	°	°	°	°	°
1	9 ♑ 25	6 ♒ 17	13 ♎ 41	13 R 37	11 D 44	29 D 55	2 D 59	17 D 11	7 D 21	6 D 35	15 R 29	8 R 59	26 D	11 D	2 D	9 D	9 D
2	10 ♑ 26	18 ♒ 16	13 ♎ 38	13 ♎ 26	13 ♑ 22	1 ♑ 10	3 ♏ 34	17 ♎ 17	7 ♎ 23	6 ♓ 38	15 ♌ 27	8 ♋ 58	27 ♎	11 ♎	3 ♒	9 ♉	9 ♈
3	11 ♑ 27	0 ♓ 7	13 ♎ 35	13 ♎ 17	14 ♑ 59	2 ♑ 26	4 ♏ 9	17 ♎ 23	7 ♎ 24	6 ♓ 40	15 ♌ 26	8 ♋ 57	27 ♎	12 ♎	3 ♒	9 ♉	9 ♈
4	12 ♑ 28	11 ♓ 55	13 ♎ 32	13 ♎ 11	16 ♑ 37	3 ♑ 41	4 ♏ 44	17 ♎ 28	7 ♎ 26	6 ♓ 42	15 ♌ 25	8 ♋ 56	27 ♎	12 ♎	4 ♒	9 ♉	9 ♈
5	13 ♑ 30	23 ♓ 43	13 ♎ 28	13 ♎ 9	18 ♑ 15	4 ♑ 57	5 ♏ 19	17 ♎ 34	7 ♎ 27	6 ♓ 44	15 ♌ 23	8 ♋ 54	28 ♎	12 ♎	4 ♒	10 ♉	9 ♈
6	14 ♑ 31	5 ♈ 36	13 ♎ 25	13 ♎ 8	19 ♑ 54	6 ♑ 12	5 ♏ 53	17 ♎ 39	7 ♎ 29	6 ♓ 47	15 ♌ 22	8 ♋ 53	28 ♎	12 ♎	4 ♒	10 ♉	9 ♈
7	15 ♑ 32	17 ♈ 40	13 ♎ 22	13 ♎ 8	21 ♑ 33	7 ♑ 27	6 ♏ 28	17 ♎ 44	7 ♎ 30	6 ♓ 49	15 ♌ 20	8 ♋ 52	28 ♎	13 ♎	5 ♒	10 ♉	9 ♈
8	16 ♑ 33	0 ♉ 0	13 ♎ 19	13 ♎ 7	23 ♑ 12	8 ♑ 43	7 ♏ 2	17 ♎ 49	7 ♎ 31	6 ♓ 52	15 ♌ 19	8 ♋ 51	29 ♎	13 ♎	5 ♒	10 ♉	9 ♈
9	17 ♑ 34	12 ♉ 42	13 ♎ 16	13 ♎ 5	24 ♑ 51	9 ♑ 58	7 ♏ 37	17 ♎ 53	7 ♎ 32	6 ♓ 54	15 ♌ 18	8 ♋ 50	29 ♎	13 ♎	6 ♒	10 ♉	9 ♈
10	18 ♑ 35	25 ♉ 49	13 ♎ 13	13 ♎ 1	26 ♑ 31	11 ♑ 14	8 ♏ 11	17 ♎ 58	7 ♎ 33	6 ♓ 57	15 ♌ 16	8 ♋ 48	29 ♎	13 ♎	6 ♒	10 ♉	9 ♈
11	19 ♑ 36	9 ♊ 26	13 ♎ 9	12 ♎ 54	28 ♑ 11	12 ♑ 29	8 ♏ 46	18 ♎ 2	7 ♎ 33	6 ♓ 59	15 ♌ 15	8 ♋ 47	0 ♏	13 ♎	7 ♒	10 ♉	9 ♈
12	20 ♑ 38	23 ♊ 31	13 ♎ 6	12 ♎ 44	29 ♑ 51	13 ♑ 45	9 ♏ 20	18 ♎ 6	7 ♎ 34	7 ♓ 2	15 ♌ 13	8 ♋ 46	0 ♏	14 ♎	7 ♒	10 ♉	9 ♈
13	21 ♑ 39	8 ♋ 2	13 ♎ 3	12 ♎ 33	1 ♒ 32	15 ♑ 0	9 ♏ 54	18 ♎ 10	7 ♎ 35	7 ♓ 4	15 ♌ 12	8 ♋ 45	0 ♏	14 ♎	7 ♒	10 ♉	9 ♈
14	22 ♑ 40	22 ♋ 54	13 ♎ 0	12 ♎ 21	3 ♒ 12	16 ♑ 16	10 ♏ 28	18 ♎ 14	7 ♎ 35	7 ♓ 7	15 ♌ 10	8 ♋ 43	1 ♏	14 ♎	8 ♒	10 ♉	9 ♈
15	23 ♑ 41	7 ♌ 56	12 ♎ 57	12 ♎ 10	4 ♒ 52	17 ♑ 31	11 ♏ 2	18 ♎ 18	7 ♎ 35	7 ♓ 10	15 ♌ 9	8 ♋ 42	1 ♏	14 ♎	8 ♒	10 ♉	9 ♈
16	24 ♑ 42	23 ♌ 0	12 ♎ 53	12 ♎ 1	6 ♒ 32	18 ♑ 46	11 ♏ 36	18 ♎ 21	7 ♎ 36	7 ♓ 13	15 ♌ 7	8 ♋ 41	1 ♏	14 ♎	9 ♒	11 ♉	9 ♈
17	25 ♑ 43	7 ♍ 55	12 ♎ 50	11 ♎ 54	8 ♒ 12	20 ♑ 2	12 ♏ 10	18 ♎ 25	7 ♎ 36	7 ♓ 15	15 ♌ 6	8 ♋ 40	1 ♏	15 ♎	9 ♒	11 ♉	9 ♈
18	26 ♑ 44	22 ♍ 35	12 ♎ 47	11 ♎ 51	9 ♒ 52	21 ♑ 17	12 ♏ 44	18 ♎ 28	7 R 36	7 ♓ 18	15 ♌ 4	8 ♋ 39	2 ♏	15 ♎	10 ♒	11 ♉	9 ♈
19	27 ♑ 45	6 ♎ 54	12 ♎ 44	11 ♎ 49	11 ♒ 31	22 ♑ 33	13 ♏ 18	18 ♎ 31	7 ♎ 36	7 ♓ 21	15 ♌ 2	8 ♋ 38	2 ♏	15 ♎	10 ♒	11 ♉	9 ♈
20	28 ♑ 46	20 ♎ 52	12 ♎ 41	11 D 49	13 ♒ 9	23 ♑ 48	13 ♏ 52	18 ♎ 34	7 ♎ 36	7 ♓ 24	15 ♌ 1	8 ♋ 36	2 ♏	15 ♎	10 ♒	11 ♉	9 ♈
21	29 ♑ 47	4 ♏ 28	12 ♎ 38	11 R 50	14 ♒ 46	25 ♑ 3	14 ♏ 25	18 ♎ 36	7 ♎ 35	7 ♓ 27	14 ♌ 59	8 ♋ 35	2 ♏	15 ♎	11 ♒	11 ♉	9 ♈
22	0 ♒ 48	17 ♏ 46	12 ♎ 34	11 ♎ 48	16 ♒ 21	26 ♑ 19	14 ♏ 59	18 ♎ 39	7 ♎ 35	7 ♓ 30	14 ♌ 58	8 ♋ 34	3 ♏	15 ♎	11 ♒	11 ♉	9 ♈
23	1 ♒ 49	0 ♐ 46	12 ♎ 31	11 ♎ 45	17 ♒ 55	27 ♑ 34	15 ♏ 32	18 ♎ 41	7 ♎ 34	7 ♓ 32	14 ♌ 56	8 ♋ 33	3 ♏	15 ♎	12 ♒	12 ♉	9 ♈
24	2 ♒ 50	13 ♐ 33	12 ♎ 28	11 ♎ 38	19 ♒ 26	28 ♑ 50	16 ♏ 6	18 ♎ 43	7 ♎ 34	7 ♓ 35	14 ♌ 54	8 ♋ 32	3 ♏	15 ♎	12 ♒	12 ♉	9 ♈
25	3 ♒ 51	26 ♐ 7	12 ♎ 25	11 ♎ 29	20 ♒ 55	0 ♒ 5	16 ♏ 39	18 ♎ 45	7 ♎ 33	7 ♓ 38	14 ♌ 53	8 ♋ 31	3 ♏	16 ♎	13 ♒	12 ♉	9 ♈
26	4 ♒ 52	8 ♑ 31	12 ♎ 22	11 ♎ 18	22 ♒ 21	1 ♒ 20	17 ♏ 12	18 ♎ 47	7 ♎ 32	7 ♓ 41	14 ♌ 51	8 ♋ 30	4 ♏	16 ♎	13 ♒	12 ♉	10 ♈
27	5 ♒ 53	20 ♑ 46	12 ♎ 18	11 ♎ 5	23 ♒ 43	2 ♒ 36	17 ♏ 45	18 ♎ 48	7 ♎ 31	7 ♓ 44	14 ♌ 49	8 ♋ 29	4 ♏	16 ♎	14 ♒	12 ♉	10 ♈
28	6 ♒ 54	2 ♒ 52	12 ♎ 15	10 ♎ 52	25 ♒ 0	3 ♒ 51	18 ♏ 18	18 ♎ 49	7 ♎ 30	7 ♓ 48	14 ♌ 48	8 ♋ 28	4 ♏	16 ♎	14 ♒	12 ♉	10 ♈
29	7 ♒ 55	14 ♒ 52	12 ♎ 12	10 ♎ 40	26 ♒ 13	5 ♒ 7	18 ♏ 51	18 ♎ 51	7 ♎ 29	7 ♓ 51	14 ♌ 46	8 ♋ 26	4 ♏	16 ♎	14 ♒	13 ♉	10 ♈
30	8 ♒ 56	26 ♒ 45	12 ♎ 9	10 ♎ 30	27 ♒ 19	6 ♒ 22	19 ♏ 24	18 ♎ 51	7 ♎ 28	7 ♓ 54	14 ♌ 44	8 ♋ 25	5 ♏	16 ♎	15 ♒	13 ♉	10 ♈
31	9 ♒ 57	8 ♓ 35	12 ♎ 6	10 ♎ 22	28 ♒ 19	7 ♒ 37	19 ♏ 57	18 ♎ 52	7 ♎ 26	7 ♓ 57	14 ♌ 43	8 ♋ 24	5 ♏	16 ♎	15 ♒	13 ♉	10 ♈

SUN INGRESS: ☉ → ♒ 21日 04:48

MOON PHASE: ◐ 6日 19:23 ♈ ○ 13日 23:36 ♋ ◑ 20日 15:00 ♎ ● 28日 08:48 ♒

aspects

4日	13:15	☿□♃
5日	12:57	♀⚹♂
6日	11:25	♀⚹♅
7日	00:43	♀□♄
7日	16:00	♂△♅
8日	02:26	♀☍♇
9日	08:07	☉□♃
11日	01:02	♂△♇
15日	15:41	♀□♃
16日	15:13	☿△♄
20日	16:12	☿□♂
21日	03:20	☿☍♆
21日	23:13	♂□♆
23日	12:19	☿△♃
28日	13:44	☉△♄
30日	20:32	♀△♄

1922年2月

DAY	☉	☽	☊ mean	☊ true	☿	♀	♂	♃	♄	♅	♆	♇	⚳	⚴	⚵	⚶	⚷
	° ′	° ′	° ′	° ′	° ′	° ′	° ′	° ′	° ′	° ′	° ′	° ′	°	°	°	°	°
1	10 ♒ 58	20 ♓ 22	12 ♎ 3	10 R 17	29 D 11	8 D 53	20 D 29	18 D 53	7 R 25	8 D 0	14 R 41	8 R 23	5 D	16 D	16 D	13 D	10 D
2	11 ♒ 59	2 ♈ 10	11 ♎ 59	10 ♎ 15	29 ♒ 55	10 ♒ 8	21 ♏ 2	18 ♎ 53	7 ♎ 23	8 ♓ 3	14 ♌ 39	8 ♋ 22	5 ♏	16 ♎	16 ♒	13 ♉	10 ♈
3	13 ♒ 0	14 ♈ 3	11 ♎ 56	10 D 15	0 ♓ 30	11 ♒ 23	21 ♏ 34	18 ♎ 53	7 ♎ 21	8 ♓ 6	14 ♌ 38	8 ♋ 21	5 ♏	16 ♎	17 ♒	14 ♉	10 ♈
4	14 ♒ 1	26 ♈ 6	11 ♎ 53	10 ♎ 16	0 ♓ 55	12 ♒ 39	22 ♏ 7	18 R 53	7 ♎ 20	8 ♓ 10	14 ♌ 36	8 ♋ 20	6 ♏	16 ♎	17 ♒	14 ♉	10 ♈
5	15 ♒ 2	8 ♉ 23	11 ♎ 50	10 ♎ 17	1 ♓ 10	13 ♒ 54	22 ♏ 39	18 ♎ 53	7 ♎ 18	8 ♓ 13	14 ♌ 34	8 ♋ 19	6 ♏	16 ♎	18 ♒	14 ♉	10 ♈
6	16 ♒ 3	20 ♉ 59	11 ♎ 47	10 R 17	1 R 14	15 ♒ 9	23 ♏ 11	18 ♎ 53	7 ♎ 16	8 ♓ 16	14 ♌ 33	8 ♋ 18	6 ♏	16 ♎	18 ♒	14 ♉	10 ♈
7	17 ♒ 3	4 ♊ 0	11 ♎ 44	10 ♎ 15	1 ♓ 7	16 ♒ 25	23 ♏ 43	18 ♎ 52	7 ♎ 14	8 ♓ 19	14 ♌ 31	8 ♋ 18	6 ♏	16 R	18 ♒	15 ♉	10 ♈
8	18 ♒ 4	17 ♊ 29	11 ♎ 40	10 ♎ 11	0 ♓ 49	17 ♒ 40	24 ♏ 15	18 ♎ 51	7 ♎ 12	8 ♓ 23	14 ♌ 29	8 ♋ 17	6 ♏	16 ♎	19 ♒	15 ♉	10 ♈
9	19 ♒ 5	1 ♋ 29	11 ♎ 37	10 ♎ 6	0 ♓ 20	18 ♒ 55	24 ♏ 47	18 ♎ 50	7 ♎ 9	8 ♓ 26	14 ♌ 27	8 ♋ 16	7 ♏	16 ♎	19 ♒	15 ♉	10 ♈
10	20 ♒ 6	15 ♋ 57	11 ♎ 34	9 ♎ 58	29 ♒ 41	20 ♒ 10	25 ♏ 18	18 ♎ 49	7 ♎ 7	8 ♓ 29	14 ♌ 26	8 ♋ 15	7 ♏	16 ♎	20 ♒	15 ♉	10 ♈
11	21 ♒ 6	0 ♌ 50	11 ♎ 31	9 ♎ 51	28 ♒ 54	21 ♒ 25	25 ♏ 50	18 ♎ 48	7 ♎ 4	8 ♓ 32	14 ♌ 24	8 ♋ 14	7 ♏	16 ♎	20 ♒	16 ♉	10 ♈
12	22 ♒ 7	16 ♌ 0	11 ♎ 28	9 ♎ 43	27 ♒ 58	22 ♒ 41	26 ♏ 21	18 ♎ 46	7 ♎ 2	8 ♓ 36	14 ♌ 22	8 ♋ 13	7 ♏	16 ♎	21 ♒	16 ♉	10 ♈
13	23 ♒ 8	1 ♍ 17	11 ♎ 24	9 ♎ 37	26 ♒ 57	23 ♒ 56	26 ♏ 53	18 ♎ 44	6 ♎ 59	8 ♓ 39	14 ♌ 21	8 ♋ 12	7 ♏	16 ♎	21 ♒	16 ♉	10 ♈
14	24 ♒ 8	16 ♍ 30	11 ♎ 21	9 ♎ 33	25 ♒ 51	25 ♒ 11	27 ♏ 24	18 ♎ 43	6 ♎ 57	8 ♓ 42	14 ♌ 19	8 ♋ 11	7 ♏	16 ♎	22 ♒	16 ♉	10 ♈
15	25 ♒ 9	1 ♎ 30	11 ♎ 18	9 ♎ 31	24 ♒ 43	26 ♒ 26	27 ♏ 55	18 ♎ 40	6 ♎ 54	8 ♓ 46	14 ♌ 17	8 ♋ 11	7 ♏	16 ♎	22 ♒	17 ♉	10 ♈
16	26 ♒ 9	16 ♎ 8	11 ♎ 15	9 D 31	23 ♒ 33	27 ♒ 41	28 ♏ 26	18 ♎ 38	6 ♎ 51	8 ♓ 49	14 ♌ 16	8 ♋ 10	8 ♏	16 ♎	23 ♒	17 ♉	10 ♈
17	27 ♒ 10	0 ♏ 21	11 ♎ 12	9 ♎ 32	22 ♒ 25	28 ♒ 57	28 ♏ 57	18 ♎ 36	6 ♎ 48	8 ♓ 53	14 ♌ 14	8 ♋ 9	8 ♏	16 ♎	23 ♒	17 ♉	10 ♈
18	28 ♒ 10	14 ♏ 9	11 ♎ 9	9 ♎ 33	21 ♒ 20	0 ♓ 12	29 ♏ 27	18 ♎ 33	6 ♎ 45	8 ♓ 56	14 ♌ 13	8 ♋ 8	8 ♏	16 ♎	23 ♒	17 ♉	10 ♈
19	29 ♒ 11	27 ♏ 31	11 ♎ 5	9 ♎ 34	20 ♒ 18	1 ♓ 27	29 ♏ 58	18 ♎ 30	6 ♎ 42	8 ♓ 59	14 ♌ 11	8 ♋ 8	8 ♏	16 ♎	24 ♒	18 ♉	10 ♈
20	0 ♓ 11	10 ♐ 31	11 ♎ 2	9 R 33	19 ♒ 22	2 ♓ 42	0 ♐ 28	18 ♎ 27	6 ♎ 38	9 ♓ 3	14 ♌ 9	8 ♋ 7	8 ♏	15 ♎	24 ♒	18 ♉	11 ♈
21	1 ♓ 12	23 ♐ 12	10 ♎ 59	9 ♎ 31	18 ♒ 32	3 ♓ 57	0 ♐ 59	18 ♎ 24	6 ♎ 35	9 ♓ 6	14 ♌ 8	8 ♋ 6	8 ♏	15 ♎	25 ♒	18 ♉	11 ♈
22	2 ♓ 12	5 ♑ 37	10 ♎ 56	9 ♎ 27	17 ♒ 49	5 ♓ 12	1 ♐ 29	18 ♎ 21	6 ♎ 32	9 ♓ 10	14 ♌ 6	8 ♋ 6	8 ♏	15 ♎	25 ♒	19 ♉	11 ♈
23	3 ♓ 13	17 ♑ 50	10 ♎ 53	9 ♎ 21	17 ♒ 13	6 ♓ 27	1 ♐ 59	18 ♎ 17	6 ♎ 28	9 ♓ 13	14 ♌ 5	8 ♋ 5	8 ♏	15 ♎	26 ♒	19 ♉	11 ♈
24	4 ♓ 13	29 ♑ 53	10 ♎ 50	9 ♎ 15	16 ♒ 44	7 ♓ 42	2 ♐ 28	18 ♎ 13	6 ♎ 25	9 ♓ 16	14 ♌ 3	8 ♋ 4	8 ♏	15 ♎	26 ♒	19 ♉	11 ♈
25	5 ♓ 14	11 ♒ 50	10 ♎ 46	9 ♎ 8	16 ♒ 23	8 ♓ 57	2 ♐ 58	18 ♎ 9	6 ♎ 21	9 ♓ 20	14 ♌ 1	8 ♋ 4	9 ♏	15 ♎	27 ♒	19 ♉	11 ♈
26	6 ♓ 14	23 ♒ 42	10 ♎ 43	9 ♎ 2	16 ♒ 9	10 ♓ 12	3 ♐ 27	18 ♎ 5	6 ♎ 17	9 ♓ 23	14 ♌ 0	8 ♋ 3	9 ♏	15 ♎	27 ♒	20 ♉	11 ♈
27	7 ♓ 14	5 ♓ 32	10 ♎ 40	8 ♎ 57	16 ♒ 2	11 ♓ 27	3 ♐ 57	18 ♎ 1	6 ♎ 14	9 ♓ 27	13 ♌ 58	8 ♋ 3	9 ♏	14 ♎	28 ♒	20 ♉	11 ♈
28	8 ♓ 14	17 ♓ 20	10 ♎ 37	8 ♎ 53	16 D 2	12 ♓ 42	4 ♐ 26	17 ♎ 57	6 ♎ 10	9 ♓ 30	13 ♌ 57	8 ♋ 2	9 ♏	14 ♎	28 ♒	20 ♉	11 ♈

SUN INGRESS: ☉ → ♓ 19日 19:16

MOON PHASE: ◐ 5日 13:52 ♉ ○ 12日 10:17 ♌ ◑ 19日 03:18 ♏ ● 27日 03:47 ♓

aspects

4日	13:25	☉☍♆
5日	12:33	♀☍♆
6日	14:02	♅△♇
8日	18:18	☉△♃
8日	22:29	♀△♃
9日	16:16	☉☌♀
13日	01:04	☿□♂
14日	06:42	☿☌♀
14日	19:08	☉☌☿
17日	00:05	♀□♂
20日	13:24	☉□♂
21日	04:28	☿△♃
24日	06:58	♀△♇
25日	07:34	♀☌♅
27日	19:04	☉△♇

1922年3月

DAY	☉	☽	☊ mean	☊ true	☿	♀	♂	♃	♄	♅	♆	♇	⚳	⚴	⚵	⚶	⚷
	° ′	° ′	° ′	° ′	° ′	° ′	° ′	° ′	° ′	° ′	° ′	° ′	°	°	°	°	°
1	9 ♓ 15	29 ♓ 10	10 ♎ 34	8 R 51	16 D 8	13 D 57	4 D 55	17 R 52	6 R 6	9 D 34	13 R 55	8 R 1	9 D	14 R	28 D	21 D	11 D
2	10 ♓ 15	11 ♈ 2	10 ♎ 30	8 D 51	16 ♒ 21	15 ♓ 12	5 ♐ 23	17 ♎ 47	6 ♎ 2	9 ♓ 37	13 ♌ 54	8 ♋ 1	9 ♏	14 ♎	29 ♒	21 ♉	11 ♈
3	11 ♓ 15	23 ♈ 1	10 ♎ 27	8 ♎ 52	16 ♒ 39	16 ♓ 27	5 ♐ 52	17 ♎ 43	5 ♎ 58	9 ♓ 41	13 ♌ 52	8 ♋ 0	9 ♏	14 ♎	29 ♒	21 ♉	11 ♈
4	12 ♓ 15	5 ♉ 8	10 ♎ 24	8 ♎ 53	17 ♒ 3	17 ♓ 42	6 ♐ 20	17 ♎ 38	5 ♎ 54	9 ♓ 44	13 ♌ 51	8 ♋ 0	9 ♏	13 ♎	0 ♓	22 ♉	11 ♈
5	13 ♓ 15	17 ♉ 29	10 ♎ 21	8 ♎ 55	17 ♒ 31	18 ♓ 57	6 ♐ 48	17 ♎ 32	5 ♎ 50	9 ♓ 47	13 ♌ 49	8 ♋ 0	9 ♏	13 ♎	0 ♓	22 ♉	11 ♈
6	14 ♓ 16	0 ♊ 6	10 ♎ 18	8 ♎ 56	18 ♒ 5	20 ♓ 12	7 ♐ 16	17 ♎ 27	5 ♎ 46	9 ♓ 51	13 ♌ 48	7 ♋ 59	9 ♏	13 ♎	1 ♓	22 ♉	11 ♈
7	15 ♓ 16	13 ♊ 3	10 ♎ 15	8 ♎ 57	18 ♒ 42	21 ♓ 27	7 ♐ 44	17 ♎ 22	5 ♎ 41	9 ♓ 54	13 ♌ 47	7 ♋ 59	9 ♏	13 ♎	1 ♓	23 ♉	11 ♈
8	16 ♓ 16	26 ♊ 24	10 ♎ 11	8 R 57	19 ♒ 24	22 ♓ 42	8 ♐ 12	17 ♎ 16	5 ♎ 37	9 ♓ 58	13 ♌ 45	7 ♋ 58	9 R	13 ♎	2 ♓	23 ♉	11 ♈
9	17 ♓ 16	10 ♋ 12	10 ♎ 8	8 ♎ 55	20 ♒ 9	23 ♓ 57	8 ♐ 39	17 ♎ 10	5 ♎ 33	10 ♓ 1	13 ♌ 44	7 ♋ 58	9 ♏	12 ♎	2 ♓	23 ♉	11 ♈
10	18 ♓ 16	24 ♋ 27	10 ♎ 5	8 ♎ 53	20 ♒ 58	25 ♓ 11	9 ♐ 6	17 ♎ 4	5 ♎ 29	10 ♓ 5	13 ♌ 43	7 ♋ 58	9 ♏	12 ♎	3 ♓	24 ♉	11 ♈
11	19 ♓ 15	9 ♌ 6	10 ♎ 2	8 ♎ 51	21 ♒ 51	26 ♓ 26	9 ♐ 33	16 ♎ 58	5 ♎ 24	10 ♓ 8	13 ♌ 41	7 ♋ 57	9 ♏	12 ♎	3 ♓	24 ♉	11 ♈
12	20 ♓ 15	24 ♌ 5	9 ♎ 59	8 ♎ 48	22 ♒ 46	27 ♓ 41	10 ♐ 0	16 ♎ 52	5 ♎ 20	10 ♓ 11	13 ♌ 40	7 ♋ 57	9 ♏	11 ♎	4 ♓	24 ♉	12 ♈
13	21 ♓ 15	9 ♍ 16	9 ♎ 55	8 ♎ 46	23 ♒ 44	28 ♓ 56	10 ♐ 26	16 ♎ 46	5 ♎ 15	10 ♓ 15	13 ♌ 39	7 ♋ 57	9 ♏	11 ♎	4 ♓	25 ♉	12 ♈
14	22 ♓ 15	24 ♍ 29	9 ♎ 52	8 ♎ 45	24 ♒ 45	0 ♈ 10	10 ♐ 53	16 ♎ 40	5 ♎ 11	10 ♓ 18	13 ♌ 37	7 ♋ 57	9 ♏	11 ♎	4 ♓	25 ♉	12 ♈
15	23 ♓ 15	9 ♎ 34	9 ♎ 49	8 D 44	25 ♒ 49	1 ♈ 25	11 ♐ 19	16 ♎ 33	5 ♎ 6	10 ♓ 22	13 ♌ 36	7 ♋ 57	9 ♏	11 ♎	5 ♓	25 ♉	12 ♈
16	24 ♓ 15	24 ♎ 24	9 ♎ 46	8 ♎ 45	26 ♒ 54	2 ♈ 40	11 ♐ 44	16 ♎ 27	5 ♎ 2	10 ♓ 25	13 ♌ 35	7 ♋ 56	9 ♏	10 ♎	5 ♓	26 ♉	12 ♈
17	25 ♓ 14	8 ♏ 50	9 ♎ 43	8 ♎ 46	28 ♒ 3	3 ♈ 54	12 ♐ 10	16 ♎ 20	4 ♎ 57	10 ♓ 28	13 ♌ 34	7 ♋ 56	9 ♏	10 ♎	6 ♓	26 ♉	12 ♈
18	26 ♓ 14	22 ♏ 51	9 ♎ 40	8 ♎ 47	29 ♒ 13	5 ♈ 9	12 ♐ 35	16 ♎ 13	4 ♎ 52	10 ♓ 32	13 ♌ 33	7 ♋ 56	9 ♏	10 ♎	6 ♓	26 ♉	12 ♈
19	27 ♓ 14	6 ♐ 24	9 ♎ 36	8 ♎ 48	0 ♓ 25	6 ♈ 24	13 ♐ 0	16 ♎ 6	4 ♎ 48	10 ♓ 35	13 ♌ 32	7 ♋ 56	8 ♏	9 ♎	7 ♓	27 ♉	12 ♈
20	28 ♓ 13	19 ♐ 31	9 ♎ 33	8 ♎ 48	1 ♓ 40	7 ♈ 38	13 ♐ 25	15 ♎ 59	4 ♎ 43	10 ♓ 38	13 ♌ 30	7 ♋ 56	8 ♏	9 ♎	7 ♓	27 ♉	12 ♈
21	29 ♓ 13	2 ♑ 15	9 ♎ 30	8 R 48	2 ♓ 56	8 ♈ 53	13 ♐ 49	15 ♎ 52	4 ♎ 39	10 ♓ 42	13 ♌ 29	7 ♋ 56	8 ♏	9 ♎	8 ♓	27 ♉	12 ♈
22	0 ♈ 12	14 ♑ 40	9 ♎ 27	8 ♎ 48	4 ♓ 14	10 ♈ 7	14 ♐ 14	15 ♎ 45	4 ♎ 34	10 ♓ 45	13 ♌ 28	7 ♋ 56	8 ♏	9 ♎	8 ♓	28 ♉	12 ♈
23	1 ♈ 12	26 ♑ 50	9 ♎ 24	8 ♎ 47	5 ♓ 34	11 ♈ 22	14 ♐ 38	15 ♎ 38	4 ♎ 29	10 ♓ 48	13 ♌ 27	7 ♋ 56	8 ♏	8 ♎	9 ♓	28 ♉	12 ♈
24	2 ♈ 11	8 ♒ 49	9 ♎ 21	8 ♎ 47	6 ♓ 55	12 ♈ 36	15 ♐ 1	15 ♎ 31	4 ♎ 25	10 ♓ 52	13 ♌ 26	7 D 56	8 ♏	8 ♎	9 ♓	28 ♉	12 ♈
25	3 ♈ 11	20 ♒ 41	9 ♎ 17	8 ♎ 46	8 ♓ 18	13 ♈ 51	15 ♐ 24	15 ♎ 23	4 ♎ 20	10 ♓ 55	13 ♌ 25	7 ♋ 56	8 ♏	8 ♎	10 ♓	29 ♉	12 ♈
26	4 ♈ 10	2 ♓ 29	9 ♎ 14	8 ♎ 45	9 ♓ 43	15 ♈ 5	15 ♐ 47	15 ♎ 16	4 ♎ 15	10 ♓ 58	13 ♌ 24	7 ♋ 56	8 ♏	7 ♎	10 ♓	29 ♉	12 ♈
27	5 ♈ 10	14 ♓ 17	9 ♎ 11	8 ♎ 44	11 ♓ 9	16 ♈ 20	16 ♐ 10	15 ♎ 8	4 ♎ 10	11 ♓ 1	13 ♌ 23	7 ♋ 56	8 ♏	7 ♎	11 ♓	0 ♊	12 ♈
28	6 ♈ 9	26 ♓ 7	9 ♎ 8	8 ♎ 44	12 ♓ 37	17 ♈ 34	16 ♐ 32	15 ♎ 1	4 ♎ 6	11 ♓ 4	13 ♌ 23	7 ♋ 56	8 ♏	7 ♎	11 ♓	0 ♊	12 ♈
29	7 ♈ 9	8 ♈ 2	9 ♎ 5	8 ♎ 44	14 ♓ 6	18 ♈ 49	16 ♐ 54	14 ♎ 53	4 ♎ 1	11 ♓ 8	13 ♌ 22	7 ♋ 56	7 ♏	6 ♎	11 ♓	0 ♊	13 ♈
30	8 ♈ 8	20 ♈ 3	9 ♎ 1	8 D 44	15 ♓ 37	20 ♈ 3	17 ♐ 16	14 ♎ 46	3 ♎ 56	11 ♓ 11	13 ♌ 21	7 ♋ 56	7 ♏	6 ♎	12 ♓	1 ♊	13 ♈
31	9 ♈ 7	2 ♉ 13	8 ♎ 58	8 R 44	17 ♓ 9	21 ♈ 17	17 ♐ 37	14 ♎ 38	3 ♎ 52	11 ♓ 14	13 ♌ 20	7 ♋ 56	7 ♏	6 ♎	12 ♓	1 ♊	13 ♈

SUN INGRESS	☉ → ♈ 21日 18:49
MOON PHASE	◐ 7日 04:21 ♊　○ 13日 20:14 ♍　◑ 20日 17:43 ♐　● 28日 22:03 ♈

aspects		
1日	08:01	☉☌♅
3日	04:27	♂⚹♄
5日	00:40	☿△♃
12日	12:02	♂□♅
17日	18:59	♀☍♄
20日	05:07	♂△♆
20日	05:40	♀□♇
24日	15:51	♀△♆
24日	17:32	☿△♇
24日	23:00	♂⚹♃
26日	01:47	☉☍♄
26日	03:03	♀☍♃
26日	19:31	♀△♂
26日	21:42	☿☌♅
29日	19:19	☉□♇
31日	09:17	☿□♂

1922年4月

DAY	☉	☽	☊ mean	☊ true	☿	♀	♂	♃	♄	♅	♆	♇	⚳	⚴	⚵	⚶	⚷
	° ′	° ′	° ′	° ′	° ′	° ′	° ′	° ′	° ′	° ′	° ′	° ′	°	°	°	°	°
1	10 ♈ 6	14 ♉ 33	8 ♎ 55	8 R 44	18 D 43	22 D 32	17 D 58	14 R 30	3 R 47	11 D 17	13 R 19	7 D 57	7 R	5 R	13 D	1 D	13 D
2	11 ♈ 6	27 ♉ 6	8 ♎ 52	8 ♎ 44	20 ♓ 18	23 ♈ 46	18 ♐ 19	14 ♎ 23	3 ♎ 42	11 ♓ 20	13 ♌ 18	7 ♋ 57	7 ♏	5 ♎	13 ♓	2 ♊	13 ♈
3	12 ♈ 5	9 ♊ 52	8 ♎ 49	8 ♎ 44	21 ♓ 55	25 ♈ 0	18 ♐ 39	14 ♎ 15	3 ♎ 38	11 ♓ 23	13 ♌ 18	7 ♋ 57	7 ♏	5 ♎	14 ♓	2 ♊	13 ♈
4	13 ♈ 4	22 ♊ 56	8 ♎ 46	8 ♎ 43	23 ♓ 33	26 ♈ 14	18 ♐ 59	14 ♎ 7	3 ♎ 33	11 ♓ 26	13 ♌ 17	7 ♋ 57	6 ♏	4 ♎	14 ♓	3 ♊	13 ♈
5	14 ♈ 3	6 ♋ 17	8 ♎ 42	8 ♎ 43	25 ♓ 12	27 ♈ 29	19 ♐ 18	13 ♎ 59	3 ♎ 29	11 ♓ 29	13 ♌ 16	7 ♋ 58	6 ♏	4 ♎	15 ♓	3 ♊	13 ♈
6	15 ♈ 2	19 ♋ 58	8 ♎ 39	8 D 43	26 ♓ 53	28 ♈ 43	19 ♐ 37	13 ♎ 52	3 ♎ 24	11 ♓ 32	13 ♌ 16	7 ♋ 58	6 ♏	4 ♎	15 ♓	3 ♊	13 ♈
7	16 ♈ 1	4 ♌ 0	8 ♎ 36	8 ♎ 43	28 ♓ 36	29 ♈ 57	19 ♐ 56	13 ♎ 44	3 ♎ 19	11 ♓ 35	13 ♌ 15	7 ♋ 58	6 ♏	4 ♎	16 ♓	4 ♊	13 ♈
8	17 ♈ 0	18 ♌ 20	8 ♎ 33	8 ♎ 44	0 ♈ 20	1 ♉ 11	20 ♐ 14	13 ♎ 36	3 ♎ 15	11 ♓ 38	13 ♌ 15	7 ♋ 59	6 ♏	3 ♎	16 ♓	4 ♊	13 ♈
9	17 ♈ 59	2 ♍ 58	8 ♎ 30	8 ♎ 45	2 ♈ 5	2 ♉ 25	20 ♐ 32	13 ♎ 29	3 ♎ 10	11 ♓ 41	13 ♌ 14	7 ♋ 59	5 ♏	3 ♎	17 ♓	4 ♊	13 ♈
10	18 ♈ 58	17 ♍ 48	8 ♎ 27	8 ♎ 45	3 ♈ 52	3 ♉ 39	20 ♐ 49	13 ♎ 21	3 ♎ 6	11 ♓ 44	13 ♌ 14	8 ♋ 0	5 ♏	3 ♎	17 ♓	5 ♊	13 ♈
11	19 ♈ 57	2 ♎ 44	8 ♎ 23	8 ♎ 46	5 ♈ 40	4 ♉ 53	21 ♐ 6	13 ♎ 13	3 ♎ 2	11 ♓ 47	13 ♌ 13	8 ♋ 0	5 ♏	2 ♎	18 ♓	5 ♊	13 ♈
12	20 ♈ 56	17 ♎ 38	8 ♎ 20	8 R 46	7 ♈ 30	6 ♉ 7	21 ♐ 23	13 ♎ 6	2 ♎ 57	11 ♓ 50	13 ♌ 13	8 ♋ 0	5 ♏	2 ♎	18 ♓	6 ♊	13 ♈
13	21 ♈ 54	2 ♏ 22	8 ♎ 17	8 ♎ 45	9 ♈ 21	7 ♉ 21	21 ♐ 39	12 ♎ 58	2 ♎ 53	11 ♓ 53	13 ♌ 12	8 ♋ 1	5 ♏	2 ♎	18 ♓	6 ♊	13 ♈
14	22 ♈ 53	16 ♏ 49	8 ♎ 14	8 ♎ 44	11 ♈ 14	8 ♉ 35	21 ♐ 54	12 ♎ 51	2 ♎ 49	11 ♓ 56	13 ♌ 12	8 ♋ 1	4 ♏	2 ♎	19 ♓	6 ♊	13 ♈
15	23 ♈ 52	0 ♐ 54	8 ♎ 11	8 ♎ 42	13 ♈ 9	9 ♉ 49	22 ♐ 10	12 ♎ 43	2 ♎ 44	11 ♓ 58	13 ♌ 12	8 ♋ 2	4 ♏	1 ♎	19 ♓	7 ♊	14 ♈
16	24 ♈ 51	14 ♐ 35	8 ♎ 7	8 ♎ 40	15 ♈ 4	11 ♉ 3	22 ♐ 24	12 ♎ 36	2 ♎ 40	12 ♓ 1	13 ♌ 11	8 ♋ 2	4 ♏	1 ♎	20 ♓	7 ♊	14 ♈
17	25 ♈ 49	27 ♐ 49	8 ♎ 4	8 ♎ 38	17 ♈ 2	12 ♉ 17	22 ♐ 38	12 ♎ 28	2 ♎ 36	12 ♓ 4	13 ♌ 11	8 ♋ 3	4 ♏	1 ♎	20 ♓	8 ♊	14 ♈
18	26 ♈ 48	10 ♑ 39	8 ♎ 1	8 ♎ 36	19 ♈ 1	13 ♉ 31	22 ♐ 52	12 ♎ 21	2 ♎ 32	12 ♓ 7	13 ♌ 11	8 ♋ 4	4 ♏	1 ♎	21 ♓	8 ♊	14 ♈
19	27 ♈ 47	23 ♑ 7	7 ♎ 58	8 ♎ 35	21 ♈ 1	14 ♉ 44	23 ♐ 5	12 ♎ 14	2 ♎ 28	12 ♓ 9	13 ♌ 11	8 ♋ 4	3 ♏	0 ♎	21 ♓	8 ♊	14 ♈
20	28 ♈ 45	5 ♒ 19	7 ♎ 55	8 D 35	23 ♈ 3	15 ♉ 58	23 ♐ 17	12 ♎ 7	2 ♎ 24	12 ♓ 12	13 ♌ 10	8 ♋ 5	3 ♏	0 ♎	22 ♓	9 ♊	14 ♈
21	29 ♈ 44	17 ♒ 18	7 ♎ 52	8 ♎ 36	25 ♈ 6	17 ♉ 12	23 ♐ 29	12 ♎ 0	2 ♎ 20	12 ♓ 14	13 ♌ 10	8 ♋ 5	3 ♏	0 ♎	22 ♓	9 ♊	14 ♈
22	0 ♉ 42	29 ♒ 9	7 ♎ 48	8 ♎ 38	27 ♈ 10	18 ♉ 26	23 ♐ 41	11 ♎ 53	2 ♎ 16	12 ♓ 17	13 ♌ 10	8 ♋ 6	3 ♏	0 ♎	23 ♓	10 ♊	14 ♈
23	1 ♉ 41	10 ♓ 56	7 ♎ 45	8 ♎ 39	29 ♈ 16	19 ♉ 39	23 ♐ 51	11 ♎ 46	2 ♎ 13	12 ♓ 19	13 ♌ 10	8 ♋ 7	2 ♏	0 ♎	23 ♓	10 ♊	14 ♈
24	2 ♉ 39	22 ♓ 45	7 ♎ 42	8 ♎ 41	1 ♉ 22	20 ♉ 53	24 ♐ 1	11 ♎ 39	2 ♎ 9	12 ♓ 22	13 ♌ 10	8 ♋ 8	2 ♏	29 ♍	24 ♓	10 ♊	14 ♈
25	3 ♉ 38	4 ♈ 39	7 ♎ 39	8 ♎ 42	3 ♉ 30	22 ♉ 7	24 ♐ 11	11 ♎ 32	2 ♎ 5	12 ♓ 24	13 ♌ 10	8 ♋ 8	2 ♏	29 ♍	24 ♓	11 ♊	14 ♈
26	4 ♉ 36	16 ♈ 41	7 ♎ 36	8 R 42	5 ♉ 38	23 ♉ 20	24 ♐ 20	11 ♎ 25	2 ♎ 2	12 ♓ 27	13 D 10	8 ♋ 9	2 ♏	29 ♍	25 ♓	11 ♊	14 ♈
27	5 ♉ 35	28 ♈ 54	7 ♎ 32	8 ♎ 40	7 ♉ 47	24 ♉ 34	24 ♐ 28	11 ♎ 19	1 ♎ 58	12 ♓ 29	13 ♌ 10	8 ♋ 10	2 ♏	29 ♍	25 ♓	12 ♊	14 ♈
28	6 ♉ 33	11 ♉ 19	7 ♎ 29	8 ♎ 37	9 ♉ 55	25 ♉ 47	24 ♐ 36	11 ♎ 12	1 ♎ 55	12 ♓ 32	13 ♌ 10	8 ♋ 11	1 ♏	29 ♍	26 ♓	12 ♊	14 ♈
29	7 ♉ 31	23 ♉ 57	7 ♎ 26	8 ♎ 33	12 ♉ 4	27 ♉ 1	24 ♐ 43	11 ♎ 6	1 ♎ 51	12 ♓ 34	13 ♌ 10	8 ♋ 11	1 ♏	28 ♍	26 ♓	12 ♊	14 ♈
30	8 ♉ 30	6 ♊ 49	7 ♎ 23	8 ♎ 28	14 ♉ 13	28 ♉ 14	24 ♐ 49	11 ♎ 0	1 ♎ 48	12 ♓ 36	13 ♌ 10	8 ♋ 12	1 ♏	28 ♍	26 ♓	13 ♊	14 ♈

SUN INGRESS	☉ → ♉ 21日 06:29
MOON PHASE	◐ 5日 14:45 ♋　○ 12日 05:43 ♎　◑ 19日 09:53 ♑　● 27日 14:03 ♉

aspects		
4日	05:18	☉△♆
4日	22:44	☉☍♃
9日	14:09	☿☍♄
11日	00:42	♃⚹♆
12日	06:37	☿□♇
12日	15:21	☉△♂
13日	12:59	♀⚹♇
14日	19:01	☿☍♃
15日	00:37	☿△♆
16日	19:39	♀⚹♅
17日	17:34	♀□♆
20日	03:08	☿△♂
25日	02:44	☉☌☿
27日	04:22	☿⚹♇
29日	05:36	☿⚹♅
29日	12:17	☿□♆
29日	16:47	☉⚹♇

1922年5月

DAY	☉	☽	☊ mean	☊ true	☿	♀	♂	♃	♄	♅	♆	♇	⚳	⚴	⚵	⚶	⚷
	° ′	° ′	° ′	° ′	° ′	° ′	° ′	° ′	° ′	° ′	° ′	° ′	°	°	°	°	°
1	9 ♉ 28	19 ♊ 55	7 ♎ 20	8 R 24	16 D 21	29 D 28	24 D 55	10 R 54	1 R 45	12 D 38	13 D 11	8 D 13	1 R	28 R	27 D	13 D	14 D
2	10 ♉ 26	3 ♋ 14	7 ♎ 17	8 ♎ 19	18 ♉ 28	0 ♊ 41	25 ♐ 0	10 ♎ 48	1 ♎ 42	12 ♓ 41	13 ♌ 11	8 ♋ 14	0 ♏	28 ♍	27 ♓	14 ♊	14 ♈
3	11 ♉ 24	16 ♋ 46	7 ♎ 13	8 ♎ 16	20 ♉ 34	1 ♊ 55	25 ♐ 4	10 ♎ 42	1 ♎ 38	12 ♓ 43	13 ♌ 11	8 ♋ 15	0 ♏	28 ♍	28 ♓	14 ♊	15 ♈
4	12 ♉ 22	0 ♌ 31	7 ♎ 10	8 ♎ 13	22 ♉ 39	3 ♊ 8	25 ♐ 8	10 ♎ 36	1 ♎ 35	12 ♓ 45	13 ♌ 11	8 ♋ 16	0 ♏	28 ♍	28 ♓	15 ♊	15 ♈
5	13 ♉ 21	14 ♌ 28	7 ♎ 7	8 D 13	24 ♉ 42	4 ♊ 21	25 ♐ 11	10 ♎ 31	1 ♎ 33	12 ♓ 47	13 ♌ 12	8 ♋ 17	0 ♏	28 ♍	29 ♓	15 ♊	15 ♈
6	14 ♉ 19	28 ♌ 37	7 ♎ 4	8 ♎ 14	26 ♉ 43	5 ♊ 35	25 ♐ 13	10 ♎ 25	1 ♎ 30	12 ♓ 49	13 ♌ 12	8 ♋ 18	0 ♏	28 ♍	29 ♓	15 ♊	15 ♈
7	15 ♉ 17	12 ♍ 56	7 ♎ 1	8 ♎ 15	28 ♉ 42	6 ♊ 48	25 ♐ 15	10 ♎ 20	1 ♎ 27	12 ♓ 51	13 ♌ 12	8 ♋ 19	29 ♎	27 ♍	0 ♈	16 ♊	15 ♈
8	16 ♉ 15	27 ♍ 22	6 ♎ 58	8 ♎ 16	0 ♊ 38	8 ♊ 1	25 ♐ 16	10 ♎ 15	1 ♎ 24	12 ♓ 53	13 ♌ 13	8 ♋ 20	29 ♎	27 ♍	0 ♈	16 ♊	15 ♈
9	17 ♉ 13	11 ♎ 52	6 ♎ 54	8 R 16	2 ♊ 31	9 ♊ 14	25 R 16	10 ♎ 10	1 ♎ 22	12 ♓ 55	13 ♌ 13	8 ♋ 21	29 ♎	27 ♍	1 ♈	17 ♊	15 ♈
10	18 ♉ 11	26 ♎ 22	6 ♎ 51	8 ♎ 15	4 ♊ 22	10 ♊ 27	25 ♐ 15	10 ♎ 5	1 ♎ 19	12 ♓ 57	13 ♌ 14	8 ♋ 22	29 ♎	27 ♍	1 ♈	17 ♊	15 ♈
11	19 ♉ 9	10 ♏ 47	6 ♎ 48	8 ♎ 12	6 ♊ 9	11 ♊ 41	25 ♐ 14	10 ♎ 0	1 ♎ 17	12 ♓ 59	13 ♌ 14	8 ♋ 23	29 ♎	27 ♍	2 ♈	17 ♊	15 ♈
12	20 ♉ 7	25 ♏ 0	6 ♎ 45	8 ♎ 7	7 ♊ 54	12 ♊ 54	25 ♐ 12	9 ♎ 56	1 ♎ 15	13 ♓ 1	13 ♌ 15	8 ♋ 24	28 ♎	27 ♍	2 ♈	18 ♊	15 ♈
13	21 ♉ 5	8 ♐ 57	6 ♎ 42	8 ♎ 1	9 ♊ 35	14 ♊ 7	25 ♐ 9	9 ♎ 52	1 ♎ 12	13 ♓ 2	13 ♌ 15	8 ♋ 25	28 ♎	27 ♍	3 ♈	18 ♊	15 ♈
14	22 ♉ 2	22 ♐ 33	6 ♎ 38	7 ♎ 53	11 ♊ 12	15 ♊ 20	25 ♐ 5	9 ♎ 47	1 ♎ 10	13 ♓ 4	13 ♌ 16	8 ♋ 26	28 ♎	27 ♍	3 ♈	19 ♊	15 ♈
15	23 ♉ 0	5 ♑ 47	6 ♎ 35	7 ♎ 46	12 ♊ 47	16 ♊ 33	25 ♐ 1	9 ♎ 43	1 ♎ 8	13 ♓ 6	13 ♌ 17	8 ♋ 27	28 ♎	27 ♍	3 ♈	19 ♊	15 ♈
16	23 ♉ 58	18 ♑ 38	6 ♎ 32	7 ♎ 40	14 ♊ 17	17 ♊ 46	24 ♐ 56	9 ♎ 39	1 ♎ 6	13 ♓ 7	13 ♌ 17	8 ♋ 28	28 ♎	27 ♍	3 ♈	20 ♊	15 ♈
17	24 ♉ 56	1 ♒ 9	6 ♎ 29	7 ♎ 36	15 ♊ 45	18 ♊ 59	24 ♐ 50	9 ♎ 36	1 ♎ 5	13 ♓ 9	13 ♌ 18	8 ♋ 29	28 ♎	27 ♍	4 ♈	20 ♊	15 ♈
18	25 ♉ 54	13 ♒ 22	6 ♎ 26	7 ♎ 33	17 ♊ 8	20 ♊ 11	24 ♐ 43	9 ♎ 32	1 ♎ 3	13 ♓ 10	13 ♌ 19	8 ♋ 30	27 ♎	27 D	5 ♈	20 ♊	15 ♈
19	26 ♉ 51	25 ♒ 22	6 ♎ 23	7 ♎ 32	18 ♊ 28	21 ♊ 24	24 ♐ 36	9 ♎ 29	1 ♎ 1	13 ♓ 12	13 ♌ 19	8 ♋ 31	27 ♎	27 ♍	5 ♈	21 ♊	15 ♈
20	27 ♉ 49	7 ♓ 13	6 ♎ 19	7 D 32	19 ♊ 44	22 ♊ 37	24 ♐ 28	9 ♎ 25	1 ♎ 0	13 ♓ 13	13 ♌ 20	8 ♋ 33	27 ♎	27 ♍	6 ♈	21 ♊	15 ♈
21	28 ♉ 47	19 ♓ 2	6 ♎ 16	7 ♎ 33	20 ♊ 57	23 ♊ 50	24 ♐ 19	9 ♎ 22	0 ♎ 58	13 ♓ 15	13 ♌ 21	8 ♋ 34	27 ♎	27 ♍	6 ♈	22 ♊	15 ♈
22	29 ♉ 45	0 ♈ 53	6 ♎ 13	7 ♎ 34	22 ♊ 6	25 ♊ 3	24 ♐ 9	9 ♎ 20	0 ♎ 57	13 ♓ 16	13 ♌ 22	8 ♋ 35	27 ♎	27 ♍	7 ♈	22 ♊	15 ♈
23	0 ♊ 42	12 ♈ 50	6 ♎ 10	7 R 34	23 ♊ 10	26 ♊ 15	23 ♐ 59	9 ♎ 17	0 ♎ 56	13 ♓ 18	13 ♌ 23	8 ♋ 36	27 ♎	27 ♍	7 ♈	22 ♊	16 ♈
24	1 ♊ 40	24 ♈ 59	6 ♎ 7	7 ♎ 33	24 ♊ 11	27 ♊ 28	23 ♐ 47	9 ♎ 14	0 ♎ 54	13 ♓ 19	13 ♌ 24	8 ♋ 38	27 ♎	27 ♍	8 ♈	23 ♊	16 ♈
25	2 ♊ 38	7 ♉ 22	6 ♎ 4	7 ♎ 29	25 ♊ 8	28 ♊ 41	23 ♐ 36	9 ♎ 12	0 ♎ 53	13 ♓ 20	13 ♌ 25	8 ♋ 39	26 ♎	27 ♍	8 ♈	23 ♊	16 ♈
26	3 ♊ 35	20 ♉ 2	6 ♎ 0	7 ♎ 23	26 ♊ 1	29 ♊ 53	23 ♐ 23	9 ♎ 10	0 ♎ 52	13 ♓ 21	13 ♌ 26	8 ♋ 40	26 ♎	27 ♍	9 ♈	24 ♊	16 ♈
27	4 ♊ 33	3 ♊ 0	5 ♎ 57	7 ♎ 15	26 ♊ 49	1 ♋ 6	23 ♐ 10	9 ♎ 8	0 ♎ 51	13 ♓ 22	13 ♌ 27	8 ♋ 41	26 ♎	27 ♍	9 ♈	24 ♊	16 ♈
28	5 ♊ 31	16 ♊ 15	5 ♎ 54	7 ♎ 5	27 ♊ 34	2 ♋ 18	22 ♐ 56	9 ♎ 6	0 ♎ 51	13 ♓ 23	13 ♌ 28	8 ♋ 43	26 ♎	27 ♍	9 ♈	25 ♊	16 ♈
29	6 ♊ 28	29 ♊ 45	5 ♎ 51	6 ♎ 55	28 ♊ 14	3 ♋ 31	22 ♐ 42	9 ♎ 4	0 ♎ 50	13 ♓ 25	13 ♌ 29	8 ♋ 44	26 ♎	27 ♍	10 ♈	25 ♊	16 ♈
30	7 ♊ 26	13 ♋ 28	5 ♎ 48	6 ♎ 46	28 ♊ 50	4 ♋ 43	22 ♐ 27	9 ♎ 3	0 ♎ 50	13 ♓ 26	13 ♌ 30	8 ♋ 45	26 ♎	28 ♍	10 ♈	25 ♊	16 ♈
31	8 ♊ 23	27 ♋ 20	5 ♎ 44	6 ♎ 39	29 ♊ 21	5 ♋ 56	22 ♐ 11	9 ♎ 2	0 ♎ 49	13 ♓ 26	13 ♌ 31	8 ♋ 46	26 ♎	28 ♍	11 ♈	26 ♊	16 ♈

SUN INGRESS: ☉ → ♊ 22日 06:10

MOON PHASE: ◐ 4日 21:55 ♌ ○ 11日 15:06 ♏ ◑ 19日 03:17 ♒ ● 27日 03:04 ♊

aspects

2日	18:55	♀△♄
4日	09:39	☉⚹♅
4日	20:17	☉□♆
8日	09:35	☿△♄
9日	17:08	♀△♃
12日	02:19	♀□♅
12日	06:59	♀⚹♆
13日	03:56	☿△♃
15日	05:03	☿□♅
15日	07:52	☿⚹♆
21日	08:23	♀☍♂
23日	05:21	☉△♄
23日	15:57	☿☍♂
26日	19:18	♀□♄
31日	15:39	☉△♃

1922年6月

DAY	☉	☽	☊ mean	☊ true	☿	♀	♂	♃	♄	♅	♆	♇	⚳	⚴	⚵	⚶	⚷
	° ′	° ′	° ′	° ′	° ′	° ′	° ′	° ′	° ′	° ′	° ′	° ′	°	°	°	°	°
1	9 ♊ 21	11 ♌ 20	5 ♎ 41	6 R 33	29 D 48	7 D 8	21 R 55	9 R 0	0 R 49	13 D 27	13 D 32	8 D 48	26 R	28 D	11 D	26 D	16 D
2	10 ♊ 18	25 ♌ 24	5 ♎ 38	6 ♎ 30	0 ♋ 10	8 ♋ 21	21 ♐ 38	9 ♎ 0	0 ♎ 48	13 ♓ 28	13 ♌ 33	8 ♋ 49	26 ♎	28 ♍	12 ♈	27 ♊	16 ♈
3	11 ♊ 16	9 ♍ 32	5 ♎ 35	6 ♎ 29	0 ♋ 28	9 ♋ 33	21 ♐ 21	8 ♎ 59	0 ♎ 48	13 ♓ 29	13 ♌ 35	8 ♋ 51	26 ♎	28 ♍	12 ♈	27 ♊	16 ♈
4	12 ♊ 13	23 ♍ 40	5 ♎ 32	6 D 30	0 ♋ 40	10 ♋ 45	21 ♐ 4	8 ♎ 58	0 D 48	13 ♓ 30	13 ♌ 36	8 ♋ 52	26 ♎	28 ♍	13 ♈	28 ♊	16 ♈
5	13 ♊ 11	7 ♎ 49	5 ♎ 29	6 R 30	0 ♋ 49	11 ♋ 57	20 ♐ 46	8 ♎ 58	0 ♎ 48	13 ♓ 30	13 ♌ 37	8 ♋ 53	26 ♎	28 ♍	13 ♈	28 ♊	16 ♈
6	14 ♊ 8	21 ♎ 57	5 ♎ 25	6 ♎ 29	0 ♋ 53	13 ♋ 9	20 ♐ 28	8 ♎ 58	0 ♎ 49	13 ♓ 31	13 ♌ 38	8 ♋ 55	26 ♎	28 ♍	14 ♈	28 ♊	16 ♈
7	15 ♊ 5	6 ♏ 2	5 ♎ 22	6 ♎ 26	0 R 52	14 ♋ 22	20 ♐ 9	8 D 58	0 ♎ 49	13 ♓ 32	13 ♌ 40	8 ♋ 56	26 ♎	28 ♍	14 ♈	29 ♊	16 ♈
8	16 ♊ 3	20 ♏ 0	5 ♎ 19	6 ♎ 21	0 ♋ 46	15 ♋ 34	19 ♐ 50	8 ♎ 58	0 ♎ 49	13 ♓ 32	13 ♌ 41	8 ♋ 57	26 ♎	29 ♍	15 ♈	29 ♊	16 ♈
9	17 ♊ 0	3 ♐ 50	5 ♎ 16	6 ♎ 12	0 ♋ 37	16 ♋ 46	19 ♐ 31	8 ♎ 58	0 ♎ 50	13 ♓ 33	13 ♌ 42	8 ♋ 59	26 ♎	29 ♍	15 ♈	0 ♋	16 ♈
10	17 ♊ 58	17 ♐ 27	5 ♎ 13	6 ♎ 2	0 ♋ 23	17 ♋ 58	19 ♐ 12	8 ♎ 59	0 ♎ 50	13 ♓ 33	13 ♌ 44	9 ♋ 0	26 ♎	29 ♍	15 ♈	0 ♋	16 ♈
11	18 ♊ 55	0 ♑ 49	5 ♎ 10	5 ♎ 50	0 ♋ 6	19 ♋ 10	18 ♐ 52	8 ♎ 59	0 ♎ 51	13 ♓ 34	13 ♌ 45	9 ♋ 2	26 D	29 ♍	16 ♈	1 ♋	16 ♈
12	19 ♊ 52	13 ♑ 53	5 ♎ 6	5 ♎ 39	29 ♊ 44	20 ♋ 22	18 ♐ 33	9 ♎ 0	0 ♎ 52	13 ♓ 34	13 ♌ 47	9 ♋ 3	26 ♎	29 ♍	16 ♈	1 ♋	16 ♈
13	20 ♊ 50	26 ♑ 38	5 ♎ 3	5 ♎ 28	29 ♊ 20	21 ♋ 33	18 ♐ 13	9 ♎ 1	0 ♎ 52	13 ♓ 34	13 ♌ 48	9 ♋ 5	26 ♎	29 ♍	17 ♈	2 ♋	16 ♈
14	21 ♊ 47	9 ♒ 5	5 ♎ 0	5 ♎ 20	28 ♊ 52	22 ♋ 45	17 ♐ 53	9 ♎ 3	0 ♎ 53	13 ♓ 35	13 ♌ 50	9 ♋ 6	26 ♎	0 ♎	17 ♈	2 ♋	16 ♈
15	22 ♊ 44	21 ♒ 17	4 ♎ 57	5 ♎ 14	28 ♊ 23	23 ♋ 57	17 ♐ 34	9 ♎ 4	0 ♎ 55	13 ♓ 35	13 ♌ 51	9 ♋ 7	26 ♎	0 ♎	18 ♈	2 ♋	16 ♈
16	23 ♊ 41	3 ♓ 16	4 ♎ 54	5 ♎ 10	27 ♊ 51	25 ♋ 9	17 ♐ 14	9 ♎ 6	0 ♎ 56	13 ♓ 35	13 ♌ 53	9 ♋ 9	26 ♎	0 ♎	18 ♈	3 ♋	16 ♈
17	24 ♊ 39	15 ♓ 7	4 ♎ 50	5 ♎ 8	27 ♊ 18	26 ♋ 20	16 ♐ 54	9 ♎ 7	0 ♎ 57	13 ♓ 35	13 ♌ 54	9 ♋ 10	26 ♎	0 ♎	19 ♈	3 ♋	16 ♈
18	25 ♊ 36	26 ♓ 56	4 ♎ 47	5 D 8	26 ♊ 44	27 ♋ 32	16 ♐ 35	9 ♎ 9	0 ♎ 58	13 ♓ 35	13 ♌ 56	9 ♋ 12	26 ♎	0 ♎	19 ♈	4 ♋	17 ♈
19	26 ♊ 33	8 ♈ 47	4 ♎ 44	5 R 8	26 ♊ 10	28 ♋ 43	16 ♐ 16	9 ♎ 11	1 ♎ 0	13 ♓ 35	13 ♌ 57	9 ♋ 13	26 ♎	0 ♎	19 ♈	4 ♋	17 ♈
20	27 ♊ 31	20 ♈ 47	4 ♎ 41	5 ♎ 7	25 ♊ 36	29 ♋ 55	15 ♐ 57	9 ♎ 14	1 ♎ 1	13 R 35	13 ♌ 59	9 ♋ 15	26 ♎	1 ♎	20 ♈	5 ♋	17 ♈
21	28 ♊ 28	3 ♉ 0	4 ♎ 38	5 ♎ 5	25 ♊ 3	1 ♌ 6	15 ♐ 38	9 ♎ 16	1 ♎ 3	13 ♓ 35	14 ♌ 1	9 ♋ 16	26 ♎	1 ♎	20 ♈	5 ♋	17 ♈
22	29 ♊ 25	15 ♉ 30	4 ♎ 35	5 ♎ 0	24 ♊ 31	2 ♌ 18	15 ♐ 20	9 ♎ 19	1 ♎ 5	13 ♓ 35	14 ♌ 2	9 ♋ 18	26 ♎	1 ♎	21 ♈	5 ♋	17 ♈
23	0 ♋ 22	28 ♉ 21	4 ♎ 31	4 ♎ 53	24 ♊ 1	3 ♌ 29	15 ♐ 2	9 ♎ 22	1 ♎ 7	13 ♓ 35	14 ♌ 4	9 ♋ 19	26 ♎	1 ♎	21 ♈	6 ♋	17 ♈
24	1 ♋ 20	11 ♊ 33	4 ♎ 28	4 ♎ 43	23 ♊ 34	4 ♌ 40	14 ♐ 45	9 ♎ 24	1 ♎ 9	13 ♓ 35	14 ♌ 6	9 ♋ 21	26 ♎	2 ♎	22 ♈	6 ♋	17 ♈
25	2 ♋ 17	25 ♊ 8	4 ♎ 25	4 ♎ 31	23 ♊ 10	5 ♌ 52	14 ♐ 27	9 ♎ 28	1 ♎ 11	13 ♓ 35	14 ♌ 8	9 ♋ 22	26 ♎	2 ♎	22 ♈	7 ♋	17 ♈
26	3 ♋ 14	9 ♋ 2	4 ♎ 22	4 ♎ 20	22 ♊ 50	7 ♌ 3	14 ♐ 11	9 ♎ 31	1 ♎ 13	13 ♓ 34	14 ♌ 9	9 ♋ 24	26 ♎	2 ♎	23 ♈	7 ♋	17 ♈
27	4 ♋ 11	23 ♋ 10	4 ♎ 19	4 ♎ 8	22 ♊ 33	8 ♌ 14	13 ♐ 55	9 ♎ 34	1 ♎ 15	13 ♓ 34	14 ♌ 11	9 ♋ 25	26 ♎	2 ♎	23 ♈	8 ♋	17 ♈
28	5 ♋ 9	7 ♌ 29	4 ♎ 16	3 ♎ 59	22 ♊ 20	9 ♌ 25	13 ♐ 39	9 ♎ 38	1 ♎ 17	13 ♓ 34	14 ♌ 13	9 ♋ 27	26 ♎	2 ♎	23 ♈	8 ♋	17 ♈
29	6 ♋ 6	21 ♌ 51	4 ♎ 12	3 ♎ 52	22 ♊ 11	10 ♌ 36	13 ♐ 25	9 ♎ 42	1 ♎ 20	13 ♓ 33	14 ♌ 15	9 ♋ 28	27 ♎	3 ♎	24 ♈	8 ♋	17 ♈
30	7 ♋ 3	6 ♍ 12	4 ♎ 9	3 ♎ 48	22 ♊ 7	11 ♌ 47	13 ♐ 10	9 ♎ 46	1 ♎ 22	13 ♓ 33	14 ♌ 17	9 ♋ 30	27 ♎	3 ♎	24 ♈	9 ♋	17 ♈

SUN INGRESS: ☉ → ♋ 22日 14:27

MOON PHASE: ◐ 3日 03:10 ♍ ○ 10日 00:58 ♐ ◑ 17日 21:03 ♓ ● 25日 13:19 ♋

aspects

2日	09:41	♀☌♇
2日	12:48	♀□♃
4日	22:08	☿□♄
5日	08:23	☉□♅
5日	11:17	☉⚹♆
6日	07:16	♀△♅
7日	14:51	☿□♄
8日	08:43	♃□♇
10日	23:09	☉☍♂
18日	17:46	☉☌☿
20日	22:50	♀⚹♄
21日	02:32	♃□♇
23日	19:15	☉□♄
26日	02:07	♂△♆
28日	04:34	♀⚹♃
28日	09:45	♂□♅
30日	23:39	♀△♂

1922年7月

DAY	☉	☽	☊ mean	☊ true	☿	♀	♂	♃	♄	♅	♆	♇	⚳	⚴	⚵	⚶	⚷
	° ′	° ′	° ′	° ′	° ′	° ′	° ′	° ′	° ′	° ′	° ′	° ′	°	°	°	°	°
1	8 ♋ 0	20 ♍ 29	4 ♎ 6	3 R 46	22 D 8	12 D 58	12 R 57	9 D 50	1 D 25	13 R 32	14 D 18	9 D 31	27 D	3 D	25 D	9 D	17 D
2	8 ♋ 57	4 ♎ 39	4 ♎ 3	3 D 46	22 ♊ 14	14 ♌ 9	12 ♐ 44	9 ♎ 54	1 ♎ 28	13 ♓ 31	14 ♌ 20	9 ♋ 33	27 ♎	3 ♎	25 ♈	10 ♋	17 ♈
3	9 ♋ 55	18 ♎ 42	4 ♎ 0	3 R 46	22 ♊ 24	15 ♌ 20	12 ♐ 32	9 ♎ 59	1 ♎ 31	13 ♓ 31	14 ♌ 22	9 ♋ 34	27 ♎	4 ♎	26 ♈	10 ♋	17 ♈
4	10 ♋ 52	2 ♏ 36	3 ♎ 56	3 ♎ 45	22 ♊ 40	16 ♌ 30	12 ♐ 21	10 ♎ 3	1 ♎ 33	13 ♓ 30	14 ♌ 24	9 ♋ 36	27 ♎	4 ♎	26 ♈	11 ♋	17 ♈
5	11 ♋ 49	16 ♏ 21	3 ♎ 53	3 ♎ 41	23 ♊ 0	17 ♌ 41	12 ♐ 10	10 ♎ 8	1 ♎ 36	13 ♓ 29	14 ♌ 26	9 ♋ 37	27 ♎	4 ♎	26 ♈	11 ♋	17 ♈
6	12 ♋ 46	29 ♏ 57	3 ♎ 50	3 ♎ 35	23 ♊ 25	18 ♌ 52	12 ♐ 0	10 ♎ 13	1 ♎ 40	13 ♓ 29	14 ♌ 28	9 ♋ 39	27 ♎	4 ♎	27 ♈	12 ♋	17 ♈
7	13 ♋ 43	13 ♐ 22	3 ♎ 47	3 ♎ 27	23 ♊ 56	20 ♌ 2	11 ♐ 51	10 ♎ 18	1 ♎ 43	13 ♓ 28	14 ♌ 30	9 ♋ 40	28 ♎	5 ♎	27 ♈	12 ♋	17 ♈
8	14 ♋ 41	26 ♐ 36	3 ♎ 44	3 ♎ 16	24 ♊ 31	21 ♌ 13	11 ♐ 43	10 ♎ 23	1 ♎ 46	13 ♓ 27	14 ♌ 32	9 ♋ 42	28 ♎	5 ♎	28 ♈	12 ♋	17 ♈
9	15 ♋ 38	9 ♑ 38	3 ♎ 41	3 ♎ 4	25 ♊ 11	22 ♌ 23	11 ♐ 36	10 ♎ 28	1 ♎ 49	13 ♓ 26	14 ♌ 34	9 ♋ 43	28 ♎	5 ♎	28 ♈	13 ♋	17 ♈
10	16 ♋ 35	22 ♑ 25	3 ♎ 37	2 ♎ 51	25 ♊ 57	23 ♌ 33	11 ♐ 29	10 ♎ 34	1 ♎ 53	13 ♓ 25	14 ♌ 36	9 ♋ 45	28 ♎	6 ♎	29 ♈	13 ♋	17 ♈
11	17 ♋ 32	4 ♒ 57	3 ♎ 34	2 ♎ 40	26 ♊ 47	24 ♌ 43	11 ♐ 23	10 ♎ 40	1 ♎ 56	13 ♓ 24	14 ♌ 38	9 ♋ 46	28 ♎	6 ♎	29 ♈	14 ♋	17 ♈
12	18 ♋ 29	17 ♒ 16	3 ♎ 31	2 ♎ 31	27 ♊ 42	25 ♌ 54	11 ♐ 18	10 ♎ 45	2 ♎ 0	13 ♓ 23	14 ♌ 40	9 ♋ 48	28 ♎	6 ♎	29 ♈	14 ♋	17 ♈
13	19 ♋ 26	29 ♒ 22	3 ♎ 28	2 ♎ 24	28 ♊ 41	27 ♌ 4	11 ♐ 14	10 ♎ 51	2 ♎ 3	13 ♓ 22	14 ♌ 42	9 ♋ 49	29 ♎	6 ♎	0 ♉	15 ♋	17 ♈
14	20 ♋ 24	11 ♓ 18	3 ♎ 25	2 ♎ 20	29 ♊ 45	28 ♌ 14	11 ♐ 11	10 ♎ 57	2 ♎ 7	13 ♓ 21	14 ♌ 44	9 ♋ 51	29 ♎	7 ♎	0 ♉	15 ♋	17 ♈
15	21 ♋ 21	23 ♓ 7	3 ♎ 21	2 ♎ 18	0 ♋ 54	29 ♌ 24	11 ♐ 8	11 ♎ 4	2 ♎ 11	13 ♓ 20	14 ♌ 46	9 ♋ 52	29 ♎	7 ♎	1 ♉	16 ♋	17 ♈
16	22 ♋ 18	4 ♈ 55	3 ♎ 18	2 D 18	2 ♋ 8	0 ♍ 33	11 ♐ 7	11 ♎ 10	2 ♎ 15	13 ♓ 19	14 ♌ 48	9 ♋ 54	29 ♎	7 ♎	1 ♉	16 ♋	17 ♈
17	23 ♋ 15	16 ♈ 46	3 ♎ 15	2 ♎ 18	3 ♋ 25	1 ♍ 43	11 ♐ 6	11 ♎ 16	2 ♎ 19	13 ♓ 17	14 ♌ 50	9 ♋ 55	29 ♎	8 ♎	1 ♉	16 ♋	17 ♈
18	24 ♋ 13	28 ♈ 45	3 ♎ 12	2 R 18	4 ♋ 48	2 ♍ 53	11 D 6	11 ♎ 23	2 ♎ 23	13 ♓ 16	14 ♌ 52	9 ♋ 57	0 ♏	8 ♎	2 ♉	17 ♋	17 ♈
19	25 ♋ 10	10 ♉ 58	3 ♎ 9	2 ♎ 17	6 ♋ 14	4 ♍ 2	11 ♐ 7	11 ♎ 30	2 ♎ 27	13 ♓ 15	14 ♌ 54	9 ♋ 58	0 ♏	8 ♎	2 ♉	17 ♋	17 ♈
20	26 ♋ 7	23 ♉ 30	3 ♎ 6	2 ♎ 14	7 ♋ 45	5 ♍ 12	11 ♐ 8	11 ♎ 37	2 ♎ 32	13 ♓ 13	14 ♌ 57	10 ♋ 0	0 ♏	9 ♎	3 ♉	18 ♋	17 ♈
21	27 ♋ 4	6 ♊ 25	3 ♎ 2	2 ♎ 8	9 ♋ 20	6 ♍ 21	11 ♐ 11	11 ♎ 44	2 ♎ 36	13 ♓ 12	14 ♌ 59	10 ♋ 1	0 ♏	9 ♎	3 ♉	18 ♋	17 ♈
22	28 ♋ 2	19 ♊ 45	2 ♎ 59	2 ♎ 1	10 ♋ 58	7 ♍ 31	11 ♐ 14	11 ♎ 51	2 ♎ 40	13 ♓ 11	15 ♌ 1	10 ♋ 2	0 ♏	9 ♎	3 ♉	19 ♋	17 R
23	28 ♋ 59	3 ♋ 31	2 ♎ 56	1 ♎ 51	12 ♋ 40	8 ♍ 40	11 ♐ 18	11 ♎ 58	2 ♎ 45	13 ♓ 9	15 ♌ 3	10 ♋ 4	1 ♏	9 ♎	4 ♉	19 ♋	17 ♈
24	29 ♋ 56	17 ♋ 40	2 ♎ 53	1 ♎ 42	14 ♋ 26	9 ♍ 49	11 ♐ 23	12 ♎ 6	2 ♎ 49	13 ♓ 8	15 ♌ 5	10 ♋ 5	1 ♏	10 ♎	4 ♉	19 ♋	17 ♈
25	0 ♌ 54	2 ♌ 9	2 ♎ 50	1 ♎ 32	16 ♋ 16	10 ♍ 58	11 ♐ 29	12 ♎ 13	2 ♎ 54	13 ♓ 6	15 ♌ 7	10 ♋ 7	1 ♏	10 ♎	5 ♉	20 ♋	17 ♈
26	1 ♌ 51	16 ♌ 51	2 ♎ 47	1 ♎ 25	18 ♋ 8	12 ♍ 7	11 ♐ 36	12 ♎ 21	2 ♎ 59	13 ♓ 4	15 ♌ 9	10 ♋ 8	1 ♏	10 ♎	5 ♉	20 ♋	17 ♈
27	2 ♌ 48	1 ♍ 37	2 ♎ 43	1 ♎ 19	20 ♋ 3	13 ♍ 16	11 ♐ 43	12 ♎ 29	3 ♎ 3	13 ♓ 3	15 ♌ 12	10 ♋ 10	1 ♏	11 ♎	5 ♉	21 ♋	17 ♈
28	3 ♌ 46	16 ♍ 21	2 ♎ 40	1 ♎ 16	22 ♋ 0	14 ♍ 25	11 ♐ 51	12 ♎ 37	3 ♎ 8	13 ♓ 1	15 ♌ 14	10 ♋ 11	2 ♏	11 ♎	6 ♉	21 ♋	17 ♈
29	4 ♌ 43	0 ♎ 56	2 ♎ 37	1 ♎ 16	24 ♋ 0	15 ♍ 33	12 ♐ 0	12 ♎ 45	3 ♎ 13	12 ♓ 59	15 ♌ 16	10 ♋ 12	2 ♏	11 ♎	6 ♉	22 ♋	17 ♈
30	5 ♌ 40	15 ♎ 18	2 ♎ 34	1 D 16	26 ♋ 1	16 ♍ 42	12 ♐ 10	12 ♎ 53	3 ♎ 18	12 ♓ 58	15 ♌ 18	10 ♋ 14	2 ♏	12 ♎	6 ♉	22 ♋	17 ♈
31	6 ♌ 38	29 ♎ 25	2 ♎ 31	1 ♎ 17	28 ♋ 4	17 ♍ 50	12 ♐ 21	13 ♎ 1	3 ♎ 23	12 ♓ 56	15 ♌ 20	10 ♋ 15	2 ♏	12 ♎	7 ♉	23 ♋	17 ♈

SUN INGRESS	☉ → ♌ 24日 01:20
MOON PHASE	◐ 2日 07:51 ♎ ○ 9日 12:07 ♑ ◑ 17日 14:11 ♈ ● 24日 21:47 ♌ ◐ 31日 13:21 ♏

aspects		
2日	03:56	♀☌♆
2日	15:12	☉☌♇
3日	01:49	☉□♃
6日	17:35	☉△♅
15日	13:24	♂⚹♃
16日	02:29	☿□♄
21日	10:21	☿☌♇
22日	13:26	☿□♃
23日	06:27	☿△♅
24日	05:50	♀⚹♇
25日	11:58	♀□♂
26日	19:33	♀☍♅
27日	06:53	☉⚹♄

1922年8月

DAY	☉	☽	☊ mean	☊ true	☿	♀	♂	♃	♄	♅	♆	♇	⚳	⚴	⚵	⚶	⚷
	° ′	° ′	° ′	° ′	° ′	° ′	° ′	° ′	° ′	° ′	° ′	° ′	°	°	°	°	°
1	7 ♌ 35	13 ♏ 16	2 ♎ 27	1 R 17	0 D 8	18 D 58	12 D 32	13 D 9	3 D 28	12 R 54	15 D 23	10 D 17	3 D	12 D	7 D	23 D	17 R
2	8 ♌ 33	26 ♏ 52	2 ♎ 24	1 ♎ 15	2 ♌ 12	20 ♍ 7	12 ♐ 44	13 ♎ 18	3 ♎ 34	12 ♓ 52	15 ♌ 25	10 ♋ 18	3 ♏	13 ♎	8 ♉	23 ♋	17 ♈
3	9 ♌ 30	10 ♐ 13	2 ♎ 21	1 ♎ 12	4 ♌ 18	21 ♍ 15	12 ♐ 56	13 ♎ 26	3 ♎ 39	12 ♓ 50	15 ♌ 27	10 ♋ 19	3 ♏	13 ♎	8 ♉	24 ♋	17 ♈
4	10 ♌ 27	23 ♐ 19	2 ♎ 18	1 ♎ 6	6 ♌ 23	22 ♍ 23	13 ♐ 10	13 ♎ 35	3 ♎ 44	12 ♓ 49	15 ♌ 29	10 ♋ 21	3 ♏	13 ♎	8 ♉	24 ♋	17 ♈
5	11 ♌ 25	6 ♑ 13	2 ♎ 15	0 ♎ 58	8 ♌ 28	23 ♍ 31	13 ♐ 24	13 ♎ 44	3 ♎ 50	12 ♓ 47	15 ♌ 32	10 ♋ 22	4 ♏	14 ♎	9 ♉	25 ♋	17 ♈
6	12 ♌ 22	18 ♑ 54	2 ♎ 12	0 ♎ 50	10 ♌ 33	24 ♍ 38	13 ♐ 39	13 ♎ 53	3 ♎ 55	12 ♓ 45	15 ♌ 34	10 ♋ 23	4 ♏	14 ♎	9 ♉	25 ♋	17 ♈
7	13 ♌ 20	1 ♒ 23	2 ♎ 8	0 ♎ 41	12 ♌ 37	25 ♍ 46	13 ♐ 54	14 ♎ 2	4 ♎ 0	12 ♓ 43	15 ♌ 36	10 ♋ 25	4 ♏	14 ♎	9 ♉	26 ♋	17 ♈
8	14 ♌ 17	13 ♒ 41	2 ♎ 5	0 ♎ 34	14 ♌ 41	26 ♍ 53	14 ♐ 10	14 ♎ 11	4 ♎ 6	12 ♓ 41	15 ♌ 38	10 ♋ 26	5 ♏	15 ♎	10 ♉	26 ♋	17 ♈
9	15 ♌ 15	25 ♒ 48	2 ♎ 2	0 ♎ 27	16 ♌ 43	28 ♍ 1	14 ♐ 27	14 ♎ 20	4 ♎ 12	12 ♓ 39	15 ♌ 40	10 ♋ 27	5 ♏	15 ♎	10 ♉	26 ♋	17 ♈
10	16 ♌ 12	7 ♓ 46	1 ♎ 59	0 ♎ 23	18 ♌ 45	29 ♍ 8	14 ♐ 44	14 ♎ 30	4 ♎ 17	12 ♓ 37	15 ♌ 43	10 ♋ 28	5 ♏	16 ♎	10 ♉	27 ♋	17 ♈
11	17 ♌ 10	19 ♓ 38	1 ♎ 56	0 ♎ 20	20 ♌ 45	0 ♎ 15	15 ♐ 2	14 ♎ 39	4 ♎ 23	12 ♓ 35	15 ♌ 45	10 ♋ 30	5 ♏	16 ♎	11 ♉	27 ♋	17 ♈
12	18 ♌ 7	1 ♈ 25	1 ♎ 53	0 D 20	22 ♌ 45	1 ♎ 22	15 ♐ 20	14 ♎ 49	4 ♎ 29	12 ♓ 32	15 ♌ 47	10 ♋ 31	6 ♏	16 ♎	11 ♉	28 ♋	17 ♈
13	19 ♌ 5	13 ♈ 12	1 ♎ 49	0 ♎ 20	24 ♌ 42	2 ♎ 29	15 ♐ 39	14 ♎ 58	4 ♎ 35	12 ♓ 30	15 ♌ 49	10 ♋ 32	6 ♏	17 ♎	11 ♉	28 ♋	17 ♈
14	20 ♌ 3	25 ♈ 3	1 ♎ 46	0 ♎ 22	26 ♌ 39	3 ♎ 35	15 ♐ 59	15 ♎ 8	4 ♎ 41	12 ♓ 28	15 ♌ 52	10 ♋ 33	6 ♏	17 ♎	12 ♉	29 ♋	17 ♈
15	21 ♌ 0	7 ♉ 2	1 ♎ 43	0 ♎ 23	28 ♌ 34	4 ♎ 42	16 ♐ 19	15 ♎ 18	4 ♎ 47	12 ♓ 26	15 ♌ 54	10 ♋ 35	6 ♏	17 ♎	12 ♉	29 ♋	17 ♈
16	21 ♌ 58	19 ♉ 14	1 ♎ 40	0 ♎ 24	0 ♍ 28	5 ♎ 48	16 ♐ 40	15 ♎ 28	4 ♎ 53	12 ♓ 24	15 ♌ 56	10 ♋ 36	7 ♏	18 ♎	12 ♉	0 ♌	17 ♈
17	22 ♌ 56	1 ♊ 44	1 ♎ 37	0 R 24	2 ♍ 20	6 ♎ 54	17 ♐ 1	15 ♎ 38	4 ♎ 59	12 ♓ 22	15 ♌ 58	10 ♋ 37	7 ♏	18 ♎	13 ♉	0 ♌	17 ♈
18	23 ♌ 53	14 ♊ 36	1 ♎ 33	0 ♎ 22	4 ♍ 11	8 ♎ 0	17 ♐ 23	15 ♎ 48	5 ♎ 5	12 ♓ 19	16 ♌ 0	10 ♋ 38	7 ♏	18 ♎	13 ♉	0 ♌	17 ♈
19	24 ♌ 51	27 ♊ 55	1 ♎ 30	0 ♎ 19	6 ♍ 1	9 ♎ 6	17 ♐ 46	15 ♎ 58	5 ♎ 11	12 ♓ 17	16 ♌ 3	10 ♋ 39	8 ♏	19 ♎	13 ♉	1 ♌	17 ♈
20	25 ♌ 49	11 ♋ 42	1 ♎ 27	0 ♎ 14	7 ♍ 49	10 ♎ 11	18 ♐ 9	16 ♎ 8	5 ♎ 17	12 ♓ 15	16 ♌ 5	10 ♋ 40	8 ♏	19 ♎	14 ♉	1 ♌	17 ♈
21	26 ♌ 47	25 ♋ 55	1 ♎ 24	0 ♎ 9	9 ♍ 35	11 ♎ 17	18 ♐ 32	16 ♎ 19	5 ♎ 24	12 ♓ 13	16 ♌ 7	10 ♋ 41	8 ♏	20 ♎	14 ♉	2 ♌	17 ♈
22	27 ♌ 44	10 ♌ 32	1 ♎ 21	0 ♎ 4	11 ♍ 21	12 ♎ 22	18 ♐ 56	16 ♎ 29	5 ♎ 30	12 ♓ 10	16 ♌ 9	10 ♋ 43	9 ♏	20 ♎	14 ♉	2 ♌	17 ♈
23	28 ♌ 42	25 ♌ 27	1 ♎ 18	0 ♎ 1	13 ♍ 5	13 ♎ 27	19 ♐ 20	16 ♎ 40	5 ♎ 36	12 ♓ 8	16 ♌ 11	10 ♋ 44	9 ♏	20 ♎	15 ♉	3 ♌	17 ♈
24	29 ♌ 40	10 ♍ 30	1 ♎ 14	29 ♍ 58	14 ♍ 47	14 ♎ 32	19 ♐ 45	16 ♎ 50	5 ♎ 43	12 ♓ 6	16 ♌ 14	10 ♋ 45	9 ♏	21 ♎	15 ♉	3 ♌	17 ♈
25	0 ♍ 38	25 ♍ 34	1 ♎ 11	29 ♍ 57	16 ♍ 28	15 ♎ 37	20 ♐ 11	17 ♎ 1	5 ♎ 49	12 ♓ 3	16 ♌ 16	10 ♋ 46	10 ♏	21 ♎	15 ♉	3 ♌	17 ♈
26	1 ♍ 36	10 ♎ 29	1 ♎ 8	29 D 57	18 ♍ 8	16 ♎ 42	20 ♐ 36	17 ♎ 12	5 ♎ 56	12 ♓ 1	16 ♌ 18	10 ♋ 47	10 ♏	21 ♎	15 ♉	4 ♌	16 ♈
27	2 ♍ 34	25 ♎ 9	1 ♎ 5	29 ♍ 58	19 ♍ 46	17 ♎ 46	21 ♐ 3	17 ♎ 22	6 ♎ 2	11 ♓ 59	16 ♌ 20	10 ♋ 48	10 ♏	22 ♎	16 ♉	4 ♌	16 ♈
28	3 ♍ 32	9 ♏ 30	1 ♎ 2	0 ♎ 0	21 ♍ 24	18 ♎ 50	21 ♐ 29	17 ♎ 33	6 ♎ 9	11 ♓ 56	16 ♌ 22	10 ♋ 49	10 ♏	22 ♎	16 ♉	5 ♌	16 ♈
29	4 ♍ 30	23 ♏ 28	0 ♎ 59	0 ♎ 1	22 ♍ 59	19 ♎ 54	21 ♐ 57	17 ♎ 44	6 ♎ 15	11 ♓ 54	16 ♌ 24	10 ♋ 50	11 ♏	23 ♎	16 ♉	5 ♌	16 ♈
30	5 ♍ 28	7 ♐ 4	0 ♎ 55	0 R 1	24 ♍ 34	20 ♎ 58	22 ♐ 24	17 ♎ 55	6 ♎ 22	11 ♓ 52	16 ♌ 26	10 ♋ 51	11 ♏	23 ♎	16 ♉	6 ♌	16 ♈
31	6 ♍ 26	20 ♐ 19	0 ♎ 52	0 ♎ 0	26 ♍ 7	22 ♎ 1	22 ♐ 52	18 ♎ 7	6 ♎ 29	11 ♓ 49	16 ♌ 29	10 ♋ 52	11 ♏	23 ♎	17 ♉	6 ♌	16 ♈

SUN INGRESS	☉ → ♍ 24日 08:04
MOON PHASE	○ 8日 01:18 ♒ ◑ 16日 05:45 ♉ ● 23日 05:34 ♌ ◐ 29日 20:55 ♐

aspects		
2日	14:16	♂□♅
2日	16:15	☿⚹♄
7日	15:27	☉☌☿
7日	17:06	☿△♂
7日	17:46	☿⚹♃
7日	19:43	☉△♂
7日	20:54	☉⚹♃
8日	03:42	♂⚹♃
8日	11:26	☿☌♆
9日	11:07	☉☌♆
13日	13:43	♂△♆
15日	02:02	♀☌♄
19日	13:42	♃⚹♆
20日	10:46	♀□♇
21日	15:11	☿⚹♇
22日	11:11	☿☍♅
25日	14:52	♀⚹♆
26日	13:27	♀☌♃
28日	02:00	☿□♂

1922年9月

DAY	☉	☽	☊ mean	☊ true	☿	♀	♂	♃	♄	♅	♆	♇	⚳	⚴	⚵	⚶	⚷
	° ′	° ′	° ′	° ′	° ′	° ′	° ′	° ′	° ′	° ′	° ′	° ′	°	°	°	°	°
1	7 ♍ 24	3 ♑ 16	0 ♎ 49	29 R 59	27 D 39	23 D 4	23 D 21	18 D 18	6 D 36	11 R 47	16 D 31	10 D 53	12 D	24 D	17 D	6 D	16 R
2	8 ♍ 22	15 ♑ 55	0 ♎ 46	29 ♍ 56	29 ♍ 10	24 ♎ 7	23 ♐ 49	18 ♎ 29	6 ♎ 42	11 ♓ 44	16 ♌ 33	10 ♋ 54	12 ♏	24 ♎	17 ♉	7 ♌	16 ♈
3	9 ♍ 20	28 ♑ 21	0 ♎ 43	29 ♍ 53	0 ♎ 39	25 ♎ 10	24 ♐ 19	18 ♎ 40	6 ♎ 49	11 ♓ 42	16 ♌ 35	10 ♋ 54	12 ♏	25 ♎	17 ♉	7 ♌	16 ♈
4	10 ♍ 18	10 ♒ 35	0 ♎ 39	29 ♍ 50	2 ♎ 7	26 ♎ 12	24 ♐ 48	18 ♎ 52	6 ♎ 56	11 ♓ 40	16 ♌ 37	10 ♋ 55	13 ♏	25 ♎	18 ♉	8 ♌	16 ♈
5	11 ♍ 16	22 ♒ 40	0 ♎ 36	29 ♍ 47	3 ♎ 34	27 ♎ 15	25 ♐ 18	19 ♎ 3	7 ♎ 3	11 ♓ 37	16 ♌ 39	10 ♋ 56	13 ♏	25 ♎	18 ♉	8 ♌	16 ♈
6	12 ♍ 14	4 ♓ 37	0 ♎ 33	29 ♍ 45	4 ♎ 59	28 ♎ 16	25 ♐ 48	19 ♎ 15	7 ♎ 10	11 ♓ 35	16 ♌ 41	10 ♋ 57	13 ♏	26 ♎	18 ♉	9 ♌	16 ♈
7	13 ♍ 12	16 ♓ 29	0 ♎ 30	29 ♍ 43	6 ♎ 23	29 ♎ 18	26 ♐ 19	19 ♎ 26	7 ♎ 17	11 ♓ 32	16 ♌ 43	10 ♋ 58	14 ♏	26 ♎	18 ♉	9 ♌	16 ♈
8	14 ♍ 11	28 ♓ 17	0 ♎ 27	29 ♍ 43	7 ♎ 46	0 ♏ 19	26 ♐ 50	19 ♎ 38	7 ♎ 24	11 ♓ 30	16 ♌ 45	10 ♋ 59	14 ♏	27 ♎	19 ♉	9 ♌	16 ♈
9	15 ♍ 9	10 ♈ 4	0 ♎ 24	29 D 43	9 ♎ 7	1 ♏ 20	27 ♐ 21	19 ♎ 50	7 ♎ 31	11 ♓ 28	16 ♌ 47	10 ♋ 59	15 ♏	27 ♎	19 ♉	10 ♌	16 ♈
10	16 ♍ 7	21 ♈ 53	0 ♎ 20	29 ♍ 44	10 ♎ 27	2 ♏ 21	27 ♐ 53	20 ♎ 2	7 ♎ 38	11 ♓ 25	16 ♌ 49	11 ♋ 0	15 ♏	27 ♎	19 ♉	10 ♌	16 ♈
11	17 ♍ 6	3 ♉ 46	0 ♎ 17	29 ♍ 45	11 ♎ 45	3 ♏ 21	28 ♐ 25	20 ♎ 13	7 ♎ 45	11 ♓ 23	16 ♌ 51	11 ♋ 1	15 ♏	28 ♎	19 ♉	11 ♌	16 ♈
12	18 ♍ 4	15 ♉ 48	0 ♎ 14	29 ♍ 46	13 ♎ 2	4 ♏ 21	28 ♐ 57	20 ♎ 25	7 ♎ 52	11 ♓ 20	16 ♌ 53	11 ♋ 2	16 ♏	28 ♎	19 ♉	11 ♌	16 ♈
13	19 ♍ 2	28 ♉ 1	0 ♎ 11	29 ♍ 47	14 ♎ 17	5 ♏ 21	29 ♐ 29	20 ♎ 37	7 ♎ 59	11 ♓ 18	16 ♌ 55	11 ♋ 2	16 ♏	29 ♎	19 ♉	12 ♌	16 ♈
14	20 ♍ 1	10 ♊ 30	0 ♎ 8	29 ♍ 48	15 ♎ 30	6 ♏ 20	0 ♑ 2	20 ♎ 49	8 ♎ 6	11 ♓ 16	16 ♌ 57	11 ♋ 3	16 ♏	29 ♎	20 ♉	12 ♌	16 ♈
15	20 ♍ 59	23 ♊ 19	0 ♎ 4	29 R 48	16 ♎ 42	7 ♏ 19	0 ♑ 35	21 ♎ 1	8 ♎ 13	11 ♓ 13	16 ♌ 59	11 ♋ 4	17 ♏	29 ♎	20 ♉	12 ♌	16 ♈
16	21 ♍ 58	6 ♋ 32	0 ♎ 1	29 ♍ 48	17 ♎ 52	8 ♏ 18	1 ♑ 9	21 ♎ 13	8 ♎ 20	11 ♓ 11	17 ♌ 1	11 ♋ 4	17 ♏	0 ♏	20 ♉	13 ♌	16 ♈
17	22 ♍ 56	20 ♋ 11	29 ♍ 58	29 ♍ 47	18 ♎ 59	9 ♏ 16	1 ♑ 42	21 ♎ 25	8 ♎ 28	11 ♓ 9	17 ♌ 3	11 ♋ 5	17 ♏	0 ♏	20 ♉	13 ♌	16 ♈
18	23 ♍ 55	4 ♌ 16	29 ♍ 55	29 ♍ 47	20 ♎ 5	10 ♏ 14	2 ♑ 16	21 ♎ 38	8 ♎ 35	11 ♓ 6	17 ♌ 5	11 ♋ 5	18 ♏	1 ♏	20 ♉	14 ♌	16 ♈
19	24 ♍ 53	18 ♌ 47	29 ♍ 52	29 ♍ 46	21 ♎ 9	11 ♏ 11	2 ♑ 51	21 ♎ 50	8 ♎ 42	11 ♓ 4	17 ♌ 6	11 ♋ 6	18 ♏	1 ♏	20 ♉	14 ♌	16 ♈
20	25 ♍ 52	3 ♍ 39	29 ♍ 49	29 ♍ 46	22 ♎ 10	12 ♏ 8	3 ♑ 25	22 ♎ 2	8 ♎ 49	11 ♓ 2	17 ♌ 8	11 ♋ 7	18 ♏	1 ♏	21 ♉	15 ♌	16 ♈
21	26 ♍ 51	18 ♍ 46	29 ♍ 45	29 ♍ 45	23 ♎ 9	13 ♏ 4	4 ♑ 0	22 ♎ 15	8 ♎ 57	10 ♓ 59	17 ♌ 10	11 ♋ 7	19 ♏	2 ♏	21 ♉	15 ♌	16 ♈
22	27 ♍ 49	3 ♎ 58	29 ♍ 42	29 D 45	24 ♎ 5	14 ♏ 0	4 ♑ 35	22 ♎ 27	9 ♎ 4	10 ♓ 57	17 ♌ 12	11 ♋ 8	19 ♏	2 ♏	21 ♉	15 ♌	15 ♈
23	28 ♍ 48	19 ♎ 7	29 ♍ 39	29 ♍ 45	24 ♎ 59	14 ♏ 56	5 ♑ 10	22 ♎ 39	9 ♎ 11	10 ♓ 55	17 ♌ 14	11 ♋ 8	19 ♏	3 ♏	21 ♉	16 ♌	15 ♈
24	29 ♍ 47	4 ♏ 2	29 ♍ 36	29 R 45	25 ♎ 49	15 ♏ 51	5 ♑ 46	22 ♎ 52	9 ♎ 18	10 ♓ 53	17 ♌ 15	11 ♋ 8	20 ♏	3 ♏	21 ♉	16 ♌	15 ♈
25	0 ♎ 46	18 ♏ 38	29 ♍ 33	29 ♍ 45	26 ♎ 36	16 ♏ 45	6 ♑ 22	23 ♎ 4	9 ♎ 26	10 ♓ 51	17 ♌ 17	11 ♋ 9	20 ♏	4 ♏	21 ♉	17 ♌	15 ♈
26	1 ♎ 44	2 ♐ 48	29 ♍ 30	29 ♍ 45	27 ♎ 19	17 ♏ 39	6 ♑ 58	23 ♎ 17	9 ♎ 33	10 ♓ 48	17 ♌ 19	11 ♋ 9	21 ♏	4 ♏	21 ♉	17 ♌	15 ♈
27	2 ♎ 43	16 ♐ 33	29 ♍ 26	29 ♍ 45	27 ♎ 58	18 ♏ 33	7 ♑ 34	23 ♎ 29	9 ♎ 40	10 ♓ 46	17 ♌ 21	11 ♋ 10	21 ♏	4 ♏	21 ♉	17 ♌	15 ♈
28	3 ♎ 42	29 ♐ 51	29 ♍ 23	29 ♍ 45	28 ♎ 33	19 ♏ 26	8 ♑ 11	23 ♎ 42	9 ♎ 48	10 ♓ 44	17 ♌ 22	11 ♋ 10	21 ♏	5 ♏	21 ♉	18 ♌	15 ♈
29	4 ♎ 41	12 ♑ 46	29 ♍ 20	29 D 45	29 ♎ 3	20 ♏ 18	8 ♑ 47	23 ♎ 55	9 ♎ 55	10 ♓ 42	17 ♌ 24	11 ♋ 10	22 ♏	5 ♏	21 ♉	18 ♌	15 ♈
30	5 ♎ 40	25 ♑ 20	29 ♍ 17	29 ♍ 45	29 ♎ 28	21 ♏ 9	9 ♑ 24	24 ♎ 7	10 ♎ 3	10 ♓ 40	17 ♌ 25	11 ♋ 11	22 ♏	6 ♏	21 ♉	19 ♌	15 ♈

SUN INGRESS	☉ → ♎24日 05:10
MOON PHASE	○ 6日 16:47 ♓　◑ 14日 19:20 ♊　● 21日 13:38 ♍　◐ 28日 07:40 ♑

aspects		
1日	11:22	♀⚹♂
4日	15:38	☉⚹♇
5日	08:22	☉☍♅
7日	16:59	☿☌♄
10日	10:20	☿□♇
15日	06:01	☿⚹♆
18日	08:03	♅△♇
18日	21:13	♀△♅
18日	21:53	♀△♇
19日	19:57	☿☌♃
25日	14:32	♀□♆

1922年10月

DAY	☉	☽	☊ mean	☊ true	☿	♀	♂	♃	♄	♅	♆	♇	⚳	⚴	⚵	⚶	⚷
	° ′	° ′	° ′	° ′	° ′	° ′	° ′	° ′	° ′	° ′	° ′	° ′	°	°	°	°	°
1	6 ♎ 39	7 ♒ 38	29 ♍ 14	29 D 46	29 D 48	22 D 0	10 D 2	24 D 20	10 D 10	10 R 38	17 D 27	11 D 11	22 D	6 D	21 D	19 D	15 R
2	7 ♎ 38	19 ♒ 42	29 ♍ 10	29 ♍ 47	0 ♏ 2	22 ♏ 50	10 ♑ 39	24 ♎ 33	10 ♎ 17	10 ♓ 36	17 ♌ 29	11 ♋ 11	23 ♏	6 ♏	21 ♉	19 ♌	15 ♈
3	8 ♎ 37	1 ♓ 38	29 ♍ 7	29 ♍ 47	0 ♏ 10	23 ♏ 40	11 ♑ 16	24 ♎ 45	10 ♎ 25	10 ♓ 34	17 ♌ 30	11 ♋ 12	23 ♏	7 ♏	21 ♉	20 ♌	15 ♈
4	9 ♎ 36	13 ♓ 29	29 ♍ 4	29 ♍ 48	0 R 11	24 ♏ 29	11 ♑ 54	24 ♎ 58	10 ♎ 32	10 ♓ 32	17 ♌ 32	11 ♋ 12	24 ♏	7 ♏	21 ♉	20 ♌	15 ♈
5	10 ♎ 35	25 ♓ 17	29 ♍ 1	29 ♍ 49	0 ♏ 5	25 ♏ 17	12 ♑ 32	25 ♎ 11	10 ♎ 39	10 ♓ 30	17 ♌ 33	11 ♋ 12	24 ♏	8 ♏	21 R	21 ♌	15 ♈
6	11 ♎ 34	7 ♈ 4	28 ♍ 58	29 R 49	29 ♎ 51	26 ♏ 4	13 ♑ 10	25 ♎ 24	10 ♎ 47	10 ♓ 28	17 ♌ 35	11 ♋ 12	24 ♏	8 ♏	21 ♉	21 ♌	15 ♈
7	12 ♎ 34	18 ♈ 55	28 ♍ 55	29 ♍ 48	29 ♎ 29	26 ♏ 50	13 ♑ 48	25 ♎ 37	10 ♎ 54	10 ♓ 26	17 ♌ 36	11 ♋ 12	25 ♏	9 ♏	21 ♉	22 ♌	15 ♈
8	13 ♎ 33	0 ♉ 49	28 ♍ 51	29 ♍ 46	29 ♎ 0	27 ♏ 36	14 ♑ 27	25 ♎ 50	11 ♎ 2	10 ♓ 24	17 ♌ 38	11 ♋ 12	25 ♏	9 ♏	21 ♉	22 ♌	15 ♈
9	14 ♎ 32	12 ♉ 51	28 ♍ 48	29 ♍ 45	28 ♎ 22	28 ♏ 20	15 ♑ 6	26 ♎ 3	11 ♎ 9	10 ♓ 22	17 ♌ 39	11 ♋ 12	25 ♏	9 ♏	21 ♉	22 ♌	15 ♈
10	15 ♎ 31	25 ♉ 0	28 ♍ 45	29 ♍ 42	27 ♎ 37	29 ♏ 4	15 ♑ 44	26 ♎ 15	11 ♎ 16	10 ♓ 20	17 ♌ 40	11 ♋ 13	26 ♏	10 ♏	21 ♉	23 ♌	15 ♈
11	16 ♎ 31	7 ♊ 21	28 ♍ 42	29 ♍ 40	26 ♎ 44	29 ♏ 46	16 ♑ 23	26 ♎ 28	11 ♎ 24	10 ♓ 18	17 ♌ 42	11 ♋ 13	26 ♏	10 ♏	21 ♉	23 ♌	15 ♈
12	17 ♎ 30	19 ♊ 55	28 ♍ 39	29 ♍ 38	25 ♎ 44	0 ♐ 28	17 ♑ 2	26 ♎ 41	11 ♎ 31	10 ♓ 17	17 ♌ 43	11 ♋ 13	27 ♏	11 ♏	21 ♉	24 ♌	15 ♈
13	18 ♎ 29	2 ♋ 46	28 ♍ 35	29 ♍ 36	24 ♎ 39	1 ♐ 8	17 ♑ 42	26 ♎ 54	11 ♎ 38	10 ♓ 15	17 ♌ 44	11 R 13	27 ♏	11 ♏	21 ♉	24 ♌	15 ♈
14	19 ♎ 29	15 ♋ 55	28 ♍ 32	29 ♍ 35	23 ♎ 29	1 ♐ 48	18 ♑ 21	27 ♎ 7	11 ♎ 46	10 ♓ 13	17 ♌ 46	11 ♋ 13	27 ♏	12 ♏	21 ♉	24 ♌	15 ♈
15	20 ♎ 28	29 ♋ 25	28 ♍ 29	29 D 35	22 ♎ 17	2 ♐ 26	19 ♑ 1	27 ♎ 20	11 ♎ 53	10 ♓ 11	17 ♌ 47	11 ♋ 13	28 ♏	12 ♏	21 ♉	25 ♌	14 ♈
16	21 ♎ 28	13 ♌ 17	28 ♍ 26	29 ♍ 36	21 ♎ 4	3 ♐ 3	19 ♑ 41	27 ♎ 33	12 ♎ 0	10 ♓ 10	17 ♌ 48	11 ♋ 13	28 ♏	12 ♏	21 ♉	25 ♌	14 ♈
17	22 ♎ 27	27 ♌ 32	28 ♍ 23	29 ♍ 38	19 ♎ 52	3 ♐ 39	20 ♑ 20	27 ♎ 46	12 ♎ 8	10 ♓ 8	17 ♌ 49	11 ♋ 12	29 ♏	13 ♏	21 ♉	25 ♌	14 ♈
18	23 ♎ 27	12 ♍ 9	28 ♍ 20	29 ♍ 39	18 ♎ 44	4 ♐ 14	21 ♑ 0	27 ♎ 59	12 ♎ 15	10 ♓ 7	17 ♌ 50	11 ♋ 12	29 ♏	13 ♏	21 ♉	26 ♌	14 ♈
19	24 ♎ 26	27 ♍ 2	28 ♍ 16	29 ♍ 40	17 ♎ 41	4 ♐ 47	21 ♑ 41	28 ♎ 13	12 ♎ 22	10 ♓ 5	17 ♌ 52	11 ♋ 12	29 ♏	14 ♏	20 ♉	26 ♌	14 ♈
20	25 ♎ 26	12 ♎ 6	28 ♍ 13	29 R 39	16 ♎ 46	5 ♐ 19	22 ♑ 21	28 ♎ 26	12 ♎ 30	10 ♓ 4	17 ♌ 53	11 ♋ 12	0 ♐	14 ♏	20 ♉	27 ♌	14 ♈
21	26 ♎ 26	27 ♎ 13	28 ♍ 10	29 ♍ 38	15 ♎ 59	5 ♐ 49	23 ♑ 1	28 ♎ 39	12 ♎ 37	10 ♓ 2	17 ♌ 54	11 ♋ 12	0 ♐	15 ♏	20 ♉	27 ♌	14 ♈
22	27 ♎ 25	12 ♏ 12	28 ♍ 7	29 ♍ 34	15 ♎ 23	6 ♐ 18	23 ♑ 42	28 ♎ 52	12 ♎ 44	10 ♓ 1	17 ♌ 55	11 ♋ 12	1 ♐	15 ♏	20 ♉	27 ♌	14 ♈
23	28 ♎ 25	26 ♏ 55	28 ♍ 4	29 ♍ 30	14 ♎ 57	6 ♐ 46	24 ♑ 23	29 ♎ 5	12 ♎ 51	9 ♓ 59	17 ♌ 56	11 ♋ 11	1 ♐	15 ♏	20 ♉	28 ♌	14 ♈
24	29 ♎ 25	11 ♐ 15	28 ♍ 1	29 ♍ 26	14 ♎ 43	7 ♐ 12	25 ♑ 4	29 ♎ 18	12 ♎ 58	9 ♓ 58	17 ♌ 57	11 ♋ 11	1 ♐	16 ♏	20 ♉	28 ♌	14 ♈
25	0 ♏ 25	25 ♐ 9	27 ♍ 57	29 ♍ 22	14 D 40	7 ♐ 36	25 ♑ 45	29 ♎ 31	13 ♎ 6	9 ♓ 57	17 ♌ 58	11 ♋ 11	2 ♐	16 ♏	20 ♉	29 ♌	14 ♈
26	1 ♏ 25	8 ♑ 35	27 ♍ 54	29 ♍ 18	14 ♎ 48	7 ♐ 58	26 ♑ 26	29 ♎ 44	13 ♎ 13	9 ♓ 56	17 ♌ 59	11 ♋ 11	2 ♐	17 ♏	19 ♉	29 ♌	14 ♈
27	2 ♏ 24	21 ♑ 34	27 ♍ 51	29 ♍ 16	15 ♎ 7	8 ♐ 18	27 ♑ 7	29 ♎ 57	13 ♎ 20	9 ♓ 54	17 ♌ 59	11 ♋ 10	3 ♐	17 ♏	19 ♉	29 ♌	14 ♈
28	3 ♏ 24	4 ♒ 9	27 ♍ 48	29 D 16	15 ♎ 35	8 ♐ 37	27 ♑ 48	0 ♏ 10	13 ♎ 27	9 ♓ 53	18 ♌ 0	11 ♋ 10	3 ♐	18 ♏	19 ♉	0 ♍	14 ♈
29	4 ♏ 24	16 ♒ 25	27 ♍ 45	29 ♍ 16	16 ♎ 13	8 ♐ 54	28 ♑ 30	0 ♏ 23	13 ♎ 34	9 ♓ 52	18 ♌ 1	11 ♋ 10	3 ♐	18 ♏	19 ♉	0 ♍	14 ♈
30	5 ♏ 24	28 ♒ 27	27 ♍ 41	29 ♍ 18	17 ♎ 0	9 ♐ 8	29 ♑ 11	0 ♏ 36	13 ♎ 41	9 ♓ 51	18 ♌ 2	11 ♋ 9	4 ♐	18 ♏	19 ♉	0 ♍	14 ♈
31	6 ♏ 24	10 ♓ 19	27 ♍ 38	29 ♍ 20	17 ♎ 53	9 ♐ 21	29 ♑ 53	0 ♏ 49	13 ♎ 48	9 ♓ 50	18 ♌ 3	11 ♋ 9	4 ♐	19 ♏	18 ♉	1 ♍	14 ♈

SUN INGRESS	☉ → ♏24日 13:53
MOON PHASE	○ 6日 09:58 ♈　◑ 14日 06:55 ♋　● 20日 22:40 ♎　◐ 27日 22:26 ♒

aspects		
1日	06:44	♂□♄
1日	22:00	♂⚹♅
2日	20:51	♂☍♇
5日	01:56	☉☌♄
5日	14:56	☉□♇
9日	11:41	♄□♇
10日	15:30	☉□♂
11日	05:16	☿☌♃
12日	05:27	☉⚹♆
15日	19:40	☉☌☿
16日	17:50	☿□♂
18日	19:51	☿⚹♆
23日	20:24	☉☌♃
31日	03:49	☿⚹♆

1922年11月

DAY	☉	☽	☊ mean	☊ true	☿	♀	♂	♃	♄	♅	♆	♇	⚳	⚴	⚵	⚶	⚷
	° '	° '	° '	° '	° '	° '	° '	° '	° '	° '	° '	° '	°	°	°	°	°
1	7 ♏ 24	22 ♓ 6	27 ♍ 35	29 D 21	18 D 54	9 D 31	0 D 34	1 D 3	13 D 55	9 R 49	18 D 3	11 R 8	5 D	19 D	18 R	1 D	14 R
2	8 ♏ 24	3 ♈ 53	27 ♍ 32	29 R 21	20 ♎ 0	9 ♐ 39	1 ♒ 16	1 ♏ 16	14 ♎ 2	9 ♓ 48	18 ♌ 4	11 ♋ 8	5 ♐	20 ♏	18 ♉	2 ♍	14 ♈
3	9 ♏ 24	15 ♈ 43	27 ♍ 29	29 ♍ 20	21 ♎ 12	9 ♐ 45	1 ♒ 58	1 ♏ 29	14 ♎ 9	9 ♓ 47	18 ♌ 5	11 ♋ 7	5 ♐	20 ♏	18 ♉	2 ♍	14 ♈
4	10 ♏ 24	27 ♈ 40	27 ♍ 26	29 ♍ 16	22 ♎ 27	9 ♐ 49	2 ♒ 40	1 ♏ 42	14 ♎ 16	9 ♓ 47	18 ♌ 5	11 ♋ 7	6 ♐	21 ♏	18 ♉	2 ♍	14 ♈
5	11 ♏ 24	9 ♉ 44	27 ♍ 22	29 ♍ 11	23 ♎ 47	9 ♐ 50	3 ♒ 22	1 ♏ 55	14 ♎ 23	9 ♓ 46	18 ♌ 6	11 ♋ 6	6 ♐	21 ♏	17 ♉	3 ♍	14 ♈
6	12 ♏ 25	21 ♉ 58	27 ♍ 19	29 ♍ 3	25 ♎ 9	9 R 49	4 ♒ 4	2 ♏ 8	14 ♎ 30	9 ♓ 45	18 ♌ 6	11 ♋ 6	7 ♐	21 ♏	17 ♉	3 ♍	14 ♈
7	13 ♏ 25	4 ♊ 23	27 ♍ 16	28 ♍ 55	26 ♎ 35	9 ♐ 45	4 ♒ 47	2 ♏ 21	14 ♎ 36	9 ♓ 44	18 ♌ 7	11 ♋ 5	7 ♐	22 ♏	17 ♉	3 ♍	13 ♈
8	14 ♏ 25	16 ♊ 59	27 ♍ 13	28 ♍ 47	28 ♎ 2	9 ♐ 39	5 ♒ 29	2 ♏ 34	14 ♎ 43	9 ♓ 44	18 ♌ 7	11 ♋ 5	7 ♐	22 ♏	17 ♉	4 ♍	13 ♈
9	15 ♏ 25	29 ♊ 47	27 ♍ 10	28 ♍ 39	29 ♎ 31	9 ♐ 31	6 ♒ 11	2 ♏ 46	14 ♎ 50	9 ♓ 43	18 ♌ 8	11 ♋ 4	8 ♐	23 ♏	17 ♉	4 ♍	13 ♈
10	16 ♏ 25	12 ♋ 48	27 ♍ 7	28 ♍ 32	1 ♏ 2	9 ♐ 20	6 ♒ 54	2 ♏ 59	14 ♎ 57	9 ♓ 43	18 ♌ 8	11 ♋ 4	8 ♐	23 ♏	16 ♉	4 ♍	13 ♈
11	17 ♏ 26	26 ♋ 2	27 ♍ 3	28 ♍ 28	2 ♏ 34	9 ♐ 6	7 ♒ 36	3 ♏ 12	15 ♎ 3	9 ♓ 42	18 ♌ 9	11 ♋ 3	9 ♐	24 ♏	16 ♉	5 ♍	13 ♈
12	18 ♏ 26	9 ♌ 31	27 ♍ 0	28 ♍ 26	4 ♏ 7	8 ♐ 51	8 ♒ 19	3 ♏ 25	15 ♎ 10	9 ♓ 42	18 ♌ 9	11 ♋ 2	9 ♐	24 ♏	16 ♉	5 ♍	13 ♈
13	19 ♏ 27	23 ♌ 15	26 ♍ 57	28 D 26	5 ♏ 40	8 ♐ 33	9 ♒ 2	3 ♏ 38	15 ♎ 16	9 ♓ 41	18 ♌ 9	11 ♋ 2	9 ♐	24 ♏	16 ♉	5 ♍	13 ♈
14	20 ♏ 27	7 ♍ 16	26 ♍ 54	28 ♍ 26	7 ♏ 15	8 ♐ 12	9 ♒ 45	3 ♏ 51	15 ♎ 23	9 ♓ 41	18 ♌ 10	11 ♋ 1	10 ♐	25 ♏	15 ♉	6 ♍	13 ♈
15	21 ♏ 27	21 ♍ 32	26 ♍ 51	28 ♍ 27	8 ♏ 49	7 ♐ 50	10 ♒ 27	4 ♏ 4	15 ♎ 29	9 ♓ 41	18 ♌ 10	11 ♋ 0	10 ♐	25 ♏	15 ♉	6 ♍	13 ♈
16	22 ♏ 28	6 ♎ 4	26 ♍ 47	28 R 27	10 ♏ 24	7 ♐ 25	11 ♒ 10	4 ♏ 17	15 ♎ 36	9 ♓ 40	18 ♌ 10	10 ♋ 59	11 ♐	26 ♏	15 ♉	6 ♍	13 ♈
17	23 ♏ 28	20 ♎ 46	26 ♍ 44	28 ♍ 25	12 ♏ 0	6 ♐ 58	11 ♒ 53	4 ♏ 29	15 ♎ 42	9 ♓ 40	18 ♌ 10	10 ♋ 59	11 ♐	26 ♏	15 ♉	7 ♍	13 ♈
18	24 ♏ 29	5 ♏ 33	26 ♍ 41	28 ♍ 21	13 ♏ 35	6 ♐ 30	12 ♒ 36	4 ♏ 42	15 ♎ 49	9 ♓ 40	18 ♌ 10	10 ♋ 58	11 ♐	27 ♏	15 ♉	7 ♍	13 ♈
19	25 ♏ 29	20 ♏ 19	26 ♍ 38	28 ♍ 14	15 ♏ 11	6 ♐ 0	13 ♒ 19	4 ♏ 55	15 ♎ 55	9 ♓ 40	18 ♌ 10	10 ♋ 57	12 ♐	27 ♏	14 ♉	7 ♍	13 ♈
20	26 ♏ 30	4 ♐ 54	26 ♍ 35	28 ♍ 5	16 ♏ 46	5 ♐ 28	14 ♒ 3	5 ♏ 7	16 ♎ 1	9 ♓ 40	18 ♌ 11	10 ♋ 56	12 ♐	28 ♏	14 ♉	8 ♍	13 ♈
21	27 ♏ 31	19 ♐ 13	26 ♍ 32	27 ♍ 54	18 ♏ 22	4 ♐ 55	14 ♒ 46	5 ♏ 20	16 ♎ 7	9 D 40	18 ♌ 11	10 ♋ 55	13 ♐	28 ♏	14 ♉	8 ♍	13 ♈
22	28 ♏ 31	3 ♑ 8	26 ♍ 28	27 ♍ 44	19 ♏ 57	4 ♐ 21	15 ♒ 29	5 ♏ 33	16 ♎ 13	9 ♓ 40	18 R 11	10 ♋ 54	13 ♐	28 ♏	14 ♉	8 ♍	13 ♈
23	29 ♏ 32	16 ♑ 37	26 ♍ 25	27 ♍ 36	21 ♏ 32	3 ♐ 46	16 ♒ 12	5 ♏ 45	16 ♎ 19	9 ♓ 40	18 ♌ 11	10 ♋ 54	13 ♐	29 ♏	14 ♉	9 ♍	13 ♈
24	0 ♐ 33	29 ♑ 40	26 ♍ 22	27 ♍ 29	23 ♏ 8	3 ♐ 10	16 ♒ 56	5 ♏ 58	16 ♎ 25	9 ♓ 40	18 ♌ 10	10 ♋ 53	14 ♐	29 ♏	13 ♉	9 ♍	13 ♈
25	1 ♐ 33	12 ♒ 19	26 ♍ 19	27 ♍ 25	24 ♏ 43	2 ♐ 34	17 ♒ 39	6 ♏ 10	16 ♎ 31	9 ♓ 41	18 ♌ 10	10 ♋ 52	14 ♐	0 ♐	13 ♉	9 ♍	13 ♈
26	2 ♐ 34	24 ♒ 37	26 ♍ 16	27 ♍ 23	26 ♏ 18	1 ♐ 57	18 ♒ 23	6 ♏ 23	16 ♎ 37	9 ♓ 41	18 ♌ 10	10 ♋ 51	15 ♐	0 ♐	13 ♉	10 ♍	13 ♈
27	3 ♐ 35	6 ♓ 40	26 ♍ 12	27 D 23	27 ♏ 53	1 ♐ 21	19 ♒ 6	6 ♏ 35	16 ♎ 43	9 ♓ 41	18 ♌ 10	10 ♋ 50	15 ♐	1 ♐	13 ♉	10 ♍	13 ♈
28	4 ♐ 35	18 ♓ 32	26 ♍ 9	27 ♍ 23	29 ♏ 28	0 ♐ 45	19 ♒ 50	6 ♏ 47	16 ♎ 49	9 ♓ 42	18 ♌ 10	10 ♋ 49	16 ♐	1 ♐	13 ♉	10 ♍	13 ♈
29	5 ♐ 36	0 ♈ 19	26 ♍ 6	27 R 23	1 ♐ 2	0 ♐ 9	20 ♒ 33	7 ♏ 0	16 ♎ 55	9 ♓ 42	18 ♌ 10	10 ♋ 48	16 ♐	1 ♐	12 ♉	10 ♍	13 ♈
30	6 ♐ 37	12 ♈ 7	26 ♍ 3	27 ♍ 22	2 ♐ 37	29 ♏ 35	21 ♒ 17	7 ♏ 12	17 ♎ 0	9 ♓ 43	18 ♌ 9	10 ♋ 47	16 ♐	2 ♐	12 ♉	11 ♍	13 ♈

SUN INGRESS	☉ → ♐ 23日 10:55
MOON PHASE	○ 5日 03:36 ♉　◑ 12日 16:52 ♌　● 19日 09:06 ♏　◐ 26日 17:15 ♓

aspects

1日	23:25	♂□♃
3日	09:07	☉△♅
3日	11:22	♀□♅
4日	16:52	☉△♇
7日	03:46	♀□♅
11日	11:34	☿☌♃
11日	17:08	☉□♆
12日	12:34	♀⚹♂
15日	12:55	☿△♅
16日	08:43	☿△♇
16日	21:02	☿□♂
20日	21:13	☿□♆
23日	04:29	♂△♄
25日	14:57	☉☌♀
25日	17:08	♂☍♆
28日	14:14	☿☌♀

1922年12月

DAY	☉	☽	☊ mean	☊ true	☿	♀	♂	♃	♄	♅	♆	♇	⚳	⚴	⚵	⚶	⚷
	° '	° '	° '	° '	° '	° '	° '	° '	° '	° '	° '	° '	°	°	°	°	°
1	7 ♐ 38	24 ♈ 0	26 ♍ 0	27 R 19	4 D 11	29 R 1	22 D 1	7 D 24	17 D 6	9 D 43	18 R 9	10 R 46	17 D	2 D	12 R	11 D	13 R
2	8 ♐ 39	6 ♉ 2	25 ♍ 57	27 ♍ 13	5 ♐ 46	28 ♏ 29	22 ♒ 44	7 ♏ 36	17 ♎ 11	9 ♓ 44	18 ♌ 9	10 ♋ 45	17 ♐	3 ♐	12 ♉	11 ♍	13 ♈
3	9 ♐ 39	18 ♉ 16	25 ♍ 53	27 ♍ 4	7 ♐ 20	27 ♏ 58	23 ♒ 28	7 ♏ 48	17 ♎ 17	9 ♓ 44	18 ♌ 8	10 ♋ 44	18 ♐	3 ♐	12 ♉	12 ♍	13 ♈
4	10 ♐ 40	0 ♊ 45	25 ♍ 50	26 ♍ 53	8 ♐ 54	27 ♏ 28	24 ♒ 12	8 ♏ 0	17 ♎ 22	9 ♓ 45	18 ♌ 8	10 ♋ 43	18 ♐	4 ♐	12 ♉	12 ♍	13 ♈
5	11 ♐ 41	13 ♊ 28	25 ♍ 47	26 ♍ 40	10 ♐ 29	27 ♏ 1	24 ♒ 56	8 ♏ 12	17 ♎ 27	9 ♓ 46	18 ♌ 8	10 ♋ 42	18 ♐	4 ♐	12 ♉	12 ♍	13 ♈
6	12 ♐ 42	26 ♊ 25	25 ♍ 44	26 ♍ 26	12 ♐ 3	26 ♏ 36	25 ♒ 40	8 ♏ 24	17 ♎ 33	9 ♓ 46	18 ♌ 7	10 ♋ 41	19 ♐	4 ♐	12 ♉	12 ♍	13 ♈
7	13 ♐ 43	9 ♋ 35	25 ♍ 41	26 ♍ 14	13 ♐ 37	26 ♏ 12	26 ♒ 23	8 ♏ 36	17 ♎ 38	9 ♓ 47	18 ♌ 7	10 ♋ 40	19 ♐	5 ♐	11 ♉	13 ♍	13 ♈
8	14 ♐ 44	22 ♋ 57	25 ♍ 38	26 ♍ 3	15 ♐ 11	25 ♏ 51	27 ♒ 7	8 ♏ 48	17 ♎ 43	9 ♓ 48	18 ♌ 6	10 ♋ 39	20 ♐	5 ♐	11 ♉	13 ♍	13 ♈
9	15 ♐ 45	6 ♌ 28	25 ♍ 34	25 ♍ 55	16 ♐ 46	25 ♏ 32	27 ♒ 51	9 ♏ 0	17 ♎ 48	9 ♓ 49	18 ♌ 5	10 ♋ 38	20 ♐	6 ♐	11 ♉	13 ♍	13 ♈
10	16 ♐ 46	20 ♌ 8	25 ♍ 31	25 ♍ 51	18 ♐ 20	25 ♏ 16	28 ♒ 35	9 ♏ 11	17 ♎ 53	9 ♓ 50	18 ♌ 5	10 ♋ 36	20 ♐	6 ♐	11 ♉	13 ♍	13 ♈
11	17 ♐ 47	3 ♍ 57	25 ♍ 28	25 ♍ 48	19 ♐ 54	25 ♏ 2	29 ♒ 19	9 ♏ 23	17 ♎ 58	9 ♓ 51	18 ♌ 4	10 ♋ 35	21 ♐	7 ♐	11 ♉	14 ♍	13 ♈
12	18 ♐ 48	17 ♍ 53	25 ♍ 25	25 ♍ 48	21 ♐ 29	24 ♏ 51	0 ♓ 3	9 ♏ 34	18 ♎ 3	9 ♓ 52	18 ♌ 4	10 ♋ 34	21 ♐	7 ♐	11 ♉	14 ♍	13 ♈
13	19 ♐ 49	1 ♎ 58	25 ♍ 22	25 ♍ 48	23 ♐ 3	24 ♏ 42	0 ♓ 47	9 ♏ 46	18 ♎ 7	9 ♓ 53	18 ♌ 3	10 ♋ 33	22 ♐	7 ♐	11 ♉	14 ♍	13 ♈
14	20 ♐ 50	16 ♎ 9	25 ♍ 18	25 ♍ 47	24 ♐ 38	24 ♏ 35	1 ♓ 31	9 ♏ 57	18 ♎ 12	9 ♓ 55	18 ♌ 2	10 ♋ 32	22 ♐	8 ♐	11 ♉	14 ♍	13 ♈
15	21 ♐ 51	0 ♏ 27	25 ♍ 15	25 ♍ 44	26 ♐ 12	24 ♏ 31	2 ♓ 15	10 ♏ 9	18 ♎ 17	9 ♓ 56	18 ♌ 1	10 ♋ 31	23 ♐	8 ♐	11 ♉	15 ♍	13 ♈
16	22 ♐ 52	14 ♏ 48	25 ♍ 12	25 ♍ 38	27 ♐ 47	24 ♏ 30	2 ♓ 59	10 ♏ 20	18 ♎ 21	9 ♓ 57	18 ♌ 1	10 ♋ 30	23 ♐	9 ♐	11 ♉	15 ♍	13 ♈
17	23 ♐ 53	29 ♏ 7	25 ♍ 9	25 ♍ 28	29 ♐ 22	24 D 31	3 ♓ 43	10 ♏ 31	18 ♎ 26	9 ♓ 58	18 ♌ 0	10 ♋ 28	23 ♐	9 ♐	11 ♉	15 ♍	13 ♈
18	24 ♐ 54	13 ♐ 20	25 ♍ 6	25 ♍ 17	0 ♑ 57	24 ♏ 34	4 ♓ 27	10 ♏ 42	18 ♎ 30	10 ♓ 0	17 ♌ 59	10 ♋ 27	24 ♐	10 ♐	11 D	15 ♍	12 ♈
19	25 ♐ 55	27 ♐ 21	25 ♍ 3	25 ♍ 4	2 ♑ 32	24 ♏ 40	5 ♓ 11	10 ♏ 53	18 ♎ 34	10 ♓ 1	17 ♌ 58	10 ♋ 26	24 ♐	10 ♐	11 ♉	15 ♍	12 ♈
20	26 ♐ 56	11 ♑ 5	24 ♍ 59	24 ♍ 51	4 ♑ 8	24 ♏ 48	5 ♓ 55	11 ♏ 4	18 ♎ 38	10 ♓ 3	17 ♌ 57	10 ♋ 25	25 ♐	10 ♐	11 ♉	16 ♍	12 ♈
21	27 ♐ 57	24 ♑ 27	24 ♍ 56	24 ♍ 39	5 ♑ 43	24 ♏ 58	6 ♓ 39	11 ♏ 15	18 ♎ 42	10 ♓ 4	17 ♌ 56	10 ♋ 24	25 ♐	11 ♐	11 ♉	16 ♍	12 ♈
22	28 ♐ 58	7 ♒ 28	24 ♍ 53	24 ♍ 29	7 ♑ 19	25 ♏ 11	7 ♓ 23	11 ♏ 26	18 ♎ 46	10 ♓ 6	17 ♌ 55	10 ♋ 22	25 ♐	11 ♐	11 ♉	16 ♍	12 ♈
23	0 ♑ 0	20 ♒ 6	24 ♍ 50	24 ♍ 23	8 ♑ 54	25 ♏ 26	8 ♓ 7	11 ♏ 37	18 ♎ 50	10 ♓ 7	17 ♌ 54	10 ♋ 21	26 ♐	12 ♐	11 ♉	16 ♍	12 ♈
24	1 ♑ 1	2 ♓ 25	24 ♍ 47	24 ♍ 19	10 ♑ 30	25 ♏ 42	8 ♓ 52	11 ♏ 47	18 ♎ 54	10 ♓ 9	17 ♌ 53	10 ♋ 20	26 ♐	12 ♐	11 ♉	16 ♍	12 ♈
25	2 ♑ 2	14 ♓ 29	24 ♍ 44	24 ♍ 17	12 ♑ 6	26 ♏ 1	9 ♓ 36	11 ♏ 58	18 ♎ 58	10 ♓ 11	17 ♌ 52	10 ♋ 19	27 ♐	13 ♐	11 ♉	17 ♍	12 ♈
26	3 ♑ 3	26 ♓ 22	24 ♍ 40	24 D 17	13 ♑ 42	26 ♏ 22	10 ♓ 20	12 ♏ 8	19 ♎ 1	10 ♓ 13	17 ♌ 51	10 ♋ 18	27 ♐	13 ♐	11 ♉	17 ♍	12 D
27	4 ♑ 4	8 ♈ 10	24 ♍ 37	24 R 17	15 ♑ 18	26 ♏ 44	11 ♓ 4	12 ♏ 19	19 ♎ 5	10 ♓ 14	17 ♌ 50	10 ♋ 16	27 ♐	13 ♐	11 ♉	17 ♍	12 ♈
28	5 ♑ 5	19 ♈ 58	24 ♍ 34	24 ♍ 16	16 ♑ 53	27 ♏ 9	11 ♓ 48	12 ♏ 29	19 ♎ 8	10 ♓ 16	17 ♌ 49	10 ♋ 15	28 ♐	14 ♐	12 ♉	17 ♍	12 ♈
29	6 ♑ 6	1 ♉ 53	24 ♍ 31	24 ♍ 13	18 ♑ 29	27 ♏ 35	12 ♓ 32	12 ♏ 39	19 ♎ 12	10 ♓ 18	17 ♌ 48	10 ♋ 14	28 ♐	14 ♐	12 ♉	17 ♍	12 ♈
30	7 ♑ 8	13 ♉ 58	24 ♍ 28	24 ♍ 8	20 ♑ 5	28 ♏ 3	13 ♓ 16	12 ♏ 49	19 ♎ 15	10 ♓ 20	17 ♌ 47	10 ♋ 13	29 ♐	15 ♐	12 ♉	17 ♍	12 ♈
31	8 ♑ 9	26 ♉ 19	24 ♍ 24	24 ♍ 0	21 ♑ 40	28 ♏ 33	14 ♓ 0	12 ♏ 59	19 ♎ 18	10 ♓ 22	17 ♌ 45	10 ♋ 11	29 ♐	15 ♐	12 ♉	17 ♍	12 ♈

SUN INGRESS	☉ → ♑ 22日 23:57
MOON PHASE	○ 4日 20:23 ♊　◑ 12日 01:40 ♍　● 18日 21:20 ♐　◐ 26日 14:53 ♈

aspects

3日	01:56	☉□♅
4日	12:57	☿□♅
6日	19:58	♀□♂
7日	04:08	☉☌☿
9日	16:45	☿⚹♄
9日	20:11	☿△♆
11日	04:46	☉⚹♄
11日	06:49	☉△♆
12日	04:03	♄⚹♆
13日	17:42	♃△♅
16日	18:56	♃△♇
22日	02:12	☿⚹♂
23日	18:39	☿⚹♅
23日	21:31	☿☍♇
24日	21:42	☿⚹♃
25日	19:52	♂☌♅
25日	22:49	♂△♇
27日	15:41	♅△♇
29日	04:45	♂△♃
29日	11:05	☿□♄

1923年1月

DAY	☉	☽	☊ mean	☊ true	☿	♀	♂	♃	♄	♅	♆	♇	⚳	⚴	⚵	⚶	⚷
	° ′	° ′	° ′	° ′	° ′	° ′	° ′	° ′	° ′	° ′	° ′	° ′	°	°	°	°	°
1	9 ♑ 10	8 ♊ 57	24 ♍ 21	23 R 49	23 D 15	29 D 4	14 D 45	13 D 9	19 D 21	10 D 24	17 R 44	10 R 10	29 D	16 D	12 D	18 D	12 D
2	10 ♑ 11	21 ♊ 55	24 ♍ 18	23 ♍ 37	24 ♑ 49	29 ♏ 36	15 ♓ 29	13 ♏ 19	19 ♎ 24	10 ♓ 26	17 ♌ 43	10 ♋ 9	0 ♑	16 ♐	12 ♉	18 ♍	12 ♈
3	11 ♑ 12	5 ♋ 12	24 ♍ 15	23 ♍ 24	26 ♑ 22	0 ♐ 10	16 ♓ 13	13 ♏ 28	19 ♎ 27	10 ♓ 28	17 ♌ 42	10 ♋ 8	0 ♑	16 ♐	12 ♉	18 ♍	13 ♈
4	12 ♑ 13	18 ♋ 46	24 ♍ 12	23 ♍ 12	27 ♑ 55	0 ♐ 46	16 ♓ 57	13 ♏ 38	19 ♎ 30	10 ♓ 30	17 ♌ 40	10 ♋ 6	1 ♑	17 ♐	12 ♉	18 ♍	13 ♈
5	13 ♑ 14	2 ♌ 33	24 ♍ 9	23 ♍ 2	29 ♑ 27	1 ♐ 23	17 ♓ 41	13 ♏ 47	19 ♎ 33	10 ♓ 32	17 ♌ 39	10 ♋ 5	1 ♑	17 ♐	13 ♉	18 ♍	13 ♈
6	14 ♑ 16	16 ♌ 31	24 ♍ 5	22 ♍ 54	0 ♒ 57	2 ♐ 1	18 ♓ 25	13 ♏ 57	19 ♎ 35	10 ♓ 35	17 ♌ 38	10 ♋ 4	2 ♑	18 ♐	13 ♉	18 ♍	13 ♈
7	15 ♑ 17	0 ♍ 35	24 ♍ 2	22 ♍ 50	2 ♒ 26	2 ♐ 41	19 ♓ 9	14 ♏ 6	19 ♎ 38	10 ♓ 37	17 ♌ 36	10 ♋ 3	2 ♑	18 ♐	13 ♉	18 ♍	13 ♈
8	16 ♑ 18	14 ♍ 42	23 ♍ 59	22 ♍ 48	3 ♒ 52	3 ♐ 21	19 ♓ 53	14 ♏ 15	19 ♎ 40	10 ♓ 39	17 ♌ 35	10 ♋ 1	2 ♑	18 ♐	13 ♉	18 ♍	13 ♈
9	17 ♑ 19	28 ♍ 50	23 ♍ 56	22 D 48	5 ♒ 16	4 ♐ 3	20 ♓ 37	14 ♏ 24	19 ♎ 42	10 ♓ 42	17 ♌ 34	10 ♋ 0	3 ♑	19 ♐	13 ♉	18 ♍	13 ♈
10	18 ♑ 20	12 ♎ 56	23 ♍ 53	22 ♍ 48	6 ♒ 37	4 ♐ 46	21 ♓ 21	14 ♏ 33	19 ♎ 44	10 ♓ 44	17 ♌ 32	9 ♋ 59	3 ♑	19 ♐	14 ♉	18 ♍	13 ♈
11	19 ♑ 21	27 ♎ 1	23 ♍ 50	22 R 48	7 ♒ 55	5 ♐ 30	22 ♓ 5	14 ♏ 42	19 ♎ 47	10 ♓ 46	17 ♌ 31	9 ♋ 58	4 ♑	20 ♐	14 ♉	19 ♍	13 ♈
12	20 ♑ 22	11 ♏ 3	23 ♍ 46	22 ♍ 46	9 ♒ 8	6 ♐ 15	22 ♓ 49	14 ♏ 50	19 ♎ 49	10 ♓ 49	17 ♌ 29	9 ♋ 57	4 ♑	20 ♐	14 ♉	19 ♍	13 ♈
13	21 ♑ 24	25 ♏ 2	23 ♍ 43	22 ♍ 42	10 ♒ 17	7 ♐ 1	23 ♓ 33	14 ♏ 59	19 ♎ 50	10 ♓ 51	17 ♌ 28	9 ♋ 55	4 ♑	20 ♐	14 ♉	19 ♍	13 ♈
14	22 ♑ 25	8 ♐ 54	23 ♍ 40	22 ♍ 35	11 ♒ 20	7 ♐ 48	24 ♓ 17	15 ♏ 7	19 ♎ 52	10 ♓ 54	17 ♌ 26	9 ♋ 54	5 ♑	21 ♐	14 ♉	19 ♍	13 ♈
15	23 ♑ 26	22 ♐ 39	23 ♍ 37	22 ♍ 26	12 ♒ 17	8 ♐ 36	25 ♓ 1	15 ♏ 16	19 ♎ 54	10 ♓ 56	17 ♌ 25	9 ♋ 53	5 ♑	21 ♐	15 ♉	19 ♍	13 ♈
16	24 ♑ 27	6 ♑ 13	23 ♍ 34	22 ♍ 15	13 ♒ 7	9 ♐ 25	25 ♓ 45	15 ♏ 24	19 ♎ 55	10 ♓ 59	17 ♌ 23	9 ♋ 52	6 ♑	22 ♐	15 ♉	19 ♍	13 ♈
17	25 ♑ 28	19 ♑ 34	23 ♍ 30	22 ♍ 5	13 ♒ 49	10 ♐ 15	26 ♓ 29	15 ♏ 32	19 ♎ 57	11 ♓ 2	17 ♌ 22	9 ♋ 51	6 ♑	22 ♐	15 ♉	19 ♍	13 ♈
18	26 ♑ 29	2 ♒ 39	23 ♍ 27	21 ♍ 55	14 ♒ 22	11 ♐ 5	27 ♓ 13	15 ♏ 40	19 ♎ 58	11 ♓ 4	17 ♌ 20	9 ♋ 49	6 ♑	22 ♐	15 ♉	19 ♍	13 ♈
19	27 ♑ 30	15 ♒ 27	23 ♍ 24	21 ♍ 47	14 ♒ 45	11 ♐ 56	27 ♓ 57	15 ♏ 48	19 ♎ 59	11 ♓ 7	17 ♌ 19	9 ♋ 48	7 ♑	23 ♐	16 ♉	19 R	13 ♈
20	28 ♑ 31	27 ♒ 57	23 ♍ 21	21 ♍ 42	14 ♒ 57	12 ♐ 48	28 ♓ 41	15 ♏ 55	20 ♎ 1	11 ♓ 10	17 ♌ 17	9 ♋ 47	7 ♑	23 ♐	16 ♉	19 ♍	13 ♈
21	29 ♑ 33	10 ♓ 13	23 ♍ 18	21 ♍ 39	14 R 59	13 ♐ 41	29 ♓ 25	16 ♏ 3	20 ♎ 2	11 ♓ 12	17 ♌ 16	9 ♋ 46	8 ♑	24 ♐	16 ♉	19 ♍	13 ♈
22	0 ♒ 34	22 ♓ 15	23 ♍ 15	21 D 38	14 ♒ 49	14 ♐ 34	0 ♈ 8	16 ♏ 10	20 ♎ 3	11 ♓ 15	17 ♌ 14	9 ♋ 45	8 ♑	24 ♐	17 ♉	19 ♍	13 ♈
23	1 ♒ 35	4 ♈ 8	23 ♍ 11	21 ♍ 39	14 ♒ 27	15 ♐ 28	0 ♈ 52	16 ♏ 17	20 ♎ 3	11 ♓ 18	17 ♌ 12	9 ♋ 44	8 ♑	24 ♐	17 ♉	19 ♍	13 ♈
24	2 ♒ 36	15 ♈ 56	23 ♍ 8	21 ♍ 40	13 ♒ 54	16 ♐ 22	1 ♈ 36	16 ♏ 24	20 ♎ 4	11 ♓ 21	17 ♌ 11	9 ♋ 42	9 ♑	25 ♐	17 ♉	19 ♍	13 ♈
25	3 ♒ 37	27 ♈ 44	23 ♍ 5	21 ♍ 41	13 ♒ 10	17 ♐ 18	2 ♈ 20	16 ♏ 31	20 ♎ 5	11 ♓ 24	17 ♌ 9	9 ♋ 41	9 ♑	25 ♐	17 ♉	19 ♍	13 ♈
26	4 ♒ 38	9 ♉ 39	23 ♍ 2	21 R 41	12 ♒ 16	18 ♐ 13	3 ♈ 4	16 ♏ 38	20 ♎ 5	11 ♓ 27	17 ♌ 8	9 ♋ 40	10 ♑	26 ♐	18 ♉	19 ♍	13 ♈
27	5 ♒ 39	21 ♉ 44	22 ♍ 59	21 ♍ 40	11 ♒ 14	19 ♐ 10	3 ♈ 47	16 ♏ 45	20 ♎ 6	11 ♓ 29	17 ♌ 6	9 ♋ 39	10 ♑	26 ♐	18 ♉	18 ♍	13 ♈
28	6 ♒ 40	4 ♊ 5	22 ♍ 56	21 ♍ 36	10 ♒ 6	20 ♐ 6	4 ♈ 31	16 ♏ 51	20 ♎ 6	11 ♓ 32	17 ♌ 4	9 ♋ 38	10 ♑	26 ♐	18 ♉	18 ♍	13 ♈
29	7 ♒ 41	16 ♊ 46	22 ♍ 52	21 ♍ 31	8 ♒ 54	21 ♐ 4	5 ♈ 15	16 ♏ 58	20 ♎ 6	11 ♓ 35	17 ♌ 3	9 ♋ 37	11 ♑	27 ♐	19 ♉	18 ♍	13 ♈
30	8 ♒ 42	29 ♊ 49	22 ♍ 49	21 ♍ 24	7 ♒ 39	22 ♐ 2	5 ♈ 58	17 ♏ 4	20 ♎ 6	11 ♓ 38	17 ♌ 1	9 ♋ 36	11 ♑	27 ♐	19 ♉	18 ♍	13 ♈
31	9 ♒ 43	13 ♋ 16	22 ♍ 46	21 ♍ 16	6 ♒ 24	23 ♐ 0	6 ♈ 42	17 ♏ 10	20 R 6	11 ♓ 41	16 ♌ 59	9 ♋ 35	11 ♑	28 ♐	19 ♉	18 ♍	13 ♈

SUN INGRESS	☉ → ♒ 21日 10:35
MOON PHASE	○ 3日 11:33 ♋　◑ 10日 09:54 ♎　● 17日 11:41 ♑　◐ 25日 12:59 ♉

aspects		
1日	23:11	☉☍♇
2日	06:05	☉⚹♅
5日	15:13	☉⚹♃
7日	07:41	☿⚹♀
11日	10:14	☉□♄
17日	23:37	♀□♅
20日	12:50	☉⚹♂
22日	04:58	☿⚹♀
24日	20:30	♀△♆
27日	23:46	♀⚹♄
29日	12:53	☉☌☿
29日	14:56	♃□♆
30日	20:16	☿⚹♂

1923年2月

DAY	☉	☽	☊ mean	☊ true	☿	♀	♂	♃	♄	♅	♆	♇	⚳	⚴	⚵	⚶	⚷
	° ′	° ′	° ′	° ′	° ′	° ′	° ′	° ′	° ′	° ′	° ′	° ′	°	°	°	°	°
1	10 ♒ 43	27 ♋ 6	22 ♍ 43	21 R 9	5 R 11	23 D 59	7 D 26	17 D 16	20 R 6	11 D 44	16 R 58	9 R 34	12 D	28 D	20 D	18 R	13 D
2	11 ♒ 44	11 ♌ 15	22 ♍ 40	21 ♍ 3	4 ♒ 2	24 ♐ 58	8 ♈ 9	17 ♏ 22	20 ♎ 6	11 ♓ 48	16 ♌ 56	9 ♋ 33	12 ♑	28 ♐	20 ♉	18 ♍	13 ♈
3	12 ♒ 45	25 ♌ 39	22 ♍ 36	20 ♍ 59	2 ♒ 59	25 ♐ 58	8 ♈ 53	17 ♏ 27	20 ♎ 5	11 ♓ 51	16 ♌ 54	9 ♋ 32	13 ♑	29 ♐	20 ♉	18 ♍	13 ♈
4	13 ♒ 46	10 ♍ 11	22 ♍ 33	20 ♍ 57	2 ♒ 2	26 ♐ 58	9 ♈ 36	17 ♏ 33	20 ♎ 5	11 ♓ 54	16 ♌ 53	9 ♋ 31	13 ♑	29 ♐	21 ♉	18 ♍	13 ♈
5	14 ♒ 47	24 ♍ 45	22 ♍ 30	20 D 57	1 ♒ 14	27 ♐ 58	10 ♈ 20	17 ♏ 38	20 ♎ 4	11 ♓ 57	16 ♌ 51	9 ♋ 30	13 ♑	29 ♐	21 ♉	18 ♍	13 ♈
6	15 ♒ 48	9 ♎ 17	22 ♍ 27	20 ♍ 58	0 ♒ 33	28 ♐ 59	11 ♈ 3	17 ♏ 43	20 ♎ 4	12 ♓ 0	16 ♌ 49	9 ♋ 29	14 ♑	0 ♑	22 ♉	17 ♍	13 ♈
7	16 ♒ 48	23 ♎ 41	22 ♍ 24	20 ♍ 59	0 ♒ 0	0 ♑ 1	11 ♈ 47	17 ♏ 48	20 ♎ 3	12 ♓ 3	16 ♌ 48	9 ♋ 28	14 ♑	0 ♑	22 ♉	17 ♍	13 ♈
8	17 ♒ 49	7 ♏ 54	22 ♍ 21	21 ♍ 0	29 ♑ 36	1 ♑ 2	12 ♈ 30	17 ♏ 53	20 ♎ 2	12 ♓ 6	16 ♌ 46	9 ♋ 27	15 ♑	1 ♑	22 ♉	17 ♍	13 ♈
9	18 ♒ 50	21 ♏ 55	22 ♍ 17	21 R 1	29 ♑ 20	2 ♑ 4	13 ♈ 13	17 ♏ 58	20 ♎ 1	12 ♓ 10	16 ♌ 44	9 ♋ 26	15 ♑	1 ♑	23 ♉	17 ♍	13 ♈
10	19 ♒ 51	5 ♐ 44	22 ♍ 14	21 ♍ 0	29 ♑ 12	3 ♑ 7	13 ♈ 57	18 ♏ 2	20 ♎ 0	12 ♓ 13	16 ♌ 42	9 ♋ 25	15 ♑	1 ♑	23 ♉	17 ♍	13 ♈
11	20 ♒ 51	19 ♐ 19	22 ♍ 11	20 ♍ 57	29 D 12	4 ♑ 9	14 ♈ 40	18 ♏ 6	19 ♎ 59	12 ♓ 16	16 ♌ 41	9 ♋ 24	16 ♑	2 ♑	23 ♉	17 ♍	13 ♈
12	21 ♒ 52	2 ♑ 41	22 ♍ 8	20 ♍ 53	29 ♑ 19	5 ♑ 12	15 ♈ 23	18 ♏ 10	19 ♎ 57	12 ♓ 19	16 ♌ 39	9 ♋ 23	16 ♑	2 ♑	24 ♉	16 ♍	14 ♈
13	22 ♒ 53	15 ♑ 50	22 ♍ 5	20 ♍ 49	29 ♑ 32	6 ♑ 16	16 ♈ 7	18 ♏ 14	19 ♎ 56	12 ♓ 23	16 ♌ 37	9 ♋ 22	16 ♑	2 ♑	24 ♉	16 ♍	14 ♈
14	23 ♒ 53	28 ♑ 46	22 ♍ 2	20 ♍ 44	29 ♑ 51	7 ♑ 19	16 ♈ 50	18 ♏ 18	19 ♎ 54	12 ♓ 26	16 ♌ 36	9 ♋ 21	17 ♑	3 ♑	25 ♉	16 ♍	14 ♈
15	24 ♒ 54	11 ♒ 28	21 ♍ 58	20 ♍ 40	0 ♒ 17	8 ♑ 23	17 ♈ 33	18 ♏ 22	19 ♎ 53	12 ♓ 29	16 ♌ 34	9 ♋ 21	17 ♑	3 ♑	25 ♉	16 ♍	14 ♈
16	25 ♒ 55	23 ♒ 58	21 ♍ 55	20 ♍ 36	0 ♒ 47	9 ♑ 27	18 ♈ 16	18 ♏ 25	19 ♎ 51	12 ♓ 33	16 ♌ 32	9 ♋ 20	18 ♑	3 ♑	25 ♉	16 ♍	14 ♈
17	26 ♒ 55	6 ♓ 15	21 ♍ 52	20 ♍ 34	1 ♒ 22	10 ♑ 32	18 ♈ 59	18 ♏ 28	19 ♎ 49	12 ♓ 36	16 ♌ 31	9 ♋ 19	18 ♑	4 ♑	26 ♉	15 ♍	14 ♈
18	27 ♒ 56	18 ♓ 22	21 ♍ 49	20 ♍ 34	2 ♒ 2	11 ♑ 36	19 ♈ 42	18 ♏ 32	19 ♎ 47	12 ♓ 39	16 ♌ 29	9 ♋ 18	18 ♑	4 ♑	26 ♉	15 ♍	14 ♈
19	28 ♒ 56	0 ♈ 19	21 ♍ 46	20 D 34	2 ♒ 46	12 ♑ 41	20 ♈ 26	18 ♏ 34	19 ♎ 45	12 ♓ 43	16 ♌ 27	9 ♋ 17	19 ♑	5 ♑	27 ♉	15 ♍	14 ♈
20	29 ♒ 57	12 ♈ 10	21 ♍ 42	20 ♍ 35	3 ♒ 34	13 ♑ 46	21 ♈ 9	18 ♏ 37	19 ♎ 43	12 ♓ 46	16 ♌ 26	9 ♋ 17	19 ♑	5 ♑	27 ♉	15 ♍	14 ♈
21	0 ♓ 57	23 ♈ 58	21 ♍ 39	20 ♍ 37	4 ♒ 25	14 ♑ 52	21 ♈ 52	18 ♏ 40	19 ♎ 41	12 ♓ 49	16 ♌ 24	9 ♋ 16	19 ♑	5 ♑	27 ♉	15 ♍	14 ♈
22	1 ♓ 58	5 ♉ 47	21 ♍ 36	20 ♍ 38	5 ♒ 19	15 ♑ 57	22 ♈ 35	18 ♏ 42	19 ♎ 39	12 ♓ 53	16 ♌ 23	9 ♋ 15	20 ♑	6 ♑	28 ♉	14 ♍	14 ♈
23	2 ♓ 58	17 ♉ 40	21 ♍ 33	20 ♍ 40	6 ♒ 17	17 ♑ 3	23 ♈ 18	18 ♏ 44	19 ♎ 37	12 ♓ 56	16 ♌ 21	9 ♋ 15	20 ♑	6 ♑	28 ♉	14 ♍	14 ♈
24	3 ♓ 59	29 ♉ 44	21 ♍ 30	20 ♍ 40	7 ♒ 17	18 ♑ 9	24 ♈ 0	18 ♏ 46	19 ♎ 34	13 ♓ 0	16 ♌ 19	9 ♋ 14	20 ♑	6 ♑	29 ♉	14 ♍	14 ♈
25	4 ♓ 59	12 ♊ 2	21 ♍ 27	20 R 40	8 ♒ 19	19 ♑ 15	24 ♈ 43	18 ♏ 48	19 ♎ 31	13 ♓ 3	16 ♌ 18	9 ♋ 13	21 ♑	7 ♑	29 ♉	14 ♍	14 ♈
26	5 ♓ 59	24 ♊ 39	21 ♍ 23	20 ♍ 39	9 ♒ 25	20 ♑ 21	25 ♈ 26	18 ♏ 50	19 ♎ 29	13 ♓ 6	16 ♌ 16	9 ♋ 13	21 ♑	7 ♑	0 ♊	13 ♍	14 ♈
27	7 ♓ 0	7 ♋ 39	21 ♍ 20	20 ♍ 38	10 ♒ 32	21 ♑ 28	26 ♈ 9	18 ♏ 51	19 ♎ 26	13 ♓ 10	16 ♌ 15	9 ♋ 12	22 ♑	7 ♑	0 ♊	13 ♍	14 ♈
28	8 ♓ 0	21 ♋ 5	21 ♍ 17	20 ♍ 36	11 ♒ 41	22 ♑ 34	26 ♈ 52	18 ♏ 52	19 ♎ 23	13 ♓ 13	16 ♌ 13	9 ♋ 12	22 ♑	8 ♑	0 ♊	13 ♍	14 ♈

SUN INGRESS	☉ → ♓ 20日 01:00
MOON PHASE	○ 2日 00:53 ♌　◑ 8日 18:16 ♏　● 16日 04:07 ♒　◐ 24日 09:06 ♊

aspects		
3日	20:57	♂□♇
6日	23:40	☉☍♆
8日	01:36	☉□♃
10日	03:33	☉△♄
13日	16:28	♂△♆
15日	21:15	♀☍♇
18日	02:39	♂☍♄
19日	00:35	♀⚹♅
24日	13:58	♀⚹♃
25日	05:46	♀□♄

1923年3月

DAY	☉	☽	☊ mean	☊ true	☿	♀	♂	♃	♄	♅	♆	♇	⚳	⚴	⚵	⚶	⚷
	° ′	° ′	° ′	° ′	° ′	° ′	° ′	° ′	° ′	° ′	° ′	° ′	°	°	°	°	°
1	9 ♓ 0	4 ♌ 57	21 ♍ 14	20 R 35	12 D 53	23 D 41	27 D 34	18 D 53	19 R 20	13 D 17	16 R 12	9 R 11	22 D	8 D	1 D	13 R	14 D
2	10 ♓ 0	19 ♌ 14	21 ♍ 11	20 ♍ 33	14 ♒ 6	24 ♑ 48	28 ♈ 17	18 ♏ 54	19 ♎ 17	13 ♓ 20	16 ♌ 10	9 ♋ 10	23 ♑	8 ♑	1 ♊	12 ♍	14 ♈
3	11 ♓ 1	3 ♍ 52	21 ♍ 7	20 ♍ 33	15 ♒ 21	25 ♑ 56	29 ♈ 0	18 ♏ 55	19 ♎ 14	13 ♓ 24	16 ♌ 9	9 ♋ 10	23 ♑	9 ♑	2 ♊	12 ♍	14 ♈
4	12 ♓ 1	18 ♍ 45	21 ♍ 4	20 ♍ 32	16 ♒ 38	27 ♑ 3	29 ♈ 42	18 ♏ 55	19 ♎ 11	13 ♓ 27	16 ♌ 7	9 ♋ 9	23 ♑	9 ♑	2 ♊	12 ♍	14 ♈
5	13 ♓ 1	3 ♎ 44	21 ♍ 1	20 D 32	17 ♒ 57	28 ♑ 10	0 ♉ 25	18 ♏ 56	19 ♎ 8	13 ♓ 30	16 ♌ 6	9 ♋ 9	24 ♑	9 ♑	3 ♊	12 ♍	14 ♈
6	14 ♓ 1	18 ♎ 42	20 ♍ 58	20 ♍ 33	19 ♒ 16	29 ♑ 18	1 ♉ 7	18 ♏ 56	19 ♎ 5	13 ♓ 34	16 ♌ 4	9 ♋ 9	24 ♑	9 ♑	3 ♊	11 ♍	15 ♈
7	15 ♓ 1	3 ♏ 31	20 ♍ 55	20 ♍ 33	20 ♒ 38	0 ♒ 26	1 ♉ 50	18 R 56	19 ♎ 1	13 ♓ 37	16 ♌ 3	9 ♋ 8	24 ♑	10 ♑	4 ♊	11 ♍	15 ♈
8	16 ♓ 1	18 ♏ 4	20 ♍ 52	20 ♍ 34	22 ♒ 1	1 ♒ 34	2 ♉ 32	18 ♏ 56	18 ♎ 58	13 ♓ 41	16 ♌ 1	9 ♋ 8	25 ♑	10 ♑	4 ♊	11 ♍	15 ♈
9	17 ♓ 1	2 ♐ 17	20 ♍ 48	20 ♍ 34	23 ♒ 25	2 ♒ 42	3 ♉ 15	18 ♏ 55	18 ♎ 54	13 ♓ 44	16 ♌ 0	9 ♋ 7	25 ♑	10 ♑	4 ♊	10 ♍	15 ♈
10	18 ♓ 1	16 ♐ 10	20 ♍ 45	20 ♍ 34	24 ♒ 51	3 ♒ 50	3 ♉ 57	18 ♏ 54	18 ♎ 51	13 ♓ 48	15 ♌ 58	9 ♋ 7	25 ♑	11 ♑	5 ♊	10 ♍	15 ♈
11	19 ♓ 1	29 ♐ 41	20 ♍ 42	20 R 34	26 ♒ 18	4 ♒ 59	4 ♉ 39	18 ♏ 54	18 ♎ 47	13 ♓ 51	15 ♌ 57	9 ♋ 7	26 ♑	11 ♑	5 ♊	10 ♍	15 ♈
12	20 ♓ 1	12 ♑ 52	20 ♍ 39	20 ♍ 34	27 ♒ 46	6 ♒ 7	5 ♉ 22	18 ♏ 53	18 ♎ 43	13 ♓ 54	15 ♌ 56	9 ♋ 6	26 ♑	11 ♑	6 ♊	10 ♍	15 ♈
13	21 ♓ 1	25 ♑ 44	20 ♍ 36	20 D 34	29 ♒ 16	7 ♒ 16	6 ♉ 4	18 ♏ 51	18 ♎ 40	13 ♓ 58	15 ♌ 54	9 ♋ 6	26 ♑	12 ♑	6 ♊	9 ♍	15 ♈
14	22 ♓ 1	8 ♒ 22	20 ♍ 33	20 ♍ 34	0 ♓ 47	8 ♒ 25	6 ♉ 46	18 ♏ 50	18 ♎ 36	14 ♓ 1	15 ♌ 53	9 ♋ 6	27 ♑	12 ♑	7 ♊	9 ♍	15 ♈
15	23 ♓ 0	20 ♒ 45	20 ♍ 29	20 ♍ 35	2 ♓ 19	9 ♒ 33	7 ♉ 29	18 ♏ 49	18 ♎ 32	14 ♓ 5	15 ♌ 52	9 ♋ 6	27 ♑	12 ♑	7 ♊	9 ♍	15 ♈
16	24 ♓ 0	2 ♓ 58	20 ♍ 26	20 ♍ 35	3 ♓ 52	10 ♒ 42	8 ♉ 11	18 ♏ 47	18 ♎ 28	14 ♓ 8	15 ♌ 51	9 ♋ 5	27 ♑	12 ♑	8 ♊	9 ♍	15 ♈
17	25 ♓ 0	15 ♓ 2	20 ♍ 23	20 ♍ 35	5 ♓ 27	11 ♒ 51	8 ♉ 53	18 ♏ 45	18 ♎ 24	14 ♓ 12	15 ♌ 49	9 ♋ 5	28 ♑	13 ♑	8 ♊	8 ♍	15 ♈
18	26 ♓ 0	26 ♓ 58	20 ♍ 20	20 R 35	7 ♓ 3	13 ♒ 1	9 ♉ 35	18 ♏ 43	18 ♎ 20	14 ♓ 15	15 ♌ 48	9 ♋ 5	28 ♑	13 ♑	9 ♊	8 ♍	15 ♈
19	26 ♓ 59	8 ♈ 50	20 ♍ 17	20 ♍ 35	8 ♓ 40	14 ♒ 10	10 ♉ 17	18 ♏ 40	18 ♎ 16	14 ♓ 18	15 ♌ 47	9 ♋ 5	28 ♑	13 ♑	9 ♊	8 ♍	15 ♈
20	27 ♓ 59	20 ♈ 39	20 ♍ 13	20 ♍ 34	10 ♓ 18	15 ♒ 19	10 ♉ 59	18 ♏ 38	18 ♎ 12	14 ♓ 22	15 ♌ 46	9 ♋ 5	29 ♑	14 ♑	10 ♊	8 ♍	15 ♈
21	28 ♓ 59	2 ♉ 27	20 ♍ 10	20 ♍ 33	11 ♓ 58	16 ♒ 29	11 ♉ 41	18 ♏ 35	18 ♎ 7	14 ♓ 25	15 ♌ 45	9 ♋ 5	29 ♑	14 ♑	10 ♊	8 ♍	15 ♈
22	29 ♓ 58	14 ♉ 18	20 ♍ 7	20 ♍ 32	13 ♓ 38	17 ♒ 38	12 ♉ 23	18 ♏ 32	18 ♎ 3	14 ♓ 28	15 ♌ 44	9 ♋ 5	29 ♑	14 ♑	11 ♊	7 ♍	15 ♈
23	0 ♈ 58	26 ♉ 13	20 ♍ 4	20 ♍ 30	15 ♓ 21	18 ♒ 48	13 ♉ 5	18 ♏ 29	17 ♎ 59	14 ♓ 32	15 ♌ 42	9 ♋ 5	0 ♒	14 ♑	11 ♊	7 ♍	15 ♈
24	1 ♈ 57	8 ♊ 17	20 ♍ 1	20 ♍ 29	17 ♓ 4	19 ♒ 58	13 ♉ 47	18 ♏ 26	17 ♎ 54	14 ♓ 35	15 ♌ 41	9 ♋ 5	0 ♒	15 ♑	11 ♊	7 ♍	16 ♈
25	2 ♈ 57	20 ♊ 34	19 ♍ 58	20 ♍ 28	18 ♓ 49	21 ♒ 7	14 ♉ 29	18 ♏ 23	17 ♎ 50	14 ♓ 38	15 ♌ 40	9 D 5	0 ♒	15 ♑	12 ♊	7 ♍	16 ♈
26	3 ♈ 56	3 ♋ 7	19 ♍ 54	20 ♍ 28	20 ♓ 35	22 ♒ 17	15 ♉ 10	18 ♏ 19	17 ♎ 46	14 ♓ 42	15 ♌ 39	9 ♋ 5	1 ♒	15 ♑	12 ♊	7 ♍	16 ♈
27	4 ♈ 56	16 ♋ 0	19 ♍ 51	20 D 28	22 ♓ 22	23 ♒ 27	15 ♉ 52	18 ♏ 15	17 ♎ 41	14 ♓ 45	15 ♌ 38	9 ♋ 5	1 ♒	15 ♑	13 ♊	6 ♍	16 ♈
28	5 ♈ 55	29 ♋ 18	19 ♍ 48	20 ♍ 29	24 ♓ 11	24 ♒ 37	16 ♉ 34	18 ♏ 12	17 ♎ 37	14 ♓ 48	15 ♌ 37	9 ♋ 5	1 ♒	16 ♑	13 ♊	6 ♍	16 ♈
29	6 ♈ 54	13 ♌ 2	19 ♍ 45	20 ♍ 30	26 ♓ 1	25 ♒ 47	17 ♉ 16	18 ♏ 8	17 ♎ 32	14 ♓ 51	15 ♌ 36	9 ♋ 5	1 ♒	16 ♑	14 ♊	6 ♍	16 ♈
30	7 ♈ 54	27 ♌ 13	19 ♍ 42	20 ♍ 31	27 ♓ 52	26 ♒ 57	17 ♉ 57	18 ♏ 3	17 ♎ 28	14 ♓ 55	15 ♌ 36	9 ♋ 5	2 ♒	16 ♑	14 ♊	6 ♍	16 ♈
31	8 ♈ 53	11 ♍ 50	19 ♍ 39	20 ♍ 32	29 ♓ 45	28 ♒ 7	18 ♉ 39	17 ♏ 59	17 ♎ 23	14 ♓ 58	15 ♌ 35	9 ♋ 5	2 ♒	16 ♑	15 ♊	6 ♍	16 ♈

SUN INGRESS	☉ → ♈ 22日 00:29
MOON PHASE	○ 3日 12:23 ♍　◑ 10日 03:31 ♐　● 17日 21:51 ♓　◐ 26日 01:41 ♋

aspects		
1日	04:15	☉△♇
3日	14:32	☿☍♆
5日	12:31	☉☌♅
5日	17:50	☿□♃
5日	20:37	☿△♄
10日	06:17	♀□♂
10日	21:08	☉△♃
17日	07:01	♂⚹♇
19日	06:10	☿△♇
20日	09:02	♀☍♆
20日	17:08	☿⚹♂
22日	08:04	♀△♄
22日	12:09	☿☌♅
22日	17:54	♀□♃
24日	18:15	☿△♃
25日	06:05	♂⚹♅
26日	16:14	♂□♆
30日	03:13	♂☍♃
31日	04:54	☉□♇

1923年4月

DAY	☉	☽	☊ mean	☊ true	☿	♀	♂	♃	♄	♅	♆	♇	⚳	⚴	⚵	⚶	⚷
	° ′	° ′	° ′	° ′	° ′	° ′	° ′	° ′	° ′	° ′	° ′	° ′	°	°	°	°	°
1	9 ♈ 52	26 ♍ 47	19 ♍ 35	20 R 32	1 D 39	29 D 18	19 D 20	17 R 54	17 R 19	15 D 1	15 R 34	9 D 5	2 D	16 D	15 D	5 R	16 D
2	10 ♈ 51	11 ♎ 57	19 ♍ 32	20 ♍ 31	3 ♈ 34	0 ♓ 28	20 ♉ 2	17 ♏ 50	17 ♎ 14	15 ♓ 4	15 ♌ 33	9 ♋ 5	3 ♒	17 ♑	16 ♊	5 ♍	16 ♈
3	11 ♈ 51	27 ♎ 11	19 ♍ 29	20 ♍ 29	5 ♈ 31	1 ♓ 38	20 ♉ 43	17 ♏ 45	17 ♎ 9	15 ♓ 7	15 ♌ 32	9 ♋ 6	3 ♒	17 ♑	16 ♊	5 ♍	16 ♈
4	12 ♈ 50	12 ♏ 19	19 ♍ 26	20 ♍ 26	7 ♈ 29	2 ♓ 49	21 ♉ 25	17 ♏ 40	17 ♎ 5	15 ♓ 11	15 ♌ 31	9 ♋ 6	3 ♒	17 ♑	17 ♊	5 ♍	16 ♈
5	13 ♈ 49	27 ♏ 12	19 ♍ 23	20 ♍ 23	9 ♈ 28	3 ♓ 59	22 ♉ 6	17 ♏ 35	17 ♎ 0	15 ♓ 14	15 ♌ 31	9 ♋ 6	3 ♒	17 ♑	17 ♊	5 ♍	16 ♈
6	14 ♈ 48	11 ♐ 43	19 ♍ 19	20 ♍ 20	11 ♈ 28	5 ♓ 10	22 ♉ 48	17 ♏ 29	16 ♎ 55	15 ♓ 17	15 ♌ 30	9 ♋ 6	4 ♒	18 ♑	18 ♊	5 ♍	16 ♈
7	15 ♈ 47	25 ♐ 48	19 ♍ 16	20 ♍ 18	13 ♈ 30	6 ♓ 21	23 ♉ 29	17 ♏ 24	16 ♎ 51	15 ♓ 20	15 ♌ 29	9 ♋ 7	4 ♒	18 ♑	18 ♊	5 ♍	16 ♈
8	16 ♈ 46	9 ♑ 25	19 ♍ 13	20 ♍ 17	15 ♈ 33	7 ♓ 31	24 ♉ 10	17 ♏ 19	16 ♎ 46	15 ♓ 23	15 ♌ 29	9 ♋ 7	4 ♒	18 ♑	19 ♊	5 ♍	16 ♈
9	17 ♈ 45	22 ♑ 35	19 ♍ 10	20 D 17	17 ♈ 36	8 ♓ 42	24 ♉ 51	17 ♏ 13	16 ♎ 42	15 ♓ 26	15 ♌ 28	9 ♋ 7	5 ♒	18 ♑	19 ♊	5 ♍	16 ♈
10	18 ♈ 44	5 ♒ 23	19 ♍ 7	20 ♍ 18	19 ♈ 41	9 ♓ 53	25 ♉ 33	17 ♏ 7	16 ♎ 37	15 ♓ 29	15 ♌ 27	9 ♋ 8	5 ♒	18 ♑	20 ♊	4 ♍	17 ♈
11	19 ♈ 43	17 ♒ 51	19 ♍ 4	20 ♍ 19	21 ♈ 46	11 ♓ 4	26 ♉ 14	17 ♏ 1	16 ♎ 32	15 ♓ 32	15 ♌ 27	9 ♋ 8	5 ♒	18 ♑	20 ♊	4 ♍	17 ♈
12	20 ♈ 42	0 ♓ 4	19 ♍ 0	20 ♍ 21	23 ♈ 52	12 ♓ 15	26 ♉ 55	16 ♏ 55	16 ♎ 28	15 ♓ 35	15 ♌ 26	9 ♋ 9	5 ♒	19 ♑	21 ♊	4 ♍	17 ♈
13	21 ♈ 40	12 ♓ 6	18 ♍ 57	20 ♍ 22	25 ♈ 58	13 ♓ 26	27 ♉ 36	16 ♏ 49	16 ♎ 23	15 ♓ 38	15 ♌ 26	9 ♋ 9	6 ♒	19 ♑	21 ♊	4 ♍	17 ♈
14	22 ♈ 39	24 ♓ 0	18 ♍ 54	20 R 22	28 ♈ 4	14 ♓ 37	28 ♉ 17	16 ♏ 42	16 ♎ 18	15 ♓ 41	15 ♌ 25	9 ♋ 9	6 ♒	19 ♑	22 ♊	4 ♍	17 ♈
15	23 ♈ 38	5 ♈ 50	18 ♍ 51	20 ♍ 21	0 ♉ 10	15 ♓ 48	28 ♉ 58	16 ♏ 36	16 ♎ 14	15 ♓ 44	15 ♌ 25	9 ♋ 10	6 ♒	19 ♑	22 ♊	4 ♍	17 ♈
16	24 ♈ 37	17 ♈ 38	18 ♍ 48	20 ♍ 18	2 ♉ 16	16 ♓ 59	29 ♉ 39	16 ♏ 29	16 ♎ 9	15 ♓ 47	15 ♌ 25	9 ♋ 10	6 ♒	19 ♑	23 ♊	4 ♍	17 ♈
17	25 ♈ 35	29 ♈ 27	18 ♍ 44	20 ♍ 14	4 ♉ 20	18 ♓ 10	0 ♊ 20	16 ♏ 23	16 ♎ 5	15 ♓ 49	15 ♌ 24	9 ♋ 11	7 ♒	19 ♑	23 ♊	4 ♍	17 ♈
18	26 ♈ 34	11 ♉ 18	18 ♍ 41	20 ♍ 8	6 ♉ 24	19 ♓ 21	1 ♊ 1	16 ♏ 16	16 ♎ 0	15 ♓ 52	15 ♌ 24	9 ♋ 12	7 ♒	20 ♑	24 ♊	4 ♍	17 ♈
19	27 ♈ 33	23 ♉ 13	18 ♍ 38	20 ♍ 1	8 ♉ 26	20 ♓ 33	1 ♊ 42	16 ♏ 9	15 ♎ 56	15 ♓ 55	15 ♌ 24	9 ♋ 12	7 ♒	20 ♑	24 ♊	4 ♍	17 ♈
20	28 ♈ 31	5 ♊ 15	18 ♍ 35	19 ♍ 54	10 ♉ 26	21 ♓ 44	2 ♊ 23	16 ♏ 2	15 ♎ 51	15 ♓ 58	15 ♌ 23	9 ♋ 13	7 ♒	20 ♑	25 ♊	4 D	17 ♈
21	29 ♈ 30	17 ♊ 24	18 ♍ 32	19 ♍ 47	12 ♉ 24	22 ♓ 55	3 ♊ 4	15 ♏ 55	15 ♎ 47	16 ♓ 1	15 ♌ 23	9 ♋ 13	8 ♒	20 ♑	25 ♊	4 ♍	17 ♈
22	0 ♉ 29	29 ♊ 45	18 ♍ 29	19 ♍ 42	14 ♉ 20	24 ♓ 7	3 ♊ 44	15 ♏ 48	15 ♎ 42	16 ♓ 3	15 ♌ 23	9 ♋ 14	8 ♒	20 ♑	26 ♊	4 ♍	17 ♈
23	1 ♉ 27	12 ♋ 19	18 ♍ 25	19 ♍ 38	16 ♉ 13	25 ♓ 18	4 ♊ 25	15 ♏ 41	15 ♎ 38	16 ♓ 6	15 ♌ 23	9 ♋ 15	8 ♒	20 ♑	26 ♊	4 ♍	17 ♈
24	2 ♉ 26	25 ♋ 11	18 ♍ 22	19 ♍ 36	18 ♉ 3	26 ♓ 29	5 ♊ 6	15 ♏ 34	15 ♎ 34	16 ♓ 9	15 ♌ 23	9 ♋ 15	8 ♒	20 ♑	27 ♊	4 ♍	17 ♈
25	3 ♉ 24	8 ♌ 22	18 ♍ 19	19 D 36	19 ♉ 50	27 ♓ 41	5 ♊ 47	15 ♏ 27	15 ♎ 29	16 ♓ 11	15 ♌ 23	9 ♋ 16	9 ♒	20 ♑	27 ♊	4 ♍	17 ♈
26	4 ♉ 22	21 ♌ 56	18 ♍ 16	19 ♍ 37	21 ♉ 33	28 ♓ 52	6 ♊ 27	15 ♏ 19	15 ♎ 25	16 ♓ 14	15 ♌ 23	9 ♋ 17	9 ♒	21 ♑	28 ♊	4 ♍	17 ♈
27	5 ♉ 21	5 ♍ 54	18 ♍ 13	19 ♍ 38	23 ♉ 13	0 ♈ 4	7 ♊ 8	15 ♏ 12	15 ♎ 21	16 ♓ 16	15 ♌ 22	9 ♋ 18	9 ♒	21 ♑	28 ♊	4 ♍	18 ♈
28	6 ♉ 19	20 ♍ 18	18 ♍ 10	19 R 39	24 ♉ 49	1 ♈ 15	7 ♊ 48	15 ♏ 4	15 ♎ 17	16 ♓ 19	15 D 22	9 ♋ 18	9 ♒	21 ♑	29 ♊	4 ♍	18 ♈
29	7 ♉ 17	5 ♎ 4	18 ♍ 6	19 ♍ 38	26 ♉ 21	2 ♈ 27	8 ♊ 29	14 ♏ 57	15 ♎ 12	16 ♓ 21	15 ♌ 23	9 ♋ 19	9 ♒	21 ♑	29 ♊	4 ♍	18 ♈
30	8 ♉ 16	20 ♎ 8	18 ♍ 3	19 ♍ 35	27 ♉ 48	3 ♈ 38	9 ♊ 10	14 ♏ 49	15 ♎ 8	16 ♓ 24	15 ♌ 23	9 ♋ 20	10 ♒	21 ♑	0 ♋	4 ♍	18 ♈

SUN INGRESS	☉ → ♉ 21日 12:06
MOON PHASE	○ 1日 22:10 ♎　◑ 8日 14:22 ♑　● 16日 15:28 ♈　◐ 24日 14:20 ♌

aspects		
4日	19:37	☿□♇
6日	16:58	☉△♆
7日	23:12	☿△♆
8日	00:09	☉☍♄
8日	13:45	☿☍♄
9日	03:04	☉☌☿
9日	08:34	♀△♇
14日	22:32	♀☌♅
15日	14:52	♀△♃
19日	09:13	☿⚹♇
20日	11:13	♃△♅
22日	13:13	☿□♆
22日	17:31	☿☍♃
22日	22:22	☿⚹♅
25日	13:21	♃□♆
26日	14:16	♄⚹♆

1923年5月

DAY	☉	☽	☊ mean	☊ true	☿	♀	♂	♃	♄	♅	♆	♇	⚳	⚴	⚵	⚶	⚷
	° ′	° ′	° ′	° ′	° ′	° ′	° ′	° ′	° ′	° ′	° ′	° ′	°	°	°	°	°
1	9 ♉ 14	5 ♏ 22	18 ♍ 0	19 R 30	29 D 12	4 D 50	9 D 50	14 R 42	15 R 4	16 D 26	15 D 23	9 D 21	10 D	21 D	0 D	5 D	18 D
2	10 ♉ 12	20 ♏ 35	17 ♍ 57	19 ♍ 23	0 ♊ 31	6 ♈ 2	10 ♊ 30	14 ♏ 34	15 ♎ 0	16 ♓ 28	15 ♌ 23	9 ♋ 22	10 ♒	21 ♑	1 ♋	5 ♍	18 ♈
3	11 ♉ 10	5 ♐ 36	17 ♍ 54	19 ♍ 15	1 ♊ 46	7 ♈ 13	11 ♊ 11	14 ♏ 27	14 ♎ 56	16 ♓ 31	15 ♌ 23	9 ♋ 22	10 ♒	21 ♑	1 ♋	5 ♍	18 ♈
4	12 ♉ 8	20 ♐ 18	17 ♍ 50	19 ♍ 7	2 ♊ 56	8 ♈ 25	11 ♊ 51	14 ♏ 19	14 ♎ 53	16 ♓ 33	15 ♌ 23	9 ♋ 23	10 ♒	21 ♑	2 ♋	5 ♍	18 ♈
5	13 ♉ 7	4 ♑ 33	17 ♍ 47	19 ♍ 1	4 ♊ 1	9 ♈ 37	12 ♊ 31	14 ♏ 11	14 ♎ 49	16 ♓ 35	15 ♌ 23	9 ♋ 24	11 ♒	21 ♑	2 ♋	5 ♍	18 ♈
6	14 ♉ 5	18 ♑ 19	17 ♍ 44	18 ♍ 56	5 ♊ 2	10 ♈ 48	13 ♊ 12	14 ♏ 4	14 ♎ 45	16 ♓ 37	15 ♌ 24	9 ♋ 25	11 ♒	21 ♑	3 ♋	5 ♍	18 ♈
7	15 ♉ 3	1 ♒ 35	17 ♍ 41	18 ♍ 53	5 ♊ 59	12 ♈ 0	13 ♊ 52	13 ♏ 56	14 ♎ 41	16 ♓ 40	15 ♌ 24	9 ♋ 26	11 ♒	21 ♑	3 ♋	5 ♍	18 ♈
8	16 ♉ 1	14 ♒ 25	17 ♍ 38	18 ♍ 52	6 ♊ 50	13 ♈ 12	14 ♊ 32	13 ♏ 48	14 ♎ 38	16 ♓ 42	15 ♌ 24	9 ♋ 27	11 ♒	21 ♑	4 ♋	5 ♍	18 ♈
9	16 ♉ 59	26 ♒ 52	17 ♍ 35	18 D 52	7 ♊ 37	14 ♈ 24	15 ♊ 12	13 ♏ 41	14 ♎ 34	16 ♓ 44	15 ♌ 25	9 ♋ 28	11 ♒	21 ♑	4 ♋	5 ♍	18 ♈
10	17 ♉ 57	9 ♓ 2	17 ♍ 31	18 ♍ 53	8 ♊ 19	15 ♈ 36	15 ♊ 53	13 ♏ 33	14 ♎ 31	16 ♓ 46	15 ♌ 25	9 ♋ 29	11 ♒	21 ♑	5 ♋	6 ♍	18 ♈
11	18 ♉ 55	21 ♓ 0	17 ♍ 28	18 R 53	8 ♊ 55	16 ♈ 48	16 ♊ 33	13 ♏ 26	14 ♎ 27	16 ♓ 48	15 ♌ 26	9 ♋ 30	12 ♒	21 R	5 ♋	6 ♍	18 ♈
12	19 ♉ 53	2 ♈ 51	17 ♍ 25	18 ♍ 52	9 ♊ 27	18 ♈ 0	17 ♊ 13	13 ♏ 18	14 ♎ 24	16 ♓ 50	15 ♌ 26	9 ♋ 31	12 ♒	21 ♑	6 ♋	6 ♍	18 ♈
13	20 ♉ 51	14 ♈ 38	17 ♍ 22	18 ♍ 49	9 ♊ 54	19 ♈ 12	17 ♊ 53	13 ♏ 10	14 ♎ 21	16 ♓ 52	15 ♌ 26	9 ♋ 32	12 ♒	21 ♑	6 ♋	6 ♍	18 ♈
14	21 ♉ 49	26 ♈ 26	17 ♍ 19	18 ♍ 43	10 ♊ 16	20 ♈ 24	18 ♊ 33	13 ♏ 3	14 ♎ 17	16 ♓ 54	15 ♌ 27	9 ♋ 33	12 ♒	21 ♑	7 ♋	6 ♍	18 ♈
15	22 ♉ 47	8 ♉ 17	17 ♍ 15	18 ♍ 35	10 ♊ 33	21 ♈ 35	19 ♊ 13	12 ♏ 55	14 ♎ 14	16 ♓ 56	15 ♌ 28	9 ♋ 34	12 ♒	21 ♑	7 ♋	6 ♍	19 ♈
16	23 ♉ 45	20 ♉ 13	17 ♍ 12	18 ♍ 25	10 ♊ 44	22 ♈ 48	19 ♊ 53	12 ♏ 48	14 ♎ 11	16 ♓ 57	15 ♌ 28	9 ♋ 35	12 ♒	21 ♑	8 ♋	7 ♍	19 ♈
17	24 ♉ 42	2 ♊ 17	17 ♍ 9	18 ♍ 13	10 ♊ 51	24 ♈ 0	20 ♊ 33	12 ♏ 41	14 ♎ 8	16 ♓ 59	15 ♌ 29	9 ♋ 37	12 ♒	21 ♑	8 ♋	7 ♍	19 ♈
18	25 ♉ 40	14 ♊ 30	17 ♍ 6	18 ♍ 0	10 R 53	25 ♈ 12	21 ♊ 13	12 ♏ 33	14 ♎ 5	17 ♓ 1	15 ♌ 29	9 ♋ 38	13 ♒	21 ♑	9 ♋	7 ♍	19 ♈
19	26 ♉ 38	26 ♊ 51	17 ♍ 3	17 ♍ 49	10 ♊ 50	26 ♈ 24	21 ♊ 53	12 ♏ 26	14 ♎ 3	17 ♓ 3	15 ♌ 30	9 ♋ 39	13 ♒	21 ♑	9 ♋	7 ♍	19 ♈
20	27 ♉ 36	9 ♋ 23	17 ♍ 0	17 ♍ 39	10 ♊ 43	27 ♈ 36	22 ♊ 33	12 ♏ 19	14 ♎ 0	17 ♓ 4	15 ♌ 31	9 ♋ 40	13 ♒	21 ♑	10 ♋	7 ♍	19 ♈
21	28 ♉ 34	22 ♋ 6	16 ♍ 56	17 ♍ 32	10 ♊ 31	28 ♈ 48	23 ♊ 12	12 ♏ 12	13 ♎ 57	17 ♓ 6	15 ♌ 32	9 ♋ 41	13 ♒	21 ♑	10 ♋	8 ♍	19 ♈
22	29 ♉ 31	5 ♌ 3	16 ♍ 53	17 ♍ 27	10 ♊ 15	0 ♉ 0	23 ♊ 52	12 ♏ 5	13 ♎ 55	17 ♓ 7	15 ♌ 32	9 ♋ 42	13 ♒	21 ♑	11 ♋	8 ♍	19 ♈
23	0 ♊ 29	18 ♌ 15	16 ♍ 50	17 ♍ 25	9 ♊ 55	1 ♉ 12	24 ♊ 32	11 ♏ 58	13 ♎ 52	17 ♓ 9	15 ♌ 33	9 ♋ 44	13 ♒	21 ♑	11 ♋	8 ♍	19 ♈
24	1 ♊ 27	1 ♍ 45	16 ♍ 47	17 D 24	9 ♊ 32	2 ♉ 24	25 ♊ 12	11 ♏ 51	13 ♎ 50	17 ♓ 10	15 ♌ 34	9 ♋ 45	13 ♒	21 ♑	12 ♋	8 ♍	19 ♈
25	2 ♊ 24	15 ♍ 35	16 ♍ 44	17 ♍ 24	9 ♊ 6	3 ♉ 36	25 ♊ 51	11 ♏ 44	13 ♎ 48	17 ♓ 12	15 ♌ 35	9 ♋ 46	13 ♒	20 ♑	12 ♋	9 ♍	19 ♈
26	3 ♊ 22	29 ♍ 44	16 ♍ 41	17 R 24	8 ♊ 37	4 ♉ 49	26 ♊ 31	11 ♏ 37	13 ♎ 45	17 ♓ 13	15 ♌ 36	9 ♋ 47	13 ♒	20 ♑	13 ♋	9 ♍	19 ♈
27	4 ♊ 19	14 ♎ 14	16 ♍ 37	17 ♍ 22	8 ♊ 6	6 ♉ 1	27 ♊ 11	11 ♏ 31	13 ♎ 43	17 ♓ 15	15 ♌ 37	9 ♋ 49	13 ♒	20 ♑	13 ♋	9 ♍	19 ♈
28	5 ♊ 17	29 ♎ 1	16 ♍ 34	17 ♍ 17	7 ♊ 33	7 ♉ 13	27 ♊ 50	11 ♏ 24	13 ♎ 41	17 ♓ 16	15 ♌ 38	9 ♋ 50	13 ♒	20 ♑	14 ♋	9 ♍	19 ♈
29	6 ♊ 15	13 ♏ 58	16 ♍ 31	17 ♍ 10	7 ♊ 0	8 ♉ 25	28 ♊ 30	11 ♏ 18	13 ♎ 39	17 ♓ 17	15 ♌ 39	9 ♋ 51	14 ♒	20 ♑	14 ♋	10 ♍	19 ♈
30	7 ♊ 12	28 ♏ 59	16 ♍ 28	17 ♍ 1	6 ♊ 26	9 ♉ 38	29 ♊ 10	11 ♏ 12	13 ♎ 37	17 ♓ 18	15 ♌ 40	9 ♋ 52	14 ♒	20 ♑	15 ♋	10 ♍	19 ♈
31	8 ♊ 10	13 ♐ 53	16 ♍ 25	16 ♍ 50	5 ♊ 52	10 ♉ 50	29 ♊ 49	11 ♏ 6	13 ♎ 36	17 ♓ 19	15 ♌ 41	9 ♋ 54	14 ♒	20 ♑	15 ♋	10 ♍	19 ♈

SUN INGRESS: ☉ → ♊ 22日 11:45

MOON PHASE: ○ 1日 06:30 ♏　◑ 8日 03:18 ♒　● 16日 07:38 ♉　◐ 23日 23:25 ♍　○ 30日 14:07 ♐

aspects		
1日	02:52	☉⚹♇
4日	19:48	♀□♇
5日	23:39	☉☍♃
7日	08:48	☉□♆
8日	03:00	♂△♄
8日	17:33	☉⚹♅
9日	03:16	♀☍♄
9日	07:23	♂⚹♆
9日	20:25	♀△♆
10日	12:44	♀⚹♂
11日	09:33	♂□♅
29日	11:51	☉☌☿
30日	05:00	♀⚹♇
31日	04:47	♀☍♃

1923年6月

DAY	☉	☽	☊ mean	☊ true	☿	♀	♂	♃	♄	♅	♆	♇	⚳	⚴	⚵	⚶	⚷
	° ′	° ′	° ′	° ′	° ′	° ′	° ′	° ′	° ′	° ′	° ′	° ′	°	°	°	°	°
1	9 ♊ 7	28 ♐ 31	16 ♍ 21	16 R 39	5 R 19	12 D 2	0 D 29	10 R 59	13 R 34	17 D 21	15 D 42	9 D 55	14 D	20 R	16 D	10 D	19 D
2	10 ♊ 5	12 ♑ 46	16 ♍ 18	16 ♍ 29	4 ♊ 48	13 ♉ 15	1 ♋ 8	10 ♏ 54	13 ♎ 32	17 ♓ 22	15 ♌ 43	9 ♋ 56	14 ♒	19 ♑	16 ♋	11 ♍	19 ♈
3	11 ♊ 2	26 ♑ 35	16 ♍ 15	16 ♍ 21	4 ♊ 18	14 ♉ 27	1 ♋ 48	10 ♏ 48	13 ♎ 31	17 ♓ 23	15 ♌ 44	9 ♋ 58	14 ♒	19 ♑	17 ♋	11 ♍	19 ♈
4	11 ♊ 59	9 ♒ 55	16 ♍ 12	16 ♍ 16	3 ♊ 51	15 ♉ 39	2 ♋ 27	10 ♏ 42	13 ♎ 30	17 ♓ 24	15 ♌ 45	9 ♋ 59	14 ♒	19 ♑	17 ♋	11 ♍	19 ♈
5	12 ♊ 57	22 ♒ 48	16 ♍ 9	16 ♍ 13	3 ♊ 27	16 ♉ 52	3 ♋ 6	10 ♏ 37	13 ♎ 28	17 ♓ 24	15 ♌ 46	10 ♋ 0	14 ♒	19 ♑	18 ♋	11 ♍	19 ♈
6	13 ♊ 54	5 ♓ 18	16 ♍ 6	16 ♍ 12	3 ♊ 5	18 ♉ 4	3 ♋ 46	10 ♏ 31	13 ♎ 27	17 ♓ 25	15 ♌ 48	10 ♋ 2	14 ♒	19 ♑	18 ♋	12 ♍	20 ♈
7	14 ♊ 52	17 ♓ 30	16 ♍ 2	16 ♍ 12	2 ♊ 48	19 ♉ 16	4 ♋ 25	10 ♏ 26	13 ♎ 26	17 ♓ 26	15 ♌ 49	10 ♋ 3	14 ♒	19 ♑	19 ♋	12 ♍	20 ♈
8	15 ♊ 49	29 ♓ 29	15 ♍ 59	16 ♍ 12	2 ♊ 34	20 ♉ 29	5 ♋ 4	10 ♏ 21	13 ♎ 25	17 ♓ 27	15 ♌ 50	10 ♋ 5	14 ♒	18 ♑	19 ♋	12 ♍	20 ♈
9	16 ♊ 47	11 ♈ 19	15 ♍ 56	16 ♍ 10	2 ♊ 24	21 ♉ 41	5 ♋ 44	10 ♏ 16	13 ♎ 24	17 ♓ 28	15 ♌ 52	10 ♋ 6	14 ♒	18 ♑	20 ♋	13 ♍	20 ♈
10	17 ♊ 44	23 ♈ 8	15 ♍ 53	16 ♍ 6	2 ♊ 19	22 ♉ 54	6 ♋ 23	10 ♏ 11	13 ♎ 23	17 ♓ 28	15 ♌ 53	10 ♋ 7	14 R	18 ♑	20 ♋	13 ♍	20 ♈
11	18 ♊ 41	4 ♉ 58	15 ♍ 50	16 ♍ 0	2 D 18	24 ♉ 6	7 ♋ 2	10 ♏ 6	13 ♎ 23	17 ♓ 29	15 ♌ 54	10 ♋ 9	14 ♒	18 ♑	21 ♋	13 ♍	20 ♈
12	19 ♊ 39	16 ♉ 53	15 ♍ 47	15 ♍ 51	2 ♊ 21	25 ♉ 19	7 ♋ 41	10 ♏ 2	13 ♎ 22	17 ♓ 30	15 ♌ 56	10 ♋ 10	14 ♒	18 ♑	21 ♋	14 ♍	20 ♈
13	20 ♊ 36	28 ♉ 57	15 ♍ 43	15 ♍ 40	2 ♊ 29	26 ♉ 32	8 ♋ 21	9 ♏ 57	13 ♎ 22	17 ♓ 30	15 ♌ 57	10 ♋ 12	14 ♒	17 ♑	22 ♋	14 ♍	20 ♈
14	21 ♊ 33	11 ♊ 12	15 ♍ 40	15 ♍ 27	2 ♊ 41	27 ♉ 44	9 ♋ 0	9 ♏ 53	13 ♎ 21	17 ♓ 31	15 ♌ 58	10 ♋ 13	14 ♒	17 ♑	22 ♋	14 ♍	20 ♈
15	22 ♊ 31	23 ♊ 37	15 ♍ 37	15 ♍ 14	2 ♊ 58	28 ♉ 57	9 ♋ 39	9 ♏ 49	13 ♎ 21	17 ♓ 31	16 ♌ 0	10 ♋ 15	14 ♒	17 ♑	23 ♋	15 ♍	20 ♈
16	23 ♊ 28	6 ♋ 15	15 ♍ 34	15 ♍ 1	3 ♊ 20	0 ♊ 9	10 ♋ 18	9 ♏ 45	13 ♎ 21	17 ♓ 31	16 ♌ 1	10 ♋ 16	14 ♒	17 ♑	23 ♋	15 ♍	20 ♈
17	24 ♊ 25	19 ♋ 4	15 ♍ 31	14 ♍ 50	3 ♊ 46	1 ♊ 22	10 ♋ 57	9 ♏ 41	13 ♎ 21	17 ♓ 32	16 ♌ 3	10 ♋ 17	14 ♒	16 ♑	24 ♋	15 ♍	20 ♈
18	25 ♊ 23	2 ♌ 4	15 ♍ 27	14 ♍ 42	4 ♊ 16	2 ♊ 35	11 ♋ 36	9 ♏ 38	13 D 21	17 ♓ 32	16 ♌ 4	10 ♋ 19	14 ♒	16 ♑	24 ♋	16 ♍	20 ♈
19	26 ♊ 20	15 ♌ 16	15 ♍ 24	14 ♍ 37	4 ♊ 51	3 ♊ 47	12 ♋ 15	9 ♏ 34	13 ♎ 21	17 ♓ 32	16 ♌ 6	10 ♋ 20	14 ♒	16 ♑	25 ♋	16 ♍	20 ♈
20	27 ♊ 17	28 ♌ 39	15 ♍ 21	14 ♍ 34	5 ♊ 30	5 ♊ 0	12 ♋ 55	9 ♏ 31	13 ♎ 21	17 ♓ 33	16 ♌ 8	10 ♋ 22	14 ♒	16 ♑	25 ♋	16 ♍	20 ♈
21	28 ♊ 14	12 ♍ 15	15 ♍ 18	14 ♍ 33	6 ♊ 13	6 ♊ 13	13 ♋ 34	9 ♏ 28	13 ♎ 22	17 ♓ 33	16 ♌ 9	10 ♋ 23	14 ♒	15 ♑	26 ♋	17 ♍	20 ♈
22	29 ♊ 12	26 ♍ 4	15 ♍ 15	14 D 33	7 ♊ 1	7 ♊ 25	14 ♋ 13	9 ♏ 25	13 ♎ 22	17 ♓ 33	16 ♌ 11	10 ♋ 25	13 ♒	15 ♑	26 ♋	17 ♍	20 ♈
23	0 ♋ 9	10 ♎ 7	15 ♍ 12	14 R 33	7 ♊ 52	8 ♊ 38	14 ♋ 52	9 ♏ 23	13 ♎ 22	17 ♓ 33	16 ♌ 12	10 ♋ 26	13 ♒	15 ♑	27 ♋	17 ♍	20 ♈
24	1 ♋ 6	24 ♎ 23	15 ♍ 8	14 ♍ 31	8 ♊ 48	9 ♊ 51	15 ♋ 30	9 ♏ 20	13 ♎ 23	17 R 33	16 ♌ 14	10 ♋ 28	13 ♒	15 ♑	27 ♋	18 ♍	20 ♈
25	2 ♋ 3	8 ♏ 51	15 ♍ 5	14 ♍ 27	9 ♊ 47	11 ♊ 4	16 ♋ 9	9 ♏ 18	13 ♎ 24	17 ♓ 33	16 ♌ 16	10 ♋ 29	13 ♒	14 ♑	28 ♋	18 ♍	20 ♈
26	3 ♋ 1	23 ♏ 26	15 ♍ 2	14 ♍ 21	10 ♊ 51	12 ♊ 16	16 ♋ 48	9 ♏ 15	13 ♎ 25	17 ♓ 33	16 ♌ 17	10 ♋ 31	13 ♒	14 ♑	28 ♋	18 ♍	20 ♈
27	3 ♋ 58	8 ♐ 3	14 ♍ 59	14 ♍ 12	11 ♊ 58	13 ♊ 29	17 ♋ 27	9 ♏ 13	13 ♎ 26	17 ♓ 33	16 ♌ 19	10 ♋ 32	13 ♒	14 ♑	29 ♋	19 ♍	20 ♈
28	4 ♋ 55	22 ♐ 35	14 ♍ 56	14 ♍ 2	13 ♊ 9	14 ♊ 42	18 ♋ 6	9 ♏ 12	13 ♎ 27	17 ♓ 32	16 ♌ 21	10 ♋ 34	13 ♒	13 ♑	29 ♋	19 ♍	20 ♈
29	5 ♋ 52	6 ♑ 56	14 ♍ 53	13 ♍ 52	14 ♊ 24	15 ♊ 55	18 ♋ 45	9 ♏ 10	13 ♎ 28	17 ♓ 32	16 ♌ 23	10 ♋ 35	13 ♒	13 ♑	0 ♌	20 ♍	20 ♈
30	6 ♋ 49	20 ♑ 59	14 ♍ 49	13 ♍ 42	15 ♊ 43	17 ♊ 8	19 ♋ 24	9 ♏ 8	13 ♎ 29	17 ♓ 32	16 ♌ 25	10 ♋ 37	13 ♒	13 ♑	0 ♌	20 ♍	20 ♈

SUN INGRESS: ☉ → ♋ 22日 20:03

MOON PHASE: ◑ 6日 18:19 ♓　● 14日 21:42 ♊　◐ 22日 05:46 ♍　○ 28日 22:04 ♑

aspects		
4日	02:02	♀□♆
5日	11:02	♀⚹♅
5日	12:52	☉△♄
8日	00:27	☉⚹♆
9日	17:25	☉□♅
10日	13:56	♃△♇
15日	05:33	♂△♃
15日	22:35	♂☌♇
20日	16:32	♂□♄
21日	00:25	☿☌♀
26日	22:46	♀△♄
27日	03:16	♂△♅
28日	05:40	☿△♄
29日	09:22	♀⚹♆
30日	07:51	♀□♅
30日	12:29	☿⚹♆

1923年7月

DAY	☉	☽	☊ mean	☊ true	☿	♀	♂	♃	♄	♅	♆	♇	⚳	⚴	⚵	⚶	⚷
	° ′	° ′	° ′	° ′	° ′	° ′	° ′	° ′	° ′	° ′	° ′	° ′	°	°	°	°	°
1	7 ♋ 47	4 ♒ 40	14 ♍ 46	13 R 35	17 D 5	18 D 21	20 D 3	9 R 7	13 D 30	17 R 31	16 D 26	10 D 38	13 R	13 R	1 D	20 D	20 D
2	8 ♋ 44	17 ♒ 56	14 ♍ 43	13 ♍ 30	18 ♊ 31	19 ♊ 34	20 ♋ 41	9 ♏ 6	13 ♎ 32	17 ♓ 31	16 ♌ 28	10 ♋ 40	12 ♒	12 ♑	1 ♌	21 ♍	20 ♈
3	9 ♋ 41	0 ♓ 48	14 ♍ 40	13 ♍ 27	20 ♊ 1	20 ♊ 47	21 ♋ 20	9 ♏ 5	13 ♎ 33	17 ♓ 31	16 ♌ 30	10 ♋ 41	12 ♒	12 ♑	2 ♌	21 ♍	20 ♈
4	10 ♋ 38	13 ♓ 19	14 ♍ 37	13 ♍ 27	21 ♊ 34	22 ♊ 0	21 ♋ 59	9 ♏ 4	13 ♎ 35	17 ♓ 30	16 ♌ 32	10 ♋ 43	12 ♒	12 ♑	2 ♌	21 ♍	20 ♈
5	11 ♋ 35	25 ♓ 33	14 ♍ 33	13 D 27	23 ♊ 11	23 ♊ 13	22 ♋ 38	9 ♏ 4	13 ♎ 36	17 ♓ 30	16 ♌ 34	10 ♋ 44	12 ♒	12 ♑	3 ♌	22 ♍	20 ♈
6	12 ♋ 32	7 ♈ 33	14 ♍ 30	13 ♍ 28	24 ♊ 50	24 ♊ 26	23 ♋ 16	9 ♏ 3	13 ♎ 38	17 ♓ 29	16 ♌ 36	10 ♋ 46	12 ♒	11 ♑	3 ♌	22 ♍	20 ♈
7	13 ♋ 30	19 ♈ 26	14 ♍ 27	13 R 28	26 ♊ 34	25 ♊ 39	23 ♋ 55	9 ♏ 3	13 ♎ 40	17 ♓ 28	16 ♌ 38	10 ♋ 47	12 ♒	11 ♑	4 ♌	23 ♍	20 ♈
8	14 ♋ 27	1 ♉ 16	14 ♍ 24	13 ♍ 26	28 ♊ 20	26 ♊ 52	24 ♋ 34	9 D 3	13 ♎ 42	17 ♓ 28	16 ♌ 39	10 ♋ 49	12 ♒	11 ♑	4 ♌	23 ♍	20 ♈
9	15 ♋ 24	13 ♉ 9	14 ♍ 21	13 ♍ 22	0 ♋ 10	28 ♊ 5	25 ♋ 12	9 ♏ 3	13 ♎ 44	17 ♓ 27	16 ♌ 41	10 ♋ 50	11 ♒	10 ♑	5 ♌	23 ♍	20 ♈
10	16 ♋ 21	25 ♉ 8	14 ♍ 18	13 ♍ 16	2 ♋ 2	29 ♊ 18	25 ♋ 51	9 ♏ 4	13 ♎ 46	17 ♓ 26	16 ♌ 43	10 ♋ 52	11 ♒	10 ♑	5 ♌	24 ♍	20 ♈
11	17 ♋ 18	7 ♊ 19	14 ♍ 14	13 ♍ 9	3 ♋ 57	0 ♋ 31	26 ♋ 30	9 ♏ 4	13 ♎ 49	17 ♓ 26	16 ♌ 45	10 ♋ 53	11 ♒	10 ♑	6 ♌	24 ♍	20 ♈
12	18 ♋ 16	19 ♊ 42	14 ♍ 11	13 ♍ 0	5 ♋ 55	1 ♋ 44	27 ♋ 8	9 ♏ 5	13 ♎ 51	17 ♓ 25	16 ♌ 47	10 ♋ 55	11 ♒	10 ♑	6 ♌	25 ♍	20 ♈
13	19 ♋ 13	2 ♋ 21	14 ♍ 8	12 ♍ 50	7 ♋ 55	2 ♋ 58	27 ♋ 47	9 ♏ 6	13 ♎ 54	17 ♓ 24	16 ♌ 49	10 ♋ 56	11 ♒	9 ♑	7 ♌	25 ♍	20 ♈
14	20 ♋ 10	15 ♋ 15	14 ♍ 5	12 ♍ 41	9 ♋ 57	4 ♋ 11	28 ♋ 26	9 ♏ 7	13 ♎ 56	17 ♓ 23	16 ♌ 51	10 ♋ 58	11 ♒	9 ♑	7 ♌	25 ♍	20 ♈
15	21 ♋ 7	28 ♋ 24	14 ♍ 2	12 ♍ 33	12 ♋ 1	5 ♋ 24	29 ♋ 4	9 ♏ 8	13 ♎ 59	17 ♓ 22	16 ♌ 53	10 ♋ 59	10 ♒	9 ♑	7 ♌	26 ♍	21 ♈
16	22 ♋ 5	11 ♌ 46	13 ♍ 59	12 ♍ 27	14 ♋ 7	6 ♋ 37	29 ♋ 43	9 ♏ 9	14 ♎ 1	17 ♓ 21	16 ♌ 55	11 ♋ 1	10 ♒	9 ♑	8 ♌	26 ♍	21 ♈
17	23 ♋ 2	25 ♌ 20	13 ♍ 55	12 ♍ 24	16 ♋ 13	7 ♋ 51	0 ♌ 21	9 ♏ 11	14 ♎ 4	17 ♓ 20	16 ♌ 58	11 ♋ 2	10 ♒	8 ♑	8 ♌	27 ♍	21 ♈
18	23 ♋ 59	9 ♍ 4	13 ♍ 52	12 ♍ 23	18 ♋ 21	9 ♋ 4	1 ♌ 0	9 ♏ 13	14 ♎ 7	17 ♓ 19	17 ♌ 0	11 ♋ 4	10 ♒	8 ♑	9 ♌	27 ♍	21 ♈
19	24 ♋ 56	22 ♍ 57	13 ♍ 49	12 D 23	20 ♋ 29	10 ♋ 17	1 ♌ 38	9 ♏ 15	14 ♎ 10	17 ♓ 18	17 ♌ 2	11 ♋ 5	10 ♒	8 ♑	9 ♌	28 ♍	21 ♈
20	25 ♋ 54	6 ♎ 57	13 ♍ 46	12 ♍ 24	22 ♋ 37	11 ♋ 31	2 ♌ 17	9 ♏ 17	14 ♎ 13	17 ♓ 16	17 ♌ 4	11 ♋ 7	9 ♒	7 ♑	10 ♌	28 ♍	21 ♈
21	26 ♋ 51	21 ♎ 3	13 ♍ 43	12 ♍ 25	24 ♋ 45	12 ♋ 44	2 ♌ 55	9 ♏ 19	14 ♎ 17	17 ♓ 15	17 ♌ 6	11 ♋ 8	9 ♒	7 ♑	10 ♌	28 ♍	21 ♈
22	27 ♋ 48	5 ♏ 14	13 ♍ 39	12 R 25	26 ♋ 53	13 ♋ 58	3 ♌ 34	9 ♏ 21	14 ♎ 20	17 ♓ 14	17 ♌ 8	11 ♋ 10	9 ♒	7 ♑	11 ♌	29 ♍	21 ♈
23	28 ♋ 45	19 ♏ 28	13 ♍ 36	12 ♍ 23	29 ♋ 1	15 ♋ 11	4 ♌ 12	9 ♏ 24	14 ♎ 23	17 ♓ 13	17 ♌ 10	11 ♋ 11	9 ♒	7 ♑	11 ♌	29 ♍	21 ♈
24	29 ♋ 43	3 ♐ 43	13 ♍ 33	12 ♍ 20	1 ♌ 7	16 ♋ 24	4 ♌ 51	9 ♏ 27	14 ♎ 27	17 ♓ 11	17 ♌ 12	11 ♋ 13	9 ♒	7 ♑	12 ♌	0 ♎	21 ♈
25	0 ♌ 40	17 ♐ 55	13 ♍ 30	12 ♍ 15	3 ♌ 13	17 ♋ 38	5 ♌ 29	9 ♏ 30	14 ♎ 30	17 ♓ 10	17 ♌ 14	11 ♋ 14	8 ♒	6 ♑	12 ♌	0 ♎	21 ♈
26	1 ♌ 37	2 ♑ 1	13 ♍ 27	12 ♍ 9	5 ♌ 18	18 ♋ 51	6 ♌ 8	9 ♏ 33	14 ♎ 34	17 ♓ 8	17 ♌ 17	11 ♋ 16	8 ♒	6 ♑	13 ♌	1 ♎	21 R
27	2 ♌ 35	15 ♑ 56	13 ♍ 24	12 ♍ 2	7 ♌ 21	20 ♋ 5	6 ♌ 46	9 ♏ 36	14 ♎ 37	17 ♓ 7	17 ♌ 19	11 ♋ 17	8 ♒	6 ♑	13 ♌	1 ♎	21 ♈
28	3 ♌ 32	29 ♑ 36	13 ♍ 20	11 ♍ 57	9 ♌ 23	21 ♋ 19	7 ♌ 24	9 ♏ 40	14 ♎ 41	17 ♓ 5	17 ♌ 21	11 ♋ 18	8 ♒	6 ♑	14 ♌	1 ♎	21 ♈
29	4 ♌ 29	12 ♒ 59	13 ♍ 17	11 ♍ 52	11 ♌ 24	22 ♋ 32	8 ♌ 3	9 ♏ 43	14 ♎ 45	17 ♓ 4	17 ♌ 23	11 ♋ 20	7 ♒	5 ♑	14 ♌	2 ♎	21 ♈
30	5 ♌ 27	26 ♒ 2	13 ♍ 14	11 ♍ 49	13 ♌ 23	23 ♋ 46	8 ♌ 41	9 ♏ 47	14 ♎ 49	17 ♓ 2	17 ♌ 25	11 ♋ 21	7 ♒	5 ♑	15 ♌	2 ♎	21 ♈
31	6 ♌ 24	8 ♓ 47	13 ♍ 11	11 ♍ 48	15 ♌ 21	24 ♋ 59	9 ♌ 20	9 ♏ 51	14 ♎ 53	17 ♓ 1	17 ♌ 27	11 ♋ 23	7 ♒	5 ♑	15 ♌	3 ♎	21 ♈

SUN INGRESS	☉ → ♌ 24日 07:00
MOON PHASE	◑ 6日 10:56 ♈　● 14日 09:45 ♋　◐ 21日 10:32 ♎　○ 28日 07:32 ♒

aspects		
1日	07:21	☿□♅
2日	09:12	☉△♃
4日	02:04	☉☌♇
5日	01:59	☿☌♀
7日	04:34	☉□♄
11日	02:55	☉△♅
13日	13:59	☿△♃
14日	11:55	☿☌♇
15日	22:58	☿□♄
17日	12:26	☿△♅
18日	02:53	♀△♃
19日	16:02	♀☌♇
22日	07:37	♀□♄
22日	18:47	☉☌☿
24日	14:59	♀△♅
26日	14:01	☿☌♂
28日	03:20	☿□♃
30日	18:02	☿⚹♄
31日	22:08	♂□♃

1923年8月

DAY	☉	☽	☊ mean	☊ true	☿	♀	♂	♃	♄	♅	♆	♇	⚳	⚴	⚵	⚶	⚷
	° ′	° ′	° ′	° ′	° ′	° ′	° ′	° ′	° ′	° ′	° ′	° ′	°	°	°	°	°
1	7 ♌ 21	21 ♓ 14	13 ♍ 8	11 D 49	17 D 17	26 D 13	9 D 58	9 D 55	14 D 57	16 R 59	17 D 30	11 D 24	7 R	5 R	16 D	3 D	21 R
2	8 ♌ 19	3 ♈ 26	13 ♍ 5	11 ♍ 50	19 ♌ 12	27 ♋ 27	10 ♌ 36	10 ♏ 0	15 ♎ 1	16 ♓ 57	17 ♌ 32	11 ♋ 25	7 ♒	5 ♑	16 ♌	4 ♎	21 ♈
3	9 ♌ 16	15 ♈ 27	13 ♍ 1	11 ♍ 52	21 ♌ 5	28 ♋ 41	11 ♌ 15	10 ♏ 4	15 ♎ 6	16 ♓ 56	17 ♌ 34	11 ♋ 27	6 ♒	5 ♑	17 ♌	4 ♎	21 ♈
4	10 ♌ 14	27 ♈ 20	12 ♍ 58	11 ♍ 53	22 ♌ 56	29 ♋ 54	11 ♌ 53	10 ♏ 9	15 ♎ 10	16 ♓ 54	17 ♌ 36	11 ♋ 28	6 ♒	4 ♑	17 ♌	5 ♎	21 ♈
5	11 ♌ 11	9 ♉ 12	12 ♍ 55	11 ♍ 54	24 ♌ 46	1 ♌ 8	12 ♌ 31	10 ♏ 13	15 ♎ 14	16 ♓ 52	17 ♌ 38	11 ♋ 30	6 ♒	4 ♑	17 ♌	5 ♎	21 ♈
6	12 ♌ 8	21 ♉ 6	12 ♍ 52	11 R 53	26 ♌ 34	2 ♌ 22	13 ♌ 10	10 ♏ 18	15 ♎ 19	16 ♓ 50	17 ♌ 41	11 ♋ 31	6 ♒	4 ♑	18 ♌	5 ♎	21 ♈
7	13 ♌ 6	3 ♊ 7	12 ♍ 49	11 ♍ 52	28 ♌ 21	3 ♌ 36	13 ♌ 48	10 ♏ 23	15 ♎ 23	16 ♓ 48	17 ♌ 43	11 ♋ 32	5 ♒	4 ♑	18 ♌	6 ♎	20 ♈
8	14 ♌ 3	15 ♊ 20	12 ♍ 45	11 ♍ 49	0 ♍ 6	4 ♌ 50	14 ♌ 26	10 ♏ 29	15 ♎ 28	16 ♓ 47	17 ♌ 45	11 ♋ 34	5 ♒	4 ♑	19 ♌	6 ♎	20 ♈
9	15 ♌ 1	27 ♊ 49	12 ♍ 42	11 ♍ 45	1 ♍ 49	6 ♌ 3	15 ♌ 5	10 ♏ 34	15 ♎ 33	16 ♓ 45	17 ♌ 47	11 ♋ 35	5 ♒	4 ♑	19 ♌	7 ♎	20 ♈
10	15 ♌ 58	10 ♋ 36	12 ♍ 39	11 ♍ 41	3 ♍ 31	7 ♌ 17	15 ♌ 43	10 ♏ 40	15 ♎ 37	16 ♓ 43	17 ♌ 50	11 ♋ 36	5 ♒	4 ♑	20 ♌	7 ♎	20 ♈
11	16 ♌ 56	23 ♋ 42	12 ♍ 36	11 ♍ 38	5 ♍ 11	8 ♌ 31	16 ♌ 21	10 ♏ 45	15 ♎ 42	16 ♓ 41	17 ♌ 52	11 ♋ 37	5 ♒	3 ♑	20 ♌	8 ♎	20 ♈
12	17 ♌ 54	7 ♌ 8	12 ♍ 33	11 ♍ 34	6 ♍ 50	9 ♌ 45	16 ♌ 59	10 ♏ 51	15 ♎ 47	16 ♓ 39	17 ♌ 54	11 ♋ 39	4 ♒	3 ♑	21 ♌	8 ♎	20 ♈
13	18 ♌ 51	20 ♌ 51	12 ♍ 30	11 ♍ 32	8 ♍ 27	10 ♌ 59	17 ♌ 38	10 ♏ 57	15 ♎ 52	16 ♓ 37	17 ♌ 56	11 ♋ 40	4 ♒	3 ♑	21 ♌	9 ♎	20 ♈
14	19 ♌ 49	4 ♍ 50	12 ♍ 26	11 ♍ 31	10 ♍ 3	12 ♌ 13	18 ♌ 16	11 ♏ 3	15 ♎ 57	16 ♓ 35	17 ♌ 58	11 ♋ 41	4 ♒	3 ♑	22 ♌	9 ♎	20 ♈
15	20 ♌ 46	19 ♍ 1	12 ♍ 23	11 D 31	11 ♍ 37	13 ♌ 27	18 ♌ 54	11 ♏ 10	16 ♎ 2	16 ♓ 33	18 ♌ 1	11 ♋ 42	4 ♒	3 ♑	22 ♌	10 ♎	20 ♈
16	21 ♌ 44	3 ♎ 18	12 ♍ 20	11 ♍ 32	13 ♍ 10	14 ♌ 41	19 ♌ 33	11 ♏ 16	16 ♎ 8	16 ♓ 31	18 ♌ 3	11 ♋ 44	4 ♒	3 ♑	23 ♌	10 ♎	20 ♈
17	22 ♌ 42	17 ♎ 39	12 ♍ 17	11 ♍ 33	14 ♍ 41	15 ♌ 55	20 ♌ 11	11 ♏ 23	16 ♎ 13	16 ♓ 28	18 ♌ 5	11 ♋ 45	3 ♒	3 ♑	23 ♌	11 ♎	20 ♈
18	23 ♌ 40	2 ♏ 0	12 ♍ 14	11 ♍ 34	16 ♍ 11	17 ♌ 10	20 ♌ 49	11 ♏ 29	16 ♎ 18	16 ♓ 26	18 ♌ 7	11 ♋ 46	3 ♒	3 ♑	24 ♌	11 ♎	20 ♈
19	24 ♌ 37	16 ♏ 17	12 ♍ 10	11 ♍ 35	17 ♍ 39	18 ♌ 24	21 ♌ 27	11 ♏ 36	16 ♎ 23	16 ♓ 24	18 ♌ 10	11 ♋ 47	3 ♒	3 ♑	24 ♌	12 ♎	20 ♈
20	25 ♌ 35	0 ♐ 28	12 ♍ 7	11 R 35	19 ♍ 5	19 ♌ 38	22 ♌ 5	11 ♏ 43	16 ♎ 29	16 ♓ 22	18 ♌ 12	11 ♋ 48	3 ♒	3 ♑	24 ♌	12 ♎	20 ♈
21	26 ♌ 33	14 ♐ 30	12 ♍ 4	11 ♍ 35	20 ♍ 30	20 ♌ 52	22 ♌ 44	11 ♏ 50	16 ♎ 34	16 ♓ 20	18 ♌ 14	11 ♋ 50	3 ♒	3 ♑	25 ♌	12 ♎	20 ♈
22	27 ♌ 31	28 ♐ 23	12 ♍ 1	11 ♍ 33	21 ♍ 53	22 ♌ 6	23 ♌ 22	11 ♏ 57	16 ♎ 40	16 ♓ 18	18 ♌ 16	11 ♋ 51	2 ♒	3 ♑	25 ♌	13 ♎	20 ♈
23	28 ♌ 28	12 ♑ 3	11 ♍ 58	11 ♍ 32	23 ♍ 15	23 ♌ 20	24 ♌ 0	12 ♏ 5	16 ♎ 46	16 ♓ 15	18 ♌ 18	11 ♋ 52	2 ♒	3 ♑	26 ♌	13 ♎	20 ♈
24	29 ♌ 26	25 ♑ 32	11 ♍ 55	11 ♍ 30	24 ♍ 35	24 ♌ 35	24 ♌ 38	12 ♏ 12	16 ♎ 51	16 ♓ 13	18 ♌ 21	11 ♋ 53	2 ♒	3 ♑	26 ♌	14 ♎	20 ♈
25	0 ♍ 24	8 ♒ 46	11 ♍ 51	11 ♍ 29	25 ♍ 53	25 ♌ 49	25 ♌ 16	12 ♏ 20	16 ♎ 57	16 ♓ 11	18 ♌ 23	11 ♋ 54	2 ♒	2 ♑	27 ♌	14 ♎	20 ♈
26	1 ♍ 22	21 ♒ 46	11 ♍ 48	11 ♍ 28	27 ♍ 10	27 ♌ 3	25 ♌ 55	12 ♏ 28	17 ♎ 3	16 ♓ 8	18 ♌ 25	11 ♋ 55	2 ♒	2 ♑	27 ♌	15 ♎	20 ♈
27	2 ♍ 20	4 ♓ 32	11 ♍ 45	11 ♍ 27	28 ♍ 24	28 ♌ 17	26 ♌ 33	12 ♏ 36	17 ♎ 9	16 ♓ 6	18 ♌ 27	11 ♋ 56	2 ♒	2 ♑	28 ♌	15 ♎	20 ♈
28	3 ♍ 18	17 ♓ 3	11 ♍ 42	11 D 27	29 ♍ 37	29 ♌ 32	27 ♌ 11	12 ♏ 44	17 ♎ 15	16 ♓ 4	18 ♌ 29	11 ♋ 57	2 ♒	2 ♑	28 ♌	16 ♎	20 ♈
29	4 ♍ 15	29 ♓ 22	11 ♍ 39	11 ♍ 27	0 ♎ 48	0 ♍ 46	27 ♌ 49	12 ♏ 52	17 ♎ 20	16 ♓ 2	18 ♌ 31	11 ♋ 58	1 ♒	2 D	29 ♌	16 ♎	20 ♈
30	5 ♍ 13	11 ♈ 29	11 ♍ 36	11 ♍ 28	1 ♎ 57	2 ♍ 0	28 ♌ 27	13 ♏ 0	17 ♎ 26	15 ♓ 59	18 ♌ 34	11 ♋ 59	1 ♒	2 ♑	29 ♌	17 ♎	20 ♈
31	6 ♍ 11	23 ♈ 27	11 ♍ 32	11 ♍ 29	3 ♎ 3	3 ♍ 15	29 ♌ 6	13 ♏ 8	17 ♎ 33	15 ♓ 57	18 ♌ 36	12 ♋ 0	1 ♒	2 ♑	29 ♌	17 ♎	20 ♈

SUN INGRESS	☉ → ♍ 24日 13:52
MOON PHASE	◑ 5日 04:22 ♉　● 12日 20:16 ♌　◐ 19日 15:07 ♏　○ 26日 19:29 ♓

aspects		
1日	02:37	☿☌♆
3日	21:49	☉□♃
9日	04:35	☉☌♂
9日	14:26	☉⚹♄
9日	20:05	♂⚹♄
12日	00:09	☉☌♆
12日	23:16	♀□♃
13日	12:17	♂☌♆
14日	16:22	☿⚹♃
15日	01:19	♀⚹♇
17日	06:03	♀⚹♄
18日	04:07	☿☍♅
18日	19:16	♀☌♆
20日	21:07	♃△♇
24日	02:27	♀☌♂

1923年9月

DAY	☉	☽	☊ mean	☊ true	☿	♀	♂	♃	♄	♅	♆	♇	⚳	⚴	⚵	⚶	⚷
	° ′	° ′	° ′	° ′	° ′	° ′	° ′	° ′	° ′	° ′	° ′	° ′	°	°	°	°	°
1	7 ♍ 9	5 ♉ 20	11 ♍ 29	11 D 29	4 D 8	4 D 29	29 D 44	13 D 17	17 D 39	15 R 55	18 D 38	12 D 1	1 R	2 D	0 D	18 D	20 R
2	8 ♍ 7	17 ♉ 11	11 ♍ 26	11 ♍ 30	5 ♎ 10	5 ♍ 43	0 ♍ 22	13 ♏ 26	17 ♎ 45	15 ♓ 52	18 ♌ 40	12 ♋ 2	1 ♒	2 ♑	0 ♍	18 ♎	20 ♈
3	9 ♍ 6	29 ♉ 5	11 ♍ 23	11 ♍ 30	6 ♎ 9	6 ♍ 58	1 ♍ 0	13 ♏ 34	17 ♎ 51	15 ♓ 50	18 ♌ 42	12 ♋ 3	1 ♒	3 ♑	1 ♍	19 ♎	20 ♈
4	10 ♍ 4	11 ♊ 5	11 ♍ 20	11 R 30	7 ♎ 6	8 ♍ 12	1 ♍ 38	13 ♏ 43	17 ♎ 57	15 ♓ 47	18 ♌ 44	12 ♋ 4	1 ♒	3 ♑	1 ♍	19 ♎	20 ♈
5	11 ♍ 2	23 ♊ 17	11 ♍ 16	11 ♍ 30	8 ♎ 0	9 ♍ 27	2 ♍ 16	13 ♏ 52	18 ♎ 4	15 ♓ 45	18 ♌ 46	12 ♋ 5	1 ♒	3 ♑	2 ♍	20 ♎	20 ♈
6	12 ♍ 0	5 ♋ 45	11 ♍ 13	11 D 30	8 ♎ 51	10 ♍ 41	2 ♍ 55	14 ♏ 1	18 ♎ 10	15 ♓ 43	18 ♌ 48	12 ♋ 6	0 ♒	3 ♑	2 ♍	20 ♎	20 ♈
7	12 ♍ 58	18 ♋ 33	11 ♍ 10	11 ♍ 30	9 ♎ 39	11 ♍ 56	3 ♍ 33	14 ♏ 10	18 ♎ 16	15 ♓ 40	18 ♌ 50	12 ♋ 6	0 ♒	3 ♑	3 ♍	21 ♎	20 ♈
8	13 ♍ 56	1 ♌ 43	11 ♍ 7	11 ♍ 30	10 ♎ 24	13 ♍ 10	4 ♍ 11	14 ♏ 20	18 ♎ 23	15 ♓ 38	18 ♌ 53	12 ♋ 7	0 ♒	3 ♑	3 ♍	21 ♎	20 ♈
9	14 ♍ 55	15 ♌ 17	11 ♍ 4	11 ♍ 30	11 ♎ 5	14 ♍ 25	4 ♍ 49	14 ♏ 29	18 ♎ 29	15 ♓ 35	18 ♌ 55	12 ♋ 8	0 ♒	3 ♑	3 ♍	22 ♎	20 ♈
10	15 ♍ 53	29 ♌ 14	11 ♍ 1	11 ♍ 31	11 ♎ 42	15 ♍ 40	5 ♍ 27	14 ♏ 38	18 ♎ 36	15 ♓ 33	18 ♌ 57	12 ♋ 9	0 ♒	3 ♑	4 ♍	22 ♎	20 ♈
11	16 ♍ 51	13 ♍ 33	10 ♍ 57	11 R 31	12 ♎ 15	16 ♍ 54	6 ♍ 5	14 ♏ 48	18 ♎ 42	15 ♓ 31	18 ♌ 59	12 ♋ 10	0 ♒	3 ♑	4 ♍	23 ♎	20 ♈
12	17 ♍ 50	28 ♍ 8	10 ♍ 54	11 ♍ 31	12 ♎ 43	18 ♍ 9	6 ♍ 44	14 ♏ 58	18 ♎ 49	15 ♓ 28	19 ♌ 1	12 ♋ 10	0 ♒	3 ♑	5 ♍	23 ♎	20 ♈
13	18 ♍ 48	12 ♎ 52	10 ♍ 51	11 ♍ 30	13 ♎ 7	19 ♍ 23	7 ♍ 22	15 ♏ 7	18 ♎ 55	15 ♓ 26	19 ♌ 3	12 ♋ 11	0 ♒	3 ♑	5 ♍	24 ♎	20 ♈
14	19 ♍ 47	27 ♎ 40	10 ♍ 48	11 ♍ 29	13 ♎ 25	20 ♍ 38	8 ♍ 0	15 ♏ 17	19 ♎ 2	15 ♓ 23	19 ♌ 5	12 ♋ 12	0 ♒	3 ♑	6 ♍	24 ♎	20 ♈
15	20 ♍ 45	12 ♏ 23	10 ♍ 45	11 ♍ 28	13 ♎ 38	21 ♍ 53	8 ♍ 38	15 ♏ 27	19 ♎ 9	15 ♓ 21	19 ♌ 7	12 ♋ 12	0 ♒	3 ♑	6 ♍	25 ♎	19 ♈
16	21 ♍ 44	26 ♏ 56	10 ♍ 42	11 ♍ 27	13 ♎ 45	23 ♍ 7	9 ♍ 16	15 ♏ 37	19 ♎ 16	15 ♓ 19	19 ♌ 8	12 ♋ 13	0 ♒	3 ♑	7 ♍	25 ♎	19 ♈
17	22 ♍ 42	11 ♐ 15	10 ♍ 38	11 ♍ 26	13 R 47	24 ♍ 22	9 ♍ 54	15 ♏ 48	19 ♎ 22	15 ♓ 16	19 ♌ 10	12 ♋ 14	0 ♒	4 ♑	7 ♍	26 ♎	19 ♈
18	23 ♍ 41	25 ♐ 15	10 ♍ 35	11 D 26	13 ♎ 41	25 ♍ 37	10 ♍ 33	15 ♏ 58	19 ♎ 29	15 ♓ 14	19 ♌ 12	12 ♋ 14	0 ♒	4 ♑	7 ♍	26 ♎	19 ♈
19	24 ♍ 39	8 ♑ 58	10 ♍ 32	11 ♍ 27	13 ♎ 29	26 ♍ 51	11 ♍ 11	16 ♏ 8	19 ♎ 36	15 ♓ 12	19 ♌ 14	12 ♋ 15	0 ♒	4 ♑	8 ♍	27 ♎	19 ♈
20	25 ♍ 38	22 ♑ 22	10 ♍ 29	11 ♍ 28	13 ♎ 10	28 ♍ 6	11 ♍ 49	16 ♏ 19	19 ♎ 43	15 ♓ 9	19 ♌ 16	12 ♋ 16	0 ♒	4 ♑	8 ♍	27 ♎	19 ♈
21	26 ♍ 36	5 ♒ 30	10 ♍ 26	11 ♍ 29	12 ♎ 44	29 ♍ 21	12 ♍ 27	16 ♏ 29	19 ♎ 50	15 ♓ 7	19 ♌ 18	12 ♋ 16	0 ♒	4 ♑	9 ♍	28 ♎	19 ♈
22	27 ♍ 35	18 ♒ 22	10 ♍ 22	11 ♍ 30	12 ♎ 11	0 ♎ 35	13 ♍ 5	16 ♏ 40	19 ♎ 57	15 ♓ 5	19 ♌ 20	12 ♋ 17	0 D	4 ♑	9 ♍	28 ♎	19 ♈
23	28 ♍ 34	1 ♓ 1	10 ♍ 19	11 ♍ 31	11 ♎ 30	1 ♎ 50	13 ♍ 43	16 ♏ 51	20 ♎ 4	15 ♓ 2	19 ♌ 22	12 ♋ 17	0 ♒	4 ♑	10 ♍	29 ♎	19 ♈
24	29 ♍ 32	13 ♓ 28	10 ♍ 16	11 R 31	10 ♎ 44	3 ♎ 5	14 ♍ 21	17 ♏ 1	20 ♎ 11	15 ♓ 0	19 ♌ 23	12 ♋ 18	0 ♒	4 ♑	10 ♍	29 ♎	19 ♈
25	0 ♎ 31	25 ♓ 44	10 ♍ 13	11 ♍ 31	9 ♎ 51	4 ♎ 20	15 ♍ 0	17 ♏ 12	20 ♎ 18	14 ♓ 58	19 ♌ 25	12 ♋ 18	0 ♒	5 ♑	10 ♍	0 ♏	19 ♈
26	1 ♎ 30	7 ♈ 52	10 ♍ 10	11 ♍ 29	8 ♎ 52	5 ♎ 34	15 ♍ 38	17 ♏ 23	20 ♎ 25	14 ♓ 55	19 ♌ 27	12 ♋ 19	0 ♒	5 ♑	11 ♍	0 ♏	19 ♈
27	2 ♎ 29	19 ♈ 52	10 ♍ 7	11 ♍ 26	7 ♎ 50	6 ♎ 49	16 ♍ 16	17 ♏ 34	20 ♎ 32	14 ♓ 53	19 ♌ 29	12 ♋ 19	0 ♒	5 ♑	11 ♍	1 ♏	19 ♈
28	3 ♎ 28	1 ♉ 47	10 ♍ 3	11 ♍ 23	6 ♎ 44	8 ♎ 4	16 ♍ 54	17 ♏ 45	20 ♎ 39	14 ♓ 51	19 ♌ 30	12 ♋ 19	0 ♒	5 ♑	12 ♍	1 ♏	19 ♈
29	4 ♎ 26	13 ♉ 39	10 ♍ 0	11 ♍ 19	5 ♎ 37	9 ♎ 19	17 ♍ 32	17 ♏ 57	20 ♎ 46	14 ♓ 49	19 ♌ 32	12 ♋ 20	0 ♒	5 ♑	12 ♍	2 ♏	19 ♈
30	5 ♎ 25	25 ♉ 30	9 ♍ 57	11 ♍ 15	4 ♎ 29	10 ♎ 33	18 ♍ 10	18 ♏ 8	20 ♎ 53	14 ♓ 46	19 ♌ 34	12 ♋ 20	0 ♒	5 ♑	12 ♍	2 ♏	19 ♈

SUN INGRESS	☉ → ♎24日 11:04
MOON PHASE	◑ 3日 21:47 ♊　● 11日 05:52 ♍　◐ 17日 21:04 ♐　○ 25日 10:16 ♈

aspects		
6日	02:19	☉⚹♇
7日	03:26	♀⚹♇
8日	11:19	☉⚹♃
9日	01:28	♀⚹♃
9日	16:04	☉☍♅
9日	21:58	♀☍♅
10日	19:54	☿□♇
10日	20:01	☉☌♀
14日	11:42	♃△♅
14日	12:23	♄⚹♆
20日	17:04	♂⚹♇
21日	20:03	☿□♇
24日	22:49	♂☍♅
27日	10:23	☿☌♀
29日	13:18	☉☌☿
29日	21:43	♂⚹♃

1923年10月

DAY	☉	☽	☊ mean	☊ true	☿	♀	♂	♃	♄	♅	♆	♇	⚳	⚴	⚵	⚶	⚷
	° ′	° ′	° ′	° ′	° ′	° ′	° ′	° ′	° ′	° ′	° ′	° ′	°	°	°	°	°
1	6 ♎ 24	7 ♊ 23	9 ♍ 54	11 R 12	3 R 24	11 D 48	18 D 49	18 D 19	21 D 0	14 R 44	19 D 35	12 D 20	0 D	6 D	13 D	3 D	19 R
2	7 ♎ 23	19 ♊ 22	9 ♍ 51	11 ♍ 9	2 ♎ 22	13 ♎ 3	19 ♍ 27	18 ♏ 31	21 ♎ 7	14 ♓ 42	19 ♌ 37	12 ♋ 21	0 ♒	6 ♑	13 ♍	4 ♏	19 ♈
3	8 ♎ 22	1 ♋ 31	9 ♍ 47	11 ♍ 8	1 ♎ 26	14 ♎ 18	20 ♍ 5	18 ♏ 42	21 ♎ 15	14 ♓ 40	19 ♌ 39	12 ♋ 21	0 ♒	6 ♑	14 ♍	4 ♏	19 ♈
4	9 ♎ 21	13 ♋ 55	9 ♍ 44	11 D 8	0 ♎ 36	15 ♎ 33	20 ♍ 43	18 ♏ 54	21 ♎ 22	14 ♓ 38	19 ♌ 40	12 ♋ 21	0 ♒	6 ♑	14 ♍	5 ♏	19 ♈
5	10 ♎ 21	26 ♋ 38	9 ♍ 41	11 ♍ 9	29 ♍ 55	16 ♎ 48	21 ♍ 21	19 ♏ 5	21 ♎ 29	14 ♓ 36	19 ♌ 42	12 ♋ 21	0 ♒	6 ♑	15 ♍	5 ♏	19 ♈
6	11 ♎ 20	9 ♌ 43	9 ♍ 38	11 ♍ 10	29 ♍ 22	18 ♎ 2	22 ♍ 0	19 ♏ 17	21 ♎ 36	14 ♓ 34	19 ♌ 43	12 ♋ 22	0 ♒	6 ♑	15 ♍	6 ♏	19 ♈
7	12 ♎ 19	23 ♌ 15	9 ♍ 35	11 ♍ 12	29 ♍ 0	19 ♎ 17	22 ♍ 38	19 ♏ 29	21 ♎ 43	14 ♓ 32	19 ♌ 45	12 ♋ 22	0 ♒	7 ♑	15 ♍	6 ♏	19 ♈
8	13 ♎ 18	7 ♍ 14	9 ♍ 32	11 ♍ 13	28 ♍ 49	20 ♎ 32	23 ♍ 16	19 ♏ 41	21 ♎ 51	14 ♓ 30	19 ♌ 46	12 ♋ 22	1 ♒	7 ♑	16 ♍	7 ♏	19 ♈
9	14 ♎ 17	21 ♍ 39	9 ♍ 28	11 R 12	28 D 48	21 ♎ 47	23 ♍ 54	19 ♏ 53	21 ♎ 58	14 ♓ 28	19 ♌ 48	12 ♋ 22	1 ♒	7 ♑	16 ♍	7 ♏	18 ♈
10	15 ♎ 17	6 ♎ 27	9 ♍ 25	11 ♍ 10	28 ♍ 58	23 ♎ 2	24 ♍ 32	20 ♏ 4	22 ♎ 5	14 ♓ 26	19 ♌ 49	12 ♋ 22	1 ♒	7 ♑	17 ♍	8 ♏	18 ♈
11	16 ♎ 16	21 ♎ 31	9 ♍ 22	11 ♍ 7	29 ♍ 18	24 ♎ 17	25 ♍ 11	20 ♏ 16	22 ♎ 13	14 ♓ 24	19 ♌ 51	12 ♋ 22	1 ♒	7 ♑	17 ♍	8 ♏	18 ♈
12	17 ♎ 15	6 ♏ 41	9 ♍ 19	11 ♍ 2	29 ♍ 48	25 ♎ 32	25 ♍ 49	20 ♏ 29	22 ♎ 20	14 ♓ 22	19 ♌ 52	12 ♋ 22	1 ♒	8 ♑	17 ♍	9 ♏	18 ♈
13	18 ♎ 15	21 ♏ 48	9 ♍ 16	10 ♍ 56	0 ♎ 28	26 ♎ 47	26 ♍ 27	20 ♏ 41	22 ♎ 27	14 ♓ 20	19 ♌ 54	12 ♋ 23	1 ♒	8 ♑	18 ♍	9 ♏	18 ♈
14	19 ♎ 14	6 ♐ 42	9 ♍ 13	10 ♍ 51	1 ♎ 16	28 ♎ 1	27 ♍ 5	20 ♏ 53	22 ♎ 34	14 ♓ 18	19 ♌ 55	12 ♋ 23	1 ♒	8 ♑	18 ♍	10 ♏	18 ♈
15	20 ♎ 14	21 ♐ 16	9 ♍ 9	10 ♍ 47	2 ♎ 12	29 ♎ 16	27 ♍ 44	21 ♏ 5	22 ♎ 42	14 ♓ 16	19 ♌ 56	12 R 23	1 ♒	8 ♑	19 ♍	10 ♏	18 ♈
16	21 ♎ 13	5 ♑ 25	9 ♍ 6	10 ♍ 44	3 ♎ 15	0 ♏ 31	28 ♍ 22	21 ♏ 17	22 ♎ 49	14 ♓ 14	19 ♌ 57	12 ♋ 22	1 ♒	9 ♑	19 ♍	11 ♏	18 ♈
17	22 ♎ 13	19 ♑ 9	9 ♍ 3	10 ♍ 42	4 ♎ 24	1 ♏ 46	29 ♍ 0	21 ♏ 30	22 ♎ 56	14 ♓ 13	19 ♌ 59	12 ♋ 22	2 ♒	9 ♑	19 ♍	11 ♏	18 ♈
18	23 ♎ 12	2 ♒ 28	9 ♍ 0	10 D 43	5 ♎ 38	3 ♏ 1	29 ♍ 38	21 ♏ 42	23 ♎ 4	14 ♓ 11	20 ♌ 0	12 ♋ 22	2 ♒	9 ♑	20 ♍	12 ♏	18 ♈
19	24 ♎ 12	15 ♒ 25	8 ♍ 57	10 ♍ 44	6 ♎ 58	4 ♏ 16	0 ♎ 17	21 ♏ 55	23 ♎ 11	14 ♓ 9	20 ♌ 1	12 ♋ 22	2 ♒	9 ♑	20 ♍	12 ♏	18 ♈
20	25 ♎ 11	28 ♒ 4	8 ♍ 53	10 ♍ 45	8 ♎ 21	5 ♏ 31	0 ♎ 55	22 ♏ 7	23 ♎ 18	14 ♓ 8	20 ♌ 2	12 ♋ 22	2 ♒	9 ♑	21 ♍	13 ♏	18 ♈
21	26 ♎ 11	10 ♓ 27	8 ♍ 50	10 ♍ 46	9 ♎ 48	6 ♏ 46	1 ♎ 33	22 ♏ 20	23 ♎ 26	14 ♓ 6	20 ♌ 3	12 ♋ 22	2 ♒	10 ♑	21 ♍	14 ♏	18 ♈
22	27 ♎ 11	22 ♓ 40	8 ♍ 47	10 R 45	11 ♎ 18	8 ♏ 1	2 ♎ 11	22 ♏ 32	23 ♎ 33	14 ♓ 5	20 ♌ 4	12 ♋ 22	2 ♒	10 ♑	21 ♍	14 ♏	18 ♈
23	28 ♎ 10	4 ♈ 44	8 ♍ 44	10 ♍ 42	12 ♎ 50	9 ♏ 16	2 ♎ 50	22 ♏ 45	23 ♎ 40	14 ♓ 3	20 ♌ 6	12 ♋ 22	3 ♒	10 ♑	22 ♍	15 ♏	18 ♈
24	29 ♎ 10	16 ♈ 42	8 ♍ 41	10 ♍ 37	14 ♎ 24	10 ♏ 31	3 ♎ 28	22 ♏ 58	23 ♎ 47	14 ♓ 2	20 ♌ 7	12 ♋ 21	3 ♒	10 ♑	22 ♍	15 ♏	18 ♈
25	0 ♏ 10	28 ♈ 36	8 ♍ 38	10 ♍ 30	16 ♎ 0	11 ♏ 46	4 ♎ 6	23 ♏ 10	23 ♎ 55	14 ♓ 0	20 ♌ 8	12 ♋ 21	3 ♒	11 ♑	23 ♍	16 ♏	18 ♈
26	1 ♏ 10	10 ♉ 29	8 ♍ 34	10 ♍ 21	17 ♎ 37	13 ♏ 0	4 ♎ 44	23 ♏ 23	24 ♎ 2	13 ♓ 59	20 ♌ 9	12 ♋ 21	3 ♒	11 ♑	23 ♍	16 ♏	18 ♈
27	2 ♏ 9	22 ♉ 20	8 ♍ 31	10 ♍ 10	19 ♎ 15	14 ♏ 15	5 ♎ 23	23 ♏ 36	24 ♎ 9	13 ♓ 57	20 ♌ 10	12 ♋ 21	3 ♒	11 ♑	23 ♍	17 ♏	18 ♈
28	3 ♏ 9	4 ♊ 13	8 ♍ 28	10 ♍ 0	20 ♎ 53	15 ♏ 30	6 ♎ 1	23 ♏ 49	24 ♎ 17	13 ♓ 56	20 ♌ 10	12 ♋ 20	3 ♒	11 ♑	24 ♍	17 ♏	18 ♈
29	4 ♏ 9	16 ♊ 8	8 ♍ 25	9 ♍ 50	22 ♎ 32	16 ♏ 45	6 ♎ 39	24 ♏ 2	24 ♎ 24	13 ♓ 55	20 ♌ 11	12 ♋ 20	4 ♒	12 ♑	24 ♍	18 ♏	18 ♈
30	5 ♏ 9	28 ♊ 9	8 ♍ 22	9 ♍ 42	24 ♎ 12	18 ♏ 0	7 ♎ 18	24 ♏ 14	24 ♎ 31	13 ♓ 53	20 ♌ 12	12 ♋ 20	4 ♒	12 ♑	25 ♍	18 ♏	18 ♈
31	6 ♏ 9	10 ♋ 19	8 ♍ 18	9 ♍ 36	25 ♎ 51	19 ♏ 15	7 ♎ 56	24 ♏ 27	24 ♎ 38	13 ♓ 52	20 ♌ 13	12 ♋ 19	4 ♒	12 ♑	25 ♍	19 ♏	17 ♈

SUN INGRESS	☉ → ♏24日 19:51
MOON PHASE	◑ 3日 14:29 ♋　● 10日 15:05 ♎　◐ 17日 05:53 ♑　○ 25日 03:26 ♉

aspects		
1日	10:22	♀□♇
7日	01:13	☉□♇
7日	09:03	♀⚹♆
8日	13:25	♃□♆
9日	03:53	♀☌♄
14日	16:47	☉⚹♆
17日	20:05	☉☌♄
22日	16:39	☿□♇
25日	11:23	♀△♇
26日	18:19	♀△♅
27日	13:29	☿⚹♆
30日	05:01	☿☌♄
31日	18:47	♀□♆

1923年11月

DAY	☉	☽	☊ mean	☊ true	☿	♀	♂	♃	♄	♅	♆	♇	⚳	⚴	⚵	⚶	⚷
	° ′	° ′	° ′	° ′	° ′	° ′	° ′	° ′	° ′	° ′	° ′	° ′	°	°	°	°	°
1	7 ♏ 9	22 ♋ 40	8 ♍ 15	9 R 33	27 D 31	20 D 30	8 D 34	24 D 40	24 D 46	13 R 51	20 D 14	12 R 19	4 D	12 D	25 D	19 D	17 R
2	8 ♏ 9	5 ♌ 17	8 ♍ 12	9 ♍ 32	29 ♎ 11	21 ♏ 45	9 ♎ 13	24 ♏ 53	24 ♎ 53	13 ♓ 50	20 ♌ 15	12 ♋ 18	4 ♒	13 ♑	26 ♍	20 ♏	17 ♈
3	9 ♏ 9	18 ♌ 15	8 ♍ 9	9 D 32	0 ♏ 50	23 ♏ 0	9 ♎ 51	25 ♏ 6	25 ♎ 0	13 ♓ 49	20 ♌ 15	12 ♋ 18	5 ♒	13 ♑	26 ♍	20 ♏	17 ♈
4	10 ♏ 9	1 ♍ 37	8 ♍ 6	9 ♍ 33	2 ♏ 30	24 ♏ 15	10 ♎ 29	25 ♏ 19	25 ♎ 7	13 ♓ 48	20 ♌ 16	12 ♋ 18	5 ♒	13 ♑	26 ♍	21 ♏	17 ♈
5	11 ♏ 9	15 ♍ 27	8 ♍ 3	9 R 33	4 ♏ 9	25 ♏ 30	11 ♎ 8	25 ♏ 33	25 ♎ 14	13 ♓ 47	20 ♌ 17	12 ♋ 17	5 ♒	14 ♑	27 ♍	22 ♏	17 ♈
6	12 ♏ 10	29 ♍ 45	7 ♍ 59	9 ♍ 31	5 ♏ 48	26 ♏ 45	11 ♎ 46	25 ♏ 46	25 ♎ 21	13 ♓ 46	20 ♌ 17	12 ♋ 17	5 ♒	14 ♑	27 ♍	22 ♏	17 ♈
7	13 ♏ 10	14 ♎ 30	7 ♍ 56	9 ♍ 27	7 ♏ 26	28 ♏ 0	12 ♎ 24	25 ♏ 59	25 ♎ 28	13 ♓ 45	20 ♌ 18	12 ♋ 16	5 ♒	14 ♑	27 ♍	23 ♏	17 ♈
8	14 ♏ 10	29 ♎ 36	7 ♍ 53	9 ♍ 20	9 ♏ 4	29 ♏ 15	13 ♎ 3	26 ♏ 12	25 ♎ 35	13 ♓ 44	20 ♌ 19	12 ♋ 15	6 ♒	14 ♑	28 ♍	23 ♏	17 ♈
9	15 ♏ 10	14 ♏ 54	7 ♍ 50	9 ♍ 11	10 ♏ 42	0 ♐ 30	13 ♎ 41	26 ♏ 25	25 ♎ 43	13 ♓ 43	20 ♌ 19	12 ♋ 15	6 ♒	15 ♑	28 ♍	24 ♏	17 ♈
10	16 ♏ 11	0 ♐ 14	7 ♍ 47	9 ♍ 1	12 ♏ 20	1 ♐ 44	14 ♎ 19	26 ♏ 38	25 ♎ 50	13 ♓ 43	20 ♌ 20	12 ♋ 14	6 ♒	15 ♑	29 ♍	24 ♏	17 ♈
11	17 ♏ 11	15 ♐ 24	7 ♍ 44	8 ♍ 51	13 ♏ 57	2 ♐ 59	14 ♎ 58	26 ♏ 52	25 ♎ 57	13 ♓ 42	20 ♌ 20	12 ♋ 14	6 ♒	15 ♑	29 ♍	25 ♏	17 ♈
12	18 ♏ 11	0 ♑ 13	7 ♍ 40	8 ♍ 42	15 ♏ 34	4 ♐ 14	15 ♎ 36	27 ♏ 5	26 ♎ 4	13 ♓ 41	20 ♌ 20	12 ♋ 13	7 ♒	15 ♑	29 ♍	25 ♏	17 ♈
13	19 ♏ 12	14 ♑ 36	7 ♍ 37	8 ♍ 35	17 ♏ 11	5 ♐ 29	16 ♎ 14	27 ♏ 18	26 ♎ 10	13 ♓ 41	20 ♌ 21	12 ♋ 12	7 ♒	16 ♑	0 ♎	26 ♏	17 ♈
14	20 ♏ 12	28 ♑ 29	7 ♍ 34	8 ♍ 31	18 ♏ 47	6 ♐ 44	16 ♎ 53	27 ♏ 31	26 ♎ 17	13 ♓ 40	20 ♌ 21	12 ♋ 12	7 ♒	16 ♑	0 ♎	26 ♏	17 ♈
15	21 ♏ 13	11 ♒ 53	7 ♍ 31	8 ♍ 29	20 ♏ 23	7 ♐ 59	17 ♎ 31	27 ♏ 45	26 ♎ 24	13 ♓ 40	20 ♌ 22	12 ♋ 11	7 ♒	16 ♑	0 ♎	27 ♏	17 ♈
16	22 ♏ 13	24 ♒ 50	7 ♍ 28	8 D 29	21 ♏ 59	9 ♐ 14	18 ♎ 10	27 ♏ 58	26 ♎ 31	13 ♓ 39	20 ♌ 22	12 ♋ 10	8 ♒	17 ♑	1 ♎	27 ♏	17 ♈
17	23 ♏ 14	7 ♓ 25	7 ♍ 24	8 ♍ 29	23 ♏ 35	10 ♐ 29	18 ♎ 48	28 ♏ 11	26 ♎ 38	13 ♓ 39	20 ♌ 22	12 ♋ 9	8 ♒	17 ♑	1 ♎	28 ♏	17 ♈
18	24 ♏ 14	19 ♓ 42	7 ♍ 21	8 R 28	25 ♏ 10	11 ♐ 44	19 ♎ 26	28 ♏ 25	26 ♎ 45	13 ♓ 39	20 ♌ 22	12 ♋ 9	8 ♒	17 ♑	1 ♎	29 ♏	17 ♈
19	25 ♏ 15	1 ♈ 47	7 ♍ 18	8 ♍ 26	26 ♏ 45	12 ♐ 59	20 ♎ 5	28 ♏ 38	26 ♎ 51	13 ♓ 38	20 ♌ 23	12 ♋ 8	8 ♒	18 ♑	2 ♎	29 ♏	17 ♈
20	26 ♏ 15	13 ♈ 44	7 ♍ 15	8 ♍ 21	28 ♏ 19	14 ♐ 14	20 ♎ 43	28 ♏ 51	26 ♎ 58	13 ♓ 38	20 ♌ 23	12 ♋ 7	8 ♒	18 ♑	2 ♎	0 ♐	17 ♈
21	27 ♏ 16	25 ♈ 36	7 ♍ 12	8 ♍ 13	29 ♏ 54	15 ♐ 29	21 ♎ 22	29 ♏ 5	27 ♎ 5	13 ♓ 38	20 ♌ 23	12 ♋ 6	9 ♒	18 ♑	2 ♎	0 ♐	17 ♈
22	28 ♏ 16	7 ♉ 27	7 ♍ 9	8 ♍ 3	1 ♐ 28	16 ♐ 44	22 ♎ 0	29 ♏ 18	27 ♎ 11	13 ♓ 38	20 ♌ 23	12 ♋ 5	9 ♒	18 ♑	3 ♎	1 ♐	17 ♈
23	29 ♏ 17	19 ♉ 19	7 ♍ 5	7 ♍ 50	3 ♐ 2	17 ♐ 59	22 ♎ 38	29 ♏ 31	27 ♎ 18	13 ♓ 38	20 ♌ 23	12 ♋ 5	9 ♒	19 ♑	3 ♎	1 ♐	17 ♈
24	0 ♐ 17	1 ♊ 13	7 ♍ 2	7 ♍ 35	4 ♐ 36	19 ♐ 13	23 ♎ 17	29 ♏ 45	27 ♎ 25	13 ♓ 38	20 ♌ 23	12 ♋ 4	10 ♒	19 ♑	3 ♎	2 ♐	17 ♈
25	1 ♐ 18	13 ♊ 11	6 ♍ 59	7 ♍ 20	6 ♐ 10	20 ♐ 28	23 ♎ 55	29 ♏ 58	27 ♎ 31	13 D 38	20 R 23	12 ♋ 3	10 ♒	19 ♑	4 ♎	2 ♐	17 ♈
26	2 ♐ 19	25 ♊ 13	6 ♍ 56	7 ♍ 6	7 ♐ 44	21 ♐ 43	24 ♎ 34	0 ♐ 11	27 ♎ 38	13 ♓ 38	20 ♌ 23	12 ♋ 2	10 ♒	20 ♑	4 ♎	3 ♐	17 ♈
27	3 ♐ 19	7 ♋ 22	6 ♍ 53	6 ♍ 54	9 ♐ 17	22 ♐ 58	25 ♎ 12	0 ♐ 25	27 ♎ 44	13 ♓ 38	20 ♌ 23	12 ♋ 1	11 ♒	20 ♑	4 ♎	3 ♐	16 ♈
28	4 ♐ 20	19 ♋ 38	6 ♍ 50	6 ♍ 45	10 ♐ 50	24 ♐ 13	25 ♎ 51	0 ♐ 38	27 ♎ 50	13 ♓ 38	20 ♌ 23	12 ♋ 0	11 ♒	20 ♑	5 ♎	4 ♐	16 ♈
29	5 ♐ 21	2 ♌ 4	6 ♍ 46	6 ♍ 39	12 ♐ 24	25 ♐ 28	26 ♎ 29	0 ♐ 52	27 ♎ 57	13 ♓ 38	20 ♌ 23	11 ♋ 59	11 ♒	21 ♑	5 ♎	4 ♐	16 ♈
30	6 ♐ 22	14 ♌ 43	6 ♍ 43	6 ♍ 36	13 ♐ 57	26 ♐ 43	27 ♎ 8	1 ♐ 5	28 ♎ 3	13 ♓ 38	20 ♌ 22	11 ♋ 58	11 ♒	21 ♑	5 ♎	5 ♐	16 ♈

SUN INGRESS	☉ → ♐ 23日 16:54
MOON PHASE	◑ 2日 05:49 ♌ ● 9日 00:27 ♏ ◐ 15日 18:41 ♒ ○ 23日 21:58 ♊

aspects		
5日	01:05	♀☌♃
6日	02:43	☉△♇
6日	18:54	♂□♇
7日	13:51	☉△♅
9日	22:35	☿△♇
10日	20:15	☿△♅
14日	03:36	☉□♆
14日	23:32	☿□♆
16日	09:32	☉☌☿
19日	11:05	♂⚹♆
19日	12:34	♀□♅
20日	09:26	☿☌♃
23日	07:23	☉☌♃
24日	22:16	♀△♆
29日	19:13	☿□♅
30日	16:27	♀⚹♂

1923年12月

DAY	☉	☽	☊ mean	☊ true	☿	♀	♂	♃	♄	♅	♆	♇	⚳	⚴	⚵	⚶	⚷
	° ′	° ′	° ′	° ′	° ′	° ′	° ′	° ′	° ′	° ′	° ′	° ′	°	°	°	°	°
1	7 ♐ 23	27 ♌ 38	6 ♍ 40	6 R 35	15 D 30	27 D 58	27 D 46	1 D 18	28 D 9	13 D 39	20 R 22	11 R 57	12 D	21 D	6 D	6 D	16 R
2	8 ♐ 23	10 ♍ 54	6 ♍ 37	6 ♍ 35	17 ♐ 3	29 ♐ 12	28 ♎ 25	1 ♐ 32	28 ♎ 15	13 ♓ 39	20 ♌ 22	11 ♋ 56	12 ♒	22 ♑	6 ♎	6 ♐	16 ♈
3	9 ♐ 24	24 ♍ 32	6 ♍ 34	6 ♍ 34	18 ♐ 36	0 ♑ 27	29 ♎ 3	1 ♐ 45	28 ♎ 22	13 ♓ 39	20 ♌ 22	11 ♋ 55	12 ♒	22 ♑	6 ♎	7 ♐	16 ♈
4	10 ♐ 25	8 ♎ 36	6 ♍ 30	6 ♍ 32	20 ♐ 9	1 ♑ 42	29 ♎ 42	1 ♐ 58	28 ♎ 28	13 ♓ 40	20 ♌ 21	11 ♋ 54	13 ♒	22 ♑	6 ♎	7 ♐	16 ♈
5	11 ♐ 26	23 ♎ 5	6 ♍ 27	6 ♍ 28	21 ♐ 42	2 ♑ 57	0 ♏ 20	2 ♐ 11	28 ♎ 34	13 ♓ 40	20 ♌ 21	11 ♋ 53	13 ♒	23 ♑	7 ♎	8 ♐	16 ♈
6	12 ♐ 27	7 ♏ 56	6 ♍ 24	6 ♍ 20	23 ♐ 14	4 ♑ 12	0 ♏ 59	2 ♐ 25	28 ♎ 40	13 ♓ 41	20 ♌ 21	11 ♋ 52	13 ♒	23 ♑	7 ♎	8 ♐	16 ♈
7	13 ♐ 28	23 ♏ 3	6 ♍ 21	6 ♍ 10	24 ♐ 47	5 ♑ 27	1 ♏ 37	2 ♐ 38	28 ♎ 46	13 ♓ 42	20 ♌ 20	11 ♋ 51	14 ♒	23 ♑	7 ♎	9 ♐	16 ♈
8	14 ♐ 29	8 ♐ 16	6 ♍ 18	5 ♍ 59	26 ♐ 19	6 ♑ 42	2 ♏ 16	2 ♐ 51	28 ♎ 51	13 ♓ 42	20 ♌ 20	11 ♋ 50	14 ♒	23 ♑	8 ♎	9 ♐	16 ♈
9	15 ♐ 30	23 ♐ 25	6 ♍ 15	5 ♍ 47	27 ♐ 52	7 ♑ 56	2 ♏ 54	3 ♐ 5	28 ♎ 57	13 ♓ 43	20 ♌ 19	11 ♋ 49	14 ♒	24 ♑	8 ♎	10 ♐	16 ♈
10	16 ♐ 31	8 ♑ 19	6 ♍ 11	5 ♍ 37	29 ♐ 24	9 ♑ 11	3 ♏ 33	3 ♐ 18	29 ♎ 3	13 ♓ 44	20 ♌ 19	11 ♋ 48	15 ♒	24 ♑	8 ♎	10 ♐	16 ♈
11	17 ♐ 32	22 ♑ 49	6 ♍ 8	5 ♍ 28	0 ♑ 56	10 ♑ 26	4 ♏ 11	3 ♐ 31	29 ♎ 9	13 ♓ 45	20 ♌ 18	11 ♋ 47	15 ♒	24 ♑	8 ♎	11 ♐	16 ♈
12	18 ♐ 33	6 ♒ 51	6 ♍ 5	5 ♍ 23	2 ♑ 28	11 ♑ 41	4 ♏ 50	3 ♐ 44	29 ♎ 14	13 ♓ 46	20 ♌ 18	11 ♋ 46	15 ♒	25 ♑	9 ♎	12 ♐	16 ♈
13	19 ♐ 34	20 ♒ 23	6 ♍ 2	5 ♍ 20	3 ♑ 59	12 ♑ 56	5 ♏ 28	3 ♐ 57	29 ♎ 20	13 ♓ 46	20 ♌ 17	11 ♋ 44	15 ♒	25 ♑	9 ♎	12 ♐	16 ♈
14	20 ♐ 35	3 ♓ 26	5 ♍ 59	5 ♍ 19	5 ♑ 30	14 ♑ 10	6 ♏ 7	4 ♐ 10	29 ♎ 25	13 ♓ 47	20 ♌ 16	11 ♋ 43	16 ♒	25 ♑	9 ♎	13 ♐	16 ♈
15	21 ♐ 36	16 ♓ 5	5 ♍ 56	5 D 19	7 ♑ 1	15 ♑ 25	6 ♏ 45	4 ♐ 24	29 ♎ 31	13 ♓ 48	20 ♌ 16	11 ♋ 42	16 ♒	26 ♑	10 ♎	13 ♐	16 ♈
16	22 ♐ 37	28 ♓ 24	5 ♍ 52	5 R 19	8 ♑ 31	16 ♑ 40	7 ♏ 24	4 ♐ 37	29 ♎ 36	13 ♓ 50	20 ♌ 15	11 ♋ 41	16 ♒	26 ♑	10 ♎	14 ♐	16 ♈
17	23 ♐ 38	10 ♈ 29	5 ♍ 49	5 ♍ 18	10 ♑ 0	17 ♑ 55	8 ♏ 2	4 ♐ 50	29 ♎ 41	13 ♓ 51	20 ♌ 14	11 ♋ 40	17 ♒	26 ♑	10 ♎	14 ♐	16 ♈
18	24 ♐ 39	22 ♈ 24	5 ♍ 46	5 ♍ 14	11 ♑ 28	19 ♑ 9	8 ♏ 41	5 ♐ 3	29 ♎ 46	13 ♓ 52	20 ♌ 13	11 ♋ 39	17 ♒	27 ♑	10 ♎	15 ♐	16 ♈
19	25 ♐ 40	4 ♉ 15	5 ♍ 43	5 ♍ 8	12 ♑ 56	20 ♑ 24	9 ♏ 19	5 ♐ 16	29 ♎ 52	13 ♓ 53	20 ♌ 13	11 ♋ 37	17 ♒	27 ♑	11 ♎	15 ♐	16 ♈
20	26 ♐ 41	16 ♉ 6	5 ♍ 40	4 ♍ 59	14 ♑ 22	21 ♑ 39	9 ♏ 58	5 ♐ 29	29 ♎ 57	13 ♓ 54	20 ♌ 12	11 ♋ 36	18 ♒	27 ♑	11 ♎	16 ♐	16 ♈
21	27 ♐ 42	27 ♉ 59	5 ♍ 36	4 ♍ 47	15 ♑ 47	22 ♑ 53	10 ♏ 36	5 ♐ 41	0 ♏ 2	13 ♓ 56	20 ♌ 11	11 ♋ 35	18 ♒	28 ♑	11 ♎	16 ♐	16 ♈
22	28 ♐ 43	9 ♊ 57	5 ♍ 33	4 ♍ 35	17 ♑ 10	24 ♑ 8	11 ♏ 15	5 ♐ 54	0 ♏ 7	13 ♓ 57	20 ♌ 10	11 ♋ 34	18 ♒	28 ♑	11 ♎	17 ♐	16 ♈
23	29 ♐ 45	22 ♊ 2	5 ♍ 30	4 ♍ 22	18 ♑ 32	25 ♑ 23	11 ♏ 53	6 ♐ 7	0 ♏ 11	13 ♓ 58	20 ♌ 9	11 ♋ 33	19 ♒	28 ♑	12 ♎	17 ♐	16 ♈
24	0 ♑ 46	4 ♋ 15	5 ♍ 27	4 ♍ 9	19 ♑ 51	26 ♑ 37	12 ♏ 32	6 ♐ 20	0 ♏ 16	14 ♓ 0	20 ♌ 8	11 ♋ 31	19 ♒	29 ♑	12 ♎	18 ♐	16 ♈
25	1 ♑ 47	16 ♋ 37	5 ♍ 24	3 ♍ 59	21 ♑ 7	27 ♑ 52	13 ♏ 11	6 ♐ 33	0 ♏ 21	14 ♓ 1	20 ♌ 7	11 ♋ 30	19 ♒	29 ♑	12 ♎	19 ♐	16 ♈
26	2 ♑ 48	29 ♋ 7	5 ♍ 21	3 ♍ 51	22 ♑ 19	29 ♑ 7	13 ♏ 49	6 ♐ 45	0 ♏ 26	14 ♓ 3	20 ♌ 6	11 ♋ 29	20 ♒	29 ♑	12 ♎	19 ♐	16 ♈
27	3 ♑ 49	11 ♌ 48	5 ♍ 17	3 ♍ 46	23 ♑ 28	0 ♒ 21	14 ♏ 28	6 ♐ 58	0 ♏ 30	14 ♓ 5	20 ♌ 5	11 ♋ 28	20 ♒	0 ♒	12 ♎	20 ♐	16 ♈
28	4 ♑ 50	24 ♌ 39	5 ♍ 14	3 ♍ 44	24 ♑ 33	1 ♒ 36	15 ♏ 6	7 ♐ 11	0 ♏ 35	14 ♓ 6	20 ♌ 4	11 ♋ 26	20 ♒	0 ♒	13 ♎	20 ♐	16 ♈
29	5 ♑ 51	7 ♍ 44	5 ♍ 11	3 D 43	25 ♑ 32	2 ♒ 50	15 ♏ 45	7 ♐ 23	0 ♏ 39	14 ♓ 8	20 ♌ 3	11 ♋ 25	21 ♒	0 ♒	13 ♎	21 ♐	16 ♈
30	6 ♑ 52	21 ♍ 3	5 ♍ 8	3 ♍ 44	26 ♑ 26	4 ♒ 5	16 ♏ 23	7 ♐ 36	0 ♏ 43	14 ♓ 10	20 ♌ 2	11 ♋ 24	21 ♒	1 ♒	13 ♎	21 ♐	16 D
31	7 ♑ 54	4 ♎ 38	5 ♍ 5	3 ♍ 45	27 ♑ 13	5 ♒ 19	17 ♏ 2	7 ♐ 48	0 ♏ 48	14 ♓ 11	20 ♌ 1	11 ♋ 23	22 ♒	1 ♒	13 ♎	22 ♐	16 ♈

SUN INGRESS	☉ → ♑ 23日 05:53
MOON PHASE	◑ 1日 19:09 ♍ ● 8日 10:30 ♐ ◐ 15日 11:38 ♓ ○ 23日 16:33 ♋ ◑ 31日 06:07 ♎

aspects		
1日	04:05	♀⚹♄
1日	17:11	♂☌♄
4日	03:14	☿△♆
7日	05:29	☉□♅
9日	18:11	♀⚹♄
12日	01:30	♀☍♇
13日	16:32	♀⚹♅
13日	16:45	☉△♆
14日	16:53	☿⚹♂
18日	02:43	☿☍♇
19日	16:03	☿⚹♅
22日	11:24	♂△♇
23日	11:29	☉⚹♄
26日	09:01	♂△♅
27日	03:05	♀□♄

1924年1月

DAY	☉	☽	☊ mean	☊ true	☿	♀	♂	♃	♄	♅	♆	♇	⚳	⚴	⚵	⚶	⚷
	° ′	° ′	° ′	° ′	° ′	° ′	° ′	° ′	° ′	° ′	° ′	° ′	°	°	°	°	°
1	8 ♑ 55	18 ≏ 32	5 ♍ 2	3 R 44	27 D 52	6 D 34	17 D 40	8 D 1	0 D 52	14 D 13	20 R 0	11 R 22	22 D	2 D	14 D	22 D	16 D
2	9 ♑ 56	2 ♏ 45	4 ♍ 58	3 ♍ 42	28 ♑ 23	7 ♒ 48	18 ♏ 19	8 ♐ 13	0 ♏ 56	14 ♓ 15	19 ♌ 58	11 ♋ 20	22 ♒	2 ♒	14 ≏	23 ♐	16 ♈
3	10 ♑ 57	17 ♏ 15	4 ♍ 55	3 ♍ 37	28 ♑ 44	9 ♒ 3	18 ♏ 58	8 ♐ 26	1 ♏ 0	14 ♓ 17	19 ♌ 57	11 ♋ 19	23 ♒	2 ♒	14 ≏	23 ♐	16 ♈
4	11 ♑ 58	1 ♐ 58	4 ♍ 52	3 ♍ 31	28 ♑ 55	10 ♒ 17	19 ♏ 36	8 ♐ 38	1 ♏ 4	14 ♓ 19	19 ♌ 56	11 ♋ 18	23 ♒	3 ♒	14 ≏	24 ♐	16 ♈
5	12 ♑ 59	16 ♐ 48	4 ♍ 49	3 ♍ 23	28 R 55	11 ♒ 31	20 ♏ 15	8 ♐ 50	1 ♏ 7	14 ♓ 21	19 ♌ 55	11 ♋ 17	23 ♒	3 ♒	14 ≏	24 ♐	16 ♈
6	14 ♑ 1	1 ♑ 37	4 ♍ 46	3 ♍ 14	28 ♑ 44	12 ♒ 46	20 ♏ 53	9 ♐ 2	1 ♏ 11	14 ♓ 23	19 ♌ 53	11 ♋ 15	24 ♒	3 ♒	14 ≏	25 ♐	16 ♈
7	15 ♑ 2	16 ♑ 16	4 ♍ 42	3 ♍ 7	28 ♑ 21	14 ♒ 0	21 ♏ 32	9 ♐ 14	1 ♏ 15	14 ♓ 25	19 ♌ 52	11 ♋ 14	24 ♒	4 ♒	15 ≏	26 ♐	16 ♈
8	16 ♑ 3	0 ♒ 39	4 ♍ 39	3 ♍ 1	27 ♑ 45	15 ♒ 14	22 ♏ 10	9 ♐ 26	1 ♏ 18	14 ♓ 27	19 ♌ 51	11 ♋ 13	24 ♒	4 ♒	15 ≏	26 ♐	16 ♈
9	17 ♑ 4	14 ♒ 38	4 ♍ 36	2 ♍ 57	26 ♑ 59	16 ♒ 29	22 ♏ 49	9 ♐ 38	1 ♏ 22	14 ♓ 30	19 ♌ 49	11 ♋ 12	25 ♒	4 ♒	15 ≏	27 ♐	16 ♈
10	18 ♑ 5	28 ♒ 12	4 ♍ 33	2 ♍ 55	26 ♑ 2	17 ♒ 43	23 ♏ 28	9 ♐ 50	1 ♏ 25	14 ♓ 32	19 ♌ 48	11 ♋ 10	25 ♒	5 ♒	15 ≏	27 ♐	16 ♈
11	19 ♑ 7	11 ♓ 20	4 ♍ 30	2 D 56	24 ♑ 57	18 ♒ 57	24 ♏ 6	10 ♐ 2	1 ♏ 28	14 ♓ 34	19 ♌ 47	11 ♋ 9	25 ♒	5 ♒	15 ≏	28 ♐	16 ♈
12	20 ♑ 8	24 ♓ 5	4 ♍ 27	2 ♍ 57	23 ♑ 44	20 ♒ 11	24 ♏ 45	10 ♐ 14	1 ♏ 31	14 ♓ 36	19 ♌ 45	11 ♋ 8	26 ♒	5 ♒	15 ≏	28 ♐	16 ♈
13	21 ♑ 9	6 ♈ 29	4 ♍ 23	2 ♍ 58	22 ♑ 27	21 ♒ 25	25 ♏ 23	10 ♐ 26	1 ♏ 34	14 ♓ 39	19 ♌ 44	11 ♋ 7	26 ♒	6 ♒	16 ≏	29 ♐	16 ♈
14	22 ♑ 10	18 ♈ 37	4 ♍ 20	2 ♍ 59	21 ♑ 8	22 ♒ 40	26 ♏ 2	10 ♐ 37	1 ♏ 37	14 ♓ 41	19 ♌ 42	11 ♋ 5	27 ♒	6 ♒	16 ≏	29 ♐	16 ♈
15	23 ♑ 11	0 ♉ 35	4 ♍ 17	2 R 59	19 ♑ 49	23 ♒ 54	26 ♏ 40	10 ♐ 49	1 ♏ 40	14 ♓ 43	19 ♌ 41	11 ♋ 4	27 ♒	6 ♒	16 ≏	0 ♑	16 ♈
16	24 ♑ 12	12 ♉ 27	4 ♍ 14	2 ♍ 57	18 ♑ 33	25 ♒ 8	27 ♏ 19	11 ♐ 0	1 ♏ 43	14 ♓ 46	19 ♌ 39	11 ♋ 3	27 ♒	7 ♒	16 ≏	0 ♑	16 ♈
17	25 ♑ 13	24 ♉ 19	4 ♍ 11	2 ♍ 54	17 ♑ 21	26 ♒ 22	27 ♏ 57	11 ♐ 12	1 ♏ 46	14 ♓ 48	19 ♌ 38	11 ♋ 2	28 ♒	7 ♒	16 ≏	1 ♑	16 ♈
18	26 ♑ 14	6 ♊ 14	4 ♍ 8	2 ♍ 48	16 ♑ 16	27 ♒ 36	28 ♏ 36	11 ♐ 23	1 ♏ 48	14 ♓ 51	19 ♌ 36	11 ♋ 1	28 ♒	7 ♒	16 ≏	1 ♑	16 ♈
19	27 ♑ 15	18 ♊ 16	4 ♍ 4	2 ♍ 42	15 ♑ 20	28 ♒ 49	29 ♏ 14	11 ♐ 34	1 ♏ 51	14 ♓ 53	19 ♌ 35	10 ♋ 59	28 ♒	8 ♒	16 ≏	2 ♑	16 ♈
20	28 ♑ 17	0 ♋ 27	4 ♍ 1	2 ♍ 35	14 ♑ 31	0 ♓ 3	29 ♏ 53	11 ♐ 45	1 ♏ 53	14 ♓ 56	19 ♌ 33	10 ♋ 58	29 ♒	8 ♒	16 ≏	2 ♑	16 ♈
21	29 ♑ 18	12 ♋ 51	3 ♍ 58	2 ♍ 29	13 ♑ 53	1 ♓ 17	0 ♐ 31	11 ♐ 56	1 ♏ 55	14 ♓ 59	19 ♌ 32	10 ♋ 57	29 ♒	8 ♒	16 ≏	3 ♑	16 ♈
22	0 ♒ 19	25 ♋ 27	3 ♍ 55	2 ♍ 24	13 ♑ 23	2 ♓ 31	1 ♐ 10	12 ♐ 7	1 ♏ 58	15 ♓ 1	19 ♌ 30	10 ♋ 56	0 ♓	9 ♒	17 ≏	4 ♑	16 ♈
23	1 ♒ 20	8 ♌ 16	3 ♍ 52	2 ♍ 20	13 ♑ 3	3 ♓ 45	1 ♐ 48	12 ♐ 18	2 ♏ 0	15 ♓ 4	19 ♌ 29	10 ♋ 55	0 ♓	9 ♒	17 ≏	4 ♑	16 ♈
24	2 ♒ 21	21 ♌ 18	3 ♍ 48	2 ♍ 18	12 ♑ 51	4 ♓ 58	2 ♐ 27	12 ♐ 29	2 ♏ 2	15 ♓ 7	19 ♌ 27	10 ♋ 53	0 ♓	9 ♒	17 ≏	5 ♑	16 ♈
25	3 ♒ 22	4 ♍ 32	3 ♍ 45	2 D 18	12 D 48	6 ♓ 12	3 ♐ 5	12 ♐ 40	2 ♏ 4	15 ♓ 9	19 ♌ 26	10 ♋ 52	1 ♓	10 ♒	17 ≏	5 ♑	16 ♈
26	4 ♒ 23	17 ♍ 57	3 ♍ 42	2 ♍ 18	12 ♑ 53	7 ♓ 25	3 ♐ 44	12 ♐ 51	2 ♏ 5	15 ♓ 12	19 ♌ 24	10 ♋ 51	1 ♓	10 ♒	17 ≏	6 ♑	16 ♈
27	5 ♒ 24	1 ≏ 34	3 ♍ 39	2 ♍ 20	13 ♑ 6	8 ♓ 39	4 ♐ 22	13 ♐ 1	2 ♏ 7	15 ♓ 15	19 ♌ 22	10 ♋ 50	1 ♓	11 ♒	17 ≏	6 ♑	16 ♈
28	6 ♒ 25	15 ≏ 22	3 ♍ 36	2 ♍ 21	13 ♑ 25	9 ♓ 52	5 ♐ 1	13 ♐ 12	2 ♏ 9	15 ♓ 18	19 ♌ 21	10 ♋ 49	2 ♓	11 ♒	17 ≏	7 ♑	16 ♈
29	7 ♒ 26	29 ≏ 19	3 ♍ 33	2 ♍ 22	13 ♑ 51	11 ♓ 6	5 ♐ 39	13 ♐ 22	2 ♏ 10	15 ♓ 21	19 ♌ 19	10 ♋ 48	2 ♓	11 ♒	17 ≏	7 ♑	16 ♈
30	8 ♒ 27	13 ♏ 26	3 ♍ 29	2 R 23	14 ♑ 22	12 ♓ 19	6 ♐ 18	13 ♐ 32	2 ♏ 12	15 ♓ 23	19 ♌ 17	10 ♋ 47	3 ♓	12 ♒	17 ≏	8 ♑	16 ♈
31	9 ♒ 28	27 ♏ 41	3 ♍ 26	2 ♍ 22	14 ♑ 59	13 ♓ 33	6 ♐ 56	13 ♐ 42	2 ♏ 13	15 ♓ 26	19 ♌ 16	10 ♋ 46	3 ♓	12 ♒	17 ≏	8 ♑	16 ♈

SUN INGRESS: ☉ → ♒ 21日 16:28

MOON PHASE: ● 6日 21:48 ♑ ◐ 14日 07:44 ♈ ○ 22日 09:57 ♌ ◑ 29日 14:53 ♏

aspects

2日	09:42	☿⚹♃
3日	08:26	☉☍♇
4日	11:53	♂□♆
6日	09:08	☉⚹♅
11日	11:06	☿⚹♂
11日	15:44	♀☍♆
13日	13:24	☉☌☿
19日	11:53	☿⚹♅
19日	16:56	♀□♂
21日	12:51	♀△♄
23日	16:18	☉□♄
24日	06:42	☉⚹♂
28日	18:12	♀△♇
31日	03:47	♀□♃
31日	17:34	☿⚹♅

1924年2月

DAY	☉	☽	☊ mean	☊ true	☿	♀	♂	♃	♄	♅	♆	♇	⚳	⚴	⚵	⚶	⚷
	° ′	° ′	° ′	° ′	° ′	° ′	° ′	° ′	° ′	° ′	° ′	° ′	°	°	°	°	°
1	10 ♒ 28	12 ♐ 1	3 ♍ 23	2 R 20	15 D 40	14 D 46	7 D 35	13 D 53	2 D 14	15 D 29	19 R 14	10 R 45	3 D	12 D	17 D	9 D	17 D
2	11 ♒ 29	26 ♐ 23	3 ♍ 20	2 ♍ 17	16 ♑ 26	15 ♓ 59	8 ♐ 13	14 ♐ 3	2 ♏ 15	15 ♓ 32	19 ♌ 12	10 ♋ 44	4 ♓	13 ♒	17 ≏	9 ♑	17 ♈
3	12 ♒ 30	10 ♑ 42	3 ♍ 17	2 ♍ 14	17 ♑ 15	17 ♓ 12	8 ♐ 52	14 ♐ 12	2 ♏ 16	15 ♓ 35	19 ♌ 11	10 ♋ 43	4 ♓	13 ♒	17 ≏	10 ♑	17 ♈
4	13 ♒ 31	24 ♑ 53	3 ♍ 14	2 ♍ 11	18 ♑ 8	18 ♓ 25	9 ♐ 30	14 ♐ 22	2 ♏ 17	15 ♓ 38	19 ♌ 9	10 ♋ 41	4 ♓	13 ♒	17 ≏	10 ♑	17 ♈
5	14 ♒ 32	8 ♒ 52	3 ♍ 10	2 ♍ 9	19 ♑ 4	19 ♓ 38	10 ♐ 9	14 ♐ 32	2 ♏ 18	15 ♓ 41	19 ♌ 7	10 ♋ 40	5 ♓	14 ♒	17 ≏	11 ♑	17 ♈
6	15 ♒ 33	22 ♒ 35	3 ♍ 7	2 ♍ 8	20 ♑ 4	20 ♓ 51	10 ♐ 47	14 ♐ 41	2 ♏ 18	15 ♓ 44	19 ♌ 6	10 ♋ 39	5 ♓	14 ♒	17 ≏	11 ♑	17 ♈
7	16 ♒ 34	5 ♓ 59	3 ♍ 4	2 D 8	21 ♑ 6	22 ♓ 4	11 ♐ 26	14 ♐ 51	2 ♏ 19	15 ♓ 47	19 ♌ 4	10 ♋ 38	6 ♓	14 ♒	17 R	12 ♑	17 ♈
8	17 ♒ 35	19 ♓ 2	3 ♍ 1	2 ♍ 9	22 ♑ 10	23 ♓ 17	12 ♐ 4	15 ♐ 0	2 ♏ 19	15 ♓ 51	19 ♌ 2	10 ♋ 38	6 ♓	15 ♒	17 ≏	12 ♑	17 ♈
9	18 ♒ 35	1 ♈ 46	2 ♍ 58	2 ♍ 10	23 ♑ 17	24 ♓ 30	12 ♐ 42	15 ♐ 9	2 ♏ 19	15 ♓ 54	19 ♌ 1	10 ♋ 37	6 ♓	15 ♒	17 ≏	13 ♑	17 ♈
10	19 ♒ 36	14 ♈ 12	2 ♍ 54	2 ♍ 11	24 ♑ 26	25 ♓ 42	13 ♐ 21	15 ♐ 19	2 ♏ 20	15 ♓ 57	18 ♌ 59	10 ♋ 36	7 ♓	15 ♒	17 ≏	13 ♑	17 ♈
11	20 ♒ 37	26 ♈ 24	2 ♍ 51	2 ♍ 12	25 ♑ 37	26 ♓ 55	13 ♐ 59	15 ♐ 27	2 ♏ 20	16 ♓ 0	18 ♌ 57	10 ♋ 35	7 ♓	16 ♒	17 ≏	14 ♑	17 ♈
12	21 ♒ 38	8 ♉ 24	2 ♍ 48	2 ♍ 13	26 ♑ 50	28 ♓ 7	14 ♐ 37	15 ♐ 36	2 R 20	16 ♓ 3	18 ♌ 56	10 ♋ 34	8 ♓	16 ♒	17 ≏	14 ♑	17 ♈
13	22 ♒ 38	20 ♉ 18	2 ♍ 45	2 ♍ 13	28 ♑ 4	29 ♓ 20	15 ♐ 16	15 ♐ 45	2 ♏ 20	16 ♓ 6	18 ♌ 54	10 ♋ 33	8 ♓	16 ♒	17 ≏	15 ♑	17 ♈
14	23 ♒ 39	2 ♊ 11	2 ♍ 42	2 R 13	29 ♑ 20	0 ♈ 32	15 ♐ 54	15 ♐ 54	2 ♏ 19	16 ♓ 10	18 ♌ 52	10 ♋ 32	8 ♓	17 ♒	17 ≏	15 ♑	17 ♈
15	24 ♒ 40	14 ♊ 6	2 ♍ 39	2 ♍ 13	0 ♒ 38	1 ♈ 44	16 ♐ 32	16 ♐ 2	2 ♏ 19	16 ♓ 13	18 ♌ 51	10 ♋ 31	9 ♓	17 ♒	17 ≏	16 ♑	17 ♈
16	25 ♒ 40	26 ♊ 10	2 ♍ 35	2 ♍ 12	1 ♒ 56	2 ♈ 57	17 ♐ 11	16 ♐ 11	2 ♏ 19	16 ♓ 16	18 ♌ 49	10 ♋ 30	9 ♓	17 ♒	17 ≏	16 ♑	17 ♈
17	26 ♒ 41	8 ♋ 24	2 ♍ 32	2 ♍ 11	3 ♒ 17	4 ♈ 9	17 ♐ 49	16 ♐ 19	2 ♏ 18	16 ♓ 19	18 ♌ 47	10 ♋ 30	9 ♓	18 ♒	17 ≏	17 ♑	17 ♈
18	27 ♒ 41	20 ♋ 54	2 ♍ 29	2 ♍ 10	4 ♒ 38	5 ♈ 21	18 ♐ 27	16 ♐ 27	2 ♏ 17	16 ♓ 23	18 ♌ 46	10 ♋ 29	10 ♓	18 ♒	17 ≏	17 ♑	17 ♈
19	28 ♒ 42	3 ♌ 40	2 ♍ 26	2 ♍ 10	6 ♒ 1	6 ♈ 33	19 ♐ 5	16 ♐ 35	2 ♏ 17	16 ♓ 26	18 ♌ 44	10 ♋ 28	10 ♓	18 ♒	17 ≏	18 ♑	17 ♈
20	29 ♒ 42	16 ♌ 45	2 ♍ 23	2 ♍ 10	7 ♒ 25	7 ♈ 44	19 ♐ 44	16 ♐ 43	2 ♏ 16	16 ♓ 29	18 ♌ 42	10 ♋ 27	11 ♓	19 ♒	17 ≏	18 ♑	17 ♈
21	0 ♓ 43	0 ♍ 8	2 ♍ 19	2 ♍ 10	8 ♒ 51	8 ♈ 56	20 ♐ 22	16 ♐ 50	2 ♏ 15	16 ♓ 33	18 ♌ 41	10 ♋ 26	11 ♓	19 ♒	17 ≏	19 ♑	17 ♈
22	1 ♓ 43	13 ♍ 47	2 ♍ 16	2 D 10	10 ♒ 17	10 ♈ 8	21 ♐ 0	16 ♐ 58	2 ♏ 14	16 ♓ 36	18 ♌ 39	10 ♋ 26	11 ♓	19 ♒	16 ≏	20 ♑	17 ♈
23	2 ♓ 44	27 ♍ 41	2 ♍ 13	2 R 10	11 ♒ 45	11 ♈ 19	21 ♐ 38	17 ♐ 5	2 ♏ 13	16 ♓ 39	18 ♌ 37	10 ♋ 25	12 ♓	20 ♒	16 ≏	20 ♑	17 ♈
24	3 ♓ 44	11 ≏ 46	2 ♍ 10	2 ♍ 10	13 ♒ 13	12 ♈ 31	22 ♐ 16	17 ♐ 13	2 ♏ 11	16 ♓ 43	18 ♌ 36	10 ♋ 24	12 ♓	20 ♒	16 ≏	21 ♑	17 ♈
25	4 ♓ 44	25 ≏ 58	2 ♍ 7	2 ♍ 9	14 ♒ 43	13 ♈ 42	22 ♐ 55	17 ♐ 20	2 ♏ 10	16 ♓ 46	18 ♌ 34	10 ♋ 24	13 ♓	20 ♒	16 ≏	21 ♑	17 ♈
26	5 ♓ 45	10 ♏ 14	2 ♍ 4	2 ♍ 9	16 ♒ 14	14 ♈ 53	23 ♐ 33	17 ♐ 27	2 ♏ 9	16 ♓ 49	18 ♌ 32	10 ♋ 23	13 ♓	21 ♒	16 ≏	22 ♑	18 ♈
27	6 ♓ 45	24 ♏ 30	2 ♍ 0	2 ♍ 9	17 ♒ 45	16 ♈ 4	24 ♐ 11	17 ♐ 34	2 ♏ 7	16 ♓ 53	18 ♌ 31	10 ♋ 22	13 ♓	21 ♒	16 ≏	22 ♑	18 ♈
28	7 ♓ 45	8 ♐ 43	1 ♍ 57	2 D 9	19 ♒ 18	17 ♈ 15	24 ♐ 49	17 ♐ 41	2 ♏ 6	16 ♓ 56	18 ♌ 29	10 ♋ 22	14 ♓	21 ♒	16 ≏	22 ♑	18 ♈
29	8 ♓ 45	22 ♐ 51	1 ♍ 54	2 ♍ 9	20 ♒ 52	18 ♈ 26	25 ♐ 27	17 ♐ 47	2 ♏ 4	17 ♓ 0	18 ♌ 28	10 ♋ 21	14 ♓	22 ♒	16 ≏	23 ♑	18 ♈

SUN INGRESS: ☉ → ♓ 20日 06:51

MOON PHASE: ● 5日 10:38 ♒ ◐ 13日 05:09 ♉ ○ 21日 01:07 ♍ ◑ 27日 22:15 ♐

aspects

1日	14:52	♀☌♅
3日	03:17	☿⚹♀
4日	23:55	☉⚹♃
9日	09:44	☉☍♆
13日	23:42	♂☌♃
14日	10:40	♂□♅
16日	06:36	☿□♄
17日	03:07	♃□♅
18日	11:02	♂△♆
21日	09:05	☿⚹♀
22日	05:57	♀□♇
22日	12:00	☉△♄
26日	20:44	☿⚹♃
27日	11:35	☿☍♆
28日	09:25	♀△♃
29日	00:32	♀△♆

1924年3月

DAY	☉	☽	☊ mean	☊ true	☿	♀	♂	♃	♄	♅	♆	♇	⚳	⚴	⚵	⚶	⚷
	° ′	° ′	° ′	° ′	° ′	° ′	° ′	° ′	° ′	° ′	° ′	° ′	°	°	°	°	°
1	9 ♓ 46	6 ♑ 52	1 ♍ 51	2 D 9	22 D 27	19 D 37	26 D 5	17 D 54	2 R 2	17 D 3	18 R 26	10 R 21	15 D	22 D	15 R	23 D	18 D
2	10 ♓ 46	20 ♑ 44	1 ♍ 48	2 ♍ 10	24 ♒ 3	20 ♈ 48	26 ♐ 43	18 ♐ 0	2 ♏ 0	17 ♓ 7	18 ♌ 25	10 ♋ 20	15 ♓	22 ♒	15 ♎	24 ♑	18 ♈
3	11 ♓ 46	4 ♒ 26	1 ♍ 45	2 ♍ 11	25 ♒ 40	21 ♈ 58	27 ♐ 21	18 ♐ 6	1 ♏ 58	17 ♓ 10	18 ♌ 23	10 ♋ 20	15 ♓	23 ♒	15 ♎	24 ♑	18 ♈
4	12 ♓ 46	17 ♒ 56	1 ♍ 41	2 ♍ 12	27 ♒ 18	23 ♈ 9	27 ♐ 59	18 ♐ 12	1 ♏ 56	17 ♓ 13	18 ♌ 22	10 ♋ 19	16 ♓	23 ♒	15 ♎	25 ♑	18 ♈
5	13 ♓ 46	1 ♓ 14	1 ♍ 38	2 ♍ 12	28 ♒ 57	24 ♈ 19	28 ♐ 37	18 ♐ 18	1 ♏ 54	17 ♓ 17	18 ♌ 20	10 ♋ 19	16 ♓	23 ♒	15 ♎	25 ♑	18 ♈
6	14 ♓ 46	14 ♓ 18	1 ♍ 35	2 R 12	0 ♓ 38	25 ♈ 29	29 ♐ 15	18 ♐ 23	1 ♏ 51	17 ♓ 20	18 ♌ 19	10 ♋ 18	17 ♓	24 ♒	15 ♎	26 ♑	18 ♈
7	15 ♓ 47	27 ♓ 7	1 ♍ 32	2 ♍ 11	2 ♓ 19	26 ♈ 39	29 ♐ 53	18 ♐ 29	1 ♏ 49	17 ♓ 24	18 ♌ 17	10 ♋ 18	17 ♓	24 ♒	14 ♎	26 ♑	18 ♈
8	16 ♓ 47	9 ♈ 42	1 ♍ 29	2 ♍ 9	4 ♓ 2	27 ♈ 49	0 ♑ 31	18 ♐ 34	1 ♏ 46	17 ♓ 27	18 ♌ 16	10 ♋ 17	17 ♓	24 ♒	14 ♎	27 ♑	18 ♈
9	17 ♓ 47	22 ♈ 4	1 ♍ 25	2 ♍ 7	5 ♓ 45	28 ♈ 59	1 ♑ 9	18 ♐ 39	1 ♏ 44	17 ♓ 31	18 ♌ 14	10 ♋ 17	18 ♓	25 ♒	14 ♎	27 ♑	18 ♈
10	18 ♓ 47	4 ♉ 14	1 ♍ 22	2 ♍ 4	7 ♓ 30	0 ♉ 8	1 ♑ 47	18 ♐ 44	1 ♏ 41	17 ♓ 34	18 ♌ 13	10 ♋ 17	18 ♓	25 ♒	14 ♎	28 ♑	18 ♈
11	19 ♓ 46	16 ♉ 15	1 ♍ 19	2 ♍ 1	9 ♓ 16	1 ♉ 18	2 ♑ 24	18 ♐ 49	1 ♏ 38	17 ♓ 37	18 ♌ 11	10 ♋ 16	19 ♓	25 ♒	14 ♎	28 ♑	18 ♈
12	20 ♓ 46	28 ♉ 9	1 ♍ 16	1 ♍ 59	11 ♓ 3	2 ♉ 27	3 ♑ 2	18 ♐ 54	1 ♏ 36	17 ♓ 41	18 ♌ 10	10 ♋ 16	19 ♓	26 ♒	13 ♎	29 ♑	18 ♈
13	21 ♓ 46	10 ♊ 1	1 ♍ 13	1 ♍ 58	12 ♓ 51	3 ♉ 37	3 ♑ 40	18 ♐ 58	1 ♏ 33	17 ♓ 44	18 ♌ 9	10 ♋ 16	19 ♓	26 ♒	13 ♎	29 ♑	18 ♈
14	22 ♓ 46	21 ♊ 56	1 ♍ 10	1 ♍ 57	14 ♓ 40	4 ♉ 46	4 ♑ 18	19 ♐ 3	1 ♏ 30	17 ♓ 48	18 ♌ 7	10 ♋ 15	20 ♓	26 ♒	13 ♎	0 ♒	18 ♈
15	23 ♓ 46	3 ♋ 57	1 ♍ 6	1 D 58	16 ♓ 31	5 ♉ 54	4 ♑ 55	19 ♐ 7	1 ♏ 27	17 ♓ 51	18 ♌ 6	10 ♋ 15	20 ♓	27 ♒	13 ♎	0 ♒	18 ♈
16	24 ♓ 46	16 ♋ 10	1 ♍ 3	1 ♍ 59	18 ♓ 22	7 ♉ 3	5 ♑ 33	19 ♐ 11	1 ♏ 23	17 ♓ 55	18 ♌ 5	10 ♋ 15	20 ♓	27 ♒	13 ♎	1 ♒	18 ♈
17	25 ♓ 45	28 ♋ 40	1 ♍ 0	2 ♍ 0	20 ♓ 15	8 ♉ 12	6 ♑ 11	19 ♐ 15	1 ♏ 20	17 ♓ 58	18 ♌ 4	10 ♋ 15	21 ♓	27 ♒	12 ♎	1 ♒	19 ♈
18	26 ♓ 45	11 ♌ 29	0 ♍ 57	2 ♍ 2	22 ♓ 9	9 ♉ 20	6 ♑ 48	19 ♐ 18	1 ♏ 17	18 ♓ 1	18 ♌ 2	10 ♋ 14	21 ♓	28 ♒	12 ♎	2 ♒	19 ♈
19	27 ♓ 45	24 ♌ 41	0 ♍ 54	2 ♍ 3	24 ♓ 4	10 ♉ 28	7 ♑ 26	19 ♐ 22	1 ♏ 14	18 ♓ 5	18 ♌ 1	10 ♋ 14	22 ♓	28 ♒	12 ♎	2 ♒	19 ♈
20	28 ♓ 44	8 ♍ 17	0 ♍ 51	2 R 3	26 ♓ 1	11 ♉ 36	8 ♑ 3	19 ♐ 25	1 ♏ 10	18 ♓ 8	18 ♌ 0	10 ♋ 14	22 ♓	28 ♒	12 ♎	3 ♒	19 ♈
21	29 ♓ 44	22 ♍ 16	0 ♍ 47	2 ♍ 2	27 ♓ 58	12 ♉ 44	8 ♑ 41	19 ♐ 28	1 ♏ 7	18 ♓ 12	17 ♌ 59	10 ♋ 14	22 ♓	29 ♒	12 ♎	3 ♒	19 ♈
22	0 ♈ 43	6 ♎ 35	0 ♍ 44	1 ♍ 59	29 ♓ 56	13 ♉ 52	9 ♑ 18	19 ♐ 31	1 ♏ 3	18 ♓ 15	17 ♌ 58	10 ♋ 14	23 ♓	29 ♒	11 ♎	4 ♒	19 ♈
23	1 ♈ 43	21 ♎ 9	0 ♍ 41	1 ♍ 55	1 ♈ 56	14 ♉ 59	9 ♑ 55	19 ♐ 34	0 ♏ 59	18 ♓ 18	17 ♌ 56	10 ♋ 14	23 ♓	29 ♒	11 ♎	4 ♒	19 ♈
24	2 ♈ 42	5 ♏ 51	0 ♍ 38	1 ♍ 51	3 ♈ 56	16 ♉ 7	10 ♑ 33	19 ♐ 37	0 ♏ 56	18 ♓ 22	17 ♌ 55	10 ♋ 14	24 ♓	29 ♒	11 ♎	4 ♒	19 ♈
25	3 ♈ 42	20 ♏ 33	0 ♍ 35	1 ♍ 46	5 ♈ 57	17 ♉ 14	11 ♑ 10	19 ♐ 39	0 ♏ 52	18 ♓ 25	17 ♌ 54	10 D 14	24 ♓	0 ♓	11 ♎	5 ♒	19 ♈
26	4 ♈ 41	5 ♐ 9	0 ♍ 31	1 ♍ 43	7 ♈ 59	18 ♉ 21	11 ♑ 47	19 ♐ 41	0 ♏ 48	18 ♓ 28	17 ♌ 53	10 ♋ 14	24 ♓	0 ♓	10 ♎	5 ♒	19 ♈
27	5 ♈ 40	19 ♐ 34	0 ♍ 28	1 ♍ 40	10 ♈ 1	19 ♉ 27	12 ♑ 25	19 ♐ 43	0 ♏ 44	18 ♓ 32	17 ♌ 52	10 ♋ 14	25 ♓	0 ♓	10 ♎	6 ♒	19 ♈
28	6 ♈ 40	3 ♑ 44	0 ♍ 25	1 ♍ 39	12 ♈ 3	20 ♉ 34	13 ♑ 2	19 ♐ 45	0 ♏ 40	18 ♓ 35	17 ♌ 51	10 ♋ 14	25 ♓	1 ♓	10 ♎	6 ♒	19 ♈
29	7 ♈ 39	17 ♑ 38	0 ♍ 22	1 D 39	14 ♈ 6	21 ♉ 40	13 ♑ 39	19 ♐ 47	0 ♏ 36	18 ♓ 38	17 ♌ 50	10 ♋ 14	26 ♓	1 ♓	10 ♎	7 ♒	19 ♈
30	8 ♈ 38	1 ♒ 14	0 ♍ 19	1 ♍ 41	16 ♈ 8	22 ♉ 46	14 ♑ 16	19 ♐ 48	0 ♏ 32	18 ♓ 42	17 ♌ 49	10 ♋ 14	26 ♓	1 ♓	9 ♎	7 ♒	19 ♈
31	9 ♈ 38	14 ♒ 36	0 ♍ 16	1 ♍ 42	18 ♈ 10	23 ♉ 52	14 ♑ 53	19 ♐ 50	0 ♏ 28	18 ♓ 45	17 ♌ 48	10 ♋ 14	26 ♓	2 ♓	9 ♎	8 ♒	19 ♈

SUN INGRESS	☉ → ♈ 21日 06:20
MOON PHASE	● 6日 00:58 ♓　◐ 14日 01:50 ♊　○ 21日 13:30 ♎　◑ 28日 05:24 ♑

aspects		
1日	13:47	☉△♇
4日	16:07	☿⚹♂
5日	07:56	♃△♆
6日	17:03	☿△♄
8日	17:11	☉☌♅
9日	20:44	♂⚹♄
9日	23:04	☉□♃
11日	06:48	♀☍♄
11日	13:35	☿△♇
13日	02:40	♀△♂
15日	17:53	☿☌♅
16日	10:46	☿□♃
18日	19:04	♀⚹♇
22日	18:49	☉☌☿
23日	11:50	♂☍♇
25日	14:19	♀□♆
26日	02:56	♀⚹♅
27日	02:32	☿□♇
28日	16:24	☿□♂
30日	19:41	☿△♆
31日	14:53	☉□♇
31日	19:52	☿△♃

1924年4月

DAY	☉	☽	☊ mean	☊ true	☿	♀	♂	♃	♄	♅	♆	♇	⚳	⚴	⚵	⚶	⚷
	° ′	° ′	° ′	° ′	° ′	° ′	° ′	° ′	° ′	° ′	° ′	° ′	°	°	°	°	°
1	10 ♈ 37	27 ♒ 43	0 ♍ 12	1 D 43	20 D 11	24 D 57	15 D 30	19 D 51	0 R 24	18 D 48	17 R 47	10 D 14	27 D	2 D	9 R	8 D	19 D
2	11 ♈ 36	10 ♓ 37	0 ♍ 9	1 R 43	22 ♈ 11	26 ♉ 3	16 ♑ 7	19 ♐ 52	0 ♏ 20	18 ♓ 51	17 ♌ 47	10 ♋ 15	27 ♓	2 ♓	9 ♎	9 ♒	19 ♈
3	12 ♈ 35	23 ♓ 19	0 ♍ 6	1 ♍ 41	24 ♈ 10	27 ♉ 8	16 ♑ 44	19 ♐ 52	0 ♏ 16	18 ♓ 55	17 ♌ 46	10 ♋ 15	28 ♓	3 ♓	8 ♎	9 ♒	20 ♈
4	13 ♈ 34	5 ♈ 50	0 ♍ 3	1 ♍ 36	26 ♈ 7	28 ♉ 13	17 ♑ 21	19 ♐ 53	0 ♏ 11	18 ♓ 58	17 ♌ 45	10 ♋ 15	28 ♓	3 ♓	8 ♎	9 ♒	20 ♈
5	14 ♈ 34	18 ♈ 12	0 ♍ 0	1 ♍ 30	28 ♈ 1	29 ♉ 17	17 ♑ 58	19 ♐ 53	0 ♏ 7	19 ♓ 1	17 ♌ 44	10 ♋ 15	28 ♓	3 ♓	8 ♎	10 ♒	20 ♈
6	15 ♈ 33	0 ♉ 24	29 ♌ 56	1 ♍ 22	29 ♈ 53	0 ♊ 22	18 ♑ 34	19 ♐ 54	0 ♏ 3	19 ♓ 4	17 ♌ 43	10 ♋ 16	29 ♓	3 ♓	8 ♎	10 ♒	20 ♈
7	16 ♈ 32	12 ♉ 28	29 ♌ 53	1 ♍ 14	1 ♉ 42	1 ♊ 26	19 ♑ 11	19 R 54	29 ♎ 58	19 ♓ 7	17 ♌ 43	10 ♋ 16	29 ♓	4 ♓	8 ♎	11 ♒	20 ♈
8	17 ♈ 31	24 ♉ 26	29 ♌ 50	1 ♍ 5	3 ♉ 28	2 ♊ 29	19 ♑ 48	19 ♐ 53	29 ♎ 54	19 ♓ 10	17 ♌ 42	10 ♋ 16	29 ♓	4 ♓	7 ♎	11 ♒	20 ♈
9	18 ♈ 30	6 ♊ 19	29 ♌ 47	0 ♍ 57	5 ♉ 10	3 ♊ 33	20 ♑ 24	19 ♐ 53	29 ♎ 49	19 ♓ 13	17 ♌ 41	10 ♋ 17	0 ♈	4 ♓	7 ♎	12 ♒	20 ♈
10	19 ♈ 28	18 ♊ 10	29 ♌ 44	0 ♍ 51	6 ♉ 48	4 ♊ 36	21 ♑ 0	19 ♐ 52	29 ♎ 45	19 ♓ 17	17 ♌ 41	10 ♋ 17	0 ♈	5 ♓	7 ♎	12 ♒	20 ♈
11	20 ♈ 27	0 ♋ 3	29 ♌ 41	0 ♍ 46	8 ♉ 21	5 ♊ 39	21 ♑ 37	19 ♐ 52	29 ♎ 41	19 ♓ 20	17 ♌ 40	10 ♋ 17	1 ♈	5 ♓	7 ♎	12 ♒	20 ♈
12	21 ♈ 26	12 ♋ 2	29 ♌ 37	0 ♍ 44	9 ♉ 51	6 ♊ 41	22 ♑ 13	19 ♐ 51	29 ♎ 36	19 ♓ 23	17 ♌ 40	10 ♋ 18	1 ♈	5 ♓	6 ♎	13 ♒	20 ♈
13	22 ♈ 25	24 ♋ 12	29 ♌ 34	0 D 44	11 ♉ 15	7 ♊ 44	22 ♑ 49	19 ♐ 50	29 ♎ 32	19 ♓ 26	17 ♌ 39	10 ♋ 18	1 ♈	5 ♓	6 ♎	13 ♒	20 ♈
14	23 ♈ 24	6 ♌ 38	29 ♌ 31	0 ♍ 44	12 ♉ 34	8 ♊ 46	23 ♑ 26	19 ♐ 48	29 ♎ 27	19 ♓ 29	17 ♌ 39	10 ♋ 19	2 ♈	6 ♓	6 ♎	14 ♒	20 ♈
15	24 ♈ 23	19 ♌ 24	29 ♌ 28	0 ♍ 45	13 ♉ 49	9 ♊ 47	24 ♑ 2	19 ♐ 47	29 ♎ 22	19 ♓ 32	17 ♌ 38	10 ♋ 19	2 ♈	6 ♓	6 ♎	14 ♒	20 ♈
16	25 ♈ 21	2 ♍ 35	29 ♌ 25	0 R 46	14 ♉ 58	10 ♊ 48	24 ♑ 38	19 ♐ 45	29 ♎ 18	19 ♓ 35	17 ♌ 38	10 ♋ 20	3 ♈	6 ♓	6 ♎	14 ♒	20 ♈
17	26 ♈ 20	16 ♍ 13	29 ♌ 22	0 ♍ 45	16 ♉ 1	11 ♊ 49	25 ♑ 14	19 ♐ 43	29 ♎ 13	19 ♓ 38	17 ♌ 37	10 ♋ 20	3 ♈	7 ♓	5 ♎	15 ♒	20 ♈
18	27 ♈ 19	0 ♎ 19	29 ♌ 18	0 ♍ 41	16 ♉ 59	12 ♊ 50	25 ♑ 49	19 ♐ 41	29 ♎ 9	19 ♓ 40	17 ♌ 37	10 ♋ 21	3 ♈	7 ♓	5 ♎	15 ♒	20 ♈
19	28 ♈ 17	14 ♎ 52	29 ♌ 15	0 ♍ 36	17 ♉ 52	13 ♊ 50	26 ♑ 25	19 ♐ 39	29 ♎ 4	19 ♓ 43	17 ♌ 36	10 ♋ 21	4 ♈	7 ♓	5 ♎	16 ♒	20 ♈
20	29 ♈ 16	29 ♎ 45	29 ♌ 12	0 ♍ 28	18 ♉ 38	14 ♊ 49	27 ♑ 1	19 ♐ 36	29 ♎ 0	19 ♓ 46	17 ♌ 36	10 ♋ 22	4 ♈	7 ♓	5 ♎	16 ♒	21 ♈
21	0 ♉ 14	14 ♏ 50	29 ♌ 9	0 ♍ 19	19 ♉ 19	15 ♊ 48	27 ♑ 36	19 ♐ 34	28 ♎ 55	19 ♓ 49	17 ♌ 36	10 ♋ 23	4 ♈	8 ♓	5 ♎	16 ♒	21 ♈
22	1 ♉ 13	29 ♏ 57	29 ♌ 6	0 ♍ 10	19 ♉ 54	16 ♊ 47	28 ♑ 12	19 ♐ 31	28 ♎ 50	19 ♓ 52	17 ♌ 36	10 ♋ 23	5 ♈	8 ♓	4 ♎	17 ♒	21 ♈
23	2 ♉ 11	14 ♐ 56	29 ♌ 2	0 ♍ 2	20 ♉ 23	17 ♊ 46	28 ♑ 47	19 ♐ 28	28 ♎ 46	19 ♓ 54	17 ♌ 35	10 ♋ 24	5 ♈	8 ♓	4 ♎	17 ♒	21 ♈
24	3 ♉ 10	29 ♐ 40	28 ♌ 59	29 ♌ 56	20 ♉ 46	18 ♊ 43	29 ♑ 23	19 ♐ 25	28 ♎ 41	19 ♓ 57	17 ♌ 35	10 ♋ 25	6 ♈	8 ♓	4 ♎	18 ♒	21 ♈
25	4 ♉ 8	14 ♑ 2	28 ♌ 56	29 ♌ 52	21 ♉ 4	19 ♊ 41	29 ♑ 58	19 ♐ 22	28 ♎ 37	20 ♓ 0	17 ♌ 35	10 ♋ 25	6 ♈	9 ♓	4 ♎	18 ♒	21 ♈
26	5 ♉ 6	28 ♑ 0	28 ♌ 53	29 ♌ 51	21 ♉ 15	20 ♊ 38	0 ♒ 33	19 ♐ 18	28 ♎ 32	20 ♓ 3	17 ♌ 35	10 ♋ 26	6 ♈	9 ♓	4 ♎	18 ♒	21 ♈
27	6 ♉ 5	11 ♒ 34	28 ♌ 50	29 D 50	21 ♉ 21	21 ♊ 34	1 ♒ 8	19 ♐ 15	28 ♎ 28	20 ♓ 5	17 ♌ 35	10 ♋ 27	7 ♈	9 ♓	4 ♎	19 ♒	21 ♈
28	7 ♉ 3	24 ♒ 46	28 ♌ 47	29 ♌ 51	21 R 22	22 ♊ 30	1 ♒ 43	19 ♐ 11	28 ♎ 23	20 ♓ 8	17 ♌ 35	10 ♋ 27	7 ♈	9 ♓	3 ♎	19 ♒	21 ♈
29	8 ♉ 1	7 ♓ 40	28 ♌ 43	29 R 51	21 ♉ 17	23 ♊ 25	2 ♒ 18	19 ♐ 7	28 ♎ 19	20 ♓ 10	17 ♌ 35	10 ♋ 28	7 ♈	10 ♓	3 ♎	20 ♒	21 ♈
30	9 ♉ 0	20 ♓ 19	28 ♌ 40	29 ♌ 49	21 ♉ 6	24 ♊ 20	2 ♒ 53	19 ♐ 3	28 ♎ 14	20 ♓ 13	17 D 35	10 ♋ 29	8 ♈	10 ♓	3 ♎	20 ♒	21 ♈

SUN INGRESS	☉ → ♉ 20日 17:59
MOON PHASE	● 4日 16:17 ♈　◐ 12日 20:12 ♋　○ 19日 23:11 ♎　◑ 26日 13:28 ♒

aspects		
6日	02:00	☿☍♄
6日	21:21	♂⚹♅
8日	04:34	☉△♆
10日	09:37	☉△♃
12日	07:39	☿⚹♇
14日	01:48	☉□♂
18日	03:10	♃□♅
18日	16:50	☿□♆
19日	17:52	☉☍♄
21日	22:07	☿⚹♅
22日	19:51	♀⚹♆
22日	23:00	♂□♄
24日	16:26	♀☍♃
25日	08:26	♀□♅

1924年5月

DAY	☉	☽	☊ mean	☊ true	☿	♀	♂	♃	♄	♅	♆	♇	⚳	⚴	⚵	⚶	⚷
	° ′	° ′	° ′	° ′	° ′	° ′	° ′	° ′	° ′	° ′	° ′	° ′	°	°	°	°	°
1	9♉58	2♈45	28♌37	29R45	20R51	25D15	3D27	18R58	28R10	20D15	17D35	10D30	8D	10D	3R	20D	21D
2	10♉56	15♈1	28♌34	29♌37	20♉32	26♊8	4♒2	18♐54	28♎5	20♓18	17♌35	10♋31	9♈	10♓	3♎	21♒	21♈
3	11♉54	27♈10	28♌31	29♌28	20♉8	27♊1	4♒36	18♐49	28♎1	20♓20	17♌35	10♋32	9♈	11♓	3♎	21♒	21♈
4	12♉53	9♉12	28♌27	29♌16	19♉41	27♊54	5♒11	18♐44	27♎56	20♓23	17♌35	10♋32	9♈	11♓	3♎	21♒	21♈
5	13♉51	21♉10	28♌24	29♌2	19♉11	28♊46	5♒45	18♐39	27♎52	20♓25	17♌35	10♋33	10♈	11♓	2♎	22♒	21♈
6	14♉49	3♊4	28♌21	28♌49	18♉38	29♊37	6♒19	18♐34	27♎48	20♓27	17♌36	10♋34	10♈	11♓	2♎	22♒	21♈
7	15♉47	14♊55	28♌18	28♌36	18♉3	0♋27	6♒52	18♐29	27♎44	20♓30	17♌36	10♋35	10♈	12♓	2♎	22♒	22♈
8	16♉45	26♊46	28♌15	28♌25	17♉27	1♋17	7♒26	18♐24	27♎39	20♓32	17♌36	10♋36	11♈	12♓	2♎	23♒	22♈
9	17♉43	8♋40	28♌12	28♌17	16♉50	2♋6	8♒0	18♐18	27♎35	20♓34	17♌37	10♋37	11♈	12♓	2♎	23♒	22♈
10	18♉41	20♋39	28♌8	28♌12	16♉13	2♋54	8♒33	18♐13	27♎31	20♓36	17♌37	10♋38	12♈	12♓	2♎	23♒	22♈
11	19♉39	2♌48	28♌5	28♌9	15♉37	3♋41	9♒6	18♐7	27♎27	20♓39	17♌37	10♋39	12♈	13♓	2♎	24♒	22♈
12	20♉37	15♌10	28♌2	28♌8	15♉3	4♋28	9♒39	18♐1	27♎23	20♓41	17♌38	10♋40	12♈	13♓	2♎	24♒	22♈
13	21♉35	27♌52	27♌59	28D8	14♉30	5♋13	10♒12	17♐55	27♎19	20♓43	17♌38	10♋41	13♈	13♓	2♎	24♒	22♈
14	22♉33	10♍58	27♌56	28R8	13♉59	5♋58	10♒45	17♐49	27♎15	20♓45	17♌39	10♋42	13♈	13♓	2♎	25♒	22♈
15	23♉31	24♍31	27♌53	28♌6	13♉31	6♋42	11♒18	17♐43	27♎11	20♓47	17♌39	10♋43	13♈	13♓	2♎	25♒	22♈
16	24♉28	8♎33	27♌49	28♌2	13♉7	7♋24	11♒50	17♐36	27♎7	20♓49	17♌40	10♋45	14♈	14♓	2♎	25♒	22♈
17	25♉26	23♎5	27♌46	27♌56	12♉46	8♋6	12♒22	17♐30	27♎4	20♓51	17♌40	10♋46	14♈	14♓	2♎	26♒	22♈
18	26♉24	8♏1	27♌43	27♌47	12♉29	8♋47	12♒55	17♐23	27♎0	20♓52	17♌41	10♋47	14♈	14♓	2♎	26♒	22♈
19	27♉22	23♏15	27♌40	27♌36	12♉16	9♋26	13♒26	17♐16	26♎56	20♓54	17♌41	10♋48	15♈	14♓	2♎	26♒	22♈
20	28♉19	8♐35	27♌37	27♌25	12♉8	10♋4	13♒58	17♐10	26♎53	20♓56	17♌42	10♋49	15♈	15♓	1♎	27♒	22♈
21	29♉17	23♐50	27♌33	27♌15	12♉4	10♋42	14♒30	17♐3	26♎49	20♓58	17♌43	10♋50	16♈	15♓	1♎	27♒	22♈
22	0♊15	8♑49	27♌30	27♌7	12D4	11♋17	15♒1	16♐56	26♎46	21♓0	17♌44	10♋51	16♈	15♓	1♎	27♒	22♈
23	1♊12	23♑25	27♌27	27♌2	12♉9	11♋52	15♒32	16♐49	26♎42	21♓1	17♌44	10♋53	16♈	15♓	1♎	28♒	22♈
24	2♊10	7♒33	27♌24	26♌59	12♉19	12♋25	16♒3	16♐42	26♎39	21♓3	17♌45	10♋54	17♈	15♓	1♎	28♒	22♈
25	3♊8	21♒13	27♌21	26♌59	12♉33	12♋57	16♒34	16♐35	26♎36	21♓4	17♌46	10♋55	17♈	15♓	1D	28♒	22♈
26	4♊5	4♓27	27♌18	26♌58	12♉52	13♋28	17♒4	16♐27	26♎33	21♓6	17♌47	10♋56	17♈	16♓	1♎	28♒	23♈
27	5♊3	17♓19	27♌14	26♌58	13♉15	13♋57	17♒35	16♐20	26♎30	21♓7	17♌48	10♋58	18♈	16♓	1♎	29♒	23♈
28	6♊0	29♓51	27♌11	26♌56	13♉42	14♋24	18♒5	16♐13	26♎27	21♓9	17♌49	10♋59	18♈	16♓	1♎	29♒	23♈
29	6♊58	12♈10	27♌8	26♌52	14♉13	14♋50	18♒34	16♐5	26♎24	21♓10	17♌50	11♋0	18♈	16♓	2♎	29♒	23♈
30	7♊56	24♈17	27♌5	26♌45	14♉48	15♋14	19♒4	15♐58	26♎21	21♓12	17♌51	11♋1	19♈	16♓	2♎	29♒	23♈
31	8♊53	6♉17	27♌2	26♌35	15♉28	15♋37	19♒33	15♐50	26♎18	21♓13	17♌52	11♋3	19♈	17♓	2♎	0♓	23♈

SUN INGRESS ☉→♊21日 17:40

MOON PHASE ● 4日 08:00 ♉ ◐ 12日 11:14 ♌ ○ 19日 06:52 ♏ ◑ 25日 23:16 ♓

aspects

1日 13:22 ☉⚹♇
2日 13:15 ☿⚹♅
4日 01:09 ♀△♄
7日 17:53 ☿□♆
8日 10:37 ☉☌☿
8日 21:19 ☉□♆
12日 01:38 ☉⚹♅
15日 12:05 ♃△♆
17日 11:18 ☿□♂
21日 05:55 ♀☌♇
23日 17:01 ☿⚹♀
25日 00:24 ♂⚹♃
27日 10:42 ♂☍♆
31日 10:00 ☿⚹♀

1924年6月

DAY	☉	☽	☊ mean	☊ true	☿	♀	♂	♃	♄	♅	♆	♇	⚳	⚴	⚵	⚶	⚷
	° ′	° ′	° ′	° ′	° ′	° ′	° ′	° ′	° ′	° ′	° ′	° ′	°	°	°	°	°
1	9♊51	18♉13	26♌59	26R24	16D11	15D57	20D2	15R43	26R15	21D14	17D53	11D4	19D	17D	2D	0D	23D
2	10♊48	0♊6	26♌55	26♌10	16♉58	16♋16	20♒31	15♐35	26♎13	21♓15	17♌54	11♋5	20♈	17♓	2♎	0♓	23♈
3	11♊46	11♊57	26♌52	25♌57	17♉49	16♋33	20♒59	15♐27	26♎10	21♓17	17♌55	11♋7	20♈	17♓	2♎	0♓	23♈
4	12♊43	23♊50	26♌49	25♌45	18♉43	16♋48	21♒28	15♐20	26♎8	21♓18	17♌56	11♋8	20♈	17♓	2♎	1♓	23♈
5	13♊40	5♋43	26♌46	25♌34	19♉41	17♋1	21♒55	15♐12	26♎5	21♓19	17♌57	11♋9	21♈	17♓	2♎	1♓	23♈
6	14♊38	17♋41	26♌43	25♌26	20♉42	17♋12	22♒23	15♐5	26♎3	21♓20	17♌58	11♋11	21♈	17♓	2♎	1♓	23♈
7	15♊35	29♋45	26♌39	25♌20	21♉47	17♋21	22♒50	14♐57	26♎1	21♓21	17♌59	11♋12	21♈	18♓	2♎	1♓	23♈
8	16♊33	11♌58	26♌36	25♌18	22♉55	17♋28	23♒17	14♐49	25♎59	21♓22	18♌1	11♋14	22♈	18♓	2♎	1♓	23♈
9	17♊30	24♌23	26♌33	25♌17	24♉6	17♋32	23♒44	14♐42	25♎57	21♓23	18♌2	11♋15	22♈	18♓	2♎	2♓	23♈
10	18♊27	7♍5	26♌30	25D17	25♉20	17♋34	24♒10	14♐34	25♎55	21♓23	18♌3	11♋16	22♈	18♓	2♎	2♓	23♈
11	19♊25	20♍7	26♌27	25R17	26♉37	17R34	24♒36	14♐26	25♎53	21♓24	18♌4	11♋18	23♈	18♓	2♎	2♓	23♈
12	20♊22	3♎35	26♌24	25♌17	27♉58	17♋32	25♒2	14♐19	25♎51	21♓25	18♌6	11♋19	23♈	18♓	2♎	2♓	23♈
13	21♊19	17♎29	26♌20	25♌14	29♉21	17♋27	25♒27	14♐11	25♎50	21♓26	18♌7	11♋21	23♈	18♓	2♎	2♓	23♈
14	22♊17	1♏51	26♌17	25♌9	0♊48	17♋19	25♒52	14♐4	25♎48	21♓26	18♌9	11♋22	24♈	18♓	3♎	2♓	23♈
15	23♊14	16♏37	26♌14	25♌2	2♊17	17♋9	26♒16	13♐56	25♎47	21♓27	18♌10	11♋24	24♈	19♓	3♎	3♓	23♈
16	24♊11	1♐43	26♌11	24♌54	3♊50	16♋57	26♒40	13♐49	25♎45	21♓27	18♌11	11♋25	24♈	19♓	3♎	3♓	23♈
17	25♊9	16♐59	26♌8	24♌45	5♊25	16♋42	27♒4	13♐41	25♎44	21♓28	18♌13	11♋27	25♈	19♓	3♎	3♓	23♈
18	26♊6	2♑13	26♌5	24♌37	7♊3	16♋25	27♒27	13♐34	25♎43	21♓28	18♌14	11♋28	25♈	19♓	3♎	3♓	23♈
19	27♊3	17♑17	26♌1	24♌31	8♊45	16♋6	27♒50	13♐27	25♎42	21♓29	18♌16	11♋30	25♈	19♓	3♎	3♓	23♈
20	28♊0	1♒59	25♌58	24♌27	10♊29	15♋44	28♒13	13♐20	25♎41	21♓29	18♌17	11♋31	26♈	19♓	3♎	3♓	24♈
21	28♊58	16♒16	25♌55	24♌25	12♊16	15♋21	28♒35	13♐12	25♎40	21♓29	18♌19	11♋32	26♈	19♓	3♎	3♓	24♈
22	29♊55	0♓4	25♌52	24D25	14♊5	14♋55	28♒56	13♐5	25♎39	21♓30	18♌21	11♋34	26♈	19♓	4♎	4♓	24♈
23	0♋52	13♓25	25♌49	24♌26	15♊58	14♋27	29♒17	12♐58	25♎39	21♓30	18♌22	11♋35	26♈	19♓	4♎	4♓	24♈
24	1♋49	26♓20	25♌45	24♌26	17♊53	13♋57	29♒38	12♐51	25♎38	21♓30	18♌24	11♋37	27♈	19♓	4♎	4♓	24♈
25	2♋46	8♈54	25♌42	24R26	19♊50	13♋26	29♒58	12♐45	25♎37	21♓30	18♌26	11♋38	27♈	19♓	4♎	4♓	24♈
26	3♋44	21♈11	25♌39	24♌24	21♊50	12♋53	0♓18	12♐38	25♎37	21♓30	18♌27	11♋40	27♈	20♓	4♎	4♓	24♈
27	4♋41	3♉16	25♌36	24♌21	23♊52	12♋19	0♓37	12♐31	25♎37	21R30	18♌29	11♋41	28♈	20♓	4♎	4♓	24♈
28	5♋38	15♉13	25♌33	24♌15	25♊55	11♋44	0♓56	12♐25	25♎37	21♓30	18♌31	11♋43	28♈	20♓	4♎	4♓	24♈
29	6♋35	27♉6	25♌30	24♌8	28♊1	11♋8	1♓14	12♐18	25♎37	21♓30	18♌32	11♋45	28♈	20♓	5♎	4♓	24♈
30	7♋33	8♊57	25♌26	23♌59	0♋8	10♋31	1♓31	12♐12	25D37	21♓30	18♌34	11♋46	28♈	20♓	5♎	4♓	24♈

SUN INGRESS ☉→♋22日 01:59

MOON PHASE ● 2日 23:34 ♊ ◐ 10日 22:37 ♍ ○ 17日 13:41 ♐ ◑ 24日 11:16 ♈

aspects

3日 02:39 ☿□♆
6日 09:49 ☉☍♃
6日 14:16 ☿⚹♅
8日 12:19 ☿□♂
9日 13:36 ☉⚹♆
13日 02:37 ☉□♅
13日 20:48 ♂△♄
17日 14:35 ☉△♄
20日 08:28 ☉△♂
21日 11:44 ☿☍♃
24日 06:32 ☿⚹♆
25日 20:08 ☿□♅
27日 20:22 ♀△♄
28日 00:39 ♀☌♇
30日 17:58 ☿△♂

1924年7月

DAY	☉	☽	☊ mean	☊ true	☿	♀	♂	♃	♄	♅	♆	♇	⚳	⚴	⚵	⚶	⚷
	° ′	° ′	° ′	° ′	° ′	° ′	° ′	° ′	° ′	° ′	° ′	° ′	°	°	°	°	°
1	8 ♋ 30	20 ♊ 50	25 ♌ 23	23 R 51	2 D 17	9 R 54	1 D 48	12 R 6	25 D 37	21 R 30	18 D 36	11 D 48	29 D	20 D	5 D	4 D	24 D
2	9 ♋ 27	2 ♋ 45	25 ♌ 20	23 ♌ 43	4 ♋ 26	9 ♋ 16	2 ♓ 5	12 ♐ 0	25 ♎ 37	21 ♓ 30	18 ♌ 38	11 ♋ 49	29 ♈	20 ♓	5 ♎	4 ♓	24 ♈
3	10 ♋ 24	14 ♋ 45	25 ♌ 17	23 ♌ 36	6 ♋ 36	8 ♋ 39	2 ♓ 21	11 ♐ 54	25 ♎ 37	21 ♓ 29	18 ♌ 40	11 ♋ 51	29 ♈	20 ♓	5 ♎	4 ♓	24 ♈
4	11 ♋ 21	26 ♋ 51	25 ♌ 14	23 ♌ 31	8 ♋ 46	8 ♋ 2	2 ♓ 36	11 ♐ 48	25 ♎ 38	21 ♓ 29	18 ♌ 41	11 ♋ 52	0 ♉	20 ♓	5 ♎	4 ♓	24 ♈
5	12 ♋ 19	9 ♌ 5	25 ♌ 11	23 ♌ 28	10 ♋ 57	7 ♋ 25	2 ♓ 50	11 ♐ 42	25 ♎ 38	21 ♓ 29	18 ♌ 43	11 ♋ 54	0 ♉	20 ♓	6 ♎	4 ♓	24 ♈
6	13 ♋ 16	21 ♌ 29	25 ♌ 7	23 ♌ 27	13 ♋ 7	6 ♋ 49	3 ♓ 4	11 ♐ 37	25 ♎ 39	21 ♓ 28	18 ♌ 45	11 ♋ 55	0 ♉	20 ♓	6 ♎	4 ♓	24 ♈
7	14 ♋ 13	4 ♍ 5	25 ♌ 4	23 D 27	15 ♋ 17	6 ♋ 14	3 ♓ 18	11 ♐ 31	25 ♎ 39	21 ♓ 28	18 ♌ 47	11 ♋ 57	0 ♉	20 R	6 ♎	4 R	24 ♈
8	15 ♋ 10	16 ♍ 55	25 ♌ 1	23 ♌ 29	17 ♋ 26	5 ♋ 40	3 ♓ 30	11 ♐ 26	25 ♎ 40	21 ♓ 27	18 ♌ 49	11 ♋ 58	1 ♉	20 ♓	6 ♎	4 ♓	24 ♈
9	16 ♋ 7	0 ♎ 2	24 ♌ 58	23 ♌ 30	19 ♋ 34	5 ♋ 8	3 ♓ 42	11 ♐ 21	25 ♎ 41	21 ♓ 27	18 ♌ 51	12 ♋ 0	1 ♉	20 ♓	6 ♎	4 ♓	24 ♈
10	17 ♋ 5	13 ♎ 29	24 ♌ 55	23 ♌ 31	21 ♋ 41	4 ♋ 37	3 ♓ 54	11 ♐ 16	25 ♎ 42	21 ♓ 26	18 ♌ 53	12 ♋ 1	1 ♉	20 ♓	7 ♎	4 ♓	24 ♈
11	18 ♋ 2	27 ♎ 18	24 ♌ 51	23 R 31	23 ♋ 47	4 ♋ 7	4 ♓ 4	11 ♐ 11	25 ♎ 43	21 ♓ 26	18 ♌ 55	12 ♋ 3	1 ♉	20 ♓	7 ♎	4 ♓	24 ♈
12	18 ♋ 59	11 ♏ 29	24 ♌ 48	23 ♌ 29	25 ♋ 52	3 ♋ 40	4 ♓ 14	11 ♐ 6	25 ♎ 44	21 ♓ 25	18 ♌ 57	12 ♋ 4	2 ♉	20 ♓	7 ♎	4 ♓	24 ♈
13	19 ♋ 56	26 ♏ 0	24 ♌ 45	23 ♌ 26	27 ♋ 55	3 ♋ 14	4 ♓ 24	11 ♐ 1	25 ♎ 46	21 ♓ 24	18 ♌ 59	12 ♋ 6	2 ♉	20 ♓	7 ♎	4 ♓	24 ♈
14	20 ♋ 53	10 ♐ 47	24 ♌ 42	23 ♌ 22	29 ♋ 56	2 ♋ 51	4 ♓ 32	10 ♐ 57	25 ♎ 47	21 ♓ 23	19 ♌ 1	12 ♋ 7	2 ♉	20 ♓	7 ♎	4 ♓	24 ♈
15	21 ♋ 51	25 ♐ 44	24 ♌ 39	23 ♌ 17	1 ♌ 56	2 ♋ 29	4 ♓ 40	10 ♐ 53	25 ♎ 49	21 ♓ 22	19 ♌ 3	12 ♋ 9	3 ♉	20 ♓	8 ♎	4 ♓	24 ♈
16	22 ♋ 48	10 ♑ 43	24 ♌ 36	23 ♌ 13	3 ♌ 54	2 ♋ 10	4 ♓ 47	10 ♐ 49	25 ♎ 50	21 ♓ 22	19 ♌ 5	12 ♋ 10	3 ♉	20 ♓	8 ♎	4 ♓	24 ♈
17	23 ♋ 45	25 ♑ 35	24 ♌ 32	23 ♌ 10	5 ♌ 51	1 ♋ 54	4 ♓ 54	10 ♐ 45	25 ♎ 52	21 ♓ 21	19 ♌ 7	12 ♋ 12	3 ♉	20 ♓	8 ♎	4 ♓	24 ♈
18	24 ♋ 42	10 ♒ 12	24 ♌ 29	23 ♌ 8	7 ♌ 45	1 ♋ 39	5 ♓ 0	10 ♐ 41	25 ♎ 54	21 ♓ 20	19 ♌ 9	12 ♋ 13	3 ♉	19 ♓	8 ♎	4 ♓	24 ♈
19	25 ♋ 40	24 ♒ 27	24 ♌ 26	23 D 8	9 ♌ 38	1 ♋ 27	5 ♓ 5	10 ♐ 37	25 ♎ 55	21 ♓ 19	19 ♌ 11	12 ♋ 15	3 ♉	19 ♓	9 ♎	4 ♓	24 ♈
20	26 ♋ 37	8 ♓ 18	24 ♌ 23	23 ♌ 8	11 ♌ 29	1 ♋ 18	5 ♓ 9	10 ♐ 34	25 ♎ 57	21 ♓ 18	19 ♌ 13	12 ♋ 16	4 ♉	19 ♓	9 ♎	4 ♓	24 ♈
21	27 ♋ 34	21 ♓ 43	24 ♌ 20	23 ♌ 10	13 ♌ 18	1 ♋ 10	5 ♓ 12	10 ♐ 31	26 ♎ 0	21 ♓ 17	19 ♌ 15	12 ♋ 18	4 ♉	19 ♓	9 ♎	4 ♓	24 ♈
22	28 ♋ 31	4 ♈ 43	24 ♌ 17	23 ♌ 11	15 ♌ 6	1 ♋ 6	5 ♓ 15	10 ♐ 28	26 ♎ 2	21 ♓ 15	19 ♌ 17	12 ♋ 19	4 ♉	19 ♓	9 ♎	3 ♓	24 ♈
23	29 ♋ 29	17 ♈ 21	24 ♌ 13	23 ♌ 12	16 ♌ 51	1 ♋ 3	5 ♓ 17	10 ♐ 25	26 ♎ 4	21 ♓ 14	19 ♌ 19	12 ♋ 21	4 ♉	19 ♓	10 ♎	3 ♓	24 ♈
24	0 ♌ 26	29 ♈ 41	24 ♌ 10	23 ♌ 13	18 ♌ 35	1 D 3	5 ♓ 18	10 ♐ 22	26 ♎ 6	21 ♓ 13	19 ♌ 21	12 ♋ 22	5 ♉	19 ♓	10 ♎	3 ♓	24 ♈
25	1 ♌ 23	11 ♉ 48	24 ♌ 7	23 R 12	20 ♌ 17	1 ♋ 5	5 R 18	10 ♐ 20	26 ♎ 9	21 ♓ 12	19 ♌ 23	12 ♋ 24	5 ♉	19 ♓	10 ♎	3 ♓	24 ♈
26	2 ♌ 20	23 ♉ 45	24 ♌ 4	23 ♌ 11	21 ♌ 58	1 ♋ 10	5 ♓ 18	10 ♐ 17	26 ♎ 11	21 ♓ 11	19 ♌ 26	12 ♋ 25	5 ♉	19 ♓	10 ♎	3 ♓	24 ♈
27	3 ♌ 18	5 ♊ 38	24 ♌ 1	23 ♌ 9	23 ♌ 36	1 ♋ 17	5 ♓ 16	10 ♐ 15	26 ♎ 14	21 ♓ 9	19 ♌ 28	12 ♋ 27	5 ♉	19 ♓	10 ♎	3 ♓	24 ♈
28	4 ♌ 15	17 ♊ 29	23 ♌ 57	23 ♌ 6	25 ♌ 13	1 ♋ 26	5 ♓ 14	10 ♐ 13	26 ♎ 16	21 ♓ 8	19 ♌ 30	12 ♋ 28	5 ♉	19 ♓	11 ♎	3 ♓	24 ♈
29	5 ♌ 13	29 ♊ 24	23 ♌ 54	23 ♌ 3	26 ♌ 48	1 ♋ 37	5 ♓ 11	10 ♐ 11	26 ♎ 19	21 ♓ 6	19 ♌ 32	12 ♋ 29	6 ♉	18 ♓	11 ♎	2 ♓	24 ♈
30	6 ♌ 10	11 ♋ 24	23 ♌ 51	23 ♌ 1	28 ♌ 21	1 ♋ 50	5 ♓ 7	10 ♐ 9	26 ♎ 22	21 ♓ 5	19 ♌ 34	12 ♋ 31	6 ♉	18 ♓	11 ♎	2 ♓	24 R
31	7 ♌ 7	23 ♋ 32	23 ♌ 48	22 ♌ 59	29 ♌ 53	2 ♋ 5	5 ♓ 3	10 ♐ 8	26 ♎ 25	21 ♓ 3	19 ♌ 36	12 ♋ 32	6 ♉	18 ♓	11 ♎	2 ♓	24 ♈

SUN INGRESS	☉ → ♌ 23日 12:57
MOON PHASE	● 2日 14:35 ♋　◐ 10日 06:46 ♎　○ 16日 20:49 ♑　◑ 24日 01:36 ♉

aspects		
1日	21:20	☉☌♀
3日	17:39	☿☌♀
4日	13:14	☉☌♇
5日	10:37	☿☌♇
6日	02:57	☉☌☿
9日	21:09	☿△♅
11日	01:47	♀△♂
11日	22:33	☿□♄
14日	12:20	☉△♅
19日	06:55	☉□♄
19日	12:24	☿△♃
24日	11:00	☿☌♆
28日	16:29	☿⚹♄

1924年8月

DAY	☉	☽	☊ mean	☊ true	☿	♀	♂	♃	♄	♅	♆	♇	⚳	⚴	⚵	⚶	⚷
	° ′	° ′	° ′	° ′	° ′	° ′	° ′	° ′	° ′	° ′	° ′	° ′	°	°	°	°	°
1	8 ♌ 5	5 ♌ 50	23 ♌ 45	22 R 57	1 D 22	2 D 22	4 R 58	10 R 7	26 D 28	21 R 2	19 D 39	12 D 34	6 D	18 R	12 D	2 R	24 R
2	9 ♌ 2	18 ♌ 19	23 ♌ 42	22 ♌ 57	2 ♍ 50	2 ♋ 41	4 ♓ 52	10 ♐ 6	26 ♎ 31	21 ♓ 0	19 ♌ 41	12 ♋ 35	6 ♉	18 ♓	12 ♎	2 ♓	24 ♈
3	10 ♌ 0	1 ♍ 1	23 ♌ 38	22 D 57	4 ♍ 16	3 ♋ 1	4 ♓ 45	10 ♐ 5	26 ♎ 35	20 ♓ 59	19 ♌ 43	12 ♋ 36	7 ♉	18 ♓	12 ♎	1 ♓	24 ♈
4	10 ♌ 57	13 ♍ 55	23 ♌ 35	22 ♌ 57	5 ♍ 41	3 ♋ 24	4 ♓ 37	10 ♐ 4	26 ♎ 38	20 ♓ 57	19 ♌ 45	12 ♋ 38	7 ♉	18 ♓	13 ♎	1 ♓	24 ♈
5	11 ♌ 55	27 ♍ 3	23 ♌ 32	22 ♌ 58	7 ♍ 3	3 ♋ 48	4 ♓ 29	10 ♐ 3	26 ♎ 41	20 ♓ 55	19 ♌ 47	12 ♋ 39	7 ♉	17 ♓	13 ♎	1 ♓	24 ♈
6	12 ♌ 52	10 ♎ 25	23 ♌ 29	22 ♌ 59	8 ♍ 23	4 ♋ 13	4 ♓ 20	10 ♐ 3	26 ♎ 45	20 ♓ 54	19 ♌ 50	12 ♋ 40	7 ♉	17 ♓	13 ♎	1 ♓	24 ♈
7	13 ♌ 50	24 ♎ 1	23 ♌ 26	23 ♌ 0	9 ♍ 42	4 ♋ 41	4 ♓ 11	10 ♐ 3	26 ♎ 48	20 ♓ 52	19 ♌ 52	12 ♋ 42	7 ♉	17 ♓	13 ♎	1 ♓	24 ♈
8	14 ♌ 47	7 ♏ 52	23 ♌ 22	23 ♌ 0	10 ♍ 58	5 ♋ 10	4 ♓ 0	10 D 3	26 ♎ 52	20 ♓ 50	19 ♌ 54	12 ♋ 43	7 ♉	17 ♓	14 ♎	0 ♓	24 ♈
9	15 ♌ 45	21 ♏ 57	23 ♌ 19	23 R 0	12 ♍ 13	5 ♋ 40	3 ♓ 50	10 ♐ 3	26 ♎ 56	20 ♓ 48	19 ♌ 56	12 ♋ 44	8 ♉	17 ♓	14 ♎	0 ♓	24 ♈
10	16 ♌ 42	6 ♐ 15	23 ♌ 16	23 ♌ 0	13 ♍ 25	6 ♋ 12	3 ♓ 38	10 ♐ 3	27 ♎ 0	20 ♓ 47	19 ♌ 58	12 ♋ 46	8 ♉	17 ♓	14 ♎	0 ♓	24 ♈
11	17 ♌ 40	20 ♐ 42	23 ♌ 13	22 ♌ 59	14 ♍ 35	6 ♋ 45	3 ♓ 26	10 ♐ 4	27 ♎ 3	20 ♓ 45	20 ♌ 1	12 ♋ 47	8 ♉	16 ♓	14 ♎	0 ♓	24 ♈
12	18 ♌ 37	5 ♑ 15	23 ♌ 10	22 ♌ 59	15 ♍ 43	7 ♋ 19	3 ♓ 14	10 ♐ 5	27 ♎ 7	20 ♓ 43	20 ♌ 3	12 ♋ 48	8 ♉	16 ♓	15 ♎	29 ♒	24 ♈
13	19 ♌ 35	19 ♑ 48	23 ♌ 7	22 ♌ 59	16 ♍ 49	7 ♋ 55	3 ♓ 1	10 ♐ 6	27 ♎ 12	20 ♓ 41	20 ♌ 5	12 ♋ 50	8 ♉	16 ♓	15 ♎	29 ♒	24 ♈
14	20 ♌ 32	4 ♒ 17	23 ♌ 3	22 ♌ 58	17 ♍ 52	8 ♋ 31	2 ♓ 47	10 ♐ 7	27 ♎ 16	20 ♓ 39	20 ♌ 7	12 ♋ 51	8 ♉	16 ♓	15 ♎	29 ♒	24 ♈
15	21 ♌ 30	18 ♒ 35	23 ♌ 0	22 ♌ 58	18 ♍ 52	9 ♋ 9	2 ♓ 33	10 ♐ 8	27 ♎ 20	20 ♓ 37	20 ♌ 10	12 ♋ 52	8 ♉	16 ♓	16 ♎	29 ♒	24 ♈
16	22 ♌ 28	2 ♓ 37	22 ♌ 57	22 D 58	19 ♍ 50	9 ♋ 49	2 ♓ 19	10 ♐ 9	27 ♎ 24	20 ♓ 35	20 ♌ 12	12 ♋ 53	9 ♉	15 ♓	16 ♎	28 ♒	24 ♈
17	23 ♌ 25	16 ♓ 20	22 ♌ 54	22 R 58	20 ♍ 45	10 ♋ 29	2 ♓ 5	10 ♐ 11	27 ♎ 29	20 ♓ 33	20 ♌ 14	12 ♋ 55	9 ♉	15 ♓	16 ♎	28 ♒	24 ♈
18	24 ♌ 23	29 ♓ 42	22 ♌ 51	22 ♌ 58	21 ♍ 37	11 ♋ 10	1 ♓ 50	10 ♐ 13	27 ♎ 33	20 ♓ 31	20 ♌ 16	12 ♋ 56	9 ♉	15 ♓	16 ♎	28 ♒	24 ♈
19	25 ♌ 21	12 ♈ 42	22 ♌ 48	22 ♌ 58	22 ♍ 25	11 ♋ 53	1 ♓ 34	10 ♐ 15	27 ♎ 37	20 ♓ 29	20 ♌ 18	12 ♋ 57	9 ♉	15 ♓	17 ♎	28 ♒	24 ♈
20	26 ♌ 18	25 ♈ 22	22 ♌ 44	22 ♌ 58	23 ♍ 11	12 ♋ 36	1 ♓ 19	10 ♐ 17	27 ♎ 42	20 ♓ 27	20 ♌ 21	12 ♋ 58	9 ♉	14 ♓	17 ♎	27 ♒	24 ♈
21	27 ♌ 16	7 ♉ 45	22 ♌ 41	22 ♌ 57	23 ♍ 53	13 ♋ 20	1 ♓ 3	10 ♐ 20	27 ♎ 47	20 ♓ 24	20 ♌ 23	12 ♋ 59	9 ♉	14 ♓	17 ♎	27 ♒	24 ♈
22	28 ♌ 14	19 ♉ 53	22 ♌ 38	22 ♌ 57	24 ♍ 31	14 ♋ 6	0 ♓ 48	10 ♐ 22	27 ♎ 51	20 ♓ 22	20 ♌ 25	13 ♋ 0	9 ♉	14 ♓	18 ♎	27 ♒	24 ♈
23	29 ♌ 12	1 ♊ 52	22 ♌ 35	22 D 57	25 ♍ 5	14 ♋ 52	0 ♓ 32	10 ♐ 25	27 ♎ 56	20 ♓ 20	20 ♌ 27	13 ♋ 2	9 ♉	14 ♓	18 ♎	27 ♒	24 ♈
24	0 ♍ 10	13 ♊ 45	22 ♌ 32	22 ♌ 57	25 ♍ 35	15 ♋ 39	0 ♓ 16	10 ♐ 28	28 ♎ 1	20 ♓ 18	20 ♌ 29	13 ♋ 3	9 ♉	13 ♓	18 ♎	26 ♒	24 ♈
25	1 ♍ 8	25 ♊ 37	22 ♌ 28	22 ♌ 58	26 ♍ 1	16 ♋ 26	0 ♓ 0	10 ♐ 31	28 ♎ 6	20 ♓ 16	20 ♌ 32	13 ♋ 4	9 ♉	13 ♓	18 ♎	26 ♒	24 ♈
26	2 ♍ 5	7 ♋ 34	22 ♌ 25	22 ♌ 59	26 ♍ 22	17 ♋ 15	29 ♒ 44	10 ♐ 34	28 ♎ 11	20 ♓ 14	20 ♌ 34	13 ♋ 5	10 ♉	13 ♓	19 ♎	26 ♒	24 ♈
27	3 ♍ 3	19 ♋ 38	22 ♌ 22	22 ♌ 59	26 ♍ 38	18 ♋ 4	29 ♒ 28	10 ♐ 38	28 ♎ 16	20 ♓ 11	20 ♌ 36	13 ♋ 6	10 ♉	13 ♓	19 ♎	26 ♒	24 ♈
28	4 ♍ 1	1 ♌ 53	22 ♌ 19	23 ♌ 0	26 ♍ 49	18 ♋ 54	29 ♒ 13	10 ♐ 41	28 ♎ 21	20 ♓ 9	20 ♌ 38	13 ♋ 7	10 ♉	12 ♓	19 ♎	25 ♒	24 ♈
29	4 ♍ 59	14 ♌ 23	22 ♌ 16	23 ♌ 1	26 ♍ 55	19 ♋ 45	28 ♒ 57	10 ♐ 45	28 ♎ 26	20 ♓ 7	20 ♌ 40	13 ♋ 8	10 ♉	12 ♓	20 ♎	25 ♒	24 ♈
30	5 ♍ 57	27 ♌ 8	22 ♌ 13	23 R 1	26 R 54	20 ♋ 37	28 ♒ 42	10 ♐ 49	28 ♎ 32	20 ♓ 4	20 ♌ 43	13 ♋ 9	10 ♉	12 ♓	20 ♎	25 ♒	24 ♈
31	6 ♍ 55	10 ♍ 10	22 ♌ 9	23 ♌ 1	26 ♍ 48	21 ♋ 29	28 ♒ 27	10 ♐ 53	28 ♎ 37	20 ♓ 2	20 ♌ 45	13 ♋ 10	10 ♉	12 ♓	20 ♎	25 ♒	24 ♈

SUN INGRESS	☉ → ♍ 23日 19:48
MOON PHASE	● 1日 04:42 ♌　◐ 8日 12:41 ♏　○ 15日 05:19 ♒　◑ 22日 18:10 ♉　● 30日 17:37 ♍

aspects		
1日	20:34	☿⚹♀
3日	02:03	☉△♃
3日	07:26	☿☍♂
6日	04:28	♀△♂
7日	06:30	☿□♃
9日	10:37	☿⚹♇
13日	13:08	☉☌♆
16日	18:55	☿☍♅
20日	12:22	♀☌♇
21日	13:48	☉⚹♄
24日	02:01	☉☍♂
29日	09:42	♀△♅
30日	11:55	♂△♄

1924年9月

DAY	☉	☽	☊ mean	☊ true	☿	♀	♂	♃	♄	♅	♆	♇	⚳	⚴	⚵	⚶	⚷
1	7♍53	23♍27	22♌6	22R59	26R36	22D21	28R12	10D57	28D42	20R0	20D47	13D11	10D	11R	21D	25R	24R
2	8♍52	7♎0	22♌3	22♌57	26♍17	23♋15	27♒58	11♐2	28♎48	19♓57	20♌49	13♋12	10♉	11♓	21♎	24♒	24♈
3	9♍50	20♎46	22♌0	22♌55	25♍52	24♋9	27♒44	11♐6	28♎53	19♓55	20♌51	13♋13	10♉	11♓	21♎	24♒	24♈
4	10♍48	4♏43	21♌57	22♌53	25♍21	25♋3	27♒31	11♐11	28♎59	19♓53	20♌53	13♋14	10♉	11♓	21♎	24♒	24♈
5	11♍46	18♏47	21♌54	22♌51	24♍44	25♋58	27♒18	11♐16	29♎5	19♓50	20♌55	13♋15	10♉	10♓	22♎	24♒	24♈
6	12♍44	2♐57	21♌50	22♌50	24♍2	26♋54	27♒6	11♐21	29♎10	19♓48	20♌57	13♋16	10♉	10♓	22♎	23♒	24♈
7	13♍42	17♐9	21♌47	22D50	23♍13	27♋50	26♒54	11♐27	29♎16	19♓46	21♌0	13♋16	10R	10♓	22♎	23♒	23♈
8	14♍41	1♑22	21♌44	22♌50	22♍21	28♋46	26♒43	11♐32	29♎22	19♓43	21♌2	13♋17	10♉	10♓	23♎	23♒	23♈
9	15♍39	15♑33	21♌41	22♌52	21♍24	29♋43	26♒32	11♐38	29♎28	19♓41	21♌4	13♋18	10♉	9♓	23♎	23♒	23♈
10	16♍37	29♑40	21♌38	22♌53	20♍25	0♌41	26♒22	11♐43	29♎34	19♓38	21♌6	13♋19	10♉	9♓	23♎	23♒	23♈
11	17♍36	13♒41	21♌34	22♌54	19♍25	1♌39	26♒13	11♐49	29♎40	19♓36	21♌8	13♋20	10♉	9♓	24♎	23♒	23♈
12	18♍34	27♒33	21♌31	22R54	18♍24	2♌37	26♒4	11♐55	29♎46	19♓34	21♌10	13♋20	10♉	9♓	24♎	22♒	23♈
13	19♍32	11♓12	21♌28	22♌53	17♍24	3♌36	25♒56	12♐1	29♎52	19♓31	21♌12	13♋21	10♉	8♓	24♎	22♒	23♈
14	20♍31	24♓38	21♌25	22♌51	16♍26	4♌36	25♒49	12♐8	29♎58	19♓29	21♌14	13♋22	10♉	8♓	25♎	22♒	23♈
15	21♍29	7♈48	21♌22	22♌47	15♍33	5♌35	25♒43	12♐14	0♏4	19♓26	21♌16	13♋23	10♉	8♓	25♎	22♒	23♈
16	22♍28	20♈42	21♌19	22♌42	14♍45	6♌36	25♒37	12♐21	0♏10	19♓24	21♌18	13♋23	10♉	8♓	25♎	22♒	23♈
17	23♍26	3♉18	21♌15	22♌37	14♍4	7♌36	25♒32	12♐28	0♏16	19♓22	21♌20	13♋24	10♉	7♓	26♎	22♒	23♈
18	24♍25	15♉39	21♌12	22♌32	13♍30	8♌37	25♒28	12♐35	0♏23	19♓19	21♌22	13♋25	10♉	7♓	26♎	21♒	23♈
19	25♍23	27♉47	21♌9	22♌28	13♍5	9♌38	25♒25	12♐42	0♏29	19♓17	21♌24	13♋25	9♉	7♓	26♎	21♒	23♈
20	26♍22	9♊45	21♌6	22♌25	12♍49	10♌40	25♒22	12♐49	0♏35	19♓14	21♌26	13♋26	9♉	7♓	27♎	21♒	23♈
21	27♍21	21♊38	21♌3	22♌24	12♍42	11♌42	25♒21	12♐56	0♏42	19♓12	21♌27	13♋26	9♉	6♓	27♎	21♒	23♈
22	28♍19	3♋30	20♌59	22D24	12D45	12♌45	25♒20	13♐4	0♏48	19♓10	21♌29	13♋27	9♉	6♓	27♎	21♒	23♈
23	29♍18	15♋26	20♌56	22♌25	12♍58	13♌47	25D19	13♐11	0♏55	19♓7	21♌31	13♋27	9♉	6♓	27♎	21♒	23♈
24	0♎17	27♋31	20♌53	22♌26	13♍21	14♌50	25♒20	13♐19	1♏1	19♓5	21♌33	13♋28	9♉	6♓	28♎	21♒	23♈
25	1♎16	9♌49	20♌50	22♌28	13♍54	15♌54	25♒22	13♐27	1♏8	19♓3	21♌35	13♋28	9♉	6♓	28♎	21♒	23♈
26	2♎14	22♌26	20♌47	22♌29	14♍35	16♌57	25♒24	13♐35	1♏14	19♓0	21♌37	13♋29	9♉	5♓	28♎	21♒	23♈
27	3♎13	5♍22	20♌44	22R28	15♍25	18♌1	25♒26	13♐43	1♏21	18♓58	21♌38	13♋29	9♉	5♓	29♎	21♒	23♈
28	4♎12	18♍41	20♌40	22♌25	16♍22	19♌5	25♒30	13♐52	1♏28	18♓56	21♌40	13♋30	9♉	5♓	29♎	21♒	23♈
29	5♎11	2♎21	20♌37	22♌21	17♍27	20♌10	25♒35	14♐0	1♏35	18♓53	21♌42	13♋30	8♉	5♓	29♎	21♒	23♈
30	6♎10	16♎21	20♌34	22♌14	18♍38	21♌15	25♒40	14♐9	1♏41	18♓51	21♌44	13♋30	8♉	5♓	0♏	20♒	23♈

SUN INGRESS ☉→♎23日 16:58

MOON PHASE ◐ 6日 17:45 ♐ ○ 13日 16:00 ♓ ◑ 21日 12:35 ♊ ● 29日 05:16 ♎

aspects

4日	04:54	☿⚹♀
4日	10:32	☉□♃
6日	13:07	☉⚹♇
8日	16:38	♀□♄
10日	19:18	☿☍♅
11日	21:55	☉☌☿
12日	23:35	☉☍♅
18日	04:30	☿⚹♇
19日	23:34	☿□♃
22日	08:26	♀△♃
23日	21:25	☿□♃
24日	05:35	☿⚹♇
30日	04:00	☿☍♅
30日	11:00	♀☌♆

1924年10月

DAY	☉	☽	☊ mean	☊ true	☿	♀	♂	♃	♄	♅	♆	♇	⚳	⚴	⚵	⚶	⚷
1	7♎9	0♏36	20♌31	22R7	19D56	22D20	25D46	14D17	1D48	18R49	21D45	13D31	8R	4R	0D	20R	23R
2	8♎8	14♏59	20♌28	22♌0	21♍18	23♌25	25♒53	14♐26	1♏55	18♓47	21♌47	13♋31	8♉	4♓	0♏	20♒	23♈
3	9♎7	29♏27	20♌25	21♌54	22♍45	24♌30	26♒1	14♐35	2♏2	18♓45	21♌49	13♋31	8♉	4♓	1♏	20♒	22♈
4	10♎6	13♐52	20♌21	21♌49	24♍15	25♌36	26♒9	14♐44	2♏9	18♓42	21♌50	13♋32	8♉	4♓	1♏	20♒	22♈
5	11♎5	28♐11	20♌18	21♌46	25♍49	26♌42	26♒18	14♐53	2♏16	18♓40	21♌52	13♋32	7♉	4♓	1♏	20D	22♈
6	12♎5	12♑21	20♌15	21D45	27♍26	27♌48	26♒28	15♐2	2♏23	18♓38	21♌53	13♋32	7♉	3♓	2♏	20♒	22♈
7	13♎4	26♑20	20♌12	21♌46	29♍4	28♌55	26♒39	15♐12	2♏29	18♓36	21♌55	13♋32	7♉	3♓	2♏	20♒	22♈
8	14♎3	10♒8	20♌9	21♌47	0♎45	0♍2	26♒50	15♐21	2♏36	18♓34	21♌56	13♋32	7♉	3♓	2♏	20♒	22♈
9	15♎2	23♒45	20♌5	21R47	2♎27	1♍8	27♒2	15♐31	2♏43	18♓32	21♌58	13♋33	7♉	3♓	3♏	20♒	22♈
10	16♎2	7♓11	20♌2	21♌46	4♎10	2♍16	27♒15	15♐41	2♏51	18♓30	21♌59	13♋33	7♉	3♓	3♏	21♒	22♈
11	17♎1	20♓26	19♌59	21♌43	5♎53	3♍23	27♒29	15♐51	2♏58	18♓28	22♌1	13♋33	6♉	3♓	3♏	21♒	22♈
12	18♎0	3♈30	19♌56	21♌37	7♎37	4♍30	27♒43	16♐0	3♏5	18♓26	22♌2	13♋33	6♉	3♓	4♏	21♒	22♈
13	19♎0	16♈22	19♌53	21♌28	9♎22	5♍38	27♒57	16♐10	3♏12	18♓24	22♌4	13♋33	6♉	2♓	4♏	21♒	22♈
14	19♎59	29♈2	19♌50	21♌18	11♎6	6♍46	28♒12	16♐21	3♏19	18♓22	22♌5	13♋33	6♉	2♓	4♏	21♒	22♈
15	20♎58	11♉29	19♌46	21♌7	12♎51	7♍54	28♒28	16♐31	3♏26	18♓20	22♌6	13R33	6♉	2♓	5♏	21♒	22♈
16	21♎58	23♉45	19♌43	20♌56	14♎35	9♍3	28♒45	16♐41	3♏33	18♓18	22♌8	13♋33	5♉	2♓	5♏	21♒	22♈
17	22♎57	5♊49	19♌40	20♌46	16♎19	10♍11	29♒2	16♐52	3♏40	18♓16	22♌9	13♋33	5♉	2♓	5♏	21♒	22♈
18	23♎57	17♊45	19♌37	20♌38	18♎3	11♍20	29♒20	17♐2	3♏47	18♓14	22♌10	13♋33	5♉	2♓	6♏	21♒	22♈
19	24♎57	29♊36	19♌34	20♌32	19♎46	12♍29	29♒38	17♐13	3♏55	18♓12	22♌12	13♋33	5♉	2♓	6♏	21♒	22♈
20	25♎56	11♋26	19♌31	20♌29	21♎29	13♍38	29♒57	17♐23	4♏2	18♓11	22♌13	13♋33	4♉	2♓	7♏	21♒	22♈
21	26♎56	23♋19	19♌27	20♌27	23♎11	14♍47	0♓16	17♐34	4♏9	18♓9	22♌14	13♋33	4♉	2♓	7♏	21♒	22♈
22	27♎56	5♌21	19♌24	20D27	24♎53	15♍56	0♓36	17♐45	4♏16	18♓7	22♌15	13♋32	4♉	2♓	7♏	22♒	22♈
23	28♎55	17♌38	19♌21	20♌28	26♎34	17♍6	0♓56	17♐56	4♏23	18♓6	22♌16	13♋32	4♉	2♓	8♏	22♒	22♈
24	29♎55	0♍14	19♌18	20R28	28♎15	18♍16	1♓17	18♐7	4♏31	18♓4	22♌17	13♋32	4♉	2♓	8♏	22♒	22♈
25	0♏55	13♍14	19♌15	20♌25	29♎55	19♍25	1♓38	18♐18	4♏38	18♓2	22♌18	13♋32	3♉	1♓	8♏	22♒	21♈
26	1♏55	26♍40	19♌11	20♌21	1♏35	20♍35	2♓0	18♐30	4♏45	18♓1	22♌19	13♋32	3♉	1♓	9♏	22♒	21♈
27	2♏55	10♎34	19♌8	20♌13	3♏14	21♍46	2♓22	18♐41	4♏52	17♓59	22♌20	13♋31	3♉	1♓	9♏	22♒	21♈
28	3♏55	24♎52	19♌5	20♌4	4♏53	22♍56	2♓45	18♐53	5♏0	17♓58	22♌21	13♋31	3♉	1♓	9♏	22♒	21♈
29	4♏55	9♏31	19♌2	19♌53	6♏31	24♍6	3♓8	19♐4	5♏7	17♓57	22♌22	13♋31	2♉	1♓	10♏	23♒	21♈
30	5♏55	24♏22	18♌59	19♌41	8♏9	25♍17	3♓32	19♐16	5♏14	17♓55	22♌23	13♋30	2♉	1♓	10♏	23♒	21♈
31	6♏55	9♐16	18♌56	19♌31	9♏46	26♍28	3♓56	19♐27	5♏21	17♓54	22♌24	13♋30	2♉	1♓	10♏	23♒	21♈

SUN INGRESS ☉→♏24日 01:44

MOON PHASE ◐ 5日 23:30 ♑ ○ 13日 05:21 ♈ ◑ 21日 07:54 ♋ ● 28日 15:57 ♏

aspects

4日	13:58	♀☍♂
7日	11:34	☉□♇
9日	13:52	☉⚹♃
10日	13:55	♀⚹♄
15日	09:43	☿□♇
16日	04:02	☉⚹♆
17日	08:23	☿⚹♃
19日	22:16	♀⚹♇
20日	10:24	☿⚹♆
23日	17:48	♃□♅
23日	20:08	♀☍♅
23日	20:38	♀□♃
26日	03:18	☉△♂
26日	07:44	☿△♂
26日	11:59	☉☌☿
28日	01:45	☿☌♄
29日	05:34	☉☌♄

1924年11月

DAY	☉	☽	☊ mean	☊ true	☿	♀	♂	♃	♄	♅	♆	♇	⚳	⚴	⚵	⚶	⚷
	° ′	° ′	° ′	° ′	° ′	° ′	° ′	° ′	° ′	° ′	° ′	° ′	°	°	°	°	°
1	7♏55	24♐5	18♌52	19 R 23	11 D 22	27 D 38	4 D 21	19 D 39	5 D 29	17 R 53	22 D 25	13 R 29	2 R	1 R	11 D	23 D	21 R
2	8♏55	8♑42	18♌49	19♌17	12♏59	28♍49	4♓46	19♐51	5♏36	17♓51	22♌26	13♋29	2♉	1 D	11♏	23♒	21♈
3	9♏55	23♑1	18♌46	19♌15	14♏34	0♎0	5♓11	20♐3	5♏43	17♓50	22♌26	13♋29	1♉	1♓	11♏	23♒	21♈
4	10♏55	7♒1	18♌43	19♌14	16♏10	1♎11	5♓37	20♐15	5♏50	17♓49	22♌27	13♋28	1♉	1♓	12♏	24♒	21♈
5	11♏55	20♒43	18♌40	19♌14	17♏45	2♎23	6♓3	20♐27	5♏58	17♓48	22♌28	13♋28	1♉	1♓	12♏	24♒	21♈
6	12♏55	4♓7	18♌36	19♌13	19♏19	3♎34	6♓29	20♐39	6♏5	17♓47	22♌29	13♋27	1♉	1♓	12♏	24♒	21♈
7	13♏56	17♓15	18♌33	19♌11	20♏53	4♎46	6♓56	20♐51	6♏12	17♓46	22♌29	13♋27	0♉	1♓	13♏	24♒	21♈
8	14♏56	0♈11	18♌30	19♌6	22♏27	5♎57	7♓23	21♐3	6♏19	17♓45	22♌30	13♋26	0♉	1♓	13♏	25♒	21♈
9	15♏56	12♈54	18♌27	18♌58	24♏0	7♎9	7♓51	21♐16	6♏26	17♓44	22♌30	13♋26	0♉	1♓	13♏	25♒	21♈
10	16♏56	25♈28	18♌24	18♌47	25♏33	8♎21	8♓19	21♐28	6♏34	17♓43	22♌31	13♋25	0♉	1♓	14♏	25♒	21♈
11	17♏57	7♉52	18♌21	18♌34	27♏6	9♎33	8♓47	21♐40	6♏41	17♓42	22♌32	13♋24	0♉	2♓	14♏	25♒	21♈
12	18♏57	20♉7	18♌17	18♌19	28♏38	10♎45	9♓16	21♐53	6♏48	17♓41	22♌32	13♋24	29♈	2♓	14♏	25♒	21♈
13	19♏57	2♊13	18♌14	18♌5	0♐11	11♎57	9♓44	22♐5	6♏55	17♓40	22♌32	13♋23	29♈	2♓	15♏	26♒	21♈
14	20♏58	14♊12	18♌11	17♌51	1♐42	13♎9	10♓13	22♐18	7♏2	17♓40	22♌33	13♋22	29♈	2♓	15♏	26♒	21♈
15	21♏58	26♊5	18♌8	17♌40	3♐14	14♎21	10♓43	22♐31	7♏9	17♓39	22♌33	13♋22	29♈	2♓	15♏	26♒	21♈
16	22♏59	7♋54	18♌5	17♌32	4♐45	15♎34	11♓12	22♐43	7♏16	17♓38	22♌34	13♋21	29♈	2♓	16♏	26♒	21♈
17	23♏59	19♋42	18♌2	17♌26	6♐16	16♎46	11♓42	22♐56	7♏23	17♓38	22♌34	13♋20	28♈	2♓	16♏	27♒	20♈
18	25♏0	1♌33	17♌58	17♌24	7♐47	17♎59	12♓13	23♐9	7♏30	17♓37	22♌34	13♋19	28♈	2♓	16♏	27♒	20♈
19	26♏0	13♌33	17♌55	17♌23	9♐17	19♎12	12♓43	23♐22	7♏37	17♓37	22♌34	13♋19	28♈	2♓	17♏	27♒	20♈
20	27♏1	25♌46	17♌52	17 D 23	10♐47	20♎24	13♓14	23♐35	7♏44	17♓37	22♌35	13♋18	28♈	2♓	17♏	28♒	20♈
21	28♏1	8♍17	17♌49	17 R 22	12♐17	21♎37	13♓45	23♐48	7♏51	17♓36	22♌35	13♋17	28♈	2♓	17♏	28♒	20♈
22	29♏2	21♍12	17♌46	17♌21	13♐46	22♎50	14♓16	24♐1	7♏58	17♓36	22♌35	13♋16	28♈	2♓	18♏	28♒	20♈
23	0♐3	4♎35	17♌42	17♌17	15♐15	24♎3	14♓47	24♐14	8♏5	17♓36	22♌35	13♋15	27♈	3♓	18♏	28♒	20♈
24	1♐3	18♎28	17♌39	17♌10	16♐43	25♎16	15♓19	24♐27	8♏12	17♓35	22♌35	13♋15	27♈	3♓	18♏	29♒	20♈
25	2♐4	2♏51	17♌36	17♌1	18♐12	26♎29	15♓51	24♐40	8♏19	17♓35	22♌35	13♋14	27♈	3♓	19♏	29♒	20♈
26	3♐5	17♏39	17♌33	16♌50	19♐39	27♎43	16♓23	24♐53	8♏26	17♓35	22 R 35	13♋13	27♈	3♓	19♏	29♒	20♈
27	4♐6	2♐45	17♌30	16♌38	21♐6	28♎56	16♓55	25♐6	8♏33	17♓35	22♌35	13♋12	27♈	3♓	19♏	0♓	20♈
28	5♐6	17♐59	17♌27	16♌28	22♐32	0♏9	17♓28	25♐20	8♏39	17 D 35	22♌35	13♋11	27♈	3♓	20♏	0♓	20♈
29	6♐7	3♑10	17♌23	16♌20	23♐58	1♏23	18♓0	25♐33	8♏46	17♓35	22♌35	13♋10	27♈	3♓	20♏	0♓	20♈
30	7♐8	18♑8	17♌20	16♌14	25♐23	2♏36	18♓33	25♐46	8♏53	17♓35	22♌35	13♋9	27♈	3♓	20♏	1♓	20♈

SUN INGRESS	☉ → ♐ 22日 22:46
MOON PHASE	◐ 4日 07:18 ♒　○ 11日 21:31 ♉　◑ 20日 02:38 ♌　● 27日 02:15 ♐

aspects

2日	07:35	☿△♇
4日	17:20	♂△♄
5日	00:48	☿△♅
6日	12:35	☉△♇
8日	00:46	☿□♆
10日	18:16	☉△♅
14日	04:21	♀□♇
15日	05:04	♃△♆
15日	14:00	☉□♆
20日	03:14	♂△♇
21日	18:57	♀⚹♆
22日	12:24	☿□♂
23日	04:12	♀⚹♃
24日	14:06	☿□♅
28日	00:42	☿△♆
28日	05:28	♂☌♅
30日	07:57	☿☌♃

1924年12月

DAY	☉	☽	☊ mean	☊ true	☿	♀	♂	♃	♄	♅	♆	♇	⚳	⚴	⚵	⚶	⚷
	° ′	° ′	° ′	° ′	° ′	° ′	° ′	° ′	° ′	° ′	° ′	° ′	°	°	°	°	°
1	8♐9	2♒45	17♌17	16 R 12	26 D 47	3 D 50	19 D 6	26 D 0	8 D 59	17 D 35	22 R 35	13 R 8	26 R	4 D	21 D	1 D	20 R
2	9♐10	16♒58	17♌14	16 D 11	28♐9	5♏3	19♓40	26♐13	9♏6	17♓36	22♌34	13♋7	26♈	4♓	21♏	1♓	20♈
3	10♐10	0♓46	17♌11	16♌11	29♐30	6♏17	20♓13	26♐26	9♏13	17♓36	22♌34	13♋6	26♈	4♓	21♏	1♓	20♈
4	11♐11	14♓10	17♌8	16 R 12	0♑50	7♏31	20♓47	26♐40	9♏19	17♓36	22♌34	13♋5	26♈	4♓	22♏	2♓	20♈
5	12♐12	27♓13	17♌4	16♌10	2♑8	8♏44	21♓21	26♐53	9♏26	17♓37	22♌34	13♋4	26♈	4♓	22♏	2♓	20♈
6	13♐13	9♈59	17♌1	16♌7	3♑24	9♏58	21♓55	27♐7	9♏32	17♓37	22♌33	13♋3	26♈	4♓	22♏	2♓	20♈
7	14♐14	22♈30	16♌58	16♌1	4♑38	11♏12	22♓29	27♐20	9♏39	17♓37	22♌33	13♋2	26♈	5♓	23♏	3♓	20♈
8	15♐15	4♉49	16♌55	15♌52	5♑49	12♏26	23♓3	27♐34	9♏45	17♓38	22♌32	13♋1	26♈	5♓	23♏	3♓	20♈
9	16♐16	17♉0	16♌52	15♌42	6♑56	13♏40	23♓38	27♐48	9♏51	17♓38	22♌32	13♋0	26♈	5♓	23♏	3♓	20♈
10	17♐17	29♉3	16♌48	15♌30	8♑0	14♏54	24♓12	28♐1	9♏58	17♓39	22♌32	12♋59	26♈	5♓	24♏	4♓	20♈
11	18♐18	11♊1	16♌45	15♌18	9♑0	16♏8	24♓47	28♐15	10♏4	17♓40	22♌31	12♋57	26♈	5♓	24♏	4♓	20♈
12	19♐19	22♊54	16♌42	15♌8	9♑55	17♏22	25♓22	28♐28	10♏10	17♓40	22♌30	12♋56	26♈	5♓	24♏	4♓	20♈
13	20♐20	4♋45	16♌39	14♌59	10♑45	18♏36	25♓57	28♐42	10♏16	17♓41	22♌30	12♋55	26♈	6♓	25♏	5♓	20♈
14	21♐21	16♋34	16♌36	14♌52	11♑28	19♏50	26♓32	28♐56	10♏22	17♓42	22♌29	12♋54	26♈	6♓	25♏	5♓	20♈
15	22♐22	28♋24	16♌33	14♌48	12♑4	21♏4	27♓7	29♐10	10♏28	17♓43	22♌29	12♋53	26♈	6♓	25♏	6♓	20♈
16	23♐23	10♌18	16♌29	14♌46	12♑32	22♏18	27♓43	29♐23	10♏34	17♓44	22♌28	12♋52	26♈	6♓	26♏	6♓	20♈
17	24♐24	22♌20	16♌26	14 D 46	12♑52	23♏32	28♓18	29♐37	10♏40	17♓45	22♌27	12♋51	26 D	6♓	26♏	6♓	20♈
18	25♐25	4♍32	16♌23	14♌48	13♑1	24♏47	28♓54	29♐51	10♏46	17♓46	22♌27	12♋49	26♈	7♓	26♏	7♓	20♈
19	26♐26	17♍1	16♌20	14♌49	13 R 0	26♏1	29♓29	0♑4	10♏52	17♓47	22♌26	12♋48	26♈	7♓	27♏	7♓	20♈
20	27♐27	29♍51	16♌17	14 R 49	12♑48	27♏15	0♈5	0♑18	10♏57	17♓48	22♌25	12♋47	26♈	7♓	27♏	7♓	20♈
21	28♐28	13♎6	16♌14	14♌48	12♑24	28♏30	0♈41	0♑32	11♏3	17♓49	22♌24	12♋46	26♈	7♓	27♏	8♓	20♈
22	29♐30	26♎49	16♌10	14♌45	11♑49	29♏44	1♈17	0♑46	11♏9	17♓50	22♌23	12♋45	26♈	8♓	28♏	8♓	20♈
23	0♑31	11♏2	16♌7	14♌40	11♑2	0♐59	1♈53	0♑59	11♏14	17♓52	22♌23	12♋43	26♈	8♓	28♏	8♓	20♈
24	1♑32	25♏41	16♌4	14♌34	10♑4	2♐13	2♈30	1♑13	11♏20	17♓53	22♌22	12♋42	26♈	8♓	28♏	9♓	20♈
25	2♑33	10♐43	16♌1	14♌27	8♑58	3♐28	3♈6	1♑27	11♏25	17♓54	22♌21	12♋41	26♈	8♓	29♏	9♓	20♈
26	3♑34	25♐58	15♌58	14♌20	7♑43	4♐42	3♈42	1♑41	11♏31	17♓56	22♌20	12♋40	26♈	9♓	29♏	10♓	20♈
27	4♑35	11♑16	15♌54	14♌15	6♑24	5♐57	4♈19	1♑55	11♏36	17♓57	22♌19	12♋38	26♈	9♓	29♏	10♓	20♈
28	5♑37	26♑26	15♌51	14♌12	5♑2	7♐11	4♈56	2♑8	11♏41	17♓59	22♌18	12♋37	26♈	9♓	0♐	10♓	20♈
29	6♑38	11♒19	15♌48	14♌11	3♑40	8♐26	5♈32	2♑22	11♏46	18♓0	22♌17	12♋36	26♈	9♓	0♐	11♓	20♈
30	7♑39	25♒48	15♌45	14 D 11	2♑22	9♐41	6♈9	2♑36	11♏51	18♓2	22♌16	12♋35	26♈	9♓	0♐	11♓	20♈
31	8♑40	9♓49	15♌42	14♌13	1♑8	10♐55	6♈46	2♑50	11♏57	18♓3	22♌14	12♋34	26♈	10♓	1♐	12♓	20♈

SUN INGRESS	☉ → ♑ 22日 11:45
MOON PHASE	◐ 3日 18:10 ♓　○ 11日 16:03 ♊　◑ 19日 19:11 ♍　● 26日 12:46 ♑

aspects

5日	14:47	♀☌♄
8日	11:13	♀△♇
10日	08:48	☉□♅
12日	06:09	♀△♅
12日	07:49	☿⚹♄
15日	02:37	☉△♆
16日	03:08	♀□♆
16日	22:36	☿☍♇
20日	01:28	☿☍♇
20日	14:00	♂□♃
22日	18:45	☿⚹♄
23日	14:34	☉☌♃
24日	10:19	♀△♂
26日	07:57	☉□♂
27日	18:12	☉☌☿
28日	01:18	☿□♂
29日	20:12	☿☌♃

1925年1月

DAY	☉	☽	☊ mean	☊ true	☿	♀	♂	♃	♄	♅	♆	♇	⚳	⚴	⚵	⚶	⚷
	° ′	° ′	° ′	° ′	° ′	° ′	° ′	° ′	° ′	° ′	° ′	° ′	°	°	°	°	°
1	9 ♑ 41	23 ♓ 24	15 ♌ 39	14 D 14	0 R 2	12 D 10	7 D 23	3 D 3	12 D 1	18 D 5	22 R 13	12 R 32	26 D	10 D	1 D	12 D	20 R
2	10 ♑ 42	6 ♈ 33	15 ♌ 35	14 ♌ 15	29 ♐ 4	13 ♐ 24	8 ♈ 0	3 ♑ 17	12 ♏ 6	18 ♓ 7	22 ♌ 12	12 ♋ 31	27 ♈	10 ♓	1 ♐	12 ♓	20 D
3	11 ♑ 44	19 ♈ 19	15 ♌ 32	14 R 15	28 ♐ 16	14 ♐ 39	8 ♈ 37	3 ♑ 31	12 ♏ 11	18 ♓ 9	22 ♌ 11	12 ♋ 30	27 ♈	11 ♓	1 ♐	13 ♓	20 ♈
4	12 ♑ 45	1 ♉ 47	15 ♌ 29	14 ♌ 13	27 ♐ 38	15 ♐ 54	9 ♈ 14	3 ♑ 44	12 ♏ 16	18 ♓ 11	22 ♌ 10	12 ♋ 29	27 ♈	11 ♓	2 ♐	13 ♓	20 ♈
5	13 ♑ 46	14 ♉ 1	15 ♌ 26	14 ♌ 10	27 ♐ 11	17 ♐ 8	9 ♈ 51	3 ♑ 58	12 ♏ 21	18 ♓ 12	22 ♌ 9	12 ♋ 27	27 ♈	11 ♓	2 ♐	14 ♓	20 ♈
6	14 ♑ 47	26 ♉ 4	15 ♌ 23	14 ♌ 6	26 ♐ 53	18 ♐ 23	10 ♈ 29	4 ♑ 12	12 ♏ 25	18 ♓ 14	22 ♌ 7	12 ♋ 26	27 ♈	11 ♓	2 ♐	14 ♓	20 ♈
7	15 ♑ 48	8 ♊ 0	15 ♌ 20	14 ♌ 1	26 ♐ 46	19 ♐ 38	11 ♈ 6	4 ♑ 26	12 ♏ 30	18 ♓ 16	22 ♌ 6	12 ♋ 25	27 ♈	12 ♓	3 ♐	14 ♓	20 ♈
8	16 ♑ 49	19 ♊ 52	15 ♌ 16	13 ♌ 56	26 D 47	20 ♐ 53	11 ♈ 43	4 ♑ 39	12 ♏ 34	18 ♓ 18	22 ♌ 5	12 ♋ 23	27 ♈	12 ♓	3 ♐	15 ♓	20 ♈
9	17 ♑ 50	1 ♋ 42	15 ♌ 13	13 ♌ 51	26 ♐ 57	22 ♐ 7	12 ♈ 21	4 ♑ 53	12 ♏ 38	18 ♓ 20	22 ♌ 3	12 ♋ 22	27 ♈	12 ♓	3 ♐	15 ♓	20 ♈
10	18 ♑ 52	13 ♋ 32	15 ♌ 10	13 ♌ 47	27 ♐ 14	23 ♐ 22	12 ♈ 58	5 ♑ 6	12 ♏ 43	18 ♓ 22	22 ♌ 2	12 ♋ 21	28 ♈	12 ♓	4 ♐	16 ♓	20 ♈
11	19 ♑ 53	25 ♋ 25	15 ♌ 7	13 ♌ 44	27 ♐ 39	24 ♐ 37	13 ♈ 36	5 ♑ 20	12 ♏ 47	18 ♓ 24	22 ♌ 1	12 ♋ 20	28 ♈	13 ♓	4 ♐	16 ♓	20 ♈
12	20 ♑ 54	7 ♌ 21	15 ♌ 4	13 ♌ 43	28 ♐ 10	25 ♐ 52	14 ♈ 14	5 ♑ 34	12 ♏ 51	18 ♓ 27	21 ♌ 59	12 ♋ 19	28 ♈	13 ♓	4 ♐	16 ♓	20 ♈
13	21 ♑ 55	19 ♌ 24	15 ♌ 0	13 D 43	28 ♐ 46	27 ♐ 7	14 ♈ 51	5 ♑ 47	12 ♏ 55	18 ♓ 29	21 ♌ 58	12 ♋ 17	28 ♈	13 ♓	4 ♐	17 ♓	20 ♈
14	22 ♑ 56	1 ♍ 34	14 ♌ 57	13 ♌ 44	29 ♐ 28	28 ♐ 21	15 ♈ 29	6 ♑ 1	12 ♏ 59	18 ♓ 31	21 ♌ 57	12 ♋ 16	28 ♈	14 ♓	5 ♐	17 ♓	20 ♈
15	23 ♑ 57	13 ♍ 56	14 ♌ 54	13 ♌ 45	0 ♑ 15	29 ♐ 36	16 ♈ 7	6 ♑ 14	13 ♏ 3	18 ♓ 33	21 ♌ 55	12 ♋ 15	28 ♈	14 ♓	5 ♐	18 ♓	20 ♈
16	24 ♑ 58	26 ♍ 31	14 ♌ 51	13 ♌ 47	1 ♑ 6	0 ♑ 51	16 ♈ 45	6 ♑ 28	13 ♏ 6	18 ♓ 36	21 ♌ 54	12 ♋ 14	29 ♈	14 ♓	5 ♐	18 ♓	20 ♈
17	25 ♑ 59	9 ♎ 23	14 ♌ 48	13 ♌ 48	2 ♑ 1	2 ♑ 6	17 ♈ 22	6 ♑ 41	13 ♏ 10	18 ♓ 38	21 ♌ 52	12 ♋ 12	29 ♈	14 ♓	6 ♐	18 ♓	20 ♈
18	27 ♑ 0	22 ♎ 35	14 ♌ 45	13 ♌ 49	2 ♑ 59	3 ♑ 21	18 ♈ 0	6 ♑ 54	13 ♏ 14	18 ♓ 40	21 ♌ 51	12 ♋ 11	29 ♈	15 ♓	6 ♐	19 ♓	20 ♈
19	28 ♑ 2	6 ♏ 9	14 ♌ 41	13 R 49	4 ♑ 0	4 ♑ 36	18 ♈ 38	7 ♑ 8	13 ♏ 17	18 ♓ 43	21 ♌ 49	12 ♋ 10	29 ♈	15 ♓	6 ♐	19 ♓	20 ♈
20	29 ♑ 3	20 ♏ 7	14 ♌ 38	13 ♌ 48	5 ♑ 4	5 ♑ 51	19 ♈ 16	7 ♑ 21	13 ♏ 21	18 ♓ 45	21 ♌ 48	12 ♋ 9	29 ♈	15 ♓	7 ♐	20 ♓	20 ♈
21	0 ♒ 4	4 ♐ 29	14 ♌ 35	13 ♌ 47	6 ♑ 10	7 ♑ 5	19 ♈ 54	7 ♑ 34	13 ♏ 24	18 ♓ 48	21 ♌ 46	12 ♋ 8	0 ♉	16 ♓	7 ♐	20 ♓	20 ♈
22	1 ♒ 5	19 ♐ 11	14 ♌ 32	13 ♌ 45	7 ♑ 19	8 ♑ 20	20 ♈ 32	7 ♑ 48	13 ♏ 27	18 ♓ 50	21 ♌ 45	12 ♋ 6	0 ♉	16 ♓	7 ♐	21 ♓	20 ♈
23	2 ♒ 6	4 ♑ 8	14 ♌ 29	13 ♌ 43	8 ♑ 29	9 ♑ 35	21 ♈ 10	8 ♑ 1	13 ♏ 30	18 ♓ 53	21 ♌ 43	12 ♋ 5	0 ♉	16 ♓	7 ♐	21 ♓	20 ♈
24	3 ♒ 7	19 ♑ 13	14 ♌ 26	13 ♌ 42	9 ♑ 42	10 ♑ 50	21 ♈ 49	8 ♑ 14	13 ♏ 33	18 ♓ 56	21 ♌ 42	12 ♋ 4	0 ♉	17 ♓	8 ♐	21 ♓	20 ♈
25	4 ♒ 8	4 ♒ 17	14 ♌ 22	13 ♌ 42	10 ♑ 56	12 ♑ 5	22 ♈ 27	8 ♑ 27	13 ♏ 36	18 ♓ 58	21 ♌ 40	12 ♋ 3	0 ♉	17 ♓	8 ♐	22 ♓	20 ♈
26	5 ♒ 9	19 ♒ 10	14 ♌ 19	13 D 42	12 ♑ 12	13 ♑ 20	23 ♈ 5	8 ♑ 40	13 ♏ 39	19 ♓ 1	21 ♌ 38	12 ♋ 2	1 ♉	17 ♓	8 ♐	22 ♓	20 ♈
27	6 ♒ 10	3 ♓ 45	14 ♌ 16	13 ♌ 42	13 ♑ 30	14 ♑ 35	23 ♈ 43	8 ♑ 53	13 ♏ 42	19 ♓ 4	21 ♌ 37	12 ♋ 1	1 ♉	17 ♓	8 ♐	23 ♓	20 ♈
28	7 ♒ 11	17 ♓ 56	14 ♌ 13	13 ♌ 43	14 ♑ 48	15 ♑ 50	24 ♈ 21	9 ♑ 6	13 ♏ 45	19 ♓ 6	21 ♌ 35	12 ♋ 0	1 ♉	18 ♓	9 ♐	23 ♓	20 ♈
29	8 ♒ 12	1 ♈ 42	14 ♌ 10	13 ♌ 43	16 ♑ 8	17 ♑ 5	25 ♈ 0	9 ♑ 19	13 ♏ 47	19 ♓ 9	21 ♌ 34	11 ♋ 58	1 ♉	18 ♓	9 ♐	24 ♓	20 ♈
30	9 ♒ 13	15 ♈ 0	14 ♌ 6	13 ♌ 44	17 ♑ 29	18 ♑ 20	25 ♈ 38	9 ♑ 32	13 ♏ 50	19 ♓ 12	21 ♌ 32	11 ♋ 57	2 ♉	18 ♓	9 ♐	24 ♓	20 ♈
31	10 ♒ 14	27 ♈ 54	14 ♌ 3	13 ♌ 44	18 ♑ 52	19 ♑ 34	26 ♈ 16	9 ♑ 45	13 ♏ 52	19 ♓ 15	21 ♌ 30	11 ♋ 56	2 ♉	19 ♓	9 ♐	24 ♓	20 ♈

SUN INGRESS	☉ → ♒ 20日 22:20
MOON PHASE	◐ 2日 08:25 ♈　○ 10日 11:47 ♋　◑ 18日 08:33 ♎　● 24日 23:45 ♒

aspects		
3日	11:44	☉⚹♄
3日	17:45	☉☍♇
5日	21:04	♀□♅
6日	03:38	♄△♇
8日	22:46	♀△♆
9日	00:50	♂□♇
9日	12:07	☉⚹♅
16日	17:16	☿☌♀
21日	11:15	♀☌♃
22日	12:08	☿☌♃
23日	19:47	♂△♆
24日	23:20	♀☍♇
25日	20:46	☿☍♇
26日	06:24	♀⚹♄
27日	03:56	☿⚹♄
30日	17:24	♀⚹♅
31日	06:54	☿⚹♅

1925年2月

DAY	☉	☽	☊ mean	☊ true	☿	♀	♂	♃	♄	♅	♆	♇	⚳	⚴	⚵	⚶	⚷
	° ′	° ′	° ′	° ′	° ′	° ′	° ′	° ′	° ′	° ′	° ′	° ′	°	°	°	°	°
1	11 ♒ 15	10 ♉ 26	14 ♌ 0	13 D 44	20 D 15	20 D 49	26 D 55	9 D 58	13 D 54	19 D 18	21 R 29	11 R 55	2 D	19 D	10 D	25 D	20 D
2	12 ♒ 16	22 ♉ 41	13 ♌ 57	13 R 44	21 ♑ 39	22 ♑ 4	27 ♈ 33	10 ♑ 10	13 ♏ 56	19 ♓ 20	21 ♌ 27	11 ♋ 54	2 ♉	19 ♓	10 ♐	25 ♓	20 ♈
3	13 ♒ 17	4 ♊ 43	13 ♌ 54	13 ♌ 44	23 ♑ 5	23 ♑ 19	28 ♈ 12	10 ♑ 23	13 ♏ 58	19 ♓ 23	21 ♌ 25	11 ♋ 53	2 ♉	20 ♓	10 ♐	26 ♓	20 ♈
4	14 ♒ 17	16 ♊ 36	13 ♌ 51	13 D 44	24 ♑ 31	24 ♑ 34	28 ♈ 50	10 ♑ 36	14 ♏ 0	19 ♓ 26	21 ♌ 24	11 ♋ 52	3 ♉	20 ♓	11 ♐	26 ♓	20 ♈
5	15 ♒ 18	28 ♊ 26	13 ♌ 47	13 ♌ 44	25 ♑ 58	25 ♑ 49	29 ♈ 29	10 ♑ 48	14 ♏ 2	19 ♓ 29	21 ♌ 22	11 ♋ 51	3 ♉	20 ♓	11 ♐	27 ♓	20 ♈
6	16 ♒ 19	10 ♋ 15	13 ♌ 44	13 ♌ 44	27 ♑ 26	27 ♑ 4	0 ♉ 7	11 ♑ 1	14 ♏ 4	19 ♓ 32	21 ♌ 20	11 ♋ 50	3 ♉	21 ♓	11 ♐	27 ♓	20 ♈
7	17 ♒ 20	22 ♋ 7	13 ♌ 41	13 ♌ 45	28 ♑ 55	28 ♑ 19	0 ♉ 46	11 ♑ 13	14 ♏ 6	19 ♓ 35	21 ♌ 19	11 ♋ 49	4 ♉	21 ♓	11 ♐	27 ♓	20 ♈
8	18 ♒ 21	4 ♌ 5	13 ♌ 38	13 ♌ 45	0 ♒ 25	29 ♑ 34	1 ♉ 24	11 ♑ 26	14 ♏ 7	19 ♓ 38	21 ♌ 17	11 ♋ 48	4 ♉	21 ♓	11 ♐	28 ♓	20 ♈
9	19 ♒ 21	16 ♌ 11	13 ♌ 35	13 R 45	1 ♒ 56	0 ♒ 49	2 ♉ 3	11 ♑ 38	14 ♏ 9	19 ♓ 41	21 ♌ 15	11 ♋ 47	4 ♉	22 ♓	12 ♐	28 ♓	20 ♈
10	20 ♒ 22	28 ♌ 26	13 ♌ 31	13 ♌ 45	3 ♒ 27	2 ♒ 4	2 ♉ 41	11 ♑ 50	14 ♏ 10	19 ♓ 44	21 ♌ 14	11 ♋ 46	4 ♉	22 ♓	12 ♐	29 ♓	20 ♈
11	21 ♒ 23	10 ♍ 53	13 ♌ 28	13 ♌ 44	5 ♒ 0	3 ♒ 18	3 ♉ 20	12 ♑ 3	14 ♏ 11	19 ♓ 47	21 ♌ 12	11 ♋ 45	5 ♉	22 ♓	12 ♐	29 ♓	20 ♈
12	22 ♒ 23	23 ♍ 32	13 ♌ 25	13 ♌ 43	6 ♒ 33	4 ♒ 33	3 ♉ 58	12 ♑ 15	14 ♏ 13	19 ♓ 51	21 ♌ 10	11 ♋ 44	5 ♉	23 ♓	12 ♐	0 ♈	20 ♈
13	23 ♒ 24	6 ♎ 24	13 ♌ 22	13 ♌ 42	8 ♒ 7	5 ♒ 48	4 ♉ 37	12 ♑ 27	14 ♏ 14	19 ♓ 54	21 ♌ 9	11 ♋ 43	5 ♉	23 ♓	13 ♐	0 ♈	20 ♈
14	24 ♒ 25	19 ♎ 30	13 ♌ 19	13 ♌ 40	9 ♒ 42	7 ♒ 3	5 ♉ 15	12 ♑ 39	14 ♏ 15	19 ♓ 57	21 ♌ 7	11 ♋ 42	5 ♉	23 ♓	13 ♐	1 ♈	20 ♈
15	25 ♒ 25	2 ♏ 51	13 ♌ 16	13 ♌ 39	11 ♒ 18	8 ♒ 18	5 ♉ 54	12 ♑ 51	14 ♏ 15	20 ♓ 0	21 ♌ 5	11 ♋ 42	6 ♉	24 ♓	13 ♐	1 ♈	21 ♈
16	26 ♒ 26	16 ♏ 27	13 ♌ 12	13 ♌ 38	12 ♒ 54	9 ♒ 33	6 ♉ 32	13 ♑ 3	14 ♏ 16	20 ♓ 3	21 ♌ 3	11 ♋ 41	6 ♉	24 ♓	13 ♐	1 ♈	21 ♈
17	27 ♒ 26	0 ♐ 18	13 ♌ 9	13 D 38	14 ♒ 32	10 ♒ 48	7 ♉ 11	13 ♑ 14	14 ♏ 17	20 ♓ 7	21 ♌ 2	11 ♋ 40	6 ♉	24 ♓	14 ♐	2 ♈	21 ♈
18	28 ♒ 27	14 ♐ 25	13 ♌ 6	13 ♌ 39	16 ♒ 10	12 ♒ 3	7 ♉ 50	13 ♑ 26	14 ♏ 17	20 ♓ 10	21 ♌ 0	11 ♋ 39	7 ♉	25 ♓	14 ♐	2 ♈	21 ♈
19	29 ♒ 27	28 ♐ 46	13 ♌ 3	13 ♌ 40	17 ♒ 49	13 ♒ 17	8 ♉ 28	13 ♑ 38	14 ♏ 18	20 ♓ 13	20 ♌ 58	11 ♋ 38	7 ♉	25 ♓	14 ♐	3 ♈	21 ♈
20	0 ♓ 28	13 ♑ 18	13 ♌ 0	13 ♌ 41	19 ♒ 30	14 ♒ 32	9 ♉ 7	13 ♑ 49	14 ♏ 18	20 ♓ 16	20 ♌ 57	11 ♋ 37	7 ♉	26 ♓	14 ♐	3 ♈	21 ♈
21	1 ♓ 28	27 ♑ 57	12 ♌ 57	13 ♌ 42	21 ♒ 11	15 ♒ 47	9 ♉ 46	14 ♑ 1	14 ♏ 18	20 ♓ 20	20 ♌ 55	11 ♋ 37	8 ♉	26 ♓	14 ♐	4 ♈	21 ♈
22	2 ♓ 29	12 ♒ 37	12 ♌ 53	13 ♌ 43	22 ♒ 53	17 ♒ 2	10 ♉ 24	14 ♑ 12	14 ♏ 18	20 ♓ 23	20 ♌ 54	11 ♋ 36	8 ♉	26 ♓	15 ♐	4 ♈	21 ♈
23	3 ♓ 29	27 ♒ 13	12 ♌ 50	13 R 42	24 ♒ 36	18 ♒ 17	11 ♉ 3	14 ♑ 23	14 R 18	20 ♓ 26	20 ♌ 52	11 ♋ 35	8 ♉	27 ♓	15 ♐	5 ♈	21 ♈
24	4 ♓ 30	11 ♓ 37	12 ♌ 47	13 ♌ 41	26 ♒ 20	19 ♒ 32	11 ♉ 42	14 ♑ 34	14 ♏ 18	20 ♓ 30	20 ♌ 50	11 ♋ 35	8 ♉	27 ♓	15 ♐	5 ♈	21 ♈
25	5 ♓ 30	25 ♓ 44	12 ♌ 44	13 ♌ 38	28 ♒ 5	20 ♒ 47	12 ♉ 20	14 ♑ 46	14 ♏ 18	20 ♓ 33	20 ♌ 49	11 ♋ 34	9 ♉	27 ♓	15 ♐	5 ♈	21 ♈
26	6 ♓ 30	9 ♈ 30	12 ♌ 41	13 ♌ 35	29 ♒ 51	22 ♒ 2	12 ♉ 59	14 ♑ 57	14 ♏ 18	20 ♓ 36	20 ♌ 47	11 ♋ 33	9 ♉	28 ♓	15 ♐	6 ♈	21 ♈
27	7 ♓ 31	22 ♈ 53	12 ♌ 37	13 ♌ 31	1 ♓ 38	23 ♒ 16	13 ♉ 38	15 ♑ 8	14 ♏ 17	20 ♓ 40	20 ♌ 45	11 ♋ 33	9 ♉	28 ♓	16 ♐	6 ♈	21 ♈
28	8 ♓ 31	5 ♉ 52	12 ♌ 34	13 ♌ 28	3 ♓ 26	24 ♒ 31	14 ♉ 16	15 ♑ 18	14 ♏ 17	20 ♓ 43	20 ♌ 44	11 ♋ 32	10 ♉	28 ♓	16 ♐	7 ♈	21 ♈

SUN INGRESS	☉ → ♓ 19日 12:43
MOON PHASE	◐ 1日 01:43 ♉　○ 9日 06:49 ♌　◑ 16日 18:41 ♏　● 23日 11:12 ♓

aspects		
3日	17:05	☉□♄
4日	06:22	☿☌♀
9日	03:08	☿□♂
9日	16:10	♃☍♇
10日	19:51	☉☍♆
11日	00:49	♀□♂
16日	20:18	☿□♄
19日	19:23	♀□♄
20日	20:20	☿☍♆
22日	13:32	♃⚹♄
23日	19:43	♂⚹♇
25日	00:36	♀☍♆
28日	00:18	♂☍♄

1925年3月

DAY	☉	☽	☊ mean	☊ true	☿	♀	♂	♃	♄	♅	♆	♇	⚳	⚴	⚵	⚶	⚷
	° ′	° ′	° ′	° ′	° ′	° ′	° ′	° ′	° ′	° ′	° ′	° ′	°	°	°	°	°
1	9 ♓ 31	18 ♉ 29	12 ♌ 31	13 R 25	5 D 15	25 D 46	14 D 55	15 D 29	14 R 16	20 D 46	20 R 42	11 R 31	10 D	29 D	16 D	7 D	21 D
2	10 ♓ 31	0 ♊ 47	12 ♌ 28	13 ♌ 23	7 ♓ 5	27 ♒ 1	15 ♉ 34	15 ♑ 40	14 ♏ 15	20 ♓ 50	20 ♌ 41	11 ♋ 31	10 ♉	29 ♓	16 ♐	8 ♈	21 ♈
3	11 ♓ 32	12 ♊ 51	12 ♌ 25	13 D 23	8 ♓ 56	28 ♒ 16	16 ♉ 12	15 ♑ 50	14 ♏ 15	20 ♓ 53	20 ♌ 39	11 ♋ 30	11 ♉	29 ♓	16 ♐	8 ♈	21 ♈
4	12 ♓ 32	24 ♊ 45	12 ♌ 22	13 ♌ 23	10 ♓ 48	29 ♒ 30	16 ♉ 51	16 ♑ 1	14 ♏ 14	20 ♓ 56	20 ♌ 38	11 ♋ 30	11 ♉	0 ♈	16 ♐	9 ♈	21 ♈
5	13 ♓ 32	6 ♋ 34	12 ♌ 18	13 ♌ 25	12 ♓ 41	0 ♓ 45	17 ♉ 30	16 ♑ 11	14 ♏ 13	21 ♓ 0	20 ♌ 36	11 ♋ 29	11 ♉	0 ♈	17 ♐	9 ♈	21 ♈
6	14 ♓ 32	18 ♋ 24	12 ♌ 15	13 ♌ 27	14 ♓ 35	2 ♓ 0	18 ♉ 8	16 ♑ 21	14 ♏ 12	21 ♓ 3	20 ♌ 34	11 ♋ 29	12 ♉	1 ♈	17 ♐	9 ♈	21 ♈
7	15 ♓ 32	0 ♌ 18	12 ♌ 12	13 ♌ 28	16 ♓ 30	3 ♓ 15	18 ♉ 47	16 ♑ 31	14 ♏ 10	21 ♓ 7	20 ♌ 33	11 ♋ 28	12 ♉	1 ♈	17 ♐	10 ♈	21 ♈
8	16 ♓ 32	12 ♌ 21	12 ♌ 9	13 ♌ 29	18 ♓ 26	4 ♓ 29	19 ♉ 26	16 ♑ 42	14 ♏ 9	21 ♓ 10	20 ♌ 31	11 ♋ 28	12 ♉	1 ♈	17 ♐	10 ♈	21 ♈
9	17 ♓ 32	24 ♌ 37	12 ♌ 6	13 R 28	20 ♓ 22	5 ♓ 44	20 ♉ 4	16 ♑ 51	14 ♏ 8	21 ♓ 14	20 ♌ 30	11 ♋ 27	13 ♉	2 ♈	17 ♐	11 ♈	22 ♈
10	18 ♓ 32	7 ♍ 6	12 ♌ 3	13 ♌ 26	22 ♓ 19	6 ♓ 59	20 ♉ 43	17 ♑ 1	14 ♏ 6	21 ♓ 17	20 ♌ 29	11 ♋ 27	13 ♉	2 ♈	17 ♐	11 ♈	22 ♈
11	19 ♓ 32	19 ♍ 51	11 ♌ 59	13 ♌ 22	24 ♓ 17	8 ♓ 14	21 ♉ 22	17 ♑ 11	14 ♏ 5	21 ♓ 20	20 ♌ 27	11 ♋ 27	13 ♉	2 ♈	18 ♐	12 ♈	22 ♈
12	20 ♓ 32	2 ♎ 52	11 ♌ 56	13 ♌ 17	26 ♓ 15	9 ♓ 28	22 ♉ 0	17 ♑ 21	14 ♏ 3	21 ♓ 24	20 ♌ 26	11 ♋ 26	14 ♉	3 ♈	18 ♐	12 ♈	22 ♈
13	21 ♓ 32	16 ♎ 9	11 ♌ 53	13 ♌ 10	28 ♓ 13	10 ♓ 43	22 ♉ 39	17 ♑ 30	14 ♏ 1	21 ♓ 27	20 ♌ 24	11 ♋ 26	14 ♉	3 ♈	18 ♐	13 ♈	22 ♈
14	22 ♓ 31	29 ♎ 38	11 ♌ 50	13 ♌ 4	0 ♈ 11	11 ♓ 58	23 ♉ 18	17 ♑ 39	13 ♏ 59	21 ♓ 31	20 ♌ 23	11 ♋ 26	15 ♉	4 ♈	18 ♐	13 ♈	22 ♈
15	23 ♓ 31	13 ♏ 20	11 ♌ 47	12 ♌ 58	2 ♈ 9	13 ♓ 12	23 ♉ 56	17 ♑ 49	13 ♏ 57	21 ♓ 34	20 ♌ 22	11 ♋ 25	15 ♉	4 ♈	18 ♐	14 ♈	22 ♈
16	24 ♓ 31	27 ♏ 10	11 ♌ 43	12 ♌ 53	4 ♈ 7	14 ♓ 27	24 ♉ 35	17 ♑ 58	13 ♏ 55	21 ♓ 38	20 ♌ 20	11 ♋ 25	15 ♉	4 ♈	18 ♐	14 ♈	22 ♈
17	25 ♓ 31	11 ♐ 9	11 ♌ 40	12 ♌ 50	6 ♈ 4	15 ♓ 42	25 ♉ 14	18 ♑ 7	13 ♏ 53	21 ♓ 41	20 ♌ 19	11 ♋ 25	16 ♉	5 ♈	18 ♐	14 ♈	22 ♈
18	26 ♓ 30	25 ♐ 13	11 ♌ 37	12 ♌ 49	7 ♈ 59	16 ♓ 56	25 ♉ 52	18 ♑ 16	13 ♏ 51	21 ♓ 44	20 ♌ 18	11 ♋ 25	16 ♉	5 ♈	18 ♐	15 ♈	22 ♈
19	27 ♓ 30	9 ♑ 22	11 ♌ 34	12 D 50	9 ♈ 53	18 ♓ 11	26 ♉ 31	18 ♑ 24	13 ♏ 48	21 ♓ 48	20 ♌ 16	11 ♋ 25	16 ♉	5 ♈	19 ♐	15 ♈	22 ♈
20	28 ♓ 30	23 ♑ 34	11 ♌ 31	12 ♌ 51	11 ♈ 46	19 ♓ 25	27 ♉ 9	18 ♑ 33	13 ♏ 46	21 ♓ 51	20 ♌ 15	11 ♋ 24	17 ♉	6 ♈	19 ♐	16 ♈	22 ♈
21	29 ♓ 29	7 ♒ 47	11 ♌ 28	12 ♌ 52	13 ♈ 35	20 ♓ 40	27 ♉ 48	18 ♑ 42	13 ♏ 43	21 ♓ 55	20 ♌ 14	11 ♋ 24	17 ♉	6 ♈	19 ♐	16 ♈	22 ♈
22	0 ♈ 29	22 ♒ 0	11 ♌ 24	12 R 52	15 ♈ 23	21 ♓ 55	28 ♉ 27	18 ♑ 50	13 ♏ 41	21 ♓ 58	20 ♌ 13	11 ♋ 24	17 ♉	7 ♈	19 ♐	17 ♈	22 ♈
23	1 ♈ 28	6 ♓ 8	11 ♌ 21	12 ♌ 49	17 ♈ 6	23 ♓ 9	29 ♉ 5	18 ♑ 58	13 ♏ 38	22 ♓ 2	20 ♌ 11	11 ♋ 24	18 ♉	7 ♈	19 ♐	17 ♈	22 ♈
24	2 ♈ 28	20 ♓ 9	11 ♌ 18	12 ♌ 45	18 ♈ 47	24 ♓ 24	29 ♉ 44	19 ♑ 6	13 ♏ 35	22 ♓ 5	20 ♌ 10	11 ♋ 24	18 ♉	7 ♈	19 ♐	18 ♈	22 ♈
25	3 ♈ 27	3 ♈ 58	11 ♌ 15	12 ♌ 38	20 ♈ 23	25 ♓ 38	0 ♊ 22	19 ♑ 14	13 ♏ 32	22 ♓ 8	20 ♌ 9	11 ♋ 24	18 ♉	8 ♈	19 ♐	18 ♈	22 ♈
26	4 ♈ 27	17 ♈ 31	11 ♌ 12	12 ♌ 29	21 ♈ 54	26 ♓ 53	1 ♊ 1	19 ♑ 22	13 ♏ 29	22 ♓ 12	20 ♌ 8	11 ♋ 24	19 ♉	8 ♈	19 ♐	19 ♈	22 ♈
27	5 ♈ 26	0 ♉ 46	11 ♌ 8	12 ♌ 20	23 ♈ 21	28 ♓ 8	1 ♊ 40	19 ♑ 30	13 ♏ 26	22 ♓ 15	20 ♌ 7	11 D 24	19 ♉	8 ♈	19 ♐	19 ♈	23 ♈
28	6 ♈ 26	13 ♉ 42	11 ♌ 5	12 ♌ 11	24 ♈ 42	29 ♓ 22	2 ♊ 18	19 ♑ 37	13 ♏ 23	22 ♓ 18	20 ♌ 6	11 ♋ 24	20 ♉	9 ♈	19 ♐	19 ♈	23 ♈
29	7 ♈ 25	26 ♉ 18	11 ♌ 2	12 ♌ 2	25 ♈ 58	0 ♈ 37	2 ♊ 57	19 ♑ 45	13 ♏ 20	22 ♓ 22	20 ♌ 5	11 ♋ 24	20 ♉	9 ♈	19 ♐	20 ♈	23 ♈
30	8 ♈ 24	8 ♊ 37	10 ♌ 59	11 ♌ 56	27 ♈ 8	1 ♈ 51	3 ♊ 35	19 ♑ 52	13 ♏ 17	22 ♓ 25	20 ♌ 4	11 ♋ 24	20 ♉	10 ♈	19 ♐	20 ♈	23 ♈
31	9 ♈ 23	20 ♊ 42	10 ♌ 56	11 ♌ 52	28 ♈ 11	3 ♈ 6	4 ♊ 14	19 ♑ 59	13 ♏ 14	22 ♓ 28	20 ♌ 3	11 ♋ 24	21 ♉	10 ♈	20 ♐	21 ♈	23 ♈

SUN INGRESS: ☉→♈ 21日 12:12

MOON PHASE: ◐ 2日 21:06 ♊ ○ 10日 23:21 ♍ ◑ 18日 02:21 ♐ ● 24日 23:03 ♈

aspects	
2日 05:10	♂△♃
2日 23:27	☉△♇
4日 08:47	☿△♇
5日 16:01	☉△♄
5日 19:05	☿△♄
5日 22:33	☉☌☿
7日 00:19	☿⚹♃
8日 04:33	☉⚹♃
8日 18:34	♀⚹♂
9日 10:52	☿☌♅
9日 15:16	♂□♆
10日 23:04	♂⚹♅
12日 22:11	☉☌♅
13日 13:47	♀△♇
15日 14:03	♀△♄
16日 04:42	☉⚹♂
19日 04:57	♀⚹♃
19日 19:25	☿□♇
22日 01:10	♀☌♅
24日 05:16	☿□♃
24日 20:35	☿△♆

1925年4月

DAY	☉	☽	☊ mean	☊ true	☿	♀	♂	♃	♄	♅	♆	♇	⚳	⚴	⚵	⚶	⚷
	° ′	° ′	° ′	° ′	° ′	° ′	° ′	° ′	° ′	° ′	° ′	° ′	°	°	°	°	°
1	10 ♈ 23	2 ♋ 37	10 ♌ 53	11 R 50	29 D 8	4 D 20	4 D 52	20 D 6	13 R 10	22 D 32	20 R 2	11 D 24	21 D	10 D	20 D	21 D	23 D
2	11 ♈ 22	14 ♋ 26	10 ♌ 49	11 D 49	29 ♈ 59	5 ♈ 34	5 ♊ 31	20 ♑ 13	13 ♏ 7	22 ♓ 35	20 ♌ 1	11 ♋ 24	22 ♉	11 ♈	20 ♐	22 ♈	23 ♈
3	12 ♈ 21	26 ♋ 16	10 ♌ 46	11 ♌ 50	0 ♉ 43	6 ♈ 49	6 ♊ 9	20 ♑ 20	13 ♏ 3	22 ♓ 38	20 ♌ 0	11 ♋ 25	22 ♉	11 ♈	20 ♐	22 ♈	23 ♈
4	13 ♈ 20	8 ♌ 11	10 ♌ 43	11 ♌ 51	1 ♉ 19	8 ♈ 3	6 ♊ 48	20 ♑ 26	13 ♏ 0	22 ♓ 42	19 ♌ 59	11 ♋ 25	22 ♉	12 ♈	20 ♐	23 ♈	23 ♈
5	14 ♈ 19	20 ♌ 17	10 ♌ 40	11 R 50	1 ♉ 49	9 ♈ 18	7 ♊ 27	20 ♑ 33	12 ♏ 56	22 ♓ 45	19 ♌ 58	11 ♋ 25	23 ♉	12 ♈	20 ♐	23 ♈	23 ♈
6	15 ♈ 18	2 ♍ 38	10 ♌ 37	11 ♌ 48	2 ♉ 12	10 ♈ 32	8 ♊ 5	20 ♑ 39	12 ♏ 52	22 ♓ 48	19 ♌ 57	11 ♋ 25	23 ♉	12 ♈	20 ♐	24 ♈	23 ♈
7	16 ♈ 17	15 ♍ 18	10 ♌ 34	11 ♌ 44	2 ♉ 28	11 ♈ 46	8 ♊ 43	20 ♑ 45	12 ♏ 49	22 ♓ 51	19 ♌ 57	11 ♋ 26	23 ♉	13 ♈	20 ♐	24 ♈	23 ♈
8	17 ♈ 16	28 ♍ 18	10 ♌ 30	11 ♌ 37	2 ♉ 37	13 ♈ 1	9 ♊ 22	20 ♑ 51	12 ♏ 45	22 ♓ 54	19 ♌ 56	11 ♋ 26	24 ♉	13 ♈	20 ♐	24 ♈	23 ♈
9	18 ♈ 15	11 ♎ 39	10 ♌ 27	11 ♌ 27	2 R 39	14 ♈ 15	10 ♊ 0	20 ♑ 57	12 ♏ 41	22 ♓ 58	19 ♌ 55	11 ♋ 26	24 ♉	14 ♈	20 ♐	25 ♈	23 ♈
10	19 ♈ 14	25 ♎ 20	10 ♌ 24	11 ♌ 17	2 ♉ 35	15 ♈ 29	10 ♊ 39	21 ♑ 2	12 ♏ 37	23 ♓ 1	19 ♌ 54	11 ♋ 26	25 ♉	14 ♈	20 R	25 ♈	23 ♈
11	20 ♈ 13	9 ♏ 17	10 ♌ 21	11 ♌ 6	2 ♉ 24	16 ♈ 44	11 ♊ 17	21 ♑ 8	12 ♏ 33	23 ♓ 4	19 ♌ 54	11 ♋ 27	25 ♉	14 ♈	20 ♐	26 ♈	23 ♈
12	21 ♈ 12	23 ♏ 25	10 ♌ 18	10 ♌ 55	2 ♉ 8	17 ♈ 58	11 ♊ 56	21 ♑ 13	12 ♏ 29	23 ♓ 7	19 ♌ 53	11 ♋ 27	25 ♉	15 ♈	20 ♐	26 ♈	23 ♈
13	22 ♈ 11	7 ♐ 40	10 ♌ 14	10 ♌ 47	1 ♉ 46	19 ♈ 12	12 ♊ 34	21 ♑ 18	12 ♏ 25	23 ♓ 10	19 ♌ 53	11 ♋ 28	26 ♉	15 ♈	20 ♐	27 ♈	24 ♈
14	23 ♈ 9	21 ♐ 57	10 ♌ 11	10 ♌ 41	1 ♉ 19	20 ♈ 27	13 ♊ 12	21 ♑ 23	12 ♏ 21	23 ♓ 13	19 ♌ 52	11 ♋ 28	26 ♉	16 ♈	20 ♐	27 ♈	24 ♈
15	24 ♈ 8	6 ♑ 12	10 ♌ 8	10 ♌ 38	0 ♉ 47	21 ♈ 41	13 ♊ 51	21 ♑ 28	12 ♏ 17	23 ♓ 16	19 ♌ 51	11 ♋ 29	27 ♉	16 ♈	20 ♐	28 ♈	24 ♈
16	25 ♈ 7	20 ♑ 25	10 ♌ 5	10 ♌ 37	0 ♉ 12	22 ♈ 55	14 ♊ 29	21 ♑ 33	12 ♏ 12	23 ♓ 19	19 ♌ 51	11 ♋ 29	27 ♉	16 ♈	20 ♐	28 ♈	24 ♈
17	26 ♈ 5	4 ♒ 27	10 ♌ 2	10 D 37	29 ♈ 34	24 ♈ 9	15 ♊ 8	21 ♑ 37	12 ♏ 8	23 ♓ 22	19 ♌ 50	11 ♋ 29	27 ♉	17 ♈	20 ♐	29 ♈	24 ♈
18	27 ♈ 4	18 ♒ 25	9 ♌ 59	10 R 37	28 ♈ 54	25 ♈ 24	15 ♊ 46	21 ♑ 42	12 ♏ 4	23 ♓ 25	19 ♌ 50	11 ♋ 30	28 ♉	17 ♈	20 ♐	29 ♈	24 ♈
19	28 ♈ 3	2 ♓ 16	9 ♌ 55	10 ♌ 35	28 ♈ 12	26 ♈ 38	16 ♊ 24	21 ♑ 46	12 ♏ 0	23 ♓ 28	19 ♌ 50	11 ♋ 31	28 ♉	18 ♈	20 ♐	29 ♈	24 ♈
20	29 ♈ 1	16 ♓ 0	9 ♌ 52	10 ♌ 31	27 ♈ 29	27 ♈ 52	17 ♊ 3	21 ♑ 50	11 ♏ 55	23 ♓ 31	19 ♌ 49	11 ♋ 31	28 ♉	18 ♈	19 ♐	0 ♉	24 ♈
21	0 ♉ 0	29 ♓ 34	9 ♌ 49	10 ♌ 25	26 ♈ 47	29 ♈ 6	17 ♊ 41	21 ♑ 53	11 ♏ 51	23 ♓ 34	19 ♌ 49	11 ♋ 32	29 ♉	18 ♈	19 ♐	0 ♉	24 ♈
22	0 ♉ 58	12 ♈ 59	9 ♌ 46	10 ♌ 15	26 ♈ 5	0 ♉ 20	18 ♊ 19	21 ♑ 57	11 ♏ 46	23 ♓ 37	19 ♌ 48	11 ♋ 32	29 ♉	19 ♈	19 ♐	1 ♉	24 ♈
23	1 ♉ 57	26 ♈ 11	9 ♌ 43	10 ♌ 3	25 ♈ 25	1 ♉ 35	18 ♊ 58	22 ♑ 0	11 ♏ 42	23 ♓ 40	19 ♌ 48	11 ♋ 33	0 ♊	19 ♈	19 ♐	1 ♉	24 ♈
24	2 ♉ 55	9 ♉ 10	9 ♌ 40	9 ♌ 50	24 ♈ 48	2 ♉ 49	19 ♊ 36	22 ♑ 4	11 ♏ 38	23 ♓ 43	19 ♌ 48	11 ♋ 34	0 ♊	20 ♈	19 ♐	2 ♉	24 ♈
25	3 ♉ 54	21 ♉ 53	9 ♌ 36	9 ♌ 37	24 ♈ 13	4 ♉ 3	20 ♊ 14	22 ♑ 7	11 ♏ 33	23 ♓ 46	19 ♌ 48	11 ♋ 34	1 ♊	20 ♈	19 ♐	2 ♉	24 ♈
26	4 ♉ 52	4 ♊ 21	9 ♌ 33	9 ♌ 25	23 ♈ 41	5 ♉ 17	20 ♊ 52	22 ♑ 10	11 ♏ 29	23 ♓ 49	19 ♌ 47	11 ♋ 35	1 ♊	20 ♈	19 ♐	3 ♉	24 ♈
27	5 ♉ 51	16 ♊ 35	9 ♌ 30	9 ♌ 16	23 ♈ 13	6 ♉ 31	21 ♊ 31	22 ♑ 12	11 ♏ 24	23 ♓ 51	19 ♌ 47	11 ♋ 36	1 ♊	21 ♈	19 ♐	3 ♉	24 ♈
28	6 ♉ 49	28 ♊ 37	9 ♌ 27	9 ♌ 8	22 ♈ 50	7 ♉ 45	22 ♊ 9	22 ♑ 15	11 ♏ 20	23 ♓ 54	19 ♌ 47	11 ♋ 36	2 ♊	21 ♈	19 ♐	4 ♉	24 ♈
29	7 ♉ 47	10 ♋ 30	9 ♌ 24	9 ♌ 4	22 ♈ 31	8 ♉ 59	22 ♊ 47	22 ♑ 17	11 ♏ 15	23 ♓ 57	19 ♌ 47	11 ♋ 37	2 ♊	22 ♈	19 ♐	4 ♉	24 ♈
30	8 ♉ 46	22 ♋ 19	9 ♌ 20	9 ♌ 2	22 ♈ 16	10 ♉ 13	23 ♊ 25	22 ♑ 19	11 ♏ 11	23 ♓ 59	19 ♌ 47	11 ♋ 38	3 ♊	22 ♈	19 ♐	4 ♉	25 ♈

SUN INGRESS: ☉→♉ 20日 23:51

MOON PHASE: ◐ 1日 17:12 ♋ ○ 9日 12:33 ♎ ◑ 16日 08:40 ♑ ● 23日 11:28 ♉

aspects	
1日 21:41	♀⚹♂
2日 01:01	☉□♇
6日 17:13	♀□♇
10日 16:18	☉△♆
12日 00:40	☉□♃
13日 12:53	♀△♆
14日 19:35	♀□♃
19日 02:10	☉☌☿
19日 19:19	☿☌♀
24日 07:31	♂⚹♆
24日 10:11	☉☌♀
24日 18:34	♄△♇
28日 16:51	☿⚹♂
29日 18:41	♀□♃
30日 17:29	♀☍♄
30日 22:55	♂□♅

1925年5月

DAY	☉	☽	☊ mean	☊ true	☿	♀	♂	♃	♄	♅	♆	♇	⚳	⚴	⚵	⚶	⚷
	° ′	° ′	° ′	° ′	° ′	° ′	° ′	° ′	° ′	° ′	° ′	° ′	°	°	°	°	°
1	9 ♉ 44	4 ♌ 8	9 ♌ 17	9 R 1	22 R 6	11 D 27	24 D 4	22 D 21	11 R 6	24 D 2	19 R 47	11 D 39	3 D	22 D	18 R	5 D	25 D
2	10 ♉ 42	16 ♌ 2	9 ♌ 14	9 ♌ 1	22 ♈ 1	12 ♉ 41	24 ♊ 42	22 ♑ 23	11 ♏ 1	24 ♓ 5	19 D 47	11 ♋ 40	3 ♊	23 ♈	18 ♐	5 ♉	25 ♈
3	11 ♉ 40	28 ♌ 8	9 ♌ 11	9 ♌ 1	22 D 1	13 ♉ 55	25 ♊ 20	22 ♑ 25	10 ♏ 57	24 ♓ 7	19 ♌ 47	11 ♋ 40	4 ♊	23 ♈	18 ♐	6 ♉	25 ♈
4	12 ♉ 38	10 ♍ 31	9 ♌ 8	8 ♌ 58	22 ♈ 5	15 ♉ 9	25 ♊ 58	22 ♑ 26	10 ♏ 52	24 ♓ 10	19 ♌ 47	11 ♋ 41	4 ♊	24 ♈	18 ♐	6 ♉	25 ♈
5	13 ♉ 37	23 ♍ 14	9 ♌ 5	8 ♌ 54	22 ♈ 15	16 ♉ 23	26 ♊ 37	22 ♑ 27	10 ♏ 48	24 ♓ 12	19 ♌ 47	11 ♋ 42	5 ♊	24 ♈	18 ♐	7 ♉	25 ♈
6	14 ♉ 35	6 ♎ 22	9 ♌ 1	8 ♌ 47	22 ♈ 29	17 ♉ 37	27 ♊ 15	22 ♑ 28	10 ♏ 43	24 ♓ 15	19 ♌ 47	11 ♋ 43	5 ♊	24 ♈	18 ♐	7 ♉	25 ♈
7	15 ♉ 33	19 ♎ 56	8 ♌ 58	8 ♌ 37	22 ♈ 47	18 ♉ 51	27 ♊ 53	22 ♑ 29	10 ♏ 39	24 ♓ 17	19 ♌ 48	11 ♋ 44	5 ♊	25 ♈	18 ♐	8 ♉	25 ♈
8	16 ♉ 31	3 ♏ 54	8 ♌ 55	8 ♌ 26	23 ♈ 10	20 ♉ 5	28 ♊ 31	22 ♑ 30	10 ♏ 34	24 ♓ 20	19 ♌ 48	11 ♋ 45	6 ♊	25 ♈	18 ♐	8 ♉	25 ♈
9	17 ♉ 29	18 ♏ 12	8 ♌ 52	8 ♌ 15	23 ♈ 37	21 ♉ 19	29 ♊ 9	22 ♑ 30	10 ♏ 30	24 ♓ 22	19 ♌ 48	11 ♋ 46	6 ♊	26 ♈	17 ♐	8 ♉	25 ♈
10	18 ♉ 27	2 ♐ 46	8 ♌ 49	8 ♌ 4	24 ♈ 9	22 ♉ 33	29 ♊ 47	22 ♑ 31	10 ♏ 25	24 ♓ 24	19 ♌ 48	11 ♋ 47	7 ♊	26 ♈	17 ♐	9 ♉	25 ♈
11	19 ♉ 25	17 ♐ 27	8 ♌ 45	7 ♌ 55	24 ♈ 44	23 ♉ 47	0 ♋ 25	22 ♑ 31	10 ♏ 21	24 ♓ 27	19 ♌ 49	11 ♋ 48	7 ♊	26 ♈	17 ♐	9 ♉	25 ♈
12	20 ♉ 22	2 ♑ 8	8 ♌ 42	7 ♌ 49	25 ♈ 23	25 ♉ 1	1 ♋ 3	22 R 31	10 ♏ 16	24 ♓ 29	19 ♌ 49	11 ♋ 49	8 ♊	27 ♈	17 ♐	10 ♉	25 ♈
13	21 ♉ 20	16 ♑ 42	8 ♌ 39	7 ♌ 45	26 ♈ 6	26 ♉ 15	1 ♋ 42	22 ♑ 30	10 ♏ 12	24 ♓ 31	19 ♌ 49	11 ♋ 50	8 ♊	27 ♈	17 ♐	10 ♉	25 ♈
14	22 ♉ 18	1 ♒ 6	8 ♌ 36	7 ♌ 44	26 ♈ 53	27 ♉ 29	2 ♋ 20	22 ♑ 30	10 ♏ 8	24 ♓ 33	19 ♌ 50	11 ♋ 51	8 ♊	28 ♈	17 ♐	11 ♉	25 ♈
15	23 ♉ 16	15 ♒ 16	8 ♌ 33	7 D 44	27 ♈ 43	28 ♉ 42	2 ♋ 58	22 ♑ 29	10 ♏ 3	24 ♓ 36	19 ♌ 50	11 ♋ 52	9 ♊	28 ♈	16 ♐	11 ♉	25 ♈
16	24 ♉ 14	29 ♒ 12	8 ♌ 30	7 R 44	28 ♈ 37	29 ♉ 56	3 ♋ 36	22 ♑ 28	9 ♏ 59	24 ♓ 38	19 ♌ 50	11 ♋ 53	9 ♊	28 ♈	16 ♐	12 ♉	25 ♈
17	25 ♉ 12	12 ♓ 53	8 ♌ 26	7 ♌ 43	29 ♈ 34	1 ♊ 10	4 ♋ 14	22 ♑ 27	9 ♏ 55	24 ♓ 40	19 ♌ 51	11 ♋ 54	10 ♊	29 ♈	16 ♐	12 ♉	26 ♈
18	26 ♉ 10	26 ♓ 21	8 ♌ 23	7 ♌ 39	0 ♉ 33	2 ♊ 24	4 ♋ 52	22 ♑ 26	9 ♏ 50	24 ♓ 42	19 ♌ 52	11 ♋ 55	10 ♊	29 ♈	16 ♐	12 ♉	26 ♈
19	27 ♉ 7	9 ♈ 36	8 ♌ 20	7 ♌ 33	1 ♉ 36	3 ♊ 38	5 ♋ 30	22 ♑ 25	9 ♏ 46	24 ♓ 44	19 ♌ 52	11 ♋ 56	10 ♊	0 ♉	16 ♐	13 ♉	26 ♈
20	28 ♉ 5	22 ♈ 38	8 ♌ 17	7 ♌ 25	2 ♉ 42	4 ♊ 51	6 ♋ 8	22 ♑ 23	9 ♏ 42	24 ♓ 46	19 ♌ 53	11 ♋ 58	11 ♊	0 ♉	15 ♐	13 ♉	26 ♈
21	29 ♉ 3	5 ♉ 29	8 ♌ 14	7 ♌ 14	3 ♉ 51	6 ♊ 5	6 ♋ 46	22 ♑ 21	9 ♏ 38	24 ♓ 48	19 ♌ 53	11 ♋ 59	11 ♊	0 ♉	15 ♐	14 ♉	26 ♈
22	0 ♊ 1	18 ♉ 8	8 ♌ 11	7 ♌ 3	5 ♉ 3	7 ♊ 19	7 ♋ 24	22 ♑ 19	9 ♏ 34	24 ♓ 50	19 ♌ 54	12 ♋ 0	12 ♊	1 ♉	15 ♐	14 ♉	26 ♈
23	0 ♊ 58	0 ♊ 35	8 ♌ 7	6 ♌ 51	6 ♉ 17	8 ♊ 33	8 ♋ 2	22 ♑ 17	9 ♏ 30	24 ♓ 51	19 ♌ 55	12 ♋ 1	12 ♊	1 ♉	15 ♐	15 ♉	26 ♈
24	1 ♊ 56	12 ♊ 51	8 ♌ 4	6 ♌ 40	7 ♉ 34	9 ♊ 47	8 ♋ 40	22 ♑ 15	9 ♏ 26	24 ♓ 53	19 ♌ 55	12 ♋ 2	13 ♊	2 ♉	15 ♐	15 ♉	26 ♈
25	2 ♊ 54	24 ♊ 56	8 ♌ 1	6 ♌ 31	8 ♉ 54	11 ♊ 0	9 ♋ 18	22 ♑ 12	9 ♏ 22	24 ♓ 55	19 ♌ 56	12 ♋ 4	13 ♊	2 ♉	14 ♐	16 ♉	26 ♈
26	3 ♊ 51	6 ♋ 53	7 ♌ 58	6 ♌ 25	10 ♉ 16	12 ♊ 14	9 ♋ 56	22 ♑ 9	9 ♏ 18	24 ♓ 57	19 ♌ 57	12 ♋ 5	13 ♊	3 ♉	14 ♐	16 ♉	26 ♈
27	4 ♊ 49	18 ♋ 43	7 ♌ 55	6 ♌ 21	11 ♉ 41	13 ♊ 28	10 ♋ 34	22 ♑ 7	9 ♏ 14	24 ♓ 58	19 ♌ 58	12 ♋ 6	14 ♊	3 ♉	14 ♐	16 ♉	26 ♈
28	5 ♊ 46	0 ♌ 29	7 ♌ 51	6 ♌ 19	13 ♉ 8	14 ♊ 42	11 ♋ 12	22 ♑ 4	9 ♏ 10	25 ♓ 0	19 ♌ 59	12 ♋ 7	14 ♊	3 ♉	14 ♐	17 ♉	26 ♈
29	6 ♊ 44	12 ♌ 17	7 ♌ 48	6 D 19	14 ♉ 38	15 ♊ 55	11 ♋ 50	22 ♑ 0	9 ♏ 6	25 ♓ 2	19 ♌ 59	12 ♋ 9	15 ♊	4 ♉	13 ♐	17 ♉	26 ♈
30	7 ♊ 42	24 ♌ 11	7 ♌ 45	6 ♌ 20	16 ♉ 10	17 ♊ 9	12 ♋ 28	21 ♑ 57	9 ♏ 2	25 ♓ 3	20 ♌ 0	12 ♋ 10	15 ♊	4 ♉	13 ♐	18 ♉	26 ♈
31	8 ♊ 39	6 ♍ 16	7 ♌ 42	6 ♌ 21	17 ♉ 45	18 ♊ 23	13 ♋ 6	21 ♑ 53	8 ♏ 59	25 ♓ 5	20 ♌ 1	12 ♋ 11	15 ♊	5 ♉	13 ♐	18 ♉	26 ♈

SUN INGRESS	☉ → ♊ 21日 23:33
MOON PHASE	◐ 1日 12:20 ♌　○ 8日 22:42 ♏　◑ 15日 14:46 ♒　● 23日 00:48 ♊　◐ 31日 05:04 ♍

aspects	
1日 03:44	♀⚹♇
2日 07:26	☉☍♄
3日 00:05	☉⚹♇
5日 23:32	☿□♃
7日 18:18	♀□♆
9日 23:11	♀△♃
11日 09:58	☉□♆
11日 13:20	♀⚹♅
14日 04:44	☉△♃
16日 10:13	☉⚹♅
25日 01:59	♂△♄
25日 07:48	☿☍♄
25日 13:19	☿⚹♂
27日 07:04	☿⚹♇
29日 12:06	♂☌♇

1925年6月

DAY	☉	☽	☊ mean	☊ true	☿	♀	♂	♃	♄	♅	♆	♇	⚳	⚴	⚵	⚶	⚷
	° ′	° ′	° ′	° ′	° ′	° ′	° ′	° ′	° ′	° ′	° ′	° ′	°	°	°	°	°
1	9 ♊ 37	18 ♍ 37	7 ♌ 39	6 R 20	19 D 23	19 D 36	13 D 44	21 R 49	8 R 55	25 D 6	20 D 2	12 D 12	16 D	5 D	13 R	19 D	26 D
2	10 ♊ 34	1 ♎ 20	7 ♌ 36	6 ♌ 18	21 ♉ 2	20 ♊ 50	14 ♋ 22	21 ♑ 46	8 ♏ 52	25 ♓ 7	20 ♌ 3	12 ♋ 14	16 ♊	5 ♉	13 ♐	19 ♉	26 ♈
3	11 ♊ 32	14 ♎ 28	7 ♌ 32	6 ♌ 14	22 ♉ 45	22 ♊ 4	15 ♋ 0	21 ♑ 41	8 ♏ 48	25 ♓ 9	20 ♌ 4	12 ♋ 15	17 ♊	6 ♉	12 ♐	19 ♉	26 ♈
4	12 ♊ 29	28 ♎ 3	7 ♌ 29	6 ♌ 8	24 ♉ 29	23 ♊ 17	15 ♋ 38	21 ♑ 37	8 ♏ 45	25 ♓ 10	20 ♌ 5	12 ♋ 16	17 ♊	6 ♉	12 ♐	20 ♉	26 ♈
5	13 ♊ 26	12 ♏ 7	7 ♌ 26	6 ♌ 0	26 ♉ 16	24 ♊ 31	16 ♋ 16	21 ♑ 33	8 ♏ 42	25 ♓ 11	20 ♌ 6	12 ♋ 18	18 ♊	7 ♉	12 ♐	20 ♉	26 ♈
6	14 ♊ 24	26 ♏ 35	7 ♌ 23	5 ♌ 52	28 ♉ 6	25 ♊ 44	16 ♋ 54	21 ♑ 28	8 ♏ 38	25 ♓ 13	20 ♌ 7	12 ♋ 19	18 ♊	7 ♉	12 ♐	21 ♉	27 ♈
7	15 ♊ 21	11 ♐ 24	7 ♌ 20	5 ♌ 45	29 ♉ 58	26 ♊ 58	17 ♋ 31	21 ♑ 23	8 ♏ 35	25 ♓ 14	20 ♌ 9	12 ♋ 21	18 ♊	8 ♉	11 ♐	21 ♉	27 ♈
8	16 ♊ 19	26 ♐ 23	7 ♌ 17	5 ♌ 39	1 ♊ 52	28 ♊ 11	18 ♋ 9	21 ♑ 19	8 ♏ 32	25 ♓ 15	20 ♌ 10	12 ♋ 22	19 ♊	8 ♉	11 ♐	22 ♉	27 ♈
9	17 ♊ 16	11 ♑ 25	7 ♌ 13	5 ♌ 35	3 ♊ 48	29 ♊ 25	18 ♋ 47	21 ♑ 14	8 ♏ 29	25 ♓ 16	20 ♌ 11	12 ♋ 23	19 ♊	8 ♉	11 ♐	22 ♉	27 ♈
10	18 ♊ 13	26 ♑ 21	7 ♌ 10	5 ♌ 33	5 ♊ 47	0 ♋ 39	19 ♋ 25	21 ♑ 8	8 ♏ 26	25 ♓ 17	20 ♌ 12	12 ♋ 25	20 ♊	9 ♉	11 ♐	22 ♉	27 ♈
11	19 ♊ 11	11 ♒ 4	7 ♌ 7	5 D 32	7 ♊ 48	1 ♋ 52	20 ♋ 3	21 ♑ 3	8 ♏ 23	25 ♓ 18	20 ♌ 13	12 ♋ 26	20 ♊	9 ♉	11 ♐	23 ♉	27 ♈
12	20 ♊ 8	25 ♒ 28	7 ♌ 4	5 ♌ 33	9 ♊ 51	3 ♋ 6	20 ♋ 41	20 ♑ 58	8 ♏ 20	25 ♓ 19	20 ♌ 15	12 ♋ 28	21 ♊	10 ♉	10 ♐	23 ♉	27 ♈
13	21 ♊ 5	9 ♓ 31	7 ♌ 1	5 ♌ 34	11 ♊ 55	4 ♋ 19	21 ♋ 19	20 ♑ 52	8 ♏ 18	25 ♓ 20	20 ♌ 16	12 ♋ 29	21 ♊	10 ♉	10 ♐	24 ♉	27 ♈
14	22 ♊ 3	23 ♓ 14	6 ♌ 57	5 R 35	14 ♊ 2	5 ♋ 33	21 ♋ 57	20 ♑ 46	8 ♏ 15	25 ♓ 21	20 ♌ 17	12 ♋ 30	21 ♊	10 ♉	10 ♐	24 ♉	27 ♈
15	23 ♊ 0	6 ♈ 37	6 ♌ 54	5 ♌ 34	16 ♊ 10	6 ♋ 46	22 ♋ 34	20 ♑ 40	8 ♏ 12	25 ♓ 22	20 ♌ 19	12 ♋ 32	22 ♊	11 ♉	10 ♐	25 ♉	27 ♈
16	23 ♊ 57	19 ♈ 42	6 ♌ 51	5 ♌ 31	18 ♊ 19	8 ♋ 0	23 ♋ 12	20 ♑ 34	8 ♏ 10	25 ♓ 22	20 ♌ 20	12 ♋ 33	22 ♊	11 ♉	9 ♐	25 ♉	27 ♈
17	24 ♊ 54	2 ♉ 30	6 ♌ 48	5 ♌ 27	20 ♊ 29	9 ♋ 13	23 ♋ 50	20 ♑ 28	8 ♏ 7	25 ♓ 23	20 ♌ 21	12 ♋ 35	22 ♊	12 ♉	9 ♐	25 ♉	27 ♈
18	25 ♊ 52	15 ♉ 5	6 ♌ 45	5 ♌ 21	22 ♊ 40	10 ♋ 27	24 ♋ 28	20 ♑ 22	8 ♏ 5	25 ♓ 24	20 ♌ 23	12 ♋ 36	23 ♊	12 ♉	9 ♐	26 ♉	27 ♈
19	26 ♊ 49	27 ♉ 28	6 ♌ 42	5 ♌ 14	24 ♊ 52	11 ♋ 40	25 ♋ 6	20 ♑ 15	8 ♏ 3	25 ♓ 24	20 ♌ 24	12 ♋ 38	24 ♊	13 ♉	9 ♐	26 ♉	27 ♈
20	27 ♊ 46	9 ♊ 40	6 ♌ 38	5 ♌ 8	27 ♊ 3	12 ♋ 54	25 ♋ 44	20 ♑ 9	8 ♏ 1	25 ♓ 25	20 ♌ 26	12 ♋ 39	24 ♊	13 ♉	9 ♐	27 ♉	27 ♈
21	28 ♊ 44	21 ♊ 43	6 ♌ 35	5 ♌ 2	29 ♊ 15	14 ♋ 7	26 ♋ 22	20 ♑ 2	7 ♏ 59	25 ♓ 25	20 ♌ 27	12 ♋ 41	24 ♊	13 ♉	8 ♐	27 ♉	27 ♈
22	29 ♊ 41	3 ♋ 39	6 ♌ 32	4 ♌ 57	1 ♋ 26	15 ♋ 21	27 ♋ 0	19 ♑ 56	7 ♏ 57	25 ♓ 26	20 ♌ 29	12 ♋ 42	25 ♊	14 ♉	8 ♐	28 ♉	27 ♈
23	0 ♋ 38	15 ♋ 30	6 ♌ 29	4 ♌ 53	3 ♋ 37	16 ♋ 34	27 ♋ 37	19 ♑ 49	7 ♏ 55	25 ♓ 26	20 ♌ 30	12 ♋ 44	25 ♊	14 ♉	8 ♐	28 ♉	27 ♈
24	1 ♋ 35	27 ♋ 17	6 ♌ 26	4 ♌ 51	5 ♋ 47	17 ♋ 47	28 ♋ 15	19 ♑ 42	7 ♏ 53	25 ♓ 27	20 ♌ 32	12 ♋ 45	26 ♊	15 ♉	8 ♐	28 ♉	27 ♈
25	2 ♋ 33	9 ♌ 4	6 ♌ 23	4 D 51	7 ♋ 56	19 ♋ 1	28 ♋ 53	19 ♑ 35	7 ♏ 51	25 ♓ 27	20 ♌ 34	12 ♋ 47	26 ♊	15 ♉	8 ♐	29 ♉	27 ♈
26	3 ♋ 30	20 ♌ 53	6 ♌ 19	4 ♌ 52	10 ♋ 4	20 ♋ 14	29 ♋ 31	19 ♑ 28	7 ♏ 50	25 ♓ 27	20 ♌ 35	12 ♋ 48	27 ♊	15 ♉	7 ♐	29 ♉	27 ♈
27	4 ♋ 27	2 ♍ 48	6 ♌ 16	4 ♌ 54	12 ♋ 10	21 ♋ 28	0 ♌ 9	19 ♑ 21	7 ♏ 48	25 ♓ 28	20 ♌ 37	12 ♋ 50	27 ♊	16 ♉	7 ♐	0 ♊	27 ♈
28	5 ♋ 24	14 ♍ 54	6 ♌ 13	4 ♌ 55	14 ♋ 15	22 ♋ 41	0 ♌ 47	19 ♑ 14	7 ♏ 47	25 ♓ 28	20 ♌ 38	12 ♋ 51	27 ♊	16 ♉	7 ♐	0 ♊	27 ♈
29	6 ♋ 21	27 ♍ 15	6 ♌ 10	4 ♌ 57	16 ♋ 18	23 ♋ 54	1 ♌ 24	19 ♑ 6	7 ♏ 46	25 ♓ 28	20 ♌ 40	12 ♋ 53	28 ♊	17 ♉	7 ♐	0 ♊	27 ♈
30	7 ♋ 19	9 ♎ 55	6 ♌ 7	4 R 57	18 ♋ 19	25 ♋ 8	2 ♌ 2	18 ♑ 59	7 ♏ 44	25 ♓ 28	20 ♌ 42	12 ♋ 54	28 ♊	17 ♉	7 ♐	1 ♊	27 ♈

SUN INGRESS	☉ → ♋ 22日 07:50
MOON PHASE	○ 7日 06:48 ♐　◑ 13日 21:44 ♓　● 21日 15:17 ♊　◐ 29日 18:43 ♎

aspects	
1日 08:34	♀⚹♆
1日 09:41	☿□♆
2日 09:49	☿△♃
4日 09:20	☿⚹♅
5日 13:29	♀□♅
12日 02:54	☉⚹♆
12日 09:11	♂☍♃
16日 03:12	♀△♄
16日 22:34	☿⚹♆
17日 12:09	☉□♅
19日 06:00	☿□♅
19日 11:52	♂△♅
19日 19:12	♀☌♇
20日 13:50	☉☌☿
24日 23:08	☿△♄
25日 10:11	♀☍♃
27日 07:42	☿☌♇
30日 06:37	♀△♅
30日 07:29	☿☍♃
30日 10:32	☉△♄

1925年7月

DAY	☉	☽	☊ mean	☊ true	☿	♀	♂	♃	♄	♅	♆	♇	⚳	⚴	⚵	⚶	⚷
	° ′	° ′	° ′	° ′	° ′	° ′	° ′	° ′	° ′	° ′	° ′	° ′	°	°	°	°	°
1	8 ♋ 16	22 ♎ 59	6 ♌ 3	4 R 56	20 D 19	26 D 21	2 D 40	18 R 51	7 R 43	25 D 28	20 D 44	12 D 56	29 D	17 D	7 R	1 D	27 D
2	9 ♋ 13	6 ♏ 30	6 ♌ 0	4 ♌ 54	22 ♋ 16	27 ♋ 34	3 ♌ 18	18 ♑ 44	7 ♏ 42	25 R 28	20 ♌ 45	12 ♋ 57	29 ♊	18 ♉	6 ♐	2 ♊	27 ♈
3	10 ♋ 10	20 ♏ 29	5 ♌ 57	4 ♌ 51	24 ♋ 12	28 ♋ 48	3 ♌ 56	18 ♑ 36	7 ♏ 41	25 ♓ 28	20 ♌ 47	12 ♋ 59	0 ♋	18 ♉	6 ♐	2 ♊	27 ♈
4	11 ♋ 7	4 ♐ 54	5 ♌ 54	4 ♌ 48	26 ♋ 5	0 ♌ 1	4 ♌ 34	18 ♑ 29	7 ♏ 40	25 ♓ 28	20 ♌ 49	13 ♋ 0	0 ♋	19 ♉	6 ♐	3 ♊	27 ♈
5	12 ♋ 5	19 ♐ 43	5 ♌ 51	4 ♌ 45	27 ♋ 57	1 ♌ 14	5 ♌ 11	18 ♑ 21	7 ♏ 40	25 ♓ 28	20 ♌ 51	13 ♋ 2	0 ♋	19 ♉	6 ♐	3 ♊	28 ♈
6	13 ♋ 2	4 ♑ 47	5 ♌ 48	4 ♌ 43	29 ♋ 47	2 ♌ 28	5 ♌ 49	18 ♑ 14	7 ♏ 39	25 ♓ 27	20 ♌ 53	13 ♋ 4	1 ♋	20 ♉	6 ♐	3 ♊	28 ♈
7	13 ♋ 59	19 ♑ 59	5 ♌ 44	4 ♌ 41	1 ♌ 34	3 ♌ 41	6 ♌ 27	18 ♑ 6	7 ♏ 38	25 ♓ 27	20 ♌ 54	13 ♋ 5	1 ♋	20 ♉	6 ♐	4 ♊	28 ♈
8	14 ♋ 56	5 ♒ 9	5 ♌ 41	4 D 41	3 ♌ 20	4 ♌ 54	7 ♌ 5	17 ♑ 58	7 ♏ 38	25 ♓ 27	20 ♌ 56	13 ♋ 7	2 ♋	20 ♉	6 ♐	4 ♊	28 ♈
9	15 ♋ 53	20 ♒ 7	5 ♌ 38	4 ♌ 41	5 ♌ 3	6 ♌ 7	7 ♌ 43	17 ♑ 51	7 ♏ 38	25 ♓ 27	20 ♌ 58	13 ♋ 8	2 ♋	21 ♉	5 ♐	5 ♊	28 ♈
10	16 ♋ 50	4 ♓ 47	5 ♌ 35	4 ♌ 42	6 ♌ 45	7 ♌ 20	8 ♌ 21	17 ♑ 43	7 ♏ 37	25 ♓ 26	21 ♌ 0	13 ♋ 10	3 ♋	21 ♉	5 ♐	5 ♊	28 ♈
11	17 ♋ 48	19 ♓ 3	5 ♌ 32	4 ♌ 44	8 ♌ 24	8 ♌ 34	8 ♌ 58	17 ♑ 35	7 ♏ 37	25 ♓ 26	21 ♌ 2	13 ♋ 11	3 ♋	22 ♉	5 ♐	5 ♊	28 ♈
12	18 ♋ 45	2 ♈ 55	5 ♌ 29	4 ♌ 45	10 ♌ 2	9 ♌ 47	9 ♌ 36	17 ♑ 28	7 ♏ 37	25 ♓ 25	21 ♌ 4	13 ♋ 13	3 ♋	22 ♉	5 ♐	6 ♊	28 ♈
13	19 ♋ 42	16 ♈ 21	5 ♌ 25	4 ♌ 45	11 ♌ 37	11 ♌ 0	10 ♌ 14	17 ♑ 20	7 D 37	25 ♓ 25	21 ♌ 6	13 ♋ 14	4 ♋	22 ♉	5 ♐	6 ♊	28 ♈
14	20 ♋ 39	29 ♈ 25	5 ♌ 22	4 R 45	13 ♌ 11	12 ♌ 13	10 ♌ 52	17 ♑ 12	7 ♏ 37	25 ♓ 24	21 ♌ 8	13 ♋ 16	4 ♋	23 ♉	5 ♐	7 ♊	28 ♈
15	21 ♋ 37	12 ♉ 8	5 ♌ 19	4 ♌ 44	14 ♌ 42	13 ♌ 26	11 ♌ 30	17 ♑ 4	7 ♏ 37	25 ♓ 23	21 ♌ 10	13 ♋ 17	5 ♋	23 ♉	5 ♐	7 ♊	28 ♈
16	22 ♋ 34	24 ♉ 34	5 ♌ 16	4 ♌ 43	16 ♌ 11	14 ♌ 39	12 ♌ 8	16 ♑ 57	7 ♏ 38	25 ♓ 23	21 ♌ 12	13 ♋ 19	5 ♋	24 ♉	5 ♐	7 ♊	28 ♈
17	23 ♋ 31	6 ♊ 46	5 ♌ 13	4 ♌ 41	17 ♌ 38	15 ♌ 53	12 ♌ 45	16 ♑ 49	7 ♏ 38	25 ♓ 22	21 ♌ 14	13 ♋ 20	5 ♋	24 ♉	5 ♐	8 ♊	28 ♈
18	24 ♋ 28	18 ♊ 48	5 ♌ 9	4 ♌ 40	19 ♌ 3	17 ♌ 6	13 ♌ 23	16 ♑ 41	7 ♏ 39	25 ♓ 21	21 ♌ 16	13 ♋ 22	6 ♋	25 ♉	5 ♐	8 ♊	28 ♈
19	25 ♋ 26	0 ♋ 43	5 ♌ 6	4 ♌ 39	20 ♌ 26	18 ♌ 19	14 ♌ 1	16 ♑ 34	7 ♏ 39	25 ♓ 20	21 ♌ 18	13 ♋ 23	6 ♋	25 ♉	4 ♐	9 ♊	28 ♈
20	26 ♋ 23	12 ♋ 32	5 ♌ 3	4 ♌ 38	21 ♌ 47	19 ♌ 32	14 ♌ 39	16 ♑ 26	7 ♏ 40	25 ♓ 20	21 ♌ 20	13 ♋ 25	7 ♋	25 ♉	4 ♐	9 ♊	28 ♈
21	27 ♋ 20	24 ♋ 20	5 ♌ 0	4 ♌ 37	23 ♌ 6	20 ♌ 45	15 ♌ 17	16 ♑ 19	7 ♏ 41	25 ♓ 19	21 ♌ 22	13 ♋ 26	7 ♋	26 ♉	4 ♐	9 ♊	28 ♈
22	28 ♋ 17	6 ♌ 7	4 ♌ 57	4 D 37	24 ♌ 22	21 ♌ 58	15 ♌ 55	16 ♑ 11	7 ♏ 42	25 ♓ 18	21 ♌ 24	13 ♋ 28	8 ♋	26 ♉	4 ♐	10 ♊	28 ♈
23	29 ♋ 15	17 ♌ 57	4 ♌ 54	4 ♌ 37	25 ♌ 36	23 ♌ 11	16 ♌ 33	16 ♑ 4	7 ♏ 43	25 ♓ 17	21 ♌ 26	13 ♋ 29	8 ♋	27 ♉	4 ♐	10 ♊	28 ♈
24	0 ♌ 12	29 ♌ 51	4 ♌ 50	4 ♌ 38	26 ♌ 48	24 ♌ 24	17 ♌ 11	15 ♑ 57	7 ♏ 44	25 ♓ 16	21 ♌ 28	13 ♋ 31	8 ♋	27 ♉	4 ♐	10 ♊	28 ♈
25	1 ♌ 9	11 ♍ 53	4 ♌ 47	4 ♌ 38	27 ♌ 57	25 ♌ 37	17 ♌ 49	15 ♑ 50	7 ♏ 45	25 ♓ 15	21 ♌ 30	13 ♋ 32	9 ♋	27 ♉	4 ♐	11 ♊	28 ♈
26	2 ♌ 7	24 ♍ 4	4 ♌ 44	4 ♌ 38	29 ♌ 4	26 ♌ 50	18 ♌ 26	15 ♑ 42	7 ♏ 46	25 ♓ 14	21 ♌ 32	13 ♋ 34	9 ♋	28 ♉	4 ♐	11 ♊	28 ♈
27	3 ♌ 4	6 ♎ 30	4 ♌ 41	4 ♌ 38	0 ♍ 8	28 ♌ 3	19 ♌ 4	15 ♑ 35	7 ♏ 48	25 ♓ 12	21 ♌ 34	13 ♋ 35	10 ♋	28 ♉	4 ♐	12 ♊	28 ♈
28	4 ♌ 1	19 ♎ 12	4 ♌ 38	4 ♌ 39	1 ♍ 9	29 ♌ 16	19 ♌ 42	15 ♑ 28	7 ♏ 49	25 ♓ 11	21 ♌ 37	13 ♋ 37	10 ♋	29 ♉	4 ♐	12 ♊	28 ♈
29	4 ♌ 59	2 ♏ 13	4 ♌ 35	4 R 39	2 ♍ 8	0 ♍ 29	20 ♌ 20	15 ♑ 21	7 ♏ 51	25 ♓ 10	21 ♌ 39	13 ♋ 38	11 ♋	29 ♉	4 ♐	12 ♊	28 ♈
30	5 ♌ 56	15 ♏ 38	4 ♌ 31	4 D 39	3 ♍ 4	1 ♍ 42	20 ♌ 58	15 ♑ 15	7 ♏ 52	25 ♓ 9	21 ♌ 41	13 ♋ 40	11 ♋	29 ♉	4 ♐	13 ♊	28 ♈
31	6 ♌ 53	29 ♏ 27	4 ♌ 28	4 ♌ 39	3 ♍ 56	2 ♍ 54	21 ♌ 36	15 ♑ 8	7 ♏ 54	25 ♓ 7	21 ♌ 43	13 ♋ 41	11 ♋	0 ♊	4 ♐	13 ♊	28 ♈

SUN INGRESS	☉ → ♌ 23日 18:45
MOON PHASE	○ 6日 13:54 ♑ ◑ 13日 06:34 ♈ ● 21日 06:40 ♋ ◐ 29日 05:23 ♏

aspects		
3日	16:02	☿△♅
6日	00:45	☉☌♇
8日	20:44	♂□♄
10日	05:30	♀□♄
10日	12:35	☿□♄
10日	19:24	☉☍♃
11日	09:03	☿☌♀
11日	13:39	☿☌♂
11日	16:49	♀☌♂
18日	21:54	☉△♅
19日	15:33	☿☌♆
21日	12:32	♀☌♆
31日	04:44	♂☌♆

1925年8月

DAY	☉	☽	☊ mean	☊ true	☿	♀	♂	♃	♄	♅	♆	♇	⚳	⚴	⚵	⚶	⚷
	° ′	° ′	° ′	° ′	° ′	° ′	° ′	° ′	° ′	° ′	° ′	° ′	°	°	°	°	°
1	7 ♌ 51	13 ♐ 41	4 ♌ 25	4 D 39	4 D 45	4 D 7	22 D 14	15 R 1	7 D 56	25 R 6	21 D 45	13 D 42	12 D	0 D	4 D	13 D	28 D
2	8 ♌ 48	28 ♐ 17	4 ♌ 22	4 ♌ 39	5 ♍ 31	5 ♍ 20	22 ♌ 52	14 ♑ 55	7 ♏ 58	25 ♓ 5	21 ♌ 47	13 ♋ 44	12 ♋	1 ♊	4 ♐	14 ♊	28 ♈
3	9 ♌ 46	13 ♑ 12	4 ♌ 19	4 ♌ 40	6 ♍ 14	6 ♍ 33	23 ♌ 30	14 ♑ 49	8 ♏ 0	25 ♓ 3	21 ♌ 50	13 ♋ 45	13 ♋	1 ♊	4 ♐	14 ♊	28 R
4	10 ♌ 43	28 ♑ 18	4 ♌ 15	4 ♌ 40	6 ♍ 53	7 ♍ 46	24 ♌ 8	14 ♑ 42	8 ♏ 2	25 ♓ 2	21 ♌ 52	13 ♋ 47	13 ♋	1 ♊	4 ♐	15 ♊	28 ♈
5	11 ♌ 40	13 ♒ 27	4 ♌ 12	4 R 40	7 ♍ 27	8 ♍ 58	24 ♌ 46	14 ♑ 36	8 ♏ 5	25 ♓ 0	21 ♌ 54	13 ♋ 48	14 ♋	2 ♊	4 ♐	15 ♊	28 ♈
6	12 ♌ 38	28 ♒ 31	4 ♌ 9	4 ♌ 39	7 ♍ 58	10 ♍ 11	25 ♌ 24	14 ♑ 30	8 ♏ 7	24 ♓ 59	21 ♌ 56	13 ♋ 49	14 ♋	2 ♊	4 ♐	15 ♊	28 ♈
7	13 ♌ 35	13 ♓ 19	4 ♌ 6	4 ♌ 39	8 ♍ 25	11 ♍ 24	26 ♌ 2	14 ♑ 24	8 ♏ 9	24 ♓ 57	21 ♌ 58	13 ♋ 51	14 ♋	3 ♊	4 ♐	16 ♊	28 ♈
8	14 ♌ 33	27 ♓ 46	4 ♌ 3	4 ♌ 38	8 ♍ 47	12 ♍ 36	26 ♌ 40	14 ♑ 18	8 ♏ 12	24 ♓ 55	22 ♌ 1	13 ♋ 52	15 ♋	3 ♊	4 ♐	16 ♊	28 ♈
9	15 ♌ 30	11 ♈ 47	4 ♌ 0	4 ♌ 36	9 ♍ 4	13 ♍ 49	27 ♌ 18	14 ♑ 13	8 ♏ 14	24 ♓ 54	22 ♌ 3	13 ♋ 53	15 ♋	3 ♊	4 ♐	16 ♊	28 ♈
10	16 ♌ 28	25 ♈ 21	3 ♌ 56	4 ♌ 35	9 ♍ 17	15 ♍ 2	27 ♌ 56	14 ♑ 7	8 ♏ 17	24 ♓ 52	22 ♌ 5	13 ♋ 55	16 ♋	4 ♊	4 ♐	17 ♊	28 ♈
11	17 ♌ 25	8 ♉ 28	3 ♌ 53	4 ♌ 35	9 ♍ 24	16 ♍ 14	28 ♌ 34	14 ♑ 2	8 ♏ 20	24 ♓ 50	22 ♌ 7	13 ♋ 56	16 ♋	4 ♊	4 ♐	17 ♊	28 ♈
12	18 ♌ 23	21 ♉ 12	3 ♌ 50	4 D 34	9 R 27	17 ♍ 27	29 ♌ 12	13 ♑ 57	8 ♏ 23	24 ♓ 48	22 ♌ 9	13 ♋ 57	16 ♋	5 ♊	4 ♐	17 ♊	28 ♈
13	19 ♌ 21	3 ♊ 36	3 ♌ 47	4 ♌ 35	9 ♍ 24	18 ♍ 39	29 ♌ 50	13 ♑ 52	8 ♏ 26	24 ♓ 47	22 ♌ 12	13 ♋ 59	17 ♋	5 ♊	4 ♐	18 ♊	28 ♈
14	20 ♌ 18	15 ♊ 45	3 ♌ 44	4 ♌ 36	9 ♍ 15	19 ♍ 52	0 ♍ 28	13 ♑ 47	8 ♏ 29	24 ♓ 45	22 ♌ 14	14 ♋ 0	17 ♋	5 ♊	5 ♐	18 ♊	28 ♈
15	21 ♌ 16	27 ♊ 42	3 ♌ 40	4 ♌ 37	9 ♍ 1	21 ♍ 4	1 ♍ 6	13 ♑ 42	8 ♏ 32	24 ♓ 43	22 ♌ 16	14 ♋ 1	18 ♋	6 ♊	5 ♐	18 ♊	28 ♈
16	22 ♌ 14	9 ♋ 32	3 ♌ 37	4 ♌ 39	8 ♍ 41	22 ♍ 17	1 ♍ 44	13 ♑ 38	8 ♏ 35	24 ♓ 41	22 ♌ 18	14 ♋ 2	18 ♋	6 ♊	5 ♐	19 ♊	28 ♈
17	23 ♌ 11	21 ♋ 19	3 ♌ 34	4 ♌ 40	8 ♍ 16	23 ♍ 29	2 ♍ 22	13 ♑ 33	8 ♏ 38	24 ♓ 39	22 ♌ 21	14 ♋ 4	19 ♋	7 ♊	5 ♐	19 ♊	28 ♈
18	24 ♌ 9	3 ♌ 6	3 ♌ 31	4 ♌ 40	7 ♍ 46	24 ♍ 42	3 ♍ 0	13 ♑ 29	8 ♏ 42	24 ♓ 37	22 ♌ 23	14 ♋ 5	19 ♋	7 ♊	5 ♐	19 ♊	28 ♈
19	25 ♌ 7	14 ♌ 57	3 ♌ 28	4 R 40	7 ♍ 10	25 ♍ 54	3 ♍ 38	13 ♑ 25	8 ♏ 45	24 ♓ 35	22 ♌ 25	14 ♋ 6	19 ♋	7 ♊	5 ♐	20 ♊	28 ♈
20	26 ♌ 4	26 ♌ 53	3 ♌ 25	4 ♌ 39	6 ♍ 30	27 ♍ 6	4 ♍ 16	13 ♑ 21	8 ♏ 49	24 ♓ 33	22 ♌ 27	14 ♋ 7	20 ♋	8 ♊	5 ♐	20 ♊	28 ♈
21	27 ♌ 2	8 ♍ 57	3 ♌ 21	4 ♌ 36	5 ♍ 45	28 ♍ 19	4 ♍ 54	13 ♑ 17	8 ♏ 53	24 ♓ 31	22 ♌ 29	14 ♋ 9	20 ♋	8 ♊	5 ♐	20 ♊	28 ♈
22	28 ♌ 0	21 ♍ 11	3 ♌ 18	4 ♌ 33	4 ♍ 57	29 ♍ 31	5 ♍ 33	13 ♑ 14	8 ♏ 56	24 ♓ 29	22 ♌ 32	14 ♋ 10	21 ♋	8 ♊	5 ♐	21 ♊	28 ♈
23	28 ♌ 58	3 ♎ 35	3 ♌ 15	4 ♌ 29	4 ♍ 6	0 ♎ 43	6 ♍ 11	13 ♑ 10	9 ♏ 0	24 ♓ 27	22 ♌ 34	14 ♋ 11	21 ♋	9 ♊	5 ♐	21 ♊	28 ♈
24	29 ♌ 56	16 ♎ 12	3 ♌ 12	4 ♌ 25	3 ♍ 13	1 ♎ 55	6 ♍ 49	13 ♑ 7	9 ♏ 4	24 ♓ 25	22 ♌ 36	14 ♋ 12	21 ♋	9 ♊	6 ♐	21 ♊	28 ♈
25	0 ♍ 54	29 ♎ 3	3 ♌ 9	4 ♌ 22	2 ♍ 19	3 ♎ 8	7 ♍ 27	13 ♑ 4	9 ♏ 8	24 ♓ 23	22 ♌ 38	14 ♋ 13	22 ♋	10 ♊	6 ♐	22 ♊	28 ♈
26	1 ♍ 52	12 ♏ 10	3 ♌ 6	4 ♌ 19	1 ♍ 25	4 ♎ 20	8 ♍ 5	13 ♑ 1	9 ♏ 12	24 ♓ 21	22 ♌ 40	14 ♋ 14	22 ♋	10 ♊	6 ♐	22 ♊	28 ♈
27	2 ♍ 49	25 ♏ 33	3 ♌ 2	4 ♌ 18	0 ♍ 32	5 ♎ 32	8 ♍ 43	12 ♑ 58	9 ♏ 16	24 ♓ 19	22 ♌ 43	14 ♋ 15	23 ♋	10 ♊	6 ♐	22 ♊	28 ♈
28	3 ♍ 47	9 ♐ 16	2 ♌ 59	4 D 18	29 ♌ 42	6 ♎ 44	9 ♍ 22	12 ♑ 56	9 ♏ 20	24 ♓ 16	22 ♌ 45	14 ♋ 16	23 ♋	11 ♊	6 ♐	23 ♊	28 ♈
29	4 ♍ 45	23 ♐ 17	2 ♌ 56	4 ♌ 19	28 ♌ 55	7 ♎ 56	10 ♍ 0	12 ♑ 54	9 ♏ 25	24 ♓ 14	22 ♌ 47	14 ♋ 17	23 ♋	11 ♊	6 ♐	23 ♊	28 ♈
30	5 ♍ 43	7 ♑ 36	2 ♌ 53	4 ♌ 20	28 ♌ 12	9 ♎ 8	10 ♍ 38	12 ♑ 51	9 ♏ 29	24 ♓ 12	22 ♌ 49	14 ♋ 19	24 ♋	11 ♊	6 ♐	23 ♊	28 ♈
31	6 ♍ 41	22 ♑ 12	2 ♌ 50	4 ♌ 21	27 ♌ 35	10 ♎ 20	11 ♍ 16	12 ♑ 49	9 ♏ 33	24 ♓ 10	22 ♌ 51	14 ♋ 20	24 ♋	12 ♊	6 ♐	24 ♊	28 ♈

SUN INGRESS	☉ → ♍ 24日 01:33
MOON PHASE	○ 4日 20:59 ♒ ◑ 11日 18:11 ♉ ● 19日 22:15 ♌ ◐ 27日 13:46 ♐

aspects		
1日	02:17	☉□♄
2日	09:19	☿☌♀
4日	05:42	♀⚹♄
6日	08:06	☿⚹♄
9日	01:29	♀⚹♇
9日	07:20	♀△♃
11日	21:59	♃☍♇
16日	02:03	☉☌♆
16日	05:42	☿⚹♄
17日	22:35	♀☍♅
21日	14:16	☿☌♂
25日	18:20	☉☌☿
27日	23:03	♂⚹♄

1925年9月

DAY	☉	☽	☊ mean	☊ true	☿	♀	♂	♃	♄	♅	♆	♇	⚳	⚴	⚵	⚶	⚷
	° ′	° ′	° ′	° ′	° ′	° ′	° ′	° ′	° ′	° ′	° ′	° ′	°	°	°	°	°
1	7 ♍ 39	7 ♒ 0	2 ♌ 46	4 R 22	27 R 5	11 D 32	11 D 55	12 R 48	9 D 38	24 R 7	22 D 54	14 D 21	25 D	12 D	7 D	24 D	27 R
2	8 ♍ 37	21 ♒ 54	2 ♌ 43	4 ♌ 21	26 ♌ 41	12 ♎ 44	12 ♍ 33	12 ♑ 46	9 ♏ 42	24 ♓ 5	22 ♌ 56	14 ♋ 22	25 ♋	13 ♊	7 ♐	24 ♊	27 ♈
3	9 ♍ 35	6 ♓ 47	2 ♌ 40	4 ♌ 18	26 ♌ 25	13 ♎ 56	13 ♍ 11	12 ♑ 45	9 ♏ 47	24 ♓ 3	22 ♌ 58	14 ♋ 22	25 ♋	13 ♊	7 ♐	25 ♊	27 ♈
4	10 ♍ 34	21 ♓ 30	2 ♌ 37	4 ♌ 14	26 ♌ 17	15 ♎ 8	13 ♍ 50	12 ♑ 44	9 ♏ 52	24 ♓ 1	23 ♌ 0	14 ♋ 23	26 ♋	13 ♊	7 ♐	25 ♊	27 ♈
5	11 ♍ 32	5 ♈ 57	2 ♌ 34	4 ♌ 8	26 D 18	16 ♎ 20	14 ♍ 28	12 ♑ 43	9 ♏ 57	23 ♓ 58	23 ♌ 2	14 ♋ 24	26 ♋	14 ♊	7 ♐	25 ♊	27 ♈
6	12 ♍ 30	20 ♈ 1	2 ♌ 31	4 ♌ 2	26 ♌ 28	17 ♎ 31	15 ♍ 6	12 ♑ 42	10 ♏ 1	23 ♓ 56	23 ♌ 4	14 ♋ 25	27 ♋	14 ♊	7 ♐	25 ♊	27 ♈
7	13 ♍ 28	3 ♉ 40	2 ♌ 27	3 ♌ 57	26 ♌ 46	18 ♎ 43	15 ♍ 45	12 ♑ 41	10 ♏ 6	23 ♓ 54	23 ♌ 6	14 ♋ 26	27 ♋	14 ♊	8 ♐	26 ♊	27 ♈
8	14 ♍ 26	16 ♉ 52	2 ♌ 24	3 ♌ 52	27 ♌ 13	19 ♎ 55	16 ♍ 23	12 ♑ 41	10 ♏ 11	23 ♓ 51	23 ♌ 9	14 ♋ 27	27 ♋	15 ♊	8 ♐	26 ♊	27 ♈
9	15 ♍ 25	29 ♉ 39	2 ♌ 21	3 ♌ 49	27 ♌ 49	21 ♎ 6	17 ♍ 1	12 ♑ 41	10 ♏ 16	23 ♓ 49	23 ♌ 11	14 ♋ 28	28 ♋	15 ♊	8 ♐	26 ♊	27 ♈
10	16 ♍ 23	12 ♊ 5	2 ♌ 18	3 ♌ 48	28 ♌ 33	22 ♎ 18	17 ♍ 40	12 D 41	10 ♏ 22	23 ♓ 46	23 ♌ 13	14 ♋ 29	28 ♋	15 ♊	8 ♐	27 ♊	27 ♈
11	17 ♍ 21	24 ♊ 13	2 ♌ 15	3 D 48	29 ♌ 25	23 ♎ 29	18 ♍ 18	12 ♑ 41	10 ♏ 27	23 ♓ 44	23 ♌ 15	14 ♋ 30	29 ♋	16 ♊	8 ♐	27 ♊	27 ♈
12	18 ♍ 20	6 ♋ 9	2 ♌ 12	3 ♌ 49	0 ♍ 25	24 ♎ 41	18 ♍ 57	12 ♑ 41	10 ♏ 32	23 ♓ 42	23 ♌ 17	14 ♋ 30	29 ♋	16 ♊	9 ♐	27 ♊	27 ♈
13	19 ♍ 18	17 ♋ 58	2 ♌ 8	3 ♌ 50	1 ♍ 31	25 ♎ 52	19 ♍ 35	12 ♑ 42	10 ♏ 37	23 ♓ 39	23 ♌ 19	14 ♋ 31	29 ♋	16 ♊	9 ♐	27 ♊	27 ♈
14	20 ♍ 16	29 ♋ 45	2 ♌ 5	3 ♌ 51	2 ♍ 45	27 ♎ 4	20 ♍ 14	12 ♑ 42	10 ♏ 43	23 ♓ 37	23 ♌ 21	14 ♋ 32	0 ♌	17 ♊	9 ♐	28 ♊	27 ♈
15	21 ♍ 15	11 ♌ 34	2 ♌ 2	3 R 51	4 ♍ 4	28 ♎ 15	20 ♍ 52	12 ♑ 43	10 ♏ 48	23 ♓ 34	23 ♌ 23	14 ♋ 33	0 ♌	17 ♊	9 ♐	28 ♊	27 ♈
16	22 ♍ 13	23 ♌ 30	1 ♌ 59	3 ♌ 49	5 ♍ 28	29 ♎ 27	21 ♍ 31	12 ♑ 44	10 ♏ 54	23 ♓ 32	23 ♌ 25	14 ♋ 33	1 ♌	17 ♊	9 ♐	28 ♊	27 ♈
17	23 ♍ 12	5 ♍ 35	1 ♌ 56	3 ♌ 45	6 ♍ 58	0 ♏ 38	22 ♍ 9	12 ♑ 46	10 ♏ 59	23 ♓ 30	23 ♌ 27	14 ♋ 34	1 ♌	18 ♊	10 ♐	28 ♊	27 ♈
18	24 ♍ 11	17 ♍ 52	1 ♌ 52	3 ♌ 38	8 ♍ 31	1 ♏ 49	22 ♍ 48	12 ♑ 47	11 ♏ 5	23 ♓ 27	23 ♌ 29	14 ♋ 35	1 ♌	18 ♊	10 ♐	29 ♊	27 ♈
19	25 ♍ 9	0 ♎ 22	1 ♌ 49	3 ♌ 30	10 ♍ 8	3 ♏ 0	23 ♍ 26	12 ♑ 49	11 ♏ 10	23 ♓ 25	23 ♌ 31	14 ♋ 35	2 ♌	18 ♊	10 ♐	29 ♊	27 ♈
20	26 ♍ 8	13 ♎ 5	1 ♌ 46	3 ♌ 21	11 ♍ 48	4 ♏ 12	24 ♍ 5	12 ♑ 51	11 ♏ 16	23 ♓ 22	23 ♌ 33	14 ♋ 36	2 ♌	19 ♊	10 ♐	29 ♊	27 ♈
21	27 ♍ 6	26 ♎ 1	1 ♌ 43	3 ♌ 11	13 ♍ 31	5 ♏ 23	24 ♍ 43	12 ♑ 53	11 ♏ 22	23 ♓ 20	23 ♌ 35	14 ♋ 37	3 ♌	19 ♊	10 ♐	29 ♊	27 ♈
22	28 ♍ 5	9 ♏ 10	1 ♌ 40	3 ♌ 2	15 ♍ 16	6 ♏ 34	25 ♍ 22	12 ♑ 55	11 ♏ 28	23 ♓ 18	23 ♌ 37	14 ♋ 37	3 ♌	19 ♊	11 ♐	0 ♋	27 ♈
23	29 ♍ 4	22 ♏ 31	1 ♌ 37	2 ♌ 55	17 ♍ 2	7 ♏ 45	26 ♍ 1	12 ♑ 58	11 ♏ 34	23 ♓ 15	23 ♌ 39	14 ♋ 38	3 ♌	20 ♊	11 ♐	0 ♋	27 ♈
24	0 ♎ 3	6 ♐ 4	1 ♌ 33	2 ♌ 50	18 ♍ 50	8 ♏ 56	26 ♍ 39	13 ♑ 0	11 ♏ 40	23 ♓ 13	23 ♌ 40	14 ♋ 38	4 ♌	20 ♊	11 ♐	0 ♋	27 ♈
25	1 ♎ 1	19 ♐ 48	1 ♌ 30	2 ♌ 48	20 ♍ 39	10 ♏ 7	27 ♍ 18	13 ♑ 3	11 ♏ 46	23 ♓ 10	23 ♌ 42	14 ♋ 39	4 ♌	20 ♊	11 ♐	0 ♋	27 ♈
26	2 ♎ 0	3 ♑ 43	1 ♌ 27	2 D 47	22 ♍ 28	11 ♏ 17	27 ♍ 57	13 ♑ 6	11 ♏ 52	23 ♓ 8	23 ♌ 44	14 ♋ 39	4 ♌	20 ♊	12 ♐	1 ♋	27 ♈
27	2 ♎ 59	17 ♑ 49	1 ♌ 24	2 ♌ 48	24 ♍ 17	12 ♏ 28	28 ♍ 36	13 ♑ 9	11 ♏ 58	23 ♓ 6	23 ♌ 46	14 ♋ 40	5 ♌	21 ♊	12 ♐	1 ♋	27 ♈
28	3 ♎ 58	2 ♒ 6	1 ♌ 21	2 ♌ 48	26 ♍ 7	13 ♏ 39	29 ♍ 14	13 ♑ 13	12 ♏ 4	23 ♓ 3	23 ♌ 48	14 ♋ 40	5 ♌	21 ♊	12 ♐	1 ♋	27 ♈
29	4 ♎ 57	16 ♒ 31	1 ♌ 17	2 R 48	27 ♍ 56	14 ♏ 50	29 ♍ 53	13 ♑ 16	12 ♏ 10	23 ♓ 1	23 ♌ 50	14 ♋ 41	6 ♌	21 ♊	12 ♐	1 ♋	27 ♈
30	5 ♎ 56	1 ♓ 1	1 ♌ 14	2 ♌ 45	29 ♍ 46	16 ♏ 0	0 ♎ 32	13 ♑ 20	12 ♏ 16	22 ♓ 59	23 ♌ 51	14 ♋ 41	6 ♌	21 ♊	13 ♐	1 ♋	26 ♈

SUN INGRESS	☉→♎23日 22:43
MOON PHASE	○ 3日 04:53 ♓ ◑ 10日 09:11 ♊ ● 18日 13:12 ♍ ◐ 25日 20:51 ♑

aspects

2日	00:42	♀□♃
2日	08:01	♂△♃
3日	05:13	☉⚹♄
3日	09:00	♀□♇
4日	21:46	♂⚹♇
6日	04:52	☉△♃
8日	00:18	☉⚹♇
10日	18:56	♀⚹♆
13日	20:30	☉☌♂
17日	06:58	☉☍♅
18日	23:10	♂☍♅
19日	15:52	☿⚹♄
20日	14:55	☿△♃
21日	15:07	☿⚹♇
26日	08:40	☿☍♅
26日	12:40	♀☌♄
27日	14:36	♀⚹♃
28日	20:56	♀△♇
30日	15:49	☿☌♂

1925年10月

DAY	☉	☽	☊ mean	☊ true	☿	♀	♂	♃	♄	♅	♆	♇	⚳	⚴	⚵	⚶	⚷
	° ′	° ′	° ′	° ′	° ′	° ′	° ′	° ′	° ′	° ′	° ′	° ′	°	°	°	°	°
1	6 ♎ 55	15 ♓ 31	1 ♌ 11	2 R 39	1 D 34	17 D 11	1 D 11	13 D 24	12 D 22	22 R 56	23 D 53	14 D 41	6 D	22 D	13 D	2 D	26 R
2	7 ♎ 54	29 ♓ 56	1 ♌ 8	2 ♌ 31	3 ♎ 23	18 ♏ 21	1 ♎ 49	13 ♑ 28	12 ♏ 29	22 ♓ 54	23 ♌ 55	14 ♋ 42	7 ♌	22 ♊	13 ♐	2 ♋	26 ♈
3	8 ♎ 53	14 ♈ 9	1 ♌ 5	2 ♌ 21	5 ♎ 11	19 ♏ 32	2 ♎ 28	13 ♑ 32	12 ♏ 35	22 ♓ 52	23 ♌ 56	14 ♋ 42	7 ♌	22 ♊	13 ♐	2 ♋	26 ♈
4	9 ♎ 52	28 ♈ 5	1 ♌ 2	2 ♌ 10	6 ♎ 58	20 ♏ 42	3 ♎ 7	13 ♑ 37	12 ♏ 42	22 ♓ 50	23 ♌ 58	14 ♋ 42	7 ♌	23 ♊	14 ♐	2 ♋	26 ♈
5	10 ♎ 51	11 ♉ 40	0 ♌ 58	1 ♌ 59	8 ♎ 45	21 ♏ 52	3 ♎ 46	13 ♑ 41	12 ♏ 48	22 ♓ 47	24 ♌ 0	14 ♋ 43	8 ♌	23 ♊	14 ♐	2 ♋	26 ♈
6	11 ♎ 50	24 ♉ 50	0 ♌ 55	1 ♌ 50	10 ♎ 31	23 ♏ 2	4 ♎ 25	13 ♑ 46	12 ♏ 54	22 ♓ 45	24 ♌ 2	14 ♋ 43	8 ♌	23 ♊	14 ♐	2 ♋	26 ♈
7	12 ♎ 49	7 ♊ 38	0 ♌ 52	1 ♌ 43	12 ♎ 16	24 ♏ 12	5 ♎ 4	13 ♑ 51	13 ♏ 1	22 ♓ 43	24 ♌ 3	14 ♋ 43	8 ♌	23 ♊	14 ♐	3 ♋	26 ♈
8	13 ♎ 48	20 ♊ 4	0 ♌ 49	1 ♌ 38	14 ♎ 0	25 ♏ 22	5 ♎ 43	13 ♑ 56	13 ♏ 8	22 ♓ 41	24 ♌ 5	14 ♋ 43	9 ♌	23 ♊	15 ♐	3 ♋	26 ♈
9	14 ♎ 48	2 ♋ 14	0 ♌ 46	1 ♌ 35	15 ♎ 44	26 ♏ 32	6 ♎ 22	14 ♑ 1	13 ♏ 14	22 ♓ 38	24 ♌ 6	14 ♋ 44	9 ♌	24 ♊	15 ♐	3 ♋	26 ♈
10	15 ♎ 47	14 ♋ 10	0 ♌ 43	1 ♌ 34	17 ♎ 27	27 ♏ 42	7 ♎ 1	14 ♑ 7	13 ♏ 21	22 ♓ 36	24 ♌ 8	14 ♋ 44	9 ♌	24 ♊	15 ♐	3 ♋	26 ♈
11	16 ♎ 46	25 ♋ 59	0 ♌ 39	1 D 35	19 ♎ 9	28 ♏ 52	7 ♎ 40	14 ♑ 12	13 ♏ 27	22 ♓ 34	24 ♌ 9	14 ♋ 44	10 ♌	24 ♊	16 ♐	3 ♋	26 ♈
12	17 ♎ 46	7 ♌ 47	0 ♌ 36	1 R 35	20 ♎ 51	0 ♐ 2	8 ♎ 19	14 ♑ 18	13 ♏ 34	22 ♓ 32	24 ♌ 11	14 ♋ 44	10 ♌	24 ♊	16 ♐	3 ♋	26 ♈
13	18 ♎ 45	19 ♌ 38	0 ♌ 33	1 ♌ 33	22 ♎ 31	1 ♐ 12	8 ♎ 58	14 ♑ 24	13 ♏ 41	22 ♓ 30	24 ♌ 12	14 ♋ 44	11 ♌	25 ♊	16 ♐	3 ♋	26 ♈
14	19 ♎ 44	1 ♍ 38	0 ♌ 30	1 ♌ 30	24 ♎ 11	2 ♐ 21	9 ♎ 37	14 ♑ 30	13 ♏ 48	22 ♓ 28	24 ♌ 14	14 ♋ 44	11 ♌	25 ♊	16 ♐	4 ♋	26 ♈
15	20 ♎ 44	13 ♍ 51	0 ♌ 27	1 ♌ 23	25 ♎ 51	3 ♐ 31	10 ♎ 16	14 ♑ 37	13 ♏ 54	22 ♓ 26	24 ♌ 15	14 ♋ 44	11 ♌	25 ♊	17 ♐	4 ♋	26 ♈
16	21 ♎ 43	26 ♍ 19	0 ♌ 23	1 ♌ 15	27 ♎ 29	4 ♐ 40	10 ♎ 55	14 ♑ 43	14 ♏ 1	22 ♓ 24	24 ♌ 16	14 ♋ 44	12 ♌	25 ♊	17 ♐	4 ♋	26 ♈
17	22 ♎ 43	9 ♎ 5	0 ♌ 20	1 ♌ 3	29 ♎ 7	5 ♐ 49	11 ♎ 34	14 ♑ 50	14 ♏ 8	22 ♓ 22	24 ♌ 18	14 R 44	12 ♌	25 ♊	17 ♐	4 ♋	26 ♈
18	23 ♎ 43	22 ♎ 8	0 ♌ 17	0 ♌ 50	0 ♏ 45	6 ♐ 59	12 ♎ 14	14 ♑ 56	14 ♏ 15	22 ♓ 20	24 ♌ 19	14 ♋ 44	12 ♌	25 ♊	18 ♐	4 ♋	26 ♈
19	24 ♎ 42	5 ♏ 28	0 ♌ 14	0 ♌ 37	2 ♏ 21	8 ♐ 8	12 ♎ 53	15 ♑ 3	14 ♏ 22	22 ♓ 18	24 ♌ 20	14 ♋ 44	13 ♌	26 ♊	18 ♐	4 ♋	26 ♈
20	25 ♎ 42	19 ♏ 1	0 ♌ 11	0 ♌ 25	3 ♏ 57	9 ♐ 17	13 ♎ 32	15 ♑ 10	14 ♏ 29	22 ♓ 16	24 ♌ 22	14 ♋ 44	13 ♌	26 ♊	18 ♐	4 ♋	26 ♈
21	26 ♎ 42	2 ♐ 46	0 ♌ 8	0 ♌ 15	5 ♏ 33	10 ♐ 26	14 ♎ 11	15 ♑ 18	14 ♏ 36	22 ♓ 14	24 ♌ 23	14 ♋ 44	13 ♌	26 ♊	18 ♐	4 ♋	26 ♈
22	27 ♎ 41	16 ♐ 38	0 ♌ 4	0 ♌ 8	7 ♏ 8	11 ♐ 35	14 ♎ 51	15 ♑ 25	14 ♏ 43	22 ♓ 12	24 ♌ 24	14 ♋ 44	13 ♌	26 ♊	19 ♐	4 ♋	26 ♈
23	28 ♎ 41	0 ♑ 36	0 ♌ 1	0 ♌ 3	8 ♏ 42	12 ♐ 43	15 ♎ 30	15 ♑ 32	14 ♏ 50	22 ♓ 11	24 ♌ 25	14 ♋ 44	14 ♌	26 ♊	19 ♐	4 ♋	25 ♈
24	29 ♎ 41	14 ♑ 38	29 ♋ 58	0 ♌ 2	10 ♏ 15	13 ♐ 52	16 ♎ 9	15 ♑ 40	14 ♏ 57	22 ♓ 9	24 ♌ 27	14 ♋ 43	14 ♌	26 ♊	19 ♐	5 ♋	25 ♈
25	0 ♏ 41	28 ♑ 42	29 ♋ 55	0 ♌ 1	11 ♏ 49	15 ♐ 1	16 ♎ 49	15 ♑ 48	15 ♏ 4	22 ♓ 7	24 ♌ 28	14 ♋ 43	14 ♌	26 ♊	20 ♐	5 ♋	25 ♈
26	1 ♏ 40	12 ♒ 48	29 ♋ 52	0 ♌ 0	13 ♏ 21	16 ♐ 9	17 ♎ 28	15 ♑ 56	15 ♏ 11	22 ♓ 5	24 ♌ 29	14 ♋ 43	15 ♌	26 ♊	20 ♐	5 ♋	25 ♈
27	2 ♏ 40	26 ♒ 55	29 ♋ 49	0 ♌ 0	14 ♏ 53	17 ♐ 17	18 ♎ 7	16 ♑ 4	15 ♏ 18	22 ♓ 4	24 ♌ 30	14 ♋ 43	15 ♌	26 ♊	20 ♐	5 ♋	25 ♈
28	3 ♏ 40	11 ♓ 1	29 ♋ 45	29 ♋ 56	16 ♏ 25	18 ♐ 25	18 ♎ 47	16 ♑ 12	15 ♏ 25	22 ♓ 2	24 ♌ 31	14 ♋ 43	15 ♌	27 ♊	21 ♐	5 ♋	25 ♈
29	4 ♏ 40	25 ♓ 5	29 ♋ 42	29 ♋ 50	17 ♏ 56	19 ♐ 33	19 ♎ 26	16 ♑ 20	15 ♏ 32	22 ♓ 1	24 ♌ 32	14 ♋ 42	16 ♌	27 ♊	21 ♐	5 ♋	25 ♈
30	5 ♏ 40	9 ♈ 4	29 ♋ 39	29 ♋ 40	19 ♏ 26	20 ♐ 41	20 ♎ 6	16 ♑ 29	15 ♏ 39	21 ♓ 59	24 ♌ 33	14 ♋ 42	16 ♌	27 ♊	21 ♐	5 ♋	25 ♈
31	6 ♏ 40	22 ♈ 53	29 ♋ 36	29 ♋ 29	20 ♏ 56	21 ♐ 49	20 ♎ 45	16 ♑ 38	15 ♏ 46	21 ♓ 57	24 ♌ 34	14 ♋ 42	16 ♌	27 ♊	22 ♐	5 ♋	25 ♈

SUN INGRESS	☉→♏24日 07:31
MOON PHASE	○ 2日 14:23 ♈ ◑ 10日 03:34 ♋ ● 18日 03:06 ♎ ◐ 25日 03:38 ♒

aspects

5日	18:16	♀△♅
6日	20:43	♀□♆
7日	17:42	☉☌☿
7日	22:59	☿□♃
8日	03:24	☉□♃
8日	09:58	☿□♇
8日	22:19	☉□♇
14日	00:33	☿⚹♆
16日	04:15	♃☍♇
18日	15:03	☉⚹♆
21日	19:48	♂□♇
22日	03:48	♄△♇
23日	01:49	♂□♃
26日	21:17	☿△♇
27日	06:58	☿☌♄
27日	20:20	☿⚹♃
28日	18:07	♀⚹♂
31日	02:59	♀□♅
31日	16:07	☿△♅

1925年11月

DAY	☉	☽	☊ mean	☊ true	☿	♀	♂	♃	♄	♅	♆	♇	⚳	⚴	⚵	⚶	⚷
1	7 ♏ 40	6 ♉ 29	29 ♋ 33	29 R 16	22 D 26	22 D 56	21 D 25	16 D 46	15 D 53	21 R 56	24 D 35	14 R 41	17 D	27 D	22 D	5 D	25 R
2	8 ♏ 40	19 ♉ 49	29 ♋ 29	29 ♋ 3	23 ♏ 55	24 ♐ 4	22 ♎ 4	16 ♑ 55	16 ♏ 1	21 ♓ 55	24 ♌ 36	14 ♋ 41	17 ♌	27 ♊	22 ♐	5 R	25 ♈
3	9 ♏ 40	2 ♊ 49	29 ♋ 26	28 ♋ 52	25 ♏ 23	25 ♐ 11	22 ♎ 44	17 ♑ 4	16 ♏ 8	21 ♓ 53	24 ♌ 37	14 ♋ 40	17 ♌	27 ♊	23 ♐	5 ♋	25 ♈
4	10 ♏ 40	15 ♊ 31	29 ♋ 23	28 ♋ 42	26 ♏ 51	26 ♐ 18	23 ♎ 24	17 ♑ 13	16 ♏ 15	21 ♓ 52	24 ♌ 37	14 ♋ 40	17 ♌	27 ♊	23 ♐	5 ♋	25 ♈
5	11 ♏ 40	27 ♊ 54	29 ♋ 20	28 ♋ 36	28 ♏ 19	27 ♐ 25	24 ♎ 3	17 ♑ 23	16 ♏ 22	21 ♓ 51	24 ♌ 38	14 ♋ 40	18 ♌	27 R	23 ♐	5 ♋	25 ♈
6	12 ♏ 40	10 ♋ 2	29 ♋ 17	28 ♋ 32	29 ♏ 45	28 ♐ 32	24 ♎ 43	17 ♑ 32	16 ♏ 29	21 ♓ 49	24 ♌ 39	14 ♋ 39	18 ♌	27 ♊	24 ♐	5 ♋	25 ♈
7	13 ♏ 41	21 ♋ 58	29 ♋ 14	28 ♋ 31	1 ♐ 12	29 ♐ 39	25 ♎ 23	17 ♑ 41	16 ♏ 36	21 ♓ 48	24 ♌ 40	14 ♋ 39	18 ♌	27 ♊	24 ♐	5 ♋	25 ♈
8	14 ♏ 41	3 ♌ 48	29 ♋ 10	28 D 31	2 ♐ 37	0 ♑ 45	26 ♎ 2	17 ♑ 51	16 ♏ 44	21 ♓ 47	24 ♌ 40	14 ♋ 38	19 ♌	27 ♊	24 ♐	5 ♋	25 ♈
9	15 ♏ 41	15 ♌ 35	29 ♋ 7	28 ♋ 31	4 ♐ 2	1 ♑ 51	26 ♎ 42	18 ♑ 1	16 ♏ 51	21 ♓ 46	24 ♌ 41	14 ♋ 38	19 ♌	27 ♊	25 ♐	5 ♋	25 ♈
10	16 ♏ 41	27 ♌ 27	29 ♋ 4	28 R 30	5 ♐ 26	2 ♑ 57	27 ♎ 22	18 ♑ 11	16 ♏ 58	21 ♓ 45	24 ♌ 42	14 ♋ 37	19 ♌	27 ♊	25 ♐	5 ♋	25 ♈
11	17 ♏ 42	9 ♍ 28	29 ♋ 1	28 ♋ 28	6 ♐ 50	4 ♑ 3	28 ♎ 2	18 ♑ 21	17 ♏ 5	21 ♓ 44	24 ♌ 42	14 ♋ 36	19 ♌	26 ♊	25 ♐	4 ♋	25 ♈
12	18 ♏ 42	21 ♍ 43	28 ♋ 58	28 ♋ 24	8 ♐ 12	5 ♑ 9	28 ♎ 41	18 ♑ 31	17 ♏ 12	21 ♓ 43	24 ♌ 43	14 ♋ 36	20 ♌	26 ♊	26 ♐	4 ♋	25 ♈
13	19 ♏ 42	4 ♎ 17	28 ♋ 54	28 ♋ 16	9 ♐ 34	6 ♑ 14	29 ♎ 21	18 ♑ 41	17 ♏ 20	21 ♓ 42	24 ♌ 43	14 ♋ 35	20 ♌	26 ♊	26 ♐	4 ♋	25 ♈
14	20 ♏ 43	17 ♎ 13	28 ♋ 51	28 ♋ 7	10 ♐ 54	7 ♑ 19	0 ♏ 1	18 ♑ 51	17 ♏ 27	21 ♓ 41	24 ♌ 44	14 ♋ 34	20 ♌	26 ♊	26 ♐	4 ♋	24 ♈
15	21 ♏ 43	0 ♏ 30	28 ♋ 48	27 ♋ 56	12 ♐ 13	8 ♑ 24	0 ♏ 41	19 ♑ 2	17 ♏ 34	21 ♓ 40	24 ♌ 44	14 ♋ 34	20 ♌	26 ♊	27 ♐	4 ♋	24 ♈
16	22 ♏ 44	14 ♏ 9	28 ♋ 45	27 ♋ 44	13 ♐ 31	9 ♑ 29	1 ♏ 21	19 ♑ 12	17 ♏ 41	21 ♓ 39	24 ♌ 45	14 ♋ 33	21 ♌	26 ♊	27 ♐	4 ♋	24 ♈
17	23 ♏ 44	28 ♏ 6	28 ♋ 42	27 ♋ 33	14 ♐ 48	10 ♑ 34	2 ♏ 1	19 ♑ 23	17 ♏ 48	21 ♓ 38	24 ♌ 45	14 ♋ 32	21 ♌	26 ♊	27 ♐	4 ♋	24 ♈
18	24 ♏ 45	12 ♐ 18	28 ♋ 39	27 ♋ 25	16 ♐ 3	11 ♑ 38	2 ♏ 41	19 ♑ 34	17 ♏ 55	21 ♓ 38	24 ♌ 45	14 ♋ 32	21 ♌	26 ♊	28 ♐	4 ♋	24 ♈
19	25 ♏ 45	26 ♐ 37	28 ♋ 35	27 ♋ 18	17 ♐ 16	12 ♑ 42	3 ♏ 21	19 ♑ 44	18 ♏ 3	21 ♓ 37	24 ♌ 46	14 ♋ 31	21 ♌	26 ♊	28 ♐	4 ♋	24 ♈
20	26 ♏ 46	11 ♑ 0	28 ♋ 32	27 ♋ 15	18 ♐ 26	13 ♑ 46	4 ♏ 1	19 ♑ 55	18 ♏ 10	21 ♓ 36	24 ♌ 46	14 ♋ 30	21 ♌	25 ♊	28 ♐	4 ♋	24 ♈
21	27 ♏ 47	25 ♑ 21	28 ♋ 29	27 ♋ 14	19 ♐ 35	14 ♑ 49	4 ♏ 41	20 ♑ 6	18 ♏ 17	21 ♓ 36	24 ♌ 46	14 ♋ 29	22 ♌	25 ♊	29 ♐	3 ♋	24 ♈
22	28 ♏ 47	9 ♒ 37	28 ♋ 26	27 D 14	20 ♐ 40	15 ♑ 53	5 ♏ 21	20 ♑ 18	18 ♏ 24	21 ♓ 35	24 ♌ 47	14 ♋ 29	22 ♌	25 ♊	29 ♐	3 ♋	24 ♈
23	29 ♏ 48	23 ♒ 46	28 ♋ 23	27 ♋ 15	21 ♐ 43	16 ♑ 55	6 ♏ 1	20 ♑ 29	18 ♏ 31	21 ♓ 35	24 ♌ 47	14 ♋ 28	22 ♌	25 ♊	29 ♐	3 ♋	24 ♈
24	0 ♐ 49	7 ♓ 47	28 ♋ 20	27 R 15	22 ♐ 42	17 ♑ 58	6 ♏ 41	20 ♑ 40	18 ♏ 38	21 ♓ 34	24 ♌ 47	14 ♋ 27	22 ♌	25 ♊	0 ♑	3 ♋	24 ♈
25	1 ♐ 49	21 ♓ 40	28 ♋ 16	27 ♋ 13	23 ♐ 36	19 ♑ 0	7 ♏ 22	20 ♑ 52	18 ♏ 45	21 ♓ 34	24 ♌ 47	14 ♋ 26	22 ♌	24 ♊	0 ♑	3 ♋	24 ♈
26	2 ♐ 50	5 ♈ 24	28 ♋ 13	27 ♋ 9	24 ♐ 26	20 ♑ 2	8 ♏ 2	21 ♑ 3	18 ♏ 52	21 ♓ 34	24 ♌ 47	14 ♋ 25	23 ♌	24 ♊	0 ♑	3 ♋	24 ♈
27	3 ♐ 51	18 ♈ 57	28 ♋ 10	27 ♋ 2	25 ♐ 11	21 ♑ 4	8 ♏ 42	21 ♑ 15	18 ♏ 59	21 ♓ 33	24 ♌ 47	14 ♋ 24	23 ♌	24 ♊	1 ♑	2 ♋	24 ♈
28	4 ♐ 51	2 ♉ 20	28 ♋ 7	26 ♋ 54	25 ♐ 50	22 ♑ 5	9 ♏ 22	21 ♑ 26	19 ♏ 6	21 ♓ 33	24 R 47	14 ♋ 23	23 ♌	24 ♊	1 ♑	2 ♋	24 ♈
29	5 ♐ 52	15 ♉ 31	28 ♋ 4	26 ♋ 44	26 ♐ 23	23 ♑ 6	10 ♏ 2	21 ♑ 38	19 ♏ 13	21 ♓ 33	24 ♌ 47	14 ♋ 22	23 ♌	23 ♊	2 ♑	2 ♋	24 ♈
30	6 ♐ 53	28 ♉ 29	28 ♋ 0	26 ♋ 35	26 ♐ 47	24 ♑ 6	10 ♏ 43	21 ♑ 50	19 ♏ 20	21 ♓ 33	24 ♌ 47	14 ♋ 21	23 ♌	23 ♊	2 ♑	2 ♋	24 ♈

SUN INGRESS: ☉ → ♐ 23日 04:35

MOON PHASE: ○ 1日 02:16 ♉ ◑ 9日 00:13 ♌ ● 16日 15:58 ♏ ◐ 23日 11:05 ♓ ○ 30日 17:11 ♊

aspects

2日	11:10	☿□♆
2日	11:29	♀△♆
5日	21:34	♂⚹♆
7日	22:54	☉△♇
10日	07:29	☉☌♄
11日	18:35	☉⚹♃
14日	22:39	☉△♅
18日	00:13	☉□♆
20日	16:33	♀☍♇
22日	20:54	☿□♅
24日	17:29	♀⚹♄
26日	10:42	☿△♆
27日	05:19	♀☌♃
27日	11:36	♀⚹♅
28日	13:45	♃⚹♅

1925年12月

DAY	☉	☽	☊ mean	☊ true	☿	♀	♂	♃	♄	♅	♆	♇	⚳	⚴	⚵	⚶	⚷
1	7 ♐ 54	11 ♊ 12	27 ♋ 57	26 R 27	27 D 4	25 D 6	11 D 23	22 D 2	19 D 27	21 R 33	24 R 47	14 R 21	24 D	23 R	2 D	2 R	24 R
2	8 ♐ 55	23 ♊ 41	27 ♋ 54	26 ♋ 20	27 ♐ 11	26 ♑ 6	12 ♏ 3	22 ♑ 14	19 ♏ 34	21 D 33	24 ♌ 47	14 ♋ 20	24 ♌	23 ♊	3 ♑	1 ♋	24 ♈
3	9 ♐ 55	5 ♋ 56	27 ♋ 51	26 ♋ 15	27 R 9	27 ♑ 5	12 ♏ 44	22 ♑ 26	19 ♏ 41	21 ♓ 33	24 ♌ 47	14 ♋ 19	24 ♌	22 ♊	3 ♑	1 ♋	24 ♈
4	10 ♐ 56	17 ♋ 59	27 ♋ 48	26 ♋ 13	26 ♐ 56	28 ♑ 3	13 ♏ 24	22 ♑ 38	19 ♏ 48	21 ♓ 33	24 ♌ 46	14 ♋ 18	24 ♌	22 ♊	3 ♑	1 ♋	24 ♈
5	11 ♐ 57	29 ♋ 53	27 ♋ 45	26 D 13	26 ♐ 32	29 ♑ 1	14 ♏ 5	22 ♑ 50	19 ♏ 55	21 ♓ 33	24 ♌ 46	14 ♋ 17	24 ♌	22 ♊	4 ♑	1 ♋	24 ♈
6	12 ♐ 58	11 ♌ 42	27 ♋ 41	26 ♋ 14	25 ♐ 57	29 ♑ 59	14 ♏ 45	23 ♑ 3	20 ♏ 2	21 ♓ 33	24 ♌ 46	14 ♋ 16	24 ♌	21 ♊	4 ♑	1 ♋	24 ♈
7	13 ♐ 59	23 ♌ 29	27 ♋ 38	26 ♋ 15	25 ♐ 11	0 ♒ 56	15 ♏ 26	23 ♑ 15	20 ♏ 9	21 ♓ 34	24 ♌ 46	14 ♋ 14	24 ♌	21 ♊	4 ♑	0 ♋	24 ♈
8	15 ♐ 0	5 ♍ 19	27 ♋ 35	26 ♋ 17	24 ♐ 14	1 ♒ 53	16 ♏ 6	23 ♑ 28	20 ♏ 15	21 ♓ 34	24 ♌ 45	14 ♋ 13	25 ♌	21 ♊	5 ♑	0 ♋	24 ♈
9	16 ♐ 1	17 ♍ 19	27 ♋ 32	26 R 17	23 ♐ 7	2 ♒ 49	16 ♏ 47	23 ♑ 40	20 ♏ 22	21 ♓ 34	24 ♌ 45	14 ♋ 12	25 ♌	20 ♊	5 ♑	0 ♋	24 ♈
10	17 ♐ 2	29 ♍ 33	27 ♋ 29	26 ♋ 16	21 ♐ 53	3 ♒ 45	17 ♏ 27	23 ♑ 53	20 ♏ 29	21 ♓ 35	24 ♌ 45	14 ♋ 11	25 ♌	20 ♊	6 ♑	0 ♋	24 ♈
11	18 ♐ 3	12 ♎ 5	27 ♋ 26	26 ♋ 14	20 ♐ 34	4 ♒ 40	18 ♏ 8	24 ♑ 5	20 ♏ 35	21 ♓ 35	24 ♌ 44	14 ♋ 10	25 ♌	20 ♊	6 ♑	29 ♊	24 ♈
12	19 ♐ 4	25 ♎ 0	27 ♋ 22	26 ♋ 10	19 ♐ 11	5 ♒ 34	18 ♏ 49	24 ♑ 18	20 ♏ 42	21 ♓ 35	24 ♌ 44	14 ♋ 9	25 ♌	19 ♊	6 ♑	29 ♊	24 ♈
13	20 ♐ 5	8 ♏ 21	27 ♋ 19	26 ♋ 4	17 ♐ 48	6 ♒ 28	19 ♏ 29	24 ♑ 31	20 ♏ 49	21 ♓ 36	24 ♌ 43	14 ♋ 8	25 ♌	19 ♊	7 ♑	29 ♊	24 ♈
14	21 ♐ 6	22 ♏ 8	27 ♋ 16	25 ♋ 58	16 ♐ 28	7 ♒ 21	20 ♏ 10	24 ♑ 44	20 ♏ 55	21 ♓ 37	24 ♌ 43	14 ♋ 7	25 ♌	19 ♊	7 ♑	29 ♊	23 ♈
15	22 ♐ 7	6 ♐ 18	27 ♋ 13	25 ♋ 53	15 ♐ 13	8 ♒ 13	20 ♏ 51	24 ♑ 57	21 ♏ 2	21 ♓ 37	24 ♌ 42	14 ♋ 6	25 ♌	18 ♊	7 ♑	28 ♊	23 ♈
16	23 ♐ 8	20 ♐ 49	27 ♋ 10	25 ♋ 48	14 ♐ 6	9 ♒ 5	21 ♏ 32	25 ♑ 10	21 ♏ 8	21 ♓ 38	24 ♌ 42	14 ♋ 4	25 ♌	18 ♊	8 ♑	28 ♊	23 ♈
17	24 ♐ 9	5 ♑ 33	27 ♋ 6	25 ♋ 45	13 ♐ 7	9 ♒ 55	22 ♏ 12	25 ♑ 23	21 ♏ 15	21 ♓ 39	24 ♌ 41	14 ♋ 3	25 ♌	18 ♊	8 ♑	28 ♊	23 ♈
18	25 ♐ 10	20 ♑ 22	27 ♋ 3	25 ♋ 44	12 ♐ 19	10 ♒ 45	22 ♏ 53	25 ♑ 36	21 ♏ 21	21 ♓ 40	24 ♌ 40	14 ♋ 2	25 ♌	18 ♊	9 ♑	28 ♊	23 ♈
19	26 ♐ 11	5 ♒ 10	27 ♋ 0	25 D 44	11 ♐ 41	11 ♒ 35	23 ♏ 34	25 ♑ 49	21 ♏ 28	21 ♓ 40	24 ♌ 40	14 ♋ 1	26 ♌	17 ♊	9 ♑	27 ♊	23 ♈
20	27 ♐ 12	19 ♒ 49	26 ♋ 57	25 ♋ 45	11 ♐ 15	12 ♒ 23	24 ♏ 15	26 ♑ 2	21 ♏ 34	21 ♓ 41	24 ♌ 39	14 ♋ 0	26 ♌	17 ♊	9 ♑	27 ♊	23 ♈
21	28 ♐ 14	4 ♓ 16	26 ♋ 54	25 ♋ 46	10 ♐ 59	13 ♒ 11	24 ♏ 56	26 ♑ 16	21 ♏ 40	21 ♓ 42	24 ♌ 38	13 ♋ 59	26 ♌	16 ♊	10 ♑	27 ♊	23 ♈
22	29 ♐ 15	18 ♓ 26	26 ♋ 51	25 ♋ 48	10 ♐ 54	13 ♒ 57	25 ♏ 37	26 ♑ 29	21 ♏ 46	21 ♓ 43	24 ♌ 37	13 ♋ 57	26 ♌	16 ♊	10 ♑	26 ♊	23 ♈
23	0 ♑ 16	2 ♈ 19	26 ♋ 47	25 R 48	10 D 59	14 ♒ 43	26 ♏ 18	26 ♑ 42	21 ♏ 53	21 ♓ 44	24 ♌ 37	13 ♋ 56	26 ♌	16 ♊	10 ♑	26 ♊	23 ♈
24	1 ♑ 17	15 ♈ 54	26 ♋ 44	25 ♋ 47	11 ♐ 12	15 ♒ 27	26 ♏ 59	26 ♑ 56	21 ♏ 59	21 ♓ 46	24 ♌ 36	13 ♋ 55	26 ♌	15 ♊	11 ♑	26 ♊	23 ♈
25	2 ♑ 18	29 ♈ 13	26 ♋ 41	25 ♋ 45	11 ♐ 34	16 ♒ 11	27 ♏ 40	27 ♑ 9	22 ♏ 5	21 ♓ 47	24 ♌ 35	13 ♋ 54	26 ♌	15 ♊	11 ♑	26 ♊	23 ♈
26	3 ♑ 19	12 ♉ 16	26 ♋ 38	25 ♋ 42	12 ♐ 3	16 ♒ 54	28 ♏ 21	27 ♑ 23	22 ♏ 11	21 ♓ 48	24 ♌ 34	13 ♋ 52	26 ♌	15 ♊	12 ♑	25 ♊	23 ♈
27	4 ♑ 20	25 ♉ 5	26 ♋ 35	25 ♋ 39	12 ♐ 38	17 ♒ 35	29 ♏ 2	27 ♑ 36	22 ♏ 17	21 ♓ 49	24 ♌ 33	13 ♋ 51	26 R	14 ♊	12 ♑	25 ♊	23 ♈
28	5 ♑ 21	7 ♊ 41	26 ♋ 32	25 ♋ 35	13 ♐ 20	18 ♒ 15	29 ♏ 43	27 ♑ 50	22 ♏ 23	21 ♓ 50	24 ♌ 32	13 ♋ 50	26 ♌	14 ♊	12 ♑	25 ♊	23 ♈
29	6 ♑ 23	20 ♊ 5	26 ♋ 28	25 ♋ 32	14 ♐ 7	18 ♒ 54	0 ♐ 24	28 ♑ 3	22 ♏ 28	21 ♓ 52	24 ♌ 31	13 ♋ 49	26 ♌	14 ♊	13 ♑	25 ♊	23 ♈
30	7 ♑ 24	2 ♋ 18	26 ♋ 25	25 ♋ 30	14 ♐ 59	19 ♒ 31	1 ♐ 5	28 ♑ 17	22 ♏ 34	21 ♓ 53	24 ♌ 30	13 ♋ 47	26 ♌	14 ♊	13 ♑	24 ♊	23 ♈
31	8 ♑ 25	14 ♋ 22	26 ♋ 22	25 ♋ 29	15 ♐ 55	20 ♒ 8	1 ♐ 47	28 ♑ 31	22 ♏ 40	21 ♓ 55	24 ♌ 29	13 ♋ 46	26 ♌	13 ♊	14 ♑	24 ♊	23 ♈

SUN INGRESS: ☉ → ♑ 22日 17:37

MOON PHASE: ◑ 8日 21:11 ♍ ● 16日 04:05 ♐ ◐ 22日 20:08 ♈ ○ 30日 11:01 ♋

aspects

5日	06:49	♂△♇
7日	11:08	☿△♆
10日	05:47	☿□♅
12日	01:14	☉☌☿
14日	12:14	☉□♅
15日	07:39	♂☌♄
16日	03:48	♂△♅
17日	12:24	☉△♆
19日	02:00	☿⚹♀
20日	13:45	♂□♆
21日	10:05	♄△♅
23日	21:15	♂⚹♃

1926年1月

DAY	☉	☽	☊ mean	☊ true	☿	♀	♂	♃	♄	♅	♆	♇	⚳	⚴	⚵	⚶	⚷
	° ′	° ′	° ′	° ′	° ′	° ′	° ′	° ′	° ′	° ′	° ′	° ′	°	°	°	°	°
1	9 ♑ 26	26 ♋ 19	26 ♋ 19	25 D 28	16 D 55	20 D 42	2 D 28	28 D 45	22 D 46	21 D 56	24 R 28	13 R 45	26 R	13 R	14 D	24 R	23 R
2	10 ♑ 27	8 ♌ 9	26 ♋ 16	25 ♋ 29	17 ♐ 57	21 ♒ 16	3 ♐ 9	28 ♑ 58	22 ♏ 51	21 ♓ 58	24 ♌ 27	13 ♋ 44	26 ♌	13 ♊	14 ♑	24 ♊	23 ♈
3	11 ♑ 28	19 ♌ 57	26 ♋ 12	25 ♋ 30	19 ♐ 3	21 ♒ 48	3 ♐ 50	29 ♑ 12	22 ♏ 57	21 ♓ 59	24 ♌ 26	13 ♋ 42	26 ♌	13 ♊	15 ♑	23 ♊	23 ♈
4	12 ♑ 29	1 ♍ 45	26 ♋ 9	25 ♋ 31	20 ♐ 12	22 ♒ 18	4 ♐ 32	29 ♑ 26	23 ♏ 2	22 ♓ 1	24 ♌ 25	13 ♋ 41	25 ♌	12 ♊	15 ♑	23 ♊	23 ♈
5	13 ♑ 31	13 ♍ 36	26 ♋ 6	25 ♋ 32	21 ♐ 23	22 ♒ 47	5 ♐ 13	29 ♑ 40	23 ♏ 8	22 ♓ 3	24 ♌ 24	13 ♋ 40	25 ♌	12 ♊	15 ♑	23 ♊	23 D
6	14 ♑ 32	25 ♍ 35	26 ♋ 3	25 ♋ 34	22 ♐ 35	23 ♒ 14	5 ♐ 54	29 ♑ 54	23 ♏ 13	22 ♓ 4	24 ♌ 22	13 ♋ 39	25 ♌	12 ♊	16 ♑	23 ♊	23 ♈
7	15 ♑ 33	7 ♎ 46	26 ♋ 0	25 ♋ 34	23 ♐ 50	23 ♒ 39	6 ♐ 36	0 ♒ 8	23 ♏ 19	22 ♓ 6	24 ♌ 21	13 ♋ 37	25 ♌	12 ♊	16 ♑	23 ♊	23 ♈
8	16 ♑ 34	20 ♎ 14	25 ♋ 57	25 R 34	25 ♐ 6	24 ♒ 3	7 ♐ 17	0 ♒ 22	23 ♏ 24	22 ♓ 8	24 ♌ 20	13 ♋ 36	25 ♌	12 ♊	17 ♑	22 ♊	23 ♈
9	17 ♑ 35	3 ♏ 4	25 ♋ 53	25 ♋ 34	26 ♐ 24	24 ♒ 24	7 ♐ 59	0 ♒ 36	23 ♏ 29	22 ♓ 10	24 ♌ 19	13 ♋ 35	25 ♌	12 ♊	17 ♑	22 ♊	23 ♈
10	18 ♑ 36	16 ♏ 18	25 ♋ 50	25 ♋ 33	27 ♐ 43	24 ♒ 44	8 ♐ 40	0 ♒ 50	23 ♏ 34	22 ♓ 12	24 ♌ 17	13 ♋ 34	25 ♌	11 ♊	17 ♑	22 ♊	23 ♈
11	19 ♑ 38	29 ♏ 59	25 ♋ 47	25 ♋ 32	29 ♐ 4	25 ♒ 1	9 ♐ 22	1 ♒ 4	23 ♏ 39	22 ♓ 14	24 ♌ 16	13 ♋ 32	25 ♌	11 ♊	18 ♑	22 ♊	23 ♈
12	20 ♑ 39	14 ♐ 7	25 ♋ 44	25 ♋ 32	0 ♑ 25	25 ♒ 17	10 ♐ 3	1 ♒ 18	23 ♏ 44	22 ♓ 16	24 ♌ 15	13 ♋ 31	25 ♌	11 ♊	18 ♑	22 ♊	23 ♈
13	21 ♑ 40	28 ♐ 40	25 ♋ 41	25 ♋ 31	1 ♑ 48	25 ♒ 31	10 ♐ 45	1 ♒ 32	23 ♏ 49	22 ♓ 18	24 ♌ 13	13 ♋ 30	25 ♌	11 ♊	19 ♑	21 ♊	23 ♈
14	22 ♑ 41	13 ♑ 34	25 ♋ 38	25 ♋ 31	3 ♑ 11	25 ♒ 42	11 ♐ 26	1 ♒ 46	23 ♏ 54	22 ♓ 20	24 ♌ 12	13 ♋ 29	24 ♌	11 ♊	19 ♑	21 ♊	23 ♈
15	23 ♑ 42	28 ♑ 40	25 ♋ 34	25 D 31	4 ♑ 36	25 ♒ 51	12 ♐ 8	2 ♒ 0	23 ♏ 59	22 ♓ 22	24 ♌ 11	13 ♋ 27	24 ♌	11 ♊	19 ♑	21 ♊	23 ♈
16	24 ♑ 43	13 ♒ 49	25 ♋ 31	25 ♋ 31	6 ♑ 1	25 ♒ 58	12 ♐ 50	2 ♒ 14	24 ♏ 3	22 ♓ 24	24 ♌ 9	13 ♋ 26	24 ♌	11 ♊	20 ♑	21 ♊	23 ♈
17	25 ♑ 44	28 ♒ 52	25 ♋ 28	25 R 31	7 ♑ 27	26 ♒ 2	13 ♐ 31	2 ♒ 28	24 ♏ 8	22 ♓ 26	24 ♌ 8	13 ♋ 25	24 ♌	11 ♊	20 ♑	21 ♊	23 ♈
18	26 ♑ 46	13 ♓ 42	25 ♋ 25	25 ♋ 31	8 ♑ 54	26 ♒ 4	14 ♐ 13	2 ♒ 42	24 ♏ 12	22 ♓ 28	24 ♌ 6	13 ♋ 24	24 ♌	11 ♊	21 ♑	21 ♊	23 ♈
19	27 ♑ 47	28 ♓ 11	25 ♋ 22	25 ♋ 31	10 ♑ 21	26 R 3	14 ♐ 55	2 ♒ 56	24 ♏ 17	22 ♓ 31	24 ♌ 5	13 ♋ 23	24 ♌	11 ♊	21 ♑	20 ♊	23 ♈
20	28 ♑ 48	12 ♈ 16	25 ♋ 18	25 ♋ 31	11 ♑ 50	26 ♒ 0	15 ♐ 36	3 ♒ 11	24 ♏ 21	22 ♓ 33	24 ♌ 3	13 ♋ 21	24 ♌	11 ♊	21 ♑	20 ♊	23 ♈
21	29 ♑ 49	25 ♈ 56	25 ♋ 15	25 ♋ 31	13 ♑ 19	25 ♒ 55	16 ♐ 18	3 ♒ 25	24 ♏ 26	22 ♓ 35	24 ♌ 2	13 ♋ 20	23 ♌	11 ♊	22 ♑	20 ♊	23 ♈
22	0 ♒ 50	9 ♉ 13	25 ♋ 12	25 D 31	14 ♑ 48	25 ♒ 47	17 ♐ 0	3 ♒ 39	24 ♏ 30	22 ♓ 38	24 ♌ 0	13 ♋ 19	23 ♌	11 D	22 ♑	20 ♊	23 ♈
23	1 ♒ 51	22 ♉ 7	25 ♋ 9	25 ♋ 31	16 ♑ 18	25 ♒ 36	17 ♐ 42	3 ♒ 53	24 ♏ 34	22 ♓ 40	23 ♌ 59	13 ♋ 18	23 ♌	11 ♊	23 ♑	20 ♊	23 ♈
24	2 ♒ 52	4 ♊ 44	25 ♋ 6	25 ♋ 32	17 ♑ 49	25 ♒ 23	18 ♐ 24	4 ♒ 7	24 ♏ 38	22 ♓ 43	23 ♌ 57	13 ♋ 17	23 ♌	11 ♊	23 ♑	20 ♊	23 ♈
25	3 ♒ 53	17 ♊ 5	25 ♋ 3	25 ♋ 32	19 ♑ 21	25 ♒ 8	19 ♐ 6	4 ♒ 22	24 ♏ 42	22 ♓ 45	23 ♌ 56	13 ♋ 15	23 ♌	11 ♊	23 ♑	20 ♊	23 ♈
26	4 ♒ 54	29 ♊ 14	24 ♋ 59	25 ♋ 33	20 ♑ 53	24 ♒ 49	19 ♐ 48	4 ♒ 36	24 ♏ 46	22 ♓ 48	23 ♌ 54	13 ♋ 14	22 ♌	11 ♊	24 ♑	20 ♊	23 ♈
27	5 ♒ 55	11 ♋ 15	24 ♋ 56	25 ♋ 34	22 ♑ 26	24 ♒ 29	20 ♐ 29	4 ♒ 50	24 ♏ 50	22 ♓ 50	23 ♌ 53	13 ♋ 13	22 ♌	11 ♊	24 ♑	19 ♊	23 ♈
28	6 ♒ 56	23 ♋ 9	24 ♋ 53	25 ♋ 35	23 ♑ 59	24 ♒ 6	21 ♐ 11	5 ♒ 4	24 ♏ 53	22 ♓ 53	23 ♌ 51	13 ♋ 12	22 ♌	11 ♊	24 ♑	19 ♊	24 ♈
29	7 ♒ 57	4 ♌ 59	24 ♋ 50	25 R 34	25 ♑ 33	23 ♒ 41	21 ♐ 53	5 ♒ 18	24 ♏ 57	22 ♓ 55	23 ♌ 50	13 ♋ 11	22 ♌	11 ♊	25 ♑	19 ♊	24 ♈
30	8 ♒ 58	16 ♌ 47	24 ♋ 47	25 ♋ 33	27 ♑ 8	23 ♒ 14	22 ♐ 35	5 ♒ 33	25 ♏ 0	22 ♓ 58	23 ♌ 48	13 ♋ 10	22 ♌	11 ♊	25 ♑	19 ♊	24 ♈
31	9 ♒ 59	28 ♌ 36	24 ♋ 44	25 ♋ 32	28 ♑ 43	22 ♒ 45	23 ♐ 18	5 ♒ 47	25 ♏ 4	23 ♓ 1	23 ♌ 46	13 ♋ 9	21 ♌	11 ♊	26 ♑	19 ♊	24 ♈
SUN INGRESS	☉ → ♒ 21日 04:12																
MOON PHASE	◑ 7日 16:22 ♎	● 14日 15:35 ♑	◐ 21日 07:31 ♉	○ 29日 06:35 ♌													

aspects		
5日	03:37	☉☍♇
5日	13:36	☿□♅
5日	23:19	♀□♄
6日	18:50	☿⚹♀
7日	09:42	☿△♆
8日	18:03	♀☍♆
13日	15:21	☉⚹♅
15日	07:00	☉⚹♄
16日	23:42	♄□♆
21日	00:25	☿☍♇
25日	14:41	☉☌♃
26日	03:44	♀□♄
27日	06:31	☿⚹♅
28日	14:26	☿⚹♄
28日	15:36	♀☍♆
30日	13:04	♀⚹♂
30日	13:46	♂□♅
31日	15:47	♂△♆

1926年2月

DAY	☉	☽	☊ mean	☊ true	☿	♀	♂	♃	♄	♅	♆	♇	⚳	⚴	⚵	⚶	⚷
	° ′	° ′	° ′	° ′	° ′	° ′	° ′	° ′	° ′	° ′	° ′	° ′	°	°	°	°	°
1	11 ♒ 0	10 ♍ 27	24 ♋ 40	25 R 29	0 D 19	22 R 14	24 D 0	6 D 1	25 D 7	23 D 3	23 R 45	13 R 7	21 R	11 D	26 D	19 R	24 D
2	12 ♒ 0	22 ♍ 23	24 ♋ 37	25 ♋ 27	1 ♒ 56	21 ♒ 42	24 ♐ 42	6 ♒ 15	25 ♏ 11	23 ♓ 6	23 ♌ 43	13 ♋ 6	21 ♌	11 ♊	26 ♑	19 ♊	24 ♈
3	13 ♒ 1	4 ♎ 26	24 ♋ 34	25 ♋ 24	3 ♒ 34	21 ♒ 8	25 ♐ 24	6 ♒ 29	25 ♏ 14	23 ♓ 9	23 ♌ 41	13 ♋ 5	21 ♌	12 ♊	27 ♑	19 ♊	24 ♈
4	14 ♒ 2	16 ♎ 40	24 ♋ 31	25 ♋ 22	5 ♒ 12	20 ♒ 33	26 ♐ 6	6 ♒ 43	25 ♏ 17	23 ♓ 12	23 ♌ 40	13 ♋ 4	20 ♌	12 ♊	27 ♑	19 ♊	24 ♈
5	15 ♒ 3	29 ♎ 7	24 ♋ 28	25 ♋ 20	6 ♒ 51	19 ♒ 57	26 ♐ 48	6 ♒ 58	25 ♏ 20	23 ♓ 15	23 ♌ 38	13 ♋ 3	20 ♌	12 ♊	28 ♑	19 ♊	24 ♈
6	16 ♒ 4	11 ♏ 52	24 ♋ 24	25 ♋ 19	8 ♒ 30	19 ♒ 20	27 ♐ 30	7 ♒ 12	25 ♏ 23	23 ♓ 18	23 ♌ 36	13 ♋ 2	20 ♌	12 ♊	28 ♑	19 ♊	24 ♈
7	17 ♒ 5	24 ♏ 58	24 ♋ 21	25 D 19	10 ♒ 11	18 ♒ 43	28 ♐ 13	7 ♒ 26	25 ♏ 26	23 ♓ 20	23 ♌ 35	13 ♋ 1	20 ♌	12 ♊	28 ♑	19 D	24 ♈
8	18 ♒ 5	8 ♐ 27	24 ♋ 18	25 ♋ 20	11 ♒ 52	18 ♒ 6	28 ♐ 55	7 ♒ 40	25 ♏ 28	23 ♓ 23	23 ♌ 33	13 ♋ 0	20 ♌	12 ♊	29 ♑	19 ♊	24 ♈
9	19 ♒ 6	22 ♐ 23	24 ♋ 15	25 ♋ 22	13 ♒ 34	17 ♒ 29	29 ♐ 37	7 ♒ 54	25 ♏ 31	23 ♓ 26	23 ♌ 31	12 ♋ 59	19 ♌	13 ♊	29 ♑	19 ♊	24 ♈
10	20 ♒ 7	6 ♑ 44	24 ♋ 12	25 ♋ 23	15 ♒ 17	16 ♒ 52	0 ♑ 20	8 ♒ 8	25 ♏ 33	23 ♓ 29	23 ♌ 30	12 ♋ 58	19 ♌	13 ♊	0 ♒	19 ♊	24 ♈
11	21 ♒ 8	21 ♑ 29	24 ♋ 9	25 ♋ 24	17 ♒ 1	16 ♒ 16	1 ♑ 2	8 ♒ 22	25 ♏ 36	23 ♓ 32	23 ♌ 28	12 ♋ 57	19 ♌	13 ♊	0 ♒	19 ♊	24 ♈
12	22 ♒ 8	6 ♒ 32	24 ♋ 5	25 R 24	18 ♒ 45	15 ♒ 40	1 ♑ 44	8 ♒ 36	25 ♏ 38	23 ♓ 35	23 ♌ 26	12 ♋ 56	19 ♌	13 ♊	0 ♒	19 ♊	24 ♈
13	23 ♒ 9	21 ♒ 46	24 ♋ 2	25 ♋ 22	20 ♒ 31	15 ♒ 6	2 ♑ 27	8 ♒ 50	25 ♏ 40	23 ♓ 38	23 ♌ 25	12 ♋ 55	18 ♌	13 ♊	1 ♒	19 ♊	24 ♈
14	24 ♒ 10	7 ♓ 0	23 ♋ 59	25 ♋ 19	22 ♒ 17	14 ♒ 33	3 ♑ 9	9 ♒ 4	25 ♏ 43	23 ♓ 42	23 ♌ 23	12 ♋ 54	18 ♌	14 ♊	1 ♒	19 ♊	24 ♈
15	25 ♒ 10	22 ♓ 5	23 ♋ 56	25 ♋ 14	24 ♒ 4	14 ♒ 1	3 ♑ 52	9 ♒ 18	25 ♏ 45	23 ♓ 45	23 ♌ 21	12 ♋ 54	18 ♌	14 ♊	2 ♒	19 ♊	24 ♈
16	26 ♒ 11	6 ♈ 50	23 ♋ 53	25 ♋ 10	25 ♒ 52	13 ♒ 31	4 ♑ 34	9 ♒ 32	25 ♏ 47	23 ♓ 48	23 ♌ 20	12 ♋ 53	18 ♌	14 ♊	2 ♒	19 ♊	24 ♈
17	27 ♒ 12	21 ♈ 11	23 ♋ 50	25 ♋ 5	27 ♒ 40	13 ♒ 2	5 ♑ 17	9 ♒ 46	25 ♏ 48	23 ♓ 51	23 ♌ 18	12 ♋ 52	17 ♌	14 ♊	2 ♒	19 ♊	24 ♈
18	28 ♒ 12	5 ♉ 3	23 ♋ 46	25 ♋ 2	29 ♒ 30	12 ♒ 36	5 ♑ 59	10 ♒ 0	25 ♏ 50	23 ♓ 54	23 ♌ 16	12 ♋ 51	17 ♌	15 ♊	3 ♒	19 ♊	24 ♈
19	29 ♒ 13	18 ♉ 27	23 ♋ 43	25 ♋ 0	1 ♓ 20	12 ♒ 12	6 ♑ 42	10 ♒ 14	25 ♏ 52	23 ♓ 57	23 ♌ 15	12 ♋ 50	17 ♌	15 ♊	3 ♒	20 ♊	24 ♈
20	0 ♓ 13	1 ♊ 24	23 ♋ 40	24 D 59	3 ♓ 11	11 ♒ 50	7 ♑ 24	10 ♒ 27	25 ♏ 53	24 ♓ 0	23 ♌ 13	12 ♋ 49	17 ♌	15 ♊	4 ♒	20 ♊	24 ♈
21	1 ♓ 14	13 ♊ 58	23 ♋ 37	25 ♋ 0	5 ♓ 2	11 ♒ 30	8 ♑ 7	10 ♒ 41	25 ♏ 55	24 ♓ 4	23 ♌ 11	12 ♋ 49	17 ♌	16 ♊	4 ♒	20 ♊	24 ♈
22	2 ♓ 14	26 ♊ 14	23 ♋ 34	25 ♋ 2	6 ♓ 55	11 ♒ 13	8 ♑ 50	10 ♒ 55	25 ♏ 56	24 ♓ 7	23 ♌ 10	12 ♋ 48	16 ♌	16 ♊	4 ♒	20 ♊	24 ♈
23	3 ♓ 14	8 ♋ 16	23 ♋ 30	25 ♋ 3	8 ♓ 47	10 ♒ 58	9 ♑ 32	11 ♒ 9	25 ♏ 57	24 ♓ 10	23 ♌ 8	12 ♋ 47	16 ♌	16 ♊	5 ♒	20 ♊	24 ♈
24	4 ♓ 15	20 ♋ 9	23 ♋ 27	25 ♋ 5	10 ♓ 41	10 ♒ 45	10 ♑ 15	11 ♒ 22	25 ♏ 58	24 ♓ 13	23 ♌ 6	12 ♋ 46	16 ♌	16 ♊	5 ♒	20 ♊	24 ♈
25	5 ♓ 15	1 ♌ 58	23 ♋ 24	25 R 4	12 ♓ 34	10 ♒ 35	10 ♑ 58	11 ♒ 36	25 ♏ 59	24 ♓ 17	23 ♌ 5	12 ♋ 46	16 ♌	17 ♊	6 ♒	20 ♊	24 ♈
26	6 ♓ 16	13 ♌ 45	23 ♋ 21	25 ♋ 2	14 ♓ 27	10 ♒ 28	11 ♑ 40	11 ♒ 50	26 ♏ 0	24 ♓ 20	23 ♌ 3	12 ♋ 45	16 ♌	17 ♊	6 ♒	20 ♊	24 ♈
27	7 ♓ 16	25 ♌ 33	23 ♋ 18	24 ♋ 58	16 ♓ 21	10 ♒ 23	12 ♑ 23	12 ♒ 3	26 ♏ 1	24 ♓ 23	23 ♌ 1	12 ♋ 44	15 ♌	17 ♊	6 ♒	20 ♊	25 ♈
28	8 ♓ 16	7 ♍ 26	23 ♋ 15	24 ♋ 52	18 ♓ 14	10 ♒ 20	13 ♑ 6	12 ♒ 17	26 ♏ 2	24 ♓ 27	23 ♌ 0	12 ♋ 44	15 ♌	18 ♊	7 ♒	21 ♊	25 ♈
SUN INGRESS	☉ → ♓ 19日 18:35																
MOON PHASE	◑ 6日 08:25 ♏	● 13日 02:20 ♒	◐ 19日 21:36 ♊	○ 28日 01:51 ♍													

aspects		
5日	01:55	☿☌♃
8日	00:08	☉☌♀
10日	16:15	☿☌♀
13日	06:01	☉☍♆
14日	14:38	☿☍♆
15日	14:00	☉□♄
15日	22:51	☿□♄
16日	09:43	☉☌☿
22日	14:39	♀☌♃
23日	15:15	☿⚹♂
25日	02:27	☿△♇
27日	11:46	♂☍♇

1926年3月

DAY	☉	☽	☊ mean	☊ true	☿	♀	♂	♃	♄	♅	♆	♇	⚳	⚴	⚵	⚶	⚷
	° ′	° ′	° ′	° ′	° ′	° ′	° ′	° ′	° ′	° ′	° ′	° ′	°	°	°	°	°
1	9 ♓ 16	19 ♍ 24	23 ♋ 11	24 R 45	20 D 6	10 D 20	13 D 48	12 D 30	26 D 3	24 D 30	22 R 58	12 R 43	15 R	18 D	7 D	21 D	25 D
2	10 ♓ 16	1 ♎ 29	23 ♋ 8	24 ♋ 36	21 ♓ 58	10 ♒ 22	14 ♑ 31	12 ♒ 44	26 ♏ 3	24 ♓ 33	22 ♌ 57	12 ♋ 42	15 ♌	18 ♊	7 ♒	21 ♊	25 ♈
3	11 ♓ 17	13 ♎ 43	23 ♋ 5	24 ♋ 27	23 ♓ 49	10 ♒ 27	15 ♑ 14	12 ♒ 57	26 ♏ 3	24 ♓ 37	22 ♌ 55	12 ♋ 42	15 ♌	19 ♊	8 ♒	21 ♊	25 ♈
4	12 ♓ 17	26 ♎ 6	23 ♋ 2	24 ♋ 19	25 ♓ 37	10 ♒ 33	15 ♑ 57	13 ♒ 10	26 ♏ 4	24 ♓ 40	22 ♌ 53	12 ♋ 41	14 ♌	19 ♊	8 ♒	21 ♊	25 ♈
5	13 ♓ 17	8 ♏ 41	22 ♋ 59	24 ♋ 12	27 ♓ 24	10 ♒ 43	16 ♑ 40	13 ♒ 23	26 ♏ 4	24 ♓ 43	22 ♌ 52	12 ♋ 41	14 ♌	20 ♊	9 ♒	21 ♊	25 ♈
6	14 ♓ 17	21 ♏ 29	22 ♋ 55	24 ♋ 7	29 ♓ 9	10 ♒ 54	17 ♑ 23	13 ♒ 37	26 ♏ 4	24 ♓ 47	22 ♌ 50	12 ♋ 40	14 ♌	20 ♊	9 ♒	22 ♊	25 ♈
7	15 ♓ 17	4 ♐ 34	22 ♋ 52	24 ♋ 4	0 ♈ 50	11 ♒ 8	18 ♑ 6	13 ♒ 50	26 R 4	24 ♓ 50	22 ♌ 49	12 ♋ 40	14 ♌	20 ♊	9 ♒	22 ♊	25 ♈
8	16 ♓ 17	17 ♐ 57	22 ♋ 49	24 D 4	2 ♈ 28	11 ♒ 23	18 ♑ 49	14 ♒ 3	26 ♏ 4	24 ♓ 53	22 ♌ 47	12 ♋ 39	14 ♌	21 ♊	10 ♒	22 ♊	25 ♈
9	17 ♓ 17	1 ♑ 40	22 ♋ 46	24 ♋ 4	4 ♈ 2	11 ♒ 41	19 ♑ 32	14 ♒ 16	26 ♏ 4	24 ♓ 57	22 ♌ 46	12 ♋ 39	14 ♌	21 ♊	10 ♒	22 ♊	25 ♈
10	18 ♓ 17	15 ♑ 45	22 ♋ 43	24 ♋ 5	5 ♈ 31	12 ♒ 0	20 ♑ 15	14 ♒ 29	26 ♏ 4	25 ♓ 0	22 ♌ 44	12 ♋ 38	14 ♌	21 ♊	11 ♒	22 ♊	25 ♈
11	19 ♓ 17	0 ♒ 12	22 ♋ 40	24 R 5	6 ♈ 55	12 ♒ 22	20 ♑ 58	14 ♒ 42	26 ♏ 3	25 ♓ 4	22 ♌ 43	12 ♋ 38	13 ♌	22 ♊	11 ♒	22 ♊	25 ♈
12	20 ♓ 17	14 ♒ 58	22 ♋ 36	24 ♋ 4	8 ♈ 14	12 ♒ 45	21 ♑ 41	14 ♒ 55	26 ♏ 3	25 ♓ 7	22 ♌ 41	12 ♋ 37	13 ♌	22 ♊	11 ♒	23 ♊	25 ♈
13	21 ♓ 17	29 ♒ 57	22 ♋ 33	24 ♋ 0	9 ♈ 26	13 ♒ 10	22 ♑ 24	15 ♒ 8	26 ♏ 2	25 ♓ 11	22 ♌ 40	12 ♋ 37	13 ♌	23 ♊	12 ♒	23 ♊	25 ♈
14	22 ♓ 17	15 ♓ 3	22 ♋ 30	23 ♋ 53	10 ♈ 32	13 ♒ 37	23 ♑ 7	15 ♒ 21	26 ♏ 1	25 ♓ 14	22 ♌ 38	12 ♋ 37	13 ♌	23 ♊	12 ♒	23 ♊	25 ♈
15	23 ♓ 17	0 ♈ 5	22 ♋ 27	23 ♋ 44	11 ♈ 31	14 ♒ 5	23 ♑ 50	15 ♒ 33	26 ♏ 1	25 ♓ 17	22 ♌ 37	12 ♋ 36	13 ♌	23 ♊	12 ♒	23 ♊	25 ♈
16	24 ♓ 16	14 ♈ 53	22 ♋ 24	23 ♋ 34	12 ♈ 23	14 ♒ 35	24 ♑ 33	15 ♒ 46	26 ♏ 0	25 ♓ 21	22 ♌ 36	12 ♋ 36	13 ♌	24 ♊	13 ♒	24 ♊	25 ♈
17	25 ♓ 16	29 ♈ 20	22 ♋ 21	23 ♋ 25	13 ♈ 7	15 ♒ 6	25 ♑ 16	15 ♒ 59	25 ♏ 59	25 ♓ 24	22 ♌ 34	12 ♋ 36	13 ♌	24 ♊	13 ♒	24 ♊	25 ♈
18	26 ♓ 16	13 ♉ 20	22 ♋ 17	23 ♋ 17	13 ♈ 43	15 ♒ 39	25 ♑ 59	16 ♒ 11	25 ♏ 57	25 ♓ 28	22 ♌ 33	12 ♋ 36	13 ♌	25 ♊	14 ♒	24 ♊	25 ♈
19	27 ♓ 15	26 ♉ 51	22 ♋ 14	23 ♋ 10	14 ♈ 11	16 ♒ 13	26 ♑ 42	16 ♒ 24	25 ♏ 56	25 ♓ 31	22 ♌ 32	12 ♋ 35	13 ♌	25 ♊	14 ♒	24 ♊	26 ♈
20	28 ♓ 15	9 ♊ 54	22 ♋ 11	23 ♋ 7	14 ♈ 30	16 ♒ 49	27 ♑ 25	16 ♒ 36	25 ♏ 55	25 ♓ 35	22 ♌ 30	12 ♋ 35	13 ♌	25 ♊	14 ♒	24 ♊	26 ♈
21	29 ♓ 15	22 ♊ 32	22 ♋ 8	23 ♋ 5	14 ♈ 42	17 ♒ 25	28 ♑ 9	16 ♒ 48	25 ♏ 54	25 ♓ 38	22 ♌ 29	12 ♋ 35	13 ♌	26 ♊	15 ♒	25 ♊	26 ♈
22	0 ♈ 14	4 ♋ 49	22 ♋ 5	23 D 5	14 R 45	18 ♒ 3	28 ♑ 52	17 ♒ 0	25 ♏ 52	25 ♓ 41	22 ♌ 28	12 ♋ 35	13 ♌	26 ♊	15 ♒	25 ♊	26 ♈
23	1 ♈ 14	16 ♋ 51	22 ♋ 1	23 ♋ 5	14 ♈ 40	18 ♒ 42	29 ♑ 35	17 ♒ 13	25 ♏ 50	25 ♓ 45	22 ♌ 26	12 ♋ 35	12 ♌	27 ♊	16 ♒	25 ♊	26 ♈
24	2 ♈ 13	28 ♋ 43	21 ♋ 58	23 R 5	14 ♈ 28	19 ♒ 23	0 ♒ 18	17 ♒ 25	25 ♏ 49	25 ♓ 48	22 ♌ 25	12 ♋ 35	12 ♌	27 ♊	16 ♒	25 ♊	26 ♈
25	3 ♈ 13	10 ♌ 30	21 ♋ 55	23 ♋ 4	14 ♈ 9	20 ♒ 4	1 ♒ 1	17 ♒ 37	25 ♏ 47	25 ♓ 52	22 ♌ 24	12 ♋ 35	12 ♌	28 ♊	16 ♒	26 ♊	26 ♈
26	4 ♈ 12	22 ♌ 18	21 ♋ 52	23 ♋ 0	13 ♈ 42	20 ♒ 46	1 ♒ 45	17 ♒ 49	25 ♏ 45	25 ♓ 55	22 ♌ 23	12 ♋ 35	12 ♌	28 ♊	17 ♒	26 ♊	26 ♈
27	5 ♈ 12	4 ♍ 9	21 ♋ 49	22 ♋ 53	13 ♈ 10	21 ♒ 30	2 ♒ 28	18 ♒ 0	25 ♏ 43	25 ♓ 58	22 ♌ 22	12 ♋ 35	12 ♌	28 ♊	17 ♒	26 ♊	26 ♈
28	6 ♈ 11	16 ♍ 7	21 ♋ 46	22 ♋ 44	12 ♈ 33	22 ♒ 14	3 ♒ 11	18 ♒ 12	25 ♏ 41	26 ♓ 2	22 ♌ 21	12 D 35	12 D	29 ♊	17 ♒	27 ♊	26 ♈
29	7 ♈ 10	28 ♍ 14	21 ♋ 42	22 ♋ 33	11 ♈ 51	22 ♒ 59	3 ♒ 54	18 ♒ 24	25 ♏ 39	26 ♓ 5	22 ♌ 19	12 ♋ 35	12 ♌	29 ♊	18 ♒	27 ♊	26 ♈
30	8 ♈ 10	10 ♎ 32	21 ♋ 39	22 ♋ 20	11 ♈ 5	23 ♒ 46	4 ♒ 38	18 ♒ 35	25 ♏ 37	26 ♓ 9	22 ♌ 18	12 ♋ 35	12 ♌	0 ♋	18 ♒	27 ♊	26 ♈
31	9 ♈ 9	23 ♎ 0	21 ♋ 36	22 ♋ 6	10 ♈ 17	24 ♒ 33	5 ♒ 21	18 ♒ 47	25 ♏ 34	26 ♓ 12	22 ♌ 17	12 ♋ 35	12 ♌	0 ♋	19 ♒	27 ♊	26 ♈

SUN INGRESS	☉ → ♈ 21日 18:01
MOON PHASE	◑ 7日 20:49 ♐　● 14日 12:20 ♓　◐ 21日 14:12 ♊　○ 29日 19:00 ♎

aspects

3日	10:52	☿☌♅
4日	05:53	☿△♄
4日	09:39	☉△♇
16日	06:50	☿□♇
16日	23:51	☉⚹♂
17日	03:30	☉☌♅
17日	05:01	♂⚹♅
17日	16:46	☉△♄
17日	23:07	♂⚹♄
19日	11:00	♀☌♃
24日	02:30	♄△♅
27日	22:47	☿□♇
28日	03:20	♀☍♆
31日	15:03	☉☌☿

1926年4月

DAY	☉	☽	☊ mean	☊ true	☿	♀	♂	♃	♄	♅	♆	♇	⚳	⚴	⚵	⚶	⚷
	° ′	° ′	° ′	° ′	° ′	° ′	° ′	° ′	° ′	° ′	° ′	° ′	°	°	°	°	°
1	10 ♈ 8	5 ♏ 40	21 ♋ 33	21 R 54	9 R 27	25 D 21	6 D 4	18 D 58	25 R 32	26 D 15	22 R 16	12 D 35	12 D	1 D	19 D	28 D	26 D
2	11 ♈ 7	18 ♏ 31	21 ♋ 30	21 ♋ 43	8 ♈ 37	26 ♒ 9	6 ♒ 48	19 ♒ 10	25 ♏ 30	26 ♓ 19	22 ♌ 15	12 ♋ 35	13 ♌	1 ♋	19 ♒	28 ♊	26 ♈
3	12 ♈ 6	1 ♐ 34	21 ♋ 26	21 ♋ 35	7 ♈ 48	26 ♒ 59	7 ♒ 31	19 ♒ 21	25 ♏ 27	26 ♓ 22	22 ♌ 14	12 ♋ 35	13 ♌	2 ♋	20 ♒	28 ♊	26 ♈
4	13 ♈ 6	14 ♐ 48	21 ♋ 23	21 ♋ 30	7 ♈ 0	27 ♒ 49	8 ♒ 14	19 ♒ 32	25 ♏ 24	26 ♓ 25	22 ♌ 13	12 ♋ 35	13 ♌	2 ♋	20 ♒	29 ♊	26 ♈
5	14 ♈ 5	28 ♐ 15	21 ♋ 20	21 ♋ 28	6 ♈ 14	28 ♒ 40	8 ♒ 58	19 ♒ 43	25 ♏ 22	26 ♓ 29	22 ♌ 12	12 ♋ 35	13 ♌	3 ♋	20 ♒	29 ♊	27 ♈
6	15 ♈ 4	11 ♑ 56	21 ♋ 17	21 ♋ 27	5 ♈ 31	29 ♒ 31	9 ♒ 41	19 ♒ 54	25 ♏ 19	26 ♓ 32	22 ♌ 12	12 ♋ 36	13 ♌	3 ♋	21 ♒	29 ♊	27 ♈
7	16 ♈ 3	25 ♑ 52	21 ♋ 14	21 ♋ 27	4 ♈ 52	0 ♓ 24	10 ♒ 24	20 ♒ 5	25 ♏ 16	26 ♓ 35	22 ♌ 11	12 ♋ 36	13 ♌	3 ♋	21 ♒	29 ♊	27 ♈
8	17 ♈ 2	10 ♒ 4	21 ♋ 11	21 ♋ 26	4 ♈ 17	1 ♓ 16	11 ♒ 8	20 ♒ 16	25 ♏ 13	26 ♓ 39	22 ♌ 10	12 ♋ 36	13 ♌	4 ♋	21 ♒	0 ♋	27 ♈
9	18 ♈ 1	24 ♒ 30	21 ♋ 7	21 ♋ 23	3 ♈ 47	2 ♓ 10	11 ♒ 51	20 ♒ 26	25 ♏ 10	26 ♓ 42	22 ♌ 9	12 ♋ 36	13 ♌	4 ♋	22 ♒	0 ♋	27 ♈
10	19 ♈ 0	9 ♓ 7	21 ♋ 4	21 ♋ 18	3 ♈ 22	3 ♓ 4	12 ♒ 35	20 ♒ 37	25 ♏ 7	26 ♓ 45	22 ♌ 8	12 ♋ 37	13 ♌	5 ♋	22 ♒	0 ♋	27 ♈
11	19 ♈ 59	23 ♓ 50	21 ♋ 1	21 ♋ 10	3 ♈ 2	3 ♓ 59	13 ♒ 18	20 ♒ 47	25 ♏ 4	26 ♓ 48	22 ♌ 8	12 ♋ 37	13 ♌	5 ♋	23 ♒	1 ♋	27 ♈
12	20 ♈ 57	8 ♈ 32	20 ♋ 58	21 ♋ 0	2 ♈ 47	4 ♓ 54	14 ♒ 2	20 ♒ 58	25 ♏ 0	26 ♓ 51	22 ♌ 7	12 ♋ 37	13 ♌	6 ♋	23 ♒	1 ♋	27 ♈
13	21 ♈ 56	23 ♈ 6	20 ♋ 55	20 ♋ 48	2 ♈ 38	5 ♓ 49	14 ♒ 45	21 ♒ 8	24 ♏ 57	26 ♓ 55	22 ♌ 6	12 ♋ 38	13 ♌	6 ♋	23 ♒	1 ♋	27 ♈
14	22 ♈ 55	7 ♉ 23	20 ♋ 52	20 ♋ 36	2 ♈ 33	6 ♓ 45	15 ♒ 28	21 ♒ 18	24 ♏ 54	26 ♓ 58	22 ♌ 5	12 ♋ 38	13 ♌	7 ♋	24 ♒	2 ♋	27 ♈
15	23 ♈ 54	21 ♉ 19	20 ♋ 48	20 ♋ 25	2 D 35	7 ♓ 42	16 ♒ 12	21 ♒ 28	24 ♏ 50	27 ♓ 1	22 ♌ 5	12 ♋ 39	14 ♌	7 ♋	24 ♒	2 ♋	27 ♈
16	24 ♈ 53	4 ♊ 49	20 ♋ 45	20 ♋ 17	2 ♈ 41	8 ♓ 39	16 ♒ 55	21 ♒ 38	24 ♏ 47	27 ♓ 4	22 ♌ 4	12 ♋ 39	14 ♌	8 ♋	24 ♒	2 ♋	27 ♈
17	25 ♈ 51	17 ♊ 53	20 ♋ 42	20 ♋ 11	2 ♈ 52	9 ♓ 36	17 ♒ 39	21 ♒ 48	24 ♏ 43	27 ♓ 7	22 ♌ 4	12 ♋ 39	14 ♌	8 ♋	25 ♒	3 ♋	27 ♈
18	26 ♈ 50	0 ♋ 34	20 ♋ 39	20 ♋ 8	3 ♈ 9	10 ♓ 34	18 ♒ 22	21 ♒ 58	24 ♏ 39	27 ♓ 10	22 ♌ 3	12 ♋ 40	14 ♌	9 ♋	25 ♒	3 ♋	27 ♈
19	27 ♈ 49	12 ♋ 53	20 ♋ 36	20 ♋ 7	3 ♈ 29	11 ♓ 33	19 ♒ 5	22 ♒ 7	24 ♏ 36	27 ♓ 13	22 ♌ 3	12 ♋ 41	14 ♌	9 ♋	25 ♒	3 ♋	27 ♈
20	28 ♈ 47	24 ♋ 58	20 ♋ 32	20 D 7	3 ♈ 55	12 ♓ 31	19 ♒ 49	22 ♒ 17	24 ♏ 32	27 ♓ 16	22 ♌ 2	12 ♋ 41	14 ♌	10 ♋	26 ♒	4 ♋	27 ♈
21	29 ♈ 46	6 ♌ 51	20 ♋ 29	20 R 7	4 ♈ 25	13 ♓ 30	20 ♒ 32	22 ♒ 26	24 ♏ 28	27 ♓ 20	22 ♌ 2	12 ♋ 42	14 ♌	10 ♋	26 ♒	4 ♋	27 ♈
22	0 ♉ 44	18 ♌ 40	20 ♋ 26	20 ♋ 5	4 ♈ 59	14 ♓ 30	21 ♒ 16	22 ♒ 35	24 ♏ 24	27 ♓ 23	22 ♌ 1	12 ♋ 42	15 ♌	11 ♋	26 ♒	4 ♋	28 ♈
23	1 ♉ 43	0 ♍ 30	20 ♋ 23	20 ♋ 2	5 ♈ 36	15 ♓ 30	21 ♒ 59	22 ♒ 44	24 ♏ 20	27 ♓ 26	22 ♌ 1	12 ♋ 43	15 ♌	11 ♋	27 ♒	5 ♋	28 ♈
24	2 ♉ 41	12 ♍ 24	20 ♋ 20	19 ♋ 56	6 ♈ 18	16 ♓ 30	22 ♒ 42	22 ♒ 53	24 ♏ 16	27 ♓ 28	22 ♌ 1	12 ♋ 43	15 ♌	12 ♋	27 ♒	5 ♋	28 ♈
25	3 ♉ 40	24 ♍ 28	20 ♋ 17	19 ♋ 48	7 ♈ 3	17 ♓ 30	23 ♒ 26	23 ♒ 2	24 ♏ 12	27 ♓ 31	22 ♌ 0	12 ♋ 44	15 ♌	12 ♋	27 ♒	5 ♋	28 ♈
26	4 ♉ 38	6 ♎ 44	20 ♋ 13	19 ♋ 37	7 ♈ 52	18 ♓ 31	24 ♒ 9	23 ♒ 11	24 ♏ 8	27 ♓ 34	22 ♌ 0	12 ♋ 45	15 ♌	13 ♋	28 ♒	6 ♋	28 ♈
27	5 ♉ 36	19 ♎ 14	20 ♋ 10	19 ♋ 25	8 ♈ 44	19 ♓ 32	24 ♒ 52	23 ♒ 19	24 ♏ 4	27 ♓ 37	22 ♌ 0	12 ♋ 45	15 ♌	13 ♋	28 ♒	6 ♋	28 ♈
28	6 ♉ 35	1 ♏ 58	20 ♋ 7	19 ♋ 13	9 ♈ 39	20 ♓ 34	25 ♒ 36	23 ♒ 28	24 ♏ 0	27 ♓ 40	22 ♌ 0	12 ♋ 46	16 ♌	14 ♋	28 ♒	6 ♋	28 ♈
29	7 ♉ 33	14 ♏ 57	20 ♋ 4	19 ♋ 1	10 ♈ 38	21 ♓ 35	26 ♒ 19	23 ♒ 36	23 ♏ 56	27 ♓ 43	21 ♌ 59	12 ♋ 47	16 ♌	14 ♋	29 ♒	7 ♋	28 ♈
30	8 ♉ 31	28 ♏ 9	20 ♋ 1	18 ♋ 51	11 ♈ 39	22 ♓ 37	27 ♒ 3	23 ♒ 44	23 ♏ 51	27 ♓ 46	21 ♌ 59	12 ♋ 48	16 ♌	15 ♋	29 ♒	7 ♋	28 ♈

SUN INGRESS	☉ → ♉ 21日 05:36
MOON PHASE	◑ 6日 05:50 ♑　● 12日 21:56 ♈　◐ 20日 08:23 ♋　○ 28日 09:16 ♏

aspects

1日	05:25	♀□♄
3日	04:23	☿⚹♂
3日	11:39	☉□♇
12日	00:11	☉⚹♃
13日	03:59	☉△♆
18日	13:12	♃☍♆
20日	03:58	♀△♇
23日	01:07	♂☍♆
24日	07:34	♂☌♃
25日	23:28	♂□♄
30日	13:43	♃□♄

1926年5月

DAY	☉	☽	☊ mean	☊ true	☿	♀	♂	♃	♄	♅	♆	♇	⚳	⚴	⚵	⚶	⚷
	° ′	° ′	° ′	° ′	° ′	° ′	° ′	° ′	° ′	° ′	° ′	° ′	°	°	°	°	°
1	9 ♉ 30	11 ♐ 33	19 ♋ 58	18 R 44	12 D 43	23 D 40	27 D 46	23 D 52	23 R 47	27 D 48	21 R 59	12 D 48	16 D	15 D	29 D	8 D	28 D
2	10 ♉ 28	25 ♐ 8	19 ♋ 54	18 ♋ 39	13 ♈ 49	24 ♓ 42	28 ♒ 29	24 ♒ 0	23 ♏ 43	27 ♓ 51	21 ♌ 59	12 ♋ 49	16 ♌	16 ♋	0 ♓	8 ♋	28 ♈
3	11 ♉ 26	8 ♑ 51	19 ♋ 51	18 ♋ 37	14 ♈ 59	25 ♓ 45	29 ♒ 12	24 ♒ 8	23 ♏ 38	27 ♓ 54	21 ♌ 59	12 ♋ 50	17 ♌	16 ♋	0 ♓	8 ♋	28 ♈
4	12 ♉ 24	22 ♑ 43	19 ♋ 48	18 D 37	16 ♈ 11	26 ♓ 48	29 ♒ 56	24 ♒ 16	23 ♏ 34	27 ♓ 57	21 D 59	12 ♋ 51	17 ♌	17 ♋	0 ♓	9 ♋	28 ♈
5	13 ♉ 22	6 ♒ 42	19 ♋ 45	18 ♋ 37	17 ♈ 25	27 ♓ 52	0 ♓ 39	24 ♒ 23	23 ♏ 30	27 ♓ 59	21 ♌ 59	12 ♋ 52	17 ♌	17 ♋	1 ♓	9 ♋	28 ♈
6	14 ♉ 20	20 ♒ 48	19 ♋ 42	18 R 37	18 ♈ 42	28 ♓ 55	1 ♓ 22	24 ♒ 31	23 ♏ 25	28 ♓ 2	21 ♌ 59	12 ♋ 53	17 ♌	18 ♋	1 ♓	9 ♋	28 ♈
7	15 ♉ 19	5 ♓ 1	19 ♋ 38	18 ♋ 36	20 ♈ 1	29 ♓ 59	2 ♓ 6	24 ♒ 38	23 ♏ 21	28 ♓ 4	21 ♌ 59	12 ♋ 54	18 ♌	18 ♋	1 ♓	10 ♋	28 ♈
8	16 ♉ 17	19 ♓ 18	19 ♋ 35	18 ♋ 32	21 ♈ 22	1 ♈ 3	2 ♓ 49	24 ♒ 45	23 ♏ 16	28 ♓ 7	21 ♌ 59	12 ♋ 54	18 ♌	19 ♋	2 ♓	10 ♋	29 ♈
9	17 ♉ 15	3 ♈ 37	19 ♋ 32	18 ♋ 26	22 ♈ 46	2 ♈ 7	3 ♓ 32	24 ♒ 52	23 ♏ 12	28 ♓ 10	21 ♌ 59	12 ♋ 55	18 ♌	19 ♋	2 ♓	11 ♋	29 ♈
10	18 ♉ 13	17 ♈ 53	19 ♋ 29	18 ♋ 17	24 ♈ 11	3 ♈ 12	4 ♓ 15	24 ♒ 58	23 ♏ 8	28 ♓ 12	22 ♌ 0	12 ♋ 56	18 ♌	19 ♋	2 ♓	11 ♋	29 ♈
11	19 ♉ 11	2 ♉ 1	19 ♋ 26	18 ♋ 8	25 ♈ 39	4 ♈ 16	4 ♓ 58	25 ♒ 5	23 ♏ 3	28 ♓ 14	22 ♌ 0	12 ♋ 57	19 ♌	20 ♋	3 ♓	11 ♋	29 ♈
12	20 ♉ 9	15 ♉ 56	19 ♋ 23	17 ♋ 58	27 ♈ 9	5 ♈ 21	5 ♓ 42	25 ♒ 11	22 ♏ 59	28 ♓ 17	22 ♌ 0	12 ♋ 58	19 ♌	20 ♋	3 ♓	12 ♋	29 ♈
13	21 ♉ 7	29 ♉ 34	19 ♋ 19	17 ♋ 50	28 ♈ 41	6 ♈ 26	6 ♓ 25	25 ♒ 18	22 ♏ 54	28 ♓ 19	22 ♌ 0	12 ♋ 59	19 ♌	21 ♋	3 ♓	12 ♋	29 ♈
14	22 ♉ 5	12 ♊ 52	19 ♋ 16	17 ♋ 43	0 ♉ 16	7 ♈ 31	7 ♓ 8	25 ♒ 24	22 ♏ 50	28 ♓ 22	22 ♌ 1	13 ♋ 0	19 ♌	21 ♋	3 ♓	12 ♋	29 ♈
15	23 ♉ 2	25 ♊ 49	19 ♋ 13	17 ♋ 39	1 ♉ 52	8 ♈ 37	7 ♓ 51	25 ♒ 30	22 ♏ 45	28 ♓ 24	22 ♌ 1	13 ♋ 1	20 ♌	22 ♋	4 ♓	13 ♋	29 ♈
16	24 ♉ 0	8 ♋ 26	19 ♋ 10	17 ♋ 36	3 ♉ 31	9 ♈ 42	8 ♓ 34	25 ♒ 36	22 ♏ 41	28 ♓ 26	22 ♌ 1	13 ♋ 2	20 ♌	22 ♋	4 ♓	13 ♋	29 ♈
17	24 ♉ 58	20 ♋ 45	19 ♋ 7	17 D 36	5 ♉ 11	10 ♈ 48	9 ♓ 17	25 ♒ 41	22 ♏ 36	28 ♓ 28	22 ♌ 2	13 ♋ 4	20 ♌	23 ♋	4 ♓	14 ♋	29 ♈
18	25 ♉ 56	2 ♌ 50	19 ♋ 4	17 ♋ 37	6 ♉ 54	11 ♈ 54	10 ♓ 0	25 ♒ 47	22 ♏ 32	28 ♓ 31	22 ♌ 2	13 ♋ 5	20 ♌	23 ♋	5 ♓	14 ♋	29 ♈
19	26 ♉ 54	14 ♌ 45	19 ♋ 0	17 ♋ 38	8 ♉ 39	13 ♈ 0	10 ♓ 43	25 ♒ 52	22 ♏ 27	28 ♓ 33	22 ♌ 3	13 ♋ 6	21 ♌	24 ♋	5 ♓	14 ♋	29 ♈
20	27 ♉ 51	26 ♌ 35	18 ♋ 57	17 ♋ 39	10 ♉ 26	14 ♈ 6	11 ♓ 26	25 ♒ 57	22 ♏ 23	28 ♓ 35	22 ♌ 3	13 ♋ 7	21 ♌	24 ♋	5 ♓	15 ♋	29 ♈
21	28 ♉ 49	8 ♍ 26	18 ♋ 54	17 R 38	12 ♉ 15	15 ♈ 12	12 ♓ 8	26 ♒ 2	22 ♏ 18	28 ♓ 37	22 ♌ 4	13 ♋ 8	21 ♌	25 ♋	5 ♓	15 ♋	29 ♈
22	29 ♉ 47	20 ♍ 23	18 ♋ 51	17 ♋ 36	14 ♉ 6	16 ♈ 18	12 ♓ 51	26 ♒ 7	22 ♏ 14	28 ♓ 39	22 ♌ 4	13 ♋ 9	22 ♌	26 ♋	6 ♓	16 ♋	29 ♈
23	0 ♊ 45	2 ♎ 30	18 ♋ 48	17 ♋ 31	15 ♉ 59	17 ♈ 25	13 ♓ 34	26 ♒ 12	22 ♏ 9	28 ♓ 41	22 ♌ 5	13 ♋ 10	22 ♌	26 ♋	6 ♓	16 ♋	29 ♈
24	1 ♊ 42	14 ♎ 51	18 ♋ 44	17 ♋ 26	17 ♉ 54	18 ♈ 32	14 ♓ 17	26 ♒ 16	22 ♏ 5	28 ♓ 43	22 ♌ 6	13 ♋ 12	22 ♌	27 ♋	6 ♓	16 ♋	29 ♈
25	2 ♊ 40	27 ♎ 29	18 ♋ 41	17 ♋ 19	19 ♉ 51	19 ♈ 38	14 ♓ 59	26 ♒ 21	22 ♏ 0	28 ♓ 45	22 ♌ 6	13 ♋ 13	22 ♌	27 ♋	7 ♓	17 ♋	29 ♈
26	3 ♊ 37	10 ♏ 26	18 ♋ 38	17 ♋ 11	21 ♉ 50	20 ♈ 45	15 ♓ 42	26 ♒ 25	21 ♏ 56	28 ♓ 47	22 ♌ 7	13 ♋ 14	23 ♌	28 ♋	7 ♓	17 ♋	0 ♉
27	4 ♊ 35	23 ♏ 41	18 ♋ 35	17 ♋ 4	23 ♉ 52	21 ♈ 52	16 ♓ 24	26 ♒ 29	21 ♏ 52	28 ♓ 49	22 ♌ 8	13 ♋ 15	23 ♌	28 ♋	7 ♓	18 ♋	0 ♉
28	5 ♊ 33	7 ♐ 14	18 ♋ 32	16 ♋ 58	25 ♉ 55	23 ♈ 0	17 ♓ 7	26 ♒ 32	21 ♏ 47	28 ♓ 51	22 ♌ 8	13 ♋ 16	23 ♌	29 ♋	7 ♓	18 ♋	0 ♉
29	6 ♊ 30	21 ♐ 2	18 ♋ 29	16 ♋ 54	27 ♉ 59	24 ♈ 7	17 ♓ 50	26 ♒ 36	21 ♏ 43	28 ♓ 52	22 ♌ 9	13 ♋ 18	24 ♌	29 ♋	8 ♓	18 ♋	0 ♉
30	7 ♊ 28	5 ♑ 1	18 ♋ 25	16 ♋ 51	0 ♊ 6	25 ♈ 14	18 ♓ 32	26 ♒ 40	21 ♏ 39	28 ♓ 54	22 ♌ 10	13 ♋ 19	24 ♌	0 ♌	8 ♓	19 ♋	0 ♉
31	8 ♊ 25	19 ♑ 9	18 ♋ 22	16 D 51	2 ♊ 13	26 ♈ 22	19 ♓ 14	26 ♒ 43	21 ♏ 35	28 ♓ 56	22 ♌ 11	13 ♋ 20	24 ♌	0 ♌	8 ♓	19 ♋	0 ♉

SUN INGRESS	☉ → ♊ 22日 05:14
MOON PHASE	◑ 5日 12:13 ♒　● 12日 07:55 ♉　◐ 20日 02:48 ♌　○ 27日 20:48 ♐

aspects		
1日	02:06	☿□♇
1日	02:37	♀△♄
4日	11:11	☉⚹♇
5日	03:01	♀☌♅
8日	10:49	☿△♆
10日	14:00	☿⚹♃
13日	22:24	☉□♆
14日	17:20	☉☍♄
17日	19:51	☉□♃
19日	02:18	♀□♇
20日	18:46	☉⚹♅
20日	21:43	☿⚹♂
21日	11:41	☿⚹♇
22日	10:24	♂△♇
23日	20:30	♄□♆
26日	01:05	☿☍♄
26日	03:18	☿□♆
27日	05:32	♀△♆
28日	07:33	☿□♃
29日	10:16	☿⚹♅
31日	07:45	♀⚹♃

1926年6月

DAY	☉	☽	☊ mean	☊ true	☿	♀	♂	♃	♄	♅	♆	♇	⚳	⚴	⚵	⚶	⚷
	° ′	° ′	° ′	° ′	° ′	° ′	° ′	° ′	° ′	° ′	° ′	° ′	°	°	°	°	°
1	9 ♊ 23	3 ♒ 22	18 ♋ 19	16 D 52	4 D 22	27 D 30	19 D 57	26 D 46	21 R 31	28 D 57	22 D 12	13 D 22	25 D	1 D	8 D	20 D	0 D
2	10 ♊ 20	17 ♒ 36	18 ♋ 16	16 ♋ 53	6 ♊ 33	28 ♈ 37	20 ♓ 39	26 ♒ 49	21 ♏ 26	28 ♓ 59	22 ♌ 13	13 ♋ 23	25 ♌	1 ♌	9 ♓	20 ♋	0 ♉
3	11 ♊ 18	1 ♓ 50	18 ♋ 13	16 ♋ 54	8 ♊ 44	29 ♈ 45	21 ♓ 21	26 ♒ 51	21 ♏ 22	29 ♓ 1	22 ♌ 14	13 ♋ 24	25 ♌	2 ♌	9 ♓	20 ♋	0 ♉
4	12 ♊ 15	16 ♓ 1	18 ♋ 10	16 R 54	10 ♊ 55	0 ♉ 53	22 ♓ 3	26 ♒ 54	21 ♏ 18	29 ♓ 2	22 ♌ 15	13 ♋ 26	26 ♌	2 ♌	9 ♓	21 ♋	0 ♉
5	13 ♊ 13	0 ♈ 8	18 ♋ 6	16 ♋ 53	13 ♊ 7	2 ♉ 2	22 ♓ 46	26 ♒ 56	21 ♏ 14	29 ♓ 4	22 ♌ 16	13 ♋ 27	26 ♌	3 ♌	9 ♓	21 ♋	0 ♉
6	14 ♊ 10	14 ♈ 8	18 ♋ 3	16 ♋ 51	15 ♊ 19	3 ♉ 10	23 ♓ 28	26 ♒ 58	21 ♏ 10	29 ♓ 5	22 ♌ 17	13 ♋ 28	26 ♌	3 ♌	10 ♓	22 ♋	0 ♉
7	15 ♊ 7	28 ♈ 0	18 ♋ 0	16 ♋ 47	17 ♊ 31	4 ♉ 18	24 ♓ 10	27 ♒ 0	21 ♏ 6	29 ♓ 6	22 ♌ 18	13 ♋ 30	27 ♌	4 ♌	10 ♓	22 ♋	0 ♉
8	16 ♊ 5	11 ♉ 41	17 ♋ 57	16 ♋ 42	19 ♊ 43	5 ♉ 26	24 ♓ 51	27 ♒ 2	21 ♏ 2	29 ♓ 8	22 ♌ 19	13 ♋ 31	27 ♌	4 ♌	10 ♓	23 ♋	0 ♉
9	17 ♊ 2	25 ♉ 10	17 ♋ 54	16 ♋ 38	21 ♊ 54	6 ♉ 35	25 ♓ 33	27 ♒ 4	20 ♏ 59	29 ♓ 9	22 ♌ 20	13 ♋ 32	27 ♌	5 ♌	10 ♓	23 ♋	0 ♉
10	18 ♊ 0	8 ♊ 24	17 ♋ 50	16 ♋ 34	24 ♊ 3	7 ♉ 44	26 ♓ 15	27 ♒ 5	20 ♏ 55	29 ♓ 10	22 ♌ 21	13 ♋ 34	28 ♌	5 ♌	11 ♓	23 ♋	0 ♉
11	18 ♊ 57	21 ♊ 22	17 ♋ 47	16 ♋ 30	26 ♊ 12	8 ♉ 52	26 ♓ 57	27 ♒ 6	20 ♏ 51	29 ♓ 11	22 ♌ 22	13 ♋ 35	28 ♌	6 ♌	11 ♓	24 ♋	0 ♉
12	19 ♊ 54	4 ♋ 4	17 ♋ 44	16 ♋ 29	28 ♊ 19	10 ♉ 1	27 ♓ 38	27 ♒ 7	20 ♏ 48	29 ♓ 13	22 ♌ 24	13 ♋ 37	28 ♌	6 ♌	11 ♓	24 ♋	0 ♉
13	20 ♊ 52	16 ♋ 31	17 ♋ 41	16 D 28	0 ♋ 25	11 ♉ 10	28 ♓ 20	27 ♒ 8	20 ♏ 44	29 ♓ 14	22 ♌ 25	13 ♋ 38	29 ♌	7 ♌	11 ♓	25 ♋	0 ♉
14	21 ♊ 49	28 ♋ 44	17 ♋ 38	16 ♋ 29	2 ♋ 29	12 ♉ 19	29 ♓ 1	27 ♒ 9	20 ♏ 40	29 ♓ 15	22 ♌ 26	13 ♋ 39	29 ♌	7 ♌	11 ♓	25 ♋	0 ♉
15	22 ♊ 46	10 ♌ 47	17 ♋ 35	16 ♋ 30	4 ♋ 31	13 ♉ 28	29 ♓ 43	27 ♒ 9	20 ♏ 37	29 ♓ 16	22 ♌ 27	13 ♋ 41	29 ♌	8 ♌	12 ♓	26 ♋	0 ♉
16	23 ♊ 44	22 ♌ 41	17 ♋ 31	16 ♋ 31	6 ♋ 31	14 ♉ 37	0 ♈ 24	27 ♒ 9	20 ♏ 34	29 ♓ 17	22 ♌ 29	13 ♋ 42	0 ♍	8 ♌	12 ♓	26 ♋	1 ♉
17	24 ♊ 41	4 ♍ 32	17 ♋ 28	16 ♋ 33	8 ♋ 29	15 ♉ 46	1 ♈ 5	27 R 10	20 ♏ 30	29 ♓ 18	22 ♌ 30	13 ♋ 44	0 ♍	9 ♌	12 ♓	26 ♋	1 ♉
18	25 ♊ 38	16 ♍ 23	17 ♋ 25	16 ♋ 34	10 ♋ 24	16 ♉ 55	1 ♈ 46	27 ♒ 9	20 ♏ 27	29 ♓ 19	22 ♌ 31	13 ♋ 45	0 ♍	9 ♌	12 ♓	27 ♋	1 ♉
19	26 ♊ 36	28 ♍ 20	17 ♋ 22	16 R 34	12 ♋ 18	18 ♉ 5	2 ♈ 27	27 ♒ 9	20 ♏ 24	29 ♓ 19	22 ♌ 33	13 ♋ 47	1 ♍	10 ♌	12 ♓	27 ♋	1 ♉
20	27 ♊ 33	10 ♎ 27	17 ♋ 19	16 ♋ 34	14 ♋ 9	19 ♉ 14	3 ♈ 8	27 ♒ 9	20 ♏ 21	29 ♓ 20	22 ♌ 34	13 ♋ 48	1 ♍	10 ♌	12 ♓	28 ♋	1 ♉
21	28 ♊ 30	22 ♎ 49	17 ♋ 15	16 ♋ 32	15 ♋ 58	20 ♉ 24	3 ♈ 49	27 ♒ 8	20 ♏ 18	29 ♓ 21	22 ♌ 36	13 ♋ 50	2 ♍	11 ♌	13 ♓	28 ♋	1 ♉
22	29 ♊ 27	5 ♏ 29	17 ♋ 12	16 ♋ 30	17 ♋ 45	21 ♉ 33	4 ♈ 29	27 ♒ 7	20 ♏ 15	29 ♓ 22	22 ♌ 37	13 ♋ 51	2 ♍	11 ♌	13 ♓	29 ♋	1 ♉
23	0 ♋ 25	18 ♏ 31	17 ♋ 9	16 ♋ 28	19 ♋ 30	22 ♉ 43	5 ♈ 10	27 ♒ 6	20 ♏ 12	29 ♓ 22	22 ♌ 39	13 ♋ 53	2 ♍	12 ♌	13 ♓	29 ♋	1 ♉
24	1 ♋ 22	1 ♐ 55	17 ♋ 6	16 ♋ 26	21 ♋ 12	23 ♉ 52	5 ♈ 50	27 ♒ 4	20 ♏ 9	29 ♓ 23	22 ♌ 40	13 ♋ 54	3 ♍	12 ♌	13 ♓	29 ♋	1 ♉
25	2 ♋ 19	15 ♐ 42	17 ♋ 3	16 ♋ 25	22 ♋ 52	25 ♉ 2	6 ♈ 31	27 ♒ 3	20 ♏ 6	29 ♓ 23	22 ♌ 42	13 ♋ 56	3 ♍	13 ♌	13 ♓	0 ♌	1 ♉
26	3 ♋ 16	29 ♐ 49	17 ♋ 0	16 ♋ 23	24 ♋ 29	26 ♉ 12	7 ♈ 11	27 ♒ 1	20 ♏ 3	29 ♓ 24	22 ♌ 43	13 ♋ 57	3 ♍	13 ♌	13 ♓	0 ♌	1 ♉
27	4 ♋ 13	14 ♑ 12	16 ♋ 56	16 ♋ 23	26 ♋ 4	27 ♉ 22	7 ♈ 51	26 ♒ 59	20 ♏ 1	29 ♓ 24	22 ♌ 45	13 ♋ 59	4 ♍	14 ♌	14 ♓	1 ♌	1 ♉
28	5 ♋ 11	28 ♑ 46	16 ♋ 53	16 D 23	27 ♋ 37	28 ♉ 32	8 ♈ 31	26 ♒ 57	19 ♏ 58	29 ♓ 25	22 ♌ 46	14 ♋ 0	4 ♍	14 ♌	14 ♓	1 ♌	1 ♉
29	6 ♋ 8	13 ♒ 25	16 ♋ 50	16 ♋ 24	29 ♋ 8	29 ♉ 42	9 ♈ 11	26 ♒ 55	19 ♏ 56	29 ♓ 25	22 ♌ 48	14 ♋ 2	5 ♍	15 ♌	14 ♓	2 ♌	1 ♉
30	7 ♋ 5	28 ♒ 2	16 ♋ 47	16 ♋ 25	0 ♌ 36	0 ♊ 52	9 ♈ 51	26 ♒ 53	19 ♏ 54	29 ♓ 25	22 ♌ 50	14 ♋ 3	5 ♍	15 ♌	14 ♓	2 ♌	1 ♉

SUN INGRESS	☉ → ♋ 22日 13:30
MOON PHASE	◑ 3日 17:09 ♓　● 10日 19:08 ♊　◐ 18日 20:13 ♍　○ 26日 06:13 ♑

aspects		
3日	00:34	♂△♄
5日	01:40	☉☌☿
9日	04:54	☿⚹♆
11日	10:18	☿△♃
11日	12:28	☿□♂
12日	10:15	☿□♅
14日	08:02	♂☌♅
14日	15:49	☉⚹♆
15日	04:38	♀⚹♇
19日	13:54	☉△♃
19日	19:22	☿☌♇
20日	22:02	♀☍♄
21日	21:32	☉□♅
22日	22:33	♀□♆
23日	09:32	☿△♄
26日	16:32	♀□♃
28日	18:12	♀⚹♅
29日	04:39	☿△♅

1926年7月

DAY	☉	☽	☊ mean	☊ true	☿	♀	♂	♃	♄	♅	♆	♇	⚳	⚴	⚵	⚶	⚷
	° ′	° ′	° ′	° ′	° ′	° ′	° ′	° ′	° ′	° ′	° ′	° ′	°	°	°	°	°
1	8♋2	12♓33	16♋44	16 D 25	2 D 2	2 D 2	10 D 30	26 R 50	19 R 51	29 D 25	22 D 51	14 D 5	5 D	16 D	14 D	3 D	1 D
2	8♋59	26♓54	16♋41	16♋26	3♌25	3♊12	11♈10	26♒47	19♏49	29♓26	22♌53	14♋6	6♍	16♌	14♓	3♌	1♉
3	9♋57	11♈1	16♋37	16 R 26	4♌46	4♊23	11♈49	26♒44	19♏47	29♓26	22♌55	14♋8	6♍	17♌	14♓	3♌	1♉
4	10♋54	24♈52	16♋34	16♋26	6♌4	5♊33	12♈29	26♒41	19♏45	29♓26	22♌56	14♋9	6♍	17♌	14♓	4♌	1♉
5	11♋51	8♉28	16♋31	16♋25	7♌20	6♊43	13♈8	26♒38	19♏43	29♓26	22♌58	14♋11	7♍	18♌	14♓	4♌	1♉
6	12♋48	21♉49	16♋28	16♋25	8♌33	7♊54	13♈47	26♒34	19♏41	29 R 26	23♌0	14♋13	7♍	18♌	15♓	5♌	1♉
7	13♋45	4♊54	16♋25	16♋25	9♌43	9♊4	14♈25	26♒31	19♏40	29♓26	23♌2	14♋14	7♍	18♌	15♓	5♌	1♉
8	14♋43	17♊45	16♋21	16♋24	10♌51	10♊15	15♈4	26♒27	19♏38	29♓26	23♌4	14♋16	8♍	19♌	15♓	6♌	1♉
9	15♋40	0♋22	16♋18	16♋24	11♌56	11♊26	15♈43	26♒23	19♏36	29♓26	23♌5	14♋17	8♍	20♌	15♓	6♌	1♉
10	16♋37	12♋47	16♋15	16 D 24	12♌58	12♊36	16♈21	26♒18	19♏35	29♓26	23♌7	14♋19	9♍	20♌	15♓	7♌	1♉
11	17♋34	25♋1	16♋12	16 R 24	13♌56	13♊47	16♈59	26♒14	19♏34	29♓25	23♌9	14♋20	9♍	21♌	15♓	7♌	1♉
12	18♋32	7♌6	16♋9	16♋24	14♌52	14♊58	17♈37	26♒10	19♏32	29♓25	23♌11	14♋22	10♍	21♌	15♓	7♌	1♉
13	19♋29	19♌3	16♋6	16♋24	15♌45	16♊9	18♈15	26♒5	19♏31	29♓25	23♌13	14♋23	10♍	22♌	15♓	8♌	1♉
14	20♋26	0♍55	16♋2	16♋23	16♌34	17♊20	18♈52	26♒0	19♏30	29♓24	23♌15	14♋25	10♍	22♌	15♓	8♌	1♉
15	21♋23	12♍45	15♋59	16♋23	17♌20	18♊31	19♈30	25♒55	19♏29	29♓24	23♌17	14♋26	11♍	22♌	15♓	9♌	1♉
16	22♋20	24♍36	15♋56	16♋22	18♌2	19♊42	20♈7	25♒50	19♏28	29♓23	23♌19	14♋28	11♍	23♌	15♓	9♌	1♉
17	23♋18	6♎32	15♋53	16♋22	18♌41	20♊53	20♈44	25♒44	19♏27	29♓23	23♌21	14♋29	12♍	23♌	15♓	10♌	1♉
18	24♋15	18♎38	15♋50	16♋21	19♌15	22♊4	21♈21	25♒39	19♏27	29♓22	23♌23	14♋31	12♍	24♌	15♓	10♌	2♉
19	25♋12	0♏58	15♋47	16 D 21	19♌45	23♊16	21♈58	25♒33	19♏26	29♓22	23♌25	14♋33	12♍	24♌	15♓	11♌	2♉
20	26♋9	13♏36	15♋43	16♋22	20♌12	24♊27	22♈34	25♒27	19♏25	29♓21	23♌27	14♋34	13♍	25♌	15 R	11♌	2♉
21	27♋7	26♏35	15♋40	16♋22	20♌34	25♊38	23♈10	25♒22	19♏25	29♓20	23♌29	14♋36	13♍	25♌	15♓	12♌	2♉
22	28♋4	9♐59	15♋37	16♋23	20♌51	26♊50	23♈46	25♒15	19♏25	29♓20	23♌31	14♋37	14♍	26♌	15♓	12♌	2♉
23	29♋1	23♐49	15♋34	16♋24	21♌3	28♊1	24♈22	25♒9	19♏24	29♓19	23♌33	14♋39	14♍	26♌	15♓	12♌	2♉
24	29♋59	8♑5	15♋31	16♋25	21♌11	29♊13	24♈58	25♒3	19♏24	29♓18	23♌35	14♋40	15♍	27♌	15♓	13♌	2♉
25	0♌56	22♑42	15♋27	16 R 25	21♌14	0♋24	25♈33	24♒57	19 D 24	29♓17	23♌37	14♋42	15♍	27♌	15♓	13♌	2♉
26	1♌53	7♒35	15♋24	16♋24	21 R 12	1♋36	26♈8	24♒50	19♏24	29♓16	23♌39	14♋43	15♍	28♌	15♓	14♌	2♉
27	2♌50	22♒37	15♋21	16♋23	21♌8	2♋48	26♈43	24♒43	19♏25	29♓15	23♌41	14♋45	16♍	28♌	15♓	14♌	2♉
28	3♌48	7♓38	15♋18	16♋21	20♌53	3♋59	27♈18	24♒37	19♏25	29♓14	23♌43	14♋46	16♍	29♌	15♓	15♌	2♉
29	4♌45	22♓31	15♋15	16♋19	20♌36	5♋11	27♈52	24♒30	19♏25	29♓13	23♌45	14♋47	17♍	29♌	15♓	15♌	2♉
30	5♌42	7♈8	15♋12	16♋17	20♌14	6♋23	28♈27	24♒23	19♏26	29♓12	23♌47	14♋49	17♍	0♍	15♓	16♌	2♉
31	6♌40	21♈24	15♋8	16♋15	19♌47	7♋35	29♈0	24♒16	19♏26	29♓11	23♌50	14♋50	17♍	0♍	15♓	16♌	2♉

SUN INGRESS	☉ → ♌ 24日 00:25
MOON PHASE	◑ 2日 22:02 ♈ ● 10日 08:06 ♋ ◐ 18日 11:55 ♎ ○ 25日 14:13 ♒

aspects

1日	00:52	☿⚹♀
6日	16:44	♂□♇
7日	12:23	☉☌♇
9日	03:25	☉□♂
11日	15:15	☿⚹♀
13日	00:57	☉△♄
16日	17:33	♀⚹♂
18日	08:31	☿□♄
19日	03:07	♀⚹♆
20日	18:47	♀△♃
21日	13:00	♂△♆
23日	07:14	☉△♅
24日	01:43	♀□♅
24日	03:00	♂⚹♃
31日	16:03	☿□♄

1926年8月

DAY	☉	☽	☊ mean	☊ true	☿	♀	♂	♃	♄	♅	♆	♇	⚳	⚴	⚵	⚶	⚷
	° ′	° ′	° ′	° ′	° ′	° ′	° ′	° ′	° ′	° ′	° ′	° ′	°	°	°	°	°
1	7♌37	5♉17	15♋5	16 R 15	19 R 16	8 D 47	29 D 34	24 R 9	19 D 27	29 R 10	23 D 52	14 D 52	18 D	1 D	15 R	17 D	2 D
2	8♌35	18♉47	15♋2	16 D 15	18♌41	9♋59	0♉7	24♒1	19♏28	29♓8	23♌54	14♋53	18♍	1♍	15♓	17♌	2♉
3	9♌32	1♊56	14♋59	16♋16	18♌2	11♋11	0♉41	23♒54	19♏28	29♓7	23♌56	14♋55	19♍	2♍	14♓	17♌	2♉
4	10♌29	14♊46	14♋56	16♋17	17♌20	12♋23	1♉13	23♒47	19♏29	29♓6	23♌58	14♋56	19♍	2♍	14♓	18♌	2♉
5	11♌27	27♊20	14♋53	16♋19	16♌35	13♋35	1♉46	23♒39	19♏30	29♓4	24♌0	14♋57	20♍	3♍	14♓	18♌	2♉
6	12♌24	9♋41	14♋49	16♋20	15♌49	14♋47	2♉18	23♒32	19♏32	29♓3	24♌3	14♋59	20♍	3♍	14♓	19♌	2♉
7	13♌22	21♋51	14♋46	16 R 20	15♌2	16♋0	2♉50	23♒24	19♏33	29♓2	24♌5	15♋0	20♍	4♍	14♓	19♌	2 R
8	14♌19	3♌53	14♋43	16♋19	14♌15	17♋12	3♉22	23♒16	19♏34	29♓0	24♌7	15♋2	21♍	4♍	14♓	20♌	2♉
9	15♌17	15♌50	14♋40	16♋16	13♌29	18♋25	3♉53	23♒9	19♏36	28♓59	24♌9	15♋3	21♍	5♍	14♓	20♌	2♉
10	16♌14	27♌42	14♋37	16♋12	12♌44	19♋37	4♉24	23♒1	19♏37	28♓57	24♌11	15♋4	22♍	5♍	14♓	21♌	2♉
11	17♌12	9♍32	14♋33	16♋7	12♌2	20♋49	4♉54	22♒53	19♏39	28♓55	24♌14	15♋6	22♍	6♍	14♓	21♌	2♉
12	18♌10	21♍22	14♋30	16♋1	11♌23	22♋2	5♉24	22♒45	19♏40	28♓54	24♌16	15♋7	23♍	6♍	13♓	22♌	2♉
13	19♌7	3♎15	14♋27	15♋56	10♌49	23♋15	5♉54	22♒38	19♏42	28♓52	24♌18	15♋8	23♍	7♍	13♓	22♌	2♉
14	20♌5	15♎12	14♋24	15♋51	10♌19	24♋27	6♉24	22♒30	19♏44	28♓51	24♌20	15♋10	23♍	7♍	13♓	23♌	2♉
15	21♌3	27♎18	14♋21	15♋47	9♌55	25♋40	6♉53	22♒22	19♏46	28♓49	24♌22	15♋11	24♍	8♍	13♓	23♌	2♉
16	22♌0	9♏36	14♋18	15♋44	9♌38	26♋53	7♉22	22♒14	19♏48	28♓47	24♌25	15♋12	24♍	8♍	13♓	24♌	2♉
17	22♌58	22♏10	14♋14	15♋44	9♌26	28♋5	7♉50	22♒6	19♏50	28♓45	24♌27	15♋14	25♍	9♍	12♓	24♌	2♉
18	23♌56	5♐3	14♋11	15 D 44	9♌22	29♋18	8♉18	21♒58	19♏53	28♓43	24♌29	15♋15	25♍	9♍	12♓	24♌	2♉
19	24♌53	18♐21	14♋8	15♋45	9 D 25	0♌31	8♉45	21♒51	19♏55	28♓42	24♌31	15♋16	26♍	10♍	12♓	25♌	2♉
20	25♌51	2♑5	14♋5	15♋47	9♌36	1♌44	9♉13	21♒43	19♏57	28♓40	24♌34	15♋17	26♍	10♍	12♓	25♌	2♉
21	26♌49	16♑17	14♋2	15 R 47	9♌54	2♌57	9♉39	21♒35	20♏0	28♓38	24♌36	15♋18	26♍	11♍	12♓	26♌	2♉
22	27♌46	0♒55	13♋59	15♋46	10♌20	4♌10	10♉6	21♒27	20♏3	28♓36	24♌38	15♋20	27♍	11♍	11♓	26♌	2♉
23	28♌44	15♒54	13♋55	15♋44	10♌53	5♌23	10♉31	21♒19	20♏5	28♓34	24♌40	15♋21	27♍	12♍	11♓	27♌	2♉
24	29♌42	1♓7	13♋52	15♋39	11♌34	6♌36	10♉57	21♒12	20♏8	28♓32	24♌42	15♋22	28♍	12♍	11♓	27♌	2♉
25	0♍40	16♓24	13♋49	15♋33	12♌22	7♌49	11♉22	21♒4	20♏11	28♓30	24♌45	15♋23	28♍	13♍	11♓	28♌	2♉
26	1♍38	1♈34	13♋46	15♋26	13♌18	9♌3	11♉46	20♒56	20♏14	28♓28	24♌47	15♋24	29♍	13♍	10♓	28♌	2♉
27	2♍36	16♈27	13♋43	15♋20	14♌20	10♌16	12♉10	20♒49	20♏17	28♓26	24♌49	15♋25	29♍	13♍	10♓	29♌	1♉
28	3♍34	0♉56	13♋39	15♋14	15♌29	11♌29	12♉34	20♒41	20♏20	28♓24	24♌51	15♋27	0♎	14♍	10♓	29♌	1♉
29	4♍32	14♉58	13♋36	15♋11	16♌44	12♌43	12♉57	20♒34	20♏24	28♓22	24♌54	15♋28	0♎	14♍	10♓	0♍	1♉
30	5♍29	28♉31	13♋33	15♋9	18♌5	13♌56	13♉19	20♒27	20♏27	28♓19	24♌56	15♋29	0♎	15♍	10♓	0♍	1♉
31	6♍28	11♊38	13♋30	15 D 9	19♌31	15♌9	13♉41	20♒19	20♏30	28♓17	24♌58	15♋30	1♎	15♍	9♓	1♍	1♉

SUN INGRESS	☉ → ♍ 24日 07:14
MOON PHASE	◑ 1日 04:25 ♉ ● 8日 22:48 ♌ ◐ 17日 01:38 ♏ ○ 23日 21:38 ♒ ◑ 30日 13:40 ♊

aspects

2日	18:53	♃☍♆
6日	03:52	♀☌♇
7日	23:03	☉☌☿
10日	00:02	♀△♄
13日	15:03	☉□♄
16日	05:07	☉☍♃
17日	12:48	♀△♅
18日	14:33	☉☌♆
29日	06:36	♀□♂
29日	23:29	♃□♄
31日	11:56	☿☍♃
31日	16:21	☿□♄

1926年9月

DAY	☉	☽	☊		☿	♀	♂	♃	♄	♅	♆	♇	⚳	⚴	⚵	⚶	⚷
			mean	true													
	° ′	° ′	° ′	° ′	° ′	° ′	° ′	° ′	° ′	° ′	° ′	° ′	°	°	°	°	°
1	7 ♍ 26	24 ♊ 22	13 ♋ 27	15 D 10	21 D 2	16 D 23	14 D 2	20 R 12	20 D 34	28 R 15	25 D 0	15 D 31	1 D	16 D	9 R	1 D	1 R
2	8 ♍ 24	6 ♋ 47	13 ♋ 24	15 ♋ 11	22 ♌ 38	17 ♌ 37	14 ♉ 23	20 ♒ 5	20 ♏ 37	28 ♓ 13	25 ♌ 2	15 ♋ 32	2 ♎	16 ♍	9 ♓	2 ♍	1 ♉
3	9 ♍ 22	18 ♋ 58	13 ♋ 20	15 R 11	24 ♌ 17	18 ♌ 50	14 ♉ 43	19 ♒ 58	20 ♏ 41	28 ♓ 11	25 ♌ 4	15 ♋ 33	2 ♎	17 ♍	9 ♓	2 ♍	1 ♉
4	10 ♍ 20	0 ♌ 59	13 ♋ 17	15 ♋ 9	26 ♌ 0	20 ♌ 4	15 ♉ 3	19 ♒ 51	20 ♏ 45	28 ♓ 8	25 ♌ 7	15 ♋ 34	3 ♎	17 ♍	8 ♓	3 ♍	1 ♉
5	11 ♍ 18	12 ♌ 53	13 ♋ 14	15 ♋ 6	27 ♌ 46	21 ♌ 18	15 ♉ 22	19 ♒ 44	20 ♏ 49	28 ♓ 6	25 ♌ 9	15 ♋ 35	3 ♎	18 ♍	8 ♓	3 ♍	1 ♉
6	12 ♍ 16	24 ♌ 44	13 ♋ 11	15 ♋ 0	29 ♌ 34	22 ♌ 31	15 ♉ 40	19 ♒ 38	20 ♏ 53	28 ♓ 4	25 ♌ 11	15 ♋ 36	4 ♎	18 ♍	8 ♓	3 ♍	1 ♉
7	13 ♍ 14	6 ♍ 34	13 ♋ 8	14 ♋ 51	1 ♍ 24	23 ♌ 45	15 ♉ 58	19 ♒ 31	20 ♏ 57	28 ♓ 2	25 ♌ 13	15 ♋ 37	4 ♎	19 ♍	8 ♓	4 ♍	1 ♉
8	14 ♍ 13	18 ♍ 25	13 ♋ 5	14 ♋ 40	3 ♍ 16	24 ♌ 59	16 ♉ 15	19 ♒ 25	21 ♏ 1	27 ♓ 59	25 ♌ 15	15 ♋ 38	4 ♎	19 ♍	7 ♓	4 ♍	1 ♉
9	15 ♍ 11	0 ♎ 18	13 ♋ 1	14 ♋ 29	5 ♍ 9	26 ♌ 13	16 ♉ 32	19 ♒ 18	21 ♏ 5	27 ♓ 57	25 ♌ 17	15 ♋ 38	5 ♎	20 ♍	7 ♓	5 ♍	1 ♉
10	16 ♍ 9	12 ♎ 15	12 ♋ 58	14 ♋ 17	7 ♍ 3	27 ♌ 27	16 ♉ 48	19 ♒ 12	21 ♏ 9	27 ♓ 55	25 ♌ 19	15 ♋ 39	5 ♎	20 ♍	7 ♓	5 ♍	1 ♉
11	17 ♍ 8	24 ♎ 18	12 ♋ 55	14 ♋ 7	8 ♍ 57	28 ♌ 41	17 ♉ 3	19 ♒ 6	21 ♏ 13	27 ♓ 52	25 ♌ 22	15 ♋ 40	6 ♎	21 ♍	7 ♓	6 ♍	1 ♉
12	18 ♍ 6	6 ♏ 29	12 ♋ 52	13 ♋ 58	10 ♍ 52	29 ♌ 55	17 ♉ 17	19 ♒ 0	21 ♏ 18	27 ♓ 50	25 ♌ 24	15 ♋ 41	6 ♎	21 ♍	6 ♓	6 ♍	1 ♉
13	19 ♍ 4	18 ♏ 49	12 ♋ 49	13 ♋ 51	12 ♍ 46	1 ♍ 9	17 ♉ 31	18 ♒ 54	21 ♏ 22	27 ♓ 47	25 ♌ 26	15 ♋ 42	7 ♎	22 ♍	6 ♓	7 ♍	1 ♉
14	20 ♍ 3	1 ♐ 23	12 ♋ 45	13 ♋ 47	14 ♍ 41	2 ♍ 23	17 ♉ 44	18 ♒ 48	21 ♏ 27	27 ♓ 45	25 ♌ 28	15 ♋ 43	7 ♎	22 ♍	6 ♓	7 ♍	1 ♉
15	21 ♍ 1	14 ♐ 14	12 ♋ 42	13 ♋ 46	16 ♍ 35	3 ♍ 37	17 ♉ 57	18 ♒ 43	21 ♏ 31	27 ♓ 43	25 ♌ 30	15 ♋ 43	8 ♎	23 ♍	6 ♓	8 ♍	1 ♉
16	22 ♍ 0	27 ♐ 25	12 ♋ 39	13 D 46	18 ♍ 28	4 ♍ 51	18 ♉ 8	18 ♒ 37	21 ♏ 36	27 ♓ 40	25 ♌ 32	15 ♋ 44	8 ♎	23 ♍	5 ♓	8 ♍	1 ♉
17	22 ♍ 58	10 ♑ 59	12 ♋ 36	13 ♋ 46	20 ♍ 21	6 ♍ 5	18 ♉ 19	18 ♒ 32	21 ♏ 41	27 ♓ 38	25 ♌ 34	15 ♋ 45	8 ♎	23 ♍	5 ♓	9 ♍	1 ♉
18	23 ♍ 57	25 ♑ 0	12 ♋ 33	13 R 46	22 ♍ 13	7 ♍ 19	18 ♉ 29	18 ♒ 27	21 ♏ 45	27 ♓ 36	25 ♌ 36	15 ♋ 46	9 ♎	24 ♍	5 ♓	9 ♍	1 ♉
19	24 ♍ 55	9 ♒ 26	12 ♋ 30	13 ♋ 43	24 ♍ 4	8 ♍ 33	18 ♉ 38	18 ♒ 22	21 ♏ 50	27 ♓ 33	25 ♌ 38	15 ♋ 46	9 ♎	24 ♍	5 ♓	10 ♍	1 ♉
20	25 ♍ 54	24 ♒ 17	12 ♋ 26	13 ♋ 39	25 ♍ 55	9 ♍ 48	18 ♉ 47	18 ♒ 17	21 ♏ 55	27 ♓ 31	25 ♌ 40	15 ♋ 47	10 ♎	25 ♍	4 ♓	10 ♍	1 ♉
21	26 ♍ 53	9 ♓ 25	12 ♋ 23	13 ♋ 31	27 ♍ 44	11 ♍ 2	18 ♉ 55	18 ♒ 13	22 ♏ 0	27 ♓ 28	25 ♌ 42	15 ♋ 48	10 ♎	25 ♍	4 ♓	11 ♍	1 ♉
22	27 ♍ 51	24 ♓ 41	12 ♋ 20	13 ♋ 22	29 ♍ 33	12 ♍ 16	19 ♉ 2	18 ♒ 9	22 ♏ 5	27 ♓ 26	25 ♌ 44	15 ♋ 48	11 ♎	26 ♍	4 ♓	11 ♍	1 ♉
23	28 ♍ 50	9 ♈ 55	12 ♋ 17	13 ♋ 11	1 ♎ 20	13 ♍ 31	19 ♉ 8	18 ♒ 4	22 ♏ 10	27 ♓ 24	25 ♌ 46	15 ♋ 49	11 ♎	26 ♍	4 ♓	12 ♍	1 ♉
24	29 ♍ 49	24 ♈ 56	12 ♋ 14	13 ♋ 1	3 ♎ 7	14 ♍ 45	19 ♉ 13	18 ♒ 0	22 ♏ 16	27 ♓ 21	25 ♌ 48	15 ♋ 49	12 ♎	27 ♍	4 ♓	12 ♍	1 ♉
25	0 ♎ 47	9 ♉ 35	12 ♋ 10	12 ♋ 52	4 ♎ 53	15 ♍ 59	19 ♉ 18	17 ♒ 56	22 ♏ 21	27 ♓ 19	25 ♌ 50	15 ♋ 50	12 ♎	27 ♍	3 ♓	12 ♍	1 ♉
26	1 ♎ 46	23 ♉ 45	12 ♋ 7	12 ♋ 45	6 ♎ 38	17 ♍ 14	19 ♉ 21	17 ♒ 53	22 ♏ 26	27 ♓ 16	25 ♌ 51	15 ♋ 50	12 ♎	28 ♍	3 ♓	13 ♍	1 ♉
27	2 ♎ 45	7 ♊ 26	12 ♋ 4	12 ♋ 40	8 ♎ 22	18 ♍ 28	19 ♉ 24	17 ♒ 49	22 ♏ 31	27 ♓ 14	25 ♌ 53	15 ♋ 51	13 ♎	28 ♍	3 ♓	13 ♍	1 ♉
28	3 ♎ 44	20 ♊ 37	12 ♋ 1	12 ♋ 38	10 ♎ 4	19 ♍ 43	19 ♉ 26	17 ♒ 46	22 ♏ 37	27 ♓ 12	25 ♌ 55	15 ♋ 51	13 ♎	29 ♍	3 ♓	14 ♍	1 ♉
29	4 ♎ 43	3 ♋ 22	11 ♋ 58	12 ♋ 38	11 ♎ 47	20 ♍ 58	19 ♉ 27	17 ♒ 43	22 ♏ 42	27 ♓ 9	25 ♌ 57	15 ♋ 52	14 ♎	29 ♍	3 ♓	14 ♍	0 ♉
30	5 ♎ 42	15 ♋ 46	11 ♋ 55	12 ♋ 38	13 ♎ 28	22 ♍ 12	19 R 27	17 ♒ 40	22 ♏ 48	27 ♓ 7	25 ♌ 59	15 ♋ 52	14 ♎	0 ♎	3 ♓	15 ♍	0 ♉

SUN INGRESS	☉ → ♎ 24日 04:27
MOON PHASE	● 7日 14:45 ♍ ◐ 15日 13:26 ♐ ○ 22日 05:19 ♓ ◑ 29日 02:48 ♋

aspects		
3日	11:21	☿☌♆
3日	20:13	♀☍♃
4日	14:04	♀□♄
5日	17:26	♂⚹♇
8日	05:28	♀☌♆
9日	11:29	☉⚹♇
10日	21:23	☉△♂
14日	13:07	☿⚹♇
15日	13:18	☉⚹♄
15日	19:17	☿△♂
17日	17:48	☿⚹♄
17日	20:53	♂□♃
19日	23:41	☉☌☿
20日	20:35	☿☍♅
21日	14:03	☉☍♅
24日	20:53	♀⚹♇
27日	18:20	♀△♂
30日	12:26	♀⚹♄

1926年10月

DAY	☉	☽	☊		☿	♀	♂	♃	♄	♅	♆	♇	⚳	⚴	⚵	⚶	⚷
			mean	true													
	° ′	° ′	° ′	° ′	° ′	° ′	° ′	° ′	° ′	° ′	° ′	° ′	°	°	°	°	°
1	6 ♎ 41	27 ♋ 54	11 ♋ 51	12 R 37	15 D 8	23 D 27	19 R 26	17 R 37	22 D 54	27 R 4	26 D 1	15 D 53	15 D	0 D	2 R	15 D	0 R
2	7 ♎ 40	9 ♌ 52	11 ♋ 48	12 ♋ 35	16 ♎ 47	24 ♍ 41	19 ♉ 24	17 ♒ 34	22 ♏ 59	27 ♓ 2	26 ♌ 2	15 ♋ 53	15 ♎	0 ♎	2 ♓	16 ♍	0 ♉
3	8 ♎ 39	21 ♌ 43	11 ♋ 45	12 ♋ 30	18 ♎ 26	25 ♍ 56	19 ♉ 22	17 ♒ 32	23 ♏ 5	27 ♓ 0	26 ♌ 4	15 ♋ 53	16 ♎	1 ♎	2 ♓	16 ♍	0 ♉
4	9 ♎ 38	3 ♍ 32	11 ♋ 42	12 ♋ 22	20 ♎ 3	27 ♍ 11	19 ♉ 18	17 ♒ 30	23 ♏ 11	26 ♓ 57	26 ♌ 6	15 ♋ 54	16 ♎	1 ♎	2 ♓	17 ♍	0 ♉
5	10 ♎ 37	15 ♍ 22	11 ♋ 39	12 ♋ 11	21 ♎ 40	28 ♍ 26	19 ♉ 14	17 ♒ 28	23 ♏ 17	26 ♓ 55	26 ♌ 8	15 ♋ 54	17 ♎	2 ♎	2 ♓	17 ♍	0 ♉
6	11 ♎ 36	27 ♍ 16	11 ♋ 36	11 ♋ 58	23 ♎ 16	29 ♍ 40	19 ♉ 8	17 ♒ 26	23 ♏ 22	26 ♓ 53	26 ♌ 9	15 ♋ 54	17 ♎	2 ♎	2 ♓	18 ♍	0 ♉
7	12 ♎ 35	9 ♎ 15	11 ♋ 32	11 ♋ 44	24 ♎ 51	0 ♎ 55	19 ♉ 2	17 ♒ 24	23 ♏ 28	26 ♓ 50	26 ♌ 11	15 ♋ 55	17 ♎	3 ♎	2 ♓	18 ♍	0 ♉
8	13 ♎ 35	21 ♎ 21	11 ♋ 29	11 ♋ 29	26 ♎ 26	2 ♎ 10	18 ♉ 55	17 ♒ 23	23 ♏ 34	26 ♓ 48	26 ♌ 13	15 ♋ 55	18 ♎	3 ♎	2 ♓	19 ♍	0 ♉
9	14 ♎ 34	3 ♏ 35	11 ♋ 26	11 ♋ 16	28 ♎ 0	3 ♎ 25	18 ♉ 47	17 ♒ 21	23 ♏ 40	26 ♓ 46	26 ♌ 14	15 ♋ 55	18 ♎	4 ♎	2 ♓	19 ♍	0 ♉
10	15 ♎ 33	15 ♏ 57	11 ♋ 23	11 ♋ 5	29 ♎ 33	4 ♎ 40	18 ♉ 38	17 ♒ 20	23 ♏ 47	26 ♓ 44	26 ♌ 16	15 ♋ 55	19 ♎	4 ♎	1 ♓	20 ♍	0 ♉
11	16 ♎ 32	28 ♏ 28	11 ♋ 20	10 ♋ 56	1 ♏ 5	5 ♎ 55	18 ♉ 29	17 ♒ 20	23 ♏ 53	26 ♓ 41	26 ♌ 17	15 ♋ 56	19 ♎	5 ♎	1 ♓	20 ♍	0 ♉
12	17 ♎ 32	11 ♐ 11	11 ♋ 16	10 ♋ 51	2 ♏ 36	7 ♎ 10	18 ♉ 18	17 ♒ 19	23 ♏ 59	26 ♓ 39	26 ♌ 19	15 ♋ 56	20 ♎	5 ♎	1 ♓	21 ♍	0 ♉
13	18 ♎ 31	24 ♐ 6	11 ♋ 13	10 ♋ 48	4 ♏ 7	8 ♎ 25	18 ♉ 7	17 ♒ 19	24 ♏ 5	26 ♓ 37	26 ♌ 20	15 ♋ 56	20 ♎	6 ♎	1 ♓	21 ♍	0 ♉
14	19 ♎ 31	7 ♑ 17	11 ♋ 10	10 ♋ 47	5 ♏ 37	9 ♎ 40	17 ♉ 54	17 ♒ 18	24 ♏ 11	26 ♓ 35	26 ♌ 22	15 ♋ 56	21 ♎	6 ♎	1 ♓	22 ♍	0 ♉
15	20 ♎ 30	20 ♑ 47	11 ♋ 7	10 ♋ 47	7 ♏ 6	10 ♎ 54	17 ♉ 41	17 D 18	24 ♏ 18	26 ♓ 33	26 ♌ 23	15 ♋ 56	21 ♎	6 ♎	1 ♓	22 ♍	0 ♉
16	21 ♎ 29	4 ♒ 37	11 ♋ 4	10 ♋ 47	8 ♏ 35	12 ♎ 9	17 ♉ 28	17 ♒ 19	24 ♏ 24	26 ♓ 31	26 ♌ 25	15 ♋ 56	21 ♎	7 ♎	1 ♓	23 ♍	0 ♉
17	22 ♎ 29	18 ♒ 49	11 ♋ 1	10 ♋ 45	10 ♏ 3	13 ♎ 25	17 ♉ 13	17 ♒ 19	24 ♏ 30	26 ♓ 28	26 ♌ 26	15 ♋ 56	22 ♎	7 ♎	1 ♓	23 ♍	0 ♉
18	23 ♎ 29	3 ♓ 21	10 ♋ 57	10 ♋ 40	11 ♏ 30	14 ♎ 40	16 ♉ 58	17 ♒ 19	24 ♏ 37	26 ♓ 26	26 ♌ 28	15 R 56	22 ♎	8 ♎	1 ♓	23 ♍	0 ♉
19	24 ♎ 28	18 ♓ 11	10 ♋ 54	10 ♋ 33	12 ♏ 56	15 ♎ 55	16 ♉ 42	17 ♒ 20	24 ♏ 43	26 ♓ 24	26 ♌ 29	15 ♋ 56	23 ♎	8 ♎	1 ♓	24 ♍	0 ♉
20	25 ♎ 28	3 ♈ 10	10 ♋ 51	10 ♋ 23	14 ♏ 22	17 ♎ 10	16 ♉ 26	17 ♒ 21	24 ♏ 50	26 ♓ 22	26 ♌ 30	15 ♋ 56	23 ♎	9 ♎	1 D	24 ♍	0 ♉
21	26 ♎ 27	18 ♈ 11	10 ♋ 48	10 ♋ 12	15 ♏ 47	18 ♎ 25	16 ♉ 9	17 ♒ 22	24 ♏ 56	26 ♓ 20	26 ♌ 32	15 ♋ 56	24 ♎	9 ♎	1 ♓	25 ♍	29 ♈
22	27 ♎ 27	3 ♉ 4	10 ♋ 45	10 ♋ 1	17 ♏ 11	19 ♎ 40	15 ♉ 51	17 ♒ 24	25 ♏ 3	26 ♓ 18	26 ♌ 33	15 ♋ 56	24 ♎	10 ♎	1 ♓	25 ♍	29 ♈
23	28 ♎ 27	17 ♉ 39	10 ♋ 41	9 ♋ 52	18 ♏ 34	20 ♎ 55	15 ♉ 33	17 ♒ 25	25 ♏ 10	26 ♓ 16	26 ♌ 34	15 ♋ 56	25 ♎	10 ♎	1 ♓	26 ♍	29 ♈
24	29 ♎ 26	1 ♊ 50	10 ♋ 38	9 ♋ 44	19 ♏ 56	22 ♎ 10	15 ♉ 14	17 ♒ 27	25 ♏ 16	26 ♓ 15	26 ♌ 36	15 ♋ 56	25 ♎	11 ♎	1 ♓	26 ♍	29 ♈
25	0 ♏ 26	15 ♊ 34	10 ♋ 35	9 ♋ 39	21 ♏ 17	23 ♎ 25	14 ♉ 55	17 ♒ 29	25 ♏ 23	26 ♓ 13	26 ♌ 37	15 ♋ 55	26 ♎	11 ♎	1 ♓	27 ♍	29 ♈
26	1 ♏ 26	28 ♊ 50	10 ♋ 32	9 ♋ 37	22 ♏ 37	24 ♎ 40	14 ♉ 35	17 ♒ 31	25 ♏ 30	26 ♓ 11	26 ♌ 38	15 ♋ 55	26 ♎	11 ♎	1 ♓	27 ♍	29 ♈
27	2 ♏ 26	11 ♋ 40	10 ♋ 29	9 D 37	23 ♏ 56	25 ♎ 56	14 ♉ 16	17 ♒ 34	25 ♏ 36	26 ♓ 9	26 ♌ 39	15 ♋ 55	26 ♎	12 ♎	1 ♓	28 ♍	29 ♈
28	3 ♏ 26	24 ♋ 7	10 ♋ 26	9 ♋ 37	25 ♏ 14	27 ♎ 11	13 ♉ 55	17 ♒ 36	25 ♏ 43	26 ♓ 7	26 ♌ 40	15 ♋ 55	27 ♎	12 ♎	1 ♓	28 ♍	29 ♈
29	4 ♏ 26	6 ♌ 18	10 ♋ 22	9 R 37	26 ♏ 31	28 ♎ 26	13 ♉ 35	17 ♒ 39	25 ♏ 50	26 ♓ 6	26 ♌ 41	15 ♋ 55	27 ♎	13 ♎	2 ♓	29 ♍	29 ♈
30	5 ♏ 26	18 ♌ 16	10 ♋ 19	9 ♋ 36	27 ♏ 46	29 ♎ 41	13 ♉ 14	17 ♒ 42	25 ♏ 57	26 ♓ 4	26 ♌ 42	15 ♋ 54	28 ♎	13 ♎	2 ♓	29 ♍	29 ♈
31	6 ♏ 25	0 ♍ 8	10 ♋ 16	9 ♋ 33	28 ♏ 59	0 ♏ 56	12 ♉ 53	17 ♒ 45	26 ♏ 4	26 ♓ 2	26 ♌ 43	15 ♋ 54	28 ♎	14 ♎	2 ♓	0 ♎	29 ♈

SUN INGRESS	☉ → ♏ 24日 13:18
MOON PHASE	● 7日 07:13 ♎ ◐ 14日 23:28 ♑ ○ 21日 14:15 ♈ ◑ 28日 19:57 ♌

aspects		
1日	10:51	☿□♇
2日	11:09	☿△♃
3日	19:47	♀☍♅
7日	20:32	☿⚹♆
10日	09:03	☉□♇
11日	18:53	☉△♃
16日	14:59	♂□♃
19日	00:29	♀□♇
20日	03:46	♀△♃
21日	01:50	☉⚹♆
21日	02:39	☿△♇
21日	05:12	☿☍♂
21日	17:24	♂⚹♇
22日	03:53	☿□♃
27日	14:06	♀⚹♆
28日	09:58	☿☌♄
28日	16:16	☿△♅
29日	03:26	☿□♆
30日	19:44	♄△♅

1926年11月

DAY	☉	☽	☊ mean	☊ true	☿	♀	♂	♃	♄	♅	♆	♇	⚳	⚴	⚵	⚶	⚷
	° ′	° ′	° ′	° ′	° ′	° ′	° ′	° ′	° ′	° ′	° ′	° ′	°	°	°	°	°
1	7 ♏ 25	11 ♍ 58	10 ♋ 13	9 R 28	0 D 11	2 D 12	12 R 32	17 D 48	26 D 11	26 R 0	26 D 44	15 R 54	29 D	14 D	2 D	0 D	29 R
2	8 ♏ 26	23 ♍ 50	10 ♋ 10	9 ♋ 20	1 ♐ 21	3 ♏ 27	12 ♉ 11	17 ♒ 52	26 ♏ 17	25 ♓ 59	26 ♌ 45	15 ♋ 53	29 ♎	15 ♎	2 ♓	1 ♎	29 ♈
3	9 ♏ 26	5 ♎ 48	10 ♋ 7	9 ♋ 10	2 ♐ 29	4 ♏ 42	11 ♉ 50	17 ♒ 56	26 ♏ 24	25 ♓ 57	26 ♌ 46	15 ♋ 53	0 ♏	15 ♎	2 ♓	1 ♎	29 ♈
4	10 ♏ 26	17 ♎ 55	10 ♋ 3	8 ♋ 59	3 ♐ 35	5 ♏ 58	11 ♉ 28	18 ♒ 0	26 ♏ 31	25 ♓ 56	26 ♌ 47	15 ♋ 53	0 ♏	15 ♎	2 ♓	1 ♎	29 ♈
5	11 ♏ 26	0 ♏ 11	10 ♋ 0	8 ♋ 47	4 ♐ 38	7 ♏ 13	11 ♉ 7	18 ♒ 4	26 ♏ 38	25 ♓ 54	26 ♌ 48	15 ♋ 52	0 ♏	16 ♎	2 ♓	2 ♎	29 ♈
6	12 ♏ 26	12 ♏ 38	9 ♋ 57	8 ♋ 37	5 ♐ 38	8 ♏ 28	10 ♉ 46	18 ♒ 8	26 ♏ 45	25 ♓ 53	26 ♌ 49	15 ♋ 52	1 ♏	16 ♎	2 ♓	2 ♎	29 ♈
7	13 ♏ 26	25 ♏ 17	9 ♋ 54	8 ♋ 28	6 ♐ 36	9 ♏ 43	10 ♉ 26	18 ♒ 12	26 ♏ 52	25 ♓ 51	26 ♌ 50	15 ♋ 51	1 ♏	17 ♎	3 ♓	3 ♎	29 ♈
8	14 ♏ 27	8 ♐ 6	9 ♋ 51	8 ♋ 21	7 ♐ 29	10 ♏ 59	10 ♉ 5	18 ♒ 17	26 ♏ 59	25 ♓ 50	26 ♌ 50	15 ♋ 51	2 ♏	17 ♎	3 ♓	3 ♎	29 ♈
9	15 ♏ 27	21 ♐ 7	9 ♋ 47	8 ♋ 17	8 ♐ 18	12 ♏ 14	9 ♉ 45	18 ♒ 22	27 ♏ 6	25 ♓ 49	26 ♌ 51	15 ♋ 50	2 ♏	18 ♎	3 ♓	4 ♎	29 ♈
10	16 ♏ 27	4 ♑ 19	9 ♋ 44	8 ♋ 16	9 ♐ 3	13 ♏ 30	9 ♉ 25	18 ♒ 27	27 ♏ 13	25 ♓ 48	26 ♌ 52	15 ♋ 50	3 ♏	18 ♎	3 ♓	4 ♎	29 ♈
11	17 ♏ 27	17 ♑ 42	9 ♋ 41	8 D 16	9 ♐ 43	14 ♏ 45	9 ♉ 6	18 ♒ 32	27 ♏ 20	25 ♓ 46	26 ♌ 53	15 ♋ 49	3 ♏	19 ♎	3 ♓	5 ♎	29 ♈
12	18 ♏ 28	1 ♒ 19	9 ♋ 38	8 ♋ 17	10 ♐ 17	16 ♏ 0	8 ♉ 47	18 ♒ 37	27 ♏ 28	25 ♓ 45	26 ♌ 53	15 ♋ 49	4 ♏	19 ♎	3 ♓	5 ♎	28 ♈
13	19 ♏ 28	15 ♒ 8	9 ♋ 35	8 ♋ 18	10 ♐ 45	17 ♏ 16	8 ♉ 28	18 ♒ 43	27 ♏ 35	25 ♓ 44	26 ♌ 54	15 ♋ 48	4 ♏	19 ♎	4 ♓	6 ♎	28 ♈
14	20 ♏ 29	29 ♒ 11	9 ♋ 32	8 R 18	11 ♐ 6	18 ♏ 31	8 ♉ 10	18 ♒ 49	27 ♏ 42	25 ♓ 43	26 ♌ 54	15 ♋ 47	4 ♏	20 ♎	4 ♓	6 ♎	28 ♈
15	21 ♏ 29	13 ♓ 27	9 ♋ 28	8 ♋ 16	11 ♐ 19	19 ♏ 46	7 ♉ 53	18 ♒ 55	27 ♏ 49	25 ♓ 42	26 ♌ 55	15 ♋ 47	5 ♏	20 ♎	4 ♓	7 ♎	28 ♈
16	22 ♏ 29	27 ♓ 54	9 ♋ 25	8 ♋ 12	11 ♐ 23	21 ♏ 2	7 ♉ 36	19 ♒ 1	27 ♏ 56	25 ♓ 41	26 ♌ 55	15 ♋ 46	5 ♏	21 ♎	4 ♓	7 ♎	28 ♈
17	23 ♏ 30	12 ♈ 27	9 ♋ 22	8 ♋ 6	11 R 19	22 ♏ 17	7 ♉ 20	19 ♒ 7	28 ♏ 3	25 ♓ 40	26 ♌ 56	15 ♋ 45	6 ♏	21 ♎	4 ♓	8 ♎	28 ♈
18	24 ♏ 30	27 ♈ 2	9 ♋ 19	7 ♋ 59	11 ♐ 4	23 ♏ 32	7 ♉ 4	19 ♒ 13	28 ♏ 10	25 ♓ 39	26 ♌ 56	15 ♋ 45	6 ♏	22 ♎	5 ♓	8 ♎	28 ♈
19	25 ♏ 31	11 ♉ 30	9 ♋ 16	7 ♋ 52	10 ♐ 40	24 ♏ 48	6 ♉ 49	19 ♒ 20	28 ♏ 17	25 ♓ 38	26 ♌ 57	15 ♋ 44	7 ♏	22 ♎	5 ♓	8 ♎	28 ♈
20	26 ♏ 31	25 ♉ 47	9 ♋ 13	7 ♋ 46	10 ♐ 5	26 ♏ 3	6 ♉ 35	19 ♒ 26	28 ♏ 25	25 ♓ 37	26 ♌ 57	15 ♋ 43	7 ♏	22 ♎	5 ♓	9 ♎	28 ♈
21	27 ♏ 32	9 ♊ 46	9 ♋ 9	7 ♋ 41	9 ♐ 19	27 ♏ 19	6 ♉ 21	19 ♒ 33	28 ♏ 32	25 ♓ 36	26 ♌ 57	15 ♋ 42	8 ♏	23 ♎	5 ♓	9 ♎	28 ♈
22	28 ♏ 32	23 ♊ 23	9 ♋ 6	7 ♋ 38	8 ♐ 23	28 ♏ 34	6 ♉ 8	19 ♒ 40	28 ♏ 39	25 ♓ 36	26 ♌ 58	15 ♋ 42	8 ♏	23 ♎	6 ♓	10 ♎	28 ♈
23	29 ♏ 33	6 ♋ 37	9 ♋ 3	7 ♋ 37	7 ♐ 19	29 ♏ 49	5 ♉ 56	19 ♒ 48	28 ♏ 46	25 ♓ 35	26 ♌ 58	15 ♋ 41	8 ♏	24 ♎	6 ♓	10 ♎	28 ♈
24	0 ♐ 34	19 ♋ 28	9 ♋ 0	7 D 38	6 ♐ 6	1 ♐ 5	5 ♉ 45	19 ♒ 55	28 ♏ 53	25 ♓ 34	26 ♌ 58	15 ♋ 40	9 ♏	24 ♎	6 ♓	11 ♎	28 ♈
25	1 ♐ 34	1 ♌ 58	8 ♋ 57	7 ♋ 39	4 ♐ 48	2 ♐ 20	5 ♉ 34	20 ♒ 2	29 ♏ 0	25 ♓ 34	26 ♌ 59	15 ♋ 39	9 ♏	25 ♎	6 ♓	11 ♎	28 ♈
26	2 ♐ 35	14 ♌ 12	8 ♋ 53	7 ♋ 41	3 ♐ 27	3 ♐ 36	5 ♉ 25	20 ♒ 10	29 ♏ 7	25 ♓ 33	26 ♌ 59	15 ♋ 38	10 ♏	25 ♎	7 ♓	12 ♎	28 ♈
27	3 ♐ 36	26 ♌ 13	8 ♋ 50	7 ♋ 42	2 ♐ 5	4 ♐ 51	5 ♉ 16	20 ♒ 18	29 ♏ 15	25 ♓ 33	26 ♌ 59	15 ♋ 37	10 ♏	25 ♎	7 ♓	12 ♎	28 ♈
28	4 ♐ 37	8 ♍ 7	8 ♋ 47	7 R 42	0 ♐ 44	6 ♐ 7	5 ♉ 8	20 ♒ 26	29 ♏ 22	25 ♓ 32	26 ♌ 59	15 ♋ 37	11 ♏	26 ♎	7 ♓	13 ♎	28 ♈
29	5 ♐ 37	19 ♍ 58	8 ♋ 44	7 ♋ 41	29 ♏ 29	7 ♐ 22	5 ♉ 0	20 ♒ 34	29 ♏ 29	25 ♓ 32	26 ♌ 59	15 ♋ 36	11 ♏	26 ♎	7 ♓	13 ♎	28 ♈
30	6 ♐ 38	1 ♎ 52	8 ♋ 41	7 ♋ 39	28 ♏ 21	8 ♐ 37	4 ♉ 54	20 ♒ 42	29 ♏ 36	25 ♓ 32	26 ♌ 59	15 ♋ 35	11 ♏	27 ♎	8 ♓	13 ♎	28 ♈

SUN INGRESS	☉ → ♐ 23日 10:28
MOON PHASE	● 5日 23:34 ♏　◐ 13日 08:01 ♒　○ 20日 01:21 ♉　◑ 27日 16:15 ♍

aspects		
4日	18:30	☉☍♂
6日	13:57	♄□♆
7日	10:33	♀☍♂
9日	09:15	☉△♇
11日	20:19	♀△♇
12日	04:13	☉□♃
14日	06:07	♀□♃
19日	02:50	☉△♅
19日	15:49	♀△♅
20日	10:17	☉□♆
20日	17:14	♀□♆
21日	21:26	☉☌♀
22日	01:41	♀☌♄
22日	02:52	☉☌♄
25日	22:37	☿☌♀
26日	08:39	☉☌☿
29日	00:05	☿☌♄

1926年12月

DAY	☉	☽	☊ mean	☊ true	☿	♀	♂	♃	♄	♅	♆	♇	⚳	⚴	⚵	⚶	⚷
	° ′	° ′	° ′	° ′	° ′	° ′	° ′	° ′	° ′	° ′	° ′	° ′	°	°	°	°	°
1	7 ♐ 39	13 ♎ 53	8 ♋ 38	7 R 35	27 R 22	9 D 53	4 R 48	20 D 51	29 D 43	25 R 31	26 R 59	15 R 34	12 D	27 D	8 D	14 D	28 R
2	8 ♐ 40	26 ♎ 4	8 ♋ 34	7 ♋ 30	26 ♏ 33	11 ♐ 8	4 ♉ 43	20 ♒ 59	29 ♏ 50	25 ♓ 31	26 ♌ 59	15 ♋ 33	12 ♏	28 ♎	8 ♓	14 ♎	28 ♈
3	9 ♐ 41	8 ♏ 28	8 ♋ 31	7 ♋ 25	25 ♏ 55	12 ♐ 24	4 ♉ 39	21 ♒ 8	29 ♏ 57	25 ♓ 31	26 ♌ 59	15 ♋ 32	13 ♏	28 ♎	9 ♓	15 ♎	28 ♈
4	10 ♐ 41	21 ♏ 7	8 ♋ 28	7 ♋ 20	25 ♏ 29	13 ♐ 39	4 ♉ 36	21 ♒ 17	0 ♐ 4	25 ♓ 31	26 ♌ 59	15 ♋ 31	13 ♏	28 ♎	9 ♓	15 ♎	28 ♈
5	11 ♐ 42	4 ♐ 2	8 ♋ 25	7 ♋ 16	25 ♏ 14	14 ♐ 55	4 ♉ 33	21 ♒ 26	0 ♐ 11	25 ♓ 31	26 ♌ 59	15 ♋ 30	14 ♏	29 ♎	9 ♓	16 ♎	28 ♈
6	12 ♐ 43	17 ♐ 13	8 ♋ 22	7 ♋ 14	25 D 11	16 ♐ 10	4 ♉ 32	21 ♒ 35	0 ♐ 18	25 D 31	26 ♌ 58	15 ♋ 29	14 ♏	29 ♎	10 ♓	16 ♎	28 ♈
7	13 ♐ 44	0 ♑ 38	8 ♋ 19	7 ♋ 12	25 ♏ 17	17 ♐ 26	4 ♉ 31	21 ♒ 44	0 ♐ 26	25 ♓ 31	26 ♌ 58	15 ♋ 28	14 ♏	0 ♏	10 ♓	17 ♎	28 ♈
8	14 ♐ 45	14 ♑ 15	8 ♋ 15	7 D 12	25 ♏ 34	18 ♐ 41	4 D 31	21 ♒ 53	0 ♐ 33	25 ♓ 31	26 ♌ 58	15 ♋ 27	15 ♏	0 ♏	10 ♓	17 ♎	27 ♈
9	15 ♐ 46	28 ♑ 3	8 ♋ 12	7 ♋ 13	25 ♏ 59	19 ♐ 57	4 ♉ 32	22 ♒ 3	0 ♐ 40	25 ♓ 31	26 ♌ 58	15 ♋ 26	15 ♏	0 ♏	11 ♓	17 ♎	27 ♈
10	16 ♐ 47	11 ♒ 59	8 ♋ 9	7 ♋ 15	26 ♏ 31	21 ♐ 12	4 ♉ 33	22 ♒ 12	0 ♐ 47	25 ♓ 31	26 ♌ 57	15 ♋ 25	16 ♏	1 ♏	11 ♓	18 ♎	27 ♈
11	17 ♐ 48	26 ♒ 2	8 ♋ 6	7 ♋ 16	27 ♏ 11	22 ♐ 27	4 ♉ 36	22 ♒ 22	0 ♐ 53	25 ♓ 31	26 ♌ 57	15 ♋ 24	16 ♏	1 ♏	11 ♓	18 ♎	27 ♈
12	18 ♐ 49	10 ♓ 10	8 ♋ 3	7 ♋ 17	27 ♏ 57	23 ♐ 43	4 ♉ 39	22 ♒ 32	1 ♐ 0	25 ♓ 32	26 ♌ 57	15 ♋ 22	17 ♏	2 ♏	12 ♓	19 ♎	27 ♈
13	19 ♐ 50	24 ♓ 21	7 ♋ 59	7 R 17	28 ♏ 49	24 ♐ 58	4 ♉ 43	22 ♒ 42	1 ♐ 7	25 ♓ 32	26 ♌ 56	15 ♋ 21	17 ♏	2 ♏	12 ♓	19 ♎	27 ♈
14	20 ♐ 51	8 ♈ 32	7 ♋ 56	7 ♋ 16	29 ♏ 46	26 ♐ 14	4 ♉ 48	22 ♒ 52	1 ♐ 14	25 ♓ 32	26 ♌ 56	15 ♋ 20	17 ♏	2 ♏	12 ♓	20 ♎	27 ♈
15	21 ♐ 52	22 ♈ 42	7 ♋ 53	7 ♋ 15	0 ♐ 46	27 ♐ 29	4 ♉ 53	23 ♒ 2	1 ♐ 21	25 ♓ 33	26 ♌ 55	15 ♋ 19	18 ♏	3 ♏	13 ♓	20 ♎	27 ♈
16	22 ♐ 53	6 ♉ 48	7 ♋ 50	7 ♋ 13	1 ♐ 51	28 ♐ 45	4 ♉ 59	23 ♒ 13	1 ♐ 28	25 ♓ 33	26 ♌ 55	15 ♋ 18	18 ♏	3 ♏	13 ♓	20 ♎	27 ♈
17	23 ♐ 54	20 ♉ 47	7 ♋ 47	7 ♋ 11	2 ♐ 59	0 ♑ 0	5 ♉ 6	23 ♒ 23	1 ♐ 35	25 ♓ 34	26 ♌ 54	15 ♋ 17	19 ♏	4 ♏	13 ♓	21 ♎	27 ♈
18	24 ♐ 55	4 ♊ 34	7 ♋ 44	7 ♋ 10	4 ♐ 9	1 ♑ 16	5 ♉ 14	23 ♒ 34	1 ♐ 41	25 ♓ 35	26 ♌ 54	15 ♋ 16	19 ♏	4 ♏	14 ♓	21 ♎	27 ♈
19	25 ♐ 56	18 ♊ 9	7 ♋ 40	7 ♋ 8	5 ♐ 22	2 ♑ 31	5 ♉ 22	23 ♒ 44	1 ♐ 48	25 ♓ 35	26 ♌ 53	15 ♋ 14	19 ♏	4 ♏	14 ♓	22 ♎	27 ♈
20	26 ♐ 57	1 ♋ 28	7 ♋ 37	7 ♋ 8	6 ♐ 38	3 ♑ 46	5 ♉ 31	23 ♒ 55	1 ♐ 55	25 ♓ 36	26 ♌ 52	15 ♋ 13	20 ♏	5 ♏	15 ♓	22 ♎	27 ♈
21	27 ♐ 58	14 ♋ 29	7 ♋ 34	7 D 8	7 ♐ 55	5 ♑ 2	5 ♉ 40	24 ♒ 6	2 ♐ 2	25 ♓ 37	26 ♌ 52	15 ♋ 12	20 ♏	5 ♏	15 ♓	23 ♎	27 ♈
22	29 ♐ 0	27 ♋ 14	7 ♋ 31	7 ♋ 8	9 ♐ 14	6 ♑ 17	5 ♉ 50	24 ♒ 17	2 ♐ 8	25 ♓ 37	26 ♌ 51	15 ♋ 11	21 ♏	6 ♏	15 ♓	23 ♎	27 ♈
23	0 ♑ 1	9 ♌ 42	7 ♋ 28	7 ♋ 9	10 ♐ 34	7 ♑ 33	6 ♉ 1	24 ♒ 28	2 ♐ 15	25 ♓ 38	26 ♌ 50	15 ♋ 10	21 ♏	6 ♏	16 ♓	23 ♎	27 ♈
24	1 ♑ 2	21 ♌ 56	7 ♋ 25	7 ♋ 10	11 ♐ 55	8 ♑ 48	6 ♉ 13	24 ♒ 39	2 ♐ 21	25 ♓ 39	26 ♌ 50	15 ♋ 8	21 ♏	6 ♏	16 ♓	24 ♎	27 ♈
25	2 ♑ 3	3 ♍ 58	7 ♋ 21	7 ♋ 10	13 ♐ 18	10 ♑ 3	6 ♉ 25	24 ♒ 51	2 ♐ 28	25 ♓ 40	26 ♌ 49	15 ♋ 7	22 ♏	7 ♏	17 ♓	24 ♎	27 ♈
26	3 ♑ 4	15 ♍ 53	7 ♋ 18	7 ♋ 11	14 ♐ 42	11 ♑ 19	6 ♉ 37	25 ♒ 2	2 ♐ 35	25 ♓ 41	26 ♌ 48	15 ♋ 6	22 ♏	7 ♏	17 ♓	25 ♎	27 ♈
27	4 ♑ 5	27 ♍ 46	7 ♋ 15	7 ♋ 11	16 ♐ 7	12 ♑ 34	6 ♉ 50	25 ♒ 14	2 ♐ 41	25 ♓ 42	26 ♌ 47	15 ♋ 5	23 ♏	7 ♏	17 ♓	25 ♎	27 ♈
28	5 ♑ 6	9 ♎ 39	7 ♋ 12	7 R 11	17 ♐ 32	13 ♑ 50	7 ♉ 4	25 ♒ 25	2 ♐ 47	25 ♓ 43	26 ♌ 46	15 ♋ 4	23 ♏	8 ♏	18 ♓	26 ♎	27 ♈
29	6 ♑ 7	21 ♎ 39	7 ♋ 9	7 ♋ 11	18 ♐ 58	15 ♑ 5	7 ♉ 18	25 ♒ 37	2 ♐ 54	25 ♓ 44	26 ♌ 45	15 ♋ 2	23 ♏	8 ♏	18 ♓	26 ♎	27 ♈
30	7 ♑ 9	3 ♏ 50	7 ♋ 5	7 ♋ 11	20 ♐ 25	16 ♑ 20	7 ♉ 33	25 ♒ 49	3 ♐ 0	25 ♓ 46	26 ♌ 44	15 ♋ 1	24 ♏	9 ♏	19 ♓	26 ♎	27 ♈
31	8 ♑ 10	16 ♏ 16	7 ♋ 2	7 D 11	21 ♐ 53	17 ♑ 36	7 ♉ 48	26 ♒ 1	3 ♐ 6	25 ♓ 47	26 ♌ 43	15 ♋ 0	24 ♏	9 ♏	19 ♓	27 ♎	27 ♈

SUN INGRESS	☉ → ♑ 22日 23:33
MOON PHASE	● 5日 15:11 ♐　◐ 12日 15:47 ♓　○ 19日 15:09 ♊　◑ 27日 13:59 ♎

aspects		
1日	10:31	☿□♆
3日	21:57	☿△♅
7日	20:51	☿△♅
10日	15:59	☿□♆
10日	22:03	♀⚹♃
13日	10:46	♀□♅
14日	13:17	♀△♆
15日	14:36	☿☌♄
16日	09:15	☉⚹♃
18日	15:36	☉□♅
19日	22:06	☉△♆
21日	14:05	♀△♂
28日	23:07	♀☍♇
30日	12:50	☉△♂

1927年1月

DAY	☉	☽	☊ mean	☊ true	☿	♀	♂	♃	♄	♅	♆	♇	⚳	⚴	⚵	⚶	⚷
	° ′	° ′	° ′	° ′	° ′	° ′	° ′	° ′	° ′	° ′	° ′	° ′	°	°	°	°	°
1	9 ♑ 11	29 ♏ 0	6 ♋ 59	7 D 11	23 D 21	18 D 51	8 D 4	26 D 13	3 D 13	25 D 48	26 R 42	14 R 59	25 D	9 D	19 D	27 D	27 R
2	10 ♑ 12	12 ♐ 5	6 ♋ 56	7 ♋ 12	24 ♐ 49	20 ♑ 7	8 ♉ 21	26 ♒ 25	3 ♐ 19	25 ♓ 50	26 ♌ 41	14 ♋ 57	25 ♏	10 ♏	20 ♓	28 ♎	27 ♈
3	11 ♑ 13	25 ♐ 31	6 ♋ 53	7 ♋ 12	26 ♐ 19	21 ♑ 22	8 ♉ 38	26 ♒ 37	3 ♐ 25	25 ♓ 51	26 ♌ 40	14 ♋ 56	25 ♏	10 ♏	20 ♓	28 ♎	27 ♈
4	12 ♑ 14	9 ♑ 18	6 ♋ 50	7 R 12	27 ♐ 48	22 ♑ 37	8 ♉ 55	26 ♒ 49	3 ♐ 31	25 ♓ 52	26 ♌ 39	14 ♋ 55	26 ♏	10 ♏	21 ♓	28 ♎	27 ♈
5	13 ♑ 16	23 ♑ 22	6 ♋ 46	7 ♋ 12	29 ♐ 18	23 ♑ 53	9 ♉ 13	27 ♒ 1	3 ♐ 37	25 ♓ 54	26 ♌ 38	14 ♋ 53	26 ♏	11 ♏	21 ♓	29 ♎	27 ♈
6	14 ♑ 17	7 ♒ 39	6 ♋ 43	7 ♋ 11	0 ♑ 49	25 ♑ 8	9 ♉ 31	27 ♒ 14	3 ♐ 43	25 ♓ 55	26 ♌ 37	14 ♋ 52	27 ♏	11 ♏	22 ♓	29 ♎	27 ♈
7	15 ♑ 18	22 ♒ 6	6 ♋ 40	7 ♋ 10	2 ♑ 20	26 ♑ 24	9 ♉ 50	27 ♒ 26	3 ♐ 49	25 ♓ 57	26 ♌ 36	14 ♋ 51	27 ♏	11 ♏	22 ♓	29 ♎	27 ♈
8	16 ♑ 19	6 ♓ 35	6 ♋ 37	7 ♋ 9	3 ♑ 51	27 ♑ 39	10 ♉ 9	27 ♒ 39	3 ♐ 55	25 ♓ 59	26 ♌ 35	14 ♋ 50	27 ♏	12 ♏	23 ♓	0 ♏	27 ♈
9	17 ♑ 20	21 ♓ 1	6 ♋ 34	7 ♋ 8	5 ♑ 23	28 ♑ 54	10 ♉ 29	27 ♒ 51	4 ♐ 1	26 ♓ 0	26 ♌ 34	14 ♋ 48	28 ♏	12 ♏	23 ♓	0 ♏	27 D
10	18 ♑ 21	5 ♈ 21	6 ♋ 31	7 ♋ 7	6 ♑ 55	0 ♒ 10	10 ♉ 49	28 ♒ 4	4 ♐ 7	26 ♓ 2	26 ♌ 32	14 ♋ 47	28 ♏	12 ♏	23 ♓	1 ♏	27 ♈
11	19 ♑ 23	19 ♈ 32	6 ♋ 27	7 D 7	8 ♑ 28	1 ♒ 25	11 ♉ 9	28 ♒ 17	4 ♐ 13	26 ♓ 4	26 ♌ 31	14 ♋ 46	29 ♏	13 ♏	24 ♓	1 ♏	27 ♈
12	20 ♑ 24	3 ♉ 31	6 ♋ 24	7 ♋ 7	10 ♑ 1	2 ♒ 40	11 ♉ 30	28 ♒ 30	4 ♐ 18	26 ♓ 6	26 ♌ 30	14 ♋ 45	29 ♏	13 ♏	24 ♓	1 ♏	27 ♈
13	21 ♑ 25	17 ♉ 17	6 ♋ 21	7 ♋ 8	11 ♑ 35	3 ♒ 55	11 ♉ 51	28 ♒ 43	4 ♐ 24	26 ♓ 7	26 ♌ 29	14 ♋ 43	29 ♏	13 ♏	25 ♓	2 ♏	27 ♈
14	22 ♑ 26	0 ♊ 50	6 ♋ 18	7 ♋ 9	13 ♑ 9	5 ♒ 11	12 ♉ 13	28 ♒ 56	4 ♐ 30	26 ♓ 9	26 ♌ 27	14 ♋ 42	0 ♐	14 ♏	25 ♓	2 ♏	27 ♈
15	23 ♑ 27	14 ♊ 10	6 ♋ 15	7 ♋ 11	14 ♑ 43	6 ♒ 26	12 ♉ 35	29 ♒ 9	4 ♐ 35	26 ♓ 11	26 ♌ 26	14 ♋ 41	0 ♐	14 ♏	26 ♓	2 ♏	27 ♈
16	24 ♑ 28	27 ♊ 18	6 ♋ 11	7 ♋ 12	16 ♑ 18	7 ♒ 41	12 ♉ 57	29 ♒ 22	4 ♐ 40	26 ♓ 13	26 ♌ 25	14 ♋ 40	0 ♐	14 ♏	26 ♓	3 ♏	27 ♈
17	25 ♑ 29	10 ♋ 13	6 ♋ 8	7 R 12	17 ♑ 54	8 ♒ 56	13 ♉ 20	29 ♒ 35	4 ♐ 46	26 ♓ 15	26 ♌ 23	14 ♋ 38	1 ♐	15 ♏	27 ♓	3 ♏	27 ♈
18	26 ♑ 30	22 ♋ 55	6 ♋ 5	7 ♋ 11	19 ♑ 30	10 ♒ 12	13 ♉ 43	29 ♒ 48	4 ♐ 51	26 ♓ 17	26 ♌ 22	14 ♋ 37	1 ♐	15 ♏	27 ♓	4 ♏	27 ♈
19	27 ♑ 31	5 ♌ 26	6 ♋ 2	7 ♋ 9	21 ♑ 6	11 ♒ 27	14 ♉ 6	0 ♓ 1	4 ♐ 56	26 ♓ 19	26 ♌ 20	14 ♋ 36	2 ♐	15 ♏	28 ♓	4 ♏	27 ♈
20	28 ♑ 33	17 ♌ 45	5 ♋ 59	7 ♋ 6	22 ♑ 43	12 ♒ 42	14 ♉ 30	0 ♓ 15	5 ♐ 2	26 ♓ 22	26 ♌ 19	14 ♋ 35	2 ♐	16 ♏	28 ♓	4 ♏	27 ♈
21	29 ♑ 34	29 ♌ 55	5 ♋ 56	7 ♋ 3	24 ♑ 21	13 ♒ 57	14 ♉ 54	0 ♓ 28	5 ♐ 7	26 ♓ 24	26 ♌ 17	14 ♋ 34	2 ♐	16 ♏	29 ♓	5 ♏	27 ♈
22	0 ♒ 35	11 ♍ 55	5 ♋ 52	6 ♋ 59	25 ♑ 59	15 ♒ 12	15 ♉ 18	0 ♓ 42	5 ♐ 12	26 ♓ 26	26 ♌ 16	14 ♋ 32	3 ♐	16 ♏	29 ♓	5 ♏	27 ♈
23	1 ♒ 36	23 ♍ 50	5 ♋ 49	6 ♋ 55	27 ♑ 38	16 ♒ 28	15 ♉ 43	0 ♓ 55	5 ♐ 17	26 ♓ 28	26 ♌ 15	14 ♋ 31	3 ♐	17 ♏	0 ♈	5 ♏	27 ♈
24	2 ♒ 37	5 ♎ 42	5 ♋ 46	6 ♋ 51	29 ♑ 17	17 ♒ 43	16 ♉ 8	1 ♓ 9	5 ♐ 22	26 ♓ 31	26 ♌ 13	14 ♋ 30	3 ♐	17 ♏	0 ♈	6 ♏	27 ♈
25	3 ♒ 38	17 ♎ 35	5 ♋ 43	6 ♋ 49	0 ♒ 57	18 ♒ 58	16 ♉ 33	1 ♓ 22	5 ♐ 27	26 ♓ 33	26 ♌ 12	14 ♋ 29	4 ♐	17 ♏	1 ♈	6 ♏	27 ♈
26	4 ♒ 39	29 ♎ 32	5 ♋ 40	6 ♋ 47	2 ♒ 38	20 ♒ 13	16 ♉ 58	1 ♓ 36	5 ♐ 31	26 ♓ 35	26 ♌ 10	14 ♋ 28	4 ♐	17 ♏	1 ♈	6 ♏	27 ♈
27	5 ♒ 40	11 ♏ 40	5 ♋ 37	6 D 47	4 ♒ 19	21 ♒ 28	17 ♉ 24	1 ♓ 50	5 ♐ 36	26 ♓ 38	26 ♌ 8	14 ♋ 26	4 ♐	18 ♏	2 ♈	7 ♏	27 ♈
28	6 ♒ 41	24 ♏ 2	5 ♋ 33	6 ♋ 48	6 ♒ 1	22 ♒ 43	17 ♉ 50	2 ♓ 3	5 ♐ 41	26 ♓ 40	26 ♌ 7	14 ♋ 25	5 ♐	18 ♏	2 ♈	7 ♏	27 ♈
29	7 ♒ 42	6 ♐ 43	5 ♋ 30	6 ♋ 50	7 ♒ 43	23 ♒ 58	18 ♉ 16	2 ♓ 17	5 ♐ 45	26 ♓ 43	26 ♌ 5	14 ♋ 24	5 ♐	18 ♏	3 ♈	7 ♏	27 ♈
30	8 ♒ 43	19 ♐ 48	5 ♋ 27	6 ♋ 52	9 ♒ 27	25 ♒ 13	18 ♉ 42	2 ♓ 31	5 ♐ 50	26 ♓ 45	26 ♌ 4	14 ♋ 23	5 ♐	19 ♏	3 ♈	8 ♏	27 ♈
31	9 ♒ 44	3 ♑ 18	5 ♋ 24	6 ♋ 53	11 ♒ 10	26 ♒ 28	19 ♉ 9	2 ♓ 45	5 ♐ 54	26 ♓ 48	26 ♌ 2	14 ♋ 22	6 ♐	19 ♏	4 ♈	8 ♏	27 ♈
SUN INGRESS	☉ → ♒ 21日 10:12																
MOON PHASE	● 4日 05:28 ♑	◐ 10日 23:43 ♈	○ 18日 07:27 ♋	◑ 26日 11:05 ♏													

aspects		
2日	16:27	☿□♅
3日	05:40	☿⚹♃
3日	05:48	☿△♆
3日	06:38	♃☍♆
6日	13:37	☉☍♇
6日	15:21	♀⚹♅
13日	05:34	☿△♂
13日	09:48	♀⚹♄
14日	23:27	☿☍♇
17日	18:40	☉⚹♅
20日	04:37	♂⚹♇
22日	02:40	♀□♂
22日	06:44	☿⚹♅
26日	22:27	☉⚹♄
27日	19:03	☿⚹♄
28日	23:02	☉☌☿
30日	15:47	♀☍♆

1927年2月

DAY	☉	☽	☊ mean	☊ true	☿	♀	♂	♃	♄	♅	♆	♇	⚳	⚴	⚵	⚶	⚷
	° ′	° ′	° ′	° ′	° ′	° ′	° ′	° ′	° ′	° ′	° ′	° ′	°	°	°	°	°
1	10 ♒ 44	17 ♑ 14	5 ♋ 21	6 R 52	12 D 55	27 D 43	19 D 36	2 D 59	5 D 58	26 D 50	26 R 1	14 R 21	6 D	19 D	4 D	8 D	27 D
2	11 ♒ 45	1 ♒ 35	5 ♋ 17	6 ♋ 50	14 ♒ 40	28 ♒ 58	20 ♉ 3	3 ♓ 13	6 ♐ 3	26 ♓ 53	25 ♌ 59	14 ♋ 20	6 ♐	19 ♏	5 ♈	8 ♏	27 ♈
3	12 ♒ 46	16 ♒ 16	5 ♋ 14	6 ♋ 46	16 ♒ 26	0 ♓ 13	20 ♉ 30	3 ♓ 27	6 ♐ 7	26 ♓ 56	25 ♌ 57	14 ♋ 18	7 ♐	20 ♏	5 ♈	9 ♏	27 ♈
4	13 ♒ 47	1 ♓ 10	5 ♋ 11	6 ♋ 41	18 ♒ 12	1 ♓ 28	20 ♉ 58	3 ♓ 41	6 ♐ 11	26 ♓ 58	25 ♌ 56	14 ♋ 17	7 ♐	20 ♏	6 ♈	9 ♏	27 ♈
5	14 ♒ 48	16 ♓ 8	5 ♋ 8	6 ♋ 35	19 ♒ 59	2 ♓ 43	21 ♉ 26	3 ♓ 55	6 ♐ 15	27 ♓ 1	25 ♌ 54	14 ♋ 16	7 ♐	20 ♏	6 ♈	9 ♏	27 ♈
6	15 ♒ 49	1 ♈ 2	5 ♋ 5	6 ♋ 29	21 ♒ 46	3 ♓ 58	21 ♉ 54	4 ♓ 9	6 ♐ 19	27 ♓ 4	25 ♌ 52	14 ♋ 15	8 ♐	20 ♏	7 ♈	10 ♏	27 ♈
7	16 ♒ 50	15 ♈ 42	5 ♋ 2	6 ♋ 24	23 ♒ 34	5 ♓ 13	22 ♉ 22	4 ♓ 23	6 ♐ 23	27 ♓ 7	25 ♌ 51	14 ♋ 14	8 ♐	21 ♏	7 ♈	10 ♏	27 ♈
8	17 ♒ 51	0 ♉ 5	4 ♋ 58	6 ♋ 21	25 ♒ 22	6 ♓ 28	22 ♉ 51	4 ♓ 37	6 ♐ 26	27 ♓ 9	25 ♌ 49	14 ♋ 13	8 ♐	21 ♏	8 ♈	10 ♏	27 ♈
9	18 ♒ 51	14 ♉ 7	4 ♋ 55	6 ♋ 20	27 ♒ 10	7 ♓ 43	23 ♉ 19	4 ♓ 51	6 ♐ 30	27 ♓ 12	25 ♌ 47	14 ♋ 12	9 ♐	21 ♏	8 ♈	10 ♏	27 ♈
10	19 ♒ 52	27 ♉ 48	4 ♋ 52	6 D 20	28 ♒ 59	8 ♓ 58	23 ♉ 48	5 ♓ 6	6 ♐ 34	27 ♓ 15	25 ♌ 46	14 ♋ 11	9 ♐	21 ♏	9 ♈	11 ♏	28 ♈
11	20 ♒ 53	11 ♊ 8	4 ♋ 49	6 ♋ 21	0 ♓ 47	10 ♓ 12	24 ♉ 17	5 ♓ 20	6 ♐ 37	27 ♓ 18	25 ♌ 44	14 ♋ 10	9 ♐	22 ♏	9 ♈	11 ♏	28 ♈
12	21 ♒ 53	24 ♊ 11	4 ♋ 46	6 ♋ 22	2 ♓ 35	11 ♓ 27	24 ♉ 46	5 ♓ 34	6 ♐ 40	27 ♓ 21	25 ♌ 42	14 ♋ 9	10 ♐	22 ♏	10 ♈	11 ♏	28 ♈
13	22 ♒ 54	6 ♋ 58	4 ♋ 43	6 R 23	4 ♓ 23	12 ♓ 42	25 ♉ 16	5 ♓ 48	6 ♐ 44	27 ♓ 24	25 ♌ 41	14 ♋ 8	10 ♐	22 ♏	10 ♈	12 ♏	28 ♈
14	23 ♒ 55	19 ♋ 33	4 ♋ 39	6 ♋ 22	6 ♓ 10	13 ♓ 57	25 ♉ 45	6 ♓ 3	6 ♐ 47	27 ♓ 27	25 ♌ 39	14 ♋ 7	10 ♐	22 ♏	11 ♈	12 ♏	28 ♈
15	24 ♒ 55	1 ♌ 57	4 ♋ 36	6 ♋ 19	7 ♓ 56	15 ♓ 11	26 ♉ 15	6 ♓ 17	6 ♐ 50	27 ♓ 30	25 ♌ 37	14 ♋ 6	10 ♐	23 ♏	11 ♈	12 ♏	28 ♈
16	25 ♒ 56	14 ♌ 13	4 ♋ 33	6 ♋ 13	9 ♓ 40	16 ♓ 26	26 ♉ 45	6 ♓ 31	6 ♐ 53	27 ♓ 33	25 ♌ 36	14 ♋ 5	11 ♐	23 ♏	12 ♈	12 ♏	28 ♈
17	26 ♒ 57	26 ♌ 21	4 ♋ 30	6 ♋ 5	11 ♓ 23	17 ♓ 41	27 ♉ 15	6 ♓ 46	6 ♐ 56	27 ♓ 36	25 ♌ 34	14 ♋ 5	11 ♐	23 ♏	12 ♈	12 ♏	28 ♈
18	27 ♒ 57	8 ♍ 22	4 ♋ 27	5 ♋ 56	13 ♓ 4	18 ♓ 55	27 ♉ 45	7 ♓ 0	6 ♐ 59	27 ♓ 39	25 ♌ 32	14 ♋ 4	11 ♐	23 ♏	13 ♈	13 ♏	28 ♈
19	28 ♒ 58	20 ♍ 19	4 ♋ 23	5 ♋ 45	14 ♓ 42	20 ♓ 10	28 ♉ 15	7 ♓ 15	7 ♐ 2	27 ♓ 42	25 ♌ 31	14 ♋ 3	12 ♐	23 ♏	14 ♈	13 ♏	28 ♈
20	29 ♒ 58	2 ♎ 13	4 ♋ 20	5 ♋ 34	16 ♓ 17	21 ♓ 24	28 ♉ 46	7 ♓ 29	7 ♐ 4	27 ♓ 45	25 ♌ 29	14 ♋ 2	12 ♐	24 ♏	14 ♈	13 ♏	28 ♈
21	0 ♓ 59	14 ♎ 4	4 ♋ 17	5 ♋ 25	17 ♓ 48	22 ♓ 39	29 ♉ 16	7 ♓ 44	7 ♐ 7	27 ♓ 48	25 ♌ 27	14 ♋ 1	12 ♐	24 ♏	15 ♈	13 ♏	28 ♈
22	1 ♓ 59	25 ♎ 57	4 ♋ 14	5 ♋ 16	19 ♓ 15	23 ♓ 53	29 ♉ 47	7 ♓ 58	7 ♐ 10	27 ♓ 51	25 ♌ 26	14 ♋ 0	12 ♐	24 ♏	15 ♈	14 ♏	28 ♈
23	2 ♓ 59	7 ♏ 54	4 ♋ 11	5 ♋ 11	20 ♓ 36	25 ♓ 8	0 ♊ 18	8 ♓ 12	7 ♐ 12	27 ♓ 55	25 ♌ 24	14 ♋ 0	13 ♐	24 ♏	16 ♈	14 ♏	28 ♈
24	4 ♓ 0	19 ♏ 59	4 ♋ 8	5 ♋ 7	21 ♓ 53	26 ♓ 22	0 ♊ 49	8 ♓ 27	7 ♐ 14	27 ♓ 58	25 ♌ 22	13 ♋ 59	13 ♐	24 ♏	16 ♈	14 ♏	28 ♈
25	5 ♓ 0	2 ♐ 17	4 ♋ 4	5 ♋ 6	23 ♓ 2	27 ♓ 36	1 ♊ 20	8 ♓ 41	7 ♐ 16	28 ♓ 1	25 ♌ 21	13 ♋ 58	13 ♐	24 ♏	17 ♈	14 ♏	28 ♈
26	6 ♓ 0	14 ♐ 52	4 ♋ 1	5 D 6	24 ♓ 5	28 ♓ 51	1 ♊ 51	8 ♓ 56	7 ♐ 18	28 ♓ 4	25 ♌ 19	13 ♋ 57	14 ♐	25 ♏	17 ♈	14 ♏	28 ♈
27	7 ♓ 1	27 ♐ 50	3 ♋ 58	5 ♋ 7	25 ♓ 1	0 ♈ 5	2 ♊ 23	9 ♓ 10	7 ♐ 20	28 ♓ 7	25 ♌ 17	13 ♋ 57	14 ♐	25 ♏	18 ♈	14 ♏	28 ♈
28	8 ♓ 1	11 ♑ 14	3 ♋ 55	5 R 7	25 ♓ 48	1 ♈ 19	2 ♊ 54	9 ♓ 25	7 ♐ 22	28 ♓ 11	25 ♌ 16	13 ♋ 56	14 ♐	25 ♏	18 ♈	15 ♏	28 ♈
SUN INGRESS	☉ → ♓ 20日 00:34																
MOON PHASE	● 2日 17:54 ♒	◐ 9日 08:54 ♉	○ 17日 01:18 ♌	◑ 25日 05:42 ♐													

aspects		
6日	02:21	☿□♂
6日	04:14	♀☌♃
7日	23:28	♀□♄
8日	05:55	☿☍♆
13日	19:13	♂□♆
13日	22:10	☿☌♃
14日	03:23	♀△♇
14日	08:39	☿□♄
15日	16:09	☉☍♆
17日	14:25	☉□♂
17日	18:38	♂⚹♅
17日	21:24	♃□♄
18日	14:24	☿△♇
25日	08:20	♀☌♅
27日	08:06	☉□♄

1927年3月

DAY	☉	☽	☊		☿	♀	♂	♃	♄	♅	♆	♇	⚳	⚴	⚵	⚶	⚷
			mean	true													
	° ′	° ′	° ′	° ′	° ′	° ′	° ′	° ′	° ′	° ′	° ′	° ′	°	°	°	°	°
1	9 ♓ 1	25 ♑ 7	3 ♋ 52	5 R 5	26 D 27	2 D 33	3 D 26	9 D 39	7 D 24	28 D 14	25 R 14	13 R 55	14 D	25 D	19 D	15 D	28 D
2	10 ♓ 2	9 ♒ 29	3 ♋ 48	5 ♋ 1	26 ♓ 56	3 ♈ 48	3 ♊ 57	9 ♓ 54	7 ♐ 26	28 ♓ 17	25 ♌ 12	13 ♋ 55	15 ♐	25 ♏	20 ♈	15 ♏	28 ♈
3	11 ♓ 2	24 ♒ 18	3 ♋ 45	4 ♋ 55	27 ♓ 17	5 ♈ 2	4 ♊ 29	10 ♓ 8	7 ♐ 28	28 ♓ 21	25 ♌ 11	13 ♋ 54	15 ♐	25 ♏	20 ♈	15 ♏	28 ♈
4	12 ♓ 2	9 ♓ 25	3 ♋ 42	4 ♋ 46	27 ♓ 28	6 ♈ 16	5 ♊ 1	10 ♓ 23	7 ♐ 29	28 ♓ 24	25 ♌ 9	13 ♋ 53	15 ♐	25 ♏	21 ♈	15 ♏	28 ♈
5	13 ♓ 2	24 ♓ 42	3 ♋ 39	4 ♋ 35	27 R 30	7 ♈ 30	5 ♊ 33	10 ♓ 37	7 ♐ 30	28 ♓ 27	25 ♌ 8	13 ♋ 53	15 ♐	25 ♏	21 ♈	15 ♏	28 ♈
6	14 ♓ 2	9 ♈ 57	3 ♋ 36	4 ♋ 25	27 ♓ 22	8 ♈ 44	6 ♊ 5	10 ♓ 52	7 ♐ 32	28 ♓ 31	25 ♌ 6	13 ♋ 52	15 ♐	25 ♏	22 ♈	15 ♏	28 ♈
7	15 ♓ 2	24 ♈ 59	3 ♋ 33	4 ♋ 16	27 ♓ 6	9 ♈ 58	6 ♊ 38	11 ♓ 6	7 ♐ 33	28 ♓ 34	25 ♌ 4	13 ♋ 52	16 ♐	26 ♏	22 ♈	16 ♏	29 ♈
8	16 ♓ 2	9 ♉ 40	3 ♋ 29	4 ♋ 9	26 ♓ 41	11 ♈ 12	7 ♊ 10	11 ♓ 21	7 ♐ 34	28 ♓ 37	25 ♌ 3	13 ♋ 51	16 ♐	26 ♏	23 ♈	16 ♏	29 ♈
9	17 ♓ 2	23 ♉ 55	3 ♋ 26	4 ♋ 4	26 ♓ 8	12 ♈ 26	7 ♊ 43	11 ♓ 35	7 ♐ 35	28 ♓ 41	25 ♌ 1	13 ♋ 51	16 ♐	26 ♏	23 ♈	16 ♏	29 ♈
10	18 ♓ 2	7 ♊ 42	3 ♋ 23	4 ♋ 2	25 ♓ 28	13 ♈ 40	8 ♊ 15	11 ♓ 50	7 ♐ 36	28 ♓ 44	25 ♌ 0	13 ♋ 50	16 ♐	26 ♏	24 ♈	16 ♏	29 ♈
11	19 ♓ 2	21 ♊ 3	3 ♋ 20	4 D 2	24 ♓ 42	14 ♈ 53	8 ♊ 48	12 ♓ 4	7 ♐ 37	28 ♓ 47	24 ♌ 58	13 ♋ 50	17 ♐	26 ♏	25 ♈	16 ♏	29 ♈
12	20 ♓ 2	4 ♋ 1	3 ♋ 17	4 ♋ 2	23 ♓ 52	16 ♈ 7	9 ♊ 21	12 ♓ 18	7 ♐ 37	28 ♓ 51	24 ♌ 57	13 ♋ 50	17 ♐	26 ♏	25 ♈	16 ♏	29 ♈
13	21 ♓ 2	16 ♋ 39	3 ♋ 14	4 R 2	22 ♓ 57	17 ♈ 21	9 ♊ 53	12 ♓ 33	7 ♐ 38	28 ♓ 54	24 ♌ 55	13 ♋ 49	17 ♐	26 ♏	26 ♈	16 ♏	29 ♈
14	22 ♓ 2	29 ♋ 2	3 ♋ 10	3 ♋ 59	22 ♓ 1	18 ♈ 35	10 ♊ 26	12 ♓ 47	7 ♐ 39	28 ♓ 58	24 ♌ 54	13 ♋ 49	17 ♐	26 ♏	26 ♈	16 ♏	29 ♈
15	23 ♓ 2	11 ♌ 15	3 ♋ 7	3 ♋ 54	21 ♓ 3	19 ♈ 48	10 ♊ 59	13 ♓ 2	7 ♐ 39	29 ♓ 1	24 ♌ 52	13 ♋ 48	17 ♐	26 ♏	27 ♈	16 ♏	29 ♈
16	24 ♓ 2	23 ♌ 19	3 ♋ 4	3 ♋ 46	20 ♓ 5	21 ♈ 2	11 ♊ 32	13 ♓ 16	7 ♐ 39	29 ♓ 4	24 ♌ 51	13 ♋ 48	18 ♐	26 ♏	27 ♈	16 ♏	29 ♈
17	25 ♓ 1	5 ♍ 17	3 ♋ 1	3 ♋ 35	19 ♓ 9	22 ♈ 15	12 ♊ 6	13 ♓ 30	7 ♐ 39	29 ♓ 8	24 ♌ 50	13 ♋ 48	18 ♐	26 ♏	28 ♈	16 ♏	29 ♈
18	26 ♓ 1	17 ♍ 13	2 ♋ 58	3 ♋ 22	18 ♓ 15	23 ♈ 29	12 ♊ 39	13 ♓ 45	7 ♐ 40	29 ♓ 11	24 ♌ 48	13 ♋ 48	18 ♐	26 ♏	29 ♈	16 ♏	29 ♈
19	27 ♓ 1	29 ♍ 6	2 ♋ 54	3 ♋ 8	17 ♓ 25	24 ♈ 42	13 ♊ 12	13 ♓ 59	7 R 40	29 ♓ 15	24 ♌ 47	13 ♋ 47	18 ♐	26 ♏	29 ♈	16 ♏	29 ♈
20	28 ♓ 0	10 ♎ 59	2 ♋ 51	2 ♋ 53	16 ♓ 40	25 ♈ 56	13 ♊ 45	14 ♓ 13	7 ♐ 39	29 ♓ 18	24 ♌ 45	13 ♋ 47	18 ♐	26 R	0 ♉	16 ♏	29 ♈
21	29 ♓ 0	22 ♎ 52	2 ♋ 48	2 ♋ 40	15 ♓ 59	27 ♈ 9	14 ♊ 19	14 ♓ 28	7 ♐ 39	29 ♓ 22	24 ♌ 44	13 ♋ 47	18 ♐	26 ♏	0 ♉	16 ♏	29 ♈
22	0 ♈ 0	4 ♏ 48	2 ♋ 45	2 ♋ 28	15 ♓ 23	28 ♈ 22	14 ♊ 52	14 ♓ 42	7 ♐ 39	29 ♓ 25	24 ♌ 43	13 ♋ 47	19 ♐	26 ♏	1 ♉	16 R	29 ♈
23	0 ♈ 59	16 ♏ 48	2 ♋ 42	2 ♋ 19	14 ♓ 53	29 ♈ 35	15 ♊ 26	14 ♓ 56	7 ♐ 38	29 ♓ 28	24 ♌ 41	13 ♋ 46	19 ♐	26 ♏	1 ♉	16 ♏	29 ♈
24	1 ♈ 59	28 ♏ 55	2 ♋ 39	2 ♋ 14	14 ♓ 30	0 ♉ 48	16 ♊ 0	15 ♓ 10	7 ♐ 38	29 ♓ 32	24 ♌ 40	13 ♋ 46	19 ♐	26 ♏	2 ♉	16 ♏	29 ♈
25	2 ♈ 58	11 ♐ 14	2 ♋ 35	2 ♋ 11	14 ♓ 12	2 ♉ 2	16 ♊ 33	15 ♓ 24	7 ♐ 37	29 ♓ 35	24 ♌ 39	13 ♋ 46	19 ♐	26 ♏	3 ♉	16 ♏	29 ♈
26	3 ♈ 58	23 ♐ 47	2 ♋ 32	2 ♋ 10	14 ♓ 0	3 ♉ 15	17 ♊ 7	15 ♓ 38	7 ♐ 37	29 ♓ 39	24 ♌ 38	13 ♋ 46	19 ♐	26 ♏	3 ♉	16 ♏	0 ♉
27	4 ♈ 57	6 ♑ 40	2 ♋ 29	2 ♋ 10	13 ♓ 54	4 ♉ 28	17 ♊ 41	15 ♓ 53	7 ♐ 36	29 ♓ 42	24 ♌ 36	13 ♋ 46	19 ♐	26 ♏	4 ♉	16 ♏	0 ♉
28	5 ♈ 56	19 ♑ 56	2 ♋ 26	2 ♋ 9	13 D 55	5 ♉ 41	18 ♊ 15	16 ♓ 7	7 ♐ 35	29 ♓ 46	24 ♌ 35	13 ♋ 46	19 ♐	26 ♏	4 ♉	16 ♏	0 ♉
29	6 ♈ 56	3 ♒ 40	2 ♋ 23	2 ♋ 7	14 ♓ 0	6 ♉ 53	18 ♊ 49	16 ♓ 21	7 ♐ 34	29 ♓ 49	24 ♌ 34	13 ♋ 46	19 ♐	26 ♏	5 ♉	16 ♏	0 ♉
30	7 ♈ 55	17 ♒ 53	2 ♋ 20	2 ♋ 3	14 ♓ 12	8 ♉ 6	19 ♊ 23	16 ♓ 35	7 ♐ 33	29 ♓ 52	24 ♌ 33	13 D 46	20 ♐	26 ♏	5 ♉	16 ♏	0 ♉
31	8 ♈ 54	2 ♓ 33	2 ♋ 16	1 ♋ 56	14 ♓ 28	9 ♉ 19	19 ♊ 57	16 ♓ 49	7 ♐ 32	29 ♓ 56	24 ♌ 32	13 ♋ 46	20 ♐	26 ♏	6 ♉	16 ♏	0 ♉

SUN INGRESS	☉ → ♈ 21日 23:59
MOON PHASE	● 4日 04:25 ♓ ◐ 10日 20:03 ♊ ○ 18日 19:24 ♍ ◑ 26日 20:35 ♑

aspects		
1日	19:53	☉☌♃
2日	05:37	♀⚹♂
5日	00:11	♀△♄
5日	20:04	☉△♇
8日	18:15	♂☍♄
10日	03:28	♀□♇
13日	23:41	☉☌☿
18日	04:36	♃△♇
19日	01:28	♀△♆
21日	09:14	☉☌♅
21日	10:47	♂□♃
22日	11:22	☿□♂
22日	22:29	☿☌♃
29日	15:12	☉△♄

1927年4月

DAY	☉	☽	☊		☿	♀	♂	♃	♄	♅	♆	♇	⚳	⚴	⚵	⚶	⚷
			mean	true													
	° ′	° ′	° ′	° ′	° ′	° ′	° ′	° ′	° ′	° ′	° ′	° ′	°	°	°	°	°
1	9 ♈ 54	17 ♓ 35	2 ♋ 13	1 R 47	14 D 49	10 D 32	20 D 31	17 D 3	7 R 30	29 D 59	24 R 31	13 D 46	20 D	25 R	7 D	16 R	0 D
2	10 ♈ 53	2 ♈ 52	2 ♋ 10	1 ♋ 36	15 ♓ 15	11 ♉ 44	21 ♊ 5	17 ♓ 17	7 ♐ 29	0 ♈ 3	24 ♌ 30	13 ♋ 46	20 ♐	25 ♏	7 ♉	16 ♏	0 ♉
3	11 ♈ 52	18 ♈ 12	2 ♋ 7	1 ♋ 25	15 ♓ 46	12 ♉ 57	21 ♊ 40	17 ♓ 30	7 ♐ 27	0 ♈ 6	24 ♌ 29	13 ♋ 46	20 ♐	25 ♏	8 ♉	16 ♏	0 ♉
4	12 ♈ 51	3 ♉ 23	2 ♋ 4	1 ♋ 15	16 ♓ 21	14 ♉ 10	22 ♊ 14	17 ♓ 44	7 ♐ 26	0 ♈ 9	24 ♌ 28	13 ♋ 46	20 ♐	25 ♏	8 ♉	16 ♏	0 ♉
5	13 ♈ 50	18 ♉ 16	2 ♋ 0	1 ♋ 7	16 ♓ 59	15 ♉ 22	22 ♊ 48	17 ♓ 58	7 ♐ 24	0 ♈ 13	24 ♌ 27	13 ♋ 47	20 ♐	25 ♏	9 ♉	16 ♏	0 ♉
6	14 ♈ 49	2 ♊ 43	1 ♋ 57	1 ♋ 2	17 ♓ 42	16 ♉ 34	23 ♊ 23	18 ♓ 12	7 ♐ 22	0 ♈ 16	24 ♌ 26	13 ♋ 47	20 ♐	25 ♏	10 ♉	15 ♏	0 ♉
7	15 ♈ 48	16 ♊ 41	1 ♋ 54	0 ♋ 59	18 ♓ 28	17 ♉ 47	23 ♊ 57	18 ♓ 25	7 ♐ 21	0 ♈ 19	24 ♌ 25	13 ♋ 47	20 ♐	25 ♏	10 ♉	15 ♏	0 ♉
8	16 ♈ 47	0 ♋ 9	1 ♋ 51	0 ♋ 59	19 ♓ 18	18 ♉ 59	24 ♊ 32	18 ♓ 39	7 ♐ 19	0 ♈ 23	24 ♌ 24	13 ♋ 47	20 ♐	25 ♏	11 ♉	15 ♏	0 ♉
9	17 ♈ 46	13 ♋ 11	1 ♋ 48	0 D 59	20 ♓ 10	20 ♉ 11	25 ♊ 6	18 ♓ 53	7 ♐ 17	0 ♈ 26	24 ♌ 23	13 ♋ 47	20 ♐	24 ♏	11 ♉	15 ♏	0 ♉
10	18 ♈ 45	25 ♋ 51	1 ♋ 45	0 R 59	21 ♓ 6	21 ♉ 23	25 ♊ 41	19 ♓ 6	7 ♐ 14	0 ♈ 29	24 ♌ 22	13 ♋ 48	20 ♐	24 ♏	12 ♉	15 ♏	0 ♉
11	19 ♈ 44	8 ♌ 12	1 ♋ 41	0 ♋ 57	22 ♓ 5	22 ♉ 35	26 ♊ 15	19 ♓ 20	7 ♐ 12	0 ♈ 33	24 ♌ 21	13 ♋ 48	20 ♐	24 ♏	12 ♉	15 ♏	0 ♉
12	20 ♈ 43	20 ♌ 20	1 ♋ 38	0 ♋ 53	23 ♓ 6	23 ♉ 47	26 ♊ 50	19 ♓ 33	7 ♐ 10	0 ♈ 36	24 ♌ 21	13 ♋ 48	20 ♐	24 ♏	13 ♉	15 ♏	1 ♉
13	21 ♈ 42	2 ♍ 20	1 ♋ 35	0 ♋ 47	24 ♓ 11	24 ♉ 59	27 ♊ 25	19 ♓ 46	7 ♐ 8	0 ♈ 39	24 ♌ 20	13 ♋ 49	20 ♐	24 ♏	14 ♉	14 ♏	1 ♉
14	22 ♈ 41	14 ♍ 14	1 ♋ 32	0 ♋ 38	25 ♓ 17	26 ♉ 11	28 ♊ 0	20 ♓ 0	7 ♐ 5	0 ♈ 42	24 ♌ 19	13 ♋ 49	21 ♐	23 ♏	14 ♉	14 ♏	1 ♉
15	23 ♈ 40	26 ♍ 5	1 ♋ 29	0 ♋ 27	26 ♓ 27	27 ♉ 23	28 ♊ 35	20 ♓ 13	7 ♐ 3	0 ♈ 46	24 ♌ 18	13 ♋ 49	21 ♐	23 ♏	15 ♉	14 ♏	1 ♉
16	24 ♈ 38	7 ♎ 58	1 ♋ 25	0 ♋ 14	27 ♓ 38	28 ♉ 35	29 ♊ 9	20 ♓ 26	7 ♐ 0	0 ♈ 49	24 ♌ 18	13 ♋ 50	21 ♐	23 ♏	15 ♉	14 ♏	1 ♉
17	25 ♈ 37	19 ♎ 52	1 ♋ 22	0 ♋ 2	28 ♓ 52	29 ♉ 46	29 ♊ 44	20 ♓ 39	6 ♐ 57	0 ♈ 52	24 ♌ 17	13 ♋ 50	21 R	23 ♏	16 ♉	14 ♏	1 ♉
18	26 ♈ 36	1 ♏ 50	1 ♋ 19	29 ♊ 50	0 ♈ 8	0 ♊ 58	0 ♋ 19	20 ♓ 53	6 ♐ 54	0 ♈ 55	24 ♌ 16	13 ♋ 51	21 ♐	23 ♏	17 ♉	13 ♏	1 ♉
19	27 ♈ 34	13 ♏ 52	1 ♋ 16	29 ♊ 41	1 ♈ 26	2 ♊ 9	0 ♋ 54	21 ♓ 6	6 ♐ 52	0 ♈ 58	24 ♌ 16	13 ♋ 51	21 ♐	22 ♏	17 ♉	13 ♏	1 ♉
20	28 ♈ 33	26 ♏ 1	1 ♋ 13	29 ♊ 33	2 ♈ 46	3 ♊ 21	1 ♋ 29	21 ♓ 19	6 ♐ 49	1 ♈ 1	24 ♌ 15	13 ♋ 52	20 ♐	22 ♏	18 ♉	13 ♏	1 ♉
21	29 ♈ 31	8 ♐ 17	1 ♋ 10	29 ♊ 29	4 ♈ 8	4 ♊ 32	2 ♋ 4	21 ♓ 31	6 ♐ 46	1 ♈ 5	24 ♌ 15	13 ♋ 52	20 ♐	22 ♏	18 ♉	13 ♏	1 ♉
22	0 ♉ 30	20 ♐ 44	1 ♋ 6	29 ♊ 26	5 ♈ 32	5 ♊ 43	2 ♋ 39	21 ♓ 44	6 ♐ 42	1 ♈ 8	24 ♌ 14	13 ♋ 53	20 ♐	22 ♏	19 ♉	13 ♏	1 ♉
23	1 ♉ 28	3 ♑ 24	1 ♋ 3	29 D 26	6 ♈ 58	6 ♊ 54	3 ♋ 14	21 ♓ 57	6 ♐ 39	1 ♈ 11	24 ♌ 14	13 ♋ 53	20 ♐	21 ♏	19 ♉	12 ♏	1 ♉
24	2 ♉ 27	16 ♑ 20	1 ♋ 0	29 ♊ 27	8 ♈ 26	8 ♊ 5	3 ♋ 50	22 ♓ 10	6 ♐ 36	1 ♈ 14	24 ♌ 13	13 ♋ 54	20 ♐	21 ♏	20 ♉	12 ♏	1 ♉
25	3 ♉ 25	29 ♑ 35	0 ♋ 57	29 ♊ 28	9 ♈ 56	9 ♊ 16	4 ♋ 25	22 ♓ 22	6 ♐ 33	1 ♈ 17	24 ♌ 13	13 ♋ 55	20 ♐	21 ♏	21 ♉	12 ♏	1 ♉
26	4 ♉ 24	13 ♒ 13	0 ♋ 54	29 R 27	11 ♈ 28	10 ♊ 27	5 ♋ 0	22 ♓ 35	6 ♐ 29	1 ♈ 20	24 ♌ 13	13 ♋ 55	20 ♐	21 ♏	21 ♉	12 ♏	1 ♉
27	5 ♉ 22	27 ♒ 15	0 ♋ 51	29 ♊ 25	13 ♈ 1	11 ♊ 38	5 ♋ 35	22 ♓ 48	6 ♐ 26	1 ♈ 23	24 ♌ 12	13 ♋ 56	20 ♐	20 ♏	22 ♉	11 ♏	1 ♉
28	6 ♉ 21	11 ♓ 40	0 ♋ 47	29 ♊ 21	14 ♈ 37	12 ♊ 49	6 ♋ 10	23 ♓ 0	6 ♐ 22	1 ♈ 26	24 ♌ 12	13 ♋ 57	20 ♐	20 ♏	22 ♉	11 ♏	2 ♉
29	7 ♉ 19	26 ♓ 26	0 ♋ 44	29 ♊ 15	16 ♈ 14	13 ♊ 59	6 ♋ 46	23 ♓ 12	6 ♐ 19	1 ♈ 29	24 ♌ 12	13 ♋ 57	20 ♐	20 ♏	23 ♉	11 ♏	2 ♉
30	8 ♉ 17	11 ♈ 26	0 ♋ 41	29 ♊ 8	17 ♈ 53	15 ♊ 10	7 ♋ 21	23 ♓ 25	6 ♐ 15	1 ♈ 32	24 ♌ 12	13 ♋ 58	20 ♐	19 ♏	24 ♉	11 ♏	2 ♉

SUN INGRESS	☉ → ♉ 21日 11:32
MOON PHASE	● 2日 13:24 ♈ ◐ 9日 09:21 ♋ ○ 17日 12:35 ♎ ◑ 25日 07:21 ♒

aspects		
3日	16:21	♀⚹♇
4日	22:29	☉□♇
6日	22:10	☿☌♃
7日	15:47	♀⚹♃
7日	18:46	♂⚹♆
8日	22:44	☿⚹♀
12日	10:56	♀□♆
15日	15:42	☉△♆
17日	23:04	♀⚹♅
18日	06:25	☿□♂
18日	15:14	☿☌♅
19日	03:09	♂□♅
22日	17:49	☿⚹♀
22日	18:55	☿△♄
22日	19:08	♀☍♄
27日	13:32	☉⚹♂
27日	13:56	☿□♇

1927年5月

DAY	☉	☽	☊ mean	☊ true	☿	♀	♂	♃	♄	♅	♆	♇	⚳	⚴	⚵	⚶	⚷
	° ′	° ′	° ′	° ′	° ′	° ′	° ′	° ′	° ′	° ′	° ′	° ′	°	°	°	°	°
1	9 ♉ 15	26 ♈ 33	0 ♋ 38	29 R 0	19 D 33	16 D 20	7 D 57	23 D 37	6 R 12	1 D 35	24 R 11	13 D 59	20 R	19 R	24 D	10 R	2 D
2	10 ♉ 14	11 ♉ 36	0 ♋ 35	28 ♊ 53	21 ♈ 16	17 ♊ 31	8 ♋ 32	23 ♓ 49	6 ♐ 8	1 ♈ 37	24 ♌ 11	14 ♋ 0	20 ♐	19 ♏	25 ♉	10 ♏	2 ♉
3	11 ♉ 12	26 ♉ 25	0 ♋ 31	28 ♊ 48	23 ♈ 0	18 ♊ 41	9 ♋ 7	24 ♓ 1	6 ♐ 4	1 ♈ 40	24 ♌ 11	14 ♋ 0	20 ♐	19 ♏	25 ♉	10 ♏	2 ♉
4	12 ♉ 10	10 ♊ 53	0 ♋ 28	28 ♊ 44	24 ♈ 47	19 ♊ 51	9 ♋ 43	24 ♓ 13	6 ♐ 0	1 ♈ 43	24 ♌ 11	14 ♋ 1	20 ♐	18 ♏	26 ♉	10 ♏	2 ♉
5	13 ♉ 8	24 ♊ 56	0 ♋ 25	28 ♊ 43	26 ♈ 35	21 ♊ 1	10 ♋ 18	24 ♓ 25	5 ♐ 56	1 ♈ 46	24 ♌ 11	14 ♋ 2	19 ♐	18 ♏	27 ♉	9 ♏	2 ♉
6	14 ♉ 7	8 ♋ 30	0 ♋ 22	28 D 43	28 ♈ 24	22 ♊ 11	10 ♋ 54	24 ♓ 37	5 ♐ 52	1 ♈ 49	24 ♌ 11	14 ♋ 3	19 ♐	18 ♏	27 ♉	9 ♏	2 ♉
7	15 ♉ 5	21 ♋ 39	0 ♋ 19	28 ♊ 44	0 ♉ 16	23 ♊ 21	11 ♋ 30	24 ♓ 49	5 ♐ 48	1 ♈ 51	24 D 11	14 ♋ 4	19 ♐	17 ♏	28 ♉	9 ♏	2 ♉
8	16 ♉ 3	4 ♌ 23	0 ♋ 16	28 ♊ 46	2 ♉ 10	24 ♊ 31	12 ♋ 5	25 ♓ 0	5 ♐ 44	1 ♈ 54	24 ♌ 11	14 ♋ 5	19 ♐	17 ♏	28 ♉	9 ♏	2 ♉
9	17 ♉ 1	16 ♌ 48	0 ♋ 12	28 ♊ 46	4 ♉ 5	25 ♊ 41	12 ♋ 41	25 ♓ 12	5 ♐ 40	1 ♈ 57	24 ♌ 11	14 ♋ 6	19 ♐	17 ♏	29 ♉	8 ♏	2 ♉
10	17 ♉ 59	28 ♌ 58	0 ♋ 9	28 R 46	6 ♉ 2	26 ♊ 50	13 ♋ 16	25 ♓ 23	5 ♐ 36	1 ♈ 59	24 ♌ 11	14 ♋ 7	19 ♐	16 ♏	0 ♊	8 ♏	2 ♉
11	18 ♉ 57	10 ♍ 57	0 ♋ 6	28 ♊ 43	8 ♉ 1	28 ♊ 0	13 ♋ 52	25 ♓ 34	5 ♐ 32	2 ♈ 2	24 ♌ 11	14 ♋ 8	19 ♐	16 ♏	0 ♊	8 ♏	2 ♉
12	19 ♉ 55	22 ♍ 51	0 ♋ 3	28 ♊ 39	10 ♉ 1	29 ♊ 9	14 ♋ 28	25 ♓ 46	5 ♐ 28	2 ♈ 4	24 ♌ 11	14 ♋ 8	19 ♐	16 ♏	1 ♊	8 ♏	2 ♉
13	20 ♉ 53	4 ♎ 43	0 ♋ 0	28 ♊ 34	12 ♉ 4	0 ♋ 18	15 ♋ 4	25 ♓ 57	5 ♐ 24	2 ♈ 7	24 ♌ 12	14 ♋ 9	18 ♐	16 ♏	1 ♊	7 ♏	2 ♉
14	21 ♉ 50	16 ♎ 36	29 ♊ 57	28 ♊ 27	14 ♉ 8	1 ♋ 27	15 ♋ 39	26 ♓ 8	5 ♐ 19	2 ♈ 10	24 ♌ 12	14 ♋ 10	18 ♐	15 ♏	2 ♊	7 ♏	2 ♉
15	22 ♉ 48	28 ♎ 34	29 ♊ 53	28 ♊ 21	16 ♉ 13	2 ♋ 36	16 ♋ 15	26 ♓ 19	5 ♐ 15	2 ♈ 12	24 ♌ 12	14 ♋ 12	18 ♐	15 ♏	2 ♊	7 ♏	3 ♉
16	23 ♉ 46	10 ♏ 38	29 ♊ 50	28 ♊ 15	18 ♉ 20	3 ♋ 45	16 ♋ 51	26 ♓ 30	5 ♐ 11	2 ♈ 14	24 ♌ 12	14 ♋ 13	18 ♐	15 ♏	3 ♊	7 ♏	3 ♉
17	24 ♉ 44	22 ♏ 50	29 ♊ 47	28 ♊ 10	20 ♉ 28	4 ♋ 54	17 ♋ 27	26 ♓ 41	5 ♐ 6	2 ♈ 17	24 ♌ 13	14 ♋ 14	18 ♐	14 ♏	4 ♊	7 ♏	3 ♉
18	25 ♉ 42	5 ♐ 11	29 ♊ 44	28 ♊ 6	22 ♉ 37	6 ♋ 2	18 ♋ 3	26 ♓ 51	5 ♐ 2	2 ♈ 19	24 ♌ 13	14 ♋ 15	18 ♐	14 ♏	4 ♊	6 ♏	3 ♉
19	26 ♉ 40	17 ♐ 43	29 ♊ 41	28 ♊ 4	24 ♉ 48	7 ♋ 11	18 ♋ 38	27 ♓ 2	4 ♐ 58	2 ♈ 22	24 ♌ 14	14 ♋ 16	17 ♐	14 ♏	5 ♊	6 ♏	3 ♉
20	27 ♉ 37	0 ♑ 26	29 ♊ 37	28 D 4	26 ♉ 59	8 ♋ 19	19 ♋ 14	27 ♓ 12	4 ♐ 53	2 ♈ 24	24 ♌ 14	14 ♋ 17	17 ♐	13 ♏	5 ♊	6 ♏	3 ♉
21	28 ♉ 35	13 ♑ 21	29 ♊ 34	28 ♊ 4	29 ♉ 10	9 ♋ 27	19 ♋ 50	27 ♓ 23	4 ♐ 49	2 ♈ 26	24 ♌ 14	14 ♋ 18	17 ♐	13 ♏	6 ♊	6 ♏	3 ♉
22	29 ♉ 33	26 ♑ 31	29 ♊ 31	28 ♊ 6	1 ♊ 21	10 ♋ 35	20 ♋ 26	27 ♓ 33	4 ♐ 44	2 ♈ 28	24 ♌ 15	14 ♋ 19	17 ♐	13 ♏	7 ♊	6 ♏	3 ♉
23	0 ♊ 30	9 ♒ 56	29 ♊ 28	28 ♊ 7	3 ♊ 33	11 ♋ 43	21 ♋ 2	27 ♓ 43	4 ♐ 40	2 ♈ 30	24 ♌ 15	14 ♋ 20	17 ♐	13 ♏	7 ♊	5 ♏	3 ♉
24	1 ♊ 28	23 ♒ 37	29 ♊ 25	28 ♊ 8	5 ♊ 44	12 ♋ 51	21 ♋ 38	27 ♓ 53	4 ♐ 35	2 ♈ 33	24 ♌ 16	14 ♋ 22	16 ♐	12 ♏	8 ♊	5 ♏	3 ♉
25	2 ♊ 26	7 ♓ 35	29 ♊ 22	28 R 8	7 ♊ 55	13 ♋ 58	22 ♋ 14	28 ♓ 3	4 ♐ 31	2 ♈ 35	24 ♌ 17	14 ♋ 23	16 ♐	12 ♏	8 ♊	5 ♏	3 ♉
26	3 ♊ 23	21 ♓ 48	29 ♊ 18	28 ♊ 7	10 ♊ 4	15 ♋ 6	22 ♋ 50	28 ♓ 13	4 ♐ 27	2 ♈ 37	24 ♌ 17	14 ♋ 24	16 ♐	12 ♏	9 ♊	5 ♏	3 ♉
27	4 ♊ 21	6 ♈ 16	29 ♊ 15	28 ♊ 5	12 ♊ 13	16 ♋ 13	23 ♋ 26	28 ♓ 23	4 ♐ 22	2 ♈ 39	24 ♌ 18	14 ♋ 25	16 ♐	12 ♏	10 ♊	5 ♏	3 ♉
28	5 ♊ 19	20 ♈ 54	29 ♊ 12	28 ♊ 3	14 ♊ 20	17 ♋ 20	24 ♋ 2	28 ♓ 32	4 ♐ 18	2 ♈ 41	24 ♌ 19	14 ♋ 26	16 ♐	11 ♏	10 ♊	5 ♏	3 ♉
29	6 ♊ 16	5 ♉ 36	29 ♊ 9	28 ♊ 0	16 ♊ 26	18 ♋ 27	24 ♋ 39	28 ♓ 42	4 ♐ 13	2 ♈ 43	24 ♌ 19	14 ♋ 28	15 ♐	11 ♏	11 ♊	4 ♏	3 ♉
30	7 ♊ 14	20 ♉ 16	29 ♊ 6	27 ♊ 57	18 ♊ 29	19 ♋ 34	25 ♋ 15	28 ♓ 51	4 ♐ 9	2 ♈ 45	24 ♌ 20	14 ♋ 29	15 ♐	11 ♏	11 ♊	4 ♏	3 ♉
31	8 ♊ 11	4 ♊ 47	29 ♊ 3	27 ♊ 55	20 ♊ 31	20 ♋ 41	25 ♋ 51	29 ♓ 0	4 ♐ 4	2 ♈ 47	24 ♌ 21	14 ♋ 30	15 ♐	11 ♏	12 ♊	4 ♏	3 ♉
SUN INGRESS	☉ → ♊ 22日 11:08																
MOON PHASE	● 1日 21:40 ♉	◐ 9日 00:27 ♌	○ 17日 04:03 ♏	◑ 24日 14:34 ♓	● 31日 06:06 ♊												

aspects		
3日	16:02	☿△♆
5日	22:30	☉⚹♇
7日	17:08	♀⚹♆
8日	12:03	♀□♃
11日	10:37	♂☌♇
14日	00:32	☿⚹♇
14日	15:17	♀□♅
15日	00:31	☿⚹♂
16日	10:58	☉□♆
18日	17:43	☿□♆
19日	11:21	☉⚹♃
20日	02:45	☿⚹♃
20日	12:39	☉☌☿
22日	12:24	☿⚹♅
23日	11:50	☿☍♄
25日	03:52	☉⚹♅
25日	08:50	♀☌♇
27日	00:24	☉☍♄

1927年6月

DAY	☉	☽	☊ mean	☊ true	☿	♀	♂	♃	♄	♅	♆	♇	⚳	⚴	⚵	⚶	⚷
	° ′	° ′	° ′	° ′	° ′	° ′	° ′	° ′	° ′	° ′	° ′	° ′	°	°	°	°	°
1	9 ♊ 9	19 ♊ 2	28 ♊ 59	27 R 54	22 D 31	21 D 47	26 D 27	29 D 9	4 R 0	2 D 48	24 D 22	14 D 31	15 R	10 R	12 D	4 R	4 D
2	10 ♊ 6	2 ♋ 58	28 ♊ 56	27 D 54	24 ♊ 28	22 ♋ 53	27 ♋ 3	29 ♓ 18	3 ♐ 55	2 ♈ 50	24 ♌ 22	14 ♋ 33	14 ♐	10 ♏	13 ♊	4 ♏	4 ♉
3	11 ♊ 4	16 ♋ 30	28 ♊ 53	27 ♊ 55	26 ♊ 23	24 ♋ 0	27 ♋ 39	29 ♓ 27	3 ♐ 51	2 ♈ 52	24 ♌ 23	14 ♋ 34	14 ♐	10 ♏	14 ♊	4 ♏	4 ♉
4	12 ♊ 1	29 ♋ 39	28 ♊ 50	27 ♊ 56	28 ♊ 16	25 ♋ 6	28 ♋ 16	29 ♓ 36	3 ♐ 46	2 ♈ 54	24 ♌ 24	14 ♋ 35	14 ♐	10 ♏	14 ♊	4 ♏	4 ♉
5	12 ♊ 59	12 ♌ 27	28 ♊ 47	27 ♊ 57	0 ♋ 6	26 ♋ 11	28 ♋ 52	29 ♓ 44	3 ♐ 42	2 ♈ 55	24 ♌ 25	14 ♋ 37	14 ♐	10 ♏	15 ♊	4 ♏	4 ♉
6	13 ♊ 56	24 ♌ 55	28 ♊ 43	27 ♊ 58	1 ♋ 53	27 ♋ 17	29 ♋ 28	29 ♓ 53	3 ♐ 38	2 ♈ 57	24 ♌ 26	14 ♋ 38	14 ♐	9 ♏	15 ♊	4 ♏	4 ♉
7	14 ♊ 54	7 ♍ 8	28 ♊ 40	27 ♊ 59	3 ♋ 38	28 ♋ 22	0 ♌ 5	0 ♈ 1	3 ♐ 33	2 ♈ 58	24 ♌ 27	14 ♋ 39	13 ♐	9 ♏	16 ♊	4 ♏	4 ♉
8	15 ♊ 51	19 ♍ 9	28 ♊ 37	27 R 59	5 ♋ 20	29 ♋ 27	0 ♌ 41	0 ♈ 9	3 ♐ 29	3 ♈ 0	24 ♌ 28	14 ♋ 41	13 ♐	9 ♏	17 ♊	3 ♏	4 ♉
9	16 ♊ 49	1 ♎ 4	28 ♊ 34	27 ♊ 58	7 ♋ 0	0 ♌ 32	1 ♌ 17	0 ♈ 17	3 ♐ 25	3 ♈ 1	24 ♌ 29	14 ♋ 42	13 ♐	9 ♏	17 ♊	3 ♏	4 ♉
10	17 ♊ 46	12 ♎ 57	28 ♊ 31	27 ♊ 58	8 ♋ 36	1 ♌ 37	1 ♌ 54	0 ♈ 25	3 ♐ 20	3 ♈ 3	24 ♌ 30	14 ♋ 44	13 ♐	9 ♏	18 ♊	3 ♏	4 ♉
11	18 ♊ 43	24 ♎ 52	28 ♊ 28	27 ♊ 56	10 ♋ 10	2 ♌ 42	2 ♌ 30	0 ♈ 33	3 ♐ 16	3 ♈ 4	24 ♌ 31	14 ♋ 45	12 ♐	9 ♏	18 ♊	3 ♏	4 ♉
12	19 ♊ 41	6 ♏ 53	28 ♊ 24	27 ♊ 55	11 ♋ 42	3 ♌ 46	3 ♌ 7	0 ♈ 41	3 ♐ 12	3 ♈ 6	24 ♌ 33	14 ♋ 46	12 ♐	8 ♏	19 ♊	3 ♏	4 ♉
13	20 ♊ 38	19 ♏ 3	28 ♊ 21	27 ♊ 54	13 ♋ 10	4 ♌ 50	3 ♌ 43	0 ♈ 48	3 ♐ 8	3 ♈ 7	24 ♌ 34	14 ♋ 48	12 ♐	8 ♏	19 ♊	3 ♏	4 ♉
14	21 ♊ 35	1 ♐ 25	28 ♊ 18	27 ♊ 54	14 ♋ 36	5 ♌ 54	4 ♌ 19	0 ♈ 55	3 ♐ 4	3 ♈ 8	24 ♌ 35	14 ♋ 49	12 ♐	8 ♏	20 ♊	3 ♏	4 ♉
15	22 ♊ 32	14 ♐ 0	28 ♊ 15	27 ♊ 53	15 ♋ 59	6 ♌ 57	4 ♌ 56	1 ♈ 3	3 ♐ 0	3 ♈ 9	24 ♌ 36	14 ♋ 51	12 ♐	8 ♏	21 ♊	3 D	4 ♉
16	23 ♊ 30	26 ♐ 50	28 ♊ 12	27 ♊ 53	17 ♋ 19	8 ♌ 0	5 ♌ 32	1 ♈ 10	2 ♐ 56	3 ♈ 11	24 ♌ 37	14 ♋ 52	11 ♐	8 ♏	21 ♊	3 ♏	4 ♉
17	24 ♊ 27	9 ♑ 54	28 ♊ 9	27 D 53	18 ♋ 36	9 ♌ 3	6 ♌ 9	1 ♈ 16	2 ♐ 52	3 ♈ 12	24 ♌ 39	14 ♋ 54	11 ♐	8 ♏	22 ♊	3 ♏	4 ♉
18	25 ♊ 24	23 ♑ 12	28 ♊ 5	27 ♊ 53	19 ♋ 51	10 ♌ 6	6 ♌ 46	1 ♈ 23	2 ♐ 48	3 ♈ 13	24 ♌ 40	14 ♋ 55	11 ♐	8 ♏	22 ♊	3 ♏	4 ♉
19	26 ♊ 22	6 ♒ 45	28 ♊ 2	27 ♊ 53	21 ♋ 2	11 ♌ 9	7 ♌ 22	1 ♈ 30	2 ♐ 44	3 ♈ 14	24 ♌ 41	14 ♋ 57	11 ♐	8 ♏	23 ♊	3 ♏	4 ♉
20	27 ♊ 19	20 ♒ 29	27 ♊ 59	27 ♊ 53	22 ♋ 10	12 ♌ 11	7 ♌ 59	1 ♈ 36	2 ♐ 40	3 ♈ 15	24 ♌ 43	14 ♋ 58	11 ♐	8 ♏	24 ♊	3 ♏	4 ♉
21	28 ♊ 16	4 ♓ 24	27 ♊ 56	27 R 54	23 ♋ 15	13 ♌ 13	8 ♌ 35	1 ♈ 42	2 ♐ 36	3 ♈ 16	24 ♌ 44	15 ♋ 0	10 ♐	8 ♏	24 ♊	3 ♏	4 ♉
22	29 ♊ 13	18 ♓ 29	27 ♊ 53	27 ♊ 53	24 ♋ 17	14 ♌ 14	9 ♌ 12	1 ♈ 48	2 ♐ 32	3 ♈ 17	24 ♌ 45	15 ♋ 1	10 ♐	8 ♏	25 ♊	4 ♏	5 ♉
23	0 ♋ 11	2 ♈ 40	27 ♊ 49	27 D 53	25 ♋ 16	15 ♌ 15	9 ♌ 49	1 ♈ 54	2 ♐ 29	3 ♈ 17	24 ♌ 47	15 ♋ 3	10 ♐	7 ♏	25 ♊	4 ♏	5 ♉
24	1 ♋ 8	16 ♈ 57	27 ♊ 46	27 ♊ 54	26 ♋ 11	16 ♌ 16	10 ♌ 25	2 ♈ 0	2 ♐ 25	3 ♈ 18	24 ♌ 48	15 ♋ 4	10 ♐	7 ♏	26 ♊	4 ♏	5 ♉
25	2 ♋ 5	1 ♉ 15	27 ♊ 43	27 ♊ 54	27 ♋ 3	17 ♌ 17	11 ♌ 2	2 ♈ 6	2 ♐ 21	3 ♈ 19	24 ♌ 50	15 ♋ 6	10 ♐	7 ♏	26 ♊	4 ♏	5 ♉
26	3 ♋ 2	15 ♉ 32	27 ♊ 40	27 ♊ 54	27 ♋ 51	18 ♌ 17	11 ♌ 39	2 ♈ 11	2 ♐ 18	3 ♈ 20	24 ♌ 51	15 ♋ 7	9 ♐	7 ♏	27 ♊	4 ♏	5 ♉
27	3 ♋ 59	29 ♉ 44	27 ♊ 37	27 ♊ 55	28 ♋ 35	19 ♌ 17	12 ♌ 15	2 ♈ 16	2 ♐ 14	3 ♈ 20	24 ♌ 53	15 ♋ 9	9 ♐	7 ♏	28 ♊	4 ♏	5 ♉
28	4 ♋ 57	13 ♊ 48	27 ♊ 34	27 ♊ 55	29 ♋ 16	20 ♌ 17	12 ♌ 52	2 ♈ 22	2 ♐ 11	3 ♈ 21	24 ♌ 54	15 ♋ 10	9 ♐	7 ♏	28 ♊	4 ♏	5 ♉
29	5 ♋ 54	27 ♊ 40	27 ♊ 30	27 ♊ 55	29 ♋ 53	21 ♌ 16	13 ♌ 29	2 ♈ 27	2 ♐ 8	3 ♈ 21	24 ♌ 56	15 ♋ 12	9 ♐	7 ♏	29 ♊	4 ♏	5 ♉
30	6 ♋ 51	11 ♋ 18	27 ♊ 27	27 R 55	0 ♌ 26	22 ♌ 15	14 ♌ 6	2 ♈ 31	2 ♐ 4	3 ♈ 22	24 ♌ 57	15 ♋ 13	9 ♐	7 D	29 ♊	4 ♏	5 ♉
SUN INGRESS	☉ → ♋ 22日 19:22																
MOON PHASE	◐ 7日 16:49 ♍	○ 15日 17:19 ♐	◑ 22日 19:29 ♈	● 29日 15:32 ♋													

aspects		
1日	22:49	☿⚹♆
4日	18:55	☿□♃
6日	14:45	☿□♅
6日	21:00	♂△♃
8日	17:40	♀△♃
10日	14:13	♀☌♂
11日	08:39	♀△♅
11日	12:09	♀△♄
11日	23:21	♂△♅
12日	03:14	♂△♄
13日	04:18	♄△♅
14日	03:48	☿☌♇
17日	04:57	☉⚹♆
25日	00:21	☉□♃
26日	07:23	☉□♅
26日	18:14	♃△♄

1927年7月

DAY	☉	☽	☊ mean	☊ true	☿	♀	♂	♃	♄	♅	♆	♇	⚳	⚴	⚵	⚶	⚷
	° ′	° ′	° ′	° ′	° ′	° ′	° ′	° ′	° ′	° ′	° ′	° ′	°	°	°	°	°
1	7♋48	24♋38	27♊24	27 R 54	0 D 54	23 D 13	14 D 43	2 D 36	2 R 1	3 D 22	24 D 59	15 D 15	9 R	7 D	0 D	4 D	5 D
2	8♋46	7♌40	27♊21	27♊53	1♌19	24♌12	15♌19	2♈40	1♐58	3♈23	25♌1	15♋16	8♐	7♏	0♋	4♏	5♉
3	9♋43	20♌24	27♊18	27♊52	1♌39	25♌9	15♌56	2♈45	1♐55	3♈23	25♌2	15♋18	8♐	7♏	1♋	5♏	5♉
4	10♋40	2♍51	27♊15	27♊50	1♌54	26♌6	16♌33	2♈49	1♐52	3♈24	25♌4	15♋19	8♐	7♏	2♋	5♏	5♉
5	11♋37	15♍4	27♊11	27♊48	2♌5	27♌3	17♌10	2♈52	1♐49	3♈24	25♌6	15♋21	8♐	7♏	2♋	5♏	5♉
6	12♋35	27♍6	27♊8	27♊47	2♌11	27♌59	17♌47	2♈56	1♐46	3♈24	25♌7	15♋22	8♐	7♏	3♋	5♏	5♉
7	13♋32	9♎2	27♊5	27♊47	2 R 13	28♌55	18♌24	3♈0	1♐43	3♈24	25♌9	15♋24	8♐	7♏	3♋	5♏	5♉
8	14♋29	20♎55	27♊2	27 D 47	2♌10	29♌51	19♌1	3♈3	1♐41	3♈24	25♌11	15♋26	8♐	8♏	4♋	5♏	5♉
9	15♋26	2♏50	26♊59	27♊47	2♌2	0♍45	19♌38	3♈6	1♐38	3♈24	25♌13	15♋27	8♐	8♏	4♋	6♏	5♉
10	16♋23	14♏53	26♊55	27♊49	1♌49	1♍40	20♌15	3♈9	1♐36	3 R 24	25♌15	15♋29	7♐	8♏	5♋	6♏	5♉
11	17♋21	27♏6	26♊52	27♊50	1♌32	2♍33	20♌52	3♈12	1♐33	3♈24	25♌16	15♋30	7♐	8♏	6♋	6♏	5♉
12	18♋18	9♐34	26♊49	27♊52	1♌11	3♍26	21♌29	3♈14	1♐31	3♈24	25♌18	15♋32	7♐	8♏	6♋	6♏	5♉
13	19♋15	22♐20	26♊46	27♊52	0♌46	4♍19	22♌6	3♈17	1♐29	3♈24	25♌20	15♋33	7♐	8♏	7♋	6♏	5♉
14	20♋12	5♑26	26♊43	27 R 52	0♌17	5♍11	22♌43	3♈19	1♐26	3♈24	25♌22	15♋35	7♐	8♏	7♋	7♏	5♉
15	21♋9	18♑51	26♊40	27♊51	29♋44	6♍2	23♌21	3♈21	1♐24	3♈24	25♌24	15♋36	7♐	8♏	8♋	7♏	5♉
16	22♋7	2♒35	26♊36	27♊49	29♋9	6♍53	23♌58	3♈23	1♐22	3♈23	25♌26	15♋38	7♐	8♏	8♋	7♏	5♉
17	23♋4	16♒34	26♊33	27♊46	28♋32	7♍43	24♌35	3♈25	1♐20	3♈23	25♌28	15♋39	7♐	8♏	9♋	7♏	5♉
18	24♋1	0♓45	26♊30	27♊42	27♋52	8♍32	25♌12	3♈26	1♐18	3♈23	25♌30	15♋41	7♐	8♏	10♋	7♏	5♉
19	24♋58	15♓4	26♊27	27♊39	27♋12	9♍20	25♌49	3♈27	1♐17	3♈22	25♌32	15♋42	7♐	9♏	10♋	8♏	5♉
20	25♋55	29♓25	26♊24	27♊36	26♋31	10♍8	26♌27	3♈28	1♐15	3♈22	25♌34	15♋44	7♐	9♏	11♋	8♏	5♉
21	26♋53	13♈45	26♊21	27♊34	25♋50	10♍55	27♌4	3♈29	1♐13	3♈21	25♌36	15♋46	7♐	9♏	11♋	8♏	5♉
22	27♋50	27♈59	26♊17	27 D 33	25♋11	11♍41	27♌41	3♈30	1♐12	3♈21	25♌38	15♋47	7♐	9♏	12♋	8♏	5♉
23	28♋47	12♉6	26♊14	27♊34	24♋33	12♍26	28♌19	3♈30	1♐11	3♈20	25♌40	15♋49	7♐	9♏	12♋	9♏	5♉
24	29♋45	26♉5	26♊11	27♊35	23♋57	13♍11	28♌56	3♈31	1♐9	3♈20	25♌42	15♋50	7♐	9♏	13♋	9♏	5♉
25	0♌42	9♊53	26♊8	27♊36	23♋25	13♍54	29♌33	3 R 31	1♐8	3♈19	25♌44	15♋52	7♐	9♏	13♋	9♏	5♉
26	1♌39	23♊31	26♊5	27♊37	22♋56	14♍37	0♍11	3♈31	1♐7	3♈18	25♌46	15♋53	7♐	10♏	14♋	9♏	5♉
27	2♌36	6♋58	26♊1	27 R 37	22♋32	15♍19	0♍48	3♈30	1♐6	3♈17	25♌48	15♋55	7 D	10♏	14♋	10♏	5♉
28	3♌34	20♋12	25♊58	27♊35	22♋12	15♍59	1♍26	3♈30	1♐5	3♈17	25♌50	15♋56	7♐	10♏	15♋	10♏	6♉
29	4♌31	3♌13	25♊55	27♊31	21♋57	16♍39	2♍3	3♈29	1♐4	3♈16	25♌52	15♋58	7♐	10♏	16♋	10♏	6♉
30	5♌29	16♌1	25♊52	27♊26	21♋48	17♍17	2♍41	3♈28	1♐3	3♈15	25♌54	15♋59	7♐	10♏	16♋	11♏	6♉
31	6♌26	28♌36	25♊49	27♊20	21♋45	17♍54	3♍18	3♈27	1♐3	3♈14	25♌56	16♋1	7♐	10♏	17♋	11♏	6♉

SUN INGRESS	☉→♌ 24日 06:17
MOON PHASE	◐ 7日 09:52 ♎　○ 15日 04:22 ♑　◑ 21日 23:43 ♈　● 29日 02:36 ♌

aspects		
2日	21:05	♀☌♆
3日	20:55	☿△♄
9日	00:24	☉☌♇
9日	22:19	♀□♄
10日	22:45	☿△♄
16日	06:37	♃☌♅
18日	11:55	♂☌♆
20日	08:41	☉☌☿
25日	10:45	☉△♄
27日	11:02	♂□♄
27日	16:53	☉△♅
27日	22:08	♀⚹♇
27日	22:19	☉△♃

1927年8月

DAY	☉	☽	☊ mean	☊ true	☿	♀	♂	♃	♄	♅	♆	♇	⚳	⚴	⚵	⚶	⚷
	° ′	° ′	° ′	° ′	° ′	° ′	° ′	° ′	° ′	° ′	° ′	° ′	°	°	°	°	°
1	7♌23	10♍57	25♊46	27 R 12	21 D 48	18 D 30	3 D 56	3 R 26	1 R 2	3 R 13	25 D 58	16 D 2	7 D	11 D	17 D	11 D	6 D
2	8♌21	23♍7	25♊42	27♊6	21♋57	19♍5	4♍33	3♈24	1♐2	3♈12	26♌0	16♋3	7♐	11♏	18♋	12♏	6♉
3	9♌18	5♎7	25♊39	27♊0	22♋13	19♍39	5♍11	3♈23	1♐1	3♈11	26♌3	16♋5	7♐	11♏	18♋	12♏	6♉
4	10♌16	17♎1	25♊36	26♊55	22♋35	20♍11	5♍49	3♈21	1♐1	3♈10	26♌5	16♋6	7♐	11♏	19♋	12♏	6♉
5	11♌13	28♎52	25♊33	26♊53	23♋3	20♍42	6♍26	3♈19	1♐1	3♈8	26♌7	16♋8	7♐	11♏	19♋	12♏	6♉
6	12♌11	10♏46	25♊30	26♊52	23♋38	21♍11	7♍4	3♈16	1♐1	3♈7	26♌9	16♋9	7♐	12♏	20♋	13♏	6♉
7	13♌8	22♏47	25♊26	26 D 52	24♋19	21♍39	7♍42	3♈14	1 D 1	3♈6	26♌11	16♋11	7♐	12♏	20♋	13♏	6♉
8	14♌6	4♐59	25♊23	26♊53	25♋7	22♍6	8♍20	3♈11	1♐1	3♈5	26♌13	16♋12	7♐	12♏	21♋	13♏	6♉
9	15♌3	17♐29	25♊20	26♊54	26♋1	22♍30	8♍57	3♈8	1♐1	3♈3	26♌16	16♋13	7♐	12♏	22♋	14♏	6♉
10	16♌1	0♑20	25♊17	26 R 55	27♋1	22♍53	9♍35	3♈5	1♐2	3♈2	26♌18	16♋15	7♐	13♏	22♋	14♏	6♉
11	16♌58	13♑34	25♊14	26♊53	28♋7	23♍15	10♍13	3♈2	1♐2	3♈0	26♌20	16♋16	7♐	13♏	23♋	14♏	6♉
12	17♌56	27♑14	25♊11	26♊50	29♋19	23♍34	10♍51	2♈59	1♐3	2♈59	26♌22	16♋18	7♐	13♏	23♋	15♏	6 R
13	18♌53	11♒18	25♊7	26♊45	0♌37	23♍52	11♍29	2♈55	1♐3	2♈58	26♌24	16♋19	8♐	13♏	24♋	15♏	6♉
14	19♌51	25♒42	25♊4	26♊37	1♌59	24♍7	12♍7	2♈51	1♐4	2♈56	26♌27	16♋20	8♐	14♏	24♋	15♏	6♉
15	20♌48	10♓20	25♊1	26♊29	3♌27	24♍21	12♍45	2♈47	1♐5	2♈54	26♌29	16♋22	8♐	14♏	25♋	16♏	6♉
16	21♌46	25♓6	24♊58	26♊21	5♌0	24♍33	13♍23	2♈43	1♐6	2♈53	26♌31	16♋23	8♐	14♏	25♋	16♏	6♉
17	22♌44	9♈50	24♊55	26♊14	6♌37	24♍43	14♍1	2♈39	1♐7	2♈51	26♌33	16♋24	8♐	14♏	26♋	17♏	6♉
18	23♌41	24♈27	24♊52	26♊9	8♌18	24♍50	14♍39	2♈34	1♐8	2♈49	26♌35	16♋25	8♐	15♏	26♋	17♏	6♉
19	24♌39	8♉50	24♊48	26♊5	10♌3	24♍55	15♍17	2♈30	1♐9	2♈48	26♌38	16♋27	8♐	15♏	27♋	17♏	6♉
20	25♌37	22♉57	24♊45	26♊4	11♌51	24♍58	15♍55	2♈25	1♐10	2♈46	26♌40	16♋28	8♐	15♏	27♋	18♏	6♉
21	26♌35	6♊48	24♊42	26 D 5	13♌41	24 R 59	16♍33	2♈20	1♐12	2♈44	26♌42	16♋29	9♐	15♏	28♋	18♏	6♉
22	27♌32	20♊22	24♊39	26♊5	15♌34	24♍58	17♍11	2♈15	1♐13	2♈42	26♌44	16♋30	9♐	16♏	28♋	18♏	6♉
23	28♌30	3♋40	24♊36	26 R 5	17♌29	24♍54	17♍49	2♈10	1♐15	2♈41	26♌47	16♋32	9♐	16♏	29♋	19♏	6♉
24	29♌28	16♋46	24♊32	26♊3	19♌26	24♍48	18♍27	2♈4	1♐16	2♈39	26♌49	16♋33	9♐	16♏	29♋	19♏	6♉
25	0♍26	29♋39	24♊29	25♊59	21♌23	24♍39	19♍6	1♈58	1♐18	2♈37	26♌51	16♋34	9♐	16♏	0♌	20♏	5♉
26	1♍24	12♌21	24♊26	25♊52	23♌22	24♍28	19♍44	1♈53	1♐20	2♈35	26♌53	16♋35	9♐	17♏	1♌	20♏	5♉
27	2♍22	24♌52	24♊23	25♊42	25♌21	24♍15	20♍22	1♈47	1♐22	2♈33	26♌55	16♋36	9♐	17♏	1♌	20♏	5♉
28	3♍20	7♍13	24♊20	25♊31	27♌20	24♍0	21♍1	1♈41	1♐24	2♈31	26♌58	16♋37	10♐	17♏	2♌	21♏	5♉
29	4♍18	19♍25	24♊17	25♊18	29♌19	23♍42	21♍39	1♈35	1♐26	2♈29	27♌0	16♋39	10♐	18♏	2♌	21♏	5♉
30	5♍16	1♎28	24♊13	25♊6	1♍18	23♍22	22♍17	1♈28	1♐28	2♈27	27♌2	16♋40	10♐	18♏	3♌	22♏	5♉
31	6♍14	13♎25	24♊10	24♊55	3♍16	22♍59	22♍56	1♈22	1♐31	2♈25	27♌4	16♋41	10♐	18♏	3♌	22♏	5♉

SUN INGRESS	☉→♍ 24日 13:05
MOON PHASE	◐ 6日 03:05 ♏　○ 13日 13:37 ♒　◑ 20日 04:54 ♉　● 27日 15:45 ♍

aspects		
11日	20:02	♃☌♅
13日	07:55	☿△♄
14日	13:43	☿△♃
14日	15:19	☿△♅
20日	21:39	♂⚹♇
21日	03:18	☉☌♆
25日	22:22	☉□♄
27日	19:24	☿☌♆
29日	23:53	♃△♄
30日	02:06	☿□♄
31日	01:19	♀☌♂

1927年9月

DAY	☉	☽	☊ mean	☊ true	☿	♀	♂	♃	♄	♅	♆	♇	⚳	⚴	⚵	⚶	⚷
	° ′	° ′	° ′	° ′	° ′	° ′	° ′	° ′	° ′	° ′	° ′	° ′	°	°	°	°	°
1	7 ♍ 12	25 ♎ 16	24 ♊ 7	24 R 46	5 D 14	22 R 35	23 D 34	1 R 15	1 D 33	2 R 23	27 D 7	16 D 42	10 D	18 D	4 D	22 D	5 R
2	8 ♍ 10	7 ♏ 5	24 ♊ 4	24 ♊ 39	7 ♍ 11	22 ♍ 8	24 ♍ 13	1 ♈ 8	1 ♐ 36	2 ♈ 21	27 ♌ 9	16 ♋ 43	11 ♐	19 ♏	4 ♌	23 ♏	5 ♉
3	9 ♍ 8	18 ♏ 57	24 ♊ 1	24 ♊ 35	9 ♍ 7	21 ♍ 40	24 ♍ 51	1 ♈ 2	1 ♐ 38	2 ♈ 18	27 ♌ 11	16 ♋ 44	11 ♐	19 ♏	5 ♌	23 ♏	5 ♉
4	10 ♍ 6	0 ♐ 55	23 ♊ 58	24 ♊ 33	11 ♍ 3	21 ♍ 10	25 ♍ 30	0 ♈ 55	1 ♐ 41	2 ♈ 16	27 ♌ 13	16 ♋ 45	11 ♐	19 ♏	5 ♌	24 ♏	5 ♉
5	11 ♍ 4	13 ♐ 4	23 ♊ 54	24 D 33	12 ♍ 57	20 ♍ 38	26 ♍ 8	0 ♈ 48	1 ♐ 44	2 ♈ 14	27 ♌ 15	16 ♋ 46	11 ♐	20 ♏	6 ♌	24 ♏	5 ♉
6	12 ♍ 2	25 ♐ 31	23 ♊ 51	24 R 33	14 ♍ 50	20 ♍ 5	26 ♍ 47	0 ♈ 41	1 ♐ 46	2 ♈ 12	27 ♌ 17	16 ♋ 47	11 ♐	20 ♏	6 ♌	24 ♏	5 ♉
7	13 ♍ 0	8 ♑ 19	23 ♊ 48	24 ♊ 32	16 ♍ 42	19 ♍ 30	27 ♍ 26	0 ♈ 33	1 ♐ 49	2 ♈ 10	27 ♌ 20	16 ♋ 48	12 ♐	20 ♏	7 ♌	25 ♏	5 ♉
8	13 ♍ 59	21 ♑ 34	23 ♊ 45	24 ♊ 30	18 ♍ 33	18 ♍ 55	28 ♍ 4	0 ♈ 26	1 ♐ 52	2 ♈ 7	27 ♌ 22	16 ♋ 49	12 ♐	21 ♏	7 ♌	25 ♏	5 ♉
9	14 ♍ 57	5 ♒ 18	23 ♊ 42	24 ♊ 25	20 ♍ 22	18 ♍ 19	28 ♍ 43	0 ♈ 19	1 ♐ 56	2 ♈ 5	27 ♌ 24	16 ♋ 50	12 ♐	21 ♏	8 ♌	26 ♏	5 ♉
10	15 ♍ 55	19 ♒ 30	23 ♊ 38	24 ♊ 18	22 ♍ 11	17 ♍ 42	29 ♍ 22	0 ♈ 11	1 ♐ 59	2 ♈ 3	27 ♌ 26	16 ♋ 51	12 ♐	21 ♏	8 ♌	26 ♏	5 ♉
11	16 ♍ 53	4 ♓ 8	23 ♊ 35	24 ♊ 8	23 ♍ 58	17 ♍ 5	0 ♎ 1	0 ♈ 4	2 ♐ 2	2 ♈ 1	27 ♌ 28	16 ♋ 52	12 ♐	22 ♏	9 ♌	27 ♏	5 ♉
12	17 ♍ 52	19 ♓ 6	23 ♊ 32	23 ♊ 57	25 ♍ 45	16 ♍ 28	0 ♎ 39	29 ♓ 56	2 ♐ 5	1 ♈ 58	27 ♌ 30	16 ♋ 52	13 ♐	22 ♏	9 ♌	27 ♏	5 ♉
13	18 ♍ 50	4 ♈ 14	23 ♊ 29	23 ♊ 46	27 ♍ 30	15 ♍ 51	1 ♎ 18	29 ♓ 48	2 ♐ 9	1 ♈ 56	27 ♌ 32	16 ♋ 53	13 ♐	22 ♏	10 ♌	27 ♏	5 ♉
14	19 ♍ 48	19 ♈ 21	23 ♊ 26	23 ♊ 37	29 ♍ 14	15 ♍ 14	1 ♎ 57	29 ♓ 40	2 ♐ 12	1 ♈ 54	27 ♌ 34	16 ♋ 54	13 ♐	23 ♏	10 ♌	28 ♏	5 ♉
15	20 ♍ 47	4 ♉ 18	23 ♊ 23	23 ♊ 29	0 ♎ 57	14 ♍ 38	2 ♎ 36	29 ♓ 33	2 ♐ 16	1 ♈ 51	27 ♌ 37	16 ♋ 55	13 ♐	23 ♏	11 ♌	28 ♏	5 ♉
16	21 ♍ 45	18 ♉ 57	23 ♊ 19	23 ♊ 24	2 ♎ 39	14 ♍ 3	3 ♎ 15	29 ♓ 25	2 ♐ 20	1 ♈ 49	27 ♌ 39	16 ♋ 56	14 ♐	23 ♏	11 ♌	29 ♏	5 ♉
17	22 ♍ 44	3 ♊ 15	23 ♊ 16	23 ♊ 21	4 ♎ 19	13 ♍ 29	3 ♎ 54	29 ♓ 17	2 ♐ 24	1 ♈ 47	27 ♌ 41	16 ♋ 56	14 ♐	24 ♏	12 ♌	29 ♏	5 ♉
18	23 ♍ 42	17 ♊ 8	23 ♊ 13	23 ♊ 21	5 ♎ 59	12 ♍ 56	4 ♎ 33	29 ♓ 9	2 ♐ 27	1 ♈ 44	27 ♌ 43	16 ♋ 57	14 ♐	24 ♏	12 ♌	0 ♐	5 ♉
19	24 ♍ 41	0 ♋ 39	23 ♊ 10	23 ♊ 21	7 ♎ 38	12 ♍ 25	5 ♎ 12	29 ♓ 1	2 ♐ 31	1 ♈ 42	27 ♌ 45	16 ♋ 58	14 ♐	24 ♏	12 ♌	0 ♐	5 ♉
20	25 ♍ 40	13 ♋ 49	23 ♊ 7	23 ♊ 20	9 ♎ 16	11 ♍ 56	5 ♎ 51	28 ♓ 53	2 ♐ 35	1 ♈ 39	27 ♌ 47	16 ♋ 59	15 ♐	25 ♏	13 ♌	0 ♐	5 ♉
21	26 ♍ 38	26 ♋ 42	23 ♊ 4	23 ♊ 18	10 ♎ 52	11 ♍ 28	6 ♎ 30	28 ♓ 45	2 ♐ 40	1 ♈ 37	27 ♌ 49	16 ♋ 59	15 ♐	25 ♏	13 ♌	1 ♐	5 ♉
22	27 ♍ 37	9 ♌ 20	23 ♊ 0	23 ♊ 12	12 ♎ 28	11 ♍ 2	7 ♎ 10	28 ♓ 37	2 ♐ 44	1 ♈ 35	27 ♌ 51	17 ♋ 0	15 ♐	25 ♏	14 ♌	1 ♐	5 ♉
23	28 ♍ 36	21 ♌ 47	22 ♊ 57	23 ♊ 4	14 ♎ 3	10 ♍ 39	7 ♎ 49	28 ♓ 29	2 ♐ 48	1 ♈ 32	27 ♌ 53	17 ♋ 1	15 ♐	26 ♏	14 ♌	2 ♐	5 ♉
24	29 ♍ 34	4 ♍ 3	22 ♊ 54	22 ♊ 53	15 ♎ 36	10 ♍ 17	8 ♎ 28	28 ♓ 21	2 ♐ 52	1 ♈ 30	27 ♌ 55	17 ♋ 1	16 ♐	26 ♏	15 ♌	2 ♐	5 ♉
25	0 ♎ 33	16 ♍ 12	22 ♊ 51	22 ♊ 40	17 ♎ 9	9 ♍ 58	9 ♎ 7	28 ♓ 13	2 ♐ 57	1 ♈ 27	27 ♌ 57	17 ♋ 2	16 ♐	26 ♏	15 ♌	3 ♐	5 ♉
26	1 ♎ 32	28 ♍ 15	22 ♊ 48	22 ♊ 26	18 ♎ 41	9 ♍ 42	9 ♎ 47	28 ♓ 5	3 ♐ 1	1 ♈ 25	27 ♌ 59	17 ♋ 2	16 ♐	27 ♏	16 ♌	3 ♐	5 ♉
27	2 ♎ 31	10 ♎ 11	22 ♊ 44	22 ♊ 12	20 ♎ 12	9 ♍ 27	10 ♎ 26	27 ♓ 57	3 ♐ 6	1 ♈ 23	28 ♌ 1	17 ♋ 3	16 ♐	27 ♏	16 ♌	4 ♐	5 ♉
28	3 ♎ 30	22 ♎ 4	22 ♊ 41	21 ♊ 59	21 ♎ 42	9 ♍ 15	11 ♎ 5	27 ♓ 49	3 ♐ 10	1 ♈ 20	28 ♌ 2	17 ♋ 3	17 ♐	27 ♏	17 ♌	4 ♐	5 ♉
29	4 ♎ 29	3 ♏ 53	22 ♊ 38	21 ♊ 49	23 ♎ 11	9 ♍ 5	11 ♎ 45	27 ♓ 41	3 ♐ 15	1 ♈ 18	28 ♌ 4	17 ♋ 4	17 ♐	28 ♏	17 ♌	5 ♐	5 ♉
30	5 ♎ 28	15 ♏ 42	22 ♊ 35	21 ♊ 41	24 ♎ 39	8 ♍ 58	12 ♎ 24	27 ♓ 33	3 ♐ 20	1 ♈ 15	28 ♌ 6	17 ♋ 4	17 ♐	28 ♏	18 ♌	5 ♐	5 ♉

SUN INGRESS	☉ → ♎ 24日 10:17
MOON PHASE	◐ 4日 19:44 ♐　○ 11日 21:54 ♓　◑ 18日 12:29 ♊　● 26日 07:11 ♎

aspects		
3日	00:10	☉☌☿
7日	01:20	☿⚹♇
8日	03:40	☿☌♀
10日	17:35	♄△♅
10日	23:14	☉⚹♇
11日	01:31	♂☍♃
11日	02:51	☉☌♀
11日	08:18	♀⚹♇
13日	21:57	♂☍♅
14日	05:45	☿☍♃
14日	10:25	♂⚹♄
15日	12:31	☿☍♅
15日	19:23	☿⚹♄
16日	14:05	☿☌♂
22日	21:37	☉☍♃
24日	22:03	☿□♇
25日	21:16	☉☍♅
27日	15:29	☉⚹♄

1927年10月

DAY	☉	☽	☊ mean	☊ true	☿	♀	♂	♃	♄	♅	♆	♇	⚳	⚴	⚵	⚶	⚷
	° ′	° ′	° ′	° ′	° ′	° ′	° ′	° ′	° ′	° ′	° ′	° ′	°	°	°	°	°
1	6 ♎ 26	27 ♏ 34	22 ♊ 32	21 R 36	26 D 6	8 R 54	13 D 4	27 R 25	3 D 25	1 R 13	28 D 8	17 D 5	18 D	29 D	18 D	5 D	4 R
2	7 ♎ 25	9 ♐ 31	22 ♊ 29	21 ♊ 33	27 ♎ 32	8 ♍ 51	13 ♎ 43	27 ♓ 17	3 ♐ 30	1 ♈ 11	28 ♌ 10	17 ♋ 6	18 ♐	29 ♏	19 ♌	6 ♐	4 ♉
3	8 ♎ 25	21 ♐ 39	22 ♊ 25	21 D 33	28 ♎ 58	8 D 51	14 ♎ 23	27 ♓ 10	3 ♐ 35	1 ♈ 8	28 ♌ 12	17 ♋ 6	18 ♐	29 ♏	19 ♌	6 ♐	4 ♉
4	9 ♎ 24	4 ♑ 3	22 ♊ 22	21 ♊ 33	0 ♏ 22	8 ♍ 54	15 ♎ 2	27 ♓ 2	3 ♐ 40	1 ♈ 6	28 ♌ 13	17 ♋ 6	18 ♐	0 ♐	19 ♌	7 ♐	4 ♉
5	10 ♎ 23	16 ♑ 47	22 ♊ 19	21 R 33	1 ♏ 45	8 ♍ 58	15 ♎ 42	26 ♓ 54	3 ♐ 45	1 ♈ 3	28 ♌ 15	17 ♋ 6	19 ♐	0 ♐	20 ♌	7 ♐	4 ♉
6	11 ♎ 22	29 ♑ 56	22 ♊ 16	21 ♊ 32	3 ♏ 7	9 ♍ 5	16 ♎ 22	26 ♓ 47	3 ♐ 50	1 ♈ 1	28 ♌ 17	17 ♋ 7	19 ♐	0 ♐	20 ♌	8 ♐	4 ♉
7	12 ♎ 21	13 ♒ 33	22 ♊ 13	21 ♊ 28	4 ♏ 28	9 ♍ 14	17 ♎ 2	26 ♓ 39	3 ♐ 55	0 ♈ 59	28 ♌ 19	17 ♋ 7	19 ♐	1 ♐	21 ♌	8 ♐	4 ♉
8	13 ♎ 20	27 ♒ 41	22 ♊ 9	21 ♊ 22	5 ♏ 48	9 ♍ 26	17 ♎ 41	26 ♓ 32	4 ♐ 0	0 ♈ 56	28 ♌ 20	17 ♋ 7	20 ♐	1 ♐	21 ♌	9 ♐	4 ♉
9	14 ♎ 19	12 ♓ 18	22 ♊ 6	21 ♊ 14	7 ♏ 6	9 ♍ 39	18 ♎ 21	26 ♓ 25	4 ♐ 6	0 ♈ 54	28 ♌ 22	17 ♋ 8	20 ♐	1 ♐	22 ♌	9 ♐	4 ♉
10	15 ♎ 19	27 ♓ 18	22 ♊ 3	21 ♊ 4	8 ♏ 24	9 ♍ 55	19 ♎ 1	26 ♓ 18	4 ♐ 11	0 ♈ 52	28 ♌ 24	17 ♋ 8	20 ♐	2 ♐	22 ♌	10 ♐	4 ♉
11	16 ♎ 18	12 ♈ 34	22 ♊ 0	20 ♊ 54	9 ♏ 39	10 ♍ 12	19 ♎ 41	26 ♓ 11	4 ♐ 17	0 ♈ 49	28 ♌ 25	17 ♋ 8	20 ♐	2 ♐	23 ♌	10 ♐	4 ♉
12	17 ♎ 17	27 ♈ 54	21 ♊ 57	20 ♊ 45	10 ♏ 54	10 ♍ 32	20 ♎ 21	26 ♓ 4	4 ♐ 22	0 ♈ 47	28 ♌ 27	17 ♋ 8	21 ♐	3 ♐	23 ♌	11 ♐	4 ♉
13	18 ♎ 17	13 ♉ 6	21 ♊ 54	20 ♊ 39	12 ♏ 7	10 ♍ 53	21 ♎ 1	25 ♓ 57	4 ♐ 28	0 ♈ 45	28 ♌ 29	17 ♋ 8	21 ♐	3 ♐	23 ♌	11 ♐	4 ♉
14	19 ♎ 16	28 ♉ 2	21 ♊ 50	20 ♊ 34	13 ♏ 18	11 ♍ 16	21 ♎ 41	25 ♓ 50	4 ♐ 33	0 ♈ 43	28 ♌ 30	17 ♋ 9	21 ♐	3 ♐	24 ♌	12 ♐	4 ♉
15	20 ♎ 15	12 ♊ 34	21 ♊ 47	20 ♊ 32	14 ♏ 28	11 ♍ 41	22 ♎ 21	25 ♓ 43	4 ♐ 39	0 ♈ 40	28 ♌ 32	17 ♋ 9	22 ♐	4 ♐	24 ♌	12 ♐	4 ♉
16	21 ♎ 15	26 ♊ 38	21 ♊ 44	20 D 32	15 ♏ 35	12 ♍ 8	23 ♎ 1	25 ♓ 37	4 ♐ 45	0 ♈ 38	28 ♌ 33	17 ♋ 9	22 ♐	4 ♐	25 ♌	13 ♐	4 ♉
17	22 ♎ 14	10 ♋ 16	21 ♊ 41	20 ♊ 33	16 ♏ 41	12 ♍ 36	23 ♎ 41	25 ♓ 31	4 ♐ 51	0 ♈ 36	28 ♌ 35	17 ♋ 9	22 ♐	4 ♐	25 ♌	13 ♐	4 ♉
18	23 ♎ 14	23 ♋ 28	21 ♊ 38	20 R 33	17 ♏ 44	13 ♍ 6	24 ♎ 21	25 ♓ 24	4 ♐ 57	0 ♈ 34	28 ♌ 36	17 ♋ 9	23 ♐	5 ♐	26 ♌	14 ♐	4 ♉
19	24 ♎ 13	6 ♌ 19	21 ♊ 35	20 ♊ 32	18 ♏ 45	13 ♍ 38	25 ♎ 1	25 ♓ 18	5 ♐ 3	0 ♈ 32	28 ♌ 38	17 ♋ 9	23 ♐	5 ♐	26 ♌	14 ♐	4 ♉
20	25 ♎ 13	18 ♌ 51	21 ♊ 31	20 ♊ 30	19 ♏ 43	14 ♍ 11	25 ♎ 41	25 ♓ 12	5 ♐ 8	0 ♈ 29	28 ♌ 39	17 R 9	23 ♐	6 ♐	26 ♌	15 ♐	4 ♉
21	26 ♎ 13	1 ♍ 9	21 ♊ 28	20 ♊ 24	20 ♏ 38	14 ♍ 45	26 ♎ 22	25 ♓ 6	5 ♐ 14	0 ♈ 27	28 ♌ 40	17 ♋ 9	24 ♐	6 ♐	27 ♌	15 ♐	4 ♉
22	27 ♎ 12	13 ♍ 17	21 ♊ 25	20 ♊ 17	21 ♏ 30	15 ♍ 21	27 ♎ 2	25 ♓ 1	5 ♐ 21	0 ♈ 25	28 ♌ 42	17 ♋ 9	24 ♐	6 ♐	27 ♌	16 ♐	4 ♉
23	28 ♎ 12	25 ♍ 17	21 ♊ 22	20 ♊ 8	22 ♏ 17	15 ♍ 58	27 ♎ 42	24 ♓ 55	5 ♐ 27	0 ♈ 23	28 ♌ 43	17 ♋ 9	24 ♐	7 ♐	28 ♌	16 ♐	3 ♉
24	29 ♎ 12	7 ♎ 12	21 ♊ 19	19 ♊ 58	23 ♏ 1	16 ♍ 36	28 ♎ 23	24 ♓ 50	5 ♐ 33	0 ♈ 21	28 ♌ 44	17 ♋ 9	25 ♐	7 ♐	28 ♌	16 ♐	3 ♉
25	0 ♏ 12	19 ♎ 4	21 ♊ 15	19 ♊ 47	23 ♏ 41	17 ♍ 16	29 ♎ 3	24 ♓ 45	5 ♐ 39	0 ♈ 19	28 ♌ 46	17 ♋ 9	25 ♐	8 ♐	28 ♌	17 ♐	3 ♉
26	1 ♏ 12	0 ♏ 55	21 ♊ 12	19 ♊ 38	24 ♏ 15	17 ♍ 57	29 ♎ 44	24 ♓ 40	5 ♐ 45	0 ♈ 17	28 ♌ 47	17 ♋ 8	25 ♐	8 ♐	29 ♌	17 ♐	3 ♉
27	2 ♏ 11	12 ♏ 45	21 ♊ 9	19 ♊ 31	24 ♏ 44	18 ♍ 39	0 ♏ 24	24 ♓ 35	5 ♐ 52	0 ♈ 15	28 ♌ 48	17 ♋ 8	26 ♐	8 ♐	29 ♌	18 ♐	3 ♉
28	3 ♏ 11	24 ♏ 38	21 ♊ 6	19 ♊ 25	25 ♏ 6	19 ♍ 22	1 ♏ 5	24 ♓ 30	5 ♐ 58	0 ♈ 13	28 ♌ 49	17 ♋ 8	26 ♐	9 ♐	0 ♍	18 ♐	3 ♉
29	4 ♏ 11	6 ♐ 34	21 ♊ 3	19 ♊ 22	25 ♏ 22	20 ♍ 6	1 ♏ 45	24 ♓ 26	6 ♐ 4	0 ♈ 11	28 ♌ 50	17 ♋ 8	26 ♐	9 ♐	0 ♍	19 ♐	3 ♉
30	5 ♏ 11	18 ♐ 37	21 ♊ 0	19 ♊ 21	25 ♏ 31	20 ♍ 51	2 ♏ 26	24 ♓ 21	6 ♐ 11	0 ♈ 10	28 ♌ 52	17 ♋ 8	27 ♐	10 ♐	0 ♍	19 ♐	3 ♉
31	6 ♏ 11	0 ♑ 50	20 ♊ 56	19 D 22	25 R 32	21 ♍ 37	3 ♏ 7	24 ♓ 17	6 ♐ 17	0 ♈ 8	28 ♌ 53	17 ♋ 7	27 ♐	10 ♐	1 ♍	20 ♐	3 ♉

SUN INGRESS	☉ → ♏ 24日 19:07
MOON PHASE	◐ 4日 11:01 ♑　○ 11日 06:15 ♈　◑ 17日 23:31 ♋　● 26日 00:37 ♏

aspects		
2日	10:45	☿⚹♆
7日	03:23	♂□♇
11日	14:04	☿⚹♀
11日	20:22	☉□♇
17日	10:28	☿△♇
21日	11:09	☉☌♂
23日	12:41	☉⚹♆
24日	13:11	♂⚹♆
24日	19:32	♀⚹♇
26日	17:23	☿△♃

1927年11月

DAY	☉	☽	☊ mean	☊ true	☿	♀	♂	♃	♄	♅	♆	♇	⚳	⚴	⚵	⚶	⚷
	° ′	° ′	° ′	° ′	° ′	° ′	° ′	° ′	° ′	° ′	° ′	° ′	°	°	°	°	°
1	7 ♏ 11	13 ♑ 16	20 ♊ 53	19 D 23	25 R 24	22 D 24	3 D 48	24 R 13	6 D 24	0 R 6	28 D 54	17 R 7	27 D	10 D	1 D	20 D	3 R
2	8 ♏ 11	25 ♑ 59	20 ♊ 50	19 ♊ 25	25 ♏ 7	23 ♍ 11	4 ♏ 28	24 ♓ 10	6 ♐ 30	0 ♈ 4	28 ♌ 55	17 ♋ 7	28 ♐	11 ♐	1 ♍	21 ♐	3 ♉
3	9 ♏ 11	9 ♒ 3	20 ♊ 47	19 ♊ 25	24 ♏ 41	24 ♍ 0	5 ♏ 9	24 ♓ 6	6 ♐ 37	0 ♈ 3	28 ♌ 56	17 ♋ 6	28 ♐	11 ♐	2 ♍	21 ♐	3 ♉
4	10 ♏ 11	22 ♒ 33	20 ♊ 44	19 R 25	24 ♏ 5	24 ♍ 50	5 ♏ 50	24 ♓ 3	6 ♐ 43	0 ♈ 1	28 ♌ 57	17 ♋ 6	28 ♐	12 ♐	2 ♍	22 ♐	3 ♉
5	11 ♏ 11	6 ♓ 29	20 ♊ 41	19 ♊ 22	23 ♏ 20	25 ♍ 40	6 ♏ 31	24 ♓ 0	6 ♐ 50	29 ♓ 59	28 ♌ 58	17 ♋ 6	29 ♐	12 ♐	3 ♍	22 ♐	3 ♉
6	12 ♏ 12	20 ♓ 52	20 ♊ 37	19 ♊ 18	22 ♏ 26	26 ♍ 31	7 ♏ 12	23 ♓ 57	6 ♐ 57	29 ♓ 58	28 ♌ 59	17 ♋ 5	29 ♐	12 ♐	3 ♍	23 ♐	3 ♉
7	13 ♏ 12	5 ♈ 39	20 ♊ 34	19 ♊ 13	21 ♏ 23	27 ♍ 23	7 ♏ 53	23 ♓ 54	7 ♐ 3	29 ♓ 56	28 ♌ 59	17 ♋ 5	29 ♐	13 ♐	3 ♍	23 ♐	3 ♉
8	14 ♏ 12	20 ♈ 44	20 ♊ 31	19 ♊ 8	20 ♏ 13	28 ♍ 16	8 ♏ 34	23 ♓ 51	7 ♐ 10	29 ♓ 54	29 ♌ 0	17 ♋ 4	0 ♑	13 ♐	4 ♍	24 ♐	3 ♉
9	15 ♏ 12	5 ♉ 57	20 ♊ 28	19 ♊ 3	18 ♏ 57	29 ♍ 9	9 ♏ 15	23 ♓ 49	7 ♐ 17	29 ♓ 53	29 ♌ 1	17 ♋ 4	0 ♑	13 ♐	4 ♍	24 ♐	3 ♉
10	16 ♏ 12	21 ♉ 10	20 ♊ 25	18 ♊ 59	17 ♏ 38	0 ♎ 3	9 ♏ 56	23 ♓ 47	7 ♐ 24	29 ♓ 52	29 ♌ 2	17 ♋ 3	1 ♑	14 ♐	4 ♍	25 ♐	3 ♉
11	17 ♏ 13	6 ♊ 11	20 ♊ 21	18 ♊ 57	16 ♏ 19	0 ♎ 58	10 ♏ 37	23 ♓ 45	7 ♐ 30	29 ♓ 50	29 ♌ 3	17 ♋ 3	1 ♑	14 ♐	5 ♍	25 ♐	3 ♉
12	18 ♏ 13	20 ♊ 52	20 ♊ 18	18 D 56	15 ♏ 0	1 ♎ 53	11 ♏ 18	23 ♓ 43	7 ♐ 37	29 ♓ 49	29 ♌ 3	17 ♋ 2	1 ♑	15 ♐	5 ♍	26 ♐	3 ♉
13	19 ♏ 13	5 ♋ 8	20 ♊ 15	18 ♊ 57	13 ♏ 46	2 ♎ 49	11 ♏ 59	23 ♓ 41	7 ♐ 44	29 ♓ 47	29 ♌ 4	17 ♋ 2	2 ♑	15 ♐	5 ♍	27 ♐	2 ♉
14	20 ♏ 14	18 ♋ 57	20 ♊ 12	18 ♊ 59	12 ♏ 39	3 ♎ 45	12 ♏ 41	23 ♓ 40	7 ♐ 51	29 ♓ 46	29 ♌ 5	17 ♋ 1	2 ♑	15 ♐	6 ♍	27 ♐	2 ♉
15	21 ♏ 14	2 ♌ 18	20 ♊ 9	19 ♊ 0	11 ♏ 40	4 ♎ 43	13 ♏ 22	23 ♓ 39	7 ♐ 58	29 ♓ 45	29 ♌ 5	17 ♋ 0	2 ♑	16 ♐	6 ♍	28 ♐	2 ♉
16	22 ♏ 15	15 ♌ 14	20 ♊ 6	19 ♊ 1	10 ♏ 51	5 ♎ 40	14 ♏ 3	23 ♓ 38	8 ♐ 5	29 ♓ 44	29 ♌ 6	17 ♋ 0	3 ♑	16 ♐	6 ♍	28 ♐	2 ♉
17	23 ♏ 15	27 ♌ 49	20 ♊ 2	19 R 1	10 ♏ 14	6 ♎ 38	14 ♏ 45	23 ♓ 37	8 ♐ 12	29 ♓ 43	29 ♌ 7	16 ♋ 59	3 ♑	17 ♐	7 ♍	29 ♐	2 ♉
18	24 ♏ 16	10 ♍ 6	19 ♊ 59	19 ♊ 0	9 ♏ 48	7 ♎ 37	15 ♏ 26	23 ♓ 37	8 ♐ 19	29 ♓ 41	29 ♌ 7	16 ♋ 58	3 ♑	17 ♐	7 ♍	29 ♐	2 ♉
19	25 ♏ 16	22 ♍ 11	19 ♊ 56	18 ♊ 58	9 ♏ 33	8 ♎ 36	16 ♏ 8	23 ♓ 36	8 ♐ 26	29 ♓ 40	29 ♌ 8	16 ♋ 58	4 ♑	17 ♐	7 ♍	0 ♑	2 ♉
20	26 ♏ 17	4 ♎ 7	19 ♊ 53	18 ♊ 55	9 D 30	9 ♎ 36	16 ♏ 49	23 ♓ 36	8 ♐ 33	29 ♓ 39	29 ♌ 8	16 ♋ 57	4 ♑	18 ♐	8 ♍	0 ♑	2 ♉
21	27 ♏ 17	15 ♎ 59	19 ♊ 50	18 ♊ 51	9 ♏ 38	10 ♎ 36	17 ♏ 31	23 D 36	8 ♐ 40	29 ♓ 38	29 ♌ 8	16 ♋ 56	5 ♑	18 ♐	8 ♍	1 ♑	2 ♉
22	28 ♏ 18	27 ♎ 48	19 ♊ 46	18 ♊ 48	9 ♏ 56	11 ♎ 37	18 ♏ 12	23 ♓ 36	8 ♐ 47	29 ♓ 37	29 ♌ 9	16 ♋ 56	5 ♑	19 ♐	8 ♍	1 ♑	2 ♉
23	29 ♏ 18	9 ♏ 39	19 ♊ 43	18 ♊ 44	10 ♏ 24	12 ♎ 38	18 ♏ 54	23 ♓ 37	8 ♐ 54	29 ♓ 37	29 ♌ 9	16 ♋ 55	5 ♑	19 ♐	8 ♍	2 ♑	2 ♉
24	0 ♐ 19	21 ♏ 34	19 ♊ 40	18 ♊ 42	10 ♏ 59	13 ♎ 39	19 ♏ 36	23 ♓ 38	9 ♐ 1	29 ♓ 36	29 ♌ 10	16 ♋ 54	6 ♑	20 ♐	9 ♍	2 ♑	2 ♉
25	1 ♐ 20	3 ♐ 33	19 ♊ 37	18 ♊ 40	11 ♏ 43	14 ♎ 41	20 ♏ 18	23 ♓ 38	9 ♐ 8	29 ♓ 35	29 ♌ 10	16 ♋ 53	6 ♑	20 ♐	9 ♍	3 ♑	2 ♉
26	2 ♐ 21	15 ♐ 40	19 ♊ 34	18 ♊ 39	12 ♏ 33	15 ♎ 43	20 ♏ 59	23 ♓ 40	9 ♐ 15	29 ♓ 34	29 ♌ 10	16 ♋ 52	6 ♑	20 ♐	9 ♍	3 ♑	2 ♉
27	3 ♐ 21	27 ♐ 56	19 ♊ 31	18 D 39	13 ♏ 29	16 ♎ 46	21 ♏ 41	23 ♓ 41	9 ♐ 22	29 ♓ 34	29 ♌ 10	16 ♋ 51	7 ♑	21 ♐	10 ♍	4 ♑	2 ♉
28	4 ♐ 22	10 ♑ 21	19 ♊ 27	18 ♊ 40	14 ♏ 30	17 ♎ 49	22 ♏ 23	23 ♓ 42	9 ♐ 29	29 ♓ 33	29 ♌ 10	16 ♋ 51	7 ♑	21 ♐	10 ♍	4 ♑	2 ♉
29	5 ♐ 23	23 ♑ 0	19 ♊ 24	18 ♊ 42	15 ♏ 35	18 ♎ 52	23 ♏ 5	23 ♓ 44	9 ♐ 36	29 ♓ 32	29 ♌ 11	16 ♋ 50	8 ♑	22 ♐	10 ♍	5 ♑	2 ♉
30	6 ♐ 24	5 ♒ 52	19 ♊ 21	18 ♊ 43	16 ♏ 44	19 ♎ 56	23 ♏ 47	23 ♓ 46	9 ♐ 43	29 ♓ 32	29 ♌ 11	16 ♋ 49	8 ♑	22 ♐	10 ♍	5 ♑	2 ♉

SUN INGRESS	☉ → ♐ 23日 16:14
MOON PHASE	◐ 3日 00:16 ♒ ○ 9日 15:36 ♉ ◑ 16日 14:28 ♌ ● 24日 19:09 ♐

aspects

3日	02:41	♀☍♃
3日	11:53	☿⚹♀
4日	01:40	☿△♃
9日	19:03	♀☍♅
10日	10:36	☿△♇
10日	14:42	☉☌☿
10日	20:04	☉△♇
13日	23:36	☿☌♂
17日	08:39	☉△♃
18日	19:08	♀⚹♄
20日	04:26	♂△♇
22日	20:18	☉□♆
23日	07:04	☉△♅
27日	02:11	♀□♇
29日	23:28	♂△♃
30日	01:28	☿△♇

1927年12月

DAY	☉	☽	☊ mean	☊ true	☿	♀	♂	♃	♄	♅	♆	♇	⚳	⚴	⚵	⚶	⚷
	° ′	° ′	° ′	° ′	° ′	° ′	° ′	° ′	° ′	° ′	° ′	° ′	°	°	°	°	°
1	7 ♐ 24	19 ♒ 1	19 ♊ 18	18 D 44	17 D 57	21 D 0	24 D 29	23 D 48	9 D 50	29 R 31	29 D 11	16 R 48	8 D	22 D	11 D	6 D	2 R
2	8 ♐ 25	2 ♓ 29	19 ♊ 15	18 ♊ 44	19 ♏ 12	22 ♎ 4	25 ♏ 11	23 ♓ 51	9 ♐ 58	29 ♓ 31	29 ♌ 11	16 ♋ 47	9 ♑	23 ♐	11 ♍	6 ♑	2 ♉
3	9 ♐ 26	16 ♓ 16	19 ♊ 12	18 R 44	20 ♏ 30	23 ♎ 8	25 ♏ 53	23 ♓ 53	10 ♐ 5	29 ♓ 30	29 R 11	16 ♋ 46	9 ♑	23 ♐	11 ♍	7 ♑	2 ♉
4	10 ♐ 27	0 ♈ 23	19 ♊ 8	18 ♊ 44	21 ♏ 50	24 ♎ 13	26 ♏ 35	23 ♓ 56	10 ♐ 12	29 ♓ 30	29 ♌ 11	16 ♋ 45	9 ♑	24 ♐	11 ♍	7 ♑	2 ♉
5	11 ♐ 28	14 ♈ 49	19 ♊ 5	18 ♊ 43	23 ♏ 12	25 ♎ 18	27 ♏ 17	23 ♓ 59	10 ♐ 19	29 ♓ 30	29 ♌ 11	16 ♋ 44	10 ♑	24 ♐	12 ♍	8 ♑	2 ♉
6	12 ♐ 29	29 ♈ 31	19 ♊ 2	18 ♊ 42	24 ♏ 35	26 ♎ 24	28 ♏ 0	24 ♓ 2	10 ♐ 26	29 ♓ 30	29 ♌ 11	16 ♋ 43	10 ♑	24 ♐	12 ♍	8 ♑	2 ♉
7	13 ♐ 30	14 ♉ 22	18 ♊ 59	18 ♊ 42	26 ♏ 0	27 ♎ 29	28 ♏ 42	24 ♓ 5	10 ♐ 33	29 ♓ 29	29 ♌ 11	16 ♋ 42	11 ♑	25 ♐	12 ♍	9 ♑	2 ♉
8	14 ♐ 30	29 ♉ 16	18 ♊ 56	18 ♊ 41	27 ♏ 26	28 ♎ 35	29 ♏ 24	24 ♓ 9	10 ♐ 40	29 ♓ 29	29 ♌ 10	16 ♋ 41	11 ♑	25 ♐	12 ♍	9 ♑	2 ♉
9	15 ♐ 31	14 ♊ 5	18 ♊ 52	18 ♊ 41	28 ♏ 52	29 ♎ 42	0 ♐ 7	24 ♓ 13	10 ♐ 47	29 ♓ 29	29 ♌ 10	16 ♋ 40	11 ♑	26 ♐	13 ♍	10 ♑	1 ♉
10	16 ♐ 32	28 ♊ 41	18 ♊ 49	18 D 41	0 ♐ 20	0 ♏ 48	0 ♐ 49	24 ♓ 17	10 ♐ 54	29 ♓ 29	29 ♌ 10	16 ♋ 39	12 ♑	26 ♐	13 ♍	10 ♑	1 ♉
11	17 ♐ 33	12 ♋ 58	18 ♊ 46	18 ♊ 41	1 ♐ 48	1 ♏ 55	1 ♐ 31	24 ♓ 21	11 ♐ 2	29 D 29	29 ♌ 10	16 ♋ 38	12 ♑	26 ♐	13 ♍	11 ♑	1 ♉
12	18 ♐ 34	26 ♋ 51	18 ♊ 43	18 ♊ 41	3 ♐ 17	3 ♏ 2	2 ♐ 14	24 ♓ 25	11 ♐ 9	29 ♓ 29	29 ♌ 9	16 ♋ 37	12 ♑	27 ♐	13 ♍	11 ♑	1 ♉
13	19 ♐ 35	10 ♌ 20	18 ♊ 40	18 R 41	4 ♐ 46	4 ♏ 9	2 ♐ 56	24 ♓ 29	11 ♐ 16	29 ♓ 29	29 ♌ 9	16 ♋ 36	13 ♑	27 ♐	13 ♍	12 ♑	1 ♉
14	20 ♐ 36	23 ♌ 23	18 ♊ 37	18 ♊ 41	6 ♐ 16	5 ♏ 17	3 ♐ 39	24 ♓ 34	11 ♐ 23	29 ♓ 29	29 ♌ 9	16 ♋ 35	13 ♑	28 ♐	14 ♍	13 ♑	1 ♉
15	21 ♐ 37	6 ♍ 4	18 ♊ 33	18 ♊ 41	7 ♐ 46	6 ♏ 24	4 ♐ 22	24 ♓ 39	11 ♐ 30	29 ♓ 30	29 ♌ 8	16 ♋ 33	14 ♑	28 ♐	14 ♍	13 ♑	1 ♉
16	22 ♐ 38	18 ♍ 26	18 ♊ 30	18 ♊ 41	9 ♐ 17	7 ♏ 32	5 ♐ 4	24 ♓ 44	11 ♐ 37	29 ♓ 30	29 ♌ 8	16 ♋ 32	14 ♑	28 ♐	14 ♍	14 ♑	1 ♉
17	23 ♐ 39	0 ♎ 32	18 ♊ 27	18 D 41	10 ♐ 48	8 ♏ 40	5 ♐ 47	24 ♓ 49	11 ♐ 44	29 ♓ 30	29 ♌ 7	16 ♋ 31	14 ♑	29 ♐	14 ♍	14 ♑	1 ♉
18	24 ♐ 40	12 ♎ 28	18 ♊ 24	18 ♊ 41	12 ♐ 19	9 ♏ 48	6 ♐ 30	24 ♓ 55	11 ♐ 51	29 ♓ 31	29 ♌ 7	16 ♋ 30	15 ♑	29 ♐	14 ♍	15 ♑	1 ♉
19	25 ♐ 42	24 ♎ 19	18 ♊ 21	18 ♊ 42	13 ♐ 50	10 ♏ 57	7 ♐ 12	25 ♓ 0	11 ♐ 58	29 ♓ 31	29 ♌ 6	16 ♋ 29	15 ♑	0 ♑	14 ♍	15 ♑	1 ♉
20	26 ♐ 43	6 ♏ 9	18 ♊ 18	18 ♊ 42	15 ♐ 22	12 ♏ 5	7 ♐ 55	25 ♓ 6	12 ♐ 5	29 ♓ 32	29 ♌ 6	16 ♋ 28	16 ♑	0 ♑	15 ♍	16 ♑	1 ♉
21	27 ♐ 44	18 ♏ 1	18 ♊ 14	18 ♊ 43	16 ♐ 54	13 ♏ 14	8 ♐ 38	25 ♓ 12	12 ♐ 12	29 ♓ 32	29 ♌ 5	16 ♋ 26	16 ♑	0 ♑	15 ♍	16 ♑	1 ♉
22	28 ♐ 45	0 ♐ 0	18 ♊ 11	18 ♊ 44	18 ♐ 26	14 ♏ 23	9 ♐ 21	25 ♓ 18	12 ♐ 19	29 ♓ 33	29 ♌ 5	16 ♋ 25	16 ♑	1 ♑	15 ♍	17 ♑	1 ♉
23	29 ♐ 46	12 ♐ 8	18 ♊ 8	18 ♊ 45	19 ♐ 58	15 ♏ 32	10 ♐ 4	25 ♓ 24	12 ♐ 26	29 ♓ 33	29 ♌ 4	16 ♋ 24	17 ♑	1 ♑	15 ♍	17 ♑	1 ♉
24	0 ♑ 47	24 ♐ 28	18 ♊ 5	18 R 45	21 ♐ 31	16 ♏ 42	10 ♐ 47	25 ♓ 31	12 ♐ 33	29 ♓ 34	29 ♌ 3	16 ♋ 23	17 ♑	2 ♑	15 ♍	18 ♑	1 ♉
25	1 ♑ 48	7 ♑ 0	18 ♊ 2	18 ♊ 44	23 ♐ 4	17 ♏ 51	11 ♐ 30	25 ♓ 37	12 ♐ 39	29 ♓ 35	29 ♌ 3	16 ♋ 22	18 ♑	2 ♑	15 ♍	18 ♑	1 ♉
26	2 ♑ 49	19 ♑ 46	17 ♊ 58	18 ♊ 43	24 ♐ 37	19 ♏ 1	12 ♐ 13	25 ♓ 44	12 ♐ 46	29 ♓ 36	29 ♌ 2	16 ♋ 20	18 ♑	2 ♑	15 ♍	19 ♑	1 ♉
27	3 ♑ 51	2 ♒ 46	17 ♊ 55	18 ♊ 41	26 ♐ 10	20 ♏ 10	12 ♐ 56	25 ♓ 51	12 ♐ 53	29 ♓ 36	29 ♌ 1	16 ♋ 19	18 ♑	3 ♑	15 ♍	19 ♑	1 ♉
28	4 ♑ 52	15 ♒ 59	17 ♊ 52	18 ♊ 38	27 ♐ 43	21 ♏ 20	13 ♐ 39	25 ♓ 58	13 ♐ 0	29 ♓ 37	29 ♌ 0	16 ♋ 18	19 ♑	3 ♑	16 ♍	20 ♑	1 ♉
29	5 ♑ 53	29 ♒ 26	17 ♊ 49	18 ♊ 36	29 ♐ 17	22 ♏ 30	14 ♐ 23	26 ♓ 6	13 ♐ 7	29 ♓ 38	28 ♌ 59	16 ♋ 17	19 ♑	4 ♑	16 ♍	20 ♑	1 ♉
30	6 ♑ 54	13 ♓ 4	17 ♊ 46	18 ♊ 34	0 ♑ 51	23 ♏ 40	15 ♐ 6	26 ♓ 13	13 ♐ 13	29 ♓ 39	28 ♌ 59	16 ♋ 15	20 ♑	4 ♑	16 ♍	21 ♑	1 ♉
31	7 ♑ 55	26 ♓ 54	17 ♊ 43	18 ♊ 33	2 ♑ 26	24 ♏ 51	15 ♐ 49	26 ♓ 21	13 ♐ 20	29 ♓ 40	28 ♌ 58	16 ♋ 14	20 ♑	4 ♑	16 ♍	21 ♑	1 ♉

SUN INGRESS	☉ → ♑ 23日 05:18
MOON PHASE	◐ 2日 11:15 ♓ ○ 9日 02:32 ♊ ◑ 16日 09:04 ♍ ● 24日 13:13 ♑ ◐ 31日 20:22 ♈

aspects

3日	17:15	☉☌♄
5日	14:02	☿△♃
7日	16:12	♂□♆
8日	02:51	♂△♅
8日	12:38	♀⚹♆
9日	04:53	☿□♆
9日	10:06	☿△♅
10日	15:16	☿☌♂
17日	16:05	☿☌♄
18日	06:07	☉□♃
22日	07:41	☉△♆
22日	18:59	☉□♅
23日	17:37	♀△♇
26日	18:47	☿□♃
26日	21:59	♂☌♄
28日	19:29	☿△♆
29日	05:25	☿□♅

1928年1月

DAY	☉	☽	☊ mean	☊ true	☿	♀	♂	♃	♄	♅	♆	♇	⚳	⚴	⚵	⚶	⚷
	° ′	° ′	° ′	° ′	° ′	° ′	° ′	° ′	° ′	° ′	° ′	° ′	°	°	°	°	°
1	8 ♑ 56	10 ♈ 55	17 ♊ 39	18 D 32	4 D 0	26 D 1	16 D 32	26 D 28	13 D 27	29 D 41	28 R 57	16 R 13	20 D	5 D	16 D	22 D	1 R
2	9 ♑ 58	25 ♈ 6	17 ♊ 36	18 ♊ 33	5 ♑ 35	27 ♏ 11	17 ♐ 16	26 ♓ 36	13 ♐ 33	29 ♓ 43	28 ♌ 56	16 ♋ 12	21 ♑	5 ♑	16 ♍	22 ♑	1 ♉
3	10 ♑ 59	9 ♉ 24	17 ♊ 33	18 ♊ 34	7 ♑ 10	28 ♏ 22	17 ♐ 59	26 ♓ 44	13 ♐ 40	29 ♓ 44	28 ♌ 55	16 ♋ 10	21 ♑	6 ♑	16 ♍	23 ♑	1 ♉
4	12 ♑ 0	23 ♉ 47	17 ♊ 30	18 ♊ 36	8 ♑ 46	29 ♏ 33	18 ♐ 43	26 ♓ 53	13 ♐ 47	29 ♓ 45	28 ♌ 54	16 ♋ 9	22 ♑	6 ♑	16 ♍	24 ♑	1 ♉
5	13 ♑ 1	8 ♊ 12	17 ♊ 27	18 ♊ 37	10 ♑ 22	0 ♐ 43	19 ♐ 26	27 ♓ 1	13 ♐ 53	29 ♓ 46	28 ♌ 53	16 ♋ 8	22 ♑	6 ♑	16 ♍	24 ♑	1 ♉
6	14 ♑ 2	22 ♊ 34	17 ♊ 24	18 R 37	11 ♑ 58	1 ♐ 54	20 ♐ 10	27 ♓ 9	14 ♐ 0	29 ♓ 48	28 ♌ 52	16 ♋ 7	22 ♑	7 ♑	16 ♍	25 ♑	1 ♉
7	15 ♑ 3	6 ♋ 49	17 ♊ 20	18 ♊ 36	13 ♑ 35	3 ♐ 5	20 ♐ 53	27 ♓ 18	14 ♐ 6	29 ♓ 49	28 ♌ 51	16 ♋ 5	23 ♑	7 ♑	16 ♍	25 ♑	1 ♉
8	16 ♑ 4	20 ♋ 52	17 ♊ 17	18 ♊ 34	15 ♑ 12	4 ♐ 17	21 ♐ 37	27 ♓ 27	14 ♐ 13	29 ♓ 50	28 ♌ 49	16 ♋ 4	23 ♑	8 ♑	16 ♍	26 ♑	1 ♉
9	17 ♑ 6	4 ♌ 37	17 ♊ 14	18 ♊ 30	16 ♑ 50	5 ♐ 28	22 ♐ 20	27 ♓ 36	14 ♐ 19	29 ♓ 52	28 ♌ 48	16 ♋ 3	23 ♑	8 ♑	16 ♍	26 ♑	1 ♉
10	18 ♑ 7	18 ♌ 3	17 ♊ 11	18 ♊ 25	18 ♑ 27	6 ♐ 39	23 ♐ 4	27 ♓ 45	14 ♐ 25	29 ♓ 53	28 ♌ 47	16 ♋ 2	24 ♑	8 ♑	16 R	27 ♑	1 ♉
11	19 ♑ 8	1 ♍ 8	17 ♊ 8	18 ♊ 20	20 ♑ 6	7 ♐ 51	23 ♐ 48	27 ♓ 54	14 ♐ 32	29 ♓ 55	28 ♌ 46	16 ♋ 0	24 ♑	9 ♑	16 ♍	27 ♑	1 ♉
12	20 ♑ 9	13 ♍ 52	17 ♊ 4	18 ♊ 15	21 ♑ 45	9 ♐ 2	24 ♐ 32	28 ♓ 3	14 ♐ 38	29 ♓ 57	28 ♌ 45	15 ♋ 59	25 ♑	9 ♑	16 ♍	28 ♑	1 ♉
13	21 ♑ 10	26 ♍ 16	17 ♊ 1	18 ♊ 11	23 ♑ 24	10 ♐ 14	25 ♐ 15	28 ♓ 13	14 ♐ 44	29 ♓ 58	28 ♌ 43	15 ♋ 58	25 ♑	10 ♑	16 ♍	28 ♑	1 D
14	22 ♑ 11	8 ♎ 26	16 ♊ 58	18 ♊ 8	25 ♑ 4	11 ♐ 25	25 ♐ 59	28 ♓ 22	14 ♐ 50	0 ♈ 0	28 ♌ 42	15 ♋ 57	25 ♑	10 ♑	16 ♍	29 ♑	1 ♉
15	23 ♑ 12	20 ♎ 23	16 ♊ 55	18 ♊ 7	26 ♑ 44	12 ♐ 37	26 ♐ 43	28 ♓ 32	14 ♐ 56	0 ♈ 2	28 ♌ 41	15 ♋ 55	26 ♑	10 ♑	16 ♍	29 ♑	1 ♉
16	24 ♑ 13	2 ♏ 14	16 ♊ 52	18 D 7	28 ♑ 24	13 ♐ 49	27 ♐ 27	28 ♓ 42	15 ♐ 2	0 ♈ 3	28 ♌ 40	15 ♋ 54	26 ♑	11 ♑	16 ♍	0 ♒	1 ♉
17	25 ♑ 15	14 ♏ 4	16 ♊ 49	18 ♊ 9	0 ♒ 5	15 ♐ 1	28 ♐ 11	28 ♓ 52	15 ♐ 8	0 ♈ 5	28 ♌ 38	15 ♋ 53	27 ♑	11 ♑	16 ♍	0 ♒	1 ♉
18	26 ♑ 16	25 ♏ 57	16 ♊ 45	18 ♊ 10	1 ♒ 47	16 ♐ 13	28 ♐ 55	29 ♓ 2	15 ♐ 14	0 ♈ 7	28 ♌ 37	15 ♋ 51	27 ♑	12 ♑	16 ♍	1 ♒	1 ♉
19	27 ♑ 17	7 ♐ 59	16 ♊ 42	18 ♊ 12	3 ♒ 29	17 ♐ 25	29 ♐ 39	29 ♓ 12	15 ♐ 20	0 ♈ 9	28 ♌ 36	15 ♋ 50	27 ♑	12 ♑	16 ♍	1 ♒	1 ♉
20	28 ♑ 18	20 ♐ 13	16 ♊ 39	18 R 12	5 ♒ 11	18 ♐ 37	0 ♑ 23	29 ♓ 22	15 ♐ 26	0 ♈ 11	28 ♌ 34	15 ♋ 49	28 ♑	12 ♑	16 ♍	2 ♒	1 ♉
21	29 ♑ 19	2 ♑ 43	16 ♊ 36	18 ♊ 11	6 ♒ 54	19 ♐ 49	1 ♑ 7	29 ♓ 33	15 ♐ 32	0 ♈ 13	28 ♌ 33	15 ♋ 48	28 ♑	13 ♑	16 ♍	2 ♒	1 ♉
22	0 ♒ 20	15 ♑ 31	16 ♊ 33	18 ♊ 8	8 ♒ 37	21 ♐ 1	1 ♑ 52	29 ♓ 43	15 ♐ 38	0 ♈ 15	28 ♌ 31	15 ♋ 47	29 ♑	13 ♑	16 ♍	3 ♒	1 ♉
23	1 ♒ 21	28 ♑ 38	16 ♊ 30	18 ♊ 3	10 ♒ 20	22 ♐ 14	2 ♑ 36	29 ♓ 54	15 ♐ 43	0 ♈ 17	28 ♌ 30	15 ♋ 45	29 ♑	14 ♑	15 ♍	3 ♒	1 ♉
24	2 ♒ 22	12 ♒ 3	16 ♊ 26	17 ♊ 56	12 ♒ 3	23 ♐ 26	3 ♑ 20	0 ♈ 5	15 ♐ 49	0 ♈ 19	28 ♌ 28	15 ♋ 44	29 ♑	14 ♑	15 ♍	4 ♒	1 ♉
25	3 ♒ 23	25 ♒ 44	16 ♊ 23	17 ♊ 48	13 ♒ 46	24 ♐ 38	4 ♑ 4	0 ♈ 16	15 ♐ 55	0 ♈ 22	28 ♌ 27	15 ♋ 43	0 ♒	14 ♑	15 ♍	5 ♒	1 ♉
26	4 ♒ 24	9 ♓ 37	16 ♊ 20	17 ♊ 40	15 ♒ 29	25 ♐ 51	4 ♑ 49	0 ♈ 27	16 ♐ 0	0 ♈ 24	28 ♌ 26	15 ♋ 42	0 ♒	15 ♑	15 ♍	5 ♒	1 ♉
27	5 ♒ 25	23 ♓ 39	16 ♊ 17	17 ♊ 33	17 ♒ 12	27 ♐ 3	5 ♑ 33	0 ♈ 38	16 ♐ 6	0 ♈ 26	28 ♌ 24	15 ♋ 41	1 ♒	15 ♑	15 ♍	6 ♒	1 ♉
28	6 ♒ 26	7 ♈ 46	16 ♊ 14	17 ♊ 27	18 ♒ 55	28 ♐ 16	6 ♑ 17	0 ♈ 49	16 ♐ 11	0 ♈ 28	28 ♌ 22	15 ♋ 39	1 ♒	15 ♑	15 ♍	6 ♒	1 ♉
29	7 ♒ 27	21 ♈ 55	16 ♊ 10	17 ♊ 24	20 ♒ 37	29 ♐ 29	7 ♑ 2	1 ♈ 0	16 ♐ 16	0 ♈ 31	28 ♌ 21	15 ♋ 38	1 ♒	16 ♑	15 ♍	7 ♒	1 ♉
30	8 ♒ 28	6 ♉ 3	16 ♊ 7	17 ♊ 23	22 ♒ 18	0 ♑ 41	7 ♑ 46	1 ♈ 12	16 ♐ 22	0 ♈ 33	28 ♌ 19	15 ♋ 37	2 ♒	16 ♑	15 ♍	7 ♒	1 ♉
31	9 ♒ 29	20 ♉ 10	16 ♊ 4	17 D 23	23 ♒ 57	1 ♑ 54	8 ♑ 31	1 ♈ 23	16 ♐ 27	0 ♈ 36	28 ♌ 18	15 ♋ 36	2 ♒	17 ♑	14 ♍	8 ♒	1 ♉

SUN INGRESS: ☉ → ♒ 21日 15:57

MOON PHASE: ○ 7日 15:08 ♋　◑ 15日 06:14 ♎　● 23日 05:19 ♒　◐ 30日 04:25 ♉

aspects

1日 10:31 ♀△♃
3日 10:58 ♀□♆
4日 04:14 ♀△♅
7日 23:53 ☉☍♇
8日 12:40 ☿☍♇
9日 10:28 ☉☌☿
16日 04:36 ☿⚹♃
16日 23:58 ☿⚹♅
17日 02:47 ♀☌♄
17日 14:23 ♂△♆
18日 04:48 ♂□♃
19日 17:03 ♂□♅
21日 06:39 ☉⚹♃
21日 22:03 ☉⚹♅
25日 15:49 ♃☌♅
26日 07:34 ☿⚹♄
28日 02:07 ♀△♆
29日 21:14 ♀□♅
30日 12:02 ♀□♃

1928年2月

DAY	☉	☽	☊ mean	☊ true	☿	♀	♂	♃	♄	♅	♆	♇	⚳	⚴	⚵	⚶	⚷
	° ′	° ′	° ′	° ′	° ′	° ′	° ′	° ′	° ′	° ′	° ′	° ′	°	°	°	°	°
1	10 ♒ 30	4 ♊ 13	16 ♊ 1	17 D 24	25 D 36	3 D 7	9 D 15	1 D 35	16 D 32	0 D 38	28 R 16	15 R 35	3 D	17 D	14 R	8 D	1 D
2	11 ♒ 31	18 ♊ 12	15 ♊ 58	17 R 25	27 ♒ 12	4 ♑ 19	10 ♑ 0	1 ♈ 47	16 ♐ 37	0 ♈ 40	28 ♌ 15	15 ♋ 34	3 ♒	17 ♑	14 ♍	9 ♒	1 ♉
3	12 ♒ 32	2 ♋ 6	15 ♊ 55	17 ♊ 24	28 ♒ 46	5 ♑ 32	10 ♑ 45	1 ♈ 59	16 ♐ 42	0 ♈ 43	28 ♌ 13	15 ♋ 32	3 ♒	18 ♑	14 ♍	9 ♒	1 ♉
4	13 ♒ 33	15 ♋ 52	15 ♊ 51	17 ♊ 20	0 ♓ 17	6 ♑ 45	11 ♑ 29	2 ♈ 10	16 ♐ 47	0 ♈ 46	28 ♌ 11	15 ♋ 31	4 ♒	18 ♑	14 ♍	10 ♒	1 ♉
5	14 ♒ 33	29 ♋ 30	15 ♊ 48	17 ♊ 14	1 ♓ 44	7 ♑ 58	12 ♑ 14	2 ♈ 22	16 ♐ 52	0 ♈ 48	28 ♌ 10	15 ♋ 30	4 ♒	18 ♑	13 ♍	10 ♒	1 ♉
6	15 ♒ 34	12 ♌ 55	15 ♊ 45	17 ♊ 6	3 ♓ 8	9 ♑ 11	12 ♑ 59	2 ♈ 34	16 ♐ 57	0 ♈ 51	28 ♌ 8	15 ♋ 29	5 ♒	19 ♑	13 ♍	11 ♒	1 ♉
7	16 ♒ 35	26 ♌ 7	15 ♊ 42	16 ♊ 55	4 ♓ 27	10 ♑ 24	13 ♑ 43	2 ♈ 47	17 ♐ 1	0 ♈ 53	28 ♌ 7	15 ♋ 28	5 ♒	19 ♑	13 ♍	11 ♒	1 ♉
8	17 ♒ 36	9 ♍ 2	15 ♊ 39	16 ♊ 44	5 ♓ 40	11 ♑ 37	14 ♑ 28	2 ♈ 59	17 ♐ 6	0 ♈ 56	28 ♌ 5	15 ♋ 27	5 ♒	20 ♑	13 ♍	12 ♒	1 ♉
9	18 ♒ 37	21 ♍ 41	15 ♊ 36	16 ♊ 33	6 ♓ 48	12 ♑ 50	15 ♑ 13	3 ♈ 11	17 ♐ 10	0 ♈ 59	28 ♌ 3	15 ♋ 26	6 ♒	20 ♑	13 ♍	12 ♒	1 ♉
10	19 ♒ 37	4 ♎ 4	15 ♊ 32	16 ♊ 23	7 ♓ 48	14 ♑ 3	15 ♑ 58	3 ♈ 23	17 ♐ 15	1 ♈ 2	28 ♌ 2	15 ♋ 25	6 ♒	20 ♑	12 ♍	13 ♒	1 ♉
11	20 ♒ 38	16 ♎ 12	15 ♊ 29	16 ♊ 15	8 ♓ 40	15 ♑ 16	16 ♑ 43	3 ♈ 36	17 ♐ 19	1 ♈ 4	28 ♌ 0	15 ♋ 24	7 ♒	21 ♑	12 ♍	13 ♒	1 ♉
12	21 ♒ 39	28 ♎ 10	15 ♊ 26	16 ♊ 10	9 ♓ 25	16 ♑ 29	17 ♑ 27	3 ♈ 48	17 ♐ 24	1 ♈ 7	27 ♌ 58	15 ♋ 23	7 ♒	21 ♑	12 ♍	14 ♒	1 ♉
13	22 ♒ 39	10 ♏ 1	15 ♊ 23	16 ♊ 7	10 ♓ 0	17 ♑ 42	18 ♑ 12	4 ♈ 1	17 ♐ 28	1 ♈ 10	27 ♌ 57	15 ♋ 22	7 ♒	21 ♑	12 ♍	14 ♒	1 ♉
14	23 ♒ 40	21 ♏ 50	15 ♊ 20	16 ♊ 6	10 ♓ 25	18 ♑ 56	18 ♑ 57	4 ♈ 14	17 ♐ 32	1 ♈ 13	27 ♌ 55	15 ♋ 21	8 ♒	22 ♑	12 ♍	15 ♒	1 ♉
15	24 ♒ 41	3 ♐ 42	15 ♊ 16	16 D 6	10 ♓ 41	20 ♑ 9	19 ♑ 42	4 ♈ 27	17 ♐ 36	1 ♈ 16	27 ♌ 53	15 ♋ 20	8 ♒	22 ♑	11 ♍	15 ♒	1 ♉
16	25 ♒ 41	15 ♐ 43	15 ♊ 13	16 ♊ 6	10 R 46	21 ♑ 22	20 ♑ 27	4 ♈ 39	17 ♐ 40	1 ♈ 19	27 ♌ 52	15 ♋ 19	8 ♒	23 ♑	11 ♍	16 ♒	1 ♉
17	26 ♒ 42	27 ♐ 58	15 ♊ 10	16 R 6	10 ♓ 41	22 ♑ 35	21 ♑ 12	4 ♈ 52	17 ♐ 44	1 ♈ 22	27 ♌ 50	15 ♋ 18	9 ♒	23 ♑	11 ♍	16 ♒	2 ♉
18	27 ♒ 42	10 ♑ 33	15 ♊ 7	16 ♊ 3	10 ♓ 25	23 ♑ 49	21 ♑ 58	5 ♈ 5	17 ♐ 48	1 ♈ 25	27 ♌ 48	15 ♋ 17	9 ♒	23 ♑	11 ♍	17 ♒	2 ♉
19	28 ♒ 43	23 ♑ 29	15 ♊ 4	15 ♊ 58	9 ♓ 59	25 ♑ 2	22 ♑ 43	5 ♈ 18	17 ♐ 52	1 ♈ 27	27 ♌ 47	15 ♋ 16	10 ♒	24 ♑	10 ♍	17 ♒	2 ♉
20	29 ♒ 44	6 ♒ 50	15 ♊ 1	15 ♊ 50	9 ♓ 24	26 ♑ 15	23 ♑ 28	5 ♈ 31	17 ♐ 56	1 ♈ 31	27 ♌ 45	15 ♋ 16	10 ♒	24 ♑	10 ♍	18 ♒	2 ♉
21	0 ♓ 44	20 ♒ 35	14 ♊ 57	15 ♊ 40	8 ♓ 40	27 ♑ 29	24 ♑ 13	5 ♈ 45	17 ♐ 59	1 ♈ 34	27 ♌ 43	15 ♋ 15	10 ♒	24 ♑	10 ♍	18 ♒	2 ♉
22	1 ♓ 45	4 ♓ 40	14 ♊ 54	15 ♊ 28	7 ♓ 49	28 ♑ 42	24 ♑ 58	5 ♈ 58	18 ♐ 3	1 ♈ 37	27 ♌ 42	15 ♋ 14	11 ♒	25 ♑	10 ♍	19 ♒	2 ♉
23	2 ♓ 45	19 ♓ 2	14 ♊ 51	15 ♊ 16	6 ♓ 53	29 ♑ 56	25 ♑ 44	6 ♈ 11	18 ♐ 6	1 ♈ 40	27 ♌ 40	15 ♋ 13	11 ♒	25 ♑	9 ♍	20 ♒	2 ♉
24	3 ♓ 45	3 ♈ 32	14 ♊ 48	15 ♊ 5	5 ♓ 51	1 ♒ 9	26 ♑ 29	6 ♈ 24	18 ♐ 10	1 ♈ 43	27 ♌ 38	15 ♋ 12	12 ♒	25 ♑	9 ♍	20 ♒	2 ♉
25	4 ♓ 46	18 ♈ 5	14 ♊ 45	14 ♊ 56	4 ♓ 47	2 ♒ 23	27 ♑ 14	6 ♈ 38	18 ♐ 13	1 ♈ 46	27 ♌ 37	15 ♋ 12	12 ♒	26 ♑	9 ♍	21 ♒	2 ♉
26	5 ♓ 46	2 ♉ 35	14 ♊ 42	14 ♊ 50	3 ♓ 42	3 ♒ 36	27 ♑ 59	6 ♈ 51	18 ♐ 16	1 ♈ 49	27 ♌ 35	15 ♋ 11	12 ♒	26 ♑	9 ♍	21 ♒	2 ♉
27	6 ♓ 47	16 ♉ 56	14 ♊ 38	14 ♊ 47	2 ♓ 37	4 ♒ 49	28 ♑ 45	7 ♈ 5	18 ♐ 19	1 ♈ 52	27 ♌ 33	15 ♋ 10	13 ♒	26 ♑	8 ♍	22 ♒	2 ♉
28	7 ♓ 47	1 ♊ 6	14 ♊ 35	14 ♊ 46	1 ♓ 34	6 ♒ 3	29 ♑ 30	7 ♈ 18	18 ♐ 22	1 ♈ 55	27 ♌ 32	15 ♋ 9	13 ♒	27 ♑	8 ♍	22 ♒	2 ♉
29	8 ♓ 47	15 ♊ 3	14 ♊ 32	14 ♊ 46	0 ♓ 35	7 ♒ 16	0 ♒ 16	7 ♈ 32	18 ♐ 25	1 ♈ 59	27 ♌ 30	15 ♋ 9	13 ♒	27 ♑	8 ♍	23 ♒	2 ♉

SUN INGRESS: ☉ → ♓ 20日 06:19

MOON PHASE: ○ 6日 05:11 ♌　◑ 14日 04:05 ♏　● 21日 18:41 ♓　◐ 28日 12:21 ♊

aspects

2日 15:43 ☿☍♆
7日 11:13 ☉⚹♄
9日 06:54 ♂☍♇
11日 02:32 ♀☍♇
14日 01:28 ♀☌♂
18日 02:14 ☉☍♆
24日 11:30 ☿⚹♅
25日 00:15 ☉☌☿
29日 06:14 ♀⚹♃

1928年3月

DAY	☉	☽	☊ mean	☊ true	☿	♀	♂	♃	♄	♅	♆	♇	⚳	⚴	⚵	⚶	⚷
	° ′	° ′	° ′	° ′	° ′	° ′	° ′	° ′	° ′	° ′	° ′	° ′	°	°	°	°	°
1	9 ♓ 47	28 ♊ 49	14 ♊ 29	14 R 45	29 R 39	8 D 30	1 D 1	7 D 46	18 D 28	2 D 2	27 R 28	15 R 8	14 D	27 D	8 R	23 D	2 D
2	10 ♓ 48	12 ♋ 23	14 ♊ 26	14 ♊ 43	28 ♒ 49	9 ♒ 43	1 ♒ 46	7 ♈ 59	18 ♐ 30	2 ♈ 5	27 ♌ 27	15 ♋ 7	14 ♒	28 ♑	7 ♍	24 ♒	2 ♉
3	11 ♓ 48	25 ♋ 46	14 ♊ 22	14 ♊ 39	28 ♒ 6	10 ♒ 57	2 ♒ 32	8 ♈ 13	18 ♐ 33	2 ♈ 8	27 ♌ 25	15 ♋ 7	15 ♒	28 ♑	7 ♍	24 ♒	2 ♉
4	12 ♓ 48	8 ♌ 59	14 ♊ 19	14 ♊ 31	27 ♒ 28	12 ♒ 11	3 ♒ 17	8 ♈ 27	18 ♐ 36	2 ♈ 12	27 ♌ 23	15 ♋ 6	15 ♒	28 ♑	7 ♍	25 ♒	2 ♉
5	13 ♓ 48	22 ♌ 1	14 ♊ 16	14 ♊ 20	26 ♒ 57	13 ♒ 24	4 ♒ 3	8 ♈ 41	18 ♐ 38	2 ♈ 15	27 ♌ 22	15 ♋ 6	15 ♒	29 ♑	7 ♍	25 ♒	2 ♉
6	14 ♓ 48	4 ♍ 52	14 ♊ 13	14 ♊ 8	26 ♒ 34	14 ♒ 38	4 ♒ 48	8 ♈ 55	18 ♐ 40	2 ♈ 18	27 ♌ 20	15 ♋ 5	16 ♒	29 ♑	6 ♍	26 ♒	2 ♉
7	15 ♓ 48	17 ♍ 31	14 ♊ 10	13 ♊ 54	26 ♒ 17	15 ♒ 51	5 ♒ 34	9 ♈ 9	18 ♐ 43	2 ♈ 22	27 ♌ 19	15 ♋ 4	16 ♒	29 ♑	6 ♍	26 ♒	2 ♉
8	16 ♓ 48	29 ♍ 57	14 ♊ 7	13 ♊ 40	26 ♒ 7	17 ♒ 5	6 ♒ 20	9 ♈ 23	18 ♐ 45	2 ♈ 25	27 ♌ 17	15 ♋ 4	16 ♒	0 ♒	6 ♍	27 ♒	2 ♉
9	17 ♓ 48	12 ♎ 12	14 ♊ 3	13 ♊ 27	26 ♒ 3	18 ♒ 18	7 ♒ 5	9 ♈ 36	18 ♐ 47	2 ♈ 28	27 ♌ 15	15 ♋ 3	17 ♒	0 ♒	6 ♍	27 ♒	2 ♉
10	18 ♓ 48	24 ♎ 16	14 ♊ 0	13 ♊ 17	26 D 6	19 ♒ 32	7 ♒ 51	9 ♈ 51	18 ♐ 49	2 ♈ 32	27 ♌ 14	15 ♋ 3	17 ♒	0 ♒	5 ♍	28 ♒	2 ♉
11	19 ♓ 48	6 ♏ 10	13 ♊ 57	13 ♊ 9	26 ♒ 14	20 ♒ 46	8 ♒ 36	10 ♈ 5	18 ♐ 51	2 ♈ 35	27 ♌ 12	15 ♋ 2	18 ♒	1 ♒	5 ♍	28 ♒	2 ♉
12	20 ♓ 48	18 ♏ 0	13 ♊ 54	13 ♊ 4	26 ♒ 29	21 ♒ 59	9 ♒ 22	10 ♈ 19	18 ♐ 52	2 ♈ 38	27 ♌ 11	15 ♋ 2	18 ♒	1 ♒	5 ♍	29 ♒	3 ♉
13	21 ♓ 47	29 ♏ 48	13 ♊ 51	13 ♊ 2	26 ♒ 48	23 ♒ 13	10 ♒ 8	10 ♈ 33	18 ♐ 54	2 ♈ 42	27 ♌ 9	15 ♋ 2	18 ♒	1 ♒	5 ♍	29 ♒	3 ♉
14	22 ♓ 47	11 ♐ 38	13 ♊ 47	13 ♊ 1	27 ♒ 13	24 ♒ 27	10 ♒ 54	10 ♈ 47	18 ♐ 56	2 ♈ 45	27 ♌ 8	15 ♋ 1	19 ♒	2 ♒	4 ♍	0 ♓	3 ♉
15	23 ♓ 47	23 ♐ 38	13 ♊ 44	13 D 1	27 ♒ 43	25 ♒ 40	11 ♒ 39	11 ♈ 1	18 ♐ 57	2 ♈ 48	27 ♌ 6	15 ♋ 1	19 ♒	2 ♒	4 ♍	0 ♓	3 ♉
16	24 ♓ 47	5 ♑ 51	13 ♊ 41	13 R 1	28 ♒ 17	26 ♒ 54	12 ♒ 25	11 ♈ 15	18 ♐ 59	2 ♈ 52	27 ♌ 5	15 ♋ 1	19 ♒	2 ♒	4 ♍	1 ♓	3 ♉
17	25 ♓ 47	18 ♑ 24	13 ♊ 38	12 ♊ 59	28 ♒ 55	28 ♒ 8	13 ♒ 11	11 ♈ 30	19 ♐ 0	2 ♈ 55	27 ♌ 4	15 ♋ 0	20 ♒	3 ♒	4 ♍	1 ♓	3 ♉
18	26 ♓ 46	1 ♒ 21	13 ♊ 35	12 ♊ 55	29 ♒ 37	29 ♒ 21	13 ♒ 57	11 ♈ 44	19 ♐ 1	2 ♈ 59	27 ♌ 2	15 ♋ 0	20 ♒	3 ♒	4 ♍	2 ♓	3 ♉
19	27 ♓ 46	14 ♒ 45	13 ♊ 32	12 ♊ 48	0 ♓ 23	0 ♓ 35	14 ♒ 42	11 ♈ 58	19 ♐ 2	3 ♈ 2	27 ♌ 1	15 ♋ 0	21 ♒	3 ♒	3 ♍	2 ♓	3 ♉
20	28 ♓ 46	28 ♒ 37	13 ♊ 28	12 ♊ 39	1 ♓ 13	1 ♓ 49	15 ♒ 28	12 ♈ 13	19 ♐ 3	3 ♈ 5	26 ♌ 59	14 ♋ 59	21 ♒	4 ♒	3 ♍	3 ♓	3 ♉
21	29 ♓ 45	12 ♓ 56	13 ♊ 25	12 ♊ 28	2 ♓ 5	3 ♓ 2	16 ♒ 14	12 ♈ 27	19 ♐ 4	3 ♈ 9	26 ♌ 58	14 ♋ 59	21 ♒	4 ♒	3 ♍	3 ♓	3 ♉
22	0 ♈ 45	27 ♓ 35	13 ♊ 22	12 ♊ 17	3 ♓ 1	4 ♓ 16	17 ♒ 0	12 ♈ 41	19 ♐ 5	3 ♈ 12	26 ♌ 57	14 ♋ 59	22 ♒	4 ♒	3 ♍	4 ♓	3 ♉
23	1 ♈ 44	12 ♈ 28	13 ♊ 19	12 ♊ 6	4 ♓ 0	5 ♓ 30	17 ♒ 46	12 ♈ 56	19 ♐ 5	3 ♈ 16	26 ♌ 55	14 ♋ 59	22 ♒	4 ♒	3 ♍	4 ♓	3 ♉
24	2 ♈ 44	27 ♈ 26	13 ♊ 16	11 ♊ 58	5 ♓ 1	6 ♓ 44	18 ♒ 32	13 ♈ 10	19 ♐ 6	3 ♈ 19	26 ♌ 54	14 ♋ 59	22 ♒	5 ♒	3 ♍	5 ♓	3 ♉
25	3 ♈ 43	12 ♉ 20	13 ♊ 13	11 ♊ 52	6 ♓ 5	7 ♓ 57	19 ♒ 18	13 ♈ 24	19 ♐ 6	3 ♈ 23	26 ♌ 53	14 ♋ 59	23 ♒	5 ♒	2 ♍	5 ♓	3 ♉
26	4 ♈ 43	27 ♉ 2	13 ♊ 9	11 ♊ 50	7 ♓ 11	9 ♓ 11	20 ♒ 3	13 ♈ 39	19 ♐ 7	3 ♈ 26	26 ♌ 51	14 ♋ 59	23 ♒	5 ♒	2 ♍	5 ♓	3 ♉
27	5 ♈ 42	11 ♊ 27	13 ♊ 6	11 ♊ 49	8 ♓ 19	10 ♓ 25	20 ♒ 49	13 ♈ 53	19 ♐ 7	3 ♈ 29	26 ♌ 50	14 ♋ 58	23 ♒	6 ♒	2 ♍	6 ♓	3 ♉
28	6 ♈ 42	25 ♊ 33	13 ♊ 3	11 D 49	9 ♓ 30	11 ♓ 38	21 ♒ 35	14 ♈ 8	19 ♐ 7	3 ♈ 33	26 ♌ 49	14 ♋ 58	24 ♒	6 ♒	2 ♍	6 ♓	3 ♉
29	7 ♈ 41	9 ♋ 19	13 ♊ 0	11 R 49	10 ♓ 43	12 ♓ 52	22 ♒ 21	14 ♈ 22	19 ♐ 7	3 ♈ 36	26 ♌ 48	14 ♋ 58	24 ♒	6 ♒	2 ♍	7 ♓	3 ♉
30	8 ♈ 40	22 ♋ 47	12 ♊ 57	11 ♊ 48	11 ♓ 58	14 ♓ 6	23 ♒ 7	14 ♈ 37	19 R 7	3 ♈ 40	26 ♌ 47	14 D 58	24 ♒	6 ♒	2 ♍	7 ♓	3 ♉
31	9 ♈ 39	5 ♌ 58	12 ♊ 53	11 ♊ 45	13 ♓ 15	15 ♓ 20	23 ♒ 53	14 ♈ 51	19 ♐ 7	3 ♈ 43	26 ♌ 45	14 ♋ 58	25 ♒	7 ♒	2 ♍	8 ♓	4 ♉

SUN INGRESS	☉ → ♈ 21日 05:44
MOON PHASE	○ 6日 20:27 ♍ ◑ 15日 00:20 ♐ ● 22日 05:29 ♈ ◐ 28日 20:54 ♋

aspects

2日	10:38	♂⚹♅
4日	03:35	☿☍♆
6日	06:44	☉△♇
9日	09:31	♀⚹♄
10日	00:25	☉□♄
13日	19:00	♂⚹♃
13日	19:29	☿☍♆
16日	03:30	♀☍♆
18日	13:33	☿☌♀
24日	15:07	☉☌♅
24日	18:10	♂⚹♄
30日	17:07	♀△♇
31日	12:07	♃□♇

1928年4月

DAY	☉	☽	☊ mean	☊ true	☿	♀	♂	♃	♄	♅	♆	♇	⚳	⚴	⚵	⚶	⚷
	° ′	° ′	° ′	° ′	° ′	° ′	° ′	° ′	° ′	° ′	° ′	° ′	°	°	°	°	°
1	10 ♈ 39	18 ♌ 54	12 ♊ 50	11 R 40	14 D 34	16 D 33	24 D 39	15 D 6	19 R 7	3 D 47	26 R 44	14 D 58	25 D	7 D	2 R	8 D	4 D
2	11 ♈ 38	1 ♍ 38	12 ♊ 47	11 ♊ 32	15 ♓ 54	17 ♓ 47	25 ♒ 25	15 ♈ 20	19 ♐ 7	3 ♈ 50	26 ♌ 43	14 ♋ 59	26 ♒	7 ♒	1 ♍	9 ♓	4 ♉
3	12 ♈ 37	14 ♍ 10	12 ♊ 44	11 ♊ 22	17 ♓ 17	19 ♓ 1	26 ♒ 11	15 ♈ 35	19 ♐ 6	3 ♈ 53	26 ♌ 42	14 ♋ 59	26 ♒	8 ♒	1 ♍	9 ♓	4 ♉
4	13 ♈ 36	26 ♍ 32	12 ♊ 41	11 ♊ 11	18 ♓ 41	20 ♓ 14	26 ♒ 57	15 ♈ 49	19 ♐ 6	3 ♈ 57	26 ♌ 41	14 ♋ 59	26 ♒	8 ♒	1 ♍	10 ♓	4 ♉
5	14 ♈ 35	8 ♎ 44	12 ♊ 38	11 ♊ 0	20 ♓ 7	21 ♓ 28	27 ♒ 43	16 ♈ 4	19 ♐ 5	4 ♈ 0	26 ♌ 40	14 ♋ 59	27 ♒	8 ♒	1 ♍	10 ♓	4 ♉
6	15 ♈ 34	20 ♎ 48	12 ♊ 34	10 ♊ 51	21 ♓ 34	22 ♓ 42	28 ♒ 29	16 ♈ 18	19 ♐ 4	4 ♈ 4	26 ♌ 39	14 ♋ 59	27 ♒	8 ♒	1 ♍	11 ♓	4 ♉
7	16 ♈ 33	2 ♏ 45	12 ♊ 31	10 ♊ 42	23 ♓ 3	23 ♓ 55	29 ♒ 15	16 ♈ 33	19 ♐ 4	4 ♈ 7	26 ♌ 38	14 ♋ 59	27 ♒	9 ♒	1 ♍	11 ♓	4 ♉
8	17 ♈ 32	14 ♏ 36	12 ♊ 28	10 ♊ 37	24 ♓ 34	25 ♓ 9	0 ♓ 1	16 ♈ 47	19 ♐ 3	4 ♈ 10	26 ♌ 37	14 ♋ 59	28 ♒	9 ♒	1 ♍	12 ♓	4 ♉
9	18 ♈ 31	26 ♏ 23	12 ♊ 25	10 ♊ 33	26 ♓ 6	26 ♓ 23	0 ♓ 47	17 ♈ 2	19 ♐ 2	4 ♈ 14	26 ♌ 36	15 ♋ 0	28 ♒	9 ♒	1 ♍	12 ♓	4 ♉
10	19 ♈ 30	8 ♐ 11	12 ♊ 22	10 ♊ 32	27 ♓ 40	27 ♓ 36	1 ♓ 33	17 ♈ 16	19 ♐ 1	4 ♈ 17	26 ♌ 35	15 ♋ 0	28 ♒	9 ♒	1 ♍	13 ♓	4 ♉
11	20 ♈ 29	20 ♐ 3	12 ♊ 19	10 D 32	29 ♓ 16	28 ♓ 50	2 ♓ 19	17 ♈ 31	18 ♐ 59	4 ♈ 20	26 ♌ 35	15 ♋ 0	29 ♒	10 ♒	1 ♍	13 ♓	4 ♉
12	21 ♈ 28	2 ♑ 2	12 ♊ 15	10 ♊ 34	0 ♈ 53	0 ♈ 4	3 ♓ 4	17 ♈ 45	18 ♐ 58	4 ♈ 24	26 ♌ 34	15 ♋ 1	29 ♒	10 ♒	1 ♍	14 ♓	4 ♉
13	22 ♈ 26	14 ♑ 15	12 ♊ 12	10 ♊ 35	2 ♈ 31	1 ♈ 18	3 ♓ 50	17 ♈ 59	18 ♐ 57	4 ♈ 27	26 ♌ 33	15 ♋ 1	29 ♒	10 ♒	1 ♍	14 ♓	4 ♉
14	23 ♈ 25	26 ♑ 45	12 ♊ 9	10 R 35	4 ♈ 11	2 ♈ 31	4 ♓ 36	18 ♈ 14	18 ♐ 55	4 ♈ 30	26 ♌ 32	15 ♋ 1	0 ♓	10 ♒	1 ♍	15 ♓	4 ♉
15	24 ♈ 24	9 ♒ 38	12 ♊ 6	10 ♊ 34	5 ♈ 53	3 ♈ 45	5 ♓ 22	18 ♈ 28	18 ♐ 54	4 ♈ 34	26 ♌ 31	15 ♋ 2	0 ♓	11 ♒	1 ♍	15 ♓	4 ♉
16	25 ♈ 23	22 ♒ 58	12 ♊ 3	10 ♊ 31	7 ♈ 37	4 ♈ 59	6 ♓ 8	18 ♈ 43	18 ♐ 52	4 ♈ 37	26 ♌ 31	15 ♋ 2	0 ♓	11 ♒	1 ♍	15 ♓	5 ♉
17	26 ♈ 21	6 ♓ 46	11 ♊ 59	10 ♊ 26	9 ♈ 22	6 ♈ 12	6 ♓ 54	18 ♈ 57	18 ♐ 50	4 ♈ 40	26 ♌ 30	15 ♋ 3	1 ♓	11 ♒	1 ♍	16 ♓	5 ♉
18	27 ♈ 20	21 ♓ 3	11 ♊ 56	10 ♊ 20	11 ♈ 8	7 ♈ 26	7 ♓ 40	19 ♈ 12	18 ♐ 48	4 ♈ 43	26 ♌ 29	15 ♋ 3	1 ♓	11 ♒	1 D	16 ♓	5 ♉
19	28 ♈ 19	5 ♈ 45	11 ♊ 53	10 ♊ 13	12 ♈ 56	8 ♈ 40	8 ♓ 26	19 ♈ 26	18 ♐ 46	4 ♈ 46	26 ♌ 29	15 ♋ 3	1 ♓	11 ♒	1 ♍	17 ♓	5 ♉
20	29 ♈ 17	20 ♈ 46	11 ♊ 50	10 ♊ 7	14 ♈ 46	9 ♈ 53	9 ♓ 12	19 ♈ 41	18 ♐ 44	4 ♈ 50	26 ♌ 28	15 ♋ 4	2 ♓	12 ♒	1 ♍	17 ♓	5 ♉
21	0 ♉ 16	5 ♉ 57	11 ♊ 47	10 ♊ 2	16 ♈ 37	11 ♈ 7	9 ♓ 58	19 ♈ 55	18 ♐ 42	4 ♈ 53	26 ♌ 28	15 ♋ 4	2 ♓	12 ♒	1 ♍	18 ♓	5 ♉
22	1 ♉ 14	21 ♉ 7	11 ♊ 44	9 ♊ 59	18 ♈ 31	12 ♈ 21	10 ♓ 44	20 ♈ 9	18 ♐ 40	4 ♈ 56	26 ♌ 27	15 ♋ 5	2 ♓	12 ♒	1 ♍	18 ♓	5 ♉
23	2 ♉ 13	6 ♊ 8	11 ♊ 40	9 ♊ 58	20 ♈ 25	13 ♈ 34	11 ♓ 30	20 ♈ 24	18 ♐ 38	4 ♈ 59	26 ♌ 27	15 ♋ 6	2 ♓	12 ♒	1 ♍	19 ♓	5 ♉
24	3 ♉ 11	20 ♊ 51	11 ♊ 37	9 D 58	22 ♈ 21	14 ♈ 48	12 ♓ 16	20 ♈ 38	18 ♐ 35	5 ♈ 2	26 ♌ 26	15 ♋ 6	3 ♓	12 ♒	1 ♍	19 ♓	5 ♉
25	4 ♉ 10	5 ♋ 11	11 ♊ 34	9 ♊ 59	24 ♈ 19	16 ♈ 2	13 ♓ 2	20 ♈ 52	18 ♐ 33	5 ♈ 5	26 ♌ 26	15 ♋ 7	3 ♓	13 ♒	1 ♍	20 ♓	5 ♉
26	5 ♉ 8	19 ♋ 8	11 ♊ 31	10 ♊ 1	26 ♈ 19	17 ♈ 15	13 ♓ 48	21 ♈ 6	18 ♐ 30	5 ♈ 9	26 ♌ 25	15 ♋ 7	3 ♓	13 ♒	1 ♍	20 ♓	5 ♉
27	6 ♉ 7	2 ♌ 40	11 ♊ 28	10 ♊ 2	28 ♈ 20	18 ♈ 29	14 ♓ 34	21 ♈ 21	18 ♐ 28	5 ♈ 12	26 ♌ 25	15 ♋ 8	4 ♓	13 ♒	1 ♍	20 ♓	5 ♉
28	7 ♉ 5	15 ♌ 51	11 ♊ 25	10 R 1	0 ♉ 22	19 ♈ 43	15 ♓ 19	21 ♈ 35	18 ♐ 25	5 ♈ 15	26 ♌ 25	15 ♋ 9	4 ♓	13 ♒	1 ♍	21 ♓	5 ♉
29	8 ♉ 3	28 ♌ 41	11 ♊ 21	10 ♊ 0	2 ♉ 26	20 ♈ 56	16 ♓ 5	21 ♈ 49	18 ♐ 22	5 ♈ 18	26 ♌ 24	15 ♋ 10	4 ♓	13 ♒	1 ♍	21 ♓	5 ♉
30	9 ♉ 2	11 ♍ 15	11 ♊ 18	9 ♊ 57	4 ♉ 31	22 ♈ 10	16 ♓ 51	22 ♈ 3	18 ♐ 19	5 ♈ 21	26 ♌ 24	15 ♋ 10	5 ♓	14 ♒	1 ♍	22 ♓	5 ♉

SUN INGRESS	☉ → ♉ 20日 17:17
MOON PHASE	○ 5日 12:38 ♎ ◑ 13日 17:09 ♑ ● 20日 14:25 ♈ ◐ 27日 06:42 ♌

aspects

1日	07:26	☿△♇
3日	01:49	♀□♄
3日	16:01	♂☍♆
4日	06:58	☿□♄
5日	09:41	☉□♇
6日	23:41	☉☌♃
9日	12:14	☉△♄
9日	19:50	☿☌♀
14日	04:36	☿☌♅
15日	16:33	♀☌♅
16日	13:24	♃△♄
17日	03:28	☉△♆
20日	03:54	♀□♇
22日	01:57	☿△♄
22日	23:38	☿☌♃
24日	05:56	☿□♇
26日	01:18	☿△♆
26日	23:33	♀△♄
27日	18:19	♂△♇
29日	21:17	♀☌♃

1928年5月

DAY	☉	☽	☊ mean	☊ true	☿	♀	♂	♃	♄	♅	♆	♇	⚳	⚴	⚵	⚶	⚷
	° ′	° ′	° ′	° ′	° ′	° ′	° ′	° ′	° ′	° ′	° ′	° ′	°	°	°	°	°
1	10 ♉ 0	23 ♍ 35	11 ♊ 15	9 R 52	6 D 38	23 D 24	17 D 37	22 D 17	18 R 16	5 D 24	26 R 24	15 D 11	5 D	14 D	1 D	22 D	5 D
2	10 ♉ 58	5 ♎ 45	11 ♊ 12	9 ♊ 47	8 ♉ 45	24 ♈ 37	18 ♓ 23	22 ♈ 32	18 ♐ 13	5 ♈ 27	26 ♌ 23	15 ♋ 12	5 ♓	14 ♒	1 ♍	23 ♓	6 ♉
3	11 ♉ 56	17 ♎ 46	11 ♊ 9	9 ♊ 43	10 ♉ 54	25 ♈ 51	19 ♓ 8	22 ♈ 46	18 ♐ 10	5 ♈ 29	26 ♌ 23	15 ♋ 13	5 ♓	14 ♒	1 ♍	23 ♓	6 ♉
4	12 ♉ 54	29 ♎ 41	11 ♊ 5	9 ♊ 38	13 ♉ 3	27 ♈ 5	19 ♓ 54	23 ♈ 0	18 ♐ 7	5 ♈ 32	26 ♌ 23	15 ♋ 13	6 ♓	14 ♒	1 ♍	24 ♓	6 ♉
5	13 ♉ 52	11 ♏ 32	11 ♊ 2	9 ♊ 35	15 ♉ 13	28 ♈ 18	20 ♓ 40	23 ♈ 14	18 ♐ 4	5 ♈ 35	26 ♌ 23	15 ♋ 14	6 ♓	14 ♒	2 ♍	24 ♓	6 ♉
6	14 ♉ 50	23 ♏ 20	10 ♊ 59	9 ♊ 32	17 ♉ 23	29 ♈ 32	21 ♓ 26	23 ♈ 28	18 ♐ 1	5 ♈ 38	26 ♌ 23	15 ♋ 15	6 ♓	14 ♒	2 ♍	25 ♓	6 ♉
7	15 ♉ 49	5 ♐ 8	10 ♊ 56	9 ♊ 31	19 ♉ 33	0 ♉ 45	22 ♓ 11	23 ♈ 42	17 ♐ 57	5 ♈ 41	26 ♌ 23	15 ♋ 16	7 ♓	14 ♒	2 ♍	25 ♓	6 ♉
8	16 ♉ 47	16 ♐ 59	10 ♊ 53	9 D 31	21 ♉ 43	1 ♉ 59	22 ♓ 57	23 ♈ 55	17 ♐ 54	5 ♈ 44	26 D 23	15 ♋ 17	7 ♓	15 ♒	2 ♍	25 ♓	6 ♉
9	17 ♉ 45	28 ♐ 55	10 ♊ 50	9 ♊ 32	23 ♉ 52	3 ♉ 13	23 ♓ 43	24 ♈ 9	17 ♐ 50	5 ♈ 46	26 ♌ 23	15 ♋ 18	7 ♓	15 ♒	2 ♍	26 ♓	6 ♉
10	18 ♉ 43	10 ♑ 59	10 ♊ 46	9 ♊ 34	26 ♉ 1	4 ♉ 26	24 ♓ 28	24 ♈ 23	17 ♐ 47	5 ♈ 49	26 ♌ 23	15 ♋ 19	7 ♓	15 ♒	2 ♍	26 ♓	6 ♉
11	19 ♉ 41	23 ♑ 16	10 ♊ 43	9 ♊ 35	28 ♉ 8	5 ♉ 40	25 ♓ 14	24 ♈ 37	17 ♐ 43	5 ♈ 52	26 ♌ 23	15 ♋ 20	8 ♓	15 ♒	2 ♍	27 ♓	6 ♉
12	20 ♉ 38	5 ♒ 48	10 ♊ 40	9 ♊ 37	0 ♊ 15	6 ♉ 53	26 ♓ 0	24 ♈ 51	17 ♐ 40	5 ♈ 55	26 ♌ 23	15 ♋ 21	8 ♓	15 ♒	2 ♍	27 ♓	6 ♉
13	21 ♉ 36	18 ♒ 39	10 ♊ 37	9 ♊ 37	2 ♊ 19	8 ♉ 7	26 ♓ 45	25 ♈ 4	17 ♐ 36	5 ♈ 57	26 ♌ 23	15 ♋ 22	8 ♓	15 ♒	3 ♍	28 ♓	6 ♉
14	22 ♉ 34	1 ♓ 54	10 ♊ 34	9 R 37	4 ♊ 22	9 ♉ 21	27 ♓ 31	25 ♈ 18	17 ♐ 32	6 ♈ 0	26 ♌ 24	15 ♋ 23	9 ♓	15 ♒	3 ♍	28 ♓	6 ♉
15	23 ♉ 32	15 ♓ 35	10 ♊ 30	9 ♊ 36	6 ♊ 22	10 ♉ 34	28 ♓ 16	25 ♈ 32	17 ♐ 28	6 ♈ 2	26 ♌ 24	15 ♋ 24	9 ♓	16 ♒	3 ♍	28 ♓	6 ♉
16	24 ♉ 30	29 ♓ 42	10 ♊ 27	9 ♊ 35	8 ♊ 20	11 ♉ 48	29 ♓ 2	25 ♈ 45	17 ♐ 24	6 ♈ 5	26 ♌ 24	15 ♋ 25	9 ♓	16 ♒	3 ♍	29 ♓	6 ♉
17	25 ♉ 28	14 ♈ 13	10 ♊ 24	9 ♊ 33	10 ♊ 16	13 ♉ 1	29 ♓ 47	25 ♈ 59	17 ♐ 21	6 ♈ 7	26 ♌ 24	15 ♋ 26	9 ♓	16 ♒	3 ♍	29 ♓	6 ♉
18	26 ♉ 26	29 ♈ 6	10 ♊ 21	9 ♊ 31	12 ♊ 9	14 ♉ 15	0 ♈ 32	26 ♈ 12	17 ♐ 17	6 ♈ 10	26 ♌ 25	15 ♋ 27	10 ♓	16 ♒	3 ♍	0 ♈	7 ♉
19	27 ♉ 23	14 ♉ 13	10 ♊ 18	9 ♊ 30	14 ♊ 0	15 ♉ 29	1 ♈ 18	26 ♈ 26	17 ♐ 13	6 ♈ 12	26 ♌ 25	15 ♋ 28	10 ♓	16 ♒	3 ♍	0 ♈	7 ♉
20	28 ♉ 21	29 ♉ 24	10 ♊ 15	9 ♊ 29	15 ♊ 47	16 ♉ 42	2 ♈ 3	26 ♈ 39	17 ♐ 8	6 ♈ 15	26 ♌ 25	15 ♋ 29	10 ♓	16 ♒	4 ♍	0 ♈	7 ♉
21	29 ♉ 19	14 ♊ 31	10 ♊ 11	9 D 29	17 ♊ 31	17 ♉ 56	2 ♈ 48	26 ♈ 52	17 ♐ 4	6 ♈ 17	26 ♌ 25	15 ♋ 30	10 ♓	16 ♒	4 ♍	1 ♈	7 ♉
22	0 ♊ 17	29 ♊ 24	10 ♊ 8	9 ♊ 30	19 ♊ 13	19 ♉ 9	3 ♈ 34	27 ♈ 6	17 ♐ 0	6 ♈ 19	26 ♌ 26	15 ♋ 31	11 ♓	16 ♒	4 ♍	1 ♈	7 ♉
23	1 ♊ 14	13 ♋ 57	10 ♊ 5	9 ♊ 30	20 ♊ 51	20 ♉ 23	4 ♈ 19	27 ♈ 19	16 ♐ 56	6 ♈ 22	26 ♌ 27	15 ♋ 32	11 ♓	16 ♒	4 ♍	2 ♈	7 ♉
24	2 ♊ 12	28 ♋ 6	10 ♊ 2	9 ♊ 31	22 ♊ 26	21 ♉ 37	5 ♈ 4	27 ♈ 32	16 ♐ 52	6 ♈ 24	26 ♌ 27	15 ♋ 34	11 ♓	16 ♒	4 ♍	2 ♈	7 ♉
25	3 ♊ 10	11 ♌ 48	9 ♊ 59	9 ♊ 32	23 ♊ 58	22 ♉ 50	5 ♈ 49	27 ♈ 45	16 ♐ 48	6 ♈ 26	26 ♌ 28	15 ♋ 35	11 ♓	16 ♒	5 ♍	3 ♈	7 ♉
26	4 ♊ 7	25 ♌ 4	9 ♊ 56	9 ♊ 32	25 ♊ 27	24 ♉ 4	6 ♈ 34	27 ♈ 58	16 ♐ 43	6 ♈ 28	26 ♌ 28	15 ♋ 36	11 ♓	16 ♒	5 ♍	3 ♈	7 ♉
27	5 ♊ 5	7 ♍ 56	9 ♊ 52	9 R 32	26 ♊ 53	25 ♉ 17	7 ♈ 19	28 ♈ 11	16 ♐ 39	6 ♈ 31	26 ♌ 29	15 ♋ 37	12 ♓	16 ♒	5 ♍	3 ♈	7 ♉
28	6 ♊ 2	20 ♍ 28	9 ♊ 49	9 ♊ 32	28 ♊ 15	26 ♉ 31	8 ♈ 4	28 ♈ 24	16 ♐ 35	6 ♈ 33	26 ♌ 30	15 ♋ 38	12 ♓	16 ♒	5 ♍	4 ♈	7 ♉
29	7 ♊ 0	2 ♎ 44	9 ♊ 46	9 ♊ 32	29 ♊ 34	27 ♉ 45	8 ♈ 49	28 ♈ 37	16 ♐ 30	6 ♈ 35	26 ♌ 30	15 ♋ 40	12 ♓	17 ♒	5 ♍	4 ♈	7 ♉
30	7 ♊ 58	14 ♎ 47	9 ♊ 43	9 ♊ 31	0 ♋ 49	28 ♉ 58	9 ♈ 34	28 ♈ 50	16 ♐ 26	6 ♈ 37	26 ♌ 31	15 ♋ 41	12 ♓	17 ♒	6 ♍	4 ♈	7 ♉
31	8 ♊ 55	26 ♎ 42	9 ♊ 40	9 ♊ 31	2 ♋ 1	0 ♊ 12	10 ♈ 19	29 ♈ 2	16 ♐ 22	6 ♈ 39	26 ♌ 32	15 ♋ 42	13 ♓	17 ♒	6 ♍	5 ♈	7 ♉

SUN INGRESS	☉ → ♊ 21日 16:52
MOON PHASE	○ 5日 05:12 ♏ ◑ 13日 05:50 ♒ ● 19日 22:14 ♉ ◐ 26日 18:11 ♍

aspects

1日	19:24	♀□♄
3日	10:33	♀△♆
3日	21:06	☉☌☿
5日	00:16	☿⚹♇
6日	10:18	☉⚹♇
8日	21:15	☿⚹♂
10日	04:09	☿□♆
14日	19:56	☿⚹♅
17日	23:34	☉□♆
18日	22:38	♃△♆
18日	23:44	♀⚹♇
20日	17:57	☿☍♄
25日	20:42	♂☌♅
26日	17:09	☿⚹♆
27日	23:30	♀□♆
28日	03:11	☿⚹♃
28日	13:07	☉⚹♅

1928年6月

DAY	☉	☽	☊ mean	☊ true	☿	♀	♂	♃	♄	♅	♆	♇	⚳	⚴	⚵	⚶	⚷
	° ′	° ′	° ′	° ′	° ′	° ′	° ′	° ′	° ′	° ′	° ′	° ′	°	°	°	°	°
1	9 ♊ 53	8 ♏ 32	9 ♊ 36	9 D 31	3 D 10	1 D 25	11 D 4	29 D 15	16 R 17	6 D 41	26 D 32	15 D 43	13 D	17 D	6 D	5 D	7 D
2	10 ♊ 50	20 ♏ 20	9 ♊ 33	9 ♊ 31	4 ♋ 15	2 ♊ 39	11 ♈ 49	29 ♈ 27	16 ♐ 13	6 ♈ 43	26 ♌ 33	15 ♋ 45	13 ♓	17 ♒	6 ♍	6 ♈	7 ♉
3	11 ♊ 47	2 ♐ 9	9 ♊ 30	9 ♊ 31	5 ♋ 16	3 ♊ 53	12 ♈ 34	29 ♈ 40	16 ♐ 8	6 ♈ 45	26 ♌ 34	15 ♋ 46	13 ♓	17 R	6 ♍	6 ♈	7 ♉
4	12 ♊ 45	14 ♐ 1	9 ♊ 27	9 R 31	6 ♋ 14	5 ♊ 6	13 ♈ 18	29 ♈ 52	16 ♐ 4	6 ♈ 46	26 ♌ 35	15 ♋ 47	13 ♓	17 ♒	7 ♍	6 ♈	8 ♉
5	13 ♊ 42	25 ♐ 59	9 ♊ 24	9 ♊ 31	7 ♋ 7	6 ♊ 20	14 ♈ 3	0 ♉ 5	16 ♐ 0	6 ♈ 48	26 ♌ 36	15 ♋ 49	14 ♓	17 ♒	7 ♍	7 ♈	8 ♉
6	14 ♊ 40	8 ♑ 4	9 ♊ 21	9 ♊ 31	7 ♋ 57	7 ♊ 33	14 ♈ 47	0 ♉ 17	15 ♐ 55	6 ♈ 50	26 ♌ 37	15 ♋ 50	14 ♓	17 ♒	7 ♍	7 ♈	8 ♉
7	15 ♊ 37	20 ♑ 19	9 ♊ 17	9 ♊ 30	8 ♋ 44	8 ♊ 47	15 ♈ 32	0 ♉ 29	15 ♐ 51	6 ♈ 52	26 ♌ 38	15 ♋ 51	14 ♓	17 ♒	7 ♍	8 ♈	8 ♉
8	16 ♊ 34	2 ♒ 46	9 ♊ 14	9 ♊ 29	9 ♋ 26	10 ♊ 0	16 ♈ 17	0 ♉ 41	15 ♐ 46	6 ♈ 53	26 ♌ 39	15 ♋ 53	14 ♓	16 ♒	8 ♍	8 ♈	8 ♉
9	17 ♊ 32	15 ♒ 27	9 ♊ 11	9 ♊ 28	10 ♋ 3	11 ♊ 14	17 ♈ 1	0 ♉ 53	15 ♐ 42	6 ♈ 55	26 ♌ 40	15 ♋ 54	14 ♓	16 ♒	8 ♍	8 ♈	8 ♉
10	18 ♊ 29	28 ♒ 24	9 ♊ 8	9 ♊ 28	10 ♋ 37	12 ♊ 28	17 ♈ 45	1 ♉ 5	15 ♐ 37	6 ♈ 57	26 ♌ 41	15 ♋ 56	14 ♓	16 ♒	8 ♍	9 ♈	8 ♉
11	19 ♊ 27	11 ♓ 40	9 ♊ 5	9 ♊ 27	11 ♋ 7	13 ♊ 41	18 ♈ 30	1 ♉ 17	15 ♐ 33	6 ♈ 58	26 ♌ 42	15 ♋ 57	15 ♓	16 ♒	8 ♍	9 ♈	8 ♉
12	20 ♊ 24	25 ♓ 15	9 ♊ 2	9 D 27	11 ♋ 32	14 ♊ 55	19 ♈ 14	1 ♉ 29	15 ♐ 29	7 ♈ 0	26 ♌ 43	15 ♋ 58	15 ♓	16 ♒	9 ♍	9 ♈	8 ♉
13	21 ♊ 21	9 ♈ 12	8 ♊ 58	9 ♊ 27	11 ♋ 52	16 ♊ 9	19 ♈ 58	1 ♉ 41	15 ♐ 24	7 ♈ 1	26 ♌ 44	16 ♋ 0	15 ♓	16 ♒	9 ♍	10 ♈	8 ♉
14	22 ♊ 19	23 ♈ 29	8 ♊ 55	9 ♊ 28	12 ♋ 8	17 ♊ 22	20 ♈ 42	1 ♉ 52	15 ♐ 20	7 ♈ 3	26 ♌ 45	16 ♋ 1	15 ♓	16 ♒	9 ♍	10 ♈	8 ♉
15	23 ♊ 16	8 ♉ 4	8 ♊ 52	9 ♊ 29	12 ♋ 20	18 ♊ 36	21 ♈ 26	2 ♉ 4	15 ♐ 15	7 ♈ 4	26 ♌ 46	16 ♋ 3	15 ♓	16 ♒	9 ♍	10 ♈	8 ♉
16	24 ♊ 13	22 ♉ 54	8 ♊ 49	9 ♊ 30	12 ♋ 27	19 ♊ 50	22 ♈ 10	2 ♉ 15	15 ♐ 11	7 ♈ 5	26 ♌ 47	16 ♋ 4	15 ♓	16 ♒	10 ♍	11 ♈	8 ♉
17	25 ♊ 10	7 ♊ 51	8 ♊ 46	9 ♊ 31	12 ♋ 30	21 ♊ 3	22 ♈ 54	2 ♉ 27	15 ♐ 7	7 ♈ 7	26 ♌ 49	16 ♋ 6	16 ♓	16 ♒	10 ♍	11 ♈	8 ♉
18	26 ♊ 8	22 ♊ 49	8 ♊ 42	9 R 30	12 R 28	22 ♊ 17	23 ♈ 38	2 ♉ 38	15 ♐ 2	7 ♈ 8	26 ♌ 50	16 ♋ 7	16 ♓	16 ♒	10 ♍	11 ♈	8 ♉
19	27 ♊ 5	7 ♋ 39	8 ♊ 39	9 ♊ 29	12 ♋ 22	23 ♊ 31	24 ♈ 22	2 ♉ 49	14 ♐ 58	7 ♈ 9	26 ♌ 51	16 ♋ 9	16 ♓	16 ♒	10 ♍	12 ♈	8 ♉
20	28 ♊ 2	22 ♋ 13	8 ♊ 36	9 ♊ 27	12 ♋ 10	24 ♊ 44	25 ♈ 6	3 ♉ 0	14 ♐ 54	7 ♈ 10	26 ♌ 52	16 ♋ 10	16 ♓	16 ♒	11 ♍	12 ♈	8 ♉
21	29 ♊ 0	6 ♌ 26	8 ♊ 33	9 ♊ 25	11 ♋ 55	25 ♊ 58	25 ♈ 50	3 ♉ 11	14 ♐ 49	7 ♈ 11	26 ♌ 54	16 ♋ 12	16 ♓	16 ♒	11 ♍	13 ♈	8 ♉
22	29 ♊ 57	20 ♌ 14	8 ♊ 30	9 ♊ 22	11 ♋ 36	27 ♊ 12	26 ♈ 33	3 ♉ 22	14 ♐ 45	7 ♈ 12	26 ♌ 55	16 ♋ 13	16 ♓	15 ♒	11 ♍	13 ♈	8 ♉
23	0 ♋ 54	3 ♍ 36	8 ♊ 27	9 ♊ 20	11 ♋ 14	28 ♊ 25	27 ♈ 17	3 ♉ 33	14 ♐ 41	7 ♈ 13	26 ♌ 57	16 ♋ 15	16 ♓	15 ♒	11 ♍	13 ♈	8 ♉
24	1 ♋ 51	16 ♍ 32	8 ♊ 23	9 ♊ 18	10 ♋ 48	29 ♊ 39	28 ♈ 0	3 ♉ 44	14 ♐ 37	7 ♈ 14	26 ♌ 58	16 ♋ 16	16 ♓	15 ♒	12 ♍	13 ♈	8 ♉
25	2 ♋ 49	29 ♍ 7	8 ♊ 20	9 ♊ 17	10 ♋ 19	0 ♋ 53	28 ♈ 44	3 ♉ 54	14 ♐ 33	7 ♈ 15	26 ♌ 59	16 ♋ 18	16 ♓	15 ♒	12 ♍	14 ♈	9 ♉
26	3 ♋ 46	11 ♎ 22	8 ♊ 17	9 D 17	9 ♋ 48	2 ♋ 6	29 ♈ 27	4 ♉ 5	14 ♐ 29	7 ♈ 16	27 ♌ 1	16 ♋ 19	17 ♓	15 ♒	12 ♍	14 ♈	9 ♉
27	4 ♋ 43	23 ♎ 24	8 ♊ 14	9 ♊ 18	9 ♋ 14	3 ♋ 20	0 ♉ 10	4 ♉ 15	14 ♐ 25	7 ♈ 17	27 ♌ 2	16 ♋ 21	17 ♓	15 ♒	12 ♍	14 ♈	9 ♉
28	5 ♋ 40	5 ♏ 17	8 ♊ 11	9 ♊ 20	8 ♋ 39	4 ♋ 34	0 ♉ 53	4 ♉ 26	14 ♐ 21	7 ♈ 18	27 ♌ 4	16 ♋ 22	17 ♓	15 ♒	13 ♍	15 ♈	9 ♉
29	6 ♋ 37	17 ♏ 6	8 ♊ 8	9 ♊ 22	8 ♋ 4	5 ♋ 47	1 ♉ 36	4 ♉ 36	14 ♐ 17	7 ♈ 18	27 ♌ 5	16 ♋ 24	17 ♓	14 ♒	13 ♍	15 ♈	9 ♉
30	7 ♋ 35	28 ♏ 54	8 ♊ 4	9 ♊ 23	7 ♋ 28	7 ♋ 1	2 ♉ 19	4 ♉ 46	14 ♐ 13	7 ♈ 19	27 ♌ 7	16 ♋ 25	17 ♓	14 ♒	13 ♍	15 ♈	9 ♉

SUN INGRESS	☉ → ♋ 22日 01:06
MOON PHASE	○ 3日 21:13 ♐ ◑ 11日 14:51 ♓ ● 18日 05:42 ♊ ◐ 25日 07:47 ♎

aspects

4日	14:56	☿□♅
5日	09:33	♀⚹♅
6日	14:36	☉⚹♂
7日	05:18	☉☍♄
7日	09:10	♂△♄
7日	10:49	♂□♇
12日	10:20	♀☍♄
18日	18:03	☉⚹♆
20日	17:25	♀⚹♂
21日	18:34	♀⚹♆
22日	12:29	♂△♆
26日	09:48	☉⚹♃
27日	20:55	♀⚹♃
29日	17:20	☉□♅
29日	22:14	☉☌☿
30日	05:47	☿□♅
30日	05:49	☿☌♀
30日	05:50	♀□♅

1928年7月

DAY	☉	☽	☊ mean	☊ true	☿	♀	♂	♃	♄	♅	♆	♇	⚳	⚴	⚵	⚶	⚷
	° ′	° ′	° ′	° ′	° ′	° ′	° ′	° ′	° ′	° ′	° ′	° ′	°	°	°	°	°
1	8 ♋ 32	10 ♐ 46	8 ♊ 1	9 R 23	6 R 52	8 D 15	3 D 2	4 D 56	14 R 9	7 D 20	27 D 9	16 D 27	17 D	14 R	14 D	16 D	9 D
2	9 ♋ 29	22 ♐ 44	7 ♊ 58	9 ♊ 22	6 ♋ 17	9 ♋ 29	3 ♉ 45	5 ♉ 6	14 ♐ 5	7 ♈ 20	27 ♌ 10	16 ♋ 28	17 ♓	14 ♒	14 ♍	16 ♈	9 ♉
3	10 ♋ 26	4 ♑ 52	7 ♊ 55	9 ♊ 20	5 ♋ 44	10 ♋ 42	4 ♉ 28	5 ♉ 15	14 ♐ 1	7 ♈ 21	27 ♌ 12	16 ♋ 30	17 ♓	14 ♒	14 ♍	16 ♈	9 ♉
4	11 ♋ 23	17 ♑ 11	7 ♊ 52	9 ♊ 16	5 ♋ 13	11 ♋ 56	5 ♉ 11	5 ♉ 25	13 ♐ 58	7 ♈ 21	27 ♌ 13	16 ♋ 32	17 ♓	13 ♒	14 ♍	17 ♈	9 ♉
5	12 ♋ 20	29 ♑ 43	7 ♊ 48	9 ♊ 12	4 ♋ 45	13 ♋ 10	5 ♉ 53	5 ♉ 34	13 ♐ 54	7 ♈ 22	27 ♌ 15	16 ♋ 33	17 ♓	13 ♒	15 ♍	17 ♈	9 ♉
6	13 ♋ 18	12 ♒ 27	7 ♊ 45	9 ♊ 6	4 ♋ 20	14 ♋ 24	6 ♉ 36	5 ♉ 44	13 ♐ 50	7 ♈ 22	27 ♌ 17	16 ♋ 35	17 ♓	13 ♒	15 ♍	17 ♈	9 ♉
7	14 ♋ 15	25 ♒ 25	7 ♊ 42	9 ♊ 1	3 ♋ 58	15 ♋ 37	7 ♉ 18	5 ♉ 53	13 ♐ 47	7 ♈ 22	27 ♌ 19	16 ♋ 36	17 ♓	13 ♒	15 ♍	17 ♈	9 ♉
8	15 ♋ 12	8 ♓ 36	7 ♊ 39	8 ♊ 56	3 ♋ 41	16 ♋ 51	8 ♉ 1	6 ♉ 2	13 ♐ 43	7 ♈ 23	27 ♌ 20	16 ♋ 38	17 ♓	13 ♒	16 ♍	18 ♈	9 ♉
9	16 ♋ 9	22 ♓ 1	7 ♊ 36	8 ♊ 52	3 ♋ 28	18 ♋ 5	8 ♉ 43	6 ♉ 11	13 ♐ 40	7 ♈ 23	27 ♌ 22	16 ♋ 39	17 ♓	12 ♒	16 ♍	18 ♈	9 ♉
10	17 ♋ 6	5 ♈ 40	7 ♊ 33	8 ♊ 50	3 ♋ 19	19 ♋ 19	9 ♉ 25	6 ♉ 20	13 ♐ 37	7 ♈ 23	27 ♌ 24	16 ♋ 41	17 ♓	12 ♒	16 ♍	18 ♈	9 ♉
11	18 ♋ 4	19 ♈ 33	7 ♊ 29	8 D 49	3 ♋ 16	20 ♋ 33	10 ♉ 7	6 ♉ 29	13 ♐ 33	7 ♈ 23	27 ♌ 26	16 ♋ 42	17 ♓	12 ♒	17 ♍	18 ♈	9 ♉
12	19 ♋ 1	3 ♉ 39	7 ♊ 26	8 ♊ 50	3 D 18	21 ♋ 46	10 ♉ 49	6 ♉ 37	13 ♐ 30	7 ♈ 23	27 ♌ 27	16 ♋ 44	17 ♓	12 ♒	17 ♍	19 ♈	9 ♉
13	19 ♋ 58	17 ♉ 57	7 ♊ 23	8 ♊ 51	3 ♋ 24	23 ♋ 0	11 ♉ 31	6 ♉ 46	13 ♐ 27	7 ♈ 23	27 ♌ 29	16 ♋ 46	17 ♓	12 ♒	17 ♍	19 ♈	9 ♉
14	20 ♋ 55	2 ♊ 25	7 ♊ 20	8 ♊ 52	3 ♋ 37	24 ♋ 14	12 ♉ 13	6 ♉ 54	13 ♐ 24	7 R 23	27 ♌ 31	16 ♋ 47	17 R	11 ♒	18 ♍	19 ♈	9 ♉
15	21 ♋ 53	17 ♊ 0	7 ♊ 17	8 R 52	3 ♋ 54	25 ♋ 28	12 ♉ 54	7 ♉ 2	13 ♐ 21	7 ♈ 23	27 ♌ 33	16 ♋ 49	17 ♓	11 ♒	18 ♍	20 ♈	9 ♉
16	22 ♋ 50	1 ♋ 37	7 ♊ 14	8 ♊ 50	4 ♋ 17	26 ♋ 42	13 ♉ 36	7 ♉ 10	13 ♐ 18	7 ♈ 23	27 ♌ 35	16 ♋ 50	17 ♓	11 ♒	18 ♍	20 ♈	9 ♉
17	23 ♋ 47	16 ♋ 10	7 ♊ 10	8 ♊ 46	4 ♋ 46	27 ♋ 56	14 ♉ 17	7 ♉ 18	13 ♐ 15	7 ♈ 23	27 ♌ 37	16 ♋ 52	17 ♓	11 ♒	18 ♍	20 ♈	9 ♉
18	24 ♋ 44	0 ♌ 32	7 ♊ 7	8 ♊ 40	5 ♋ 20	29 ♋ 9	14 ♉ 59	7 ♉ 26	13 ♐ 12	7 ♈ 23	27 ♌ 39	16 ♋ 53	17 ♓	10 ♒	19 ♍	20 ♈	9 ♉
19	25 ♋ 42	14 ♌ 37	7 ♊ 4	8 ♊ 33	6 ♋ 0	0 ♌ 23	15 ♉ 40	7 ♉ 34	13 ♐ 10	7 ♈ 22	27 ♌ 41	16 ♋ 55	17 ♓	10 ♒	19 ♍	20 ♈	9 ♉
20	26 ♋ 39	28 ♌ 22	7 ♊ 1	8 ♊ 26	6 ♋ 44	1 ♌ 37	16 ♉ 21	7 ♉ 41	13 ♐ 7	7 ♈ 22	27 ♌ 43	16 ♋ 56	17 ♓	10 ♒	19 ♍	21 ♈	9 ♉
21	27 ♋ 36	11 ♍ 44	6 ♊ 58	8 ♊ 18	7 ♋ 35	2 ♌ 51	17 ♉ 2	7 ♉ 49	13 ♐ 5	7 ♈ 22	27 ♌ 45	16 ♋ 58	17 ♓	10 ♒	20 ♍	21 ♈	9 ♉
22	28 ♋ 33	24 ♍ 41	6 ♊ 54	8 ♊ 12	8 ♋ 30	4 ♌ 5	17 ♉ 43	7 ♉ 56	13 ♐ 2	7 ♈ 21	27 ♌ 47	16 ♋ 59	17 ♓	9 ♒	20 ♍	21 ♈	9 ♉
23	29 ♋ 31	7 ♎ 17	6 ♊ 51	8 ♊ 8	9 ♋ 31	5 ♌ 19	18 ♉ 24	8 ♉ 3	13 ♐ 0	7 ♈ 21	27 ♌ 49	17 ♋ 1	17 ♓	9 ♒	20 ♍	21 ♈	9 ♉
24	0 ♌ 28	19 ♎ 33	6 ♊ 48	8 ♊ 5	10 ♋ 37	6 ♌ 33	19 ♉ 4	8 ♉ 10	12 ♐ 58	7 ♈ 20	27 ♌ 51	17 ♋ 3	17 ♓	9 ♒	21 ♍	22 ♈	9 ♉
25	1 ♌ 25	1 ♏ 35	6 ♊ 45	8 D 4	11 ♋ 48	7 ♌ 47	19 ♉ 45	8 ♉ 17	12 ♐ 55	7 ♈ 20	27 ♌ 53	17 ♋ 4	17 ♓	9 ♒	21 ♍	22 ♈	9 ♉
26	2 ♌ 23	13 ♏ 28	6 ♊ 42	8 ♊ 5	13 ♋ 3	9 ♌ 1	20 ♉ 25	8 ♉ 23	12 ♐ 53	7 ♈ 19	27 ♌ 55	17 ♋ 6	17 ♓	8 ♒	21 ♍	22 ♈	9 ♉
27	3 ♌ 20	25 ♏ 17	6 ♊ 39	8 ♊ 6	14 ♋ 24	10 ♌ 15	21 ♉ 6	8 ♉ 30	12 ♐ 51	7 ♈ 19	27 ♌ 57	17 ♋ 7	17 ♓	8 ♒	22 ♍	22 ♈	10 ♉
28	4 ♌ 17	7 ♐ 6	6 ♊ 35	8 ♊ 7	15 ♋ 49	11 ♌ 28	21 ♉ 46	8 ♉ 36	12 ♐ 49	7 ♈ 18	27 ♌ 59	17 ♋ 9	17 ♓	8 ♒	22 ♍	22 ♈	10 ♉
29	5 ♌ 15	19 ♐ 2	6 ♊ 32	8 R 6	17 ♋ 19	12 ♌ 42	22 ♉ 26	8 ♉ 42	12 ♐ 47	7 ♈ 17	28 ♌ 1	17 ♋ 10	17 ♓	8 ♒	22 ♍	22 ♈	10 ♉
30	6 ♌ 12	1 ♑ 7	6 ♊ 29	8 ♊ 3	18 ♋ 53	13 ♌ 56	23 ♉ 6	8 ♉ 48	12 ♐ 46	7 ♈ 17	28 ♌ 3	17 ♋ 12	17 ♓	7 ♒	23 ♍	23 ♈	10 ♉
31	7 ♌ 9	13 ♑ 25	6 ♊ 26	7 ♊ 58	20 ♋ 32	15 ♌ 10	23 ♉ 46	8 ♉ 54	12 ♐ 44	7 ♈ 16	28 ♌ 5	17 ♋ 13	17 ♓	7 ♒	23 ♍	23 ♈	10 ♉

SUN INGRESS	☉ → ♌ 23日 12:02
MOON PHASE	○ 3日 11:48 ♑　◑ 10日 21:16 ♈　● 17日 13:35 ♋　◐ 24日 23:38 ♏

aspects		
2日	00:31	☉☌♀
3日	16:54	☿⚹♃
4日	00:50	☿⚹♂
4日	10:21	♂☌♃
7日	19:33	♀☌♇
9日	12:58	☉☌♇
20日	18:08	☿□♅
20日	21:28	♂⚹♇
21日	07:17	☿⚹♃
24日	15:21	♀△♅
25日	10:41	♀□♃
28日	21:36	☿☌♇
29日	01:33	♀△♄
31日	02:36	☉△♅

1928年8月

DAY	☉	☽	☊ mean	☊ true	☿	♀	♂	♃	♄	♅	♆	♇	⚳	⚴	⚵	⚶	⚷
	° ′	° ′	° ′	° ′	° ′	° ′	° ′	° ′	° ′	° ′	° ′	° ′	°	°	°	°	°
1	8 ♌ 7	25 ♑ 59	6 ♊ 23	7 R 51	22 D 14	16 D 24	24 D 26	9 D 0	12 R 42	7 R 15	28 D 7	17 D 15	16 R	7 R	23 D	23 D	10 D
2	9 ♌ 4	8 ♒ 49	6 ♊ 20	7 ♊ 42	23 ♋ 59	17 ♌ 38	25 ♉ 5	9 ♉ 5	12 ♐ 41	7 ♈ 14	28 ♌ 9	17 ♋ 16	16 ♓	6 ♒	24 ♍	23 ♈	10 ♉
3	10 ♌ 2	21 ♒ 55	6 ♊ 16	7 ♊ 32	25 ♋ 49	18 ♌ 52	25 ♉ 45	9 ♉ 10	12 ♐ 39	7 ♈ 13	28 ♌ 11	17 ♋ 17	16 ♓	6 ♒	24 ♍	23 ♈	10 ♉
4	10 ♌ 59	5 ♓ 16	6 ♊ 13	7 ♊ 21	27 ♋ 41	20 ♌ 6	26 ♉ 24	9 ♉ 15	12 ♐ 38	7 ♈ 12	28 ♌ 13	17 ♋ 19	16 ♓	6 ♒	24 ♍	23 ♈	10 ♉
5	11 ♌ 56	18 ♓ 49	6 ♊ 10	7 ♊ 12	29 ♋ 35	21 ♌ 20	27 ♉ 3	9 ♉ 20	12 ♐ 37	7 ♈ 11	28 ♌ 16	17 ♋ 20	16 ♓	6 ♒	25 ♍	23 ♈	10 ♉
6	12 ♌ 54	2 ♈ 33	6 ♊ 7	7 ♊ 4	1 ♌ 32	22 ♌ 34	27 ♉ 42	9 ♉ 25	12 ♐ 36	7 ♈ 10	28 ♌ 18	17 ♋ 22	16 ♓	5 ♒	25 ♍	24 ♈	10 ♉
7	13 ♌ 51	16 ♈ 25	6 ♊ 4	6 ♊ 59	3 ♌ 31	23 ♌ 48	28 ♉ 21	9 ♉ 30	12 ♐ 35	7 ♈ 9	28 ♌ 20	17 ♋ 23	16 ♓	5 ♒	25 ♍	24 ♈	10 ♉
8	14 ♌ 49	0 ♉ 24	6 ♊ 0	6 ♊ 56	5 ♌ 32	25 ♌ 2	29 ♉ 0	9 ♉ 34	12 ♐ 34	7 ♈ 8	28 ♌ 22	17 ♋ 25	16 ♓	5 ♒	26 ♍	24 ♈	10 ♉
9	15 ♌ 46	14 ♉ 28	5 ♊ 57	6 ♊ 55	7 ♌ 33	26 ♌ 16	29 ♉ 38	9 ♉ 39	12 ♐ 33	7 ♈ 6	28 ♌ 24	17 ♋ 26	15 ♓	5 ♒	26 ♍	24 ♈	10 ♉
10	16 ♌ 44	28 ♉ 36	5 ♊ 54	6 D 56	9 ♌ 36	27 ♌ 30	0 ♊ 17	9 ♉ 43	12 ♐ 32	7 ♈ 5	28 ♌ 26	17 ♋ 27	15 ♓	4 ♒	26 ♍	24 ♈	10 ♉
11	17 ♌ 41	12 ♊ 47	5 ♊ 51	6 R 56	11 ♌ 39	28 ♌ 44	0 ♊ 55	9 ♉ 47	12 ♐ 31	7 ♈ 4	28 ♌ 29	17 ♋ 29	15 ♓	4 ♒	27 ♍	24 ♈	10 ♉
12	18 ♌ 39	27 ♊ 0	5 ♊ 48	6 ♊ 54	13 ♌ 42	29 ♌ 58	1 ♊ 33	9 ♉ 50	12 ♐ 31	7 ♈ 3	28 ♌ 31	17 ♋ 30	15 ♓	4 ♒	27 ♍	24 ♈	10 ♉
13	19 ♌ 37	11 ♋ 12	5 ♊ 45	6 ♊ 51	15 ♌ 45	1 ♍ 12	2 ♊ 11	9 ♉ 54	12 ♐ 30	7 ♈ 1	28 ♌ 33	17 ♋ 32	15 ♓	4 ♒	27 ♍	24 ♈	10 ♉
14	20 ♌ 34	25 ♋ 20	5 ♊ 41	6 ♊ 44	17 ♌ 48	2 ♍ 26	2 ♊ 49	9 ♉ 57	12 ♐ 30	7 ♈ 0	28 ♌ 35	17 ♋ 33	15 ♓	3 ♒	28 ♍	24 ♈	10 ♉
15	21 ♌ 32	9 ♌ 20	5 ♊ 38	6 ♊ 35	19 ♌ 51	3 ♍ 40	3 ♊ 27	10 ♉ 0	12 ♐ 30	6 ♈ 58	28 ♌ 37	17 ♋ 34	14 ♓	3 ♒	28 ♍	24 ♈	10 R
16	22 ♌ 30	23 ♌ 8	5 ♊ 35	6 ♊ 24	21 ♌ 52	4 ♍ 54	4 ♊ 4	10 ♉ 3	12 ♐ 30	6 ♈ 57	28 ♌ 40	17 ♋ 36	14 ♓	3 ♒	28 ♍	25 ♈	10 ♉
17	23 ♌ 27	6 ♍ 39	5 ♊ 32	6 ♊ 12	23 ♌ 53	6 ♍ 8	4 ♊ 42	10 ♉ 6	12 ♐ 29	6 ♈ 55	28 ♌ 42	17 ♋ 37	14 ♓	3 ♒	29 ♍	25 ♈	10 ♉
18	24 ♌ 25	19 ♍ 51	5 ♊ 29	6 ♊ 0	25 ♌ 53	7 ♍ 22	5 ♊ 19	10 ♉ 9	12 D 29	6 ♈ 54	28 ♌ 44	17 ♋ 38	14 ♓	3 ♒	29 ♍	25 ♈	10 ♉
19	25 ♌ 23	2 ♎ 42	5 ♊ 26	5 ♊ 50	27 ♌ 52	8 ♍ 36	5 ♊ 56	10 ♉ 11	12 ♐ 30	6 ♈ 52	28 ♌ 46	17 ♋ 39	14 ♓	2 ♒	29 ♍	25 ♈	10 ♉
20	26 ♌ 21	15 ♎ 15	5 ♊ 22	5 ♊ 42	29 ♌ 50	9 ♍ 50	6 ♊ 33	10 ♉ 13	12 ♐ 30	6 ♈ 51	28 ♌ 49	17 ♋ 41	13 ♓	2 ♒	0 ♎	25 ♈	10 ♉
21	27 ♌ 18	27 ♎ 30	5 ♊ 19	5 ♊ 37	1 ♍ 46	11 ♍ 4	7 ♊ 10	10 ♉ 15	12 ♐ 30	6 ♈ 49	28 ♌ 51	17 ♋ 42	13 ♓	2 ♒	0 ♎	25 ♈	10 ♉
22	28 ♌ 16	9 ♏ 31	5 ♊ 16	5 ♊ 33	3 ♍ 42	12 ♍ 18	7 ♊ 46	10 ♉ 17	12 ♐ 30	6 ♈ 47	28 ♌ 53	17 ♋ 43	13 ♓	2 ♒	0 ♎	25 ♈	10 ♉
23	29 ♌ 14	21 ♏ 23	5 ♊ 13	5 ♊ 32	5 ♍ 36	13 ♍ 32	8 ♊ 22	10 ♉ 19	12 ♐ 31	6 ♈ 45	28 ♌ 55	17 ♋ 44	13 ♓	1 ♒	1 ♎	25 ♈	10 ♉
24	0 ♍ 12	3 ♐ 12	5 ♊ 10	5 D 32	7 ♍ 28	14 ♍ 46	8 ♊ 58	10 ♉ 20	12 ♐ 32	6 ♈ 44	28 ♌ 57	17 ♋ 46	13 ♓	1 ♒	1 ♎	25 R	10 ♉
25	1 ♍ 10	15 ♐ 2	5 ♊ 6	5 R 32	9 ♍ 19	16 ♍ 0	9 ♊ 34	10 ♉ 22	12 ♐ 32	6 ♈ 42	29 ♌ 0	17 ♋ 47	12 ♓	1 ♒	1 ♎	25 ♈	10 ♉
26	2 ♍ 8	26 ♐ 59	5 ♊ 3	5 ♊ 31	11 ♍ 9	17 ♍ 14	10 ♊ 10	10 ♉ 23	12 ♐ 33	6 ♈ 40	29 ♌ 2	17 ♋ 48	12 ♓	1 ♒	2 ♎	25 ♈	10 ♉
27	3 ♍ 5	9 ♑ 8	5 ♊ 0	5 ♊ 27	12 ♍ 58	18 ♍ 28	10 ♊ 46	10 ♉ 23	12 ♐ 34	6 ♈ 38	29 ♌ 4	17 ♋ 49	12 ♓	1 ♒	2 ♎	25 ♈	10 ♉
28	4 ♍ 3	21 ♑ 34	4 ♊ 57	5 ♊ 22	14 ♍ 45	19 ♍ 43	11 ♊ 21	10 ♉ 24	12 ♐ 35	6 ♈ 36	29 ♌ 6	17 ♋ 50	12 ♓	1 ♒	3 ♎	25 ♈	10 ♉
29	5 ♍ 1	4 ♒ 18	4 ♊ 54	5 ♊ 13	16 ♍ 31	20 ♍ 57	11 ♊ 56	10 ♉ 25	12 ♐ 36	6 ♈ 34	29 ♌ 9	17 ♋ 52	12 ♓	0 ♒	3 ♎	25 ♈	10 ♉
30	5 ♍ 59	17 ♒ 24	4 ♊ 51	5 ♊ 3	18 ♍ 16	22 ♍ 11	12 ♊ 31	10 ♉ 25	12 ♐ 37	6 ♈ 32	29 ♌ 11	17 ♋ 53	11 ♓	0 ♒	3 ♎	25 ♈	10 ♉
31	6 ♍ 57	0 ♓ 50	4 ♊ 47	4 ♊ 51	20 ♍ 0	23 ♍ 25	13 ♊ 6	10 R 25	12 ♐ 38	6 ♈ 30	29 ♌ 13	17 ♋ 54	11 ♓	0 ♒	4 ♎	25 ♈	10 ♉

SUN INGRESS	☉ → ♍ 23日 18:53
MOON PHASE	○ 2日 00:30 ♒　◑ 9日 02:24 ♉　● 15日 22:48 ♌　◐ 23日 17:21 ♏　○ 31日 11:34 ♓

aspects		
2日	00:24	☉□♃
2日	22:40	☿⚹♂
5日	16:33	☉△♄
6日	23:16	♂□♆
8日	18:45	☿△♅
10日	01:22	☿□♃
10日	18:51	♀☌♆
11日	10:11	☿△♄
14日	15:20	♀□♂
16日	14:05	☉☌☿
19日	11:13	☿☌♆
20日	07:42	♀△♃
20日	11:02	♂⚹♅
22日	03:58	♀□♄
22日	15:53	☉☌♆
25日	04:47	☿□♂
25日	13:39	☿△♃
26日	11:04	♀⚹♇
26日	18:36	☿□♄
29日	18:32	☿⚹♇
30日	04:26	♂☍♄

1928年9月

DAY	☉	☽	☊ mean	☊ true	☿	♀	♂	♃	♄	♅	♆	♇	⚳	⚴	⚵	⚶	⚷
	° ′	° ′	° ′	° ′	° ′	° ′	° ′	° ′	° ′	° ′	° ′	° ′	°	°	°	°	°
1	7 ♍ 55	14 ♓ 35	4 ♊ 44	4 R 38	21 D 42	24 D 39	13 D 40	10 R 25	12 D 40	6 R 28	29 D 15	17 D 55	11 R	0 R	4 D	25 R	10 R
2	8 ♍ 53	28 ♓ 34	4 ♊ 41	4 ♊ 27	23 ♍ 23	25 ♍ 53	14 ♊ 15	10 ♉ 24	12 ♐ 41	6 ♈ 26	29 ♌ 17	17 ♋ 56	11 ♓	0 ♒	4 ♎	24 ♈	10 ♉
3	9 ♍ 52	12 ♈ 43	4 ♊ 38	4 ♊ 18	25 ♍ 2	27 ♍ 7	14 ♊ 49	10 ♉ 24	12 ♐ 43	6 ♈ 24	29 ♌ 20	17 ♋ 57	11 ♓	0 ♒	5 ♎	24 ♈	10 ♉
4	10 ♍ 50	26 ♈ 57	4 ♊ 35	4 ♊ 12	26 ♍ 41	28 ♍ 21	15 ♊ 23	10 ♉ 23	12 ♐ 45	6 ♈ 22	29 ♌ 22	17 ♋ 58	10 ♓	29 ♑	5 ♎	24 ♈	9 ♉
5	11 ♍ 48	11 ♉ 13	4 ♊ 32	4 ♊ 8	28 ♍ 18	29 ♍ 35	15 ♊ 56	10 ♉ 22	12 ♐ 46	6 ♈ 20	29 ♌ 24	17 ♋ 59	10 ♓	29 ♑	5 ♎	24 ♈	9 ♉
6	12 ♍ 46	25 ♉ 26	4 ♊ 28	4 ♊ 7	29 ♍ 54	0 ♎ 49	16 ♊ 30	10 ♉ 21	12 ♐ 48	6 ♈ 18	29 ♌ 26	18 ♋ 0	10 ♓	29 ♑	6 ♎	24 ♈	9 ♉
7	13 ♍ 44	9 ♊ 35	4 ♊ 25	4 D 6	1 ♎ 29	2 ♎ 3	17 ♊ 3	10 ♉ 20	12 ♐ 50	6 ♈ 16	29 ♌ 28	18 ♋ 1	10 ♓	29 ♑	6 ♎	24 ♈	9 ♉
8	14 ♍ 42	23 ♊ 39	4 ♊ 22	4 R 6	3 ♎ 3	3 ♎ 17	17 ♊ 36	10 ♉ 18	12 ♐ 52	6 ♈ 14	29 ♌ 30	18 ♋ 2	9 ♓	29 ♑	6 ♎	24 ♈	9 ♉
9	15 ♍ 41	7 ♋ 38	4 ♊ 19	4 ♊ 5	4 ♎ 35	4 ♎ 31	18 ♊ 9	10 ♉ 16	12 ♐ 54	6 ♈ 11	29 ♌ 33	18 ♋ 3	9 ♓	29 ♑	7 ♎	24 ♈	9 ♉
10	16 ♍ 39	21 ♋ 29	4 ♊ 16	4 ♊ 1	6 ♎ 7	5 ♎ 45	18 ♊ 41	10 ♉ 14	12 ♐ 56	6 ♈ 9	29 ♌ 35	18 ♋ 4	9 ♓	29 ♑	7 ♎	24 ♈	9 ♉
11	17 ♍ 37	5 ♌ 14	4 ♊ 12	3 ♊ 55	7 ♎ 37	6 ♎ 59	19 ♊ 13	10 ♉ 12	12 ♐ 59	6 ♈ 7	29 ♌ 37	18 ♋ 5	9 ♓	29 ♑	7 ♎	24 ♈	9 ♉
12	18 ♍ 36	18 ♌ 48	4 ♊ 9	3 ♊ 45	9 ♎ 6	8 ♎ 13	19 ♊ 45	10 ♉ 10	13 ♐ 1	6 ♈ 5	29 ♌ 39	18 ♋ 6	9 ♓	29 ♑	8 ♎	23 ♈	9 ♉
13	19 ♍ 34	2 ♍ 12	4 ♊ 6	3 ♊ 34	10 ♎ 34	9 ♎ 27	20 ♊ 17	10 ♉ 7	13 ♐ 4	6 ♈ 2	29 ♌ 41	18 ♋ 6	8 ♓	28 ♑	8 ♎	23 ♈	9 ♉
14	20 ♍ 33	15 ♍ 22	4 ♊ 3	3 ♊ 22	12 ♎ 1	10 ♎ 40	20 ♊ 48	10 ♉ 5	13 ♐ 6	6 ♈ 0	29 ♌ 43	18 ♋ 7	8 ♓	28 ♑	9 ♎	23 ♈	9 ♉
15	21 ♍ 31	28 ♍ 17	4 ♊ 0	3 ♊ 10	13 ♎ 26	11 ♎ 54	21 ♊ 19	10 ♉ 2	13 ♐ 9	5 ♈ 58	29 ♌ 45	18 ♋ 8	8 ♓	28 ♑	9 ♎	23 ♈	9 ♉
16	22 ♍ 30	10 ♎ 57	3 ♊ 57	2 ♊ 59	14 ♎ 50	13 ♎ 8	21 ♊ 50	9 ♉ 58	13 ♐ 12	5 ♈ 55	29 ♌ 47	18 ♋ 9	8 ♓	28 ♑	9 ♎	23 ♈	9 ♉
17	23 ♍ 28	23 ♎ 20	3 ♊ 53	2 ♊ 51	16 ♎ 13	14 ♎ 22	22 ♊ 21	9 ♉ 55	13 ♐ 15	5 ♈ 53	29 ♌ 50	18 ♋ 10	7 ♓	28 ♑	10 ♎	23 ♈	9 ♉
18	24 ♍ 27	5 ♏ 30	3 ♊ 50	2 ♊ 45	17 ♎ 35	15 ♎ 36	22 ♊ 51	9 ♉ 52	13 ♐ 17	5 ♈ 51	29 ♌ 52	18 ♋ 10	7 ♓	28 ♑	10 ♎	22 ♈	9 ♉
19	25 ♍ 25	17 ♏ 28	3 ♊ 47	2 ♊ 41	18 ♎ 56	16 ♎ 50	23 ♊ 21	9 ♉ 48	13 ♐ 20	5 ♈ 48	29 ♌ 54	18 ♋ 11	7 ♓	28 ♑	10 ♎	22 ♈	9 ♉
20	26 ♍ 24	29 ♏ 19	3 ♊ 44	2 ♊ 40	20 ♎ 15	18 ♎ 4	23 ♊ 51	9 ♉ 44	13 ♐ 24	5 ♈ 46	29 ♌ 56	18 ♋ 12	7 ♓	28 ♑	11 ♎	22 ♈	9 ♉
21	27 ♍ 23	11 ♐ 6	3 ♊ 41	2 D 40	21 ♎ 33	19 ♎ 18	24 ♊ 20	9 ♉ 40	13 ♐ 27	5 ♈ 44	29 ♌ 58	18 ♋ 13	7 ♓	28 ♑	11 ♎	22 ♈	9 ♉
22	28 ♍ 21	22 ♐ 55	3 ♊ 37	2 ♊ 41	22 ♎ 49	20 ♎ 32	24 ♊ 49	9 ♉ 36	13 ♐ 30	5 ♈ 41	0 ♍ 0	18 ♋ 13	6 ♓	28 ♑	11 ♎	22 ♈	9 ♉
23	29 ♍ 20	4 ♑ 51	3 ♊ 34	2 R 41	24 ♎ 3	21 ♎ 46	25 ♊ 18	9 ♉ 31	13 ♐ 33	5 ♈ 39	0 ♍ 2	18 ♋ 14	6 ♓	28 ♑	12 ♎	21 ♈	9 ♉
24	0 ♎ 19	17 ♑ 0	3 ♊ 31	2 ♊ 39	25 ♎ 17	23 ♎ 0	25 ♊ 46	9 ♉ 27	13 ♐ 37	5 ♈ 36	0 ♍ 4	18 ♋ 15	6 ♓	28 ♑	12 ♎	21 ♈	9 ♉
25	1 ♎ 18	29 ♑ 27	3 ♊ 28	2 ♊ 36	26 ♎ 28	24 ♎ 14	26 ♊ 14	9 ♉ 22	13 ♐ 40	5 ♈ 34	0 ♍ 6	18 ♋ 15	6 ♓	28 ♑	12 ♎	21 ♈	9 ♉
26	2 ♎ 16	12 ♒ 16	3 ♊ 25	2 ♊ 30	27 ♎ 38	25 ♎ 28	26 ♊ 42	9 ♉ 17	13 ♐ 44	5 ♈ 32	0 ♍ 8	18 ♋ 16	6 ♓	28 ♑	13 ♎	21 ♈	9 ♉
27	3 ♎ 15	25 ♒ 29	3 ♊ 22	2 ♊ 22	28 ♎ 45	26 ♎ 42	27 ♊ 9	9 ♉ 12	13 ♐ 48	5 ♈ 29	0 ♍ 10	18 ♋ 16	6 ♓	28 D	13 ♎	21 ♈	9 ♉
28	4 ♎ 14	9 ♓ 7	3 ♊ 18	2 ♊ 13	29 ♎ 51	27 ♎ 56	27 ♊ 37	9 ♉ 7	13 ♐ 52	5 ♈ 27	0 ♍ 12	18 ♋ 17	5 ♓	28 ♑	14 ♎	20 ♈	9 ♉
29	5 ♎ 13	23 ♓ 9	3 ♊ 15	2 ♊ 3	0 ♏ 54	29 ♎ 9	28 ♊ 3	9 ♉ 1	13 ♐ 55	5 ♈ 24	0 ♍ 13	18 ♋ 17	5 ♓	28 ♑	14 ♎	20 ♈	9 ♉
30	6 ♎ 12	7 ♈ 29	3 ♊ 12	1 ♊ 55	1 ♏ 55	0 ♏ 23	28 ♊ 30	8 ♉ 56	13 ♐ 59	5 ♈ 22	0 ♍ 15	18 ♋ 18	5 ♓	28 ♑	14 ♎	20 ♈	9 ♉

SUN INGRESS ☉ → ♎ 23日 16:05

MOON PHASE ◑ 7日 07:35 ♊ ● 14日 10:20 ♍ ◐ 22日 11:58 ♐ ○ 29日 21:42 ♈

aspects

3日	13:10	☉△♃
6日	00:55	☉□♄
8日	17:36	☿☌♀
10日	00:36	☿☍♅
10日	07:44	♀☍♅
11日	11:25	☉⚹♇
14日	13:45	☉□♂
14日	18:58	☿⚹♄
16日	01:05	♀⚹♄
18日	10:34	☿□♇
20日	02:30	♀□♇
24日	16:23	☿△♂
27日	14:18	♀△♂
28日	07:57	☿⚹♆
29日	04:26	☉☍♅
29日	21:22	♀⚹♆

1928年10月

DAY	☉	☽	☊ mean	☊ true	☿	♀	♂	♃	♄	♅	♆	♇	⚳	⚴	⚵	⚶	⚷
	° ′	° ′	° ′	° ′	° ′	° ′	° ′	° ′	° ′	° ′	° ′	° ′	°	°	°	°	°
1	7 ♎ 11	22 ♈ 3	3 ♊ 9	1 R 47	2 D 54	1 D 37	28 D 55	8 R 50	14 D 3	5 R 20	0 D 17	18 D 18	5 R	28 D	15 D	20 R	9 R
2	8 ♎ 10	6 ♉ 44	3 ♊ 6	1 ♊ 43	3 ♏ 50	2 ♏ 51	29 ♊ 21	8 ♉ 44	14 ♐ 8	5 ♈ 17	0 ♍ 19	18 ♋ 19	5 ♓	28 ♑	15 ♎	19 ♈	9 ♉
3	9 ♎ 9	21 ♉ 23	3 ♊ 3	1 ♊ 40	4 ♏ 43	4 ♏ 5	29 ♊ 46	8 ♉ 38	14 ♐ 12	5 ♈ 15	0 ♍ 21	18 ♋ 19	5 ♓	28 ♑	15 ♎	19 ♈	9 ♉
4	10 ♎ 8	5 ♊ 57	2 ♊ 59	1 D 40	5 ♏ 32	5 ♏ 18	0 ♋ 11	8 ♉ 32	14 ♐ 16	5 ♈ 12	0 ♍ 23	18 ♋ 20	5 ♓	28 ♑	16 ♎	19 ♈	9 ♉
5	11 ♎ 7	20 ♊ 19	2 ♊ 56	1 ♊ 41	6 ♏ 18	6 ♏ 32	0 ♋ 35	8 ♉ 25	14 ♐ 20	5 ♈ 10	0 ♍ 24	18 ♋ 20	4 ♓	28 ♑	16 ♎	19 ♈	9 ♉
6	12 ♎ 6	4 ♋ 29	2 ♊ 53	1 ♊ 42	7 ♏ 0	7 ♏ 46	0 ♋ 59	8 ♉ 19	14 ♐ 25	5 ♈ 8	0 ♍ 26	18 ♋ 20	4 ♓	28 ♑	16 ♎	18 ♈	8 ♉
7	13 ♎ 6	18 ♋ 24	2 ♊ 50	1 R 42	7 ♏ 38	9 ♏ 0	1 ♋ 23	8 ♉ 12	14 ♐ 29	5 ♈ 5	0 ♍ 28	18 ♋ 21	4 ♓	28 ♑	17 ♎	18 ♈	8 ♉
8	14 ♎ 5	2 ♌ 5	2 ♊ 47	1 ♊ 40	8 ♏ 12	10 ♏ 14	1 ♋ 46	8 ♉ 5	14 ♐ 34	5 ♈ 3	0 ♍ 30	18 ♋ 21	4 ♓	28 ♑	17 ♎	18 ♈	8 ♉
9	15 ♎ 4	15 ♌ 33	2 ♊ 43	1 ♊ 37	8 ♏ 40	11 ♏ 27	2 ♋ 9	7 ♉ 59	14 ♐ 38	5 ♈ 0	0 ♍ 31	18 ♋ 21	4 ♓	28 ♑	18 ♎	18 ♈	8 ♉
10	16 ♎ 3	28 ♌ 47	2 ♊ 40	1 ♊ 31	9 ♏ 3	12 ♏ 41	2 ♋ 31	7 ♉ 52	14 ♐ 43	4 ♈ 58	0 ♍ 33	18 ♋ 21	4 ♓	29 ♑	18 ♎	17 ♈	8 ♉
11	17 ♎ 3	11 ♍ 48	2 ♊ 37	1 ♊ 24	9 ♏ 20	13 ♏ 55	2 ♋ 53	7 ♉ 45	14 ♐ 48	4 ♈ 56	0 ♍ 35	18 ♋ 22	4 ♓	29 ♑	18 ♎	17 ♈	8 ♉
12	18 ♎ 2	24 ♍ 36	2 ♊ 34	1 ♊ 16	9 ♏ 30	15 ♏ 9	3 ♋ 14	7 ♉ 37	14 ♐ 53	4 ♈ 53	0 ♍ 36	18 ♋ 22	4 ♓	29 ♑	19 ♎	17 ♈	8 ♉
13	19 ♎ 1	7 ♎ 11	2 ♊ 31	1 ♊ 8	9 R 34	16 ♏ 22	3 ♋ 35	7 ♉ 30	14 ♐ 58	4 ♈ 51	0 ♍ 38	18 ♋ 22	4 ♓	29 ♑	19 ♎	16 ♈	8 ♉
14	20 ♎ 1	19 ♎ 35	2 ♊ 28	1 ♊ 1	9 ♏ 30	17 ♏ 36	3 ♋ 55	7 ♉ 23	15 ♐ 2	4 ♈ 49	0 ♍ 40	18 ♋ 22	4 ♓	29 ♑	19 ♎	16 ♈	8 ♉
15	21 ♎ 0	1 ♏ 46	2 ♊ 24	0 ♊ 56	9 ♏ 18	18 ♏ 50	4 ♋ 15	7 ♉ 15	15 ♐ 8	4 ♈ 46	0 ♍ 41	18 ♋ 22	4 ♓	29 ♑	20 ♎	16 ♈	8 ♉
16	22 ♎ 0	13 ♏ 48	2 ♊ 21	0 ♊ 52	8 ♏ 58	20 ♏ 4	4 ♋ 34	7 ♉ 8	15 ♐ 13	4 ♈ 44	0 ♍ 43	18 ♋ 22	3 ♓	29 ♑	20 ♎	16 ♈	8 ♉
17	23 ♎ 0	25 ♏ 41	2 ♊ 18	0 ♊ 51	8 ♏ 29	21 ♏ 17	4 ♋ 53	7 ♉ 0	15 ♐ 18	4 ♈ 42	0 ♍ 44	18 ♋ 23	3 ♓	29 ♑	20 ♎	15 ♈	8 ♉
18	23 ♎ 59	7 ♐ 29	2 ♊ 15	0 D 51	7 ♏ 52	22 ♏ 31	5 ♋ 11	6 ♉ 52	15 ♐ 23	4 ♈ 40	0 ♍ 46	18 ♋ 23	3 ♓	29 ♑	21 ♎	15 ♈	8 ♉
19	24 ♎ 59	19 ♐ 15	2 ♊ 12	0 ♊ 52	7 ♏ 6	23 ♏ 45	5 ♋ 29	6 ♉ 44	15 ♐ 28	4 ♈ 37	0 ♍ 47	18 ♋ 23	3 ♓	29 ♑	21 ♎	15 ♈	8 ♉
20	25 ♎ 58	1 ♑ 4	2 ♊ 9	0 ♊ 54	6 ♏ 12	24 ♏ 58	5 ♋ 46	6 ♉ 37	15 ♐ 34	4 ♈ 35	0 ♍ 49	18 R 23	3 ♓	0 ♒	21 ♎	15 ♈	8 ♉
21	26 ♎ 58	12 ♑ 59	2 ♊ 5	0 ♊ 55	5 ♏ 11	26 ♏ 12	6 ♋ 2	6 ♉ 29	15 ♐ 39	4 ♈ 33	0 ♍ 50	18 ♋ 23	3 ♓	0 ♒	22 ♎	14 ♈	8 ♉
22	27 ♎ 58	25 ♑ 6	2 ♊ 2	0 ♊ 56	4 ♏ 4	27 ♏ 26	6 ♋ 18	6 ♉ 21	15 ♐ 45	4 ♈ 31	0 ♍ 52	18 ♋ 23	3 ♓	0 ♒	22 ♎	14 ♈	8 ♉
23	28 ♎ 57	7 ♒ 29	1 ♊ 59	0 R 56	2 ♏ 52	28 ♏ 39	6 ♋ 33	6 ♉ 13	15 ♐ 50	4 ♈ 29	0 ♍ 53	18 ♋ 23	3 ♓	0 ♒	23 ♎	14 ♈	8 ♉
24	29 ♎ 57	20 ♒ 15	1 ♊ 56	0 ♊ 54	1 ♏ 36	29 ♏ 53	6 ♋ 48	6 ♉ 5	15 ♐ 56	4 ♈ 27	0 ♍ 54	18 ♋ 22	3 ♓	0 ♒	23 ♎	14 ♈	8 ♉
25	0 ♏ 57	3 ♓ 25	1 ♊ 53	0 ♊ 51	0 ♏ 21	1 ♐ 6	7 ♋ 2	5 ♉ 56	16 ♐ 1	4 ♈ 24	0 ♍ 56	18 ♋ 22	3 ♓	0 ♒	23 ♎	14 ♈	8 ♉
26	1 ♏ 57	17 ♓ 3	1 ♊ 49	0 ♊ 47	29 ♎ 6	2 ♐ 20	7 ♋ 16	5 ♉ 48	16 ♐ 7	4 ♈ 22	0 ♍ 57	18 ♋ 22	3 D	0 ♒	24 ♎	13 ♈	8 ♉
27	2 ♏ 57	1 ♈ 8	1 ♊ 46	0 ♊ 43	27 ♎ 56	3 ♐ 33	7 ♋ 28	5 ♉ 40	16 ♐ 13	4 ♈ 20	0 ♍ 58	18 ♋ 22	3 ♓	0 ♒	24 ♎	13 ♈	8 ♉
28	3 ♏ 57	15 ♈ 38	1 ♊ 43	0 ♊ 39	26 ♎ 51	4 ♐ 47	7 ♋ 41	5 ♉ 32	16 ♐ 19	4 ♈ 18	0 ♍ 59	18 ♋ 22	3 ♓	1 ♒	24 ♎	13 ♈	7 ♉
29	4 ♏ 56	0 ♉ 27	1 ♊ 40	0 ♊ 36	25 ♎ 54	6 ♐ 0	7 ♋ 52	5 ♉ 24	16 ♐ 24	4 ♈ 16	1 ♍ 1	18 ♋ 22	3 ♓	1 ♒	25 ♎	13 ♈	7 ♉
30	5 ♏ 56	15 ♉ 27	1 ♊ 37	0 ♊ 34	25 ♎ 7	7 ♐ 14	8 ♋ 3	5 ♉ 16	16 ♐ 30	4 ♈ 14	1 ♍ 2	18 ♋ 21	3 ♓	1 ♒	25 ♎	13 ♈	7 ♉
31	6 ♏ 56	0 ♊ 30	1 ♊ 34	0 ♊ 33	24 ♎ 30	8 ♐ 27	8 ♋ 13	5 ♉ 8	16 ♐ 36	4 ♈ 12	1 ♍ 3	18 ♋ 21	3 ♓	1 ♒	25 ♎	12 ♈	7 ♉

SUN INGRESS ☉ → ♏ 24日 00:54

MOON PHASE ◑ 6日 14:06 ♋ ● 14日 00:56 ♎ ◐ 22日 06:06 ♑ ○ 29日 07:43 ♉

aspects

4日	12:10	☿☌♀
4日	12:17	♂⚹♆
6日	09:47	♀☍♃
7日	20:11	☿☍♃
8日	12:42	☉⚹♄
12日	08:02	☉□♇
14日	15:02	♀△♇
16日	11:26	♂□♅
19日	11:50	☿☍♃
20日	08:27	☿△♂
22日	02:38	♂⚹♃
24日	13:06	☿⚹♆
24日	17:33	☉☌☿
24日	20:26	♀□♆
24日	23:25	☉⚹♆
27日	14:55	♀△♅
29日	09:41	☉☍♃

1928年11月

DAY	☉	☽	☊ mean	☊ true	☿	♀	♂	♃	♄	♅	♆	♇	⚳	⚴	⚵	⚶	⚷
	° ′	° ′	° ′	° ′	° ′	° ′	° ′	° ′	° ′	° ′	° ′	° ′	°	°	°	°	°
1	7 ♏ 56	15 ♊ 27	1 ♊ 30	0 D 34	24 R 5	9 D 41	8 D 23	5 R 0	16 D 42	4 R 11	1 D 4	18 R 21	3 D	1 D	26 D	12 R	7 R
2	8 ♏ 56	0 ♋ 11	1 ♊ 27	0 ♊ 35	23 ♎ 51	10 ♐ 54	8 ♋ 31	4 ♉ 51	16 ♐ 48	4 ♈ 9	1 ♍ 5	18 ♋ 21	3 ♓	1 ♒	26 ♎	12 ♈	7 ♉
3	9 ♏ 57	14 ♋ 37	1 ♊ 24	0 ♊ 36	23 D 48	12 ♐ 8	8 ♋ 40	4 ♉ 43	16 ♐ 55	4 ♈ 7	1 ♍ 6	18 ♋ 20	3 ♓	2 ♒	26 ♎	12 ♈	7 ♉
4	10 ♏ 57	28 ♋ 42	1 ♊ 21	0 ♊ 38	23 ♎ 57	13 ♐ 21	8 ♋ 47	4 ♉ 35	17 ♐ 1	4 ♈ 5	1 ♍ 7	18 ♋ 20	4 ♓	2 ♒	27 ♎	12 ♈	7 ♉
5	11 ♏ 57	12 ♌ 25	1 ♊ 18	0 R 38	24 ♎ 17	14 ♐ 34	8 ♋ 53	4 ♉ 27	17 ♐ 7	4 ♈ 3	1 ♍ 8	18 ♋ 19	4 ♓	2 ♒	27 ♎	11 ♈	7 ♉
6	12 ♏ 57	25 ♌ 47	1 ♊ 14	0 ♊ 37	24 ♎ 46	15 ♐ 48	8 ♋ 59	4 ♉ 19	17 ♐ 13	4 ♈ 2	1 ♍ 9	18 ♋ 19	4 ♓	2 ♒	27 ♎	11 ♈	7 ♉
7	13 ♏ 57	8 ♍ 49	1 ♊ 11	0 ♊ 36	25 ♎ 24	17 ♐ 1	9 ♋ 4	4 ♉ 11	17 ♐ 19	4 ♈ 0	1 ♍ 10	18 ♋ 19	4 ♓	2 ♒	28 ♎	11 ♈	7 ♉
8	14 ♏ 57	21 ♍ 35	1 ♊ 8	0 ♊ 34	26 ♎ 10	18 ♐ 14	9 ♋ 8	4 ♉ 3	17 ♐ 26	3 ♈ 58	1 ♍ 11	18 ♋ 18	4 ♓	3 ♒	28 ♎	11 ♈	7 ♉
9	15 ♏ 58	4 ♎ 6	1 ♊ 5	0 ♊ 32	27 ♎ 3	19 ♐ 28	9 ♋ 12	3 ♉ 56	17 ♐ 32	3 ♈ 57	1 ♍ 12	18 ♋ 18	4 ♓	3 ♒	28 ♎	11 ♈	7 ♉
10	16 ♏ 58	16 ♎ 24	1 ♊ 2	0 ♊ 30	28 ♎ 2	20 ♐ 41	9 ♋ 14	3 ♉ 48	17 ♐ 38	3 ♈ 55	1 ♍ 13	18 ♋ 17	4 ♓	3 ♒	29 ♎	11 ♈	7 ♉
11	17 ♏ 58	28 ♎ 33	0 ♊ 59	0 ♊ 28	29 ♎ 7	21 ♐ 54	9 ♋ 16	3 ♉ 40	17 ♐ 45	3 ♈ 53	1 ♍ 13	18 ♋ 17	4 ♓	3 ♒	29 ♎	11 ♈	7 ♉
12	18 ♏ 59	10 ♏ 32	0 ♊ 55	0 ♊ 27	0 ♏ 17	23 ♐ 8	9 ♋ 17	3 ♉ 33	17 ♐ 51	3 ♈ 52	1 ♍ 14	18 ♋ 16	4 ♓	3 ♒	0 ♏	10 ♈	7 ♉
13	19 ♏ 59	22 ♏ 26	0 ♊ 52	0 ♊ 26	1 ♏ 31	24 ♐ 21	9 R 17	3 ♉ 25	17 ♐ 58	3 ♈ 51	1 ♍ 15	18 ♋ 16	4 ♓	4 ♒	0 ♏	10 ♈	7 ♉
14	21 ♏ 0	4 ♐ 15	0 ♊ 49	0 D 26	2 ♏ 48	25 ♐ 34	9 ♋ 16	3 ♉ 18	18 ♐ 5	3 ♈ 49	1 ♍ 16	18 ♋ 15	4 ♓	4 ♒	0 ♏	10 ♈	7 ♉
15	22 ♏ 0	16 ♐ 2	0 ♊ 46	0 ♊ 26	4 ♏ 8	26 ♐ 47	9 ♋ 14	3 ♉ 10	18 ♐ 11	3 ♈ 48	1 ♍ 16	18 ♋ 14	5 ♓	4 ♒	1 ♏	10 ♈	7 ♉
16	23 ♏ 1	27 ♐ 49	0 ♊ 43	0 ♊ 27	5 ♏ 31	28 ♐ 0	9 ♋ 12	3 ♉ 3	18 ♐ 18	3 ♈ 46	1 ♍ 17	18 ♋ 14	5 ♓	4 ♒	1 ♏	10 ♈	7 ♉
17	24 ♏ 1	9 ♑ 39	0 ♊ 40	0 ♊ 28	6 ♏ 56	29 ♐ 13	9 ♋ 8	2 ♉ 56	18 ♐ 24	3 ♈ 45	1 ♍ 18	18 ♋ 13	5 ♓	4 ♒	1 ♏	10 ♈	7 ♉
18	25 ♏ 2	21 ♑ 36	0 ♊ 36	0 ♊ 28	8 ♏ 23	0 ♑ 26	9 ♋ 4	2 ♉ 49	18 ♐ 31	3 ♈ 44	1 ♍ 18	18 ♋ 13	5 ♓	5 ♒	2 ♏	10 ♈	6 ♉
19	26 ♏ 2	3 ♒ 43	0 ♊ 33	0 ♊ 29	9 ♏ 51	1 ♑ 40	8 ♋ 59	2 ♉ 42	18 ♐ 38	3 ♈ 43	1 ♍ 19	18 ♋ 12	5 ♓	5 ♒	2 ♏	10 ♈	6 ♉
20	27 ♏ 3	16 ♒ 5	0 ♊ 30	0 ♊ 29	11 ♏ 20	2 ♑ 53	8 ♋ 53	2 ♉ 35	18 ♐ 45	3 ♈ 41	1 ♍ 19	18 ♋ 11	5 ♓	5 ♒	2 ♏	10 ♈	6 ♉
21	28 ♏ 3	28 ♒ 45	0 ♊ 27	0 R 29	12 ♏ 50	4 ♑ 6	8 ♋ 46	2 ♉ 29	18 ♐ 51	3 ♈ 40	1 ♍ 20	18 ♋ 10	5 ♓	5 ♒	3 ♏	10 ♈	6 ♉
22	29 ♏ 4	11 ♓ 48	0 ♊ 24	0 ♊ 29	14 ♏ 21	5 ♑ 19	8 ♋ 38	2 ♉ 22	18 ♐ 58	3 ♈ 39	1 ♍ 20	18 ♋ 10	5 ♓	6 ♒	3 ♏	10 ♈	6 ♉
23	0 ♐ 5	25 ♓ 16	0 ♊ 20	0 ♊ 29	15 ♏ 53	6 ♑ 31	8 ♋ 30	2 ♉ 16	19 ♐ 5	3 ♈ 38	1 ♍ 21	18 ♋ 9	6 ♓	6 ♒	3 ♏	10 ♈	6 ♉
24	1 ♐ 5	9 ♈ 12	0 ♊ 17	0 D 29	17 ♏ 25	7 ♑ 44	8 ♋ 20	2 ♉ 10	19 ♐ 12	3 ♈ 37	1 ♍ 21	18 ♋ 8	6 ♓	6 ♒	4 ♏	10 ♈	6 ♉
25	2 ♐ 6	23 ♈ 34	0 ♊ 14	0 ♊ 29	18 ♏ 58	8 ♑ 57	8 ♋ 10	2 ♉ 4	19 ♐ 19	3 ♈ 36	1 ♍ 21	18 ♋ 7	6 ♓	6 ♒	4 ♏	10 ♈	6 ♉
26	3 ♐ 7	8 ♉ 20	0 ♊ 11	0 ♊ 29	20 ♏ 31	10 ♑ 10	7 ♋ 59	1 ♉ 58	19 ♐ 26	3 ♈ 35	1 ♍ 22	18 ♋ 6	6 ♓	6 ♒	4 ♏	10 ♈	6 ♉
27	4 ♐ 7	23 ♉ 25	0 ♊ 8	0 ♊ 30	22 ♏ 4	11 ♑ 23	7 ♋ 47	1 ♉ 52	19 ♐ 33	3 ♈ 35	1 ♍ 22	18 ♋ 6	6 ♓	7 ♒	5 ♏	10 D	6 ♉
28	5 ♐ 8	8 ♊ 38	0 ♊ 5	0 R 30	23 ♏ 37	12 ♑ 35	7 ♋ 34	1 ♉ 46	19 ♐ 39	3 ♈ 34	1 ♍ 22	18 ♋ 5	6 ♓	7 ♒	5 ♏	10 ♈	6 ♉
29	6 ♐ 9	23 ♊ 52	0 ♊ 1	0 ♊ 29	25 ♏ 11	13 ♑ 48	7 ♋ 21	1 ♉ 41	19 ♐ 46	3 ♈ 33	1 ♍ 22	18 ♋ 4	7 ♓	7 ♒	5 ♏	10 ♈	6 ♉
30	7 ♐ 10	8 ♋ 55	29 ♉ 58	0 ♊ 29	26 ♏ 44	15 ♑ 1	7 ♋ 6	1 ♉ 36	19 ♐ 53	3 ♈ 32	1 ♍ 22	18 ♋ 3	7 ♓	7 ♒	6 ♏	10 ♈	6 ♉

SUN INGRESS	☉ → ♐ 22日 22:00
MOON PHASE	◑ 4日 23:06 ♌　● 12日 18:35 ♏　◐ 20日 22:36 ♒　○ 27日 18:05 ♊

aspects

1日	12:22	☉△♂
7日	06:33	♀☌♄
11日	07:14	☉△♇
12日	18:53	☿⚹♆
14日	08:09	☿☍♃
18日	10:45	☿△♂
18日	17:07	♀△♆
19日	18:49	♀△♃
20日	15:50	♀□♅
24日	06:15	☉□♆
24日	10:26	♀☍♂
24日	11:01	☿△♇
26日	11:15	☉△♅

1928年12月

DAY	☉	☽	☊ mean	☊ true	☿	♀	♂	♃	♄	♅	♆	♇	⚳	⚴	⚵	⚶	⚷
	° ′	° ′	° ′	° ′	° ′	° ′	° ′	° ′	° ′	° ′	° ′	° ′	°	°	°	°	°
1	8 ♐ 10	23 ♋ 40	29 ♉ 55	0 R 28	28 D 18	16 D 13	6 R 51	1 R 31	20 D 0	3 R 32	1 D 23	18 R 2	7 D	8 D	6 D	10 D	6 R
2	9 ♐ 11	8 ♌ 2	29 ♉ 52	0 ♊ 27	29 ♏ 52	17 ♑ 26	6 ♋ 35	1 ♉ 26	20 ♐ 7	3 ♈ 31	1 ♍ 23	18 ♋ 1	7 ♓	8 ♒	6 ♏	10 ♈	6 ♉
3	10 ♐ 12	21 ♌ 56	29 ♉ 49	0 ♊ 26	1 ♐ 26	18 ♑ 38	6 ♋ 18	1 ♉ 21	20 ♐ 14	3 ♈ 31	1 ♍ 23	18 ♋ 0	7 ♓	8 ♒	7 ♏	10 ♈	6 ♉
4	11 ♐ 13	5 ♍ 24	29 ♉ 46	0 ♊ 26	2 ♐ 59	19 ♑ 51	6 ♋ 1	1 ♉ 16	20 ♐ 21	3 ♈ 30	1 ♍ 23	17 ♋ 59	8 ♓	8 ♒	7 ♏	10 ♈	6 ♉
5	12 ♐ 14	18 ♍ 26	29 ♉ 42	0 D 26	4 ♐ 33	21 ♑ 3	5 ♋ 43	1 ♉ 12	20 ♐ 28	3 ♈ 30	1 R 23	17 ♋ 58	8 ♓	9 ♒	7 ♏	10 ♈	6 ♉
6	13 ♐ 15	1 ♎ 6	29 ♉ 39	0 ♊ 26	6 ♐ 7	22 ♑ 15	5 ♋ 24	1 ♉ 8	20 ♐ 36	3 ♈ 29	1 ♍ 23	17 ♋ 57	8 ♓	9 ♒	8 ♏	10 ♈	6 ♉
7	14 ♐ 16	13 ♎ 28	29 ♉ 36	0 ♊ 27	7 ♐ 41	23 ♑ 28	5 ♋ 5	1 ♉ 4	20 ♐ 43	3 ♈ 29	1 ♍ 23	17 ♋ 56	8 ♓	9 ♒	8 ♏	10 ♈	6 ♉
8	15 ♐ 17	25 ♎ 36	29 ♉ 33	0 ♊ 29	9 ♐ 15	24 ♑ 40	4 ♋ 45	1 ♉ 0	20 ♐ 50	3 ♈ 28	1 ♍ 22	17 ♋ 55	9 ♓	10 ♒	8 ♏	10 ♈	6 ♉
9	16 ♐ 18	7 ♏ 34	29 ♉ 30	0 ♊ 30	10 ♐ 49	25 ♑ 52	4 ♋ 24	0 ♉ 56	20 ♐ 57	3 ♈ 28	1 ♍ 22	17 ♋ 54	9 ♓	10 ♒	8 ♏	10 ♈	6 ♉
10	17 ♐ 19	19 ♏ 26	29 ♉ 26	0 ♊ 31	12 ♐ 23	27 ♑ 4	4 ♋ 3	0 ♉ 53	21 ♐ 4	3 ♈ 28	1 ♍ 22	17 ♋ 53	9 ♓	10 ♒	9 ♏	10 ♈	6 ♉
11	18 ♐ 20	1 ♐ 14	29 ♉ 23	0 R 31	13 ♐ 56	28 ♑ 16	3 ♋ 42	0 ♉ 49	21 ♐ 11	3 ♈ 28	1 ♍ 22	17 ♋ 52	9 ♓	10 ♒	9 ♏	10 ♈	6 ♉
12	19 ♐ 21	13 ♐ 1	29 ♉ 20	0 ♊ 31	15 ♐ 30	29 ♑ 28	3 ♋ 20	0 ♉ 46	21 ♐ 18	3 ♈ 28	1 ♍ 22	17 ♋ 51	9 ♓	11 ♒	9 ♏	10 ♈	6 ♉
13	20 ♐ 22	24 ♐ 49	29 ♉ 17	0 ♊ 29	17 ♐ 5	0 ♒ 40	2 ♋ 57	0 ♉ 44	21 ♐ 25	3 ♈ 28	1 ♍ 21	17 ♋ 50	10 ♓	11 ♒	10 ♏	11 ♈	5 ♉
14	21 ♐ 23	6 ♑ 41	29 ♉ 14	0 ♊ 27	18 ♐ 39	1 ♒ 52	2 ♋ 34	0 ♉ 41	21 ♐ 32	3 D 28	1 ♍ 21	17 ♋ 49	10 ♓	11 ♒	10 ♏	11 ♈	5 ♉
15	22 ♐ 24	18 ♑ 38	29 ♉ 11	0 ♊ 23	20 ♐ 13	3 ♒ 4	2 ♋ 11	0 ♉ 38	21 ♐ 39	3 ♈ 28	1 ♍ 21	17 ♋ 48	10 ♓	11 ♒	10 ♏	11 ♈	5 ♉
16	23 ♐ 25	0 ♒ 42	29 ♉ 7	0 ♊ 19	21 ♐ 47	4 ♒ 16	1 ♋ 48	0 ♉ 36	21 ♐ 46	3 ♈ 28	1 ♍ 20	17 ♋ 46	10 ♓	12 ♒	11 ♏	11 ♈	5 ♉
17	24 ♐ 26	12 ♒ 56	29 ♉ 4	0 ♊ 15	23 ♐ 22	5 ♒ 27	1 ♋ 25	0 ♉ 34	21 ♐ 54	3 ♈ 28	1 ♍ 20	17 ♋ 45	11 ♓	12 ♒	11 ♏	11 ♈	5 ♉
18	25 ♐ 27	25 ♒ 22	29 ♉ 1	0 ♊ 11	24 ♐ 56	6 ♒ 39	1 ♋ 1	0 ♉ 32	22 ♐ 1	3 ♈ 28	1 ♍ 20	17 ♋ 44	11 ♓	12 ♒	11 ♏	11 ♈	5 ♉
19	26 ♐ 28	8 ♓ 3	28 ♉ 58	0 ♊ 9	26 ♐ 31	7 ♒ 50	0 ♋ 37	0 ♉ 31	22 ♐ 8	3 ♈ 29	1 ♍ 19	17 ♋ 43	11 ♓	13 ♒	12 ♏	11 ♈	5 ♉
20	27 ♐ 29	21 ♓ 1	28 ♉ 55	0 ♊ 8	28 ♐ 6	9 ♒ 2	0 ♋ 14	0 ♉ 29	22 ♐ 15	3 ♈ 29	1 ♍ 19	17 ♋ 42	11 ♓	13 ♒	12 ♏	12 ♈	5 ♉
21	28 ♐ 30	4 ♈ 20	28 ♉ 52	0 D 7	29 ♐ 41	10 ♒ 13	29 ♊ 50	0 ♉ 28	22 ♐ 22	3 ♈ 29	1 ♍ 18	17 ♋ 41	12 ♓	13 ♒	12 ♏	12 ♈	5 ♉
22	29 ♐ 31	18 ♈ 1	28 ♉ 48	0 ♊ 8	1 ♑ 16	11 ♒ 24	29 ♊ 26	0 ♉ 27	22 ♐ 29	3 ♈ 30	1 ♍ 17	17 ♋ 39	12 ♓	13 ♒	12 ♏	12 ♈	5 ♉
23	0 ♑ 32	2 ♉ 7	28 ♉ 45	0 ♊ 10	2 ♑ 52	12 ♒ 35	29 ♊ 3	0 ♉ 26	22 ♐ 36	3 ♈ 30	1 ♍ 17	17 ♋ 38	12 ♓	14 ♒	13 ♏	12 ♈	5 ♉
24	1 ♑ 34	16 ♉ 37	28 ♉ 42	0 ♊ 11	4 ♑ 28	13 ♒ 46	28 ♊ 39	0 ♉ 26	22 ♐ 43	3 ♈ 31	1 ♍ 16	17 ♋ 37	13 ♓	14 ♒	13 ♏	12 ♈	5 ♉
25	2 ♑ 35	1 ♊ 27	28 ♉ 39	0 R 12	6 ♑ 4	14 ♒ 57	28 ♊ 16	0 ♉ 25	22 ♐ 50	3 ♈ 31	1 ♍ 15	17 ♋ 36	13 ♓	14 ♒	13 ♏	12 ♈	5 ♉
26	3 ♑ 36	16 ♊ 32	28 ♉ 36	0 ♊ 11	7 ♑ 40	16 ♒ 8	27 ♊ 53	0 ♉ 25	22 ♐ 57	3 ♈ 32	1 ♍ 15	17 ♋ 35	13 ♓	15 ♒	14 ♏	13 ♈	5 ♉
27	4 ♑ 37	1 ♋ 43	28 ♉ 32	0 ♊ 8	9 ♑ 16	17 ♒ 19	27 ♊ 31	0 D 25	23 ♐ 4	3 ♈ 33	1 ♍ 14	17 ♋ 33	13 ♓	15 ♒	14 ♏	13 ♈	5 ♉
28	5 ♑ 38	16 ♋ 51	28 ♉ 29	0 ♊ 4	10 ♑ 53	18 ♒ 29	27 ♊ 8	0 ♉ 26	23 ♐ 11	3 ♈ 33	1 ♍ 13	17 ♋ 32	14 ♓	15 ♒	14 ♏	13 ♈	5 ♉
29	6 ♑ 39	1 ♌ 46	28 ♉ 26	29 ♉ 58	12 ♑ 30	19 ♒ 40	26 ♊ 47	0 ♉ 26	23 ♐ 18	3 ♈ 34	1 ♍ 12	17 ♋ 31	14 ♓	16 ♒	15 ♏	13 ♈	5 ♉
30	7 ♑ 40	16 ♌ 20	28 ♉ 23	29 ♉ 52	14 ♑ 7	20 ♒ 50	26 ♊ 25	0 ♉ 27	23 ♐ 25	3 ♈ 35	1 ♍ 12	17 ♋ 30	14 ♓	16 ♒	15 ♏	13 ♈	5 ♉
31	8 ♑ 41	0 ♍ 27	28 ♉ 20	29 ♉ 47	15 ♑ 44	22 ♒ 0	26 ♊ 4	0 ♉ 28	23 ♐ 32	3 ♈ 36	1 ♍ 11	17 ♋ 28	14 ♓	16 ♒	15 ♏	14 ♈	5 ♉

SUN INGRESS	☉ → ♑ 22日 11:04
MOON PHASE	◑ 4日 11:31 ♍　● 12日 14:06 ♐　◐ 20日 12:43 ♓　○ 27日 04:55 ♋

aspects

2日	11:32	♀☍♇
2日	14:46	♃△♆
2日	23:15	☿□♆
4日	07:47	☿△♅
11日	15:01	♂□♅
13日	01:05	♀□♃
14日	04:16	☉☌♄
15日	08:01	♀⚹♅
15日	23:45	☿☌♄
17日	04:57	♂⚹♆
18日	21:47	☉☌☿
19日	07:13	♂⚹♃
21日	01:47	☿☍♂
21日	11:42	☿△♃
21日	22:35	☉☍♂
22日	00:13	☿△♆
22日	21:38	☉△♃
23日	09:37	♀□♅
23日	17:13	☉△♆
25日	22:26	☉□♅

1929年1月

DAY	☉	☽	☊		☿	♀	♂	♃	♄	♅	♆	♇	⚳	⚴	⚵	⚶	⚷
			mean	true													
	° ′	° ′	° ′	° ′	° ′	° ′	° ′	° ′	° ′	° ′	° ′	° ′	°	°	°	°	°
1	9 ♑ 43	14 ♍ 5	28 ♉ 17	29 R 42	17 D 22	23 D 10	25 R 44	0 D 29	23 D 39	3 D 37	1 R 10	17 R 27	15 D	16 D	15 D	14 D	5 R
2	10 ♑ 44	27 ♍ 14	28 ♉ 13	29 ♉ 40	19 ♑ 0	24 ♒ 20	25 ♊ 24	0 ♉ 30	23 ♐ 46	3 ♈ 38	1 ♍ 9	17 ♋ 26	15 ♓	17 ♒	16 ♏	14 ♈	5 ♉
3	11 ♑ 45	9 ♎ 58	28 ♉ 10	29 ♉ 39	20 ♑ 38	25 ♒ 30	25 ♊ 4	0 ♉ 32	23 ♐ 53	3 ♈ 39	1 ♍ 8	17 ♋ 25	15 ♓	17 ♒	16 ♏	14 ♈	5 ♉
4	12 ♑ 46	22 ♎ 20	28 ♉ 7	29 D 39	22 ♑ 16	26 ♒ 40	24 ♊ 45	0 ♉ 33	24 ♐ 0	3 ♈ 40	1 ♍ 7	17 ♋ 23	16 ♓	17 ♒	16 ♏	14 ♈	5 ♉
5	13 ♑ 47	4 ♏ 25	28 ♉ 4	29 ♉ 40	23 ♑ 55	27 ♒ 49	24 ♊ 27	0 ♉ 35	24 ♐ 6	3 ♈ 41	1 ♍ 6	17 ♋ 22	16 ♓	18 ♒	16 ♏	15 ♈	5 ♉
6	14 ♑ 48	16 ♏ 19	28 ♉ 1	29 ♉ 42	25 ♑ 33	28 ♒ 59	24 ♊ 9	0 ♉ 37	24 ♐ 13	3 ♈ 42	1 ♍ 5	17 ♋ 21	16 ♓	18 ♒	17 ♏	15 ♈	5 ♉
7	15 ♑ 50	28 ♏ 7	27 ♉ 58	29 ♉ 43	27 ♑ 11	0 ♓ 8	23 ♊ 53	0 ♉ 40	24 ♐ 20	3 ♈ 43	1 ♍ 4	17 ♋ 19	17 ♓	18 ♒	17 ♏	15 ♈	5 ♉
8	16 ♑ 51	9 ♐ 53	27 ♉ 54	29 R 42	28 ♑ 49	1 ♓ 17	23 ♊ 36	0 ♉ 42	24 ♐ 27	3 ♈ 45	1 ♍ 3	17 ♋ 18	17 ♓	19 ♒	17 ♏	15 ♈	5 ♉
9	17 ♑ 52	21 ♐ 40	27 ♉ 51	29 ♉ 39	0 ♒ 27	2 ♓ 26	23 ♊ 21	0 ♉ 45	24 ♐ 34	3 ♈ 46	1 ♍ 2	17 ♋ 17	17 ♓	19 ♒	18 ♏	16 ♈	5 ♉
10	18 ♑ 53	3 ♑ 33	27 ♉ 48	29 ♉ 34	2 ♒ 5	3 ♓ 35	23 ♊ 6	0 ♉ 48	24 ♐ 40	3 ♈ 47	1 ♍ 1	17 ♋ 16	18 ♓	19 ♒	18 ♏	16 ♈	5 ♉
11	19 ♑ 54	15 ♑ 32	27 ♉ 45	29 ♉ 27	3 ♒ 42	4 ♓ 44	22 ♊ 52	0 ♉ 51	24 ♐ 47	3 ♈ 49	1 ♍ 0	17 ♋ 14	18 ♓	20 ♒	18 ♏	16 ♈	5 ♉
12	20 ♑ 55	27 ♑ 40	27 ♉ 42	29 ♉ 17	5 ♒ 19	5 ♓ 52	22 ♊ 39	0 ♉ 54	24 ♐ 54	3 ♈ 50	0 ♍ 58	17 ♋ 13	18 ♓	20 ♒	18 ♏	16 ♈	5 ♉
13	21 ♑ 57	9 ♒ 58	27 ♉ 38	29 ♉ 7	6 ♒ 55	7 ♓ 0	22 ♊ 27	0 ♉ 58	25 ♐ 0	3 ♈ 52	0 ♍ 57	17 ♋ 12	19 ♓	20 ♒	19 ♏	17 ♈	5 ♉
14	22 ♑ 58	22 ♒ 27	27 ♉ 35	28 ♉ 56	8 ♒ 29	8 ♓ 9	22 ♊ 15	1 ♉ 1	25 ♐ 7	3 ♈ 53	0 ♍ 56	17 ♋ 11	19 ♓	21 ♒	19 ♏	17 ♈	5 ♉
15	23 ♑ 59	5 ♓ 6	27 ♉ 32	28 ♉ 47	10 ♒ 2	9 ♓ 16	22 ♊ 4	1 ♉ 5	25 ♐ 13	3 ♈ 55	0 ♍ 55	17 ♋ 9	19 ♓	21 ♒	19 ♏	17 ♈	5 ♉
16	25 ♑ 0	17 ♓ 57	27 ♉ 29	28 ♉ 39	11 ♒ 34	10 ♓ 24	21 ♊ 55	1 ♉ 9	25 ♐ 20	3 ♈ 57	0 ♍ 53	17 ♋ 8	19 ♓	21 ♒	19 ♏	18 ♈	5 D
17	26 ♑ 1	1 ♈ 2	27 ♉ 26	28 ♉ 33	13 ♒ 3	11 ♓ 32	21 ♊ 45	1 ♉ 14	25 ♐ 26	3 ♈ 58	0 ♍ 52	17 ♋ 7	20 ♓	21 ♒	20 ♏	18 ♈	5 ♉
18	27 ♑ 2	14 ♈ 20	27 ♉ 23	28 ♉ 31	14 ♒ 29	12 ♓ 39	21 ♊ 37	1 ♉ 18	25 ♐ 33	4 ♈ 0	0 ♍ 51	17 ♋ 5	20 ♓	22 ♒	20 ♏	18 ♈	5 ♉
19	28 ♑ 3	27 ♈ 55	27 ♉ 19	28 ♉ 30	15 ♒ 53	13 ♓ 46	21 ♊ 30	1 ♉ 23	25 ♐ 39	4 ♈ 2	0 ♍ 49	17 ♋ 4	20 ♓	22 ♒	20 ♏	18 ♈	5 ♉
20	29 ♑ 4	11 ♉ 48	27 ♉ 16	28 D 30	17 ♒ 12	14 ♓ 53	21 ♊ 23	1 ♉ 28	25 ♐ 45	4 ♈ 4	0 ♍ 48	17 ♋ 3	21 ♓	22 ♒	20 ♏	19 ♈	5 ♉
21	0 ♒ 5	25 ♉ 58	27 ♉ 13	28 ♉ 31	18 ♒ 28	16 ♓ 0	21 ♊ 17	1 ♉ 33	25 ♐ 52	4 ♈ 5	0 ♍ 47	17 ♋ 2	21 ♓	23 ♒	21 ♏	19 ♈	5 ♉
22	1 ♒ 6	10 ♊ 26	27 ♉ 10	28 R 30	19 ♒ 38	17 ♓ 6	21 ♊ 12	1 ♉ 38	25 ♐ 58	4 ♈ 7	0 ♍ 45	17 ♋ 1	21 ♓	23 ♒	21 ♏	19 ♈	5 ♉
23	2 ♒ 7	25 ♊ 8	27 ♉ 7	28 ♉ 28	20 ♒ 43	18 ♓ 12	21 ♊ 8	1 ♉ 43	26 ♐ 4	4 ♈ 9	0 ♍ 44	16 ♋ 59	22 ♓	23 ♒	21 ♏	20 ♈	5 ♉
24	3 ♒ 8	9 ♋ 59	27 ♉ 4	28 ♉ 22	21 ♒ 40	19 ♓ 18	21 ♊ 5	1 ♉ 49	26 ♐ 10	4 ♈ 11	0 ♍ 42	16 ♋ 58	22 ♓	24 ♒	21 ♏	20 ♈	5 ♉
25	4 ♒ 9	24 ♋ 53	27 ♉ 0	28 ♉ 14	22 ♒ 31	20 ♓ 24	21 ♊ 2	1 ♉ 55	26 ♐ 16	4 ♈ 13	0 ♍ 41	16 ♋ 57	23 ♓	24 ♒	21 ♏	20 ♈	5 ♉
26	5 ♒ 10	9 ♌ 39	26 ♉ 57	28 ♉ 4	23 ♒ 13	21 ♓ 29	21 ♊ 0	2 ♉ 0	26 ♐ 23	4 ♈ 16	0 ♍ 40	16 ♋ 56	23 ♓	24 ♒	22 ♏	20 ♈	5 ♉
27	6 ♒ 11	24 ♌ 10	26 ♉ 54	27 ♉ 53	23 ♒ 45	22 ♓ 34	20 ♊ 59	2 ♉ 7	26 ♐ 29	4 ♈ 18	0 ♍ 38	16 ♋ 54	23 ♓	25 ♒	22 ♏	21 ♈	5 ♉
28	7 ♒ 12	8 ♍ 19	26 ♉ 51	27 ♉ 42	24 ♒ 8	23 ♓ 39	20 D 59	2 ♉ 13	26 ♐ 35	4 ♈ 20	0 ♍ 37	16 ♋ 53	24 ♓	25 ♒	22 ♏	21 ♈	5 ♉
29	8 ♒ 13	22 ♍ 2	26 ♉ 48	27 ♉ 33	24 ♒ 21	24 ♓ 43	20 ♊ 59	2 ♉ 19	26 ♐ 40	4 ♈ 22	0 ♍ 35	16 ♋ 52	24 ♓	25 ♒	22 ♏	21 ♈	5 ♉
30	9 ♒ 14	5 ♎ 17	26 ♉ 44	27 ♉ 25	24 R 22	25 ♓ 47	21 ♊ 0	2 ♉ 26	26 ♐ 46	4 ♈ 24	0 ♍ 34	16 ♋ 51	24 ♓	26 ♒	23 ♏	22 ♈	5 ♉
31	10 ♒ 15	18 ♎ 6	26 ♉ 41	27 ♉ 21	24 ♒ 12	26 ♓ 51	21 ♊ 2	2 ♉ 32	26 ♐ 52	4 ♈ 27	0 ♍ 32	16 ♋ 50	25 ♓	26 ♒	23 ♏	22 ♈	5 ♉
SUN INGRESS	☉ → ♒ 20日 21:42																
MOON PHASE	◑ 3日 03:44 ♎	● 11日 09:28 ♑	◐ 19日 00:15 ♈	○ 25日 16:09 ♌													

aspects		
1日	01:12	☿☍♇
1日	10:54	♀⚹♄
2日	16:59	♀△♂
5日	20:12	♂☍♄
7日	11:19	♀⚹♃
7日	19:06	♀☍♆
8日	10:34	☉☍♇
9日	04:23	☿□♃
11日	01:36	☿⚹♅
12日	21:23	♃△♆
21日	22:03	♀△♇
22日	13:34	☉□♃
23日	09:36	☿△♂
25日	01:39	☉⚹♅
25日	13:40	♀□♂
31日	00:24	♀□♄

1929年2月

DAY	☉	☽	☊		☿	♀	♂	♃	♄	♅	♆	♇	⚳	⚴	⚵	⚶	⚷
			mean	true													
	° ′	° ′	° ′	° ′	° ′	° ′	° ′	° ′	° ′	° ′	° ′	° ′	°	°	°	°	°
1	11 ♒ 16	0 ♏ 32	26 ♉ 38	27 R 19	23 R 51	27 D 55	21 D 5	2 D 39	26 D 58	4 D 29	0 R 30	16 R 49	25 D	26 D	23 D	22 D	5 D
2	12 ♒ 17	12 ♏ 40	26 ♉ 35	27 D 18	23 ♒ 19	28 ♓ 58	21 ♊ 9	2 ♉ 46	27 ♐ 4	4 ♈ 31	0 ♍ 29	16 ♋ 47	25 ♓	27 ♒	23 ♏	23 ♈	5 ♉
3	13 ♒ 18	24 ♏ 35	26 ♉ 32	27 ♉ 18	22 ♒ 36	0 ♈ 1	21 ♊ 13	2 ♉ 54	27 ♐ 9	4 ♈ 34	0 ♍ 27	16 ♋ 46	26 ♓	27 ♒	23 ♏	23 ♈	5 ♉
4	14 ♒ 19	6 ♐ 23	26 ♉ 29	27 R 18	21 ♒ 45	1 ♈ 3	21 ♊ 17	3 ♉ 1	27 ♐ 15	4 ♈ 36	0 ♍ 26	16 ♋ 45	26 ♓	27 ♒	23 ♏	23 ♈	5 ♉
5	15 ♒ 19	18 ♐ 10	26 ♉ 25	27 ♉ 16	20 ♒ 46	2 ♈ 5	21 ♊ 23	3 ♉ 9	27 ♐ 20	4 ♈ 39	0 ♍ 24	16 ♋ 44	26 ♓	28 ♒	24 ♏	24 ♈	5 ♉
6	16 ♒ 20	29 ♐ 59	26 ♉ 22	27 ♉ 12	19 ♒ 40	3 ♈ 7	21 ♊ 29	3 ♉ 16	27 ♐ 26	4 ♈ 41	0 ♍ 22	16 ♋ 43	27 ♓	28 ♒	24 ♏	24 ♈	5 ♉
7	17 ♒ 21	11 ♑ 57	26 ♉ 19	27 ♉ 5	18 ♒ 31	4 ♈ 8	21 ♊ 36	3 ♉ 24	27 ♐ 31	4 ♈ 44	0 ♍ 21	16 ♋ 42	27 ♓	28 ♒	24 ♏	24 ♈	5 ♉
8	18 ♒ 22	24 ♑ 4	26 ♉ 16	26 ♉ 55	17 ♒ 19	5 ♈ 9	21 ♊ 43	3 ♉ 32	27 ♐ 37	4 ♈ 46	0 ♍ 19	16 ♋ 41	27 ♓	29 ♒	24 ♏	25 ♈	5 ♉
9	19 ♒ 23	6 ♒ 24	26 ♉ 13	26 ♉ 42	16 ♒ 8	6 ♈ 10	21 ♊ 51	3 ♉ 40	27 ♐ 42	4 ♈ 49	0 ♍ 18	16 ♋ 40	28 ♓	29 ♒	24 ♏	25 ♈	5 ♉
10	20 ♒ 23	18 ♒ 58	26 ♉ 10	26 ♉ 29	14 ♒ 58	7 ♈ 10	22 ♊ 0	3 ♉ 48	27 ♐ 47	4 ♈ 51	0 ♍ 16	16 ♋ 39	28 ♓	29 ♒	25 ♏	25 ♈	5 ♉
11	21 ♒ 24	1 ♓ 45	26 ♉ 6	26 ♉ 14	13 ♒ 51	8 ♈ 9	22 ♊ 9	3 ♉ 57	27 ♐ 52	4 ♈ 54	0 ♍ 14	16 ♋ 38	29 ♓	0 ♓	25 ♏	26 ♈	5 ♉
12	22 ♒ 25	14 ♓ 46	26 ♉ 3	26 ♉ 1	12 ♒ 50	9 ♈ 9	22 ♊ 19	4 ♉ 5	27 ♐ 57	4 ♈ 57	0 ♍ 13	16 ♋ 37	29 ♓	0 ♓	25 ♏	26 ♈	5 ♉
13	23 ♒ 25	27 ♓ 57	26 ♉ 0	25 ♉ 50	11 ♒ 54	10 ♈ 7	22 ♊ 30	4 ♉ 14	28 ♐ 2	5 ♈ 0	0 ♍ 11	16 ♋ 36	29 ♓	0 ♓	25 ♏	26 ♈	5 ♉
14	24 ♒ 26	11 ♈ 19	25 ♉ 57	25 ♉ 42	11 ♒ 5	11 ♈ 5	22 ♊ 41	4 ♉ 23	28 ♐ 7	5 ♈ 2	0 ♍ 9	16 ♋ 35	0 ♈	1 ♓	25 ♏	27 ♈	5 ♉
15	25 ♒ 27	24 ♈ 51	25 ♉ 54	25 ♉ 37	10 ♒ 24	12 ♈ 3	22 ♊ 53	4 ♉ 32	28 ♐ 12	5 ♈ 5	0 ♍ 8	16 ♋ 34	0 ♈	1 ♓	25 ♏	27 ♈	5 ♉
16	26 ♒ 27	8 ♉ 33	25 ♉ 50	25 ♉ 35	9 ♒ 51	13 ♈ 0	23 ♊ 5	4 ♉ 41	28 ♐ 17	5 ♈ 8	0 ♍ 6	16 ♋ 33	0 ♈	1 ♓	25 ♏	28 ♈	5 ♉
17	27 ♒ 28	22 ♉ 24	25 ♉ 47	25 ♉ 35	9 ♒ 25	13 ♈ 57	23 ♊ 18	4 ♉ 50	28 ♐ 22	5 ♈ 11	0 ♍ 4	16 ♋ 32	1 ♈	2 ♓	26 ♏	28 ♈	5 ♉
18	28 ♒ 28	6 ♊ 25	25 ♉ 44	25 ♉ 35	9 ♒ 7	14 ♈ 53	23 ♊ 31	5 ♉ 0	28 ♐ 26	5 ♈ 14	0 ♍ 3	16 ♋ 31	1 ♈	2 ♓	26 ♏	28 ♈	5 ♉
19	29 ♒ 29	20 ♊ 36	25 ♉ 41	25 ♉ 34	8 ♒ 56	15 ♈ 48	23 ♊ 45	5 ♉ 9	28 ♐ 31	5 ♈ 17	0 ♍ 1	16 ♋ 30	2 ♈	2 ♓	26 ♏	29 ♈	5 ♉
20	0 ♓ 29	4 ♋ 56	25 ♉ 38	25 ♉ 30	8 D 53	16 ♈ 43	23 ♊ 59	5 ♉ 19	28 ♐ 36	5 ♈ 20	29 ♌ 59	16 ♋ 29	2 ♈	3 ♓	26 ♏	29 ♈	6 ♉
21	1 ♓ 30	19 ♋ 21	25 ♉ 35	25 ♉ 24	8 ♒ 57	17 ♈ 37	24 ♊ 14	5 ♉ 29	28 ♐ 40	5 ♈ 23	29 ♌ 58	16 ♋ 28	2 ♈	3 ♓	26 ♏	29 ♈	6 ♉
22	2 ♓ 30	3 ♌ 48	25 ♉ 31	25 ♉ 16	9 ♒ 7	18 ♈ 30	24 ♊ 29	5 ♉ 38	28 ♐ 44	5 ♈ 26	29 ♌ 56	16 ♋ 28	3 ♈	3 ♓	26 ♏	0 ♉	6 ♉
23	3 ♓ 31	18 ♌ 10	25 ♉ 28	25 ♉ 5	9 ♒ 23	19 ♈ 23	24 ♊ 45	5 ♉ 48	28 ♐ 49	5 ♈ 29	29 ♌ 54	16 ♋ 27	3 ♈	4 ♓	26 ♏	0 ♉	6 ♉
24	4 ♓ 31	2 ♍ 21	25 ♉ 25	24 ♉ 52	9 ♒ 45	20 ♈ 15	25 ♊ 1	5 ♉ 58	28 ♐ 53	5 ♈ 32	29 ♌ 53	16 ♋ 26	3 ♈	4 ♓	26 ♏	1 ♉	6 ♉
25	5 ♓ 31	16 ♍ 17	25 ♉ 22	24 ♉ 40	10 ♒ 12	21 ♈ 6	25 ♊ 18	6 ♉ 9	28 ♐ 57	5 ♈ 35	29 ♌ 51	16 ♋ 25	4 ♈	4 ♓	27 ♏	1 ♉	6 ♉
26	6 ♓ 32	29 ♍ 51	25 ♉ 19	24 ♉ 29	10 ♒ 44	21 ♈ 57	25 ♊ 35	6 ♉ 19	29 ♐ 1	5 ♈ 38	29 ♌ 49	16 ♋ 24	4 ♈	5 ♓	27 ♏	1 ♉	6 ♉
27	7 ♓ 32	13 ♎ 3	25 ♉ 16	24 ♉ 21	11 ♒ 21	22 ♈ 47	25 ♊ 52	6 ♉ 29	29 ♐ 5	5 ♈ 41	29 ♌ 48	16 ♋ 24	5 ♈	5 ♓	27 ♏	2 ♉	6 ♉
28	8 ♓ 32	25 ♎ 51	25 ♉ 12	24 ♉ 15	12 ♒ 2	23 ♈ 35	26 ♊ 10	6 ♉ 40	29 ♐ 9	5 ♈ 44	29 ♌ 46	16 ♋ 23	5 ♈	5 ♓	27 ♏	2 ♉	6 ♉
SUN INGRESS	☉ → ♓ 19日 12:07																
MOON PHASE	◑ 1日 23:10 ♏	● 10日 02:55 ♒	◐ 17日 09:22 ♉	○ 24日 03:59 ♍													

aspects		
4日	10:30	☿△♂
7日	12:42	☉☌☿
7日	14:32	♀☌♅
11日	21:26	☉△♂
13日	23:59	☿⚹♀
17日	23:07	☉⚹♄
19日	12:20	☉☍♆
19日	18:05	♀□♇
25日	17:52	☉⚹♃

1929年3月

DAY	☉	☽	☊ mean	☊ true	☿	♀	♂	♃	♄	♅	♆	♇	⚳	⚴	⚵	⚶	⚷
	° ′	° ′	° ′	° ′	° ′	° ′	° ′	° ′	° ′	° ′	° ′	° ′	°	°	°	°	°
1	9 ♓ 32	8 ♏ 19	25 ♉ 9	24 R 12	12 D 46	24 D 23	26 D 29	6 D 50	29 D 13	5 D 47	29 R 44	16 R 22	5 D	6 D	27 D	2 D	6 D
2	10 ♓ 33	20 ♏ 29	25 ♉ 6	24 ♉ 11	13 ♒ 35	25 ♈ 10	26 ♊ 47	7 ♉ 1	29 ♐ 16	5 ♈ 50	29 ♌ 43	16 ♋ 22	6 ♈	6 ♓	27 ♏	3 ♉	6 ♉
3	11 ♓ 33	2 ♐ 27	25 ♉ 3	24 D 11	14 ♒ 27	25 ♈ 57	27 ♊ 6	7 ♉ 12	29 ♐ 20	5 ♈ 53	29 ♌ 41	16 ♋ 21	6 ♈	6 ♓	27 ♏	3 ♉	6 ♉
4	12 ♓ 33	14 ♐ 17	25 ♉ 0	24 R 11	15 ♒ 22	26 ♈ 42	27 ♊ 26	7 ♉ 23	29 ♐ 24	5 ♈ 57	29 ♌ 39	16 ♋ 20	7 ♈	7 ♓	27 ♏	4 ♉	6 ♉
5	13 ♓ 33	26 ♐ 5	24 ♉ 56	24 ♉ 10	16 ♒ 19	27 ♈ 26	27 ♊ 46	7 ♉ 34	29 ♐ 27	6 ♈ 0	29 ♌ 38	16 ♋ 20	7 ♈	7 ♓	27 ♏	4 ♉	6 ♉
6	14 ♓ 33	7 ♑ 57	24 ♉ 53	24 ♉ 7	17 ♒ 20	28 ♈ 9	28 ♊ 6	7 ♉ 45	29 ♐ 31	6 ♈ 3	29 ♌ 36	16 ♋ 19	7 ♈	7 ♓	27 ♏	4 ♉	6 ♉
7	15 ♓ 33	19 ♑ 58	24 ♉ 50	24 ♉ 2	18 ♒ 23	28 ♈ 51	28 ♊ 26	7 ♉ 56	29 ♐ 34	6 ♈ 6	29 ♌ 34	16 ♋ 18	8 ♈	8 ♓	27 ♏	5 ♉	6 ♉
8	16 ♓ 33	2 ♒ 11	24 ♉ 47	23 ♉ 55	19 ♒ 29	29 ♈ 32	28 ♊ 47	8 ♉ 8	29 ♐ 37	6 ♈ 10	29 ♌ 33	16 ♋ 18	8 ♈	8 ♓	27 ♏	5 ♉	6 ♉
9	17 ♓ 33	14 ♒ 40	24 ♉ 44	23 ♉ 45	20 ♒ 36	0 ♉ 12	29 ♊ 8	8 ♉ 19	29 ♐ 40	6 ♈ 13	29 ♌ 31	16 ♋ 17	8 ♈	8 ♓	27 ♏	6 ♉	6 ♉
10	18 ♓ 33	27 ♒ 26	24 ♉ 41	23 ♉ 33	21 ♒ 46	0 ♉ 50	29 ♊ 30	8 ♉ 31	29 ♐ 43	6 ♈ 16	29 ♌ 30	16 ♋ 17	9 ♈	9 ♓	27 ♏	6 ♉	6 ♉
11	19 ♓ 33	10 ♓ 31	24 ♉ 37	23 ♉ 22	22 ♒ 58	1 ♉ 28	29 ♊ 52	8 ♉ 42	29 ♐ 46	6 ♈ 20	29 ♌ 28	16 ♋ 16	9 ♈	9 ♓	28 ♏	6 ♉	6 ♉
12	20 ♓ 33	23 ♓ 52	24 ♉ 34	23 ♉ 11	24 ♒ 12	2 ♉ 4	0 ♋ 14	8 ♉ 54	29 ♐ 49	6 ♈ 23	29 ♌ 27	16 ♋ 16	10 ♈	9 ♓	28 ♏	7 ♉	6 ♉
13	21 ♓ 33	7 ♈ 28	24 ♉ 31	23 ♉ 2	25 ♒ 28	2 ♉ 38	0 ♋ 37	9 ♉ 6	29 ♐ 52	6 ♈ 26	29 ♌ 25	16 ♋ 15	10 ♈	10 ♓	28 ♏	7 ♉	6 ♉
14	22 ♓ 33	21 ♈ 15	24 ♉ 28	22 ♉ 55	26 ♒ 45	3 ♉ 12	0 ♋ 59	9 ♉ 18	29 ♐ 55	6 ♈ 30	29 ♌ 24	16 ♋ 15	10 ♈	10 ♓	28 ♏	7 ♉	6 ♉
15	23 ♓ 33	5 ♉ 11	24 ♉ 25	22 ♉ 51	28 ♒ 4	3 ♉ 43	1 ♋ 22	9 ♉ 30	29 ♐ 57	6 ♈ 33	29 ♌ 22	16 ♋ 15	11 ♈	10 ♓	28 ♏	8 ♉	7 ♉
16	24 ♓ 32	19 ♉ 13	24 ♉ 21	22 ♉ 50	29 ♒ 25	4 ♉ 14	1 ♋ 46	9 ♉ 42	0 ♑ 0	6 ♈ 36	29 ♌ 20	16 ♋ 14	11 ♈	11 ♓	28 ♏	8 ♉	7 ♉
17	25 ♓ 32	3 ♊ 17	24 ♉ 18	22 D 50	0 ♓ 47	4 ♉ 42	2 ♋ 9	9 ♉ 54	0 ♑ 2	6 ♈ 40	29 ♌ 19	16 ♋ 14	12 ♈	11 ♓	28 R	9 ♉	7 ♉
18	26 ♓ 32	17 ♊ 24	24 ♉ 15	22 ♉ 51	2 ♓ 11	5 ♉ 9	2 ♋ 33	10 ♉ 6	0 ♑ 4	6 ♈ 43	29 ♌ 18	16 ♋ 14	12 ♈	11 ♓	28 ♏	9 ♉	7 ♉
19	27 ♓ 32	1 ♋ 32	24 ♉ 12	22 R 51	3 ♓ 36	5 ♉ 35	2 ♋ 58	10 ♉ 18	0 ♑ 7	6 ♈ 46	29 ♌ 16	16 ♋ 13	12 ♈	12 ♓	28 ♏	10 ♉	7 ♉
20	28 ♓ 31	15 ♋ 39	24 ♉ 9	22 ♉ 50	5 ♓ 3	5 ♉ 58	3 ♋ 22	10 ♉ 31	0 ♑ 9	6 ♈ 50	29 ♌ 15	16 ♋ 13	13 ♈	12 ♓	28 ♏	10 ♉	7 ♉
21	29 ♓ 31	29 ♋ 44	24 ♉ 6	22 ♉ 46	6 ♓ 31	6 ♉ 20	3 ♋ 47	10 ♉ 43	0 ♑ 11	6 ♈ 53	29 ♌ 13	16 ♋ 13	13 ♈	12 ♓	28 ♏	10 ♉	7 ♉
22	0 ♈ 30	13 ♌ 45	24 ♉ 2	22 ♉ 41	8 ♓ 1	6 ♉ 40	4 ♋ 12	10 ♉ 56	0 ♑ 13	6 ♈ 57	29 ♌ 12	16 ♋ 13	14 ♈	13 ♓	28 ♏	11 ♉	7 ♉
23	1 ♈ 30	27 ♌ 39	23 ♉ 59	22 ♉ 33	9 ♓ 32	6 ♉ 57	4 ♋ 37	11 ♉ 8	0 ♑ 14	7 ♈ 0	29 ♌ 11	16 ♋ 12	14 ♈	13 ♓	28 ♏	11 ♉	7 ♉
24	2 ♈ 29	11 ♍ 23	23 ♉ 56	22 ♉ 25	11 ♓ 4	7 ♉ 13	5 ♋ 2	11 ♉ 21	0 ♑ 16	7 ♈ 3	29 ♌ 9	16 ♋ 12	14 ♈	13 ♓	27 ♏	12 ♉	7 ♉
25	3 ♈ 29	24 ♍ 53	23 ♉ 53	22 ♉ 16	12 ♓ 38	7 ♉ 27	5 ♋ 28	11 ♉ 33	0 ♑ 18	7 ♈ 7	29 ♌ 8	16 ♋ 12	15 ♈	14 ♓	27 ♏	12 ♉	7 ♉
26	4 ♈ 28	8 ♎ 8	23 ♉ 50	22 ♉ 8	14 ♓ 13	7 ♉ 38	5 ♋ 54	11 ♉ 46	0 ♑ 19	7 ♈ 10	29 ♌ 7	16 ♋ 12	15 ♈	14 ♓	27 ♏	12 ♉	7 ♉
27	5 ♈ 28	21 ♎ 5	23 ♉ 47	22 ♉ 2	15 ♓ 50	7 ♉ 48	6 ♋ 20	11 ♉ 59	0 ♑ 21	7 ♈ 14	29 ♌ 5	16 ♋ 12	16 ♈	14 ♓	27 ♏	13 ♉	7 ♉
28	6 ♈ 27	3 ♏ 45	23 ♉ 43	21 ♉ 59	17 ♓ 27	7 ♉ 55	6 ♋ 46	12 ♉ 12	0 ♑ 22	7 ♈ 17	29 ♌ 4	16 ♋ 12	16 ♈	15 ♓	27 ♏	13 ♉	7 ♉
29	7 ♈ 26	16 ♏ 8	23 ♉ 40	21 ♉ 57	19 ♓ 7	7 ♉ 59	7 ♋ 13	12 ♉ 25	0 ♑ 23	7 ♈ 21	29 ♌ 3	16 ♋ 12	16 ♈	15 ♓	27 ♏	14 ♉	7 ♉
30	8 ♈ 25	28 ♏ 16	23 ♉ 37	21 D 57	20 ♓ 47	8 ♉ 2	7 ♋ 39	12 ♉ 38	0 ♑ 25	7 ♈ 24	29 ♌ 1	16 ♋ 12	17 ♈	15 ♓	27 ♏	14 ♉	7 ♉
31	9 ♈ 25	10 ♐ 14	23 ♉ 34	21 ♉ 58	22 ♓ 29	8 R 2	8 ♋ 6	12 ♉ 51	0 ♑ 26	7 ♈ 27	29 ♌ 0	16 D 12	17 ♈	15 ♓	27 ♏	14 ♉	7 ♉

SUN INGRESS ☉ → ♈ 21日 11:35

MOON PHASE ◑ 3日 20:09 ♐ ● 11日 17:36 ♓ ◐ 18日 16:41 ♊ ○ 25日 16:46 ♎

aspects		
5日	20:32	♀⚹♂
7日	02:45	♄△♆
7日	17:56	☉△♇
8日	00:28	♀△♆
8日	03:16	♀△♄
9日	23:41	♂⚹♆
10日	16:55	♂☍♄
15日	22:42	☿☍♆
16日	10:28	☿⚹♄
18日	08:48	☿△♂
20日	19:53	☿⚹♀
21日	16:38	☉□♄
24日	04:52	☿⚹♃
27日	05:28	☿△♇
28日	14:05	☉□♂
28日	21:36	☉☌♅
29日	08:12	♂□♅
30日	20:13	♀⚹♂

1929年4月

DAY	☉	☽	☊ mean	☊ true	☿	♀	♂	♃	♄	♅	♆	♇	⚳	⚴	⚵	⚶	⚷
	° ′	° ′	° ′	° ′	° ′	° ′	° ′	° ′	° ′	° ′	° ′	° ′	°	°	°	°	°
1	10 ♈ 24	22 ♐ 5	23 ♉ 31	22 D 0	24 D 12	7 R 59	8 D 33	13 D 4	0 D 27	7 D 31	28 R 59	16 D 12	18 D	16 D	27 R	15 D	7 D
2	11 ♈ 23	3 ♑ 55	23 ♉ 27	22 ♉ 1	25 ♓ 57	7 ♉ 55	9 ♋ 1	13 ♉ 17	0 ♑ 27	7 ♈ 34	28 ♌ 58	16 ♋ 12	18 ♈	16 ♓	27 ♏	15 ♉	7 ♉
3	12 ♈ 22	15 ♑ 48	23 ♉ 24	22 R 1	27 ♓ 43	7 ♉ 47	9 ♋ 28	13 ♉ 30	0 ♑ 28	7 ♈ 38	28 ♌ 57	16 ♋ 12	18 ♈	16 ♓	27 ♏	16 ♉	8 ♉
4	13 ♈ 21	27 ♑ 49	23 ♉ 21	22 ♉ 0	29 ♓ 31	7 ♉ 37	9 ♋ 56	13 ♉ 43	0 ♑ 29	7 ♈ 41	28 ♌ 56	16 ♋ 12	19 ♈	17 ♓	27 ♏	16 ♉	8 ♉
5	14 ♈ 20	10 ♒ 4	23 ♉ 18	21 ♉ 57	1 ♈ 20	7 ♉ 25	10 ♋ 24	13 ♉ 57	0 ♑ 29	7 ♈ 45	28 ♌ 55	16 ♋ 12	19 ♈	17 ♓	27 ♏	17 ♉	8 ♉
6	15 ♈ 20	22 ♒ 36	23 ♉ 15	21 ♉ 53	3 ♈ 10	7 ♉ 10	10 ♋ 52	14 ♉ 10	0 ♑ 30	7 ♈ 48	28 ♌ 54	16 ♋ 12	20 ♈	17 ♓	26 ♏	17 ♉	8 ♉
7	16 ♈ 19	5 ♓ 28	23 ♉ 12	21 ♉ 47	5 ♈ 2	6 ♉ 53	11 ♋ 20	14 ♉ 24	0 ♑ 30	7 ♈ 51	28 ♌ 53	16 ♋ 12	20 ♈	18 ♓	26 ♏	17 ♉	8 ♉
8	17 ♈ 18	18 ♓ 42	23 ♉ 8	21 ♉ 42	6 ♈ 55	6 ♉ 34	11 ♋ 48	14 ♉ 37	0 ♑ 30	7 ♈ 55	28 ♌ 52	16 ♋ 12	20 ♈	18 ♓	26 ♏	18 ♉	8 ♉
9	18 ♈ 17	2 ♈ 18	23 ♉ 5	21 ♉ 36	8 ♈ 50	6 ♉ 12	12 ♋ 17	14 ♉ 50	0 ♑ 31	7 ♈ 58	28 ♌ 51	16 ♋ 13	21 ♈	18 ♓	26 ♏	18 ♉	8 ♉
10	19 ♈ 16	16 ♈ 14	23 ♉ 2	21 ♉ 32	10 ♈ 46	5 ♉ 48	12 ♋ 45	15 ♉ 4	0 ♑ 31	8 ♈ 2	28 ♌ 50	16 ♋ 13	21 ♈	19 ♓	26 ♏	19 ♉	8 ♉
11	20 ♈ 14	0 ♉ 25	22 ♉ 59	21 ♉ 29	12 ♈ 44	5 ♉ 22	13 ♋ 14	15 ♉ 18	0 R 31	8 ♈ 5	28 ♌ 49	16 ♋ 13	22 ♈	19 ♓	26 ♏	19 ♉	8 ♉
12	21 ♈ 13	14 ♉ 48	22 ♉ 56	21 ♉ 27	14 ♈ 43	4 ♉ 54	13 ♋ 43	15 ♉ 31	0 ♑ 30	8 ♈ 8	28 ♌ 48	16 ♋ 13	22 ♈	19 ♓	26 ♏	19 ♉	8 ♉
13	22 ♈ 12	29 ♉ 16	22 ♉ 53	21 D 27	16 ♈ 43	4 ♉ 24	14 ♋ 12	15 ♉ 45	0 ♑ 30	8 ♈ 12	28 ♌ 47	16 ♋ 14	22 ♈	20 ♓	26 ♏	20 ♉	8 ♉
14	23 ♈ 11	13 ♊ 44	22 ♉ 49	21 ♉ 28	18 ♈ 45	3 ♉ 52	14 ♋ 42	15 ♉ 59	0 ♑ 30	8 ♈ 15	28 ♌ 46	16 ♋ 14	23 ♈	20 ♓	25 ♏	20 ♉	8 ♉
15	24 ♈ 10	28 ♊ 9	22 ♉ 46	21 ♉ 30	20 ♈ 48	3 ♉ 19	15 ♋ 11	16 ♉ 12	0 ♑ 29	8 ♈ 18	28 ♌ 45	16 ♋ 14	23 ♈	20 ♓	25 ♏	21 ♉	8 ♉
16	25 ♈ 8	12 ♋ 27	22 ♉ 43	21 ♉ 31	22 ♈ 52	2 ♉ 44	15 ♋ 41	16 ♉ 26	0 ♑ 29	8 ♈ 22	28 ♌ 44	16 ♋ 15	24 ♈	21 ♓	25 ♏	21 ♉	8 ♉
17	26 ♈ 7	26 ♋ 35	22 ♉ 40	21 R 31	24 ♈ 57	2 ♉ 9	16 ♋ 10	16 ♉ 40	0 ♑ 28	8 ♈ 25	28 ♌ 44	16 ♋ 15	24 ♈	21 ♓	25 ♏	22 ♉	8 ♉
18	27 ♈ 6	10 ♌ 32	22 ♉ 37	21 ♉ 31	27 ♈ 3	1 ♉ 32	16 ♋ 40	16 ♉ 54	0 ♑ 28	8 ♈ 28	28 ♌ 43	16 ♋ 16	24 ♈	21 ♓	25 ♏	22 ♉	8 ♉
19	28 ♈ 4	24 ♌ 17	22 ♉ 33	21 ♉ 29	29 ♈ 10	0 ♉ 55	17 ♋ 10	17 ♉ 8	0 ♑ 27	8 ♈ 32	28 ♌ 42	16 ♋ 16	25 ♈	21 ♓	25 ♏	22 ♉	9 ♉
20	29 ♈ 3	7 ♍ 49	22 ♉ 30	21 ♉ 26	1 ♉ 17	0 ♉ 17	17 ♋ 40	17 ♉ 21	0 ♑ 26	8 ♈ 35	28 ♌ 42	16 ♋ 17	25 ♈	22 ♓	24 ♏	23 ♉	9 ♉
21	0 ♉ 2	21 ♍ 7	22 ♉ 27	21 ♉ 23	3 ♉ 25	29 ♈ 39	18 ♋ 11	17 ♉ 35	0 ♑ 25	8 ♈ 38	28 ♌ 41	16 ♋ 17	26 ♈	22 ♓	24 ♏	23 ♉	9 ♉
22	1 ♉ 0	4 ♎ 12	22 ♉ 24	21 ♉ 20	5 ♉ 33	29 ♈ 1	18 ♋ 41	17 ♉ 49	0 ♑ 24	8 ♈ 41	28 ♌ 40	16 ♋ 18	26 ♈	22 ♓	24 ♏	24 ♉	9 ♉
23	1 ♉ 59	17 ♎ 4	22 ♉ 21	21 ♉ 17	7 ♉ 40	28 ♈ 24	19 ♋ 11	18 ♉ 3	0 ♑ 22	8 ♈ 45	28 ♌ 40	16 ♋ 18	26 ♈	23 ♓	24 ♏	24 ♉	9 ♉
24	2 ♉ 57	29 ♎ 42	22 ♉ 18	21 ♉ 15	9 ♉ 48	27 ♈ 47	19 ♋ 42	18 ♉ 17	0 ♑ 21	8 ♈ 48	28 ♌ 39	16 ♋ 19	27 ♈	23 ♓	24 ♏	25 ♉	9 ♉
25	3 ♉ 55	12 ♏ 6	22 ♉ 14	21 ♉ 14	11 ♉ 54	27 ♈ 11	20 ♋ 13	18 ♉ 31	0 ♑ 20	8 ♈ 51	28 ♌ 39	16 ♋ 19	27 ♈	23 ♓	23 ♏	25 ♉	9 ♉
26	4 ♉ 54	24 ♏ 19	22 ♉ 11	21 D 14	14 ♉ 0	26 ♈ 36	20 ♋ 44	18 ♉ 45	0 ♑ 18	8 ♈ 54	28 ♌ 38	16 ♋ 20	28 ♈	24 ♓	23 ♏	25 ♉	9 ♉
27	5 ♉ 52	6 ♐ 22	22 ♉ 8	21 ♉ 15	16 ♉ 4	26 ♈ 2	21 ♋ 15	18 ♉ 59	0 ♑ 17	8 ♈ 57	28 ♌ 38	16 ♋ 20	28 ♈	24 ♓	23 ♏	26 ♉	9 ♉
28	6 ♉ 50	18 ♐ 17	22 ♉ 5	21 ♉ 16	18 ♉ 6	25 ♈ 29	21 ♋ 46	19 ♉ 13	0 ♑ 15	9 ♈ 0	28 ♌ 37	16 ♋ 21	28 ♈	24 ♓	23 ♏	26 ♉	9 ♉
29	7 ♉ 49	0 ♑ 8	22 ♉ 2	21 ♉ 17	20 ♉ 7	24 ♈ 59	22 ♋ 17	19 ♉ 27	0 ♑ 13	9 ♈ 3	28 ♌ 37	16 ♋ 22	29 ♈	24 ♓	23 ♏	27 ♉	9 ♉
30	8 ♉ 47	11 ♑ 58	21 ♉ 59	21 ♉ 18	22 ♉ 5	24 ♈ 30	22 ♋ 48	19 ♉ 42	0 ♑ 11	9 ♈ 7	28 ♌ 37	16 ♋ 23	29 ♈	25 ♓	22 ♏	27 ♉	9 ♉

SUN INGRESS ☉ → ♉ 20日 23:10

MOON PHASE ◑ 2日 16:29 ♑ ● 10日 05:32 ♈ ◐ 16日 23:09 ♋ ○ 24日 06:47 ♏

aspects		
4日	12:53	☿□♄
6日	21:25	☉□♇
8日	12:51	☿☌♅
11日	08:06	☿□♂
12日	18:08	☿□♇
15日	03:49	♃⚹♇
17日	03:58	♂☌♇
18日	01:00	☉☌☿
18日	18:50	☿△♆
18日	20:02	♂⚹♃
19日	14:24	☿△♄
19日	15:17	☿☌♀
19日	15:21	☉△♆
19日	18:18	♀△♄
20日	18:25	☉☌♀
21日	09:21	☉△♄
22日	13:30	♀△♆
27日	03:16	☿⚹♇
28日	15:04	☿☌♃
30日	12:08	☿⚹♂

1929年5月

DAY	☉	☽	☊ mean	☊ true	☿	♀	♂	♃	♄	♅	♆	♇	⚳	⚴	⚵	⚶	⚷
	° ′	° ′	° ′	° ′	° ′	° ′	° ′	° ′	° ′	° ′	° ′	° ′	°	°	°	°	°
1	9 ♉ 45	23 ♑ 51	21 ♉ 55	21 D 19	24 D 1	24 R 3	23 D 19	19 D 56	0 R 9	9 D 10	28 R 36	16 D 23	0 D	25 D	22 R	28 D	9 D
2	10 ♉ 43	5 ♒ 52	21 ♉ 52	21 ♉ 20	25 ♉ 54	23 ♈ 38	23 ♋ 51	20 ♉ 10	0 ♑ 7	9 ♈ 13	28 ♌ 36	16 ♋ 24	0 ♉	25 ♓	22 ♏	28 ♉	9 ♉
3	11 ♉ 42	18 ♒ 5	21 ♉ 49	21 R 20	27 ♉ 44	23 ♈ 15	24 ♋ 23	20 ♉ 24	0 ♑ 5	9 ♈ 16	28 ♌ 36	16 ♋ 25	0 ♉	26 ♓	22 ♏	28 ♉	9 ♉
4	12 ♉ 40	0 ♓ 36	21 ♉ 46	21 ♉ 19	29 ♉ 31	22 ♈ 55	24 ♋ 54	20 ♉ 38	0 ♑ 3	9 ♈ 19	28 ♌ 36	16 ♋ 26	1 ♉	26 ♓	22 ♏	29 ♉	10 ♉
5	13 ♉ 38	13 ♓ 27	21 ♉ 43	21 ♉ 18	1 ♊ 14	22 ♈ 37	25 ♋ 26	20 ♉ 52	0 ♑ 1	9 ♈ 22	28 ♌ 35	16 ♋ 26	1 ♉	26 ♓	21 ♏	29 ♉	10 ♉
6	14 ♉ 36	26 ♓ 42	21 ♉ 39	21 ♉ 18	2 ♊ 55	22 ♈ 21	25 ♋ 58	21 ♉ 6	29 ♐ 58	9 ♈ 25	28 ♌ 35	16 ♋ 27	2 ♉	27 ♓	21 ♏	0 ♊	10 ♉
7	15 ♉ 34	10 ♈ 22	21 ♉ 36	21 ♉ 17	4 ♊ 31	22 ♈ 8	26 ♋ 30	21 ♉ 21	29 ♐ 56	9 ♈ 28	28 ♌ 35	16 ♋ 28	2 ♉	27 ♓	21 ♏	0 ♊	10 ♉
8	16 ♉ 32	24 ♈ 26	21 ♉ 33	21 ♉ 16	6 ♊ 4	21 ♈ 57	27 ♋ 2	21 ♉ 35	29 ♐ 53	9 ♈ 30	28 ♌ 35	16 ♋ 29	2 ♉	27 ♓	21 ♏	1 ♊	10 ♉
9	17 ♉ 30	8 ♉ 52	21 ♉ 30	21 ♉ 16	7 ♊ 33	21 ♈ 49	27 ♋ 34	21 ♉ 49	29 ♐ 51	9 ♈ 33	28 ♌ 35	16 ♋ 30	3 ♉	27 ♓	20 ♏	1 ♊	10 ♉
10	18 ♉ 28	23 ♉ 35	21 ♉ 27	21 D 16	8 ♊ 58	21 ♈ 43	28 ♋ 6	22 ♉ 3	29 ♐ 48	9 ♈ 36	28 ♌ 35	16 ♋ 31	3 ♉	28 ♓	20 ♏	1 ♊	10 ♉
11	19 ♉ 26	8 ♊ 27	21 ♉ 24	21 ♉ 16	10 ♊ 20	21 ♈ 40	28 ♋ 39	22 ♉ 17	29 ♐ 45	9 ♈ 39	28 D 35	16 ♋ 32	4 ♉	28 ♓	20 ♏	2 ♊	10 ♉
12	20 ♉ 24	23 ♊ 21	21 ♉ 20	21 ♉ 16	11 ♊ 37	21 ♈ 38	29 ♋ 11	22 ♉ 32	29 ♐ 43	9 ♈ 42	28 ♌ 35	16 ♋ 33	4 ♉	28 ♓	20 ♏	2 ♊	10 ♉
13	21 ♉ 22	8 ♋ 9	21 ♉ 17	21 R 16	12 ♊ 51	21 D 39	29 ♋ 44	22 ♉ 46	29 ♐ 40	9 ♈ 45	28 ♌ 35	16 ♋ 34	4 ♉	28 ♓	20 ♏	3 ♊	10 ♉
14	22 ♉ 20	22 ♋ 46	21 ♉ 14	21 ♉ 16	14 ♊ 0	21 ♈ 43	0 ♌ 16	23 ♉ 0	29 ♐ 37	9 ♈ 47	28 ♌ 35	16 ♋ 34	5 ♉	29 ♓	19 ♏	3 ♊	10 ♉
15	23 ♉ 18	7 ♌ 5	21 ♉ 11	21 ♉ 16	15 ♊ 5	21 ♈ 49	0 ♌ 49	23 ♉ 14	29 ♐ 34	9 ♈ 50	28 ♌ 35	16 ♋ 35	5 ♉	29 ♓	19 ♏	4 ♊	10 ♉
16	24 ♉ 16	21 ♌ 6	21 ♉ 8	21 ♉ 16	16 ♊ 6	21 ♈ 57	1 ♌ 22	23 ♉ 29	29 ♐ 30	9 ♈ 53	28 ♌ 35	16 ♋ 37	6 ♉	29 ♓	19 ♏	4 ♊	10 ♉
17	25 ♉ 14	4 ♍ 46	21 ♉ 5	21 D 16	17 ♊ 2	22 ♈ 7	1 ♌ 55	23 ♉ 43	29 ♐ 27	9 ♈ 55	28 ♌ 36	16 ♋ 38	6 ♉	0 ♈	19 ♏	4 ♊	10 ♉
18	26 ♉ 12	18 ♍ 6	21 ♉ 1	21 ♉ 16	17 ♊ 55	22 ♈ 19	2 ♌ 28	23 ♉ 57	29 ♐ 24	9 ♈ 58	28 ♌ 36	16 ♋ 39	6 ♉	0 ♈	18 ♏	5 ♊	10 ♉
19	27 ♉ 9	1 ♎ 8	20 ♉ 58	21 ♉ 17	18 ♊ 42	22 ♈ 33	3 ♌ 1	24 ♉ 11	29 ♐ 21	10 ♈ 1	28 ♌ 36	16 ♋ 40	7 ♉	0 ♈	18 ♏	5 ♊	10 ♉
20	28 ♉ 7	13 ♎ 54	20 ♉ 55	21 ♉ 17	19 ♊ 26	22 ♈ 49	3 ♌ 34	24 ♉ 25	29 ♐ 17	10 ♈ 3	28 ♌ 36	16 ♋ 41	7 ♉	0 ♈	18 ♏	6 ♊	11 ♉
21	29 ♉ 5	26 ♎ 26	20 ♉ 52	21 ♉ 18	20 ♊ 5	23 ♈ 7	4 ♌ 7	24 ♉ 40	29 ♐ 14	10 ♈ 6	28 ♌ 37	16 ♋ 42	8 ♉	1 ♈	18 ♏	6 ♊	11 ♉
22	0 ♊ 2	8 ♏ 46	20 ♉ 49	21 ♉ 19	20 ♊ 39	23 ♈ 27	4 ♌ 40	24 ♉ 54	29 ♐ 10	10 ♈ 8	28 ♌ 37	16 ♋ 43	8 ♉	1 ♈	18 ♏	7 ♊	11 ♉
23	1 ♊ 0	20 ♏ 56	20 ♉ 45	21 ♉ 19	21 ♊ 8	23 ♈ 49	5 ♌ 14	25 ♉ 8	29 ♐ 7	10 ♈ 11	28 ♌ 38	16 ♋ 44	8 ♉	1 ♈	17 ♏	7 ♊	11 ♉
24	1 ♊ 58	2 ♐ 58	20 ♉ 42	21 R 19	21 ♊ 33	24 ♈ 12	5 ♌ 47	25 ♉ 22	29 ♐ 3	10 ♈ 13	28 ♌ 38	16 ♋ 45	9 ♉	1 ♈	17 ♏	8 ♊	11 ♉
25	2 ♊ 55	14 ♐ 53	20 ♉ 39	21 ♉ 18	21 ♊ 53	24 ♈ 37	6 ♌ 21	25 ♉ 36	28 ♐ 59	10 ♈ 15	28 ♌ 38	16 ♋ 46	9 ♉	2 ♈	17 ♏	8 ♊	11 ♉
26	3 ♊ 53	26 ♐ 45	20 ♉ 36	21 ♉ 16	22 ♊ 8	25 ♈ 4	6 ♌ 54	25 ♉ 50	28 ♐ 55	10 ♈ 18	28 ♌ 39	16 ♋ 48	9 ♉	2 ♈	17 ♏	8 ♊	11 ♉
27	4 ♊ 51	8 ♑ 35	20 ♉ 33	21 ♉ 14	22 ♊ 19	25 ♈ 32	7 ♌ 28	26 ♉ 4	28 ♐ 52	10 ♈ 20	28 ♌ 39	16 ♋ 49	10 ♉	2 ♈	17 ♏	9 ♊	11 ♉
28	5 ♊ 48	20 ♑ 26	20 ♉ 30	21 ♉ 12	22 ♊ 25	26 ♈ 2	8 ♌ 1	26 ♉ 18	28 ♐ 48	10 ♈ 22	28 ♌ 40	16 ♋ 50	10 ♉	2 ♈	16 ♏	9 ♊	11 ♉
29	6 ♊ 46	2 ♒ 20	20 ♉ 26	21 ♉ 10	22 R 26	26 ♈ 33	8 ♌ 35	26 ♉ 33	28 ♐ 44	10 ♈ 25	28 ♌ 41	16 ♋ 51	11 ♉	3 ♈	16 ♏	10 ♊	11 ♉
30	7 ♊ 43	14 ♒ 22	20 ♉ 23	21 ♉ 8	22 ♊ 23	27 ♈ 6	9 ♌ 9	26 ♉ 47	28 ♐ 40	10 ♈ 27	28 ♌ 41	16 ♋ 53	11 ♉	3 ♈	16 ♏	10 ♊	11 ♉
31	8 ♊ 41	26 ♒ 35	20 ♉ 20	21 ♉ 7	22 ♊ 15	27 ♈ 40	9 ♌ 43	27 ♉ 1	28 ♐ 36	10 ♈ 29	28 ♌ 42	16 ♋ 54	11 ♉	3 ♈	16 ♏	11 ♊	11 ♉

SUN INGRESS: ☉ → ♊ 21日 22:48

MOON PHASE: ◑ 2日 10:25 ♒ ● 9日 15:07 ♉ ◐ 16日 05:56 ♌ ○ 23日 21:50 ♐

aspects		
1日	18:27	♀□♂
3日	11:32	☿□♆
7日	22:35	☉⚹♇
10日	11:25	☿⚹♅
14日	21:59	☉☌♃
20日	12:18	☉□♆
29日	17:36	♄△♆

1929年6月

DAY	☉	☽	☊ mean	☊ true	☿	♀	♂	♃	♄	♅	♆	♇	⚳	⚴	⚵	⚶	⚷
	° ′	° ′	° ′	° ′	° ′	° ′	° ′	° ′	° ′	° ′	° ′	° ′	°	°	°	°	°
1	9 ♊ 38	9 ♓ 3	20 ♉ 17	21 R 7	22 R 3	28 D 15	10 D 17	27 D 15	28 R 32	10 D 31	28 D 43	16 D 55	12 D	3 D	16 R	11 D	11 D
2	10 ♊ 36	21 ♓ 50	20 ♉ 14	21 D 7	21 ♊ 47	28 ♈ 52	10 ♌ 51	27 ♉ 29	28 ♐ 28	10 ♈ 33	28 ♌ 43	16 ♋ 56	12 ♉	4 ♈	15 ♏	11 ♊	11 ♉
3	11 ♊ 33	5 ♈ 0	20 ♉ 10	21 ♉ 8	21 ♊ 27	29 ♈ 29	11 ♌ 25	27 ♉ 43	28 ♐ 24	10 ♈ 35	28 ♌ 44	16 ♋ 58	13 ♉	4 ♈	15 ♏	12 ♊	11 ♉
4	12 ♊ 31	18 ♈ 35	20 ♉ 7	21 ♉ 9	21 ♊ 4	0 ♉ 8	11 ♌ 59	27 ♉ 57	28 ♐ 20	10 ♈ 37	28 ♌ 45	16 ♋ 59	13 ♉	4 ♈	15 ♏	12 ♊	11 ♉
5	13 ♊ 28	2 ♉ 37	20 ♉ 4	21 ♉ 11	20 ♊ 38	0 ♉ 48	12 ♌ 33	28 ♉ 11	28 ♐ 15	10 ♈ 39	28 ♌ 46	17 ♋ 0	13 ♉	4 ♈	15 ♏	13 ♊	11 ♉
6	14 ♊ 26	17 ♉ 4	20 ♉ 1	21 ♉ 11	20 ♊ 10	1 ♉ 29	13 ♌ 8	28 ♉ 24	28 ♐ 11	10 ♈ 41	28 ♌ 46	17 ♋ 2	14 ♉	5 ♈	15 ♏	13 ♊	12 ♉
7	15 ♊ 23	1 ♊ 54	19 ♉ 58	21 R 11	19 ♊ 39	2 ♉ 11	13 ♌ 42	28 ♉ 38	28 ♐ 7	10 ♈ 43	28 ♌ 47	17 ♋ 3	14 ♉	5 ♈	15 ♏	14 ♊	12 ♉
8	16 ♊ 20	16 ♊ 58	19 ♉ 55	21 ♉ 10	19 ♊ 7	2 ♉ 54	14 ♌ 16	28 ♉ 52	28 ♐ 3	10 ♈ 45	28 ♌ 48	17 ♋ 4	15 ♉	5 ♈	14 ♏	14 ♊	12 ♉
9	17 ♊ 18	2 ♋ 9	19 ♉ 51	21 ♉ 7	18 ♊ 34	3 ♉ 38	14 ♌ 51	29 ♉ 6	27 ♐ 58	10 ♈ 47	28 ♌ 49	17 ♋ 6	15 ♉	5 ♈	14 ♏	14 ♊	12 ♉
10	18 ♊ 15	17 ♋ 17	19 ♉ 48	21 ♉ 4	18 ♊ 0	4 ♉ 22	15 ♌ 25	29 ♉ 20	27 ♐ 54	10 ♈ 49	28 ♌ 50	17 ♋ 7	15 ♉	6 ♈	14 ♏	15 ♊	12 ♉
11	19 ♊ 13	2 ♌ 12	19 ♉ 45	21 ♉ 0	17 ♊ 27	5 ♉ 8	16 ♌ 0	29 ♉ 34	27 ♐ 50	10 ♈ 50	28 ♌ 51	17 ♋ 9	16 ♉	6 ♈	14 ♏	15 ♊	12 ♉
12	20 ♊ 10	16 ♌ 47	19 ♉ 42	20 ♉ 57	16 ♊ 54	5 ♉ 54	16 ♌ 35	29 ♉ 47	27 ♐ 45	10 ♈ 52	28 ♌ 52	17 ♋ 10	16 ♉	6 ♈	14 ♏	16 ♊	12 ♉
13	21 ♊ 7	0 ♍ 58	19 ♉ 39	20 ♉ 54	16 ♊ 23	6 ♉ 41	17 ♌ 9	0 ♊ 1	27 ♐ 41	10 ♈ 54	28 ♌ 53	17 ♋ 11	16 ♉	6 ♈	14 ♏	16 ♊	12 ♉
14	22 ♊ 5	14 ♍ 42	19 ♉ 36	20 ♉ 53	15 ♊ 53	7 ♉ 29	17 ♌ 44	0 ♊ 15	27 ♐ 37	10 ♈ 55	28 ♌ 54	17 ♋ 13	17 ♉	6 ♈	13 ♏	17 ♊	12 ♉
15	23 ♊ 2	28 ♍ 0	19 ♉ 32	20 D 52	15 ♊ 26	8 ♉ 18	18 ♌ 19	0 ♊ 28	27 ♐ 32	10 ♈ 57	28 ♌ 55	17 ♋ 14	17 ♉	7 ♈	13 ♏	17 ♊	12 ♉
16	23 ♊ 59	10 ♎ 56	19 ♉ 29	20 ♉ 53	15 ♊ 1	9 ♉ 7	18 ♌ 54	0 ♊ 42	27 ♐ 28	10 ♈ 58	28 ♌ 56	17 ♋ 16	18 ♉	7 ♈	13 ♏	18 ♊	12 ♉
17	24 ♊ 57	23 ♎ 31	19 ♉ 26	20 ♉ 55	14 ♊ 40	9 ♉ 58	19 ♌ 29	0 ♊ 55	27 ♐ 23	11 ♈ 0	28 ♌ 58	17 ♋ 17	18 ♉	7 ♈	13 ♏	18 ♊	12 ♉
18	25 ♊ 54	5 ♏ 51	19 ♉ 23	20 ♉ 56	14 ♊ 22	10 ♉ 48	20 ♌ 4	1 ♊ 9	27 ♐ 19	11 ♈ 1	28 ♌ 59	17 ♋ 19	18 ♉	7 ♈	13 ♏	18 ♊	12 ♉
19	26 ♊ 51	17 ♏ 59	19 ♉ 20	20 ♉ 57	14 ♊ 8	11 ♉ 40	20 ♌ 39	1 ♊ 22	27 ♐ 14	11 ♈ 3	29 ♌ 0	17 ♋ 20	19 ♉	7 ♈	13 ♏	19 ♊	12 ♉
20	27 ♊ 48	29 ♏ 58	19 ♉ 16	20 R 57	13 ♊ 58	12 ♉ 32	21 ♌ 14	1 ♊ 36	27 ♐ 10	11 ♈ 4	29 ♌ 1	17 ♋ 22	19 ♉	8 ♈	13 ♏	19 ♊	12 ♉
21	28 ♊ 46	11 ♐ 52	19 ♉ 13	20 ♉ 55	13 ♊ 53	13 ♉ 24	21 ♌ 49	1 ♊ 49	27 ♐ 6	11 ♈ 5	29 ♌ 3	17 ♋ 23	19 ♉	8 ♈	13 ♏	20 ♊	12 ♉
22	29 ♊ 43	23 ♐ 42	19 ♉ 10	20 ♉ 51	13 D 52	14 ♉ 17	22 ♌ 24	2 ♊ 2	27 ♐ 1	11 ♈ 7	29 ♌ 4	17 ♋ 25	20 ♉	8 ♈	13 ♏	20 ♊	12 ♉
23	0 ♋ 40	5 ♑ 32	19 ♉ 7	20 ♉ 45	13 ♊ 55	15 ♉ 11	23 ♌ 0	2 ♊ 16	26 ♐ 57	11 ♈ 8	29 ♌ 5	17 ♋ 26	20 ♉	8 ♈	13 ♏	21 ♊	12 ♉
24	1 ♋ 37	17 ♑ 24	19 ♉ 4	20 ♉ 39	14 ♊ 4	16 ♉ 5	23 ♌ 35	2 ♊ 29	26 ♐ 52	11 ♈ 9	29 ♌ 6	17 ♋ 28	21 ♉	8 ♈	12 ♏	21 ♊	12 ♉
25	2 ♋ 34	29 ♑ 18	19 ♉ 1	20 ♉ 31	14 ♊ 17	17 ♉ 0	24 ♌ 10	2 ♊ 42	26 ♐ 48	11 ♈ 10	29 ♌ 8	17 ♋ 29	21 ♉	9 ♈	12 ♏	21 ♊	13 ♉
26	3 ♋ 32	11 ♒ 17	18 ♉ 57	20 ♉ 23	14 ♊ 34	17 ♉ 55	24 ♌ 46	2 ♊ 55	26 ♐ 43	11 ♈ 11	29 ♌ 9	17 ♋ 31	21 ♉	9 ♈	12 ♏	22 ♊	13 ♉
27	4 ♋ 29	23 ♒ 23	18 ♉ 54	20 ♉ 17	14 ♊ 57	18 ♉ 51	25 ♌ 21	3 ♊ 8	26 ♐ 39	11 ♈ 12	29 ♌ 11	17 ♋ 32	22 ♉	9 ♈	12 ♏	22 ♊	13 ♉
28	5 ♋ 26	5 ♓ 39	18 ♉ 51	20 ♉ 11	15 ♊ 24	19 ♉ 47	25 ♌ 57	3 ♊ 21	26 ♐ 35	11 ♈ 13	29 ♌ 12	17 ♋ 34	22 ♉	9 ♈	12 ♏	23 ♊	13 ♉
29	6 ♋ 23	18 ♓ 7	18 ♉ 48	20 ♉ 7	15 ♊ 56	20 ♉ 44	26 ♌ 32	3 ♊ 34	26 ♐ 30	11 ♈ 14	29 ♌ 14	17 ♋ 35	22 ♉	9 ♈	12 ♏	23 ♊	13 ♉
30	7 ♋ 20	0 ♈ 52	18 ♉ 45	20 ♉ 6	16 ♊ 33	21 ♉ 41	27 ♌ 8	3 ♊ 47	26 ♐ 26	11 ♈ 15	29 ♌ 15	17 ♋ 37	23 ♉	9 ♈	12 ♏	24 ♊	13 ♉

SUN INGRESS: ☉ → ♋ 22日 07:01

MOON PHASE: ◑ 1日 01:13 ♓ ● 7日 22:56 ♊ ◐ 14日 14:14 ♍ ○ 22日 13:15 ♑ ◑ 30日 12:54 ♈

aspects		
1日	10:04	♀△♄
1日	10:49	♂△♅
1日	18:29	♀△♆
1日	22:57	☉⚹♅
2日	15:30	☉⚹♂
7日	16:29	♃□♆
9日	20:04	☉☌☿
12日	07:03	☿⚹♂
19日	09:05	☉☍♄
21日	07:17	☉⚹♆
25日	13:04	♀⚹♇
28日	22:52	♂△♄

1929年7月

DAY	☉	☽	☊ mean	☊ true	☿	♀	♂	♃	♄	♅	♆	♇	⚳	⚴	⚵	⚶	⚷
	° ′	° ′	° ′	° ′	° ′	° ′	° ′	° ′	° ′	° ′	° ′	° ′	°	°	°	°	°
1	8♋18	13♈57	18♉42	20 D 6	17 D 14	22 D 39	27 D 44	4 D 0	26 R 22	11 D 16	29 D 17	17 D 38	23 D	10 D	12 R	24 D	13 D
2	9♋15	27♈25	18♉38	20♉7	18♊0	23♉36	28♌19	4♊13	26♐18	11♈16	29♌18	17♋40	23♉	10♈	12♏	24♊	13♉
3	10♋12	11♉17	18♉35	20♉8	18♊50	24♉35	28♌55	4♊26	26♐13	11♈17	29♌20	17♋42	24♉	10♈	12♏	25♊	13♉
4	11♋9	25♉36	18♉32	20 R 8	19♊45	25♉33	29♌31	4♊38	26♐9	11♈18	29♌21	17♋43	24♉	10♈	12♏	25♊	13♉
5	12♋7	10♊19	18♉29	20♉6	20♊44	26♉33	0♍7	4♊51	26♐5	11♈19	29♌23	17♋45	25♉	10♈	12♏	26♊	13♉
6	13♋4	25♊21	18♉26	20♉2	21♊48	27♉32	0♍43	5♊4	26♐1	11♈19	29♌25	17♋46	25♉	10♈	12♏	26♊	13♉
7	14♋1	10♋34	18♉22	19♉57	22♊55	28♉32	1♍19	5♊16	25♐57	11♈20	29♌26	17♋48	25♉	10♈	12♏	27♊	13♉
8	14♋58	25♋49	18♉19	19♉49	24♊7	29♉32	1♍55	5♊29	25♐53	11♈20	29♌28	17♋49	26♉	11♈	12♏	27♊	13♉
9	15♋55	10♌54	18♉16	19♉41	25♊24	0♊32	2♍31	5♊41	25♐48	11♈21	29♌30	17♋51	26♉	11♈	12 D	27♊	13♉
10	16♋53	25♌40	18♉13	19♉33	26♊44	1♊33	3♍7	5♊53	25♐44	11♈21	29♌31	17♋52	26♉	11♈	12♏	28♊	13♉
11	17♋50	10♍0	18♉10	19♉26	28♊8	2♊34	3♍43	6♊6	25♐41	11♈21	29♌33	17♋54	27♉	11♈	12♏	28♊	13♉
12	18♋47	23♍52	18♉7	19♉21	29♊36	3♊35	4♍20	6♊18	25♐37	11♈22	29♌35	17♋56	27♉	11♈	12♏	29♊	13♉
13	19♋44	7♎14	18♉3	19♉19	1♋8	4♊37	4♍56	6♊30	25♐33	11♈22	29♌37	17♋57	27♉	11♈	12♏	29♊	13♉
14	20♋42	20♎10	18♉0	19♉18	2♋44	5♊39	5♍32	6♊42	25♐29	11♈22	29♌38	17♋59	28♉	11♈	12♏	0♋	13♉
15	21♋39	2♏43	17♉57	19 D 18	4♋24	6♊41	6♍9	6♊54	25♐25	11♈22	29♌40	18♋0	28♉	11♈	12♏	0♋	13♉
16	22♋36	14♏58	17♉54	19♉19	6♋7	7♊43	6♍45	7♊6	25♐22	11♈22	29♌42	18♋2	28♉	11♈	12♏	0♋	13♉
17	23♋33	27♏0	17♉51	19 R 19	7♋54	8♊46	7♍22	7♊17	25♐18	11♈22	29♌44	18♋3	29♉	11♈	12♏	1♋	13♉
18	24♋31	8♐54	17♉48	19♉17	9♋43	9♊49	7♍58	7♊29	25♐14	11 R 22	29♌46	18♋5	29♉	12♈	12♏	1♋	13♉
19	25♋28	20♐44	17♉44	19♉13	11♋36	10♊52	8♍35	7♊41	25♐11	11♈22	29♌48	18♋7	29♉	12♈	12♏	2♋	13♉
20	26♋25	2♑33	17♉41	19♉6	13♋31	11♊56	9♍12	7♊52	25♐7	11♈22	29♌50	18♋8	0♊	12♈	12♏	2♋	13♉
21	27♋22	14♑25	17♉38	18♉56	15♋29	12♊59	9♍48	8♊4	25♐4	11♈22	29♌52	18♋10	0♊	12♈	12♏	3♋	14♉
22	28♋20	26♑20	17♉35	18♉45	17♋29	14♊3	10♍25	8♊15	25♐1	11♈22	29♌54	18♋11	0♊	12♈	12♏	3♋	14♉
23	29♋17	8♒21	17♉32	18♉33	19♋31	15♊7	11♍2	8♊26	24♐57	11♈22	29♌56	18♋13	1♊	12♈	12♏	3♋	14♉
24	0♌14	20♒28	17♉28	18♉20	21♋35	16♊11	11♍39	8♊38	24♐54	11♈21	29♌58	18♋14	1♊	12♈	13♏	4♋	14♉
25	1♌11	2♓44	17♉25	18♉9	23♋40	17♊16	12♍16	8♊49	24♐51	11♈21	29♌59	18♋16	1♊	12♈	13♏	4♋	14♉
26	2♌9	15♓9	17♉22	17♉59	25♋46	18♊21	12♍53	9♊0	24♐48	11♈21	0♍1	18♋17	2♊	12♈	13♏	5♋	14♉
27	3♌6	27♓45	17♉19	17♉52	27♋52	19♊26	13♍30	9♊11	24♐45	11♈20	0♍4	18♋19	2♊	12♈	13♏	5♋	14♉
28	4♌3	10♈35	17♉16	17♉48	29♋58	20♊31	14♍7	9♊21	24♐42	11♈20	0♍6	18♋20	2♊	12♈	13♏	5♋	14♉
29	5♌1	23♈40	17♉13	17♉46	2♌5	21♊36	14♍44	9♊32	24♐39	11♈19	0♍8	18♋22	3♊	12♈	13♏	6♋	14♉
30	5♌58	7♉3	17♉9	17 D 46	4♌12	22♊42	15♍21	9♊43	24♐36	11♈19	0♍10	18♋23	3♊	12♈	13♏	6♋	14♉
31	6♌55	20♉48	17♉6	17 R 46	6♌17	23♊47	15♍58	9♊53	24♐34	11♈18	0♍12	18♋25	3♊	12♈	13♏	7♋	14♉

SUN INGRESS	☉ → ♌ 23日 17:53
MOON PHASE	● 7日 05:47 ♋ ◐ 14日 01:05 ♎ ○ 22日 04:21 ♑ ◑ 29日 21:56 ♉

aspects

3日	17:15	♂☌♆
4日	03:38	☉□♅
7日	22:24	♀□♆
9日	07:13	☿☍♄
11日	01:46	☉☌♇
11日	23:36	☿⚹♆
13日	18:00	♀□♂
15日	06:05	♀☌♃
16日	13:15	☿⚹♂
16日	19:44	♂□♃
18日	21:09	☿□♅
19日	11:27	♀⚹♅
22日	08:23	☿☌♇
31日	13:24	☉☌☿
31日	16:10	♀☍♄

1929年8月

DAY	☉	☽	☊ mean	☊ true	☿	♀	♂	♃	♄	♅	♆	♇	⚳	⚴	⚵	⚶	⚷
	° ′	° ′	° ′	° ′	° ′	° ′	° ′	° ′	° ′	° ′	° ′	° ′	°	°	°	°	°
1	7♌53	4♊54	17♉3	17 R 45	8 D 23	24 D 53	16 D 35	10 D 4	24 R 31	11 R 17	0 D 14	18 D 26	4 D	12 D	13 D	7 D	14 D
2	8♌50	19♊23	17♉0	17♉42	10♌27	25♊59	17♍12	10♊14	24♐28	11♈17	0♍16	18♋28	4♊	12♈	13♏	8♋	14♉
3	9♌48	4♋11	16♉57	17♉37	12♌30	27♊6	17♍50	10♊24	24♐26	11♈16	0♍18	18♋29	4♊	12♈	14♏	8♋	14♉
4	10♌45	19♋11	16♉54	17♉29	14♌33	28♊12	18♍27	10♊35	24♐24	11♈15	0♍20	18♋31	5♊	12 R	14♏	8♋	14♉
5	11♌43	4♌17	16♉50	17♉19	16♌34	29♊19	19♍5	10♊45	24♐21	11♈14	0♍22	18♋32	5♊	12♈	14♏	9♋	14♉
6	12♌40	19♌17	16♉47	17♉8	18♌33	0♋26	19♍42	10♊54	24♐19	11♈13	0♍24	18♋34	5♊	12♈	14♏	9♋	14♉
7	13♌38	4♍2	16♉44	16♉57	20♌31	1♋32	20♍20	11♊4	24♐17	11♈13	0♍27	18♋35	6♊	12♈	14♏	10♋	14♉
8	14♌35	18♍24	16♉41	16♉48	22♌28	2♋40	20♍57	11♊14	24♐15	11♈12	0♍29	18♋37	6♊	12♈	14♏	10♋	14♉
9	15♌33	2♎19	16♉38	16♉41	24♌23	3♋47	21♍35	11♊24	24♐13	11♈11	0♍31	18♋38	6♊	12♈	14♏	10♋	14♉
10	16♌30	15♎45	16♉34	16♉36	26♌17	4♋54	22♍13	11♊33	24♐11	11♈9	0♍33	18♋40	7♊	12♈	14♏	11♋	14♉
11	17♌28	28♎44	16♉31	16♉34	28♌10	6♋2	22♍50	11♊42	24♐9	11♈8	0♍35	18♋41	7♊	12♈	15♏	11♋	14♉
12	18♌25	11♏19	16♉28	16♉33	0♍0	7♋9	23♍28	11♊52	24♐8	11♈7	0♍37	18♋42	7♊	12♈	15♏	12♋	14♉
13	19♌23	23♏35	16♉25	16♉33	1♍50	8♋17	24♍6	12♊1	24♐6	11♈6	0♍40	18♋44	7♊	12♈	15♏	12♋	14♉
14	20♌21	5♐37	16♉22	16♉33	3♍38	9♋25	24♍44	12♊10	24♐4	11♈5	0♍42	18♋45	8♊	12♈	15♏	12♋	14♉
15	21♌18	17♐30	16♉19	16♉30	5♍24	10♋33	25♍22	12♊18	24♐3	11♈4	0♍44	18♋47	8♊	12♈	15♏	13♋	14♉
16	22♌16	29♐20	16♉15	16♉26	7♍9	11♋41	26♍0	12♊27	24♐2	11♈2	0♍46	18♋48	8♊	12♈	15♏	13♋	14♉
17	23♌14	11♑10	16♉12	16♉19	8♍52	12♋50	26♍38	12♊36	24♐1	11♈1	0♍48	18♋49	8♊	12♈	16♏	14♋	14♉
18	24♌11	23♑5	16♉9	16♉9	10♍34	13♋58	27♍16	12♊44	23♐59	10♈59	0♍51	18♋51	9♊	12♈	16♏	14♋	14♉
19	25♌9	5♒6	16♉6	15♉57	12♍15	15♋7	27♍54	12♊53	23♐58	10♈58	0♍53	18♋52	9♊	12♈	16♏	15♋	14♉
20	26♌7	17♒16	16♉3	15♉44	13♍54	16♋15	28♍32	13♊1	23♐57	10♈57	0♍55	18♋53	9♊	11♈	16♏	15♋	14 R
21	27♌4	29♒36	16♉0	15♉31	15♍31	17♋24	29♍10	13♊9	23♐57	10♈55	0♍57	18♋54	10♊	11♈	16♏	15♋	14♉
22	28♌2	12♓6	15♉56	15♉19	17♍8	18♋33	29♍49	13♊17	23♐56	10♈53	0♍59	18♋56	10♊	11♈	17♏	16♋	14♉
23	29♌0	24♓46	15♉53	15♉9	18♍42	19♋42	0♎27	13♊24	23♐55	10♈52	1♍2	18♋57	10♊	11♈	17♏	16♋	14♉
24	29♌58	7♈38	15♉50	15♉1	20♍16	20♋52	1♎5	13♊32	23♐55	10♈50	1♍4	18♋58	10♊	11♈	17♏	16♋	14♉
25	0♍56	20♈40	15♉47	14♉56	21♍48	22♋1	1♎44	13♊40	23♐54	10♈49	1♍6	18♋59	11♊	11♈	17♏	17♋	14♉
26	1♍54	3♉55	15♉44	14♉54	23♍19	23♋11	2♎22	13♊47	23♐54	10♈47	1♍8	19♋1	11♊	11♈	17♏	17♋	14♉
27	2♍51	17♉24	15♉40	14 D 54	24♍48	24♋20	3♎1	13♊54	23♐53	10♈45	1♍11	19♋2	11♊	11♈	18♏	18♋	14♉
28	3♍49	1♊7	15♉37	14♉54	26♍16	25♋30	3♎39	14♊1	23♐53	10♈43	1♍13	19♋3	11♊	10♈	18♏	18♋	14♉
29	4♍47	15♊6	15♉34	14 R 54	27♍42	26♋40	4♎18	14♊8	23♐53	10♈42	1♍15	19♋4	12♊	10♈	18♏	18♋	14♉
30	5♍45	29♊21	15♉31	14♉52	29♍7	27♋50	4♎56	14♊15	23 D 53	10♈40	1♍17	19♋5	12♊	10♈	18♏	19♋	14♉
31	6♍43	13♋50	15♉28	14♉48	0♎31	29♋0	5♎35	14♊22	23♐53	10♈38	1♍19	19♋7	12♊	10♈	18♏	19♋	14♉

SUN INGRESS	☉ → ♍ 24日 00:41
MOON PHASE	● 5日 12:40 ♌ ◐ 12日 15:01 ♏ ○ 20日 18:42 ♒ ◑ 28日 05:02 ♊

aspects

1日	21:17	☿⚹♃
2日	09:36	☿△♅
3日	18:37	☉⚹♃
4日	02:29	♂⚹♇
4日	12:22	☉△♅
5日	23:34	♀⚹♆
7日	18:39	♃⚹♅
8日	21:50	☿△♄
12日	08:13	☿☌♆
13日	00:02	♂□♄
15日	10:30	♀□♅
17日	19:08	☉△♄
19日	09:58	☿□♃
22日	07:55	♀☌♇
23日	03:46	☿⚹♇
25日	04:28	☉☌♆
25日	14:47	☿⚹♀
26日	09:22	☿□♄

1929年9月

DAY	☉	☽	☊ mean	☊ true	☿	♀	♂	♃	♄	♅	♆	♇	⚳	⚴	⚵	⚶	⚷
	° ′	° ′	° ′	° ′	° ′	° ′	° ′	° ′	° ′	° ′	° ′	° ′	°	°	°	°	°
1	7 ♍ 41	28 ♋ 30	15 ♉ 25	14 R 41	1 D 53	0 D 10	6 D 14	14 D 28	23 D 53	10 R 36	1 D 22	19 D 8	12 D	10 R	19 D	20 D	14 R
2	8 ♍ 40	13 ♌ 13	15 ♉ 21	14 ♉ 32	3 ♎ 13	1 ♌ 20	6 ♎ 53	14 ♊ 34	23 ♐ 54	10 ♈ 34	1 ♍ 24	19 ♋ 9	13 ♊	10 ♈	19 ♏	20 ♋	14 ♉
3	9 ♍ 38	27 ♌ 54	15 ♉ 18	14 ♉ 22	4 ♎ 32	2 ♌ 31	7 ♎ 32	14 ♊ 41	23 ♐ 54	10 ♈ 32	1 ♍ 26	19 ♋ 10	13 ♊	9 ♈	19 ♏	20 ♋	14 ♉
4	10 ♍ 36	12 ♍ 24	15 ♉ 15	14 ♉ 12	5 ♎ 50	3 ♌ 41	8 ♎ 11	14 ♊ 47	23 ♐ 55	10 ♈ 30	1 ♍ 28	19 ♋ 11	13 ♊	9 ♈	19 ♏	21 ♋	14 ♉
5	11 ♍ 34	26 ♍ 35	15 ♉ 12	14 ♉ 3	7 ♎ 5	4 ♌ 52	8 ♎ 50	14 ♊ 52	23 ♐ 55	10 ♈ 28	1 ♍ 30	19 ♋ 12	13 ♊	9 ♈	20 ♏	21 ♋	14 ♉
6	12 ♍ 32	10 ♎ 24	15 ♉ 9	13 ♉ 57	8 ♎ 19	6 ♌ 3	9 ♎ 29	14 ♊ 58	23 ♐ 56	10 ♈ 26	1 ♍ 33	19 ♋ 13	14 ♊	9 ♈	20 ♏	22 ♋	14 ♉
7	13 ♍ 30	23 ♎ 48	15 ♉ 6	13 ♉ 53	9 ♎ 31	7 ♌ 13	10 ♎ 8	15 ♊ 3	23 ♐ 57	10 ♈ 24	1 ♍ 35	19 ♋ 14	14 ♊	9 ♈	20 ♏	22 ♋	14 ♉
8	14 ♍ 29	6 ♏ 48	15 ♉ 2	13 ♉ 51	10 ♎ 42	8 ♌ 24	10 ♎ 47	15 ♊ 9	23 ♐ 58	10 ♈ 22	1 ♍ 37	19 ♋ 15	14 ♊	8 ♈	20 ♏	22 ♋	14 ♉
9	15 ♍ 27	19 ♏ 24	14 ♉ 59	13 D 51	11 ♎ 50	9 ♌ 35	11 ♎ 26	15 ♊ 14	23 ♐ 59	10 ♈ 20	1 ♍ 39	19 ♋ 16	14 ♊	8 ♈	20 ♏	23 ♋	14 ♉
10	16 ♍ 25	1 ♐ 42	14 ♉ 56	13 ♉ 52	12 ♎ 56	10 ♌ 46	12 ♎ 5	15 ♊ 19	24 ♐ 0	10 ♈ 18	1 ♍ 41	19 ♋ 17	14 ♊	8 ♈	21 ♏	23 ♋	14 ♉
11	17 ♍ 24	13 ♐ 46	14 ♉ 53	13 ♉ 52	14 ♎ 0	11 ♌ 58	12 ♎ 44	15 ♊ 24	24 ♐ 1	10 ♈ 16	1 ♍ 44	19 ♋ 18	15 ♊	8 ♈	21 ♏	23 ♋	14 ♉
12	18 ♍ 22	25 ♐ 40	14 ♉ 50	13 R 52	15 ♎ 2	13 ♌ 9	13 ♎ 24	15 ♊ 28	24 ♐ 2	10 ♈ 13	1 ♍ 46	19 ♋ 19	15 ♊	7 ♈	21 ♏	24 ♋	14 ♉
13	19 ♍ 20	7 ♑ 31	14 ♉ 46	13 ♉ 50	16 ♎ 1	14 ♌ 20	14 ♎ 3	15 ♊ 33	24 ♐ 3	10 ♈ 11	1 ♍ 48	19 ♋ 20	15 ♊	7 ♈	21 ♏	24 ♋	14 ♉
14	20 ♍ 19	19 ♑ 24	14 ♉ 43	13 ♉ 46	16 ♎ 58	15 ♌ 32	14 ♎ 43	15 ♊ 37	24 ♐ 5	10 ♈ 9	1 ♍ 50	19 ♋ 21	15 ♊	7 ♈	22 ♏	25 ♋	14 ♉
15	21 ♍ 17	1 ♒ 21	14 ♉ 40	13 ♉ 40	17 ♎ 51	16 ♌ 43	15 ♎ 22	15 ♊ 41	24 ♐ 7	10 ♈ 7	1 ♍ 52	19 ♋ 21	15 ♊	7 ♈	22 ♏	25 ♋	14 ♉
16	22 ♍ 16	13 ♒ 28	14 ♉ 37	13 ♉ 32	18 ♎ 42	17 ♌ 55	16 ♎ 2	15 ♊ 45	24 ♐ 8	10 ♈ 4	1 ♍ 54	19 ♋ 22	16 ♊	6 ♈	22 ♏	25 ♋	14 ♉
17	23 ♍ 14	25 ♒ 47	14 ♉ 34	13 ♉ 23	19 ♎ 30	19 ♌ 6	16 ♎ 41	15 ♊ 49	24 ♐ 10	10 ♈ 2	1 ♍ 56	19 ♋ 23	16 ♊	6 ♈	22 ♏	26 ♋	14 ♉
18	24 ♍ 13	8 ♓ 19	14 ♉ 31	13 ♉ 14	20 ♎ 13	20 ♌ 18	17 ♎ 21	15 ♊ 52	24 ♐ 12	10 ♈ 0	1 ♍ 58	19 ♋ 24	16 ♊	6 ♈	23 ♏	26 ♋	14 ♉
19	25 ♍ 11	21 ♓ 5	14 ♉ 27	13 ♉ 5	20 ♎ 54	21 ♌ 30	18 ♎ 0	15 ♊ 56	24 ♐ 14	9 ♈ 58	2 ♍ 1	19 ♋ 25	16 ♊	6 ♈	23 ♏	26 ♋	14 ♉
20	26 ♍ 10	4 ♈ 4	14 ♉ 24	12 ♉ 59	21 ♎ 30	22 ♌ 42	18 ♎ 40	15 ♊ 59	24 ♐ 16	9 ♈ 55	2 ♍ 3	19 ♋ 25	16 ♊	5 ♈	23 ♏	27 ♋	13 ♉
21	27 ♍ 9	17 ♈ 17	14 ♉ 21	12 ♉ 54	22 ♎ 1	23 ♌ 54	19 ♎ 20	16 ♊ 2	24 ♐ 18	9 ♈ 53	2 ♍ 5	19 ♋ 26	16 ♊	5 ♈	24 ♏	27 ♋	13 ♉
22	28 ♍ 7	0 ♉ 42	14 ♉ 18	12 ♉ 51	22 ♎ 28	25 ♌ 6	20 ♎ 0	16 ♊ 5	24 ♐ 20	9 ♈ 51	2 ♍ 7	19 ♋ 27	16 ♊	5 ♈	24 ♏	28 ♋	13 ♉
23	29 ♍ 6	14 ♉ 17	14 ♉ 15	12 D 50	22 ♎ 50	26 ♌ 19	20 ♎ 40	16 ♊ 7	24 ♐ 22	9 ♈ 48	2 ♍ 9	19 ♋ 28	17 ♊	5 ♈	24 ♏	28 ♋	13 ♉
24	0 ♎ 5	28 ♉ 2	14 ♉ 11	12 ♉ 51	23 ♎ 6	27 ♌ 31	21 ♎ 20	16 ♊ 10	24 ♐ 25	9 ♈ 46	2 ♍ 11	19 ♋ 28	17 ♊	4 ♈	25 ♏	28 ♋	13 ♉
25	1 ♎ 3	11 ♊ 55	14 ♉ 8	12 ♉ 52	23 ♎ 17	28 ♌ 43	22 ♎ 0	16 ♊ 12	24 ♐ 27	9 ♈ 43	2 ♍ 13	19 ♋ 29	17 ♊	4 ♈	25 ♏	29 ♋	13 ♉
26	2 ♎ 2	25 ♊ 57	14 ♉ 5	12 ♉ 53	23 ♎ 21	29 ♌ 56	22 ♎ 40	16 ♊ 14	24 ♐ 30	9 ♈ 41	2 ♍ 15	19 ♋ 29	17 ♊	4 ♈	25 ♏	29 ♋	13 ♉
27	3 ♎ 1	10 ♋ 6	14 ♉ 2	12 R 53	23 R 19	1 ♍ 8	23 ♎ 20	16 ♊ 16	24 ♐ 33	9 ♈ 39	2 ♍ 17	19 ♋ 30	17 ♊	3 ♈	25 ♏	29 ♋	13 ♉
28	4 ♎ 0	24 ♋ 21	13 ♉ 59	12 ♉ 52	23 ♎ 9	2 ♍ 21	24 ♎ 0	16 ♊ 18	24 ♐ 35	9 ♈ 36	2 ♍ 19	19 ♋ 31	17 ♊	3 ♈	25 ♏	0 ♌	13 ♉
29	4 ♎ 59	8 ♌ 39	13 ♉ 56	12 ♉ 48	22 ♎ 52	3 ♍ 34	24 ♎ 40	16 ♊ 19	24 ♐ 38	9 ♈ 34	2 ♍ 21	19 ♋ 31	17 ♊	3 ♈	26 ♏	0 ♌	13 ♉
30	5 ♎ 58	22 ♌ 57	13 ♉ 52	12 ♉ 44	22 ♎ 28	4 ♍ 47	25 ♎ 20	16 ♊ 20	24 ♐ 41	9 ♈ 31	2 ♍ 23	19 ♋ 32	18 ♊	3 ♈	26 ♏	0 ♌	13 ♉

SUN INGRESS	☉ → ♎ 23日 21:52
MOON PHASE	● 3日 20:47 ♍ ◐ 11日 07:57 ♐ ○ 19日 08:16 ♓ ◑ 26日 11:07 ♋

aspects

7日	09:34	♂☍♅
7日	17:24	☿☍♅
8日	04:05	☿☌♂
8日	18:06	☉□♃
9日	14:37	♀△♅
12日	11:15	♀⚹♂
12日	11:28	☿△♃
12日	23:41	☉⚹♇
14日	01:58	♀⚹♃
15日	12:56	♂△♃
16日	20:34	☿□♇
17日	20:03	☿⚹♀
17日	23:33	☉□♄
21日	03:46	♂□♇
21日	08:07	♀△♄
26日	23:25	☿☌♂
27日	23:13	♀☌♆
28日	22:45	♂⚹♄

1929年10月

DAY	☉	☽	☊ mean	☊ true	☿	♀	♂	♃	♄	♅	♆	♇	⚳	⚴	⚵	⚶	⚷
	° ′	° ′	° ′	° ′	° ′	° ′	° ′	° ′	° ′	° ′	° ′	° ′	°	°	°	°	°
1	6 ♎ 57	7 ♍ 10	13 ♉ 49	12 R 38	21 R 56	5 D 59	26 D 1	16 D 22	24 D 44	9 R 29	2 D 24	19 D 32	18 D	2 R	26 D	1 D	13 R
2	7 ♎ 56	21 ♍ 14	13 ♉ 46	12 ♉ 33	21 ♎ 17	7 ♍ 12	26 ♎ 41	16 ♊ 22	24 ♐ 47	9 ♈ 27	2 ♍ 26	19 ♋ 33	18 ♊	2 ♈	27 ♏	1 ♌	13 ♉
3	8 ♎ 55	5 ♎ 3	13 ♉ 43	12 ♉ 28	20 ♎ 30	8 ♍ 25	27 ♎ 22	16 ♊ 23	24 ♐ 51	9 ♈ 24	2 ♍ 28	19 ♋ 33	18 ♊	2 ♈	27 ♏	1 ♌	13 ♉
4	9 ♎ 54	18 ♎ 36	13 ♉ 40	12 ♉ 24	19 ♎ 36	9 ♍ 38	28 ♎ 2	16 ♊ 24	24 ♐ 54	9 ♈ 22	2 ♍ 30	19 ♋ 34	18 ♊	1 ♈	27 ♏	2 ♌	13 ♉
5	10 ♎ 53	1 ♏ 48	13 ♉ 37	12 ♉ 22	18 ♎ 37	10 ♍ 52	28 ♎ 43	16 ♊ 24	24 ♐ 57	9 ♈ 19	2 ♍ 32	19 ♋ 34	18 ♊	1 ♈	28 ♏	2 ♌	13 ♉
6	11 ♎ 52	14 ♏ 41	13 ♉ 33	12 D 22	17 ♎ 32	12 ♍ 5	29 ♎ 23	16 R 24	25 ♐ 1	9 ♈ 17	2 ♍ 34	19 ♋ 34	18 ♊	1 ♈	28 ♏	2 ♌	13 ♉
7	12 ♎ 52	27 ♏ 15	13 ♉ 30	12 ♉ 22	16 ♎ 24	13 ♍ 18	0 ♏ 4	16 ♊ 24	25 ♐ 4	9 ♈ 14	2 ♍ 36	19 ♋ 35	18 ♊	1 ♈	28 ♏	3 ♌	13 ♉
8	13 ♎ 51	9 ♐ 33	13 ♉ 27	12 ♉ 24	15 ♎ 13	14 ♍ 31	0 ♏ 45	16 ♊ 23	25 ♐ 8	9 ♈ 12	2 ♍ 37	19 ♋ 35	18 ♊	0 ♈	28 ♏	3 ♌	13 ♉
9	14 ♎ 50	21 ♐ 37	13 ♉ 24	12 ♉ 26	14 ♎ 3	15 ♍ 45	1 ♏ 25	16 ♊ 23	25 ♐ 12	9 ♈ 10	2 ♍ 39	19 ♋ 35	18 ♊	0 ♈	29 ♏	3 ♌	13 ♉
10	15 ♎ 49	3 ♑ 33	13 ♉ 21	12 ♉ 27	12 ♎ 54	16 ♍ 58	2 ♏ 6	16 ♊ 22	25 ♐ 15	9 ♈ 7	2 ♍ 41	19 ♋ 36	18 ♊	0 ♈	29 ♏	4 ♌	13 ♉
11	16 ♎ 49	15 ♑ 25	13 ♉ 17	12 ♉ 28	11 ♎ 48	18 ♍ 12	2 ♏ 47	16 ♊ 21	25 ♐ 19	9 ♈ 5	2 ♍ 43	19 ♋ 36	18 ♊	0 ♈	29 ♏	4 ♌	13 ♉
12	17 ♎ 48	27 ♑ 18	13 ♉ 14	12 R 27	10 ♎ 49	19 ♍ 25	3 ♏ 28	16 ♊ 20	25 ♐ 23	9 ♈ 2	2 ♍ 44	19 ♋ 36	18 ♊	29 ♓	0 ♐	4 ♌	13 ♉
13	18 ♎ 48	9 ♒ 17	13 ♉ 11	12 ♉ 26	9 ♎ 56	20 ♍ 39	4 ♏ 9	16 ♊ 19	25 ♐ 27	9 ♈ 0	2 ♍ 46	19 ♋ 36	18 ♊	29 ♓	0 ♐	5 ♌	13 ♉
14	19 ♎ 47	21 ♒ 25	13 ♉ 8	12 ♉ 23	9 ♎ 13	21 ♍ 53	4 ♏ 50	16 ♊ 17	25 ♐ 31	8 ♈ 58	2 ♍ 48	19 ♋ 37	18 ♊	29 ♓	0 ♐	5 ♌	13 ♉
15	20 ♎ 46	3 ♓ 48	13 ♉ 5	12 ♉ 20	8 ♎ 39	23 ♍ 6	5 ♏ 31	16 ♊ 15	25 ♐ 36	8 ♈ 55	2 ♍ 49	19 ♋ 37	18 ♊	29 ♓	1 ♐	5 ♌	13 ♉
16	21 ♎ 46	16 ♓ 28	13 ♉ 2	12 ♉ 17	8 ♎ 16	24 ♍ 20	6 ♏ 12	16 ♊ 13	25 ♐ 40	8 ♈ 53	2 ♍ 51	19 ♋ 37	18 ♊	28 ♓	1 ♐	5 ♌	12 ♉
17	22 ♎ 45	29 ♓ 26	12 ♉ 58	12 ♉ 14	8 ♎ 3	25 ♍ 34	6 ♏ 53	16 ♊ 11	25 ♐ 44	8 ♈ 51	2 ♍ 52	19 ♋ 37	18 ♊	28 ♓	1 ♐	6 ♌	12 ♉
18	23 ♎ 45	12 ♈ 42	12 ♉ 55	12 ♉ 12	8 D 2	26 ♍ 48	7 ♏ 34	16 ♊ 9	25 ♐ 49	8 ♈ 48	2 ♍ 54	19 ♋ 37	18 R	28 ♓	1 ♐	6 ♌	12 ♉
19	24 ♎ 44	26 ♈ 17	12 ♉ 52	12 ♉ 10	8 ♎ 12	28 ♍ 2	8 ♏ 16	16 ♊ 6	25 ♐ 53	8 ♈ 46	2 ♍ 56	19 ♋ 37	18 ♊	28 ♓	2 ♐	6 ♌	12 ♉
20	25 ♎ 44	10 ♉ 7	12 ♉ 49	12 ♉ 9	8 ♎ 33	29 ♍ 16	8 ♏ 57	16 ♊ 4	25 ♐ 58	8 ♈ 44	2 ♍ 57	19 ♋ 37	18 ♊	27 ♓	2 ♐	7 ♌	12 ♉
21	26 ♎ 44	24 ♉ 9	12 ♉ 46	12 D 10	9 ♎ 3	0 ♎ 30	9 ♏ 38	16 ♊ 1	26 ♐ 2	8 ♈ 41	2 ♍ 59	19 ♋ 37	18 ♊	27 ♓	2 ♐	7 ♌	12 ♉
22	27 ♎ 43	8 ♊ 20	12 ♉ 43	12 ♉ 11	9 ♎ 43	1 ♎ 44	10 ♏ 20	15 ♊ 57	26 ♐ 7	8 ♈ 39	3 ♍ 0	19 R 37	18 ♊	27 ♓	3 ♐	7 ♌	12 ♉
23	28 ♎ 43	22 ♊ 36	12 ♉ 39	12 ♉ 12	10 ♎ 31	2 ♎ 58	11 ♏ 1	15 ♊ 54	26 ♐ 12	8 ♈ 37	3 ♍ 1	19 ♋ 37	18 ♊	27 ♓	3 ♐	8 ♌	12 ♉
24	29 ♎ 43	6 ♋ 54	12 ♉ 36	12 ♉ 13	11 ♎ 26	4 ♎ 12	11 ♏ 43	15 ♊ 51	26 ♐ 17	8 ♈ 35	3 ♍ 3	19 ♋ 37	18 ♊	26 ♓	3 ♐	8 ♌	12 ♉
25	0 ♏ 43	21 ♋ 10	12 ♉ 33	12 ♉ 13	12 ♎ 29	5 ♎ 26	12 ♏ 24	15 ♊ 47	26 ♐ 22	8 ♈ 33	3 ♍ 4	19 ♋ 37	18 ♊	26 ♓	4 ♐	8 ♌	12 ♉
26	1 ♏ 42	5 ♌ 21	12 ♉ 30	12 R 13	13 ♎ 37	6 ♎ 41	13 ♏ 6	15 ♊ 43	26 ♐ 27	8 ♈ 30	3 ♍ 6	19 ♋ 37	18 ♊	26 ♓	4 ♐	8 ♌	12 ♉
27	2 ♏ 42	19 ♌ 26	12 ♉ 27	12 ♉ 13	14 ♎ 50	7 ♎ 55	13 ♏ 48	15 ♊ 39	26 ♐ 32	8 ♈ 28	3 ♍ 7	19 ♋ 37	18 ♊	26 ♓	4 ♐	9 ♌	12 ♉
28	3 ♏ 42	3 ♍ 23	12 ♉ 23	12 ♉ 12	16 ♎ 8	9 ♎ 9	14 ♏ 30	15 ♊ 35	26 ♐ 37	8 ♈ 26	3 ♍ 8	19 ♋ 37	18 ♊	26 ♓	5 ♐	9 ♌	12 ♉
29	4 ♏ 42	17 ♍ 10	12 ♉ 20	12 ♉ 11	17 ♎ 30	10 ♎ 24	15 ♏ 11	15 ♊ 30	26 ♐ 42	8 ♈ 24	3 ♍ 10	19 ♋ 37	18 ♊	25 ♓	5 ♐	9 ♌	12 ♉
30	5 ♏ 42	0 ♎ 45	12 ♉ 17	12 ♉ 10	18 ♎ 55	11 ♎ 38	15 ♏ 53	15 ♊ 26	26 ♐ 47	8 ♈ 22	3 ♍ 11	19 ♋ 36	18 ♊	25 ♓	5 ♐	9 ♌	12 ♉
31	6 ♏ 42	14 ♎ 8	12 ♉ 14	12 ♉ 10	20 ♎ 22	12 ♎ 53	16 ♏ 35	15 ♊ 21	26 ♐ 52	8 ♈ 20	3 ♍ 12	19 ♋ 36	18 ♊	25 ♓	6 ♐	10 ♌	12 ♉

SUN INGRESS	☉ → ♏ 24日 06:41
MOON PHASE	● 3日 07:19 ♎ ◐ 11日 03:05 ♑ ○ 18日 21:06 ♈ ◑ 25日 17:21 ♌

aspects

3日	11:22	☉☍♅
4日	01:11	☿□♇
7日	00:01	☿△♃
8日	15:13	☉☌☿
9日	12:20	♀□♃
10日	13:00	☉△♃
10日	21:21	♂⚹♆
12日	03:36	♀⚹♇
13日	19:50	☉□♇
14日	10:29	♀☍♅
17日	03:34	♀□♄
20日	05:57	☉⚹♄
20日	08:54	☿☍♅
27日	10:06	☉⚹♆
27日	10:24	☿☍♅
27日	14:23	♀△♃
30日	11:31	☿□♇

1929年11月

DAY	☉	☽	☊ mean	☊ true	☿	♀	♂	♃	♄	♅	♆	♇	⚳	⚴	⚵	⚶	⚷
	° ′	° ′	° ′	° ′	° ′	° ′	° ′	° ′	° ′	° ′	° ′	° ′	°	°	°	°	°
1	7 ♏ 42	27 ♎ 16	12 ♉ 11	12 R 9	21 D 52	14 D 7	17 D 17	15 R 16	26 D 58	8 R 18	3 D 13	19 R 36	18 R	25 R	6 D	10 D	12 R
2	8 ♏ 42	10 ♏ 10	12 ♉ 8	12 ♉ 9	23 ♎ 23	15 ♎ 22	17 ♏ 59	15 ♊ 11	27 ♐ 3	8 ♈ 16	3 ♍ 14	19 ♋ 36	18 ♊	25 ♓	6 ♐	10 ♌	12 ♉
3	9 ♏ 42	22 ♏ 50	12 ♉ 4	12 D 9	24 ♎ 56	16 ♎ 37	18 ♏ 41	15 ♊ 5	27 ♐ 9	8 ♈ 14	3 ♍ 15	19 ♋ 35	18 ♊	25 ♓	7 ♐	10 ♌	12 ♉
4	10 ♏ 42	5 ♐ 15	12 ♉ 1	12 ♉ 9	26 ♎ 31	17 ♎ 51	19 ♏ 24	15 ♊ 0	27 ♐ 14	8 ♈ 12	3 ♍ 17	19 ♋ 35	17 ♊	25 ♓	7 ♐	11 ♌	12 ♉
5	11 ♏ 43	17 ♐ 28	11 ♉ 58	12 ♉ 10	28 ♎ 6	19 ♎ 6	20 ♏ 6	14 ♊ 54	27 ♐ 20	8 ♈ 10	3 ♍ 18	19 ♋ 35	17 ♊	24 ♓	7 ♐	11 ♌	12 ♉
6	12 ♏ 43	29 ♐ 31	11 ♉ 55	12 R 9	29 ♎ 42	20 ♎ 21	20 ♏ 48	14 ♊ 48	27 ♐ 26	8 ♈ 8	3 ♍ 19	19 ♋ 34	17 ♊	24 ♓	8 ♐	11 ♌	11 ♉
7	13 ♏ 43	11 ♑ 26	11 ♉ 52	12 ♉ 9	1 ♏ 18	21 ♎ 36	21 ♏ 30	14 ♊ 43	27 ♐ 31	8 ♈ 6	3 ♍ 20	19 ♋ 34	17 ♊	24 ♓	8 ♐	11 ♌	11 ♉
8	14 ♏ 43	23 ♑ 18	11 ♉ 49	12 ♉ 9	2 ♏ 55	22 ♎ 50	22 ♏ 13	14 ♊ 36	27 ♐ 37	8 ♈ 5	3 ♍ 21	19 ♋ 34	17 ♊	24 ♓	8 ♐	12 ♌	11 ♉
9	15 ♏ 44	5 ♒ 10	11 ♉ 45	12 ♉ 9	4 ♏ 32	24 ♎ 5	22 ♏ 55	14 ♊ 30	27 ♐ 43	8 ♈ 3	3 ♍ 22	19 ♋ 33	17 ♊	24 ♓	9 ♐	12 ♌	11 ♉
10	16 ♏ 44	17 ♒ 7	11 ♉ 42	12 D 9	6 ♏ 9	25 ♎ 20	23 ♏ 38	14 ♊ 24	27 ♐ 49	8 ♈ 1	3 ♍ 23	19 ♋ 33	17 ♊	24 ♓	9 ♐	12 ♌	11 ♉
11	17 ♏ 44	29 ♒ 14	11 ♉ 39	12 ♉ 9	7 ♏ 46	26 ♎ 35	24 ♏ 20	14 ♊ 17	27 ♐ 55	7 ♈ 59	3 ♍ 23	19 ♋ 32	17 ♊	24 ♓	9 ♐	12 ♌	11 ♉
12	18 ♏ 45	11 ♓ 34	11 ♉ 36	12 ♉ 9	9 ♏ 23	27 ♎ 50	25 ♏ 3	14 ♊ 11	28 ♐ 1	7 ♈ 58	3 ♍ 24	19 ♋ 32	16 ♊	24 ♓	10 ♐	12 ♌	11 ♉
13	19 ♏ 45	24 ♓ 14	11 ♉ 33	12 ♉ 10	11 ♏ 0	29 ♎ 5	25 ♏ 45	14 ♊ 4	28 ♐ 7	7 ♈ 56	3 ♍ 25	19 ♋ 31	16 ♊	24 ♓	10 ♐	13 ♌	11 ♉
14	20 ♏ 45	7 ♈ 15	11 ♉ 29	12 ♉ 11	12 ♏ 37	0 ♏ 20	26 ♏ 28	13 ♊ 57	28 ♐ 13	7 ♈ 54	3 ♍ 26	19 ♋ 31	16 ♊	23 ♓	10 ♐	13 ♌	11 ♉
15	21 ♏ 46	20 ♈ 39	11 ♉ 26	12 ♉ 12	14 ♏ 14	1 ♏ 35	27 ♏ 11	13 ♊ 50	28 ♐ 19	7 ♈ 53	3 ♍ 27	19 ♋ 30	16 ♊	23 ♓	11 ♐	13 ♌	11 ♉
16	22 ♏ 46	4 ♉ 27	11 ♉ 23	12 ♉ 12	15 ♏ 50	2 ♏ 50	27 ♏ 54	13 ♊ 43	28 ♐ 25	7 ♈ 51	3 ♍ 27	19 ♋ 29	16 ♊	23 ♓	11 ♐	13 ♌	11 ♉
17	23 ♏ 47	18 ♉ 38	11 ♉ 20	12 R 12	17 ♏ 27	4 ♏ 5	28 ♏ 36	13 ♊ 36	28 ♐ 31	7 ♈ 50	3 ♍ 28	19 ♋ 29	15 ♊	23 ♓	11 ♐	13 ♌	11 ♉
18	24 ♏ 47	3 ♊ 6	11 ♉ 17	12 ♉ 12	19 ♏ 3	5 ♏ 20	29 ♏ 19	13 ♊ 28	28 ♐ 38	7 ♈ 48	3 ♍ 29	19 ♋ 28	15 ♊	23 ♓	12 ♐	14 ♌	11 ♉
19	25 ♏ 48	17 ♊ 46	11 ♉ 14	12 ♉ 10	20 ♏ 39	6 ♏ 35	0 ♐ 2	13 ♊ 21	28 ♐ 44	7 ♈ 47	3 ♍ 29	19 ♋ 27	15 ♊	23 ♓	12 ♐	14 ♌	11 ♉
20	26 ♏ 48	2 ♋ 32	11 ♉ 10	12 ♉ 9	22 ♏ 15	7 ♏ 50	0 ♐ 45	13 ♊ 13	28 ♐ 50	7 ♈ 46	3 ♍ 30	19 ♋ 27	15 ♊	23 ♓	12 ♐	14 ♌	11 ♉
21	27 ♏ 49	17 ♋ 15	11 ♉ 7	12 ♉ 7	23 ♏ 50	9 ♏ 5	1 ♐ 28	13 ♊ 6	28 ♐ 57	7 ♈ 44	3 ♍ 30	19 ♋ 26	15 ♊	23 ♓	13 ♐	14 ♌	11 ♉
22	28 ♏ 49	1 ♌ 50	11 ♉ 4	12 ♉ 5	25 ♏ 26	10 ♏ 20	2 ♐ 11	12 ♊ 58	29 ♐ 3	7 ♈ 43	3 ♍ 31	19 ♋ 25	14 ♊	23 ♓	13 ♐	14 ♌	11 ♉
23	29 ♏ 50	16 ♌ 11	11 ♉ 1	12 ♉ 3	27 ♏ 1	11 ♏ 35	2 ♐ 55	12 ♊ 50	29 ♐ 10	7 ♈ 42	3 ♍ 31	19 ♋ 25	14 ♊	23 ♓	14 ♐	14 ♌	11 ♉
24	0 ♐ 51	0 ♍ 16	10 ♉ 58	12 ♉ 3	28 ♏ 36	12 ♏ 50	3 ♐ 38	12 ♊ 42	29 ♐ 16	7 ♈ 41	3 ♍ 32	19 ♋ 24	14 ♊	23 D	14 ♐	14 ♌	11 ♉
25	1 ♐ 51	14 ♍ 3	10 ♉ 55	12 D 3	0 ♐ 11	14 ♏ 5	4 ♐ 21	12 ♊ 35	29 ♐ 23	7 ♈ 40	3 ♍ 32	19 ♋ 23	14 ♊	23 ♓	14 ♐	15 ♌	11 ♉
26	2 ♐ 52	27 ♍ 33	10 ♉ 51	12 ♉ 5	1 ♐ 46	15 ♏ 21	5 ♐ 4	12 ♊ 27	29 ♐ 29	7 ♈ 38	3 ♍ 33	19 ♋ 22	14 ♊	23 ♓	15 ♐	15 ♌	11 ♉
27	3 ♐ 53	10 ♎ 47	10 ♉ 48	12 ♉ 6	3 ♐ 20	16 ♏ 36	5 ♐ 48	12 ♊ 19	29 ♐ 36	7 ♈ 37	3 ♍ 33	19 ♋ 21	13 ♊	23 ♓	15 ♐	15 ♌	10 ♉
28	4 ♐ 53	23 ♎ 46	10 ♉ 45	12 ♉ 8	4 ♐ 55	17 ♏ 51	6 ♐ 31	12 ♊ 11	29 ♐ 42	7 ♈ 36	3 ♍ 33	19 ♋ 21	13 ♊	23 ♓	15 ♐	15 ♌	10 ♉
29	5 ♐ 54	6 ♏ 31	10 ♉ 42	12 ♉ 9	6 ♐ 29	19 ♏ 6	7 ♐ 15	12 ♊ 2	29 ♐ 49	7 ♈ 35	3 ♍ 34	19 ♋ 20	13 ♊	23 ♓	16 ♐	15 ♌	10 ♉
30	6 ♐ 55	19 ♏ 5	10 ♉ 39	12 R 8	8 ♐ 3	20 ♏ 22	7 ♐ 58	11 ♊ 54	29 ♐ 56	7 ♈ 35	3 ♍ 34	19 ♋ 19	13 ♊	23 ♓	16 ♐	15 ♌	10 ♉

SUN INGRESS	☉ → ♐ 23日 03:48
MOON PHASE	● 1日 21:01 ♏ ◐ 9日 23:10 ♒ ○ 17日 09:14 ♉ ◑ 24日 01:04 ♍

aspects		
1日	20:35	♀△♃
4日	06:31	♂△♇
4日	11:44	☿⚹♄
5日	09:10	♀□♇
8日	06:32	☿⚹♆
12日	03:50	♀⚹♄
12日	18:35	☉△♇
16日	12:12	♀⚹♆
18日	06:17	☿△♇
23日	20:43	♂□♆
26日	16:12	☉□♆
27日	03:15	☿□♆
27日	23:02	☉☌☿
29日	04:12	♀△♇
29日	11:13	♂△♅
29日	16:43	☿△♅
29日	21:32	☿☌♂
30日	15:22	☉△♅

1929年12月

DAY	☉	☽	☊ mean	☊ true	☿	♀	♂	♃	♄	♅	♆	♇	⚳	⚴	⚵	⚶	⚷
	° ′	° ′	° ′	° ′	° ′	° ′	° ′	° ′	° ′	° ′	° ′	° ′	°	°	°	°	°
1	7 ♐ 56	1 ♐ 28	10 ♉ 35	12 R 7	9 D 38	21 D 37	8 D 42	11 R 46	0 D 2	7 R 34	3 D 34	19 R 18	12 R	23 D	16 D	15 D	10 R
2	8 ♐ 57	13 ♐ 41	10 ♉ 32	12 ♉ 4	11 ♐ 12	22 ♏ 52	9 ♐ 25	11 ♊ 38	0 ♑ 9	7 ♈ 33	3 ♍ 34	19 ♋ 17	12 ♊	23 ♓	17 ♐	15 ♌	10 ♉
3	9 ♐ 58	25 ♐ 47	10 ♉ 29	12 ♉ 0	12 ♐ 46	24 ♏ 8	10 ♐ 9	11 ♊ 30	0 ♑ 16	7 ♈ 32	3 ♍ 34	19 ♋ 16	12 ♊	23 ♓	17 ♐	15 ♌	10 ♉
4	10 ♐ 58	7 ♑ 45	10 ♉ 26	11 ♉ 55	14 ♐ 20	25 ♏ 23	10 ♐ 53	11 ♊ 22	0 ♑ 23	7 ♈ 31	3 ♍ 35	19 ♋ 15	12 ♊	24 ♓	17 ♐	15 ♌	10 ♉
5	11 ♐ 59	19 ♑ 39	10 ♉ 23	11 ♉ 49	15 ♐ 54	26 ♏ 38	11 ♐ 37	11 ♊ 13	0 ♑ 30	7 ♈ 31	3 ♍ 35	19 ♋ 14	12 ♊	24 ♓	18 ♐	16 ♌	10 ♉
6	13 ♐ 0	1 ♒ 30	10 ♉ 20	11 ♉ 44	17 ♐ 28	27 ♏ 54	12 ♐ 21	11 ♊ 5	0 ♑ 37	7 ♈ 30	3 ♍ 35	19 ♋ 13	11 ♊	24 ♓	18 ♐	16 ♌	10 ♉
7	14 ♐ 1	13 ♒ 21	10 ♉ 16	11 ♉ 39	19 ♐ 2	29 ♏ 9	13 ♐ 4	10 ♊ 57	0 ♑ 43	7 ♈ 30	3 R 35	19 ♋ 12	11 ♊	24 ♓	18 ♐	16 ♌	10 ♉
8	15 ♐ 2	25 ♒ 16	10 ♉ 13	11 ♉ 35	20 ♐ 36	0 ♐ 24	13 ♐ 48	10 ♊ 49	0 ♑ 50	7 ♈ 29	3 ♍ 35	19 ♋ 11	11 ♊	24 ♓	19 ♐	16 ♌	10 ♉
9	16 ♐ 3	7 ♓ 19	10 ♉ 10	11 ♉ 33	22 ♐ 10	1 ♐ 40	14 ♐ 32	10 ♊ 41	0 ♑ 57	7 ♈ 29	3 ♍ 35	19 ♋ 10	11 ♊	24 ♓	19 ♐	16 ♌	10 ♉
10	17 ♐ 4	19 ♓ 35	10 ♉ 7	11 D 33	23 ♐ 44	2 ♐ 55	15 ♐ 16	10 ♊ 33	1 ♑ 4	7 ♈ 28	3 ♍ 34	19 ♋ 9	10 ♊	24 ♓	19 ♐	16 ♌	10 ♉
11	18 ♐ 5	2 ♈ 8	10 ♉ 4	11 ♉ 34	25 ♐ 18	4 ♐ 11	16 ♐ 1	10 ♊ 25	1 ♑ 11	7 ♈ 28	3 ♍ 34	19 ♋ 8	10 ♊	24 ♓	20 ♐	16 ♌	10 ♉
12	19 ♐ 6	15 ♈ 3	10 ♉ 1	11 ♉ 35	26 ♐ 52	5 ♐ 26	16 ♐ 45	10 ♊ 17	1 ♑ 18	7 ♈ 27	3 ♍ 34	19 ♋ 7	10 ♊	24 ♓	20 ♐	16 ♌	10 ♉
13	20 ♐ 7	28 ♈ 23	9 ♉ 57	11 ♉ 37	28 ♐ 26	6 ♐ 41	17 ♐ 29	10 ♊ 9	1 ♑ 25	7 ♈ 27	3 ♍ 34	19 ♋ 6	10 ♊	24 ♓	21 ♐	16 ♌	10 ♉
14	21 ♐ 8	12 ♉ 12	9 ♉ 54	11 R 38	0 ♑ 1	7 ♐ 57	18 ♐ 13	10 ♊ 1	1 ♑ 32	7 ♈ 27	3 ♍ 34	19 ♋ 5	9 ♊	25 ♓	21 ♐	16 ♌	10 ♉
15	22 ♐ 9	26 ♉ 28	9 ♉ 51	11 ♉ 37	1 ♑ 35	9 ♐ 12	18 ♐ 57	9 ♊ 53	1 ♑ 39	7 ♈ 27	3 ♍ 33	19 ♋ 4	9 ♊	25 ♓	21 ♐	16 R	10 ♉
16	23 ♐ 10	11 ♊ 9	9 ♉ 48	11 ♉ 34	3 ♑ 9	10 ♐ 28	19 ♐ 42	9 ♊ 45	1 ♑ 46	7 ♈ 27	3 ♍ 33	19 ♋ 3	9 ♊	25 ♓	22 ♐	16 ♌	10 ♉
17	24 ♐ 11	26 ♊ 10	9 ♉ 45	11 ♉ 29	4 ♑ 44	11 ♐ 43	20 ♐ 26	9 ♊ 37	1 ♑ 53	7 ♈ 27	3 ♍ 33	19 ♋ 2	9 ♊	25 ♓	22 ♐	16 ♌	10 ♉
18	25 ♐ 12	11 ♋ 20	9 ♉ 41	11 ♉ 22	6 ♑ 18	12 ♐ 58	21 ♐ 11	9 ♊ 30	2 ♑ 0	7 D 27	3 ♍ 32	19 ♋ 0	9 ♊	25 ♓	22 ♐	16 ♌	10 ♉
19	26 ♐ 13	26 ♋ 30	9 ♉ 38	11 ♉ 15	7 ♑ 52	14 ♐ 14	21 ♐ 55	9 ♊ 22	2 ♑ 7	7 ♈ 27	3 ♍ 32	18 ♋ 59	8 ♊	25 ♓	23 ♐	16 ♌	10 ♉
20	27 ♐ 14	11 ♌ 29	9 ♉ 35	11 ♉ 8	9 ♑ 26	15 ♐ 29	22 ♐ 40	9 ♊ 15	2 ♑ 14	7 ♈ 27	3 ♍ 32	18 ♋ 58	8 ♊	25 ♓	23 ♐	16 ♌	10 ♉
21	28 ♐ 15	26 ♌ 10	9 ♉ 32	11 ♉ 3	11 ♑ 0	16 ♐ 45	23 ♐ 24	9 ♊ 8	2 ♑ 22	7 ♈ 27	3 ♍ 31	18 ♋ 57	8 ♊	26 ♓	23 ♐	16 ♌	10 ♉
22	29 ♐ 17	10 ♍ 27	9 ♉ 29	10 ♉ 59	12 ♑ 34	18 ♐ 0	24 ♐ 9	9 ♊ 0	2 ♑ 29	7 ♈ 27	3 ♍ 31	18 ♋ 56	8 ♊	26 ♓	24 ♐	16 ♌	10 ♉
23	0 ♑ 18	24 ♍ 19	9 ♉ 26	10 ♉ 57	14 ♑ 7	19 ♐ 16	24 ♐ 53	8 ♊ 53	2 ♑ 36	7 ♈ 27	3 ♍ 30	18 ♋ 55	8 ♊	26 ♓	24 ♐	16 ♌	9 ♉
24	1 ♑ 19	7 ♎ 46	9 ♉ 22	10 D 57	15 ♑ 40	20 ♐ 31	25 ♐ 38	8 ♊ 46	2 ♑ 43	7 ♈ 28	3 ♍ 30	18 ♋ 53	7 ♊	26 ♓	25 ♐	16 ♌	9 ♉
25	2 ♑ 20	20 ♎ 50	9 ♉ 19	10 ♉ 58	17 ♑ 13	21 ♐ 47	26 ♐ 23	8 ♊ 39	2 ♑ 50	7 ♈ 28	3 ♍ 29	18 ♋ 52	7 ♊	26 ♓	25 ♐	15 ♌	9 ♉
26	3 ♑ 21	3 ♏ 35	9 ♉ 16	10 ♉ 59	18 ♑ 45	23 ♐ 2	27 ♐ 8	8 ♊ 32	2 ♑ 57	7 ♈ 29	3 ♍ 28	18 ♋ 51	7 ♊	27 ♓	25 ♐	15 ♌	9 ♉
27	4 ♑ 22	16 ♏ 4	9 ♉ 13	10 R 59	20 ♑ 17	24 ♐ 18	27 ♐ 53	8 ♊ 26	3 ♑ 4	7 ♈ 29	3 ♍ 28	18 ♋ 50	7 ♊	27 ♓	26 ♐	15 ♌	9 ♉
28	5 ♑ 23	28 ♏ 22	9 ♉ 10	10 ♉ 58	21 ♑ 47	25 ♐ 33	28 ♐ 38	8 ♊ 19	3 ♑ 11	7 ♈ 29	3 ♍ 27	18 ♋ 48	7 ♊	27 ♓	26 ♐	15 ♌	9 ♉
29	6 ♑ 25	10 ♐ 31	9 ♉ 7	10 ♉ 53	23 ♑ 16	26 ♐ 48	29 ♐ 22	8 ♊ 13	3 ♑ 18	7 ♈ 30	3 ♍ 26	18 ♋ 47	6 ♊	27 ♓	26 ♐	15 ♌	9 ♉
30	7 ♑ 26	22 ♐ 33	9 ♉ 3	10 ♉ 47	24 ♑ 44	28 ♐ 4	0 ♑ 7	8 ♊ 7	3 ♑ 25	7 ♈ 31	3 ♍ 26	18 ♋ 46	6 ♊	27 ♓	27 ♐	15 ♌	9 ♉
31	8 ♑ 27	4 ♑ 30	9 ♉ 0	10 ♉ 37	26 ♑ 10	29 ♐ 19	0 ♑ 53	8 ♊ 1	3 ♑ 32	7 ♈ 31	3 ♍ 25	18 ♋ 45	6 ♊	28 ♓	27 ♐	15 ♌	9 ♉

SUN INGRESS	☉ → ♑ 22日 16:53
MOON PHASE	● 1日 13:48 ♐ ◐ 9日 18:42 ♓ ○ 16日 20:38 ♊ ◑ 23日 11:27 ♎ ● 31日 08:42 ♑

aspects		
2日	06:10	☿☍♃
3日	16:11	☉☌♂
4日	08:02	☉☍♃
4日	13:16	♂☍♃
10日	12:29	♀□♆
13日	14:33	♀△♅
15日	01:10	☿☌♄
15日	11:46	♀☍♃
16日	06:04	☿△♆
18日	17:34	☿□♅
25日	13:21	☉☌♄
26日	01:28	☿☍♇
26日	02:51	☉△♆
30日	00:26	♄△♆
30日	01:58	☉□♅

1930年1月

DAY	☉	☽	☊ mean	☊ true	☿	♀	♂	♃	♄	♅	♆	♇	⚳	⚴	⚵	⚶	⚷
	° ′	° ′	° ′	° ′	° ′	° ′	° ′	° ′	° ′	° ′	° ′	° ′	°	°	°	°	°
1	9 ♑ 28	16 ♑ 24	8 ♉ 57	10 R 26	27 D 34	0 D 35	1 D 38	7 R 55	3 D 40	7 D 32	3 R 24	18 R 43	6 R	28 D	27 D	15 R	9 R
2	10 ♑ 29	28 ♑ 16	8 ♉ 54	10 ♉ 13	28 ♑ 56	1 ♑ 50	2 ♑ 23	7 ♊ 49	3 ♑ 47	7 ♈ 33	3 ♍ 23	18 ♋ 42	6 ♊	28 ♓	28 ♐	15 ♌	9 ♉
3	11 ♑ 30	10 ♒ 8	8 ♉ 51	10 ♉ 1	0 ♒ 14	3 ♑ 6	3 ♑ 8	7 ♊ 43	3 ♑ 54	7 ♈ 34	3 ♍ 22	18 ♋ 41	6 ♊	28 ♓	28 ♐	14 ♌	9 ♉
4	12 ♑ 32	22 ♒ 0	8 ♉ 47	9 ♉ 49	1 ♒ 30	4 ♑ 21	3 ♑ 53	7 ♊ 38	4 ♑ 1	7 ♈ 35	3 ♍ 21	18 ♋ 40	6 ♊	29 ♓	28 ♐	14 ♌	9 ♉
5	13 ♑ 33	3 ♓ 57	8 ♉ 44	9 ♉ 40	2 ♒ 41	5 ♑ 37	4 ♑ 38	7 ♊ 32	4 ♑ 8	7 ♈ 35	3 ♍ 20	18 ♋ 38	5 ♊	29 ♓	29 ♐	14 ♌	9 ♉
6	14 ♑ 34	16 ♓ 0	8 ♉ 41	9 ♉ 34	3 ♒ 47	6 ♑ 52	5 ♑ 24	7 ♊ 27	4 ♑ 15	7 ♈ 36	3 ♍ 19	18 ♋ 37	5 ♊	29 ♓	29 ♐	14 ♌	9 ♉
7	15 ♑ 35	28 ♓ 13	8 ♉ 38	9 ♉ 30	4 ♒ 48	8 ♑ 8	6 ♑ 9	7 ♊ 22	4 ♑ 22	7 ♈ 37	3 ♍ 18	18 ♋ 36	5 ♊	29 ♓	0 ♑	14 ♌	9 ♉
8	16 ♑ 36	10 ♈ 41	8 ♉ 35	9 ♉ 28	5 ♒ 43	9 ♑ 23	6 ♑ 54	7 ♊ 18	4 ♑ 29	7 ♈ 39	3 ♍ 17	18 ♋ 35	5 ♊	0 ♈	0 ♑	14 ♌	9 ♉
9	17 ♑ 37	23 ♈ 28	8 ♉ 32	9 D 28	6 ♒ 31	10 ♑ 39	7 ♑ 40	7 ♊ 13	4 ♑ 36	7 ♈ 40	3 ♍ 16	18 ♋ 33	5 ♊	0 ♈	0 ♑	13 ♌	9 ♉
10	18 ♑ 39	6 ♉ 39	8 ♉ 28	9 ♉ 28	7 ♒ 11	11 ♑ 54	8 ♑ 25	7 ♊ 9	4 ♑ 43	7 ♈ 41	3 ♍ 15	18 ♋ 32	5 ♊	0 ♈	1 ♑	13 ♌	9 ♉
11	19 ♑ 40	20 ♉ 17	8 ♉ 25	9 R 28	7 ♒ 42	13 ♑ 10	9 ♑ 11	7 ♊ 4	4 ♑ 50	7 ♈ 42	3 ♍ 14	18 ♋ 31	5 ♊	0 ♈	1 ♑	13 ♌	9 ♉
12	20 ♑ 41	4 ♊ 25	8 ♉ 22	9 ♉ 26	8 ♒ 3	14 ♑ 25	9 ♑ 56	7 ♊ 0	4 ♑ 57	7 ♈ 43	3 ♍ 13	18 ♋ 29	5 ♊	1 ♈	1 ♑	13 ♌	9 ♉
13	21 ♑ 42	19 ♊ 2	8 ♉ 19	9 ♉ 21	8 ♒ 13	15 ♑ 41	10 ♑ 42	6 ♊ 56	5 ♑ 4	7 ♈ 45	3 ♍ 12	18 ♋ 28	5 ♊	1 ♈	2 ♑	13 ♌	9 ♉
14	22 ♑ 43	4 ♋ 3	8 ♉ 16	9 ♉ 13	8 R 13	16 ♑ 56	11 ♑ 28	6 ♊ 53	5 ♑ 10	7 ♈ 46	3 ♍ 11	18 ♋ 27	5 ♊	1 ♈	2 ♑	12 ♌	9 ♉
15	23 ♑ 44	19 ♋ 20	8 ♉ 13	9 ♉ 3	8 ♒ 0	18 ♑ 11	12 ♑ 13	6 ♊ 49	5 ♑ 17	7 ♈ 47	3 ♍ 10	18 ♋ 26	5 ♊	1 ♈	2 ♑	12 ♌	9 ♉
16	24 ♑ 45	4 ♌ 43	8 ♉ 9	8 ♉ 52	7 ♒ 36	19 ♑ 27	12 ♑ 59	6 ♊ 46	5 ♑ 24	7 ♈ 49	3 ♍ 8	18 ♋ 24	5 ♊	2 ♈	3 ♑	12 ♌	9 ♉
17	25 ♑ 46	20 ♌ 0	8 ♉ 6	8 ♉ 41	7 ♒ 1	20 ♑ 42	13 ♑ 45	6 ♊ 43	5 ♑ 31	7 ♈ 50	3 ♍ 7	18 ♋ 23	4 ♊	2 ♈	3 ♑	12 ♌	9 ♉
18	26 ♑ 47	4 ♍ 59	8 ♉ 3	8 ♉ 31	6 ♒ 14	21 ♑ 58	14 ♑ 30	6 ♊ 40	5 ♑ 38	7 ♈ 52	3 ♍ 6	18 ♋ 22	4 ♊	2 ♈	3 ♑	11 ♌	9 ♉
19	27 ♑ 48	19 ♍ 33	8 ♉ 0	8 ♉ 24	5 ♒ 18	23 ♑ 13	15 ♑ 16	6 ♊ 37	5 ♑ 45	7 ♈ 54	3 ♍ 5	18 ♋ 20	4 ♊	3 ♈	4 ♑	11 ♌	9 ♉
20	28 ♑ 49	3 ♎ 37	7 ♉ 57	8 ♉ 20	4 ♒ 13	24 ♑ 28	16 ♑ 2	6 ♊ 35	5 ♑ 51	7 ♈ 55	3 ♍ 3	18 ♋ 19	4 ♊	3 ♈	4 ♑	11 ♌	9 D
21	29 ♑ 50	17 ♎ 11	7 ♉ 53	8 ♉ 18	3 ♒ 2	25 ♑ 44	16 ♑ 48	6 ♊ 32	5 ♑ 58	7 ♈ 57	3 ♍ 2	18 ♋ 18	4 ♊	3 ♈	4 ♑	11 ♌	9 ♉
22	0 ♒ 52	0 ♏ 18	7 ♉ 50	8 ♉ 17	1 ♒ 47	26 ♑ 59	17 ♑ 34	6 ♊ 30	6 ♑ 5	7 ♈ 59	3 ♍ 1	18 ♋ 17	4 ♊	4 ♈	5 ♑	10 ♌	9 ♉
23	1 ♒ 53	13 ♏ 2	7 ♉ 47	8 ♉ 17	0 ♒ 30	28 ♑ 15	18 ♑ 20	6 ♊ 28	6 ♑ 11	8 ♈ 0	2 ♍ 59	18 ♋ 15	4 D	4 ♈	5 ♑	10 ♌	9 ♉
24	2 ♒ 54	25 ♏ 26	7 ♉ 44	8 ♉ 16	29 ♑ 13	29 ♑ 30	19 ♑ 6	6 ♊ 27	6 ♑ 18	8 ♈ 2	2 ♍ 58	18 ♋ 14	4 ♊	4 ♈	6 ♑	10 ♌	9 ♉
25	3 ♒ 55	7 ♐ 37	7 ♉ 41	8 ♉ 13	28 ♑ 0	0 ♒ 45	19 ♑ 52	6 ♊ 25	6 ♑ 25	8 ♈ 4	2 ♍ 57	18 ♋ 13	4 ♊	4 ♈	6 ♑	10 ♌	9 ♉
26	4 ♒ 56	19 ♐ 37	7 ♉ 38	8 ♉ 8	26 ♑ 50	2 ♒ 1	20 ♑ 38	6 ♊ 24	6 ♑ 31	8 ♈ 6	2 ♍ 55	18 ♋ 12	4 ♊	5 ♈	6 ♑	9 ♌	9 ♉
27	5 ♒ 57	1 ♑ 32	7 ♉ 34	7 ♉ 59	25 ♑ 47	3 ♒ 16	21 ♑ 24	6 ♊ 23	6 ♑ 38	8 ♈ 8	2 ♍ 54	18 ♋ 11	4 ♊	5 ♈	7 ♑	9 ♌	9 ♉
28	6 ♒ 58	13 ♑ 24	7 ♉ 31	7 ♉ 47	24 ♑ 52	4 ♒ 32	22 ♑ 10	6 ♊ 22	6 ♑ 44	8 ♈ 10	2 ♍ 52	18 ♋ 9	5 ♊	5 ♈	7 ♑	9 ♌	9 ♉
29	7 ♒ 59	25 ♑ 15	7 ♉ 28	7 ♉ 33	24 ♑ 4	5 ♒ 47	22 ♑ 56	6 ♊ 21	6 ♑ 51	8 ♈ 12	2 ♍ 51	18 ♋ 8	5 ♊	6 ♈	7 ♑	9 ♌	9 ♉
30	9 ♒ 0	7 ♒ 8	7 ♉ 25	7 ♉ 18	23 ♑ 25	7 ♒ 2	23 ♑ 42	6 ♊ 21	6 ♑ 57	8 ♈ 14	2 ♍ 49	18 ♋ 7	5 ♊	6 ♈	8 ♑	8 ♌	9 ♉
31	10 ♒ 1	19 ♒ 2	7 ♉ 22	7 ♉ 3	22 ♑ 55	8 ♒ 18	24 ♑ 29	6 ♊ 21	7 ♑ 3	8 ♈ 16	2 ♍ 48	18 ♋ 6	5 ♊	6 ♈	8 ♑	8 ♌	9 ♉

SUN INGRESS	☉ → ♒ 21日 03:33
MOON PHASE	◐ 8日 12:11 ♈　○ 15日 07:21 ♋　◑ 22日 01:07 ♏　● 30日 04:07 ♒

aspects		
3日	01:37	♀☌♂
3日	05:08	♀△♆
3日	07:27	♂△♆
3日	16:46	♀☌♄
4日	04:47	♂☌♄
4日	12:25	♃⚹♅
6日	14:12	♀□♅
8日	23:52	♂□♅
9日	21:29	☉☍♇
9日	22:42	☿△♃
11日	00:24	☿⚹♅
15日	04:26	♀☍♇
15日	13:41	☿⚹♅
17日	10:39	☿△♃
22日	09:40	☉☌☿
22日	21:48	♂☍♇
23日	21:21	☿☌♀
27日	10:09	☉△♃
29日	05:28	☉⚹♅
29日	10:50	♀△♃
29日	18:54	☿☌♂
30日	23:30	♀⚹♅

1930年2月

DAY	☉	☽	☊ mean	☊ true	☿	♀	♂	♃	♄	♅	♆	♇	⚳	⚴	⚵	⚶	⚷
	° ′	° ′	° ′	° ′	° ′	° ′	° ′	° ′	° ′	° ′	° ′	° ′	°	°	°	°	°
1	11 ♒ 1	1 ♓ 0	7 ♉ 19	6 R 49	22 R 34	9 D 33	25 D 15	6 D 21	7 D 10	8 D 18	2 R 46	18 R 5	5 D	7 D	8 D	8 R	9 D
2	12 ♒ 2	13 ♓ 3	7 ♉ 15	6 ♉ 37	22 ♑ 21	10 ♒ 48	26 ♑ 1	6 ♊ 21	7 ♑ 16	8 ♈ 21	2 ♍ 45	18 ♋ 3	5 ♊	7 ♈	9 ♑	8 ♌	9 ♉
3	13 ♒ 3	25 ♓ 12	7 ♉ 12	6 ♉ 28	22 ♑ 16	12 ♒ 4	26 ♑ 48	6 ♊ 21	7 ♑ 22	8 ♈ 23	2 ♍ 43	18 ♋ 2	5 ♊	7 ♈	9 ♑	7 ♌	9 ♉
4	14 ♒ 4	7 ♈ 30	7 ♉ 9	6 ♉ 23	22 D 19	13 ♒ 19	27 ♑ 34	6 ♊ 22	7 ♑ 28	8 ♈ 25	2 ♍ 42	18 ♋ 1	5 ♊	8 ♈	9 ♑	7 ♌	9 ♉
5	15 ♒ 5	20 ♈ 1	7 ♉ 6	6 ♉ 20	22 ♑ 29	14 ♒ 34	28 ♑ 20	6 ♊ 22	7 ♑ 34	8 ♈ 27	2 ♍ 40	18 ♋ 0	5 ♊	8 ♈	10 ♑	7 ♌	9 ♉
6	16 ♒ 6	2 ♉ 47	7 ♉ 3	6 ♉ 19	22 ♑ 46	15 ♒ 50	29 ♑ 7	6 ♊ 23	7 ♑ 41	8 ♈ 30	2 ♍ 38	17 ♋ 59	5 ♊	9 ♈	10 ♑	7 ♌	9 ♉
7	17 ♒ 7	15 ♉ 52	6 ♉ 59	6 D 19	23 ♑ 8	17 ♒ 5	29 ♑ 53	6 ♊ 25	7 ♑ 47	8 ♈ 32	2 ♍ 37	17 ♋ 58	5 ♊	9 ♈	10 ♑	6 ♌	9 ♉
8	18 ♒ 7	29 ♉ 21	6 ♉ 56	6 R 18	23 ♑ 37	18 ♒ 20	0 ♒ 39	6 ♊ 26	7 ♑ 53	8 ♈ 35	2 ♍ 35	17 ♋ 57	5 ♊	9 ♈	11 ♑	6 ♌	9 ♉
9	19 ♒ 8	13 ♊ 15	6 ♉ 53	6 ♉ 16	24 ♑ 11	19 ♒ 35	1 ♒ 26	6 ♊ 27	7 ♑ 58	8 ♈ 37	2 ♍ 34	17 ♋ 56	5 ♊	10 ♈	11 ♑	6 ♌	9 ♉
10	20 ♒ 9	27 ♊ 36	6 ♉ 50	6 ♉ 12	24 ♑ 49	20 ♒ 51	2 ♒ 12	6 ♊ 29	8 ♑ 4	8 ♈ 40	2 ♍ 32	17 ♋ 55	6 ♊	10 ♈	11 ♑	6 ♌	9 ♉
11	21 ♒ 9	12 ♋ 22	6 ♉ 47	6 ♉ 5	25 ♑ 32	22 ♒ 6	2 ♒ 59	6 ♊ 31	8 ♑ 10	8 ♈ 42	2 ♍ 30	17 ♋ 54	6 ♊	10 ♈	12 ♑	5 ♌	9 ♉
12	22 ♒ 10	27 ♋ 27	6 ♉ 44	5 ♉ 56	26 ♑ 18	23 ♒ 21	3 ♒ 45	6 ♊ 33	8 ♑ 16	8 ♈ 45	2 ♍ 29	17 ♋ 53	6 ♊	11 ♈	12 ♑	5 ♌	9 ♉
13	23 ♒ 11	12 ♌ 42	6 ♉ 40	5 ♉ 45	27 ♑ 9	24 ♒ 36	4 ♒ 32	6 ♊ 36	8 ♑ 22	8 ♈ 47	2 ♍ 27	17 ♋ 51	6 ♊	11 ♈	12 ♑	5 ♌	9 ♉
14	24 ♒ 11	27 ♌ 57	6 ♉ 37	5 ♉ 34	28 ♑ 3	25 ♒ 52	5 ♒ 19	6 ♊ 38	8 ♑ 27	8 ♈ 50	2 ♍ 25	17 ♋ 50	6 ♊	11 ♈	13 ♑	5 ♌	9 ♉
15	25 ♒ 12	13 ♍ 0	6 ♉ 34	5 ♉ 24	28 ♑ 59	27 ♒ 7	6 ♒ 5	6 ♊ 41	8 ♑ 33	8 ♈ 53	2 ♍ 24	17 ♋ 50	6 ♊	12 ♈	13 ♑	4 ♌	9 ♉
16	26 ♒ 13	27 ♍ 41	6 ♉ 31	5 ♉ 17	29 ♑ 59	28 ♒ 22	6 ♒ 52	6 ♊ 44	8 ♑ 39	8 ♈ 55	2 ♍ 22	17 ♋ 49	6 ♊	12 ♈	13 ♑	4 ♌	9 ♉
17	27 ♒ 13	11 ♎ 55	6 ♉ 28	5 ♉ 12	1 ♒ 1	29 ♒ 37	7 ♒ 38	6 ♊ 47	8 ♑ 44	8 ♈ 58	2 ♍ 20	17 ♋ 48	7 ♊	13 ♈	14 ♑	4 ♌	10 ♉
18	28 ♒ 14	25 ♎ 40	6 ♉ 24	5 ♉ 10	2 ♒ 6	0 ♓ 52	8 ♒ 25	6 ♊ 50	8 ♑ 49	9 ♈ 1	2 ♍ 19	17 ♋ 47	7 ♊	13 ♈	14 ♑	4 ♌	10 ♉
19	29 ♒ 14	8 ♏ 55	6 ♉ 21	5 D 10	3 ♒ 13	2 ♓ 7	9 ♒ 12	6 ♊ 54	8 ♑ 55	9 ♈ 4	2 ♍ 17	17 ♋ 46	7 ♊	13 ♈	14 ♑	3 ♌	10 ♉
20	0 ♓ 15	21 ♏ 45	6 ♉ 18	5 ♉ 10	4 ♒ 22	3 ♓ 22	9 ♒ 58	6 ♊ 58	9 ♑ 0	9 ♈ 6	2 ♍ 15	17 ♋ 45	7 ♊	14 ♈	15 ♑	3 ♌	10 ♉
21	1 ♓ 15	4 ♐ 13	6 ♉ 15	5 R 11	5 ♒ 33	4 ♓ 37	10 ♒ 45	7 ♊ 2	9 ♑ 5	9 ♈ 9	2 ♍ 14	17 ♋ 44	7 ♊	14 ♈	15 ♑	3 ♌	10 ♉
22	2 ♓ 16	16 ♐ 24	6 ♉ 12	5 ♉ 9	6 ♒ 46	5 ♓ 53	11 ♒ 32	7 ♊ 6	9 ♑ 11	9 ♈ 12	2 ♍ 12	17 ♋ 43	7 ♊	15 ♈	15 ♑	3 ♌	10 ♉
23	3 ♓ 16	28 ♐ 24	6 ♉ 9	5 ♉ 6	8 ♒ 1	7 ♓ 8	12 ♒ 19	7 ♊ 10	9 ♑ 16	9 ♈ 15	2 ♍ 10	17 ♋ 42	8 ♊	15 ♈	16 ♑	3 ♌	10 ♉
24	4 ♓ 16	10 ♑ 17	6 ♉ 5	5 ♉ 0	9 ♒ 18	8 ♓ 23	13 ♒ 6	7 ♊ 14	9 ♑ 21	9 ♈ 18	2 ♍ 9	17 ♋ 41	8 ♊	15 ♈	16 ♑	3 ♌	10 ♉
25	5 ♓ 17	22 ♑ 7	6 ♉ 2	4 ♉ 52	10 ♒ 35	9 ♓ 38	13 ♒ 52	7 ♊ 19	9 ♑ 26	9 ♈ 21	2 ♍ 7	17 ♋ 41	8 ♊	16 ♈	16 ♑	2 ♌	10 ♉
26	6 ♓ 17	3 ♒ 58	5 ♉ 59	4 ♉ 42	11 ♒ 55	10 ♓ 53	14 ♒ 39	7 ♊ 24	9 ♑ 31	9 ♈ 24	2 ♍ 5	17 ♋ 40	8 ♊	16 ♈	17 ♑	2 ♌	10 ♉
27	7 ♓ 17	15 ♒ 53	5 ♉ 56	4 ♉ 30	13 ♒ 16	12 ♓ 8	15 ♒ 26	7 ♊ 29	9 ♑ 36	9 ♈ 27	2 ♍ 4	17 ♋ 39	8 ♊	17 ♈	17 ♑	2 ♌	10 ♉
28	8 ♓ 18	27 ♒ 52	5 ♉ 53	4 ♉ 19	14 ♒ 38	13 ♓ 23	16 ♒ 13	7 ♊ 34	9 ♑ 40	9 ♈ 30	2 ♍ 2	17 ♋ 38	9 ♊	17 ♈	17 ♑	2 ♌	10 ♉

SUN INGRESS	☉ → ♓ 19日 18:00
MOON PHASE	◐ 7日 02:26 ♉　○ 13日 17:38 ♌　◑ 20日 17:44 ♐　● 28日 22:33 ♓

aspects		
7日	02:39	☉☌♀
15日	19:43	♂△♃
18日	19:31	♂⚹♅
19日	03:03	♀☍♆
21日	22:39	☉☍♆
22日	06:36	☿△♃
22日	17:04	♄□♅
23日	00:47	♀□♃
24日	00:09	☿⚹♅
24日	19:53	♀⚹♄
27日	04:56	☉□♃

1930年3月

DAY	☉	☽	☊ mean	☊ true	☿	♀	♂	♃	♄	♅	♆	♇	⚳	⚴	⚵	⚶	⚷
	° ′	° ′	° ′	° ′	° ′	° ′	° ′	° ′	° ′	° ′	° ′	° ′	°	°	°	°	°
1	9 ♓ 18	9 ♓ 59	5 ♉ 50	4 R 8	16 D 2	14 D 38	17 D 0	7 D 39	9 D 45	9 D 33	2 R 0	17 R 37	9 D	17 D	18 D	2 R	10 D
2	10 ♓ 18	22 ♓ 12	5 ♉ 46	3 ♉ 59	17 ♒ 27	15 ♓ 53	17 ♒ 47	7 ♊ 45	9 ♑ 50	9 ♈ 36	1 ♍ 59	17 ♋ 37	9 ♊	18 ♈	18 ♑	2 ♌	10 ♉
3	11 ♓ 18	4 ♈ 35	5 ♉ 43	3 ♉ 53	18 ♒ 53	17 ♓ 8	18 ♒ 33	7 ♊ 50	9 ♑ 54	9 ♈ 39	1 ♍ 57	17 ♋ 36	9 ♊	18 ♈	18 ♑	1 ♌	10 ♉
4	12 ♓ 19	17 ♈ 7	5 ♉ 40	3 ♉ 49	20 ♒ 20	18 ♓ 23	19 ♒ 20	7 ♊ 56	9 ♑ 59	9 ♈ 42	1 ♍ 55	17 ♋ 35	9 ♊	19 ♈	19 ♑	1 ♌	10 ♉
5	13 ♓ 19	29 ♈ 50	5 ♉ 37	3 ♉ 48	21 ♒ 49	19 ♓ 38	20 ♒ 7	8 ♊ 2	10 ♑ 3	9 ♈ 45	1 ♍ 54	17 ♋ 35	10 ♊	19 ♈	19 ♑	1 ♌	10 ♉
6	14 ♓ 19	12 ♉ 46	5 ♉ 34	3 D 48	23 ♒ 18	20 ♓ 52	20 ♒ 54	8 ♊ 8	10 ♑ 7	9 ♈ 49	1 ♍ 52	17 ♋ 34	10 ♊	20 ♈	19 ♑	1 ♌	10 ♉
7	15 ♓ 19	25 ♉ 57	5 ♉ 30	3 ♉ 49	24 ♒ 49	22 ♓ 7	21 ♒ 41	8 ♊ 15	10 ♑ 12	9 ♈ 52	1 ♍ 50	17 ♋ 34	10 ♊	20 ♈	20 ♑	1 ♌	10 ♉
8	16 ♓ 19	9 ♊ 25	5 ♉ 27	3 ♉ 50	26 ♒ 21	23 ♓ 22	22 ♒ 28	8 ♊ 21	10 ♑ 16	9 ♈ 55	1 ♍ 49	17 ♋ 33	10 ♊	20 ♈	20 ♑	1 ♌	10 ♉
9	17 ♓ 19	23 ♊ 13	5 ♉ 24	3 R 50	27 ♒ 55	24 ♓ 37	23 ♒ 15	8 ♊ 28	10 ♑ 20	9 ♈ 58	1 ♍ 47	17 ♋ 32	11 ♊	21 ♈	20 ♑	1 ♌	10 ♉
10	18 ♓ 19	7 ♋ 21	5 ♉ 21	3 ♉ 48	29 ♒ 29	25 ♓ 52	24 ♒ 2	8 ♊ 34	10 ♑ 24	10 ♈ 1	1 ♍ 46	17 ♋ 32	11 ♊	21 ♈	20 ♑	1 ♌	10 ♉
11	19 ♓ 19	21 ♋ 48	5 ♉ 18	3 ♉ 45	1 ♓ 5	27 ♓ 6	24 ♒ 49	8 ♊ 41	10 ♑ 28	10 ♈ 5	1 ♍ 44	17 ♋ 31	11 ♊	22 ♈	21 ♑	1 ♌	10 ♉
12	20 ♓ 19	6 ♌ 30	5 ♉ 15	3 ♉ 40	2 ♓ 41	28 ♓ 21	25 ♒ 36	8 ♊ 49	10 ♑ 32	10 ♈ 8	1 ♍ 42	17 ♋ 31	11 ♊	22 ♈	21 ♑	1 ♌	10 ♉
13	21 ♓ 18	21 ♌ 22	5 ♉ 11	3 ♉ 33	4 ♓ 19	29 ♓ 36	26 ♒ 23	8 ♊ 56	10 ♑ 36	10 ♈ 11	1 ♍ 41	17 ♋ 30	12 ♊	23 ♈	21 ♑	1 ♌	10 ♉
14	22 ♓ 18	6 ♍ 16	5 ♉ 8	3 ♉ 27	5 ♓ 58	0 ♈ 51	27 ♒ 10	9 ♊ 3	10 ♑ 39	10 ♈ 15	1 ♍ 39	17 ♋ 30	12 ♊	23 ♈	22 ♑	1 ♌	10 ♉
15	23 ♓ 18	21 ♍ 2	5 ♉ 5	3 ♉ 21	7 ♓ 39	2 ♈ 5	27 ♒ 56	9 ♊ 11	10 ♑ 43	10 ♈ 18	1 ♍ 38	17 ♋ 29	12 ♊	23 ♈	22 ♑	1 ♌	11 ♉
16	24 ♓ 18	5 ♎ 35	5 ♉ 2	3 ♉ 16	9 ♓ 20	3 ♈ 20	28 ♒ 43	9 ♊ 18	10 ♑ 46	10 ♈ 21	1 ♍ 36	17 ♋ 29	13 ♊	24 ♈	22 ♑	0 ♌	11 ♉
17	25 ♓ 18	19 ♎ 45	4 ♉ 59	3 ♉ 14	11 ♓ 3	4 ♈ 35	29 ♒ 30	9 ♊ 26	10 ♑ 50	10 ♈ 25	1 ♍ 35	17 ♋ 29	13 ♊	24 ♈	23 ♑	0 ♌	11 ♉
18	26 ♓ 17	3 ♏ 32	4 ♉ 56	3 D 13	12 ♓ 47	5 ♈ 49	0 ♓ 17	9 ♊ 34	10 ♑ 53	10 ♈ 28	1 ♍ 33	17 ♋ 28	13 ♊	25 ♈	23 ♑	0 ♌	11 ♉
19	27 ♓ 17	16 ♏ 52	4 ♉ 52	3 ♉ 14	14 ♓ 32	7 ♈ 4	1 ♓ 4	9 ♊ 42	10 ♑ 56	10 ♈ 31	1 ♍ 32	17 ♋ 28	13 ♊	25 ♈	23 ♑	0 D	11 ♉
20	28 ♓ 16	29 ♏ 47	4 ♉ 49	3 ♉ 15	16 ♓ 18	8 ♈ 18	1 ♓ 51	9 ♊ 50	11 ♑ 0	10 ♈ 35	1 ♍ 30	17 ♋ 28	14 ♊	26 ♈	23 ♑	0 ♌	11 ♉
21	29 ♓ 16	12 ♐ 21	4 ♉ 46	3 ♉ 17	18 ♓ 6	9 ♈ 33	2 ♓ 38	9 ♊ 59	11 ♑ 3	10 ♈ 38	1 ♍ 29	17 ♋ 27	14 ♊	26 ♈	24 ♑	0 ♌	11 ♉
22	0 ♈ 16	24 ♐ 37	4 ♉ 43	3 ♉ 18	19 ♓ 54	10 ♈ 47	3 ♓ 25	10 ♊ 7	11 ♑ 6	10 ♈ 41	1 ♍ 27	17 ♋ 27	14 ♊	27 ♈	24 ♑	0 ♌	11 ♉
23	1 ♈ 15	6 ♑ 40	4 ♉ 40	3 R 18	21 ♓ 45	12 ♈ 2	4 ♓ 12	10 ♊ 16	11 ♑ 9	10 ♈ 45	1 ♍ 26	17 ♋ 27	15 ♊	27 ♈	24 ♑	1 ♌	11 ♉
24	2 ♈ 15	18 ♑ 35	4 ♉ 36	3 ♉ 17	23 ♓ 36	13 ♈ 16	4 ♓ 59	10 ♊ 25	11 ♑ 12	10 ♈ 48	1 ♍ 25	17 ♋ 27	15 ♊	27 ♈	25 ♑	1 ♌	11 ♉
25	3 ♈ 14	0 ♒ 27	4 ♉ 33	3 ♉ 14	25 ♓ 29	14 ♈ 31	5 ♓ 46	10 ♊ 33	11 ♑ 14	10 ♈ 52	1 ♍ 23	17 ♋ 26	15 ♊	28 ♈	25 ♑	1 ♌	11 ♉
26	4 ♈ 14	12 ♒ 19	4 ♉ 30	3 ♉ 10	27 ♓ 23	15 ♈ 45	6 ♓ 33	10 ♊ 42	11 ♑ 17	10 ♈ 55	1 ♍ 22	17 ♋ 26	15 ♊	28 ♈	25 ♑	1 ♌	11 ♉
27	5 ♈ 13	24 ♒ 16	4 ♉ 27	3 ♉ 5	29 ♓ 18	17 ♈ 0	7 ♓ 20	10 ♊ 52	11 ♑ 20	10 ♈ 58	1 ♍ 20	17 ♋ 26	16 ♊	29 ♈	25 ♑	1 ♌	11 ♉
28	6 ♈ 12	6 ♓ 21	4 ♉ 24	3 ♉ 0	1 ♈ 14	18 ♈ 14	8 ♓ 7	11 ♊ 1	11 ♑ 22	11 ♈ 2	1 ♍ 19	17 ♋ 26	16 ♊	29 ♈	26 ♑	1 ♌	11 ♉
29	7 ♈ 12	18 ♓ 36	4 ♉ 21	2 ♉ 56	3 ♈ 12	19 ♈ 29	8 ♓ 54	11 ♊ 10	11 ♑ 24	11 ♈ 5	1 ♍ 18	17 ♋ 26	16 ♊	0 ♉	26 ♑	1 ♌	11 ♉
30	8 ♈ 11	1 ♈ 2	4 ♉ 17	2 ♉ 52	5 ♈ 11	20 ♈ 43	9 ♓ 41	11 ♊ 20	11 ♑ 27	11 ♈ 9	1 ♍ 17	17 ♋ 26	17 ♊	0 ♉	26 ♑	1 ♌	11 ♉
31	9 ♈ 10	13 ♈ 41	4 ♉ 14	2 ♉ 50	7 ♈ 11	21 ♈ 57	10 ♓ 28	11 ♊ 29	11 ♑ 29	11 ♈ 12	1 ♍ 15	17 ♋ 26	17 ♊	1 ♉	26 ♑	1 ♌	11 ♉

SUN INGRESS	☉ → ♈ 21日 17:30
MOON PHASE	◐ 8日 13:00 ♊ ○ 15日 03:58 ♍ ◑ 22日 12:13 ♑ ● 30日 14:46 ♈

aspects		
1日	11:41	☉⚹♄
2日	12:19	☿☌♂
3日	09:01	♀△♇
9日	05:21	☉△♇
11日	09:37	☿☍♆
15日	23:32	☿□♃
16日	20:53	☿⚹♄
19日	13:38	♂☍♆
20日	15:31	☿△♇
21日	09:21	♀⚹♃
21日	21:55	♀☌♅
22日	06:08	♀□♄
27日	08:29	♀□♇
28日	03:58	♃⚹♅

1930年4月

DAY	☉	☽	☊ mean	☊ true	☿	♀	♂	♃	♄	♅	♆	♇	⚳	⚴	⚵	⚶	⚷
	° ′	° ′	° ′	° ′	° ′	° ′	° ′	° ′	° ′	° ′	° ′	° ′	°	°	°	°	°
1	10 ♈ 10	26 ♈ 32	4 ♉ 11	2 R 49	9 D 12	23 D 12	11 D 14	11 D 39	11 D 31	11 D 15	1 R 14	17 R 26	17 D	1 D	27 D	1 D	11 D
2	11 ♈ 9	9 ♉ 36	4 ♉ 8	2 D 49	11 ♈ 14	24 ♈ 26	12 ♓ 1	11 ♊ 49	11 ♑ 33	11 ♈ 19	1 ♍ 13	17 D 26	18 ♊	2 ♉	27 ♑	1 ♌	11 ♉
3	12 ♈ 8	22 ♉ 53	4 ♉ 5	2 ♉ 50	13 ♈ 17	25 ♈ 40	12 ♓ 48	11 ♊ 59	11 ♑ 35	11 ♈ 22	1 ♍ 12	17 ♋ 26	18 ♊	2 ♉	27 ♑	1 ♌	12 ♉
4	13 ♈ 7	6 ♊ 22	4 ♉ 1	2 ♉ 51	15 ♈ 21	26 ♈ 54	13 ♓ 35	12 ♊ 9	11 ♑ 37	11 ♈ 26	1 ♍ 11	17 ♋ 26	18 ♊	3 ♉	27 ♑	1 ♌	12 ♉
5	14 ♈ 6	20 ♊ 4	3 ♉ 58	2 ♉ 52	17 ♈ 25	28 ♈ 8	14 ♓ 22	12 ♊ 19	11 ♑ 38	11 ♈ 29	1 ♍ 9	17 ♋ 26	19 ♊	3 ♉	28 ♑	2 ♌	12 ♉
6	15 ♈ 5	3 ♋ 58	3 ♉ 55	2 ♉ 53	19 ♈ 29	29 ♈ 23	15 ♓ 9	12 ♊ 29	11 ♑ 40	11 ♈ 33	1 ♍ 8	17 ♋ 26	19 ♊	4 ♉	28 ♑	2 ♌	12 ♉
7	16 ♈ 4	18 ♋ 3	3 ♉ 52	2 R 54	21 ♈ 34	0 ♉ 37	15 ♓ 55	12 ♊ 39	11 ♑ 41	11 ♈ 36	1 ♍ 7	17 ♋ 26	19 ♊	4 ♉	28 ♑	2 ♌	12 ♉
8	17 ♈ 3	2 ♌ 17	3 ♉ 49	2 ♉ 53	23 ♈ 39	1 ♉ 51	16 ♓ 42	12 ♊ 50	11 ♑ 43	11 ♈ 39	1 ♍ 6	17 ♋ 26	20 ♊	5 ♉	28 ♑	2 ♌	12 ♉
9	18 ♈ 2	16 ♌ 39	3 ♉ 46	2 ♉ 52	25 ♈ 43	3 ♉ 5	17 ♓ 29	13 ♊ 0	11 ♑ 44	11 ♈ 43	1 ♍ 5	17 ♋ 27	20 ♊	5 ♉	29 ♑	2 ♌	12 ♉
10	19 ♈ 1	1 ♍ 5	3 ♉ 42	2 ♉ 50	27 ♈ 46	4 ♉ 19	18 ♓ 16	13 ♊ 11	11 ♑ 45	11 ♈ 46	1 ♍ 4	17 ♋ 27	20 ♊	6 ♉	29 ♑	2 ♌	12 ♉
11	20 ♈ 0	15 ♍ 30	3 ♉ 39	2 ♉ 49	29 ♈ 49	5 ♉ 33	19 ♓ 3	13 ♊ 22	11 ♑ 47	11 ♈ 50	1 ♍ 3	17 ♋ 27	21 ♊	6 ♉	29 ♑	2 ♌	12 ♉
12	20 ♈ 59	29 ♍ 50	3 ♉ 36	2 ♉ 47	1 ♉ 50	6 ♉ 47	19 ♓ 49	13 ♊ 33	11 ♑ 48	11 ♈ 53	1 ♍ 2	17 ♋ 27	21 ♊	7 ♉	29 ♑	3 ♌	12 ♉
13	21 ♈ 58	13 ♎ 58	3 ♉ 33	2 ♉ 46	3 ♉ 50	8 ♉ 1	20 ♓ 36	13 ♊ 44	11 ♑ 49	11 ♈ 56	1 ♍ 1	17 ♋ 27	21 ♊	7 ♉	0 ♒	3 ♌	12 ♉
14	22 ♈ 57	27 ♎ 51	3 ♉ 30	2 ♉ 46	5 ♉ 47	9 ♉ 15	21 ♓ 23	13 ♊ 55	11 ♑ 49	12 ♈ 0	1 ♍ 0	17 ♋ 28	22 ♊	7 ♉	0 ♒	3 ♌	12 ♉
15	23 ♈ 55	11 ♏ 26	3 ♉ 27	2 D 46	7 ♉ 42	10 ♉ 29	22 ♓ 9	14 ♊ 6	11 ♑ 50	12 ♈ 3	0 ♍ 59	17 ♋ 28	22 ♊	8 ♉	0 ♒	3 ♌	12 ♉
16	24 ♈ 54	24 ♏ 40	3 ♉ 23	2 ♉ 46	9 ♉ 34	11 ♉ 42	22 ♓ 56	14 ♊ 17	11 ♑ 51	12 ♈ 7	0 ♍ 59	17 ♋ 28	22 ♊	8 ♉	0 ♒	3 ♌	12 ♉
17	25 ♈ 53	7 ♐ 34	3 ♉ 20	2 ♉ 47	11 ♉ 24	12 ♉ 56	23 ♓ 43	14 ♊ 28	11 ♑ 51	12 ♈ 10	0 ♍ 58	17 ♋ 29	23 ♊	9 ♉	0 ♒	3 ♌	12 ♉
18	26 ♈ 51	20 ♐ 10	3 ♉ 17	2 ♉ 48	13 ♉ 9	14 ♉ 10	24 ♓ 29	14 ♊ 39	11 ♑ 52	12 ♈ 13	0 ♍ 57	17 ♋ 29	23 ♊	9 ♉	1 ♒	4 ♌	12 ♉
19	27 ♈ 50	2 ♑ 29	3 ♉ 14	2 ♉ 48	14 ♉ 52	15 ♉ 24	25 ♓ 16	14 ♊ 51	11 ♑ 52	12 ♈ 17	0 ♍ 56	17 ♋ 30	24 ♊	10 ♉	1 ♒	4 ♌	13 ♉
20	28 ♈ 49	14 ♑ 35	3 ♉ 11	2 ♉ 48	16 ♉ 30	16 ♉ 38	26 ♓ 2	15 ♊ 2	11 ♑ 52	12 ♈ 20	0 ♍ 55	17 ♋ 30	24 ♊	10 ♉	1 ♒	4 ♌	13 ♉
21	29 ♈ 47	26 ♑ 32	3 ♉ 7	2 ♉ 49	18 ♉ 5	17 ♉ 51	26 ♓ 49	15 ♊ 14	11 ♑ 52	12 ♈ 23	0 ♍ 55	17 ♋ 31	24 ♊	11 ♉	1 ♒	4 ♌	13 ♉
22	0 ♉ 46	8 ♒ 25	3 ♉ 4	2 R 49	19 ♉ 35	19 ♉ 5	27 ♓ 35	15 ♊ 26	11 R 52	12 ♈ 27	0 ♍ 54	17 ♋ 31	25 ♊	11 ♉	1 ♒	4 ♌	13 ♉
23	1 ♉ 44	20 ♒ 19	3 ♉ 1	2 ♉ 48	21 ♉ 1	20 ♉ 19	28 ♓ 22	15 ♊ 37	11 ♑ 52	12 ♈ 30	0 ♍ 53	17 ♋ 32	25 ♊	12 ♉	2 ♒	5 ♌	13 ♉
24	2 ♉ 43	2 ♓ 18	2 ♉ 58	2 ♉ 48	22 ♉ 22	21 ♉ 32	29 ♓ 8	15 ♊ 49	11 ♑ 52	12 ♈ 33	0 ♍ 53	17 ♋ 32	25 ♊	12 ♉	2 ♒	5 ♌	13 ♉
25	3 ♉ 41	14 ♓ 26	2 ♉ 55	2 D 48	23 ♉ 38	22 ♉ 46	29 ♓ 55	16 ♊ 1	11 ♑ 52	12 ♈ 36	0 ♍ 52	17 ♋ 33	26 ♊	13 ♉	2 ♒	5 ♌	13 ♉
26	4 ♉ 39	26 ♓ 47	2 ♉ 52	2 ♉ 49	24 ♉ 50	23 ♉ 59	0 ♈ 41	16 ♊ 13	11 ♑ 52	12 ♈ 40	0 ♍ 52	17 ♋ 33	26 ♊	14 ♉	2 ♒	5 ♌	13 ♉
27	5 ♉ 38	9 ♈ 23	2 ♉ 48	2 ♉ 49	25 ♉ 57	25 ♉ 13	1 ♈ 28	16 ♊ 25	11 ♑ 51	12 ♈ 43	0 ♍ 51	17 ♋ 34	27 ♊	14 ♉	2 ♒	6 ♌	13 ♉
28	6 ♉ 36	22 ♈ 16	2 ♉ 45	2 ♉ 49	26 ♉ 59	26 ♉ 26	2 ♈ 14	16 ♊ 37	11 ♑ 51	12 ♈ 46	0 ♍ 51	17 ♋ 34	27 ♊	15 ♉	3 ♒	6 ♌	13 ♉
29	7 ♉ 35	5 ♉ 27	2 ♉ 42	2 R 49	27 ♉ 56	27 ♉ 40	3 ♈ 0	16 ♊ 49	11 ♑ 50	12 ♈ 49	0 ♍ 50	17 ♋ 35	27 ♊	15 ♉	3 ♒	6 ♌	13 ♉
30	8 ♉ 33	18 ♉ 54	2 ♉ 39	2 ♉ 49	28 ♉ 47	28 ♉ 53	3 ♈ 47	17 ♊ 1	11 ♑ 49	12 ♈ 52	0 ♍ 50	17 ♋ 36	28 ♊	16 ♉	3 ♒	6 ♌	13 ♉

SUN INGRESS	☉ → ♉ 21日 05:06
MOON PHASE	◐ 6日 20:25 ♋ ○ 13日 14:48 ♎ ◑ 21日 07:08 ♒ ● 29日 04:08 ♉

aspects		
1日	08:50	♂⚹♄
1日	15:52	♂□♃
1日	22:00	☉☌☿
2日	00:58	☿☌♅
2日	03:45	☿□♄
2日	04:20	☉☌♅
2日	07:22	☿⚹♃
2日	10:05	☉□♄
2日	19:26	☉⚹♃
5日	00:13	☿□♇
7日	09:44	♀△♆
8日	09:23	☉□♇
8日	22:42	♂△♇
9日	14:46	♄□♅
11日	14:32	☿△♆
16日	02:43	♀△♄
17日	06:14	☿△♄
20日	07:55	☿☌♀
20日	15:09	☿⚹♇
20日	17:12	♀⚹♇
22日	03:25	☉△♆
29日	17:58	☿☌♀

1930年5月

DAY	☉	☽	☊ mean	☊ true	☿	♀	♂	♃	♄	♅	♆	♇	⚳	⚴	⚵	⚶	⚷
	° ′	° ′	° ′	° ′	° ′	° ′	° ′	° ′	° ′	° ′	° ′	° ′	°	°	°	°	°
1	9 ♉ 31	2 ♊ 37	2 ♉ 36	2 R 48	29 D 34	0 D 7	4 D 33	17 D 14	11 R 48	12 D 56	0 R 49	17 D 36	28 D	16 D	3 D	7 D	13 D
2	10 ♉ 29	16 ♊ 33	2 ♉ 33	2 ♉ 48	0 ♊ 15	1 ♊ 20	5 ♈ 19	17 ♊ 26	11 ♑ 48	12 ♈ 59	0 ♍ 49	17 ♋ 37	28 ♊	17 ♉	3 ♒	7 ♌	13 ♉
3	11 ♉ 28	0 ♋ 39	2 ♉ 29	2 ♉ 47	0 ♊ 51	2 ♊ 34	6 ♈ 5	17 ♊ 39	11 ♑ 47	13 ♈ 2	0 ♍ 49	17 ♋ 38	29 ♊	17 ♉	3 ♒	7 ♌	13 ♉
4	12 ♉ 26	14 ♋ 50	2 ♉ 26	2 ♉ 46	1 ♊ 22	3 ♊ 47	6 ♈ 51	17 ♊ 51	11 ♑ 45	13 ♈ 5	0 ♍ 48	17 ♋ 39	29 ♊	18 ♉	4 ♒	7 ♌	14 ♉
5	13 ♉ 24	29 ♋ 5	2 ♉ 23	2 ♉ 45	1 ♊ 47	5 ♊ 0	7 ♈ 37	18 ♊ 4	11 ♑ 44	13 ♈ 8	0 ♍ 48	17 ♋ 39	0 ♋	18 ♉	4 ♒	8 ♌	14 ♉
6	14 ♉ 22	13 ♌ 20	2 ♉ 20	2 ♉ 45	2 ♊ 7	6 ♊ 13	8 ♈ 24	18 ♊ 16	11 ♑ 43	13 ♈ 11	0 ♍ 48	17 ♋ 40	0 ♋	19 ♉	4 ♒	8 ♌	14 ♉
7	15 ♉ 20	27 ♌ 32	2 ♉ 17	2 D 45	2 ♊ 22	7 ♊ 27	9 ♈ 10	18 ♊ 29	11 ♑ 41	13 ♈ 14	0 ♍ 48	17 ♋ 41	0 ♋	19 ♉	4 ♒	8 ♌	14 ♉
8	16 ♉ 18	11 ♍ 39	2 ♉ 13	2 ♉ 46	2 ♊ 31	8 ♊ 40	9 ♈ 56	18 ♊ 41	11 ♑ 40	13 ♈ 17	0 ♍ 47	17 ♋ 42	1 ♋	20 ♉	4 ♒	9 ♌	14 ♉
9	17 ♉ 16	25 ♍ 39	2 ♉ 10	2 ♉ 47	2 ♊ 35	9 ♊ 53	10 ♈ 41	18 ♊ 54	11 ♑ 38	13 ♈ 20	0 ♍ 47	17 ♋ 43	1 ♋	20 ♉	4 ♒	9 ♌	14 ♉
10	18 ♉ 14	9 ♎ 30	2 ♉ 7	2 ♉ 48	2 R 34	11 ♊ 6	11 ♈ 27	19 ♊ 7	11 ♑ 37	13 ♈ 23	0 ♍ 47	17 ♋ 44	2 ♋	21 ♉	4 ♒	9 ♌	14 ♉
11	19 ♉ 12	23 ♎ 10	2 ♉ 4	2 ♉ 49	2 ♊ 28	12 ♊ 19	12 ♈ 13	19 ♊ 20	11 ♑ 35	13 ♈ 26	0 ♍ 47	17 ♋ 45	2 ♋	21 ♉	5 ♒	9 ♌	14 ♉
12	20 ♉ 10	6 ♏ 38	2 ♉ 1	2 R 49	2 ♊ 18	13 ♊ 32	12 ♈ 59	19 ♊ 33	11 ♑ 33	13 ♈ 29	0 ♍ 47	17 ♋ 45	2 ♋	22 ♉	5 ♒	10 ♌	14 ♉
13	21 ♉ 8	19 ♏ 53	1 ♉ 58	2 ♉ 48	2 ♊ 3	14 ♊ 45	13 ♈ 45	19 ♊ 46	11 ♑ 31	13 ♈ 32	0 D 47	17 ♋ 46	3 ♋	22 ♉	5 ♒	10 ♌	14 ♉
14	22 ♉ 6	2 ♐ 52	1 ♉ 54	2 ♉ 46	1 ♊ 43	15 ♊ 58	14 ♈ 31	19 ♊ 59	11 ♑ 29	13 ♈ 35	0 ♍ 47	17 ♋ 47	3 ♋	23 ♉	5 ♒	10 ♌	14 ♉
15	23 ♉ 4	15 ♐ 37	1 ♉ 51	2 ♉ 44	1 ♊ 21	17 ♊ 11	15 ♈ 16	20 ♊ 12	11 ♑ 27	13 ♈ 38	0 ♍ 47	17 ♋ 48	4 ♋	23 ♉	5 ♒	11 ♌	14 ♉
16	24 ♉ 2	28 ♐ 6	1 ♉ 48	2 ♉ 41	0 ♊ 54	18 ♊ 24	16 ♈ 2	20 ♊ 25	11 ♑ 25	13 ♈ 40	0 ♍ 47	17 ♋ 49	4 ♋	24 ♉	5 ♒	11 ♌	14 ♉
17	24 ♉ 59	10 ♑ 23	1 ♉ 45	2 ♉ 37	0 ♊ 26	19 ♊ 37	16 ♈ 48	20 ♊ 38	11 ♑ 23	13 ♈ 43	0 ♍ 47	17 ♋ 50	4 ♋	25 ♉	5 ♒	11 ♌	14 ♉
18	25 ♉ 57	22 ♑ 29	1 ♉ 42	2 ♉ 34	29 ♉ 54	20 ♊ 50	17 ♈ 33	20 ♊ 51	11 ♑ 20	13 ♈ 46	0 ♍ 47	17 ♋ 51	5 ♋	25 ♉	5 ♒	12 ♌	14 ♉
19	26 ♉ 55	4 ♒ 26	1 ♉ 39	2 ♉ 31	29 ♉ 21	22 ♊ 2	18 ♈ 19	21 ♊ 4	11 ♑ 18	13 ♈ 49	0 ♍ 48	17 ♋ 52	5 ♋	26 ♉	5 ♒	12 ♌	15 ♉
20	27 ♉ 53	16 ♒ 20	1 ♉ 35	2 ♉ 30	28 ♉ 47	23 ♊ 15	19 ♈ 4	21 ♊ 17	11 ♑ 15	13 ♈ 51	0 ♍ 48	17 ♋ 54	6 ♋	26 ♉	5 ♒	12 ♌	15 ♉
21	28 ♉ 50	28 ♒ 13	1 ♉ 32	2 ♉ 29	28 ♉ 13	24 ♊ 28	19 ♈ 50	21 ♊ 31	11 ♑ 13	13 ♈ 54	0 ♍ 48	17 ♋ 55	6 ♋	27 ♉	5 ♒	13 ♌	15 ♉
22	29 ♉ 48	10 ♓ 12	1 ♉ 29	2 D 29	27 ♉ 38	25 ♊ 41	20 ♈ 35	21 ♊ 44	11 ♑ 10	13 ♈ 57	0 ♍ 48	17 ♋ 56	6 ♋	27 ♉	5 ♒	13 ♌	15 ♉
23	0 ♊ 46	22 ♓ 20	1 ♉ 26	2 ♉ 31	27 ♉ 4	26 ♊ 53	21 ♈ 21	21 ♊ 57	11 ♑ 7	13 ♈ 59	0 ♍ 49	17 ♋ 57	7 ♋	28 ♉	6 ♒	13 ♌	15 ♉
24	1 ♊ 44	4 ♈ 42	1 ♉ 23	2 ♉ 32	26 ♉ 31	28 ♊ 6	22 ♈ 6	22 ♊ 11	11 ♑ 4	14 ♈ 2	0 ♍ 49	17 ♋ 58	7 ♋	28 ♉	6 ♒	14 ♌	15 ♉
25	2 ♊ 41	17 ♈ 22	1 ♉ 19	2 ♉ 34	26 ♉ 0	29 ♊ 18	22 ♈ 51	22 ♊ 24	11 ♑ 1	14 ♈ 4	0 ♍ 49	17 ♋ 59	8 ♋	29 ♉	6 ♒	14 ♌	15 ♉
26	3 ♊ 39	0 ♉ 24	1 ♉ 16	2 ♉ 35	25 ♉ 32	0 ♋ 31	23 ♈ 37	22 ♊ 37	10 ♑ 58	14 ♈ 7	0 ♍ 50	18 ♋ 0	8 ♋	29 ♉	6 ♒	14 ♌	15 ♉
27	4 ♊ 37	13 ♉ 49	1 ♉ 13	2 R 34	25 ♉ 6	1 ♋ 43	24 ♈ 22	22 ♊ 51	10 ♑ 55	14 ♈ 9	0 ♍ 50	18 ♋ 2	9 ♋	0 ♊	6 ♒	15 ♌	15 ♉
28	5 ♊ 34	27 ♉ 36	1 ♉ 10	2 ♉ 32	24 ♉ 43	2 ♋ 56	25 ♈ 7	23 ♊ 4	10 ♑ 52	14 ♈ 12	0 ♍ 51	18 ♋ 3	9 ♋	0 ♊	6 ♒	15 ♌	15 ♉
29	6 ♊ 32	11 ♊ 43	1 ♉ 7	2 ♉ 29	24 ♉ 24	4 ♋ 8	25 ♈ 52	23 ♊ 18	10 ♑ 49	14 ♈ 14	0 ♍ 51	18 ♋ 4	9 ♋	1 ♊	6 ♒	15 ♌	15 ♉
30	7 ♊ 29	26 ♊ 6	1 ♉ 4	2 ♉ 24	24 ♉ 9	5 ♋ 21	26 ♈ 37	23 ♊ 31	10 ♑ 46	14 ♈ 17	0 ♍ 52	18 ♋ 5	10 ♋	2 ♊	6 ♒	16 ♌	15 ♉
31	8 ♊ 27	10 ♋ 40	1 ♉ 0	2 ♉ 19	23 ♉ 57	6 ♋ 33	27 ♈ 22	23 ♊ 45	10 ♑ 42	14 ♈ 19	0 ♍ 52	18 ♋ 6	10 ♋	2 ♊	6 ♒	16 ♌	15 ♉

SUN INGRESS	☉ → ♊ 22日 04:42
MOON PHASE	◐ 6日 01:53 ♌　○ 13日 02:29 ♏　◑ 21日 01:21 ♒　● 28日 14:37 ♊

aspects		
1日	13:49	♀□♆
2日	22:10	☿□♆
3日	07:39	☉△♄
9日	11:08	☉⚹♇
10日	04:42	♂□♄
10日	18:51	♀⚹♂
11日	22:55	♀⚹♅
12日	16:43	♂☌♅
16日	06:16	☿□♆
18日	00:31	♀☌♃
18日	09:44	♂□♇
20日	14:09	☉☌☿
23日	01:09	☉□♆
24日	03:22	♂⚹♃
26日	06:17	♀⚹♆

1930年6月

DAY	☉	☽	☊ mean	☊ true	☿	♀	♂	♃	♄	♅	♆	♇	⚳	⚴	⚵	⚶	⚷
	° ′	° ′	° ′	° ′	° ′	° ′	° ′	° ′	° ′	° ′	° ′	° ′	°	°	°	°	°
1	9 ♊ 24	25 ♋ 17	0 ♉ 57	2 R 13	23 R 50	7 D 45	28 D 7	23 D 58	10 R 39	14 D 21	0 D 53	18 D 8	11 D	3 D	6 D	16 D	15 D
2	10 ♊ 22	9 ♌ 51	0 ♉ 54	2 ♉ 9	23 ♉ 47	8 ♋ 58	28 ♈ 52	24 ♊ 12	10 ♑ 36	14 ♈ 23	0 ♍ 54	18 ♋ 9	11 ♋	3 ♊	6 R	17 ♌	15 ♉
3	11 ♊ 19	24 ♌ 16	0 ♉ 51	2 ♉ 6	23 D 49	10 ♋ 10	29 ♈ 37	24 ♊ 26	10 ♑ 32	14 ♈ 26	0 ♍ 54	18 ♋ 10	11 ♋	4 ♊	6 ♒	17 ♌	15 ♉
4	12 ♊ 17	8 ♍ 29	0 ♉ 48	2 ♉ 5	23 ♉ 55	11 ♋ 22	0 ♉ 21	24 ♊ 39	10 ♑ 28	14 ♈ 28	0 ♍ 55	18 ♋ 12	12 ♋	4 ♊	6 ♒	18 ♌	16 ♉
5	13 ♊ 14	22 ♍ 29	0 ♉ 45	2 D 5	24 ♉ 5	12 ♋ 34	1 ♉ 6	24 ♊ 53	10 ♑ 25	14 ♈ 30	0 ♍ 56	18 ♋ 13	12 ♋	5 ♊	6 ♒	18 ♌	16 ♉
6	14 ♊ 12	6 ♎ 14	0 ♉ 41	2 ♉ 7	24 ♉ 20	13 ♋ 46	1 ♉ 51	25 ♊ 7	10 ♑ 21	14 ♈ 32	0 ♍ 56	18 ♋ 14	13 ♋	5 ♊	6 ♒	18 ♌	16 ♉
7	15 ♊ 9	19 ♎ 44	0 ♉ 38	2 ♉ 8	24 ♉ 40	14 ♋ 58	2 ♉ 35	25 ♊ 20	10 ♑ 17	14 ♈ 34	0 ♍ 57	18 ♋ 16	13 ♋	6 ♊	6 ♒	19 ♌	16 ♉
8	16 ♊ 7	3 ♏ 1	0 ♉ 35	2 R 8	25 ♉ 4	16 ♋ 10	3 ♉ 20	25 ♊ 34	10 ♑ 14	14 ♈ 36	0 ♍ 58	18 ♋ 17	14 ♋	7 ♊	6 ♒	19 ♌	16 ♉
9	17 ♊ 4	16 ♏ 5	0 ♉ 32	2 ♉ 7	25 ♉ 32	17 ♋ 22	4 ♉ 4	25 ♊ 48	10 ♑ 10	14 ♈ 38	0 ♍ 59	18 ♋ 18	14 ♋	7 ♊	6 ♒	19 ♌	16 ♉
10	18 ♊ 1	28 ♏ 58	0 ♉ 29	2 ♉ 5	26 ♉ 4	18 ♋ 34	4 ♉ 49	26 ♊ 1	10 ♑ 6	14 ♈ 40	1 ♍ 0	18 ♋ 20	14 ♋	8 ♊	6 ♒	20 ♌	16 ♉
11	18 ♊ 59	11 ♐ 39	0 ♉ 25	2 ♉ 0	26 ♉ 41	19 ♋ 46	5 ♉ 33	26 ♊ 15	10 ♑ 2	14 ♈ 42	1 ♍ 1	18 ♋ 21	15 ♋	8 ♊	6 ♒	20 ♌	16 ♉
12	19 ♊ 56	24 ♐ 9	0 ♉ 22	1 ♉ 52	27 ♉ 22	20 ♋ 58	6 ♉ 17	26 ♊ 29	9 ♑ 58	14 ♈ 44	1 ♍ 2	18 ♋ 22	15 ♋	9 ♊	6 ♒	21 ♌	16 ♉
13	20 ♊ 53	6 ♑ 28	0 ♉ 19	1 ♉ 44	28 ♉ 6	22 ♋ 10	7 ♉ 2	26 ♊ 42	9 ♑ 54	14 ♈ 46	1 ♍ 3	18 ♋ 24	16 ♋	9 ♊	5 ♒	21 ♌	16 ♉
14	21 ♊ 51	18 ♑ 38	0 ♉ 16	1 ♉ 35	28 ♉ 55	23 ♋ 21	7 ♉ 46	26 ♊ 56	9 ♑ 50	14 ♈ 48	1 ♍ 4	18 ♋ 25	16 ♋	10 ♊	5 ♒	21 ♌	16 ♉
15	22 ♊ 48	0 ♒ 40	0 ♉ 13	1 ♉ 26	29 ♉ 48	24 ♋ 33	8 ♉ 30	27 ♊ 10	9 ♑ 46	14 ♈ 49	1 ♍ 5	18 ♋ 27	17 ♋	11 ♊	5 ♒	22 ♌	16 ♉
16	23 ♊ 45	12 ♒ 35	0 ♉ 10	1 ♉ 18	0 ♊ 44	25 ♋ 44	9 ♉ 14	27 ♊ 24	9 ♑ 42	14 ♈ 51	1 ♍ 6	18 ♋ 28	17 ♋	11 ♊	5 ♒	22 ♌	16 ♉
17	24 ♊ 42	24 ♒ 27	0 ♉ 6	1 ♉ 12	1 ♊ 44	26 ♋ 56	9 ♉ 58	27 ♊ 37	9 ♑ 37	14 ♈ 53	1 ♍ 7	18 ♋ 30	17 ♋	12 ♊	5 ♒	23 ♌	16 ♉
18	25 ♊ 40	6 ♓ 20	0 ♉ 3	1 ♉ 8	2 ♊ 48	28 ♋ 7	10 ♉ 42	27 ♊ 51	9 ♑ 33	14 ♈ 54	1 ♍ 8	18 ♋ 31	18 ♋	12 ♊	5 ♒	23 ♌	16 ♉
19	26 ♊ 37	18 ♓ 16	0 ♉ 0	1 ♉ 6	3 ♊ 55	29 ♋ 19	11 ♉ 26	28 ♊ 5	9 ♑ 29	14 ♈ 56	1 ♍ 9	18 ♋ 33	18 ♋	13 ♊	5 ♒	23 ♌	16 ♉
20	27 ♊ 34	0 ♈ 22	29 ♈ 57	1 D 5	5 ♊ 6	0 ♌ 30	12 ♉ 10	28 ♊ 19	9 ♑ 25	14 ♈ 57	1 ♍ 10	18 ♋ 34	19 ♋	13 ♊	5 ♒	24 ♌	16 ♉
21	28 ♊ 32	12 ♈ 43	29 ♈ 54	1 ♉ 6	6 ♊ 21	1 ♌ 42	12 ♉ 54	28 ♊ 33	9 ♑ 20	14 ♈ 59	1 ♍ 11	18 ♋ 36	19 ♋	14 ♊	5 ♒	24 ♌	17 ♉
22	29 ♊ 29	25 ♈ 22	29 ♈ 51	1 ♉ 7	7 ♊ 38	2 ♌ 53	13 ♉ 37	28 ♊ 46	9 ♑ 16	15 ♈ 0	1 ♍ 13	18 ♋ 37	20 ♋	15 ♊	5 ♒	25 ♌	17 ♉
23	0 ♋ 26	8 ♉ 25	29 ♈ 47	1 R 6	9 ♊ 0	4 ♌ 4	14 ♉ 21	29 ♊ 0	9 ♑ 12	15 ♈ 2	1 ♍ 14	18 ♋ 39	20 ♋	15 ♊	4 ♒	25 ♌	17 ♉
24	1 ♋ 23	21 ♉ 54	29 ♈ 44	1 ♉ 5	10 ♊ 24	5 ♌ 15	15 ♉ 4	29 ♊ 14	9 ♑ 7	15 ♈ 3	1 ♍ 15	18 ♋ 40	20 ♋	16 ♊	4 ♒	25 ♌	17 ♉
25	2 ♋ 21	5 ♊ 51	29 ♈ 41	1 ♉ 1	11 ♊ 52	6 ♌ 26	15 ♉ 48	29 ♊ 28	9 ♑ 3	15 ♈ 4	1 ♍ 17	18 ♋ 42	21 ♋	16 ♊	4 ♒	26 ♌	17 ♉
26	3 ♋ 18	20 ♊ 14	29 ♈ 38	0 ♉ 54	13 ♊ 23	7 ♌ 38	16 ♉ 31	29 ♊ 41	8 ♑ 59	15 ♈ 6	1 ♍ 18	18 ♋ 43	21 ♋	17 ♊	4 ♒	26 ♌	17 ♉
27	4 ♋ 15	4 ♋ 58	29 ♈ 35	0 ♉ 46	14 ♊ 58	8 ♌ 49	17 ♉ 15	29 ♊ 55	8 ♑ 54	15 ♈ 7	1 ♍ 19	18 ♋ 45	22 ♋	17 ♊	4 ♒	27 ♌	17 ♉
28	5 ♋ 12	19 ♋ 55	29 ♈ 31	0 ♉ 36	16 ♊ 36	9 ♌ 59	17 ♉ 58	0 ♋ 9	8 ♑ 50	15 ♈ 8	1 ♍ 21	18 ♋ 46	22 ♋	18 ♊	4 ♒	27 ♌	17 ♉
29	6 ♋ 10	4 ♌ 56	29 ♈ 28	0 ♉ 27	18 ♊ 17	11 ♌ 10	18 ♉ 41	0 ♋ 23	8 ♑ 45	15 ♈ 9	1 ♍ 22	18 ♋ 48	23 ♋	19 ♊	4 ♒	28 ♌	17 ♉
30	7 ♋ 7	19 ♌ 52	29 ♈ 25	0 ♉ 19	20 ♊ 1	12 ♌ 21	19 ♉ 24	0 ♋ 36	8 ♑ 41	15 ♈ 10	1 ♍ 24	18 ♋ 49	23 ♋	19 ♊	3 ♒	28 ♌	17 ♉

SUN INGRESS	☉ → ♋ 22日 12:53
MOON PHASE	◐ 4日 06:56 ♍　○ 11日 15:12 ♐　◑ 19日 18:00 ♓　● 26日 22:47 ♋

aspects		
3日	07:01	♀☍♄
4日	18:19	♂△♆
6日	08:51	☉⚹♅
6日	15:44	♀□♅
9日	19:05	♀☌♇
16日	08:59	☿□♆
16日	13:41	♂△♄
21日	00:34	☉☌♃
23日	20:33	☉⚹♆
27日	02:16	☿⚹♅
29日	03:42	♂⚹♇

1930年7月

DAY	☉	☽	☊ mean	☊ true	☿	♀	♂	♃	♄	♅	♆	♇	⚳	⚴	⚵	⚶	⚷
	° ′	° ′	° ′	° ′	° ′	° ′	° ′	° ′	° ′	° ′	° ′	° ′	°	°	°	°	°
1	8 ♋ 4	4 ♍ 35	29 ♈ 22	0 R 13	21 D 48	13 D 32	20 D 8	0 D 50	8 R 36	15 D 11	1 D 25	18 D 51	24 D	20 D	3 R	28 D	17 D
2	9 ♋ 1	18 ♍ 58	29 ♈ 19	0 ♉ 9	23 ♊ 38	14 ♌ 43	20 ♉ 51	1 ♋ 4	8 ♑ 32	15 ♈ 12	1 ♍ 26	18 ♋ 52	24 ♋	20 ♊	3 ♒	29 ♌	17 ♉
3	9 ♋ 58	3 ♎ 1	29 ♈ 16	0 ♉ 8	25 ♊ 30	15 ♌ 53	21 ♉ 34	1 ♋ 17	8 ♑ 28	15 ♈ 13	1 ♍ 28	18 ♋ 54	24 ♋	21 ♊	3 ♒	29 ♌	17 ♉
4	10 ♋ 56	16 ♎ 41	29 ♈ 12	0 D 8	27 ♊ 26	17 ♌ 4	22 ♉ 16	1 ♋ 31	8 ♑ 23	15 ♈ 14	1 ♍ 30	18 ♋ 56	25 ♋	21 ♊	3 ♒	0 ♍	17 ♉
5	11 ♋ 53	0 ♏ 2	29 ♈ 9	0 ♉ 8	29 ♊ 24	18 ♌ 14	22 ♉ 59	1 ♋ 45	8 ♑ 19	15 ♈ 15	1 ♍ 31	18 ♋ 57	25 ♋	22 ♊	3 ♒	0 ♍	17 ♉
6	12 ♋ 50	13 ♏ 4	29 ♈ 6	0 R 7	1 ♋ 24	19 ♌ 25	23 ♉ 42	1 ♋ 58	8 ♑ 14	15 ♈ 16	1 ♍ 33	18 ♋ 59	26 ♋	23 ♊	2 ♒	1 ♍	17 ♉
7	13 ♋ 47	25 ♏ 52	29 ♈ 3	0 ♉ 5	3 ♋ 26	20 ♌ 35	24 ♉ 25	2 ♋ 12	8 ♑ 10	15 ♈ 17	1 ♍ 34	19 ♋ 0	26 ♋	23 ♊	2 ♒	1 ♍	17 ♉
8	14 ♋ 44	8 ♐ 27	29 ♈ 0	0 ♉ 0	5 ♋ 31	21 ♌ 45	25 ♉ 7	2 ♋ 25	8 ♑ 6	15 ♈ 17	1 ♍ 36	19 ♋ 2	27 ♋	24 ♊	2 ♒	1 ♍	17 ♉
9	15 ♋ 42	20 ♐ 52	28 ♈ 57	29 ♈ 52	7 ♋ 36	22 ♌ 56	25 ♉ 50	2 ♋ 39	8 ♑ 1	15 ♈ 18	1 ♍ 38	19 ♋ 3	27 ♋	24 ♊	2 ♒	2 ♍	17 ♉
10	16 ♋ 39	3 ♑ 8	28 ♈ 53	29 ♈ 42	9 ♋ 44	24 ♌ 6	26 ♉ 32	2 ♋ 53	7 ♑ 57	15 ♈ 19	1 ♍ 39	19 ♋ 5	28 ♋	25 ♊	2 ♒	2 ♍	17 ♉
11	17 ♋ 36	15 ♑ 17	28 ♈ 50	29 ♈ 29	11 ♋ 52	25 ♌ 16	27 ♉ 14	3 ♋ 6	7 ♑ 52	15 ♈ 19	1 ♍ 41	19 ♋ 7	28 ♋	26 ♊	1 ♒	3 ♍	17 ♉
12	18 ♋ 33	27 ♑ 18	28 ♈ 47	29 ♈ 16	14 ♋ 0	26 ♌ 26	27 ♉ 57	3 ♋ 20	7 ♑ 48	15 ♈ 20	1 ♍ 43	19 ♋ 8	28 ♋	26 ♊	1 ♒	3 ♍	18 ♉
13	19 ♋ 30	9 ♒ 15	28 ♈ 44	29 ♈ 3	16 ♋ 10	27 ♌ 35	28 ♉ 39	3 ♋ 33	7 ♑ 44	15 ♈ 20	1 ♍ 44	19 ♋ 10	29 ♋	27 ♊	1 ♒	4 ♍	18 ♉
14	20 ♋ 28	21 ♒ 8	28 ♈ 41	28 ♈ 51	18 ♋ 19	28 ♌ 45	29 ♉ 21	3 ♋ 46	7 ♑ 40	15 ♈ 21	1 ♍ 46	19 ♋ 11	29 ♋	27 ♊	1 ♒	4 ♍	18 ♉
15	21 ♋ 25	2 ♓ 59	28 ♈ 37	28 ♈ 41	20 ♋ 28	29 ♌ 55	0 ♊ 3	4 ♋ 0	7 ♑ 35	15 ♈ 21	1 ♍ 48	19 ♋ 13	0 ♌	28 ♊	0 ♒	5 ♍	18 ♉
16	22 ♋ 22	14 ♓ 50	28 ♈ 34	28 ♈ 34	22 ♋ 37	1 ♍ 5	0 ♊ 45	4 ♋ 13	7 ♑ 31	15 ♈ 21	1 ♍ 50	19 ♋ 14	0 ♌	28 ♊	0 ♒	5 ♍	18 ♉
17	23 ♋ 19	26 ♓ 46	28 ♈ 31	28 ♈ 29	24 ♋ 45	2 ♍ 14	1 ♊ 27	4 ♋ 27	7 ♑ 27	15 ♈ 21	1 ♍ 51	19 ♋ 16	1 ♌	29 ♊	0 ♒	5 ♍	18 ♉
18	24 ♋ 17	8 ♈ 51	28 ♈ 28	28 ♈ 27	26 ♋ 52	3 ♍ 24	2 ♊ 9	4 ♋ 40	7 ♑ 23	15 ♈ 22	1 ♍ 53	19 ♋ 18	1 ♌	0 ♋	0 ♒	6 ♍	18 ♉
19	25 ♋ 14	21 ♈ 9	28 ♈ 25	28 ♈ 27	28 ♋ 58	4 ♍ 33	2 ♊ 51	4 ♋ 53	7 ♑ 19	15 ♈ 22	1 ♍ 55	19 ♋ 19	2 ♌	0 ♋	29 ♑	6 ♍	18 ♉
20	26 ♋ 11	3 ♉ 45	28 ♈ 22	28 ♈ 27	1 ♌ 3	5 ♍ 42	3 ♊ 32	5 ♋ 6	7 ♑ 15	15 ♈ 22	1 ♍ 57	19 ♋ 21	2 ♌	1 ♋	29 ♑	7 ♍	18 ♉
21	27 ♋ 8	16 ♉ 45	28 ♈ 18	28 ♈ 26	3 ♌ 7	6 ♍ 51	4 ♊ 14	5 ♋ 20	7 ♑ 11	15 ♈ 22	1 ♍ 59	19 ♋ 22	2 ♌	1 ♋	29 ♑	7 ♍	18 ♉
22	28 ♋ 6	0 ♊ 11	28 ♈ 15	28 ♈ 24	5 ♌ 9	8 ♍ 0	4 ♊ 55	5 ♋ 33	7 ♑ 7	15 ♈ 22	2 ♍ 1	19 ♋ 24	3 ♌	2 ♋	29 ♑	8 ♍	18 ♉
23	29 ♋ 3	14 ♊ 7	28 ♈ 12	28 ♈ 19	7 ♌ 10	9 ♍ 9	5 ♊ 37	5 ♋ 46	7 ♑ 3	15 R 22	2 ♍ 3	19 ♋ 25	3 ♌	3 ♋	29 ♑	8 ♍	18 ♉
24	0 ♌ 0	28 ♊ 33	28 ♈ 9	28 ♈ 12	9 ♌ 9	10 ♍ 18	6 ♊ 18	5 ♋ 59	6 ♑ 59	15 ♈ 22	2 ♍ 5	19 ♋ 27	4 ♌	3 ♋	28 ♑	9 ♍	18 ♉
25	0 ♌ 58	13 ♋ 23	28 ♈ 6	28 ♈ 2	11 ♌ 7	11 ♍ 27	7 ♊ 0	6 ♋ 12	6 ♑ 55	15 ♈ 22	2 ♍ 7	19 ♋ 29	4 ♌	4 ♋	28 ♑	9 ♍	18 ♉
26	1 ♌ 55	28 ♋ 31	28 ♈ 3	27 ♈ 52	13 ♌ 3	12 ♍ 36	7 ♊ 41	6 ♋ 25	6 ♑ 51	15 ♈ 22	2 ♍ 9	19 ♋ 30	5 ♌	4 ♋	28 ♑	10 ♍	18 ♉
27	2 ♌ 52	13 ♌ 48	27 ♈ 59	27 ♈ 41	14 ♌ 57	13 ♍ 44	8 ♊ 22	6 ♋ 38	6 ♑ 47	15 ♈ 21	2 ♍ 11	19 ♋ 32	5 ♌	5 ♋	28 ♑	10 ♍	18 ♉
28	3 ♌ 50	29 ♌ 0	27 ♈ 56	27 ♈ 31	16 ♌ 50	14 ♍ 53	9 ♊ 3	6 ♋ 51	6 ♑ 44	15 ♈ 21	2 ♍ 13	19 ♋ 33	6 ♌	6 ♋	27 ♑	10 ♍	18 ♉
29	4 ♌ 47	13 ♍ 59	27 ♈ 53	27 ♈ 24	18 ♌ 41	16 ♍ 1	9 ♊ 44	7 ♋ 4	6 ♑ 40	15 ♈ 21	2 ♍ 15	19 ♋ 35	6 ♌	6 ♋	27 ♑	11 ♍	18 ♉
30	5 ♌ 44	28 ♍ 37	27 ♈ 50	27 ♈ 19	20 ♌ 30	17 ♍ 9	10 ♊ 25	7 ♋ 17	6 ♑ 36	15 ♈ 21	2 ♍ 17	19 ♋ 36	6 ♌	7 ♋	27 ♑	11 ♍	18 ♉
31	6 ♌ 42	12 ♎ 49	27 ♈ 47	27 ♈ 17	22 ♌ 18	18 ♍ 18	11 ♊ 5	7 ♋ 30	6 ♑ 33	15 ♈ 20	2 ♍ 19	19 ♋ 38	7 ♌	7 ♋	27 ♑	12 ♍	18 ♉

SUN INGRESS	☉ → ♌ 23日 23:42
MOON PHASE	◐ 3日 13:03 ♎ ○ 11日 05:01 ♑ ◑ 19日 08:29 ♈ ● 26日 05:42 ♌

aspects		
1日	12:38	☉☍♄
2日	10:14	♀△♅
3日	21:03	♃⚹♆
6日	01:43	☿⚹♆
6日	07:36	☿☌♃
8日	13:58	☉□♅
9日	04:32	☿☍♄
12日	14:47	☿□♅
12日	15:04	☉☌♇
14日	09:51	☿☌♇
15日	07:09	♀□♂
15日	19:02	☉☌☿
16日	15:59	♀☌♆
17日	14:38	♂□♆
19日	08:43	♀⚹♃
21日	06:19	♀△♄
21日	19:52	☿⚹♂
27日	05:09	☿△♅
27日	12:55	♃☍♄

1930年8月

DAY	☉	☽	☊ mean	☊ true	☿	♀	♂	♃	♄	♅	♆	♇	⚳	⚴	⚵	⚶	⚷
	° ′	° ′	° ′	° ′	° ′	° ′	° ′	° ′	° ′	° ′	° ′	° ′	°	°	°	°	°
1	7 ♌ 39	26 ♎ 34	27 ♈ 43	27 R 17	24 D 3	19 D 26	11 D 46	7 D 43	6 R 29	15 R 20	2 D 21	19 D 39	7 D	8 D	26 R	12 D	18 D
2	8 ♌ 37	9 ♏ 55	27 ♈ 40	27 ♈ 17	25 ♌ 48	20 ♍ 34	12 ♊ 26	7 ♋ 55	6 ♑ 26	15 ♈ 19	2 ♍ 23	19 ♋ 41	8 ♌	8 ♋	26 ♑	13 ♍	18 ♉
3	9 ♌ 34	22 ♏ 53	27 ♈ 37	27 ♈ 16	27 ♌ 30	21 ♍ 41	13 ♊ 7	8 ♋ 8	6 ♑ 23	15 ♈ 19	2 ♍ 25	19 ♋ 42	8 ♌	9 ♋	26 ♑	13 ♍	18 ♉
4	10 ♌ 31	5 ♐ 33	27 ♈ 34	27 ♈ 14	29 ♌ 11	22 ♍ 49	13 ♊ 47	8 ♋ 20	6 ♑ 19	15 ♈ 18	2 ♍ 27	19 ♋ 44	9 ♌	10 ♋	26 ♑	14 ♍	18 ♉
5	11 ♌ 29	17 ♐ 58	27 ♈ 31	27 ♈ 9	0 ♍ 50	23 ♍ 57	14 ♊ 28	8 ♋ 33	6 ♑ 16	15 ♈ 17	2 ♍ 29	19 ♋ 45	9 ♌	10 ♋	25 ♑	14 ♍	18 ♉
6	12 ♌ 26	0 ♑ 12	27 ♈ 28	27 ♈ 2	2 ♍ 28	25 ♍ 4	15 ♊ 8	8 ♋ 46	6 ♑ 13	15 ♈ 17	2 ♍ 31	19 ♋ 47	10 ♌	11 ♋	25 ♑	15 ♍	18 ♉
7	13 ♌ 24	12 ♑ 18	27 ♈ 24	26 ♈ 52	4 ♍ 4	26 ♍ 11	15 ♊ 48	8 ♋ 58	6 ♑ 10	15 ♈ 16	2 ♍ 33	19 ♋ 48	10 ♌	11 ♋	25 ♑	15 ♍	18 ♉
8	14 ♌ 21	24 ♑ 18	27 ♈ 21	26 ♈ 40	5 ♍ 38	27 ♍ 18	16 ♊ 28	9 ♋ 10	6 ♑ 7	15 ♈ 15	2 ♍ 35	19 ♋ 50	11 ♌	12 ♋	25 ♑	16 ♍	18 ♉
9	15 ♌ 19	6 ♒ 14	27 ♈ 18	26 ♈ 27	7 ♍ 11	28 ♍ 25	17 ♊ 8	9 ♋ 23	6 ♑ 4	15 ♈ 14	2 ♍ 37	19 ♋ 51	11 ♌	13 ♋	25 ♑	16 ♍	18 ♉
10	16 ♌ 16	18 ♒ 7	27 ♈ 15	26 ♈ 14	8 ♍ 42	29 ♍ 32	17 ♊ 48	9 ♋ 35	6 ♑ 1	15 ♈ 13	2 ♍ 40	19 ♋ 53	11 ♌	13 ♋	24 ♑	17 ♍	18 ♉
11	17 ♌ 14	29 ♒ 58	27 ♈ 12	26 ♈ 3	10 ♍ 12	0 ♎ 39	18 ♊ 27	9 ♋ 47	5 ♑ 58	15 ♈ 13	2 ♍ 42	19 ♋ 54	12 ♌	14 ♋	24 ♑	17 ♍	18 ♉
12	18 ♌ 11	11 ♓ 50	27 ♈ 9	25 ♈ 53	11 ♍ 40	1 ♎ 45	19 ♊ 7	9 ♋ 59	5 ♑ 56	15 ♈ 12	2 ♍ 44	19 ♋ 55	12 ♌	14 ♋	24 ♑	18 ♍	18 ♉
13	19 ♌ 9	23 ♓ 45	27 ♈ 5	25 ♈ 46	13 ♍ 6	2 ♎ 52	19 ♊ 47	10 ♋ 11	5 ♑ 53	15 ♈ 11	2 ♍ 46	19 ♋ 57	13 ♌	15 ♋	24 ♑	18 ♍	18 ♉
14	20 ♌ 7	5 ♈ 44	27 ♈ 2	25 ♈ 42	14 ♍ 30	3 ♎ 58	20 ♊ 26	10 ♋ 23	5 ♑ 50	15 ♈ 10	2 ♍ 48	19 ♋ 58	13 ♌	16 ♋	24 ♑	19 ♍	18 ♉
15	21 ♌ 4	17 ♈ 51	26 ♈ 59	25 ♈ 40	15 ♍ 53	5 ♎ 4	21 ♊ 5	10 ♋ 35	5 ♑ 48	15 ♈ 8	2 ♍ 50	20 ♋ 0	14 ♌	16 ♋	23 ♑	19 ♍	18 ♉
16	22 ♌ 2	0 ♉ 11	26 ♈ 56	25 D 40	17 ♍ 14	6 ♎ 10	21 ♊ 45	10 ♋ 47	5 ♑ 45	15 ♈ 7	2 ♍ 53	20 ♋ 1	14 ♌	17 ♋	23 ♑	19 ♍	18 ♉
17	23 ♌ 0	12 ♉ 47	26 ♈ 53	25 ♈ 41	18 ♍ 33	7 ♎ 15	22 ♊ 24	10 ♋ 59	5 ♑ 43	15 ♈ 6	2 ♍ 55	20 ♋ 2	15 ♌	17 ♋	23 ♑	20 ♍	18 ♉
18	23 ♌ 57	25 ♉ 43	26 ♈ 49	25 R 41	19 ♍ 50	8 ♎ 21	23 ♊ 3	11 ♋ 11	5 ♑ 41	15 ♈ 5	2 ♍ 57	20 ♋ 4	15 ♌	18 ♋	23 ♑	20 ♍	18 ♉
19	24 ♌ 55	9 ♊ 4	26 ♈ 46	25 ♈ 40	21 ♍ 6	9 ♎ 26	23 ♊ 42	11 ♋ 22	5 ♑ 39	15 ♈ 4	2 ♍ 59	20 ♋ 5	16 ♌	19 ♋	23 ♑	21 ♍	18 ♉
20	25 ♌ 53	22 ♊ 53	26 ♈ 43	25 ♈ 37	22 ♍ 19	10 ♎ 31	24 ♊ 20	11 ♋ 34	5 ♑ 37	15 ♈ 2	3 ♍ 1	20 ♋ 6	16 ♌	19 ♋	22 ♑	21 ♍	18 ♉
21	26 ♌ 50	7 ♋ 10	26 ♈ 40	25 ♈ 32	23 ♍ 31	11 ♎ 36	24 ♊ 59	11 ♋ 45	5 ♑ 35	15 ♈ 1	3 ♍ 4	20 ♋ 8	16 ♌	20 ♋	22 ♑	22 ♍	18 ♉
22	27 ♌ 48	21 ♋ 53	26 ♈ 37	25 ♈ 25	24 ♍ 40	12 ♎ 41	25 ♊ 38	11 ♋ 57	5 ♑ 33	15 ♈ 0	3 ♍ 6	20 ♋ 9	17 ♌	20 ♋	22 ♑	22 ♍	18 ♉
23	28 ♌ 46	6 ♌ 57	26 ♈ 34	25 ♈ 17	25 ♍ 47	13 ♎ 46	26 ♊ 16	12 ♋ 8	5 ♑ 31	14 ♈ 58	3 ♍ 8	20 ♋ 10	17 ♌	21 ♋	22 ♑	23 ♍	18 ♉
24	29 ♌ 44	22 ♌ 12	26 ♈ 30	25 ♈ 9	26 ♍ 52	14 ♎ 50	26 ♊ 55	12 ♋ 19	5 ♑ 29	14 ♈ 57	3 ♍ 10	20 ♋ 12	18 ♌	21 ♋	22 ♑	23 ♍	18 ♉
25	0 ♍ 42	7 ♍ 28	26 ♈ 27	25 ♈ 1	27 ♍ 55	15 ♎ 54	27 ♊ 33	12 ♋ 31	5 ♑ 28	14 ♈ 55	3 ♍ 13	20 ♋ 13	18 ♌	22 ♋	22 ♑	24 ♍	18 R
26	1 ♍ 40	22 ♍ 34	26 ♈ 24	24 ♈ 55	28 ♍ 55	16 ♎ 58	28 ♊ 11	12 ♋ 42	5 ♑ 26	14 ♈ 54	3 ♍ 15	20 ♋ 14	19 ♌	23 ♋	22 ♑	24 ♍	18 ♉
27	2 ♍ 38	7 ♎ 21	26 ♈ 21	24 ♈ 52	29 ♍ 52	18 ♎ 2	28 ♊ 49	12 ♋ 53	5 ♑ 25	14 ♈ 52	3 ♍ 17	20 ♋ 15	19 ♌	23 ♋	22 ♑	25 ♍	18 ♉
28	3 ♍ 36	21 ♎ 43	26 ♈ 18	24 ♈ 51	0 ♎ 47	19 ♎ 6	29 ♊ 27	13 ♋ 4	5 ♑ 24	14 ♈ 50	3 ♍ 19	20 ♋ 17	20 ♌	24 ♋	21 ♑	25 ♍	18 ♉
29	4 ♍ 34	5 ♏ 38	26 ♈ 15	24 D 51	1 ♎ 39	20 ♎ 9	0 ♋ 5	13 ♋ 14	5 ♑ 22	14 ♈ 49	3 ♍ 21	20 ♋ 18	20 ♌	24 ♋	21 ♑	26 ♍	18 ♉
30	5 ♍ 32	19 ♏ 4	26 ♈ 11	24 ♈ 52	2 ♎ 27	21 ♎ 12	0 ♋ 43	13 ♋ 25	5 ♑ 21	14 ♈ 47	3 ♍ 24	20 ♋ 19	20 ♌	25 ♋	21 ♑	26 ♍	18 ♉
31	6 ♍ 30	2 ♐ 6	26 ♈ 8	24 ♈ 53	3 ♎ 12	22 ♎ 15	1 ♋ 20	13 ♋ 36	5 ♑ 20	14 ♈ 45	3 ♍ 26	20 ♋ 20	21 ♌	26 ♋	21 ♑	27 ♍	18 ♉

SUN INGRESS	☉ → ♍ 24日 06:26
MOON PHASE	◐ 1日 21:26 ♏ ○ 9日 19:58 ♒ ◑ 17日 20:31 ♉ ● 24日 12:37 ♍ ◐ 31日 08:57 ♐

aspects		
1日	04:55	♀⚹♇
6日	00:47	☿☌♆
6日	05:13	♂⚹♅
8日	07:04	☿△♄
8日	22:10	☉△♅
10日	16:18	☿⚹♃
15日	01:25	☉⚹♂
15日	15:31	♀□♄
18日	04:19	☿⚹♇
21日	04:04	♀□♃
24日	02:19	☿□♂
24日	02:24	♀☍♅
27日	16:56	☉☌♆
29日	03:28	♀□♇
29日	19:46	☉△♄

1930年9月

DAY	☉	☽	☊ mean	☊ true	☿	♀	♂	♃	♄	♅	♆	♇	⚳	⚴	⚵	⚶	⚷
	° ′	° ′	° ′	° ′	° ′	° ′	° ′	° ′	° ′	° ′	° ′	° ′	°	°	°	°	°
1	7 ♍ 28	14 ♐ 46	26 ♈ 5	24 R 53	3 D 54	23 D 17	1 D 58	13 D 46	5 R 19	14 R 44	3 D 28	20 D 21	21 D	26 D	21 R	27 D	18 R
2	8 ♍ 26	27 ♐ 9	26 ♈ 2	24 ♈ 51	4 ♎ 32	24 ♎ 19	2 ♋ 35	13 ♋ 57	5 ♑ 18	14 ♈ 42	3 ♍ 30	20 ♋ 22	22 ♌	27 ♋	21 ♑	28 ♍	18 ♉
3	9 ♍ 24	9 ♑ 18	25 ♈ 59	24 ♈ 47	5 ♎ 5	25 ♎ 21	3 ♋ 12	14 ♋ 7	5 ♑ 18	14 ♈ 40	3 ♍ 33	20 ♋ 24	22 ♌	27 ♋	21 ♑	28 ♍	18 ♉
4	10 ♍ 22	21 ♑ 19	25 ♈ 55	24 ♈ 41	5 ♎ 35	26 ♎ 23	3 ♋ 50	14 ♋ 17	5 ♑ 17	14 ♈ 38	3 ♍ 35	20 ♋ 25	23 ♌	28 ♋	21 ♑	29 ♍	18 ♉
5	11 ♍ 20	3 ♒ 14	25 ♈ 52	24 ♈ 34	6 ♎ 0	27 ♎ 25	4 ♋ 27	14 ♋ 28	5 ♑ 16	14 ♈ 36	3 ♍ 37	20 ♋ 26	23 ♌	28 ♋	21 ♑	29 ♍	18 ♉
6	12 ♍ 18	15 ♒ 6	25 ♈ 49	24 ♈ 26	6 ♎ 19	28 ♎ 26	5 ♋ 3	14 ♋ 38	5 ♑ 16	14 ♈ 34	3 ♍ 39	20 ♋ 27	24 ♌	29 ♋	21 ♑	0 ♎	18 ♉
7	13 ♍ 16	26 ♒ 58	25 ♈ 46	24 ♈ 19	6 ♎ 34	29 ♎ 26	5 ♋ 40	14 ♋ 48	5 ♑ 15	14 ♈ 32	3 ♍ 41	20 ♋ 28	24 ♌	0 ♌	21 ♑	0 ♎	18 ♉
8	14 ♍ 15	8 ♓ 52	25 ♈ 43	24 ♈ 11	6 ♎ 43	0 ♏ 27	6 ♋ 17	14 ♋ 58	5 ♑ 15	14 ♈ 30	3 ♍ 44	20 ♋ 29	25 ♌	0 ♌	21 ♑	1 ♎	18 ♉
9	15 ♍ 13	20 ♓ 48	25 ♈ 40	24 ♈ 6	6 ♎ 47	1 ♏ 27	6 ♋ 53	15 ♋ 7	5 ♑ 15	14 ♈ 28	3 ♍ 46	20 ♋ 30	25 ♌	1 ♌	21 ♑	1 ♎	18 ♉
10	16 ♍ 11	2 ♈ 50	25 ♈ 36	24 ♈ 2	6 R 44	2 ♏ 27	7 ♋ 30	15 ♋ 17	5 ♑ 15	14 ♈ 26	3 ♍ 48	20 ♋ 31	25 ♌	1 ♌	21 ♑	2 ♎	18 ♉
11	17 ♍ 9	14 ♈ 58	25 ♈ 33	24 ♈ 0	6 ♎ 35	3 ♏ 26	8 ♋ 6	15 ♋ 26	5 D 15	14 ♈ 24	3 ♍ 50	20 ♋ 32	26 ♌	2 ♌	20 ♑	2 ♎	18 ♉
12	18 ♍ 8	27 ♈ 15	25 ♈ 30	23 D 59	6 ♎ 19	4 ♏ 25	8 ♋ 42	15 ♋ 36	5 ♑ 15	14 ♈ 22	3 ♍ 52	20 ♋ 33	26 ♌	2 ♌	20 ♑	3 ♎	18 ♉
13	19 ♍ 6	9 ♉ 44	25 ♈ 27	24 ♈ 0	5 ♎ 57	5 ♏ 24	9 ♋ 18	15 ♋ 45	5 ♑ 15	14 ♈ 20	3 ♍ 55	20 ♋ 34	27 ♌	3 ♌	20 ♑	3 ♎	18 ♉
14	20 ♍ 5	22 ♉ 26	25 ♈ 24	24 ♈ 2	5 ♎ 28	6 ♏ 22	9 ♋ 54	15 ♋ 54	5 ♑ 16	14 ♈ 18	3 ♍ 57	20 ♋ 35	27 ♌	4 ♌	20 D	4 ♎	18 ♉
15	21 ♍ 3	5 ♊ 26	25 ♈ 20	24 ♈ 3	4 ♎ 52	7 ♏ 20	10 ♋ 29	16 ♋ 3	5 ♑ 16	14 ♈ 16	3 ♍ 59	20 ♋ 36	28 ♌	4 ♌	20 ♑	4 ♎	18 ♉
16	22 ♍ 2	18 ♊ 46	25 ♈ 17	24 ♈ 4	4 ♎ 10	8 ♏ 18	11 ♋ 5	16 ♋ 12	5 ♑ 17	14 ♈ 14	4 ♍ 1	20 ♋ 36	28 ♌	5 ♌	20 ♑	5 ♎	18 ♉
17	23 ♍ 0	2 ♋ 28	25 ♈ 14	24 R 4	3 ♎ 22	9 ♏ 15	11 ♋ 40	16 ♋ 21	5 ♑ 17	14 ♈ 11	4 ♍ 3	20 ♋ 37	29 ♌	5 ♌	20 ♑	5 ♎	18 ♉
18	23 ♍ 59	16 ♋ 34	25 ♈ 11	24 ♈ 2	2 ♎ 29	10 ♏ 11	12 ♋ 16	16 ♋ 30	5 ♑ 18	14 ♈ 9	4 ♍ 5	20 ♋ 38	29 ♌	6 ♌	21 ♑	6 ♎	18 ♉
19	24 ♍ 57	1 ♌ 1	25 ♈ 8	23 ♈ 59	1 ♎ 31	11 ♏ 7	12 ♋ 51	16 ♋ 39	5 ♑ 19	14 ♈ 7	4 ♍ 7	20 ♋ 39	29 ♌	6 ♌	21 ♑	6 ♎	18 ♉
20	25 ♍ 56	15 ♌ 48	25 ♈ 5	23 ♈ 56	0 ♎ 29	12 ♏ 3	13 ♋ 26	16 ♋ 47	5 ♑ 20	14 ♈ 5	4 ♍ 9	20 ♋ 40	0 ♍	7 ♌	21 ♑	7 ♎	18 ♉
21	26 ♍ 55	0 ♍ 46	25 ♈ 1	23 ♈ 52	29 ♍ 25	12 ♏ 58	14 ♋ 0	16 ♋ 55	5 ♑ 21	14 ♈ 2	4 ♍ 12	20 ♋ 41	0 ♍	7 ♌	21 ♑	7 ♎	18 ♉
22	27 ♍ 53	15 ♍ 49	24 ♈ 58	23 ♈ 48	28 ♍ 21	13 ♏ 53	14 ♋ 35	17 ♋ 4	5 ♑ 22	14 ♈ 0	4 ♍ 14	20 ♋ 41	1 ♍	8 ♌	21 ♑	8 ♎	18 ♉
23	28 ♍ 52	0 ♎ 47	24 ♈ 55	23 ♈ 46	27 ♍ 17	14 ♏ 47	15 ♋ 9	17 ♋ 12	5 ♑ 23	13 ♈ 58	4 ♍ 16	20 ♋ 42	1 ♍	9 ♌	21 ♑	8 ♎	18 ♉
24	29 ♍ 51	15 ♎ 31	24 ♈ 52	23 ♈ 45	26 ♍ 15	15 ♏ 41	15 ♋ 44	17 ♋ 20	5 ♑ 24	13 ♈ 56	4 ♍ 18	20 ♋ 43	2 ♍	9 ♌	21 ♑	9 ♎	18 ♉
25	0 ♎ 49	29 ♎ 55	24 ♈ 49	23 D 44	25 ♍ 17	16 ♏ 34	16 ♋ 18	17 ♋ 27	5 ♑ 25	13 ♈ 53	4 ♍ 20	20 ♋ 43	2 ♍	10 ♌	21 ♑	9 ♎	18 ♉
26	1 ♎ 48	13 ♏ 55	24 ♈ 46	23 ♈ 45	24 ♍ 25	17 ♏ 26	16 ♋ 52	17 ♋ 35	5 ♑ 27	13 ♈ 51	4 ♍ 22	20 ♋ 44	3 ♍	10 ♌	21 ♑	10 ♎	18 ♉
27	2 ♎ 47	27 ♏ 28	24 ♈ 42	23 ♈ 47	23 ♍ 39	18 ♏ 18	17 ♋ 26	17 ♋ 43	5 ♑ 29	13 ♈ 48	4 ♍ 24	20 ♋ 45	3 ♍	11 ♌	21 ♑	10 ♎	18 ♉
28	3 ♎ 46	10 ♐ 35	24 ♈ 39	23 ♈ 48	23 ♍ 2	19 ♏ 9	17 ♋ 59	17 ♋ 50	5 ♑ 30	13 ♈ 46	4 ♍ 26	20 ♋ 45	3 ♍	11 ♌	21 ♑	11 ♎	18 ♉
29	4 ♎ 45	23 ♐ 20	24 ♈ 36	23 ♈ 49	22 ♍ 33	20 ♏ 0	18 ♋ 33	17 ♋ 57	5 ♑ 32	13 ♈ 44	4 ♍ 28	20 ♋ 46	4 ♍	12 ♌	21 ♑	11 ♎	18 ♉
30	5 ♎ 44	5 ♑ 45	24 ♈ 33	23 R 50	22 ♍ 14	20 ♏ 50	19 ♋ 6	18 ♋ 4	5 ♑ 34	13 ♈ 41	4 ♍ 30	20 ♋ 46	4 ♍	12 ♌	21 ♑	12 ♎	18 ♉

SUN INGRESS ☉ → ♎ 24日 03:36

MOON PHASE ○ 8日 11:48 ♓ ◑ 16日 06:13 ♊ ● 22日 20:41 ♍ ◐ 29日 23:58 ♑

aspects

3日	09:21	☿□♄
3日	13:51	♂⚹♆
5日	17:10	♃□♅
6日	08:04	♂☍♄
8日	19:38	☿□♂
8日	21:13	☉⚹♃
11日	10:04	☿⚹♆
12日	20:24	♀⚹♄
14日	08:51	☿□♄
14日	12:32	☉⚹♇
21日	01:21	♂□♅
22日	05:21	☉☌☿
24日	03:47	♀△♂
26日	04:45	♀△♃
27日	15:25	♂☌♃
29日	19:46	☉□♄
29日	22:28	♀△♇

1930年10月

DAY	☉	☽	☊ mean	☊ true	☿	♀	♂	♃	♄	♅	♆	♇	⚳	⚴	⚵	⚶	⚷
	° ′	° ′	° ′	° ′	° ′	° ′	° ′	° ′	° ′	° ′	° ′	° ′	°	°	°	°	°
1	6 ♎ 43	17 ♑ 55	24 ♈ 30	23 R 49	22 R 6	21 D 39	19 D 39	18 D 11	5 D 36	13 R 39	4 D 32	20 D 47	5 D	13 D	21 D	13 D	18 R
2	7 ♎ 42	29 ♑ 55	24 ♈ 26	23 ♈ 48	22 D 7	22 ♏ 27	20 ♋ 12	18 ♋ 18	5 ♑ 38	13 ♈ 36	4 ♍ 34	20 ♋ 48	5 ♍	14 ♌	22 ♑	13 ♎	18 ♉
3	8 ♎ 41	11 ♒ 48	24 ♈ 23	23 ♈ 46	22 ♍ 20	23 ♏ 15	20 ♋ 45	18 ♋ 25	5 ♑ 40	13 ♈ 34	4 ♍ 36	20 ♋ 48	6 ♍	14 ♌	22 ♑	14 ♎	18 ♉
4	9 ♎ 40	23 ♒ 40	24 ♈ 20	23 ♈ 44	22 ♍ 42	24 ♏ 1	21 ♋ 18	18 ♋ 31	5 ♑ 42	13 ♈ 32	4 ♍ 38	20 ♋ 49	6 ♍	15 ♌	22 ♑	14 ♎	18 ♉
5	10 ♎ 39	5 ♓ 33	24 ♈ 17	23 ♈ 42	23 ♍ 14	24 ♏ 47	21 ♋ 50	18 ♋ 38	5 ♑ 45	13 ♈ 29	4 ♍ 39	20 ♋ 49	6 ♍	15 ♌	22 ♑	15 ♎	18 ♉
6	11 ♎ 38	17 ♓ 30	24 ♈ 14	23 ♈ 40	23 ♍ 55	25 ♏ 32	22 ♋ 22	18 ♋ 44	5 ♑ 47	13 ♈ 27	4 ♍ 41	20 ♋ 49	7 ♍	16 ♌	22 ♑	15 ♎	18 ♉
7	12 ♎ 37	29 ♓ 33	24 ♈ 11	23 ♈ 39	24 ♍ 44	26 ♏ 16	22 ♋ 54	18 ♋ 50	5 ♑ 50	13 ♈ 24	4 ♍ 43	20 ♋ 50	7 ♍	16 ♌	22 ♑	16 ♎	18 ♉
8	13 ♎ 37	11 ♈ 46	24 ♈ 7	23 ♈ 38	25 ♍ 42	26 ♏ 59	23 ♋ 26	18 ♋ 56	5 ♑ 52	13 ♈ 22	4 ♍ 45	20 ♋ 50	8 ♍	17 ♌	22 ♑	16 ♎	17 ♉
9	14 ♎ 36	24 ♈ 8	24 ♈ 4	23 D 38	26 ♍ 46	27 ♏ 41	23 ♋ 58	19 ♋ 1	5 ♑ 55	13 ♈ 20	4 ♍ 47	20 ♋ 51	8 ♍	17 ♌	23 ♑	17 ♎	17 ♉
10	15 ♎ 35	6 ♉ 42	24 ♈ 1	23 ♈ 38	27 ♍ 57	28 ♏ 22	24 ♋ 29	19 ♋ 7	5 ♑ 58	13 ♈ 17	4 ♍ 49	20 ♋ 51	9 ♍	18 ♌	23 ♑	17 ♎	17 ♉
11	16 ♎ 34	19 ♉ 28	23 ♈ 58	23 ♈ 39	29 ♍ 14	29 ♏ 2	25 ♋ 0	19 ♋ 12	6 ♑ 1	13 ♈ 15	4 ♍ 50	20 ♋ 51	9 ♍	18 ♌	23 ♑	18 ♎	17 ♉
12	17 ♎ 34	2 ♊ 27	23 ♈ 55	23 ♈ 39	0 ♎ 35	29 ♏ 41	25 ♋ 31	19 ♋ 18	6 ♑ 4	13 ♈ 12	4 ♍ 52	20 ♋ 51	10 ♍	19 ♌	23 ♑	18 ♎	17 ♉
13	18 ♎ 33	15 ♊ 41	23 ♈ 52	23 ♈ 40	2 ♎ 0	0 ♐ 19	26 ♋ 2	19 ♋ 23	6 ♑ 7	13 ♈ 10	4 ♍ 54	20 ♋ 52	10 ♍	19 ♌	23 ♑	19 ♎	17 ♉
14	19 ♎ 32	29 ♊ 9	23 ♈ 48	23 ♈ 40	3 ♎ 29	0 ♐ 55	26 ♋ 32	19 ♋ 28	6 ♑ 10	13 ♈ 7	4 ♍ 56	20 ♋ 52	10 ♍	20 ♌	23 ♑	19 ♎	17 ♉
15	20 ♎ 32	12 ♋ 53	23 ♈ 45	23 ♈ 40	5 ♎ 1	1 ♐ 30	27 ♋ 3	19 ♋ 32	6 ♑ 13	13 ♈ 5	4 ♍ 57	20 ♋ 52	11 ♍	20 ♌	24 ♑	20 ♎	17 ♉
16	21 ♎ 31	26 ♋ 51	23 ♈ 42	23 R 40	6 ♎ 35	2 ♐ 4	27 ♋ 33	19 ♋ 37	6 ♑ 16	13 ♈ 3	4 ♍ 59	20 ♋ 52	11 ♍	21 ♌	24 ♑	20 ♎	17 ♉
17	22 ♎ 31	11 ♌ 5	23 ♈ 39	23 ♈ 40	8 ♎ 12	2 ♐ 37	28 ♋ 3	19 ♋ 41	6 ♑ 20	13 ♈ 0	5 ♍ 1	20 ♋ 53	12 ♍	21 ♌	24 ♑	21 ♎	17 ♉
18	23 ♎ 30	25 ♌ 30	23 ♈ 36	23 ♈ 40	9 ♎ 50	3 ♐ 8	28 ♋ 32	19 ♋ 45	6 ♑ 23	12 ♈ 58	5 ♍ 2	20 ♋ 53	12 ♍	22 ♌	24 ♑	21 ♎	17 ♉
19	24 ♎ 30	10 ♍ 4	23 ♈ 32	23 D 40	11 ♎ 29	3 ♐ 37	29 ♋ 2	19 ♋ 49	6 ♑ 27	12 ♈ 55	5 ♍ 4	20 ♋ 53	12 ♍	22 ♌	24 ♑	22 ♎	17 ♉
20	25 ♎ 30	24 ♍ 41	23 ♈ 29	23 ♈ 40	13 ♎ 9	4 ♐ 5	29 ♋ 31	19 ♋ 53	6 ♑ 30	12 ♈ 53	5 ♍ 5	20 ♋ 53	13 ♍	23 ♌	25 ♑	22 ♎	17 ♉
21	26 ♎ 29	9 ♎ 16	23 ♈ 26	23 ♈ 41	14 ♎ 50	4 ♐ 32	0 ♌ 0	19 ♋ 57	6 ♑ 34	12 ♈ 51	5 ♍ 7	20 ♋ 53	13 ♍	23 ♌	25 ♑	23 ♎	17 ♉
22	27 ♎ 29	23 ♎ 43	23 ♈ 23	23 ♈ 41	16 ♎ 31	4 ♐ 57	0 ♌ 28	20 ♋ 0	6 ♑ 38	12 ♈ 48	5 ♍ 8	20 ♋ 53	14 ♍	24 ♌	25 ♑	23 ♎	17 ♉
23	28 ♎ 29	7 ♏ 56	23 ♈ 20	23 R 41	18 ♎ 13	5 ♐ 20	0 ♌ 57	20 ♋ 4	6 ♑ 42	12 ♈ 46	5 ♍ 10	20 R 53	14 ♍	24 ♌	25 ♑	24 ♎	17 ♉
24	29 ♎ 29	21 ♏ 50	23 ♈ 17	23 ♈ 40	19 ♎ 54	5 ♐ 41	1 ♌ 25	20 ♋ 7	6 ♑ 46	12 ♈ 44	5 ♍ 11	20 ♋ 53	15 ♍	25 ♌	25 ♑	24 ♎	17 ♉
25	0 ♏ 28	5 ♐ 22	23 ♈ 13	23 ♈ 39	21 ♎ 36	6 ♐ 1	1 ♌ 53	20 ♋ 10	6 ♑ 50	12 ♈ 42	5 ♍ 13	20 ♋ 53	15 ♍	25 ♌	26 ♑	25 ♎	17 ♉
26	1 ♏ 28	18 ♐ 32	23 ♈ 10	23 ♈ 38	23 ♎ 18	6 ♐ 18	2 ♌ 20	20 ♋ 12	6 ♑ 54	12 ♈ 39	5 ♍ 14	20 ♋ 53	15 ♍	26 ♌	26 ♑	26 ♎	17 ♉
27	2 ♏ 28	1 ♑ 20	23 ♈ 7	23 ♈ 37	24 ♎ 59	6 ♐ 34	2 ♌ 48	20 ♋ 15	6 ♑ 58	12 ♈ 37	5 ♍ 16	20 ♋ 53	16 ♍	26 ♌	26 ♑	26 ♎	17 ♉
28	3 ♏ 28	13 ♑ 49	23 ♈ 4	23 ♈ 36	26 ♎ 40	6 ♐ 47	3 ♌ 15	20 ♋ 17	7 ♑ 3	12 ♈ 35	5 ♍ 17	20 ♋ 53	16 ♍	26 ♌	26 ♑	27 ♎	17 ♉
29	4 ♏ 28	26 ♑ 1	23 ♈ 1	23 ♈ 36	28 ♎ 21	6 ♐ 59	3 ♌ 41	20 ♋ 20	7 ♑ 7	12 ♈ 33	5 ♍ 18	20 ♋ 53	17 ♍	27 ♌	27 ♑	27 ♎	17 ♉
30	5 ♏ 28	8 ♒ 2	22 ♈ 57	23 D 36	0 ♏ 1	7 ♐ 8	4 ♌ 8	20 ♋ 22	7 ♑ 12	12 ♈ 30	5 ♍ 20	20 ♋ 52	17 ♍	28 ♌	27 ♑	28 ♎	16 ♉
31	6 ♏ 28	19 ♒ 56	22 ♈ 54	23 ♈ 36	1 ♏ 41	7 ♐ 15	4 ♌ 34	20 ♋ 23	7 ♑ 16	12 ♈ 28	5 ♍ 21	20 ♋ 52	18 ♍	28 ♌	27 ♑	28 ♎	16 ♉

SUN INGRESS ☉ → ♏ 24日 12:26

MOON PHASE ○ 8日 03:55 ♈ ◑ 15日 14:12 ♋ ● 22日 06:48 ♎ ◐ 29日 18:22 ♒

aspects

1日	13:12	☿⚹♀
3日	02:17	♂☌♇
7日	18:20	☉☍♅
10日	16:55	☿⚹♀
13日	21:53	☉□♃
15日	08:14	☉□♇
15日	19:01	☿□♄
19日	20:17	☿☍♅
22日	12:54	♀□♆
24日	03:03	☿□♃
24日	13:50	☿□♇
27日	14:17	☉□♂
29日	20:41	☉⚹♆
31日	20:56	☉⚹♄

1930年11月

DAY	☉	☽	☊ mean	☊ true	☿	♀	♂	♃	♄	♅	♆	♇	⚳	⚴	⚵	⚶	⚷
	° ′	° ′	° ′	° ′	° ′	° ′	° ′	° ′	° ′	° ′	° ′	° ′	°	°	°	°	°
1	7 ♏ 28	1 ♓ 47	22 ♈ 51	23 D 37	3 D 21	7 D 20	4 D 59	20 D 25	7 D 21	12 R 26	5 D 22	20 R 52	18 D	29 D	27 D	29 D	16 R
2	8 ♏ 28	13 ♓ 40	22 ♈ 48	23 ♈ 38	5 ♏ 0	7 ♐ 22	5 ♌ 25	20 ♋ 26	7 ♑ 25	12 ♈ 24	5 ♍ 23	20 ♋ 52	18 ♍	29 ♌	28 ♑	29 ♎	16 ♉
3	9 ♏ 28	25 ♓ 40	22 ♈ 45	23 ♈ 40	6 ♏ 39	7 R 23	5 ♌ 50	20 ♋ 27	7 ♑ 30	12 ♈ 22	5 ♍ 25	20 ♋ 51	19 ♍	0 ♍	28 ♑	0 ♏	16 ♉
4	10 ♏ 28	7 ♈ 50	22 ♈ 42	23 ♈ 41	8 ♏ 18	7 ♐ 20	6 ♌ 15	20 ♋ 28	7 ♑ 35	12 ♈ 20	5 ♍ 26	20 ♋ 51	19 ♍	0 ♍	28 ♑	0 ♏	16 ♉
5	11 ♏ 28	20 ♈ 13	22 ♈ 38	23 ♈ 42	9 ♏ 56	7 ♐ 15	6 ♌ 39	20 ♋ 29	7 ♑ 40	12 ♈ 18	5 ♍ 27	20 ♋ 51	20 ♍	1 ♍	29 ♑	1 ♏	16 ♉
6	12 ♏ 28	2 ♉ 51	22 ♈ 35	23 R 41	11 ♏ 33	7 ♐ 8	7 ♌ 3	20 ♋ 30	7 ♑ 45	12 ♈ 16	5 ♍ 28	20 ♋ 51	20 ♍	1 ♍	29 ♑	1 ♏	16 ♉
7	13 ♏ 28	15 ♉ 44	22 ♈ 32	23 ♈ 40	13 ♏ 10	6 ♐ 59	7 ♌ 27	20 ♋ 30	7 ♑ 50	12 ♈ 14	5 ♍ 29	20 ♋ 50	20 ♍	1 ♍	29 ♑	2 ♏	16 ♉
8	14 ♏ 29	28 ♉ 54	22 ♈ 29	23 ♈ 38	14 ♏ 47	6 ♐ 46	7 ♌ 51	20 ♋ 30	7 ♑ 55	12 ♈ 12	5 ♍ 30	20 ♋ 50	21 ♍	2 ♍	29 ♑	2 ♏	16 ♉
9	15 ♏ 29	12 ♊ 18	22 ♈ 26	23 ♈ 35	16 ♏ 23	6 ♐ 32	8 ♌ 14	20 R 30	8 ♑ 0	12 ♈ 10	5 ♍ 31	20 ♋ 49	21 ♍	2 ♍	0 ♒	3 ♏	16 ♉
10	16 ♏ 29	25 ♊ 56	22 ♈ 23	23 ♈ 31	18 ♏ 0	6 ♐ 15	8 ♌ 36	20 ♋ 30	8 ♑ 5	12 ♈ 8	5 ♍ 32	20 ♋ 49	22 ♍	3 ♍	0 ♒	3 ♏	16 ♉
11	17 ♏ 29	9 ♋ 45	22 ♈ 19	23 ♈ 28	19 ♏ 35	5 ♐ 56	8 ♌ 59	20 ♋ 30	8 ♑ 11	12 ♈ 6	5 ♍ 33	20 ♋ 49	22 ♍	3 ♍	0 ♒	4 ♏	16 ♉
12	18 ♏ 30	23 ♋ 42	22 ♈ 16	23 ♈ 25	21 ♏ 11	5 ♐ 34	9 ♌ 21	20 ♋ 29	8 ♑ 16	12 ♈ 4	5 ♍ 34	20 ♋ 48	22 ♍	4 ♍	1 ♒	4 ♏	16 ♉
13	19 ♏ 30	7 ♌ 46	22 ♈ 13	23 ♈ 24	22 ♏ 46	5 ♐ 11	9 ♌ 42	20 ♋ 28	8 ♑ 21	12 ♈ 3	5 ♍ 35	20 ♋ 48	23 ♍	4 ♍	1 ♒	5 ♏	16 ♉
14	20 ♏ 30	21 ♌ 54	22 ♈ 10	23 D 23	24 ♏ 20	4 ♐ 45	10 ♌ 3	20 ♋ 27	8 ♑ 27	12 ♈ 1	5 ♍ 36	20 ♋ 47	23 ♍	4 ♍	1 ♒	5 ♏	16 ♉
15	21 ♏ 31	6 ♍ 5	22 ♈ 7	23 ♈ 24	25 ♏ 55	4 ♐ 17	10 ♌ 24	20 ♋ 26	8 ♑ 32	11 ♈ 59	5 ♍ 37	20 ♋ 46	24 ♍	5 ♍	2 ♒	6 ♏	16 ♉
16	22 ♏ 31	20 ♍ 17	22 ♈ 3	23 ♈ 25	27 ♏ 29	3 ♐ 48	10 ♌ 44	20 ♋ 25	8 ♑ 38	11 ♈ 57	5 ♍ 38	20 ♋ 46	24 ♍	5 ♍	2 ♒	7 ♏	16 ♉
17	23 ♏ 32	4 ♎ 27	22 ♈ 0	23 ♈ 27	29 ♏ 3	3 ♐ 17	11 ♌ 4	20 ♋ 23	8 ♑ 43	11 ♈ 56	5 ♍ 38	20 ♋ 45	24 ♍	6 ♍	2 ♒	7 ♏	16 ♉
18	24 ♏ 32	18 ♎ 33	21 ♈ 57	23 ♈ 28	0 ♐ 36	2 ♐ 44	11 ♌ 24	20 ♋ 21	8 ♑ 49	11 ♈ 54	5 ♍ 39	20 ♋ 45	25 ♍	6 ♍	3 ♒	8 ♏	16 ♉
19	25 ♏ 33	2 ♏ 33	21 ♈ 54	23 R 27	2 ♐ 10	2 ♐ 11	11 ♌ 43	20 ♋ 19	8 ♑ 55	11 ♈ 53	5 ♍ 40	20 ♋ 44	25 ♍	6 ♍	3 ♒	8 ♏	15 ♉
20	26 ♏ 33	16 ♏ 23	21 ♈ 51	23 ♈ 26	3 ♐ 43	1 ♐ 36	12 ♌ 1	20 ♋ 17	9 ♑ 1	11 ♈ 51	5 ♍ 40	20 ♋ 43	25 ♍	7 ♍	3 ♒	9 ♏	15 ♉
21	27 ♏ 34	29 ♏ 59	21 ♈ 48	23 ♈ 22	5 ♐ 16	1 ♐ 1	12 ♌ 19	20 ♋ 15	9 ♑ 7	11 ♈ 50	5 ♍ 41	20 ♋ 43	26 ♍	7 ♍	4 ♒	9 ♏	15 ♉
22	28 ♏ 35	13 ♐ 20	21 ♈ 44	23 ♈ 17	6 ♐ 49	0 ♐ 25	12 ♌ 37	20 ♋ 12	9 ♑ 13	11 ♈ 48	5 ♍ 42	20 ♋ 42	26 ♍	8 ♍	4 ♒	10 ♏	15 ♉
23	29 ♏ 35	26 ♐ 24	21 ♈ 41	23 ♈ 10	8 ♐ 22	29 ♏ 48	12 ♌ 54	20 ♋ 9	9 ♑ 18	11 ♈ 47	5 ♍ 42	20 ♋ 41	27 ♍	8 ♍	4 ♒	10 ♏	15 ♉
24	0 ♐ 36	9 ♑ 10	21 ♈ 38	23 ♈ 4	9 ♐ 54	29 ♏ 12	13 ♌ 10	20 ♋ 6	9 ♑ 25	11 ♈ 45	5 ♍ 43	20 ♋ 41	27 ♍	8 ♍	5 ♒	11 ♏	15 ♉
25	1 ♐ 37	21 ♑ 38	21 ♈ 35	22 ♈ 57	11 ♐ 26	28 ♏ 36	13 ♌ 26	20 ♋ 3	9 ♑ 31	11 ♈ 44	5 ♍ 43	20 ♋ 40	27 ♍	9 ♍	5 ♒	11 ♏	15 ♉
26	2 ♐ 37	3 ♒ 51	21 ♈ 32	22 ♈ 52	12 ♐ 59	28 ♏ 0	13 ♌ 42	20 ♋ 0	9 ♑ 37	11 ♈ 43	5 ♍ 44	20 ♋ 39	28 ♍	9 ♍	5 ♒	12 ♏	15 ♉
27	3 ♐ 38	15 ♒ 52	21 ♈ 29	22 ♈ 48	14 ♐ 31	27 ♏ 25	13 ♌ 57	19 ♋ 56	9 ♑ 43	11 ♈ 42	5 ♍ 44	20 ♋ 38	28 ♍	9 ♍	6 ♒	12 ♏	15 ♉
28	4 ♐ 39	27 ♒ 45	21 ♈ 25	22 ♈ 46	16 ♐ 2	26 ♏ 51	14 ♌ 11	19 ♋ 53	9 ♑ 49	11 ♈ 40	5 ♍ 45	20 ♋ 37	28 ♍	10 ♍	6 ♒	13 ♏	15 ♉
29	5 ♐ 40	9 ♓ 35	21 ♈ 22	22 D 46	17 ♐ 34	26 ♏ 18	14 ♌ 25	19 ♋ 49	9 ♑ 55	11 ♈ 39	5 ♍ 45	20 ♋ 37	29 ♍	10 ♍	6 ♒	13 ♏	15 ♉
30	6 ♐ 40	21 ♓ 28	21 ♈ 19	22 ♈ 47	19 ♐ 5	25 ♏ 46	14 ♌ 38	19 ♋ 45	10 ♑ 2	11 ♈ 38	5 ♍ 45	20 ♋ 36	29 ♍	10 ♍	7 ♒	14 ♏	15 ♉

SUN INGRESS	☉ → ♐ 23日 09:34
MOON PHASE	○ 6日 19:28 ♉　◑ 13日 21:27 ♌　● 20日 19:21 ♏　◐ 28日 15:18 ♓

aspects		
2日	05:41	☿⚹♆
2日	08:01	☿□♂
3日	13:04	☿⚹♄
6日	03:31	♀△♂
7日	11:49	☉☌☿
11日	13:39	☿△♃
11日	18:21	☿△♇
12日	00:07	♀□♆
13日	22:50	☉△♃
14日	06:32	☉△♇
19日	00:11	☿☌♀
19日	11:55	♂△♅
21日	06:28	☿□♆
23日	03:16	☉☌♀
25日	04:31	☿△♅
26日	13:27	☿△♂
29日	02:07	☉□♆

1930年12月

DAY	☉	☽	☊ mean	☊ true	☿	♀	♂	♃	♄	♅	♆	♇	⚳	⚴	⚵	⚶	⚷
	° ′	° ′	° ′	° ′	° ′	° ′	° ′	° ′	° ′	° ′	° ′	° ′	°	°	°	°	°
1	7 ♐ 41	3 ♈ 27	21 ♈ 16	22 D 49	20 D 37	25 R 16	14 D 51	19 R 40	10 D 8	11 R 37	5 D 46	20 R 35	0 D	11 D	7 D	14 D	15 R
2	8 ♐ 42	15 ♈ 39	21 ♈ 13	22 ♈ 50	22 ♐ 8	24 ♏ 48	15 ♌ 3	19 ♋ 36	10 ♑ 14	11 ♈ 36	5 ♍ 46	20 ♋ 34	0 ♎	11 ♍	7 ♒	15 ♏	15 ♉
3	9 ♐ 43	28 ♈ 8	21 ♈ 9	22 R 50	23 ♐ 38	24 ♏ 21	15 ♌ 15	19 ♋ 31	10 ♑ 21	11 ♈ 35	5 ♍ 46	20 ♋ 33	0 ♎	11 ♍	8 ♒	15 ♏	15 ♉
4	10 ♐ 44	10 ♉ 56	21 ♈ 6	22 ♈ 48	25 ♐ 9	23 ♏ 57	15 ♌ 25	19 ♋ 26	10 ♑ 27	11 ♈ 34	5 ♍ 46	20 ♋ 32	1 ♎	12 ♍	8 ♒	16 ♏	15 ♉
5	11 ♐ 45	24 ♉ 6	21 ♈ 3	22 ♈ 44	26 ♐ 39	23 ♏ 34	15 ♌ 36	19 ♋ 21	10 ♑ 34	11 ♈ 33	5 ♍ 46	20 ♋ 31	1 ♎	12 ♍	9 ♒	17 ♏	15 ♉
6	12 ♐ 45	7 ♊ 37	21 ♈ 0	22 ♈ 38	28 ♐ 8	23 ♏ 14	15 ♌ 45	19 ♋ 16	10 ♑ 40	11 ♈ 32	5 ♍ 47	20 ♋ 30	1 ♎	12 ♍	9 ♒	17 ♏	15 ♉
7	13 ♐ 46	21 ♊ 29	20 ♈ 57	22 ♈ 30	29 ♐ 37	22 ♏ 56	15 ♌ 55	19 ♋ 11	10 ♑ 47	11 ♈ 32	5 ♍ 47	20 ♋ 29	2 ♎	13 ♍	9 ♒	18 ♏	15 ♉
8	14 ♐ 47	5 ♋ 36	20 ♈ 54	22 ♈ 21	1 ♑ 6	22 ♏ 41	16 ♌ 3	19 ♋ 5	10 ♑ 53	11 ♈ 31	5 ♍ 47	20 ♋ 28	2 ♎	13 ♍	10 ♒	18 ♏	15 ♉
9	15 ♐ 48	19 ♋ 53	20 ♈ 50	22 ♈ 12	2 ♑ 34	22 ♏ 28	16 ♌ 11	19 ♋ 0	11 ♑ 0	11 ♈ 30	5 ♍ 47	20 ♋ 27	2 ♎	13 ♍	10 ♒	19 ♏	15 ♉
10	16 ♐ 49	4 ♌ 16	20 ♈ 47	22 ♈ 5	4 ♑ 1	22 ♏ 18	16 ♌ 18	18 ♋ 54	11 ♑ 7	11 ♈ 30	5 R 47	20 ♋ 26	3 ♎	14 ♍	10 ♒	19 ♏	15 ♉
11	17 ♐ 50	18 ♌ 38	20 ♈ 44	21 ♈ 59	5 ♑ 28	22 ♏ 10	16 ♌ 24	18 ♋ 48	11 ♑ 13	11 ♈ 29	5 ♍ 47	20 ♋ 25	3 ♎	14 ♍	11 ♒	20 ♏	14 ♉
12	18 ♐ 51	2 ♍ 55	20 ♈ 41	21 ♈ 55	6 ♑ 53	22 ♏ 5	16 ♌ 30	18 ♋ 42	11 ♑ 20	11 ♈ 29	5 ♍ 47	20 ♋ 24	3 ♎	14 ♍	11 ♒	20 ♏	14 ♉
13	19 ♐ 52	17 ♍ 5	20 ♈ 38	21 ♈ 54	8 ♑ 17	22 ♏ 2	16 ♌ 35	18 ♋ 36	11 ♑ 27	11 ♈ 28	5 ♍ 46	20 ♋ 23	4 ♎	14 ♍	12 ♒	21 ♏	14 ♉
14	20 ♐ 53	1 ♎ 6	20 ♈ 35	21 D 55	9 ♑ 39	22 D 2	16 ♌ 39	18 ♋ 29	11 ♑ 34	11 ♈ 28	5 ♍ 46	20 ♋ 22	4 ♎	15 ♍	12 ♒	21 ♏	14 ♉
15	21 ♐ 54	14 ♎ 58	20 ♈ 31	21 ♈ 55	11 ♑ 0	22 ♏ 4	16 ♌ 42	18 ♋ 23	11 ♑ 40	11 ♈ 27	5 ♍ 46	20 ♋ 21	4 ♎	15 ♍	12 ♒	22 ♏	14 ♉
16	22 ♐ 55	28 ♎ 41	20 ♈ 28	21 R 55	12 ♑ 19	22 ♏ 8	16 ♌ 45	18 ♋ 16	11 ♑ 47	11 ♈ 27	5 ♍ 46	20 ♋ 20	5 ♎	15 ♍	13 ♒	22 ♏	14 ♉
17	23 ♐ 56	12 ♏ 14	20 ♈ 25	21 ♈ 53	13 ♑ 35	22 ♏ 15	16 ♌ 47	18 ♋ 10	11 ♑ 54	11 ♈ 27	5 ♍ 46	20 ♋ 19	5 ♎	15 ♍	13 ♒	23 ♏	14 ♉
18	24 ♐ 57	25 ♏ 37	20 ♈ 22	21 ♈ 49	14 ♑ 49	22 ♏ 24	16 ♌ 48	18 ♋ 3	12 ♑ 1	11 ♈ 26	5 ♍ 45	20 ♋ 18	5 ♎	16 ♍	14 ♒	23 ♏	14 ♉
19	25 ♐ 58	8 ♐ 50	20 ♈ 19	21 ♈ 41	15 ♑ 59	22 ♏ 36	16 R 48	17 ♋ 56	12 ♑ 8	11 ♈ 26	5 ♍ 45	20 ♋ 16	5 ♎	16 ♍	14 ♒	24 ♏	14 ♉
20	27 ♐ 0	21 ♐ 51	20 ♈ 15	21 ♈ 31	17 ♑ 5	22 ♏ 49	16 ♌ 48	17 ♋ 49	12 ♑ 15	11 ♈ 26	5 ♍ 45	20 ♋ 15	6 ♎	16 ♍	14 ♒	24 ♏	14 ♉
21	28 ♐ 1	4 ♑ 40	20 ♈ 12	21 ♈ 19	18 ♑ 8	23 ♏ 5	16 ♌ 47	17 ♋ 41	12 ♑ 22	11 ♈ 26	5 ♍ 44	20 ♋ 14	6 ♎	16 ♍	15 ♒	25 ♏	14 ♉
22	29 ♐ 2	17 ♑ 15	20 ♈ 9	21 ♈ 6	19 ♑ 5	23 ♏ 23	16 ♌ 45	17 ♋ 34	12 ♑ 29	11 D 26	5 ♍ 44	20 ♋ 13	6 ♎	16 ♍	15 ♒	25 ♏	14 ♉
23	0 ♑ 3	29 ♑ 37	20 ♈ 6	20 ♈ 54	19 ♑ 56	23 ♏ 42	16 ♌ 42	17 ♋ 27	12 ♑ 36	11 ♈ 26	5 ♍ 43	20 ♋ 12	7 ♎	17 ♍	16 ♒	26 ♏	14 ♉
24	1 ♑ 4	11 ♒ 47	20 ♈ 3	20 ♈ 42	20 ♑ 41	24 ♏ 4	16 ♌ 38	17 ♋ 19	12 ♑ 43	11 ♈ 26	5 ♍ 43	20 ♋ 11	7 ♎	17 ♍	16 ♒	26 ♏	14 ♉
25	2 ♑ 5	23 ♒ 46	20 ♈ 0	20 ♈ 33	21 ♑ 18	24 ♏ 27	16 ♌ 33	17 ♋ 12	12 ♑ 50	11 ♈ 26	5 ♍ 42	20 ♋ 9	7 ♎	17 ♍	17 ♒	27 ♏	14 ♉
26	3 ♑ 6	5 ♓ 37	19 ♈ 56	20 ♈ 27	21 ♑ 46	24 ♏ 53	16 ♌ 28	17 ♋ 4	12 ♑ 57	11 ♈ 26	5 ♍ 42	20 ♋ 8	7 ♎	17 ♍	17 ♒	27 ♏	14 ♉
27	4 ♑ 7	17 ♓ 25	19 ♈ 53	20 ♈ 24	22 ♑ 6	25 ♏ 20	16 ♌ 22	16 ♋ 56	13 ♑ 4	11 ♈ 27	5 ♍ 41	20 ♋ 7	8 ♎	17 ♍	17 ♒	28 ♏	14 ♉
28	5 ♑ 9	29 ♓ 15	19 ♈ 50	20 ♈ 22	22 ♑ 15	25 ♏ 48	16 ♌ 15	16 ♋ 49	13 ♑ 11	11 ♈ 27	5 ♍ 41	20 ♋ 6	8 ♎	17 ♍	18 ♒	28 ♏	14 ♉
29	6 ♑ 10	11 ♈ 12	19 ♈ 47	20 D 22	22 R 14	26 ♏ 19	16 ♌ 7	16 ♋ 41	13 ♑ 18	11 ♈ 27	5 ♍ 40	20 ♋ 4	8 ♎	18 ♍	18 ♒	29 ♏	14 ♉
30	7 ♑ 11	23 ♈ 22	19 ♈ 44	20 R 22	22 ♑ 1	26 ♏ 51	15 ♌ 59	16 ♋ 33	13 ♑ 25	11 ♈ 28	5 ♍ 39	20 ♋ 3	9 ♎	18 ♍	19 ♒	29 ♏	14 ♉
31	8 ♑ 12	5 ♉ 49	19 ♈ 41	20 ♈ 21	21 ♑ 36	27 ♏ 24	15 ♌ 49	16 ♋ 25	13 ♑ 32	11 ♈ 28	5 ♍ 39	20 ♋ 2	9 ♎	18 ♍	19 ♒	0 ♐	14 ♉

SUN INGRESS	☉ → ♑ 22日 22:40
MOON PHASE	○ 6日 09:40 ♊　◑ 13日 05:07 ♍　● 20日 10:24 ♐　◐ 28日 12:59 ♈

aspects		
4日	19:37	☉△♅
9日	10:02	☉△♂
11日	05:20	☿△♆
13日	03:48	♄□♅
15日	08:10	☿□♅
15日	13:24	☿☌♄
20日	14:46	☿☍♃
23日	07:54	☿☍♇
28日	12:27	☉△♆

1931年1月

DAY	☉	☽	☊ mean	☊ true	☿	♀	♂	♃	♄	♅	♆	♇	⚳	⚴	⚵	⚶	⚷
	° ′	° ′	° ′	° ′	° ′	° ′	° ′	° ′	° ′	° ′	° ′	° ′	°	°	°	°	°
1	9 ♑ 13	18 ♉ 39	19 ♈ 37	20 R 19	20 R 59	27 D 59	15 R 39	16 R 17	13 D 39	11 D 29	5 R 38	20 R 1	9 D	18 D	20 D	1 D	14 R
2	10 ♑ 14	1 ♊ 55	19 ♈ 34	20 ♈ 13	20 ♑ 11	28 ♏ 35	15 ♌ 28	16 ♋ 9	13 ♑ 46	11 ♈ 29	5 ♍ 37	19 ♋ 59	9 ♎	18 ♍	20 ♒	1 ♐	14 ♉
3	11 ♑ 16	15 ♊ 38	19 ♈ 31	20 ♈ 5	19 ♑ 12	29 ♏ 12	15 ♌ 16	16 ♋ 1	13 ♑ 53	11 ♈ 30	5 ♍ 36	19 ♋ 58	10 ♎	18 ♍	20 ♒	2 ♐	14 ♉
4	12 ♑ 17	29 ♊ 47	19 ♈ 28	19 ♈ 54	18 ♑ 5	29 ♏ 51	15 ♌ 3	15 ♋ 53	14 ♑ 1	11 ♈ 31	5 ♍ 36	19 ♋ 57	10 ♎	18 ♍	21 ♒	2 ♐	14 ♉
5	13 ♑ 18	14 ♋ 18	19 ♈ 25	19 ♈ 42	16 ♑ 51	0 ♐ 31	14 ♌ 50	15 ♋ 45	14 ♑ 8	11 ♈ 31	5 ♍ 35	19 ♋ 56	10 ♎	18 ♍	21 ♒	3 ♐	14 ♉
6	14 ♑ 19	29 ♋ 3	19 ♈ 21	19 ♈ 30	15 ♑ 32	1 ♐ 12	14 ♌ 36	15 ♋ 37	14 ♑ 15	11 ♈ 32	5 ♍ 34	19 ♋ 54	10 ♎	18 ♍	22 ♒	3 ♐	14 ♉
7	15 ♑ 20	13 ♌ 54	19 ♈ 18	19 ♈ 19	14 ♑ 11	1 ♐ 55	14 ♌ 21	15 ♋ 28	14 ♑ 22	11 ♈ 33	5 ♍ 33	19 ♋ 53	11 ♎	18 ♍	22 ♒	4 ♐	14 ♉
8	16 ♑ 21	28 ♌ 42	19 ♈ 15	19 ♈ 10	12 ♑ 51	2 ♐ 38	14 ♌ 5	15 ♋ 20	14 ♑ 29	11 ♈ 34	5 ♍ 32	19 ♋ 52	11 ♎	18 ♍	23 ♒	4 ♐	14 ♉
9	17 ♑ 22	13 ♍ 21	19 ♈ 12	19 ♈ 5	11 ♑ 34	3 ♐ 23	13 ♌ 49	15 ♋ 12	14 ♑ 36	11 ♈ 35	5 ♍ 31	19 ♋ 51	11 ♎	18 ♍	23 ♒	5 ♐	14 ♉
10	18 ♑ 23	27 ♍ 44	19 ♈ 9	19 ♈ 2	10 ♑ 22	4 ♐ 8	13 ♌ 31	15 ♋ 4	14 ♑ 43	11 ♈ 36	5 ♍ 30	19 ♋ 49	11 ♎	18 ♍	24 ♒	5 ♐	14 ♉
11	19 ♑ 25	11 ♎ 50	19 ♈ 6	19 ♈ 1	9 ♑ 18	4 ♐ 55	13 ♌ 14	14 ♋ 56	14 ♑ 50	11 ♈ 37	5 ♍ 29	19 ♋ 48	11 ♎	18 ♍	24 ♒	6 ♐	14 ♉
12	20 ♑ 26	25 ♎ 38	19 ♈ 2	19 ♈ 1	8 ♑ 22	5 ♐ 42	12 ♌ 55	14 ♋ 48	14 ♑ 57	11 ♈ 38	5 ♍ 28	19 ♋ 47	12 ♎	19 ♍	24 ♒	6 ♐	14 ♉
13	21 ♑ 27	9 ♏ 10	18 ♈ 59	19 ♈ 0	7 ♑ 35	6 ♐ 31	12 ♌ 36	14 ♋ 40	15 ♑ 4	11 ♈ 39	5 ♍ 27	19 ♋ 45	12 ♎	19 R	25 ♒	7 ♐	14 ♉
14	22 ♑ 28	22 ♏ 26	18 ♈ 56	18 ♈ 58	6 ♑ 57	7 ♐ 20	12 ♌ 16	14 ♋ 32	15 ♑ 12	11 ♈ 40	5 ♍ 26	19 ♋ 44	12 ♎	18 ♍	25 ♒	7 ♐	14 ♉
15	23 ♑ 29	5 ♐ 29	18 ♈ 53	18 ♈ 52	6 ♑ 30	8 ♐ 10	11 ♌ 56	14 ♋ 24	15 ♑ 19	11 ♈ 41	5 ♍ 25	19 ♋ 43	12 ♎	18 ♍	26 ♒	8 ♐	14 ♉
16	24 ♑ 30	18 ♐ 21	18 ♈ 50	18 ♈ 44	6 ♑ 12	9 ♐ 1	11 ♌ 35	14 ♋ 16	15 ♑ 26	11 ♈ 42	5 ♍ 23	19 ♋ 42	12 ♎	18 ♍	26 ♒	8 ♐	14 ♉
17	25 ♑ 31	1 ♑ 2	18 ♈ 47	18 ♈ 33	6 ♑ 4	9 ♐ 52	11 ♌ 14	14 ♋ 8	15 ♑ 33	11 ♈ 44	5 ♍ 22	19 ♋ 40	13 ♎	18 ♍	27 ♒	9 ♐	14 ♉
18	26 ♑ 33	13 ♑ 32	18 ♈ 43	18 ♈ 19	6 D 4	10 ♐ 44	10 ♌ 52	14 ♋ 1	15 ♑ 40	11 ♈ 45	5 ♍ 21	19 ♋ 39	13 ♎	18 ♍	27 ♒	9 ♐	14 ♉
19	27 ♑ 34	25 ♑ 53	18 ♈ 40	18 ♈ 4	6 ♑ 12	11 ♐ 37	10 ♌ 30	13 ♋ 53	15 ♑ 47	11 ♈ 46	5 ♍ 20	19 ♋ 38	13 ♎	18 ♍	28 ♒	10 ♐	14 ♉
20	28 ♑ 35	8 ♒ 4	18 ♈ 37	17 ♈ 50	6 ♑ 27	12 ♐ 31	10 ♌ 7	13 ♋ 45	15 ♑ 54	11 ♈ 48	5 ♍ 19	19 ♋ 36	13 ♎	18 ♍	28 ♒	10 ♐	14 ♉
21	29 ♑ 36	20 ♒ 6	18 ♈ 34	17 ♈ 37	6 ♑ 50	13 ♐ 25	9 ♌ 44	13 ♋ 38	16 ♑ 1	11 ♈ 49	5 ♍ 17	19 ♋ 35	13 ♎	18 ♍	29 ♒	11 ♐	14 ♉
22	0 ♒ 37	2 ♓ 1	18 ♈ 31	17 ♈ 27	7 ♑ 18	14 ♐ 20	9 ♌ 21	13 ♋ 30	16 ♑ 8	11 ♈ 51	5 ♍ 16	19 ♋ 34	13 ♎	18 ♍	29 ♒	11 ♐	14 ♉
23	1 ♒ 38	13 ♓ 50	18 ♈ 27	17 ♈ 19	7 ♑ 53	15 ♐ 16	8 ♌ 57	13 ♋ 23	16 ♑ 15	11 ♈ 53	5 ♍ 15	19 ♋ 33	13 ♎	18 ♍	29 ♒	12 ♐	14 ♉
24	2 ♒ 39	25 ♓ 37	18 ♈ 24	17 ♈ 14	8 ♑ 32	16 ♐ 12	8 ♌ 34	13 ♋ 16	16 ♑ 22	11 ♈ 54	5 ♍ 13	19 ♋ 31	14 ♎	18 ♍	0 ♓	12 ♐	13 ♉
25	3 ♒ 40	7 ♈ 25	18 ♈ 21	17 ♈ 12	9 ♑ 16	17 ♐ 8	8 ♌ 10	13 ♋ 8	16 ♑ 29	11 ♈ 56	5 ♍ 12	19 ♋ 30	14 ♎	18 ♍	0 ♓	13 ♐	14 D
26	4 ♒ 41	19 ♈ 20	18 ♈ 18	17 D 12	10 ♑ 5	18 ♐ 6	7 ♌ 46	13 ♋ 1	16 ♑ 35	11 ♈ 58	5 ♍ 11	19 ♋ 29	14 ♎	18 ♍	1 ♓	13 ♐	14 ♉
27	5 ♒ 42	1 ♉ 26	18 ♈ 15	17 ♈ 12	10 ♑ 57	19 ♐ 3	7 ♌ 22	12 ♋ 54	16 ♑ 42	11 ♈ 59	5 ♍ 9	19 ♋ 28	14 ♎	17 ♍	1 ♓	14 ♐	14 ♉
28	6 ♒ 43	13 ♉ 49	18 ♈ 12	17 R 12	11 ♑ 52	20 ♐ 1	6 ♌ 58	12 ♋ 47	16 ♑ 49	12 ♈ 1	5 ♍ 8	19 ♋ 26	14 ♎	17 ♍	2 ♓	14 ♐	14 ♉
29	7 ♒ 44	26 ♉ 34	18 ♈ 8	17 ♈ 10	12 ♑ 51	21 ♐ 0	6 ♌ 34	12 ♋ 41	16 ♑ 56	12 ♈ 3	5 ♍ 6	19 ♋ 25	14 ♎	17 ♍	2 ♓	15 ♐	14 ♉
30	8 ♒ 45	9 ♊ 46	18 ♈ 5	17 ♈ 6	13 ♑ 52	21 ♐ 59	6 ♌ 10	12 ♋ 34	17 ♑ 3	12 ♈ 5	5 ♍ 5	19 ♋ 24	14 ♎	17 ♍	3 ♓	15 ♐	14 ♉
31	9 ♒ 46	23 ♊ 27	18 ♈ 2	17 ♈ 0	14 ♑ 57	22 ♐ 59	5 ♌ 46	12 ♋ 28	17 ♑ 10	12 ♈ 7	5 ♍ 3	19 ♋ 23	14 ♎	17 ♍	3 ♓	16 ♐	14 ♉

SUN INGRESS	☉ → ♒ 21日 09:17
MOON PHASE	○ 4日 22:15 ♋ ◑ 11日 14:09 ♎ ● 19日 03:35 ♑ ◐ 27日 09:05 ♉

aspects		
2日	05:05	☿☍♇
3日	05:42	☉□♅
5日	22:10	☉☌♄
5日	22:24	☿☍♃
6日	12:20	☉☌☿
6日	21:01	☿☌♄
7日	02:54	☉☍♃
8日	23:45	☿□♅
11日	08:58	☉☍♇
11日	09:07	♃☍♄
11日	16:57	♀□♆
15日	16:16	♂△♅
18日	02:26	♀△♂
19日	04:10	♀△♅
28日	03:53	☿□♅
28日	04:06	☉☍♂
28日	20:20	☿☍♃

1931年2月

DAY	☉	☽	☊ mean	☊ true	☿	♀	♂	♃	♄	♅	♆	♇	⚳	⚴	⚵	⚶	⚷
	° ′	° ′	° ′	° ′	° ′	° ′	° ′	° ′	° ′	° ′	° ′	° ′	°	°	°	°	°
1	10 ♒ 47	7 ♋ 39	17 ♈ 59	16 R 51	16 D 3	23 D 58	5 R 22	12 R 21	17 D 16	12 D 9	5 R 2	19 R 22	14 D	16 R	4 D	16 D	14 D
2	11 ♒ 48	22 ♋ 17	17 ♈ 56	16 ♈ 41	17 ♑ 12	24 ♐ 59	4 ♌ 59	12 ♋ 15	17 ♑ 23	12 ♈ 11	5 ♍ 0	19 ♋ 20	15 ♎	16 ♍	4 ♓	16 ♐	14 ♉
3	12 ♒ 49	7 ♌ 16	17 ♈ 53	16 ♈ 31	18 ♑ 22	26 ♐ 0	4 ♌ 36	12 ♋ 9	17 ♑ 30	12 ♈ 13	4 ♍ 59	19 ♋ 19	15 ♎	16 ♍	5 ♓	17 ♐	14 ♉
4	13 ♒ 49	22 ♌ 26	17 ♈ 49	16 ♈ 21	19 ♑ 35	27 ♐ 1	4 ♌ 13	12 ♋ 3	17 ♑ 36	12 ♈ 15	4 ♍ 57	19 ♋ 18	15 ♎	16 ♍	5 ♓	17 ♐	14 ♉
5	14 ♒ 50	7 ♍ 37	17 ♈ 46	16 ♈ 14	20 ♑ 49	28 ♐ 2	3 ♌ 50	11 ♋ 57	17 ♑ 43	12 ♈ 17	4 ♍ 56	19 ♋ 17	15 ♎	16 ♍	6 ♓	18 ♐	14 ♉
6	15 ♒ 51	22 ♍ 38	17 ♈ 43	16 ♈ 9	22 ♑ 5	29 ♐ 4	3 ♌ 28	11 ♋ 52	17 ♑ 49	12 ♈ 19	4 ♍ 54	19 ♋ 16	15 ♎	15 ♍	6 ♓	18 ♐	14 ♉
7	16 ♒ 52	7 ♎ 23	17 ♈ 40	16 ♈ 7	23 ♑ 22	0 ♑ 6	3 ♌ 6	11 ♋ 46	17 ♑ 56	12 ♈ 22	4 ♍ 53	19 ♋ 15	15 ♎	15 ♍	7 ♓	19 ♐	14 ♉
8	17 ♒ 53	21 ♎ 45	17 ♈ 37	16 D 7	24 ♑ 41	1 ♑ 9	2 ♌ 45	11 ♋ 41	18 ♑ 2	12 ♈ 24	4 ♍ 51	19 ♋ 14	15 ♎	15 ♍	7 ♓	19 ♐	14 ♉
9	18 ♒ 53	5 ♏ 43	17 ♈ 33	16 ♈ 8	26 ♑ 1	2 ♑ 12	2 ♌ 24	11 ♋ 36	18 ♑ 9	12 ♈ 26	4 ♍ 50	19 ♋ 12	15 ♎	15 ♍	8 ♓	20 ♐	14 ♉
10	19 ♒ 54	19 ♏ 18	17 ♈ 30	16 ♈ 8	27 ♑ 22	3 ♑ 15	2 ♌ 4	11 ♋ 31	18 ♑ 15	12 ♈ 29	4 ♍ 48	19 ♋ 11	15 ♎	14 ♍	8 ♓	20 ♐	14 ♉
11	20 ♒ 55	2 ♐ 32	17 ♈ 27	16 R 7	28 ♑ 45	4 ♑ 18	1 ♌ 44	11 ♋ 26	18 ♑ 22	12 ♈ 31	4 ♍ 46	19 ♋ 10	15 ♎	14 ♍	9 ♓	21 ♐	14 ♉
12	21 ♒ 55	15 ♐ 26	17 ♈ 24	16 ♈ 5	0 ♒ 8	5 ♑ 22	1 ♌ 25	11 ♋ 21	18 ♑ 28	12 ♈ 33	4 ♍ 45	19 ♋ 9	15 ♎	14 ♍	9 ♓	21 ♐	14 ♉
13	22 ♒ 56	28 ♐ 5	17 ♈ 21	15 ♈ 59	1 ♒ 33	6 ♑ 26	1 ♌ 7	11 ♋ 17	18 ♑ 34	12 ♈ 36	4 ♍ 43	19 ♋ 8	15 R	13 ♍	10 ♓	22 ♐	14 ♉
14	23 ♒ 57	10 ♑ 31	17 ♈ 18	15 ♈ 52	2 ♒ 59	7 ♑ 30	0 ♌ 49	11 ♋ 13	18 ♑ 41	12 ♈ 38	4 ♍ 41	19 ♋ 7	15 ♎	13 ♍	10 ♓	22 ♐	14 ♉
15	24 ♒ 57	22 ♑ 47	17 ♈ 14	15 ♈ 43	4 ♒ 26	8 ♑ 35	0 ♌ 32	11 ♋ 9	18 ♑ 47	12 ♈ 41	4 ♍ 40	19 ♋ 6	15 ♎	13 ♍	11 ♓	23 ♐	14 ♉
16	25 ♒ 58	4 ♒ 54	17 ♈ 11	15 ♈ 33	5 ♒ 54	9 ♑ 40	0 ♌ 15	11 ♋ 5	18 ♑ 53	12 ♈ 44	4 ♍ 38	19 ♋ 5	15 ♎	13 ♍	11 ♓	23 ♐	14 ♉
17	26 ♒ 59	16 ♒ 54	17 ♈ 8	15 ♈ 23	7 ♒ 23	10 ♑ 45	29 ♋ 59	11 ♋ 1	18 ♑ 59	12 ♈ 46	4 ♍ 37	19 ♋ 4	15 ♎	12 ♍	12 ♓	24 ♐	14 ♉
18	27 ♒ 59	28 ♒ 49	17 ♈ 5	15 ♈ 14	8 ♒ 53	11 ♑ 50	29 ♋ 44	10 ♋ 57	19 ♑ 5	12 ♈ 49	4 ♍ 35	19 ♋ 3	15 ♎	12 ♍	12 ♓	24 ♐	14 ♉
19	29 ♒ 0	10 ♓ 39	17 ♈ 2	15 ♈ 7	10 ♒ 23	12 ♑ 56	29 ♋ 30	10 ♋ 54	19 ♑ 11	12 ♈ 51	4 ♍ 33	19 ♋ 2	15 ♎	12 ♍	13 ♓	24 ♐	14 ♉
20	0 ♓ 0	22 ♓ 27	16 ♈ 59	15 ♈ 2	11 ♒ 55	14 ♑ 1	29 ♋ 16	10 ♋ 51	19 ♑ 17	12 ♈ 54	4 ♍ 32	19 ♋ 1	15 ♎	11 ♍	13 ♓	25 ♐	14 ♉
21	1 ♓ 1	4 ♈ 15	16 ♈ 55	14 ♈ 59	13 ♒ 28	15 ♑ 7	29 ♋ 3	10 ♋ 48	19 ♑ 23	12 ♈ 57	4 ♍ 30	19 ♋ 0	15 ♎	11 ♍	14 ♓	25 ♐	14 ♉
22	2 ♓ 1	16 ♈ 6	16 ♈ 52	14 D 58	15 ♒ 2	16 ♑ 13	28 ♋ 51	10 ♋ 45	19 ♑ 29	13 ♈ 0	4 ♍ 28	18 ♋ 59	15 ♎	11 ♍	14 ♓	26 ♐	14 ♉
23	3 ♓ 2	28 ♈ 2	16 ♈ 49	14 ♈ 59	16 ♒ 36	17 ♑ 20	28 ♋ 40	10 ♋ 42	19 ♑ 35	13 ♈ 2	4 ♍ 27	18 ♋ 59	15 ♎	10 ♍	15 ♓	26 ♐	14 ♉
24	4 ♓ 2	10 ♉ 9	16 ♈ 46	15 ♈ 1	18 ♒ 12	18 ♑ 26	28 ♋ 29	10 ♋ 40	19 ♑ 41	13 ♈ 5	4 ♍ 25	18 ♋ 58	15 ♎	10 ♍	15 ♓	27 ♐	14 ♉
25	5 ♓ 3	22 ♉ 31	16 ♈ 43	15 ♈ 2	19 ♒ 48	19 ♑ 33	28 ♋ 20	10 ♋ 38	19 ♑ 46	13 ♈ 8	4 ♍ 23	18 ♋ 57	14 ♎	10 ♍	16 ♓	27 ♐	14 ♉
26	6 ♓ 3	5 ♊ 12	16 ♈ 39	15 ♈ 3	21 ♒ 26	20 ♑ 40	28 ♋ 11	10 ♋ 36	19 ♑ 52	13 ♈ 11	4 ♍ 21	18 ♋ 56	14 ♎	9 ♍	16 ♓	28 ♐	14 ♉
27	7 ♓ 3	18 ♊ 18	16 ♈ 36	15 R 2	23 ♒ 5	21 ♑ 47	28 ♋ 3	10 ♋ 34	19 ♑ 58	13 ♈ 14	4 ♍ 20	18 ♋ 55	14 ♎	9 ♍	17 ♓	28 ♐	14 ♉
28	8 ♓ 3	1 ♋ 50	16 ♈ 33	15 ♈ 0	24 ♒ 44	22 ♑ 54	27 ♋ 56	10 ♋ 32	20 ♑ 3	13 ♈ 17	4 ♍ 18	18 ♋ 54	14 ♎	9 ♍	17 ♓	28 ♐	14 ♉

SUN INGRESS	☉ → ♓ 19日 23:40
MOON PHASE	○ 3日 09:26 ♌ ◑ 10日 01:09 ♏ ● 17日 22:11 ♒ ◐ 26日 01:42 ♊

aspects		
2日	04:16	☿☌♄
2日	09:30	☉⚹♅
2日	12:12	♃□♅
3日	18:35	☿☍♇
11日	10:18	♀△♆
12日	17:50	☿☍♂
17日	05:34	♀☍♃
17日	17:00	♄☍♇
18日	22:22	♀□♅
20日	15:46	☿⚹♅
24日	08:47	☉☍♆
24日	11:11	♀☍♇
25日	05:15	♀☌♄

1931年3月

DAY	☉	☽	☊ mean	☊ true	☿	♀	♂	♃	♄	♅	♆	♇	⚳	⚴	⚵	⚶	⚷
	° ′	° ′	° ′	° ′	° ′	° ′	° ′	° ′	° ′	° ′	° ′	° ′	°	°	°	°	°
1	9 ♓ 4	15 ♋ 51	16 ♈ 30	14 R 56	26 D 25	24 D 1	27 R 49	10 R 31	20 D 9	13 D 20	4 R 16	18 R 54	14 R	8 R	18 D	29 D	14 D
2	10 ♓ 4	0 ♌ 21	16 ♈ 27	14 ♈ 51	28 ♒ 6	25 ♑ 9	27 ♋ 43	10 ♋ 30	20 ♑ 14	13 ♈ 23	4 ♍ 15	18 ♋ 53	14 ♎	8 ♍	18 ♓	29 ♐	14 ♉
3	11 ♓ 4	15 ♌ 14	16 ♈ 24	14 ♈ 46	29 ♒ 49	26 ♑ 16	27 ♋ 39	10 ♋ 29	20 ♑ 19	13 ♈ 26	4 ♍ 13	18 ♋ 52	14 ♎	8 ♍	19 ♓	0 ♑	14 ♉
4	12 ♓ 4	0 ♍ 24	16 ♈ 20	14 ♈ 41	1 ♓ 33	27 ♑ 24	27 ♋ 34	10 ♋ 28	20 ♑ 25	13 ♈ 29	4 ♍ 11	18 ♋ 52	14 ♎	7 ♍	19 ♓	0 ♑	14 ♉
5	13 ♓ 4	15 ♍ 41	16 ♈ 17	14 ♈ 38	3 ♓ 17	28 ♑ 32	27 ♋ 31	10 ♋ 27	20 ♑ 30	13 ♈ 32	4 ♍ 10	18 ♋ 51	14 ♎	7 ♍	20 ♓	1 ♑	14 ♉
6	14 ♓ 4	0 ♎ 55	16 ♈ 14	14 ♈ 36	5 ♓ 3	29 ♑ 40	27 ♋ 29	10 ♋ 27	20 ♑ 35	13 ♈ 35	4 ♍ 8	18 ♋ 50	13 ♎	7 ♍	20 ♓	1 ♑	14 ♉
7	15 ♓ 4	15 ♎ 55	16 ♈ 11	14 D 35	6 ♓ 50	0 ♒ 49	27 ♋ 27	10 ♋ 26	20 ♑ 40	13 ♈ 38	4 ♍ 7	18 ♋ 50	13 ♎	6 ♍	21 ♓	1 ♑	14 ♉
8	16 ♓ 4	0 ♏ 34	16 ♈ 8	14 ♈ 36	8 ♓ 38	1 ♒ 57	27 ♋ 26	10 D 26	20 ♑ 45	13 ♈ 41	4 ♍ 5	18 ♋ 49	13 ♎	6 ♍	21 ♓	2 ♑	14 ♉
9	17 ♓ 4	14 ♏ 48	16 ♈ 5	14 ♈ 37	10 ♓ 27	3 ♒ 5	27 D 25	10 ♋ 27	20 ♑ 50	13 ♈ 44	4 ♍ 3	18 ♋ 48	13 ♎	6 ♍	22 ♓	2 ♑	14 ♉
10	18 ♓ 4	28 ♏ 35	16 ♈ 1	14 ♈ 39	12 ♓ 17	4 ♒ 14	27 ♋ 26	10 ♋ 27	20 ♑ 55	13 ♈ 47	4 ♍ 2	18 ♋ 48	13 ♎	5 ♍	22 ♓	3 ♑	15 ♉
11	19 ♓ 4	11 ♐ 56	15 ♈ 58	14 ♈ 40	14 ♓ 9	5 ♒ 23	27 ♋ 27	10 ♋ 27	21 ♑ 0	13 ♈ 51	4 ♍ 0	18 ♋ 47	13 ♎	5 ♍	23 ♓	3 ♑	15 ♉
12	20 ♓ 4	24 ♐ 53	15 ♈ 55	14 R 40	16 ♓ 1	6 ♒ 32	27 ♋ 29	10 ♋ 28	21 ♑ 5	13 ♈ 54	3 ♍ 58	18 ♋ 47	12 ♎	5 ♍	23 ♓	4 ♑	15 ♉
13	21 ♓ 4	7 ♑ 30	15 ♈ 52	14 ♈ 39	17 ♓ 55	7 ♒ 41	27 ♋ 31	10 ♋ 29	21 ♑ 9	13 ♈ 57	3 ♍ 57	18 ♋ 46	12 ♎	5 ♍	24 ♓	4 ♑	15 ♉
14	22 ♓ 4	19 ♑ 51	15 ♈ 49	14 ♈ 37	19 ♓ 49	8 ♒ 50	27 ♋ 34	10 ♋ 30	21 ♑ 14	14 ♈ 0	3 ♍ 55	18 ♋ 46	12 ♎	4 ♍	24 ♓	4 ♑	15 ♉
15	23 ♓ 4	1 ♒ 58	15 ♈ 45	14 ♈ 34	21 ♓ 45	9 ♒ 59	27 ♋ 38	10 ♋ 32	21 ♑ 18	14 ♈ 3	3 ♍ 54	18 ♋ 45	12 ♎	4 ♍	25 ♓	5 ♑	15 ♉
16	24 ♓ 4	13 ♒ 57	15 ♈ 42	14 ♈ 30	23 ♓ 42	11 ♒ 8	27 ♋ 43	10 ♋ 33	21 ♑ 23	14 ♈ 7	3 ♍ 52	18 ♋ 45	12 ♎	4 ♍	25 ♓	5 ♑	15 ♉
17	25 ♓ 3	25 ♒ 50	15 ♈ 39	14 ♈ 27	25 ♓ 39	12 ♒ 17	27 ♋ 48	10 ♋ 35	21 ♑ 27	14 ♈ 10	3 ♍ 51	18 ♋ 44	11 ♎	3 ♍	26 ♓	6 ♑	15 ♉
18	26 ♓ 3	7 ♓ 39	15 ♈ 36	14 ♈ 24	27 ♓ 38	13 ♒ 27	27 ♋ 54	10 ♋ 37	21 ♑ 32	14 ♈ 13	3 ♍ 49	18 ♋ 44	11 ♎	3 ♍	26 ♓	6 ♑	15 ♉
19	27 ♓ 3	19 ♓ 27	15 ♈ 33	14 ♈ 22	29 ♓ 37	14 ♒ 36	28 ♋ 1	10 ♋ 39	21 ♑ 36	14 ♈ 17	3 ♍ 48	18 ♋ 44	11 ♎	3 ♍	27 ♓	6 ♑	15 ♉
20	28 ♓ 2	1 ♈ 16	15 ♈ 30	14 ♈ 20	1 ♈ 37	15 ♒ 46	28 ♋ 8	10 ♋ 41	21 ♑ 40	14 ♈ 20	3 ♍ 46	18 ♋ 43	11 ♎	3 ♍	27 ♓	7 ♑	15 ♉
21	29 ♓ 2	13 ♈ 9	15 ♈ 26	14 ♈ 20	3 ♈ 37	16 ♒ 56	28 ♋ 16	10 ♋ 44	21 ♑ 44	14 ♈ 23	3 ♍ 45	18 ♋ 43	11 ♎	3 ♍	28 ♓	7 ♑	15 ♉
22	0 ♈ 2	25 ♈ 6	15 ♈ 23	14 D 20	5 ♈ 38	18 ♒ 6	28 ♋ 24	10 ♋ 46	21 ♑ 48	14 ♈ 27	3 ♍ 43	18 ♋ 43	10 ♎	2 ♍	29 ♓	7 ♑	15 ♉
23	1 ♈ 1	7 ♉ 11	15 ♈ 20	14 ♈ 21	7 ♈ 39	19 ♒ 15	28 ♋ 33	10 ♋ 49	21 ♑ 52	14 ♈ 30	3 ♍ 42	18 ♋ 42	10 ♎	2 ♍	29 ♓	8 ♑	15 ♉
24	2 ♈ 1	19 ♉ 27	15 ♈ 17	14 ♈ 22	9 ♈ 39	20 ♒ 25	28 ♋ 43	10 ♋ 52	21 ♑ 56	14 ♈ 33	3 ♍ 40	18 ♋ 42	10 ♎	2 ♍	0 ♈	8 ♑	15 ♉
25	3 ♈ 0	1 ♊ 55	15 ♈ 14	14 ♈ 23	11 ♈ 40	21 ♒ 35	28 ♋ 53	10 ♋ 55	22 ♑ 0	14 ♈ 37	3 ♍ 39	18 ♋ 42	10 ♎	2 ♍	0 ♈	9 ♑	15 ♉
26	4 ♈ 0	14 ♊ 40	15 ♈ 10	14 ♈ 24	13 ♈ 39	22 ♒ 46	29 ♋ 4	10 ♋ 59	22 ♑ 3	14 ♈ 40	3 ♍ 37	18 ♋ 42	9 ♎	1 ♍	1 ♈	9 ♑	15 ♉
27	4 ♈ 59	27 ♊ 44	15 ♈ 7	14 ♈ 24	15 ♈ 38	23 ♒ 56	29 ♋ 15	11 ♋ 2	22 ♑ 7	14 ♈ 43	3 ♍ 36	18 ♋ 41	9 ♎	1 ♍	1 ♈	9 ♑	15 ♉
28	5 ♈ 59	11 ♋ 10	15 ♈ 4	14 R 24	17 ♈ 35	25 ♒ 6	29 ♋ 27	11 ♋ 6	22 ♑ 10	14 ♈ 47	3 ♍ 35	18 ♋ 41	9 ♎	1 ♍	2 ♈	10 ♑	15 ♉
29	6 ♈ 58	25 ♋ 0	15 ♈ 1	14 ♈ 24	19 ♈ 31	26 ♒ 16	29 ♋ 39	11 ♋ 10	22 ♑ 14	14 ♈ 50	3 ♍ 33	18 ♋ 41	9 ♎	1 ♍	2 ♈	10 ♑	15 ♉
30	7 ♈ 57	9 ♌ 14	14 ♈ 58	14 ♈ 24	21 ♈ 24	27 ♒ 27	29 ♋ 52	11 ♋ 14	22 ♑ 17	14 ♈ 54	3 ♍ 32	18 ♋ 41	9 ♎	1 ♍	3 ♈	10 ♑	16 ♉
31	8 ♈ 56	23 ♌ 50	14 ♈ 55	14 ♈ 23	23 ♈ 15	28 ♒ 37	0 ♌ 6	11 ♋ 18	22 ♑ 21	14 ♈ 57	3 ♍ 31	18 ♋ 41	8 ♎	1 ♍	3 ♈	11 ♑	16 ♉

SUN INGRESS	☉ → ♈ 21日 23:06
MOON PHASE	○ 4日 19:36 ♍ ◑ 11日 14:15 ♐ ● 19日 16:51 ♓ ◐ 27日 14:04 ♋

aspects		
2日	10:06	☉△♃
4日	03:25	♀☍♂
5日	11:46	☿☍♆
8日	23:53	☿△♃
10日	17:11	☉△♇
13日	02:15	☉⚹♄
13日	10:45	♀△♇
14日	18:17	☿⚹♄
16日	09:09	☉☌☿
18日	03:30	☿△♂
18日	16:49	♀⚹♅
20日	02:31	☉△♂
24日	14:51	☿□♃
26日	12:35	☿☌♅
28日	13:38	☿□♇
30日	11:45	☿□♄

1931年4月

DAY	☉	☽	☊ mean	☊ true	☿	♀	♂	♃	♄	♅	♆	♇	⚳	⚴	⚵	⚶	⚷
	° ′	° ′	° ′	° ′	° ′	° ′	° ′	° ′	° ′	° ′	° ′	° ′	°	°	°	°	°
1	9 ♈ 56	8 ♍ 44	14 ♈ 51	14 R 22	25 D 3	29 D 48	0 D 20	11 D 23	22 D 24	15 D 0	3 R 29	18 R 41	8 R	1 R	4 D	11 D	16 D
2	10 ♈ 55	23 ♍ 48	14 ♈ 48	14 ♈ 22	26 ♈ 47	0 ♓ 58	0 ♌ 34	11 ♋ 27	22 ♑ 27	15 ♈ 4	3 ♍ 28	18 ♋ 41	8 ♎	0 ♍	4 ♈	11 ♑	16 ♉
3	11 ♈ 54	8 ♎ 55	14 ♈ 45	14 ♈ 22	28 ♈ 28	2 ♓ 9	0 ♌ 49	11 ♋ 32	22 ♑ 30	15 ♈ 7	3 ♍ 27	18 D 41	8 ♎	0 ♍	5 ♈	12 ♑	16 ♉
4	12 ♈ 53	23 ♎ 55	14 ♈ 42	14 D 22	0 ♉ 5	3 ♓ 19	1 ♌ 4	11 ♋ 37	22 ♑ 33	15 ♈ 11	3 ♍ 26	18 ♋ 41	7 ♎	0 ♍	5 ♈	12 ♑	16 ♉
5	13 ♈ 52	8 ♏ 39	14 ♈ 39	14 ♈ 22	1 ♉ 37	4 ♓ 30	1 ♌ 20	11 ♋ 42	22 ♑ 35	15 ♈ 14	3 ♍ 24	18 ♋ 41	7 ♎	0 ♍	6 ♈	12 ♑	16 ♉
6	14 ♈ 51	23 ♏ 2	14 ♈ 36	14 R 22	3 ♉ 5	5 ♓ 41	1 ♌ 36	11 ♋ 47	22 ♑ 38	15 ♈ 18	3 ♍ 23	18 ♋ 41	7 ♎	0 ♍	7 ♈	13 ♑	16 ♉
7	15 ♈ 50	7 ♐ 0	14 ♈ 32	14 ♈ 22	4 ♉ 27	6 ♓ 52	1 ♌ 53	11 ♋ 53	22 ♑ 41	15 ♈ 21	3 ♍ 22	18 ♋ 41	7 ♎	0 ♍	7 ♈	13 ♑	16 ♉
8	16 ♈ 49	20 ♐ 30	14 ♈ 29	14 ♈ 22	5 ♉ 44	8 ♓ 3	2 ♌ 10	11 ♋ 58	22 ♑ 43	15 ♈ 24	3 ♍ 21	18 ♋ 41	7 ♎	0 ♍	8 ♈	13 ♑	16 ♉
9	17 ♈ 48	3 ♑ 35	14 ♈ 26	14 ♈ 21	6 ♉ 56	9 ♓ 14	2 ♌ 27	12 ♋ 4	22 ♑ 46	15 ♈ 28	3 ♍ 20	18 ♋ 41	6 ♎	0 ♍	8 ♈	14 ♑	16 ♉
10	18 ♈ 47	16 ♑ 16	14 ♈ 23	14 ♈ 21	8 ♉ 2	10 ♓ 25	2 ♌ 45	12 ♋ 10	22 ♑ 48	15 ♈ 31	3 ♍ 19	18 ♋ 42	6 ♎	0 ♍	9 ♈	14 ♑	16 ♉
11	19 ♈ 46	28 ♑ 38	14 ♈ 20	14 D 21	9 ♉ 2	11 ♓ 36	3 ♌ 3	12 ♋ 16	22 ♑ 50	15 ♈ 35	3 ♍ 18	18 ♋ 42	6 ♎	0 ♍	9 ♈	14 ♑	16 ♉
12	20 ♈ 45	10 ♒ 45	14 ♈ 16	14 ♈ 22	9 ♉ 56	12 ♓ 47	3 ♌ 22	12 ♋ 22	22 ♑ 53	15 ♈ 38	3 ♍ 17	18 ♋ 42	6 ♎	0 ♍	10 ♈	15 ♑	16 ♉
13	21 ♈ 44	22 ♒ 41	14 ♈ 13	14 ♈ 22	10 ♉ 44	13 ♓ 58	3 ♌ 41	12 ♋ 29	22 ♑ 55	15 ♈ 42	3 ♍ 16	18 ♋ 42	5 ♎	0 ♍	10 ♈	15 ♑	16 ♉
14	22 ♈ 43	4 ♓ 31	14 ♈ 10	14 ♈ 23	11 ♉ 26	15 ♓ 9	4 ♌ 1	12 ♋ 35	22 ♑ 57	15 ♈ 45	3 ♍ 15	18 ♋ 42	5 ♎	0 ♍	11 ♈	15 ♑	16 ♉
15	23 ♈ 41	16 ♓ 18	14 ♈ 7	14 ♈ 24	12 ♉ 1	16 ♓ 20	4 ♌ 20	12 ♋ 42	22 ♑ 59	15 ♈ 48	3 ♍ 14	18 ♋ 43	5 ♎	0 ♍	11 ♈	15 ♑	16 ♉
16	24 ♈ 40	28 ♓ 7	14 ♈ 4	14 ♈ 25	12 ♉ 30	17 ♓ 32	4 ♌ 40	12 ♋ 48	23 ♑ 0	15 ♈ 52	3 ♍ 13	18 ♋ 43	5 ♎	0 ♍	12 ♈	16 ♑	17 ♉
17	25 ♈ 39	10 ♈ 0	14 ♈ 1	14 ♈ 25	12 ♉ 53	18 ♓ 43	5 ♌ 1	12 ♋ 55	23 ♑ 2	15 ♈ 55	3 ♍ 12	18 ♋ 43	5 ♎	0 D	12 ♈	16 ♑	17 ♉
18	26 ♈ 38	22 ♈ 0	13 ♈ 57	14 R 25	13 ♉ 9	19 ♓ 54	5 ♌ 22	13 ♋ 2	23 ♑ 4	15 ♈ 59	3 ♍ 11	18 ♋ 44	4 ♎	0 ♍	13 ♈	16 ♑	17 ♉
19	27 ♈ 36	4 ♉ 8	13 ♈ 54	14 ♈ 24	13 ♉ 20	21 ♓ 6	5 ♌ 43	13 ♋ 10	23 ♑ 5	16 ♈ 2	3 ♍ 10	18 ♋ 44	4 ♎	0 ♍	14 ♈	17 ♑	17 ♉
20	28 ♈ 35	16 ♉ 28	13 ♈ 51	14 ♈ 23	13 ♉ 24	22 ♓ 17	6 ♌ 4	13 ♋ 17	23 ♑ 7	16 ♈ 5	3 ♍ 9	18 ♋ 45	4 ♎	0 ♍	14 ♈	17 ♑	17 ♉
21	29 ♈ 33	28 ♉ 59	13 ♈ 48	14 ♈ 21	13 R 22	23 ♓ 29	6 ♌ 26	13 ♋ 25	23 ♑ 8	16 ♈ 9	3 ♍ 9	18 ♋ 45	4 ♎	0 ♍	15 ♈	17 ♑	17 ♉
22	0 ♉ 32	11 ♊ 43	13 ♈ 45	14 ♈ 19	13 ♉ 15	24 ♓ 40	6 ♌ 48	13 ♋ 32	23 ♑ 9	16 ♈ 12	3 ♍ 8	18 ♋ 45	4 ♎	0 ♍	15 ♈	17 ♑	17 ♉
23	1 ♉ 31	24 ♊ 41	13 ♈ 42	14 ♈ 16	13 ♉ 2	25 ♓ 51	7 ♌ 11	13 ♋ 40	23 ♑ 10	16 ♈ 15	3 ♍ 7	18 ♋ 46	4 ♎	0 ♍	16 ♈	17 ♑	17 ♉
24	2 ♉ 29	7 ♋ 54	13 ♈ 38	14 ♈ 14	12 ♉ 44	27 ♓ 3	7 ♌ 33	13 ♋ 48	23 ♑ 11	16 ♈ 19	3 ♍ 6	18 ♋ 46	3 ♎	0 ♍	16 ♈	18 ♑	17 ♉
25	3 ♉ 28	21 ♋ 23	13 ♈ 35	14 ♈ 13	12 ♉ 21	28 ♓ 15	7 ♌ 56	13 ♋ 56	23 ♑ 12	16 ♈ 22	3 ♍ 6	18 ♋ 47	3 ♎	0 ♍	17 ♈	18 ♑	17 ♉
26	4 ♉ 26	5 ♌ 9	13 ♈ 32	14 D 13	11 ♉ 54	29 ♓ 26	8 ♌ 20	14 ♋ 4	23 ♑ 13	16 ♈ 25	3 ♍ 5	18 ♋ 47	3 ♎	0 ♍	17 ♈	18 ♑	17 ♉
27	5 ♉ 24	19 ♌ 11	13 ♈ 29	14 ♈ 13	11 ♉ 24	0 ♈ 38	8 ♌ 43	14 ♋ 12	23 ♑ 14	16 ♈ 29	3 ♍ 5	18 ♋ 48	3 ♎	0 ♍	18 ♈	18 ♑	17 ♉
28	6 ♉ 23	3 ♍ 30	13 ♈ 26	14 ♈ 14	10 ♉ 50	1 ♈ 49	9 ♌ 7	14 ♋ 21	23 ♑ 14	16 ♈ 32	3 ♍ 4	18 ♋ 49	3 ♎	0 ♍	18 ♈	19 ♑	17 ♉
29	7 ♉ 21	18 ♍ 1	13 ♈ 22	14 ♈ 16	10 ♉ 14	3 ♈ 1	9 ♌ 31	14 ♋ 29	23 ♑ 15	16 ♈ 35	3 ♍ 3	18 ♋ 49	3 ♎	0 ♍	19 ♈	19 ♑	17 ♉
30	8 ♉ 19	2 ♎ 42	13 ♈ 19	14 ♈ 17	9 ♉ 37	4 ♈ 13	9 ♌ 56	14 ♋ 38	23 ♑ 15	16 ♈ 39	3 ♍ 3	18 ♋ 50	3 ♎	0 ♍	20 ♈	19 ♑	17 ♉

SUN INGRESS	☉ → ♉ 21日 10:40
MOON PHASE	○ 3日 05:05 ♎ ◑ 10日 05:15 ♑ ● 18日 10:00 ♈ ◐ 25日 22:40 ♌

aspects		
2日	14:17	☉□♃
4日	02:04	♀☍♆
4日	18:30	☿□♂
6日	05:13	☿△♆
6日	11:22	☉☌♅
9日	21:41	☉□♇
11日	14:55	♀△♃
14日	05:57	☉□♄
17日	00:09	♀△♇
17日	04:59	☿⚹♃
20日	16:59	♀⚹♄
20日	19:08	♀⚹♃
24日	15:11	☉△♆
29日	16:40	☿□♂
30日	19:08	☉☌☿

1931年5月

DAY	☉	☽	☊ mean	☊ true	☿	♀	♂	♃	♄	♅	♆	♇	⚳	⚴	⚵	⚶	⚷
	° ′	° ′	° ′	° ′	° ′	° ′	° ′	° ′	° ′	° ′	° ′	° ′	°	°	°	°	°
1	9 ♉ 18	17 ♎ 27	13 ♈ 16	14 R 17	8 R 58	5 D 25	10 D 20	14 D 47	23 D 16	16 D 42	3 R 2	18 D 51	3 R	0 D	20 D	19 D	18 D
2	10 ♉ 16	2 ♏ 10	13 ♈ 13	14 ♈ 16	8 ♉ 19	6 ♈ 36	10 ♌ 45	14 ♋ 55	23 ♑ 16	16 ♈ 45	3 ♍ 2	18 ♋ 51	2 ♎	1 ♍	21 ♈	19 ♑	18 ♉
3	11 ♉ 14	16 ♏ 44	13 ♈ 10	14 ♈ 14	7 ♉ 40	7 ♈ 48	11 ♌ 10	15 ♋ 4	23 ♑ 16	16 ♈ 48	3 ♍ 2	18 ♋ 52	2 ♎	1 ♍	21 ♈	20 ♑	18 ♉
4	12 ♉ 12	1 ♐ 2	13 ♈ 7	14 ♈ 11	7 ♉ 2	9 ♈ 0	11 ♌ 36	15 ♋ 14	23 R 16	16 ♈ 51	3 ♍ 1	18 ♋ 53	2 ♎	1 ♍	22 ♈	20 ♑	18 ♉
5	13 ♉ 10	15 ♐ 0	13 ♈ 3	14 ♈ 6	6 ♉ 26	10 ♈ 12	12 ♌ 1	15 ♋ 23	23 ♑ 16	16 ♈ 55	3 ♍ 1	18 ♋ 53	2 ♎	1 ♍	22 ♈	20 ♑	18 ♉
6	14 ♉ 8	28 ♐ 33	13 ♈ 0	14 ♈ 2	5 ♉ 53	11 ♈ 24	12 ♌ 27	15 ♋ 32	23 ♑ 16	16 ♈ 58	3 ♍ 1	18 ♋ 54	2 ♎	1 ♍	23 ♈	20 ♑	18 ♉
7	15 ♉ 6	11 ♑ 42	12 ♈ 57	13 ♈ 58	5 ♉ 22	12 ♈ 36	12 ♌ 53	15 ♋ 41	23 ♑ 16	17 ♈ 1	3 ♍ 0	18 ♋ 55	2 ♎	1 ♍	23 ♈	20 ♑	18 ♉
8	16 ♉ 4	24 ♑ 28	12 ♈ 54	13 ♈ 55	4 ♉ 54	13 ♈ 47	13 ♌ 19	15 ♋ 51	23 ♑ 15	17 ♈ 4	3 ♍ 0	18 ♋ 56	2 ♎	1 ♍	24 ♈	20 ♑	18 ♉
9	17 ♉ 2	6 ♒ 53	12 ♈ 51	13 ♈ 53	4 ♉ 30	14 ♈ 59	13 ♌ 46	16 ♋ 1	23 ♑ 15	17 ♈ 7	3 ♍ 0	18 ♋ 57	2 ♎	2 ♍	24 ♈	21 ♑	18 ♉
10	18 ♉ 0	19 ♒ 1	12 ♈ 48	13 D 52	4 ♉ 10	16 ♈ 11	14 ♌ 13	16 ♋ 10	23 ♑ 14	17 ♈ 10	3 ♍ 0	18 ♋ 58	2 ♎	2 ♍	25 ♈	21 ♑	18 ♉
11	18 ♉ 58	0 ♓ 58	12 ♈ 44	13 ♈ 53	3 ♉ 55	17 ♈ 23	14 ♌ 39	16 ♋ 20	23 ♑ 14	17 ♈ 13	2 ♍ 59	18 ♋ 58	2 ♎	2 ♍	26 ♈	21 ♑	18 ♉
12	19 ♉ 56	12 ♓ 48	12 ♈ 41	13 ♈ 54	3 ♉ 43	18 ♈ 35	15 ♌ 7	16 ♋ 30	23 ♑ 13	17 ♈ 16	2 ♍ 59	18 ♋ 59	2 ♎	2 ♍	26 ♈	21 ♑	18 ♉
13	20 ♉ 54	24 ♓ 36	12 ♈ 38	13 ♈ 56	3 ♉ 37	19 ♈ 47	15 ♌ 34	16 ♋ 40	23 ♑ 12	17 ♈ 19	2 ♍ 59	19 ♋ 0	2 ♎	2 ♍	27 ♈	21 ♑	18 ♉
14	21 ♉ 52	6 ♈ 27	12 ♈ 35	13 ♈ 57	3 D 34	20 ♈ 59	16 ♌ 1	16 ♋ 50	23 ♑ 11	17 ♈ 22	2 ♍ 59	19 ♋ 1	2 ♎	2 ♍	27 ♈	21 ♑	18 ♉
15	22 ♉ 50	18 ♈ 25	12 ♈ 32	13 R 57	3 ♉ 37	22 ♈ 12	16 ♌ 29	17 ♋ 0	23 ♑ 10	17 ♈ 25	2 ♍ 59	19 ♋ 2	2 ♎	3 ♍	28 ♈	21 ♑	18 ♉
16	23 ♉ 48	0 ♉ 33	12 ♈ 28	13 ♈ 56	3 ♉ 44	23 ♈ 24	16 ♌ 57	17 ♋ 11	23 ♑ 9	17 ♈ 28	2 D 59	19 ♋ 3	2 ♎	3 ♍	28 ♈	21 ♑	19 ♉
17	24 ♉ 46	12 ♉ 54	12 ♈ 25	13 ♈ 53	3 ♉ 55	24 ♈ 36	17 ♌ 25	17 ♋ 21	23 ♑ 8	17 ♈ 31	2 ♍ 59	19 ♋ 4	2 D	3 ♍	29 ♈	21 ♑	19 ♉
18	25 ♉ 44	25 ♉ 30	12 ♈ 22	13 ♈ 48	4 ♉ 11	25 ♈ 48	17 ♌ 53	17 ♋ 32	23 ♑ 7	17 ♈ 34	2 ♍ 59	19 ♋ 5	2 ♎	3 ♍	29 ♈	21 ♑	19 ♉
19	26 ♉ 42	8 ♊ 21	12 ♈ 19	13 ♈ 41	4 ♉ 32	27 ♈ 0	18 ♌ 22	17 ♋ 42	23 ♑ 5	17 ♈ 37	2 ♍ 59	19 ♋ 6	2 ♎	3 ♍	0 ♉	22 ♑	19 ♉
20	27 ♉ 39	21 ♊ 27	12 ♈ 16	13 ♈ 34	4 ♉ 57	28 ♈ 12	18 ♌ 50	17 ♋ 53	23 ♑ 4	17 ♈ 39	2 ♍ 59	19 ♋ 7	2 ♎	4 ♍	1 ♉	22 ♑	19 ♉
21	28 ♉ 37	4 ♋ 47	12 ♈ 13	13 ♈ 26	5 ♉ 26	29 ♈ 24	19 ♌ 19	18 ♋ 4	23 ♑ 2	17 ♈ 42	3 ♍ 0	19 ♋ 8	2 ♎	4 ♍	1 ♉	22 ♑	19 ♉
22	29 ♉ 35	18 ♋ 19	12 ♈ 9	13 ♈ 20	5 ♉ 59	0 ♉ 37	19 ♌ 48	18 ♋ 15	23 ♑ 1	17 ♈ 45	3 ♍ 0	19 ♋ 9	2 ♎	4 ♍	2 ♉	22 ♑	19 ♉
23	0 ♊ 33	2 ♌ 2	12 ♈ 6	13 ♈ 15	6 ♉ 36	1 ♉ 49	20 ♌ 17	18 ♋ 25	22 ♑ 59	17 ♈ 48	3 ♍ 0	19 ♋ 10	2 ♎	4 ♍	2 ♉	22 ♑	19 ♉
24	1 ♊ 30	15 ♌ 54	12 ♈ 3	13 ♈ 12	7 ♉ 17	3 ♉ 1	20 ♌ 47	18 ♋ 36	22 ♑ 57	17 ♈ 50	3 ♍ 0	19 ♋ 12	2 ♎	4 ♍	3 ♉	22 ♑	19 ♉
25	2 ♊ 28	29 ♌ 55	12 ♈ 0	13 ♈ 10	8 ♉ 2	4 ♉ 13	21 ♌ 16	18 ♋ 48	22 ♑ 55	17 ♈ 53	3 ♍ 1	19 ♋ 13	2 ♎	5 ♍	3 ♉	22 ♑	19 ♉
26	3 ♊ 26	14 ♍ 4	11 ♈ 57	13 D 11	8 ♉ 50	5 ♉ 26	21 ♌ 46	18 ♋ 59	22 ♑ 53	17 ♈ 56	3 ♍ 1	19 ♋ 14	2 ♎	5 ♍	4 ♉	22 ♑	19 ♉
27	4 ♊ 23	28 ♍ 18	11 ♈ 54	13 ♈ 12	9 ♉ 42	6 ♉ 38	22 ♌ 16	19 ♋ 10	22 ♑ 51	17 ♈ 58	3 ♍ 1	19 ♋ 15	2 ♎	5 ♍	4 ♉	22 R	19 ♉
28	5 ♊ 21	12 ♎ 36	11 ♈ 50	13 ♈ 12	10 ♉ 37	7 ♉ 50	22 ♌ 46	19 ♋ 21	22 ♑ 49	18 ♈ 1	3 ♍ 2	19 ♋ 16	2 ♎	5 ♍	5 ♉	22 ♑	19 ♉
29	6 ♊ 18	26 ♎ 56	11 ♈ 47	13 R 12	11 ♉ 36	9 ♉ 3	23 ♌ 16	19 ♋ 33	22 ♑ 46	18 ♈ 4	3 ♍ 2	19 ♋ 17	2 ♎	6 ♍	6 ♉	22 ♑	19 ♉
30	7 ♊ 16	11 ♏ 14	11 ♈ 44	13 ♈ 9	12 ♉ 38	10 ♉ 15	23 ♌ 46	19 ♋ 44	22 ♑ 44	18 ♈ 6	3 ♍ 3	19 ♋ 19	2 ♎	6 ♍	6 ♉	22 ♑	20 ♉
31	8 ♊ 13	25 ♏ 25	11 ♈ 41	13 ♈ 4	13 ♉ 43	11 ♉ 27	24 ♌ 16	19 ♋ 56	22 ♑ 42	18 ♈ 9	3 ♍ 3	19 ♋ 20	2 ♎	6 ♍	7 ♉	22 ♑	20 ♉

SUN INGRESS	☉ → ♊ 22日 10:15
MOON PHASE	○ 2日 14:14 ♏　◑ 9日 21:48 ♒　● 18日 00:28 ♉　◐ 25日 04:39 ♍　○ 31日 23:33 ♐

aspects

2日	21:22	☉□♂
7日	09:13	♀△♂
7日	17:21	☉⚹♃
9日	23:37	♀□♃
10日	20:26	♀☌♅
10日	23:59	☉⚹♇
12日	08:04	♀□♇
15日	08:11	☉△♄
15日	19:15	♀□♄
17日	05:33	♂△♅
18日	06:31	♃□♅
23日	23:43	♀△♆
25日	13:43	☉□♆
27日	12:14	♃☌♇

1931年6月

DAY	☉	☽	☊ mean	☊ true	☿	♀	♂	♃	♄	♅	♆	♇	⚳	⚴	⚵	⚶	⚷
	° ′	° ′	° ′	° ′	° ′	° ′	° ′	° ′	° ′	° ′	° ′	° ′	°	°	°	°	°
1	9 ♊ 11	9 ♐ 25	11 ♈ 38	12 R 56	14 D 51	12 D 40	24 D 47	20 D 7	22 R 39	18 D 11	3 D 4	19 D 21	2 D	6 D	7 D	22 R	20 D
2	10 ♊ 8	23 ♐ 10	11 ♈ 34	12 ♈ 47	16 ♉ 2	13 ♉ 52	25 ♌ 18	20 ♋ 19	22 ♑ 36	18 ♈ 13	3 ♍ 4	19 ♋ 22	3 ♎	7 ♍	8 ♉	22 ♑	20 ♉
3	11 ♊ 6	6 ♑ 36	11 ♈ 31	12 ♈ 37	17 ♉ 16	15 ♉ 4	25 ♌ 48	20 ♋ 30	22 ♑ 34	18 ♈ 16	3 ♍ 5	19 ♋ 24	3 ♎	7 ♍	8 ♉	22 ♑	20 ♉
4	12 ♊ 3	19 ♑ 41	11 ♈ 28	12 ♈ 28	18 ♉ 33	16 ♉ 17	26 ♌ 19	20 ♋ 42	22 ♑ 31	18 ♈ 18	3 ♍ 5	19 ♋ 25	3 ♎	7 ♍	9 ♉	22 ♑	20 ♉
5	13 ♊ 1	2 ♒ 25	11 ♈ 25	12 ♈ 20	19 ♉ 53	17 ♉ 29	26 ♌ 50	20 ♋ 54	22 ♑ 28	18 ♈ 20	3 ♍ 6	19 ♋ 26	3 ♎	8 ♍	9 ♉	21 ♑	20 ♉
6	13 ♊ 58	14 ♒ 50	11 ♈ 22	12 ♈ 14	21 ♉ 16	18 ♉ 42	27 ♌ 22	21 ♋ 6	22 ♑ 25	18 ♈ 23	3 ♍ 7	19 ♋ 28	3 ♎	8 ♍	10 ♉	21 ♑	20 ♉
7	14 ♊ 55	26 ♒ 59	11 ♈ 19	12 ♈ 10	22 ♉ 42	19 ♉ 54	27 ♌ 53	21 ♋ 18	22 ♑ 22	18 ♈ 25	3 ♍ 7	19 ♋ 29	3 ♎	8 ♍	11 ♉	21 ♑	20 ♉
8	15 ♊ 53	8 ♓ 56	11 ♈ 15	12 ♈ 9	24 ♉ 10	21 ♉ 7	28 ♌ 24	21 ♋ 30	22 ♑ 19	18 ♈ 27	3 ♍ 8	19 ♋ 30	3 ♎	8 ♍	11 ♉	21 ♑	20 ♉
9	16 ♊ 50	20 ♓ 46	11 ♈ 12	12 D 8	25 ♉ 41	22 ♉ 19	28 ♌ 56	21 ♋ 42	22 ♑ 16	18 ♈ 29	3 ♍ 9	19 ♋ 32	3 ♎	9 ♍	12 ♉	21 ♑	20 ♉
10	17 ♊ 48	2 ♈ 35	11 ♈ 9	12 ♈ 9	27 ♉ 15	23 ♉ 32	29 ♌ 28	21 ♋ 54	22 ♑ 13	18 ♈ 31	3 ♍ 10	19 ♋ 33	4 ♎	9 ♍	12 ♉	21 ♑	20 ♉
11	18 ♊ 45	14 ♈ 28	11 ♈ 6	12 R 9	28 ♉ 52	24 ♉ 45	0 ♍ 0	22 ♋ 6	22 ♑ 10	18 ♈ 34	3 ♍ 11	19 ♋ 34	4 ♎	9 ♍	13 ♉	21 ♑	20 ♉
12	19 ♊ 42	26 ♈ 30	11 ♈ 3	12 ♈ 8	0 ♊ 31	25 ♉ 57	0 ♍ 32	22 ♋ 18	22 ♑ 6	18 ♈ 36	3 ♍ 11	19 ♋ 36	4 ♎	10 ♍	13 ♉	21 ♑	20 ♉
13	20 ♊ 40	8 ♉ 45	11 ♈ 0	12 ♈ 5	2 ♊ 13	27 ♉ 10	1 ♍ 4	22 ♋ 31	22 ♑ 3	18 ♈ 38	3 ♍ 12	19 ♋ 37	4 ♎	10 ♍	14 ♉	21 ♑	20 ♉
14	21 ♊ 37	21 ♉ 16	10 ♈ 56	12 ♈ 0	3 ♊ 58	28 ♉ 22	1 ♍ 36	22 ♋ 43	21 ♑ 59	18 ♈ 40	3 ♍ 13	19 ♋ 39	4 ♎	10 ♍	14 ♉	20 ♑	20 ♉
15	22 ♊ 34	4 ♊ 7	10 ♈ 53	11 ♈ 52	5 ♊ 45	29 ♉ 35	2 ♍ 8	22 ♋ 56	21 ♑ 56	18 ♈ 42	3 ♍ 14	19 ♋ 40	4 ♎	10 ♍	15 ♉	20 ♑	21 ♉
16	23 ♊ 32	17 ♊ 17	10 ♈ 50	11 ♈ 42	7 ♊ 35	0 ♊ 48	2 ♍ 41	23 ♋ 8	21 ♑ 52	18 ♈ 43	3 ♍ 15	19 ♋ 42	5 ♎	11 ♍	16 ♉	20 ♑	21 ♉
17	24 ♊ 29	0 ♋ 46	10 ♈ 47	11 ♈ 30	9 ♊ 28	2 ♊ 0	3 ♍ 13	23 ♋ 20	21 ♑ 49	18 ♈ 45	3 ♍ 16	19 ♋ 43	5 ♎	11 ♍	16 ♉	20 ♑	21 ♉
18	25 ♊ 26	14 ♋ 33	10 ♈ 44	11 ♈ 19	11 ♊ 23	3 ♊ 13	3 ♍ 46	23 ♋ 33	21 ♑ 45	18 ♈ 47	3 ♍ 17	19 ♋ 44	5 ♎	11 ♍	17 ♉	20 ♑	21 ♉
19	26 ♊ 24	28 ♋ 28	10 ♈ 40	11 ♈ 9	13 ♊ 20	4 ♊ 26	4 ♍ 19	23 ♋ 46	21 ♑ 41	18 ♈ 49	3 ♍ 18	19 ♋ 46	5 ♎	12 ♍	17 ♉	20 ♑	21 ♉
20	27 ♊ 21	12 ♌ 33	10 ♈ 37	11 ♈ 1	15 ♊ 20	5 ♊ 39	4 ♍ 52	23 ♋ 58	21 ♑ 37	18 ♈ 51	3 ♍ 20	19 ♋ 47	5 ♎	12 ♍	18 ♉	19 ♑	21 ♉
21	28 ♊ 18	26 ♌ 43	10 ♈ 34	10 ♈ 55	17 ♊ 21	6 ♊ 51	5 ♍ 25	24 ♋ 11	21 ♑ 34	18 ♈ 52	3 ♍ 21	19 ♋ 49	5 ♎	12 ♍	18 ♉	19 ♑	21 ♉
22	29 ♊ 15	10 ♍ 54	10 ♈ 31	10 ♈ 52	19 ♊ 25	8 ♊ 4	5 ♍ 58	24 ♋ 23	21 ♑ 30	18 ♈ 54	3 ♍ 22	19 ♋ 50	6 ♎	13 ♍	19 ♉	19 ♑	21 ♉
23	0 ♋ 13	25 ♍ 3	10 ♈ 28	10 ♈ 51	21 ♊ 31	9 ♊ 17	6 ♍ 31	24 ♋ 36	21 ♑ 26	18 ♈ 55	3 ♍ 23	19 ♋ 52	6 ♎	13 ♍	19 ♉	19 ♑	21 ♉
24	1 ♋ 10	9 ♎ 11	10 ♈ 25	10 D 51	23 ♊ 38	10 ♊ 30	7 ♍ 4	24 ♋ 49	21 ♑ 22	18 ♈ 57	3 ♍ 24	19 ♋ 53	6 ♎	13 ♍	20 ♉	19 ♑	21 ♉
25	2 ♋ 7	23 ♎ 14	10 ♈ 21	10 R 51	25 ♊ 46	11 ♊ 43	7 ♍ 38	25 ♋ 2	21 ♑ 18	18 ♈ 59	3 ♍ 25	19 ♋ 55	6 ♎	14 ♍	20 ♉	18 ♑	21 ♉
26	3 ♋ 4	7 ♏ 13	10 ♈ 18	10 ♈ 49	27 ♊ 56	12 ♊ 55	8 ♍ 11	25 ♋ 15	21 ♑ 14	19 ♈ 0	3 ♍ 27	19 ♋ 56	7 ♎	14 ♍	21 ♉	18 ♑	21 ♉
27	4 ♋ 2	21 ♏ 7	10 ♈ 15	10 ♈ 45	0 ♋ 6	14 ♊ 8	8 ♍ 45	25 ♋ 27	21 ♑ 10	19 ♈ 1	3 ♍ 28	19 ♋ 58	7 ♎	14 ♍	22 ♉	18 ♑	21 ♉
28	4 ♋ 59	4 ♐ 53	10 ♈ 12	10 ♈ 38	2 ♋ 17	15 ♊ 21	9 ♍ 19	25 ♋ 40	21 ♑ 5	19 ♈ 3	3 ♍ 29	19 ♋ 59	7 ♎	15 ♍	22 ♉	18 ♑	21 ♉
29	5 ♋ 56	18 ♐ 29	10 ♈ 9	10 ♈ 28	4 ♋ 28	16 ♊ 34	9 ♍ 53	25 ♋ 53	21 ♑ 1	19 ♈ 4	3 ♍ 31	20 ♋ 1	7 ♎	15 ♍	23 ♉	18 ♑	21 ♉
30	6 ♋ 53	1 ♑ 53	10 ♈ 6	10 ♈ 17	6 ♋ 39	17 ♊ 47	10 ♍ 27	26 ♋ 6	20 ♑ 57	19 ♈ 5	3 ♍ 32	20 ♋ 3	7 ♎	15 ♍	23 ♉	17 ♑	21 ♉

SUN INGRESS	☉ → ♋ 22日 18:28
MOON PHASE	◑ 8日 15:18 ♓　● 16日 12:02 ♊　◐ 23日 09:23 ♎　○ 30日 09:47 ♑

aspects

4日	15:51	☿⚹♇
5日	20:37	☿⚹♃
6日	15:26	♀⚹♇
6日	18:49	☿△♄
8日	09:08	♀⚹♃
8日	22:57	♀△♄
10日	19:02	☉⚹♅
11日	05:13	♃☍♄
12日	00:09	☿□♂
13日	13:47	☿□♆
17日	02:21	♂☌♆
18日	01:24	♀□♆
18日	19:41	♀□♂
21日	17:54	☿⚹♅
26日	09:36	☉⚹♆
28日	13:25	☿⚹♆
30日	04:38	☉☌☿

1931年7月

DAY	☉	☽	☊ mean	☊ true	☿	♀	♂	♃	♄	♅	♆	♇	⚳	⚴	⚵	⚶	⚷
	° ′	° ′	° ′	° ′	° ′	° ′	° ′	° ′	° ′	° ′	° ′	° ′	°	°	°	°	°
1	7 ♋ 50	15 ♑ 2	10 ♈ 2	10 R 4	8 D 50	19 D 0	11 D 1	26 D 19	20 R 53	19 D 7	3 D 33	20 D 4	8 D	16 D	24 D	17 R	21 D
2	8 ♋ 48	27 ♑ 54	9 ♈ 59	9 ♈ 52	11 ♋ 0	20 ♊ 13	11 ♍ 35	26 ♋ 32	20 ♑ 49	19 ♈ 8	3 ♍ 35	20 ♋ 6	8 ♎	16 ♍	24 ♉	17 ♑	21 ♉
3	9 ♋ 45	10 ♒ 30	9 ♈ 56	9 ♈ 41	13 ♋ 9	21 ♊ 26	12 ♍ 9	26 ♋ 45	20 ♑ 44	19 ♈ 9	3 ♍ 36	20 ♋ 7	8 ♎	16 ♍	25 ♉	17 ♑	22 ♉
4	10 ♋ 42	22 ♒ 50	9 ♈ 53	9 ♈ 32	15 ♋ 18	22 ♊ 39	12 ♍ 43	26 ♋ 58	20 ♑ 40	19 ♈ 10	3 ♍ 38	20 ♋ 9	8 ♎	17 ♍	26 ♉	16 ♑	22 ♉
5	11 ♋ 39	4 ♓ 56	9 ♈ 50	9 ♈ 26	17 ♋ 25	23 ♊ 52	13 ♍ 18	27 ♋ 11	20 ♑ 36	19 ♈ 11	3 ♍ 39	20 ♋ 10	9 ♎	17 ♍	26 ♉	16 ♑	22 ♉
6	12 ♋ 36	16 ♓ 51	9 ♈ 46	9 ♈ 23	19 ♋ 31	25 ♊ 5	13 ♍ 52	27 ♋ 25	20 ♑ 31	19 ♈ 12	3 ♍ 41	20 ♋ 12	9 ♎	17 ♍	27 ♉	16 ♑	22 ♉
7	13 ♋ 33	28 ♓ 41	9 ♈ 43	9 ♈ 21	21 ♋ 35	26 ♊ 18	14 ♍ 27	27 ♋ 38	20 ♑ 27	19 ♈ 13	3 ♍ 42	20 ♋ 14	9 ♎	18 ♍	27 ♉	16 ♑	22 ♉
8	14 ♋ 31	10 ♈ 29	9 ♈ 40	9 D 21	23 ♋ 38	27 ♊ 31	15 ♍ 1	27 ♋ 51	20 ♑ 22	19 ♈ 14	3 ♍ 44	20 ♋ 15	9 ♎	18 ♍	28 ♉	15 ♑	22 ♉
9	15 ♋ 28	22 ♈ 22	9 ♈ 37	9 R 21	25 ♋ 39	28 ♊ 45	15 ♍ 36	28 ♋ 4	20 ♑ 18	19 ♈ 15	3 ♍ 46	20 ♋ 17	10 ♎	19 ♍	28 ♉	15 ♑	22 ♉
10	16 ♋ 25	4 ♉ 25	9 ♈ 34	9 ♈ 20	27 ♋ 38	29 ♊ 58	16 ♍ 11	28 ♋ 17	20 ♑ 14	19 ♈ 16	3 ♍ 47	20 ♋ 18	10 ♎	19 ♍	29 ♉	15 ♑	22 ♉
11	17 ♋ 22	16 ♉ 43	9 ♈ 31	9 ♈ 17	29 ♋ 36	1 ♋ 11	16 ♍ 46	28 ♋ 31	20 ♑ 9	19 ♈ 16	3 ♍ 49	20 ♋ 20	10 ♎	19 ♍	29 ♉	15 ♑	22 ♉
12	18 ♋ 20	29 ♉ 20	9 ♈ 27	9 ♈ 12	1 ♌ 31	2 ♋ 24	17 ♍ 21	28 ♋ 44	20 ♑ 5	19 ♈ 17	3 ♍ 50	20 ♋ 21	11 ♎	20 ♍	0 ♊	15 ♑	22 ♉
13	19 ♋ 17	12 ♊ 20	9 ♈ 24	9 ♈ 4	3 ♌ 25	3 ♋ 37	17 ♍ 56	28 ♋ 57	20 ♑ 0	19 ♈ 18	3 ♍ 52	20 ♋ 23	11 ♎	20 ♍	1 ♊	14 ♑	22 ♉
14	20 ♋ 14	25 ♊ 43	9 ♈ 21	8 ♈ 55	5 ♌ 17	4 ♋ 51	18 ♍ 32	29 ♋ 10	19 ♑ 56	19 ♈ 19	3 ♍ 54	20 ♋ 25	11 ♎	20 ♍	1 ♊	14 ♑	22 ♉
15	21 ♋ 11	9 ♋ 30	9 ♈ 18	8 ♈ 43	7 ♌ 7	6 ♋ 4	19 ♍ 7	29 ♋ 24	19 ♑ 51	19 ♈ 19	3 ♍ 56	20 ♋ 26	11 ♎	21 ♍	2 ♊	14 ♑	22 ♉
16	22 ♋ 9	23 ♋ 37	9 ♈ 15	8 ♈ 32	8 ♌ 56	7 ♋ 17	19 ♍ 42	29 ♋ 37	19 ♑ 47	19 ♈ 20	3 ♍ 57	20 ♋ 28	12 ♎	21 ♍	2 ♊	14 ♑	22 ♉
17	23 ♋ 6	7 ♌ 59	9 ♈ 12	8 ♈ 22	10 ♌ 42	8 ♋ 31	20 ♍ 18	29 ♋ 50	19 ♑ 43	19 ♈ 20	3 ♍ 59	20 ♋ 29	12 ♎	22 ♍	3 ♊	13 ♑	22 ♉
18	24 ♋ 3	22 ♌ 30	9 ♈ 8	8 ♈ 14	12 ♌ 26	9 ♋ 44	20 ♍ 53	0 ♌ 3	19 ♑ 38	19 ♈ 21	4 ♍ 1	20 ♋ 31	12 ♎	22 ♍	3 ♊	13 ♑	22 ♉
19	25 ♋ 0	7 ♍ 3	9 ♈ 5	8 ♈ 8	14 ♌ 9	10 ♋ 57	21 ♍ 29	0 ♌ 17	19 ♑ 34	19 ♈ 21	4 ♍ 3	20 ♋ 33	13 ♎	22 ♍	4 ♊	13 ♑	22 ♉
20	25 ♋ 58	21 ♍ 32	9 ♈ 2	8 ♈ 5	15 ♌ 50	12 ♋ 11	22 ♍ 5	0 ♌ 30	19 ♑ 29	19 ♈ 21	4 ♍ 5	20 ♋ 34	13 ♎	23 ♍	4 ♊	13 ♑	22 ♉
21	26 ♋ 55	5 ♎ 54	8 ♈ 59	8 ♈ 4	17 ♌ 28	13 ♋ 24	22 ♍ 41	0 ♌ 43	19 ♑ 25	19 ♈ 22	4 ♍ 6	20 ♋ 36	13 ♎	23 ♍	5 ♊	12 ♑	22 ♉
22	27 ♋ 52	20 ♎ 5	8 ♈ 56	8 D 4	19 ♌ 5	14 ♋ 38	23 ♍ 17	0 ♌ 57	19 ♑ 21	19 ♈ 22	4 ♍ 8	20 ♋ 37	13 ♎	23 ♍	5 ♊	12 ♑	22 ♉
23	28 ♋ 49	4 ♏ 5	8 ♈ 52	8 R 4	20 ♌ 40	15 ♋ 51	23 ♍ 53	1 ♌ 10	19 ♑ 16	19 ♈ 22	4 ♍ 10	20 ♋ 39	14 ♎	24 ♍	6 ♊	12 ♑	22 ♉
24	29 ♋ 47	17 ♏ 54	8 ♈ 49	8 ♈ 3	22 ♌ 14	17 ♋ 5	24 ♍ 29	1 ♌ 23	19 ♑ 12	19 ♈ 22	4 ♍ 12	20 ♋ 40	14 ♎	24 ♍	7 ♊	12 ♑	22 ♉
25	0 ♌ 44	1 ♐ 31	8 ♈ 46	8 ♈ 0	23 ♌ 45	18 ♋ 18	25 ♍ 5	1 ♌ 37	19 ♑ 8	19 ♈ 22	4 ♍ 14	20 ♋ 42	14 ♎	25 ♍	7 ♊	12 ♑	22 ♉
26	1 ♌ 41	14 ♐ 56	8 ♈ 43	7 ♈ 54	25 ♌ 14	19 ♋ 32	25 ♍ 41	1 ♌ 50	19 ♑ 3	19 ♈ 22	4 ♍ 16	20 ♋ 44	15 ♎	25 ♍	8 ♊	11 ♑	23 ♉
27	2 ♌ 39	28 ♐ 9	8 ♈ 40	7 ♈ 45	26 ♌ 42	20 ♋ 45	26 ♍ 17	2 ♌ 3	18 ♑ 59	19 R 22	4 ♍ 18	20 ♋ 45	15 ♎	25 ♍	8 ♊	11 ♑	23 ♉
28	3 ♌ 36	11 ♑ 10	8 ♈ 37	7 ♈ 35	28 ♌ 7	21 ♋ 59	26 ♍ 54	2 ♌ 17	18 ♑ 55	19 ♈ 22	4 ♍ 20	20 ♋ 47	15 ♎	26 ♍	9 ♊	11 ♑	23 ♉
29	4 ♌ 33	23 ♑ 59	8 ♈ 33	7 ♈ 24	29 ♌ 31	23 ♋ 13	27 ♍ 30	2 ♌ 30	18 ♑ 51	19 ♈ 22	4 ♍ 22	20 ♋ 48	16 ♎	26 ♍	9 ♊	11 ♑	23 ♉
30	5 ♌ 31	6 ♒ 34	8 ♈ 30	7 ♈ 14	0 ♍ 52	24 ♋ 26	28 ♍ 7	2 ♌ 43	18 ♑ 46	19 ♈ 22	4 ♍ 24	20 ♋ 50	16 ♎	26 ♍	10 ♊	11 ♑	23 ♉
31	6 ♌ 28	18 ♒ 57	8 ♈ 27	7 ♈ 4	2 ♍ 12	25 ♋ 40	28 ♍ 44	2 ♌ 57	18 ♑ 42	19 ♈ 22	4 ♍ 26	20 ♋ 51	16 ♎	27 ♍	10 ♊	11 ♑	23 ♉

SUN INGRESS	☉ → ♌ 24日 05:21
MOON PHASE	◑ 8日 08:52 ♈　● 15日 21:20 ♋　◐ 22日 14:16 ♎　○ 29日 21:47 ♒

aspects		
1日	02:13	♀⚹♅
2日	08:47	☿⚹♂
5日	20:27	☿□♅
6日	08:04	☿☌♇
6日	11:17	☿☍♄
9日	05:27	♄☍♇
9日	09:00	☉⚹♂
10日	08:59	☿☌♃
13日	00:29	☉□♅
13日	04:57	♀⚹♆
13日	16:57	☉☍♄
14日	04:34	☉☌♇
16日	02:50	♂△♄
17日	08:11	♂⚹♇
21日	17:28	♄□♅
22日	04:08	☿△♅
25日	15:12	♀☍♄
25日	20:52	♀□♅
26日	04:49	☉☌♃
26日	23:55	♀☌♇

1931年8月

DAY	☉	☽	☊ mean	☊ true	☿	♀	♂	♃	♄	♅	♆	♇	⚳	⚴	⚵	⚶	⚷
	° ′	° ′	° ′	° ′	° ′	° ′	° ′	° ′	° ′	° ′	° ′	° ′	°	°	°	°	°
1	7 ♌ 25	1 ♓ 7	8 ♈ 24	6 R 57	3 D 29	26 D 54	29 D 20	3 D 10	18 R 38	19 R 21	4 D 28	20 D 53	17 D	27 D	11 D	10 R	23 D
2	8 ♌ 23	13 ♓ 7	8 ♈ 21	6 ♈ 52	4 ♍ 44	28 ♋ 7	29 ♍ 57	3 ♌ 23	18 ♑ 34	19 ♈ 21	4 ♍ 30	20 ♋ 54	17 ♎	28 ♍	11 ♊	10 ♑	23 ♉
3	9 ♌ 20	24 ♓ 59	8 ♈ 18	6 ♈ 49	5 ♍ 58	29 ♋ 21	0 ♎ 34	3 ♌ 37	18 ♑ 30	19 ♈ 21	4 ♍ 32	20 ♋ 56	17 ♎	28 ♍	12 ♊	10 ♑	23 ♉
4	10 ♌ 18	6 ♈ 47	8 ♈ 14	6 ♈ 48	7 ♍ 8	0 ♌ 35	1 ♎ 11	3 ♌ 50	18 ♑ 26	19 ♈ 20	4 ♍ 34	20 ♋ 57	18 ♎	28 ♍	12 ♊	10 ♑	23 ♉
5	11 ♌ 15	18 ♈ 35	8 ♈ 11	6 D 48	8 ♍ 17	1 ♌ 49	1 ♎ 48	4 ♌ 3	18 ♑ 22	19 ♈ 20	4 ♍ 36	20 ♋ 59	18 ♎	29 ♍	13 ♊	10 ♑	23 ♉
6	12 ♌ 12	0 ♉ 27	8 ♈ 8	6 ♈ 49	9 ♍ 23	3 ♌ 3	2 ♎ 25	4 ♌ 17	18 ♑ 18	19 ♈ 20	4 ♍ 38	21 ♋ 0	18 ♎	29 ♍	14 ♊	10 ♑	23 ♉
7	13 ♌ 10	12 ♉ 29	8 ♈ 5	6 ♈ 50	10 ♍ 27	4 ♌ 16	3 ♎ 2	4 ♌ 30	18 ♑ 15	19 ♈ 19	4 ♍ 40	21 ♋ 2	19 ♎	0 ♎	14 ♊	10 ♑	23 ♉
8	14 ♌ 7	24 ♉ 46	8 ♈ 2	6 R 49	11 ♍ 27	5 ♌ 30	3 ♎ 39	4 ♌ 43	18 ♑ 11	19 ♈ 18	4 ♍ 42	21 ♋ 3	19 ♎	0 ♎	15 ♊	9 ♑	23 ♉
9	15 ♌ 5	7 ♊ 23	7 ♈ 58	6 ♈ 47	12 ♍ 26	6 ♌ 44	4 ♎ 17	4 ♌ 56	18 ♑ 7	19 ♈ 18	4 ♍ 44	21 ♋ 5	19 ♎	0 ♎	15 ♊	9 ♑	23 ♉
10	16 ♌ 2	20 ♊ 24	7 ♈ 55	6 ♈ 43	13 ♍ 21	7 ♌ 58	4 ♎ 54	5 ♌ 10	18 ♑ 3	19 ♈ 17	4 ♍ 46	21 ♋ 6	20 ♎	1 ♎	16 ♊	9 ♑	23 ♉
11	17 ♌ 0	3 ♋ 52	7 ♈ 52	6 ♈ 37	14 ♍ 13	9 ♌ 12	5 ♎ 32	5 ♌ 23	18 ♑ 0	19 ♈ 16	4 ♍ 49	21 ♋ 8	20 ♎	1 ♎	16 ♊	9 ♑	23 ♉
12	17 ♌ 58	17 ♋ 46	7 ♈ 49	6 ♈ 29	15 ♍ 3	10 ♌ 26	6 ♎ 9	5 ♌ 36	17 ♑ 56	19 ♈ 16	4 ♍ 51	21 ♋ 9	20 ♎	2 ♎	17 ♊	9 ♑	23 ♉
13	18 ♌ 55	2 ♌ 6	7 ♈ 46	6 ♈ 22	15 ♍ 49	11 ♌ 40	6 ♎ 47	5 ♌ 49	17 ♑ 53	19 ♈ 15	4 ♍ 53	21 ♋ 11	21 ♎	2 ♎	17 ♊	9 ♑	23 ♉
14	19 ♌ 53	16 ♌ 44	7 ♈ 43	6 ♈ 15	16 ♍ 31	12 ♌ 54	7 ♎ 24	6 ♌ 2	17 ♑ 49	19 ♈ 14	4 ♍ 55	21 ♋ 12	21 ♎	2 ♎	18 ♊	9 ♑	23 ♉
15	20 ♌ 50	1 ♍ 36	7 ♈ 39	6 ♈ 9	17 ♍ 10	14 ♌ 8	8 ♎ 2	6 ♌ 15	17 ♑ 46	19 ♈ 13	4 ♍ 57	21 ♋ 14	21 ♎	3 ♎	18 ♊	9 ♑	23 ♉
16	21 ♌ 48	16 ♍ 31	7 ♈ 36	6 ♈ 6	17 ♍ 45	15 ♌ 22	8 ♎ 40	6 ♌ 28	17 ♑ 43	19 ♈ 12	4 ♍ 59	21 ♋ 15	22 ♎	3 ♎	19 ♊	9 ♑	23 ♉
17	22 ♌ 46	1 ♎ 23	7 ♈ 33	6 ♈ 4	18 ♍ 15	16 ♌ 36	9 ♎ 18	6 ♌ 41	17 ♑ 39	19 ♈ 11	5 ♍ 2	21 ♋ 16	22 ♎	4 ♎	19 ♊	9 ♑	23 ♉
18	23 ♌ 44	16 ♎ 4	7 ♈ 30	6 D 5	18 ♍ 42	17 ♌ 50	9 ♎ 56	6 ♌ 54	17 ♑ 36	19 ♈ 10	5 ♍ 4	21 ♋ 18	22 ♎	4 ♎	20 ♊	9 ♑	23 ♉
19	24 ♌ 41	0 ♏ 29	7 ♈ 27	6 ♈ 6	19 ♍ 4	19 ♌ 5	10 ♎ 34	7 ♌ 7	17 ♑ 33	19 ♈ 9	5 ♍ 6	21 ♋ 19	23 ♎	5 ♎	20 ♊	9 ♑	23 ♉
20	25 ♌ 39	14 ♏ 36	7 ♈ 23	6 ♈ 7	19 ♍ 21	20 ♌ 19	11 ♎ 12	7 ♌ 20	17 ♑ 30	19 ♈ 8	5 ♍ 8	21 ♋ 21	23 ♎	5 ♎	21 ♊	9 ♑	23 ♉
21	26 ♌ 37	28 ♏ 25	7 ♈ 20	6 R 7	19 ♍ 33	21 ♌ 33	11 ♎ 51	7 ♌ 33	17 ♑ 27	19 ♈ 7	5 ♍ 10	21 ♋ 22	24 ♎	5 ♎	21 ♊	9 D	23 ♉
22	27 ♌ 35	11 ♐ 55	7 ♈ 17	6 ♈ 6	19 ♍ 39	22 ♌ 47	12 ♎ 29	7 ♌ 46	17 ♑ 24	19 ♈ 5	5 ♍ 12	21 ♋ 23	24 ♎	6 ♎	22 ♊	9 ♑	23 ♉
23	28 ♌ 32	25 ♐ 7	7 ♈ 14	6 ♈ 4	19 R 41	24 ♌ 1	13 ♎ 7	7 ♌ 59	17 ♑ 22	19 ♈ 4	5 ♍ 15	21 ♋ 25	24 ♎	6 ♎	22 ♊	9 ♑	23 ♉
24	29 ♌ 30	8 ♑ 4	7 ♈ 11	6 ♈ 0	19 ♍ 36	25 ♌ 16	13 ♎ 46	8 ♌ 12	17 ♑ 19	19 ♈ 3	5 ♍ 17	21 ♋ 26	25 ♎	7 ♎	23 ♊	9 ♑	23 ♉
25	0 ♍ 28	20 ♑ 47	7 ♈ 8	5 ♈ 54	19 ♍ 26	26 ♌ 30	14 ♎ 24	8 ♌ 25	17 ♑ 16	19 ♈ 2	5 ♍ 19	21 ♋ 27	25 ♎	7 ♎	23 ♊	9 ♑	23 ♉
26	1 ♍ 26	3 ♒ 17	7 ♈ 4	5 ♈ 48	19 ♍ 10	27 ♌ 44	15 ♎ 3	8 ♌ 38	17 ♑ 14	19 ♈ 0	5 ♍ 21	21 ♋ 28	25 ♎	7 ♎	24 ♊	9 ♑	23 ♉
27	2 ♍ 24	15 ♒ 36	7 ♈ 1	5 ♈ 42	18 ♍ 48	28 ♌ 58	15 ♎ 42	8 ♌ 50	17 ♑ 11	18 ♈ 59	5 ♍ 24	21 ♋ 30	26 ♎	8 ♎	24 ♊	9 ♑	23 ♉
28	3 ♍ 22	27 ♒ 45	6 ♈ 58	5 ♈ 37	18 ♍ 20	0 ♍ 13	16 ♎ 20	9 ♌ 3	17 ♑ 9	18 ♈ 57	5 ♍ 26	21 ♋ 31	26 ♎	8 ♎	25 ♊	9 ♑	23 ♉
29	4 ♍ 20	9 ♓ 45	6 ♈ 55	5 ♈ 34	17 ♍ 46	1 ♍ 27	16 ♎ 59	9 ♌ 16	17 ♑ 7	18 ♈ 56	5 ♍ 28	21 ♋ 32	27 ♎	9 ♎	25 ♊	9 ♑	23 ♉
30	5 ♍ 18	21 ♓ 39	6 ♈ 52	5 ♈ 31	17 ♍ 7	2 ♍ 41	17 ♎ 38	9 ♌ 28	17 ♑ 4	18 ♈ 54	5 ♍ 30	21 ♋ 33	27 ♎	9 ♎	26 ♊	9 ♑	23 ♉
31	6 ♍ 16	3 ♈ 28	6 ♈ 49	5 ♈ 30	16 ♍ 23	3 ♍ 56	18 ♎ 17	9 ♌ 41	17 ♑ 2	18 ♈ 53	5 ♍ 32	21 ♋ 35	27 ♎	10 ♎	26 ♊	9 ♑	23 R

SUN INGRESS	☉ → ♍ 24日 12:10
MOON PHASE	◑ 7日 01:28 ♉　● 14日 05:27 ♌　◐ 20日 20:36 ♏　○ 28日 12:09 ♓

aspects		
1日	19:07	☿☌♆
4日	23:26	♀⚹♂
7日	05:20	♀☌♃
10日	15:16	♂⚹♃
13日	08:03	☉△♅
15日	22:45	☿△♄
19日	01:23	♀△♅
29日	04:22	♂□♄
30日	01:36	☿△♄
30日	05:28	☉☌♆
31日	21:12	♂☍♅

1931年9月

DAY	☉	☽	☊ mean	☊ true	☿	♀	♂	♃	♄	♅	♆	♇	⚳	⚴	⚵	⚶	⚷
	° ′	° ′	° ′	° ′	° ′	° ′	° ′	° ′	° ′	° ′	° ′	° ′	°	°	°	°	°
1	7 ♍ 14	15 ♈ 14	6 ♈ 45	5 D 31	15 R 34	5 D 10	18 D 56	9 D 53	17 R 0	18 R 51	5 D 35	21 D 36	28 D	10 D	27 D	9 D	23 R
2	8 ♍ 12	27 ♈ 2	6 ♈ 42	5 ♈ 32	14 ♍ 41	6 ♍ 25	19 ♎ 35	10 ♌ 6	16 ♑ 58	18 ♈ 49	5 ♍ 37	21 ♋ 37	28 ♎	10 ♎	27 ♊	9 ♑	23 ♉
3	9 ♍ 10	8 ♉ 55	6 ♈ 39	5 ♈ 34	13 ♍ 46	7 ♍ 39	20 ♎ 14	10 ♌ 18	16 ♑ 56	18 ♈ 48	5 ♍ 39	21 ♋ 38	28 ♎	11 ♎	28 ♊	9 ♑	23 ♉
4	10 ♍ 8	20 ♉ 58	6 ♈ 36	5 ♈ 35	12 ♍ 48	8 ♍ 54	20 ♎ 53	10 ♌ 31	16 ♑ 54	18 ♈ 46	5 ♍ 41	21 ♋ 39	29 ♎	11 ♎	28 ♊	10 ♑	23 ♉
5	11 ♍ 6	3 ♊ 14	6 ♈ 33	5 ♈ 36	11 ♍ 50	10 ♍ 8	21 ♎ 33	10 ♌ 43	16 ♑ 53	18 ♈ 44	5 ♍ 44	21 ♋ 40	29 ♎	12 ♎	29 ♊	10 ♑	23 ♉
6	12 ♍ 4	15 ♊ 48	6 ♈ 29	5 R 36	10 ♍ 53	11 ♍ 23	22 ♎ 12	10 ♌ 55	16 ♑ 51	18 ♈ 43	5 ♍ 46	21 ♋ 41	0 ♏	12 ♎	29 ♊	10 ♑	23 ♉
7	13 ♍ 2	28 ♊ 45	6 ♈ 26	5 ♈ 36	9 ♍ 57	12 ♍ 37	22 ♎ 51	11 ♌ 8	16 ♑ 50	18 ♈ 41	5 ♍ 48	21 ♋ 43	0 ♏	13 ♎	0 ♋	10 ♑	23 ♉
8	14 ♍ 1	12 ♋ 9	6 ♈ 23	5 ♈ 34	9 ♍ 4	13 ♍ 52	23 ♎ 31	11 ♌ 20	16 ♑ 48	18 ♈ 39	5 ♍ 50	21 ♋ 44	0 ♏	13 ♎	0 ♋	10 ♑	23 ♉
9	14 ♍ 59	25 ♋ 59	6 ♈ 20	5 ♈ 31	8 ♍ 16	15 ♍ 6	24 ♎ 11	11 ♌ 32	16 ♑ 47	18 ♈ 37	5 ♍ 52	21 ♋ 45	1 ♏	13 ♎	1 ♋	10 ♑	23 ♉
10	15 ♍ 57	10 ♌ 17	6 ♈ 17	5 ♈ 29	7 ♍ 33	16 ♍ 21	24 ♎ 50	11 ♌ 44	16 ♑ 46	18 ♈ 35	5 ♍ 55	21 ♋ 46	1 ♏	14 ♎	1 ♋	10 ♑	23 ♉
11	16 ♍ 55	24 ♌ 59	6 ♈ 14	5 ♈ 26	6 ♍ 56	17 ♍ 35	25 ♎ 30	11 ♌ 56	16 ♑ 44	18 ♈ 33	5 ♍ 57	21 ♋ 47	1 ♏	14 ♎	2 ♋	10 ♑	23 ♉
12	17 ♍ 54	9 ♍ 58	6 ♈ 10	5 ♈ 24	6 ♍ 28	18 ♍ 50	26 ♎ 10	12 ♌ 8	16 ♑ 43	18 ♈ 31	5 ♍ 59	21 ♋ 48	2 ♏	15 ♎	2 ♋	11 ♑	23 ♉
13	18 ♍ 52	25 ♍ 7	6 ♈ 7	5 ♈ 23	6 ♍ 7	20 ♍ 5	26 ♎ 50	12 ♌ 20	16 ♑ 42	18 ♈ 29	6 ♍ 1	21 ♋ 49	2 ♏	15 ♎	3 ♋	11 ♑	23 ♉
14	19 ♍ 51	10 ♎ 16	6 ♈ 4	5 D 23	5 ♍ 55	21 ♍ 19	27 ♎ 30	12 ♌ 32	16 ♑ 42	18 ♈ 27	6 ♍ 3	21 ♋ 50	3 ♏	16 ♎	3 ♋	11 ♑	23 ♉
15	20 ♍ 49	25 ♎ 15	6 ♈ 1	5 ♈ 24	5 D 53	22 ♍ 34	28 ♎ 10	12 ♌ 44	16 ♑ 41	18 ♈ 25	6 ♍ 6	21 ♋ 51	3 ♏	16 ♎	4 ♋	11 ♑	23 ♉
16	21 ♍ 48	9 ♏ 58	5 ♈ 58	5 ♈ 25	6 ♍ 0	23 ♍ 48	28 ♎ 50	12 ♌ 55	16 ♑ 40	18 ♈ 23	6 ♍ 8	21 ♋ 51	3 ♏	16 ♎	4 ♋	11 ♑	23 ♉
17	22 ♍ 46	24 ♏ 20	5 ♈ 55	5 ♈ 26	6 ♍ 16	25 ♍ 3	29 ♎ 30	13 ♌ 7	16 ♑ 40	18 ♈ 21	6 ♍ 10	21 ♋ 52	4 ♏	17 ♎	4 ♋	11 ♑	23 ♉
18	23 ♍ 45	8 ♐ 17	5 ♈ 51	5 ♈ 27	6 ♍ 41	26 ♍ 18	0 ♏ 10	13 ♌ 19	16 ♑ 39	18 ♈ 19	6 ♍ 12	21 ♋ 53	4 ♏	17 ♎	5 ♋	12 ♑	23 ♉
19	24 ♍ 43	21 ♐ 50	5 ♈ 48	5 ♈ 27	7 ♍ 16	27 ♍ 32	0 ♏ 50	13 ♌ 30	16 ♑ 39	18 ♈ 17	6 ♍ 14	21 ♋ 54	5 ♏	18 ♎	5 ♋	12 ♑	23 ♉
20	25 ♍ 42	5 ♑ 0	5 ♈ 45	5 R 27	7 ♍ 59	28 ♍ 47	1 ♏ 31	13 ♌ 41	16 ♑ 39	18 ♈ 14	6 ♍ 16	21 ♋ 55	5 ♏	18 ♎	6 ♋	12 ♑	23 ♉
21	26 ♍ 40	17 ♑ 49	5 ♈ 42	5 ♈ 26	8 ♍ 50	0 ♎ 2	2 ♏ 11	13 ♌ 53	16 ♑ 38	18 ♈ 12	6 ♍ 18	21 ♋ 56	5 ♏	19 ♎	6 ♋	12 ♑	23 ♉
22	27 ♍ 39	0 ♒ 21	5 ♈ 39	5 ♈ 25	9 ♍ 50	1 ♎ 17	2 ♏ 52	14 ♌ 4	16 ♑ 38	18 ♈ 10	6 ♍ 21	21 ♋ 57	6 ♏	19 ♎	7 ♋	13 ♑	23 ♉
23	28 ♍ 38	12 ♒ 39	5 ♈ 35	5 ♈ 24	10 ♍ 56	2 ♎ 31	3 ♏ 32	14 ♌ 15	16 D 38	18 ♈ 8	6 ♍ 23	21 ♋ 57	6 ♏	19 ♎	7 ♋	13 ♑	23 ♉
24	29 ♍ 37	24 ♒ 45	5 ♈ 32	5 ♈ 24	12 ♍ 9	3 ♎ 46	4 ♏ 13	14 ♌ 26	16 ♑ 38	18 ♈ 5	6 ♍ 25	21 ♋ 58	7 ♏	20 ♎	8 ♋	13 ♑	23 ♉
25	0 ♎ 35	6 ♓ 43	5 ♈ 29	5 ♈ 23	13 ♍ 27	5 ♎ 1	4 ♏ 54	14 ♌ 38	16 ♑ 39	18 ♈ 3	6 ♍ 27	21 ♋ 59	7 ♏	20 ♎	8 ♋	13 ♑	23 ♉
26	1 ♎ 34	18 ♓ 36	5 ♈ 26	5 ♈ 23	14 ♍ 51	6 ♎ 15	5 ♏ 34	14 ♌ 49	16 ♑ 39	18 ♈ 1	6 ♍ 29	21 ♋ 59	7 ♏	21 ♎	8 ♋	13 ♑	23 ♉
27	2 ♎ 33	0 ♈ 24	5 ♈ 23	5 ♈ 22	16 ♍ 20	7 ♎ 30	6 ♏ 15	14 ♌ 59	16 ♑ 39	17 ♈ 59	6 ♍ 31	22 ♋ 0	8 ♏	21 ♎	9 ♋	14 ♑	23 ♉
28	3 ♎ 32	12 ♈ 12	5 ♈ 20	5 D 22	17 ♍ 52	8 ♎ 45	6 ♏ 56	15 ♌ 10	16 ♑ 40	17 ♈ 56	6 ♍ 33	22 ♋ 1	8 ♏	22 ♎	9 ♋	14 ♑	23 ♉
29	4 ♎ 31	24 ♈ 1	5 ♈ 16	5 ♈ 22	19 ♍ 28	10 ♎ 0	7 ♏ 37	15 ♌ 21	16 ♑ 41	17 ♈ 54	6 ♍ 35	22 ♋ 1	9 ♏	22 ♎	10 ♋	14 ♑	23 ♉
30	5 ♎ 29	5 ♉ 53	5 ♈ 13	5 R 23	21 ♍ 6	11 ♎ 15	8 ♏ 18	15 ♌ 32	16 ♑ 41	17 ♈ 52	6 ♍ 37	22 ♋ 2	9 ♏	22 ♎	10 ♋	14 ♑	23 ♉

SUN INGRESS	☉ → ♎ 24日 09:23
MOON PHASE	◑ 5日 16:21 ♊　● 12日 13:26 ♍　◐ 19日 05:37 ♐　○ 27日 04:45 ♈

aspects

1日	08:08	♀☌♆
5日	04:52	♂□♇
5日	09:09	☉☌☿
5日	18:32	☿☌♀
8日	13:11	☉☌♀
10日	07:54	♀△♄
10日	19:34	☉△♄
13日	08:24	☿☌♆
14日	09:56	♀⚹♇
16日	01:37	☉⚹♇
16日	15:53	☿☌♆
27日	05:17	☿△♄
27日	09:46	♂⚹♆
30日	13:29	☿⚹♇

1931年10月

DAY	☉	☽	☊ mean	☊ true	☿	♀	♂	♃	♄	♅	♆	♇	⚳	⚴	⚵	⚶	⚷
	° ′	° ′	° ′	° ′	° ′	° ′	° ′	° ′	° ′	° ′	° ′	° ′	°	°	°	°	°
1	6 ♎ 28	17 ♉ 51	5 ♈ 10	5 R 22	22 D 47	12 D 29	8 D 59	15 D 42	16 D 42	17 R 49	6 D 39	22 D 3	9 D	23 D	10 D	15 D	23 R
2	7 ♎ 27	29 ♉ 58	5 ♈ 7	5 ♈ 22	24 ♍ 29	13 ♎ 44	9 ♏ 40	15 ♌ 53	16 ♑ 43	17 ♈ 47	6 ♍ 41	22 ♋ 3	10 ♏	23 ♎	11 ♋	15 ♑	23 ♉
3	8 ♎ 26	12 ♊ 17	5 ♈ 4	5 ♈ 22	26 ♍ 13	14 ♎ 59	10 ♏ 21	16 ♌ 3	16 ♑ 44	17 ♈ 44	6 ♍ 43	22 ♋ 4	10 ♏	24 ♎	11 ♋	15 ♑	23 ♉
4	9 ♎ 25	24 ♊ 52	5 ♈ 1	5 ♈ 22	27 ♍ 58	16 ♎ 14	11 ♏ 3	16 ♌ 13	16 ♑ 45	17 ♈ 42	6 ♍ 45	22 ♋ 4	11 ♏	24 ♎	12 ♋	16 ♑	23 ♉
5	10 ♎ 25	7 ♋ 45	4 ♈ 57	5 ♈ 21	29 ♍ 44	17 ♎ 29	11 ♏ 44	16 ♌ 23	16 ♑ 46	17 ♈ 40	6 ♍ 47	22 ♋ 5	11 ♏	25 ♎	12 ♋	16 ♑	23 ♉
6	11 ♎ 24	21 ♋ 1	4 ♈ 54	5 D 22	1 ♎ 31	18 ♎ 43	12 ♏ 26	16 ♌ 34	16 ♑ 48	17 ♈ 37	6 ♍ 49	22 ♋ 5	12 ♏	25 ♎	12 ♋	16 ♑	22 ♉
7	12 ♎ 23	4 ♌ 42	4 ♈ 51	5 ♈ 22	3 ♎ 17	19 ♎ 58	13 ♏ 7	16 ♌ 44	16 ♑ 49	17 ♈ 35	6 ♍ 51	22 ♋ 6	12 ♏	25 ♎	13 ♋	16 ♑	22 ♉
8	13 ♎ 22	18 ♌ 48	4 ♈ 48	5 ♈ 23	5 ♎ 4	21 ♎ 13	13 ♏ 49	16 ♌ 53	16 ♑ 51	17 ♈ 32	6 ♍ 52	22 ♋ 6	12 ♏	26 ♎	13 ♋	17 ♑	22 ♉
9	14 ♎ 21	3 ♍ 18	4 ♈ 45	5 ♈ 23	6 ♎ 50	22 ♎ 28	14 ♏ 30	17 ♌ 3	16 ♑ 52	17 ♈ 30	6 ♍ 54	22 ♋ 6	13 ♏	26 ♎	14 ♋	17 ♑	22 ♉
10	15 ♎ 21	18 ♍ 10	4 ♈ 41	5 ♈ 24	8 ♎ 37	23 ♎ 43	15 ♏ 12	17 ♌ 13	16 ♑ 54	17 ♈ 28	6 ♍ 56	22 ♋ 7	13 ♏	27 ♎	14 ♋	17 ♑	22 ♉
11	16 ♎ 20	3 ♎ 15	4 ♈ 38	5 ♈ 24	10 ♎ 23	24 ♎ 58	15 ♏ 54	17 ♌ 23	16 ♑ 56	17 ♈ 25	6 ♍ 58	22 ♋ 7	14 ♏	27 ♎	14 ♋	18 ♑	22 ♉
12	17 ♎ 19	18 ♎ 27	4 ♈ 35	5 R 24	12 ♎ 8	26 ♎ 13	16 ♏ 36	17 ♌ 32	16 ♑ 58	17 ♈ 23	7 ♍ 0	22 ♋ 8	14 ♏	28 ♎	15 ♋	18 ♑	22 ♉
13	18 ♎ 19	3 ♏ 35	4 ♈ 32	5 ♈ 23	13 ♎ 54	27 ♎ 27	17 ♏ 18	17 ♌ 41	17 ♑ 0	17 ♈ 20	7 ♍ 2	22 ♋ 8	14 ♏	28 ♎	15 ♋	18 ♑	22 ♉
14	19 ♎ 18	18 ♏ 30	4 ♈ 29	5 ♈ 22	15 ♎ 38	28 ♎ 42	18 ♏ 0	17 ♌ 51	17 ♑ 2	17 ♈ 18	7 ♍ 3	22 ♋ 8	15 ♏	29 ♎	15 ♋	18 ♑	22 ♉
15	20 ♎ 18	3 ♐ 5	4 ♈ 26	5 ♈ 20	17 ♎ 22	29 ♎ 57	18 ♏ 42	18 ♌ 0	17 ♑ 4	17 ♈ 15	7 ♍ 5	22 ♋ 8	15 ♏	29 ♎	16 ♋	19 ♑	22 ♉
16	21 ♎ 17	17 ♐ 15	4 ♈ 22	5 ♈ 18	19 ♎ 6	1 ♏ 12	19 ♏ 24	18 ♌ 9	17 ♑ 6	17 ♈ 13	7 ♍ 7	22 ♋ 9	16 ♏	29 ♎	16 ♋	19 ♑	22 ♉
17	22 ♎ 17	0 ♑ 57	4 ♈ 19	5 ♈ 16	20 ♎ 49	2 ♏ 27	20 ♏ 6	18 ♌ 18	17 ♑ 9	17 ♈ 10	7 ♍ 9	22 ♋ 9	16 ♏	0 ♏	16 ♋	19 ♑	22 ♉
18	23 ♎ 16	14 ♑ 11	4 ♈ 16	5 ♈ 15	22 ♎ 31	3 ♏ 42	20 ♏ 48	18 ♌ 26	17 ♑ 11	17 ♈ 8	7 ♍ 10	22 ♋ 9	17 ♏	0 ♏	17 ♋	20 ♑	22 ♉
19	24 ♎ 16	27 ♑ 1	4 ♈ 13	5 D 15	24 ♎ 12	4 ♏ 57	21 ♏ 31	18 ♌ 35	17 ♑ 14	17 ♈ 6	7 ♍ 12	22 ♋ 9	17 ♏	1 ♏	17 ♋	20 ♑	22 ♉
20	25 ♎ 15	9 ♒ 30	4 ♈ 10	5 ♈ 16	25 ♎ 53	6 ♏ 12	22 ♏ 13	18 ♌ 44	17 ♑ 16	17 ♈ 3	7 ♍ 14	22 ♋ 9	17 ♏	1 ♏	17 ♋	20 ♑	22 ♉
21	26 ♎ 15	21 ♒ 42	4 ♈ 6	5 ♈ 17	27 ♎ 34	7 ♏ 27	22 ♏ 56	18 ♌ 52	17 ♑ 19	17 ♈ 1	7 ♍ 15	22 ♋ 9	18 ♏	2 ♏	18 ♋	21 ♑	22 ♉
22	27 ♎ 15	3 ♓ 42	4 ♈ 3	5 ♈ 19	29 ♎ 13	8 ♏ 41	23 ♏ 38	19 ♌ 0	17 ♑ 22	16 ♈ 58	7 ♍ 17	22 ♋ 9	18 ♏	2 ♏	18 ♋	21 ♑	22 ♉
23	28 ♎ 14	15 ♓ 34	4 ♈ 0	5 ♈ 20	0 ♏ 53	9 ♏ 56	24 ♏ 21	19 ♌ 9	17 ♑ 25	16 ♈ 56	7 ♍ 18	22 ♋ 9	19 ♏	3 ♏	18 ♋	21 ♑	22 ♉
24	29 ♎ 14	27 ♓ 22	3 ♈ 57	5 ♈ 21	2 ♏ 31	11 ♏ 11	25 ♏ 3	19 ♌ 17	17 ♑ 28	16 ♈ 54	7 ♍ 20	22 ♋ 9	19 ♏	3 ♏	19 ♋	22 ♑	22 ♉
25	0 ♏ 14	9 ♈ 9	3 ♈ 54	5 R 22	4 ♏ 9	12 ♏ 26	25 ♏ 46	19 ♌ 25	17 ♑ 31	16 ♈ 51	7 ♍ 21	22 R 9	19 ♏	3 ♏	19 ♋	22 ♑	22 ♉
26	1 ♏ 14	20 ♈ 59	3 ♈ 51	5 ♈ 20	5 ♏ 46	13 ♏ 41	26 ♏ 29	19 ♌ 32	17 ♑ 34	16 ♈ 49	7 ♍ 23	22 ♋ 9	20 ♏	4 ♏	19 ♋	23 ♑	22 ♉
27	2 ♏ 13	2 ♉ 53	3 ♈ 47	5 ♈ 18	7 ♏ 23	14 ♏ 56	27 ♏ 12	19 ♌ 40	17 ♑ 37	16 ♈ 47	7 ♍ 24	22 ♋ 9	20 ♏	4 ♏	19 ♋	23 ♑	22 ♉
28	3 ♏ 13	14 ♉ 53	3 ♈ 44	5 ♈ 14	8 ♏ 59	16 ♏ 11	27 ♏ 54	19 ♌ 48	17 ♑ 41	16 ♈ 44	7 ♍ 26	22 ♋ 9	21 ♏	5 ♏	20 ♋	23 ♑	22 ♉
29	4 ♏ 13	27 ♉ 2	3 ♈ 41	5 ♈ 10	10 ♏ 35	17 ♏ 26	28 ♏ 37	19 ♌ 55	17 ♑ 44	16 ♈ 42	7 ♍ 27	22 ♋ 9	21 ♏	5 ♏	20 ♋	24 ♑	21 ♉
30	5 ♏ 13	9 ♊ 21	3 ♈ 38	5 ♈ 4	12 ♏ 10	18 ♏ 41	29 ♏ 20	20 ♌ 2	17 ♑ 48	16 ♈ 40	7 ♍ 28	22 ♋ 9	22 ♏	6 ♏	20 ♋	24 ♑	21 ♉
31	6 ♏ 13	21 ♊ 50	3 ♈ 35	4 ♈ 59	13 ♏ 45	19 ♏ 55	0 ♐ 4	20 ♌ 9	17 ♑ 51	16 ♈ 38	7 ♍ 30	22 ♋ 9	22 ♏	6 ♏	21 ♋	24 ♑	21 ♉

SUN INGRESS	☉ → ♏ 24日 18:15
MOON PHASE	◑ 5日 05:15 ♋　● 11日 22:06 ♎　◐ 18日 18:20 ♑　○ 26日 22:34 ♉

aspects

3日	23:50	♀⚹♃
4日	10:15	♀□♄
5日	03:27	♀☍♅
8日	17:05	♀□♇
11日	05:10	♃△♅
11日	14:56	☉□♄
12日	01:18	☉☍♅
12日	06:05	☉⚹♃
12日	13:07	♂⚹♄
13日	17:21	♂□♃
14日	19:38	☿□♄
14日	22:25	☿☍♅
15日	09:29	☿⚹♃
16日	20:50	☉□♇
17日	09:38	♄□♅
17日	18:49	☿□♇
19日	01:52	☉☌☿
19日	21:49	♂△♇
20日	20:15	♀⚹♆
27日	00:19	☿⚹♆
29日	06:12	♀⚹♄
31日	04:53	♀□♃

1931年11月

DAY	☉	☽	☊ mean	☊ true	☿	♀	♂	♃	♄	♅	♆	♇	⚳	⚴	⚵	⚶	⚷
	° ′	° ′	° ′	° ′	° ′	° ′	° ′	° ′	° ′	° ′	° ′	° ′	°	°	°	°	°
1	7 ♏ 13	4 ♋ 33	3 ♈ 32	4 R 55	15 D 19	21 D 10	0 D 47	20 D 16	17 D 55	16 R 35	7 D 31	22 R 9	22 D	7 D	21 D	25 D	21 R
2	8 ♏ 13	17 ♋ 30	3 ♈ 28	4 ♈ 51	16 ♏ 53	22 ♏ 25	1 ♐ 30	20 ♌ 23	17 ♑ 59	16 ♈ 33	7 ♍ 32	22 ♋ 9	23 ♏	7 ♏	21 ♋	25 ♑	21 ♉
3	9 ♏ 13	0 ♌ 44	3 ♈ 25	4 ♈ 49	18 ♏ 26	23 ♏ 40	2 ♐ 13	20 ♌ 30	18 ♑ 3	16 ♈ 31	7 ♍ 34	22 ♋ 8	23 ♏	7 ♏	21 ♋	25 ♑	21 ♉
4	10 ♏ 13	14 ♌ 17	3 ♈ 22	4 D 49	19 ♏ 59	24 ♏ 55	2 ♐ 56	20 ♌ 36	18 ♑ 7	16 ♈ 29	7 ♍ 35	22 ♋ 8	24 ♏	8 ♏	21 ♋	26 ♑	21 ♉
5	11 ♏ 13	28 ♌ 9	3 ♈ 19	4 ♈ 50	21 ♏ 32	26 ♏ 10	3 ♐ 40	20 ♌ 43	18 ♑ 11	16 ♈ 27	7 ♍ 36	22 ♋ 8	24 ♏	8 ♏	22 ♋	26 ♑	21 ♉
6	12 ♏ 13	12 ♍ 22	3 ♈ 16	4 ♈ 51	23 ♏ 4	27 ♏ 25	4 ♐ 23	20 ♌ 49	18 ♑ 15	16 ♈ 24	7 ♍ 37	22 ♋ 8	24 ♏	9 ♏	22 ♋	26 ♑	21 ♉
7	13 ♏ 14	26 ♍ 54	3 ♈ 12	4 ♈ 53	24 ♏ 36	28 ♏ 40	5 ♐ 7	20 ♌ 55	18 ♑ 19	16 ♈ 22	7 ♍ 39	22 ♋ 7	25 ♏	9 ♏	22 ♋	27 ♑	21 ♉
8	14 ♏ 14	11 ♎ 42	3 ♈ 9	4 R 53	26 ♏ 7	29 ♏ 55	5 ♐ 51	21 ♌ 1	18 ♑ 23	16 ♈ 20	7 ♍ 40	22 ♋ 7	25 ♏	10 ♏	22 ♋	27 ♑	21 ♉
9	15 ♏ 14	26 ♎ 39	3 ♈ 6	4 ♈ 51	27 ♏ 38	1 ♐ 10	6 ♐ 34	21 ♌ 7	18 ♑ 28	16 ♈ 18	7 ♍ 41	22 ♋ 7	26 ♏	10 ♏	22 ♋	28 ♑	21 ♉
10	16 ♏ 14	11 ♏ 38	3 ♈ 3	4 ♈ 47	29 ♏ 9	2 ♐ 25	7 ♐ 18	21 ♌ 12	18 ♑ 32	16 ♈ 16	7 ♍ 42	22 ♋ 6	26 ♏	10 ♏	23 ♋	28 ♑	21 ♉
11	17 ♏ 15	26 ♏ 31	3 ♈ 0	4 ♈ 42	0 ♐ 39	3 ♐ 39	8 ♐ 2	21 ♌ 18	18 ♑ 36	16 ♈ 14	7 ♍ 43	22 ♋ 6	27 ♏	11 ♏	23 ♋	29 ♑	21 ♉
12	18 ♏ 15	11 ♐ 9	2 ♈ 57	4 ♈ 35	2 ♐ 9	4 ♐ 54	8 ♐ 46	21 ♌ 23	18 ♑ 41	16 ♈ 12	7 ♍ 44	22 ♋ 5	27 ♏	11 ♏	23 ♋	29 ♑	21 ♉
13	19 ♏ 16	25 ♐ 25	2 ♈ 53	4 ♈ 27	3 ♐ 38	6 ♐ 9	9 ♐ 29	21 ♌ 28	18 ♑ 46	16 ♈ 10	7 ♍ 45	22 ♋ 5	27 ♏	12 ♏	23 ♋	29 ♑	21 ♉
14	20 ♏ 16	9 ♑ 14	2 ♈ 50	4 ♈ 20	5 ♐ 8	7 ♐ 24	10 ♐ 13	21 ♌ 33	18 ♑ 50	16 ♈ 8	7 ♍ 46	22 ♋ 4	28 ♏	12 ♏	23 ♋	0 ♒	21 ♉
15	21 ♏ 16	22 ♑ 35	2 ♈ 47	4 ♈ 15	6 ♐ 36	8 ♐ 39	10 ♐ 57	21 ♌ 38	18 ♑ 55	16 ♈ 7	7 ♍ 47	22 ♋ 4	28 ♏	13 ♏	23 ♋	0 ♒	21 ♉
16	22 ♏ 17	5 ♒ 30	2 ♈ 44	4 ♈ 11	8 ♐ 4	9 ♐ 54	11 ♐ 42	21 ♌ 42	19 ♑ 0	16 ♈ 5	7 ♍ 48	22 ♋ 3	29 ♏	13 ♏	24 ♋	1 ♒	21 ♉
17	23 ♏ 17	18 ♒ 1	2 ♈ 41	4 ♈ 10	9 ♐ 32	11 ♐ 9	12 ♐ 26	21 ♌ 47	19 ♑ 5	16 ♈ 3	7 ♍ 48	22 ♋ 3	29 ♏	14 ♏	24 ♋	1 ♒	21 ♉
18	24 ♏ 18	0 ♓ 13	2 ♈ 38	4 D 10	10 ♐ 59	12 ♐ 24	13 ♐ 10	21 ♌ 51	19 ♑ 10	16 ♈ 1	7 ♍ 49	22 ♋ 2	0 ♐	14 ♏	24 ♋	1 ♒	20 ♉
19	25 ♏ 18	12 ♓ 12	2 ♈ 34	4 ♈ 11	12 ♐ 26	13 ♐ 39	13 ♐ 54	21 ♌ 55	19 ♑ 15	15 ♈ 59	7 ♍ 50	22 ♋ 2	0 ♐	14 ♏	24 ♋	2 ♒	20 ♉
20	26 ♏ 19	24 ♓ 2	2 ♈ 31	4 ♈ 12	13 ♐ 52	14 ♐ 54	14 ♐ 38	21 ♌ 59	19 ♑ 20	15 ♈ 58	7 ♍ 51	22 ♋ 1	0 ♐	15 ♏	24 ♋	2 ♒	20 ♉
21	27 ♏ 19	5 ♈ 49	2 ♈ 28	4 R 12	15 ♐ 17	16 ♐ 8	15 ♐ 23	22 ♌ 2	19 ♑ 25	15 ♈ 56	7 ♍ 51	22 ♋ 0	1 ♐	15 ♏	24 ♋	3 ♒	20 ♉
22	28 ♏ 20	17 ♈ 37	2 ♈ 25	4 ♈ 11	16 ♐ 42	17 ♐ 23	16 ♐ 7	22 ♌ 6	19 ♑ 31	15 ♈ 54	7 ♍ 52	22 ♋ 0	1 ♐	16 ♏	24 ♋	3 ♒	20 ♉
23	29 ♏ 21	29 ♈ 30	2 ♈ 22	4 ♈ 8	18 ♐ 5	18 ♐ 38	16 ♐ 52	22 ♌ 9	19 ♑ 36	15 ♈ 53	7 ♍ 53	21 ♋ 59	2 ♐	16 ♏	24 ♋	4 ♒	20 ♉
24	0 ♐ 21	11 ♉ 31	2 ♈ 18	4 ♈ 2	19 ♐ 28	19 ♐ 53	17 ♐ 36	22 ♌ 13	19 ♑ 41	15 ♈ 51	7 ♍ 53	21 ♋ 58	2 ♐	17 ♏	24 ♋	4 ♒	20 ♉
25	1 ♐ 22	23 ♉ 43	2 ♈ 15	3 ♈ 54	20 ♐ 50	21 ♐ 8	18 ♐ 21	22 ♌ 16	19 ♑ 47	15 ♈ 50	7 ♍ 54	21 ♋ 57	3 ♐	17 ♏	24 ♋	4 ♒	20 ♉
26	2 ♐ 23	6 ♊ 7	2 ♈ 12	3 ♈ 43	22 ♐ 10	22 ♐ 23	19 ♐ 6	22 ♌ 18	19 ♑ 52	15 ♈ 48	7 ♍ 55	21 ♋ 57	3 ♐	17 ♏	24 ♋	5 ♒	20 ♉
27	3 ♐ 23	18 ♊ 43	2 ♈ 9	3 ♈ 32	23 ♐ 29	23 ♐ 38	19 ♐ 50	22 ♌ 21	19 ♑ 58	15 ♈ 47	7 ♍ 55	21 ♋ 56	3 ♐	18 ♏	24 ♋	5 ♒	20 ♉
28	4 ♐ 24	1 ♋ 31	2 ♈ 6	3 ♈ 21	24 ♐ 46	24 ♐ 52	20 ♐ 35	22 ♌ 23	20 ♑ 4	15 ♈ 46	7 ♍ 56	21 ♋ 55	4 ♐	18 ♏	24 ♋	6 ♒	20 ♉
29	5 ♐ 25	14 ♋ 31	2 ♈ 3	3 ♈ 11	26 ♐ 2	26 ♐ 7	21 ♐ 20	22 ♌ 26	20 ♑ 9	15 ♈ 44	7 ♍ 56	21 ♋ 54	4 ♐	19 ♏	24 ♋	6 ♒	20 ♉
30	6 ♐ 25	27 ♋ 43	1 ♈ 59	3 ♈ 2	27 ♐ 15	27 ♐ 22	22 ♐ 5	22 ♌ 28	20 ♑ 15	15 ♈ 43	7 ♍ 56	21 ♋ 54	5 ♐	19 ♏	24 R	6 ♒	20 ♉

SUN INGRESS	☉ → ♐ 23日 15:25
MOON PHASE	◑ 3日 16:17 ♌ ● 10日 07:55 ♏ ◐ 17日 11:13 ♒ ○ 25日 16:10 ♊

aspects		
1日	07:26	☉⚹♆
1日	18:40	♀△♇
2日	17:36	☿⚹♄
4日	10:14	☿□♃
5日	09:18	☿△♇
10日	13:26	♂□♆
12日	11:10	☉⚹♄
14日	07:00	♀□♆
15日	09:08	☉□♃
15日	18:41	☉△♇
15日	19:24	☿□♆
19日	12:08	♀☌♂
20日	20:06	♀△♅
21日	03:27	☿☌♂
21日	10:50	☿△♅
21日	17:17	♂△♅
25日	22:32	♀△♃
26日	02:35	☿△♃
30日	12:51	♂△♃

1931年12月

DAY	☉	☽	☊ mean	☊ true	☿	♀	♂	♃	♄	♅	♆	♇	⚳	⚴	⚵	⚶	⚷
	° ′	° ′	° ′	° ′	° ′	° ′	° ′	° ′	° ′	° ′	° ′	° ′	°	°	°	°	°
1	7 ♐ 26	11 ♌ 6	1 ♈ 56	2 R 57	28 D 26	28 D 37	22 D 50	22 D 30	20 D 21	15 R 42	7 D 57	21 R 53	5 D	20 D	24 R	7 D	20 R
2	8 ♐ 27	24 ♌ 41	1 ♈ 53	2 ♈ 54	29 ♐ 35	29 ♐ 52	23 ♐ 35	22 ♌ 31	20 ♑ 27	15 ♈ 40	7 ♍ 57	21 ♋ 52	5 ♐	20 ♏	24 ♋	7 ♒	20 ♉
3	9 ♐ 28	8 ♍ 29	1 ♈ 50	2 ♈ 53	0 ♑ 40	1 ♑ 7	24 ♐ 20	22 ♌ 33	20 ♑ 33	15 ♈ 39	7 ♍ 57	21 ♋ 51	6 ♐	21 ♏	24 ♋	8 ♒	20 ♉
4	10 ♐ 29	22 ♍ 29	1 ♈ 47	2 D 53	1 ♑ 41	2 ♑ 21	25 ♐ 5	22 ♌ 34	20 ♑ 39	15 ♈ 38	7 ♍ 58	21 ♋ 50	6 ♐	21 ♏	24 ♋	8 ♒	20 ♉
5	11 ♐ 30	6 ♎ 41	1 ♈ 44	2 R 53	2 ♑ 38	3 ♑ 36	25 ♐ 50	22 ♌ 35	20 ♑ 45	15 ♈ 37	7 ♍ 58	21 ♋ 49	7 ♐	21 ♏	24 ♋	9 ♒	20 ♉
6	12 ♐ 31	21 ♎ 5	1 ♈ 40	2 ♈ 52	3 ♑ 31	4 ♑ 51	26 ♐ 35	22 ♌ 36	20 ♑ 51	15 ♈ 36	7 ♍ 58	21 ♋ 48	7 ♐	22 ♏	24 ♋	9 ♒	20 ♉
7	13 ♐ 31	5 ♏ 38	1 ♈ 37	2 ♈ 49	4 ♑ 18	6 ♑ 6	27 ♐ 20	22 ♌ 37	20 ♑ 57	15 ♈ 35	7 ♍ 58	21 ♋ 47	8 ♐	22 ♏	24 ♋	10 ♒	20 ♉
8	14 ♐ 32	20 ♏ 14	1 ♈ 34	2 ♈ 42	4 ♑ 59	7 ♑ 21	28 ♐ 6	22 ♌ 37	21 ♑ 3	15 ♈ 34	7 ♍ 59	21 ♋ 46	8 ♐	23 ♏	24 ♋	10 ♒	19 ♉
9	15 ♐ 33	4 ♐ 48	1 ♈ 31	2 ♈ 33	5 ♑ 32	8 ♑ 35	28 ♐ 51	22 ♌ 38	21 ♑ 9	15 ♈ 33	7 ♍ 59	21 ♋ 45	8 ♐	23 ♏	24 ♋	10 ♒	19 ♉
10	16 ♐ 34	19 ♐ 12	1 ♈ 28	2 ♈ 21	5 ♑ 58	9 ♑ 50	29 ♐ 36	22 ♌ 38	21 ♑ 15	15 ♈ 32	7 ♍ 59	21 ♋ 44	9 ♐	24 ♏	24 ♋	11 ♒	19 ♉
11	17 ♐ 35	3 ♑ 19	1 ♈ 24	2 ♈ 9	6 ♑ 16	11 ♑ 5	0 ♑ 22	22 R 38	21 ♑ 22	15 ♈ 32	7 ♍ 59	21 ♋ 43	9 ♐	24 ♏	24 ♋	11 ♒	19 ♉
12	18 ♐ 36	17 ♑ 5	1 ♈ 21	1 ♈ 57	6 ♑ 23	12 ♑ 20	1 ♑ 7	22 ♌ 37	21 ♑ 28	15 ♈ 31	7 R 59	21 ♋ 42	10 ♐	24 ♏	24 ♋	12 ♒	19 ♉
13	19 ♐ 37	0 ♒ 27	1 ♈ 18	1 ♈ 47	6 R 21	13 ♑ 34	1 ♑ 53	22 ♌ 37	21 ♑ 34	15 ♈ 30	7 ♍ 59	21 ♋ 41	10 ♐	25 ♏	23 ♋	12 ♒	19 ♉
14	20 ♐ 38	13 ♒ 24	1 ♈ 15	1 ♈ 39	6 ♑ 7	14 ♑ 49	2 ♑ 39	22 ♌ 36	21 ♑ 41	15 ♈ 30	7 ♍ 59	21 ♋ 40	10 ♐	25 ♏	23 ♋	13 ♒	19 ♉
15	21 ♐ 39	25 ♒ 58	1 ♈ 12	1 ♈ 34	5 ♑ 42	16 ♑ 4	3 ♑ 24	22 ♌ 35	21 ♑ 47	15 ♈ 29	7 ♍ 59	21 ♋ 39	11 ♐	26 ♏	23 ♋	13 ♒	19 ♉
16	22 ♐ 41	8 ♓ 12	1 ♈ 9	1 ♈ 32	5 ♑ 5	17 ♑ 19	4 ♑ 10	22 ♌ 34	21 ♑ 54	15 ♈ 28	7 ♍ 58	21 ♋ 38	11 ♐	26 ♏	23 ♋	14 ♒	19 ♉
17	23 ♐ 42	20 ♓ 12	1 ♈ 5	1 ♈ 31	4 ♑ 17	18 ♑ 33	4 ♑ 56	22 ♌ 33	22 ♑ 0	15 ♈ 28	7 ♍ 58	21 ♋ 37	12 ♐	27 ♏	23 ♋	14 ♒	19 ♉
18	24 ♐ 43	2 ♈ 3	1 ♈ 2	1 ♈ 31	3 ♑ 19	19 ♑ 48	5 ♑ 41	22 ♌ 32	22 ♑ 7	15 ♈ 27	7 ♍ 58	21 ♋ 36	12 ♐	27 ♏	23 ♋	15 ♒	19 ♉
19	25 ♐ 44	13 ♈ 50	0 ♈ 59	1 ♈ 31	2 ♑ 10	21 ♑ 3	6 ♑ 27	22 ♌ 30	22 ♑ 14	15 ♈ 27	7 ♍ 58	21 ♋ 35	13 ♐	27 ♏	23 ♋	15 ♒	19 ♉
20	26 ♐ 45	25 ♈ 39	0 ♈ 56	1 ♈ 29	0 ♑ 56	22 ♑ 17	7 ♑ 13	22 ♌ 28	22 ♑ 20	15 ♈ 27	7 ♍ 58	21 ♋ 33	13 ♐	28 ♏	22 ♋	15 ♒	19 ♉
21	27 ♐ 46	7 ♉ 35	0 ♈ 53	1 ♈ 24	29 ♐ 36	23 ♑ 32	7 ♑ 59	22 ♌ 26	22 ♑ 27	15 ♈ 26	7 ♍ 57	21 ♋ 32	13 ♐	28 ♏	22 ♋	16 ♒	19 ♉
22	28 ♐ 47	19 ♉ 43	0 ♈ 50	1 ♈ 17	28 ♐ 13	24 ♑ 47	8 ♑ 45	22 ♌ 24	22 ♑ 34	15 ♈ 26	7 ♍ 57	21 ♋ 31	14 ♐	29 ♏	22 ♋	16 ♒	19 ♉
23	29 ♐ 48	2 ♊ 5	0 ♈ 46	1 ♈ 7	26 ♐ 51	26 ♑ 1	9 ♑ 31	22 ♌ 21	22 ♑ 40	15 ♈ 26	7 ♍ 57	21 ♋ 30	14 ♐	29 ♏	22 ♋	17 ♒	19 ♉
24	0 ♑ 49	14 ♊ 42	0 ♈ 43	0 ♈ 55	25 ♐ 32	27 ♑ 16	10 ♑ 17	22 ♌ 19	22 ♑ 47	15 ♈ 26	7 ♍ 56	21 ♋ 29	15 ♐	29 ♏	22 ♋	17 ♒	19 ♉
25	1 ♑ 50	27 ♊ 37	0 ♈ 40	0 ♈ 41	24 ♐ 18	28 ♑ 30	11 ♑ 3	22 ♌ 16	22 ♑ 54	15 ♈ 26	7 ♍ 56	21 ♋ 28	15 ♐	0 ♐	21 ♋	18 ♒	19 ♉
26	2 ♑ 51	10 ♋ 47	0 ♈ 37	0 ♈ 27	23 ♐ 12	29 ♑ 45	11 ♑ 49	22 ♌ 13	23 ♑ 1	15 ♈ 26	7 ♍ 55	21 ♋ 26	15 ♐	0 ♐	21 ♋	18 ♒	19 ♉
27	3 ♑ 53	24 ♋ 12	0 ♈ 34	0 ♈ 15	22 ♐ 15	0 ♒ 59	12 ♑ 36	22 ♌ 10	23 ♑ 8	15 D 26	7 ♍ 55	21 ♋ 25	16 ♐	1 ♐	21 ♋	19 ♒	19 ♉
28	4 ♑ 54	7 ♌ 47	0 ♈ 30	0 ♈ 4	21 ♐ 28	2 ♒ 14	13 ♑ 22	22 ♌ 6	23 ♑ 14	15 ♈ 26	7 ♍ 54	21 ♋ 24	16 ♐	1 ♐	21 ♋	19 ♒	19 ♉
29	5 ♑ 55	21 ♌ 32	0 ♈ 27	29 ♓ 57	20 ♐ 52	3 ♒ 28	14 ♑ 8	22 ♌ 3	23 ♑ 21	15 ♈ 26	7 ♍ 54	21 ♋ 23	17 ♐	2 ♐	20 ♋	20 ♒	19 ♉
30	6 ♑ 56	5 ♍ 23	0 ♈ 24	29 ♓ 53	20 ♐ 26	4 ♒ 43	14 ♑ 54	21 ♌ 59	23 ♑ 28	15 ♈ 26	7 ♍ 53	21 ♋ 21	17 ♐	2 ♐	20 ♋	20 ♒	19 ♉
31	7 ♑ 57	19 ♍ 19	0 ♈ 21	29 ♓ 51	20 ♐ 11	5 ♒ 57	15 ♑ 41	21 ♌ 55	23 ♑ 35	15 ♈ 26	7 ♍ 52	21 ♋ 20	18 ♐	2 ♐	20 ♋	20 ♒	19 ♉

SUN INGRESS	☉ → ♑ 23日 04:30
MOON PHASE	◑ 3日 01:50 ♍ ● 9日 19:16 ♐ ◐ 17日 07:43 ♓ ○ 25日 08:23 ♋

aspects		
1日	12:09	☉□♆
8日	12:12	♀△♅
8日	23:57	☉△♅
13日	21:30	♄☍♇
14日	12:51	♀□♅
15日	21:36	☉△♃
16日	14:32	☿☌♂
19日	10:05	♀☍♇
20日	01:01	♀☌♄
20日	23:02	♂△♆
21日	18:21	☉☌☿
27日	02:43	♀△♃
30日	16:37	♂□♅
30日	22:12	☉△♆

1932年1月

DAY	☉	☽	☊ mean	☊ true	☿	♀	♂	♃	♄	♅	♆	♇	⚳	⚴	⚵	⚶	⚷
	° ′	° ′	° ′	° ′	° ′	° ′	° ′	° ′	° ′	° ′	° ′	° ′	°	°	°	°	°
1	8 ♑ 58	3 ♎ 20	0 ♈ 18	29 D 51	20 R 5	7 D 12	16 D 27	21 R 51	23 D 42	15 D 27	7 R 52	21 R 19	18 D	3 D	20 R	21 D	19 R
2	9 ♑ 59	17 ♎ 24	0 ♈ 15	29 R 51	20 D 9	8 ♒ 26	17 ♑ 13	21 ♌ 47	23 ♑ 49	15 ♈ 27	7 ♍ 51	21 ♋ 18	18 ♐	3 ♐	19 ♋	21 ♒	19 ♉
3	11 ♑ 1	1 ♏ 32	0 ♈ 11	29 ♓ 49	20 ♐ 21	9 ♒ 40	18 ♑ 0	21 ♌ 42	23 ♑ 56	15 ♈ 27	7 ♍ 50	21 ♋ 16	19 ♐	4 ♐	19 ♋	22 ♒	18 ♉
4	12 ♑ 2	15 ♏ 41	0 ♈ 8	29 ♓ 46	20 ♐ 42	10 ♒ 55	18 ♑ 46	21 ♌ 38	24 ♑ 3	15 ♈ 28	7 ♍ 50	21 ♋ 15	19 ♐	4 ♐	19 ♋	22 ♒	18 ♉
5	13 ♑ 3	29 ♏ 50	0 ♈ 5	29 ♓ 39	21 ♐ 9	12 ♒ 9	19 ♑ 33	21 ♌ 33	24 ♑ 10	15 ♈ 28	7 ♍ 49	21 ♋ 14	20 ♐	4 ♐	19 ♋	23 ♒	18 ♉
6	14 ♑ 4	13 ♐ 56	0 ♈ 2	29 ♓ 30	21 ♐ 43	13 ♒ 23	20 ♑ 19	21 ♌ 28	24 ♑ 17	15 ♈ 29	7 ♍ 48	21 ♋ 13	20 ♐	5 ♐	19 ♋	23 ♒	18 ♉
7	15 ♑ 5	27 ♐ 54	29 ♓ 59	29 ♓ 18	22 ♐ 22	14 ♒ 38	21 ♑ 6	21 ♌ 23	24 ♑ 24	15 ♈ 30	7 ♍ 47	21 ♋ 11	20 ♐	5 ♐	18 ♋	24 ♒	18 ♉
8	16 ♑ 6	11 ♑ 40	29 ♓ 56	29 ♓ 6	23 ♐ 7	15 ♒ 52	21 ♑ 53	21 ♌ 18	24 ♑ 31	15 ♈ 30	7 ♍ 46	21 ♋ 10	21 ♐	6 ♐	18 ♋	24 ♒	18 ♉
9	17 ♑ 8	25 ♑ 10	29 ♓ 52	28 ♓ 53	23 ♐ 57	17 ♒ 6	22 ♑ 39	21 ♌ 12	24 ♑ 39	15 ♈ 31	7 ♍ 45	21 ♋ 9	21 ♐	6 ♐	18 ♋	25 ♒	18 ♉
10	18 ♑ 9	8 ♒ 20	29 ♓ 49	28 ♓ 43	24 ♐ 50	18 ♒ 20	23 ♑ 26	21 ♌ 7	24 ♑ 46	15 ♈ 32	7 ♍ 44	21 ♋ 7	22 ♐	6 ♐	17 ♋	25 ♒	18 ♉
11	19 ♑ 10	21 ♒ 11	29 ♓ 46	28 ♓ 34	25 ♐ 47	19 ♒ 34	24 ♑ 13	21 ♌ 1	24 ♑ 53	15 ♈ 32	7 ♍ 43	21 ♋ 6	22 ♐	7 ♐	17 ♋	26 ♒	18 ♉
12	20 ♑ 11	3 ♓ 42	29 ♓ 43	28 ♓ 29	26 ♐ 48	20 ♒ 48	25 ♑ 0	20 ♌ 55	25 ♑ 0	15 ♈ 33	7 ♍ 42	21 ♋ 5	22 ♐	7 ♐	17 ♋	26 ♒	18 ♉
13	21 ♑ 12	15 ♓ 56	29 ♓ 40	28 ♓ 26	27 ♐ 51	22 ♒ 3	25 ♑ 46	20 ♌ 49	25 ♑ 7	15 ♈ 34	7 ♍ 41	21 ♋ 4	23 ♐	8 ♐	17 ♋	27 ♒	18 ♉
14	22 ♑ 13	27 ♓ 57	29 ♓ 36	28 ♓ 25	28 ♐ 57	23 ♒ 17	26 ♑ 33	20 ♌ 43	25 ♑ 14	15 ♈ 35	7 ♍ 40	21 ♋ 2	23 ♐	8 ♐	17 ♋	27 ♒	18 ♉
15	23 ♑ 15	9 ♈ 48	29 ♓ 33	28 D 25	0 ♑ 6	24 ♒ 31	27 ♑ 20	20 ♌ 37	25 ♑ 21	15 ♈ 36	7 ♍ 39	21 ♋ 1	24 ♐	8 ♐	16 ♋	28 ♒	18 ♉
16	24 ♑ 16	21 ♈ 36	29 ♓ 30	28 ♓ 26	1 ♑ 17	25 ♒ 45	28 ♑ 7	20 ♌ 30	25 ♑ 28	15 ♈ 37	7 ♍ 38	21 ♋ 0	24 ♐	9 ♐	16 ♋	28 ♒	18 ♉
17	25 ♑ 17	3 ♉ 26	29 ♓ 27	28 R 26	2 ♑ 29	26 ♒ 58	28 ♑ 54	20 ♌ 24	25 ♑ 36	15 ♈ 38	7 ♍ 37	20 ♋ 58	24 ♐	9 ♐	16 ♋	29 ♒	18 ♉
18	26 ♑ 18	15 ♉ 23	29 ♓ 24	28 ♓ 23	3 ♑ 43	28 ♒ 12	29 ♑ 41	20 ♌ 17	25 ♑ 43	15 ♈ 39	7 ♍ 36	20 ♋ 57	25 ♐	10 ♐	16 ♋	29 ♒	18 ♉
19	27 ♑ 19	27 ♉ 32	29 ♓ 21	28 ♓ 19	4 ♑ 59	29 ♒ 26	0 ♒ 28	20 ♌ 10	25 ♑ 50	15 ♈ 41	7 ♍ 35	20 ♋ 56	25 ♐	10 ♐	15 ♋	29 ♒	18 ♉
20	28 ♑ 20	9 ♊ 58	29 ♓ 17	28 ♓ 12	6 ♑ 17	0 ♓ 40	1 ♒ 15	20 ♌ 3	25 ♑ 57	15 ♈ 42	7 ♍ 34	20 ♋ 55	26 ♐	10 ♐	15 ♋	0 ♓	18 ♉
21	29 ♑ 21	22 ♊ 44	29 ♓ 14	28 ♓ 3	7 ♑ 35	1 ♓ 54	2 ♒ 2	19 ♌ 56	26 ♑ 4	15 ♈ 43	7 ♍ 32	20 ♋ 53	26 ♐	11 ♐	15 ♋	0 ♓	18 ♉
22	0 ♒ 22	5 ♋ 51	29 ♓ 11	27 ♓ 53	8 ♑ 55	3 ♓ 7	2 ♒ 49	19 ♌ 49	26 ♑ 11	15 ♈ 45	7 ♍ 31	20 ♋ 52	26 ♐	11 ♐	15 ♋	1 ♓	18 ♉
23	1 ♒ 23	19 ♋ 18	29 ♓ 8	27 ♓ 43	10 ♑ 17	4 ♓ 21	3 ♒ 36	19 ♌ 42	26 ♑ 18	15 ♈ 46	7 ♍ 30	20 ♋ 51	27 ♐	11 ♐	14 ♋	1 ♓	18 ♉
24	2 ♒ 24	3 ♌ 5	29 ♓ 5	27 ♓ 33	11 ♑ 39	5 ♓ 35	4 ♒ 23	19 ♌ 35	26 ♑ 25	15 ♈ 47	7 ♍ 29	20 ♋ 49	27 ♐	12 ♐	14 ♋	2 ♓	18 ♉
25	3 ♒ 25	17 ♌ 7	29 ♓ 2	27 ♓ 26	13 ♑ 2	6 ♓ 48	5 ♒ 10	19 ♌ 27	26 ♑ 32	15 ♈ 49	7 ♍ 27	20 ♋ 48	27 ♐	12 ♐	14 ♋	2 ♓	18 ♉
26	4 ♒ 26	1 ♍ 19	28 ♓ 58	27 ♓ 20	14 ♑ 26	8 ♓ 1	5 ♒ 57	19 ♌ 20	26 ♑ 40	15 ♈ 50	7 ♍ 26	20 ♋ 47	28 ♐	13 ♐	14 ♋	3 ♓	18 ♉
27	5 ♒ 27	15 ♍ 36	28 ♓ 55	27 ♓ 18	15 ♑ 51	9 ♓ 15	6 ♒ 44	19 ♌ 12	26 ♑ 47	15 ♈ 52	7 ♍ 25	20 ♋ 46	28 ♐	13 ♐	14 ♋	3 ♓	18 ♉
28	6 ♒ 28	29 ♍ 55	28 ♓ 52	27 D 17	17 ♑ 17	10 ♓ 28	7 ♒ 31	19 ♌ 5	26 ♑ 54	15 ♈ 54	7 ♍ 23	20 ♋ 44	29 ♐	13 ♐	14 ♋	4 ♓	18 ♉
29	7 ♒ 29	14 ♎ 12	28 ♓ 49	27 ♓ 18	18 ♑ 44	11 ♓ 42	8 ♒ 18	18 ♌ 57	27 ♑ 1	15 ♈ 55	7 ♍ 22	20 ♋ 43	29 ♐	14 ♐	13 ♋	4 ♓	18 D
30	8 ♒ 30	28 ♎ 23	28 ♓ 46	27 ♓ 19	20 ♑ 12	12 ♓ 55	9 ♒ 6	18 ♌ 49	27 ♑ 8	15 ♈ 57	7 ♍ 20	20 ♋ 42	29 ♐	14 ♐	13 ♋	5 ♓	18 ♉
31	9 ♒ 31	12 ♏ 29	28 ♓ 42	27 R 19	21 ♑ 40	14 ♓ 8	9 ♒ 53	18 ♌ 42	27 ♑ 15	15 ♈ 59	7 ♍ 19	20 ♋ 41	0 ♑	14 ♐	13 ♋	5 ♓	18 ♉

SUN INGRESS	☉ → ♒ 21日 15:07
MOON PHASE	◑ 1日 10:23 ♎ ● 8日 08:29 ♑ ◐ 16日 05:55 ♈ ○ 23日 22:44 ♌ ◑ 30日 18:32 ♏

aspects

5日	15:15	☿△♃
7日	02:36	♂☍♇
7日	09:38	☉□♅
7日	16:57	♀⚹♅
12日	00:09	♂☌♄
12日	01:58	♀☍♃
12日	20:39	☉☍♇
17日	08:20	☉☌♄
20日	23:06	☿△♆
25日	12:36	♀☍♆
27日	00:11	☿□♅
30日	08:03	☿☍♇

1932年2月

DAY	☉	☽	☊ mean	☊ true	☿	♀	♂	♃	♄	♅	♆	♇	⚳	⚴	⚵	⚶	⚷
	° ′	° ′	° ′	° ′	° ′	° ′	° ′	° ′	° ′	° ′	° ′	° ′	°	°	°	°	°
1	10 ♒ 32	26 ♏ 27	28 ♓ 39	27 R 18	23 D 10	15 D 21	10 D 40	18 R 34	27 D 22	16 D 1	7 R 18	20 R 40	0 D	15 D	13 R	6 D	18 D
2	11 ♒ 33	10 ♐ 17	28 ♓ 36	27 ♓ 15	24 ♑ 40	16 ♓ 34	11 ♒ 27	18 ♌ 26	27 ♑ 29	16 ♈ 2	7 ♍ 16	20 ♋ 38	1 ♑	15 ♐	13 ♋	6 ♓	18 ♉
3	12 ♒ 34	23 ♐ 59	28 ♓ 33	27 ♓ 9	26 ♑ 11	17 ♓ 47	12 ♒ 15	18 ♌ 18	27 ♑ 36	16 ♈ 4	7 ♍ 15	20 ♋ 37	1 ♑	16 ♐	13 ♋	7 ♓	18 ♉
4	13 ♒ 35	7 ♑ 29	28 ♓ 30	27 ♓ 2	27 ♑ 42	19 ♓ 0	13 ♒ 2	18 ♌ 10	27 ♑ 43	16 ♈ 6	7 ♍ 13	20 ♋ 36	1 ♑	16 ♐	13 ♋	7 ♓	18 ♉
5	14 ♒ 35	20 ♑ 48	28 ♓ 27	26 ♓ 55	29 ♑ 15	20 ♓ 13	13 ♒ 49	18 ♌ 2	27 ♑ 50	16 ♈ 8	7 ♍ 12	20 ♋ 35	2 ♑	16 ♐	12 ♋	8 ♓	18 ♉
6	15 ♒ 36	3 ♒ 53	28 ♓ 23	26 ♓ 47	0 ♒ 48	21 ♓ 26	14 ♒ 37	17 ♌ 54	27 ♑ 57	16 ♈ 10	7 ♍ 10	20 ♋ 34	2 ♑	17 ♐	12 ♋	8 ♓	18 ♉
7	16 ♒ 37	16 ♒ 44	28 ♓ 20	26 ♓ 40	2 ♒ 22	22 ♓ 39	15 ♒ 24	17 ♌ 46	28 ♑ 4	16 ♈ 12	7 ♍ 9	20 ♋ 32	2 ♑	17 ♐	12 ♋	9 ♓	18 ♉
8	17 ♒ 38	29 ♒ 21	28 ♓ 17	26 ♓ 35	3 ♒ 56	23 ♓ 51	16 ♒ 11	17 ♌ 38	28 ♑ 11	16 ♈ 15	7 ♍ 7	20 ♋ 31	3 ♑	17 ♐	12 ♋	9 ♓	18 ♉
9	18 ♒ 39	11 ♓ 42	28 ♓ 14	26 ♓ 32	5 ♒ 32	25 ♓ 4	16 ♒ 59	17 ♌ 30	28 ♑ 17	16 ♈ 17	7 ♍ 6	20 ♋ 30	3 ♑	18 ♐	12 ♋	10 ♓	18 ♉
10	19 ♒ 39	23 ♓ 51	28 ♓ 11	26 ♓ 31	7 ♒ 8	26 ♓ 16	17 ♒ 46	17 ♌ 22	28 ♑ 24	16 ♈ 19	7 ♍ 4	20 ♋ 29	3 ♑	18 ♐	12 ♋	10 ♓	18 ♉
11	20 ♒ 40	5 ♈ 49	28 ♓ 8	26 D 31	8 ♒ 45	27 ♓ 29	18 ♒ 33	17 ♌ 14	28 ♑ 31	16 ♈ 21	7 ♍ 2	20 ♋ 28	4 ♑	18 ♐	12 ♋	11 ♓	18 ♉
12	21 ♒ 41	17 ♈ 40	28 ♓ 4	26 ♓ 33	10 ♒ 23	28 ♓ 41	19 ♒ 21	17 ♌ 6	28 ♑ 38	16 ♈ 23	7 ♍ 1	20 ♋ 27	4 ♑	19 ♐	12 ♋	11 ♓	18 ♉
13	22 ♒ 42	29 ♈ 28	28 ♓ 1	26 ♓ 35	12 ♒ 1	29 ♓ 54	20 ♒ 8	16 ♌ 59	28 ♑ 44	16 ♈ 26	6 ♍ 59	20 ♋ 26	5 ♑	19 ♐	12 ♋	12 ♓	18 ♉
14	23 ♒ 42	11 ♉ 17	27 ♓ 58	26 ♓ 36	13 ♒ 41	1 ♈ 6	20 ♒ 55	16 ♌ 51	28 ♑ 51	16 ♈ 28	6 ♍ 58	20 ♋ 25	5 ♑	19 ♐	12 ♋	12 ♓	18 ♉
15	24 ♒ 43	23 ♉ 13	27 ♓ 55	26 ♓ 37	15 ♒ 21	2 ♈ 18	21 ♒ 43	16 ♌ 43	28 ♑ 58	16 ♈ 30	6 ♍ 56	20 ♋ 24	5 ♑	20 ♐	12 ♋	12 ♓	18 ♉
16	25 ♒ 44	5 ♊ 21	27 ♓ 52	26 R 36	17 ♒ 2	3 ♈ 30	22 ♒ 30	16 ♌ 35	29 ♑ 5	16 ♈ 33	6 ♍ 54	20 ♋ 23	6 ♑	20 ♐	12 ♋	13 ♓	18 ♉
17	26 ♒ 44	17 ♊ 45	27 ♓ 48	26 ♓ 35	18 ♒ 44	4 ♈ 42	23 ♒ 18	16 ♌ 27	29 ♑ 11	16 ♈ 35	6 ♍ 53	20 ♋ 22	6 ♑	20 ♐	12 ♋	13 ♓	18 ♉
18	27 ♒ 45	0 ♋ 31	27 ♓ 45	26 ♓ 31	20 ♒ 27	5 ♈ 54	24 ♒ 5	16 ♌ 20	29 ♑ 18	16 ♈ 38	6 ♍ 51	20 ♋ 21	6 ♑	21 ♐	12 ♋	14 ♓	18 ♉
19	28 ♒ 45	13 ♋ 39	27 ♓ 42	26 ♓ 27	22 ♒ 11	7 ♈ 5	24 ♒ 52	16 ♌ 12	29 ♑ 24	16 ♈ 40	6 ♍ 49	20 ♋ 20	7 ♑	21 ♐	12 D	14 ♓	18 ♉
20	29 ♒ 46	27 ♋ 13	27 ♓ 39	26 ♓ 23	23 ♒ 55	8 ♈ 17	25 ♒ 40	16 ♌ 4	29 ♑ 31	16 ♈ 43	6 ♍ 48	20 ♋ 19	7 ♑	21 ♐	12 ♋	15 ♓	18 ♉
21	0 ♓ 46	11 ♌ 11	27 ♓ 36	26 ♓ 19	25 ♒ 41	9 ♈ 29	26 ♒ 27	15 ♌ 57	29 ♑ 37	16 ♈ 45	6 ♍ 46	20 ♋ 18	7 ♑	22 ♐	12 ♋	15 ♓	18 ♉
22	1 ♓ 47	25 ♌ 31	27 ♓ 33	26 ♓ 16	27 ♒ 28	10 ♈ 40	27 ♒ 14	15 ♌ 49	29 ♑ 44	16 ♈ 48	6 ♍ 44	20 ♋ 17	8 ♑	22 ♐	12 ♋	16 ♓	18 ♉
23	2 ♓ 47	10 ♍ 6	27 ♓ 29	26 ♓ 14	29 ♒ 15	11 ♈ 51	28 ♒ 2	15 ♌ 42	29 ♑ 50	16 ♈ 51	6 ♍ 43	20 ♋ 16	8 ♑	22 ♐	12 ♋	16 ♓	18 ♉
24	3 ♓ 47	24 ♍ 50	27 ♓ 26	26 ♓ 13	1 ♓ 4	13 ♈ 3	28 ♒ 49	15 ♌ 35	29 ♑ 56	16 ♈ 53	6 ♍ 41	20 ♋ 15	8 ♑	23 ♐	12 ♋	17 ♓	19 ♉
25	4 ♓ 48	9 ♎ 37	27 ♓ 23	26 D 14	2 ♓ 53	14 ♈ 14	29 ♒ 37	15 ♌ 28	0 ♒ 3	16 ♈ 56	6 ♍ 39	20 ♋ 14	9 ♑	23 ♐	12 ♋	17 ♓	19 ♉
26	5 ♓ 48	24 ♎ 19	27 ♓ 20	26 ♓ 15	4 ♓ 43	15 ♈ 25	0 ♓ 24	15 ♌ 20	0 ♒ 9	16 ♈ 59	6 ♍ 38	20 ♋ 13	9 ♑	23 ♐	12 ♋	18 ♓	19 ♉
27	6 ♓ 48	8 ♏ 51	27 ♓ 17	26 ♓ 16	6 ♓ 35	16 ♈ 36	1 ♓ 11	15 ♌ 13	0 ♒ 15	17 ♈ 2	6 ♍ 36	20 ♋ 12	9 ♑	23 ♐	12 ♋	18 ♓	19 ♉
28	7 ♓ 49	23 ♏ 9	27 ♓ 14	26 ♓ 17	8 ♓ 27	17 ♈ 46	1 ♓ 59	15 ♌ 7	0 ♒ 21	17 ♈ 4	6 ♍ 34	20 ♋ 12	10 ♑	24 ♐	12 ♋	19 ♓	19 ♉
29	8 ♓ 49	7 ♐ 11	27 ♓ 10	26 ♓ 18	10 ♓ 20	18 ♈ 57	2 ♓ 46	15 ♌ 0	0 ♒ 27	17 ♈ 7	6 ♍ 33	20 ♋ 11	10 ♑	24 ♐	12 ♋	19 ♓	19 ♉

SUN INGRESS	☉ → ♓ 20日 05:28
MOON PHASE	● 6日 23:45 ♒ ◐ 15日 03:16 ♉ ○ 22日 11:07 ♍ ◑ 29日 03:03 ♐

aspects

1日	14:31	☉☌♂
4日	00:10	☿☌♄
5日	07:02	♀△♇
6日	13:54	☉⚹♅
8日	00:08	☉☍♃
8日	01:46	♂⚹♅
9日	13:48	♂☍♃
11日	22:43	♀⚹♄
15日	16:55	☿⚹♅
15日	18:04	☿☍♃
16日	05:08	♃△♅
21日	18:40	♀☌♂
25日	22:42	♀△♃
26日	19:13	☉☍♆
27日	00:19	♀☌♆
27日	06:26	☉☌☿
27日	09:13	♀☌♅

1932年3月

DAY	☉	☽	☊ mean	☊ true	☿	♀	♂	♃	♄	♅	♆	♇	⚳	⚴	⚵	⚶	⚷
	° ′	° ′	° ′	° ′	° ′	° ′	° ′	° ′	° ′	° ′	° ′	° ′	°	°	°	°	°
1	9♓49	20♐56	27♓7	26 R 18	12 D 13	20 D 8	3 D 33	14 R 53	0 D 34	17 D 10	6 R 31	20 R 10	10 D	24 D	12 D	20 D	19 D
2	10♓49	4♑23	27♓4	26♓16	14♓8	21♈18	4♓21	14♌47	0♒40	17♈13	6♍29	20♋9	11♑	25♐	12♋	20♓	19♉
3	11♓50	17♑35	27♓1	26♓15	16♓3	22♈28	5♓8	14♌40	0♒46	17♈16	6♍28	20♋9	11♑	25♐	12♋	21♓	19♉
4	12♓50	0♒32	26♓58	26♓13	17♓59	23♈38	5♓56	14♌34	0♒51	17♈19	6♍26	20♋8	11♑	25♐	12♋	21♓	19♉
5	13♓50	13♒14	26♓54	26♓11	19♓55	24♈49	6♓43	14♌28	0♒57	17♈22	6♍24	20♋7	12♑	25♐	13♋	22♓	19♉
6	14♓50	25♒44	26♓51	26♓9	21♓51	25♈58	7♓30	14♌22	1♒3	17♈25	6♍23	20♋6	12♑	26♐	13♋	22♓	19♉
7	15♓50	8♓3	26♓48	26♓8	23♓47	27♈8	8♓18	14♌16	1♒9	17♈28	6♍21	20♋6	12♑	26♐	13♋	23♓	19♉
8	16♓50	20♓11	26♓45	26♓8	25♓43	28♈18	9♓5	14♌10	1♒15	17♈31	6♍19	20♋5	13♑	26♐	13♋	23♓	19♉
9	17♓50	2♈11	26♓42	26 D 8	27♓39	29♈27	9♓52	14♌4	1♒20	17♈34	6♍18	20♋5	13♑	26♐	13♋	24♓	19♉
10	18♓50	14♈5	26♓39	26♓8	29♓34	0♉37	10♓39	13♌59	1♒26	17♈37	6♍16	20♋4	13♑	27♐	13♋	24♓	19♉
11	19♓50	25♈54	26♓35	26♓9	1♈28	1♉46	11♓27	13♌54	1♒31	17♈40	6♍14	20♋3	14♑	27♐	13♋	25♓	19♉
12	20♓50	7♉42	26♓32	26♓9	3♈20	2♉55	12♓14	13♌48	1♒37	17♈43	6♍13	20♋3	14♑	27♐	14♋	25♓	19♉
13	21♓50	19♉32	26♓29	26♓10	5♈11	4♉4	13♓1	13♌44	1♒42	17♈47	6♍11	20♋2	14♑	27♐	14♋	25♓	19♉
14	22♓50	1♊28	26♓26	26♓10	7♈0	5♉13	13♓48	13♌39	1♒48	17♈50	6♍10	20♋2	14♑	28♐	14♋	26♓	19♉
15	23♓49	13♊35	26♓23	26♓11	8♈45	6♉21	14♓36	13♌34	1♒53	17♈53	6♍8	20♋1	15♑	28♐	14♋	26♓	19♉
16	24♓49	25♊56	26♓20	26 R 11	10♈28	7♉30	15♓23	13♌30	1♒58	17♈56	6♍7	20♋1	15♑	28♐	14♋	27♓	19♉
17	25♓49	8♋36	26♓16	26♓11	12♈7	8♉38	16♓10	13♌25	2♒3	17♈59	6♍5	20♋0	15♑	28♐	14♋	27♓	19♉
18	26♓49	21♋39	26♓13	26 D 11	13♈41	9♉46	16♓57	13♌21	2♒9	18♈3	6♍3	20♋0	16♑	29♐	15♋	28♓	19♉
19	27♓48	5♌8	26♓10	26♓11	15♈11	10♉54	17♓44	13♌17	2♒14	18♈6	6♍2	20♋0	16♑	29♐	15♋	28♓	19♉
20	28♓48	19♌4	26♓7	26♓11	16♈36	12♉1	18♓31	13♌13	2♒19	18♈9	6♍0	19♋59	16♑	29♐	15♋	29♓	19♉
21	29♓47	3♍26	26♓4	26♓11	17♈56	13♉9	19♓18	13♌10	2♒23	18♈12	5♍59	19♋59	16♑	29♐	15♋	29♓	20♉
22	0♈47	18♍10	26♓0	26♓11	19♈9	14♉16	20♓5	13♌6	2♒28	18♈16	5♍57	19♋59	17♑	29♐	15♋	0♈	20♉
23	1♈46	3♎10	25♓57	26 R 11	20♈17	15♉23	20♓53	13♌3	2♒33	18♈19	5♍56	19♋58	17♑	0♑	16♋	0♈	20♉
24	2♈46	18♎18	25♓54	26♓11	21♈17	16♉30	21♓40	13♌0	2♒38	18♈22	5♍54	19♋58	17♑	0♑	16♋	1♈	20♉
25	3♈45	3♏23	25♓51	26♓10	22♈11	17♉37	22♓27	12♌57	2♒42	18♈26	5♍53	19♋58	18♑	0♑	16♋	1♈	20♉
26	4♈45	18♏19	25♓48	26♓10	22♈58	18♉43	23♓13	12♌54	2♒47	18♈29	5♍52	19♋58	18♑	0♑	16♋	2♈	20♉
27	5♈44	2♐57	25♓45	26♓8	23♈37	19♉49	24♓0	12♌52	2♒51	18♈32	5♍50	19♋57	18♑	0♑	17♋	2♈	20♉
28	6♈43	17♐12	25♓41	26♓8	24♈9	20♉55	24♓47	12♌49	2♒56	18♈36	5♍49	19♋57	18♑	0♑	17♋	3♈	20♉
29	7♈43	1♑3	25♓38	26♓7	24♈34	22♉1	25♓34	12♌47	3♒0	18♈39	5♍47	19♋57	19♑	1♑	17♋	3♈	20♉
30	8♈42	14♑30	25♓35	26 D 7	24♈50	23♉7	26♓21	12♌45	3♒4	18♈43	5♍46	19♋57	19♑	1♑	17♋	4♈	20♉
31	9♈41	27♑35	25♓32	26♓8	25♈0	24♉12	27♓8	12♌43	3♒8	18♈46	5♍45	19♋57	19♑	1♑	18♋	4♈	20♉

SUN INGRESS	☉→♈21日 04:54
MOON PHASE	● 7日 16:44 ♓　◐ 15日 21:41 ♊　○ 22日 21:37 ♎　◑ 29日 12:43 ♑

aspects		
1日	00:51	♀□♇
4日	14:55	♂☍♆
5日	02:35	☿△♇
10日	18:33	♀□♄
11日	00:47	☿⚹♄
11日	05:20	☉△♇
14日	19:30	♀△♆
17日	18:58	☿△♃
21日	00:15	♀□♃
21日	05:30	☿☌♅
21日	20:32	♂△♇
22日	17:17	☿□♇
23日	20:25	☉⚹♄
27日	02:54	♀⚹♇

1932年4月

DAY	☉	☽	☊ mean	☊ true	☿	♀	♂	♃	♄	♅	♆	♇	⚳	⚴	⚵	⚶	⚷
	° ′	° ′	° ′	° ′	° ′	° ′	° ′	° ′	° ′	° ′	° ′	° ′	°	°	°	°	°
1	10♈40	10♒19	25♓29	26 D 9	25 R 2	25 D 17	27 D 55	12 R 42	3 D 13	18 D 49	5 R 43	19 R 57	19 D	1 D	18 D	5 D	20 D
2	11♈40	22♒47	25♓25	26♓10	24♈57	26♉22	28♓42	12♌40	3♒17	18♈53	5♍42	19♋57	20♑	1♑	18♋	5♈	20♉
3	12♈39	5♓2	25♓22	26♓11	24♈46	27♉26	29♓28	12♌39	3♒21	18♈56	5♍41	19♋57	20♑	1♑	18♋	6♈	20♉
4	13♈38	17♓6	25♓19	26♓12	24♈28	28♉31	0♈15	12♌38	3♒24	19♈0	5♍40	19 D 57	20♑	1♑	19♋	6♈	20♉
5	14♈37	29♓3	25♓16	26 R 12	24♈4	29♉35	1♈2	12♌37	3♒28	19♈3	5♍38	19♋57	20♑	2♑	19♋	6♈	20♉
6	15♈36	10♈56	25♓13	26♓12	23♈34	0♊38	1♈48	12♌37	3♒32	19♈7	5♍37	19♋57	21♑	2♑	19♋	7♈	20♉
7	16♈35	22♈45	25♓10	26♓10	23♈0	1♊42	2♈35	12♌36	3♒35	19♈10	5♍36	19♋57	21♑	2♑	19♋	7♈	20♉
8	17♈34	4♉33	25♓6	26♓7	22♈22	2♊45	3♈22	12♌36	3♒39	19♈13	5♍35	19♋57	21♑	2♑	20♋	8♈	21♉
9	18♈33	16♉23	25♓3	26♓4	21♈41	3♊48	4♈8	12 D 36	3♒42	19♈17	5♍34	19♋57	21♑	2♑	20♋	8♈	21♉
10	19♈32	28♉16	25♓0	26♓0	20♈57	4♊50	4♈55	12♌36	3♒46	19♈20	5♍32	19♋57	21♑	2♑	20♋	9♈	21♉
11	20♈31	10♊16	24♓57	25♓56	20♈12	5♊53	5♈41	12♌36	3♒49	19♈24	5♍31	19♋58	22♑	2♑	21♋	9♈	21♉
12	21♈30	22♊25	24♓54	25♓52	19♈27	6♊54	6♈28	12♌37	3♒52	19♈27	5♍30	19♋58	22♑	2♑	21♋	10♈	21♉
13	22♈29	4♋46	24♓51	25♓50	18♈41	7♊56	7♈14	12♌37	3♒55	19♈31	5♍29	19♋58	22♑	2♑	21♋	10♈	21♉
14	23♈27	17♋23	24♓47	25♓49	17♈57	8♊57	8♈0	12♌38	3♒58	19♈34	5♍28	19♋58	22♑	2♑	22♋	11♈	21♉
15	24♈26	0♌20	24♓44	25 D 49	17♈15	9♊58	8♈47	12♌39	4♒1	19♈37	5♍27	19♋59	22♑	2♑	22♋	11♈	21♉
16	25♈25	13♌41	24♓41	25♓50	16♈35	10♊58	9♈33	12♌40	4♒4	19♈41	5♍26	19♋59	23♑	3♑	22♋	12♈	21♉
17	26♈24	27♌27	24♓38	25♓51	15♈58	11♊58	10♈19	12♌42	4♒7	19♈44	5♍25	19♋59	23♑	3♑	22♋	12♈	21♉
18	27♈22	11♍39	24♓35	25♓52	15♈26	12♊58	11♈6	12♌43	4♒9	19♈48	5♍24	20♋0	23♑	3♑	23♋	13♈	21♉
19	28♈21	26♍17	24♓31	25 R 53	14♈57	13♊57	11♈52	12♌45	4♒12	19♈51	5♍24	20♋0	23♑	3♑	23♋	13♈	21♉
20	29♈19	11♎15	24♓28	25♓52	14♈33	14♊56	12♈38	12♌47	4♒14	19♈54	5♍23	20♋0	23♑	3♑	23♋	13♈	21♉
21	0♉18	26♎27	24♓25	25♓50	14♈13	15♊54	13♈24	12♌49	4♒17	19♈58	5♍22	20♋1	23♑	3♑	24♋	14♈	21♉
22	1♉16	11♏44	24♓22	25♓46	13♈59	16♊52	14♈10	12♌52	4♒19	20♈1	5♍21	20♋1	24♑	3♑	24♋	14♈	21♉
23	2♉15	26♏53	24♓19	25♓41	13♈49	17♊49	14♈56	12♌54	4♒21	20♈5	5♍20	20♋2	24♑	3 R	24♋	15♈	22♉
24	3♉13	11♐47	24♓16	25♓35	13♈44	18♊46	15♈42	12♌57	4♒23	20♈8	5♍20	20♋2	24♑	3♑	25♋	15♈	22♉
25	4♉12	26♐18	24♓12	25♓30	13 D 45	19♊42	16♈28	13♌0	4♒25	20♈11	5♍19	20♋3	24♑	3♑	25♋	16♈	22♉
26	5♉10	10♑20	24♓9	25♓26	13♈50	20♊38	17♈14	13♌3	4♒27	20♈15	5♍18	20♋3	24♑	3♑	25♋	16♈	22♉
27	6♉8	23♑54	24♓6	25♓24	14♈1	21♊33	18♈0	13♌6	4♒29	20♈18	5♍18	20♋4	24♑	3♑	26♋	17♈	22♉
28	7♉7	7♒0	24♓3	25♓23	14♈16	22♊28	18♈46	13♌9	4♒31	20♈21	5♍17	20♋4	24♑	3♑	26♋	17♈	22♉
29	8♉5	19♒42	24♓0	25 D 24	14♈35	23♊22	19♈31	13♌13	4♒32	20♈25	5♍16	20♋5	25♑	3♑	26♋	18♈	22♉
30	9♉3	2♓5	23♓57	25♓25	15♈0	24♊15	20♈17	13♌16	4♒34	20♈28	5♍16	20♋6	25♑	2♑	27♋	18♈	22♉

SUN INGRESS	☉→♉20日 16:28
MOON PHASE	● 6日 10:21 ♈　◐ 14日 12:15 ♋　○ 21日 06:27 ♏　◑ 28日 00:14 ♒

aspects		
3日	00:05	☉△♃
8日	09:39	♂⚹♄
8日	21:47	♀△♄
9日	18:53	☉☌♅
10日	06:34	♀⚹♂
10日	10:20	☉□♇
10日	15:57	♀□♆
10日	19:42	☉☌☿
11日	07:44	☿□♇
11日	23:47	☿☌♅
17日	18:01	♀⚹♃
19日	17:14	☿⚹♀
20日	05:02	♂△♃
21日	19:21	☿☌♂
21日	23:04	♅□♇
25日	05:49	☉□♄
25日	13:24	♀⚹♅
26日	03:21	☉△♆
29日	17:54	♂□♇
30日	06:14	♂☌♅

1932年5月

DAY	☉	☽	☊ mean	☊ true	☿	♀	♂	♃	♄	♅	♆	♇	⚳	⚴	⚵	⚶	⚷
	° ′	° ′	° ′	° ′	° ′	° ′	° ′	° ′	° ′	° ′	° ′	° ′	°	°	°	°	°
1	10 ♉ 2	14 ♓ 12	23 ♓ 53	25 D 26	15 D 28	25 D 8	21 D 3	13 D 20	4 D 35	20 D 31	5 R 15	20 D 6	25 D	2 R	27 D	19 D	22 D
2	11 ♉ 0	26 ♓ 9	23 ♓ 50	25 R 27	16 ♈ 1	26 ♊ 1	21 ♈ 48	13 ♌ 24	4 ♒ 37	20 ♈ 35	5 ♍ 15	20 ♋ 7	25 ♑	2 ♑	27 ♋	19 ♈	22 ♉
3	11 ♉ 58	7 ♈ 59	23 ♓ 47	25 ♓ 26	16 ♈ 37	26 ♊ 52	22 ♈ 34	13 ♌ 29	4 ♒ 38	20 ♈ 38	5 ♍ 14	20 ♋ 8	25 ♑	2 ♑	28 ♋	19 ♈	22 ♉
4	12 ♉ 56	19 ♈ 47	23 ♓ 44	25 ♓ 23	17 ♈ 18	27 ♊ 43	23 ♈ 19	13 ♌ 33	4 ♒ 39	20 ♈ 41	5 ♍ 14	20 ♋ 8	25 ♑	2 ♑	28 ♋	20 ♈	22 ♉
5	13 ♉ 54	1 ♉ 35	23 ♓ 41	25 ♓ 18	18 ♈ 2	28 ♊ 33	24 ♈ 5	13 ♌ 37	4 ♒ 40	20 ♈ 44	5 ♍ 14	20 ♋ 9	25 ♑	2 ♑	28 ♋	20 ♈	22 ♉
6	14 ♉ 52	13 ♉ 25	23 ♓ 37	25 ♓ 11	18 ♈ 49	29 ♊ 23	24 ♈ 50	13 ♌ 42	4 ♒ 41	20 ♈ 48	5 ♍ 13	20 ♋ 10	25 ♑	2 ♑	29 ♋	21 ♈	22 ♉
7	15 ♉ 51	25 ♉ 20	23 ♓ 34	25 ♓ 2	19 ♈ 40	0 ♋ 11	25 ♈ 36	13 ♌ 47	4 ♒ 42	20 ♈ 51	5 ♍ 13	20 ♋ 11	25 ♑	2 ♑	29 ♋	21 ♈	22 ♉
8	16 ♉ 49	7 ♊ 21	23 ♓ 31	24 ♓ 52	20 ♈ 35	0 ♋ 59	26 ♈ 21	13 ♌ 52	4 ♒ 43	20 ♈ 54	5 ♍ 13	20 ♋ 11	26 ♑	2 ♑	0 ♌	22 ♈	23 ♉
9	17 ♉ 47	19 ♊ 28	23 ♓ 28	24 ♓ 42	21 ♈ 32	1 ♋ 46	27 ♈ 7	13 ♌ 57	4 ♒ 43	20 ♈ 57	5 ♍ 12	20 ♋ 12	26 ♑	2 ♑	0 ♌	22 ♈	23 ♉
10	18 ♉ 45	1 ♋ 45	23 ♓ 25	24 ♓ 33	22 ♈ 33	2 ♋ 33	27 ♈ 52	14 ♌ 3	4 ♒ 44	21 ♈ 0	5 ♍ 12	20 ♋ 13	26 ♑	2 ♑	0 ♌	23 ♈	23 ♉
11	19 ♉ 43	14 ♋ 13	23 ♓ 22	24 ♓ 26	23 ♈ 36	3 ♋ 18	28 ♈ 37	14 ♌ 8	4 ♒ 44	21 ♈ 3	5 ♍ 12	20 ♋ 14	26 ♑	1 ♑	1 ♌	23 ♈	23 ♉
12	20 ♉ 41	26 ♋ 54	23 ♓ 18	24 ♓ 21	24 ♈ 42	4 ♋ 3	29 ♈ 22	14 ♌ 14	4 ♒ 45	21 ♈ 6	5 ♍ 12	20 ♋ 15	26 ♑	1 ♑	1 ♌	23 ♈	23 ♉
13	21 ♉ 38	9 ♌ 51	23 ♓ 15	24 ♓ 19	25 ♈ 51	4 ♋ 46	0 ♉ 7	14 ♌ 19	4 ♒ 45	21 ♈ 10	5 ♍ 12	20 ♋ 16	26 ♑	1 ♑	1 ♌	24 ♈	23 ♉
14	22 ♉ 36	23 ♌ 6	23 ♓ 12	24 D 18	27 ♈ 3	5 ♋ 28	0 ♉ 52	14 ♌ 25	4 ♒ 45	21 ♈ 13	5 ♍ 11	20 ♋ 17	26 ♑	1 ♑	2 ♌	24 ♈	23 ♉
15	23 ♉ 34	6 ♍ 43	23 ♓ 9	24 ♓ 18	28 ♈ 17	6 ♋ 10	1 ♉ 37	14 ♌ 31	4 ♒ 45	21 ♈ 16	5 ♍ 11	20 ♋ 18	26 ♑	1 ♑	2 ♌	25 ♈	23 ♉
16	24 ♉ 32	20 ♍ 43	23 ♓ 6	24 ♓ 19	29 ♈ 34	6 ♋ 50	2 ♉ 22	14 ♌ 38	4 R 45	21 ♈ 19	5 ♍ 11	20 ♋ 19	26 ♑	1 ♑	2 ♌	25 ♈	23 ♉
17	25 ♉ 30	5 ♎ 7	23 ♓ 3	24 R 19	0 ♉ 53	7 ♋ 29	3 ♉ 7	14 ♌ 44	4 ♒ 45	21 ♈ 22	5 D 11	20 ♋ 20	26 ♑	0 ♑	3 ♌	26 ♈	23 ♉
18	26 ♉ 28	19 ♎ 51	22 ♓ 59	24 ♓ 16	2 ♉ 15	8 ♋ 7	3 ♉ 52	14 ♌ 51	4 ♒ 45	21 ♈ 25	5 ♍ 11	20 ♋ 21	26 ♑	0 ♑	3 ♌	26 ♈	23 ♉
19	27 ♉ 25	4 ♏ 52	22 ♓ 56	24 ♓ 12	3 ♉ 39	8 ♋ 44	4 ♉ 37	14 ♌ 57	4 ♒ 44	21 ♈ 27	5 ♍ 11	20 ♋ 22	26 ♑	0 ♑	4 ♌	27 ♈	23 ♉
20	28 ♉ 23	20 ♏ 1	22 ♓ 53	24 ♓ 4	5 ♉ 6	9 ♋ 20	5 ♉ 21	15 ♌ 4	4 ♒ 44	21 ♈ 30	5 ♍ 11	20 ♋ 23	26 ♑	0 ♑	4 ♌	27 ♈	23 ♉
21	29 ♉ 21	5 ♐ 9	22 ♓ 50	23 ♓ 55	6 ♉ 35	9 ♋ 54	6 ♉ 6	15 ♌ 11	4 ♒ 43	21 ♈ 33	5 ♍ 12	20 ♋ 24	26 ♑	0 ♑	4 ♌	27 ♈	23 ♉
22	0 ♊ 18	20 ♐ 5	22 ♓ 47	23 ♓ 46	8 ♉ 6	10 ♋ 27	6 ♉ 51	15 ♌ 18	4 ♒ 43	21 ♈ 36	5 ♍ 12	20 ♋ 25	26 R	29 ♐	5 ♌	28 ♈	24 ♉
23	1 ♊ 16	4 ♑ 41	22 ♓ 43	23 ♓ 36	9 ♉ 39	10 ♋ 58	7 ♉ 35	15 ♌ 25	4 ♒ 42	21 ♈ 39	5 ♍ 12	20 ♋ 26	26 ♑	29 ♐	5 ♌	28 ♈	24 ♉
24	2 ♊ 14	18 ♑ 51	22 ♓ 40	23 ♓ 28	11 ♉ 15	11 ♋ 28	8 ♉ 20	15 ♌ 32	4 ♒ 41	21 ♈ 42	5 ♍ 12	20 ♋ 27	26 ♑	29 ♐	5 ♌	29 ♈	24 ♉
25	3 ♊ 11	2 ♒ 31	22 ♓ 37	23 ♓ 23	12 ♉ 53	11 ♋ 57	9 ♉ 4	15 ♌ 40	4 ♒ 40	21 ♈ 45	5 ♍ 12	20 ♋ 28	26 ♑	29 ♐	6 ♌	29 ♈	24 ♉
26	4 ♊ 9	15 ♒ 42	22 ♓ 34	23 ♓ 19	14 ♉ 34	12 ♋ 24	9 ♉ 49	15 ♌ 47	4 ♒ 39	21 ♈ 47	5 ♍ 13	20 ♋ 29	26 ♑	29 ♐	6 ♌	0 ♉	24 ♉
27	5 ♊ 7	28 ♒ 27	22 ♓ 31	23 ♓ 18	16 ♉ 17	12 ♋ 49	10 ♉ 33	15 ♌ 55	4 ♒ 38	21 ♈ 50	5 ♍ 13	20 ♋ 31	26 ♑	28 ♐	7 ♌	0 ♉	24 ♉
28	6 ♊ 4	10 ♓ 50	22 ♓ 28	23 D 17	18 ♉ 2	13 ♋ 13	11 ♉ 17	16 ♌ 3	4 ♒ 37	21 ♈ 53	5 ♍ 13	20 ♋ 32	26 ♑	28 ♐	7 ♌	1 ♉	24 ♉
29	7 ♊ 2	22 ♓ 57	22 ♓ 24	23 ♓ 18	19 ♉ 49	13 ♋ 35	12 ♉ 2	16 ♌ 11	4 ♒ 36	21 ♈ 55	5 ♍ 14	20 ♋ 33	26 ♑	28 ♐	7 ♌	1 ♉	24 ♉
30	7 ♊ 59	4 ♈ 52	22 ♓ 21	23 R 17	21 ♉ 39	13 ♋ 55	12 ♉ 46	16 ♌ 19	4 ♒ 34	21 ♈ 58	5 ♍ 14	20 ♋ 34	26 ♑	28 ♐	8 ♌	1 ♉	24 ♉
31	8 ♊ 57	16 ♈ 41	22 ♓ 18	23 ♓ 15	23 ♉ 30	14 ♋ 13	13 ♉ 30	16 ♌ 27	4 ♒ 33	22 ♈ 1	5 ♍ 15	20 ♋ 35	26 ♑	27 ♐	8 ♌	2 ♉	24 ♉

SUN INGRESS	☉ → ♊ 21日 16:07
MOON PHASE	● 6日 03:11 ♉ ◐ 13日 23:02 ♌ ○ 20日 14:09 ♏ ◑ 27日 13:54 ♓

aspects

4日	16:27	☉□♃
7日	13:46	☿□♇
8日	08:40	☿☌♅
11日	13:12	☉⚹♇
13日	14:20	♀⚹♆
19日	04:03	♂□♄
19日	18:04	♀□♄
19日	18:36	♂△♆
20日	01:35	☿△♆
20日	08:45	☿☌♂
24日	04:38	☿⚹♀
26日	12:25	☉△♄
26日	18:37	♀□♃
27日	02:41	☉□♆
29日	09:48	☿⚹♇

1932年6月

DAY	☉	☽	☊ mean	☊ true	☿	♀	♂	♃	♄	♅	♆	♇	⚳	⚴	⚵	⚶	⚷
	° ′	° ′	° ′	° ′	° ′	° ′	° ′	° ′	° ′	° ′	° ′	° ′	°	°	°	°	°
1	9 ♊ 54	28 ♈ 29	22 ♓ 15	23 R 10	25 D 25	14 D 29	14 D 14	16 D 35	4 R 31	22 D 3	5 D 15	20 D 37	26 R	27 R	8 D	2 D	24 D
2	10 ♊ 52	10 ♉ 18	22 ♓ 12	23 ♓ 3	27 ♉ 21	14 ♋ 44	14 ♉ 58	16 ♌ 44	4 ♒ 30	22 ♈ 6	5 ♍ 16	20 ♋ 38	26 ♑	27 ♐	9 ♌	3 ♉	24 ♉
3	11 ♊ 49	22 ♉ 13	22 ♓ 9	22 ♓ 53	29 ♉ 19	14 ♋ 56	15 ♉ 42	16 ♌ 52	4 ♒ 28	22 ♈ 8	5 ♍ 16	20 ♋ 39	26 ♑	27 ♐	9 ♌	3 ♉	24 ♉
4	12 ♊ 47	4 ♊ 15	22 ♓ 5	22 ♓ 41	1 ♊ 20	15 ♋ 6	16 ♉ 26	17 ♌ 1	4 ♒ 26	22 ♈ 11	5 ♍ 17	20 ♋ 41	25 ♑	26 ♐	10 ♌	4 ♉	24 ♉
5	13 ♊ 44	16 ♊ 26	22 ♓ 2	22 ♓ 28	3 ♊ 22	15 ♋ 15	17 ♉ 10	17 ♌ 10	4 ♒ 24	22 ♈ 13	5 ♍ 17	20 ♋ 42	25 ♑	26 ♐	10 ♌	4 ♉	25 ♉
6	14 ♊ 42	28 ♊ 47	21 ♓ 59	22 ♓ 14	5 ♊ 26	15 ♋ 21	17 ♉ 54	17 ♌ 19	4 ♒ 22	22 ♈ 16	5 ♍ 18	20 ♋ 43	25 ♑	26 ♐	10 ♌	4 ♉	25 ♉
7	15 ♊ 39	11 ♋ 17	21 ♓ 56	22 ♓ 2	7 ♊ 32	15 ♋ 24	18 ♉ 38	17 ♌ 28	4 ♒ 20	22 ♈ 18	5 ♍ 19	20 ♋ 45	25 ♑	25 ♐	11 ♌	5 ♉	25 ♉
8	16 ♊ 36	23 ♋ 59	21 ♓ 53	21 ♓ 52	9 ♊ 40	15 ♋ 26	19 ♉ 21	17 ♌ 37	4 ♒ 18	22 ♈ 20	5 ♍ 19	20 ♋ 46	25 ♑	25 ♐	11 ♌	5 ♉	25 ♉
9	17 ♊ 34	6 ♌ 52	21 ♓ 49	21 ♓ 45	11 ♊ 49	15 R 25	20 ♉ 5	17 ♌ 46	4 ♒ 16	22 ♈ 23	5 ♍ 20	20 ♋ 47	25 ♑	25 ♐	12 ♌	6 ♉	25 ♉
10	18 ♊ 31	19 ♌ 58	21 ♓ 46	21 ♓ 40	13 ♊ 59	15 ♋ 21	20 ♉ 49	17 ♌ 55	4 ♒ 13	22 ♈ 25	5 ♍ 21	20 ♋ 49	25 ♑	25 ♐	12 ♌	6 ♉	25 ♉
11	19 ♊ 29	3 ♍ 17	21 ♓ 43	21 ♓ 38	16 ♊ 10	15 ♋ 16	21 ♉ 32	18 ♌ 4	4 ♒ 11	22 ♈ 27	5 ♍ 22	20 ♋ 50	25 ♑	24 ♐	12 ♌	6 ♉	25 ♉
12	20 ♊ 26	16 ♍ 53	21 ♓ 40	21 ♓ 38	18 ♊ 21	15 ♋ 8	22 ♉ 16	18 ♌ 14	4 ♒ 8	22 ♈ 29	5 ♍ 22	20 ♋ 51	25 ♑	24 ♐	13 ♌	7 ♉	25 ♉
13	21 ♊ 23	0 ♎ 45	21 ♓ 37	21 ♓ 37	20 ♊ 33	14 ♋ 57	22 ♉ 59	18 ♌ 24	4 ♒ 6	22 ♈ 31	5 ♍ 23	20 ♋ 53	25 ♑	24 ♐	13 ♌	7 ♉	25 ♉
14	22 ♊ 21	14 ♎ 56	21 ♓ 34	21 ♓ 37	22 ♊ 45	14 ♋ 44	23 ♉ 42	18 ♌ 33	4 ♒ 3	22 ♈ 33	5 ♍ 24	20 ♋ 54	24 ♑	23 ♐	14 ♌	8 ♉	25 ♉
15	23 ♊ 18	29 ♎ 23	21 ♓ 30	21 ♓ 34	24 ♊ 57	14 ♋ 29	24 ♉ 26	18 ♌ 43	4 ♒ 0	22 ♈ 35	5 ♍ 25	20 ♋ 56	24 ♑	23 ♐	14 ♌	8 ♉	25 ♉
16	24 ♊ 15	14 ♏ 5	21 ♓ 27	21 ♓ 28	27 ♊ 8	14 ♋ 11	25 ♉ 9	18 ♌ 53	3 ♒ 57	22 ♈ 38	5 ♍ 26	20 ♋ 57	24 ♑	23 ♐	14 ♌	9 ♉	25 ♉
17	25 ♊ 12	28 ♏ 54	21 ♓ 24	21 ♓ 20	29 ♊ 19	13 ♋ 51	25 ♉ 52	19 ♌ 3	3 ♒ 55	22 ♈ 40	5 ♍ 27	20 ♋ 59	24 ♑	22 ♐	15 ♌	9 ♉	25 ♉
18	26 ♊ 10	13 ♐ 45	21 ♓ 21	21 ♓ 10	1 ♋ 29	13 ♋ 29	26 ♉ 35	19 ♌ 13	3 ♒ 52	22 ♈ 41	5 ♍ 28	21 ♋ 0	24 ♑	22 ♐	15 ♌	9 ♉	25 ♉
19	27 ♊ 7	28 ♐ 28	21 ♓ 18	20 ♓ 59	3 ♋ 37	13 ♋ 4	27 ♉ 18	19 ♌ 23	3 ♒ 49	22 ♈ 43	5 ♍ 29	21 ♋ 1	24 ♑	22 ♐	16 ♌	10 ♉	25 ♉
20	28 ♊ 4	12 ♑ 55	21 ♓ 15	20 ♓ 48	5 ♋ 44	12 ♋ 38	28 ♉ 1	19 ♌ 33	3 ♒ 45	22 ♈ 45	5 ♍ 30	21 ♋ 3	23 ♑	22 ♐	16 ♌	10 ♉	25 ♉
21	29 ♊ 1	27 ♑ 0	21 ♓ 11	20 ♓ 39	7 ♋ 50	12 ♋ 9	28 ♉ 44	19 ♌ 43	3 ♒ 42	22 ♈ 47	5 ♍ 31	21 ♋ 4	23 ♑	21 ♐	16 ♌	11 ♉	26 ♉
22	29 ♊ 59	10 ♒ 39	21 ♓ 8	20 ♓ 31	9 ♋ 54	11 ♋ 39	29 ♉ 27	19 ♌ 54	3 ♒ 39	22 ♈ 49	5 ♍ 32	21 ♋ 6	23 ♑	21 ♐	17 ♌	11 ♉	26 ♉
23	0 ♋ 56	23 ♒ 51	21 ♓ 5	20 ♓ 27	11 ♋ 56	11 ♋ 7	0 ♊ 10	20 ♌ 4	3 ♒ 36	22 ♈ 51	5 ♍ 33	21 ♋ 7	23 ♑	21 ♐	17 ♌	11 ♉	26 ♉
24	1 ♋ 53	6 ♓ 39	21 ♓ 2	20 ♓ 24	13 ♋ 57	10 ♋ 34	0 ♊ 52	20 ♌ 15	3 ♒ 32	22 ♈ 52	5 ♍ 35	21 ♋ 9	23 ♑	21 ♐	18 ♌	12 ♉	26 ♉
25	2 ♋ 50	19 ♓ 4	20 ♓ 59	20 ♓ 24	15 ♋ 55	9 ♋ 59	1 ♊ 35	20 ♌ 26	3 ♒ 29	22 ♈ 54	5 ♍ 36	21 ♋ 10	23 ♑	20 ♐	18 ♌	12 ♉	26 ♉
26	3 ♋ 47	1 ♈ 13	20 ♓ 55	20 D 24	17 ♋ 52	9 ♋ 24	2 ♊ 18	20 ♌ 36	3 ♒ 25	22 ♈ 56	5 ♍ 37	21 ♋ 12	22 ♑	20 ♐	18 ♌	13 ♉	26 ♉
27	4 ♋ 45	13 ♈ 10	20 ♓ 52	20 R 24	19 ♋ 46	8 ♋ 47	3 ♊ 0	20 ♌ 47	3 ♒ 22	22 ♈ 57	5 ♍ 38	21 ♋ 14	22 ♑	20 ♐	19 ♌	13 ♉	26 ♉
28	5 ♋ 42	25 ♈ 0	20 ♓ 49	20 ♓ 22	21 ♋ 38	8 ♋ 10	3 ♊ 43	20 ♌ 58	3 ♒ 18	22 ♈ 59	5 ♍ 40	21 ♋ 15	22 ♑	19 ♐	19 ♌	13 ♉	26 ♉
29	6 ♋ 39	6 ♉ 50	20 ♓ 46	20 ♓ 18	23 ♋ 28	7 ♋ 33	4 ♊ 25	21 ♌ 9	3 ♒ 14	23 ♈ 0	5 ♍ 41	21 ♋ 17	22 ♑	19 ♐	20 ♌	14 ♉	26 ♉
30	7 ♋ 36	18 ♉ 42	20 ♓ 43	20 ♓ 12	25 ♋ 16	6 ♋ 55	5 ♊ 8	21 ♌ 20	3 ♒ 11	23 ♈ 2	5 ♍ 42	21 ♋ 18	22 ♑	19 ♐	20 ♌	14 ♉	26 ♉

SUN INGRESS	☉ → ♋ 22日 00:23
MOON PHASE	● 4日 18:16 ♊ ◐ 12日 06:39 ♍ ○ 18日 21:38 ♐ ◑ 26日 05:36 ♈

aspects

1日	12:31	♀⚹♂
4日	23:46	♂□♃
5日	11:51	☿△♄
5日	22:22	☿□♆
9日	05:56	☉⚹♃
10日	00:02	♂⚹♇
11日	22:36	☿⚹♃
13日	16:09	☉☌☿
13日	21:52	☿⚹♅
14日	05:35	☉⚹♅
19日	21:16	☿⚹♆
22日	16:22	☿☌♀
27日	11:11	♂△♄
27日	18:58	♀☌♇
27日	22:58	☉⚹♆
28日	17:44	♀□♅
29日	13:39	☉☌♀
30日	20:13	♂□♆

1932年7月

DAY	☉	☽	☊ mean	☊ true	☿	♀	♂	♃	♄	♅	♆	♇	⚳	⚴	⚵	⚶	⚷
	° ′	° ′	° ′	° ′	° ′	° ′	° ′	° ′	° ′	° ′	° ′	° ′	°	°	°	°	°
1	8 ♋ 34	0 ♊ 42	20 ♓ 40	20 R 4	27 D 2	6 R 18	5 D 50	21 D 31	3 R 7	23 D 3	5 D 44	21 D 20	21 R	19 R	20 D	14 D	26 D
2	9 ♋ 31	12 ♊ 52	20 ♓ 36	19 ♓ 53	28 ♋ 46	5 ♋ 41	6 ♊ 32	21 ♌ 42	3 ♒ 3	23 ♈ 4	5 ♍ 45	21 ♋ 21	21 ♑	18 ♐	21 ♌	15 ♉	26 ♉
3	10 ♋ 28	25 ♊ 14	20 ♓ 33	19 ♓ 41	0 ♌ 28	5 ♋ 5	7 ♊ 14	21 ♌ 53	2 ♒ 59	23 ♈ 6	5 ♍ 46	21 ♋ 23	21 ♑	18 ♐	21 ♌	15 ♉	26 ♉
4	11 ♋ 25	7 ♋ 50	20 ♓ 30	19 ♓ 29	2 ♌ 7	4 ♋ 29	7 ♊ 57	22 ♌ 5	2 ♒ 55	23 ♈ 7	5 ♍ 48	21 ♋ 24	21 ♑	18 ♐	22 ♌	16 ♉	26 ♉
5	12 ♋ 22	20 ♋ 38	20 ♓ 27	19 ♓ 18	3 ♌ 45	3 ♋ 54	8 ♊ 39	22 ♌ 16	2 ♒ 51	23 ♈ 8	5 ♍ 49	21 ♋ 26	21 ♑	18 ♐	22 ♌	16 ♉	26 ♉
6	13 ♋ 20	3 ♌ 38	20 ♓ 24	19 ♓ 9	5 ♌ 20	3 ♋ 21	9 ♊ 21	22 ♌ 27	2 ♒ 47	23 ♈ 9	5 ♍ 51	21 ♋ 28	20 ♑	17 ♐	22 ♌	16 ♉	26 ♉
7	14 ♋ 17	16 ♌ 51	20 ♓ 21	19 ♓ 3	6 ♌ 53	2 ♋ 49	10 ♊ 3	22 ♌ 39	2 ♒ 43	23 ♈ 10	5 ♍ 52	21 ♋ 29	20 ♑	17 ♐	23 ♌	17 ♉	26 ♉
8	15 ♋ 14	0 ♍ 15	20 ♓ 17	18 ♓ 59	8 ♌ 24	2 ♋ 18	10 ♊ 45	22 ♌ 50	2 ♒ 39	23 ♈ 12	5 ♍ 54	21 ♋ 31	20 ♑	17 ♐	23 ♌	17 ♉	27 ♉
9	16 ♋ 11	13 ♍ 49	20 ♓ 14	18 ♓ 58	9 ♌ 52	1 ♋ 50	11 ♊ 26	23 ♌ 2	2 ♒ 35	23 ♈ 13	5 ♍ 55	21 ♋ 32	20 ♑	17 ♐	24 ♌	18 ♉	27 ♉
10	17 ♋ 9	27 ♍ 34	20 ♓ 11	18 D 58	11 ♌ 19	1 ♋ 23	12 ♊ 8	23 ♌ 14	2 ♒ 31	23 ♈ 14	5 ♍ 57	21 ♋ 34	19 ♑	17 ♐	24 ♌	18 ♉	27 ♉
11	18 ♋ 6	11 ♎ 29	20 ♓ 8	18 ♓ 58	12 ♌ 43	0 ♋ 58	12 ♊ 50	23 ♌ 25	2 ♒ 26	23 ♈ 14	5 ♍ 58	21 ♋ 36	19 ♑	16 ♐	25 ♌	18 ♉	27 ♉
12	19 ♋ 3	25 ♎ 35	20 ♓ 5	18 R 58	14 ♌ 5	0 ♋ 35	13 ♊ 31	23 ♌ 37	2 ♒ 22	23 ♈ 15	6 ♍ 0	21 ♋ 37	19 ♑	16 ♐	25 ♌	19 ♉	27 ♉
13	20 ♋ 0	9 ♏ 50	20 ♓ 1	18 ♓ 57	15 ♌ 25	0 ♋ 15	14 ♊ 13	23 ♌ 49	2 ♒ 18	23 ♈ 16	6 ♍ 2	21 ♋ 39	19 ♑	16 ♐	25 ♌	19 ♉	27 ♉
14	20 ♋ 57	24 ♏ 12	19 ♓ 58	18 ♓ 53	16 ♌ 42	29 ♊ 56	14 ♊ 55	24 ♌ 1	2 ♒ 14	23 ♈ 17	6 ♍ 3	21 ♋ 40	19 ♑	16 ♐	26 ♌	19 ♉	27 ♉
15	21 ♋ 55	8 ♐ 38	19 ♓ 55	18 ♓ 47	17 ♌ 57	29 ♊ 40	15 ♊ 36	24 ♌ 13	2 ♒ 9	23 ♈ 18	6 ♍ 5	21 ♋ 42	18 ♑	16 ♐	26 ♌	20 ♉	27 ♉
16	22 ♋ 52	23 ♐ 4	19 ♓ 52	18 ♓ 39	19 ♌ 9	29 ♊ 27	16 ♊ 17	24 ♌ 25	2 ♒ 5	23 ♈ 18	6 ♍ 7	21 ♋ 44	18 ♑	16 ♐	27 ♌	20 ♉	27 ♉
17	23 ♋ 49	7 ♑ 22	19 ♓ 49	18 ♓ 31	20 ♌ 19	29 ♊ 15	16 ♊ 59	24 ♌ 37	2 ♒ 1	23 ♈ 19	6 ♍ 9	21 ♋ 45	18 ♑	15 ♐	27 ♌	20 ♉	27 ♉
18	24 ♋ 46	21 ♑ 28	19 ♓ 46	18 ♓ 22	21 ♌ 26	29 ♊ 7	17 ♊ 40	24 ♌ 49	1 ♒ 56	23 ♈ 20	6 ♍ 10	21 ♋ 47	18 ♑	15 ♐	27 ♌	21 ♉	27 ♉
19	25 ♋ 44	5 ♒ 17	19 ♓ 42	18 ♓ 15	22 ♌ 31	29 ♊ 0	18 ♊ 21	25 ♌ 1	1 ♒ 52	23 ♈ 20	6 ♍ 12	21 ♋ 48	17 ♑	15 ♐	28 ♌	21 ♉	27 ♉
20	26 ♋ 41	18 ♒ 45	19 ♓ 39	18 ♓ 10	23 ♌ 32	28 ♊ 56	19 ♊ 2	25 ♌ 13	1 ♒ 47	23 ♈ 21	6 ♍ 14	21 ♋ 50	17 ♑	15 ♐	28 ♌	21 ♉	27 ♉
21	27 ♋ 38	1 ♓ 51	19 ♓ 36	18 ♓ 6	24 ♌ 31	28 ♊ 54	19 ♊ 43	25 ♌ 26	1 ♒ 43	23 ♈ 21	6 ♍ 16	21 ♋ 52	17 ♑	15 ♐	29 ♌	22 ♉	27 ♉
22	28 ♋ 35	14 ♓ 35	19 ♓ 33	18 ♓ 5	25 ♌ 27	28 D 55	20 ♊ 24	25 ♌ 38	1 ♒ 38	23 ♈ 22	6 ♍ 18	21 ♋ 53	17 ♑	15 ♐	29 ♌	22 ♉	27 ♉
23	29 ♋ 33	27 ♓ 0	19 ♓ 30	18 D 5	26 ♌ 20	28 ♊ 58	21 ♊ 5	25 ♌ 50	1 ♒ 34	23 ♈ 22	6 ♍ 19	21 ♋ 55	17 ♑	15 ♐	29 ♌	22 ♉	27 ♉
24	0 ♌ 30	9 ♈ 9	19 ♓ 27	18 ♓ 6	27 ♌ 9	29 ♊ 3	21 ♊ 46	26 ♌ 3	1 ♒ 30	23 ♈ 22	6 ♍ 21	21 ♋ 56	16 ♑	15 ♐	0 ♍	23 ♉	27 ♉
25	1 ♌ 27	21 ♈ 8	19 ♓ 23	18 ♓ 8	27 ♌ 55	29 ♊ 11	22 ♊ 27	26 ♌ 15	1 ♒ 25	23 ♈ 22	6 ♍ 23	21 ♋ 58	16 ♑	14 ♐	0 ♍	23 ♉	27 ♉
26	2 ♌ 24	3 ♉ 0	19 ♓ 20	18 R 8	28 ♌ 38	29 ♊ 20	23 ♊ 8	26 ♌ 27	1 ♒ 21	23 ♈ 23	6 ♍ 25	22 ♋ 0	16 ♑	14 ♐	1 ♍	24 ♉	27 ♉
27	3 ♌ 22	14 ♉ 51	19 ♓ 17	18 ♓ 7	29 ♌ 17	29 ♊ 32	23 ♊ 48	26 ♌ 40	1 ♒ 16	23 ♈ 23	6 ♍ 27	22 ♋ 1	16 ♑	14 ♐	1 ♍	24 ♉	27 ♉
28	4 ♌ 19	26 ♉ 46	19 ♓ 14	18 ♓ 5	29 ♌ 52	29 ♊ 45	24 ♊ 29	26 ♌ 52	1 ♒ 12	23 ♈ 23	6 ♍ 29	22 ♋ 3	16 ♑	14 ♐	1 ♍	24 ♉	27 ♉
29	5 ♌ 16	8 ♊ 50	19 ♓ 11	18 ♓ 1	0 ♍ 23	0 ♋ 1	25 ♊ 9	27 ♌ 5	1 ♒ 7	23 ♈ 23	6 ♍ 31	22 ♋ 4	15 ♑	14 ♐	2 ♍	24 ♉	27 ♉
30	6 ♌ 14	21 ♊ 6	19 ♓ 7	17 ♓ 55	0 ♍ 50	0 ♋ 19	25 ♊ 50	27 ♌ 17	1 ♒ 3	23 R 23	6 ♍ 33	22 ♋ 6	15 ♑	14 ♐	2 ♍	25 ♉	28 ♉
31	7 ♌ 11	3 ♋ 36	19 ♓ 4	17 ♓ 48	1 ♍ 12	0 ♋ 38	26 ♊ 30	27 ♌ 30	0 ♒ 58	23 ♈ 23	6 ♍ 35	22 ♋ 7	15 ♑	14 ♐	3 ♍	25 ♉	28 ♉
SUN INGRESS	☉ → ♌ 23日 11:18																
MOON PHASE	● 4日 07:20 ♋	◐ 11日 12:07 ♎	○ 18日 06:06 ♑	◑ 25日 22:41 ♉													

aspects		
1日	21:34	♀⚹♆
4日	11:17	☿☍♄
9日	23:33	♃△♅
11日	03:53	☿⚹♂
14日	18:33	☉☌♇
16日	11:17	☉□♅
19日	19:18	☿△♅
22日	06:10	☿☌♃
24日	23:12	☉☍♄
26日	08:58	♂⚹♅
27日	16:03	☿⚹♀

1932年8月

DAY	☉	☽	☊ mean	☊ true	☿	♀	♂	♃	♄	♅	♆	♇	⚳	⚴	⚵	⚶	⚷
	° ′	° ′	° ′	° ′	° ′	° ′	° ′	° ′	° ′	° ′	° ′	° ′	°	°	°	°	°
1	8 ♌ 9	16 ♋ 24	19 ♓ 1	17 R 41	1 D 30	0 D 59	27 D 11	27 D 43	0 R 54	23 R 23	6 D 37	22 D 9	15 R	14 R	3 D	25 D	28 D
2	9 ♌ 6	29 ♋ 28	18 ♓ 58	17 ♓ 35	1 ♍ 43	1 ♋ 22	27 ♊ 51	27 ♌ 55	0 ♒ 50	23 ♈ 23	6 ♍ 39	22 ♋ 10	15 ♑	14 ♐	4 ♍	26 ♉	28 ♉
3	10 ♌ 4	12 ♌ 49	18 ♓ 55	17 ♓ 30	1 ♍ 51	1 ♋ 47	28 ♊ 31	28 ♌ 8	0 ♒ 45	23 ♈ 23	6 ♍ 41	22 ♋ 12	15 ♑	14 ♐	4 ♍	26 ♉	28 ♉
4	11 ♌ 1	26 ♌ 25	18 ♓ 52	17 ♓ 26	1 ♍ 54	2 ♋ 13	29 ♊ 11	28 ♌ 21	0 ♒ 41	23 ♈ 22	6 ♍ 43	22 ♋ 14	14 ♑	14 ♐	4 ♍	26 ♉	28 ♉
5	11 ♌ 59	10 ♍ 13	18 ♓ 48	17 ♓ 25	1 R 52	2 ♋ 41	29 ♊ 51	28 ♌ 34	0 ♒ 37	23 ♈ 22	6 ♍ 45	22 ♋ 15	14 ♑	14 ♐	5 ♍	27 ♉	28 ♉
6	12 ♌ 56	24 ♍ 11	18 ♓ 45	17 D 25	1 ♍ 44	3 ♋ 11	0 ♋ 31	28 ♌ 46	0 ♒ 32	23 ♈ 22	6 ♍ 47	22 ♋ 17	14 ♑	14 ♐	5 ♍	27 ♉	28 ♉
7	13 ♌ 54	8 ♎ 15	18 ♓ 42	17 ♓ 26	1 ♍ 32	3 ♋ 41	1 ♋ 11	28 ♌ 59	0 ♒ 28	23 ♈ 21	6 ♍ 49	22 ♋ 18	14 ♑	14 D	6 ♍	27 ♉	28 ♉
8	14 ♌ 51	22 ♎ 25	18 ♓ 39	17 ♓ 27	1 ♍ 14	4 ♋ 13	1 ♋ 51	29 ♌ 12	0 ♒ 24	23 ♈ 21	6 ♍ 51	22 ♋ 20	14 ♑	14 ♐	6 ♍	28 ♉	28 ♉
9	15 ♌ 49	6 ♏ 36	18 ♓ 36	17 ♓ 28	0 ♍ 50	4 ♋ 47	2 ♋ 31	29 ♌ 25	0 ♒ 19	23 ♈ 20	6 ♍ 53	22 ♋ 21	14 ♑	14 ♐	6 ♍	28 ♉	28 ♉
10	16 ♌ 46	20 ♏ 49	18 ♓ 32	17 R 28	0 ♍ 22	5 ♋ 22	3 ♋ 11	29 ♌ 38	0 ♒ 15	23 ♈ 20	6 ♍ 55	22 ♋ 23	14 ♑	14 ♐	7 ♍	28 ♉	28 ♉
11	17 ♌ 44	4 ♐ 59	18 ♓ 29	17 ♓ 27	29 ♌ 49	5 ♋ 58	3 ♋ 50	29 ♌ 51	0 ♒ 11	23 ♈ 19	6 ♍ 57	22 ♋ 24	13 ♑	14 ♐	7 ♍	28 ♉	28 ♉
12	18 ♌ 41	19 ♐ 6	18 ♓ 26	17 ♓ 25	29 ♌ 11	6 ♋ 35	4 ♋ 30	0 ♍ 4	0 ♒ 7	23 ♈ 19	7 ♍ 0	22 ♋ 25	13 ♑	14 ♐	8 ♍	29 ♉	28 ♉
13	19 ♌ 39	3 ♑ 7	18 ♓ 23	17 ♓ 22	28 ♌ 29	7 ♋ 13	5 ♋ 9	0 ♍ 17	0 ♒ 3	23 ♈ 18	7 ♍ 2	22 ♋ 27	13 ♑	14 ♐	8 ♍	29 ♉	28 ♉
14	20 ♌ 36	16 ♑ 58	18 ♓ 20	17 ♓ 18	27 ♌ 44	7 ♋ 53	5 ♋ 49	0 ♍ 30	29 ♑ 59	23 ♈ 17	7 ♍ 4	22 ♋ 28	13 ♑	14 ♐	8 ♍	29 ♉	28 ♉
15	21 ♌ 34	0 ♒ 37	18 ♓ 17	17 ♓ 14	26 ♌ 56	8 ♋ 33	6 ♋ 28	0 ♍ 43	29 ♑ 55	23 ♈ 17	7 ♍ 6	22 ♋ 30	13 ♑	14 ♐	9 ♍	0 ♊	28 ♉
16	22 ♌ 32	14 ♒ 2	18 ♓ 13	17 ♓ 11	26 ♌ 6	9 ♋ 15	7 ♋ 8	0 ♍ 56	29 ♑ 51	23 ♈ 16	7 ♍ 8	22 ♋ 31	13 ♑	14 ♐	9 ♍	0 ♊	28 ♉
17	23 ♌ 29	27 ♒ 10	18 ♓ 10	17 ♓ 8	25 ♌ 15	9 ♋ 58	7 ♋ 47	1 ♍ 9	29 ♑ 47	23 ♈ 15	7 ♍ 10	22 ♋ 33	13 ♑	14 ♐	10 ♍	0 ♊	28 ♉
18	24 ♌ 27	10 ♓ 2	18 ♓ 7	17 ♓ 7	24 ♌ 24	10 ♋ 41	8 ♋ 26	1 ♍ 22	29 ♑ 43	23 ♈ 14	7 ♍ 13	22 ♋ 34	13 ♑	14 ♐	10 ♍	0 ♊	28 ♉
19	25 ♌ 25	22 ♓ 37	18 ♓ 4	17 D 7	23 ♌ 34	11 ♋ 26	9 ♋ 5	1 ♍ 35	29 ♑ 39	23 ♈ 13	7 ♍ 15	22 ♋ 35	13 ♑	14 ♐	10 ♍	1 ♊	28 ♉
20	26 ♌ 23	4 ♈ 57	18 ♓ 1	17 ♓ 8	22 ♌ 45	12 ♋ 11	9 ♋ 44	1 ♍ 48	29 ♑ 36	23 ♈ 12	7 ♍ 17	22 ♋ 37	12 ♑	14 ♐	11 ♍	1 ♊	28 ♉
21	27 ♌ 20	17 ♈ 4	17 ♓ 58	17 ♓ 9	22 ♌ 0	12 ♋ 58	10 ♋ 23	2 ♍ 1	29 ♑ 32	23 ♈ 11	7 ♍ 19	22 ♋ 38	12 ♑	15 ♐	11 ♍	1 ♊	28 ♉
22	28 ♌ 18	29 ♈ 2	17 ♓ 54	17 ♓ 11	21 ♌ 18	13 ♋ 45	11 ♋ 2	2 ♍ 14	29 ♑ 28	23 ♈ 10	7 ♍ 21	22 ♋ 40	12 ♑	15 ♐	12 ♍	1 ♊	28 ♉
23	29 ♌ 16	10 ♉ 55	17 ♓ 51	17 ♓ 12	20 ♌ 42	14 ♋ 33	11 ♋ 41	2 ♍ 27	29 ♑ 25	23 ♈ 9	7 ♍ 23	22 ♋ 41	12 ♑	15 ♐	12 ♍	2 ♊	28 ♉
24	0 ♍ 14	22 ♉ 46	17 ♓ 48	17 ♓ 13	20 ♌ 11	15 ♋ 21	12 ♋ 19	2 ♍ 40	29 ♑ 21	23 ♈ 8	7 ♍ 26	22 ♋ 42	12 ♑	15 ♐	12 ♍	2 ♊	28 ♉
25	1 ♍ 12	4 ♊ 42	17 ♓ 45	17 R 13	19 ♌ 46	16 ♋ 11	12 ♋ 58	2 ♍ 53	29 ♑ 18	23 ♈ 7	7 ♍ 28	22 ♋ 43	12 ♑	15 ♐	13 ♍	2 ♊	28 ♉
26	2 ♍ 9	16 ♊ 46	17 ♓ 42	17 ♓ 13	19 ♌ 28	17 ♋ 1	13 ♋ 37	3 ♍ 6	29 ♑ 14	23 ♈ 5	7 ♍ 30	22 ♋ 45	12 ♑	15 ♐	13 ♍	2 ♊	28 ♉
27	3 ♍ 7	29 ♊ 3	17 ♓ 38	17 ♓ 11	19 ♌ 18	17 ♋ 52	14 ♋ 15	3 ♍ 19	29 ♑ 11	23 ♈ 4	7 ♍ 32	22 ♋ 46	12 ♑	15 ♐	14 ♍	3 ♊	28 ♉
28	4 ♍ 5	11 ♋ 36	17 ♓ 35	17 ♓ 10	19 D 16	18 ♋ 44	14 ♋ 54	3 ♍ 32	29 ♑ 8	23 ♈ 3	7 ♍ 35	22 ♋ 47	12 ♑	15 ♐	14 ♍	3 ♊	28 ♉
29	5 ♍ 3	24 ♋ 29	17 ♓ 32	17 ♓ 8	19 ♌ 21	19 ♋ 36	15 ♋ 32	3 ♍ 45	29 ♑ 5	23 ♈ 1	7 ♍ 37	22 ♋ 49	12 ♑	15 ♐	15 ♍	3 ♊	28 ♉
30	6 ♍ 1	7 ♌ 44	17 ♓ 29	17 ♓ 7	19 ♌ 35	20 ♋ 29	16 ♋ 10	3 ♍ 58	29 ♑ 2	23 ♈ 0	7 ♍ 39	22 ♋ 50	12 ♑	16 ♐	15 ♍	3 ♊	28 ♉
31	6 ♍ 59	21 ♌ 20	17 ♓ 26	17 ♓ 6	19 ♌ 58	21 ♋ 22	16 ♋ 49	4 ♍ 11	28 ♑ 59	22 ♈ 59	7 ♍ 41	22 ♋ 51	12 ♑	16 ♐	15 ♍	3 ♊	28 ♉
SUN INGRESS	☉ → ♍ 23日 18:06																
MOON PHASE	● 2日 18:42 ♌	◐ 9日 16:40 ♏	○ 16日 16:41 ♒	◑ 24日 16:21 ♊													

aspects		
2日	03:55	♂⚹♃
3日	04:25	☿⚹♀
7日	08:41	☿⚹♂
10日	22:58	☿☌♃
12日	16:26	♀⚹♆
16日	00:24	♂⚹♆
16日	18:06	☉△♅
17日	23:17	☉☌☿
19日	10:11	☿△♅
27日	06:08	☉☌♃
31日	17:58	☉☌♆

1932年9月

DAY	☉	☽	☊ mean	☊ true	☿	♀	♂	♃	♄	♅	♆	♇	⚳	⚴	⚵	⚶	⚷
	° ′	° ′	° ′	° ′	° ′	° ′	° ′	° ′	° ′	° ′	° ′	° ′	°	°	°	°	°
1	7 ♍ 58	5 ♍ 16	17 ♓ 23	17 R 5	20 D 28	22 D 16	17 D 27	4 D 24	28 R 56	22 R 57	7 D 43	22 D 52	12 R	16 D	16 D	4 D	28 D
2	8 ♍ 56	19 ♍ 29	17 ♓ 19	17 D 5	21 ♌ 7	23 ♋ 11	18 ♋ 5	4 ♍ 37	28 ♑ 53	22 ♈ 56	7 ♍ 46	22 ♋ 53	12 D	16 ♐	16 ♍	4 ♊	28 ♉
3	9 ♍ 54	3 ♎ 54	17 ♓ 16	17 ♓ 5	21 ♌ 54	24 ♋ 6	18 ♋ 43	4 ♍ 50	28 ♑ 50	22 ♈ 54	7 ♍ 48	22 ♋ 55	12 ♑	16 ♐	17 ♍	4 ♊	28 ♉
4	10 ♍ 52	18 ♎ 25	17 ♓ 13	17 ♓ 5	22 ♌ 48	25 ♋ 2	19 ♋ 21	5 ♍ 3	28 ♑ 47	22 ♈ 52	7 ♍ 50	22 ♋ 56	12 ♑	16 ♐	17 ♍	4 ♊	28 R
5	11 ♍ 50	2 ♏ 58	17 ♓ 10	17 ♓ 6	23 ♌ 49	25 ♋ 58	19 ♋ 59	5 ♍ 16	28 ♑ 44	22 ♈ 51	7 ♍ 52	22 ♋ 57	12 ♑	16 ♐	17 ♍	4 ♊	28 ♉
6	12 ♍ 48	17 ♏ 26	17 ♓ 7	17 ♓ 6	24 ♌ 57	26 ♋ 55	20 ♋ 36	5 ♍ 29	28 ♑ 42	22 ♈ 49	7 ♍ 55	22 ♋ 58	12 ♑	16 ♐	17 ♍	5 ♊	28 ♉
7	13 ♍ 47	1 ♐ 47	17 ♓ 4	17 ♓ 7	26 ♌ 12	27 ♋ 52	21 ♋ 14	5 ♍ 42	28 ♑ 39	22 ♈ 47	7 ♍ 57	22 ♋ 59	12 ♑	17 ♐	18 ♍	5 ♊	28 ♉
8	14 ♍ 45	15 ♐ 56	17 ♓ 0	17 R 7	27 ♌ 32	28 ♋ 50	21 ♋ 51	5 ♍ 55	28 ♑ 37	22 ♈ 46	7 ♍ 59	23 ♋ 0	12 ♑	17 ♐	19 ♍	5 ♊	28 ♉
9	15 ♍ 43	29 ♐ 53	16 ♓ 57	17 ♓ 7	28 ♌ 58	29 ♋ 48	22 ♋ 29	6 ♍ 8	28 ♑ 35	22 ♈ 44	8 ♍ 1	23 ♋ 1	12 ♑	17 ♐	19 ♍	5 ♊	28 ♉
10	16 ♍ 41	13 ♑ 36	16 ♓ 54	17 ♓ 7	0 ♍ 29	0 ♌ 47	23 ♋ 6	6 ♍ 21	28 ♑ 32	22 ♈ 42	8 ♍ 3	23 ♋ 2	12 ♑	17 ♐	19 ♍	5 ♊	28 ♉
11	17 ♍ 40	27 ♑ 4	16 ♓ 51	17 D 7	2 ♍ 4	1 ♌ 46	23 ♋ 44	6 ♍ 34	28 ♑ 30	22 ♈ 40	8 ♍ 6	23 ♋ 3	12 ♑	17 ♐	20 ♍	5 ♊	28 ♉
12	18 ♍ 38	10 ♒ 18	16 ♓ 48	17 ♓ 7	3 ♍ 42	2 ♌ 45	24 ♋ 21	6 ♍ 47	28 ♑ 28	22 ♈ 38	8 ♍ 8	23 ♋ 4	12 ♑	18 ♐	20 ♍	6 ♊	28 ♉
13	19 ♍ 36	23 ♒ 18	16 ♓ 44	17 ♓ 7	5 ♍ 24	3 ♌ 45	24 ♋ 58	7 ♍ 0	28 ♑ 26	22 ♈ 36	8 ♍ 10	23 ♋ 5	12 ♑	18 ♐	21 ♍	6 ♊	28 ♉
14	20 ♍ 35	6 ♓ 5	16 ♓ 41	17 ♓ 7	7 ♍ 9	4 ♌ 45	25 ♋ 35	7 ♍ 13	28 ♑ 24	22 ♈ 34	8 ♍ 12	23 ♋ 6	12 ♑	18 ♐	21 ♍	6 ♊	28 ♉
15	21 ♍ 33	18 ♓ 39	16 ♓ 38	17 R 7	8 ♍ 55	5 ♌ 46	26 ♋ 12	7 ♍ 26	28 ♑ 23	22 ♈ 33	8 ♍ 14	23 ♋ 7	12 ♑	18 ♐	21 ♍	6 ♊	28 ♉
16	22 ♍ 32	1 ♈ 0	16 ♓ 35	17 ♓ 7	10 ♍ 43	6 ♌ 46	26 ♋ 49	7 ♍ 39	28 ♑ 21	22 ♈ 31	8 ♍ 17	23 ♋ 8	13 ♑	18 ♐	22 ♍	6 ♊	28 ♉
17	23 ♍ 30	13 ♈ 12	16 ♓ 32	17 ♓ 7	12 ♍ 33	7 ♌ 48	27 ♋ 26	7 ♍ 51	28 ♑ 19	22 ♈ 28	8 ♍ 19	23 ♋ 9	13 ♑	19 ♐	22 ♍	6 ♊	28 ♉
18	24 ♍ 29	25 ♈ 14	16 ♓ 29	17 ♓ 6	14 ♍ 24	8 ♌ 50	28 ♋ 3	8 ♍ 4	28 ♑ 18	22 ♈ 26	8 ♍ 21	23 ♋ 10	13 ♑	19 ♐	23 ♍	6 ♊	28 ♉
19	25 ♍ 27	7 ♉ 9	16 ♓ 25	17 ♓ 5	16 ♍ 15	9 ♌ 52	28 ♋ 39	8 ♍ 17	28 ♑ 16	22 ♈ 24	8 ♍ 23	23 ♋ 11	13 ♑	19 ♐	23 ♍	6 ♊	28 ♉
20	26 ♍ 26	19 ♉ 1	16 ♓ 22	17 ♓ 3	18 ♍ 7	10 ♌ 54	29 ♋ 16	8 ♍ 30	28 ♑ 15	22 ♈ 22	8 ♍ 25	23 ♋ 12	13 ♑	19 ♐	23 ♍	7 ♊	28 ♉
21	27 ♍ 25	0 ♊ 52	16 ♓ 19	17 ♓ 2	19 ♍ 58	11 ♌ 57	29 ♋ 52	8 ♍ 42	28 ♑ 14	22 ♈ 20	8 ♍ 27	23 ♋ 13	13 ♑	20 ♐	24 ♍	7 ♊	28 ♉
22	28 ♍ 23	12 ♊ 47	16 ♓ 16	17 ♓ 1	21 ♍ 50	13 ♌ 0	0 ♌ 29	8 ♍ 55	28 ♑ 13	22 ♈ 18	8 ♍ 29	23 ♋ 13	13 ♑	20 ♐	24 ♍	7 ♊	28 ♉
23	29 ♍ 22	24 ♊ 49	16 ♓ 13	17 ♓ 1	23 ♍ 41	14 ♌ 3	1 ♌ 5	9 ♍ 8	28 ♑ 12	22 ♈ 16	8 ♍ 32	23 ♋ 14	13 ♑	20 ♐	25 ♍	7 ♊	28 ♉
24	0 ♎ 21	7 ♋ 3	16 ♓ 10	17 D 1	25 ♍ 32	15 ♌ 7	1 ♌ 41	9 ♍ 20	28 ♑ 11	22 ♈ 14	8 ♍ 34	23 ♋ 15	13 ♑	20 ♐	25 ♍	7 ♊	28 ♉
25	1 ♎ 20	19 ♋ 34	16 ♓ 6	17 ♓ 1	27 ♍ 23	16 ♌ 11	2 ♌ 17	9 ♍ 33	28 ♑ 10	22 ♈ 11	8 ♍ 36	23 ♋ 16	13 ♑	20 ♐	25 ♍	7 ♊	28 ♉
26	2 ♎ 19	2 ♌ 25	16 ♓ 3	17 ♓ 2	29 ♍ 13	17 ♌ 15	2 ♌ 53	9 ♍ 46	28 ♑ 9	22 ♈ 9	8 ♍ 38	23 ♋ 16	14 ♑	21 ♐	26 ♍	7 ♊	28 ♉
27	3 ♎ 17	15 ♌ 40	16 ♓ 0	17 ♓ 4	1 ♎ 2	18 ♌ 19	3 ♌ 29	9 ♍ 58	28 ♑ 8	22 ♈ 7	8 ♍ 40	23 ♋ 17	14 ♑	21 ♐	26 ♍	7 ♊	28 ♉
28	4 ♎ 16	29 ♌ 21	15 ♓ 57	17 ♓ 5	2 ♎ 51	19 ♌ 24	4 ♌ 5	10 ♍ 11	28 ♑ 8	22 ♈ 5	8 ♍ 42	23 ♋ 18	14 ♑	21 ♐	26 ♍	7 ♊	28 ♉
29	5 ♎ 15	13 ♍ 27	15 ♓ 54	17 ♓ 5	4 ♎ 38	20 ♌ 29	4 ♌ 41	10 ♍ 23	28 ♑ 7	22 ♈ 2	8 ♍ 44	23 ♋ 18	14 ♑	21 ♐	27 ♍	7 ♊	28 ♉
30	6 ♎ 14	27 ♍ 56	15 ♓ 50	17 R 5	6 ♎ 25	21 ♌ 35	5 ♌ 16	10 ♍ 35	28 ♑ 7	22 ♈ 0	8 ♍ 46	23 ♋ 19	14 ♑	22 ♐	27 ♍	7 ♊	28 ♉

SUN INGRESS	☉ → ♎ 23日 15:16
MOON PHASE	● 1日 04:55 ♍　◐ 7日 21:49 ♐　○ 15日 06:06 ♓　◑ 23日 09:47 ♊　● 30日 14:30 ♎

aspects

1日	16:06	♀☌♇
1日	17:22	♀□♅
2日	18:27	♅□♇
4日	01:53	☿△♅
7日	18:53	♀☍♄
9日	09:06	♂□♅
9日	21:20	♂☌♇
14日	01:08	☿☌♃
14日	14:41	☿☌♆
16日	15:10	☉⚹♇
18日	09:30	♂☍♄
19日	13:41	♃☌♆
21日	19:39	☉△♄
22日	18:06	☿⚹♇
25日	10:08	☿△♄
27日	12:23	☉⚹♂
29日	00:52	☿⚹♂
29日	18:29	☉☌☿
30日	09:00	♀△♅

1932年10月

DAY	☉	☽	☊ mean	☊ true	☿	♀	♂	♃	♄	♅	♆	♇	⚳	⚴	⚵	⚶	⚷
	° ′	° ′	° ′	° ′	° ′	° ′	° ′	° ′	° ′	° ′	° ′	° ′	°	°	°	°	°
1	7 ♎ 13	12 ♎ 43	15 ♓ 47	17 R 4	8 D 11	22 D 40	5 D 52	10 D 48	28 R 7	21 R 58	8 D 48	23 D 20	14 D	22 D	28 D	7 D	28 R
2	8 ♎ 12	27 ♎ 40	15 ♓ 44	17 ♓ 2	9 ♎ 57	23 ♌ 46	6 ♌ 27	11 ♍ 0	28 ♑ 6	21 ♈ 55	8 ♍ 50	23 ♋ 20	14 ♑	22 ♐	28 ♍	7 ♊	28 ♉
3	9 ♎ 11	12 ♏ 38	15 ♓ 41	16 ♓ 59	11 ♎ 41	24 ♌ 52	7 ♌ 3	11 ♍ 12	28 ♑ 6	21 ♈ 53	8 ♍ 52	23 ♋ 21	15 ♑	22 ♐	28 ♍	7 ♊	28 ♉
4	10 ♎ 10	27 ♏ 31	15 ♓ 38	16 ♓ 56	13 ♎ 25	25 ♌ 58	7 ♌ 38	11 ♍ 25	28 D 6	21 ♈ 51	8 ♍ 54	23 ♋ 21	15 ♑	23 ♐	29 ♍	7 ♊	28 ♉
5	11 ♎ 10	12 ♐ 9	15 ♓ 35	16 ♓ 53	15 ♎ 7	27 ♌ 5	8 ♌ 13	11 ♍ 37	28 ♑ 7	21 ♈ 48	8 ♍ 56	23 ♋ 22	15 ♑	23 ♐	29 ♍	7 R	28 ♉
6	12 ♎ 9	26 ♐ 28	15 ♓ 31	16 ♓ 51	16 ♎ 49	28 ♌ 11	8 ♌ 48	11 ♍ 49	28 ♑ 7	21 ♈ 46	8 ♍ 58	23 ♋ 22	15 ♑	23 ♐	0 ♎	7 ♊	28 ♉
7	13 ♎ 8	10 ♑ 26	15 ♓ 28	16 ♓ 51	18 ♎ 30	29 ♌ 18	9 ♌ 23	12 ♍ 1	28 ♑ 7	21 ♈ 43	9 ♍ 0	23 ♋ 23	15 ♑	24 ♐	0 ♎	7 ♊	28 ♉
8	14 ♎ 7	24 ♑ 2	15 ♓ 25	16 D 51	20 ♎ 11	0 ♍ 25	9 ♌ 58	12 ♍ 13	28 ♑ 8	21 ♈ 41	9 ♍ 2	23 ♋ 23	16 ♑	24 ♐	0 ♎	7 ♊	28 ♉
9	15 ♎ 7	7 ♒ 17	15 ♓ 22	16 ♓ 52	21 ♎ 50	1 ♍ 33	10 ♌ 32	12 ♍ 25	28 ♑ 8	21 ♈ 39	9 ♍ 4	23 ♋ 24	16 ♑	24 ♐	1 ♎	7 ♊	28 ♉
10	16 ♎ 6	20 ♒ 14	15 ♓ 19	16 ♓ 54	23 ♎ 29	2 ♍ 40	11 ♌ 7	12 ♍ 37	28 ♑ 9	21 ♈ 36	9 ♍ 6	23 ♋ 24	16 ♑	24 ♐	1 ♎	7 ♊	28 ♉
11	17 ♎ 5	2 ♓ 55	15 ♓ 15	16 ♓ 55	25 ♎ 7	3 ♍ 48	11 ♌ 41	12 ♍ 49	28 ♑ 10	21 ♈ 34	9 ♍ 7	23 ♋ 24	16 ♑	25 ♐	2 ♎	7 ♊	27 ♉
12	18 ♎ 4	15 ♓ 22	15 ♓ 12	16 ♓ 56	26 ♎ 44	4 ♍ 56	12 ♌ 16	13 ♍ 0	28 ♑ 10	21 ♈ 31	9 ♍ 9	23 ♋ 25	16 ♑	25 ♐	2 ♎	7 ♊	27 ♉
13	19 ♎ 4	27 ♓ 39	15 ♓ 9	16 R 55	28 ♎ 21	6 ♍ 4	12 ♌ 50	13 ♍ 12	28 ♑ 11	21 ♈ 29	9 ♍ 11	23 ♋ 25	16 ♑	25 ♐	2 ♎	7 ♊	27 ♉
14	20 ♎ 3	9 ♈ 48	15 ♓ 6	16 ♓ 53	29 ♎ 57	7 ♍ 12	13 ♌ 24	13 ♍ 24	28 ♑ 12	21 ♈ 26	9 ♍ 13	23 ♋ 25	17 ♑	26 ♐	3 ♎	7 ♊	27 ♉
15	21 ♎ 3	21 ♈ 50	15 ♓ 3	16 ♓ 49	1 ♏ 32	8 ♍ 21	13 ♌ 58	13 ♍ 35	28 ♑ 14	21 ♈ 24	9 ♍ 15	23 ♋ 26	17 ♑	26 ♐	3 ♎	7 ♊	27 ♉
16	22 ♎ 2	3 ♉ 46	15 ♓ 0	16 ♓ 44	3 ♏ 6	9 ♍ 29	14 ♌ 32	13 ♍ 47	28 ♑ 15	21 ♈ 22	9 ♍ 16	23 ♋ 26	17 ♑	26 ♐	3 ♎	7 ♊	27 ♉
17	23 ♎ 2	15 ♉ 39	14 ♓ 56	16 ♓ 37	4 ♏ 40	10 ♍ 38	15 ♌ 6	13 ♍ 58	28 ♑ 16	21 ♈ 19	9 ♍ 18	23 ♋ 26	17 ♑	26 ♐	4 ♎	7 ♊	27 ♉
18	24 ♎ 1	27 ♉ 30	14 ♓ 53	16 ♓ 30	6 ♏ 14	11 ♍ 47	15 ♌ 39	14 ♍ 10	28 ♑ 18	21 ♈ 17	9 ♍ 20	23 ♋ 26	18 ♑	27 ♐	4 ♎	7 ♊	27 ♉
19	25 ♎ 1	9 ♊ 22	14 ♓ 50	16 ♓ 23	7 ♏ 46	12 ♍ 56	16 ♌ 13	14 ♍ 21	28 ♑ 19	21 ♈ 14	9 ♍ 21	23 ♋ 26	18 ♑	27 ♐	5 ♎	6 ♊	27 ♉
20	26 ♎ 0	21 ♊ 16	14 ♓ 47	16 ♓ 17	9 ♏ 18	14 ♍ 6	16 ♌ 46	14 ♍ 32	28 ♑ 21	21 ♈ 12	9 ♍ 23	23 ♋ 27	18 ♑	27 ♐	5 ♎	6 ♊	27 ♉
21	27 ♎ 0	3 ♋ 18	14 ♓ 44	16 ♓ 12	10 ♏ 50	15 ♍ 15	17 ♌ 19	14 ♍ 44	28 ♑ 22	21 ♈ 9	9 ♍ 25	23 ♋ 27	18 ♑	28 ♐	5 ♎	6 ♊	27 ♉
22	28 ♎ 0	15 ♋ 29	14 ♓ 41	16 ♓ 10	12 ♏ 20	16 ♍ 25	17 ♌ 52	14 ♍ 55	28 ♑ 24	21 ♈ 7	9 ♍ 26	23 ♋ 27	18 ♑	28 ♐	6 ♎	6 ♊	27 ♉
23	29 ♎ 0	27 ♋ 55	14 ♓ 37	16 ♓ 9	13 ♏ 51	17 ♍ 35	18 ♌ 25	15 ♍ 6	28 ♑ 26	21 ♈ 4	9 ♍ 28	23 ♋ 27	19 ♑	28 ♐	6 ♎	6 ♊	27 ♉
24	29 ♎ 59	10 ♌ 40	14 ♓ 34	16 D 9	15 ♏ 20	18 ♍ 45	18 ♌ 58	15 ♍ 17	28 ♑ 28	21 ♈ 2	9 ♍ 30	23 ♋ 27	19 ♑	29 ♐	6 ♎	6 ♊	27 ♉
25	0 ♏ 59	23 ♌ 48	14 ♓ 31	16 ♓ 11	16 ♏ 49	19 ♍ 55	19 ♌ 31	15 ♍ 28	28 ♑ 30	21 ♈ 0	9 ♍ 31	23 ♋ 27	19 ♑	29 ♐	7 ♎	6 ♊	27 ♉
26	1 ♏ 59	7 ♍ 23	14 ♓ 28	16 ♓ 12	18 ♏ 18	21 ♍ 5	20 ♌ 3	15 ♍ 38	28 ♑ 33	20 ♈ 57	9 ♍ 33	23 R 27	19 ♑	29 ♐	7 ♎	6 ♊	27 ♉
27	2 ♏ 59	21 ♍ 25	14 ♓ 25	16 R 12	19 ♏ 45	22 ♍ 16	20 ♌ 36	15 ♍ 49	28 ♑ 35	20 ♈ 55	9 ♍ 34	23 ♋ 27	20 ♑	29 ♐	7 ♎	5 ♊	27 ♉
28	3 ♏ 59	5 ♎ 56	14 ♓ 21	16 ♓ 10	21 ♏ 12	23 ♍ 26	21 ♌ 8	16 ♍ 0	28 ♑ 37	20 ♈ 53	9 ♍ 36	23 ♋ 27	20 ♑	0 ♑	8 ♎	5 ♊	27 ♉
29	4 ♏ 59	20 ♎ 50	14 ♓ 18	16 ♓ 6	22 ♏ 39	24 ♍ 37	21 ♌ 40	16 ♍ 10	28 ♑ 40	20 ♈ 50	9 ♍ 37	23 ♋ 27	20 ♑	0 ♑	8 ♎	5 ♊	27 ♉
30	5 ♏ 59	6 ♏ 1	14 ♓ 15	16 ♓ 0	24 ♏ 5	25 ♍ 48	22 ♌ 12	16 ♍ 21	28 ♑ 42	20 ♈ 48	9 ♍ 39	23 ♋ 27	20 ♑	0 ♑	9 ♎	5 ♊	27 ♉
31	6 ♏ 59	21 ♏ 18	14 ♓ 12	15 ♓ 53	25 ♏ 30	26 ♍ 59	22 ♌ 44	16 ♍ 31	28 ♑ 45	20 ♈ 46	9 ♍ 40	23 ♋ 26	21 ♑	1 ♑	9 ♎	5 ♊	27 ♉

SUN INGRESS	☉ → ♏ 24日 00:04
MOON PHASE	◐ 7日 05:05 ♑　○ 14日 22:18 ♈　◑ 23日 02:14 ♋　● 29日 23:56 ♏

aspects

8日	21:14	☿☍♅
9日	22:46	☿□♇
12日	21:36	☿□♄
15日	08:14	☉☍♅
15日	19:19	♀☌♆
17日	09:51	☉□♇
20日	01:20	☿⚹♆
20日	10:57	♀☌♃
22日	10:09	☉□♄
23日	22:58	☿⚹♃
27日	13:12	♂△♅
27日	22:05	☿□♂
28日	00:12	♀⚹♇
29日	13:18	♀△♇

1932年11月

DAY	☉	☽	☊ mean	☊ true	☿	♀	♂	♃	♄	♅	♆	♇	⚳	⚴	⚵	⚶	⚷
	° ′	° ′	° ′	° ′	° ′	° ′	° ′	° ′	° ′	° ′	° ′	° ′	°	°	°	°	°
1	7 ♏ 59	6 ♐ 31	14 ♓ 9	15 R 45	26 D 54	28 D 10	23 D 16	16 D 42	28 D 48	20 R 43	9 D 41	23 R 26	21 D	1 D	9 D	4 R	27 R
2	8 ♏ 59	21 ♐ 29	14 ♓ 6	15 ♓ 37	28 ♏ 18	29 ♍ 21	23 ♌ 47	16 ♍ 52	28 ♑ 51	20 ♈ 41	9 ♍ 43	23 ♋ 26	21 ♑	1 ♑	10 ♎	4 ♊	27 ♉
3	9 ♏ 59	6 ♑ 4	14 ♓ 2	15 ♓ 31	29 ♏ 41	0 ♎ 32	24 ♌ 18	17 ♍ 2	28 ♑ 54	20 ♈ 39	9 ♍ 44	23 ♋ 26	22 ♑	2 ♑	10 ♎	4 ♊	26 ♉
4	10 ♏ 59	20 ♑ 13	13 ♓ 59	15 ♓ 26	1 ♐ 3	1 ♎ 44	24 ♌ 50	17 ♍ 12	28 ♑ 57	20 ♈ 36	9 ♍ 45	23 ♋ 26	22 ♑	2 ♑	10 ♎	4 ♊	26 ♉
5	11 ♏ 59	3 ♒ 53	13 ♓ 56	15 ♓ 24	2 ♐ 24	2 ♎ 55	25 ♌ 21	17 ♍ 22	29 ♑ 0	20 ♈ 34	9 ♍ 46	23 ♋ 25	22 ♑	2 ♑	11 ♎	4 ♊	26 ♉
6	12 ♏ 59	17 ♒ 6	13 ♓ 53	15 D 24	3 ♐ 43	4 ♎ 7	25 ♌ 51	17 ♍ 32	29 ♑ 3	20 ♈ 32	9 ♍ 48	23 ♋ 25	22 ♑	3 ♑	11 ♎	3 ♊	26 ♉
7	14 ♏ 0	29 ♒ 56	13 ♓ 50	15 ♓ 25	5 ♐ 2	5 ♎ 18	26 ♌ 22	17 ♍ 41	29 ♑ 7	20 ♈ 30	9 ♍ 49	23 ♋ 25	23 ♑	3 ♑	12 ♎	3 ♊	26 ♉
8	15 ♏ 0	12 ♓ 27	13 ♓ 47	15 ♓ 26	6 ♐ 19	6 ♎ 30	26 ♌ 53	17 ♍ 51	29 ♑ 10	20 ♈ 28	9 ♍ 50	23 ♋ 24	23 ♑	3 ♑	12 ♎	3 ♊	26 ♉
9	16 ♏ 0	24 ♓ 44	13 ♓ 43	15 R 25	7 ♐ 35	7 ♎ 42	27 ♌ 23	18 ♍ 1	29 ♑ 13	20 ♈ 25	9 ♍ 51	23 ♋ 24	23 ♑	4 ♑	12 ♎	3 ♊	26 ♉
10	17 ♏ 0	6 ♈ 49	13 ♓ 40	15 ♓ 23	8 ♐ 50	8 ♎ 54	27 ♌ 53	18 ♍ 10	29 ♑ 17	20 ♈ 23	9 ♍ 52	23 ♋ 24	23 ♑	4 ♑	13 ♎	3 ♊	26 ♉
11	18 ♏ 1	18 ♈ 48	13 ♓ 37	15 ♓ 18	10 ♐ 2	10 ♎ 6	28 ♌ 23	18 ♍ 19	29 ♑ 21	20 ♈ 21	9 ♍ 53	23 ♋ 23	24 ♑	4 ♑	13 ♎	2 ♊	26 ♉
12	19 ♏ 1	0 ♉ 42	13 ♓ 34	15 ♓ 10	11 ♐ 13	11 ♎ 18	28 ♌ 53	18 ♍ 28	29 ♑ 24	20 ♈ 19	9 ♍ 54	23 ♋ 23	24 ♑	5 ♑	13 ♎	2 ♊	26 ♉
13	20 ♏ 1	12 ♉ 35	13 ♓ 31	14 ♓ 59	12 ♐ 21	12 ♎ 31	29 ♌ 22	18 ♍ 38	29 ♑ 28	20 ♈ 17	9 ♍ 55	23 ♋ 22	24 ♑	5 ♑	14 ♎	2 ♊	26 ♉
14	21 ♏ 2	24 ♉ 26	13 ♓ 27	14 ♓ 47	13 ♐ 27	13 ♎ 43	29 ♌ 52	18 ♍ 47	29 ♑ 32	20 ♈ 15	9 ♍ 56	23 ♋ 22	25 ♑	5 ♑	14 ♎	2 ♊	26 ♉
15	22 ♏ 2	6 ♊ 19	13 ♓ 24	14 ♓ 34	14 ♐ 30	14 ♎ 56	0 ♍ 21	18 ♍ 55	29 ♑ 36	20 ♈ 13	9 ♍ 57	23 ♋ 21	25 ♑	6 ♑	14 ♎	1 ♊	26 ♉
16	23 ♏ 3	18 ♊ 14	13 ♓ 21	14 ♓ 21	15 ♐ 29	16 ♎ 8	0 ♍ 50	19 ♍ 4	29 ♑ 40	20 ♈ 11	9 ♍ 58	23 ♋ 21	25 ♑	6 ♑	15 ♎	1 ♊	26 ♉
17	24 ♏ 3	0 ♋ 14	13 ♓ 18	14 ♓ 9	16 ♐ 25	17 ♎ 21	1 ♍ 19	19 ♍ 13	29 ♑ 44	20 ♈ 9	9 ♍ 59	23 ♋ 20	26 ♑	6 ♑	15 ♎	1 ♊	26 ♉
18	25 ♏ 4	12 ♋ 19	13 ♓ 15	13 ♓ 59	17 ♐ 17	18 ♎ 34	1 ♍ 47	19 ♍ 21	29 ♑ 49	20 ♈ 7	10 ♍ 0	23 ♋ 20	26 ♑	7 ♑	15 ♎	1 ♊	26 ♉
19	26 ♏ 4	24 ♋ 32	13 ♓ 12	13 ♓ 52	18 ♐ 5	19 ♎ 46	2 ♍ 16	19 ♍ 30	29 ♑ 53	20 ♈ 6	10 ♍ 1	23 ♋ 19	26 ♑	7 ♑	16 ♎	0 ♊	26 ♉
20	27 ♏ 5	6 ♌ 58	13 ♓ 8	13 ♓ 48	18 ♐ 47	20 ♎ 59	2 ♍ 44	19 ♍ 38	29 ♑ 57	20 ♈ 4	10 ♍ 2	23 ♋ 19	27 ♑	7 ♑	16 ♎	0 ♊	26 ♉
21	28 ♏ 5	19 ♌ 39	13 ♓ 5	13 ♓ 46	19 ♐ 23	22 ♎ 12	3 ♍ 12	19 ♍ 46	0 ♒ 2	20 ♈ 2	10 ♍ 2	23 ♋ 18	27 ♑	8 ♑	16 ♎	0 ♊	26 ♉
22	29 ♏ 6	2 ♍ 39	13 ♓ 2	13 D 46	19 ♐ 53	23 ♎ 25	3 ♍ 39	19 ♍ 54	0 ♒ 6	20 ♈ 0	10 ♍ 3	23 ♋ 17	27 ♑	8 ♑	17 ♎	29 ♉	25 ♉
23	0 ♐ 7	16 ♍ 4	12 ♓ 59	13 R 46	20 ♐ 15	24 ♎ 38	4 ♍ 7	20 ♍ 2	0 ♒ 11	19 ♈ 59	10 ♍ 4	23 ♋ 17	27 ♑	8 ♑	17 ♎	29 ♉	25 ♉
24	1 ♐ 7	29 ♍ 55	12 ♓ 56	13 ♓ 45	20 ♐ 30	25 ♎ 52	4 ♍ 34	20 ♍ 10	0 ♒ 16	19 ♈ 57	10 ♍ 5	23 ♋ 16	28 ♑	9 ♑	17 ♎	29 ♉	25 ♉
25	2 ♐ 8	14 ♎ 14	12 ♓ 53	13 ♓ 42	20 ♐ 35	27 ♎ 5	5 ♍ 1	20 ♍ 17	0 ♒ 21	19 ♈ 55	10 ♍ 5	23 ♋ 15	28 ♑	9 ♑	18 ♎	29 ♉	25 ♉
26	3 ♐ 9	28 ♎ 58	12 ♓ 49	13 ♓ 37	20 R 31	28 ♎ 18	5 ♍ 28	20 ♍ 25	0 ♒ 25	19 ♈ 54	10 ♍ 6	23 ♋ 14	28 ♑	9 ♑	18 ♎	28 ♉	25 ♉
27	4 ♐ 10	14 ♏ 4	12 ♓ 46	13 ♓ 28	20 ♐ 16	29 ♎ 32	5 ♍ 54	20 ♍ 32	0 ♒ 30	19 ♈ 52	10 ♍ 6	23 ♋ 14	29 ♑	10 ♑	18 ♎	28 ♉	25 ♉
28	5 ♐ 10	29 ♏ 22	12 ♓ 43	13 ♓ 18	19 ♐ 51	0 ♏ 45	6 ♍ 21	20 ♍ 39	0 ♒ 35	19 ♈ 51	10 ♍ 7	23 ♋ 13	29 ♑	10 ♑	19 ♎	28 ♉	25 ♉
29	6 ♐ 11	14 ♐ 41	12 ♓ 40	13 ♓ 6	19 ♐ 14	1 ♏ 59	6 ♍ 46	20 ♍ 47	0 ♒ 40	19 ♈ 49	10 ♍ 7	23 ♋ 12	29 ♑	11 ♑	19 ♎	28 ♉	25 ♉
30	7 ♐ 12	29 ♐ 49	12 ♓ 37	12 ♓ 55	18 ♐ 27	3 ♏ 12	7 ♍ 12	20 ♍ 53	0 ♒ 46	19 ♈ 48	10 ♍ 8	23 ♋ 11	0 ♒	11 ♑	19 ♎	27 ♉	25 ♉

SUN INGRESS ☉ → ♐ 22日 21:10

MOON PHASE ◐ 5日 15:50 ♒ ○ 13日 16:28 ♉ ◑ 21日 16:58 ♌ ● 28日 09:43 ♐

aspects		
1日	13:26	♀△♄
2日	09:49	♀⚹♄
2日	17:51	☉⚹♆
10日	21:02	☿□♆
11日	08:42	☉⚹♃
16日	07:10	☉△♇
19日	06:11	♀☍♅
21日	21:25	♀□♇
22日	01:39	☿□♃
22日	06:34	☿△♅
23日	01:54	☉⚹♄
26日	07:30	☿□♃
27日	20:35	♀□♄
28日	00:11	♀△♅
30日	00:10	☉□♂

1932年12月

DAY	☉	☽	☊ mean	☊ true	☿	♀	♂	♃	♄	♅	♆	♇	⚳	⚴	⚵	⚶	⚷
	° ′	° ′	° ′	° ′	° ′	° ′	° ′	° ′	° ′	° ′	° ′	° ′	°	°	°	°	°
1	8 ♐ 13	14 ♑ 37	12 ♓ 33	12 R 45	17 R 30	4 D 26	7 D 38	21 D 0	0 D 51	19 R 46	10 D 8	23 R 10	0 D	11 D	20 D	27 R	25 R
2	9 ♐ 14	28 ♑ 57	12 ♓ 30	12 ♓ 38	16 ♐ 23	5 ♏ 40	8 ♍ 3	21 ♍ 7	0 ♒ 56	19 ♈ 45	10 ♍ 9	23 ♋ 10	0 ♒	12 ♑	20 ♎	27 ♉	25 ♉
3	10 ♐ 14	12 ♒ 47	12 ♓ 27	12 ♓ 33	15 ♐ 9	6 ♏ 53	8 ♍ 28	21 ♍ 13	1 ♒ 1	19 ♈ 44	10 ♍ 9	23 ♋ 9	1 ♒	12 ♑	20 ♎	27 ♉	25 ♉
4	11 ♐ 15	26 ♒ 7	12 ♓ 24	12 ♓ 31	13 ♐ 49	8 ♏ 7	8 ♍ 52	21 ♍ 20	1 ♒ 7	19 ♈ 42	10 ♍ 9	23 ♋ 8	1 ♒	12 ♑	21 ♎	26 ♉	25 ♉
5	12 ♐ 16	9 ♓ 0	12 ♓ 21	12 ♓ 31	12 ♐ 17	9 ♏ 21	9 ♍ 16	21 ♍ 26	1 ♒ 12	19 ♈ 41	10 ♍ 10	23 ♋ 7	1 ♒	13 ♑	21 ♎	26 ♉	25 ♉
6	13 ♐ 17	21 ♓ 31	12 ♓ 18	12 ♓ 31	11 ♐ 4	10 ♏ 35	9 ♍ 40	21 ♍ 32	1 ♒ 18	19 ♈ 40	10 ♍ 10	23 ♋ 6	2 ♒	13 ♑	21 ♎	26 ♉	25 ♉
7	14 ♐ 18	3 ♈ 45	12 ♓ 14	12 ♓ 30	9 ♐ 44	11 ♏ 49	10 ♍ 4	21 ♍ 38	1 ♒ 23	19 ♈ 39	10 ♍ 10	23 ♋ 5	2 ♒	13 ♑	22 ♎	26 ♉	25 ♉
8	15 ♐ 19	15 ♈ 46	12 ♓ 11	12 ♓ 27	8 ♐ 30	13 ♏ 3	10 ♍ 27	21 ♍ 44	1 ♒ 29	19 ♈ 38	10 ♍ 10	23 ♋ 4	2 ♒	14 ♑	22 ♎	25 ♉	25 ♉
9	16 ♐ 20	27 ♈ 40	12 ♓ 8	12 ♓ 21	7 ♐ 23	14 ♏ 17	10 ♍ 50	21 ♍ 49	1 ♒ 35	19 ♈ 37	10 ♍ 11	23 ♋ 3	3 ♒	14 ♑	22 ♎	25 ♉	25 ♉
10	17 ♐ 21	9 ♉ 31	12 ♓ 5	12 ♓ 12	6 ♐ 25	15 ♏ 31	11 ♍ 13	21 ♍ 55	1 ♒ 40	19 ♈ 36	10 ♍ 11	23 ♋ 2	3 ♒	14 ♑	22 ♎	25 ♉	25 ♉
11	18 ♐ 22	21 ♉ 22	12 ♓ 2	12 ♓ 1	5 ♐ 37	16 ♏ 45	11 ♍ 36	22 ♍ 0	1 ♒ 46	19 ♈ 35	10 ♍ 11	23 ♋ 1	3 ♒	15 ♑	23 ♎	25 ♉	24 ♉
12	19 ♐ 23	3 ♊ 15	11 ♓ 59	11 ♓ 47	5 ♐ 1	17 ♏ 59	11 ♍ 58	22 ♍ 5	1 ♒ 52	19 ♈ 34	10 ♍ 11	23 ♋ 0	4 ♒	15 ♑	23 ♎	25 ♉	24 ♉
13	20 ♐ 24	15 ♊ 12	11 ♓ 55	11 ♓ 33	4 ♐ 36	19 ♏ 13	12 ♍ 19	22 ♍ 10	1 ♒ 58	19 ♈ 33	10 ♍ 11	22 ♋ 59	4 ♒	16 ♑	23 ♎	24 ♉	24 ♉
14	21 ♐ 25	27 ♊ 14	11 ♓ 52	11 ♓ 18	4 ♐ 22	20 ♏ 27	12 ♍ 41	22 ♍ 15	2 ♒ 4	19 ♈ 32	10 R 11	22 ♋ 58	5 ♒	16 ♑	24 ♎	24 ♉	24 ♉
15	22 ♐ 26	9 ♋ 23	11 ♓ 49	11 ♓ 4	4 D 19	21 ♏ 41	13 ♍ 2	22 ♍ 19	2 ♒ 10	19 ♈ 31	10 ♍ 11	22 ♋ 57	5 ♒	16 ♑	24 ♎	24 ♉	24 ♉
16	23 ♐ 27	21 ♋ 38	11 ♓ 46	10 ♓ 53	4 ♐ 25	22 ♏ 56	13 ♍ 22	22 ♍ 24	2 ♒ 16	19 ♈ 31	10 ♍ 11	22 ♋ 56	5 ♒	17 ♑	24 ♎	24 ♉	24 ♉
17	24 ♐ 28	4 ♌ 2	11 ♓ 43	10 ♓ 45	4 ♐ 41	24 ♏ 10	13 ♍ 42	22 ♍ 28	2 ♒ 22	19 ♈ 30	10 ♍ 11	22 ♋ 55	6 ♒	17 ♑	24 ♎	24 ♉	24 ♉
18	25 ♐ 29	16 ♌ 36	11 ♓ 39	10 ♓ 40	5 ♐ 5	25 ♏ 24	14 ♍ 2	22 ♍ 32	2 ♒ 28	19 ♈ 29	10 ♍ 10	22 ♋ 54	6 ♒	17 ♑	25 ♎	24 ♉	24 ♉
19	26 ♐ 30	29 ♌ 23	11 ♓ 36	10 ♓ 38	5 ♐ 37	26 ♏ 39	14 ♍ 22	22 ♍ 36	2 ♒ 34	19 ♈ 29	10 ♍ 10	22 ♋ 52	6 ♒	18 ♑	25 ♎	23 ♉	24 ♉
20	27 ♐ 31	12 ♍ 24	11 ♓ 33	10 D 37	6 ♐ 15	27 ♏ 53	14 ♍ 41	22 ♍ 40	2 ♒ 41	19 ♈ 28	10 ♍ 10	22 ♋ 51	7 ♒	18 ♑	25 ♎	23 ♉	24 ♉
21	28 ♐ 32	25 ♍ 44	11 ♓ 30	10 ♓ 38	6 ♐ 59	29 ♏ 8	14 ♍ 59	22 ♍ 43	2 ♒ 47	19 ♈ 28	10 ♍ 10	22 ♋ 50	7 ♒	18 ♑	26 ♎	23 ♉	24 ♉
22	29 ♐ 33	9 ♎ 25	11 ♓ 27	10 R 37	7 ♐ 49	0 ♐ 22	15 ♍ 18	22 ♍ 46	2 ♒ 53	19 ♈ 28	10 ♍ 9	22 ♋ 49	7 ♒	19 ♑	26 ♎	23 ♉	24 ♉
23	0 ♑ 35	23 ♎ 29	11 ♓ 24	10 ♓ 35	8 ♐ 43	1 ♐ 37	15 ♍ 35	22 ♍ 50	3 ♒ 0	19 ♈ 27	10 ♍ 9	22 ♋ 48	8 ♒	19 ♑	26 ♎	23 ♉	24 ♉
24	1 ♑ 36	7 ♏ 56	11 ♓ 20	10 ♓ 31	9 ♐ 42	2 ♐ 51	15 ♍ 53	22 ♍ 53	3 ♒ 6	19 ♈ 27	10 ♍ 9	22 ♋ 47	8 ♒	20 ♑	26 ♎	23 ♉	24 ♉
25	2 ♑ 37	22 ♏ 42	11 ♓ 17	10 ♓ 24	10 ♐ 44	4 ♐ 6	16 ♍ 10	22 ♍ 56	3 ♒ 13	19 ♈ 27	10 ♍ 8	22 ♋ 45	8 ♒	20 ♑	27 ♎	23 ♉	24 ♉
26	3 ♑ 38	7 ♐ 42	11 ♓ 14	10 ♓ 14	11 ♐ 49	5 ♐ 20	16 ♍ 26	22 ♍ 58	3 ♒ 19	19 ♈ 26	10 ♍ 8	22 ♋ 44	9 ♒	20 ♑	27 ♎	22 ♉	24 ♉
27	4 ♑ 39	22 ♐ 47	11 ♓ 11	10 ♓ 4	12 ♐ 58	6 ♐ 35	16 ♍ 42	23 ♍ 1	3 ♒ 26	19 ♈ 26	10 ♍ 7	22 ♋ 43	9 ♒	21 ♑	27 ♎	22 ♉	24 ♉
28	5 ♑ 40	7 ♑ 46	11 ♓ 8	9 ♓ 54	14 ♐ 8	7 ♐ 50	16 ♍ 57	23 ♍ 3	3 ♒ 32	19 ♈ 26	10 ♍ 7	22 ♋ 42	10 ♒	21 ♑	27 ♎	22 ♉	24 ♉
29	6 ♑ 42	22 ♑ 31	11 ♓ 5	9 ♓ 45	15 ♐ 21	9 ♐ 4	17 ♍ 12	23 ♍ 5	3 ♒ 39	19 ♈ 26	10 ♍ 6	22 ♋ 40	10 ♒	21 ♑	28 ♎	22 ♉	24 ♉
30	7 ♑ 43	6 ♒ 54	11 ♓ 1	9 ♓ 38	16 ♐ 36	10 ♐ 19	17 ♍ 27	23 ♍ 7	3 ♒ 46	19 D 26	10 ♍ 6	22 ♋ 39	10 ♒	22 ♑	28 ♎	22 ♉	24 ♉
31	8 ♑ 44	20 ♒ 49	10 ♓ 58	9 ♓ 34	17 ♐ 53	11 ♐ 34	17 ♍ 41	23 ♍ 9	3 ♒ 52	19 ♈ 26	10 ♍ 5	22 ♋ 38	11 ♒	22 ♑	28 ♎	22 ♉	24 ♉

SUN INGRESS ☉ → ♑ 22日 10:14

MOON PHASE ◐ 5日 06:45 ♓ ○ 13日 11:21 ♊ ◑ 21日 05:22 ♍ ● 27日 20:22 ♑

aspects		
2日	21:51	☉□♆
4日	21:52	♀⚹♂
5日	01:47	☉☌☿
5日	15:56	♀⚹♆
6日	16:08	☿□♆
6日	19:22	☿□♂
7日	06:19	♂☌♆
12日	04:15	☉△♅
14日	21:07	☉□♃
15日	12:57	♀⚹♃
16日	00:00	♀△♇
22日	13:17	♃⚹♇
24日	05:19	♀⚹♄
24日	10:31	☿□♆
29日	19:52	♀□♆
30日	19:33	☿□♂

1933年1月

DAY	☉	☽	☊ mean	☊ true	☿	♀	♂	♃	♄	♅	♆	♇	⚳	⚴	⚵	⚶	⚷
	° ′	° ′	° ′	° ′	° ′	° ′	° ′	° ′	° ′	° ′	° ′	° ′	°	°	°	°	°
1	9 ♑ 45	4 ♓ 16	10 ♓ 55	9 R 32	19 D 11	12 D 48	17 D 54	23 D 10	3 D 59	19 D 26	10 R 5	22 R 37	11 D	22 D	28 D	22 R	24 R
2	10 ♑ 46	17 ♓ 16	10 ♓ 52	9 D 32	20 ♐ 30	14 ♐ 3	18 ♍ 7	23 ♍ 12	4 ♒ 6	19 ♈ 27	10 ♍ 4	22 ♋ 35	11 ♒	23 ♑	29 ♎	22 ♉	24 ♉
3	11 ♑ 47	29 ♓ 53	10 ♓ 49	9 ♓ 33	21 ♐ 51	15 ♐ 18	18 ♍ 19	23 ♍ 13	4 ♒ 13	19 ♈ 27	10 ♍ 3	22 ♋ 34	12 ♒	23 ♑	29 ♎	22 ♉	24 ♉
4	12 ♑ 49	12 ♈ 10	10 ♓ 45	9 ♓ 34	23 ♐ 13	16 ♐ 32	18 ♍ 31	23 ♍ 14	4 ♒ 20	19 ♈ 27	10 ♍ 3	22 ♋ 33	12 ♒	24 ♑	29 ♎	22 ♉	24 ♉
5	13 ♑ 50	24 ♈ 13	10 ♓ 42	9 R 33	24 ♐ 36	17 ♐ 47	18 ♍ 42	23 ♍ 14	4 ♒ 26	19 ♈ 27	10 ♍ 2	22 ♋ 32	13 ♒	24 ♑	29 ♎	22 ♉	23 ♉
6	14 ♑ 51	6 ♉ 8	10 ♓ 39	9 ♓ 30	26 ♐ 0	19 ♐ 2	18 ♍ 53	23 ♍ 15	4 ♒ 33	19 ♈ 28	10 ♍ 1	22 ♋ 30	13 ♒	24 ♑	0 ♏	22 ♉	23 ♉
7	15 ♑ 52	17 ♉ 59	10 ♓ 36	9 ♓ 25	27 ♐ 24	20 ♐ 17	19 ♍ 3	23 ♍ 15	4 ♒ 40	19 ♈ 28	10 ♍ 0	22 ♋ 29	13 ♒	25 ♑	0 ♏	22 ♉	23 ♉
8	16 ♑ 53	29 ♉ 50	10 ♓ 33	9 ♓ 18	28 ♐ 50	21 ♐ 31	19 ♍ 13	23 ♍ 16	4 ♒ 47	19 ♈ 29	10 ♍ 0	22 ♋ 28	14 ♒	25 ♑	0 ♏	22 ♉	23 ♉
9	17 ♑ 54	11 ♊ 45	10 ♓ 30	9 ♓ 9	0 ♑ 16	22 ♐ 46	19 ♍ 21	23 R 16	4 ♒ 54	19 ♈ 29	9 ♍ 59	22 ♋ 26	14 ♒	25 ♑	0 ♏	22 ♉	23 ♉
10	18 ♑ 55	23 ♊ 47	10 ♓ 26	8 ♓ 59	1 ♑ 43	24 ♐ 1	19 ♍ 30	23 ♍ 15	5 ♒ 1	19 ♈ 30	9 ♍ 58	22 ♋ 25	14 ♒	26 ♑	0 ♏	22 D	23 ♉
11	19 ♑ 57	5 ♋ 58	10 ♓ 23	8 ♓ 49	3 ♑ 11	25 ♐ 16	19 ♍ 37	23 ♍ 15	5 ♒ 8	19 ♈ 30	9 ♍ 57	22 ♋ 24	15 ♒	26 ♑	1 ♏	22 ♉	23 ♉
12	20 ♑ 58	18 ♋ 18	10 ♓ 20	8 ♓ 40	4 ♑ 39	26 ♐ 31	19 ♍ 44	23 ♍ 14	5 ♒ 15	19 ♈ 31	9 ♍ 56	22 ♋ 23	15 ♒	26 ♑	1 ♏	22 ♉	23 ♉
13	21 ♑ 59	0 ♌ 49	10 ♓ 17	8 ♓ 32	6 ♑ 8	27 ♐ 46	19 ♍ 51	23 ♍ 14	5 ♒ 22	19 ♈ 32	9 ♍ 55	22 ♋ 21	16 ♒	27 ♑	1 ♏	22 ♉	23 ♉
14	23 ♑ 0	13 ♌ 30	10 ♓ 14	8 ♓ 27	7 ♑ 37	29 ♐ 0	19 ♍ 56	23 ♍ 13	5 ♒ 29	19 ♈ 33	9 ♍ 54	22 ♋ 20	16 ♒	27 ♑	1 ♏	22 ♉	23 ♉
15	24 ♑ 1	26 ♌ 22	10 ♓ 11	8 ♓ 24	9 ♑ 7	0 ♑ 15	20 ♍ 1	23 ♍ 11	5 ♒ 36	19 ♈ 33	9 ♍ 53	22 ♋ 19	16 ♒	28 ♑	1 ♏	22 ♉	23 ♉
16	25 ♑ 2	9 ♍ 26	10 ♓ 7	8 D 24	10 ♑ 37	1 ♑ 30	20 ♍ 6	23 ♍ 10	5 ♒ 43	19 ♈ 34	9 ♍ 52	22 ♋ 17	17 ♒	28 ♑	2 ♏	22 ♉	23 ♉
17	26 ♑ 3	22 ♍ 42	10 ♓ 4	8 ♓ 24	12 ♑ 9	2 ♑ 45	20 ♍ 9	23 ♍ 9	5 ♒ 50	19 ♈ 35	9 ♍ 51	22 ♋ 16	17 ♒	28 ♑	2 ♏	22 ♉	23 ♉
18	27 ♑ 4	6 ♎ 10	10 ♓ 1	8 ♓ 26	13 ♑ 40	4 ♑ 0	20 ♍ 12	23 ♍ 7	5 ♒ 57	19 ♈ 36	9 ♍ 50	22 ♋ 15	18 ♒	29 ♑	2 ♏	22 ♉	23 ♉
19	28 ♑ 5	19 ♎ 53	9 ♓ 58	8 ♓ 27	15 ♑ 12	5 ♑ 15	20 ♍ 14	23 ♍ 5	6 ♒ 5	19 ♈ 37	9 ♍ 49	22 ♋ 14	18 ♒	29 ♑	2 ♏	22 ♉	23 ♉
20	29 ♑ 6	3 ♏ 51	9 ♓ 55	8 R 27	16 ♑ 45	6 ♑ 30	20 ♍ 16	23 ♍ 3	6 ♒ 12	19 ♈ 38	9 ♍ 47	22 ♋ 12	18 ♒	29 ♑	2 ♏	22 ♉	23 ♉
21	0 ♒ 7	18 ♏ 3	9 ♓ 51	8 ♓ 26	18 ♑ 18	7 ♑ 45	20 ♍ 16	23 ♍ 0	6 ♒ 19	19 ♈ 40	9 ♍ 46	22 ♋ 11	19 ♒	0 ♒	3 ♏	22 ♉	23 ♉
22	1 ♒ 9	2 ♐ 28	9 ♓ 48	8 ♓ 23	19 ♑ 52	9 ♑ 0	20 R 16	22 ♍ 58	6 ♒ 26	19 ♈ 41	9 ♍ 45	22 ♋ 10	19 ♒	0 ♒	3 ♏	22 ♉	23 ♉
23	2 ♒ 10	17 ♐ 1	9 ♓ 45	8 ♓ 18	21 ♑ 27	10 ♑ 15	20 ♍ 16	22 ♍ 55	6 ♒ 33	19 ♈ 42	9 ♍ 44	22 ♋ 8	19 ♒	0 ♒	3 ♏	22 ♉	23 ♉
24	3 ♒ 11	1 ♑ 38	9 ♓ 42	8 ♓ 13	23 ♑ 2	11 ♑ 29	20 ♍ 14	22 ♍ 52	6 ♒ 40	19 ♈ 43	9 ♍ 43	22 ♋ 7	20 ♒	1 ♒	3 ♏	22 ♉	23 ♉
25	4 ♒ 12	16 ♑ 13	9 ♓ 39	8 ♓ 7	24 ♑ 38	12 ♑ 44	20 ♍ 12	22 ♍ 49	6 ♒ 47	19 ♈ 45	9 ♍ 41	22 ♋ 6	20 ♒	1 ♒	3 ♏	22 ♉	23 ♉
26	5 ♒ 13	0 ♒ 37	9 ♓ 36	8 ♓ 2	26 ♑ 14	13 ♑ 59	20 ♍ 9	22 ♍ 46	6 ♒ 55	19 ♈ 46	9 ♍ 40	22 ♋ 5	21 ♒	2 ♒	3 ♏	23 ♉	23 ♉
27	6 ♒ 14	14 ♒ 46	9 ♓ 32	7 ♓ 59	27 ♑ 51	15 ♑ 14	20 ♍ 5	22 ♍ 43	7 ♒ 2	19 ♈ 47	9 ♍ 39	22 ♋ 3	21 ♒	2 ♒	3 ♏	23 ♉	23 ♉
28	7 ♒ 15	28 ♒ 34	9 ♓ 29	7 ♓ 57	29 ♑ 28	16 ♑ 29	20 ♍ 0	22 ♍ 39	7 ♒ 9	19 ♈ 49	9 ♍ 37	22 ♋ 2	21 ♒	2 ♒	4 ♏	23 ♉	23 ♉
29	8 ♒ 16	11 ♓ 59	9 ♓ 26	7 D 57	1 ♒ 6	17 ♑ 44	19 ♍ 54	22 ♍ 35	7 ♒ 16	19 ♈ 51	9 ♍ 36	22 ♋ 1	22 ♒	3 ♒	4 ♏	23 ♉	23 ♉
30	9 ♒ 17	25 ♓ 1	9 ♓ 23	7 ♓ 58	2 ♒ 45	18 ♑ 59	19 ♍ 48	22 ♍ 31	7 ♒ 23	19 ♈ 52	9 ♍ 35	22 ♋ 0	22 ♒	3 ♒	4 ♏	23 ♉	23 ♉
31	10 ♒ 18	7 ♈ 41	9 ♓ 20	7 ♓ 59	4 ♒ 25	20 ♑ 14	19 ♍ 41	22 ♍ 27	7 ♒ 31	19 ♈ 54	9 ♍ 33	21 ♋ 58	23 ♒	3 ♒	4 ♏	23 ♉	23 ♉

SUN INGRESS	☉ → ♒ 20日 20:53
MOON PHASE	◐ 4日 01:24 ♈　○ 12日 05:36 ♋　◑ 19日 15:15 ♎　● 26日 08:20 ♒

aspects		
1日	04:46	☿△♅
1日	07:38	☉△♆
4日	00:12	☿□♃
5日	20:42	♀□♂
6日	08:20	♀△♅
9日	09:22	♀□♃
10日	13:38	☉□♅
10日	15:25	☉△♂
13日	08:40	☉☍♇
14日	04:55	☉△♃
15日	12:05	☿△♆
21日	21:01	☿□♅
22日	06:06	☿△♂
22日	14:18	♀△♆
23日	10:22	☿☍♇
23日	21:41	☿△♃
27日	21:28	☉☌♄
30日	14:19	♀△♂
30日	17:19	♀□♅

1933年2月

DAY	☉	☽	☊ mean	☊ true	☿	♀	♂	♃	♄	♅	♆	♇	⚳	⚴	⚵	⚶	⚷
	° ′	° ′	° ′	° ′	° ′	° ′	° ′	° ′	° ′	° ′	° ′	° ′	°	°	°	°	°
1	11 ♒ 18	20 ♈ 3	9 ♓ 17	8 D 1	6 D 5	21 D 29	19 R 33	22 R 23	7 D 38	19 D 55	9 R 32	21 R 57	23 D	4 D	4 D	23 D	23 R
2	12 ♒ 19	2 ♉ 10	9 ♓ 13	8 ♓ 2	7 ♒ 46	22 ♑ 44	19 ♍ 24	22 ♍ 19	7 ♒ 45	19 ♈ 57	9 ♍ 30	21 ♋ 56	23 ♒	4 ♒	4 ♏	23 ♉	23 D
3	13 ♒ 20	14 ♉ 7	9 ♓ 10	8 R 3	9 ♒ 28	23 ♑ 59	19 ♍ 15	22 ♍ 14	7 ♒ 52	19 ♈ 59	9 ♍ 29	21 ♋ 55	24 ♒	4 ♒	4 ♏	24 ♉	23 ♉
4	14 ♒ 21	26 ♉ 0	9 ♓ 7	8 ♓ 2	11 ♒ 10	25 ♑ 14	19 ♍ 5	22 ♍ 9	7 ♒ 59	20 ♈ 1	9 ♍ 27	21 ♋ 53	24 ♒	5 ♒	4 ♏	24 ♉	23 ♉
5	15 ♒ 22	7 ♊ 52	9 ♓ 4	8 ♓ 0	12 ♒ 53	26 ♑ 29	18 ♍ 54	22 ♍ 4	8 ♒ 6	20 ♈ 2	9 ♍ 26	21 ♋ 52	25 ♒	5 ♒	5 ♏	24 ♉	23 ♉
6	16 ♒ 23	19 ♊ 49	9 ♓ 1	7 ♓ 58	14 ♒ 37	27 ♑ 44	18 ♍ 42	21 ♍ 59	8 ♒ 13	20 ♈ 4	9 ♍ 24	21 ♋ 51	25 ♒	5 ♒	5 ♏	24 ♉	23 ♉
7	17 ♒ 24	1 ♋ 54	8 ♓ 57	7 ♓ 54	16 ♒ 22	28 ♑ 59	18 ♍ 29	21 ♍ 54	8 ♒ 21	20 ♈ 6	9 ♍ 23	21 ♋ 50	25 ♒	6 ♒	5 ♏	24 ♉	23 ♉
8	18 ♒ 24	14 ♋ 11	8 ♓ 54	7 ♓ 51	18 ♒ 7	0 ♒ 14	18 ♍ 16	21 ♍ 48	8 ♒ 28	20 ♈ 8	9 ♍ 21	21 ♋ 49	26 ♒	6 ♒	5 ♏	24 ♉	23 ♉
9	19 ♒ 25	26 ♋ 41	8 ♓ 51	7 ♓ 48	19 ♒ 53	1 ♒ 28	18 ♍ 2	21 ♍ 43	8 ♒ 35	20 ♈ 10	9 ♍ 20	21 ♋ 48	26 ♒	7 ♒	5 ♏	25 ♉	23 ♉
10	20 ♒ 26	9 ♌ 26	8 ♓ 48	7 ♓ 46	21 ♒ 40	2 ♒ 43	17 ♍ 47	21 ♍ 37	8 ♒ 42	20 ♈ 12	9 ♍ 18	21 ♋ 47	27 ♒	7 ♒	5 ♏	25 ♉	23 ♉
11	21 ♒ 26	22 ♌ 27	8 ♓ 45	7 ♓ 44	23 ♒ 28	3 ♒ 58	17 ♍ 31	21 ♍ 31	8 ♒ 49	20 ♈ 14	9 ♍ 17	21 ♋ 45	27 ♒	7 ♒	5 ♏	25 ♉	23 ♉
12	22 ♒ 27	5 ♍ 42	8 ♓ 42	7 ♓ 44	25 ♒ 16	5 ♒ 13	17 ♍ 15	21 ♍ 25	8 ♒ 56	20 ♈ 17	9 ♍ 15	21 ♋ 44	27 ♒	8 ♒	5 ♏	25 ♉	23 ♉
13	23 ♒ 28	19 ♍ 11	8 ♓ 38	7 D 44	27 ♒ 5	6 ♒ 28	16 ♍ 58	21 ♍ 19	9 ♒ 3	20 ♈ 19	9 ♍ 14	21 ♋ 43	28 ♒	8 ♒	5 ♏	25 ♉	23 ♉
14	24 ♒ 28	2 ♎ 52	8 ♓ 35	7 ♓ 45	28 ♒ 55	7 ♒ 43	16 ♍ 41	21 ♍ 13	9 ♒ 10	20 ♈ 21	9 ♍ 12	21 ♋ 42	28 ♒	8 ♒	5 ♏	26 ♉	23 ♉
15	25 ♒ 29	16 ♎ 43	8 ♓ 32	7 ♓ 46	0 ♓ 45	8 ♒ 58	16 ♍ 23	21 ♍ 7	9 ♒ 17	20 ♈ 23	9 ♍ 10	21 ♋ 41	28 ♒	9 ♒	5 ♏	26 ♉	23 ♉
16	26 ♒ 29	0 ♏ 43	8 ♓ 29	7 ♓ 47	2 ♓ 36	10 ♒ 13	16 ♍ 4	21 ♍ 0	9 ♒ 24	20 ♈ 26	9 ♍ 9	21 ♋ 40	29 ♒	9 ♒	5 ♏	26 ♉	23 ♉
17	27 ♒ 30	14 ♏ 49	8 ♓ 26	7 ♓ 47	4 ♓ 27	11 ♒ 28	15 ♍ 44	20 ♍ 54	9 ♒ 31	20 ♈ 28	9 ♍ 7	21 ♋ 39	29 ♒	9 ♒	5 ♏	26 ♉	23 ♉
18	28 ♒ 31	28 ♏ 59	8 ♓ 23	7 R 48	6 ♓ 18	12 ♒ 43	15 ♍ 24	20 ♍ 47	9 ♒ 38	20 ♈ 30	9 ♍ 5	21 ♋ 38	0 ♓	10 ♒	5 ♏	27 ♉	23 ♉
19	29 ♒ 31	13 ♐ 12	8 ♓ 19	7 ♓ 47	8 ♓ 9	13 ♒ 58	15 ♍ 4	20 ♍ 40	9 ♒ 45	20 ♈ 33	9 ♍ 4	21 ♋ 37	0 ♓	10 ♒	5 ♏	27 ♉	23 ♉
20	0 ♓ 32	27 ♐ 24	8 ♓ 16	7 ♓ 47	10 ♓ 1	15 ♒ 12	14 ♍ 43	20 ♍ 33	9 ♒ 52	20 ♈ 35	9 ♍ 2	21 ♋ 36	0 ♓	10 ♒	5 ♏	27 ♉	23 ♉
21	1 ♓ 32	11 ♑ 34	8 ♓ 13	7 ♓ 46	11 ♓ 52	16 ♒ 27	14 ♍ 22	20 ♍ 26	9 ♒ 58	20 ♈ 38	9 ♍ 1	21 ♋ 35	1 ♓	11 ♒	5 ♏	27 ♉	23 ♉
22	2 ♓ 33	25 ♑ 38	8 ♓ 10	7 ♓ 45	13 ♓ 42	17 ♒ 42	14 ♍ 0	20 ♍ 19	10 ♒ 5	20 ♈ 40	8 ♍ 59	21 ♋ 34	1 ♓	11 ♒	5 ♏	27 ♉	23 ♉
23	3 ♓ 33	9 ♒ 33	8 ♓ 7	7 ♓ 45	15 ♓ 32	18 ♒ 57	13 ♍ 37	20 ♍ 12	10 ♒ 12	20 ♈ 43	8 ♍ 57	21 ♋ 33	2 ♓	11 ♒	5 R	28 ♉	23 ♉
24	4 ♓ 33	23 ♒ 16	8 ♓ 3	7 ♓ 45	17 ♓ 20	20 ♒ 12	13 ♍ 15	20 ♍ 5	10 ♒ 19	20 ♈ 45	8 ♍ 56	21 ♋ 32	2 ♓	12 ♒	5 ♏	28 ♉	23 ♉
25	5 ♓ 34	6 ♓ 44	8 ♓ 0	7 ♓ 45	19 ♓ 7	21 ♒ 27	12 ♍ 52	19 ♍ 57	10 ♒ 26	20 ♈ 48	8 ♍ 54	21 ♋ 31	2 ♓	12 ♒	5 ♏	28 ♉	23 ♉
26	6 ♓ 34	19 ♓ 55	7 ♓ 57	7 D 45	20 ♓ 52	22 ♒ 42	12 ♍ 29	19 ♍ 50	10 ♒ 32	20 ♈ 51	8 ♍ 52	21 ♋ 31	3 ♓	12 ♒	5 ♏	29 ♉	23 ♉
27	7 ♓ 34	2 ♈ 49	7 ♓ 54	7 ♓ 45	22 ♓ 35	23 ♒ 57	12 ♍ 5	19 ♍ 43	10 ♒ 39	20 ♈ 53	8 ♍ 51	21 ♋ 30	3 ♓	13 ♒	5 ♏	29 ♉	23 ♉
28	8 ♓ 35	15 ♈ 26	7 ♓ 51	7 R 45	24 ♓ 15	25 ♒ 11	11 ♍ 42	19 ♍ 35	10 ♒ 46	20 ♈ 56	8 ♍ 49	21 ♋ 29	4 ♓	13 ♒	5 ♏	29 ♉	23 ♉

SUN INGRESS	☉ → ♓ 19日 11:16
MOON PHASE	◐ 2日 22:16 ♉　○ 10日 22:00 ♌　◑ 17日 23:08 ♏　● 24日 21:44 ♓

aspects		
1日	08:51	♀☍♇
1日	16:18	♀△♃
1日	23:41	☿☌♄
7日	21:43	♃⚹♇
8日	09:03	☉☌☿
9日	03:53	☿⚹♅
9日	18:33	☉⚹♅
15日	06:43	♀☌♄
19日	11:36	☿☍♆
22日	03:13	☿☍♂
24日	11:04	♀⚹♅
25日	10:42	☿☍♃
26日	08:50	☿△♇
28日	05:30	☉☍♆

1933年3月

DAY	☉	☽	☊ mean	☊ true	☿	♀	♂	♃	♄	♅	♆	♇	⚳	⚴	⚵	⚶	⚷
	° ′	° ′	° ′	° ′	° ′	° ′	° ′	° ′	° ′	° ′	° ′	° ′	°	°	°	°	°
1	9 ♓ 35	27 ♈ 47	7 ♓ 48	7 R 44	25 D 51	26 D 26	11 R 18	19 R 27	10 D 52	20 D 59	8 R 47	21 R 28	4 D	13 D	5 R	29 D	23 D
2	10 ♓ 35	9 ♉ 56	7 ♓ 44	7 ♓ 44	27 ♓ 23	27 ♒ 41	10 ♍ 54	19 ♍ 20	10 ♒ 59	21 ♈ 2	8 ♍ 45	21 ♋ 27	4 ♓	14 ♒	5 ♏	0 ♊	24 ♉
3	11 ♓ 35	21 ♉ 55	7 ♓ 41	7 ♓ 44	28 ♓ 51	28 ♒ 56	10 ♍ 30	19 ♍ 12	11 ♒ 5	21 ♈ 4	8 ♍ 44	21 ♋ 27	5 ♓	14 ♒	5 ♏	0 ♊	24 ♉
4	12 ♓ 35	3 ♊ 48	7 ♓ 38	7 ♓ 44	0 ♈ 13	0 ♓ 11	10 ♍ 7	19 ♍ 4	11 ♒ 12	21 ♈ 7	8 ♍ 42	21 ♋ 26	5 ♓	14 ♒	5 ♏	0 ♊	24 ♉
5	13 ♓ 36	15 ♊ 41	7 ♓ 35	7 D 43	1 ♈ 30	1 ♓ 25	9 ♍ 43	18 ♍ 57	11 ♒ 18	21 ♈ 10	8 ♍ 40	21 ♋ 25	6 ♓	15 ♒	5 ♏	0 ♊	24 ♉
6	14 ♓ 36	27 ♊ 38	7 ♓ 32	7 ♓ 44	2 ♈ 41	2 ♓ 40	9 ♍ 19	18 ♍ 49	11 ♒ 25	21 ♈ 13	8 ♍ 39	21 ♋ 24	6 ♓	15 ♒	5 ♏	1 ♊	24 ♉
7	15 ♓ 36	9 ♋ 43	7 ♓ 29	7 ♓ 44	3 ♈ 45	3 ♓ 55	8 ♍ 56	18 ♍ 41	11 ♒ 31	21 ♈ 16	8 ♍ 37	21 ♋ 24	6 ♓	15 ♒	5 ♏	1 ♊	24 ♉
8	16 ♓ 36	22 ♋ 1	7 ♓ 25	7 ♓ 45	4 ♈ 41	5 ♓ 10	8 ♍ 33	18 ♍ 33	11 ♒ 37	21 ♈ 19	8 ♍ 36	21 ♋ 23	7 ♓	16 ♒	5 ♏	1 ♊	24 ♉
9	17 ♓ 36	4 ♌ 35	7 ♓ 22	7 ♓ 46	5 ♈ 30	6 ♓ 25	8 ♍ 10	18 ♍ 26	11 ♒ 44	21 ♈ 22	8 ♍ 34	21 ♋ 22	7 ♓	16 ♒	5 ♏	2 ♊	24 ♉
10	18 ♓ 36	17 ♌ 29	7 ♓ 19	7 ♓ 47	6 ♈ 10	7 ♓ 39	7 ♍ 47	18 ♍ 18	11 ♒ 50	21 ♈ 25	8 ♍ 32	21 ♋ 22	8 ♓	16 ♒	5 ♏	2 ♊	24 ♉
11	19 ♓ 36	0 ♍ 43	7 ♓ 16	7 ♓ 47	6 ♈ 42	8 ♓ 54	7 ♍ 24	18 ♍ 10	11 ♒ 56	21 ♈ 28	8 ♍ 31	21 ♋ 21	8 ♓	17 ♒	5 ♏	2 ♊	24 ♉
12	20 ♓ 35	14 ♍ 18	7 ♓ 13	7 R 47	7 ♈ 6	10 ♓ 9	7 ♍ 2	18 ♍ 2	12 ♒ 2	21 ♈ 31	8 ♍ 29	21 ♋ 20	8 ♓	17 ♒	4 ♏	2 ♊	24 ♉
13	21 ♓ 35	28 ♍ 12	7 ♓ 9	7 ♓ 47	7 ♈ 21	11 ♓ 23	6 ♍ 41	17 ♍ 54	12 ♒ 8	21 ♈ 34	8 ♍ 27	21 ♋ 20	9 ♓	17 ♒	4 ♏	3 ♊	24 ♉
14	22 ♓ 35	12 ♎ 22	7 ♓ 6	7 ♓ 45	7 ♈ 27	12 ♓ 38	6 ♍ 19	17 ♍ 46	12 ♒ 14	21 ♈ 37	8 ♍ 26	21 ♋ 19	9 ♓	18 ♒	4 ♏	3 ♊	24 ♉
15	23 ♓ 35	26 ♎ 43	7 ♓ 3	7 ♓ 43	7 R 24	13 ♓ 53	5 ♍ 59	17 ♍ 39	12 ♒ 20	21 ♈ 40	8 ♍ 24	21 ♋ 19	9 ♓	18 ♒	4 ♏	3 ♊	24 ♉
16	24 ♓ 35	11 ♏ 9	7 ♓ 0	7 ♓ 41	7 ♈ 13	15 ♓ 7	5 ♍ 38	17 ♍ 31	12 ♒ 26	21 ♈ 43	8 ♍ 22	21 ♋ 18	10 ♓	18 ♒	4 ♏	4 ♊	24 ♉
17	25 ♓ 34	25 ♏ 36	6 ♓ 57	7 ♓ 39	6 ♈ 54	16 ♓ 22	5 ♍ 19	17 ♍ 23	12 ♒ 32	21 ♈ 46	8 ♍ 21	21 ♋ 18	10 ♓	19 ♒	4 ♏	4 ♊	24 ♉
18	26 ♓ 34	9 ♐ 59	6 ♓ 54	7 ♓ 38	6 ♈ 28	17 ♓ 37	4 ♍ 59	17 ♍ 16	12 ♒ 38	21 ♈ 50	8 ♍ 19	21 ♋ 17	11 ♓	19 ♒	4 ♏	4 ♊	24 ♉
19	27 ♓ 34	24 ♐ 14	6 ♓ 50	7 ♓ 37	5 ♈ 55	18 ♓ 51	4 ♍ 41	17 ♍ 8	12 ♒ 44	21 ♈ 53	8 ♍ 18	21 ♋ 17	11 ♓	19 ♒	4 ♏	5 ♊	24 ♉
20	28 ♓ 33	8 ♑ 19	6 ♓ 47	7 D 37	5 ♈ 16	20 ♓ 6	4 ♍ 23	17 ♍ 0	12 ♒ 50	21 ♈ 56	8 ♍ 16	21 ♋ 17	11 ♓	20 ♒	3 ♏	5 ♊	24 ♉
21	29 ♓ 33	22 ♑ 11	6 ♓ 44	7 ♓ 38	4 ♈ 32	21 ♓ 21	4 ♍ 5	16 ♍ 53	12 ♒ 55	21 ♈ 59	8 ♍ 15	21 ♋ 16	12 ♓	20 ♒	3 ♏	5 ♊	24 ♉
22	0 ♈ 32	5 ♒ 52	6 ♓ 41	7 ♓ 40	3 ♈ 44	22 ♓ 35	3 ♍ 49	16 ♍ 45	13 ♒ 1	22 ♈ 2	8 ♍ 13	21 ♋ 16	12 ♓	20 ♒	3 ♏	6 ♊	24 ♉
23	1 ♈ 32	19 ♒ 20	6 ♓ 38	7 ♓ 41	2 ♈ 53	23 ♓ 50	3 ♍ 33	16 ♍ 38	13 ♒ 7	22 ♈ 6	8 ♍ 12	21 ♋ 16	13 ♓	21 ♒	3 ♏	6 ♊	24 ♉
24	2 ♈ 32	2 ♓ 36	6 ♓ 34	7 ♓ 42	2 ♈ 0	25 ♓ 4	3 ♍ 17	16 ♍ 31	13 ♒ 12	22 ♈ 9	8 ♍ 10	21 ♋ 15	13 ♓	21 ♒	3 ♏	6 ♊	24 ♉
25	3 ♈ 31	15 ♓ 39	6 ♓ 31	7 R 42	1 ♈ 7	26 ♓ 19	3 ♍ 3	16 ♍ 24	13 ♒ 17	22 ♈ 12	8 ♍ 9	21 ♋ 15	13 ♓	21 ♒	3 ♏	7 ♊	24 ♉
26	4 ♈ 30	28 ♓ 30	6 ♓ 28	7 ♓ 40	0 ♈ 14	27 ♓ 34	2 ♍ 49	16 ♍ 16	13 ♒ 23	22 ♈ 16	8 ♍ 7	21 ♋ 15	14 ♓	21 ♒	2 ♏	7 ♊	25 ♉
27	5 ♈ 30	11 ♈ 8	6 ♓ 25	7 ♓ 37	29 ♓ 23	28 ♓ 48	2 ♍ 35	16 ♍ 9	13 ♒ 28	22 ♈ 19	8 ♍ 6	21 ♋ 15	14 ♓	22 ♒	2 ♏	7 ♊	25 ♉
28	6 ♈ 29	23 ♈ 34	6 ♓ 22	7 ♓ 33	28 ♓ 34	0 ♈ 3	2 ♍ 23	16 ♍ 2	13 ♒ 33	22 ♈ 22	8 ♍ 4	21 ♋ 14	14 ♓	22 ♒	2 ♏	8 ♊	25 ♉
29	7 ♈ 29	5 ♉ 50	6 ♓ 19	7 ♓ 28	27 ♓ 48	1 ♈ 17	2 ♍ 11	15 ♍ 55	13 ♒ 39	22 ♈ 26	8 ♍ 3	21 ♋ 14	15 ♓	22 ♒	2 ♏	8 ♊	25 ♉
30	8 ♈ 28	17 ♉ 55	6 ♓ 15	7 ♓ 23	27 ♓ 7	2 ♈ 32	2 ♍ 1	15 ♍ 49	13 ♒ 44	22 ♈ 29	8 ♍ 1	21 ♋ 14	15 ♓	23 ♒	2 ♏	8 ♊	25 ♉
31	9 ♈ 27	29 ♉ 53	6 ♓ 12	7 ♓ 17	26 ♓ 29	3 ♈ 46	1 ♍ 51	15 ♍ 42	13 ♒ 49	22 ♈ 32	8 ♍ 0	21 ♋ 14	16 ♓	23 ♒	2 ♏	9 ♊	25 ♉

SUN INGRESS ☉ → ♈ 21日 10:43

MOON PHASE ◐ 4日 19:23 ♊ ○ 12日 11:46 ♍ ◑ 19日 06:04 ♐ ● 26日 12:20 ♈

aspects		
2日	05:28	☉☍♂
7日	20:49	♂☌♆
9日	03:25	♅□♇
9日	17:39	☉☍♃
10日	01:53	♀☍♂
10日	16:38	♀☍♆
12日	17:54	☉△♇
17日	17:50	♀☍♃
20日	22:36	♀△♇
23日	17:22	☉☌☿
27日	06:42	☿☌♀

1933年4月

DAY	☉	☽	☊ mean	☊ true	☿	♀	♂	♃	♄	♅	♆	♇	⚳	⚴	⚵	⚶	⚷
	° ′	° ′	° ′	° ′	° ′	° ′	° ′	° ′	° ′	° ′	° ′	° ′	°	°	°	°	°
1	10 ♈ 26	11 ♊ 46	6 ♓ 9	7 R 13	25 R 57	5 D 1	1 R 41	15 R 35	13 D 54	22 D 36	7 R 59	21 R 14	16 D	23 D	1 R	9 D	25 D
2	11 ♈ 26	23 ♊ 38	6 ♓ 6	7 ♓ 10	25 ♓ 30	6 ♈ 15	1 ♍ 33	15 ♍ 29	13 ♒ 59	22 ♈ 39	7 ♍ 57	21 ♋ 14	16 ♓	24 ♒	1 ♏	9 ♊	25 ♉
3	12 ♈ 25	5 ♋ 33	6 ♓ 3	7 ♓ 8	25 ♓ 9	7 ♈ 30	1 ♍ 25	15 ♍ 23	14 ♒ 4	22 ♈ 42	7 ♍ 56	21 ♋ 14	17 ♓	24 ♒	1 ♏	10 ♊	25 ♉
4	13 ♈ 24	17 ♋ 36	6 ♓ 0	7 D 8	24 ♓ 53	8 ♈ 44	1 ♍ 18	15 ♍ 16	14 ♒ 8	22 ♈ 46	7 ♍ 55	21 ♋ 14	17 ♓	24 ♒	1 ♏	10 ♊	25 ♉
5	14 ♈ 23	29 ♋ 51	5 ♓ 56	7 ♓ 9	24 ♓ 42	9 ♈ 59	1 ♍ 12	15 ♍ 10	14 ♒ 13	22 ♈ 49	7 ♍ 53	21 D 14	18 ♓	24 ♒	1 ♏	11 ♊	25 ♉
6	15 ♈ 22	12 ♌ 24	5 ♓ 53	7 ♓ 10	24 ♓ 38	11 ♈ 13	1 ♍ 7	15 ♍ 4	14 ♒ 18	22 ♈ 53	7 ♍ 52	21 ♋ 14	18 ♓	25 ♒	0 ♏	11 ♊	25 ♉
7	16 ♈ 21	25 ♌ 18	5 ♓ 50	7 ♓ 12	24 D 38	12 ♈ 27	1 ♍ 2	14 ♍ 59	14 ♒ 22	22 ♈ 56	7 ♍ 51	21 ♋ 14	18 ♓	25 ♒	0 ♏	11 ♊	25 ♉
8	17 ♈ 20	8 ♍ 37	5 ♓ 47	7 R 12	24 ♓ 45	13 ♈ 42	0 ♍ 59	14 ♍ 53	14 ♒ 27	22 ♈ 59	7 ♍ 50	21 ♋ 14	19 ♓	25 ♒	0 ♏	12 ♊	25 ♉
9	18 ♈ 19	22 ♍ 22	5 ♓ 44	7 ♓ 11	24 ♓ 56	14 ♈ 56	0 ♍ 56	14 ♍ 47	14 ♒ 31	23 ♈ 3	7 ♍ 49	21 ♋ 14	19 ♓	25 ♒	0 ♏	12 ♊	25 ♉
10	19 ♈ 18	6 ♎ 32	5 ♓ 40	7 ♓ 8	25 ♓ 12	16 ♈ 10	0 ♍ 53	14 ♍ 42	14 ♒ 36	23 ♈ 6	7 ♍ 47	21 ♋ 14	19 ♓	26 ♒	29 ♎	12 ♊	25 ♉
11	20 ♈ 17	21 ♎ 4	5 ♓ 37	7 ♓ 4	25 ♓ 33	17 ♈ 25	0 ♍ 52	14 ♍ 37	14 ♒ 40	23 ♈ 10	7 ♍ 46	21 ♋ 14	20 ♓	26 ♒	29 ♎	13 ♊	25 ♉
12	21 ♈ 16	5 ♏ 51	5 ♓ 34	6 ♓ 57	25 ♓ 59	18 ♈ 39	0 ♍ 51	14 ♍ 32	14 ♒ 44	23 ♈ 13	7 ♍ 45	21 ♋ 14	20 ♓	26 ♒	29 ♎	13 ♊	26 ♉
13	22 ♈ 14	20 ♏ 46	5 ♓ 31	6 ♓ 50	26 ♓ 29	19 ♈ 53	0 D 51	14 ♍ 27	14 ♒ 48	23 ♈ 17	7 ♍ 44	21 ♋ 14	21 ♓	27 ♒	29 ♎	14 ♊	26 ♉
14	23 ♈ 13	5 ♐ 39	5 ♓ 28	6 ♓ 44	27 ♓ 3	21 ♈ 8	0 ♍ 52	14 ♍ 22	14 ♒ 52	23 ♈ 20	7 ♍ 43	21 ♋ 15	21 ♓	27 ♒	29 ♎	14 ♊	26 ♉
15	24 ♈ 12	20 ♐ 23	5 ♓ 25	6 ♓ 38	27 ♓ 42	22 ♈ 22	0 ♍ 53	14 ♍ 17	14 ♒ 56	23 ♈ 23	7 ♍ 42	21 ♋ 15	21 ♓	27 ♒	28 ♎	14 ♊	26 ♉
16	25 ♈ 11	4 ♑ 51	5 ♓ 21	6 ♓ 34	28 ♓ 24	23 ♈ 36	0 ♍ 56	14 ♍ 13	15 ♒ 0	23 ♈ 27	7 ♍ 41	21 ♋ 15	22 ♓	27 ♒	28 ♎	15 ♊	26 ♉
17	26 ♈ 9	19 ♑ 0	5 ♓ 18	6 ♓ 33	29 ♓ 9	24 ♈ 50	0 ♍ 59	14 ♍ 8	15 ♒ 4	23 ♈ 30	7 ♍ 40	21 ♋ 15	22 ♓	28 ♒	28 ♎	15 ♊	26 ♉
18	27 ♈ 8	2 ♒ 49	5 ♓ 15	6 D 33	29 ♓ 59	26 ♈ 5	1 ♍ 2	14 ♍ 4	15 ♒ 8	23 ♈ 34	7 ♍ 39	21 ♋ 16	22 ♓	28 ♒	28 ♎	15 ♊	26 ♉
19	28 ♈ 6	16 ♒ 19	5 ♓ 12	6 ♓ 33	0 ♈ 51	27 ♈ 19	1 ♍ 6	14 ♍ 0	15 ♒ 11	23 ♈ 37	7 ♍ 38	21 ♋ 16	23 ♓	28 ♒	27 ♎	16 ♊	26 ♉
20	29 ♈ 5	29 ♒ 30	5 ♓ 9	6 ♓ 34	1 ♈ 47	28 ♈ 33	1 ♍ 11	13 ♍ 56	15 ♒ 15	23 ♈ 41	7 ♍ 37	21 ♋ 16	23 ♓	28 ♒	27 ♎	16 ♊	26 ♉
21	0 ♉ 4	12 ♓ 26	5 ♓ 6	6 R 34	2 ♈ 45	29 ♈ 47	1 ♍ 17	13 ♍ 53	15 ♒ 18	23 ♈ 44	7 ♍ 36	21 ♋ 17	23 ♓	29 ♒	27 ♎	17 ♊	26 ♉
22	1 ♉ 2	25 ♓ 9	5 ♓ 2	6 ♓ 33	3 ♈ 46	1 ♉ 1	1 ♍ 23	13 ♍ 49	15 ♒ 22	23 ♈ 48	7 ♍ 35	21 ♋ 17	24 ♓	29 ♒	27 ♎	17 ♊	26 ♉
23	2 ♉ 1	7 ♈ 41	4 ♓ 59	6 ♓ 29	4 ♈ 51	2 ♉ 15	1 ♍ 30	13 ♍ 46	15 ♒ 25	23 ♈ 51	7 ♍ 34	21 ♋ 18	24 ♓	29 ♒	26 ♎	17 ♊	26 ♉
24	2 ♉ 59	20 ♈ 3	4 ♓ 56	6 ♓ 22	5 ♈ 57	3 ♉ 30	1 ♍ 38	13 ♍ 43	15 ♒ 28	23 ♈ 54	7 ♍ 34	21 ♋ 18	25 ♓	29 ♒	26 ♎	18 ♊	26 ♉
25	3 ♉ 58	2 ♉ 16	4 ♓ 53	6 ♓ 13	7 ♈ 7	4 ♉ 44	1 ♍ 46	13 ♍ 40	15 ♒ 31	23 ♈ 58	7 ♍ 33	21 ♋ 19	25 ♓	0 ♓	26 ♎	18 ♊	26 ♉
26	4 ♉ 56	14 ♉ 22	4 ♓ 50	6 ♓ 2	8 ♈ 18	5 ♉ 58	1 ♍ 55	13 ♍ 37	15 ♒ 34	24 ♈ 1	7 ♍ 32	21 ♋ 19	25 ♓	0 ♓	26 ♎	19 ♊	26 ♉
27	5 ♉ 54	26 ♉ 22	4 ♓ 46	5 ♓ 51	9 ♈ 32	7 ♉ 12	2 ♍ 4	13 ♍ 34	15 ♒ 37	24 ♈ 5	7 ♍ 31	21 ♋ 20	26 ♓	0 ♓	26 ♎	19 ♊	26 ♉
28	6 ♉ 53	8 ♊ 16	4 ♓ 43	5 ♓ 39	10 ♈ 49	8 ♉ 26	2 ♍ 14	13 ♍ 32	15 ♒ 40	24 ♈ 8	7 ♍ 31	21 ♋ 20	26 ♓	0 ♓	25 ♎	19 ♊	27 ♉
29	7 ♉ 51	20 ♊ 8	4 ♓ 40	5 ♓ 29	12 ♈ 7	9 ♉ 40	2 ♍ 25	13 ♍ 30	15 ♒ 43	24 ♈ 11	7 ♍ 30	21 ♋ 21	26 ♓	1 ♓	25 ♎	20 ♊	27 ♉
30	8 ♉ 49	1 ♋ 59	4 ♓ 37	5 ♓ 21	13 ♈ 28	10 ♉ 54	2 ♍ 36	13 ♍ 28	15 ♒ 46	24 ♈ 15	7 ♍ 29	21 ♋ 21	27 ♓	1 ♓	25 ♎	20 ♊	27 ♉

SUN INGRESS ☉ → ♉ 20日 22:18

MOON PHASE ◐ 3日 14:56 ♋ ○ 10日 22:38 ♎ ◑ 17日 13:17 ♑ ● 25日 03:38 ♉

aspects		
4日	19:38	☉⚹♄
8日	15:30	♀⚹♄
11日	23:29	☉□♇
14日	02:19	♀□♇
14日	03:02	☉☌♅
15日	20:55	♀☌♅
22日	01:20	☉☌♀
22日	07:47	♀△♂
22日	09:44	☉△♂
27日	06:13	☉△♆
28日	15:25	☉△♆

1933年5月

DAY	☉	☽	☊ mean	☊ true	☿	♀	♂	♃	♄	♅	♆	♇	⚳	⚴	⚵	⚶	⚷
	° ′	° ′	° ′	° ′	° ′	° ′	° ′	° ′	° ′	° ′	° ′	° ′	°	°	°	°	°
1	9 ♉ 48	13 ♋ 53	4 ♓ 34	5 R 16	14 D 51	12 D 8	2 D 47	13 R 26	15 D 48	24 D 18	7 R 29	21 D 22	27 D	1 D	25 R	21 D	27 D
2	10 ♉ 46	25 ♋ 54	4 ♓ 31	5 ♓ 12	16 ♈ 16	13 ♉ 22	3 ♍ 0	13 ♍ 24	15 ♒ 51	24 ♈ 21	7 ♍ 28	21 ♋ 23	27 ♓	1 ♓	24 ♎	21 ♊	27 ♉
3	11 ♉ 44	8 ♌ 6	4 ♓ 27	5 ♓ 11	17 ♈ 43	14 ♉ 36	3 ♍ 12	13 ♍ 22	15 ♒ 53	24 ♈ 25	7 ♍ 28	21 ♋ 23	28 ♓	1 ♓	24 ♎	21 ♊	27 ♉
4	12 ♉ 42	20 ♌ 35	4 ♓ 24	5 D 11	19 ♈ 12	15 ♉ 50	3 ♍ 26	13 ♍ 21	15 ♒ 55	24 ♈ 28	7 ♍ 27	21 ♋ 24	28 ♓	2 ♓	24 ♎	22 ♊	27 ♉
5	13 ♉ 40	3 ♍ 25	4 ♓ 21	5 ♓ 12	20 ♈ 43	17 ♉ 4	3 ♍ 40	13 ♍ 20	15 ♒ 58	24 ♈ 31	7 ♍ 27	21 ♋ 25	29 ♓	2 ♓	24 ♎	22 ♊	27 ♉
6	14 ♉ 38	16 ♍ 40	4 ♓ 18	5 R 11	22 ♈ 16	18 ♉ 18	3 ♍ 54	13 ♍ 19	16 ♒ 0	24 ♈ 35	7 ♍ 26	21 ♋ 26	29 ♓	2 ♓	24 ♎	23 ♊	27 ♉
7	15 ♉ 37	0 ♎ 24	4 ♓ 15	5 ♓ 9	23 ♈ 51	19 ♉ 32	4 ♍ 9	13 ♍ 18	16 ♒ 2	24 ♈ 38	7 ♍ 26	21 ♋ 26	29 ♓	2 ♓	23 ♎	23 ♊	27 ♉
8	16 ♉ 35	14 ♎ 38	4 ♓ 11	5 ♓ 4	25 ♈ 28	20 ♉ 46	4 ♍ 24	13 ♍ 18	16 ♒ 4	24 ♈ 41	7 ♍ 25	21 ♋ 27	0 ♈	3 ♓	23 ♎	23 ♊	27 ♉
9	17 ♉ 33	29 ♎ 18	4 ♓ 8	4 ♓ 57	27 ♈ 7	22 ♉ 0	4 ♍ 40	13 ♍ 17	16 ♒ 6	24 ♈ 44	7 ♍ 25	21 ♋ 28	0 ♈	3 ♓	23 ♎	24 ♊	27 ♉
10	18 ♉ 31	14 ♏ 19	4 ♓ 5	4 ♓ 48	28 ♈ 48	23 ♉ 14	4 ♍ 56	13 ♍ 17	16 ♒ 7	24 ♈ 48	7 ♍ 25	21 ♋ 29	0 ♈	3 ♓	23 ♎	24 ♊	27 ♉
11	19 ♉ 28	29 ♏ 32	4 ♓ 2	4 ♓ 37	0 ♉ 31	24 ♉ 28	5 ♍ 13	13 D 17	16 ♒ 9	24 ♈ 51	7 ♍ 24	21 ♋ 30	1 ♈	3 ♓	23 ♎	25 ♊	27 ♉
12	20 ♉ 26	14 ♐ 46	3 ♓ 59	4 ♓ 27	2 ♉ 16	25 ♉ 42	5 ♍ 30	13 ♍ 17	16 ♒ 11	24 ♈ 54	7 ♍ 24	21 ♋ 30	1 ♈	3 ♓	23 ♎	25 ♊	28 ♉
13	21 ♉ 24	29 ♐ 50	3 ♓ 56	4 ♓ 18	4 ♉ 3	26 ♉ 56	5 ♍ 47	13 ♍ 17	16 ♒ 12	24 ♈ 57	7 ♍ 24	21 ♋ 31	1 ♈	4 ♓	22 ♎	25 ♊	28 ♉
14	22 ♉ 22	14 ♑ 36	3 ♓ 52	4 ♓ 12	5 ♉ 52	28 ♉ 9	6 ♍ 5	13 ♍ 18	16 ♒ 13	25 ♈ 0	7 ♍ 24	21 ♋ 32	2 ♈	4 ♓	22 ♎	26 ♊	28 ♉
15	23 ♉ 20	28 ♑ 57	3 ♓ 49	4 ♓ 8	7 ♉ 42	29 ♉ 23	6 ♍ 24	13 ♍ 19	16 ♒ 15	25 ♈ 3	7 ♍ 24	21 ♋ 33	2 ♈	4 ♓	22 ♎	26 ♊	28 ♉
16	24 ♉ 18	12 ♒ 53	3 ♓ 46	4 ♓ 6	9 ♉ 35	0 ♊ 37	6 ♍ 43	13 ♍ 19	16 ♒ 16	25 ♈ 6	7 ♍ 24	21 ♋ 34	2 ♈	4 ♓	22 ♎	27 ♊	28 ♉
17	25 ♉ 16	26 ♒ 22	3 ♓ 43	4 D 6	11 ♉ 30	1 ♊ 51	7 ♍ 2	13 ♍ 20	16 ♒ 17	25 ♈ 10	7 ♍ 23	21 ♋ 35	3 ♈	4 ♓	22 ♎	27 ♊	28 ♉
18	26 ♉ 13	9 ♓ 29	3 ♓ 40	4 R 6	13 ♉ 27	3 ♊ 5	7 ♍ 21	13 ♍ 22	16 ♒ 18	25 ♈ 13	7 ♍ 23	21 ♋ 36	3 ♈	4 ♓	22 ♎	27 ♊	28 ♉
19	27 ♉ 11	22 ♓ 16	3 ♓ 37	4 ♓ 5	15 ♉ 25	4 ♊ 19	7 ♍ 41	13 ♍ 23	16 ♒ 19	25 ♈ 16	7 ♍ 23	21 ♋ 37	3 ♈	5 ♓	21 ♎	28 ♊	28 ♉
20	28 ♉ 9	4 ♈ 47	3 ♓ 33	4 ♓ 2	17 ♉ 26	5 ♊ 32	8 ♍ 2	13 ♍ 25	16 ♒ 20	25 ♈ 19	7 D 23	21 ♋ 38	4 ♈	5 ♓	21 ♎	28 ♊	28 ♉
21	29 ♉ 7	17 ♈ 6	3 ♓ 30	3 ♓ 56	19 ♉ 28	6 ♊ 46	8 ♍ 23	13 ♍ 26	16 ♒ 20	25 ♈ 22	7 ♍ 23	21 ♋ 39	4 ♈	5 ♓	21 ♎	29 ♊	28 ♉
22	0 ♊ 4	29 ♈ 16	3 ♓ 27	3 ♓ 48	21 ♉ 32	8 ♊ 0	8 ♍ 44	13 ♍ 28	16 ♒ 21	25 ♈ 25	7 ♍ 23	21 ♋ 40	4 ♈	5 ♓	21 ♎	29 ♊	28 ♉
23	1 ♊ 2	11 ♉ 19	3 ♓ 24	3 ♓ 37	23 ♉ 37	9 ♊ 14	9 ♍ 5	13 ♍ 30	16 ♒ 21	25 ♈ 28	7 ♍ 24	21 ♋ 41	5 ♈	5 ♓	21 ♎	0 ♋	28 ♉
24	2 ♊ 0	23 ♉ 17	3 ♓ 21	3 ♓ 24	25 ♉ 45	10 ♊ 27	9 ♍ 27	13 ♍ 33	16 ♒ 22	25 ♈ 31	7 ♍ 24	21 ♋ 42	5 ♈	5 ♓	21 ♎	0 ♋	28 ♉
25	2 ♊ 57	5 ♊ 11	3 ♓ 17	3 ♓ 10	27 ♉ 53	11 ♊ 41	9 ♍ 49	13 ♍ 35	16 ♒ 22	25 ♈ 33	7 ♍ 24	21 ♋ 44	5 ♈	6 ♓	21 ♎	0 ♋	29 ♉
26	3 ♊ 55	17 ♊ 3	3 ♓ 14	2 ♓ 56	0 ♊ 3	12 ♊ 55	10 ♍ 12	13 ♍ 38	16 ♒ 22	25 ♈ 36	7 ♍ 24	21 ♋ 45	6 ♈	6 ♓	21 ♎	1 ♋	29 ♉
27	4 ♊ 53	28 ♊ 54	3 ♓ 11	2 ♓ 43	2 ♊ 13	14 ♊ 9	10 ♍ 34	13 ♍ 40	16 ♒ 22	25 ♈ 39	7 ♍ 24	21 ♋ 46	6 ♈	6 ♓	20 ♎	1 ♋	29 ♉
28	5 ♊ 50	10 ♋ 47	3 ♓ 8	2 ♓ 33	4 ♊ 24	15 ♊ 22	10 ♍ 58	13 ♍ 43	16 R 22	25 ♈ 42	7 ♍ 25	21 ♋ 47	6 ♈	6 ♓	20 ♎	2 ♋	29 ♉
29	6 ♊ 48	22 ♋ 43	3 ♓ 5	2 ♓ 25	6 ♊ 36	16 ♊ 36	11 ♍ 21	13 ♍ 47	16 ♒ 22	25 ♈ 45	7 ♍ 25	21 ♋ 48	6 ♈	6 ♓	20 ♎	2 ♋	29 ♉
30	7 ♊ 45	4 ♌ 45	3 ♓ 2	2 ♓ 20	8 ♊ 48	17 ♊ 50	11 ♍ 45	13 ♍ 50	16 ♒ 22	25 ♈ 48	7 ♍ 25	21 ♋ 49	7 ♈	6 ♓	20 ♎	2 ♋	29 ♉
31	8 ♊ 43	16 ♌ 58	2 ♓ 58	2 ♓ 18	11 ♊ 0	19 ♊ 3	12 ♍ 9	13 ♍ 53	16 ♒ 22	25 ♈ 50	7 ♍ 26	21 ♋ 51	7 ♈	6 ♓	20 ♎	3 ♋	29 ♉

SUN INGRESS	☉ → ♊ 21日 21:57
MOON PHASE	◐ 3日 07:39 ♌　○ 10日 07:04 ♏　◑ 16日 21:50 ♒　● 24日 19:07 ♊

aspects		
1日	16:43	☿⚹♄
2日	00:33	♀△♃
4日	01:42	♀□♄
4日	15:45	☉△♃
5日	10:55	☿□♇
7日	10:48	☉□♄
7日	12:00	☿☌♅
8日	13:27	♀⚹♇
13日	02:58	☉⚹♇
14日	03:38	☿△♂
14日	19:59	☿△♆
17日	22:58	☿△♃
18日	02:23	♂☌♆
19日	10:48	☿□♄
21日	12:09	♀□♆
22日	01:37	☿⚹♇
22日	20:04	♀□♂
26日	14:29	♀□♃
28日	19:32	♀△♄
29日	03:49	☉☌☿
29日	08:54	☿□♆
29日	15:30	☉□♆
31日	15:23	☿□♂

1933年6月

DAY	☉	☽	☊ mean	☊ true	☿	♀	♂	♃	♄	♅	♆	♇	⚳	⚴	⚵	⚶	⚷
	° ′	° ′	° ′	° ′	° ′	° ′	° ′	° ′	° ′	° ′	° ′	° ′	°	°	°	°	°
1	9 ♊ 41	29 ♌ 25	2 ♓ 55	2 R 17	13 D 12	20 D 17	12 D 33	13 D 57	16 R 21	25 D 53	7 D 26	21 D 52	7 D	6 D	20 R	3 D	29 D
2	10 ♊ 38	12 ♍ 11	2 ♓ 52	2 ♓ 17	15 ♊ 23	21 ♊ 31	12 ♍ 58	14 ♍ 1	16 ♒ 21	25 ♈ 56	7 ♍ 26	21 ♋ 53	8 ♈	7 ♓	20 ♎	4 ♋	29 ♉
3	11 ♊ 35	25 ♍ 22	2 ♓ 49	2 ♓ 17	17 ♊ 33	22 ♊ 44	13 ♍ 23	14 ♍ 5	16 ♒ 20	25 ♈ 58	7 ♍ 27	21 ♋ 54	8 ♈	7 ♓	20 ♎	4 ♋	29 ♉
4	12 ♊ 33	9 ♎ 0	2 ♓ 46	2 ♓ 15	19 ♊ 42	23 ♊ 58	13 ♍ 48	14 ♍ 9	16 ♒ 19	26 ♈ 1	7 ♍ 27	21 ♋ 56	8 ♈	7 ♓	20 ♎	5 ♋	29 ♉
5	13 ♊ 30	23 ♎ 7	2 ♓ 43	2 ♓ 10	21 ♊ 50	25 ♊ 11	14 ♍ 14	14 ♍ 13	16 ♒ 19	26 ♈ 4	7 ♍ 28	21 ♋ 57	9 ♈	7 ♓	20 ♎	5 ♋	29 ♉
6	14 ♊ 28	7 ♏ 42	2 ♓ 39	2 ♓ 3	23 ♊ 56	26 ♊ 25	14 ♍ 39	14 ♍ 18	16 ♒ 18	26 ♈ 6	7 ♍ 28	21 ♋ 58	9 ♈	7 ♓	20 ♎	5 ♋	29 ♉
7	15 ♊ 25	22 ♏ 41	2 ♓ 36	1 ♓ 54	26 ♊ 0	27 ♊ 38	15 ♍ 6	14 ♍ 22	16 ♒ 17	26 ♈ 9	7 ♍ 29	22 ♋ 0	9 ♈	7 ♓	20 ♎	6 ♋	29 ♉
8	16 ♊ 22	7 ♐ 56	2 ♓ 33	1 ♓ 44	28 ♊ 3	28 ♊ 52	15 ♍ 32	14 ♍ 27	16 ♒ 16	26 ♈ 11	7 ♍ 30	22 ♋ 1	10 ♈	7 ♓	20 ♎	6 ♋	0 ♊
9	17 ♊ 20	23 ♐ 17	2 ♓ 30	1 ♓ 34	0 ♋ 4	0 ♋ 6	15 ♍ 58	14 ♍ 32	16 ♒ 15	26 ♈ 14	7 ♍ 30	22 ♋ 2	10 ♈	7 ♓	20 ♎	7 ♋	0 ♊
10	18 ♊ 17	8 ♑ 30	2 ♓ 27	1 ♓ 25	2 ♋ 2	1 ♋ 19	16 ♍ 25	14 ♍ 37	16 ♒ 13	26 ♈ 16	7 ♍ 31	22 ♋ 4	10 ♈	7 ♓	20 ♎	7 ♋	0 ♊
11	19 ♊ 15	23 ♑ 28	2 ♓ 23	1 ♓ 19	3 ♋ 58	2 ♋ 33	16 ♍ 52	14 ♍ 42	16 ♒ 12	26 ♈ 18	7 ♍ 32	22 ♋ 5	10 ♈	7 ♓	20 ♎	8 ♋	0 ♊
12	20 ♊ 12	8 ♒ 1	2 ♓ 20	1 ♓ 14	5 ♋ 52	3 ♋ 46	17 ♍ 20	14 ♍ 47	16 ♒ 11	26 ♈ 21	7 ♍ 32	22 ♋ 6	11 ♈	7 ♓	20 ♎	8 ♋	0 ♊
13	21 ♊ 9	22 ♒ 6	2 ♓ 17	1 ♓ 13	7 ♋ 44	5 ♋ 0	17 ♍ 47	14 ♍ 53	16 ♒ 9	26 ♈ 23	7 ♍ 33	22 ♋ 8	11 ♈	7 ♓	20 ♎	8 ♋	0 ♊
14	22 ♊ 6	5 ♓ 42	2 ♓ 14	1 D 12	9 ♋ 33	6 ♋ 13	18 ♍ 15	14 ♍ 59	16 ♒ 7	26 ♈ 25	7 ♍ 34	22 ♋ 9	11 ♈	7 ♓	20 D	9 ♋	0 ♊
15	23 ♊ 4	18 ♓ 52	2 ♓ 11	1 ♓ 13	11 ♋ 20	7 ♋ 27	18 ♍ 43	15 ♍ 4	16 ♒ 6	26 ♈ 28	7 ♍ 35	22 ♋ 11	11 ♈	8 ♓	20 ♎	9 ♋	0 ♊
16	24 ♊ 1	1 ♈ 39	2 ♓ 8	1 R 13	13 ♋ 4	8 ♋ 40	19 ♍ 11	15 ♍ 10	16 ♒ 4	26 ♈ 30	7 ♍ 36	22 ♋ 12	12 ♈	8 ♓	20 ♎	10 ♋	0 ♊
17	24 ♊ 58	14 ♈ 8	2 ♓ 4	1 ♓ 11	14 ♋ 46	9 ♋ 54	19 ♍ 39	15 ♍ 16	16 ♒ 2	26 ♈ 32	7 ♍ 37	22 ♋ 13	12 ♈	8 ♓	20 ♎	10 ♋	0 ♊
18	25 ♊ 56	26 ♈ 22	2 ♓ 1	1 ♓ 7	16 ♋ 26	11 ♋ 7	20 ♍ 8	15 ♍ 23	16 ♒ 0	26 ♈ 34	7 ♍ 38	22 ♋ 15	12 ♈	8 ♓	20 ♎	11 ♋	0 ♊
19	26 ♊ 53	8 ♉ 25	1 ♓ 58	1 ♓ 0	18 ♋ 3	12 ♋ 20	20 ♍ 37	15 ♍ 29	15 ♒ 58	26 ♈ 36	7 ♍ 38	22 ♋ 16	13 ♈	8 ♓	20 ♎	11 ♋	0 ♊
20	27 ♊ 50	20 ♉ 22	1 ♓ 55	0 ♓ 52	19 ♋ 37	13 ♋ 34	21 ♍ 6	15 ♍ 35	15 ♒ 56	26 ♈ 38	7 ♍ 39	22 ♋ 18	13 ♈	8 ♓	20 ♎	12 ♋	0 ♊
21	28 ♊ 47	2 ♊ 15	1 ♓ 52	0 ♓ 41	21 ♋ 9	14 ♋ 47	21 ♍ 35	15 ♍ 42	15 ♒ 54	26 ♈ 40	7 ♍ 41	22 ♋ 19	13 ♈	8 ♓	20 ♎	12 ♋	0 ♊
22	29 ♊ 45	14 ♊ 7	1 ♓ 49	0 ♓ 30	22 ♋ 39	16 ♋ 1	22 ♍ 5	15 ♍ 49	15 ♒ 51	26 ♈ 42	7 ♍ 42	22 ♋ 21	13 ♈	8 ♓	20 ♎	12 ♋	1 ♊
23	0 ♋ 42	25 ♊ 59	1 ♓ 45	0 ♓ 18	24 ♋ 6	17 ♋ 14	22 ♍ 35	15 ♍ 56	15 ♒ 49	26 ♈ 44	7 ♍ 43	22 ♋ 22	14 ♈	8 ♓	20 ♎	13 ♋	1 ♊
24	1 ♋ 39	7 ♋ 52	1 ♓ 42	0 ♓ 8	25 ♋ 30	18 ♋ 28	23 ♍ 4	16 ♍ 3	15 ♒ 46	26 ♈ 46	7 ♍ 44	22 ♋ 24	14 ♈	8 R	20 ♎	13 ♋	1 ♊
25	2 ♋ 36	19 ♋ 50	1 ♓ 39	0 ♓ 0	26 ♋ 52	19 ♋ 41	23 ♍ 35	16 ♍ 10	15 ♒ 44	26 ♈ 48	7 ♍ 45	22 ♋ 25	14 ♈	8 ♓	20 ♎	14 ♋	1 ♊
26	3 ♋ 34	1 ♌ 52	1 ♓ 36	29 ♒ 54	28 ♋ 11	20 ♋ 54	24 ♍ 5	16 ♍ 17	15 ♒ 41	26 ♈ 50	7 ♍ 46	22 ♋ 27	14 ♈	8 ♓	20 ♎	14 ♋	1 ♊
27	4 ♋ 31	14 ♌ 1	1 ♓ 33	29 ♒ 50	29 ♋ 28	22 ♋ 8	24 ♍ 35	16 ♍ 25	15 ♒ 38	26 ♈ 51	7 ♍ 47	22 ♋ 28	15 ♈	8 ♓	20 ♎	15 ♋	1 ♊
28	5 ♋ 28	26 ♌ 21	1 ♓ 29	29 ♒ 49	0 ♌ 42	23 ♋ 21	25 ♍ 6	16 ♍ 32	15 ♒ 36	26 ♈ 53	7 ♍ 48	22 ♋ 30	15 ♈	8 ♓	20 ♎	15 ♋	1 ♊
29	6 ♋ 25	8 ♍ 54	1 ♓ 26	29 D 49	1 ♌ 53	24 ♋ 34	25 ♍ 37	16 ♍ 40	15 ♒ 33	26 ♈ 55	7 ♍ 50	22 ♋ 32	15 ♈	8 ♓	20 ♎	15 ♋	1 ♊
30	7 ♋ 23	21 ♍ 43	1 ♓ 23	29 ♒ 50	3 ♌ 1	25 ♋ 48	26 ♍ 8	16 ♍ 48	15 ♒ 30	26 ♈ 56	7 ♍ 51	22 ♋ 33	15 ♈	8 ♓	20 ♎	16 ♋	1 ♊

SUN INGRESS	☉ → ♋ 22日 06:12
MOON PHASE	◐ 1日 20:53 ♍　○ 8日 14:05 ♐　◑ 15日 08:25 ♓　● 23日 10:22 ♋

aspects		
1日	08:31	☿□♃
2日	10:38	☿△♄
4日	23:20	♂☌♃
5日	17:38	♀⚹♅
5日	19:22	☉□♃
6日	08:58	☉□♂
7日	01:38	☿⚹♅
7日	21:15	☉△♄
9日	01:05	☿☌♀
12日	21:42	☿⚹♆
15日	02:44	♀⚹♆
17日	07:40	☿⚹♃
18日	16:41	☉⚹♅
21日	10:13	☿⚹♂
21日	19:01	☿☌♇
21日	19:43	♀⚹♃
22日	13:42	♂⚹♇
24日	22:40	☿□♅
27日	06:58	♀☌♇
30日	11:32	♀⚹♂
30日	12:09	☉⚹♆
30日	23:01	♀□♅

1933年7月

DAY	☉	☽	☊ mean	☊ true	☿	♀	♂	♃	♄	♅	♆	♇	⚳	⚴	⚵	⚶	⚷
	° ′	° ′	° ′	° ′	° ′	° ′	° ′	° ′	° ′	° ′	° ′	° ′	°	°	°	°	°
1	8 ♋ 20	4 ♎ 52	1 ♓ 20	29 D 51	4 D 6	27 D 1	26 D 39	16 D 56	15 R 27	26 D 58	7 D 52	22 D 35	16 D	8 R	20 D	16 D	1 D
2	9 ♋ 17	18 ♎ 25	1 ♓ 17	29 R 51	5 ♌ 8	28 ♋ 14	27 ♍ 11	17 ♍ 4	15 ♒ 24	27 ♈ 0	7 ♍ 54	22 ♋ 36	16 ♈	8 ♓	20 ♎	17 ♋	1 ♊
3	10 ♋ 14	2 ♏ 23	1 ♓ 14	29 ♒ 49	6 ♌ 7	29 ♋ 27	27 ♍ 42	17 ♍ 12	15 ♒ 20	27 ♈ 1	7 ♍ 55	22 ♋ 38	16 ♈	8 ♓	20 ♎	17 ♋	1 ♊
4	11 ♋ 11	16 ♏ 46	1 ♓ 10	29 ♒ 45	7 ♌ 3	0 ♌ 41	28 ♍ 14	17 ♍ 20	15 ♒ 17	27 ♈ 2	7 ♍ 56	22 ♋ 39	16 ♈	7 ♓	21 ♎	18 ♋	1 ♊
5	12 ♋ 9	1 ♐ 32	1 ♓ 7	29 ♒ 39	7 ♌ 55	1 ♌ 54	28 ♍ 46	17 ♍ 28	15 ♒ 14	27 ♈ 4	7 ♍ 58	22 ♋ 41	16 ♈	7 ♓	21 ♎	18 ♋	1 ♊
6	13 ♋ 6	16 ♐ 34	1 ♓ 4	29 ♒ 32	8 ♌ 44	3 ♌ 7	29 ♍ 18	17 ♍ 37	15 ♒ 10	27 ♈ 5	7 ♍ 59	22 ♋ 43	17 ♈	7 ♓	21 ♎	19 ♋	1 ♊
7	14 ♋ 3	1 ♑ 44	1 ♓ 1	29 ♒ 26	9 ♌ 30	4 ♌ 20	29 ♍ 50	17 ♍ 45	15 ♒ 7	27 ♈ 7	8 ♍ 1	22 ♋ 44	17 ♈	7 ♓	21 ♎	19 ♋	1 ♊
8	15 ♋ 0	16 ♑ 52	0 ♓ 58	29 ♒ 20	10 ♌ 11	5 ♌ 34	0 ♎ 22	17 ♍ 54	15 ♒ 3	27 ♈ 8	8 ♍ 2	22 ♋ 46	17 ♈	7 ♓	21 ♎	19 ♋	2 ♊
9	15 ♋ 57	1 ♒ 47	0 ♓ 55	29 ♒ 16	10 ♌ 49	6 ♌ 47	0 ♎ 55	18 ♍ 3	15 ♒ 0	27 ♈ 9	8 ♍ 4	22 ♋ 47	17 ♈	7 ♓	21 ♎	20 ♋	2 ♊
10	16 ♋ 54	16 ♒ 23	0 ♓ 51	29 ♒ 13	11 ♌ 23	8 ♌ 0	1 ♎ 28	18 ♍ 12	14 ♒ 56	27 ♈ 10	8 ♍ 5	22 ♋ 49	17 ♈	7 ♓	21 ♎	20 ♋	2 ♊
11	17 ♋ 52	0 ♓ 34	0 ♓ 48	29 D 13	11 ♌ 53	9 ♌ 13	2 ♎ 0	18 ♍ 21	14 ♒ 53	27 ♈ 11	8 ♍ 7	22 ♋ 51	18 ♈	7 ♓	21 ♎	21 ♋	2 ♊
12	18 ♋ 49	14 ♓ 17	0 ♓ 45	29 ♒ 13	12 ♌ 19	10 ♌ 26	2 ♎ 33	18 ♍ 30	14 ♒ 49	27 ♈ 13	8 ♍ 8	22 ♋ 52	18 ♈	7 ♓	22 ♎	21 ♋	2 ♊
13	19 ♋ 46	27 ♓ 33	0 ♓ 42	29 ♒ 15	12 ♌ 40	11 ♌ 39	3 ♎ 7	18 ♍ 39	14 ♒ 45	27 ♈ 14	8 ♍ 10	22 ♋ 54	18 ♈	7 ♓	22 ♎	22 ♋	2 ♊
14	20 ♋ 43	10 ♈ 24	0 ♓ 39	29 ♒ 16	12 ♌ 57	12 ♌ 52	3 ♎ 40	18 ♍ 48	14 ♒ 41	27 ♈ 15	8 ♍ 11	22 ♋ 55	18 ♈	7 ♓	22 ♎	22 ♋	2 ♊
15	21 ♋ 41	22 ♈ 55	0 ♓ 35	29 R 16	13 ♌ 9	14 ♌ 5	4 ♎ 13	18 ♍ 58	14 ♒ 37	27 ♈ 16	8 ♍ 13	22 ♋ 57	18 ♈	6 ♓	22 ♎	23 ♋	2 ♊
16	22 ♋ 38	5 ♉ 10	0 ♓ 32	29 ♒ 15	13 ♌ 17	15 ♌ 19	4 ♎ 47	19 ♍ 7	14 ♒ 33	27 ♈ 16	8 ♍ 15	22 ♋ 59	19 ♈	6 ♓	22 ♎	23 ♋	2 ♊
17	23 ♋ 35	17 ♉ 12	0 ♓ 29	29 ♒ 13	13 ♌ 20	16 ♌ 32	5 ♎ 21	19 ♍ 17	14 ♒ 29	27 ♈ 17	8 ♍ 16	23 ♋ 0	19 ♈	6 ♓	22 ♎	23 ♋	2 ♊
18	24 ♋ 32	29 ♉ 8	0 ♓ 26	29 ♒ 9	13 R 18	17 ♌ 45	5 ♎ 55	19 ♍ 27	14 ♒ 25	27 ♈ 18	8 ♍ 18	23 ♋ 2	19 ♈	6 ♓	22 ♎	24 ♋	2 ♊
19	25 ♋ 30	11 ♊ 0	0 ♓ 23	29 ♒ 4	13 ♌ 11	18 ♌ 58	6 ♎ 29	19 ♍ 36	14 ♒ 21	27 ♈ 19	8 ♍ 20	23 ♋ 3	19 ♈	6 ♓	23 ♎	24 ♋	2 ♊
20	26 ♋ 27	22 ♊ 51	0 ♓ 20	28 ♒ 59	12 ♌ 59	20 ♌ 11	7 ♎ 3	19 ♍ 46	14 ♒ 17	27 ♈ 20	8 ♍ 21	23 ♋ 5	19 ♈	6 ♓	23 ♎	25 ♋	2 ♊
21	27 ♋ 24	4 ♋ 45	0 ♓ 16	28 ♒ 53	12 ♌ 42	21 ♌ 24	7 ♎ 37	19 ♍ 56	14 ♒ 13	27 ♈ 20	8 ♍ 23	23 ♋ 7	19 ♈	6 ♓	23 ♎	25 ♋	2 ♊
22	28 ♋ 21	16 ♋ 44	0 ♓ 13	28 ♒ 48	12 ♌ 21	22 ♌ 37	8 ♎ 12	20 ♍ 6	14 ♒ 9	27 ♈ 21	8 ♍ 25	23 ♋ 8	20 ♈	5 ♓	23 ♎	26 ♋	2 ♊
23	29 ♋ 19	28 ♋ 49	0 ♓ 10	28 ♒ 44	11 ♌ 55	23 ♌ 50	8 ♎ 46	20 ♍ 17	14 ♒ 5	27 ♈ 22	8 ♍ 27	23 ♋ 10	20 ♈	5 ♓	23 ♎	26 ♋	2 ♊
24	0 ♌ 16	11 ♌ 3	0 ♓ 7	28 ♒ 41	11 ♌ 26	25 ♌ 3	9 ♎ 21	20 ♍ 27	14 ♒ 0	27 ♈ 22	8 ♍ 29	23 ♋ 11	20 ♈	5 ♓	23 ♎	27 ♋	2 ♊
25	1 ♌ 13	23 ♌ 25	0 ♓ 4	28 ♒ 40	10 ♌ 52	26 ♌ 16	9 ♎ 56	20 ♍ 37	13 ♒ 56	27 ♈ 22	8 ♍ 31	23 ♋ 13	20 ♈	5 ♓	24 ♎	27 ♋	2 ♊
26	2 ♌ 11	5 ♍ 59	0 ♓ 1	28 D 40	10 ♌ 15	27 ♌ 28	10 ♎ 31	20 ♍ 48	13 ♒ 52	27 ♈ 23	8 ♍ 32	23 ♋ 15	20 ♈	5 ♓	24 ♎	27 ♋	2 ♊
27	3 ♌ 8	18 ♍ 46	29 ♒ 57	28 ♒ 41	9 ♌ 35	28 ♌ 41	11 ♎ 6	20 ♍ 58	13 ♒ 47	27 ♈ 23	8 ♍ 34	23 ♋ 16	20 ♈	5 ♓	24 ♎	28 ♋	3 ♊
28	4 ♌ 5	1 ♎ 47	29 ♒ 54	28 ♒ 42	8 ♌ 53	29 ♌ 54	11 ♎ 41	21 ♍ 9	13 ♒ 43	27 ♈ 24	8 ♍ 36	23 ♋ 18	20 ♈	4 ♓	24 ♎	28 ♋	3 ♊
29	5 ♌ 3	15 ♎ 4	29 ♒ 51	28 ♒ 44	8 ♌ 10	1 ♍ 7	12 ♎ 17	21 ♍ 19	13 ♒ 38	27 ♈ 24	8 ♍ 38	23 ♋ 19	20 ♈	4 ♓	24 ♎	29 ♋	3 ♊
30	6 ♌ 0	28 ♎ 39	29 ♒ 48	28 ♒ 45	7 ♌ 26	2 ♍ 20	12 ♎ 52	21 ♍ 30	13 ♒ 34	27 ♈ 24	8 ♍ 40	23 ♋ 21	21 ♈	4 ♓	24 ♎	29 ♋	3 ♊
31	6 ♌ 57	12 ♏ 32	29 ♒ 45	28 R 45	6 ♌ 41	3 ♍ 33	13 ♎ 28	21 ♍ 41	13 ♒ 30	27 ♈ 24	8 ♍ 42	23 ♋ 23	21 ♈	4 ♓	25 ♎	0 ♌	3 ♊

SUN INGRESS	☉ → ♌ 23日 17:05
MOON PHASE	◐ 1日 06:40 ♎　○ 7日 20:50 ♑　◑ 14日 21:24 ♈　● 23日 01:03 ♋　◐ 30日 13:44 ♏

aspects		
11日	14:32	☉⚹♃
14日	01:57	☿☌♀
15日	09:55	♀☍♄
16日	09:00	☉☌♇
20日	22:24	☉□♅
25日	18:53	☿⚹♂
25日	22:10	♀△♅
30日	20:11	☉☌☿
31日	01:11	♂△♄

1933年8月

DAY	☉	☽	☊ mean	☊ true	☿	♀	♂	♃	♄	♅	♆	♇	⚳	⚴	⚵	⚶	⚷
	° ′	° ′	° ′	° ′	° ′	° ′	° ′	° ′	° ′	° ′	° ′	° ′	°	°	°	°	°
1	7 ♌ 55	26 ♏ 44	29 ♒ 41	28 R 44	5 R 58	4 D 45	14 D 3	21 D 52	13 R 25	27 D 24	8 D 44	23 D 24	21 D	4 R	25 D	0 D	3 D
2	8 ♌ 52	11 ♐ 12	29 ♒ 38	28 ♒ 42	5 ♌ 16	5 ♍ 58	14 ♎ 39	22 ♍ 3	13 ♒ 21	27 ♈ 25	8 ♍ 46	23 ♋ 26	21 ♈	3 ♓	25 ♎	1 ♌	3 ♊
3	9 ♌ 50	25 ♐ 53	29 ♒ 35	28 ♒ 40	4 ♌ 36	7 ♍ 11	15 ♎ 15	22 ♍ 14	13 ♒ 16	27 ♈ 25	8 ♍ 48	23 ♋ 27	21 ♈	3 ♓	25 ♎	1 ♌	3 ♊
4	10 ♌ 47	10 ♑ 41	29 ♒ 32	28 ♒ 38	4 ♌ 0	8 ♍ 24	15 ♎ 51	22 ♍ 25	13 ♒ 12	27 R 25	8 ♍ 50	23 ♋ 29	21 ♈	3 ♓	25 ♎	1 ♌	3 ♊
5	11 ♌ 45	25 ♑ 28	29 ♒ 29	28 ♒ 36	3 ♌ 27	9 ♍ 36	16 ♎ 28	22 ♍ 36	13 ♒ 7	27 ♈ 24	8 ♍ 52	23 ♋ 30	21 ♈	3 ♓	26 ♎	2 ♌	3 ♊
6	12 ♌ 42	10 ♒ 8	29 ♒ 26	28 ♒ 34	2 ♌ 59	10 ♍ 49	17 ♎ 4	22 ♍ 47	13 ♒ 3	27 ♈ 24	8 ♍ 54	23 ♋ 32	21 ♈	3 ♓	26 ♎	2 ♌	3 ♊
7	13 ♌ 39	24 ♒ 34	29 ♒ 22	28 ♒ 34	2 ♌ 37	12 ♍ 1	17 ♎ 40	22 ♍ 58	12 ♒ 58	27 ♈ 24	8 ♍ 56	23 ♋ 33	21 ♈	2 ♓	26 ♎	3 ♌	3 ♊
8	14 ♌ 37	8 ♓ 39	29 ♒ 19	28 D 34	2 ♌ 19	13 ♍ 14	18 ♎ 17	23 ♍ 10	12 ♒ 54	27 ♈ 24	8 ♍ 58	23 ♋ 35	21 ♈	2 ♓	26 ♎	3 ♌	3 ♊
9	15 ♌ 34	22 ♓ 22	29 ♒ 16	28 ♒ 35	2 ♌ 8	14 ♍ 27	18 ♎ 54	23 ♍ 21	12 ♒ 49	27 ♈ 24	9 ♍ 0	23 ♋ 36	21 ♈	2 ♓	27 ♎	4 ♌	3 ♊
10	16 ♌ 32	5 ♈ 40	29 ♒ 13	28 ♒ 36	2 ♌ 4	15 ♍ 39	19 ♎ 31	23 ♍ 33	12 ♒ 45	27 ♈ 23	9 ♍ 2	23 ♋ 38	21 ♈	2 ♓	27 ♎	4 ♌	3 ♊
11	17 ♌ 29	18 ♈ 35	29 ♒ 10	28 ♒ 37	2 D 6	16 ♍ 52	20 ♎ 7	23 ♍ 44	12 ♒ 40	27 ♈ 23	9 ♍ 4	23 ♋ 39	22 ♈	1 ♓	27 ♎	5 ♌	3 ♊
12	18 ♌ 27	1 ♉ 10	29 ♒ 7	28 ♒ 37	2 ♌ 15	18 ♍ 4	20 ♎ 44	23 ♍ 56	12 ♒ 36	27 ♈ 23	9 ♍ 6	23 ♋ 41	22 ♈	1 ♓	27 ♎	5 ♌	3 ♊
13	19 ♌ 25	13 ♉ 27	29 ♒ 3	28 ♒ 38	2 ♌ 31	19 ♍ 17	21 ♎ 22	24 ♍ 7	12 ♒ 32	27 ♈ 22	9 ♍ 8	23 ♋ 42	22 ♈	1 ♓	27 ♎	5 ♌	3 ♊
14	20 ♌ 22	25 ♉ 32	29 ♒ 0	28 R 38	2 ♌ 54	20 ♍ 29	21 ♎ 59	24 ♍ 19	12 ♒ 27	27 ♈ 22	9 ♍ 11	23 ♋ 44	22 ♈	1 ♓	28 ♎	6 ♌	3 ♊
15	21 ♌ 20	7 ♊ 28	28 ♒ 57	28 ♒ 38	3 ♌ 25	21 ♍ 41	22 ♎ 36	24 ♍ 31	12 ♒ 23	27 ♈ 21	9 ♍ 13	23 ♋ 45	22 ♈	0 ♓	28 ♎	6 ♌	3 ♊
16	22 ♌ 18	19 ♊ 20	28 ♒ 54	28 ♒ 37	4 ♌ 2	22 ♍ 54	23 ♎ 14	24 ♍ 43	12 ♒ 18	27 ♈ 21	9 ♍ 15	23 ♋ 47	22 ♈	0 ♓	28 ♎	7 ♌	3 ♊
17	23 ♌ 15	1 ♋ 13	28 ♒ 51	28 ♒ 36	4 ♌ 47	24 ♍ 6	23 ♎ 51	24 ♍ 54	12 ♒ 14	27 ♈ 20	9 ♍ 17	23 ♋ 48	22 ♈	0 ♓	28 ♎	7 ♌	3 ♊
18	24 ♌ 13	13 ♋ 10	28 ♒ 47	28 ♒ 36	5 ♌ 38	25 ♍ 18	24 ♎ 29	25 ♍ 6	12 ♒ 10	27 ♈ 19	9 ♍ 19	23 ♋ 50	22 ♈	0 ♓	29 ♎	8 ♌	3 ♊
19	25 ♌ 11	25 ♋ 14	28 ♒ 44	28 ♒ 35	6 ♌ 36	26 ♍ 31	25 ♎ 7	25 ♍ 18	12 ♒ 5	27 ♈ 18	9 ♍ 21	23 ♋ 51	22 R	29 ♒	29 ♎	8 ♌	3 ♊
20	26 ♌ 9	7 ♌ 28	28 ♒ 41	28 ♒ 35	7 ♌ 41	27 ♍ 43	25 ♎ 45	25 ♍ 30	12 ♒ 1	27 ♈ 18	9 ♍ 23	23 ♋ 53	22 ♈	29 ♒	29 ♎	9 ♌	3 ♊
21	27 ♌ 6	19 ♌ 55	28 ♒ 38	28 ♒ 35	8 ♌ 51	28 ♍ 55	26 ♎ 23	25 ♍ 42	11 ♒ 57	27 ♈ 17	9 ♍ 26	23 ♋ 54	22 ♈	29 ♒	29 ♎	9 ♌	3 ♊
22	28 ♌ 4	2 ♍ 35	28 ♒ 35	28 D 35	10 ♌ 8	0 ♎ 7	27 ♎ 1	25 ♍ 55	11 ♒ 53	27 ♈ 16	9 ♍ 28	23 ♋ 55	22 ♈	29 ♒	0 ♏	9 ♌	3 ♊
23	29 ♌ 2	15 ♍ 29	28 ♒ 32	28 R 35	11 ♌ 30	1 ♎ 20	27 ♎ 39	26 ♍ 7	11 ♒ 48	27 ♈ 15	9 ♍ 30	23 ♋ 57	22 ♈	28 ♒	0 ♏	10 ♌	3 ♊
24	0 ♍ 0	28 ♍ 37	28 ♒ 28	28 ♒ 35	12 ♌ 58	2 ♎ 32	28 ♎ 17	26 ♍ 19	11 ♒ 44	27 ♈ 14	9 ♍ 32	23 ♋ 58	22 ♈	28 ♒	0 ♏	10 ♌	3 ♊
25	0 ♍ 58	11 ♎ 59	28 ♒ 25	28 ♒ 34	14 ♌ 30	3 ♎ 44	28 ♎ 56	26 ♍ 31	11 ♒ 40	27 ♈ 13	9 ♍ 34	23 ♋ 59	22 ♈	28 ♒	0 ♏	11 ♌	3 ♊
26	1 ♍ 56	25 ♎ 34	28 ♒ 22	28 ♒ 34	16 ♌ 7	4 ♎ 56	29 ♎ 34	26 ♍ 43	11 ♒ 36	27 ♈ 12	9 ♍ 37	24 ♋ 1	22 ♈	28 ♒	1 ♏	11 ♌	3 ♊
27	2 ♍ 54	9 ♏ 21	28 ♒ 19	28 ♒ 34	17 ♌ 48	6 ♎ 8	0 ♏ 13	26 ♍ 56	11 ♒ 32	27 ♈ 11	9 ♍ 39	24 ♋ 2	22 ♈	27 ♒	1 ♏	12 ♌	3 ♊
28	3 ♍ 51	23 ♏ 20	28 ♒ 16	28 ♒ 33	19 ♌ 32	7 ♎ 20	0 ♏ 52	27 ♍ 8	11 ♒ 28	27 ♈ 10	9 ♍ 41	24 ♋ 3	21 ♈	27 ♒	1 ♏	12 ♌	3 ♊
29	4 ♍ 49	7 ♐ 27	28 ♒ 13	28 D 33	21 ♌ 19	8 ♎ 32	1 ♏ 31	27 ♍ 21	11 ♒ 24	27 ♈ 9	9 ♍ 43	24 ♋ 5	21 ♈	27 ♒	1 ♏	13 ♌	4 ♊
30	5 ♍ 47	21 ♐ 43	28 ♒ 9	28 ♒ 34	23 ♌ 9	9 ♎ 44	2 ♏ 10	27 ♍ 33	11 ♒ 20	27 ♈ 7	9 ♍ 46	24 ♋ 6	21 ♈	27 ♒	2 ♏	13 ♌	4 ♊
31	6 ♍ 45	6 ♑ 3	28 ♒ 6	28 ♒ 34	25 ♌ 0	10 ♎ 56	2 ♏ 49	27 ♍ 46	11 ♒ 16	27 ♈ 6	9 ♍ 48	24 ♋ 7	21 ♈	26 ♒	2 ♏	13 ♌	4 ♊

SUN INGRESS	☉ → ♍ 23日 23:52
MOON PHASE	○ 6日 04:31 ♒　◑ 13日 12:49 ♉　● 21日 14:48 ♌　◐ 28日 19:13 ♐

aspects		
4日	08:56	♀☌♆
6日	08:06	☉☍♄
10日	13:02	♃⚹♇
16日	17:59	♀⚹♇
16日	22:00	♂□♇
17日	19:14	♀☌♃
18日	19:16	☉⚹♂
21日	04:19	☉△♅
22日	09:16	♂☍♅
23日	04:47	☿☍♄
31日	06:34	♀△♄

1933年9月

DAY	☉	☽	☊ mean	☊ true	☿	♀	♂	♃	♄	♅	♆	♇	⚳	⚴	⚵	⚶	⚷
	° ′	° ′	° ′	° ′	° ′	° ′	° ′	° ′	° ′	° ′	° ′	° ′	°	°	°	°	°
1	7 ♍ 43	20 ♑ 26	28 ♒ 3	28 D 35	26 D 54	12 D 7	3 D 28	27 D 58	11 R 13	27 R 5	9 D 50	24 D 8	21 R	26 R	2 D	14 D	4 D
2	8 ♍ 42	4 ♒ 46	28 ♒ 0	28 ♒ 36	28 ♌ 49	13 ♎ 19	4 ♏ 7	28 ♍ 11	11 ♒ 9	27 ♈ 3	9 ♍ 52	24 ♋ 10	21 ♈	26 ♒	3 ♏	14 ♌	4 ♊
3	9 ♍ 40	19 ♒ 0	27 ♒ 57	28 ♒ 36	0 ♍ 44	14 ♎ 31	4 ♏ 46	28 ♍ 23	11 ♒ 5	27 ♈ 2	9 ♍ 54	24 ♋ 11	21 ♈	26 ♒	3 ♏	15 ♌	4 ♊
4	10 ♍ 38	3 ♓ 4	27 ♒ 53	28 R 36	2 ♍ 40	15 ♎ 43	5 ♏ 26	28 ♍ 36	11 ♒ 2	27 ♈ 1	9 ♍ 57	24 ♋ 12	21 ♈	25 ♒	3 ♏	15 ♌	4 ♊
5	11 ♍ 36	16 ♓ 53	27 ♒ 50	28 ♒ 36	4 ♍ 37	16 ♎ 54	6 ♏ 5	28 ♍ 48	10 ♒ 58	26 ♈ 59	9 ♍ 59	24 ♋ 13	21 ♈	25 ♒	3 ♏	16 ♌	4 ♊
6	12 ♍ 34	0 ♈ 25	27 ♒ 47	28 ♒ 35	6 ♍ 34	18 ♎ 6	6 ♏ 45	29 ♍ 1	10 ♒ 55	26 ♈ 58	10 ♍ 1	24 ♋ 14	21 ♈	25 ♒	4 ♏	16 ♌	4 ♊
7	13 ♍ 32	13 ♈ 38	27 ♒ 44	28 ♒ 33	8 ♍ 30	19 ♎ 18	7 ♏ 25	29 ♍ 14	10 ♒ 51	26 ♈ 56	10 ♍ 3	24 ♋ 15	21 ♈	25 ♒	4 ♏	17 ♌	4 ♊
8	14 ♍ 30	26 ♈ 31	27 ♒ 41	28 ♒ 30	10 ♍ 26	20 ♎ 29	8 ♏ 4	29 ♍ 26	10 ♒ 48	26 ♈ 54	10 ♍ 6	24 ♋ 17	20 ♈	24 ♒	4 ♏	17 ♌	4 ♊
9	15 ♍ 29	9 ♉ 6	27 ♒ 38	28 ♒ 28	12 ♍ 21	21 ♎ 41	8 ♏ 44	29 ♍ 39	10 ♒ 44	26 ♈ 53	10 ♍ 8	24 ♋ 18	20 ♈	24 ♒	4 ♏	17 ♌	4 ♊
10	16 ♍ 27	21 ♉ 24	27 ♒ 34	28 ♒ 26	14 ♍ 16	22 ♎ 52	9 ♏ 24	29 ♍ 52	10 ♒ 41	26 ♈ 51	10 ♍ 10	24 ♋ 19	20 ♈	24 ♒	5 ♏	18 ♌	4 ♊
11	17 ♍ 25	3 ♊ 30	27 ♒ 31	28 ♒ 25	16 ♍ 10	24 ♎ 3	10 ♏ 4	0 ♎ 5	10 ♒ 38	26 ♈ 49	10 ♍ 12	24 ♋ 20	20 ♈	24 ♒	5 ♏	18 ♌	4 R
12	18 ♍ 24	15 ♊ 26	27 ♒ 28	28 ♒ 24	18 ♍ 4	25 ♎ 15	10 ♏ 45	0 ♎ 18	10 ♒ 35	26 ♈ 48	10 ♍ 14	24 ♋ 21	20 ♈	24 ♒	5 ♏	19 ♌	4 ♊
13	19 ♍ 22	27 ♊ 19	27 ♒ 25	28 D 24	19 ♍ 56	26 ♎ 26	11 ♏ 25	0 ♎ 30	10 ♒ 32	26 ♈ 46	10 ♍ 17	24 ♋ 22	20 ♈	23 ♒	6 ♏	19 ♌	4 ♊
14	20 ♍ 21	9 ♋ 12	27 ♒ 22	28 ♒ 25	21 ♍ 47	27 ♎ 37	12 ♏ 5	0 ♎ 43	10 ♒ 29	26 ♈ 44	10 ♍ 19	24 ♋ 23	20 ♈	23 ♒	6 ♏	20 ♌	4 ♊
15	21 ♍ 19	21 ♋ 10	27 ♒ 19	28 ♒ 27	23 ♍ 38	28 ♎ 49	12 ♏ 46	0 ♎ 56	10 ♒ 26	26 ♈ 42	10 ♍ 21	24 ♋ 24	19 ♈	23 ♒	6 ♏	20 ♌	4 ♊
16	22 ♍ 18	3 ♌ 18	27 ♒ 15	28 ♒ 28	25 ♍ 27	0 ♏ 0	13 ♏ 26	1 ♎ 9	10 ♒ 24	26 ♈ 40	10 ♍ 23	24 ♋ 25	19 ♈	23 ♒	7 ♏	21 ♌	4 ♊
17	23 ♍ 16	15 ♌ 39	27 ♒ 12	28 ♒ 30	27 ♍ 15	1 ♏ 11	14 ♏ 7	1 ♎ 22	10 ♒ 21	26 ♈ 39	10 ♍ 25	24 ♋ 26	19 ♈	23 ♒	7 ♏	21 ♌	4 ♊
18	24 ♍ 15	28 ♌ 16	27 ♒ 9	28 ♒ 30	29 ♍ 3	2 ♏ 22	14 ♏ 48	1 ♎ 35	10 ♒ 18	26 ♈ 37	10 ♍ 28	24 ♋ 27	19 ♈	22 ♒	7 ♏	21 ♌	4 ♊
19	25 ♍ 13	11 ♍ 13	27 ♒ 6	28 R 30	0 ♎ 49	3 ♏ 33	15 ♏ 28	1 ♎ 48	10 ♒ 16	26 ♈ 35	10 ♍ 30	24 ♋ 28	19 ♈	22 ♒	7 ♏	22 ♌	4 ♊
20	26 ♍ 12	24 ♍ 28	27 ♒ 3	28 ♒ 28	2 ♎ 34	4 ♏ 44	16 ♏ 9	2 ♎ 1	10 ♒ 13	26 ♈ 33	10 ♍ 32	24 ♋ 29	19 ♈	22 ♒	8 ♏	22 ♌	4 ♊
21	27 ♍ 11	8 ♎ 1	26 ♒ 59	28 ♒ 24	4 ♎ 18	5 ♏ 55	16 ♏ 50	2 ♎ 14	10 ♒ 11	26 ♈ 31	10 ♍ 34	24 ♋ 29	18 ♈	22 ♒	8 ♏	23 ♌	4 ♊
22	28 ♍ 9	21 ♎ 50	26 ♒ 56	28 ♒ 20	6 ♎ 2	7 ♏ 6	17 ♏ 32	2 ♎ 27	10 ♒ 9	26 ♈ 29	10 ♍ 36	24 ♋ 30	18 ♈	22 ♒	8 ♏	23 ♌	4 ♊
23	29 ♍ 8	5 ♏ 51	26 ♒ 53	28 ♒ 15	7 ♎ 44	8 ♏ 17	18 ♏ 13	2 ♎ 40	10 ♒ 6	26 ♈ 26	10 ♍ 38	24 ♋ 31	18 ♈	21 ♒	9 ♏	24 ♌	3 ♊
24	0 ♎ 7	20 ♏ 1	26 ♒ 50	28 ♒ 11	9 ♎ 25	9 ♏ 27	18 ♏ 54	2 ♎ 53	10 ♒ 4	26 ♈ 24	10 ♍ 40	24 ♋ 32	18 ♈	21 ♒	9 ♏	24 ♌	3 ♊
25	1 ♎ 6	4 ♐ 16	26 ♒ 47	28 ♒ 7	11 ♎ 5	10 ♏ 38	19 ♏ 35	3 ♎ 5	10 ♒ 2	26 ♈ 22	10 ♍ 43	24 ♋ 33	18 ♈	21 ♒	9 ♏	24 ♌	3 ♊
26	2 ♎ 4	18 ♐ 31	26 ♒ 44	28 ♒ 5	12 ♎ 45	11 ♏ 49	20 ♏ 17	3 ♎ 18	10 ♒ 1	26 ♈ 20	10 ♍ 45	24 ♋ 33	17 ♈	21 ♒	10 ♏	25 ♌	3 ♊
27	3 ♎ 3	2 ♑ 43	26 ♒ 40	28 ♒ 4	14 ♎ 23	12 ♏ 59	20 ♏ 58	3 ♎ 31	9 ♒ 59	26 ♈ 18	10 ♍ 47	24 ♋ 34	17 ♈	21 ♒	10 ♏	25 ♌	3 ♊
28	4 ♎ 2	16 ♑ 52	26 ♒ 37	28 D 5	16 ♎ 1	14 ♏ 10	21 ♏ 40	3 ♎ 44	9 ♒ 57	26 ♈ 16	10 ♍ 49	24 ♋ 35	17 ♈	21 ♒	10 ♏	26 ♌	3 ♊
29	5 ♎ 1	0 ♒ 54	26 ♒ 34	28 ♒ 6	17 ♎ 37	15 ♏ 20	22 ♏ 22	3 ♎ 57	9 ♒ 55	26 ♈ 13	10 ♍ 51	24 ♋ 36	17 ♈	21 ♒	10 ♏	26 ♌	3 ♊
30	6 ♎ 0	14 ♒ 49	26 ♒ 31	28 ♒ 8	19 ♎ 13	16 ♏ 31	23 ♏ 3	4 ♎ 10	9 ♒ 54	26 ♈ 11	10 ♍ 53	24 ♋ 36	17 ♈	21 ♒	11 ♏	27 ♌	3 ♊

SUN INGRESS	☉ → ♎ 23日 21:01
MOON PHASE	○ 4日 14:04 ♓　◑ 12日 06:30 ♊　● 20日 03:21 ♍　◐ 27日 00:36 ♑

aspects

1日	02:16	☿△♅
3日	06:21	☉☌♆
6日	03:35	☿⚹♂
7日	19:42	☿☌♆
11日	04:53	♂⚹♆
11日	05:35	♀□♇
11日	18:42	♂□♄
12日	08:56	☉☌☿
13日	06:31	♀☍♅
15日	10:13	☿⚹♇
18日	05:01	☉⚹♇
19日	15:15	☿☌♃
24日	09:11	☿△♄
24日	12:11	♀□♄
25日	01:32	♀⚹♆
27日	14:44	☉☌♃

1933年10月

DAY	☉	☽	☊ mean	☊ true	☿	♀	♂	♃	♄	♅	♆	♇	⚳	⚴	⚵	⚶	⚷
	° ′	° ′	° ′	° ′	° ′	° ′	° ′	° ′	° ′	° ′	° ′	° ′	°	°	°	°	°
1	6 ♎ 59	28 ♒ 36	26 ♒ 28	28 R 8	20 D 48	17 D 41	23 D 45	4 D 23	9 R 52	26 R 9	10 D 55	24 D 37	16 R	20 R	11 D	27 D	3 R
2	7 ♎ 58	12 ♓ 13	26 ♒ 24	28 ♒ 7	22 ♎ 22	18 ♏ 51	24 ♏ 27	4 ♎ 36	9 ♒ 51	26 ♈ 7	10 ♍ 57	24 ♋ 37	16 ♈	20 ♒	11 ♏	28 ♌	3 ♊
3	8 ♎ 57	25 ♓ 39	26 ♒ 21	28 ♒ 5	23 ♎ 55	20 ♏ 2	25 ♏ 9	4 ♎ 49	9 ♒ 50	26 ♈ 4	10 ♍ 59	24 ♋ 38	16 ♈	20 ♒	12 ♏	28 ♌	3 ♊
4	9 ♎ 56	8 ♈ 52	26 ♒ 18	28 ♒ 0	25 ♎ 27	21 ♏ 12	25 ♏ 51	5 ♎ 2	9 ♒ 49	26 ♈ 2	11 ♍ 1	24 ♋ 39	16 ♈	20 ♒	12 ♏	28 ♌	3 ♊
5	10 ♎ 55	21 ♈ 51	26 ♒ 15	27 ♒ 53	26 ♎ 59	22 ♏ 22	26 ♏ 33	5 ♎ 15	9 ♒ 48	26 ♈ 0	11 ♍ 3	24 ♋ 39	15 ♈	20 ♒	12 ♏	29 ♌	3 ♊
6	11 ♎ 54	4 ♉ 35	26 ♒ 12	27 ♒ 45	28 ♎ 29	23 ♏ 32	27 ♏ 16	5 ♎ 28	9 ♒ 47	25 ♈ 57	11 ♍ 5	24 ♋ 40	15 ♈	20 ♒	13 ♏	29 ♌	3 ♊
7	12 ♎ 53	17 ♉ 4	26 ♒ 9	27 ♒ 37	29 ♎ 59	24 ♏ 42	27 ♏ 58	5 ♎ 41	9 ♒ 46	25 ♈ 55	11 ♍ 7	24 ♋ 40	15 ♈	20 ♒	13 ♏	0 ♍	3 ♊
8	13 ♎ 53	29 ♉ 20	26 ♒ 5	27 ♒ 29	1 ♏ 28	25 ♏ 51	28 ♏ 40	5 ♎ 54	9 ♒ 45	25 ♈ 53	11 ♍ 9	24 ♋ 41	15 ♈	20 ♒	13 ♏	0 ♍	3 ♊
9	14 ♎ 52	11 ♊ 24	26 ♒ 2	27 ♒ 23	2 ♏ 56	27 ♏ 1	29 ♏ 23	6 ♎ 7	9 ♒ 44	25 ♈ 50	11 ♍ 11	24 ♋ 41	15 ♈	20 ♒	14 ♏	1 ♍	3 ♊
10	15 ♎ 51	23 ♊ 20	25 ♒ 59	27 ♒ 18	4 ♏ 24	28 ♏ 11	0 ♐ 6	6 ♎ 20	9 ♒ 44	25 ♈ 48	11 ♍ 13	24 ♋ 42	14 ♈	20 ♒	14 ♏	1 ♍	3 ♊
11	16 ♎ 51	5 ♋ 11	25 ♒ 56	27 ♒ 15	5 ♏ 50	29 ♏ 20	0 ♐ 48	6 ♎ 33	9 ♒ 43	25 ♈ 46	11 ♍ 15	24 ♋ 42	14 ♈	20 ♒	14 ♏	1 ♍	3 ♊
12	17 ♎ 50	17 ♋ 2	25 ♒ 53	27 ♒ 14	7 ♏ 16	0 ♐ 30	1 ♐ 31	6 ♎ 46	9 ♒ 43	25 ♈ 43	11 ♍ 17	24 ♋ 42	14 ♈	20 ♒	15 ♏	2 ♍	3 ♊
13	18 ♎ 49	28 ♋ 59	25 ♒ 50	27 D 15	8 ♏ 41	1 ♐ 39	2 ♐ 14	6 ♎ 58	9 ♒ 43	25 ♈ 41	11 ♍ 19	24 ♋ 43	14 ♈	19 ♒	15 ♏	2 ♍	3 ♊
14	19 ♎ 49	11 ♌ 6	25 ♒ 46	27 ♒ 16	10 ♏ 5	2 ♐ 48	2 ♐ 57	7 ♎ 11	9 ♒ 43	25 ♈ 38	11 ♍ 20	24 ♋ 43	13 ♈	19 ♒	15 ♏	3 ♍	3 ♊
15	20 ♎ 48	23 ♌ 28	25 ♒ 43	27 ♒ 17	11 ♏ 28	3 ♐ 58	3 ♐ 40	7 ♎ 24	9 ♒ 42	25 ♈ 36	11 ♍ 22	24 ♋ 43	13 ♈	19 ♒	16 ♏	3 ♍	3 ♊
16	21 ♎ 48	6 ♍ 10	25 ♒ 40	27 R 16	12 ♏ 50	5 ♐ 7	4 ♐ 23	7 ♎ 37	9 D 43	25 ♈ 33	11 ♍ 24	24 ♋ 44	13 ♈	19 ♒	16 ♏	3 ♍	3 ♊
17	22 ♎ 47	19 ♍ 16	25 ♒ 37	27 ♒ 14	14 ♏ 11	6 ♐ 16	5 ♐ 6	7 ♎ 50	9 ♒ 43	25 ♈ 31	11 ♍ 26	24 ♋ 44	13 ♈	19 ♒	16 ♏	4 ♍	3 ♊
18	23 ♎ 47	2 ♎ 46	25 ♒ 34	27 ♒ 9	15 ♏ 31	7 ♐ 25	5 ♐ 49	8 ♎ 2	9 ♒ 43	25 ♈ 28	11 ♍ 28	24 ♋ 44	13 ♈	19 ♒	17 ♏	4 ♍	3 ♊
19	24 ♎ 46	16 ♎ 40	25 ♒ 30	27 ♒ 2	16 ♏ 50	8 ♐ 34	6 ♐ 32	8 ♎ 15	9 ♒ 43	25 ♈ 26	11 ♍ 29	24 ♋ 44	12 ♈	19 ♒	17 ♏	5 ♍	3 ♊
20	25 ♎ 46	0 ♏ 55	25 ♒ 27	26 ♒ 54	18 ♏ 7	9 ♐ 42	7 ♐ 16	8 ♎ 28	9 ♒ 44	25 ♈ 24	11 ♍ 31	24 ♋ 45	12 ♈	19 ♒	17 ♏	5 ♍	3 ♊
21	26 ♎ 46	15 ♏ 25	25 ♒ 24	26 ♒ 44	19 ♏ 24	10 ♐ 51	7 ♐ 59	8 ♎ 41	9 ♒ 44	25 ♈ 21	11 ♍ 33	24 ♋ 45	12 ♈	19 D	18 ♏	6 ♍	3 ♊
22	27 ♎ 46	0 ♐ 3	25 ♒ 21	26 ♒ 34	20 ♏ 38	11 ♐ 59	8 ♐ 43	8 ♎ 53	9 ♒ 45	25 ♈ 19	11 ♍ 34	24 ♋ 45	12 ♈	19 ♒	18 ♏	6 ♍	3 ♊
23	28 ♎ 45	14 ♐ 42	25 ♒ 18	26 ♒ 26	21 ♏ 52	13 ♐ 8	9 ♐ 26	9 ♎ 6	9 ♒ 46	25 ♈ 16	11 ♍ 36	24 ♋ 45	12 ♈	19 ♒	18 ♏	6 ♍	3 ♊
24	29 ♎ 45	29 ♐ 15	25 ♒ 15	26 ♒ 20	23 ♏ 4	14 ♐ 16	10 ♐ 10	9 ♎ 18	9 ♒ 47	25 ♈ 14	11 ♍ 38	24 ♋ 45	11 ♈	19 ♒	19 ♏	7 ♍	3 ♊
25	0 ♏ 45	13 ♑ 38	25 ♒ 11	26 ♒ 17	24 ♏ 13	15 ♐ 24	10 ♐ 54	9 ♎ 31	9 ♒ 47	25 ♈ 11	11 ♍ 39	24 ♋ 45	11 ♈	19 ♒	19 ♏	7 ♍	3 ♊
26	1 ♏ 45	27 ♑ 46	25 ♒ 8	26 ♒ 16	25 ♏ 21	16 ♐ 32	11 ♐ 38	9 ♎ 44	9 ♒ 49	25 ♈ 9	11 ♍ 41	24 ♋ 45	11 ♈	19 ♒	19 ♏	8 ♍	2 ♊
27	2 ♏ 45	11 ♒ 40	25 ♒ 5	26 D 16	26 ♏ 27	17 ♐ 40	12 ♐ 21	9 ♎ 56	9 ♒ 50	25 ♈ 6	11 ♍ 42	24 R 45	11 ♈	19 ♒	20 ♏	8 ♍	2 ♊
28	3 ♏ 44	25 ♒ 20	25 ♒ 2	26 ♒ 16	27 ♏ 30	18 ♐ 48	13 ♐ 5	10 ♎ 8	9 ♒ 51	25 ♈ 4	11 ♍ 44	24 ♋ 45	11 ♈	19 ♒	20 ♏	8 ♍	2 ♊
29	4 ♏ 44	8 ♓ 46	24 ♒ 59	26 R 15	28 ♏ 31	19 ♐ 56	13 ♐ 49	10 ♎ 21	9 ♒ 52	25 ♈ 2	11 ♍ 45	24 ♋ 45	10 ♈	20 ♒	20 ♏	9 ♍	2 ♊
30	5 ♏ 44	22 ♓ 0	24 ♒ 56	26 ♒ 13	29 ♏ 29	21 ♐ 3	14 ♐ 33	10 ♎ 33	9 ♒ 54	24 ♈ 59	11 ♍ 47	24 ♋ 45	10 ♈	20 ♒	21 ♏	9 ♍	2 ♊
31	6 ♏ 44	5 ♈ 2	24 ♒ 52	26 ♒ 7	0 ♐ 23	22 ♐ 10	15 ♐ 18	10 ♎ 46	9 ♒ 55	24 ♈ 57	11 ♍ 48	24 ♋ 45	10 ♈	20 ♒	21 ♏	10 ♍	2 ♊

SUN INGRESS	☉ → ♏ 24日 05:48
MOON PHASE	○ 4日 02:08 ♈　◑ 12日 01:45 ♋　● 19日 14:45 ♎　◐ 26日 07:21 ♒

aspects

2日	05:59	♂△♇
3日	11:16	☿□♇
3日	21:02	☉△♄
4日	08:54	☿☍♅
6日	23:32	♀△♇
13日	17:36	☿□♄
14日	07:30	♀☌♂
14日	22:19	☿⚹♆
18日	16:08	♀⚹♃
18日	23:10	☉□♇
19日	15:17	☉☍♅
20日	00:29	♀⚹♄
21日	14:59	♀□♆
22日	08:11	♂⚹♃
23日	10:51	♂⚹♄
25日	11:07	☿△♇
26日	01:54	♂□♆
26日	10:37	♃△♄

1933年11月

DAY	☉	☽	☊		☿	♀	♂	♃	♄	♅	♆	♇	⚳	⚴	⚵	⚶	⚷
			mean	true													
	° ′	° ′	° ′	° ′	° ′	° ′	° ′	° ′	° ′	° ′	° ′	° ′	°	°	°	°	°
1	7 ♏ 44	17 ♈ 54	24 ♒ 49	25 R 59	1 D 14	23 D 17	16 D 2	10 D 58	9 D 57	24 R 54	11 D 50	24 R 45	10 R	20 D	21 D	10 D	2 R
2	8 ♏ 44	0 ♉ 35	24 ♒ 46	25 ♒ 48	2 ♐ 0	24 ♐ 24	16 ♐ 46	11 ♎ 10	9 ♒ 59	24 ♈ 52	11 ♍ 51	24 ♋ 45	10 ♈	20 ♒	22 ♏	10 ♍	2 ♊
3	9 ♏ 44	13 ♉ 5	24 ♒ 43	25 ♒ 35	2 ♐ 42	25 ♐ 31	17 ♐ 30	11 ♎ 22	10 ♒ 1	24 ♈ 50	11 ♍ 53	24 ♋ 44	9 ♈	20 ♒	22 ♏	11 ♍	2 ♊
4	10 ♏ 44	25 ♉ 24	24 ♒ 40	25 ♒ 21	3 ♐ 19	26 ♐ 38	18 ♐ 15	11 ♎ 34	10 ♒ 3	24 ♈ 47	11 ♍ 54	24 ♋ 44	9 ♈	20 ♒	22 ♏	11 ♍	2 ♊
5	11 ♏ 45	7 ♊ 33	24 ♒ 36	25 ♒ 8	3 ♐ 50	27 ♐ 44	18 ♐ 59	11 ♎ 46	10 ♒ 5	24 ♈ 45	11 ♍ 55	24 ♋ 44	9 ♈	20 ♒	23 ♏	12 ♍	2 ♊
6	12 ♏ 45	19 ♊ 33	24 ♒ 33	24 ♒ 56	4 ♐ 15	28 ♐ 51	19 ♐ 44	11 ♎ 58	10 ♒ 7	24 ♈ 43	11 ♍ 57	24 ♋ 44	9 ♈	20 ♒	23 ♏	12 ♍	2 ♊
7	13 ♏ 45	1 ♋ 26	24 ♒ 30	24 ♒ 47	4 ♐ 33	29 ♐ 57	20 ♐ 28	12 ♎ 10	10 ♒ 9	24 ♈ 41	11 ♍ 58	24 ♋ 44	9 ♈	20 ♒	23 ♏	12 ♍	2 ♊
8	14 ♏ 45	13 ♋ 15	24 ♒ 27	24 ♒ 40	4 ♐ 43	1 ♑ 3	21 ♐ 13	12 ♎ 22	10 ♒ 11	24 ♈ 38	11 ♍ 59	24 ♋ 43	9 ♈	20 ♒	24 ♏	13 ♍	2 ♊
9	15 ♏ 45	25 ♋ 4	24 ♒ 24	24 ♒ 37	4 R 45	2 ♑ 8	21 ♐ 58	12 ♎ 34	10 ♒ 14	24 ♈ 36	12 ♍ 0	24 ♋ 43	9 ♈	20 ♒	24 ♏	13 ♍	2 ♊
10	16 ♏ 46	6 ♌ 58	24 ♒ 21	24 ♒ 35	4 ♐ 39	3 ♑ 14	22 ♐ 43	12 ♎ 46	10 ♒ 16	24 ♈ 34	12 ♍ 2	24 ♋ 43	9 ♈	20 ♒	24 ♏	14 ♍	2 ♊
11	17 ♏ 46	19 ♌ 1	24 ♒ 17	24 D 35	4 ♐ 22	4 ♑ 19	23 ♐ 27	12 ♎ 58	10 ♒ 19	24 ♈ 32	12 ♍ 3	24 ♋ 42	8 ♈	21 ♒	25 ♏	14 ♍	2 ♊
12	18 ♏ 46	1 ♍ 20	24 ♒ 14	24 R 35	3 ♐ 56	5 ♑ 24	24 ♐ 12	13 ♎ 10	10 ♒ 22	24 ♈ 29	12 ♍ 4	24 ♋ 42	8 ♈	21 ♒	25 ♏	14 ♍	2 ♊
13	19 ♏ 47	14 ♍ 0	24 ♒ 11	24 ♒ 34	3 ♐ 20	6 ♑ 29	24 ♐ 57	13 ♎ 21	10 ♒ 25	24 ♈ 27	12 ♍ 5	24 ♋ 41	8 ♈	21 ♒	25 ♏	15 ♍	2 ♊
14	20 ♏ 47	27 ♍ 5	24 ♒ 8	24 ♒ 30	2 ♐ 33	7 ♑ 33	25 ♐ 42	13 ♎ 33	10 ♒ 28	24 ♈ 25	12 ♍ 6	24 ♋ 41	8 ♈	21 ♒	26 ♏	15 ♍	2 ♊
15	21 ♏ 48	10 ♎ 39	24 ♒ 5	24 ♒ 25	1 ♐ 37	8 ♑ 38	26 ♐ 28	13 ♎ 44	10 ♒ 31	24 ♈ 23	12 ♍ 7	24 ♋ 40	8 ♈	21 ♒	26 ♏	16 ♍	1 ♊
16	22 ♏ 48	24 ♎ 41	24 ♒ 2	24 ♒ 16	0 ♐ 32	9 ♑ 42	27 ♐ 13	13 ♎ 56	10 ♒ 34	24 ♈ 21	12 ♍ 8	24 ♋ 40	8 ♈	21 ♒	26 ♏	16 ♍	1 ♊
17	23 ♏ 49	9 ♏ 10	23 ♒ 58	24 ♒ 5	29 ♏ 20	10 ♑ 46	27 ♐ 58	14 ♎ 7	10 ♒ 37	24 ♈ 19	12 ♍ 9	24 ♋ 39	8 ♈	21 ♒	27 ♏	16 ♍	1 ♊
18	24 ♏ 49	24 ♏ 0	23 ♒ 55	23 ♒ 54	28 ♏ 2	11 ♑ 49	28 ♐ 43	14 ♎ 19	10 ♒ 40	24 ♈ 17	12 ♍ 10	24 ♋ 39	8 ♈	21 ♒	27 ♏	17 ♍	1 ♊
19	25 ♏ 50	9 ♐ 3	23 ♒ 52	23 ♒ 42	26 ♏ 42	12 ♑ 53	29 ♐ 29	14 ♎ 30	10 ♒ 44	24 ♈ 15	12 ♍ 11	24 ♋ 38	8 ♈	22 ♒	27 ♏	17 ♍	1 ♊
20	26 ♏ 50	24 ♐ 7	23 ♒ 49	23 ♒ 31	25 ♏ 21	13 ♑ 56	0 ♑ 14	14 ♎ 41	10 ♒ 47	24 ♈ 13	12 ♍ 12	24 ♋ 38	8 ♈	22 ♒	28 ♏	17 ♍	1 ♊
21	27 ♏ 51	9 ♑ 4	23 ♒ 46	23 ♒ 23	24 ♏ 1	14 ♑ 58	1 ♑ 0	14 ♎ 52	10 ♒ 51	24 ♈ 11	12 ♍ 13	24 ♋ 37	8 ♈	22 ♒	28 ♏	18 ♍	1 ♊
22	28 ♏ 52	23 ♑ 46	23 ♒ 42	23 ♒ 18	22 ♏ 47	16 ♑ 1	1 ♑ 45	15 ♎ 3	10 ♒ 54	24 ♈ 9	12 ♍ 13	24 ♋ 37	8 ♈	22 ♒	28 ♏	18 ♍	1 ♊
23	29 ♏ 52	8 ♒ 7	23 ♒ 39	23 ♒ 16	21 ♏ 40	17 ♑ 3	2 ♑ 31	15 ♎ 14	10 ♒ 58	24 ♈ 7	12 ♍ 14	24 ♋ 36	8 ♈	22 ♒	29 ♏	18 ♍	1 ♊
24	0 ♐ 53	22 ♒ 6	23 ♒ 36	23 ♒ 16	20 ♏ 42	18 ♑ 4	3 ♑ 16	15 ♎ 25	11 ♒ 2	24 ♈ 5	12 ♍ 15	24 ♋ 35	8 ♈	22 ♒	29 ♏	19 ♍	1 ♊
25	1 ♐ 54	5 ♓ 43	23 ♒ 33	23 ♒ 16	19 ♏ 54	19 ♑ 6	4 ♑ 2	15 ♎ 36	11 ♒ 6	24 ♈ 4	12 ♍ 16	24 ♋ 35	7 ♈	23 ♒	29 ♏	19 ♍	1 ♊
26	2 ♐ 54	19 ♓ 1	23 ♒ 30	23 ♒ 15	19 ♏ 18	20 ♑ 7	4 ♑ 48	15 ♎ 46	11 ♒ 10	24 ♈ 2	12 ♍ 16	24 ♋ 34	7 ♈	23 ♒	0 ♐	20 ♍	1 ♊
27	3 ♐ 55	2 ♈ 2	23 ♒ 27	23 ♒ 12	18 ♏ 53	21 ♑ 7	5 ♑ 34	15 ♎ 57	11 ♒ 14	24 ♈ 0	12 ♍ 17	24 ♋ 33	7 ♈	23 ♒	0 ♐	20 ♍	1 ♊
28	4 ♐ 56	14 ♈ 48	23 ♒ 23	23 ♒ 6	18 ♏ 40	22 ♑ 7	6 ♑ 19	16 ♎ 8	11 ♒ 18	23 ♈ 58	12 ♍ 18	24 ♋ 32	7 ♈	23 ♒	0 ♐	20 ♍	1 ♊
29	5 ♐ 56	27 ♈ 22	23 ♒ 20	22 ♒ 58	18 D 37	23 ♑ 7	7 ♑ 5	16 ♎ 18	11 ♒ 22	23 ♈ 57	12 ♍ 18	24 ♋ 32	7 D	23 ♒	1 ♐	21 ♍	1 ♊
30	6 ♐ 57	9 ♉ 46	23 ♒ 17	22 ♒ 47	18 ♏ 46	24 ♑ 7	7 ♑ 51	16 ♎ 28	11 ♒ 26	23 ♈ 55	12 ♍ 19	24 ♋ 31	7 ♈	23 ♒	1 ♐	21 ♍	1 ♊

SUN INGRESS	☉ → ♐ 23日 02:53
MOON PHASE	○ 2日 16:59 ♉　◑ 10日 21:18 ♌　● 18日 01:24 ♏　◐ 24日 16:38 ♓

aspects		
2日	09:36	♀△♅
3日	06:44	☉□♄
5日	04:22	☉⚹♆
5日	12:20	♅□♇
12日	08:39	♂△♅
17日	20:00	☉△♇
18日	07:55	♀△♆
19日	08:47	☉☌☿
20日	12:55	☿△♇
20日	21:08	♀□♃
25日	11:34	☿⚹♀
29日	19:30	♀□♅
30日	09:43	♀☍♇

1933年12月

DAY	☉	☽	☊		☿	♀	♂	♃	♄	♅	♆	♇	⚳	⚴	⚵	⚶	⚷
			mean	true													
	° ′	° ′	° ′	° ′	° ′	° ′	° ′	° ′	° ′	° ′	° ′	° ′	°	°	°	°	°
1	7 ♐ 58	22 ♉ 1	23 ♒ 14	22 R 33	19 D 4	25 D 5	8 D 37	16 D 39	11 D 31	23 R 54	12 D 19	24 R 30	7 D	24 D	1 D	21 D	1 R
2	8 ♐ 59	4 ♊ 9	23 ♒ 11	22 ♒ 19	19 ♏ 31	26 ♑ 4	9 ♑ 23	16 ♎ 49	11 ♒ 35	23 ♈ 52	12 ♍ 20	24 ♋ 29	8 ♈	24 ♒	2 ♐	22 ♍	1 ♊
3	10 ♐ 0	16 ♊ 10	23 ♒ 8	22 ♒ 6	20 ♏ 6	27 ♑ 2	10 ♑ 9	16 ♎ 59	11 ♒ 40	23 ♈ 51	12 ♍ 20	24 ♋ 28	8 ♈	24 ♒	2 ♐	22 ♍	1 ♊
4	11 ♐ 1	28 ♊ 4	23 ♒ 4	21 ♒ 54	20 ♏ 48	27 ♑ 59	10 ♑ 55	17 ♎ 9	11 ♒ 44	23 ♈ 49	12 ♍ 20	24 ♋ 27	8 ♈	24 ♒	3 ♐	22 ♍	0 ♊
5	12 ♐ 1	9 ♋ 55	23 ♒ 1	21 ♒ 44	21 ♏ 37	28 ♑ 56	11 ♑ 42	17 ♎ 19	11 ♒ 49	23 ♈ 48	12 ♍ 21	24 ♋ 27	8 ♈	24 ♒	3 ♐	23 ♍	0 ♊
6	13 ♐ 2	21 ♋ 43	22 ♒ 58	21 ♒ 37	22 ♏ 31	29 ♑ 52	12 ♑ 28	17 ♎ 29	11 ♒ 54	23 ♈ 46	12 ♍ 21	24 ♋ 26	8 ♈	25 ♒	3 ♐	23 ♍	0 ♊
7	14 ♐ 3	3 ♌ 32	22 ♒ 55	21 ♒ 32	23 ♏ 30	0 ♒ 48	13 ♑ 14	17 ♎ 38	11 ♒ 59	23 ♈ 45	12 ♍ 22	24 ♋ 25	8 ♈	25 ♒	4 ♐	23 ♍	0 ♊
8	15 ♐ 4	15 ♌ 26	22 ♒ 52	21 ♒ 31	24 ♏ 33	1 ♒ 44	14 ♑ 0	17 ♎ 48	12 ♒ 4	23 ♈ 44	12 ♍ 22	24 ♋ 24	8 ♈	25 ♒	4 ♐	24 ♍	0 ♊
9	16 ♐ 5	27 ♌ 28	22 ♒ 48	21 D 31	25 ♏ 40	2 ♒ 38	14 ♑ 47	17 ♎ 57	12 ♒ 9	23 ♈ 43	12 ♍ 22	24 ♋ 23	8 ♈	25 ♒	4 ♐	24 ♍	0 ♊
10	17 ♐ 6	9 ♍ 44	22 ♒ 45	21 ♒ 31	26 ♏ 50	3 ♒ 32	15 ♑ 33	18 ♎ 7	12 ♒ 14	23 ♈ 41	12 ♍ 22	24 ♋ 22	8 ♈	25 ♒	5 ♐	24 ♍	0 ♊
11	18 ♐ 7	22 ♍ 18	22 ♒ 42	21 R 31	28 ♏ 3	4 ♒ 25	16 ♑ 19	18 ♎ 16	12 ♒ 19	23 ♈ 40	12 ♍ 22	24 ♋ 21	8 ♈	26 ♒	5 ♐	25 ♍	0 ♊
12	19 ♐ 8	5 ♎ 17	22 ♒ 39	21 ♒ 30	29 ♏ 19	5 ♒ 18	17 ♑ 6	18 ♎ 25	12 ♒ 24	23 ♈ 39	12 ♍ 23	24 ♋ 20	8 ♈	26 ♒	5 ♐	25 ♍	0 ♊
13	20 ♐ 9	18 ♎ 44	22 ♒ 36	21 ♒ 26	0 ♐ 36	6 ♒ 10	17 ♑ 52	18 ♎ 34	12 ♒ 29	23 ♈ 38	12 ♍ 23	24 ♋ 19	8 ♈	26 ♒	6 ♐	25 ♍	0 ♊
14	21 ♐ 10	2 ♏ 41	22 ♒ 33	21 ♒ 21	1 ♐ 55	7 ♒ 1	18 ♑ 39	18 ♎ 43	12 ♒ 34	23 ♈ 37	12 ♍ 23	24 ♋ 18	8 ♈	26 ♒	6 ♐	25 ♍	0 ♊
15	22 ♐ 11	17 ♏ 7	22 ♒ 29	21 ♒ 13	3 ♐ 16	7 ♒ 52	19 ♑ 26	18 ♎ 52	12 ♒ 40	23 ♈ 36	12 ♍ 23	24 ♋ 17	8 ♈	27 ♒	6 ♐	26 ♍	0 ♊
16	23 ♐ 12	1 ♐ 59	22 ♒ 26	21 ♒ 3	4 ♐ 39	8 ♒ 41	20 ♑ 12	19 ♎ 1	12 ♒ 45	23 ♈ 35	12 R 23	24 ♋ 16	8 ♈	27 ♒	7 ♐	26 ♍	0 ♊
17	24 ♐ 13	17 ♐ 9	22 ♒ 23	20 ♒ 54	6 ♐ 2	9 ♒ 30	20 ♑ 59	19 ♎ 10	12 ♒ 51	23 ♈ 34	12 ♍ 23	24 ♋ 14	9 ♈	27 ♒	7 ♐	26 ♍	0 ♊
18	25 ♐ 14	2 ♑ 27	22 ♒ 20	20 ♒ 46	7 ♐ 27	10 ♒ 18	21 ♑ 46	19 ♎ 18	12 ♒ 56	23 ♈ 34	12 ♍ 23	24 ♋ 13	9 ♈	27 ♒	7 ♐	27 ♍	0 ♊
19	26 ♐ 15	17 ♑ 42	22 ♒ 17	20 ♒ 40	8 ♐ 52	11 ♒ 5	22 ♑ 32	19 ♎ 26	13 ♒ 2	23 ♈ 33	12 ♍ 23	24 ♋ 12	9 ♈	28 ♒	8 ♐	27 ♍	0 ♊
20	27 ♐ 17	2 ♒ 43	22 ♒ 14	20 ♒ 36	10 ♐ 18	11 ♒ 51	23 ♑ 19	19 ♎ 35	13 ♒ 8	23 ♈ 32	12 ♍ 22	24 ♋ 11	9 ♈	28 ♒	8 ♐	27 ♍	0 ♊
21	28 ♐ 18	17 ♒ 22	22 ♒ 10	20 ♒ 34	11 ♐ 45	12 ♒ 37	24 ♑ 6	19 ♎ 43	13 ♒ 13	23 ♈ 31	12 ♍ 22	24 ♋ 10	9 ♈	28 ♒	8 ♐	28 ♍	0 ♊
22	29 ♐ 19	1 ♓ 36	22 ♒ 7	20 D 35	13 ♐ 13	13 ♒ 21	24 ♑ 53	19 ♎ 51	13 ♒ 19	23 ♈ 31	12 ♍ 22	24 ♋ 9	9 ♈	28 ♒	9 ♐	28 ♍	0 ♊
23	0 ♑ 20	15 ♓ 23	22 ♒ 4	20 ♒ 36	14 ♐ 41	14 ♒ 4	25 ♑ 40	19 ♎ 59	13 ♒ 25	23 ♈ 30	12 ♍ 22	24 ♋ 8	9 ♈	29 ♒	9 ♐	28 ♍	29 ♉
24	1 ♑ 21	28 ♓ 45	22 ♒ 1	20 ♒ 37	16 ♐ 9	14 ♒ 46	26 ♑ 27	20 ♎ 6	13 ♒ 31	23 ♈ 30	12 ♍ 22	24 ♋ 6	9 ♈	29 ♒	9 ♐	28 ♍	29 ♉
25	2 ♑ 22	11 ♈ 45	21 ♒ 58	20 R 36	17 ♐ 39	15 ♒ 27	27 ♑ 14	20 ♎ 14	13 ♒ 37	23 ♈ 29	12 ♍ 21	24 ♋ 5	10 ♈	29 ♒	10 ♐	29 ♍	29 ♉
26	3 ♑ 23	24 ♈ 25	21 ♒ 54	20 ♒ 34	19 ♐ 8	16 ♒ 6	28 ♑ 1	20 ♎ 21	13 ♒ 43	23 ♈ 29	12 ♍ 21	24 ♋ 4	10 ♈	29 ♒	10 ♐	29 ♍	29 ♉
27	4 ♑ 24	6 ♉ 51	21 ♒ 51	20 ♒ 29	20 ♐ 38	16 ♒ 45	28 ♑ 48	20 ♎ 29	13 ♒ 49	23 ♈ 28	12 ♍ 20	24 ♋ 3	10 ♈	0 ♓	10 ♐	29 ♍	29 ♉
28	5 ♑ 26	19 ♉ 4	21 ♒ 48	20 ♒ 23	22 ♐ 8	17 ♒ 22	29 ♑ 35	20 ♎ 36	13 ♒ 55	23 ♈ 28	12 ♍ 20	24 ♋ 2	10 ♈	0 ♓	11 ♐	29 ♍	29 ♉
29	6 ♑ 27	1 ♊ 8	21 ♒ 45	20 ♒ 15	23 ♐ 39	17 ♒ 57	0 ♒ 22	20 ♎ 43	14 ♒ 2	23 ♈ 28	12 ♍ 20	24 ♋ 0	10 ♈	0 ♓	11 ♐	0 ♎	29 ♉
30	7 ♑ 28	13 ♊ 6	21 ♒ 42	20 ♒ 6	25 ♐ 10	18 ♒ 32	1 ♒ 9	20 ♎ 50	14 ♒ 8	23 ♈ 28	12 ♍ 19	23 ♋ 59	10 ♈	0 ♓	11 ♐	0 ♎	29 ♉
31	8 ♑ 29	25 ♊ 0	21 ♒ 39	19 ♒ 58	26 ♐ 42	19 ♒ 4	1 ♒ 56	20 ♎ 56	14 ♒ 14	23 ♈ 27	12 ♍ 19	23 ♋ 58	11 ♈	1 ♓	12 ♐	0 ♎	29 ♉

SUN INGRESS	☉ → ♑ 22日 15:57
MOON PHASE	○ 2日 10:31 ♊　◑ 10日 15:24 ♍　● 17日 11:53 ♐　◐ 24日 05:09 ♈

aspects		
4日	18:43	☉⚹♄
5日	07:44	☉□♆
5日	20:36	♂△♆
7日	20:35	☿△♇
11日	04:15	☉⚹♃
14日	02:46	♂□♃
16日	08:54	☉△♅
20日	06:29	♂□♅
21日	01:59	♂☍♇
21日	10:10	☿□♆
21日	23:02	♀☌♄
22日	01:56	☿⚹♄
22日	04:24	☿⚹♀
26日	21:15	☿⚹♃
28日	21:03	☿△♅

1934年1月

DAY	☉	☽	☊ mean	☊ true	☿	♀	♂	♃	♄	♅	♆	♇	⚳	⚴	⚵	⚶	⚷
	° ′	° ′	° ′	° ′	° ′	° ′	° ′	° ′	° ′	° ′	° ′	° ′	°	°	°	°	°
1	9 ♑ 30	6 ♋ 51	21 ♒ 35	19 R 50	28 D 13	19 D 36	2 D 43	21 D 3	14 D 20	23 R 27	12 R 18	23 R 57	11 D	1 D	12 D	0 D	29 R
2	10 ♑ 31	18 ♋ 41	21 ♒ 32	19 ♒ 44	29 ♐ 45	20 ♒ 5	3 ♒ 30	21 ♎ 9	14 ♒ 27	23 ♈ 27	12 ♍ 18	23 ♋ 55	11 ♈	1 ♓	12 ♐	1 ♎	29 ♉
3	11 ♑ 32	0 ♌ 31	21 ♒ 29	19 ♒ 40	1 ♑ 18	20 ♒ 33	4 ♒ 17	21 ♎ 16	14 ♒ 33	23 D 27	12 ♍ 17	23 ♋ 54	11 ♈	1 ♓	13 ♐	1 ♎	29 ♉
4	12 ♑ 34	12 ♌ 24	21 ♒ 26	19 ♒ 38	2 ♑ 51	20 ♒ 59	5 ♒ 4	21 ♎ 22	14 ♒ 40	23 ♈ 27	12 ♍ 16	23 ♋ 53	11 ♈	2 ♓	13 ♐	1 ♎	29 ♉
5	13 ♑ 35	24 ♌ 23	21 ♒ 23	19 D 38	4 ♑ 24	21 ♒ 24	5 ♒ 52	21 ♎ 28	14 ♒ 46	23 ♈ 27	12 ♍ 16	23 ♋ 52	12 ♈	2 ♓	13 ♐	1 ♎	29 ♉
6	14 ♑ 36	6 ♍ 30	21 ♒ 20	19 ♒ 39	5 ♑ 57	21 ♒ 47	6 ♒ 39	21 ♎ 34	14 ♒ 53	23 ♈ 28	12 ♍ 15	23 ♋ 50	12 ♈	2 ♓	14 ♐	1 ♎	29 ♉
7	15 ♑ 37	18 ♍ 49	21 ♒ 16	19 ♒ 41	7 ♑ 31	22 ♒ 7	7 ♒ 26	21 ♎ 40	14 ♒ 59	23 ♈ 28	12 ♍ 14	23 ♋ 49	12 ♈	3 ♓	14 ♐	2 ♎	29 ♉
8	16 ♑ 38	1 ♎ 24	21 ♒ 13	19 ♒ 43	9 ♑ 6	22 ♒ 26	8 ♒ 13	21 ♎ 45	15 ♒ 6	23 ♈ 28	12 ♍ 13	23 ♋ 48	12 ♈	3 ♓	14 ♐	2 ♎	29 ♉
9	17 ♑ 39	14 ♎ 19	21 ♒ 10	19 ♒ 43	10 ♑ 40	22 ♒ 43	9 ♒ 1	21 ♎ 50	15 ♒ 12	23 ♈ 28	12 ♍ 13	23 ♋ 46	12 ♈	3 ♓	15 ♐	2 ♎	29 ♉
10	18 ♑ 40	27 ♎ 38	21 ♒ 7	19 R 43	12 ♑ 15	22 ♒ 57	9 ♒ 48	21 ♎ 56	15 ♒ 19	23 ♈ 29	12 ♍ 12	23 ♋ 45	13 ♈	3 ♓	15 ♐	2 ♎	29 ♉
11	19 ♑ 42	11 ♏ 23	21 ♒ 4	19 ♒ 41	13 ♑ 51	23 ♒ 10	10 ♒ 35	22 ♎ 1	15 ♒ 26	23 ♈ 29	12 ♍ 11	23 ♋ 44	13 ♈	4 ♓	15 ♐	2 ♎	29 ♉
12	20 ♑ 43	25 ♏ 35	21 ♒ 0	19 ♒ 38	15 ♑ 27	23 ♒ 20	11 ♒ 23	22 ♎ 6	15 ♒ 33	23 ♈ 30	12 ♍ 10	23 ♋ 43	13 ♈	4 ♓	16 ♐	2 ♎	29 ♉
13	21 ♑ 44	10 ♐ 13	20 ♒ 57	19 ♒ 35	17 ♑ 3	23 ♒ 28	12 ♒ 10	22 ♎ 10	15 ♒ 39	23 ♈ 30	12 ♍ 9	23 ♋ 41	13 ♈	4 ♓	16 ♐	3 ♎	29 ♉
14	22 ♑ 45	25 ♐ 11	20 ♒ 54	19 ♒ 31	18 ♑ 40	23 ♒ 34	12 ♒ 57	22 ♎ 15	15 ♒ 46	23 ♈ 31	12 ♍ 8	23 ♋ 40	14 ♈	5 ♓	16 ♐	3 ♎	29 ♉
15	23 ♑ 46	10 ♑ 22	20 ♒ 51	19 ♒ 27	20 ♑ 18	23 ♒ 37	13 ♒ 45	22 ♎ 19	15 ♒ 53	23 ♈ 31	12 ♍ 7	23 ♋ 39	14 ♈	5 ♓	17 ♐	3 ♎	29 ♉
16	24 ♑ 47	25 ♑ 36	20 ♒ 48	19 ♒ 24	21 ♑ 56	23 R 38	14 ♒ 32	22 ♎ 24	16 ♒ 0	23 ♈ 32	12 ♍ 6	23 ♋ 37	14 ♈	5 ♓	17 ♐	3 ♎	29 ♉
17	25 ♑ 48	10 ♒ 43	20 ♒ 45	19 ♒ 23	23 ♑ 34	23 ♒ 36	15 ♒ 20	22 ♎ 28	16 ♒ 7	23 ♈ 33	12 ♍ 5	23 ♋ 36	14 ♈	6 ♓	17 ♐	3 ♎	29 ♉
18	26 ♑ 50	25 ♒ 34	20 ♒ 41	19 D 23	25 ♑ 13	23 ♒ 32	16 ♒ 7	22 ♎ 32	16 ♒ 14	23 ♈ 34	12 ♍ 4	23 ♋ 35	15 ♈	6 ♓	17 ♐	3 ♎	29 ♉
19	27 ♑ 51	10 ♓ 1	20 ♒ 38	19 ♒ 24	26 ♑ 53	23 ♒ 26	16 ♒ 54	22 ♎ 35	16 ♒ 21	23 ♈ 34	12 ♍ 3	23 ♋ 33	15 ♈	6 ♓	18 ♐	3 ♎	29 ♉
20	28 ♑ 52	24 ♓ 2	20 ♒ 35	19 ♒ 25	28 ♑ 33	23 ♒ 17	17 ♒ 42	22 ♎ 39	16 ♒ 28	23 ♈ 35	12 ♍ 2	23 ♋ 32	15 ♈	6 ♓	18 ♐	4 ♎	29 ♉
21	29 ♑ 53	7 ♈ 35	20 ♒ 32	19 ♒ 27	0 ♒ 13	23 ♒ 5	18 ♒ 29	22 ♎ 42	16 ♒ 35	23 ♈ 36	12 ♍ 1	23 ♋ 31	15 ♈	7 ♓	18 ♐	4 ♎	29 ♉
22	0 ♒ 54	20 ♈ 42	20 ♒ 29	19 ♒ 28	1 ♒ 54	22 ♒ 51	19 ♒ 17	22 ♎ 45	16 ♒ 42	23 ♈ 37	12 ♍ 0	23 ♋ 30	16 ♈	7 ♓	19 ♐	4 ♎	28 ♉
23	1 ♒ 55	3 ♉ 26	20 ♒ 26	19 R 28	3 ♒ 36	22 ♒ 34	20 ♒ 4	22 ♎ 48	16 ♒ 49	23 ♈ 38	11 ♍ 59	23 ♋ 28	16 ♈	7 ♓	19 ♐	4 ♎	28 ♉
24	2 ♒ 56	15 ♉ 52	20 ♒ 22	19 ♒ 27	5 ♒ 18	22 ♒ 15	20 ♒ 52	22 ♎ 51	16 ♒ 56	23 ♈ 39	11 ♍ 57	23 ♋ 27	16 ♈	8 ♓	19 ♐	4 ♎	28 ♉
25	3 ♒ 57	28 ♉ 2	20 ♒ 19	19 ♒ 26	7 ♒ 1	21 ♒ 54	21 ♒ 39	22 ♎ 54	17 ♒ 3	23 ♈ 40	11 ♍ 56	23 ♋ 26	16 ♈	8 ♓	20 ♐	4 ♎	28 ♉
26	4 ♒ 58	10 ♊ 2	20 ♒ 16	19 ♒ 24	8 ♒ 45	21 ♒ 30	22 ♒ 26	22 ♎ 56	17 ♒ 10	23 ♈ 42	11 ♍ 55	23 ♋ 24	17 ♈	8 ♓	20 ♐	4 ♎	28 ♉
27	5 ♒ 59	21 ♊ 54	20 ♒ 13	19 ♒ 22	10 ♒ 29	21 ♒ 4	23 ♒ 14	22 ♎ 58	17 ♒ 17	23 ♈ 43	11 ♍ 54	23 ♋ 23	17 ♈	9 ♓	20 ♐	4 ♎	28 ♉
28	7 ♒ 0	3 ♋ 44	20 ♒ 10	19 ♒ 20	12 ♒ 13	20 ♒ 36	24 ♒ 1	23 ♎ 1	17 ♒ 24	23 ♈ 44	11 ♍ 52	23 ♋ 22	17 ♈	9 ♓	21 ♐	4 ♎	28 ♉
29	8 ♒ 1	15 ♋ 33	20 ♒ 6	19 ♒ 18	13 ♒ 58	20 ♒ 6	24 ♒ 49	23 ♎ 2	17 ♒ 32	23 ♈ 46	11 ♍ 51	23 ♋ 21	18 ♈	9 ♓	21 ♐	4 ♎	28 ♉
30	9 ♒ 2	27 ♋ 25	20 ♒ 3	19 ♒ 17	15 ♒ 43	19 ♒ 35	25 ♒ 36	23 ♎ 4	17 ♒ 39	23 ♈ 47	11 ♍ 50	23 ♋ 19	18 ♈	10 ♓	21 ♐	4 ♎	28 ♉
31	10 ♒ 3	9 ♌ 21	20 ♒ 0	19 ♒ 16	17 ♒ 29	19 ♒ 2	26 ♒ 24	23 ♎ 6	17 ♒ 46	23 ♈ 48	11 ♍ 48	23 ♋ 18	18 ♈	10 ♓	21 ♐	4 ♎	28 ♉

SUN INGRESS: ☉ → ♒ 21日 02:37

MOON PHASE: ○ 1日 05:54 ♋　◑ 9日 06:36 ♎　● 15日 22:37 ♑　◐ 22日 20:50 ♉　○ 31日 01:31 ♌

aspects		
3日	17:17	☉△♆
5日	05:34	♀△♃
9日	23:07	☿△♆
13日	08:15	♀⚹♅
13日	11:15	☉□♃
14日	18:08	☉□♅
14日	21:06	☉☍♇
16日	07:07	☿□♃
16日	23:41	☿□♅
17日	00:28	☿☍♇
17日	19:14	♀⚹♅
18日	04:08	♂☌♄
18日	12:48	♅□♇
20日	11:41	☉☌☿
22日	07:11	♀△♃
25日	05:03	♀☌♂
26日	15:50	♂△♃
27日	15:05	♂⚹♅
31日	04:10	☿☌♄
31日	15:57	☿☌♀

1934年2月

DAY	☉	☽	☊ mean	☊ true	☿	♀	♂	♃	♄	♅	♆	♇	⚳	⚴	⚵	⚶	⚷
	° ′	° ′	° ′	° ′	° ′	° ′	° ′	° ′	° ′	° ′	° ′	° ′	°	°	°	°	°
1	11 ♒ 4	21 ♌ 23	19 ♒ 57	19 D 16	19 D 15	18 R 28	27 D 11	23 D 7	17 D 53	23 D 50	11 R 47	23 R 17	18 D	10 D	22 D	4 D	28 R
2	12 ♒ 4	3 ♍ 33	19 ♒ 54	19 ♒ 16	21 ♒ 1	17 ♒ 52	27 ♒ 59	23 ♎ 8	18 ♒ 0	23 ♈ 51	11 ♍ 46	23 ♋ 16	19 ♈	11 ♓	22 ♐	4 ♎	28 ♉
3	13 ♒ 5	15 ♍ 53	19 ♒ 51	19 ♒ 17	22 ♒ 47	17 ♒ 16	28 ♒ 46	23 ♎ 9	18 ♒ 8	23 ♈ 53	11 ♍ 44	23 ♋ 14	19 ♈	11 ♓	22 ♐	4 ♎	28 ♉
4	14 ♒ 6	28 ♍ 25	19 ♒ 47	19 ♒ 17	24 ♒ 33	16 ♒ 39	29 ♒ 33	23 ♎ 10	18 ♒ 15	23 ♈ 54	11 ♍ 43	23 ♋ 13	19 ♈	11 ♓	23 ♐	5 ♎	28 ♉
5	15 ♒ 7	11 ♎ 10	19 ♒ 44	19 ♒ 18	26 ♒ 19	16 ♒ 2	0 ♓ 21	23 ♎ 11	18 ♒ 22	23 ♈ 56	11 ♍ 41	23 ♋ 12	20 ♈	11 ♓	23 ♐	5 R	28 ♉
6	16 ♒ 8	24 ♎ 12	19 ♒ 41	19 ♒ 18	28 ♒ 4	15 ♒ 24	1 ♓ 8	23 ♎ 11	18 ♒ 29	23 ♈ 58	11 ♍ 40	23 ♋ 11	20 ♈	12 ♓	23 ♐	4 ♎	28 ♉
7	17 ♒ 9	7 ♏ 31	19 ♒ 38	19 ♒ 19	29 ♒ 49	14 ♒ 47	1 ♓ 56	23 ♎ 11	18 ♒ 36	24 ♈ 0	11 ♍ 39	23 ♋ 10	20 ♈	12 ♓	24 ♐	4 ♎	28 D
8	18 ♒ 9	21 ♏ 9	19 ♒ 35	19 R 19	1 ♓ 33	14 ♒ 11	2 ♓ 43	23 R 11	18 ♒ 44	24 ♈ 1	11 ♍ 37	23 ♋ 8	21 ♈	12 ♓	24 ♐	4 ♎	28 ♉
9	19 ♒ 10	5 ♐ 8	19 ♒ 32	19 ♒ 19	3 ♓ 15	13 ♒ 35	3 ♓ 30	23 ♎ 11	18 ♒ 51	24 ♈ 3	11 ♍ 36	23 ♋ 7	21 ♈	13 ♓	24 ♐	4 ♎	28 ♉
10	20 ♒ 11	19 ♐ 27	19 ♒ 28	19 D 19	4 ♓ 56	13 ♒ 0	4 ♓ 18	23 ♎ 11	18 ♒ 58	24 ♈ 5	11 ♍ 34	23 ♋ 6	21 ♈	13 ♓	24 ♐	4 ♎	28 ♉
11	21 ♒ 12	4 ♑ 2	19 ♒ 25	19 ♒ 19	6 ♓ 35	12 ♒ 26	5 ♓ 5	23 ♎ 10	19 ♒ 5	24 ♈ 7	11 ♍ 32	23 ♋ 5	22 ♈	13 ♓	25 ♐	4 ♎	28 ♉
12	22 ♒ 12	18 ♑ 51	19 ♒ 22	19 ♒ 19	8 ♓ 11	11 ♒ 53	5 ♓ 53	23 ♎ 9	19 ♒ 12	24 ♈ 9	11 ♍ 31	23 ♋ 4	22 ♈	14 ♓	25 ♐	4 ♎	28 ♉
13	23 ♒ 13	3 ♒ 45	19 ♒ 19	19 ♒ 19	9 ♓ 44	11 ♒ 22	6 ♓ 40	23 ♎ 8	19 ♒ 20	24 ♈ 11	11 ♍ 29	23 ♋ 3	22 ♈	14 ♓	25 ♐	4 ♎	28 ♉
14	24 ♒ 14	18 ♒ 39	19 ♒ 16	19 ♒ 19	11 ♓ 13	10 ♒ 53	7 ♓ 27	23 ♎ 7	19 ♒ 27	24 ♈ 13	11 ♍ 28	23 ♋ 2	23 ♈	14 ♓	25 ♐	4 ♎	28 ♉
15	25 ♒ 14	3 ♓ 23	19 ♒ 12	19 R 19	12 ♓ 38	10 ♒ 26	8 ♓ 15	23 ♎ 6	19 ♒ 34	24 ♈ 15	11 ♍ 26	23 ♋ 1	23 ♈	15 ♓	26 ♐	4 ♎	28 ♉
16	26 ♒ 15	17 ♓ 50	19 ♒ 9	19 ♒ 19	13 ♓ 58	10 ♒ 0	9 ♓ 2	23 ♎ 5	19 ♒ 41	24 ♈ 17	11 ♍ 25	22 ♋ 59	23 ♈	15 ♓	26 ♐	4 ♎	28 ♉
17	27 ♒ 15	1 ♈ 56	19 ♒ 6	19 ♒ 18	15 ♓ 12	9 ♒ 37	9 ♓ 49	23 ♎ 3	19 ♒ 49	24 ♈ 19	11 ♍ 23	22 ♋ 58	24 ♈	15 ♓	26 ♐	4 ♎	28 ♉
18	28 ♒ 16	15 ♈ 37	19 ♒ 3	19 ♒ 17	16 ♓ 20	9 ♒ 16	10 ♓ 36	23 ♎ 1	19 ♒ 56	24 ♈ 22	11 ♍ 21	22 ♋ 57	24 ♈	16 ♓	27 ♐	4 ♎	28 ♉
19	29 ♒ 17	28 ♈ 53	19 ♒ 0	19 ♒ 16	17 ♓ 21	8 ♒ 58	11 ♓ 24	22 ♎ 59	20 ♒ 3	24 ♈ 24	11 ♍ 20	22 ♋ 56	24 ♈	16 ♓	27 ♐	4 ♎	28 ♉
20	0 ♓ 17	11 ♉ 44	18 ♒ 57	19 ♒ 14	18 ♓ 15	8 ♒ 42	12 ♓ 11	22 ♎ 57	20 ♒ 10	24 ♈ 26	11 ♍ 18	22 ♋ 55	25 ♈	16 ♓	27 ♐	4 ♎	28 ♉
21	1 ♓ 18	24 ♉ 14	18 ♒ 53	19 ♒ 14	18 ♓ 59	8 ♒ 28	12 ♓ 58	22 ♎ 54	20 ♒ 17	24 ♈ 29	11 ♍ 17	22 ♋ 54	25 ♈	17 ♓	27 ♐	3 ♎	28 ♉
22	2 ♓ 18	6 ♊ 26	18 ♒ 50	19 D 14	19 ♓ 35	8 ♒ 16	13 ♓ 45	22 ♎ 52	20 ♒ 24	24 ♈ 31	11 ♍ 15	22 ♋ 53	25 ♈	17 ♓	28 ♐	3 ♎	28 ♉
23	3 ♓ 18	18 ♊ 26	18 ♒ 47	19 ♒ 14	20 ♓ 2	8 ♒ 8	14 ♓ 33	22 ♎ 49	20 ♒ 31	24 ♈ 33	11 ♍ 13	22 ♋ 52	26 ♈	17 ♓	28 ♐	3 ♎	29 ♉
24	4 ♓ 19	0 ♋ 18	18 ♒ 44	19 ♒ 15	20 ♓ 19	8 ♒ 1	15 ♓ 20	22 ♎ 46	20 ♒ 38	24 ♈ 36	11 ♍ 12	22 ♋ 51	26 ♈	18 ♓	28 ♐	3 ♎	29 ♉
25	5 ♓ 19	12 ♋ 7	18 ♒ 41	19 ♒ 17	20 ♓ 26	7 ♒ 57	16 ♓ 7	22 ♎ 43	20 ♒ 46	24 ♈ 38	11 ♍ 10	22 ♋ 51	26 ♈	18 ♓	28 ♐	3 ♎	29 ♉
26	6 ♓ 19	23 ♋ 56	18 ♒ 37	19 ♒ 18	20 R 24	7 ♒ 56	16 ♓ 54	22 ♎ 39	20 ♒ 53	24 ♈ 41	11 ♍ 8	22 ♋ 50	27 ♈	19 ♓	29 ♐	3 ♎	29 ♉
27	7 ♓ 20	5 ♌ 51	18 ♒ 34	19 ♒ 20	20 ♓ 11	7 D 57	17 ♓ 41	22 ♎ 36	21 ♒ 0	24 ♈ 43	11 ♍ 7	22 ♋ 49	27 ♈	19 ♓	29 ♐	2 ♎	29 ♉
28	8 ♓ 20	17 ♌ 54	18 ♒ 31	19 ♒ 20	19 ♓ 49	8 ♒ 0	18 ♓ 28	22 ♎ 32	21 ♒ 7	24 ♈ 46	11 ♍ 5	22 ♋ 48	27 ♈	19 ♓	29 ♐	2 ♎	29 ♉

SUN INGRESS: ☉ → ♓ 19日 17:02

MOON PHASE: ◑ 7日 18:22 ♏　● 14日 09:43 ♒　◐ 21日 15:05 ♊

aspects		
1日	19:25	♀☌♄
3日	05:03	☿△♃
3日	15:07	☿⚹♅
5日	13:23	☉☌♀
5日	19:57	♃□♇
8日	15:21	☉☌♄
9日	06:44	☿☌♂
12日	22:16	☉△♃
13日	23:47	☉⚹♅
14日	04:00	☿☍♆
18日	22:02	♂☍♆
20日	23:07	♃□♇

1934年3月

DAY	☉	☽	☊ mean	☊ true	☿	♀	♂	♃	♄	♅	♆	♇	⚳	⚴	⚵	⚶	⚷
	° ′	° ′	° ′	° ′	° ′	° ′	° ′	° ′	° ′	° ′	° ′	° ′	°	°	°	°	°
1	9 ♓ 20	0 ♍ 7	18 ♒ 28	19 R 20	19 R 19	8 D 6	19 D 15	22 R 28	21 D 14	24 D 49	11 R 3	22 R 47	28 D	20 D	29 D	2 R	29 D
2	10 ♓ 20	12 ♍ 32	18 ♒ 25	19 ♒ 18	18 ♓ 40	8 ♒ 14	20 ♓ 2	22 ♎ 24	21 ♒ 21	24 ♈ 51	11 ♍ 2	22 ♋ 46	28 ♈	20 ♓	0 ♑	2 ♎	29 ♉
3	11 ♓ 21	25 ♍ 11	18 ♒ 22	19 ♒ 16	17 ♓ 54	8 ♒ 24	20 ♓ 49	22 ♎ 20	21 ♒ 28	24 ♈ 54	11 ♍ 0	22 ♋ 45	28 ♈	20 ♓	0 ♑	2 ♎	29 ♉
4	12 ♓ 21	8 ♎ 3	18 ♒ 18	19 ♒ 12	17 ♓ 3	8 ♒ 36	21 ♓ 36	22 ♎ 16	21 ♒ 35	24 ♈ 57	10 ♍ 58	22 ♋ 45	29 ♈	21 ♓	0 ♑	2 ♎	29 ♉
5	13 ♓ 21	21 ♎ 9	18 ♒ 15	19 ♒ 9	16 ♓ 7	8 ♒ 51	22 ♓ 23	22 ♎ 11	21 ♒ 41	24 ♈ 59	10 ♍ 57	22 ♋ 44	29 ♈	21 ♓	0 ♑	1 ♎	29 ♉
6	14 ♓ 21	4 ♏ 28	18 ♒ 12	19 ♒ 5	15 ♓ 7	9 ♒ 7	23 ♓ 10	22 ♎ 7	21 ♒ 48	25 ♈ 2	10 ♍ 55	22 ♋ 43	29 ♈	21 ♓	1 ♑	1 ♎	29 ♉
7	15 ♓ 21	18 ♏ 0	18 ♒ 9	19 ♒ 2	14 ♓ 7	9 ♒ 26	23 ♓ 57	22 ♎ 2	21 ♒ 55	25 ♈ 5	10 ♍ 53	22 ♋ 42	0 ♉	22 ♓	1 ♑	1 ♎	29 ♉
8	16 ♓ 21	1 ♐ 44	18 ♒ 6	19 ♒ 0	13 ♓ 6	9 ♒ 46	24 ♓ 44	21 ♎ 57	22 ♒ 2	25 ♈ 8	10 ♍ 52	22 ♋ 42	0 ♉	22 ♓	1 ♑	1 ♎	29 ♉
9	17 ♓ 21	15 ♐ 40	18 ♒ 3	18 ♒ 59	12 ♓ 6	10 ♒ 8	25 ♓ 31	21 ♎ 52	22 ♒ 9	25 ♈ 11	10 ♍ 50	22 ♋ 41	1 ♉	22 ♓	1 ♑	0 ♎	29 ♉
10	18 ♓ 21	29 ♐ 47	17 ♒ 59	18 D 59	11 ♓ 8	10 ♒ 32	26 ♓ 17	21 ♎ 46	22 ♒ 16	25 ♈ 14	10 ♍ 48	22 ♋ 40	1 ♉	23 ♓	1 ♑	0 ♎	29 ♉
11	19 ♓ 21	14 ♑ 3	17 ♒ 56	19 ♒ 0	10 ♓ 14	10 ♒ 58	27 ♓ 4	21 ♎ 41	22 ♒ 22	25 ♈ 16	10 ♍ 47	22 ♋ 40	1 ♉	23 ♓	2 ♑	0 ♎	29 ♉
12	20 ♓ 21	28 ♑ 26	17 ♒ 53	19 ♒ 2	9 ♓ 25	11 ♒ 26	27 ♓ 51	21 ♎ 36	22 ♒ 29	25 ♈ 19	10 ♍ 45	22 ♋ 39	2 ♉	23 ♓	2 ♑	0 ♎	29 ♉
13	21 ♓ 21	12 ♒ 53	17 ♒ 50	19 ♒ 3	8 ♓ 40	11 ♒ 55	28 ♓ 38	21 ♎ 30	22 ♒ 36	25 ♈ 22	10 ♍ 43	22 ♋ 38	2 ♉	24 ♓	2 ♑	29 ♍	29 ♉
14	22 ♓ 21	27 ♒ 20	17 ♒ 47	19 R 3	8 ♓ 1	12 ♒ 25	29 ♓ 24	21 ♎ 24	22 ♒ 42	25 ♈ 25	10 ♍ 42	22 ♋ 38	2 ♉	24 ♓	2 ♑	29 ♍	29 ♉
15	23 ♓ 20	11 ♓ 42	17 ♒ 43	19 ♒ 1	7 ♓ 29	12 ♒ 57	0 ♈ 11	21 ♎ 18	22 ♒ 49	25 ♈ 28	10 ♍ 40	22 ♋ 37	3 ♉	24 ♓	2 ♑	29 ♍	29 ♉
16	24 ♓ 20	25 ♓ 54	17 ♒ 40	18 ♒ 58	7 ♓ 2	13 ♒ 31	0 ♈ 57	21 ♎ 12	22 ♒ 55	25 ♈ 31	10 ♍ 38	22 ♋ 37	3 ♉	25 ♓	3 ♑	29 ♍	29 ♉
17	25 ♓ 20	9 ♈ 50	17 ♒ 37	18 ♒ 52	6 ♓ 42	14 ♒ 6	1 ♈ 44	21 ♎ 6	23 ♒ 2	25 ♈ 34	10 ♍ 37	22 ♋ 36	4 ♉	25 ♓	3 ♑	28 ♍	29 ♉
18	26 ♓ 20	23 ♈ 27	17 ♒ 34	18 ♒ 46	6 ♓ 28	14 ♒ 42	2 ♈ 31	20 ♎ 59	23 ♒ 8	25 ♈ 38	10 ♍ 35	22 ♋ 36	4 ♉	25 ♓	3 ♑	28 ♍	29 ♉
19	27 ♓ 19	6 ♉ 42	17 ♒ 31	18 ♒ 40	6 ♓ 21	15 ♒ 19	3 ♈ 17	20 ♎ 53	23 ♒ 15	25 ♈ 41	10 ♍ 34	22 ♋ 35	4 ♉	26 ♓	3 ♑	28 ♍	29 ♉
20	28 ♓ 19	19 ♉ 35	17 ♒ 28	18 ♒ 34	6 D 19	15 ♒ 58	4 ♈ 4	20 ♎ 46	23 ♒ 21	25 ♈ 44	10 ♍ 32	22 ♋ 35	5 ♉	26 ♓	3 ♑	28 ♍	29 ♉
21	29 ♓ 19	2 ♊ 8	17 ♒ 24	18 ♒ 29	6 ♓ 24	16 ♒ 38	4 ♈ 50	20 ♎ 40	23 ♒ 27	25 ♈ 47	10 ♍ 30	22 ♋ 34	5 ♉	27 ♓	4 ♑	27 ♍	29 ♉
22	0 ♈ 18	14 ♊ 23	17 ♒ 21	18 ♒ 25	6 ♓ 34	17 ♒ 18	5 ♈ 36	20 ♎ 33	23 ♒ 34	25 ♈ 50	10 ♍ 29	22 ♋ 34	5 ♉	27 ♓	4 ♑	27 ♍	29 ♉
23	1 ♈ 18	26 ♊ 25	17 ♒ 18	18 ♒ 24	6 ♓ 50	18 ♒ 0	6 ♈ 23	20 ♎ 26	23 ♒ 40	25 ♈ 53	10 ♍ 27	22 ♋ 34	6 ♉	27 ♓	4 ♑	27 ♍	29 ♉
24	2 ♈ 17	8 ♋ 17	17 ♒ 15	18 D 24	7 ♓ 10	18 ♒ 43	7 ♈ 9	20 ♎ 19	23 ♒ 46	25 ♈ 57	10 ♍ 26	22 ♋ 33	6 ♉	28 ♓	4 ♑	27 ♍	0 ♊
25	3 ♈ 17	20 ♋ 6	17 ♒ 12	18 ♒ 25	7 ♓ 36	19 ♒ 27	7 ♈ 55	20 ♎ 12	23 ♒ 52	26 ♈ 0	10 ♍ 24	22 ♋ 33	7 ♉	28 ♓	4 ♑	26 ♍	0 ♊
26	4 ♈ 16	1 ♌ 57	17 ♒ 9	18 ♒ 27	8 ♓ 6	20 ♒ 12	8 ♈ 42	20 ♎ 5	23 ♒ 58	26 ♈ 3	10 ♍ 23	22 ♋ 33	7 ♉	28 ♓	4 ♑	26 ♍	0 ♊
27	5 ♈ 16	13 ♌ 54	17 ♒ 5	18 ♒ 28	8 ♓ 41	20 ♒ 58	9 ♈ 28	19 ♎ 58	24 ♒ 4	26 ♈ 6	10 ♍ 21	22 ♋ 32	7 ♉	29 ♓	5 ♑	26 ♍	0 ♊
28	6 ♈ 15	26 ♌ 2	17 ♒ 2	18 R 27	9 ♓ 19	21 ♒ 44	10 ♈ 14	19 ♎ 51	24 ♒ 10	26 ♈ 10	10 ♍ 20	22 ♋ 32	8 ♉	29 ♓	5 ♑	26 ♍	0 ♊
29	7 ♈ 14	8 ♍ 24	16 ♒ 59	18 ♒ 25	10 ♓ 1	22 ♒ 32	11 ♈ 0	19 ♎ 43	24 ♒ 16	26 ♈ 13	10 ♍ 18	22 ♋ 32	8 ♉	29 ♓	5 ♑	25 ♍	0 ♊
30	8 ♈ 14	21 ♍ 3	16 ♒ 56	18 ♒ 21	10 ♓ 47	23 ♒ 20	11 ♈ 46	19 ♎ 36	24 ♒ 22	26 ♈ 16	10 ♍ 17	22 ♋ 32	8 ♉	0 ♈	5 ♑	25 ♍	0 ♊
31	9 ♈ 13	4 ♎ 1	16 ♒ 53	18 ♒ 15	11 ♓ 37	24 ♒ 9	12 ♈ 32	19 ♎ 28	24 ♒ 28	26 ♈ 19	10 ♍ 15	22 ♋ 32	9 ♉	0 ♈	5 ♑	25 ♍	0 ♊

SUN INGRESS	☉ → ♈ 21日 16:28
MOON PHASE	○ 1日 19:26 ♍　◑ 9日 03:06 ♐　● 15日 21:08 ♓　◐ 23日 10:44 ♋　○ 31日 10:14 ♎

aspects		
1日	00:58	☿☌♂
2日	15:59	☉☍♆
5日	10:26	♂△♇
6日	09:16	☉☌☿
7日	13:38	♃△♄
10日	08:56	☿☍♆
14日	06:53	☉△♇
25日	20:48	♀△♃
29日	08:46	☿☍♆
31日	10:23	♀☌♄

1934年4月

DAY	☉	☽	☊ mean	☊ true	☿	♀	♂	♃	♄	♅	♆	♇	⚳	⚴	⚵	⚶	⚷
	° ′	° ′	° ′	° ′	° ′	° ′	° ′	° ′	° ′	° ′	° ′	° ′	°	°	°	°	°
1	10 ♈ 12	17 ♎ 16	16 ♒ 49	18 R 6	12 D 30	24 D 59	13 D 18	19 R 21	24 D 34	26 D 23	10 R 14	22 R 32	9 D	0 D	5 D	25 R	0 D
2	11 ♈ 11	0 ♏ 48	16 ♒ 46	17 ♒ 57	13 ♓ 25	25 ♒ 50	14 ♈ 4	19 ♎ 13	24 ♒ 40	26 ♈ 26	10 ♍ 13	22 ♋ 31	10 ♉	1 ♈	6 ♑	24 ♍	0 ♊
3	12 ♈ 10	14 ♏ 33	16 ♒ 43	17 ♒ 48	14 ♓ 24	26 ♒ 41	14 ♈ 50	19 ♎ 6	24 ♒ 45	26 ♈ 29	10 ♍ 11	22 ♋ 31	10 ♉	1 ♈	6 ♑	24 ♍	0 ♊
4	13 ♈ 9	28 ♏ 28	16 ♒ 40	17 ♒ 40	15 ♓ 25	27 ♒ 33	15 ♈ 36	18 ♎ 58	24 ♒ 51	26 ♈ 33	10 ♍ 10	22 ♋ 31	10 ♉	2 ♈	6 ♑	24 ♍	0 ♊
5	14 ♈ 8	12 ♐ 30	16 ♒ 37	17 ♒ 34	16 ♓ 29	28 ♒ 25	16 ♈ 21	18 ♎ 51	24 ♒ 56	26 ♈ 36	10 ♍ 9	22 ♋ 31	11 ♉	2 ♈	6 ♑	24 ♍	0 ♊
6	15 ♈ 8	26 ♐ 36	16 ♒ 34	17 ♒ 31	17 ♓ 36	29 ♒ 18	17 ♈ 7	18 ♎ 43	25 ♒ 2	26 ♈ 40	10 ♍ 7	22 ♋ 31	11 ♉	2 ♈	6 ♑	24 ♍	0 ♊
7	16 ♈ 7	10 ♑ 44	16 ♒ 30	17 ♒ 29	18 ♓ 45	0 ♓ 12	17 ♈ 53	18 ♎ 35	25 ♒ 7	26 ♈ 43	10 ♍ 6	22 D 31	12 ♉	3 ♈	6 ♑	23 ♍	0 ♊
8	17 ♈ 6	24 ♑ 52	16 ♒ 27	17 D 29	19 ♓ 56	1 ♓ 6	18 ♈ 39	18 ♎ 28	25 ♒ 13	26 ♈ 46	10 ♍ 5	22 ♋ 31	12 ♉	3 ♈	6 ♑	23 ♍	0 ♊
9	18 ♈ 5	8 ♒ 59	16 ♒ 24	17 ♒ 30	21 ♓ 9	2 ♓ 1	19 ♈ 24	18 ♎ 20	25 ♒ 18	26 ♈ 50	10 ♍ 4	22 ♋ 31	12 ♉	3 ♈	6 ♑	23 ♍	0 ♊
10	19 ♈ 3	23 ♒ 3	16 ♒ 21	17 R 30	22 ♓ 25	2 ♓ 57	20 ♈ 10	18 ♎ 12	25 ♒ 23	26 ♈ 53	10 ♍ 2	22 ♋ 31	13 ♉	4 ♈	6 ♑	23 ♍	0 ♊
11	20 ♈ 2	7 ♓ 4	16 ♒ 18	17 ♒ 28	23 ♓ 42	3 ♓ 53	20 ♈ 55	18 ♎ 4	25 ♒ 29	26 ♈ 57	10 ♍ 1	22 ♋ 31	13 ♉	4 ♈	7 ♑	23 ♍	0 ♊
12	21 ♈ 1	20 ♓ 59	16 ♒ 15	17 ♒ 24	25 ♓ 2	4 ♓ 49	21 ♈ 41	17 ♎ 57	25 ♒ 34	27 ♈ 0	10 ♍ 0	22 ♋ 32	14 ♉	4 ♈	7 ♑	22 ♍	1 ♊
13	22 ♈ 0	4 ♈ 45	16 ♒ 11	17 ♒ 18	26 ♓ 23	5 ♓ 46	22 ♈ 26	17 ♎ 49	25 ♒ 39	27 ♈ 3	9 ♍ 59	22 ♋ 32	14 ♉	5 ♈	7 ♑	22 ♍	1 ♊
14	22 ♈ 59	18 ♈ 20	16 ♒ 8	17 ♒ 8	27 ♓ 47	6 ♓ 43	23 ♈ 12	17 ♎ 41	25 ♒ 44	27 ♈ 7	9 ♍ 58	22 ♋ 32	14 ♉	5 ♈	7 ♑	22 ♍	1 ♊
15	23 ♈ 58	1 ♉ 41	16 ♒ 5	16 ♒ 57	29 ♓ 12	7 ♓ 41	23 ♈ 57	17 ♎ 34	25 ♒ 49	27 ♈ 10	9 ♍ 56	22 ♋ 32	15 ♉	5 ♈	7 ♑	22 ♍	1 ♊
16	24 ♈ 56	14 ♉ 45	16 ♒ 2	16 ♒ 46	0 ♈ 39	8 ♓ 39	24 ♈ 42	17 ♎ 26	25 ♒ 53	27 ♈ 14	9 ♍ 55	22 ♋ 32	15 ♉	6 ♈	7 ♑	22 ♍	1 ♊
17	25 ♈ 55	27 ♉ 32	15 ♒ 59	16 ♒ 34	2 ♈ 8	9 ♓ 38	25 ♈ 28	17 ♎ 19	25 ♒ 58	27 ♈ 17	9 ♍ 54	22 ♋ 33	16 ♉	6 ♈	7 ♑	22 ♍	1 ♊
18	26 ♈ 54	10 ♊ 1	15 ♒ 55	16 ♒ 24	3 ♈ 38	10 ♓ 37	26 ♈ 13	17 ♎ 11	26 ♒ 3	27 ♈ 21	9 ♍ 53	22 ♋ 33	16 ♉	7 ♈	7 ♑	21 ♍	1 ♊
19	27 ♈ 53	22 ♊ 15	15 ♒ 52	16 ♒ 17	5 ♈ 10	11 ♓ 36	26 ♈ 58	17 ♎ 4	26 ♒ 8	27 ♈ 24	9 ♍ 52	22 ♋ 33	16 ♉	7 ♈	7 ♑	21 ♍	1 ♊
20	28 ♈ 51	4 ♋ 15	15 ♒ 49	16 ♒ 12	6 ♈ 44	12 ♓ 36	27 ♈ 43	16 ♎ 56	26 ♒ 12	27 ♈ 28	9 ♍ 51	22 ♋ 34	17 ♉	7 ♈	7 ♑	21 ♍	1 ♊
21	29 ♈ 50	16 ♋ 8	15 ♒ 46	16 ♒ 9	8 ♈ 20	13 ♓ 36	28 ♈ 28	16 ♎ 49	26 ♒ 17	27 ♈ 31	9 ♍ 50	22 ♋ 34	17 ♉	8 ♈	7 ♑	21 ♍	1 ♊
22	0 ♉ 48	27 ♋ 56	15 ♒ 43	16 ♒ 8	9 ♈ 57	14 ♓ 36	29 ♈ 13	16 ♎ 41	26 ♒ 21	27 ♈ 34	9 ♍ 49	22 ♋ 34	18 ♉	8 ♈	7 ♑	21 ♍	1 ♊
23	1 ♉ 47	9 ♌ 47	15 ♒ 40	16 D 8	11 ♈ 36	15 ♓ 37	29 ♈ 58	16 ♎ 34	26 ♒ 25	27 ♈ 38	9 ♍ 49	22 ♋ 35	18 ♉	8 ♈	7 ♑	21 ♍	1 ♊
24	2 ♉ 45	21 ♌ 44	15 ♒ 36	16 R 8	13 ♈ 17	16 ♓ 38	0 ♉ 43	16 ♎ 27	26 ♒ 30	27 ♈ 41	9 ♍ 48	22 ♋ 35	18 ♉	9 ♈	7 ♑	21 ♍	1 ♊
25	3 ♉ 44	3 ♍ 54	15 ♒ 33	16 ♒ 7	14 ♈ 59	17 ♓ 39	1 ♉ 28	16 ♎ 20	26 ♒ 34	27 ♈ 45	9 ♍ 47	22 ♋ 36	19 ♉	9 ♈	7 ♑	21 ♍	1 ♊
26	4 ♉ 42	16 ♍ 22	15 ♒ 30	16 ♒ 4	16 ♈ 44	18 ♓ 41	2 ♉ 13	16 ♎ 13	26 ♒ 38	27 ♈ 48	9 ♍ 46	22 ♋ 36	19 ♉	9 ♈	7 ♑	21 ♍	1 ♊
27	5 ♉ 40	29 ♍ 10	15 ♒ 27	15 ♒ 58	18 ♈ 30	19 ♓ 43	2 ♉ 58	16 ♎ 6	26 ♒ 42	27 ♈ 52	9 ♍ 45	22 ♋ 37	20 ♉	10 ♈	7 ♑	20 ♍	2 ♊
28	6 ♉ 39	12 ♎ 20	15 ♒ 24	15 ♒ 50	20 ♈ 17	20 ♓ 45	3 ♉ 42	15 ♎ 59	26 ♒ 46	27 ♈ 55	9 ♍ 44	22 ♋ 37	20 ♉	10 ♈	7 ♑	20 ♍	2 ♊
29	7 ♉ 37	25 ♎ 54	15 ♒ 20	15 ♒ 39	22 ♈ 6	21 ♓ 47	4 ♉ 27	15 ♎ 52	26 ♒ 50	27 ♈ 58	9 ♍ 44	22 ♋ 38	21 ♉	10 ♈	7 ♑	20 ♍	2 ♊
30	8 ♉ 35	9 ♏ 49	15 ♒ 17	15 ♒ 27	23 ♈ 58	22 ♓ 50	5 ♉ 12	15 ♎ 46	26 ♒ 53	28 ♈ 2	9 ♍ 43	22 ♋ 38	21 ♉	11 ♈	7 R	20 ♍	2 ♊

SUN INGRESS	☉ → ♉ 21日 04:00
MOON PHASE	◑ 7日 09:48 ♑　● 14日 08:57 ♈　◐ 22日 06:20 ♌　○ 29日 21:45 ♏

aspects		
2日	18:21	♀⚹♅
7日	19:02	♂☍♃
9日	05:32	☉☍♃
10日	02:05	☿△♇
13日	02:51	♂□♇
13日	12:56	☉□♇
14日	22:55	☉☌♂
17日	01:21	☉⚹♄
17日	06:37	♀☍♆
17日	18:05	♂⚹♄
18日	11:37	☉☌♅
19日	14:58	♂☌♅
25日	17:24	☿☍♃
29日	06:48	☿□♇
29日	19:24	♀△♇

1934年5月

DAY	☉	☽	☊ mean	☊ true	☿	♀	♂	♃	♄	♅	♆	♇	⚳	⚴	⚵	⚶	⚷
	° ′	° ′	° ′	° ′	° ′	° ′	° ′	° ′	° ′	° ′	° ′	° ′	°	°	°	°	°
1	9♉34	24♏0	15♒14	15 R 16	25 D 50	23 D 53	5 D 56	15 R 39	26 D 57	28 D 5	9 R 42	22 D 39	21 D	11 D	7 R	20 R	2 D
2	10♉32	8♐22	15♒11	15♒5	27♈45	24♓56	6♉41	15♎33	27♒1	28♈9	9♍42	22♋39	22♉	12♈	7♑	20♍	2♊
3	11♉30	22♐50	15♒8	14♒57	29♈41	26♓0	7♉25	15♎26	27♒4	28♈12	9♍41	22♋40	22♉	12♈	7♑	20♍	2♊
4	12♉28	7♑16	15♒5	14♒51	1♉39	27♓3	8♉9	15♎20	27♒8	28♈15	9♍40	22♋41	23♉	12♈	7♑	20♍	2♊
5	13♉26	21♑37	15♒1	14♒48	3♉39	28♓7	8♉54	15♎14	27♒11	28♈19	9♍40	22♋41	23♉	13♈	7♑	20 D	2♊
6	14♉24	5♒50	14♒58	14♒47	5♉40	29♓12	9♉38	15♎8	27♒14	28♈22	9♍40	22♋42	23♉	13♈	7♑	20♍	2♊
7	15♉22	19♒53	14♒55	14♒47	7♉43	0♈16	10♉22	15♎2	27♒18	28♈25	9♍39	22♋43	24♉	13♈	7♑	20♍	2♊
8	16♉21	3♓46	14♒52	14♒47	9♉48	1♈20	11♉7	14♎56	27♒21	28♈29	9♍38	22♋44	24♉	14♈	7♑	20♍	2♊
9	17♉19	17♓29	14♒49	14♒45	11♉53	2♈25	11♉51	14♎51	27♒24	28♈32	9♍38	22♋44	25♉	14♈	7♑	20♍	2♊
10	18♉17	1♈2	14♒46	14♒40	14♉1	3♈30	12♉35	14♎45	27♒27	28♈35	9♍38	22♋45	25♉	14♈	7♑	20♍	2♊
11	19♉15	14♈24	14♒42	14♒32	16♉9	4♈35	13♉19	14♎40	27♒29	28♈39	9♍37	22♋46	25♉	15♈	7♑	20♍	3♊
12	20♉13	27♈36	14♒39	14♒22	18♉18	5♈41	14♉3	14♎35	27♒32	28♈42	9♍37	22♋47	26♉	15♈	7♑	20♍	3♊
13	21♉11	10♉35	14♒36	14♒10	20♉28	6♈46	14♉47	14♎30	27♒35	28♈45	9♍37	22♋48	26♉	15♈	7♑	21♍	3♊
14	22♉8	23♉22	14♒33	13♒56	22♉39	7♈52	15♉31	14♎25	27♒37	28♈48	9♍36	22♋49	27♉	16♈	7♑	21♍	3♊
15	23♉6	5♊54	14♒30	13♒44	24♉50	8♈58	16♉15	14♎20	27♒40	28♈51	9♍36	22♋49	27♉	16♈	7♑	21♍	3♊
16	24♉4	18♊14	14♒26	13♒32	27♉1	10♈4	16♉58	14♎16	27♒42	28♈55	9♍36	22♋50	27♉	16♈	7♑	21♍	3♊
17	25♉2	0♋21	14♒23	13♒23	29♉12	11♈10	17♉42	14♎11	27♒45	28♈58	9♍36	22♋51	28♉	17♈	7♑	21♍	3♊
18	26♉0	12♋18	14♒20	13♒17	1♊22	12♈16	18♉26	14♎7	27♒47	29♈1	9♍36	22♋52	28♉	17♈	7♑	21♍	3♊
19	26♉58	24♋8	14♒17	13♒13	3♊32	13♈22	19♉9	14♎3	27♒49	29♈4	9♍35	22♋53	29♉	17♈	6♑	21♍	3♊
20	27♉55	5♌56	14♒14	13♒12	5♊41	14♈29	19♉53	13♎59	27♒51	29♈7	9♍35	22♋54	29♉	18♈	6♑	21♍	3♊
21	28♉53	17♌45	14♒11	13 D 12	7♊48	15♈35	20♉36	13♎55	27♒53	29♈10	9♍35	22♋55	0♊	18♈	6♑	21♍	3♊
22	29♉51	29♌42	14♒7	13♒12	9♊54	16♈42	21♉20	13♎52	27♒55	29♈13	9 D 35	22♋56	0♊	19♈	6♑	21♍	3♊
23	0♊49	11♍51	14♒4	13 R 11	11♊58	17♈49	22♉3	13♎48	27♒56	29♈17	9♍35	22♋57	0♊	19♈	6♑	22♍	3♊
24	1♊46	24♍19	14♒1	13♒9	14♊0	18♈56	22♉47	13♎45	27♒58	29♈20	9♍35	22♋58	1♊	19♈	6♑	22♍	4♊
25	2♊44	7♎9	13♒58	13♒5	16♊0	20♈3	23♉30	13♎42	27♒59	29♈23	9♍35	23♋0	1♊	20♈	6♑	22♍	4♊
26	3♊41	20♎24	13♒55	12♒58	17♊57	21♈11	24♉13	13♎39	28♒1	29♈26	9♍35	23♋1	2♊	20♈	6♑	22♍	4♊
27	4♊39	4♏7	13♒52	12♒49	19♊52	22♈18	24♉56	13♎36	28♒2	29♈29	9♍36	23♋2	2♊	20♈	5♑	22♍	4♊
28	5♊37	18♏15	13♒48	12♒40	21♊45	23♈26	25♉39	13♎33	28♒3	29♈31	9♍36	23♋3	2♊	21♈	5♑	22♍	4♊
29	6♊34	2♐45	13♒45	12♒29	23♊35	24♈33	26♉23	13♎31	28♒5	29♈34	9♍36	23♋4	3♊	21♈	5♑	23♍	4♊
30	7♊32	17♐29	13♒42	12♒20	25♊22	25♈41	27♉6	13♎29	28♒6	29♈37	9♍36	23♋5	3♊	21♈	5♑	23♍	4♊
31	8♊29	2♑21	13♒39	12♒13	27♊6	26♈49	27♉49	13♎27	28♒7	29♈40	9♍37	23♋7	4♊	22♈	5♑	23♍	4♊

SUN INGRESS	☉→♊ 22日 03:35
MOON PHASE	◑ 6日 15:41 ♒　● 13日 21:30 ♉　◐ 22日 00:20 ♌　○ 29日 06:41 ♐

aspects

1日	03:34	☉△♆
1日	14:30	☿⚹♄
2日	05:03	☿☌♅
6日	00:42	♂△♆
7日	22:16	☿△♆
8日	23:13	☿☌♂
13日	13:56	☉☌☿
14日	01:46	☿⚹♇
14日	16:54	☉⚹♇
16日	07:40	♀□♄
19日	13:50	♀☍♃
19日	22:02	☉□♄
21日	20:27	☿□♆
23日	21:06	☿△♃
24日	06:45	♂⚹♇
27日	15:48	♀□♇
30日	12:27	☿⚹♀
31日	10:18	♂□♄
31日	14:19	☿△♄

1934年6月

DAY	☉	☽	☊ mean	☊ true	☿	♀	♂	♃	♄	♅	♆	♇	⚳	⚴	⚵	⚶	⚷
	° ′	° ′	° ′	° ′	° ′	° ′	° ′	° ′	° ′	° ′	° ′	° ′	°	°	°	°	°
1	9♊27	17♑11	13♒36	12 R 9	28 D 48	27 D 57	28 D 31	13 R 25	28 D 7	29 D 43	9 D 37	23 D 8	4 D	22 D	5 R	23 D	4 D
2	10♊24	1♒52	13♒32	12♒6	0♋27	29♈5	29♉14	13♎23	28♒8	29♈46	9♍37	23♋9	5♊	22♈	4♑	23♍	4♊
3	11♊22	16♒20	13♒29	12 D 6	2♋2	0♉7	29♉57	13♎22	28♒9	29♈49	9♍38	23♋10	5♊	23♈	4♑	24♍	4♊
4	12♊19	0♓31	13♒26	12♒7	3♋35	1♉21	0♊40	13♎20	28♒9	29♈51	9♍38	23♋12	5♊	23♈	4♑	24♍	4♊
5	13♊17	14♓25	13♒23	12 R 7	5♋5	2♉30	1♊23	13♎19	28♒10	29♈54	9♍39	23♋13	6♊	23♈	4♑	24♍	4♊
6	14♊14	28♓1	13♒20	12♒6	6♋32	3♉38	2♊5	13♎18	28♒10	29♈57	9♍39	23♋14	6♊	24♈	4♑	24♍	5♊
7	15♊11	11♈21	13♒17	12♒3	7♋56	4♉47	2♊48	13♎17	28♒10	29♈59	9♍40	23♋15	7♊	24♈	3♑	24♍	5♊
8	16♊9	24♈27	13♒13	11♒58	9♋18	5♉56	3♊30	13♎17	28♒11	0♉2	9♍40	23♋17	7♊	24♈	3♑	25♍	5♊
9	17♊6	7♉19	13♒10	11♒51	10♋36	7♉4	4♊13	13♎16	28♒11	0♉5	9♍41	23♋18	7♊	25♈	3♑	25♍	5♊
10	18♊4	19♉59	13♒7	11♒42	11♋50	8♉13	4♊55	13♎16	28 R 11	0♉7	9♍41	23♋19	8♊	25♈	3♑	25♍	5♊
11	19♊1	2♊27	13♒4	11♒32	13♋2	9♉22	5♊38	13 D 16	28♒10	0♉10	9♍42	23♋21	8♊	25♈	3♑	25♍	5♊
12	19♊58	14♊45	13♒1	11♒23	14♋11	10♉31	6♊20	13♎16	28♒10	0♉12	9♍43	23♋22	9♊	26♈	2♑	26♍	5♊
13	20♊56	26♊52	12♒58	11♒15	15♋16	11♉40	7♊2	13♎16	28♒10	0♉15	9♍43	23♋24	9♊	26♈	2♑	26♍	5♊
14	21♊53	8♋51	12♒54	11♒8	16♋18	12♉49	7♊45	13♎17	28♒9	0♉17	9♍44	23♋25	10♊	26♈	2♑	26♍	5♊
15	22♊50	20♋43	12♒51	11♒4	17♋16	13♉59	8♊27	13♎17	28♒9	0♉20	9♍45	23♋26	10♊	27♈	2♑	26♍	5♊
16	23♊48	2♌30	12♒48	11♒2	18♋11	15♉8	9♊9	13♎18	28♒8	0♉22	9♍46	23♋28	10♊	27♈	2♑	27♍	5♊
17	24♊45	14♌17	12♒45	11 D 1	19♋2	16♉17	9♊51	13♎19	28♒8	0♉24	9♍46	23♋29	11♊	27♈	1♑	27♍	5♊
18	25♊42	26♌6	12♒42	11♒2	19♋50	17♉27	10♊33	13♎20	28♒7	0♉27	9♍47	23♋31	11♊	28♈	1♑	27♍	5♊
19	26♊40	8♍3	12♒38	11♒4	20♋34	18♉36	11♊15	13♎22	28♒6	0♉29	9♍48	23♋32	12♊	28♈	1♑	28♍	6♊
20	27♊37	20♍11	12♒35	11♒5	21♋13	19♉46	11♊57	13♎23	28♒5	0♉31	9♍49	23♋34	12♊	28♈	1♑	28♍	6♊
21	28♊34	2♎37	12♒32	11 R 5	21♋49	20♉56	12♊39	13♎25	28♒4	0♉33	9♍50	23♋35	12♊	29♈	0♑	28♍	6♊
22	29♊31	15♎25	12♒29	11♒4	22♋21	22♉5	13♊21	13♎27	28♒2	0♉35	9♍51	23♋37	13♊	29♈	0♑	28♍	6♊
23	0♋29	28♎38	12♒26	11♒1	22♋48	23♉15	14♊2	13♎29	28♒1	0♉37	9♍52	23♋38	13♊	29♈	0♑	29♍	6♊
24	1♋26	12♏20	12♒23	10♒56	23♋11	24♉25	14♊44	13♎31	28♒0	0♉40	9♍53	23♋40	14♊	0♉	0♑	29♍	6♊
25	2♋23	26♏29	12♒19	10♒51	23♋30	25♉35	15♊26	13♎34	27♒58	0♉42	9♍54	23♋41	14♊	0♉	29♐	29♍	6♊
26	3♋20	11♐4	12♒16	10♒46	23♋44	26♉45	16♊7	13♎36	27♒57	0♉44	9♍55	23♋43	14♊	0♉	29♐	0♎	6♊
27	4♋17	25♐59	12♒13	10♒40	23♋54	27♉55	16♊49	13♎39	27♒55	0♉46	9♍56	23♋44	15♊	0♉	29♐	0♎	6♊
28	5♋15	11♑4	12♒10	10♒37	23♋59	29♉5	17♊30	13♎42	27♒53	0♉47	9♍57	23♋46	15♊	1♉	29♐	0♎	6♊
29	6♋12	26♑12	12♒7	10♒34	23 R 59	0♊15	18♊12	13♎45	27♒51	0♉49	9♍59	23♋47	16♊	1♉	29♐	1♎	6♊
30	7♋9	11♒13	12♒4	10 D 34	23♋55	1♊25	18♊53	13♎48	27♒49	0♉51	10♍0	23♋49	16♊	1♉	28♐	1♎	6♊

SUN INGRESS	☉→♋ 22日 11:48
MOON PHASE	◑ 4日 21:53 ♓　● 12日 11:11 ♊　◐ 20日 15:37 ♍　○ 27日 14:08 ♑ j

aspects

1日	03:45	♀⚹♄
1日	04:20	☉□♆
1日	13:44	☿⚹♅
2日	14:59	♀☌♅
5日	01:05	☉△♃
8日	06:54	☿⚹♆
11日	04:47	♀□♃
11日	06:57	♀△♆
16日	21:19	♂□♆
20日	11:29	☉△♄
22日	03:51	♂△♃
22日	09:08	☿⚹♀
23日	03:52	☉⚹♅
23日	08:05	♀⚹♇
25日	20:24	☿☌♇
27日	00:03	♀□♄
30日	15:33	☿☌♇

1934年7月

DAY	☉	☽	☊ mean	☊ true	☿	♀	♂	♃	♄	♅	♆	♇	⚳	⚴	⚵	⚶	⚷
	° ′	° ′	° ′	° ′	° ′	° ′	° ′	° ′	° ′	° ′	° ′	° ′	°	°	°	°	°
1	8 ♋ 6	25 ♒ 58	12 ♒ 0	10 D 34	23 R 46	2 D 36	19 D 34	13 D 52	27 R 47	0 D 53	10 D 1	23 D 50	17 D	2 D	28 R	1 D	6 D
2	9 ♋ 3	10 ♓ 24	11 ♒ 57	10 ♒ 36	23 ♋ 33	3 ♊ 46	20 ♊ 16	13 ♎ 55	27 ♒ 45	0 ♉ 55	10 ♍ 2	23 ♋ 52	17 ♊	2 ♉	28 ♐	2 ♎	6 ♊
3	10 ♋ 1	24 ♓ 27	11 ♒ 54	10 ♒ 37	23 ♋ 16	4 ♊ 57	20 ♊ 57	13 ♎ 59	27 ♒ 43	0 ♉ 56	10 ♍ 4	23 ♋ 54	17 ♊	2 ♉	28 ♐	2 ♎	7 ♊
4	10 ♋ 58	8 ♈ 7	11 ♒ 51	10 ♒ 38	22 ♋ 54	6 ♊ 7	21 ♊ 38	14 ♎ 3	27 ♒ 41	0 ♉ 58	10 ♍ 5	23 ♋ 55	18 ♊	3 ♉	27 ♐	2 ♎	7 ♊
5	11 ♋ 55	21 ♈ 25	11 ♒ 48	10 R 37	22 ♋ 29	7 ♊ 18	22 ♊ 19	14 ♎ 7	27 ♒ 38	1 ♉ 0	10 ♍ 6	23 ♋ 57	18 ♊	3 ♉	27 ♐	3 ♎	7 ♊
6	12 ♋ 52	4 ♉ 24	11 ♒ 44	10 ♒ 36	22 ♋ 0	8 ♊ 28	23 ♊ 0	14 ♎ 11	27 ♒ 36	1 ♉ 1	10 ♍ 8	23 ♋ 58	19 ♊	3 ♉	27 ♐	3 ♎	7 ♊
7	13 ♋ 49	17 ♉ 5	11 ♒ 41	10 ♒ 33	21 ♋ 29	9 ♊ 39	23 ♊ 41	14 ♎ 15	27 ♒ 33	1 ♉ 3	10 ♍ 9	24 ♋ 0	19 ♊	4 ♉	27 ♐	3 ♎	7 ♊
8	14 ♋ 47	29 ♉ 31	11 ♒ 38	10 ♒ 29	20 ♋ 55	10 ♊ 50	24 ♊ 22	14 ♎ 20	27 ♒ 31	1 ♉ 4	10 ♍ 10	24 ♋ 1	19 ♊	4 ♉	27 ♐	4 ♎	7 ♊
9	15 ♋ 44	11 ♊ 45	11 ♒ 35	10 ♒ 25	20 ♋ 19	12 ♊ 1	25 ♊ 3	14 ♎ 25	27 ♒ 28	1 ♉ 6	10 ♍ 12	24 ♋ 3	20 ♊	4 ♉	26 ♐	4 ♎	7 ♊
10	16 ♋ 41	23 ♊ 50	11 ♒ 32	10 ♒ 22	19 ♋ 41	13 ♊ 12	25 ♊ 44	14 ♎ 30	27 ♒ 25	1 ♉ 7	10 ♍ 13	24 ♋ 5	20 ♊	4 ♉	26 ♐	5 ♎	7 ♊
11	17 ♋ 38	5 ♋ 47	11 ♒ 29	10 ♒ 18	19 ♋ 3	14 ♊ 22	26 ♊ 25	14 ♎ 35	27 ♒ 22	1 ♉ 8	10 ♍ 15	24 ♋ 6	21 ♊	5 ♉	26 ♐	5 ♎	7 ♊
12	18 ♋ 36	17 ♋ 39	11 ♒ 25	10 ♒ 16	18 ♋ 24	15 ♊ 33	27 ♊ 6	14 ♎ 40	27 ♒ 20	1 ♉ 10	10 ♍ 16	24 ♋ 8	21 ♊	5 ♉	26 ♐	5 ♎	7 ♊
13	19 ♋ 33	29 ♋ 27	11 ♒ 22	10 ♒ 14	17 ♋ 46	16 ♊ 45	27 ♊ 47	14 ♎ 45	27 ♒ 17	1 ♉ 11	10 ♍ 18	24 ♋ 10	21 ♊	5 ♉	26 ♐	6 ♎	7 ♊
14	20 ♋ 30	11 ♌ 13	11 ♒ 19	10 D 14	17 ♋ 10	17 ♊ 56	28 ♊ 27	14 ♎ 50	27 ♒ 13	1 ♉ 12	10 ♍ 19	24 ♋ 11	22 ♊	6 ♉	25 ♐	6 ♎	7 ♊
15	21 ♋ 27	23 ♌ 1	11 ♒ 16	10 ♒ 14	16 ♋ 35	19 ♊ 7	29 ♊ 8	14 ♎ 56	27 ♒ 10	1 ♉ 13	10 ♍ 21	24 ♋ 13	22 ♊	6 ♉	25 ♐	6 ♎	7 ♊
16	22 ♋ 24	4 ♍ 54	11 ♒ 13	10 ♒ 15	16 ♋ 2	20 ♊ 18	29 ♊ 48	15 ♎ 2	27 ♒ 7	1 ♉ 14	10 ♍ 22	24 ♋ 14	23 ♊	6 ♉	25 ♐	7 ♎	7 ♊
17	23 ♋ 22	16 ♍ 53	11 ♒ 10	10 ♒ 17	15 ♋ 33	21 ♊ 29	0 ♋ 29	15 ♎ 8	27 ♒ 4	1 ♉ 16	10 ♍ 24	24 ♋ 16	23 ♊	6 ♉	25 ♐	7 ♎	7 ♊
18	24 ♋ 19	29 ♍ 5	11 ♒ 6	10 ♒ 18	15 ♋ 7	22 ♊ 41	1 ♋ 9	15 ♎ 14	27 ♒ 0	1 ♉ 17	10 ♍ 26	24 ♋ 18	23 ♊	7 ♉	25 ♐	8 ♎	7 ♊
19	25 ♋ 16	11 ♎ 31	11 ♒ 3	10 ♒ 19	14 ♋ 45	23 ♊ 52	1 ♋ 50	15 ♎ 20	26 ♒ 57	1 ♉ 18	10 ♍ 27	24 ♋ 19	24 ♊	7 ♉	24 ♐	8 ♎	8 ♊
20	26 ♋ 14	24 ♎ 17	11 ♒ 0	10 ♒ 19	14 ♋ 28	25 ♊ 3	2 ♋ 30	15 ♎ 26	26 ♒ 53	1 ♉ 18	10 ♍ 29	24 ♋ 21	24 ♊	7 ♉	24 ♐	8 ♎	8 ♊
21	27 ♋ 11	7 ♏ 26	10 ♒ 57	10 R 19	14 ♋ 15	26 ♊ 15	3 ♋ 11	15 ♎ 33	26 ♒ 50	1 ♉ 19	10 ♍ 31	24 ♋ 22	25 ♊	7 ♉	24 ♐	9 ♎	8 ♊
22	28 ♋ 8	21 ♏ 0	10 ♒ 54	10 ♒ 18	14 ♋ 8	27 ♊ 26	3 ♋ 51	15 ♎ 39	26 ♒ 46	1 ♉ 20	10 ♍ 33	24 ♋ 24	25 ♊	8 ♉	24 ♐	9 ♎	8 ♊
23	29 ♋ 5	5 ♐ 2	10 ♒ 50	10 ♒ 17	14 D 6	28 ♊ 38	4 ♋ 31	15 ♎ 46	26 ♒ 43	1 ♉ 21	10 ♍ 34	24 ♋ 26	25 ♊	8 ♉	24 ♐	10 ♎	8 ♊
24	0 ♌ 3	19 ♐ 29	10 ♒ 47	10 ♒ 16	14 ♋ 10	29 ♊ 49	5 ♋ 11	15 ♎ 53	26 ♒ 39	1 ♉ 22	10 ♍ 36	24 ♋ 27	26 ♊	8 ♉	24 ♐	10 ♎	8 ♊
25	1 ♌ 0	4 ♑ 19	10 ♒ 44	10 ♒ 15	14 ♋ 20	1 ♋ 1	5 ♋ 51	16 ♎ 0	26 ♒ 35	1 ♉ 22	10 ♍ 38	24 ♋ 29	26 ♊	9 ♉	24 ♐	10 ♎	8 ♊
26	1 ♌ 57	19 ♑ 24	10 ♒ 41	10 ♒ 14	14 ♋ 36	2 ♋ 13	6 ♋ 31	16 ♎ 7	26 ♒ 31	1 ♉ 23	10 ♍ 40	24 ♋ 31	27 ♊	9 ♉	23 ♐	11 ♎	8 ♊
27	2 ♌ 54	4 ♒ 36	10 ♒ 38	10 ♒ 14	14 ♋ 58	3 ♋ 25	7 ♋ 11	16 ♎ 14	26 ♒ 27	1 ♉ 24	10 ♍ 42	24 ♋ 32	27 ♊	9 ♉	23 ♐	11 ♎	8 ♊
28	3 ♌ 52	19 ♒ 46	10 ♒ 35	10 D 14	15 ♋ 25	4 ♋ 36	7 ♋ 51	16 ♎ 22	26 ♒ 23	1 ♉ 24	10 ♍ 43	24 ♋ 34	27 ♊	9 ♉	23 ♐	12 ♎	8 ♊
29	4 ♌ 49	4 ♓ 45	10 ♒ 31	10 ♒ 14	15 ♋ 59	5 ♋ 48	8 ♋ 31	16 ♎ 29	26 ♒ 19	1 ♉ 25	10 ♍ 45	24 ♋ 35	28 ♊	10 ♉	23 ♐	12 ♎	8 ♊
30	5 ♌ 46	19 ♓ 24	10 ♒ 28	10 ♒ 15	16 ♋ 39	7 ♋ 0	9 ♋ 11	16 ♎ 37	26 ♒ 15	1 ♉ 25	10 ♍ 47	24 ♋ 37	28 ♊	10 ♉	23 ♐	12 ♎	8 ♊
31	6 ♌ 44	3 ♈ 40	10 ♒ 25	10 ♒ 15	17 ♋ 25	8 ♋ 12	9 ♋ 51	16 ♎ 44	26 ♒ 11	1 ♉ 26	10 ♍ 49	24 ♋ 39	29 ♊	10 ♉	23 ♐	13 ♎	8 ♊

SUN INGRESS	☉ → ♌ 23日 22:42
MOON PHASE	◑ 4日 05:28 ♈ ● 12日 02:06 ♋ ◐ 20日 03:53 ♎ ○ 26日 21:09 ♒

aspects		
3日	01:16	☉⚹♆
7日	10:19	♀□♆
7日	11:52	☉□♃
11日	04:23	♀△♃
11日	21:12	☉☌☿
12日	07:33	♂△♄
17日	18:33	☿□♃
17日	23:25	☉☌♇
18日	04:20	♂⚹♅
21日	11:13	♀△♄
25日	07:11	♀⚹♅
25日	09:33	☉□♅
29日	22:33	☿□♃

1934年8月

DAY	☉	☽	☊ mean	☊ true	☿	♀	♂	♃	♄	♅	♆	♇	⚳	⚴	⚵	⚶	⚷
	° ′	° ′	° ′	° ′	° ′	° ′	° ′	° ′	° ′	° ′	° ′	° ′	°	°	°	°	°
1	7 ♌ 41	17 ♈ 29	10 ♒ 22	10 D 15	18 D 16	9 D 24	10 D 31	16 D 52	26 R 7	1 D 26	10 D 51	24 D 40	29 D	10 D	23 R	13 D	8 D
2	8 ♌ 39	0 ♉ 52	10 ♒ 19	10 ♒ 15	19 ♋ 14	10 ♋ 36	11 ♋ 11	17 ♎ 0	26 ♒ 3	1 ♉ 26	10 ♍ 53	24 ♋ 42	29 ♊	11 ♉	23 ♐	14 ♎	8 ♊
3	9 ♌ 36	13 ♉ 50	10 ♒ 16	10 R 16	20 ♋ 17	11 ♋ 49	11 ♋ 50	17 ♎ 8	25 ♒ 59	1 ♉ 26	10 ♍ 55	24 ♋ 43	0 ♋	11 ♉	23 ♐	14 ♎	8 ♊
4	10 ♌ 33	26 ♉ 28	10 ♒ 12	10 D 16	21 ♋ 25	13 ♋ 1	12 ♋ 30	17 ♎ 17	25 ♒ 54	1 ♉ 27	10 ♍ 57	24 ♋ 45	0 ♋	11 ♉	22 ♐	15 ♎	8 ♊
5	11 ♌ 31	8 ♊ 48	10 ♒ 9	10 ♒ 16	22 ♋ 40	14 ♋ 13	13 ♋ 9	17 ♎ 25	25 ♒ 50	1 ♉ 27	10 ♍ 59	24 ♋ 46	1 ♋	11 ♉	22 ♐	15 ♎	8 ♊
6	12 ♌ 28	20 ♊ 55	10 ♒ 6	10 ♒ 16	23 ♋ 59	15 ♋ 25	13 ♋ 49	17 ♎ 33	25 ♒ 46	1 ♉ 27	11 ♍ 1	24 ♋ 48	1 ♋	11 ♉	22 ♐	15 ♎	8 ♊
7	13 ♌ 26	2 ♋ 52	10 ♒ 3	10 ♒ 16	25 ♋ 23	16 ♋ 38	14 ♋ 28	17 ♎ 42	25 ♒ 42	1 ♉ 27	11 ♍ 3	24 ♋ 50	1 ♋	12 ♉	22 ♐	16 ♎	9 ♊
8	14 ♌ 23	14 ♋ 42	10 ♒ 0	10 ♒ 16	26 ♋ 53	17 ♋ 50	15 ♋ 8	17 ♎ 51	25 ♒ 37	1 R 27	11 ♍ 5	24 ♋ 51	2 ♋	12 ♉	22 ♐	16 ♎	9 ♊
9	15 ♌ 21	26 ♋ 30	9 ♒ 56	10 ♒ 17	28 ♋ 26	19 ♋ 3	15 ♋ 47	17 ♎ 59	25 ♒ 33	1 ♉ 27	11 ♍ 7	24 ♋ 53	2 ♋	12 ♉	22 ♐	17 ♎	9 ♊
10	16 ♌ 18	8 ♌ 17	9 ♒ 53	10 ♒ 17	0 ♌ 4	20 ♋ 15	16 ♋ 27	18 ♎ 8	25 ♒ 28	1 ♉ 27	11 ♍ 9	24 ♋ 54	3 ♋	12 ♉	22 ♐	17 ♎	9 ♊
11	17 ♌ 16	20 ♌ 6	9 ♒ 50	10 R 17	1 ♌ 46	21 ♋ 28	17 ♋ 6	18 ♎ 17	25 ♒ 24	1 ♉ 27	11 ♍ 11	24 ♋ 56	3 ♋	13 ♉	22 ♐	18 ♎	9 ♊
12	18 ♌ 14	1 ♍ 59	9 ♒ 47	10 ♒ 16	3 ♌ 32	22 ♋ 40	17 ♋ 45	18 ♎ 26	25 ♒ 19	1 ♉ 26	11 ♍ 13	24 ♋ 57	3 ♋	13 ♉	22 ♐	18 ♎	9 ♊
13	19 ♌ 11	13 ♍ 59	9 ♒ 44	10 ♒ 15	5 ♌ 21	23 ♋ 53	18 ♋ 24	18 ♎ 36	25 ♒ 15	1 ♉ 26	11 ♍ 15	24 ♋ 59	4 ♋	13 ♉	22 ♐	19 ♎	9 ♊
14	20 ♌ 9	26 ♍ 8	9 ♒ 41	10 ♒ 14	7 ♌ 13	25 ♋ 6	19 ♋ 4	18 ♎ 45	25 ♒ 10	1 ♉ 26	11 ♍ 17	25 ♋ 0	4 ♋	13 ♉	22 ♐	19 ♎	9 ♊
15	21 ♌ 7	8 ♎ 28	9 ♒ 37	10 ♒ 13	9 ♌ 7	26 ♋ 19	19 ♋ 43	18 ♎ 54	25 ♒ 6	1 ♉ 26	11 ♍ 19	25 ♋ 2	4 ♋	13 ♉	22 ♐	20 ♎	9 ♊
16	22 ♌ 4	21 ♎ 1	9 ♒ 34	10 ♒ 11	11 ♌ 3	27 ♋ 31	20 ♋ 22	19 ♎ 4	25 ♒ 1	1 ♉ 25	11 ♍ 21	25 ♋ 3	5 ♋	14 ♉	22 ♐	20 ♎	9 ♊
17	23 ♌ 2	3 ♏ 50	9 ♒ 31	10 ♒ 10	13 ♌ 1	28 ♋ 44	21 ♋ 1	19 ♎ 14	24 ♒ 57	1 ♉ 25	11 ♍ 24	25 ♋ 5	5 ♋	14 ♉	22 ♐	20 ♎	9 ♊
18	24 ♌ 0	16 ♏ 58	9 ♒ 28	10 ♒ 10	15 ♌ 0	29 ♋ 57	21 ♋ 40	19 ♎ 23	24 ♒ 52	1 ♉ 24	11 ♍ 26	25 ♋ 6	6 ♋	14 ♉	22 D	21 ♎	9 ♊
19	24 ♌ 57	0 ♐ 27	9 ♒ 25	10 D 9	17 ♌ 0	1 ♌ 10	22 ♋ 19	19 ♎ 33	24 ♒ 48	1 ♉ 24	11 ♍ 28	25 ♋ 8	6 ♋	14 ♉	22 ♐	21 ♎	9 ♊
20	25 ♌ 55	14 ♐ 18	9 ♒ 22	10 ♒ 10	19 ♌ 1	2 ♌ 23	22 ♋ 57	19 ♎ 43	24 ♒ 43	1 ♉ 23	11 ♍ 30	25 ♋ 9	6 ♋	14 ♉	22 ♐	22 ♎	9 ♊
21	26 ♌ 53	28 ♐ 31	9 ♒ 18	10 ♒ 11	21 ♌ 2	3 ♌ 36	23 ♋ 36	19 ♎ 53	24 ♒ 39	1 ♉ 23	11 ♍ 32	25 ♋ 10	7 ♋	14 ♉	22 ♐	22 ♎	9 ♊
22	27 ♌ 51	13 ♑ 5	9 ♒ 15	10 ♒ 12	23 ♌ 3	4 ♌ 49	24 ♋ 15	20 ♎ 3	24 ♒ 34	1 ♉ 22	11 ♍ 34	25 ♋ 12	7 ♋	15 ♉	22 ♐	23 ♎	9 ♊
23	28 ♌ 48	27 ♑ 56	9 ♒ 12	10 ♒ 13	25 ♌ 3	6 ♌ 2	24 ♋ 54	20 ♎ 13	24 ♒ 30	1 ♉ 21	11 ♍ 36	25 ♋ 13	8 ♋	15 ♉	22 ♐	23 ♎	9 ♊
24	29 ♌ 46	12 ♒ 57	9 ♒ 9	10 R 13	27 ♌ 4	7 ♌ 16	25 ♋ 32	20 ♎ 23	24 ♒ 25	1 ♉ 20	11 ♍ 39	25 ♋ 15	8 ♋	15 ♉	22 ♐	24 ♎	9 ♊
25	0 ♍ 44	28 ♒ 2	9 ♒ 6	10 ♒ 13	29 ♌ 3	8 ♌ 29	26 ♋ 11	20 ♎ 34	24 ♒ 21	1 ♉ 20	11 ♍ 41	25 ♋ 16	8 ♋	15 ♉	22 ♐	24 ♎	9 ♊
26	1 ♍ 42	13 ♓ 0	9 ♒ 2	10 ♒ 11	1 ♍ 2	9 ♌ 42	26 ♋ 49	20 ♎ 44	24 ♒ 16	1 ♉ 19	11 ♍ 43	25 ♋ 17	9 ♋	15 ♉	22 ♐	25 ♎	9 ♊
27	2 ♍ 40	27 ♓ 44	8 ♒ 59	10 ♒ 8	3 ♍ 0	10 ♌ 55	27 ♋ 28	20 ♎ 55	24 ♒ 12	1 ♉ 18	11 ♍ 45	25 ♋ 19	9 ♋	15 ♉	22 ♐	25 ♎	9 ♊
28	3 ♍ 38	12 ♈ 7	8 ♒ 56	10 ♒ 5	4 ♍ 57	12 ♌ 9	28 ♋ 6	21 ♎ 5	24 ♒ 7	1 ♉ 17	11 ♍ 47	25 ♋ 20	9 ♋	15 ♉	22 ♐	26 ♎	9 ♊
29	4 ♍ 36	26 ♈ 4	8 ♒ 53	10 ♒ 2	6 ♍ 53	13 ♌ 22	28 ♋ 45	21 ♎ 16	24 ♒ 3	1 ♉ 16	11 ♍ 50	25 ♋ 21	10 ♋	16 ♉	22 ♐	26 ♎	9 ♊
30	5 ♍ 34	9 ♉ 33	8 ♒ 50	9 ♒ 59	8 ♍ 48	14 ♌ 36	29 ♋ 23	21 ♎ 27	23 ♒ 59	1 ♉ 15	11 ♍ 52	25 ♋ 23	10 ♋	16 ♉	22 ♐	27 ♎	9 ♊
31	6 ♍ 32	22 ♉ 36	8 ♒ 47	9 ♒ 57	10 ♍ 42	15 ♌ 49	0 ♌ 2	21 ♎ 38	23 ♒ 54	1 ♉ 14	11 ♍ 54	25 ♋ 24	10 ♋	16 ♉	22 ♐	27 ♎	9 ♊

SUN INGRESS	☉ → ♍ 24日 05:32
MOON PHASE	◑ 2日 15:27 ♉ ● 10日 17:46 ♌ ◐ 18日 13:33 ♏ ○ 25日 04:37 ♓

aspects		
1日	12:47	♂⚹♆
2日	05:36	♀⚹♆
3日	01:09	♀☌♂
6日	14:24	☿☌♇
8日	00:08	♀□♃
10日	19:25	☿□♅
12日	06:21	☉⚹♃
13日	09:01	♂□♃
13日	22:06	♀☌♇
18日	20:22	☉☍♄
19日	04:25	♀□♅
20日	09:08	☿⚹♃
22日	17:34	☿☍♄
23日	12:36	♂☌♇
25日	14:32	☉△♅
26日	03:17	☿△♅
26日	15:44	☉☌☿
31日	15:37	☿☌♆

1934年9月

DAY	☉	☽	☊ mean	☊ true	☿	♀	♂	♃	♄	♅	♆	♇	⚳	⚴	⚵	⚶	⚷
	° ′	° ′	° ′	° ′	° ′	° ′	° ′	° ′	° ′	° ′	° ′	° ′	°	°	°	°	°
1	7 ♍ 30	5 ♊ 16	8 ♒ 43	9 R 57	12 D 35	17 D 3	0 D 40	21 D 48	23 R 50	1 R 13	11 D 56	25 D 25	11 D	16 D	22 D	27 D	9 D
2	8 ♍ 28	17 ♊ 35	8 ♒ 40	9 D 57	14 ♍ 26	18 ♌ 16	1 ♌ 18	21 ♎ 59	23 ♒ 46	1 ♉ 11	11 ♍ 59	25 ♋ 26	11 ♋	16 ♉	22 ♐	28 ♎	9 ♊
3	9 ♍ 26	29 ♊ 39	8 ♒ 37	9 ♒ 58	16 ♍ 16	19 ♌ 30	1 ♌ 56	22 ♎ 10	23 ♒ 41	1 ♉ 10	12 ♍ 1	25 ♋ 28	12 ♋	16 ♉	23 ♐	28 ♎	9 ♊
4	10 ♍ 24	11 ♋ 33	8 ♒ 34	10 ♒ 0	18 ♍ 5	20 ♌ 44	2 ♌ 34	22 ♎ 22	23 ♒ 37	1 ♉ 9	12 ♍ 3	25 ♋ 29	12 ♋	16 ♉	23 ♐	29 ♎	9 ♊
5	11 ♍ 22	23 ♋ 21	8 ♒ 31	10 ♒ 1	19 ♍ 53	21 ♌ 58	3 ♌ 12	22 ♎ 33	23 ♒ 33	1 ♉ 8	12 ♍ 5	25 ♋ 30	12 ♋	16 ♉	23 ♐	29 ♎	9 ♊
6	12 ♍ 20	5 ♌ 8	8 ♒ 27	10 ♒ 3	21 ♍ 39	23 ♌ 11	3 ♌ 50	22 ♎ 44	23 ♒ 29	1 ♉ 6	12 ♍ 7	25 ♋ 31	13 ♋	16 ♉	23 ♐	0 ♏	9 ♊
7	13 ♍ 18	16 ♌ 57	8 ♒ 24	10 R 2	23 ♍ 25	24 ♌ 25	4 ♌ 28	22 ♎ 55	23 ♒ 25	1 ♉ 5	12 ♍ 10	25 ♋ 33	13 ♋	16 ♉	23 ♐	0 ♏	9 ♊
8	14 ♍ 17	28 ♌ 52	8 ♒ 21	10 ♒ 1	25 ♍ 9	25 ♌ 39	5 ♌ 6	23 ♎ 7	23 ♒ 21	1 ♉ 3	12 ♍ 12	25 ♋ 34	13 ♋	17 ♉	23 ♐	1 ♏	9 ♊
9	15 ♍ 15	10 ♍ 54	8 ♒ 18	9 ♒ 57	26 ♍ 52	26 ♌ 53	5 ♌ 44	23 ♎ 18	23 ♒ 17	1 ♉ 2	12 ♍ 14	25 ♋ 35	14 ♋	17 ♉	23 ♐	1 ♏	9 ♊
10	16 ♍ 13	23 ♍ 6	8 ♒ 15	9 ♒ 52	28 ♍ 34	28 ♌ 7	6 ♌ 22	23 ♎ 30	23 ♒ 13	1 ♉ 0	12 ♍ 16	25 ♋ 36	14 ♋	17 ♉	23 ♐	2 ♏	9 ♊
11	17 ♍ 12	5 ♎ 30	8 ♒ 12	9 ♒ 46	0 ♎ 14	29 ♌ 21	7 ♌ 0	23 ♎ 41	23 ♒ 9	0 ♉ 59	12 ♍ 19	25 ♋ 37	14 ♋	17 ♉	23 ♐	2 ♏	9 ♊
12	18 ♍ 10	18 ♎ 5	8 ♒ 8	9 ♒ 39	1 ♎ 54	0 ♍ 35	7 ♌ 38	23 ♎ 53	23 ♒ 5	0 ♉ 57	12 ♍ 21	25 ♋ 38	15 ♋	17 ♉	24 ♐	3 ♏	9 ♊
13	19 ♍ 8	0 ♏ 54	8 ♒ 5	9 ♒ 33	3 ♎ 32	1 ♍ 49	8 ♌ 15	24 ♎ 5	23 ♒ 1	0 ♉ 56	12 ♍ 23	25 ♋ 39	15 ♋	17 ♉	24 ♐	3 ♏	9 ♊
14	20 ♍ 7	13 ♏ 55	8 ♒ 2	9 ♒ 27	5 ♎ 9	3 ♍ 3	8 ♌ 53	24 ♎ 17	22 ♒ 57	0 ♉ 54	12 ♍ 25	25 ♋ 40	15 ♋	17 ♉	24 ♐	4 ♏	9 ♊
15	21 ♍ 5	27 ♏ 10	7 ♒ 59	9 ♒ 23	6 ♎ 46	4 ♍ 17	9 ♌ 30	24 ♎ 28	22 ♒ 53	0 ♉ 52	12 ♍ 27	25 ♋ 41	16 ♋	17 ♉	24 ♐	4 ♏	9 ♊
16	22 ♍ 4	10 ♐ 40	7 ♒ 56	9 ♒ 21	8 ♎ 21	5 ♍ 31	10 ♌ 8	24 ♎ 40	22 ♒ 50	0 ♉ 51	12 ♍ 30	25 ♋ 42	16 ♋	17 ♉	24 ♐	5 ♏	9 ♊
17	23 ♍ 2	24 ♐ 25	7 ♒ 53	9 D 20	9 ♎ 55	6 ♍ 46	10 ♌ 45	24 ♎ 52	22 ♒ 46	0 ♉ 49	12 ♍ 32	25 ♋ 43	16 ♋	17 ♉	24 ♐	5 ♏	9 ♊
18	24 ♍ 1	8 ♑ 26	7 ♒ 49	9 ♒ 21	11 ♎ 28	8 ♍ 0	11 ♌ 23	25 ♎ 4	22 ♒ 43	0 ♉ 47	12 ♍ 34	25 ♋ 44	17 ♋	17 R	24 ♐	6 ♏	9 R
19	24 ♍ 59	22 ♑ 42	7 ♒ 46	9 ♒ 22	13 ♎ 0	9 ♍ 14	12 ♌ 0	25 ♎ 16	22 ♒ 39	0 ♉ 45	12 ♍ 36	25 ♋ 45	17 ♋	17 ♉	25 ♐	6 ♏	9 ♊
20	25 ♍ 58	7 ♒ 12	7 ♒ 43	9 ♒ 23	14 ♎ 31	10 ♍ 28	12 ♌ 37	25 ♎ 28	22 ♒ 36	0 ♉ 43	12 ♍ 38	25 ♋ 46	17 ♋	17 ♉	25 ♐	7 ♏	9 ♊
21	26 ♍ 57	21 ♒ 52	7 ♒ 40	9 R 22	16 ♎ 1	11 ♍ 43	13 ♌ 15	25 ♎ 41	22 ♒ 32	0 ♉ 42	12 ♍ 41	25 ♋ 47	18 ♋	17 ♉	25 ♐	7 ♏	9 ♊
22	27 ♍ 55	6 ♓ 37	7 ♒ 37	9 ♒ 19	17 ♎ 30	12 ♍ 57	13 ♌ 52	25 ♎ 53	22 ♒ 29	0 ♉ 40	12 ♍ 43	25 ♋ 48	18 ♋	17 ♉	25 ♐	8 ♏	9 ♊
23	28 ♍ 54	21 ♓ 20	7 ♒ 33	9 ♒ 15	18 ♎ 57	14 ♍ 11	14 ♌ 29	26 ♎ 5	22 ♒ 26	0 ♉ 38	12 ♍ 45	25 ♋ 49	18 ♋	17 ♉	25 ♐	8 ♏	9 ♊
24	29 ♍ 53	5 ♈ 54	7 ♒ 30	9 ♒ 8	20 ♎ 24	15 ♍ 26	15 ♌ 6	26 ♎ 17	22 ♒ 23	0 ♉ 36	12 ♍ 47	25 ♋ 50	19 ♋	17 ♉	26 ♐	9 ♏	9 ♊
25	0 ♎ 52	20 ♈ 12	7 ♒ 27	9 ♒ 0	21 ♎ 50	16 ♍ 40	15 ♌ 43	26 ♎ 30	22 ♒ 20	0 ♉ 34	12 ♍ 49	25 ♋ 50	19 ♋	17 ♉	26 ♐	9 ♏	9 ♊
26	1 ♎ 50	4 ♉ 9	7 ♒ 24	8 ♒ 51	23 ♎ 14	17 ♍ 55	16 ♌ 20	26 ♎ 42	22 ♒ 17	0 ♉ 32	12 ♍ 51	25 ♋ 51	19 ♋	17 ♉	26 ♐	10 ♏	9 ♊
27	2 ♎ 49	17 ♉ 40	7 ♒ 21	8 ♒ 43	24 ♎ 38	19 ♍ 9	16 ♌ 57	26 ♎ 54	22 ♒ 14	0 ♉ 29	12 ♍ 53	25 ♋ 52	20 ♋	16 ♉	26 ♐	10 ♏	9 ♊
28	3 ♎ 48	0 ♊ 46	7 ♒ 18	8 ♒ 36	26 ♎ 0	20 ♍ 24	17 ♌ 34	27 ♎ 7	22 ♒ 11	0 ♉ 27	12 ♍ 56	25 ♋ 53	20 ♋	16 ♉	26 ♐	11 ♏	9 ♊
29	4 ♎ 47	13 ♊ 28	7 ♒ 14	8 ♒ 32	27 ♎ 22	21 ♍ 39	18 ♌ 11	27 ♎ 19	22 ♒ 8	0 ♉ 25	12 ♍ 58	25 ♋ 53	20 ♋	16 ♉	27 ♐	11 ♏	9 ♊
30	5 ♎ 46	25 ♊ 49	7 ♒ 11	8 ♒ 29	28 ♎ 42	22 ♍ 53	18 ♌ 47	27 ♎ 32	22 ♒ 6	0 ♉ 23	13 ♍ 0	25 ♋ 54	20 ♋	16 ♉	27 ♐	12 ♏	9 ♊
SUN INGRESS	☉ → ♎24日 02:45																
MOON PHASE	◑ 1日 04:40 ♊	● 9日 09:20 ♍	◐ 16日 21:26 ♐	○ 23日 13:19 ♓	◑ 30日 21:29 ♋												

aspects		
1日	19:57	♂□♅
5日	13:33	♀⚹♃
5日	18:30	☉☌♆
6日	05:23	♀☍♄
8日	05:51	☿⚹♇
8日	21:20	♃△♄
12日	07:08	♀△♅
17日	21:46	☿⚹♂
19日	19:01	☉⚹♇
21日	13:46	♃□♇
21日	19:15	♀☌♆
25日	08:11	☿△♄
27日	21:45	☿□♇
28日	23:13	☿☌♃

1934年10月

DAY	☉	☽	☊ mean	☊ true	☿	♀	♂	♃	♄	♅	♆	♇	⚳	⚴	⚵	⚶	⚷
	° ′	° ′	° ′	° ′	° ′	° ′	° ′	° ′	° ′	° ′	° ′	° ′	°	°	°	°	°
1	6 ♎ 45	7 ♋ 54	7 ♒ 8	8 D 29	0 D 0	24 D 8	19 D 24	27 D 44	22 R 3	0 R 21	13 D 2	25 D 55	21 D	16 R	27 D	12 D	9 R
2	7 ♎ 44	19 ♋ 48	7 ♒ 5	8 ♒ 29	1 ♏ 18	25 ♍ 22	20 ♌ 1	27 ♎ 57	22 ♒ 1	0 ♉ 19	13 ♍ 4	25 ♋ 56	21 ♋	16 ♉	27 ♐	13 ♏	9 ♊
3	8 ♎ 43	1 ♌ 36	7 ♒ 2	8 ♒ 30	2 ♏ 34	26 ♍ 37	20 ♌ 37	28 ♎ 10	21 ♒ 58	0 ♉ 17	13 ♍ 6	25 ♋ 56	21 ♋	16 ♉	27 ♐	13 ♏	9 ♊
4	9 ♎ 42	13 ♌ 23	6 ♒ 59	8 R 30	3 ♏ 48	27 ♍ 52	21 ♌ 14	28 ♎ 22	21 ♒ 56	0 ♉ 14	13 ♍ 8	25 ♋ 57	22 ♋	16 ♉	28 ♐	14 ♏	9 ♊
5	10 ♎ 41	25 ♌ 15	6 ♒ 55	8 ♒ 29	5 ♏ 1	29 ♍ 7	21 ♌ 50	28 ♎ 35	21 ♒ 54	0 ♉ 12	13 ♍ 10	25 ♋ 57	22 ♋	16 ♉	28 ♐	14 ♏	9 ♊
6	11 ♎ 40	7 ♍ 16	6 ♒ 52	8 ♒ 25	6 ♏ 13	0 ♎ 22	22 ♌ 27	28 ♎ 48	21 ♒ 52	0 ♉ 10	13 ♍ 12	25 ♋ 58	22 ♋	15 ♉	28 ♐	15 ♏	9 ♊
7	12 ♎ 39	19 ♍ 28	6 ♒ 49	8 ♒ 18	7 ♏ 22	1 ♎ 36	23 ♌ 3	29 ♎ 1	21 ♒ 50	0 ♉ 7	13 ♍ 14	25 ♋ 59	23 ♋	15 ♉	28 ♐	15 ♏	9 ♊
8	13 ♎ 39	1 ♎ 54	6 ♒ 46	8 ♒ 9	8 ♏ 30	2 ♎ 51	23 ♌ 39	29 ♎ 13	21 ♒ 48	0 ♉ 5	13 ♍ 16	25 ♋ 59	23 ♋	15 ♉	29 ♐	16 ♏	9 ♊
9	14 ♎ 38	14 ♎ 36	6 ♒ 43	7 ♒ 58	9 ♏ 36	4 ♎ 6	24 ♌ 16	29 ♎ 26	21 ♒ 46	0 ♉ 3	13 ♍ 18	26 ♋ 0	23 ♋	15 ♉	29 ♐	17 ♏	9 ♊
10	15 ♎ 37	27 ♎ 32	6 ♒ 39	7 ♒ 47	10 ♏ 39	5 ♎ 21	24 ♌ 52	29 ♎ 39	21 ♒ 44	0 ♉ 0	13 ♍ 20	26 ♋ 0	23 ♋	15 ♉	29 ♐	17 ♏	9 ♊
11	16 ♎ 37	10 ♏ 42	6 ♒ 36	7 ♒ 35	11 ♏ 40	6 ♎ 36	25 ♌ 28	29 ♎ 52	21 ♒ 43	29 ♈ 58	13 ♍ 22	26 ♋ 0	24 ♋	15 ♉	29 ♐	18 ♏	9 ♊
12	17 ♎ 36	24 ♏ 4	6 ♒ 33	7 ♒ 24	12 ♏ 38	7 ♎ 51	26 ♌ 4	0 ♏ 5	21 ♒ 41	29 ♈ 56	13 ♍ 24	26 ♋ 1	24 ♋	14 ♉	0 ♑	18 ♏	9 ♊
13	18 ♎ 35	7 ♐ 37	6 ♒ 30	7 ♒ 16	13 ♏ 34	9 ♎ 6	26 ♌ 40	0 ♏ 18	21 ♒ 39	29 ♈ 53	13 ♍ 26	26 ♋ 1	24 ♋	14 ♉	0 ♑	19 ♏	9 ♊
14	19 ♎ 35	21 ♐ 19	6 ♒ 27	7 ♒ 10	14 ♏ 26	10 ♎ 21	27 ♌ 16	0 ♏ 31	21 ♒ 38	29 ♈ 51	13 ♍ 28	26 ♋ 2	24 ♋	14 ♉	0 ♑	19 ♏	9 ♊
15	20 ♎ 34	5 ♑ 10	6 ♒ 24	7 ♒ 8	15 ♏ 15	11 ♎ 36	27 ♌ 52	0 ♏ 44	21 ♒ 37	29 ♈ 49	13 ♍ 30	26 ♋ 2	25 ♋	14 ♉	0 ♑	20 ♏	9 ♊
16	21 ♎ 34	19 ♑ 7	6 ♒ 20	7 ♒ 7	16 ♏ 0	12 ♎ 51	28 ♌ 27	0 ♏ 57	21 ♒ 36	29 ♈ 46	13 ♍ 31	26 ♋ 2	25 ♋	13 ♉	1 ♑	20 ♏	9 ♊
17	22 ♎ 33	3 ♒ 13	6 ♒ 17	7 D 7	16 ♏ 41	14 ♎ 6	29 ♌ 3	1 ♏ 10	21 ♒ 35	29 ♈ 44	13 ♍ 33	26 ♋ 3	25 ♋	13 ♉	1 ♑	21 ♏	9 ♊
18	23 ♎ 33	17 ♒ 24	6 ♒ 14	7 R 7	17 ♏ 17	15 ♎ 21	29 ♌ 39	1 ♏ 23	21 ♒ 34	29 ♈ 41	13 ♍ 35	26 ♋ 3	25 ♋	13 ♉	1 ♑	21 ♏	9 ♊
19	24 ♎ 32	1 ♓ 41	6 ♒ 11	7 ♒ 5	17 ♏ 48	16 ♎ 36	0 ♍ 14	1 ♏ 36	21 ♒ 33	29 ♈ 39	13 ♍ 37	26 ♋ 3	26 ♋	13 ♉	1 ♑	22 ♏	9 ♊
20	25 ♎ 32	16 ♓ 0	6 ♒ 8	7 ♒ 0	18 ♏ 14	17 ♎ 51	0 ♍ 50	1 ♏ 49	21 ♒ 32	29 ♈ 36	13 ♍ 39	26 ♋ 3	26 ♋	12 ♉	2 ♑	22 ♏	9 ♊
21	26 ♎ 32	0 ♈ 18	6 ♒ 4	6 ♒ 53	18 ♏ 34	19 ♎ 6	1 ♍ 25	2 ♏ 2	21 ♒ 31	29 ♈ 34	13 ♍ 40	26 ♋ 4	26 ♋	12 ♉	2 ♑	23 ♏	9 ♊
22	27 ♎ 31	14 ♈ 30	6 ♒ 1	6 ♒ 43	18 ♏ 46	20 ♎ 21	2 ♍ 1	2 ♏ 15	21 ♒ 31	29 ♈ 31	13 ♍ 42	26 ♋ 4	26 ♋	12 ♉	2 ♑	23 ♏	9 ♊
23	28 ♎ 31	28 ♈ 30	5 ♒ 58	6 ♒ 31	18 ♏ 52	21 ♎ 36	2 ♍ 36	2 ♏ 28	21 ♒ 30	29 ♈ 29	13 ♍ 44	26 ♋ 4	27 ♋	12 ♉	3 ♑	24 ♏	9 ♊
24	29 ♎ 31	12 ♉ 14	5 ♒ 55	6 ♒ 18	18 R 50	22 ♎ 51	3 ♍ 11	2 ♏ 41	21 ♒ 30	29 ♈ 27	13 ♍ 45	26 ♋ 4	27 ♋	11 ♉	3 ♑	24 ♏	9 ♊
25	0 ♏ 30	25 ♉ 38	5 ♒ 52	6 ♒ 6	18 ♏ 40	24 ♎ 7	3 ♍ 46	2 ♏ 54	21 ♒ 30	29 ♈ 24	13 ♍ 47	26 ♋ 4	27 ♋	11 ♉	3 ♑	25 ♏	9 ♊
26	1 ♏ 30	8 ♊ 40	5 ♒ 49	5 ♒ 56	18 ♏ 20	25 ♎ 22	4 ♍ 21	3 ♏ 7	21 ♒ 29	29 ♈ 22	13 ♍ 49	26 ♋ 4	27 ♋	11 ♉	3 ♑	25 ♏	9 ♊
27	2 ♏ 30	21 ♊ 20	5 ♒ 45	5 ♒ 48	17 ♏ 52	26 ♎ 37	4 ♍ 56	3 ♏ 20	21 ♒ 29	29 ♈ 19	13 ♍ 50	26 ♋ 4	27 ♋	10 ♉	4 ♑	26 ♏	9 ♊
28	3 ♏ 30	3 ♋ 41	5 ♒ 42	5 ♒ 43	17 ♏ 15	27 ♎ 52	5 ♍ 31	3 ♏ 34	21 D 29	29 ♈ 17	13 ♍ 52	26 ♋ 4	28 ♋	10 ♉	4 ♑	26 ♏	9 ♊
29	4 ♏ 30	15 ♋ 46	5 ♒ 39	5 ♒ 40	16 ♏ 28	29 ♎ 7	6 ♍ 6	3 ♏ 47	21 ♒ 30	29 ♈ 14	13 ♍ 54	26 R 4	28 ♋	10 ♉	4 ♑	27 ♏	8 ♊
30	5 ♏ 30	27 ♋ 40	5 ♒ 36	5 ♒ 39	15 ♏ 33	0 ♏ 23	6 ♍ 41	4 ♏ 0	21 ♒ 30	29 ♈ 12	13 ♍ 55	26 ♋ 4	28 ♋	10 ♉	5 ♑	28 ♏	8 ♊
31	6 ♏ 30	9 ♌ 29	5 ♒ 33	5 ♒ 39	14 ♏ 30	1 ♏ 38	7 ♍ 16	4 ♏ 13	21 ♒ 30	29 ♈ 9	13 ♍ 57	26 ♋ 4	28 ♋	9 ♉	5 ♑	28 ♏	8 ♊
SUN INGRESS	☉ → ♏24日 11:36																
MOON PHASE	● 9日 00:05 ♎	◐ 16日 04:29 ♑	○ 23日 00:01 ♈	◑ 30日 17:22 ♌													

aspects		
1日	06:12	☿☍♅
2日	10:43	♀⚹♇
5日	02:14	♂☍♄
11日	09:32	♃☍♅
12日	20:18	☿⚹♆
16日	00:48	☉△♄
18日	01:33	♂△♅
20日	12:43	☉□♇
22日	15:27	♂⚹♃
22日	22:04	♀△♄
23日	22:25	☉☍♅
26日	13:33	♀□♇
28日	01:52	☉☌♃
29日	02:07	♀☍♅
31日	11:39	☿⚹♆

1900 ~1910
1911 ~1920
1921 ~1930
1931 ~1940
1941 ~1950
1951 ~1960
1961 ~1970
1971 ~1980
1981 ~1990
1991 ~2000
2001 ~2010
2011 ~2020
2021 ~2030
2031 ~2040
2041 ~2050

1934年11月

DAY	☉	☽	☊ mean	☊ true	☿	♀	♂	♃	♄	♅	♆	♇	⚳	⚴	⚵	⚶	⚷
	° ′	° ′	° ′	° ′	° ′	° ′	° ′	° ′	° ′	° ′	° ′	° ′	°	°	°	°	°
1	7 ♏ 30	21 ♌ 17	5 ♒ 30	5 R 39	13 R 21	2 D 53	7 D 50	4 D 26	21 D 31	29 R 7	13 D 58	26 R 4	28 D	9 R	5 D	29 D	8 R
2	8 ♏ 30	3 ♍ 11	5 ♒ 26	5 ♒ 37	12 ♏ 6	4 ♏ 8	8 ♍ 25	4 ♏ 39	21 ♒ 31	29 ♈ 5	14 ♍ 0	26 ♋ 4	29 ♋	9 ♉	6 ♑	29 ♏	8 ♊
3	9 ♏ 30	15 ♍ 15	5 ♒ 23	5 ♒ 33	10 ♏ 49	5 ♏ 24	9 ♍ 0	4 ♏ 52	21 ♒ 32	29 ♈ 2	14 ♍ 1	26 ♋ 4	29 ♋	8 ♉	6 ♑	0 ♐	8 ♊
4	10 ♏ 30	27 ♍ 33	5 ♒ 20	5 ♒ 26	9 ♏ 30	6 ♏ 39	9 ♍ 34	5 ♏ 5	21 ♒ 33	29 ♈ 0	14 ♍ 2	26 ♋ 4	29 ♋	8 ♉	6 ♑	0 ♐	8 ♊
5	11 ♏ 30	10 ♎ 10	5 ♒ 17	5 ♒ 16	8 ♏ 14	7 ♏ 54	10 ♍ 8	5 ♏ 18	21 ♒ 33	28 ♈ 57	14 ♍ 4	26 ♋ 4	29 ♋	8 ♉	6 ♑	1 ♐	8 ♊
6	12 ♏ 30	23 ♎ 6	5 ♒ 14	5 ♒ 5	7 ♏ 2	9 ♏ 10	10 ♍ 43	5 ♏ 31	21 ♒ 34	28 ♈ 55	14 ♍ 5	26 ♋ 3	29 ♋	7 ♉	7 ♑	1 ♐	8 ♊
7	13 ♏ 31	6 ♏ 22	5 ♒ 10	4 ♒ 52	5 ♏ 56	10 ♏ 25	11 ♍ 17	5 ♏ 44	21 ♒ 36	28 ♈ 53	14 ♍ 7	26 ♋ 3	29 ♋	7 ♉	7 ♑	2 ♐	8 ♊
8	14 ♏ 31	19 ♏ 55	5 ♒ 7	4 ♒ 39	4 ♏ 59	11 ♏ 40	11 ♍ 51	5 ♏ 57	21 ♒ 37	28 ♈ 50	14 ♍ 8	26 ♋ 3	0 ♌	7 ♉	7 ♑	2 ♐	8 ♊
9	15 ♏ 31	3 ♐ 43	5 ♒ 4	4 ♒ 27	4 ♏ 12	12 ♏ 56	12 ♍ 25	6 ♏ 11	21 ♒ 38	28 ♈ 48	14 ♍ 9	26 ♋ 3	0 ♌	6 ♉	8 ♑	3 ♐	8 ♊
10	16 ♏ 31	17 ♐ 42	5 ♒ 1	4 ♒ 18	3 ♏ 36	14 ♏ 11	12 ♍ 59	6 ♏ 24	21 ♒ 39	28 ♈ 46	14 ♍ 10	26 ♋ 2	0 ♌	6 ♉	8 ♑	3 ♐	8 ♊
11	17 ♏ 32	1 ♑ 47	4 ♒ 58	4 ♒ 11	3 ♏ 11	15 ♏ 26	13 ♍ 32	6 ♏ 37	21 ♒ 41	28 ♈ 43	14 ♍ 12	26 ♋ 2	0 ♌	6 ♉	8 ♑	4 ♐	8 ♊
12	18 ♏ 32	15 ♑ 56	4 ♒ 55	4 ♒ 8	2 ♏ 59	16 ♏ 42	14 ♍ 6	6 ♏ 50	21 ♒ 42	28 ♈ 41	14 ♍ 13	26 ♋ 2	0 ♌	5 ♉	9 ♑	4 ♐	8 ♊
13	19 ♏ 32	0 ♒ 4	4 ♒ 51	4 ♒ 7	2 D 57	17 ♏ 57	14 ♍ 40	7 ♏ 3	21 ♒ 44	28 ♈ 39	14 ♍ 14	26 ♋ 1	0 ♌	5 ♉	9 ♑	5 ♐	8 ♊
14	20 ♏ 33	14 ♒ 12	4 ♒ 48	4 D 7	3 ♏ 7	19 ♏ 12	15 ♍ 13	7 ♏ 16	21 ♒ 46	28 ♈ 37	14 ♍ 15	26 ♋ 1	0 ♌	5 ♉	9 ♑	6 ♐	8 ♊
15	21 ♏ 33	28 ♒ 16	4 ♒ 45	4 R 7	3 ♏ 26	20 ♏ 28	15 ♍ 47	7 ♏ 28	21 ♒ 48	28 ♈ 34	14 ♍ 16	26 ♋ 0	0 ♌	4 ♉	10 ♑	6 ♐	8 ♊
16	22 ♏ 34	12 ♓ 18	4 ♒ 42	4 ♒ 6	3 ♏ 56	21 ♏ 43	16 ♍ 20	7 ♏ 41	21 ♒ 50	28 ♈ 32	14 ♍ 17	26 ♋ 0	1 ♌	4 ♉	10 ♑	7 ♐	8 ♊
17	23 ♏ 34	26 ♓ 16	4 ♒ 39	4 ♒ 2	4 ♏ 33	22 ♏ 59	16 ♍ 53	7 ♏ 54	21 ♒ 52	28 ♈ 30	14 ♍ 18	25 ♋ 59	1 ♌	4 ♉	10 ♑	7 ♐	8 ♊
18	24 ♏ 35	10 ♈ 8	4 ♒ 36	3 ♒ 55	5 ♏ 19	24 ♏ 14	17 ♍ 26	8 ♏ 7	21 ♒ 54	28 ♈ 28	14 ♍ 19	25 ♋ 59	1 ♌	3 ♉	11 ♑	8 ♐	7 ♊
19	25 ♏ 35	23 ♈ 53	4 ♒ 32	3 ♒ 46	6 ♏ 11	25 ♏ 29	17 ♍ 59	8 ♏ 20	21 ♒ 56	28 ♈ 26	14 ♍ 20	25 ♋ 58	1 ♌	3 ♉	11 ♑	8 ♐	7 ♊
20	26 ♏ 36	7 ♉ 27	4 ♒ 29	3 ♒ 35	7 ♏ 9	26 ♏ 45	18 ♍ 32	8 ♏ 33	21 ♒ 59	28 ♈ 24	14 ♍ 21	25 ♋ 58	1 ♌	3 ♉	11 ♑	9 ♐	7 ♊
21	27 ♏ 36	20 ♉ 48	4 ♒ 26	3 ♒ 23	8 ♏ 12	28 ♏ 0	19 ♍ 5	8 ♏ 46	22 ♒ 1	28 ♈ 22	14 ♍ 22	25 ♋ 57	1 ♌	2 ♉	12 ♑	9 ♐	7 ♊
22	28 ♏ 37	3 ♊ 54	4 ♒ 23	3 ♒ 12	9 ♏ 20	29 ♏ 16	19 ♍ 38	8 ♏ 58	22 ♒ 4	28 ♈ 20	14 ♍ 23	25 ♋ 57	1 ♌	2 ♉	12 ♑	10 ♐	7 ♊
23	29 ♏ 37	16 ♊ 43	4 ♒ 20	3 ♒ 2	10 ♏ 32	0 ♐ 31	20 ♍ 10	9 ♏ 11	22 ♒ 6	28 ♈ 18	14 ♍ 24	25 ♋ 56	1 ♌	2 ♉	13 ♑	10 ♐	7 ♊
24	0 ♐ 38	29 ♊ 16	4 ♒ 16	2 ♒ 54	11 ♏ 47	1 ♐ 46	20 ♍ 43	9 ♏ 24	22 ♒ 9	28 ♈ 16	14 ♍ 25	25 ♋ 55	1 ♌	2 ♉	13 ♑	11 ♐	7 ♊
25	1 ♐ 39	11 ♋ 32	4 ♒ 13	2 ♒ 49	13 ♏ 4	3 ♐ 2	21 ♍ 15	9 ♏ 36	22 ♒ 12	28 ♈ 14	14 ♍ 26	25 ♋ 55	1 ♌	1 ♉	13 ♑	11 ♐	7 ♊
26	2 ♐ 39	23 ♋ 35	4 ♒ 10	2 ♒ 47	14 ♏ 25	4 ♐ 17	21 ♍ 47	9 ♏ 49	22 ♒ 15	28 ♈ 12	14 ♍ 26	25 ♋ 54	1 ♌	1 ♉	14 ♑	12 ♐	7 ♊
27	3 ♐ 40	5 ♌ 28	4 ♒ 7	2 D 46	15 ♏ 47	5 ♐ 33	22 ♍ 20	10 ♏ 2	22 ♒ 18	28 ♈ 10	14 ♍ 27	25 ♋ 53	1 ♌	1 ♉	14 ♑	13 ♐	7 ♊
28	4 ♐ 41	17 ♌ 17	4 ♒ 4	2 ♒ 47	17 ♏ 11	6 ♐ 48	22 ♍ 52	10 ♏ 14	22 ♒ 21	28 ♈ 8	14 ♍ 28	25 ♋ 53	1 ♌	1 ♉	14 ♑	13 ♐	7 ♊
29	5 ♐ 42	29 ♌ 4	4 ♒ 1	2 ♒ 48	18 ♏ 36	8 ♐ 3	23 ♍ 24	10 ♏ 27	22 ♒ 24	28 ♈ 6	14 ♍ 28	25 ♋ 52	1 ♌	0 ♉	15 ♑	13 ♐	7 ♊
30	6 ♐ 42	10 ♍ 57	3 ♒ 57	2 R 48	20 ♏ 3	9 ♐ 19	23 ♍ 55	10 ♏ 39	22 ♒ 28	28 ♈ 4	14 ♍ 29	25 ♋ 51	1 ♌	0 ♉	15 ♑	14 ♐	7 ♊

SUN INGRESS	☉ → ♐ 23日 08:44
MOON PHASE	● 7日 13:44 ♏ ◐ 14日 11:39 ♒ ○ 21日 13:26 ♉ ◑ 29日 14:39 ♍

aspects	
1日 19:35	☉⚹♂
2日 11:49	♀☌♃
3日 13:40	☉☌☿
3日 23:15	☿⚹♂
5日 03:10	☿☌♀
7日 03:52	☿☌♃
7日 14:41	☉⚹♆
8日 06:04	♀⚹♂
9日 23:48	♀⚹♆
12日 04:57	♂☌♆
15日 05:58	☉□♄
16日 02:09	♀□♄
19日 09:08	☉△♇
19日 09:10	♀△♇
19日 09:19	☉☌♀
21日 14:45	☿☌♃
26日 00:32	☿⚹♆

1934年12月

DAY	☉	☽	☊ mean	☊ true	☿	♀	♂	♃	♄	♅	♆	♇	⚳	⚴	⚵	⚶	⚷
	° ′	° ′	° ′	° ′	° ′	° ′	° ′	° ′	° ′	° ′	° ′	° ′	°	°	°	°	°
1	7 ♐ 43	23 ♍ 1	3 ♒ 54	2 R 47	21 D 31	10 D 34	24 D 27	10 D 51	22 D 31	28 R 3	14 D 30	25 R 50	1 D	0 R	15 D	15 D	7 R
2	8 ♐ 44	5 ♎ 21	3 ♒ 51	2 ♒ 43	22 ♏ 59	11 ♐ 50	24 ♍ 59	11 ♏ 4	22 ♒ 35	28 ♈ 1	14 ♍ 30	25 ♋ 50	1 R	0 ♉	16 ♑	15 ♐	7 ♊
3	9 ♐ 45	18 ♎ 0	3 ♒ 48	2 ♒ 37	24 ♏ 29	13 ♐ 5	25 ♍ 30	11 ♏ 16	22 ♒ 38	27 ♈ 59	14 ♍ 31	25 ♋ 49	1 ♌	0 ♉	16 ♑	16 ♐	7 ♊
4	10 ♐ 46	1 ♏ 2	3 ♒ 45	2 ♒ 30	25 ♏ 59	14 ♐ 21	26 ♍ 1	11 ♏ 28	22 ♒ 42	27 ♈ 58	14 ♍ 31	25 ♋ 48	1 ♌	29 ♈	17 ♑	16 ♐	7 ♊
5	11 ♐ 47	14 ♏ 29	3 ♒ 42	2 ♒ 21	27 ♏ 29	15 ♐ 36	26 ♍ 32	11 ♏ 41	22 ♒ 46	27 ♈ 56	14 ♍ 32	25 ♋ 47	1 ♌	29 ♈	17 ♑	17 ♐	7 ♊
6	12 ♐ 48	28 ♏ 19	3 ♒ 38	2 ♒ 12	29 ♏ 0	16 ♐ 52	27 ♍ 3	11 ♏ 53	22 ♒ 50	27 ♈ 55	14 ♍ 32	25 ♋ 46	1 ♌	29 ♈	17 ♑	17 ♐	6 ♊
7	13 ♐ 49	12 ♐ 28	3 ♒ 35	2 ♒ 4	0 ♐ 31	18 ♐ 7	27 ♍ 34	12 ♏ 5	22 ♒ 54	27 ♈ 53	14 ♍ 33	25 ♋ 45	1 ♌	29 ♈	18 ♑	18 ♐	6 ♊
8	14 ♐ 49	26 ♐ 53	3 ♒ 32	1 ♒ 58	2 ♐ 3	19 ♐ 22	28 ♍ 5	12 ♏ 17	22 ♒ 58	27 ♈ 52	14 ♍ 33	25 ♋ 44	1 ♌	29 ♈	18 ♑	18 ♐	6 ♊
9	15 ♐ 50	11 ♑ 26	3 ♒ 29	1 ♒ 54	3 ♐ 34	20 ♐ 38	28 ♍ 36	12 ♏ 29	23 ♒ 2	27 ♈ 50	14 ♍ 33	25 ♋ 43	1 ♌	29 ♈	18 ♑	19 ♐	6 ♊
10	16 ♐ 51	26 ♑ 1	3 ♒ 26	1 ♒ 52	5 ♐ 6	21 ♐ 53	29 ♍ 6	12 ♏ 41	23 ♒ 6	27 ♈ 49	14 ♍ 34	25 ♋ 42	1 ♌	29 ♈	19 ♑	20 ♐	6 ♊
11	17 ♐ 52	10 ♒ 32	3 ♒ 22	1 D 52	6 ♐ 39	23 ♐ 9	29 ♍ 36	12 ♏ 53	23 ♒ 10	27 ♈ 47	14 ♍ 34	25 ♋ 41	1 ♌	28 ♈	19 ♑	20 ♐	6 ♊
12	18 ♐ 53	24 ♒ 56	3 ♒ 19	1 ♒ 53	8 ♐ 11	24 ♐ 24	0 ♎ 6	13 ♏ 5	23 ♒ 15	27 ♈ 46	14 ♍ 34	25 ♋ 40	1 ♌	28 ♈	20 ♑	21 ♐	6 ♊
13	19 ♐ 54	9 ♓ 9	3 ♒ 16	1 ♒ 54	9 ♐ 44	25 ♐ 40	0 ♎ 36	13 ♏ 17	23 ♒ 19	27 ♈ 45	14 ♍ 34	25 ♋ 39	1 ♌	28 ♈	20 ♑	21 ♐	6 ♊
14	20 ♐ 55	23 ♓ 9	3 ♒ 13	1 R 55	11 ♐ 16	26 ♐ 55	1 ♎ 6	13 ♏ 28	23 ♒ 23	27 ♈ 44	14 ♍ 34	25 ♋ 38	1 ♌	28 ♈	20 ♑	22 ♐	6 ♊
15	21 ♐ 57	6 ♈ 57	3 ♒ 10	1 ♒ 54	12 ♐ 49	28 ♐ 11	1 ♎ 36	13 ♏ 40	23 ♒ 28	27 ♈ 43	14 ♍ 34	25 ♋ 37	1 ♌	28 ♈	21 ♑	22 ♐	6 ♊
16	22 ♐ 58	20 ♈ 32	3 ♒ 7	1 ♒ 51	14 ♐ 22	29 ♐ 26	2 ♎ 5	13 ♏ 51	23 ♒ 33	27 ♈ 41	14 ♍ 35	25 ♋ 36	1 ♌	28 ♈	21 ♑	23 ♐	6 ♊
17	23 ♐ 59	3 ♉ 54	3 ♒ 3	1 ♒ 46	15 ♐ 55	0 ♑ 41	2 ♎ 35	14 ♏ 3	23 ♒ 37	27 ♈ 40	14 ♍ 35	25 ♋ 35	1 ♌	28 ♈	22 ♑	23 ♐	6 ♊
18	25 ♐ 0	17 ♉ 4	3 ♒ 0	1 ♒ 40	17 ♐ 28	1 ♑ 57	3 ♎ 4	14 ♏ 14	23 ♒ 42	27 ♈ 39	14 R 35	25 ♋ 34	0 ♌	28 ♈	22 ♑	24 ♐	6 ♊
19	26 ♐ 1	0 ♊ 1	2 ♒ 57	1 ♒ 34	19 ♐ 1	3 ♑ 12	3 ♎ 33	14 ♏ 26	23 ♒ 47	27 ♈ 38	14 ♍ 35	25 ♋ 33	0 ♌	28 ♈	22 ♑	24 ♐	6 ♊
20	27 ♐ 2	12 ♊ 44	2 ♒ 54	1 ♒ 27	20 ♐ 35	4 ♑ 28	4 ♎ 1	14 ♏ 37	23 ♒ 52	27 ♈ 37	14 ♍ 34	25 ♋ 32	0 ♌	28 ♈	23 ♑	25 ♐	6 ♊
21	28 ♐ 3	25 ♊ 16	2 ♒ 51	1 ♒ 22	22 ♐ 9	5 ♑ 43	4 ♎ 30	14 ♏ 48	23 ♒ 57	27 ♈ 37	14 ♍ 34	25 ♋ 31	0 ♌	28 ♈	23 ♑	26 ♐	6 ♊
22	29 ♐ 4	7 ♋ 34	2 ♒ 48	1 ♒ 18	23 ♐ 42	6 ♑ 59	4 ♎ 58	14 ♏ 59	24 ♒ 2	27 ♈ 36	14 ♍ 34	25 ♋ 30	0 ♌	28 D	24 ♑	26 ♐	6 ♊
23	0 ♑ 5	19 ♋ 42	2 ♒ 44	1 ♒ 16	25 ♐ 16	8 ♑ 14	5 ♎ 27	15 ♏ 11	24 ♒ 8	27 ♈ 35	14 ♍ 34	25 ♋ 28	0 ♌	28 ♈	24 ♑	27 ♐	6 ♊
24	1 ♑ 6	1 ♌ 40	2 ♒ 41	1 D 15	26 ♐ 51	9 ♑ 29	5 ♎ 55	15 ♏ 22	24 ♒ 13	27 ♈ 34	14 ♍ 34	25 ♋ 27	0 ♌	28 ♈	24 ♑	27 ♐	5 ♊
25	2 ♑ 7	13 ♌ 31	2 ♒ 38	1 ♒ 16	28 ♐ 25	10 ♑ 45	6 ♎ 23	15 ♏ 32	24 ♒ 18	27 ♈ 34	14 ♍ 34	25 ♋ 26	29 ♋	28 ♈	25 ♑	28 ♐	5 ♊
26	3 ♑ 8	25 ♌ 19	2 ♒ 35	1 ♒ 17	0 ♑ 0	12 ♑ 0	6 ♎ 50	15 ♏ 43	24 ♒ 23	27 ♈ 33	14 ♍ 33	25 ♋ 25	29 ♋	28 ♈	25 ♑	28 ♐	5 ♊
27	4 ♑ 10	7 ♍ 6	2 ♒ 32	1 ♒ 19	1 ♑ 34	13 ♑ 16	7 ♎ 18	15 ♏ 54	24 ♒ 29	27 ♈ 32	14 ♍ 33	25 ♋ 24	29 ♋	28 ♈	26 ♑	29 ♐	5 ♊
28	5 ♑ 11	18 ♍ 59	2 ♒ 28	1 ♒ 21	3 ♑ 10	14 ♑ 31	7 ♎ 45	16 ♏ 5	24 ♒ 34	27 ♈ 32	14 ♍ 33	25 ♋ 22	29 ♋	28 ♈	26 ♑	29 ♐	5 ♊
29	6 ♑ 12	1 ♎ 1	2 ♒ 25	1 ♒ 22	4 ♑ 45	15 ♑ 46	8 ♎ 12	16 ♏ 15	24 ♒ 40	27 ♈ 31	14 ♍ 32	25 ♋ 21	29 ♋	28 ♈	26 ♑	0 ♑	5 ♊
30	7 ♑ 13	13 ♎ 17	2 ♒ 22	1 R 22	6 ♑ 21	17 ♑ 2	8 ♎ 39	16 ♏ 26	24 ♒ 46	27 ♈ 31	14 ♍ 32	25 ♋ 20	29 ♋	28 ♈	27 ♑	0 ♑	5 ♊
31	8 ♑ 14	25 ♎ 53	2 ♒ 19	1 ♒ 21	7 ♑ 57	18 ♑ 17	9 ♎ 5	16 ♏ 36	24 ♒ 51	27 ♈ 31	14 ♍ 32	25 ♋ 19	28 ♋	28 ♈	27 ♑	1 ♑	5 ♊

SUN INGRESS	☉ → ♑ 22日 21:49
MOON PHASE	● 7日 02:25 ♐ ◐ 13日 19:51 ♓ ○ 21日 05:53 ♊ ◑ 29日 11:08 ♎

aspects	
1日 17:05	☿□♄
3日 14:00	♂⚹♇
3日 21:10	☿△♇
4日 01:05	☿⚹♂
4日 03:23	♀□♆
7日 17:26	☉□♆
11日 00:27	♀⚹♄
14日 15:12	♀△♅
16日 03:16	☿□♆
16日 15:00	☉⚹♄
19日 10:28	♀□♂
19日 18:29	♃⚹♆
20日 13:49	☉△♅
22日 05:25	☿⚹♄
24日 11:03	☿△♅
28日 00:36	♀△♅
29日 10:44	♀⚹♃
31日 11:54	☉☌☿
31日 23:34	♀□♂

1935年1月

DAY	☉	☽	☊ mean	☊ true	☿	♀	♂	♃	♄	♅	♆	♇	⚳	⚴	⚵	⚶	⚷
	° ′	° ′	° ′	° ′	° ′	° ′	° ′	° ′	° ′	° ′	° ′	° ′	°	°	°	°	°
1	9 ♑ 15	8 ♏ 52	2 ♒ 16	1 R 18	9 D 33	19 D 32	9 D 32	16 D 46	24 D 57	27 R 30	14 R 31	25 R 18	28 R	28 D	28 D	1 D	5 R
2	10 ♑ 16	22 ♏ 17	2 ♒ 13	1 ♒ 16	11 ♑ 10	20 ♑ 48	9 ♎ 58	16 ♏ 57	25 ♒ 3	27 ♈ 30	14 ♍ 31	25 ♋ 16	28 ♋	29 ♈	28 ♑	2 ♑	5 ♊
3	11 ♑ 18	6 ♐ 9	2 ♒ 9	1 ♒ 12	12 ♑ 47	22 ♑ 3	10 ♎ 24	17 ♏ 7	25 ♒ 9	27 ♈ 30	14 ♍ 30	25 ♋ 15	28 ♋	29 ♈	28 ♑	3 ♑	5 ♊
4	12 ♑ 19	20 ♐ 26	2 ♒ 6	1 ♒ 10	14 ♑ 24	23 ♑ 19	10 ♎ 49	17 ♏ 17	25 ♒ 15	27 ♈ 30	14 ♍ 30	25 ♋ 14	28 ♋	29 ♈	29 ♑	3 ♑	5 ♊
5	13 ♑ 20	5 ♑ 4	2 ♒ 3	1 ♒ 8	16 ♑ 2	24 ♑ 34	11 ♎ 15	17 ♏ 27	25 ♒ 21	27 ♈ 29	14 ♍ 29	25 ♋ 12	27 ♋	29 ♈	29 ♑	4 ♑	5 ♊
6	14 ♑ 21	19 ♑ 58	2 ♒ 0	1 ♒ 6	17 ♑ 40	25 ♑ 49	11 ♎ 40	17 ♏ 37	25 ♒ 27	27 ♈ 29	14 ♍ 28	25 ♋ 11	27 ♋	29 ♈	29 ♑	4 ♑	5 ♊
7	15 ♑ 22	4 ♒ 57	1 ♒ 57	1 D 6	19 ♑ 18	27 ♑ 5	12 ♎ 5	17 ♏ 46	25 ♒ 33	27 D 29	14 ♍ 28	25 ♋ 10	27 ♋	29 ♈	0 ♒	4 ♑	5 ♊
8	16 ♑ 24	19 ♒ 55	1 ♒ 54	1 ♒ 7	20 ♑ 57	28 ♑ 20	12 ♎ 29	17 ♏ 56	25 ♒ 39	27 ♈ 29	14 ♍ 27	25 ♋ 9	27 ♋	29 ♈	0 ♒	5 ♑	5 ♊
9	17 ♑ 25	4 ♓ 43	1 ♒ 50	1 ♒ 8	22 ♑ 36	29 ♑ 35	12 ♎ 54	18 ♏ 5	25 ♒ 45	27 ♈ 29	14 ♍ 26	25 ♋ 7	26 ♋	0 ♉	1 ♒	6 ♑	5 ♊
10	18 ♑ 26	19 ♓ 16	1 ♒ 47	1 ♒ 9	24 ♑ 16	0 ♒ 51	13 ♎ 18	18 ♏ 15	25 ♒ 51	27 ♈ 30	14 ♍ 26	25 ♋ 6	26 ♋	0 ♉	1 ♒	6 ♑	5 ♊
11	19 ♑ 27	3 ♈ 29	1 ♒ 44	1 ♒ 10	25 ♑ 56	2 ♒ 6	13 ♎ 42	18 ♏ 24	25 ♒ 58	27 ♈ 30	14 ♍ 25	25 ♋ 5	26 ♋	0 ♉	2 ♒	7 ♑	5 ♊
12	20 ♑ 28	17 ♈ 22	1 ♒ 41	1 ♒ 10	27 ♑ 36	3 ♒ 21	14 ♎ 5	18 ♏ 33	26 ♒ 4	27 ♈ 30	14 ♍ 24	25 ♋ 3	26 ♋	0 ♉	2 ♒	7 ♑	5 ♊
13	21 ♑ 29	0 ♉ 53	1 ♒ 38	1 R 10	29 ♑ 16	4 ♒ 36	14 ♎ 28	18 ♏ 42	26 ♒ 11	27 ♈ 30	14 ♍ 23	25 ♋ 2	26 ♋	0 ♉	3 ♒	8 ♑	5 ♊
14	22 ♑ 30	14 ♉ 4	1 ♒ 34	1 ♒ 9	0 ♒ 57	5 ♒ 52	14 ♎ 51	18 ♏ 51	26 ♒ 17	27 ♈ 31	14 ♍ 22	25 ♋ 1	25 ♋	1 ♉	3 ♒	8 ♑	5 ♊
15	23 ♑ 32	26 ♉ 58	1 ♒ 31	1 ♒ 9	2 ♒ 38	7 ♒ 7	15 ♎ 14	19 ♏ 0	26 ♒ 23	27 ♈ 31	14 ♍ 21	24 ♋ 59	25 ♋	1 ♉	3 ♒	9 ♑	5 ♊
16	24 ♑ 33	9 ♊ 36	1 ♒ 28	1 ♒ 8	4 ♒ 19	8 ♒ 22	15 ♎ 36	19 ♏ 9	26 ♒ 30	27 ♈ 32	14 ♍ 20	24 ♋ 58	25 ♋	1 ♉	4 ♒	10 ♑	5 ♊
17	25 ♑ 34	22 ♊ 1	1 ♒ 25	1 ♒ 7	6 ♒ 0	9 ♒ 37	15 ♎ 58	19 ♏ 17	26 ♒ 37	27 ♈ 32	14 ♍ 20	24 ♋ 57	25 ♋	1 ♉	4 ♒	10 ♑	4 ♊
18	26 ♑ 35	4 ♋ 15	1 ♒ 22	1 ♒ 6	7 ♒ 41	10 ♒ 53	16 ♎ 20	19 ♏ 26	26 ♒ 43	27 ♈ 33	14 ♍ 19	24 ♋ 56	24 ♋	1 ♉	5 ♒	11 ♑	4 ♊
19	27 ♑ 36	16 ♋ 19	1 ♒ 19	1 ♒ 6	9 ♒ 22	12 ♒ 8	16 ♎ 41	19 ♏ 34	26 ♒ 50	27 ♈ 33	14 ♍ 18	24 ♋ 54	24 ♋	2 ♉	5 ♒	11 ♑	4 ♊
20	28 ♑ 37	28 ♋ 17	1 ♒ 15	1 ♒ 6	11 ♒ 2	13 ♒ 23	17 ♎ 2	19 ♏ 42	26 ♒ 56	27 ♈ 34	14 ♍ 17	24 ♋ 53	24 ♋	2 ♉	5 ♒	12 ♑	4 ♊
21	29 ♑ 38	10 ♌ 9	1 ♒ 12	1 D 6	12 ♒ 43	14 ♒ 38	17 ♎ 23	19 ♏ 50	27 ♒ 3	27 ♈ 35	14 ♍ 15	24 ♋ 52	24 ♋	2 ♉	6 ♒	12 ♑	4 ♊
22	0 ♒ 39	21 ♌ 58	1 ♒ 9	1 ♒ 6	14 ♒ 22	15 ♒ 53	17 ♎ 43	19 ♏ 58	27 ♒ 10	27 ♈ 35	14 ♍ 14	24 ♋ 50	23 ♋	3 ♉	6 ♒	13 ♑	4 ♊
23	1 ♒ 40	3 ♍ 46	1 ♒ 6	1 R 6	16 ♒ 1	17 ♒ 8	18 ♎ 3	20 ♏ 6	27 ♒ 17	27 ♈ 36	14 ♍ 13	24 ♋ 49	23 ♋	3 ♉	7 ♒	13 ♑	4 ♊
24	2 ♒ 41	15 ♍ 36	1 ♒ 3	1 ♒ 6	17 ♒ 38	18 ♒ 24	18 ♎ 22	20 ♏ 14	27 ♒ 24	27 ♈ 37	14 ♍ 12	24 ♋ 48	23 ♋	3 ♉	7 ♒	14 ♑	4 ♊
25	3 ♒ 42	27 ♍ 30	1 ♒ 0	1 ♒ 5	19 ♒ 14	19 ♒ 39	18 ♎ 41	20 ♏ 21	27 ♒ 30	27 ♈ 38	14 ♍ 11	24 ♋ 46	23 ♋	3 ♉	8 ♒	14 ♑	4 ♊
26	4 ♒ 43	9 ♎ 33	0 ♒ 56	1 ♒ 5	20 ♒ 48	20 ♒ 54	19 ♎ 0	20 ♏ 29	27 ♒ 37	27 ♈ 39	14 ♍ 10	24 ♋ 45	22 ♋	4 ♉	8 ♒	15 ♑	4 ♊
27	5 ♒ 44	21 ♎ 48	0 ♒ 53	1 ♒ 5	22 ♒ 20	22 ♒ 9	19 ♎ 19	20 ♏ 36	27 ♒ 44	27 ♈ 40	14 ♍ 9	24 ♋ 44	22 ♋	4 ♉	8 ♒	15 ♑	4 ♊
28	6 ♒ 45	4 ♏ 19	0 ♒ 50	1 ♒ 4	23 ♒ 48	23 ♒ 24	19 ♎ 37	20 ♏ 43	27 ♒ 51	27 ♈ 41	14 ♍ 7	24 ♋ 42	22 ♋	4 ♉	9 ♒	16 ♑	4 ♊
29	7 ♒ 46	17 ♏ 11	0 ♒ 47	1 D 5	25 ♒ 14	24 ♒ 39	19 ♎ 54	20 ♏ 50	27 ♒ 58	27 ♈ 42	14 ♍ 6	24 ♋ 41	22 ♋	5 ♉	9 ♒	16 ♑	4 ♊
30	8 ♒ 47	0 ♐ 27	0 ♒ 44	1 ♒ 5	26 ♒ 35	25 ♒ 54	20 ♎ 11	20 ♏ 57	28 ♒ 5	27 ♈ 43	14 ♍ 5	24 ♋ 40	22 ♋	5 ♉	10 ♒	17 ♑	4 ♊
31	9 ♒ 48	14 ♐ 10	0 ♒ 40	1 ♒ 6	27 ♒ 52	27 ♒ 9	20 ♎ 28	21 ♏ 4	28 ♒ 12	27 ♈ 45	14 ♍ 4	24 ♋ 39	21 ♋	5 ♉	10 ♒	17 ♑	4 ♊

SUN INGRESS	☉ → ♒ 21日 08:28
MOON PHASE	● 5日 14:20 ♑ ◐ 12日 05:55 ♈ ○ 20日 00:44 ♋ ◑ 28日 04:59 ♏

aspects		
1日	11:19	☉□♂
4日	01:22	☿△♆
5日	12:05	♀☍♇
5日	23:08	☿⚹♃
6日	02:48	☉△♆
7日	07:53	♀□♅
9日	18:53	☉⚹♃
10日	11:57	☿☍♇
11日	22:38	☿□♅
16日	09:49	☉☍♇
18日	22:59	☉□♅
23日	23:29	♀△♂
24日	13:49	☿△♂
25日	15:12	♀□♃
25日	18:42	☿□♃
26日	07:05	♄⚹♀
26日	08:05	☿☌♀
30日	21:29	☿⚹♅
31日	07:09	☿☌♄
31日	11:38	♀⚹♅
31日	22:20	♀☌♄

1935年2月

DAY	☉	☽	☊ mean	☊ true	☿	♀	♂	♃	♄	♅	♆	♇	⚳	⚴	⚵	⚶	⚷
	° ′	° ′	° ′	° ′	° ′	° ′	° ′	° ′	° ′	° ′	° ′	° ′	°	°	°	°	°
1	10 ♒ 49	28 ♐ 19	0 ♒ 37	1 D 7	29 D 4	28 D 24	20 D 44	21 D 11	28 D 19	27 D 46	14 R 2	24 R 37	21 R	6 D	11 D	18 D	4 R
2	11 ♒ 50	12 ♑ 54	0 ♒ 34	1 ♒ 7	0 ♓ 9	29 ♒ 39	21 ♎ 0	21 ♏ 17	28 ♒ 26	27 ♈ 47	14 ♍ 1	24 ♋ 36	21 ♋	6 ♉	11 ♒	19 ♑	4 ♊
3	12 ♒ 51	27 ♑ 50	0 ♒ 31	1 ♒ 8	1 ♓ 8	0 ♓ 54	21 ♎ 15	21 ♏ 23	28 ♒ 33	27 ♈ 49	14 ♍ 0	24 ♋ 35	21 ♋	6 ♉	11 ♒	19 ♑	4 ♊
4	13 ♒ 52	13 ♒ 0	0 ♒ 28	1 R 8	1 ♓ 58	2 ♓ 9	21 ♎ 30	21 ♏ 29	28 ♒ 40	27 ♈ 50	13 ♍ 58	24 ♋ 34	21 ♋	7 ♉	12 ♒	20 ♑	4 ♊
5	14 ♒ 52	28 ♒ 14	0 ♒ 25	1 ♒ 7	2 ♓ 41	3 ♓ 24	21 ♎ 45	21 ♏ 35	28 ♒ 48	27 ♈ 51	13 ♍ 57	24 ♋ 32	20 ♋	7 ♉	12 ♒	20 ♑	4 ♊
6	15 ♒ 53	13 ♓ 22	0 ♒ 21	1 ♒ 5	3 ♓ 14	4 ♓ 39	21 ♎ 58	21 ♏ 41	28 ♒ 55	27 ♈ 53	13 ♍ 55	24 ♋ 31	20 ♋	7 ♉	13 ♒	21 ♑	4 ♊
7	16 ♒ 54	28 ♓ 16	0 ♒ 18	1 ♒ 3	3 ♓ 37	5 ♓ 53	22 ♎ 12	21 ♏ 47	29 ♒ 2	27 ♈ 55	13 ♍ 54	24 ♋ 30	20 ♋	8 ♉	13 ♒	21 ♑	4 ♊
8	17 ♒ 55	12 ♈ 48	0 ♒ 15	1 ♒ 1	3 ♓ 50	7 ♓ 8	22 ♎ 25	21 ♏ 52	29 ♒ 9	27 ♈ 56	13 ♍ 52	24 ♋ 29	20 ♋	8 ♉	14 ♒	22 ♑	4 ♊
9	18 ♒ 56	26 ♈ 54	0 ♒ 12	0 ♒ 59	3 R 52	8 ♓ 23	22 ♎ 37	21 ♏ 58	29 ♒ 16	27 ♈ 58	13 ♍ 51	24 ♋ 28	20 ♋	8 ♉	14 ♒	22 ♑	4 ♊
10	19 ♒ 56	10 ♉ 33	0 ♒ 9	0 ♒ 58	3 ♓ 43	9 ♓ 38	22 ♎ 49	22 ♏ 3	29 ♒ 24	27 ♈ 59	13 ♍ 49	24 ♋ 26	20 ♋	9 ♉	15 ♒	23 ♑	4 ♊
11	20 ♒ 57	23 ♉ 45	0 ♒ 6	0 D 58	3 ♓ 23	10 ♓ 53	23 ♎ 0	22 ♏ 8	29 ♒ 31	28 ♈ 1	13 ♍ 48	24 ♋ 25	19 ♋	9 ♉	15 ♒	23 ♑	4 ♊
12	21 ♒ 58	6 ♊ 35	0 ♒ 2	0 ♒ 58	2 ♓ 53	12 ♓ 7	23 ♎ 10	22 ♏ 13	29 ♒ 38	28 ♈ 3	13 ♍ 46	24 ♋ 24	19 ♋	10 ♉	15 ♒	24 ♑	4 ♊
13	22 ♒ 58	19 ♊ 4	29 ♑ 59	1 ♒ 0	2 ♓ 13	13 ♓ 22	23 ♎ 21	22 ♏ 17	29 ♒ 45	28 ♈ 5	13 ♍ 45	24 ♋ 23	19 ♋	10 ♉	16 ♒	24 ♑	4 D
14	23 ♒ 59	1 ♋ 18	29 ♑ 56	1 ♒ 1	1 ♓ 25	14 ♓ 37	23 ♎ 30	22 ♏ 22	29 ♒ 53	28 ♈ 7	13 ♍ 43	24 ♋ 22	19 ♋	10 ♉	16 ♒	25 ♑	4 ♊
15	25 ♒ 0	13 ♋ 21	29 ♑ 53	1 ♒ 3	0 ♓ 30	15 ♓ 51	23 ♎ 39	22 ♏ 26	0 ♓ 0	28 ♈ 9	13 ♍ 42	24 ♋ 21	19 ♋	11 ♉	17 ♒	25 ♑	4 ♊
16	26 ♒ 0	25 ♋ 16	29 ♑ 50	1 ♒ 4	29 ♒ 28	17 ♓ 6	23 ♎ 47	22 ♏ 30	0 ♓ 7	28 ♈ 11	13 ♍ 40	24 ♋ 20	19 ♋	11 ♉	17 ♒	26 ♑	4 ♊
17	27 ♒ 1	7 ♌ 6	29 ♑ 46	1 R 4	28 ♒ 23	18 ♓ 21	23 ♎ 55	22 ♏ 34	0 ♓ 14	28 ♈ 13	13 ♍ 39	24 ♋ 19	19 ♋	12 ♉	18 ♒	26 ♑	4 ♊
18	28 ♒ 1	18 ♌ 54	29 ♑ 43	1 ♒ 3	27 ♒ 15	19 ♓ 35	24 ♎ 2	22 ♏ 38	0 ♓ 22	28 ♈ 15	13 ♍ 37	24 ♋ 18	18 ♋	12 ♉	18 ♒	27 ♑	4 ♊
19	29 ♒ 2	0 ♍ 42	29 ♑ 40	1 ♒ 0	26 ♒ 7	20 ♓ 50	24 ♎ 9	22 ♏ 42	0 ♓ 29	28 ♈ 17	13 ♍ 36	24 ♋ 16	18 ♋	13 ♉	18 ♒	27 ♑	4 ♊
20	0 ♓ 2	12 ♍ 33	29 ♑ 37	0 ♒ 56	25 ♒ 0	22 ♓ 4	24 ♎ 14	22 ♏ 45	0 ♓ 36	28 ♈ 19	13 ♍ 34	24 ♋ 15	18 ♋	13 ♉	19 ♒	28 ♑	4 ♊
21	1 ♓ 3	24 ♍ 29	29 ♑ 34	0 ♒ 50	23 ♒ 55	23 ♓ 18	24 ♎ 20	22 ♏ 49	0 ♓ 43	28 ♈ 21	13 ♍ 32	24 ♋ 14	18 ♋	13 ♉	19 ♒	28 ♑	4 ♊
22	2 ♓ 3	6 ♎ 30	29 ♑ 31	0 ♒ 45	22 ♒ 55	24 ♓ 33	24 ♎ 24	22 ♏ 52	0 ♓ 51	28 ♈ 23	13 ♍ 31	24 ♋ 13	18 ♋	14 ♉	20 ♒	29 ♑	4 ♊
23	3 ♓ 4	18 ♎ 39	29 ♑ 27	0 ♒ 39	22 ♒ 1	25 ♓ 47	24 ♎ 28	22 ♏ 55	0 ♓ 58	28 ♈ 26	13 ♍ 29	24 ♋ 12	18 ♋	14 ♉	20 ♒	29 ♑	4 ♊
24	4 ♓ 4	1 ♏ 0	29 ♑ 24	0 ♒ 34	21 ♒ 12	27 ♓ 2	24 ♎ 31	22 ♏ 58	1 ♓ 5	28 ♈ 28	13 ♍ 27	24 ♋ 11	18 ♋	15 ♉	21 ♒	0 ♒	4 ♊
25	5 ♓ 4	13 ♏ 33	29 ♑ 21	0 ♒ 30	20 ♒ 30	28 ♓ 16	24 ♎ 33	23 ♏ 0	1 ♓ 13	28 ♈ 30	13 ♍ 26	24 ♋ 10	18 ♋	15 ♉	21 ♒	0 ♒	4 ♊
26	6 ♓ 5	26 ♏ 22	29 ♑ 18	0 ♒ 28	19 ♒ 55	29 ♓ 30	24 ♎ 35	23 ♏ 3	1 ♓ 20	28 ♈ 32	13 ♍ 24	24 ♋ 10	18 ♋	16 ♉	22 ♒	1 ♒	4 ♊
27	7 ♓ 5	9 ♐ 31	29 ♑ 15	0 D 28	19 ♒ 27	0 ♈ 44	24 ♎ 36	23 ♏ 5	1 ♓ 27	28 ♈ 35	13 ♍ 22	24 ♋ 9	18 ♋	16 ♉	22 ♒	1 ♒	4 ♊
28	8 ♓ 5	23 ♐ 2	29 ♑ 12	0 ♒ 29	19 ♒ 7	1 ♈ 59	24 R 37	23 ♏ 7	1 ♓ 34	28 ♈ 37	13 ♍ 21	24 ♋ 8	18 ♋	17 ♉	22 ♒	2 ♒	4 ♊

SUN INGRESS	☉ → ♓ 19日 22:52
MOON PHASE	● 4日 01:27 ♒ ◐ 10日 18:25 ♉ ○ 18日 20:17 ♌ ◑ 26日 19:14 ♐

aspects		
3日	14:45	☿☌♀
12日	06:24	☉□♃
13日	07:13	♀☍♆
13日	10:23	☉△♂
15日	10:40	☿☌♄
17日	03:31	☿⚹♅
17日	15:21	☉☌☿
18日	05:28	☉⚹♅
20日	03:55	♂□♇
20日	13:59	♀△♃
20日	15:15	☉☌♄
20日	15:31	☿△♂
21日	17:48	♀△♇
22日	01:24	☿□♃

1935年3月

DAY	☉	☽	☊ mean	☊ true	☿	♀	♂	♃	♄	♅	♆	♇	⚳	⚴	⚵	⚶	⚷
	° ′	° ′	° ′	° ′	° ′	° ′	° ′	° ′	° ′	° ′	° ′	° ′	°	°	°	°	°
1	9♓6	6♑58	29♑8	0 D 30	18 R 54	3 D 13	24 R 36	23 D 9	1 D 42	28 D 40	13 R 19	24 R 7	18 R	17 D	23 D	2 D	4 D
2	10♓6	21♑17	29♑5	0♒31	18♒47	4♈27	24♎35	23♏11	1♓49	28♈42	13♍17	24♋6	18♋	18♉	23♒	3♒	4♊
3	11♓6	6♒0	29♑2	0 R 32	18 D 48	5♈41	24♎33	23♏12	1♓56	28♈45	13♍16	24♋5	18♋	18♉	24♒	3♒	4♊
4	12♓6	21♒0	28♑59	0♒30	18♒54	6♈55	24♎30	23♏13	2♓3	28♈47	13♍14	24♋4	18♋	18♉	24♒	4♒	4♊
5	13♓6	6♓12	28♑56	0♒26	19♒7	8♈9	24♎27	23♏14	2♓11	28♈50	13♍12	24♋4	18 D	19♉	25♒	4♒	4♊
6	14♓6	21♓24	28♑52	0♒21	19♒25	9♈23	24♎22	23♏15	2♓18	28♈53	13♍11	24♋3	18♋	19♉	25♒	5♒	4♊
7	15♓7	6♈26	28♑49	0♒14	19♒49	10♈37	24♎17	23♏16	2♓25	28♈55	13♍9	24♋2	18♋	20♉	26♒	5♒	4♊
8	16♓7	21♈10	28♑46	0♒7	20♒18	11♈51	24♎11	23♏17	2♓32	28♈58	13♍7	24♋1	18♋	20♉	26♒	6♒	4♊
9	17♓7	5♉28	28♑43	0♒0	20♒51	13♈5	24♎5	23♏17	2♓39	29♈1	13♍6	24♋0	18♋	21♉	26♒	6♒	4♊
10	18♓7	19♉18	28♑40	29♑55	21♒29	14♈18	23♎57	23♏17	2♓46	29♈4	13♍4	24♋0	18♋	21♉	27♒	7♒	4♊
11	19♓7	2♊38	28♑37	29♑51	22♒10	15♈32	23♎49	23 R 17	2♓53	29♈6	13♍2	23♋59	18♋	22♉	27♒	7♒	5♊
12	20♓7	15♊31	28♑33	29♑50	22♒56	16♈46	23♎40	23♏17	3♓1	29♈9	13♍1	23♋58	18♋	22♉	28♒	8♒	5♊
13	21♓6	28♊1	28♑30	29 D 50	23♒45	18♈0	23♎31	23♏17	3♓8	29♈12	12♍59	23♋58	18♋	23♉	28♒	8♒	5♊
14	22♓6	10♋12	28♑27	29♑51	24♒37	19♈13	23♎20	23♏16	3♓15	29♈15	12♍57	23♋57	18♋	23♉	29♒	8♒	5♊
15	23♓6	22♋11	28♑24	29♑52	25♒32	20♈27	23♎9	23♏15	3♓22	29♈18	12♍56	23♋57	18♋	24♉	29♒	9♒	5♊
16	24♓6	4♌2	28♑21	29 R 52	26♒30	21♈40	22♎57	23♏14	3♓29	29♈21	12♍54	23♋56	18♋	24♉	0♓	10♒	5♊
17	25♓6	15♌49	28♑17	29♑50	27♒31	22♈54	22♎44	23♏13	3♓36	29♈24	12♍53	23♋56	18♋	25♉	0♓	10♒	5♊
18	26♓5	27♌36	28♑14	29♑47	28♒34	24♈7	22♎31	23♏12	3♓43	29♈27	12♍51	23♋55	18♋	25♉	0♓	11♒	5♊
19	27♓5	9♍27	28♑11	29♑40	29♒40	25♈20	22♎17	23♏11	3♓49	29♈30	12♍49	23♋54	18♋	26♉	1♓	11♒	5♊
20	28♓5	21♍23	28♑8	29♑32	0♓48	26♈34	22♎2	23♏9	3♓56	29♈33	12♍48	23♋54	19♋	26♉	1♓	12♒	5♊
21	29♓4	3♎28	28♑5	29♑21	1♓59	27♈47	21♎46	23♏7	4♓3	29♈36	12♍46	23♋54	19♋	27♉	2♓	12♒	5♊
22	0♈4	15♎40	28♑2	29♑9	3♓11	29♈0	21♎30	23♏5	4♓10	29♈39	12♍45	23♋53	19♋	28♉	2♓	13♒	5♊
23	1♈3	28♎3	27♑58	28♑58	4♓25	0♉13	21♎13	23♏3	4♓17	29♈42	12♍43	23♋53	19♋	28♉	3♓	13♒	5♊
24	2♈3	10♏36	27♑55	28♑47	5♓42	1♉26	20♎56	23♏0	4♓24	29♈45	12♍41	23♋52	19♋	29♉	3♓	14♒	5♊
25	3♈2	23♏20	27♑52	28♑39	7♓0	2♉39	20♎38	22♏58	4♓30	29♈48	12♍40	23♋52	19♋	29♉	4♓	14♒	5♊
26	4♈2	6♐17	27♑49	28♑33	8♓20	3♉52	20♎19	22♏55	4♓37	29♈52	12♍38	23♋52	19♋	0♊	4♓	15♒	5♊
27	5♈1	19♐28	27♑46	28♑30	9♓41	5♉5	20♎0	22♏52	4♓44	29♈55	12♍37	23♋51	19♋	0♊	4♓	15♒	5♊
28	6♈0	2♑56	27♑43	28♑29	11♓4	6♉18	19♎40	22♏49	4♓50	29♈58	12♍35	23♋51	20♋	1♊	5♓	16♒	5♊
29	7♈0	16♑41	27♑39	28 D 29	12♓29	7♉31	19♎20	22♏46	4♓57	0♉1	12♍34	23♋51	20♋	1♊	5♓	16♒	5♊
30	7♈59	0♒46	27♑36	28 R 29	13♓56	8♉44	18♎59	22♏42	5♓3	0♉4	12♍32	23♋51	20♋	2♊	6♓	17♒	5♊
31	8♈58	15♒10	27♑33	28♑28	15♓24	9♉56	18♎38	22♏38	5♓10	0♉8	12♍31	23♋50	20♋	2♊	6♓	17♒	5♊

SUN INGRESS: ☉→♈ 21日 22:18

MOON PHASE: ● 5日 11:40 ♓　◐ 12日 09:30 ♊　○ 20日 14:31 ♍　◑ 28日 05:51 ♑

aspects	
5日 02:22	☉☍♆
9日 15:55	♂□♇
12日 10:41	☿□♃
12日 18:29	☿△♂
15日 03:42	☉△♃
15日 20:06	☉△♇
16日 21:24	♀☍♂
17日 20:04	♀□♇
18日 20:05	☿⚹♅
22日 13:19	♀☌♅
22日 21:00	☿☌♄
26日 16:11	♀⚹♄
29日 01:12	☿☍♆

1935年4月

DAY	☉	☽	☊ mean	☊ true	☿	♀	♂	♃	♄	♅	♆	♇	⚳	⚴	⚵	⚶	⚷
	° ′	° ′	° ′	° ′	° ′	° ′	° ′	° ′	° ′	° ′	° ′	° ′	°	°	°	°	°
1	9♈58	29♒51	27♑30	28 R 25	16 D 54	11 D 9	18 R 16	22 R 35	5 D 16	0 D 11	12 R 29	23 R 50	20 D	3 D	7 D	18 D	5 D
2	10♈57	14♓43	27♑27	28♑19	18♓25	12♉21	17♎55	22♏31	5♓23	0♉14	12♍28	23♋50	20♋	3♊	7♓	18♒	5♊
3	11♈56	29♓40	27♑23	28♑11	19♓57	13♉34	17♎32	22♏26	5♓29	0♉17	12♍27	23♋50	21♋	4♊	8♓	18♒	6♊
4	12♈55	14♈33	27♑20	28♑0	21♓31	14♉46	17♎10	22♏22	5♓35	0♉21	12♍25	23♋50	21♋	5♊	8♓	19♒	6♊
5	13♈54	29♈12	27♑17	27♑49	23♓7	15♉59	16♎47	22♏18	5♓42	0♉24	12♍24	23♋50	21♋	5♊	8♓	19♒	6♊
6	14♈53	13♉31	27♑14	27♑38	24♓44	17♉11	16♎24	22♏13	5♓48	0♉27	12♍22	23♋50	21♋	6♊	9♓	20♒	6♊
7	15♈53	27♉24	27♑11	27♑29	26♓22	18♉23	16♎1	22♏8	5♓54	0♉31	12♍21	23♋50	21♋	6♊	9♓	20♒	6♊
8	16♈52	10♊48	27♑8	27♑22	28♓2	19♉35	15♎38	22♏3	6♓0	0♉34	12♍20	23 D 50	22♋	7♊	10♓	21♒	6♊
9	17♈51	23♊46	27♑4	27♑18	29♓44	20♉47	15♎15	21♏58	6♓6	0♉38	12♍18	23♋50	22♋	7♊	10♓	21♒	6♊
10	18♈50	6♋19	27♑1	27♑16	1♈27	21♉59	14♎52	21♏53	6♓12	0♉41	12♍17	23♋50	22♋	8♊	11♓	22♒	6♊
11	19♈48	18♋33	26♑58	27♑15	3♈11	23♉11	14♎29	21♏48	6♓18	0♉44	12♍16	23♋50	22♋	8♊	11♓	22♒	6♊
12	20♈47	0♌33	26♑55	27♑15	4♈57	24♉23	14♎6	21♏42	6♓24	0♉48	12♍15	23♋50	22♋	9♊	12♓	23♒	6♊
13	21♈46	12♌24	26♑52	27♑14	6♈45	25♉35	13♎43	21♏36	6♓30	0♉51	12♍13	23♋50	23♋	10♊	12♓	23♒	6♊
14	22♈45	24♌12	26♑49	27♑12	8♈34	26♉47	13♎21	21♏31	6♓36	0♉55	12♍12	23♋50	23♋	10♊	12♓	23♒	6♊
15	23♈44	6♍1	26♑45	27♑7	10♈24	27♉58	12♎58	21♏25	6♓42	0♉58	12♍11	23♋50	23♋	11♊	13♓	24♒	6♊
16	24♈42	17♍56	26♑42	27♑0	12♈16	29♉10	12♎36	21♏19	6♓47	1♉1	12♍10	23♋50	23♋	11♊	13♓	24♒	6♊
17	25♈41	29♍59	26♑39	26♑50	14♈10	0♊21	12♎14	21♏13	6♓53	1♉5	12♍9	23♋51	24♋	12♊	14♓	25♒	6♊
18	26♈40	12♎13	26♑36	26♑37	16♈6	1♊33	11♎53	21♏6	6♓58	1♉8	12♍8	23♋51	24♋	12♊	14♓	25♒	6♊
19	27♈38	24♎40	26♑33	26♑24	18♈2	2♊44	11♎32	21♏0	7♓4	1♉12	12♍7	23♋51	24♋	13♊	15♓	26♒	6♊
20	28♈37	7♏19	26♑29	26♑10	20♈0	3♊55	11♎11	20♏54	7♓9	1♉15	12♍6	23♋51	24♋	14♊	15♓	26♒	7♊
21	29♈36	20♏10	26♑26	25♑58	22♈0	5♊7	10♎51	20♏47	7♓15	1♉19	12♍5	23♋52	25♋	14♊	16♓	26♒	7♊
22	0♉34	3♐13	26♑23	25♑48	24♈1	6♊18	10♎31	20♏40	7♓20	1♉22	12♍4	23♋52	25♋	15♊	16♓	27♒	7♊
23	1♉33	16♐27	26♑20	25♑41	26♈4	7♊29	10♎12	20♏34	7♓25	1♉26	12♍3	23♋53	25♋	15♊	16♓	27♒	7♊
24	2♉31	29♐52	26♑17	25♑36	28♈8	8♊40	9♎54	20♏27	7♓31	1♉29	12♍2	23♋53	25♋	16♊	17♓	28♒	7♊
25	3♉29	13♑28	26♑14	25♑35	0♉13	9♊50	9♎36	20♏20	7♓36	1♉32	12♍1	23♋53	26♋	16♊	17♓	28♒	7♊
26	4♉28	27♑15	26♑10	25 D 34	2♉19	11♊1	9♎18	20♏13	7♓41	1♉36	12♍0	23♋54	26♋	17♊	18♓	29♒	7♊
27	5♉26	11♒15	26♑7	25 R 34	4♉26	12♊12	9♎1	20♏6	7♓46	1♉39	11♍59	23♋54	26♋	18♊	18♓	29♒	7♊
28	6♉25	25♒26	26♑4	25♑33	6♉34	13♊22	8♎45	19♏58	7♓51	1♉43	11♍58	23♋55	27♋	18♊	19♓	29♒	7♊
29	7♉23	9♓47	26♑1	25♑30	8♉43	14♊33	8♎30	19♏51	7♓56	1♉46	11♍57	23♋55	27♋	19♊	19♓	0♓	7♊
30	8♉21	24♓16	25♑58	25♑24	10♉52	15♊43	8♎15	19♏44	8♓0	1♉50	11♍57	23♋56	27♋	19♊	19♓	0♓	7♊

SUN INGRESS: ☉→♉ 21日 09:50

MOON PHASE: ● 3日 21:10 ♈　◐ 11日 02:42 ♋　○ 19日 06:10 ♎　◑ 26日 13:20 ♒

aspects	
2日 02:08	♀△♆
4日 12:15	☿△♃
5日 10:38	☿△♇
7日 02:34	☉☍♂
9日 22:00	♀☍♃
11日 12:49	♀⚹♇
15日 02:42	☉□♇
16日 03:30	☿☍♂
21日 22:15	☿□♇
22日 20:57	☉☌♅
22日 22:49	♀□♄
24日 20:00	♀△♂
25日 15:36	☿☌♅
26日 19:45	♀□♆
27日 20:41	☉☌☿
28日 14:49	☿⚹♄
29日 14:37	☉⚹♄
30日 11:54	☿△♆

1935年5月

DAY	☉	☽	☊ mean	☊ true	☿	♀	♂	♃	♄	♅	♆	♇	⚳	⚴	⚵	⚶	⚷
	° ′	° ′	° ′	° ′	° ′	° ′	° ′	° ′	° ′	° ′	° ′	° ′	°	°	°	°	°
1	9 ♉ 20	8 ♈ 49	25 ♑ 54	25 R 16	13 D 1	16 D 53	8 R 1	19 R 36	8 D 5	1 D 53	11 R 56	23 D 56	27 D	20 D	20 D	1 D	7 D
2	10 ♉ 18	23 ♈ 18	25 ♑ 51	25 ♑ 6	15 ♉ 11	18 ♊ 3	7 ♎ 48	19 ♏ 29	8 ♓ 10	1 ♉ 56	11 ♍ 55	23 ♋ 57	28 ♋	20 ♊	20 ♓	1 ♓	7 ♊
3	11 ♉ 16	7 ♉ 38	25 ♑ 48	24 ♑ 55	17 ♉ 19	19 ♊ 13	7 ♎ 35	19 ♏ 22	8 ♓ 14	2 ♉ 0	11 ♍ 54	23 ♋ 58	28 ♋	21 ♊	21 ♓	1 ♓	7 ♊
4	12 ♉ 14	21 ♉ 42	25 ♑ 45	24 ♑ 44	19 ♉ 28	20 ♊ 23	7 ♎ 23	19 ♏ 14	8 ♓ 19	2 ♉ 3	11 ♍ 54	23 ♋ 58	28 ♋	22 ♊	21 ♓	2 ♓	8 ♊
5	13 ♉ 12	5 ♊ 25	25 ♑ 42	24 ♑ 34	21 ♉ 35	21 ♊ 33	7 ♎ 12	19 ♏ 6	8 ♓ 23	2 ♉ 7	11 ♍ 53	23 ♋ 59	29 ♋	22 ♊	22 ♓	2 ♓	8 ♊
6	14 ♉ 11	18 ♊ 45	25 ♑ 39	24 ♑ 27	23 ♉ 41	22 ♊ 43	7 ♎ 2	18 ♏ 59	8 ♓ 28	2 ♉ 10	11 ♍ 53	24 ♋ 0	29 ♋	23 ♊	22 ♓	3 ♓	8 ♊
7	15 ♉ 9	1 ♋ 41	25 ♑ 35	24 ♑ 23	25 ♉ 45	23 ♊ 53	6 ♎ 53	18 ♏ 51	8 ♓ 32	2 ♉ 13	11 ♍ 52	24 ♋ 0	29 ♋	23 ♊	22 ♓	3 ♓	8 ♊
8	16 ♉ 7	14 ♋ 15	25 ♑ 32	24 ♑ 20	27 ♉ 48	25 ♊ 2	6 ♎ 44	18 ♏ 44	8 ♓ 36	2 ♉ 17	11 ♍ 51	24 ♋ 1	0 ♌	24 ♊	23 ♓	3 ♓	8 ♊
9	17 ♉ 5	26 ♋ 30	25 ♑ 29	24 D 20	29 ♉ 48	26 ♊ 12	6 ♎ 37	18 ♏ 36	8 ♓ 40	2 ♉ 20	11 ♍ 51	24 ♋ 2	0 ♌	25 ♊	23 ♓	4 ♓	8 ♊
10	18 ♉ 3	8 ♌ 32	25 ♑ 26	24 ♑ 20	1 ♊ 46	27 ♊ 21	6 ♎ 30	18 ♏ 28	8 ♓ 44	2 ♉ 24	11 ♍ 50	24 ♋ 2	0 ♌	25 ♊	24 ♓	4 ♓	8 ♊
11	19 ♉ 1	20 ♌ 25	25 ♑ 23	24 R 21	3 ♊ 42	28 ♊ 30	6 ♎ 23	18 ♏ 21	8 ♓ 48	2 ♉ 27	11 ♍ 50	24 ♋ 3	1 ♌	26 ♊	24 ♓	5 ♓	8 ♊
12	19 ♉ 59	2 ♍ 15	25 ♑ 20	24 ♑ 20	5 ♊ 34	29 ♊ 39	6 ♎ 18	18 ♏ 13	8 ♓ 52	2 ♉ 30	11 ♍ 50	24 ♋ 4	1 ♌	26 ♊	25 ♓	5 ♓	8 ♊
13	20 ♉ 57	14 ♍ 6	25 ♑ 16	24 ♑ 17	7 ♊ 24	0 ♋ 48	6 ♎ 13	18 ♏ 5	8 ♓ 56	2 ♉ 34	11 ♍ 49	24 ♋ 5	1 ♌	27 ♊	25 ♓	5 ♓	8 ♊
14	21 ♉ 55	26 ♍ 4	25 ♑ 13	24 ♑ 12	9 ♊ 11	1 ♋ 57	6 ♎ 10	17 ♏ 58	8 ♓ 59	2 ♉ 37	11 ♍ 49	24 ♋ 6	2 ♌	27 ♊	26 ♓	6 ♓	8 ♊
15	22 ♉ 52	8 ♎ 13	25 ♑ 10	24 ♑ 5	10 ♊ 55	3 ♋ 6	6 ♎ 7	17 ♏ 50	9 ♓ 3	2 ♉ 40	11 ♍ 49	24 ♋ 7	2 ♌	28 ♊	26 ♓	6 ♓	8 ♊
16	23 ♉ 50	20 ♎ 35	25 ♑ 7	23 ♑ 56	12 ♊ 35	4 ♋ 14	6 ♎ 5	17 ♏ 43	9 ♓ 7	2 ♉ 43	11 ♍ 48	24 ♋ 8	2 ♌	29 ♊	26 ♓	6 ♓	8 ♊
17	24 ♉ 48	3 ♏ 14	25 ♑ 4	23 ♑ 46	14 ♊ 13	5 ♋ 23	6 ♎ 3	17 ♏ 35	9 ♓ 10	2 ♉ 47	11 ♍ 48	24 ♋ 8	3 ♌	29 ♊	27 ♓	7 ♓	9 ♊
18	25 ♉ 46	16 ♏ 8	25 ♑ 0	23 ♑ 35	15 ♊ 47	6 ♋ 31	6 ♎ 3	17 ♏ 28	9 ♓ 13	2 ♉ 50	11 ♍ 48	24 ♋ 9	3 ♌	0 ♋	27 ♓	7 ♓	9 ♊
19	26 ♉ 44	29 ♏ 19	24 ♑ 57	23 ♑ 26	17 ♊ 17	7 ♋ 39	6 D 3	17 ♏ 20	9 ♓ 17	2 ♉ 53	11 ♍ 48	24 ♋ 10	3 ♌	0 ♋	28 ♓	8 ♓	9 ♊
20	27 ♉ 41	12 ♐ 44	24 ♑ 54	23 ♑ 19	18 ♊ 44	8 ♋ 47	6 ♎ 4	17 ♏ 13	9 ♓ 20	2 ♉ 56	11 ♍ 47	24 ♋ 11	4 ♌	1 ♋	28 ♓	8 ♓	9 ♊
21	28 ♉ 39	26 ♐ 22	24 ♑ 51	23 ♑ 13	20 ♊ 7	9 ♋ 55	6 ♎ 5	17 ♏ 5	9 ♓ 23	3 ♉ 0	11 ♍ 47	24 ♋ 12	4 ♌	2 ♋	28 ♓	8 ♓	9 ♊
22	29 ♉ 37	10 ♑ 9	24 ♑ 48	23 ♑ 10	21 ♊ 27	11 ♋ 3	6 ♎ 8	16 ♏ 58	9 ♓ 26	3 ♉ 3	11 ♍ 47	24 ♋ 13	4 ♌	2 ♋	29 ♓	9 ♓	9 ♊
23	0 ♊ 35	24 ♑ 5	24 ♑ 45	23 D 10	22 ♊ 43	12 ♋ 10	6 ♎ 11	16 ♏ 51	9 ♓ 29	3 ♉ 6	11 ♍ 47	24 ♋ 14	5 ♌	3 ♋	29 ♓	9 ♓	9 ♊
24	1 ♊ 32	8 ♒ 6	24 ♑ 41	23 ♑ 10	23 ♊ 56	13 ♋ 18	6 ♎ 15	16 ♏ 43	9 ♓ 32	3 ♉ 9	11 ♍ 47	24 ♋ 15	5 ♌	3 ♋	0 ♈	9 ♓	9 ♊
25	2 ♊ 30	22 ♒ 12	24 ♑ 38	23 ♑ 11	25 ♊ 5	14 ♋ 25	6 ♎ 20	16 ♏ 36	9 ♓ 35	3 ♉ 12	11 D 47	24 ♋ 17	5 ♌	4 ♋	0 ♈	10 ♓	9 ♊
26	3 ♊ 28	6 ♓ 21	24 ♑ 35	23 R 12	26 ♊ 10	15 ♋ 32	6 ♎ 25	16 ♏ 29	9 ♓ 37	3 ♉ 15	11 ♍ 47	24 ♋ 18	6 ♌	5 ♋	1 ♈	10 ♓	9 ♊
27	4 ♊ 25	20 ♓ 33	24 ♑ 32	23 ♑ 11	27 ♊ 11	16 ♋ 39	6 ♎ 31	16 ♏ 22	9 ♓ 40	3 ♉ 18	11 ♍ 47	24 ♋ 19	6 ♌	5 ♋	1 ♈	10 ♓	9 ♊
28	5 ♊ 23	4 ♈ 44	24 ♑ 29	23 ♑ 7	28 ♊ 8	17 ♋ 46	6 ♎ 37	16 ♏ 15	9 ♓ 42	3 ♉ 21	11 ♍ 47	24 ♋ 20	7 ♌	6 ♋	1 ♈	11 ♓	9 ♊
29	6 ♊ 20	18 ♈ 53	24 ♑ 26	23 ♑ 2	29 ♊ 2	18 ♋ 52	6 ♎ 45	16 ♏ 8	9 ♓ 45	3 ♉ 24	11 ♍ 47	24 ♋ 21	7 ♌	6 ♋	2 ♈	11 ♓	9 ♊
30	7 ♊ 18	2 ♉ 55	24 ♑ 22	22 ♑ 56	29 ♊ 51	19 ♋ 59	6 ♎ 53	16 ♏ 2	9 ♓ 47	3 ♉ 27	11 ♍ 48	24 ♋ 22	7 ♌	7 ♋	2 ♈	11 ♓	10 ♊
31	8 ♊ 15	16 ♉ 48	24 ♑ 19	22 ♑ 49	0 ♋ 36	21 ♋ 5	7 ♎ 2	15 ♏ 55	9 ♓ 49	3 ♉ 30	11 ♍ 48	24 ♋ 23	8 ♌	7 ♋	3 ♈	12 ♓	10 ♊

SUN INGRESS	☉ → ♊ 22日 09:25
MOON PHASE	● 3日 06:36 ♉ ◐ 10日 20:54 ♌ ○ 18日 18:57 ♏ ◑ 25日 18:44 ♓

aspects		
3日	15:38	☉△♆
3日	21:36	☿☍♃
6日	03:39	☿⚹♇
10日	09:20	☉☍♃
12日	09:04	☿△♂
13日	21:14	☿□♄
14日	14:36	♀⚹♅
15日	12:40	☿□♆
16日	07:15	☉⚹♇
17日	14:05	♀□♂
20日	12:07	♀△♄
22日	15:47	♀⚹♆
26日	18:33	♀△♃
29日	11:52	☉△♂

1935年6月

DAY	☉	☽	☊ mean	☊ true	☿	♀	♂	♃	♄	♅	♆	♇	⚳	⚴	⚵	⚶	⚷
	° ′	° ′	° ′	° ′	° ′	° ′	° ′	° ′	° ′	° ′	° ′	° ′	°	°	°	°	°
1	9 ♊ 13	0 ♊ 27	24 ♑ 16	22 R 42	1 D 17	22 D 11	7 D 11	15 R 49	9 D 51	3 D 33	11 D 48	24 D 25	8 D	8 D	3 D	12 D	10 D
2	10 ♊ 10	13 ♊ 50	24 ♑ 13	22 ♑ 36	1 ♋ 53	23 ♋ 17	7 ♎ 21	15 ♏ 42	9 ♓ 53	3 ♉ 36	11 ♍ 48	24 ♋ 26	8 ♌	9 ♋	3 ♈	12 ♓	10 ♊
3	11 ♊ 8	26 ♊ 55	24 ♑ 10	22 ♑ 31	2 ♋ 26	24 ♋ 23	7 ♎ 32	15 ♏ 36	9 ♓ 55	3 ♉ 39	11 ♍ 49	24 ♋ 27	9 ♌	9 ♋	4 ♈	12 ♓	10 ♊
4	12 ♊ 5	9 ♋ 41	24 ♑ 6	22 ♑ 28	2 ♋ 53	25 ♋ 28	7 ♎ 43	15 ♏ 30	9 ♓ 57	3 ♉ 42	11 ♍ 49	24 ♋ 28	9 ♌	10 ♋	4 ♈	13 ♓	10 ♊
5	13 ♊ 3	22 ♋ 10	24 ♑ 3	22 ♑ 28	3 ♋ 17	26 ♋ 34	7 ♎ 55	15 ♏ 23	9 ♓ 59	3 ♉ 45	11 ♍ 49	24 ♋ 30	10 ♌	10 ♋	5 ♈	13 ♓	10 ♊
6	14 ♊ 0	4 ♌ 23	24 ♑ 0	22 D 28	3 ♋ 36	27 ♋ 39	8 ♎ 7	15 ♏ 18	10 ♓ 0	3 ♉ 48	11 ♍ 50	24 ♋ 31	10 ♌	11 ♋	5 ♈	13 ♓	10 ♊
7	14 ♊ 58	16 ♌ 24	23 ♑ 57	22 ♑ 30	3 ♋ 50	28 ♋ 44	8 ♎ 20	15 ♏ 12	10 ♓ 2	3 ♉ 51	11 ♍ 50	24 ♋ 32	10 ♌	12 ♋	6 ♈	14 ♓	10 ♊
8	15 ♊ 55	28 ♌ 18	23 ♑ 54	22 ♑ 31	3 ♋ 59	29 ♋ 48	8 ♎ 34	15 ♏ 6	10 ♓ 3	3 ♉ 53	11 ♍ 51	24 ♋ 33	11 ♌	12 ♋	6 ♈	14 ♓	10 ♊
9	16 ♊ 53	10 ♍ 9	23 ♑ 51	22 ♑ 32	4 ♋ 4	0 ♌ 53	8 ♎ 48	15 ♏ 0	10 ♓ 5	3 ♉ 56	11 ♍ 51	24 ♋ 35	11 ♌	13 ♋	6 ♈	14 ♓	10 ♊
10	17 ♊ 50	22 ♍ 1	23 ♑ 47	22 R 33	4 R 5	1 ♌ 57	9 ♎ 3	14 ♏ 55	10 ♓ 6	3 ♉ 59	11 ♍ 52	24 ♋ 36	12 ♌	13 ♋	7 ♈	14 ♓	10 ♊
11	18 ♊ 47	4 ♎ 1	23 ♑ 44	22 ♑ 31	4 ♋ 1	3 ♌ 1	9 ♎ 18	14 ♏ 50	10 ♓ 7	4 ♉ 1	11 ♍ 52	24 ♋ 37	12 ♌	14 ♋	7 ♈	15 ♓	11 ♊
12	19 ♊ 45	16 ♎ 12	23 ♑ 41	22 ♑ 29	3 ♋ 52	4 ♌ 5	9 ♎ 34	14 ♏ 44	10 ♓ 8	4 ♉ 4	11 ♍ 53	24 ♋ 39	12 ♌	14 ♋	8 ♈	15 ♓	11 ♊
13	20 ♊ 42	28 ♎ 38	23 ♑ 38	22 ♑ 25	3 ♋ 39	5 ♌ 8	9 ♎ 50	14 ♏ 39	10 ♓ 9	4 ♉ 7	11 ♍ 53	24 ♋ 40	13 ♌	15 ♋	8 ♈	15 ♓	11 ♊
14	21 ♊ 39	11 ♏ 23	23 ♑ 35	22 ♑ 20	3 ♋ 23	6 ♌ 11	10 ♎ 7	14 ♏ 34	10 ♓ 10	4 ♉ 9	11 ♍ 54	24 ♋ 42	13 ♌	16 ♋	8 ♈	15 ♓	11 ♊
15	22 ♊ 37	24 ♏ 28	23 ♑ 32	22 ♑ 16	3 ♋ 2	7 ♌ 14	10 ♎ 24	14 ♏ 30	10 ♓ 10	4 ♉ 12	11 ♍ 55	24 ♋ 43	14 ♌	16 ♋	9 ♈	16 ♓	11 ♊
16	23 ♊ 34	7 ♐ 54	23 ♑ 28	22 ♑ 11	2 ♋ 39	8 ♌ 17	10 ♎ 42	14 ♏ 25	10 ♓ 11	4 ♉ 14	11 ♍ 55	24 ♋ 44	14 ♌	17 ♋	9 ♈	16 ♓	11 ♊
17	24 ♊ 31	21 ♐ 38	23 ♑ 25	22 ♑ 8	2 ♋ 12	9 ♌ 19	11 ♎ 1	14 ♏ 21	10 ♓ 12	4 ♉ 17	11 ♍ 56	24 ♋ 46	14 ♌	17 ♋	10 ♈	16 ♓	11 ♊
18	25 ♊ 28	5 ♑ 39	23 ♑ 22	22 ♑ 6	1 ♋ 43	10 ♌ 21	11 ♎ 19	14 ♏ 16	10 ♓ 12	4 ♉ 19	11 ♍ 57	24 ♋ 47	15 ♌	18 ♋	10 ♈	16 ♓	11 ♊
19	26 ♊ 26	19 ♑ 53	23 ♑ 19	22 ♑ 5	1 ♋ 11	11 ♌ 23	11 ♎ 39	14 ♏ 12	10 ♓ 12	4 ♉ 22	11 ♍ 58	24 ♋ 49	15 ♌	19 ♋	10 ♈	17 ♓	11 ♊
20	27 ♊ 23	4 ♒ 14	23 ♑ 16	22 D 5	0 ♋ 38	12 ♌ 25	11 ♎ 58	14 ♏ 8	10 ♓ 13	4 ♉ 24	11 ♍ 59	24 ♋ 50	16 ♌	19 ♋	11 ♈	17 ♓	11 ♊
21	28 ♊ 20	18 ♒ 38	23 ♑ 12	22 ♑ 7	0 ♋ 4	13 ♌ 26	12 ♎ 18	14 ♏ 5	10 ♓ 13	4 ♉ 27	11 ♍ 59	24 ♋ 52	16 ♌	20 ♋	11 ♈	17 ♓	11 ♊
22	29 ♊ 17	3 ♓ 2	23 ♑ 9	22 ♑ 8	29 ♊ 29	14 ♌ 27	12 ♎ 39	14 ♏ 1	10 R 13	4 ♉ 29	12 ♍ 0	24 ♋ 53	16 ♌	20 ♋	11 ♈	17 ♓	11 ♊
23	0 ♋ 15	17 ♓ 21	23 ♑ 6	22 ♑ 9	28 ♊ 55	15 ♌ 27	13 ♎ 0	13 ♏ 57	10 ♓ 13	4 ♉ 31	12 ♍ 1	24 ♋ 55	17 ♌	21 ♋	12 ♈	18 ♓	11 ♊
24	1 ♋ 12	1 ♈ 33	23 ♑ 3	22 R 9	28 ♊ 21	16 ♌ 27	13 ♎ 21	13 ♏ 54	10 ♓ 13	4 ♉ 33	12 ♍ 2	24 ♋ 56	17 ♌	21 ♋	12 ♈	18 ♓	12 ♊
25	2 ♋ 9	15 ♈ 36	23 ♑ 0	22 ♑ 9	27 ♊ 48	17 ♌ 27	13 ♎ 43	13 ♏ 51	10 ♓ 12	4 ♉ 36	12 ♍ 3	24 ♋ 58	18 ♌	22 ♋	13 ♈	18 ♓	12 ♊
26	3 ♋ 6	29 ♈ 29	22 ♑ 57	22 ♑ 8	27 ♊ 18	18 ♌ 26	14 ♎ 5	13 ♏ 48	10 ♓ 12	4 ♉ 38	12 ♍ 4	24 ♋ 59	18 ♌	23 ♋	13 ♈	18 ♓	12 ♊
27	4 ♋ 4	13 ♉ 9	22 ♑ 53	22 ♑ 6	26 ♊ 50	19 ♌ 25	14 ♎ 28	13 ♏ 45	10 ♓ 12	4 ♉ 40	12 ♍ 5	25 ♋ 1	18 ♌	23 ♋	13 ♈	18 ♓	12 ♊
28	5 ♋ 1	26 ♉ 36	22 ♑ 50	22 ♑ 3	26 ♊ 24	20 ♌ 24	14 ♎ 51	13 ♏ 43	10 ♓ 11	4 ♉ 42	12 ♍ 6	25 ♋ 2	19 ♌	24 ♋	14 ♈	18 ♓	12 ♊
29	5 ♋ 58	9 ♊ 50	22 ♑ 47	22 ♑ 1	26 ♊ 2	21 ♌ 23	15 ♎ 14	13 ♏ 40	10 ♓ 10	4 ♉ 44	12 ♍ 7	25 ♋ 4	19 ♌	24 ♋	14 ♈	19 ♓	12 ♊
30	6 ♋ 55	22 ♊ 49	22 ♑ 44	21 ♑ 59	25 ♊ 44	22 ♌ 20	15 ♎ 38	13 ♏ 38	10 ♓ 10	4 ♉ 46	12 ♍ 9	25 ♋ 5	20 ♌	25 ♋	14 ♈	19 ♓	12 ♊

SUN INGRESS	☉ → ♋ 22日 17:38
MOON PHASE	● 1日 16:52 ♊ ◐ 9日 14:49 ♍ ○ 17日 05:20 ♐ ◑ 23日 23:21 ♈

aspects		
1日	16:33	☉□♄
3日	01:35	♀☌♇
3日	17:04	☉□♆
7日	02:26	☿⚹♅
10日	21:20	☿⚹♅
11日	23:50	♀□♅
19日	08:53	♀⚹♂
21日	14:28	♀□♃
22日	03:04	☉☌☿
27日	15:47	☉⚹♅

1935年7月

DAY	☉	☽	☊ mean	☊ true	☿	♀	♂	♃	♄	♅	♆	♇	⚳	⚴	⚵	⚶	⚷
	° ′	° ′	° ′	° ′	° ′	° ′	° ′	° ′	° ′	° ′	° ′	° ′	°	°	°	°	°
1	7♋53	5♋34	22♑41	21 R 58	25 R 30	23 D 18	16 D 2	13 R 36	10 R 9	4 D 48	12 D 10	25 D 7	20 D	25 D	15 D	19 D	12 D
2	8♋50	18♋5	22♑38	21♑57	25♊20	24♌15	16♎27	13♏34	10♓8	4♉50	12♍11	25♋8	20♌	26♋	15♈	19♓	12♊
3	9♋47	0♌24	22♑34	21 D 57	25♊14	25♌12	16♎52	13♏32	10♓7	4♉52	12♍12	25♋10	21♌	27♋	16♈	19♓	12♊
4	10♋44	12♌30	22♑31	21♑58	25 D 14	26♌8	17♎17	13♏31	10♓6	4♉54	12♍13	25♋12	21♌	27♋	16♈	19♓	12♊
5	11♋41	24♌28	22♑28	21♑59	25♊18	27♌3	17♎42	13♏29	10♓5	4♉55	12♍15	25♋13	22♌	28♋	16♈	20♓	12♊
6	12♋39	6♍21	22♑25	22♑0	25♊27	27♌58	18♎8	13♏28	10♓3	4♉57	12♍16	25♋15	22♌	28♋	17♈	20♓	12♊
7	13♋36	18♍11	22♑22	22♑1	25♊41	28♌53	18♎35	13♏27	10♓2	4♉59	12♍17	25♋16	23♌	29♋	17♈	20♓	13♊
8	14♋33	0♎3	22♑18	22♑1	26♊1	29♌47	19♎1	13♏26	10♓0	5♉1	12♍19	25♋18	23♌	0♌	17♈	20♓	13♊
9	15♋30	12♎2	22♑15	22♑2	26♊25	0♍41	19♎28	13♏26	9♓59	5♉2	12♍20	25♋20	23♌	0♌	18♈	20♓	13♊
10	16♋27	24♎12	22♑12	22 R 2	26♊55	1♍34	19♎55	13♏25	9♓57	5♉4	12♍21	25♋21	24♌	1♌	18♈	20♓	13♊
11	17♋25	6♏38	22♑9	22♑1	27♊29	2♍26	20♎23	13♏25	9♓55	5♉5	12♍23	25♋23	24♌	1♌	18♈	20♓	13♊
12	18♋22	19♏23	22♑6	22♑1	28♊9	3♍18	20♎50	13♏25	9♓53	5♉7	12♍24	25♋24	25♌	2♌	19♈	20♓	13♊
13	19♋19	2♐30	22♑3	22♑1	28♊54	4♍9	21♎18	13 D 25	9♓51	5♉8	12♍26	25♋26	25♌	2♌	19♈	20♓	13♊
14	20♋16	16♐2	21♑59	22♑0	29♊43	4♍59	21♎47	13♏25	9♓49	5♉10	12♍27	25♋28	26♌	3♌	19♈	20♓	13♊
15	21♋13	29♐58	21♑56	22♑0	0♋38	5♍49	22♎16	13♏26	9♓47	5♉11	12♍29	25♋29	26♌	3♌	20♈	21♓	13♊
16	22♋11	14♑15	21♑53	22 D 0	1♋37	6♍38	22♎44	13♏26	9♓45	5♉13	12♍30	25♋31	26♌	4♌	20♈	21♓	13♊
17	23♋8	28♑50	21♑50	22 R 0	2♋42	7♍26	23♎14	13♏27	9♓43	5♉14	12♍32	25♋33	27♌	5♌	20♈	21♓	13♊
18	24♋5	13♒36	21♑47	22♑0	3♋50	8♍13	23♎43	13♏28	9♓40	5♉15	12♍33	25♋34	27♌	5♌	21♈	21♓	13♊
19	25♋2	28♒27	21♑44	22♑0	5♋4	9♍0	24♎13	13♏29	9♓38	5♉16	12♍35	25♋36	28♌	6♌	21♈	21♓	13♊
20	26♋0	13♓14	21♑40	22♑0	6♋22	9♍46	24♎43	13♏31	9♓35	5♉17	12♍37	25♋38	28♌	6♌	21♈	21♓	13♊
21	26♋57	27♓51	21♑37	21♑59	7♋45	10♍31	25♎13	13♏32	9♓32	5♉18	12♍38	25♋39	29♌	7♌	22♈	21♓	13♊
22	27♋54	12♈14	21♑34	21♑59	9♋12	11♍15	25♎44	13♏34	9♓30	5♉20	12♍40	25♋41	29♌	7♌	22♈	21♓	14♊
23	28♋51	26♈19	21♑31	21♑59	10♋43	11♍58	26♎14	13♏36	9♓27	5♉21	12♍42	25♋42	29♌	8♌	22♈	21 R	14♊
24	29♋49	10♉5	21♑28	21 D 59	12♋19	12♍40	26♎45	13♏38	9♓24	5♉21	12♍43	25♋44	0♍	9♌	23♈	21♓	14♊
25	0♌46	23♉33	21♑24	21♑59	13♋58	13♍21	27♎16	13♏40	9♓21	5♉22	12♍45	25♋46	0♍	9♌	23♈	21♓	14♊
26	1♌43	6♊42	21♑21	22♑0	15♋41	14♍1	27♎48	13♏42	9♓18	5♉23	12♍47	25♋47	1♍	10♌	23♈	21♓	14♊
27	2♌41	19♊35	21♑18	22♑1	17♋27	14♍40	28♎20	13♏45	9♓15	5♉24	12♍49	25♋49	1♍	10♌	23♈	21♓	14♊
28	3♌38	2♋14	21♑15	22♑2	19♋17	15♍18	28♎52	13♏48	9♓12	5♉25	12♍51	25♋51	2♍	11♌	24♈	21♓	14♊
29	4♌35	14♋40	21♑12	22♑2	21♋10	15♍55	29♎24	13♏51	9♓8	5♉26	12♍52	25♋52	2♍	11♌	24♈	21♓	14♊
30	5♌33	26♋55	21♑9	22 R 2	23♋5	16♍31	29♎56	13♏54	9♓5	5♉26	12♍54	25♋54	3♍	12♌	24♈	21♓	14♊
31	6♌30	9♌2	21♑5	22♑2	25♋3	17♍5	0♏29	13♏57	9♓2	5♉27	12♍56	25♋55	3♍	12♌	25♈	20♓	14♊

SUN INGRESS ☉→♌ 24日 04:33

MOON PHASE ● 1日 04:44 ♋　◐ 9日 07:28 ♎　○ 16日 14:00 ♑　◑ 23日 04:42 ♈　● 30日 18:32 ♌

aspects

3日	01:10	☿⚹♀
3日	08:12	☉△♄
5日	14:15	☉⚹♆
6日	20:24	☉△♃
14日	05:22	♀△♅
17日	04:57	☉□♂
19日	03:53	☿⚹♅
19日	14:29	☉☌♇
19日	18:44	♀☍♄
21日	21:44	♂□♇
22日	04:37	☿△♄
24日	02:08	♀☌♆
24日	06:13	☿⚹♆
24日	09:03	☿⚹♀
24日	19:38	☿△♃
25日	11:54	♀⚹♃
29日	21:15	☉□♅
31日	10:40	☿☌♇

1935年8月

DAY	☉	☽	☊ mean	☊ true	☿	♀	♂	♃	♄	♅	♆	♇	⚳	⚴	⚵	⚶	⚷
	° ′	° ′	° ′	° ′	° ′	° ′	° ′	° ′	° ′	° ′	° ′	° ′	°	°	°	°	°
1	7♌27	21♌1	21♑2	22 R 0	27 D 3	17 D 38	1 D 2	14 D 0	8 R 58	5 D 27	12 D 58	25 D 57	3 D	13 D	25 D	20 R	14 D
2	8♌25	2♍54	20♑59	21♑58	29♋4	18♍10	1♏35	14♏4	8♓55	5♉28	13♍0	25♋59	4♍	14♌	25♈	20♓	14♊
3	9♌22	14♍45	20♑56	21♑56	1♌7	18♍40	2♏8	14♏8	8♓51	5♉28	13♍2	26♋0	4♍	14♌	25♈	20♓	14♊
4	10♌20	26♍35	20♑53	21♑53	3♌11	19♍9	2♏41	14♏12	8♓47	5♉29	13♍4	26♋2	5♍	15♌	26♈	20♓	14♊
5	11♌17	8♎27	20♑50	21♑50	5♌15	19♍36	3♏15	14♏16	8♓44	5♉29	13♍6	26♋3	5♍	15♌	26♈	20♓	14♊
6	12♌15	20♎26	20♑46	21♑48	7♌20	20♍2	3♏49	14♏20	8♓40	5♉29	13♍8	26♋5	6♍	16♌	26♈	20♓	14♊
7	13♌12	2♏34	20♑43	21♑47	9♌25	20♍26	4♏23	14♏24	8♓36	5♉30	13♍9	26♋7	6♍	16♌	26♈	20♓	14♊
8	14♌10	14♏56	20♑40	21 D 46	11♌30	20♍48	4♏57	14♏29	8♓32	5♉30	13♍11	26♋8	7♍	17♌	27♈	20♓	15♊
9	15♌7	27♏37	20♑37	21♑47	13♌34	21♍9	5♏32	14♏34	8♓28	5♉30	13♍13	26♋10	7♍	17♌	27♈	20♓	15♊
10	16♌5	10♐40	20♑34	21♑48	15♌37	21♍28	6♏6	14♏39	8♓24	5♉30	13♍16	26♋11	7♍	18♌	27♈	19♓	15♊
11	17♌2	24♐9	20♑30	21♑49	17♌40	21♍45	6♏41	14♏44	8♓20	5♉30	13♍18	26♋13	8♍	18♌	27♈	19♓	15♊
12	18♌0	8♑4	20♑27	21♑51	19♌42	22♍0	7♏16	14♏49	8♓16	5♉30	13♍20	26♋14	8♍	19♌	28♈	19♓	15♊
13	18♌57	22♑26	20♑24	21 R 51	21♌42	22♍12	7♏51	14♏54	8♓12	5 R 30	13♍22	26♋16	9♍	20♌	28♈	19♓	15♊
14	19♌55	7♒11	20♑21	21♑50	23♌42	22♍23	8♏27	15♏0	8♓8	5♉30	13♍24	26♋17	9♍	20♌	28♈	19♓	15♊
15	20♌53	22♒13	20♑18	21♑48	25♌40	22♍32	9♏2	15♏5	8♓3	5♉30	13♍26	26♋19	10♍	21♌	28♈	19♓	15♊
16	21♌50	7♓23	20♑15	21♑45	27♌37	22♍39	9♏38	15♏11	7♓59	5♉30	13♍28	26♋20	10♍	21♌	28♈	19♓	15♊
17	22♌48	22♓32	20♑11	21♑41	29♌32	22♍43	10♏14	15♏17	7♓55	5♉30	13♍30	26♋22	11♍	22♌	29♈	18♓	15♊
18	23♌45	7♈30	20♑8	21♑37	1♍27	22♍45	10♏50	15♏23	7♓51	5♉29	13♍32	26♋23	11♍	22♌	29♈	18♓	15♊
19	24♌43	22♈9	20♑5	21♑33	3♍20	22 R 45	11♏26	15♏29	7♓46	5♉29	13♍34	26♋25	12♍	23♌	29♈	18♓	15♊
20	25♌41	6♉24	20♑2	21♑30	5♍11	22♍43	12♏3	15♏36	7♓42	5♉29	13♍36	26♋26	12♍	23♌	29♈	18♓	15♊
21	26♌39	20♉13	19♑59	21♑28	7♍1	22♍38	12♏39	15♏42	7♓37	5♉28	13♍38	26♋28	12♍	24♌	29♈	18♓	15♊
22	27♌36	3♊37	19♑56	21 D 28	8♍50	22♍31	13♏16	15♏49	7♓33	5♉28	13♍41	26♋29	13♍	24♌	29♈	17♓	15♊
23	28♌34	16♊38	19♑52	21♑29	10♍37	22♍21	13♏53	15♏56	7♓28	5♉27	13♍43	26♋31	13♍	25♌	0♉	17♓	15♊
24	29♌32	29♊19	19♑49	21♑31	12♍23	22♍9	14♏30	16♏3	7♓24	5♉27	13♍45	26♋32	14♍	25♌	0♉	17♓	15♊
25	0♍30	11♋44	19♑46	21♑32	14♍7	21♍55	15♏7	16♏10	7♓19	5♉26	13♍47	26♋33	14♍	26♌	0♉	17♓	15♊
26	1♍28	23♋57	19♑43	21 R 33	15♍50	21♍39	15♏45	16♏17	7♓15	5♉26	13♍49	26♋35	15♍	26♌	0♉	16♓	15♊
27	2♍26	6♌0	19♑40	21♑32	17♍32	21♍20	16♏22	16♏24	7♓10	5♉25	13♍51	26♋36	15♍	27♌	0♉	16♓	15♊
28	3♍24	17♌57	19♑36	21♑28	19♍13	20♍59	17♏0	16♏32	7♓6	5♉24	13♍54	26♋38	16♍	28♌	0♉	16♓	15♊
29	4♍22	29♌49	19♑33	21♑23	20♍52	20♍36	17♏38	16♏39	7♓1	5♉23	13♍56	26♋39	16♍	28♌	0♉	16♓	15♊
30	5♍20	11♍40	19♑30	21♑16	22♍30	20♍10	18♏16	16♏47	6♓57	5♉22	13♍58	26♋40	17♍	29♌	0♉	15♓	15♊
31	6♍18	23♍30	19♑27	21♑8	24♍6	19♍43	18♏54	16♏55	6♓52	5♉22	14♍0	26♋42	17♍	29♌	1♉	15♓	15♊

SUN INGRESS ☉→♍ 24日 11:24

MOON PHASE ◐ 7日 22:23 ♏　○ 14日 21:44 ♒　◑ 21日 12:17 ♉　● 29日 10:00 ♍

aspects

3日	16:08	☿□♂
5日	02:40	☿□♅
8日	08:45	☉□♅
8日	22:56	♂☍♅
9日	12:07	☿□♃
10日	10:06	☉☌☿
13日	12:23	♂△♄
20日	03:51	☿△♅
21日	07:41	☿☍♄
22日	17:03	♂⚹♆
24日	19:15	☿☌♆
25日	21:48	☿⚹♂
26日	06:43	☿⚹♃
27日	01:53	♂☌♃
28日	20:47	☿☌♀
30日	01:11	☉△♅
31日	13:14	☉☍♄
31日	17:39	♀⚹♂

1935年9月

DAY	☉	☽	☊ mean	☊ true	☿	♀	♂	♃	♄	♅	♆	♇	⚳	⚴	⚵	⚶	⚷
	° ′	° ′	° ′	° ′	° ′	° ′	° ′	° ′	° ′	° ′	° ′	° ′	°	°	°	°	°
1	7 ♍ 16	5 ♎ 22	19 ♑ 24	20 R 59	25 D 42	19 R 14	19 D 32	17 D 3	6 R 48	5 R 21	14 D 3	26 D 43	17 D	0 D	1 D	15 R	15 D
2	8 ♍ 14	17 ♎ 17	19 ♑ 21	20 ♑ 51	27 ♍ 16	18 ♍ 43	20 ♏ 10	17 ♏ 11	6 ♓ 43	5 ♉ 20	14 ♍ 5	26 ♋ 44	18 ♍	0 ♍	1 ♉	15 ♓	16 ♊
3	9 ♍ 12	29 ♎ 18	19 ♑ 17	20 ♑ 43	28 ♍ 49	18 ♍ 11	20 ♏ 49	17 ♏ 19	6 ♓ 38	5 ♉ 19	14 ♍ 7	26 ♋ 45	18 ♍	1 ♍	1 ♉	14 ♓	16 ♊
4	10 ♍ 10	11 ♏ 28	19 ♑ 14	20 ♑ 38	0 ♎ 20	17 ♍ 37	21 ♏ 28	17 ♏ 28	6 ♓ 34	5 ♉ 18	14 ♍ 9	26 ♋ 47	19 ♍	1 ♍	1 ♉	14 ♓	16 ♊
5	11 ♍ 8	23 ♏ 49	19 ♑ 11	20 ♑ 34	1 ♎ 50	17 ♍ 3	22 ♏ 7	17 ♏ 36	6 ♓ 29	5 ♉ 16	14 ♍ 11	26 ♋ 48	19 ♍	2 ♍	1 ♉	14 ♓	16 ♊
6	12 ♍ 6	6 ♐ 27	19 ♑ 8	20 ♑ 32	3 ♎ 19	16 ♍ 27	22 ♏ 46	17 ♏ 45	6 ♓ 25	5 ♉ 15	14 ♍ 14	26 ♋ 49	20 ♍	2 ♍	1 ♉	14 ♓	16 ♊
7	13 ♍ 4	19 ♐ 24	19 ♑ 5	20 D 32	4 ♎ 47	15 ♍ 50	23 ♏ 25	17 ♏ 54	6 ♓ 20	5 ♉ 14	14 ♍ 16	26 ♋ 50	20 ♍	3 ♍	1 ♉	13 ♓	16 ♊
8	14 ♍ 3	2 ♑ 44	19 ♑ 1	20 ♑ 33	6 ♎ 14	15 ♍ 13	24 ♏ 4	18 ♏ 2	6 ♓ 16	5 ♉ 13	14 ♍ 18	26 ♋ 52	21 ♍	3 ♍	1 ♉	13 ♓	16 ♊
9	15 ♍ 1	16 ♑ 31	18 ♑ 58	20 ♑ 34	7 ♎ 39	14 ♍ 36	24 ♏ 43	18 ♏ 11	6 ♓ 11	5 ♉ 12	14 ♍ 20	26 ♋ 53	21 ♍	4 ♍	1 ♉	13 ♓	16 ♊
10	15 ♍ 59	0 ♒ 45	18 ♑ 55	20 R 34	9 ♎ 3	13 ♍ 59	25 ♏ 23	18 ♏ 20	6 ♓ 7	5 ♉ 10	14 ♍ 23	26 ♋ 54	22 ♍	4 ♍	1 ♉	13 ♓	16 ♊
11	16 ♍ 58	15 ♒ 26	18 ♑ 52	20 ♑ 31	10 ♎ 25	13 ♍ 22	26 ♏ 2	18 ♏ 30	6 ♓ 2	5 ♉ 9	14 ♍ 25	26 ♋ 55	22 ♍	5 ♍	1 ♉	12 ♓	16 ♊
12	17 ♍ 56	0 ♓ 28	18 ♑ 49	20 ♑ 27	11 ♎ 46	12 ♍ 46	26 ♏ 42	18 ♏ 39	5 ♓ 58	5 ♉ 7	14 ♍ 27	26 ♋ 56	22 ♍	5 ♍	1 ♉	12 ♓	16 ♊
13	18 ♍ 54	15 ♓ 44	18 ♑ 46	20 ♑ 20	13 ♎ 6	12 ♍ 10	27 ♏ 22	18 ♏ 48	5 ♓ 54	5 ♉ 6	14 ♍ 29	26 ♋ 57	23 ♍	6 ♍	1 R	12 ♓	16 ♊
14	19 ♍ 53	1 ♈ 3	18 ♑ 42	20 ♑ 11	14 ♎ 24	11 ♍ 35	28 ♏ 2	18 ♏ 58	5 ♓ 49	5 ♉ 4	14 ♍ 31	26 ♋ 58	23 ♍	6 ♍	1 ♉	12 ♓	16 ♊
15	20 ♍ 51	16 ♈ 14	18 ♑ 39	20 ♑ 2	15 ♎ 40	11 ♍ 2	28 ♏ 42	19 ♏ 7	5 ♓ 45	5 ♉ 3	14 ♍ 34	26 ♋ 59	24 ♍	7 ♍	1 ♉	11 ♓	16 ♊
16	21 ♍ 49	1 ♉ 7	18 ♑ 36	19 ♑ 54	16 ♎ 55	10 ♍ 30	29 ♏ 23	19 ♏ 17	5 ♓ 41	5 ♉ 1	14 ♍ 36	27 ♋ 0	24 ♍	7 ♍	1 ♉	11 ♓	16 ♊
17	22 ♍ 48	15 ♉ 34	18 ♑ 33	19 ♑ 47	18 ♎ 9	9 ♍ 59	0 ♐ 3	19 ♏ 27	5 ♓ 36	5 ♉ 0	14 ♍ 38	27 ♋ 1	25 ♍	8 ♍	1 ♉	11 ♓	16 ♊
18	23 ♍ 46	29 ♉ 32	18 ♑ 30	19 ♑ 42	19 ♎ 21	9 ♍ 30	0 ♐ 43	19 ♏ 37	5 ♓ 32	4 ♉ 58	14 ♍ 40	27 ♋ 2	25 ♍	8 ♍	1 ♉	11 ♓	16 ♊
19	24 ♍ 45	13 ♊ 1	18 ♑ 27	19 ♑ 40	20 ♎ 30	9 ♍ 3	1 ♐ 24	19 ♏ 47	5 ♓ 28	4 ♉ 56	14 ♍ 42	27 ♋ 3	26 ♍	9 ♍	1 ♉	11 ♓	16 ♊
20	25 ♍ 44	26 ♊ 2	18 ♑ 23	19 D 39	21 ♎ 38	8 ♍ 38	2 ♐ 5	19 ♏ 57	5 ♓ 24	4 ♉ 55	14 ♍ 45	27 ♋ 4	26 ♍	9 ♍	1 ♉	10 ♓	16 ♊
21	26 ♍ 42	8 ♋ 40	18 ♑ 20	19 ♑ 39	22 ♎ 44	8 ♍ 15	2 ♐ 46	20 ♏ 7	5 ♓ 20	4 ♉ 53	14 ♍ 47	27 ♋ 5	27 ♍	10 ♍	1 ♉	10 ♓	16 ♊
22	27 ♍ 41	20 ♋ 59	18 ♑ 17	19 R 40	23 ♎ 48	7 ♍ 55	3 ♐ 27	20 ♏ 17	5 ♓ 16	4 ♉ 51	14 ♍ 49	27 ♋ 6	27 ♍	10 ♍	1 ♉	10 ♓	16 ♊
23	28 ♍ 40	3 ♌ 5	18 ♑ 14	19 ♑ 39	24 ♎ 49	7 ♍ 36	4 ♐ 8	20 ♏ 28	5 ♓ 12	4 ♉ 49	14 ♍ 51	27 ♋ 7	27 ♍	11 ♍	1 ♉	10 ♓	16 ♊
24	29 ♍ 38	15 ♌ 2	18 ♑ 11	19 ♑ 36	25 ♎ 48	7 ♍ 20	4 ♐ 49	20 ♏ 38	5 ♓ 8	4 ♉ 48	14 ♍ 53	27 ♋ 8	28 ♍	11 ♍	1 ♉	9 ♓	16 ♊
25	0 ♎ 37	26 ♌ 53	18 ♑ 7	19 ♑ 30	26 ♎ 44	7 ♍ 7	5 ♐ 30	20 ♏ 49	5 ♓ 4	4 ♉ 46	14 ♍ 56	27 ♋ 9	28 ♍	12 ♍	1 ♉	9 ♓	16 R
26	1 ♎ 36	8 ♍ 42	18 ♑ 4	19 ♑ 22	27 ♎ 38	6 ♍ 56	6 ♐ 12	20 ♏ 59	5 ♓ 0	4 ♉ 44	14 ♍ 58	27 ♋ 10	29 ♍	12 ♍	0 ♉	9 ♓	16 ♊
27	2 ♎ 35	20 ♍ 33	18 ♑ 1	19 ♑ 11	28 ♎ 28	6 ♍ 47	6 ♐ 53	21 ♏ 10	4 ♓ 56	4 ♉ 42	15 ♍ 0	27 ♋ 11	29 ♍	13 ♍	0 ♉	9 ♓	16 ♊
28	3 ♎ 34	2 ♎ 26	17 ♑ 58	18 ♑ 58	29 ♎ 15	6 ♍ 41	7 ♐ 35	21 ♏ 21	4 ♓ 52	4 ♉ 40	15 ♍ 2	27 ♋ 11	0 ♎	13 ♍	0 ♉	9 ♓	16 ♊
29	4 ♎ 33	14 ♎ 23	17 ♑ 55	18 ♑ 44	29 ♎ 58	6 ♍ 37	8 ♐ 17	21 ♏ 32	4 ♓ 49	4 ♉ 38	15 ♍ 4	27 ♋ 12	0 ♎	14 ♍	0 ♉	8 ♓	16 ♊
30	5 ♎ 32	26 ♎ 25	17 ♑ 52	18 ♑ 31	0 ♏ 37	6 ♍ 36	8 ♐ 58	21 ♏ 43	4 ♓ 45	4 ♉ 36	15 ♍ 6	27 ♋ 13	1 ♎	14 ♍	0 ♉	8 ♓	16 ♊

SUN INGRESS ☉→♎24日 08:38

MOON PHASE ◐ 6日 11:26 ♐ ○ 13日 05:18 ♓ ◑ 19日 23:23 ♊ ● 28日 02:29 ♎

aspects

1日	15:46	☿⚹♇
4日	05:19	♀⚹♃
8日	06:35	☉☌♆
8日	17:48	☉☌♀
9日	09:46	♀☌♆
12日	08:38	♂△♇
12日	21:05	☉⚹♃
21日	09:38	☉⚹♇
24日	09:58	♂□♄
25日	11:03	☿□♇
26日	21:04	♀□♂

1935年10月

DAY	☉	☽	☊ mean	☊ true	☿	♀	♂	♃	♄	♅	♆	♇	⚳	⚴	⚵	⚶	⚷
	° ′	° ′	° ′	° ′	° ′	° ′	° ′	° ′	° ′	° ′	° ′	° ′	°	°	°	°	°
1	6 ♎ 31	8 ♏ 33	17 ♑ 48	18 R 18	1 D 12	6 D 36	9 D 40	21 D 54	4 R 42	4 R 34	15 D 8	27 D 14	1 D	15 D	0 R	8 R	16 R
2	7 ♎ 30	20 ♏ 50	17 ♑ 45	18 ♑ 9	1 ♏ 42	6 ♍ 40	10 ♐ 22	22 ♏ 5	4 ♓ 38	4 ♉ 32	15 ♍ 10	27 ♋ 14	2 ♎	15 ♍	0 ♉	8 ♓	16 ♊
3	8 ♎ 29	3 ♐ 17	17 ♑ 42	18 ♑ 2	2 ♏ 7	6 ♍ 45	11 ♐ 5	22 ♏ 16	4 ♓ 35	4 ♉ 29	15 ♍ 13	27 ♋ 15	2 ♎	16 ♍	0 ♉	8 ♓	16 ♊
4	9 ♎ 28	15 ♐ 57	17 ♑ 39	17 ♑ 57	2 ♏ 27	6 ♍ 53	11 ♐ 47	22 ♏ 27	4 ♓ 31	4 ♉ 27	15 ♍ 15	27 ♋ 16	2 ♎	16 ♍	29 ♈	8 ♓	16 ♊
5	10 ♎ 27	28 ♐ 53	17 ♑ 36	17 ♑ 56	2 ♏ 40	7 ♍ 3	12 ♐ 29	22 ♏ 39	4 ♓ 28	4 ♉ 25	15 ♍ 17	27 ♋ 16	3 ♎	17 ♍	29 ♈	8 ♓	16 ♊
6	11 ♎ 26	12 ♑ 8	17 ♑ 33	17 D 55	2 ♏ 48	7 ♍ 15	13 ♐ 12	22 ♏ 50	4 ♓ 25	4 ♉ 23	15 ♍ 19	27 ♋ 17	3 ♎	17 ♍	29 ♈	7 ♓	16 ♊
7	12 ♎ 25	25 ♑ 45	17 ♑ 29	17 R 55	2 R 48	7 ♍ 29	13 ♐ 54	23 ♏ 2	4 ♓ 22	4 ♉ 21	15 ♍ 21	27 ♋ 18	4 ♎	18 ♍	29 ♈	7 ♓	16 ♊
8	13 ♎ 24	9 ♒ 46	17 ♑ 26	17 ♑ 54	2 ♏ 41	7 ♍ 45	14 ♐ 37	23 ♏ 13	4 ♓ 19	4 ♉ 18	15 ♍ 23	27 ♋ 18	4 ♎	18 ♍	29 ♈	7 ♓	16 ♊
9	14 ♎ 23	24 ♒ 12	17 ♑ 23	17 ♑ 51	2 ♏ 26	8 ♍ 4	15 ♐ 20	23 ♏ 25	4 ♓ 16	4 ♉ 16	15 ♍ 25	27 ♋ 19	5 ♎	19 ♍	28 ♈	7 ♓	16 ♊
10	15 ♎ 23	9 ♓ 1	17 ♑ 20	17 ♑ 45	2 ♏ 3	8 ♍ 24	16 ♐ 3	23 ♏ 37	4 ♓ 13	4 ♉ 14	15 ♍ 27	27 ♋ 19	5 ♎	19 ♍	28 ♈	7 ♓	16 ♊
11	16 ♎ 22	24 ♓ 5	17 ♑ 17	17 ♑ 36	1 ♏ 32	8 ♍ 46	16 ♐ 46	23 ♏ 48	4 ♓ 10	4 ♉ 12	15 ♍ 29	27 ♋ 20	6 ♎	20 ♍	28 ♈	7 ♓	16 ♊
12	17 ♎ 21	9 ♈ 17	17 ♑ 13	17 ♑ 26	0 ♏ 53	9 ♍ 9	17 ♐ 29	24 ♏ 0	4 ♓ 8	4 ♉ 9	15 ♍ 31	27 ♋ 20	6 ♎	20 ♍	28 ♈	7 ♓	16 ♊
13	18 ♎ 21	24 ♈ 26	17 ♑ 10	17 ♑ 14	0 ♏ 6	9 ♍ 35	18 ♐ 12	24 ♏ 12	4 ♓ 5	4 ♉ 7	15 ♍ 33	27 ♋ 21	7 ♎	21 ♍	28 ♈	7 ♓	16 ♊
14	19 ♎ 20	9 ♉ 21	17 ♑ 7	17 ♑ 3	29 ♎ 11	10 ♍ 2	18 ♐ 55	24 ♏ 24	4 ♓ 2	4 ♉ 5	15 ♍ 35	27 ♋ 21	7 ♎	21 ♍	27 ♈	7 ♓	16 ♊
15	20 ♎ 19	23 ♉ 54	17 ♑ 4	16 ♑ 54	28 ♎ 10	10 ♍ 31	19 ♐ 38	24 ♏ 36	4 ♓ 0	4 ♉ 2	15 ♍ 37	27 ♋ 21	7 ♎	22 ♍	27 ♈	7 ♓	16 ♊
16	21 ♎ 19	7 ♊ 59	17 ♑ 1	16 ♑ 47	27 ♎ 3	11 ♍ 2	20 ♐ 22	24 ♏ 48	3 ♓ 58	4 ♉ 0	15 ♍ 38	27 ♋ 22	8 ♎	22 ♍	27 ♈	7 ♓	16 ♊
17	22 ♎ 18	21 ♊ 34	16 ♑ 58	16 ♑ 43	25 ♎ 52	11 ♍ 33	21 ♐ 5	25 ♏ 0	3 ♓ 55	3 ♉ 57	15 ♍ 40	27 ♋ 22	8 ♎	23 ♍	27 ♈	7 ♓	16 ♊
18	23 ♎ 18	4 ♋ 40	16 ♑ 54	16 ♑ 41	24 ♎ 39	12 ♍ 7	21 ♐ 49	25 ♏ 13	3 ♓ 53	3 ♉ 55	15 ♍ 42	27 ♋ 22	9 ♎	23 ♍	26 ♈	6 ♓	15 ♊
19	24 ♎ 18	17 ♋ 21	16 ♑ 51	16 D 41	23 ♎ 25	12 ♍ 42	22 ♐ 32	25 ♏ 25	3 ♓ 51	3 ♉ 53	15 ♍ 44	27 ♋ 23	9 ♎	24 ♍	26 ♈	6 ♓	15 ♊
20	25 ♎ 17	29 ♋ 42	16 ♑ 48	16 R 41	22 ♎ 13	13 ♍ 18	23 ♐ 16	25 ♏ 37	3 ♓ 49	3 ♉ 50	15 ♍ 46	27 ♋ 23	10 ♎	24 ♍	26 ♈	6 ♓	15 ♊
21	26 ♎ 17	11 ♌ 47	16 ♑ 45	16 ♑ 40	21 ♎ 5	13 ♍ 55	24 ♐ 0	25 ♏ 50	3 ♓ 47	3 ♉ 48	15 ♍ 48	27 ♋ 23	10 ♎	25 ♍	26 ♈	6 ♓	15 ♊
22	27 ♎ 16	23 ♌ 42	16 ♑ 42	16 ♑ 37	20 ♎ 3	14 ♍ 34	24 ♐ 44	26 ♏ 2	3 ♓ 45	3 ♉ 45	15 ♍ 49	27 ♋ 23	11 ♎	25 ♍	26 ♈	6 ♓	15 ♊
23	28 ♎ 16	5 ♍ 33	16 ♑ 38	16 ♑ 32	19 ♎ 9	15 ♍ 14	25 ♐ 28	26 ♏ 14	3 ♓ 44	3 ♉ 43	15 ♍ 51	27 ♋ 24	11 ♎	25 ♍	25 ♈	6 D	15 ♊
24	29 ♎ 16	17 ♍ 22	16 ♑ 35	16 ♑ 24	18 ♎ 24	15 ♍ 55	26 ♐ 12	26 ♏ 27	3 ♓ 42	3 ♉ 40	15 ♍ 53	27 ♋ 24	12 ♎	26 ♍	25 ♈	6 ♓	15 ♊
25	0 ♏ 16	29 ♍ 14	16 ♑ 32	16 ♑ 13	17 ♎ 50	16 ♍ 38	26 ♐ 56	26 ♏ 40	3 ♓ 41	3 ♉ 38	15 ♍ 55	27 ♋ 24	12 ♎	26 ♍	25 ♈	6 ♓	15 ♊
26	1 ♏ 16	11 ♎ 12	16 ♑ 29	16 ♑ 0	17 ♎ 26	17 ♍ 21	27 ♐ 40	26 ♏ 52	3 ♓ 39	3 ♉ 36	15 ♍ 56	27 ♋ 24	12 ♎	27 ♍	25 ♈	6 ♓	15 ♊
27	2 ♏ 15	23 ♎ 16	16 ♑ 26	15 ♑ 46	17 ♎ 14	18 ♍ 5	28 ♐ 24	27 ♏ 5	3 ♓ 38	3 ♉ 33	15 ♍ 58	27 ♋ 24	13 ♎	27 ♍	24 ♈	6 ♓	15 ♊
28	3 ♏ 15	5 ♏ 29	16 ♑ 23	15 ♑ 33	17 D 14	18 ♍ 51	29 ♐ 9	27 ♏ 18	3 ♓ 37	3 ♉ 31	16 ♍ 0	27 ♋ 24	13 ♎	28 ♍	24 ♈	7 ♓	15 ♊
29	4 ♏ 15	17 ♏ 51	16 ♑ 19	15 ♑ 21	17 ♎ 24	19 ♍ 37	29 ♐ 53	27 ♏ 30	3 ♓ 35	3 ♉ 28	16 ♍ 1	27 ♋ 24	14 ♎	28 ♍	24 ♈	7 ♓	15 ♊
30	5 ♏ 15	0 ♐ 22	16 ♑ 16	15 ♑ 11	17 ♎ 45	20 ♍ 24	0 ♑ 38	27 ♏ 43	3 ♓ 34	3 ♉ 26	16 ♍ 3	27 R 24	14 ♎	29 ♍	24 ♈	7 ♓	15 ♊
31	6 ♏ 15	13 ♐ 3	16 ♑ 13	15 ♑ 4	18 ♎ 16	21 ♍ 12	1 ♑ 22	27 ♏ 56	3 ♓ 34	3 ♉ 23	16 ♍ 4	27 ♋ 24	15 ♎	29 ♍	24 ♈	7 ♓	15 ♊

SUN INGRESS ☉→♏24日 17:29

MOON PHASE ◐ 5日 22:39 ♑ ○ 12日 13:39 ♈ ◑ 19日 14:36 ♋ ● 27日 19:15 ♏

aspects

8日	13:00	♄⚹♅
9日	02:57	♂□♆
12日	10:49	☉⚹♂
15日	17:33	☿□♇
18日	14:33	☉☌☿
19日	10:52	☿⚹♂
21日	23:44	♄⚹♅
22日	02:50	☉□♇
23日	22:35	♀☌♆
28日	05:52	☉☍♅
28日	08:21	☉△♄
28日	12:41	♃△♇

1935年11月

DAY	☉	☽	☊ mean	☊ true	☿	♀	♂	♃	♄	♅	♆	♇	⚳	⚴	⚵	⚶	⚷
	° ′	° ′	° ′	° ′	° ′	° ′	° ′	° ′	° ′	° ′	° ′	° ′	°	°	°	°	°
1	7 ♏ 15	25 ♐ 55	16 ♑ 10	15 R 0	18 D 56	22 D 1	2 D 7	28 D 9	3 R 33	3 R 21	16 D 6	27 R 24	15 D	0 D	23 R	7 D	15 R
2	8 ♏ 15	9 ♑ 0	16 ♑ 7	14 ♑ 58	19 ♎ 43	22 ♍ 51	2 ♑ 52	28 ♏ 22	3 ♓ 32	3 ♉ 18	16 ♍ 8	27 ♋ 24	16 ♎	0 ♎	23 ♈	7 ♓	15 ♊
3	9 ♏ 15	22 ♑ 19	16 ♑ 4	14 D 58	20 ♎ 39	23 ♍ 42	3 ♑ 37	28 ♏ 35	3 ♓ 31	3 ♉ 16	16 ♍ 9	27 ♋ 24	16 ♎	0 ♎	23 ♈	7 ♓	15 ♊
4	10 ♏ 15	5 ♒ 54	16 ♑ 0	14 ♑ 58	21 ♎ 40	24 ♍ 33	4 ♑ 22	28 ♏ 48	3 ♓ 31	3 ♉ 13	16 ♍ 11	27 ♋ 24	16 ♎	1 ♎	23 ♈	7 ♓	15 ♊
5	11 ♏ 16	19 ♒ 46	15 ♑ 57	14 R 58	22 ♎ 47	25 ♍ 25	5 ♑ 6	29 ♏ 1	3 ♓ 31	3 ♉ 11	16 ♍ 12	27 ♋ 24	17 ♎	1 ♎	22 ♈	7 ♓	15 ♊
6	12 ♏ 16	3 ♓ 58	15 ♑ 54	14 ♑ 56	23 ♎ 59	26 ♍ 18	5 ♑ 51	29 ♏ 14	3 ♓ 30	3 ♉ 9	16 ♍ 13	27 ♋ 24	17 ♎	2 ♎	22 ♈	7 ♓	15 ♊
7	13 ♏ 16	18 ♓ 26	15 ♑ 51	14 ♑ 52	25 ♎ 15	27 ♍ 11	6 ♑ 37	29 ♏ 27	3 ♓ 30	3 ♉ 6	16 ♍ 15	27 ♋ 23	18 ♎	2 ♎	22 ♈	7 ♓	15 ♊
8	14 ♏ 16	3 ♈ 8	15 ♑ 48	14 ♑ 45	26 ♎ 34	28 ♍ 6	7 ♑ 22	29 ♏ 40	3 ♓ 30	3 ♉ 4	16 ♍ 16	27 ♋ 23	18 ♎	3 ♎	22 ♈	7 ♓	15 ♊
9	15 ♏ 16	17 ♈ 57	15 ♑ 44	14 ♑ 37	27 ♎ 57	29 ♍ 0	8 ♑ 7	29 ♏ 53	3 D 30	3 ♉ 1	16 ♍ 18	27 ♋ 23	19 ♎	3 ♎	22 ♈	8 ♓	15 ♊
10	16 ♏ 17	2 ♉ 47	15 ♑ 41	14 ♑ 27	29 ♎ 22	29 ♍ 56	8 ♑ 52	0 ♐ 6	3 ♓ 30	2 ♉ 59	16 ♍ 19	27 ♋ 23	19 ♎	4 ♎	22 ♈	8 ♓	15 ♊
11	17 ♏ 17	17 ♉ 27	15 ♑ 38	14 ♑ 18	0 ♏ 49	0 ♎ 52	9 ♑ 37	0 ♐ 19	3 ♓ 30	2 ♉ 57	16 ♍ 20	27 ♋ 22	20 ♎	4 ♎	21 ♈	8 ♓	15 ♊
12	18 ♏ 17	1 ♊ 51	15 ♑ 35	14 ♑ 10	2 ♏ 18	1 ♎ 49	10 ♑ 23	0 ♐ 33	3 ♓ 31	2 ♉ 54	16 ♍ 21	27 ♋ 22	20 ♎	4 ♎	21 ♈	8 ♓	14 ♊
13	19 ♏ 18	15 ♊ 52	15 ♑ 32	14 ♑ 4	3 ♏ 48	2 ♎ 46	11 ♑ 8	0 ♐ 46	3 ♓ 31	2 ♉ 52	16 ♍ 23	27 ♋ 22	20 ♎	5 ♎	21 ♈	8 ♓	14 ♊
14	20 ♏ 18	29 ♊ 28	15 ♑ 29	14 ♑ 1	5 ♏ 20	3 ♎ 44	11 ♑ 54	0 ♐ 59	3 ♓ 32	2 ♉ 50	16 ♍ 24	27 ♋ 21	21 ♎	5 ♎	21 ♈	8 ♓	14 ♊
15	21 ♏ 18	12 ♋ 38	15 ♑ 25	14 ♑ 0	6 ♏ 52	4 ♎ 42	12 ♑ 39	1 ♐ 12	3 ♓ 32	2 ♉ 47	16 ♍ 25	27 ♋ 21	21 ♎	6 ♎	21 ♈	8 ♓	14 ♊
16	22 ♏ 19	25 ♋ 23	15 ♑ 22	14 D 1	8 ♏ 25	5 ♎ 41	13 ♑ 25	1 ♐ 26	3 ♓ 33	2 ♉ 45	16 ♍ 26	27 ♋ 21	22 ♎	6 ♎	21 ♈	9 ♓	14 ♊
17	23 ♏ 19	7 ♌ 48	15 ♑ 19	14 ♑ 2	9 ♏ 59	6 ♎ 40	14 ♑ 10	1 ♐ 39	3 ♓ 34	2 ♉ 43	16 ♍ 27	27 ♋ 20	22 ♎	7 ♎	21 ♈	9 ♓	14 ♊
18	24 ♏ 20	19 ♌ 56	15 ♑ 16	14 ♑ 3	11 ♏ 33	7 ♎ 40	14 ♑ 56	1 ♐ 52	3 ♓ 35	2 ♉ 40	16 ♍ 28	27 ♋ 20	23 ♎	7 ♎	20 ♈	9 ♓	14 ♊
19	25 ♏ 20	1 ♍ 54	15 ♑ 13	14 R 3	13 ♏ 7	8 ♎ 40	15 ♑ 42	2 ♐ 5	3 ♓ 36	2 ♉ 38	16 ♍ 30	27 ♋ 19	23 ♎	7 ♎	20 ♈	9 ♓	14 ♊
20	26 ♏ 21	13 ♍ 45	15 ♑ 10	14 ♑ 1	14 ♏ 42	9 ♎ 41	16 ♑ 28	2 ♐ 19	3 ♓ 37	2 ♉ 36	16 ♍ 31	27 ♋ 19	23 ♎	8 ♎	20 ♈	9 ♓	14 ♊
21	27 ♏ 21	25 ♍ 36	15 ♑ 6	13 ♑ 57	16 ♏ 17	10 ♎ 42	17 ♑ 13	2 ♐ 32	3 ♓ 38	2 ♉ 34	16 ♍ 32	27 ♋ 18	24 ♎	8 ♎	20 ♈	9 ♓	14 ♊
22	28 ♏ 22	7 ♎ 31	15 ♑ 3	13 ♑ 51	17 ♏ 52	11 ♎ 43	17 ♑ 59	2 ♐ 46	3 ♓ 40	2 ♉ 32	16 ♍ 33	27 ♋ 18	24 ♎	9 ♎	20 ♈	10 ♓	14 ♊
23	29 ♏ 23	19 ♎ 32	15 ♑ 0	13 ♑ 43	19 ♏ 27	12 ♎ 45	18 ♑ 45	2 ♐ 59	3 ♓ 41	2 ♉ 29	16 ♍ 33	27 ♋ 17	25 ♎	9 ♎	20 ♈	10 ♓	14 ♊
24	0 ♐ 23	1 ♏ 44	14 ♑ 57	13 ♑ 35	21 ♏ 2	13 ♎ 48	19 ♑ 31	3 ♐ 12	3 ♓ 43	2 ♉ 27	16 ♍ 34	27 ♋ 16	25 ♎	10 ♎	20 ♈	10 ♓	14 ♊
25	1 ♐ 24	14 ♏ 7	14 ♑ 54	13 ♑ 27	22 ♏ 37	14 ♎ 50	20 ♑ 17	3 ♐ 26	3 ♓ 45	2 ♉ 25	16 ♍ 35	27 ♋ 16	26 ♎	10 ♎	20 ♈	10 ♓	14 ♊
26	2 ♐ 25	26 ♏ 44	14 ♑ 50	13 ♑ 19	24 ♏ 12	15 ♎ 53	21 ♑ 3	3 ♐ 39	3 ♓ 46	2 ♉ 23	16 ♍ 36	27 ♋ 15	26 ♎	10 ♎	20 ♈	10 ♓	14 ♊
27	3 ♐ 25	9 ♐ 33	14 ♑ 47	13 ♑ 13	25 ♏ 47	16 ♎ 57	21 ♑ 50	3 ♐ 53	3 ♓ 48	2 ♉ 21	16 ♍ 37	27 ♋ 14	26 ♎	11 ♎	20 ♈	11 ♓	14 ♊
28	4 ♐ 26	22 ♐ 35	14 ♑ 44	13 ♑ 9	27 ♏ 21	18 ♎ 0	22 ♑ 36	4 ♐ 6	3 ♓ 50	2 ♉ 19	16 ♍ 38	27 ♋ 14	27 ♎	11 ♎	20 ♈	11 ♓	14 ♊
29	5 ♐ 27	5 ♑ 49	14 ♑ 41	13 ♑ 7	28 ♏ 56	19 ♎ 4	23 ♑ 22	4 ♐ 19	3 ♓ 52	2 ♉ 17	16 ♍ 38	27 ♋ 13	27 ♎	12 ♎	20 D	11 ♓	14 ♊
30	6 ♐ 28	19 ♑ 15	14 ♑ 38	13 D 7	0 ♐ 31	20 ♎ 9	24 ♑ 8	4 ♐ 33	3 ♓ 55	2 ♉ 15	16 ♍ 39	27 ♋ 12	28 ♎	12 ♎	20 ♈	11 ♓	14 ♊
SUN INGRESS	☉ → ♐ 23日 14:35																
MOON PHASE	◐ 4日 08:12 ♒	○ 10日 23:42 ♉	◑ 18日 09:36 ♌	● 26日 11:36 ♐													

aspects		
2日	13:26	♂△♅
2日	21:15	♂⚹♄
7日	05:20	♀⚹♇
8日	14:15	☿□♇
10日	00:56	☉⚹♆
10日	05:47	♀⚹♃
12日	09:25	☿☍♅
12日	19:27	☿△♄
20日	01:34	♂△♆
20日	22:44	☉△♇
21日	03:44	☿⚹♆
22日	03:40	☿⚹♂
26日	14:59	♃□♄
27日	09:18	☉□♄
27日	13:44	☉☌♃
27日	22:05	☿△♇

1935年12月

DAY	☉	☽	☊ mean	☊ true	☿	♀	♂	♃	♄	♅	♆	♇	⚳	⚴	⚵	⚶	⚷
	° ′	° ′	° ′	° ′	° ′	° ′	° ′	° ′	° ′	° ′	° ′	° ′	°	°	°	°	°
1	7 ♐ 29	2 ♒ 50	14 ♑ 35	13 D 8	2 D 5	21 D 13	24 D 55	4 D 46	3 D 57	2 R 13	16 D 40	27 R 12	28 D	12 D	20 D	12 D	13 R
2	8 ♐ 29	16 ♒ 37	14 ♑ 31	13 ♑ 10	3 ♐ 40	22 ♎ 18	25 ♑ 41	5 ♐ 0	3 ♓ 59	2 ♉ 12	16 ♍ 40	27 ♋ 11	29 ♎	13 ♎	20 ♈	12 ♓	13 ♊
3	9 ♐ 30	0 ♓ 33	14 ♑ 28	13 ♑ 11	5 ♐ 14	23 ♎ 24	26 ♑ 27	5 ♐ 13	4 ♓ 2	2 ♉ 10	16 ♍ 41	27 ♋ 10	29 ♎	13 ♎	20 ♈	12 ♓	13 ♊
4	10 ♐ 31	14 ♓ 39	14 ♑ 25	13 R 12	6 ♐ 48	24 ♎ 29	27 ♑ 14	5 ♐ 26	4 ♓ 4	2 ♉ 8	16 ♍ 42	27 ♋ 9	29 ♎	14 ♎	20 ♈	12 ♓	13 ♊
5	11 ♐ 32	28 ♓ 52	14 ♑ 22	13 ♑ 10	8 ♐ 23	25 ♎ 35	28 ♑ 0	5 ♐ 40	4 ♓ 7	2 ♉ 6	16 ♍ 42	27 ♋ 8	0 ♏	14 ♎	20 ♈	12 ♓	13 ♊
6	12 ♐ 33	13 ♈ 12	14 ♑ 19	13 ♑ 8	9 ♐ 57	26 ♎ 41	28 ♑ 47	5 ♐ 53	4 ♓ 10	2 ♉ 5	16 ♍ 43	27 ♋ 7	0 ♏	14 ♎	20 ♈	13 ♓	13 ♊
7	13 ♐ 34	27 ♈ 34	14 ♑ 16	13 ♑ 4	11 ♐ 31	27 ♎ 47	29 ♑ 33	6 ♐ 7	4 ♓ 13	2 ♉ 3	16 ♍ 43	27 ♋ 7	1 ♏	15 ♎	20 ♈	13 ♓	13 ♊
8	14 ♐ 35	11 ♉ 54	14 ♑ 12	12 ♑ 59	13 ♐ 5	28 ♎ 54	0 ♒ 20	6 ♐ 20	4 ♓ 16	2 ♉ 1	16 ♍ 44	27 ♋ 6	1 ♏	15 ♎	20 ♈	13 ♓	13 ♊
9	15 ♐ 36	26 ♉ 7	14 ♑ 9	12 ♑ 55	14 ♐ 40	0 ♏ 1	1 ♒ 6	6 ♐ 33	4 ♓ 19	2 ♉ 0	16 ♍ 44	27 ♋ 5	1 ♏	15 ♎	20 ♈	14 ♓	13 ♊
10	16 ♐ 37	10 ♊ 7	14 ♑ 6	12 ♑ 52	16 ♐ 14	1 ♏ 8	1 ♒ 53	6 ♐ 47	4 ♓ 22	1 ♉ 58	16 ♍ 44	27 ♋ 4	2 ♏	16 ♎	21 ♈	14 ♓	13 ♊
11	17 ♐ 38	23 ♊ 52	14 ♑ 3	12 ♑ 49	17 ♐ 48	2 ♏ 15	2 ♒ 40	7 ♐ 0	4 ♓ 25	1 ♉ 57	16 ♍ 45	27 ♋ 3	2 ♏	16 ♎	21 ♈	14 ♓	13 ♊
12	18 ♐ 39	7 ♋ 17	14 ♑ 0	12 ♑ 48	19 ♐ 22	3 ♏ 22	3 ♒ 26	7 ♐ 13	4 ♓ 29	1 ♉ 55	16 ♍ 45	27 ♋ 2	3 ♏	17 ♎	21 ♈	15 ♓	13 ♊
13	19 ♐ 40	20 ♋ 21	13 ♑ 56	12 D 48	20 ♐ 57	4 ♏ 30	4 ♒ 13	7 ♐ 26	4 ♓ 32	1 ♉ 54	16 ♍ 45	27 ♋ 1	3 ♏	17 ♎	21 ♈	15 ♓	13 ♊
14	20 ♐ 41	3 ♌ 5	13 ♑ 53	12 ♑ 49	22 ♐ 31	5 ♏ 38	5 ♒ 0	7 ♐ 40	4 ♓ 36	1 ♉ 52	16 ♍ 45	27 ♋ 0	4 ♏	17 ♎	21 ♈	15 ♓	13 ♊
15	21 ♐ 42	15 ♌ 31	13 ♑ 50	12 ♑ 51	24 ♐ 6	6 ♏ 46	5 ♒ 46	7 ♐ 53	4 ♓ 39	1 ♉ 51	16 ♍ 46	26 ♋ 59	4 ♏	18 ♎	21 ♈	15 ♓	13 ♊
16	22 ♐ 43	27 ♌ 42	13 ♑ 47	12 ♑ 52	25 ♐ 41	7 ♏ 54	6 ♒ 33	8 ♐ 6	4 ♓ 43	1 ♉ 50	16 ♍ 46	26 ♋ 58	4 ♏	18 ♎	21 ♈	16 ♓	13 ♊
17	23 ♐ 44	9 ♍ 33	13 ♑ 44	12 ♑ 54	27 ♐ 15	9 ♏ 3	7 ♒ 20	8 ♐ 19	4 ♓ 47	1 ♉ 48	16 ♍ 46	26 ♋ 57	5 ♏	18 ♎	21 ♈	16 ♓	12 ♊
18	24 ♐ 45	21 ♍ 36	13 ♑ 41	12 ♑ 54	28 ♐ 50	10 ♏ 12	8 ♒ 7	8 ♐ 33	4 ♓ 51	1 ♉ 47	16 ♍ 46	26 ♋ 56	5 ♏	19 ♎	22 ♈	16 ♓	12 ♊
19	25 ♐ 46	3 ♎ 28	13 ♑ 37	12 R 54	0 ♑ 25	11 ♏ 20	8 ♒ 53	8 ♐ 46	4 ♓ 55	1 ♉ 46	16 ♍ 46	26 ♋ 55	6 ♏	19 ♎	22 ♈	17 ♓	12 ♊
20	26 ♐ 47	15 ♎ 23	13 ♑ 34	12 ♑ 53	2 ♑ 1	12 ♏ 29	9 ♒ 40	8 ♐ 59	4 ♓ 59	1 ♉ 45	16 ♍ 46	26 ♋ 53	6 ♏	19 ♎	22 ♈	17 ♓	12 ♊
21	27 ♐ 48	27 ♎ 26	13 ♑ 31	12 ♑ 51	3 ♑ 36	13 ♏ 39	10 ♒ 27	9 ♐ 12	5 ♓ 3	1 ♉ 44	16 R 46	26 ♋ 52	6 ♏	20 ♎	22 ♈	17 ♓	12 ♊
22	28 ♐ 49	9 ♏ 41	13 ♑ 28	12 ♑ 49	5 ♑ 12	14 ♏ 48	11 ♒ 14	9 ♐ 25	5 ♓ 7	1 ♉ 43	16 ♍ 46	26 ♋ 51	7 ♏	20 ♎	22 ♈	18 ♓	12 ♊
23	29 ♐ 50	22 ♏ 11	13 ♑ 25	12 ♑ 47	6 ♑ 47	15 ♏ 57	12 ♒ 1	9 ♐ 38	5 ♓ 11	1 ♉ 42	16 ♍ 46	26 ♋ 50	7 ♏	20 ♎	23 ♈	18 ♓	12 ♊
24	0 ♑ 51	4 ♐ 57	13 ♑ 22	12 ♑ 46	8 ♑ 23	17 ♏ 7	12 ♒ 48	9 ♐ 51	5 ♓ 16	1 ♉ 41	16 ♍ 46	26 ♋ 49	7 ♏	21 ♎	23 ♈	18 ♓	12 ♊
25	1 ♑ 53	18 ♐ 2	13 ♑ 18	12 ♑ 44	9 ♑ 59	18 ♏ 17	13 ♒ 35	10 ♐ 4	5 ♓ 20	1 ♉ 40	16 ♍ 46	26 ♋ 48	8 ♏	21 ♎	23 ♈	19 ♓	12 ♊
26	2 ♑ 54	1 ♑ 25	13 ♑ 15	12 ♑ 43	11 ♑ 36	19 ♏ 27	14 ♒ 22	10 ♐ 17	5 ♓ 25	1 ♉ 39	16 ♍ 46	26 ♋ 47	8 ♏	21 ♎	23 ♈	19 ♓	12 ♊
27	3 ♑ 55	15 ♑ 5	13 ♑ 12	12 D 43	13 ♑ 12	20 ♏ 37	15 ♒ 9	10 ♐ 30	5 ♓ 29	1 ♉ 38	16 ♍ 45	26 ♋ 45	9 ♏	22 ♎	23 ♈	19 ♓	12 ♊
28	4 ♑ 56	28 ♑ 58	13 ♑ 9	12 ♑ 44	14 ♑ 48	21 ♏ 47	15 ♒ 56	10 ♐ 43	5 ♓ 34	1 ♉ 37	16 ♍ 45	26 ♋ 44	9 ♏	22 ♎	24 ♈	20 ♓	12 ♊
29	5 ♑ 57	13 ♒ 2	13 ♑ 6	12 ♑ 44	16 ♑ 25	22 ♏ 57	16 ♒ 43	10 ♐ 56	5 ♓ 39	1 ♉ 37	16 ♍ 45	26 ♋ 43	9 ♏	22 ♎	24 ♈	20 ♓	12 ♊
30	6 ♑ 58	27 ♒ 12	13 ♑ 2	12 ♑ 45	18 ♑ 1	24 ♏ 8	17 ♒ 30	11 ♐ 8	5 ♓ 44	1 ♉ 36	16 ♍ 45	26 ♋ 42	10 ♏	23 ♎	24 ♈	20 ♓	12 ♊
31	8 ♑ 0	11 ♓ 27	12 ♑ 59	12 ♑ 45	19 ♑ 38	25 ♏ 18	18 ♒ 17	11 ♐ 21	5 ♓ 49	1 ♉ 36	16 ♍ 44	26 ♋ 41	10 ♏	23 ♎	25 ♈	21 ♓	12 ♊
SUN INGRESS	☉ → ♑ 23日 03:37																
MOON PHASE	◐ 3日 16:28 ♓	○ 10日 12:10 ♊	◑ 18日 06:57 ♍	● 26日 02:49 ♑													

aspects		
2日	05:07	☿□♄
2日	23:42	☿☌♃
3日	21:38	♂☍♇
6日	09:27	♀□♇
10日	02:35	♂□♅
10日	03:03	☉□♆
10日	07:49	☿□♆
10日	16:29	☉☌☿
10日	17:36	♀☍♅
12日	04:22	♀□♂
13日	00:44	♀△♄
18日	18:34	♂⚹♃
19日	20:04	☿△♅
21日	22:48	☿⚹♄
23日	16:44	♀⚹♆
24日	19:05	☉△♅
28日	16:12	☉⚹♄
29日	04:59	☿△♆

1936年1月

DAY	☉	☽	☊ mean	☊ true	☿	♀	♂	♃	♄	♅	♆	♇	⚳	⚴	⚵	⚶	⚷
	° ′	° ′	° ′	° ′	° ′	° ′	° ′	° ′	° ′	° ′	° ′	° ′	°	°	°	°	°
1	9 ♑ 1	25 ♓ 42	12 ♑ 56	12 D 46	21 D 14	26 D 29	19 D 4	11 D 34	5 D 54	1 R 35	16 R 44	26 R 39	10 D	23 D	25 D	21 D	12 R
2	10 ♑ 2	9 ♈ 54	12 ♑ 53	12 R 46	22 ♑ 50	27 ♏ 40	19 ♒ 51	11 ♐ 46	5 ♓ 59	1 ♉ 35	16 ♍ 43	26 ♋ 38	11 ♏	24 ♎	25 ♈	21 ♓	12 ♊
3	11 ♑ 3	24 ♈ 2	12 ♑ 50	12 ♑ 46	24 ♑ 26	28 ♏ 51	20 ♒ 38	11 ♐ 59	6 ♓ 4	1 ♉ 34	16 ♍ 43	26 ♋ 37	11 ♏	24 ♎	25 ♈	22 ♓	12 ♊
4	12 ♑ 4	8 ♉ 3	12 ♑ 47	12 ♑ 46	26 ♑ 2	0 ♐ 2	21 ♒ 25	12 ♐ 12	6 ♓ 9	1 ♉ 34	16 ♍ 42	26 ♋ 35	12 ♏	24 ♎	26 ♈	22 ♓	12 ♊
5	13 ♑ 5	21 ♉ 56	12 ♑ 43	12 D 45	27 ♑ 36	1 ♐ 13	22 ♒ 12	12 ♐ 24	6 ♓ 15	1 ♉ 33	16 ♍ 42	26 ♋ 34	12 ♏	25 ♎	26 ♈	22 ♓	11 ♊
6	14 ♑ 7	5 ♊ 39	12 ♑ 40	12 ♑ 46	29 ♑ 11	2 ♐ 24	22 ♒ 59	12 ♐ 37	6 ♓ 20	1 ♉ 33	16 ♍ 41	26 ♋ 33	12 ♏	25 ♎	26 ♈	23 ♓	11 ♊
7	15 ♑ 8	19 ♊ 10	12 ♑ 37	12 ♑ 46	0 ♒ 44	3 ♐ 35	23 ♒ 46	12 ♐ 49	6 ♓ 25	1 ♉ 33	16 ♍ 41	26 ♋ 32	13 ♏	25 ♎	27 ♈	23 ♓	11 ♊
8	16 ♑ 9	2 ♋ 29	12 ♑ 34	12 ♑ 46	2 ♒ 16	4 ♐ 47	24 ♒ 33	13 ♐ 1	6 ♓ 31	1 ♉ 33	16 ♍ 40	26 ♋ 30	13 ♏	25 ♎	27 ♈	23 ♓	11 ♊
9	17 ♑ 10	15 ♋ 33	12 ♑ 31	12 R 46	3 ♒ 47	5 ♐ 58	25 ♒ 20	13 ♐ 14	6 ♓ 36	1 ♉ 33	16 ♍ 40	26 ♋ 29	13 ♏	26 ♎	27 ♈	24 ♓	11 ♊
10	18 ♑ 11	28 ♋ 23	12 ♑ 28	12 ♑ 46	5 ♒ 16	7 ♐ 10	26 ♒ 7	13 ♐ 26	6 ♓ 42	1 ♉ 32	16 ♍ 39	26 ♋ 28	14 ♏	26 ♎	28 ♈	24 ♓	11 ♊
11	19 ♑ 12	10 ♌ 59	12 ♑ 24	12 ♑ 45	6 ♒ 42	8 ♐ 21	26 ♒ 54	13 ♐ 38	6 ♓ 48	1 ♉ 32	16 ♍ 38	26 ♋ 26	14 ♏	26 ♎	28 ♈	25 ♓	11 ♊
12	20 ♑ 13	23 ♌ 20	12 ♑ 21	12 ♑ 44	8 ♒ 6	9 ♐ 33	27 ♒ 41	13 ♐ 50	6 ♓ 54	1 D 32	16 ♍ 37	26 ♋ 25	14 ♏	27 ♎	28 ♈	25 ♓	11 ♊
13	21 ♑ 14	5 ♍ 30	12 ♑ 18	12 ♑ 43	9 ♒ 28	10 ♐ 45	28 ♒ 28	14 ♐ 2	6 ♓ 59	1 ♉ 33	16 ♍ 37	26 ♋ 24	15 ♏	27 ♎	29 ♈	25 ♓	11 ♊
14	22 ♑ 16	17 ♍ 30	12 ♑ 15	12 ♑ 42	10 ♒ 45	11 ♐ 57	29 ♒ 15	14 ♐ 14	7 ♓ 5	1 ♉ 33	16 ♍ 36	26 ♋ 23	15 ♏	27 ♎	29 ♈	26 ♓	11 ♊
15	23 ♑ 17	29 ♍ 25	12 ♑ 12	12 ♑ 41	11 ♒ 58	13 ♐ 9	0 ♓ 1	14 ♐ 26	7 ♓ 11	1 ♉ 33	16 ♍ 35	26 ♋ 21	15 ♏	27 ♎	29 ♈	26 ♓	11 ♊
16	24 ♑ 18	11 ♎ 17	12 ♑ 8	12 ♑ 40	13 ♒ 6	14 ♐ 21	0 ♓ 48	14 ♐ 38	7 ♓ 17	1 ♉ 33	16 ♍ 34	26 ♋ 20	16 ♏	28 ♎	0 ♉	26 ♓	11 ♊
17	25 ♑ 19	23 ♎ 11	12 ♑ 5	12 ♑ 39	14 ♒ 9	15 ♐ 33	1 ♓ 35	14 ♐ 49	7 ♓ 23	1 ♉ 33	16 ♍ 33	26 ♋ 19	16 ♏	28 ♎	0 ♉	27 ♓	11 ♊
18	26 ♑ 20	5 ♏ 12	12 ♑ 2	12 D 39	15 ♒ 4	16 ♐ 45	2 ♓ 22	15 ♐ 1	7 ♓ 29	1 ♉ 34	16 ♍ 32	26 ♋ 17	16 ♏	28 ♎	0 ♉	27 ♓	11 ♊
19	27 ♑ 21	17 ♏ 25	11 ♑ 59	12 ♑ 40	15 ♒ 53	17 ♐ 57	3 ♓ 9	15 ♐ 13	7 ♓ 35	1 ♉ 34	16 ♍ 32	26 ♋ 16	17 ♏	28 ♎	1 ♉	28 ♓	11 ♊
20	28 ♑ 22	29 ♏ 54	11 ♑ 56	12 ♑ 42	16 ♒ 33	19 ♐ 9	3 ♓ 56	15 ♐ 24	7 ♓ 42	1 ♉ 35	16 ♍ 31	26 ♋ 15	17 ♏	29 ♎	1 ♉	28 ♓	11 ♊
21	29 ♑ 23	12 ♐ 42	11 ♑ 53	12 ♑ 43	17 ♒ 4	20 ♐ 22	4 ♓ 43	15 ♐ 36	7 ♓ 48	1 ♉ 35	16 ♍ 30	26 ♋ 13	17 ♏	29 ♎	1 ♉	28 ♓	11 ♊
22	0 ♒ 24	25 ♐ 54	11 ♑ 49	12 ♑ 44	17 ♒ 25	21 ♐ 34	5 ♓ 30	15 ♐ 47	7 ♓ 54	1 ♉ 36	16 ♍ 29	26 ♋ 12	18 ♏	29 ♎	2 ♉	29 ♓	11 ♊
23	1 ♒ 26	9 ♑ 29	11 ♑ 46	12 ♑ 45	17 ♒ 35	22 ♐ 47	6 ♓ 17	15 ♐ 59	8 ♓ 1	1 ♉ 36	16 ♍ 28	26 ♋ 11	18 ♏	29 ♎	2 ♉	29 ♓	11 ♊
24	2 ♒ 27	23 ♑ 27	11 ♑ 43	12 R 45	17 R 34	23 ♐ 59	7 ♓ 4	16 ♐ 10	8 ♓ 7	1 ♉ 37	16 ♍ 26	26 ♋ 9	18 ♏	29 ♎	3 ♉	0 ♈	11 ♊
25	3 ♒ 28	7 ♒ 45	11 ♑ 40	12 ♑ 43	17 ♒ 22	25 ♐ 12	7 ♓ 51	16 ♐ 21	8 ♓ 13	1 ♉ 38	16 ♍ 25	26 ♋ 8	19 ♏	0 ♏	3 ♉	0 ♈	11 ♊
26	4 ♒ 29	22 ♒ 18	11 ♑ 37	12 ♑ 41	16 ♒ 58	26 ♐ 24	8 ♓ 38	16 ♐ 32	8 ♓ 20	1 ♉ 38	16 ♍ 24	26 ♋ 7	19 ♏	0 ♏	3 ♉	0 ♈	11 ♊
27	5 ♒ 30	6 ♓ 59	11 ♑ 34	12 ♑ 38	16 ♒ 23	27 ♐ 37	9 ♓ 25	16 ♐ 43	8 ♓ 27	1 ♉ 39	16 ♍ 23	26 ♋ 5	19 ♏	0 ♏	4 ♉	1 ♈	11 ♊
28	6 ♒ 31	21 ♓ 42	11 ♑ 30	12 ♑ 34	15 ♒ 37	28 ♐ 50	10 ♓ 11	16 ♐ 54	8 ♓ 33	1 ♉ 40	16 ♍ 22	26 ♋ 4	20 ♏	0 ♏	4 ♉	1 ♈	11 ♊
29	7 ♒ 32	6 ♈ 18	11 ♑ 27	12 ♑ 31	14 ♒ 42	0 ♑ 3	10 ♓ 58	17 ♐ 5	8 ♓ 40	1 ♉ 41	16 ♍ 21	26 ♋ 3	20 ♏	0 ♏	5 ♉	2 ♈	11 ♊
30	8 ♒ 33	20 ♈ 44	11 ♑ 24	12 ♑ 29	13 ♒ 40	1 ♑ 15	11 ♓ 45	17 ♐ 16	8 ♓ 46	1 ♉ 42	16 ♍ 19	26 ♋ 1	20 ♏	1 ♏	5 ♉	2 ♈	11 ♊
31	9 ♒ 34	4 ♉ 55	11 ♑ 21	12 ♑ 28	12 ♒ 31	2 ♑ 28	12 ♓ 32	17 ♐ 26	8 ♓ 53	1 ♉ 43	16 ♍ 18	26 ♋ 0	20 ♏	1 ♏	6 ♉	2 ♈	11 ♊

SUN INGRESS	☉ → ♒ 21日 14:12
MOON PHASE	◐ 2日 00:15 ♈　○ 9日 03:15 ♋　◑ 17日 04:41 ♎　● 24日 16:18 ♒　◐ 31日 08:36 ♉

aspects		
1日	03:25	♀△♇
4日	08:27	☿☍♇
7日	12:41	☿□♅
8日	12:12	☉△♆
9日	14:01	♀□♄
16日	06:50	♀☌♃
16日	22:57	♂⚹♅
17日	19:57	♀□♆
17日	22:06	☿⚹♃
17日	22:55	☉☍♇
23日	04:15	☉□♅
25日	08:30	♃□♆
25日	13:28	♂☌♄
26日	14:04	☿⚹♃
30日	08:52	♀△♅

1936年2月

DAY	☉	☽	☊ mean	☊ true	☿	♀	♂	♃	♄	♅	♆	♇	⚳	⚴	⚵	⚶	⚷
	° ′	° ′	° ′	° ′	° ′	° ′	° ′	° ′	° ′	° ′	° ′	° ′	°	°	°	°	°
1	10 ♒ 35	18 ♉ 49	11 ♑ 18	12 D 28	11 R 19	3 D 41	13 D 19	17 D 37	9 D 0	1 D 44	16 R 17	25 R 59	21 D	1 D	6 D	3 D	11 R
2	11 ♒ 35	2 ♊ 27	11 ♑ 14	12 ♑ 29	10 ♒ 4	4 ♑ 54	14 ♓ 5	17 ♐ 47	9 ♓ 7	1 ♉ 45	16 ♍ 16	25 ♋ 58	21 ♏	1 ♏	6 ♉	3 ♈	10 ♊
3	12 ♒ 36	15 ♊ 48	11 ♑ 11	12 ♑ 31	8 ♒ 51	6 ♑ 7	14 ♓ 52	17 ♐ 58	9 ♓ 13	1 ♉ 46	16 ♍ 14	25 ♋ 56	21 ♏	1 ♏	7 ♉	4 ♈	10 ♊
4	13 ♒ 37	28 ♊ 56	11 ♑ 8	12 ♑ 32	7 ♒ 39	7 ♑ 20	15 ♓ 39	18 ♐ 8	9 ♓ 20	1 ♉ 47	16 ♍ 13	25 ♋ 55	22 ♏	1 ♏	7 ♉	4 ♈	10 ♊
5	14 ♒ 38	11 ♋ 50	11 ♑ 5	12 ♑ 33	6 ♒ 32	8 ♑ 33	16 ♓ 25	18 ♐ 18	9 ♓ 27	1 ♉ 49	16 ♍ 12	25 ♋ 54	22 ♏	1 ♏	8 ♉	4 ♈	10 ♊
6	15 ♒ 39	24 ♋ 32	11 ♑ 2	12 R 32	5 ♒ 30	9 ♑ 46	17 ♓ 12	18 ♐ 28	9 ♓ 34	1 ♉ 50	16 ♍ 10	25 ♋ 53	22 ♏	2 ♏	8 ♉	5 ♈	10 ♊
7	16 ♒ 40	7 ♌ 3	10 ♑ 59	12 ♑ 30	4 ♒ 35	10 ♑ 59	17 ♓ 59	18 ♐ 38	9 ♓ 41	1 ♉ 51	16 ♍ 9	25 ♋ 51	22 ♏	2 ♏	9 ♉	5 ♈	10 ♊
8	17 ♒ 40	19 ♌ 24	10 ♑ 55	12 ♑ 26	3 ♒ 48	12 ♑ 12	18 ♓ 45	18 ♐ 48	9 ♓ 48	1 ♉ 53	16 ♍ 8	25 ♋ 50	23 ♏	2 ♏	9 ♉	6 ♈	10 ♊
9	18 ♒ 41	1 ♍ 37	10 ♑ 52	12 ♑ 20	3 ♒ 9	13 ♑ 25	19 ♓ 32	18 ♐ 57	9 ♓ 55	1 ♉ 54	16 ♍ 6	25 ♋ 49	23 ♏	2 ♏	9 ♉	6 ♈	10 ♊
10	19 ♒ 42	13 ♍ 41	10 ♑ 49	12 ♑ 13	2 ♒ 38	14 ♑ 39	20 ♓ 18	19 ♐ 7	10 ♓ 2	1 ♉ 56	16 ♍ 5	25 ♋ 48	23 ♏	2 ♏	10 ♉	6 ♈	10 ♊
11	20 ♒ 43	25 ♍ 39	10 ♑ 46	12 ♑ 5	2 ♒ 15	15 ♑ 52	21 ♓ 5	19 ♐ 17	10 ♓ 9	1 ♉ 57	16 ♍ 3	25 ♋ 47	23 ♏	2 ♏	10 ♉	7 ♈	10 ♊
12	21 ♒ 43	7 ♎ 32	10 ♑ 43	11 ♑ 58	2 ♒ 0	17 ♑ 5	21 ♓ 51	19 ♐ 26	10 ♓ 16	1 ♉ 59	16 ♍ 2	25 ♋ 45	24 ♏	2 ♏	11 ♉	7 ♈	10 ♊
13	22 ♒ 44	19 ♎ 24	10 ♑ 40	11 ♑ 52	1 ♒ 53	18 ♑ 18	22 ♓ 38	19 ♐ 35	10 ♓ 23	2 ♉ 1	16 ♍ 0	25 ♋ 44	24 ♏	2 ♏	11 ♉	8 ♈	10 ♊
14	23 ♒ 45	1 ♏ 17	10 ♑ 36	11 ♑ 47	1 D 53	19 ♑ 32	23 ♓ 24	19 ♐ 45	10 ♓ 30	2 ♉ 2	15 ♍ 59	25 ♋ 43	24 ♏	2 ♏	12 ♉	8 ♈	10 ♊
15	24 ♒ 45	13 ♏ 16	10 ♑ 33	11 ♑ 45	2 ♒ 0	20 ♑ 45	24 ♓ 10	19 ♐ 54	10 ♓ 38	2 ♉ 4	15 ♍ 57	25 ♋ 42	24 ♏	3 ♏	12 ♉	9 ♈	10 ♊
16	25 ♒ 46	25 ♏ 25	10 ♑ 30	11 ♑ 44	2 ♒ 14	21 ♑ 58	24 ♓ 57	20 ♐ 3	10 ♓ 45	2 ♉ 6	15 ♍ 56	25 ♋ 41	25 ♏	3 ♏	13 ♉	9 ♈	10 ♊
17	26 ♒ 46	7 ♐ 49	10 ♑ 27	11 D 44	2 ♒ 34	23 ♑ 12	25 ♓ 43	20 ♐ 11	10 ♓ 52	2 ♉ 8	15 ♍ 54	25 ♋ 40	25 ♏	3 ♏	13 ♉	9 ♈	10 ♊
18	27 ♒ 47	20 ♐ 32	10 ♑ 24	11 ♑ 46	2 ♒ 59	24 ♑ 25	26 ♓ 29	20 ♐ 20	10 ♓ 59	2 ♉ 9	15 ♍ 53	25 ♋ 39	25 ♏	3 ♏	14 ♉	10 ♈	10 D
19	28 ♒ 47	3 ♑ 40	10 ♑ 20	11 ♑ 47	3 ♒ 30	25 ♑ 39	27 ♓ 16	20 ♐ 29	11 ♓ 6	2 ♉ 11	15 ♍ 51	25 ♋ 38	25 ♏	3 ♏	14 ♉	10 ♈	10 ♊
20	29 ♒ 48	17 ♑ 15	10 ♑ 17	11 R 47	4 ♒ 5	26 ♑ 52	28 ♓ 2	20 ♐ 37	11 ♓ 14	2 ♉ 13	15 ♍ 49	25 ♋ 37	25 ♏	3 ♏	15 ♉	11 ♈	10 ♊
21	0 ♓ 49	1 ♒ 19	10 ♑ 14	11 ♑ 45	4 ♒ 45	28 ♑ 5	28 ♓ 48	20 ♐ 45	11 ♓ 21	2 ♉ 15	15 ♍ 48	25 ♋ 35	26 ♏	3 ♏	15 ♉	11 ♈	10 ♊
22	1 ♓ 49	15 ♒ 49	10 ♑ 11	11 ♑ 41	5 ♒ 29	29 ♑ 19	29 ♓ 34	20 ♐ 54	11 ♓ 28	2 ♉ 17	15 ♍ 46	25 ♋ 34	26 ♏	3 ♏	16 ♉	12 ♈	10 ♊
23	2 ♓ 49	0 ♓ 40	10 ♑ 8	11 ♑ 35	6 ♒ 17	0 ♒ 32	0 ♈ 20	21 ♐ 2	11 ♓ 36	2 ♉ 19	15 ♍ 45	25 ♋ 33	26 ♏	3 ♏	16 ♉	12 ♈	10 ♊
24	3 ♓ 50	15 ♓ 45	10 ♑ 5	11 ♑ 27	7 ♒ 8	1 ♒ 46	1 ♈ 6	21 ♐ 10	11 ♓ 43	2 ♉ 21	15 ♍ 43	25 ♋ 32	26 ♏	3 R	17 ♉	12 ♈	10 ♊
25	4 ♓ 50	0 ♈ 53	10 ♑ 1	11 ♑ 19	8 ♒ 3	3 ♒ 0	1 ♈ 53	21 ♐ 17	11 ♓ 50	2 ♉ 24	15 ♍ 41	25 ♋ 31	26 ♏	3 ♏	17 ♉	13 ♈	10 ♊
26	5 ♓ 51	15 ♈ 55	9 ♑ 58	11 ♑ 11	9 ♒ 0	4 ♒ 13	2 ♈ 39	21 ♐ 25	11 ♓ 58	2 ♉ 26	15 ♍ 40	25 ♋ 30	27 ♏	3 ♏	18 ♉	13 ♈	10 ♊
27	6 ♓ 51	0 ♉ 42	9 ♑ 55	11 ♑ 4	10 ♒ 0	5 ♒ 27	3 ♈ 25	21 ♐ 33	12 ♓ 5	2 ♉ 28	15 ♍ 38	25 ♋ 29	27 ♏	3 ♏	18 ♉	14 ♈	10 ♊
28	7 ♓ 51	15 ♉ 7	9 ♑ 52	11 ♑ 0	11 ♒ 3	6 ♒ 40	4 ♈ 10	21 ♐ 40	12 ♓ 12	2 ♉ 30	15 ♍ 36	25 ♋ 29	27 ♏	3 ♏	19 ♉	14 ♈	10 ♊
29	8 ♓ 52	29 ♉ 8	9 ♑ 49	10 ♑ 57	12 ♒ 8	7 ♒ 54	4 ♈ 56	21 ♐ 47	12 ♓ 20	2 ♉ 33	15 ♍ 35	25 ♋ 28	27 ♏	3 ♏	19 ♉	15 ♈	10 ♊

SUN INGRESS	☉ → ♓ 20日 04:33
MOON PHASE	○ 7日 20:19 ♌　◑ 16日 00:45 ♏　● 23日 03:42 ♓　◐ 29日 18:28 ♊

aspects		
1日	07:51	☉☌☿
4日	17:11	♂☍♆
5日	19:42	♀⚹♄
8日	01:43	♂□♃
9日	07:42	☉⚹♃
11日	03:41	♀△♆
12日	02:02	☿□♅
15日	08:33	☿□♅
16日	22:20	♂△♇
18日	23:42	♀☍♇
22日	11:38	☉⚹♅
22日	13:24	♀⚹♂
24日	11:57	♀□♅

1936年3月

DAY	☉	☽	☊ mean	☊ true	☿	♀	♂	♃	♄	♅	♆	♇	⚳	⚴	⚵	⚶	⚷
	° ′	° ′	° ′	° ′	° ′	° ′	° ′	° ′	° ′	° ′	° ′	° ′	°	°	°	°	°
1	9 ♓ 52	12 ♊ 44	9 ♑ 46	10 D 57	13 D 15	9 D 7	5 D 42	21 D 54	12 D 27	2 D 35	15 R 33	25 R 27	27 D	3 R	20 D	15 D	10 D
2	10 ♓ 52	25 ♊ 58	9 ♑ 42	10 ♑ 57	14 ♒ 25	10 ♒ 21	6 ♈ 28	22 ♐ 1	12 ♓ 34	2 ♉ 37	15 ♍ 31	25 ♋ 26	27 ♏	3 ♏	20 ♉	15 ♈	10 ♊
3	11 ♓ 52	8 ♋ 52	9 ♑ 39	10 ♑ 58	15 ♒ 36	11 ♒ 35	7 ♈ 14	22 ♐ 8	12 ♓ 42	2 ♉ 40	15 ♍ 30	25 ♋ 25	28 ♏	3 ♏	21 ♉	16 ♈	10 ♊
4	12 ♓ 52	21 ♋ 31	9 ♑ 36	10 R 58	16 ♒ 49	12 ♒ 48	8 ♈ 0	22 ♐ 15	12 ♓ 49	2 ♉ 42	15 ♍ 28	25 ♋ 24	28 ♏	2 ♏	21 ♉	16 ♈	10 ♊
5	13 ♓ 52	3 ♌ 56	9 ♑ 33	10 ♑ 55	18 ♒ 4	14 ♒ 2	8 ♈ 45	22 ♐ 21	12 ♓ 56	2 ♉ 45	15 ♍ 26	25 ♋ 23	28 ♏	2 ♏	22 ♉	17 ♈	10 ♊
6	14 ♓ 52	16 ♌ 12	9 ♑ 30	10 ♑ 50	19 ♒ 21	15 ♒ 15	9 ♈ 31	22 ♐ 28	13 ♓ 4	2 ♉ 47	15 ♍ 25	25 ♋ 23	28 ♏	2 ♏	22 ♉	17 ♈	11 ♊
7	15 ♓ 52	28 ♌ 20	9 ♑ 26	10 ♑ 42	20 ♒ 40	16 ♒ 29	10 ♈ 17	22 ♐ 34	13 ♓ 11	2 ♉ 50	15 ♍ 23	25 ♋ 22	28 ♏	2 ♏	23 ♉	18 ♈	11 ♊
8	16 ♓ 52	10 ♍ 22	9 ♑ 23	10 ♑ 31	22 ♒ 0	17 ♒ 43	11 ♈ 2	22 ♐ 40	13 ♓ 18	2 ♉ 53	15 ♍ 21	25 ♋ 21	28 ♏	2 ♏	23 ♉	18 ♈	11 ♊
9	17 ♓ 52	22 ♍ 20	9 ♑ 20	10 ♑ 19	23 ♒ 21	18 ♒ 56	11 ♈ 48	22 ♐ 46	13 ♓ 26	2 ♉ 55	15 ♍ 20	25 ♋ 20	28 ♏	2 ♏	24 ♉	18 ♈	11 ♊
10	18 ♓ 52	4 ♎ 14	9 ♑ 17	10 ♑ 5	24 ♒ 44	20 ♒ 10	12 ♈ 33	22 ♐ 52	13 ♓ 33	2 ♉ 58	15 ♍ 18	25 ♋ 20	29 ♏	2 ♏	24 ♉	19 ♈	11 ♊
11	19 ♓ 52	16 ♎ 7	9 ♑ 14	9 ♑ 52	26 ♒ 9	21 ♒ 24	13 ♈ 19	22 ♐ 57	13 ♓ 40	3 ♉ 1	15 ♍ 16	25 ♋ 19	29 ♏	2 ♏	25 ♉	19 ♈	11 ♊
12	20 ♓ 52	27 ♎ 59	9 ♑ 11	9 ♑ 41	27 ♒ 35	22 ♒ 38	14 ♈ 4	23 ♐ 3	13 ♓ 48	3 ♉ 3	15 ♍ 15	25 ♋ 18	29 ♏	2 ♏	25 ♉	20 ♈	11 ♊
13	21 ♓ 52	9 ♏ 53	9 ♑ 7	9 ♑ 31	29 ♒ 2	23 ♒ 51	14 ♈ 49	23 ♐ 8	13 ♓ 55	3 ♉ 6	15 ♍ 13	25 ♋ 18	29 ♏	1 ♏	26 ♉	20 ♈	11 ♊
14	22 ♓ 52	21 ♏ 53	9 ♑ 4	9 ♑ 24	0 ♓ 30	25 ♒ 5	15 ♈ 35	23 ♐ 13	14 ♓ 2	3 ♉ 9	15 ♍ 11	25 ♋ 17	29 ♏	1 ♏	26 ♉	21 ♈	11 ♊
15	23 ♓ 52	4 ♐ 0	9 ♑ 1	9 ♑ 20	2 ♓ 0	26 ♒ 19	16 ♈ 20	23 ♐ 18	14 ♓ 10	3 ♉ 12	15 ♍ 10	25 ♋ 16	29 ♏	1 ♏	27 ♉	21 ♈	11 ♊
16	24 ♓ 51	16 ♐ 21	8 ♑ 58	9 ♑ 19	3 ♓ 31	27 ♒ 32	17 ♈ 5	23 ♐ 23	14 ♓ 17	3 ♉ 15	15 ♍ 8	25 ♋ 16	29 ♏	1 ♏	27 ♉	22 ♈	11 ♊
17	25 ♓ 51	29 ♐ 0	8 ♑ 55	9 D 18	5 ♓ 4	28 ♒ 46	17 ♈ 51	23 ♐ 28	14 ♓ 24	3 ♉ 17	15 ♍ 6	25 ♋ 15	29 ♏	1 ♏	28 ♉	22 ♈	11 ♊
18	26 ♓ 51	12 ♑ 1	8 ♑ 51	9 R 18	6 ♓ 38	0 ♓ 0	18 ♈ 36	23 ♐ 32	14 ♓ 31	3 ♉ 20	15 ♍ 5	25 ♋ 15	29 ♏	1 ♏	28 ♉	22 ♈	11 ♊
19	27 ♓ 50	25 ♑ 28	8 ♑ 48	9 ♑ 18	8 ♓ 13	1 ♓ 14	19 ♈ 21	23 ♐ 36	14 ♓ 39	3 ♉ 23	15 ♍ 3	25 ♋ 14	29 ♏	0 ♏	29 ♉	23 ♈	11 ♊
20	28 ♓ 50	9 ♒ 25	8 ♑ 45	9 ♑ 15	9 ♓ 49	2 ♓ 27	20 ♈ 6	23 ♐ 40	14 ♓ 46	3 ♉ 26	15 ♍ 2	25 ♋ 14	29 ♏	0 ♏	29 ♉	23 ♈	11 ♊
21	29 ♓ 50	23 ♒ 51	8 ♑ 42	9 ♑ 9	11 ♓ 26	3 ♓ 41	20 ♈ 51	23 ♐ 44	14 ♓ 53	3 ♉ 29	15 ♍ 0	25 ♋ 13	29 ♏	0 ♏	0 ♊	24 ♈	11 ♊
22	0 ♈ 49	8 ♓ 43	8 ♑ 39	9 ♑ 1	13 ♓ 5	4 ♓ 55	21 ♈ 36	23 ♐ 48	15 ♓ 0	3 ♉ 32	14 ♍ 58	25 ♋ 13	29 ♏	0 ♏	0 ♊	24 ♈	11 ♊
23	1 ♈ 49	23 ♓ 55	8 ♑ 36	8 ♑ 51	14 ♓ 45	6 ♓ 9	22 ♈ 21	23 ♐ 52	15 ♓ 7	3 ♉ 35	14 ♍ 57	25 ♋ 12	29 ♏	0 ♏	1 ♊	25 ♈	11 ♊
24	2 ♈ 48	9 ♈ 15	8 ♑ 32	8 ♑ 40	16 ♓ 27	7 ♓ 22	23 ♈ 6	23 ♐ 55	15 ♓ 15	3 ♉ 38	14 ♍ 55	25 ♋ 12	29 ♏	29 ♎	1 ♊	25 ♈	11 ♊
25	3 ♈ 48	24 ♈ 33	8 ♑ 29	8 ♑ 29	18 ♓ 10	8 ♓ 36	23 ♈ 50	23 ♐ 58	15 ♓ 22	3 ♉ 41	14 ♍ 54	25 ♋ 12	29 ♏	29 ♎	2 ♊	26 ♈	11 ♊
26	4 ♈ 47	9 ♉ 36	8 ♑ 26	8 ♑ 19	19 ♓ 54	9 ♓ 50	24 ♈ 35	24 ♐ 1	15 ♓ 29	3 ♉ 45	14 ♍ 52	25 ♋ 11	29 ♏	29 ♎	2 ♊	26 ♈	11 ♊
27	5 ♈ 47	24 ♉ 18	8 ♑ 23	8 ♑ 12	21 ♓ 39	11 ♓ 4	25 ♈ 20	24 ♐ 4	15 ♓ 36	3 ♉ 48	14 ♍ 51	25 ♋ 11	29 R	29 ♎	3 ♊	26 ♈	11 ♊
28	6 ♈ 46	8 ♊ 31	8 ♑ 20	8 ♑ 8	23 ♓ 26	12 ♓ 17	26 ♈ 5	24 ♐ 7	15 ♓ 43	3 ♉ 51	14 ♍ 49	25 ♋ 11	29 ♏	28 ♎	3 ♊	27 ♈	11 ♊
29	7 ♈ 45	22 ♊ 16	8 ♑ 17	8 ♑ 6	25 ♓ 14	13 ♓ 31	26 ♈ 49	24 ♐ 9	15 ♓ 50	3 ♉ 54	14 ♍ 48	25 ♋ 10	29 ♏	28 ♎	4 ♊	27 ♈	11 ♊
30	8 ♈ 45	5 ♋ 33	8 ♑ 13	8 ♑ 6	27 ♓ 3	14 ♓ 45	27 ♈ 34	24 ♐ 12	15 ♓ 57	3 ♉ 57	14 ♍ 46	25 ♋ 10	29 ♏	28 ♎	5 ♊	28 ♈	11 ♊
31	9 ♈ 44	18 ♋ 26	8 ♑ 10	8 ♑ 6	28 ♓ 54	15 ♓ 59	28 ♈ 19	24 ♐ 14	16 ♓ 4	4 ♉ 0	14 ♍ 45	25 ♋ 10	29 ♏	28 ♎	5 ♊	28 ♈	11 ♊

SUN INGRESS	☉ → ♈ 21日 03:58
MOON PHASE	○ 8日 14:14 ♍　◑ 16日 17:35 ♐　● 23日 13:14 ♈　◐ 30日 06:22 ♋

aspects		
3日	22:30	☉☌♄
6日	12:34	☉☍♆
8日	12:50	☿⚹♃
12日	08:51	♀⚹♃
14日	09:21	☉□♃
15日	19:27	☿⚹♅
16日	09:43	☉△♇
20日	19:58	♀⚹♅
21日	18:47	♄☍♆
23日	02:41	☿☍♆
23日	05:40	☿☌♄
25日	04:31	♂△♃
26日	19:06	♂□♇
28日	09:28	♀□♃
28日	23:17	♀△♇
30日	00:21	♀☍♆
31日	01:54	♀☌♄

1936年4月

DAY	☉	☽	☊ mean	☊ true	☿	♀	♂	♃	♄	♅	♆	♇	⚳	⚴	⚵	⚶	⚷
	° ′	° ′	° ′	° ′	° ′	° ′	° ′	° ′	° ′	° ′	° ′	° ′	°	°	°	°	°
1	10 ♈ 43	1 ♌ 0	8 ♑ 7	8 R 5	0 D 46	17 D 12	29 D 3	24 D 16	16 D 11	4 D 4	14 R 43	25 R 10	29 R	27 R	6 D	29 D	11 D
2	11 ♈ 42	13 ♌ 18	8 ♑ 4	8 ♑ 2	2 ♈ 39	18 ♓ 26	29 ♈ 47	24 ♐ 18	16 ♓ 18	4 ♉ 7	14 ♍ 42	25 ♋ 9	29 ♏	27 ♎	6 ♊	29 ♈	12 ♊
3	12 ♈ 41	25 ♌ 25	8 ♑ 1	7 ♑ 56	4 ♈ 34	19 ♓ 40	0 ♉ 32	24 ♐ 19	16 ♓ 25	4 ♉ 10	14 ♍ 40	25 ♋ 9	29 ♏	27 ♎	7 ♊	0 ♉	12 ♊
4	13 ♈ 40	7 ♍ 25	7 ♑ 57	7 ♑ 47	6 ♈ 30	20 ♓ 54	1 ♉ 16	24 ♐ 21	16 ♓ 32	4 ♉ 13	14 ♍ 39	25 ♋ 9	29 ♏	26 ♎	7 ♊	0 ♉	12 ♊
5	14 ♈ 40	19 ♍ 20	7 ♑ 54	7 ♑ 36	8 ♈ 28	22 ♓ 7	2 ♉ 1	24 ♐ 22	16 ♓ 38	4 ♉ 17	14 ♍ 37	25 ♋ 9	29 ♏	26 ♎	8 ♊	0 ♉	12 ♊
6	15 ♈ 39	1 ♎ 13	7 ♑ 51	7 ♑ 23	10 ♈ 27	23 ♓ 21	2 ♉ 45	24 ♐ 23	16 ♓ 45	4 ♉ 20	14 ♍ 36	25 ♋ 9	29 ♏	26 ♎	8 ♊	1 ♉	12 ♊
7	16 ♈ 38	13 ♎ 6	7 ♑ 48	7 ♑ 8	12 ♈ 27	24 ♓ 35	3 ♉ 29	24 ♐ 24	16 ♓ 52	4 ♉ 23	14 ♍ 35	25 ♋ 9	29 ♏	25 ♎	9 ♊	1 ♉	12 ♊
8	17 ♈ 37	24 ♎ 59	7 ♑ 45	6 ♑ 54	14 ♈ 28	25 ♓ 49	4 ♉ 13	24 ♐ 25	16 ♓ 59	4 ♉ 27	14 ♍ 33	25 ♋ 9	29 ♏	25 ♎	9 ♊	2 ♉	12 ♊
9	18 ♈ 35	6 ♏ 55	7 ♑ 42	6 ♑ 42	16 ♈ 31	27 ♓ 2	4 ♉ 57	24 ♐ 25	17 ♓ 5	4 ♉ 30	14 ♍ 32	25 D 9	29 ♏	25 ♎	10 ♊	2 ♉	12 ♊
10	19 ♈ 34	18 ♏ 54	7 ♑ 38	6 ♑ 31	18 ♈ 34	28 ♓ 16	5 ♉ 41	24 ♐ 25	17 ♓ 12	4 ♉ 33	14 ♍ 31	25 ♋ 9	29 ♏	25 ♎	10 ♊	3 ♉	12 ♊
11	20 ♈ 33	0 ♐ 59	7 ♑ 35	6 ♑ 24	20 ♈ 39	29 ♓ 30	6 ♉ 25	24 ♐ 25	17 ♓ 18	4 ♉ 37	14 ♍ 29	25 ♋ 9	29 ♏	24 ♎	11 ♊	3 ♉	12 ♊
12	21 ♈ 32	13 ♐ 12	7 ♑ 32	6 ♑ 19	22 ♈ 44	0 ♈ 44	7 ♉ 9	24 R 25	17 ♓ 25	4 ♉ 40	14 ♍ 28	25 ♋ 9	28 ♏	24 ♎	11 ♊	4 ♉	12 ♊
13	22 ♈ 31	25 ♐ 36	7 ♑ 29	6 ♑ 17	24 ♈ 50	1 ♈ 57	7 ♉ 53	24 ♐ 25	17 ♓ 31	4 ♉ 43	14 ♍ 27	25 ♋ 9	28 ♏	24 ♎	12 ♊	4 ♉	12 ♊
14	23 ♈ 30	8 ♑ 16	7 ♑ 26	6 D 17	26 ♈ 56	3 ♈ 11	8 ♉ 37	24 ♐ 24	17 ♓ 38	4 ♉ 47	14 ♍ 26	25 ♋ 9	28 ♏	23 ♎	13 ♊	4 ♉	12 ♊
15	24 ♈ 28	21 ♑ 14	7 ♑ 23	6 ♑ 17	29 ♈ 3	4 ♈ 25	9 ♉ 21	24 ♐ 24	17 ♓ 44	4 ♉ 50	14 ♍ 24	25 ♋ 9	28 ♏	23 ♎	13 ♊	5 ♉	12 ♊
16	25 ♈ 27	4 ♒ 36	7 ♑ 19	6 R 17	1 ♉ 9	5 ♈ 38	10 ♉ 5	24 ♐ 23	17 ♓ 51	4 ♉ 54	14 ♍ 23	25 ♋ 10	28 ♏	23 ♎	14 ♊	5 ♉	12 ♊
17	26 ♈ 26	18 ♒ 23	7 ♑ 16	6 ♑ 15	3 ♉ 16	6 ♈ 52	10 ♉ 48	24 ♐ 22	17 ♓ 57	4 ♉ 57	14 ♍ 22	25 ♋ 10	28 ♏	22 ♎	14 ♊	6 ♉	12 ♊
18	27 ♈ 24	2 ♓ 37	7 ♑ 13	6 ♑ 11	5 ♉ 21	8 ♈ 6	11 ♉ 32	24 ♐ 21	18 ♓ 3	5 ♉ 0	14 ♍ 21	25 ♋ 10	28 ♏	22 ♎	15 ♊	6 ♉	12 ♊
19	28 ♈ 23	17 ♓ 17	7 ♑ 10	6 ♑ 4	7 ♉ 26	9 ♈ 20	12 ♉ 16	24 ♐ 20	18 ♓ 9	5 ♉ 4	14 ♍ 20	25 ♋ 10	28 ♏	22 ♎	15 ♊	7 ♉	13 ♊
20	29 ♈ 22	2 ♈ 18	7 ♑ 7	5 ♑ 56	9 ♉ 29	10 ♈ 33	12 ♉ 59	24 ♐ 18	18 ♓ 16	5 ♉ 7	14 ♍ 19	25 ♋ 11	27 ♏	21 ♎	16 ♊	7 ♉	13 ♊
21	0 ♉ 20	17 ♈ 31	7 ♑ 3	5 ♑ 46	11 ♉ 31	11 ♈ 47	13 ♉ 43	24 ♐ 16	18 ♓ 22	5 ♉ 11	14 ♍ 18	25 ♋ 11	27 ♏	21 ♎	16 ♊	7 ♉	13 ♊
22	1 ♉ 19	2 ♉ 46	7 ♑ 0	5 ♑ 36	13 ♉ 31	13 ♈ 1	14 ♉ 26	24 ♐ 14	18 ♓ 28	5 ♉ 14	14 ♍ 17	25 ♋ 11	27 ♏	21 ♎	17 ♊	8 ♉	13 ♊
23	2 ♉ 17	17 ♉ 52	6 ♑ 57	5 ♑ 28	15 ♉ 29	14 ♈ 14	15 ♉ 9	24 ♐ 12	18 ♓ 34	5 ♉ 18	14 ♍ 16	25 ♋ 12	27 ♏	21 ♎	17 ♊	8 ♉	13 ♊
24	3 ♉ 16	2 ♊ 40	6 ♑ 54	5 ♑ 22	17 ♉ 24	15 ♈ 28	15 ♉ 53	24 ♐ 10	18 ♓ 40	5 ♉ 21	14 ♍ 15	25 ♋ 12	27 ♏	20 ♎	18 ♊	9 ♉	13 ♊
25	4 ♉ 14	17 ♊ 2	6 ♑ 51	5 ♑ 18	19 ♉ 17	16 ♈ 42	16 ♉ 36	24 ♐ 7	18 ♓ 46	5 ♉ 25	14 ♍ 14	25 ♋ 12	27 ♏	20 ♎	18 ♊	9 ♉	13 ♊
26	5 ♉ 13	0 ♋ 55	6 ♑ 48	5 ♑ 17	21 ♉ 7	17 ♈ 56	17 ♉ 19	24 ♐ 5	18 ♓ 52	5 ♉ 28	14 ♍ 13	25 ♋ 13	26 ♏	20 ♎	19 ♊	10 ♉	13 ♊
27	6 ♉ 11	14 ♋ 20	6 ♑ 44	5 D 17	22 ♉ 53	19 ♈ 9	18 ♉ 3	24 ♐ 2	18 ♓ 57	5 ♉ 31	14 ♍ 12	25 ♋ 13	26 ♏	19 ♎	20 ♊	10 ♉	13 ♊
28	7 ♉ 9	27 ♋ 19	6 ♑ 41	5 ♑ 18	24 ♉ 35	20 ♈ 23	18 ♉ 46	23 ♐ 59	19 ♓ 3	5 ♉ 35	14 ♍ 11	25 ♋ 14	26 ♏	19 ♎	20 ♊	10 ♉	13 ♊
29	8 ♉ 8	9 ♌ 55	6 ♑ 38	5 R 18	26 ♉ 14	21 ♈ 37	19 ♉ 29	23 ♐ 56	19 ♓ 9	5 ♉ 38	14 ♍ 10	25 ♋ 14	26 ♏	19 ♎	21 ♊	11 ♉	13 ♊
30	9 ♉ 6	22 ♌ 14	6 ♑ 35	5 ♑ 17	27 ♉ 50	22 ♈ 50	20 ♉ 12	23 ♐ 52	19 ♓ 14	5 ♉ 42	14 ♍ 9	25 ♋ 15	26 ♏	19 ♎	21 ♊	12 ♉	13 ♊

SUN INGRESS	☉ → ♉ 20日 15:31
MOON PHASE	○ 7日 07:46 ♎　◑ 15日 06:21 ♑　● 21日 21:32 ♉　◐ 28日 20:16 ♌

aspects		
6日	20:24	♀□♃
7日	11:06	♀△♇
8日	07:56	♂☌♅
10日	22:01	☉☌☿
12日	19:19	☿△♃
13日	03:41	☿□♇
14日	22:17	☉△♃
15日	16:53	☉□♇
17日	19:55	♀☌♅
21日	18:54	♂△♆
22日	09:06	☿△♆
22日	17:36	☿☌♂
24日	16:55	☿⚹♄
26日	06:45	☉☌♅
28日	09:17	☿⚹♇
28日	11:06	♂⚹♄
30日	19:17	♀△♃

1936年5月

DAY	☉	☽	☊ mean	☊ true	☿	♀	♂	♃	♄	♅	♆	♇	⚳	⚴	⚵	⚶	⚷
	° ′	° ′	° ′	° ′	° ′	° ′	° ′	° ′	° ′	° ′	° ′	° ′	°	°	°	°	°
1	10 ♉ 4	4 ♍ 19	6 ♑ 32	5 R 14	29 D 21	24 D 4	20 D 55	23 R 49	19 D 20	5 D 45	14 R 9	25 D 15	25 R	18 R	22 D	12 D	13 D
2	11 ♉ 2	16 ♍ 17	6 ♑ 28	5 ♑ 9	0 ♊ 48	25 ♈ 18	21 ♉ 38	23 ♐ 45	19 ♓ 26	5 ♉ 49	14 ♍ 8	25 ♋ 16	25 ♏	18 ♎	22 ♊	12 ♉	13 ♊
3	12 ♉ 0	28 ♍ 9	6 ♑ 25	5 ♑ 1	2 ♊ 11	26 ♈ 31	22 ♉ 21	23 ♐ 41	19 ♓ 31	5 ♉ 52	14 ♍ 7	25 ♋ 17	25 ♏	18 ♎	23 ♊	13 ♉	13 ♊
4	12 ♉ 59	10 ♎ 1	6 ♑ 22	4 ♑ 53	3 ♊ 30	27 ♈ 45	23 ♉ 4	23 ♐ 37	19 ♓ 36	5 ♉ 56	14 ♍ 6	25 ♋ 17	25 ♏	18 ♎	23 ♊	13 ♉	14 ♊
5	13 ♉ 57	21 ♎ 54	6 ♑ 19	4 ♑ 43	4 ♊ 45	28 ♈ 59	23 ♉ 47	23 ♐ 33	19 ♓ 42	5 ♉ 59	14 ♍ 6	25 ♋ 18	25 ♏	17 ♎	24 ♊	14 ♉	14 ♊
6	14 ♉ 55	3 ♏ 51	6 ♑ 16	4 ♑ 33	5 ♊ 55	0 ♉ 12	24 ♉ 29	23 ♐ 29	19 ♓ 47	6 ♉ 2	14 ♍ 5	25 ♋ 19	24 ♏	17 ♎	24 ♊	14 ♉	14 ♊
7	15 ♉ 53	15 ♏ 52	6 ♑ 13	4 ♑ 25	7 ♊ 0	1 ♉ 26	25 ♉ 12	23 ♐ 24	19 ♓ 52	6 ♉ 6	14 ♍ 4	25 ♋ 19	24 ♏	17 ♎	25 ♊	15 ♉	14 ♊
8	16 ♉ 51	28 ♏ 0	6 ♑ 9	4 ♑ 18	8 ♊ 2	2 ♉ 39	25 ♉ 55	23 ♐ 19	19 ♓ 57	6 ♉ 9	14 ♍ 4	25 ♋ 20	24 ♏	17 ♎	25 ♊	15 ♉	14 ♊
9	17 ♉ 49	10 ♐ 16	6 ♑ 6	4 ♑ 13	8 ♊ 58	3 ♉ 53	26 ♉ 37	23 ♐ 14	20 ♓ 2	6 ♉ 13	14 ♍ 3	25 ♋ 21	24 ♏	16 ♎	26 ♊	16 ♉	14 ♊
10	18 ♉ 47	22 ♐ 42	6 ♑ 3	4 ♑ 10	9 ♊ 50	5 ♉ 7	27 ♉ 20	23 ♐ 10	20 ♓ 7	6 ♉ 16	14 ♍ 3	25 ♋ 21	23 ♏	16 ♎	27 ♊	16 ♉	14 ♊
11	19 ♉ 45	5 ♑ 18	6 ♑ 0	4 D 10	10 ♊ 37	6 ♉ 20	28 ♉ 2	23 ♐ 4	20 ♓ 12	6 ♉ 19	14 ♍ 2	25 ♋ 22	23 ♏	16 ♎	27 ♊	16 ♉	14 ♊
12	20 ♉ 43	18 ♑ 7	5 ♑ 57	4 ♑ 10	11 ♊ 20	7 ♉ 34	28 ♉ 45	22 ♐ 59	20 ♓ 17	6 ♉ 23	14 ♍ 2	25 ♋ 23	23 ♏	16 ♎	28 ♊	17 ♉	14 ♊
13	21 ♉ 41	1 ♒ 13	5 ♑ 54	4 ♑ 12	11 ♊ 57	8 ♉ 48	29 ♉ 27	22 ♐ 54	20 ♓ 22	6 ♉ 26	14 ♍ 1	25 ♋ 24	23 ♏	16 ♎	28 ♊	17 ♉	14 ♊
14	22 ♉ 39	14 ♒ 36	5 ♑ 50	4 ♑ 13	12 ♊ 30	10 ♉ 1	0 ♊ 10	22 ♐ 48	20 ♓ 26	6 ♉ 30	14 ♍ 1	25 ♋ 25	23 ♏	16 ♎	29 ♊	18 ♉	14 ♊
15	23 ♉ 36	28 ♒ 20	5 ♑ 47	4 R 13	12 ♊ 58	11 ♉ 15	0 ♊ 52	22 ♐ 42	20 ♓ 31	6 ♉ 33	14 ♍ 1	25 ♋ 26	22 ♏	15 ♎	29 ♊	18 ♉	14 ♊
16	24 ♉ 34	12 ♓ 24	5 ♑ 44	4 ♑ 12	13 ♊ 21	12 ♉ 28	1 ♊ 34	22 ♐ 37	20 ♓ 36	6 ♉ 36	14 ♍ 0	25 ♋ 26	22 ♏	15 ♎	0 ♋	19 ♉	15 ♊
17	25 ♉ 32	26 ♓ 49	5 ♑ 41	4 ♑ 9	13 ♊ 39	13 ♉ 42	2 ♊ 16	22 ♐ 31	20 ♓ 40	6 ♉ 40	14 ♍ 0	25 ♋ 27	22 ♏	15 ♎	0 ♋	19 ♉	15 ♊
18	26 ♉ 30	11 ♈ 30	5 ♑ 38	4 ♑ 4	13 ♊ 51	14 ♉ 56	2 ♊ 59	22 ♐ 25	20 ♓ 44	6 ♉ 43	14 ♍ 0	25 ♋ 28	22 ♏	15 ♎	1 ♋	20 ♉	15 ♊
19	27 ♉ 28	26 ♈ 23	5 ♑ 34	3 ♑ 59	14 ♊ 0	16 ♉ 9	3 ♊ 41	22 ♐ 18	20 ♓ 49	6 ♉ 46	13 ♍ 59	25 ♋ 29	21 ♏	15 ♎	1 ♋	20 ♉	15 ♊
20	28 ♉ 25	11 ♉ 20	5 ♑ 31	3 ♑ 54	14 ♊ 3	17 ♉ 23	4 ♊ 23	22 ♐ 12	20 ♓ 53	6 ♉ 49	13 ♍ 59	25 ♋ 30	21 ♏	15 ♎	2 ♋	20 ♉	15 ♊
21	29 ♉ 23	26 ♉ 11	5 ♑ 28	3 ♑ 49	14 R 1	18 ♉ 37	5 ♊ 5	22 ♐ 6	20 ♓ 57	6 ♉ 53	13 ♍ 59	25 ♋ 31	21 ♏	15 ♎	2 ♋	21 ♉	15 ♊
22	0 ♊ 21	10 ♊ 49	5 ♑ 25	3 ♑ 46	13 ♊ 55	19 ♉ 50	5 ♊ 47	21 ♐ 59	21 ♓ 1	6 ♉ 56	13 ♍ 59	25 ♋ 32	21 ♏	14 ♎	3 ♋	21 ♉	15 ♊
23	1 ♊ 19	25 ♊ 7	5 ♑ 22	3 ♑ 45	13 ♊ 45	21 ♉ 4	6 ♊ 29	21 ♐ 53	21 ♓ 5	6 ♉ 59	13 ♍ 59	25 ♋ 33	21 ♏	14 ♎	4 ♋	22 ♉	15 ♊
24	2 ♊ 16	9 ♋ 2	5 ♑ 19	3 D 44	13 ♊ 30	22 ♉ 17	7 ♊ 11	21 ♐ 46	21 ♓ 9	7 ♉ 2	13 ♍ 59	25 ♋ 34	20 ♏	14 ♎	4 ♋	22 ♉	15 ♊
25	3 ♊ 14	22 ♋ 30	5 ♑ 15	3 ♑ 45	13 ♊ 12	23 ♉ 31	7 ♊ 53	21 ♐ 39	21 ♓ 13	7 ♉ 6	13 ♍ 59	25 ♋ 35	20 ♏	14 ♎	5 ♋	23 ♉	15 ♊
26	4 ♊ 12	5 ♌ 33	5 ♑ 12	3 ♑ 47	12 ♊ 50	24 ♉ 45	8 ♊ 34	21 ♐ 32	21 ♓ 17	7 ♉ 9	13 D 59	25 ♋ 36	20 ♏	14 ♎	5 ♋	23 ♉	15 ♊
27	5 ♊ 9	18 ♌ 14	5 ♑ 9	3 ♑ 48	12 ♊ 24	25 ♉ 58	9 ♊ 16	21 ♐ 25	21 ♓ 20	7 ♉ 12	13 ♍ 59	25 ♋ 38	20 ♏	14 ♎	6 ♋	23 ♉	15 ♊
28	6 ♊ 7	0 ♍ 36	5 ♑ 6	3 ♑ 49	11 ♊ 56	27 ♉ 12	9 ♊ 58	21 ♐ 18	21 ♓ 24	7 ♉ 15	13 ♍ 59	25 ♋ 39	20 ♏	14 ♎	6 ♋	24 ♉	15 ♊
29	7 ♊ 4	12 ♍ 45	5 ♑ 3	3 R 49	11 ♊ 26	28 ♉ 25	10 ♊ 40	21 ♐ 11	21 ♓ 27	7 ♉ 18	13 ♍ 59	25 ♋ 40	19 ♏	14 ♎	7 ♋	24 ♉	16 ♊
30	8 ♊ 2	24 ♍ 43	5 ♑ 0	3 ♑ 48	10 ♊ 54	29 ♉ 39	11 ♊ 21	21 ♐ 4	21 ♓ 31	7 ♉ 21	13 ♍ 59	25 ♋ 41	19 ♏	14 ♎	7 ♋	25 ♉	16 ♊
31	8 ♊ 59	6 ♎ 36	4 ♑ 56	3 ♑ 46	10 ♊ 21	0 ♊ 53	12 ♊ 3	20 ♐ 56	21 ♓ 34	7 ♉ 24	13 ♍ 59	25 ♋ 42	19 ♏	14 ♎	8 ♋	25 ♉	16 ♊
SUN INGRESS	☉ → ♊ 21日 15:07																
MOON PHASE	○ 7日 00:01 ♏	◑ 14日 15:12 ♒	● 21日 05:34 ♉	◐ 28日 11:46 ♍													

aspects		
1日	23:29	♀ □ ♇
5日	03:39	☉ △ ♆
7日	04:07	♂ ⚹ ♇
10日	23:44	♀ ☌ ♅
11日	12:20	☉ ⚹ ♄
16日	22:02	☉ ⚹ ♇
17日	05:49	♀ △ ♆
18日	23:29	☿ □ ♆
21日	11:35	☿ □ ♆
23日	00:28	♀ ⚹ ♄
26日	17:10	♀ ⚹ ♇
27日	10:45	♃ □ ♄
29日	15:20	☿ ☌ ♂
31日	21:38	☉ ☌ ☿

1936年6月

DAY	☉	☽	☊ mean	☊ true	☿	♀	♂	♃	♄	♅	♆	♇	⚳	⚴	⚵	⚶	⚷
	° ′	° ′	° ′	° ′	° ′	° ′	° ′	° ′	° ′	° ′	° ′	° ′	°	°	°	°	°
1	9 ♊ 57	18 ♎ 29	4 ♑ 53	3 R 43	9 R 48	2 D 6	12 D 44	20 R 49	21 D 37	7 D 27	13 D 59	25 D 43	19 R	14 R	8 D	26 D	16 D
2	10 ♊ 54	0 ♏ 24	4 ♑ 50	3 ♑ 39	9 ♊ 14	3 ♊ 20	13 ♊ 26	20 ♐ 42	21 ♓ 40	7 ♉ 30	14 ♍ 0	25 ♋ 45	19 ♏	14 ♎	9 ♋	26 ♉	16 ♊
3	11 ♊ 52	12 ♏ 25	4 ♑ 47	3 ♑ 36	8 ♊ 41	4 ♊ 34	14 ♊ 7	20 ♐ 34	21 ♓ 44	7 ♉ 33	14 ♍ 0	25 ♋ 46	18 ♏	14 ♎	9 ♋	27 ♉	16 ♊
4	12 ♊ 49	24 ♏ 34	4 ♑ 44	3 ♑ 32	8 ♊ 9	5 ♊ 47	14 ♊ 48	20 ♐ 27	21 ♓ 46	7 ♉ 36	14 ♍ 0	25 ♋ 47	18 ♏	14 ♎	10 ♋	27 ♉	16 ♊
5	13 ♊ 47	6 ♐ 53	4 ♑ 40	3 ♑ 30	7 ♊ 39	7 ♊ 1	15 ♊ 30	20 ♐ 19	21 ♓ 49	7 ♉ 39	14 ♍ 0	25 ♋ 48	18 ♏	14 D	10 ♋	27 ♉	16 ♊
6	14 ♊ 44	19 ♐ 23	4 ♑ 37	3 ♑ 28	7 ♊ 11	8 ♊ 14	16 ♊ 11	20 ♐ 12	21 ♓ 52	7 ♉ 42	14 ♍ 1	25 ♋ 50	18 ♏	14 ♎	11 ♋	28 ♉	16 ♊
7	15 ♊ 41	2 ♑ 6	4 ♑ 34	3 ♑ 28	6 ♊ 46	9 ♊ 28	16 ♊ 52	20 ♐ 4	21 ♓ 55	7 ♉ 45	14 ♍ 1	25 ♋ 51	18 ♏	14 ♎	11 ♋	28 ♉	16 ♊
8	16 ♊ 39	15 ♑ 2	4 ♑ 31	3 D 28	6 ♊ 23	10 ♊ 42	17 ♊ 34	19 ♐ 56	21 ♓ 57	7 ♉ 48	14 ♍ 2	25 ♋ 52	18 ♏	14 ♎	12 ♋	29 ♉	16 ♊
9	17 ♊ 36	28 ♑ 10	4 ♑ 28	3 ♑ 29	6 ♊ 5	11 ♊ 55	18 ♊ 15	19 ♐ 49	22 ♓ 0	7 ♉ 51	14 ♍ 2	25 ♋ 54	17 ♏	14 ♎	13 ♋	29 ♉	17 ♊
10	18 ♊ 33	11 ♒ 33	4 ♑ 25	3 ♑ 30	5 ♊ 50	13 ♊ 9	18 ♊ 56	19 ♐ 41	22 ♓ 2	7 ♉ 54	14 ♍ 2	25 ♋ 55	17 ♏	14 ♎	13 ♋	0 ♊	17 ♊
11	19 ♊ 31	25 ♒ 9	4 ♑ 21	3 ♑ 31	5 ♊ 38	14 ♊ 22	19 ♊ 37	19 ♐ 34	22 ♓ 5	7 ♉ 56	14 ♍ 3	25 ♋ 56	17 ♏	14 ♎	14 ♋	0 ♊	17 ♊
12	20 ♊ 28	8 ♓ 59	4 ♑ 18	3 ♑ 32	5 ♊ 32	15 ♊ 36	20 ♊ 18	19 ♐ 26	22 ♓ 7	7 ♉ 59	14 ♍ 3	25 ♋ 58	17 ♏	14 ♎	14 ♋	0 ♊	17 ♊
13	21 ♊ 25	23 ♓ 2	4 ♑ 15	3 R 32	5 ♊ 29	16 ♊ 50	20 ♊ 59	19 ♐ 18	22 ♓ 9	8 ♉ 2	14 ♍ 4	25 ♋ 59	17 ♏	14 ♎	15 ♋	1 ♊	17 ♊
14	22 ♊ 23	7 ♈ 16	4 ♑ 12	3 ♑ 32	5 D 31	18 ♊ 3	21 ♊ 40	19 ♐ 11	22 ♓ 11	8 ♉ 5	14 ♍ 5	26 ♋ 0	17 ♏	14 ♎	15 ♋	1 ♊	17 ♊
15	23 ♊ 20	21 ♈ 40	4 ♑ 9	3 ♑ 31	5 ♊ 38	19 ♊ 17	22 ♊ 21	19 ♐ 3	22 ♓ 13	8 ♉ 7	14 ♍ 5	26 ♋ 2	17 ♏	14 ♎	16 ♋	2 ♊	17 ♊
16	24 ♊ 17	6 ♉ 9	4 ♑ 6	3 ♑ 30	5 ♊ 49	20 ♊ 31	23 ♊ 2	18 ♐ 55	22 ♓ 15	8 ♉ 10	14 ♍ 6	26 ♋ 3	17 ♏	14 ♎	16 ♋	2 ♊	17 ♊
17	25 ♊ 15	20 ♉ 40	4 ♑ 2	3 ♑ 29	6 ♊ 4	21 ♊ 44	23 ♊ 42	18 ♐ 48	22 ♓ 17	8 ♉ 13	14 ♍ 7	26 ♋ 5	17 ♏	14 ♎	17 ♋	3 ♊	17 ♊
18	26 ♊ 12	5 ♊ 6	3 ♑ 59	3 ♑ 28	6 ♊ 25	22 ♊ 58	24 ♊ 23	18 ♐ 40	22 ♓ 18	8 ♉ 15	14 ♍ 7	26 ♋ 6	16 ♏	14 ♎	17 ♋	3 ♊	17 ♊
19	27 ♊ 9	19 ♊ 22	3 ♑ 56	3 ♑ 28	6 ♊ 49	24 ♊ 12	25 ♊ 4	18 ♐ 33	22 ♓ 20	8 ♉ 18	14 ♍ 8	26 ♋ 8	16 ♏	14 ♎	18 ♋	3 ♊	17 ♊
20	28 ♊ 6	3 ♋ 23	3 ♑ 53	3 D 28	7 ♊ 19	25 ♊ 25	25 ♊ 45	18 ♐ 25	22 ♓ 21	8 ♉ 20	14 ♍ 9	26 ♋ 9	16 ♏	15 ♎	18 ♋	4 ♊	17 ♊
21	29 ♊ 4	17 ♋ 7	3 ♑ 50	3 ♑ 28	7 ♊ 53	26 ♊ 39	26 ♊ 25	18 ♐ 18	22 ♓ 23	8 ♉ 23	14 ♍ 10	26 ♋ 11	16 ♏	15 ♎	19 ♋	4 ♊	18 ♊
22	0 ♋ 1	0 ♌ 29	3 ♑ 46	3 ♑ 28	8 ♊ 31	27 ♊ 53	27 ♊ 6	18 ♐ 10	22 ♓ 24	8 ♉ 25	14 ♍ 11	26 ♋ 12	16 ♏	15 ♎	19 ♋	5 ♊	18 ♊
23	0 ♋ 58	13 ♌ 31	3 ♑ 43	3 ♑ 29	9 ♊ 13	29 ♊ 6	27 ♊ 46	18 ♐ 3	22 ♓ 25	8 ♉ 28	14 ♍ 11	26 ♋ 14	16 ♏	15 ♎	20 ♋	5 ♊	18 ♊
24	1 ♋ 56	26 ♌ 13	3 ♑ 40	3 ♑ 29	10 ♊ 0	0 ♋ 20	28 ♊ 27	17 ♐ 56	22 ♓ 26	8 ♉ 30	14 ♍ 12	26 ♋ 15	16 ♏	15 ♎	20 ♋	6 ♊	18 ♊
25	2 ♋ 53	8 ♍ 37	3 ♑ 37	3 ♑ 29	10 ♊ 51	1 ♋ 34	29 ♊ 7	17 ♐ 49	22 ♓ 27	8 ♉ 32	14 ♍ 13	26 ♋ 17	16 ♏	15 ♎	21 ♋	6 ♊	18 ♊
26	3 ♋ 50	20 ♍ 47	3 ♑ 34	3 R 29	11 ♊ 46	2 ♋ 48	29 ♊ 48	17 ♐ 41	22 ♓ 28	8 ♉ 35	14 ♍ 14	26 ♋ 18	16 ♏	15 ♎	21 ♋	6 ♊	18 ♊
27	4 ♋ 47	2 ♎ 47	3 ♑ 31	3 ♑ 29	12 ♊ 45	4 ♋ 1	0 ♋ 28	17 ♐ 34	22 ♓ 29	8 ♉ 37	14 ♍ 15	26 ♋ 20	16 ♏	15 ♎	22 ♋	7 ♊	18 ♊
28	5 ♋ 44	14 ♎ 41	3 ♑ 27	3 D 29	13 ♊ 48	5 ♋ 15	1 ♋ 9	17 ♐ 27	22 ♓ 29	8 ♉ 39	14 ♍ 16	26 ♋ 21	16 ♏	16 ♎	22 ♋	7 ♊	18 ♊
29	6 ♋ 42	26 ♎ 35	3 ♑ 24	3 ♑ 29	14 ♊ 56	6 ♋ 29	1 ♋ 49	17 ♐ 21	22 ♓ 30	8 ♉ 41	14 ♍ 17	26 ♋ 23	16 ♏	16 ♎	23 ♋	8 ♊	18 ♊
30	7 ♋ 39	8 ♏ 31	3 ♑ 21	3 ♑ 29	16 ♊ 7	7 ♋ 42	2 ♋ 29	17 ♐ 14	22 ♓ 30	8 ♉ 43	14 ♍ 18	26 ♋ 24	16 ♏	16 ♎	23 ♋	8 ♊	18 ♊
SUN INGRESS	☉ → ♋ 21日 23:22																
MOON PHASE	○ 5日 14:22 ♐	◑ 12日 21:05 ♓	● 19日 14:14 ♊	◐ 27日 04:23 ♎													

aspects		
2日	19:44	♂ □ ♆
5日	05:49	☉ □ ♆
5日	08:59	☿ ☌ ♀
10日	17:36	♀ □ ♆
10日	22:21	♂ ☍ ♃
11日	01:02	☉ ☍ ♃
11日	09:01	☉ ☌ ♂
13日	18:59	☉ □ ♄
14日	19:18	♂ □ ♄
14日	19:51	♀ ☍ ♃
17日	10:47	♀ □ ♄
20日	13:59	♀ ☌ ♂
28日	10:18	☿ □ ♆
29日	18:43	☉ ☌ ♀
30日	19:49	☿ ☍ ♃
30日	20:25	♀ ⚹ ♅

1936年7月

DAY	☉	☽	☊ mean	☊ true	☿	♀	♂	♃	♄	♅	♆	♇	⚳	⚴	⚵	⚶	⚷
	° ′	° ′	° ′	° ′	° ′	° ′	° ′	° ′	° ′	° ′	° ′	° ′	°	°	°	°	°
1	8 ♋ 36	20 ♏ 35	3 ♑ 18	3 D 30	17 D 22	8 D 56	3 D 9	17 R 7	22 D 31	8 D 45	14 D 20	26 D 26	16 R	16 D	24 D	9 D	18 D
2	9 ♋ 33	2 ♐ 51	3 ♑ 15	3 ♑ 30	18 ♊ 40	10 ♋ 10	3 ♋ 50	17 ♐ 0	22 ♓ 31	8 ♉ 48	14 ♍ 21	26 ♋ 27	16 ♏	16 ♎	24 ♋	9 ♊	18 ♊
3	10 ♋ 30	15 ♐ 20	3 ♑ 12	3 ♑ 31	20 ♊ 3	11 ♋ 24	4 ♋ 30	16 ♐ 54	22 ♓ 31	8 ♉ 50	14 ♍ 22	26 ♋ 29	16 D	16 ♎	25 ♋	9 ♊	19 ♊
4	11 ♋ 28	28 ♐ 4	3 ♑ 8	3 ♑ 31	21 ♊ 29	12 ♋ 37	5 ♋ 10	16 ♐ 48	22 ♓ 31	8 ♉ 52	14 ♍ 23	26 ♋ 31	16 ♏	17 ♎	26 ♋	10 ♊	19 ♊
5	12 ♋ 25	11 ♑ 6	3 ♑ 5	3 R 31	22 ♊ 59	13 ♋ 51	5 ♋ 50	16 ♐ 41	22 R 31	8 ♉ 54	14 ♍ 24	26 ♋ 32	16 ♏	17 ♎	26 ♋	10 ♊	19 ♊
6	13 ♋ 22	24 ♑ 24	3 ♑ 2	3 ♑ 31	24 ♊ 33	15 ♋ 5	6 ♋ 30	16 ♐ 35	22 ♓ 31	8 ♉ 55	14 ♍ 26	26 ♋ 34	16 ♏	17 ♎	27 ♋	11 ♊	19 ♊
7	14 ♋ 19	7 ♒ 58	2 ♑ 59	3 ♑ 30	26 ♊ 10	16 ♋ 19	7 ♋ 10	16 ♐ 29	22 ♓ 31	8 ♉ 57	14 ♍ 27	26 ♋ 35	16 ♏	17 ♎	27 ♋	11 ♊	19 ♊
8	15 ♋ 16	21 ♒ 46	2 ♑ 56	3 ♑ 29	27 ♊ 50	17 ♋ 32	7 ♋ 50	16 ♐ 23	22 ♓ 31	8 ♉ 59	14 ♍ 28	26 ♋ 37	16 ♏	17 ♎	28 ♋	11 ♊	19 ♊
9	16 ♋ 13	5 ♓ 44	2 ♑ 52	3 ♑ 27	29 ♊ 34	18 ♋ 46	8 ♋ 30	16 ♐ 17	22 ♓ 30	9 ♉ 1	14 ♍ 29	26 ♋ 39	16 ♏	18 ♎	28 ♋	12 ♊	19 ♊
10	17 ♋ 11	19 ♓ 51	2 ♑ 49	3 ♑ 26	1 ♋ 21	20 ♋ 0	9 ♋ 10	16 ♐ 12	22 ♓ 30	9 ♉ 3	14 ♍ 31	26 ♋ 40	16 ♏	18 ♎	29 ♋	12 ♊	19 ♊
11	18 ♋ 8	4 ♈ 2	2 ♑ 46	3 ♑ 25	3 ♋ 11	21 ♋ 14	9 ♋ 50	16 ♐ 6	22 ♓ 29	9 ♉ 4	14 ♍ 32	26 ♋ 42	16 ♏	18 ♎	29 ♋	13 ♊	19 ♊
12	19 ♋ 5	18 ♈ 16	2 ♑ 43	3 ♑ 24	5 ♋ 4	22 ♋ 28	10 ♋ 30	16 ♐ 1	22 ♓ 28	9 ♉ 6	14 ♍ 34	26 ♋ 44	16 ♏	18 ♎	0 ♌	13 ♊	19 ♊
13	20 ♋ 2	2 ♉ 30	2 ♑ 40	3 D 25	7 ♋ 0	23 ♋ 41	11 ♋ 9	15 ♐ 56	22 ♓ 27	9 ♉ 8	14 ♍ 35	26 ♋ 45	16 ♏	19 ♎	0 ♌	13 ♊	19 ♊
14	20 ♋ 59	16 ♉ 41	2 ♑ 37	3 ♑ 25	8 ♋ 58	24 ♋ 55	11 ♋ 49	15 ♐ 50	22 ♓ 27	9 ♉ 9	14 ♍ 36	26 ♋ 47	16 ♏	19 ♎	1 ♌	14 ♊	19 ♊
15	21 ♋ 57	0 ♊ 47	2 ♑ 33	3 ♑ 27	10 ♋ 59	26 ♋ 9	12 ♋ 29	15 ♐ 46	22 ♓ 25	9 ♉ 11	14 ♍ 38	26 ♋ 48	16 ♏	19 ♎	1 ♌	14 ♊	19 ♊
16	22 ♋ 54	14 ♊ 46	2 ♑ 30	3 ♑ 28	13 ♋ 1	27 ♋ 23	13 ♋ 8	15 ♐ 41	22 ♓ 24	9 ♉ 12	14 ♍ 39	26 ♋ 50	16 ♏	19 ♎	2 ♌	15 ♊	20 ♊
17	23 ♋ 51	28 ♊ 35	2 ♑ 27	3 ♑ 29	15 ♋ 6	28 ♋ 37	13 ♋ 48	15 ♐ 36	22 ♓ 23	9 ♉ 14	14 ♍ 41	26 ♋ 52	16 ♏	19 ♎	2 ♌	15 ♊	20 ♊
18	24 ♋ 48	12 ♋ 13	2 ♑ 24	3 R 28	17 ♋ 11	29 ♋ 51	14 ♋ 28	15 ♐ 32	22 ♓ 22	9 ♉ 15	14 ♍ 43	26 ♋ 53	16 ♏	20 ♎	3 ♌	15 ♊	20 ♊
19	25 ♋ 46	25 ♋ 36	2 ♑ 21	3 ♑ 27	19 ♋ 18	1 ♌ 5	15 ♋ 7	15 ♐ 27	22 ♓ 20	9 ♉ 17	14 ♍ 44	26 ♋ 55	17 ♏	20 ♎	3 ♌	16 ♊	20 ♊
20	26 ♋ 43	8 ♌ 45	2 ♑ 18	3 ♑ 25	21 ♋ 25	2 ♌ 18	15 ♋ 47	15 ♐ 23	22 ♓ 19	9 ♉ 18	14 ♍ 46	26 ♋ 57	17 ♏	20 ♎	4 ♌	16 ♊	20 ♊
21	27 ♋ 40	21 ♌ 37	2 ♑ 14	3 ♑ 22	23 ♋ 33	3 ♌ 32	16 ♋ 26	15 ♐ 19	22 ♓ 17	9 ♉ 19	14 ♍ 47	26 ♋ 58	17 ♏	20 ♎	4 ♌	17 ♊	20 ♊
22	28 ♋ 38	4 ♍ 13	2 ♑ 11	3 ♑ 18	25 ♋ 41	4 ♌ 46	17 ♋ 6	15 ♐ 15	22 ♓ 16	9 ♉ 20	14 ♍ 49	27 ♋ 0	17 ♏	21 ♎	5 ♌	17 ♊	20 ♊
23	29 ♋ 35	16 ♍ 35	2 ♑ 8	3 ♑ 14	27 ♋ 49	6 ♌ 0	17 ♋ 45	15 ♐ 11	22 ♓ 14	9 ♉ 21	14 ♍ 51	27 ♋ 2	17 ♏	21 ♎	5 ♌	17 ♊	20 ♊
24	0 ♌ 32	28 ♍ 44	2 ♑ 5	3 ♑ 10	29 ♋ 56	7 ♌ 14	18 ♋ 25	15 ♐ 8	22 ♓ 12	9 ♉ 23	14 ♍ 52	27 ♋ 3	17 ♏	21 ♎	6 ♌	18 ♊	20 ♊
25	1 ♌ 30	10 ♎ 43	2 ♑ 2	3 ♑ 7	2 ♌ 3	8 ♌ 28	19 ♋ 4	15 ♐ 5	22 ♓ 10	9 ♉ 24	14 ♍ 54	27 ♋ 5	17 ♏	21 ♎	6 ♌	18 ♊	20 ♊
26	2 ♌ 27	22 ♎ 37	1 ♑ 58	3 ♑ 5	4 ♌ 9	9 ♌ 42	19 ♋ 43	15 ♐ 1	22 ♓ 8	9 ♉ 25	14 ♍ 56	27 ♋ 6	17 ♏	22 ♎	7 ♌	19 ♊	20 ♊
27	3 ♌ 24	4 ♏ 30	1 ♑ 55	3 D 5	6 ♌ 14	10 ♌ 56	20 ♋ 23	14 ♐ 58	22 ♓ 6	9 ♉ 26	14 ♍ 58	27 ♋ 8	17 ♏	22 ♎	7 ♌	19 ♊	20 ♊
28	4 ♌ 22	16 ♏ 26	1 ♑ 52	3 ♑ 5	8 ♌ 18	12 ♌ 10	21 ♋ 2	14 ♐ 56	22 ♓ 3	9 ♉ 27	14 ♍ 59	27 ♋ 10	18 ♏	22 ♎	8 ♌	19 ♊	20 ♊
29	5 ♌ 19	28 ♏ 30	1 ♑ 49	3 ♑ 7	10 ♌ 20	13 ♌ 24	21 ♋ 41	14 ♐ 53	22 ♓ 1	9 ♉ 27	15 ♍ 1	27 ♋ 11	18 ♏	23 ♎	8 ♌	20 ♊	20 ♊
30	6 ♌ 16	10 ♐ 48	1 ♑ 46	3 ♑ 8	12 ♌ 21	14 ♌ 38	22 ♋ 20	14 ♐ 50	21 ♓ 59	9 ♉ 28	15 ♍ 3	27 ♋ 13	18 ♏	23 ♎	9 ♌	20 ♊	21 ♊
31	7 ♌ 14	23 ♐ 22	1 ♑ 43	3 ♑ 10	14 ♌ 21	15 ♌ 52	22 ♋ 59	14 ♐ 48	21 ♓ 56	9 ♉ 29	15 ♍ 5	27 ♋ 15	18 ♏	23 ♎	9 ♌	21 ♊	21 ♊
SUN INGRESS	☉ → ♌ 23日 10:18																
MOON PHASE	○ 5日 02:34 ♑	◑ 12日 01:28 ♈	● 19日 00:19 ♋	◐ 26日 21:36 ♏													

aspects

1日	04:08	☉⚹♅
4日	16:43	☿□♄
5日	10:58	♀⚹♆
7日	03:20	☉⚹♆
9日	19:31	♂⚹♅
12日	00:12	♀△♄
14日	02:13	☿⚹♅
15日	11:50	☉△♄
15日	13:03	♀☌♇
16日	02:00	☿☌♂
16日	19:12	☿⚹♆
18日	09:23	♂⚹♆
20日	05:52	☉☌♇
20日	09:58	☿△♄
22日	15:02	☿☌♇
24日	12:28	☉☌☿
25日	18:20	♀□♅
27日	04:01	♃□♆
28日	13:36	☿□♅
29日	11:31	♂△♄
30日	04:02	♀△♃
31日	05:21	☿△♃

1936年8月

DAY	☉	☽	☊ mean	☊ true	☿	♀	♂	♃	♄	♅	♆	♇	⚳	⚴	⚵	⚶	⚷
	° ′	° ′	° ′	° ′	° ′	° ′	° ′	° ′	° ′	° ′	° ′	° ′	°	°	°	°	°
1	8 ♌ 11	6 ♑ 17	1 ♑ 39	3 R 10	16 D 19	17 D 5	23 D 39	14 R 46	21 R 54	9 D 30	15 D 7	27 D 16	18 D	23 D	10 D	21 D	21 D
2	9 ♌ 8	19 ♑ 33	1 ♑ 36	3 ♑ 9	18 ♌ 16	18 ♌ 19	24 ♋ 18	14 ♐ 44	21 ♓ 51	9 ♉ 31	15 ♍ 8	27 ♋ 18	18 ♏	24 ♎	10 ♌	21 ♊	21 ♊
3	10 ♌ 6	3 ♒ 12	1 ♑ 33	3 ♑ 6	20 ♌ 11	19 ♌ 33	24 ♋ 57	14 ♐ 42	21 ♓ 48	9 ♉ 31	15 ♍ 10	27 ♋ 19	19 ♏	24 ♎	11 ♌	22 ♊	21 ♊
4	11 ♌ 3	17 ♒ 11	1 ♑ 30	3 ♑ 2	22 ♌ 5	20 ♌ 47	25 ♋ 36	14 ♐ 41	21 ♓ 45	9 ♉ 32	15 ♍ 12	27 ♋ 21	19 ♏	24 ♎	11 ♌	22 ♊	21 ♊
5	12 ♌ 1	1 ♓ 26	1 ♑ 27	2 ♑ 56	23 ♌ 57	22 ♌ 1	26 ♋ 15	14 ♐ 39	21 ♓ 42	9 ♉ 32	15 ♍ 14	27 ♋ 23	19 ♏	25 ♎	12 ♌	23 ♊	21 ♊
6	12 ♌ 58	15 ♓ 52	1 ♑ 24	2 ♑ 50	25 ♌ 48	23 ♌ 15	26 ♋ 54	14 ♐ 38	21 ♓ 39	9 ♉ 33	15 ♍ 16	27 ♋ 24	19 ♏	25 ♎	12 ♌	23 ♊	21 ♊
7	13 ♌ 55	0 ♈ 23	1 ♑ 20	2 ♑ 45	27 ♌ 37	24 ♌ 29	27 ♋ 33	14 ♐ 37	21 ♓ 36	9 ♉ 33	15 ♍ 18	27 ♋ 26	19 ♏	25 ♎	13 ♌	23 ♊	21 ♊
8	14 ♌ 53	14 ♈ 53	1 ♑ 17	2 ♑ 40	29 ♌ 24	25 ♌ 43	28 ♋ 12	14 ♐ 36	21 ♓ 33	9 ♉ 34	15 ♍ 20	27 ♋ 27	19 ♏	26 ♎	13 ♌	24 ♊	21 ♊
9	15 ♌ 50	29 ♈ 17	1 ♑ 14	2 ♑ 37	1 ♍ 10	26 ♌ 57	28 ♋ 50	14 ♐ 36	21 ♓ 30	9 ♉ 34	15 ♍ 22	27 ♋ 29	20 ♏	26 ♎	13 ♌	24 ♊	21 ♊
10	16 ♌ 48	13 ♉ 31	1 ♑ 11	2 ♑ 36	2 ♍ 54	28 ♌ 11	29 ♋ 29	14 ♐ 35	21 ♓ 27	9 ♉ 34	15 ♍ 24	27 ♋ 31	20 ♏	26 ♎	14 ♌	24 ♊	21 ♊
11	17 ♌ 46	27 ♉ 34	1 ♑ 8	2 D 36	4 ♍ 37	29 ♌ 25	0 ♌ 8	14 ♐ 35	21 ♓ 23	9 ♉ 35	15 ♍ 26	27 ♋ 32	20 ♏	27 ♎	14 ♌	25 ♊	21 ♊
12	18 ♌ 43	11 ♊ 23	1 ♑ 4	2 ♑ 37	6 ♍ 18	0 ♍ 39	0 ♌ 47	14 D 35	21 ♓ 20	9 ♉ 35	15 ♍ 28	27 ♋ 34	20 ♏	27 ♎	15 ♌	25 ♊	21 ♊
13	19 ♌ 41	25 ♊ 1	1 ♑ 1	2 ♑ 38	7 ♍ 58	1 ♍ 53	1 ♌ 26	14 ♐ 35	21 ♓ 16	9 ♉ 35	15 ♍ 30	27 ♋ 35	20 ♏	27 ♎	15 ♌	26 ♊	21 ♊
14	20 ♌ 38	8 ♋ 26	0 ♑ 58	2 R 39	9 ♍ 36	3 ♍ 7	2 ♌ 4	14 ♐ 35	21 ♓ 13	9 ♉ 35	15 ♍ 32	27 ♋ 37	21 ♏	28 ♎	16 ♌	26 ♊	21 ♊
15	21 ♌ 36	21 ♋ 39	0 ♑ 55	2 ♑ 37	11 ♍ 13	4 ♍ 21	2 ♌ 43	14 ♐ 36	21 ♓ 9	9 ♉ 35	15 ♍ 34	27 ♋ 38	21 ♏	28 ♎	16 ♌	26 ♊	22 ♊
16	22 ♌ 34	4 ♌ 40	0 ♑ 52	2 ♑ 33	12 ♍ 48	5 ♍ 35	3 ♌ 22	14 ♐ 36	21 ♓ 5	9 R 35	15 ♍ 36	27 ♋ 40	21 ♏	28 ♎	17 ♌	27 ♊	22 ♊
17	23 ♌ 31	17 ♌ 30	0 ♑ 49	2 ♑ 27	14 ♍ 22	6 ♍ 49	4 ♌ 0	14 ♐ 37	21 ♓ 2	9 ♉ 35	15 ♍ 38	27 ♋ 41	21 ♏	29 ♎	17 ♌	27 ♊	22 ♊
18	24 ♌ 29	0 ♍ 8	0 ♑ 45	2 ♑ 19	15 ♍ 54	8 ♍ 3	4 ♌ 39	14 ♐ 38	20 ♓ 58	9 ♉ 35	15 ♍ 40	27 ♋ 43	22 ♏	29 ♎	18 ♌	27 ♊	22 ♊
19	25 ♌ 27	12 ♍ 33	0 ♑ 42	2 ♑ 9	17 ♍ 25	9 ♍ 17	5 ♌ 18	14 ♐ 39	20 ♓ 54	9 ♉ 35	15 ♍ 43	27 ♋ 44	22 ♏	29 ♎	18 ♌	28 ♊	22 ♊
20	26 ♌ 25	24 ♍ 48	0 ♑ 39	1 ♑ 59	18 ♍ 54	10 ♍ 31	5 ♌ 56	14 ♐ 41	20 ♓ 50	9 ♉ 34	15 ♍ 45	27 ♋ 46	22 ♏	0 ♏	19 ♌	28 ♊	22 ♊
21	27 ♌ 22	6 ♎ 53	0 ♑ 36	1 ♑ 50	20 ♍ 21	11 ♍ 45	6 ♌ 35	14 ♐ 42	20 ♓ 46	9 ♉ 34	15 ♍ 47	27 ♋ 47	22 ♏	0 ♏	19 ♌	28 ♊	22 ♊
22	28 ♌ 20	18 ♎ 49	0 ♑ 33	1 ♑ 41	21 ♍ 48	12 ♍ 59	7 ♌ 13	14 ♐ 44	20 ♓ 42	9 ♉ 34	15 ♍ 49	27 ♋ 49	23 ♏	0 ♏	20 ♌	29 ♊	22 ♊
23	29 ♌ 18	0 ♏ 41	0 ♑ 29	1 ♑ 35	23 ♍ 12	14 ♍ 13	7 ♌ 52	14 ♐ 46	20 ♓ 38	9 ♉ 34	15 ♍ 51	27 ♋ 50	23 ♏	1 ♏	20 ♌	29 ♊	22 ♊
24	0 ♍ 16	12 ♏ 31	0 ♑ 26	1 ♑ 31	24 ♍ 35	15 ♍ 27	8 ♌ 30	14 ♐ 48	20 ♓ 34	9 ♉ 33	15 ♍ 53	27 ♋ 52	23 ♏	1 ♏	21 ♌	0 ♋	22 ♊
25	1 ♍ 14	24 ♏ 25	0 ♑ 23	1 ♑ 30	25 ♍ 57	16 ♍ 41	9 ♌ 8	14 ♐ 50	20 ♓ 29	9 ♉ 33	15 ♍ 55	27 ♋ 53	23 ♏	1 ♏	21 ♌	0 ♋	22 ♊
26	2 ♍ 12	6 ♐ 27	0 ♑ 20	1 D 29	27 ♍ 17	17 ♍ 55	9 ♌ 47	14 ♐ 53	20 ♓ 25	9 ♉ 32	15 ♍ 58	27 ♋ 54	24 ♏	2 ♏	22 ♌	0 ♋	22 ♊
27	3 ♍ 10	18 ♐ 43	0 ♑ 17	1 ♑ 30	28 ♍ 35	19 ♍ 9	10 ♌ 25	14 ♐ 56	20 ♓ 21	9 ♉ 32	16 ♍ 0	27 ♋ 56	24 ♏	2 ♏	22 ♌	1 ♋	22 ♊
28	4 ♍ 8	1 ♑ 16	0 ♑ 14	1 ♑ 30	29 ♍ 51	20 ♍ 23	11 ♌ 3	14 ♐ 58	20 ♓ 17	9 ♉ 31	16 ♍ 2	27 ♋ 57	24 ♏	2 ♏	23 ♌	1 ♋	22 ♊
29	5 ♍ 6	14 ♑ 13	0 ♑ 10	1 R 30	1 ♎ 6	21 ♍ 37	11 ♌ 42	15 ♐ 2	20 ♓ 12	9 ♉ 30	16 ♍ 4	27 ♋ 59	24 ♏	3 ♏	23 ♌	1 ♋	22 ♊
30	6 ♍ 3	27 ♑ 36	0 ♑ 7	1 ♑ 27	2 ♎ 18	22 ♍ 51	12 ♌ 20	15 ♐ 5	20 ♓ 8	9 ♉ 30	16 ♍ 6	28 ♋ 0	25 ♏	3 ♏	23 ♌	2 ♋	22 ♊
31	7 ♍ 2	11 ♒ 26	0 ♑ 4	1 ♑ 22	3 ♎ 29	24 ♍ 5	12 ♌ 58	15 ♐ 8	20 ♓ 4	9 ♉ 29	16 ♍ 9	28 ♋ 1	25 ♏	3 ♏	24 ♌	2 ♋	22 ♊
SUN INGRESS	☉ → ♍ 23日 17:10																
MOON PHASE	○ 3日 12:47 ♒	◑ 10日 05:59 ♉	● 17日 12:21 ♌	◐ 25日 14:49 ♐													

aspects

2日	01:49	☿☌♀
2日	09:23	☉□♅
6日	19:40	♂☌♇
7日	17:08	☉△♃
13日	23:44	☿△♅
17日	04:04	☿□♃
17日	20:25	☿☌♆
19日	05:43	♀△♅
21日	06:29	☿☍♄
23日	11:01	♀□♃
24日	08:44	♀☌♆
25日	15:06	♂□♅
26日	11:49	☿⚹♇
27日	22:02	♀☍♄

1936年9月

DAY	☉	☽	☊ mean	☊ true	☿	♀	♂	♃	♄	♅	♆	♇	⚳	⚴	⚵	⚶	⚷
	° ′	° ′	° ′	° ′	° ′	° ′	° ′	° ′	° ′	° ′	° ′	° ′	°	°	°	°	°
1	8 ♍ 0	25 ♒ 42	0 ♑ 1	1 R 14	4 D 38	25 D 19	13 D 36	15 D 12	19 R 59	9 R 28	16 D 11	28 D 3	25 D	4 D	24 D	2 D	22 D
2	8 ♍ 58	10 ♓ 20	29 ♐ 58	1 ♑ 5	5 ♎ 44	26 ♍ 33	14 ♌ 14	15 ♐ 15	19 ♓ 55	9 ♉ 27	16 ♍ 13	28 ♋ 4	25 ♏	4 ♏	25 ♌	3 ♋	22 ♊
3	9 ♍ 56	25 ♓ 11	29 ♐ 55	0 ♑ 55	6 ♎ 49	27 ♍ 47	14 ♌ 53	15 ♐ 19	19 ♓ 50	9 ♉ 27	16 ♍ 15	28 ♋ 5	26 ♏	4 ♏	25 ♌	3 ♋	22 ♊
4	10 ♍ 54	10 ♈ 8	29 ♐ 51	0 ♑ 45	7 ♎ 51	29 ♍ 1	15 ♌ 31	15 ♐ 23	19 ♓ 46	9 ♉ 26	16 ♍ 17	28 ♋ 7	26 ♏	5 ♏	26 ♌	3 ♋	22 ♊
5	11 ♍ 52	25 ♈ 2	29 ♐ 48	0 ♑ 37	8 ♎ 51	0 ♎ 15	16 ♌ 9	15 ♐ 28	19 ♓ 41	9 ♉ 25	16 ♍ 20	28 ♋ 8	26 ♏	5 ♏	26 ♌	4 ♋	22 ♊
6	12 ♍ 50	9 ♉ 43	29 ♐ 45	0 ♑ 31	9 ♎ 47	1 ♎ 29	16 ♌ 47	15 ♐ 32	19 ♓ 37	9 ♉ 24	16 ♍ 22	28 ♋ 9	26 ♏	6 ♏	27 ♌	4 ♋	22 ♊
7	13 ♍ 48	24 ♉ 8	29 ♐ 42	0 ♑ 27	10 ♎ 42	2 ♎ 43	17 ♌ 25	15 ♐ 36	19 ♓ 32	9 ♉ 23	16 ♍ 24	28 ♋ 10	27 ♏	6 ♏	27 ♌	4 ♋	22 ♊
8	14 ♍ 47	8 ♊ 13	29 ♐ 39	0 ♑ 26	11 ♎ 33	3 ♎ 57	18 ♌ 3	15 ♐ 41	19 ♓ 27	9 ♉ 22	16 ♍ 26	28 ♋ 11	27 ♏	6 ♏	28 ♌	5 ♋	23 ♊
9	15 ♍ 45	21 ♊ 58	29 ♐ 35	0 D 26	12 ♎ 21	5 ♎ 11	18 ♌ 41	15 ♐ 46	19 ♓ 23	9 ♉ 20	16 ♍ 28	28 ♋ 13	27 ♏	7 ♏	28 ♌	5 ♋	23 ♊
10	16 ♍ 43	5 ♋ 24	29 ♐ 32	0 R 26	13 ♎ 5	6 ♎ 25	19 ♌ 19	15 ♐ 51	19 ♓ 18	9 ♉ 19	16 ♍ 31	28 ♋ 14	28 ♏	7 ♏	29 ♌	5 ♋	23 ♊
11	17 ♍ 41	18 ♋ 34	29 ♐ 29	0 ♑ 25	13 ♎ 46	7 ♎ 39	19 ♌ 57	15 ♐ 56	19 ♓ 14	9 ♉ 18	16 ♍ 33	28 ♋ 15	28 ♏	7 ♏	29 ♌	5 ♋	23 ♊
12	18 ♍ 40	1 ♌ 29	29 ♐ 26	0 ♑ 22	14 ♎ 23	8 ♎ 52	20 ♌ 35	16 ♐ 2	19 ♓ 9	9 ♉ 17	16 ♍ 35	28 ♋ 16	28 ♏	8 ♏	29 ♌	6 ♋	23 ♊
13	19 ♍ 38	14 ♌ 11	29 ♐ 23	0 ♑ 16	14 ♎ 56	10 ♎ 6	21 ♌ 12	16 ♐ 7	19 ♓ 4	9 ♉ 15	16 ♍ 37	28 ♋ 17	29 ♏	8 ♏	0 ♍	6 ♋	23 ♊
14	20 ♍ 37	26 ♌ 43	29 ♐ 20	0 ♑ 6	15 ♎ 25	11 ♎ 20	21 ♌ 50	16 ♐ 13	19 ♓ 0	9 ♉ 14	16 ♍ 40	28 ♋ 18	29 ♏	9 ♏	0 ♍	6 ♋	23 ♊
15	21 ♍ 35	9 ♍ 5	29 ♐ 16	29 ♐ 55	15 ♎ 48	12 ♎ 34	22 ♌ 28	16 ♐ 19	18 ♓ 55	9 ♉ 13	16 ♍ 42	28 ♋ 19	29 ♏	9 ♏	1 ♍	7 ♋	23 ♊
16	22 ♍ 34	21 ♍ 19	29 ♐ 13	29 ♐ 41	16 ♎ 6	13 ♎ 48	23 ♌ 6	16 ♐ 25	18 ♓ 50	9 ♉ 11	16 ♍ 44	28 ♋ 21	29 ♏	9 ♏	1 ♍	7 ♋	23 ♊
17	23 ♍ 32	3 ♎ 24	29 ♐ 10	29 ♐ 27	16 ♎ 19	15 ♎ 2	23 ♌ 44	16 ♐ 31	18 ♓ 46	9 ♉ 10	16 ♍ 46	28 ♋ 22	0 ♐	10 ♏	2 ♍	7 ♋	23 ♊
18	24 ♍ 31	15 ♎ 23	29 ♐ 7	29 ♐ 14	16 ♎ 26	16 ♎ 16	24 ♌ 21	16 ♐ 37	18 ♓ 41	9 ♉ 8	16 ♍ 48	28 ♋ 23	0 ♐	10 ♏	2 ♍	8 ♋	23 ♊
19	25 ♍ 29	27 ♎ 16	29 ♐ 4	29 ♐ 2	16 R 27	17 ♎ 30	24 ♌ 59	16 ♐ 44	18 ♓ 37	9 ♉ 7	16 ♍ 51	28 ♋ 24	0 ♐	11 ♏	3 ♍	8 ♋	23 ♊
20	26 ♍ 28	9 ♏ 5	29 ♐ 1	28 ♐ 52	16 ♎ 21	18 ♎ 44	25 ♌ 37	16 ♐ 50	18 ♓ 32	9 ♉ 5	16 ♍ 53	28 ♋ 25	1 ♐	11 ♏	3 ♍	8 ♋	23 ♊
21	27 ♍ 27	20 ♏ 54	28 ♐ 57	28 ♐ 45	16 ♎ 8	19 ♎ 58	26 ♌ 14	16 ♐ 57	18 ♓ 28	9 ♉ 3	16 ♍ 55	28 ♋ 26	1 ♐	11 ♏	3 ♍	8 ♋	23 ♊
22	28 ♍ 25	2 ♐ 46	28 ♐ 54	28 ♐ 41	15 ♎ 48	21 ♎ 12	26 ♌ 52	17 ♐ 4	18 ♓ 23	9 ♉ 2	16 ♍ 57	28 ♋ 27	1 ♐	12 ♏	4 ♍	9 ♋	23 ♊
23	29 ♍ 24	14 ♐ 46	28 ♐ 51	28 ♐ 39	15 ♎ 21	22 ♎ 25	27 ♌ 30	17 ♐ 11	18 ♓ 19	9 ♉ 0	16 ♍ 59	28 ♋ 27	2 ♐	12 ♏	4 ♍	9 ♋	23 ♊
24	0 ♎ 23	26 ♐ 58	28 ♐ 48	28 ♐ 39	14 ♎ 47	23 ♎ 39	28 ♌ 7	17 ♐ 18	18 ♓ 14	8 ♉ 58	17 ♍ 2	28 ♋ 28	2 ♐	12 ♏	5 ♍	9 ♋	23 ♊
25	1 ♎ 22	9 ♑ 27	28 ♐ 45	28 ♐ 39	14 ♎ 6	24 ♎ 53	28 ♌ 45	17 ♐ 26	18 ♓ 10	8 ♉ 56	17 ♍ 4	28 ♋ 29	2 ♐	13 ♏	5 ♍	10 ♋	23 ♊
26	2 ♎ 21	22 ♑ 20	28 ♐ 41	28 ♐ 38	13 ♎ 18	26 ♎ 7	29 ♌ 22	17 ♐ 33	18 ♓ 5	8 ♉ 55	17 ♍ 6	28 ♋ 30	3 ♐	13 ♏	6 ♍	10 ♋	23 ♊
27	3 ♎ 19	5 ♒ 40	28 ♐ 38	28 ♐ 35	12 ♎ 23	27 ♎ 21	0 ♍ 0	17 ♐ 41	18 ♓ 1	8 ♉ 53	17 ♍ 8	28 ♋ 31	3 ♐	14 ♏	6 ♍	10 ♋	23 ♊
28	4 ♎ 18	19 ♒ 30	28 ♐ 35	28 ♐ 30	11 ♎ 24	28 ♎ 35	0 ♍ 37	17 ♐ 48	17 ♓ 57	8 ♉ 51	17 ♍ 10	28 ♋ 32	3 ♐	14 ♏	7 ♍	10 ♋	23 ♊
29	5 ♎ 17	3 ♓ 50	28 ♐ 32	28 ♐ 22	10 ♎ 20	29 ♎ 48	1 ♍ 15	17 ♐ 56	17 ♓ 52	8 ♉ 49	17 ♍ 12	28 ♋ 33	4 ♐	14 ♏	7 ♍	11 ♋	23 ♊
30	6 ♎ 16	18 ♓ 36	28 ♐ 29	28 ♐ 12	9 ♎ 13	1 ♏ 2	1 ♍ 52	18 ♐ 4	17 ♓ 48	8 ♉ 47	17 ♍ 15	28 ♋ 33	4 ♐	15 ♏	7 ♍	11 ♋	23 ♊

SUN INGRESS	☉ → ♎ 23日 14:26
MOON PHASE	○ 1日 21:37 ♓ ◑ 8日 12:14 ♊ ● 16日 02:41 ♍ ◐ 24日 07:12 ♑

aspects

2日	12:11	☉△♅
3日	06:04	♀⚹♇
3日	18:48	♂△♃
9日	00:35	☉□♃
9日	18:41	☉☌♆
12日	11:04	☉☍♄
18日	03:27	☿☌♀
18日	07:34	♀⚹♃
20日	13:25	♃□♆
22日	00:28	☉⚹♇
27日	23:04	♀□♇
28日	15:58	♃□♄

1936年10月

DAY	☉	☽	☊ mean	☊ true	☿	♀	♂	♃	♄	♅	♆	♇	⚳	⚴	⚵	⚶	⚷
	° ′	° ′	° ′	° ′	° ′	° ′	° ′	° ′	° ′	° ′	° ′	° ′	°	°	°	°	°
1	7 ♎ 15	3 ♈ 41	28 ♐ 26	28 R 1	8 R 4	2 D 16	2 D 29	18 D 12	17 R 44	8 R 45	17 D 17	28 D 34	4 D	15 D	8 D	11 D	23 D
2	8 ♎ 14	18 ♈ 56	28 ♐ 22	27 ♐ 50	6 ♎ 56	3 ♏ 30	3 ♍ 7	18 ♐ 21	17 ♓ 40	8 ♉ 43	17 ♍ 19	28 ♋ 35	5 ♐	16 ♏	8 ♍	11 ♋	23 R
3	9 ♎ 13	4 ♉ 9	28 ♐ 19	27 ♐ 40	5 ♎ 51	4 ♏ 44	3 ♍ 44	18 ♐ 29	17 ♓ 35	8 ♉ 41	17 ♍ 21	28 ♋ 36	5 ♐	16 ♏	9 ♍	12 ♋	23 ♊
4	10 ♎ 12	19 ♉ 10	28 ♐ 16	27 ♐ 34	4 ♎ 49	5 ♏ 57	4 ♍ 21	18 ♐ 38	17 ♓ 31	8 ♉ 39	17 ♍ 23	28 ♋ 36	5 ♐	16 ♏	9 ♍	12 ♋	23 ♊
5	11 ♎ 11	3 ♊ 52	28 ♐ 13	27 ♐ 29	3 ♎ 53	7 ♏ 11	4 ♍ 59	18 ♐ 46	17 ♓ 27	8 ♉ 37	17 ♍ 25	28 ♋ 37	6 ♐	17 ♏	10 ♍	12 ♋	23 ♊
6	12 ♎ 10	18 ♊ 9	28 ♐ 10	27 ♐ 28	3 ♎ 4	8 ♏ 25	5 ♍ 36	18 ♐ 55	17 ♓ 23	8 ♉ 35	17 ♍ 27	28 ♋ 37	6 ♐	17 ♏	10 ♍	12 ♋	23 ♊
7	13 ♎ 10	2 ♋ 0	28 ♐ 6	27 D 27	2 ♎ 23	9 ♏ 38	6 ♍ 13	19 ♐ 4	17 ♓ 19	8 ♉ 33	17 ♍ 29	28 ♋ 38	6 ♐	18 ♏	10 ♍	12 ♋	23 ♊
8	14 ♎ 9	15 ♋ 26	28 ♐ 3	27 R 28	1 ♎ 53	10 ♏ 52	6 ♍ 50	19 ♐ 13	17 ♓ 16	8 ♉ 30	17 ♍ 31	28 ♋ 39	7 ♐	18 ♏	11 ♍	13 ♋	23 ♊
9	15 ♎ 8	28 ♋ 31	28 ♐ 0	27 ♐ 27	1 ♎ 32	12 ♏ 6	7 ♍ 27	19 ♐ 22	17 ♓ 12	8 ♉ 28	17 ♍ 33	28 ♋ 39	7 ♐	19 ♏	11 ♍	13 ♋	23 ♊
10	16 ♎ 7	11 ♌ 17	27 ♐ 57	27 ♐ 24	1 ♎ 23	13 ♏ 20	8 ♍ 4	19 ♐ 31	17 ♓ 8	8 ♉ 26	17 ♍ 35	28 ♋ 40	7 ♐	19 ♏	12 ♍	13 ♋	23 ♊
11	17 ♎ 7	23 ♌ 48	27 ♐ 54	27 ♐ 19	1 D 24	14 ♏ 33	8 ♍ 42	19 ♐ 41	17 ♓ 4	8 ♉ 24	17 ♍ 37	28 ♋ 40	8 ♐	19 ♏	12 ♍	13 ♋	23 ♊
12	18 ♎ 6	6 ♍ 7	27 ♐ 51	27 ♐ 11	1 ♎ 36	15 ♏ 47	9 ♍ 19	19 ♐ 50	17 ♓ 1	8 ♉ 22	17 ♍ 39	28 ♋ 41	8 ♐	20 ♏	12 ♍	13 ♋	23 ♊
13	19 ♎ 5	18 ♍ 17	27 ♐ 47	27 ♐ 0	1 ♎ 58	17 ♏ 1	9 ♍ 56	20 ♐ 0	16 ♓ 57	8 ♉ 19	17 ♍ 41	28 ♋ 41	9 ♐	20 ♏	13 ♍	14 ♋	23 ♊
14	20 ♎ 5	0 ♎ 20	27 ♐ 44	26 ♐ 48	2 ♎ 30	18 ♏ 14	10 ♍ 33	20 ♐ 10	16 ♓ 54	8 ♉ 17	17 ♍ 43	28 ♋ 42	9 ♐	21 ♏	13 ♍	14 ♋	23 ♊
15	21 ♎ 4	12 ♎ 17	27 ♐ 41	26 ♐ 35	3 ♎ 12	19 ♏ 28	11 ♍ 10	20 ♐ 19	16 ♓ 50	8 ♉ 15	17 ♍ 45	28 ♋ 42	9 ♐	21 ♏	14 ♍	14 ♋	23 ♊
16	22 ♎ 4	24 ♎ 11	27 ♐ 38	26 ♐ 23	4 ♎ 1	20 ♏ 42	11 ♍ 47	20 ♐ 29	16 ♓ 47	8 ♉ 12	17 ♍ 47	28 ♋ 42	10 ♐	21 ♏	14 ♍	14 ♋	23 ♊
17	23 ♎ 3	6 ♏ 1	27 ♐ 35	26 ♐ 12	4 ♎ 58	21 ♏ 55	12 ♍ 24	20 ♐ 39	16 ♓ 44	8 ♉ 10	17 ♍ 49	28 ♋ 43	10 ♐	22 ♏	14 ♍	14 ♋	23 ♊
18	24 ♎ 3	17 ♏ 51	27 ♐ 32	26 ♐ 3	6 ♎ 3	23 ♏ 9	13 ♍ 0	20 ♐ 50	16 ♓ 40	8 ♉ 8	17 ♍ 51	28 ♋ 43	10 ♐	22 ♏	15 ♍	15 ♋	23 ♊
19	25 ♎ 3	29 ♏ 41	27 ♐ 28	25 ♐ 57	7 ♎ 13	24 ♏ 22	13 ♍ 37	21 ♐ 0	16 ♓ 37	8 ♉ 5	17 ♍ 53	28 ♋ 43	11 ♐	23 ♏	15 ♍	15 ♋	23 ♊
20	26 ♎ 2	11 ♐ 35	27 ♐ 25	25 ♐ 53	8 ♎ 28	25 ♏ 36	14 ♍ 14	21 ♐ 10	16 ♓ 34	8 ♉ 3	17 ♍ 55	28 ♋ 44	11 ♐	23 ♏	16 ♍	15 ♋	23 ♊
21	27 ♎ 2	23 ♐ 36	27 ♐ 22	25 ♐ 52	9 ♎ 48	26 ♏ 50	14 ♍ 51	21 ♐ 21	16 ♓ 31	8 ♉ 0	17 ♍ 56	28 ♋ 44	11 ♐	23 ♏	16 ♍	15 ♋	23 ♊
22	28 ♎ 2	5 ♑ 48	27 ♐ 19	25 D 53	11 ♎ 12	28 ♏ 3	15 ♍ 28	21 ♐ 31	16 ♓ 28	7 ♉ 58	17 ♍ 58	28 ♋ 44	12 ♐	24 ♏	16 ♍	15 ♋	23 ♊
23	29 ♎ 1	18 ♑ 16	27 ♐ 16	25 ♐ 53	12 ♎ 39	29 ♏ 17	16 ♍ 4	21 ♐ 42	16 ♓ 26	7 ♉ 56	18 ♍ 0	28 ♋ 44	12 ♐	24 ♏	17 ♍	15 ♋	23 ♊
24	0 ♏ 1	1 ♒ 4	27 ♐ 12	25 R 54	14 ♎ 8	0 ♐ 30	16 ♍ 41	21 ♐ 52	16 ♓ 23	7 ♉ 53	18 ♍ 2	28 ♋ 45	13 ♐	25 ♏	17 ♍	15 ♋	23 ♊
25	1 ♏ 1	14 ♒ 17	27 ♐ 9	25 ♐ 53	15 ♎ 40	1 ♐ 44	17 ♍ 18	22 ♐ 3	16 ♓ 20	7 ♉ 51	18 ♍ 4	28 ♋ 45	13 ♐	25 ♏	18 ♍	16 ♋	23 ♊
26	2 ♏ 1	27 ♒ 59	27 ♐ 6	25 ♐ 50	17 ♎ 14	2 ♐ 57	17 ♍ 54	22 ♐ 14	16 ♓ 18	7 ♉ 48	18 ♍ 5	28 ♋ 45	13 ♐	26 ♏	18 ♍	16 ♋	22 ♊
27	3 ♏ 1	12 ♓ 9	27 ♐ 3	25 ♐ 45	18 ♎ 49	4 ♐ 11	18 ♍ 31	22 ♐ 25	16 ♓ 15	7 ♉ 46	18 ♍ 7	28 ♋ 45	14 ♐	26 ♏	18 ♍	16 ♋	22 ♊
28	4 ♏ 1	26 ♓ 48	27 ♐ 0	25 ♐ 38	20 ♎ 26	5 ♐ 24	19 ♍ 7	22 ♐ 36	16 ♓ 13	7 ♉ 43	18 ♍ 9	28 ♋ 45	14 ♐	26 ♏	19 ♍	16 ♋	22 ♊
29	5 ♏ 1	11 ♈ 49	26 ♐ 57	25 ♐ 30	22 ♎ 3	6 ♐ 37	19 ♍ 44	22 ♐ 48	16 ♓ 11	7 ♉ 41	18 ♍ 10	28 ♋ 45	14 ♐	27 ♏	19 ♍	16 ♋	22 ♊
30	6 ♏ 0	27 ♈ 4	26 ♐ 53	25 ♐ 23	23 ♎ 41	7 ♐ 51	20 ♍ 20	22 ♐ 59	16 ♓ 9	7 ♉ 38	18 ♍ 12	28 ♋ 45	15 ♐	27 ♏	20 ♍	16 ♋	22 ♊
31	7 ♏ 0	12 ♉ 24	26 ♐ 50	25 ♐ 16	25 ♎ 19	9 ♐ 4	20 ♍ 57	23 ♐ 10	16 ♓ 7	7 ♉ 36	18 ♍ 14	28 R 45	15 ♐	28 ♏	20 ♍	16 ♋	22 ♊

SUN INGRESS	☉ → ♏ 23日 23:18
MOON PHASE	○ 1日 06:01 ♈ ◑ 7日 21:28 ♋ ● 15日 19:20 ♎ ◐ 23日 21:54 ♑ ○ 30日 14:58 ♉

aspects

1日	08:48	♀⚹♂
1日	09:19	☉☌☿
5日	08:47	♄☍♆
6日	03:11	♀☍♅
10日	13:11	♂△♅
12日	22:56	♀△♄
13日	13:38	♀⚹♆
14日	02:15	☉⚹♃
22日	13:29	♀△♇
22日	17:09	☉□♇
23日	13:00	♂☍♄
26日	07:32	♂☌♆
29日	12:20	☿⚹♃
31日	13:38	☉☍♅

1936年11月

DAY	☉	☽	☊ mean	☊ true	☿	♀	♂	♃	♄	♅	♆	♇	⚳	⚴	⚵	⚶	⚷
	° ′	° ′	° ′	° ′	° ′	° ′	° ′	° ′	° ′	° ′	° ′	° ′	°	°	°	°	°
1	8 ♏ 0	27 ♉ 36	26 ♐ 47	25 R 11	26 D 58	10 D 18	21 D 33	23 D 22	16 R 5	7 R 33	18 D 15	28 R 45	16 D	28 D	20 D	16 D	22 R
2	9 ♏ 0	12 ♊ 31	26 ♐ 44	25 ♐ 8	28 ♎ 37	11 ♐ 31	22 ♍ 10	23 ♐ 33	16 ♓ 3	7 ♉ 31	18 ♍ 17	28 ♋ 45	16 ♐	29 ♏	21 ♍	16 ♋	22 ♊
3	10 ♏ 1	27 ♊ 1	26 ♐ 41	25 D 8	0 ♏ 16	12 ♐ 44	22 ♍ 46	23 ♐ 45	16 ♓ 1	7 ♉ 28	18 ♍ 18	28 ♋ 45	16 ♐	29 ♏	21 ♍	17 ♋	22 ♊
4	11 ♏ 1	11 ♋ 5	26 ♐ 38	25 ♐ 9	1 ♏ 55	13 ♐ 58	23 ♍ 22	23 ♐ 56	15 ♓ 59	7 ♉ 26	18 ♍ 20	28 ♋ 45	17 ♐	29 ♏	21 ♍	17 ♋	22 ♊
5	12 ♏ 1	24 ♋ 40	26 ♐ 34	25 ♐ 10	3 ♏ 34	15 ♐ 11	23 ♍ 59	24 ♐ 8	15 ♓ 58	7 ♉ 24	18 ♍ 21	28 ♋ 45	17 ♐	0 ♐	22 ♍	17 ♋	22 ♊
6	13 ♏ 1	7 ♌ 50	26 ♐ 31	25 ♐ 11	5 ♏ 13	16 ♐ 24	24 ♍ 35	24 ♐ 20	15 ♓ 56	7 ♉ 21	18 ♍ 23	28 ♋ 45	17 ♐	0 ♐	22 ♍	17 ♋	22 ♊
7	14 ♏ 1	20 ♌ 37	26 ♐ 28	25 R 11	6 ♏ 51	17 ♐ 37	25 ♍ 11	24 ♐ 32	15 ♓ 55	7 ♉ 19	18 ♍ 24	28 ♋ 45	18 ♐	1 ♐	23 ♍	17 ♋	22 ♊
8	15 ♏ 1	3 ♍ 5	26 ♐ 25	25 ♐ 9	8 ♏ 29	18 ♐ 51	25 ♍ 47	24 ♐ 44	15 ♓ 54	7 ♉ 16	18 ♍ 26	28 ♋ 44	18 ♐	1 ♐	23 ♍	17 ♋	22 ♊
9	16 ♏ 2	15 ♍ 19	26 ♐ 22	25 ♐ 5	10 ♏ 7	20 ♐ 4	26 ♍ 24	24 ♐ 56	15 ♓ 52	7 ♉ 14	18 ♍ 27	28 ♋ 44	19 ♐	1 ♐	23 ♍	17 ♋	22 ♊
10	17 ♏ 2	27 ♍ 22	26 ♐ 18	25 ♐ 0	11 ♏ 45	21 ♐ 17	27 ♍ 0	25 ♐ 8	15 ♓ 51	7 ♉ 11	18 ♍ 28	28 ♋ 44	19 ♐	2 ♐	24 ♍	17 ♋	22 ♊
11	18 ♏ 2	9 ♎ 19	26 ♐ 15	24 ♐ 54	13 ♏ 22	22 ♐ 30	27 ♍ 36	25 ♐ 20	15 ♓ 50	7 ♉ 9	18 ♍ 30	28 ♋ 44	19 ♐	2 ♐	24 ♍	17 ♋	22 ♊
12	19 ♏ 3	21 ♎ 11	26 ♐ 12	24 ♐ 47	15 ♏ 0	23 ♐ 43	28 ♍ 12	25 ♐ 33	15 ♓ 50	7 ♉ 6	18 ♍ 31	28 ♋ 43	20 ♐	3 ♐	24 ♍	17 ♋	22 ♊
13	20 ♏ 3	3 ♏ 1	26 ♐ 9	24 ♐ 40	16 ♏ 36	24 ♐ 56	28 ♍ 48	25 ♐ 45	15 ♓ 49	7 ♉ 4	18 ♍ 32	28 ♋ 43	20 ♐	3 ♐	25 ♍	17 ♋	22 ♊
14	21 ♏ 4	14 ♏ 52	26 ♐ 6	24 ♐ 34	18 ♏ 13	26 ♐ 9	29 ♍ 24	25 ♐ 57	15 ♓ 48	7 ♉ 2	18 ♍ 34	28 ♋ 43	21 ♐	4 ♐	25 ♍	17 R	22 ♊
15	22 ♏ 4	26 ♏ 44	26 ♐ 3	24 ♐ 29	19 ♏ 49	27 ♐ 23	0 ♎ 0	26 ♐ 10	15 ♓ 48	6 ♉ 59	18 ♍ 35	28 ♋ 42	21 ♐	4 ♐	25 ♍	17 ♋	22 ♊
16	23 ♏ 4	8 ♐ 41	25 ♐ 59	24 ♐ 26	21 ♏ 25	28 ♐ 36	0 ♎ 36	26 ♐ 22	15 ♓ 47	6 ♉ 57	18 ♍ 36	28 ♋ 42	21 ♐	4 ♐	26 ♍	17 ♋	22 ♊
17	24 ♏ 5	20 ♐ 43	25 ♐ 56	24 ♐ 25	23 ♏ 1	29 ♐ 49	1 ♎ 11	26 ♐ 35	15 ♓ 47	6 ♉ 55	18 ♍ 37	28 ♋ 41	22 ♐	5 ♐	26 ♍	17 ♋	22 ♊
18	25 ♏ 6	2 ♑ 53	25 ♐ 53	24 D 25	24 ♏ 36	1 ♑ 2	1 ♎ 47	26 ♐ 47	15 ♓ 47	6 ♉ 52	18 ♍ 38	28 ♋ 41	22 ♐	5 ♐	26 ♍	17 ♋	22 ♊
19	26 ♏ 6	15 ♑ 13	25 ♐ 50	24 ♐ 27	26 ♏ 12	2 ♑ 14	2 ♎ 23	27 ♐ 0	15 ♓ 46	6 ♉ 50	18 ♍ 39	28 ♋ 40	22 ♐	6 ♐	27 ♍	17 ♋	21 ♊
20	27 ♏ 7	27 ♑ 47	25 ♐ 47	24 ♐ 28	27 ♏ 47	3 ♑ 27	2 ♎ 59	27 ♐ 13	15 D 46	6 ♉ 48	18 ♍ 40	28 ♋ 40	23 ♐	6 ♐	27 ♍	17 ♋	21 ♊
21	28 ♏ 7	10 ♒ 37	25 ♐ 44	24 ♐ 30	29 ♏ 21	4 ♑ 40	3 ♎ 34	27 ♐ 26	15 ♓ 47	6 ♉ 45	18 ♍ 42	28 ♋ 39	23 ♐	7 ♐	27 ♍	17 ♋	21 ♊
22	29 ♏ 8	23 ♒ 48	25 ♐ 40	24 ♐ 31	0 ♐ 56	5 ♑ 53	4 ♎ 10	27 ♐ 39	15 ♓ 47	6 ♉ 43	18 ♍ 43	28 ♋ 39	24 ♐	7 ♐	28 ♍	17 ♋	21 ♊
23	0 ♐ 9	7 ♓ 21	25 ♐ 37	24 R 31	2 ♐ 30	7 ♑ 6	4 ♎ 45	27 ♐ 52	15 ♓ 47	6 ♉ 41	18 ♍ 43	28 ♋ 38	24 ♐	7 ♐	28 ♍	17 ♋	21 ♊
24	1 ♐ 9	21 ♓ 18	25 ♐ 34	24 ♐ 30	4 ♐ 5	8 ♑ 19	5 ♎ 21	28 ♐ 4	15 ♓ 47	6 ♉ 39	18 ♍ 44	28 ♋ 38	24 ♐	8 ♐	28 ♍	17 ♋	21 ♊
25	2 ♐ 10	5 ♈ 39	25 ♐ 31	24 ♐ 27	5 ♐ 39	9 ♑ 31	5 ♎ 56	28 ♐ 17	15 ♓ 48	6 ♉ 37	18 ♍ 45	28 ♋ 37	25 ♐	8 ♐	29 ♍	16 ♋	21 ♊
26	3 ♐ 11	20 ♈ 22	25 ♐ 28	24 ♐ 25	7 ♐ 13	10 ♑ 44	6 ♎ 32	28 ♐ 31	15 ♓ 49	6 ♉ 35	18 ♍ 46	28 ♋ 36	25 ♐	9 ♐	29 ♍	16 ♋	21 ♊
27	4 ♐ 11	5 ♉ 20	25 ♐ 24	24 ♐ 22	8 ♐ 46	11 ♑ 57	7 ♎ 7	28 ♐ 44	15 ♓ 49	6 ♉ 32	18 ♍ 47	28 ♋ 36	26 ♐	9 ♐	29 ♍	16 ♋	21 ♊
28	5 ♐ 12	20 ♉ 26	25 ♐ 21	24 ♐ 19	10 ♐ 20	13 ♑ 9	7 ♎ 42	28 ♐ 57	15 ♓ 50	6 ♉ 30	18 ♍ 48	28 ♋ 35	26 ♐	10 ♐	0 ♎	16 ♋	21 ♊
29	6 ♐ 13	5 ♊ 31	25 ♐ 18	24 ♐ 18	11 ♐ 54	14 ♑ 22	8 ♎ 18	29 ♐ 10	15 ♓ 51	6 ♉ 28	18 ♍ 49	28 ♋ 34	26 ♐	10 ♐	0 ♎	16 ♋	21 ♊
30	7 ♐ 14	20 ♊ 25	25 ♐ 15	24 ♐ 17	13 ♐ 27	15 ♑ 34	8 ♎ 53	29 ♐ 23	15 ♓ 52	6 ♉ 26	18 ♍ 49	28 ♋ 34	27 ♐	10 ♐	0 ♎	16 ♋	21 ♊

SUN INGRESS	☉ → ♐ 22日 20:25
MOON PHASE	◑ 6日 10:29 ♌ ● 14日 13:42 ♏ ◐ 22日 10:19 ♒ ○ 29日 01:12 ♊

aspects		
2日	01:58	♂□♇
5日	09:15	♂□♃
5日	15:05	♀□♄
7日	06:35	☿☍♅
7日	15:41	♀□♆
8日	20:24	☉△♄
11日	11:09	☉⚹♆
12日	12:16	☿△♄
12日	20:46	♂⚹♇
13日	19:12	♀☌♃
14日	05:11	☿⚹♆
18日	20:07	☉☌☿
19日	05:26	♀□♂
20日	13:24	☿△♇
21日	12:36	☉△♇
22日	16:02	♀△♅
25日	07:16	☿⚹♂
30日	05:59	♀⚹♄

1936年12月

DAY	☉	☽	☊ mean	☊ true	☿	♀	♂	♃	♄	♅	♆	♇	⚳	⚴	⚵	⚶	⚷
	° ′	° ′	° ′	° ′	° ′	° ′	° ′	° ′	° ′	° ′	° ′	° ′	°	°	°	°	°
1	8 ♐ 14	5 ♋ 1	25 ♐ 12	24 D 17	15 D 1	16 D 47	9 D 28	29 D 36	15 D 53	6 R 24	18 D 50	28 R 33	27 D	11 D	1 D	16 R	21 R
2	9 ♐ 15	19 ♋ 13	25 ♐ 9	24 ♐ 18	16 ♐ 34	17 ♑ 59	10 ♎ 3	29 ♐ 50	15 ♓ 55	6 ♉ 22	18 ♍ 51	28 ♋ 32	28 ♐	11 ♐	1 ♎	16 ♋	21 ♊
3	10 ♐ 16	2 ♌ 59	25 ♐ 5	24 ♐ 19	18 ♐ 7	19 ♑ 11	10 ♎ 38	0 ♑ 3	15 ♓ 56	6 ♉ 20	18 ♍ 52	28 ♋ 31	28 ♐	12 ♐	1 ♎	16 ♋	21 ♊
4	11 ♐ 17	16 ♌ 18	25 ♐ 2	24 ♐ 20	19 ♐ 40	20 ♑ 24	11 ♎ 13	0 ♑ 16	15 ♓ 57	6 ♉ 18	18 ♍ 52	28 ♋ 30	28 ♐	12 ♐	1 ♎	15 ♋	21 ♊
5	12 ♐ 18	29 ♌ 12	24 ♐ 59	24 ♐ 21	21 ♐ 14	21 ♑ 36	11 ♎ 48	0 ♑ 30	15 ♓ 59	6 ♉ 17	18 ♍ 53	28 ♋ 30	29 ♐	13 ♐	2 ♎	15 ♋	21 ♊
6	13 ♐ 19	11 ♍ 44	24 ♐ 56	24 ♐ 22	22 ♐ 47	22 ♑ 48	12 ♎ 23	0 ♑ 43	16 ♓ 1	6 ♉ 15	18 ♍ 53	28 ♋ 29	29 ♐	13 ♐	2 ♎	15 ♋	21 ♊
7	14 ♐ 20	23 ♍ 59	24 ♐ 53	24 R 21	24 ♐ 20	24 ♑ 0	12 ♎ 58	0 ♑ 57	16 ♓ 2	6 ♉ 13	18 ♍ 54	28 ♋ 28	0 ♑	13 ♐	2 ♎	15 ♋	20 ♊
8	15 ♐ 21	6 ♎ 2	24 ♐ 49	24 ♐ 21	25 ♐ 53	25 ♑ 12	13 ♎ 33	1 ♑ 10	16 ♓ 4	6 ♉ 11	18 ♍ 54	28 ♋ 27	0 ♑	14 ♐	3 ♎	15 ♋	20 ♊
9	16 ♐ 22	17 ♎ 56	24 ♐ 46	24 ♐ 20	27 ♐ 26	26 ♑ 24	14 ♎ 8	1 ♑ 24	16 ♓ 6	6 ♉ 9	18 ♍ 55	28 ♋ 26	0 ♑	14 ♐	3 ♎	15 ♋	20 ♊
10	17 ♐ 23	29 ♎ 46	24 ♐ 43	24 ♐ 19	28 ♐ 59	27 ♑ 36	14 ♎ 42	1 ♑ 37	16 ♓ 8	6 ♉ 8	18 ♍ 55	28 ♋ 25	1 ♑	15 ♐	3 ♎	14 ♋	20 ♊
11	18 ♐ 24	11 ♏ 35	24 ♐ 40	24 ♐ 18	0 ♑ 32	28 ♑ 48	15 ♎ 17	1 ♑ 51	16 ♓ 11	6 ♉ 6	18 ♍ 56	28 ♋ 24	1 ♑	15 ♐	3 ♎	14 ♋	20 ♊
12	19 ♐ 25	23 ♏ 28	24 ♐ 37	24 ♐ 17	2 ♑ 4	0 ♒ 0	15 ♎ 51	2 ♑ 5	16 ♓ 13	6 ♉ 4	18 ♍ 56	28 ♋ 23	2 ♑	16 ♐	4 ♎	14 ♋	20 ♊
13	20 ♐ 26	5 ♐ 26	24 ♐ 34	24 ♐ 17	3 ♑ 37	1 ♒ 12	16 ♎ 26	2 ♑ 18	16 ♓ 15	6 ♉ 3	18 ♍ 56	28 ♋ 22	2 ♑	16 ♐	4 ♎	14 ♋	20 ♊
14	21 ♐ 27	17 ♐ 32	24 ♐ 30	24 ♐ 16	5 ♑ 9	2 ♒ 23	17 ♎ 0	2 ♑ 32	16 ♓ 18	6 ♉ 1	18 ♍ 57	28 ♋ 21	2 ♑	16 ♐	4 ♎	14 ♋	20 ♊
15	22 ♐ 28	29 ♐ 47	24 ♐ 27	24 D 16	6 ♑ 41	3 ♒ 35	17 ♎ 35	2 ♑ 46	16 ♓ 20	6 ♉ 0	18 ♍ 57	28 ♋ 20	3 ♑	17 ♐	4 ♎	13 ♋	20 ♊
16	23 ♐ 29	12 ♑ 12	24 ♐ 24	24 ♐ 16	8 ♑ 13	4 ♒ 46	18 ♎ 9	2 ♑ 59	16 ♓ 23	5 ♉ 58	18 ♍ 57	28 ♋ 19	3 ♑	17 ♐	5 ♎	13 ♋	20 ♊
17	24 ♐ 30	24 ♑ 50	24 ♐ 21	24 R 16	9 ♑ 44	5 ♒ 58	18 ♎ 43	3 ♑ 13	16 ♓ 26	5 ♉ 57	18 ♍ 57	28 ♋ 18	4 ♑	18 ♐	5 ♎	13 ♋	20 ♊
18	25 ♐ 31	7 ♒ 40	24 ♐ 18	24 ♐ 16	11 ♑ 14	7 ♒ 9	19 ♎ 17	3 ♑ 27	16 ♓ 29	5 ♉ 56	18 ♍ 57	28 ♋ 17	4 ♑	18 ♐	5 ♎	13 ♋	20 ♊
19	26 ♐ 32	20 ♒ 44	24 ♐ 15	24 ♐ 16	12 ♑ 44	8 ♒ 21	19 ♎ 52	3 ♑ 40	16 ♓ 32	5 ♉ 54	18 ♍ 57	28 ♋ 16	4 ♑	18 ♐	5 ♎	12 ♋	20 ♊
20	27 ♐ 33	4 ♓ 3	24 ♐ 11	24 ♐ 16	14 ♑ 13	9 ♒ 32	20 ♎ 26	3 ♑ 54	16 ♓ 35	5 ♉ 53	18 ♍ 58	28 ♋ 15	4 ♑	19 ♐	6 ♎	12 ♋	20 ♊
21	28 ♐ 34	17 ♓ 38	24 ♐ 8	24 ♐ 16	15 ♑ 41	10 ♒ 43	21 ♎ 0	4 ♑ 8	16 ♓ 38	5 ♉ 52	18 ♍ 58	28 ♋ 14	5 ♑	19 ♐	6 ♎	12 ♋	20 ♊
22	29 ♐ 35	1 ♈ 29	24 ♐ 5	24 D 16	17 ♑ 8	11 ♒ 54	21 ♎ 33	4 ♑ 22	16 ♓ 41	5 ♉ 51	18 R 58	28 ♋ 13	6 ♑	20 ♐	6 ♎	12 ♋	20 ♊
23	0 ♑ 37	15 ♈ 35	24 ♐ 2	24 ♐ 16	18 ♑ 34	13 ♒ 5	22 ♎ 7	4 ♑ 36	16 ♓ 45	5 ♉ 49	18 ♍ 58	28 ♋ 12	6 ♑	20 ♐	6 ♎	11 ♋	19 ♊
24	1 ♑ 38	29 ♈ 56	23 ♐ 59	24 ♐ 16	19 ♑ 57	14 ♒ 15	22 ♎ 41	4 ♑ 49	16 ♓ 48	5 ♉ 48	18 ♍ 57	28 ♋ 10	6 ♑	21 ♐	6 ♎	11 ♋	19 ♊
25	2 ♑ 39	14 ♉ 28	23 ♐ 55	24 ♐ 17	21 ♑ 19	15 ♒ 26	23 ♎ 15	5 ♑ 3	16 ♓ 52	5 ♉ 47	18 ♍ 57	28 ♋ 9	7 ♑	21 ♐	7 ♎	11 ♋	19 ♊
26	3 ♑ 40	29 ♉ 8	23 ♐ 52	24 ♐ 18	22 ♑ 38	16 ♒ 37	23 ♎ 48	5 ♑ 17	16 ♓ 55	5 ♉ 46	18 ♍ 57	28 ♋ 8	7 ♑	21 ♐	7 ♎	11 ♋	19 ♊
27	4 ♑ 41	13 ♊ 49	23 ♐ 49	24 ♐ 18	23 ♑ 54	17 ♒ 47	24 ♎ 22	5 ♑ 31	16 ♓ 59	5 ♉ 45	18 ♍ 57	28 ♋ 7	8 ♑	22 ♐	7 ♎	10 ♋	19 ♊
28	5 ♑ 42	28 ♊ 25	23 ♐ 46	24 R 18	25 ♑ 7	18 ♒ 57	24 ♎ 55	5 ♑ 45	17 ♓ 3	5 ♉ 44	18 ♍ 57	28 ♋ 6	8 ♑	22 ♐	7 ♎	10 ♋	19 ♊
29	6 ♑ 43	12 ♋ 50	23 ♐ 43	24 ♐ 18	26 ♑ 15	20 ♒ 8	25 ♎ 28	5 ♑ 58	17 ♓ 7	5 ♉ 44	18 ♍ 57	28 ♋ 4	8 ♑	23 ♐	7 ♎	10 ♋	19 ♊
30	7 ♑ 44	26 ♋ 57	23 ♐ 40	24 ♐ 17	27 ♑ 20	21 ♒ 18	26 ♎ 2	6 ♑ 12	17 ♓ 11	5 ♉ 43	18 ♍ 56	28 ♋ 3	9 ♑	23 ♐	8 ♎	10 ♋	19 ♊
31	8 ♑ 46	10 ♌ 44	23 ♐ 36	24 ♐ 15	28 ♑ 18	22 ♒ 28	26 ♎ 35	6 ♑ 26	17 ♓ 15	5 ♉ 42	18 ♍ 56	28 ♋ 2	9 ♑	23 ♐	8 ♎	9 ♋	19 ♊

SUN INGRESS	☉ → ♑ 22日 09:27
MOON PHASE	◑ 6日 03:20 ♍ ● 14日 08:25 ♐ ◐ 21日 20:30 ♓ ○ 28日 13:00 ♋

aspects		
1日	13:44	☿□♄
2日	17:20	♀△♆
3日	11:29	☿□♆
3日	20:41	☉⚹♂
8日	17:46	☉□♄
10日	16:08	♀☍♇
11日	12:41	☉□♆
12日	00:03	☿☌♃
14日	13:23	☿△♅
16日	23:42	♀□♅
21日	16:11	☿⚹♄
23日	06:48	☿△♆
27日	16:36	☿□♂
27日	23:35	♃△♅
28日	00:52	☉△♅
28日	01:15	☉☌♃
30日	17:13	☿☍♇

1937年1月

DAY	☉	☽	☊ mean	☊ true	☿	♀	♂	♃	♄	♅	♆	♇	⚳	⚴	⚵	⚶	⚷
	° ′	° ′	° ′	° ′	° ′	° ′	° ′	° ′	° ′	° ′	° ′	° ′	°	°	°	°	°
1	9 ♑ 47	24 ♌ 7	23 ♐ 33	24 R 13	29 D 11	23 D 37	27 D 8	6 D 40	17 D 19	5 R 41	18 R 56	28 R 1	10 D	24 D	8 D	9 R	19 R
2	10 ♑ 48	7 ♍ 7	23 ♐ 30	24 ♐ 10	29 ♑ 57	24 ♒ 47	27 ♎ 41	6 ♑ 54	17 ♓ 23	5 ♉ 41	18 ♍ 55	27 ♋ 59	10 ♑	24 ♐	8 ♎	9 ♋	19 ♊
3	11 ♑ 49	19 ♍ 45	23 ♐ 27	24 ♐ 8	0 ♒ 34	25 ♒ 57	28 ♎ 14	7 ♑ 8	17 ♓ 28	5 ♉ 40	18 ♍ 55	27 ♋ 58	10 ♑	25 ♐	8 ♎	9 ♋	19 ♊
4	12 ♑ 50	2 ♎ 4	23 ♐ 24	24 ♐ 7	1 ♒ 3	27 ♒ 6	28 ♎ 46	7 ♑ 21	17 ♓ 32	5 ♉ 39	18 ♍ 55	27 ♋ 57	11 ♑	25 ♐	8 ♎	8 ♋	19 ♊
5	13 ♑ 51	14 ♎ 9	23 ♐ 21	24 D 7	1 ♒ 23	28 ♒ 15	29 ♎ 19	7 ♑ 35	17 ♓ 37	5 ♉ 39	18 ♍ 54	27 ♋ 56	11 ♑	26 ♐	9 ♎	8 ♋	19 ♊
6	14 ♑ 53	26 ♎ 4	23 ♐ 17	24 ♐ 7	1 ♒ 31	29 ♒ 24	29 ♎ 52	7 ♑ 49	17 ♓ 41	5 ♉ 38	18 ♍ 54	27 ♋ 54	12 ♑	26 ♐	9 ♎	8 ♋	19 ♊
7	15 ♑ 54	7 ♏ 54	23 ♐ 14	24 ♐ 8	1 R 29	0 ♓ 33	0 ♏ 24	8 ♑ 3	17 ♓ 46	5 ♉ 38	18 ♍ 53	27 ♋ 53	12 ♑	26 ♐	9 ♎	8 ♋	19 ♊
8	16 ♑ 55	19 ♏ 43	23 ♐ 11	24 ♐ 10	1 ♒ 15	1 ♓ 42	0 ♏ 57	8 ♑ 17	17 ♓ 51	5 ♉ 38	18 ♍ 53	27 ♋ 52	12 ♑	27 ♐	9 ♎	7 ♋	19 ♊
9	17 ♑ 56	1 ♐ 38	23 ♐ 8	24 ♐ 12	0 ♒ 49	2 ♓ 50	1 ♏ 29	8 ♑ 30	17 ♓ 55	5 ♉ 37	18 ♍ 52	27 ♋ 50	13 ♑	27 ♐	9 ♎	7 ♋	18 ♊
10	18 ♑ 57	13 ♐ 41	23 ♐ 5	24 ♐ 13	0 ♒ 12	3 ♓ 59	2 ♏ 1	8 ♑ 44	18 ♓ 0	5 ♉ 37	18 ♍ 51	27 ♋ 49	13 ♑	28 ♐	9 ♎	7 ♋	18 ♊
11	19 ♑ 58	25 ♐ 55	23 ♐ 1	24 R 14	29 ♑ 23	5 ♓ 7	2 ♏ 33	8 ♑ 58	18 ♓ 5	5 ♉ 37	18 ♍ 51	27 ♋ 48	14 ♑	28 ♐	9 ♎	7 ♋	18 ♊
12	21 ♑ 0	8 ♑ 24	22 ♐ 58	24 ♐ 13	28 ♑ 24	6 ♓ 15	3 ♏ 5	9 ♑ 12	18 ♓ 10	5 ♉ 37	18 ♍ 50	27 ♋ 47	14 ♑	28 ♐	10 ♎	6 ♋	18 ♊
13	22 ♑ 1	21 ♑ 8	22 ♐ 55	24 ♐ 10	27 ♑ 17	7 ♓ 23	3 ♏ 37	9 ♑ 25	18 ♓ 15	5 ♉ 37	18 ♍ 49	27 ♋ 45	14 ♑	29 ♐	10 ♎	6 ♋	18 ♊
14	23 ♑ 2	4 ♒ 8	22 ♐ 52	24 ♐ 7	26 ♑ 4	8 ♓ 31	4 ♏ 9	9 ♑ 39	18 ♓ 21	5 ♉ 37	18 ♍ 48	27 ♋ 44	15 ♑	29 ♐	10 ♎	6 ♋	18 ♊
15	24 ♑ 3	17 ♒ 23	22 ♐ 49	24 ♐ 2	24 ♑ 47	9 ♓ 38	4 ♏ 41	9 ♑ 53	18 ♓ 26	5 D 37	18 ♍ 48	27 ♋ 43	15 ♑	0 ♑	10 ♎	6 ♋	18 ♊
16	25 ♑ 4	0 ♓ 51	22 ♐ 46	23 ♐ 57	23 ♑ 28	10 ♓ 45	5 ♏ 12	10 ♑ 6	18 ♓ 31	5 ♉ 37	18 ♍ 47	27 ♋ 41	16 ♑	0 ♑	10 ♎	5 ♋	18 ♊
17	26 ♑ 5	14 ♓ 32	22 ♐ 42	23 ♐ 52	22 ♑ 10	11 ♓ 53	5 ♏ 44	10 ♑ 20	18 ♓ 37	5 ♉ 37	18 ♍ 46	27 ♋ 40	16 ♑	0 ♑	10 ♎	5 ♋	18 ♊
18	27 ♑ 6	28 ♓ 22	22 ♐ 39	23 ♐ 48	20 ♑ 55	12 ♓ 59	6 ♏ 15	10 ♑ 33	18 ♓ 42	5 ♉ 37	18 ♍ 45	27 ♋ 39	16 ♑	1 ♑	10 ♎	5 ♋	18 ♊
19	28 ♑ 7	12 ♈ 20	22 ♐ 36	23 ♐ 45	19 ♑ 46	14 ♓ 6	6 ♏ 46	10 ♑ 47	18 ♓ 48	5 ♉ 37	18 ♍ 44	27 ♋ 37	17 ♑	1 ♑	10 ♎	5 ♋	18 ♊
20	29 ♑ 9	26 ♈ 24	22 ♐ 33	23 ♐ 44	18 ♑ 43	15 ♓ 12	7 ♏ 17	11 ♑ 0	18 ♓ 53	5 ♉ 38	18 ♍ 43	27 ♋ 36	17 ♑	2 ♑	10 ♎	4 ♋	18 ♊
21	0 ♒ 10	10 ♉ 32	22 ♐ 30	23 D 44	17 ♑ 48	16 ♓ 18	7 ♏ 48	11 ♑ 14	18 ♓ 59	5 ♉ 38	18 ♍ 42	27 ♋ 35	18 ♑	2 ♑	10 ♎	4 ♋	18 ♊
22	1 ♒ 11	24 ♉ 44	22 ♐ 27	23 ♐ 46	17 ♑ 2	17 ♓ 24	8 ♏ 19	11 ♑ 27	19 ♓ 5	5 ♉ 38	18 ♍ 41	27 ♋ 33	18 ♑	2 ♑	10 ♎	4 ♋	18 ♊
23	2 ♒ 12	8 ♊ 56	22 ♐ 23	23 ♐ 47	16 ♑ 25	18 ♓ 30	8 ♏ 50	11 ♑ 41	19 ♓ 10	5 ♉ 39	18 ♍ 40	27 ♋ 32	18 ♑	3 ♑	10 ♎	4 ♋	18 ♊
24	3 ♒ 13	23 ♊ 8	22 ♐ 20	23 ♐ 48	15 ♑ 57	19 ♓ 35	9 ♏ 20	11 ♑ 54	19 ♓ 16	5 ♉ 39	18 ♍ 39	27 ♋ 31	19 ♑	3 ♑	10 ♎	4 ♋	18 ♊
25	4 ♒ 14	7 ♋ 16	22 ♐ 17	23 R 47	15 ♑ 38	20 ♓ 40	9 ♏ 50	12 ♑ 8	19 ♓ 22	5 ♉ 40	18 ♍ 38	27 ♋ 29	19 ♑	4 ♑	10 ♎	3 ♋	18 ♊
26	5 ♒ 15	21 ♋ 16	22 ♐ 14	23 ♐ 44	15 ♑ 28	21 ♓ 45	10 ♏ 21	12 ♑ 21	19 ♓ 28	5 ♉ 40	18 ♍ 37	27 ♋ 28	20 ♑	4 ♑	11 ♎	3 ♋	18 ♊
27	6 ♒ 16	5 ♌ 4	22 ♐ 11	23 ♐ 39	15 D 26	22 ♓ 49	10 ♏ 51	12 ♑ 34	19 ♓ 34	5 ♉ 41	18 ♍ 36	27 ♋ 27	20 ♑	4 ♑	11 ♎	3 ♋	18 ♊
28	7 ♒ 17	18 ♌ 38	22 ♐ 7	23 ♐ 32	15 ♑ 32	23 ♓ 53	11 ♏ 21	12 ♑ 47	19 ♓ 40	5 ♉ 42	18 ♍ 35	27 ♋ 25	20 ♑	5 ♑	11 ♎	3 ♋	18 ♊
29	8 ♒ 18	1 ♍ 54	22 ♐ 4	23 ♐ 24	15 ♑ 45	24 ♓ 57	11 ♏ 51	13 ♑ 1	19 ♓ 47	5 ♉ 42	18 ♍ 34	27 ♋ 24	21 ♑	5 ♑	11 ♎	3 ♋	18 ♊
30	9 ♒ 19	14 ♍ 51	22 ♐ 1	23 ♐ 16	16 ♑ 5	26 ♓ 0	12 ♏ 20	13 ♑ 14	19 ♓ 53	5 ♉ 43	18 ♍ 33	27 ♋ 23	21 ♑	5 ♑	11 ♎	3 ♋	18 ♊
31	10 ♒ 19	27 ♍ 29	21 ♐ 58	23 ♐ 8	16 ♑ 31	27 ♓ 4	12 ♏ 50	13 ♑ 27	19 ♓ 59	5 ♉ 44	18 ♍ 31	27 ♋ 21	22 ♑	6 ♑	11 R	3 ♋	18 ♊

SUN INGRESS ☉ → ♒ 20日 20:01

MOON PHASE ◑ 4日 23:22 ♎ ● 13日 01:47 ♑ ◐ 20日 05:02 ♈ ○ 27日 02:15 ♌

aspects		
2日	13:08	♂□♇
6日	18:14	♀△♂
8日	08:04	☿□♂
8日	23:42	☉⚹♄
9日	21:41	☉△♆
11日	10:31	♀⚹♅
12日	14:11	☿☍♇
15日	06:26	☿⚹♃
15日	07:32	☉☌☿
16日	18:44	♂☍♅
18日	11:19	♄☍♆
18日	12:23	☉☍♇
19日	20:07	☿⚹♄
19日	23:45	☿△♆
21日	19:00	☿⚹♀
23日	03:50	♀☍♆
23日	16:26	♀☌♄
26日	10:11	☉□♅
31日	06:42	♀△♇

1937年2月

DAY	☉	☽	☊ mean	☊ true	☿	♀	♂	♃	♄	♅	♆	♇	⚳	⚴	⚵	⚶	⚷
	° ′	° ′	° ′	° ′	° ′	° ′	° ′	° ′	° ′	° ′	° ′	° ′	°	°	°	°	°
1	11 ♒ 20	9 ♎ 50	21 ♐ 55	23 R 2	17 D 3	28 D 6	13 D 19	13 D 40	20 D 5	5 D 45	18 R 30	27 R 20	22 D	6 D	11 R	2 R	18 R
2	12 ♒ 21	21 ♎ 56	21 ♐ 52	22 ♐ 57	17 ♑ 40	29 ♓ 9	13 ♏ 48	13 ♑ 53	20 ♓ 12	5 ♉ 46	18 ♍ 29	27 ♋ 19	22 ♑	7 ♑	11 ♎	2 ♋	18 ♊
3	13 ♒ 22	3 ♏ 52	21 ♐ 48	22 ♐ 55	18 ♑ 21	0 ♈ 11	14 ♏ 17	14 ♑ 6	20 ♓ 18	5 ♉ 47	18 ♍ 28	27 ♋ 18	23 ♑	7 ♑	11 ♎	2 ♋	17 ♊
4	14 ♒ 23	15 ♏ 42	21 ♐ 45	22 D 54	19 ♑ 7	1 ♈ 12	14 ♏ 46	14 ♑ 19	20 ♓ 25	5 ♉ 48	18 ♍ 26	27 ♋ 16	23 ♑	7 ♑	10 ♎	2 ♋	17 ♊
5	15 ♒ 24	27 ♏ 32	21 ♐ 42	22 ♐ 55	19 ♑ 56	2 ♈ 14	15 ♏ 15	14 ♑ 32	20 ♓ 31	5 ♉ 49	18 ♍ 25	27 ♋ 15	24 ♑	8 ♑	10 ♎	2 ♋	17 ♊
6	16 ♒ 25	9 ♐ 26	21 ♐ 39	22 ♐ 56	20 ♑ 50	3 ♈ 14	15 ♏ 43	14 ♑ 45	20 ♓ 38	5 ♉ 50	18 ♍ 24	27 ♋ 14	24 ♑	8 ♑	10 ♎	2 ♋	17 ♊
7	17 ♒ 25	21 ♐ 31	21 ♐ 36	22 ♐ 57	21 ♑ 46	4 ♈ 15	16 ♏ 12	14 ♑ 58	20 ♓ 44	5 ♉ 51	18 ♍ 22	27 ♋ 13	24 ♑	9 ♑	10 ♎	2 ♋	17 ♊
8	18 ♒ 26	3 ♑ 50	21 ♐ 33	22 R 56	22 ♑ 45	5 ♈ 15	16 ♏ 40	15 ♑ 10	20 ♓ 51	5 ♉ 53	18 ♍ 21	27 ♋ 11	25 ♑	9 ♑	10 ♎	2 ♋	17 ♊
9	19 ♒ 27	16 ♑ 28	21 ♐ 29	22 ♐ 53	23 ♑ 47	6 ♈ 14	17 ♏ 8	15 ♑ 23	20 ♓ 57	5 ♉ 54	18 ♍ 19	27 ♋ 10	25 ♑	9 ♑	10 ♎	2 ♋	17 ♊
10	20 ♒ 28	29 ♑ 27	21 ♐ 26	22 ♐ 48	24 ♑ 51	7 ♈ 13	17 ♏ 35	15 ♑ 36	21 ♓ 4	5 ♉ 55	18 ♍ 18	27 ♋ 9	26 ♑	10 ♑	10 ♎	1 ♋	17 ♊
11	21 ♒ 28	12 ♒ 46	21 ♐ 23	22 ♐ 40	25 ♑ 58	8 ♈ 12	18 ♏ 3	15 ♑ 48	21 ♓ 11	5 ♉ 57	18 ♍ 17	27 ♋ 8	26 ♑	10 ♑	10 ♎	1 ♋	17 ♊
12	22 ♒ 29	26 ♒ 26	21 ♐ 20	22 ♐ 31	27 ♑ 7	9 ♈ 10	18 ♏ 30	16 ♑ 1	21 ♓ 18	5 ♉ 58	18 ♍ 15	27 ♋ 7	26 ♑	10 ♑	10 ♎	1 ♋	17 ♊
13	23 ♒ 30	10 ♓ 23	21 ♐ 17	22 ♐ 20	28 ♑ 18	10 ♈ 7	18 ♏ 57	16 ♑ 13	21 ♓ 25	6 ♉ 0	18 ♍ 14	27 ♋ 5	27 ♑	11 ♑	10 ♎	1 ♋	17 ♊
14	24 ♒ 31	24 ♓ 32	21 ♐ 13	22 ♐ 10	29 ♑ 30	11 ♈ 4	19 ♏ 24	16 ♑ 25	21 ♓ 31	6 ♉ 1	18 ♍ 12	27 ♋ 4	27 ♑	11 ♑	10 ♎	1 ♋	17 ♊
15	25 ♒ 31	8 ♈ 48	21 ♐ 10	22 ♐ 1	0 ♒ 45	12 ♈ 1	19 ♏ 51	16 ♑ 38	21 ♓ 38	6 ♉ 3	18 ♍ 11	27 ♋ 3	27 ♑	11 ♑	10 ♎	1 ♋	17 ♊
16	26 ♒ 32	23 ♈ 6	21 ♐ 7	21 ♐ 54	2 ♒ 1	12 ♈ 57	20 ♏ 17	16 ♑ 50	21 ♓ 45	6 ♉ 4	18 ♍ 9	27 ♋ 2	28 ♑	12 ♑	10 ♎	1 ♋	17 ♊
17	27 ♒ 32	7 ♉ 22	21 ♐ 4	21 ♐ 50	3 ♒ 18	13 ♈ 52	20 ♏ 44	17 ♑ 2	21 ♓ 52	6 ♉ 6	18 ♍ 8	27 ♋ 1	28 ♑	12 ♑	9 ♎	1 ♋	17 ♊
18	28 ♒ 33	21 ♉ 33	21 ♐ 1	21 ♐ 48	4 ♒ 37	14 ♈ 47	21 ♏ 9	17 ♑ 14	21 ♓ 59	6 ♉ 8	18 ♍ 6	27 ♋ 0	29 ♑	13 ♑	9 ♎	1 ♋	17 ♊
19	29 ♒ 33	5 ♊ 37	20 ♐ 58	21 D 48	5 ♒ 58	15 ♈ 41	21 ♏ 35	17 ♑ 26	22 ♓ 6	6 ♉ 10	18 ♍ 5	26 ♋ 59	29 ♑	13 ♑	9 ♎	1 D	17 ♊
20	0 ♓ 34	19 ♊ 34	20 ♐ 54	21 ♐ 49	7 ♒ 19	16 ♈ 34	22 ♏ 1	17 ♑ 38	22 ♓ 13	6 ♉ 11	18 ♍ 3	26 ♋ 57	29 ♑	13 ♑	9 ♎	1 ♋	17 ♊
21	1 ♓ 34	3 ♋ 24	20 ♐ 51	21 R 48	8 ♒ 42	17 ♈ 26	22 ♏ 26	17 ♑ 50	22 ♓ 21	6 ♉ 13	18 ♍ 1	26 ♋ 56	0 ♒	14 ♑	9 ♎	1 ♋	17 ♊
22	2 ♓ 35	17 ♋ 5	20 ♐ 48	21 ♐ 46	10 ♒ 7	18 ♈ 18	22 ♏ 51	18 ♑ 2	22 ♓ 28	6 ♉ 15	18 ♍ 0	26 ♋ 55	0 ♒	14 ♑	9 ♎	1 ♋	17 ♊
23	3 ♓ 35	0 ♌ 38	20 ♐ 45	21 ♐ 40	11 ♒ 32	19 ♈ 9	23 ♏ 16	18 ♑ 13	22 ♓ 35	6 ♉ 17	17 ♍ 58	26 ♋ 54	0 ♒	14 ♑	9 ♎	1 ♋	17 ♊
24	4 ♓ 36	14 ♌ 2	20 ♐ 42	21 ♐ 32	12 ♒ 59	20 ♈ 0	23 ♏ 40	18 ♑ 25	22 ♓ 42	6 ♉ 19	17 ♍ 57	26 ♋ 53	1 ♒	15 ♑	9 ♎	1 ♋	17 D
25	5 ♓ 36	27 ♌ 14	20 ♐ 39	21 ♐ 21	14 ♒ 26	20 ♈ 49	24 ♏ 4	18 ♑ 37	22 ♓ 49	6 ♉ 21	17 ♍ 55	26 ♋ 52	1 ♒	15 ♑	8 ♎	1 ♋	17 ♊
26	6 ♓ 36	10 ♍ 13	20 ♐ 35	21 ♐ 9	15 ♒ 55	21 ♈ 38	24 ♏ 28	18 ♑ 48	22 ♓ 56	6 ♉ 23	17 ♍ 53	26 ♋ 51	2 ♒	15 ♑	8 ♎	1 ♋	17 ♊
27	7 ♓ 36	22 ♍ 58	20 ♐ 32	20 ♐ 55	17 ♒ 25	22 ♈ 25	24 ♏ 52	18 ♑ 59	23 ♓ 4	6 ♉ 25	17 ♍ 52	26 ♋ 50	2 ♒	15 ♑	8 ♎	1 ♋	17 ♊
28	8 ♓ 37	5 ♎ 28	20 ♐ 29	20 ♐ 43	18 ♒ 56	23 ♈ 12	25 ♏ 15	19 ♑ 11	23 ♓ 11	6 ♉ 27	17 ♍ 50	26 ♋ 49	2 ♒	16 ♑	8 ♎	2 ♋	17 ♊

SUN INGRESS ☉ → ♓ 19日 10:21

MOON PHASE ◑ 3日 21:04 ♏ ● 11日 16:34 ♒ ◐ 18日 12:50 ♉ ○ 25日 16:43 ♍

aspects		
2日	07:13	♂⚹♃
3日	03:22	☿△♆
4日	17:19	☉□♂
5日	18:00	☿⚹♄
11日	11:27	♂⚹♆
11日	23:51	☿☍♇
19日	03:34	☿□♅
20日	16:47	♂△♄
21日	14:06	♀□♃
21日	20:36	♃△♆
25日	18:38	☉⚹♅

1937年3月

DAY	☉	☽	☊ mean	☊ true	☿	♀	♂	♃	♄	♅	♆	♇	⚳	⚴	⚵	⚶	⚷
	° ′	° ′	° ′	° ′	° ′	° ′	° ′	° ′	° ′	° ′	° ′	° ′	°	°	°	°	°
1	9 ♓ 37	17 ♎ 44	20 ♐ 26	20 R 31	20 D 28	23 D 58	25 D 39	19 D 22	23 D 18	6 D 30	17 R 48	26 R 48	3 D	16 D	8 R	2 D	17 D
2	10 ♓ 37	29 ♎ 48	20 ♐ 23	20 ♐ 23	22 ♒ 1	24 ♈ 43	26 ♏ 1	19 ♑ 33	23 ♓ 26	6 ♉ 32	17 ♍ 47	26 ♋ 48	3 ♒	17 ♑	7 ♎	2 ♋	17 ♊
3	11 ♓ 37	11 ♏ 43	20 ♐ 19	20 ♐ 17	23 ♒ 35	25 ♈ 27	26 ♏ 24	19 ♑ 44	23 ♓ 33	6 ♉ 34	17 ♍ 45	26 ♋ 47	3 ♒	17 ♑	7 ♎	2 ♋	17 ♊
4	12 ♓ 37	23 ♏ 32	20 ♐ 16	20 ♐ 13	25 ♒ 11	26 ♈ 10	26 ♏ 46	19 ♑ 55	23 ♓ 40	6 ♉ 36	17 ♍ 44	26 ♋ 46	4 ♒	17 ♑	7 ♎	2 ♋	17 ♊
5	13 ♓ 38	5 ♐ 21	20 ♐ 13	20 ♐ 12	26 ♒ 47	26 ♈ 51	27 ♏ 8	20 ♑ 6	23 ♓ 48	6 ♉ 39	17 ♍ 42	26 ♋ 45	4 ♒	18 ♑	7 ♎	2 ♋	17 ♊
6	14 ♓ 38	17 ♐ 14	20 ♐ 10	20 D 12	28 ♒ 25	27 ♈ 32	27 ♏ 29	20 ♑ 17	23 ♓ 55	6 ♉ 41	17 ♍ 40	26 ♋ 44	5 ♒	18 ♑	7 ♎	2 ♋	17 ♊
7	15 ♓ 38	29 ♐ 18	20 ♐ 7	20 R 12	0 ♓ 3	28 ♈ 11	27 ♏ 51	20 ♑ 27	24 ♓ 2	6 ♉ 44	17 ♍ 39	26 ♋ 43	5 ♒	18 ♑	6 ♎	2 ♋	17 ♊
8	16 ♓ 38	11 ♑ 37	20 ♐ 4	20 ♐ 10	1 ♓ 43	28 ♈ 49	28 ♏ 11	20 ♑ 38	24 ♓ 10	6 ♉ 46	17 ♍ 37	26 ♋ 42	5 ♒	19 ♑	6 ♎	2 ♋	17 ♊
9	17 ♓ 38	24 ♑ 17	20 ♐ 0	20 ♐ 7	3 ♓ 24	29 ♈ 26	28 ♏ 32	20 ♑ 48	24 ♓ 17	6 ♉ 49	17 ♍ 35	26 ♋ 42	6 ♒	19 ♑	6 ♎	2 ♋	17 ♊
10	18 ♓ 38	7 ♒ 21	19 ♐ 57	20 ♐ 1	5 ♓ 6	0 ♉ 2	28 ♏ 52	20 ♑ 59	24 ♓ 24	6 ♉ 51	17 ♍ 34	26 ♋ 41	6 ♒	19 ♑	6 ♎	3 ♋	17 ♊
11	19 ♓ 38	20 ♒ 51	19 ♐ 54	19 ♐ 52	6 ♓ 49	0 ♉ 36	29 ♏ 12	21 ♑ 9	24 ♓ 32	6 ♉ 54	17 ♍ 32	26 ♋ 40	6 ♒	20 ♑	6 ♎	3 ♋	17 ♊
12	20 ♓ 38	4 ♓ 47	19 ♐ 51	19 ♐ 41	8 ♓ 33	1 ♉ 9	29 ♏ 31	21 ♑ 19	24 ♓ 39	6 ♉ 56	17 ♍ 30	26 ♋ 40	7 ♒	20 ♑	5 ♎	3 ♋	17 ♊
13	21 ♓ 37	19 ♓ 5	19 ♐ 48	19 ♐ 29	10 ♓ 18	1 ♉ 40	29 ♏ 50	21 ♑ 29	24 ♓ 47	6 ♉ 59	17 ♍ 29	26 ♋ 39	7 ♒	20 ♑	5 ♎	3 ♋	17 ♊
14	22 ♓ 37	3 ♈ 39	19 ♐ 45	19 ♐ 17	12 ♓ 5	2 ♉ 10	0 ♐ 9	21 ♑ 39	24 ♓ 54	7 ♉ 2	17 ♍ 27	26 ♋ 38	7 ♒	20 ♑	5 ♎	3 ♋	17 ♊
15	23 ♓ 37	18 ♈ 23	19 ♐ 41	19 ♐ 6	13 ♓ 52	2 ♉ 38	0 ♐ 27	21 ♑ 49	25 ♓ 2	7 ♉ 4	17 ♍ 25	26 ♋ 38	8 ♒	21 ♑	5 ♎	3 ♋	17 ♊
16	24 ♓ 37	3 ♉ 7	19 ♐ 38	18 ♐ 58	15 ♓ 41	3 ♉ 5	0 ♐ 44	21 ♑ 59	25 ♓ 9	7 ♉ 7	17 ♍ 24	26 ♋ 37	8 ♒	21 ♑	4 ♎	3 ♋	18 ♊
17	25 ♓ 37	17 ♉ 45	19 ♐ 35	18 ♐ 53	17 ♓ 31	3 ♉ 29	1 ♐ 2	22 ♑ 8	25 ♓ 16	7 ♉ 10	17 ♍ 22	26 ♋ 36	8 ♒	21 ♑	4 ♎	4 ♋	18 ♊
18	26 ♓ 36	2 ♊ 12	19 ♐ 32	18 ♐ 50	19 ♓ 23	3 ♉ 52	1 ♐ 18	22 ♑ 18	25 ♓ 24	7 ♉ 13	17 ♍ 20	26 ♋ 36	9 ♒	22 ♑	4 ♎	4 ♋	18 ♊
19	27 ♓ 36	16 ♊ 24	19 ♐ 29	18 ♐ 49	21 ♓ 15	4 ♉ 13	1 ♐ 35	22 ♑ 27	25 ♓ 31	7 ♉ 15	17 ♍ 19	26 ♋ 35	9 ♒	22 ♑	4 ♎	4 ♋	18 ♊
20	28 ♓ 36	0 ♋ 20	19 ♐ 25	18 ♐ 49	23 ♓ 9	4 ♉ 33	1 ♐ 51	22 ♑ 36	25 ♓ 39	7 ♉ 18	17 ♍ 17	26 ♋ 35	9 ♒	22 ♑	3 ♎	4 ♋	18 ♊
21	29 ♓ 35	14 ♋ 0	19 ♐ 22	18 ♐ 49	25 ♓ 4	4 ♉ 50	2 ♐ 6	22 ♑ 46	25 ♓ 46	7 ♉ 21	17 ♍ 15	26 ♋ 34	10 ♒	23 ♑	3 ♎	4 ♋	18 ♊
22	0 ♈ 35	27 ♋ 27	19 ♐ 19	18 ♐ 46	27 ♓ 0	5 ♉ 5	2 ♐ 21	22 ♑ 55	25 ♓ 54	7 ♉ 24	17 ♍ 14	26 ♋ 34	10 ♒	23 ♑	3 ♎	5 ♋	18 ♊
23	1 ♈ 34	10 ♌ 40	19 ♐ 16	18 ♐ 41	28 ♓ 57	5 ♉ 18	2 ♐ 36	23 ♑ 4	26 ♓ 1	7 ♉ 27	17 ♍ 12	26 ♋ 33	11 ♒	23 ♑	3 ♎	5 ♋	18 ♊
24	2 ♈ 34	23 ♌ 42	19 ♐ 13	18 ♐ 33	0 ♈ 55	5 ♉ 29	2 ♐ 50	23 ♑ 12	26 ♓ 8	7 ♉ 30	17 ♍ 11	26 ♋ 33	11 ♒	23 ♑	2 ♎	5 ♋	18 ♊
25	3 ♈ 33	6 ♍ 32	19 ♐ 10	18 ♐ 23	2 ♈ 55	5 ♉ 38	3 ♐ 3	23 ♑ 21	26 ♓ 16	7 ♉ 33	17 ♍ 9	26 ♋ 32	11 ♒	24 ♑	2 ♎	5 ♋	18 ♊
26	4 ♈ 33	19 ♍ 11	19 ♐ 6	18 ♐ 11	4 ♈ 55	5 ♉ 44	3 ♐ 16	23 ♑ 29	26 ♓ 23	7 ♉ 36	17 ♍ 7	26 ♋ 32	12 ♒	24 ♑	2 ♎	5 ♋	18 ♊
27	5 ♈ 32	1 ♎ 39	19 ♐ 3	17 ♐ 57	6 ♈ 56	5 ♉ 48	3 ♐ 29	23 ♑ 38	26 ♓ 31	7 ♉ 39	17 ♍ 6	26 ♋ 32	12 ♒	24 ♑	2 ♎	6 ♋	18 ♊
28	6 ♈ 31	13 ♎ 57	19 ♐ 0	17 ♐ 45	8 ♈ 58	5 ♉ 49	3 ♐ 41	23 ♑ 46	26 ♓ 38	7 ♉ 42	17 ♍ 4	26 ♋ 31	12 ♒	24 ♑	1 ♎	6 ♋	18 ♊
29	7 ♈ 31	26 ♎ 4	18 ♐ 57	17 ♐ 34	11 ♈ 0	5 R 49	3 ♐ 52	23 ♑ 54	26 ♓ 45	7 ♉ 45	17 ♍ 3	26 ♋ 31	13 ♒	25 ♑	1 ♎	6 ♋	18 ♊
30	8 ♈ 30	8 ♏ 2	18 ♐ 54	17 ♐ 25	13 ♈ 3	5 ♉ 45	4 ♐ 3	24 ♑ 2	26 ♓ 53	7 ♉ 48	17 ♍ 1	26 ♋ 31	13 ♒	25 ♑	1 ♎	6 ♋	18 ♊
31	9 ♈ 29	19 ♏ 54	18 ♐ 50	17 ♐ 19	15 ♈ 6	5 ♉ 40	4 ♐ 14	24 ♑ 10	27 ♓ 0	7 ♉ 51	17 ♍ 0	26 ♋ 30	13 ♒	25 ♑	1 ♎	7 ♋	18 ♊

SUN INGRESS	☉ → ♈ 21日 09:45
MOON PHASE	◑ 5日 18:17 ♐　● 13日 04:32 ♓　◐ 19日 20:46 ♊　○ 27日 08:12 ♎

aspects		
3日	23:45	♂△♇
4日	20:21	♀□♇
5日	01:48	☿⚹♀
5日	06:36	☿□♂
8日	23:01	☉☍♆
11日	01:12	☿⚹♅
12日	20:04	☉⚹♃
16日	14:44	☉☌♄
16日	21:58	☿☍♆
17日	23:44	☉△♇
19日	16:34	☿⚹♃
21日	09:23	☿☌♄
21日	18:37	☿△♇
24日	08:24	☉△♂
25日	01:58	☿△♂
25日	15:16	☉☌☿
27日	03:10	♄△♇

1937年4月

DAY	☉	☽	☊ mean	☊ true	☿	♀	♂	♃	♄	♅	♆	♇	⚳	⚴	⚵	⚶	⚷
	° ′	° ′	° ′	° ′	° ′	° ′	° ′	° ′	° ′	° ′	° ′	° ′	°	°	°	°	°
1	10 ♈ 28	1 ♐ 42	18 ♐ 47	17 R 15	17 D 9	5 R 32	4 D 23	24 D 18	27 D 7	7 D 54	16 R 58	26 R 30	13 D	25 D	1 R	7 D	18 D
2	11 ♈ 28	13 ♐ 29	18 ♐ 44	17 ♐ 14	19 ♈ 12	5 ♉ 21	4 ♐ 32	24 ♑ 25	27 ♓ 15	7 ♉ 58	16 ♍ 57	26 ♋ 30	14 ♒	26 ♑	0 ♎	7 ♋	18 ♊
3	12 ♈ 27	25 ♐ 22	18 ♐ 41	17 D 14	21 ♈ 14	5 ♉ 8	4 ♐ 41	24 ♑ 33	27 ♓ 22	8 ♉ 1	16 ♍ 55	26 ♋ 30	14 ♒	26 ♑	0 ♎	7 ♋	18 ♊
4	13 ♈ 26	7 ♑ 24	18 ♐ 38	17 ♐ 15	23 ♈ 16	4 ♉ 52	4 ♐ 49	24 ♑ 40	27 ♓ 29	8 ♉ 4	16 ♍ 54	26 ♋ 30	14 ♒	26 ♑	0 ♎	8 ♋	18 ♊
5	14 ♈ 25	19 ♑ 41	18 ♐ 35	17 R 15	25 ♈ 16	4 ♉ 34	4 ♐ 56	24 ♑ 47	27 ♓ 36	8 ♉ 7	16 ♍ 52	26 ♋ 29	15 ♒	26 ♑	0 ♎	8 ♋	18 ♊
6	15 ♈ 24	2 ♒ 19	18 ♐ 31	17 ♐ 13	27 ♈ 14	4 ♉ 14	5 ♐ 3	24 ♑ 54	27 ♓ 44	8 ♉ 10	16 ♍ 51	26 ♋ 29	15 ♒	27 ♑	29 ♍	8 ♋	18 ♊
7	16 ♈ 23	15 ♒ 21	18 ♐ 28	17 ♐ 10	29 ♈ 11	3 ♉ 51	5 ♐ 9	25 ♑ 1	27 ♓ 51	8 ♉ 14	16 ♍ 49	26 ♋ 29	15 ♒	27 ♑	29 ♍	8 ♋	18 ♊
8	17 ♈ 22	28 ♒ 51	18 ♐ 25	17 ♐ 4	1 ♉ 5	3 ♉ 26	5 ♐ 14	25 ♑ 8	27 ♓ 58	8 ♉ 17	16 ♍ 48	26 ♋ 29	16 ♒	27 ♑	29 ♍	9 ♋	18 ♊
9	18 ♈ 21	12 ♓ 50	18 ♐ 22	16 ♐ 56	2 ♉ 57	3 ♉ 0	5 ♐ 19	25 ♑ 14	28 ♓ 5	8 ♉ 20	16 ♍ 47	26 ♋ 29	16 ♒	27 ♑	29 ♍	9 ♋	18 ♊
10	19 ♈ 20	27 ♓ 16	18 ♐ 19	16 ♐ 47	4 ♉ 45	2 ♉ 31	5 ♐ 23	25 ♑ 21	28 ♓ 12	8 ♉ 24	16 ♍ 45	26 D 29	16 ♒	28 ♑	29 ♍	9 ♋	19 ♊
11	20 ♈ 19	12 ♈ 3	18 ♐ 16	16 ♐ 38	6 ♉ 30	2 ♉ 0	5 ♐ 26	25 ♑ 27	28 ♓ 19	8 ♉ 27	16 ♍ 44	26 ♋ 29	17 ♒	28 ♑	28 ♍	9 ♋	19 ♊
12	21 ♈ 18	27 ♈ 4	18 ♐ 12	16 ♐ 30	8 ♉ 11	1 ♉ 28	5 ♐ 28	25 ♑ 33	28 ♓ 26	8 ♉ 30	16 ♍ 43	26 ♋ 29	17 ♒	28 ♑	28 ♍	10 ♋	19 ♊
13	22 ♈ 17	12 ♉ 9	18 ♐ 9	16 ♐ 24	9 ♉ 49	0 ♉ 54	5 ♐ 30	25 ♑ 39	28 ♓ 33	8 ♉ 34	16 ♍ 41	26 ♋ 29	17 ♒	28 ♑	28 ♍	10 ♋	19 ♊
14	23 ♈ 15	27 ♉ 9	18 ♐ 6	16 ♐ 20	11 ♉ 22	0 ♉ 19	5 ♐ 31	25 ♑ 45	28 ♓ 40	8 ♉ 37	16 ♍ 40	26 ♋ 29	18 ♒	28 ♑	28 ♍	10 ♋	19 ♊
15	24 ♈ 14	11 ♊ 56	18 ♐ 3	16 ♐ 19	12 ♉ 50	29 ♈ 43	5 R 32	25 ♑ 50	28 ♓ 47	8 ♉ 40	16 ♍ 39	26 ♋ 30	18 ♒	29 ♑	28 ♍	11 ♋	19 ♊
16	25 ♈ 13	26 ♊ 24	18 ♐ 0	16 D 19	14 ♉ 14	29 ♈ 7	5 ♐ 31	25 ♑ 56	28 ♓ 54	8 ♉ 44	16 ♍ 37	26 ♋ 30	18 ♒	29 ♑	27 ♍	11 ♋	19 ♊
17	26 ♈ 12	10 ♋ 31	17 ♐ 56	16 ♐ 20	15 ♉ 33	28 ♈ 29	5 ♐ 30	26 ♑ 1	29 ♓ 1	8 ♉ 47	16 ♍ 36	26 ♋ 30	18 ♒	29 ♑	27 ♍	11 ♋	19 ♊
18	27 ♈ 10	24 ♋ 16	17 ♐ 53	16 ♐ 21	16 ♉ 47	27 ♈ 51	5 ♐ 28	26 ♑ 6	29 ♓ 8	8 ♉ 50	16 ♍ 35	26 ♋ 30	19 ♒	29 ♑	27 ♍	11 ♋	19 ♊
19	28 ♈ 9	7 ♌ 40	17 ♐ 50	16 R 20	17 ♉ 55	27 ♈ 14	5 ♐ 26	26 ♑ 11	29 ♓ 15	8 ♉ 54	16 ♍ 34	26 ♋ 30	19 ♒	29 ♑	27 ♍	12 ♋	19 ♊
20	29 ♈ 7	20 ♌ 45	17 ♐ 47	16 ♐ 18	18 ♉ 59	26 ♈ 36	5 ♐ 22	26 ♑ 16	29 ♓ 22	8 ♉ 57	16 ♍ 33	26 ♋ 30	19 ♒	29 ♑	27 ♍	12 ♋	19 ♊
21	0 ♉ 6	3 ♍ 34	17 ♐ 44	16 ♐ 14	19 ♉ 57	25 ♈ 58	5 ♐ 18	26 ♑ 21	29 ♓ 29	9 ♉ 1	16 ♍ 32	26 ♋ 31	20 ♒	0 ♒	27 ♍	12 ♋	19 ♊
22	1 ♉ 5	16 ♍ 9	17 ♐ 41	16 ♐ 8	20 ♉ 49	25 ♈ 22	5 ♐ 13	26 ♑ 25	29 ♓ 35	9 ♉ 4	16 ♍ 31	26 ♋ 31	20 ♒	0 ♒	26 ♍	13 ♋	19 ♊
23	2 ♉ 3	28 ♍ 32	17 ♐ 37	16 ♐ 0	21 ♉ 36	24 ♈ 46	5 ♐ 8	26 ♑ 29	29 ♓ 42	9 ♉ 8	16 ♍ 30	26 ♋ 31	20 ♒	0 ♒	26 ♍	13 ♋	19 ♊
24	3 ♉ 1	10 ♎ 45	17 ♐ 34	15 ♐ 52	22 ♉ 17	24 ♈ 11	5 ♐ 1	26 ♑ 34	29 ♓ 49	9 ♉ 11	16 ♍ 28	26 ♋ 32	20 ♒	0 ♒	26 ♍	13 ♋	19 ♊
25	4 ♉ 0	22 ♎ 50	17 ♐ 31	15 ♐ 44	22 ♉ 53	23 ♈ 38	4 ♐ 54	26 ♑ 38	29 ♓ 55	9 ♉ 14	16 ♍ 27	26 ♋ 32	21 ♒	0 ♒	26 ♍	14 ♋	19 ♊
26	4 ♉ 58	4 ♏ 48	17 ♐ 28	15 ♐ 38	23 ♉ 22	23 ♈ 6	4 ♐ 46	26 ♑ 41	0 ♈ 2	9 ♉ 18	16 ♍ 26	26 ♋ 32	21 ♒	0 ♒	26 ♍	14 ♋	20 ♊
27	5 ♉ 57	16 ♏ 40	17 ♐ 25	15 ♐ 32	23 ♉ 46	22 ♈ 36	4 ♐ 38	26 ♑ 45	0 ♈ 8	9 ♉ 21	16 ♍ 25	26 ♋ 33	21 ♒	1 ♒	26 ♍	14 ♋	20 ♊
28	6 ♉ 55	28 ♏ 29	17 ♐ 21	15 ♐ 29	24 ♉ 5	22 ♈ 8	4 ♐ 28	26 ♑ 48	0 ♈ 15	9 ♉ 25	16 ♍ 25	26 ♋ 33	21 ♒	1 ♒	26 ♍	15 ♋	20 ♊
29	7 ♉ 53	10 ♐ 16	17 ♐ 18	15 ♐ 27	24 ♉ 17	21 ♈ 42	4 ♐ 18	26 ♑ 52	0 ♈ 21	9 ♉ 28	16 ♍ 24	26 ♋ 34	22 ♒	1 ♒	26 ♍	15 ♋	20 ♊
30	8 ♉ 51	22 ♐ 6	17 ♐ 15	15 D 27	24 ♉ 24	21 ♈ 17	4 ♐ 7	26 ♑ 55	0 ♈ 28	9 ♉ 32	16 ♍ 23	26 ♋ 34	22 ♒	1 ♒	26 ♍	15 ♋	20 ♊

SUN INGRESS	☉ → ♉ 20日 21:19
MOON PHASE	◑ 4日 12:53 ♑　● 11日 14:10 ♈　◐ 18日 05:34 ♋　○ 26日 00:24 ♏

aspects		
4日	17:53	☿□♃
5日	14:51	☿□♇
9日	00:32	☿☌♀
12日	04:46	☿☌♅
16日	19:19	☉□♃
17日	07:28	☉□♇
17日	20:10	☿△♆
18日	10:13	☉☌♀
20日	03:23	♀□♇
20日	11:14	♀□♃
23日	11:56	♃☍♇
30日	17:38	☉☌♅

1900 ～1910
1911 ～1920
1921 ～1930
1931 ～1940
1941 ～1950
1951 ～1960
1961 ～1970
1971 ～1980
1981 ～1990
1991 ～2000
2001 ～2010
2011 ～2020
2021 ～2030
2031 ～2040
2041 ～2050

1937年5月

DAY	☉	☽	☊ mean	☊ true	☿	♀	♂	♃	♄	♅	♆	♇	⚳	⚴	⚵	⚶	⚷
	° ′	° ′	° ′	° ′	° ′	° ′	° ′	° ′	° ′	° ′	° ′	° ′	°	°	°	°	°
1	9 ♉ 50	4 ♑ 0	17 ♐ 12	15 D 29	24 R 26	20 R 56	3 R 55	26 D 58	0 D 34	9 D 35	16 R 22	26 D 35	22 D	1 D	25 R	16 D	20 D
2	10 ♉ 48	16 ♑ 4	17 ♐ 9	15 ♐ 30	24 ♉ 22	20 ♈ 36	3 ♐ 43	27 ♑ 0	0 ♈ 40	9 ♉ 39	16 ♍ 21	26 ♋ 35	22 ♒	1 ♒	25 ♍	16 ♋	20 ♊
3	11 ♉ 46	28 ♑ 22	17 ♐ 6	15 ♐ 32	24 ♉ 13	20 ♈ 19	3 ♐ 30	27 ♑ 3	0 ♈ 47	9 ♉ 42	16 ♍ 20	26 ♋ 36	23 ♒	1 ♒	25 ♍	16 ♋	20 ♊
4	12 ♉ 44	10 ♒ 58	17 ♐ 2	15 ♐ 33	24 ♉ 0	20 ♈ 4	3 ♐ 16	27 ♑ 5	0 ♈ 53	9 ♉ 46	16 ♍ 19	26 ♋ 37	23 ♒	1 ♒	25 ♍	17 ♋	20 ♊
5	13 ♉ 42	23 ♒ 56	16 ♐ 59	15 R 32	23 ♉ 42	19 ♈ 52	3 ♐ 2	27 ♑ 7	0 ♈ 59	9 ♉ 49	16 ♍ 19	26 ♋ 37	23 ♒	1 ♒	25 ♍	17 ♋	20 ♊
6	14 ♉ 41	7 ♓ 20	16 ♐ 56	15 ♐ 30	23 ♉ 20	19 ♈ 42	2 ♐ 47	27 ♑ 9	1 ♈ 5	9 ♉ 52	16 ♍ 18	26 ♋ 38	23 ♒	2 ♒	25 ♍	17 ♋	20 ♊
7	15 ♉ 39	21 ♓ 13	16 ♐ 53	15 ♐ 27	22 ♉ 54	19 ♈ 34	2 ♐ 31	27 ♑ 11	1 ♈ 11	9 ♉ 56	16 ♍ 17	26 ♋ 38	24 ♒	2 ♒	25 ♍	18 ♋	20 ♊
8	16 ♉ 37	5 ♈ 33	16 ♐ 50	15 ♐ 24	22 ♉ 25	19 ♈ 29	2 ♐ 15	27 ♑ 13	1 ♈ 17	9 ♉ 59	16 ♍ 17	26 ♋ 39	24 ♒	2 ♒	25 ♍	18 ♋	20 ♊
9	17 ♉ 35	20 ♈ 17	16 ♐ 47	15 ♐ 20	21 ♉ 53	19 ♈ 26	1 ♐ 58	27 ♑ 14	1 ♈ 23	10 ♉ 3	16 ♍ 16	26 ♋ 40	24 ♒	2 ♒	25 ♍	19 ♋	21 ♊
10	18 ♉ 33	5 ♉ 20	16 ♐ 43	15 ♐ 16	21 ♉ 19	19 D 26	1 ♐ 40	27 ♑ 15	1 ♈ 29	10 ♉ 6	16 ♍ 15	26 ♋ 41	24 ♒	2 ♒	25 ♍	19 ♋	21 ♊
11	19 ♉ 31	20 ♉ 32	16 ♐ 40	15 ♐ 13	20 ♉ 44	19 ♈ 28	1 ♐ 23	27 ♑ 16	1 ♈ 35	10 ♉ 10	16 ♍ 15	26 ♋ 41	24 ♒	2 ♒	25 ♍	19 ♋	21 ♊
12	20 ♉ 29	5 ♊ 43	16 ♐ 37	15 ♐ 12	20 ♉ 8	19 ♈ 32	1 ♐ 4	27 ♑ 17	1 ♈ 40	10 ♉ 13	16 ♍ 14	26 ♋ 42	25 ♒	2 ♒	25 ♍	20 ♋	21 ♊
13	21 ♉ 27	20 ♊ 45	16 ♐ 34	15 D 12	19 ♉ 32	19 ♈ 39	0 ♐ 45	27 ♑ 18	1 ♈ 46	10 ♉ 17	16 ♍ 14	26 ♋ 43	25 ♒	2 ♒	25 ♍	20 ♋	21 ♊
14	22 ♉ 25	5 ♋ 28	16 ♐ 31	15 ♐ 13	18 ♉ 56	19 ♈ 48	0 ♐ 26	27 ♑ 18	1 ♈ 52	10 ♉ 20	16 ♍ 13	26 ♋ 44	25 ♒	2 ♒	25 ♍	20 ♋	21 ♊
15	23 ♉ 22	19 ♋ 49	16 ♐ 27	15 ♐ 14	18 ♉ 22	19 ♈ 59	0 ♐ 6	27 ♑ 18	1 ♈ 57	10 ♉ 23	16 ♍ 13	26 ♋ 45	25 ♒	2 ♒	25 ♍	21 ♋	21 ♊
16	24 ♉ 20	3 ♌ 45	16 ♐ 24	15 ♐ 15	17 ♉ 49	20 ♈ 11	29 ♏ 46	27 R 19	2 ♈ 3	10 ♉ 27	16 ♍ 13	26 ♋ 45	26 ♒	2 ♒	25 ♍	21 ♋	21 ♊
17	25 ♉ 18	17 ♌ 15	16 ♐ 21	15 ♐ 16	17 ♉ 18	20 ♈ 26	29 ♏ 26	27 ♑ 18	2 ♈ 8	10 ♉ 30	16 ♍ 12	26 ♋ 46	26 ♒	2 ♒	25 D	22 ♋	21 ♊
18	26 ♉ 16	0 ♍ 22	16 ♐ 18	15 R 16	16 ♉ 50	20 ♈ 43	29 ♏ 5	27 ♑ 18	2 ♈ 14	10 ♉ 33	16 ♍ 12	26 ♋ 47	26 ♒	2 ♒	25 ♍	22 ♋	21 ♊
19	27 ♉ 14	13 ♍ 8	16 ♐ 15	15 ♐ 16	16 ♉ 25	21 ♈ 2	28 ♏ 44	27 ♑ 18	2 ♈ 19	10 ♉ 37	16 ♍ 11	26 ♋ 48	26 ♒	2 ♒	25 ♍	22 ♋	21 ♊
20	28 ♉ 11	25 ♍ 36	16 ♐ 12	15 ♐ 14	16 ♉ 4	21 ♈ 23	28 ♏ 23	27 ♑ 17	2 ♈ 24	10 ♉ 40	16 ♍ 11	26 ♋ 49	26 ♒	2 ♒	25 ♍	23 ♋	21 ♊
21	29 ♉ 9	7 ♎ 50	16 ♐ 8	15 ♐ 12	15 ♉ 46	21 ♈ 45	28 ♏ 2	27 ♑ 16	2 ♈ 29	10 ♉ 43	16 ♍ 11	26 ♋ 50	26 ♒	2 R	25 ♍	23 ♋	21 ♊
22	0 ♊ 7	19 ♎ 54	16 ♐ 5	15 ♐ 10	15 ♉ 32	22 ♈ 9	27 ♏ 41	27 ♑ 15	2 ♈ 35	10 ♉ 47	16 ♍ 11	26 ♋ 51	27 ♒	2 ♒	25 ♍	23 ♋	22 ♊
23	1 ♊ 4	1 ♏ 49	16 ♐ 2	15 ♐ 8	15 ♉ 23	22 ♈ 35	27 ♏ 20	27 ♑ 14	2 ♈ 40	10 ♉ 50	16 ♍ 11	26 ♋ 52	27 ♒	2 ♒	25 ♍	24 ♋	22 ♊
24	2 ♊ 2	13 ♏ 40	15 ♐ 59	15 ♐ 6	15 ♉ 18	23 ♈ 2	26 ♏ 59	27 ♑ 12	2 ♈ 45	10 ♉ 53	16 ♍ 10	26 ♋ 53	27 ♒	2 ♒	25 ♍	24 ♋	22 ♊
25	3 ♊ 0	25 ♏ 29	15 ♐ 56	15 ♐ 4	15 D 17	23 ♈ 31	26 ♏ 38	27 ♑ 11	2 ♈ 49	10 ♉ 57	16 ♍ 10	26 ♋ 54	27 ♒	2 ♒	25 ♍	25 ♋	22 ♊
26	3 ♊ 57	7 ♐ 17	15 ♐ 53	15 ♐ 4	15 ♉ 21	24 ♈ 1	26 ♏ 17	27 ♑ 9	2 ♈ 54	11 ♉ 0	16 ♍ 10	26 ♋ 55	27 ♒	2 ♒	25 ♍	25 ♋	22 ♊
27	4 ♊ 55	19 ♐ 8	15 ♐ 49	15 D 4	15 ♉ 29	24 ♈ 33	25 ♏ 56	27 ♑ 7	2 ♈ 59	11 ♉ 3	16 ♍ 10	26 ♋ 56	27 ♒	2 ♒	25 ♍	25 ♋	22 ♊
28	5 ♊ 52	1 ♑ 3	15 ♐ 46	15 ♐ 4	15 ♉ 42	25 ♈ 6	25 ♏ 35	27 ♑ 5	3 ♈ 4	11 ♉ 6	16 ♍ 10	26 ♋ 57	28 ♒	2 ♒	25 ♍	26 ♋	22 ♊
29	6 ♊ 50	13 ♑ 4	15 ♐ 43	15 ♐ 5	16 ♉ 0	25 ♈ 40	25 ♏ 14	27 ♑ 2	3 ♈ 8	11 ♉ 10	16 D 10	26 ♋ 59	28 ♒	2 ♒	25 ♍	26 ♋	22 ♊
30	7 ♊ 48	25 ♑ 16	15 ♐ 40	15 ♐ 6	16 ♉ 21	26 ♈ 16	24 ♏ 54	27 ♑ 0	3 ♈ 13	11 ♉ 13	16 ♍ 10	27 ♋ 0	28 ♒	2 ♒	25 ♍	27 ♋	22 ♊
31	8 ♊ 45	7 ♒ 39	15 ♐ 37	15 ♐ 6	16 ♉ 48	26 ♈ 53	24 ♏ 34	26 ♑ 57	3 ♈ 17	11 ♉ 16	16 ♍ 10	27 ♋ 1	28 ♒	2 ♒	25 ♍	27 ♋	22 ♊

SUN INGRESS	☉ → ♊ 21日 20:57
MOON PHASE	◑ 4日 03:36 ♒　● 10日 22:17 ♉　◐ 17日 15:49 ♌　○ 25日 16:38 ♐

aspects		
7日	15:50	☉△♆
10日	11:51	♂△♄
11日	18:44	☉☌☿
18日	13:13	☉⚹♇
19日	01:37	☉△♃
19日	14:53	☿△♆
20日	03:37	☉☍♂
23日	07:20	♂⚹♃
24日	06:01	♂△♇
24日	19:18	☉⚹♄
29日	12:03	☿△♆
30日	01:29	♃☍♇
31日	02:28	♀□♃
31日	05:08	♀□♇

1937年6月

DAY	☉	☽	☊ mean	☊ true	☿	♀	♂	♃	♄	♅	♆	♇	⚳	⚴	⚵	⚶	⚷
	° ′	° ′	° ′	° ′	° ′	° ′	° ′	° ′	° ′	° ′	° ′	° ′	°	°	°	°	°
1	9 ♊ 43	20 ♒ 19	15 ♐ 33	15 D 7	17 D 18	27 D 31	24 R 15	26 R 54	3 D 22	11 D 19	16 D 10	27 D 2	28 D	2 R	25 D	27 D	22 D
2	10 ♊ 40	3 ♓ 17	15 ♐ 30	15 ♐ 7	17 ♉ 52	28 ♈ 10	23 ♏ 56	26 ♑ 51	3 ♈ 26	11 ♉ 22	16 ♍ 10	27 ♋ 3	28 ♒	2 ♒	25 ♍	28 ♋	23 ♊
3	11 ♊ 38	16 ♓ 38	15 ♐ 27	15 R 7	18 ♉ 31	28 ♈ 51	23 ♏ 37	26 ♑ 48	3 ♈ 30	11 ♉ 25	16 ♍ 11	27 ♋ 4	28 ♒	2 ♒	26 ♍	28 ♋	23 ♊
4	12 ♊ 35	0 ♈ 22	15 ♐ 24	15 ♐ 7	19 ♉ 13	29 ♈ 32	23 ♏ 19	26 ♑ 45	3 ♈ 34	11 ♉ 28	16 ♍ 11	27 ♋ 6	29 ♒	1 ♒	26 ♍	29 ♋	23 ♊
5	13 ♊ 32	14 ♈ 30	15 ♐ 21	15 ♐ 7	19 ♉ 59	0 ♉ 14	23 ♏ 1	26 ♑ 41	3 ♈ 39	11 ♉ 31	16 ♍ 11	27 ♋ 7	29 ♒	1 ♒	26 ♍	29 ♋	23 ♊
6	14 ♊ 30	29 ♈ 1	15 ♐ 18	15 ♐ 7	20 ♉ 49	0 ♉ 58	22 ♏ 44	26 ♑ 37	3 ♈ 42	11 ♉ 35	16 ♍ 11	27 ♋ 8	29 ♒	1 ♒	26 ♍	29 ♋	23 ♊
7	15 ♊ 27	13 ♉ 51	15 ♐ 14	15 D 7	21 ♉ 43	1 ♉ 42	22 ♏ 27	26 ♑ 33	3 ♈ 46	11 ♉ 38	16 ♍ 12	27 ♋ 9	29 ♒	1 ♒	26 ♍	0 ♌	23 ♊
8	16 ♊ 25	28 ♉ 53	15 ♐ 11	15 ♐ 7	22 ♉ 40	2 ♉ 27	22 ♏ 11	26 ♑ 29	3 ♈ 50	11 ♉ 41	16 ♍ 12	27 ♋ 11	29 ♒	1 ♒	26 ♍	0 ♌	23 ♊
9	17 ♊ 22	14 ♊ 0	15 ♐ 8	15 ♐ 7	23 ♉ 41	3 ♉ 13	21 ♏ 56	26 ♑ 25	3 ♈ 54	11 ♉ 43	16 ♍ 12	27 ♋ 12	29 ♒	1 ♒	26 ♍	1 ♌	23 ♊
10	18 ♊ 20	29 ♊ 3	15 ♐ 5	15 R 7	24 ♉ 45	4 ♉ 0	21 ♏ 41	26 ♑ 20	3 ♈ 58	11 ♉ 46	16 ♍ 13	27 ♋ 13	29 ♒	1 ♒	26 ♍	1 ♌	23 ♊
11	19 ♊ 17	13 ♋ 52	15 ♐ 2	15 ♐ 6	25 ♉ 53	4 ♉ 47	21 ♏ 27	26 ♑ 16	4 ♈ 1	11 ♉ 49	16 ♍ 13	27 ♋ 15	29 ♒	1 ♒	26 ♍	2 ♌	23 ♊
12	20 ♊ 14	28 ♋ 22	14 ♐ 59	15 ♐ 6	27 ♉ 4	5 ♉ 35	21 ♏ 14	26 ♑ 11	4 ♈ 5	11 ♉ 52	16 ♍ 14	27 ♋ 16	29 ♒	0 ♒	27 ♍	2 ♌	23 ♊
13	21 ♊ 12	12 ♌ 27	14 ♐ 55	15 ♐ 5	28 ♉ 18	6 ♉ 24	21 ♏ 2	26 ♑ 6	4 ♈ 8	11 ♉ 55	16 ♍ 14	27 ♋ 17	29 ♒	0 ♒	27 ♍	2 ♌	24 ♊
14	22 ♊ 9	26 ♌ 5	14 ♐ 52	15 ♐ 5	29 ♉ 35	7 ♉ 14	20 ♏ 50	26 ♑ 1	4 ♈ 11	11 ♉ 58	16 ♍ 15	27 ♋ 19	29 ♒	0 ♒	27 ♍	3 ♌	24 ♊
15	23 ♊ 6	9 ♍ 18	14 ♐ 49	15 ♐ 4	0 ♊ 55	8 ♉ 4	20 ♏ 39	25 ♑ 56	4 ♈ 15	12 ♉ 1	16 ♍ 15	27 ♋ 20	29 ♒	0 ♒	27 ♍	3 ♌	24 ♊
16	24 ♊ 4	22 ♍ 6	14 ♐ 46	15 ♐ 4	2 ♊ 19	8 ♉ 55	20 ♏ 29	25 ♑ 50	4 ♈ 18	12 ♉ 4	16 ♍ 16	27 ♋ 22	0 ♓	0 ♒	27 ♍	4 ♌	24 ♊
17	25 ♊ 1	4 ♎ 34	14 ♐ 43	15 D 4	3 ♊ 45	9 ♉ 47	20 ♏ 20	25 ♑ 45	4 ♈ 21	12 ♉ 6	16 ♍ 16	27 ♋ 23	0 ♓	0 ♒	27 ♍	4 ♌	24 ♊
18	25 ♊ 58	16 ♎ 45	14 ♐ 39	15 ♐ 4	5 ♊ 15	10 ♉ 39	20 ♏ 11	25 ♑ 39	4 ♈ 24	12 ♉ 9	16 ♍ 17	27 ♋ 24	0 ♓	29 ♑	27 ♍	4 ♌	24 ♊
19	26 ♊ 55	28 ♎ 45	14 ♐ 36	15 ♐ 6	6 ♊ 48	11 ♉ 32	20 ♏ 3	25 ♑ 33	4 ♈ 27	12 ♉ 12	16 ♍ 18	27 ♋ 26	0 ♓	29 ♑	28 ♍	5 ♌	24 ♊
20	27 ♊ 53	10 ♏ 37	14 ♐ 33	15 ♐ 7	8 ♊ 24	12 ♉ 25	19 ♏ 57	25 ♑ 28	4 ♈ 29	12 ♉ 14	16 ♍ 18	27 ♋ 27	0 ♓	29 ♑	28 ♍	5 ♌	24 ♊
21	28 ♊ 50	22 ♏ 25	14 ♐ 30	15 ♐ 8	10 ♊ 2	13 ♉ 19	19 ♏ 50	25 ♑ 22	4 ♈ 32	12 ♉ 17	16 ♍ 19	27 ♋ 29	0 ♓	29 ♑	28 ♍	6 ♌	24 ♊
22	29 ♊ 47	4 ♐ 13	14 ♐ 27	15 ♐ 9	11 ♊ 44	14 ♉ 14	19 ♏ 45	25 ♑ 15	4 ♈ 35	12 ♉ 20	16 ♍ 20	27 ♋ 30	0 ♓	29 ♑	28 ♍	6 ♌	24 ♊
23	0 ♋ 44	16 ♐ 4	14 ♐ 24	15 R 9	13 ♊ 29	15 ♉ 9	19 ♏ 41	25 ♑ 9	4 ♈ 37	12 ♉ 22	16 ♍ 21	27 ♋ 32	0 ♓	28 ♑	28 ♍	7 ♌	24 ♊
24	1 ♋ 42	28 ♐ 0	14 ♐ 20	15 ♐ 9	15 ♊ 16	16 ♉ 4	19 ♏ 37	25 ♑ 3	4 ♈ 39	12 ♉ 25	16 ♍ 21	27 ♋ 33	0 ♓	28 ♑	28 ♍	7 ♌	25 ♊
25	2 ♋ 39	10 ♑ 5	14 ♐ 17	15 ♐ 7	17 ♊ 6	17 ♉ 0	19 ♏ 35	24 ♑ 56	4 ♈ 42	12 ♉ 27	16 ♍ 22	27 ♋ 35	0 ♓	28 ♑	29 ♍	7 ♌	25 ♊
26	3 ♋ 36	22 ♑ 18	14 ♐ 14	15 ♐ 5	18 ♊ 59	17 ♉ 56	19 ♏ 33	24 ♑ 50	4 ♈ 44	12 ♉ 30	16 ♍ 23	27 ♋ 36	0 R	28 ♑	29 ♍	8 ♌	25 ♊
27	4 ♋ 33	4 ♒ 43	14 ♐ 11	15 ♐ 2	20 ♊ 55	18 ♉ 53	19 ♏ 32	24 ♑ 43	4 ♈ 46	12 ♉ 32	16 ♍ 24	27 ♋ 38	0 ♓	27 ♑	29 ♍	8 ♌	25 ♊
28	5 ♋ 30	17 ♒ 21	14 ♐ 8	14 ♐ 59	22 ♊ 53	19 ♉ 50	19 D 31	24 ♑ 36	4 ♈ 48	12 ♉ 35	16 ♍ 25	27 ♋ 39	0 ♓	27 ♑	29 ♍	9 ♌	25 ♊
29	6 ♋ 28	0 ♓ 12	14 ♐ 5	14 ♐ 57	24 ♊ 53	20 ♉ 48	19 ♏ 32	24 ♑ 29	4 ♈ 50	12 ♉ 37	16 ♍ 26	27 ♋ 41	0 ♓	27 ♑	29 ♍	9 ♌	25 ♊
30	7 ♋ 25	13 ♓ 19	14 ♐ 1	14 ♐ 54	26 ♊ 56	21 ♉ 46	19 ♏ 33	24 ♑ 22	4 ♈ 52	12 ♉ 39	16 ♍ 27	27 ♋ 43	0 ♓	27 ♑	0 ♎	10 ♌	25 ♊

SUN INGRESS	☉ → ♋ 22日 05:12
MOON PHASE	◑ 2日 14:24 ♓　● 9日 05:43 ♊　◐ 16日 04:03 ♍　○ 24日 08:00 ♑

aspects		
7日	14:38	☿☍♂
7日	18:36	☉□♆
11日	07:25	☿△♃
12日	04:13	☿⚹♇
17日	09:53	☿⚹♄
19日	18:50	♀☌♅
24日	07:38	♀△♆
24日	14:23	☿□♆
27日	05:39	☉□♄
27日	16:04	♀☍♂

1937年7月

DAY	☉	☽	☊ mean	☊ true	☿	♀	♂	♃	♄	♅	♆	♇	⚳	⚴	⚵	⚶	⚷
	° ′	° ′	° ′	° ′	° ′	° ′	° ′	° ′	° ′	° ′	° ′	° ′	°	°	°	°	°
1	8♋22	26♓42	13♐58	14 R 53	29 D 0	22 D 45	19 D 36	24 R 15	4 D 54	12 D 41	16 D 28	27 D 44	0 R	26 R	0 D	10 D	25 D
2	9♋19	10♈22	13♐55	14 D 52	1♋6	23♉43	19♏39	24♑8	4♈55	12♉44	16♍29	27♋46	0♓	26♑	0♎	11♌	25♊
3	10♋16	24♈20	13♐52	14♐53	3♋13	24♉43	19♏42	24♑1	4♈57	12♉46	16♍30	27♋47	0♓	26♑	0♎	11♌	25♊
4	11♋14	8♉36	13♐49	14♐54	5♋22	25♉42	19♏47	23♑53	4♈58	12♉48	16♍31	27♋49	0♓	26♑	0♎	11♌	25♊
5	12♋11	23♉7	13♐45	14♐55	7♋31	26♉42	19♏52	23♑46	4♈59	12♉50	16♍33	27♋50	0♓	25♑	1♎	12♌	25♊
6	13♋8	7♊50	13♐42	14♐56	9♋41	27♉42	19♏58	23♑39	5♈1	12♉52	16♍34	27♋52	29♒	25♑	1♎	12♌	26♊
7	14♋5	22♊39	13♐39	14 R 56	11♋52	28♉43	20♏5	23♑31	5♈2	12♉54	16♍35	27♋54	29♒	25♑	1♎	13♌	26♊
8	15♋2	7♋28	13♐36	14♐55	14♋2	29♉44	20♏13	23♑24	5♈3	12♉56	16♍36	27♋55	29♒	25♑	1♎	13♌	26♊
9	16♋0	22♋9	13♐33	14♐52	16♋12	0♊45	20♏21	23♑16	5♈4	12♉58	16♍38	27♋57	29♒	24♑	1♎	14♌	26♊
10	16♋57	6♌35	13♐30	14♐48	18♋21	1♊46	20♏30	23♑8	5♈5	13♉0	16♍39	27♋59	29♒	24♑	2♎	14♌	26♊
11	17♋54	20♌40	13♐26	14♐43	20♋29	2♊48	20♏40	23♑1	5♈5	13♉2	16♍40	28♋0	29♒	24♑	2♎	15♌	26♊
12	18♋51	4♍22	13♐23	14♐38	22♋37	3♊50	20♏51	22♑53	5♈6	13♉4	16♍41	28♋2	29♒	24♑	2♎	15♌	26♊
13	19♋49	17♍38	13♐20	14♐34	24♋43	4♊52	21♏2	22♑45	5♈6	13♉6	16♍43	28♋3	29♒	23♑	2♎	15♌	26♊
14	20♋46	0♎29	13♐17	14♐30	26♋48	5♊55	21♏14	22♑38	5♈7	13♉8	16♍44	28♋5	29♒	23♑	3♎	16♌	26♊
15	21♋43	12♎59	13♐14	14♐29	28♋52	6♊58	21♏27	22♑30	5♈7	13♉9	16♍46	28♋7	29♒	23♑	3♎	16♌	26♊
16	22♋40	25♎11	13♐11	14 D 28	0♌54	8♊1	21♏40	22♑22	5♈7	13♉11	16♍47	28♋8	29♒	22♑	3♎	17♌	26♊
17	23♋38	7♏10	13♐7	14♐29	2♌55	9♊4	21♏54	22♑14	5♈8	13♉13	16♍49	28♋10	28♒	22♑	3♎	17♌	27♊
18	24♋35	19♏1	13♐4	14♐31	4♌54	10♊7	22♏9	22♑7	5 R 8	13♉14	16♍50	28♋12	28♒	22♑	4♎	18♌	27♊
19	25♋32	0♐49	13♐1	14♐32	6♌51	11♊11	22♏24	21♑59	5♈7	13♉16	16♍52	28♋13	28♒	22♑	4♎	18♌	27♊
20	26♋29	12♐38	12♐58	14♐33	8♌47	12♊15	22♏40	21♑51	5♈7	13♉17	16♍53	28♋15	28♒	21♑	4♎	19♌	27♊
21	27♋27	24♐34	12♐55	14 R 32	10♌40	13♊19	22♏57	21♑43	5♈7	13♉19	16♍55	28♋17	28♒	21♑	4♎	19♌	27♊
22	28♋24	6♑38	12♐51	14♐30	12♌32	14♊23	23♏14	21♑36	5♈7	13♉20	16♍56	28♋18	28♒	21♑	5♎	20♌	27♊
23	29♋21	18♑54	12♐48	14♐26	14♌23	15♊28	23♏32	21♑28	5♈6	13♉22	16♍58	28♋20	28♒	21♑	5♎	20♌	27♊
24	0♌18	1♒24	12♐45	14♐20	16♌11	16♊33	23♏50	21♑21	5♈5	13♉23	17♍0	28♋22	27♒	20♑	5♎	20♌	27♊
25	1♌16	14♒7	12♐42	14♐12	17♌58	17♊38	24♏9	21♑13	5♈5	13♉24	17♍1	28♋23	27♒	20♑	5♎	21♌	27♊
26	2♌13	27♒4	12♐39	14♐4	19♌43	18♊43	24♏28	21♑6	5♈4	13♉26	17♍3	28♋25	27♒	20♑	6♎	21♌	27♊
27	3♌10	10♓15	12♐36	13♐56	21♌26	19♊48	24♏48	20♑58	5♈3	13♉27	17♍5	28♋27	27♒	20♑	6♎	22♌	27♊
28	4♌8	23♓39	12♐32	13♐49	23♌7	20♊54	25♏8	20♑51	5♈2	13♉28	17♍6	28♋28	27♒	19♑	6♎	22♌	27♊
29	5♌5	7♈14	12♐29	13♐44	24♌47	22♊0	25♏29	20♑44	5♈1	13♉29	17♍8	28♋30	27♒	19♑	6♎	23♌	27♊
30	6♌2	21♈0	12♐26	13♐41	26♌25	23♊6	25♏51	20♑36	5♈0	13♉30	17♍10	28♋32	26♒	19♑	7♎	23♌	28♊
31	7♌0	4♉56	12♐23	13♐40	28♌1	24♊12	26♏13	20♑29	4♈59	13♉31	17♍12	28♋33	26♒	19♑	7♎	24♌	28♊

SUN INGRESS: ☉ → ♌ 23日 16:07

MOON PHASE: ◑ 1日 22:03 ♈ ● 8日 13:13 ♋ ◐ 15日 18:36 ♎ ○ 23日 21:45 ♒ ◑ 31日 03:47 ♉

aspects		
2日	08:52	♀△♃
3日	19:31	♀□♄
5日	17:12	☉⚹♅
6日	04:00	♀⚹♇
7日	11:47	☿⚹♅
8日	20:05	☉☌☿
9日	04:52	☿⚹♆
9日	16:14	☉⚹♆
11日	02:15	♀△♂
12日	02:51	☿☍♃
13日	05:30	♀⚹♄
14日	15:02	☿☌♇
14日	15:17	☉△♂
15日	17:15	☉☍♃
17日	21:27	♂⚹♃
18日	02:47	☿△♄
21日	21:39	☉☌♇
22日	10:32	☿□♅
24日	10:08	☿□♆
24日	12:22	☿⚹♀
28日	22:25	☉△♄
29日	13:11	☿□♂

1937年8月

DAY	☉	☽	☊ mean	☊ true	☿	♀	♂	♃	♄	♅	♆	♇	⚳	⚴	⚵	⚶	⚷
	° ′	° ′	° ′	° ′	° ′	° ′	° ′	° ′	° ′	° ′	° ′	° ′	°	°	°	°	°
1	7♌57	19♉2	12♐20	13 D 40	29 D 36	25 D 18	26 D 35	20 R 22	4 R 57	13 D 32	17 D 13	28 D 35	26 R	18 R	7 D	24 D	28 D
2	8♌54	3♊17	12♐17	13♐41	1♍8	26♊25	26♏58	20♑15	4♈56	13♉33	17♍15	28♋36	26♒	18♑	8♎	25♌	28♊
3	9♌52	17♊38	12♐13	13 R 41	2♍40	27♊31	27♏22	20♑8	4♈54	13♉34	17♍17	28♋38	26♒	18♑	8♎	25♌	28♊
4	10♌49	2♋4	12♐10	13♐40	4♍9	28♊38	27♏45	20♑1	4♈52	13♉35	17♍19	28♋40	25♒	18♑	8♎	26♌	28♊
5	11♌47	16♋29	12♐7	13♐36	5♍36	29♊45	28♏10	19♑55	4♈51	13♉35	17♍21	28♋41	25♒	17♑	8♎	26♌	28♊
6	12♌44	0♌50	12♐4	13♐30	7♍2	0♋52	28♏35	19♑48	4♈49	13♉36	17♍23	28♋43	25♒	17♑	9♎	27♌	28♊
7	13♌42	15♌0	12♐1	13♐22	8♍26	1♋59	29♏0	19♑42	4♈47	13♉37	17♍25	28♋45	25♒	17♑	9♎	27♌	28♊
8	14♌39	28♌54	11♐57	13♐12	9♍48	3♋7	29♏25	19♑35	4♈45	13♉37	17♍26	28♋46	25♒	17♑	9♎	27♌	28♊
9	15♌37	12♍29	11♐54	13♐2	11♍8	4♋14	29♏52	19♑29	4♈43	13♉38	17♍28	28♋48	24♒	17♑	10♎	28♌	28♊
10	16♌34	25♍41	11♐51	12♐53	12♍27	5♋22	0♐18	19♑23	4♈40	13♉39	17♍30	28♋49	24♒	16♑	10♎	28♌	28♊
11	17♌32	8♎31	11♐48	12♐45	13♍43	6♋30	0♐45	19♑17	4♈38	13♉39	17♍32	28♋51	24♒	16♑	10♎	29♌	28♊
12	18♌30	21♎1	11♐45	12♐39	14♍57	7♋38	1♐12	19♑11	4♈36	13♉39	17♍34	28♋53	24♒	16♑	10♎	29♌	29♊
13	19♌27	3♏13	11♐42	12♐36	16♍10	8♋46	1♐40	19♑5	4♈33	13♉40	17♍36	28♋54	23♒	16♑	11♎	0♍	29♊
14	20♌25	15♏12	11♐38	12♐34	17♍20	9♋54	2♐8	19♑0	4♈30	13♉40	17♍38	28♋56	23♒	16♑	11♎	0♍	29♊
15	21♌22	27♏3	11♐35	12 D 34	18♍28	11♋2	2♐37	18♑54	4♈28	13♉40	17♍40	28♋57	23♒	15♑	11♎	1♍	29♊
16	22♌20	8♐51	11♐32	12♐35	19♍33	12♋11	3♐6	18♑49	4♈25	13♉41	17♍42	28♋59	23♒	15♑	12♎	1♍	29♊
17	23♌18	20♐43	11♐29	12 R 35	20♍36	13♋19	3♐35	18♑44	4♈22	13♉41	17♍44	29♋0	23♒	15♑	12♎	2♍	29♊
18	24♌15	2♑42	11♐26	12♐33	21♍37	14♋28	4♐4	18♑39	4♈19	13♉41	17♍47	29♋2	22♒	15♑	12♎	2♍	29♊
19	25♌13	14♑53	11♐23	12♐29	22♍34	15♋37	4♐34	18♑34	4♈16	13♉41	17♍49	29♋3	22♒	15♑	12♎	3♍	29♊
20	26♌11	27♑19	11♐19	12♐22	23♍29	16♋46	5♐4	18♑29	4♈13	13 R 41	17♍51	29♋5	22♒	15♑	13♎	3♍	29♊
21	27♌9	10♒3	11♐16	12♐13	24♍22	17♋55	5♐35	18♑24	4♈10	13♉41	17♍53	29♋6	22♒	15♑	13♎	4♍	29♊
22	28♌6	23♒6	11♐13	12♐2	25♍10	19♋4	6♐6	18♑20	4♈7	13♉41	17♍55	29♋8	22♒	15♑	13♎	4♍	29♊
23	29♌4	6♓26	11♐10	11♐50	25♍56	20♋14	6♐37	18♑16	4♈3	13♉41	17♍57	29♋9	21♒	14♑	14♎	5♍	29♊
24	0♍2	20♓1	11♐7	11♐38	26♍38	21♋23	7♐9	18♑12	4♈0	13♉41	17♍59	29♋11	21♒	14♑	14♎	5♍	29♊
25	1♍0	3♈49	11♐3	11♐28	27♍16	22♋33	7♐40	18♑8	3♈57	13♉40	18♍1	29♋12	21♒	14♑	14♎	6♍	29♊
26	1♍58	17♈45	11♐0	11♐20	27♍51	23♋42	8♐13	18♑4	3♈53	13♉40	18♍3	29♋14	21♒	14♑	15♎	6♍	29♊
27	2♍56	1♉47	10♐57	11♐15	28♍21	24♋52	8♐45	18♑1	3♈49	13♉40	18♍6	29♋15	20♒	14♑	15♎	6♍	29♊
28	3♍54	15♉52	10♐54	11♐12	28♍47	26♋2	9♐18	17♑57	3♈46	13♉39	18♍8	29♋17	20♒	14♑	15♎	7♍	29♊
29	4♍51	29♉59	10♐51	11♐11	29♍8	27♋12	9♐51	17♑54	3♈42	13♉39	18♍10	29♋18	20♒	14♑	16♎	7♍	0♋
30	5♍49	14♊6	10♐48	11♐11	29♍24	28♋22	10♐24	17♑51	3♈38	13♉38	18♍12	29♋19	20♒	14♑	16♎	8♍	0♋
31	6♍48	28♊12	10♐44	11♐11	29♍35	29♋33	10♐57	17♑48	3♈34	13♉38	18♍14	29♋21	20♒	14♑	16♎	8♍	0♋

SUN INGRESS: ☉ → ♍ 23日 22:58

MOON PHASE: ● 6日 21:37 ♌ ◐ 14日 11:28 ♏ ○ 22日 09:47 ♒ ◑ 29日 08:54 ♊

aspects		
6日	08:36	♂△♇
6日	21:55	☉□♅
9日	09:45	♀□♄
10日	22:43	☿△♅
14日	06:43	☿☌♆
15日	08:54	☿△♃
17日	07:28	♀⚹♅
18日	10:57	♂△♄
20日	23:10	♀⚹♆
21日	09:33	♀☍♃
26日	02:56	♃△♆
29日	15:20	☿⚹♇
30日	19:48	♀☌♇
31日	00:49	☿⚹♀

1937年9月

DAY	☉	☽	☊ mean	☊ true	☿	♀	♂	♃	♄	♅	♆	♇	⚳	⚴	⚵	⚶	⚷
	° ′	° ′	° ′	° ′	° ′	° ′	° ′	° ′	° ′	° ′	° ′	° ′	°	°	°	°	°
1	7 ♍ 46	12 ♋ 17	10 ♐ 41	11 R 8	29 D 40	0 D 43	11 D 31	17 R 46	3 R 31	13 R 37	18 D 17	29 D 22	19 R	14 R	16 D	9 D	0 D
2	8 ♍ 44	26 ♋ 18	10 ♐ 38	11 ♐ 3	29 R 40	1 ♌ 54	12 ♐ 5	17 ♑ 43	3 ♈ 27	13 ♉ 37	18 ♍ 19	29 ♋ 23	19 ♒	14 ♑	17 ♎	9 ♍	0 ♋
3	9 ♍ 42	10 ♌ 13	10 ♐ 35	10 ♐ 55	29 ♍ 33	3 ♌ 4	12 ♐ 40	17 ♑ 41	3 ♈ 23	13 ♉ 36	18 ♍ 21	29 ♋ 25	19 ♒	14 ♑	17 ♎	10 ♍	0 ♋
4	10 ♍ 40	23 ♌ 59	10 ♐ 32	10 ♐ 45	29 ♍ 21	4 ♌ 15	13 ♐ 14	17 ♑ 39	3 ♈ 18	13 ♉ 35	18 ♍ 23	29 ♋ 26	19 ♒	14 ♑	17 ♎	10 ♍	0 ♋
5	11 ♍ 38	7 ♍ 33	10 ♐ 28	10 ♐ 33	29 ♍ 2	5 ♌ 26	13 ♐ 49	17 ♑ 37	3 ♈ 14	13 ♉ 35	18 ♍ 25	29 ♋ 27	19 ♒	14 ♑	18 ♎	11 ♍	0 ♋
6	12 ♍ 36	20 ♍ 51	10 ♐ 25	10 ♐ 20	28 ♍ 36	6 ♌ 37	14 ♐ 24	17 ♑ 35	3 ♈ 10	13 ♉ 34	18 ♍ 28	29 ♋ 29	18 ♒	13 ♑	18 ♎	11 ♍	0 ♋
7	13 ♍ 35	3 ♎ 52	10 ♐ 22	10 ♐ 8	28 ♍ 4	7 ♌ 48	14 ♐ 59	17 ♑ 34	3 ♈ 6	13 ♉ 33	18 ♍ 30	29 ♋ 30	18 ♒	13 ♑	18 ♎	12 ♍	0 ♋
8	14 ♍ 33	16 ♎ 34	10 ♐ 19	9 ♐ 57	27 ♍ 27	8 ♌ 59	15 ♐ 35	17 ♑ 32	3 ♈ 2	13 ♉ 32	18 ♍ 32	29 ♋ 31	18 ♒	13 ♑	19 ♎	12 ♍	0 ♋
9	15 ♍ 31	28 ♎ 59	10 ♐ 16	9 ♐ 50	26 ♍ 43	10 ♌ 10	16 ♐ 11	17 ♑ 31	2 ♈ 57	13 ♉ 31	18 ♍ 34	29 ♋ 32	18 ♒	13 ♑	19 ♎	13 ♍	0 ♋
10	16 ♍ 29	11 ♏ 8	10 ♐ 13	9 ♐ 44	25 ♍ 54	11 ♌ 21	16 ♐ 47	17 ♑ 30	2 ♈ 53	13 ♉ 30	18 ♍ 36	29 ♋ 34	18 ♒	13 D	19 ♎	13 ♍	0 ♋
11	17 ♍ 28	23 ♏ 5	10 ♐ 9	9 ♐ 42	25 ♍ 0	12 ♌ 32	17 ♐ 23	17 ♑ 29	2 ♈ 49	13 ♉ 29	18 ♍ 39	29 ♋ 35	18 ♒	13 ♑	20 ♎	14 ♍	0 ♋
12	18 ♍ 26	4 ♐ 55	10 ♐ 6	9 ♐ 41	24 ♍ 3	13 ♌ 44	18 ♐ 0	17 ♑ 29	2 ♈ 44	13 ♉ 28	18 ♍ 41	29 ♋ 36	18 ♒	13 ♑	20 ♎	14 ♍	0 ♋
13	19 ♍ 25	16 ♐ 43	10 ♐ 3	9 D 41	23 ♍ 3	14 ♌ 55	18 ♐ 36	17 ♑ 29	2 ♈ 40	13 ♉ 27	18 ♍ 43	29 ♋ 37	17 ♒	13 ♑	20 ♎	15 ♍	0 ♋
14	20 ♍ 23	28 ♐ 34	10 ♐ 0	9 R 40	22 ♍ 1	16 ♌ 7	19 ♐ 13	17 ♑ 28	2 ♈ 35	13 ♉ 26	18 ♍ 45	29 ♋ 38	17 ♒	14 ♑	21 ♎	15 ♍	0 ♋
15	21 ♍ 21	10 ♑ 34	9 ♐ 57	9 ♐ 39	20 ♍ 59	17 ♌ 19	19 ♐ 50	17 D 28	2 ♈ 31	13 ♉ 24	18 ♍ 48	29 ♋ 39	17 ♒	14 ♑	21 ♎	16 ♍	0 ♋
16	22 ♍ 20	22 ♑ 48	9 ♐ 54	9 ♐ 35	19 ♍ 58	18 ♌ 30	20 ♐ 28	17 ♑ 29	2 ♈ 26	13 ♉ 23	18 ♍ 50	29 ♋ 41	17 ♒	14 ♑	21 ♎	16 ♍	0 ♋
17	23 ♍ 18	5 ♒ 20	9 ♐ 50	9 ♐ 30	19 ♍ 0	19 ♌ 42	21 ♐ 5	17 ♑ 29	2 ♈ 22	13 ♉ 22	18 ♍ 52	29 ♋ 42	17 ♒	14 ♑	22 ♎	17 ♍	0 ♋
18	24 ♍ 17	18 ♒ 13	9 ♐ 47	9 ♐ 21	18 ♍ 7	20 ♌ 54	21 ♐ 43	17 ♑ 30	2 ♈ 17	13 ♉ 21	18 ♍ 54	29 ♋ 43	17 ♒	14 ♑	22 ♎	17 ♍	0 ♋
19	25 ♍ 15	1 ♓ 30	9 ♐ 44	9 ♐ 11	17 ♍ 19	22 ♌ 6	22 ♐ 21	17 ♑ 30	2 ♈ 12	13 ♉ 19	18 ♍ 56	29 ♋ 44	17 ♒	14 ♑	22 ♎	18 ♍	0 ♋
20	26 ♍ 14	15 ♓ 8	9 ♐ 41	8 ♐ 59	16 ♍ 38	23 ♌ 18	22 ♐ 59	17 ♑ 31	2 ♈ 8	13 ♉ 18	18 ♍ 59	29 ♋ 45	17 ♒	14 ♑	23 ♎	18 ♍	0 ♋
21	27 ♍ 13	29 ♓ 6	9 ♐ 38	8 ♐ 48	16 ♍ 4	24 ♌ 30	23 ♐ 37	17 ♑ 33	2 ♈ 3	13 ♉ 16	19 ♍ 1	29 ♋ 46	16 ♒	14 ♑	23 ♎	19 ♍	0 ♋
22	28 ♍ 11	13 ♈ 19	9 ♐ 34	8 ♐ 38	15 ♍ 40	25 ♌ 43	24 ♐ 16	17 ♑ 34	1 ♈ 58	13 ♉ 15	19 ♍ 3	29 ♋ 47	16 ♒	14 ♑	23 ♎	19 ♍	0 ♋
23	29 ♍ 10	27 ♈ 42	9 ♐ 31	8 ♐ 30	15 ♍ 25	26 ♌ 55	24 ♐ 54	17 ♑ 36	1 ♈ 54	13 ♉ 13	19 ♍ 5	29 ♋ 48	16 ♒	14 ♑	24 ♎	20 ♍	1 ♋
24	0 ♎ 9	12 ♉ 8	9 ♐ 28	8 ♐ 25	15 ♍ 20	28 ♌ 8	25 ♐ 33	17 ♑ 37	1 ♈ 49	13 ♉ 12	19 ♍ 7	29 ♋ 49	16 ♒	14 ♑	24 ♎	20 ♍	1 ♋
25	1 ♎ 8	26 ♉ 33	9 ♐ 25	8 ♐ 23	15 D 24	29 ♌ 20	26 ♐ 12	17 ♑ 39	1 ♈ 44	13 ♉ 10	19 ♍ 10	29 ♋ 50	16 ♒	14 ♑	24 ♎	21 ♍	1 ♋
26	2 ♎ 6	10 ♊ 52	9 ♐ 22	8 D 22	15 ♍ 39	0 ♍ 33	26 ♐ 51	17 ♑ 41	1 ♈ 40	13 ♉ 8	19 ♍ 12	29 ♋ 50	16 ♒	14 ♑	25 ♎	21 ♍	1 ♋
27	3 ♎ 5	25 ♊ 3	9 ♐ 19	8 ♐ 23	16 ♍ 4	1 ♍ 45	27 ♐ 30	17 ♑ 44	1 ♈ 35	13 ♉ 7	19 ♍ 14	29 ♋ 51	16 ♒	14 ♑	25 ♎	22 ♍	1 ♋
28	4 ♎ 4	9 ♋ 6	9 ♐ 15	8 R 23	16 ♍ 38	2 ♍ 58	28 ♐ 10	17 ♑ 46	1 ♈ 30	13 ♉ 5	19 ♍ 16	29 ♋ 52	16 ♒	14 ♑	25 ♎	22 ♍	1 ♋
29	5 ♎ 3	22 ♋ 59	9 ♐ 12	8 ♐ 21	17 ♍ 21	4 ♍ 11	28 ♐ 50	17 ♑ 49	1 ♈ 26	13 ♉ 3	19 ♍ 18	29 ♋ 53	16 ♒	15 ♑	26 ♎	23 ♍	1 ♋
30	6 ♎ 2	6 ♌ 42	9 ♐ 9	8 ♐ 18	18 ♍ 12	5 ♍ 24	29 ♐ 29	17 ♑ 52	1 ♈ 21	13 ♉ 1	19 ♍ 21	29 ♋ 54	16 ♒	15 ♑	26 ♎	23 ♍	1 ♋

SUN INGRESS: ☉ → ♎ 23日 20:13

MOON PHASE: ● 5日 07:53 ♍　◐ 13日 05:57 ♐　○ 20日 20:32 ♓　◑ 27日 14:43 ♋

aspects		
3日	05:53	♀△♄
3日	15:48	☿⚹♇
6日	23:22	☉△♅
10日	18:57	☉□♂
11日	00:41	☉△♃
11日	18:47	♀□♅
12日	06:19	☉☌♆
13日	04:42	♂□♆
14日	19:30	☉☌☿
15日	16:44	☿□♂
17日	03:29	☿☌♆
18日	17:59	☿△♃
19日	10:21	♀△♂
23日	15:39	☉⚹♇
25日	13:58	☉☍♄
29日	14:34	☿△♃

1937年10月

DAY	☉	☽	☊ mean	☊ true	☿	♀	♂	♃	♄	♅	♆	♇	⚳	⚴	⚵	⚶	⚷
	° ′	° ′	° ′	° ′	° ′	° ′	° ′	° ′	° ′	° ′	° ′	° ′	°	°	°	°	°
1	7 ♎ 1	20 ♌ 15	9 ♐ 6	8 R 11	19 D 11	6 D 37	0 D 9	17 D 55	1 R 16	13 R 0	19 D 23	29 D 55	16 R	15 D	26 D	24 D	1 D
2	8 ♎ 0	3 ♍ 36	9 ♐ 3	8 ♐ 3	20 ♍ 17	7 ♍ 50	0 ♑ 49	17 ♑ 58	1 ♈ 12	12 ♉ 58	19 ♍ 25	29 ♋ 55	16 ♒	15 ♑	27 ♎	24 ♍	1 ♋
3	8 ♎ 59	16 ♍ 46	8 ♐ 59	7 ♐ 53	21 ♍ 29	9 ♍ 3	1 ♑ 30	18 ♑ 2	1 ♈ 7	12 ♉ 56	19 ♍ 27	29 ♋ 56	16 ♒	15 ♑	27 ♎	24 ♍	1 ♋
4	9 ♎ 58	29 ♍ 43	8 ♐ 56	7 ♐ 42	22 ♍ 47	10 ♍ 16	2 ♑ 10	18 ♑ 5	1 ♈ 3	12 ♉ 54	19 ♍ 29	29 ♋ 57	16 ♒	15 ♑	27 ♎	25 ♍	1 ♋
5	10 ♎ 57	12 ♎ 25	8 ♐ 53	7 ♐ 32	24 ♍ 10	11 ♍ 29	2 ♑ 51	18 ♑ 9	0 ♈ 58	12 ♉ 52	19 ♍ 31	29 ♋ 58	16 ♒	15 ♑	28 ♎	25 ♍	1 ♋
6	11 ♎ 56	24 ♎ 54	8 ♐ 50	7 ♐ 24	25 ♍ 38	12 ♍ 43	3 ♑ 31	18 ♑ 13	0 ♈ 54	12 ♉ 50	19 ♍ 33	29 ♋ 58	16 ♒	15 ♑	28 ♎	26 ♍	1 ♋
7	12 ♎ 56	7 ♏ 9	8 ♐ 47	7 ♐ 17	27 ♍ 9	13 ♍ 56	4 ♑ 12	18 ♑ 17	0 ♈ 49	12 ♉ 48	19 ♍ 35	29 ♋ 59	16 ♒	15 ♑	28 ♎	26 ♍	1 ♋
8	13 ♎ 55	19 ♏ 13	8 ♐ 44	7 ♐ 13	28 ♍ 43	15 ♍ 9	4 ♑ 53	18 ♑ 21	0 ♈ 44	12 ♉ 46	19 ♍ 37	0 ♌ 0	16 D	16 ♑	29 ♎	27 ♍	1 ♋
9	14 ♎ 54	1 ♐ 7	8 ♐ 40	7 ♐ 11	0 ♎ 19	16 ♍ 23	5 ♑ 34	18 ♑ 26	0 ♈ 40	12 ♉ 44	19 ♍ 40	0 ♌ 0	16 ♒	16 ♑	29 ♎	27 ♍	1 ♋
10	15 ♎ 53	12 ♐ 55	8 ♐ 37	7 D 11	1 ♎ 58	17 ♍ 36	6 ♑ 15	18 ♑ 31	0 ♈ 36	12 ♉ 42	19 ♍ 42	0 ♌ 1	16 ♒	16 ♑	29 ♎	28 ♍	1 ♋
11	16 ♎ 53	24 ♐ 41	8 ♐ 34	7 ♐ 12	3 ♎ 38	18 ♍ 50	6 ♑ 57	18 ♑ 36	0 ♈ 31	12 ♉ 39	19 ♍ 44	0 ♌ 1	16 ♒	16 ♑	0 ♏	28 ♍	1 R
12	17 ♎ 52	6 ♑ 31	8 ♐ 31	7 ♐ 13	5 ♎ 19	20 ♍ 4	7 ♑ 38	18 ♑ 41	0 ♈ 27	12 ♉ 37	19 ♍ 46	0 ♌ 2	16 ♒	16 ♑	0 ♏	29 ♍	1 ♋
13	18 ♎ 51	18 ♑ 30	8 ♐ 28	7 ♐ 14	7 ♎ 1	21 ♍ 17	8 ♑ 20	18 ♑ 46	0 ♈ 23	12 ♉ 35	19 ♍ 48	0 ♌ 2	16 ♒	16 ♑	0 ♏	29 ♍	1 ♋
14	19 ♎ 51	0 ♒ 42	8 ♐ 25	7 R 13	8 ♎ 44	22 ♍ 31	9 ♑ 1	18 ♑ 51	0 ♈ 18	12 ♉ 33	19 ♍ 50	0 ♌ 3	16 ♒	17 ♑	1 ♏	0 ♎	1 ♋
15	20 ♎ 50	13 ♒ 13	8 ♐ 21	7 ♐ 11	10 ♎ 28	23 ♍ 45	9 ♑ 43	18 ♑ 57	0 ♈ 14	12 ♉ 31	19 ♍ 52	0 ♌ 3	16 ♒	17 ♑	1 ♏	0 ♎	1 ♋
16	21 ♎ 50	26 ♒ 7	8 ♐ 18	7 ♐ 6	12 ♎ 12	24 ♍ 59	10 ♑ 25	19 ♑ 2	0 ♈ 10	12 ♉ 28	19 ♍ 54	0 ♌ 4	16 ♒	17 ♑	1 ♏	1 ♎	1 ♋
17	22 ♎ 49	9 ♓ 27	8 ♐ 15	7 ♐ 0	13 ♎ 55	26 ♍ 13	11 ♑ 7	19 ♑ 8	0 ♈ 6	12 ♉ 26	19 ♍ 56	0 ♌ 4	16 ♒	17 ♑	2 ♏	1 ♎	1 ♋
18	23 ♎ 49	23 ♓ 13	8 ♐ 12	6 ♐ 53	15 ♎ 39	27 ♍ 27	11 ♑ 50	19 ♑ 14	0 ♈ 2	12 ♉ 24	19 ♍ 57	0 ♌ 5	16 ♒	17 ♑	2 ♏	2 ♎	1 ♋
19	24 ♎ 48	7 ♈ 24	8 ♐ 9	6 ♐ 46	17 ♎ 22	28 ♍ 41	12 ♑ 32	19 ♑ 21	29 ♓ 58	12 ♉ 21	19 ♍ 59	0 ♌ 5	16 ♒	17 ♑	3 ♏	2 ♎	1 ♋
20	25 ♎ 48	21 ♈ 55	8 ♐ 5	6 ♐ 40	19 ♎ 6	29 ♍ 55	13 ♑ 14	19 ♑ 27	29 ♓ 54	12 ♉ 19	20 ♍ 1	0 ♌ 5	16 ♒	18 ♑	3 ♏	3 ♎	1 ♋
21	26 ♎ 48	6 ♉ 41	8 ♐ 2	6 ♐ 35	20 ♎ 49	1 ♎ 9	13 ♑ 57	19 ♑ 34	29 ♓ 50	12 ♉ 17	20 ♍ 3	0 ♌ 6	16 ♒	18 ♑	3 ♏	3 ♎	1 ♋
22	27 ♎ 47	21 ♉ 32	7 ♐ 59	6 ♐ 33	22 ♎ 31	2 ♎ 23	14 ♑ 39	19 ♑ 40	29 ♓ 46	12 ♉ 14	20 ♍ 5	0 ♌ 6	16 ♒	18 ♑	4 ♏	4 ♎	1 ♋
23	28 ♎ 47	6 ♊ 22	7 ♐ 56	6 ♐ 32	24 ♎ 13	3 ♎ 37	15 ♑ 22	19 ♑ 47	29 ♓ 42	12 ♉ 12	20 ♍ 7	0 ♌ 6	16 ♒	18 ♑	4 ♏	4 ♎	1 ♋
24	29 ♎ 47	21 ♊ 3	7 ♐ 53	6 D 32	25 ♎ 55	4 ♎ 51	16 ♑ 5	19 ♑ 54	29 ♓ 38	12 ♉ 10	20 ♍ 9	0 ♌ 6	16 ♒	18 ♑	4 ♏	5 ♎	1 ♋
25	0 ♏ 47	5 ♋ 31	7 ♐ 50	6 ♐ 34	27 ♎ 36	6 ♎ 6	16 ♑ 47	20 ♑ 1	29 ♓ 35	12 ♉ 7	20 ♍ 10	0 ♌ 6	17 ♒	19 ♑	5 ♏	5 ♎	1 ♋
26	1 ♏ 46	19 ♋ 43	7 ♐ 46	6 ♐ 35	29 ♎ 17	7 ♎ 20	17 ♑ 30	20 ♑ 8	29 ♓ 31	12 ♉ 5	20 ♍ 12	0 ♌ 7	17 ♒	19 ♑	5 ♏	6 ♎	1 ♋
27	2 ♏ 46	3 ♌ 36	7 ♐ 43	6 R 36	0 ♏ 57	8 ♎ 34	18 ♑ 13	20 ♑ 16	29 ♓ 28	12 ♉ 2	20 ♍ 14	0 ♌ 7	17 ♒	19 ♑	5 ♏	6 ♎	1 ♋
28	3 ♏ 46	17 ♌ 12	7 ♐ 40	6 ♐ 35	2 ♏ 37	9 ♎ 49	18 ♑ 57	20 ♑ 23	29 ♓ 24	12 ♉ 0	20 ♍ 16	0 ♌ 7	17 ♒	19 ♑	6 ♏	7 ♎	1 ♋
29	4 ♏ 46	0 ♍ 32	7 ♐ 37	6 ♐ 33	4 ♏ 16	11 ♎ 3	19 ♑ 40	20 ♑ 31	29 ♓ 21	11 ♉ 57	20 ♍ 17	0 ♌ 7	17 ♒	20 ♑	6 ♏	7 ♎	0 ♋
30	5 ♏ 46	13 ♍ 35	7 ♐ 34	6 ♐ 29	5 ♏ 54	12 ♎ 18	20 ♑ 23	20 ♑ 39	29 ♓ 18	11 ♉ 55	20 ♍ 19	0 ♌ 7	17 ♒	20 ♑	6 ♏	8 ♎	0 ♋
31	6 ♏ 46	26 ♍ 25	7 ♐ 31	6 ♐ 24	7 ♏ 32	13 ♎ 33	21 ♑ 6	20 ♑ 47	29 ♓ 14	11 ♉ 52	20 ♍ 21	0 ♌ 7	17 ♒	20 ♑	7 ♏	8 ♎	0 ♋

SUN INGRESS: ☉ → ♏ 24日 05:06

MOON PHASE: ● 4日 20:58 ♎　◐ 13日 00:47 ♑　○ 20日 06:47 ♈　◑ 26日 22:26 ♌

aspects		
1日	04:39	☿☌♆
2日	12:03	♂□♄
6日	02:18	♀△♅
8日	19:20	☿⚹♇
9日	04:56	☿☍♄
10日	18:58	♀△♃
11日	17:58	♀☌♆
12日	21:30	☉□♃
14日	06:40	☿□♂
17日	08:26	♄△♇
18日	18:26	♂△♅
19日	23:41	♀☍♄
20日	03:25	♀⚹♇
20日	05:17	☿□♃
24日	07:52	☉□♇
26日	11:58	☿□♇
26日	16:09	♃△♆
29日	18:48	☉☌☿
29日	21:45	♂△♆
30日	10:51	♂☌♃

1937年11月

DAY	☉	☽	☊ mean	☊ true	☿	♀	♂	♃	♄	♅	♆	♇	⚳	⚴	⚵	⚶	⚷
	° ′	° ′	° ′	° ′	° ′	° ′	° ′	° ′	° ′	° ′	° ′	° ′	°	°	°	°	°
1	7 ♏ 46	9 ♎ 1	7 ♐ 27	6 R 19	9 D 10	14 D 47	21 D 50	20 D 55	29 R 11	11 R 50	20 D 22	0 D 7	17 D	20 D	7 D	9 D	0 R
2	8 ♏ 46	21 ♎ 25	7 ♐ 24	6 ♐ 14	10 ♏ 47	16 ♎ 2	22 ♑ 33	21 ♑ 4	29 ♓ 8	11 ♉ 48	20 ♍ 24	0 R 7	18 ♒	20 ♑	7 ♏	9 ♎	0 ♋
3	9 ♏ 46	3 ♏ 38	7 ♐ 21	6 ♐ 10	12 ♏ 24	17 ♎ 16	23 ♑ 17	21 ♑ 12	29 ♓ 5	11 ♉ 45	20 ♍ 26	0 ♌ 7	18 ♒	21 ♑	8 ♏	10 ♎	0 ♋
4	10 ♏ 46	15 ♏ 42	7 ♐ 18	6 ♐ 7	14 ♏ 0	18 ♎ 31	24 ♑ 1	21 ♑ 21	29 ♓ 2	11 ♉ 43	20 ♍ 27	0 ♌ 7	18 ♒	21 ♑	8 ♏	10 ♎	0 ♋
5	11 ♏ 46	27 ♏ 38	7 ♐ 15	6 ♐ 6	15 ♏ 36	19 ♎ 46	24 ♑ 45	21 ♑ 29	28 ♓ 59	11 ♉ 40	20 ♍ 29	0 ♌ 7	18 ♒	21 ♑	8 ♏	11 ♎	0 ♋
6	12 ♏ 47	9 ♐ 28	7 ♐ 11	6 D 5	17 ♏ 12	21 ♎ 1	25 ♑ 28	21 ♑ 38	28 ♓ 57	11 ♉ 38	20 ♍ 30	0 ♌ 7	18 ♒	21 ♑	9 ♏	11 ♎	0 ♋
7	13 ♏ 47	21 ♐ 15	7 ♐ 8	6 ♐ 6	18 ♏ 47	22 ♎ 15	26 ♑ 12	21 ♑ 47	28 ♓ 54	11 ♉ 35	20 ♍ 32	0 ♌ 7	18 ♒	22 ♑	9 ♏	12 ♎	0 ♋
8	14 ♏ 47	3 ♑ 1	7 ♐ 5	6 ♐ 8	20 ♏ 21	23 ♎ 30	26 ♑ 56	21 ♑ 56	28 ♓ 52	11 ♉ 33	20 ♍ 33	0 ♌ 7	18 ♒	22 ♑	9 ♏	12 ♎	0 ♋
9	15 ♏ 47	14 ♑ 51	7 ♐ 2	6 ♐ 9	21 ♏ 56	24 ♎ 45	27 ♑ 40	22 ♑ 5	28 ♓ 49	11 ♉ 30	20 ♍ 35	0 ♌ 6	19 ♒	22 ♑	10 ♏	13 ♎	0 ♋
10	16 ♏ 48	26 ♑ 49	6 ♐ 59	6 ♐ 11	23 ♏ 30	26 ♎ 0	28 ♑ 25	22 ♑ 15	28 ♓ 47	11 ♉ 28	20 ♍ 36	0 ♌ 6	19 ♒	22 ♑	10 ♏	13 ♎	0 ♋
11	17 ♏ 48	8 ♒ 59	6 ♐ 56	6 ♐ 12	25 ♏ 3	27 ♎ 15	29 ♑ 9	22 ♑ 24	28 ♓ 45	11 ♉ 25	20 ♍ 38	0 ♌ 6	19 ♒	23 ♑	10 ♏	14 ♎	0 ♋
12	18 ♏ 48	21 ♒ 26	6 ♐ 52	6 R 12	26 ♏ 37	28 ♎ 30	29 ♑ 53	22 ♑ 34	28 ♓ 42	11 ♉ 23	20 ♍ 39	0 ♌ 6	19 ♒	23 ♑	11 ♏	14 ♎	0 ♋
13	19 ♏ 49	4 ♓ 14	6 ♐ 49	6 ♐ 12	28 ♏ 10	29 ♎ 45	0 ♒ 37	22 ♑ 44	28 ♓ 40	11 ♉ 20	20 ♍ 40	0 ♌ 5	19 ♒	23 ♑	11 ♏	15 ♎	0 ♋
14	20 ♏ 49	17 ♓ 28	6 ♐ 46	6 ♐ 10	29 ♏ 42	1 ♏ 0	1 ♒ 22	22 ♑ 53	28 ♓ 38	11 ♉ 18	20 ♍ 42	0 ♌ 5	20 ♒	23 ♑	11 ♏	15 ♎	0 ♋
15	21 ♏ 50	1 ♈ 9	6 ♐ 43	6 ♐ 9	1 ♐ 15	2 ♏ 15	2 ♒ 6	23 ♑ 3	28 ♓ 37	11 ♉ 15	20 ♍ 43	0 ♌ 5	20 ♒	24 ♑	12 ♏	16 ♎	0 ♋
16	22 ♏ 50	15 ♈ 18	6 ♐ 40	6 ♐ 7	2 ♐ 47	3 ♏ 30	2 ♒ 51	23 ♑ 13	28 ♓ 35	11 ♉ 13	20 ♍ 44	0 ♌ 4	20 ♒	24 ♑	12 ♏	16 ♎	0 ♋
17	23 ♏ 50	29 ♈ 52	6 ♐ 36	6 ♐ 5	4 ♐ 19	4 ♏ 45	3 ♒ 35	23 ♑ 24	28 ♓ 33	11 ♉ 11	20 ♍ 45	0 ♌ 4	20 ♒	24 ♑	12 ♏	17 ♎	0 ♋
18	24 ♏ 51	14 ♉ 47	6 ♐ 33	6 ♐ 4	5 ♐ 51	6 ♏ 0	4 ♒ 20	23 ♑ 34	28 ♓ 32	11 ♉ 8	20 ♍ 47	0 ♌ 4	20 ♒	24 ♑	13 ♏	17 ♎	0 ♋
19	25 ♏ 51	29 ♉ 53	6 ♐ 30	6 ♐ 3	7 ♐ 22	7 ♏ 15	5 ♒ 4	23 ♑ 44	28 ♓ 30	11 ♉ 6	20 ♍ 48	0 ♌ 3	21 ♒	25 ♑	13 ♏	18 ♎	0 ♋
20	26 ♏ 52	15 ♊ 4	6 ♐ 27	6 D 3	8 ♐ 53	8 ♏ 30	5 ♒ 49	23 ♑ 55	28 ♓ 29	11 ♉ 4	20 ♍ 49	0 ♌ 3	21 ♒	25 ♑	13 ♏	18 ♎	0 ♋
21	27 ♏ 53	0 ♋ 8	6 ♐ 24	6 ♐ 4	10 ♐ 24	9 ♏ 45	6 ♒ 34	24 ♑ 5	28 ♓ 27	11 ♉ 1	20 ♍ 50	0 ♌ 2	21 ♒	25 ♑	14 ♏	19 ♎	0 ♋
22	28 ♏ 53	14 ♋ 57	6 ♐ 21	6 ♐ 5	11 ♐ 54	11 ♏ 0	7 ♒ 18	24 ♑ 16	28 ♓ 26	10 ♉ 59	20 ♍ 51	0 ♌ 2	21 ♒	26 ♑	14 ♏	19 ♎	0 ♋
23	29 ♏ 54	29 ♋ 27	6 ♐ 17	6 ♐ 5	13 ♐ 25	12 ♏ 16	8 ♒ 3	24 ♑ 27	28 ♓ 25	10 ♉ 57	20 ♍ 52	0 ♌ 1	21 ♒	26 ♑	14 ♏	19 ♎	0 ♋
24	0 ♐ 54	13 ♌ 33	6 ♐ 14	6 ♐ 6	14 ♐ 55	13 ♏ 31	8 ♒ 48	24 ♑ 38	28 ♓ 24	10 ♉ 54	20 ♍ 53	0 ♌ 1	22 ♒	26 ♑	15 ♏	20 ♎	29 ♊
25	1 ♐ 55	27 ♌ 14	6 ♐ 11	6 ♐ 6	16 ♐ 24	14 ♏ 46	9 ♒ 33	24 ♑ 49	28 ♓ 23	10 ♉ 52	20 ♍ 54	0 ♌ 0	22 ♒	26 ♑	15 ♏	20 ♎	29 ♊
26	2 ♐ 56	10 ♍ 31	6 ♐ 8	6 R 6	17 ♐ 54	16 ♏ 1	10 ♒ 18	25 ♑ 0	28 ♓ 23	10 ♉ 50	20 ♍ 55	29 ♋ 59	22 ♒	27 ♑	16 ♏	21 ♎	29 ♊
27	3 ♐ 57	23 ♍ 27	6 ♐ 5	6 ♐ 6	19 ♐ 23	17 ♏ 16	11 ♒ 3	25 ♑ 11	28 ♓ 22	10 ♉ 47	20 ♍ 56	29 ♋ 59	22 ♒	27 ♑	16 ♏	21 ♎	29 ♊
28	4 ♐ 57	6 ♎ 5	6 ♐ 2	6 ♐ 6	20 ♐ 51	18 ♏ 32	11 ♒ 48	25 ♑ 23	28 ♓ 22	10 ♉ 45	20 ♍ 57	29 ♋ 58	23 ♒	27 ♑	16 ♏	22 ♎	29 ♊
29	5 ♐ 58	18 ♎ 27	5 ♐ 58	6 ♐ 6	22 ♐ 19	19 ♏ 47	12 ♒ 33	25 ♑ 34	28 ♓ 21	10 ♉ 43	20 ♍ 58	29 ♋ 57	23 ♒	28 ♑	17 ♏	22 ♎	29 ♊
30	6 ♐ 59	0 ♏ 37	5 ♐ 55	6 D 6	23 ♐ 47	21 ♏ 2	13 ♒ 18	25 ♑ 45	28 ♓ 21	10 ♉ 41	20 ♍ 59	29 ♋ 57	23 ♒	28 ♑	17 ♏	23 ♎	29 ♊

SUN INGRESS ☉ → ♐ 23日 02:16

MOON PHASE ● 3日 13:16 ♏ ◐ 11日 18:33 ♒ ○ 18日 17:10 ♉ ◑ 25日 09:04 ♍

aspects		
2日	14:33	☿☍♅
4日	21:34	☉☍♅
6日	13:39	♀□♃
8日	03:04	☿⚹♆
9日	02:43	☿⚹♃
10日	11:30	♂⚹♄
12日	06:49	♂☍♇
13日	06:34	☿□♇
13日	07:45	☿△♄
13日	20:58	☉⚹♆
14日	05:51	☿△♇
14日	17:13	♀□♂
16日	01:48	☿⚹♂
16日	11:10	☉⚹♃
21日	13:34	☉△♄
21日	23:32	♀☍♅
23日	02:53	☉△♇
26日	16:18	♂□♅
28日	01:38	☿□♆
29日	22:51	♀⚹♆

1937年12月

DAY	☉	☽	☊ mean	☊ true	☿	♀	♂	♃	♄	♅	♆	♇	⚳	⚴	⚵	⚶	⚷
	° ′	° ′	° ′	° ′	° ′	° ′	° ′	° ′	° ′	° ′	° ′	° ′	°	°	°	°	°
1	8 ♐ 0	12 ♏ 37	5 ♐ 52	6 D 6	25 D 13	22 D 18	14 D 3	25 D 57	28 R 21	10 R 39	21 D 0	29 R 56	23 D	28 D	17 D	23 D	29 R
2	9 ♐ 1	24 ♏ 31	5 ♐ 49	6 ♐ 6	26 ♐ 39	23 ♏ 33	14 ♒ 48	26 ♑ 9	28 ♓ 21	10 ♉ 37	21 ♍ 0	29 ♋ 55	24 ♒	28 ♑	18 ♏	24 ♎	29 ♊
3	10 ♐ 1	6 ♐ 21	5 ♐ 46	6 R 6	28 ♐ 5	24 ♏ 48	15 ♒ 33	26 ♑ 21	28 D 21	10 ♉ 35	21 ♍ 1	29 ♋ 54	24 ♒	29 ♑	18 ♏	24 ♎	29 ♊
4	11 ♐ 2	18 ♐ 8	5 ♐ 42	6 ♐ 6	29 ♐ 29	26 ♏ 4	16 ♒ 18	26 ♑ 32	28 ♓ 21	10 ♉ 33	21 ♍ 2	29 ♋ 54	24 ♒	29 ♑	18 ♏	25 ♎	29 ♊
5	12 ♐ 3	29 ♐ 56	5 ♐ 39	6 ♐ 5	0 ♑ 52	27 ♏ 19	17 ♒ 3	26 ♑ 44	28 ♓ 21	10 ♉ 31	21 ♍ 2	29 ♋ 53	24 ♒	29 ♑	19 ♏	25 ♎	29 ♊
6	13 ♐ 4	11 ♑ 45	5 ♐ 36	6 ♐ 5	2 ♑ 13	28 ♏ 34	17 ♒ 49	26 ♑ 56	28 ♓ 21	10 ♉ 29	21 ♍ 3	29 ♋ 52	25 ♒	0 ♒	19 ♏	26 ♎	29 ♊
7	14 ♐ 5	23 ♑ 40	5 ♐ 33	6 ♐ 4	3 ♑ 34	29 ♏ 50	18 ♒ 34	27 ♑ 8	28 ♓ 22	10 ♉ 27	21 ♍ 4	29 ♋ 51	25 ♒	0 ♒	19 ♏	26 ♎	29 ♊
8	15 ♐ 6	5 ♒ 41	5 ♐ 30	6 ♐ 2	4 ♑ 52	1 ♐ 5	19 ♒ 19	27 ♑ 21	28 ♓ 22	10 ♉ 25	21 ♍ 4	29 ♋ 50	25 ♒	0 ♒	20 ♏	27 ♎	29 ♊
9	16 ♐ 7	17 ♒ 54	5 ♐ 27	6 ♐ 1	6 ♑ 8	2 ♐ 21	20 ♒ 4	27 ♑ 33	28 ♓ 23	10 ♉ 23	21 ♍ 5	29 ♋ 49	26 ♒	0 ♒	20 ♏	27 ♎	29 ♊
10	17 ♐ 8	0 ♓ 20	5 ♐ 23	6 ♐ 0	7 ♑ 22	3 ♐ 36	20 ♒ 50	27 ♑ 45	28 ♓ 24	10 ♉ 21	21 ♍ 5	29 ♋ 49	26 ♒	1 ♒	20 ♏	28 ♎	29 ♊
11	18 ♐ 9	13 ♓ 4	5 ♐ 20	5 ♐ 59	8 ♑ 33	4 ♐ 51	21 ♒ 35	27 ♑ 58	28 ♓ 25	10 ♉ 19	21 ♍ 6	29 ♋ 48	26 ♒	1 ♒	20 ♏	28 ♎	28 ♊
12	19 ♐ 10	26 ♓ 9	5 ♐ 17	5 D 59	9 ♑ 41	6 ♐ 7	22 ♒ 20	28 ♑ 10	28 ♓ 26	10 ♉ 17	21 ♍ 6	29 ♋ 47	26 ♒	1 ♒	21 ♏	29 ♎	28 ♊
13	20 ♐ 11	9 ♈ 38	5 ♐ 14	6 ♐ 0	10 ♑ 45	7 ♐ 22	23 ♒ 6	28 ♑ 23	28 ♓ 27	10 ♉ 16	21 ♍ 7	29 ♋ 46	27 ♒	2 ♒	21 ♏	29 ♎	28 ♊
14	21 ♐ 12	23 ♈ 34	5 ♐ 11	6 ♐ 1	11 ♑ 44	8 ♐ 38	23 ♒ 51	28 ♑ 35	28 ♓ 28	10 ♉ 14	21 ♍ 7	29 ♋ 45	27 ♒	2 ♒	21 ♏	29 ♎	28 ♊
15	22 ♐ 13	7 ♉ 56	5 ♐ 8	6 ♐ 2	12 ♑ 39	9 ♐ 53	24 ♒ 36	28 ♑ 48	28 ♓ 29	10 ♉ 12	21 ♍ 7	29 ♋ 44	27 ♒	2 ♒	22 ♏	0 ♏	28 ♊
16	23 ♐ 14	22 ♉ 41	5 ♐ 4	6 ♐ 3	13 ♑ 27	11 ♐ 8	25 ♒ 22	29 ♑ 1	28 ♓ 31	10 ♉ 11	21 ♍ 8	29 ♋ 43	28 ♒	3 ♒	22 ♏	0 ♏	28 ♊
17	24 ♐ 15	7 ♊ 44	5 ♐ 1	6 R 4	14 ♑ 10	12 ♐ 24	26 ♒ 7	29 ♑ 14	28 ♓ 32	10 ♉ 9	21 ♍ 8	29 ♋ 42	28 ♒	3 ♒	22 ♏	1 ♏	28 ♊
18	25 ♐ 16	22 ♊ 58	4 ♐ 58	6 ♐ 3	14 ♑ 45	13 ♐ 39	26 ♒ 53	29 ♑ 26	28 ♓ 34	10 ♉ 7	21 ♍ 8	29 ♋ 41	28 ♒	3 ♒	23 ♏	1 ♏	28 ♊
19	26 ♐ 17	8 ♋ 13	4 ♐ 55	6 ♐ 2	15 ♑ 11	14 ♐ 55	27 ♒ 38	29 ♑ 39	28 ♓ 36	10 ♉ 6	21 ♍ 8	29 ♋ 40	28 ♒	4 ♒	23 ♏	2 ♏	28 ♊
20	27 ♐ 18	23 ♋ 18	4 ♐ 52	5 ♐ 59	15 ♑ 29	16 ♐ 10	28 ♒ 23	29 ♑ 52	28 ♓ 37	10 ♉ 5	21 ♍ 8	29 ♋ 38	29 ♒	4 ♒	23 ♏	2 ♏	28 ♊
21	28 ♐ 19	8 ♌ 4	4 ♐ 48	5 ♐ 56	15 ♑ 36	17 ♐ 26	29 ♒ 9	0 ♒ 5	28 ♓ 39	10 ♉ 3	21 ♍ 9	29 ♋ 37	29 ♒	4 ♒	24 ♏	3 ♏	28 ♊
22	29 ♐ 20	22 ♌ 26	4 ♐ 45	5 ♐ 53	15 R 33	18 ♐ 41	29 ♒ 54	0 ♒ 19	28 ♓ 41	10 ♉ 2	21 ♍ 9	29 ♋ 36	29 ♒	5 ♒	24 ♏	3 ♏	28 ♊
23	0 ♑ 21	6 ♍ 20	4 ♐ 42	5 ♐ 50	15 ♑ 18	19 ♐ 57	0 ♓ 40	0 ♒ 32	28 ♓ 44	10 ♉ 0	21 ♍ 9	29 ♋ 35	0 ♓	5 ♒	24 ♏	4 ♏	28 ♊
24	1 ♑ 23	19 ♍ 45	4 ♐ 39	5 ♐ 48	14 ♑ 52	21 ♐ 12	1 ♓ 25	0 ♒ 45	28 ♓ 46	9 ♉ 59	21 ♍ 9	29 ♋ 34	0 ♓	5 ♒	25 ♏	4 ♏	28 ♊
25	2 ♑ 24	2 ♎ 43	4 ♐ 36	5 D 48	14 ♑ 14	22 ♐ 28	2 ♓ 11	0 ♒ 58	28 ♓ 48	9 ♉ 58	21 R 9	29 ♋ 33	0 ♓	5 ♒	25 ♏	5 ♏	28 ♊
26	3 ♑ 25	15 ♎ 19	4 ♐ 33	5 ♐ 48	13 ♑ 24	23 ♐ 43	2 ♓ 56	1 ♒ 12	28 ♓ 51	9 ♉ 57	21 ♍ 9	29 ♋ 32	1 ♓	6 ♒	25 ♏	5 ♏	28 ♊
27	4 ♑ 26	27 ♎ 36	4 ♐ 29	5 ♐ 50	12 ♑ 24	24 ♐ 58	3 ♓ 41	1 ♒ 25	28 ♓ 53	9 ♉ 55	21 ♍ 9	29 ♋ 31	1 ♓	6 ♒	26 ♏	5 ♏	27 ♊
28	5 ♑ 27	9 ♏ 39	4 ♐ 26	5 ♐ 52	11 ♑ 16	26 ♐ 14	4 ♓ 27	1 ♒ 38	28 ♓ 56	9 ♉ 54	21 ♍ 8	29 ♋ 29	1 ♓	6 ♒	26 ♏	6 ♏	27 ♊
29	6 ♑ 28	21 ♏ 32	4 ♐ 23	5 ♐ 53	10 ♑ 0	27 ♐ 29	5 ♓ 12	1 ♒ 52	28 ♓ 59	9 ♉ 53	21 ♍ 8	29 ♋ 28	2 ♓	7 ♒	26 ♏	6 ♏	27 ♊
30	7 ♑ 30	3 ♐ 20	4 ♐ 20	5 ♐ 54	8 ♑ 40	28 ♐ 45	5 ♓ 58	2 ♒ 5	29 ♓ 2	9 ♉ 52	21 ♍ 8	29 ♋ 27	2 ♓	7 ♒	27 ♏	7 ♏	27 ♊
31	8 ♑ 31	15 ♐ 6	4 ♐ 17	5 R 54	7 ♑ 18	0 ♑ 0	6 ♓ 43	2 ♒ 19	29 ♓ 5	9 ♉ 51	21 ♍ 8	29 ♋ 26	2 ♓	7 ♒	27 ♏	7 ♏	27 ♊

SUN INGRESS ☉ → ♑ 22日 15:22

MOON PHASE ● 3日 08:11 ♐ ◐ 11日 10:12 ♓ ○ 18日 03:52 ♊ ◑ 24日 23:20 ♎

aspects		
3日	04:33	☿□♄
4日	10:52	♀⚹♃
5日	19:48	♀△♄
7日	00:27	♀△♇
12日	13:14	☿△♅
13日	08:29	♃⚹♄
13日	22:02	☉□♆
19日	00:18	♃☍♇
21日	08:10	☉□♄
23日	22:57	♀□♆
24日	03:48	☉⚹♂
29日	02:10	☿△♅
30日	05:30	♀□♄
30日	11:53	☉☌☿
31日	06:41	☿⚹♂

1938年1月

DAY	☉	☽	☊		☿	♀	♂	♃	♄	♅	♆	♇	⚳	⚴	⚵	⚶	⚷
			mean	true													
	° ′	° ′	° ′	° ′	° ′	° ′	° ′	° ′	° ′	° ′	° ′	° ′	°	°	°	°	°
1	9 ♑ 32	26 ♐ 54	4 ♐ 14	5 R 52	5 R 57	1 D 16	7 D 28	2 D 33	29 D 8	9 R 50	21 R 8	29 R 24	3 D	8 D	27 D	8 D	27 R
2	10 ♑ 33	8 ♑ 45	4 ♐ 10	5 ♐ 48	4 ♑ 40	2 ♑ 31	8 ♓ 14	2 ♒ 46	29 ♓ 11	9 ♉ 49	21 ♍ 7	29 ♋ 23	3 ♓	8 ♒	27 ♏	8 ♏	27 ♊
3	11 ♑ 34	20 ♑ 42	4 ♐ 7	5 ♐ 42	3 ♑ 28	3 ♑ 47	8 ♓ 59	3 ♒ 0	29 ♓ 14	9 ♉ 49	21 ♍ 7	29 ♋ 22	3 ♓	8 ♒	28 ♏	9 ♏	27 ♊
4	12 ♑ 35	2 ♒ 46	4 ♐ 4	5 ♐ 35	2 ♑ 24	5 ♑ 2	9 ♓ 45	3 ♒ 14	29 ♓ 17	9 ♉ 48	21 ♍ 7	29 ♋ 21	4 ♓	9 ♒	28 ♏	9 ♏	27 ♊
5	13 ♑ 37	14 ♒ 58	4 ♐ 1	5 ♐ 28	1 ♑ 29	6 ♑ 18	10 ♓ 30	3 ♒ 28	29 ♓ 21	9 ♉ 47	21 ♍ 6	29 ♋ 19	4 ♓	9 ♒	28 ♏	9 ♏	27 ♊
6	14 ♑ 38	27 ♒ 20	3 ♐ 58	5 ♐ 21	0 ♑ 43	7 ♑ 33	11 ♓ 15	3 ♒ 41	29 ♓ 24	9 ♉ 46	21 ♍ 6	29 ♋ 18	4 ♓	9 ♒	29 ♏	10 ♏	27 ♊
7	15 ♑ 39	9 ♓ 54	3 ♐ 54	5 ♐ 14	0 ♑ 8	8 ♑ 49	12 ♓ 1	3 ♒ 55	29 ♓ 28	9 ♉ 46	21 ♍ 5	29 ♋ 17	5 ♓	10 ♒	29 ♏	10 ♏	27 ♊
8	16 ♑ 40	22 ♓ 42	3 ♐ 51	5 ♐ 10	29 ♐ 42	10 ♑ 4	12 ♓ 46	4 ♒ 9	29 ♓ 32	9 ♉ 45	21 ♍ 5	29 ♋ 16	5 ♓	10 ♒	29 ♏	11 ♏	27 ♊
9	17 ♑ 41	5 ♈ 45	3 ♐ 48	5 ♐ 7	29 ♐ 26	11 ♑ 20	13 ♓ 31	4 ♒ 23	29 ♓ 36	9 ♉ 45	21 ♍ 4	29 ♋ 14	5 ♓	10 ♒	29 ♏	11 ♏	27 ♊
10	18 ♑ 42	19 ♈ 7	3 ♐ 45	5 D 6	29 ♐ 20	12 ♑ 35	14 ♓ 17	4 ♒ 37	29 ♓ 39	9 ♉ 44	21 ♍ 4	29 ♋ 13	6 ♓	11 ♒	0 ♐	12 ♏	27 ♊
11	19 ♑ 44	2 ♉ 49	3 ♐ 42	5 ♐ 7	29 D 23	13 ♑ 51	15 ♓ 2	4 ♒ 51	29 ♓ 43	9 ♉ 44	21 ♍ 3	29 ♋ 12	6 ♓	11 ♒	0 ♐	12 ♏	27 ♊
12	20 ♑ 45	16 ♉ 53	3 ♐ 39	5 ♐ 8	29 ♐ 34	15 ♑ 6	15 ♓ 47	5 ♒ 5	29 ♓ 48	9 ♉ 43	21 ♍ 3	29 ♋ 10	6 ♓	11 ♒	0 ♐	12 ♏	26 ♊
13	21 ♑ 46	1 ♊ 18	3 ♐ 35	5 ♐ 9	29 ♐ 52	16 ♑ 22	16 ♓ 33	5 ♒ 19	29 ♓ 52	9 ♉ 43	21 ♍ 2	29 ♋ 9	7 ♓	12 ♒	1 ♐	13 ♏	26 ♊
14	22 ♑ 47	16 ♊ 3	3 ♐ 32	5 R 9	0 ♑ 18	17 ♑ 37	17 ♓ 18	5 ♒ 33	29 ♓ 56	9 ♉ 43	21 ♍ 1	29 ♋ 8	7 ♓	12 ♒	1 ♐	13 ♏	26 ♊
15	23 ♑ 48	1 ♋ 1	3 ♐ 29	5 ♐ 6	0 ♑ 49	18 ♑ 53	18 ♓ 3	5 ♒ 47	0 ♈ 0	9 ♉ 43	21 ♍ 1	29 ♋ 6	7 ♓	12 ♒	1 ♐	14 ♏	26 ♊
16	24 ♑ 49	16 ♋ 6	3 ♐ 26	5 ♐ 2	1 ♑ 26	20 ♑ 8	18 ♓ 48	6 ♒ 1	0 ♈ 5	9 ♉ 43	21 ♍ 0	29 ♋ 5	8 ♓	13 ♒	1 ♐	14 ♏	26 ♊
17	25 ♑ 50	1 ♌ 9	3 ♐ 23	4 ♐ 55	2 ♑ 9	21 ♑ 23	19 ♓ 34	6 ♒ 15	0 ♈ 9	9 ♉ 42	20 ♍ 59	29 ♋ 4	8 ♓	13 ♒	2 ♐	15 ♏	26 ♊
18	26 ♑ 51	15 ♌ 59	3 ♐ 20	4 ♐ 46	2 ♑ 56	22 ♑ 39	20 ♓ 19	6 ♒ 29	0 ♈ 14	9 ♉ 42	20 ♍ 58	29 ♋ 2	8 ♓	13 ♒	2 ♐	15 ♏	26 ♊
19	27 ♑ 52	0 ♍ 28	3 ♐ 16	4 ♐ 37	3 ♑ 47	23 ♑ 54	21 ♓ 4	6 ♒ 43	0 ♈ 19	9 D 42	20 ♍ 58	29 ♋ 1	9 ♓	14 ♒	2 ♐	15 ♏	26 ♊
20	28 ♑ 53	14 ♍ 31	3 ♐ 13	4 ♐ 29	4 ♑ 41	25 ♑ 10	21 ♓ 49	6 ♒ 58	0 ♈ 23	9 ♉ 42	20 ♍ 57	29 ♋ 0	9 ♓	14 ♒	3 ♐	16 ♏	26 ♊
21	29 ♑ 54	28 ♍ 5	3 ♐ 10	4 ♐ 23	5 ♑ 39	26 ♑ 25	22 ♓ 34	7 ♒ 12	0 ♈ 28	9 ♉ 43	20 ♍ 56	28 ♋ 58	9 ♓	14 ♒	3 ♐	16 ♏	26 ♊
22	0 ♒ 56	11 ♎ 10	3 ♐ 7	4 ♐ 18	6 ♑ 40	27 ♑ 40	23 ♓ 19	7 ♒ 26	0 ♈ 33	9 ♉ 43	20 ♍ 55	28 ♋ 57	10 ♓	15 ♒	3 ♐	17 ♏	26 ♊
23	1 ♒ 57	23 ♎ 50	3 ♐ 4	4 ♐ 16	7 ♑ 44	28 ♑ 56	24 ♓ 4	7 ♒ 40	0 ♈ 38	9 ♉ 43	20 ♍ 54	28 ♋ 56	10 ♓	15 ♒	3 ♐	17 ♏	26 ♊
24	2 ♒ 58	6 ♏ 9	3 ♐ 0	4 D 16	8 ♑ 50	0 ♒ 11	24 ♓ 49	7 ♒ 54	0 ♈ 43	9 ♉ 43	20 ♍ 53	28 ♋ 54	11 ♓	15 ♒	4 ♐	17 ♏	26 ♊
25	3 ♒ 59	18 ♏ 12	2 ♐ 57	4 ♐ 17	9 ♑ 59	1 ♒ 27	25 ♓ 34	8 ♒ 9	0 ♈ 48	9 ♉ 43	20 ♍ 52	28 ♋ 53	11 ♓	16 ♒	4 ♐	18 ♏	26 ♊
26	5 ♒ 0	0 ♐ 4	2 ♐ 54	4 ♐ 17	11 ♑ 9	2 ♒ 42	26 ♓ 19	8 ♒ 23	0 ♈ 53	9 ♉ 44	20 ♍ 51	28 ♋ 52	11 ♓	16 ♒	4 ♐	18 ♏	26 ♊
27	6 ♒ 1	11 ♐ 51	2 ♐ 51	4 R 17	12 ♑ 22	3 ♒ 57	27 ♓ 4	8 ♒ 37	0 ♈ 59	9 ♉ 44	20 ♍ 50	28 ♋ 50	12 ♓	16 ♒	4 ♐	19 ♏	26 ♊
28	7 ♒ 2	23 ♐ 37	2 ♐ 48	4 ♐ 15	13 ♑ 36	5 ♒ 13	27 ♓ 49	8 ♒ 51	1 ♈ 4	9 ♉ 45	20 ♍ 49	28 ♋ 49	12 ♓	17 ♒	5 ♐	19 ♏	26 ♊
29	8 ♒ 3	5 ♑ 27	2 ♐ 45	4 ♐ 10	14 ♑ 52	6 ♒ 28	28 ♓ 34	9 ♒ 6	1 ♈ 9	9 ♉ 45	20 ♍ 48	28 ♋ 48	12 ♓	17 ♒	5 ♐	19 ♏	26 ♊
30	9 ♒ 4	17 ♑ 23	2 ♐ 41	4 ♐ 3	16 ♑ 9	7 ♒ 44	29 ♓ 19	9 ♒ 20	1 ♈ 15	9 ♉ 46	20 ♍ 47	28 ♋ 46	13 ♓	17 ♒	5 ♐	20 ♏	26 ♊
31	10 ♒ 5	29 ♑ 29	2 ♐ 38	3 ♐ 53	17 ♑ 28	8 ♒ 59	0 ♈ 4	9 ♒ 34	1 ♈ 21	9 ♉ 46	20 ♍ 45	28 ♋ 45	13 ♓	18 ♒	5 ♐	20 ♏	26 ♊
SUN INGRESS	☉ → ♒ 21日 01:59																
MOON PHASE	● 2日 03:58 ♑ ◐ 9日 23:13 ♈ ○ 16日 14:53 ♋ ◑ 23日 17:09 ♏ ● 31日 22:35 ♒																

aspects		
1日	07:09	☉△♅
2日	20:55	☿☌♀
4日	01:41	♂⚹♅
4日	16:53	♄△♇
7日	17:59	♀△♅
8日	11:18	☿□♄
12日	06:59	☉△♆
12日	23:13	☿□♄
13日	08:48	♀⚹♂
16日	16:22	♀△♆
18日	20:41	♂☍♆
20日	02:24	☉☍♇
21日	14:23	☉⚹♄
22日	23:56	♀☍♇
24日	10:52	♀⚹♄
24日	18:38	☿△♅
29日	07:07	♂△♇
30日	08:22	☉☌♃
30日	16:48	☉□♅
31日	13:49	♀☌♃
31日	15:16	♀□♅
31日	21:49	♃□♅

1938年2月

DAY	☉	☽	☊		☿	♀	♂	♃	♄	♅	♆	♇	⚳	⚴	⚵	⚶	⚷
			mean	true													
	° ′	° ′	° ′	° ′	° ′	° ′	° ′	° ′	° ′	° ′	° ′	° ′	°	°	°	°	°
1	11 ♒ 5	11 ♒ 46	2 ♐ 35	3 R 41	18 D 48	10 D 14	0 D 49	9 D 48	1 D 26	9 D 47	20 R 44	28 R 44	14 D	18 D	6 D	21 D	26 R
2	12 ♒ 6	24 ♒ 14	2 ♐ 32	3 ♐ 28	20 ♑ 9	11 ♒ 30	1 ♈ 33	10 ♒ 3	1 ♈ 32	9 ♉ 48	20 ♍ 43	28 ♋ 42	14 ♓	18 ♒	6 ♐	21 ♏	25 ♊
3	13 ♒ 7	6 ♓ 53	2 ♐ 29	3 ♐ 15	21 ♑ 31	12 ♒ 45	2 ♈ 18	10 ♒ 17	1 ♈ 38	9 ♉ 49	20 ♍ 42	28 ♋ 41	14 ♓	19 ♒	6 ♐	21 ♏	25 ♊
4	14 ♒ 8	19 ♓ 44	2 ♐ 26	3 ♐ 3	22 ♑ 54	14 ♒ 0	3 ♈ 3	10 ♒ 31	1 ♈ 43	9 ♉ 49	20 ♍ 41	28 ♋ 40	15 ♓	19 ♒	6 ♐	22 ♏	25 ♊
5	15 ♒ 9	2 ♈ 47	2 ♐ 22	2 ♐ 54	24 ♑ 19	15 ♒ 16	3 ♈ 48	10 ♒ 45	1 ♈ 49	9 ♉ 50	20 ♍ 39	28 ♋ 39	15 ♓	19 ♒	7 ♐	22 ♏	25 ♊
6	16 ♒ 10	16 ♈ 0	2 ♐ 19	2 ♐ 48	25 ♑ 44	16 ♒ 31	4 ♈ 32	11 ♒ 0	1 ♈ 55	9 ♉ 51	20 ♍ 38	28 ♋ 37	15 ♓	20 ♒	7 ♐	22 ♏	25 ♊
7	17 ♒ 11	29 ♈ 27	2 ♐ 16	2 ♐ 45	27 ♑ 10	17 ♒ 46	5 ♈ 17	11 ♒ 14	2 ♈ 1	9 ♉ 52	20 ♍ 37	28 ♋ 36	16 ♓	20 ♒	7 ♐	23 ♏	25 ♊
8	18 ♒ 11	13 ♉ 6	2 ♐ 13	2 ♐ 43	28 ♑ 38	19 ♒ 1	6 ♈ 2	11 ♒ 28	2 ♈ 7	9 ♉ 53	20 ♍ 35	28 ♋ 35	16 ♓	20 ♒	7 ♐	23 ♏	25 ♊
9	19 ♒ 12	27 ♉ 0	2 ♐ 10	2 D 43	0 ♒ 6	20 ♒ 17	6 ♈ 46	11 ♒ 42	2 ♈ 14	9 ♉ 54	20 ♍ 34	28 ♋ 34	17 ♓	21 ♒	8 ♐	24 ♏	25 ♊
10	20 ♒ 13	11 ♊ 8	2 ♐ 6	2 R 43	1 ♒ 35	21 ♒ 32	7 ♈ 31	11 ♒ 56	2 ♈ 20	9 ♉ 56	20 ♍ 33	28 ♋ 32	17 ♓	21 ♒	8 ♐	24 ♏	25 ♊
11	21 ♒ 14	25 ♊ 30	2 ♐ 3	2 ♐ 42	3 ♒ 5	22 ♒ 47	8 ♈ 15	12 ♒ 11	2 ♈ 26	9 ♉ 57	20 ♍ 31	28 ♋ 31	17 ♓	21 ♒	8 ♐	24 ♏	25 ♊
12	22 ♒ 14	10 ♋ 4	2 ♐ 0	2 ♐ 38	4 ♒ 36	24 ♒ 2	9 ♈ 0	12 ♒ 25	2 ♈ 32	9 ♉ 58	20 ♍ 30	28 ♋ 30	18 ♓	22 ♒	8 ♐	25 ♏	25 ♊
13	23 ♒ 15	24 ♋ 45	1 ♐ 57	2 ♐ 31	6 ♒ 8	25 ♒ 18	9 ♈ 44	12 ♒ 39	2 ♈ 39	9 ♉ 59	20 ♍ 28	28 ♋ 29	18 ♓	22 ♒	8 ♐	25 ♏	25 ♊
14	24 ♒ 16	9 ♌ 26	1 ♐ 54	2 ♐ 21	7 ♒ 40	26 ♒ 33	10 ♈ 28	12 ♒ 53	2 ♈ 45	10 ♉ 1	20 ♍ 27	28 ♋ 27	18 ♓	22 ♒	9 ♐	25 ♏	25 ♊
15	25 ♒ 16	24 ♌ 1	1 ♐ 51	2 ♐ 9	9 ♒ 14	27 ♒ 48	11 ♈ 13	13 ♒ 7	2 ♈ 51	10 ♉ 2	20 ♍ 25	28 ♋ 26	19 ♓	23 ♒	9 ♐	26 ♏	25 ♊
16	26 ♒ 17	8 ♍ 21	1 ♐ 47	1 ♐ 57	10 ♒ 48	29 ♒ 3	11 ♈ 57	13 ♒ 21	2 ♈ 58	10 ♉ 3	20 ♍ 24	28 ♋ 25	19 ♓	23 ♒	9 ♐	26 ♏	25 ♊
17	27 ♒ 17	22 ♍ 20	1 ♐ 44	1 ♐ 45	12 ♒ 23	0 ♓ 18	12 ♈ 41	13 ♒ 35	3 ♈ 4	10 ♉ 5	20 ♍ 23	28 ♋ 24	20 ♓	23 ♒	9 ♐	26 ♏	25 ♊
18	28 ♒ 18	5 ♎ 54	1 ♐ 41	1 ♐ 35	13 ♒ 59	1 ♓ 33	13 ♈ 26	13 ♒ 49	3 ♈ 11	10 ♉ 6	20 ♍ 21	28 ♋ 23	20 ♓	24 ♒	9 ♐	27 ♏	25 ♊
19	29 ♒ 18	19 ♎ 2	1 ♐ 38	1 ♐ 28	15 ♒ 37	2 ♓ 49	14 ♈ 10	14 ♒ 3	3 ♈ 18	10 ♉ 8	20 ♍ 19	28 ♋ 22	20 ♓	24 ♒	10 ♐	27 ♏	25 ♊
20	0 ♓ 19	1 ♏ 46	1 ♐ 35	1 ♐ 23	17 ♒ 14	4 ♓ 4	14 ♈ 54	14 ♒ 17	3 ♈ 24	10 ♉ 10	20 ♍ 18	28 ♋ 21	21 ♓	24 ♒	10 ♐	27 ♏	25 ♊
21	1 ♓ 19	14 ♏ 8	1 ♐ 32	1 ♐ 21	18 ♒ 53	5 ♓ 19	15 ♈ 38	14 ♒ 31	3 ♈ 31	10 ♉ 11	20 ♍ 16	28 ♋ 20	21 ♓	25 ♒	10 ♐	27 ♏	25 ♊
22	2 ♓ 20	26 ♏ 14	1 ♐ 28	1 ♐ 20	20 ♒ 33	6 ♓ 34	16 ♈ 22	14 ♒ 45	3 ♈ 38	10 ♉ 13	20 ♍ 15	28 ♋ 18	21 ♓	25 ♒	10 ♐	28 ♏	25 ♊
23	3 ♓ 20	8 ♐ 8	1 ♐ 25	1 ♐ 20	22 ♒ 14	7 ♓ 49	17 ♈ 6	14 ♒ 59	3 ♈ 45	10 ♉ 15	20 ♍ 13	28 ♋ 17	22 ♓	25 ♒	10 ♐	28 ♏	25 ♊
24	4 ♓ 21	19 ♐ 56	1 ♐ 22	1 ♐ 19	23 ♒ 56	9 ♓ 4	17 ♈ 50	15 ♒ 13	3 ♈ 51	10 ♉ 17	20 ♍ 12	28 ♋ 16	22 ♓	26 ♒	11 ♐	28 ♏	25 ♊
25	5 ♓ 21	1 ♑ 44	1 ♐ 19	1 ♐ 17	25 ♒ 38	10 ♓ 19	18 ♈ 34	15 ♒ 27	3 ♈ 58	10 ♉ 18	20 ♍ 10	28 ♋ 15	23 ♓	26 ♒	11 ♐	29 ♏	25 ♊
26	6 ♓ 21	13 ♑ 36	1 ♐ 16	1 ♐ 12	27 ♒ 22	11 ♓ 34	19 ♈ 18	15 ♒ 41	4 ♈ 5	10 ♉ 20	20 ♍ 9	28 ♋ 14	23 ♓	26 ♒	11 ♐	29 ♏	25 ♊
27	7 ♓ 22	25 ♑ 38	1 ♐ 12	1 ♐ 5	29 ♒ 7	12 ♓ 49	20 ♈ 2	15 ♒ 55	4 ♈ 12	10 ♉ 22	20 ♍ 7	28 ♋ 13	23 ♓	27 ♒	11 ♐	29 ♏	25 ♊
28	8 ♓ 22	7 ♒ 52	1 ♐ 9	0 ♐ 54	0 ♓ 52	14 ♓ 4	20 ♈ 46	16 ♒ 8	4 ♈ 19	10 ♉ 24	20 ♍ 5	28 ♋ 12	24 ♓	27 ♒	11 ♐	0 ♐	25 ♊
SUN INGRESS	☉ → ♓ 19日 16:20																
MOON PHASE	◐ 8日 09:32 ♉ ○ 15日 02:14 ♌ ◑ 22日 13:24 ♐																

aspects		
1日	23:06	♂☌♄
2日	09:55	☿△♆
4日	13:04	☉☌♀
7日	23:14	☿☍♇
10日	12:51	☿⚹♄
15日	12:30	☿□♅
17日	08:23	☿⚹♂
17日	21:04	☿☌♃
18日	18:55	♂⚹♃
24日	23:49	♀⚹♅

1938年3月

DAY	☉	☽	☊ mean	☊ true	☿	♀	♂	♃	♄	♅	♆	♇	⚳	⚴	⚵	⚶	⚷
	° ′	° ′	° ′	° ′	° ′	° ′	° ′	° ′	° ′	° ′	° ′	° ′	°	°	°	°	°
1	9 ♓ 22	20 ♒ 21	1 ♐ 6	0 R 42	2 D 39	15 D 19	21 D 30	16 D 22	4 D 26	10 D 26	20 R 4	28 R 11	24 D	27 D	11 D	0 D	25 R
2	10 ♓ 22	3 ♓ 5	1 ♐ 3	0 ♐ 28	4 ♓ 27	16 ♓ 34	22 ♈ 14	16 ♒ 36	4 ♈ 33	10 ♉ 28	20 ♍ 2	28 ♋ 10	25 ♓	28 ♒	12 ♐	0 ♐	25 ♊
3	11 ♓ 23	16 ♓ 4	1 ♐ 0	0 ♐ 15	6 ♓ 16	17 ♓ 49	22 ♈ 57	16 ♒ 49	4 ♈ 40	10 ♉ 30	20 ♍ 0	28 ♋ 9	25 ♓	28 ♒	12 ♐	0 ♐	25 D
4	12 ♓ 23	29 ♓ 17	0 ♐ 57	0 ♐ 3	8 ♓ 6	19 ♓ 4	23 ♈ 41	17 ♒ 3	4 ♈ 48	10 ♉ 33	19 ♍ 59	28 ♋ 9	25 ♓	28 ♒	12 ♐	1 ♐	25 ♊
5	13 ♓ 23	12 ♈ 42	0 ♐ 53	29 ♏ 53	9 ♓ 56	20 ♓ 19	24 ♈ 25	17 ♒ 17	4 ♈ 55	10 ♉ 35	19 ♍ 57	28 ♋ 8	26 ♓	29 ♒	12 ♐	1 ♐	25 ♊
6	14 ♓ 23	26 ♈ 18	0 ♐ 50	29 ♏ 46	11 ♓ 48	21 ♓ 34	25 ♈ 8	17 ♒ 30	5 ♈ 2	10 ♉ 37	19 ♍ 55	28 ♋ 7	26 ♓	29 ♒	12 ♐	1 ♐	25 ♊
7	15 ♓ 23	10 ♉ 1	0 ♐ 47	29 ♏ 43	13 ♓ 41	22 ♓ 48	25 ♈ 52	17 ♒ 44	5 ♈ 9	10 ♉ 39	19 ♍ 54	28 ♋ 6	27 ♓	29 ♒	12 ♐	1 ♐	25 ♊
8	16 ♓ 23	23 ♉ 52	0 ♐ 44	29 ♏ 41	15 ♓ 35	24 ♓ 3	26 ♈ 35	17 ♒ 57	5 ♈ 16	10 ♉ 42	19 ♍ 52	28 ♋ 5	27 ♓	0 ♓	12 ♐	2 ♐	25 ♊
9	17 ♓ 23	7 ♊ 50	0 ♐ 41	29 D 41	17 ♓ 30	25 ♓ 18	27 ♈ 19	18 ♒ 10	5 ♈ 24	10 ♉ 44	19 ♍ 50	28 ♋ 4	27 ♓	0 ♓	13 ♐	2 ♐	25 ♊
10	18 ♓ 23	21 ♊ 53	0 ♐ 37	29 R 41	19 ♓ 26	26 ♓ 33	28 ♈ 2	18 ♒ 24	5 ♈ 31	10 ♉ 46	19 ♍ 49	28 ♋ 3	28 ♓	0 ♓	13 ♐	2 ♐	25 ♊
11	19 ♓ 23	6 ♋ 2	0 ♐ 34	29 ♏ 40	21 ♓ 22	27 ♓ 48	28 ♈ 46	18 ♒ 37	5 ♈ 38	10 ♉ 49	19 ♍ 47	28 ♋ 3	28 ♓	1 ♓	13 ♐	2 ♐	25 ♊
12	20 ♓ 23	20 ♋ 16	0 ♐ 31	29 ♏ 37	23 ♓ 20	29 ♓ 2	29 ♈ 29	18 ♒ 50	5 ♈ 45	10 ♉ 51	19 ♍ 45	28 ♋ 2	29 ♓	1 ♓	13 ♐	2 ♐	25 ♊
13	21 ♓ 23	4 ♌ 31	0 ♐ 28	29 ♏ 31	25 ♓ 17	0 ♈ 17	0 ♉ 13	19 ♒ 3	5 ♈ 53	10 ♉ 54	19 ♍ 44	28 ♋ 1	29 ♓	1 ♓	13 ♐	3 ♐	25 ♊
14	22 ♓ 23	18 ♌ 45	0 ♐ 25	29 ♏ 23	27 ♓ 16	1 ♈ 32	0 ♉ 56	19 ♒ 16	6 ♈ 0	10 ♉ 56	19 ♍ 42	28 ♋ 1	29 ♓	2 ♓	13 ♐	3 ♐	25 ♊
15	23 ♓ 22	2 ♍ 52	0 ♐ 22	29 ♏ 13	29 ♓ 15	2 ♈ 47	1 ♉ 39	19 ♒ 30	6 ♈ 8	10 ♉ 59	19 ♍ 40	28 ♋ 0	0 ♈	2 ♓	13 ♐	3 ♐	25 ♊
16	24 ♓ 22	16 ♍ 48	0 ♐ 18	29 ♏ 2	1 ♈ 14	4 ♈ 1	2 ♉ 22	19 ♒ 43	6 ♈ 15	11 ♉ 1	19 ♍ 39	27 ♋ 59	0 ♈	2 ♓	13 ♐	3 ♐	25 ♊
17	25 ♓ 22	0 ♎ 29	0 ♐ 15	28 ♏ 51	3 ♈ 13	5 ♈ 16	3 ♉ 5	19 ♒ 55	6 ♈ 22	11 ♉ 4	19 ♍ 37	27 ♋ 59	1 ♈	3 ♓	13 ♐	3 ♐	25 ♊
18	26 ♓ 22	13 ♎ 50	0 ♐ 12	28 ♏ 42	5 ♈ 11	6 ♈ 30	3 ♉ 48	20 ♒ 8	6 ♈ 30	11 ♉ 7	19 ♍ 35	27 ♋ 58	1 ♈	3 ♓	14 ♐	4 ♐	25 ♊
19	27 ♓ 21	26 ♎ 51	0 ♐ 9	28 ♏ 36	7 ♈ 9	7 ♈ 45	4 ♉ 32	20 ♒ 21	6 ♈ 37	11 ♉ 9	19 ♍ 34	27 ♋ 57	1 ♈	3 ♓	14 ♐	4 ♐	25 ♊
20	28 ♓ 21	9 ♏ 31	0 ♐ 6	28 ♏ 31	9 ♈ 6	8 ♈ 59	5 ♉ 15	20 ♒ 34	6 ♈ 45	11 ♉ 12	19 ♍ 32	27 ♋ 57	2 ♈	4 ♓	14 ♐	4 ♐	25 ♊
21	29 ♓ 20	21 ♏ 53	0 ♐ 3	28 ♏ 29	11 ♈ 2	10 ♈ 14	5 ♉ 57	20 ♒ 47	6 ♈ 52	11 ♉ 15	19 ♍ 30	27 ♋ 56	2 ♈	4 ♓	14 ♐	4 ♐	25 ♊
22	0 ♈ 20	4 ♐ 0	29 ♏ 59	28 D 29	12 ♈ 56	11 ♈ 29	6 ♉ 40	20 ♒ 59	7 ♈ 0	11 ♉ 18	19 ♍ 29	27 ♋ 56	2 ♈	4 ♓	14 ♐	4 ♐	25 ♊
23	1 ♈ 20	15 ♐ 56	29 ♏ 56	28 ♏ 30	14 ♈ 48	12 ♈ 43	7 ♉ 23	21 ♒ 12	7 ♈ 7	11 ♉ 20	19 ♍ 27	27 ♋ 55	3 ♈	5 ♓	14 ♐	4 ♐	25 ♊
24	2 ♈ 19	27 ♐ 46	29 ♏ 53	28 ♏ 31	16 ♈ 38	13 ♈ 57	8 ♉ 6	21 ♒ 24	7 ♈ 15	11 ♉ 23	19 ♍ 26	27 ♋ 55	3 ♈	5 ♓	14 ♐	5 ♐	25 ♊
25	3 ♈ 19	9 ♑ 35	29 ♏ 50	28 R 31	18 ♈ 24	15 ♈ 12	8 ♉ 49	21 ♒ 37	7 ♈ 22	11 ♉ 26	19 ♍ 24	27 ♋ 54	4 ♈	5 ♓	14 ♐	5 ♐	25 ♊
26	4 ♈ 18	21 ♑ 30	29 ♏ 47	28 ♏ 29	20 ♈ 8	16 ♈ 26	9 ♉ 32	21 ♒ 49	7 ♈ 30	11 ♉ 29	19 ♍ 22	27 ♋ 54	4 ♈	6 ♓	14 ♐	5 ♐	25 ♊
27	5 ♈ 17	3 ♒ 34	29 ♏ 43	28 ♏ 25	21 ♈ 47	17 ♈ 41	10 ♉ 14	22 ♒ 1	7 ♈ 37	11 ♉ 32	19 ♍ 21	27 ♋ 53	4 ♈	6 ♓	14 ♐	5 ♐	25 ♊
28	6 ♈ 17	15 ♒ 52	29 ♏ 40	28 ♏ 19	23 ♈ 23	18 ♈ 55	10 ♉ 57	22 ♒ 14	7 ♈ 45	11 ♉ 35	19 ♍ 19	27 ♋ 53	5 ♈	6 ♓	14 ♐	5 ♐	25 ♊
29	7 ♈ 16	28 ♒ 28	29 ♏ 37	28 ♏ 11	24 ♈ 54	20 ♈ 9	11 ♉ 40	22 ♒ 26	7 ♈ 52	11 ♉ 38	19 ♍ 18	27 ♋ 53	5 ♈	7 ♓	14 ♐	5 ♐	25 ♊
30	8 ♈ 15	11 ♓ 23	29 ♏ 34	28 ♏ 3	26 ♈ 19	21 ♈ 24	12 ♉ 22	22 ♒ 38	8 ♈ 0	11 ♉ 41	19 ♍ 16	27 ♋ 52	6 ♈	7 ♓	14 ♐	5 ♐	25 ♊
31	9 ♈ 15	24 ♓ 38	29 ♏ 31	27 ♏ 54	27 ♈ 40	22 ♈ 38	13 ♉ 5	22 ♒ 50	8 ♈ 7	11 ♉ 44	19 ♍ 14	27 ♋ 52	6 ♈	7 ♓	14 ♐	5 ♐	25 ♊

SUN INGRESS ☉ → ♈ 21日 15:43

MOON PHASE ● 2日 14:40 ♓ ◐ 9日 17:35 ♊ ○ 16日 14:15 ♍ ◑ 24日 10:06 ♑

aspects		
2日	02:27	☉⚹♅
4日	17:13	♀☍♆
5日	08:24	☿⚹♅
8日	21:02	☉☌☿
10日	00:35	♂□♇
10日	04:41	☿☍♆
11日	04:47	♀△♇
11日	09:21	☉☍♆
14日	08:58	☿△♇
17日	23:48	♀☌♄
18日	17:05	☿☌♄
19日	14:23	☉△♇
19日	20:13	☿☌♀
27日	03:56	☿⚹♃
28日	22:49	♂☌♅
29日	16:40	☉☌♄
31日	03:45	☿□♇
31日	04:28	♀⚹♃

1938年4月

DAY	☉	☽	☊ mean	☊ true	☿	♀	♂	♃	♄	♅	♆	♇	⚳	⚴	⚵	⚶	⚷
	° ′	° ′	° ′	° ′	° ′	° ′	° ′	° ′	° ′	° ′	° ′	° ′	°	°	°	°	°
1	10 ♈ 14	8 ♈ 11	29 ♏ 28	27 R 46	28 D 55	23 D 52	13 D 47	23 D 2	8 D 15	11 D 47	19 R 13	27 R 52	6 D	7 D	14 D	5 D	26 D
2	11 ♈ 13	22 ♈ 0	29 ♏ 24	27 ♏ 40	0 ♉ 4	25 ♈ 7	14 ♉ 30	23 ♒ 13	8 ♈ 22	11 ♉ 50	19 ♍ 11	27 ♋ 52	7 ♈	8 ♓	14 ♐	5 ♐	26 ♊
3	12 ♈ 12	6 ♉ 1	29 ♏ 21	27 ♏ 36	1 ♉ 7	26 ♈ 21	15 ♉ 12	23 ♒ 25	8 ♈ 30	11 ♉ 53	19 ♍ 10	27 ♋ 51	7 ♈	8 ♓	14 ♐	6 ♐	26 ♊
4	13 ♈ 12	20 ♉ 11	29 ♏ 18	27 ♏ 34	2 ♉ 3	27 ♈ 35	15 ♉ 55	23 ♒ 37	8 ♈ 37	11 ♉ 56	19 ♍ 8	27 ♋ 51	8 ♈	8 ♓	14 R	6 ♐	26 ♊
5	14 ♈ 11	4 ♊ 25	29 ♏ 15	27 D 34	2 ♉ 54	28 ♈ 49	16 ♉ 37	23 ♒ 48	8 ♈ 45	11 ♉ 59	19 ♍ 7	27 ♋ 51	8 ♈	9 ♓	14 ♐	6 ♐	26 ♊
6	15 ♈ 10	18 ♊ 39	29 ♏ 12	27 ♏ 35	3 ♉ 37	0 ♉ 3	17 ♉ 19	24 ♒ 0	8 ♈ 52	12 ♉ 3	19 ♍ 5	27 ♋ 51	8 ♈	9 ♓	14 ♐	6 ♐	26 ♊
7	16 ♈ 9	2 ♋ 53	29 ♏ 9	27 ♏ 36	4 ♉ 14	1 ♉ 17	18 ♉ 2	24 ♒ 11	9 ♈ 0	12 ♉ 6	19 ♍ 4	27 ♋ 51	9 ♈	9 ♓	14 ♐	6 ♐	26 ♊
8	17 ♈ 8	17 ♋ 2	29 ♏ 5	27 ♏ 37	4 ♉ 44	2 ♉ 31	18 ♉ 44	24 ♒ 22	9 ♈ 7	12 ♉ 9	19 ♍ 3	27 ♋ 51	9 ♈	10 ♓	14 ♐	6 ♐	26 ♊
9	18 ♈ 7	1 ♌ 7	29 ♏ 2	27 R 36	5 ♉ 7	3 ♉ 46	19 ♉ 26	24 ♒ 34	9 ♈ 15	12 ♉ 12	19 ♍ 1	27 ♋ 50	10 ♈	10 ♓	14 ♐	6 ♐	26 ♊
10	19 ♈ 6	15 ♌ 6	28 ♏ 59	27 ♏ 33	5 ♉ 23	5 ♉ 0	20 ♉ 8	24 ♒ 45	9 ♈ 22	12 ♉ 15	19 ♍ 0	27 ♋ 50	10 ♈	10 ♓	14 ♐	6 ♐	26 ♊
11	20 ♈ 5	28 ♌ 56	28 ♏ 56	27 ♏ 29	5 ♉ 33	6 ♉ 14	20 ♉ 50	24 ♒ 56	9 ♈ 29	12 ♉ 19	18 ♍ 58	27 ♋ 50	10 ♈	10 ♓	14 ♐	6 R	26 ♊
12	21 ♈ 3	12 ♍ 36	28 ♏ 53	27 ♏ 24	5 R 36	7 ♉ 27	21 ♉ 32	25 ♒ 7	9 ♈ 37	12 ♉ 22	18 ♍ 57	27 D 50	11 ♈	11 ♓	14 ♐	6 ♐	26 ♊
13	22 ♈ 2	26 ♍ 5	28 ♏ 49	27 ♏ 18	5 ♉ 32	8 ♉ 41	22 ♉ 14	25 ♒ 17	9 ♈ 44	12 ♉ 25	18 ♍ 56	27 ♋ 50	11 ♈	11 ♓	14 ♐	6 ♐	26 ♊
14	23 ♈ 1	9 ♎ 20	28 ♏ 46	27 ♏ 12	5 ♉ 23	9 ♉ 55	22 ♉ 56	25 ♒ 28	9 ♈ 52	12 ♉ 28	18 ♍ 54	27 ♋ 51	12 ♈	11 ♓	14 ♐	6 ♐	26 ♊
15	24 ♈ 0	22 ♎ 20	28 ♏ 43	27 ♏ 8	5 ♉ 8	11 ♉ 9	23 ♉ 38	25 ♒ 39	9 ♈ 59	12 ♉ 32	18 ♍ 53	27 ♋ 51	12 ♈	12 ♓	14 ♐	6 ♐	26 ♊
16	24 ♈ 59	5 ♏ 5	28 ♏ 40	27 ♏ 4	4 ♉ 47	12 ♉ 23	24 ♉ 20	25 ♒ 49	10 ♈ 6	12 ♉ 35	18 ♍ 52	27 ♋ 51	12 ♈	12 ♓	14 ♐	6 ♐	26 ♊
17	25 ♈ 57	17 ♏ 34	28 ♏ 37	27 ♏ 2	4 ♉ 21	13 ♉ 37	25 ♉ 2	26 ♒ 0	10 ♈ 14	12 ♉ 38	18 ♍ 50	27 ♋ 51	13 ♈	12 ♓	14 ♐	6 ♐	26 ♊
18	26 ♈ 56	29 ♏ 50	28 ♏ 34	27 D 2	3 ♉ 51	14 ♉ 50	25 ♉ 43	26 ♒ 10	10 ♈ 21	12 ♉ 42	18 ♍ 49	27 ♋ 51	13 ♈	13 ♓	14 ♐	5 ♐	26 ♊
19	27 ♈ 54	11 ♐ 53	28 ♏ 30	27 ♏ 3	3 ♉ 17	16 ♉ 4	26 ♉ 25	26 ♒ 20	10 ♈ 28	12 ♉ 45	18 ♍ 48	27 ♋ 51	14 ♈	13 ♓	14 ♐	5 ♐	26 ♊
20	28 ♈ 53	23 ♐ 49	28 ♏ 27	27 ♏ 4	2 ♉ 41	17 ♉ 18	27 ♉ 7	26 ♒ 30	10 ♈ 36	12 ♉ 49	18 ♍ 47	27 ♋ 51	14 ♈	13 ♓	13 ♐	5 ♐	26 ♊
21	29 ♈ 52	5 ♑ 39	28 ♏ 24	27 ♏ 6	2 ♉ 1	18 ♉ 32	27 ♉ 49	26 ♒ 40	10 ♈ 43	12 ♉ 52	18 ♍ 46	27 ♋ 52	14 ♈	13 ♓	13 ♐	5 ♐	27 ♊
22	0 ♉ 50	17 ♑ 29	28 ♏ 21	27 ♏ 8	1 ♉ 21	19 ♉ 45	28 ♉ 30	26 ♒ 50	10 ♈ 50	12 ♉ 55	18 ♍ 44	27 ♋ 52	15 ♈	14 ♓	13 ♐	5 ♐	27 ♊
23	1 ♉ 49	29 ♑ 24	28 ♏ 18	27 ♏ 8	0 ♉ 39	20 ♉ 59	29 ♉ 12	27 ♒ 0	10 ♈ 57	12 ♉ 59	18 ♍ 43	27 ♋ 52	15 ♈	14 ♓	13 ♐	5 ♐	27 ♊
24	2 ♉ 47	11 ♒ 29	28 ♏ 14	27 R 8	29 ♈ 58	22 ♉ 12	29 ♉ 53	27 ♒ 9	11 ♈ 5	13 ♉ 2	18 ♍ 42	27 ♋ 52	16 ♈	14 ♓	13 ♐	5 ♐	27 ♊
25	3 ♉ 46	23 ♒ 47	28 ♏ 11	27 ♏ 7	29 ♈ 17	23 ♉ 26	0 ♊ 35	27 ♒ 19	11 ♈ 12	13 ♉ 6	18 ♍ 41	27 ♋ 53	16 ♈	14 ♓	13 ♐	5 ♐	27 ♊
26	4 ♉ 44	6 ♓ 24	28 ♏ 8	27 ♏ 4	28 ♈ 37	24 ♉ 39	1 ♊ 16	27 ♒ 28	11 ♈ 19	13 ♉ 9	18 ♍ 40	27 ♋ 53	16 ♈	15 ♓	13 ♐	5 ♐	27 ♊
27	5 ♉ 42	19 ♓ 22	28 ♏ 5	27 ♏ 2	28 ♈ 0	25 ♉ 53	1 ♊ 58	27 ♒ 37	11 ♈ 26	13 ♉ 13	18 ♍ 39	27 ♋ 54	17 ♈	15 ♓	13 ♐	5 ♐	27 ♊
28	6 ♉ 41	2 ♈ 44	28 ♏ 2	26 ♏ 59	27 ♈ 25	27 ♉ 6	2 ♊ 39	27 ♒ 47	11 ♈ 33	13 ♉ 16	18 ♍ 38	27 ♋ 54	17 ♈	15 ♓	13 ♐	4 ♐	27 ♊
29	7 ♉ 39	16 ♈ 28	27 ♏ 59	26 ♏ 56	26 ♈ 54	28 ♉ 20	3 ♊ 20	27 ♒ 56	11 ♈ 40	13 ♉ 19	18 ♍ 37	27 ♋ 54	17 ♈	16 ♓	12 ♐	4 ♐	27 ♊
30	8 ♉ 37	0 ♉ 34	27 ♏ 55	26 ♏ 54	26 ♈ 26	29 ♉ 33	4 ♊ 1	28 ♒ 4	11 ♈ 47	13 ♉ 23	18 ♍ 36	27 ♋ 55	18 ♈	16 ♓	12 ♐	4 ♐	27 ♊

SUN INGRESS ☉ → ♉ 21日 03:15

MOON PHASE ● 1日 03:52 ♈ ◐ 8日 00:10 ♋ ○ 15日 03:21 ♎ ◑ 23日 05:14 ♒ ● 30日 14:28 ♉

aspects		
4日	05:12	♀□♇
8日	10:19	♂△♆
10日	09:07	☿☌♀
16日	04:11	♀☌♅
17日	01:11	☉⚹♃
18日	20:06	♂□♃
18日	22:39	☉□♇
21日	01:48	♂⚹♇
21日	04:31	♀△♆
22日	07:22	☉☌☿
27日	04:20	☿□♇
27日	12:11	☿⚹♃
28日	14:58	♀□♃
28日	15:38	♀⚹♇

1938年5月

DAY	☉	☽	☊ mean	☊ true	☿	♀	♂	♃	♄	♅	♆	♇	⚳	⚴	⚵	⚶	⚷
	° ′	° ′	° ′	° ′	° ′	° ′	° ′	° ′	° ′	° ′	° ′	° ′	°	°	°	°	°
1	9 ♉ 36	14 ♉ 57	27 ♏ 52	26 R 53	26 R 2	0 D 47	4 D 43	28 D 13	11 D 54	13 D 26	18 R 35	27 D 55	18 D	16 D	12 R	4 R	27 D
2	10 ♉ 34	29 ♉ 32	27 ♏ 49	26 D 52	25 ♈ 43	2 ♊ 0	5 ♊ 24	28 ♒ 22	12 ♈ 1	13 ♉ 30	18 ♍ 34	27 ♋ 56	19 ♈	16 ♓	12 ♐	4 ♐	27 ♊
3	11 ♉ 32	14 ♊ 13	27 ♏ 46	26 ♏ 53	25 ♈ 28	3 ♊ 13	6 ♊ 5	28 ♒ 30	12 ♈ 8	13 ♉ 33	18 ♍ 33	27 ♋ 56	19 ♈	17 ♓	12 ♐	4 ♐	27 ♊
4	12 ♉ 30	28 ♊ 52	27 ♏ 43	26 ♏ 54	25 ♈ 17	4 ♊ 27	6 ♊ 46	28 ♒ 39	12 ♈ 15	13 ♉ 37	18 ♍ 33	27 ♋ 57	19 ♈	17 ♓	12 ♐	3 ♐	27 ♊
5	13 ♉ 28	13 ♋ 25	27 ♏ 40	26 ♏ 55	25 ♈ 11	5 ♊ 40	7 ♊ 27	28 ♒ 47	12 ♈ 22	13 ♉ 40	18 ♍ 32	27 ♋ 57	20 ♈	17 ♓	12 ♐	3 ♐	28 ♊
6	14 ♉ 27	27 ♋ 48	27 ♏ 36	26 ♏ 56	25 D 10	6 ♊ 53	8 ♊ 8	28 ♒ 55	12 ♈ 28	13 ♉ 44	18 ♍ 31	27 ♋ 58	20 ♈	17 ♓	11 ♐	3 ♐	28 ♊
7	15 ♉ 25	11 ♌ 57	27 ♏ 33	26 ♏ 56	25 ♈ 14	8 ♊ 6	8 ♊ 49	29 ♒ 3	12 ♈ 35	13 ♉ 47	18 ♍ 30	27 ♋ 59	21 ♈	18 ♓	11 ♐	3 ♐	28 ♊
8	16 ♉ 23	25 ♌ 50	27 ♏ 30	26 R 56	25 ♈ 23	9 ♊ 19	9 ♊ 30	29 ♒ 11	12 ♈ 42	13 ♉ 51	18 ♍ 29	27 ♋ 59	21 ♈	18 ♓	11 ♐	3 ♐	28 ♊
9	17 ♉ 21	9 ♍ 27	27 ♏ 27	26 ♏ 55	25 ♈ 36	10 ♊ 32	10 ♊ 11	29 ♒ 19	12 ♈ 48	13 ♉ 54	18 ♍ 29	28 ♋ 0	21 ♈	18 ♓	11 ♐	2 ♐	28 ♊
10	18 ♉ 19	22 ♍ 49	27 ♏ 24	26 ♏ 54	25 ♈ 53	11 ♊ 45	10 ♊ 52	29 ♒ 26	12 ♈ 55	13 ♉ 58	18 ♍ 28	28 ♋ 1	22 ♈	18 ♓	11 ♐	2 ♐	28 ♊
11	19 ♉ 17	5 ♎ 55	27 ♏ 20	26 ♏ 53	26 ♈ 16	12 ♊ 58	11 ♊ 33	29 ♒ 33	13 ♈ 2	14 ♉ 1	18 ♍ 27	28 ♋ 1	22 ♈	19 ♓	10 ♐	2 ♐	28 ♊
12	20 ♉ 15	18 ♎ 47	27 ♏ 17	26 ♏ 53	26 ♈ 42	14 ♊ 11	12 ♊ 14	29 ♒ 41	13 ♈ 8	14 ♉ 4	18 ♍ 27	28 ♋ 2	22 ♈	19 ♓	10 ♐	2 ♐	28 ♊
13	21 ♉ 13	1 ♏ 25	27 ♏ 14	26 ♏ 52	27 ♈ 13	15 ♊ 24	12 ♊ 55	29 ♒ 48	13 ♈ 15	14 ♉ 8	18 ♍ 26	28 ♋ 3	23 ♈	19 ♓	10 ♐	2 ♐	28 ♊
14	22 ♉ 10	13 ♏ 51	27 ♏ 11	26 ♏ 51	27 ♈ 47	16 ♊ 37	13 ♊ 35	29 ♒ 55	13 ♈ 21	14 ♉ 11	18 ♍ 26	28 ♋ 4	23 ♈	19 ♓	10 ♐	1 ♐	28 ♊
15	23 ♉ 8	26 ♏ 7	27 ♏ 8	26 ♏ 51	28 ♈ 26	17 ♊ 50	14 ♊ 16	0 ♓ 2	13 ♈ 27	14 ♉ 15	18 ♍ 25	28 ♋ 5	24 ♈	20 ♓	10 ♐	1 ♐	28 ♊
16	24 ♉ 6	8 ♐ 12	27 ♏ 5	26 D 51	29 ♈ 8	19 ♊ 3	14 ♊ 57	0 ♓ 8	13 ♈ 34	14 ♉ 18	18 ♍ 25	28 ♋ 5	24 ♈	20 ♓	9 ♐	1 ♐	28 ♊
17	25 ♉ 4	20 ♐ 10	27 ♏ 1	26 ♏ 52	29 ♈ 54	20 ♊ 16	15 ♊ 37	0 ♓ 15	13 ♈ 40	14 ♉ 22	18 ♍ 24	28 ♋ 6	24 ♈	20 ♓	9 ♐	1 ♐	28 ♊
18	26 ♉ 2	2 ♑ 3	26 ♏ 58	26 ♏ 52	0 ♉ 43	21 ♊ 28	16 ♊ 18	0 ♓ 21	13 ♈ 46	14 ♉ 25	18 ♍ 24	28 ♋ 7	25 ♈	20 ♓	9 ♐	0 ♐	29 ♊
19	27 ♉ 0	13 ♑ 52	26 ♏ 55	26 R 52	1 ♉ 36	22 ♊ 41	16 ♊ 58	0 ♓ 27	13 ♈ 52	14 ♉ 28	18 ♍ 23	28 ♋ 8	25 ♈	21 ♓	9 ♐	0 ♐	29 ♊
20	27 ♉ 57	25 ♑ 43	26 ♏ 52	26 ♏ 52	2 ♉ 33	23 ♊ 54	17 ♊ 39	0 ♓ 33	13 ♈ 59	14 ♉ 32	18 ♍ 23	28 ♋ 9	26 ♈	21 ♓	9 ♐	0 ♐	29 ♊
21	28 ♉ 55	7 ♒ 38	26 ♏ 49	26 ♏ 52	3 ♉ 32	25 ♊ 7	18 ♊ 19	0 ♓ 39	14 ♈ 5	14 ♉ 35	18 ♍ 23	28 ♋ 10	26 ♈	21 ♓	8 ♐	0 ♐	29 ♊
22	29 ♉ 53	19 ♒ 42	26 ♏ 46	26 ♏ 51	4 ♉ 35	26 ♊ 19	19 ♊ 0	0 ♓ 45	14 ♈ 11	14 ♉ 39	18 ♍ 22	28 ♋ 11	26 ♈	21 ♓	8 ♐	29 ♏	29 ♊
23	0 ♊ 50	1 ♓ 59	26 ♏ 42	26 D 51	5 ♉ 40	27 ♊ 32	19 ♊ 40	0 ♓ 50	14 ♈ 17	14 ♉ 42	18 ♍ 22	28 ♋ 12	27 ♈	21 ♓	8 ♐	29 ♏	29 ♊
24	1 ♊ 48	14 ♓ 33	26 ♏ 39	26 ♏ 51	6 ♉ 49	28 ♊ 44	20 ♊ 20	0 ♓ 56	14 ♈ 23	14 ♉ 45	18 ♍ 22	28 ♋ 13	27 ♈	22 ♓	8 ♐	29 ♏	29 ♊
25	2 ♊ 46	27 ♓ 29	26 ♏ 36	26 ♏ 52	8 ♉ 0	29 ♊ 57	21 ♊ 1	1 ♓ 1	14 ♈ 28	14 ♉ 49	18 ♍ 22	28 ♋ 14	27 ♈	22 ♓	8 ♐	29 ♏	29 ♊
26	3 ♊ 43	10 ♈ 48	26 ♏ 33	26 ♏ 52	9 ♉ 14	1 ♋ 9	21 ♊ 41	1 ♓ 6	14 ♈ 34	14 ♉ 52	18 ♍ 22	28 ♋ 15	28 ♈	22 ♓	7 ♐	28 ♏	29 ♊
27	4 ♊ 41	24 ♈ 33	26 ♏ 30	26 ♏ 53	10 ♉ 31	2 ♋ 22	22 ♊ 21	1 ♓ 11	14 ♈ 40	14 ♉ 55	18 ♍ 21	28 ♋ 16	28 ♈	22 ♓	7 ♐	28 ♏	29 ♊
28	5 ♊ 39	8 ♉ 44	26 ♏ 26	26 ♏ 54	11 ♉ 50	3 ♋ 34	23 ♊ 2	1 ♓ 16	14 ♈ 46	14 ♉ 59	18 ♍ 21	28 ♋ 17	29 ♈	23 ♓	7 ♐	28 ♏	29 ♊
29	6 ♊ 36	23 ♉ 18	26 ♏ 23	26 ♏ 54	13 ♉ 13	4 ♋ 46	23 ♊ 42	1 ♓ 20	14 ♈ 51	15 ♉ 2	18 ♍ 21	28 ♋ 18	29 ♈	23 ♓	7 ♐	28 ♏	0 ♋
30	7 ♊ 34	8 ♊ 9	26 ♏ 20	26 R 54	14 ♉ 38	5 ♋ 59	24 ♊ 22	1 ♓ 25	14 ♈ 57	15 ♉ 5	18 ♍ 21	28 ♋ 19	29 ♈	23 ♓	6 ♐	28 ♏	0 ♋
31	8 ♊ 31	23 ♊ 10	26 ♏ 17	26 ♏ 53	16 ♉ 5	7 ♋ 11	25 ♊ 2	1 ♓ 29	15 ♈ 2	15 ♉ 8	18 D 21	28 ♋ 20	0 ♉	23 ♓	6 ♐	27 ♏	0 ♋

SUN INGRESS ☉→♊ 22日 02:50

MOON PHASE ◐ 7日 06:24 ♌ ○ 14日 17:39 ♏ ◑ 22日 21:36 ♓ ● 29日 23:00 ♊

aspects		
5日	05:09	☉☌♅
8日	08:16	♀☌♂
10日	03:50	☉△♆
11日	01:09	♀⚹♄
13日	14:02	♂⚹♄
14日	10:53	☿□♇
15日	11:30	♀□♆
17日	11:46	☿⚹♃
20日	04:57	☉⚹♇
21日	02:02	♂□♆
23日	00:01	☉□♃
25日	22:54	♀△♃
30日	07:59	☿☌♅

1938年6月

DAY	☉	☽	☊ mean	☊ true	☿	♀	♂	♃	♄	♅	♆	♇	⚳	⚴	⚵	⚶	⚷
	° ′	° ′	° ′	° ′	° ′	° ′	° ′	° ′	° ′	° ′	° ′	° ′	°	°	°	°	°
1	9 ♊ 29	8 ♋ 13	26 ♏ 14	26 R 52	17 D 35	8 D 23	25 D 42	1 D 33	15 D 8	15 D 12	18 D 21	28 D 22	0 D	23 D	6 R	27 R	0 D
2	10 ♊ 26	23 ♋ 8	26 ♏ 11	26 ♏ 50	19 ♉ 8	9 ♋ 35	26 ♊ 22	1 ♓ 37	15 ♈ 13	15 ♉ 15	18 ♍ 21	28 ♋ 23	0 ♉	24 ♓	6 ♐	27 ♏	0 ♋
3	11 ♊ 24	7 ♌ 49	26 ♏ 7	26 ♏ 49	20 ♉ 43	10 ♋ 47	27 ♊ 2	1 ♓ 40	15 ♈ 18	15 ♉ 18	18 ♍ 21	28 ♋ 24	1 ♉	24 ♓	6 ♐	27 ♏	0 ♋
4	12 ♊ 21	22 ♌ 10	26 ♏ 4	26 ♏ 47	22 ♉ 20	11 ♋ 59	27 ♊ 42	1 ♓ 44	15 ♈ 24	15 ♉ 21	18 ♍ 21	28 ♋ 25	1 ♉	24 ♓	5 ♐	26 ♏	0 ♋
5	13 ♊ 19	6 ♍ 9	26 ♏ 1	26 ♏ 47	24 ♉ 1	13 ♋ 12	28 ♊ 22	1 ♓ 47	15 ♈ 29	15 ♉ 25	18 ♍ 22	28 ♋ 26	1 ♉	24 ♓	5 ♐	26 ♏	0 ♋
6	14 ♊ 16	19 ♍ 44	25 ♏ 58	26 D 47	25 ♉ 43	14 ♋ 24	29 ♊ 2	1 ♓ 50	15 ♈ 34	15 ♉ 28	18 ♍ 22	28 ♋ 28	2 ♉	24 ♓	5 ♐	26 ♏	0 ♋
7	15 ♊ 14	2 ♎ 56	25 ♏ 55	26 ♏ 47	27 ♉ 28	15 ♋ 35	29 ♊ 42	1 ♓ 53	15 ♈ 39	15 ♉ 31	18 ♍ 22	28 ♋ 29	2 ♉	24 ♓	5 ♐	26 ♏	0 ♋
8	16 ♊ 11	15 ♎ 49	25 ♏ 52	26 ♏ 49	29 ♉ 16	16 ♋ 47	0 ♋ 22	1 ♓ 56	15 ♈ 44	15 ♉ 34	18 ♍ 22	28 ♋ 30	3 ♉	25 ♓	4 ♐	26 ♏	0 ♋
9	17 ♊ 8	28 ♎ 25	25 ♏ 48	26 ♏ 50	1 ♊ 6	17 ♋ 59	1 ♋ 2	1 ♓ 58	15 ♈ 49	15 ♉ 37	18 ♍ 23	28 ♋ 32	3 ♉	25 ♓	4 ♐	25 ♏	1 ♋
10	18 ♊ 6	10 ♏ 48	25 ♏ 45	26 ♏ 51	2 ♊ 59	19 ♋ 11	1 ♋ 42	2 ♓ 1	15 ♈ 53	15 ♉ 40	18 ♍ 23	28 ♋ 33	3 ♉	25 ♓	4 ♐	25 ♏	1 ♋
11	19 ♊ 3	22 ♏ 59	25 ♏ 42	26 ♏ 52	4 ♊ 54	20 ♋ 23	2 ♋ 21	2 ♓ 3	15 ♈ 58	15 ♉ 43	18 ♍ 23	28 ♋ 34	4 ♉	25 ♓	4 ♐	25 ♏	1 ♋
12	20 ♊ 0	5 ♐ 1	25 ♏ 39	26 R 52	6 ♊ 51	21 ♋ 34	3 ♋ 1	2 ♓ 5	16 ♈ 3	15 ♉ 46	18 ♍ 24	28 ♋ 35	4 ♉	25 ♓	4 ♐	25 ♏	1 ♋
13	20 ♊ 58	16 ♐ 58	25 ♏ 36	26 ♏ 51	8 ♊ 50	22 ♋ 46	3 ♋ 41	2 ♓ 7	16 ♈ 7	15 ♉ 49	18 ♍ 24	28 ♋ 37	4 ♉	25 ♓	3 ♐	25 ♏	1 ♋
14	21 ♊ 55	28 ♐ 50	25 ♏ 32	26 ♏ 48	10 ♊ 52	23 ♋ 58	4 ♋ 20	2 ♓ 8	16 ♈ 12	15 ♉ 52	18 ♍ 24	28 ♋ 38	5 ♉	26 ♓	3 ♐	25 ♏	1 ♋
15	22 ♊ 52	10 ♑ 40	25 ♏ 29	26 ♏ 44	12 ♊ 55	25 ♋ 9	5 ♋ 0	2 ♓ 10	16 ♈ 16	15 ♉ 55	18 ♍ 25	28 ♋ 40	5 ♉	26 ♓	3 ♐	24 ♏	1 ♋
16	23 ♊ 50	22 ♑ 31	25 ♏ 26	26 ♏ 40	15 ♊ 0	26 ♋ 21	5 ♋ 40	2 ♓ 11	16 ♈ 21	15 ♉ 58	18 ♍ 25	28 ♋ 41	5 ♉	26 ♓	3 ♐	24 ♏	1 ♋
17	24 ♊ 47	4 ♒ 24	25 ♏ 23	26 ♏ 35	17 ♊ 7	27 ♋ 32	6 ♋ 19	2 ♓ 12	16 ♈ 25	16 ♉ 1	18 ♍ 26	28 ♋ 42	6 ♉	26 ♓	3 ♐	24 ♏	1 ♋
18	25 ♊ 44	16 ♒ 21	25 ♏ 20	26 ♏ 31	19 ♊ 16	28 ♋ 43	6 ♋ 59	2 ♓ 13	16 ♈ 29	16 ♉ 4	18 ♍ 27	28 ♋ 44	6 ♉	26 ♓	2 ♐	24 ♏	1 ♋
19	26 ♊ 41	28 ♒ 27	25 ♏ 17	26 ♏ 27	21 ♊ 25	29 ♋ 55	7 ♋ 38	2 ♓ 14	16 ♈ 33	16 ♉ 6	18 ♍ 27	28 ♋ 45	6 ♉	26 ♓	2 ♐	24 ♏	1 ♋
20	27 ♊ 39	10 ♓ 44	25 ♏ 13	26 ♏ 24	23 ♊ 35	1 ♌ 6	8 ♋ 18	2 ♓ 14	16 ♈ 37	16 ♉ 9	18 ♍ 28	28 ♋ 47	7 ♉	26 ♓	2 ♐	24 ♏	2 ♋
21	28 ♊ 36	23 ♓ 16	25 ♏ 10	26 ♏ 23	25 ♊ 47	2 ♌ 17	8 ♋ 57	2 ♓ 15	16 ♈ 41	16 ♉ 12	18 ♍ 28	28 ♋ 48	7 ♉	27 ♓	2 ♐	24 ♏	2 ♋
22	29 ♊ 33	6 ♈ 6	25 ♏ 7	26 D 23	27 ♊ 58	3 ♌ 28	9 ♋ 37	2 ♓ 15	16 ♈ 45	16 ♉ 15	18 ♍ 29	28 ♋ 50	7 ♉	27 ♓	2 ♐	23 ♏	2 ♋
23	0 ♋ 30	19 ♈ 20	25 ♏ 4	26 ♏ 24	0 ♋ 10	4 ♌ 39	10 ♋ 16	2 R 15	16 ♈ 49	16 ♉ 18	18 ♍ 30	28 ♋ 51	8 ♉	27 ♓	1 ♐	23 ♏	2 ♋
24	1 ♋ 28	2 ♉ 58	25 ♏ 1	26 ♏ 26	2 ♋ 21	5 ♌ 50	10 ♋ 56	2 ♓ 14	16 ♈ 52	16 ♉ 20	18 ♍ 31	28 ♋ 53	8 ♉	27 ♓	1 ♐	23 ♏	2 ♋
25	2 ♋ 25	17 ♉ 3	24 ♏ 58	26 ♏ 27	4 ♋ 32	7 ♌ 1	11 ♋ 35	2 ♓ 14	16 ♈ 56	16 ♉ 23	18 ♍ 31	28 ♋ 54	8 ♉	27 ♓	1 ♐	23 ♏	2 ♋
26	3 ♋ 22	1 ♊ 35	24 ♏ 54	26 R 27	6 ♋ 42	8 ♌ 12	12 ♋ 14	2 ♓ 13	17 ♈ 0	16 ♉ 25	18 ♍ 32	28 ♋ 56	9 ♉	27 ♓	1 ♐	23 ♏	2 ♋
27	4 ♋ 19	16 ♊ 28	24 ♏ 51	26 ♏ 26	8 ♋ 52	9 ♌ 23	12 ♋ 54	2 ♓ 12	17 ♈ 3	16 ♉ 28	18 ♍ 33	28 ♋ 57	9 ♉	27 ♓	1 ♐	23 ♏	2 ♋
28	5 ♋ 17	1 ♋ 36	24 ♏ 48	26 ♏ 22	11 ♋ 0	10 ♌ 34	13 ♋ 33	2 ♓ 11	17 ♈ 6	16 ♉ 31	18 ♍ 34	28 ♋ 59	9 ♉	27 ♓	1 ♐	23 ♏	2 ♋
29	6 ♋ 14	16 ♋ 51	24 ♏ 45	26 ♏ 18	13 ♋ 7	11 ♌ 45	14 ♋ 12	2 ♓ 10	17 ♈ 10	16 ♉ 33	18 ♍ 35	29 ♋ 0	10 ♉	27 ♓	0 ♐	23 ♏	2 ♋
30	7 ♋ 11	2 ♌ 2	24 ♏ 42	26 ♏ 12	15 ♋ 13	12 ♌ 55	14 ♋ 51	2 ♓ 8	17 ♈ 13	16 ♉ 36	18 ♍ 36	29 ♋ 2	10 ♉	27 ♓	0 ♐	23 ♏	3 ♋

SUN INGRESS ☉→♋ 22日 11:04

MOON PHASE ◐ 5日 13:32 ♍ ○ 13日 08:47 ♐ ◑ 21日 10:52 ♓ ● 28日 06:10 ♋

aspects		
1日	12:03	☿△♆
6日	22:23	♀⚹♅
7日	01:13	♀□♄
7日	11:34	☉⚹♄
7日	13:44	☿⚹♇
9日	07:50	♀⚹♆
9日	11:27	☿□♃
10日	07:13	☉□♆
10日	12:17	♂△♃
16日	15:46	☿⚹♄
17日	14:49	☿□♆
18日	00:10	☿☌♇
23日	06:42	☉☌☿
23日	22:45	☿△♃
24日	19:24	☉△♃
29日	18:05	☿☌♂
30日	16:23	☿⚹♅
30日	23:50	☿□♄

1938年7月

DAY	☉	☽	☊ mean	☊ true	☿	♀	♂	♃	♄	♅	♆	♇	⚳	⚴	⚵	⚶	⚷
	° ′	° ′	° ′	° ′	° ′	° ′	° ′	° ′	° ′	° ′	° ′	° ′	°	°	°	°	°
1	8 ♋ 8	16 ♌ 59	24 ♏ 38	26 R 6	17 D 17	14 D 6	15 D 31	2 R 7	17 D 16	16 D 38	18 D 37	29 D 3	10 D	28 D	0 R	23 R	3 D
2	9 ♋ 6	1 ♍ 33	24 ♏ 35	26 ♏ 1	19 ♋ 19	15 ♌ 16	16 ♋ 10	2 ♓ 5	17 ♈ 19	16 ♉ 41	18 ♍ 38	29 ♋ 5	11 ♉	28 ♓	0 ♐	23 ♏	3 ♋
3	10 ♋ 3	15 ♍ 41	24 ♏ 32	25 ♏ 57	21 ♋ 19	16 ♌ 27	16 ♋ 49	2 ♓ 3	17 ♈ 22	16 ♉ 43	18 ♍ 39	29 ♋ 7	11 ♉	28 ♓	0 ♐	23 ♏	3 ♋
4	11 ♋ 0	29 ♍ 21	24 ♏ 29	25 ♏ 54	23 ♋ 18	17 ♌ 37	17 ♋ 28	2 ♓ 1	17 ♈ 24	16 ♉ 45	18 ♍ 40	29 ♋ 8	11 ♉	28 ♓	0 ♐	23 D	3 ♋
5	11 ♋ 57	12 ♎ 34	24 ♏ 26	25 D 54	25 ♋ 15	18 ♌ 48	18 ♋ 7	1 ♓ 58	17 ♈ 27	16 ♉ 48	18 ♍ 41	29 ♋ 10	12 ♉	28 ♓	0 ♐	23 ♏	3 ♋
6	12 ♋ 54	25 ♎ 23	24 ♏ 23	25 ♏ 54	27 ♋ 9	19 ♌ 58	18 ♋ 46	1 ♓ 56	17 ♈ 30	16 ♉ 50	18 ♍ 42	29 ♋ 11	12 ♉	28 ♓	0 ♐	23 ♏	3 ♋
7	13 ♋ 52	7 ♏ 51	24 ♏ 19	25 ♏ 56	29 ♋ 2	21 ♌ 8	19 ♋ 25	1 ♓ 53	17 ♈ 32	16 ♉ 52	18 ♍ 43	29 ♋ 13	12 ♉	28 ♓	29 ♏	23 ♏	3 ♋
8	14 ♋ 49	20 ♏ 5	24 ♏ 16	25 ♏ 57	0 ♌ 53	22 ♌ 18	20 ♋ 5	1 ♓ 50	17 ♈ 35	16 ♉ 54	18 ♍ 44	29 ♋ 15	13 ♉	28 ♓	29 ♏	23 ♏	3 ♋
9	15 ♋ 46	2 ♐ 7	24 ♏ 13	25 R 56	2 ♌ 42	23 ♌ 28	20 ♋ 44	1 ♓ 47	17 ♈ 37	16 ♉ 56	18 ♍ 46	29 ♋ 16	13 ♉	28 ♓	29 ♏	23 ♏	3 ♋
10	16 ♋ 43	14 ♐ 1	24 ♏ 10	25 ♏ 55	4 ♌ 29	24 ♌ 38	21 ♋ 23	1 ♓ 44	17 ♈ 39	16 ♉ 59	18 ♍ 47	29 ♋ 18	13 ♉	28 ♓	29 ♏	23 ♏	3 ♋
11	17 ♋ 40	25 ♐ 52	24 ♏ 7	25 ♏ 51	6 ♌ 14	25 ♌ 48	22 ♋ 2	1 ♓ 40	17 ♈ 41	17 ♉ 1	18 ♍ 48	29 ♋ 19	14 ♉	28 ♓	29 ♏	23 ♏	4 ♋
12	18 ♋ 37	7 ♑ 42	24 ♏ 4	25 ♏ 44	7 ♌ 57	26 ♌ 58	22 ♋ 40	1 ♓ 36	17 ♈ 43	17 ♉ 3	18 ♍ 49	29 ♋ 21	14 ♉	28 ♓	29 ♏	23 ♏	4 ♋
13	19 ♋ 35	19 ♑ 33	24 ♏ 0	25 ♏ 36	9 ♌ 38	28 ♌ 7	23 ♋ 19	1 ♓ 33	17 ♈ 45	17 ♉ 5	18 ♍ 51	29 ♋ 23	14 ♉	28 ♓	29 ♏	23 ♏	4 ♋
14	20 ♋ 32	1 ♒ 26	23 ♏ 57	25 ♏ 26	11 ♌ 16	29 ♌ 17	23 ♋ 58	1 ♓ 29	17 ♈ 47	17 ♉ 7	18 ♍ 52	29 ♋ 24	15 ♉	28 ♓	29 ♏	23 ♏	4 ♋
15	21 ♋ 29	13 ♒ 24	23 ♏ 54	25 ♏ 16	12 ♌ 53	0 ♍ 26	24 ♋ 37	1 ♓ 24	17 ♈ 49	17 ♉ 9	18 ♍ 53	29 ♋ 26	15 ♉	28 ♓	29 ♏	23 ♏	4 ♋
16	22 ♋ 26	25 ♒ 28	23 ♏ 51	25 ♏ 6	14 ♌ 28	1 ♍ 36	25 ♋ 16	1 ♓ 20	17 ♈ 50	17 ♉ 11	18 ♍ 55	29 ♋ 28	15 ♉	28 ♓	29 ♏	23 ♏	4 ♋
17	23 ♋ 24	7 ♓ 40	23 ♏ 48	24 ♏ 57	16 ♌ 1	2 ♍ 45	25 ♋ 55	1 ♓ 16	17 ♈ 52	17 ♉ 12	18 ♍ 56	29 ♋ 29	15 ♉	28 R	29 ♏	24 ♏	4 ♋
18	24 ♋ 21	20 ♓ 2	23 ♏ 44	24 ♏ 50	17 ♌ 32	3 ♍ 54	26 ♋ 34	1 ♓ 11	17 ♈ 53	17 ♉ 14	18 ♍ 57	29 ♋ 31	16 ♉	28 ♓	29 ♏	24 ♏	4 ♋
19	25 ♋ 18	2 ♈ 37	23 ♏ 41	24 ♏ 45	19 ♌ 1	5 ♍ 3	27 ♋ 12	1 ♓ 6	17 ♈ 54	17 ♉ 16	18 ♍ 59	29 ♋ 33	16 ♉	28 ♓	29 ♏	24 ♏	4 ♋
20	26 ♋ 15	15 ♈ 27	23 ♏ 38	24 ♏ 43	20 ♌ 28	6 ♍ 12	27 ♋ 51	1 ♓ 1	17 ♈ 56	17 ♉ 18	19 ♍ 0	29 ♋ 34	16 ♉	28 ♓	29 ♏	24 ♏	4 ♋
21	27 ♋ 13	28 ♈ 36	23 ♏ 35	24 D 42	21 ♌ 53	7 ♍ 21	28 ♋ 30	0 ♓ 56	17 ♈ 57	17 ♉ 19	19 ♍ 2	29 ♋ 36	17 ♉	28 ♓	29 ♏	24 ♏	5 ♋
22	28 ♋ 10	12 ♉ 6	23 ♏ 32	24 ♏ 43	23 ♌ 16	8 ♍ 30	29 ♋ 9	0 ♓ 50	17 ♈ 58	17 ♉ 21	19 ♍ 3	29 ♋ 38	17 ♉	28 ♓	29 ♏	24 ♏	5 ♋
23	29 ♋ 7	26 ♉ 1	23 ♏ 29	24 R 43	24 ♌ 36	9 ♍ 39	29 ♋ 48	0 ♓ 45	17 ♈ 59	17 ♉ 23	19 ♍ 5	29 ♋ 39	17 ♉	28 ♓	29 ♏	24 ♏	5 ♋
24	0 ♌ 4	10 ♊ 21	23 ♏ 25	24 ♏ 42	25 ♌ 55	10 ♍ 47	0 ♌ 26	0 ♓ 39	18 ♈ 0	17 ♉ 24	19 ♍ 7	29 ♋ 41	17 ♉	28 ♓	29 ♏	24 ♏	5 ♋
25	1 ♌ 2	25 ♊ 4	23 ♏ 22	24 ♏ 39	27 ♌ 11	11 ♍ 56	1 ♌ 5	0 ♓ 34	18 ♈ 0	17 ♉ 26	19 ♍ 8	29 ♋ 43	18 ♉	28 ♓	29 ♏	25 ♏	5 ♋
26	1 ♌ 59	10 ♋ 5	23 ♏ 19	24 ♏ 34	28 ♌ 25	13 ♍ 4	1 ♌ 44	0 ♓ 28	18 ♈ 1	17 ♉ 27	19 ♍ 10	29 ♋ 44	18 ♉	28 ♓	29 D	25 ♏	5 ♋
27	2 ♌ 56	25 ♋ 17	23 ♏ 16	24 ♏ 26	29 ♌ 36	14 ♍ 13	2 ♌ 22	0 ♓ 22	18 ♈ 1	17 ♉ 28	19 ♍ 11	29 ♋ 46	18 ♉	28 ♓	29 ♏	25 ♏	5 ♋
28	3 ♌ 54	10 ♌ 29	23 ♏ 13	24 ♏ 16	0 ♍ 46	15 ♍ 21	3 ♌ 1	0 ♓ 15	18 ♈ 2	17 ♉ 30	19 ♍ 13	29 ♋ 48	19 ♉	28 ♓	29 ♏	25 ♏	5 ♋
29	4 ♌ 51	25 ♌ 30	23 ♏ 9	24 ♏ 6	1 ♍ 52	16 ♍ 29	3 ♌ 40	0 ♓ 9	18 ♈ 2	17 ♉ 31	19 ♍ 15	29 ♋ 49	19 ♉	28 ♓	29 ♏	25 ♏	5 ♋
30	5 ♌ 49	10 ♍ 11	23 ♏ 6	23 ♏ 57	2 ♍ 56	17 ♍ 37	4 ♌ 18	0 ♓ 3	18 ♈ 2	17 ♉ 32	19 ♍ 17	29 ♋ 51	19 ♉	28 ♓	29 ♏	26 ♏	5 ♋
31	6 ♌ 46	24 ♍ 26	23 ♏ 3	23 ♏ 49	3 ♍ 58	18 ♍ 45	4 ♌ 57	29 ♒ 56	18 ♈ 2	17 ♉ 34	19 ♍ 18	29 ♋ 53	19 ♉	28 ♓	29 ♏	26 ♏	5 ♋

SUN INGRESS ☉ → ♌ 23日 21:57

MOON PHASE ◐ 4日 22:47 ♎　○ 13日 00:05 ♑　◑ 20日 21:19 ♈　● 27日 12:53 ♌

aspects		
1日	15:50	☿⚹♆
2日	20:00	♂⚹♅
3日	05:38	♀□♅
3日	19:23	♀△♄
3日	21:27	♂□♄
5日	21:13	♂⚹♆
7日	02:21	☿☌♇
10日	06:45	☉⚹♅
11日	00:22	☉□♄
12日	05:03	☉⚹♆
15日	18:55	♀☍♃
17日	19:06	☿□♅
18日	05:42	☿△♄
22日	18:44	♂☌♇
23日	13:56	☉☌♇
25日	04:08	☉☌♂
27日	14:19	☿☍♃
29日	22:26	♀△♅
31日	12:14	♀☌♆

1938年8月

DAY	☉	☽	☊ mean	☊ true	☿	♀	♂	♃	♄	♅	♆	♇	⚳	⚴	⚵	⚶	⚷
	° ′	° ′	° ′	° ′	° ′	° ′	° ′	° ′	° ′	° ′	° ′	° ′	°	°	°	°	°
1	7 ♌ 43	8 ♎ 12	23 ♏ 0	23 R 44	4 D 57	19 D 52	5 D 35	29 R 50	18 R 2	17 D 35	19 D 20	29 D 54	20 D	28 R	29 D	26 D	6 D
2	8 ♌ 41	21 ♎ 29	22 ♏ 57	23 ♏ 41	5 ♍ 52	21 ♍ 0	6 ♌ 14	29 ♒ 43	18 ♈ 2	17 ♉ 36	19 ♍ 22	29 ♋ 56	20 ♉	27 ♓	29 ♏	26 ♏	6 ♋
3	9 ♌ 38	4 ♏ 19	22 ♏ 54	23 ♏ 40	6 ♍ 45	22 ♍ 7	6 ♌ 52	29 ♒ 36	18 ♈ 2	17 ♉ 37	19 ♍ 24	29 ♋ 58	20 ♉	27 ♓	29 ♏	26 ♏	6 ♋
4	10 ♌ 36	16 ♏ 47	22 ♏ 50	23 D 40	7 ♍ 35	23 ♍ 15	7 ♌ 31	29 ♒ 29	18 ♈ 2	17 ♉ 38	19 ♍ 25	29 ♋ 59	20 ♉	27 ♓	29 ♏	27 ♏	6 ♋
5	11 ♌ 33	28 ♏ 58	22 ♏ 47	23 R 40	8 ♍ 21	24 ♍ 22	8 ♌ 9	29 ♒ 22	18 ♈ 1	17 ♉ 39	19 ♍ 27	0 ♌ 1	21 ♉	27 ♓	29 ♏	27 ♏	6 ♋
6	12 ♌ 30	10 ♐ 57	22 ♏ 44	23 ♏ 39	9 ♍ 4	25 ♍ 29	8 ♌ 48	29 ♒ 15	18 ♈ 1	17 ♉ 40	19 ♍ 29	0 ♌ 3	21 ♉	27 ♓	29 ♏	27 ♏	6 ♋
7	13 ♌ 28	22 ♐ 49	22 ♏ 41	23 ♏ 36	9 ♍ 43	26 ♍ 36	9 ♌ 26	29 ♒ 7	18 ♈ 0	17 ♉ 41	19 ♍ 31	0 ♌ 4	21 ♉	27 ♓	29 ♏	27 ♏	6 ♋
8	14 ♌ 25	4 ♑ 39	22 ♏ 38	23 ♏ 30	10 ♍ 18	27 ♍ 43	10 ♌ 5	29 ♒ 0	17 ♈ 59	17 ♉ 42	19 ♍ 33	0 ♌ 6	21 ♉	27 ♓	29 ♏	27 ♏	6 ♋
9	15 ♌ 23	16 ♑ 29	22 ♏ 35	23 ♏ 21	10 ♍ 49	28 ♍ 49	10 ♌ 43	28 ♒ 53	17 ♈ 59	17 ♉ 43	19 ♍ 35	0 ♌ 7	22 ♉	27 ♓	29 ♏	28 ♏	6 ♋
10	16 ♌ 20	28 ♑ 23	22 ♏ 31	23 ♏ 10	11 ♍ 16	29 ♍ 56	11 ♌ 22	28 ♒ 45	17 ♈ 58	17 ♉ 43	19 ♍ 37	0 ♌ 9	22 ♉	27 ♓	29 ♏	28 ♏	6 ♋
11	17 ♌ 18	10 ♒ 22	22 ♏ 28	22 ♏ 58	11 ♍ 38	1 ♎ 2	12 ♌ 0	28 ♒ 38	17 ♈ 57	17 ♉ 44	19 ♍ 39	0 ♌ 11	22 ♉	26 ♓	29 ♏	28 ♏	6 ♋
12	18 ♌ 16	22 ♒ 29	22 ♏ 25	22 ♏ 44	11 ♍ 56	2 ♎ 8	12 ♌ 39	28 ♒ 30	17 ♈ 55	17 ♉ 45	19 ♍ 40	0 ♌ 12	22 ♉	26 ♓	29 ♏	28 ♏	6 ♋
13	19 ♌ 13	4 ♓ 44	22 ♏ 22	22 ♏ 31	12 ♍ 8	3 ♎ 14	13 ♌ 17	28 ♒ 23	17 ♈ 54	17 ♉ 45	19 ♍ 42	0 ♌ 14	22 ♉	26 ♓	29 ♏	29 ♏	7 ♋
14	20 ♌ 11	17 ♓ 8	22 ♏ 19	22 ♏ 19	12 ♍ 16	4 ♎ 20	13 ♌ 55	28 ♒ 15	17 ♈ 53	17 ♉ 46	19 ♍ 44	0 ♌ 15	23 ♉	26 ♓	29 ♏	29 ♏	7 ♋
15	21 ♌ 8	29 ♓ 41	22 ♏ 15	22 ♏ 9	12 R 19	5 ♎ 25	14 ♌ 34	28 ♒ 7	17 ♈ 51	17 ♉ 46	19 ♍ 46	0 ♌ 17	23 ♉	26 ♓	0 ♐	29 ♏	7 ♋
16	22 ♌ 6	12 ♈ 26	22 ♏ 12	22 ♏ 3	12 ♍ 16	6 ♎ 31	15 ♌ 12	27 ♒ 59	17 ♈ 50	17 ♉ 47	19 ♍ 48	0 ♌ 19	23 ♉	26 ♓	0 ♐	0 ♐	7 ♋
17	23 ♌ 4	25 ♈ 23	22 ♏ 9	21 ♏ 59	12 ♍ 7	7 ♎ 36	15 ♌ 50	27 ♒ 52	17 ♈ 48	17 ♉ 47	19 ♍ 50	0 ♌ 20	23 ♉	25 ♓	0 ♐	0 ♐	7 ♋
18	24 ♌ 1	8 ♉ 35	22 ♏ 6	21 ♏ 57	11 ♍ 53	8 ♎ 41	16 ♌ 29	27 ♒ 44	17 ♈ 47	17 ♉ 47	19 ♍ 52	0 ♌ 22	23 ♉	25 ♓	0 ♐	0 ♐	7 ♋
19	24 ♌ 59	22 ♉ 4	22 ♏ 3	21 D 57	11 ♍ 33	9 ♎ 46	17 ♌ 7	27 ♒ 36	17 ♈ 45	17 ♉ 48	19 ♍ 55	0 ♌ 23	24 ♉	25 ♓	0 ♐	0 ♐	7 ♋
20	25 ♌ 57	5 ♊ 52	22 ♏ 0	21 R 57	11 ♍ 8	10 ♎ 50	17 ♌ 45	27 ♒ 28	17 ♈ 43	17 ♉ 48	19 ♍ 57	0 ♌ 25	24 ♉	25 ♓	0 ♐	1 ♐	7 ♋
21	26 ♌ 55	20 ♊ 0	21 ♏ 56	21 ♏ 55	10 ♍ 37	11 ♎ 55	18 ♌ 24	27 ♒ 20	17 ♈ 41	17 ♉ 48	19 ♍ 59	0 ♌ 26	24 ♉	25 ♓	0 ♐	1 ♐	7 ♋
22	27 ♌ 52	4 ♋ 27	21 ♏ 53	21 ♏ 52	10 ♍ 1	12 ♎ 59	19 ♌ 2	27 ♒ 12	17 ♈ 39	17 ♉ 48	20 ♍ 1	0 ♌ 28	24 ♉	24 ♓	0 ♐	1 ♐	7 ♋
23	28 ♌ 50	19 ♋ 10	21 ♏ 50	21 ♏ 46	9 ♍ 20	14 ♎ 3	19 ♌ 40	27 ♒ 4	17 ♈ 36	17 ♉ 48	20 ♍ 3	0 ♌ 29	24 ♉	24 ♓	1 ♐	2 ♐	7 ♋
24	29 ♌ 48	4 ♌ 4	21 ♏ 47	21 ♏ 37	8 ♍ 34	15 ♎ 7	20 ♌ 18	26 ♒ 56	17 ♈ 34	17 ♉ 48	20 ♍ 5	0 ♌ 31	25 ♉	24 ♓	1 ♐	2 ♐	7 ♋
25	0 ♍ 46	19 ♌ 1	21 ♏ 44	21 ♏ 27	7 ♍ 45	16 ♎ 10	20 ♌ 57	26 ♒ 49	17 ♈ 32	17 R 48	20 ♍ 7	0 ♌ 32	25 ♉	24 ♓	1 ♐	2 ♐	7 ♋
26	1 ♍ 44	3 ♍ 52	21 ♏ 41	21 ♏ 16	6 ♍ 53	17 ♎ 14	21 ♌ 35	26 ♒ 41	17 ♈ 29	17 ♉ 48	20 ♍ 9	0 ♌ 34	25 ♉	24 ♓	1 ♐	3 ♐	7 ♋
27	2 ♍ 42	18 ♍ 27	21 ♏ 37	21 ♏ 5	5 ♍ 59	18 ♎ 17	22 ♌ 13	26 ♒ 33	17 ♈ 27	17 ♉ 48	20 ♍ 11	0 ♌ 35	25 ♉	23 ♓	1 ♐	3 ♐	8 ♋
28	3 ♍ 40	2 ♎ 40	21 ♏ 34	20 ♏ 56	5 ♍ 4	19 ♎ 20	22 ♌ 51	26 ♒ 25	17 ♈ 24	17 ♉ 48	20 ♍ 13	0 ♌ 37	25 ♉	23 ♓	1 ♐	3 ♐	8 ♋
29	4 ♍ 38	16 ♎ 26	21 ♏ 31	20 ♏ 50	4 ♍ 9	20 ♎ 22	23 ♌ 29	26 ♒ 17	17 ♈ 21	17 ♉ 48	20 ♍ 16	0 ♌ 38	25 ♉	23 ♓	1 ♐	4 ♐	8 ♋
30	5 ♍ 36	29 ♎ 45	21 ♏ 28	20 ♏ 46	3 ♍ 15	21 ♎ 25	24 ♌ 8	26 ♒ 10	17 ♈ 19	17 ♉ 48	20 ♍ 18	0 ♌ 40	26 ♉	23 ♓	2 ♐	4 ♐	8 ♋
31	6 ♍ 34	12 ♏ 38	21 ♏ 25	20 ♏ 44	2 ♍ 24	22 ♎ 27	24 ♌ 46	26 ♒ 2	17 ♈ 16	17 ♉ 47	20 ♍ 20	0 ♌ 41	26 ♉	22 ♓	2 ♐	4 ♐	8 ♋

SUN INGRESS ☉ → ♍ 24日 04:46

MOON PHASE ◐ 3日 11:00 ♏　○ 11日 14:57 ♒　◑ 19日 05:30 ♉　● 25日 20:17 ♍

aspects		
10日	05:02	♀⚹♇
11日	10:57	☉□♅
11日	15:48	☉△♄
19日	22:34	♂△♄
20日	01:44	♂□♅
21日	09:21	☉☍♃
26日	05:42	♀☍♄
28日	17:57	☉☌☿

1938年9月

DAY	☉	☽	☊ mean	☊ true	☿	♀	♂	♃	♄	♅	♆	♇	⚳	⚴	⚵	⚶	⚷
	° ′	° ′	° ′	° ′	° ′	° ′	° ′	° ′	° ′	° ′	° ′	° ′	°	°	°	°	°
1	7 ♍ 32	25 ♏ 9	21 ♏ 21	20 D 44	1 R 36	23 D 29	25 D 24	25 R 55	17 R 13	17 R 47	20 D 22	0 D 42	26 D	22 R	2 D	5 D	8 D
2	8 ♍ 30	7 ♐ 21	21 ♏ 18	20 ♏ 45	0 ♍ 53	24 ♎ 30	26 ♌ 2	25 ♒ 47	17 ♈ 10	17 ♉ 47	20 ♍ 24	0 ♌ 44	26 ♉	22 ♓	2 ♐	5 ♐	8 ♋
3	9 ♍ 28	19 ♐ 21	21 ♏ 15	20 R 44	0 ♍ 16	25 ♎ 31	26 ♌ 40	25 ♒ 40	17 ♈ 6	17 ♉ 46	20 ♍ 27	0 ♌ 45	26 ♉	22 ♓	2 ♐	5 ♐	8 ♋
4	10 ♍ 26	1 ♑ 14	21 ♏ 12	20 ♏ 42	29 ♌ 45	26 ♎ 32	27 ♌ 19	25 ♒ 32	17 ♈ 3	17 ♉ 46	20 ♍ 29	0 ♌ 47	26 ♉	22 ♓	2 ♐	6 ♐	8 ♋
5	11 ♍ 24	13 ♑ 4	21 ♏ 9	20 ♏ 38	29 ♌ 21	27 ♎ 33	27 ♌ 57	25 ♒ 25	17 ♈ 0	17 ♉ 45	20 ♍ 31	0 ♌ 48	26 ♉	21 ♓	3 ♐	6 ♐	8 ♋
6	12 ♍ 22	24 ♑ 56	21 ♏ 6	20 ♏ 31	29 ♌ 6	28 ♎ 33	28 ♌ 35	25 ♒ 18	16 ♈ 56	17 ♉ 45	20 ♍ 33	0 ♌ 49	27 ♉	21 ♓	3 ♐	6 ♐	8 ♋
7	13 ♍ 21	6 ♒ 54	21 ♏ 2	20 ♏ 22	28 ♌ 59	29 ♎ 33	29 ♌ 13	25 ♒ 10	16 ♈ 53	17 ♉ 44	20 ♍ 35	0 ♌ 50	27 ♉	21 ♓	3 ♐	7 ♐	8 ♋
8	14 ♍ 19	19 ♒ 1	20 ♏ 59	20 ♏ 11	29 D 0	0 ♏ 33	29 ♌ 51	25 ♒ 3	16 ♈ 49	17 ♉ 43	20 ♍ 38	0 ♌ 52	27 ♉	20 ♓	3 ♐	7 ♐	8 ♋
9	15 ♍ 17	1 ♓ 18	20 ♏ 56	19 ♏ 59	29 ♌ 11	1 ♏ 32	0 ♍ 29	24 ♒ 57	16 ♈ 46	17 ♉ 42	20 ♍ 40	0 ♌ 53	27 ♉	20 ♓	3 ♐	7 ♐	8 ♋
10	16 ♍ 15	13 ♓ 46	20 ♏ 53	19 ♏ 47	29 ♌ 30	2 ♏ 31	1 ♍ 7	24 ♒ 50	16 ♈ 42	17 ♉ 42	20 ♍ 42	0 ♌ 54	27 ♉	20 ♓	4 ♐	8 ♐	8 ♋
11	17 ♍ 14	26 ♓ 26	20 ♏ 50	19 ♏ 37	29 ♌ 59	3 ♏ 29	1 ♍ 45	24 ♒ 43	16 ♈ 38	17 ♉ 41	20 ♍ 44	0 ♌ 56	27 ♉	20 ♓	4 ♐	8 ♐	8 ♋
12	18 ♍ 12	9 ♈ 18	20 ♏ 46	19 ♏ 29	0 ♍ 36	4 ♏ 27	2 ♍ 23	24 ♒ 36	16 ♈ 35	17 ♉ 40	20 ♍ 46	0 ♌ 57	27 ♉	19 ♓	4 ♐	9 ♐	9 ♋
13	19 ♍ 10	22 ♈ 21	20 ♏ 43	19 ♏ 23	1 ♍ 21	5 ♏ 25	3 ♍ 1	24 ♒ 30	16 ♈ 31	17 ♉ 39	20 ♍ 49	0 ♌ 58	27 ♉	19 ♓	4 ♐	9 ♐	9 ♋
14	20 ♍ 9	5 ♉ 35	20 ♏ 40	19 ♏ 20	2 ♍ 14	6 ♏ 22	3 ♍ 39	24 ♒ 23	16 ♈ 27	17 ♉ 38	20 ♍ 51	0 ♌ 59	27 ♉	19 ♓	4 ♐	9 ♐	9 ♋
15	21 ♍ 7	19 ♉ 1	20 ♏ 37	19 ♏ 19	3 ♍ 15	7 ♏ 19	4 ♍ 17	24 ♒ 17	16 ♈ 23	17 ♉ 37	20 ♍ 53	1 ♌ 0	27 ♉	19 ♓	5 ♐	10 ♐	9 ♋
16	22 ♍ 6	2 ♊ 38	20 ♏ 34	19 D 20	4 ♍ 23	8 ♏ 15	4 ♍ 56	24 ♒ 11	16 ♈ 19	17 ♉ 36	20 ♍ 55	1 ♌ 1	27 ♉	18 ♓	5 ♐	10 ♐	9 ♋
17	23 ♍ 4	16 ♊ 27	20 ♏ 31	19 ♏ 21	5 ♍ 37	9 ♏ 11	5 ♍ 34	24 ♒ 5	16 ♈ 15	17 ♉ 35	20 ♍ 58	1 ♌ 3	27 ♉	18 ♓	5 ♐	11 ♐	9 ♋
18	24 ♍ 3	0 ♋ 29	20 ♏ 27	19 R 21	6 ♍ 57	10 ♏ 6	6 ♍ 12	23 ♒ 59	16 ♈ 11	17 ♉ 34	21 ♍ 0	1 ♌ 4	27 ♉	18 ♓	5 ♐	11 ♐	9 ♋
19	25 ♍ 1	14 ♋ 44	20 ♏ 24	19 ♏ 19	8 ♍ 23	11 ♏ 1	6 ♍ 50	23 ♒ 54	16 ♈ 6	17 ♉ 33	21 ♍ 2	1 ♌ 5	28 ♉	18 ♓	6 ♐	11 ♐	9 ♋
20	26 ♍ 0	29 ♋ 8	20 ♏ 21	19 ♏ 15	9 ♍ 53	11 ♏ 55	7 ♍ 28	23 ♒ 48	16 ♈ 2	17 ♉ 31	21 ♍ 4	1 ♌ 6	28 ♉	17 ♓	6 ♐	12 ♐	9 ♋
21	26 ♍ 58	13 ♌ 38	20 ♏ 18	19 ♏ 9	11 ♍ 27	12 ♏ 49	8 ♍ 6	23 ♒ 43	15 ♈ 58	17 ♉ 30	21 ♍ 6	1 ♌ 7	28 ♉	17 ♓	6 ♐	12 ♐	9 ♋
22	27 ♍ 57	28 ♌ 10	20 ♏ 15	19 ♏ 2	13 ♍ 4	13 ♏ 42	8 ♍ 44	23 ♒ 37	15 ♈ 53	17 ♉ 29	21 ♍ 9	1 ♌ 8	28 ♉	17 ♓	6 ♐	13 ♐	9 ♋
23	28 ♍ 56	12 ♍ 37	20 ♏ 12	18 ♏ 54	14 ♍ 44	14 ♏ 35	9 ♍ 22	23 ♒ 32	15 ♈ 49	17 ♉ 27	21 ♍ 11	1 ♌ 9	28 ♉	17 ♓	7 ♐	13 ♐	9 ♋
24	29 ♍ 55	26 ♍ 52	20 ♏ 8	18 ♏ 46	16 ♍ 27	15 ♏ 27	10 ♍ 0	23 ♒ 27	15 ♈ 45	17 ♉ 26	21 ♍ 13	1 ♌ 10	28 ♉	16 ♓	7 ♐	13 ♐	9 ♋
25	0 ♎ 53	10 ♎ 51	20 ♏ 5	18 ♏ 39	18 ♍ 12	16 ♏ 19	10 ♍ 38	23 ♒ 22	15 ♈ 40	17 ♉ 24	21 ♍ 15	1 ♌ 11	28 ♉	16 ♓	7 ♐	14 ♐	9 ♋
26	1 ♎ 52	24 ♎ 28	20 ♏ 2	18 ♏ 35	19 ♍ 58	17 ♏ 9	11 ♍ 16	23 ♒ 18	15 ♈ 36	17 ♉ 23	21 ♍ 18	1 ♌ 12	28 R	16 ♓	7 ♐	14 ♐	9 ♋
27	2 ♎ 51	7 ♏ 42	19 ♏ 59	18 ♏ 32	21 ♍ 45	17 ♏ 59	11 ♍ 54	23 ♒ 13	15 ♈ 31	17 ♉ 21	21 ♍ 20	1 ♌ 13	28 ♉	16 ♓	8 ♐	15 ♐	9 ♋
28	3 ♎ 50	20 ♏ 33	19 ♏ 56	18 D 32	23 ♍ 33	18 ♏ 49	12 ♍ 32	23 ♒ 9	15 ♈ 27	17 ♉ 20	21 ♍ 22	1 ♌ 14	28 ♉	15 ♓	8 ♐	15 ♐	9 ♋
29	4 ♎ 49	3 ♐ 5	19 ♏ 52	18 ♏ 32	25 ♍ 22	19 ♏ 38	13 ♍ 10	23 ♒ 5	15 ♈ 22	17 ♉ 18	21 ♍ 24	1 ♌ 15	28 ♉	15 ♓	8 ♐	15 ♐	9 ♋
30	5 ♎ 48	15 ♐ 19	19 ♏ 49	18 ♏ 34	27 ♍ 10	20 ♏ 25	13 ♍ 48	23 ♒ 1	15 ♈ 17	17 ♉ 17	21 ♍ 26	1 ♌ 15	28 ♉	15 ♓	8 ♐	16 ♐	9 ♋

SUN INGRESS: ☉→♎24日 01:59

MOON PHASE: ◐ 2日 02:28 ♐　○ 10日 05:08 ♓　◑ 17日 12:12 ♊　● 24日 05:34 ♎

aspects

1日	16:00	♂☍♃
3日	02:51	♀△♃
6日	01:42	♀⚹♂
6日	11:16	☿⚹♀
6日	15:58	☿☌♂
8日	07:53	♀□♇
11日	11:05	☉△♅
14日	18:03	☉☌♆
16日	21:41	☿☌♂
22日	19:25	☿⚹♀
24日	13:20	♀△♅
25日	07:15	☉⚹♇
26日	06:16	☿☍♅
26日	18:14	☿☌♆

1938年10月

DAY	☉	☽	☊ mean	☊ true	☿	♀	♂	♃	♄	♅	♆	♇	⚳	⚴	⚵	⚶	⚷
	° ′	° ′	° ′	° ′	° ′	° ′	° ′	° ′	° ′	° ′	° ′	° ′	°	°	°	°	°
1	6 ♎ 47	27 ♐ 20	19 ♏ 46	18 D 35	28 D 59	21 D 12	14 D 26	22 R 57	15 R 13	17 R 15	21 D 28	1 D 16	28 R	15 R	9 D	16 D	9 D
2	7 ♎ 46	9 ♑ 14	19 ♏ 43	18 R 36	0 ♎ 48	21 ♏ 59	15 ♍ 4	22 ♒ 54	15 ♈ 8	17 ♉ 13	21 ♍ 31	1 ♌ 17	28 ♉	14 ♓	9 ♐	17 ♐	9 ♋
3	8 ♎ 45	21 ♑ 6	19 ♏ 40	18 ♏ 35	2 ♎ 36	22 ♏ 44	15 ♍ 42	22 ♒ 51	15 ♈ 3	17 ♉ 11	21 ♍ 33	1 ♌ 18	28 ♉	14 ♓	9 ♐	17 ♐	9 ♋
4	9 ♎ 44	3 ♒ 0	19 ♏ 37	18 ♏ 32	4 ♎ 24	23 ♏ 29	16 ♍ 19	22 ♒ 47	14 ♈ 59	17 ♉ 10	21 ♍ 35	1 ♌ 19	27 ♉	14 ♓	9 ♐	18 ♐	9 ♋
5	10 ♎ 43	15 ♒ 0	19 ♏ 33	18 ♏ 28	6 ♎ 12	24 ♏ 12	16 ♍ 57	22 ♒ 44	14 ♈ 54	17 ♉ 8	21 ♍ 37	1 ♌ 19	27 ♉	14 ♓	10 ♐	18 ♐	9 ♋
6	11 ♎ 42	27 ♒ 12	19 ♏ 30	18 ♏ 22	7 ♎ 59	24 ♏ 55	17 ♍ 35	22 ♒ 42	14 ♈ 49	17 ♉ 6	21 ♍ 39	1 ♌ 20	27 ♉	13 ♓	10 ♐	18 ♐	9 ♋
7	12 ♎ 41	9 ♓ 36	19 ♏ 27	18 ♏ 16	9 ♎ 46	25 ♏ 36	18 ♍ 13	22 ♒ 39	14 ♈ 45	17 ♉ 4	21 ♍ 41	1 ♌ 21	27 ♉	13 ♓	10 ♐	19 ♐	9 ♋
8	13 ♎ 40	22 ♓ 17	19 ♏ 24	18 ♏ 10	11 ♎ 31	26 ♏ 17	18 ♍ 51	22 ♒ 37	14 ♈ 40	17 ♉ 2	21 ♍ 43	1 ♌ 21	27 ♉	13 ♓	10 ♐	19 ♐	9 ♋
9	14 ♎ 40	5 ♈ 13	19 ♏ 21	18 ♏ 4	13 ♎ 16	26 ♏ 56	19 ♍ 29	22 ♒ 34	14 ♈ 35	17 ♉ 0	21 ♍ 45	1 ♌ 22	27 ♉	13 ♓	11 ♐	20 ♐	9 ♋
10	15 ♎ 39	18 ♈ 25	19 ♏ 18	18 ♏ 0	15 ♎ 1	27 ♏ 34	20 ♍ 7	22 ♒ 32	14 ♈ 30	16 ♉ 58	21 ♍ 48	1 ♌ 23	27 ♉	13 ♓	11 ♐	20 ♐	9 ♋
11	16 ♎ 38	1 ♉ 51	19 ♏ 14	17 ♏ 58	16 ♎ 45	28 ♏ 11	20 ♍ 45	22 ♒ 31	14 ♈ 26	16 ♉ 56	21 ♍ 50	1 ♌ 23	27 ♉	12 ♓	11 ♐	21 ♐	9 ♋
12	17 ♎ 38	15 ♉ 30	19 ♏ 11	17 ♏ 57	18 ♎ 28	28 ♏ 47	21 ♍ 23	22 ♒ 29	14 ♈ 21	16 ♉ 54	21 ♍ 52	1 ♌ 24	27 ♉	12 ♓	12 ♐	21 ♐	9 ♋
13	18 ♎ 37	29 ♉ 19	19 ♏ 8	17 D 57	20 ♎ 10	29 ♏ 21	22 ♍ 1	22 ♒ 27	14 ♈ 16	16 ♉ 52	21 ♍ 54	1 ♌ 24	27 ♉	12 ♓	12 ♐	22 ♐	10 ♋
14	19 ♎ 36	13 ♊ 16	19 ♏ 5	17 ♏ 58	21 ♎ 51	29 ♏ 54	22 ♍ 39	22 ♒ 26	14 ♈ 11	16 ♉ 50	21 ♍ 56	1 ♌ 25	27 ♉	12 ♓	12 ♐	22 ♐	10 ♋
15	20 ♎ 36	27 ♊ 20	19 ♏ 2	18 ♏ 0	23 ♎ 32	0 ♐ 26	23 ♍ 16	22 ♒ 25	14 ♈ 7	16 ♉ 48	21 ♍ 58	1 ♌ 25	26 ♉	12 ♓	13 ♐	22 ♐	10 ♋
16	21 ♎ 35	11 ♋ 29	18 ♏ 58	18 ♏ 1	25 ♎ 12	0 ♐ 56	23 ♍ 54	22 ♒ 24	14 ♈ 2	16 ♉ 46	22 ♍ 0	1 ♌ 26	26 ♉	12 ♓	13 ♐	23 ♐	10 ♋
17	22 ♎ 35	25 ♋ 40	18 ♏ 55	18 R 1	26 ♎ 52	1 ♐ 25	24 ♍ 32	22 ♒ 24	13 ♈ 57	16 ♉ 43	22 ♍ 2	1 ♌ 26	26 ♉	11 ♓	13 ♐	23 ♐	10 ♋
18	23 ♎ 34	9 ♌ 51	18 ♏ 52	18 ♏ 0	28 ♎ 31	1 ♐ 52	25 ♍ 10	22 ♒ 23	13 ♈ 53	16 ♉ 41	22 ♍ 4	1 ♌ 27	26 ♉	11 ♓	13 ♐	24 ♐	10 ♋
19	24 ♎ 34	24 ♌ 1	18 ♏ 49	17 ♏ 58	0 ♏ 9	2 ♐ 18	25 ♍ 48	22 ♒ 23	13 ♈ 48	16 ♉ 39	22 ♍ 6	1 ♌ 27	26 ♉	11 ♓	14 ♐	24 ♐	10 ♋
20	25 ♎ 33	8 ♍ 7	18 ♏ 46	17 ♏ 56	1 ♏ 46	2 ♐ 42	26 ♍ 26	22 D 23	13 ♈ 44	16 ♉ 37	22 ♍ 8	1 ♌ 28	26 ♉	11 ♓	14 ♐	25 ♐	10 ♋
21	26 ♎ 33	22 ♍ 5	18 ♏ 43	17 ♏ 52	3 ♏ 23	3 ♐ 4	27 ♍ 4	22 ♒ 23	13 ♈ 39	16 ♉ 34	22 ♍ 10	1 ♌ 28	26 ♉	11 ♓	14 ♐	25 ♐	10 R
22	27 ♎ 33	5 ♎ 53	18 ♏ 39	17 ♏ 49	4 ♏ 59	3 ♐ 24	27 ♍ 42	22 ♒ 24	13 ♈ 35	16 ♉ 32	22 ♍ 11	1 ♌ 28	25 ♉	11 ♓	15 ♐	26 ♐	10 ♋
23	28 ♎ 33	19 ♎ 26	18 ♏ 36	17 ♏ 47	6 ♏ 35	3 ♐ 43	28 ♍ 20	22 ♒ 24	13 ♈ 30	16 ♉ 30	22 ♍ 13	1 ♌ 29	25 ♉	11 ♓	15 ♐	26 ♐	10 ♋
24	29 ♎ 32	2 ♏ 44	18 ♏ 33	17 ♏ 45	8 ♏ 10	3 ♐ 59	28 ♍ 57	22 ♒ 25	13 ♈ 26	16 ♉ 27	22 ♍ 15	1 ♌ 29	25 ♉	10 ♓	15 ♐	27 ♐	10 ♋
25	0 ♏ 32	15 ♏ 45	18 ♏ 30	17 ♏ 45	9 ♏ 45	4 ♐ 14	29 ♍ 35	22 ♒ 26	13 ♈ 21	16 ♉ 25	22 ♍ 17	1 ♌ 29	25 ♉	10 ♓	16 ♐	27 ♐	10 ♋
26	1 ♏ 32	28 ♏ 28	18 ♏ 27	17 D 45	11 ♏ 19	4 ♐ 26	0 ♎ 13	22 ♒ 27	13 ♈ 17	16 ♉ 23	22 ♍ 19	1 ♌ 29	25 ♉	10 ♓	16 ♐	28 ♐	10 ♋
27	2 ♏ 32	10 ♐ 55	18 ♏ 23	17 ♏ 46	12 ♏ 52	4 ♐ 37	0 ♎ 51	22 ♒ 29	13 ♈ 12	16 ♉ 20	22 ♍ 21	1 ♌ 30	25 ♉	10 ♓	16 ♐	28 ♐	10 ♋
28	3 ♏ 32	23 ♐ 8	18 ♏ 20	17 ♏ 47	14 ♏ 25	4 ♐ 45	1 ♎ 29	22 ♒ 30	13 ♈ 8	16 ♉ 18	22 ♍ 22	1 ♌ 30	24 ♉	10 ♓	16 ♐	29 ♐	10 ♋
29	4 ♏ 32	5 ♑ 10	18 ♏ 17	17 ♏ 49	15 ♏ 58	4 ♐ 51	2 ♎ 7	22 ♒ 32	13 ♈ 4	16 ♉ 15	22 ♍ 24	1 ♌ 30	24 ♉	10 ♓	17 ♐	29 ♐	9 ♋
30	5 ♏ 32	17 ♑ 4	18 ♏ 14	17 ♏ 50	17 ♏ 30	4 ♐ 55	2 ♎ 45	22 ♒ 34	13 ♈ 0	16 ♉ 13	22 ♍ 26	1 ♌ 30	24 ♉	10 ♓	17 ♐	29 ♐	9 ♋
31	6 ♏ 32	28 ♑ 56	18 ♏ 11	17 ♏ 50	19 ♏ 1	4 ♐ 56	3 ♎ 22	22 ♒ 36	12 ♈ 56	16 ♉ 11	22 ♍ 28	1 ♌ 30	24 ♉	10 ♓	17 ♐	0 ♑	9 ♋

SUN INGRESS: ☉→♏24日 10:54

MOON PHASE: ◐ 1日 20:45 ♑　○ 9日 18:37 ♈　◑ 16日 18:24 ♋　● 23日 17:42 ♎　◐ 31日 16:45 ♒

aspects

1日	08:38	♀⚹♆
2日	06:30	☿⚹♇
3日	03:12	♀□♃
5日	06:15	♂△♅
8日	22:16	☉☍♄
9日	17:17	☿☍♄
10日	20:33	☉☌☿
12日	19:19	♂☌♆
14日	08:11	☿△♃
16日	19:37	☉△♃
17日	01:12	♀△♇
19日	19:23	♀□♇
25日	22:57	☉□♇
28日	00:33	♂⚹♇
29日	04:29	☿☍♅

1938年11月

DAY	☉	☽	☊ mean	☊ true	☿	♀	♂	♃	♄	♅	♆	♇	⚳	⚴	⚵	⚶	⚷
	° ′	° ′	° ′	° ′	° ′	° ′	° ′	° ′	° ′	° ′	° ′	° ′	°	°	°	°	°
1	7 ♏ 32	10 ♒ 50	18 ♏ 8	17 R 50	20 D 32	4 R 55	4 D 0	22 D 39	12 R 51	16 R 8	22 D 29	1 D 30	24 R	10 R	18 D	0 D	9 R
2	8 ♏ 32	22 ♒ 50	18 ♏ 4	17 ♏ 50	22 ♏ 3	4 ♐ 51	4 ♎ 38	22 ♒ 41	12 ♈ 47	16 ♉ 6	22 ♍ 31	1 ♌ 30	23 ♉	10 ♓	18 ♐	1 ♑	9 ♋
3	9 ♏ 32	5 ♓ 1	18 ♏ 1	17 ♏ 49	23 ♏ 33	4 ♐ 45	5 ♎ 16	22 ♒ 44	12 ♈ 44	16 ♉ 3	22 ♍ 33	1 R 30	23 ♉	10 ♓	18 ♐	1 ♑	9 ♋
4	10 ♏ 32	17 ♓ 28	17 ♏ 58	17 ♏ 48	25 ♏ 2	4 ♐ 37	5 ♎ 54	22 ♒ 47	12 ♈ 40	16 ♉ 1	22 ♍ 34	1 ♌ 30	23 ♉	10 ♓	19 ♐	2 ♑	9 ♋
5	11 ♏ 32	0 ♈ 13	17 ♏ 55	17 ♏ 48	26 ♏ 32	4 ♐ 26	6 ♎ 31	22 ♒ 50	12 ♈ 36	15 ♉ 58	22 ♍ 36	1 ♌ 30	23 ♉	10 ♓	19 ♐	2 ♑	9 ♋
6	12 ♏ 32	13 ♈ 19	17 ♏ 52	17 ♏ 47	28 ♏ 0	4 ♐ 13	7 ♎ 9	22 ♒ 53	12 ♈ 32	15 ♉ 56	22 ♍ 38	1 ♌ 30	23 ♉	10 ♓	19 ♐	3 ♑	9 ♋
7	13 ♏ 32	26 ♈ 46	17 ♏ 49	17 ♏ 46	29 ♏ 28	3 ♐ 57	7 ♎ 47	22 ♒ 57	12 ♈ 28	15 ♉ 53	22 ♍ 39	1 ♌ 30	22 ♉	10 ♓	20 ♐	3 ♑	9 ♋
8	14 ♏ 32	10 ♉ 33	17 ♏ 45	17 ♏ 46	0 ♐ 56	3 ♐ 39	8 ♎ 25	23 ♒ 1	12 ♈ 25	15 ♉ 51	22 ♍ 41	1 ♌ 30	22 ♉	10 ♓	20 ♐	4 ♑	9 ♋
9	15 ♏ 33	24 ♉ 37	17 ♏ 42	17 D 46	2 ♐ 23	3 ♐ 19	9 ♎ 3	23 ♒ 5	12 ♈ 21	15 ♉ 48	22 ♍ 42	1 ♌ 30	22 ♉	10 ♓	20 ♐	4 ♑	9 ♋
10	16 ♏ 33	8 ♊ 55	17 ♏ 39	17 ♏ 46	3 ♐ 49	2 ♐ 56	9 ♎ 40	23 ♒ 9	12 ♈ 18	15 ♉ 46	22 ♍ 44	1 ♌ 30	22 ♉	10 ♓	21 ♐	5 ♑	9 ♋
11	17 ♏ 33	23 ♊ 21	17 ♏ 36	17 ♏ 46	5 ♐ 15	2 ♐ 32	10 ♎ 18	23 ♒ 13	12 ♈ 14	15 ♉ 43	22 ♍ 45	1 ♌ 29	21 ♉	10 D	21 ♐	5 ♑	9 ♋
12	18 ♏ 33	7 ♋ 51	17 ♏ 33	17 R 46	6 ♐ 40	2 ♐ 5	10 ♎ 56	23 ♒ 18	12 ♈ 11	15 ♉ 41	22 ♍ 47	1 ♌ 29	21 ♉	10 ♓	21 ♐	6 ♑	9 ♋
13	19 ♏ 34	22 ♋ 18	17 ♏ 29	17 ♏ 46	8 ♐ 5	1 ♐ 36	11 ♎ 34	23 ♒ 22	12 ♈ 8	15 ♉ 38	22 ♍ 48	1 ♌ 29	21 ♉	10 ♓	22 ♐	6 ♑	9 ♋
14	20 ♏ 34	6 ♌ 39	17 ♏ 26	17 ♏ 46	9 ♐ 28	1 ♐ 6	12 ♎ 11	23 ♒ 27	12 ♈ 4	15 ♉ 36	22 ♍ 49	1 ♌ 29	21 ♉	10 ♓	22 ♐	7 ♑	9 ♋
15	21 ♏ 35	20 ♌ 51	17 ♏ 23	17 ♏ 46	10 ♐ 51	0 ♐ 34	12 ♎ 49	23 ♒ 32	12 ♈ 1	15 ♉ 33	22 ♍ 51	1 ♌ 28	20 ♉	10 ♓	22 ♐	7 ♑	9 ♋
16	22 ♏ 35	4 ♍ 51	17 ♏ 20	17 D 46	12 ♐ 13	0 ♐ 1	13 ♎ 27	23 ♒ 37	11 ♈ 58	15 ♉ 31	22 ♍ 52	1 ♌ 28	20 ♉	10 ♓	23 ♐	8 ♑	9 ♋
17	23 ♏ 36	18 ♍ 38	17 ♏ 17	17 ♏ 46	13 ♐ 34	29 ♏ 27	14 ♎ 5	23 ♒ 43	11 ♈ 55	15 ♉ 29	22 ♍ 53	1 ♌ 28	20 ♉	10 ♓	23 ♐	8 ♑	9 ♋
18	24 ♏ 36	2 ♎ 12	17 ♏ 14	17 ♏ 47	14 ♐ 54	28 ♏ 52	14 ♎ 43	23 ♒ 48	11 ♈ 53	15 ♉ 26	22 ♍ 55	1 ♌ 27	20 ♉	10 ♓	24 ♐	9 ♑	9 ♋
19	25 ♏ 37	15 ♎ 33	17 ♏ 10	17 ♏ 48	16 ♐ 12	28 ♏ 16	15 ♎ 20	23 ♒ 54	11 ♈ 50	15 ♉ 24	22 ♍ 56	1 ♌ 27	20 ♉	10 ♓	24 ♐	9 ♑	9 ♋
20	26 ♏ 37	28 ♎ 41	17 ♏ 7	17 ♏ 48	17 ♐ 29	27 ♏ 40	15 ♎ 58	24 ♒ 0	11 ♈ 47	15 ♉ 21	22 ♍ 57	1 ♌ 26	19 ♉	10 ♓	24 ♐	10 ♑	9 ♋
21	27 ♏ 38	11 ♏ 35	17 ♏ 4	17 ♏ 49	18 ♐ 44	27 ♏ 3	16 ♎ 36	24 ♒ 6	11 ♈ 45	15 ♉ 19	22 ♍ 58	1 ♌ 26	19 ♉	10 ♓	25 ♐	10 ♑	9 ♋
22	28 ♏ 38	24 ♏ 17	17 ♏ 1	17 R 49	19 ♐ 57	26 ♏ 27	17 ♎ 13	24 ♒ 12	11 ♈ 42	15 ♉ 16	22 ♍ 59	1 ♌ 25	19 ♉	10 ♓	25 ♐	11 ♑	9 ♋
23	29 ♏ 39	6 ♐ 46	16 ♏ 58	17 ♏ 48	21 ♐ 8	25 ♏ 51	17 ♎ 51	24 ♒ 19	11 ♈ 40	15 ♉ 14	23 ♍ 1	1 ♌ 25	19 ♉	10 ♓	25 ♐	11 ♑	9 ♋
24	0 ♐ 40	19 ♐ 4	16 ♏ 55	17 ♏ 47	22 ♐ 17	25 ♏ 16	18 ♎ 29	24 ♒ 25	11 ♈ 37	15 ♉ 12	23 ♍ 2	1 ♌ 24	18 ♉	10 ♓	26 ♐	12 ♑	9 ♋
25	1 ♐ 40	1 ♑ 11	16 ♏ 51	17 ♏ 45	23 ♐ 22	24 ♏ 41	19 ♎ 7	24 ♒ 32	11 ♈ 35	15 ♉ 9	23 ♍ 3	1 ♌ 24	18 ♉	10 ♓	26 ♐	12 ♑	9 ♋
26	2 ♐ 41	13 ♑ 10	16 ♏ 48	17 ♏ 43	24 ♐ 25	24 ♏ 11	19 ♎ 44	24 ♒ 39	11 ♈ 33	15 ♉ 7	23 ♍ 4	1 ♌ 23	18 ♉	10 ♓	26 ♐	13 ♑	9 ♋
27	3 ♐ 42	25 ♑ 4	16 ♏ 45	17 ♏ 40	25 ♐ 23	23 ♏ 35	20 ♎ 22	24 ♒ 46	11 ♈ 31	15 ♉ 5	23 ♍ 5	1 ♌ 23	18 ♉	10 ♓	27 ♐	13 ♑	9 ♋
28	4 ♐ 43	6 ♒ 55	16 ♏ 42	17 ♏ 38	26 ♐ 18	23 ♏ 4	21 ♎ 0	24 ♒ 53	11 ♈ 29	15 ♉ 2	23 ♍ 6	1 ♌ 22	18 ♉	10 ♓	27 ♐	14 ♑	9 ♋
29	5 ♐ 43	18 ♒ 47	16 ♏ 39	17 ♏ 36	27 ♐ 8	22 ♏ 35	21 ♎ 37	25 ♒ 1	11 ♈ 27	15 ♉ 0	23 ♍ 7	1 ♌ 21	17 ♉	11 ♓	27 ♐	14 ♑	8 ♋
30	6 ♐ 44	0 ♓ 45	16 ♏ 35	17 ♏ 35	27 ♐ 52	22 ♏ 7	22 ♎ 15	25 ♒ 8	11 ♈ 26	14 ♉ 58	23 ♍ 8	1 ♌ 21	17 ♉	11 ♓	28 ♐	15 ♑	8 ♋

SUN INGRESS	☉ → ♐ 23日 08:06
MOON PHASE	○ 8日 07:23 ♉ ◑ 15日 01:20 ♌ ● 22日 09:05 ♏ ◐ 30日 12:59 ♓

aspects		
2日	07:28	♀⚹♂
2日	07:40	☿⚹♆
2日	10:32	☿□♃
8日	09:21	☿△♇
9日	06:02	☉☍♅
9日	12:22	☿☌♀
13日	06:01	♀△♇
13日	19:52	♂☍♄
15日	19:47	☿△♄
16日	06:55	☉⚹♆
17日	03:09	☉□♃
17日	17:35	☿⚹♂
20日	15:30	☉☌♀
24日	16:40	☿□♆
24日	17:33	☉△♇
25日	05:16	♀□♃
26日	06:28	☿⚹♃
27日	22:45	♀⚹♆

1938年12月

DAY	☉	☽	☊ mean	☊ true	☿	♀	♂	♃	♄	♅	♆	♇	⚳	⚴	⚵	⚶	⚷
	° ′	° ′	° ′	° ′	° ′	° ′	° ′	° ′	° ′	° ′	° ′	° ′	°	°	°	°	°
1	7 ♐ 45	12 ♓ 52	16 ♏ 32	17 D 35	28 D 30	21 R 42	22 D 53	25 D 16	11 R 24	14 R 56	23 D 9	1 R 20	17 R	11 D	28 D	15 D	8 R
2	8 ♐ 46	25 ♓ 15	16 ♏ 29	17 ♏ 36	29 ♐ 2	21 ♏ 18	23 ♎ 30	25 ♒ 24	11 ♈ 23	14 ♉ 53	23 ♍ 9	1 ♌ 19	17 ♉	11 ♓	28 ♐	16 ♑	8 ♋
3	9 ♐ 47	7 ♈ 57	16 ♏ 26	17 ♏ 37	29 ♐ 25	20 ♏ 57	24 ♎ 8	25 ♒ 32	11 ♈ 21	14 ♉ 51	23 ♍ 10	1 ♌ 19	17 ♉	11 ♓	29 ♐	16 ♑	8 ♋
4	10 ♐ 47	21 ♈ 2	16 ♏ 23	17 ♏ 39	29 ♐ 40	20 ♏ 38	24 ♎ 46	25 ♒ 40	11 ♈ 20	14 ♉ 49	23 ♍ 11	1 ♌ 18	16 ♉	11 ♓	29 ♐	17 ♑	8 ♋
5	11 ♐ 48	4 ♉ 32	16 ♏ 20	17 ♏ 40	29 ♐ 46	20 ♏ 21	25 ♎ 23	25 ♒ 48	11 ♈ 19	14 ♉ 47	23 ♍ 12	1 ♌ 17	16 ♉	11 ♓	0 ♑	17 ♑	8 ♋
6	12 ♐ 49	18 ♉ 29	16 ♏ 16	17 R 41	29 R 41	20 ♏ 7	26 ♎ 1	25 ♒ 57	11 ♈ 18	14 ♉ 45	23 ♍ 12	1 ♌ 16	16 ♉	11 ♓	0 ♑	18 ♑	8 ♋
7	13 ♐ 50	2 ♊ 50	16 ♏ 13	17 ♏ 40	29 ♐ 26	19 ♏ 56	26 ♎ 38	26 ♒ 5	11 ♈ 17	14 ♉ 43	23 ♍ 13	1 ♌ 16	16 ♉	12 ♓	0 ♑	18 ♑	8 ♋
8	14 ♐ 51	17 ♊ 30	16 ♏ 10	17 ♏ 38	29 ♐ 0	19 ♏ 46	27 ♎ 16	26 ♒ 14	11 ♈ 16	14 ♉ 41	23 ♍ 14	1 ♌ 15	16 ♉	12 ♓	1 ♑	19 ♑	8 ♋
9	15 ♐ 52	2 ♋ 24	16 ♏ 7	17 ♏ 35	28 ♐ 22	19 ♏ 40	27 ♎ 54	26 ♒ 23	11 ♈ 15	14 ♉ 38	23 ♍ 14	1 ♌ 14	15 ♉	12 ♓	1 ♑	19 ♑	8 ♋
10	16 ♐ 53	17 ♋ 23	16 ♏ 4	17 ♏ 30	27 ♐ 33	19 ♏ 35	28 ♎ 31	26 ♒ 32	11 ♈ 15	14 ♉ 36	23 ♍ 15	1 ♌ 13	15 ♉	12 ♓	1 ♑	20 ♑	8 ♋
11	17 ♐ 54	2 ♌ 17	16 ♏ 1	17 ♏ 26	26 ♐ 34	19 ♏ 34	29 ♎ 9	26 ♒ 41	11 ♈ 14	14 ♉ 35	23 ♍ 16	1 ♌ 12	15 ♉	12 ♓	2 ♑	20 ♑	8 ♋
12	18 ♐ 55	17 ♌ 0	15 ♏ 57	17 ♏ 22	25 ♐ 23	19 D 34	29 ♎ 46	26 ♒ 50	11 ♈ 14	14 ♉ 33	23 ♍ 16	1 ♌ 11	15 ♉	12 ♓	2 ♑	21 ♑	8 ♋
13	19 ♐ 56	1 ♍ 24	15 ♏ 54	17 ♏ 19	24 ♐ 10	19 ♏ 38	0 ♏ 24	27 ♒ 0	11 ♈ 14	14 ♉ 31	23 ♍ 17	1 ♌ 10	15 ♉	12 ♓	2 ♑	21 ♑	8 ♋
14	20 ♐ 57	15 ♍ 28	15 ♏ 51	17 ♏ 18	22 ♐ 49	19 ♏ 43	1 ♏ 1	27 ♒ 9	11 ♈ 13	14 ♉ 29	23 ♍ 17	1 ♌ 9	15 ♉	13 ♓	3 ♑	21 ♑	8 ♋
15	21 ♐ 58	29 ♍ 10	15 ♏ 48	17 D 18	21 ♐ 26	19 ♏ 51	1 ♏ 39	27 ♒ 19	11 ♈ 13	14 ♉ 27	23 ♍ 17	1 ♌ 8	15 ♉	13 ♓	3 ♑	22 ♑	8 ♋
16	22 ♐ 59	12 ♎ 32	15 ♏ 45	17 ♏ 19	20 ♐ 4	20 ♏ 1	2 ♏ 16	27 ♒ 29	11 D 13	14 ♉ 25	23 ♍ 18	1 ♌ 7	15 ♉	13 ♓	4 ♑	23 ♑	8 ♋
17	24 ♐ 0	25 ♎ 35	15 ♏ 41	17 ♏ 21	18 ♐ 45	20 ♏ 14	2 ♏ 54	27 ♒ 39	11 ♈ 13	14 ♉ 23	23 ♍ 18	1 ♌ 6	14 ♉	13 ♓	4 ♑	23 ♑	7 ♋
18	25 ♐ 1	8 ♏ 22	15 ♏ 38	17 ♏ 22	17 ♐ 31	20 ♏ 28	3 ♏ 32	27 ♒ 49	11 ♈ 14	14 ♉ 22	23 ♍ 18	1 ♌ 5	14 ♉	13 ♓	4 ♑	24 ♑	7 ♋
19	26 ♐ 2	20 ♏ 56	15 ♏ 35	17 R 22	16 ♐ 22	20 ♏ 45	4 ♏ 9	27 ♒ 59	11 ♈ 14	14 ♉ 20	23 ♍ 19	1 ♌ 4	14 ♉	13 ♓	5 ♑	24 ♑	7 ♋
20	27 ♐ 3	3 ♐ 19	15 ♏ 32	17 ♏ 21	15 ♐ 30	21 ♏ 3	4 ♏ 46	28 ♒ 9	11 ♈ 14	14 ♉ 18	23 ♍ 19	1 ♌ 3	14 ♉	14 ♓	5 ♑	24 ♑	7 ♋
21	28 ♐ 4	15 ♐ 33	15 ♏ 29	17 ♏ 18	14 ♐ 44	21 ♏ 24	5 ♏ 24	28 ♒ 19	11 ♈ 15	14 ♉ 17	23 ♍ 19	1 ♌ 2	14 ♉	14 ♓	5 ♑	25 ♑	7 ♋
22	29 ♐ 5	27 ♐ 40	15 ♏ 26	17 ♏ 12	14 ♐ 9	21 ♏ 47	6 ♏ 1	28 ♒ 30	11 ♈ 16	14 ♉ 15	23 ♍ 19	1 ♌ 1	14 ♉	14 ♓	6 ♑	26 ♑	7 ♋
23	0 ♑ 7	9 ♑ 40	15 ♏ 22	17 ♏ 4	13 ♐ 45	22 ♏ 11	6 ♏ 39	28 ♒ 40	11 ♈ 17	14 ♉ 14	23 ♍ 19	1 ♌ 0	14 ♉	14 ♓	6 ♑	26 ♑	7 ♋
24	1 ♑ 8	21 ♑ 35	15 ♏ 19	16 ♏ 56	13 ♐ 31	22 ♏ 37	7 ♏ 16	28 ♒ 51	11 ♈ 17	14 ♉ 12	23 ♍ 20	0 ♌ 59	14 ♉	15 ♓	7 ♑	27 ♑	7 ♋
25	2 ♑ 9	3 ♒ 28	15 ♏ 16	16 ♏ 46	13 D 28	23 ♏ 5	7 ♏ 54	29 ♒ 2	11 ♈ 18	14 ♉ 11	23 ♍ 20	0 ♌ 58	14 ♉	15 ♓	7 ♑	27 ♑	7 ♋
26	3 ♑ 10	15 ♒ 18	15 ♏ 13	16 ♏ 37	13 ♐ 34	23 ♏ 35	8 ♏ 31	29 ♒ 13	11 ♈ 20	14 ♉ 9	23 ♍ 20	0 ♌ 56	14 ♉	15 ♓	7 ♑	28 ♑	7 ♋
27	4 ♑ 11	27 ♒ 10	15 ♏ 10	16 ♏ 30	13 ♐ 49	24 ♏ 6	9 ♏ 8	29 ♒ 24	11 ♈ 21	14 ♉ 8	23 R 20	0 ♌ 55	14 ♉	15 ♓	8 ♑	28 ♑	7 ♋
28	5 ♑ 12	9 ♓ 7	15 ♏ 7	16 ♏ 24	14 ♐ 12	24 ♏ 38	9 ♏ 46	29 ♒ 35	11 ♈ 22	14 ♉ 7	23 ♍ 20	0 ♌ 54	14 ♉	16 ♓	8 ♑	28 ♑	7 ♋
29	6 ♑ 13	21 ♓ 11	15 ♏ 3	16 ♏ 21	14 ♐ 42	25 ♏ 12	10 ♏ 23	29 ♒ 46	11 ♈ 24	14 ♉ 5	23 ♍ 20	0 ♌ 53	14 ♉	16 ♓	8 ♑	29 ♑	7 ♋
30	7 ♑ 15	3 ♈ 29	15 ♏ 0	16 ♏ 19	15 ♐ 18	25 ♏ 48	11 ♏ 0	29 ♒ 58	11 ♈ 25	14 ♉ 4	23 ♍ 19	0 ♌ 52	13 ♉	16 ♓	9 ♑	0 ♒	7 ♋
31	8 ♑ 16	16 ♈ 4	14 ♏ 57	16 D 19	16 ♐ 0	26 ♏ 25	11 ♏ 38	0 ♓ 9	11 ♈ 27	14 ♉ 3	23 ♍ 19	0 ♌ 50	13 ♉	16 ♓	9 ♑	0 ♒	7 ♋

SUN INGRESS	☉ → ♑ 22日 21:13
MOON PHASE	○ 7日 19:22 ♊ ◑ 14日 10:17 ♍ ● 22日 03:07 ♐ ◐ 30日 07:53 ♈

aspects		
4日	12:39	☉△♄
5日	20:36	♂△♃
9日	08:12	☿⚹♂
10日	21:35	☿⚹♃
13日	15:49	☿□♆
14日	04:53	♂□♇
14日	18:43	☉☌☿
16日	07:29	☉□♆
21日	07:08	☉⚹♃
25日	12:05	♀⚹♆

1939年1月

DAY	☉	☽	☊ mean	☊ true	☿	♀	♂	♃	♄	♅	♆	♇	⚳	⚴	⚵	⚶	⚷
	° ′	° ′	° ′	° ′	° ′	° ′	° ′	° ′	° ′	° ′	° ′	° ′	°	°	°	°	°
1	9 ♑ 17	29 ♈ 0	14 ♏ 54	16 D 20	16 D 48	27 D 3	12 D 15	0 D 21	11 D 29	14 R 2	23 R 19	0 R 49	13 R	16 D	10 D	1 D	6 R
2	10 ♑ 18	12 ♉ 24	14 ♏ 51	16 ♏ 21	17 ♐ 40	27 ♏ 42	12 ♏ 52	0 ♓ 32	11 ♈ 31	14 ♉ 1	23 ♍ 19	0 ♌ 48	13 ♉	17 ♓	10 ♑	1 ♒	6 ♋
3	11 ♑ 19	26 ♉ 15	14 ♏ 47	16 R 21	18 ♐ 36	28 ♏ 23	13 ♏ 30	0 ♓ 44	11 ♈ 33	14 ♉ 0	23 ♍ 19	0 ♌ 47	13 D	17 ♓	10 ♑	2 ♒	6 ♋
4	12 ♑ 20	10 ♊ 36	14 ♏ 44	16 ♏ 18	19 ♐ 36	29 ♏ 4	14 ♏ 7	0 ♓ 56	11 ♈ 35	13 ♉ 59	23 ♍ 18	0 ♌ 46	13 ♉	17 ♓	11 ♑	2 ♒	6 ♋
5	13 ♑ 22	25 ♊ 24	14 ♏ 41	16 ♏ 14	20 ♐ 39	29 ♏ 47	14 ♏ 44	1 ♓ 8	11 ♈ 37	13 ♉ 58	23 ♍ 18	0 ♌ 44	13 ♉	17 ♓	11 ♑	3 ♒	6 ♋
6	14 ♑ 23	10 ♋ 31	14 ♏ 38	16 ♏ 6	21 ♐ 44	0 ♐ 31	15 ♏ 21	1 ♓ 20	11 ♈ 39	13 ♉ 57	23 ♍ 18	0 ♌ 43	13 ♉	18 ♓	12 ♑	3 ♒	6 ♋
7	15 ♑ 24	25 ♋ 49	14 ♏ 35	15 ♏ 57	22 ♐ 53	1 ♐ 16	15 ♏ 58	1 ♓ 32	11 ♈ 42	13 ♉ 56	23 ♍ 17	0 ♌ 42	14 ♉	18 ♓	12 ♑	4 ♒	6 ♋
8	16 ♑ 25	11 ♌ 6	14 ♏ 32	15 ♏ 48	24 ♐ 3	2 ♐ 2	16 ♏ 36	1 ♓ 44	11 ♈ 44	13 ♉ 55	23 ♍ 17	0 ♌ 40	14 ♉	18 ♓	12 ♑	4 ♒	6 ♋
9	17 ♑ 26	26 ♌ 11	14 ♏ 28	15 ♏ 39	25 ♐ 16	2 ♐ 49	17 ♏ 13	1 ♓ 57	11 ♈ 47	13 ♉ 55	23 ♍ 17	0 ♌ 39	14 ♉	19 ♓	13 ♑	5 ♒	6 ♋
10	18 ♑ 27	10 ♍ 56	14 ♏ 25	15 ♏ 31	26 ♐ 30	3 ♐ 37	17 ♏ 50	2 ♓ 9	11 ♈ 49	13 ♉ 54	23 ♍ 16	0 ♌ 38	14 ♉	19 ♓	13 ♑	5 ♒	6 ♋
11	19 ♑ 28	25 ♍ 14	14 ♏ 22	15 ♏ 26	27 ♐ 46	4 ♐ 26	18 ♏ 27	2 ♓ 21	11 ♈ 52	13 ♉ 53	23 ♍ 16	0 ♌ 37	14 ♉	19 ♓	13 ♑	6 ♒	6 ♋
12	20 ♑ 29	9 ♎ 3	14 ♏ 19	15 ♏ 24	29 ♐ 4	5 ♐ 15	19 ♏ 4	2 ♓ 34	11 ♈ 55	13 ♉ 53	23 ♍ 15	0 ♌ 35	14 ♉	19 ♓	14 ♑	7 ♒	6 ♋
13	21 ♑ 31	22 ♎ 26	14 ♏ 16	15 D 23	0 ♑ 23	6 ♐ 6	19 ♏ 41	2 ♓ 46	11 ♈ 58	13 ♉ 52	23 ♍ 15	0 ♌ 34	14 ♉	20 ♓	14 ♑	7 ♒	6 ♋
14	22 ♑ 32	5 ♏ 25	14 ♏ 13	15 ♏ 24	1 ♑ 43	6 ♐ 57	20 ♏ 18	2 ♓ 59	12 ♈ 1	13 ♉ 52	23 ♍ 14	0 ♌ 33	14 ♉	20 ♓	15 ♑	8 ♒	6 ♋
15	23 ♑ 33	18 ♏ 3	14 ♏ 9	15 R 24	3 ♑ 4	7 ♐ 49	20 ♏ 55	3 ♓ 12	12 ♈ 4	13 ♉ 51	23 ♍ 13	0 ♌ 31	14 ♉	20 ♓	15 ♑	8 ♒	6 ♋
16	24 ♑ 34	0 ♐ 25	14 ♏ 6	15 ♏ 23	4 ♑ 27	8 ♐ 41	21 ♏ 32	3 ♓ 25	12 ♈ 8	13 ♉ 51	23 ♍ 13	0 ♌ 30	14 ♉	20 ♓	15 ♑	9 ♒	5 ♋
17	25 ♑ 35	12 ♐ 36	14 ♏ 3	15 ♏ 19	5 ♑ 50	9 ♐ 35	22 ♏ 9	3 ♓ 37	12 ♈ 11	13 ♉ 50	23 ♍ 12	0 ♌ 29	14 ♉	21 ♓	16 ♑	9 ♒	5 ♋
18	26 ♑ 36	24 ♐ 39	14 ♏ 0	15 ♏ 13	7 ♑ 14	10 ♐ 29	22 ♏ 46	3 ♓ 50	12 ♈ 15	13 ♉ 50	23 ♍ 11	0 ♌ 27	14 ♉	21 ♓	16 ♑	10 ♒	5 ♋
19	27 ♑ 37	6 ♑ 36	13 ♏ 57	15 ♏ 4	8 ♑ 40	11 ♐ 23	23 ♏ 23	4 ♓ 3	12 ♈ 18	13 ♉ 50	23 ♍ 10	0 ♌ 26	14 ♉	21 ♓	17 ♑	10 ♒	5 ♋
20	28 ♑ 38	18 ♑ 30	13 ♏ 53	14 ♏ 52	10 ♑ 6	12 ♐ 19	24 ♏ 0	4 ♓ 16	12 ♈ 22	13 ♉ 50	23 ♍ 10	0 ♌ 25	14 ♉	22 ♓	17 ♑	11 ♒	5 ♋
21	29 ♑ 40	0 ♒ 22	13 ♏ 50	14 ♏ 38	11 ♑ 32	13 ♐ 14	24 ♏ 37	4 ♓ 30	12 ♈ 26	13 ♉ 50	23 ♍ 9	0 ♌ 23	15 ♉	22 ♓	17 ♑	11 ♒	5 ♋
22	0 ♒ 41	12 ♒ 14	13 ♏ 47	14 ♏ 23	13 ♑ 0	14 ♐ 11	25 ♏ 14	4 ♓ 43	12 ♈ 30	13 ♉ 50	23 ♍ 8	0 ♌ 22	15 ♉	22 ♓	18 ♑	12 ♒	5 ♋
23	1 ♒ 42	24 ♒ 7	13 ♏ 44	14 ♏ 9	14 ♑ 28	15 ♐ 8	25 ♏ 51	4 ♓ 56	12 ♈ 34	13 D 50	23 ♍ 7	0 ♌ 20	15 ♉	23 ♓	18 ♑	12 ♒	5 ♋
24	2 ♒ 43	6 ♓ 2	13 ♏ 41	13 ♏ 56	15 ♑ 57	16 ♐ 5	26 ♏ 27	5 ♓ 9	12 ♈ 38	13 ♉ 50	23 ♍ 6	0 ♌ 19	15 ♉	23 ♓	18 ♑	13 ♒	5 ♋
25	3 ♒ 44	18 ♓ 2	13 ♏ 38	13 ♏ 45	17 ♑ 27	17 ♐ 3	27 ♏ 4	5 ♓ 23	12 ♈ 42	13 ♉ 50	23 ♍ 5	0 ♌ 18	15 ♉	23 ♓	19 ♑	13 ♒	5 ♋
26	4 ♒ 45	0 ♈ 9	13 ♏ 34	13 ♏ 38	18 ♑ 57	18 ♐ 1	27 ♏ 41	5 ♓ 36	12 ♈ 46	13 ♉ 50	23 ♍ 4	0 ♌ 16	15 ♉	24 ♓	19 ♑	14 ♒	5 ♋
27	5 ♒ 46	12 ♈ 26	13 ♏ 31	13 ♏ 34	20 ♑ 28	19 ♐ 0	28 ♏ 18	5 ♓ 50	12 ♈ 50	13 ♉ 50	23 ♍ 3	0 ♌ 15	15 ♉	24 ♓	20 ♑	14 ♒	5 ♋
28	6 ♒ 47	24 ♈ 58	13 ♏ 28	13 ♏ 32	21 ♑ 59	20 ♐ 0	28 ♏ 54	6 ♓ 3	12 ♈ 55	13 ♉ 50	23 ♍ 2	0 ♌ 14	15 ♉	24 ♓	20 ♑	15 ♒	5 ♋
29	7 ♒ 48	7 ♉ 48	13 ♏ 25	13 D 31	23 ♑ 32	20 ♐ 59	29 ♏ 31	6 ♓ 17	12 ♈ 59	13 ♉ 51	23 ♍ 1	0 ♌ 12	16 ♉	24 ♓	20 ♑	15 ♒	5 ♋
30	8 ♒ 49	21 ♉ 1	13 ♏ 22	13 R 31	25 ♑ 5	22 ♐ 0	0 ♐ 7	6 ♓ 31	13 ♈ 4	13 ♉ 51	23 ♍ 0	0 ♌ 11	16 ♉	25 ♓	21 ♑	16 ♒	5 ♋
31	9 ♒ 50	4 ♊ 42	13 ♏ 18	13 ♏ 30	26 ♑ 38	23 ♐ 0	0 ♐ 44	6 ♓ 44	13 ♈ 8	13 ♉ 51	22 ♍ 59	0 ♌ 10	16 ♉	25 ♓	21 ♑	16 ♒	5 ♋

SUN INGRESS	☉ → ♒ 21日 07:51
MOON PHASE	○ 6日 06:30 ♋ ◑ 12日 22:10 ♎ ● 20日 22:27 ♑ ◐ 29日 00:00 ♉

aspects		
3日	05:24	☉□♄
3日	18:56	♂☍♅
5日	14:03	☉△♅
6日	06:14	♀△♇
7日	08:30	☿□♆
7日	11:27	♀□♃
8日	10:40	☉⚹♂
14日	16:24	☉△♆
15日	02:35	☿⚹♃
18日	15:56	♂⚹♆
20日	01:35	♀△♄
21日	15:21	☿□♄
21日	16:47	☉☍♇
22日	13:34	☿△♅
28日	16:11	☿△♆
30日	02:21	♂△♇
30日	23:35	♀□♆

1939年2月

DAY	☉	☽	☊ mean	☊ true	☿	♀	♂	♃	♄	♅	♆	♇	⚳	⚴	⚵	⚶	⚷
	° ′	° ′	° ′	° ′	° ′	° ′	° ′	° ′	° ′	° ′	° ′	° ′	°	°	°	°	°
1	10 ♒ 51	18 ♊ 51	13 ♏ 15	13 R 27	28 D 13	24 D 1	1 D 20	6 D 58	13 D 13	13 D 52	22 R 58	0 R 8	16 D	25 D	21 D	17 D	5 R
2	11 ♒ 51	3 ♋ 28	13 ♏ 12	13 ♏ 21	29 ♑ 48	25 ♐ 2	1 ♐ 57	7 ♓ 12	13 ♈ 18	13 ♉ 52	22 ♍ 57	0 ♌ 7	16 ♉	26 ♓	22 ♑	17 ♒	5 ♋
3	12 ♒ 52	18 ♋ 29	13 ♏ 9	13 ♏ 13	1 ♒ 24	26 ♐ 4	2 ♐ 33	7 ♓ 26	13 ♈ 23	13 ♉ 53	22 ♍ 56	0 ♌ 6	17 ♉	26 ♓	22 ♑	18 ♒	4 ♋
4	13 ♒ 53	3 ♌ 46	13 ♏ 6	13 ♏ 2	3 ♒ 0	27 ♐ 6	3 ♐ 10	7 ♓ 39	13 ♈ 28	13 ♉ 53	22 ♍ 54	0 ♌ 5	17 ♉	26 ♓	23 ♑	18 ♒	4 ♋
5	14 ♒ 54	19 ♌ 8	13 ♏ 3	12 ♏ 50	4 ♒ 37	28 ♐ 9	3 ♐ 46	7 ♓ 53	13 ♈ 33	13 ♉ 54	22 ♍ 53	0 ♌ 3	17 ♉	27 ♓	23 ♑	19 ♒	4 ♋
6	15 ♒ 55	4 ♍ 24	12 ♏ 59	12 ♏ 39	6 ♒ 15	29 ♐ 11	4 ♐ 23	8 ♓ 7	13 ♈ 38	13 ♉ 55	22 ♍ 52	0 ♌ 2	17 ♉	27 ♓	23 ♑	19 ♒	4 ♋
7	16 ♒ 56	19 ♍ 21	12 ♏ 56	12 ♏ 29	7 ♒ 54	0 ♑ 14	4 ♐ 59	8 ♓ 21	13 ♈ 43	13 ♉ 56	22 ♍ 51	0 ♌ 1	17 ♉	27 ♓	24 ♑	20 ♒	4 ♋
8	17 ♒ 56	3 ♎ 53	12 ♏ 53	12 ♏ 22	9 ♒ 33	1 ♑ 18	5 ♐ 35	8 ♓ 35	13 ♈ 48	13 ♉ 56	22 ♍ 50	29 ♋ 59	17 ♉	28 ♓	24 ♑	20 ♒	4 ♋
9	18 ♒ 57	17 ♎ 55	12 ♏ 50	12 ♏ 18	11 ♒ 13	2 ♑ 21	6 ♐ 12	8 ♓ 49	13 ♈ 54	13 ♉ 57	22 ♍ 48	29 ♋ 58	18 ♉	28 ♓	25 ♑	21 ♒	4 ♋
10	19 ♒ 58	1 ♏ 27	12 ♏ 47	12 ♏ 17	12 ♒ 54	3 ♑ 25	6 ♐ 48	9 ♓ 4	13 ♈ 59	13 ♉ 58	22 ♍ 47	29 ♋ 57	18 ♉	28 ♓	25 ♑	21 ♒	4 ♋
11	20 ♒ 59	14 ♏ 31	12 ♏ 44	12 D 16	14 ♒ 36	4 ♑ 30	7 ♐ 24	9 ♓ 18	14 ♈ 5	13 ♉ 59	22 ♍ 46	29 ♋ 56	18 ♉	29 ♓	25 ♑	22 ♒	4 ♋
12	21 ♒ 59	27 ♏ 11	12 ♏ 40	12 R 16	16 ♒ 19	5 ♑ 34	8 ♐ 0	9 ♓ 32	14 ♈ 10	14 ♉ 0	22 ♍ 44	29 ♋ 54	18 ♉	29 ♓	26 ♑	22 ♒	4 ♋
13	23 ♒ 0	9 ♐ 33	12 ♏ 37	12 ♏ 15	18 ♒ 2	6 ♑ 39	8 ♐ 36	9 ♓ 46	14 ♈ 16	14 ♉ 1	22 ♍ 43	29 ♋ 53	19 ♉	0 ♈	26 ♑	23 ♒	4 ♋
14	24 ♒ 1	21 ♐ 40	12 ♏ 34	12 ♏ 12	19 ♒ 47	7 ♑ 44	9 ♐ 12	10 ♓ 0	14 ♈ 22	14 ♉ 2	22 ♍ 41	29 ♋ 52	19 ♉	0 ♈	26 ♑	23 ♒	4 ♋
15	25 ♒ 1	3 ♑ 37	12 ♏ 31	12 ♏ 6	21 ♒ 32	8 ♑ 49	9 ♐ 48	10 ♓ 15	14 ♈ 27	14 ♉ 4	22 ♍ 40	29 ♋ 51	19 ♉	0 ♈	27 ♑	24 ♒	4 ♋
16	26 ♒ 2	15 ♑ 30	12 ♏ 28	11 ♏ 58	23 ♒ 18	9 ♑ 55	10 ♐ 24	10 ♓ 29	14 ♈ 33	14 ♉ 5	22 ♍ 39	29 ♋ 50	19 ♉	1 ♈	27 ♑	24 ♒	4 ♋
17	27 ♒ 2	27 ♑ 21	12 ♏ 24	11 ♏ 46	25 ♒ 5	11 ♑ 0	11 ♐ 0	10 ♓ 43	14 ♈ 39	14 ♉ 6	22 ♍ 37	29 ♋ 48	20 ♉	1 ♈	28 ♑	25 ♒	4 ♋
18	28 ♒ 3	9 ♒ 12	12 ♏ 21	11 ♏ 33	26 ♒ 53	12 ♑ 6	11 ♐ 36	10 ♓ 57	14 ♈ 45	14 ♉ 7	22 ♍ 36	29 ♋ 47	20 ♉	1 ♈	28 ♑	25 ♒	4 ♋
19	29 ♒ 4	21 ♒ 6	12 ♏ 18	11 ♏ 19	28 ♒ 41	13 ♑ 12	12 ♐ 12	11 ♓ 12	14 ♈ 51	14 ♉ 9	22 ♍ 34	29 ♋ 46	20 ♉	2 ♈	28 ♑	26 ♒	4 ♋
20	0 ♓ 4	3 ♓ 3	12 ♏ 15	11 ♏ 5	0 ♓ 31	14 ♑ 18	12 ♐ 47	11 ♓ 26	14 ♈ 57	14 ♉ 10	22 ♍ 33	29 ♋ 45	20 ♉	2 ♈	29 ♑	26 ♒	4 ♋
21	1 ♓ 5	15 ♓ 6	12 ♏ 12	10 ♏ 53	2 ♓ 21	15 ♑ 25	13 ♐ 23	11 ♓ 41	15 ♈ 3	14 ♉ 12	22 ♍ 31	29 ♋ 44	21 ♉	2 ♈	29 ♑	27 ♒	4 ♋
22	2 ♓ 5	27 ♓ 15	12 ♏ 9	10 ♏ 43	4 ♓ 12	16 ♑ 32	13 ♐ 59	11 ♓ 55	15 ♈ 9	14 ♉ 13	22 ♍ 30	29 ♋ 43	21 ♉	3 ♈	29 ♑	27 ♒	4 ♋
23	3 ♓ 6	9 ♈ 31	12 ♏ 5	10 ♏ 36	6 ♓ 4	17 ♑ 38	14 ♐ 34	12 ♓ 9	15 ♈ 16	14 ♉ 15	22 ♍ 28	29 ♋ 42	21 ♉	3 ♈	0 ♒	28 ♒	4 ♋
24	4 ♓ 6	21 ♈ 57	12 ♏ 2	10 ♏ 31	7 ♓ 56	18 ♑ 45	15 ♐ 10	12 ♓ 24	15 ♈ 22	14 ♉ 16	22 ♍ 26	29 ♋ 40	21 ♉	3 ♈	0 ♒	28 ♒	4 ♋
25	5 ♓ 6	4 ♉ 35	11 ♏ 59	10 ♏ 30	9 ♓ 50	19 ♑ 53	15 ♐ 45	12 ♓ 38	15 ♈ 28	14 ♉ 18	22 ♍ 25	29 ♋ 39	22 ♉	4 ♈	1 ♒	29 ♒	4 ♋
26	6 ♓ 7	17 ♉ 29	11 ♏ 56	10 D 30	11 ♓ 43	21 ♑ 0	16 ♐ 21	12 ♓ 53	15 ♈ 35	14 ♉ 20	22 ♍ 23	29 ♋ 38	22 ♉	4 ♈	1 ♒	0 ♓	4 ♋
27	7 ♓ 7	0 ♊ 40	11 ♏ 53	10 ♏ 30	13 ♓ 37	22 ♑ 7	16 ♐ 56	13 ♓ 7	15 ♈ 41	14 ♉ 21	22 ♍ 22	29 ♋ 37	22 ♉	5 ♈	1 ♒	0 ♓	4 ♋
28	8 ♓ 7	14 ♊ 13	11 ♏ 50	10 R 30	15 ♓ 31	23 ♑ 15	17 ♐ 31	13 ♓ 22	15 ♈ 48	14 ♉ 23	22 ♍ 20	29 ♋ 36	22 ♉	5 ♈	2 ♒	1 ♓	4 ♋

SUN INGRESS	☉ → ♓ 19日 22:09
MOON PHASE	○ 4日 16:55 ♌ ◑ 11日 13:12 ♏ ● 19日 17:28 ♒ ◐ 27日 12:26 ♊

aspects		
2日	04:49	☿☍♇
3日	13:06	☉⚹♄
4日	00:06	☉□♅
4日	03:57	☿⚹♂
10日	15:13	☿□♅
10日	16:11	☿⚹♄
16日	05:09	♂□♃
16日	16:02	♀⚹♃
19日	11:00	☉☌☿
19日	20:56	♀△♅
20日	15:21	♀□♄
24日	09:53	♂△♄
26日	16:48	☿☌♃
27日	04:58	♀△♆
27日	09:28	☿⚹♅

1939年3月

DAY	☉	☽	☊ mean	☊ true	☿	♀	♂	♃	♄	♅	♆	♇	⚳	⚴	⚵	⚶	⚷
	° ′	° ′	° ′	° ′	° ′	° ′	° ′	° ′	° ′	° ′	° ′	° ′	°	°	°	°	°
1	9 ♓ 8	28 ♊ 9	11 ♏ 46	10 R 29	17 D 26	24 D 23	18 D 7	13 D 36	15 D 54	14 D 25	22 R 19	29 R 35	23 D	5 D	2 D	1 D	4 R
2	10 ♓ 8	12 ♋ 30	11 ♏ 43	10 ♏ 25	19 ♓ 20	25 ♑ 31	18 ♐ 42	13 ♓ 51	16 ♈ 1	14 ♉ 27	22 ♍ 17	29 ♋ 34	23 ♉	6 ♈	2 ♒	2 ♓	4 ♋
3	11 ♓ 8	27 ♋ 12	11 ♏ 40	10 ♏ 18	21 ♓ 13	26 ♑ 39	19 ♐ 17	14 ♓ 5	16 ♈ 7	14 ♉ 29	22 ♍ 15	29 ♋ 33	23 ♉	6 ♈	3 ♒	2 ♓	4 ♋
4	12 ♓ 8	12 ♌ 11	11 ♏ 37	10 ♏ 10	23 ♓ 6	27 ♑ 47	19 ♐ 52	14 ♓ 20	16 ♈ 14	14 ♉ 31	22 ♍ 14	29 ♋ 32	24 ♉	6 ♈	3 ♒	3 ♓	4 ♋
5	13 ♓ 8	27 ♌ 18	11 ♏ 34	10 ♏ 1	24 ♓ 58	28 ♑ 55	20 ♐ 27	14 ♓ 34	16 ♈ 21	14 ♉ 33	22 ♍ 12	29 ♋ 32	24 ♉	7 ♈	4 ♒	3 ♓	4 ♋
6	14 ♓ 8	12 ♍ 23	11 ♏ 30	9 ♏ 53	26 ♓ 49	0 ♒ 4	21 ♐ 2	14 ♓ 49	16 ♈ 28	14 ♉ 35	22 ♍ 10	29 ♋ 31	24 ♉	7 ♈	4 ♒	4 ♓	4 ♋
7	15 ♓ 8	27 ♍ 17	11 ♏ 27	9 ♏ 45	28 ♓ 38	1 ♒ 12	21 ♐ 37	15 ♓ 3	16 ♈ 35	14 ♉ 37	22 ♍ 9	29 ♋ 30	24 ♉	8 ♈	4 ♒	4 ♓	4 ♋
8	16 ♓ 8	11 ♎ 50	11 ♏ 24	9 ♏ 40	0 ♈ 25	2 ♒ 21	22 ♐ 11	15 ♓ 18	16 ♈ 41	14 ♉ 39	22 ♍ 7	29 ♋ 29	25 ♉	8 ♈	5 ♒	5 ♓	4 ♋
9	17 ♓ 8	25 ♎ 58	11 ♏ 21	9 ♏ 37	2 ♈ 9	3 ♒ 30	22 ♐ 46	15 ♓ 32	16 ♈ 48	14 ♉ 41	22 ♍ 5	29 ♋ 28	25 ♉	8 ♈	5 ♒	5 ♓	4 ♋
10	18 ♓ 8	9 ♏ 37	11 ♏ 18	9 D 36	3 ♈ 50	4 ♒ 39	23 ♐ 21	15 ♓ 47	16 ♈ 55	14 ♉ 44	22 ♍ 4	29 ♋ 27	25 ♉	9 ♈	5 ♒	6 ♓	4 ♋
11	19 ♓ 8	22 ♏ 49	11 ♏ 15	9 ♏ 37	5 ♈ 28	5 ♒ 48	23 ♐ 55	16 ♓ 1	17 ♈ 2	14 ♉ 46	22 ♍ 2	29 ♋ 26	26 ♉	9 ♈	6 ♒	6 ♓	4 D
12	20 ♓ 8	5 ♐ 36	11 ♏ 11	9 ♏ 38	7 ♈ 1	6 ♒ 57	24 ♐ 30	16 ♓ 16	17 ♈ 9	14 ♉ 48	22 ♍ 0	29 ♋ 25	26 ♉	10 ♈	6 ♒	7 ♓	4 ♋
13	21 ♓ 8	18 ♐ 2	11 ♏ 8	9 ♏ 39	8 ♈ 29	8 ♒ 6	25 ♐ 4	16 ♓ 30	17 ♈ 16	14 ♉ 50	21 ♍ 59	29 ♋ 25	26 ♉	10 ♈	7 ♒	7 ♓	4 ♋
14	22 ♓ 8	0 ♑ 12	11 ♏ 5	9 R 38	9 ♈ 53	9 ♒ 16	25 ♐ 39	16 ♓ 45	17 ♈ 23	14 ♉ 53	21 ♍ 57	29 ♋ 24	27 ♉	10 ♈	7 ♒	8 ♓	4 ♋
15	23 ♓ 8	12 ♑ 11	11 ♏ 2	9 ♏ 36	11 ♈ 10	10 ♒ 25	26 ♐ 13	16 ♓ 59	17 ♈ 31	14 ♉ 55	21 ♍ 55	29 ♋ 23	27 ♉	11 ♈	7 ♒	8 ♓	4 ♋
16	24 ♓ 8	24 ♑ 4	10 ♏ 59	9 ♏ 32	12 ♈ 22	11 ♒ 35	26 ♐ 47	17 ♓ 14	17 ♈ 38	14 ♉ 58	21 ♍ 54	29 ♋ 23	27 ♉	11 ♈	8 ♒	9 ♓	4 ♋
17	25 ♓ 7	5 ♒ 54	10 ♏ 56	9 ♏ 26	13 ♈ 27	12 ♒ 45	27 ♐ 21	17 ♓ 28	17 ♈ 45	15 ♉ 0	21 ♍ 52	29 ♋ 22	28 ♉	12 ♈	8 ♒	9 ♓	4 ♋
18	26 ♓ 7	17 ♒ 47	10 ♏ 52	9 ♏ 19	14 ♈ 25	13 ♒ 54	27 ♐ 55	17 ♓ 43	17 ♈ 52	15 ♉ 3	21 ♍ 50	29 ♋ 21	28 ♉	12 ♈	8 ♒	9 ♓	4 ♋
19	27 ♓ 7	29 ♒ 44	10 ♏ 49	9 ♏ 10	15 ♈ 15	15 ♒ 4	28 ♐ 29	17 ♓ 57	17 ♈ 59	15 ♉ 5	21 ♍ 49	29 ♋ 21	28 ♉	12 ♈	9 ♒	10 ♓	4 ♋
20	28 ♓ 7	11 ♓ 48	10 ♏ 46	9 ♏ 2	15 ♈ 58	16 ♒ 14	29 ♐ 3	18 ♓ 11	18 ♈ 7	15 ♉ 8	21 ♍ 47	29 ♋ 20	29 ♉	13 ♈	9 ♒	10 ♓	4 ♋
21	29 ♓ 6	24 ♓ 0	10 ♏ 43	8 ♏ 55	16 ♈ 34	17 ♒ 24	29 ♐ 37	18 ♓ 26	18 ♈ 14	15 ♉ 10	21 ♍ 45	29 ♋ 19	29 ♉	13 ♈	9 ♒	11 ♓	4 ♋
22	0 ♈ 6	6 ♈ 22	10 ♏ 40	8 ♏ 49	17 ♈ 1	18 ♒ 34	0 ♑ 10	18 ♓ 40	18 ♈ 21	15 ♉ 13	21 ♍ 44	29 ♋ 19	29 ♉	14 ♈	10 ♒	11 ♓	4 ♋
23	1 ♈ 5	18 ♈ 53	10 ♏ 36	8 ♏ 46	17 ♈ 20	19 ♒ 44	0 ♑ 44	18 ♓ 55	18 ♈ 29	15 ♉ 16	21 ♍ 42	29 ♋ 18	0 ♊	14 ♈	10 ♒	12 ♓	4 ♋
24	2 ♈ 5	1 ♉ 36	10 ♏ 33	8 ♏ 44	17 ♈ 31	20 ♒ 54	1 ♑ 17	19 ♓ 9	18 ♈ 36	15 ♉ 18	21 ♍ 41	29 ♋ 18	0 ♊	14 ♈	10 ♒	12 ♓	4 ♋
25	3 ♈ 4	14 ♉ 31	10 ♏ 30	8 D 44	17 R 35	22 ♒ 5	1 ♑ 50	19 ♓ 23	18 ♈ 43	15 ♉ 21	21 ♍ 39	29 ♋ 17	0 ♊	15 ♈	11 ♒	13 ♓	4 ♋
26	4 ♈ 4	27 ♉ 39	10 ♏ 27	8 ♏ 45	17 ♈ 30	23 ♒ 15	2 ♑ 23	19 ♓ 38	18 ♈ 51	15 ♉ 24	21 ♍ 37	29 ♋ 17	1 ♊	15 ♈	11 ♒	13 ♓	4 ♋
27	5 ♈ 3	11 ♊ 1	10 ♏ 24	8 ♏ 46	17 ♈ 19	24 ♒ 26	2 ♑ 56	19 ♓ 52	18 ♈ 58	15 ♉ 27	21 ♍ 36	29 ♋ 16	1 ♊	16 ♈	12 ♒	14 ♓	4 ♋
28	6 ♈ 3	24 ♊ 38	10 ♏ 21	8 ♏ 48	17 ♈ 0	25 ♒ 36	3 ♑ 29	20 ♓ 6	19 ♈ 6	15 ♉ 30	21 ♍ 34	29 ♋ 16	1 ♊	16 ♈	12 ♒	14 ♓	4 ♋
29	7 ♈ 2	8 ♋ 31	10 ♏ 17	8 R 48	16 ♈ 34	26 ♒ 47	4 ♑ 2	20 ♓ 20	19 ♈ 13	15 ♉ 32	21 ♍ 32	29 ♋ 16	2 ♊	16 ♈	12 ♒	15 ♓	4 ♋
30	8 ♈ 1	22 ♋ 40	10 ♏ 14	8 ♏ 47	16 ♈ 3	27 ♒ 57	4 ♑ 35	20 ♓ 34	19 ♈ 21	15 ♉ 35	21 ♍ 31	29 ♋ 15	2 ♊	17 ♈	13 ♒	15 ♓	4 ♋
31	9 ♈ 1	7 ♌ 4	10 ♏ 11	8 ♏ 45	15 ♈ 27	29 ♒ 8	5 ♑ 8	20 ♓ 49	19 ♈ 28	15 ♉ 38	21 ♍ 29	29 ♋ 15	2 ♊	17 ♈	13 ♒	16 ♓	4 ♋

SUN INGRESS	☉ → ♈ 21日 21:28
MOON PHASE	○ 6日 03:00 ♍ ◑ 13日 06:37 ♐ ● 21日 10:49 ♓ ◐ 28日 21:16 ♋

aspects

1日	12:30	☿□♂
3日	12:57	☿☍♆
4日	21:25	♃⚹♅
5日	12:30	♀☍♇
6日	10:59	☉⚹♅
6日	21:16	☉☌♃
7日	11:26	☿△♇
7日	21:06	♂□♆
11日	20:03	☿⚹♀
13日	19:46	☉☍♆
19日	00:22	♀□♅
19日	10:49	☿⚹♀
21日	05:19	☉△♇
21日	19:05	☿⚹♄
22日	03:59	☉□♂

1939年4月

DAY	☉	☽	☊ mean	☊ true	☿	♀	♂	♃	♄	♅	♆	♇	⚳	⚴	⚵	⚶	⚷
	° ′	° ′	° ′	° ′	° ′	° ′	° ′	° ′	° ′	° ′	° ′	° ′	°	°	°	°	°
1	10 ♈ 0	21 ♌ 39	10 ♏ 8	8 R 42	14 R 46	0 D 18	5 D 40	21 D 3	19 D 36	15 D 41	21 R 28	29 R 15	3 D	18 D	13 D	16 D	4 D
2	10 ♈ 59	6 ♍ 20	10 ♏ 5	8 ♏ 38	14 ♈ 2	1 ♓ 29	6 ♑ 12	21 ♓ 17	19 ♈ 43	15 ♉ 44	21 ♍ 26	29 ♋ 14	3 ♊	18 ♈	14 ♒	17 ♓	4 ♋
3	11 ♈ 58	21 ♍ 0	10 ♏ 1	8 ♏ 34	13 ♈ 15	2 ♓ 40	6 ♑ 45	21 ♓ 31	19 ♈ 51	15 ♉ 47	21 ♍ 25	29 ♋ 14	4 ♊	19 ♈	14 ♒	17 ♓	4 ♋
4	12 ♈ 57	5 ♎ 32	9 ♏ 58	8 ♏ 31	12 ♈ 26	3 ♓ 51	7 ♑ 17	21 ♓ 45	19 ♈ 58	15 ♉ 50	21 ♍ 23	29 ♋ 14	4 ♊	19 ♈	14 ♒	18 ♓	4 ♋
5	13 ♈ 56	19 ♎ 51	9 ♏ 55	8 ♏ 29	11 ♈ 38	5 ♓ 2	7 ♑ 49	21 ♓ 59	20 ♈ 6	15 ♉ 53	21 ♍ 22	29 ♋ 14	4 ♊	19 ♈	15 ♒	18 ♓	4 ♋
6	14 ♈ 56	3 ♏ 50	9 ♏ 52	8 ♏ 28	10 ♈ 49	6 ♓ 13	8 ♑ 20	22 ♓ 13	20 ♈ 13	15 ♉ 56	21 ♍ 20	29 ♋ 13	5 ♊	20 ♈	15 ♒	19 ♓	4 ♋
7	15 ♈ 55	17 ♏ 26	9 ♏ 49	8 D 28	10 ♈ 2	7 ♓ 24	8 ♑ 52	22 ♓ 27	20 ♈ 21	15 ♉ 59	21 ♍ 19	29 ♋ 13	5 ♊	20 ♈	15 ♒	19 ♓	4 ♋
8	16 ♈ 54	0 ♐ 39	9 ♏ 46	8 ♏ 29	9 ♈ 17	8 ♓ 35	9 ♑ 24	22 ♓ 41	20 ♈ 29	16 ♉ 3	21 ♍ 17	29 ♋ 13	5 ♊	21 ♈	16 ♒	20 ♓	4 ♋
9	17 ♈ 52	13 ♐ 29	9 ♏ 42	8 ♏ 30	8 ♈ 35	9 ♓ 46	9 ♑ 55	22 ♓ 54	20 ♈ 36	16 ♉ 6	21 ♍ 16	29 ♋ 13	6 ♊	21 ♈	16 ♒	20 ♓	4 ♋
10	18 ♈ 51	26 ♐ 0	9 ♏ 39	8 ♏ 32	7 ♈ 56	10 ♓ 57	10 ♑ 26	23 ♓ 8	20 ♈ 44	16 ♉ 9	21 ♍ 14	29 ♋ 13	6 ♊	21 ♈	16 ♒	21 ♓	4 ♋
11	19 ♈ 50	8 ♑ 14	9 ♏ 36	8 ♏ 33	7 ♈ 22	12 ♓ 8	10 ♑ 57	23 ♓ 22	20 ♈ 51	16 ♉ 12	21 ♍ 13	29 ♋ 13	6 ♊	22 ♈	17 ♒	21 ♓	4 ♋
12	20 ♈ 49	20 ♑ 17	9 ♏ 33	8 ♏ 33	6 ♈ 52	13 ♓ 20	11 ♑ 28	23 ♓ 36	20 ♈ 59	16 ♉ 15	21 ♍ 11	29 ♋ 13	7 ♊	22 ♈	17 ♒	22 ♓	4 ♋
13	21 ♈ 48	2 ♒ 12	9 ♏ 30	8 R 33	6 ♈ 26	14 ♓ 31	11 ♑ 59	23 ♓ 49	21 ♈ 6	16 ♉ 19	21 ♍ 10	29 ♋ 13	7 ♊	23 ♈	17 ♒	22 ♓	4 ♋
14	22 ♈ 47	14 ♒ 4	9 ♏ 27	8 ♏ 32	6 ♈ 6	15 ♓ 42	12 ♑ 30	24 ♓ 3	21 ♈ 14	16 ♉ 22	21 ♍ 9	29 D 13	8 ♊	23 ♈	18 ♒	23 ♓	4 ♋
15	23 ♈ 46	25 ♒ 58	9 ♏ 23	8 ♏ 30	5 ♈ 51	16 ♓ 54	13 ♑ 0	24 ♓ 17	21 ♈ 22	16 ♉ 25	21 ♍ 7	29 ♋ 13	8 ♊	24 ♈	18 ♒	23 ♓	5 ♋
16	24 ♈ 44	7 ♓ 58	9 ♏ 20	8 ♏ 28	5 ♈ 42	18 ♓ 5	13 ♑ 30	24 ♓ 30	21 ♈ 29	16 ♉ 28	21 ♍ 6	29 ♋ 13	8 ♊	24 ♈	18 ♒	23 ♓	5 ♋
17	25 ♈ 43	20 ♓ 7	9 ♏ 17	8 ♏ 26	5 ♈ 37	19 ♓ 17	14 ♑ 1	24 ♓ 44	21 ♈ 37	16 ♉ 32	21 ♍ 5	29 ♋ 13	9 ♊	24 ♈	19 ♒	24 ♓	5 ♋
18	26 ♈ 42	2 ♈ 28	9 ♏ 14	8 ♏ 24	5 D 38	20 ♓ 28	14 ♑ 30	24 ♓ 57	21 ♈ 44	16 ♉ 35	21 ♍ 3	29 ♋ 13	9 ♊	25 ♈	19 ♒	24 ♓	5 ♋
19	27 ♈ 40	15 ♈ 3	9 ♏ 11	8 ♏ 23	5 ♈ 44	21 ♓ 40	15 ♑ 0	25 ♓ 10	21 ♈ 52	16 ♉ 38	21 ♍ 2	29 ♋ 13	10 ♊	25 ♈	19 ♒	25 ♓	5 ♋
20	28 ♈ 39	27 ♈ 52	9 ♏ 7	8 ♏ 23	5 ♈ 55	22 ♓ 51	15 ♑ 30	25 ♓ 24	22 ♈ 0	16 ♉ 42	21 ♍ 1	29 ♋ 13	10 ♊	26 ♈	20 ♒	25 ♓	5 ♋
21	29 ♈ 38	10 ♉ 56	9 ♏ 4	8 D 22	6 ♈ 10	24 ♓ 3	15 ♑ 59	25 ♓ 37	22 ♈ 7	16 ♉ 45	21 ♍ 0	29 ♋ 14	10 ♊	26 ♈	20 ♒	26 ♓	5 ♋
22	0 ♉ 36	24 ♉ 14	9 ♏ 1	8 ♏ 23	6 ♈ 31	25 ♓ 14	16 ♑ 28	25 ♓ 50	22 ♈ 15	16 ♉ 48	20 ♍ 58	29 ♋ 14	11 ♊	27 ♈	20 ♒	26 ♓	5 ♋
23	1 ♉ 35	7 ♊ 45	8 ♏ 58	8 ♏ 23	6 ♈ 56	26 ♓ 26	16 ♑ 57	26 ♓ 3	22 ♈ 22	16 ♉ 52	20 ♍ 57	29 ♋ 14	11 ♊	27 ♈	20 ♒	27 ♓	5 ♋
24	2 ♉ 33	21 ♊ 29	8 ♏ 55	8 ♏ 24	7 ♈ 25	27 ♓ 38	17 ♑ 25	26 ♓ 16	22 ♈ 30	16 ♉ 55	20 ♍ 56	29 ♋ 14	11 ♊	28 ♈	21 ♒	27 ♓	5 ♋
25	3 ♉ 32	5 ♋ 23	8 ♏ 52	8 ♏ 24	7 ♈ 58	28 ♓ 49	17 ♑ 54	26 ♓ 29	22 ♈ 37	16 ♉ 58	20 ♍ 55	29 ♋ 15	12 ♊	28 ♈	21 ♒	28 ♓	5 ♋
26	4 ♉ 30	19 ♋ 26	8 ♏ 48	8 ♏ 25	8 ♈ 36	0 ♈ 1	18 ♑ 22	26 ♓ 42	22 ♈ 45	17 ♉ 2	20 ♍ 54	29 ♋ 15	12 ♊	28 ♈	21 ♒	28 ♓	5 ♋
27	5 ♉ 29	3 ♌ 36	8 ♏ 45	8 ♏ 25	9 ♈ 17	1 ♈ 13	18 ♑ 50	26 ♓ 55	22 ♈ 52	17 ♉ 5	20 ♍ 53	29 ♋ 15	13 ♊	29 ♈	22 ♒	29 ♓	5 ♋
28	6 ♉ 27	17 ♌ 50	8 ♏ 42	8 R 25	10 ♈ 2	2 ♈ 25	19 ♑ 18	27 ♓ 8	23 ♈ 0	17 ♉ 9	20 ♍ 52	29 ♋ 16	13 ♊	29 ♈	22 ♒	29 ♓	5 ♋
29	7 ♉ 25	2 ♍ 7	8 ♏ 39	8 ♏ 25	10 ♈ 50	3 ♈ 36	19 ♑ 45	27 ♓ 21	23 ♈ 7	17 ♉ 12	20 ♍ 51	29 ♋ 16	13 ♊	0 ♉	22 ♒	29 ♓	5 ♋
30	8 ♉ 24	16 ♍ 22	8 ♏ 36	8 ♏ 25	11 ♈ 41	4 ♈ 48	20 ♑ 13	27 ♓ 33	23 ♈ 15	17 ♉ 16	20 ♍ 49	29 ♋ 16	14 ♊	0 ♉	23 ♒	0 ♈	5 ♋

SUN INGRESS	☉ → ♉ 21日 08:55
MOON PHASE	○ 4日 13:18 ♎ ◑ 12日 01:11 ♑ ● 20日 01:35 ♈ ◐ 27日 03:25 ♌

aspects

2日	14:23	♃☍♆
3日	17:07	☉☌☿
7日	21:50	☿□♂
9日	05:30	♀⚹♂
12日	04:32	☉☌♄
14日	13:55	♀⚹♅
18日	11:38	♀☍♆
20日	14:05	☉□♇
22日	14:42	♀☌♃
22日	19:04	♂△♅
25日	08:30	♀△♇

1939年5月

DAY	☉	☽	☊ mean	☊ true	☿	♀	♂	♃	♄	♅	♆	♇	⚳	⚴	⚵	⚶	⚷
	° ′	° ′	° ′	° ′	° ′	° ′	° ′	° ′	° ′	° ′	° ′	° ′	°	°	°	°	°
1	9♉22	0♎34	8♏32	8 D 25	12 D 36	6 D 0	20 D 40	27 D 46	23 D 22	17 D 19	20 R 49	29 D 17	14 D	1 D	23 D	0 D	5 D
2	10♉20	14♎38	8♏29	8♏25	13♈34	7♈12	21♑6	27♓59	23♈29	17♉22	20♍48	29♋17	15♊	1♉	23♒	1♈	6♋
3	11♉18	28♎30	8♏26	8♏25	14♈35	8♈24	21♑33	28♓11	23♈37	17♉26	20♍47	29♋18	15♊	2♉	23♒	1♈	6♋
4	12♉16	12♏8	8♏23	8 R 25	15♈39	9♈36	21♑59	28♓24	23♈44	17♉29	20♍46	29♋18	15♊	2♉	24♒	2♈	6♋
5	13♉15	25♏30	8♏20	8♏25	16♈45	10♈48	22♑25	28♓36	23♈51	17♉33	20♍45	29♋19	16♊	2♉	24♒	2♈	6♋
6	14♉13	8♐34	8♏17	8♏24	17♈54	12♈0	22♑51	28♓48	23♈59	17♉36	20♍44	29♋20	16♊	3♉	24♒	3♈	6♋
7	15♉11	21♐21	8♏13	8♏24	19♈6	13♈12	23♑16	29♓0	24♈6	17♉40	20♍43	29♋20	17♊	3♉	25♒	3♈	6♋
8	16♉9	3♑50	8♏10	8♏23	20♈20	14♈24	23♑41	29♓12	24♈13	17♉43	20♍42	29♋21	17♊	4♉	25♒	4♈	6♋
9	17♉7	16♑5	8♏7	8♏22	21♈36	15♈36	24♑6	29♓24	24♈20	17♉47	20♍42	29♋21	18♊	4♉	25♒	4♈	6♋
10	18♉5	28♑9	8♏4	8♏21	22♈55	16♈48	24♑30	29♓36	24♈28	17♉50	20♍41	29♋22	18♊	5♉	25♒	4♈	6♋
11	19♉3	10♒6	8♏1	8♏20	24♈17	18♈0	24♑54	29♓48	24♈35	17♉54	20♍40	29♋23	18♊	5♉	26♒	5♈	6♋
12	20♉1	21♒59	7♏58	8 D 20	25♈40	19♈12	25♑18	0♈0	24♈42	17♉57	20♍39	29♋23	19♊	6♉	26♒	5♈	6♋
13	20♉59	3♓54	7♏54	8♏20	27♈6	20♈24	25♑42	0♈12	24♈49	18♉1	20♍39	29♋24	19♊	6♉	26♒	6♈	6♋
14	21♉57	15♓55	7♏51	8♏21	28♈34	21♈36	26♑5	0♈23	24♈56	18♉4	20♍38	29♋25	20♊	6♉	26♒	6♈	6♋
15	22♉55	28♓6	7♏48	8♏22	0♉4	22♈48	26♑27	0♈35	25♈3	18♉8	20♍38	29♋26	20♊	7♉	27♒	7♈	7♋
16	23♉52	10♈32	7♏45	8♏24	1♉37	24♈1	26♑50	0♈46	25♈10	18♉11	20♍37	29♋27	20♊	7♉	27♒	7♈	7♋
17	24♉50	23♈15	7♏42	8♏25	3♉11	25♈13	27♑12	0♈57	25♈17	18♉14	20♍36	29♋27	21♊	8♉	27♒	7♈	7♋
18	25♉48	6♉18	7♏38	8♏25	4♉48	26♈25	27♑33	1♈9	25♈24	18♉18	20♍36	29♋28	21♊	8♉	27♒	8♈	7♋
19	26♉46	19♉41	7♏35	8 R 25	6♉27	27♈37	27♑54	1♈20	25♈31	18♉21	20♍35	29♋29	22♊	9♉	28♒	8♈	7♋
20	27♉44	3♊23	7♏32	8♏24	8♉8	28♈50	28♑15	1♈31	25♈38	18♉25	20♍35	29♋30	22♊	9♉	28♒	9♈	7♋
21	28♉41	17♊22	7♏29	8♏21	9♉51	0♉2	28♑36	1♈42	25♈44	18♉28	20♍35	29♋31	22♊	10♉	28♒	9♈	7♋
22	29♉39	1♋33	7♏26	8♏19	11♉37	1♉14	28♑55	1♈53	25♈51	18♉32	20♍34	29♋32	23♊	10♉	28♒	10♈	7♋
23	0♊37	15♋53	7♏23	8♏16	13♉24	2♉26	29♑15	2♈3	25♈58	18♉35	20♍34	29♋33	23♊	11♉	29♒	10♈	7♋
24	1♊35	0♌16	7♏19	8♏13	15♉14	3♉39	29♑34	2♈14	26♈5	18♉39	20♍34	29♋34	24♊	11♉	29♒	10♈	7♋
25	2♊32	14♌37	7♏16	8♏11	17♉5	4♉51	29♑52	2♈24	26♈11	18♉42	20♍33	29♋35	24♊	12♉	29♒	11♈	7♋
26	3♊30	28♌54	7♏13	8♏10	18♉59	6♉4	0♒11	2♈35	26♈18	18♉45	20♍33	29♋36	25♊	12♉	29♒	11♈	7♋
27	4♊28	13♍3	7♏10	8 D 10	20♉55	7♉16	0♒28	2♈45	26♈24	18♉49	20♍33	29♋37	25♊	12♉	29♒	12♈	8♋
28	5♊25	27♍3	7♏7	8♏11	22♉53	8♉28	0♒45	2♈55	26♈31	18♉52	20♍33	29♋38	25♊	13♉	0♓	12♈	8♋
29	6♊23	10♎52	7♏4	8♏13	24♉53	9♉41	1♒2	3♈5	26♈37	18♉55	20♍32	29♋39	26♊	13♉	0♓	13♈	8♋
30	7♊20	24♎29	7♏0	8♏14	26♉55	10♉53	1♒18	3♈15	26♈44	18♉59	20♍32	29♋40	26♊	14♉	0♓	13♈	8♋
31	8♊18	7♏55	6♏57	8♏15	28♉58	12♉5	1♒34	3♈25	26♈50	19♉2	20♍32	29♋41	27♊	14♉	0♓	13♈	8♋

SUN INGRESS: ☉→♊22日 08:27

MOON PHASE: ○ 4日 00:15 ♏ ◑ 11日 19:40 ♒ ● 19日 13:25 ♉ ◐ 26日 08:20 ♍

aspects

1日	07:43	♂△♆
8日	17:43	♃△♇
9日	17:33	☉☌♅
9日	20:12	♂□♄
11日	05:43	☿☌♄
11日	15:15	☿□♂
12日	15:50	☉△♆
14日	13:42	☿□♇
17日	01:32	♀☌♄
19日	08:01	♀□♂
20日	13:35	♀□♇
20日	20:14	☉△♂
21日	20:54	☉⚹♇
23日	23:53	♂☍♇
24日	20:03	☉⚹♃
25日	21:02	♀☌♅
26日	19:27	☿△♆
31日	08:20	☿⚹♇

1939年6月

DAY	☉	☽	☊ mean	☊ true	☿	♀	♂	♃	♄	♅	♆	♇	⚳	⚴	⚵	⚶	⚷
	° ′	° ′	° ′	° ′	° ′	° ′	° ′	° ′	° ′	° ′	° ′	° ′	°	°	°	°	°
1	9♊15	21♏9	6♏54	8 R 14	1 D 4	13 D 18	1 D 49	3 D 35	26 D 56	19 D 5	20 R 32	29 D 42	27 D	15 D	0 D	14 D	8 D
2	10♊13	4♐10	6♏51	8♏12	3♊11	14♉30	2♒3	3♈45	27♈3	19♉9	20♍32	29♋44	28♊	15♉	1♓	14♈	8♋
3	11♊10	16♐58	6♏48	8♏8	5♊19	15♉43	2♒17	3♈54	27♈9	19♉12	20 D 32	29♋45	28♊	16♉	1♓	15♈	8♋
4	12♊8	29♐34	6♏44	8♏3	7♊29	16♉55	2♒31	4♈4	27♈15	19♉15	20♍32	29♋46	28♊	16♉	1♓	15♈	8♋
5	13♊5	11♑56	6♏41	7♏57	9♊39	18♉8	2♒43	4♈13	27♈21	19♉19	20♍32	29♋47	29♊	17♉	1♓	15♈	8♋
6	14♊2	24♑7	6♏38	7♏51	11♊50	19♉20	2♒56	4♈22	27♈27	19♉22	20♍32	29♋48	29♊	17♉	1♓	16♈	8♋
7	15♊0	6♒9	6♏35	7♏45	14♊2	20♉33	3♒7	4♈31	27♈33	19♉25	20♍33	29♋50	0♋	18♉	1♓	16♈	9♋
8	15♊57	18♒5	6♏32	7♏41	16♊14	21♉46	3♒18	4♈40	27♈39	19♉28	20♍33	29♋51	0♋	18♉	2♓	17♈	9♋
9	16♊55	29♒57	6♏29	7♏37	18♊26	22♉58	3♒29	4♈49	27♈45	19♉31	20♍33	29♋52	1♋	19♉	2♓	17♈	9♋
10	17♊52	11♓51	6♏25	7♏36	20♊38	24♉11	3♒38	4♈57	27♈51	19♉35	20♍33	29♋53	1♋	19♉	2♓	17♈	9♋
11	18♊49	23♓51	6♏22	7 D 36	22♊49	25♉23	3♒48	5♈6	27♈56	19♉38	20♍33	29♋55	1♋	19♉	2♓	18♈	9♋
12	19♊47	6♈1	6♏19	7♏37	25♊0	26♉36	3♒56	5♈14	28♈2	19♉41	20♍34	29♋56	2♋	20♉	2♓	18♈	9♋
13	20♊44	18♈27	6♏16	7♏38	27♊9	27♉49	4♒4	5♈22	28♈8	19♉44	20♍34	29♋57	2♋	20♉	2♓	19♈	9♋
14	21♊41	1♉13	6♏13	7♏39	29♊17	29♉1	4♒11	5♈31	28♈13	19♉47	20♍34	29♋59	3♋	21♉	2♓	19♈	9♋
15	22♊39	14♉23	6♏10	7 R 39	1♋24	0♊14	4♒17	5♈38	28♈19	19♉50	20♍35	0♌0	3♋	21♉	3♓	19♈	9♋
16	23♊36	27♉57	6♏6	7♏37	3♋28	1♊27	4♒23	5♈46	28♈24	19♉53	20♍35	0♌1	4♋	22♉	3♓	20♈	9♋
17	24♊33	11♊57	6♏3	7♏34	5♋32	2♊40	4♒28	5♈54	28♈30	19♉56	20♍36	0♌3	4♋	22♉	3♓	20♈	10♋
18	25♊31	26♊18	6♏0	7♏28	7♋33	3♊52	4♒32	6♈1	28♈35	19♉59	20♍36	0♌4	4♋	23♉	3♓	20♈	10♋
19	26♊28	10♋55	5♏57	7♏21	9♋32	5♊5	4♒35	6♈9	28♈40	20♉2	20♍37	0♌6	5♋	23♉	3♓	21♈	10♋
20	27♊25	25♋42	5♏54	7♏13	11♋29	6♊18	4♒38	6♈16	28♈45	20♉5	20♍37	0♌7	5♋	24♉	3♓	21♈	10♋
21	28♊23	10♌29	5♏50	7♏6	13♋24	7♊31	4♒40	6♈23	28♈50	20♉8	20♍38	0♌9	6♋	24♉	3♓	22♈	10♋
22	29♊20	25♌11	5♏47	7♏1	15♋17	8♊44	4♒41	6♈30	28♈55	20♉11	20♍38	0♌10	6♋	25♉	3♓	22♈	10♋
23	0♋17	9♍39	5♏44	6♏57	17♋8	9♊56	4♒42	6♈37	29♈0	20♉14	20♍39	0♌12	7♋	25♉	3♓	22♈	10♋
24	1♋14	23♍52	5♏41	6♏55	18♋56	11♊9	4 R 42	6♈44	29♈5	20♉17	20♍40	0♌13	7♋	26♉	4♓	23♈	10♋
25	2♋11	7♎47	5♏38	6 D 55	20♋42	12♊22	4♒41	6♈50	29♈10	20♉19	20♍40	0♌15	7♋	26♉	4♓	23♈	10♋
26	3♋9	21♎24	5♏35	6♏56	22♋26	13♊35	4♒39	6♈56	29♈14	20♉22	20♍41	0♌16	8♋	27♉	4♓	23♈	10♋
27	4♋6	4♏44	5♏31	6♏56	24♋8	14♊48	4♒36	7♈2	29♈19	20♉25	20♍42	0♌18	8♋	27♉	4♓	24♈	11♋
28	5♋3	17♏50	5♏28	6 R 56	25♋47	16♊1	4♒33	7♈8	29♈24	20♉28	20♍43	0♌19	9♋	28♉	4♓	24♈	11♋
29	6♋0	0♐43	5♏25	6♏53	27♋24	17♊14	4♒29	7♈14	29♈28	20♉30	20♍44	0♌21	9♋	28♉	4♓	24♈	11♋
30	6♋57	13♐24	5♏22	6♏48	28♋59	18♊27	4♒24	7♈20	29♈33	20♉33	20♍44	0♌22	10♋	29♉	4♓	25♈	11♋

SUN INGRESS: ☉→♋22日 16:39

MOON PHASE: ○ 2日 12:11 ♐ ◑ 10日 13:07 ♓ ● 17日 22:37 ♊ ◐ 24日 13:35 ♎

aspects

1日	09:39	☿△♂
2日	06:55	☿⚹♃
6日	00:29	♀☌♅
6日	23:51	♀△♆
7日	18:29	☉☌☿
9日	23:04	☿□♆
12日	19:46	☉□♆
13日	11:29	☿⚹♄
14日	19:17	♀⚹♇
17日	04:42	☿□♃
18日	13:45	♀△♂
19日	23:20	♀⚹♃
21日	12:45	☉⚹♄
24日	18:39	☿⚹♅
24日	23:36	☿⚹♆
30日	09:06	☿□♄
30日	10:27	☉□♃
30日	22:00	☿☌♇

1939年7月

DAY	☉	☽	☊ mean	☊ true	☿	♀	♂	♃	♄	♅	♆	♇	⚳	⚴	⚵	⚶	⚷
1	7 ♋ 55	25 ♐ 55	5 ♏ 19	6 R 41	0 D 31	19 D 40	4 R 19	7 D 25	29 D 37	20 D 35	20 D 45	0 D 24	10 D	29 D	4 D	25 D	11 D
2	8 ♋ 52	8 ♑ 16	5 ♏ 16	6 ♏ 31	2 ♌ 1	20 ♊ 53	4 ♒ 13	7 ♈ 31	29 ♈ 41	20 ♉ 38	20 ♍ 46	0 ♌ 25	10 ♋	0 ♊	4 ♓	25 ♈	11 ♋
3	9 ♋ 49	20 ♑ 28	5 ♏ 12	6 ♏ 20	3 ♌ 29	22 ♊ 6	4 ♒ 6	7 ♈ 36	29 ♈ 45	20 ♉ 41	20 ♍ 47	0 ♌ 27	11 ♋	0 ♊	4 ♓	26 ♈	11 ♋
4	10 ♋ 46	2 ♒ 33	5 ♏ 9	6 ♏ 9	4 ♌ 55	23 ♊ 19	3 ♒ 58	7 ♈ 41	29 ♈ 49	20 ♉ 43	20 ♍ 48	0 ♌ 29	11 ♋	1 ♊	4 ♓	26 ♈	11 ♋
5	11 ♋ 43	14 ♒ 31	5 ♏ 6	5 ♏ 58	6 ♌ 18	24 ♊ 32	3 ♒ 50	7 ♈ 46	29 ♈ 53	20 ♉ 46	20 ♍ 49	0 ♌ 30	12 ♋	1 ♊	4 ♓	26 ♈	11 ♋
6	12 ♋ 41	26 ♒ 24	5 ♏ 3	5 ♏ 48	7 ♌ 38	25 ♊ 45	3 ♒ 41	7 ♈ 50	29 ♈ 57	20 ♉ 48	20 ♍ 50	0 ♌ 32	12 ♋	2 ♊	4 ♓	27 ♈	11 ♋
7	13 ♋ 38	8 ♓ 15	5 ♏ 0	5 ♏ 40	8 ♌ 56	26 ♊ 58	3 ♒ 31	7 ♈ 55	0 ♉ 1	20 ♉ 50	20 ♍ 51	0 ♌ 33	13 ♋	2 ♊	4 R	27 ♈	12 ♋
8	14 ♋ 35	20 ♓ 7	4 ♏ 56	5 ♏ 35	10 ♌ 12	28 ♊ 12	3 ♒ 21	7 ♈ 59	0 ♉ 5	20 ♉ 53	20 ♍ 52	0 ♌ 35	13 ♋	3 ♊	4 ♓	27 ♈	12 ♋
9	15 ♋ 32	2 ♈ 5	4 ♏ 53	5 ♏ 32	11 ♌ 25	29 ♊ 25	3 ♒ 10	8 ♈ 3	0 ♉ 8	20 ♉ 55	20 ♍ 54	0 ♌ 37	14 ♋	3 ♊	4 ♓	28 ♈	12 ♋
10	16 ♋ 29	14 ♈ 13	4 ♏ 50	5 ♏ 32	12 ♌ 36	0 ♋ 38	2 ♒ 58	8 ♈ 7	0 ♉ 12	20 ♉ 58	20 ♍ 55	0 ♌ 38	14 ♋	4 ♊	4 ♓	28 ♈	12 ♋
11	17 ♋ 27	26 ♈ 37	4 ♏ 47	5 D 32	13 ♌ 43	1 ♋ 51	2 ♒ 46	8 ♈ 11	0 ♉ 15	21 ♉ 0	20 ♍ 56	0 ♌ 40	14 ♋	4 ♊	4 ♓	28 ♈	12 ♋
12	18 ♋ 24	9 ♉ 20	4 ♏ 44	5 R 32	14 ♌ 48	3 ♋ 4	2 ♒ 34	8 ♈ 15	0 ♉ 19	21 ♉ 2	20 ♍ 57	0 ♌ 42	15 ♋	5 ♊	4 ♓	29 ♈	12 ♋
13	19 ♋ 21	22 ♉ 29	4 ♏ 41	5 ♏ 31	15 ♌ 50	4 ♋ 18	2 ♒ 20	8 ♈ 18	0 ♉ 22	21 ♉ 4	20 ♍ 58	0 ♌ 43	15 ♋	5 ♊	4 ♓	29 ♈	12 ♋
14	20 ♋ 18	6 ♊ 6	4 ♏ 37	5 ♏ 28	16 ♌ 49	5 ♋ 31	2 ♒ 6	8 ♈ 21	0 ♉ 25	21 ♉ 6	21 ♍ 0	0 ♌ 45	16 ♋	6 ♊	4 ♓	29 ♈	12 ♋
15	21 ♋ 15	20 ♊ 11	4 ♏ 34	5 ♏ 22	17 ♌ 45	6 ♋ 44	1 ♒ 52	8 ♈ 24	0 ♉ 28	21 ♉ 8	21 ♍ 1	0 ♌ 46	16 ♋	6 ♊	4 ♓	0 ♉	12 ♋
16	22 ♋ 13	4 ♋ 43	4 ♏ 31	5 ♏ 14	18 ♌ 38	7 ♋ 58	1 ♒ 38	8 ♈ 27	0 ♉ 31	21 ♉ 11	21 ♍ 2	0 ♌ 48	17 ♋	6 ♊	4 ♓	0 ♉	13 ♋
17	23 ♋ 10	19 ♋ 37	4 ♏ 28	5 ♏ 4	19 ♌ 28	9 ♋ 11	1 ♒ 22	8 ♈ 30	0 ♉ 34	21 ♉ 13	21 ♍ 4	0 ♌ 50	17 ♋	7 ♊	4 ♓	0 ♉	13 ♋
18	24 ♋ 7	4 ♌ 43	4 ♏ 25	4 ♏ 54	20 ♌ 14	10 ♋ 24	1 ♒ 7	8 ♈ 32	0 ♉ 37	21 ♉ 15	21 ♍ 5	0 ♌ 51	18 ♋	7 ♊	4 ♓	0 ♉	13 ♋
19	25 ♋ 4	19 ♌ 53	4 ♏ 22	4 ♏ 44	20 ♌ 57	11 ♋ 38	0 ♒ 51	8 ♈ 35	0 ♉ 40	21 ♉ 17	21 ♍ 6	0 ♌ 53	18 ♋	8 ♊	3 ♓	1 ♉	13 ♋
20	26 ♋ 2	4 ♍ 54	4 ♏ 18	4 ♏ 35	21 ♌ 35	12 ♋ 51	0 ♒ 35	8 ♈ 37	0 ♉ 42	21 ♉ 18	21 ♍ 8	0 ♌ 55	18 ♋	8 ♊	3 ♓	1 ♉	13 ♋
21	26 ♋ 59	19 ♍ 39	4 ♏ 15	4 ♏ 29	22 ♌ 10	14 ♋ 5	0 ♒ 19	8 ♈ 39	0 ♉ 45	21 ♉ 20	21 ♍ 9	0 ♌ 56	19 ♋	9 ♊	3 ♓	1 ♉	13 ♋
22	27 ♋ 56	4 ♎ 3	4 ♏ 12	4 ♏ 25	22 ♌ 41	15 ♋ 18	0 ♒ 3	8 ♈ 40	0 ♉ 47	21 ♉ 22	21 ♍ 11	0 ♌ 58	19 ♋	9 ♊	3 ♓	1 ♉	13 ♋
23	28 ♋ 54	18 ♎ 2	4 ♏ 9	4 ♏ 24	23 ♌ 8	16 ♋ 32	29 ♑ 46	8 ♈ 42	0 ♉ 50	21 ♉ 24	21 ♍ 12	1 ♌ 0	20 ♋	10 ♊	3 ♓	2 ♉	13 ♋
24	29 ♋ 51	1 ♏ 38	4 ♏ 6	4 D 24	23 ♌ 30	17 ♋ 45	29 ♑ 29	8 ♈ 43	0 ♉ 52	21 ♉ 26	21 ♍ 14	1 ♌ 2	20 ♋	10 ♊	3 ♓	2 ♉	13 ♋
25	0 ♌ 48	14 ♏ 52	4 ♏ 2	4 R 23	23 ♌ 48	18 ♋ 59	29 ♑ 13	8 ♈ 44	0 ♉ 54	21 ♉ 27	21 ♍ 15	1 ♌ 3	21 ♋	11 ♊	3 ♓	2 ♉	13 ♋
26	1 ♌ 45	27 ♏ 47	3 ♏ 59	4 ♏ 22	24 ♌ 1	20 ♋ 13	28 ♑ 56	8 ♈ 45	0 ♉ 56	21 ♉ 29	21 ♍ 17	1 ♌ 5	21 ♋	11 ♊	3 ♓	3 ♉	14 ♋
27	2 ♌ 43	10 ♐ 26	3 ♏ 56	4 ♏ 19	24 ♌ 9	21 ♋ 26	28 ♑ 40	8 ♈ 46	0 ♉ 58	21 ♉ 31	21 ♍ 18	1 ♌ 7	21 ♋	12 ♊	3 ♓	3 ♉	14 ♋
28	3 ♌ 40	22 ♐ 53	3 ♏ 53	4 ♏ 12	24 ♌ 13	22 ♋ 40	28 ♑ 23	8 ♈ 47	1 ♉ 0	21 ♉ 32	21 ♍ 20	1 ♌ 8	22 ♋	12 ♊	2 ♓	3 ♉	14 ♋
29	4 ♌ 37	5 ♑ 10	3 ♏ 50	4 ♏ 3	24 R 11	23 ♋ 53	28 ♑ 7	8 ♈ 47	1 ♉ 2	21 ♉ 34	21 ♍ 22	1 ♌ 10	22 ♋	13 ♊	2 ♓	3 ♉	14 ♋
30	5 ♌ 35	17 ♑ 19	3 ♏ 47	3 ♏ 52	24 ♌ 4	25 ♋ 7	27 ♑ 51	8 ♈ 47	1 ♉ 3	21 ♉ 35	21 ♍ 23	1 ♌ 12	23 ♋	13 ♊	2 ♓	3 ♉	14 ♋
31	6 ♌ 32	29 ♑ 22	3 ♏ 43	3 ♏ 39	23 ♌ 52	26 ♋ 21	27 ♑ 35	8 R 47	1 ♉ 5	21 ♉ 37	21 ♍ 25	1 ♌ 13	23 ♋	14 ♊	2 ♓	4 ♉	14 ♋

SUN INGRESS ☉ → ♌ 24日 03:37

MOON PHASE ○ 2日 01:16 ♑ ◑ 10日 04:49 ♈ ● 17日 06:03 ♋ ◐ 23日 20:34 ♎ ○ 31日 15:37 ♒

aspects

1日	21:47	♀□♆
3日	09:25	☿☍♂
6日	03:56	☿△♃
7日	15:19	♅△♆
9日	15:03	♀⚹♄
14日	17:45	☉⚹♆
14日	20:59	☉⚹♅
16日	10:03	♀□♃
18日	21:24	♂☍♇
19日	12:42	☿□♅
19日	14:46	♂□♄
23日	17:03	☉☍♂
25日	02:35	☉□♄
25日	06:29	☉☌♇
26日	21:25	♀⚹♆
27日	01:32	♀⚹♅
31日	19:58	♀☍♂

1939年8月

DAY	☉	☽	☊ mean	☊ true	☿	♀	♂	♃	♄	♅	♆	♇	⚳	⚴	⚵	⚶	⚷
1	7 ♌ 29	11 ♒ 20	3 ♏ 40	3 R 25	23 R 35	27 D 34	27 R 19	8 R 47	1 D 6	21 D 38	21 D 27	1 D 15	24 D	14 D	2 R	4 D	14 D
2	8 ♌ 27	23 ♒ 14	3 ♏ 37	3 ♏ 12	23 ♌ 13	28 ♋ 48	27 ♑ 4	8 ♈ 46	1 ♉ 8	21 ♉ 39	21 ♍ 28	1 ♌ 17	24 ♋	15 ♊	2 ♓	4 ♉	14 ♋
3	9 ♌ 24	5 ♓ 5	3 ♏ 34	3 ♏ 0	22 ♌ 46	0 ♌ 2	26 ♑ 49	8 ♈ 46	1 ♉ 9	21 ♉ 41	21 ♍ 30	1 ♌ 18	25 ♋	15 ♊	1 ♓	4 ♉	14 ♋
4	10 ♌ 22	16 ♓ 56	3 ♏ 31	2 ♏ 50	22 ♌ 15	1 ♌ 16	26 ♑ 35	8 ♈ 45	1 ♉ 10	21 ♉ 42	21 ♍ 32	1 ♌ 20	25 ♋	16 ♊	1 ♓	5 ♉	14 ♋
5	11 ♌ 19	28 ♓ 49	3 ♏ 27	2 ♏ 44	21 ♌ 39	2 ♌ 30	26 ♑ 21	8 ♈ 44	1 ♉ 11	21 ♉ 43	21 ♍ 34	1 ♌ 22	25 ♋	16 ♊	1 ♓	5 ♉	15 ♋
6	12 ♌ 16	10 ♈ 47	3 ♏ 24	2 ♏ 40	21 ♌ 0	3 ♌ 43	26 ♑ 7	8 ♈ 43	1 ♉ 12	21 ♉ 44	21 ♍ 35	1 ♌ 23	26 ♋	17 ♊	1 ♓	5 ♉	15 ♋
7	13 ♌ 14	22 ♈ 55	3 ♏ 21	2 ♏ 38	20 ♌ 17	4 ♌ 57	25 ♑ 54	8 ♈ 41	1 ♉ 13	21 ♉ 45	21 ♍ 37	1 ♌ 25	26 ♋	17 ♊	1 ♓	5 ♉	15 ♋
8	14 ♌ 11	5 ♉ 17	3 ♏ 18	2 D 38	19 ♌ 32	6 ♌ 11	25 ♑ 41	8 ♈ 39	1 ♉ 14	21 ♉ 47	21 ♍ 39	1 ♌ 27	27 ♋	18 ♊	0 ♓	5 ♉	15 ♋
9	15 ♌ 9	17 ♉ 58	3 ♏ 15	2 R 38	18 ♌ 45	7 ♌ 25	25 ♑ 29	8 ♈ 38	1 ♉ 14	21 ♉ 48	21 ♍ 41	1 ♌ 28	27 ♋	18 ♊	0 ♓	6 ♉	15 ♋
10	16 ♌ 6	1 ♊ 3	3 ♏ 12	2 ♏ 37	17 ♌ 57	8 ♌ 39	25 ♑ 18	8 ♈ 36	1 ♉ 15	21 ♉ 49	21 ♍ 43	1 ♌ 30	28 ♋	19 ♊	0 ♓	6 ♉	15 ♋
11	17 ♌ 4	14 ♊ 34	3 ♏ 8	2 ♏ 35	17 ♌ 9	9 ♌ 53	25 ♑ 7	8 ♈ 33	1 ♉ 15	21 ♉ 49	21 ♍ 45	1 ♌ 32	28 ♋	19 ♊	0 ♓	6 ♉	15 ♋
12	18 ♌ 2	28 ♊ 36	3 ♏ 5	2 ♏ 30	16 ♌ 22	11 ♌ 7	24 ♑ 57	8 ♈ 31	1 ♉ 15	21 ♉ 50	21 ♍ 47	1 ♌ 33	28 ♋	20 ♊	0 ♓	6 ♉	15 ♋
13	18 ♌ 59	13 ♋ 6	3 ♏ 2	2 ♏ 23	15 ♌ 36	12 ♌ 21	24 ♑ 48	8 ♈ 28	1 ♉ 16	21 ♉ 51	21 ♍ 49	1 ♌ 35	29 ♋	20 ♊	29 ♒	6 ♉	15 ♋
14	19 ♌ 57	28 ♋ 0	2 ♏ 59	2 ♏ 13	14 ♌ 53	13 ♌ 35	24 ♑ 39	8 ♈ 26	1 ♉ 16	21 ♉ 52	21 ♍ 50	1 ♌ 36	29 ♋	21 ♊	29 ♒	6 ♉	15 ♋
15	20 ♌ 54	13 ♌ 12	2 ♏ 56	2 ♏ 3	14 ♌ 13	14 ♌ 49	24 ♑ 31	8 ♈ 23	1 R 16	21 ♉ 53	21 ♍ 52	1 ♌ 38	0 ♌	21 ♊	29 ♒	7 ♉	15 ♋
16	21 ♌ 52	28 ♌ 31	2 ♏ 53	1 ♏ 53	13 ♌ 38	16 ♌ 3	24 ♑ 24	8 ♈ 19	1 ♉ 16	21 ♉ 53	21 ♍ 54	1 ♌ 40	0 ♌	22 ♊	29 ♒	7 ♉	16 ♋
17	22 ♌ 50	13 ♍ 45	2 ♏ 49	1 ♏ 45	13 ♌ 7	17 ♌ 17	24 ♑ 17	8 ♈ 16	1 ♉ 15	21 ♉ 54	21 ♍ 56	1 ♌ 41	1 ♌	22 ♊	28 ♒	7 ♉	16 ♋
18	23 ♌ 48	28 ♍ 43	2 ♏ 46	1 ♏ 39	12 ♌ 42	18 ♌ 32	24 ♑ 11	8 ♈ 13	1 ♉ 15	21 ♉ 55	21 ♍ 58	1 ♌ 43	1 ♌	23 ♊	28 ♒	7 ♉	16 ♋
19	24 ♌ 45	13 ♎ 20	2 ♏ 43	1 ♏ 36	12 ♌ 24	19 ♌ 46	24 ♑ 7	8 ♈ 9	1 ♉ 15	21 ♉ 55	22 ♍ 0	1 ♌ 44	2 ♌	23 ♊	28 ♒	7 ♉	16 ♋
20	25 ♌ 43	27 ♎ 29	2 ♏ 40	1 ♏ 35	12 ♌ 13	21 ♌ 0	24 ♑ 3	8 ♈ 5	1 ♉ 14	21 ♉ 56	22 ♍ 2	1 ♌ 46	2 ♌	24 ♊	28 ♒	7 ♉	16 ♋
21	26 ♌ 41	11 ♏ 11	2 ♏ 37	1 D 35	12 ♌ 8	22 ♌ 14	23 ♑ 59	8 ♈ 1	1 ♉ 13	21 ♉ 56	22 ♍ 4	1 ♌ 47	2 ♌	24 ♊	27 ♒	7 ♉	16 ♋
22	27 ♌ 39	24 ♏ 27	2 ♏ 33	1 ♏ 35	12 D 11	23 ♌ 28	23 ♑ 57	7 ♈ 57	1 ♉ 13	21 ♉ 56	22 ♍ 7	1 ♌ 49	3 ♌	25 ♊	27 ♒	8 ♉	16 ♋
23	28 ♌ 36	7 ♐ 21	2 ♏ 30	1 R 35	12 ♌ 22	24 ♌ 43	23 ♑ 55	7 ♈ 52	1 ♉ 12	21 ♉ 57	22 ♍ 9	1 ♌ 51	3 ♌	25 ♊	27 ♒	8 ♉	16 ♋
24	29 ♌ 34	19 ♐ 56	2 ♏ 27	1 ♏ 33	12 ♌ 41	25 ♌ 57	23 ♑ 55	7 ♈ 47	1 ♉ 11	21 ♉ 57	22 ♍ 11	1 ♌ 52	4 ♌	26 ♊	27 ♒	8 ♉	16 ♋
25	0 ♍ 32	2 ♑ 16	2 ♏ 24	1 ♏ 28	13 ♌ 7	27 ♌ 11	23 D 55	7 ♈ 43	1 ♉ 10	21 ♉ 57	22 ♍ 13	1 ♌ 54	4 ♌	26 ♊	26 ♒	8 ♉	16 ♋
26	1 ♍ 30	14 ♑ 25	2 ♏ 21	1 ♏ 22	13 ♌ 41	28 ♌ 25	23 ♑ 56	7 ♈ 38	1 ♉ 9	21 ♉ 57	22 ♍ 15	1 ♌ 55	5 ♌	27 ♊	26 ♒	8 ♉	16 ♋
27	2 ♍ 28	26 ♑ 26	2 ♏ 18	1 ♏ 13	14 ♌ 23	29 ♌ 40	23 ♑ 57	7 ♈ 33	1 ♉ 7	21 ♉ 57	22 ♍ 17	1 ♌ 57	5 ♌	27 ♊	26 ♒	8 ♉	17 ♋
28	3 ♍ 26	8 ♒ 22	2 ♏ 14	1 ♏ 3	15 ♌ 12	0 ♍ 54	24 ♑ 0	7 ♈ 27	1 ♉ 6	21 ♉ 58	22 ♍ 19	1 ♌ 58	5 ♌	28 ♊	26 ♒	8 ♉	17 ♋
29	4 ♍ 24	20 ♒ 15	2 ♏ 11	0 ♏ 52	16 ♌ 8	2 ♍ 8	24 ♑ 3	7 ♈ 22	1 ♉ 5	21 R 58	22 ♍ 21	2 ♌ 0	6 ♌	28 ♊	25 ♒	8 ♉	17 ♋
30	5 ♍ 22	2 ♓ 7	2 ♏ 8	0 ♏ 41	17 ♌ 12	3 ♍ 23	24 ♑ 8	7 ♈ 16	1 ♉ 3	21 ♉ 58	22 ♍ 23	2 ♌ 1	6 ♌	29 ♊	25 ♒	8 ♉	17 ♋
31	6 ♍ 19	13 ♓ 59	2 ♏ 5	0 ♏ 32	18 ♌ 22	4 ♍ 37	24 ♑ 13	7 ♈ 11	1 ♉ 1	21 ♉ 57	22 ♍ 26	2 ♌ 2	7 ♌	29 ♊	25 ♒	8 ♉	17 ♋

SUN INGRESS ☉ → ♍ 24日 10:31

MOON PHASE ◑ 8日 18:18 ♉ ● 15日 12:53 ♌ ◐ 22日 06:21 ♏ ○ 30日 07:09 ♓

aspects

2日	08:03	☉△♃
3日	22:07	♀□♄
4日	01:24	♀☌♇
4日	21:38	☿□♅
9日	22:55	♀△♃
11日	01:10	☉☌☿
14日	16:16	☿☌♀
15日	04:23	♅△♆
16日	00:31	☉□♅
20日	18:06	☿□♅
25日	15:25	☉△♄
28日	03:51	♀△♄

1939年9月

DAY	☉	☽	☊ mean	☊ true	☿	♀	♂	♃	♄	♅	♆	♇	⚳	⚴	⚵	⚶	⚷
	° ′	° ′	° ′	° ′	° ′	° ′	° ′	° ′	° ′	° ′	° ′	° ′	°	°	°	°	°
1	7 ♍ 17	25 ♓ 53	2 ♏ 2	0 R 25	19 D 38	5 D 51	24 D 18	7 R 5	1 R 0	21 R 57	22 D 28	2 D 4	7 D	0 D	25 R	8 D	17 D
2	8 ♍ 16	7 ♈ 51	1 ♏ 59	0 ♏ 20	21 ♌ 0	7 ♍ 6	24 ♑ 25	6 ♈ 59	0 ♉ 58	21 ♉ 57	22 ♍ 30	2 ♌ 5	8 ♌	0 ♋	24 ♒	8 ♉	17 ♋
3	9 ♍ 14	19 ♈ 56	1 ♏ 55	0 ♏ 17	22 ♌ 27	8 ♍ 20	24 ♑ 32	6 ♈ 53	0 ♉ 56	21 ♉ 57	22 ♍ 32	2 ♌ 7	8 ♌	1 ♋	24 ♒	8 ♉	17 ♋
4	10 ♍ 12	2 ♉ 9	1 ♏ 52	0 D 17	23 ♌ 59	9 ♍ 35	24 ♑ 41	6 ♈ 46	0 ♉ 54	21 ♉ 57	22 ♍ 34	2 ♌ 8	8 ♌	1 ♋	24 ♒	8 ♉	17 ♋
5	11 ♍ 10	14 ♉ 35	1 ♏ 49	0 ♏ 17	25 ♌ 35	10 ♍ 49	24 ♑ 49	6 ♈ 40	0 ♉ 52	21 ♉ 56	22 ♍ 36	2 ♌ 9	9 ♌	2 ♋	24 ♒	8 ♉	17 ♋
6	12 ♍ 8	27 ♉ 17	1 ♏ 46	0 ♏ 19	27 ♌ 15	12 ♍ 4	24 ♑ 59	6 ♈ 33	0 ♉ 49	21 ♉ 56	22 ♍ 39	2 ♌ 11	9 ♌	2 ♋	24 ♒	8 ♉	17 ♋
7	13 ♍ 6	10 ♊ 20	1 ♏ 43	0 ♏ 20	28 ♌ 58	13 ♍ 18	25 ♑ 10	6 ♈ 27	0 ♉ 47	21 ♉ 56	22 ♍ 41	2 ♌ 12	10 ♌	3 ♋	23 ♒	8 R	17 ♋
8	14 ♍ 4	23 ♊ 46	1 ♏ 39	0 R 19	0 ♍ 44	14 ♍ 33	25 ♑ 21	6 ♈ 20	0 ♉ 45	21 ♉ 55	22 ♍ 43	2 ♌ 13	10 ♌	3 ♋	23 ♒	8 ♉	17 ♋
9	15 ♍ 3	7 ♋ 38	1 ♏ 36	0 ♏ 17	2 ♍ 32	15 ♍ 47	25 ♑ 33	6 ♈ 13	0 ♉ 42	21 ♉ 55	22 ♍ 45	2 ♌ 15	11 ♌	4 ♋	23 ♒	8 ♉	18 ♋
10	16 ♍ 1	21 ♋ 57	1 ♏ 33	0 ♏ 13	4 ♍ 22	17 ♍ 2	25 ♑ 45	6 ♈ 6	0 ♉ 40	21 ♉ 54	22 ♍ 47	2 ♌ 16	11 ♌	4 ♋	23 ♒	8 ♉	18 ♋
11	16 ♍ 59	6 ♌ 40	1 ♏ 30	0 ♏ 8	6 ♍ 14	18 ♍ 16	25 ♑ 58	5 ♈ 59	0 ♉ 37	21 ♉ 53	22 ♍ 50	2 ♌ 17	11 ♌	5 ♋	22 ♒	8 ♉	18 ♋
12	17 ♍ 58	21 ♌ 41	1 ♏ 27	0 ♏ 1	8 ♍ 7	19 ♍ 31	26 ♑ 12	5 ♈ 52	0 ♉ 34	21 ♉ 53	22 ♍ 52	2 ♌ 19	12 ♌	5 ♋	22 ♒	8 ♉	18 ♋
13	18 ♍ 56	6 ♍ 52	1 ♏ 24	29 ♎ 55	10 ♍ 0	20 ♍ 46	26 ♑ 27	5 ♈ 44	0 ♉ 31	21 ♉ 52	22 ♍ 54	2 ♌ 20	12 ♌	6 ♋	22 ♒	8 ♉	18 ♋
14	19 ♍ 54	22 ♍ 3	1 ♏ 20	29 ♎ 50	11 ♍ 54	22 ♍ 0	26 ♑ 42	5 ♈ 37	0 ♉ 28	21 ♉ 51	22 ♍ 56	2 ♌ 21	13 ♌	6 ♋	22 ♒	8 ♉	18 ♋
15	20 ♍ 53	7 ♎ 4	1 ♏ 17	29 ♎ 46	13 ♍ 47	23 ♍ 15	26 ♑ 58	5 ♈ 29	0 ♉ 25	21 ♉ 50	22 ♍ 59	2 ♌ 22	13 ♌	7 ♋	22 ♒	8 ♉	18 ♋
16	21 ♍ 51	21 ♎ 46	1 ♏ 14	29 ♎ 45	15 ♍ 41	24 ♍ 30	27 ♑ 15	5 ♈ 22	0 ♉ 22	21 ♉ 50	23 ♍ 1	2 ♌ 23	14 ♌	7 ♋	22 ♒	8 ♉	18 ♋
17	22 ♍ 50	6 ♏ 4	1 ♏ 11	29 D 45	17 ♍ 35	25 ♍ 44	27 ♑ 32	5 ♈ 14	0 ♉ 19	21 ♉ 49	23 ♍ 3	2 ♌ 25	14 ♌	8 ♋	21 ♒	8 ♉	18 ♋
18	23 ♍ 48	19 ♏ 54	1 ♏ 8	29 ♎ 46	19 ♍ 28	26 ♍ 59	27 ♑ 50	5 ♈ 6	0 ♉ 16	21 ♉ 48	23 ♍ 5	2 ♌ 26	14 ♌	8 ♋	21 ♒	8 ♉	18 ♋
19	24 ♍ 47	3 ♐ 17	1 ♏ 4	29 ♎ 47	21 ♍ 20	28 ♍ 14	28 ♑ 9	4 ♈ 59	0 ♉ 12	21 ♉ 47	23 ♍ 7	2 ♌ 27	15 ♌	9 ♋	21 ♒	8 ♉	18 ♋
20	25 ♍ 46	16 ♐ 15	1 ♏ 1	29 ♎ 48	23 ♍ 12	29 ♍ 28	28 ♑ 28	4 ♈ 51	0 ♉ 9	21 ♉ 46	23 ♍ 10	2 ♌ 28	15 ♌	9 ♋	21 ♒	8 ♉	18 ♋
21	26 ♍ 44	28 ♐ 52	0 ♏ 58	29 R 49	25 ♍ 3	0 ♎ 43	28 ♑ 48	4 ♈ 43	0 ♉ 5	21 ♉ 45	23 ♍ 12	2 ♌ 29	16 ♌	10 ♋	21 ♒	8 ♉	18 ♋
22	27 ♍ 43	11 ♑ 11	0 ♏ 55	29 ♎ 48	26 ♍ 54	1 ♎ 58	29 ♑ 8	4 ♈ 35	0 ♉ 2	21 ♉ 43	23 ♍ 14	2 ♌ 30	16 ♌	10 ♋	21 ♒	8 ♉	18 ♋
23	28 ♍ 42	23 ♑ 18	0 ♏ 52	29 ♎ 45	28 ♍ 43	3 ♎ 12	29 ♑ 29	4 ♈ 27	29 ♈ 58	21 ♉ 42	23 ♍ 16	2 ♌ 31	17 ♌	11 ♋	20 ♒	7 ♉	18 ♋
24	29 ♍ 40	5 ♒ 16	0 ♏ 49	29 ♎ 42	0 ♎ 32	4 ♎ 27	29 ♑ 50	4 ♈ 19	29 ♈ 54	21 ♉ 41	23 ♍ 19	2 ♌ 32	17 ♌	11 ♋	20 ♒	7 ♉	18 ♋
25	0 ♎ 39	17 ♒ 9	0 ♏ 45	29 ♎ 37	2 ♎ 20	5 ♎ 42	0 ♒ 12	4 ♈ 11	29 ♈ 50	21 ♉ 40	23 ♍ 21	2 ♌ 33	17 ♌	12 ♋	20 ♒	7 ♉	19 ♋
26	1 ♎ 38	29 ♒ 0	0 ♏ 42	29 ♎ 32	4 ♎ 7	6 ♎ 57	0 ♒ 35	4 ♈ 3	29 ♈ 47	21 ♉ 38	23 ♍ 23	2 ♌ 34	18 ♌	12 ♋	20 ♒	7 ♉	19 ♋
27	2 ♎ 37	10 ♓ 53	0 ♏ 39	29 ♎ 27	5 ♎ 53	8 ♎ 11	0 ♒ 58	3 ♈ 55	29 ♈ 43	21 ♉ 37	23 ♍ 25	2 ♌ 35	18 ♌	13 ♋	20 ♒	7 ♉	19 ♋
28	3 ♎ 36	22 ♓ 49	0 ♏ 36	29 ♎ 23	7 ♎ 38	9 ♎ 26	1 ♒ 21	3 ♈ 47	29 ♈ 39	21 ♉ 36	23 ♍ 27	2 ♌ 36	19 ♌	13 ♋	20 ♒	7 ♉	19 ♋
29	4 ♎ 34	4 ♈ 50	0 ♏ 33	29 ♎ 20	9 ♎ 22	10 ♎ 41	1 ♒ 45	3 ♈ 39	29 ♈ 35	21 ♉ 34	23 ♍ 30	2 ♌ 37	19 ♌	13 ♋	20 ♒	7 ♉	19 ♋
30	5 ♎ 33	16 ♈ 58	0 ♏ 30	29 ♎ 18	11 ♎ 5	11 ♎ 56	2 ♒ 9	3 ♈ 31	29 ♈ 31	21 ♉ 33	23 ♍ 32	2 ♌ 38	19 ♌	14 ♋	20 ♒	6 ♉	19 ♋

SUN INGRESS	☉ → ♎ 24日 07:49
MOON PHASE	◑ 7日 05:24 ♊ ● 13日 20:22 ♍ ◐ 20日 19:34 ♐ ○ 28日 23:27 ♈

aspects		
2日	15:58	☿□♅
6日	06:14	☉☌♀
8日	00:09	☿△♄
13日	21:07	♀△♅
14日	18:34	♀☌♆
15日	23:14	☉△♅
17日	05:34	☉☌♆
18日	21:55	♀△♂
19日	05:35	☿△♅
19日	23:26	☿☌♆
22日	10:36	♀⚹♇
22日	23:11	☉☌☿
23日	12:27	☿△♂
23日	21:40	♀☍♃
24日	03:50	♂□♄
24日	06:24	☉△♂
25日	03:03	☿⚹♇
25日	23:15	☿☍♃
26日	23:24	☉⚹♇
28日	04:06	☉☍♃

1939年10月

DAY	☉	☽	☊ mean	☊ true	☿	♀	♂	♃	♄	♅	♆	♇	⚳	⚴	⚵	⚶	⚷
	° ′	° ′	° ′	° ′	° ′	° ′	° ′	° ′	° ′	° ′	° ′	° ′	°	°	°	°	°
1	6 ♎ 32	29 ♈ 14	0 ♏ 26	29 R 18	12 D 47	13 D 10	2 D 34	3 R 23	29 R 26	21 R 31	23 D 34	2 D 39	20 D	14 D	20 R	6 R	19 D
2	7 ♎ 31	11 ♉ 40	0 ♏ 23	29 D 18	14 ♎ 28	14 ♎ 25	3 ♒ 0	3 ♈ 15	29 ♈ 22	21 ♉ 30	23 ♍ 36	2 ♌ 40	20 ♌	15 ♋	20 ♒	6 ♉	19 ♋
3	8 ♎ 30	24 ♉ 19	0 ♏ 20	29 ♎ 19	16 ♎ 9	15 ♎ 40	3 ♒ 25	3 ♈ 7	29 ♈ 18	21 ♉ 28	23 ♍ 38	2 ♌ 41	21 ♌	15 ♋	20 ♒	6 ♉	19 ♋
4	9 ♎ 29	7 ♊ 12	0 ♏ 17	29 ♎ 21	17 ♎ 49	16 ♎ 55	3 ♒ 52	2 ♈ 59	29 ♈ 14	21 ♉ 26	23 ♍ 40	2 ♌ 41	21 ♌	16 ♋	20 ♒	6 ♉	19 ♋
5	10 ♎ 28	20 ♊ 21	0 ♏ 14	29 ♎ 22	19 ♎ 27	18 ♎ 9	4 ♒ 18	2 ♈ 51	29 ♈ 9	21 ♉ 25	23 ♍ 43	2 ♌ 42	21 ♌	16 ♋	19 ♒	5 ♉	19 ♋
6	11 ♎ 27	3 ♋ 48	0 ♏ 10	29 ♎ 23	21 ♎ 5	19 ♎ 24	4 ♒ 45	2 ♈ 43	29 ♈ 5	21 ♉ 23	23 ♍ 45	2 ♌ 43	22 ♌	17 ♋	19 ♒	5 ♉	19 ♋
7	12 ♎ 27	17 ♋ 34	0 ♏ 7	29 R 23	22 ♎ 43	20 ♎ 39	5 ♒ 13	2 ♈ 35	29 ♈ 0	21 ♉ 21	23 ♍ 47	2 ♌ 44	22 ♌	17 ♋	19 ♒	5 ♉	19 ♋
8	13 ♎ 26	1 ♌ 41	0 ♏ 4	29 ♎ 23	24 ♎ 19	21 ♎ 54	5 ♒ 40	2 ♈ 27	28 ♈ 56	21 ♉ 19	23 ♍ 49	2 ♌ 44	23 ♌	17 ♋	19 ♒	5 ♉	19 ♋
9	14 ♎ 25	16 ♌ 5	0 ♏ 1	29 ♎ 21	25 ♎ 55	23 ♎ 9	6 ♒ 8	2 ♈ 20	28 ♈ 51	21 ♉ 18	23 ♍ 51	2 ♌ 45	23 ♌	18 ♋	19 ♒	5 ♉	19 ♋
10	15 ♎ 24	0 ♍ 45	29 ♎ 58	29 ♎ 19	27 ♎ 29	24 ♎ 24	6 ♒ 37	2 ♈ 12	28 ♈ 47	21 ♉ 16	23 ♍ 53	2 ♌ 46	23 ♌	18 ♋	19 D	4 ♉	19 ♋
11	16 ♎ 24	15 ♍ 35	29 ♎ 55	29 ♎ 18	29 ♎ 4	25 ♎ 38	7 ♒ 6	2 ♈ 5	28 ♈ 42	21 ♉ 14	23 ♍ 55	2 ♌ 46	24 ♌	19 ♋	19 ♒	4 ♉	19 ♋
12	17 ♎ 23	0 ♎ 27	29 ♎ 51	29 ♎ 16	0 ♏ 37	26 ♎ 53	7 ♒ 35	1 ♈ 57	28 ♈ 38	21 ♉ 12	23 ♍ 57	2 ♌ 47	24 ♌	19 ♋	19 ♒	4 ♉	19 ♋
13	18 ♎ 22	15 ♎ 14	29 ♎ 48	29 ♎ 16	2 ♏ 10	28 ♎ 8	8 ♒ 5	1 ♈ 50	28 ♈ 33	21 ♉ 10	24 ♍ 0	2 ♌ 48	25 ♌	20 ♋	19 ♒	4 ♉	19 ♋
14	19 ♎ 22	29 ♎ 49	29 ♎ 45	29 D 15	3 ♏ 42	29 ♎ 23	8 ♒ 35	1 ♈ 42	28 ♈ 28	21 ♉ 8	24 ♍ 2	2 ♌ 48	25 ♌	20 ♋	20 ♒	3 ♉	19 ♋
15	20 ♎ 21	14 ♏ 4	29 ♎ 42	29 ♎ 16	5 ♏ 13	0 ♏ 38	9 ♒ 5	1 ♈ 35	28 ♈ 23	21 ♉ 6	24 ♍ 4	2 ♌ 49	25 ♌	20 ♋	20 ♒	3 ♉	19 ♋
16	21 ♎ 21	27 ♏ 57	29 ♎ 39	29 ♎ 16	6 ♏ 44	1 ♏ 53	9 ♒ 36	1 ♈ 28	28 ♈ 19	21 ♉ 4	24 ♍ 6	2 ♌ 49	26 ♌	21 ♋	20 ♒	3 ♉	19 ♋
17	22 ♎ 20	11 ♐ 25	29 ♎ 35	29 ♎ 17	8 ♏ 14	3 ♏ 8	10 ♒ 7	1 ♈ 21	28 ♈ 14	21 ♉ 2	24 ♍ 8	2 ♌ 50	26 ♌	21 ♋	20 ♒	3 ♉	19 ♋
18	23 ♎ 20	24 ♐ 28	29 ♎ 32	29 ♎ 18	9 ♏ 43	4 ♏ 23	10 ♒ 38	1 ♈ 14	28 ♈ 9	21 ♉ 0	24 ♍ 10	2 ♌ 50	27 ♌	22 ♋	20 ♒	2 ♉	19 ♋
19	24 ♎ 19	7 ♑ 10	29 ♎ 29	29 ♎ 18	11 ♏ 11	5 ♏ 37	11 ♒ 10	1 ♈ 7	28 ♈ 4	20 ♉ 58	24 ♍ 12	2 ♌ 51	27 ♌	22 ♋	20 ♒	2 ♉	19 ♋
20	25 ♎ 19	19 ♑ 32	29 ♎ 26	29 ♎ 18	12 ♏ 39	6 ♏ 52	11 ♒ 41	1 ♈ 1	28 ♈ 0	20 ♉ 55	24 ♍ 14	2 ♌ 51	27 ♌	22 ♋	20 ♒	2 ♉	19 ♋
21	26 ♎ 19	1 ♒ 40	29 ♎ 23	29 R 18	14 ♏ 6	8 ♏ 7	12 ♒ 14	0 ♈ 54	27 ♈ 55	20 ♉ 53	24 ♍ 16	2 ♌ 52	28 ♌	23 ♋	20 ♒	2 ♉	19 ♋
22	27 ♎ 18	13 ♒ 38	29 ♎ 20	29 ♎ 18	15 ♏ 33	9 ♏ 22	12 ♒ 46	0 ♈ 48	27 ♈ 50	20 ♉ 51	24 ♍ 18	2 ♌ 52	28 ♌	23 ♋	20 ♒	1 ♉	19 ♋
23	28 ♎ 18	25 ♒ 30	29 ♎ 16	29 ♎ 18	16 ♏ 58	10 ♏ 37	13 ♒ 19	0 ♈ 41	27 ♈ 45	20 ♉ 49	24 ♍ 20	2 ♌ 52	29 ♌	24 ♋	20 ♒	1 ♉	19 ♋
24	29 ♎ 18	7 ♓ 22	29 ♎ 13	29 D 18	18 ♏ 23	11 ♏ 52	13 ♒ 52	0 ♈ 35	27 ♈ 41	20 ♉ 47	24 ♍ 21	2 ♌ 53	29 ♌	24 ♋	20 ♒	1 ♉	20 ♋
25	0 ♏ 18	19 ♓ 16	29 ♎ 10	29 ♎ 18	19 ♏ 47	13 ♏ 7	14 ♒ 25	0 ♈ 29	27 ♈ 36	20 ♉ 44	24 ♍ 23	2 ♌ 53	29 ♌	24 ♋	20 ♒	1 ♉	20 ♋
26	1 ♏ 17	1 ♈ 16	29 ♎ 7	29 ♎ 18	21 ♏ 11	14 ♏ 22	14 ♒ 58	0 ♈ 23	27 ♈ 31	20 ♉ 42	24 ♍ 25	2 ♌ 53	0 ♍	25 ♋	20 ♒	0 ♉	20 ♋
27	2 ♏ 17	13 ♈ 25	29 ♎ 4	29 ♎ 18	22 ♏ 33	15 ♏ 36	15 ♒ 32	0 ♈ 18	27 ♈ 26	20 ♉ 40	24 ♍ 27	2 ♌ 53	0 ♍	25 ♋	21 ♒	0 ♉	20 ♋
28	3 ♏ 17	25 ♈ 45	29 ♎ 1	29 ♎ 19	23 ♏ 54	16 ♏ 51	16 ♒ 6	0 ♈ 12	27 ♈ 21	20 ♉ 37	24 ♍ 29	2 ♌ 54	0 ♍	26 ♋	21 ♒	0 ♉	20 ♋
29	4 ♏ 17	8 ♉ 18	28 ♎ 57	29 R 18	25 ♏ 15	18 ♏ 6	16 ♒ 40	0 ♈ 7	27 ♈ 17	20 ♉ 35	24 ♍ 31	2 ♌ 54	1 ♍	26 ♋	21 ♒	0 ♉	20 ♋
30	5 ♏ 17	21 ♉ 4	28 ♎ 54	29 ♎ 18	26 ♏ 34	19 ♏ 21	17 ♒ 14	0 ♈ 2	27 ♈ 12	20 ♉ 33	24 ♍ 33	2 ♌ 54	1 ♍	26 ♋	21 ♒	29 ♈	20 ♋
31	6 ♏ 17	4 ♊ 4	28 ♎ 51	29 ♎ 17	27 ♏ 52	20 ♏ 36	17 ♒ 49	29 ♓ 57	27 ♈ 7	20 ♉ 30	24 ♍ 34	2 ♌ 54	1 ♍	27 ♋	21 ♒	29 ♈	20 ♋

SUN INGRESS	☉ → ♏ 24日 16:46
MOON PHASE	◑ 6日 14:27 ♋ ● 13日 05:30 ♎ ◐ 20日 12:24 ♑ ○ 28日 15:42 ♉

aspects		
1日	04:32	♂☍♇
1日	21:01	☿☌♀
2日	10:51	♂⚹♃
6日	00:24	♃△♇
10日	18:46	☿☍♄
13日	07:27	♀☍♄
13日	09:55	☿□♇
16日	18:15	♀□♇
18日	23:13	☿□♂
22日	11:50	☉☍♄
25日	15:57	☿☍♅
26日	21:29	♀□♂
27日	14:37	☉□♇
28日	10:32	☿⚹♆
30日	22:16	♀☍♅

1939年11月

DAY	☉	☽	☊ mean	☊ true	☿	♀	♂	♃	♄	♅	♆	♇	⚳	⚴	⚵	⚶	⚷
	° ′	° ′	° ′	° ′	° ′	° ′	° ′	° ′	° ′	° ′	° ′	° ′	°	°	°	°	°
1	7 ♏ 17	17 ♊ 17	28 ♎ 48	29 R 17	29 D 9	21 D 51	18 D 24	29 R 52	27 R 3	20 R 28	24 D 36	2 D 54	2 D	27 D	21 D	29 R	20 D
2	8 ♏ 17	0 ♋ 44	28 ♎ 45	29 ♎ 15	0 ♐ 24	23 ♏ 6	18 ♒ 59	29 ♓ 47	26 ♈ 58	20 ♉ 25	24 ♍ 38	2 ♌ 54	2 ♍	27 ♋	22 ♒	29 ♈	20 R
3	9 ♏ 17	14 ♋ 23	28 ♎ 41	29 ♎ 14	1 ♐ 38	24 ♏ 20	19 ♒ 34	29 ♓ 42	26 ♈ 53	20 ♉ 23	24 ♍ 40	2 ♌ 54	3 ♍	28 ♋	22 ♒	28 ♈	20 ♋
4	10 ♏ 17	28 ♋ 14	28 ♎ 38	29 ♎ 14	2 ♐ 50	25 ♏ 35	20 ♒ 9	29 ♓ 38	26 ♈ 49	20 ♉ 21	24 ♍ 41	2 ♌ 54	3 ♍	28 ♋	22 ♒	28 ♈	20 ♋
5	11 ♏ 17	12 ♌ 16	28 ♎ 35	29 D 13	4 ♐ 1	26 ♏ 50	20 ♒ 45	29 ♓ 34	26 ♈ 44	20 ♉ 18	24 ♍ 43	2 R 54	3 ♍	28 ♋	22 ♒	28 ♈	20 ♋
6	12 ♏ 17	26 ♌ 27	28 ♎ 32	29 ♎ 14	5 ♐ 9	28 ♏ 5	21 ♒ 21	29 ♓ 30	26 ♈ 40	20 ♉ 16	24 ♍ 45	2 ♌ 54	4 ♍	29 ♋	22 ♒	28 ♈	20 ♋
7	13 ♏ 17	10 ♍ 46	28 ♎ 29	29 ♎ 15	6 ♐ 15	29 ♏ 20	21 ♒ 57	29 ♓ 26	26 ♈ 35	20 ♉ 13	24 ♍ 46	2 ♌ 54	4 ♍	29 ♋	22 ♒	27 ♈	20 ♋
8	14 ♏ 18	25 ♍ 9	28 ♎ 26	29 ♎ 16	7 ♐ 18	0 ♐ 35	22 ♒ 33	29 ♓ 22	26 ♈ 31	20 ♉ 11	24 ♍ 48	2 ♌ 54	4 ♍	29 ♋	23 ♒	27 ♈	20 ♋
9	15 ♏ 18	9 ♎ 34	28 ♎ 22	29 ♎ 17	8 ♐ 18	1 ♐ 50	23 ♒ 9	29 ♓ 19	26 ♈ 26	20 ♉ 8	24 ♍ 49	2 ♌ 54	5 ♍	29 ♋	23 ♒	27 ♈	20 ♋
10	16 ♏ 18	23 ♎ 55	28 ♎ 19	29 ♎ 18	9 ♐ 15	3 ♐ 5	23 ♒ 45	29 ♓ 16	26 ♈ 22	20 ♉ 6	24 ♍ 51	2 ♌ 54	5 ♍	0 ♌	23 ♒	27 ♈	20 ♋
11	17 ♏ 18	8 ♏ 8	28 ♎ 16	29 R 17	10 ♐ 9	4 ♐ 19	24 ♒ 22	29 ♓ 13	26 ♈ 18	20 ♉ 3	24 ♍ 52	2 ♌ 54	5 ♍	0 ♌	23 ♒	26 ♈	19 ♋
12	18 ♏ 19	22 ♏ 8	28 ♎ 13	29 ♎ 16	10 ♐ 58	5 ♐ 34	24 ♒ 59	29 ♓ 10	26 ♈ 13	20 ♉ 1	24 ♍ 54	2 ♌ 54	6 ♍	0 ♌	24 ♒	26 ♈	19 ♋
13	19 ♏ 19	5 ♐ 51	28 ♎ 10	29 ♎ 14	11 ♐ 43	6 ♐ 49	25 ♒ 36	29 ♓ 7	26 ♈ 9	19 ♉ 58	24 ♍ 55	2 ♌ 53	6 ♍	0 ♌	24 ♒	26 ♈	19 ♋
14	20 ♏ 20	19 ♐ 15	28 ♎ 7	29 ♎ 11	12 ♐ 22	8 ♐ 4	26 ♒ 13	29 ♓ 5	26 ♈ 5	19 ♉ 56	24 ♍ 57	2 ♌ 53	6 ♍	1 ♌	24 ♒	26 ♈	19 ♋
15	21 ♏ 20	2 ♑ 18	28 ♎ 3	29 ♎ 8	12 ♐ 55	9 ♐ 19	26 ♒ 50	29 ♓ 3	26 ♈ 1	19 ♉ 53	24 ♍ 58	2 ♌ 53	7 ♍	1 ♌	24 ♒	26 ♈	19 ♋
16	22 ♏ 20	15 ♑ 1	28 ♎ 0	29 ♎ 4	13 ♐ 22	10 ♐ 34	27 ♒ 27	29 ♓ 1	25 ♈ 57	19 ♉ 51	25 ♍ 0	2 ♌ 53	7 ♍	1 ♌	25 ♒	25 ♈	19 ♋
17	23 ♏ 21	27 ♑ 26	27 ♎ 57	29 ♎ 1	13 ♐ 42	11 ♐ 49	28 ♒ 5	28 ♓ 59	25 ♈ 53	19 ♉ 48	25 ♍ 1	2 ♌ 52	7 ♍	1 ♌	25 ♒	25 ♈	19 ♋
18	24 ♏ 21	9 ♒ 36	27 ♎ 54	28 ♎ 59	13 ♐ 54	13 ♐ 4	28 ♒ 42	28 ♓ 57	25 ♈ 49	19 ♉ 46	25 ♍ 2	2 ♌ 52	8 ♍	2 ♌	25 ♒	25 ♈	19 ♋
19	25 ♏ 22	21 ♒ 35	27 ♎ 51	28 ♎ 58	13 R 57	14 ♐ 18	29 ♒ 20	28 ♓ 56	25 ♈ 45	19 ♉ 43	25 ♍ 4	2 ♌ 52	8 ♍	2 ♌	25 ♒	25 ♈	19 ♋
20	26 ♏ 22	3 ♓ 27	27 ♎ 47	28 D 58	13 ♐ 51	15 ♐ 33	29 ♒ 58	28 ♓ 55	25 ♈ 41	19 ♉ 41	25 ♍ 5	2 ♌ 51	8 ♍	2 ♌	26 ♒	25 ♈	19 ♋
21	27 ♏ 23	15 ♓ 18	27 ♎ 44	28 ♎ 59	13 ♐ 34	16 ♐ 48	0 ♓ 36	28 ♓ 54	25 ♈ 38	19 ♉ 38	25 ♍ 6	2 ♌ 51	9 ♍	2 ♌	26 ♒	25 ♈	19 ♋
22	28 ♏ 24	27 ♓ 12	27 ♎ 41	29 ♎ 1	13 ♐ 8	18 ♐ 3	1 ♓ 14	28 ♓ 53	25 ♈ 34	19 ♉ 36	25 ♍ 7	2 ♌ 50	9 ♍	2 ♌	26 ♒	24 ♈	19 ♋
23	29 ♏ 24	9 ♈ 15	27 ♎ 38	29 ♎ 3	12 ♐ 30	19 ♐ 18	1 ♓ 52	28 ♓ 52	25 ♈ 30	19 ♉ 33	25 ♍ 9	2 ♌ 50	9 ♍	3 ♌	26 ♒	24 ♈	19 ♋
24	0 ♐ 25	21 ♈ 29	27 ♎ 35	29 ♎ 4	11 ♐ 42	20 ♐ 33	2 ♓ 31	28 ♓ 52	25 ♈ 27	19 ♉ 31	25 ♍ 10	2 ♌ 50	10 ♍	3 ♌	27 ♒	24 ♈	19 ♋
25	1 ♐ 25	4 ♉ 0	27 ♎ 32	29 R 4	10 ♐ 44	21 ♐ 48	3 ♓ 9	28 ♓ 52	25 ♈ 24	19 ♉ 29	25 ♍ 11	2 ♌ 49	10 ♍	3 ♌	27 ♒	24 ♈	19 ♋
26	2 ♐ 26	16 ♉ 48	27 ♎ 28	29 ♎ 3	9 ♐ 37	23 ♐ 2	3 ♓ 48	28 D 52	25 ♈ 20	19 ♉ 26	25 ♍ 12	2 ♌ 48	10 ♍	3 ♌	27 ♒	24 ♈	19 ♋
27	3 ♐ 27	29 ♉ 55	27 ♎ 25	29 ♎ 0	8 ♐ 23	24 ♐ 17	4 ♓ 26	28 ♓ 52	25 ♈ 17	19 ♉ 24	25 ♍ 13	2 ♌ 48	10 ♍	3 ♌	28 ♒	24 ♈	19 ♋
28	4 ♐ 28	13 ♊ 19	27 ♎ 22	28 ♎ 55	7 ♐ 3	25 ♐ 32	5 ♓ 5	28 ♓ 53	25 ♈ 14	19 ♉ 21	25 ♍ 14	2 ♌ 47	11 ♍	3 ♌	28 ♒	24 ♈	19 ♋
29	5 ♐ 28	27 ♊ 0	27 ♎ 19	28 ♎ 49	5 ♐ 41	26 ♐ 47	5 ♓ 44	28 ♓ 53	25 ♈ 11	19 ♉ 19	25 ♍ 15	2 ♌ 47	11 ♍	3 ♌	28 ♒	24 ♈	19 ♋
30	6 ♐ 29	10 ♋ 54	27 ♎ 16	28 ♎ 43	4 ♐ 19	28 ♐ 2	6 ♓ 23	28 ♓ 54	25 ♈ 8	19 ♉ 17	25 ♍ 16	2 ♌ 46	11 ♍	4 ♌	29 ♒	24 ♈	19 ♋

SUN INGRESS	☉ → ♐ 23日 13:58
MOON PHASE	◑ 4日 22:12 ♌ ● 11日 16:54 ♏ ◐ 19日 08:21 ♒ ○ 27日 06:54 ♊

aspects

1日	12:45	☿△♃
3日	06:16	♀⚹♆
4日	01:22	☿△♇
4日	07:09	♂□♅
7日	01:53	♀△♃
9日	20:37	♀△♇
13日	14:57	☉☍♅
13日	19:33	♂⚹♄
18日	16:38	☉⚹♆
18日	17:10	☿☌♀
22日	11:29	☉△♃
26日	08:46	☉△♇
27日	18:15	♀□♆
27日	18:26	♀△♄
28日	23:28	☿□♂
29日	02:10	☉☌☿
29日	17:11	☉□♂
30日	17:07	♀□♃

1939年12月

DAY	☉	☽	☊ mean	☊ true	☿	♀	♂	♃	♄	♅	♆	♇	⚳	⚴	⚵	⚶	⚷
	° ′	° ′	° ′	° ′	° ′	° ′	° ′	° ′	° ′	° ′	° ′	° ′	°	°	°	°	°
1	7 ♐ 30	24 ♋ 57	27 ♎ 13	28 R 37	3 R 0	29 D 16	7 D 2	28 D 55	25 R 5	19 R 14	25 D 17	2 R 45	12 D	4 D	29 D	23 R	19 R
2	8 ♐ 31	9 ♌ 6	27 ♎ 9	28 ♎ 32	1 ♐ 46	0 ♑ 31	7 ♓ 41	28 ♓ 56	25 ♈ 2	19 ♉ 12	25 ♍ 18	2 ♌ 45	12 ♍	4 ♌	29 ♒	23 ♈	19 ♋
3	9 ♐ 31	23 ♌ 16	27 ♎ 6	28 ♎ 29	0 ♐ 39	1 ♑ 46	8 ♓ 20	28 ♓ 58	24 ♈ 59	19 ♉ 10	25 ♍ 19	2 ♌ 44	12 ♍	4 ♌	0 ♓	23 ♈	19 ♋
4	10 ♐ 32	7 ♍ 26	27 ♎ 3	28 ♎ 28	29 ♏ 42	3 ♑ 1	8 ♓ 59	29 ♓ 0	24 ♈ 57	19 ♉ 7	25 ♍ 20	2 ♌ 43	12 ♍	4 ♌	0 ♓	23 ♈	19 ♋
5	11 ♐ 33	21 ♍ 34	27 ♎ 0	28 D 28	28 ♏ 56	4 ♑ 15	9 ♓ 39	29 ♓ 2	24 ♈ 54	19 ♉ 5	25 ♍ 21	2 ♌ 43	13 ♍	4 ♌	0 ♓	23 ♈	19 ♋
6	12 ♐ 34	5 ♎ 37	26 ♎ 57	28 ♎ 30	28 ♏ 21	5 ♑ 30	10 ♓ 18	29 ♓ 4	24 ♈ 52	19 ♉ 3	25 ♍ 22	2 ♌ 42	13 ♍	4 ♌	1 ♓	23 ♈	19 ♋
7	13 ♐ 35	19 ♎ 36	26 ♎ 53	28 ♎ 31	27 ♏ 58	6 ♑ 45	10 ♓ 57	29 ♓ 6	24 ♈ 49	19 ♉ 1	25 ♍ 22	2 ♌ 41	13 ♍	4 ♌	1 ♓	23 ♈	19 ♋
8	14 ♐ 36	3 ♏ 29	26 ♎ 50	28 R 31	27 ♏ 45	8 ♑ 0	11 ♓ 37	29 ♓ 8	24 ♈ 47	18 ♉ 59	25 ♍ 23	2 ♌ 40	13 ♍	4 ♌	1 ♓	23 ♈	19 ♋
9	15 ♐ 37	17 ♏ 14	26 ♎ 47	28 ♎ 29	27 D 44	9 ♑ 14	12 ♓ 17	29 ♓ 11	24 ♈ 45	18 ♉ 56	25 ♍ 24	2 ♌ 39	14 ♍	4 R	2 ♓	23 ♈	19 ♋
10	16 ♐ 38	0 ♐ 49	26 ♎ 44	28 ♎ 25	27 ♏ 52	10 ♑ 29	12 ♓ 56	29 ♓ 14	24 ♈ 43	18 ♉ 54	25 ♍ 24	2 ♌ 39	14 ♍	4 ♌	2 ♓	23 ♈	18 ♋
11	17 ♐ 39	14 ♐ 12	26 ♎ 41	28 ♎ 19	28 ♏ 10	11 ♑ 44	13 ♓ 36	29 ♓ 17	24 ♈ 41	18 ♉ 52	25 ♍ 25	2 ♌ 38	14 ♍	4 ♌	3 ♓	23 ♈	18 ♋
12	18 ♐ 40	27 ♐ 22	26 ♎ 38	28 ♎ 10	28 ♏ 37	12 ♑ 59	14 ♓ 16	29 ♓ 21	24 ♈ 39	18 ♉ 50	25 ♍ 26	2 ♌ 37	14 ♍	4 ♌	3 ♓	23 D	18 ♋
13	19 ♐ 41	10 ♑ 16	26 ♎ 34	28 ♎ 1	29 ♏ 11	14 ♑ 13	14 ♓ 56	29 ♓ 24	24 ♈ 38	18 ♉ 48	25 ♍ 26	2 ♌ 36	15 ♍	4 ♌	3 ♓	23 ♈	18 ♋
14	20 ♐ 42	22 ♑ 54	26 ♎ 31	27 ♎ 51	29 ♏ 52	15 ♑ 28	15 ♓ 36	29 ♓ 28	24 ♈ 36	18 ♉ 46	25 ♍ 27	2 ♌ 35	15 ♍	4 ♌	4 ♓	23 ♈	18 ♋
15	21 ♐ 43	5 ♒ 16	26 ♎ 28	27 ♎ 41	0 ♐ 38	16 ♑ 43	16 ♓ 16	29 ♓ 32	24 ♈ 34	18 ♉ 44	25 ♍ 27	2 ♌ 34	15 ♍	4 ♌	4 ♓	23 ♈	18 ♋
16	22 ♐ 44	17 ♒ 25	26 ♎ 25	27 ♎ 33	1 ♐ 31	17 ♑ 57	16 ♓ 56	29 ♓ 36	24 ♈ 33	18 ♉ 42	25 ♍ 28	2 ♌ 33	15 ♍	4 ♌	4 ♓	23 ♈	18 ♋
17	23 ♐ 45	29 ♒ 23	26 ♎ 22	27 ♎ 28	2 ♐ 27	19 ♑ 12	17 ♓ 36	29 ♓ 40	24 ♈ 32	18 ♉ 40	25 ♍ 28	2 ♌ 32	15 ♍	3 ♌	5 ♓	23 ♈	18 ♋
18	24 ♐ 46	11 ♓ 14	26 ♎ 19	27 ♎ 24	3 ♐ 28	20 ♑ 27	18 ♓ 16	29 ♓ 45	24 ♈ 30	18 ♉ 38	25 ♍ 28	2 ♌ 31	16 ♍	3 ♌	5 ♓	23 ♈	18 ♋
19	25 ♐ 47	23 ♓ 3	26 ♎ 15	27 ♎ 23	4 ♐ 33	21 ♑ 41	18 ♓ 56	29 ♓ 49	24 ♈ 29	18 ♉ 36	25 ♍ 29	2 ♌ 30	16 ♍	3 ♌	6 ♓	23 ♈	18 ♋
20	26 ♐ 48	4 ♈ 56	26 ♎ 12	27 D 23	5 ♐ 41	22 ♑ 56	19 ♓ 36	29 ♓ 54	24 ♈ 28	18 ♉ 35	25 ♍ 29	2 ♌ 29	16 ♍	3 ♌	6 ♓	23 ♈	18 ♋
21	27 ♐ 49	16 ♈ 57	26 ♎ 9	27 ♎ 24	6 ♐ 51	24 ♑ 10	20 ♓ 17	29 ♓ 59	24 ♈ 27	18 ♉ 33	25 ♍ 29	2 ♌ 28	16 ♍	3 ♌	6 ♓	23 ♈	18 ♋
22	28 ♐ 51	29 ♈ 12	26 ♎ 6	27 R 25	8 ♐ 4	25 ♑ 25	20 ♓ 57	0 ♈ 4	24 ♈ 27	18 ♉ 31	25 ♍ 30	2 ♌ 27	16 ♍	3 ♌	7 ♓	23 ♈	18 ♋
23	29 ♐ 52	11 ♉ 46	26 ♎ 3	27 ♎ 24	9 ♐ 19	26 ♑ 40	21 ♓ 37	0 ♈ 10	24 ♈ 26	18 ♉ 29	25 ♍ 30	2 ♌ 26	17 ♍	3 ♌	7 ♓	24 ♈	18 ♋
24	0 ♑ 53	24 ♉ 42	25 ♎ 59	27 ♎ 20	10 ♐ 36	27 ♑ 54	22 ♓ 18	0 ♈ 15	24 ♈ 26	18 ♉ 28	25 ♍ 30	2 ♌ 25	17 ♍	2 ♌	8 ♓	24 ♈	18 ♋
25	1 ♑ 54	8 ♊ 2	25 ♎ 56	27 ♎ 14	11 ♐ 55	29 ♑ 9	22 ♓ 58	0 ♈ 21	24 ♈ 25	18 ♉ 26	25 ♍ 30	2 ♌ 24	17 ♍	2 ♌	8 ♓	24 ♈	18 ♋
26	2 ♑ 55	21 ♊ 47	25 ♎ 53	27 ♎ 6	13 ♐ 15	0 ♒ 23	23 ♓ 39	0 ♈ 27	24 ♈ 25	18 ♉ 24	25 ♍ 30	2 ♌ 22	17 ♍	2 ♌	8 ♓	24 ♈	18 ♋
27	3 ♑ 56	5 ♋ 53	25 ♎ 50	26 ♎ 55	14 ♐ 36	1 ♒ 37	24 ♓ 19	0 ♈ 33	24 ♈ 25	18 ♉ 23	25 ♍ 30	2 ♌ 21	17 ♍	2 ♌	9 ♓	24 ♈	17 ♋
28	4 ♑ 57	20 ♋ 15	25 ♎ 47	26 ♎ 44	15 ♐ 58	2 ♒ 52	25 ♓ 0	0 ♈ 39	24 ♈ 24	18 ♉ 21	25 ♍ 31	2 ♌ 20	17 ♍	2 ♌	9 ♓	24 ♈	17 ♋
29	5 ♑ 58	4 ♌ 48	25 ♎ 44	26 ♎ 33	17 ♐ 22	4 ♒ 6	25 ♓ 40	0 ♈ 46	24 D 24	18 ♉ 20	25 R 31	2 ♌ 19	18 ♍	1 ♌	10 ♓	24 ♈	17 ♋
30	6 ♑ 59	19 ♌ 24	25 ♎ 40	26 ♎ 24	18 ♐ 46	5 ♒ 21	26 ♓ 21	0 ♈ 52	24 ♈ 25	18 ♉ 19	25 ♍ 31	2 ♌ 18	18 ♍	1 ♌	10 ♓	24 ♈	17 ♋
31	8 ♑ 1	3 ♍ 56	25 ♎ 37	26 ♎ 17	20 ♐ 11	6 ♒ 35	27 ♓ 1	0 ♈ 59	24 ♈ 25	18 ♉ 17	25 ♍ 30	2 ♌ 17	18 ♍	1 ♌	11 ♓	24 ♈	17 ♋

SUN INGRESS	☉ → ♑ 23日 03:06
MOON PHASE	◑ 4日 05:40 ♍ ● 11日 06:45 ♐ ◐ 19日 06:04 ♓ ○ 26日 20:28 ♋

aspects

1日	04:30	☿△♇
4日	21:02	☿△♃
13日	09:05	☿△♃
14日	05:21	♀⚹♂
16日	14:02	♀△♅
17日	01:50	☿△♇
17日	17:56	☉△♄
18日	12:42	♂⚹♅
18日	16:44	☉□♆
21日	05:27	♀□♄
22日	01:32	♀△♆
23日	07:48	☉□♃
26日	01:22	♀⚹♃
27日	13:54	♀☍♇
28日	18:13	♂☍♆

1940年1月

DAY	☉	☽	☊ mean	☊ true	☿	♀	♂	♃	♄	♅	♆	♇	⚳	⚴	⚵	⚶	⚷
	° ′	° ′	° ′	° ′	° ′	° ′	° ′	° ′	° ′	° ′	° ′	° ′	°	°	°	°	°
1	9 ♑ 2	18 ♍ 19	25 ♎ 34	26 R 13	21 D 37	7 D 49	27 D 42	1 D 6	24 D 25	18 R 16	25 R 30	2 R 15	18 D	1 R	11 D	24 D	17 R
2	10 ♑ 3	2 ♎ 30	25 ♎ 31	26 ♎ 12	23 ♐ 4	9 ♒ 4	28 ♓ 23	1 ♈ 13	24 ♈ 26	18 ♉ 15	25 ♍ 30	2 ♌ 14	18 ♍	0 ♌	11 ♓	25 ♈	17 ♋
3	11 ♑ 4	16 ♎ 28	25 ♎ 28	26 D 12	24 ♐ 31	10 ♒ 18	29 ♓ 3	1 ♈ 20	24 ♈ 26	18 ♉ 13	25 ♍ 30	2 ♌ 13	18 ♍	0 ♌	12 ♓	25 ♈	17 ♋
4	12 ♑ 5	0 ♏ 13	25 ♎ 25	26 R 12	25 ♐ 59	11 ♒ 32	29 ♓ 44	1 ♈ 28	24 ♈ 27	18 ♉ 12	25 ♍ 30	2 ♌ 12	18 ♍	0 ♌	12 ♓	25 ♈	17 ♋
5	13 ♑ 6	13 ♏ 46	25 ♎ 21	26 ♎ 11	27 ♐ 27	12 ♒ 47	0 ♈ 25	1 ♈ 35	24 ♈ 28	18 ♉ 11	25 ♍ 30	2 ♌ 10	18 ♍	29 ♋	13 ♓	25 ♈	17 ♋
6	14 ♑ 8	27 ♏ 7	25 ♎ 18	26 ♎ 7	28 ♐ 56	14 ♒ 1	1 ♈ 6	1 ♈ 43	24 ♈ 29	18 ♉ 10	25 ♍ 29	2 ♌ 9	19 ♍	29 ♋	13 ♓	25 ♈	17 ♋
7	15 ♑ 9	10 ♐ 18	25 ♎ 15	26 ♎ 1	0 ♑ 26	15 ♒ 15	1 ♈ 46	1 ♈ 51	24 ♈ 30	18 ♉ 9	25 ♍ 29	2 ♌ 8	19 ♍	29 ♋	14 ♓	25 ♈	17 ♋
8	16 ♑ 10	23 ♐ 18	25 ♎ 12	25 ♎ 52	1 ♑ 56	16 ♒ 29	2 ♈ 27	1 ♈ 59	24 ♈ 31	18 ♉ 8	25 ♍ 29	2 ♌ 7	19 ♍	28 ♋	14 ♓	26 ♈	17 ♋
9	17 ♑ 11	6 ♑ 7	25 ♎ 9	25 ♎ 39	3 ♑ 26	17 ♒ 43	3 ♈ 8	2 ♈ 7	24 ♈ 32	18 ♉ 7	25 ♍ 28	2 ♌ 5	19 ♍	28 ♋	15 ♓	26 ♈	17 ♋
10	18 ♑ 12	18 ♑ 45	25 ♎ 5	25 ♎ 25	4 ♑ 57	18 ♒ 57	3 ♈ 49	2 ♈ 16	24 ♈ 33	18 ♉ 6	25 ♍ 28	2 ♌ 4	19 ♍	28 ♋	15 ♓	26 ♈	16 ♋
11	19 ♑ 13	1 ♒ 11	25 ♎ 2	25 ♎ 11	6 ♑ 29	20 ♒ 11	4 ♈ 30	2 ♈ 24	24 ♈ 35	18 ♉ 5	25 ♍ 28	2 ♌ 3	19 ♍	27 ♋	16 ♓	26 ♈	16 ♋
12	20 ♑ 15	13 ♒ 25	24 ♎ 59	24 ♎ 57	8 ♑ 1	21 ♒ 25	5 ♈ 10	2 ♈ 33	24 ♈ 36	18 ♉ 4	25 ♍ 27	2 ♌ 1	19 ♍	27 ♋	16 ♓	26 ♈	16 ♋
13	21 ♑ 16	25 ♒ 29	24 ♎ 56	24 ♎ 45	9 ♑ 33	22 ♒ 39	5 ♈ 51	2 ♈ 42	24 ♈ 38	18 ♉ 4	25 ♍ 27	2 ♌ 0	19 ♍	27 ♋	17 ♓	27 ♈	16 ♋
14	22 ♑ 17	7 ♓ 24	24 ♎ 53	24 ♎ 35	11 ♑ 6	23 ♒ 53	6 ♈ 32	2 ♈ 50	24 ♈ 40	18 ♉ 3	25 ♍ 26	1 ♌ 59	19 ♍	26 ♋	17 ♓	27 ♈	16 ♋
15	23 ♑ 18	19 ♓ 13	24 ♎ 50	24 ♎ 29	12 ♑ 39	25 ♒ 7	7 ♈ 13	2 ♈ 59	24 ♈ 42	18 ♉ 2	25 ♍ 26	1 ♌ 57	19 ♍	26 ♋	17 ♓	27 ♈	16 ♋
16	24 ♑ 19	1 ♈ 1	24 ♎ 46	24 ♎ 25	14 ♑ 13	26 ♒ 21	7 ♈ 54	3 ♈ 9	24 ♈ 44	18 ♉ 2	25 ♍ 25	1 ♌ 56	19 ♍	26 ♋	18 ♓	27 ♈	16 ♋
17	25 ♑ 20	12 ♈ 51	24 ♎ 43	24 ♎ 23	15 ♑ 47	27 ♒ 35	8 ♈ 35	3 ♈ 18	24 ♈ 46	18 ♉ 1	25 ♍ 24	1 ♌ 55	19 ♍	25 ♋	18 ♓	27 ♈	16 ♋
18	26 ♑ 21	24 ♈ 49	24 ♎ 40	24 D 23	17 ♑ 22	28 ♒ 49	9 ♈ 16	3 ♈ 27	24 ♈ 48	18 ♉ 0	25 ♍ 24	1 ♌ 53	19 ♍	25 ♋	19 ♓	28 ♈	16 ♋
19	27 ♑ 22	7 ♉ 0	24 ♎ 37	24 R 23	18 ♑ 57	0 ♓ 3	9 ♈ 57	3 ♈ 37	24 ♈ 50	18 ♉ 0	25 ♍ 23	1 ♌ 52	19 ♍	25 ♋	19 ♓	28 ♈	16 ♋
20	28 ♑ 24	19 ♉ 31	24 ♎ 34	24 ♎ 22	20 ♑ 33	1 ♓ 16	10 ♈ 37	3 ♈ 47	24 ♈ 53	18 ♉ 0	25 ♍ 22	1 ♌ 51	19 R	24 ♋	20 ♓	28 ♈	16 ♋
21	29 ♑ 25	2 ♊ 26	24 ♎ 30	24 ♎ 18	22 ♑ 9	2 ♓ 30	11 ♈ 18	3 ♈ 57	24 ♈ 55	17 ♉ 59	25 ♍ 22	1 ♌ 49	19 ♍	24 ♋	20 ♓	28 ♈	16 ♋
22	0 ♒ 26	15 ♊ 48	24 ♎ 27	24 ♎ 12	23 ♑ 46	3 ♓ 44	11 ♈ 59	4 ♈ 7	24 ♈ 58	17 ♉ 59	25 ♍ 21	1 ♌ 48	19 ♍	24 ♋	21 ♓	29 ♈	16 ♋
23	1 ♒ 27	29 ♊ 39	24 ♎ 24	24 ♎ 4	25 ♑ 23	4 ♓ 57	12 ♈ 40	4 ♈ 17	25 ♈ 0	17 ♉ 59	25 ♍ 20	1 ♌ 47	19 ♍	23 ♋	21 ♓	29 ♈	16 ♋
24	2 ♒ 28	13 ♋ 58	24 ♎ 21	23 ♎ 53	27 ♑ 1	6 ♓ 11	13 ♈ 21	4 ♈ 27	25 ♈ 3	17 ♉ 59	25 ♍ 19	1 ♌ 45	19 ♍	23 ♋	22 ♓	29 ♈	16 ♋
25	3 ♒ 29	28 ♋ 39	24 ♎ 18	23 ♎ 41	28 ♑ 40	7 ♓ 24	14 ♈ 2	4 ♈ 37	25 ♈ 6	17 ♉ 58	25 ♍ 18	1 ♌ 44	19 ♍	23 ♋	22 ♓	29 ♈	15 ♋
26	4 ♒ 30	13 ♌ 35	24 ♎ 15	23 ♎ 29	0 ♒ 19	8 ♓ 37	14 ♈ 43	4 ♈ 48	25 ♈ 9	17 ♉ 58	25 ♍ 17	1 ♌ 43	19 ♍	22 ♋	23 ♓	0 ♉	15 ♋
27	5 ♒ 31	28 ♌ 37	24 ♎ 11	23 ♎ 19	1 ♒ 59	9 ♓ 51	15 ♈ 24	4 ♈ 58	25 ♈ 12	17 ♉ 58	25 ♍ 17	1 ♌ 41	19 ♍	22 ♋	23 ♓	0 ♉	15 ♋
28	6 ♒ 32	13 ♍ 35	24 ♎ 8	23 ♎ 12	3 ♒ 40	11 ♓ 4	16 ♈ 5	5 ♈ 9	25 ♈ 16	17 D 58	25 ♍ 16	1 ♌ 40	19 ♍	22 ♋	24 ♓	0 ♉	15 ♋
29	7 ♒ 33	28 ♍ 20	24 ♎ 5	23 ♎ 7	5 ♒ 21	12 ♓ 17	16 ♈ 46	5 ♈ 20	25 ♈ 19	17 ♉ 58	25 ♍ 15	1 ♌ 38	19 ♍	22 ♋	24 ♓	0 ♉	15 ♋
30	8 ♒ 33	12 ♎ 48	24 ♎ 2	23 ♎ 5	7 ♒ 3	13 ♓ 30	17 ♈ 26	5 ♈ 30	25 ♈ 22	17 ♉ 58	25 ♍ 14	1 ♌ 37	19 ♍	21 ♋	25 ♓	1 ♉	15 ♋
31	9 ♒ 34	26 ♎ 56	23 ♎ 59	23 D 5	8 ♒ 45	14 ♓ 43	18 ♈ 7	5 ♈ 41	25 ♈ 26	17 ♉ 59	25 ♍ 13	1 ♌ 36	19 ♍	21 ♋	25 ♓	1 ♉	15 ♋

SUN INGRESS	☉ → ♒ 21日 13:44
MOON PHASE	◑ 2日 13:56 ♎　● 9日 22:53 ♑　◐ 18日 03:21 ♈　○ 25日 08:22 ♌　◑ 31日 23:47 ♏

aspects

2日	22:38	☿△♄
3日	16:05	☿□♆
7日	03:29	♂☌♃
7日	12:17	♂△♇
8日	00:56	☿□♃
8日	15:06	☿□♂
8日	18:54	♃△♇
9日	07:33	♀□♅
9日	21:35	☉△♅
14日	15:24	♀⚹♄
16日	09:56	☉□♄
17日	01:37	☉△♆
18日	09:45	☿△♅
22日	18:13	☿□♄
22日	23:12	☿△♆
23日	07:41	☉☍♇
26日	08:31	☉⚹♃
26日	19:46	☿☍♇
28日	23:39	☿⚹♃

1940年2月

DAY	☉	☽	☊ mean	☊ true	☿	♀	♂	♃	♄	♅	♆	♇	⚳	⚴	⚵	⚶	⚷
	° ′	° ′	° ′	° ′	° ′	° ′	° ′	° ′	° ′	° ′	° ′	° ′	°	°	°	°	°
1	10 ♒ 35	10 ♏ 42	23 ♎ 56	23 D 5	10 D 28	15 D 56	18 D 48	5 D 52	25 D 29	17 D 59	25 R 12	1 R 34	19 R	21 R	26 D	1 D	15 R
2	11 ♒ 36	24 ♏ 9	23 ♎ 52	23 R 4	12 ♒ 12	17 ♓ 9	19 ♈ 29	6 ♈ 4	25 ♈ 33	17 ♉ 59	25 ♍ 10	1 ♌ 33	18 ♍	21 ♋	26 ♓	1 ♉	15 ♋
3	12 ♒ 37	7 ♐ 18	23 ♎ 49	23 ♎ 2	13 ♒ 57	18 ♓ 22	20 ♈ 10	6 ♈ 15	25 ♈ 37	17 ♉ 59	25 ♍ 9	1 ♌ 32	18 ♍	20 ♋	27 ♓	2 ♉	15 ♋
4	13 ♒ 38	20 ♐ 13	23 ♎ 46	22 ♎ 56	15 ♒ 42	19 ♓ 35	20 ♈ 51	6 ♈ 26	25 ♈ 41	18 ♉ 0	25 ♍ 8	1 ♌ 30	18 ♍	20 ♋	27 ♓	2 ♉	15 ♋
5	14 ♒ 39	2 ♑ 55	23 ♎ 43	22 ♎ 48	17 ♒ 28	20 ♓ 48	21 ♈ 32	6 ♈ 38	25 ♈ 45	18 ♉ 0	25 ♍ 7	1 ♌ 29	18 ♍	20 ♋	28 ♓	2 ♉	15 ♋
6	15 ♒ 40	15 ♑ 25	23 ♎ 40	22 ♎ 38	19 ♒ 14	22 ♓ 0	22 ♈ 12	6 ♈ 49	25 ♈ 49	18 ♉ 1	25 ♍ 6	1 ♌ 28	18 ♍	20 ♋	28 ♓	3 ♉	15 ♋
7	16 ♒ 41	27 ♑ 46	23 ♎ 36	22 ♎ 25	21 ♒ 2	23 ♓ 13	22 ♈ 53	7 ♈ 1	25 ♈ 53	18 ♉ 1	25 ♍ 5	1 ♌ 27	18 ♍	19 ♋	29 ♓	3 ♉	15 ♋
8	17 ♒ 41	9 ♒ 58	23 ♎ 33	22 ♎ 12	22 ♒ 49	24 ♓ 26	23 ♈ 34	7 ♈ 13	25 ♈ 57	18 ♉ 2	25 ♍ 3	1 ♌ 25	18 ♍	19 ♋	29 ♓	3 ♉	15 ♋
9	18 ♒ 42	22 ♒ 2	23 ♎ 30	22 ♎ 0	24 ♒ 37	25 ♓ 38	24 ♈ 15	7 ♈ 25	26 ♈ 2	18 ♉ 3	25 ♍ 2	1 ♌ 24	18 ♍	19 ♋	0 ♈	3 ♉	15 ♋
10	19 ♒ 43	3 ♓ 59	23 ♎ 27	21 ♎ 49	26 ♒ 26	26 ♓ 50	24 ♈ 56	7 ♈ 37	26 ♈ 6	18 ♉ 3	25 ♍ 1	1 ♌ 23	17 ♍	19 ♋	1 ♈	4 ♉	14 ♋
11	20 ♒ 44	15 ♓ 50	23 ♎ 24	21 ♎ 41	28 ♒ 15	28 ♓ 3	25 ♈ 36	7 ♈ 49	26 ♈ 11	18 ♉ 4	25 ♍ 0	1 ♌ 21	17 ♍	19 ♋	1 ♈	4 ♉	14 ♋
12	21 ♒ 44	27 ♓ 38	23 ♎ 21	21 ♎ 35	0 ♓ 4	29 ♓ 15	26 ♈ 17	8 ♈ 1	26 ♈ 15	18 ♉ 5	24 ♍ 58	1 ♌ 20	17 ♍	19 ♋	2 ♈	4 ♉	14 ♋
13	22 ♒ 45	9 ♈ 25	23 ♎ 17	21 ♎ 32	1 ♓ 53	0 ♈ 27	26 ♈ 58	8 ♈ 13	26 ♈ 20	18 ♉ 6	24 ♍ 57	1 ♌ 19	17 ♍	18 ♋	2 ♈	5 ♉	14 ♋
14	23 ♒ 46	21 ♈ 15	23 ♎ 14	21 ♎ 31	3 ♓ 42	1 ♈ 39	27 ♈ 39	8 ♈ 25	26 ♈ 25	18 ♉ 7	24 ♍ 56	1 ♌ 18	17 ♍	18 ♋	3 ♈	5 ♉	14 ♋
15	24 ♒ 46	3 ♉ 12	23 ♎ 11	21 D 31	5 ♓ 31	2 ♈ 51	28 ♈ 20	8 ♈ 38	26 ♈ 29	18 ♉ 8	24 ♍ 54	1 ♌ 16	17 ♍	18 ♋	3 ♈	5 ♉	14 ♋
16	25 ♒ 47	15 ♉ 21	23 ♎ 8	21 ♎ 32	7 ♓ 19	4 ♈ 3	29 ♈ 0	8 ♈ 50	26 ♈ 34	18 ♉ 9	24 ♍ 53	1 ♌ 15	16 ♍	18 ♋	4 ♈	6 ♉	14 ♋
17	26 ♒ 48	27 ♉ 48	23 ♎ 5	21 R 33	9 ♓ 7	5 ♈ 15	29 ♈ 41	9 ♈ 3	26 ♈ 39	18 ♉ 10	24 ♍ 51	1 ♌ 14	16 ♍	18 ♋	4 ♈	6 ♉	14 ♋
18	27 ♒ 48	10 ♊ 37	23 ♎ 2	21 ♎ 32	10 ♓ 53	6 ♈ 26	0 ♉ 22	9 ♈ 15	26 ♈ 44	18 ♉ 11	24 ♍ 50	1 ♌ 13	16 ♍	18 ♋	5 ♈	6 ♉	14 ♋
19	28 ♒ 49	23 ♊ 53	22 ♎ 58	21 ♎ 29	12 ♓ 38	7 ♈ 38	1 ♉ 2	9 ♈ 28	26 ♈ 50	18 ♉ 12	24 ♍ 49	1 ♌ 12	16 ♍	18 ♋	5 ♈	7 ♉	14 ♋
20	29 ♒ 49	7 ♋ 38	22 ♎ 55	21 ♎ 24	14 ♓ 21	8 ♈ 49	1 ♉ 43	9 ♈ 41	26 ♈ 55	18 ♉ 13	24 ♍ 47	1 ♌ 10	16 ♍	18 ♋	6 ♈	7 ♉	14 ♋
21	0 ♓ 50	21 ♋ 53	22 ♎ 52	21 ♎ 17	16 ♓ 2	10 ♈ 1	2 ♉ 24	9 ♈ 54	27 ♈ 0	18 ♉ 14	24 ♍ 46	1 ♌ 9	15 ♍	18 ♋	6 ♈	7 ♉	14 ♋
22	1 ♓ 50	6 ♌ 35	22 ♎ 49	21 ♎ 9	17 ♓ 40	11 ♈ 12	3 ♉ 4	10 ♈ 7	27 ♈ 5	18 ♉ 16	24 ♍ 44	1 ♌ 8	15 ♍	18 ♋	7 ♈	8 ♉	14 ♋
23	2 ♓ 51	21 ♌ 38	22 ♎ 46	21 ♎ 2	19 ♓ 15	12 ♈ 23	3 ♉ 45	10 ♈ 19	27 ♈ 11	18 ♉ 17	24 ♍ 43	1 ♌ 7	15 ♍	18 ♋	7 ♈	8 ♉	14 ♋
24	3 ♓ 51	6 ♍ 52	22 ♎ 42	20 ♎ 55	20 ♓ 45	13 ♈ 34	4 ♉ 26	10 ♈ 32	27 ♈ 16	18 ♉ 18	24 ♍ 41	1 ♌ 6	15 ♍	18 ♋	8 ♈	8 ♉	14 ♋
25	4 ♓ 51	22 ♍ 7	22 ♎ 39	20 ♎ 50	22 ♓ 11	14 ♈ 45	5 ♉ 6	10 ♈ 46	27 ♈ 22	18 ♉ 20	24 ♍ 40	1 ♌ 5	15 ♍	18 ♋	9 ♈	9 ♉	14 ♋
26	5 ♓ 52	7 ♎ 12	22 ♎ 36	20 ♎ 47	23 ♓ 32	15 ♈ 56	5 ♉ 47	10 ♈ 59	27 ♈ 28	18 ♉ 21	24 ♍ 38	1 ♌ 4	14 ♍	18 D	9 ♈	9 ♉	14 ♋
27	6 ♓ 52	22 ♎ 0	22 ♎ 33	20 D 46	24 ♓ 47	17 ♈ 6	6 ♉ 27	11 ♈ 12	27 ♈ 33	18 ♉ 23	24 ♍ 36	1 ♌ 3	14 ♍	18 ♋	10 ♈	9 ♉	14 ♋
28	7 ♓ 52	6 ♏ 25	22 ♎ 30	20 ♎ 47	25 ♓ 56	18 ♈ 17	7 ♉ 8	11 ♈ 25	27 ♈ 39	18 ♉ 25	24 ♍ 35	1 ♌ 2	14 ♍	18 ♋	10 ♈	10 ♉	14 ♋
29	8 ♓ 52	20 ♏ 24	22 ♎ 27	20 ♎ 48	26 ♓ 57	19 ♈ 27	7 ♉ 48	11 ♈ 39	27 ♈ 45	18 ♉ 26	24 ♍ 33	1 ♌ 1	14 ♍	18 ♋	11 ♈	10 ♉	14 ♋

SUN INGRESS	☉ → ♓ 20日 04:04
MOON PHASE	● 8日 16:45 ♒　◐ 16日 21:55 ♉　○ 23日 18:55 ♍

aspects

1日	03:54	☉☌☿
2日	16:31	♀⚹♅
5日	07:20	☿□♅
8日	08:11	☉□♅
8日	12:21	♀☍♆
8日	15:59	☿⚹♂
9日	19:25	☿⚹♄
11日	22:36	♂☌♄
13日	17:00	♀△♇
16日	20:24	☉⚹♄
19日	05:18	♂□♇
20日	21:06	♀☌♃
22日	09:05	☿⚹♅
25日	18:02	☉⚹♂
26日	20:33	☿☍♆

1940年3月

DAY	☉	☽	☊ mean	☊ true	☿	♀	♂	♃	♄	♅	♆	♇	⚳	⚴	⚵	⚶	⚷
	° ′	° ′	° ′	° ′	° ′	° ′	° ′	° ′	° ′	° ′	° ′	° ′	°	°	°	°	°
1	9 ♓ 53	3 ♐ 57	22 ♎ 23	20 D 49	27 D 51	20 D 38	8 D 29	11 D 52	27 D 51	18 D 28	24 R 32	1 R 0	13 R	18 D	11 D	10 D	14 R
2	10 ♓ 53	17 ♐ 8	22 ♎ 20	20 R 49	28 ♓ 37	21 ♈ 48	9 ♉ 9	12 ♈ 5	27 ♈ 57	18 ♉ 30	24 ♍ 30	0 ♌ 59	13 ♍	18 ♋	12 ♈	11 ♉	14 ♋
3	11 ♓ 53	29 ♐ 58	22 ♎ 17	20 ♎ 48	29 ♓ 15	22 ♈ 58	9 ♉ 50	12 ♈ 19	28 ♈ 3	18 ♉ 31	24 ♍ 29	0 ♌ 58	13 ♍	18 ♋	12 ♈	11 ♉	14 ♋
4	12 ♓ 53	12 ♑ 31	22 ♎ 14	20 ♎ 44	29 ♓ 43	24 ♈ 8	10 ♉ 30	12 ♈ 32	28 ♈ 9	18 ♉ 33	24 ♍ 27	0 ♌ 57	13 ♍	18 ♋	13 ♈	12 ♉	14 ♋
5	13 ♓ 53	24 ♑ 51	22 ♎ 11	20 ♎ 39	0 ♈ 3	25 ♈ 18	11 ♉ 11	12 ♈ 46	28 ♈ 15	18 ♉ 35	24 ♍ 25	0 ♌ 56	12 ♍	18 ♋	13 ♈	12 ♉	14 ♋
6	14 ♓ 53	7 ♒ 0	22 ♎ 8	20 ♎ 33	0 ♈ 13	26 ♈ 27	11 ♉ 51	13 ♈ 0	28 ♈ 21	18 ♉ 37	24 ♍ 24	0 ♌ 55	12 ♍	18 ♋	14 ♈	12 ♉	14 ♋
7	15 ♓ 54	19 ♒ 1	22 ♎ 4	20 ♎ 26	0 R 14	27 ♈ 37	12 ♉ 31	13 ♈ 13	28 ♈ 28	18 ♉ 39	24 ♍ 22	0 ♌ 54	12 ♍	18 ♋	15 ♈	13 ♉	14 ♋
8	16 ♓ 54	0 ♓ 55	22 ♎ 1	20 ♎ 20	0 ♈ 6	28 ♈ 46	13 ♉ 12	13 ♈ 27	28 ♈ 34	18 ♉ 41	24 ♍ 20	0 ♌ 53	12 ♍	18 ♋	15 ♈	13 ♉	14 ♋
9	17 ♓ 54	12 ♓ 46	21 ♎ 58	20 ♎ 14	29 ♓ 49	29 ♈ 55	13 ♉ 52	13 ♈ 41	28 ♈ 41	18 ♉ 43	24 ♍ 19	0 ♌ 52	12 ♍	18 ♋	16 ♈	13 ♉	14 ♋
10	18 ♓ 54	24 ♓ 35	21 ♎ 55	20 ♎ 10	29 ♓ 24	1 ♉ 4	14 ♉ 32	13 ♈ 55	28 ♈ 47	18 ♉ 45	24 ♍ 17	0 ♌ 51	11 ♍	18 ♋	16 ♈	14 ♉	14 ♋
11	19 ♓ 54	6 ♈ 23	21 ♎ 52	20 ♎ 8	28 ♓ 51	2 ♉ 13	15 ♉ 13	14 ♈ 8	28 ♈ 53	18 ♉ 47	24 ♍ 15	0 ♌ 50	11 ♍	19 ♋	17 ♈	14 ♉	13 ♋
12	20 ♓ 53	18 ♈ 13	21 ♎ 48	20 ♎ 7	28 ♓ 12	3 ♉ 22	15 ♉ 53	14 ♈ 22	29 ♈ 0	18 ♉ 49	24 ♍ 14	0 ♌ 50	11 ♍	19 ♋	17 ♈	14 ♉	13 ♋
13	21 ♓ 53	0 ♉ 7	21 ♎ 45	20 D 7	27 ♓ 27	4 ♉ 31	16 ♉ 33	14 ♈ 36	29 ♈ 7	18 ♉ 52	24 ♍ 12	0 ♌ 49	11 ♍	19 ♋	18 ♈	15 ♉	13 ♋
14	22 ♓ 53	12 ♉ 9	21 ♎ 42	20 ♎ 8	26 ♓ 37	5 ♉ 39	17 ♉ 13	14 ♈ 50	29 ♈ 13	18 ♉ 54	24 ♍ 10	0 ♌ 48	10 ♍	19 ♋	19 ♈	15 ♉	13 ♋
15	23 ♓ 53	24 ♉ 23	21 ♎ 39	20 ♎ 10	25 ♓ 43	6 ♉ 47	17 ♉ 54	15 ♈ 4	29 ♈ 20	18 ♉ 56	24 ♍ 9	0 ♌ 47	10 ♍	19 ♋	19 ♈	16 ♉	13 ♋
16	24 ♓ 53	6 ♊ 51	21 ♎ 36	20 ♎ 12	24 ♓ 48	7 ♉ 55	18 ♉ 34	15 ♈ 18	29 ♈ 27	18 ♉ 58	24 ♍ 7	0 ♌ 47	10 ♍	19 ♋	20 ♈	16 ♉	13 ♋
17	25 ♓ 53	19 ♊ 38	21 ♎ 33	20 ♎ 13	23 ♓ 51	9 ♉ 3	19 ♉ 14	15 ♈ 32	29 ♈ 33	19 ♉ 1	24 ♍ 5	0 ♌ 46	10 ♍	19 ♋	20 ♈	16 ♉	13 ♋
18	26 ♓ 52	2 ♋ 48	21 ♎ 29	20 R 13	22 ♓ 55	10 ♉ 11	19 ♉ 54	15 ♈ 47	29 ♈ 40	19 ♉ 3	24 ♍ 4	0 ♌ 45	10 ♍	20 ♋	21 ♈	17 ♉	13 ♋
19	27 ♓ 52	16 ♋ 23	21 ♎ 26	20 ♎ 12	22 ♓ 0	11 ♉ 19	20 ♉ 34	16 ♈ 1	29 ♈ 47	19 ♉ 6	24 ♍ 2	0 ♌ 45	9 ♍	20 ♋	21 ♈	17 ♉	13 D
20	28 ♓ 51	0 ♌ 26	21 ♎ 23	20 ♎ 10	21 ♓ 7	12 ♉ 26	21 ♉ 14	16 ♈ 15	29 ♈ 54	19 ♉ 8	24 ♍ 0	0 ♌ 44	9 ♍	20 ♋	22 ♈	18 ♉	13 ♋
21	29 ♓ 51	14 ♌ 55	21 ♎ 20	20 ♎ 7	20 ♓ 18	13 ♉ 33	21 ♉ 54	16 ♈ 29	0 ♉ 1	19 ♉ 11	23 ♍ 59	0 ♌ 43	9 ♍	20 ♋	23 ♈	18 ♉	13 ♋
22	0 ♈ 51	29 ♌ 47	21 ♎ 17	20 ♎ 5	19 ♓ 33	14 ♉ 40	22 ♉ 34	16 ♈ 43	0 ♉ 8	19 ♉ 13	23 ♍ 57	0 ♌ 43	9 ♍	20 ♋	23 ♈	18 ♉	13 ♋
23	1 ♈ 50	14 ♍ 54	21 ♎ 13	20 ♎ 2	18 ♓ 53	15 ♉ 46	23 ♉ 14	16 ♈ 58	0 ♉ 15	19 ♉ 16	23 ♍ 55	0 ♌ 42	9 ♍	21 ♋	24 ♈	19 ♉	13 ♋
24	2 ♈ 50	0 ♎ 8	21 ♎ 10	20 ♎ 1	18 ♓ 18	16 ♉ 53	23 ♉ 54	17 ♈ 12	0 ♉ 22	19 ♉ 18	23 ♍ 54	0 ♌ 42	8 ♍	21 ♋	24 ♈	19 ♉	13 ♋
25	3 ♈ 49	15 ♎ 18	21 ♎ 7	20 ♎ 0	17 ♓ 49	17 ♉ 59	24 ♉ 34	17 ♈ 26	0 ♉ 29	19 ♉ 21	23 ♍ 52	0 ♌ 41	8 ♍	21 ♋	25 ♈	19 ♉	13 ♋
26	4 ♈ 48	0 ♏ 16	21 ♎ 4	20 D 0	17 ♓ 25	19 ♉ 5	25 ♉ 14	17 ♈ 40	0 ♉ 36	19 ♉ 24	23 ♍ 51	0 ♌ 41	8 ♍	21 ♋	25 ♈	20 ♉	13 ♋
27	5 ♈ 48	14 ♏ 54	21 ♎ 1	20 ♎ 1	17 ♓ 8	20 ♉ 11	25 ♉ 54	17 ♈ 55	0 ♉ 44	19 ♉ 26	23 ♍ 49	0 ♌ 40	8 ♍	22 ♋	26 ♈	20 ♉	14 ♋
28	6 ♈ 47	29 ♏ 7	20 ♎ 58	20 ♎ 2	16 ♓ 56	21 ♉ 16	26 ♉ 34	18 ♈ 9	0 ♉ 51	19 ♉ 29	23 ♍ 47	0 ♌ 40	8 ♍	22 ♋	27 ♈	21 ♉	14 ♋
29	7 ♈ 46	12 ♐ 52	20 ♎ 54	20 ♎ 3	16 ♓ 50	22 ♉ 22	27 ♉ 14	18 ♈ 23	0 ♉ 58	19 ♉ 32	23 ♍ 46	0 ♌ 39	8 ♍	22 ♋	27 ♈	21 ♉	14 ♋
30	8 ♈ 46	26 ♐ 11	20 ♎ 51	20 ♎ 4	16 D 50	23 ♉ 27	27 ♉ 54	18 ♈ 38	1 ♉ 5	19 ♉ 35	23 ♍ 44	0 ♌ 39	7 ♍	22 ♋	28 ♈	21 ♉	14 ♋
31	9 ♈ 45	9 ♑ 6	20 ♎ 48	20 ♎ 4	16 ♓ 56	24 ♉ 31	28 ♉ 34	18 ♈ 52	1 ♉ 13	19 ♉ 38	23 ♍ 42	0 ♌ 39	7 ♍	23 ♋	28 ♈	22 ♉	14 ♋

SUN INGRESS: ☉ → ♈ 21日 03:24

MOON PHASE: ◑ 1日 11:35 ♐　● 9日 11:23 ♓　◐ 17日 12:25 ♊　○ 24日 04:33 ♎　◑ 31日 01:20 ♑

aspects

- 7日 19:24 ♀☌♄
- 9日 19:29 ♀□♇
- 9日 20:28 ☉⚹♅
- 15日 06:09 ☉☍♆
- 15日 22:58 ☉☌☿
- 16日 15:38 ♂☌♅
- 16日 17:48 ☿☍♆
- 19日 22:09 ☿⚹♂
- 21日 20:54 ☉△♇
- 22日 10:55 ☿⚹♅
- 23日 23:36 ♂△♆
- 24日 21:21 ☿⚹♀
- 26日 07:03 ♀☌♅
- 26日 13:48 ♄□♇
- 30日 06:18 ♀△♆

1940年4月

DAY	☉	☽	☊ mean	☊ true	☿	♀	♂	♃	♄	♅	♆	♇	⚳	⚴	⚵	⚶	⚷
	° ′	° ′	° ′	° ′	° ′	° ′	° ′	° ′	° ′	° ′	° ′	° ′	°	°	°	°	°
1	10 ♈ 44	21 ♑ 40	20 ♎ 45	20 R 4	17 D 7	25 D 36	29 D 14	19 D 7	1 D 20	19 D 40	23 R 41	0 R 38	7 R	23 D	29 D	22 D	14 D
2	11 ♈ 43	3 ♒ 57	20 ♎ 42	20 ♎ 3	17 ♓ 23	26 ♉ 40	29 ♉ 53	19 ♈ 21	1 ♉ 27	19 ♉ 43	23 ♍ 39	0 ♌ 38	7 ♍	23 ♋	29 ♈	23 ♉	14 ♋
3	12 ♈ 43	16 ♒ 1	20 ♎ 39	20 ♎ 2	17 ♓ 44	27 ♉ 44	0 ♊ 33	19 ♈ 36	1 ♉ 35	19 ♉ 46	23 ♍ 38	0 ♌ 38	7 ♍	23 ♋	0 ♉	23 ♉	14 ♋
4	13 ♈ 42	27 ♒ 56	20 ♎ 35	20 ♎ 1	18 ♓ 10	28 ♉ 48	1 ♊ 13	19 ♈ 50	1 ♉ 42	19 ♉ 49	23 ♍ 36	0 ♌ 38	7 ♍	24 ♋	1 ♉	23 ♉	14 ♋
5	14 ♈ 41	9 ♓ 45	20 ♎ 32	20 ♎ 1	18 ♓ 40	29 ♉ 51	1 ♊ 53	20 ♈ 4	1 ♉ 49	19 ♉ 52	23 ♍ 35	0 ♌ 37	7 ♍	24 ♋	1 ♉	24 ♉	14 ♋
6	15 ♈ 40	21 ♓ 33	20 ♎ 29	20 ♎ 0	19 ♓ 15	0 ♊ 54	2 ♊ 32	20 ♈ 19	1 ♉ 57	19 ♉ 55	23 ♍ 33	0 ♌ 37	7 ♍	24 ♋	2 ♉	24 ♉	14 ♋
7	16 ♈ 39	3 ♈ 21	20 ♎ 26	20 ♎ 0	19 ♓ 53	1 ♊ 57	3 ♊ 12	20 ♈ 33	2 ♉ 4	19 ♉ 58	23 ♍ 32	0 ♌ 37	7 ♍	25 ♋	2 ♉	25 ♉	14 ♋
8	17 ♈ 38	15 ♈ 13	20 ♎ 23	20 ♎ 0	20 ♓ 35	2 ♊ 59	3 ♊ 52	20 ♈ 48	2 ♉ 12	20 ♉ 1	23 ♍ 30	0 ♌ 37	6 ♍	25 ♋	3 ♉	25 ♉	14 ♋
9	18 ♈ 37	27 ♈ 10	20 ♎ 19	20 D 0	21 ♓ 21	4 ♊ 2	4 ♊ 31	21 ♈ 2	2 ♉ 19	20 ♉ 4	23 ♍ 29	0 ♌ 37	6 ♍	25 ♋	4 ♉	25 ♉	14 ♋
10	19 ♈ 36	9 ♉ 14	20 ♎ 16	20 ♎ 0	22 ♓ 10	5 ♊ 3	5 ♊ 11	21 ♈ 17	2 ♉ 27	20 ♉ 7	23 ♍ 27	0 ♌ 36	6 ♍	25 ♋	4 ♉	26 ♉	14 ♋
11	20 ♈ 35	21 ♉ 28	20 ♎ 13	20 R 0	23 ♓ 3	6 ♊ 5	5 ♊ 51	21 ♈ 31	2 ♉ 34	20 ♉ 10	23 ♍ 26	0 ♌ 36	6 ♍	26 ♋	5 ♉	26 ♉	14 ♋
12	21 ♈ 34	3 ♊ 52	20 ♎ 10	19 ♎ 59	23 ♓ 59	7 ♊ 6	6 ♊ 30	21 ♈ 46	2 ♉ 42	20 ♉ 14	23 ♍ 24	0 ♌ 36	6 ♍	26 ♋	5 ♉	27 ♉	14 ♋
13	22 ♈ 32	16 ♊ 31	20 ♎ 7	19 ♎ 59	24 ♓ 57	8 ♊ 7	7 ♊ 10	22 ♈ 0	2 ♉ 50	20 ♉ 17	23 ♍ 23	0 ♌ 36	6 ♍	26 ♋	6 ♉	27 ♉	14 ♋
14	23 ♈ 31	29 ♊ 25	20 ♎ 4	19 ♎ 59	25 ♓ 59	9 ♊ 7	7 ♊ 49	22 ♈ 15	2 ♉ 57	20 ♉ 20	23 ♍ 21	0 D 36	6 ♍	27 ♋	6 ♉	28 ♉	14 ♋
15	24 ♈ 30	12 ♋ 37	20 ♎ 0	19 ♎ 59	27 ♓ 3	10 ♊ 7	8 ♊ 29	22 ♈ 29	3 ♉ 5	20 ♉ 23	23 ♍ 20	0 ♌ 36	6 ♍	27 ♋	7 ♉	28 ♉	14 ♋
16	25 ♈ 29	26 ♋ 8	19 ♎ 57	19 D 58	28 ♓ 9	11 ♊ 6	9 ♊ 8	22 ♈ 44	3 ♉ 12	20 ♉ 26	23 ♍ 19	0 ♌ 36	6 ♍	27 ♋	8 ♉	28 ♉	14 ♋
17	26 ♈ 27	10 ♌ 1	19 ♎ 54	19 ♎ 59	29 ♓ 18	12 ♊ 6	9 ♊ 48	22 ♈ 58	3 ♉ 20	20 ♉ 30	23 ♍ 17	0 ♌ 36	6 ♍	28 ♋	8 ♉	29 ♉	14 ♋
18	27 ♈ 26	24 ♌ 14	19 ♎ 51	19 ♎ 59	0 ♈ 30	13 ♊ 4	10 ♊ 27	23 ♈ 13	3 ♉ 28	20 ♉ 33	23 ♍ 16	0 ♌ 37	6 ♍	28 ♋	9 ♉	29 ♉	14 ♋
19	28 ♈ 25	8 ♍ 46	19 ♎ 48	20 ♎ 0	1 ♈ 43	14 ♊ 2	11 ♊ 6	23 ♈ 27	3 ♉ 35	20 ♉ 36	23 ♍ 15	0 ♌ 37	6 ♍	28 ♋	9 ♉	0 ♊	14 ♋
20	29 ♈ 23	23 ♍ 33	19 ♎ 44	20 ♎ 1	2 ♈ 59	15 ♊ 0	11 ♊ 46	23 ♈ 42	3 ♉ 43	20 ♉ 39	23 ♍ 13	0 ♌ 37	6 D	29 ♋	10 ♉	0 ♊	14 ♋
21	0 ♉ 22	8 ♎ 29	19 ♎ 41	20 ♎ 1	4 ♈ 17	15 ♊ 57	12 ♊ 25	23 ♈ 56	3 ♉ 51	20 ♉ 43	23 ♍ 12	0 ♌ 37	6 ♍	29 ♋	11 ♉	0 ♊	14 ♋
22	1 ♉ 20	23 ♎ 27	19 ♎ 38	20 R 1	5 ♈ 38	16 ♊ 54	13 ♊ 5	24 ♈ 10	3 ♉ 58	20 ♉ 46	23 ♍ 11	0 ♌ 37	6 ♍	29 ♋	11 ♉	1 ♊	14 ♋
23	2 ♉ 19	8 ♏ 18	19 ♎ 35	20 ♎ 1	7 ♈ 0	17 ♊ 50	13 ♊ 44	24 ♈ 25	4 ♉ 6	20 ♉ 49	23 ♍ 10	0 ♌ 37	6 ♍	0 ♌	12 ♉	1 ♊	14 ♋
24	3 ♉ 17	22 ♏ 55	19 ♎ 32	20 ♎ 0	8 ♈ 24	18 ♊ 46	14 ♊ 23	24 ♈ 39	4 ♉ 13	20 ♉ 53	23 ♍ 9	0 ♌ 38	6 ♍	0 ♌	12 ♉	2 ♊	14 ♋
25	4 ♉ 16	7 ♐ 12	19 ♎ 29	19 ♎ 58	9 ♈ 50	19 ♊ 41	15 ♊ 2	24 ♈ 54	4 ♉ 21	20 ♉ 56	23 ♍ 7	0 ♌ 38	6 ♍	0 ♌	13 ♉	2 ♊	15 ♋
26	5 ♉ 14	21 ♐ 5	19 ♎ 25	19 ♎ 56	11 ♈ 18	20 ♊ 36	15 ♊ 42	25 ♈ 8	4 ♉ 29	20 ♉ 59	23 ♍ 6	0 ♌ 38	6 ♍	1 ♌	14 ♉	2 ♊	15 ♋
27	6 ♉ 12	4 ♑ 31	19 ♎ 22	19 ♎ 54	12 ♈ 48	21 ♊ 30	16 ♊ 21	25 ♈ 22	4 ♉ 36	21 ♉ 3	23 ♍ 5	0 ♌ 39	6 ♍	1 ♌	14 ♉	3 ♊	15 ♋
28	7 ♉ 11	17 ♑ 32	19 ♎ 19	19 ♎ 53	14 ♈ 20	22 ♊ 23	17 ♊ 0	25 ♈ 37	4 ♉ 44	21 ♉ 6	23 ♍ 4	0 ♌ 39	6 ♍	2 ♌	15 ♉	3 ♊	15 ♋
29	8 ♉ 9	0 ♒ 10	19 ♎ 16	19 ♎ 52	15 ♈ 54	23 ♊ 16	17 ♊ 39	25 ♈ 51	4 ♉ 52	21 ♉ 10	23 ♍ 3	0 ♌ 39	6 ♍	2 ♌	15 ♉	4 ♊	15 ♋
30	9 ♉ 7	12 ♒ 29	19 ♎ 13	19 D 51	17 ♈ 30	24 ♊ 8	18 ♊ 18	26 ♈ 5	4 ♉ 59	21 ♉ 13	23 ♍ 2	0 ♌ 40	6 ♍	2 ♌	16 ♉	4 ♊	15 ♋

SUN INGRESS: ☉ → ♉ 20日 14:51

MOON PHASE: ● 8日 05:18 ♈　◐ 15日 22:46 ♋　○ 22日 13:37 ♏　◑ 29日 16:49 ♒

aspects

- 3日 02:46 ♂⚹♇
- 5日 17:29 ♀⚹♇
- 7日 03:15 ☿⚹♅
- 10日 08:15 ♀☌♂
- 11日 09:43 ☿☍♆
- 12日 06:35 ☉☌♃
- 18日 02:16 ☿△♇
- 21日 06:16 ☉□♇
- 25日 02:37 ☉☌♄
- 28日 18:18 ♀□♆
- 30日 20:06 ☿⚹♂

1940年5月

DAY	☉	☽	☊ mean	☊ true	☿	♀	♂	♃	♄	♅	♆	♇	⚳	⚴	⚵	⚶	⚷
	° ′	° ′	° ′	° ′	° ′	° ′	° ′	° ′	° ′	° ′	° ′	° ′	°	°	°	°	°
1	10 ♉ 6	24 ♒ 33	19 ♎ 10	19 D 52	19 D 7	24 D 59	18 D 58	26 D 19	5 D 7	21 D 17	23 R 1	0 D 40	6 D	3 D	16 D	5 D	15 D
2	11 ♉ 4	6 ♓ 27	19 ♎ 6	19 ♎ 53	20 ♈ 47	25 ♊ 50	19 ♊ 37	26 ♈ 34	5 ♉ 15	21 ♉ 20	23 ♍ 0	0 ♌ 41	7 ♍	3 ♌	17 ♉	5 ♊	15 ♋
3	12 ♉ 2	18 ♓ 16	19 ♎ 3	19 ♎ 55	22 ♈ 28	26 ♊ 40	20 ♊ 16	26 ♈ 48	5 ♉ 22	21 ♉ 23	22 ♍ 59	0 ♌ 41	7 ♍	3 ♌	18 ♉	5 ♊	15 ♋
4	13 ♉ 0	0 ♈ 4	19 ♎ 0	19 ♎ 57	24 ♈ 11	27 ♊ 29	20 ♊ 55	27 ♈ 2	5 ♉ 30	21 ♉ 27	22 ♍ 58	0 ♌ 42	7 ♍	4 ♌	18 ♉	6 ♊	15 ♋
5	13 ♉ 58	11 ♈ 54	18 ♎ 57	19 ♎ 58	25 ♈ 56	28 ♊ 18	21 ♊ 34	27 ♈ 16	5 ♉ 38	21 ♉ 30	22 ♍ 57	0 ♌ 42	7 ♍	4 ♌	19 ♉	6 ♊	15 ♋
6	14 ♉ 56	23 ♈ 51	18 ♎ 54	19 R 58	27 ♈ 42	29 ♊ 5	22 ♊ 13	27 ♈ 30	5 ♉ 45	21 ♉ 34	22 ♍ 56	0 ♌ 43	7 ♍	5 ♌	19 ♉	7 ♊	15 ♋
7	15 ♉ 55	5 ♉ 58	18 ♎ 50	19 ♎ 57	29 ♈ 31	29 ♊ 52	22 ♊ 52	27 ♈ 44	5 ♉ 53	21 ♉ 37	22 ♍ 55	0 ♌ 43	7 ♍	5 ♌	20 ♉	7 ♊	15 ♋
8	16 ♉ 53	18 ♉ 15	18 ♎ 47	19 ♎ 54	1 ♉ 21	0 ♋ 38	23 ♊ 31	27 ♈ 59	6 ♉ 0	21 ♉ 41	22 ♍ 54	0 ♌ 44	7 ♍	5 ♌	21 ♉	8 ♊	15 ♋
9	17 ♉ 51	0 ♊ 45	18 ♎ 44	19 ♎ 51	3 ♉ 14	1 ♋ 23	24 ♊ 10	28 ♈ 13	6 ♉ 8	21 ♉ 44	22 ♍ 54	0 ♌ 45	7 ♍	6 ♌	21 ♉	8 ♊	15 ♋
10	18 ♉ 49	13 ♊ 28	18 ♎ 41	19 ♎ 47	5 ♉ 8	2 ♋ 7	24 ♊ 49	28 ♈ 27	6 ♉ 15	21 ♉ 48	22 ♍ 53	0 ♌ 45	7 ♍	6 ♌	22 ♉	8 ♊	16 ♋
11	19 ♉ 47	26 ♊ 25	18 ♎ 38	19 ♎ 42	7 ♉ 4	2 ♋ 51	25 ♊ 28	28 ♈ 41	6 ♉ 23	21 ♉ 51	22 ♍ 52	0 ♌ 46	8 ♍	6 ♌	22 ♉	9 ♊	16 ♋
12	20 ♉ 45	9 ♋ 35	18 ♎ 35	19 ♎ 37	9 ♉ 2	3 ♋ 33	26 ♊ 7	28 ♈ 54	6 ♉ 31	21 ♉ 55	22 ♍ 51	0 ♌ 47	8 ♍	7 ♌	23 ♉	9 ♊	16 ♋
13	21 ♉ 43	23 ♋ 0	18 ♎ 31	19 ♎ 33	11 ♉ 2	4 ♋ 14	26 ♊ 46	29 ♈ 8	6 ♉ 38	21 ♉ 58	22 ♍ 51	0 ♌ 47	8 ♍	7 ♌	24 ♉	10 ♊	16 ♋
14	22 ♉ 40	6 ♌ 37	18 ♎ 28	19 ♎ 31	13 ♉ 3	4 ♋ 54	27 ♊ 25	29 ♈ 22	6 ♉ 46	22 ♉ 2	22 ♍ 50	0 ♌ 48	8 ♍	8 ♌	24 ♉	10 ♊	16 ♋
15	23 ♉ 38	20 ♌ 28	18 ♎ 25	19 ♎ 30	15 ♉ 6	5 ♋ 33	28 ♊ 3	29 ♈ 36	6 ♉ 53	22 ♉ 5	22 ♍ 49	0 ♌ 49	8 ♍	8 ♌	25 ♉	11 ♊	16 ♋
16	24 ♉ 36	4 ♍ 32	18 ♎ 22	19 D 30	17 ♉ 11	6 ♋ 11	28 ♊ 42	29 ♈ 50	7 ♉ 0	22 ♉ 9	22 ♍ 49	0 ♌ 50	8 ♍	8 ♌	25 ♉	11 ♊	16 ♋
17	25 ♉ 34	18 ♍ 47	18 ♎ 19	19 ♎ 31	19 ♉ 17	6 ♋ 47	29 ♊ 21	0 ♉ 4	7 ♉ 8	22 ♉ 12	22 ♍ 48	0 ♌ 51	8 ♍	9 ♌	26 ♉	11 ♊	16 ♋
18	26 ♉ 32	3 ♎ 12	18 ♎ 16	19 ♎ 33	21 ♉ 25	7 ♋ 22	0 ♋ 0	0 ♉ 17	7 ♉ 15	22 ♉ 16	22 ♍ 48	0 ♌ 51	9 ♍	9 ♌	27 ♉	12 ♊	16 ♋
19	27 ♉ 29	17 ♎ 44	18 ♎ 12	19 ♎ 33	23 ♉ 33	7 ♋ 56	0 ♋ 39	0 ♉ 31	7 ♉ 23	22 ♉ 19	22 ♍ 47	0 ♌ 52	9 ♍	10 ♌	27 ♉	12 ♊	16 ♋
20	28 ♉ 27	2 ♏ 18	18 ♎ 9	19 R 33	25 ♉ 43	8 ♋ 29	1 ♋ 17	0 ♉ 44	7 ♉ 30	22 ♉ 23	22 ♍ 47	0 ♌ 53	9 ♍	10 ♌	28 ♉	13 ♊	16 ♋
21	29 ♉ 25	16 ♏ 49	18 ♎ 6	19 ♎ 30	27 ♉ 54	9 ♋ 0	1 ♋ 56	0 ♉ 58	7 ♉ 37	22 ♉ 26	22 ♍ 46	0 ♌ 54	9 ♍	10 ♌	28 ♉	13 ♊	16 ♋
22	0 ♊ 23	1 ♐ 11	18 ♎ 3	19 ♎ 26	0 ♊ 5	9 ♋ 30	2 ♋ 35	1 ♉ 12	7 ♉ 45	22 ♉ 29	22 ♍ 46	0 ♌ 55	9 ♍	11 ♌	29 ♉	14 ♊	16 ♋
23	1 ♊ 20	15 ♐ 18	18 ♎ 0	19 ♎ 20	2 ♊ 17	9 ♋ 58	3 ♋ 14	1 ♉ 25	7 ♉ 52	22 ♉ 33	22 ♍ 45	0 ♌ 56	10 ♍	11 ♌	0 ♊	14 ♊	17 ♋
24	2 ♊ 18	29 ♐ 6	17 ♎ 56	19 ♎ 13	4 ♊ 28	10 ♋ 24	3 ♋ 52	1 ♉ 38	7 ♉ 59	22 ♉ 36	22 ♍ 45	0 ♌ 57	10 ♍	12 ♌	0 ♊	14 ♊	17 ♋
25	3 ♊ 16	12 ♑ 31	17 ♎ 53	19 ♎ 7	6 ♊ 40	10 ♋ 49	4 ♋ 31	1 ♉ 52	8 ♉ 6	22 ♉ 40	22 ♍ 45	0 ♌ 58	10 ♍	12 ♌	1 ♊	15 ♊	17 ♋
26	4 ♊ 13	25 ♑ 34	17 ♎ 50	19 ♎ 0	8 ♊ 51	11 ♋ 12	5 ♋ 10	2 ♉ 5	8 ♉ 13	22 ♉ 43	22 ♍ 44	0 ♌ 59	10 ♍	13 ♌	1 ♊	15 ♊	17 ♋
27	5 ♊ 11	8 ♒ 14	17 ♎ 47	18 ♎ 55	11 ♊ 1	11 ♋ 33	5 ♋ 48	2 ♉ 18	8 ♉ 21	22 ♉ 47	22 ♍ 44	1 ♌ 0	10 ♍	13 ♌	2 ♊	16 ♊	17 ♋
28	6 ♊ 8	20 ♒ 35	17 ♎ 44	18 ♎ 52	13 ♊ 11	11 ♋ 53	6 ♋ 27	2 ♉ 32	8 ♉ 28	22 ♉ 50	22 ♍ 44	1 ♌ 1	11 ♍	13 ♌	3 ♊	16 ♊	17 ♋
29	7 ♊ 6	2 ♓ 40	17 ♎ 41	18 ♎ 51	15 ♊ 19	12 ♋ 11	7 ♋ 5	2 ♉ 45	8 ♉ 35	22 ♉ 53	22 ♍ 44	1 ♌ 2	11 ♍	14 ♌	3 ♊	17 ♊	17 ♋
30	8 ♊ 3	14 ♓ 35	17 ♎ 37	18 D 51	17 ♊ 26	12 ♋ 26	7 ♋ 44	2 ♉ 58	8 ♉ 42	22 ♉ 57	22 ♍ 43	1 ♌ 3	11 ♍	14 ♌	4 ♊	17 ♊	17 ♋
31	9 ♊ 1	26 ♓ 24	17 ♎ 34	18 ♎ 52	19 ♊ 31	12 ♋ 40	8 ♋ 23	3 ♉ 11	8 ♉ 49	23 ♉ 0	22 ♍ 43	1 ♌ 4	11 ♍	15 ♌	4 ♊	17 ♊	17 ♋

SUN INGRESS: ☉ → ♊ 21日 14:23

MOON PHASE: ● 7日 21:07 ♉ / ◐ 15日 05:51 ♌ / ○ 21日 22:33 ♐ / ◑ 29日 09:40 ♓

aspects		
3日	05:24	♀⚹♃
5日	20:55	☿☌♃
7日	02:00	♂□♆
7日	08:01	☿⚹♀
7日	15:52	☿□♇
10日	14:58	☿☌♄
13日	06:53	☉☌♅
14日	03:55	☉△♆
17日	17:41	♀⚹♄
18日	09:47	☿☌♅
18日	15:26	☿△♆
18日	16:35	♂⚹♃
20日	16:24	♃□♇
22日	05:41	☉☌☿
22日	09:10	☿⚹♇
22日	13:42	☉⚹♇
26日	07:04	♅△♆
31日	19:52	♂⚹♄

1940年6月

DAY	☉	☽	☊ mean	☊ true	☿	♀	♂	♃	♄	♅	♆	♇	⚳	⚴	⚵	⚶	⚷
	° ′	° ′	° ′	° ′	° ′	° ′	° ′	° ′	° ′	° ′	° ′	° ′	°	°	°	°	°
1	9 ♊ 58	8 ♈ 13	17 ♎ 31	18 D 53	21 D 34	12 D 52	9 D 1	3 D 24	8 D 56	23 D 4	22 R 43	1 D 5	12 D	15 D	5 D	18 D	17 D
2	10 ♊ 56	20 ♈ 6	17 ♎ 28	18 R 53	23 ♊ 35	13 ♋ 1	9 ♋ 40	3 ♉ 37	9 ♉ 3	23 ♉ 7	22 ♍ 43	1 ♌ 7	12 ♍	15 ♌	5 ♊	18 ♊	17 ♋
3	11 ♊ 53	2 ♉ 9	17 ♎ 25	18 ♎ 52	25 ♊ 34	13 ♋ 9	10 ♋ 18	3 ♉ 50	9 ♉ 10	23 ♉ 10	22 ♍ 43	1 ♌ 8	12 ♍	16 ♌	6 ♊	19 ♊	18 ♋
4	12 ♊ 51	14 ♉ 24	17 ♎ 22	18 ♎ 49	27 ♊ 30	13 ♋ 14	10 ♋ 57	4 ♉ 2	9 ♉ 16	23 ♉ 14	22 D 43	1 ♌ 9	12 ♍	16 ♌	7 ♊	19 ♊	18 ♋
5	13 ♊ 48	26 ♉ 55	17 ♎ 18	18 ♎ 44	29 ♊ 24	13 ♋ 17	11 ♋ 35	4 ♉ 15	9 ♉ 23	23 ♉ 17	22 ♍ 43	1 ♌ 10	13 ♍	17 ♌	7 ♊	20 ♊	18 ♋
6	14 ♊ 46	9 ♊ 42	17 ♎ 15	18 ♎ 36	1 ♋ 16	13 R 18	12 ♋ 14	4 ♉ 28	9 ♉ 30	23 ♉ 20	22 ♍ 43	1 ♌ 11	13 ♍	17 ♌	8 ♊	20 ♊	18 ♋
7	15 ♊ 43	22 ♊ 47	17 ♎ 12	18 ♎ 27	3 ♋ 6	13 ♋ 16	12 ♋ 52	4 ♉ 40	9 ♉ 37	23 ♉ 24	22 ♍ 43	1 ♌ 13	13 ♍	18 ♌	8 ♊	20 ♊	18 ♋
8	16 ♊ 41	6 ♋ 7	17 ♎ 9	18 ♎ 18	4 ♋ 52	13 ♋ 12	13 ♋ 31	4 ♉ 53	9 ♉ 43	23 ♉ 27	22 ♍ 43	1 ♌ 14	13 ♍	18 ♌	9 ♊	21 ♊	18 ♋
9	17 ♊ 38	19 ♋ 41	17 ♎ 6	18 ♎ 8	6 ♋ 37	13 ♋ 6	14 ♋ 9	5 ♉ 5	9 ♉ 50	23 ♉ 30	22 ♍ 43	1 ♌ 15	14 ♍	18 ♌	10 ♊	21 ♊	18 ♋
10	18 ♊ 35	3 ♌ 27	17 ♎ 2	18 ♎ 0	8 ♋ 18	12 ♋ 57	14 ♋ 48	5 ♉ 18	9 ♉ 57	23 ♉ 33	22 ♍ 44	1 ♌ 16	14 ♍	19 ♌	10 ♊	22 ♊	18 ♋
11	19 ♊ 33	17 ♌ 21	16 ♎ 59	17 ♎ 54	9 ♋ 57	12 ♋ 46	15 ♋ 26	5 ♉ 30	10 ♉ 3	23 ♉ 37	22 ♍ 44	1 ♌ 18	14 ♍	19 ♌	11 ♊	22 ♊	18 ♋
12	20 ♊ 30	1 ♍ 21	16 ♎ 56	17 ♎ 50	11 ♋ 34	12 ♋ 32	16 ♋ 5	5 ♉ 42	10 ♉ 10	23 ♉ 40	22 ♍ 44	1 ♌ 19	14 ♍	20 ♌	11 ♊	23 ♊	18 ♋
13	21 ♊ 27	15 ♍ 26	16 ♎ 53	17 ♎ 49	13 ♋ 7	12 ♋ 16	16 ♋ 43	5 ♉ 54	10 ♉ 16	23 ♉ 43	22 ♍ 44	1 ♌ 20	15 ♍	20 ♌	12 ♊	23 ♊	19 ♋
14	22 ♊ 25	29 ♍ 34	16 ♎ 50	17 D 49	14 ♋ 38	11 ♋ 57	17 ♋ 21	6 ♉ 6	10 ♉ 22	23 ♉ 46	22 ♍ 45	1 ♌ 22	15 ♍	21 ♌	13 ♊	23 ♊	19 ♋
15	23 ♊ 22	13 ♎ 44	16 ♎ 47	17 ♎ 49	16 ♋ 7	11 ♋ 37	18 ♋ 0	6 ♉ 18	10 ♉ 29	23 ♉ 49	22 ♍ 45	1 ♌ 23	15 ♍	21 ♌	13 ♊	24 ♊	19 ♋
16	24 ♊ 19	27 ♎ 55	16 ♎ 43	17 R 49	17 ♋ 32	11 ♋ 14	18 ♋ 38	6 ♉ 30	10 ♉ 35	23 ♉ 52	22 ♍ 45	1 ♌ 25	16 ♍	21 ♌	14 ♊	24 ♊	19 ♋
17	25 ♊ 17	12 ♏ 4	16 ♎ 40	17 ♎ 47	18 ♋ 55	10 ♋ 49	19 ♋ 16	6 ♉ 42	10 ♉ 41	23 ♉ 56	22 ♍ 46	1 ♌ 26	16 ♍	22 ♌	14 ♊	25 ♊	19 ♋
18	26 ♊ 14	26 ♏ 9	16 ♎ 37	17 ♎ 42	20 ♋ 15	10 ♋ 22	19 ♋ 55	6 ♉ 54	10 ♉ 47	23 ♉ 59	22 ♍ 46	1 ♌ 27	16 ♍	22 ♌	15 ♊	25 ♊	19 ♋
19	27 ♊ 11	10 ♐ 7	16 ♎ 34	17 ♎ 35	21 ♋ 32	9 ♋ 53	20 ♋ 33	7 ♉ 5	10 ♉ 53	24 ♉ 2	22 ♍ 47	1 ♌ 29	16 ♍	23 ♌	16 ♊	26 ♊	19 ♋
20	28 ♊ 8	23 ♐ 54	16 ♎ 31	17 ♎ 26	22 ♋ 47	9 ♋ 22	21 ♋ 11	7 ♉ 17	10 ♉ 59	24 ♉ 5	22 ♍ 47	1 ♌ 30	17 ♍	23 ♌	16 ♊	26 ♊	19 ♋
21	29 ♊ 6	7 ♑ 26	16 ♎ 28	17 ♎ 15	23 ♋ 58	8 ♋ 50	21 ♋ 50	7 ♉ 28	11 ♉ 5	24 ♉ 8	22 ♍ 48	1 ♌ 32	17 ♍	24 ♌	17 ♊	27 ♊	19 ♋
22	0 ♋ 3	20 ♑ 40	16 ♎ 24	17 ♎ 3	25 ♋ 6	8 ♋ 16	22 ♋ 28	7 ♉ 40	11 ♉ 11	24 ♉ 11	22 ♍ 48	1 ♌ 33	17 ♍	24 ♌	17 ♊	27 ♊	19 ♋
23	1 ♋ 0	3 ♒ 36	16 ♎ 21	16 ♎ 52	26 ♋ 12	7 ♋ 41	23 ♋ 6	7 ♉ 51	11 ♉ 17	24 ♉ 14	22 ♍ 49	1 ♌ 35	18 ♍	24 ♌	18 ♊	27 ♊	20 ♋
24	1 ♋ 57	16 ♒ 12	16 ♎ 18	16 ♎ 43	27 ♋ 14	7 ♋ 5	23 ♋ 44	8 ♉ 2	11 ♉ 23	24 ♉ 17	22 ♍ 50	1 ♌ 36	18 ♍	25 ♌	18 ♊	28 ♊	20 ♋
25	2 ♋ 54	28 ♒ 31	16 ♎ 15	16 ♎ 36	28 ♋ 13	6 ♋ 28	24 ♋ 23	8 ♉ 13	11 ♉ 29	24 ♉ 20	22 ♍ 50	1 ♌ 38	18 ♍	25 ♌	19 ♊	28 ♊	20 ♋
26	3 ♋ 52	10 ♓ 35	16 ♎ 12	16 ♎ 32	29 ♋ 8	5 ♋ 51	25 ♋ 1	8 ♉ 24	11 ♉ 35	24 ♉ 22	22 ♍ 51	1 ♌ 39	19 ♍	26 ♌	20 ♊	29 ♊	20 ♋
27	4 ♋ 49	22 ♓ 30	16 ♎ 8	16 ♎ 30	0 ♌ 0	5 ♋ 13	25 ♋ 39	8 ♉ 35	11 ♉ 40	24 ♉ 25	22 ♍ 52	1 ♌ 41	19 ♍	26 ♌	20 ♊	29 ♊	20 ♋
28	5 ♋ 46	4 ♈ 19	16 ♎ 5	16 ♎ 29	0 ♌ 49	4 ♋ 36	26 ♋ 17	8 ♉ 46	11 ♉ 46	24 ♉ 28	22 ♍ 52	1 ♌ 42	19 ♍	27 ♌	21 ♊	0 ♋	20 ♋
29	6 ♋ 43	16 ♈ 8	16 ♎ 2	16 D 29	1 ♌ 34	3 ♋ 58	26 ♋ 56	8 ♉ 57	11 ♉ 51	24 ♉ 31	22 ♍ 53	1 ♌ 44	20 ♍	27 ♌	21 ♊	0 ♋	20 ♋
30	7 ♋ 41	28 ♈ 3	15 ♎ 59	16 R 29	2 ♌ 15	3 ♋ 21	27 ♋ 34	9 ♉ 8	11 ♉ 57	24 ♉ 34	22 ♍ 54	1 ♌ 45	20 ♍	27 ♌	22 ♊	0 ♋	20 ♋

SUN INGRESS: ☉ → ♋ 21日 22:36

MOON PHASE: ● 6日 10:05 ♊ / ◐ 13日 10:59 ♍ / ○ 20日 08:02 ♐ / ◑ 28日 03:13 ♈

aspects		
1日	13:45	☿□♆
7日	13:36	♀☌♂
8日	00:07	☿⚹♃
11日	01:32	☿⚹♄
12日	12:44	☿☌♀
14日	08:25	☉□♆
17日	05:37	♀⚹♄
17日	12:02	☿☌♂
20日	00:13	☿⚹♆
21日	03:31	☿⚹♅
22日	13:04	♂⚹♆
22日	18:43	♀⚹♃
24日	21:53	♂⚹♅
27日	06:13	☉☌♀
29日	05:38	☿☌♇

1940年7月

DAY	☉	☽	☊ mean	☊ true	☿	♀	♂	♃	♄	♅	♆	♇	⚳	⚴	⚵	⚶	⚷
	° ′	° ′	° ′	° ′	° ′	° ′	° ′	° ′	° ′	° ′	° ′	° ′	°	°	°	°	°
1	8 ♋ 38	10 ♉ 9	15 ♎ 56	16 R 27	2 D 53	2 R 45	28 D 12	9 D 18	12 D 2	24 D 36	22 D 55	1 D 47	20 D	28 D	23 D	1 D	20 D
2	9 ♋ 35	22 ♉ 30	15 ♎ 53	16 ♎ 23	3 ♌ 26	2 ♋ 10	28 ♋ 50	9 ♉ 28	12 ♉ 7	24 ♉ 39	22 ♍ 56	1 ♌ 48	21 ♍	28 ♌	23 ♊	1 ♋	21 ♋
3	10 ♋ 32	5 ♊ 11	15 ♎ 49	16 ♎ 16	3 ♌ 55	1 ♋ 35	29 ♋ 28	9 ♉ 39	12 ♉ 13	24 ♉ 42	22 ♍ 57	1 ♌ 50	21 ♍	29 ♌	24 ♊	2 ♋	21 ♋
4	11 ♋ 29	18 ♊ 12	15 ♎ 46	16 ♎ 7	4 ♌ 20	1 ♋ 2	0 ♌ 7	9 ♉ 49	12 ♉ 18	24 ♉ 44	22 ♍ 58	1 ♌ 52	21 ♍	29 ♌	24 ♊	2 ♋	21 ♋
5	12 ♋ 27	1 ♋ 35	15 ♎ 43	15 ♎ 56	4 ♌ 41	0 ♋ 31	0 ♌ 45	9 ♉ 59	12 ♉ 23	24 ♉ 47	22 ♍ 59	1 ♌ 53	22 ♍	0 ♍	25 ♊	3 ♋	21 ♋
6	13 ♋ 24	15 ♋ 18	15 ♎ 40	15 ♎ 44	4 ♌ 57	0 ♋ 1	1 ♌ 23	10 ♉ 9	12 ♉ 28	24 ♉ 50	23 ♍ 0	1 ♌ 55	22 ♍	0 ♍	25 ♊	3 ♋	21 ♋
7	14 ♋ 21	29 ♋ 17	15 ♎ 37	15 ♎ 33	5 ♌ 9	29 ♊ 33	2 ♌ 1	10 ♉ 19	12 ♉ 33	24 ♉ 52	23 ♍ 1	1 ♌ 57	22 ♍	1 ♍	26 ♊	3 ♋	21 ♋
8	15 ♋ 18	13 ♌ 28	15 ♎ 34	15 ♎ 22	5 ♌ 16	29 ♊ 7	2 ♌ 39	10 ♉ 29	12 ♉ 38	24 ♉ 55	23 ♍ 2	1 ♌ 58	23 ♍	1 ♍	27 ♊	4 ♋	21 ♋
9	16 ♋ 15	27 ♌ 46	15 ♎ 30	15 ♎ 15	5 R 18	28 ♊ 43	3 ♌ 17	10 ♉ 38	12 ♉ 42	24 ♉ 57	23 ♍ 3	2 ♌ 0	23 ♍	1 ♍	27 ♊	4 ♋	21 ♋
10	17 ♋ 13	12 ♍ 5	15 ♎ 27	15 ♎ 10	5 ♌ 15	28 ♊ 21	3 ♌ 56	10 ♉ 48	12 ♉ 47	25 ♉ 0	23 ♍ 4	2 ♌ 1	23 ♍	2 ♍	28 ♊	5 ♋	21 ♋
11	18 ♋ 10	26 ♍ 22	15 ♎ 24	15 ♎ 7	5 ♌ 8	28 ♊ 1	4 ♌ 34	10 ♉ 57	12 ♉ 52	25 ♉ 2	23 ♍ 5	2 ♌ 3	24 ♍	2 ♍	28 ♊	5 ♋	22 ♋
12	19 ♋ 7	10 ♎ 34	15 ♎ 21	15 ♎ 6	4 ♌ 56	27 ♊ 43	5 ♌ 12	11 ♉ 6	12 ♉ 56	25 ♉ 4	23 ♍ 6	2 ♌ 5	24 ♍	3 ♍	29 ♊	6 ♋	22 ♋
13	20 ♋ 4	24 ♎ 40	15 ♎ 18	15 ♎ 6	4 ♌ 40	27 ♊ 28	5 ♌ 50	11 ♉ 16	13 ♉ 1	25 ♉ 7	23 ♍ 7	2 ♌ 6	24 ♍	3 ♍	29 ♊	6 ♋	22 ♋
14	21 ♋ 2	8 ♏ 39	15 ♎ 14	15 ♎ 6	4 ♌ 19	27 ♊ 15	6 ♌ 28	11 ♉ 25	13 ♉ 5	25 ♉ 9	23 ♍ 9	2 ♌ 8	25 ♍	4 ♍	0 ♋	6 ♋	22 ♋
15	21 ♋ 59	22 ♏ 30	15 ♎ 11	15 ♎ 3	3 ♌ 54	27 ♊ 5	7 ♌ 6	11 ♉ 34	13 ♉ 9	25 ♉ 11	23 ♍ 10	2 ♌ 10	25 ♍	4 ♍	1 ♋	7 ♋	22 ♋
16	22 ♋ 56	6 ♐ 13	15 ♎ 8	14 ♎ 58	3 ♌ 25	26 ♊ 57	7 ♌ 44	11 ♉ 42	13 ♉ 14	25 ♉ 14	23 ♍ 11	2 ♌ 11	26 ♍	5 ♍	1 ♋	7 ♋	22 ♋
17	23 ♋ 53	19 ♐ 47	15 ♎ 5	14 ♎ 50	2 ♌ 53	26 ♊ 51	8 ♌ 23	11 ♉ 51	13 ♉ 18	25 ♉ 16	23 ♍ 12	2 ♌ 13	26 ♍	5 ♍	2 ♋	8 ♋	22 ♋
18	24 ♋ 50	3 ♑ 9	15 ♎ 2	14 ♎ 40	2 ♌ 17	26 ♊ 48	9 ♌ 1	11 ♉ 59	13 ♉ 22	25 ♉ 18	23 ♍ 14	2 ♌ 15	26 ♍	5 ♍	2 ♋	8 ♋	22 ♋
19	25 ♋ 48	16 ♑ 20	14 ♎ 59	14 ♎ 28	1 ♌ 39	26 D 47	9 ♌ 39	12 ♉ 8	13 ♉ 26	25 ♉ 20	23 ♍ 15	2 ♌ 16	27 ♍	6 ♍	3 ♋	9 ♋	22 ♋
20	26 ♋ 45	29 ♑ 16	14 ♎ 55	14 ♎ 16	0 ♌ 59	26 ♊ 48	10 ♌ 17	12 ♉ 16	13 ♉ 30	25 ♉ 22	23 ♍ 17	2 ♌ 18	27 ♍	6 ♍	3 ♋	9 ♋	22 ♋
21	27 ♋ 42	11 ♒ 57	14 ♎ 52	14 ♎ 4	0 ♌ 18	26 ♊ 52	10 ♌ 55	12 ♉ 24	13 ♉ 33	25 ♉ 24	23 ♍ 18	2 ♌ 20	27 ♍	7 ♍	4 ♋	9 ♋	23 ♋
22	28 ♋ 39	24 ♒ 23	14 ♎ 49	13 ♎ 54	29 ♋ 36	26 ♊ 57	11 ♌ 33	12 ♉ 32	13 ♉ 37	25 ♉ 26	23 ♍ 19	2 ♌ 21	28 ♍	7 ♍	5 ♋	10 ♋	23 ♋
23	29 ♋ 37	6 ♓ 35	14 ♎ 46	13 ♎ 47	28 ♋ 55	27 ♊ 5	12 ♌ 11	12 ♉ 40	13 ♉ 41	25 ♉ 28	23 ♍ 21	2 ♌ 23	28 ♍	8 ♍	5 ♋	10 ♋	23 ♋
24	0 ♌ 34	18 ♓ 36	14 ♎ 43	13 ♎ 42	28 ♋ 14	27 ♊ 16	12 ♌ 49	12 ♉ 48	13 ♉ 44	25 ♉ 30	23 ♍ 22	2 ♌ 25	28 ♍	8 ♍	6 ♋	11 ♋	23 ♋
25	1 ♌ 31	0 ♈ 28	14 ♎ 39	13 ♎ 39	27 ♋ 35	27 ♊ 28	13 ♌ 27	12 ♉ 55	13 ♉ 48	25 ♉ 32	23 ♍ 24	2 ♌ 27	29 ♍	9 ♍	6 ♋	11 ♋	23 ♋
26	2 ♌ 29	12 ♈ 16	14 ♎ 36	13 ♎ 38	26 ♋ 58	27 ♊ 42	14 ♌ 5	13 ♉ 3	13 ♉ 51	25 ♉ 34	23 ♍ 25	2 ♌ 28	29 ♍	9 ♍	7 ♋	12 ♋	23 ♋
27	3 ♌ 26	24 ♈ 5	14 ♎ 33	13 D 38	26 ♋ 24	27 ♊ 58	14 ♌ 43	13 ♉ 10	13 ♉ 54	25 ♉ 35	23 ♍ 27	2 ♌ 30	0 ♎	10 ♍	7 ♋	12 ♋	23 ♋
28	4 ♌ 23	6 ♉ 0	14 ♎ 30	13 R 39	25 ♋ 54	28 ♊ 17	15 ♌ 22	13 ♉ 17	13 ♉ 57	25 ♉ 37	23 ♍ 28	2 ♌ 32	0 ♎	10 ♍	8 ♋	12 ♋	23 ♋
29	5 ♌ 21	18 ♉ 6	14 ♎ 27	13 ♎ 38	25 ♋ 29	28 ♊ 37	16 ♌ 0	13 ♉ 24	14 ♉ 1	25 ♉ 39	23 ♍ 30	2 ♌ 33	0 ♎	10 ♍	9 ♋	13 ♋	24 ♋
30	6 ♌ 18	0 ♊ 29	14 ♎ 24	13 ♎ 35	25 ♋ 8	28 ♊ 58	16 ♌ 38	13 ♉ 31	14 ♉ 4	25 ♉ 40	23 ♍ 32	2 ♌ 35	1 ♎	11 ♍	9 ♋	13 ♋	24 ♋
31	7 ♌ 15	13 ♊ 13	14 ♎ 20	13 ♎ 30	24 ♋ 52	29 ♊ 22	17 ♌ 16	13 ♉ 37	14 ♉ 6	25 ♉ 42	23 ♍ 33	2 ♌ 37	1 ♎	11 ♍	10 ♋	14 ♋	24 ♋

SUN INGRESS ☉ → ♌ 23日 09:34

MOON PHASE ● 5日 20:28 ♋ ◐ 12日 15:35 ♎ ○ 19日 18:55 ♑ ◑ 27日 20:29 ♉

aspects		
1日	20:42	☉⚹♃
4日	22:15	☉⚹♄
6日	20:57	♂☌♇
11日	16:45	☿☌♂
16日	06:30	☉⚹♆
18日	01:28	☿☌♇
18日	11:56	☉⚹♅
22日	13:47	☉☌☿
23日	22:46	♂□♃
25日	14:08	♂□♄
25日	23:53	☉☌♇
28日	14:37	☿⚹♅

1940年8月

DAY	☉	☽	☊ mean	☊ true	☿	♀	♂	♃	♄	♅	♆	♇	⚳	⚴	⚵	⚶	⚷
	° ′	° ′	° ′	° ′	° ′	° ′	° ′	° ′	° ′	° ′	° ′	° ′	°	°	°	°	°
1	8 ♌ 13	26 ♊ 21	14 ♎ 17	13 R 23	24 R 42	29 D 47	17 D 54	13 D 44	14 D 9	25 D 44	23 D 35	2 D 38	2 D	12 D	10 D	14 D	24 D
2	9 ♌ 10	9 ♋ 54	14 ♎ 14	13 ♎ 14	24 ♋ 38	0 ♋ 14	18 ♌ 32	13 ♉ 50	14 ♉ 12	25 ♉ 45	23 ♍ 37	2 ♌ 40	2 ♎	12 ♍	11 ♋	15 ♋	24 ♋
3	10 ♌ 8	23 ♋ 52	14 ♎ 11	13 ♎ 5	24 D 40	0 ♋ 42	19 ♌ 10	13 ♉ 56	14 ♉ 15	25 ♉ 47	23 ♍ 38	2 ♌ 42	2 ♎	13 ♍	11 ♋	15 ♋	24 ♋
4	11 ♌ 5	8 ♌ 11	14 ♎ 8	12 ♎ 55	24 ♋ 49	1 ♋ 12	19 ♌ 48	14 ♉ 2	14 ♉ 17	25 ♉ 48	23 ♍ 40	2 ♌ 43	3 ♎	13 ♍	12 ♋	15 ♋	24 ♋
5	12 ♌ 3	22 ♌ 45	14 ♎ 5	12 ♎ 46	25 ♋ 4	1 ♋ 43	20 ♌ 26	14 ♉ 8	14 ♉ 19	25 ♉ 49	23 ♍ 42	2 ♌ 45	3 ♎	14 ♍	12 ♋	16 ♋	24 ♋
6	13 ♌ 0	7 ♍ 27	14 ♎ 1	12 ♎ 40	25 ♋ 26	2 ♋ 16	21 ♌ 4	14 ♉ 14	14 ♉ 22	25 ♉ 51	23 ♍ 44	2 ♌ 47	4 ♎	14 ♍	13 ♋	16 ♋	24 ♋
7	13 ♌ 58	22 ♍ 10	13 ♎ 58	12 ♎ 36	25 ♋ 54	2 ♋ 50	21 ♌ 42	14 ♉ 19	14 ♉ 24	25 ♉ 52	23 ♍ 45	2 ♌ 48	4 ♎	14 ♍	13 ♋	17 ♋	25 ♋
8	14 ♌ 55	6 ♎ 47	13 ♎ 55	12 ♎ 35	26 ♋ 29	3 ♋ 25	22 ♌ 21	14 ♉ 25	14 ♉ 26	25 ♉ 53	23 ♍ 47	2 ♌ 50	4 ♎	15 ♍	14 ♋	17 ♋	25 ♋
9	15 ♌ 53	21 ♎ 13	13 ♎ 52	12 D 35	27 ♋ 11	4 ♋ 1	22 ♌ 59	14 ♉ 30	14 ♉ 28	25 ♉ 54	23 ♍ 49	2 ♌ 52	5 ♎	15 ♍	15 ♋	18 ♋	25 ♋
10	16 ♌ 50	5 ♏ 26	13 ♎ 49	12 ♎ 35	27 ♋ 59	4 ♋ 39	23 ♌ 37	14 ♉ 35	14 ♉ 30	25 ♉ 56	23 ♍ 51	2 ♌ 53	5 ♎	16 ♍	15 ♋	18 ♋	25 ♋
11	17 ♌ 48	19 ♏ 24	13 ♎ 45	12 R 36	28 ♋ 53	5 ♋ 18	24 ♌ 15	14 ♉ 40	14 ♉ 32	25 ♉ 57	23 ♍ 53	2 ♌ 55	5 ♎	16 ♍	16 ♋	18 ♋	25 ♋
12	18 ♌ 45	3 ♐ 7	13 ♎ 42	12 ♎ 35	29 ♋ 54	5 ♋ 57	24 ♌ 53	14 ♉ 44	14 ♉ 33	25 ♉ 58	23 ♍ 55	2 ♌ 57	6 ♎	17 ♍	16 ♋	19 ♋	25 ♋
13	19 ♌ 43	16 ♐ 36	13 ♎ 39	12 ♎ 32	1 ♌ 1	6 ♋ 38	25 ♌ 31	14 ♉ 49	14 ♉ 35	25 ♉ 59	23 ♍ 57	2 ♌ 58	6 ♎	17 ♍	17 ♋	19 ♋	25 ♋
14	20 ♌ 40	29 ♐ 51	13 ♎ 36	12 ♎ 27	2 ♌ 13	7 ♋ 20	26 ♌ 9	14 ♉ 53	14 ♉ 37	26 ♉ 0	23 ♍ 58	3 ♌ 0	7 ♎	18 ♍	17 ♋	20 ♋	25 ♋
15	21 ♌ 38	12 ♑ 53	13 ♎ 33	12 ♎ 20	3 ♌ 32	8 ♋ 3	26 ♌ 47	14 ♉ 57	14 ♉ 38	26 ♉ 1	24 ♍ 0	3 ♌ 2	7 ♎	18 ♍	18 ♋	20 ♋	25 ♋
16	22 ♌ 36	25 ♑ 42	13 ♎ 30	12 ♎ 11	4 ♌ 55	8 ♋ 47	27 ♌ 25	15 ♉ 1	14 ♉ 39	26 ♉ 1	24 ♍ 2	3 ♌ 3	8 ♎	19 ♍	18 ♋	21 ♋	25 ♋
17	23 ♌ 33	8 ♒ 19	13 ♎ 26	12 ♎ 2	6 ♌ 24	9 ♋ 32	28 ♌ 4	15 ♉ 5	14 ♉ 40	26 ♉ 2	24 ♍ 4	3 ♌ 5	8 ♎	19 ♍	19 ♋	21 ♋	26 ♋
18	24 ♌ 31	20 ♒ 43	13 ♎ 23	11 ♎ 54	7 ♌ 58	10 ♋ 17	28 ♌ 42	15 ♉ 9	14 ♉ 41	26 ♉ 3	24 ♍ 6	3 ♌ 6	8 ♎	19 ♍	19 ♋	21 ♋	26 ♋
19	25 ♌ 29	2 ♓ 57	13 ♎ 20	11 ♎ 47	9 ♌ 35	11 ♋ 4	29 ♌ 20	15 ♉ 12	14 ♉ 42	26 ♉ 4	24 ♍ 8	3 ♌ 8	9 ♎	20 ♍	20 ♋	22 ♋	26 ♋
20	26 ♌ 26	15 ♓ 0	13 ♎ 17	11 ♎ 42	11 ♌ 17	11 ♋ 51	29 ♌ 58	15 ♉ 15	14 ♉ 43	26 ♉ 4	24 ♍ 10	3 ♌ 10	9 ♎	20 ♍	21 ♋	22 ♋	26 ♋
21	27 ♌ 24	26 ♓ 55	13 ♎ 14	11 ♎ 39	13 ♌ 2	12 ♋ 39	0 ♍ 36	15 ♉ 18	14 ♉ 44	26 ♉ 5	24 ♍ 12	3 ♌ 11	10 ♎	21 ♍	21 ♋	23 ♋	26 ♋
22	28 ♌ 22	8 ♈ 44	13 ♎ 11	11 ♎ 37	14 ♌ 51	13 ♋ 28	1 ♍ 14	15 ♉ 21	14 ♉ 45	26 ♉ 5	24 ♍ 14	3 ♌ 13	10 ♎	21 ♍	22 ♋	23 ♋	26 ♋
23	29 ♌ 20	20 ♈ 31	13 ♎ 7	11 D 38	16 ♌ 42	14 ♋ 18	1 ♍ 52	15 ♉ 24	14 ♉ 45	26 ♉ 6	24 ♍ 16	3 ♌ 14	10 ♎	22 ♍	22 ♋	23 ♋	26 ♋
24	0 ♍ 18	2 ♉ 19	13 ♎ 4	11 ♎ 39	18 ♌ 35	15 ♋ 8	2 ♍ 31	15 ♉ 26	14 ♉ 46	26 ♉ 6	24 ♍ 18	3 ♌ 16	11 ♎	22 ♍	23 ♋	24 ♋	26 ♋
25	1 ♍ 15	14 ♉ 13	13 ♎ 1	11 ♎ 41	20 ♌ 30	15 ♋ 59	3 ♍ 9	15 ♉ 28	14 ♉ 46	26 ♉ 7	24 ♍ 21	3 ♌ 17	11 ♎	23 ♍	23 ♋	24 ♋	26 ♋
26	2 ♍ 13	26 ♉ 19	12 ♎ 58	11 ♎ 42	22 ♌ 26	16 ♋ 51	3 ♍ 47	15 ♉ 30	14 ♉ 46	26 ♉ 7	24 ♍ 23	3 ♌ 19	12 ♎	23 ♍	24 ♋	25 ♋	27 ♋
27	3 ♍ 11	8 ♊ 40	12 ♎ 55	11 R 42	24 ♌ 23	17 ♋ 44	4 ♍ 25	15 ♉ 32	14 ♉ 46	26 ♉ 8	24 ♍ 25	3 ♌ 20	12 ♎	24 ♍	24 ♋	25 ♋	27 ♋
28	4 ♍ 9	21 ♊ 22	12 ♎ 51	11 ♎ 40	26 ♌ 21	18 ♋ 37	5 ♍ 3	15 ♉ 34	14 R 46	26 ♉ 8	24 ♍ 27	3 ♌ 22	12 ♎	24 ♍	25 ♋	25 ♋	27 ♋
29	5 ♍ 7	4 ♋ 28	12 ♎ 48	11 ♎ 37	28 ♌ 20	19 ♋ 30	5 ♍ 41	15 ♉ 35	14 ♉ 46	26 ♉ 8	24 ♍ 29	3 ♌ 23	13 ♎	24 ♍	25 ♋	26 ♋	27 ♋
30	6 ♍ 5	18 ♋ 2	12 ♎ 45	11 ♎ 33	0 ♍ 18	20 ♋ 24	6 ♍ 20	15 ♉ 37	14 ♉ 46	26 ♉ 8	24 ♍ 31	3 ♌ 25	13 ♎	25 ♍	26 ♋	26 ♋	27 ♋
31	7 ♍ 3	2 ♌ 3	12 ♎ 42	11 ♎ 28	2 ♍ 17	21 ♋ 19	6 ♍ 58	15 ♉ 38	14 ♉ 46	26 ♉ 8	24 ♍ 33	3 ♌ 26	14 ♎	25 ♍	26 ♋	27 ♋	27 ♋

SUN INGRESS ☉ → ♍ 23日 16:29

MOON PHASE ● 4日 05:09 ♌ ◐ 10日 21:00 ♏ ○ 18日 08:02 ♒ ◑ 26日 12:33 ♊

aspects		
6日	22:26	☿⚹♅
7日	10:02	☉□♃
7日	11:27	☉□♄
8日	10:24	♃☌♂
13日	17:49	♂□♅
14日	14:47	☿☌♇
19日	14:42	☉□♅
21日	22:43	☿□♄
22日	06:48	☿□♃
23日	13:11	♀⚹♄
24日	08:46	♀⚹♃
27日	21:14	☿□♅
30日	17:30	☉☌♂

1900 ～1910

1911 ～1920

1921 ～1930

1931 ～1940

1941 ～1950

1951 ～1960

1961 ～1970

1971 ～1980

1981 ～1990

1991 ～2000

2001 ～2010

2011 ～2020

2021 ～2030

2031 ～2040

2041 ～2050

1940年9月

DAY	☉	☽	☊ mean	☊ true	☿	♀	♂	♃	♄	♅	♆	♇	⚳	⚴	⚵	⚶	⚷
	° ′	° ′	° ′	° ′	° ′	° ′	° ′	° ′	° ′	° ′	° ′	° ′	°	°	°	°	°
1	8 ♍ 1	16 ♌ 30	12 ♎ 39	11 R 23	4 D 15	22 D 15	7 D 36	15 D 39	14 R 45	26 D 8	24 D 35	3 D 28	14 D	26 D	27 D	27 D	27 D
2	8 ♍ 59	1 ♍ 16	12 ♎ 36	11 ♎ 19	6 ♍ 12	23 ♋ 10	8 ♍ 14	15 ♉ 39	14 ♉ 45	26 R 8	24 ♍ 38	3 ♌ 29	15 ♎	26 ♍	27 ♋	28 ♋	27 ♋
3	9 ♍ 58	16 ♍ 15	12 ♎ 32	11 ♎ 15	8 ♍ 9	24 ♋ 7	8 ♍ 53	15 ♉ 40	14 ♉ 44	26 ♉ 8	24 ♍ 40	3 ♌ 31	15 ♎	27 ♍	28 ♋	28 ♋	27 ♋
4	10 ♍ 56	1 ♎ 18	12 ♎ 29	11 ♎ 14	10 ♍ 5	25 ♋ 4	9 ♍ 31	15 ♉ 40	14 ♉ 44	26 ♉ 8	24 ♍ 42	3 ♌ 32	15 ♎	27 ♍	28 ♋	28 ♋	27 ♋
5	11 ♍ 54	16 ♎ 17	12 ♎ 26	11 D 13	12 ♍ 0	26 ♋ 1	10 ♍ 9	15 R 40	14 ♉ 43	26 ♉ 8	24 ♍ 44	3 ♌ 34	16 ♎	28 ♍	29 ♋	29 ♋	27 ♋
6	12 ♍ 52	1 ♏ 3	12 ♎ 23	11 ♎ 14	13 ♍ 55	26 ♋ 59	10 ♍ 47	15 ♉ 40	14 ♉ 42	26 ♉ 8	24 ♍ 46	3 ♌ 35	16 ♎	28 ♍	29 ♋	29 ♋	28 ♋
7	13 ♍ 50	15 ♏ 31	12 ♎ 20	11 ♎ 16	15 ♍ 48	27 ♋ 57	11 ♍ 26	15 ♉ 40	14 ♉ 41	26 ♉ 8	24 ♍ 48	3 ♌ 36	17 ♎	29 ♍	0 ♌	0 ♌	28 ♋
8	14 ♍ 49	29 ♏ 39	12 ♎ 16	11 ♎ 17	17 ♍ 40	28 ♋ 56	12 ♍ 4	15 ♉ 39	14 ♉ 40	26 ♉ 7	24 ♍ 51	3 ♌ 38	17 ♎	29 ♍	0 ♌	0 ♌	28 ♋
9	15 ♍ 47	13 ♐ 25	12 ♎ 13	11 ♎ 18	19 ♍ 31	29 ♋ 55	12 ♍ 42	15 ♉ 39	14 ♉ 38	26 ♉ 7	24 ♍ 53	3 ♌ 39	18 ♎	29 ♍	1 ♌	0 ♌	28 ♋
10	16 ♍ 45	26 ♐ 49	12 ♎ 10	11 R 17	21 ♍ 21	0 ♌ 54	13 ♍ 21	15 ♉ 38	14 ♉ 37	26 ♉ 7	24 ♍ 55	3 ♌ 40	18 ♎	0 ♎	1 ♌	1 ♌	28 ♋
11	17 ♍ 44	9 ♑ 55	12 ♎ 7	11 ♎ 16	23 ♍ 10	1 ♌ 54	13 ♍ 59	15 ♉ 37	14 ♉ 36	26 ♉ 6	24 ♍ 57	3 ♌ 42	18 ♎	0 ♎	2 ♌	1 ♌	28 ♋
12	18 ♍ 42	22 ♑ 43	12 ♎ 4	11 ♎ 13	24 ♍ 58	2 ♌ 54	14 ♍ 37	15 ♉ 35	14 ♉ 34	26 ♉ 6	24 ♍ 59	3 ♌ 43	19 ♎	1 ♎	2 ♌	2 ♌	28 ♋
13	19 ♍ 40	5 ♒ 16	12 ♎ 1	11 ♎ 10	26 ♍ 44	3 ♌ 55	15 ♍ 16	15 ♉ 34	14 ♉ 32	26 ♉ 5	25 ♍ 2	3 ♌ 44	19 ♎	1 ♎	3 ♌	2 ♌	28 ♋
14	20 ♍ 39	17 ♒ 37	11 ♎ 57	11 ♎ 7	28 ♍ 30	4 ♌ 56	15 ♍ 54	15 ♉ 32	14 ♉ 31	26 ♉ 4	25 ♍ 4	3 ♌ 45	20 ♎	2 ♎	3 ♌	2 ♌	28 ♋
15	21 ♍ 37	29 ♒ 47	11 ♎ 54	11 ♎ 4	0 ♎ 14	5 ♌ 57	16 ♍ 32	15 ♉ 30	14 ♉ 29	26 ♉ 4	25 ♍ 6	3 ♌ 47	20 ♎	2 ♎	4 ♌	3 ♌	28 ♋
16	22 ♍ 36	11 ♓ 48	11 ♎ 51	11 ♎ 1	1 ♎ 58	6 ♌ 59	17 ♍ 11	15 ♉ 28	14 ♉ 27	26 ♉ 3	25 ♍ 8	3 ♌ 48	21 ♎	3 ♎	4 ♌	3 ♌	28 ♋
17	23 ♍ 34	23 ♓ 43	11 ♎ 48	11 ♎ 0	3 ♎ 40	8 ♌ 1	17 ♍ 49	15 ♉ 26	14 ♉ 25	26 ♉ 2	25 ♍ 11	3 ♌ 49	21 ♎	3 ♎	5 ♌	4 ♌	29 ♋
18	24 ♍ 33	5 ♈ 33	11 ♎ 45	10 ♎ 59	5 ♎ 21	9 ♌ 3	18 ♍ 27	15 ♉ 23	14 ♉ 23	26 ♉ 2	25 ♍ 13	3 ♌ 50	21 ♎	4 ♎	5 ♌	4 ♌	29 ♋
19	25 ♍ 31	17 ♈ 20	11 ♎ 42	10 D 59	7 ♎ 1	10 ♌ 6	19 ♍ 6	15 ♉ 20	14 ♉ 20	26 ♉ 1	25 ♍ 15	3 ♌ 51	22 ♎	4 ♎	6 ♌	4 ♌	29 ♋
20	26 ♍ 30	29 ♈ 8	11 ♎ 38	10 ♎ 59	8 ♎ 41	11 ♌ 9	19 ♍ 44	15 ♉ 18	14 ♉ 18	26 ♉ 0	25 ♍ 17	3 ♌ 52	22 ♎	4 ♎	6 ♌	5 ♌	29 ♋
21	27 ♍ 28	10 ♉ 58	11 ♎ 35	11 ♎ 1	10 ♎ 19	12 ♌ 12	20 ♍ 23	15 ♉ 14	14 ♉ 15	25 ♉ 59	25 ♍ 19	3 ♌ 54	23 ♎	5 ♎	7 ♌	5 ♌	29 ♋
22	28 ♍ 27	22 ♉ 54	11 ♎ 32	11 ♎ 2	11 ♎ 56	13 ♌ 16	21 ♍ 1	15 ♉ 11	14 ♉ 13	25 ♉ 58	25 ♍ 22	3 ♌ 55	23 ♎	5 ♎	7 ♌	5 ♌	29 ♋
23	29 ♍ 26	5 ♊ 1	11 ♎ 29	11 ♎ 3	13 ♎ 32	14 ♌ 20	21 ♍ 39	15 ♉ 8	14 ♉ 10	25 ♉ 57	25 ♍ 24	3 ♌ 56	24 ♎	6 ♎	8 ♌	6 ♌	29 ♋
24	0 ♎ 25	17 ♊ 22	11 ♎ 26	11 ♎ 4	15 ♎ 7	15 ♌ 24	22 ♍ 18	15 ♉ 4	14 ♉ 8	25 ♉ 56	25 ♍ 26	3 ♌ 57	24 ♎	6 ♎	8 ♌	6 ♌	29 ♋
25	1 ♎ 23	0 ♋ 1	11 ♎ 22	11 ♎ 4	16 ♎ 42	16 ♌ 29	22 ♍ 56	15 ♉ 0	14 ♉ 5	25 ♉ 55	25 ♍ 28	3 ♌ 58	24 ♎	7 ♎	9 ♌	7 ♌	29 ♋
26	2 ♎ 22	13 ♋ 2	11 ♎ 19	11 R 4	18 ♎ 15	17 ♌ 34	23 ♍ 35	14 ♉ 56	14 ♉ 2	25 ♉ 54	25 ♍ 31	3 ♌ 59	25 ♎	7 ♎	9 ♌	7 ♌	29 ♋
27	3 ♎ 21	26 ♋ 29	11 ♎ 16	11 ♎ 3	19 ♎ 48	18 ♌ 39	24 ♍ 13	14 ♉ 52	13 ♉ 59	25 ♉ 52	25 ♍ 33	4 ♌ 0	25 ♎	8 ♎	10 ♌	7 ♌	29 ♋
28	4 ♎ 20	10 ♌ 22	11 ♎ 13	11 ♎ 3	21 ♎ 19	19 ♌ 44	24 ♍ 52	14 ♉ 48	13 ♉ 56	25 ♉ 51	25 ♍ 35	4 ♌ 1	26 ♎	8 ♎	10 ♌	8 ♌	29 ♋
29	5 ♎ 19	24 ♌ 42	11 ♎ 10	11 ♎ 2	22 ♎ 50	20 ♌ 50	25 ♍ 30	14 ♉ 43	13 ♉ 53	25 ♉ 50	25 ♍ 37	4 ♌ 2	26 ♎	9 ♎	11 ♌	8 ♌	29 ♋
30	6 ♎ 18	9 ♍ 26	11 ♎ 7	11 ♎ 1	24 ♎ 20	21 ♌ 55	26 ♍ 9	14 ♉ 38	13 ♉ 49	25 ♉ 48	25 ♍ 39	4 ♌ 3	27 ♎	9 ♎	11 ♌	8 ♌	29 ♋

SUN INGRESS: ☉ → ♎ 23日 13:46

MOON PHASE: ● 2日 13:15 ♍ ◐ 9日 04:32 ♐ ○ 16日 23:41 ♓ ◑ 25日 02:47 ♋

aspects		
3日	13:21	☿☌♂
3日	14:29	♀⚹♆
4日	21:13	☉☌☿
5日	02:57	♀⚹♅
6日	09:52	☿△♄
6日	22:17	☿△♃
7日	20:23	☉△♄
8日	20:39	☉△♃
11日	22:05	♂△♄
12日	00:23	☿☌♆
12日	15:09	☿△♅
12日	19:40	♀☌♇
13日	10:56	♂△♃
17日	02:09	☿⚹♇
18日	17:07	☉☌♆
19日	11:55	☉△♅
22日	20:30	♀□♄
23日	16:52	♀□♃
24日	13:30	☿⚹♀
27日	16:05	☉⚹♇
29日	04:32	♂☌♆
29日	11:41	♂△♅

1940年10月

DAY	☉	☽	☊ mean	☊ true	☿	♀	♂	♃	♄	♅	♆	♇	⚳	⚴	⚵	⚶	⚷
	° ′	° ′	° ′	° ′	° ′	° ′	° ′	° ′	° ′	° ′	° ′	° ′	°	°	°	°	°
1	7 ♎ 17	24 ♍ 27	11 ♎ 3	11 R 1	25 D 48	23 D 1	26 D 48	14 R 33	13 R 46	25 R 47	25 D 42	4 D 4	27 D	9 D	12 D	9 D	0 D
2	8 ♎ 16	9 ♎ 38	11 ♎ 0	11 ♎ 1	27 ♎ 16	24 ♌ 8	27 ♍ 26	14 ♉ 28	13 ♉ 43	25 ♉ 46	25 ♍ 44	4 ♌ 4	27 ♎	10 ♎	12 ♌	9 ♌	0 ♌
3	9 ♎ 15	24 ♎ 50	10 ♎ 57	11 D 1	28 ♎ 43	25 ♌ 14	28 ♍ 5	14 ♉ 23	13 ♉ 39	25 ♉ 44	25 ♍ 46	4 ♌ 5	28 ♎	10 ♎	12 ♌	10 ♌	0 ♌
4	10 ♎ 14	9 ♏ 52	10 ♎ 54	11 ♎ 1	0 ♏ 9	26 ♌ 21	28 ♍ 43	14 ♉ 17	13 ♉ 36	25 ♉ 43	25 ♍ 48	4 ♌ 6	28 ♎	11 ♎	13 ♌	10 ♌	0 ♌
5	11 ♎ 13	24 ♏ 37	10 ♎ 51	11 R 1	1 ♏ 35	27 ♌ 28	29 ♍ 22	14 ♉ 12	13 ♉ 32	25 ♉ 41	25 ♍ 50	4 ♌ 7	29 ♎	11 ♎	13 ♌	10 ♌	0 ♌
6	12 ♎ 12	8 ♐ 59	10 ♎ 47	11 ♎ 1	2 ♏ 59	28 ♌ 35	0 ♎ 1	14 ♉ 6	13 ♉ 28	25 ♉ 40	25 ♍ 53	4 ♌ 8	29 ♎	12 ♎	14 ♌	11 ♌	0 ♌
7	13 ♎ 12	22 ♐ 55	10 ♎ 44	11 ♎ 1	4 ♏ 22	29 ♌ 42	0 ♎ 39	14 ♉ 0	13 ♉ 25	25 ♉ 38	25 ♍ 55	4 ♌ 9	0 ♏	12 ♎	14 ♌	11 ♌	0 ♌
8	14 ♎ 11	6 ♑ 25	10 ♎ 41	11 ♎ 1	5 ♏ 44	0 ♍ 50	1 ♎ 18	13 ♉ 54	13 ♉ 21	25 ♉ 36	25 ♍ 57	4 ♌ 9	0 ♏	13 ♎	15 ♌	11 ♌	0 ♌
9	15 ♎ 10	19 ♑ 31	10 ♎ 38	11 D 1	7 ♏ 5	1 ♍ 57	1 ♎ 57	13 ♉ 48	13 ♉ 17	25 ♉ 35	25 ♍ 59	4 ♌ 10	0 ♏	13 ♎	15 ♌	12 ♌	0 ♌
10	16 ♎ 9	2 ♒ 14	10 ♎ 35	11 ♎ 1	8 ♏ 25	3 ♍ 5	2 ♎ 35	13 ♉ 42	13 ♉ 13	25 ♉ 33	26 ♍ 1	4 ♌ 11	1 ♏	14 ♎	16 ♌	12 ♌	0 ♌
11	17 ♎ 9	14 ♒ 39	10 ♎ 32	11 ♎ 1	9 ♏ 43	4 ♍ 13	3 ♎ 14	13 ♉ 35	13 ♉ 9	25 ♉ 31	26 ♍ 3	4 ♌ 11	1 ♏	14 ♎	16 ♌	12 ♌	0 ♌
12	18 ♎ 8	26 ♒ 50	10 ♎ 28	11 ♎ 2	11 ♏ 1	5 ♍ 22	3 ♎ 53	13 ♉ 29	13 ♉ 5	25 ♉ 29	26 ♍ 5	4 ♌ 12	2 ♏	14 ♎	16 ♌	13 ♌	0 ♌
13	19 ♎ 7	8 ♓ 50	10 ♎ 25	11 ♎ 3	12 ♏ 17	6 ♍ 30	4 ♎ 31	13 ♉ 22	13 ♉ 1	25 ♉ 27	26 ♍ 7	4 ♌ 13	2 ♏	15 ♎	17 ♌	13 ♌	0 ♌
14	20 ♎ 7	20 ♓ 43	10 ♎ 22	11 ♎ 4	13 ♏ 32	7 ♍ 39	5 ♎ 10	13 ♉ 15	12 ♉ 56	25 ♉ 25	26 ♍ 9	4 ♌ 13	3 ♏	15 ♎	17 ♌	14 ♌	0 ♌
15	21 ♎ 6	2 ♈ 32	10 ♎ 19	11 ♎ 4	14 ♏ 45	8 ♍ 48	5 ♎ 49	13 ♉ 8	12 ♉ 52	25 ♉ 24	26 ♍ 12	4 ♌ 14	3 ♏	16 ♎	18 ♌	14 ♌	0 ♌
16	22 ♎ 6	14 ♈ 20	10 ♎ 16	11 R 4	15 ♏ 56	9 ♍ 57	6 ♎ 28	13 ♉ 1	12 ♉ 48	25 ♉ 22	26 ♍ 14	4 ♌ 14	4 ♏	16 ♎	18 ♌	14 ♌	0 ♌
17	23 ♎ 5	26 ♈ 8	10 ♎ 13	11 ♎ 4	17 ♏ 6	11 ♍ 6	7 ♎ 6	12 ♉ 54	12 ♉ 43	25 ♉ 20	26 ♍ 16	4 ♌ 15	4 ♏	17 ♎	19 ♌	15 ♌	0 ♌
18	24 ♎ 5	8 ♉ 0	10 ♎ 9	11 ♎ 3	18 ♏ 14	12 ♍ 15	7 ♎ 45	12 ♉ 47	12 ♉ 39	25 ♉ 18	26 ♍ 18	4 ♌ 15	4 ♏	17 ♎	19 ♌	15 ♌	0 ♌
19	25 ♎ 4	19 ♉ 57	10 ♎ 6	11 ♎ 1	19 ♏ 20	13 ♍ 25	8 ♎ 24	12 ♉ 39	12 ♉ 34	25 ♉ 16	26 ♍ 20	4 ♌ 16	5 ♏	18 ♎	19 ♌	15 ♌	0 ♌
20	26 ♎ 4	2 ♊ 1	10 ♎ 3	10 ♎ 59	20 ♏ 23	14 ♍ 34	9 ♎ 3	12 ♉ 32	12 ♉ 30	25 ♉ 14	26 ♍ 22	4 ♌ 16	5 ♏	18 ♎	20 ♌	16 ♌	1 ♌
21	27 ♎ 4	14 ♊ 15	10 ♎ 0	10 ♎ 56	21 ♏ 24	15 ♍ 44	9 ♎ 42	12 ♉ 24	12 ♉ 25	25 ♉ 11	26 ♍ 24	4 ♌ 17	6 ♏	19 ♎	20 ♌	16 ♌	1 ♌
22	28 ♎ 3	26 ♊ 41	9 ♎ 57	10 ♎ 54	22 ♏ 22	16 ♍ 54	10 ♎ 21	12 ♉ 16	12 ♉ 21	25 ♉ 9	26 ♍ 26	4 ♌ 17	6 ♏	19 ♎	21 ♌	16 ♌	1 ♌
23	29 ♎ 3	9 ♋ 22	9 ♎ 53	10 ♎ 52	23 ♏ 17	18 ♍ 4	11 ♎ 0	12 ♉ 9	12 ♉ 16	25 ♉ 7	26 ♍ 28	4 ♌ 18	7 ♏	19 ♎	21 ♌	17 ♌	1 ♌
24	0 ♏ 3	22 ♋ 21	9 ♎ 50	10 ♎ 51	24 ♏ 8	19 ♍ 14	11 ♎ 39	12 ♉ 1	12 ♉ 12	25 ♉ 5	26 ♍ 30	4 ♌ 18	7 ♏	20 ♎	21 ♌	17 ♌	1 ♌
25	1 ♏ 3	5 ♌ 40	9 ♎ 47	10 D 51	24 ♏ 56	20 ♍ 25	12 ♎ 17	11 ♉ 53	12 ♉ 7	25 ♉ 3	26 ♍ 31	4 ♌ 18	7 ♏	20 ♎	22 ♌	17 ♌	1 ♌
26	2 ♏ 2	19 ♌ 22	9 ♎ 44	10 ♎ 52	25 ♏ 40	21 ♍ 35	12 ♎ 56	11 ♉ 45	12 ♉ 2	25 ♉ 1	26 ♍ 33	4 ♌ 18	8 ♏	21 ♎	22 ♌	18 ♌	1 ♌
27	3 ♏ 2	3 ♍ 27	9 ♎ 41	10 ♎ 53	26 ♏ 19	22 ♍ 46	13 ♎ 35	11 ♉ 37	11 ♉ 57	24 ♉ 58	26 ♍ 35	4 ♌ 19	8 ♏	21 ♎	23 ♌	18 ♌	1 ♌
28	4 ♏ 2	17 ♍ 55	9 ♎ 38	10 ♎ 55	26 ♏ 53	23 ♍ 57	14 ♎ 14	11 ♉ 29	11 ♉ 53	24 ♉ 56	26 ♍ 37	4 ♌ 19	9 ♏	22 ♎	23 ♌	18 ♌	1 ♌
29	5 ♏ 2	2 ♎ 43	9 ♎ 34	10 ♎ 56	27 ♏ 21	25 ♍ 8	14 ♎ 53	11 ♉ 21	11 ♉ 48	24 ♉ 54	26 ♍ 39	4 ♌ 19	9 ♏	22 ♎	23 ♌	18 ♌	1 ♌
30	6 ♏ 2	17 ♎ 45	9 ♎ 31	10 R 56	27 ♏ 43	26 ♍ 19	15 ♎ 32	11 ♉ 13	11 ♉ 43	24 ♉ 51	26 ♍ 41	4 ♌ 19	10 ♏	23 ♎	24 ♌	19 ♌	1 ♌
31	7 ♏ 2	2 ♏ 53	9 ♎ 28	10 ♎ 54	27 ♏ 58	27 ♍ 30	16 ♎ 12	11 ♉ 5	11 ♉ 38	24 ♉ 49	26 ♍ 43	4 ♌ 20	10 ♏	23 ♎	24 ♌	19 ♌	1 ♌

SUN INGRESS: ☉ → ♏ 23日 22:39

MOON PHASE: ● 1日 21:41 ♎ ◐ 8日 15:18 ♑ ○ 16日 17:15 ♈ ◑ 24日 15:04 ♌ ● 31日 07:03 ♏

aspects		
2日	11:58	♅△♆
3日	10:36	♀□♅
6日	20:08	☿□♇
12日	12:14	♂⚹♇
13日	13:12	☿☍♄
13日	19:05	☿☍♃
18日	07:45	♀△♄
18日	09:50	♀△♃
20日	13:37	♃☌♄
25日	03:14	☿☍♅
27日	11:40	☿⚹♆
28日	06:43	☉□♇
28日	19:29	♀△♅
30日	07:42	♀☌♆
31日	11:08	☿⚹♀

1940年11月

DAY	☉	☽	☊ mean	☊ true	☿	♀	♂	♃	♄	♅	♆	♇	⚳	⚴	⚵	⚶	⚷
	° ′	° ′	° ′	° ′	° ′	° ′	° ′	° ′	° ′	° ′	° ′	° ′	°	°	°	°	°
1	8 ♏ 2	17 ♏ 58	9 ♎ 25	10 R 52	28 D 6	28 D 41	16 D 51	10 R 57	11 R 33	24 R 47	26 D 44	4 D 20	11 D	23 D	24 D	19 D	1 D
2	9 ♏ 2	2 ♐ 51	9 ♎ 22	10 ♎ 48	28 R 5	29 ♍ 52	17 ♎ 30	10 ♉ 49	11 ♉ 29	24 ♉ 44	26 ♍ 46	4 ♌ 20	11 ♏	24 ♎	25 ♌	20 ♌	1 ♌
3	10 ♏ 2	17 ♐ 24	9 ♎ 19	10 ♎ 44	27 ♏ 56	1 ♎ 4	18 ♎ 9	10 ♉ 40	11 ♉ 24	24 ♉ 42	26 ♍ 48	4 ♌ 20	11 ♏	24 ♎	25 ♌	20 ♌	1 ♌
4	11 ♏ 3	1 ♑ 31	9 ♎ 15	10 ♎ 39	27 ♏ 38	2 ♎ 15	18 ♎ 48	10 ♉ 32	11 ♉ 19	24 ♉ 40	26 ♍ 50	4 ♌ 20	12 ♏	25 ♎	25 ♌	20 ♌	1 ♌
5	12 ♏ 3	15 ♑ 10	9 ♎ 12	10 ♎ 36	27 ♏ 10	3 ♎ 27	19 ♎ 27	10 ♉ 24	11 ♉ 14	24 ♉ 37	26 ♍ 51	4 ♌ 20	12 ♏	25 ♎	26 ♌	21 ♌	1 ♌
6	13 ♏ 3	28 ♑ 21	9 ♎ 9	10 ♎ 33	26 ♏ 32	4 ♎ 39	20 ♎ 6	10 ♉ 16	11 ♉ 9	24 ♉ 35	26 ♍ 53	4 R 20	13 ♏	26 ♎	26 ♌	21 ♌	1 ♌
7	14 ♏ 3	11 ♒ 7	9 ♎ 6	10 ♎ 32	25 ♏ 44	5 ♎ 51	20 ♎ 45	10 ♉ 8	11 ♉ 4	24 ♉ 32	26 ♍ 55	4 ♌ 20	13 ♏	26 ♎	27 ♌	21 ♌	1 ♌
8	15 ♏ 3	23 ♒ 31	9 ♎ 3	10 D 32	24 ♏ 48	7 ♎ 3	21 ♎ 25	10 ♉ 0	11 ♉ 0	24 ♉ 30	26 ♍ 56	4 ♌ 20	14 ♏	27 ♎	27 ♌	21 ♌	1 ♌
9	16 ♏ 4	5 ♓ 39	8 ♎ 59	10 ♎ 34	23 ♏ 43	8 ♎ 15	22 ♎ 4	9 ♉ 52	10 ♉ 55	24 ♉ 27	26 ♍ 58	4 ♌ 20	14 ♏	27 ♎	27 ♌	22 ♌	1 ♌
10	17 ♏ 4	17 ♓ 35	8 ♎ 56	10 ♎ 35	22 ♏ 31	9 ♎ 27	22 ♎ 43	9 ♉ 44	10 ♉ 50	24 ♉ 25	26 ♍ 59	4 ♌ 20	14 ♏	27 ♎	28 ♌	22 ♌	1 ♌
11	18 ♏ 4	29 ♓ 24	8 ♎ 53	10 ♎ 37	21 ♏ 14	10 ♎ 39	23 ♎ 22	9 ♉ 36	10 ♉ 45	24 ♉ 22	27 ♍ 1	4 ♌ 19	15 ♏	28 ♎	28 ♌	22 ♌	1 ♌
12	19 ♏ 5	11 ♈ 10	8 ♎ 50	10 R 38	19 ♏ 54	11 ♎ 52	24 ♎ 2	9 ♉ 28	10 ♉ 40	24 ♉ 20	27 ♍ 3	4 ♌ 19	15 ♏	28 ♎	28 ♌	23 ♌	1 ♌
13	20 ♏ 5	22 ♈ 58	8 ♎ 47	10 ♎ 37	18 ♏ 34	13 ♎ 4	24 ♎ 41	9 ♉ 20	10 ♉ 36	24 ♉ 17	27 ♍ 4	4 ♌ 19	16 ♏	29 ♎	29 ♌	23 ♌	1 ♌
14	21 ♏ 5	4 ♉ 51	8 ♎ 44	10 ♎ 34	17 ♏ 17	14 ♎ 17	25 ♎ 20	9 ♉ 12	10 ♉ 31	24 ♉ 15	27 ♍ 6	4 ♌ 19	16 ♏	29 ♎	29 ♌	23 ♌	1 R
15	22 ♏ 6	16 ♉ 50	8 ♎ 40	10 ♎ 29	16 ♏ 4	15 ♎ 29	25 ♎ 59	9 ♉ 4	10 ♉ 26	24 ♉ 12	27 ♍ 7	4 ♌ 19	17 ♏	0 ♏	29 ♌	23 ♌	1 ♌
16	23 ♏ 6	28 ♉ 58	8 ♎ 37	10 ♎ 22	14 ♏ 58	16 ♎ 42	26 ♎ 39	8 ♉ 56	10 ♉ 21	24 ♉ 10	27 ♍ 8	4 ♌ 18	17 ♏	0 ♏	29 ♌	24 ♌	1 ♌
17	24 ♏ 7	11 ♊ 16	8 ♎ 34	10 ♎ 14	14 ♏ 1	17 ♎ 55	27 ♎ 18	8 ♉ 49	10 ♉ 17	24 ♉ 7	27 ♍ 10	4 ♌ 18	18 ♏	1 ♏	0 ♍	24 ♌	1 ♌
18	25 ♏ 7	23 ♊ 45	8 ♎ 31	10 ♎ 6	13 ♏ 14	19 ♎ 8	27 ♎ 58	8 ♉ 41	10 ♉ 12	24 ♉ 5	27 ♍ 11	4 ♌ 18	18 ♏	1 ♏	0 ♍	24 ♌	1 ♌
19	26 ♏ 8	6 ♋ 25	8 ♎ 28	9 ♎ 58	12 ♏ 39	20 ♎ 21	28 ♎ 37	8 ♉ 34	10 ♉ 8	24 ♉ 2	27 ♍ 13	4 ♌ 17	18 ♏	1 ♏	0 ♍	24 ♌	1 ♌
20	27 ♏ 8	19 ♋ 18	8 ♎ 25	9 ♎ 50	12 ♏ 16	21 ♎ 34	29 ♎ 16	8 ♉ 26	10 ♉ 3	24 ♉ 0	27 ♍ 14	4 ♌ 17	19 ♏	2 ♏	1 ♍	24 ♌	1 ♌
21	28 ♏ 9	2 ♌ 23	8 ♎ 21	9 ♎ 45	12 ♏ 4	22 ♎ 47	29 ♎ 56	8 ♉ 19	9 ♉ 59	23 ♉ 57	27 ♍ 15	4 ♌ 17	19 ♏	2 ♏	1 ♍	25 ♌	1 ♌
22	29 ♏ 9	15 ♌ 43	8 ♎ 18	9 ♎ 42	12 D 3	24 ♎ 0	0 ♏ 35	8 ♉ 12	9 ♉ 54	23 ♉ 55	27 ♍ 17	4 ♌ 16	20 ♏	3 ♏	1 ♍	25 ♌	1 ♌
23	0 ♐ 10	29 ♌ 19	8 ♎ 15	9 ♎ 41	12 ♏ 14	25 ♎ 13	1 ♏ 15	8 ♉ 5	9 ♉ 50	23 ♉ 52	27 ♍ 18	4 ♌ 16	20 ♏	3 ♏	1 ♍	25 ♌	1 ♌
24	1 ♐ 11	13 ♍ 12	8 ♎ 12	9 D 42	12 ♏ 34	26 ♎ 27	1 ♏ 54	7 ♉ 58	9 ♉ 46	23 ♉ 50	27 ♍ 19	4 ♌ 15	21 ♏	4 ♏	2 ♍	25 ♌	1 ♌
25	2 ♐ 11	27 ♍ 22	8 ♎ 9	9 ♎ 43	13 ♏ 3	27 ♎ 40	2 ♏ 34	7 ♉ 51	9 ♉ 41	23 ♉ 47	27 ♍ 20	4 ♌ 15	21 ♏	4 ♏	2 ♍	26 ♌	1 ♌
26	3 ♐ 12	11 ♎ 48	8 ♎ 5	9 R 43	13 ♏ 40	28 ♎ 54	3 ♏ 13	7 ♉ 45	9 ♉ 37	23 ♉ 45	27 ♍ 21	4 ♌ 14	21 ♏	4 ♏	2 ♍	26 ♌	1 ♌
27	4 ♐ 13	26 ♎ 28	8 ♎ 2	9 ♎ 42	14 ♏ 24	0 ♏ 7	3 ♏ 53	7 ♉ 38	9 ♉ 33	23 ♉ 43	27 ♍ 22	4 ♌ 14	22 ♏	5 ♏	2 ♍	26 ♌	1 ♌
28	5 ♐ 14	11 ♏ 16	7 ♎ 59	9 ♎ 39	15 ♏ 15	1 ♏ 21	4 ♏ 32	7 ♉ 32	9 ♉ 29	23 ♉ 40	27 ♍ 24	4 ♌ 13	22 ♏	5 ♏	3 ♍	26 ♌	1 ♌
29	6 ♐ 14	26 ♏ 6	7 ♎ 56	9 ♎ 32	16 ♏ 12	2 ♏ 34	5 ♏ 12	7 ♉ 26	9 ♉ 25	23 ♉ 38	27 ♍ 25	4 ♌ 13	23 ♏	6 ♏	3 ♍	26 ♌	1 ♌
30	7 ♐ 15	10 ♐ 50	7 ♎ 53	9 ♎ 24	17 ♏ 13	3 ♏ 48	5 ♏ 52	7 ♉ 19	9 ♉ 21	23 ♉ 35	27 ♍ 26	4 ♌ 12	23 ♏	6 ♏	3 ♍	27 ♌	1 ♌

SUN INGRESS	☉ → ♐ 22日 19:49
MOON PHASE	◐ 7日 06:08 ♒　○ 15日 11:23 ♉　◑ 23日 01:36 ♍　● 29日 17:42 ♐

aspects		
3日	13:19	☉☍♃
4日	06:01	☉☍♄
5日	11:55	☿⚹♆
5日	17:38	♀⚹♇
8日	07:15	☿☍♅
12日	08:31	☉☌☿
17日	00:17	☉☍♅
20日	02:19	☉⚹♆
27日	00:21	☉△♇
27日	12:30	♂□♇
30日	07:46	♀□♇

1940年12月

DAY	☉	☽	☊ mean	☊ true	☿	♀	♂	♃	♄	♅	♆	♇	⚳	⚴	⚵	⚶	⚷
	° ′	° ′	° ′	° ′	° ′	° ′	° ′	° ′	° ′	° ′	° ′	° ′	°	°	°	°	°
1	8 ♐ 16	25 ♐ 20	7 ♎ 50	9 R 14	18 D 19	5 D 2	6 D 31	7 R 13	9 R 17	23 R 33	27 D 27	4 R 11	24 D	7 D	3 D	27 D	1 R
2	9 ♐ 17	9 ♑ 28	7 ♎ 46	9 ♎ 4	19 ♏ 28	6 ♏ 16	7 ♏ 11	7 ♉ 8	9 ♉ 13	23 ♉ 30	27 ♍ 28	4 ♌ 11	24 ♏	7 ♏	4 ♍	27 ♌	1 ♌
3	10 ♐ 18	23 ♑ 11	7 ♎ 43	8 ♎ 55	20 ♏ 41	7 ♏ 29	7 ♏ 51	7 ♉ 2	9 ♉ 9	23 ♉ 28	27 ♍ 29	4 ♌ 10	24 ♏	7 ♏	4 ♍	27 ♌	1 ♌
4	11 ♐ 19	6 ♒ 27	7 ♎ 40	8 ♎ 47	21 ♏ 56	8 ♏ 43	8 ♏ 30	6 ♉ 57	9 ♉ 5	23 ♉ 26	27 ♍ 29	4 ♌ 9	25 ♏	8 ♏	4 ♍	27 ♌	1 ♌
5	12 ♐ 20	19 ♒ 17	7 ♎ 37	8 ♎ 42	23 ♏ 14	9 ♏ 57	9 ♏ 10	6 ♉ 51	9 ♉ 2	23 ♉ 23	27 ♍ 30	4 ♌ 9	25 ♏	8 ♏	4 ♍	27 ♌	1 ♌
6	13 ♐ 21	1 ♓ 45	7 ♎ 34	8 ♎ 40	24 ♏ 34	11 ♏ 11	9 ♏ 50	6 ♉ 46	8 ♉ 58	23 ♉ 21	27 ♍ 31	4 ♌ 8	26 ♏	9 ♏	4 ♍	28 ♌	1 ♌
7	14 ♐ 22	13 ♓ 54	7 ♎ 30	8 ♎ 39	25 ♏ 55	12 ♏ 25	10 ♏ 30	6 ♉ 41	8 ♉ 55	23 ♉ 19	27 ♍ 32	4 ♌ 7	26 ♏	9 ♏	5 ♍	28 ♌	1 ♌
8	15 ♐ 22	25 ♓ 50	7 ♎ 27	8 D 39	27 ♏ 18	13 ♏ 39	11 ♏ 9	6 ♉ 36	8 ♉ 51	23 ♉ 17	27 ♍ 33	4 ♌ 6	27 ♏	10 ♏	5 ♍	28 ♌	1 ♌
9	16 ♐ 23	7 ♈ 39	7 ♎ 24	8 ♎ 40	28 ♏ 42	14 ♏ 53	11 ♏ 49	6 ♉ 32	8 ♉ 48	23 ♉ 14	27 ♍ 34	4 ♌ 5	27 ♏	10 ♏	5 ♍	28 ♌	0 ♌
10	17 ♐ 24	19 ♈ 25	7 ♎ 21	8 R 39	0 ♐ 8	16 ♏ 7	12 ♏ 29	6 ♉ 27	8 ♉ 45	23 ♉ 12	27 ♍ 34	4 ♌ 5	27 ♏	10 ♏	5 ♍	28 ♌	0 ♌
11	18 ♐ 25	1 ♉ 15	7 ♎ 18	8 ♎ 36	1 ♐ 34	17 ♏ 22	13 ♏ 9	6 ♉ 23	8 ♉ 42	23 ♉ 10	27 ♍ 35	4 ♌ 4	28 ♏	11 ♏	5 ♍	28 ♌	0 ♌
12	19 ♐ 26	13 ♉ 12	7 ♎ 15	8 ♎ 31	3 ♐ 1	18 ♏ 36	13 ♏ 49	6 ♉ 19	8 ♉ 38	23 ♉ 8	27 ♍ 36	4 ♌ 3	28 ♏	11 ♏	5 ♍	28 ♌	0 ♌
13	20 ♐ 27	25 ♉ 20	7 ♎ 11	8 ♎ 23	4 ♐ 29	19 ♏ 50	14 ♏ 29	6 ♉ 15	8 ♉ 35	23 ♉ 5	27 ♍ 36	4 ♌ 2	29 ♏	12 ♏	6 ♍	28 ♌	0 ♌
14	21 ♐ 28	7 ♊ 40	7 ♎ 8	8 ♎ 13	5 ♐ 57	21 ♏ 4	15 ♏ 9	6 ♉ 12	8 ♉ 33	23 ♉ 3	27 ♍ 37	4 ♌ 1	29 ♏	12 ♏	6 ♍	29 ♌	0 ♌
15	22 ♐ 29	20 ♊ 14	7 ♎ 5	8 ♎ 0	7 ♐ 26	22 ♏ 19	15 ♏ 48	6 ♉ 8	8 ♉ 30	23 ♉ 1	27 ♍ 37	4 ♌ 0	0 ♐	12 ♏	6 ♍	29 ♌	0 ♌
16	23 ♐ 30	3 ♋ 2	7 ♎ 2	7 ♎ 47	8 ♐ 55	23 ♏ 33	16 ♏ 28	6 ♉ 5	8 ♉ 27	22 ♉ 59	27 ♍ 38	3 ♌ 59	0 ♐	13 ♏	6 ♍	29 ♌	0 ♌
17	24 ♐ 31	16 ♋ 4	6 ♎ 59	7 ♎ 34	10 ♐ 25	24 ♏ 47	17 ♏ 8	6 ♉ 2	8 ♉ 24	22 ♉ 57	27 ♍ 38	3 ♌ 58	0 ♐	13 ♏	6 ♍	29 ♌	0 ♌
18	25 ♐ 32	29 ♋ 17	6 ♎ 56	7 ♎ 22	11 ♐ 56	26 ♏ 2	17 ♏ 48	5 ♉ 59	8 ♉ 22	22 ♉ 55	27 ♍ 39	3 ♌ 57	1 ♐	14 ♏	6 ♍	29 ♌	0 ♌
19	26 ♐ 34	12 ♌ 41	6 ♎ 52	7 ♎ 13	13 ♐ 26	27 ♏ 16	18 ♏ 28	5 ♉ 56	8 ♉ 20	22 ♉ 53	27 ♍ 39	3 ♌ 56	1 ♐	14 ♏	6 ♍	29 ♌	0 ♌
20	27 ♐ 35	26 ♌ 15	6 ♎ 49	7 ♎ 7	14 ♐ 57	28 ♏ 31	19 ♏ 8	5 ♉ 54	8 ♉ 17	22 ♉ 51	27 ♍ 40	3 ♌ 55	2 ♐	14 ♏	6 ♍	29 ♌	0 ♌
21	28 ♐ 36	9 ♍ 57	6 ♎ 46	7 ♎ 4	16 ♐ 28	29 ♏ 45	19 ♏ 48	5 ♉ 51	8 ♉ 15	22 ♉ 49	27 ♍ 40	3 ♌ 54	2 ♐	15 ♏	7 ♍	29 ♌	0 ♌
22	29 ♐ 37	23 ♍ 49	6 ♎ 43	7 ♎ 3	18 ♐ 0	1 ♐ 0	20 ♏ 28	5 ♉ 49	8 ♉ 13	22 ♉ 47	27 ♍ 40	3 ♌ 53	2 ♐	15 ♏	7 ♍	29 ♌	0 ♌
23	0 ♑ 38	7 ♎ 49	6 ♎ 40	7 ♎ 3	19 ♐ 31	2 ♐ 14	21 ♏ 9	5 ♉ 48	8 ♉ 11	22 ♉ 46	27 ♍ 40	3 ♌ 52	3 ♐	16 ♏	7 ♍	29 ♌	0 ♌
24	1 ♑ 39	21 ♎ 58	6 ♎ 36	7 ♎ 3	21 ♐ 3	3 ♐ 29	21 ♏ 49	5 ♉ 46	8 ♉ 9	22 ♉ 44	27 ♍ 41	3 ♌ 51	3 ♐	16 ♏	7 ♍	29 ♌	0 ♌
25	2 ♑ 40	6 ♏ 15	6 ♎ 33	7 ♎ 0	22 ♐ 35	4 ♐ 44	22 ♏ 29	5 ♉ 44	8 ♉ 7	22 ♉ 42	27 ♍ 41	3 ♌ 50	4 ♐	16 ♏	7 ♍	29 ♌	0 ♌
26	3 ♑ 41	20 ♏ 38	6 ♎ 30	6 ♎ 55	24 ♐ 8	5 ♐ 58	23 ♏ 9	5 ♉ 43	8 ♉ 6	22 ♉ 40	27 ♍ 41	3 ♌ 49	4 ♐	17 ♏	7 ♍	29 ♌	0 ♌
27	4 ♑ 43	5 ♐ 2	6 ♎ 27	6 ♎ 47	25 ♐ 41	7 ♐ 13	23 ♏ 49	5 ♉ 42	8 ♉ 4	22 ♉ 39	27 ♍ 41	3 ♌ 47	4 ♐	17 ♏	7 ♍	29 ♌	0 ♌
28	5 ♑ 44	19 ♐ 22	6 ♎ 24	6 ♎ 37	27 ♐ 14	8 ♐ 28	24 ♏ 29	5 ♉ 41	8 ♉ 2	22 ♉ 37	27 ♍ 41	3 ♌ 46	5 ♐	18 ♏	7 ♍	29 ♌	29 ♋
29	6 ♑ 45	3 ♑ 32	6 ♎ 21	6 ♎ 24	28 ♐ 47	9 ♐ 42	25 ♏ 10	5 ♉ 41	8 ♉ 1	22 ♉ 35	27 ♍ 41	3 ♌ 45	5 ♐	18 ♏	7 ♍	29 R	29 ♋
30	7 ♑ 46	17 ♑ 27	6 ♎ 17	6 ♎ 11	0 ♑ 21	10 ♐ 57	25 ♏ 50	5 ♉ 40	8 ♉ 0	22 ♉ 34	27 ♍ 41	3 ♌ 44	6 ♐	18 ♏	7 ♍	29 ♌	29 ♋
31	8 ♑ 47	1 ♒ 2	6 ♎ 14	5 ♎ 59	1 ♑ 55	12 ♐ 12	26 ♏ 30	5 ♉ 40	7 ♉ 59	22 ♉ 32	27 R 41	3 ♌ 43	6 ♐	19 ♏	7 ♍	29 ♌	29 ♋

SUN INGRESS	☉ → ♑ 22日 08:55
MOON PHASE	◐ 7日 01:01 ♓　○ 15日 04:38 ♊　◑ 22日 10:45 ♎　● 29日 05:56 ♑

aspects		
1日	22:13	♂☍♃
2日	15:46	♀☍♃
3日	15:03	♀☌♂
4日	06:50	♀☍♄
4日	19:18	♂☍♄
5日	02:48	☿☍♅
8日	04:16	☿⚹♆
12日	16:47	☿△♇
15日	13:24	♀☍♅
19日	07:26	♀⚹♆
20日	01:56	☉□♆
24日	06:57	♀△♇
25日	07:36	♂☍♅
27日	23:05	☉△♃
28日	07:06	☿□♆
30日	05:18	☉△♄

1941年1月

DAY	☉	☽	☊ mean	☊ true	☿	♀	♂	♃	♄	♅	♆	♇	⚳	⚴	⚵	⚶	⚷
	° ′	° ′	° ′	° ′	° ′	° ′	° ′	° ′	° ′	° ′	° ′	° ′	°	°	°	°	°
1	9 ♑ 48	14 ♒ 14	6 ♎ 11	5 R 48	3 D 29	13 D 26	27 D 10	5 D 40	7 R 58	22 R 31	27 R 41	3 R 41	7 D	19 D	7 D	29 R	29 R
2	10 ♑ 50	27 ♒ 4	6 ♎ 8	5 ♎ 40	5 ♑ 3	14 ♐ 41	27 ♏ 51	5 ♉ 40	7 ♉ 57	22 ♉ 29	27 ♍ 41	3 ♌ 40	7 ♐	20 ♏	7 R	29 ♌	29 ♋
3	11 ♑ 51	9 ♓ 32	6 ♎ 5	5 ♎ 36	6 ♑ 38	15 ♐ 56	28 ♏ 31	5 ♉ 41	7 ♉ 56	22 ♉ 28	27 ♍ 41	3 ♌ 39	7 ♐	20 ♏	7 ♍	29 ♌	29 ♋
4	12 ♑ 52	21 ♓ 43	6 ♎ 2	5 ♎ 33	8 ♑ 13	17 ♐ 11	29 ♏ 11	5 ♉ 41	7 ♉ 55	22 ♉ 27	27 ♍ 41	3 ♌ 38	8 ♐	20 ♏	7 ♍	29 ♌	29 ♋
5	13 ♑ 53	3 ♈ 41	5 ♎ 58	5 ♎ 33	9 ♑ 49	18 ♐ 26	29 ♏ 52	5 ♉ 42	7 ♉ 54	22 ♉ 25	27 ♍ 41	3 ♌ 37	8 ♐	21 ♏	7 ♍	29 ♌	29 ♋
6	14 ♑ 54	15 ♈ 30	5 ♎ 55	5 ♎ 33	11 ♑ 24	19 ♐ 40	0 ♐ 32	5 ♉ 43	7 ♉ 54	22 ♉ 24	27 ♍ 41	3 ♌ 35	9 ♐	21 ♏	7 ♍	29 ♌	29 ♋
7	15 ♑ 55	27 ♈ 18	5 ♎ 52	5 ♎ 32	13 ♑ 1	20 ♐ 55	1 ♐ 12	5 ♉ 45	7 ♉ 54	22 ♉ 23	27 ♍ 40	3 ♌ 34	9 ♐	22 ♏	7 ♍	29 ♌	29 ♋
8	16 ♑ 57	9 ♉ 9	5 ♎ 49	5 ♎ 30	14 ♑ 37	22 ♐ 10	1 ♐ 53	5 ♉ 46	7 ♉ 53	22 ♉ 22	27 ♍ 40	3 ♌ 33	9 ♐	22 ♏	7 ♍	29 ♌	29 ♋
9	17 ♑ 58	21 ♉ 8	5 ♎ 46	5 ♎ 26	16 ♑ 14	23 ♐ 25	2 ♐ 33	5 ♉ 48	7 ♉ 53	22 ♉ 21	27 ♍ 40	3 ♌ 31	10 ♐	22 ♏	7 ♍	29 ♌	29 ♋
10	18 ♑ 59	3 ♊ 21	5 ♎ 42	5 ♎ 18	17 ♑ 52	24 ♐ 40	3 ♐ 14	5 ♉ 50	7 D 53	22 ♉ 20	27 ♍ 39	3 ♌ 30	10 ♐	23 ♏	7 ♍	29 ♌	29 ♋
11	20 ♑ 0	15 ♊ 50	5 ♎ 39	5 ♎ 9	19 ♑ 30	25 ♐ 55	3 ♐ 54	5 ♉ 52	7 ♉ 53	22 ♉ 19	27 ♍ 39	3 ♌ 29	11 ♐	23 ♏	7 ♍	29 ♌	29 ♋
12	21 ♑ 1	28 ♊ 37	5 ♎ 36	4 ♎ 57	21 ♑ 8	27 ♐ 9	4 ♐ 34	5 ♉ 54	7 ♉ 53	22 ♉ 18	27 ♍ 39	3 ♌ 27	11 ♐	23 ♏	7 ♍	29 ♌	28 ♋
13	22 ♑ 2	11 ♋ 43	5 ♎ 33	4 ♎ 44	22 ♑ 47	28 ♐ 24	5 ♐ 15	5 ♉ 56	7 ♉ 54	22 ♉ 17	27 ♍ 38	3 ♌ 26	11 ♐	24 ♏	7 ♍	28 ♌	28 ♋
14	23 ♑ 3	25 ♋ 6	5 ♎ 30	4 ♎ 32	24 ♑ 27	29 ♐ 39	5 ♐ 55	5 ♉ 59	7 ♉ 54	22 ♉ 16	27 ♍ 38	3 ♌ 25	12 ♐	24 ♏	6 ♍	28 ♌	28 ♋
15	24 ♑ 4	8 ♌ 44	5 ♎ 27	4 ♎ 21	26 ♑ 6	0 ♑ 54	6 ♐ 36	6 ♉ 2	7 ♉ 55	22 ♉ 15	27 ♍ 37	3 ♌ 23	12 ♐	24 ♏	6 ♍	28 ♌	28 ♋
16	25 ♑ 5	22 ♌ 35	5 ♎ 23	4 ♎ 12	27 ♑ 47	2 ♑ 9	7 ♐ 17	6 ♉ 5	7 ♉ 55	22 ♉ 14	27 ♍ 37	3 ♌ 22	12 ♐	25 ♏	6 ♍	28 ♌	28 ♋
17	26 ♑ 7	6 ♍ 33	5 ♎ 20	4 ♎ 6	29 ♑ 27	3 ♑ 24	7 ♐ 57	6 ♉ 8	7 ♉ 56	22 ♉ 13	27 ♍ 36	3 ♌ 21	13 ♐	25 ♏	6 ♍	28 ♌	28 ♋
18	27 ♑ 8	20 ♍ 36	5 ♎ 17	4 ♎ 3	1 ♒ 9	4 ♑ 39	8 ♐ 38	6 ♉ 12	7 ♉ 57	22 ♉ 13	27 ♍ 35	3 ♌ 19	13 ♐	26 ♏	6 ♍	28 ♌	28 ♋
19	28 ♑ 9	4 ♎ 42	5 ♎ 14	4 D 2	2 ♒ 50	5 ♑ 54	9 ♐ 18	6 ♉ 16	7 ♉ 58	22 ♉ 12	27 ♍ 35	3 ♌ 18	14 ♐	26 ♏	6 ♍	28 ♌	28 ♋
20	29 ♑ 10	18 ♎ 48	5 ♎ 11	4 ♎ 3	4 ♒ 33	7 ♑ 9	9 ♐ 59	6 ♉ 19	7 ♉ 59	22 ♉ 11	27 ♍ 34	3 ♌ 17	14 ♐	26 ♏	6 ♍	27 ♌	28 ♋
21	0 ♒ 11	2 ♏ 53	5 ♎ 8	4 R 3	6 ♒ 15	8 ♑ 24	10 ♐ 40	6 ♉ 23	8 ♉ 0	22 ♉ 11	27 ♍ 33	3 ♌ 15	14 ♐	27 ♏	6 ♍	27 ♌	28 ♋
22	1 ♒ 12	16 ♏ 58	5 ♎ 4	4 ♎ 2	7 ♒ 58	9 ♑ 39	11 ♐ 20	6 ♉ 28	8 ♉ 1	22 ♉ 10	27 ♍ 33	3 ♌ 14	15 ♐	27 ♏	5 ♍	27 ♌	28 ♋
23	2 ♒ 13	1 ♐ 0	5 ♎ 1	3 ♎ 59	9 ♒ 42	10 ♑ 54	12 ♐ 1	6 ♉ 32	8 ♉ 3	22 ♉ 10	27 ♍ 32	3 ♌ 13	15 ♐	27 ♏	5 ♍	27 ♌	28 ♋
24	3 ♒ 14	14 ♐ 58	4 ♎ 58	3 ♎ 53	11 ♒ 25	12 ♑ 9	12 ♐ 42	6 ♉ 37	8 ♉ 4	22 ♉ 10	27 ♍ 31	3 ♌ 11	15 ♐	28 ♏	5 ♍	27 ♌	28 ♋
25	4 ♒ 15	28 ♐ 50	4 ♎ 55	3 ♎ 44	13 ♒ 9	13 ♑ 24	13 ♐ 22	6 ♉ 41	8 ♉ 6	22 ♉ 9	27 ♍ 30	3 ♌ 10	16 ♐	28 ♏	5 ♍	26 ♌	28 ♋
26	5 ♒ 16	12 ♑ 33	4 ♎ 52	3 ♎ 34	14 ♒ 53	14 ♑ 39	14 ♐ 3	6 ♉ 46	8 ♉ 8	22 ♉ 9	27 ♍ 30	3 ♌ 9	16 ♐	28 ♏	5 ♍	26 ♌	27 ♋
27	6 ♒ 17	26 ♑ 3	4 ♎ 48	3 ♎ 24	16 ♒ 37	15 ♑ 54	14 ♐ 44	6 ♉ 52	8 ♉ 9	22 ♉ 9	27 ♍ 29	3 ♌ 7	17 ♐	29 ♏	4 ♍	26 ♌	27 ♋
28	7 ♒ 18	9 ♒ 18	4 ♎ 45	3 ♎ 14	18 ♒ 21	17 ♑ 9	15 ♐ 25	6 ♉ 57	8 ♉ 11	22 ♉ 9	27 ♍ 28	3 ♌ 6	17 ♐	29 ♏	4 ♍	26 ♌	27 ♋
29	8 ♒ 19	22 ♒ 16	4 ♎ 42	3 ♎ 5	20 ♒ 5	18 ♑ 24	16 ♐ 6	7 ♉ 2	8 ♉ 13	22 ♉ 9	27 ♍ 27	3 ♌ 5	17 ♐	29 ♏	4 ♍	26 ♌	27 ♋
30	9 ♒ 20	4 ♓ 56	4 ♎ 39	2 ♎ 59	21 ♒ 48	19 ♑ 38	16 ♐ 46	7 ♉ 8	8 ♉ 16	22 ♉ 9	27 ♍ 26	3 ♌ 3	18 ♐	0 ♐	4 ♍	25 ♌	27 ♋
31	10 ♒ 21	17 ♓ 20	4 ♎ 36	2 ♎ 55	23 ♒ 30	20 ♑ 53	17 ♐ 27	7 ♉ 14	8 ♉ 18	22 D 9	27 ♍ 25	3 ♌ 2	18 ♐	0 ♐	4 ♍	25 ♌	27 ♋

SUN INGRESS	☉ → ♒ 20日 19:34
MOON PHASE	◐ 5日 22:40 ♈　○ 13日 20:04 ♋　◑ 20日 19:01 ♎　● 27日 20:03 ♒

aspects		
1日	18:26	♂⚹♆
2日	09:28	☿△♃
3日	19:30	☿△♄
10日	09:30	♂△♇
11日	19:20	☉☌☿
12日	09:18	♀□♆
12日	16:39	☿△♅
13日	05:36	☉△♅
15日	21:37	☿△♆
18日	10:51	☉△♆
19日	06:25	☿☍♇
19日	07:19	♀△♃
20日	16:18	♀△♄
21日	01:59	☿□♃
22日	00:43	☿□♄
23日	22:59	☉☍♇
25日	05:04	☿⚹♂
27日	14:55	☉□♃
28日	21:46	☉□♄
30日	04:52	☿□♅

1941年2月

DAY	☉	☽	☊ mean	☊ true	☿	♀	♂	♃	♄	♅	♆	♇	⚳	⚴	⚵	⚶	⚷
	° ′	° ′	° ′	° ′	° ′	° ′	° ′	° ′	° ′	° ′	° ′	° ′	°	°	°	°	°
1	11 ♒ 22	29 ♓ 28	4 ♎ 33	2 R 54	25 D 12	22 D 8	18 D 8	7 D 20	8 D 20	22 D 9	27 R 24	3 R 0	18 D	0 D	3 R	25 R	27 R
2	12 ♒ 23	11 ♈ 26	4 ♎ 29	2 D 54	26 ♒ 52	23 ♑ 23	18 ♐ 49	7 ♉ 26	8 ♉ 23	22 ♉ 9	27 ♍ 23	2 ♌ 59	19 ♐	1 ♐	3 ♍	25 ♌	27 ♋
3	13 ♒ 24	23 ♈ 16	4 ♎ 26	2 ♎ 55	28 ♒ 30	24 ♑ 38	19 ♐ 30	7 ♉ 33	8 ♉ 25	22 ♉ 9	27 ♍ 22	2 ♌ 58	19 ♐	1 ♐	3 ♍	24 ♌	27 ♋
4	14 ♒ 24	5 ♉ 4	4 ♎ 23	2 ♎ 57	0 ♓ 7	25 ♑ 53	20 ♐ 11	7 ♉ 39	8 ♉ 28	22 ♉ 9	27 ♍ 21	2 ♌ 56	19 ♐	1 ♐	3 ♍	24 ♌	27 ♋
5	15 ♒ 25	16 ♉ 55	4 ♎ 20	2 R 57	1 ♓ 41	27 ♑ 8	20 ♐ 52	7 ♉ 46	8 ♉ 31	22 ♉ 9	27 ♍ 20	2 ♌ 55	20 ♐	2 ♐	2 ♍	24 ♌	27 ♋
6	16 ♒ 26	28 ♉ 54	4 ♎ 17	2 ♎ 56	3 ♓ 12	28 ♑ 23	21 ♐ 32	7 ♉ 53	8 ♉ 34	22 ♉ 10	27 ♍ 18	2 ♌ 54	20 ♐	2 ♐	2 ♍	24 ♌	27 ♋
7	17 ♒ 27	11 ♊ 7	4 ♎ 14	2 ♎ 53	4 ♓ 39	29 ♑ 38	22 ♐ 13	8 ♉ 0	8 ♉ 37	22 ♉ 10	27 ♍ 17	2 ♌ 52	21 ♐	2 ♐	2 ♍	23 ♌	27 ♋
8	18 ♒ 28	23 ♊ 38	4 ♎ 10	2 ♎ 48	6 ♓ 2	0 ♒ 53	22 ♐ 54	8 ♉ 7	8 ♉ 40	22 ♉ 10	27 ♍ 16	2 ♌ 51	21 ♐	2 ♐	2 ♍	23 ♌	27 ♋
9	19 ♒ 28	6 ♋ 30	4 ♎ 7	2 ♎ 42	7 ♓ 20	2 ♒ 8	23 ♐ 35	8 ♉ 14	8 ♉ 43	22 ♉ 11	27 ♍ 15	2 ♌ 50	21 ♐	3 ♐	1 ♍	23 ♌	26 ♋
10	20 ♒ 29	19 ♋ 44	4 ♎ 4	2 ♎ 35	8 ♓ 33	3 ♒ 23	24 ♐ 16	8 ♉ 22	8 ♉ 46	22 ♉ 11	27 ♍ 14	2 ♌ 49	22 ♐	3 ♐	1 ♍	23 ♌	26 ♋
11	21 ♒ 30	3 ♌ 22	4 ♎ 1	2 ♎ 27	9 ♓ 39	4 ♒ 38	24 ♐ 57	8 ♉ 29	8 ♉ 50	22 ♉ 12	27 ♍ 12	2 ♌ 47	22 ♐	3 ♐	1 ♍	22 ♌	26 ♋
12	22 ♒ 30	17 ♌ 20	3 ♎ 58	2 ♎ 21	10 ♓ 38	5 ♒ 53	25 ♐ 38	8 ♉ 37	8 ♉ 53	22 ♉ 13	27 ♍ 11	2 ♌ 46	22 ♐	4 ♐	1 ♍	22 ♌	26 ♋
13	23 ♒ 31	1 ♍ 34	3 ♎ 54	2 ♎ 16	11 ♓ 29	7 ♒ 8	26 ♐ 19	8 ♉ 45	8 ♉ 57	22 ♉ 13	27 ♍ 10	2 ♌ 45	23 ♐	4 ♐	0 ♍	22 ♌	26 ♋
14	24 ♒ 32	16 ♍ 0	3 ♎ 51	2 ♎ 13	12 ♓ 12	8 ♒ 23	27 ♐ 0	8 ♉ 53	9 ♉ 1	22 ♉ 14	27 ♍ 8	2 ♌ 44	23 ♐	4 ♐	0 ♍	22 ♌	26 ♋
15	25 ♒ 32	0 ♎ 31	3 ♎ 48	2 ♎ 12	12 ♓ 45	9 ♒ 38	27 ♐ 42	9 ♉ 1	9 ♉ 4	22 ♉ 15	27 ♍ 7	2 ♌ 42	23 ♐	4 ♐	0 ♍	21 ♌	26 ♋
16	26 ♒ 33	15 ♎ 2	3 ♎ 45	2 D 12	13 ♓ 9	10 ♒ 53	28 ♐ 23	9 ♉ 10	9 ♉ 8	22 ♉ 16	27 ♍ 6	2 ♌ 41	24 ♐	5 ♐	0 ♍	21 ♌	26 ♋
17	27 ♒ 33	29 ♎ 28	3 ♎ 42	2 ♎ 14	13 ♓ 23	12 ♒ 8	29 ♐ 4	9 ♉ 18	9 ♉ 12	22 ♉ 17	27 ♍ 4	2 ♌ 40	24 ♐	5 ♐	29 ♌	21 ♌	26 ♋
18	28 ♒ 34	13 ♏ 46	3 ♎ 39	2 ♎ 15	13 R 26	13 ♒ 22	29 ♐ 45	9 ♉ 27	9 ♉ 16	22 ♉ 18	27 ♍ 3	2 ♌ 39	24 ♐	5 ♐	29 ♌	20 ♌	26 ♋
19	29 ♒ 34	27 ♏ 53	3 ♎ 35	2 ♎ 16	13 ♓ 19	14 ♒ 37	0 ♑ 26	9 ♉ 36	9 ♉ 20	22 ♉ 19	27 ♍ 1	2 ♌ 37	25 ♐	5 ♐	29 ♌	20 ♌	26 ♋
20	0 ♓ 35	11 ♐ 48	3 ♎ 32	2 R 16	13 ♓ 2	15 ♒ 52	1 ♑ 7	9 ♉ 45	9 ♉ 25	22 ♉ 20	27 ♍ 0	2 ♌ 36	25 ♐	6 ♐	29 ♌	20 ♌	26 ♋
21	1 ♓ 35	25 ♐ 32	3 ♎ 29	2 ♎ 14	12 ♓ 35	17 ♒ 7	1 ♑ 48	9 ♉ 54	9 ♉ 29	22 ♉ 21	26 ♍ 59	2 ♌ 35	25 ♐	6 ♐	28 ♌	20 ♌	26 ♋
22	2 ♓ 36	9 ♑ 2	3 ♎ 26	2 ♎ 10	12 ♓ 0	18 ♒ 22	2 ♑ 30	10 ♉ 3	9 ♉ 33	22 ♉ 22	26 ♍ 57	2 ♌ 34	26 ♐	6 ♐	28 ♌	19 ♌	26 ♋
23	3 ♓ 36	22 ♑ 20	3 ♎ 23	2 ♎ 6	11 ♓ 16	19 ♒ 37	3 ♑ 11	10 ♉ 12	9 ♉ 38	22 ♉ 23	26 ♍ 56	2 ♌ 33	26 ♐	6 ♐	28 ♌	19 ♌	26 ♋
24	4 ♓ 37	5 ♒ 24	3 ♎ 20	2 ♎ 1	10 ♓ 25	20 ♒ 52	3 ♑ 52	10 ♉ 22	9 ♉ 42	22 ♉ 24	26 ♍ 54	2 ♌ 32	26 ♐	7 ♐	28 ♌	19 ♌	26 ♋
25	5 ♓ 37	18 ♒ 15	3 ♎ 16	1 ♎ 57	9 ♓ 28	22 ♒ 7	4 ♑ 33	10 ♉ 31	9 ♉ 47	22 ♉ 26	26 ♍ 53	2 ♌ 31	26 ♐	7 ♐	27 ♌	19 ♌	26 ♋
26	6 ♓ 37	0 ♓ 53	3 ♎ 13	1 ♎ 53	8 ♓ 27	23 ♒ 22	5 ♑ 14	10 ♉ 41	9 ♉ 52	22 ♉ 27	26 ♍ 51	2 ♌ 29	27 ♐	7 ♐	27 ♌	18 ♌	26 ♋
27	7 ♓ 38	13 ♓ 18	3 ♎ 10	1 ♎ 50	7 ♓ 24	24 ♒ 37	5 ♑ 56	10 ♉ 51	9 ♉ 57	22 ♉ 28	26 ♍ 50	2 ♌ 28	27 ♐	7 ♐	27 ♌	18 ♌	25 ♋
28	8 ♓ 38	25 ♓ 30	3 ♎ 7	1 ♎ 49	6 ♓ 20	25 ♒ 51	6 ♑ 37	11 ♉ 1	10 ♉ 2	22 ♉ 30	26 ♍ 48	2 ♌ 27	27 ♐	8 ♐	27 ♌	18 ♌	25 ♋

SUN INGRESS	☉ → ♓ 19日 09:56
MOON PHASE	◐ 4日 20:42 ♉　○ 12日 09:26 ♌　◑ 19日 03:07 ♏　● 26日 12:02 ♓

aspects		
1日	00:03	♀△♅
5日	03:32	♀△♆
9日	13:09	♀☍♇
9日	19:44	☿⚹♃
10日	04:58	☿⚹♄
11日	16:54	☉□♅
14日	04:29	♂□♆
14日	10:56	♀□♃
14日	12:45	♀□♄
15日	15:37	♃☌♄
21日	16:08	☉⚹♂
24日	01:12	☿⚹♃
24日	16:48	☿⚹♄
25日	06:07	♀□♅
26日	21:24	☉☌☿
27日	20:09	☿⚹♂

1941年3月

DAY	☉	☽	☊ mean	☊ true	☿	♀	♂	♃	♄	♅	♆	♇	⚳	⚴	⚵	⚶	⚷
	° ′	° ′	° ′	° ′	° ′	° ′	° ′	° ′	° ′	° ′	° ′	° ′	°	°	°	°	°
1	9 ♓ 38	7 ♈ 33	3 ♎ 4	1 D 49	5 R 16	27 D 6	7 D 18	11 D 11	10 D 7	22 D 31	26 R 46	2 R 26	28 D	8 D	26 R	18 R	25 R
2	10 ♓ 38	19 ♈ 27	3 ♎ 0	1 ♎ 50	4 ♓ 15	28 ♒ 21	8 ♑ 0	11 ♉ 21	10 ♉ 12	22 ♉ 33	26 ♍ 45	2 ♌ 25	28 ♐	8 ♐	26 ♌	18 ♌	25 ♋
3	11 ♓ 39	1 ♉ 17	2 ♎ 57	1 ♎ 52	3 ♓ 16	29 ♒ 36	8 ♑ 41	11 ♉ 31	10 ♉ 17	22 ♉ 34	26 ♍ 43	2 ♌ 24	28 ♐	8 ♐	26 ♌	17 ♌	25 ♋
4	12 ♓ 39	13 ♉ 5	2 ♎ 54	1 ♎ 53	2 ♓ 23	0 ♓ 51	9 ♑ 22	11 ♉ 41	10 ♉ 22	22 ♉ 36	26 ♍ 42	2 ♌ 23	28 ♐	8 ♐	26 ♌	17 ♌	25 ♋
5	13 ♓ 39	24 ♉ 55	2 ♎ 51	1 ♎ 55	1 ♓ 34	2 ♓ 6	10 ♑ 3	11 ♉ 52	10 ♉ 27	22 ♉ 38	26 ♍ 40	2 ♌ 22	29 ♐	9 ♐	26 ♌	17 ♌	25 ♋
6	14 ♓ 39	6 ♊ 54	2 ♎ 48	1 ♎ 56	0 ♓ 51	3 ♓ 20	10 ♑ 45	12 ♉ 2	10 ♉ 33	22 ♉ 39	26 ♍ 38	2 ♌ 21	29 ♐	9 ♐	25 ♌	17 ♌	25 ♋
7	15 ♓ 39	19 ♊ 4	2 ♎ 45	1 R 56	0 ♓ 14	4 ♓ 35	11 ♑ 26	12 ♉ 13	10 ♉ 38	22 ♉ 41	26 ♍ 37	2 ♌ 20	29 ♐	9 ♐	25 ♌	17 ♌	25 ♋
8	16 ♓ 39	1 ♋ 32	2 ♎ 41	1 ♎ 55	29 ♒ 45	5 ♓ 50	12 ♑ 7	12 ♉ 24	10 ♉ 44	22 ♉ 43	26 ♍ 35	2 ♌ 19	0 ♑	9 ♐	25 ♌	16 ♌	25 ♋
9	17 ♓ 39	14 ♋ 21	2 ♎ 38	1 ♎ 54	29 ♒ 21	7 ♓ 5	12 ♑ 49	12 ♉ 35	10 ♉ 49	22 ♉ 45	26 ♍ 34	2 ♌ 18	0 ♑	9 ♐	25 ♌	16 ♌	25 ♋
10	18 ♓ 39	27 ♋ 34	2 ♎ 35	1 ♎ 52	29 ♒ 5	8 ♓ 19	13 ♑ 30	12 ♉ 46	10 ♉ 55	22 ♉ 47	26 ♍ 32	2 ♌ 18	0 ♑	9 ♐	25 ♌	16 ♌	25 ♋
11	19 ♓ 39	11 ♌ 13	2 ♎ 32	1 ♎ 51	28 ♒ 55	9 ♓ 34	14 ♑ 11	12 ♉ 57	11 ♉ 1	22 ♉ 49	26 ♍ 30	2 ♌ 17	0 ♑	10 ♐	24 ♌	16 ♌	25 ♋
12	20 ♓ 39	25 ♌ 18	2 ♎ 29	1 ♎ 49	28 ♒ 52	10 ♓ 49	14 ♑ 53	13 ♉ 8	11 ♉ 6	22 ♉ 51	26 ♍ 29	2 ♌ 16	1 ♑	10 ♐	24 ♌	16 ♌	25 ♋
13	21 ♓ 39	9 ♍ 45	2 ♎ 25	1 ♎ 48	28 D 55	12 ♓ 4	15 ♑ 34	13 ♉ 19	11 ♉ 12	22 ♉ 53	26 ♍ 27	2 ♌ 15	1 ♑	10 ♐	24 ♌	16 ♌	25 ♋
14	22 ♓ 39	24 ♍ 30	2 ♎ 22	1 ♎ 48	29 ♒ 3	13 ♓ 18	16 ♑ 16	13 ♉ 31	11 ♉ 18	22 ♉ 55	26 ♍ 25	2 ♌ 14	1 ♑	10 ♐	24 ♌	15 ♌	25 ♋
15	23 ♓ 38	9 ♎ 25	2 ♎ 19	1 D 48	29 ♒ 18	14 ♓ 33	16 ♑ 57	13 ♉ 42	11 ♉ 24	22 ♉ 57	26 ♍ 24	2 ♌ 14	1 ♑	10 ♐	24 ♌	15 ♌	25 ♋
16	24 ♓ 38	24 ♎ 22	2 ♎ 16	1 ♎ 48	29 ♒ 38	15 ♓ 48	17 ♑ 38	13 ♉ 54	11 ♉ 30	22 ♉ 59	26 ♍ 22	2 ♌ 13	2 ♑	10 ♐	24 ♌	15 ♌	25 ♋
17	25 ♓ 38	9 ♏ 14	2 ♎ 13	1 ♎ 49	0 ♓ 2	17 ♓ 2	18 ♑ 20	14 ♉ 5	11 ♉ 36	23 ♉ 1	26 ♍ 20	2 ♌ 12	2 ♑	10 ♐	23 ♌	15 ♌	25 ♋
18	26 ♓ 37	23 ♏ 53	2 ♎ 10	1 ♎ 49	0 ♓ 32	18 ♓ 17	19 ♑ 1	14 ♉ 17	11 ♉ 42	23 ♉ 3	26 ♍ 19	2 ♌ 11	2 ♑	11 ♐	23 ♌	15 ♌	25 ♋
19	27 ♓ 37	8 ♐ 16	2 ♎ 6	1 ♎ 49	1 ♓ 6	19 ♓ 32	19 ♑ 43	14 ♉ 29	11 ♉ 49	23 ♉ 6	26 ♍ 17	2 ♌ 11	2 ♑	11 ♐	23 ♌	15 ♌	25 ♋
20	28 ♓ 37	22 ♐ 18	2 ♎ 3	1 ♎ 50	1 ♓ 44	20 ♓ 46	20 ♑ 24	14 ♉ 41	11 ♉ 55	23 ♉ 8	26 ♍ 15	2 ♌ 10	3 ♑	11 ♐	23 ♌	15 ♌	25 ♋
21	29 ♓ 36	5 ♑ 59	2 ♎ 0	1 R 50	2 ♓ 26	22 ♓ 1	21 ♑ 6	14 ♉ 53	12 ♉ 1	23 ♉ 10	26 ♍ 14	2 ♌ 9	3 ♑	11 ♐	23 ♌	15 ♌	25 ♋
22	0 ♈ 36	19 ♑ 20	1 ♎ 57	1 ♎ 50	3 ♓ 12	23 ♓ 16	21 ♑ 47	15 ♉ 5	12 ♉ 8	23 ♉ 13	26 ♍ 12	2 ♌ 9	3 ♑	11 ♐	23 ♌	15 ♌	25 ♋
23	1 ♈ 35	2 ♒ 23	1 ♎ 54	1 ♎ 49	4 ♓ 1	24 ♓ 30	22 ♑ 29	15 ♉ 17	12 ♉ 14	23 ♉ 15	26 ♍ 10	2 ♌ 8	3 ♑	11 ♐	23 ♌	14 ♌	25 ♋
24	2 ♈ 35	15 ♒ 9	1 ♎ 51	1 D 50	4 ♓ 54	25 ♓ 45	23 ♑ 10	15 ♉ 29	12 ♉ 21	23 ♉ 18	26 ♍ 9	2 ♌ 8	4 ♑	11 ♐	23 ♌	14 ♌	25 ♋
25	3 ♈ 34	27 ♒ 40	1 ♎ 47	1 ♎ 50	5 ♓ 49	26 ♓ 59	23 ♑ 52	15 ♉ 41	12 ♉ 27	23 ♉ 20	26 ♍ 7	2 ♌ 7	4 ♑	11 ♐	22 ♌	14 ♌	25 ♋
26	4 ♈ 34	9 ♓ 59	1 ♎ 44	1 ♎ 50	6 ♓ 47	28 ♓ 14	24 ♑ 33	15 ♉ 54	12 ♉ 34	23 ♉ 23	26 ♍ 5	2 ♌ 6	4 ♑	11 ♐	22 ♌	14 ♌	25 ♋
27	5 ♈ 33	22 ♓ 8	1 ♎ 41	1 ♎ 50	7 ♓ 49	29 ♓ 29	25 ♑ 15	16 ♉ 6	12 ♉ 41	23 ♉ 25	26 ♍ 4	2 ♌ 6	4 ♑	11 ♐	22 ♌	14 ♌	25 ♋
28	6 ♈ 33	4 ♈ 9	1 ♎ 38	1 R 50	8 ♓ 52	0 ♈ 43	25 ♑ 56	16 ♉ 19	12 ♉ 47	23 ♉ 28	26 ♍ 2	2 ♌ 5	4 ♑	11 ♐	22 ♌	14 ♌	25 ♋
29	7 ♈ 32	16 ♈ 4	1 ♎ 35	1 ♎ 50	9 ♓ 59	1 ♈ 58	26 ♑ 38	16 ♉ 31	12 ♉ 54	23 ♉ 30	26 ♍ 1	2 ♌ 5	5 ♑	11 ♐	22 ♌	14 ♌	25 D
30	8 ♈ 31	27 ♈ 55	1 ♎ 31	1 ♎ 49	11 ♓ 7	3 ♈ 12	27 ♑ 19	16 ♉ 44	13 ♉ 1	23 ♉ 33	25 ♍ 59	2 ♌ 5	5 ♑	11 ♐	22 ♌	14 ♌	25 ♋
31	9 ♈ 31	9 ♉ 43	1 ♎ 28	1 ♎ 49	12 ♓ 18	4 ♈ 27	28 ♑ 1	16 ♉ 57	13 ♉ 8	23 ♉ 36	25 ♍ 57	2 ♌ 4	5 ♑	11 ♐	22 ♌	14 ♌	25 ♋

SUN INGRESS	☉ → ♈ 21日 09:20
MOON PHASE	◐ 6日 16:42 ♊　○ 13日 20:47 ♍　◑ 20日 11:51 ♐　● 28日 05:14 ♈

aspects		
1日	12:19	☉⚹♄
2日	20:18	☉⚹♃
4日	17:43	☿☌♀
5日	15:56	♂△♄
8日	12:59	♂△♃
12日	06:05	♀⚹♄
14日	04:42	♀⚹♃
14日	06:44	☉⚹♅
17日	16:40	☉☍♆
19日	08:03	♀⚹♂
21日	23:02	♀⚹♅
23日	13:03	☉△♇
24日	04:32	♂△♅
24日	07:31	♀☍♆
28日	03:19	♂△♆
29日	02:22	♀△♇
31日	18:10	☿⚹♄

1941年4月

DAY	☉	☽	☊ mean	☊ true	☿	♀	♂	♃	♄	♅	♆	♇	⚳	⚴	⚵	⚶	⚷
	° ′	° ′	° ′	° ′	° ′	° ′	° ′	° ′	° ′	° ′	° ′	° ′	°	°	°	°	°
1	10 ♈ 30	21 ♉ 32	1 ♎ 25	1 R 47	13 D 31	5 D 41	28 D 42	17 D 9	13 D 15	23 D 39	25 R 56	2 R 4	5 D	11 D	22 R	14 D	25 D
2	11 ♈ 29	3 ♊ 25	1 ♎ 22	1 ♎ 46	14 ♓ 46	6 ♈ 56	29 ♑ 24	17 ♉ 22	13 ♉ 21	23 ♉ 41	25 ♍ 54	2 ♌ 3	5 ♑	11 ♐	22 ♌	14 ♌	25 ♋
3	12 ♈ 28	15 ♊ 24	1 ♎ 19	1 ♎ 45	16 ♓ 3	8 ♈ 10	0 ♒ 5	17 ♉ 35	13 ♉ 28	23 ♉ 44	25 ♍ 52	2 ♌ 3	5 ♑	11 R	22 ♌	14 ♌	25 ♋
4	13 ♈ 27	27 ♊ 34	1 ♎ 16	1 ♎ 44	17 ♓ 22	9 ♈ 25	0 ♒ 47	17 ♉ 48	13 ♉ 35	23 ♉ 47	25 ♍ 51	2 ♌ 3	6 ♑	11 ♐	22 ♌	14 ♌	25 ♋
5	14 ♈ 26	9 ♋ 59	1 ♎ 12	1 ♎ 43	18 ♓ 42	10 ♈ 39	1 ♒ 28	18 ♉ 1	13 ♉ 43	23 ♉ 50	25 ♍ 49	2 ♌ 3	6 ♑	11 ♐	22 ♌	14 ♌	25 ♋
6	15 ♈ 26	22 ♋ 43	1 ♎ 9	1 D 43	20 ♓ 5	11 ♈ 53	2 ♒ 10	18 ♉ 14	13 ♉ 50	23 ♉ 53	25 ♍ 48	2 ♌ 2	6 ♑	11 ♐	22 ♌	14 ♌	25 ♋
7	16 ♈ 25	5 ♌ 49	1 ♎ 6	1 ♎ 44	21 ♓ 29	13 ♈ 8	2 ♒ 51	18 ♉ 27	13 ♉ 57	23 ♉ 56	25 ♍ 46	2 ♌ 2	6 ♑	11 ♐	22 D	14 ♌	25 ♋
8	17 ♈ 24	19 ♌ 21	1 ♎ 3	1 ♎ 45	22 ♓ 55	14 ♈ 22	3 ♒ 32	18 ♉ 40	14 ♉ 4	23 ♉ 59	25 ♍ 45	2 ♌ 2	6 ♑	11 ♐	22 ♌	14 ♌	25 ♋
9	18 ♈ 22	3 ♍ 19	1 ♎ 0	1 ♎ 46	24 ♓ 23	15 ♈ 37	4 ♒ 14	18 ♉ 53	14 ♉ 11	24 ♉ 1	25 ♍ 43	2 ♌ 2	6 ♑	11 ♐	22 ♌	14 ♌	25 ♋
10	19 ♈ 21	17 ♍ 44	0 ♎ 56	1 ♎ 47	25 ♓ 52	16 ♈ 51	4 ♒ 55	19 ♉ 7	14 ♉ 18	24 ♉ 4	25 ♍ 42	2 ♌ 2	6 ♑	11 ♐	22 ♌	15 ♌	25 ♋
11	20 ♈ 20	2 ♎ 32	0 ♎ 53	1 R 48	27 ♓ 23	18 ♈ 5	5 ♒ 37	19 ♉ 20	14 ♉ 26	24 ♉ 8	25 ♍ 40	2 ♌ 1	7 ♑	11 ♐	22 ♌	15 ♌	25 ♋
12	21 ♈ 19	17 ♎ 37	0 ♎ 50	1 ♎ 47	28 ♓ 56	19 ♈ 19	6 ♒ 18	19 ♉ 33	14 ♉ 33	24 ♉ 11	25 ♍ 39	2 ♌ 1	7 ♑	11 ♐	22 ♌	15 ♌	25 ♋
13	22 ♈ 18	2 ♏ 50	0 ♎ 47	1 ♎ 46	0 ♈ 30	20 ♈ 34	7 ♒ 0	19 ♉ 47	14 ♉ 40	24 ♉ 14	25 ♍ 37	2 ♌ 1	7 ♑	11 ♐	22 ♌	15 ♌	25 ♋
14	23 ♈ 17	18 ♏ 1	0 ♎ 44	1 ♎ 43	2 ♈ 6	21 ♈ 48	7 ♒ 41	20 ♉ 0	14 ♉ 48	24 ♉ 17	25 ♍ 36	2 ♌ 1	7 ♑	11 ♐	22 ♌	15 ♌	25 ♋
15	24 ♈ 15	3 ♐ 1	0 ♎ 41	1 ♎ 40	3 ♈ 43	23 ♈ 2	8 ♒ 22	20 ♉ 14	14 ♉ 55	24 ♉ 20	25 ♍ 34	2 ♌ 1	7 ♑	11 ♐	22 ♌	15 ♌	25 ♋
16	25 ♈ 14	17 ♐ 42	0 ♎ 37	1 ♎ 37	5 ♈ 22	24 ♈ 17	9 ♒ 4	20 ♉ 27	15 ♉ 2	24 ♉ 23	25 ♍ 33	2 D 1	7 ♑	11 ♐	22 ♌	15 ♌	25 ♋
17	26 ♈ 13	1 ♑ 58	0 ♎ 34	1 ♎ 35	7 ♈ 3	25 ♈ 31	9 ♒ 45	20 ♉ 41	15 ♉ 10	24 ♉ 26	25 ♍ 32	2 ♌ 1	7 ♑	11 ♐	22 ♌	15 ♌	25 ♋
18	27 ♈ 11	15 ♑ 47	0 ♎ 31	1 ♎ 33	8 ♈ 45	26 ♈ 45	10 ♒ 27	20 ♉ 54	15 ♉ 17	24 ♉ 29	25 ♍ 30	2 ♌ 1	7 ♑	11 ♐	22 ♌	15 ♌	25 ♋
19	28 ♈ 10	29 ♑ 10	0 ♎ 28	1 D 33	10 ♈ 29	27 ♈ 59	11 ♒ 8	21 ♉ 8	15 ♉ 25	24 ♉ 33	25 ♍ 29	2 ♌ 1	7 ♑	10 ♐	22 ♌	15 ♌	25 ♋
20	29 ♈ 9	12 ♒ 8	0 ♎ 25	1 ♎ 33	12 ♈ 15	29 ♈ 13	11 ♒ 49	21 ♉ 21	15 ♉ 32	24 ♉ 36	25 ♍ 28	2 ♌ 1	8 ♑	10 ♐	22 ♌	16 ♌	25 ♋
21	0 ♉ 7	24 ♒ 46	0 ♎ 22	1 ♎ 35	14 ♈ 2	0 ♉ 28	12 ♒ 31	21 ♉ 35	15 ♉ 40	24 ♉ 39	25 ♍ 26	2 ♌ 2	8 ♑	10 ♐	23 ♌	16 ♌	25 ♋
22	1 ♉ 6	7 ♓ 6	0 ♎ 18	1 ♎ 36	15 ♈ 51	1 ♉ 42	13 ♒ 12	21 ♉ 49	15 ♉ 47	24 ♉ 42	25 ♍ 25	2 ♌ 2	8 ♑	10 ♐	23 ♌	16 ♌	25 ♋
23	2 ♉ 4	19 ♓ 14	0 ♎ 15	1 ♎ 38	17 ♈ 41	2 ♉ 56	13 ♒ 53	22 ♉ 3	15 ♉ 55	24 ♉ 45	25 ♍ 24	2 ♌ 2	8 ♑	10 ♐	23 ♌	16 ♌	25 ♋
24	3 ♉ 3	1 ♈ 12	0 ♎ 12	1 ♎ 38	19 ♈ 33	4 ♉ 10	14 ♒ 35	22 ♉ 16	16 ♉ 2	24 ♉ 49	25 ♍ 22	2 ♌ 2	8 ♑	10 ♐	23 ♌	16 ♌	25 ♋
25	4 ♉ 1	13 ♈ 4	0 ♎ 9	1 R 38	21 ♈ 27	5 ♉ 24	15 ♒ 16	22 ♉ 30	16 ♉ 10	24 ♉ 52	25 ♍ 21	2 ♌ 2	8 ♑	10 ♐	23 ♌	16 ♌	25 ♋
26	5 ♉ 0	24 ♈ 53	0 ♎ 6	1 ♎ 36	23 ♈ 22	6 ♉ 38	15 ♒ 57	22 ♉ 44	16 ♉ 18	24 ♉ 55	25 ♍ 20	2 ♌ 3	8 ♑	9 ♐	23 ♌	17 ♌	25 ♋
27	5 ♉ 58	6 ♉ 42	0 ♎ 2	1 ♎ 32	25 ♈ 19	7 ♉ 53	16 ♒ 39	22 ♉ 58	16 ♉ 25	24 ♉ 59	25 ♍ 19	2 ♌ 3	8 ♑	9 ♐	23 ♌	17 ♌	25 ♋
28	6 ♉ 56	18 ♉ 31	29 ♍ 59	1 ♎ 26	27 ♈ 18	9 ♉ 7	17 ♒ 20	23 ♉ 12	16 ♉ 33	25 ♉ 2	25 ♍ 18	2 ♌ 3	8 ♑	9 ♐	23 ♌	17 ♌	26 ♋
29	7 ♉ 55	0 ♊ 24	29 ♍ 56	1 ♎ 20	29 ♈ 18	10 ♉ 21	18 ♒ 1	23 ♉ 26	16 ♉ 41	25 ♉ 5	25 ♍ 17	2 ♌ 4	8 ♑	9 ♐	23 ♌	17 ♌	26 ♋
30	8 ♉ 53	12 ♊ 22	29 ♍ 53	1 ♎ 13	1 ♉ 20	11 ♉ 35	18 ♒ 42	23 ♉ 40	16 ♉ 48	25 ♉ 9	25 ♍ 15	2 ♌ 4	8 ♑	9 ♐	24 ♌	17 ♌	26 ♋

SUN INGRESS	☉ → ♉ 20日 20:50
MOON PHASE	◐ 5日 09:12 ♋　○ 12日 06:15 ♎　◑ 18日 22:03 ♑　● 26日 22:23 ♉

aspects		
4日	09:26	☿⚹♃
5日	19:51	♂☍♇
8日	18:03	☿⚹♅
9日	21:18	☿☍♆
13日	22:53	☿△♇
19日	14:41	☿⚹♂
19日	16:34	☉☌♀
22日	06:28	♀□♇
22日	23:04	☉□♇
26日	14:32	♂□♄
30日	08:37	☿□♇

1941年5月

DAY	☉	☽	☊ mean	☊ true	☿	♀	♂	♃	♄	♅	♆	♇	⚳	⚴	⚵	⚶	⚷
	° ′	° ′	° ′	° ′	° ′	° ′	° ′	° ′	° ′	° ′	° ′	° ′	°	°	°	°	°
1	9 ♉ 51	24 ♊ 26	29 ♍ 50	1 R 6	3 D 23	12 D 49	19 D 23	23 D 54	16 D 56	25 D 12	25 R 14	2 D 4	8 D	8 R	24 D	17 D	26 D
2	10 ♉ 50	6 ♋ 41	29 ♍ 47	1 ♎ 0	5 ♉ 28	14 ♉ 3	20 ♒ 4	24 ♉ 8	17 ♉ 4	25 ♉ 16	25 ♍ 13	2 ♌ 5	8 ♑	8 ♐	24 ♌	18 ♌	26 ♋
3	11 ♉ 48	19 ♋ 7	29 ♍ 43	0 ♎ 56	7 ♉ 34	15 ♉ 17	20 ♒ 45	24 ♉ 22	17 ♉ 11	25 ♉ 19	25 ♍ 12	2 ♌ 5	8 ♑	8 ♐	24 ♌	18 ♌	26 ♋
4	12 ♉ 46	1 ♌ 50	29 ♍ 40	0 ♎ 54	9 ♉ 41	16 ♉ 31	21 ♒ 26	24 ♉ 36	17 ♉ 19	25 ♉ 22	25 ♍ 11	2 ♌ 6	8 R	8 ♐	24 ♌	18 ♌	26 ♋
5	13 ♉ 44	14 ♌ 51	29 ♍ 37	0 D 53	11 ♉ 50	17 ♉ 45	22 ♒ 7	24 ♉ 50	17 ♉ 27	25 ♉ 26	25 ♍ 10	2 ♌ 6	8 ♑	7 ♐	24 ♌	18 ♌	26 ♋
6	14 ♉ 42	28 ♌ 14	29 ♍ 34	0 ♎ 54	13 ♉ 59	18 ♉ 59	22 ♒ 48	25 ♉ 4	17 ♉ 34	25 ♉ 29	25 ♍ 9	2 ♌ 7	8 ♑	7 ♐	24 ♌	19 ♌	26 ♋
7	15 ♉ 40	12 ♍ 2	29 ♍ 31	0 ♎ 55	16 ♉ 8	20 ♉ 13	23 ♒ 29	25 ♉ 18	17 ♉ 42	25 ♉ 33	25 ♍ 8	2 ♌ 7	8 ♑	7 ♐	25 ♌	19 ♌	26 ♋
8	16 ♉ 38	26 ♍ 15	29 ♍ 28	0 ♎ 56	18 ♉ 19	21 ♉ 27	24 ♒ 10	25 ♉ 32	17 ♉ 50	25 ♉ 36	25 ♍ 7	2 ♌ 8	8 ♑	7 ♐	25 ♌	19 ♌	26 ♋
9	17 ♉ 36	10 ♎ 53	29 ♍ 24	0 R 56	20 ♉ 29	22 ♉ 41	24 ♒ 51	25 ♉ 46	17 ♉ 58	25 ♉ 40	25 ♍ 7	2 ♌ 9	8 ♑	6 ♐	25 ♌	19 ♌	26 ♋
10	18 ♉ 34	25 ♎ 51	29 ♍ 21	0 ♎ 54	22 ♉ 39	23 ♉ 55	25 ♒ 32	26 ♉ 0	18 ♉ 5	25 ♉ 43	25 ♍ 6	2 ♌ 9	8 ♑	6 ♐	25 ♌	20 ♌	26 ♋
11	19 ♉ 32	11 ♏ 3	29 ♍ 18	0 ♎ 49	24 ♉ 49	25 ♉ 8	26 ♒ 12	26 ♉ 14	18 ♉ 13	25 ♉ 47	25 ♍ 5	2 ♌ 10	8 ♑	6 ♐	25 ♌	20 ♌	26 ♋
12	20 ♉ 30	26 ♏ 18	29 ♍ 15	0 ♎ 43	26 ♉ 59	26 ♉ 22	26 ♒ 53	26 ♉ 29	18 ♉ 21	25 ♉ 50	25 ♍ 4	2 ♌ 10	8 ♑	6 ♐	25 ♌	20 ♌	26 ♋
13	21 ♉ 28	11 ♐ 26	29 ♍ 12	0 ♎ 36	29 ♉ 7	27 ♉ 36	27 ♒ 34	26 ♉ 43	18 ♉ 28	25 ♉ 54	25 ♍ 3	2 ♌ 11	8 ♑	5 ♐	26 ♌	20 ♌	26 ♋
14	22 ♉ 26	26 ♐ 18	29 ♍ 8	0 ♎ 28	1 ♊ 14	28 ♉ 50	28 ♒ 15	26 ♉ 57	18 ♉ 36	25 ♉ 57	25 ♍ 3	2 ♌ 12	8 ♑	5 ♐	26 ♌	21 ♌	26 ♋
15	23 ♉ 24	10 ♑ 45	29 ♍ 5	0 ♎ 21	3 ♊ 20	0 ♊ 4	28 ♒ 55	27 ♉ 11	18 ♉ 44	26 ♉ 1	25 ♍ 2	2 ♌ 13	8 ♑	5 ♐	26 ♌	21 ♌	27 ♋
16	24 ♉ 22	24 ♑ 44	29 ♍ 2	0 ♎ 16	5 ♊ 24	1 ♊ 18	29 ♒ 36	27 ♉ 25	18 ♉ 52	26 ♉ 4	25 ♍ 1	2 ♌ 13	8 ♑	4 ♐	26 ♌	21 ♌	27 ♋
17	25 ♉ 19	8 ♒ 13	28 ♍ 59	0 ♎ 12	7 ♊ 26	2 ♊ 31	0 ♓ 16	27 ♉ 39	18 ♉ 59	26 ♉ 8	25 ♍ 1	2 ♌ 14	8 ♑	4 ♐	26 ♌	21 ♌	27 ♋
18	26 ♉ 17	21 ♒ 15	28 ♍ 56	0 ♎ 11	9 ♊ 26	3 ♊ 45	0 ♓ 57	27 ♉ 53	19 ♉ 7	26 ♉ 11	25 ♍ 0	2 ♌ 15	7 ♑	4 ♐	27 ♌	22 ♌	27 ♋
19	27 ♉ 15	3 ♓ 52	28 ♍ 53	0 D 11	11 ♊ 24	4 ♊ 59	1 ♓ 37	28 ♉ 8	19 ♉ 15	26 ♉ 15	24 ♍ 59	2 ♌ 16	7 ♑	4 ♐	27 ♌	22 ♌	27 ♋
20	28 ♉ 13	16 ♓ 10	28 ♍ 49	0 ♎ 12	13 ♊ 19	6 ♊ 13	2 ♓ 17	28 ♉ 22	19 ♉ 22	26 ♉ 18	24 ♍ 59	2 ♌ 17	7 ♑	3 ♐	27 ♌	22 ♌	27 ♋
21	29 ♉ 10	28 ♓ 13	28 ♍ 46	0 ♎ 12	15 ♊ 11	7 ♊ 27	2 ♓ 58	28 ♉ 36	19 ♉ 30	26 ♉ 22	24 ♍ 58	2 ♌ 18	7 ♑	3 ♐	27 ♌	23 ♌	27 ♋
22	0 ♊ 8	10 ♈ 7	28 ♍ 43	0 R 12	17 ♊ 1	8 ♊ 40	3 ♓ 38	28 ♉ 50	19 ♉ 38	26 ♉ 25	24 ♍ 58	2 ♌ 18	7 ♑	3 ♐	28 ♌	23 ♌	27 ♋
23	1 ♊ 6	21 ♈ 55	28 ♍ 40	0 ♎ 9	18 ♊ 48	9 ♊ 54	4 ♓ 18	29 ♉ 4	19 ♉ 45	26 ♉ 29	24 ♍ 57	2 ♌ 19	7 ♑	2 ♐	28 ♌	23 ♌	27 ♋
24	2 ♊ 4	3 ♉ 43	28 ♍ 37	0 ♎ 4	20 ♊ 32	11 ♊ 8	4 ♓ 58	29 ♉ 18	19 ♉ 53	26 ♉ 32	24 ♍ 57	2 ♌ 20	7 ♑	2 ♐	28 ♌	23 ♌	27 ♋
25	3 ♊ 1	15 ♉ 32	28 ♍ 33	29 ♍ 57	22 ♊ 13	12 ♊ 22	5 ♓ 38	29 ♉ 33	20 ♉ 0	26 ♉ 36	24 ♍ 56	2 ♌ 21	7 ♑	2 ♐	28 ♌	24 ♌	27 ♋
26	3 ♊ 59	27 ♉ 25	28 ♍ 30	29 ♍ 47	23 ♊ 50	13 ♊ 35	6 ♓ 18	29 ♉ 47	20 ♉ 8	26 ♉ 39	24 ♍ 56	2 ♌ 22	7 ♑	1 ♐	28 ♌	24 ♌	27 ♋
27	4 ♊ 57	9 ♊ 25	28 ♍ 27	29 ♍ 36	25 ♊ 25	14 ♊ 49	6 ♓ 58	0 ♊ 1	20 ♉ 16	26 ♉ 42	24 ♍ 56	2 ♌ 23	6 ♑	1 ♐	29 ♌	24 ♌	27 ♋
28	5 ♊ 54	21 ♊ 32	28 ♍ 24	29 ♍ 24	26 ♊ 57	16 ♊ 3	7 ♓ 38	0 ♊ 15	20 ♉ 23	26 ♉ 46	24 ♍ 55	2 ♌ 24	6 ♑	1 ♐	29 ♌	25 ♌	28 ♋
29	6 ♊ 52	3 ♋ 47	28 ♍ 21	29 ♍ 12	28 ♊ 25	17 ♊ 16	8 ♓ 17	0 ♊ 29	20 ♉ 31	26 ♉ 49	24 ♍ 55	2 ♌ 25	6 ♑	1 ♐	29 ♌	25 ♌	28 ♋
30	7 ♊ 49	16 ♋ 12	28 ♍ 18	29 ♍ 2	29 ♊ 51	18 ♊ 30	8 ♓ 57	0 ♊ 43	20 ♉ 38	26 ♉ 53	24 ♍ 55	2 ♌ 26	6 ♑	0 ♐	29 ♌	25 ♌	28 ♋
31	8 ♊ 47	28 ♋ 48	28 ♍ 14	28 ♍ 53	1 ♋ 13	19 ♊ 44	9 ♓ 37	0 ♊ 57	20 ♉ 46	26 ♉ 56	24 ♍ 55	2 ♌ 28	6 ♑	0 ♐	0 ♍	26 ♌	28 ♋

SUN INGRESS	☉ → ♊ 21日 20:23
MOON PHASE	◐ 4日 21:49 ♌　○ 11日 14:15 ♏　◑ 18日 10:17 ♒　● 26日 14:18 ♊

aspects

1日	11:23	♅△♆
4日	17:27	♀☌♄
6日	08:33	♃△♆
6日	14:36	☉☌☿
7日	18:23	☿☌♄
8日	09:22	♃☌♅
9日	10:11	☉☌♄
10日	07:24	♂□♅
10日	22:53	♀△♆
11日	01:46	♂□♃
11日	02:52	☿△♆
11日	08:12	☿☌♀
11日	10:55	☿☌♅
11日	13:03	♀☌♅
11日	17:43	☿☌♃
11日	22:31	☿□♂
12日	02:32	♀☌♃
12日	22:24	♀□♂
14日	11:00	☿⚹♇
16日	16:16	☉△♆
16日	18:20	♀⚹♇
17日	21:18	☉☌♅
20日	04:59	☉☌♃
24日	07:05	☉⚹♇
26日	16:29	☿□♆

1941年6月

DAY	☉	☽	☊ mean	☊ true	☿	♀	♂	♃	♄	♅	♆	♇	⚳	⚴	⚵	⚶	⚷
	° ′	° ′	° ′	° ′	° ′	° ′	° ′	° ′	° ′	° ′	° ′	° ′	°	°	°	°	°
1	9 ♊ 44	11 ♌ 37	28 ♍ 11	28 R 48	2 D 32	20 D 57	10 D 16	1 D 11	20 D 53	27 D 0	24 R 54	2 D 29	6 R	0 R	0 D	26 D	28 D
2	10 ♊ 42	24 ♌ 40	28 ♍ 8	28 ♍ 45	3 ♋ 47	22 ♊ 11	10 ♓ 55	1 ♊ 25	21 ♉ 1	27 ♉ 3	24 ♍ 54	2 ♌ 30	5 ♑	29 ♏	0 ♍	26 ♌	28 ♋
3	11 ♊ 39	8 ♍ 1	28 ♍ 5	28 ♍ 44	4 ♋ 59	23 ♊ 24	11 ♓ 35	1 ♊ 39	21 ♉ 8	27 ♉ 7	24 ♍ 54	2 ♌ 31	5 ♑	29 ♏	0 ♍	27 ♌	28 ♋
4	12 ♊ 37	21 ♍ 41	28 ♍ 2	28 D 44	6 ♋ 8	24 ♊ 38	12 ♓ 14	1 ♊ 53	21 ♉ 15	27 ♉ 10	24 ♍ 54	2 ♌ 32	5 ♑	29 ♏	1 ♍	27 ♌	28 ♋
5	13 ♊ 34	5 ♎ 43	27 ♍ 59	28 R 44	7 ♋ 13	25 ♊ 52	12 ♓ 53	2 ♊ 7	21 ♉ 23	27 ♉ 13	24 ♍ 54	2 ♌ 33	5 ♑	29 ♏	1 ♍	27 ♌	28 ♋
6	14 ♊ 32	20 ♎ 5	27 ♍ 55	28 ♍ 43	8 ♋ 15	27 ♊ 5	13 ♓ 32	2 ♊ 21	21 ♉ 30	27 ♉ 17	24 ♍ 54	2 ♌ 34	5 ♑	28 ♏	1 ♍	28 ♌	28 ♋
7	15 ♊ 29	4 ♏ 47	27 ♍ 52	28 ♍ 39	9 ♋ 13	28 ♊ 19	14 ♓ 11	2 ♊ 35	21 ♉ 37	27 ♉ 20	24 D 54	2 ♌ 36	5 ♑	28 ♏	1 ♍	28 ♌	28 ♋
8	16 ♊ 26	19 ♏ 43	27 ♍ 49	28 ♍ 33	10 ♋ 7	29 ♊ 32	14 ♓ 49	2 ♊ 49	21 ♉ 45	27 ♉ 23	24 ♍ 54	2 ♌ 37	4 ♑	28 ♏	2 ♍	28 ♌	29 ♋
9	17 ♊ 24	4 ♐ 46	27 ♍ 46	28 ♍ 24	10 ♋ 58	0 ♋ 46	15 ♓ 28	3 ♊ 3	21 ♉ 52	27 ♉ 27	24 ♍ 54	2 ♌ 38	4 ♑	27 ♏	2 ♍	29 ♌	29 ♋
10	18 ♊ 21	19 ♐ 46	27 ♍ 43	28 ♍ 14	11 ♋ 45	1 ♋ 59	16 ♓ 7	3 ♊ 17	21 ♉ 59	27 ♉ 30	24 ♍ 54	2 ♌ 39	4 ♑	27 ♏	2 ♍	29 ♌	29 ♋
11	19 ♊ 18	4 ♑ 34	27 ♍ 39	28 ♍ 3	12 ♋ 27	3 ♋ 13	16 ♓ 45	3 ♊ 31	22 ♉ 6	27 ♉ 33	24 ♍ 54	2 ♌ 41	4 ♑	27 ♏	3 ♍	0 ♍	29 ♋
12	20 ♊ 16	19 ♑ 2	27 ♍ 36	27 ♍ 53	13 ♋ 6	4 ♋ 26	17 ♓ 23	3 ♊ 45	22 ♉ 14	27 ♉ 37	24 ♍ 55	2 ♌ 42	4 ♑	27 ♏	3 ♍	0 ♍	29 ♋
13	21 ♊ 13	3 ♒ 3	27 ♍ 33	27 ♍ 44	13 ♋ 40	5 ♋ 40	18 ♓ 2	3 ♊ 58	22 ♉ 21	27 ♉ 40	24 ♍ 55	2 ♌ 43	3 ♑	26 ♏	3 ♍	0 ♍	29 ♋
14	22 ♊ 10	16 ♒ 37	27 ♍ 30	27 ♍ 38	14 ♋ 11	6 ♋ 53	18 ♓ 40	4 ♊ 12	22 ♉ 28	27 ♉ 43	24 ♍ 55	2 ♌ 45	3 ♑	26 ♏	3 ♍	1 ♍	29 ♋
15	23 ♊ 8	29 ♒ 42	27 ♍ 27	27 ♍ 35	14 ♋ 37	8 ♋ 7	19 ♓ 18	4 ♊ 26	22 ♉ 35	27 ♉ 47	24 ♍ 55	2 ♌ 46	3 ♑	26 ♏	4 ♍	1 ♍	29 ♋
16	24 ♊ 5	12 ♓ 22	27 ♍ 24	27 ♍ 33	14 ♋ 58	9 ♋ 20	19 ♓ 56	4 ♊ 40	22 ♉ 42	27 ♉ 50	24 ♍ 56	2 ♌ 47	3 ♑	26 ♏	4 ♍	1 ♍	29 ♋
17	25 ♊ 2	24 ♓ 41	27 ♍ 20	27 ♍ 33	15 ♋ 15	10 ♋ 34	20 ♓ 33	4 ♊ 53	22 ♉ 49	27 ♉ 53	24 ♍ 56	2 ♌ 49	3 ♑	26 ♏	4 ♍	2 ♍	29 ♋
18	26 ♊ 0	6 ♈ 45	27 ♍ 17	27 ♍ 33	15 ♋ 28	11 ♋ 47	21 ♓ 11	5 ♊ 7	22 ♉ 56	27 ♉ 56	24 ♍ 56	2 ♌ 50	2 ♑	25 ♏	5 ♍	2 ♍	0 ♌
19	26 ♊ 57	18 ♈ 39	27 ♍ 14	27 ♍ 32	15 ♋ 36	13 ♋ 0	21 ♓ 48	5 ♊ 21	23 ♉ 3	27 ♉ 59	24 ♍ 57	2 ♌ 52	2 ♑	25 ♏	5 ♍	3 ♍	0 ♌
20	27 ♊ 54	0 ♉ 28	27 ♍ 11	27 ♍ 29	15 ♋ 39	14 ♋ 14	22 ♓ 25	5 ♊ 34	23 ♉ 9	28 ♉ 2	24 ♍ 57	2 ♌ 53	2 ♑	25 ♏	5 ♍	3 ♍	0 ♌
21	28 ♊ 51	12 ♉ 16	27 ♍ 8	27 ♍ 23	15 R 38	15 ♋ 27	23 ♓ 2	5 ♊ 48	23 ♉ 16	28 ♉ 6	24 ♍ 57	2 ♌ 55	2 ♑	25 ♏	5 ♍	3 ♍	0 ♌
22	29 ♊ 49	24 ♉ 9	27 ♍ 5	27 ♍ 15	15 ♋ 33	16 ♋ 41	23 ♓ 39	6 ♊ 1	23 ♉ 23	28 ♉ 9	24 ♍ 58	2 ♌ 56	1 ♑	25 ♏	6 ♍	4 ♍	0 ♌
23	0 ♋ 46	6 ♊ 8	27 ♍ 1	27 ♍ 4	15 ♋ 23	17 ♋ 54	24 ♓ 16	6 ♊ 15	23 ♉ 30	28 ♉ 12	24 ♍ 58	2 ♌ 58	1 ♑	24 ♏	6 ♍	4 ♍	0 ♌
24	1 ♋ 43	18 ♊ 16	26 ♍ 58	26 ♍ 52	15 ♋ 9	19 ♋ 7	24 ♓ 53	6 ♊ 28	23 ♉ 36	28 ♉ 15	24 ♍ 59	2 ♌ 59	1 ♑	24 ♏	6 ♍	5 ♍	0 ♌
25	2 ♋ 40	0 ♋ 35	26 ♍ 55	26 ♍ 39	14 ♋ 51	20 ♋ 21	25 ♓ 29	6 ♊ 41	23 ♉ 43	28 ♉ 18	25 ♍ 0	3 ♌ 0	1 ♑	24 ♏	7 ♍	5 ♍	0 ♌
26	3 ♋ 38	13 ♋ 5	26 ♍ 52	26 ♍ 26	14 ♋ 29	21 ♋ 34	26 ♓ 5	6 ♊ 55	23 ♉ 49	28 ♉ 21	25 ♍ 0	3 ♌ 2	1 ♑	24 ♏	7 ♍	5 ♍	0 ♌
27	4 ♋ 35	25 ♋ 46	26 ♍ 49	26 ♍ 14	14 ♋ 3	22 ♋ 47	26 ♓ 41	7 ♊ 8	23 ♉ 56	28 ♉ 24	25 ♍ 1	3 ♌ 4	0 ♑	24 ♏	7 ♍	6 ♍	1 ♌
28	5 ♋ 32	8 ♌ 38	26 ♍ 45	26 ♍ 5	13 ♋ 35	24 ♋ 1	27 ♓ 17	7 ♊ 21	24 ♉ 2	28 ♉ 27	25 ♍ 2	3 ♌ 5	0 ♑	24 ♏	8 ♍	6 ♍	1 ♌
29	6 ♋ 29	21 ♌ 42	26 ♍ 42	25 ♍ 58	13 ♋ 3	25 ♋ 14	27 ♓ 53	7 ♊ 35	24 ♉ 9	28 ♉ 30	25 ♍ 2	3 ♌ 7	0 ♑	24 ♏	8 ♍	7 ♍	1 ♌
30	7 ♋ 27	4 ♍ 58	26 ♍ 39	25 ♍ 55	12 ♋ 30	26 ♋ 27	28 ♓ 28	7 ♊ 48	24 ♉ 15	28 ♉ 33	25 ♍ 3	3 ♌ 8	0 ♑	23 ♏	8 ♍	7 ♍	1 ♌

SUN INGRESS	☉ → ♋ 22日 04:33
MOON PHASE	◐ 3日 06:56 ♍　○ 9日 21:34 ♐　◑ 17日 00:45 ♓　● 25日 04:22 ♋

aspects

2日	17:52	☉□♂
4日	05:13	♀□♆
7日	00:52	♃⚹♇
16日	21:18	☉□♆
21日	03:29	☿☌♀
21日	10:51	♂⚹♄
24日	04:11	♂☍♆
28日	00:39	♀⚹♄
28日	20:09	♀⚹♆
30日	03:09	♂⚹♅

1941年7月

DAY	☉	☽	☊ mean	☊ true	☿	♀	♂	♃	♄	♅	♆	♇	⚳	⚴	⚵	⚶	⚷
	° ′	° ′	° ′	° ′	° ′	° ′	° ′	° ′	° ′	° ′	° ′	° ′	°	°	°	°	°
1	8 ♋ 24	18 ♍ 26	26 ♍ 36	25 R 53	11 R 55	27 D 41	29 D 4	8 D 1	24 D 22	28 D 36	25 D 4	3 D 10	29 R	23 R	9 D	7 D	1 D
2	9 ♋ 21	2 ♎ 8	26 ♍ 33	25 D 53	11 ♋ 19	28 ♋ 54	29 ♓ 39	8 ♊ 14	24 ♉ 28	28 ♉ 38	25 ♍ 5	3 ♌ 11	29 ♐	23 ♏	9 ♍	8 ♍	1 ♌
3	10 ♋ 18	16 ♎ 4	26 ♍ 30	25 R 53	10 ♋ 42	0 ♌ 7	0 ♈ 14	8 ♊ 27	24 ♉ 34	28 ♉ 41	25 ♍ 5	3 ♌ 13	29 ♐	23 ♏	9 ♍	8 ♍	1 ♌
4	11 ♋ 15	0 ♏ 15	26 ♍ 26	25 ♍ 52	10 ♋ 6	1 ♌ 20	0 ♈ 48	8 ♊ 40	24 ♉ 40	28 ♉ 44	25 ♍ 6	3 ♌ 14	29 ♐	23 ♏	9 ♍	9 ♍	1 ♌
5	12 ♋ 13	14 ♏ 40	26 ♍ 23	25 ♍ 49	9 ♋ 30	2 ♌ 33	1 ♈ 23	8 ♊ 53	24 ♉ 46	28 ♉ 47	25 ♍ 7	3 ♌ 16	29 ♐	23 ♏	10 ♍	9 ♍	1 ♌
6	13 ♋ 10	29 ♏ 15	26 ♍ 20	25 ♍ 43	8 ♋ 56	3 ♌ 47	1 ♈ 57	9 ♊ 5	24 ♉ 52	28 ♉ 50	25 ♍ 8	3 ♌ 18	28 ♐	23 ♏	10 ♍	10 ♍	2 ♌
7	14 ♋ 7	13 ♐ 55	26 ♍ 17	25 ♍ 35	8 ♋ 24	5 ♌ 0	2 ♈ 31	9 ♊ 18	24 ♉ 58	28 ♉ 52	25 ♍ 9	3 ♌ 19	28 ♐	23 ♏	10 ♍	10 ♍	2 ♌
8	15 ♋ 4	28 ♐ 34	26 ♍ 14	25 ♍ 25	7 ♋ 54	6 ♌ 13	3 ♈ 4	9 ♊ 31	25 ♉ 4	28 ♉ 55	25 ♍ 10	3 ♌ 21	28 ♐	23 ♏	11 ♍	10 ♍	2 ♌
9	16 ♋ 1	13 ♑ 4	26 ♍ 11	25 ♍ 15	7 ♋ 28	7 ♌ 26	3 ♈ 38	9 ♊ 44	25 ♉ 10	28 ♉ 58	25 ♍ 11	3 ♌ 23	28 ♐	23 ♏	11 ♍	11 ♍	2 ♌
10	16 ♋ 59	27 ♑ 18	26 ♍ 7	25 ♍ 5	7 ♋ 5	8 ♌ 39	4 ♈ 11	9 ♊ 56	25 ♉ 16	29 ♉ 0	25 ♍ 12	3 ♌ 24	28 ♐	23 ♏	11 ♍	11 ♍	2 ♌
11	17 ♋ 56	11 ♒ 11	26 ♍ 4	24 ♍ 57	6 ♋ 46	9 ♌ 52	4 ♈ 44	10 ♊ 9	25 ♉ 21	29 ♉ 3	25 ♍ 13	3 ♌ 26	27 ♐	23 ♏	12 ♍	12 ♍	2 ♌
12	18 ♋ 53	24 ♒ 40	26 ♍ 1	24 ♍ 51	6 ♋ 32	11 ♌ 5	5 ♈ 17	10 ♊ 21	25 ♉ 27	29 ♉ 5	25 ♍ 14	3 ♌ 28	27 ♐	23 ♏	12 ♍	12 ♍	2 ♌
13	19 ♋ 50	7 ♓ 44	25 ♍ 58	24 ♍ 48	6 ♋ 22	12 ♌ 18	5 ♈ 49	10 ♊ 34	25 ♉ 33	29 ♉ 8	25 ♍ 15	3 ♌ 29	27 ♐	23 ♏	12 ♍	13 ♍	2 ♌
14	20 ♋ 47	20 ♓ 24	25 ♍ 55	24 ♍ 47	6 ♋ 17	13 ♌ 31	6 ♈ 21	10 ♊ 46	25 ♉ 38	29 ♉ 10	25 ♍ 17	3 ♌ 31	27 ♐	23 ♏	13 ♍	13 ♍	3 ♌
15	21 ♋ 45	2 ♈ 45	25 ♍ 51	24 D 47	6 D 17	14 ♌ 44	6 ♈ 53	10 ♊ 58	25 ♉ 44	29 ♉ 13	25 ♍ 18	3 ♌ 33	27 ♐	23 ♏	13 ♍	13 ♍	3 ♌
16	22 ♋ 42	14 ♈ 51	25 ♍ 48	24 ♍ 47	6 ♋ 23	15 ♌ 57	7 ♈ 25	11 ♊ 10	25 ♉ 49	29 ♉ 15	25 ♍ 19	3 ♌ 34	27 ♐	23 D	13 ♍	14 ♍	3 ♌
17	23 ♋ 39	26 ♈ 47	25 ♍ 45	24 R 48	6 ♋ 34	17 ♌ 10	7 ♈ 56	11 ♊ 23	25 ♉ 54	29 ♉ 17	25 ♍ 20	3 ♌ 36	26 ♐	23 ♏	14 ♍	14 ♍	3 ♌
18	24 ♋ 36	8 ♉ 38	25 ♍ 42	24 ♍ 46	6 ♋ 51	18 ♌ 23	8 ♈ 27	11 ♊ 35	26 ♉ 0	29 ♉ 20	25 ♍ 21	3 ♌ 38	26 ♐	23 ♏	14 ♍	15 ♍	3 ♌
19	25 ♋ 33	20 ♉ 29	25 ♍ 39	24 ♍ 43	7 ♋ 13	19 ♌ 36	8 ♈ 57	11 ♊ 47	26 ♉ 5	29 ♉ 22	25 ♍ 23	3 ♌ 39	26 ♐	23 ♏	14 ♍	15 ♍	3 ♌
20	26 ♋ 31	2 ♊ 24	25 ♍ 36	24 ♍ 38	7 ♋ 41	20 ♌ 49	9 ♈ 28	11 ♊ 58	26 ♉ 10	29 ♉ 24	25 ♍ 24	3 ♌ 41	26 ♐	23 ♏	15 ♍	16 ♍	3 ♌
21	27 ♋ 28	14 ♊ 29	25 ♍ 32	24 ♍ 31	8 ♋ 15	22 ♌ 2	9 ♈ 58	12 ♊ 10	26 ♉ 15	29 ♉ 27	25 ♍ 25	3 ♌ 43	26 ♐	23 ♏	15 ♍	16 ♍	3 ♌
22	28 ♋ 25	26 ♊ 45	25 ♍ 29	24 ♍ 22	8 ♋ 54	23 ♌ 15	10 ♈ 27	12 ♊ 22	26 ♉ 20	29 ♉ 29	25 ♍ 27	3 ♌ 44	26 ♐	23 ♏	15 ♍	17 ♍	3 ♌
23	29 ♋ 23	9 ♋ 16	25 ♍ 26	24 ♍ 12	9 ♋ 39	24 ♌ 28	10 ♈ 56	12 ♊ 34	26 ♉ 25	29 ♉ 31	25 ♍ 28	3 ♌ 46	26 ♐	23 ♏	16 ♍	17 ♍	4 ♌
24	0 ♌ 20	22 ♋ 1	25 ♍ 23	24 ♍ 2	10 ♋ 29	25 ♌ 41	11 ♈ 25	12 ♊ 45	26 ♉ 29	29 ♉ 33	25 ♍ 30	3 ♌ 48	25 ♐	23 ♏	16 ♍	17 ♍	4 ♌
25	1 ♌ 17	5 ♌ 0	25 ♍ 20	23 ♍ 54	11 ♋ 24	26 ♌ 54	11 ♈ 54	12 ♊ 57	26 ♉ 34	29 ♉ 35	25 ♍ 31	3 ♌ 49	25 ♐	23 ♏	16 ♍	18 ♍	4 ♌
26	2 ♌ 15	18 ♌ 13	25 ♍ 17	23 ♍ 47	12 ♋ 25	28 ♌ 7	12 ♈ 22	13 ♊ 8	26 ♉ 39	29 ♉ 37	25 ♍ 32	3 ♌ 51	25 ♐	23 ♏	17 ♍	18 ♍	4 ♌
27	3 ♌ 12	1 ♍ 39	25 ♍ 13	23 ♍ 43	13 ♋ 31	29 ♌ 19	12 ♈ 49	13 ♊ 20	26 ♉ 43	29 ♉ 39	25 ♍ 34	3 ♌ 53	25 ♐	23 ♏	17 ♍	19 ♍	4 ♌
28	4 ♌ 9	15 ♍ 15	25 ♍ 10	23 ♍ 41	14 ♋ 43	0 ♍ 32	13 ♈ 17	13 ♊ 31	26 ♉ 48	29 ♉ 41	25 ♍ 36	3 ♌ 55	25 ♐	23 ♏	17 ♍	19 ♍	4 ♌
29	5 ♌ 7	29 ♍ 1	25 ♍ 7	23 D 41	15 ♋ 59	1 ♍ 45	13 ♈ 44	13 ♊ 42	26 ♉ 52	29 ♉ 43	25 ♍ 37	3 ♌ 56	25 ♐	23 ♏	18 ♍	20 ♍	4 ♌
30	6 ♌ 4	12 ♎ 56	25 ♍ 4	23 ♍ 42	17 ♋ 20	2 ♍ 58	14 ♈ 10	13 ♊ 53	26 ♉ 57	29 ♉ 45	25 ♍ 39	3 ♌ 58	25 ♐	23 ♏	18 ♍	20 ♍	4 ♌
31	7 ♌ 1	26 ♎ 58	25 ♍ 1	23 ♍ 43	18 ♋ 46	4 ♍ 10	14 ♈ 36	14 ♊ 4	27 ♉ 1	29 ♉ 47	25 ♍ 40	4 ♌ 0	25 ♐	24 ♏	19 ♍	21 ♍	5 ♌

SUN INGRESS ☉ → ♌ 23日 15:26

MOON PHASE ◐ 2日 13:24 ♎ ○ 9日 05:17 ♑ ◑ 16日 17:07 ♈ ● 24日 16:39 ♌ ◐ 31日 18:19 ♏

aspects

1日	18:47	♀⚹♅
3日	04:07	♀△♂
3日	06:11	☉☌☿
5日	14:19	♀☌♇
8日	12:27	♂△♇
9日	05:51	♄△♆
11日	06:32	♀⚹♃
13日	21:06	☿□♂
18日	19:24	☉⚹♆
19日	14:22	☿⚹♄
23日	03:36	☉⚹♅
24日	17:05	♀□♄
25日	21:40	☿□♂
27日	06:39	♀□♅
27日	17:39	☉☌♇
28日	21:43	♂⚹♃

1941年8月

DAY	☉	☽	☊ mean	☊ true	☿	♀	♂	♃	♄	♅	♆	♇	⚳	⚴	⚵	⚶	⚷
	° ′	° ′	° ′	° ′	° ′	° ′	° ′	° ′	° ′	° ′	° ′	° ′	°	°	°	°	°
1	7 ♌ 59	11 ♏ 7	24 ♍ 57	23 R 43	20 D 17	5 D 23	15 D 1	14 D 15	27 D 5	29 D 48	25 D 42	4 D 1	25 R	24 D	19 D	21 D	5 D
2	8 ♌ 56	25 ♏ 20	24 ♍ 54	23 ♍ 42	21 ♋ 52	6 ♍ 36	15 ♈ 26	14 ♊ 26	27 ♉ 9	29 ♉ 50	25 ♍ 43	4 ♌ 3	25 ♐	24 ♏	19 ♍	22 ♍	5 ♌
3	9 ♌ 54	9 ♐ 37	24 ♍ 51	23 ♍ 39	23 ♋ 31	7 ♍ 48	15 ♈ 51	14 ♊ 36	27 ♉ 13	29 ♉ 52	25 ♍ 45	4 ♌ 5	24 ♐	24 ♏	20 ♍	22 ♍	5 ♌
4	10 ♌ 51	23 ♐ 54	24 ♍ 48	23 ♍ 34	25 ♋ 14	9 ♍ 1	16 ♈ 15	14 ♊ 47	27 ♉ 17	29 ♉ 53	25 ♍ 47	4 ♌ 7	24 ♐	24 ♏	20 ♍	23 ♍	5 ♌
5	11 ♌ 49	8 ♑ 6	24 ♍ 45	23 ♍ 28	27 ♋ 0	10 ♍ 14	16 ♈ 39	14 ♊ 58	27 ♉ 21	29 ♉ 55	25 ♍ 48	4 ♌ 8	24 ♐	24 ♏	20 ♍	23 ♍	5 ♌
6	12 ♌ 46	22 ♑ 9	24 ♍ 42	23 ♍ 22	28 ♋ 50	11 ♍ 26	17 ♈ 2	15 ♊ 8	27 ♉ 24	29 ♉ 57	25 ♍ 50	4 ♌ 10	24 ♐	24 ♏	21 ♍	23 ♍	5 ♌
7	13 ♌ 43	6 ♒ 0	24 ♍ 38	23 ♍ 16	0 ♌ 42	12 ♍ 39	17 ♈ 25	15 ♊ 18	27 ♉ 28	29 ♉ 58	25 ♍ 52	4 ♌ 12	24 ♐	24 ♏	21 ♍	24 ♍	5 ♌
8	14 ♌ 41	19 ♒ 34	24 ♍ 35	23 ♍ 11	2 ♌ 37	13 ♍ 51	17 ♈ 47	15 ♊ 29	27 ♉ 31	29 ♉ 59	25 ♍ 54	4 ♌ 13	24 ♐	25 ♏	21 ♍	24 ♍	6 ♌
9	15 ♌ 38	2 ♓ 49	24 ♍ 32	23 ♍ 7	4 ♌ 35	15 ♍ 4	18 ♈ 8	15 ♊ 39	27 ♉ 35	0 ♊ 1	25 ♍ 55	4 ♌ 15	24 ♐	25 ♏	22 ♍	25 ♍	6 ♌
10	16 ♌ 36	15 ♓ 44	24 ♍ 29	23 ♍ 6	6 ♌ 34	16 ♍ 16	18 ♈ 30	15 ♊ 49	27 ♉ 38	0 ♊ 2	25 ♍ 57	4 ♌ 17	24 ♐	25 ♏	22 ♍	25 ♍	6 ♌
11	17 ♌ 33	28 ♓ 20	24 ♍ 26	23 D 5	8 ♌ 34	17 ♍ 29	18 ♈ 50	15 ♊ 58	27 ♉ 41	0 ♊ 4	25 ♍ 59	4 ♌ 18	24 ♐	25 ♏	22 ♍	26 ♍	6 ♌
12	18 ♌ 31	10 ♈ 39	24 ♍ 23	23 ♍ 6	10 ♌ 35	18 ♍ 41	19 ♈ 10	16 ♊ 8	27 ♉ 45	0 ♊ 5	26 ♍ 1	4 ♌ 20	24 ♐	25 ♏	23 ♍	26 ♍	6 ♌
13	19 ♌ 29	22 ♈ 45	24 ♍ 19	23 ♍ 8	12 ♌ 38	19 ♍ 53	19 ♈ 29	16 ♊ 18	27 ♉ 48	0 ♊ 6	26 ♍ 3	4 ♌ 22	24 ♐	25 ♏	23 ♍	27 ♍	6 ♌
14	20 ♌ 26	4 ♉ 41	24 ♍ 16	23 ♍ 10	14 ♌ 40	21 ♍ 6	19 ♈ 48	16 ♊ 27	27 ♉ 51	0 ♊ 7	26 ♍ 5	4 ♌ 23	24 D	26 ♏	23 ♍	27 ♍	6 ♌
15	21 ♌ 24	16 ♉ 33	24 ♍ 13	23 ♍ 11	16 ♌ 43	22 ♍ 18	20 ♈ 6	16 ♊ 37	27 ♉ 54	0 ♊ 8	26 ♍ 7	4 ♌ 25	24 ♐	26 ♏	24 ♍	28 ♍	6 ♌
16	22 ♌ 21	28 ♉ 26	24 ♍ 10	23 R 11	18 ♌ 45	23 ♍ 30	20 ♈ 24	16 ♊ 46	27 ♉ 56	0 ♊ 9	26 ♍ 8	4 ♌ 27	24 ♐	26 ♏	24 ♍	28 ♍	6 ♌
17	23 ♌ 19	10 ♊ 23	24 ♍ 7	23 ♍ 9	20 ♌ 48	24 ♍ 42	20 ♈ 41	16 ♊ 55	27 ♉ 59	0 ♊ 10	26 ♍ 10	4 ♌ 28	24 ♐	26 ♏	25 ♍	29 ♍	7 ♌
18	24 ♌ 17	22 ♊ 30	24 ♍ 3	23 ♍ 7	22 ♌ 49	25 ♍ 55	20 ♈ 57	17 ♊ 4	28 ♉ 2	0 ♊ 11	26 ♍ 12	4 ♌ 30	24 ♐	26 ♏	25 ♍	29 ♍	7 ♌
19	25 ♌ 15	4 ♋ 51	24 ♍ 0	23 ♍ 3	24 ♌ 50	27 ♍ 7	21 ♈ 12	17 ♊ 13	28 ♉ 4	0 ♊ 12	26 ♍ 14	4 ♌ 32	24 ♐	26 ♏	25 ♍	0 ♎	7 ♌
20	26 ♌ 12	17 ♋ 28	23 ♍ 57	22 ♍ 59	26 ♌ 50	28 ♍ 19	21 ♈ 27	17 ♊ 22	28 ♉ 6	0 ♊ 13	26 ♍ 16	4 ♌ 33	24 ♐	27 ♏	26 ♍	0 ♎	7 ♌
21	27 ♌ 10	0 ♌ 24	23 ♍ 54	22 ♍ 55	28 ♌ 49	29 ♍ 31	21 ♈ 41	17 ♊ 31	28 ♉ 9	0 ♊ 14	26 ♍ 18	4 ♌ 35	24 ♐	27 ♏	26 ♍	1 ♎	7 ♌
22	28 ♌ 8	13 ♌ 39	23 ♍ 51	22 ♍ 51	0 ♍ 47	0 ♎ 43	21 ♈ 55	17 ♊ 39	28 ♉ 11	0 ♊ 15	26 ♍ 20	4 ♌ 36	24 ♐	27 ♏	26 ♍	1 ♎	7 ♌
23	29 ♌ 6	27 ♌ 12	23 ♍ 48	22 ♍ 48	2 ♍ 44	1 ♎ 55	22 ♈ 7	17 ♊ 48	28 ♉ 13	0 ♊ 16	26 ♍ 22	4 ♌ 38	24 ♐	27 ♏	27 ♍	2 ♎	7 ♌
24	0 ♍ 4	11 ♍ 2	23 ♍ 44	22 ♍ 47	4 ♍ 39	3 ♎ 7	22 ♈ 19	17 ♊ 56	28 ♉ 15	0 ♊ 16	26 ♍ 24	4 ♌ 39	24 ♐	28 ♏	27 ♍	2 ♎	7 ♌
25	1 ♍ 2	25 ♍ 4	23 ♍ 41	22 D 47	6 ♍ 34	4 ♎ 19	22 ♈ 30	18 ♊ 4	28 ♉ 17	0 ♊ 17	26 ♍ 26	4 ♌ 41	24 ♐	28 ♏	27 ♍	3 ♎	8 ♌
26	1 ♍ 59	9 ♎ 16	23 ♍ 38	22 ♍ 47	8 ♍ 27	5 ♎ 31	22 ♈ 41	18 ♊ 12	28 ♉ 19	0 ♊ 18	26 ♍ 28	4 ♌ 43	25 ♐	28 ♏	28 ♍	3 ♎	8 ♌
27	2 ♍ 57	23 ♎ 33	23 ♍ 35	22 ♍ 48	10 ♍ 18	6 ♎ 43	22 ♈ 50	18 ♊ 20	28 ♉ 20	0 ♊ 18	26 ♍ 30	4 ♌ 44	25 ♐	28 ♏	28 ♍	4 ♎	8 ♌
28	3 ♍ 55	7 ♏ 52	23 ♍ 32	22 ♍ 50	12 ♍ 9	7 ♎ 55	22 ♈ 59	18 ♊ 28	28 ♉ 22	0 ♊ 19	26 ♍ 33	4 ♌ 46	25 ♐	28 ♏	28 ♍	4 ♎	8 ♌
29	4 ♍ 53	22 ♏ 9	23 ♍ 28	22 ♍ 51	13 ♍ 58	9 ♎ 7	23 ♈ 7	18 ♊ 36	28 ♉ 23	0 ♊ 19	26 ♍ 35	4 ♌ 47	25 ♐	29 ♏	29 ♍	5 ♎	8 ♌
30	5 ♍ 51	6 ♐ 22	23 ♍ 25	22 R 51	15 ♍ 46	10 ♎ 18	23 ♈ 14	18 ♊ 43	28 ♉ 25	0 ♊ 19	26 ♍ 37	4 ♌ 49	25 ♐	29 ♏	29 ♍	5 ♎	8 ♌
31	6 ♍ 49	20 ♐ 29	23 ♍ 22	22 ♍ 51	17 ♍ 32	11 ♎ 30	23 ♈ 21	18 ♊ 51	28 ♉ 26	0 ♊ 20	26 ♍ 39	4 ♌ 50	25 ♐	29 ♏	0 ♎	6 ♎	8 ♌

SUN INGRESS ☉ → ♍ 23日 22:17

MOON PHASE ○ 7日 14:38 ♒ ◑ 15日 10:40 ♉ ● 23日 03:34 ♌ ◐ 29日 23:04 ♐

aspects

4日	07:41	☿⚹♆
5日	04:43	☿⚹♄
6日	14:31	☿⚹♅
8日	19:58	☿☌♇
9日	00:07	☉⚹♃
9日	13:26	♀□♃
13日	00:28	☉△♂
14日	22:43	☿⚹♃
16日	22:23	☿△♂
18日	06:05	♀☌♆
19日	09:24	☉☌☿
19日	19:43	♀△♄
20日	15:40	☿□♄
21日	14:32	♀△♅
21日	17:24	☿□♅
22日	01:16	☉□♄
24日	05:20	☉□♅
25日	07:28	♀⚹♇
31日	19:07	☿□♃

1941年9月

DAY	☉	☽	☊ mean	☊ true	☿	♀	♂	♃	♄	♅	♆	♇	⚳	⚴	⚵	⚶	⚷
	° ′	° ′	° ′	° ′	° ′	° ′	° ′	° ′	° ′	° ′	° ′	° ′	°	°	°	°	°
1	7 ♍ 47	4 ♑ 28	23 ♍ 19	22 R 49	19 D 18	12 D 42	23 D 27	18 D 58	28 D 27	0 D 20	26 D 41	4 D 52	25 D	29 D	0 D	6 D	8 D
2	8 ♍ 45	18 ♑ 16	23 ♍ 16	22 ♍ 48	21 ♍ 2	13 ♎ 54	23 ♈ 31	19 ♊ 5	28 ♉ 28	0 ♊ 20	26 ♍ 43	4 ♌ 53	25 ♐	0 ♐	0 ♎	7 ♎	8 ♌
3	9 ♍ 43	1 ♒ 53	23 ♍ 13	22 ♍ 46	22 ♍ 44	15 ♎ 5	23 ♈ 35	19 ♊ 12	28 ♉ 29	0 ♊ 20	26 ♍ 45	4 ♌ 55	25 ♐	0 ♐	1 ♎	7 ♎	9 ♌
4	10 ♍ 42	15 ♒ 17	23 ♍ 9	22 ♍ 44	24 ♍ 26	16 ♎ 17	23 ♈ 38	19 ♊ 18	28 ♉ 30	0 ♊ 21	26 ♍ 47	4 ♌ 56	25 ♐	0 ♐	1 ♎	8 ♎	9 ♌
5	11 ♍ 40	28 ♒ 26	23 ♍ 6	22 ♍ 43	26 ♍ 6	17 ♎ 28	23 ♈ 41	19 ♊ 25	28 ♉ 30	0 ♊ 21	26 ♍ 50	4 ♌ 57	26 ♐	0 ♐	1 ♎	8 ♎	9 ♌
6	12 ♍ 38	11 ♓ 21	23 ♍ 3	22 ♍ 43	27 ♍ 45	18 ♎ 40	23 ♈ 42	19 ♊ 31	28 ♉ 31	0 ♊ 21	26 ♍ 52	4 ♌ 59	26 ♐	1 ♐	2 ♎	9 ♎	9 ♌
7	13 ♍ 36	24 ♓ 1	23 ♍ 0	22 D 42	29 ♍ 23	19 ♎ 51	23 ♈ 43	19 ♊ 38	28 ♉ 32	0 R 21	26 ♍ 54	5 ♌ 0	26 ♐	1 ♐	2 ♎	9 ♎	9 ♌
8	14 ♍ 34	6 ♈ 27	22 ♍ 57	22 ♍ 43	1 ♎ 0	21 ♎ 3	23 R 42	19 ♊ 44	28 ♉ 32	0 ♊ 21	26 ♍ 56	5 ♌ 2	26 ♐	1 ♐	2 ♎	10 ♎	9 ♌
9	15 ♍ 33	18 ♈ 41	22 ♍ 54	22 ♍ 43	2 ♎ 36	22 ♎ 14	23 ♈ 41	19 ♊ 50	28 ♉ 32	0 ♊ 20	26 ♍ 58	5 ♌ 3	26 ♐	1 ♐	3 ♎	10 ♎	9 ♌
10	16 ♍ 31	0 ♉ 44	22 ♍ 50	22 ♍ 44	4 ♎ 10	23 ♎ 25	23 ♈ 39	19 ♊ 56	28 ♉ 32	0 ♊ 20	27 ♍ 0	5 ♌ 4	26 ♐	2 ♐	3 ♎	11 ♎	9 ♌
11	17 ♍ 29	12 ♉ 39	22 ♍ 47	22 ♍ 44	5 ♎ 43	24 ♎ 36	23 ♈ 36	20 ♊ 1	28 ♉ 32	0 ♊ 20	27 ♍ 3	5 ♌ 6	26 ♐	2 ♐	4 ♎	11 ♎	9 ♌
12	18 ♍ 27	24 ♉ 31	22 ♍ 44	22 ♍ 45	7 ♎ 15	25 ♎ 48	23 ♈ 32	20 ♊ 7	28 R 32	0 ♊ 20	27 ♍ 5	5 ♌ 7	26 ♐	2 ♐	4 ♎	12 ♎	10 ♌
13	19 ♍ 26	6 ♊ 23	22 ♍ 41	22 ♍ 45	8 ♎ 46	26 ♎ 59	23 ♈ 28	20 ♊ 12	28 ♉ 32	0 ♊ 20	27 ♍ 7	5 ♌ 8	27 ♐	3 ♐	4 ♎	12 ♎	10 ♌
14	20 ♍ 24	18 ♊ 19	22 ♍ 38	22 ♍ 45	10 ♎ 16	28 ♎ 10	23 ♈ 22	20 ♊ 17	28 ♉ 32	0 ♊ 19	27 ♍ 9	5 ♌ 10	27 ♐	3 ♐	5 ♎	13 ♎	10 ♌
15	21 ♍ 23	0 ♋ 25	22 ♍ 34	22 R 45	11 ♎ 45	29 ♎ 21	23 ♈ 16	20 ♊ 22	28 ♉ 32	0 ♊ 19	27 ♍ 12	5 ♌ 11	27 ♐	3 ♐	5 ♎	13 ♎	10 ♌
16	22 ♍ 21	12 ♋ 45	22 ♍ 31	22 ♍ 45	13 ♎ 13	0 ♏ 32	23 ♈ 9	20 ♊ 27	28 ♉ 31	0 ♊ 18	27 ♍ 14	5 ♌ 12	27 ♐	3 ♐	5 ♎	14 ♎	10 ♌
17	23 ♍ 20	25 ♋ 23	22 ♍ 28	22 D 45	14 ♎ 39	1 ♏ 43	23 ♈ 1	20 ♊ 31	28 ♉ 31	0 ♊ 18	27 ♍ 16	5 ♌ 13	27 ♐	4 ♐	6 ♎	14 ♎	10 ♌
18	24 ♍ 18	8 ♌ 22	22 ♍ 25	22 ♍ 45	16 ♎ 5	2 ♏ 54	22 ♈ 52	20 ♊ 36	28 ♉ 30	0 ♊ 17	27 ♍ 18	5 ♌ 15	27 ♐	4 ♐	6 ♎	15 ♎	10 ♌
19	25 ♍ 17	21 ♌ 44	22 ♍ 22	22 ♍ 46	17 ♎ 29	4 ♏ 5	22 ♈ 42	20 ♊ 40	28 ♉ 29	0 ♊ 17	27 ♍ 20	5 ♌ 16	28 ♐	4 ♐	6 ♎	15 ♎	10 ♌
20	26 ♍ 16	5 ♍ 30	22 ♍ 19	22 ♍ 46	18 ♎ 52	5 ♏ 15	22 ♈ 31	20 ♊ 44	28 ♉ 28	0 ♊ 16	27 ♍ 23	5 ♌ 17	28 ♐	5 ♐	7 ♎	16 ♎	10 ♌
21	27 ♍ 14	19 ♍ 37	22 ♍ 15	22 ♍ 46	20 ♎ 13	6 ♏ 26	22 ♈ 20	20 ♊ 48	28 ♉ 27	0 ♊ 15	27 ♍ 25	5 ♌ 18	28 ♐	5 ♐	7 ♎	16 ♎	10 ♌
22	28 ♍ 13	4 ♎ 3	22 ♍ 12	22 R 46	21 ♎ 34	7 ♏ 37	22 ♈ 8	20 ♊ 52	28 ♉ 26	0 ♊ 14	27 ♍ 27	5 ♌ 19	28 ♐	5 ♐	8 ♎	17 ♎	11 ♌
23	29 ♍ 12	18 ♎ 42	22 ♍ 9	22 ♍ 46	22 ♎ 53	8 ♏ 48	21 ♈ 55	20 ♊ 55	28 ♉ 25	0 ♊ 14	27 ♍ 29	5 ♌ 20	28 ♐	6 ♐	8 ♎	17 ♎	11 ♌
24	0 ♎ 10	3 ♏ 26	22 ♍ 6	22 ♍ 45	24 ♎ 10	9 ♏ 58	21 ♈ 42	20 ♊ 59	28 ♉ 24	0 ♊ 13	27 ♍ 32	5 ♌ 22	29 ♐	6 ♐	8 ♎	18 ♎	11 ♌
25	1 ♎ 9	18 ♏ 10	22 ♍ 3	22 ♍ 44	25 ♎ 27	11 ♏ 9	21 ♈ 28	21 ♊ 2	28 ♉ 22	0 ♊ 12	27 ♍ 34	5 ♌ 23	29 ♐	6 ♐	9 ♎	18 ♎	11 ♌
26	2 ♎ 8	2 ♐ 46	21 ♍ 59	22 ♍ 43	26 ♎ 41	12 ♏ 19	21 ♈ 13	21 ♊ 5	28 ♉ 21	0 ♊ 11	27 ♍ 36	5 ♌ 24	29 ♐	7 ♐	9 ♎	19 ♎	11 ♌
27	3 ♎ 7	17 ♐ 10	21 ♍ 56	22 ♍ 42	27 ♎ 55	13 ♏ 30	20 ♈ 58	21 ♊ 8	28 ♉ 19	0 ♊ 10	27 ♍ 38	5 ♌ 25	29 ♐	7 ♐	9 ♎	19 ♎	11 ♌
28	4 ♎ 6	1 ♑ 19	21 ♍ 53	22 ♍ 42	29 ♎ 6	14 ♏ 40	20 ♈ 42	21 ♊ 10	28 ♉ 17	0 ♊ 9	27 ♍ 40	5 ♌ 26	29 ♐	7 ♐	10 ♎	20 ♎	11 ♌
29	5 ♎ 5	15 ♑ 10	21 ♍ 50	22 D 42	0 ♏ 16	15 ♏ 50	20 ♈ 26	21 ♊ 13	28 ♉ 15	0 ♊ 8	27 ♍ 43	5 ♌ 27	0 ♑	8 ♐	10 ♎	20 ♎	11 ♌
30	6 ♎ 4	28 ♑ 43	21 ♍ 47	22 ♍ 43	1 ♏ 24	17 ♏ 0	20 ♈ 9	21 ♊ 15	28 ♉ 13	0 ♊ 7	27 ♍ 45	5 ♌ 28	0 ♑	8 ♐	11 ♎	21 ♎	11 ♌

SUN INGRESS: ☉ → ♎ 23日 19:33

MOON PHASE: ○ 6日 02:36 ♓ ◑ 14日 04:31 ♊ ● 21日 13:38 ♍ ◐ 28日 05:09 ♑

aspects

5日	10:42	☿☌♆
6日	11:15	☿△♄
6日	19:01	♀△♃
7日	14:13	☿△♅
10日	04:32	♀☍♂
10日	14:10	☿⚹♇
13日	20:46	☉□♃
20日	00:32	♀□♇
21日	04:33	☉☌♆
21日	10:54	☿△♃
22日	05:17	☉△♄
22日	08:58	☿☍♂
24日	00:56	☉△♅
26日	10:48	♂⚹♃
29日	09:09	☉⚹♇

1941年10月

DAY	☉	☽	☊ mean	☊ true	☿	♀	♂	♃	♄	♅	♆	♇	⚳	⚴	⚵	⚶	⚷
	° ′	° ′	° ′	° ′	° ′	° ′	° ′	° ′	° ′	° ′	° ′	° ′	°	°	°	°	°
1	7 ♎ 3	12 ♒ 0	21 ♍ 44	22 D 44	2 D 29	18 D 10	19 R 52	21 D 17	28 R 11	0 R 5	27 D 47	5 D 29	0 D	8 D	11 D	21 D	11 D
2	8 ♎ 2	25 ♒ 1	21 ♍ 40	22 ♍ 45	3 ♏ 33	19 ♏ 20	19 ♈ 34	21 ♊ 19	28 ♉ 9	0 ♊ 4	27 ♍ 49	5 ♌ 30	0 ♑	8 ♐	11 ♎	22 ♎	11 ♌
3	9 ♎ 1	7 ♓ 48	21 ♍ 37	22 ♍ 46	4 ♏ 34	20 ♏ 30	19 ♈ 16	21 ♊ 20	28 ♉ 7	0 ♊ 3	27 ♍ 52	5 ♌ 31	1 ♑	9 ♐	12 ♎	22 ♎	12 ♌
4	10 ♎ 0	20 ♓ 22	21 ♍ 34	22 ♍ 47	5 ♏ 33	21 ♏ 40	18 ♈ 58	21 ♊ 22	28 ♉ 5	0 ♊ 2	27 ♍ 54	5 ♌ 31	1 ♑	9 ♐	12 ♎	23 ♎	12 ♌
5	10 ♎ 59	2 ♈ 45	21 ♍ 31	22 R 46	6 ♏ 29	22 ♏ 50	18 ♈ 40	21 ♊ 23	28 ♉ 2	0 ♊ 0	27 ♍ 56	5 ♌ 32	1 ♑	9 ♐	12 ♎	23 ♎	12 ♌
6	11 ♎ 58	14 ♈ 59	21 ♍ 28	22 ♍ 45	7 ♏ 21	24 ♏ 0	18 ♈ 21	21 ♊ 24	28 ♉ 0	29 ♉ 59	27 ♍ 58	5 ♌ 33	1 ♑	10 ♐	13 ♎	24 ♎	12 ♌
7	12 ♎ 57	27 ♈ 4	21 ♍ 25	22 ♍ 43	8 ♏ 11	25 ♏ 9	18 ♈ 2	21 ♊ 25	27 ♉ 57	29 ♉ 57	28 ♍ 0	5 ♌ 34	2 ♑	10 ♐	13 ♎	25 ♎	12 ♌
8	13 ♎ 56	9 ♉ 2	21 ♍ 21	22 ♍ 40	8 ♏ 57	26 ♏ 19	17 ♈ 43	21 ♊ 26	27 ♉ 54	29 ♉ 56	28 ♍ 2	5 ♌ 35	2 ♑	10 ♐	13 ♎	25 ♎	12 ♌
9	14 ♎ 55	20 ♉ 55	21 ♍ 18	22 ♍ 36	9 ♏ 39	27 ♏ 28	17 ♈ 24	21 ♊ 26	27 ♉ 51	29 ♉ 54	28 ♍ 5	5 ♌ 35	2 ♑	11 ♐	14 ♎	26 ♎	12 ♌
10	15 ♎ 55	2 ♊ 46	21 ♍ 15	22 ♍ 32	10 ♏ 17	28 ♏ 38	17 ♈ 6	21 ♊ 26	27 ♉ 48	29 ♉ 53	28 ♍ 7	5 ♌ 36	2 ♑	11 ♐	14 ♎	26 ♎	12 ♌
11	16 ♎ 54	14 ♊ 38	21 ♍ 12	22 ♍ 29	10 ♏ 50	29 ♏ 47	16 ♈ 47	21 R 26	27 ♉ 45	29 ♉ 51	28 ♍ 9	5 ♌ 37	3 ♑	12 ♐	15 ♎	27 ♎	12 ♌
12	17 ♎ 53	26 ♊ 33	21 ♍ 9	22 ♍ 26	11 ♏ 18	0 ♐ 56	16 ♈ 28	21 ♊ 26	27 ♉ 42	29 ♉ 49	28 ♍ 11	5 ♌ 38	3 ♑	12 ♐	15 ♎	27 ♎	12 ♌
13	18 ♎ 53	8 ♋ 37	21 ♍ 5	22 ♍ 24	11 ♏ 41	2 ♐ 5	16 ♈ 10	21 ♊ 26	27 ♉ 39	29 ♉ 48	28 ♍ 13	5 ♌ 38	3 ♑	12 ♐	15 ♎	28 ♎	12 ♌
14	19 ♎ 52	20 ♋ 53	21 ♍ 2	22 D 24	11 ♏ 57	3 ♐ 14	15 ♈ 51	21 ♊ 25	27 ♉ 36	29 ♉ 46	28 ♍ 15	5 ♌ 39	3 ♑	13 ♐	16 ♎	28 ♎	12 ♌
15	20 ♎ 52	3 ♌ 26	20 ♍ 59	22 ♍ 24	12 ♏ 7	4 ♐ 23	15 ♈ 33	21 ♊ 24	27 ♉ 33	29 ♉ 44	28 ♍ 17	5 ♌ 40	4 ♑	13 ♐	16 ♎	29 ♎	12 ♌
16	21 ♎ 51	16 ♌ 20	20 ♍ 56	22 ♍ 26	12 R 9	5 ♐ 32	15 ♈ 15	21 ♊ 23	27 ♉ 29	29 ♉ 42	28 ♍ 19	5 ♌ 40	4 ♑	13 ♐	16 ♎	29 ♎	13 ♌
17	22 ♎ 51	29 ♌ 39	20 ♍ 53	22 ♍ 27	12 ♏ 4	6 ♐ 41	14 ♈ 58	21 ♊ 22	27 ♉ 26	29 ♉ 41	28 ♍ 22	5 ♌ 41	4 ♑	14 ♐	17 ♎	0 ♏	13 ♌
18	23 ♎ 50	13 ♍ 25	20 ♍ 50	22 ♍ 28	11 ♏ 51	7 ♐ 49	14 ♈ 41	21 ♊ 21	27 ♉ 22	29 ♉ 39	28 ♍ 24	5 ♌ 41	4 ♑	14 ♐	17 ♎	0 ♏	13 ♌
19	24 ♎ 50	27 ♍ 38	20 ♍ 46	22 R 29	11 ♏ 30	8 ♐ 58	14 ♈ 24	21 ♊ 19	27 ♉ 18	29 ♉ 37	28 ♍ 26	5 ♌ 42	5 ♑	14 ♐	17 ♎	1 ♏	13 ♌
20	25 ♎ 49	12 ♎ 16	20 ♍ 43	22 ♍ 27	10 ♏ 59	10 ♐ 6	14 ♈ 8	21 ♊ 18	27 ♉ 15	29 ♉ 35	28 ♍ 28	5 ♌ 42	5 ♑	15 ♐	18 ♎	1 ♏	13 ♌
21	26 ♎ 49	27 ♎ 13	20 ♍ 40	22 ♍ 25	10 ♏ 20	11 ♐ 14	13 ♈ 52	21 ♊ 16	27 ♉ 11	29 ♉ 33	28 ♍ 30	5 ♌ 43	5 ♑	15 ♐	18 ♎	2 ♏	13 ♌
22	27 ♎ 49	12 ♏ 20	20 ♍ 37	22 ♍ 20	9 ♏ 33	12 ♐ 22	13 ♈ 37	21 ♊ 13	27 ♉ 7	29 ♉ 31	28 ♍ 32	5 ♌ 43	6 ♑	15 ♐	18 ♎	2 ♏	13 ♌
23	28 ♎ 49	27 ♏ 29	20 ♍ 34	22 ♍ 14	8 ♏ 37	13 ♐ 30	13 ♈ 22	21 ♊ 11	27 ♉ 3	29 ♉ 29	28 ♍ 34	5 ♌ 44	6 ♑	16 ♐	19 ♎	3 ♏	13 ♌
24	29 ♎ 48	12 ♐ 28	20 ♍ 31	22 ♍ 9	7 ♏ 34	14 ♐ 38	13 ♈ 8	21 ♊ 8	26 ♉ 59	29 ♉ 27	28 ♍ 36	5 ♌ 44	6 ♑	16 ♐	19 ♎	3 ♏	13 ♌
25	0 ♏ 48	27 ♐ 11	20 ♍ 27	22 ♍ 4	6 ♏ 25	15 ♐ 46	12 ♈ 55	21 ♊ 6	26 ♉ 55	29 ♉ 25	28 ♍ 38	5 ♌ 44	7 ♑	16 ♐	20 ♎	4 ♏	13 ♌
26	1 ♏ 48	11 ♑ 30	20 ♍ 24	22 ♍ 1	5 ♏ 12	16 ♐ 54	12 ♈ 42	21 ♊ 3	26 ♉ 51	29 ♉ 23	28 ♍ 40	5 ♌ 45	7 ♑	17 ♐	20 ♎	5 ♏	13 ♌
27	2 ♏ 48	25 ♑ 25	20 ♍ 21	21 ♍ 59	3 ♏ 56	18 ♐ 1	12 ♈ 30	20 ♊ 59	26 ♉ 47	29 ♉ 20	28 ♍ 41	5 ♌ 45	7 ♑	17 ♐	20 ♎	5 ♏	13 ♌
28	3 ♏ 48	8 ♒ 55	20 ♍ 18	21 D 59	2 ♏ 39	19 ♐ 9	12 ♈ 19	20 ♊ 56	26 ♉ 42	29 ♉ 18	28 ♍ 43	5 ♌ 45	7 ♑	18 ♐	21 ♎	6 ♏	13 ♌
29	4 ♏ 48	22 ♒ 3	20 ♍ 15	22 ♍ 0	1 ♏ 25	20 ♐ 16	12 ♈ 9	20 ♊ 53	26 ♉ 38	29 ♉ 16	28 ♍ 45	5 ♌ 46	8 ♑	18 ♐	21 ♎	6 ♏	13 ♌
30	5 ♏ 48	4 ♓ 50	20 ♍ 11	22 ♍ 1	0 ♏ 15	21 ♐ 23	11 ♈ 59	20 ♊ 49	26 ♉ 34	29 ♉ 14	28 ♍ 47	5 ♌ 46	8 ♑	18 ♐	21 ♎	7 ♏	13 ♌
31	6 ♏ 48	17 ♓ 21	20 ♍ 8	22 ♍ 2	29 ♎ 11	22 ♐ 30	11 ♈ 50	20 ♊ 45	26 ♉ 29	29 ♉ 12	28 ♍ 49	5 ♌ 46	8 ♑	19 ♐	22 ♎	7 ♏	13 ♌

SUN INGRESS: ☉ → ♏ 24日 04:27

MOON PHASE: ○ 5日 17:32 ♈ ◑ 13日 21:52 ♋ ● 20日 23:20 ♎ ◐ 27日 14:04 ♒

aspects

3日	23:27	☿□♇
6日	07:24	♄△♆
9日	07:40	♀☍♄
9日	12:57	♀⚹♆
10日	21:47	☉☍♂
11日	01:25	♀☍♅
15日	13:01	☉△♃
16日	02:56	♀△♇
22日	21:34	♀△♂
25日	13:26	☿□♇
27日	11:56	☉☌☿
29日	12:30	♀☍♃
29日	23:17	☉□♇

1941年11月

DAY	☉	☽	☊ mean	☊ true	☿	♀	♂	♃	♄	♅	♆	♇	⚳	⚴	⚵	⚶	⚷
	° ′	° ′	° ′	° ′	° ′	° ′	° ′	° ′	° ′	° ′	° ′	° ′	°	°	°	°	°
1	7 ♏ 48	29 ♓ 40	20 ♍ 5	22 R 2	28 R 16	23 D 36	11 R 42	20 R 41	26 R 25	29 R 9	28 D 51	5 D 46	9 D	19 D	22 D	8 D	13 D
2	8 ♏ 48	11 ♈ 49	20 ♍ 2	22 ♍ 0	27 ♎ 31	24 ♐ 43	11 ♈ 34	20 ♊ 37	26 ♉ 20	29 ♉ 7	28 ♍ 53	5 ♌ 46	9 ♑	19 ♐	22 ♎	8 ♏	13 ♌
3	9 ♏ 48	23 ♈ 51	19 ♍ 59	21 ♍ 55	26 ♎ 56	25 ♐ 49	11 ♈ 28	20 ♊ 32	26 ♉ 16	29 ♉ 5	28 ♍ 54	5 ♌ 47	9 ♑	20 ♐	23 ♎	9 ♏	14 ♌
4	10 ♏ 48	5 ♉ 48	19 ♍ 56	21 ♍ 49	26 ♎ 33	26 ♐ 55	11 ♈ 22	20 ♊ 27	26 ♉ 11	29 ♉ 2	28 ♍ 56	5 ♌ 47	10 ♑	20 ♐	23 ♎	9 ♏	14 ♌
5	11 ♏ 48	17 ♉ 42	19 ♍ 52	21 ♍ 40	26 ♎ 22	28 ♐ 1	11 ♈ 17	20 ♊ 23	26 ♉ 7	29 ♉ 0	28 ♍ 58	5 ♌ 47	10 ♑	21 ♐	23 ♎	10 ♏	14 ♌
6	12 ♏ 48	29 ♉ 34	19 ♍ 49	21 ♍ 30	26 D 22	29 ♐ 7	11 ♈ 13	20 ♊ 18	26 ♉ 2	28 ♉ 58	29 ♍ 0	5 ♌ 47	10 ♑	21 ♐	24 ♎	10 ♏	14 ♌
7	13 ♏ 48	11 ♊ 26	19 ♍ 46	21 ♍ 19	26 ♎ 33	0 ♑ 12	11 ♈ 10	20 ♊ 12	25 ♉ 57	28 ♉ 55	29 ♍ 1	5 ♌ 47	11 ♑	21 ♐	24 ♎	11 ♏	14 ♌
8	14 ♏ 48	23 ♊ 19	19 ♍ 43	21 ♍ 9	26 ♎ 55	1 ♑ 18	11 ♈ 7	20 ♊ 7	25 ♉ 53	28 ♉ 53	29 ♍ 3	5 R 47	11 ♑	22 ♐	24 ♎	11 ♏	14 ♌
9	15 ♏ 49	5 ♋ 16	19 ♍ 40	21 ♍ 1	27 ♎ 26	2 ♑ 23	11 ♈ 5	20 ♊ 2	25 ♉ 48	28 ♉ 50	29 ♍ 5	5 ♌ 47	11 ♑	22 ♐	25 ♎	12 ♏	14 ♌
10	16 ♏ 49	17 ♋ 20	19 ♍ 36	20 ♍ 54	28 ♎ 5	3 ♑ 28	11 ♈ 4	19 ♊ 56	25 ♉ 43	28 ♉ 48	29 ♍ 6	5 ♌ 47	12 ♑	22 ♐	25 ♎	13 ♏	14 ♌
11	17 ♏ 49	29 ♋ 34	19 ♍ 33	20 ♍ 50	28 ♎ 53	4 ♑ 32	11 D 4	19 ♊ 50	25 ♉ 38	28 ♉ 46	29 ♍ 8	5 ♌ 47	12 ♑	23 ♐	26 ♎	13 ♏	14 ♌
12	18 ♏ 50	12 ♌ 3	19 ♍ 30	20 ♍ 48	29 ♎ 47	5 ♑ 37	11 ♈ 5	19 ♊ 44	25 ♉ 33	28 ♉ 43	29 ♍ 10	5 ♌ 46	12 ♑	23 ♐	26 ♎	14 ♏	14 ♌
13	19 ♏ 50	24 ♌ 50	19 ♍ 27	20 D 48	0 ♏ 47	6 ♑ 41	11 ♈ 6	19 ♊ 38	25 ♉ 29	28 ♉ 41	29 ♍ 11	5 ♌ 46	13 ♑	24 ♐	26 ♎	14 ♏	14 ♌
14	20 ♏ 50	8 ♍ 0	19 ♍ 24	20 ♍ 49	1 ♏ 53	7 ♑ 45	11 ♈ 8	19 ♊ 32	25 ♉ 24	28 ♉ 38	29 ♍ 13	5 ♌ 46	13 ♑	24 ♐	27 ♎	15 ♏	14 ♌
15	21 ♏ 51	21 ♍ 37	19 ♍ 21	20 R 49	3 ♏ 3	8 ♑ 48	11 ♈ 11	19 ♊ 26	25 ♉ 19	28 ♉ 36	29 ♍ 14	5 ♌ 46	13 ♑	24 ♐	27 ♎	15 ♏	14 ♌
16	22 ♏ 51	5 ♎ 43	19 ♍ 17	20 ♍ 48	4 ♏ 17	9 ♑ 52	11 ♈ 15	19 ♊ 19	25 ♉ 14	28 ♉ 33	29 ♍ 16	5 ♌ 46	14 ♑	25 ♐	27 ♎	16 ♏	14 ♌
17	23 ♏ 52	20 ♎ 16	19 ♍ 14	20 ♍ 45	5 ♏ 34	10 ♑ 55	11 ♈ 19	19 ♊ 12	25 ♉ 9	28 ♉ 31	29 ♍ 17	5 ♌ 45	14 ♑	25 ♐	28 ♎	16 ♏	14 ♌
18	24 ♏ 52	5 ♏ 14	19 ♍ 11	20 ♍ 39	6 ♏ 54	11 ♑ 58	11 ♈ 25	19 ♊ 6	25 ♉ 4	28 ♉ 28	29 ♍ 19	5 ♌ 45	14 ♑	25 ♐	28 ♎	17 ♏	14 ♌
19	25 ♏ 53	20 ♏ 28	19 ♍ 8	20 ♍ 31	8 ♏ 17	13 ♑ 0	11 ♈ 30	18 ♊ 59	24 ♉ 59	28 ♉ 26	29 ♍ 20	5 ♌ 45	15 ♑	26 ♐	28 ♎	17 ♏	14 ♌
20	26 ♏ 53	5 ♐ 49	19 ♍ 5	20 ♍ 21	9 ♏ 41	14 ♑ 2	11 ♈ 37	18 ♊ 52	24 ♉ 54	28 ♉ 23	29 ♍ 22	5 ♌ 45	15 ♑	26 ♐	29 ♎	18 ♏	14 ♌
21	27 ♏ 54	21 ♐ 5	19 ♍ 2	20 ♍ 10	11 ♏ 8	15 ♑ 4	11 ♈ 45	18 ♊ 44	24 ♉ 49	28 ♉ 21	29 ♍ 23	5 ♌ 44	15 ♑	27 ♐	29 ♎	18 ♏	14 ♌
22	28 ♏ 55	6 ♑ 5	18 ♍ 58	20 ♍ 1	12 ♏ 35	16 ♑ 5	11 ♈ 53	18 ♊ 37	24 ♉ 45	28 ♉ 18	29 ♍ 24	5 ♌ 44	16 ♑	27 ♐	29 ♎	19 ♏	14 ♌
23	29 ♏ 55	20 ♑ 40	18 ♍ 55	19 ♍ 53	14 ♏ 4	17 ♑ 7	12 ♈ 2	18 ♊ 30	24 ♉ 40	28 ♉ 16	29 ♍ 26	5 ♌ 43	16 ♑	27 ♐	0 ♏	19 ♏	14 ♌
24	0 ♐ 56	4 ♒ 46	18 ♍ 52	19 ♍ 48	15 ♏ 34	18 ♑ 7	12 ♈ 11	18 ♊ 22	24 ♉ 35	28 ♉ 13	29 ♍ 27	5 ♌ 43	16 ♑	28 ♐	0 ♏	20 ♏	14 ♌
25	1 ♐ 57	18 ♒ 23	18 ♍ 49	19 ♍ 45	17 ♏ 3	19 ♑ 8	12 ♈ 21	18 ♊ 15	24 ♉ 30	28 ♉ 11	29 ♍ 28	5 ♌ 43	17 ♑	28 ♐	0 ♏	21 ♏	14 ♌
26	2 ♐ 57	1 ♓ 32	18 ♍ 46	19 ♍ 45	18 ♏ 36	20 ♑ 8	12 ♈ 32	18 ♊ 7	24 ♉ 25	28 ♉ 8	29 ♍ 29	5 ♌ 42	17 ♑	28 ♐	1 ♏	21 ♏	14 ♌
27	3 ♐ 58	14 ♓ 17	18 ♍ 42	19 D 45	20 ♏ 7	21 ♑ 7	12 ♈ 44	18 ♊ 0	24 ♉ 20	28 ♉ 6	29 ♍ 31	5 ♌ 42	17 ♑	29 ♐	1 ♏	22 ♏	14 ♌
28	4 ♐ 59	26 ♓ 42	18 ♍ 39	19 R 45	21 ♏ 40	22 ♑ 6	12 ♈ 56	17 ♊ 52	24 ♉ 16	28 ♉ 3	29 ♍ 32	5 ♌ 41	18 ♑	29 ♐	1 ♏	22 ♏	14 R
29	6 ♐ 0	8 ♈ 53	18 ♍ 36	19 ♍ 43	23 ♏ 12	23 ♑ 5	13 ♈ 9	17 ♊ 44	24 ♉ 11	28 ♉ 1	29 ♍ 33	5 ♌ 40	18 ♑	0 ♑	2 ♏	23 ♏	14 ♌
30	7 ♐ 0	20 ♈ 54	18 ♍ 33	19 ♍ 39	24 ♏ 45	24 ♑ 3	13 ♈ 22	17 ♊ 36	24 ♉ 6	27 ♉ 58	29 ♍ 34	5 ♌ 40	18 ♑	0 ♑	2 ♏	23 ♏	14 ♌

SUN INGRESS	☉ → ♐ 23日 01:38
MOON PHASE	○ 4日 11:00 ♉ ◑ 12日 13:53 ♌ ● 19日 09:04 ♏ ◐ 26日 02:52 ♓

aspects	
3日 17:51	☿⚹⚳
5日 11:58	♅△♆
5日 21:20	♀□♆
17日 03:25	☿□♇
17日 10:11	♀□♂
18日 04:19	☉☍♄
21日 10:07	☉☍♅
22日 11:58	☉⚹♆
28日 16:30	☉△♇
28日 19:07	☿⚹⚳
29日 14:32	☿☍♄
30日 01:09	♀△♄

1941年12月

DAY	☉	☽	☊ mean	☊ true	☿	♀	♂	♃	♄	♅	♆	♇	⚳	⚴	⚵	⚶	⚷
	° ′	° ′	° ′	° ′	° ′	° ′	° ′	° ′	° ′	° ′	° ′	° ′	°	°	°	°	°
1	8 ♐ 1	2 ♉ 49	18 ♍ 30	19 R 32	26 D 18	25 D 1	13 D 36	17 R 28	24 R 2	27 R 56	29 D 35	5 R 39	19 D	0 D	2 D	24 D	14 R
2	9 ♐ 2	14 ♉ 41	18 ♍ 27	19 ♍ 22	27 ♏ 51	25 ♑ 58	13 ♈ 51	17 ♊ 20	23 ♉ 57	27 ♉ 53	29 ♍ 36	5 ♌ 39	19 ♑	1 ♑	3 ♏	24 ♏	14 ♌
3	10 ♐ 3	26 ♉ 32	18 ♍ 23	19 ♍ 10	29 ♏ 24	26 ♑ 55	14 ♈ 6	17 ♊ 12	23 ♉ 52	27 ♉ 51	29 ♍ 37	5 ♌ 38	19 ♑	1 ♑	3 ♏	25 ♏	14 ♌
4	11 ♐ 4	8 ♊ 25	18 ♍ 20	18 ♍ 56	0 ♐ 57	27 ♑ 51	14 ♈ 22	17 ♊ 4	23 ♉ 48	27 ♉ 48	29 ♍ 38	5 ♌ 37	20 ♑	2 ♑	3 ♏	25 ♏	14 ♌
5	12 ♐ 5	20 ♊ 20	18 ♍ 17	18 ♍ 41	2 ♐ 30	28 ♑ 46	14 ♈ 38	16 ♊ 56	23 ♉ 43	27 ♉ 46	29 ♍ 39	5 ♌ 37	20 ♑	2 ♑	4 ♏	26 ♏	14 ♌
6	13 ♐ 5	2 ♋ 19	18 ♍ 14	18 ♍ 26	4 ♐ 4	29 ♑ 41	14 ♈ 55	16 ♊ 48	23 ♉ 39	27 ♉ 44	29 ♍ 40	5 ♌ 36	21 ♑	2 ♑	4 ♏	26 ♏	14 ♌
7	14 ♐ 6	14 ♋ 23	18 ♍ 11	18 ♍ 13	5 ♐ 37	0 ♒ 35	15 ♈ 12	16 ♊ 40	23 ♉ 34	27 ♉ 41	29 ♍ 41	5 ♌ 35	21 ♑	3 ♑	4 ♏	27 ♏	14 ♌
8	15 ♐ 7	26 ♋ 34	18 ♍ 8	18 ♍ 3	7 ♐ 11	1 ♒ 29	15 ♈ 30	16 ♊ 31	23 ♉ 30	27 ♉ 39	29 ♍ 42	5 ♌ 34	21 ♑	3 ♑	5 ♏	28 ♏	14 ♌
9	16 ♐ 8	8 ♌ 53	18 ♍ 4	17 ♍ 56	8 ♐ 44	2 ♒ 22	15 ♈ 48	16 ♊ 23	23 ♉ 26	27 ♉ 36	29 ♍ 43	5 ♌ 34	22 ♑	4 ♑	5 ♏	28 ♏	14 ♌
10	17 ♐ 9	21 ♌ 24	18 ♍ 1	17 ♍ 52	10 ♐ 18	3 ♒ 14	16 ♈ 7	16 ♊ 15	23 ♉ 21	27 ♉ 34	29 ♍ 43	5 ♌ 33	22 ♑	4 ♑	5 ♏	29 ♏	14 ♌
11	18 ♐ 10	4 ♍ 10	17 ♍ 58	17 ♍ 50	11 ♐ 52	4 ♒ 6	16 ♈ 26	16 ♊ 7	23 ♉ 17	27 ♉ 32	29 ♍ 44	5 ♌ 32	22 ♑	4 ♑	5 ♏	29 ♏	14 ♌
12	19 ♐ 11	17 ♍ 15	17 ♍ 55	17 ♍ 50	13 ♐ 25	4 ♒ 57	16 ♈ 45	15 ♊ 59	23 ♉ 13	27 ♉ 30	29 ♍ 45	5 ♌ 31	23 ♑	5 ♑	6 ♏	0 ♐	14 ♌
13	20 ♐ 12	0 ♎ 42	17 ♍ 52	17 ♍ 50	14 ♐ 59	5 ♒ 47	17 ♈ 5	15 ♊ 51	23 ♉ 9	27 ♉ 27	29 ♍ 46	5 ♌ 30	23 ♑	5 ♑	6 ♏	0 ♐	14 ♌
14	21 ♐ 13	14 ♎ 34	17 ♍ 48	17 ♍ 48	16 ♐ 33	6 ♒ 36	17 ♈ 26	15 ♊ 42	23 ♉ 5	27 ♉ 25	29 ♍ 46	5 ♌ 29	24 ♑	5 ♑	6 ♏	1 ♐	14 ♌
15	22 ♐ 14	28 ♎ 52	17 ♍ 45	17 ♍ 45	18 ♐ 7	7 ♒ 24	17 ♈ 47	15 ♊ 34	23 ♉ 1	27 ♉ 23	29 ♍ 47	5 ♌ 28	24 ♑	6 ♑	7 ♏	1 ♐	14 ♌
16	23 ♐ 15	13 ♏ 35	17 ♍ 42	17 ♍ 38	19 ♐ 41	8 ♒ 12	18 ♈ 8	15 ♊ 26	22 ♉ 57	27 ♉ 21	29 ♍ 47	5 ♌ 28	24 ♑	6 ♑	7 ♏	2 ♐	14 ♌
17	24 ♐ 16	28 ♏ 37	17 ♍ 39	17 ♍ 29	21 ♐ 15	8 ♒ 59	18 ♈ 30	15 ♊ 18	22 ♉ 53	27 ♉ 18	29 ♍ 48	5 ♌ 27	25 ♑	7 ♑	7 ♏	2 ♐	14 ♌
18	25 ♐ 17	13 ♐ 51	17 ♍ 36	17 ♍ 18	22 ♐ 50	9 ♒ 44	18 ♈ 52	15 ♊ 10	22 ♉ 49	27 ♉ 16	29 ♍ 48	5 ♌ 26	25 ♑	7 ♑	8 ♏	3 ♐	14 ♌
19	26 ♐ 19	29 ♐ 5	17 ♍ 33	17 ♍ 6	24 ♐ 24	10 ♒ 29	19 ♈ 15	15 ♊ 2	22 ♉ 46	27 ♉ 14	29 ♍ 49	5 ♌ 25	25 ♑	7 ♑	8 ♏	3 ♐	14 ♌
20	27 ♐ 20	14 ♑ 8	17 ♍ 29	16 ♍ 55	25 ♐ 59	11 ♒ 13	19 ♈ 38	14 ♊ 55	22 ♉ 42	27 ♉ 12	29 ♍ 49	5 ♌ 24	26 ♑	8 ♑	8 ♏	4 ♐	14 ♌
21	28 ♐ 21	28 ♑ 51	17 ♍ 26	16 ♍ 46	27 ♐ 33	11 ♒ 55	20 ♈ 1	14 ♊ 47	22 ♉ 39	27 ♉ 10	29 ♍ 50	5 ♌ 23	26 ♑	8 ♑	8 ♏	4 ♐	14 ♌
22	29 ♐ 22	13 ♒ 7	17 ♍ 23	16 ♍ 39	29 ♐ 8	12 ♒ 37	20 ♈ 25	14 ♊ 39	22 ♉ 35	27 ♉ 8	29 ♍ 50	5 ♌ 22	27 ♑	9 ♑	9 ♏	5 ♐	14 ♌
23	0 ♑ 23	26 ♒ 53	17 ♍ 20	16 ♍ 36	0 ♑ 44	13 ♒ 17	20 ♈ 49	14 ♊ 31	22 ♉ 32	27 ♉ 6	29 ♍ 51	5 ♌ 20	27 ♑	9 ♑	9 ♏	6 ♐	14 ♌
24	1 ♑ 24	10 ♓ 9	17 ♍ 17	16 ♍ 34	2 ♑ 19	13 ♒ 56	21 ♈ 13	14 ♊ 24	22 ♉ 29	27 ♉ 4	29 ♍ 51	5 ♌ 19	27 ♑	9 ♑	9 ♏	6 ♐	13 ♌
25	2 ♑ 25	23 ♓ 0	17 ♍ 14	16 D 34	3 ♑ 55	14 ♒ 34	21 ♈ 38	14 ♊ 17	22 ♉ 26	27 ♉ 2	29 ♍ 51	5 ♌ 18	28 ♑	10 ♑	10 ♏	7 ♐	13 ♌
26	3 ♑ 27	5 ♈ 28	17 ♍ 10	16 R 34	5 ♑ 30	15 ♒ 10	22 ♈ 3	14 ♊ 9	22 ♉ 23	27 ♉ 0	29 ♍ 51	5 ♌ 17	28 ♑	10 ♑	10 ♏	7 ♐	13 ♌
27	4 ♑ 28	17 ♈ 39	17 ♍ 7	16 ♍ 33	7 ♑ 6	15 ♒ 45	22 ♈ 28	14 ♊ 2	22 ♉ 20	26 ♉ 58	29 ♍ 52	5 ♌ 16	28 ♑	11 ♑	10 ♏	8 ♐	13 ♌
28	5 ♑ 29	29 ♈ 38	17 ♍ 4	16 ♍ 31	8 ♑ 43	16 ♒ 19	22 ♈ 54	13 ♊ 55	22 ♉ 17	26 ♉ 57	29 ♍ 52	5 ♌ 15	29 ♑	11 ♑	10 ♏	8 ♐	13 ♌
29	6 ♑ 30	11 ♉ 31	17 ♍ 1	16 ♍ 25	10 ♑ 19	16 ♒ 51	23 ♈ 20	13 ♊ 48	22 ♉ 14	26 ♉ 55	29 ♍ 52	5 ♌ 14	29 ♑	11 ♑	11 ♏	9 ♐	13 ♌
30	7 ♑ 31	23 ♉ 21	16 ♍ 58	16 ♍ 17	11 ♑ 56	17 ♒ 22	23 ♈ 46	13 ♊ 41	22 ♉ 11	26 ♉ 53	29 ♍ 52	5 ♌ 13	0 ♒	12 ♑	11 ♏	9 ♐	13 ♌
31	8 ♑ 32	5 ♊ 12	16 ♍ 54	16 ♍ 6	13 ♑ 33	17 ♒ 51	24 ♈ 13	13 ♊ 34	22 ♉ 9	26 ♉ 51	29 ♍ 52	5 ♌ 11	0 ♒	12 ♑	11 ♏	10 ♐	13 ♌

SUN INGRESS	☉ → ♑ 22日 14:44
MOON PHASE	○ 4日 05:51 ♊ ◑ 12日 03:48 ♍ ● 18日 19:18 ♐ ◐ 25日 19:43 ♈

aspects	
2日 00:40	♀☍♅
3日 03:27	♀⚹♆
3日 23:02	♀△♅
5日 23:28	♀△♆
6日 23:27	♀△♇
8日 12:32	☉△♂
9日 05:12	☉☍♃
10日 07:26	♂⚹♃
12日 16:09	☿☍♇
13日 12:04	☿☍♃
14日 17:23	☿△♂
22日 09:36	☉☌☿
22日 10:36	☿□♆
22日 11:10	☉□♆
24日 14:43	♀△♃

1942年1月

DAY	☉	☽	☊ mean	☊ true	☿	♀	♂	♃	♄	♅	♆	♇	⚳	⚴	⚵	⚶	⚷
	° ′	° ′	° ′	° ′	° ′	° ′	° ′	° ′	° ′	° ′	° ′	° ′	°	°	°	°	°
1	9 ♑ 33	17 ♊ 8	16 ♍ 51	15 R 54	15 D 11	18 D 18	24 D 40	13 R 28	22 R 6	26 R 50	29 D 52	5 R 10	0 D	12 D	12 D	10 D	13 R
2	10 ♑ 34	29 ♊ 8	16 ♍ 48	15 ♍ 41	16 ♑ 49	18 ♒ 43	25 ♈ 7	13 ♊ 21	22 ♉ 4	26 ♉ 48	29 R 52	5 ♌ 9	1 ♒	13 ♑	12 ♏	11 ♐	13 ♌
3	11 ♑ 36	11 ♋ 16	16 ♍ 45	15 ♍ 28	18 ♑ 27	19 ♒ 7	25 ♈ 34	13 ♊ 15	22 ♉ 1	26 ♉ 46	29 ♍ 52	5 ♌ 8	1 ♒	13 ♑	12 ♏	11 ♐	13 ♌
4	12 ♑ 37	23 ♋ 32	16 ♍ 42	15 ♍ 17	20 ♑ 5	19 ♒ 29	26 ♈ 2	13 ♊ 9	21 ♉ 59	26 ♉ 45	29 ♍ 52	5 ♌ 7	2 ♒	14 ♑	12 ♏	12 ♐	13 ♌
5	13 ♑ 38	5 ♌ 56	16 ♍ 39	15 ♍ 8	21 ♑ 43	19 ♒ 49	26 ♈ 29	13 ♊ 2	21 ♉ 57	26 ♉ 43	29 ♍ 52	5 ♌ 5	2 ♒	14 ♑	13 ♏	12 ♐	13 ♌
6	14 ♑ 39	18 ♌ 29	16 ♍ 35	15 ♍ 2	23 ♑ 22	20 ♒ 7	26 ♈ 57	12 ♊ 57	21 ♉ 55	26 ♉ 42	29 ♍ 52	5 ♌ 4	2 ♒	14 ♑	13 ♏	13 ♐	13 ♌
7	15 ♑ 40	1 ♍ 13	16 ♍ 32	14 ♍ 59	25 ♑ 1	20 ♒ 22	27 ♈ 26	12 ♊ 51	21 ♉ 53	26 ♉ 41	29 ♍ 52	5 ♌ 3	3 ♒	15 ♑	13 ♏	13 ♐	13 ♌
8	16 ♑ 41	14 ♍ 9	16 ♍ 29	14 ♍ 58	26 ♑ 40	20 ♒ 36	27 ♈ 54	12 ♊ 45	21 ♉ 51	26 ♉ 39	29 ♍ 52	5 ♌ 1	3 ♒	15 ♑	13 ♏	14 ♐	13 ♌
9	17 ♑ 42	27 ♍ 19	16 ♍ 26	14 D 58	28 ♑ 19	20 ♒ 48	28 ♈ 23	12 ♊ 40	21 ♉ 50	26 ♉ 38	29 ♍ 51	5 ♌ 0	3 ♒	16 ♑	14 ♏	15 ♐	13 ♌
10	18 ♑ 44	10 ♎ 46	16 ♍ 23	14 ♍ 59	29 ♑ 58	20 ♒ 57	28 ♈ 52	12 ♊ 34	21 ♉ 48	26 ♉ 37	29 ♍ 51	4 ♌ 59	4 ♒	16 ♑	14 ♏	15 ♐	13 ♌
11	19 ♑ 45	24 ♎ 31	16 ♍ 20	14 R 59	1 ♒ 37	21 ♒ 4	29 ♈ 21	12 ♊ 29	21 ♉ 47	26 ♉ 35	29 ♍ 51	4 ♌ 58	4 ♒	16 ♑	14 ♏	16 ♐	12 ♌
12	20 ♑ 46	8 ♏ 36	16 ♍ 16	14 ♍ 58	3 ♒ 15	21 ♒ 8	29 ♈ 50	12 ♊ 24	21 ♉ 45	26 ♉ 34	29 ♍ 50	4 ♌ 56	5 ♒	17 ♑	14 ♏	16 ♐	12 ♌
13	21 ♑ 47	22 ♏ 59	16 ♍ 13	14 ♍ 54	4 ♒ 54	21 ♒ 11	0 ♉ 20	12 ♊ 20	21 ♉ 44	26 ♉ 33	29 ♍ 50	4 ♌ 55	5 ♒	17 ♑	15 ♏	17 ♐	12 ♌
14	22 ♑ 48	7 ♐ 38	16 ♍ 10	14 ♍ 48	6 ♒ 32	21 R 10	0 ♉ 50	12 ♊ 15	21 ♉ 43	26 ♉ 32	29 ♍ 50	4 ♌ 54	5 ♒	18 ♑	15 ♏	17 ♐	12 ♌
15	23 ♑ 49	22 ♐ 28	16 ♍ 7	14 ♍ 40	8 ♒ 9	21 ♒ 8	1 ♉ 20	12 ♊ 11	21 ♉ 42	26 ♉ 31	29 ♍ 49	4 ♌ 52	6 ♒	18 ♑	15 ♏	18 ♐	12 ♌
16	24 ♑ 50	7 ♑ 22	16 ♍ 4	14 ♍ 32	9 ♒ 45	21 ♒ 2	1 ♉ 50	12 ♊ 6	21 ♉ 41	26 ♉ 30	29 ♍ 49	4 ♌ 51	6 ♒	18 ♑	15 ♏	18 ♐	12 ♌
17	25 ♑ 52	22 ♑ 9	16 ♍ 0	14 ♍ 24	11 ♒ 20	20 ♒ 55	2 ♉ 20	12 ♊ 2	21 ♉ 40	26 ♉ 29	29 ♍ 48	4 ♌ 50	7 ♒	19 ♑	16 ♏	19 ♐	12 ♌
18	26 ♑ 53	6 ♒ 42	15 ♍ 57	14 ♍ 17	12 ♒ 54	20 ♒ 45	2 ♉ 51	11 ♊ 58	21 ♉ 39	26 ♉ 28	29 ♍ 48	4 ♌ 48	7 ♒	19 ♑	16 ♏	19 ♐	12 ♌
19	27 ♑ 54	20 ♒ 55	15 ♍ 54	14 ♍ 13	14 ♒ 25	20 ♒ 32	3 ♉ 21	11 ♊ 55	21 ♉ 39	26 ♉ 27	29 ♍ 47	4 ♌ 47	7 ♒	19 ♑	16 ♏	20 ♐	12 ♌
20	28 ♑ 55	4 ♓ 42	15 ♍ 51	14 ♍ 11	15 ♒ 55	20 ♒ 17	3 ♉ 52	11 ♊ 51	21 ♉ 38	26 ♉ 26	29 ♍ 47	4 ♌ 46	8 ♒	20 ♑	16 ♏	20 ♐	12 ♌
21	29 ♑ 56	18 ♓ 3	15 ♍ 48	14 D 10	17 ♒ 21	19 ♒ 59	4 ♉ 23	11 ♊ 48	21 ♉ 38	26 ♉ 26	29 ♍ 46	4 ♌ 44	8 ♒	20 ♑	17 ♏	21 ♐	12 ♌
22	0 ♒ 57	0 ♈ 59	15 ♍ 45	14 ♍ 11	18 ♒ 44	19 ♒ 39	4 ♉ 55	11 ♊ 45	21 ♉ 38	26 ♉ 25	29 ♍ 45	4 ♌ 43	9 ♒	21 ♑	17 ♏	21 ♐	12 ♌
23	1 ♒ 58	13 ♈ 33	15 ♍ 41	14 ♍ 13	20 ♒ 4	19 ♒ 17	5 ♉ 26	11 ♊ 42	21 ♉ 38	26 ♉ 24	29 ♍ 45	4 ♌ 41	9 ♒	21 ♑	17 ♏	22 ♐	12 ♌
24	2 ♒ 59	25 ♈ 48	15 ♍ 38	14 ♍ 14	21 ♒ 19	18 ♒ 52	5 ♉ 57	11 ♊ 39	21 D 38	26 ♉ 24	29 ♍ 44	4 ♌ 40	9 ♒	21 ♑	17 ♏	22 ♐	12 ♌
25	4 ♒ 0	7 ♉ 51	15 ♍ 35	14 R 14	22 ♒ 28	18 ♒ 25	6 ♉ 29	11 ♊ 37	21 ♉ 38	26 ♉ 23	29 ♍ 43	4 ♌ 39	10 ♒	22 ♑	17 ♏	23 ♐	12 ♌
26	5 ♒ 1	19 ♉ 45	15 ♍ 32	14 ♍ 13	23 ♒ 32	17 ♒ 57	7 ♉ 1	11 ♊ 34	21 ♉ 38	26 ♉ 23	29 ♍ 42	4 ♌ 37	10 ♒	22 ♑	18 ♏	23 ♐	11 ♌
27	6 ♒ 2	1 ♊ 36	15 ♍ 29	14 ♍ 10	24 ♒ 28	17 ♒ 26	7 ♉ 33	11 ♊ 32	21 ♉ 38	26 ♉ 22	29 ♍ 42	4 ♌ 36	11 ♒	22 ♑	18 ♏	24 ♐	11 ♌
28	7 ♒ 3	13 ♊ 29	15 ♍ 26	14 ♍ 5	25 ♒ 17	16 ♒ 54	8 ♉ 5	11 ♊ 31	21 ♉ 39	26 ♉ 22	29 ♍ 41	4 ♌ 35	11 ♒	23 ♑	18 ♏	24 ♐	11 ♌
29	8 ♒ 4	25 ♊ 27	15 ♍ 22	13 ♍ 59	25 ♒ 57	16 ♒ 20	8 ♉ 37	11 ♊ 29	21 ♉ 39	26 ♉ 21	29 ♍ 40	4 ♌ 33	11 ♒	23 ♑	18 ♏	25 ♐	11 ♌
30	9 ♒ 5	7 ♋ 33	15 ♍ 19	13 ♍ 52	26 ♒ 28	15 ♒ 46	9 ♉ 9	11 ♊ 27	21 ♉ 40	26 ♉ 21	29 ♍ 39	4 ♌ 32	12 ♒	24 ♑	18 ♏	25 ♐	11 ♌
31	10 ♒ 6	19 ♋ 49	15 ♍ 16	13 ♍ 46	26 ♒ 49	15 ♒ 10	9 ♉ 42	11 ♊ 26	21 ♉ 41	26 ♉ 21	29 ♍ 38	4 ♌ 31	12 ♒	24 ♑	19 ♏	26 ♐	11 ♌

SUN INGRESS	☉ → ♒ 21日 01:23
MOON PHASE	○ 3日 00:42 ♋ ◑ 10日 15:05 ♎ ● 17日 06:32 ♑ ◐ 24日 15:36 ♉

aspects		
5日	03:16	☿△♄
7日	23:51	☿△♅
9日	01:26	☿□♂
9日	22:22	☿△♆
12日	22:50	☉△♄
13日	00:17	☿☍♇
17日	10:21	☿△♃
17日	14:27	☉△♅
20日	20:08	☉△♆
21日	15:25	♂□♇
22日	12:47	☿☌♀
24日	06:19	☿□♄
25日	14:52	☉☍♇
29日	17:46	☿□♅
30日	03:39	☉□♂

1942年2月

DAY	☉	☽	☊ mean	☊ true	☿	♀	♂	♃	♄	♅	♆	♇	⚳	⚴	⚵	⚶	⚷
	° ′	° ′	° ′	° ′	° ′	° ′	° ′	° ′	° ′	° ′	° ′	° ′	°	°	°	°	°
1	11 ♒ 7	2 ♌ 17	15 ♍ 13	13 R 40	26 D 59	14 R 33	10 D 14	11 R 25	21 D 41	26 R 21	29 R 37	4 R 29	12 D	24 D	19 D	26 D	11 R
2	12 ♒ 8	14 ♌ 58	15 ♍ 10	13 ♍ 36	26 R 59	13 ♒ 56	10 ♉ 47	11 ♊ 24	21 ♉ 42	26 ♉ 21	29 ♍ 36	4 ♌ 28	13 ♒	25 ♑	19 ♏	27 ♐	11 ♌
3	13 ♒ 8	27 ♌ 51	15 ♍ 6	13 ♍ 33	26 ♒ 47	13 ♒ 19	11 ♉ 20	11 ♊ 23	21 ♉ 44	26 ♉ 20	29 ♍ 35	4 ♌ 27	13 ♒	25 ♑	19 ♏	27 ♐	11 ♌
4	14 ♒ 9	10 ♍ 56	15 ♍ 3	13 ♍ 32	26 ♒ 23	12 ♒ 42	11 ♉ 53	11 ♊ 23	21 ♉ 45	26 D 20	29 ♍ 34	4 ♌ 25	14 ♒	25 ♑	19 ♏	28 ♐	11 ♌
5	15 ♒ 10	24 ♍ 14	15 ♍ 0	13 D 32	25 ♒ 50	12 ♒ 5	12 ♉ 26	11 ♊ 23	21 ♉ 46	26 ♉ 20	29 ♍ 33	4 ♌ 24	14 ♒	26 ♑	19 ♏	28 ♐	11 ♌
6	16 ♒ 11	7 ♎ 43	14 ♍ 57	13 ♍ 34	25 ♒ 6	11 ♒ 28	12 ♉ 59	11 D 23	21 ♉ 48	26 ♉ 21	29 ♍ 32	4 ♌ 22	14 ♒	26 ♑	20 ♏	29 ♐	11 ♌
7	17 ♒ 12	21 ♎ 23	14 ♍ 54	13 ♍ 35	24 ♒ 14	10 ♒ 53	13 ♉ 32	11 ♊ 23	21 ♉ 49	26 ♉ 21	29 ♍ 31	4 ♌ 21	15 ♒	27 ♑	20 ♏	29 ♐	11 ♌
8	18 ♒ 12	5 ♏ 15	14 ♍ 51	13 ♍ 37	23 ♒ 14	10 ♒ 18	14 ♉ 5	11 ♊ 23	21 ♉ 51	26 ♉ 21	29 ♍ 30	4 ♌ 20	15 ♒	27 ♑	20 ♏	0 ♑	10 ♌
9	19 ♒ 13	19 ♏ 18	14 ♍ 47	13 ♍ 37	22 ♒ 9	9 ♒ 45	14 ♉ 39	11 ♊ 24	21 ♉ 53	26 ♉ 21	29 ♍ 29	4 ♌ 18	16 ♒	27 ♑	20 ♏	0 ♑	10 ♌
10	20 ♒ 14	3 ♐ 29	14 ♍ 44	13 R 37	21 ♒ 0	9 ♒ 13	15 ♉ 12	11 ♊ 24	21 ♉ 54	26 ♉ 21	29 ♍ 27	4 ♌ 17	16 ♒	28 ♑	20 ♏	1 ♑	10 ♌
11	21 ♒ 15	17 ♐ 49	14 ♍ 41	13 ♍ 35	19 ♒ 49	8 ♒ 43	15 ♉ 46	11 ♊ 25	21 ♉ 56	26 ♉ 22	29 ♍ 26	4 ♌ 16	16 ♒	28 ♑	20 ♏	1 ♑	10 ♌
12	22 ♒ 15	2 ♑ 12	14 ♍ 38	13 ♍ 32	18 ♒ 38	8 ♒ 14	16 ♉ 19	11 ♊ 27	21 ♉ 59	26 ♉ 22	29 ♍ 25	4 ♌ 15	17 ♒	28 ♑	21 ♏	2 ♑	10 ♌
13	23 ♒ 16	16 ♑ 36	14 ♍ 35	13 ♍ 30	17 ♒ 29	7 ♒ 48	16 ♉ 53	11 ♊ 28	22 ♉ 1	26 ♉ 23	29 ♍ 24	4 ♌ 13	17 ♒	29 ♑	21 ♏	2 ♑	10 ♌
14	24 ♒ 17	0 ♒ 54	14 ♍ 31	13 ♍ 27	16 ♒ 24	7 ♒ 24	17 ♉ 27	11 ♊ 29	22 ♉ 3	26 ♉ 23	29 ♍ 22	4 ♌ 12	18 ♒	29 ♑	21 ♏	3 ♑	10 ♌
15	25 ♒ 17	15 ♒ 3	14 ♍ 28	13 ♍ 24	15 ♒ 24	7 ♒ 2	18 ♉ 1	11 ♊ 31	22 ♉ 5	26 ♉ 24	29 ♍ 21	4 ♌ 11	18 ♒	29 ♑	21 ♏	3 ♑	10 ♌
16	26 ♒ 18	28 ♒ 56	14 ♍ 25	13 ♍ 23	14 ♒ 30	6 ♒ 42	18 ♉ 35	11 ♊ 33	22 ♉ 8	26 ♉ 24	29 ♍ 20	4 ♌ 9	18 ♒	0 ♒	21 ♏	4 ♑	10 ♌
17	27 ♒ 19	12 ♓ 32	14 ♍ 22	13 ♍ 23	13 ♒ 43	6 ♒ 24	19 ♉ 9	11 ♊ 35	22 ♉ 11	26 ♉ 25	29 ♍ 19	4 ♌ 8	19 ♒	0 ♒	21 ♏	4 ♑	10 ♌
18	28 ♒ 19	25 ♓ 46	14 ♍ 19	13 D 23	13 ♒ 3	6 ♒ 9	19 ♉ 43	11 ♊ 38	22 ♉ 13	26 ♉ 26	29 ♍ 17	4 ♌ 7	19 ♒	0 ♒	21 ♏	5 ♑	10 ♌
19	29 ♒ 20	8 ♈ 41	14 ♍ 16	13 ♍ 24	12 ♒ 31	5 ♒ 57	20 ♉ 17	11 ♊ 40	22 ♉ 16	26 ♉ 26	29 ♍ 16	4 ♌ 6	20 ♒	1 ♒	21 ♏	5 ♑	10 ♌
20	0 ♓ 20	21 ♈ 16	14 ♍ 12	13 ♍ 25	12 ♒ 6	5 ♒ 47	20 ♉ 52	11 ♊ 43	22 ♉ 19	26 ♉ 27	29 ♍ 14	4 ♌ 5	20 ♒	1 ♒	21 ♏	6 ♑	10 ♌
21	1 ♓ 21	3 ♉ 35	14 ♍ 9	13 ♍ 26	11 ♒ 49	5 ♒ 39	21 ♉ 26	11 ♊ 46	22 ♉ 22	26 ♉ 28	29 ♍ 13	4 ♌ 3	20 ♒	2 ♒	22 ♏	6 ♑	10 ♌
22	2 ♓ 21	15 ♉ 40	14 ♍ 6	13 ♍ 27	11 ♒ 39	5 ♒ 34	22 ♉ 1	11 ♊ 49	22 ♉ 25	26 ♉ 29	29 ♍ 12	4 ♌ 2	21 ♒	2 ♒	22 ♏	7 ♑	9 ♌
23	3 ♓ 22	27 ♉ 37	14 ♍ 3	13 ♍ 28	11 D 36	5 ♒ 31	22 ♉ 35	11 ♊ 52	22 ♉ 29	26 ♉ 30	29 ♍ 10	4 ♌ 1	21 ♒	2 ♒	22 ♏	7 ♑	9 ♌
24	4 ♓ 22	9 ♊ 30	14 ♍ 0	13 R 28	11 ♒ 41	5 D 31	23 ♉ 10	11 ♊ 56	22 ♉ 32	26 ♉ 31	29 ♍ 9	4 ♌ 0	22 ♒	3 ♒	22 ♏	8 ♑	9 ♌
25	5 ♓ 22	21 ♊ 23	13 ♍ 57	13 ♍ 27	11 ♒ 51	5 ♒ 33	23 ♉ 45	12 ♊ 0	22 ♉ 35	26 ♉ 32	29 ♍ 7	3 ♌ 59	22 ♒	3 ♒	22 ♏	8 ♑	9 ♌
26	6 ♓ 23	3 ♋ 22	13 ♍ 53	13 ♍ 27	12 ♒ 8	5 ♒ 37	24 ♉ 19	12 ♊ 3	22 ♉ 39	26 ♉ 33	29 ♍ 6	3 ♌ 58	22 ♒	3 ♒	22 ♏	9 ♑	9 ♌
27	7 ♓ 23	15 ♋ 30	13 ♍ 50	13 ♍ 26	12 ♒ 30	5 ♒ 44	24 ♉ 54	12 ♊ 7	22 ♉ 42	26 ♉ 34	29 ♍ 4	3 ♌ 56	23 ♒	4 ♒	22 ♏	9 ♑	9 ♌
28	8 ♓ 23	27 ♋ 51	13 ♍ 47	13 ♍ 25	12 ♒ 57	5 ♒ 53	25 ♉ 29	12 ♊ 12	22 ♉ 46	26 ♉ 36	29 ♍ 3	3 ♌ 55	23 ♒	4 ♒	22 ♏	10 ♑	9 ♌

SUN INGRESS	☉ → ♓ 19日 15:47
MOON PHASE	○ 1日 18:12 ♌ ◑ 8日 23:52 ♏ ● 15日 19:02 ♒ ◐ 23日 12:40 ♊

aspects		
1日	07:05	☉△♃
3日	02:32	☉☌♀
4日	02:27	☿□♅
4日	16:48	♀□♂
6日	03:40	♀△♃
9日	05:32	☿□♄
10日	08:20	☉☌☿
11日	17:05	☉□♄
13日	08:42	☿□♂
16日	02:31	☉□♅
21日	04:24	☿△♃
22日	18:50	♂☌♄
25日	17:11	☿△♃

1942年3月

DAY	☉	☽	☊ mean	☊ true	☿	♀	♂	♃	♄	♅	♆	♇	⚳	⚴	⚵	⚶	⚷
	° ′	° ′	° ′	° ′	° ′	° ′	° ′	° ′	° ′	° ′	° ′	° ′	°	°	°	°	°
1	9 ♓ 23	10 ♌ 28	13 ♍ 44	13 R 24	13 D 29	6 D 4	26 D 4	12 D 16	22 D 50	26 D 37	29 R 1	3 R 54	23 D	4 D	22 D	10 D	9 R
2	10 ♓ 24	23 ♌ 23	13 ♍ 41	13 ♍ 24	14 ♒ 6	6 ♒ 18	26 ♉ 39	12 ♊ 21	22 ♉ 54	26 ♉ 38	29 ♍ 0	3 ♌ 53	24 ♒	5 ♒	22 ♏	11 ♑	9 ♌
3	11 ♓ 24	6 ♍ 35	13 ♍ 37	13 ♍ 24	14 ♒ 47	6 ♒ 33	27 ♉ 14	12 ♊ 25	22 ♉ 58	26 ♉ 40	28 ♍ 58	3 ♌ 52	24 ♒	5 ♒	22 ♏	11 ♑	9 ♌
4	12 ♓ 24	20 ♍ 4	13 ♍ 34	13 D 24	15 ♒ 31	6 ♒ 50	27 ♉ 49	12 ♊ 30	23 ♉ 2	26 ♉ 41	28 ♍ 56	3 ♌ 51	25 ♒	5 ♒	22 ♏	11 ♑	9 ♌
5	13 ♓ 24	3 ♎ 48	13 ♍ 31	13 R 24	16 ♒ 20	7 ♒ 10	28 ♉ 24	12 ♊ 36	23 ♉ 6	26 ♉ 43	28 ♍ 55	3 ♌ 50	25 ♒	6 ♒	22 ♏	12 ♑	9 ♌
6	14 ♓ 24	17 ♎ 45	13 ♍ 28	13 ♍ 24	17 ♒ 11	7 ♒ 31	28 ♉ 59	12 ♊ 41	23 ♉ 10	26 ♉ 44	28 ♍ 53	3 ♌ 49	25 ♒	6 ♒	22 ♏	12 ♑	9 ♌
7	15 ♓ 24	1 ♏ 52	13 ♍ 25	13 ♍ 24	18 ♒ 6	7 ♒ 54	29 ♉ 34	12 ♊ 46	23 ♉ 15	26 ♉ 46	28 ♍ 52	3 ♌ 48	26 ♒	6 ♒	22 ♏	13 ♑	9 ♌
8	16 ♓ 24	16 ♏ 4	13 ♍ 22	13 ♍ 24	19 ♒ 4	8 ♒ 19	0 ♊ 10	12 ♊ 52	23 ♉ 19	26 ♉ 47	28 ♍ 50	3 ♌ 47	26 ♒	7 ♒	22 ♏	13 ♑	9 ♌
9	17 ♓ 24	0 ♐ 18	13 ♍ 18	13 ♍ 23	20 ♒ 4	8 ♒ 46	0 ♊ 45	12 ♊ 58	23 ♉ 24	26 ♉ 49	28 ♍ 48	3 ♌ 46	27 ♒	7 ♒	22 ♏	14 ♑	9 ♌
10	18 ♓ 24	14 ♐ 33	13 ♍ 15	13 ♍ 23	21 ♒ 7	9 ♒ 14	1 ♊ 20	13 ♊ 4	23 ♉ 28	26 ♉ 51	28 ♍ 47	3 ♌ 45	27 ♒	7 ♒	22 ♏	14 ♑	8 ♌
11	19 ♓ 24	28 ♐ 44	13 ♍ 12	13 D 23	22 ♒ 13	9 ♒ 44	1 ♊ 56	13 ♊ 10	23 ♉ 33	26 ♉ 52	28 ♍ 45	3 ♌ 44	27 ♒	8 ♒	22 ♏	15 ♑	8 ♌
12	20 ♓ 24	12 ♑ 50	13 ♍ 9	13 ♍ 23	23 ♒ 21	10 ♒ 15	2 ♊ 31	13 ♊ 16	23 ♉ 38	26 ♉ 54	28 ♍ 44	3 ♌ 44	28 ♒	8 ♒	22 R	15 ♑	8 ♌
13	21 ♓ 24	26 ♑ 48	13 ♍ 6	13 ♍ 24	24 ♒ 30	10 ♒ 48	3 ♊ 7	13 ♊ 22	23 ♉ 43	26 ♉ 56	28 ♍ 42	3 ♌ 43	28 ♒	8 ♒	22 ♏	16 ♑	8 ♌
14	22 ♓ 24	10 ♒ 38	13 ♍ 3	13 ♍ 25	25 ♒ 42	11 ♒ 22	3 ♊ 42	13 ♊ 29	23 ♉ 48	26 ♉ 58	28 ♍ 40	3 ♌ 42	28 ♒	9 ♒	22 ♏	16 ♑	8 ♌
15	23 ♓ 24	24 ♒ 17	12 ♍ 59	13 ♍ 26	26 ♒ 56	11 ♒ 58	4 ♊ 18	13 ♊ 36	23 ♉ 53	27 ♉ 0	28 ♍ 39	3 ♌ 41	29 ♒	9 ♒	22 ♏	16 ♑	8 ♌
16	24 ♓ 23	7 ♓ 44	12 ♍ 56	13 ♍ 26	28 ♒ 12	12 ♒ 34	4 ♊ 53	13 ♊ 43	23 ♉ 58	27 ♉ 2	28 ♍ 37	3 ♌ 40	29 ♒	9 ♒	22 ♏	17 ♑	8 ♌
17	25 ♓ 23	20 ♓ 57	12 ♍ 53	13 R 26	29 ♒ 29	13 ♒ 12	5 ♊ 29	13 ♊ 50	24 ♉ 3	27 ♉ 4	28 ♍ 35	3 ♌ 39	0 ♓	10 ♒	22 ♏	17 ♑	8 ♌
18	26 ♓ 23	3 ♈ 55	12 ♍ 50	13 ♍ 25	0 ♓ 49	13 ♒ 52	6 ♊ 5	13 ♊ 57	24 ♉ 8	27 ♉ 6	28 ♍ 34	3 ♌ 39	0 ♓	10 ♒	22 ♏	18 ♑	8 ♌
19	27 ♓ 23	16 ♈ 39	12 ♍ 47	13 ♍ 24	2 ♓ 10	14 ♒ 32	6 ♊ 40	14 ♊ 4	24 ♉ 14	27 ♉ 8	28 ♍ 32	3 ♌ 38	0 ♓	10 ♒	22 ♏	18 ♑	8 ♌
20	28 ♓ 22	29 ♈ 9	12 ♍ 43	13 ♍ 22	3 ♓ 32	15 ♒ 13	7 ♊ 16	14 ♊ 12	24 ♉ 19	27 ♉ 10	28 ♍ 30	3 ♌ 37	1 ♓	10 ♒	22 ♏	19 ♑	8 ♌
21	29 ♓ 22	11 ♉ 25	12 ♍ 40	13 ♍ 19	4 ♓ 56	15 ♒ 56	7 ♊ 52	14 ♊ 19	24 ♉ 24	27 ♉ 12	28 ♍ 29	3 ♌ 37	1 ♓	11 ♒	22 ♏	19 ♑	8 ♌
22	0 ♈ 21	23 ♉ 30	12 ♍ 37	13 ♍ 17	6 ♓ 22	16 ♒ 39	8 ♊ 28	14 ♊ 27	24 ♉ 30	27 ♉ 14	28 ♍ 27	3 ♌ 36	1 ♓	11 ♒	22 ♏	20 ♑	8 ♌
23	1 ♈ 21	5 ♊ 27	12 ♍ 34	13 ♍ 15	7 ♓ 49	17 ♒ 24	9 ♊ 4	14 ♊ 35	24 ♉ 36	27 ♉ 17	28 ♍ 25	3 ♌ 35	2 ♓	11 ♒	22 ♏	20 ♑	8 ♌
24	2 ♈ 20	17 ♊ 20	12 ♍ 31	13 ♍ 13	9 ♓ 17	18 ♒ 9	9 ♊ 39	14 ♊ 43	24 ♉ 41	27 ♉ 19	28 ♍ 24	3 ♌ 35	2 ♓	12 ♒	22 ♏	20 ♑	8 ♌
25	3 ♈ 20	29 ♊ 13	12 ♍ 28	13 ♍ 12	10 ♓ 47	18 ♒ 55	10 ♊ 15	14 ♊ 51	24 ♉ 47	27 ♉ 21	28 ♍ 22	3 ♌ 34	3 ♓	12 ♒	22 ♏	21 ♑	8 ♌
26	4 ♈ 19	11 ♋ 11	12 ♍ 24	13 D 12	12 ♓ 18	19 ♒ 42	10 ♊ 51	14 ♊ 59	24 ♉ 53	27 ♉ 24	28 ♍ 20	3 ♌ 34	3 ♓	12 ♒	22 ♏	21 ♑	8 ♌
27	5 ♈ 19	23 ♋ 18	12 ♍ 21	13 ♍ 13	13 ♓ 51	20 ♒ 30	11 ♊ 27	15 ♊ 8	24 ♉ 59	27 ♉ 26	28 ♍ 19	3 ♌ 33	3 ♓	13 ♒	22 ♏	22 ♑	8 ♌
28	6 ♈ 18	5 ♌ 39	12 ♍ 18	13 ♍ 15	15 ♓ 25	21 ♒ 19	12 ♊ 3	15 ♊ 16	25 ♉ 5	27 ♉ 29	28 ♍ 17	3 ♌ 32	4 ♓	13 ♒	22 ♏	22 ♑	8 ♌
29	7 ♈ 17	18 ♌ 18	12 ♍ 15	13 ♍ 16	17 ♓ 0	22 ♒ 9	12 ♊ 39	15 ♊ 25	25 ♉ 11	27 ♉ 31	28 ♍ 15	3 ♌ 32	4 ♓	13 ♒	22 ♏	22 ♑	8 ♌
30	8 ♈ 17	1 ♍ 18	12 ♍ 12	13 ♍ 18	18 ♓ 37	22 ♒ 59	13 ♊ 15	15 ♊ 34	25 ♉ 17	27 ♉ 34	28 ♍ 14	3 ♌ 31	4 ♓	13 ♒	22 ♏	23 ♑	8 ♌
31	9 ♈ 16	14 ♍ 42	12 ♍ 8	13 R 18	20 ♓ 16	23 ♒ 50	13 ♊ 51	15 ♊ 43	25 ♉ 23	27 ♉ 36	28 ♍ 12	3 ♌ 31	5 ♓	14 ♒	21 ♏	23 ♑	8 ♌

SUN INGRESS: ☉ → ♈ 21日 15:11

MOON PHASE: ○ 3日 09:20 ♍ ◑ 10日 07:00 ♐ ● 17日 08:50 ♓ ◐ 25日 09:01 ♋

aspects		
1日	23:35	♂☌♅
4日	02:50	☉□♃
5日	20:09	♂△♆
12日	06:29	☿□♄
13日	23:49	♂⚹♇
15日	01:11	☿□♅
15日	12:48	☉⚹♄
18日	03:47	♀△♃
18日	17:55	☉⚹♅
20日	03:12	☉☍♆
24日	10:06	☿□♂
25日	05:39	☉△♇
27日	21:38	☿□♃

1942年4月

DAY	☉	☽	☊ mean	☊ true	☿	♀	♂	♃	♄	♅	♆	♇	⚳	⚴	⚵	⚶	⚷
	° ′	° ′	° ′	° ′	° ′	° ′	° ′	° ′	° ′	° ′	° ′	° ′	°	°	°	°	°
1	10 ♈ 15	28 ♍ 28	12 ♍ 5	13 R 17	21 D 55	24 D 41	14 D 28	15 D 52	25 D 29	27 D 39	28 R 11	3 R 31	5 D	14 D	21 R	24 D	8 R
2	11 ♈ 14	12 ♎ 36	12 ♍ 2	13 ♍ 15	23 ♓ 36	25 ♒ 33	15 ♊ 4	16 ♊ 1	25 ♉ 35	27 ♉ 41	28 ♍ 9	3 ♌ 30	6 ♓	14 ♒	21 ♏	24 ♑	8 ♌
3	12 ♈ 14	27 ♎ 1	11 ♍ 59	13 ♍ 12	25 ♓ 19	26 ♒ 26	15 ♊ 40	16 ♊ 10	25 ♉ 42	27 ♉ 44	28 ♍ 7	3 ♌ 30	6 ♓	15 ♒	21 ♏	24 ♑	8 ♌
4	13 ♈ 13	11 ♏ 37	11 ♍ 56	13 ♍ 8	27 ♓ 3	27 ♒ 20	16 ♊ 16	16 ♊ 20	25 ♉ 48	27 ♉ 47	28 ♍ 6	3 ♌ 30	6 ♓	15 ♒	21 ♏	25 ♑	8 ♌
5	14 ♈ 12	26 ♏ 17	11 ♍ 53	13 ♍ 3	28 ♓ 48	28 ♒ 14	16 ♊ 52	16 ♊ 29	25 ♉ 55	27 ♉ 49	28 ♍ 4	3 ♌ 29	7 ♓	15 ♒	21 ♏	25 ♑	8 ♌
6	15 ♈ 11	10 ♐ 55	11 ♍ 49	12 ♍ 59	0 ♈ 35	29 ♒ 8	17 ♊ 28	16 ♊ 39	26 ♉ 1	27 ♉ 52	28 ♍ 3	3 ♌ 29	7 ♓	15 ♒	21 ♏	26 ♑	8 ♌
7	16 ♈ 10	25 ♐ 24	11 ♍ 46	12 ♍ 56	2 ♈ 23	0 ♓ 4	18 ♊ 5	16 ♊ 49	26 ♉ 8	27 ♉ 55	28 ♍ 1	3 ♌ 29	7 ♓	16 ♒	21 ♏	26 ♑	8 ♌
8	17 ♈ 9	9 ♑ 40	11 ♍ 43	12 ♍ 55	4 ♈ 13	0 ♓ 59	18 ♊ 41	16 ♊ 59	26 ♉ 14	27 ♉ 58	27 ♍ 59	3 ♌ 28	8 ♓	16 ♒	20 ♏	26 ♑	8 ♌
9	18 ♈ 8	23 ♑ 41	11 ♍ 40	12 D 55	6 ♈ 4	1 ♓ 55	19 ♊ 17	17 ♊ 9	26 ♉ 21	28 ♉ 1	27 ♍ 58	3 ♌ 28	8 ♓	16 ♒	20 ♏	27 ♑	8 ♌
10	19 ♈ 7	7 ♒ 27	11 ♍ 37	12 ♍ 56	7 ♈ 56	2 ♓ 52	19 ♊ 53	17 ♊ 19	26 ♉ 27	28 ♉ 4	27 ♍ 56	3 ♌ 28	8 ♓	17 ♒	20 ♏	27 ♑	8 D
11	20 ♈ 6	20 ♒ 57	11 ♍ 34	12 ♍ 57	9 ♈ 50	3 ♓ 49	20 ♊ 30	17 ♊ 29	26 ♉ 34	28 ♉ 6	27 ♍ 55	3 ♌ 28	9 ♓	17 ♒	20 ♏	28 ♑	8 ♌
12	21 ♈ 5	4 ♓ 13	11 ♍ 30	12 ♍ 58	11 ♈ 46	4 ♓ 47	21 ♊ 6	17 ♊ 39	26 ♉ 41	28 ♉ 9	27 ♍ 53	3 ♌ 28	9 ♓	17 ♒	20 ♏	28 ♑	8 ♌
13	22 ♈ 3	17 ♓ 15	11 ♍ 27	12 R 59	13 ♈ 43	5 ♓ 45	21 ♊ 42	17 ♊ 49	26 ♉ 48	28 ♉ 12	27 ♍ 52	3 ♌ 28	9 ♓	17 ♒	20 ♏	28 ♑	8 ♌
14	23 ♈ 2	0 ♈ 5	11 ♍ 24	12 ♍ 57	15 ♈ 41	6 ♓ 43	22 ♊ 19	18 ♊ 0	26 ♉ 55	28 ♉ 15	27 ♍ 50	3 ♌ 27	10 ♓	18 ♒	19 ♏	29 ♑	8 ♌
15	24 ♈ 1	12 ♈ 44	11 ♍ 21	12 ♍ 54	17 ♈ 41	7 ♓ 42	22 ♊ 55	18 ♊ 11	27 ♉ 2	28 ♉ 18	27 ♍ 49	3 ♌ 27	10 ♓	18 ♒	19 ♏	29 ♑	8 ♌
16	25 ♈ 0	25 ♈ 12	11 ♍ 18	12 ♍ 48	19 ♈ 43	8 ♓ 41	23 ♊ 31	18 ♊ 21	27 ♉ 9	28 ♉ 21	27 ♍ 48	3 ♌ 27	11 ♓	18 ♒	19 ♏	29 ♑	8 ♌
17	25 ♈ 58	7 ♉ 31	11 ♍ 14	12 ♍ 41	21 ♈ 45	9 ♓ 41	24 ♊ 8	18 ♊ 32	27 ♉ 16	28 ♉ 24	27 ♍ 46	3 D 27	11 ♓	18 ♒	19 ♏	0 ♒	8 ♌
18	26 ♈ 57	19 ♉ 40	11 ♍ 11	12 ♍ 33	23 ♈ 49	10 ♓ 41	24 ♊ 44	18 ♊ 43	27 ♉ 23	28 ♉ 28	27 ♍ 45	3 ♌ 27	11 ♓	19 ♒	19 ♏	0 ♒	8 ♌
19	27 ♈ 56	1 ♊ 41	11 ♍ 8	12 ♍ 24	25 ♈ 54	11 ♓ 41	25 ♊ 21	18 ♊ 54	27 ♉ 30	28 ♉ 31	27 ♍ 43	3 ♌ 27	12 ♓	19 ♒	19 ♏	0 ♒	8 ♌
20	28 ♈ 54	13 ♊ 36	11 ♍ 5	12 ♍ 16	28 ♈ 0	12 ♓ 42	25 ♊ 57	19 ♊ 5	27 ♉ 37	28 ♉ 34	27 ♍ 42	3 ♌ 27	12 ♓	19 ♒	18 ♏	1 ♒	8 ♌
21	29 ♈ 53	25 ♊ 28	11 ♍ 2	12 ♍ 10	0 ♉ 6	13 ♓ 43	26 ♊ 34	19 ♊ 16	27 ♉ 44	28 ♉ 37	27 ♍ 41	3 ♌ 28	12 ♓	19 ♒	18 ♏	1 ♒	8 ♌
22	0 ♉ 52	7 ♋ 20	10 ♍ 59	12 ♍ 5	2 ♉ 14	14 ♓ 44	27 ♊ 10	19 ♊ 27	27 ♉ 51	28 ♉ 40	27 ♍ 39	3 ♌ 28	13 ♓	19 ♒	18 ♏	1 ♒	8 ♌
23	1 ♉ 50	19 ♋ 16	10 ♍ 55	12 ♍ 2	4 ♉ 22	15 ♓ 45	27 ♊ 47	19 ♊ 38	27 ♉ 58	28 ♉ 43	27 ♍ 38	3 ♌ 28	13 ♓	20 ♒	18 ♏	2 ♒	8 ♌
24	2 ♉ 49	1 ♌ 20	10 ♍ 52	12 ♍ 1	6 ♉ 30	16 ♓ 47	28 ♊ 23	19 ♊ 50	28 ♉ 6	28 ♉ 47	27 ♍ 37	3 ♌ 28	13 ♓	20 ♒	18 ♏	2 ♒	8 ♌
25	3 ♉ 47	13 ♌ 37	10 ♍ 49	12 D 1	8 ♉ 38	17 ♓ 49	29 ♊ 0	20 ♊ 1	28 ♉ 13	28 ♉ 50	27 ♍ 35	3 ♌ 28	14 ♓	20 ♒	17 ♏	2 ♒	8 ♌
26	4 ♉ 45	26 ♌ 14	10 ♍ 46	12 ♍ 2	10 ♉ 46	18 ♓ 52	29 ♊ 36	20 ♊ 13	28 ♉ 20	28 ♉ 53	27 ♍ 34	3 ♌ 28	14 ♓	20 ♒	17 ♏	3 ♒	8 ♌
27	5 ♉ 44	9 ♍ 12	10 ♍ 43	12 ♍ 3	12 ♉ 54	19 ♓ 54	0 ♋ 13	20 ♊ 24	28 ♉ 28	28 ♉ 56	27 ♍ 33	3 ♌ 29	14 ♓	21 ♒	17 ♏	3 ♒	8 ♌
28	6 ♉ 42	22 ♍ 38	10 ♍ 39	12 R 2	15 ♉ 0	20 ♓ 57	0 ♋ 49	20 ♊ 36	28 ♉ 35	29 ♉ 0	27 ♍ 32	3 ♌ 29	15 ♓	21 ♒	17 ♏	3 ♒	8 ♌
29	7 ♉ 40	6 ♎ 31	10 ♍ 36	12 ♍ 0	17 ♉ 5	22 ♓ 0	1 ♋ 26	20 ♊ 48	28 ♉ 43	29 ♉ 3	27 ♍ 30	3 ♌ 29	15 ♓	21 ♒	16 ♏	4 ♒	8 ♌
30	8 ♉ 39	20 ♎ 51	10 ♍ 33	11 ♍ 55	19 ♉ 9	23 ♓ 4	2 ♋ 2	21 ♊ 0	28 ♉ 50	29 ♉ 6	27 ♍ 29	3 ♌ 30	15 ♓	21 ♒	16 ♏	4 ♒	8 ♌

SUN INGRESS: ☉ → ♉ 21日 02:39

MOON PHASE: ○ 1日 21:32 ♎ ◑ 8日 13:43 ♑ ● 15日 23:33 ♈ ◐ 24日 03:10 ♌

aspects		
2日	01:05	♀□♄
3日	05:41	☿⚹♄
4日	03:32	♂☌♃
4日	10:21	☿⚹♅
4日	12:41	♀□♅
4日	14:12	☿☍♆
7日	14:23	☿△♇
7日	19:01	☉⚹♃
8日	08:53	♅△♆
12日	01:26	☉⚹♂
15日	06:22	☿⚹♃
18日	15:04	☿⚹♂
20日	14:07	♄△♆
20日	19:20	☉☌☿
22日	13:54	☿□♇
22日	18:28	♂□♆
24日	16:16	☉□♇
27日	14:05	♀□♃

1942年5月

DAY	☉	☽	☊ mean	☊ true	☿	♀	♂	♃	♄	♅	♆	♇	⚳	⚴	⚵	⚶	⚷
	° ′	° ′	° ′	° ′	° ′	° ′	° ′	° ′	° ′	° ′	° ′	° ′	°	°	°	°	°
1	9 ♉ 37	5 ♏ 33	10 ♍ 30	11 R 48	21 D 12	24 D 7	2 D 39	21 D 11	28 D 57	29 D 10	27 R 28	3 D 30	16 D	21 D	16 R	4 D	8 D
2	10 ♉ 35	20 ♏ 32	10 ♍ 27	11 ♍ 40	23 ♉ 12	25 ♓ 11	3 ♋ 16	21 ♊ 23	29 ♉ 5	29 ♉ 13	27 ♍ 27	3 ♌ 30	16 ♓	22 ♒	16 ♏	4 ♒	8 ♌
3	11 ♉ 33	5 ♐ 37	10 ♍ 24	11 ♍ 31	25 ♉ 9	26 ♓ 15	3 ♋ 52	21 ♊ 35	29 ♉ 12	29 ♉ 16	27 ♍ 26	3 ♌ 31	16 ♓	22 ♒	16 ♏	5 ♒	8 ♌
4	12 ♉ 32	20 ♐ 39	10 ♍ 20	11 ♍ 23	27 ♉ 5	27 ♓ 19	4 ♋ 29	21 ♊ 48	29 ♉ 20	29 ♉ 20	27 ♍ 25	3 ♌ 31	17 ♓	22 ♒	15 ♏	5 ♒	8 ♌
5	13 ♉ 30	5 ♑ 28	10 ♍ 17	11 ♍ 16	28 ♉ 57	28 ♓ 24	5 ♋ 6	22 ♊ 0	29 ♉ 28	29 ♉ 23	27 ♍ 24	3 ♌ 32	17 ♓	22 ♒	15 ♏	5 ♒	8 ♌
6	14 ♉ 28	19 ♑ 59	10 ♍ 14	11 ♍ 11	0 ♊ 46	29 ♓ 29	5 ♋ 42	22 ♊ 12	29 ♉ 35	29 ♉ 27	27 ♍ 23	3 ♌ 32	17 ♓	22 ♒	15 ♏	6 ♒	8 ♌
7	15 ♉ 26	4 ♒ 7	10 ♍ 11	11 ♍ 9	2 ♊ 33	0 ♈ 34	6 ♋ 19	22 ♊ 24	29 ♉ 43	29 ♉ 30	27 ♍ 22	3 ♌ 33	18 ♓	22 ♒	15 ♏	6 ♒	8 ♌
8	16 ♉ 24	17 ♒ 52	10 ♍ 8	11 D 8	4 ♊ 16	1 ♈ 39	6 ♋ 56	22 ♊ 36	29 ♉ 50	29 ♉ 33	27 ♍ 21	3 ♌ 33	18 ♓	23 ♒	14 ♏	6 ♒	8 ♌
9	17 ♉ 22	1 ♓ 15	10 ♍ 5	11 ♍ 9	5 ♊ 55	2 ♈ 44	7 ♋ 32	22 ♊ 49	29 ♉ 58	29 ♉ 37	27 ♍ 20	3 ♌ 34	18 ♓	23 ♒	14 ♏	6 ♒	8 ♌
10	18 ♉ 20	14 ♓ 18	10 ♍ 1	11 R 9	7 ♊ 31	3 ♈ 49	8 ♋ 9	23 ♊ 1	0 ♊ 6	29 ♉ 40	27 ♍ 19	3 ♌ 34	18 ♓	23 ♒	14 ♏	7 ♒	9 ♌
11	19 ♉ 18	27 ♓ 5	9 ♍ 58	11 ♍ 8	9 ♊ 4	4 ♈ 55	8 ♋ 46	23 ♊ 14	0 ♊ 13	29 ♉ 44	27 ♍ 18	3 ♌ 35	19 ♓	23 ♒	14 ♏	7 ♒	9 ♌
12	20 ♉ 16	9 ♈ 39	9 ♍ 55	11 ♍ 5	10 ♊ 32	6 ♈ 1	9 ♋ 22	23 ♊ 26	0 ♊ 21	29 ♉ 47	27 ♍ 17	3 ♌ 36	19 ♓	23 ♒	14 ♏	7 ♒	9 ♌
13	21 ♉ 14	22 ♈ 1	9 ♍ 52	10 ♍ 59	11 ♊ 57	7 ♈ 7	9 ♋ 59	23 ♊ 39	0 ♊ 29	29 ♉ 51	27 ♍ 16	3 ♌ 36	19 ♓	23 ♒	13 ♏	7 ♒	9 ♌
14	22 ♉ 12	4 ♉ 15	9 ♍ 49	10 ♍ 50	13 ♊ 19	8 ♈ 13	10 ♋ 36	23 ♊ 52	0 ♊ 36	29 ♉ 54	27 ♍ 15	3 ♌ 37	20 ♓	24 ♒	13 ♏	8 ♒	9 ♌
15	23 ♉ 10	16 ♉ 22	9 ♍ 45	10 ♍ 38	14 ♊ 36	9 ♈ 19	11 ♋ 13	24 ♊ 4	0 ♊ 44	29 ♉ 58	27 ♍ 15	3 ♌ 38	20 ♓	24 ♒	13 ♏	8 ♒	9 ♌
16	24 ♉ 8	28 ♉ 22	9 ♍ 42	10 ♍ 26	15 ♊ 49	10 ♈ 25	11 ♋ 49	24 ♊ 17	0 ♊ 52	0 ♊ 1	27 ♍ 14	3 ♌ 38	20 ♓	24 ♒	13 ♏	8 ♒	9 ♌
17	25 ♉ 5	10 ♊ 18	9 ♍ 39	10 ♍ 12	16 ♊ 59	11 ♈ 32	12 ♋ 26	24 ♊ 30	1 ♊ 0	0 ♊ 5	27 ♍ 13	3 ♌ 39	21 ♓	24 ♒	12 ♏	8 ♒	9 ♌
18	26 ♉ 3	22 ♊ 11	9 ♍ 36	9 ♍ 59	18 ♊ 4	12 ♈ 39	13 ♋ 3	24 ♊ 43	1 ♊ 7	0 ♊ 8	27 ♍ 13	3 ♌ 40	21 ♓	24 ♒	12 ♏	8 ♒	9 ♌
19	27 ♉ 1	4 ♋ 2	9 ♍ 33	9 ♍ 48	19 ♊ 5	13 ♈ 45	13 ♋ 40	24 ♊ 56	1 ♊ 15	0 ♊ 12	27 ♍ 12	3 ♌ 41	21 ♓	24 ♒	12 ♏	8 ♒	9 ♌
20	27 ♉ 59	15 ♋ 54	9 ♍ 30	9 ♍ 39	20 ♊ 2	14 ♈ 52	14 ♋ 17	25 ♊ 9	1 ♊ 23	0 ♊ 15	27 ♍ 11	3 ♌ 42	21 ♓	24 ♒	12 ♏	9 ♒	9 ♌
21	28 ♉ 57	27 ♋ 49	9 ♍ 26	9 ♍ 33	20 ♊ 55	15 ♈ 59	14 ♋ 53	25 ♊ 22	1 ♊ 31	0 ♊ 19	27 ♍ 11	3 ♌ 42	22 ♓	24 ♒	12 ♏	9 ♒	9 ♌
22	29 ♉ 54	9 ♌ 52	9 ♍ 23	9 ♍ 30	21 ♊ 43	17 ♈ 6	15 ♋ 30	25 ♊ 35	1 ♊ 38	0 ♊ 22	27 ♍ 10	3 ♌ 43	22 ♓	25 ♒	11 ♏	9 ♒	9 ♌
23	0 ♊ 52	22 ♌ 8	9 ♍ 20	9 ♍ 28	22 ♊ 28	18 ♈ 14	16 ♋ 7	25 ♊ 48	1 ♊ 46	0 ♊ 26	27 ♍ 10	3 ♌ 44	22 ♓	25 ♒	11 ♏	9 ♒	9 ♌
24	1 ♊ 50	4 ♍ 40	9 ♍ 17	9 D 28	23 ♊ 7	19 ♈ 21	16 ♋ 44	26 ♊ 1	1 ♊ 54	0 ♊ 29	27 ♍ 9	3 ♌ 45	23 ♓	25 ♒	11 ♏	9 ♒	9 ♌
25	2 ♊ 47	17 ♍ 34	9 ♍ 14	9 R 28	23 ♊ 42	20 ♈ 29	17 ♋ 21	26 ♊ 14	2 ♊ 2	0 ♊ 33	27 ♍ 9	3 ♌ 46	23 ♓	25 ♒	11 ♏	10 ♒	9 ♌
26	3 ♊ 45	0 ♎ 55	9 ♍ 11	9 ♍ 27	24 ♊ 13	21 ♈ 36	17 ♋ 58	26 ♊ 27	2 ♊ 9	0 ♊ 36	27 ♍ 8	3 ♌ 47	23 ♓	25 ♒	11 ♏	10 ♒	10 ♌
27	4 ♊ 43	14 ♎ 45	9 ♍ 7	9 ♍ 24	24 ♊ 39	22 ♈ 44	18 ♋ 34	26 ♊ 40	2 ♊ 17	0 ♊ 40	27 ♍ 8	3 ♌ 48	23 ♓	25 ♒	11 ♏	10 ♒	10 ♌
28	5 ♊ 40	29 ♎ 4	9 ♍ 4	9 ♍ 18	25 ♊ 0	23 ♈ 52	19 ♋ 11	26 ♊ 54	2 ♊ 25	0 ♊ 43	27 ♍ 7	3 ♌ 49	24 ♓	25 ♒	10 ♏	10 ♒	10 ♌
29	6 ♊ 38	13 ♏ 50	9 ♍ 1	9 ♍ 10	25 ♊ 16	25 ♈ 0	19 ♋ 48	27 ♊ 7	2 ♊ 33	0 ♊ 47	27 ♍ 7	3 ♌ 50	24 ♓	25 ♒	10 ♏	10 ♒	10 ♌
30	7 ♊ 35	28 ♏ 57	8 ♍ 58	9 ♍ 0	25 ♊ 28	26 ♈ 8	20 ♋ 25	27 ♊ 20	2 ♊ 41	0 ♊ 50	27 ♍ 7	3 ♌ 51	24 ♓	25 ♒	10 ♏	10 ♒	10 ♌
31	8 ♊ 33	14 ♐ 15	8 ♍ 55	8 ♍ 49	25 ♊ 35	27 ♈ 16	21 ♋ 2	27 ♊ 34	2 ♊ 48	0 ♊ 54	27 ♍ 6	3 ♌ 52	25 ♓	25 ♒	10 ♏	10 ♒	10 ♌

SUN INGRESS: ☉ → ♊ 22日 02:09

MOON PHASE: ○ 1日 06:59 ♏　◑ 7日 21:13 ♒　● 15日 14:45 ♉　◐ 23日 18:11 ♍　○ 30日 14:29 ♐

aspects		
3日	22:21	♄☌♅
4日	01:58	♀☍♆
4日	04:14	☿△♆
4日	07:16	☿⚹♀
5日	05:51	☿☌♅
5日	07:08	☿☌♄
5日	23:11	♀⚹♅
6日	02:44	♀⚹♄
7日	13:58	☿⚹♇
9日	18:29	♀△♇
18日	19:31	♀□♂
19日	04:26	☉△♆
22日	12:18	☉☌♅
24日	02:03	☉☌♄
26日	00:52	☉⚹♇
28日	23:47	♃□♆
29日	07:21	☿⚹♀
31日	07:44	♀⚹♃

1942年6月

DAY	☉	☽	☊ mean	☊ true	☿	♀	♂	♃	♄	♅	♆	♇	⚳	⚴	⚵	⚶	⚷
	° ′	° ′	° ′	° ′	° ′	° ′	° ′	° ′	° ′	° ′	° ′	° ′	°	°	°	°	°
1	9 ♊ 30	29 ♐ 32	8 ♍ 51	8 R 38	25 D 38	28 D 24	21 D 39	27 D 47	2 D 56	0 D 57	27 R 6	3 D 53	25 D	25 D	9 R	11 D	10 D
2	10 ♊ 28	14 ♑ 38	8 ♍ 48	8 ♍ 30	25 R 36	29 ♈ 33	22 ♋ 16	28 ♊ 0	3 ♊ 4	1 ♊ 1	27 ♍ 6	3 ♌ 54	25 ♓	26 ♒	9 ♏	11 ♒	10 ♌
3	11 ♊ 25	29 ♑ 24	8 ♍ 45	8 ♍ 24	25 ♊ 29	0 ♉ 41	22 ♋ 53	28 ♊ 14	3 ♊ 11	1 ♊ 4	27 ♍ 6	3 ♌ 55	25 ♓	26 ♒	9 ♏	11 ♒	10 ♌
4	12 ♊ 23	13 ♒ 43	8 ♍ 42	8 ♍ 20	25 ♊ 19	1 ♉ 50	23 ♋ 30	28 ♊ 27	3 ♊ 19	1 ♊ 7	27 ♍ 5	3 ♌ 57	26 ♓	26 ♒	9 ♏	11 ♒	10 ♌
5	13 ♊ 20	27 ♒ 36	8 ♍ 39	8 ♍ 19	25 ♊ 4	2 ♉ 58	24 ♋ 7	28 ♊ 41	3 ♊ 27	1 ♊ 11	27 ♍ 5	3 ♌ 58	26 ♓	26 ♒	9 ♏	11 ♒	10 ♌
6	14 ♊ 18	11 ♓ 1	8 ♍ 36	8 D 19	24 ♊ 45	4 ♉ 7	24 ♋ 44	28 ♊ 54	3 ♊ 35	1 ♊ 14	27 ♍ 5	3 ♌ 59	26 ♓	26 ♒	9 ♏	11 ♒	10 ♌
7	15 ♊ 15	24 ♓ 3	8 ♍ 32	8 R 18	24 ♊ 23	5 ♉ 16	25 ♋ 20	29 ♊ 8	3 ♊ 42	1 ♊ 18	27 ♍ 5	4 ♌ 0	26 ♓	26 ♒	9 ♏	11 ♒	11 ♌
8	16 ♊ 12	6 ♈ 44	8 ♍ 29	8 ♍ 17	23 ♊ 58	6 ♉ 25	25 ♋ 57	29 ♊ 21	3 ♊ 50	1 ♊ 21	27 ♍ 5	4 ♌ 1	27 ♓	26 ♒	8 ♏	11 ♒	11 ♌
9	17 ♊ 10	19 ♈ 9	8 ♍ 26	8 ♍ 14	23 ♊ 30	7 ♉ 34	26 ♋ 34	29 ♊ 35	3 ♊ 58	1 ♊ 25	27 D 5	4 ♌ 3	27 ♓	26 ♒	8 ♏	11 ♒	11 ♌
10	18 ♊ 7	1 ♉ 23	8 ♍ 23	8 ♍ 8	23 ♊ 0	8 ♉ 43	27 ♋ 11	29 ♊ 48	4 ♊ 5	1 ♊ 28	27 ♍ 5	4 ♌ 4	27 ♓	26 ♒	8 ♏	11 ♒	11 ♌
11	19 ♊ 5	13 ♉ 27	8 ♍ 20	7 ♍ 59	22 ♊ 28	9 ♉ 52	27 ♋ 48	0 ♋ 2	4 ♊ 13	1 ♊ 31	27 ♍ 5	4 ♌ 5	27 ♓	26 ♒	8 ♏	11 ♒	11 ♌
12	20 ♊ 2	25 ♉ 26	8 ♍ 17	7 ♍ 48	21 ♊ 55	11 ♉ 1	28 ♋ 25	0 ♋ 16	4 ♊ 20	1 ♊ 35	27 ♍ 5	4 ♌ 6	27 ♓	26 R	8 ♏	11 ♒	11 ♌
13	20 ♊ 59	7 ♊ 20	8 ♍ 13	7 ♍ 35	21 ♊ 21	12 ♉ 10	29 ♋ 2	0 ♋ 29	4 ♊ 28	1 ♊ 38	27 ♍ 5	4 ♌ 8	28 ♓	26 ♒	8 ♏	11 ♒	11 ♌
14	21 ♊ 57	19 ♊ 12	8 ♍ 10	7 ♍ 21	20 ♊ 48	13 ♉ 20	29 ♋ 40	0 ♋ 43	4 ♊ 36	1 ♊ 41	27 ♍ 5	4 ♌ 9	28 ♓	26 ♒	8 ♏	11 ♒	11 ♌
15	22 ♊ 54	1 ♋ 4	8 ♍ 7	7 ♍ 8	20 ♊ 15	14 ♉ 29	0 ♌ 17	0 ♋ 57	4 ♊ 43	1 ♊ 45	27 ♍ 6	4 ♌ 10	28 ♓	26 ♒	8 ♏	11 R	11 ♌
16	23 ♊ 51	12 ♋ 56	8 ♍ 4	6 ♍ 57	19 ♊ 42	15 ♉ 39	0 ♌ 54	1 ♋ 10	4 ♊ 51	1 ♊ 48	27 ♍ 6	4 ♌ 12	28 ♓	26 ♒	8 ♏	11 ♒	11 ♌
17	24 ♊ 49	24 ♋ 51	8 ♍ 1	6 ♍ 48	19 ♊ 12	16 ♉ 48	1 ♌ 31	1 ♋ 24	4 ♊ 58	1 ♊ 51	27 ♍ 6	4 ♌ 13	29 ♓	26 ♒	7 ♏	11 ♒	11 ♌
18	25 ♊ 46	6 ♌ 50	7 ♍ 57	6 ♍ 42	18 ♊ 44	17 ♉ 58	2 ♌ 8	1 ♋ 38	5 ♊ 6	1 ♊ 55	27 ♍ 6	4 ♌ 15	29 ♓	26 ♒	7 ♏	11 ♒	12 ♌
19	26 ♊ 43	18 ♌ 57	7 ♍ 54	6 ♍ 38	18 ♊ 18	19 ♉ 8	2 ♌ 45	1 ♋ 51	5 ♊ 13	1 ♊ 58	27 ♍ 7	4 ♌ 16	29 ♓	26 ♒	7 ♏	11 ♒	12 ♌
20	27 ♊ 40	1 ♍ 15	7 ♍ 51	6 ♍ 37	17 ♊ 56	20 ♉ 18	3 ♌ 22	2 ♋ 5	5 ♊ 20	2 ♊ 1	27 ♍ 7	4 ♌ 17	29 ♓	26 ♒	7 ♏	11 ♒	12 ♌
21	28 ♊ 38	13 ♍ 48	7 ♍ 48	6 D 37	17 ♊ 37	21 ♉ 27	3 ♌ 59	2 ♋ 19	5 ♊ 28	2 ♊ 4	27 ♍ 7	4 ♌ 19	29 ♓	26 ♒	7 ♏	11 ♒	12 ♌
22	29 ♊ 35	26 ♍ 41	7 ♍ 45	6 ♍ 37	17 ♊ 21	22 ♉ 37	4 ♌ 36	2 ♋ 32	5 ♊ 35	2 ♊ 8	27 ♍ 8	4 ♌ 20	0 ♈	25 ♒	7 ♏	11 ♒	12 ♌
23	0 ♋ 32	9 ♎ 56	7 ♍ 42	6 R 37	17 ♊ 10	23 ♉ 47	5 ♌ 13	2 ♋ 46	5 ♊ 42	2 ♊ 11	27 ♍ 8	4 ♌ 22	0 ♈	25 ♒	7 ♏	11 ♒	12 ♌
24	1 ♋ 29	23 ♎ 39	7 ♍ 38	6 ♍ 35	17 ♊ 3	24 ♉ 57	5 ♌ 51	3 ♋ 0	5 ♊ 50	2 ♊ 14	27 ♍ 9	4 ♌ 23	0 ♈	25 ♒	7 ♏	11 ♒	12 ♌
25	2 ♋ 27	7 ♏ 49	7 ♍ 35	6 ♍ 31	17 ♊ 1	26 ♉ 7	6 ♌ 28	3 ♋ 13	5 ♊ 57	2 ♊ 17	27 ♍ 9	4 ♌ 25	0 ♈	25 ♒	7 ♏	11 ♒	12 ♌
26	3 ♋ 24	22 ♏ 27	7 ♍ 32	6 ♍ 24	17 D 3	27 ♉ 18	7 ♌ 5	3 ♋ 27	6 ♊ 4	2 ♊ 20	27 ♍ 10	4 ♌ 26	0 ♈	25 ♒	7 ♏	11 ♒	12 ♌
27	4 ♋ 21	7 ♐ 26	7 ♍ 29	6 ♍ 16	17 ♊ 10	28 ♉ 28	7 ♌ 42	3 ♋ 41	6 ♊ 11	2 ♊ 23	27 ♍ 10	4 ♌ 28	0 ♈	25 ♒	7 ♏	11 ♒	13 ♌
28	5 ♋ 18	22 ♐ 40	7 ♍ 26	6 ♍ 8	17 ♊ 21	29 ♉ 38	8 ♌ 19	3 ♋ 54	6 ♊ 18	2 ♊ 27	27 ♍ 11	4 ♌ 29	1 ♈	25 ♒	7 ♏	11 ♒	13 ♌
29	6 ♋ 16	7 ♑ 57	7 ♍ 23	5 ♍ 59	17 ♊ 38	0 ♊ 48	8 ♌ 56	4 ♋ 8	6 ♊ 26	2 ♊ 30	27 ♍ 12	4 ♌ 31	1 ♈	25 ♒	7 ♏	10 ♒	13 ♌
30	7 ♋ 13	23 ♑ 7	7 ♍ 19	5 ♍ 52	17 ♊ 59	1 ♊ 59	9 ♌ 34	4 ♋ 22	6 ♊ 33	2 ♊ 33	27 ♍ 12	4 ♌ 32	1 ♈	25 ♒	7 ♏	10 ♒	13 ♌

SUN INGRESS: ☉ → ♋ 22日 10:16

MOON PHASE: ◑ 6日 06:26 ♓　● 14日 06:02 ♊　◐ 22日 05:44 ♍　○ 28日 21:09 ♑

aspects		
5日	21:09	♀□♇
9日	18:58	♄⚹♇
9日	19:51	♂⚹♆
13日	05:49	☉☌☿
17日	14:42	♂⚹♅
19日	09:54	☉□♆
21日	13:11	♂☌♇
23日	23:16	♂⚹♄
25日	21:19	♀△♆
26日	01:43	☉☌♃
30日	12:02	♀☌♅

1942年7月

DAY	☉	☽	☊		☿	♀	♂	♃	♄	♅	♆	♇	⚳	⚴	⚵	⚶	⚷
			mean	true													
	° ′	° ′	° ′	° ′	° ′	° ′	° ′	° ′	° ′	° ′	° ′	° ′	°	°	°	°	°
1	8 ♋ 10	8 ♒ 0	7 ♍ 16	5 R 47	18 D 25	3 D 9	10 D 11	4 D 35	6 D 40	2 D 36	27 D 13	4 D 34	1 D	25 R	7 R	10 R	13 D
2	9 ♋ 7	22 ♒ 29	7 ♍ 13	5 ♍ 44	18 ♊ 56	4 ♊ 20	10 ♌ 48	4 ♋ 49	6 ♊ 47	2 ♊ 39	27 ♍ 14	4 ♌ 35	1 ♈	25 ♒	7 ♏	10 ♒	13 ♌
3	10 ♋ 4	6 ♓ 30	7 ♍ 10	5 D 44	19 ♊ 32	5 ♊ 30	11 ♌ 25	5 ♋ 3	6 ♊ 54	2 ♊ 42	27 ♍ 14	4 ♌ 37	1 ♈	24 ♒	7 ♏	10 ♒	13 ♌
4	11 ♋ 1	20 ♓ 2	7 ♍ 7	5 ♍ 44	20 ♊ 13	6 ♊ 41	12 ♌ 3	5 ♋ 16	7 ♊ 1	2 ♊ 45	27 ♍ 15	4 ♌ 39	2 ♈	24 ♒	7 D	10 ♒	13 ♌
5	11 ♋ 59	3 ♈ 8	7 ♍ 3	5 ♍ 45	20 ♊ 58	7 ♊ 52	12 ♌ 40	5 ♋ 30	7 ♊ 7	2 ♊ 47	27 ♍ 16	4 ♌ 40	2 ♈	24 ♒	7 ♏	10 ♒	13 ♌
6	12 ♋ 56	15 ♈ 51	7 ♍ 0	5 R 45	21 ♊ 48	9 ♊ 3	13 ♌ 17	5 ♋ 44	7 ♊ 14	2 ♊ 50	27 ♍ 17	4 ♌ 42	2 ♈	24 ♒	7 ♏	9 ♒	14 ♌
7	13 ♋ 53	28 ♈ 16	6 ♍ 57	5 ♍ 44	22 ♊ 42	10 ♊ 13	13 ♌ 55	5 ♋ 57	7 ♊ 21	2 ♊ 53	27 ♍ 18	4 ♌ 43	2 ♈	24 ♒	7 ♏	9 ♒	14 ♌
8	14 ♋ 50	10 ♉ 27	6 ♍ 54	5 ♍ 41	23 ♊ 41	11 ♊ 24	14 ♌ 32	6 ♋ 11	7 ♊ 28	2 ♊ 56	27 ♍ 19	4 ♌ 45	2 ♈	24 ♒	7 ♏	9 ♒	14 ♌
9	15 ♋ 48	22 ♉ 27	6 ♍ 51	5 ♍ 36	24 ♊ 44	12 ♊ 35	15 ♌ 9	6 ♋ 25	7 ♊ 35	2 ♊ 59	27 ♍ 20	4 ♌ 47	2 ♈	24 ♒	7 ♏	9 ♒	14 ♌
10	16 ♋ 45	4 ♊ 22	6 ♍ 48	5 ♍ 29	25 ♊ 52	13 ♊ 46	15 ♌ 47	6 ♋ 38	7 ♊ 41	3 ♊ 2	27 ♍ 21	4 ♌ 48	2 ♈	23 ♒	7 ♏	9 ♒	14 ♌
11	17 ♋ 42	16 ♊ 14	6 ♍ 44	5 ♍ 20	27 ♊ 4	14 ♊ 57	16 ♌ 24	6 ♋ 52	7 ♊ 48	3 ♊ 4	27 ♍ 22	4 ♌ 50	2 ♈	23 ♒	7 ♏	8 ♒	14 ♌
12	18 ♋ 39	28 ♊ 5	6 ♍ 41	5 ♍ 12	28 ♊ 20	16 ♊ 8	17 ♌ 1	7 ♋ 5	7 ♊ 54	3 ♊ 7	27 ♍ 23	4 ♌ 52	3 ♈	23 ♒	7 ♏	8 ♒	14 ♌
13	19 ♋ 36	9 ♋ 58	6 ♍ 38	5 ♍ 3	29 ♊ 41	17 ♊ 20	17 ♌ 39	7 ♋ 19	8 ♊ 1	3 ♊ 10	27 ♍ 24	4 ♌ 53	3 ♈	23 ♒	7 ♏	8 ♒	14 ♌
14	20 ♋ 34	21 ♋ 55	6 ♍ 35	4 ♍ 56	1 ♋ 5	18 ♊ 31	18 ♌ 16	7 ♋ 32	8 ♊ 7	3 ♊ 12	27 ♍ 25	4 ♌ 55	3 ♈	23 ♒	7 ♏	8 ♒	14 ♌
15	21 ♋ 31	3 ♌ 57	6 ♍ 32	4 ♍ 50	2 ♋ 34	19 ♊ 42	18 ♌ 54	7 ♋ 46	8 ♊ 14	3 ♊ 15	27 ♍ 26	4 ♌ 57	3 ♈	22 ♒	7 ♏	8 ♒	15 ♌
16	22 ♋ 28	16 ♌ 5	6 ♍ 29	4 ♍ 46	4 ♋ 7	20 ♊ 53	19 ♌ 31	7 ♋ 59	8 ♊ 20	3 ♊ 17	27 ♍ 27	4 ♌ 58	3 ♈	22 ♒	7 ♏	7 ♒	15 ♌
17	23 ♋ 25	28 ♌ 22	6 ♍ 25	4 ♍ 44	5 ♋ 43	22 ♊ 5	20 ♌ 8	8 ♋ 13	8 ♊ 26	3 ♊ 20	27 ♍ 28	5 ♌ 0	3 ♈	22 ♒	7 ♏	7 ♒	15 ♌
18	24 ♋ 23	10 ♍ 50	6 ♍ 22	4 D 44	7 ♋ 24	23 ♊ 16	20 ♌ 46	8 ♋ 26	8 ♊ 33	3 ♊ 23	27 ♍ 29	5 ♌ 2	3 ♈	22 ♒	7 ♏	7 ♒	15 ♌
19	25 ♋ 20	23 ♍ 32	6 ♍ 19	4 ♍ 45	9 ♋ 7	24 ♊ 28	21 ♌ 23	8 ♋ 39	8 ♊ 39	3 ♊ 25	27 ♍ 31	5 ♌ 3	3 ♈	22 ♒	7 ♏	7 ♒	15 ♌
20	26 ♋ 17	6 ♎ 30	6 ♍ 16	4 ♍ 47	10 ♋ 55	25 ♊ 39	22 ♌ 1	8 ♋ 53	8 ♊ 45	3 ♊ 27	27 ♍ 32	5 ♌ 5	3 ♈	21 ♒	7 ♏	7 ♒	15 ♌
21	27 ♋ 15	19 ♎ 47	6 ♍ 13	4 ♍ 48	12 ♋ 45	26 ♊ 51	22 ♌ 38	9 ♋ 6	8 ♊ 51	3 ♊ 30	27 ♍ 33	5 ♌ 7	3 ♈	21 ♒	8 ♏	6 ♒	15 ♌
22	28 ♋ 12	3 ♏ 25	6 ♍ 9	4 R 48	14 ♋ 38	28 ♊ 3	23 ♌ 16	9 ♋ 19	8 ♊ 57	3 ♊ 32	27 ♍ 34	5 ♌ 9	3 ♈	21 ♒	8 ♏	6 ♒	15 ♌
23	29 ♋ 9	17 ♏ 26	6 ♍ 6	4 ♍ 47	16 ♋ 34	29 ♊ 14	23 ♌ 53	9 ♋ 33	9 ♊ 3	3 ♊ 34	27 ♍ 36	5 ♌ 10	3 ♈	21 ♒	8 ♏	6 ♒	16 ♌
24	0 ♌ 6	1 ♐ 50	6 ♍ 3	4 ♍ 44	18 ♋ 32	0 ♋ 26	24 ♌ 31	9 ♋ 46	9 ♊ 9	3 ♊ 37	27 ♍ 37	5 ♌ 12	3 ♈	21 ♒	8 ♏	6 ♒	16 ♌
25	1 ♌ 4	16 ♐ 32	6 ♍ 0	4 ♍ 40	20 ♋ 33	1 ♋ 38	25 ♌ 9	9 ♋ 59	9 ♊ 14	3 ♊ 39	27 ♍ 38	5 ♌ 14	3 ♈	20 ♒	8 ♏	5 ♒	16 ♌
26	2 ♌ 1	1 ♑ 28	5 ♍ 57	4 ♍ 36	22 ♋ 35	2 ♋ 50	25 ♌ 46	10 ♋ 12	9 ♊ 20	3 ♊ 41	27 ♍ 40	5 ♌ 15	3 ♈	20 ♒	8 ♏	5 ♒	16 ♌
27	2 ♌ 58	16 ♑ 30	5 ♍ 54	4 ♍ 31	24 ♋ 39	4 ♋ 1	26 ♌ 24	10 ♋ 25	9 ♊ 26	3 ♊ 43	27 ♍ 41	5 ♌ 17	3 ♈	20 ♒	8 ♏	5 ♒	16 ♌
28	3 ♌ 56	1 ♒ 28	5 ♍ 50	4 ♍ 28	26 ♋ 44	5 ♋ 13	27 ♌ 1	10 ♋ 38	9 ♊ 32	3 ♊ 46	27 ♍ 43	5 ♌ 19	4 ♈	20 ♒	8 ♏	5 ♒	16 ♌
29	4 ♌ 53	16 ♒ 15	5 ♍ 47	4 ♍ 25	28 ♋ 49	6 ♋ 25	27 ♌ 39	10 ♋ 51	9 ♊ 37	3 ♊ 48	27 ♍ 44	5 ♌ 21	4 ♈	19 ♒	8 ♏	4 ♒	16 ♌
30	5 ♌ 50	0 ♓ 42	5 ♍ 44	4 ♍ 24	0 ♌ 55	7 ♋ 37	28 ♌ 17	11 ♋ 4	9 ♊ 43	3 ♊ 50	27 ♍ 46	5 ♌ 22	4 ♈	19 ♒	9 ♏	4 ♒	16 ♌
31	6 ♌ 48	14 ♓ 45	5 ♍ 41	4 D 24	3 ♌ 1	8 ♋ 49	28 ♌ 54	11 ♋ 17	9 ♊ 48	3 ♊ 52	27 ♍ 47	5 ♌ 24	4 R	19 ♒	9 ♏	4 ♒	17 ♌

SUN INGRESS ☉ → ♌ 23日 21:07

MOON PHASE ◑ 5日 17:58 ♈ ● 13日 21:03 ♋ ◐ 21日 14:13 ♎ ○ 28日 04:14 ♒

aspects		
2日	05:25	♀⚹♇
4日	07:20	♀☌♄
11日	05:45	☿□♆
13日	13:30	♀⚹♂
18日	16:40	☿☌♃
21日	07:59	☉⚹♆
21日	14:25	♀□♆
27日	19:39	☉⚹♅
28日	11:28	☿⚹♆
29日	11:56	☉☌♇
31日	09:43	☿⚹♅

1942年8月

DAY	☉	☽	☊		☿	♀	♂	♃	♄	♅	♆	♇	⚳	⚴	⚵	⚶	⚷
			mean	true													
	° ′	° ′	° ′	° ′	° ′	° ′	° ′	° ′	° ′	° ′	° ′	° ′	°	°	°	°	°
1	7 ♌ 45	28 ♓ 22	5 ♍ 38	4 D 26	5 D 8	10 D 2	29 D 32	11 D 30	9 D 53	3 D 54	27 D 49	5 D 26	4 R	19 R	9 D	4 R	17 D
2	8 ♌ 42	11 ♈ 33	5 ♍ 34	4 ♍ 27	7 ♌ 13	11 ♋ 14	0 ♍ 10	11 ♋ 43	9 ♊ 59	3 ♊ 56	27 ♍ 50	5 ♌ 27	4 ♈	18 ♒	9 ♏	3 ♒	17 ♌
3	9 ♌ 40	24 ♈ 21	5 ♍ 31	4 ♍ 29	9 ♌ 18	12 ♋ 26	0 ♍ 48	11 ♋ 56	10 ♊ 4	3 ♊ 57	27 ♍ 52	5 ♌ 29	4 ♈	18 ♒	9 ♏	3 ♒	17 ♌
4	10 ♌ 37	6 ♉ 49	5 ♍ 28	4 ♍ 29	11 ♌ 23	13 ♋ 38	1 ♍ 25	12 ♋ 9	10 ♊ 9	3 ♊ 59	27 ♍ 54	5 ♌ 31	3 ♈	18 ♒	9 ♏	3 ♒	17 ♌
5	11 ♌ 35	19 ♉ 1	5 ♍ 25	4 R 29	13 ♌ 26	14 ♋ 51	2 ♍ 3	12 ♋ 21	10 ♊ 14	4 ♊ 1	27 ♍ 55	5 ♌ 33	3 ♈	18 ♒	9 ♏	3 ♒	17 ♌
6	12 ♌ 32	1 ♊ 2	5 ♍ 22	4 ♍ 28	15 ♌ 29	16 ♋ 3	2 ♍ 41	12 ♋ 34	10 ♊ 19	4 ♊ 3	27 ♍ 57	5 ♌ 34	3 ♈	17 ♒	10 ♏	2 ♒	17 ♌
7	13 ♌ 30	12 ♊ 56	5 ♍ 19	4 ♍ 26	17 ♌ 30	17 ♋ 16	3 ♍ 19	12 ♋ 47	10 ♊ 24	4 ♊ 5	27 ♍ 59	5 ♌ 36	3 ♈	17 ♒	10 ♏	2 ♒	18 ♌
8	14 ♌ 27	24 ♊ 48	5 ♍ 15	4 ♍ 23	19 ♌ 30	18 ♋ 28	3 ♍ 56	12 ♋ 59	10 ♊ 29	4 ♊ 6	28 ♍ 0	5 ♌ 38	3 ♈	17 ♒	10 ♏	2 ♒	18 ♌
9	15 ♌ 25	6 ♋ 40	5 ♍ 12	4 ♍ 20	21 ♌ 29	19 ♋ 41	4 ♍ 34	13 ♋ 12	10 ♊ 33	4 ♊ 8	28 ♍ 2	5 ♌ 39	3 ♈	17 ♒	10 ♏	2 ♒	18 ♌
10	16 ♌ 22	18 ♋ 37	5 ♍ 9	4 ♍ 17	23 ♌ 26	20 ♋ 53	5 ♍ 12	13 ♋ 24	10 ♊ 38	4 ♊ 10	28 ♍ 4	5 ♌ 41	3 ♈	16 ♒	10 ♏	2 ♒	18 ♌
11	17 ♌ 20	0 ♌ 40	5 ♍ 6	4 ♍ 15	25 ♌ 22	22 ♋ 6	5 ♍ 50	13 ♋ 37	10 ♊ 42	4 ♊ 11	28 ♍ 6	5 ♌ 43	3 ♈	16 ♒	10 ♏	1 ♒	18 ♌
12	18 ♌ 17	12 ♌ 52	5 ♍ 3	4 ♍ 13	27 ♌ 16	23 ♋ 19	6 ♍ 28	13 ♋ 49	10 ♊ 47	4 ♊ 13	28 ♍ 7	5 ♌ 45	3 ♈	16 ♒	11 ♏	1 ♒	18 ♌
13	19 ♌ 15	25 ♌ 14	5 ♍ 0	4 ♍ 12	29 ♌ 9	24 ♋ 31	7 ♍ 6	14 ♋ 2	10 ♊ 51	4 ♊ 14	28 ♍ 9	5 ♌ 46	3 ♈	16 ♒	11 ♏	1 ♒	18 ♌
14	20 ♌ 13	7 ♍ 47	4 ♍ 56	4 D 12	1 ♍ 1	25 ♋ 44	7 ♍ 44	14 ♋ 14	10 ♊ 56	4 ♊ 15	28 ♍ 11	5 ♌ 48	3 ♈	15 ♒	11 ♏	1 ♒	18 ♌
15	21 ♌ 10	20 ♍ 33	4 ♍ 53	4 ♍ 12	2 ♍ 51	26 ♋ 57	8 ♍ 22	14 ♋ 26	11 ♊ 0	4 ♊ 17	28 ♍ 13	5 ♌ 50	3 ♈	15 ♒	11 ♏	1 ♒	19 ♌
16	22 ♌ 8	3 ♎ 31	4 ♍ 50	4 ♍ 13	4 ♍ 39	28 ♋ 10	9 ♍ 0	14 ♋ 38	11 ♊ 4	4 ♊ 18	28 ♍ 15	5 ♌ 51	3 ♈	15 ♒	11 ♏	0 ♒	19 ♌
17	23 ♌ 6	16 ♎ 44	4 ♍ 47	4 ♍ 14	6 ♍ 26	29 ♋ 23	9 ♍ 38	14 ♋ 50	11 ♊ 8	4 ♊ 19	28 ♍ 17	5 ♌ 53	3 ♈	14 ♒	11 ♏	0 ♒	19 ♌
18	24 ♌ 3	0 ♏ 12	4 ♍ 44	4 ♍ 15	8 ♍ 12	0 ♌ 36	10 ♍ 16	15 ♋ 2	11 ♊ 12	4 ♊ 21	28 ♍ 19	5 ♌ 55	3 ♈	14 ♒	12 ♏	0 ♒	19 ♌
19	25 ♌ 1	13 ♏ 55	4 ♍ 40	4 ♍ 16	9 ♍ 56	1 ♌ 49	10 ♍ 54	15 ♋ 14	11 ♊ 16	4 ♊ 22	28 ♍ 20	5 ♌ 56	2 ♈	14 ♒	12 ♏	0 ♒	19 ♌
20	25 ♌ 59	27 ♏ 53	4 ♍ 37	4 R 16	11 ♍ 39	3 ♌ 2	11 ♍ 32	15 ♋ 26	11 ♊ 20	4 ♊ 23	28 ♍ 22	5 ♌ 58	2 ♈	14 ♒	12 ♏	0 ♒	19 ♌
21	26 ♌ 57	12 ♐ 6	4 ♍ 34	4 ♍ 16	13 ♍ 20	4 ♌ 15	12 ♍ 10	15 ♋ 38	11 ♊ 24	4 ♊ 24	28 ♍ 24	5 ♌ 59	2 ♈	13 ♒	12 ♏	29 ♑	19 ♌
22	27 ♌ 54	26 ♐ 30	4 ♍ 31	4 ♍ 15	15 ♍ 0	5 ♌ 28	12 ♍ 48	15 ♋ 49	11 ♊ 27	4 ♊ 25	28 ♍ 26	6 ♌ 1	2 ♈	13 ♒	12 ♏	29 ♑	19 ♌
23	28 ♌ 52	11 ♑ 3	4 ♍ 28	4 ♍ 15	16 ♍ 38	6 ♌ 41	13 ♍ 27	16 ♋ 1	11 ♊ 31	4 ♊ 26	28 ♍ 28	6 ♌ 3	2 ♈	13 ♒	13 ♏	29 ♑	20 ♌
24	29 ♌ 50	25 ♑ 40	4 ♍ 25	4 ♍ 14	18 ♍ 15	7 ♌ 55	14 ♍ 5	16 ♋ 13	11 ♊ 34	4 ♊ 27	28 ♍ 30	6 ♌ 4	2 ♈	13 ♒	13 ♏	29 ♑	20 ♌
25	0 ♍ 48	10 ♒ 14	4 ♍ 21	4 ♍ 14	19 ♍ 51	9 ♌ 8	14 ♍ 43	16 ♋ 24	11 ♊ 37	4 ♊ 28	28 ♍ 32	6 ♌ 6	2 ♈	13 ♒	13 ♏	29 ♑	20 ♌
26	1 ♍ 46	24 ♒ 41	4 ♍ 18	4 ♍ 14	21 ♍ 25	10 ♌ 21	15 ♍ 21	16 ♋ 36	11 ♊ 41	4 ♊ 28	28 ♍ 34	6 ♌ 7	2 ♈	12 ♒	13 ♏	29 ♑	20 ♌
27	2 ♍ 44	8 ♓ 53	4 ♍ 15	4 D 14	22 ♍ 58	11 ♌ 35	15 ♍ 59	16 ♋ 47	11 ♊ 44	4 ♊ 29	28 ♍ 36	6 ♌ 9	1 ♈	12 ♒	14 ♏	29 ♑	20 ♌
28	3 ♍ 41	22 ♓ 48	4 ♍ 12	4 ♍ 14	24 ♍ 30	12 ♌ 48	16 ♍ 38	16 ♋ 58	11 ♊ 47	4 ♊ 30	28 ♍ 38	6 ♌ 11	1 ♈	12 ♒	14 ♏	29 ♑	20 ♌
29	4 ♍ 39	6 ♈ 22	4 ♍ 9	4 R 14	26 ♍ 0	14 ♌ 1	17 ♍ 16	17 ♋ 9	11 ♊ 50	4 ♊ 31	28 ♍ 41	6 ♌ 12	1 ♈	12 ♒	14 ♏	28 ♑	20 ♌
30	5 ♍ 37	19 ♈ 33	4 ♍ 6	4 ♍ 13	27 ♍ 29	15 ♌ 15	17 ♍ 54	17 ♋ 21	11 ♊ 53	4 ♊ 31	28 ♍ 43	6 ♌ 14	1 ♈	11 ♒	14 ♏	28 ♑	20 ♌
31	6 ♍ 35	2 ♉ 23	4 ♍ 2	4 ♍ 13	28 ♍ 57	16 ♌ 29	18 ♍ 33	17 ♋ 32	11 ♊ 56	4 ♊ 32	28 ♍ 45	6 ♌ 15	1 ♈	11 ♒	14 ♏	28 ♑	21 ♌

SUN INGRESS ☉ → ♍ 24日 03:58

MOON PHASE ◑ 4日 08:04 ♉ ● 12日 11:28 ♌ ◐ 19日 20:30 ♏ ○ 26日 12:46 ♓

aspects		
1日	03:31	☿☌♇
2日	11:51	♀☌♃
3日	07:36	☉☌☿
3日	09:05	☿⚹♄
3日	10:59	☉⚹♄
8日	06:30	♂□♅
15日	19:16	☿□♅
16日	01:40	♀⚹♆
19日	15:23	♂□♄
19日	19:26	☿□♄
19日	21:36	☿☌♂
21日	02:57	♀⚹♅
22日	11:03	♀☌♇
22日	13:42	☿⚹♃
27日	03:10	♀⚹♄
28日	18:15	♂⚹♃
28日	20:21	☉□♅
30日	20:36	☿☌♆

1942年9月

DAY	☉	☽	☊ mean	☊ true	☿	♀	♂	♃	♄	♅	♆	♇	⚳	⚴	⚵	⚶	⚷
	° ′	° ′	° ′	° ′	° ′	° ′	° ′	° ′	° ′	° ′	° ′	° ′	°	°	°	°	°
1	7 ♍ 33	14 ♉ 53	3 ♍ 59	4 R 13	0 D 23	17 D 42	19 D 11	17 D 42	11 D 58	4 D 32	28 D 47	6 D 17	1 R	11 R	15 D	28 R	21 D
2	8 ♍ 31	27 ♉ 8	3 ♍ 56	4 ♍ 13	1 ♎ 48	18 ♌ 56	19 ♍ 49	17 ♋ 53	12 ♊ 1	4 ♊ 33	28 ♍ 49	6 ♌ 18	0 ♈	11 ♒	15 ♏	28 ♑	21 ♌
3	9 ♍ 29	9 ♊ 10	3 ♍ 53	4 ♍ 13	3 ♎ 11	20 ♌ 10	20 ♍ 28	18 ♋ 4	12 ♊ 3	4 ♊ 33	28 ♍ 51	6 ♌ 20	0 ♈	11 ♒	15 ♏	28 ♑	21 ♌
4	10 ♍ 28	21 ♊ 5	3 ♍ 50	4 D 13	4 ♎ 33	21 ♌ 23	21 ♍ 6	18 ♋ 15	12 ♊ 6	4 ♊ 34	28 ♍ 53	6 ♌ 21	0 ♈	10 ♒	15 ♏	28 ♑	21 ♌
5	11 ♍ 26	2 ♋ 57	3 ♍ 46	4 ♍ 13	5 ♎ 53	22 ♌ 37	21 ♍ 45	18 ♋ 25	12 ♊ 8	4 ♊ 34	28 ♍ 55	6 ♌ 23	0 ♈	10 ♒	16 ♏	28 ♑	21 ♌
6	12 ♍ 24	14 ♋ 51	3 ♍ 43	4 ♍ 14	7 ♎ 12	23 ♌ 51	22 ♍ 23	18 ♋ 36	12 ♊ 10	4 ♊ 34	28 ♍ 57	6 ♌ 24	0 ♈	10 ♒	16 ♏	28 ♑	21 ♌
7	13 ♍ 22	26 ♋ 51	3 ♍ 40	4 ♍ 15	8 ♎ 29	25 ♌ 5	23 ♍ 2	18 ♋ 46	12 ♊ 12	4 ♊ 34	29 ♍ 0	6 ♌ 26	29 ♓	10 ♒	16 ♏	28 ♑	21 ♌
8	14 ♍ 20	9 ♌ 0	3 ♍ 37	4 ♍ 16	9 ♎ 45	26 ♌ 19	23 ♍ 40	18 ♋ 57	12 ♊ 14	4 ♊ 35	29 ♍ 2	6 ♌ 27	29 ♓	10 ♒	16 ♏	28 ♑	22 ♌
9	15 ♍ 19	21 ♌ 21	3 ♍ 34	4 ♍ 16	10 ♎ 59	27 ♌ 33	24 ♍ 19	19 ♋ 7	12 ♊ 16	4 ♊ 35	29 ♍ 4	6 ♌ 28	29 ♓	10 ♒	17 ♏	28 ♑	22 ♌
10	16 ♍ 17	3 ♍ 57	3 ♍ 31	4 ♍ 17	12 ♎ 11	28 ♌ 47	24 ♍ 57	19 ♋ 17	12 ♊ 18	4 ♊ 35	29 ♍ 6	6 ♌ 30	29 ♓	9 ♒	17 ♏	28 ♑	22 ♌
11	17 ♍ 15	16 ♍ 49	3 ♍ 27	4 R 16	13 ♎ 21	0 ♍ 1	25 ♍ 36	19 ♋ 27	12 ♊ 19	4 R 35	29 ♍ 8	6 ♌ 31	29 ♓	9 ♒	17 ♏	28 D	22 ♌
12	18 ♍ 14	29 ♍ 57	3 ♍ 24	4 ♍ 15	14 ♎ 29	1 ♍ 15	26 ♍ 15	19 ♋ 37	12 ♊ 21	4 ♊ 35	29 ♍ 10	6 ♌ 33	28 ♓	9 ♒	17 ♏	28 ♑	22 ♌
13	19 ♍ 12	13 ♎ 20	3 ♍ 21	4 ♍ 14	15 ♎ 36	2 ♍ 29	26 ♍ 53	19 ♋ 47	12 ♊ 22	4 ♊ 35	29 ♍ 13	6 ♌ 34	28 ♓	9 ♒	18 ♏	28 ♑	22 ♌
14	20 ♍ 11	26 ♎ 57	3 ♍ 18	4 ♍ 12	16 ♎ 40	3 ♍ 43	27 ♍ 32	19 ♋ 56	12 ♊ 24	4 ♊ 34	29 ♍ 15	6 ♌ 35	28 ♓	9 ♒	18 ♏	28 ♑	22 ♌
15	21 ♍ 9	10 ♏ 46	3 ♍ 15	4 ♍ 9	17 ♎ 42	4 ♍ 57	28 ♍ 11	20 ♋ 6	12 ♊ 25	4 ♊ 34	29 ♍ 17	6 ♌ 37	28 ♓	9 ♒	18 ♏	28 ♑	22 ♌
16	22 ♍ 7	24 ♏ 44	3 ♍ 11	4 ♍ 8	18 ♎ 41	6 ♍ 11	28 ♍ 50	20 ♋ 15	12 ♊ 26	4 ♊ 34	29 ♍ 19	6 ♌ 38	27 ♓	9 ♒	18 ♏	28 ♑	23 ♌
17	23 ♍ 6	8 ♐ 50	3 ♍ 8	4 ♍ 6	19 ♎ 37	7 ♍ 26	29 ♍ 28	20 ♋ 25	12 ♊ 27	4 ♊ 34	29 ♍ 22	6 ♌ 39	27 ♓	8 ♒	19 ♏	28 ♑	23 ♌
18	24 ♍ 5	23 ♐ 0	3 ♍ 5	4 ♍ 6	20 ♎ 31	8 ♍ 40	0 ♎ 7	20 ♋ 34	12 ♊ 28	4 ♊ 33	29 ♍ 24	6 ♌ 40	27 ♓	8 ♒	19 ♏	28 ♑	23 ♌
19	25 ♍ 3	7 ♑ 13	3 ♍ 2	4 D 6	21 ♎ 22	9 ♍ 54	0 ♎ 46	20 ♋ 43	12 ♊ 29	4 ♊ 33	29 ♍ 26	6 ♌ 42	27 ♓	8 ♒	19 ♏	28 ♑	23 ♌
20	26 ♍ 2	21 ♑ 27	2 ♍ 59	4 ♍ 7	22 ♎ 10	11 ♍ 8	1 ♎ 25	20 ♋ 52	12 ♊ 29	4 ♊ 33	29 ♍ 28	6 ♌ 43	27 ♓	8 ♒	19 ♏	28 ♑	23 ♌
21	27 ♍ 0	5 ♒ 38	2 ♍ 56	4 ♍ 8	22 ♎ 54	12 ♍ 23	2 ♎ 4	21 ♋ 1	12 ♊ 30	4 ♊ 32	29 ♍ 30	6 ♌ 44	26 ♓	8 ♒	20 ♏	28 ♑	23 ♌
22	27 ♍ 59	19 ♒ 45	2 ♍ 52	4 ♍ 10	23 ♎ 34	13 ♍ 37	2 ♎ 43	21 ♋ 10	12 ♊ 30	4 ♊ 32	29 ♍ 33	6 ♌ 45	26 ♓	8 ♒	20 ♏	28 ♑	23 ♌
23	28 ♍ 58	3 ♓ 44	2 ♍ 49	4 ♍ 10	24 ♎ 10	14 ♍ 52	3 ♎ 22	21 ♋ 18	12 ♊ 31	4 ♊ 31	29 ♍ 35	6 ♌ 46	26 ♓	8 ♒	20 ♏	29 ♑	23 ♌
24	29 ♍ 56	17 ♓ 33	2 ♍ 46	4 R 10	24 ♎ 41	16 ♍ 6	4 ♎ 1	21 ♋ 27	12 ♊ 31	4 ♊ 30	29 ♍ 37	6 ♌ 48	26 ♓	8 ♒	21 ♏	29 ♑	24 ♌
25	0 ♎ 55	1 ♈ 9	2 ♍ 43	4 ♍ 8	25 ♎ 8	17 ♍ 21	4 ♎ 40	21 ♋ 35	12 ♊ 31	4 ♊ 30	29 ♍ 39	6 ♌ 49	25 ♓	8 ♒	21 ♏	29 ♑	24 ♌
26	1 ♎ 54	14 ♈ 29	2 ♍ 40	4 ♍ 4	25 ♎ 30	18 ♍ 35	5 ♎ 19	21 ♋ 43	12 R 31	4 ♊ 29	29 ♍ 42	6 ♌ 50	25 ♓	8 ♒	21 ♏	29 ♑	24 ♌
27	2 ♎ 53	27 ♈ 32	2 ♍ 37	4 ♍ 0	25 ♎ 46	19 ♍ 50	5 ♎ 58	21 ♋ 51	12 ♊ 31	4 ♊ 28	29 ♍ 44	6 ♌ 51	25 ♓	8 ♒	21 ♏	29 ♑	24 ♌
28	3 ♎ 52	10 ♉ 18	2 ♍ 33	3 ♍ 55	25 ♎ 56	21 ♍ 4	6 ♎ 37	21 ♋ 59	12 ♊ 31	4 ♊ 27	29 ♍ 46	6 ♌ 52	25 ♓	7 ♒	22 ♏	29 ♑	24 ♌
29	4 ♎ 50	22 ♉ 47	2 ♍ 30	3 ♍ 50	26 ♎ 0	22 ♍ 19	7 ♎ 16	22 ♋ 7	12 ♊ 30	4 ♊ 26	29 ♍ 48	6 ♌ 53	25 ♓	7 ♒	22 ♏	29 ♑	24 ♌
30	5 ♎ 49	5 ♊ 1	2 ♍ 27	3 ♍ 46	25 R 56	23 ♍ 34	7 ♎ 55	22 ♋ 15	12 ♊ 30	4 ♊ 25	29 ♍ 50	6 ♌ 54	24 ♓	7 ♒	22 ♏	29 ♑	24 ♌

SUN INGRESS: ☉ → ♎ 24日 01:16

MOON PHASE: ◑ 3日 00:42 ♊ ● 11日 00:53 ♍ ◐ 18日 01:57 ♐ ○ 24日 23:34 ♈

aspects		
4日	00:16	☿△♅
5日	09:09	☿⚹♇
5日	18:03	☉□♄
10日	02:22	☿△♄
13日	16:57	☉⚹♃
14日	16:38	♀□♅
16日	19:26	♂☌♆
18日	01:24	☿□♃
21日	02:15	♀□♄
23日	15:49	☉☌♆
24日	17:48	☿△♅
28日	09:22	♂⚹♇
28日	14:20	☉△♅
28日	19:50	♀⚹♃

1942年10月

DAY	☉	☽	☊ mean	☊ true	☿	♀	♂	♃	♄	♅	♆	♇	⚳	⚴	⚵	⚶	⚷
	° ′	° ′	° ′	° ′	° ′	° ′	° ′	° ′	° ′	° ′	° ′	° ′	°	°	°	°	°
1	6 ♎ 48	17 ♊ 4	2 ♍ 24	3 R 43	25 R 46	24 D 48	8 D 35	22 D 23	12 R 29	4 R 24	29 D 53	6 D 55	24 R	7 R	23 D	0 D	24 D
2	7 ♎ 47	28 ♊ 59	2 ♍ 21	3 ♍ 41	25 ♎ 28	26 ♍ 3	9 ♎ 14	22 ♋ 30	12 ♊ 29	4 ♊ 23	29 ♍ 55	6 ♌ 56	24 ♓	7 ♒	23 ♏	0 ♒	24 ♌
3	8 ♎ 46	10 ♋ 50	2 ♍ 17	3 D 40	25 ♎ 3	27 ♍ 18	9 ♎ 53	22 ♋ 37	12 ♊ 28	4 ♊ 22	29 ♍ 57	6 ♌ 57	24 ♓	7 ♒	23 ♏	0 ♒	25 ♌
4	9 ♎ 45	22 ♋ 43	2 ♍ 14	3 ♍ 41	24 ♎ 30	28 ♍ 32	10 ♎ 32	22 ♋ 44	12 ♊ 27	4 ♊ 21	29 ♍ 59	6 ♌ 58	23 ♓	7 ♒	24 ♏	0 ♒	25 ♌
5	10 ♎ 45	4 ♌ 43	2 ♍ 11	3 ♍ 43	23 ♎ 49	29 ♍ 47	11 ♎ 12	22 ♋ 52	12 ♊ 26	4 ♊ 20	0 ♎ 2	6 ♌ 59	23 ♓	7 ♒	24 ♏	0 ♒	25 ♌
6	11 ♎ 44	16 ♌ 54	2 ♍ 8	3 ♍ 44	23 ♎ 1	1 ♎ 2	11 ♎ 51	22 ♋ 58	12 ♊ 25	4 ♊ 19	0 ♎ 4	7 ♌ 0	23 ♓	7 ♒	24 ♏	0 ♒	25 ♌
7	12 ♎ 43	29 ♌ 21	2 ♍ 5	3 ♍ 45	22 ♎ 6	2 ♎ 17	12 ♎ 31	23 ♋ 5	12 ♊ 24	4 ♊ 18	0 ♎ 6	7 ♌ 1	23 ♓	7 ♒	24 ♏	1 ♒	25 ♌
8	13 ♎ 42	12 ♍ 7	2 ♍ 2	3 R 45	21 ♎ 4	3 ♎ 32	13 ♎ 10	23 ♋ 12	12 ♊ 23	4 ♊ 16	0 ♎ 8	7 ♌ 1	23 ♓	7 D	25 ♏	1 ♒	25 ♌
9	14 ♎ 41	25 ♍ 14	1 ♍ 58	3 ♍ 43	19 ♎ 58	4 ♎ 47	13 ♎ 49	23 ♋ 18	12 ♊ 21	4 ♊ 15	0 ♎ 10	7 ♌ 2	22 ♓	7 ♒	25 ♏	1 ♒	25 ♌
10	15 ♎ 41	8 ♎ 43	1 ♍ 55	3 ♍ 39	18 ♎ 49	6 ♎ 1	14 ♎ 29	23 ♋ 24	12 ♊ 20	4 ♊ 14	0 ♎ 12	7 ♌ 3	22 ♓	7 ♒	25 ♏	1 ♒	25 ♌
11	16 ♎ 40	22 ♎ 31	1 ♍ 52	3 ♍ 33	17 ♎ 37	7 ♎ 16	15 ♎ 9	23 ♋ 30	12 ♊ 18	4 ♊ 12	0 ♎ 15	7 ♌ 4	22 ♓	7 ♒	26 ♏	1 ♒	25 ♌
12	17 ♎ 39	6 ♏ 37	1 ♍ 49	3 ♍ 26	16 ♎ 26	8 ♎ 31	15 ♎ 48	23 ♋ 36	12 ♊ 16	4 ♊ 11	0 ♎ 17	7 ♌ 5	22 ♓	7 ♒	26 ♏	2 ♒	25 ♌
13	18 ♎ 39	20 ♏ 54	1 ♍ 46	3 ♍ 19	15 ♎ 17	9 ♎ 46	16 ♎ 28	23 ♋ 42	12 ♊ 14	4 ♊ 9	0 ♎ 19	7 ♌ 5	22 ♓	7 ♒	26 ♏	2 ♒	26 ♌
14	19 ♎ 38	5 ♐ 17	1 ♍ 43	3 ♍ 12	14 ♎ 12	11 ♎ 1	17 ♎ 7	23 ♋ 48	12 ♊ 13	4 ♊ 8	0 ♎ 21	7 ♌ 6	22 ♓	7 ♒	27 ♏	2 ♒	26 ♌
15	20 ♎ 38	19 ♐ 42	1 ♍ 39	3 ♍ 7	13 ♎ 13	12 ♎ 16	17 ♎ 47	23 ♋ 53	12 ♊ 11	4 ♊ 6	0 ♎ 23	7 ♌ 7	21 ♓	7 ♒	27 ♏	2 ♒	26 ♌
16	21 ♎ 37	4 ♑ 2	1 ♍ 36	3 ♍ 3	12 ♎ 22	13 ♎ 31	18 ♎ 27	23 ♋ 59	12 ♊ 8	4 ♊ 4	0 ♎ 25	7 ♌ 7	21 ♓	7 ♒	27 ♏	2 ♒	26 ♌
17	22 ♎ 37	18 ♑ 15	1 ♍ 33	3 ♍ 2	11 ♎ 39	14 ♎ 46	19 ♎ 6	24 ♋ 4	12 ♊ 6	4 ♊ 3	0 ♎ 27	7 ♌ 8	21 ♓	8 ♒	28 ♏	3 ♒	26 ♌
18	23 ♎ 36	2 ♒ 19	1 ♍ 30	3 D 2	11 ♎ 7	16 ♎ 1	19 ♎ 46	24 ♋ 9	12 ♊ 4	4 ♊ 1	0 ♎ 29	7 ♌ 8	21 ♓	8 ♒	28 ♏	3 ♒	26 ♌
19	24 ♎ 36	16 ♒ 13	1 ♍ 27	3 ♍ 3	10 ♎ 46	17 ♎ 17	20 ♎ 26	24 ♋ 13	12 ♊ 1	3 ♊ 59	0 ♎ 32	7 ♌ 9	21 ♓	8 ♒	28 ♏	3 ♒	26 ♌
20	25 ♎ 35	29 ♒ 57	1 ♍ 23	3 ♍ 4	10 ♎ 36	18 ♎ 32	21 ♎ 6	24 ♋ 18	11 ♊ 59	3 ♊ 57	0 ♎ 34	7 ♌ 10	21 ♓	8 ♒	28 ♏	3 ♒	26 ♌
21	26 ♎ 35	13 ♓ 30	1 ♍ 20	3 R 4	10 D 37	19 ♎ 47	21 ♎ 46	24 ♋ 23	11 ♊ 56	3 ♊ 56	0 ♎ 36	7 ♌ 10	21 ♓	8 ♒	29 ♏	4 ♒	26 ♌
22	27 ♎ 35	26 ♓ 53	1 ♍ 17	3 ♍ 1	10 ♎ 50	21 ♎ 2	22 ♎ 26	24 ♋ 27	11 ♊ 54	3 ♊ 54	0 ♎ 38	7 ♌ 11	20 ♓	8 ♒	29 ♏	4 ♒	26 ♌
23	28 ♎ 34	10 ♈ 6	1 ♍ 14	2 ♍ 56	11 ♎ 12	22 ♎ 17	23 ♎ 6	24 ♋ 31	11 ♊ 51	3 ♊ 52	0 ♎ 40	7 ♌ 11	20 ♓	8 ♒	29 ♏	4 ♒	26 ♌
24	29 ♎ 34	23 ♈ 6	1 ♍ 11	2 ♍ 48	11 ♎ 44	23 ♎ 32	23 ♎ 45	24 ♋ 35	11 ♊ 48	3 ♊ 50	0 ♎ 42	7 ♌ 12	20 ♓	8 ♒	0 ♐	4 ♒	27 ♌
25	0 ♏ 34	5 ♉ 54	1 ♍ 8	2 ♍ 39	12 ♎ 26	24 ♎ 47	24 ♎ 25	24 ♋ 39	11 ♊ 45	3 ♊ 48	0 ♎ 44	7 ♌ 12	20 ♓	8 ♒	0 ♐	5 ♒	27 ♌
26	1 ♏ 34	18 ♉ 29	1 ♍ 4	2 ♍ 28	13 ♎ 15	26 ♎ 2	25 ♎ 5	24 ♋ 42	11 ♊ 42	3 ♊ 46	0 ♎ 46	7 ♌ 12	20 ♓	8 ♒	0 ♐	5 ♒	27 ♌
27	2 ♏ 33	0 ♊ 51	1 ♍ 1	2 ♍ 16	14 ♎ 12	27 ♎ 18	25 ♎ 46	24 ♋ 45	11 ♊ 39	3 ♊ 44	0 ♎ 48	7 ♌ 13	20 ♓	8 ♒	1 ♐	5 ♒	27 ♌
28	3 ♏ 33	13 ♊ 2	0 ♍ 58	2 ♍ 6	15 ♎ 15	28 ♎ 33	26 ♎ 26	24 ♋ 49	11 ♊ 35	3 ♊ 42	0 ♎ 50	7 ♌ 13	20 ♓	8 ♒	1 ♐	6 ♒	27 ♌
29	4 ♏ 33	25 ♊ 2	0 ♍ 55	1 ♍ 57	16 ♎ 24	29 ♎ 48	27 ♎ 6	24 ♋ 52	11 ♊ 32	3 ♊ 40	0 ♎ 52	7 ♌ 13	20 ♓	9 ♒	1 ♐	6 ♒	27 ♌
30	5 ♏ 33	6 ♋ 55	0 ♍ 52	1 ♍ 50	17 ♎ 38	1 ♏ 3	27 ♎ 46	24 ♋ 55	11 ♊ 29	3 ♊ 38	0 ♎ 54	7 ♌ 14	20 ♓	9 ♒	2 ♐	6 ♒	27 ♌
31	6 ♏ 33	18 ♋ 44	0 ♍ 48	1 ♍ 46	18 ♎ 57	2 ♏ 18	28 ♎ 26	24 ♋ 57	11 ♊ 25	3 ♊ 35	0 ♎ 55	7 ♌ 14	20 ♓	9 ♒	2 ♐	6 ♒	27 ♌

SUN INGRESS: ☉ → ♏ 24日 10:15

MOON PHASE: ◑ 2日 19:27 ♋ ● 10日 13:06 ♎ ◐ 17日 07:58 ♑ ○ 24日 13:05 ♉

aspects		
1日	02:47	☉⚹♇
5日	04:45	♀☌♆
6日	00:58	☿□♃
6日	09:07	☉☌♂
6日	16:27	☉△♄
6日	20:02	♂△♄
8日	14:02	♀△♅
10日	19:55	♀⚹♇
11日	10:31	☉☌☿
12日	08:18	☿☌♂
14日	22:12	♀△♄
15日	10:32	☿☌♀
16日	07:17	☿△♄
18日	14:17	☉□♃
24日	02:02	☿△♄
24日	09:09	♀☌♂
24日	21:05	♀□♃
25日	08:38	♂□♃
31日	16:26	☉□♇

1942年11月

DAY	☉	☽	☊ mean	☊ true	☿	♀	♂	♃	♄	♅	♆	♇	⚳	⚴	⚵	⚶	⚷
	° ′	° ′	° ′	° ′	° ′	° ′	° ′	° ′	° ′	° ′	° ′	° ′	°	°	°	°	°
1	7 ♏ 33	0 ♌ 35	0 ♍ 45	1 R 45	20 D 18	3 D 34	29 D 6	25 D 0	11 R 21	3 R 33	0 D 57	7 D 14	20 R	9 D	2 D	7 D	27 D
2	8 ♏ 33	12 ♌ 32	0 ♍ 42	1 D 44	21 ♎ 43	4 ♏ 49	29 ♎ 47	25 ♋ 2	11 ♊ 18	3 ♊ 31	0 ♎ 59	7 ♌ 14	19 ♓	9 ♒	3 ♐	7 ♒	27 ♌
3	9 ♏ 33	24 ♌ 41	0 ♍ 39	1 ♍ 45	23 ♎ 10	6 ♏ 4	0 ♏ 27	25 ♋ 4	11 ♊ 14	3 ♊ 29	1 ♎ 1	7 ♌ 15	19 ♓	9 ♒	3 ♐	7 ♒	27 ♌
4	10 ♏ 33	7 ♍ 7	0 ♍ 36	1 R 45	24 ♎ 40	7 ♏ 20	1 ♏ 7	25 ♋ 6	11 ♊ 10	3 ♊ 27	1 ♎ 3	7 ♌ 15	19 ♓	9 ♒	3 ♐	8 ♒	27 ♌
5	11 ♏ 33	19 ♍ 55	0 ♍ 33	1 ♍ 43	26 ♎ 11	8 ♏ 35	1 ♏ 48	25 ♋ 7	11 ♊ 6	3 ♊ 24	1 ♎ 5	7 ♌ 15	19 ♓	9 ♒	4 ♐	8 ♒	28 ♌
6	12 ♏ 33	3 ♎ 8	0 ♍ 29	1 ♍ 40	27 ♎ 44	9 ♏ 50	2 ♏ 28	25 ♋ 9	11 ♊ 2	3 ♊ 22	1 ♎ 6	7 ♌ 15	19 ♓	10 ♒	4 ♐	8 ♒	28 ♌
7	13 ♏ 34	16 ♎ 49	0 ♍ 26	1 ♍ 33	29 ♎ 17	11 ♏ 5	3 ♏ 9	25 ♋ 10	10 ♊ 58	3 ♊ 20	1 ♎ 8	7 ♌ 15	19 ♓	10 ♒	4 ♐	9 ♒	28 ♌
8	14 ♏ 34	0 ♏ 55	0 ♍ 23	1 ♍ 24	0 ♏ 52	12 ♏ 21	3 ♏ 49	25 ♋ 11	10 ♊ 54	3 ♊ 17	1 ♎ 10	7 ♌ 15	19 ♓	10 ♒	5 ♐	9 ♒	28 ♌
9	15 ♏ 34	15 ♏ 23	0 ♍ 20	1 ♍ 13	2 ♏ 27	13 ♏ 36	4 ♏ 30	25 ♋ 12	10 ♊ 50	3 ♊ 15	1 ♎ 12	7 R 15	19 ♓	10 ♒	5 ♐	9 ♒	28 ♌
10	16 ♏ 34	0 ♐ 8	0 ♍ 17	1 ♍ 2	4 ♏ 3	14 ♏ 51	5 ♏ 10	25 ♋ 13	10 ♊ 46	3 ♊ 13	1 ♎ 13	7 ♌ 15	19 ♓	10 ♒	5 ♐	10 ♒	28 ♌
11	17 ♏ 35	14 ♐ 59	0 ♍ 14	0 ♍ 51	5 ♏ 39	16 ♏ 7	5 ♏ 51	25 ♋ 13	10 ♊ 42	3 ♊ 10	1 ♎ 15	7 ♌ 15	19 D	10 ♒	6 ♐	10 ♒	28 ♌
12	18 ♏ 35	29 ♐ 49	0 ♍ 10	0 ♍ 42	7 ♏ 15	17 ♏ 22	6 ♏ 32	25 ♋ 14	10 ♊ 37	3 ♊ 8	1 ♎ 17	7 ♌ 15	19 ♓	10 ♒	6 ♐	10 ♒	28 ♌
13	19 ♏ 36	14 ♑ 29	0 ♍ 7	0 ♍ 35	8 ♏ 52	18 ♏ 38	7 ♏ 12	25 R 14	10 ♊ 33	3 ♊ 5	1 ♎ 18	7 ♌ 15	19 ♓	11 ♒	6 ♐	11 ♒	28 ♌
14	20 ♏ 36	28 ♑ 55	0 ♍ 4	0 ♍ 32	10 ♏ 28	19 ♏ 53	7 ♏ 53	25 ♋ 14	10 ♊ 28	3 ♊ 3	1 ♎ 20	7 ♌ 15	19 ♓	11 ♒	7 ♐	11 ♒	28 ♌
15	21 ♏ 36	13 ♒ 3	0 ♍ 1	0 ♍ 30	12 ♏ 5	21 ♏ 8	8 ♏ 34	25 ♋ 13	10 ♊ 24	3 ♊ 1	1 ♎ 22	7 ♌ 15	19 ♓	11 ♒	7 ♐	11 ♒	28 ♌
16	22 ♏ 37	26 ♒ 53	29 ♌ 58	0 D 30	13 ♏ 41	22 ♏ 24	9 ♏ 15	25 ♋ 13	10 ♊ 19	2 ♊ 58	1 ♎ 23	7 ♌ 14	19 ♓	11 ♒	7 ♐	12 ♒	28 ♌
17	23 ♏ 37	10 ♓ 26	29 ♌ 54	0 R 30	15 ♏ 18	23 ♏ 39	9 ♏ 55	25 ♋ 12	10 ♊ 15	2 ♊ 56	1 ♎ 25	7 ♌ 14	19 ♓	11 ♒	8 ♐	12 ♒	28 ♌
18	24 ♏ 38	23 ♓ 42	29 ♌ 51	0 ♍ 28	16 ♏ 54	24 ♏ 54	10 ♏ 36	25 ♋ 11	10 ♊ 10	2 ♊ 53	1 ♎ 26	7 ♌ 14	19 ♓	12 ♒	8 ♐	12 ♒	28 ♌
19	25 ♏ 38	6 ♈ 46	29 ♌ 48	0 ♍ 24	18 ♏ 30	26 ♏ 10	11 ♏ 17	25 ♋ 10	10 ♊ 6	2 ♊ 51	1 ♎ 28	7 ♌ 14	19 ♓	12 ♒	9 ♐	13 ♒	28 ♌
20	26 ♏ 39	19 ♈ 37	29 ♌ 45	0 ♍ 17	20 ♏ 6	27 ♏ 25	11 ♏ 58	25 ♋ 9	10 ♊ 1	2 ♊ 48	1 ♎ 29	7 ♌ 13	20 ♓	12 ♒	9 ♐	13 ♒	28 ♌
21	27 ♏ 39	2 ♉ 17	29 ♌ 42	0 ♍ 7	21 ♏ 42	28 ♏ 41	12 ♏ 39	25 ♋ 7	9 ♊ 56	2 ♊ 46	1 ♎ 31	7 ♌ 13	20 ♓	12 ♒	9 ♐	13 ♒	28 ♌
22	28 ♏ 40	14 ♉ 48	29 ♌ 39	29 ♌ 55	23 ♏ 17	29 ♏ 56	13 ♏ 20	25 ♋ 6	9 ♊ 51	2 ♊ 43	1 ♎ 32	7 ♌ 13	20 ♓	12 ♒	10 ♐	14 ♒	28 ♌
23	29 ♏ 41	27 ♉ 9	29 ♌ 35	29 ♌ 40	24 ♏ 53	1 ♐ 11	14 ♏ 1	25 ♋ 4	9 ♊ 47	2 ♊ 41	1 ♎ 33	7 ♌ 12	20 ♓	13 ♒	10 ♐	14 ♒	28 ♌
24	0 ♐ 41	9 ♊ 20	29 ♌ 32	29 ♌ 26	26 ♏ 28	2 ♐ 27	14 ♏ 42	25 ♋ 2	9 ♊ 42	2 ♊ 38	1 ♎ 35	7 ♌ 12	20 ♓	13 ♒	10 ♐	15 ♒	29 ♌
25	1 ♐ 42	21 ♊ 24	29 ♌ 29	29 ♌ 12	28 ♏ 3	3 ♐ 42	15 ♏ 23	24 ♋ 59	9 ♊ 37	2 ♊ 36	1 ♎ 36	7 ♌ 12	20 ♓	13 ♒	11 ♐	15 ♒	29 ♌
26	2 ♐ 42	3 ♋ 19	29 ♌ 26	29 ♌ 0	29 ♏ 38	4 ♐ 58	16 ♏ 5	24 ♋ 57	9 ♊ 32	2 ♊ 33	1 ♎ 37	7 ♌ 11	20 ♓	13 ♒	11 ♐	15 ♒	29 ♌
27	3 ♐ 43	15 ♋ 10	29 ♌ 23	28 ♌ 50	1 ♐ 13	6 ♐ 13	16 ♏ 46	24 ♋ 54	9 ♊ 27	2 ♊ 31	1 ♎ 39	7 ♌ 11	20 ♓	13 ♒	11 ♐	16 ♒	29 ♌
28	4 ♐ 44	26 ♋ 58	29 ♌ 20	28 ♌ 44	2 ♐ 48	7 ♐ 28	17 ♏ 27	24 ♋ 51	9 ♊ 22	2 ♊ 28	1 ♎ 40	7 ♌ 10	20 ♓	14 ♒	12 ♐	16 ♒	29 ♌
29	5 ♐ 45	8 ♌ 47	29 ♌ 16	28 ♌ 40	4 ♐ 22	8 ♐ 44	18 ♏ 8	24 ♋ 48	9 ♊ 17	2 ♊ 26	1 ♎ 41	7 ♌ 10	20 ♓	14 ♒	12 ♐	16 ♒	29 ♌
30	6 ♐ 45	20 ♌ 42	29 ♌ 13	28 ♌ 39	5 ♐ 57	9 ♐ 59	18 ♏ 50	24 ♋ 45	9 ♊ 13	2 ♊ 23	1 ♎ 42	7 ♌ 9	20 ♓	14 ♒	12 ♐	17 ♒	29 ♌

SUN INGRESS ☉ → ♐ 23日 07:30

MOON PHASE ◑ 1日 15:18 ♌ ● 9日 00:19 ♏ ◐ 15日 15:57 ♒ ○ 23日 05:24 ♉

aspects		
3日	22:27	♀□♇
4日	07:00	☿□♃
11日	05:15	☿☌♂
11日	23:56	☿□♇
13日	01:25	♂□♇
16日	21:09	☉☌♀
18日	05:18	♀△♃
18日	13:04	☉△♃
23日	02:44	☿△♃
23日	07:07	☿⚹♆
24日	03:31	☿☍♅
24日	21:39	☉⚹♆
25日	20:27	☉☍♅
27日	06:36	♀⚹♆
27日	18:15	☿△♇
27日	19:12	♀☍♅
29日	10:04	♀☍♄
30日	09:16	☉△♇
30日	18:21	♀△♇

1942年12月

DAY	☉	☽	☊ mean	☊ true	☿	♀	♂	♃	♄	♅	♆	♇	⚳	⚴	⚵	⚶	⚷
	° ′	° ′	° ′	° ′	° ′	° ′	° ′	° ′	° ′	° ′	° ′	° ′	°	°	°	°	°
1	7 ♐ 46	2 ♍ 47	29 ♌ 10	28 D 39	7 D 31	11 D 15	19 D 31	24 R 42	9 R 8	2 R 21	1 D 43	7 R 9	21 D	14 D	13 D	17 D	29 D
2	8 ♐ 47	15 ♍ 9	29 ♌ 7	28 R 39	9 ♐ 5	12 ♐ 30	20 ♏ 13	24 ♋ 38	9 ♊ 3	2 ♊ 18	1 ♎ 44	7 ♌ 8	21 ♓	14 ♒	13 ♐	18 ♒	29 ♌
3	9 ♐ 48	27 ♍ 52	29 ♌ 4	28 ♌ 38	10 ♐ 39	13 ♐ 45	20 ♏ 54	24 ♋ 34	8 ♊ 58	2 ♊ 16	1 ♎ 46	7 ♌ 7	21 ♓	15 ♒	13 ♐	18 ♒	29 ♌
4	10 ♐ 49	11 ♎ 2	29 ♌ 0	28 ♌ 34	12 ♐ 14	15 ♐ 1	21 ♏ 35	24 ♋ 30	8 ♊ 53	2 ♊ 13	1 ♎ 47	7 ♌ 7	21 ♓	15 ♒	14 ♐	18 ♒	29 ♌
5	11 ♐ 50	24 ♎ 41	28 ♌ 57	28 ♌ 28	13 ♐ 48	16 ♐ 16	22 ♏ 17	24 ♋ 26	8 ♊ 48	2 ♊ 11	1 ♎ 48	7 ♌ 6	21 ♓	15 ♒	14 ♐	19 ♒	29 ♌
6	12 ♐ 51	8 ♏ 50	28 ♌ 54	28 ♌ 20	15 ♐ 22	17 ♐ 32	22 ♏ 59	24 ♋ 22	8 ♊ 43	2 ♊ 8	1 ♎ 49	7 ♌ 5	21 ♓	15 ♒	14 ♐	19 ♒	29 ♌
7	13 ♐ 51	23 ♏ 26	28 ♌ 51	28 ♌ 9	16 ♐ 56	18 ♐ 47	23 ♏ 40	24 ♋ 17	8 ♊ 38	2 ♊ 6	1 ♎ 50	7 ♌ 5	21 ♓	16 ♒	15 ♐	20 ♒	29 ♌
8	14 ♐ 52	8 ♐ 24	28 ♌ 48	27 ♌ 58	18 ♐ 30	20 ♐ 3	24 ♏ 22	24 ♋ 12	8 ♊ 33	2 ♊ 3	1 ♎ 51	7 ♌ 4	21 ♓	16 ♒	15 ♐	20 ♒	29 ♌
9	15 ♐ 53	23 ♐ 35	28 ♌ 45	27 ♌ 47	20 ♐ 4	21 ♐ 18	25 ♏ 3	24 ♋ 7	8 ♊ 28	2 ♊ 1	1 ♎ 51	7 ♌ 3	22 ♓	16 ♒	15 ♐	20 ♒	29 ♌
10	16 ♐ 54	8 ♑ 47	28 ♌ 41	27 ♌ 38	21 ♐ 39	22 ♐ 34	25 ♏ 45	24 ♋ 2	8 ♊ 23	1 ♊ 58	1 ♎ 52	7 ♌ 2	22 ♓	16 ♒	16 ♐	21 ♒	29 ♌
11	17 ♐ 55	23 ♑ 50	28 ♌ 38	27 ♌ 31	23 ♐ 13	23 ♐ 49	26 ♏ 27	23 ♋ 57	8 ♊ 19	1 ♊ 56	1 ♎ 53	7 ♌ 2	22 ♓	17 ♒	16 ♐	21 ♒	29 ♌
12	18 ♐ 56	8 ♒ 36	28 ♌ 35	27 ♌ 28	24 ♐ 47	25 ♐ 4	27 ♏ 9	23 ♋ 52	8 ♊ 14	1 ♊ 54	1 ♎ 54	7 ♌ 1	22 ♓	17 ♒	17 ♐	22 ♒	29 ♌
13	19 ♐ 57	22 ♒ 59	28 ♌ 32	27 ♌ 27	26 ♐ 22	26 ♐ 20	27 ♏ 51	23 ♋ 46	8 ♊ 9	1 ♊ 51	1 ♎ 55	7 ♌ 0	22 ♓	17 ♒	17 ♐	22 ♒	29 ♌
14	20 ♐ 58	6 ♓ 58	28 ♌ 29	27 D 26	27 ♐ 56	27 ♐ 35	28 ♏ 32	23 ♋ 41	8 ♊ 4	1 ♊ 49	1 ♎ 55	6 ♌ 59	22 ♓	17 ♒	17 ♐	23 ♒	29 R
15	21 ♐ 59	20 ♓ 33	28 ♌ 26	27 ♌ 27	29 ♐ 31	28 ♐ 51	29 ♏ 14	23 ♋ 35	8 ♊ 0	1 ♊ 46	1 ♎ 56	6 ♌ 58	23 ♓	18 ♒	18 ♐	23 ♒	29 ♌
16	23 ♐ 1	3 ♈ 46	28 ♌ 22	27 R 26	1 ♑ 5	0 ♑ 6	29 ♏ 56	23 ♋ 29	7 ♊ 55	1 ♊ 44	1 ♎ 57	6 ♌ 57	23 ♓	18 ♒	18 ♐	23 ♒	29 ♌
17	24 ♐ 2	16 ♈ 41	28 ♌ 19	27 ♌ 24	2 ♑ 40	1 ♑ 22	0 ♐ 38	23 ♋ 23	7 ♊ 50	1 ♊ 42	1 ♎ 58	6 ♌ 56	23 ♓	18 ♒	18 ♐	24 ♒	29 ♌
18	25 ♐ 3	29 ♈ 20	28 ♌ 16	27 ♌ 19	4 ♑ 14	2 ♑ 37	1 ♐ 20	23 ♋ 16	7 ♊ 46	1 ♊ 40	1 ♎ 58	6 ♌ 55	23 ♓	18 ♒	19 ♐	24 ♒	29 ♌
19	26 ♐ 4	11 ♉ 46	28 ♌ 13	27 ♌ 11	5 ♑ 49	3 ♑ 52	2 ♐ 2	23 ♋ 10	7 ♊ 41	1 ♊ 37	1 ♎ 59	6 ♌ 54	23 ♓	19 ♒	19 ♐	25 ♒	29 ♌
20	27 ♐ 5	24 ♉ 3	28 ♌ 10	27 ♌ 1	7 ♑ 24	5 ♑ 8	2 ♐ 44	23 ♋ 3	7 ♊ 37	1 ♊ 35	1 ♎ 59	6 ♌ 53	24 ♓	19 ♒	19 ♐	25 ♒	29 ♌
21	28 ♐ 6	6 ♊ 10	28 ♌ 6	26 ♌ 49	8 ♑ 59	6 ♑ 23	3 ♐ 27	22 ♋ 57	7 ♊ 32	1 ♊ 33	2 ♎ 0	6 ♌ 52	24 ♓	19 ♒	20 ♐	25 ♒	29 ♌
22	29 ♐ 7	18 ♊ 11	28 ♌ 3	26 ♌ 38	10 ♑ 34	7 ♑ 39	4 ♐ 9	22 ♋ 50	7 ♊ 28	1 ♊ 31	2 ♎ 0	6 ♌ 51	24 ♓	20 ♒	20 ♐	26 ♒	29 ♌
23	0 ♑ 8	0 ♋ 7	28 ♌ 0	26 ♌ 26	12 ♑ 8	8 ♑ 54	4 ♐ 51	22 ♋ 43	7 ♊ 23	1 ♊ 29	2 ♎ 1	6 ♌ 50	24 ♓	20 ♒	20 ♐	26 ♒	29 ♌
24	1 ♑ 9	11 ♋ 58	27 ♌ 57	26 ♌ 17	13 ♑ 43	10 ♑ 9	5 ♐ 33	22 ♋ 36	7 ♊ 19	1 ♊ 27	2 ♎ 1	6 ♌ 49	25 ♓	20 ♒	21 ♐	27 ♒	29 ♌
25	2 ♑ 10	23 ♋ 48	27 ♌ 54	26 ♌ 9	15 ♑ 17	11 ♑ 25	6 ♐ 15	22 ♋ 29	7 ♊ 15	1 ♊ 25	2 ♎ 1	6 ♌ 48	25 ♓	20 ♒	21 ♐	27 ♒	29 ♌
26	3 ♑ 11	5 ♌ 37	27 ♌ 51	26 ♌ 4	16 ♑ 51	12 ♑ 40	6 ♐ 58	22 ♋ 22	7 ♊ 11	1 ♊ 22	2 ♎ 2	6 ♌ 47	25 ♓	21 ♒	21 ♐	28 ♒	29 ♌
27	4 ♑ 12	17 ♌ 28	27 ♌ 47	26 ♌ 2	18 ♑ 25	13 ♑ 56	7 ♐ 40	22 ♋ 14	7 ♊ 7	1 ♊ 20	2 ♎ 2	6 ♌ 46	25 ♓	21 ♒	22 ♐	28 ♒	29 ♌
28	5 ♑ 14	29 ♌ 24	27 ♌ 44	26 D 1	19 ♑ 58	15 ♑ 11	8 ♐ 22	22 ♋ 7	7 ♊ 3	1 ♊ 19	2 ♎ 2	6 ♌ 45	25 ♓	21 ♒	22 ♐	28 ♒	29 ♌
29	6 ♑ 15	11 ♍ 31	27 ♌ 41	26 ♌ 2	21 ♑ 31	16 ♑ 26	9 ♐ 5	21 ♋ 59	6 ♊ 59	1 ♊ 17	2 ♎ 3	6 ♌ 44	26 ♓	22 ♒	23 ♐	29 ♒	29 ♌
30	7 ♑ 16	23 ♍ 51	27 ♌ 38	26 ♌ 4	23 ♑ 3	17 ♑ 42	9 ♐ 47	21 ♋ 52	6 ♊ 55	1 ♊ 15	2 ♎ 3	6 ♌ 43	26 ♓	22 ♒	23 ♐	29 ♒	29 ♌
31	8 ♑ 17	6 ♎ 30	27 ♌ 35	26 ♌ 4	24 ♑ 34	18 ♑ 57	10 ♐ 30	21 ♋ 44	6 ♊ 51	1 ♊ 13	2 ♎ 3	6 ♌ 42	26 ♓	22 ♒	23 ♐	0 ♓	29 ♌

SUN INGRESS ☉ → ♑ 22日 20:40

MOON PHASE ◑ 1日 10:37 ♍ ● 8日 10:59 ♐ ◐ 15日 02:47 ♓ ○ 23日 00:03 ♋ ◑ 31日 03:37 ♎

aspects		
1日	10:58	☉☌☿
1日	23:24	☿☍♄
2日	05:43	☉☍♄
7日	19:08	♂△♃
11日	20:39	♅△♆
12日	21:54	☿☌♀
16日	13:13	☿□♆
17日	11:32	♀□♆
18日	10:31	♂☍♅
18日	21:55	♂⚹♆
24日	20:32	☉□♆
25日	18:11	♂△♇
26日	06:43	♂☍♄
29日	06:52	☿☍♃

1943年1月

DAY	☉	☽	☊ mean	☊ true	☿	♀	♂	♃	♄	♅	♆	♇	⚳	⚴	⚵	⚶	⚷
	° ′	° ′	° ′	° ′	° ′	° ′	° ′	° ′	° ′	° ′	° ′	° ′	°	°	°	°	°
1	9 ♑ 18	19 ♎ 32	27 ♌ 32	26 R 4	26 D 3	20 D 12	11 D 12	21 R 36	6 R 47	1 R 11	2 D 3	6 R 40	26 D	22 D	24 D	0 D	29 R
2	10 ♑ 19	3 ♏ 2	27 ♌ 28	26 ♌ 1	27 ♑ 32	21 ♑ 28	11 ♐ 55	21 ♋ 29	6 ♊ 43	1 ♊ 9	2 ♎ 3	6 ♌ 39	27 ♓	23 ♒	24 ♐	1 ♓	29 ♌
3	11 ♑ 20	17 ♏ 1	27 ♌ 25	25 ♌ 57	28 ♑ 58	22 ♑ 43	12 ♐ 38	21 ♋ 21	6 ♊ 40	1 ♊ 7	2 ♎ 3	6 ♌ 38	27 ♓	23 ♒	24 ♐	1 ♓	29 ♌
4	12 ♑ 22	1 ♐ 29	27 ♌ 22	25 ♌ 51	0 ♒ 22	23 ♑ 58	13 ♐ 20	21 ♋ 13	6 ♊ 36	1 ♊ 6	2 ♎ 3	6 ♌ 37	27 ♓	23 ♒	25 ♐	2 ♓	28 ♌
5	13 ♑ 23	16 ♐ 22	27 ♌ 19	25 ♌ 44	1 ♒ 44	25 ♑ 14	14 ♐ 3	21 ♋ 5	6 ♊ 33	1 ♊ 4	2 R 3	6 ♌ 35	27 ♓	24 ♒	25 ♐	2 ♓	28 ♌
6	14 ♑ 24	1 ♑ 32	27 ♌ 16	25 ♌ 38	3 ♒ 3	26 ♑ 29	14 ♐ 46	20 ♋ 57	6 ♊ 29	1 ♊ 2	2 ♎ 3	6 ♌ 34	28 ♓	24 ♒	25 ♐	2 ♓	28 ♌
7	15 ♑ 25	16 ♑ 50	27 ♌ 12	25 ♌ 32	4 ♒ 18	27 ♑ 44	15 ♐ 29	20 ♋ 49	6 ♊ 26	1 ♊ 1	2 ♎ 3	6 ♌ 33	28 ♓	24 ♒	26 ♐	3 ♓	28 ♌
8	16 ♑ 26	2 ♒ 5	27 ♌ 9	25 ♌ 28	5 ♒ 29	29 ♑ 0	16 ♐ 11	20 ♋ 41	6 ♊ 23	0 ♊ 59	2 ♎ 3	6 ♌ 32	28 ♓	24 ♒	26 ♐	3 ♓	28 ♌
9	17 ♑ 28	17 ♒ 6	27 ♌ 6	25 ♌ 26	6 ♒ 35	0 ♒ 15	16 ♐ 54	20 ♋ 33	6 ♊ 20	0 ♊ 58	2 ♎ 3	6 ♌ 30	29 ♓	25 ♒	26 ♐	4 ♓	28 ♌
10	18 ♑ 29	1 ♓ 47	27 ♌ 3	25 D 26	7 ♒ 35	1 ♒ 30	17 ♐ 37	20 ♋ 25	6 ♊ 17	0 ♊ 56	2 ♎ 3	6 ♌ 29	29 ♓	25 ♒	27 ♐	4 ♓	28 ♌
11	19 ♑ 30	16 ♓ 1	27 ♌ 0	25 ♌ 27	8 ♒ 29	2 ♒ 46	18 ♐ 20	20 ♋ 17	6 ♊ 14	0 ♊ 55	2 ♎ 2	6 ♌ 28	29 ♓	25 ♒	27 ♐	5 ♓	28 ♌
12	20 ♑ 31	29 ♓ 48	26 ♌ 57	25 ♌ 29	9 ♒ 15	4 ♒ 1	19 ♐ 3	20 ♋ 9	6 ♊ 11	0 ♊ 53	2 ♎ 2	6 ♌ 27	29 ♓	26 ♒	27 ♐	5 ♓	28 ♌
13	21 ♑ 32	13 ♈ 9	26 ♌ 53	25 ♌ 30	9 ♒ 53	5 ♒ 16	19 ♐ 46	20 ♋ 0	6 ♊ 8	0 ♊ 52	2 ♎ 2	6 ♌ 25	0 ♈	26 ♒	28 ♐	6 ♓	28 ♌
14	22 ♑ 33	26 ♈ 5	26 ♌ 50	25 R 30	10 ♒ 22	6 ♒ 31	20 ♐ 29	19 ♋ 52	6 ♊ 6	0 ♊ 51	2 ♎ 2	6 ♌ 24	0 ♈	26 ♒	28 ♐	6 ♓	28 ♌
15	23 ♑ 34	8 ♉ 42	26 ♌ 47	25 ♌ 29	10 ♒ 41	7 ♒ 47	21 ♐ 12	19 ♋ 44	6 ♊ 3	0 ♊ 49	2 ♎ 1	6 ♌ 23	0 ♈	27 ♒	29 ♐	6 ♓	28 ♌
16	24 ♑ 36	21 ♉ 3	26 ♌ 44	25 ♌ 26	10 ♒ 50	9 ♒ 2	21 ♐ 55	19 ♋ 36	6 ♊ 1	0 ♊ 48	2 ♎ 1	6 ♌ 21	1 ♈	27 ♒	29 ♐	7 ♓	28 ♌
17	25 ♑ 37	3 ♊ 11	26 ♌ 41	25 ♌ 22	10 R 47	10 ♒ 17	22 ♐ 39	19 ♋ 28	5 ♊ 59	0 ♊ 47	2 ♎ 0	6 ♌ 20	1 ♈	27 ♒	29 ♐	7 ♓	28 ♌
18	26 ♑ 38	15 ♊ 11	26 ♌ 38	25 ♌ 18	10 ♒ 32	11 ♒ 32	23 ♐ 22	19 ♋ 20	5 ♊ 56	0 ♊ 46	2 ♎ 0	6 ♌ 19	1 ♈	27 ♒	0 ♑	8 ♓	28 ♌
19	27 ♑ 39	27 ♊ 5	26 ♌ 34	25 ♌ 12	10 ♒ 6	12 ♒ 47	24 ♐ 5	19 ♋ 12	5 ♊ 54	0 ♊ 45	2 ♎ 0	6 ♌ 17	1 ♈	28 ♒	0 ♑	8 ♓	28 ♌
20	28 ♑ 40	8 ♋ 56	26 ♌ 31	25 ♌ 7	9 ♒ 28	14 ♒ 3	24 ♐ 48	19 ♋ 4	5 ♊ 52	0 ♊ 44	1 ♎ 59	6 ♌ 16	2 ♈	28 ♒	0 ♑	9 ♓	28 ♌
21	29 ♑ 41	20 ♋ 45	26 ♌ 28	25 ♌ 3	8 ♒ 39	15 ♒ 18	25 ♐ 31	18 ♋ 57	5 ♊ 50	0 ♊ 43	1 ♎ 58	6 ♌ 14	2 ♈	28 ♒	1 ♑	9 ♓	28 ♌
22	0 ♒ 42	2 ♌ 36	26 ♌ 25	25 ♌ 0	7 ♒ 42	16 ♒ 33	26 ♐ 15	18 ♋ 49	5 ♊ 49	0 ♊ 42	1 ♎ 58	6 ♌ 13	2 ♈	29 ♒	1 ♑	10 ♓	28 ♌
23	1 ♒ 43	14 ♌ 29	26 ♌ 22	24 ♌ 58	6 ♒ 36	17 ♒ 48	26 ♐ 58	18 ♋ 41	5 ♊ 47	0 ♊ 41	1 ♎ 57	6 ♌ 12	3 ♈	29 ♒	1 ♑	10 ♓	27 ♌
24	2 ♒ 44	26 ♌ 27	26 ♌ 18	24 D 58	5 ♒ 24	19 ♒ 3	27 ♐ 42	18 ♋ 33	5 ♊ 45	0 ♊ 40	1 ♎ 57	6 ♌ 10	3 ♈	29 ♒	2 ♑	11 ♓	27 ♌
25	3 ♒ 45	8 ♍ 33	26 ♌ 15	24 ♌ 58	4 ♒ 9	20 ♒ 18	28 ♐ 25	18 ♋ 26	5 ♊ 44	0 ♊ 39	1 ♎ 56	6 ♌ 9	3 ♈	0 ♓	2 ♑	11 ♓	27 ♌
26	4 ♒ 46	20 ♍ 47	26 ♌ 12	25 ♌ 0	2 ♒ 53	21 ♒ 33	29 ♐ 8	18 ♋ 18	5 ♊ 42	0 ♊ 39	1 ♎ 55	6 ♌ 8	4 ♈	0 ♓	2 ♑	11 ♓	27 ♌
27	5 ♒ 47	3 ♎ 14	26 ♌ 9	25 ♌ 1	1 ♒ 37	22 ♒ 48	29 ♐ 52	18 ♋ 11	5 ♊ 41	0 ♊ 38	1 ♎ 55	6 ♌ 6	4 ♈	0 ♓	3 ♑	12 ♓	27 ♌
28	6 ♒ 48	15 ♎ 57	26 ♌ 6	25 ♌ 3	0 ♒ 25	24 ♒ 3	0 ♑ 35	18 ♋ 4	5 ♊ 40	0 ♊ 37	1 ♎ 54	6 ♌ 5	4 ♈	1 ♓	3 ♑	12 ♓	27 ♌
29	7 ♒ 49	28 ♎ 59	26 ♌ 3	25 ♌ 4	29 ♑ 17	25 ♒ 18	1 ♑ 19	17 ♋ 56	5 ♊ 39	0 ♊ 37	1 ♎ 53	6 ♌ 3	5 ♈	1 ♓	3 ♑	13 ♓	27 ♌
30	8 ♒ 50	12 ♏ 22	25 ♌ 59	25 R 4	28 ♑ 16	26 ♒ 33	2 ♑ 3	17 ♋ 49	5 ♊ 38	0 ♊ 36	1 ♎ 52	6 ♌ 2	5 ♈	1 ♓	4 ♑	13 ♓	27 ♌
31	9 ♒ 51	26 ♏ 9	25 ♌ 56	25 ♌ 3	27 ♑ 22	27 ♒ 48	2 ♑ 46	17 ♋ 42	5 ♊ 37	0 ♊ 36	1 ♎ 51	6 ♌ 1	5 ♈	2 ♓	4 ♑	14 ♓	27 ♌

SUN INGRESS	☉ → ♒ 21日 07:19
MOON PHASE	● 6日 21:38 ♑　◐ 13日 16:49 ♈　○ 21日 19:48 ♌　◑ 29日 17:13 ♏

aspects		
2日	00:17	♀☍♃
3日	19:24	♄⚹♇
4日	12:23	☿△♅
5日	05:47	☿△♆
8日	18:46	☿△♄
8日	22:29	☿☍♇
9日	13:18	♀△♅
10日	10:17	♀△♆
11日	16:13	☉☍♃
13日	16:07	♀△♄
13日	21:39	♀☍♇
17日	08:15	☿☌♀
21日	23:59	☉△♅
23日	05:35	☉△♆
23日	08:29	☿☍♇
23日	17:02	☿△♄
25日	04:15	☉☌☿
26日	18:23	☿△♆
26日	21:46	☉△♄
27日	07:26	☉☍♇
27日	19:40	☿△♅
29日	18:19	♂□♆

1943年2月

DAY	☉	☽	☊ mean	☊ true	☿	♀	♂	♃	♄	♅	♆	♇	⚳	⚴	⚵	⚶	⚷
	° ′	° ′	° ′	° ′	° ′	° ′	° ′	° ′	° ′	° ′	° ′	° ′	°	°	°	°	°
1	10 ♒ 52	10 ♐ 20	25 ♌ 53	25 R 2	26 R 36	29 D 3	3 D 30	17 R 35	5 R 37	0 R 35	1 R 50	5 R 59	6 D	2 D	4 D	14 D	27 R
2	11 ♒ 53	24 ♐ 54	25 ♌ 50	25 ♌ 1	25 ♑ 59	0 ♓ 18	4 ♑ 14	17 ♋ 28	5 ♊ 36	0 ♊ 35	1 ♎ 50	5 ♌ 58	6 ♈	2 ♓	5 ♑	15 ♓	27 ♌
3	12 ♒ 54	9 ♑ 47	25 ♌ 47	24 ♌ 59	25 ♑ 30	1 ♓ 33	4 ♑ 58	17 ♋ 22	5 ♊ 35	0 ♊ 35	1 ♎ 49	5 ♌ 57	6 ♈	3 ♓	5 ♑	15 ♓	27 ♌
4	13 ♒ 54	24 ♑ 51	25 ♌ 43	24 ♌ 58	25 ♑ 10	2 ♓ 48	5 ♑ 41	17 ♋ 15	5 ♊ 35	0 ♊ 34	1 ♎ 48	5 ♌ 55	7 ♈	3 ♓	5 ♑	16 ♓	27 ♌
5	14 ♒ 55	9 ♒ 57	25 ♌ 40	24 ♌ 57	24 ♑ 58	4 ♓ 3	6 ♑ 25	17 ♋ 9	5 ♊ 35	0 ♊ 34	1 ♎ 47	5 ♌ 54	7 ♈	3 ♓	6 ♑	16 ♓	27 ♌
6	15 ♒ 56	24 ♒ 58	25 ♌ 37	24 D 57	24 D 55	5 ♓ 18	7 ♑ 9	17 ♋ 3	5 ♊ 35	0 ♊ 34	1 ♎ 46	5 ♌ 53	7 ♈	4 ♓	6 ♑	17 ♓	27 ♌
7	16 ♒ 57	9 ♓ 43	25 ♌ 34	24 ♌ 57	24 ♑ 58	6 ♓ 33	7 ♑ 53	16 ♋ 56	5 D 35	0 ♊ 34	1 ♎ 45	5 ♌ 51	8 ♈	4 ♓	6 ♑	17 ♓	26 ♌
8	17 ♒ 58	24 ♓ 7	25 ♌ 31	24 ♌ 57	25 ♑ 9	7 ♓ 47	8 ♑ 37	16 ♋ 50	5 ♊ 35	0 ♊ 34	1 ♎ 43	5 ♌ 50	8 ♈	4 ♓	7 ♑	17 ♓	26 ♌
9	18 ♒ 59	8 ♈ 5	25 ♌ 28	24 ♌ 58	25 ♑ 26	9 ♓ 2	9 ♑ 21	16 ♋ 45	5 ♊ 35	0 D 34	1 ♎ 42	5 ♌ 49	8 ♈	5 ♓	7 ♑	18 ♓	26 ♌
10	19 ♒ 59	21 ♈ 36	25 ♌ 24	24 ♌ 58	25 ♑ 50	10 ♓ 17	10 ♑ 5	16 ♋ 39	5 ♊ 35	0 ♊ 34	1 ♎ 41	5 ♌ 47	9 ♈	5 ♓	7 ♑	18 ♓	26 ♌
11	21 ♒ 0	4 ♉ 42	25 ♌ 21	24 ♌ 59	26 ♑ 18	11 ♓ 32	10 ♑ 49	16 ♋ 33	5 ♊ 36	0 ♊ 34	1 ♎ 40	5 ♌ 46	9 ♈	5 ♓	8 ♑	19 ♓	26 ♌
12	22 ♒ 1	17 ♉ 24	25 ♌ 18	24 ♌ 59	26 ♑ 52	12 ♓ 46	11 ♑ 33	16 ♋ 28	5 ♊ 36	0 ♊ 34	1 ♎ 39	5 ♌ 45	9 ♈	6 ♓	8 ♑	19 ♓	26 ♌
13	23 ♒ 1	29 ♉ 47	25 ♌ 15	24 R 59	27 ♑ 31	14 ♓ 1	12 ♑ 17	16 ♋ 23	5 ♊ 37	0 ♊ 34	1 ♎ 38	5 ♌ 43	10 ♈	6 ♓	8 ♑	20 ♓	26 ♌
14	24 ♒ 2	11 ♊ 54	25 ♌ 12	24 ♌ 59	28 ♑ 14	15 ♓ 16	13 ♑ 1	16 ♋ 18	5 ♊ 38	0 ♊ 35	1 ♎ 37	5 ♌ 42	10 ♈	6 ♓	9 ♑	20 ♓	26 ♌
15	25 ♒ 3	23 ♊ 51	25 ♌ 9	24 D 59	29 ♑ 0	16 ♓ 30	13 ♑ 45	16 ♋ 13	5 ♊ 39	0 ♊ 35	1 ♎ 35	5 ♌ 41	10 ♈	7 ♓	9 ♑	21 ♓	26 ♌
16	26 ♒ 3	5 ♋ 42	25 ♌ 5	24 ♌ 59	29 ♑ 51	17 ♓ 45	14 ♑ 29	16 ♋ 8	5 ♊ 40	0 ♊ 35	1 ♎ 34	5 ♌ 39	11 ♈	7 ♓	9 ♑	21 ♓	26 ♌
17	27 ♒ 4	17 ♋ 31	25 ♌ 2	24 ♌ 59	0 ♒ 45	18 ♓ 59	15 ♑ 14	16 ♋ 3	5 ♊ 41	0 ♊ 36	1 ♎ 33	5 ♌ 38	11 ♈	7 ♓	10 ♑	22 ♓	26 ♌
18	28 ♒ 4	29 ♋ 21	24 ♌ 59	24 ♌ 59	1 ♒ 41	20 ♓ 14	15 ♑ 58	15 ♋ 59	5 ♊ 42	0 ♊ 36	1 ♎ 31	5 ♌ 37	11 ♈	8 ♓	10 ♑	22 ♓	26 ♌
19	29 ♒ 5	11 ♌ 15	24 ♌ 56	25 ♌ 0	2 ♒ 41	21 ♓ 28	16 ♑ 42	15 ♋ 55	5 ♊ 43	0 ♊ 37	1 ♎ 30	5 ♌ 36	12 ♈	8 ♓	10 ♑	23 ♓	26 ♌
20	0 ♓ 5	23 ♌ 16	24 ♌ 53	25 ♌ 0	3 ♒ 43	22 ♓ 43	17 ♑ 26	15 ♋ 51	5 ♊ 45	0 ♊ 38	1 ♎ 29	5 ♌ 34	12 ♈	8 ♓	10 ♑	23 ♓	25 ♌
21	1 ♓ 6	5 ♍ 25	24 ♌ 49	25 R 0	4 ♒ 48	23 ♓ 57	18 ♑ 11	15 ♋ 47	5 ♊ 46	0 ♊ 38	1 ♎ 27	5 ♌ 33	13 ♈	9 ♓	11 ♑	24 ♓	25 ♌
22	2 ♓ 6	17 ♍ 44	24 ♌ 46	24 ♌ 59	5 ♒ 55	25 ♓ 11	18 ♑ 55	15 ♋ 43	5 ♊ 48	0 ♊ 39	1 ♎ 26	5 ♌ 32	13 ♈	9 ♓	11 ♑	24 ♓	25 ♌
23	3 ♓ 7	0 ♎ 15	24 ♌ 43	24 ♌ 58	7 ♒ 4	26 ♓ 26	19 ♑ 39	15 ♋ 40	5 ♊ 50	0 ♊ 40	1 ♎ 25	5 ♌ 31	13 ♈	9 ♓	11 ♑	24 ♓	25 ♌
24	4 ♓ 7	12 ♎ 59	24 ♌ 40	24 ♌ 57	8 ♒ 15	27 ♓ 40	20 ♑ 24	15 ♋ 36	5 ♊ 52	0 ♊ 40	1 ♎ 23	5 ♌ 30	14 ♈	10 ♓	12 ♑	25 ♓	25 ♌
25	5 ♓ 7	25 ♎ 56	24 ♌ 37	24 ♌ 56	9 ♒ 28	28 ♓ 54	21 ♑ 8	15 ♋ 33	5 ♊ 54	0 ♊ 41	1 ♎ 22	5 ♌ 28	14 ♈	10 ♓	12 ♑	25 ♓	25 ♌
26	6 ♓ 8	9 ♏ 8	24 ♌ 34	24 ♌ 55	10 ♒ 43	0 ♈ 9	21 ♑ 53	15 ♋ 30	5 ♊ 56	0 ♊ 42	1 ♎ 20	5 ♌ 27	14 ♈	10 ♓	12 ♑	26 ♓	25 ♌
27	7 ♓ 8	22 ♏ 36	24 ♌ 30	24 ♌ 54	11 ♒ 59	1 ♈ 23	22 ♑ 37	15 ♋ 28	5 ♊ 58	0 ♊ 43	1 ♎ 19	5 ♌ 26	15 ♈	11 ♓	13 ♑	26 ♓	25 ♌
28	8 ♓ 8	6 ♐ 20	24 ♌ 27	24 ♌ 53	13 ♒ 17	2 ♈ 37	23 ♑ 22	15 ♋ 25	6 ♊ 0	0 ♊ 44	1 ♎ 17	5 ♌ 25	15 ♈	11 ♓	13 ♑	27 ♓	25 ♌

SUN INGRESS	☉ → ♓ 19日 21:40
MOON PHASE	● 5日 08:29 ♒　◐ 12日 09:40 ♉　○ 20日 14:45 ♍　◑ 28日 03:22 ♐

aspects		
2日	05:23	♀□♅
6日	05:27	♀□♄
9日	14:35	♀⚹♂
14日	18:42	♀△♃
15日	21:38	♄⚹♇
16日	20:14	☿△♅
17日	20:01	☿△♆
18日	00:36	♂☍♃
20日	12:54	☉□♅
21日	16:01	☿☍♇
21日	21:31	☿△♄
25日	19:02	☉□♄
26日	11:01	♀⚹♅
26日	22:47	♀☍♆

1943年3月

DAY	☉	☽	☊ mean	☊ true	☿	♀	♂	♃	♄	♅	♆	♇	⚳	⚴	⚵	⚶	⚷
	° ′	° ′	° ′	° ′	° ′	° ′	° ′	° ′	° ′	° ′	° ′	° ′	°	°	°	°	°
1	9 ♓ 9	20 ♐ 20	24 ♌ 24	24 D 54	14 D 36	3 D 51	24 D 6	15 R 23	6 D 3	0 D 45	1 R 16	5 R 24	15 D	11 D	13 D	27 D	25 R
2	10 ♓ 9	4 ♑ 35	24 ♌ 21	24 ♌ 54	15 ♒ 57	5 ♈ 5	24 ♑ 51	15 ♋ 21	6 ♊ 5	0 ♊ 46	1 ♎ 14	5 ♌ 23	16 ♈	12 ♓	14 ♑	28 ♓	25 ♌
3	11 ♓ 9	19 ♑ 4	24 ♌ 18	24 ♌ 56	17 ♒ 20	6 ♈ 19	25 ♑ 36	15 ♋ 19	6 ♊ 8	0 ♊ 47	1 ♎ 13	5 ♌ 22	16 ♈	12 ♓	14 ♑	28 ♓	25 ♌
4	12 ♓ 9	3 ♒ 42	24 ♌ 15	24 ♌ 57	18 ♒ 43	7 ♈ 33	26 ♑ 20	15 ♋ 17	6 ♊ 10	0 ♊ 49	1 ♎ 11	5 ♌ 21	17 ♈	12 ♓	14 ♑	29 ♓	25 ♌
5	13 ♓ 9	18 ♒ 25	24 ♌ 11	24 ♌ 57	20 ♒ 9	8 ♈ 47	27 ♑ 5	15 ♋ 15	6 ♊ 13	0 ♊ 50	1 ♎ 10	5 ♌ 20	17 ♈	13 ♓	14 ♑	29 ♓	24 ♌
6	14 ♓ 9	3 ♓ 6	24 ♌ 8	24 R 57	21 ♒ 35	10 ♈ 1	27 ♑ 50	15 ♋ 14	6 ♊ 16	0 ♊ 51	1 ♎ 8	5 ♌ 18	17 ♈	13 ♓	15 ♑	0 ♈	24 ♌
7	15 ♓ 10	17 ♓ 39	24 ♌ 5	24 ♌ 56	23 ♒ 2	11 ♈ 15	28 ♑ 34	15 ♋ 13	6 ♊ 19	0 ♊ 53	1 ♎ 7	5 ♌ 17	18 ♈	13 ♓	15 ♑	0 ♈	24 ♌
8	16 ♓ 10	1 ♈ 57	24 ♌ 2	24 ♌ 54	24 ♒ 31	12 ♈ 29	29 ♑ 19	15 ♋ 12	6 ♊ 22	0 ♊ 54	1 ♎ 5	5 ♌ 16	18 ♈	14 ♓	15 ♑	1 ♈	24 ♌
9	17 ♓ 10	15 ♈ 55	23 ♌ 59	24 ♌ 51	26 ♒ 1	13 ♈ 42	0 ♒ 4	15 ♋ 11	6 ♊ 26	0 ♊ 55	1 ♎ 3	5 ♌ 15	18 ♈	14 ♓	16 ♑	1 ♈	24 ♌
10	18 ♓ 10	29 ♈ 30	23 ♌ 55	24 ♌ 48	27 ♒ 33	14 ♈ 56	0 ♒ 49	15 ♋ 10	6 ♊ 29	0 ♊ 57	1 ♎ 2	5 ♌ 15	19 ♈	14 ♓	16 ♑	2 ♈	24 ♌
11	19 ♓ 10	12 ♉ 41	23 ♌ 52	24 ♌ 44	29 ♒ 5	16 ♈ 10	1 ♒ 33	15 ♋ 10	6 ♊ 32	0 ♊ 58	1 ♎ 0	5 ♌ 14	19 ♈	15 ♓	16 ♑	2 ♈	24 ♌
12	20 ♓ 10	25 ♉ 28	23 ♌ 49	24 ♌ 41	0 ♓ 39	17 ♈ 23	2 ♒ 18	15 ♋ 10	6 ♊ 36	1 ♊ 0	0 ♎ 59	5 ♌ 13	20 ♈	15 ♓	16 ♑	2 ♈	24 ♌
13	21 ♓ 9	7 ♊ 55	23 ♌ 46	24 ♌ 39	2 ♓ 14	18 ♈ 37	3 ♒ 3	15 D 10	6 ♊ 40	1 ♊ 2	0 ♎ 57	5 ♌ 12	20 ♈	15 ♓	17 ♑	3 ♈	24 ♌
14	22 ♓ 9	20 ♊ 5	23 ♌ 43	24 ♌ 38	3 ♓ 50	19 ♈ 51	3 ♒ 48	15 ♋ 10	6 ♊ 43	1 ♊ 3	0 ♎ 55	5 ♌ 11	20 ♈	16 ♓	17 ♑	3 ♈	24 ♌
15	23 ♓ 9	2 ♋ 3	23 ♌ 40	24 D 39	5 ♓ 27	21 ♈ 4	4 ♒ 33	15 ♋ 10	6 ♊ 47	1 ♊ 5	0 ♎ 54	5 ♌ 10	21 ♈	16 ♓	17 ♑	4 ♈	24 ♌
16	24 ♓ 9	13 ♋ 54	23 ♌ 36	24 ♌ 40	7 ♓ 5	22 ♈ 18	5 ♒ 18	15 ♋ 11	6 ♊ 51	1 ♊ 7	0 ♎ 52	5 ♌ 9	21 ♈	16 ♓	18 ♑	4 ♈	24 ♌
17	25 ♓ 9	25 ♋ 43	23 ♌ 33	24 ♌ 42	8 ♓ 45	23 ♈ 31	6 ♒ 3	15 ♋ 12	6 ♊ 55	1 ♊ 9	0 ♎ 50	5 ♌ 8	22 ♈	17 ♓	18 ♑	5 ♈	24 ♌
18	26 ♓ 8	7 ♌ 34	23 ♌ 30	24 ♌ 43	10 ♓ 25	24 ♈ 44	6 ♒ 48	15 ♋ 13	6 ♊ 59	1 ♊ 11	0 ♎ 49	5 ♌ 8	22 ♈	17 ♓	18 ♑	5 ♈	24 ♌
19	27 ♓ 8	19 ♌ 32	23 ♌ 27	24 ♌ 45	12 ♓ 7	25 ♈ 58	7 ♒ 33	15 ♋ 14	7 ♊ 3	1 ♊ 13	0 ♎ 47	5 ♌ 7	22 ♈	17 ♓	18 ♑	6 ♈	24 ♌
20	28 ♓ 8	1 ♍ 40	23 ♌ 24	24 R 44	13 ♓ 51	27 ♈ 11	8 ♒ 18	15 ♋ 15	7 ♊ 8	1 ♊ 14	0 ♎ 45	5 ♌ 6	23 ♈	18 ♓	19 ♑	6 ♈	23 ♌
21	29 ♓ 7	14 ♍ 1	23 ♌ 20	24 ♌ 43	15 ♓ 35	28 ♈ 24	9 ♒ 3	15 ♋ 17	7 ♊ 12	1 ♊ 16	0 ♎ 44	5 ♌ 5	23 ♈	18 ♓	19 ♑	7 ♈	23 ♌
22	0 ♈ 7	26 ♍ 37	23 ♌ 17	24 ♌ 39	17 ♓ 21	29 ♈ 37	9 ♒ 48	15 ♋ 19	7 ♊ 16	1 ♊ 19	0 ♎ 42	5 ♌ 5	24 ♈	18 ♓	19 ♑	7 ♈	23 ♌
23	1 ♈ 6	9 ♎ 28	23 ♌ 14	24 ♌ 34	19 ♓ 8	0 ♉ 50	10 ♒ 33	15 ♋ 21	7 ♊ 21	1 ♊ 21	0 ♎ 40	5 ♌ 4	24 ♈	19 ♓	19 ♑	8 ♈	23 ♌
24	2 ♈ 6	22 ♎ 35	23 ♌ 11	24 ♌ 28	20 ♓ 56	2 ♉ 3	11 ♒ 18	15 ♋ 23	7 ♊ 26	1 ♊ 23	0 ♎ 39	5 ♌ 3	24 ♈	19 ♓	20 ♑	8 ♈	23 ♌
25	3 ♈ 5	5 ♏ 56	23 ♌ 8	24 ♌ 22	22 ♓ 46	3 ♉ 16	12 ♒ 3	15 ♋ 25	7 ♊ 30	1 ♊ 25	0 ♎ 37	5 ♌ 3	25 ♈	19 ♓	20 ♑	9 ♈	23 ♌
26	4 ♈ 5	19 ♏ 29	23 ♌ 5	24 ♌ 16	24 ♓ 37	4 ♉ 29	12 ♒ 48	15 ♋ 27	7 ♊ 35	1 ♊ 27	0 ♎ 36	5 ♌ 2	25 ♈	20 ♓	20 ♑	9 ♈	23 ♌
27	5 ♈ 4	3 ♐ 13	23 ♌ 1	24 ♌ 10	26 ♓ 29	5 ♉ 42	13 ♒ 33	15 ♋ 30	7 ♊ 40	1 ♊ 29	0 ♎ 34	5 ♌ 1	25 ♈	20 ♓	20 ♑	9 ♈	23 ♌
28	6 ♈ 4	17 ♐ 6	22 ♌ 58	24 ♌ 7	28 ♓ 22	6 ♉ 54	14 ♒ 18	15 ♋ 33	7 ♊ 45	1 ♊ 32	0 ♎ 32	5 ♌ 1	26 ♈	20 ♓	21 ♑	10 ♈	23 ♌
29	7 ♈ 3	1 ♑ 7	22 ♌ 55	24 ♌ 5	0 ♈ 17	8 ♉ 7	15 ♒ 3	15 ♋ 36	7 ♊ 50	1 ♊ 34	0 ♎ 31	5 ♌ 0	26 ♈	21 ♓	21 ♑	10 ♈	23 ♌
30	8 ♈ 2	15 ♑ 14	22 ♌ 52	24 D 5	2 ♈ 13	9 ♉ 20	15 ♒ 48	15 ♋ 39	7 ♊ 55	1 ♊ 36	0 ♎ 29	5 ♌ 0	27 ♈	21 ♓	21 ♑	11 ♈	23 ♌
31	9 ♈ 1	29 ♑ 26	22 ♌ 49	24 ♌ 6	4 ♈ 11	10 ♉ 32	16 ♒ 34	15 ♋ 43	8 ♊ 0	1 ♊ 39	0 ♎ 27	4 ♌ 59	27 ♈	21 ♓	21 ♑	11 ♈	23 ♌

SUN INGRESS	☉ → ♈ 21日 21:03
MOON PHASE	● 6日 19:34 ♓　◐ 14日 04:30 ♊　○ 22日 07:08 ♎　◑ 29日 10:52 ♑

aspects

2日	05:39	♀△♇
2日	20:12	♀⚹♄
7日	01:16	☉△♃
10日	04:37	♀□♃
10日	04:37	♂△♅
10日	06:52	♂△♆
11日	13:19	♅△♆
12日	05:32	☿□♅
15日	19:32	♂☍♇
15日	20:27	☿□♄
18日	06:47	♂△♄
20日	19:46	☿△♃
22日	13:51	☉☍♆
23日	05:57	☉⚹♅
26日	10:53	♀□♇
26日	22:55	☉△♇
29日	02:45	☿☍♆
29日	16:14	☿⚹♅
29日	20:46	☉⚹♄
31日	09:52	☿△♇

1943年4月

DAY	☉	☽	☊ mean	☊ true	☿	♀	♂	♃	♄	♅	♆	♇	⚳	⚴	⚵	⚶	⚷
	° ′	° ′	° ′	° ′	° ′	° ′	° ′	° ′	° ′	° ′	° ′	° ′	°	°	°	°	°
1	10 ♈ 1	13 ♒ 41	22 ♌ 46	24 D 8	6 D 9	11 D 45	17 D 19	15 D 46	8 D 5	1 D 41	0 R 26	4 R 59	27 D	22 D	22 D	12 D	23 R
2	11 ♈ 0	27 ♒ 57	22 ♌ 42	24 R 8	8 ♈ 9	12 ♉ 57	18 ♒ 4	15 ♋ 50	8 ♊ 11	1 ♊ 44	0 ♎ 24	4 ♌ 58	28 ♈	22 ♓	22 ♑	12 ♈	23 ♌
3	11 ♈ 59	12 ♓ 11	22 ♌ 39	24 ♌ 7	10 ♈ 10	14 ♉ 9	18 ♒ 49	15 ♋ 54	8 ♊ 16	1 ♊ 46	0 ♎ 22	4 ♌ 58	28 ♈	22 ♓	22 ♑	13 ♈	23 ♌
4	12 ♈ 58	26 ♓ 19	22 ♌ 36	24 ♌ 3	12 ♈ 12	15 ♉ 22	19 ♒ 34	15 ♋ 58	8 ♊ 22	1 ♊ 49	0 ♎ 21	4 ♌ 58	29 ♈	23 ♓	22 ♑	13 ♈	23 ♌
5	13 ♈ 57	10 ♈ 17	22 ♌ 33	23 ♌ 57	14 ♈ 15	16 ♉ 34	20 ♒ 20	16 ♋ 2	8 ♊ 27	1 ♊ 51	0 ♎ 19	4 ♌ 57	29 ♈	23 ♓	23 ♑	14 ♈	23 ♌
6	14 ♈ 57	24 ♈ 0	22 ♌ 30	23 ♌ 49	16 ♈ 18	17 ♉ 46	21 ♒ 5	16 ♋ 7	8 ♊ 33	1 ♊ 54	0 ♎ 18	4 ♌ 57	29 ♈	23 ♓	23 ♑	14 ♈	23 ♌
7	15 ♈ 56	7 ♉ 26	22 ♌ 26	23 ♌ 40	18 ♈ 23	18 ♉ 58	21 ♒ 50	16 ♋ 11	8 ♊ 38	1 ♊ 57	0 ♎ 16	4 ♌ 57	0 ♉	24 ♓	23 ♑	15 ♈	23 ♌
8	16 ♈ 55	20 ♉ 33	22 ♌ 23	23 ♌ 31	20 ♈ 28	20 ♉ 10	22 ♒ 35	16 ♋ 16	8 ♊ 44	1 ♊ 59	0 ♎ 14	4 ♌ 56	0 ♉	24 ♓	23 ♑	15 ♈	23 ♌
9	17 ♈ 54	3 ♊ 19	22 ♌ 20	23 ♌ 22	22 ♈ 33	21 ♉ 22	23 ♒ 21	16 ♋ 21	8 ♊ 50	2 ♊ 2	0 ♎ 13	4 ♌ 56	1 ♉	24 ♓	23 ♑	16 ♈	23 ♌
10	18 ♈ 53	15 ♊ 46	22 ♌ 17	23 ♌ 15	24 ♈ 38	22 ♉ 34	24 ♒ 6	16 ♋ 26	8 ♊ 56	2 ♊ 5	0 ♎ 11	4 ♌ 56	1 ♉	25 ♓	24 ♑	16 ♈	23 ♌
11	19 ♈ 52	27 ♊ 57	22 ♌ 14	23 ♌ 11	26 ♈ 43	23 ♉ 46	24 ♒ 51	16 ♋ 31	9 ♊ 2	2 ♊ 7	0 ♎ 10	4 ♌ 56	1 ♉	25 ♓	24 ♑	16 ♈	23 ♌
12	20 ♈ 50	9 ♋ 56	22 ♌ 11	23 ♌ 8	28 ♈ 48	24 ♉ 58	25 ♒ 36	16 ♋ 37	9 ♊ 8	2 ♊ 10	0 ♎ 8	4 ♌ 55	2 ♉	25 ♓	24 ♑	17 ♈	23 ♌
13	21 ♈ 49	21 ♋ 48	22 ♌ 7	23 D 7	0 ♉ 51	26 ♉ 10	26 ♒ 22	16 ♋ 42	9 ♊ 14	2 ♊ 13	0 ♎ 7	4 ♌ 55	2 ♉	26 ♓	24 ♑	17 ♈	23 ♌
14	22 ♈ 48	3 ♌ 36	22 ♌ 4	23 ♌ 8	2 ♉ 54	27 ♉ 21	27 ♒ 7	16 ♋ 48	9 ♊ 20	2 ♊ 16	0 ♎ 5	4 ♌ 55	3 ♉	26 ♓	24 ♑	18 ♈	23 ♌
15	23 ♈ 47	15 ♌ 28	22 ♌ 1	23 ♌ 9	4 ♉ 55	28 ♉ 33	27 ♒ 52	16 ♋ 54	9 ♊ 26	2 ♊ 19	0 ♎ 4	4 ♌ 55	3 ♉	26 ♓	25 ♑	18 ♈	23 ♌
16	24 ♈ 46	27 ♌ 28	21 ♌ 58	23 R 9	6 ♉ 54	29 ♉ 44	28 ♒ 38	17 ♋ 0	9 ♊ 33	2 ♊ 22	0 ♎ 2	4 ♌ 55	3 ♉	27 ♓	25 ♑	19 ♈	23 ♌
17	25 ♈ 44	9 ♍ 42	21 ♌ 55	23 ♌ 7	8 ♉ 51	0 ♊ 55	29 ♒ 23	17 ♋ 6	9 ♊ 39	2 ♊ 25	0 ♎ 1	4 ♌ 55	4 ♉	27 ♓	25 ♑	19 ♈	22 ♌
18	26 ♈ 43	22 ♍ 11	21 ♌ 52	23 ♌ 4	10 ♉ 46	2 ♊ 7	0 ♓ 8	17 ♋ 13	9 ♊ 45	2 ♊ 28	29 ♍ 59	4 ♌ 55	4 ♉	27 ♓	25 ♑	20 ♈	22 ♌
19	27 ♈ 42	5 ♎ 1	21 ♌ 48	22 ♌ 57	12 ♉ 38	3 ♊ 18	0 ♓ 53	17 ♋ 19	9 ♊ 52	2 ♊ 31	29 ♍ 58	4 D 55	5 ♉	27 ♓	25 ♑	20 ♈	22 ♌
20	28 ♈ 40	18 ♎ 10	21 ♌ 45	22 ♌ 49	14 ♉ 26	4 ♊ 29	1 ♓ 39	17 ♋ 26	9 ♊ 58	2 ♊ 34	29 ♍ 56	4 ♌ 55	5 ♉	28 ♓	25 ♑	21 ♈	22 ♌
21	29 ♈ 39	1 ♏ 40	21 ♌ 42	22 ♌ 39	16 ♉ 12	5 ♊ 40	2 ♓ 24	17 ♋ 33	10 ♊ 5	2 ♊ 37	29 ♍ 55	4 ♌ 55	5 ♉	28 ♓	26 ♑	21 ♈	22 ♌
22	0 ♉ 37	15 ♏ 26	21 ♌ 39	22 ♌ 28	17 ♉ 53	6 ♊ 51	3 ♓ 9	17 ♋ 40	10 ♊ 11	2 ♊ 40	29 ♍ 54	4 ♌ 55	6 ♉	28 ♓	26 ♑	22 ♈	22 ♌
23	1 ♉ 36	29 ♏ 27	21 ♌ 36	22 ♌ 17	19 ♉ 31	8 ♊ 2	3 ♓ 55	17 ♋ 47	10 ♊ 18	2 ♊ 43	29 ♍ 52	4 ♌ 55	6 ♉	29 ♓	26 ♑	22 ♈	22 ♌
24	2 ♉ 34	13 ♐ 36	21 ♌ 32	22 ♌ 8	21 ♉ 5	9 ♊ 12	4 ♓ 40	17 ♋ 54	10 ♊ 25	2 ♊ 46	29 ♍ 51	4 ♌ 55	7 ♉	29 ♓	26 ♑	22 ♈	22 D
25	3 ♉ 33	27 ♐ 49	21 ♌ 29	22 ♌ 1	22 ♉ 35	10 ♊ 23	5 ♓ 25	18 ♋ 1	10 ♊ 31	2 ♊ 49	29 ♍ 50	4 ♌ 55	7 ♉	29 ♓	26 ♑	23 ♈	22 ♌
26	4 ♉ 31	12 ♑ 3	21 ♌ 26	21 ♌ 57	24 ♉ 0	11 ♊ 33	6 ♓ 10	18 ♋ 9	10 ♊ 38	2 ♊ 53	29 ♍ 48	4 ♌ 56	7 ♉	0 ♈	26 ♑	23 ♈	22 ♌
27	5 ♉ 29	26 ♑ 15	21 ♌ 23	21 ♌ 56	25 ♉ 21	12 ♊ 44	6 ♓ 56	18 ♋ 16	10 ♊ 45	2 ♊ 56	29 ♍ 47	4 ♌ 56	8 ♉	0 ♈	27 ♑	24 ♈	22 ♌
28	6 ♉ 28	10 ♒ 22	21 ♌ 20	21 D 55	26 ♉ 37	13 ♊ 54	7 ♓ 41	18 ♋ 24	10 ♊ 52	2 ♊ 59	29 ♍ 46	4 ♌ 56	8 ♉	0 ♈	27 ♑	24 ♈	22 ♌
29	7 ♉ 26	24 ♒ 24	21 ♌ 17	21 R 55	27 ♉ 49	15 ♊ 5	8 ♓ 26	18 ♋ 32	10 ♊ 59	3 ♊ 2	29 ♍ 44	4 ♌ 56	9 ♉	1 ♈	27 ♑	25 ♈	22 ♌
30	8 ♉ 24	8 ♓ 21	21 ♌ 13	21 ♌ 55	28 ♉ 55	16 ♊ 15	9 ♓ 11	18 ♋ 40	11 ♊ 6	3 ♊ 5	29 ♍ 43	4 ♌ 57	9 ♉	1 ♈	27 ♑	25 ♈	22 ♌

SUN INGRESS	☉ → ♉ 21日 08:31
MOON PHASE	● 5日 06:53 ♈　◐ 13日 00:04 ♋　○ 20日 20:11 ♎　◑ 27日 16:51 ♒

aspects

2日	00:22	☿⚹♄
4日	12:46	♀⚹♃
4日	17:34	☉☌☿
5日	21:40	☿□♃
7日	06:56	☉□♃
9日	14:23	☿⚹♂
13日	11:09	♀□♂
15日	00:02	☿□♇
16日	05:59	♀△♆
18日	07:27	♀☌♅
20日	08:49	♀⚹♇
21日	07:21	♂□♅
21日	20:26	☿⚹♃
25日	03:09	♀☌♄
26日	10:09	☉□♇
30日	18:05	☿△♆

1943年5月

DAY	☉	☽	☊ mean	☊ true	☿	♀	♂	♃	♄	♅	♆	♇	⚳	⚴	⚵	⚶	⚷
	° ′	° ′	° ′	° ′	° ′	° ′	° ′	° ′	° ′	° ′	° ′	° ′	°	°	°	°	°
1	9 ♉ 23	22 ♓ 11	21 ♌ 10	21 R 52	29 D 57	17 D 25	9 D 57	18 D 48	11 D 13	3 D 9	29 R 42	4 D 57	10 D	1 D	27 D	26 D	23 D
2	10 ♉ 21	5 ♈ 53	21 ♌ 7	21 ♌ 46	0 ♊ 54	18 ♊ 35	10 ♓ 42	18 ♋ 56	11 ♊ 20	3 ♊ 12	29 ♍ 41	4 ♌ 57	10 ♉	2 ♈	27 ♑	26 ♈	23 ♌
3	11 ♉ 19	19 ♈ 26	21 ♌ 4	21 ♌ 38	1 ♊ 46	19 ♊ 45	11 ♓ 27	19 ♋ 5	11 ♊ 27	3 ♊ 15	29 ♍ 40	4 ♌ 58	10 ♉	2 ♈	27 ♑	27 ♈	23 ♌
4	12 ♉ 17	2 ♉ 47	21 ♌ 1	21 ♌ 27	2 ♊ 33	20 ♊ 54	12 ♓ 12	19 ♋ 13	11 ♊ 34	3 ♊ 19	29 ♍ 39	4 ♌ 58	11 ♉	2 ♈	27 ♑	27 ♈	23 ♌
5	13 ♉ 16	15 ♉ 55	20 ♌ 57	21 ♌ 14	3 ♊ 15	22 ♊ 4	12 ♓ 57	19 ♋ 22	11 ♊ 41	3 ♊ 22	29 ♍ 37	4 ♌ 58	11 ♉	3 ♈	27 ♑	27 ♈	23 ♌
6	14 ♉ 14	28 ♉ 48	20 ♌ 54	21 ♌ 1	3 ♊ 52	23 ♊ 13	13 ♓ 43	19 ♋ 30	11 ♊ 48	3 ♊ 25	29 ♍ 36	4 ♌ 59	12 ♉	3 ♈	28 ♑	28 ♈	23 ♌
7	15 ♉ 12	11 ♊ 24	20 ♌ 51	20 ♌ 49	4 ♊ 23	24 ♊ 23	14 ♓ 28	19 ♋ 39	11 ♊ 56	3 ♊ 29	29 ♍ 35	4 ♌ 59	12 ♉	3 ♈	28 ♑	28 ♈	23 ♌
8	16 ♉ 10	23 ♊ 46	20 ♌ 48	20 ♌ 39	4 ♊ 49	25 ♊ 32	15 ♓ 13	19 ♋ 48	12 ♊ 3	3 ♊ 32	29 ♍ 34	5 ♌ 0	12 ♉	4 ♈	28 ♑	29 ♈	23 ♌
9	17 ♉ 8	5 ♋ 53	20 ♌ 45	20 ♌ 31	5 ♊ 10	26 ♊ 41	15 ♓ 58	19 ♋ 57	12 ♊ 10	3 ♊ 35	29 ♍ 33	5 ♌ 0	13 ♉	4 ♈	28 ♑	29 ♈	23 ♌
10	18 ♉ 6	17 ♋ 50	20 ♌ 42	20 ♌ 25	5 ♊ 26	27 ♊ 50	16 ♓ 43	20 ♋ 6	12 ♊ 17	3 ♊ 39	29 ♍ 32	5 ♌ 1	13 ♉	4 ♈	28 ♑	0 ♉	23 ♌
11	19 ♉ 4	29 ♋ 41	20 ♌ 38	20 ♌ 23	5 ♊ 37	28 ♊ 59	17 ♓ 28	20 ♋ 16	12 ♊ 25	3 ♊ 42	29 ♍ 31	5 ♌ 2	14 ♉	4 ♈	28 ♑	0 ♉	23 ♌
12	20 ♉ 2	11 ♌ 29	20 ♌ 35	20 ♌ 22	5 ♊ 42	0 ♋ 8	18 ♓ 13	20 ♋ 25	12 ♊ 32	3 ♊ 46	29 ♍ 30	5 ♌ 2	14 ♉	5 ♈	28 ♑	1 ♉	23 ♌
13	21 ♉ 0	23 ♌ 20	20 ♌ 32	20 ♌ 22	5 R 43	1 ♋ 17	18 ♓ 58	20 ♋ 35	12 ♊ 40	3 ♊ 49	29 ♍ 30	5 ♌ 3	14 ♉	5 ♈	28 ♑	1 ♉	23 ♌
14	21 ♉ 58	5 ♍ 20	20 ♌ 29	20 ♌ 21	5 ♊ 38	2 ♋ 26	19 ♓ 43	20 ♋ 44	12 ♊ 47	3 ♊ 53	29 ♍ 29	5 ♌ 3	15 ♉	5 ♈	28 ♑	2 ♉	23 ♌
15	22 ♉ 56	17 ♍ 35	20 ♌ 26	20 ♌ 20	5 ♊ 29	3 ♋ 34	20 ♓ 28	20 ♋ 54	12 ♊ 55	3 ♊ 56	29 ♍ 28	5 ♌ 4	15 ♉	6 ♈	28 ♑	2 ♉	23 ♌
16	23 ♉ 54	0 ♎ 8	20 ♌ 23	20 ♌ 16	5 ♊ 16	4 ♋ 42	21 ♓ 13	21 ♋ 4	13 ♊ 2	4 ♊ 0	29 ♍ 27	5 ♌ 5	16 ♉	6 ♈	28 ♑	2 ♉	23 ♌
17	24 ♉ 51	13 ♎ 4	20 ♌ 19	20 ♌ 10	4 ♊ 58	5 ♋ 50	21 ♓ 58	21 ♋ 14	13 ♊ 10	4 ♊ 3	29 ♍ 26	5 ♌ 6	16 ♉	6 ♈	28 ♑	3 ♉	23 ♌
18	25 ♉ 49	26 ♎ 24	20 ♌ 16	20 ♌ 1	4 ♊ 37	6 ♋ 58	22 ♓ 43	21 ♋ 24	13 ♊ 17	4 ♊ 7	29 ♍ 25	5 ♌ 6	16 ♉	7 ♈	28 ♑	3 ♉	23 ♌
19	26 ♉ 47	10 ♏ 10	20 ♌ 13	19 ♌ 50	4 ♊ 12	8 ♋ 6	23 ♓ 28	21 ♋ 34	13 ♊ 25	4 ♊ 10	29 ♍ 25	5 ♌ 7	17 ♉	7 ♈	28 ♑	4 ♉	23 ♌
20	27 ♉ 45	24 ♏ 17	20 ♌ 10	19 ♌ 39	3 ♊ 44	9 ♋ 14	24 ♓ 12	21 ♋ 44	13 ♊ 32	4 ♊ 14	29 ♍ 24	5 ♌ 8	17 ♉	7 ♈	28 ♑	4 ♉	23 ♌
21	28 ♉ 42	8 ♐ 42	20 ♌ 7	19 ♌ 27	3 ♊ 14	10 ♋ 21	24 ♓ 57	21 ♋ 54	13 ♊ 40	4 ♊ 17	29 ♍ 23	5 ♌ 9	18 ♉	7 ♈	28 ♑	5 ♉	23 ♌
22	29 ♉ 40	23 ♐ 17	20 ♌ 3	19 ♌ 18	2 ♊ 42	11 ♋ 29	25 ♓ 42	22 ♋ 4	13 ♊ 48	4 ♊ 21	29 ♍ 23	5 ♌ 9	18 ♉	8 ♈	28 ♑	5 ♉	23 ♌
23	0 ♊ 38	7 ♑ 56	20 ♌ 0	19 ♌ 11	2 ♊ 8	12 ♋ 36	26 ♓ 27	22 ♋ 15	13 ♊ 55	4 ♊ 24	29 ♍ 22	5 ♌ 10	18 ♉	8 ♈	29 ♑	5 ♉	23 ♌
24	1 ♊ 36	22 ♑ 31	19 ♌ 57	19 ♌ 6	1 ♊ 34	13 ♋ 43	27 ♓ 11	22 ♋ 25	14 ♊ 3	4 ♊ 28	29 ♍ 21	5 ♌ 11	19 ♉	8 ♈	29 ♑	6 ♉	23 ♌
25	2 ♊ 33	6 ♒ 58	19 ♌ 54	19 ♌ 4	1 ♊ 0	14 ♋ 50	27 ♓ 56	22 ♋ 36	14 ♊ 11	4 ♊ 31	29 ♍ 21	5 ♌ 12	19 ♉	9 ♈	29 R	6 ♉	23 ♌
26	3 ♊ 31	21 ♒ 13	19 ♌ 51	19 D 4	0 ♊ 26	15 ♋ 57	28 ♓ 41	22 ♋ 47	14 ♊ 18	4 ♊ 35	29 ♍ 20	5 ♌ 13	20 ♉	9 ♈	28 ♑	7 ♉	23 ♌
27	4 ♊ 28	5 ♓ 15	19 ♌ 48	19 R 4	29 ♉ 53	17 ♋ 3	29 ♓ 25	22 ♋ 58	14 ♊ 26	4 ♊ 38	29 ♍ 20	5 ♌ 14	20 ♉	9 ♈	28 ♑	7 ♉	23 ♌
28	5 ♊ 26	19 ♓ 4	19 ♌ 44	19 ♌ 3	29 ♉ 22	18 ♋ 10	0 ♈ 10	23 ♋ 8	14 ♊ 34	4 ♊ 42	29 ♍ 19	5 ♌ 15	20 ♉	9 ♈	28 ♑	8 ♉	24 ♌
29	6 ♊ 24	2 ♈ 39	19 ♌ 41	19 ♌ 1	28 ♉ 53	19 ♋ 16	0 ♈ 54	23 ♋ 19	14 ♊ 42	4 ♊ 45	29 ♍ 19	5 ♌ 16	21 ♉	10 ♈	28 ♑	8 ♉	24 ♌
30	7 ♊ 21	16 ♈ 2	19 ♌ 38	18 ♌ 56	28 ♉ 26	20 ♋ 22	1 ♈ 39	23 ♋ 30	14 ♊ 49	4 ♊ 49	29 ♍ 19	5 ♌ 17	21 ♉	10 ♈	28 ♑	9 ♉	24 ♌
31	8 ♊ 19	29 ♈ 13	19 ♌ 35	18 ♌ 48	28 ♉ 3	21 ♋ 28	2 ♈ 23	23 ♋ 42	14 ♊ 57	4 ♊ 52	29 ♍ 18	5 ♌ 18	22 ♉	10 ♈	28 ♑	9 ♉	24 ♌

SUN INGRESS	☉ → ♊ 22日 08:03
MOON PHASE	● 4日 18:43 ♉　◐ 12日 18:52 ♌　○ 20日 06:13 ♏　◑ 26日 22:34 ♓

aspects

2日	23:52	♂□♄
3日	14:25	☉⚹♂
5日	04:45	☿☌♅
8日	11:37	☿⚹♇
11日	10:59	♀□♆
12日	11:26	☉⚹♃
15日	17:40	♂△♃
16日	14:47	☿⚹♇
19日	01:20	☿☌♅
21日	16:48	☉△♆
23日	23:35	☉☌☿
26日	21:07	♂☍♆
27日	04:19	☉☌♅
27日	08:40	☿⚹♂
27日	19:21	☉⚹♇
28日	01:50	☿△♆

1943年6月

DAY	☉	☽	☊ mean	☊ true	☿	♀	♂	♃	♄	♅	♆	♇	⚳	⚴	⚵	⚶	⚷
	° ′	° ′	° ′	° ′	° ′	° ′	° ′	° ′	° ′	° ′	° ′	° ′	°	°	°	°	°
1	9 ♊ 16	12 ♉ 12	19 ♌ 32	18 R 38	27 R 42	22 D 33	3 D 8	23 D 53	15 D 5	4 D 56	29 R 18	5 D 19	22 D	11 D	28 R	9 D	24 D
2	10 ♊ 14	25 ♉ 0	19 ♌ 29	18 ♌ 27	27 ♉ 26	23 ♋ 39	3 ♈ 52	24 ♋ 4	15 ♊ 13	4 ♊ 59	29 ♍ 18	5 ♌ 20	22 ♉	11 ♈	28 ♑	10 ♉	24 ♌
3	11 ♊ 11	7 ♊ 34	19 ♌ 25	18 ♌ 15	27 ♉ 13	24 ♋ 44	4 ♈ 36	24 ♋ 15	15 ♊ 20	5 ♊ 3	29 ♍ 17	5 ♌ 21	23 ♉	11 ♈	28 ♑	10 ♉	24 ♌
4	12 ♊ 9	19 ♊ 57	19 ♌ 22	18 ♌ 4	27 ♉ 5	25 ♋ 49	5 ♈ 21	24 ♋ 27	15 ♊ 28	5 ♊ 6	29 ♍ 17	5 ♌ 22	23 ♉	11 ♈	28 ♑	11 ♉	24 ♌
5	13 ♊ 6	2 ♋ 8	19 ♌ 19	17 ♌ 54	27 ♉ 1	26 ♋ 54	6 ♈ 5	24 ♋ 38	15 ♊ 36	5 ♊ 10	29 ♍ 17	5 ♌ 24	24 ♉	12 ♈	28 ♑	11 ♉	24 ♌
6	14 ♊ 4	14 ♋ 9	19 ♌ 16	17 ♌ 47	27 D 1	27 ♋ 59	6 ♈ 49	24 ♋ 50	15 ♊ 44	5 ♊ 13	29 ♍ 17	5 ♌ 25	24 ♉	12 ♈	28 ♑	12 ♉	24 ♌
7	15 ♊ 1	26 ♋ 2	19 ♌ 13	17 ♌ 42	27 ♉ 6	29 ♋ 3	7 ♈ 33	25 ♋ 1	15 ♊ 52	5 ♊ 17	29 ♍ 16	5 ♌ 26	24 ♉	12 ♈	28 ♑	12 ♉	24 ♌
8	15 ♊ 59	7 ♌ 50	19 ♌ 9	17 ♌ 40	27 ♉ 15	0 ♌ 7	8 ♈ 17	25 ♋ 13	15 ♊ 59	5 ♊ 20	29 ♍ 16	5 ♌ 27	25 ♉	12 ♈	28 ♑	12 ♉	24 ♌
9	16 ♊ 56	19 ♌ 37	19 ♌ 6	17 D 39	27 ♉ 29	1 ♌ 11	9 ♈ 1	25 ♋ 25	16 ♊ 7	5 ♊ 24	29 ♍ 16	5 ♌ 28	25 ♉	13 ♈	28 ♑	13 ♉	24 ♌
10	17 ♊ 53	1 ♍ 27	19 ♌ 3	17 ♌ 40	27 ♉ 47	2 ♌ 15	9 ♈ 45	25 ♋ 36	16 ♊ 15	5 ♊ 27	29 ♍ 16	5 ♌ 30	26 ♉	13 ♈	28 ♑	13 ♉	24 ♌
11	18 ♊ 51	13 ♍ 26	19 ♌ 0	17 ♌ 41	28 ♉ 10	3 ♌ 18	10 ♈ 29	25 ♋ 48	16 ♊ 23	5 ♊ 30	29 ♍ 16	5 ♌ 31	26 ♉	13 ♈	28 ♑	14 ♉	25 ♌
12	19 ♊ 48	25 ♍ 40	18 ♌ 57	17 R 40	28 ♉ 37	4 ♌ 21	11 ♈ 12	26 ♋ 0	16 ♊ 31	5 ♊ 34	29 D 16	5 ♌ 32	26 ♉	14 ♈	27 ♑	14 ♉	25 ♌
13	20 ♊ 45	8 ♎ 12	18 ♌ 54	17 ♌ 39	29 ♉ 8	5 ♌ 24	11 ♈ 56	26 ♋ 12	16 ♊ 38	5 ♊ 37	29 ♍ 16	5 ♌ 33	27 ♉	14 ♈	27 ♑	15 ♉	25 ♌
14	21 ♊ 43	21 ♎ 8	18 ♌ 50	17 ♌ 35	29 ♉ 44	6 ♌ 27	12 ♈ 40	26 ♋ 24	16 ♊ 46	5 ♊ 41	29 ♍ 16	5 ♌ 35	27 ♉	14 ♈	27 ♑	15 ♉	25 ♌
15	22 ♊ 40	4 ♏ 31	18 ♌ 47	17 ♌ 30	0 ♊ 24	7 ♌ 29	13 ♈ 23	26 ♋ 36	16 ♊ 54	5 ♊ 44	29 ♍ 16	5 ♌ 36	28 ♉	14 ♈	27 ♑	15 ♉	25 ♌
16	23 ♊ 37	18 ♏ 21	18 ♌ 44	17 ♌ 22	1 ♊ 8	8 ♌ 31	14 ♈ 7	26 ♋ 48	17 ♊ 2	5 ♊ 48	29 ♍ 16	5 ♌ 37	28 ♉	15 ♈	27 ♑	16 ♉	25 ♌
17	24 ♊ 35	2 ♐ 38	18 ♌ 41	17 ♌ 14	1 ♊ 55	9 ♌ 33	14 ♈ 50	27 ♋ 1	17 ♊ 9	5 ♊ 51	29 ♍ 17	5 ♌ 39	28 ♉	15 ♈	27 ♑	16 ♉	25 ♌
18	25 ♊ 32	17 ♐ 17	18 ♌ 38	17 ♌ 7	2 ♊ 47	10 ♌ 34	15 ♈ 34	27 ♋ 13	17 ♊ 17	5 ♊ 54	29 ♍ 17	5 ♌ 40	29 ♉	15 ♈	27 ♑	17 ♉	25 ♌
19	26 ♊ 29	2 ♑ 11	18 ♌ 35	17 ♌ 0	3 ♊ 43	11 ♌ 35	16 ♈ 17	27 ♋ 25	17 ♊ 25	5 ♊ 58	29 ♍ 17	5 ♌ 41	29 ♉	15 ♈	27 ♑	17 ♉	25 ♌
20	27 ♊ 26	17 ♑ 11	18 ♌ 31	16 ♌ 55	4 ♊ 43	12 ♌ 36	17 ♈ 0	27 ♋ 37	17 ♊ 33	6 ♊ 1	29 ♍ 17	5 ♌ 43	0 ♊	16 ♈	26 ♑	17 ♉	25 ♌
21	28 ♊ 24	2 ♒ 8	18 ♌ 28	16 ♌ 52	5 ♊ 46	13 ♌ 36	17 ♈ 44	27 ♋ 50	17 ♊ 40	6 ♊ 4	29 ♍ 18	5 ♌ 44	0 ♊	16 ♈	26 ♑	18 ♉	25 ♌
22	29 ♊ 21	16 ♒ 55	18 ♌ 25	16 D 51	6 ♊ 53	14 ♌ 36	18 ♈ 27	28 ♋ 2	17 ♊ 48	6 ♊ 8	29 ♍ 18	5 ♌ 46	0 ♊	16 ♈	26 ♑	18 ♉	25 ♌
23	0 ♋ 18	1 ♓ 26	18 ♌ 22	16 ♌ 52	8 ♊ 4	15 ♌ 36	19 ♈ 10	28 ♋ 15	17 ♊ 56	6 ♊ 11	29 ♍ 18	5 ♌ 47	1 ♊	16 ♈	26 ♑	19 ♉	26 ♌
24	1 ♋ 15	15 ♓ 38	18 ♌ 19	16 ♌ 53	9 ♊ 18	16 ♌ 35	19 ♈ 53	28 ♋ 27	18 ♊ 3	6 ♊ 14	29 ♍ 19	5 ♌ 49	1 ♊	16 ♈	26 ♑	19 ♉	26 ♌
25	2 ♋ 13	29 ♓ 30	18 ♌ 15	16 ♌ 54	10 ♊ 36	17 ♌ 34	20 ♈ 36	28 ♋ 40	18 ♊ 11	6 ♊ 17	29 ♍ 19	5 ♌ 50	2 ♊	17 ♈	26 ♑	19 ♉	26 ♌
26	3 ♋ 10	13 ♈ 2	18 ♌ 12	16 R 53	11 ♊ 57	18 ♌ 33	21 ♈ 19	28 ♋ 52	18 ♊ 19	6 ♊ 21	29 ♍ 20	5 ♌ 52	2 ♊	17 ♈	25 ♑	20 ♉	26 ♌
27	4 ♋ 7	26 ♈ 16	18 ♌ 9	16 ♌ 51	13 ♊ 22	19 ♌ 31	22 ♈ 1	29 ♋ 5	18 ♊ 26	6 ♊ 24	29 ♍ 20	5 ♌ 53	2 ♊	17 ♈	25 ♑	20 ♉	26 ♌
28	5 ♋ 4	9 ♉ 13	18 ♌ 6	16 ♌ 47	14 ♊ 50	20 ♌ 29	22 ♈ 44	29 ♋ 18	18 ♊ 34	6 ♊ 27	29 ♍ 21	5 ♌ 55	3 ♊	17 ♈	25 ♑	21 ♉	26 ♌
29	6 ♋ 1	21 ♉ 56	18 ♌ 3	16 ♌ 42	16 ♊ 21	21 ♌ 26	23 ♈ 27	29 ♋ 30	18 ♊ 42	6 ♊ 30	29 ♍ 21	5 ♌ 56	3 ♊	18 ♈	25 ♑	21 ♉	26 ♌
30	6 ♋ 59	4 ♊ 25	18 ♌ 0	16 ♌ 35	17 ♊ 56	22 ♌ 23	24 ♈ 9	29 ♋ 43	18 ♊ 49	6 ♊ 33	29 ♍ 22	5 ♌ 58	4 ♊	18 ♈	25 ♑	22 ♉	26 ♌

SUN INGRESS	☉ → ♋ 22日 16:12
MOON PHASE	● 3日 07:33 ♊　◐ 11日 11:35 ♍　○ 18日 14:14 ♐　◑ 25日 05:08 ♈

aspects

2日	11:10	♀☌♃
3日	15:32	♂⚹♅
4日	01:02	♂△♇
5日	02:30	☿⚹♀
7日	05:01	♀⚹♆
8日	00:24	☉☌♄
11日	03:23	♅⚹♇
13日	03:37	♀☌♇
13日	05:22	♀⚹♅
13日	05:40	☿△♆
20日	21:45	♂⚹♄
20日	23:23	☿⚹♇
21日	07:05	☿☌♅
21日	22:48	☉□♆
25日	17:19	♀⚹♄
28日	05:54	♃⚹♆
30日	14:04	☿☌♄

1943年7月

DAY	☉	☽	☊		☿	♀	♂	♃	♄	♅	♆	♇	⚳	⚴	⚵	⚶	⚷
			mean	true													
	° ′	° ′	° ′	° ′	° ′	° ′	° ′	° ′	° ′	° ′	° ′	° ′	°	°	°	°	°
1	7 ♋ 56	16 ♊ 44	17 ♌ 56	16 R 28	19 D 35	23 D 19	24 D 51	29 D 56	18 D 57	6 D 37	29 D 22	5 D 59	4 D	18 D	24 R	22 D	26 D
2	8 ♋ 53	28 ♊ 53	17 ♌ 53	16 ♌ 22	21 ♊ 16	24 ♌ 15	25 ♈ 34	0 ♌ 9	19 ♊ 4	6 ♊ 40	29 ♍ 23	6 ♌ 1	4 ♊	18 ♈	24 ♑	22 ♉	27 ♌
3	9 ♋ 50	10 ♋ 53	17 ♌ 50	16 ♌ 16	23 ♊ 1	25 ♌ 11	26 ♈ 16	0 ♌ 22	19 ♊ 12	6 ♊ 43	29 ♍ 24	6 ♌ 2	5 ♊	18 ♈	24 ♑	23 ♉	27 ♌
4	10 ♋ 48	22 ♋ 46	17 ♌ 47	16 ♌ 12	24 ♊ 48	26 ♌ 6	26 ♈ 58	0 ♌ 34	19 ♊ 19	6 ♊ 46	29 ♍ 24	6 ♌ 4	5 ♊	19 ♈	24 ♑	23 ♉	27 ♌
5	11 ♋ 45	4 ♌ 35	17 ♌ 44	16 ♌ 10	26 ♊ 39	27 ♌ 0	27 ♈ 40	0 ♌ 47	19 ♊ 27	6 ♊ 49	29 ♍ 25	6 ♌ 6	6 ♊	19 ♈	24 ♑	23 ♉	27 ♌
6	12 ♋ 42	16 ♌ 22	17 ♌ 41	16 D 9	28 ♊ 32	27 ♌ 54	28 ♈ 22	1 ♌ 0	19 ♊ 34	6 ♊ 52	29 ♍ 26	6 ♌ 7	6 ♊	19 ♈	23 ♑	24 ♉	27 ♌
7	13 ♋ 39	28 ♌ 9	17 ♌ 37	16 ♌ 10	0 ♋ 28	28 ♌ 47	29 ♈ 4	1 ♌ 13	19 ♊ 41	6 ♊ 55	29 ♍ 27	6 ♌ 9	6 ♊	19 ♈	23 ♑	24 ♉	27 ♌
8	14 ♋ 37	10 ♍ 0	17 ♌ 34	16 ♌ 11	2 ♋ 27	29 ♌ 40	29 ♈ 45	1 ♌ 26	19 ♊ 49	6 ♊ 58	29 ♍ 28	6 ♌ 10	7 ♊	19 ♈	23 ♑	25 ♉	27 ♌
9	15 ♋ 34	22 ♍ 1	17 ♌ 31	16 ♌ 13	4 ♋ 28	0 ♍ 32	0 ♉ 27	1 ♌ 39	19 ♊ 56	7 ♊ 1	29 ♍ 28	6 ♌ 12	7 ♊	20 ♈	23 ♑	25 ♉	27 ♌
10	16 ♋ 31	4 ♎ 14	17 ♌ 28	16 ♌ 14	6 ♋ 31	1 ♍ 24	1 ♉ 9	1 ♌ 52	20 ♊ 3	7 ♊ 4	29 ♍ 29	6 ♌ 14	7 ♊	20 ♈	22 ♑	25 ♉	27 ♌
11	17 ♋ 28	16 ♎ 45	17 ♌ 25	16 ♌ 15	8 ♋ 35	2 ♍ 14	1 ♉ 50	2 ♌ 5	20 ♊ 11	7 ♊ 7	29 ♍ 30	6 ♌ 15	8 ♊	20 ♈	22 ♑	26 ♉	28 ♌
12	18 ♋ 25	29 ♎ 37	17 ♌ 21	16 R 14	10 ♋ 41	3 ♍ 5	2 ♉ 31	2 ♌ 18	20 ♊ 18	7 ♊ 9	29 ♍ 31	6 ♌ 17	8 ♊	20 ♈	22 ♑	26 ♉	28 ♌
13	19 ♋ 23	12 ♏ 56	17 ♌ 18	16 ♌ 13	12 ♋ 48	3 ♍ 54	3 ♉ 12	2 ♌ 32	20 ♊ 25	7 ♊ 12	29 ♍ 32	6 ♌ 19	9 ♊	20 ♈	22 ♑	27 ♉	28 ♌
14	20 ♋ 20	26 ♏ 42	17 ♌ 15	16 ♌ 10	14 ♋ 56	4 ♍ 43	3 ♉ 53	2 ♌ 45	20 ♊ 32	7 ♊ 15	29 ♍ 33	6 ♌ 20	9 ♊	21 ♈	21 ♑	27 ♉	28 ♌
15	21 ♋ 17	10 ♐ 56	17 ♌ 12	16 ♌ 7	17 ♋ 5	5 ♍ 31	4 ♉ 34	2 ♌ 58	20 ♊ 39	7 ♊ 18	29 ♍ 34	6 ♌ 22	9 ♊	21 ♈	21 ♑	27 ♉	28 ♌
16	22 ♋ 14	25 ♐ 35	17 ♌ 9	16 ♌ 3	19 ♋ 14	6 ♍ 18	5 ♉ 15	3 ♌ 11	20 ♊ 46	7 ♊ 21	29 ♍ 35	6 ♌ 24	10 ♊	21 ♈	21 ♑	28 ♉	28 ♌
17	23 ♋ 11	10 ♑ 33	17 ♌ 6	16 ♌ 1	21 ♋ 23	7 ♍ 4	5 ♉ 56	3 ♌ 24	20 ♊ 53	7 ♊ 23	29 ♍ 36	6 ♌ 25	10 ♊	21 ♈	21 ♑	28 ♉	28 ♌
18	24 ♋ 9	25 ♑ 43	17 ♌ 2	15 ♌ 59	23 ♋ 32	7 ♍ 50	6 ♉ 36	3 ♌ 37	21 ♊ 0	7 ♊ 26	29 ♍ 38	6 ♌ 27	10 ♊	21 ♈	20 ♑	28 ♉	28 ♌
19	25 ♋ 6	10 ♒ 54	16 ♌ 59	15 ♌ 58	25 ♋ 40	8 ♍ 34	7 ♉ 17	3 ♌ 51	21 ♊ 7	7 ♊ 29	29 ♍ 39	6 ♌ 29	11 ♊	21 ♈	20 ♑	29 ♉	28 ♌
20	26 ♋ 3	25 ♒ 57	16 ♌ 56	15 D 58	27 ♋ 47	9 ♍ 18	7 ♉ 57	4 ♌ 4	21 ♊ 14	7 ♊ 31	29 ♍ 40	6 ♌ 31	11 ♊	21 ♈	20 ♑	29 ♉	29 ♌
21	27 ♋ 0	10 ♓ 45	16 ♌ 53	15 ♌ 59	29 ♋ 54	10 ♍ 1	8 ♉ 37	4 ♌ 17	21 ♊ 21	7 ♊ 34	29 ♍ 41	6 ♌ 32	12 ♊	22 ♈	20 ♑	0 ♊	29 ♌
22	27 ♋ 58	25 ♓ 11	16 ♌ 50	16 ♌ 0	1 ♌ 59	10 ♍ 43	9 ♉ 17	4 ♌ 30	21 ♊ 28	7 ♊ 36	29 ♍ 42	6 ♌ 34	12 ♊	22 ♈	20 ♑	0 ♊	29 ♌
23	28 ♋ 55	9 ♈ 13	16 ♌ 47	16 ♌ 1	4 ♌ 3	11 ♍ 23	9 ♉ 57	4 ♌ 44	21 ♊ 35	7 ♊ 39	29 ♍ 44	6 ♌ 36	12 ♊	22 ♈	19 ♑	0 ♊	29 ♌
24	29 ♋ 52	22 ♈ 51	16 ♌ 43	16 ♌ 2	6 ♌ 6	12 ♍ 3	10 ♉ 37	4 ♌ 57	21 ♊ 41	7 ♊ 41	29 ♍ 45	6 ♌ 37	13 ♊	22 ♈	19 ♑	1 ♊	29 ♌
25	0 ♌ 49	6 ♉ 5	16 ♌ 40	16 R 2	8 ♌ 7	12 ♍ 42	11 ♉ 17	5 ♌ 10	21 ♊ 48	7 ♊ 44	29 ♍ 46	6 ♌ 39	13 ♊	22 ♈	19 ♑	1 ♊	29 ♌
26	1 ♌ 47	18 ♉ 57	16 ♌ 37	16 ♌ 1	10 ♌ 7	13 ♍ 19	11 ♉ 56	5 ♌ 23	21 ♊ 55	7 ♊ 46	29 ♍ 48	6 ♌ 41	13 ♊	22 ♈	19 ♑	1 ♊	29 ♌
27	2 ♌ 44	1 ♊ 31	16 ♌ 34	16 ♌ 0	12 ♌ 5	13 ♍ 55	12 ♉ 36	5 ♌ 37	22 ♊ 1	7 ♊ 48	29 ♍ 49	6 ♌ 43	14 ♊	22 ♈	18 ♑	2 ♊	29 ♌
28	3 ♌ 41	13 ♊ 50	16 ♌ 31	15 ♌ 59	14 ♌ 2	14 ♍ 30	13 ♉ 15	5 ♌ 50	22 ♊ 8	7 ♊ 51	29 ♍ 50	6 ♌ 44	14 ♊	23 ♈	18 ♑	2 ♊	0 ♍
29	4 ♌ 39	25 ♊ 57	16 ♌ 27	15 ♌ 57	15 ♌ 57	15 ♍ 4	13 ♉ 54	6 ♌ 3	22 ♊ 14	7 ♊ 53	29 ♍ 52	6 ♌ 46	15 ♊	23 ♈	18 ♑	2 ♊	0 ♍
30	5 ♌ 36	7 ♋ 56	16 ♌ 24	15 ♌ 55	17 ♌ 51	15 ♍ 37	14 ♉ 33	6 ♌ 16	22 ♊ 21	7 ♊ 55	29 ♍ 53	6 ♌ 48	15 ♊	23 ♈	18 ♑	3 ♊	0 ♍
31	6 ♌ 34	19 ♋ 48	16 ♌ 21	15 ♌ 54	19 ♌ 42	16 ♍ 8	15 ♉ 12	6 ♌ 30	22 ♊ 27	7 ♊ 57	29 ♍ 55	6 ♌ 50	15 ♊	23 ♈	18 ♑	3 ♊	0 ♍

SUN INGRESS	☉ → ♌ 24日 03:05
MOON PHASE	● 2日 21:44 ♋　◐ 11日 01:29 ♎　○ 17日 21:22 ♑　◑ 24日 13:38 ♉

aspects

5日 08:44 ☿⚹♀
5日 20:37 ☿⚹♂
6日 11:15 ☿□♆
8日 12:17 ♀△♂
11日 13:10 ♂□♃
17日 10:35 ♀□♅
17日 18:17 ♂□♇
18日 12:31 ☉☌☿
20日 21:36 ☿⚹♆
23日 08:50 ☿☌♃
23日 20:54 ☉⚹♆
24日 06:18 ☿☌♇
24日 19:14 ☿⚹♅
27日 09:21 ☿□♂
30日 21:54 ☉☌♃
31日 06:52 ☉☌♇

1943年8月

DAY	☉	☽	☊		☿	♀	♂	♃	♄	♅	♆	♇	⚳	⚴	⚵	⚶	⚷
			mean	true													
	° ′	° ′	° ′	° ′	° ′	° ′	° ′	° ′	° ′	° ′	° ′	° ′	°	°	°	°	°
1	7 ♌ 31	1 ♌ 36	16 ♌ 18	15 R 53	21 D 32	16 D 38	15 D 50	6 D 43	22 D 33	8 D 0	29 D 56	6 D 51	16 D	23 D	17 R	4 D	0 D
2	8 ♌ 28	13 ♌ 23	16 ♌ 15	15 ♌ 53	23 ♌ 21	17 ♍ 6	16 ♉ 29	6 ♌ 56	22 ♊ 40	8 ♊ 2	29 ♍ 58	6 ♌ 53	16 ♊	23 ♈	17 ♑	4 ♊	0 ♍
3	9 ♌ 26	25 ♌ 11	16 ♌ 12	15 D 53	25 ♌ 8	17 ♍ 33	17 ♉ 7	7 ♌ 10	22 ♊ 46	8 ♊ 4	29 ♍ 59	6 ♌ 55	16 ♊	23 ♈	17 ♑	4 ♊	0 ♍
4	10 ♌ 23	7 ♍ 2	16 ♌ 8	15 ♌ 54	26 ♌ 53	17 ♍ 58	17 ♉ 45	7 ♌ 23	22 ♊ 52	8 ♊ 6	0 ♎ 1	6 ♌ 56	17 ♊	23 ♈	17 ♑	5 ♊	0 ♍
5	11 ♌ 21	18 ♍ 59	16 ♌ 5	15 ♌ 54	28 ♌ 36	18 ♍ 21	18 ♉ 23	7 ♌ 36	22 ♊ 58	8 ♊ 8	0 ♎ 2	6 ♌ 58	17 ♊	23 ♈	16 ♑	5 ♊	1 ♍
6	12 ♌ 18	1 ♎ 5	16 ♌ 2	15 ♌ 55	0 ♍ 18	18 ♍ 43	19 ♉ 1	7 ♌ 49	23 ♊ 4	8 ♊ 10	0 ♎ 4	7 ♌ 0	17 ♊	23 ♈	16 ♑	5 ♊	1 ♍
7	13 ♌ 16	13 ♎ 22	15 ♌ 59	15 ♌ 55	1 ♍ 59	19 ♍ 3	19 ♉ 38	8 ♌ 3	23 ♊ 10	8 ♊ 12	0 ♎ 6	7 ♌ 2	18 ♊	23 ♈	16 ♑	6 ♊	1 ♍
8	14 ♌ 13	25 ♎ 55	15 ♌ 56	15 ♌ 55	3 ♍ 37	19 ♍ 21	20 ♉ 16	8 ♌ 16	23 ♊ 16	8 ♊ 14	0 ♎ 7	7 ♌ 3	18 ♊	24 ♈	16 ♑	6 ♊	1 ♍
9	15 ♌ 11	8 ♏ 47	15 ♌ 52	15 ♌ 55	5 ♍ 14	19 ♍ 37	20 ♉ 53	8 ♌ 29	23 ♊ 22	8 ♊ 16	0 ♎ 9	7 ♌ 5	18 ♊	24 ♈	16 ♑	6 ♊	1 ♍
10	16 ♌ 8	22 ♏ 1	15 ♌ 49	15 ♌ 55	6 ♍ 50	19 ♍ 51	21 ♉ 30	8 ♌ 42	23 ♊ 27	8 ♊ 17	0 ♎ 11	7 ♌ 7	19 ♊	24 ♈	16 ♑	7 ♊	1 ♍
11	17 ♌ 6	5 ♐ 39	15 ♌ 46	15 ♌ 55	8 ♍ 24	20 ♍ 4	22 ♉ 7	8 ♌ 56	23 ♊ 33	8 ♊ 19	0 ♎ 12	7 ♌ 9	19 ♊	24 ♈	15 ♑	7 ♊	1 ♍
12	18 ♌ 3	19 ♐ 42	15 ♌ 43	15 ♌ 55	9 ♍ 56	20 ♍ 14	22 ♉ 43	9 ♌ 9	23 ♊ 39	8 ♊ 21	0 ♎ 14	7 ♌ 10	19 ♊	24 ♈	15 ♑	7 ♊	2 ♍
13	19 ♌ 1	4 ♑ 9	15 ♌ 40	15 ♌ 56	11 ♍ 27	20 ♍ 22	23 ♉ 20	9 ♌ 22	23 ♊ 44	8 ♊ 22	0 ♎ 16	7 ♌ 12	20 ♊	24 ♈	15 ♑	7 ♊	2 ♍
14	19 ♌ 59	18 ♑ 58	15 ♌ 37	15 ♌ 56	12 ♍ 56	20 ♍ 28	23 ♉ 56	9 ♌ 35	23 ♊ 50	8 ♊ 24	0 ♎ 18	7 ♌ 14	20 ♊	24 ♈	15 ♑	8 ♊	2 ♍
15	20 ♌ 56	4 ♒ 1	15 ♌ 33	15 ♌ 56	14 ♍ 23	20 ♍ 31	24 ♉ 32	9 ♌ 48	23 ♊ 55	8 ♊ 26	0 ♎ 19	7 ♌ 15	20 ♊	24 ♈	15 ♑	8 ♊	2 ♍
16	21 ♌ 54	19 ♒ 12	15 ♌ 30	15 R 56	15 ♍ 49	20 ♍ 33	25 ♉ 8	10 ♌ 1	24 ♊ 0	8 ♊ 27	0 ♎ 21	7 ♌ 17	21 ♊	24 ♈	15 ♑	8 ♊	2 ♍
17	22 ♌ 51	4 ♓ 20	15 ♌ 27	15 ♌ 56	17 ♍ 13	20 R 32	25 ♉ 44	10 ♌ 14	24 ♊ 6	8 ♊ 29	0 ♎ 23	7 ♌ 19	21 ♊	24 ♈	14 ♑	9 ♊	2 ♍
18	23 ♌ 49	19 ♓ 16	15 ♌ 24	15 ♌ 55	18 ♍ 36	20 ♍ 28	26 ♉ 19	10 ♌ 28	24 ♊ 11	8 ♊ 30	0 ♎ 25	7 ♌ 20	21 ♊	24 ♈	14 ♑	9 ♊	2 ♍
19	24 ♌ 47	3 ♈ 54	15 ♌ 21	15 ♌ 54	19 ♍ 56	20 ♍ 23	26 ♉ 54	10 ♌ 41	24 ♊ 16	8 ♊ 31	0 ♎ 27	7 ♌ 22	22 ♊	24 R	14 ♑	9 ♊	3 ♍
20	25 ♌ 44	18 ♈ 7	15 ♌ 18	15 ♌ 53	21 ♍ 15	20 ♍ 14	27 ♉ 29	10 ♌ 54	24 ♊ 21	8 ♊ 33	0 ♎ 29	7 ♌ 24	22 ♊	24 ♈	14 ♑	10 ♊	3 ♍
21	26 ♌ 42	1 ♉ 53	15 ♌ 14	15 ♌ 52	22 ♍ 33	20 ♍ 4	28 ♉ 4	11 ♌ 7	24 ♊ 26	8 ♊ 34	0 ♎ 31	7 ♌ 25	22 ♊	24 ♈	14 ♑	10 ♊	3 ♍
22	27 ♌ 40	15 ♉ 12	15 ♌ 11	15 ♌ 52	23 ♍ 48	19 ♍ 51	28 ♉ 39	11 ♌ 20	24 ♊ 31	8 ♊ 35	0 ♎ 33	7 ♌ 27	23 ♊	24 ♈	14 ♑	10 ♊	3 ♍
23	28 ♌ 38	28 ♉ 6	15 ♌ 8	15 ♌ 51	25 ♍ 1	19 ♍ 36	29 ♉ 13	11 ♌ 33	24 ♊ 36	8 ♊ 37	0 ♎ 35	7 ♌ 29	23 ♊	24 ♈	14 ♑	10 ♊	3 ♍
24	29 ♌ 36	10 ♊ 39	15 ♌ 5	15 D 52	26 ♍ 13	19 ♍ 18	29 ♉ 47	11 ♌ 46	24 ♊ 41	8 ♊ 38	0 ♎ 37	7 ♌ 30	23 ♊	24 ♈	14 ♑	11 ♊	3 ♍
25	0 ♍ 33	22 ♊ 54	15 ♌ 2	15 ♌ 52	27 ♍ 22	18 ♍ 59	0 ♊ 21	11 ♌ 58	24 ♊ 45	8 ♊ 39	0 ♎ 38	7 ♌ 32	24 ♊	24 ♈	14 ♑	11 ♊	3 ♍
26	1 ♍ 31	4 ♋ 56	14 ♌ 58	15 ♌ 54	28 ♍ 29	18 ♍ 37	0 ♊ 54	12 ♌ 11	24 ♊ 50	8 ♊ 40	0 ♎ 40	7 ♌ 34	24 ♊	24 ♈	13 ♑	11 ♊	3 ♍
27	2 ♍ 29	16 ♋ 48	14 ♌ 55	15 ♌ 55	29 ♍ 34	18 ♍ 13	1 ♊ 27	12 ♌ 24	24 ♊ 54	8 ♊ 41	0 ♎ 42	7 ♌ 35	24 ♊	24 ♈	13 ♑	12 ♊	4 ♍
28	3 ♍ 27	28 ♋ 36	14 ♌ 52	15 ♌ 56	0 ♎ 37	17 ♍ 47	2 ♊ 1	12 ♌ 37	24 ♊ 59	8 ♊ 42	0 ♎ 44	7 ♌ 37	25 ♊	23 ♈	13 ♑	12 ♊	4 ♍
29	4 ♍ 25	10 ♌ 23	14 ♌ 49	15 ♌ 57	1 ♎ 37	17 ♍ 19	2 ♊ 33	12 ♌ 50	25 ♊ 3	8 ♊ 43	0 ♎ 47	7 ♌ 38	25 ♊	23 ♈	13 ♑	12 ♊	4 ♍
30	5 ♍ 23	22 ♌ 12	14 ♌ 46	15 R 57	2 ♎ 34	16 ♍ 49	3 ♊ 6	13 ♌ 3	25 ♊ 7	8 ♊ 44	0 ♎ 49	7 ♌ 40	25 ♊	23 ♈	13 ♑	12 ♊	4 ♍
31	6 ♍ 21	4 ♍ 4	14 ♌ 43	15 ♌ 56	3 ♎ 29	16 ♍ 17	3 ♊ 38	13 ♌ 15	25 ♊ 12	8 ♊ 44	0 ♎ 51	7 ♌ 42	26 ♊	23 ♈	13 ♑	13 ♊	4 ♍

SUN INGRESS	☉ → ♍ 24日 09:55
MOON PHASE	● 1日 13:06 ♌　◐ 9日 12:36 ♏　○ 16日 04:34 ♒　◑ 23日 01:04 ♉　● 31日 04:59 ♍

aspects

1日 12:27 ☉⚹♅
1日 14:15 ☿⚹♄
1日 17:10 ♃☌♇
4日 20:55 ♀△♂
7日 19:25 ♃⚹♅
10日 22:47 ☿□♅
18日 10:01 ☉⚹♄
19日 07:14 ☿☌♀
22日 15:03 ☿□♄
24日 11:16 ☉□♂
25日 13:32 ♂△♆
28日 03:09 ☿☌♆
31日 10:26 ☿△♂

1943年9月

DAY	☉	☽	☊ mean	☊ true	☿	♀	♂	♃	♄	♅	♆	♇	⚳	⚴	⚵	⚶	⚷
	° ′	° ′	° ′	° ′	° ′	° ′	° ′	° ′	° ′	° ′	° ′	° ′	°	°	°	°	°
1	7 ♍ 19	16 ♍ 3	14 ♌ 39	15 R 54	4 D 21	15 R 45	4 D 10	13 D 28	25 D 16	8 D 45	0 D 53	7 D 43	26 D	23 R	13 R	13 D	4 D
2	8 ♍ 17	28 ♍ 11	14 ♌ 36	15 ♌ 51	5 ♎ 9	15 ♍ 11	4 ♊ 41	13 ♌ 41	25 ♊ 20	8 ♊ 46	0 ♎ 55	7 ♌ 45	26 ♊	23 ♈	13 ♑	13 ♊	4 ♍
3	9 ♍ 15	10 ♎ 28	14 ♌ 33	15 ♌ 47	5 ♎ 55	14 ♍ 35	5 ♊ 13	13 ♌ 53	25 ♊ 23	8 ♊ 47	0 ♎ 57	7 ♌ 46	27 ♊	23 ♈	13 ♑	13 ♊	5 ♍
4	10 ♍ 14	22 ♎ 58	14 ♌ 30	15 ♌ 43	6 ♎ 36	13 ♍ 59	5 ♊ 44	14 ♌ 6	25 ♊ 27	8 ♊ 47	0 ♎ 59	7 ♌ 48	27 ♊	23 ♈	13 ♑	14 ♊	5 ♍
5	11 ♍ 12	5 ♏ 40	14 ♌ 27	15 ♌ 40	7 ♎ 14	13 ♍ 23	6 ♊ 14	14 ♌ 18	25 ♊ 31	8 ♊ 48	1 ♎ 1	7 ♌ 49	27 ♊	23 ♈	13 ♑	14 ♊	5 ♍
6	12 ♍ 10	18 ♏ 37	14 ♌ 24	15 ♌ 37	7 ♎ 48	12 ♍ 46	6 ♊ 45	14 ♌ 31	25 ♊ 35	8 ♊ 48	1 ♎ 3	7 ♌ 51	27 ♊	23 ♈	13 ♑	14 ♊	5 ♍
7	13 ♍ 8	1 ♐ 52	14 ♌ 20	15 ♌ 35	8 ♎ 17	12 ♍ 9	7 ♊ 15	14 ♌ 43	25 ♊ 38	8 ♊ 49	1 ♎ 5	7 ♌ 52	28 ♊	23 ♈	13 D	14 ♊	5 ♍
8	14 ♍ 6	15 ♐ 24	14 ♌ 17	15 D 35	8 ♎ 42	11 ♍ 32	7 ♊ 45	14 ♌ 55	25 ♊ 42	8 ♊ 49	1 ♎ 8	7 ♌ 54	28 ♊	22 ♈	13 ♑	15 ♊	5 ♍
9	15 ♍ 5	29 ♐ 17	14 ♌ 14	15 ♌ 35	9 ♎ 2	10 ♍ 55	8 ♊ 14	15 ♌ 8	25 ♊ 45	8 ♊ 49	1 ♎ 10	7 ♌ 55	28 ♊	22 ♈	13 ♑	15 ♊	5 ♍
10	16 ♍ 3	13 ♑ 28	14 ♌ 11	15 ♌ 37	9 ♎ 17	10 ♍ 19	8 ♊ 43	15 ♌ 20	25 ♊ 48	8 ♊ 50	1 ♎ 12	7 ♌ 57	29 ♊	22 ♈	13 ♑	15 ♊	6 ♍
11	17 ♍ 1	27 ♑ 59	14 ♌ 8	15 ♌ 38	9 ♎ 26	9 ♍ 43	9 ♊ 12	15 ♌ 32	25 ♊ 51	8 ♊ 50	1 ♎ 14	7 ♌ 58	29 ♊	22 ♈	13 ♑	15 ♊	6 ♍
12	17 ♍ 59	12 ♒ 44	14 ♌ 4	15 ♌ 39	9 ♎ 29	9 ♍ 9	9 ♊ 40	15 ♌ 44	25 ♊ 54	8 ♊ 50	1 ♎ 16	7 ♌ 59	29 ♊	22 ♈	13 ♑	15 ♊	6 ♍
13	18 ♍ 58	27 ♒ 38	14 ♌ 1	15 R 38	9 R 26	8 ♍ 36	10 ♊ 8	15 ♌ 57	25 ♊ 57	8 ♊ 50	1 ♎ 18	8 ♌ 1	29 ♊	22 ♈	13 ♑	16 ♊	6 ♍
14	19 ♍ 56	12 ♓ 36	13 ♌ 58	15 ♌ 36	9 ♎ 16	8 ♍ 4	10 ♊ 36	16 ♌ 9	26 ♊ 0	8 ♊ 50	1 ♎ 21	8 ♌ 2	0 ♋	21 ♈	13 ♑	16 ♊	6 ♍
15	20 ♍ 55	27 ♓ 27	13 ♌ 55	15 ♌ 33	9 ♎ 0	7 ♍ 34	11 ♊ 3	16 ♌ 21	26 ♊ 3	8 ♊ 50	1 ♎ 23	8 ♌ 3	0 ♋	21 ♈	13 ♑	16 ♊	6 ♍
16	21 ♍ 53	12 ♈ 4	13 ♌ 52	15 ♌ 28	8 ♎ 37	7 ♍ 6	11 ♊ 30	16 ♌ 33	26 ♊ 5	8 R 50	1 ♎ 25	8 ♌ 5	0 ♋	21 ♈	13 ♑	16 ♊	6 ♍
17	22 ♍ 52	26 ♈ 21	13 ♌ 49	15 ♌ 22	8 ♎ 7	6 ♍ 40	11 ♊ 56	16 ♌ 44	26 ♊ 8	8 ♊ 50	1 ♎ 27	8 ♌ 6	0 ♋	21 ♈	13 ♑	16 ♊	6 ♍
18	23 ♍ 50	10 ♉ 12	13 ♌ 45	15 ♌ 16	7 ♎ 31	6 ♍ 15	12 ♊ 22	16 ♌ 56	26 ♊ 10	8 ♊ 50	1 ♎ 29	8 ♌ 7	1 ♋	21 ♈	13 ♑	17 ♊	7 ♍
19	24 ♍ 49	23 ♉ 37	13 ♌ 42	15 ♌ 11	6 ♎ 48	5 ♍ 53	12 ♊ 48	17 ♌ 8	26 ♊ 13	8 ♊ 50	1 ♎ 32	8 ♌ 9	1 ♋	20 ♈	13 ♑	17 ♊	7 ♍
20	25 ♍ 47	6 ♊ 35	13 ♌ 39	15 ♌ 8	5 ♎ 58	5 ♍ 33	13 ♊ 13	17 ♌ 20	26 ♊ 15	8 ♊ 50	1 ♎ 34	8 ♌ 10	1 ♋	20 ♈	14 ♑	17 ♊	7 ♍
21	26 ♍ 46	19 ♊ 10	13 ♌ 36	15 ♌ 6	5 ♎ 4	5 ♍ 16	13 ♊ 38	17 ♌ 31	26 ♊ 17	8 ♊ 50	1 ♎ 36	8 ♌ 11	1 ♋	20 ♈	14 ♑	17 ♊	7 ♍
22	27 ♍ 44	1 ♋ 25	13 ♌ 33	15 D 6	4 ♎ 4	5 ♍ 1	14 ♊ 2	17 ♌ 43	26 ♊ 19	8 ♊ 49	1 ♎ 38	8 ♌ 12	2 ♋	20 ♈	14 ♑	17 ♊	7 ♍
23	28 ♍ 43	13 ♋ 26	13 ♌ 29	15 ♌ 7	3 ♎ 1	4 ♍ 48	14 ♊ 26	17 ♌ 54	26 ♊ 21	8 ♊ 49	1 ♎ 40	8 ♌ 14	2 ♋	20 ♈	14 ♑	17 ♊	7 ♍
24	29 ♍ 42	25 ♋ 17	13 ♌ 26	15 ♌ 8	1 ♎ 56	4 ♍ 38	14 ♊ 50	18 ♌ 6	26 ♊ 23	8 ♊ 49	1 ♎ 43	8 ♌ 15	2 ♋	19 ♈	14 ♑	18 ♊	7 ♍
25	0 ♎ 41	7 ♌ 5	13 ♌ 23	15 ♌ 9	0 ♎ 51	4 ♍ 30	15 ♊ 13	18 ♌ 17	26 ♊ 25	8 ♊ 48	1 ♎ 45	8 ♌ 16	2 ♋	19 ♈	14 ♑	18 ♊	8 ♍
26	1 ♎ 39	18 ♌ 52	13 ♌ 20	15 R 10	29 ♍ 46	4 ♍ 24	15 ♊ 35	18 ♌ 28	26 ♊ 26	8 ♊ 48	1 ♎ 47	8 ♌ 17	3 ♋	19 ♈	14 ♑	18 ♊	8 ♍
27	2 ♎ 38	0 ♍ 44	13 ♌ 17	15 ♌ 8	28 ♍ 44	4 ♍ 21	15 ♊ 57	18 ♌ 40	26 ♊ 28	8 ♊ 47	1 ♎ 49	8 ♌ 18	3 ♋	19 ♈	14 ♑	18 ♊	8 ♍
28	3 ♎ 37	12 ♍ 44	13 ♌ 14	15 ♌ 5	27 ♍ 46	4 D 21	16 ♊ 19	18 ♌ 51	26 ♊ 29	8 ♊ 46	1 ♎ 52	8 ♌ 19	3 ♋	18 ♈	14 ♑	18 ♊	8 ♍
29	4 ♎ 36	24 ♍ 54	13 ♌ 10	14 ♌ 59	26 ♍ 54	4 ♍ 22	16 ♊ 40	19 ♌ 2	26 ♊ 31	8 ♊ 46	1 ♎ 54	8 ♌ 21	3 ♋	18 ♈	15 ♑	18 ♊	8 ♍
30	5 ♎ 35	7 ♎ 16	13 ♌ 7	14 ♌ 51	26 ♍ 9	4 ♍ 26	17 ♊ 0	19 ♌ 13	26 ♊ 32	8 ♊ 45	1 ♎ 56	8 ♌ 22	3 ♋	18 ♈	15 ♑	18 ♊	8 ♍

SUN INGRESS	☉ → ♎ 24日 07:12
MOON PHASE	◐ 7日 21:33 ♐　○ 14日 12:40 ♓　◑ 21日 16:06 ♊　● 29日 20:29 ♎

aspects

2日 11:57 ☉□♅
6日 02:16 ☿⚹♇
6日 09:05 ☉☌♀
8日 07:46 ☿△♅
8日 07:48 ♂⚹♇
10日 05:40 ♂☌♅
11日 12:06 ♀□♂
11日 14:04 ☿△♂
12日 13:34 ♀□♅
15日 11:03 ☿△♅
17日 00:50 ☿⚹♇
20日 11:52 ☉□♄
24日 04:52 ☿☌♆
25日 01:57 ☉☌☿
26日 03:16 ☉☌♆
29日 11:29 ☿□♄

1943年10月

DAY	☉	☽	☊ mean	☊ true	☿	♀	♂	♃	♄	♅	♆	♇	⚳	⚴	⚵	⚶	⚷
	° ′	° ′	° ′	° ′	° ′	° ′	° ′	° ′	° ′	° ′	° ′	° ′	°	°	°	°	°
1	6 ♎ 34	19 ♎ 51	13 ♌ 4	14 R 42	25 R 32	4 D 33	17 D 20	19 D 24	26 D 33	8 R 44	1 D 58	8 D 23	4 D	17 R	15 D	19 D	8 D
2	7 ♎ 33	2 ♏ 38	13 ♌ 1	14 ♌ 32	25 ♍ 5	4 ♍ 41	17 ♊ 40	19 ♌ 34	26 ♊ 34	8 ♊ 43	2 ♎ 1	8 ♌ 24	4 ♋	17 ♈	15 ♑	19 ♊	8 ♍
3	8 ♎ 32	15 ♏ 39	12 ♌ 58	14 ♌ 23	24 ♍ 48	4 ♍ 52	17 ♊ 59	19 ♌ 45	26 ♊ 35	8 ♊ 43	2 ♎ 3	8 ♌ 25	4 ♋	17 ♈	15 ♑	19 ♊	9 ♍
4	9 ♎ 31	28 ♏ 51	12 ♌ 55	14 ♌ 15	24 ♍ 41	5 ♍ 5	18 ♊ 17	19 ♌ 56	26 ♊ 35	8 ♊ 42	2 ♎ 5	8 ♌ 26	4 ♋	17 ♈	15 ♑	19 ♊	9 ♍
5	10 ♎ 30	12 ♐ 16	12 ♌ 51	14 ♌ 10	24 D 44	5 ♍ 20	18 ♊ 34	20 ♌ 6	26 ♊ 36	8 ♊ 41	2 ♎ 7	8 ♌ 27	4 ♋	16 ♈	15 ♑	19 ♊	9 ♍
6	11 ♎ 29	25 ♐ 53	12 ♌ 48	14 ♌ 6	24 ♍ 58	5 ♍ 37	18 ♊ 52	20 ♌ 17	26 ♊ 36	8 ♊ 40	2 ♎ 9	8 ♌ 28	5 ♋	16 ♈	16 ♑	19 ♊	9 ♍
7	12 ♎ 29	9 ♑ 41	12 ♌ 45	14 ♌ 5	25 ♍ 23	5 ♍ 56	19 ♊ 8	20 ♌ 27	26 ♊ 37	8 ♊ 39	2 ♎ 12	8 ♌ 28	5 ♋	16 ♈	16 ♑	19 ♊	9 ♍
8	13 ♎ 28	23 ♑ 42	12 ♌ 42	14 D 5	25 ♍ 56	6 ♍ 16	19 ♊ 24	20 ♌ 37	26 ♊ 37	8 ♊ 37	2 ♎ 14	8 ♌ 29	5 ♋	15 ♈	16 ♑	19 ♊	9 ♍
9	14 ♎ 27	7 ♒ 55	12 ♌ 39	14 ♌ 6	26 ♍ 39	6 ♍ 39	19 ♊ 39	20 ♌ 48	26 ♊ 37	8 ♊ 36	2 ♎ 16	8 ♌ 30	5 ♋	15 ♈	16 ♑	19 ♊	9 ♍
10	15 ♎ 26	22 ♒ 18	12 ♌ 35	14 R 6	27 ♍ 30	7 ♍ 3	19 ♊ 54	20 ♌ 58	26 ♊ 37	8 ♊ 35	2 ♎ 18	8 ♌ 31	5 ♋	15 ♈	16 ♑	19 ♊	9 ♍
11	16 ♎ 26	6 ♓ 49	12 ♌ 32	14 ♌ 4	28 ♍ 29	7 ♍ 29	20 ♊ 8	21 ♌ 8	26 R 37	8 ♊ 34	2 ♎ 20	8 ♌ 32	6 ♋	15 ♈	17 ♑	19 ♊	10 ♍
12	17 ♎ 25	21 ♓ 23	12 ♌ 29	13 ♌ 59	29 ♍ 35	7 ♍ 57	20 ♊ 21	21 ♌ 18	26 ♊ 37	8 ♊ 33	2 ♎ 23	8 ♌ 33	6 ♋	14 ♈	17 ♑	19 ♊	10 ♍
13	18 ♎ 24	5 ♈ 55	12 ♌ 26	13 ♌ 52	0 ♎ 47	8 ♍ 26	20 ♊ 34	21 ♌ 27	26 ♊ 37	8 ♊ 31	2 ♎ 25	8 ♌ 33	6 ♋	14 ♈	17 ♑	19 ♊	10 ♍
14	19 ♎ 24	20 ♈ 17	12 ♌ 23	13 ♌ 43	2 ♎ 4	8 ♍ 57	20 ♊ 46	21 ♌ 37	26 ♊ 37	8 ♊ 30	2 ♎ 27	8 ♌ 34	6 ♋	14 ♈	17 ♑	19 ♊	10 ♍
15	20 ♎ 23	4 ♉ 25	12 ♌ 20	13 ♌ 32	3 ♎ 26	9 ♍ 30	20 ♊ 57	21 ♌ 47	26 ♊ 36	8 ♊ 29	2 ♎ 29	8 ♌ 35	6 ♋	13 ♈	17 ♑	19 ♊	10 ♍
16	21 ♎ 22	18 ♉ 12	12 ♌ 16	13 ♌ 21	4 ♎ 51	10 ♍ 3	21 ♊ 7	21 ♌ 56	26 ♊ 35	8 ♊ 27	2 ♎ 31	8 ♌ 36	6 ♋	13 ♈	18 ♑	19 ♊	10 ♍
17	22 ♎ 22	1 ♊ 35	12 ♌ 13	13 ♌ 11	6 ♎ 20	10 ♍ 39	21 ♊ 17	22 ♌ 6	26 ♊ 35	8 ♊ 26	2 ♎ 33	8 ♌ 36	6 ♋	13 ♈	18 ♑	19 ♊	10 ♍
18	23 ♎ 21	14 ♊ 34	12 ♌ 10	13 ♌ 3	7 ♎ 52	11 ♍ 15	21 ♊ 26	22 ♌ 15	26 ♊ 34	8 ♊ 24	2 ♎ 35	8 ♌ 37	7 ♋	12 ♈	18 ♑	19 R	10 ♍
19	24 ♎ 21	27 ♊ 10	12 ♌ 7	12 ♌ 57	9 ♎ 26	11 ♍ 53	21 ♊ 35	22 ♌ 24	26 ♊ 33	8 ♊ 22	2 ♎ 38	8 ♌ 38	7 ♋	12 ♈	18 ♑	19 ♊	11 ♍
20	25 ♎ 21	9 ♋ 27	12 ♌ 4	12 ♌ 54	11 ♎ 2	12 ♍ 32	21 ♊ 42	22 ♌ 33	26 ♊ 32	8 ♊ 21	2 ♎ 40	8 ♌ 38	7 ♋	12 ♈	18 ♑	19 ♊	11 ♍
21	26 ♎ 20	21 ♋ 29	12 ♌ 0	12 ♌ 53	12 ♎ 40	13 ♍ 12	21 ♊ 49	22 ♌ 42	26 ♊ 31	8 ♊ 19	2 ♎ 42	8 ♌ 39	7 ♋	12 ♈	19 ♑	19 ♊	11 ♍
22	27 ♎ 20	3 ♌ 20	11 ♌ 57	12 D 53	14 ♎ 19	13 ♍ 54	21 ♊ 55	22 ♌ 51	26 ♊ 30	8 ♊ 17	2 ♎ 44	8 ♌ 39	7 ♋	11 ♈	19 ♑	19 ♊	11 ♍
23	28 ♎ 20	15 ♌ 8	11 ♌ 54	12 R 53	15 ♎ 58	14 ♍ 36	22 ♊ 0	22 ♌ 59	26 ♊ 28	8 ♊ 16	2 ♎ 46	8 ♌ 40	7 ♋	11 ♈	19 ♑	19 ♊	11 ♍
24	29 ♎ 19	26 ♌ 57	11 ♌ 51	12 ♌ 52	17 ♎ 38	15 ♍ 20	22 ♊ 4	23 ♌ 8	26 ♊ 27	8 ♊ 14	2 ♎ 48	8 ♌ 40	7 ♋	11 ♈	19 ♑	19 ♊	11 ♍
25	0 ♏ 19	8 ♍ 52	11 ♌ 48	12 ♌ 49	19 ♎ 19	16 ♍ 5	22 ♊ 8	23 ♌ 16	26 ♊ 25	8 ♊ 12	2 ♎ 50	8 ♌ 41	7 ♋	10 ♈	20 ♑	19 ♊	11 ♍
26	1 ♏ 19	20 ♍ 58	11 ♌ 45	12 ♌ 44	21 ♎ 0	16 ♍ 50	22 ♊ 11	23 ♌ 25	26 ♊ 24	8 ♊ 10	2 ♎ 52	8 ♌ 41	7 ♋	10 ♈	20 ♑	19 ♊	11 ♍
27	2 ♏ 19	3 ♎ 17	11 ♌ 41	12 ♌ 36	22 ♎ 41	17 ♍ 37	22 ♊ 12	23 ♌ 33	26 ♊ 22	8 ♊ 8	2 ♎ 54	8 ♌ 42	7 ♋	10 ♈	20 ♑	19 ♊	11 ♍
28	3 ♏ 19	15 ♎ 53	11 ♌ 38	12 ♌ 25	24 ♎ 22	18 ♍ 24	22 ♊ 13	23 ♌ 41	26 ♊ 20	8 ♊ 6	2 ♎ 56	8 ♌ 42	8 ♋	10 ♈	20 ♑	19 ♊	12 ♍
29	4 ♏ 19	28 ♎ 47	11 ♌ 35	12 ♌ 13	26 ♎ 2	19 ♍ 13	22 R 13	23 ♌ 49	26 ♊ 18	8 ♊ 5	2 ♎ 58	8 ♌ 42	8 ♋	9 ♈	21 ♑	19 ♊	12 ♍
30	5 ♏ 19	11 ♏ 56	11 ♌ 32	11 ♌ 59	27 ♎ 43	20 ♍ 2	22 ♊ 13	23 ♌ 57	26 ♊ 16	8 ♊ 3	3 ♎ 0	8 ♌ 43	8 ♋	9 ♈	21 ♑	19 ♊	12 ♍
31	6 ♏ 19	25 ♏ 20	11 ♌ 29	11 ♌ 46	29 ♎ 24	20 ♍ 52	22 ♊ 11	24 ♌ 4	26 ♊ 14	8 ♊ 1	3 ♎ 2	8 ♌ 43	8 ♋	9 ♈	21 ♑	19 ♊	12 ♍

SUN INGRESS	☉ → ♏ 24日 16:08
MOON PHASE	◐ 7日 05:10 ♑　○ 13日 22:23 ♈　◑ 21日 10:42 ♋　● 29日 10:59 ♏

aspects

2日 20:57 ☉⚹♇
3日 04:11 ☉△♅
8日 23:04 ☿□♄
11日 23:20 ♅⚹♇
13日 03:44 ♀□♅
14日 07:07 ☿☌♆
15日 16:40 ☉△♂
16日 16:10 ☉⚹♃
18日 08:03 ☿△♅
18日 11:34 ☿⚹♇
21日 04:14 ☉△♄
26日 17:11 ☿△♂
27日 13:30 ☿⚹♃
29日 03:37 ☿△♄

1943年11月

DAY	☉	☽	☊ mean	☊ true	☿	♀	♂	♃	♄	♅	♆	♇	⚳	⚴	⚵	⚶	⚷
	° ′	° ′	° ′	° ′	° ′	° ′	° ′	° ′	° ′	° ′	° ′	° ′	°	°	°	°	°
1	7 ♏ 19	8 ♐ 57	11 ♌ 26	11 R 35	1 D 4	21 D 43	22 R 8	24 D 12	26 R 11	7 R 58	3 D 4	8 D 43	8 D	9 R	22 D	19 R	12 D
2	8 ♏ 19	22 ♐ 43	11 ♌ 22	11 ♌ 27	2 ♏ 43	22 ♍ 35	22 ♊ 5	24 ♌ 19	26 ♊ 9	7 ♊ 56	3 ♎ 6	8 ♌ 44	8 ♋	8 ♈	22 ♑	18 ♊	12 ♍
3	9 ♏ 19	6 ♑ 35	11 ♌ 19	11 ♌ 21	4 ♏ 23	23 ♍ 27	22 ♊ 1	24 ♌ 27	26 ♊ 6	7 ♊ 54	3 ♎ 8	8 ♌ 44	8 ♋	8 ♈	22 ♑	18 ♊	12 ♍
4	10 ♏ 19	20 ♑ 33	11 ♌ 16	11 ♌ 19	6 ♏ 2	24 ♍ 20	21 ♊ 55	24 ♌ 34	26 ♊ 4	7 ♊ 52	3 ♎ 9	8 ♌ 44	8 ♋	8 ♈	22 ♑	18 ♊	12 ♍
5	11 ♏ 19	4 ♒ 35	11 ♌ 13	11 ♌ 18	7 ♏ 41	25 ♍ 14	21 ♊ 49	24 ♌ 41	26 ♊ 1	7 ♊ 50	3 ♎ 11	8 ♌ 44	8 ♋	8 ♈	23 ♑	18 ♊	12 ♍
6	12 ♏ 19	18 ♒ 40	11 ♌ 10	11 ♌ 18	9 ♏ 19	26 ♍ 8	21 ♊ 42	24 ♌ 47	25 ♊ 58	7 ♊ 48	3 ♎ 13	8 ♌ 44	8 ♋	7 ♈	23 ♑	18 ♊	12 ♍
7	13 ♏ 19	2 ♓ 47	11 ♌ 6	11 ♌ 17	10 ♏ 57	27 ♍ 3	21 ♊ 34	24 ♌ 54	25 ♊ 55	7 ♊ 46	3 ♎ 15	8 ♌ 44	8 ♋	7 ♈	23 ♑	18 ♊	13 ♍
8	14 ♏ 19	16 ♓ 56	11 ♌ 3	11 ♌ 14	12 ♏ 34	27 ♍ 58	21 ♊ 26	25 ♌ 1	25 ♊ 52	7 ♊ 43	3 ♎ 17	8 ♌ 44	8 R	7 ♈	24 ♑	18 ♊	13 ♍
9	15 ♏ 20	1 ♈ 4	11 ♌ 0	11 ♌ 9	14 ♏ 12	28 ♍ 55	21 ♊ 16	25 ♌ 7	25 ♊ 49	7 ♊ 41	3 ♎ 19	8 ♌ 45	8 ♋	7 ♈	24 ♑	18 ♊	13 ♍
10	16 ♏ 20	15 ♈ 9	10 ♌ 57	11 ♌ 1	15 ♏ 48	29 ♍ 51	21 ♊ 6	25 ♌ 13	25 ♊ 46	7 ♊ 39	3 ♎ 20	8 ♌ 45	8 ♋	7 ♈	24 ♑	17 ♊	13 ♍
11	17 ♏ 20	29 ♈ 6	10 ♌ 54	10 ♌ 50	17 ♏ 25	0 ♎ 49	20 ♊ 54	25 ♌ 19	25 ♊ 43	7 ♊ 36	3 ♎ 22	8 R 45	8 ♋	6 ♈	25 ♑	17 ♊	13 ♍
12	18 ♏ 20	12 ♉ 53	10 ♌ 51	10 ♌ 37	19 ♏ 1	1 ♎ 47	20 ♊ 42	25 ♌ 25	25 ♊ 40	7 ♊ 34	3 ♎ 24	8 ♌ 45	8 ♋	6 ♈	25 ♑	17 ♊	13 ♍
13	19 ♏ 21	26 ♉ 22	10 ♌ 47	10 ♌ 24	20 ♏ 37	2 ♎ 45	20 ♊ 29	25 ♌ 31	25 ♊ 36	7 ♊ 32	3 ♎ 25	8 ♌ 45	8 ♋	6 ♈	25 ♑	17 ♊	13 ♍
14	20 ♏ 21	9 ♊ 34	10 ♌ 44	10 ♌ 12	22 ♏ 12	3 ♎ 44	20 ♊ 15	25 ♌ 37	25 ♊ 33	7 ♊ 29	3 ♎ 27	8 ♌ 45	8 ♋	6 ♈	25 ♑	17 ♊	13 ♍
15	21 ♏ 22	22 ♊ 26	10 ♌ 41	10 ♌ 2	23 ♏ 47	4 ♎ 43	20 ♊ 1	25 ♌ 42	25 ♊ 29	7 ♊ 27	3 ♎ 29	8 ♌ 44	8 ♋	6 ♈	26 ♑	16 ♊	13 ♍
16	22 ♏ 22	4 ♋ 59	10 ♌ 38	9 ♌ 55	25 ♏ 22	5 ♎ 43	19 ♊ 46	25 ♌ 47	25 ♊ 25	7 ♊ 25	3 ♎ 30	8 ♌ 44	8 ♋	6 ♈	26 ♑	16 ♊	13 ♍
17	23 ♏ 22	17 ♋ 15	10 ♌ 35	9 ♌ 50	26 ♏ 56	6 ♎ 43	19 ♊ 30	25 ♌ 52	25 ♊ 22	7 ♊ 22	3 ♎ 32	8 ♌ 44	8 ♋	6 ♈	26 ♑	16 ♊	13 ♍
18	24 ♏ 23	29 ♋ 16	10 ♌ 32	9 ♌ 48	28 ♏ 31	7 ♎ 44	19 ♊ 13	25 ♌ 57	25 ♊ 18	7 ♊ 20	3 ♎ 34	8 ♌ 44	7 ♋	5 ♈	27 ♑	16 ♊	14 ♍
19	25 ♏ 23	11 ♌ 8	10 ♌ 28	9 D 48	0 ♐ 5	8 ♎ 45	18 ♊ 55	26 ♌ 2	25 ♊ 14	7 ♊ 17	3 ♎ 35	8 ♌ 44	7 ♋	5 ♈	27 ♑	16 ♊	14 ♍
20	26 ♏ 24	22 ♌ 56	10 ♌ 25	9 ♌ 48	1 ♐ 39	9 ♎ 47	18 ♊ 37	26 ♌ 7	25 ♊ 10	7 ♊ 15	3 ♎ 37	8 ♌ 43	7 ♋	5 ♈	27 ♑	15 ♊	14 ♍
21	27 ♏ 25	4 ♍ 45	10 ♌ 22	9 R 48	3 ♐ 12	10 ♎ 49	18 ♊ 18	26 ♌ 11	25 ♊ 6	7 ♊ 12	3 ♎ 38	8 ♌ 43	7 ♋	5 ♈	28 ♑	15 ♊	14 ♍
22	28 ♏ 25	16 ♍ 41	10 ♌ 19	9 ♌ 46	4 ♐ 46	11 ♎ 51	17 ♊ 59	26 ♌ 16	25 ♊ 2	7 ♊ 10	3 ♎ 40	8 ♌ 43	7 ♋	5 ♈	28 ♑	15 ♊	14 ♍
23	29 ♏ 26	28 ♍ 49	10 ♌ 16	9 ♌ 42	6 ♐ 19	12 ♎ 54	17 ♊ 39	26 ♌ 20	24 ♊ 58	7 ♊ 7	3 ♎ 41	8 ♌ 43	7 ♋	5 ♈	29 ♑	15 ♊	14 ♍
24	0 ♐ 26	11 ♎ 13	10 ♌ 12	9 ♌ 36	7 ♐ 52	13 ♎ 57	17 ♊ 18	26 ♌ 24	24 ♊ 54	7 ♊ 5	3 ♎ 42	8 ♌ 42	7 ♋	5 ♈	29 ♑	14 ♊	14 ♍
25	1 ♐ 27	23 ♎ 57	10 ♌ 9	9 ♌ 27	9 ♐ 25	15 ♎ 1	16 ♊ 57	26 ♌ 27	24 ♊ 49	7 ♊ 2	3 ♎ 44	8 ♌ 42	7 ♋	5 ♈	29 ♑	14 ♊	14 ♍
26	2 ♐ 28	7 ♏ 3	10 ♌ 6	9 ♌ 16	10 ♐ 58	16 ♎ 4	16 ♊ 36	26 ♌ 31	24 ♊ 45	7 ♊ 0	3 ♎ 45	8 ♌ 41	7 ♋	5 ♈	0 ♒	14 ♊	14 ♍
27	3 ♐ 29	20 ♏ 30	10 ♌ 3	9 ♌ 4	12 ♐ 30	17 ♎ 9	16 ♊ 14	26 ♌ 34	24 ♊ 41	6 ♊ 57	3 ♎ 47	8 ♌ 41	7 ♋	5 ♈	0 ♒	14 ♊	14 ♍
28	4 ♐ 29	4 ♐ 17	10 ♌ 0	8 ♌ 53	14 ♐ 3	18 ♎ 13	15 ♊ 52	26 ♌ 37	24 ♊ 36	6 ♊ 55	3 ♎ 48	8 ♌ 41	6 ♋	5 ♈	0 ♒	13 ♊	14 ♍
29	5 ♐ 30	18 ♐ 19	9 ♌ 57	8 ♌ 43	15 ♐ 35	19 ♎ 18	15 ♊ 29	26 ♌ 41	24 ♊ 32	6 ♊ 52	3 ♎ 49	8 ♌ 40	6 ♋	4 ♈	1 ♒	13 ♊	14 ♍
30	6 ♐ 31	2 ♑ 32	9 ♌ 53	8 ♌ 36	17 ♐ 8	20 ♎ 23	15 ♊ 7	26 ♌ 43	24 ♊ 27	6 ♊ 50	3 ♎ 50	8 ♌ 40	6 ♋	4 ♈	1 ♒	13 ♊	14 ♍

SUN INGRESS	☉ → ♐ 23日 13:21
MOON PHASE	◐ 5日 12:22 ♒ ○ 12日 10:27 ♉ ◑ 20日 07:43 ♌ ● 28日 00:23 ♐

aspects		
1日	11:10	♀□♂
2日	10:01	☉□♇
5日	15:31	☿□♇
5日	20:00	♀□♄
10日	20:57	☉☌☿
13日	13:45	♃⚹♄
13日	17:01	♀☌♆
16日	06:50	☿□♃
17日	14:46	♀△♅
18日	23:22	♀⚹♇
19日	16:40	☉□♃
21日	06:45	☿⚹♆
23日	12:09	☿☍♅
24日	12:54	☿△♇
26日	08:48	♀△♂
27日	07:17	☉⚹♆
28日	22:46	☿☍♂
30日	07:09	☉☍♅

1943年12月

DAY	☉	☽	☊ mean	☊ true	☿	♀	♂	♃	♄	♅	♆	♇	⚳	⚴	⚵	⚶	⚷
	° ′	° ′	° ′	° ′	° ′	° ′	° ′	° ′	° ′	° ′	° ′	° ′	°	°	°	°	°
1	7 ♐ 32	16 ♑ 51	9 ♌ 50	8 R 31	18 D 40	21 D 28	14 R 44	26 D 46	24 R 22	6 R 47	3 D 52	8 R 39	6 R	4 R	1 D	13 R	14 D
2	8 ♐ 33	1 ♒ 10	9 ♌ 47	8 ♌ 29	20 ♐ 12	22 ♎ 34	14 ♊ 21	26 ♌ 48	24 ♊ 18	6 ♊ 45	3 ♎ 53	8 ♌ 39	6 ♋	4 ♈	2 ♒	12 ♊	14 ♍
3	9 ♐ 33	15 ♒ 27	9 ♌ 44	8 D 29	21 ♐ 43	23 ♎ 40	13 ♊ 58	26 ♌ 51	24 ♊ 13	6 ♊ 42	3 ♎ 54	8 ♌ 38	6 ♋	4 ♈	2 ♒	12 ♊	15 ♍
4	10 ♐ 34	29 ♒ 39	9 ♌ 41	8 ♌ 30	23 ♐ 15	24 ♎ 46	13 ♊ 34	26 ♌ 53	24 ♊ 8	6 ♊ 40	3 ♎ 55	8 ♌ 37	5 ♋	4 D	3 ♒	12 ♊	15 ♍
5	11 ♐ 35	13 ♓ 43	9 ♌ 38	8 R 30	24 ♐ 46	25 ♎ 52	13 ♊ 11	26 ♌ 55	24 ♊ 4	6 ♊ 37	3 ♎ 56	8 ♌ 37	5 ♋	4 ♈	3 ♒	12 ♊	15 ♍
6	12 ♐ 36	27 ♓ 41	9 ♌ 34	8 ♌ 29	26 ♐ 18	26 ♎ 59	12 ♊ 48	26 ♌ 56	23 ♊ 59	6 ♊ 35	3 ♎ 57	8 ♌ 36	5 ♋	4 ♈	3 ♒	11 ♊	15 ♍
7	13 ♐ 37	11 ♈ 30	9 ♌ 31	8 ♌ 26	27 ♐ 48	28 ♎ 6	12 ♊ 25	26 ♌ 58	23 ♊ 54	6 ♊ 32	3 ♎ 58	8 ♌ 35	5 ♋	4 ♈	4 ♒	11 ♊	15 ♍
8	14 ♐ 38	25 ♈ 11	9 ♌ 28	8 ♌ 20	29 ♐ 19	29 ♎ 13	12 ♊ 3	26 ♌ 59	23 ♊ 49	6 ♊ 30	3 ♎ 59	8 ♌ 35	5 ♋	4 ♈	4 ♒	11 ♊	15 ♍
9	15 ♐ 39	8 ♉ 42	9 ♌ 25	8 ♌ 12	0 ♑ 49	0 ♏ 20	11 ♊ 40	27 ♌ 0	23 ♊ 44	6 ♊ 27	4 ♎ 0	8 ♌ 34	4 ♋	5 ♈	4 ♒	11 ♊	15 ♍
10	16 ♐ 40	22 ♉ 1	9 ♌ 22	8 ♌ 3	2 ♑ 19	1 ♏ 27	11 ♊ 18	27 ♌ 1	23 ♊ 40	6 ♊ 25	4 ♎ 1	8 ♌ 33	4 ♋	5 ♈	5 ♒	10 ♊	15 ♍
11	17 ♐ 41	5 ♊ 8	9 ♌ 18	7 ♌ 54	3 ♑ 48	2 ♏ 35	10 ♊ 56	27 ♌ 2	23 ♊ 35	6 ♊ 22	4 ♎ 2	8 ♌ 33	4 ♋	5 ♈	5 ♒	10 ♊	15 ♍
12	18 ♐ 42	18 ♊ 0	9 ♌ 15	7 ♌ 45	5 ♑ 16	3 ♏ 43	10 ♊ 34	27 ♌ 3	23 ♊ 30	6 ♊ 20	4 ♎ 3	8 ♌ 32	4 ♋	5 ♈	6 ♒	10 ♊	15 ♍
13	19 ♐ 43	0 ♋ 38	9 ♌ 12	7 ♌ 38	6 ♑ 44	4 ♏ 51	10 ♊ 13	27 ♌ 3	23 ♊ 25	6 ♊ 17	4 ♎ 4	8 ♌ 31	4 ♋	5 ♈	6 ♒	10 ♊	15 ♍
14	20 ♐ 44	13 ♋ 1	9 ♌ 9	7 ♌ 32	8 ♑ 11	5 ♏ 59	9 ♊ 52	27 ♌ 3	23 ♊ 20	6 ♊ 15	4 ♎ 5	8 ♌ 30	3 ♋	5 ♈	6 ♒	9 ♊	15 ♍
15	21 ♐ 45	25 ♋ 11	9 ♌ 6	7 ♌ 29	9 ♑ 37	7 ♏ 8	9 ♊ 32	27 R 3	23 ♊ 15	6 ♊ 12	4 ♎ 6	8 ♌ 29	3 ♋	5 ♈	7 ♒	9 ♊	15 ♍
16	22 ♐ 46	7 ♌ 9	9 ♌ 3	7 ♌ 28	11 ♑ 1	8 ♏ 17	9 ♊ 12	27 ♌ 3	23 ♊ 10	6 ♊ 10	4 ♎ 6	8 ♌ 28	3 ♋	5 ♈	7 ♒	9 ♊	15 ♍
17	23 ♐ 47	19 ♌ 0	8 ♌ 59	7 D 29	12 ♑ 24	9 ♏ 26	8 ♊ 53	27 ♌ 3	23 ♊ 5	6 ♊ 8	4 ♎ 7	8 ♌ 28	3 ♋	5 ♈	8 ♒	8 ♊	15 ♍
18	24 ♐ 48	0 ♍ 48	8 ♌ 56	7 ♌ 30	13 ♑ 45	10 ♏ 35	8 ♊ 34	27 ♌ 2	23 ♊ 0	6 ♊ 5	4 ♎ 8	8 ♌ 27	3 ♋	5 ♈	8 ♒	8 ♊	15 ♍
19	25 ♐ 49	12 ♍ 36	8 ♌ 53	7 ♌ 32	15 ♑ 4	11 ♏ 44	8 ♊ 16	27 ♌ 1	22 ♊ 55	6 ♊ 3	4 ♎ 8	8 ♌ 26	2 ♋	5 ♈	8 ♒	8 ♊	15 ♍
20	26 ♐ 50	24 ♍ 31	8 ♌ 50	7 ♌ 33	16 ♑ 21	12 ♏ 53	7 ♊ 59	27 ♌ 0	22 ♊ 50	6 ♊ 1	4 ♎ 9	8 ♌ 25	2 ♋	5 ♈	9 ♒	8 ♊	15 ♍
21	27 ♐ 51	6 ♎ 37	8 ♌ 47	7 R 32	17 ♑ 34	14 ♏ 3	7 ♊ 42	26 ♌ 59	22 ♊ 45	5 ♊ 58	4 ♎ 10	8 ♌ 24	2 ♋	6 ♈	9 ♒	8 ♊	15 ♍
22	28 ♐ 52	19 ♎ 0	8 ♌ 44	7 ♌ 30	18 ♑ 44	15 ♏ 12	7 ♊ 26	26 ♌ 57	22 ♊ 40	5 ♊ 56	4 ♎ 10	8 ♌ 23	2 ♋	6 ♈	10 ♒	7 ♊	15 ♍
23	29 ♐ 53	1 ♏ 44	8 ♌ 40	7 ♌ 27	19 ♑ 51	16 ♏ 22	7 ♊ 11	26 ♌ 56	22 ♊ 35	5 ♊ 54	4 ♎ 11	8 ♌ 22	1 ♋	6 ♈	10 ♒	7 ♊	15 ♍
24	0 ♑ 54	14 ♏ 52	8 ♌ 37	7 ♌ 21	20 ♑ 52	17 ♏ 32	6 ♊ 56	26 ♌ 54	22 ♊ 31	5 ♊ 51	4 ♎ 11	8 ♌ 21	1 ♋	6 ♈	10 ♒	7 ♊	15 ♍
25	1 ♑ 55	28 ♏ 25	8 ♌ 34	7 ♌ 16	21 ♑ 49	18 ♏ 42	6 ♊ 42	26 ♌ 52	22 ♊ 26	5 ♊ 49	4 ♎ 12	8 ♌ 20	1 ♋	6 ♈	11 ♒	7 ♊	15 ♍
26	2 ♑ 57	12 ♐ 24	8 ♌ 31	7 ♌ 10	22 ♑ 39	19 ♏ 53	6 ♊ 29	26 ♌ 50	22 ♊ 21	5 ♊ 47	4 ♎ 12	8 ♌ 19	1 ♋	6 ♈	11 ♒	6 ♊	15 ♍
27	3 ♑ 58	26 ♐ 44	8 ♌ 28	7 ♌ 5	23 ♑ 23	21 ♏ 3	6 ♊ 17	26 ♌ 48	22 ♊ 16	5 ♊ 45	4 ♎ 12	8 ♌ 17	0 ♋	6 ♈	12 ♒	6 ♊	15 ♍
28	4 ♑ 59	11 ♑ 20	8 ♌ 24	7 ♌ 1	23 ♑ 58	22 ♏ 14	6 ♊ 5	26 ♌ 45	22 ♊ 11	5 ♊ 43	4 ♎ 13	8 ♌ 16	0 ♋	7 ♈	12 ♒	6 ♊	15 ♍
29	6 ♑ 0	26 ♑ 5	8 ♌ 21	6 ♌ 59	24 ♑ 26	23 ♏ 24	5 ♊ 55	26 ♌ 42	22 ♊ 7	5 ♊ 41	4 ♎ 13	8 ♌ 15	0 ♋	7 ♈	13 ♒	6 ♊	15 ♍
30	7 ♑ 1	10 ♒ 52	8 ♌ 18	6 D 59	24 ♑ 43	24 ♏ 35	5 ♊ 45	26 ♌ 39	22 ♊ 2	5 ♊ 39	4 ♎ 13	8 ♌ 14	0 ♋	7 ♈	13 ♒	6 ♊	15 ♍
31	8 ♑ 2	25 ♒ 34	8 ♌ 15	6 ♌ 59	24 ♑ 50	25 ♏ 46	5 ♊ 36	26 ♌ 36	21 ♊ 57	5 ♊ 37	4 ♎ 14	8 ♌ 13	29 ♊	7 ♈	13 ♒	6 ♊	15 ♍

SUN INGRESS	☉ → ♑ 23日 02:29
MOON PHASE	◐ 4日 20:03 ♓ ○ 12日 01:24 ♊ ◑ 20日 05:03 ♍ ● 27日 12:50 ♑

aspects		
2日	02:22	☉△♇
3日	11:23	♀△♄
4日	13:21	☿☍♄
5日	23:11	♀⚹♃
6日	03:32	☉☍♂
6日	10:27	☿△♃
7日	17:28	☿⚹♀
11日	03:54	☿□♆
16日	04:02	♀□♇
16日	08:53	☉☍♄
18日	10:37	♂⚹♇
20日	03:57	☉△♃
27日	05:46	☉□♆
30日	03:20	☿⚹♀
30日	21:07	♂☌♅
31日	16:18	♀□♃

1944年1月

DAY	☉	☽	☊ mean	☊ true	☿	♀	♂	♃	♄	♅	♆	♇	⚳	⚴	⚵	⚶	⚷
	° ′	° ′	° ′	° ′	° ′	° ′	° ′	° ′	° ′	° ′	° ′	° ′	°	°	°	°	°
1	9 ♑ 4	10 ♓ 5	8 ♌ 12	7 D 1	24 R 46	26 D 57	5 R 28	26 R 33	21 R 53	5 R 35	4 D 14	8 R 12	29 R	7 D	14 D	5 R	15 R
2	10 ♑ 5	24 ♓ 22	8 ♌ 9	7 ♌ 2	24 ♑ 30	28 ♏ 8	5 ♊ 20	26 ♌ 29	21 ♊ 48	5 ♊ 33	4 ♎ 14	8 ♌ 11	29 ♊	8 ♈	14 ♒	5 ♊	15 ♍
3	11 ♑ 6	8 ♈ 23	8 ♌ 5	7 ♌ 3	24 ♑ 3	29 ♏ 19	5 ♊ 14	26 ♌ 26	21 ♊ 43	5 ♊ 31	4 ♎ 14	8 ♌ 9	29 ♊	8 ♈	15 ♒	5 ♊	15 ♍
4	12 ♑ 7	22 ♈ 7	8 ♌ 2	7 R 3	23 ♑ 24	0 ♐ 30	5 ♊ 8	26 ♌ 22	21 ♊ 39	5 ♊ 29	4 ♎ 14	8 ♌ 8	29 ♊	8 ♈	15 ♒	5 ♊	15 ♍
5	13 ♑ 8	5 ♉ 35	7 ♌ 59	7 ♌ 1	22 ♑ 33	1 ♐ 41	5 ♊ 3	26 ♌ 18	21 ♊ 35	5 ♊ 27	4 ♎ 14	8 ♌ 7	28 ♊	8 ♈	16 ♒	5 ♊	15 ♍
6	14 ♑ 9	18 ♉ 47	7 ♌ 56	6 ♌ 59	21 ♑ 33	2 ♐ 53	4 ♊ 59	26 ♌ 13	21 ♊ 30	5 ♊ 25	4 ♎ 14	8 ♌ 6	28 ♊	8 ♈	16 ♒	5 ♊	15 ♍
7	15 ♑ 11	1 ♊ 44	7 ♌ 53	6 ♌ 55	20 ♑ 24	4 ♐ 4	4 ♊ 56	26 ♌ 9	21 ♊ 26	5 ♊ 23	4 R 14	8 ♌ 5	28 ♊	9 ♈	16 ♒	5 ♊	15 ♍
8	16 ♑ 12	14 ♊ 28	7 ♌ 50	6 ♌ 52	19 ♑ 9	5 ♐ 16	4 ♊ 53	26 ♌ 4	21 ♊ 22	5 ♊ 22	4 ♎ 14	8 ♌ 3	28 ♊	9 ♈	17 ♒	4 ♊	15 ♍
9	17 ♑ 13	27 ♊ 0	7 ♌ 46	6 ♌ 49	17 ♑ 50	6 ♐ 27	4 ♊ 52	26 ♌ 0	21 ♊ 17	5 ♊ 20	4 ♎ 14	8 ♌ 2	28 ♊	9 ♈	17 ♒	4 ♊	15 ♍
10	18 ♑ 14	9 ♋ 20	7 ♌ 43	6 ♌ 46	16 ♑ 29	7 ♐ 39	4 ♊ 51	25 ♌ 55	21 ♊ 13	5 ♊ 18	4 ♎ 14	8 ♌ 1	27 ♊	9 ♈	18 ♒	4 ♊	15 ♍
11	19 ♑ 15	21 ♋ 29	7 ♌ 40	6 ♌ 44	15 ♑ 10	8 ♐ 51	4 D 51	25 ♌ 50	21 ♊ 9	5 ♊ 17	4 ♎ 14	7 ♌ 59	27 ♊	10 ♈	18 ♒	4 ♊	15 ♍
12	20 ♑ 16	3 ♌ 30	7 ♌ 37	6 ♌ 44	13 ♑ 54	10 ♐ 3	4 ♊ 52	25 ♌ 45	21 ♊ 5	5 ♊ 15	4 ♎ 14	7 ♌ 58	27 ♊	10 ♈	19 ♒	4 ♊	15 ♍
13	21 ♑ 17	15 ♌ 24	7 ♌ 34	6 D 44	12 ♑ 45	11 ♐ 15	4 ♊ 53	25 ♌ 39	21 ♊ 1	5 ♊ 13	4 ♎ 14	7 ♌ 57	27 ♊	10 ♈	19 ♒	4 ♊	15 ♍
14	22 ♑ 18	27 ♌ 13	7 ♌ 30	6 ♌ 45	11 ♑ 42	12 ♐ 27	4 ♊ 55	25 ♌ 34	20 ♊ 57	5 ♊ 12	4 ♎ 13	7 ♌ 56	27 ♊	10 ♈	20 ♒	4 ♊	15 ♍
15	23 ♑ 20	9 ♍ 1	7 ♌ 27	6 ♌ 46	10 ♑ 48	13 ♐ 39	4 ♊ 58	25 ♌ 28	20 ♊ 54	5 ♊ 10	4 ♎ 13	7 ♌ 54	26 ♊	11 ♈	20 ♒	4 ♊	15 ♍
16	24 ♑ 21	20 ♍ 50	7 ♌ 24	6 ♌ 47	10 ♑ 3	14 ♐ 51	5 ♊ 2	25 ♌ 22	20 ♊ 50	5 ♊ 9	4 ♎ 13	7 ♌ 53	26 ♊	11 ♈	20 ♒	4 ♊	15 ♍
17	25 ♑ 22	2 ♎ 45	7 ♌ 21	6 ♌ 48	9 ♑ 28	16 ♐ 4	5 ♊ 6	25 ♌ 16	20 ♊ 46	5 ♊ 8	4 ♎ 12	7 ♌ 52	26 ♊	11 ♈	21 ♒	4 ♊	15 ♍
18	26 ♑ 23	14 ♎ 49	7 ♌ 18	6 ♌ 49	9 ♑ 2	17 ♐ 16	5 ♊ 12	25 ♌ 10	20 ♊ 43	5 ♊ 6	4 ♎ 12	7 ♌ 50	26 ♊	12 ♈	21 ♒	4 ♊	15 ♍
19	27 ♑ 24	27 ♎ 9	7 ♌ 15	6 ♌ 49	8 ♑ 46	18 ♐ 28	5 ♊ 17	25 ♌ 4	20 ♊ 39	5 ♊ 5	4 ♎ 12	7 ♌ 49	26 ♊	12 ♈	22 ♒	4 ♊	15 ♍
20	28 ♑ 25	9 ♏ 47	7 ♌ 11	6 R 49	8 ♑ 39	19 ♐ 41	5 ♊ 24	24 ♌ 58	20 ♊ 36	5 ♊ 4	4 ♎ 11	7 ♌ 47	26 ♊	12 ♈	22 ♒	4 ♊	15 ♍
21	29 ♑ 26	22 ♏ 49	7 ♌ 8	6 ♌ 49	8 D 40	20 ♐ 53	5 ♊ 31	24 ♌ 51	20 ♊ 33	5 ♊ 3	4 ♎ 11	7 ♌ 46	25 ♊	12 ♈	23 ♒	4 ♊	15 ♍
22	0 ♒ 27	6 ♐ 17	7 ♌ 5	6 ♌ 48	8 ♑ 49	22 ♐ 6	5 ♊ 39	24 ♌ 44	20 ♊ 29	5 ♊ 1	4 ♎ 10	7 ♌ 45	25 ♊	13 ♈	23 ♒	4 ♊	15 ♍
23	1 ♒ 28	20 ♐ 12	7 ♌ 2	6 ♌ 47	9 ♑ 6	23 ♐ 19	5 ♊ 47	24 ♌ 38	20 ♊ 26	5 ♊ 0	4 ♎ 10	7 ♌ 43	25 ♊	13 ♈	24 ♒	4 D	15 ♍
24	2 ♒ 29	4 ♑ 33	6 ♌ 59	6 ♌ 47	9 ♑ 29	24 ♐ 31	5 ♊ 56	24 ♌ 31	20 ♊ 23	4 ♊ 59	4 ♎ 9	7 ♌ 42	25 ♊	13 ♈	24 ♒	4 ♊	15 ♍
25	3 ♒ 30	19 ♑ 17	6 ♌ 56	6 ♌ 46	9 ♑ 58	25 ♐ 44	6 ♊ 6	24 ♌ 24	20 ♊ 20	4 ♊ 58	4 ♎ 9	7 ♌ 41	25 ♊	14 ♈	25 ♒	4 ♊	15 ♍
26	4 ♒ 31	4 ♒ 17	6 ♌ 52	6 ♌ 46	10 ♑ 32	26 ♐ 57	6 ♊ 16	24 ♌ 17	20 ♊ 17	4 ♊ 57	4 ♎ 8	7 ♌ 39	25 ♊	14 ♈	25 ♒	4 ♊	15 ♍
27	5 ♒ 32	19 ♒ 25	6 ♌ 49	6 D 46	11 ♑ 12	28 ♐ 10	6 ♊ 27	24 ♌ 10	20 ♊ 15	4 ♊ 56	4 ♎ 7	7 ♌ 38	25 ♊	14 ♈	26 ♒	4 ♊	15 ♍
28	6 ♒ 33	4 ♓ 31	6 ♌ 46	6 ♌ 46	11 ♑ 57	29 ♐ 23	6 ♊ 39	24 ♌ 3	20 ♊ 12	4 ♊ 56	4 ♎ 7	7 ♌ 36	25 ♊	15 ♈	26 ♒	4 ♊	15 ♍
29	7 ♒ 34	19 ♓ 27	6 ♌ 43	6 R 46	12 ♑ 45	0 ♑ 35	6 ♊ 51	23 ♌ 55	20 ♊ 10	4 ♊ 55	4 ♎ 6	7 ♌ 35	24 ♊	15 ♈	26 ♒	4 ♊	15 ♍
30	8 ♒ 35	4 ♈ 5	6 ♌ 40	6 ♌ 46	13 ♑ 37	1 ♑ 48	7 ♊ 3	23 ♌ 48	20 ♊ 7	4 ♊ 54	4 ♎ 5	7 ♌ 34	24 ♊	15 ♈	27 ♒	4 ♊	15 ♍
31	9 ♒ 36	18 ♈ 21	6 ♌ 36	6 ♌ 46	14 ♑ 33	3 ♑ 1	7 ♊ 16	23 ♌ 40	20 ♊ 5	4 ♊ 53	4 ♎ 4	7 ♌ 32	24 ♊	16 ♈	27 ♒	4 ♊	14 ♍

SUN INGRESS	☉ → ♒ 21日 13:07
MOON PHASE	◐ 3日 05:04 ♈　○ 10日 19:09 ♋　◑ 19日 00:32 ♎　● 26日 00:24 ♒

aspects		
7日	03:23	♀⚹♆
7日	16:45	♀☍♂
8日	01:53	♀☍♅
9日	06:15	☉☌☿
10日	07:04	♀△♇
17日	04:47	♂☌♅
20日	17:26	♀☍♄
23日	23:53	♀△♃
25日	14:54	☉△♆
26日	10:04	☉△♅
28日	02:32	☉△♂
29日	00:16	☉☍♇
31日	20:31	♀□♆

1944年2月

DAY	☉	☽	☊ mean	☊ true	☿	♀	♂	♃	♄	♅	♆	♇	⚳	⚴	⚵	⚶	⚷
	° ′	° ′	° ′	° ′	° ′	° ′	° ′	° ′	° ′	° ′	° ′	° ′	°	°	°	°	°
1	10 ♒ 37	2 ♉ 13	6 ♌ 33	6 R 46	15 D 31	4 D 14	7 D 30	23 R 33	20 R 3	4 R 53	4 R 4	7 R 31	24 R	16 D	28 D	4 D	14 R
2	11 ♒ 38	15 ♉ 40	6 ♌ 30	6 D 46	16 ♑ 33	5 ♑ 27	7 ♊ 44	23 ♌ 25	20 ♊ 0	4 ♊ 52	4 ♎ 3	7 ♌ 30	24 ♊	16 ♈	28 ♒	4 ♊	14 ♍
3	12 ♒ 39	28 ♉ 46	6 ♌ 27	6 ♌ 46	17 ♑ 37	6 ♑ 40	7 ♊ 59	23 ♌ 17	19 ♊ 58	4 ♊ 52	4 ♎ 2	7 ♌ 28	24 ♊	17 ♈	29 ♒	4 ♊	14 ♍
4	13 ♒ 40	11 ♊ 31	6 ♌ 24	6 ♌ 46	18 ♑ 43	7 ♑ 54	8 ♊ 14	23 ♌ 10	19 ♊ 56	4 ♊ 51	4 ♎ 1	7 ♌ 27	24 ♊	17 ♈	29 ♒	4 ♊	14 ♍
5	14 ♒ 41	24 ♊ 0	6 ♌ 21	6 ♌ 47	19 ♑ 52	9 ♑ 7	8 ♊ 30	23 ♌ 2	19 ♊ 55	4 ♊ 51	4 ♎ 0	7 ♌ 25	24 ♊	17 ♈	0 ♓	4 ♊	14 ♍
6	15 ♒ 42	6 ♋ 16	6 ♌ 17	6 ♌ 48	21 ♑ 2	10 ♑ 20	8 ♊ 46	22 ♌ 54	19 ♊ 53	4 ♊ 50	3 ♎ 59	7 ♌ 24	24 ♊	18 ♈	0 ♓	4 ♊	14 ♍
7	16 ♒ 42	18 ♋ 22	6 ♌ 14	6 ♌ 49	22 ♑ 15	11 ♑ 33	9 ♊ 3	22 ♌ 46	19 ♊ 51	4 ♊ 50	3 ♎ 58	7 ♌ 23	24 ♊	18 ♈	1 ♓	4 ♊	14 ♍
8	17 ♒ 43	0 ♌ 19	6 ♌ 11	6 ♌ 50	23 ♑ 29	12 ♑ 46	9 ♊ 20	22 ♌ 38	19 ♊ 50	4 ♊ 50	3 ♎ 57	7 ♌ 21	24 ♊	19 ♈	1 ♓	5 ♊	14 ♍
9	18 ♒ 44	12 ♌ 12	6 ♌ 8	6 R 50	24 ♑ 45	14 ♑ 0	9 ♊ 38	22 ♌ 30	19 ♊ 48	4 ♊ 49	3 ♎ 56	7 ♌ 20	24 ♊	19 ♈	2 ♓	5 ♊	14 ♍
10	19 ♒ 45	24 ♌ 1	6 ♌ 5	6 ♌ 49	26 ♑ 2	15 ♑ 13	9 ♊ 56	22 ♌ 23	19 ♊ 47	4 ♊ 49	3 ♎ 55	7 ♌ 19	24 ♊	19 ♈	2 ♓	5 ♊	14 ♍
11	20 ♒ 45	5 ♍ 50	6 ♌ 1	6 ♌ 48	27 ♑ 21	16 ♑ 26	10 ♊ 14	22 ♌ 15	19 ♊ 46	4 ♊ 49	3 ♎ 54	7 ♌ 17	24 D	20 ♈	3 ♓	5 ♊	14 ♍
12	21 ♒ 46	17 ♍ 40	5 ♌ 58	6 ♌ 45	28 ♑ 41	17 ♑ 40	10 ♊ 33	22 ♌ 7	19 ♊ 45	4 ♊ 49	3 ♎ 53	7 ♌ 16	24 ♊	20 ♈	3 ♓	5 ♊	14 ♍
13	22 ♒ 47	29 ♍ 32	5 ♌ 55	6 ♌ 43	0 ♒ 2	18 ♑ 53	10 ♊ 52	21 ♌ 59	19 ♊ 44	4 D 49	3 ♎ 52	7 ♌ 15	24 ♊	20 ♈	4 ♓	5 ♊	14 ♍
14	23 ♒ 47	11 ♎ 31	5 ♌ 52	6 ♌ 40	1 ♒ 24	20 ♑ 6	11 ♊ 12	21 ♌ 51	19 ♊ 43	4 ♊ 49	3 ♎ 51	7 ♌ 13	24 ♊	21 ♈	4 ♓	5 ♊	14 ♍
15	24 ♒ 48	23 ♎ 39	5 ♌ 49	6 ♌ 38	2 ♒ 48	21 ♑ 20	11 ♊ 31	21 ♌ 43	19 ♊ 42	4 ♊ 49	3 ♎ 49	7 ♌ 12	24 ♊	21 ♈	5 ♓	6 ♊	14 ♍
16	25 ♒ 49	5 ♏ 59	5 ♌ 46	6 ♌ 36	4 ♒ 13	22 ♑ 33	11 ♊ 52	21 ♌ 35	19 ♊ 42	4 ♊ 49	3 ♎ 48	7 ♌ 11	24 ♊	22 ♈	5 ♓	6 ♊	13 ♍
17	26 ♒ 49	18 ♏ 34	5 ♌ 42	6 ♌ 34	5 ♒ 39	23 ♑ 47	12 ♊ 12	21 ♌ 27	19 ♊ 41	4 ♊ 49	3 ♎ 47	7 ♌ 9	24 ♊	22 ♈	6 ♓	6 ♊	13 ♍
18	27 ♒ 50	1 ♐ 30	5 ♌ 39	6 D 34	7 ♒ 6	25 ♑ 0	12 ♊ 33	21 ♌ 19	19 ♊ 41	4 ♊ 50	3 ♎ 46	7 ♌ 8	24 ♊	22 ♈	6 ♓	6 ♊	13 ♍
19	28 ♒ 50	14 ♐ 47	5 ♌ 36	6 ♌ 35	8 ♒ 34	26 ♑ 14	12 ♊ 55	21 ♌ 11	19 ♊ 41	4 ♊ 50	3 ♎ 44	7 ♌ 7	24 ♊	23 ♈	7 ♓	6 ♊	13 ♍
20	29 ♒ 51	28 ♐ 31	5 ♌ 33	6 ♌ 36	10 ♒ 3	27 ♑ 27	13 ♊ 17	21 ♌ 3	19 ♊ 40	4 ♊ 50	3 ♎ 43	7 ♌ 6	24 ♊	23 ♈	7 ♓	6 ♊	13 ♍
21	0 ♓ 51	12 ♑ 40	5 ♌ 30	6 ♌ 38	11 ♒ 33	28 ♑ 41	13 ♊ 39	20 ♌ 56	19 D 40	4 ♊ 51	3 ♎ 42	7 ♌ 4	24 ♊	24 ♈	7 ♓	7 ♊	13 ♍
22	1 ♓ 52	27 ♑ 15	5 ♌ 27	6 ♌ 39	13 ♒ 4	29 ♑ 54	14 ♊ 1	20 ♌ 48	19 ♊ 40	4 ♊ 51	3 ♎ 40	7 ♌ 3	24 ♊	24 ♈	8 ♓	7 ♊	13 ♍
23	2 ♓ 52	12 ♒ 11	5 ♌ 23	6 R 39	14 ♒ 36	1 ♒ 8	14 ♊ 24	20 ♌ 40	19 ♊ 41	4 ♊ 52	3 ♎ 39	7 ♌ 2	24 ♊	25 ♈	8 ♓	7 ♊	13 ♍
24	3 ♓ 53	27 ♒ 21	5 ♌ 20	6 ♌ 38	16 ♒ 9	2 ♒ 22	14 ♊ 47	20 ♌ 33	19 ♊ 41	4 ♊ 52	3 ♎ 38	7 ♌ 1	25 ♊	25 ♈	9 ♓	7 ♊	13 ♍
25	4 ♓ 53	12 ♓ 37	5 ♌ 17	6 ♌ 35	17 ♒ 43	3 ♒ 35	15 ♊ 10	20 ♌ 25	19 ♊ 41	4 ♊ 53	3 ♎ 36	6 ♌ 59	25 ♊	25 ♈	9 ♓	7 ♊	13 ♍
26	5 ♓ 53	27 ♓ 47	5 ♌ 14	6 ♌ 31	19 ♒ 18	4 ♒ 49	15 ♊ 33	20 ♌ 18	19 ♊ 42	4 ♊ 54	3 ♎ 35	6 ♌ 58	25 ♊	26 ♈	10 ♓	8 ♊	13 ♍
27	6 ♓ 54	12 ♈ 43	5 ♌ 11	6 ♌ 27	20 ♒ 54	6 ♒ 3	15 ♊ 57	20 ♌ 10	19 ♊ 42	4 ♊ 54	3 ♎ 34	6 ♌ 57	25 ♊	26 ♈	10 ♓	8 ♊	13 ♍
28	7 ♓ 54	27 ♈ 15	5 ♌ 7	6 ♌ 23	22 ♒ 31	7 ♒ 16	16 ♊ 21	20 ♌ 3	19 ♊ 43	4 ♊ 55	3 ♎ 32	6 ♌ 56	25 ♊	27 ♈	11 ♓	8 ♊	13 ♍
29	8 ♓ 54	11 ♉ 21	5 ♌ 4	6 ♌ 19	24 ♒ 9	8 ♒ 30	16 ♊ 46	19 ♌ 56	19 ♊ 44	4 ♊ 56	3 ♎ 31	6 ♌ 55	25 ♊	27 ♈	11 ♓	8 ♊	12 ♍

SUN INGRESS	☉ → ♓ 20日 03:27
MOON PHASE	◐ 1日 16:08 ♉　○ 9日 14:29 ♌　◑ 17日 16:42 ♏　● 24日 10:59 ♓

aspects		
1日	01:09	♂⚹♇
10日	00:57	☉△♄
12日	07:13	☉☍♃
15日	17:08	☿△♆
16日	10:13	☿△♅
18日	00:37	☿☍♇
22日	19:41	☿△♂
24日	23:57	☉□♅
25日	00:22	♀△♆
26日	01:34	♀△♅
26日	05:56	☿△♄
26日	13:50	☿☍♃
27日	17:30	♀☍♇

1944年3月

DAY	☉	☽	☊ mean	☊ true	☿	♀	♂	♃	♄	♅	♆	♇	⚳	⚴	⚵	⚶	⚷
	° ′	° ′	° ′	° ′	° ′	° ′	° ′	° ′	° ′	° ′	° ′	° ′	°	°	°	°	°
1	9 ♓ 55	24 ♉ 57	5 ♌ 1	6 R 16	25 D 48	9 D 44	17 D 11	19 R 49	19 D 45	4 D 57	3 R 29	6 R 54	25 D	28 D	12 D	8 D	12 R
2	10 ♓ 55	8 ♊ 6	4 ♌ 58	6 ♌ 15	27 ♒ 29	10 ♒ 57	17 ♊ 35	19 ♌ 42	19 ♊ 46	4 ♊ 58	3 ♎ 28	6 ♌ 52	25 ♊	28 ♈	12 ♓	9 ♊	12 ♍
3	11 ♓ 55	20 ♊ 51	4 ♌ 55	6 D 15	29 ♒ 10	12 ♒ 11	18 ♊ 1	19 ♌ 35	19 ♊ 47	4 ♊ 59	3 ♎ 26	6 ♌ 51	26 ♊	28 ♈	13 ♓	9 ♊	12 ♍
4	12 ♓ 55	3 ♋ 15	4 ♌ 52	6 ♌ 17	0 ♓ 52	13 ♒ 25	18 ♊ 26	19 ♌ 28	19 ♊ 49	5 ♊ 0	3 ♎ 25	6 ♌ 50	26 ♊	29 ♈	13 ♓	9 ♊	12 ♍
5	13 ♓ 55	15 ♋ 24	4 ♌ 48	6 ♌ 19	2 ♓ 35	14 ♒ 38	18 ♊ 52	19 ♌ 21	19 ♊ 50	5 ♊ 1	3 ♎ 23	6 ♌ 49	26 ♊	29 ♈	14 ♓	9 ♊	12 ♍
6	14 ♓ 55	27 ♋ 21	4 ♌ 45	6 ♌ 20	4 ♓ 19	15 ♒ 52	19 ♊ 18	19 ♌ 15	19 ♊ 52	5 ♊ 2	3 ♎ 22	6 ♌ 48	26 ♊	0 ♉	14 ♓	10 ♊	12 ♍
7	15 ♓ 55	9 ♌ 12	4 ♌ 42	6 R 20	6 ♓ 5	17 ♒ 6	19 ♊ 44	19 ♌ 8	19 ♊ 53	5 ♊ 3	3 ♎ 20	6 ♌ 47	26 ♊	0 ♉	15 ♓	10 ♊	12 ♍
8	16 ♓ 55	21 ♌ 0	4 ♌ 39	6 ♌ 19	7 ♓ 51	18 ♒ 19	20 ♊ 10	19 ♌ 2	19 ♊ 55	5 ♊ 4	3 ♎ 18	6 ♌ 46	26 ♊	1 ♉	15 ♓	10 ♊	12 ♍
9	17 ♓ 55	2 ♍ 48	4 ♌ 36	6 ♌ 16	9 ♓ 39	19 ♒ 33	20 ♊ 37	18 ♌ 56	19 ♊ 57	5 ♊ 6	3 ♎ 17	6 ♌ 45	26 ♊	1 ♉	16 ♓	10 ♊	12 ♍
10	18 ♓ 55	14 ♍ 38	4 ♌ 33	6 ♌ 10	11 ♓ 28	20 ♒ 47	21 ♊ 3	18 ♌ 50	19 ♊ 59	5 ♊ 7	3 ♎ 15	6 ♌ 44	27 ♊	2 ♉	16 ♓	11 ♊	12 ♍
11	19 ♓ 55	26 ♍ 32	4 ♌ 29	6 ♌ 3	13 ♓ 18	22 ♒ 1	21 ♊ 30	18 ♌ 44	20 ♊ 1	5 ♊ 8	3 ♎ 14	6 ♌ 43	27 ♊	2 ♉	17 ♓	11 ♊	12 ♍
12	20 ♓ 55	8 ♎ 33	4 ♌ 26	5 ♌ 55	15 ♓ 9	23 ♒ 14	21 ♊ 58	18 ♌ 38	20 ♊ 3	5 ♊ 10	3 ♎ 12	6 ♌ 42	27 ♊	3 ♉	17 ♓	11 ♊	11 ♍
13	21 ♓ 55	20 ♎ 41	4 ♌ 23	5 ♌ 46	17 ♓ 1	24 ♒ 28	22 ♊ 25	18 ♌ 32	20 ♊ 5	5 ♊ 11	3 ♎ 10	6 ♌ 41	27 ♊	3 ♉	18 ♓	11 ♊	11 ♍
14	22 ♓ 55	2 ♏ 59	4 ♌ 20	5 ♌ 37	18 ♓ 54	25 ♒ 42	22 ♊ 52	18 ♌ 27	20 ♊ 8	5 ♊ 13	3 ♎ 9	6 ♌ 40	27 ♊	4 ♉	18 ♓	12 ♊	11 ♍
15	23 ♓ 54	15 ♏ 26	4 ♌ 17	5 ♌ 30	20 ♓ 48	26 ♒ 56	23 ♊ 20	18 ♌ 22	20 ♊ 10	5 ♊ 14	3 ♎ 7	6 ♌ 40	28 ♊	4 ♉	19 ♓	12 ♊	11 ♍
16	24 ♓ 54	28 ♏ 7	4 ♌ 13	5 ♌ 25	22 ♓ 44	28 ♒ 10	23 ♊ 48	18 ♌ 16	20 ♊ 13	5 ♊ 16	3 ♎ 6	6 ♌ 39	28 ♊	5 ♉	19 ♓	12 ♊	11 ♍
17	25 ♓ 54	11 ♐ 2	4 ♌ 10	5 ♌ 21	24 ♓ 40	29 ♒ 23	24 ♊ 16	18 ♌ 11	20 ♊ 15	5 ♊ 18	3 ♎ 4	6 ♌ 38	28 ♊	5 ♉	20 ♓	12 ♊	11 ♍
18	26 ♓ 54	24 ♐ 16	4 ♌ 7	5 ♌ 20	26 ♓ 38	0 ♓ 37	24 ♊ 44	18 ♌ 7	20 ♊ 18	5 ♊ 19	3 ♎ 2	6 ♌ 37	28 ♊	5 ♉	20 ♓	13 ♊	11 ♍
19	27 ♓ 53	7 ♑ 49	4 ♌ 4	5 D 21	28 ♓ 36	1 ♓ 51	25 ♊ 13	18 ♌ 2	20 ♊ 21	5 ♊ 21	3 ♎ 1	6 ♌ 36	28 ♊	6 ♉	21 ♓	13 ♊	11 ♍
20	28 ♓ 53	21 ♑ 45	4 ♌ 1	5 ♌ 22	0 ♈ 36	3 ♓ 5	25 ♊ 41	17 ♌ 57	20 ♊ 24	5 ♊ 23	2 ♎ 59	6 ♌ 36	29 ♊	6 ♉	21 ♓	13 ♊	11 ♍
21	29 ♓ 53	6 ♒ 3	3 ♌ 58	5 R 22	2 ♈ 36	4 ♓ 19	26 ♊ 10	17 ♌ 53	20 ♊ 27	5 ♊ 25	2 ♎ 57	6 ♌ 35	29 ♊	7 ♉	22 ♓	14 ♊	11 ♍
22	0 ♈ 52	20 ♒ 42	3 ♌ 54	5 ♌ 21	4 ♈ 37	5 ♓ 32	26 ♊ 39	17 ♌ 49	20 ♊ 30	5 ♊ 27	2 ♎ 56	6 ♌ 34	29 ♊	7 ♉	23 ♓	14 ♊	11 ♍
23	1 ♈ 52	5 ♓ 38	3 ♌ 51	5 ♌ 18	6 ♈ 38	6 ♓ 46	27 ♊ 8	17 ♌ 45	20 ♊ 34	5 ♊ 29	2 ♎ 54	6 ♌ 33	29 ♊	8 ♉	23 ♓	14 ♊	11 ♍
24	2 ♈ 51	20 ♓ 44	3 ♌ 48	5 ♌ 12	8 ♈ 39	8 ♓ 0	27 ♊ 37	17 ♌ 41	20 ♊ 37	5 ♊ 31	2 ♎ 52	6 ♌ 33	0 ♋	8 ♉	24 ♓	15 ♊	11 ♍
25	3 ♈ 51	5 ♈ 50	3 ♌ 45	5 ♌ 4	10 ♈ 40	9 ♓ 14	28 ♊ 7	17 ♌ 37	20 ♊ 41	5 ♊ 33	2 ♎ 51	6 ♌ 32	0 ♋	9 ♉	24 ♓	15 ♊	11 ♍
26	4 ♈ 50	20 ♈ 47	3 ♌ 42	4 ♌ 55	12 ♈ 42	10 ♓ 28	28 ♊ 36	17 ♌ 33	20 ♊ 44	5 ♊ 35	2 ♎ 49	6 ♌ 31	0 ♋	9 ♉	25 ♓	15 ♊	10 ♍
27	5 ♈ 50	5 ♉ 26	3 ♌ 38	4 ♌ 45	14 ♈ 42	11 ♓ 41	29 ♊ 6	17 ♌ 30	20 ♊ 48	5 ♊ 37	2 ♎ 47	6 ♌ 31	0 ♋	10 ♉	25 ♓	16 ♊	10 ♍
28	6 ♈ 49	19 ♉ 39	3 ♌ 35	4 ♌ 37	16 ♈ 42	12 ♓ 55	29 ♊ 36	17 ♌ 27	20 ♊ 52	5 ♊ 39	2 ♎ 46	6 ♌ 30	1 ♋	10 ♉	26 ♓	16 ♊	10 ♍
29	7 ♈ 48	3 ♊ 24	3 ♌ 32	4 ♌ 30	18 ♈ 41	14 ♓ 9	0 ♋ 6	17 ♌ 24	20 ♊ 56	5 ♊ 41	2 ♎ 44	6 ♌ 30	1 ♋	11 ♉	26 ♓	16 ♊	10 ♍
30	8 ♈ 48	16 ♊ 40	3 ♌ 29	4 ♌ 25	20 ♈ 39	15 ♓ 23	0 ♋ 36	17 ♌ 21	20 ♊ 59	5 ♊ 43	2 ♎ 42	6 ♌ 29	1 ♋	11 ♉	27 ♓	16 ♊	10 ♍
31	9 ♈ 47	29 ♊ 28	3 ♌ 26	4 ♌ 23	22 ♈ 34	16 ♓ 37	1 ♋ 6	17 ♌ 19	21 ♊ 4	5 ♊ 46	2 ♎ 41	6 ♌ 29	1 ♋	12 ♉	27 ♓	17 ♊	10 ♍

SUN INGRESS: ☉ → ♈ 21日 02:49

MOON PHASE: ◐ 2日 05:40 ♊ ○ 10日 09:28 ♍ ◑ 18日 05:05 ♐ ● 24日 20:36 ♈ ◐ 31日 21:34 ♋

aspects		
1日	11:21	♃⚹♄
5日	21:58	♂⚹♃
6日	09:52	☿□♅
7日	09:12	♂☌♄
8日	12:49	♀☍♃
9日	07:53	♀△♄
10日	08:27	♀△♂
11日	02:21	☉□♄
13日	22:20	☉□♂
14日	15:49	☿□♄
16日	17:26	☿□♂
18日	06:25	☉☌☿
21日	04:14	☿☍♆
21日	22:09	♀□♅
22日	10:08	☿⚹♅
22日	23:09	☿△♇
24日	00:29	☉☍♆
26日	18:43	☉⚹♅
27日	16:31	☉△♇
28日	08:45	☿△♃
30日	04:29	☿⚹♄

1944年4月

DAY	☉	☽	☊ mean	☊ true	☿	♀	♂	♃	♄	♅	♆	♇	⚳	⚴	⚵	⚶	⚷
	° ′	° ′	° ′	° ′	° ′	° ′	° ′	° ′	° ′	° ′	° ′	° ′	°	°	°	°	°
1	10 ♈ 46	11 ♋ 55	3 ♌ 23	4 D 22	24 D 27	17 D 50	1 D 37	17 R 16	21 D 8	5 D 48	2 R 39	6 R 28	2 D	12 D	28 D	17 D	10 R
2	11 ♈ 45	24 ♋ 3	3 ♌ 19	4 ♌ 23	26 ♈ 18	19 ♓ 4	2 ♋ 7	17 ♌ 14	21 ♊ 12	5 ♊ 50	2 ♎ 38	6 ♌ 28	2 ♋	13 ♉	28 ♓	17 ♊	10 ♍
3	12 ♈ 44	5 ♌ 59	3 ♌ 16	4 R 23	28 ♈ 5	20 ♓ 18	2 ♋ 38	17 ♌ 12	21 ♊ 16	5 ♊ 53	2 ♎ 36	6 ♌ 27	2 ♋	13 ♉	29 ♓	18 ♊	10 ♍
4	13 ♈ 43	17 ♌ 49	3 ♌ 13	4 ♌ 22	29 ♈ 47	21 ♓ 32	3 ♋ 8	17 ♌ 10	21 ♊ 21	5 ♊ 55	2 ♎ 34	6 ♌ 27	3 ♋	14 ♉	29 ♓	18 ♊	10 ♍
5	14 ♈ 43	29 ♌ 36	3 ♌ 10	4 ♌ 19	1 ♉ 29	22 ♓ 46	3 ♋ 39	17 ♌ 8	21 ♊ 25	5 ♊ 58	2 ♎ 33	6 ♌ 26	3 ♋	15 ♉	0 ♈	18 ♊	10 ♍
6	15 ♈ 42	11 ♍ 24	3 ♌ 7	4 ♌ 14	3 ♉ 5	23 ♓ 59	4 ♋ 10	17 ♌ 7	21 ♊ 30	6 ♊ 0	2 ♎ 31	6 ♌ 26	3 ♋	15 ♉	0 ♈	19 ♊	10 ♍
7	16 ♈ 41	23 ♍ 19	3 ♌ 4	4 ♌ 5	4 ♉ 37	25 ♓ 13	4 ♋ 41	17 ♌ 5	21 ♊ 34	6 ♊ 3	2 ♎ 29	6 ♌ 26	3 ♋	16 ♉	1 ♈	19 ♊	10 ♍
8	17 ♈ 40	5 ♎ 20	3 ♌ 0	3 ♌ 55	6 ♉ 3	26 ♓ 27	5 ♋ 12	17 ♌ 4	21 ♊ 39	6 ♊ 5	2 ♎ 28	6 ♌ 25	4 ♋	16 ♉	1 ♈	19 ♊	10 ♍
9	18 ♈ 38	17 ♎ 32	2 ♌ 57	3 ♌ 42	7 ♉ 25	27 ♓ 41	5 ♋ 44	17 ♌ 3	21 ♊ 44	6 ♊ 8	2 ♎ 26	6 ♌ 25	4 ♋	17 ♉	2 ♈	20 ♊	10 ♍
10	19 ♈ 37	29 ♎ 53	2 ♌ 54	3 ♌ 29	8 ♉ 42	28 ♓ 54	6 ♋ 15	17 ♌ 3	21 ♊ 49	6 ♊ 11	2 ♎ 25	6 ♌ 25	4 ♋	17 ♉	2 ♈	20 ♊	10 ♍
11	20 ♈ 36	12 ♏ 26	2 ♌ 51	3 ♌ 16	9 ♉ 53	0 ♈ 8	6 ♋ 47	17 ♌ 2	21 ♊ 54	6 ♊ 13	2 ♎ 23	6 ♌ 25	5 ♋	18 ♉	3 ♈	21 ♊	10 ♍
12	21 ♈ 35	25 ♏ 9	2 ♌ 48	3 ♌ 5	10 ♉ 58	1 ♈ 22	7 ♋ 18	17 ♌ 2	21 ♊ 59	6 ♊ 16	2 ♎ 22	6 ♌ 24	5 ♋	18 ♉	3 ♈	21 ♊	9 ♍
13	22 ♈ 34	8 ♐ 4	2 ♌ 44	2 ♌ 56	11 ♉ 58	2 ♈ 36	7 ♋ 50	17 ♌ 2	22 ♊ 4	6 ♊ 19	2 ♎ 20	6 ♌ 24	5 ♋	19 ♉	4 ♈	21 ♊	9 ♍
14	23 ♈ 33	21 ♐ 10	2 ♌ 41	2 ♌ 50	12 ♉ 52	3 ♈ 50	8 ♋ 22	17 D 2	22 ♊ 9	6 ♊ 21	2 ♎ 19	6 ♌ 24	6 ♋	19 ♉	4 ♈	22 ♊	9 ♍
15	24 ♈ 31	4 ♑ 30	2 ♌ 38	2 ♌ 47	13 ♉ 40	5 ♈ 3	8 ♋ 53	17 ♌ 2	22 ♊ 15	6 ♊ 24	2 ♎ 17	6 ♌ 24	6 ♋	20 ♉	5 ♈	22 ♊	9 ♍
16	25 ♈ 30	18 ♑ 3	2 ♌ 35	2 ♌ 45	14 ♉ 22	6 ♈ 17	9 ♋ 25	17 ♌ 2	22 ♊ 20	6 ♊ 27	2 ♎ 16	6 ♌ 24	6 ♋	20 ♉	5 ♈	22 ♊	9 ♍
17	26 ♈ 29	1 ♒ 52	2 ♌ 32	2 D 45	14 ♉ 57	7 ♈ 31	9 ♋ 57	17 ♌ 3	22 ♊ 25	6 ♊ 30	2 ♎ 14	6 ♌ 24	7 ♋	21 ♉	6 ♈	23 ♊	9 ♍
18	27 ♈ 27	15 ♒ 58	2 ♌ 29	2 R 45	15 ♉ 27	8 ♈ 45	10 ♋ 30	17 ♌ 3	22 ♊ 31	6 ♊ 33	2 ♎ 13	6 ♌ 24	7 ♋	21 ♉	6 ♈	23 ♊	9 ♍
19	28 ♈ 26	0 ♓ 19	2 ♌ 25	2 ♌ 43	15 ♉ 50	9 ♈ 58	11 ♋ 2	17 ♌ 4	22 ♊ 36	6 ♊ 36	2 ♎ 11	6 ♌ 24	7 ♋	22 ♉	7 ♈	23 ♊	9 ♍
20	29 ♈ 25	14 ♓ 54	2 ♌ 22	2 ♌ 39	16 ♉ 8	11 ♈ 12	11 ♋ 34	17 ♌ 6	22 ♊ 42	6 ♊ 39	2 ♎ 10	6 D 24	8 ♋	22 ♉	8 ♈	24 ♊	9 ♍
21	0 ♉ 23	29 ♓ 38	2 ♌ 19	2 ♌ 32	16 ♉ 19	12 ♈ 26	12 ♋ 6	17 ♌ 7	22 ♊ 48	6 ♊ 42	2 ♎ 8	6 ♌ 24	8 ♋	23 ♉	8 ♈	24 ♊	9 ♍
22	1 ♉ 22	14 ♈ 24	2 ♌ 16	2 ♌ 22	16 ♉ 24	13 ♈ 40	12 ♋ 39	17 ♌ 8	22 ♊ 54	6 ♊ 45	2 ♎ 7	6 ♌ 24	8 ♋	24 ♉	9 ♈	25 ♊	9 ♍
23	2 ♉ 20	29 ♈ 6	2 ♌ 13	2 ♌ 11	16 R 23	14 ♈ 53	13 ♋ 12	17 ♌ 10	22 ♊ 59	6 ♊ 48	2 ♎ 5	6 ♌ 24	9 ♋	24 ♉	9 ♈	25 ♊	9 ♍
24	3 ♉ 19	13 ♉ 34	2 ♌ 10	1 ♌ 59	16 ♉ 17	16 ♈ 7	13 ♋ 44	17 ♌ 12	23 ♊ 5	6 ♊ 51	2 ♎ 4	6 ♌ 24	9 ♋	25 ♉	10 ♈	25 ♊	9 ♍
25	4 ♉ 17	27 ♉ 41	2 ♌ 6	1 ♌ 48	16 ♉ 6	17 ♈ 21	14 ♋ 17	17 ♌ 14	23 ♊ 11	6 ♊ 54	2 ♎ 3	6 ♌ 24	9 ♋	25 ♉	10 ♈	26 ♊	9 ♍
26	5 ♉ 16	11 ♊ 24	2 ♌ 3	1 ♌ 39	15 ♉ 49	18 ♈ 35	14 ♋ 50	17 ♌ 16	23 ♊ 17	6 ♊ 57	2 ♎ 1	6 ♌ 24	10 ♋	26 ♉	11 ♈	26 ♊	9 ♍
27	6 ♉ 14	24 ♊ 41	2 ♌ 0	1 ♌ 32	15 ♉ 28	19 ♈ 48	15 ♋ 23	17 ♌ 18	23 ♊ 23	7 ♊ 0	2 ♎ 0	6 ♌ 25	10 ♋	26 ♉	11 ♈	26 ♊	9 ♍
28	7 ♉ 12	7 ♋ 33	1 ♌ 57	1 ♌ 29	15 ♉ 3	21 ♈ 2	15 ♋ 56	17 ♌ 21	23 ♊ 30	7 ♊ 3	1 ♎ 59	6 ♌ 25	10 ♋	27 ♉	12 ♈	27 ♊	9 ♍
29	8 ♉ 11	20 ♋ 2	1 ♌ 54	1 ♌ 27	14 ♉ 33	22 ♈ 16	16 ♋ 29	17 ♌ 24	23 ♊ 36	7 ♊ 6	1 ♎ 58	6 ♌ 25	11 ♋	27 ♉	12 ♈	27 ♊	9 ♍
30	9 ♉ 9	2 ♌ 12	1 ♌ 50	1 D 27	14 ♉ 1	23 ♈ 29	17 ♋ 2	17 ♌ 27	23 ♊ 42	7 ♊ 10	1 ♎ 56	6 ♌ 25	11 ♋	28 ♉	13 ♈	28 ♊	9 ♍

SUN INGRESS: ☉ → ♉ 20日 14:18

MOON PHASE: ○ 9日 02:22 ♎ ◑ 16日 13:59 ♑ ● 23日 05:43 ♉ ◐ 30日 15:06 ♌

aspects		
2日	22:41	♂□♆
3日	20:08	♀□♄
7日	01:55	☿⚹♂
7日	09:57	☉△♃
8日	06:18	☿□♇
12日	10:41	☉⚹♄
12日	19:00	♀☍♆
14日	21:56	♅⚹♇
16日	02:13	♀△♇
16日	03:23	♀⚹♅
20日	12:45	♀□♂
24日	21:40	♀△♃
27日	02:15	☿⚹♂
27日	04:23	☉□♇
30日	04:33	♀⚹♄

1944年5月

DAY	☉	☽	☊ mean	☊ true	☿	♀	♂	♃	♄	♅	♆	♇	⚳	⚴	⚵	⚶	⚷
	° ′	° ′	° ′	° ′	° ′	° ′	° ′	° ′	° ′	° ′	° ′	° ′	°	°	°	°	°
1	10 ♉ 7	14 ♌ 11	1 ♌ 47	1 R 27	13 R 27	24 D 43	17 D 35	17 D 30	23 D 49	7 D 13	1 R 55	6 D 26	11 D	29 D	13 D	28 D	9 R
2	11 ♉ 5	26 ♌ 1	1 ♌ 44	1 ♌ 26	12 ♉ 50	25 ♈ 57	18 ♋ 8	17 ♌ 33	23 ♊ 55	7 ♊ 16	1 ♎ 54	6 ♌ 26	12 ♋	29 ♉	14 ♈	28 ♊	9 ♍
3	12 ♉ 4	7 ♍ 50	1 ♌ 41	1 ♌ 23	12 ♉ 12	27 ♈ 10	18 ♋ 42	17 ♌ 37	24 ♊ 1	7 ♊ 19	1 ♎ 53	6 ♌ 26	12 ♋	0 ♊	14 ♈	29 ♊	9 ♍
4	13 ♉ 2	19 ♍ 41	1 ♌ 38	1 ♌ 18	11 ♉ 34	28 ♈ 24	19 ♋ 15	17 ♌ 40	24 ♊ 8	7 ♊ 23	1 ♎ 51	6 ♌ 27	12 ♋	0 ♊	15 ♈	29 ♊	9 ♍
5	14 ♉ 0	1 ♎ 40	1 ♌ 35	1 ♌ 11	10 ♉ 56	29 ♈ 38	19 ♋ 48	17 ♌ 44	24 ♊ 14	7 ♊ 26	1 ♎ 50	6 ♌ 27	13 ♋	1 ♊	15 ♈	29 ♊	9 ♍
6	14 ♉ 58	13 ♎ 49	1 ♌ 31	1 ♌ 1	10 ♉ 19	0 ♉ 51	20 ♋ 22	17 ♌ 48	24 ♊ 21	7 ♊ 29	1 ♎ 49	6 ♌ 28	13 ♋	1 ♊	16 ♈	0 ♋	9 ♍
7	15 ♉ 56	26 ♎ 11	1 ♌ 28	0 ♌ 49	9 ♉ 43	2 ♉ 5	20 ♋ 55	17 ♌ 52	24 ♊ 28	7 ♊ 32	1 ♎ 48	6 ♌ 28	14 ♋	2 ♊	16 ♈	0 ♋	9 ♍
8	16 ♉ 54	8 ♏ 47	1 ♌ 25	0 ♌ 37	9 ♉ 10	3 ♉ 19	21 ♋ 29	17 ♌ 56	24 ♊ 34	7 ♊ 36	1 ♎ 47	6 ♌ 28	14 ♋	2 ♊	17 ♈	1 ♋	9 ♍
9	17 ♉ 52	21 ♏ 37	1 ♌ 22	0 ♌ 24	8 ♉ 39	4 ♉ 32	22 ♋ 3	18 ♌ 1	24 ♊ 41	7 ♊ 39	1 ♎ 46	6 ♌ 29	14 ♋	3 ♊	18 ♈	1 ♋	9 D
10	18 ♉ 50	4 ♐ 40	1 ♌ 19	0 ♌ 14	8 ♉ 11	5 ♉ 46	22 ♋ 37	18 ♌ 5	24 ♊ 48	7 ♊ 43	1 ♎ 45	6 ♌ 30	15 ♋	4 ♊	18 ♈	1 ♋	9 ♍
11	19 ♉ 48	17 ♐ 56	1 ♌ 15	0 ♌ 5	7 ♉ 46	7 ♉ 0	23 ♋ 10	18 ♌ 10	24 ♊ 55	7 ♊ 46	1 ♎ 44	6 ♌ 30	15 ♋	4 ♊	19 ♈	2 ♋	9 ♍
12	20 ♉ 46	1 ♑ 22	1 ♌ 12	0 ♌ 0	7 ♉ 26	8 ♉ 13	23 ♋ 44	18 ♌ 15	25 ♊ 2	7 ♊ 49	1 ♎ 43	6 ♌ 31	15 ♋	5 ♊	19 ♈	2 ♋	9 ♍
13	21 ♉ 44	14 ♑ 59	1 ♌ 9	29 ♋ 57	7 ♉ 9	9 ♉ 27	24 ♋ 18	18 ♌ 20	25 ♊ 9	7 ♊ 53	1 ♎ 42	6 ♌ 31	16 ♋	5 ♊	20 ♈	3 ♋	9 ♍
14	22 ♉ 42	28 ♑ 45	1 ♌ 6	29 ♋ 56	6 ♉ 57	10 ♉ 41	24 ♋ 52	18 ♌ 25	25 ♊ 16	7 ♊ 56	1 ♎ 41	6 ♌ 32	16 ♋	6 ♊	20 ♈	3 ♋	9 ♍
15	23 ♉ 39	12 ♒ 39	1 ♌ 3	29 D 56	6 ♉ 49	11 ♉ 54	25 ♋ 26	18 ♌ 31	25 ♊ 23	8 ♊ 0	1 ♎ 40	6 ♌ 33	17 ♋	6 ♊	21 ♈	3 ♋	9 ♍
16	24 ♉ 37	26 ♒ 42	1 ♌ 0	29 R 56	6 ♉ 46	13 ♉ 8	26 ♋ 0	18 ♌ 36	25 ♊ 30	8 ♊ 3	1 ♎ 39	6 ♌ 33	17 ♋	7 ♊	21 ♈	4 ♋	9 ♍
17	25 ♉ 35	10 ♓ 53	0 ♌ 56	29 ♋ 55	6 D 48	14 ♉ 22	26 ♋ 34	18 ♌ 42	25 ♊ 37	8 ♊ 7	1 ♎ 39	6 ♌ 34	17 ♋	8 ♊	22 ♈	4 ♋	9 ♍
18	26 ♉ 33	25 ♓ 11	0 ♌ 53	29 ♋ 52	6 ♉ 54	15 ♉ 35	27 ♋ 9	18 ♌ 48	25 ♊ 44	8 ♊ 10	1 ♎ 38	6 ♌ 35	18 ♋	8 ♊	22 ♈	5 ♋	9 ♍
19	27 ♉ 31	9 ♈ 32	0 ♌ 50	29 ♋ 47	7 ♉ 4	16 ♉ 49	27 ♋ 43	18 ♌ 54	25 ♊ 51	8 ♊ 13	1 ♎ 37	6 ♌ 35	18 ♋	9 ♊	23 ♈	5 ♋	9 ♍
20	28 ♉ 28	23 ♈ 53	0 ♌ 47	29 ♋ 40	7 ♉ 19	18 ♉ 3	28 ♋ 17	19 ♌ 0	25 ♊ 58	8 ♊ 17	1 ♎ 36	6 ♌ 36	19 ♋	9 ♊	23 ♈	6 ♋	9 ♍
21	29 ♉ 26	8 ♉ 8	0 ♌ 44	29 ♋ 30	7 ♉ 39	19 ♉ 16	28 ♋ 52	19 ♌ 6	26 ♊ 6	8 ♊ 20	1 ♎ 36	6 ♌ 37	19 ♋	10 ♊	24 ♈	6 ♋	9 ♍
22	0 ♊ 24	22 ♉ 13	0 ♌ 41	29 ♋ 21	8 ♉ 3	20 ♉ 30	29 ♋ 26	19 ♌ 12	26 ♊ 13	8 ♊ 24	1 ♎ 35	6 ♌ 38	19 ♋	11 ♊	24 ♈	6 ♋	9 ♍
23	1 ♊ 22	6 ♊ 2	0 ♌ 37	29 ♋ 12	8 ♉ 31	21 ♉ 44	0 ♌ 1	19 ♌ 19	26 ♊ 20	8 ♊ 27	1 ♎ 34	6 ♌ 39	20 ♋	11 ♊	25 ♈	7 ♋	9 ♍
24	2 ♊ 19	19 ♊ 32	0 ♌ 34	29 ♋ 4	9 ♉ 3	22 ♉ 57	0 ♌ 35	19 ♌ 26	26 ♊ 28	8 ♊ 31	1 ♎ 34	6 ♌ 40	20 ♋	12 ♊	26 ♈	7 ♋	9 ♍
25	3 ♊ 17	2 ♋ 40	0 ♌ 31	28 ♋ 59	9 ♉ 39	24 ♉ 11	1 ♌ 10	19 ♌ 32	26 ♊ 35	8 ♊ 34	1 ♎ 33	6 ♌ 41	20 ♋	12 ♊	26 ♈	8 ♋	9 ♍
26	4 ♊ 15	15 ♋ 27	0 ♌ 28	28 ♋ 56	10 ♉ 19	25 ♉ 24	1 ♌ 44	19 ♌ 39	26 ♊ 42	8 ♊ 38	1 ♎ 32	6 ♌ 41	21 ♋	13 ♊	27 ♈	8 ♋	9 ♍
27	5 ♊ 12	27 ♋ 54	0 ♌ 25	28 ♋ 55	11 ♉ 3	26 ♉ 38	2 ♌ 19	19 ♌ 46	26 ♊ 50	8 ♊ 42	1 ♎ 32	6 ♌ 42	21 ♋	13 ♊	27 ♈	8 ♋	9 ♍
28	6 ♊ 10	10 ♌ 6	0 ♌ 21	28 D 56	11 ♉ 51	27 ♉ 52	2 ♌ 54	19 ♌ 54	26 ♊ 57	8 ♊ 45	1 ♎ 31	6 ♌ 43	22 ♋	14 ♊	28 ♈	9 ♋	9 ♍
29	7 ♊ 7	22 ♌ 5	0 ♌ 18	28 ♋ 57	12 ♉ 42	29 ♉ 5	3 ♌ 29	20 ♌ 1	27 ♊ 5	8 ♊ 49	1 ♎ 31	6 ♌ 44	22 ♋	15 ♊	28 ♈	9 ♋	9 ♍
30	8 ♊ 5	3 ♍ 57	0 ♌ 15	28 ♋ 58	13 ♉ 37	0 ♊ 19	4 ♌ 3	20 ♌ 8	27 ♊ 12	8 ♊ 52	1 ♎ 30	6 ♌ 45	23 ♋	15 ♊	29 ♈	10 ♋	9 ♍
31	9 ♊ 2	15 ♍ 48	0 ♌ 12	28 R 57	14 ♉ 35	1 ♊ 33	4 ♌ 38	20 ♌ 16	27 ♊ 20	8 ♊ 56	1 ♎ 30	6 ♌ 46	23 ♋	16 ♊	29 ♈	10 ♋	9 ♍

SUN INGRESS	☉→♊21日 13:51
MOON PHASE	○ 8日 16:28 ♏ ◑ 15日 20:12 ♒ ● 22日 15:12 ♊ ◐ 30日 09:06 ♍

aspects		
3日	02:10	☉☌☿
9日	03:56	☉□♃
10日	14:16	♀□♇
11日	11:44	☿☌♀
19日	12:31	☉⚹♂
20日	20:21	♀□♃
23日	05:10	☉△♆
25日	15:50	♂⚹♆
28日	14:14	☉⚹♇
30日	20:59	☉☌♅
30日	23:09	♀△♆

1944年6月

DAY	☉	☽	☊ mean	☊ true	☿	♀	♂	♃	♄	♅	♆	♇	⚳	⚴	⚵	⚶	⚷
	° ′	° ′	° ′	° ′	° ′	° ′	° ′	° ′	° ′	° ′	° ′	° ′	°	°	°	°	°
1	10 ♊ 0	27 ♍ 41	0 ♌ 9	28 R 56	15 D 36	2 D 46	5 D 13	20 D 24	27 D 27	8 D 59	1 R 30	6 D 47	23 D	16 D	0 D	10 D	9 D
2	10 ♊ 57	9 ♎ 43	0 ♌ 6	28 ♋ 52	16 ♉ 41	4 ♊ 0	5 ♌ 48	20 ♌ 32	27 ♊ 35	9 ♊ 3	1 ♎ 29	6 ♌ 48	24 ♋	17 ♊	0 ♉	11 ♋	9 ♍
3	11 ♊ 55	21 ♎ 57	0 ♌ 2	28 ♋ 46	17 ♉ 49	5 ♊ 13	6 ♌ 23	20 ♌ 40	27 ♊ 43	9 ♊ 6	1 ♎ 29	6 ♌ 50	24 ♋	18 ♊	1 ♉	11 ♋	9 ♍
4	12 ♊ 52	4 ♏ 26	29 ♋ 59	28 ♋ 39	18 ♉ 59	6 ♊ 27	6 ♌ 58	20 ♌ 48	27 ♊ 50	9 ♊ 10	1 ♎ 29	6 ♌ 51	25 ♋	18 ♊	1 ♉	12 ♋	10 ♍
5	13 ♊ 50	17 ♏ 13	29 ♋ 56	28 ♋ 32	20 ♉ 13	7 ♊ 41	7 ♌ 33	20 ♌ 56	27 ♊ 58	9 ♊ 13	1 ♎ 28	6 ♌ 52	25 ♋	19 ♊	2 ♉	12 ♋	10 ♍
6	14 ♊ 47	0 ♐ 18	29 ♋ 53	28 ♋ 24	21 ♉ 30	8 ♊ 54	8 ♌ 9	21 ♌ 4	28 ♊ 5	9 ♊ 17	1 ♎ 28	6 ♌ 53	25 ♋	19 ♊	2 ♉	13 ♋	10 ♍
7	15 ♊ 44	13 ♐ 40	29 ♋ 50	28 ♋ 18	22 ♉ 50	10 ♊ 8	8 ♌ 44	21 ♌ 13	28 ♊ 13	9 ♊ 20	1 ♎ 28	6 ♌ 54	26 ♋	20 ♊	3 ♉	13 ♋	10 ♍
8	16 ♊ 42	27 ♐ 18	29 ♋ 47	28 ♋ 13	24 ♉ 13	11 ♊ 22	9 ♌ 19	21 ♌ 21	28 ♊ 21	9 ♊ 24	1 ♎ 28	6 ♌ 55	26 ♋	21 ♊	4 ♉	13 ♋	10 ♍
9	17 ♊ 39	11 ♑ 9	29 ♋ 43	28 ♋ 10	25 ♉ 38	12 ♊ 35	9 ♌ 54	21 ♌ 30	28 ♊ 29	9 ♊ 27	1 ♎ 28	6 ♌ 57	27 ♋	21 ♊	4 ♉	14 ♋	10 ♍
10	18 ♊ 37	25 ♑ 10	29 ♋ 40	28 ♋ 9	27 ♉ 7	13 ♊ 49	10 ♌ 30	21 ♌ 39	28 ♊ 36	9 ♊ 31	1 ♎ 27	6 ♌ 58	27 ♋	22 ♊	5 ♉	14 ♋	10 ♍
11	19 ♊ 34	9 ♒ 18	29 ♋ 37	28 D 9	28 ♉ 38	15 ♊ 2	11 ♌ 5	21 ♌ 47	28 ♊ 44	9 ♊ 34	1 ♎ 27	6 ♌ 59	27 ♋	22 ♊	5 ♉	15 ♋	10 ♍
12	20 ♊ 31	23 ♒ 30	29 ♋ 34	28 ♋ 10	0 ♊ 12	16 ♊ 16	11 ♌ 40	21 ♌ 56	28 ♊ 52	9 ♊ 38	1 ♎ 27	7 ♌ 0	28 ♋	23 ♊	6 ♉	15 ♋	10 ♍
13	21 ♊ 29	7 ♓ 43	29 ♋ 31	28 ♋ 12	1 ♊ 49	17 ♊ 30	12 ♌ 16	22 ♌ 6	29 ♊ 0	9 ♊ 41	1 D 27	7 ♌ 2	28 ♋	24 ♊	6 ♉	16 ♋	10 ♍
14	22 ♊ 26	21 ♓ 55	29 ♋ 27	28 ♋ 12	3 ♊ 29	18 ♊ 43	12 ♌ 51	22 ♌ 15	29 ♊ 7	9 ♊ 45	1 ♎ 27	7 ♌ 3	29 ♋	24 ♊	7 ♉	16 ♋	10 ♍
15	23 ♊ 23	6 ♈ 5	29 ♋ 24	28 R 12	5 ♊ 12	19 ♊ 57	13 ♌ 27	22 ♌ 24	29 ♊ 15	9 ♊ 48	1 ♎ 27	7 ♌ 4	29 ♋	25 ♊	7 ♉	16 ♋	10 ♍
16	24 ♊ 20	20 ♈ 10	29 ♋ 21	28 ♋ 9	6 ♊ 57	21 ♊ 11	14 ♌ 2	22 ♌ 33	29 ♊ 23	9 ♊ 52	1 ♎ 28	7 ♌ 6	0 ♌	25 ♊	8 ♉	17 ♋	10 ♍
17	25 ♊ 18	4 ♉ 8	29 ♋ 18	28 ♋ 6	8 ♊ 45	22 ♊ 24	14 ♌ 38	22 ♌ 43	29 ♊ 31	9 ♊ 55	1 ♎ 28	7 ♌ 7	0 ♌	26 ♊	8 ♉	17 ♋	10 ♍
18	26 ♊ 15	17 ♉ 57	29 ♋ 15	28 ♋ 1	10 ♊ 35	23 ♊ 38	15 ♌ 14	22 ♌ 52	29 ♊ 38	9 ♊ 58	1 ♎ 28	7 ♌ 8	0 ♌	27 ♊	9 ♉	18 ♋	10 ♍
19	27 ♊ 12	1 ♊ 35	29 ♋ 12	27 ♋ 57	12 ♊ 28	24 ♊ 52	15 ♌ 49	23 ♌ 2	29 ♊ 46	10 ♊ 2	1 ♎ 28	7 ♌ 10	1 ♌	27 ♊	9 ♉	18 ♋	10 ♍
20	28 ♊ 10	14 ♊ 59	29 ♋ 8	27 ♋ 52	14 ♊ 24	26 ♊ 6	16 ♌ 25	23 ♌ 12	29 ♊ 54	10 ♊ 5	1 ♎ 28	7 ♌ 11	1 ♌	28 ♊	10 ♉	19 ♋	11 ♍
21	29 ♊ 7	28 ♊ 7	29 ♋ 5	27 ♋ 49	16 ♊ 22	27 ♊ 19	17 ♌ 1	23 ♌ 22	0 ♋ 2	10 ♊ 9	1 ♎ 28	7 ♌ 13	2 ♌	28 ♊	10 ♉	19 ♋	11 ♍
22	0 ♋ 4	10 ♋ 59	29 ♋ 2	27 ♋ 46	18 ♊ 22	28 ♊ 33	17 ♌ 37	23 ♌ 32	0 ♋ 10	10 ♊ 12	1 ♎ 29	7 ♌ 14	2 ♌	29 ♊	11 ♉	20 ♋	11 ♍
23	1 ♋ 1	23 ♋ 34	28 ♋ 59	27 ♋ 45	20 ♊ 25	29 ♊ 47	18 ♌ 13	23 ♌ 42	0 ♋ 17	10 ♊ 15	1 ♎ 29	7 ♌ 15	3 ♌	0 ♋	11 ♉	20 ♋	11 ♍
24	1 ♋ 59	5 ♌ 55	28 ♋ 56	27 D 45	22 ♊ 29	1 ♋ 0	18 ♌ 48	23 ♌ 52	0 ♋ 25	10 ♊ 19	1 ♎ 29	7 ♌ 17	3 ♌	0 ♋	12 ♉	20 ♋	11 ♍
25	2 ♋ 56	18 ♌ 3	28 ♋ 53	27 ♋ 46	24 ♊ 35	2 ♋ 14	19 ♌ 24	24 ♌ 2	0 ♋ 33	10 ♊ 22	1 ♎ 30	7 ♌ 18	3 ♌	1 ♋	13 ♉	21 ♋	11 ♍
26	3 ♋ 53	0 ♍ 1	28 ♋ 49	27 ♋ 48	26 ♊ 42	3 ♋ 28	20 ♌ 0	24 ♌ 13	0 ♋ 41	10 ♊ 25	1 ♎ 30	7 ♌ 20	4 ♌	1 ♋	13 ♉	21 ♋	11 ♍
27	4 ♋ 50	11 ♍ 53	28 ♋ 46	27 ♋ 50	28 ♊ 51	4 ♋ 41	20 ♌ 36	24 ♌ 23	0 ♋ 49	10 ♊ 29	1 ♎ 31	7 ♌ 21	4 ♌	2 ♋	14 ♉	22 ♋	11 ♍
28	5 ♋ 48	23 ♍ 44	28 ♋ 43	27 ♋ 51	1 ♋ 1	5 ♋ 55	21 ♌ 12	24 ♌ 33	0 ♋ 56	10 ♊ 32	1 ♎ 31	7 ♌ 23	5 ♌	3 ♋	14 ♉	22 ♋	11 ♍
29	6 ♋ 45	5 ♎ 38	28 ♋ 40	27 ♋ 51	3 ♋ 11	7 ♋ 9	21 ♌ 49	24 ♌ 44	1 ♋ 4	10 ♊ 35	1 ♎ 32	7 ♌ 24	5 ♌	3 ♋	15 ♉	23 ♋	11 ♍
30	7 ♋ 42	17 ♎ 40	28 ♋ 37	27 R 51	5 ♋ 22	8 ♋ 23	22 ♌ 25	24 ♌ 55	1 ♋ 12	10 ♊ 38	1 ♎ 32	7 ♌ 26	6 ♌	4 ♋	15 ♉	23 ♋	11 ♍

SUN INGRESS	☉→♋21日 22:02
MOON PHASE	○ 7日 03:58 ♐ ◑ 14日 00:56 ♓ ● 21日 02:00 ♊ ◐ 29日 02:27 ♎

aspects		
3日	18:39	♂☌♇
4日	07:50	♀⚹♇
4日	19:26	♀⚹♂
5日	15:03	☿□♃
6日	07:41	♀☌♅
8日	03:40	♂⚹♅
12日	18:38	☿△♆
13日	18:27	☉⚹♃
16日	02:01	☿⚹♇
17日	06:55	♀⚹♃
17日	15:50	☿☌♅
21日	11:06	☿⚹♂
22日	02:40	☉☌♄
23日	11:14	☿☌♄
23日	11:38	☉□♆
24日	09:31	♀□♆
24日	17:15	☿⚹♃
27日	12:57	☉☌♀
27日	23:08	♀☌♄
28日	05:36	☿□♆

1944年7月

DAY	☉	☽	☊ mean	☊ true	☿	♀	♂	♃	♄	♅	♆	♇	⚳	⚴	⚵	⚶	⚷
	° ′	° ′	° ′	° ′	° ′	° ′	° ′	° ′	° ′	° ′	° ′	° ′	°	°	°	°	°
1	8 ♋ 39	29 ♎ 54	28 ♋ 33	27 R 50	7 D 33	9 D 36	23 D 1	25 D 5	1 D 20	10 D 42	1 D 33	7 D 27	6 D	4 D	16 D	23 D	11 D
2	9 ♋ 36	12 ♏ 26	28 ♋ 30	27 ♋ 48	9 ♋ 44	10 ♋ 50	23 ♌ 37	25 ♌ 16	1 ♋ 28	10 ♊ 45	1 ♎ 33	7 ♌ 29	7 ♌	5 ♋	16 ♉	24 ♋	12 ♍
3	10 ♋ 34	25 ♏ 17	28 ♋ 27	27 ♋ 46	11 ♋ 54	12 ♋ 4	24 ♌ 13	25 ♌ 27	1 ♋ 35	10 ♊ 48	1 ♎ 34	7 ♌ 31	7 ♌	6 ♋	17 ♉	24 ♋	12 ♍
4	11 ♋ 31	8 ♐ 30	28 ♋ 24	27 ♋ 43	14 ♋ 4	13 ♋ 18	24 ♌ 50	25 ♌ 38	1 ♋ 43	10 ♊ 51	1 ♎ 35	7 ♌ 32	7 ♌	6 ♋	17 ♉	25 ♋	12 ♍
5	12 ♋ 28	22 ♐ 5	28 ♋ 21	27 ♋ 41	16 ♋ 12	14 ♋ 31	25 ♌ 26	25 ♌ 49	1 ♋ 51	10 ♊ 54	1 ♎ 35	7 ♌ 34	8 ♌	7 ♋	18 ♉	25 ♋	12 ♍
6	13 ♋ 25	6 ♑ 1	28 ♋ 18	27 ♋ 40	18 ♋ 20	15 ♋ 45	26 ♌ 2	26 ♌ 0	1 ♋ 58	10 ♊ 57	1 ♎ 36	7 ♌ 35	8 ♌	7 ♋	18 ♉	26 ♋	12 ♍
7	14 ♋ 22	20 ♑ 15	28 ♋ 14	27 ♋ 39	20 ♋ 26	16 ♋ 59	26 ♌ 39	26 ♌ 11	2 ♋ 6	11 ♊ 1	1 ♎ 37	7 ♌ 37	9 ♌	8 ♋	19 ♉	26 ♋	12 ♍
8	15 ♋ 20	4 ♒ 41	28 ♋ 11	27 D 39	22 ♋ 31	18 ♋ 13	27 ♌ 15	26 ♌ 22	2 ♋ 14	11 ♊ 4	1 ♎ 38	7 ♌ 39	9 ♌	9 ♋	19 ♉	27 ♋	12 ♍
9	16 ♋ 17	19 ♒ 15	28 ♋ 8	27 ♋ 40	24 ♋ 35	19 ♋ 27	27 ♌ 52	26 ♌ 34	2 ♋ 22	11 ♊ 7	1 ♎ 38	7 ♌ 40	10 ♌	9 ♋	20 ♉	27 ♋	12 ♍
10	17 ♋ 14	3 ♓ 51	28 ♋ 5	27 ♋ 41	26 ♋ 37	20 ♋ 40	28 ♌ 28	26 ♌ 45	2 ♋ 29	11 ♊ 10	1 ♎ 39	7 ♌ 42	10 ♌	10 ♋	20 ♉	27 ♋	12 ♍
11	18 ♋ 11	18 ♓ 24	28 ♋ 2	27 ♋ 41	28 ♋ 37	21 ♋ 54	29 ♌ 5	26 ♌ 56	2 ♋ 37	11 ♊ 13	1 ♎ 40	7 ♌ 44	11 ♌	10 ♋	21 ♉	28 ♋	12 ♍
12	19 ♋ 8	2 ♈ 48	27 ♋ 59	27 ♋ 42	0 ♌ 35	23 ♋ 8	29 ♌ 41	27 ♌ 8	2 ♋ 44	11 ♊ 16	1 ♎ 41	7 ♌ 45	11 ♌	11 ♋	21 ♉	28 ♋	13 ♍
13	20 ♋ 5	17 ♈ 0	27 ♋ 55	27 ♋ 42	2 ♌ 32	24 ♋ 22	0 ♍ 18	27 ♌ 19	2 ♋ 52	11 ♊ 19	1 ♎ 42	7 ♌ 47	11 ♌	12 ♋	22 ♉	29 ♋	13 ♍
14	21 ♋ 3	0 ♉ 59	27 ♋ 52	27 R 42	4 ♌ 27	25 ♋ 36	0 ♍ 55	27 ♌ 31	3 ♋ 0	11 ♊ 22	1 ♎ 43	7 ♌ 49	12 ♌	12 ♋	23 ♉	29 ♋	13 ♍
15	22 ♋ 0	14 ♉ 44	27 ♋ 49	27 ♋ 42	6 ♌ 20	26 ♋ 49	1 ♍ 31	27 ♌ 43	3 ♋ 7	11 ♊ 24	1 ♎ 44	7 ♌ 50	12 ♌	13 ♋	23 ♉	0 ♌	13 ♍
16	22 ♋ 57	28 ♉ 13	27 ♋ 46	27 ♋ 41	8 ♌ 11	28 ♋ 3	2 ♍ 8	27 ♌ 54	3 ♋ 15	11 ♊ 27	1 ♎ 45	7 ♌ 52	13 ♌	13 ♋	24 ♉	0 ♌	13 ♍
17	23 ♋ 54	11 ♊ 28	27 ♋ 43	27 ♋ 41	10 ♌ 0	29 ♋ 17	2 ♍ 45	28 ♌ 6	3 ♋ 22	11 ♊ 30	1 ♎ 46	7 ♌ 54	13 ♌	14 ♋	24 ♉	1 ♌	13 ♍
18	24 ♋ 52	24 ♊ 27	27 ♋ 39	27 ♋ 40	11 ♌ 48	0 ♌ 31	3 ♍ 22	28 ♌ 18	3 ♋ 30	11 ♊ 33	1 ♎ 47	7 ♌ 55	14 ♌	15 ♋	25 ♉	1 ♌	13 ♍
19	25 ♋ 49	7 ♋ 13	27 ♋ 36	27 ♋ 40	13 ♌ 34	1 ♌ 45	3 ♍ 59	28 ♌ 30	3 ♋ 37	11 ♊ 36	1 ♎ 48	7 ♌ 57	14 ♌	15 ♋	25 ♉	1 ♌	13 ♍
20	26 ♋ 46	19 ♋ 46	27 ♋ 33	27 ♋ 40	15 ♌ 17	2 ♌ 59	4 ♍ 36	28 ♌ 42	3 ♋ 45	11 ♊ 38	1 ♎ 49	7 ♌ 59	15 ♌	16 ♋	26 ♉	2 ♌	13 ♍
21	27 ♋ 44	2 ♌ 7	27 ♋ 30	27 D 40	16 ♌ 59	4 ♌ 13	5 ♍ 12	28 ♌ 54	3 ♋ 52	11 ♊ 41	1 ♎ 51	8 ♌ 1	15 ♌	16 ♋	26 ♉	2 ♌	14 ♍
22	28 ♋ 41	14 ♌ 17	27 ♋ 27	27 R 40	18 ♌ 39	5 ♌ 26	5 ♍ 49	29 ♌ 6	3 ♋ 59	11 ♊ 44	1 ♎ 52	8 ♌ 2	15 ♌	17 ♋	27 ♉	3 ♌	14 ♍
23	29 ♋ 38	26 ♌ 18	27 ♋ 24	27 ♋ 40	20 ♌ 18	6 ♌ 40	6 ♍ 27	29 ♌ 18	4 ♋ 7	11 ♊ 46	1 ♎ 53	8 ♌ 4	16 ♌	18 ♋	27 ♉	3 ♌	14 ♍
24	0 ♌ 35	8 ♍ 13	27 ♋ 20	27 ♋ 40	21 ♌ 54	7 ♌ 54	7 ♍ 4	29 ♌ 30	4 ♋ 14	11 ♊ 49	1 ♎ 54	8 ♌ 6	16 ♌	18 ♋	28 ♉	4 ♌	14 ♍
25	1 ♌ 33	20 ♍ 4	27 ♋ 17	27 ♋ 39	23 ♌ 29	9 ♌ 8	7 ♍ 41	29 ♌ 42	4 ♋ 21	11 ♊ 52	1 ♎ 55	8 ♌ 8	17 ♌	19 ♋	28 ♉	4 ♌	14 ♍
26	2 ♌ 30	1 ♎ 54	27 ♋ 14	27 ♋ 39	25 ♌ 1	10 ♌ 22	8 ♍ 18	29 ♌ 54	4 ♋ 28	11 ♊ 54	1 ♎ 57	8 ♌ 9	17 ♌	19 ♋	29 ♉	5 ♌	14 ♍
27	3 ♌ 27	13 ♎ 48	27 ♋ 11	27 ♋ 38	26 ♌ 32	11 ♌ 36	8 ♍ 55	0 ♍ 7	4 ♋ 36	11 ♊ 57	1 ♎ 58	8 ♌ 11	18 ♌	20 ♋	29 ♉	5 ♌	14 ♍
28	4 ♌ 25	25 ♎ 49	27 ♋ 8	27 ♋ 38	28 ♌ 1	12 ♌ 50	9 ♍ 32	0 ♍ 19	4 ♋ 43	11 ♊ 59	1 ♎ 59	8 ♌ 13	18 ♌	21 ♋	0 ♊	6 ♌	14 ♍
29	5 ♌ 22	8 ♏ 1	27 ♋ 5	27 D 38	29 ♌ 28	14 ♌ 4	10 ♍ 10	0 ♍ 31	4 ♋ 50	12 ♊ 2	2 ♎ 1	8 ♌ 15	19 ♌	21 ♋	0 ♊	6 ♌	14 ♍
30	6 ♌ 20	20 ♏ 30	27 ♋ 1	27 ♋ 38	0 ♍ 54	15 ♌ 18	10 ♍ 47	0 ♍ 44	4 ♋ 57	12 ♊ 4	2 ♎ 2	8 ♌ 16	19 ♌	22 ♋	1 ♊	6 ♌	15 ♍
31	7 ♌ 17	3 ♐ 19	26 ♋ 58	27 ♋ 39	2 ♍ 17	16 ♌ 32	11 ♍ 24	0 ♍ 56	5 ♋ 4	12 ♊ 6	2 ♎ 4	8 ♌ 18	20 ♌	22 ♋	1 ♊	7 ♌	15 ♍
SUN INGRESS	☉ → ♌ 23日 08:56																
MOON PHASE	○ 6日 13:27 ♑	◑ 13日 05:39 ♈	● 20日 14:42 ♋	◐ 28日 18:23 ♏													

aspects		
1日	21:38	☉☌☿
2日	19:21	♄□♆
3日	04:16	☿☌♀
5日	21:45	♂☌♃
12日	13:34	☿⚹♆
15日	19:48	☿☌♇
17日	20:32	☿⚹♅
18日	06:28	♂⚹♄
19日	01:07	♀⚹♆
24日	03:51	♀☌♇
25日	09:43	☉⚹♆
27日	06:56	♀⚹♅
29日	20:43	☿☌♃

1944年8月

DAY	☉	☽	☊ mean	☊ true	☿	♀	♂	♃	♄	♅	♆	♇	⚳	⚴	⚵	⚶	⚷
	° ′	° ′	° ′	° ′	° ′	° ′	° ′	° ′	° ′	° ′	° ′	° ′	°	°	°	°	°
1	8 ♌ 14	16 ♐ 32	26 ♋ 55	27 D 39	3 D 38	17 D 46	12 D 2	1 D 9	5 D 11	12 D 9	2 D 5	8 D 20	20 D	23 D	2 D	7 D	15 D
2	9 ♌ 12	0 ♑ 10	26 ♋ 52	27 ♋ 40	4 ♍ 57	19 ♌ 0	12 ♍ 39	1 ♍ 21	5 ♋ 18	12 ♊ 11	2 ♎ 7	8 ♌ 22	20 ♌	24 ♋	2 ♊	8 ♌	15 ♍
3	10 ♌ 9	14 ♑ 13	26 ♋ 49	27 ♋ 41	6 ♍ 15	20 ♌ 13	13 ♍ 16	1 ♍ 34	5 ♋ 25	12 ♊ 13	2 ♎ 8	8 ♌ 23	21 ♌	24 ♋	3 ♊	8 ♌	15 ♍
4	11 ♌ 7	28 ♑ 40	26 ♋ 45	27 R 41	7 ♍ 30	21 ♌ 27	13 ♍ 54	1 ♍ 46	5 ♋ 32	12 ♊ 15	2 ♎ 10	8 ♌ 25	21 ♌	25 ♋	3 ♊	9 ♌	15 ♍
5	12 ♌ 4	13 ♒ 26	26 ♋ 42	27 ♋ 41	8 ♍ 43	22 ♌ 41	14 ♍ 31	1 ♍ 59	5 ♋ 39	12 ♊ 17	2 ♎ 11	8 ♌ 27	22 ♌	25 ♋	4 ♊	9 ♌	15 ♍
6	13 ♌ 1	28 ♒ 23	26 ♋ 39	27 ♋ 40	9 ♍ 54	23 ♌ 55	15 ♍ 9	2 ♍ 11	5 ♋ 45	12 ♊ 20	2 ♎ 13	8 ♌ 29	22 ♌	26 ♋	4 ♊	10 ♌	15 ♍
7	13 ♌ 59	13 ♓ 23	26 ♋ 36	27 ♋ 38	11 ♍ 2	25 ♌ 9	15 ♍ 47	2 ♍ 24	5 ♋ 52	12 ♊ 22	2 ♎ 14	8 ♌ 30	23 ♌	27 ♋	5 ♊	10 ♌	16 ♍
8	14 ♌ 56	28 ♓ 19	26 ♋ 33	27 ♋ 36	12 ♍ 8	26 ♌ 23	16 ♍ 24	2 ♍ 37	5 ♋ 59	12 ♊ 24	2 ♎ 16	8 ♌ 32	23 ♌	27 ♋	5 ♊	11 ♌	16 ♍
9	15 ♌ 54	13 ♈ 1	26 ♋ 30	27 ♋ 34	13 ♍ 12	27 ♌ 37	17 ♍ 2	2 ♍ 49	6 ♋ 5	12 ♊ 26	2 ♎ 18	8 ♌ 34	24 ♌	28 ♋	6 ♊	11 ♌	16 ♍
10	16 ♌ 51	27 ♈ 26	26 ♋ 26	27 ♋ 32	14 ♍ 13	28 ♌ 51	17 ♍ 40	3 ♍ 2	6 ♋ 12	12 ♊ 28	2 ♎ 19	8 ♌ 36	24 ♌	28 ♋	6 ♊	11 ♌	16 ♍
11	17 ♌ 49	11 ♉ 29	26 ♋ 23	27 ♋ 32	15 ♍ 11	0 ♍ 5	18 ♍ 17	3 ♍ 15	6 ♋ 18	12 ♊ 30	2 ♎ 21	8 ♌ 37	25 ♌	29 ♋	7 ♊	12 ♌	16 ♍
12	18 ♌ 47	25 ♉ 10	26 ♋ 20	27 D 32	16 ♍ 6	1 ♍ 19	18 ♍ 55	3 ♍ 28	6 ♋ 25	12 ♊ 31	2 ♎ 23	8 ♌ 39	25 ♌	0 ♌	7 ♊	12 ♌	16 ♍
13	19 ♌ 44	8 ♊ 29	26 ♋ 17	27 ♋ 32	16 ♍ 59	2 ♍ 33	19 ♍ 33	3 ♍ 40	6 ♋ 31	12 ♊ 33	2 ♎ 24	8 ♌ 41	25 ♌	0 ♌	8 ♊	13 ♌	16 ♍
14	20 ♌ 42	21 ♊ 28	26 ♋ 14	27 ♋ 34	17 ♍ 48	3 ♍ 47	20 ♍ 11	3 ♍ 53	6 ♋ 38	12 ♊ 35	2 ♎ 26	8 ♌ 42	26 ♌	1 ♌	8 ♊	13 ♌	17 ♍
15	21 ♌ 39	4 ♋ 10	26 ♋ 11	27 ♋ 35	18 ♍ 34	5 ♍ 1	20 ♍ 49	4 ♍ 6	6 ♋ 44	12 ♊ 37	2 ♎ 28	8 ♌ 44	26 ♌	1 ♌	9 ♊	14 ♌	17 ♍
16	22 ♌ 37	16 ♋ 38	26 ♋ 7	27 ♋ 37	19 ♍ 17	6 ♍ 15	21 ♍ 27	4 ♍ 19	6 ♋ 50	12 ♊ 39	2 ♎ 30	8 ♌ 46	27 ♌	2 ♌	9 ♊	14 ♌	17 ♍
17	23 ♌ 35	28 ♋ 55	26 ♋ 4	27 R 37	19 ♍ 56	7 ♍ 29	22 ♍ 5	4 ♍ 32	6 ♋ 57	12 ♊ 40	2 ♎ 32	8 ♌ 48	27 ♌	2 ♌	10 ♊	15 ♌	17 ♍
18	24 ♌ 33	11 ♌ 2	26 ♋ 1	27 ♋ 36	20 ♍ 31	8 ♍ 43	22 ♍ 43	4 ♍ 45	7 ♋ 3	12 ♊ 42	2 ♎ 33	8 ♌ 49	28 ♌	3 ♌	10 ♊	15 ♌	17 ♍
19	25 ♌ 30	23 ♌ 2	25 ♋ 58	27 ♋ 34	21 ♍ 2	9 ♍ 57	23 ♍ 21	4 ♍ 58	7 ♋ 9	12 ♊ 43	2 ♎ 35	8 ♌ 51	28 ♌	4 ♌	11 ♊	16 ♌	17 ♍
20	26 ♌ 28	4 ♍ 57	25 ♋ 55	27 ♋ 31	21 ♍ 28	11 ♍ 11	23 ♍ 59	5 ♍ 11	7 ♋ 15	12 ♊ 45	2 ♎ 37	8 ♌ 53	29 ♌	4 ♌	11 ♊	16 ♌	17 ♍
21	27 ♌ 26	16 ♍ 48	25 ♋ 51	27 ♋ 26	21 ♍ 50	12 ♍ 25	24 ♍ 37	5 ♍ 24	7 ♋ 21	12 ♊ 46	2 ♎ 39	8 ♌ 54	29 ♌	5 ♌	12 ♊	16 ♌	17 ♍
22	28 ♌ 24	28 ♍ 38	25 ♋ 48	27 ♋ 20	22 ♍ 7	13 ♍ 39	25 ♍ 16	5 ♍ 37	7 ♋ 27	12 ♊ 48	2 ♎ 41	8 ♌ 56	0 ♍	5 ♌	12 ♊	17 ♌	18 ♍
23	29 ♌ 21	10 ♎ 29	25 ♋ 45	27 ♋ 15	22 ♍ 20	14 ♍ 53	25 ♍ 54	5 ♍ 50	7 ♋ 32	12 ♊ 49	2 ♎ 43	8 ♌ 58	0 ♍	6 ♌	13 ♊	17 ♌	18 ♍
24	0 ♍ 19	22 ♎ 23	25 ♋ 42	27 ♋ 10	22 ♍ 26	16 ♍ 7	26 ♍ 32	6 ♍ 3	7 ♋ 38	12 ♊ 51	2 ♎ 45	8 ♌ 59	0 ♍	7 ♌	13 ♊	18 ♌	18 ♍
25	1 ♍ 17	4 ♏ 24	25 ♋ 39	27 ♋ 5	22 R 28	17 ♍ 21	27 ♍ 11	6 ♍ 16	7 ♋ 44	12 ♊ 52	2 ♎ 47	9 ♌ 1	1 ♍	7 ♌	14 ♊	18 ♌	18 ♍
26	2 ♍ 15	16 ♏ 36	25 ♋ 36	27 ♋ 3	22 ♍ 23	18 ♍ 35	27 ♍ 49	6 ♍ 29	7 ♋ 50	12 ♊ 53	2 ♎ 49	9 ♌ 3	1 ♍	8 ♌	14 ♊	19 ♌	18 ♍
27	3 ♍ 13	29 ♏ 1	25 ♋ 32	27 ♋ 1	22 ♍ 13	19 ♍ 49	28 ♍ 27	6 ♍ 42	7 ♋ 55	12 ♊ 54	2 ♎ 51	9 ♌ 4	2 ♍	8 ♌	14 ♊	19 ♌	18 ♍
28	4 ♍ 11	11 ♐ 45	25 ♋ 29	27 D 2	21 ♍ 56	21 ♍ 3	29 ♍ 6	6 ♍ 55	8 ♋ 1	12 ♊ 55	2 ♎ 53	9 ♌ 6	2 ♍	9 ♌	15 ♊	20 ♌	18 ♍
29	5 ♍ 9	24 ♐ 51	25 ♋ 26	27 ♋ 3	21 ♍ 34	22 ♍ 17	29 ♍ 44	7 ♍ 8	8 ♋ 6	12 ♊ 56	2 ♎ 55	9 ♌ 8	3 ♍	9 ♌	15 ♊	20 ♌	19 ♍
30	6 ♍ 7	8 ♑ 23	25 ♋ 23	27 ♋ 4	21 ♍ 5	23 ♍ 31	0 ♎ 23	7 ♍ 21	8 ♋ 11	12 ♊ 57	2 ♎ 57	9 ♌ 9	3 ♍	10 ♌	16 ♊	21 ♌	19 ♍
31	7 ♍ 5	22 ♑ 23	25 ♋ 20	27 ♋ 5	20 ♍ 31	24 ♍ 44	1 ♎ 2	7 ♍ 34	8 ♋ 17	12 ♊ 58	2 ♎ 59	9 ♌ 11	4 ♍	11 ♌	16 ♊	21 ♌	19 ♍
SUN INGRESS	☉ → ♍ 23日 15:46																
MOON PHASE	○ 4日 21:39 ♒	◑ 11日 11:52 ♉	● 19日 05:25 ♌	◐ 27日 08:39 ♐													

aspects		
1日	02:23	☉☌♇
1日	04:48	♂□♅
2日	06:56	☿⚹♄
5日	05:52	☉⚹♅
8日	05:59	☿□♅
14日	02:32	♀☌♃
16日	12:35	♀⚹♄
21日	07:09	♀□♅
28日	13:35	☿☌♀
31日	15:23	☉☌♃

1944年9月

DAY	☉	☽	☊		☿	♀	♂	♃	♄	♅	♆	♇	⚳	⚴	⚵	⚶	⚷
			mean	true													
	° ′	° ′	° ′	° ′	° ′	° ′	° ′	° ′	° ′	° ′	° ′	° ′	°	°	°	°	°
1	8 ♍ 3	6 ♒ 49	25 ♋ 16	27 R 5	19 R 51	25 D 58	1 D 40	7 D 47	8 D 22	12 D 59	3 D 1	9 D 12	4 D	11 D	17 D	21 D	19 D
2	9 ♍ 1	21 ♒ 40	25 ♋ 13	27 ♋ 3	19 ♍ 6	27 ♍ 12	2 ♎ 19	8 ♍ 0	8 ♋ 27	13 ♊ 0	3 ♎ 3	9 ♌ 14	5 ♍	12 ♌	17 ♊	22 ♌	19 ♍
3	9 ♍ 59	6 ♓ 48	25 ♋ 10	26 ♋ 59	18 ♍ 16	28 ♍ 26	2 ♎ 58	8 ♍ 13	8 ♋ 32	13 ♊ 1	3 ♎ 5	9 ♌ 15	5 ♍	12 ♌	18 ♊	22 ♌	19 ♍
4	10 ♍ 57	22 ♓ 4	25 ♋ 7	26 ♋ 53	17 ♍ 23	29 ♍ 40	3 ♎ 36	8 ♍ 26	8 ♋ 37	13 ♊ 2	3 ♎ 7	9 ♌ 17	6 ♍	13 ♌	18 ♊	23 ♌	19 ♍
5	11 ♍ 55	7 ♈ 18	25 ♋ 4	26 ♋ 47	16 ♍ 26	0 ♎ 54	4 ♎ 15	8 ♍ 39	8 ♋ 42	13 ♊ 3	3 ♎ 9	9 ♌ 18	6 ♍	13 ♌	19 ♊	23 ♌	20 ♍
6	12 ♍ 54	22 ♈ 19	25 ♋ 1	26 ♋ 40	15 ♍ 28	2 ♎ 8	4 ♎ 54	8 ♍ 52	8 ♋ 47	13 ♊ 3	3 ♎ 11	9 ♌ 20	6 ♍	14 ♌	19 ♊	24 ♌	20 ♍
7	13 ♍ 52	6 ♉ 59	24 ♋ 57	26 ♋ 34	14 ♍ 28	3 ♎ 22	5 ♎ 33	9 ♍ 5	8 ♋ 51	13 ♊ 4	3 ♎ 13	9 ♌ 21	7 ♍	14 ♌	19 ♊	24 ♌	20 ♍
8	14 ♍ 50	21 ♉ 13	24 ♋ 54	26 ♋ 30	13 ♍ 30	4 ♎ 36	6 ♎ 12	9 ♍ 18	8 ♋ 56	13 ♊ 5	3 ♎ 16	9 ♌ 23	7 ♍	15 ♌	20 ♊	25 ♌	20 ♍
9	15 ♍ 48	4 ♊ 58	24 ♋ 51	26 ♋ 28	12 ♍ 33	5 ♎ 50	6 ♎ 51	9 ♍ 31	9 ♋ 1	13 ♊ 5	3 ♎ 18	9 ♌ 24	8 ♍	16 ♌	20 ♊	25 ♌	20 ♍
10	16 ♍ 47	18 ♊ 16	24 ♋ 48	26 D 27	11 ♍ 40	7 ♎ 4	7 ♎ 30	9 ♍ 44	9 ♋ 5	13 ♊ 6	3 ♎ 20	9 ♌ 26	8 ♍	16 ♌	21 ♊	26 ♌	20 ♍
11	17 ♍ 45	1 ♋ 10	24 ♋ 45	26 ♋ 28	10 ♍ 51	8 ♎ 18	8 ♎ 9	9 ♍ 57	9 ♋ 10	13 ♊ 6	3 ♎ 22	9 ♌ 27	9 ♍	17 ♌	21 ♊	26 ♌	20 ♍
12	18 ♍ 43	13 ♋ 44	24 ♋ 42	26 ♋ 29	10 ♍ 8	9 ♎ 31	8 ♎ 48	10 ♍ 10	9 ♋ 14	13 ♊ 6	3 ♎ 24	9 ♌ 29	9 ♍	17 ♌	22 ♊	27 ♌	21 ♍
13	19 ♍ 42	26 ♋ 1	24 ♋ 38	26 ♋ 29	9 ♍ 32	10 ♎ 45	9 ♎ 27	10 ♍ 23	9 ♋ 18	13 ♊ 7	3 ♎ 26	9 ♌ 30	10 ♍	18 ♌	22 ♊	27 ♌	21 ♍
14	20 ♍ 40	8 ♌ 7	24 ♋ 35	26 R 29	9 ♍ 3	11 ♎ 59	10 ♎ 6	10 ♍ 36	9 ♋ 22	13 ♊ 7	3 ♎ 29	9 ♌ 32	10 ♍	18 ♌	22 ♊	27 ♌	21 ♍
15	21 ♍ 39	20 ♌ 5	24 ♋ 32	26 ♋ 26	8 ♍ 43	13 ♎ 13	10 ♎ 46	10 ♍ 49	9 ♋ 26	13 ♊ 7	3 ♎ 31	9 ♌ 33	11 ♍	19 ♌	23 ♊	28 ♌	21 ♍
16	22 ♍ 37	1 ♍ 58	24 ♋ 29	26 ♋ 20	8 ♍ 33	14 ♎ 27	11 ♎ 25	11 ♍ 2	9 ♋ 30	13 ♊ 8	3 ♎ 33	9 ♌ 34	11 ♍	20 ♌	23 ♊	28 ♌	21 ♍
17	23 ♍ 36	13 ♍ 49	24 ♋ 26	26 ♋ 13	8 D 31	15 ♎ 41	12 ♎ 4	11 ♍ 14	9 ♋ 34	13 ♊ 8	3 ♎ 35	9 ♌ 36	12 ♍	20 ♌	24 ♊	29 ♌	21 ♍
18	24 ♍ 34	25 ♍ 39	24 ♋ 22	26 ♋ 3	8 ♍ 39	16 ♎ 55	12 ♎ 44	11 ♍ 27	9 ♋ 38	13 ♊ 8	3 ♎ 37	9 ♌ 37	12 ♍	21 ♌	24 ♊	29 ♌	21 ♍
19	25 ♍ 33	7 ♎ 31	24 ♋ 19	25 ♋ 51	8 ♍ 57	18 ♎ 9	13 ♎ 23	11 ♍ 40	9 ♋ 42	13 R 8	3 ♎ 40	9 ♌ 38	12 ♍	21 ♌	24 ♊	0 ♍	22 ♍
20	26 ♍ 32	19 ♎ 25	24 ♋ 16	25 ♋ 40	9 ♍ 24	19 ♎ 22	14 ♎ 3	11 ♍ 53	9 ♋ 45	13 ♊ 8	3 ♎ 42	9 ♌ 40	13 ♍	22 ♌	25 ♊	0 ♍	22 ♍
21	27 ♍ 30	1 ♏ 24	24 ♋ 13	25 ♋ 29	10 ♍ 0	20 ♎ 36	14 ♎ 42	12 ♍ 6	9 ♋ 49	13 ♊ 8	3 ♎ 44	9 ♌ 41	13 ♍	22 ♌	25 ♊	1 ♍	22 ♍
22	28 ♍ 29	13 ♏ 30	24 ♋ 10	25 ♋ 19	10 ♍ 45	21 ♎ 50	15 ♎ 22	12 ♍ 18	9 ♋ 52	13 ♊ 8	3 ♎ 46	9 ♌ 42	14 ♍	23 ♌	26 ♊	1 ♍	22 ♍
23	29 ♍ 28	25 ♏ 44	24 ♋ 7	25 ♋ 12	11 ♍ 38	23 ♎ 4	16 ♎ 2	12 ♍ 31	9 ♋ 56	13 ♊ 7	3 ♎ 48	9 ♌ 43	14 ♍	23 ♌	26 ♊	2 ♍	22 ♍
24	0 ♎ 26	8 ♐ 10	24 ♋ 3	25 ♋ 7	12 ♍ 38	24 ♎ 18	16 ♎ 41	12 ♍ 44	9 ♋ 59	13 ♊ 7	3 ♎ 51	9 ♌ 45	15 ♍	24 ♌	26 ♊	2 ♍	22 ♍
25	1 ♎ 25	20 ♐ 51	24 ♋ 0	25 ♋ 5	13 ♍ 46	25 ♎ 31	17 ♎ 21	12 ♍ 57	10 ♋ 2	13 ♊ 7	3 ♎ 53	9 ♌ 46	15 ♍	24 ♌	27 ♊	2 ♍	22 ♍
26	2 ♎ 24	3 ♑ 52	23 ♋ 57	25 D 4	15 ♍ 0	26 ♎ 45	18 ♎ 1	13 ♍ 9	10 ♋ 5	13 ♊ 6	3 ♎ 55	9 ♌ 47	16 ♍	25 ♌	27 ♊	3 ♍	23 ♍
27	3 ♎ 23	17 ♑ 15	23 ♋ 54	25 ♋ 4	16 ♍ 19	27 ♎ 59	18 ♎ 40	13 ♍ 22	10 ♋ 8	13 ♊ 6	3 ♎ 57	9 ♌ 48	16 ♍	25 ♌	27 ♊	3 ♍	23 ♍
28	4 ♎ 22	1 ♒ 4	23 ♋ 51	25 R 4	17 ♍ 44	29 ♎ 13	19 ♎ 20	13 ♍ 35	10 ♋ 11	13 ♊ 6	4 ♎ 0	9 ♌ 49	17 ♍	26 ♌	28 ♊	4 ♍	23 ♍
29	5 ♎ 21	15 ♒ 20	23 ♋ 47	25 ♋ 3	19 ♍ 13	0 ♏ 27	20 ♎ 0	13 ♍ 47	10 ♋ 13	13 ♊ 5	4 ♎ 2	9 ♌ 50	17 ♍	27 ♌	28 ♊	4 ♍	23 ♍
30	6 ♎ 20	0 ♓ 1	23 ♋ 44	24 ♋ 59	20 ♍ 45	1 ♏ 40	20 ♎ 40	14 ♍ 0	10 ♋ 16	13 ♊ 5	4 ♎ 4	9 ♌ 51	17 ♍	27 ♌	28 ♊	5 ♍	23 ♍

SUN INGRESS	☉ → ♎ 23日 13:02
MOON PHASE	○ 3日 05:21 ♓　◑ 9日 21:03 ♊　● 17日 21:37 ♍　◐ 25日 21:07 ♑

aspects		
1日	08:35	☉⚹♄
3日	04:49	♂☌♆
5日	09:00	♃⚹♄
6日	04:07	☉□♅
6日	21:10	♀☌♆
7日	07:30	☉☌☿
8日	10:25	☿□♅
10日	18:07	♀☌♂
11日	17:59	♀□♄
11日	23:08	☿☌♃
11日	23:08	♀⚹♇
12日	17:46	♂□♄
13日	01:51	♂⚹♇
13日	09:16	☿⚹♄
14日	22:09	♀△♅
18日	14:34	♂△♅
20日	16:39	☿⚹♄
24日	02:43	☿☌♃
24日	10:33	☿□♅
25日	18:45	♃□♅
27日	14:37	☉☌♆

1944年10月

DAY	☉	☽	☊		☿	♀	♂	♃	♄	♅	♆	♇	⚳	⚴	⚵	⚶	⚷
			mean	true													
	° ′	° ′	° ′	° ′	° ′	° ′	° ′	° ′	° ′	° ′	° ′	° ′	°	°	°	°	°
1	7 ♎ 19	15 ♓ 3	23 ♋ 41	24 R 53	22 D 21	2 D 54	21 D 20	14 D 12	10 D 18	13 R 4	4 D 6	9 D 53	18 D	28 D	29 D	5 D	23 D
2	8 ♎ 18	0 ♈ 19	23 ♋ 38	24 ♋ 44	24 ♍ 0	4 ♏ 8	22 ♎ 0	14 ♍ 25	10 ♋ 21	13 ♊ 3	4 ♎ 8	9 ♌ 54	18 ♍	28 ♌	29 ♊	6 ♍	23 ♍
3	9 ♎ 17	15 ♈ 37	23 ♋ 35	24 ♋ 34	25 ♍ 40	5 ♏ 21	22 ♎ 40	14 ♍ 37	10 ♋ 23	13 ♊ 3	4 ♎ 11	9 ♌ 55	19 ♍	29 ♌	29 ♊	6 ♍	24 ♍
4	10 ♎ 16	0 ♉ 46	23 ♋ 32	24 ♋ 23	27 ♍ 23	6 ♏ 35	23 ♎ 20	14 ♍ 49	10 ♋ 25	13 ♊ 2	4 ♎ 13	9 ♌ 56	19 ♍	29 ♌	0 ♋	7 ♍	24 ♍
5	11 ♎ 15	15 ♉ 36	23 ♋ 28	24 ♋ 13	29 ♍ 6	7 ♏ 49	24 ♎ 1	15 ♍ 2	10 ♋ 28	13 ♊ 1	4 ♎ 15	9 ♌ 57	20 ♍	0 ♍	0 ♋	7 ♍	24 ♍
6	12 ♎ 14	0 ♊ 0	23 ♋ 25	24 ♋ 5	0 ♎ 51	9 ♏ 2	24 ♎ 41	15 ♍ 14	10 ♋ 30	13 ♊ 0	4 ♎ 17	9 ♌ 58	20 ♍	0 ♍	0 ♋	7 ♍	24 ♍
7	13 ♎ 13	13 ♊ 54	23 ♋ 22	24 ♋ 0	2 ♎ 36	10 ♏ 16	25 ♎ 21	15 ♍ 26	10 ♋ 31	12 ♊ 59	4 ♎ 20	9 ♌ 59	21 ♍	1 ♍	1 ♋	8 ♍	24 ♍
8	14 ♎ 12	27 ♊ 18	23 ♋ 19	23 ♋ 57	4 ♎ 21	11 ♏ 30	26 ♎ 1	15 ♍ 38	10 ♋ 33	12 ♊ 59	4 ♎ 22	9 ♌ 59	21 ♍	1 ♍	1 ♋	8 ♍	24 ♍
9	15 ♎ 11	10 ♋ 14	23 ♋ 16	23 ♋ 56	6 ♎ 7	12 ♏ 43	26 ♎ 42	15 ♍ 51	10 ♋ 35	12 ♊ 58	4 ♎ 24	10 ♌ 0	22 ♍	2 ♍	1 ♋	9 ♍	24 ♍
10	16 ♎ 11	22 ♋ 47	23 ♋ 13	23 D 56	7 ♎ 53	13 ♏ 57	27 ♎ 22	16 ♍ 3	10 ♋ 36	12 ♊ 57	4 ♎ 26	10 ♌ 1	22 ♍	2 ♍	2 ♋	9 ♍	25 ♍
11	17 ♎ 10	5 ♌ 2	23 ♋ 9	23 R 56	9 ♎ 39	15 ♏ 11	28 ♎ 3	16 ♍ 15	10 ♋ 38	12 ♊ 55	4 ♎ 28	10 ♌ 2	22 ♍	3 ♍	2 ♋	10 ♍	25 ♍
12	18 ♎ 9	17 ♌ 4	23 ♋ 6	23 ♋ 54	11 ♎ 25	16 ♏ 24	28 ♎ 43	16 ♍ 27	10 ♋ 39	12 ♊ 54	4 ♎ 31	10 ♌ 3	23 ♍	3 ♍	2 ♋	10 ♍	25 ♍
13	19 ♎ 9	28 ♌ 58	23 ♋ 3	23 ♋ 50	13 ♎ 10	17 ♏ 38	29 ♎ 24	16 ♍ 39	10 ♋ 40	12 ♊ 53	4 ♎ 33	10 ♌ 4	23 ♍	4 ♍	2 ♋	11 ♍	25 ♍
14	20 ♎ 8	10 ♍ 48	23 ♋ 0	23 ♋ 43	14 ♎ 55	18 ♏ 51	0 ♏ 4	16 ♍ 51	10 ♋ 42	12 ♊ 52	4 ♎ 35	10 ♌ 4	24 ♍	4 ♍	3 ♋	11 ♍	25 ♍
15	21 ♎ 8	22 ♍ 37	22 ♋ 57	23 ♋ 33	16 ♎ 39	20 ♏ 5	0 ♏ 45	17 ♍ 2	10 ♋ 43	12 ♊ 51	4 ♎ 37	10 ♌ 5	24 ♍	5 ♍	3 ♋	11 ♍	25 ♍
16	22 ♎ 7	4 ♎ 29	22 ♋ 53	23 ♋ 21	18 ♎ 23	21 ♏ 18	1 ♏ 26	17 ♍ 14	10 ♋ 44	12 ♊ 49	4 ♎ 39	10 ♌ 6	25 ♍	5 ♍	3 ♋	12 ♍	25 ♍
17	23 ♎ 7	16 ♎ 25	22 ♋ 50	23 ♋ 7	20 ♎ 6	22 ♏ 32	2 ♏ 6	17 ♍ 26	10 ♋ 44	12 ♊ 48	4 ♎ 41	10 ♌ 7	25 ♍	6 ♍	3 ♋	12 ♍	26 ♍
18	24 ♎ 6	28 ♎ 27	22 ♋ 47	22 ♋ 52	21 ♎ 49	23 ♏ 46	2 ♏ 47	17 ♍ 38	10 ♋ 45	12 ♊ 47	4 ♎ 44	10 ♌ 7	26 ♍	6 ♍	4 ♋	13 ♍	26 ♍
19	25 ♎ 6	10 ♏ 36	22 ♋ 44	22 ♋ 38	23 ♎ 31	24 ♏ 59	3 ♏ 28	17 ♍ 49	10 ♋ 46	12 ♊ 45	4 ♎ 46	10 ♌ 8	26 ♍	7 ♍	4 ♋	13 ♍	26 ♍
20	26 ♎ 6	22 ♏ 51	22 ♋ 41	22 ♋ 26	25 ♎ 13	26 ♏ 13	4 ♏ 9	18 ♍ 1	10 ♋ 46	12 ♊ 44	4 ♎ 48	10 ♌ 9	26 ♍	7 ♍	4 ♋	14 ♍	26 ♍
21	27 ♎ 5	5 ♐ 16	22 ♋ 38	22 ♋ 16	26 ♎ 54	27 ♏ 26	4 ♏ 50	18 ♍ 12	10 ♋ 46	12 ♊ 42	4 ♎ 50	10 ♌ 9	27 ♍	8 ♍	4 ♋	14 ♍	26 ♍
22	28 ♎ 5	17 ♐ 51	22 ♋ 34	22 ♋ 9	28 ♎ 34	28 ♏ 40	5 ♏ 31	18 ♍ 24	10 ♋ 47	12 ♊ 41	4 ♎ 52	10 ♌ 10	27 ♍	8 ♍	5 ♋	15 ♍	26 ♍
23	29 ♎ 5	0 ♑ 38	22 ♋ 31	22 ♋ 6	0 ♏ 14	29 ♏ 53	6 ♏ 12	18 ♍ 35	10 ♋ 47	12 ♊ 39	4 ♎ 54	10 ♌ 10	28 ♍	9 ♍	5 ♋	15 ♍	26 ♍
24	0 ♏ 5	13 ♑ 40	22 ♋ 28	22 ♋ 4	1 ♏ 53	1 ♐ 6	6 ♏ 53	18 ♍ 46	10 R 47	12 ♊ 37	4 ♎ 56	10 ♌ 11	28 ♍	9 ♍	5 ♋	15 ♍	26 ♍
25	1 ♏ 4	27 ♑ 0	22 ♋ 25	22 D 4	3 ♏ 32	2 ♐ 20	7 ♏ 34	18 ♍ 57	10 ♋ 47	12 ♊ 36	4 ♎ 58	10 ♌ 11	29 ♍	10 ♍	5 ♋	16 ♍	27 ♍
26	2 ♏ 4	10 ♒ 40	22 ♋ 22	22 R 4	5 ♏ 10	3 ♐ 33	8 ♏ 16	19 ♍ 8	10 ♋ 46	12 ♊ 34	5 ♎ 0	10 ♌ 12	29 ♍	10 ♍	5 ♋	16 ♍	27 ♍
27	3 ♏ 4	24 ♒ 42	22 ♋ 19	22 ♋ 3	6 ♏ 47	4 ♐ 47	8 ♏ 57	19 ♍ 19	10 ♋ 46	12 ♊ 32	5 ♎ 2	10 ♌ 12	0 ♎	11 ♍	6 ♋	17 ♍	27 ♍
28	4 ♏ 4	9 ♓ 6	22 ♋ 15	21 ♋ 59	8 ♏ 24	6 ♐ 0	9 ♏ 38	19 ♍ 30	10 ♋ 46	12 ♊ 30	5 ♎ 4	10 ♌ 13	0 ♎	11 ♍	6 ♋	17 ♍	27 ♍
29	5 ♏ 4	23 ♓ 50	22 ♋ 12	21 ♋ 52	10 ♏ 0	7 ♐ 13	10 ♏ 19	19 ♍ 41	10 ♋ 45	12 ♊ 29	5 ♎ 6	10 ♌ 13	0 ♎	12 ♍	6 ♋	18 ♍	27 ♍
30	6 ♏ 4	8 ♈ 49	22 ♋ 9	21 ♋ 44	11 ♏ 36	8 ♐ 27	11 ♏ 1	19 ♍ 52	10 ♋ 44	12 ♊ 27	5 ♎ 8	10 ♌ 13	1 ♎	12 ♍	6 ♋	18 ♍	27 ♍
31	7 ♏ 4	23 ♈ 53	22 ♋ 6	21 ♋ 33	13 ♏ 12	9 ♐ 40	11 ♏ 42	20 ♍ 3	10 ♋ 44	12 ♊ 25	5 ♎ 10	10 ♌ 14	1 ♎	13 ♍	6 ♋	19 ♍	27 ♍

SUN INGRESS	☉ → ♏ 23日 21:56
MOON PHASE	○ 2日 13:22 ♈　◑ 9日 10:12 ♋　● 17日 14:35 ♎　◐ 25日 07:48 ♒　○ 31日 22:35 ♉

aspects		
3日	15:45	☉⚹♇
4日	04:09	☉□♄
6日	18:13	♀□♇
6日	18:35	☉△♅
7日	05:08	♀△♄
8日	00:05	☿☌♆
11日	05:17	☿⚹♇
11日	13:33	☿□♄
12日	00:59	♀⚹♃
12日	20:14	☿△♅
21日	06:53	☉☌☿
27日	05:15	♀⚹♆
28日	20:15	♂□♇
29日	03:10	☿□♇
29日	08:20	☿☌♂
29日	11:07	☿△♄
29日	14:42	♂△♄
31日	11:06	♀△♇

1944年11月

DAY	☉	☽	☊ mean	☊ true	☿	♀	♂	♃	♄	♅	♆	♇	⚳	⚴	⚵	⚶	⚷
	° ′	° ′	° ′	° ′	° ′	° ′	° ′	° ′	° ′	° ′	° ′	° ′	°	°	°	°	°
1	8 ♏ 4	8 ♉ 53	22 ♋ 3	21 R 22	14 D 47	10 D 53	12 D 24	20 D 13	10 R 43	12 R 23	5 D 12	10 D 14	2 D	13 D	6 D	19 D	27 D
2	9 ♏ 4	23 ♉ 39	21 ♋ 59	21 ♋ 12	16 ♏ 21	12 ♐ 7	13 ♏ 5	20 ♍ 24	10 ♋ 42	12 ♊ 21	5 ♎ 14	10 ♌ 14	2 ♎	13 ♍	6 ♋	19 ♍	28 ♍
3	10 ♏ 4	8 ♊ 4	21 ♋ 56	21 ♋ 3	17 ♏ 55	13 ♐ 20	13 ♏ 47	20 ♍ 34	10 ♋ 41	12 ♊ 19	5 ♎ 16	10 ♌ 15	3 ♎	14 ♍	7 ♋	20 ♍	28 ♍
4	11 ♏ 4	22 ♊ 2	21 ♋ 53	20 ♋ 57	19 ♏ 29	14 ♐ 33	14 ♏ 29	20 ♍ 45	10 ♋ 40	12 ♊ 17	5 ♎ 18	10 ♌ 15	3 ♎	14 ♍	7 ♋	20 ♍	28 ♍
5	12 ♏ 4	5 ♋ 31	21 ♋ 50	20 ♋ 54	21 ♏ 2	15 ♐ 46	15 ♏ 10	20 ♍ 55	10 ♋ 38	12 ♊ 15	5 ♎ 20	10 ♌ 15	4 ♎	15 ♍	7 ♋	21 ♍	28 ♍
6	13 ♏ 4	18 ♋ 33	21 ♋ 47	20 ♋ 53	22 ♏ 35	16 ♐ 59	15 ♏ 52	21 ♍ 5	10 ♋ 37	12 ♊ 13	5 ♎ 22	10 ♌ 15	4 ♎	15 ♍	7 ♋	21 ♍	28 ♍
7	14 ♏ 5	1 ♌ 10	21 ♋ 44	20 D 53	24 ♏ 8	18 ♐ 12	16 ♏ 34	21 ♍ 15	10 ♋ 35	12 ♊ 11	5 ♎ 24	10 ♌ 15	4 ♎	16 ♍	7 ♋	22 ♍	28 ♍
8	15 ♏ 5	13 ♌ 28	21 ♋ 40	20 ♋ 54	25 ♏ 40	19 ♐ 26	17 ♏ 16	21 ♍ 25	10 ♋ 34	12 ♊ 8	5 ♎ 25	10 ♌ 15	5 ♎	16 ♍	7 ♋	22 ♍	28 ♍
9	16 ♏ 5	25 ♌ 31	21 ♋ 37	20 R 53	27 ♏ 12	20 ♐ 39	17 ♏ 57	21 ♍ 35	10 ♋ 32	12 ♊ 6	5 ♎ 27	10 ♌ 15	5 ♎	17 ♍	7 ♋	22 ♍	28 ♍
10	17 ♏ 5	7 ♍ 26	21 ♋ 34	20 ♋ 51	28 ♏ 43	21 ♐ 52	18 ♏ 39	21 ♍ 45	10 ♋ 30	12 ♊ 4	5 ♎ 29	10 ♌ 16	6 ♎	17 ♍	7 ♋	23 ♍	29 ♍
11	18 ♏ 6	19 ♍ 16	21 ♋ 31	20 ♋ 46	0 ♐ 14	23 ♐ 5	19 ♏ 21	21 ♍ 55	10 ♋ 28	12 ♊ 2	5 ♎ 31	10 ♌ 16	6 ♎	17 ♍	7 ♋	23 ♍	29 ♍
12	19 ♏ 6	1 ♎ 6	21 ♋ 28	20 ♋ 39	1 ♐ 45	24 ♐ 18	20 ♏ 3	22 ♍ 5	10 ♋ 26	11 ♊ 59	5 ♎ 32	10 R 16	7 ♎	18 ♍	7 ♋	24 ♍	29 ♍
13	20 ♏ 6	13 ♎ 1	21 ♋ 24	20 ♋ 30	3 ♐ 15	25 ♐ 31	20 ♏ 46	22 ♍ 14	10 ♋ 24	11 ♊ 57	5 ♎ 34	10 ♌ 16	7 ♎	18 ♍	7 ♋	24 ♍	29 ♍
14	21 ♏ 7	25 ♎ 3	21 ♋ 21	20 ♋ 19	4 ♐ 45	26 ♐ 44	21 ♏ 28	22 ♍ 24	10 ♋ 22	11 ♊ 55	5 ♎ 36	10 ♌ 15	7 ♎	19 ♍	7 ♋	25 ♍	29 ♍
15	22 ♏ 7	7 ♏ 13	21 ♋ 18	20 ♋ 7	6 ♐ 15	27 ♐ 57	22 ♏ 10	22 ♍ 33	10 ♋ 19	11 ♊ 53	5 ♎ 38	10 ♌ 15	8 ♎	19 ♍	7 R	25 ♍	29 ♍
16	23 ♏ 8	19 ♏ 33	21 ♋ 15	19 ♋ 56	7 ♐ 44	29 ♐ 10	22 ♏ 52	22 ♍ 42	10 ♋ 17	11 ♊ 50	5 ♎ 39	10 ♌ 15	8 ♎	20 ♍	7 ♋	25 ♍	29 ♍
17	24 ♏ 8	2 ♐ 5	21 ♋ 12	19 ♋ 46	9 ♐ 13	0 ♑ 22	23 ♏ 34	22 ♍ 51	10 ♋ 14	11 ♊ 48	5 ♎ 41	10 ♌ 15	9 ♎	20 ♍	7 ♋	26 ♍	29 ♍
18	25 ♏ 9	14 ♐ 46	21 ♋ 9	19 ♋ 39	10 ♐ 41	1 ♑ 35	24 ♏ 17	23 ♍ 0	10 ♋ 11	11 ♊ 45	5 ♎ 42	10 ♌ 15	9 ♎	20 ♍	7 ♋	26 ♍	29 ♍
19	26 ♏ 9	27 ♐ 39	21 ♋ 5	19 ♋ 34	12 ♐ 10	2 ♑ 48	24 ♏ 59	23 ♍ 9	10 ♋ 9	11 ♊ 43	5 ♎ 44	10 ♌ 15	9 ♎	21 ♍	7 ♋	27 ♍	0 ♎
20	27 ♏ 10	10 ♑ 43	21 ♋ 2	19 ♋ 31	13 ♐ 37	4 ♑ 1	25 ♏ 42	23 ♍ 18	10 ♋ 6	11 ♊ 41	5 ♎ 46	10 ♌ 15	10 ♎	21 ♍	7 ♋	27 ♍	0 ♎
21	28 ♏ 11	23 ♑ 58	20 ♋ 59	19 D 31	15 ♐ 4	5 ♑ 14	26 ♏ 24	23 ♍ 26	10 ♋ 3	11 ♊ 38	5 ♎ 47	10 ♌ 14	10 ♎	22 ♍	7 ♋	27 ♍	0 ♎
22	29 ♏ 11	7 ♒ 26	20 ♋ 56	19 ♋ 32	16 ♐ 30	6 ♑ 26	27 ♏ 7	23 ♍ 35	10 ♋ 0	11 ♊ 36	5 ♎ 49	10 ♌ 14	11 ♎	22 ♍	7 ♋	28 ♍	0 ♎
23	0 ♐ 12	21 ♒ 8	20 ♋ 53	19 ♋ 33	17 ♐ 56	7 ♑ 39	27 ♏ 49	23 ♍ 43	9 ♋ 57	11 ♊ 33	5 ♎ 50	10 ♌ 14	11 ♎	22 ♍	7 ♋	28 ♍	0 ♎
24	1 ♐ 12	5 ♓ 4	20 ♋ 50	19 R 33	19 ♐ 21	8 ♑ 52	28 ♏ 32	23 ♍ 51	9 ♋ 53	11 ♊ 31	5 ♎ 52	10 ♌ 13	12 ♎	23 ♍	7 ♋	29 ♍	0 ♎
25	2 ♐ 13	19 ♓ 15	20 ♋ 46	19 ♋ 32	20 ♐ 45	10 ♑ 4	29 ♏ 15	24 ♍ 0	9 ♋ 50	11 ♊ 28	5 ♎ 53	10 ♌ 13	12 ♎	23 ♍	7 ♋	29 ♍	0 ♎
26	3 ♐ 14	3 ♈ 38	20 ♋ 43	19 ♋ 28	22 ♐ 8	11 ♑ 17	29 ♏ 57	24 ♍ 8	9 ♋ 47	11 ♊ 26	5 ♎ 54	10 ♌ 13	12 ♎	24 ♍	7 ♋	29 ♍	0 ♎
27	4 ♐ 15	18 ♈ 11	20 ♋ 40	19 ♋ 23	23 ♐ 30	12 ♑ 29	0 ♐ 40	24 ♍ 15	9 ♋ 43	11 ♊ 23	5 ♎ 56	10 ♌ 12	13 ♎	24 ♍	6 ♋	0 ♎	0 ♎
28	5 ♐ 15	2 ♉ 49	20 ♋ 37	19 ♋ 16	24 ♐ 51	13 ♑ 42	1 ♐ 23	24 ♍ 23	9 ♋ 40	11 ♊ 21	5 ♎ 57	10 ♌ 12	13 ♎	24 ♍	6 ♋	0 ♎	0 ♎
29	6 ♐ 16	17 ♉ 24	20 ♋ 34	19 ♋ 9	26 ♐ 11	14 ♑ 54	2 ♐ 6	24 ♍ 31	9 ♋ 36	11 ♊ 18	5 ♎ 58	10 ♌ 11	14 ♎	25 ♍	6 ♋	1 ♎	1 ♎
30	7 ♐ 17	1 ♊ 50	20 ♋ 30	19 ♋ 3	27 ♐ 28	16 ♑ 7	2 ♐ 49	24 ♍ 38	9 ♋ 32	11 ♊ 16	6 ♎ 0	10 ♌ 11	14 ♎	25 ♍	6 ♋	1 ♎	1 ♎

SUN INGRESS	☉ → ♐ 22日 19:08
MOON PHASE	◑ 8日 03:29 ♌　● 16日 07:29 ♏　◐ 23日 16:53 ♓　○ 30日 09:52 ♊

aspects

2日	04:35	♀☍♅
3日	04:16	☉□♇
3日	14:26	☉△♄
4日	21:56	☿⚹♃
9日	21:33	♀□♃
14日	13:49	☿⚹♆
15日	03:29	☉☌♂
15日	11:58	☉⚹♃
15日	16:40	♂⚹♃
17日	16:49	☿△♇
18日	16:57	☿☍♅
21日	11:16	♀□♆
24日	19:31	♀☍♄
27日	14:45	☿□♃
28日	16:54	☉⚹♆

1944年12月

DAY	☉	☽	☊ mean	☊ true	☿	♀	♂	♃	♄	♅	♆	♇	⚳	⚴	⚵	⚶	⚷
	° ′	° ′	° ′	° ′	° ′	° ′	° ′	° ′	° ′	° ′	° ′	° ′	°	°	°	°	°
1	8 ♐ 18	16 ♊ 0	20 ♋ 27	18 R 57	28 D 44	17 D 19	3 D 32	24 D 46	9 R 29	11 R 13	6 D 1	10 R 10	14 D	26 D	6 R	1 D	1 D
2	9 ♐ 18	29 ♊ 50	20 ♋ 24	18 ♋ 54	29 ♐ 58	18 ♑ 31	4 ♐ 15	24 ♍ 53	9 ♋ 25	11 ♊ 11	6 ♎ 2	10 ♌ 10	15 ♎	26 ♍	6 ♋	2 ♎	1 ♎
3	10 ♐ 19	13 ♋ 17	20 ♋ 21	18 ♋ 52	1 ♑ 9	19 ♑ 43	4 ♐ 58	25 ♍ 0	9 ♋ 21	11 ♊ 8	6 ♎ 3	10 ♌ 9	15 ♎	26 ♍	6 ♋	2 ♎	1 ♎
4	11 ♐ 20	26 ♋ 19	20 ♋ 18	18 D 52	2 ♑ 17	20 ♑ 55	5 ♐ 41	25 ♍ 7	9 ♋ 17	11 ♊ 6	6 ♎ 5	10 ♌ 9	16 ♎	27 ♍	5 ♋	3 ♎	1 ♎
5	12 ♐ 21	9 ♌ 21	20 ♋ 15	18 ♋ 53	3 ♑ 23	22 ♑ 7	6 ♐ 24	25 ♍ 14	9 ♋ 13	11 ♊ 3	6 ♎ 6	10 ♌ 8	16 ♎	27 ♍	5 ♋	3 ♎	1 ♎
6	13 ♐ 22	21 ♌ 22	20 ♋ 11	18 ♋ 55	4 ♑ 24	23 ♑ 19	7 ♐ 7	25 ♍ 20	9 ♋ 8	11 ♊ 0	6 ♎ 7	10 ♌ 8	16 ♎	27 ♍	5 ♋	3 ♎	1 ♎
7	14 ♐ 23	3 ♍ 28	20 ♋ 8	18 ♋ 57	5 ♑ 21	24 ♑ 31	7 ♐ 51	25 ♍ 27	9 ♋ 4	10 ♊ 58	6 ♎ 8	10 ♌ 7	17 ♎	28 ♍	5 ♋	4 ♎	1 ♎
8	15 ♐ 24	15 ♍ 25	20 ♋ 5	18 ♋ 57	6 ♑ 13	25 ♑ 43	8 ♐ 34	25 ♍ 33	9 ♋ 0	10 ♊ 55	6 ♎ 9	10 ♌ 6	17 ♎	28 ♍	5 ♋	4 ♎	1 ♎
9	16 ♐ 25	27 ♍ 17	20 ♋ 2	18 R 57	6 ♑ 59	26 ♑ 55	9 ♐ 17	25 ♍ 39	8 ♋ 56	10 ♊ 53	6 ♎ 10	10 ♌ 6	17 ♎	28 ♍	4 ♋	5 ♎	1 ♎
10	17 ♐ 26	9 ♎ 9	19 ♋ 59	18 ♋ 54	7 ♑ 39	28 ♑ 7	10 ♐ 1	25 ♍ 45	8 ♋ 51	10 ♊ 50	6 ♎ 11	10 ♌ 5	18 ♎	29 ♍	4 ♋	5 ♎	1 ♎
11	18 ♐ 27	21 ♎ 6	19 ♋ 56	18 ♋ 51	8 ♑ 11	29 ♑ 18	10 ♐ 44	25 ♍ 51	8 ♋ 47	10 ♊ 48	6 ♎ 12	10 ♌ 4	18 ♎	29 ♍	4 ♋	5 ♎	2 ♎
12	19 ♐ 28	3 ♏ 11	19 ♋ 52	18 ♋ 46	8 ♑ 36	0 ♒ 30	11 ♐ 28	25 ♍ 57	8 ♋ 42	10 ♊ 45	6 ♎ 13	10 ♌ 3	19 ♎	29 ♍	4 ♋	6 ♎	2 ♎
13	20 ♐ 29	15 ♏ 28	19 ♋ 49	18 ♋ 41	8 ♑ 51	1 ♒ 41	12 ♐ 11	26 ♍ 3	8 ♋ 38	10 ♊ 43	6 ♎ 14	10 ♌ 2	19 ♎	0 ♎	4 ♋	6 ♎	2 ♎
14	21 ♐ 30	27 ♏ 58	19 ♋ 46	18 ♋ 36	8 ♑ 57	2 ♒ 53	12 ♐ 55	26 ♍ 8	8 ♋ 33	10 ♊ 40	6 ♎ 15	10 ♌ 2	19 ♎	0 ♎	3 ♋	6 ♎	2 ♎
15	22 ♐ 31	10 ♐ 44	19 ♋ 43	18 ♋ 32	8 R 52	4 ♒ 4	13 ♐ 39	26 ♍ 13	8 ♋ 29	10 ♊ 38	6 ♎ 16	10 ♌ 1	20 ♎	0 ♎	3 ♋	7 ♎	2 ♎
16	23 ♐ 32	23 ♐ 45	19 ♋ 40	18 ♋ 29	8 ♑ 36	5 ♒ 16	14 ♐ 22	26 ♍ 18	8 ♋ 24	10 ♊ 35	6 ♎ 16	10 ♌ 0	20 ♎	1 ♎	3 ♋	7 ♎	2 ♎
17	24 ♐ 33	7 ♑ 0	19 ♋ 36	18 ♋ 27	8 ♑ 8	6 ♒ 27	15 ♐ 6	26 ♍ 23	8 ♋ 19	10 ♊ 33	6 ♎ 17	9 ♌ 59	20 ♎	1 ♎	3 ♋	7 ♎	2 ♎
18	25 ♐ 34	20 ♑ 29	19 ♋ 33	18 D 27	7 ♑ 29	7 ♒ 38	15 ♐ 50	26 ♍ 28	8 ♋ 14	10 ♊ 30	6 ♎ 18	9 ♌ 58	21 ♎	1 ♎	2 ♋	8 ♎	2 ♎
19	26 ♐ 35	4 ♒ 9	19 ♋ 30	18 ♋ 27	6 ♑ 39	8 ♒ 49	16 ♐ 34	26 ♍ 33	8 ♋ 10	10 ♊ 28	6 ♎ 19	9 ♌ 57	21 ♎	2 ♎	2 ♋	8 ♎	2 ♎
20	27 ♐ 36	17 ♒ 59	19 ♋ 27	18 ♋ 29	5 ♑ 38	10 ♒ 0	17 ♐ 18	26 ♍ 37	8 ♋ 5	10 ♊ 26	6 ♎ 19	9 ♌ 56	22 ♎	2 ♎	2 ♋	9 ♎	2 ♎
21	28 ♐ 37	1 ♓ 57	19 ♋ 24	18 ♋ 30	4 ♑ 28	11 ♒ 11	18 ♐ 2	26 ♍ 41	8 ♋ 0	10 ♊ 23	6 ♎ 20	9 ♌ 55	22 ♎	2 ♎	2 ♋	9 ♎	2 ♎
22	29 ♐ 39	16 ♓ 1	19 ♋ 21	18 ♋ 31	3 ♑ 12	12 ♒ 21	18 ♐ 46	26 ♍ 45	7 ♋ 55	10 ♊ 21	6 ♎ 20	9 ♌ 54	22 ♎	2 ♎	1 ♋	9 ♎	2 ♎
23	0 ♑ 40	0 ♈ 10	19 ♋ 17	18 ♋ 32	1 ♑ 51	13 ♒ 32	19 ♐ 30	26 ♍ 49	7 ♋ 50	10 ♊ 19	6 ♎ 21	9 ♌ 53	23 ♎	3 ♎	1 ♋	10 ♎	2 ♎
24	1 ♑ 41	14 ♈ 22	19 ♋ 14	18 R 31	0 ♑ 28	14 ♒ 43	20 ♐ 14	26 ♍ 53	7 ♋ 45	10 ♊ 16	6 ♎ 22	9 ♌ 52	23 ♎	3 ♎	1 ♋	10 ♎	2 ♎
25	2 ♑ 42	28 ♈ 34	19 ♋ 11	18 ♋ 30	29 ♐ 7	15 ♒ 53	20 ♐ 58	26 ♍ 57	7 ♋ 40	10 ♊ 14	6 ♎ 22	9 ♌ 51	23 ♎	3 ♎	1 ♋	10 ♎	2 ♎
26	3 ♑ 43	12 ♉ 45	19 ♋ 8	18 ♋ 28	27 ♐ 49	17 ♒ 3	21 ♐ 42	27 ♍ 0	7 ♋ 35	10 ♊ 12	6 ♎ 23	9 ♌ 50	24 ♎	3 ♎	1 ♋	11 ♎	2 ♎
27	4 ♑ 44	26 ♉ 49	19 ♋ 5	18 ♋ 26	26 ♐ 37	18 ♒ 13	22 ♐ 26	27 ♍ 3	7 ♋ 30	10 ♊ 9	6 ♎ 23	9 ♌ 49	24 ♎	4 ♎	0 ♋	11 ♎	2 ♎
28	5 ♑ 45	10 ♊ 46	19 ♋ 2	18 ♋ 25	25 ♐ 33	19 ♒ 23	23 ♐ 11	27 ♍ 6	7 ♋ 26	10 ♊ 7	6 ♎ 23	9 ♌ 48	24 ♎	4 ♎	0 ♋	11 ♎	2 ♎
29	6 ♑ 46	24 ♊ 30	18 ♋ 58	18 ♋ 23	24 ♐ 39	20 ♒ 33	23 ♐ 55	27 ♍ 9	7 ♋ 21	10 ♊ 5	6 ♎ 24	9 ♌ 47	25 ♎	4 ♎	0 ♋	12 ♎	3 ♎
30	7 ♑ 47	7 ♋ 59	18 ♋ 55	18 ♋ 22	23 ♐ 54	21 ♒ 43	24 ♐ 39	27 ♍ 12	7 ♋ 16	10 ♊ 3	6 ♎ 24	9 ♌ 46	25 ♎	4 ♎	0 ♋	12 ♎	3 ♎
31	8 ♑ 49	21 ♋ 11	18 ♋ 52	18 D 22	23 ♐ 20	22 ♒ 53	25 ♐ 24	27 ♍ 14	7 ♋ 11	10 ♊ 1	6 ♎ 24	9 ♌ 45	25 ♎	5 ♎	29 ♊	12 ♎	3 ♎

SUN INGRESS	☉ → ♑ 22日 08:15
MOON PHASE	◑ 7日 23:57 ♍　● 15日 23:35 ♐　◐ 23日 00:54 ♈　○ 29日 23:38 ♋

aspects

2日	20:09	☉△♇
3日	18:29	☉☍♅
4日	13:29	♂⚹♆
7日	20:21	♀△♃
7日	22:14	☿□♆
10日	02:09	♂△♇
11日	01:48	♂☍♅
12日	06:35	☿☍♄
16日	14:16	☿☍♅
16日	20:42	♀△♆
18日	22:57	☉□♃
19日	08:14	☿□♆
19日	22:48	♀☍♇
20日	08:26	♀△♅
23日	11:53	☉☌☿
26日	15:22	☿□♃
28日	15:05	☉□♆
29日	11:25	☿☌♂
29日	12:26	☉☍♄
31日	06:45	☿⚹♀

1945年1月

DAY	☉	☽	☊ mean	☊ true	☿	♀	♂	♃	♄	♅	♆	♇	⚳	⚴	⚵	⚶	⚷
	° ′	° ′	° ′	° ′	° ′	° ′	° ′	° ′	° ′	° ′	° ′	° ′	°	°	°	°	°
1	9 ♑ 50	4 ♌ 5	18 ♋ 49	18 D 23	22 R 56	24 D 2	26 D 8	27 D 16	7 R 6	9 R 59	6 D 25	9 R 44	26 D	5 D	29 R	12 D	3 D
2	10 ♑ 51	16 ♌ 43	18 ♋ 46	18 ♋ 23	22 ♐ 43	25 ♒ 11	26 ♐ 53	27 ♍ 19	7 ♋ 1	9 ♊ 56	6 ♎ 25	9 ♌ 42	26 ♎	5 ♎	29 ♊	13 ♎	3 ♎
3	11 ♑ 52	29 ♌ 4	18 ♋ 42	18 ♋ 24	22 D 39	26 ♒ 21	27 ♐ 37	27 ♍ 21	6 ♋ 56	9 ♊ 54	6 ♎ 25	9 ♌ 41	26 ♎	5 ♎	29 ♊	13 ♎	3 ♎
4	12 ♑ 53	11 ♍ 12	18 ♋ 39	18 ♋ 25	22 ♐ 44	27 ♒ 30	28 ♐ 22	27 ♍ 22	6 ♋ 51	9 ♊ 52	6 ♎ 25	9 ♌ 40	27 ♎	5 ♎	28 ♊	13 ♎	3 ♎
5	13 ♑ 54	23 ♍ 11	18 ♋ 36	18 ♋ 25	22 ♐ 58	28 ♒ 39	29 ♐ 6	27 ♍ 24	6 ♋ 46	9 ♊ 50	6 ♎ 25	9 ♌ 39	27 ♎	6 ♎	28 ♊	14 ♎	3 ♎
6	14 ♑ 55	5 ♎ 4	18 ♋ 33	18 ♋ 25	23 ♐ 19	29 ♒ 47	29 ♐ 51	27 ♍ 25	6 ♋ 41	9 ♊ 48	6 ♎ 25	9 ♌ 38	27 ♎	6 ♎	28 ♊	14 ♎	3 ♎
7	15 ♑ 57	16 ♎ 57	18 ♋ 30	18 R 26	23 ♐ 47	0 ♓ 56	0 ♑ 36	27 ♍ 26	6 ♋ 36	9 ♊ 47	6 ♎ 25	9 ♌ 36	28 ♎	6 ♎	28 ♊	14 ♎	3 ♎
8	16 ♑ 58	28 ♎ 53	18 ♋ 27	18 ♋ 26	24 ♐ 22	2 ♓ 4	1 ♑ 21	27 ♍ 27	6 ♋ 31	9 ♊ 45	6 ♎ 26	9 ♌ 35	28 ♎	6 ♎	28 ♊	15 ♎	3 ♎
9	17 ♑ 59	10 ♏ 58	18 ♋ 23	18 ♋ 25	25 ♐ 2	3 ♓ 12	2 ♑ 5	27 ♍ 28	6 ♋ 27	9 ♊ 43	6 R 25	9 ♌ 34	28 ♎	6 ♎	28 ♊	15 ♎	3 ♎
10	19 ♑ 0	23 ♏ 16	18 ♋ 20	18 D 25	25 ♐ 47	4 ♓ 20	2 ♑ 50	27 ♍ 29	6 ♋ 22	9 ♊ 41	6 ♎ 25	9 ♌ 32	29 ♎	7 ♎	27 ♊	15 ♎	3 ♎
11	20 ♑ 1	5 ♐ 50	18 ♋ 17	18 ♋ 26	26 ♐ 37	5 ♓ 28	3 ♑ 35	27 ♍ 29	6 ♋ 17	9 ♊ 39	6 ♎ 25	9 ♌ 31	29 ♎	7 ♎	27 ♊	15 ♎	3 ♎
12	21 ♑ 2	18 ♐ 44	18 ♋ 14	18 ♋ 26	27 ♐ 30	6 ♓ 36	4 ♑ 20	27 ♍ 29	6 ♋ 12	9 ♊ 37	6 ♎ 25	9 ♌ 30	29 ♎	7 ♎	27 ♊	16 ♎	3 ♎
13	22 ♑ 4	1 ♑ 58	18 ♋ 11	18 ♋ 26	28 ♐ 27	7 ♓ 43	5 ♑ 5	27 R 29	6 ♋ 8	9 ♊ 36	6 ♎ 25	9 ♌ 29	29 ♎	7 ♎	27 ♊	16 ♎	3 ♎
14	23 ♑ 5	15 ♑ 33	18 ♋ 8	18 ♋ 26	29 ♐ 28	8 ♓ 50	5 ♑ 50	27 ♍ 29	6 ♋ 3	9 ♊ 34	6 ♎ 25	9 ♌ 27	0 ♏	7 ♎	27 ♊	16 ♎	3 ♎
15	24 ♑ 6	29 ♑ 26	18 ♋ 4	18 R 26	0 ♑ 31	9 ♓ 57	6 ♑ 35	27 ♍ 29	5 ♋ 58	9 ♊ 32	6 ♎ 25	9 ♌ 26	0 ♏	7 ♎	27 ♊	16 ♎	3 ♎
16	25 ♑ 7	13 ♒ 35	18 ♋ 1	18 ♋ 26	1 ♑ 37	11 ♓ 4	7 ♑ 20	27 ♍ 28	5 ♋ 54	9 ♊ 31	6 ♎ 24	9 ♌ 25	0 ♏	7 ♎	26 ♊	17 ♎	3 ♎
17	26 ♑ 8	27 ♒ 55	17 ♋ 58	18 ♋ 25	2 ♑ 46	12 ♓ 11	8 ♑ 5	27 ♍ 27	5 ♋ 49	9 ♊ 29	6 ♎ 24	9 ♌ 23	1 ♏	7 ♎	26 ♊	17 ♎	3 ♎
18	27 ♑ 9	12 ♓ 21	17 ♋ 55	18 ♋ 24	3 ♑ 56	13 ♓ 17	8 ♑ 50	27 ♍ 26	5 ♋ 45	9 ♊ 28	6 ♎ 24	9 ♌ 22	1 ♏	8 ♎	26 ♊	17 ♎	3 R
19	28 ♑ 10	26 ♓ 47	17 ♋ 52	18 ♋ 23	5 ♑ 9	14 ♓ 23	9 ♑ 36	27 ♍ 25	5 ♋ 41	9 ♊ 26	6 ♎ 24	9 ♌ 21	1 ♏	8 ♎	26 ♊	17 ♎	3 ♎
20	29 ♑ 11	11 ♈ 9	17 ♋ 48	18 ♋ 22	6 ♑ 23	15 ♓ 29	10 ♑ 21	27 ♍ 24	5 ♋ 36	9 ♊ 25	6 ♎ 23	9 ♌ 19	1 ♏	8 ♎	26 ♊	18 ♎	3 ♎
21	0 ♒ 12	25 ♈ 24	17 ♋ 45	18 ♋ 21	7 ♑ 39	16 ♓ 34	11 ♑ 6	27 ♍ 22	5 ♋ 32	9 ♊ 24	6 ♎ 23	9 ♌ 18	2 ♏	8 ♎	26 ♊	18 ♎	3 ♎
22	1 ♒ 14	9 ♉ 29	17 ♋ 42	18 D 22	8 ♑ 56	17 ♓ 39	11 ♑ 51	27 ♍ 21	5 ♋ 28	9 ♊ 22	6 ♎ 22	9 ♌ 16	2 ♏	8 ♎	26 ♊	18 ♎	3 ♎
23	2 ♒ 15	23 ♉ 22	17 ♋ 39	18 ♋ 22	10 ♑ 14	18 ♓ 44	12 ♑ 37	27 ♍ 19	5 ♋ 24	9 ♊ 21	6 ♎ 22	9 ♌ 15	2 ♏	8 ♎	26 ♊	18 ♎	3 ♎
24	3 ♒ 16	7 ♊ 3	17 ♋ 36	18 ♋ 23	11 ♑ 34	19 ♓ 49	13 ♑ 22	27 ♍ 17	5 ♋ 19	9 ♊ 20	6 ♎ 21	9 ♌ 14	2 ♏	8 ♎	26 ♊	19 ♎	3 ♎
25	4 ♒ 17	20 ♊ 32	17 ♋ 33	18 ♋ 25	12 ♑ 55	20 ♓ 53	14 ♑ 8	27 ♍ 14	5 ♋ 15	9 ♊ 19	6 ♎ 21	9 ♌ 12	3 ♏	8 ♎	26 ♊	19 ♎	3 ♎
26	5 ♒ 18	3 ♋ 48	17 ♋ 29	18 ♋ 26	14 ♑ 17	21 ♓ 57	14 ♑ 53	27 ♍ 12	5 ♋ 11	9 ♊ 18	6 ♎ 20	9 ♌ 11	3 ♏	8 ♎	26 ♊	19 ♎	3 ♎
27	6 ♒ 19	16 ♋ 51	17 ♋ 26	18 ♋ 26	15 ♑ 40	23 ♓ 1	15 ♑ 39	27 ♍ 9	5 ♋ 8	9 ♊ 17	6 ♎ 19	9 ♌ 10	3 ♏	8 ♎	26 ♊	19 ♎	3 ♎
28	7 ♒ 20	29 ♋ 42	17 ♋ 23	18 R 26	17 ♑ 5	24 ♓ 4	16 ♑ 24	27 ♍ 6	5 ♋ 4	9 ♊ 16	6 ♎ 19	9 ♌ 8	3 ♏	8 ♎	26 ♊	19 ♎	3 ♎
29	8 ♒ 20	12 ♌ 21	17 ♋ 20	18 ♋ 24	18 ♑ 30	25 ♓ 8	17 ♑ 10	27 ♍ 3	5 ♋ 0	9 ♊ 15	6 ♎ 18	9 ♌ 7	3 ♏	8 ♎	26 ♊	20 ♎	3 ♎
30	9 ♒ 21	24 ♌ 47	17 ♋ 17	18 ♋ 22	19 ♑ 56	26 ♓ 10	17 ♑ 55	27 ♍ 0	4 ♋ 56	9 ♊ 14	6 ♎ 17	9 ♌ 5	4 ♏	8 R	26 ♊	20 ♎	3 ♎
31	10 ♒ 22	7 ♍ 3	17 ♋ 14	18 ♋ 19	21 ♑ 23	27 ♓ 12	18 ♑ 41	26 ♍ 57	4 ♋ 53	9 ♊ 13	6 ♎ 17	9 ♌ 4	4 ♏	8 ♎	26 D	20 ♎	3 ♎

SUN INGRESS	☉ → ♒ 20日 18:54
MOON PHASE	◑ 6日 21:47 ♎ ● 14日 14:07 ♑ ◐ 21日 08:48 ♉ ○ 28日 15:41 ♌

aspects

2日	14:37	☿□♃
6日	03:54	♀⚹♂
9日	05:37	♄□♆
11日	16:16	♀△♄
11日	23:37	☿□♃
14日	06:18	♂☍♄
14日	15:20	♀□♅
14日	18:31	♂□♆
18日	06:39	☉△♃
19日	09:50	☿☍♄
20日	00:06	☿□♆
26日	22:46	☿☌♂
27日	00:22	☉△♆
29日	17:51	☉☍♇
29日	21:00	☉△♅
30日	18:18	♀☍♃

1945年2月

DAY	☉	☽	☊ mean	☊ true	☿	♀	♂	♃	♄	♅	♆	♇	⚳	⚴	⚵	⚶	⚷
	° ′	° ′	° ′	° ′	° ′	° ′	° ′	° ′	° ′	° ′	° ′	° ′	°	°	°	°	°
1	11 ♒ 23	19 ♍ 8	17 ♋ 10	18 R 15	22 D 50	28 D 14	19 D 26	26 R 53	4 R 49	9 R 12	6 R 16	9 R 3	4 D	8 R	26 D	20 D	3 R
2	12 ♒ 24	1 ♎ 6	17 ♋ 7	18 ♋ 10	24 ♑ 19	29 ♓ 16	20 ♑ 12	26 ♍ 50	4 ♋ 46	9 ♊ 11	6 ♎ 15	9 ♌ 1	4 ♏	8 ♎	26 ♊	20 ♎	3 ♎
3	13 ♒ 25	12 ♎ 59	17 ♋ 4	18 ♋ 7	25 ♑ 48	0 ♈ 17	20 ♑ 58	26 ♍ 46	4 ♋ 43	9 ♊ 10	6 ♎ 14	9 ♌ 0	4 ♏	8 ♎	26 ♊	20 ♎	3 ♎
4	14 ♒ 26	24 ♎ 51	17 ♋ 1	18 ♋ 4	27 ♑ 18	1 ♈ 18	21 ♑ 44	26 ♍ 42	4 ♋ 39	9 ♊ 10	6 ♎ 13	8 ♌ 58	5 ♏	8 ♎	26 ♊	20 ♎	3 ♎
5	15 ♒ 27	6 ♏ 46	16 ♋ 58	18 ♋ 2	28 ♑ 49	2 ♈ 18	22 ♑ 29	26 ♍ 37	4 ♋ 36	9 ♊ 9	6 ♎ 13	8 ♌ 57	5 ♏	8 ♎	26 ♊	21 ♎	3 ♎
6	16 ♒ 27	18 ♏ 48	16 ♋ 54	18 D 2	0 ♒ 21	3 ♈ 18	23 ♑ 15	26 ♍ 33	4 ♋ 33	9 ♊ 9	6 ♎ 12	8 ♌ 56	5 ♏	8 ♎	26 ♊	21 ♎	3 ♎
7	17 ♒ 28	1 ♐ 3	16 ♋ 51	18 ♋ 3	1 ♒ 54	4 ♈ 17	24 ♑ 1	26 ♍ 28	4 ♋ 30	9 ♊ 8	6 ♎ 11	8 ♌ 54	5 ♏	8 ♎	26 ♊	21 ♎	3 ♎
8	18 ♒ 29	13 ♐ 34	16 ♋ 48	18 ♋ 4	3 ♒ 27	5 ♈ 16	24 ♑ 47	26 ♍ 24	4 ♋ 27	9 ♊ 8	6 ♎ 10	8 ♌ 53	5 ♏	8 ♎	26 ♊	21 ♎	2 ♎
9	19 ♒ 30	26 ♐ 27	16 ♋ 45	18 ♋ 6	5 ♒ 1	6 ♈ 14	25 ♑ 33	26 ♍ 19	4 ♋ 25	9 ♊ 7	6 ♎ 9	8 ♌ 52	6 ♏	8 ♎	26 ♊	21 ♎	2 ♎
10	20 ♒ 30	9 ♑ 44	16 ♋ 42	18 ♋ 7	6 ♒ 36	7 ♈ 12	26 ♑ 19	26 ♍ 14	4 ♋ 22	9 ♊ 7	6 ♎ 8	8 ♌ 50	6 ♏	8 ♎	26 ♊	21 ♎	2 ♎
11	21 ♒ 31	23 ♑ 27	16 ♋ 39	18 R 7	8 ♒ 12	8 ♈ 10	27 ♑ 5	26 ♍ 8	4 ♋ 19	9 ♊ 6	6 ♎ 7	8 ♌ 49	6 ♏	7 ♎	26 ♊	21 ♎	2 ♎
12	22 ♒ 32	7 ♒ 35	16 ♋ 35	18 ♋ 6	9 ♒ 49	9 ♈ 7	27 ♑ 51	26 ♍ 3	4 ♋ 17	9 ♊ 6	6 ♎ 6	8 ♌ 47	6 ♏	7 ♎	26 ♊	21 ♎	2 ♎
13	23 ♒ 33	22 ♒ 5	16 ♋ 32	18 ♋ 3	11 ♒ 26	10 ♈ 3	28 ♑ 37	25 ♍ 57	4 ♋ 15	9 ♊ 6	6 ♎ 5	8 ♌ 46	6 ♏	7 ♎	26 ♊	21 ♎	2 ♎
14	24 ♒ 33	6 ♓ 52	16 ♋ 29	17 ♋ 58	13 ♒ 4	10 ♈ 59	29 ♑ 23	25 ♍ 52	4 ♋ 12	9 ♊ 6	6 ♎ 3	8 ♌ 45	6 ♏	7 ♎	26 ♊	22 ♎	2 ♎
15	25 ♒ 34	21 ♓ 47	16 ♋ 26	17 ♋ 52	14 ♒ 43	11 ♈ 54	0 ♒ 9	25 ♍ 46	4 ♋ 10	9 ♊ 6	6 ♎ 2	8 ♌ 43	6 ♏	7 ♎	27 ♊	22 ♎	2 ♎
16	26 ♒ 35	6 ♈ 41	16 ♋ 23	17 ♋ 46	16 ♒ 23	12 ♈ 48	0 ♒ 55	25 ♍ 40	4 ♋ 8	9 ♊ 6	6 ♎ 1	8 ♌ 42	7 ♏	7 ♎	27 ♊	22 ♎	2 ♎
17	27 ♒ 35	21 ♈ 27	16 ♋ 20	17 ♋ 41	18 ♒ 4	13 ♈ 42	1 ♒ 41	25 ♍ 34	4 ♋ 6	9 D 6	6 ♎ 0	8 ♌ 41	7 ♏	7 ♎	27 ♊	22 ♎	2 ♎
18	28 ♒ 36	5 ♉ 57	16 ♋ 16	17 ♋ 37	19 ♒ 46	14 ♈ 35	2 ♒ 28	25 ♍ 28	4 ♋ 4	9 ♊ 6	5 ♎ 59	8 ♌ 39	7 ♏	6 ♎	27 ♊	22 ♎	2 ♎
19	29 ♒ 36	20 ♉ 8	16 ♋ 13	17 ♋ 35	21 ♒ 28	15 ♈ 27	3 ♒ 14	25 ♍ 21	4 ♋ 2	9 ♊ 6	5 ♎ 57	8 ♌ 38	7 ♏	6 ♎	27 ♊	22 ♎	2 ♎
20	0 ♓ 37	3 ♊ 59	16 ♋ 10	17 D 35	23 ♒ 12	16 ♈ 19	4 ♒ 0	25 ♍ 15	4 ♋ 1	9 ♊ 6	5 ♎ 56	8 ♌ 37	7 ♏	6 ♎	27 ♊	22 ♎	2 ♎
21	1 ♓ 37	17 ♊ 30	16 ♋ 7	17 ♋ 36	24 ♒ 56	17 ♈ 10	4 ♒ 46	25 ♍ 8	3 ♋ 59	9 ♊ 6	5 ♎ 55	8 ♌ 36	7 ♏	6 ♎	27 ♊	22 ♎	2 ♎
22	2 ♓ 38	0 ♋ 42	16 ♋ 4	17 ♋ 37	26 ♒ 42	18 ♈ 0	5 ♒ 33	25 ♍ 2	3 ♋ 58	9 ♊ 7	5 ♎ 54	8 ♌ 34	7 ♏	6 ♎	28 ♊	22 ♎	2 ♎
23	3 ♓ 38	13 ♋ 38	16 ♋ 0	17 ♋ 38	28 ♒ 28	18 ♈ 49	6 ♒ 19	24 ♍ 55	3 ♋ 57	9 ♊ 7	5 ♎ 52	8 ♌ 33	7 ♏	5 ♎	28 ♊	22 R	2 ♎
24	4 ♓ 38	26 ♋ 20	15 ♋ 57	17 R 38	0 ♓ 16	19 ♈ 38	7 ♒ 5	24 ♍ 48	3 ♋ 55	9 ♊ 7	5 ♎ 51	8 ♌ 32	7 ♏	5 ♎	28 ♊	22 ♎	2 ♎
25	5 ♓ 39	8 ♌ 51	15 ♋ 54	17 ♋ 35	2 ♓ 4	20 ♈ 25	7 ♒ 51	24 ♍ 41	3 ♋ 54	9 ♊ 8	5 ♎ 50	8 ♌ 31	7 ♏	5 ♎	28 ♊	22 ♎	2 ♎
26	6 ♓ 39	21 ♌ 13	15 ♋ 51	17 ♋ 31	3 ♓ 53	21 ♈ 12	8 ♒ 38	24 ♍ 34	3 ♋ 53	9 ♊ 8	5 ♎ 48	8 ♌ 29	7 ♏	5 ♎	28 ♊	22 ♎	1 ♎
27	7 ♓ 39	3 ♍ 26	15 ♋ 48	17 ♋ 24	5 ♓ 43	21 ♈ 57	9 ♒ 24	24 ♍ 27	3 ♋ 52	9 ♊ 9	5 ♎ 47	8 ♌ 28	7 ♏	4 ♎	29 ♊	22 ♎	1 ♎
28	8 ♓ 40	15 ♍ 32	15 ♋ 45	17 ♋ 14	7 ♓ 34	22 ♈ 42	10 ♒ 10	24 ♍ 20	3 ♋ 52	9 ♊ 9	5 ♎ 45	8 ♌ 27	8 ♏	4 ♎	29 ♊	22 ♎	1 ♎

SUN INGRESS	☉ → ♓ 19日 09:15
MOON PHASE	◑ 5日 18:55 ♏ ● 13日 02:33 ♒ ◐ 19日 17:38 ♊ ○ 27日 09:07 ♍

aspects

3日	14:38	☿△♃
7日	05:05	♀□♄
8日	21:42	♀☍♆
9日	16:54	☿△♆
9日	21:29	♂△♃
10日	22:36	☿⚹♀
11日	09:03	☿☍♇
11日	13:31	☿△♅
11日	16:06	♀△♇
11日	23:51	♀⚹♅
22日	10:38	♂△♆
23日	07:15	☉△♄
25日	19:50	♂☍♇
26日	00:03	☿△♄
26日	15:57	♂△♅
28日	12:01	☉□♅
28日	20:27	☿□♅

1945年3月

DAY	☉	☽	☊ mean	☊ true	☿	♀	♂	♃	♄	♅	♆	♇	⚳	⚴	⚵	⚶	⚷
	° ′	° ′	° ′	° ′	° ′	° ′	° ′	° ′	° ′	° ′	° ′	° ′	°	°	°	°	°
1	9 ♓ 40	27 ♍ 32	15 ♋ 41	17 R 4	9 D 27	23 D 26	10 D 57	24 R 13	3 R 51	9 D 10	5 R 44	8 R 26	8 D	4 R	29 D	22 R	1 R
2	10 ♓ 40	9 ♎ 27	15 ♋ 38	16 ♋ 54	11 ♓ 20	24 ♈ 8	11 ♒ 43	24 ♍ 5	3 ♋ 50	9 ♊ 11	5 ♎ 42	8 ♌ 25	8 ♏	4 ♎	29 ♊	22 ♎	1 ♎
3	11 ♓ 40	21 ♎ 19	15 ♋ 35	16 ♋ 43	13 ♓ 13	24 ♈ 49	12 ♒ 30	23 ♍ 58	3 ♋ 50	9 ♊ 11	5 ♎ 41	8 ♌ 24	8 ♏	3 ♎	29 ♊	22 ♎	1 ♎
4	12 ♓ 40	3 ♏ 11	15 ♋ 32	16 ♋ 35	15 ♓ 8	25 ♈ 30	13 ♒ 16	23 ♍ 50	3 ♋ 50	9 ♊ 12	5 ♎ 40	8 ♌ 23	8 ♏	3 ♎	0 ♋	21 ♎	1 ♎
5	13 ♓ 40	15 ♏ 5	15 ♋ 29	16 ♋ 28	17 ♓ 3	26 ♈ 9	14 ♒ 3	23 ♍ 43	3 ♋ 49	9 ♊ 13	5 ♎ 38	8 ♌ 21	8 ♏	3 ♎	0 ♋	21 ♎	1 ♎
6	14 ♓ 40	27 ♏ 6	15 ♋ 25	16 ♋ 24	18 ♓ 59	26 ♈ 46	14 ♒ 49	23 ♍ 35	3 ♋ 49	9 ♊ 14	5 ♎ 37	8 ♌ 20	8 ♏	3 ♎	0 ♋	21 ♎	1 ♎
7	15 ♓ 40	9 ♐ 17	15 ♋ 22	16 ♋ 22	20 ♓ 56	27 ♈ 23	15 ♒ 36	23 ♍ 27	3 D 49	9 ♊ 15	5 ♎ 35	8 ♌ 19	8 R	2 ♎	0 ♋	21 ♎	1 ♎
8	16 ♓ 40	21 ♐ 43	15 ♋ 19	16 D 22	22 ♓ 52	27 ♈ 58	16 ♒ 22	23 ♍ 20	3 ♋ 50	9 ♊ 16	5 ♎ 33	8 ♌ 18	8 ♏	2 ♎	1 ♋	21 ♎	1 ♎
9	17 ♓ 40	4 ♑ 30	15 ♋ 16	16 ♋ 23	24 ♓ 49	28 ♈ 32	17 ♒ 9	23 ♍ 12	3 ♋ 50	9 ♊ 17	5 ♎ 32	8 ♌ 17	8 ♏	2 ♎	1 ♋	21 ♎	1 ♎
10	18 ♓ 40	17 ♑ 41	15 ♋ 13	16 R 23	26 ♓ 46	29 ♈ 4	17 ♒ 55	23 ♍ 4	3 ♋ 50	9 ♊ 18	5 ♎ 30	8 ♌ 16	8 ♏	1 ♎	1 ♋	21 ♎	1 ♎
11	19 ♓ 40	1 ♒ 21	15 ♋ 10	16 ♋ 22	28 ♓ 43	29 ♈ 35	18 ♒ 42	22 ♍ 57	3 ♋ 51	9 ♊ 19	5 ♎ 29	8 ♌ 15	8 ♏	1 ♎	1 ♋	21 ♎	1 ♎
12	20 ♓ 40	15 ♒ 29	15 ♋ 6	16 ♋ 19	0 ♈ 39	0 ♉ 4	19 ♒ 28	22 ♍ 49	3 ♋ 51	9 ♊ 21	5 ♎ 27	8 ♌ 14	8 ♏	1 ♎	2 ♋	21 ♎	0 ♎
13	21 ♓ 40	0 ♓ 6	15 ♋ 3	16 ♋ 13	2 ♈ 35	0 ♉ 32	20 ♒ 15	22 ♍ 41	3 ♋ 52	9 ♊ 22	5 ♎ 26	8 ♌ 13	7 ♏	0 ♎	2 ♋	20 ♎	0 ♎
14	22 ♓ 40	15 ♓ 5	15 ♋ 0	16 ♋ 5	4 ♈ 29	0 ♉ 57	21 ♒ 2	22 ♍ 33	3 ♋ 53	9 ♊ 23	5 ♎ 24	8 ♌ 12	7 ♏	0 ♎	2 ♋	20 ♎	0 ♎
15	23 ♓ 40	0 ♈ 17	14 ♋ 57	15 ♋ 55	6 ♈ 22	1 ♉ 22	21 ♒ 48	22 ♍ 25	3 ♋ 54	9 ♊ 24	5 ♎ 22	8 ♌ 11	7 ♏	0 ♎	3 ♋	20 ♎	0 ♎
16	24 ♓ 40	15 ♈ 33	14 ♋ 54	15 ♋ 45	8 ♈ 12	1 ♉ 44	22 ♒ 35	22 ♍ 17	3 ♋ 55	9 ♊ 26	5 ♎ 21	8 ♌ 10	7 ♏	29 ♍	3 ♋	20 ♎	0 ♎
17	25 ♓ 39	0 ♉ 41	14 ♋ 51	15 ♋ 35	10 ♈ 1	2 ♉ 5	23 ♒ 22	22 ♍ 10	3 ♋ 56	9 ♊ 27	5 ♎ 19	8 ♌ 10	7 ♏	29 ♍	3 ♋	20 ♎	0 ♎
18	26 ♓ 39	15 ♉ 31	14 ♋ 47	15 ♋ 28	11 ♈ 46	2 ♉ 23	24 ♒ 8	22 ♍ 2	3 ♋ 57	9 ♊ 29	5 ♎ 18	8 ♌ 9	7 ♏	29 ♍	3 ♋	20 ♎	0 ♎
19	27 ♓ 39	29 ♉ 57	14 ♋ 44	15 ♋ 22	13 ♈ 28	2 ♉ 40	24 ♒ 55	21 ♍ 54	3 ♋ 58	9 ♊ 30	5 ♎ 16	8 ♌ 8	7 ♏	28 ♍	4 ♋	19 ♎	0 ♎
20	28 ♓ 38	13 ♊ 56	14 ♋ 41	15 ♋ 20	15 ♈ 6	2 ♉ 54	25 ♒ 41	21 ♍ 46	4 ♋ 0	9 ♊ 32	5 ♎ 14	8 ♌ 7	7 ♏	28 ♍	4 ♋	19 ♎	0 ♎
21	29 ♓ 38	27 ♊ 29	14 ♋ 38	15 ♋ 19	16 ♈ 40	3 ♉ 7	26 ♒ 28	21 ♍ 39	4 ♋ 1	9 ♊ 34	5 ♎ 13	8 ♌ 6	7 ♏	28 ♍	4 ♋	19 ♎	0 ♎
22	0 ♈ 38	10 ♋ 38	14 ♋ 35	15 D 19	18 ♈ 10	3 ♉ 17	27 ♒ 15	21 ♍ 31	4 ♋ 3	9 ♊ 35	5 ♎ 11	8 ♌ 6	7 ♏	28 ♍	5 ♋	19 ♎	0 ♎
23	1 ♈ 37	23 ♋ 26	14 ♋ 31	15 R 19	19 ♈ 34	3 ♉ 25	28 ♒ 1	21 ♍ 24	4 ♋ 5	9 ♊ 37	5 ♎ 9	8 ♌ 5	7 ♏	27 ♍	5 ♋	19 ♎	0 ♎
24	2 ♈ 37	5 ♌ 57	14 ♋ 28	15 ♋ 17	20 ♈ 52	3 ♉ 30	28 ♒ 48	21 ♍ 16	4 ♋ 7	9 ♊ 39	5 ♎ 8	8 ♌ 4	7 ♏	27 ♍	5 ♋	18 ♎	0 ♎
25	3 ♈ 36	18 ♌ 15	14 ♋ 25	15 ♋ 13	22 ♈ 5	3 ♉ 33	29 ♒ 35	21 ♍ 8	4 ♋ 9	9 ♊ 41	5 ♎ 6	8 ♌ 3	6 ♏	27 ♍	6 ♋	18 ♎	29 ♍
26	4 ♈ 36	0 ♍ 24	14 ♋ 22	15 ♋ 6	23 ♈ 11	3 R 34	0 ♓ 21	21 ♍ 1	4 ♋ 11	9 ♊ 43	5 ♎ 4	8 ♌ 3	6 ♏	26 ♍	6 ♋	18 ♎	29 ♍
27	5 ♈ 35	12 ♍ 27	14 ♋ 19	14 ♋ 56	24 ♈ 11	3 ♉ 33	1 ♓ 8	20 ♍ 54	4 ♋ 13	9 ♊ 45	5 ♎ 3	8 ♌ 2	6 ♏	26 ♍	6 ♋	18 ♎	29 ♍
28	6 ♈ 34	24 ♍ 24	14 ♋ 16	14 ♋ 44	25 ♈ 4	3 ♉ 29	1 ♓ 55	20 ♍ 46	4 ♋ 16	9 ♊ 46	5 ♎ 1	8 ♌ 1	6 ♏	26 ♍	7 ♋	18 ♎	29 ♍
29	7 ♈ 34	6 ♎ 19	14 ♋ 12	14 ♋ 30	25 ♈ 50	3 ♉ 22	2 ♓ 41	20 ♍ 39	4 ♋ 18	9 ♊ 48	4 ♎ 59	8 ♌ 1	6 ♏	25 ♍	7 ♋	17 ♎	29 ♍
30	8 ♈ 33	18 ♎ 12	14 ♋ 9	14 ♋ 16	26 ♈ 29	3 ♉ 13	3 ♓ 28	20 ♍ 32	4 ♋ 21	9 ♊ 51	4 ♎ 58	8 ♌ 0	6 ♏	25 ♍	7 ♋	17 ♎	29 ♍
31	9 ♈ 32	0 ♏ 5	14 ♋ 6	14 ♋ 2	27 ♈ 1	3 ♉ 2	4 ♓ 15	20 ♍ 25	4 ♋ 23	9 ♊ 53	4 ♎ 56	8 ♌ 0	5 ♏	25 ♍	8 ♋	17 ♎	29 ♍

SUN INGRESS	☉ → ♈ 21日 08:37
MOON PHASE	◑ 7日 13:30 ♐　● 14日 12:51 ♓　◐ 21日 04:11 ♊　○ 29日 02:44 ♎

aspects		
1日	06:02	☉☌☿
8日	05:16	☿☍♃
13日	16:18	☿□♄
13日	21:32	☉☍♃
14日	11:32	☿☍♆
15日	23:37	☿△♇
16日	16:29	☿⚹♅
25日	13:43	☉□♄
26日	11:20	☉☍♆
29日	10:56	☉△♇
29日	17:39	♀⚹♂
31日	04:37	♂△♄
31日	08:38	☉⚹♅

1945年4月

DAY	☉	☽	☊ mean	☊ true	☿	♀	♂	♃	♄	♅	♆	♇	⚳	⚴	⚵	⚶	⚷
	° ′	° ′	° ′	° ′	° ′	° ′	° ′	° ′	° ′	° ′	° ′	° ′	°	°	°	°	°
1	10 ♈ 31	11 ♏ 58	14 ♋ 3	13 R 50	27 D 25	2 R 48	5 D 1	20 R 18	4 D 26	9 D 55	4 R 54	7 R 59	5 R	24 R	8 D	17 R	29 R
2	11 ♈ 30	23 ♏ 55	14 ♋ 0	13 ♋ 40	27 ♈ 43	2 ♉ 31	5 ♓ 48	20 ♍ 11	4 ♋ 29	9 ♊ 57	4 ♎ 53	7 ♌ 59	5 ♏	24 ♍	8 ♋	16 ♎	29 ♍
3	12 ♈ 30	5 ♐ 58	13 ♋ 57	13 ♋ 33	27 ♈ 52	2 ♉ 12	6 ♓ 35	20 ♍ 4	4 ♋ 32	9 ♊ 59	4 ♎ 51	7 ♌ 58	5 ♏	24 ♍	9 ♋	16 ♎	29 ♍
4	13 ♈ 29	18 ♐ 10	13 ♋ 53	13 ♋ 29	27 R 55	1 ♉ 51	7 ♓ 21	19 ♍ 58	4 ♋ 35	10 ♊ 1	4 ♎ 50	7 ♌ 58	5 ♏	24 ♍	9 ♋	16 ♎	29 ♍
5	14 ♈ 28	0 ♑ 35	13 ♋ 50	13 ♋ 28	27 ♈ 51	1 ♉ 28	8 ♓ 8	19 ♍ 51	4 ♋ 38	10 ♊ 4	4 ♎ 48	7 ♌ 57	5 ♏	23 ♍	9 ♋	16 ♎	29 ♍
6	15 ♈ 27	13 ♑ 18	13 ♋ 47	13 D 28	27 ♈ 40	1 ♉ 2	8 ♓ 55	19 ♍ 45	4 ♋ 41	10 ♊ 6	4 ♎ 46	7 ♌ 57	4 ♏	23 ♍	10 ♋	15 ♎	29 ♍
7	16 ♈ 26	26 ♑ 24	13 ♋ 44	13 R 27	27 ♈ 23	0 ♉ 34	9 ♓ 41	19 ♍ 38	4 ♋ 44	10 ♊ 8	4 ♎ 45	7 ♌ 57	4 ♏	23 ♍	10 ♋	15 ♎	28 ♍
8	17 ♈ 25	9 ♒ 55	13 ♋ 41	13 ♋ 26	27 ♈ 0	0 ♉ 5	10 ♓ 28	19 ♍ 32	4 ♋ 48	10 ♊ 11	4 ♎ 43	7 ♌ 56	4 ♏	23 ♍	10 ♋	15 ♎	28 ♍
9	18 ♈ 24	23 ♒ 55	13 ♋ 37	13 ♋ 23	26 ♈ 32	29 ♈ 34	11 ♓ 15	19 ♍ 26	4 ♋ 51	10 ♊ 13	4 ♎ 41	7 ♌ 56	4 ♏	22 ♍	11 ♋	15 ♎	28 ♍
10	19 ♈ 23	8 ♓ 23	13 ♋ 34	13 ♋ 17	25 ♈ 59	29 ♈ 1	12 ♓ 1	19 ♍ 20	4 ♋ 55	10 ♊ 16	4 ♎ 40	7 ♌ 56	4 ♏	22 ♍	11 ♋	14 ♎	28 ♍
11	20 ♈ 22	23 ♓ 17	13 ♋ 31	13 ♋ 8	25 ♈ 22	28 ♈ 27	12 ♓ 48	19 ♍ 14	4 ♋ 59	10 ♊ 18	4 ♎ 38	7 ♌ 55	3 ♏	22 ♍	11 ♋	14 ♎	28 ♍
12	21 ♈ 21	8 ♈ 29	13 ♋ 28	12 ♋ 58	24 ♈ 42	27 ♈ 51	13 ♓ 34	19 ♍ 8	5 ♋ 3	10 ♊ 21	4 ♎ 37	7 ♌ 55	3 ♏	22 ♍	12 ♋	14 ♎	28 ♍
13	22 ♈ 19	23 ♈ 50	13 ♋ 25	12 ♋ 47	24 ♈ 0	27 ♈ 15	14 ♓ 21	19 ♍ 3	5 ♋ 6	10 ♊ 23	4 ♎ 35	7 ♌ 55	3 ♏	21 ♍	12 ♋	14 ♎	28 ♍
14	23 ♈ 18	9 ♉ 6	13 ♋ 22	12 ♋ 36	23 ♈ 16	26 ♈ 38	15 ♓ 8	18 ♍ 57	5 ♋ 10	10 ♊ 26	4 ♎ 34	7 ♌ 55	3 ♏	21 ♍	12 ♋	13 ♎	28 ♍
15	24 ♈ 17	24 ♉ 8	13 ♋ 18	12 ♋ 28	22 ♈ 32	26 ♈ 1	15 ♓ 54	18 ♍ 52	5 ♋ 15	10 ♊ 29	4 ♎ 32	7 ♌ 54	3 ♏	21 ♍	13 ♋	13 ♎	28 ♍
16	25 ♈ 16	8 ♊ 47	13 ♋ 15	12 ♋ 22	21 ♈ 47	25 ♈ 23	16 ♓ 41	18 ♍ 47	5 ♋ 19	10 ♊ 31	4 ♎ 30	7 ♌ 54	2 ♏	21 ♍	13 ♋	13 ♎	28 ♍
17	26 ♈ 15	22 ♊ 57	13 ♋ 12	12 ♋ 18	21 ♈ 4	24 ♈ 45	17 ♓ 27	18 ♍ 42	5 ♋ 23	10 ♊ 34	4 ♎ 29	7 ♌ 54	2 ♏	21 ♍	14 ♋	13 ♎	28 ♍
18	27 ♈ 13	6 ♋ 39	13 ♋ 9	12 ♋ 17	20 ♈ 22	24 ♈ 7	18 ♓ 14	18 ♍ 37	5 ♋ 27	10 ♊ 37	4 ♎ 27	7 ♌ 54	2 ♏	21 ♍	14 ♋	12 ♎	28 ♍
19	28 ♈ 12	19 ♋ 53	13 ♋ 6	12 D 17	19 ♈ 43	23 ♈ 30	19 ♓ 0	18 ♍ 32	5 ♋ 32	10 ♊ 40	4 ♎ 26	7 ♌ 54	2 ♏	20 ♍	14 ♋	12 ♎	28 ♍
20	29 ♈ 10	2 ♌ 42	13 ♋ 2	12 R 17	19 ♈ 7	22 ♈ 54	19 ♓ 47	18 ♍ 28	5 ♋ 36	10 ♊ 43	4 ♎ 25	7 ♌ 54	1 ♏	20 ♍	15 ♋	12 ♎	28 ♍
21	0 ♉ 9	15 ♌ 12	12 ♋ 59	12 ♋ 16	18 ♈ 34	22 ♈ 19	20 ♓ 33	18 ♍ 24	5 ♋ 41	10 ♊ 45	4 ♎ 23	7 D 54	1 ♏	20 ♍	15 ♋	12 ♎	28 ♍
22	1 ♉ 8	27 ♌ 26	12 ♋ 56	12 ♋ 13	18 ♈ 6	21 ♈ 45	21 ♓ 20	18 ♍ 19	5 ♋ 46	10 ♊ 48	4 ♎ 22	7 ♌ 54	1 ♏	20 ♍	16 ♋	11 ♎	27 ♍
23	2 ♉ 6	9 ♍ 30	12 ♋ 53	12 ♋ 8	17 ♈ 41	21 ♈ 12	22 ♓ 6	18 ♍ 15	5 ♋ 50	10 ♊ 51	4 ♎ 20	7 ♌ 54	1 ♏	20 ♍	16 ♋	11 ♎	27 ♍
24	3 ♉ 4	21 ♍ 27	12 ♋ 50	12 ♋ 0	17 ♈ 22	20 ♈ 41	22 ♓ 52	18 ♍ 11	5 ♋ 55	10 ♊ 54	4 ♎ 19	7 ♌ 54	1 ♏	20 ♍	16 ♋	11 ♎	27 ♍
25	4 ♉ 3	3 ♎ 20	12 ♋ 47	11 ♋ 49	17 ♈ 7	20 ♈ 11	23 ♓ 39	18 ♍ 8	6 ♋ 0	10 ♊ 57	4 ♎ 17	7 ♌ 54	0 ♏	20 ♍	17 ♋	11 ♎	27 ♍
26	5 ♉ 1	15 ♎ 12	12 ♋ 43	11 ♋ 37	16 ♈ 57	19 ♈ 44	24 ♓ 25	18 ♍ 4	6 ♋ 5	11 ♊ 0	4 ♎ 16	7 ♌ 54	0 ♏	19 ♍	17 ♋	11 ♎	27 ♍
27	6 ♉ 0	27 ♎ 5	12 ♋ 40	11 ♋ 25	16 ♈ 51	19 ♈ 18	25 ♓ 11	18 ♍ 1	6 ♋ 10	11 ♊ 3	4 ♎ 15	7 ♌ 54	0 ♏	19 ♍	17 ♋	10 ♎	27 ♍
28	6 ♉ 58	9 ♏ 0	12 ♋ 37	11 ♋ 13	16 D 51	18 ♈ 55	25 ♓ 58	17 ♍ 58	6 ♋ 15	11 ♊ 6	4 ♎ 13	7 ♌ 55	0 ♏	19 ♍	18 ♋	10 ♎	27 ♍
29	7 ♉ 56	20 ♏ 59	12 ♋ 34	11 ♋ 2	16 ♈ 56	18 ♈ 34	26 ♓ 44	17 ♍ 55	6 ♋ 20	11 ♊ 9	4 ♎ 12	7 ♌ 55	29 ♎	19 ♍	18 ♋	10 ♎	27 ♍
30	8 ♉ 54	3 ♐ 3	12 ♋ 31	10 ♋ 54	17 ♈ 6	18 ♈ 15	27 ♓ 30	17 ♍ 52	6 ♋ 26	11 ♊ 12	4 ♎ 11	7 ♌ 55	29 ♎	19 ♍	19 ♋	10 ♎	27 ♍

SUN INGRESS	☉ → ♉ 20日 20:07
MOON PHASE	◑ 6日 04:18 ♑　● 12日 21:30 ♈　◐ 19日 16:46 ♋　○ 27日 19:33 ♏

aspects		
7日	01:00	♄□♆
7日	14:42	♂□♅
13日	23:31	☉☌☿
16日	01:44	☉☌♀
18日	10:57	♂☍♃
27日	04:45	☉⚹♄
28日	23:27	☉□♇

1945年5月

DAY	☉	☽	☊ mean	☊ true	☿	♀	♂	♃	♄	♅	♆	♇	⚳	⚴	⚵	⚶	⚷
	° ′	° ′	° ′	° ′	° ′	° ′	° ′	° ′	° ′	° ′	° ′	° ′	°	°	°	°	°
1	9 ♉ 53	15 ♐ 14	12 ♋ 28	10 R 48	17 D 20	17 R 58	28 D 17	17 R 49	6 D 31	11 D 15	4 R 9	7 D 55	29 R	19 R	19 D	10 R	27 R
2	10 ♉ 51	27 ♐ 34	12 ♋ 24	10 ♋ 45	17 ♈ 39	17 ♈ 44	29 ♓ 3	17 ♍ 47	6 ♋ 37	11 ♊ 19	4 ♎ 8	7 ♌ 56	29 ♎	19 ♍	19 ♋	10 ♎	27 ♍
3	11 ♉ 49	10 ♑ 6	12 ♋ 21	10 ♋ 44	18 ♈ 2	17 ♈ 33	29 ♓ 49	17 ♍ 44	6 ♋ 42	11 ♊ 22	4 ♎ 7	7 ♌ 56	29 ♎	19 ♍	20 ♋	9 ♎	27 ♍
4	12 ♉ 47	22 ♑ 53	12 ♋ 18	10 D 45	18 ♈ 30	17 ♈ 24	0 ♈ 35	17 ♍ 42	6 ♋ 48	11 ♊ 25	4 ♎ 6	7 ♌ 56	28 ♎	19 ♍	20 ♋	9 ♎	27 ♍
5	13 ♉ 45	5 ♒ 59	12 ♋ 15	10 ♋ 46	19 ♈ 2	17 ♈ 17	1 ♈ 21	17 ♍ 40	6 ♋ 53	11 ♊ 28	4 ♎ 4	7 ♌ 57	28 ♎	19 ♍	21 ♋	9 ♎	27 ♍
6	14 ♉ 43	19 ♒ 26	12 ♋ 12	10 R 46	19 ♈ 38	17 ♈ 13	2 ♈ 7	17 ♍ 39	6 ♋ 59	11 ♊ 31	4 ♎ 3	7 ♌ 57	28 ♎	19 ♍	21 ♋	9 ♎	27 ♍
7	15 ♉ 42	3 ♓ 17	12 ♋ 8	10 ♋ 44	20 ♈ 17	17 ♈ 11	2 ♈ 53	17 ♍ 37	7 ♋ 5	11 ♊ 35	4 ♎ 2	7 ♌ 57	28 ♎	19 ♍	21 ♋	9 ♎	27 ♍
8	16 ♉ 40	17 ♓ 33	12 ♋ 5	10 ♋ 41	21 ♈ 1	17 D 12	3 ♈ 39	17 ♍ 36	7 ♋ 11	11 ♊ 38	4 ♎ 1	7 ♌ 58	28 ♎	19 ♍	22 ♋	9 ♎	27 ♍
9	17 ♉ 38	2 ♈ 12	12 ♋ 2	10 ♋ 36	21 ♈ 48	17 ♈ 15	4 ♈ 26	17 ♍ 34	7 ♋ 17	11 ♊ 41	4 ♎ 0	7 ♌ 58	27 ♎	19 D	22 ♋	9 ♎	27 ♍
10	18 ♉ 36	17 ♈ 9	11 ♋ 59	10 ♋ 29	22 ♈ 38	17 ♈ 20	5 ♈ 12	17 ♍ 33	7 ♋ 23	11 ♊ 45	3 ♎ 59	7 ♌ 59	27 ♎	19 ♍	23 ♋	9 ♎	27 ♍
11	19 ♉ 34	2 ♉ 16	11 ♋ 56	10 ♋ 21	23 ♈ 32	17 ♈ 27	5 ♈ 57	17 ♍ 33	7 ♋ 29	11 ♊ 48	3 ♎ 58	7 ♌ 59	27 ♎	19 ♍	23 ♋	9 ♎	27 ♍
12	20 ♉ 32	17 ♉ 23	11 ♋ 53	10 ♋ 13	24 ♈ 29	17 ♈ 37	6 ♈ 43	17 ♍ 32	7 ♋ 35	11 ♊ 51	3 ♎ 57	8 ♌ 0	27 ♎	19 ♍	24 ♋	8 ♎	27 ♍
13	21 ♉ 30	2 ♊ 21	11 ♋ 49	10 ♋ 7	25 ♈ 29	17 ♈ 49	7 ♈ 29	17 ♍ 31	7 ♋ 41	11 ♊ 55	3 ♎ 56	8 ♌ 0	27 ♎	19 ♍	24 ♋	8 ♎	27 ♍
14	22 ♉ 28	17 ♊ 0	11 ♋ 46	10 ♋ 3	26 ♈ 32	18 ♈ 2	8 ♈ 15	17 ♍ 31	7 ♋ 47	11 ♊ 58	3 ♎ 55	8 ♌ 1	26 ♎	19 ♍	24 ♋	8 ♎	27 ♍
15	23 ♉ 25	1 ♋ 15	11 ♋ 43	10 ♋ 1	27 ♈ 38	18 ♈ 18	9 ♈ 1	17 ♍ 31	7 ♋ 53	12 ♊ 1	3 ♎ 54	8 ♌ 2	26 ♎	19 ♍	25 ♋	8 ♎	27 ♍
16	24 ♉ 23	15 ♋ 3	11 ♋ 40	10 D 1	28 ♈ 47	18 ♈ 36	9 ♈ 47	17 D 31	8 ♋ 0	12 ♊ 5	3 ♎ 53	8 ♌ 2	26 ♎	19 ♍	25 ♋	8 ♎	27 ♍
17	25 ♉ 21	28 ♋ 23	11 ♋ 37	10 ♋ 2	29 ♈ 58	18 ♈ 55	10 ♈ 32	17 ♍ 31	8 ♋ 6	12 ♊ 8	3 ♎ 52	8 ♌ 3	26 ♎	19 ♍	26 ♋	8 ♎	27 ♍
18	26 ♉ 19	11 ♌ 18	11 ♋ 34	10 ♋ 3	1 ♉ 13	19 ♈ 17	11 ♈ 18	17 ♍ 32	8 ♋ 13	12 ♊ 12	3 ♎ 51	8 ♌ 4	26 ♎	19 ♍	26 ♋	8 ♎	27 ♍
19	27 ♉ 17	23 ♌ 52	11 ♋ 30	10 ♋ 4	2 ♉ 29	19 ♈ 40	12 ♈ 4	17 ♍ 32	8 ♋ 19	12 ♊ 15	3 ♎ 50	8 ♌ 4	26 ♎	19 ♍	26 ♋	8 ♎	26 ♍
20	28 ♉ 14	6 ♍ 8	11 ♋ 27	10 R 4	3 ♉ 48	20 ♈ 4	12 ♈ 49	17 ♍ 33	8 ♋ 26	12 ♊ 18	3 ♎ 49	8 ♌ 5	26 ♎	19 ♍	27 ♋	8 ♎	26 ♍
21	29 ♉ 12	18 ♍ 12	11 ♋ 24	10 ♋ 2	5 ♉ 10	20 ♈ 31	13 ♈ 35	17 ♍ 34	8 ♋ 32	12 ♊ 22	3 ♎ 49	8 ♌ 6	25 ♎	19 ♍	27 ♋	8 D	26 ♍
22	0 ♊ 10	0 ♎ 8	11 ♋ 21	9 ♋ 58	6 ♉ 34	20 ♈ 59	14 ♈ 20	17 ♍ 35	8 ♋ 39	12 ♊ 25	3 ♎ 48	8 ♌ 7	25 ♎	20 ♍	28 ♋	8 ♎	26 ♍
23	1 ♊ 8	12 ♎ 0	11 ♋ 18	9 ♋ 53	8 ♉ 1	21 ♈ 28	15 ♈ 6	17 ♍ 37	8 ♋ 46	12 ♊ 29	3 ♎ 47	8 ♌ 8	25 ♎	20 ♍	28 ♋	8 ♎	26 ♍
24	2 ♊ 5	23 ♎ 52	11 ♋ 14	9 ♋ 47	9 ♉ 30	21 ♈ 59	15 ♈ 51	17 ♍ 38	8 ♋ 52	12 ♊ 32	3 ♎ 46	8 ♌ 8	25 ♎	20 ♍	28 ♋	8 ♎	26 ♍
25	3 ♊ 3	5 ♏ 47	11 ♋ 11	9 ♋ 40	11 ♉ 1	22 ♈ 31	16 ♈ 37	17 ♍ 40	8 ♋ 59	12 ♊ 36	3 ♎ 46	8 ♌ 9	25 ♎	20 ♍	29 ♋	8 ♎	26 ♍
26	4 ♊ 0	17 ♏ 47	11 ♋ 8	9 ♋ 34	12 ♉ 35	23 ♈ 5	17 ♈ 22	17 ♍ 42	9 ♋ 6	12 ♊ 39	3 ♎ 45	8 ♌ 10	25 ♎	20 ♍	29 ♋	8 ♎	26 D
27	4 ♊ 58	29 ♏ 54	11 ♋ 5	9 ♋ 28	14 ♉ 11	23 ♈ 40	18 ♈ 7	17 ♍ 44	9 ♋ 13	12 ♊ 43	3 ♎ 44	8 ♌ 11	25 ♎	20 ♍	0 ♌	8 ♎	26 ♍
28	5 ♊ 56	12 ♐ 9	11 ♋ 2	9 ♋ 24	15 ♉ 50	24 ♈ 16	18 ♈ 53	17 ♍ 46	9 ♋ 20	12 ♊ 46	3 ♎ 44	8 ♌ 12	25 ♎	20 ♍	0 ♌	8 ♎	26 ♍
29	6 ♊ 53	24 ♐ 34	10 ♋ 59	9 ♋ 21	17 ♉ 31	24 ♈ 53	19 ♈ 38	17 ♍ 48	9 ♋ 27	12 ♊ 50	3 ♎ 43	8 ♌ 13	25 ♎	20 ♍	1 ♌	8 ♎	26 ♍
30	7 ♊ 51	7 ♑ 9	10 ♋ 55	9 ♋ 20	19 ♉ 14	25 ♈ 32	20 ♈ 23	17 ♍ 51	9 ♋ 34	12 ♊ 53	3 ♎ 43	8 ♌ 14	25 ♎	21 ♍	1 ♌	8 ♎	26 ♍
31	8 ♊ 48	19 ♑ 56	10 ♋ 52	9 D 21	20 ♉ 59	26 ♈ 11	21 ♈ 8	17 ♍ 54	9 ♋ 41	12 ♊ 57	3 ♎ 42	8 ♌ 15	25 ♎	21 ♍	1 ♌	9 ♎	26 ♍

SUN INGRESS	☉ → ♊ 21日 19:40
MOON PHASE	◑ 5日 15:02 ♒　● 12日 05:21 ♉　◐ 19日 07:12 ♌　○ 27日 10:49 ♐

aspects

2日	03:58	☿☌♀
8日	10:57	♂☍♆
8日	22:41	☉△♃
13日	07:03	♂□♄
13日	16:34	♂△♇
19日	06:26	♂⚹♅
23日	01:52	☿□♇
23日	13:08	☿⚹♄
25日	17:41	☉△♆
29日	04:17	☿△♃
30日	09:54	☉⚹♇

1945年6月

DAY	☉	☽	☊ mean	☊ true	☿	♀	♂	♃	♄	♅	♆	♇	⚳	⚴	⚵	⚶	⚷
	° ′	° ′	° ′	° ′	° ′	° ′	° ′	° ′	° ′	° ′	° ′	° ′	°	°	°	°	°
1	9 ♊ 46	2 ♒ 57	10 ♋ 49	9 D 22	22 D 47	26 D 52	21 D 53	17 D 57	9 D 48	13 D 1	3 R 42	8 D 16	24 R	21 D	2 D	9 D	26 D
2	10 ♊ 43	16 ♒ 13	10 ♋ 46	9 ♋ 24	24 ♉ 37	27 ♈ 34	22 ♈ 38	18 ♍ 0	9 ♋ 55	13 ♊ 4	3 ♎ 41	8 ♌ 17	24 ♎	21 ♍	2 ♌	9 ♎	27 ♍
3	11 ♊ 41	29 ♒ 45	10 ♋ 43	9 ♋ 25	26 ♉ 30	28 ♈ 16	23 ♈ 23	18 ♍ 3	10 ♋ 2	13 ♊ 8	3 ♎ 41	8 ♌ 18	24 ♎	21 ♍	3 ♌	9 ♎	27 ♍
4	12 ♊ 38	13 ♓ 35	10 ♋ 40	9 R 25	28 ♉ 25	29 ♈ 0	24 ♈ 8	18 ♍ 6	10 ♋ 9	13 ♊ 11	3 ♎ 41	8 ♌ 19	24 ♎	21 ♍	3 ♌	9 ♎	27 ♍
5	13 ♊ 36	27 ♓ 42	10 ♋ 36	9 ♋ 25	0 ♊ 22	29 ♈ 45	24 ♈ 53	18 ♍ 10	10 ♋ 17	13 ♊ 15	3 ♎ 40	8 ♌ 20	24 ♎	22 ♍	4 ♌	9 ♎	27 ♍
6	14 ♊ 33	12 ♈ 6	10 ♋ 33	9 ♋ 23	2 ♊ 21	0 ♉ 30	25 ♈ 38	18 ♍ 14	10 ♋ 24	13 ♊ 18	3 ♎ 40	8 ♌ 21	24 ♎	22 ♍	4 ♌	9 ♎	27 ♍
7	15 ♊ 30	26 ♈ 42	10 ♋ 30	9 ♋ 20	4 ♊ 22	1 ♉ 16	26 ♈ 22	18 ♍ 17	10 ♋ 31	13 ♊ 22	3 ♎ 40	8 ♌ 23	24 ♎	22 ♍	4 ♌	9 ♎	27 ♍
8	16 ♊ 28	11 ♉ 25	10 ♋ 27	9 ♋ 17	6 ♊ 25	2 ♉ 3	27 ♈ 7	18 ♍ 22	10 ♋ 39	13 ♊ 25	3 ♎ 39	8 ♌ 24	24 ♎	22 ♍	5 ♌	9 ♎	27 ♍
9	17 ♊ 25	26 ♉ 10	10 ♋ 24	9 ♋ 14	8 ♊ 30	2 ♉ 51	27 ♈ 52	18 ♍ 26	10 ♋ 46	13 ♊ 29	3 ♎ 39	8 ♌ 25	24 ♎	22 ♍	5 ♌	10 ♎	27 ♍
10	18 ♊ 23	10 ♊ 49	10 ♋ 20	9 ♋ 12	10 ♊ 36	3 ♉ 40	28 ♈ 36	18 ♍ 30	10 ♋ 53	13 ♊ 32	3 ♎ 39	8 ♌ 26	24 D	22 ♍	6 ♌	10 ♎	27 ♍
11	19 ♊ 20	25 ♊ 14	10 ♋ 17	9 ♋ 11	12 ♊ 44	4 ♉ 29	29 ♈ 21	18 ♍ 35	11 ♋ 1	13 ♊ 36	3 ♎ 39	8 ♌ 27	24 ♎	23 ♍	6 ♌	10 ♎	27 ♍
12	20 ♊ 17	9 ♋ 21	10 ♋ 14	9 D 10	14 ♊ 54	5 ♉ 19	0 ♉ 5	18 ♍ 39	11 ♋ 8	13 ♊ 39	3 ♎ 39	8 ♌ 29	24 ♎	23 ♍	7 ♌	10 ♎	27 ♍
13	21 ♊ 15	23 ♋ 5	10 ♋ 11	9 ♋ 11	17 ♊ 4	6 ♉ 10	0 ♉ 50	18 ♍ 44	11 ♋ 16	13 ♊ 43	3 ♎ 39	8 ♌ 30	24 ♎	23 ♍	7 ♌	10 ♎	27 ♍
14	22 ♊ 12	6 ♌ 26	10 ♋ 8	9 ♋ 12	19 ♊ 15	7 ♉ 1	1 ♉ 34	18 ♍ 49	11 ♋ 23	13 ♊ 46	3 ♎ 39	8 ♌ 31	24 ♎	23 ♍	7 ♌	10 ♎	27 ♍
15	23 ♊ 9	19 ♌ 24	10 ♋ 5	9 ♋ 13	21 ♊ 27	7 ♉ 53	2 ♉ 18	18 ♍ 54	11 ♋ 31	13 ♊ 50	3 ♎ 39	8 ♌ 32	24 ♎	24 ♍	8 ♌	11 ♎	27 ♍
16	24 ♊ 7	2 ♍ 1	10 ♋ 1	9 ♋ 14	23 ♊ 39	8 ♉ 45	3 ♉ 3	19 ♍ 0	11 ♋ 38	13 ♊ 53	3 D 39	8 ♌ 34	24 ♎	24 ♍	8 ♌	11 ♎	27 ♍
17	25 ♊ 4	14 ♍ 20	9 ♋ 58	9 ♋ 15	25 ♊ 51	9 ♉ 38	3 ♉ 47	19 ♍ 5	11 ♋ 46	13 ♊ 57	3 ♎ 39	8 ♌ 35	24 ♎	24 ♍	9 ♌	11 ♎	27 ♍
18	26 ♊ 1	26 ♍ 26	9 ♋ 55	9 R 15	28 ♊ 2	10 ♉ 32	4 ♉ 31	19 ♍ 11	11 ♋ 53	14 ♊ 0	3 ♎ 39	8 ♌ 36	24 ♎	24 ♍	9 ♌	11 ♎	27 ♍
19	26 ♊ 59	8 ♎ 24	9 ♋ 52	9 ♋ 15	0 ♋ 13	11 ♉ 26	5 ♉ 15	19 ♍ 16	12 ♋ 1	14 ♊ 4	3 ♎ 39	8 ♌ 38	25 ♎	24 ♍	10 ♌	11 ♎	27 ♍
20	27 ♊ 56	20 ♎ 17	9 ♋ 49	9 ♋ 14	2 ♋ 24	12 ♉ 21	5 ♉ 59	19 ♍ 22	12 ♋ 9	14 ♊ 7	3 ♎ 39	8 ♌ 39	25 ♎	25 ♍	10 ♌	12 ♎	27 ♍
21	28 ♊ 53	2 ♏ 10	9 ♋ 46	9 ♋ 13	4 ♋ 33	13 ♉ 16	6 ♉ 43	19 ♍ 28	12 ♋ 16	14 ♊ 11	3 ♎ 39	8 ♌ 41	25 ♎	25 ♍	10 ♌	12 ♎	27 ♍
22	29 ♊ 50	14 ♏ 8	9 ♋ 42	9 ♋ 12	6 ♋ 41	14 ♉ 12	7 ♉ 26	19 ♍ 35	12 ♋ 24	14 ♊ 14	3 ♎ 39	8 ♌ 42	25 ♎	25 ♍	11 ♌	12 ♎	27 ♍
23	0 ♋ 48	26 ♏ 13	9 ♋ 39	9 ♋ 10	8 ♋ 47	15 ♉ 8	8 ♉ 10	19 ♍ 41	12 ♋ 32	14 ♊ 18	3 ♎ 40	8 ♌ 43	25 ♎	25 ♍	11 ♌	12 ♎	27 ♍
24	1 ♋ 45	8 ♐ 27	9 ♋ 36	9 ♋ 9	10 ♋ 52	16 ♉ 4	8 ♉ 54	19 ♍ 47	12 ♋ 39	14 ♊ 21	3 ♎ 40	8 ♌ 45	25 ♎	26 ♍	12 ♌	12 ♎	27 ♍
25	2 ♋ 42	20 ♐ 55	9 ♋ 33	9 ♋ 9	12 ♋ 55	17 ♉ 1	9 ♉ 38	19 ♍ 54	12 ♋ 47	14 ♊ 25	3 ♎ 40	8 ♌ 46	25 ♎	26 ♍	12 ♌	13 ♎	27 ♍
26	3 ♋ 39	3 ♑ 35	9 ♋ 30	9 ♋ 9	14 ♋ 57	17 ♉ 59	10 ♉ 21	20 ♍ 1	12 ♋ 55	14 ♊ 28	3 ♎ 40	8 ♌ 48	25 ♎	26 ♍	13 ♌	13 ♎	27 ♍
27	4 ♋ 36	16 ♑ 30	9 ♋ 26	9 D 9	16 ♋ 56	18 ♉ 56	11 ♉ 5	20 ♍ 7	13 ♋ 3	14 ♊ 31	3 ♎ 41	8 ♌ 49	25 ♎	27 ♍	13 ♌	13 ♎	27 ♍
28	5 ♋ 34	29 ♑ 39	9 ♋ 23	9 ♋ 9	18 ♋ 54	19 ♉ 55	11 ♉ 48	20 ♍ 14	13 ♋ 10	14 ♊ 35	3 ♎ 41	8 ♌ 51	25 ♎	27 ♍	13 ♌	13 ♎	27 ♍
29	6 ♋ 31	13 ♒ 2	9 ♋ 20	9 ♋ 9	20 ♋ 50	20 ♉ 53	12 ♉ 31	20 ♍ 21	13 ♋ 18	14 ♊ 38	3 ♎ 42	8 ♌ 52	25 ♎	27 ♍	14 ♌	14 ♎	28 ♍
30	7 ♋ 28	26 ♒ 39	9 ♋ 17	9 ♋ 9	22 ♋ 43	21 ♉ 52	13 ♉ 15	20 ♍ 29	13 ♋ 26	14 ♊ 41	3 ♎ 42	8 ♌ 54	26 ♎	27 ♍	14 ♌	14 ♎	28 ♍

SUN INGRESS	☉ → ♋ 22日 03:52
MOON PHASE	◑ 3日 22:15 ♓　● 10日 13:26 ♊　◐ 17日 23:05 ♍　○ 26日 00:08 ♑

aspects

4日	14:43	☉☌♅
6日	15:44	☿△♆
8日	23:04	☿⚹♇
10日	03:25	☉□♃
11日	09:51	☿☌♅
13日	19:03	☿□♃
15日	18:35	♀□♇
16日	08:57	☉☌☿
19日	17:49	♀⚹♄
20日	14:00	☿□♆
22日	13:14	☿⚹♂
23日	18:54	♂□♇
24日	22:16	☿☌♄
26日	00:35	☉□♆
28日	09:14	♀△♃
28日	17:45	☿⚹♃
29日	01:34	☿⚹♀
30日	07:31	♂⚹♄

1945年7月

DAY	☉	☽	☊ mean	☊ true	☿	♀	♂	♃	♄	♅	♆	♇	⚳	⚴	⚵	⚶	⚷
	° ′	° ′	° ′	° ′	° ′	° ′	° ′	° ′	° ′	° ′	° ′	° ′	°	°	°	°	°
1	8 ♋ 25	10 ♓ 27	9 ♋ 14	9 D 9	24 D 35	22 D 51	13 D 58	20 D 36	13 D 34	14 D 45	3 D 43	8 D 56	26 D	28 D	15 D	14 D	28 D
2	9 ♋ 22	24 ♓ 25	9 ♋ 11	9 R 9	26 ♋ 24	23 ♉ 51	14 ♉ 41	20 ♍ 44	13 ♋ 41	14 ♊ 48	3 ♎ 43	8 ♌ 57	26 ♎	28 ♍	15 ♌	15 ♎	28 ♍
3	10 ♋ 20	8 ♈ 33	9 ♋ 7	9 ♋ 9	28 ♋ 11	24 ♉ 51	15 ♉ 24	20 ♍ 51	13 ♋ 49	14 ♊ 51	3 ♎ 44	8 ♌ 59	26 ♎	28 ♍	16 ♌	15 ♎	28 ♍
4	11 ♋ 17	22 ♈ 48	9 ♋ 4	9 D 9	29 ♋ 57	25 ♉ 52	16 ♉ 7	20 ♍ 59	13 ♋ 57	14 ♊ 55	3 ♎ 44	9 ♌ 0	26 ♎	29 ♍	16 ♌	15 ♎	28 ♍
5	12 ♋ 14	7 ♉ 7	9 ♋ 1	9 ♋ 10	1 ♌ 40	26 ♉ 52	16 ♉ 50	21 ♍ 7	14 ♋ 5	14 ♊ 58	3 ♎ 45	9 ♌ 2	26 ♎	29 ♍	16 ♌	15 ♎	28 ♍
6	13 ♋ 11	21 ♉ 27	8 ♋ 58	9 ♋ 10	3 ♌ 21	27 ♉ 53	17 ♉ 33	21 ♍ 15	14 ♋ 12	15 ♊ 1	3 ♎ 46	9 ♌ 3	26 ♎	29 ♍	17 ♌	16 ♎	28 ♍
7	14 ♋ 8	5 ♊ 45	8 ♋ 55	9 ♋ 10	5 ♌ 0	28 ♉ 54	18 ♉ 16	21 ♍ 23	14 ♋ 20	15 ♊ 4	3 ♎ 46	9 ♌ 5	27 ♎	29 ♍	17 ♌	16 ♎	28 ♍
8	15 ♋ 6	19 ♊ 56	8 ♋ 52	9 ♋ 11	6 ♌ 37	29 ♉ 56	18 ♉ 58	21 ♍ 31	14 ♋ 28	15 ♊ 7	3 ♎ 47	9 ♌ 7	27 ♎	0 ♎	18 ♌	16 ♎	28 ♍
9	16 ♋ 3	3 ♋ 58	8 ♋ 48	9 ♋ 11	8 ♌ 12	0 ♊ 58	19 ♉ 41	21 ♍ 39	14 ♋ 36	15 ♊ 11	3 ♎ 48	9 ♌ 8	27 ♎	0 ♎	18 ♌	17 ♎	28 ♍
10	17 ♋ 0	17 ♋ 45	8 ♋ 45	9 R 11	9 ♌ 44	2 ♊ 0	20 ♉ 24	21 ♍ 48	14 ♋ 44	15 ♊ 14	3 ♎ 48	9 ♌ 10	27 ♎	0 ♎	19 ♌	17 ♎	28 ♍
11	17 ♋ 57	1 ♌ 16	8 ♋ 42	9 ♋ 10	11 ♌ 15	3 ♊ 2	21 ♉ 6	21 ♍ 56	14 ♋ 51	15 ♊ 17	3 ♎ 49	9 ♌ 12	27 ♎	1 ♎	19 ♌	17 ♎	28 ♍
12	18 ♋ 55	14 ♌ 28	8 ♋ 39	9 ♋ 10	12 ♌ 43	4 ♊ 5	21 ♉ 48	22 ♍ 5	14 ♋ 59	15 ♊ 20	3 ♎ 50	9 ♌ 13	27 ♎	1 ♎	19 ♌	18 ♎	28 ♍
13	19 ♋ 52	27 ♌ 22	8 ♋ 36	9 ♋ 8	14 ♌ 9	5 ♊ 8	22 ♉ 31	22 ♍ 14	15 ♋ 7	15 ♊ 23	3 ♎ 51	9 ♌ 15	28 ♎	1 ♎	20 ♌	18 ♎	29 ♍
14	20 ♋ 49	9 ♍ 58	8 ♋ 32	9 ♋ 7	15 ♌ 33	6 ♊ 11	23 ♉ 13	22 ♍ 23	15 ♋ 15	15 ♊ 26	3 ♎ 52	9 ♌ 17	28 ♎	2 ♎	20 ♌	18 ♎	29 ♍
15	21 ♋ 46	22 ♍ 17	8 ♋ 29	9 ♋ 5	16 ♌ 55	7 ♊ 14	23 ♉ 55	22 ♍ 32	15 ♋ 23	15 ♊ 29	3 ♎ 53	9 ♌ 18	28 ♎	2 ♎	21 ♌	19 ♎	29 ♍
16	22 ♋ 43	4 ♎ 25	8 ♋ 26	9 ♋ 4	18 ♌ 14	8 ♊ 18	24 ♉ 37	22 ♍ 41	15 ♋ 30	15 ♊ 32	3 ♎ 54	9 ♌ 20	28 ♎	2 ♎	21 ♌	19 ♎	29 ♍
17	23 ♋ 41	16 ♎ 23	8 ♋ 23	9 ♋ 3	19 ♌ 32	9 ♊ 22	25 ♉ 19	22 ♍ 50	15 ♋ 38	15 ♊ 35	3 ♎ 55	9 ♌ 22	28 ♎	3 ♎	22 ♌	19 ♎	29 ♍
18	24 ♋ 38	28 ♎ 16	8 ♋ 20	9 D 3	20 ♌ 46	10 ♊ 26	26 ♉ 1	22 ♍ 59	15 ♋ 46	15 ♊ 38	3 ♎ 56	9 ♌ 23	29 ♎	3 ♎	22 ♌	20 ♎	29 ♍
19	25 ♋ 35	10 ♏ 10	8 ♋ 17	9 ♋ 4	21 ♌ 59	11 ♊ 30	26 ♉ 42	23 ♍ 8	15 ♋ 54	15 ♊ 41	3 ♎ 57	9 ♌ 25	29 ♎	3 ♎	22 ♌	20 ♎	29 ♍
20	26 ♋ 32	22 ♏ 8	8 ♋ 13	9 ♋ 5	23 ♌ 8	12 ♊ 34	27 ♉ 24	23 ♍ 18	16 ♋ 1	15 ♊ 44	3 ♎ 58	9 ♌ 27	29 ♎	4 ♎	23 ♌	20 ♎	29 ♍
21	27 ♋ 30	4 ♐ 15	8 ♋ 10	9 ♋ 6	24 ♌ 16	13 ♊ 39	28 ♉ 6	23 ♍ 28	16 ♋ 9	15 ♊ 47	3 ♎ 59	9 ♌ 29	29 ♎	4 ♎	23 ♌	21 ♎	29 ♍
22	28 ♋ 27	16 ♐ 36	8 ♋ 7	9 ♋ 8	25 ♌ 20	14 ♊ 44	28 ♉ 47	23 ♍ 37	16 ♋ 17	15 ♊ 50	4 ♎ 0	9 ♌ 30	29 ♎	4 ♎	24 ♌	21 ♎	29 ♍
23	29 ♋ 24	29 ♐ 12	8 ♋ 4	9 ♋ 9	26 ♌ 22	15 ♊ 49	29 ♉ 29	23 ♍ 47	16 ♋ 24	15 ♊ 52	4 ♎ 1	9 ♌ 32	0 ♏	5 ♎	24 ♌	21 ♎	29 ♍
24	0 ♌ 22	12 ♑ 7	8 ♋ 1	9 R 9	27 ♌ 21	16 ♊ 54	0 ♊ 10	23 ♍ 57	16 ♋ 32	15 ♊ 55	4 ♎ 2	9 ♌ 34	0 ♏	5 ♎	25 ♌	22 ♎	0 ♎
25	1 ♌ 19	25 ♑ 21	7 ♋ 58	9 ♋ 8	28 ♌ 17	18 ♊ 0	0 ♊ 51	24 ♍ 7	16 ♋ 40	15 ♊ 58	4 ♎ 4	9 ♌ 36	0 ♏	5 ♎	25 ♌	22 ♎	0 ♎
26	2 ♌ 16	8 ♒ 54	7 ♋ 54	9 ♋ 6	29 ♌ 10	19 ♊ 5	1 ♊ 32	24 ♍ 17	16 ♋ 47	16 ♊ 1	4 ♎ 5	9 ♌ 37	0 ♏	6 ♎	25 ♌	22 ♎	0 ♎
27	3 ♌ 13	22 ♒ 44	7 ♋ 51	9 ♋ 3	0 ♍ 0	20 ♊ 11	2 ♊ 13	24 ♍ 27	16 ♋ 55	16 ♊ 3	4 ♎ 6	9 ♌ 39	1 ♏	6 ♎	26 ♌	23 ♎	0 ♎
28	4 ♌ 11	6 ♓ 47	7 ♋ 48	9 ♋ 0	0 ♍ 46	21 ♊ 17	2 ♊ 54	24 ♍ 37	17 ♋ 2	16 ♊ 6	4 ♎ 7	9 ♌ 41	1 ♏	6 ♎	26 ♌	23 ♎	0 ♎
29	5 ♌ 8	21 ♓ 0	7 ♋ 45	8 ♋ 57	1 ♍ 29	22 ♊ 23	3 ♊ 35	24 ♍ 47	17 ♋ 10	16 ♊ 8	4 ♎ 9	9 ♌ 43	1 ♏	7 ♎	27 ♌	24 ♎	0 ♎
30	6 ♌ 5	5 ♈ 17	7 ♋ 42	8 ♋ 53	2 ♍ 8	23 ♊ 29	4 ♊ 16	24 ♍ 58	17 ♋ 18	16 ♊ 11	4 ♎ 10	9 ♌ 44	1 ♏	7 ♎	27 ♌	24 ♎	0 ♎
31	7 ♌ 3	19 ♈ 36	7 ♋ 38	8 ♋ 51	2 ♍ 44	24 ♊ 36	4 ♊ 56	25 ♍ 8	17 ♋ 25	16 ♊ 14	4 ♎ 11	9 ♌ 46	2 ♏	7 ♎	28 ♌	24 ♎	0 ♎

SUN INGRESS: ☉ → ♌ 23日 14:45

MOON PHASE: ◑ 3日 03:13 ♈ ● 9日 22:35 ♋ ◐ 17日 16:01 ♎ ○ 25日 11:25 ♒

aspects		
6日	05:58	☿⚹♆
7日	05:48	☉☌♄
9日	14:55	☿☌♇
11日	18:13	♀△♆
12日	11:54	♂△♃
13日	21:54	☿⚹♅
15日	22:35	☉⚹♃
17日	00:00	♀⚹♇
23日	01:19	♀☌♅
23日	06:25	☉⚹♂
27日	22:34	☉⚹♆
29日	20:34	♂△♆
31日	13:48	♀□♃

1945年8月

DAY	☉	☽	☊ mean	☊ true	☿	♀	♂	♃	♄	♅	♆	♇	⚳	⚴	⚵	⚶	⚷
	° ′	° ′	° ′	° ′	° ′	° ′	° ′	° ′	° ′	° ′	° ′	° ′	°	°	°	°	°
1	8 ♌ 0	3 ♉ 52	7 ♋ 35	8 R 50	3 D 15	25 D 43	5 D 37	25 D 19	17 D 33	16 D 16	4 D 13	9 D 48	2 D	8 D	28 D	25 D	0 D
2	8 ♌ 58	18 ♉ 2	7 ♋ 32	8 D 50	3 ♍ 42	26 ♊ 49	6 ♊ 17	25 ♍ 29	17 ♋ 40	16 ♊ 19	4 ♎ 14	9 ♌ 50	2 ♏	8 ♎	28 ♌	25 ♎	1 ♎
3	9 ♌ 55	2 ♊ 6	7 ♋ 29	8 ♋ 51	4 ♍ 5	27 ♊ 56	6 ♊ 58	25 ♍ 40	17 ♋ 47	16 ♊ 21	4 ♎ 16	9 ♌ 51	2 ♏	8 ♎	29 ♌	25 ♎	1 ♎
4	10 ♌ 53	16 ♊ 1	7 ♋ 26	8 ♋ 53	4 ♍ 23	29 ♊ 3	7 ♊ 38	25 ♍ 51	17 ♋ 55	16 ♊ 23	4 ♎ 17	9 ♌ 53	3 ♏	9 ♎	29 ♌	26 ♎	1 ♎
5	11 ♌ 50	29 ♊ 47	7 ♋ 23	8 ♋ 54	4 ♍ 36	0 ♋ 11	8 ♊ 18	26 ♍ 2	18 ♋ 2	16 ♊ 26	4 ♎ 19	9 ♌ 55	3 ♏	9 ♎	0 ♍	26 ♎	1 ♎
6	12 ♌ 47	13 ♋ 22	7 ♋ 19	8 R 54	4 ♍ 44	1 ♋ 18	8 ♊ 58	26 ♍ 12	18 ♋ 10	16 ♊ 28	4 ♎ 20	9 ♌ 57	3 ♏	10 ♎	0 ♍	27 ♎	1 ♎
7	13 ♌ 45	26 ♋ 45	7 ♋ 16	8 ♋ 53	4 ♍ 48	2 ♋ 26	9 ♊ 38	26 ♍ 23	18 ♋ 17	16 ♊ 30	4 ♎ 22	9 ♌ 58	3 ♏	10 ♎	1 ♍	27 ♎	1 ♎
8	14 ♌ 43	9 ♌ 55	7 ♋ 13	8 ♋ 50	4 R 46	3 ♋ 33	10 ♊ 18	26 ♍ 35	18 ♋ 24	16 ♊ 33	4 ♎ 23	10 ♌ 0	4 ♏	10 ♎	1 ♍	27 ♎	1 ♎
9	15 ♌ 40	22 ♌ 52	7 ♋ 10	8 ♋ 45	4 ♍ 38	4 ♋ 41	10 ♊ 58	26 ♍ 46	18 ♋ 31	16 ♊ 35	4 ♎ 25	10 ♌ 2	4 ♏	11 ♎	1 ♍	28 ♎	1 ♎
10	16 ♌ 38	5 ♍ 35	7 ♋ 7	8 ♋ 39	4 ♍ 26	5 ♋ 49	11 ♊ 37	26 ♍ 57	18 ♋ 39	16 ♊ 37	4 ♎ 27	10 ♌ 4	4 ♏	11 ♎	2 ♍	28 ♎	1 ♎
11	17 ♌ 35	18 ♍ 4	7 ♋ 3	8 ♋ 33	4 ♍ 8	6 ♋ 57	12 ♊ 17	27 ♍ 8	18 ♋ 46	16 ♊ 39	4 ♎ 28	10 ♌ 6	5 ♏	11 ♎	2 ♍	29 ♎	2 ♎
12	18 ♌ 33	0 ♎ 19	7 ♋ 0	8 ♋ 26	3 ♍ 44	8 ♋ 6	12 ♊ 56	27 ♍ 19	18 ♋ 53	16 ♊ 41	4 ♎ 30	10 ♌ 7	5 ♏	12 ♎	3 ♍	29 ♎	2 ♎
13	19 ♌ 30	12 ♎ 24	6 ♋ 57	8 ♋ 20	3 ♍ 16	9 ♋ 14	13 ♊ 35	27 ♍ 31	19 ♋ 0	16 ♊ 43	4 ♎ 31	10 ♌ 9	5 ♏	12 ♎	3 ♍	0 ♏	2 ♎
14	20 ♌ 28	24 ♎ 21	6 ♋ 54	8 ♋ 15	2 ♍ 42	10 ♋ 23	14 ♊ 14	27 ♍ 42	19 ♋ 7	16 ♊ 45	4 ♎ 33	10 ♌ 11	5 ♏	13 ♎	4 ♍	0 ♏	2 ♎
15	21 ♌ 26	6 ♏ 13	6 ♋ 51	8 ♋ 12	2 ♍ 4	11 ♋ 31	14 ♊ 53	27 ♍ 54	19 ♋ 14	16 ♊ 47	4 ♎ 35	10 ♌ 13	6 ♏	13 ♎	4 ♍	0 ♏	2 ♎
16	22 ♌ 23	18 ♏ 5	6 ♋ 48	8 ♋ 10	1 ♍ 21	12 ♋ 40	15 ♊ 32	28 ♍ 5	19 ♋ 21	16 ♊ 49	4 ♎ 37	10 ♌ 14	6 ♏	13 ♎	4 ♍	1 ♏	2 ♎
17	23 ♌ 21	0 ♐ 2	6 ♋ 44	8 D 10	0 ♍ 36	13 ♋ 49	16 ♊ 11	28 ♍ 17	19 ♋ 28	16 ♊ 51	4 ♎ 38	10 ♌ 16	6 ♏	14 ♎	5 ♍	1 ♏	2 ♎
18	24 ♌ 19	12 ♐ 8	6 ♋ 41	8 ♋ 11	29 ♌ 47	14 ♋ 58	16 ♊ 50	28 ♍ 29	19 ♋ 35	16 ♊ 53	4 ♎ 40	10 ♌ 18	7 ♏	14 ♎	5 ♍	2 ♏	2 ♎
19	25 ♌ 16	24 ♐ 29	6 ♋ 38	8 ♋ 13	28 ♌ 56	16 ♋ 7	17 ♊ 28	28 ♍ 40	19 ♋ 42	16 ♊ 54	4 ♎ 42	10 ♌ 19	7 ♏	15 ♎	6 ♍	2 ♏	3 ♎
20	26 ♌ 14	7 ♑ 9	6 ♋ 35	8 ♋ 13	28 ♌ 4	17 ♋ 16	18 ♊ 7	28 ♍ 52	19 ♋ 49	16 ♊ 56	4 ♎ 44	10 ♌ 21	7 ♏	15 ♎	6 ♍	3 ♏	3 ♎
21	27 ♌ 12	20 ♑ 12	6 ♋ 32	8 R 13	27 ♌ 12	18 ♋ 25	18 ♊ 45	29 ♍ 4	19 ♋ 55	16 ♊ 58	4 ♎ 46	10 ♌ 23	8 ♏	15 ♎	7 ♍	3 ♏	3 ♎
22	28 ♌ 10	3 ♒ 39	6 ♋ 29	8 ♋ 10	26 ♌ 20	19 ♋ 35	19 ♊ 23	29 ♍ 16	20 ♋ 2	17 ♊ 0	4 ♎ 48	10 ♌ 25	8 ♏	16 ♎	7 ♍	3 ♏	3 ♎
23	29 ♌ 7	17 ♒ 31	6 ♋ 25	8 ♋ 5	25 ♌ 31	20 ♋ 45	20 ♊ 1	29 ♍ 28	20 ♋ 9	17 ♊ 1	4 ♎ 49	10 ♌ 26	8 ♏	16 ♎	7 ♍	4 ♏	3 ♎
24	0 ♍ 5	1 ♓ 44	6 ♋ 22	7 ♋ 59	24 ♌ 45	21 ♋ 54	20 ♊ 39	29 ♍ 40	20 ♋ 15	17 ♊ 3	4 ♎ 51	10 ♌ 28	9 ♏	16 ♎	8 ♍	4 ♏	3 ♎
25	1 ♍ 3	16 ♓ 14	6 ♋ 19	7 ♋ 51	24 ♌ 2	23 ♋ 4	21 ♊ 17	29 ♍ 52	20 ♋ 22	17 ♊ 4	4 ♎ 53	10 ♌ 30	9 ♏	17 ♎	8 ♍	5 ♏	3 ♎
26	2 ♍ 1	0 ♈ 55	6 ♋ 16	7 ♋ 42	23 ♌ 25	24 ♋ 14	21 ♊ 54	0 ♎ 4	20 ♋ 29	17 ♊ 6	4 ♎ 55	10 ♌ 31	9 ♏	17 ♎	9 ♍	5 ♏	3 ♎
27	2 ♍ 59	15 ♈ 38	6 ♋ 13	7 ♋ 35	22 ♌ 53	25 ♋ 24	22 ♊ 32	0 ♎ 16	20 ♋ 35	17 ♊ 7	4 ♎ 57	10 ♌ 33	9 ♏	18 ♎	9 ♍	6 ♏	4 ♎
28	3 ♍ 57	0 ♉ 16	6 ♋ 9	7 ♋ 29	22 ♌ 28	26 ♋ 34	23 ♊ 9	0 ♎ 28	20 ♋ 41	17 ♊ 9	4 ♎ 59	10 ♌ 35	10 ♏	18 ♎	9 ♍	6 ♏	4 ♎
29	4 ♍ 55	14 ♉ 43	6 ♋ 6	7 ♋ 25	22 ♌ 10	27 ♋ 44	23 ♊ 46	0 ♎ 41	20 ♋ 48	17 ♊ 10	5 ♎ 1	10 ♌ 36	10 ♏	18 ♎	10 ♍	7 ♏	4 ♎
30	5 ♍ 53	28 ♉ 57	6 ♋ 3	7 ♋ 23	22 ♌ 0	28 ♋ 55	24 ♊ 24	0 ♎ 53	20 ♋ 54	17 ♊ 11	5 ♎ 3	10 ♌ 38	10 ♏	19 ♎	10 ♍	7 ♏	4 ♎
31	6 ♍ 51	12 ♊ 55	6 ♋ 0	7 D 23	21 D 58	0 ♌ 5	25 ♊ 0	1 ♎ 5	21 ♋ 0	17 ♊ 12	5 ♎ 5	10 ♌ 40	11 ♏	19 ♎	11 ♍	7 ♏	4 ♎

SUN INGRESS: ☉ → ♍ 23日 21:35

MOON PHASE: ◑ 1日 07:30 ♉ ● 8日 09:32 ♌ ◐ 16日 09:27 ♏ ○ 23日 21:03 ♒ ◑ 30日 12:44 ♊

aspects		
2日	22:26	☉☌♇
7日	12:53	♂⚹♇
8日	18:03	♀□♆
8日	23:06	☿⚹♀
9日	23:42	☉⚹♅
18日	02:00	♂☌♅
20日	23:57	☉☌☿
22日	10:24	♀☌♄
27日	07:55	☿⚹♂

1945年9月

DAY	☉	☽	☊ mean	☊ true	☿	♀	♂	♃	♄	♅	♆	♇	⚳	⚴	⚵	⚶	⚷
	° ′	° ′	° ′	° ′	° ′	° ′	° ′	° ′	° ′	° ′	° ′	° ′	°	°	°	°	°
1	7 ♍ 49	26 ♊ 37	5 ♋ 57	7 D 24	22 D 4	1 D 16	25 D 37	1 D 17	21 D 7	17 D 14	5 D 7	10 D 41	11 D	20 D	11 D	8 D	4 D
2	8 ♍ 47	10 ♋ 4	5 ♋ 54	7 R 24	22 ♌ 19	2 ♌ 26	26 ♊ 14	1 ♎ 30	21 ♋ 13	17 ♊ 15	5 ♎ 9	10 ♌ 43	11 ♏	20 ♎	12 ♍	8 ♏	4 ♎
3	9 ♍ 45	23 ♋ 17	5 ♋ 50	7 ♋ 23	22 ♌ 42	3 ♌ 37	26 ♊ 50	1 ♎ 42	21 ♋ 19	17 ♊ 16	5 ♎ 11	10 ♌ 44	12 ♏	20 ♎	12 ♍	9 ♏	5 ♎
4	10 ♍ 43	6 ♌ 18	5 ♋ 47	7 ♋ 20	23 ♌ 14	4 ♌ 48	27 ♊ 27	1 ♎ 55	21 ♋ 25	17 ♊ 17	5 ♎ 13	10 ♌ 46	12 ♏	21 ♎	12 ♍	9 ♏	5 ♎
5	11 ♍ 41	19 ♌ 7	5 ♋ 44	7 ♋ 14	23 ♌ 54	5 ♌ 59	28 ♊ 3	2 ♎ 7	21 ♋ 31	17 ♊ 18	5 ♎ 15	10 ♌ 47	12 ♏	21 ♎	13 ♍	10 ♏	5 ♎
6	12 ♍ 40	1 ♍ 46	5 ♋ 41	7 ♋ 5	24 ♌ 41	7 ♌ 10	28 ♊ 39	2 ♎ 20	21 ♋ 37	17 ♊ 19	5 ♎ 17	10 ♌ 49	13 ♏	22 ♎	13 ♍	10 ♏	5 ♎
7	13 ♍ 38	14 ♍ 14	5 ♋ 38	6 ♋ 54	25 ♌ 37	8 ♌ 21	29 ♊ 15	2 ♎ 32	21 ♋ 42	17 ♊ 20	5 ♎ 19	10 ♌ 51	13 ♏	22 ♎	14 ♍	11 ♏	5 ♎
8	14 ♍ 36	26 ♍ 32	5 ♋ 35	6 ♋ 42	26 ♌ 39	9 ♌ 32	29 ♊ 51	2 ♎ 45	21 ♋ 48	17 ♊ 20	5 ♎ 22	10 ♌ 52	14 ♏	23 ♎	14 ♍	11 ♏	5 ♎
9	15 ♍ 34	8 ♎ 40	5 ♋ 31	6 ♋ 29	27 ♌ 49	10 ♌ 44	0 ♋ 26	2 ♎ 58	21 ♋ 54	17 ♊ 21	5 ♎ 24	10 ♌ 54	14 ♏	23 ♎	14 ♍	12 ♏	5 ♎
10	16 ♍ 33	20 ♎ 40	5 ♋ 28	6 ♋ 17	29 ♌ 5	11 ♌ 55	1 ♋ 2	3 ♎ 10	21 ♋ 59	17 ♊ 22	5 ♎ 26	10 ♌ 55	14 ♏	23 ♎	15 ♍	12 ♏	6 ♎
11	17 ♍ 31	2 ♏ 34	5 ♋ 25	6 ♋ 8	0 ♍ 26	13 ♌ 7	1 ♋ 37	3 ♎ 23	22 ♋ 5	17 ♊ 23	5 ♎ 28	10 ♌ 57	15 ♏	24 ♎	15 ♍	13 ♏	6 ♎
12	18 ♍ 29	14 ♏ 24	5 ♋ 22	6 ♋ 0	1 ♍ 53	14 ♌ 18	2 ♋ 12	3 ♎ 36	22 ♋ 10	17 ♊ 23	5 ♎ 30	10 ♌ 58	15 ♏	24 ♎	16 ♍	13 ♏	6 ♎
13	19 ♍ 28	26 ♏ 13	5 ♋ 19	5 ♋ 55	3 ♍ 24	15 ♌ 30	2 ♋ 47	3 ♎ 48	22 ♋ 16	17 ♊ 24	5 ♎ 32	10 ♌ 59	15 ♏	25 ♎	16 ♍	14 ♏	6 ♎
14	20 ♍ 26	8 ♐ 7	5 ♋ 15	5 ♋ 53	5 ♍ 0	16 ♌ 42	3 ♋ 22	4 ♎ 1	22 ♋ 21	17 ♊ 24	5 ♎ 34	11 ♌ 1	16 ♏	25 ♎	17 ♍	14 ♏	6 ♎
15	21 ♍ 25	20 ♐ 11	5 ♋ 12	5 ♋ 52	6 ♍ 39	17 ♌ 53	3 ♋ 56	4 ♎ 14	22 ♋ 26	17 ♊ 25	5 ♎ 37	11 ♌ 2	16 ♏	25 ♎	17 ♍	15 ♏	6 ♎
16	22 ♍ 23	2 ♑ 29	5 ♋ 9	5 D 53	8 ♍ 21	19 ♌ 5	4 ♋ 30	4 ♎ 27	22 ♋ 32	17 ♊ 25	5 ♎ 39	11 ♌ 4	16 ♏	26 ♎	17 ♍	15 ♏	6 ♎
17	23 ♍ 22	15 ♑ 7	5 ♋ 6	5 R 52	10 ♍ 5	20 ♌ 17	5 ♋ 5	4 ♎ 40	22 ♋ 37	17 ♊ 26	5 ♎ 41	11 ♌ 5	17 ♏	26 ♎	18 ♍	15 ♏	7 ♎
18	24 ♍ 20	28 ♑ 9	5 ♋ 3	5 ♋ 51	11 ♍ 52	21 ♌ 29	5 ♋ 39	4 ♎ 52	22 ♋ 42	17 ♊ 26	5 ♎ 43	11 ♌ 7	17 ♏	27 ♎	18 ♍	16 ♏	7 ♎
19	25 ♍ 19	11 ♒ 39	5 ♋ 0	5 ♋ 47	13 ♍ 40	22 ♌ 42	6 ♋ 12	5 ♎ 5	22 ♋ 47	17 ♊ 26	5 ♎ 45	11 ♌ 8	17 ♏	27 ♎	19 ♍	16 ♏	7 ♎
20	26 ♍ 17	25 ♒ 38	4 ♋ 56	5 ♋ 40	15 ♍ 29	23 ♌ 54	6 ♋ 46	5 ♎ 18	22 ♋ 51	17 ♊ 26	5 ♎ 48	11 ♌ 9	18 ♏	28 ♎	19 ♍	17 ♏	7 ♎
21	27 ♍ 16	10 ♓ 5	4 ♋ 53	5 ♋ 31	17 ♍ 19	25 ♌ 6	7 ♋ 19	5 ♎ 31	22 ♋ 56	17 ♊ 27	5 ♎ 50	11 ♌ 11	18 ♏	28 ♎	19 ♍	17 ♏	7 ♎
22	28 ♍ 15	24 ♓ 53	4 ♋ 50	5 ♋ 20	19 ♍ 10	26 ♌ 19	7 ♋ 53	5 ♎ 44	23 ♋ 1	17 ♊ 27	5 ♎ 52	11 ♌ 12	19 ♏	28 ♎	20 ♍	18 ♏	7 ♎
23	29 ♍ 13	9 ♈ 56	4 ♋ 47	5 ♋ 9	21 ♍ 0	27 ♌ 31	8 ♋ 26	5 ♎ 57	23 ♋ 6	17 ♊ 27	5 ♎ 54	11 ♌ 13	19 ♏	29 ♎	20 ♍	18 ♏	7 ♎
24	0 ♎ 12	25 ♈ 2	4 ♋ 44	4 ♋ 59	22 ♍ 51	28 ♌ 44	8 ♋ 58	6 ♎ 10	23 ♋ 10	17 R 27	5 ♎ 56	11 ♌ 14	19 ♏	29 ♎	21 ♍	19 ♏	8 ♎
25	1 ♎ 11	10 ♉ 3	4 ♋ 40	4 ♋ 50	24 ♍ 42	29 ♌ 56	9 ♋ 31	6 ♎ 23	23 ♋ 15	17 ♊ 27	5 ♎ 59	11 ♌ 16	20 ♏	0 ♏	21 ♍	19 ♏	8 ♎
26	2 ♎ 10	24 ♉ 49	4 ♋ 37	4 ♋ 44	26 ♍ 33	1 ♍ 9	10 ♋ 3	6 ♎ 36	23 ♋ 19	17 ♊ 27	6 ♎ 1	11 ♌ 17	20 ♏	0 ♏	21 ♍	20 ♏	8 ♎
27	3 ♎ 9	9 ♊ 15	4 ♋ 34	4 ♋ 41	28 ♍ 23	2 ♍ 22	10 ♋ 36	6 ♎ 49	23 ♋ 23	17 ♊ 26	6 ♎ 3	11 ♌ 18	20 ♏	0 ♏	22 ♍	20 ♏	8 ♎
28	4 ♎ 7	23 ♊ 19	4 ♋ 31	4 ♋ 40	0 ♎ 13	3 ♍ 34	11 ♋ 8	7 ♎ 2	23 ♋ 27	17 ♊ 26	6 ♎ 5	11 ♌ 19	21 ♏	1 ♏	22 ♍	21 ♏	8 ♎
29	5 ♎ 6	6 ♋ 59	4 ♋ 28	4 ♋ 39	2 ♎ 2	4 ♍ 47	11 ♋ 39	7 ♎ 15	23 ♋ 32	17 ♊ 26	6 ♎ 8	11 ♌ 20	21 ♏	1 ♏	23 ♍	21 ♏	8 ♎
30	6 ♎ 5	20 ♋ 19	4 ♋ 25	4 ♋ 39	3 ♎ 50	6 ♍ 0	12 ♋ 11	7 ♎ 28	23 ♋ 36	17 ♊ 26	6 ♎ 10	11 ♌ 22	21 ♏	2 ♏	23 ♍	22 ♏	8 ♎

SUN INGRESS	☉ → ♎ 23日 18:50
MOON PHASE	● 6日 22:44 ♍　◐ 15日 02:38 ♐　○ 22日 05:46 ♓　◑ 28日 20:24 ♋

aspects

1日	00:44	♀⚹♃
4日	08:47	♀⚹♆
9日	03:24	♀☌♇
10日	20:29	☉□♅
12日	08:21	☿⚹♂
14日	14:22	♀⚹♅
15日	19:54	♂□♃
16日	03:44	☉⚹♄
18日	03:28	♂□♆
21日	01:40	☿□♅
22日	18:00	♃☌♆
24日	04:14	☿⚹♄
30日	01:54	☉☌♆

1945年10月

DAY	☉	☽	☊ mean	☊ true	☿	♀	♂	♃	♄	♅	♆	♇	⚳	⚴	⚵	⚶	⚷
	° ′	° ′	° ′	° ′	° ′	° ′	° ′	° ′	° ′	° ′	° ′	° ′	°	°	°	°	°
1	7 ♎ 4	3 ♌ 20	4 ♋ 21	4 R 37	5 D 38	7 D 13	12 D 42	7 D 40	23 D 39	17 R 25	6 D 12	11 D 23	22 D	2 D	23 D	22 D	9 D
2	8 ♎ 3	16 ♌ 6	4 ♋ 18	4 ♋ 33	7 ♎ 24	8 ♍ 27	13 ♋ 13	7 ♎ 53	23 ♋ 43	17 ♊ 25	6 ♎ 14	11 ♌ 24	22 ♏	3 ♏	24 ♍	23 ♏	9 ♎
3	9 ♎ 2	28 ♌ 40	4 ♋ 15	4 ♋ 26	9 ♎ 11	9 ♍ 40	13 ♋ 44	8 ♎ 6	23 ♋ 47	17 ♊ 24	6 ♎ 16	11 ♌ 25	23 ♏	3 ♏	24 ♍	23 ♏	9 ♎
4	10 ♎ 1	11 ♍ 3	4 ♋ 12	4 ♋ 16	10 ♎ 56	10 ♍ 53	14 ♋ 15	8 ♎ 19	23 ♋ 51	17 ♊ 24	6 ♎ 19	11 ♌ 26	23 ♏	3 ♏	25 ♍	24 ♏	9 ♎
5	11 ♎ 1	23 ♍ 17	4 ♋ 9	4 ♋ 3	12 ♎ 40	12 ♍ 6	14 ♋ 45	8 ♎ 32	23 ♋ 54	17 ♊ 23	6 ♎ 21	11 ♌ 27	23 ♏	4 ♏	25 ♍	24 ♏	9 ♎
6	12 ♎ 0	5 ♎ 23	4 ♋ 6	3 ♋ 49	14 ♎ 24	13 ♍ 20	15 ♋ 15	8 ♎ 45	23 ♋ 58	17 ♊ 23	6 ♎ 23	11 ♌ 28	24 ♏	4 ♏	25 ♍	25 ♏	9 ♎
7	12 ♎ 59	17 ♎ 23	4 ♋ 2	3 ♋ 35	16 ♎ 7	14 ♍ 33	15 ♋ 45	8 ♎ 58	24 ♋ 1	17 ♊ 22	6 ♎ 25	11 ♌ 29	24 ♏	5 ♏	26 ♍	25 ♏	9 ♎
8	13 ♎ 58	29 ♎ 18	3 ♋ 59	3 ♋ 22	17 ♎ 49	15 ♍ 47	16 ♋ 15	9 ♎ 11	24 ♋ 4	17 ♊ 21	6 ♎ 28	11 ♌ 30	25 ♏	5 ♏	26 ♍	26 ♏	10 ♎
9	14 ♎ 57	11 ♏ 9	3 ♋ 56	3 ♋ 10	19 ♎ 30	17 ♍ 0	16 ♋ 44	9 ♎ 24	24 ♋ 8	17 ♊ 21	6 ♎ 30	11 ♌ 31	25 ♏	6 ♏	27 ♍	26 ♏	10 ♎
10	15 ♎ 57	22 ♏ 57	3 ♋ 53	3 ♋ 1	21 ♎ 11	18 ♍ 14	17 ♋ 13	9 ♎ 37	24 ♋ 11	17 ♊ 20	6 ♎ 32	11 ♌ 32	25 ♏	6 ♏	27 ♍	27 ♏	10 ♎
11	16 ♎ 56	4 ♐ 47	3 ♋ 50	2 ♋ 55	22 ♎ 51	19 ♍ 28	17 ♋ 42	9 ♎ 50	24 ♋ 14	17 ♊ 19	6 ♎ 34	11 ♌ 33	26 ♏	6 ♏	27 ♍	27 ♏	10 ♎
12	17 ♎ 55	16 ♐ 40	3 ♋ 46	2 ♋ 52	24 ♎ 30	20 ♍ 41	18 ♋ 10	10 ♎ 3	24 ♋ 16	17 ♊ 18	6 ♎ 36	11 ♌ 34	26 ♏	7 ♏	28 ♍	28 ♏	10 ♎
13	18 ♎ 55	28 ♐ 42	3 ♋ 43	2 ♋ 51	26 ♎ 8	21 ♍ 55	18 ♋ 38	10 ♎ 16	24 ♋ 19	17 ♊ 17	6 ♎ 39	11 ♌ 34	26 ♏	7 ♏	28 ♍	28 ♏	10 ♎
14	19 ♎ 54	10 ♑ 57	3 ♋ 40	2 D 51	27 ♎ 46	23 ♍ 9	19 ♋ 6	10 ♎ 29	24 ♋ 22	17 ♊ 16	6 ♎ 41	11 ♌ 35	27 ♏	8 ♏	29 ♍	29 ♏	10 ♎
15	20 ♎ 54	23 ♑ 31	3 ♋ 37	2 R 51	29 ♎ 22	24 ♍ 23	19 ♋ 34	10 ♎ 42	24 ♋ 24	17 ♊ 15	6 ♎ 43	11 ♌ 36	27 ♏	8 ♏	29 ♍	29 ♏	11 ♎
16	21 ♎ 53	6 ♒ 28	3 ♋ 34	2 ♋ 50	0 ♏ 59	25 ♍ 37	20 ♋ 1	10 ♎ 55	24 ♋ 27	17 ♊ 14	6 ♎ 45	11 ♌ 37	28 ♏	9 ♏	29 ♍	0 ♐	11 ♎
17	22 ♎ 53	19 ♒ 52	3 ♋ 31	2 ♋ 47	2 ♏ 34	26 ♍ 51	20 ♋ 28	11 ♎ 8	24 ♋ 29	17 ♊ 13	6 ♎ 47	11 ♌ 38	28 ♏	9 ♏	0 ♎	0 ♐	11 ♎
18	23 ♎ 52	3 ♓ 46	3 ♋ 27	2 ♋ 42	4 ♏ 9	28 ♍ 5	20 ♋ 54	11 ♎ 20	24 ♋ 31	17 ♊ 12	6 ♎ 50	11 ♌ 38	28 ♏	10 ♏	0 ♎	1 ♐	11 ♎
19	24 ♎ 52	18 ♓ 11	3 ♋ 24	2 ♋ 34	5 ♏ 43	29 ♍ 19	21 ♋ 21	11 ♎ 33	24 ♋ 34	17 ♊ 10	6 ♎ 52	11 ♌ 39	29 ♏	10 ♏	0 ♎	1 ♐	11 ♎
20	25 ♎ 51	3 ♈ 1	3 ♋ 21	2 ♋ 25	7 ♏ 17	0 ♎ 33	21 ♋ 47	11 ♎ 46	24 ♋ 36	17 ♊ 9	6 ♎ 54	11 ♌ 40	29 ♏	10 ♏	1 ♎	2 ♐	11 ♎
21	26 ♎ 51	18 ♈ 11	3 ♋ 18	2 ♋ 15	8 ♏ 50	1 ♎ 47	22 ♋ 12	11 ♎ 59	24 ♋ 38	17 ♊ 8	6 ♎ 56	11 ♌ 40	0 ♐	11 ♏	1 ♎	3 ♐	11 ♎
22	27 ♎ 51	3 ♉ 30	3 ♋ 15	2 ♋ 5	10 ♏ 22	3 ♎ 1	22 ♋ 38	12 ♎ 12	24 ♋ 39	17 ♊ 6	6 ♎ 58	11 ♌ 41	0 ♐	11 ♏	2 ♎	3 ♐	12 ♎
23	28 ♎ 50	18 ♉ 47	3 ♋ 12	1 ♋ 58	11 ♏ 54	4 ♎ 16	23 ♋ 3	12 ♎ 24	24 ♋ 41	17 ♊ 5	7 ♎ 0	11 ♌ 42	0 ♐	12 ♏	2 ♎	4 ♐	12 ♎
24	29 ♎ 50	3 ♊ 50	3 ♋ 8	1 ♋ 52	13 ♏ 26	5 ♎ 30	23 ♋ 27	12 ♎ 37	24 ♋ 43	17 ♊ 4	7 ♎ 2	11 ♌ 42	1 ♐	12 ♏	2 ♎	4 ♐	12 ♎
25	0 ♏ 50	18 ♊ 33	3 ♋ 5	1 ♋ 49	14 ♏ 56	6 ♎ 44	23 ♋ 52	12 ♎ 50	24 ♋ 44	17 ♊ 2	7 ♎ 4	11 ♌ 43	1 ♐	13 ♏	3 ♎	5 ♐	12 ♎
26	1 ♏ 50	2 ♋ 49	3 ♋ 2	1 D 49	16 ♏ 26	7 ♎ 59	24 ♋ 15	13 ♎ 2	24 ♋ 46	17 ♊ 0	7 ♎ 6	11 ♌ 43	2 ♐	13 ♏	3 ♎	5 ♐	12 ♎
27	2 ♏ 50	16 ♋ 39	2 ♋ 59	1 ♋ 49	17 ♏ 56	9 ♎ 13	24 ♋ 39	13 ♎ 15	24 ♋ 47	16 ♊ 59	7 ♎ 8	11 ♌ 44	2 ♐	13 ♏	3 ♎	6 ♐	12 ♎
28	3 ♏ 50	0 ♌ 2	2 ♋ 56	1 ♋ 50	19 ♏ 25	10 ♎ 28	25 ♋ 2	13 ♎ 28	24 ♋ 48	16 ♊ 57	7 ♎ 11	11 ♌ 44	2 ♐	14 ♏	4 ♎	6 ♐	12 ♎
29	4 ♏ 49	13 ♌ 3	2 ♋ 52	1 R 50	20 ♏ 53	11 ♎ 42	25 ♋ 25	13 ♎ 40	24 ♋ 49	16 ♊ 56	7 ♎ 13	11 ♌ 45	3 ♐	14 ♏	4 ♎	7 ♐	13 ♎
30	5 ♏ 49	25 ♌ 43	2 ♋ 49	1 ♋ 47	22 ♏ 21	12 ♎ 57	25 ♋ 47	13 ♎ 53	24 ♋ 50	16 ♊ 54	7 ♎ 15	11 ♌ 45	3 ♐	15 ♏	5 ♎	7 ♐	13 ♎
31	6 ♏ 49	8 ♍ 9	2 ♋ 46	1 ♋ 43	23 ♏ 49	14 ♎ 11	26 ♋ 9	14 ♎ 5	24 ♋ 51	16 ♊ 52	7 ♎ 17	11 ♌ 45	4 ♐	15 ♏	5 ♎	8 ♐	13 ♎

SUN INGRESS	☉ → ♏ 24日 03:44
MOON PHASE	● 6日 14:22 ♎　◐ 14日 18:38 ♑　○ 21日 14:32 ♈　◑ 28日 07:30 ♌

aspects

1日	07:52	☿☌♆
1日	18:53	☉☌♃
2日	07:27	☿☌♃
2日	19:46	☉☌☿
4日	06:57	☿⚹♇
5日	10:54	☉⚹♇
6日	16:45	☿□♂
7日	17:31	☿△♅
8日	15:06	♀⚹♂
9日	06:34	♀□♅
11日	09:07	☉△♅
11日	20:40	☿□♄
12日	11:13	☉□♂
15日	00:32	♀⚹♄
18日	16:23	☉□♄
19日	11:24	♃⚹♇
22日	20:40	☿□♇
25日	06:39	♀☌♆
27日	08:47	♂☌♄
29日	00:47	♀⚹♇
30日	21:35	♀☌♃
31日	17:26	☿△♄

1945年11月

DAY	☉	☽	☊ mean	☊ true	☿	♀	♂	♃	♄	♅	♆	♇	⚳	⚴	⚵	⚶	⚷
1	7 ♏ 49	20 ♍ 22	2 ♋ 43	1 R 36	25 D 15	15 D 26	26 D 30	14 D 18	24 D 52	16 R 50	7 D 19	11 D 46	4 D	16 D	5 D	8 D	13 D
2	8 ♏ 49	2 ♎ 26	2 ♋ 40	1 ♋ 27	26 ♏ 41	16 ♎ 41	26 ♋ 51	14 ♎ 30	24 ♋ 52	16 ♊ 49	7 ♎ 21	11 ♌ 46	4 ♐	16 ♏	6 ♎	9 ♐	13 ♎
3	9 ♏ 50	14 ♎ 24	2 ♋ 37	1 ♋ 17	28 ♏ 6	17 ♎ 55	27 ♋ 12	14 ♎ 42	24 ♋ 53	16 ♊ 47	7 ♎ 23	11 ♌ 46	5 ♐	17 ♏	6 ♎	9 ♐	13 ♎
4	10 ♏ 50	26 ♎ 17	2 ♋ 33	1 ♋ 7	29 ♏ 31	19 ♎ 10	27 ♋ 32	14 ♎ 55	24 ♋ 53	16 ♊ 45	7 ♎ 24	11 ♌ 47	5 ♐	17 ♏	6 ♎	10 ♐	13 ♎
5	11 ♏ 50	8 ♏ 8	2 ♋ 30	0 ♋ 57	0 ♐ 55	20 ♎ 25	27 ♋ 52	15 ♎ 7	24 ♋ 53	16 ♊ 43	7 ♎ 26	11 ♌ 47	6 ♐	17 ♏	7 ♎	10 ♐	14 ♎
6	12 ♏ 50	19 ♏ 58	2 ♋ 27	0 ♋ 49	2 ♐ 18	21 ♎ 40	28 ♋ 11	15 ♎ 19	24 ♋ 54	16 ♊ 41	7 ♎ 28	11 ♌ 47	6 ♐	18 ♏	7 ♎	11 ♐	14 ♎
7	13 ♏ 50	1 ♐ 49	2 ♋ 24	0 ♋ 43	3 ♐ 40	22 ♎ 55	28 ♋ 30	15 ♎ 31	24 R 54	16 ♊ 39	7 ♎ 30	11 ♌ 47	6 ♐	18 ♏	7 ♎	11 ♐	14 ♎
8	14 ♏ 51	13 ♐ 42	2 ♋ 21	0 ♋ 39	5 ♐ 1	24 ♎ 10	28 ♋ 48	15 ♎ 44	24 ♋ 54	16 ♊ 37	7 ♎ 32	11 ♌ 48	7 ♐	19 ♏	8 ♎	12 ♐	14 ♎
9	15 ♏ 51	25 ♐ 41	2 ♋ 17	0 ♋ 37	6 ♐ 21	25 ♎ 24	29 ♋ 6	15 ♎ 56	24 ♋ 53	16 ♊ 35	7 ♎ 34	11 ♌ 48	7 ♐	19 ♏	8 ♎	12 ♐	14 ♎
10	16 ♏ 51	7 ♑ 47	2 ♋ 14	0 D 37	7 ♐ 40	26 ♎ 39	29 ♋ 23	16 ♎ 8	24 ♋ 53	16 ♊ 33	7 ♎ 36	11 ♌ 48	8 ♐	20 ♏	9 ♎	13 ♐	14 ♎
11	17 ♏ 51	20 ♑ 5	2 ♋ 11	0 ♋ 38	8 ♐ 58	27 ♎ 54	29 ♋ 39	16 ♎ 20	24 ♋ 53	16 ♊ 31	7 ♎ 38	11 ♌ 48	8 ♐	20 ♏	9 ♎	14 ♐	14 ♎
12	18 ♏ 52	2 ♒ 39	2 ♋ 8	0 ♋ 40	10 ♐ 14	29 ♎ 9	29 ♋ 56	16 ♎ 32	24 ♋ 52	16 ♊ 28	7 ♎ 39	11 ♌ 48	8 ♐	20 ♏	9 ♎	14 ♐	14 ♎
13	19 ♏ 52	15 ♒ 32	2 ♋ 5	0 ♋ 41	11 ♐ 29	0 ♏ 24	0 ♌ 11	16 ♎ 44	24 ♋ 52	16 ♊ 26	7 ♎ 41	11 ♌ 48	9 ♐	21 ♏	10 ♎	15 ♐	15 ♎
14	20 ♏ 53	28 ♒ 49	2 ♋ 2	0 R 41	12 ♐ 42	1 ♏ 39	0 ♌ 26	16 ♎ 55	24 ♋ 51	16 ♊ 24	7 ♎ 43	11 R 48	9 ♐	21 ♏	10 ♎	15 ♐	15 ♎
15	21 ♏ 53	12 ♓ 33	1 ♋ 58	0 ♋ 39	13 ♐ 53	2 ♏ 54	0 ♌ 41	17 ♎ 7	24 ♋ 50	16 ♊ 22	7 ♎ 45	11 ♌ 48	10 ♐	22 ♏	10 ♎	16 ♐	15 ♎
16	22 ♏ 53	26 ♓ 44	1 ♋ 55	0 ♋ 35	15 ♐ 1	4 ♏ 9	0 ♌ 54	17 ♎ 19	24 ♋ 49	16 ♊ 20	7 ♎ 46	11 ♌ 48	10 ♐	22 ♏	11 ♎	16 ♐	15 ♎
17	23 ♏ 54	11 ♈ 21	1 ♋ 52	0 ♋ 30	16 ♐ 7	5 ♏ 24	1 ♌ 8	17 ♎ 31	24 ♋ 48	16 ♊ 17	7 ♎ 48	11 ♌ 48	11 ♐	23 ♏	11 ♎	17 ♐	15 ♎
18	24 ♏ 54	26 ♈ 20	1 ♋ 49	0 ♋ 25	17 ♐ 10	6 ♏ 40	1 ♌ 20	17 ♎ 42	24 ♋ 47	16 ♊ 15	7 ♎ 50	11 ♌ 48	11 ♐	23 ♏	11 ♎	17 ♐	15 ♎
19	25 ♏ 55	11 ♉ 32	1 ♋ 46	0 ♋ 20	18 ♐ 10	7 ♏ 55	1 ♌ 33	17 ♎ 54	24 ♋ 45	16 ♊ 13	7 ♎ 51	11 ♌ 48	11 ♐	24 ♏	12 ♎	18 ♐	15 ♎
20	26 ♏ 55	26 ♉ 48	1 ♋ 43	0 ♋ 16	19 ♐ 6	9 ♏ 10	1 ♌ 44	18 ♎ 5	24 ♋ 44	16 ♊ 10	7 ♎ 53	11 ♌ 47	12 ♐	24 ♏	12 ♎	18 ♐	16 ♎
21	27 ♏ 56	11 ♊ 56	1 ♋ 39	0 ♋ 13	19 ♐ 58	10 ♏ 25	1 ♌ 55	18 ♎ 16	24 ♋ 43	16 ♊ 8	7 ♎ 55	11 ♌ 47	12 ♐	24 ♏	12 ♎	19 ♐	16 ♎
22	28 ♏ 57	26 ♊ 48	1 ♋ 36	0 ♋ 12	20 ♐ 45	11 ♏ 40	2 ♌ 5	18 ♎ 28	24 ♋ 41	16 ♊ 6	7 ♎ 56	11 ♌ 47	13 ♐	25 ♏	13 ♎	19 ♐	16 ♎
23	29 ♏ 57	11 ♋ 17	1 ♋ 33	0 D 12	21 ♐ 26	12 ♏ 55	2 ♌ 15	18 ♎ 39	24 ♋ 39	16 ♊ 3	7 ♎ 58	11 ♌ 47	13 ♐	25 ♏	13 ♎	20 ♐	16 ♎
24	0 ♐ 58	25 ♋ 18	1 ♋ 30	0 ♋ 13	22 ♐ 2	14 ♏ 11	2 ♌ 24	18 ♎ 50	24 ♋ 37	16 ♊ 1	7 ♎ 59	11 ♌ 46	13 ♐	26 ♏	13 ♎	20 ♐	16 ♎
25	1 ♐ 58	8 ♌ 52	1 ♋ 27	0 ♋ 15	22 ♐ 30	15 ♏ 26	2 ♌ 32	19 ♎ 1	24 ♋ 35	15 ♊ 58	8 ♎ 1	11 ♌ 46	14 ♐	26 ♏	14 ♎	21 ♐	16 ♎
26	2 ♐ 59	22 ♌ 0	1 ♋ 23	0 ♋ 16	22 ♐ 52	16 ♏ 41	2 ♌ 39	19 ♎ 12	24 ♋ 33	15 ♊ 56	8 ♎ 2	11 ♌ 46	14 ♐	27 ♏	14 ♎	21 ♐	16 ♎
27	4 ♐ 0	4 ♍ 44	1 ♋ 20	0 R 17	23 ♐ 4	17 ♏ 56	2 ♌ 46	19 ♎ 23	24 ♋ 31	15 ♊ 53	8 ♎ 4	11 ♌ 45	15 ♐	27 ♏	14 ♎	22 ♐	16 ♎
28	5 ♐ 1	17 ♍ 10	1 ♋ 17	0 ♋ 16	23 R 8	19 ♏ 12	2 ♌ 52	19 ♎ 34	24 ♋ 29	15 ♊ 51	8 ♎ 5	11 ♌ 45	15 ♐	27 ♏	15 ♎	23 ♐	16 ♎
29	6 ♐ 1	29 ♍ 20	1 ♋ 14	0 ♋ 14	23 ♐ 2	20 ♏ 27	2 ♌ 57	19 ♎ 45	24 ♋ 27	15 ♊ 48	8 ♎ 6	11 ♌ 45	15 ♐	28 ♏	15 ♎	23 ♐	17 ♎
30	7 ♐ 2	11 ♎ 20	1 ♋ 11	0 ♋ 11	22 ♐ 45	21 ♏ 42	3 ♌ 2	19 ♎ 56	24 ♋ 24	15 ♊ 46	8 ♎ 8	11 ♌ 44	16 ♐	28 ♏	15 ♎	24 ♐	17 ♎

SUN INGRESS	☉ → ♐ 23日 00:55
MOON PHASE	● 5日 08:11 ♏　◐ 13日 08:34 ♒　○ 20日 00:13 ♉　◑ 26日 22:28 ♍

aspects		
2日	02:27	♀△♅
2日	03:48	☿△♂
4日	22:50	☉□♇
8日	14:06	♀□♄
9日	22:33	☿⚹♆
11日	18:29	♃△♅
12日	18:43	♀□♂
13日	06:11	☿△♇
17日	03:40	☿☍♅
17日	21:03	☉△♄
18日	15:43	☿⚹♃
22日	02:11	♀□♇
25日	15:03	☉△♂

1945年12月

DAY	☉	☽	☊ mean	☊ true	☿	♀	♂	♃	♄	♅	♆	♇	⚳	⚴	⚵	⚶	⚷
1	8 ♐ 3	23 ♎ 13	1 ♋ 8	0 R 8	22 R 17	22 D 58	3 D 6	20 D 6	24 R 22	15 R 43	8 D 9	11 R 44	16 D	29 D	16 D	24 D	17 D
2	9 ♐ 4	5 ♏ 4	1 ♋ 4	0 ♋ 4	21 ♐ 38	24 ♏ 13	3 ♌ 9	20 ♎ 17	24 ♋ 19	15 ♊ 41	8 ♎ 10	11 ♌ 43	17 ♐	29 ♏	16 ♎	25 ♐	17 ♎
3	10 ♐ 5	16 ♏ 53	1 ♋ 1	0 ♋ 0	20 ♐ 49	25 ♏ 28	3 ♌ 11	20 ♎ 27	24 ♋ 16	15 ♊ 38	8 ♎ 12	11 ♌ 43	17 ♐	0 ♐	16 ♎	25 ♐	17 ♎
4	11 ♐ 6	28 ♏ 45	0 ♋ 58	29 ♊ 57	19 ♐ 49	26 ♏ 44	3 ♌ 13	20 ♎ 38	24 ♋ 13	15 ♊ 36	8 ♎ 13	11 ♌ 42	17 ♐	0 ♐	16 ♎	26 ♐	17 ♎
5	12 ♐ 7	10 ♐ 41	0 ♋ 55	29 ♊ 55	18 ♐ 40	27 ♏ 59	3 ♌ 13	20 ♎ 48	24 ♋ 10	15 ♊ 33	8 ♎ 14	11 ♌ 42	18 ♐	1 ♐	17 ♎	26 ♐	17 ♎
6	13 ♐ 7	22 ♐ 43	0 ♋ 52	29 ♊ 54	17 ♐ 24	29 ♏ 14	3 R 13	20 ♎ 58	24 ♋ 7	15 ♊ 31	8 ♎ 15	11 ♌ 41	18 ♐	1 ♐	17 ♎	27 ♐	17 ♎
7	14 ♐ 8	4 ♑ 53	0 ♋ 49	29 D 54	16 ♐ 3	0 ♐ 30	3 ♌ 12	21 ♎ 8	24 ♋ 4	15 ♊ 28	8 ♎ 17	11 ♌ 40	19 ♐	1 ♐	17 ♎	27 ♐	17 ♎
8	15 ♐ 9	17 ♑ 11	0 ♋ 45	29 ♊ 55	14 ♐ 41	1 ♐ 45	3 ♌ 10	21 ♎ 18	24 ♋ 1	15 ♊ 26	8 ♎ 18	11 ♌ 40	19 ♐	2 ♐	18 ♎	28 ♐	18 ♎
9	16 ♐ 10	29 ♑ 42	0 ♋ 42	29 ♊ 56	13 ♐ 18	3 ♐ 1	3 ♌ 8	21 ♎ 28	23 ♋ 58	15 ♊ 23	8 ♎ 19	11 ♌ 39	20 ♐	2 ♐	18 ♎	28 ♐	18 ♎
10	17 ♐ 11	12 ♒ 25	0 ♋ 39	29 ♊ 57	11 ♐ 59	4 ♐ 16	3 ♌ 4	21 ♎ 38	23 ♋ 54	15 ♊ 20	8 ♎ 20	11 ♌ 38	20 ♐	3 ♐	18 ♎	29 ♐	18 ♎
11	18 ♐ 12	25 ♒ 25	0 ♋ 36	29 ♊ 58	10 ♐ 46	5 ♐ 31	3 ♌ 0	21 ♎ 48	23 ♋ 51	15 ♊ 18	8 ♎ 21	11 ♌ 38	20 ♐	3 ♐	19 ♎	0 ♑	18 ♎
12	19 ♐ 13	8 ♓ 42	0 ♋ 33	29 ♊ 59	9 ♐ 41	6 ♐ 47	2 ♌ 55	21 ♎ 57	23 ♋ 47	15 ♊ 15	8 ♎ 22	11 ♌ 37	21 ♐	4 ♐	19 ♎	0 ♑	18 ♎
13	20 ♐ 14	22 ♓ 19	0 ♋ 29	29 R 59	8 ♐ 46	8 ♐ 2	2 ♌ 49	22 ♎ 7	23 ♋ 44	15 ♊ 13	8 ♎ 23	11 ♌ 36	21 ♐	4 ♐	19 ♎	1 ♑	18 ♎
14	21 ♐ 15	6 ♈ 17	0 ♋ 26	29 ♊ 59	8 ♐ 1	9 ♐ 18	2 ♌ 42	22 ♎ 16	23 ♋ 40	15 ♊ 10	8 ♎ 24	11 ♌ 35	22 ♐	4 ♐	19 ♎	1 ♑	18 ♎
15	22 ♐ 16	20 ♈ 36	0 ♋ 23	29 ♊ 58	7 ♐ 27	10 ♐ 33	2 ♌ 35	22 ♎ 26	23 ♋ 36	15 ♊ 8	8 ♎ 25	11 ♌ 35	22 ♐	5 ♐	20 ♎	2 ♑	18 ♎
16	23 ♐ 17	5 ♉ 12	0 ♋ 20	29 ♊ 57	7 ♐ 5	11 ♐ 49	2 ♌ 26	22 ♎ 35	23 ♋ 32	15 ♊ 5	8 ♎ 26	11 ♌ 34	22 ♐	5 ♐	20 ♎	2 ♑	18 ♎
17	24 ♐ 18	20 ♉ 1	0 ♋ 17	29 ♊ 57	6 ♐ 53	13 ♐ 4	2 ♌ 17	22 ♎ 44	23 ♋ 28	15 ♊ 3	8 ♎ 26	11 ♌ 33	23 ♐	6 ♐	20 ♎	3 ♑	18 ♎
18	25 ♐ 19	4 ♊ 57	0 ♋ 14	29 ♊ 56	6 D 52	14 ♐ 19	2 ♌ 7	22 ♎ 53	23 ♋ 24	15 ♊ 0	8 ♎ 27	11 ♌ 32	23 ♐	6 ♐	21 ♎	3 ♑	19 ♎
19	26 ♐ 20	19 ♊ 51	0 ♋ 10	29 ♊ 56	7 ♐ 0	15 ♐ 35	1 ♌ 56	23 ♎ 2	23 ♋ 20	14 ♊ 58	8 ♎ 28	11 ♌ 31	24 ♐	7 ♐	21 ♎	4 ♑	19 ♎
20	27 ♐ 22	4 ♋ 36	0 ♋ 7	29 D 56	7 ♐ 17	16 ♐ 50	1 ♌ 44	23 ♎ 10	23 ♋ 16	14 ♊ 55	8 ♎ 29	11 ♌ 30	24 ♐	7 ♐	21 ♎	4 ♑	19 ♎
21	28 ♐ 23	19 ♋ 5	0 ♋ 4	29 ♊ 56	7 ♐ 43	18 ♐ 6	1 ♌ 31	23 ♎ 19	23 ♋ 12	14 ♊ 53	8 ♎ 29	11 ♌ 29	24 ♐	7 ♐	21 ♎	5 ♑	19 ♎
22	29 ♐ 24	3 ♌ 11	0 ♋ 1	29 ♊ 56	8 ♐ 15	19 ♐ 21	1 ♌ 18	23 ♎ 27	23 ♋ 8	14 ♊ 50	8 ♎ 30	11 ♌ 28	25 ♐	8 ♐	22 ♎	5 ♑	19 ♎
23	0 ♑ 25	16 ♌ 53	29 ♊ 58	29 R 56	8 ♐ 54	20 ♐ 37	1 ♌ 4	23 ♎ 36	23 ♋ 4	14 ♊ 48	8 ♎ 31	11 ♌ 27	25 ♐	8 ♐	22 ♎	6 ♑	19 ♎
24	1 ♑ 26	0 ♍ 8	29 ♊ 55	29 ♊ 56	9 ♐ 39	21 ♐ 52	0 ♌ 49	23 ♎ 44	22 ♋ 59	14 ♊ 45	8 ♎ 31	11 ♌ 26	26 ♐	9 ♐	22 ♎	6 ♑	19 ♎
25	2 ♑ 27	13 ♍ 0	29 ♊ 51	29 ♊ 56	10 ♐ 29	23 ♐ 8	0 ♌ 33	23 ♎ 52	22 ♋ 55	14 ♊ 43	8 ♎ 32	11 ♌ 25	26 ♐	9 ♐	22 ♎	7 ♑	19 ♎
26	3 ♑ 28	25 ♍ 30	29 ♊ 48	29 ♊ 56	11 ♐ 24	24 ♐ 23	0 ♌ 17	24 ♎ 0	22 ♋ 50	14 ♊ 41	8 ♎ 33	11 ♌ 24	27 ♐	10 ♐	23 ♎	7 ♑	19 ♎
27	4 ♑ 29	7 ♎ 44	29 ♊ 45	29 D 56	12 ♐ 22	25 ♐ 39	0 ♌ 0	24 ♎ 8	22 ♋ 46	14 ♊ 38	8 ♎ 33	11 ♌ 23	27 ♐	10 ♐	23 ♎	8 ♑	19 ♎
28	5 ♑ 30	19 ♎ 44	29 ♊ 42	29 ♊ 56	13 ♐ 25	26 ♐ 54	29 ♋ 42	24 ♎ 16	22 ♋ 41	14 ♊ 36	8 ♎ 34	11 ♌ 22	27 ♐	10 ♐	23 ♎	9 ♑	19 ♎
29	6 ♑ 32	1 ♏ 37	29 ♊ 39	29 ♊ 56	14 ♐ 30	28 ♐ 10	29 ♋ 23	24 ♎ 23	22 ♋ 37	14 ♊ 34	8 ♎ 34	11 ♌ 21	28 ♐	11 ♐	23 ♎	9 ♑	19 ♎
30	7 ♑ 33	13 ♏ 26	29 ♊ 35	29 ♊ 57	15 ♐ 38	29 ♐ 25	29 ♋ 4	24 ♎ 31	22 ♋ 32	14 ♊ 31	8 ♎ 34	11 ♌ 20	28 ♐	11 ♐	24 ♎	10 ♑	20 ♎
31	8 ♑ 34	25 ♏ 16	29 ♊ 32	29 ♊ 58	16 ♐ 49	0 ♑ 41	28 ♋ 44	24 ♎ 38	22 ♋ 27	14 ♊ 29	8 ♎ 35	11 ♌ 19	29 ♐	12 ♐	24 ♎	10 ♑	20 ♎

SUN INGRESS	☉ → ♑ 22日 14:04
MOON PHASE	● 5日 03:07 ♐　◐ 12日 20:05 ♓　○ 19日 11:17 ♊　◑ 26日 17:00 ♎

aspects		
1日	02:28	☉⚹♆
2日	01:54	♀△♄
3日	07:34	☿⚹♃
4日	14:17	☉△♇
7日	10:35	☿☍♅
7日	19:12	☉☌☿
8日	06:08	☉☍♅
9日	02:12	♀△♂
10日	06:45	☿△♇
13日	06:38	♀⚹♆
13日	08:30	☿☌♀
13日	11:28	☿⚹♆
15日	04:19	☉⚹♃
15日	19:22	♀△♇
18日	12:34	♀☍♅
20日	11:04	♃□♄
22日	09:49	☿⚹♆
25日	15:51	♀⚹♃
26日	00:13	☿△♇
29日	01:18	☿☍♅
31日	00:22	☉□♆

1946年1月

DAY	☉	☽	☊ mean	☊ true	☿	♀	♂	♃	♄	♅	♆	♇	⚳	⚴	⚵	⚶	⚷
	° ′	° ′	° ′	° ′	° ′	° ′	° ′	° ′	° ′	° ′	° ′	° ′	°	°	°	°	°
1	9 ♑ 35	7 ♐ 11	29 ♊ 29	29 D 59	18 D 1	1 D 56	28 R 24	24 D 45	22 R 22	14 R 27	8 D 35	11 R 18	29 D	12 D	24 D	11 D	20 D
2	10 ♑ 36	19 ♐ 13	29 ♊ 26	0 ♋ 0	19 ♐ 16	3 ♑ 12	28 ♋ 3	24 ♎ 52	22 ♋ 18	14 ♊ 25	8 ♎ 35	11 ♌ 17	29 ♐	12 ♐	24 ♎	11 ♑	20 ♎
3	11 ♑ 37	1 ♑ 26	29 ♊ 23	0 R 0	20 ♐ 32	4 ♑ 27	27 ♋ 42	24 ♎ 59	22 ♋ 13	14 ♊ 22	8 ♎ 36	11 ♌ 15	0 ♑	13 ♐	25 ♎	12 ♑	20 ♎
4	12 ♑ 39	13 ♑ 51	29 ♊ 20	29 ♊ 59	21 ♐ 50	5 ♑ 43	27 ♋ 20	25 ♎ 6	22 ♋ 8	14 ♊ 20	8 ♎ 36	11 ♌ 14	0 ♑	13 ♐	25 ♎	12 ♑	20 ♎
5	13 ♑ 40	26 ♑ 28	29 ♊ 16	29 ♊ 58	23 ♐ 9	6 ♑ 58	26 ♋ 57	25 ♎ 13	22 ♋ 3	14 ♊ 18	8 ♎ 36	11 ♌ 13	1 ♑	14 ♐	25 ♎	13 ♑	20 ♎
6	14 ♑ 41	9 ♒ 19	29 ♊ 13	29 ♊ 56	24 ♐ 30	8 ♑ 14	26 ♋ 35	25 ♎ 19	21 ♋ 58	14 ♊ 16	8 ♎ 36	11 ♌ 12	1 ♑	14 ♐	25 ♎	13 ♑	20 ♎
7	15 ♑ 42	22 ♒ 23	29 ♊ 10	29 ♊ 54	25 ♐ 52	9 ♑ 29	26 ♋ 12	25 ♎ 26	21 ♋ 53	14 ♊ 14	8 ♎ 37	11 ♌ 11	1 ♑	15 ♐	25 ♎	14 ♑	20 ♎
8	16 ♑ 43	5 ♓ 41	29 ♊ 7	29 ♊ 52	27 ♐ 14	10 ♑ 45	25 ♋ 48	25 ♎ 32	21 ♋ 48	14 ♊ 12	8 ♎ 37	11 ♌ 9	2 ♑	15 ♐	26 ♎	15 ♑	20 ♎
9	17 ♑ 44	19 ♓ 11	29 ♊ 4	29 ♊ 50	28 ♐ 38	12 ♑ 0	25 ♋ 25	25 ♎ 38	21 ♋ 44	14 ♊ 10	8 ♎ 37	11 ♌ 8	2 ♑	15 ♐	26 ♎	15 ♑	20 ♎
10	18 ♑ 46	2 ♈ 55	29 ♊ 1	29 ♊ 48	0 ♑ 2	13 ♑ 15	25 ♋ 1	25 ♎ 44	21 ♋ 39	14 ♊ 8	8 ♎ 37	11 ♌ 7	3 ♑	16 ♐	26 ♎	16 ♑	20 ♎
11	19 ♑ 47	16 ♈ 49	28 ♊ 57	29 ♊ 47	1 ♑ 28	14 ♑ 31	24 ♋ 37	25 ♎ 49	21 ♋ 34	14 ♊ 6	8 R 37	11 ♌ 6	3 ♑	16 ♐	26 ♎	16 ♑	20 ♎
12	20 ♑ 48	0 ♉ 55	28 ♊ 54	29 D 48	2 ♑ 54	15 ♑ 46	24 ♋ 13	25 ♎ 55	21 ♋ 29	14 ♊ 4	8 ♎ 37	11 ♌ 4	3 ♑	17 ♐	26 ♎	17 ♑	20 ♎
13	21 ♑ 49	15 ♉ 11	28 ♊ 51	29 ♊ 49	4 ♑ 21	17 ♑ 2	23 ♋ 49	26 ♎ 0	21 ♋ 24	14 ♊ 2	8 ♎ 37	11 ♌ 3	4 ♑	17 ♐	27 ♎	17 ♑	20 ♎
14	22 ♑ 50	29 ♉ 34	28 ♊ 48	29 ♊ 50	5 ♑ 48	18 ♑ 17	23 ♋ 25	26 ♎ 5	21 ♋ 19	14 ♊ 0	8 ♎ 37	11 ♌ 2	4 ♑	17 ♐	27 ♎	18 ♑	20 ♎
15	23 ♑ 51	14 ♊ 1	28 ♊ 45	29 ♊ 51	7 ♑ 16	19 ♑ 33	23 ♋ 1	26 ♎ 11	21 ♋ 14	13 ♊ 59	8 ♎ 36	11 ♌ 0	5 ♑	18 ♐	27 ♎	18 ♑	20 ♎
16	24 ♑ 52	28 ♊ 28	28 ♊ 41	29 ♊ 52	8 ♑ 45	20 ♑ 48	22 ♋ 37	26 ♎ 15	21 ♋ 9	13 ♊ 57	8 ♎ 36	10 ♌ 59	5 ♑	18 ♐	27 ♎	19 ♑	20 ♎
17	25 ♑ 53	12 ♋ 50	28 ♊ 38	29 R 52	10 ♑ 14	22 ♑ 4	22 ♋ 13	26 ♎ 20	21 ♋ 4	13 ♊ 55	8 ♎ 36	10 ♌ 58	5 ♑	19 ♐	27 ♎	19 ♑	20 ♎
18	26 ♑ 54	27 ♋ 2	28 ♊ 35	29 ♊ 50	11 ♑ 44	23 ♑ 19	21 ♋ 50	26 ♎ 25	20 ♋ 59	13 ♊ 53	8 ♎ 36	10 ♌ 56	6 ♑	19 ♐	27 ♎	20 ♑	21 ♎
19	27 ♑ 56	10 ♌ 58	28 ♊ 32	29 ♊ 46	13 ♑ 15	24 ♑ 34	21 ♋ 27	26 ♎ 29	20 ♋ 54	13 ♊ 52	8 ♎ 35	10 ♌ 55	6 ♑	19 ♐	28 ♎	20 ♑	21 ♎
20	28 ♑ 57	24 ♌ 36	28 ♊ 29	29 ♊ 42	14 ♑ 46	25 ♑ 50	21 ♋ 4	26 ♎ 33	20 ♋ 49	13 ♊ 50	8 ♎ 35	10 ♌ 54	7 ♑	20 ♐	28 ♎	21 ♑	21 ♎
21	29 ♑ 58	7 ♍ 52	28 ♊ 26	29 ♊ 37	16 ♑ 18	27 ♑ 5	20 ♋ 41	26 ♎ 37	20 ♋ 44	13 ♊ 49	8 ♎ 35	10 ♌ 52	7 ♑	20 ♐	28 ♎	21 ♑	21 ♎
22	0 ♒ 59	20 ♍ 47	28 ♊ 22	29 ♊ 32	17 ♑ 50	28 ♑ 21	20 ♋ 18	26 ♎ 41	20 ♋ 40	13 ♊ 47	8 ♎ 34	10 ♌ 51	7 ♑	21 ♐	28 ♎	22 ♑	21 ♎
23	2 ♒ 0	3 ♎ 21	28 ♊ 19	29 ♊ 27	19 ♑ 23	29 ♑ 36	19 ♋ 56	26 ♎ 45	20 ♋ 35	13 ♊ 46	8 ♎ 34	10 ♌ 50	8 ♑	21 ♐	28 ♎	23 ♑	21 ♎
24	3 ♒ 1	15 ♎ 38	28 ♊ 16	29 ♊ 24	20 ♑ 56	0 ♒ 51	19 ♋ 35	26 ♎ 49	20 ♋ 30	13 ♊ 44	8 ♎ 34	10 ♌ 48	8 ♑	21 ♐	28 ♎	23 ♑	21 ♎
25	4 ♒ 2	27 ♎ 40	28 ♊ 13	29 ♊ 22	22 ♑ 31	2 ♒ 7	19 ♋ 14	26 ♎ 52	20 ♋ 25	13 ♊ 43	8 ♎ 33	10 ♌ 47	9 ♑	22 ♐	28 ♎	24 ♑	21 ♎
26	5 ♒ 3	9 ♏ 34	28 ♊ 10	29 D 22	24 ♑ 5	3 ♒ 22	18 ♋ 53	26 ♎ 55	20 ♋ 21	13 ♊ 41	8 ♎ 33	10 ♌ 45	9 ♑	22 ♐	29 ♎	24 ♑	21 ♎
27	6 ♒ 4	21 ♏ 23	28 ♊ 7	29 ♊ 23	25 ♑ 41	4 ♒ 38	18 ♋ 33	26 ♎ 58	20 ♋ 16	13 ♊ 40	8 ♎ 32	10 ♌ 44	9 ♑	23 ♐	29 ♎	25 ♑	21 ♎
28	7 ♒ 5	3 ♐ 14	28 ♊ 3	29 ♊ 25	27 ♑ 17	5 ♒ 53	18 ♋ 14	27 ♎ 1	20 ♋ 11	13 ♊ 39	8 ♎ 32	10 ♌ 43	10 ♑	23 ♐	29 ♎	25 ♑	21 ♎
29	8 ♒ 6	15 ♐ 10	28 ♊ 0	29 ♊ 27	28 ♑ 53	7 ♒ 8	17 ♋ 55	27 ♎ 4	20 ♋ 7	13 ♊ 38	8 ♎ 31	10 ♌ 41	10 ♑	23 ♐	29 ♎	26 ♑	21 ♎
30	9 ♒ 7	27 ♐ 17	27 ♊ 57	29 ♊ 28	0 ♒ 31	8 ♒ 24	17 ♋ 37	27 ♎ 6	20 ♋ 2	13 ♊ 37	8 ♎ 30	10 ♌ 40	11 ♑	24 ♐	29 ♎	26 ♑	21 ♎
31	10 ♒ 8	9 ♑ 38	27 ♊ 54	29 R 27	2 ♒ 8	9 ♒ 39	17 ♋ 19	27 ♎ 9	19 ♋ 58	13 ♊ 35	8 ♎ 30	10 ♌ 38	11 ♑	24 ♐	29 ♎	27 ♑	21 ♎

SUN INGRESS	☉ → ♒ 21日 00:45
MOON PHASE	● 3日 21:30 ♑　◐ 11日 05:27 ♈　○ 17日 23:47 ♋　◑ 25日 14:00 ♏

aspects		
6日	07:17	♀□♆
6日	15:43	☿⚹♃
8日	13:31	♂□♃
12日	14:50	☉☍♄
14日	09:52	☉☍♂
15日	21:39	☿□♆
16日	06:12	♀☍♄
17日	02:24	♀☍♂
17日	11:24	☉□♃
20日	14:40	♀□♃
20日	19:06	♂☌♄
23日	07:00	☿☍♂
23日	17:34	☿☍♄
27日	20:02	☿□♃
29日	09:53	☉△♆
30日	02:05	♀△♆
31日	11:53	☉☍♇
31日	18:33	♀☍♇

1946年2月

DAY	☉	☽	☊ mean	☊ true	☿	♀	♂	♃	♄	♅	♆	♇	⚳	⚴	⚵	⚶	⚷
	° ′	° ′	° ′	° ′	° ′	° ′	° ′	° ′	° ′	° ′	° ′	° ′	°	°	°	°	°
1	11 ♒ 8	22 ♑ 16	27 ♊ 51	29 R 25	3 D 47	10 D 54	17 R 2	27 D 11	19 R 53	13 R 34	8 R 29	10 R 37	11 D	24 D	29 D	27 D	21 D
2	12 ♒ 9	5 ♒ 12	27 ♊ 47	29 ♊ 20	5 ♒ 26	12 ♒ 10	16 ♋ 46	27 ♎ 13	19 ♋ 49	13 ♊ 33	8 ♎ 28	10 ♌ 36	12 ♑	25 ♐	29 ♎	28 ♑	21 ♎
3	13 ♒ 10	18 ♒ 27	27 ♊ 44	29 ♊ 14	7 ♒ 7	13 ♒ 25	16 ♋ 31	27 ♎ 14	19 ♋ 44	13 ♊ 32	8 ♎ 27	10 ♌ 34	12 ♑	25 ♐	29 ♎	28 ♑	21 ♎
4	14 ♒ 11	1 ♓ 57	27 ♊ 41	29 ♊ 6	8 ♒ 47	14 ♒ 40	16 ♋ 16	27 ♎ 16	19 ♋ 40	13 ♊ 32	8 ♎ 27	10 ♌ 33	12 ♑	26 ♐	29 ♎	29 ♑	21 ♎
5	15 ♒ 12	15 ♓ 42	27 ♊ 38	28 ♊ 58	10 ♒ 29	15 ♒ 56	16 ♋ 2	27 ♎ 17	19 ♋ 36	13 ♊ 31	8 ♎ 26	10 ♌ 31	13 ♑	26 ♐	0 ♏	29 ♑	21 R
6	16 ♒ 13	29 ♓ 37	27 ♊ 35	28 ♊ 50	12 ♒ 11	17 ♒ 11	15 ♋ 49	27 ♎ 18	19 ♋ 32	13 ♊ 30	8 ♎ 25	10 ♌ 30	13 ♑	26 ♐	0 ♏	0 ♒	21 ♎
7	17 ♒ 14	13 ♈ 40	27 ♊ 32	28 ♊ 44	13 ♒ 54	18 ♒ 26	15 ♋ 36	27 ♎ 19	19 ♋ 28	13 ♊ 29	8 ♎ 24	10 ♌ 29	14 ♑	27 ♐	0 ♏	0 ♒	21 ♎
8	18 ♒ 14	27 ♈ 46	27 ♊ 28	28 ♊ 40	15 ♒ 38	19 ♒ 42	15 ♋ 25	27 ♎ 20	19 ♋ 24	13 ♊ 28	8 ♎ 23	10 ♌ 27	14 ♑	27 ♐	0 ♏	1 ♒	21 ♎
9	19 ♒ 15	11 ♉ 54	27 ♊ 25	28 ♊ 38	17 ♒ 23	20 ♒ 57	15 ♋ 14	27 ♎ 21	19 ♋ 20	13 ♊ 28	8 ♎ 22	10 ♌ 26	14 ♑	27 ♐	0 ♏	1 ♒	21 ♎
10	20 ♒ 16	26 ♉ 1	27 ♊ 22	28 D 38	19 ♒ 8	22 ♒ 12	15 ♋ 4	27 ♎ 21	19 ♋ 16	13 ♊ 27	8 ♎ 21	10 ♌ 24	15 ♑	28 ♐	0 ♏	2 ♒	21 ♎
11	21 ♒ 17	10 ♊ 7	27 ♊ 19	28 ♊ 39	20 ♒ 54	23 ♒ 27	14 ♋ 55	27 ♎ 21	19 ♋ 12	13 ♊ 27	8 ♎ 20	10 ♌ 23	15 ♑	28 ♐	0 ♏	3 ♒	21 ♎
12	22 ♒ 17	24 ♊ 10	27 ♊ 16	28 ♊ 40	22 ♒ 41	24 ♒ 43	14 ♋ 46	27 R 21	19 ♋ 8	13 ♊ 26	8 ♎ 19	10 ♌ 22	15 ♑	29 ♐	0 ♏	3 ♒	21 ♎
13	23 ♒ 18	8 ♋ 9	27 ♊ 13	28 R 39	24 ♒ 29	25 ♒ 58	14 ♋ 39	27 ♎ 21	19 ♋ 5	13 ♊ 26	8 ♎ 18	10 ♌ 20	16 ♑	29 ♐	0 ♏	4 ♒	21 ♎
14	24 ♒ 19	22 ♋ 3	27 ♊ 9	28 ♊ 37	26 ♒ 17	27 ♒ 13	14 ♋ 32	27 ♎ 21	19 ♋ 1	13 ♊ 25	8 ♎ 17	10 ♌ 19	16 ♑	29 ♐	0 ♏	4 ♒	21 ♎
15	25 ♒ 19	5 ♌ 48	27 ♊ 6	28 ♊ 32	28 ♒ 6	28 ♒ 28	14 ♋ 26	27 ♎ 20	18 ♋ 58	13 ♊ 25	8 ♎ 16	10 ♌ 18	17 ♑	0 ♑	0 ♏	5 ♒	21 ♎
16	26 ♒ 20	19 ♌ 23	27 ♊ 3	28 ♊ 25	29 ♒ 56	29 ♒ 43	14 ♋ 21	27 ♎ 20	18 ♋ 54	13 ♊ 25	8 ♎ 15	10 ♌ 16	17 ♑	0 ♑	0 ♏	5 ♒	21 ♎
17	27 ♒ 20	2 ♍ 44	27 ♊ 0	28 ♊ 15	1 ♓ 47	0 ♓ 58	14 ♋ 16	27 ♎ 19	18 ♋ 51	13 ♊ 24	8 ♎ 14	10 ♌ 15	17 ♑	0 ♑	0 ♏	6 ♒	21 ♎
18	28 ♒ 21	15 ♍ 49	26 ♊ 57	28 ♊ 4	3 ♓ 38	2 ♓ 14	14 ♋ 13	27 ♎ 18	18 ♋ 48	13 ♊ 24	8 ♎ 13	10 ♌ 14	18 ♑	1 ♑	0 R	6 ♒	21 ♎
19	29 ♒ 21	28 ♍ 37	26 ♊ 53	27 ♊ 53	5 ♓ 29	3 ♓ 29	14 ♋ 10	27 ♎ 16	18 ♋ 44	13 ♊ 24	8 ♎ 12	10 ♌ 12	18 ♑	1 ♑	0 ♏	7 ♒	21 ♎
20	0 ♓ 22	11 ♎ 9	26 ♊ 50	27 ♊ 42	7 ♓ 21	4 ♓ 44	14 ♋ 8	27 ♎ 15	18 ♋ 41	13 ♊ 24	8 ♎ 10	10 ♌ 11	18 ♑	1 ♑	0 ♏	7 ♒	21 ♎
21	1 ♓ 22	23 ♎ 24	26 ♊ 47	27 ♊ 34	9 ♓ 13	5 ♓ 59	14 ♋ 7	27 ♎ 13	18 ♋ 38	13 D 24	8 ♎ 9	10 ♌ 10	19 ♑	2 ♑	0 ♏	8 ♒	21 ♎
22	2 ♓ 23	5 ♏ 27	26 ♊ 44	27 ♊ 28	11 ♓ 5	7 ♓ 14	14 ♋ 6	27 ♎ 12	18 ♋ 35	13 ♊ 24	8 ♎ 8	10 ♌ 8	19 ♑	2 ♑	0 ♏	8 ♒	21 ♎
23	3 ♓ 23	17 ♏ 21	26 ♊ 41	27 ♊ 24	12 ♓ 57	8 ♓ 29	14 D 6	27 ♎ 10	18 ♋ 33	13 ♊ 24	8 ♎ 7	10 ♌ 7	20 ♑	2 ♑	0 ♏	9 ♒	21 ♎
24	4 ♓ 23	29 ♏ 10	26 ♊ 38	27 ♊ 23	14 ♓ 49	9 ♓ 44	14 ♋ 7	27 ♎ 7	18 ♋ 30	13 ♊ 24	8 ♎ 5	10 ♌ 6	20 ♑	3 ♑	0 ♏	9 ♒	20 ♎
25	5 ♓ 24	11 ♐ 0	26 ♊ 34	27 D 23	16 ♓ 40	10 ♓ 59	14 ♋ 9	27 ♎ 5	18 ♋ 27	13 ♊ 25	8 ♎ 4	10 ♌ 5	20 ♑	3 ♑	0 ♏	10 ♒	20 ♎
26	6 ♓ 24	22 ♐ 56	26 ♊ 31	27 ♊ 23	18 ♓ 30	12 ♓ 14	14 ♋ 11	27 ♎ 2	18 ♋ 25	13 ♊ 25	8 ♎ 3	10 ♌ 3	21 ♑	3 ♑	0 ♏	10 ♒	20 ♎
27	7 ♓ 24	5 ♑ 4	26 ♊ 28	27 R 23	20 ♓ 19	13 ♓ 29	14 ♋ 14	27 ♎ 0	18 ♋ 22	13 ♊ 25	8 ♎ 1	10 ♌ 2	21 ♑	4 ♑	0 ♏	11 ♒	20 ♎
28	8 ♓ 25	17 ♑ 28	26 ♊ 25	27 ♊ 21	22 ♓ 6	14 ♓ 44	14 ♋ 18	26 ♎ 57	18 ♋ 20	13 ♊ 25	8 ♎ 0	10 ♌ 1	21 ♑	4 ♑	0 ♏	11 ♒	20 ♎

SUN INGRESS	☉ → ♓ 19日 15:09
MOON PHASE	● 2日 13:43 ♒　◐ 9日 13:28 ♉　○ 16日 13:28 ♌　◑ 24日 11:36 ♐

aspects		
1日	23:20	☉☌♀
3日	02:19	♀△♅
3日	08:37	☉△♅
3日	19:10	☿△♆
5日	00:36	☿☍♇
6日	18:14	☿△♅
11日	11:44	☉☌☿
14日	02:34	♀△♃
14日	13:59	☿△♃
15日	15:05	☿☌♀
16日	23:26	☉△♃
23日	05:50	☿□♅
23日	14:57	☿△♂
25日	22:57	☿△♄
26日	22:44	♀□♅
27日	15:10	♀△♂

1946年3月

DAY	☉	☽	☊ mean	☊ true	☿	♀	♂	♃	♄	♅	♆	♇	⚳	⚴	⚵	⚶	⚷
	° ′	° ′	° ′	° ′	° ′	° ′	° ′	° ′	° ′	° ′	° ′	° ′	°	°	°	°	°
1	9 ♓ 25	0 ♒ 13	26 ♊ 22	27 R 17	23 D 51	15 D 59	14 D 22	26 R 53	18 R 18	13 D 26	7 R 59	10 R 0	22 D	4 D	0 R	12 D	20 R
2	10 ♓ 25	13 ♒ 21	26 ♊ 19	27 ♊ 10	25 ♓ 33	17 ♓ 14	14 ♋ 27	26 ♎ 50	18 ♋ 16	13 ♊ 26	7 ♎ 57	9 ♌ 59	22 ♑	5 ♑	29 ♎	12 ♒	20 ♎
3	11 ♓ 25	26 ♒ 53	26 ♊ 15	27 ♊ 0	27 ♓ 13	18 ♓ 29	14 ♋ 33	26 ♎ 47	18 ♋ 14	13 ♊ 27	7 ♎ 56	9 ♌ 57	22 ♑	5 ♑	29 ♎	13 ♒	20 ♎
4	12 ♓ 26	10 ♓ 47	26 ♊ 12	26 ♊ 49	28 ♓ 49	19 ♓ 44	14 ♋ 40	26 ♎ 43	18 ♋ 12	13 ♊ 27	7 ♎ 54	9 ♌ 56	23 ♑	5 ♑	29 ♎	13 ♒	20 ♎
5	13 ♓ 26	24 ♓ 59	26 ♊ 9	26 ♊ 37	0 ♈ 20	20 ♓ 59	14 ♋ 47	26 ♎ 39	18 ♋ 10	13 ♊ 28	7 ♎ 53	9 ♌ 55	23 ♑	6 ♑	29 ♎	14 ♒	20 ♎
6	14 ♓ 26	9 ♈ 22	26 ♊ 6	26 ♊ 25	1 ♈ 47	22 ♓ 14	14 ♋ 54	26 ♎ 35	18 ♋ 9	13 ♊ 29	7 ♎ 51	9 ♌ 54	23 ♑	6 ♑	29 ♎	14 ♒	20 ♎
7	15 ♓ 26	23 ♈ 52	26 ♊ 3	26 ♊ 16	3 ♈ 9	23 ♓ 28	15 ♋ 3	26 ♎ 31	18 ♋ 7	13 ♊ 29	7 ♎ 50	9 ♌ 53	24 ♑	6 ♑	29 ♎	15 ♒	20 ♎
8	16 ♓ 26	8 ♉ 21	25 ♊ 59	26 ♊ 9	4 ♈ 25	24 ♓ 43	15 ♋ 12	26 ♎ 27	18 ♋ 5	13 ♊ 30	7 ♎ 48	9 ♌ 52	24 ♑	6 ♑	29 ♎	15 ♒	20 ♎
9	17 ♓ 26	22 ♉ 44	25 ♊ 56	26 ♊ 4	5 ♈ 34	25 ♓ 58	15 ♋ 21	26 ♎ 22	18 ♋ 4	13 ♊ 31	7 ♎ 47	9 ♌ 51	24 ♑	7 ♑	29 ♎	16 ♒	20 ♎
10	18 ♓ 26	6 ♊ 58	25 ♊ 53	26 ♊ 3	6 ♈ 37	27 ♓ 13	15 ♋ 31	26 ♎ 18	18 ♋ 3	13 ♊ 32	7 ♎ 45	9 ♌ 50	25 ♑	7 ♑	29 ♎	16 ♒	20 ♎
11	19 ♓ 26	21 ♊ 2	25 ♊ 50	26 D 2	7 ♈ 32	28 ♓ 28	15 ♋ 42	26 ♎ 13	18 ♋ 2	13 ♊ 33	7 ♎ 44	9 ♌ 49	25 ♑	7 ♑	29 ♎	17 ♒	20 ♎
12	20 ♓ 26	4 ♋ 54	25 ♊ 47	26 R 2	8 ♈ 20	29 ♓ 42	15 ♋ 53	26 ♎ 8	18 ♋ 1	13 ♊ 34	7 ♎ 42	9 ♌ 48	25 ♑	8 ♑	28 ♎	17 ♒	20 ♎
13	21 ♓ 26	18 ♋ 35	25 ♊ 44	26 ♊ 1	8 ♈ 59	0 ♈ 57	16 ♋ 5	26 ♎ 3	18 ♋ 0	13 ♊ 35	7 ♎ 41	9 ♌ 47	26 ♑	8 ♑	28 ♎	18 ♒	20 ♎
14	22 ♓ 26	2 ♌ 6	25 ♊ 40	25 ♊ 57	9 ♈ 30	2 ♈ 12	16 ♋ 17	25 ♎ 58	17 ♋ 59	13 ♊ 36	7 ♎ 39	9 ♌ 46	26 ♑	8 ♑	28 ♎	18 ♒	20 ♎
15	23 ♓ 25	15 ♌ 27	25 ♊ 37	25 ♊ 51	9 ♈ 53	3 ♈ 26	16 ♋ 30	25 ♎ 52	17 ♋ 58	13 ♊ 37	7 ♎ 38	9 ♌ 45	26 ♑	8 ♑	28 ♎	19 ♒	20 ♎
16	24 ♓ 25	28 ♌ 37	25 ♊ 34	25 ♊ 42	10 ♈ 7	4 ♈ 41	16 ♋ 44	25 ♎ 47	17 ♋ 58	13 ♊ 38	7 ♎ 36	9 ♌ 44	27 ♑	9 ♑	28 ♎	19 ♒	19 ♎
17	25 ♓ 25	11 ♍ 36	25 ♊ 31	25 ♊ 30	10 ♈ 13	5 ♈ 56	16 ♋ 57	25 ♎ 41	17 ♋ 57	13 ♊ 40	7 ♎ 34	9 ♌ 43	27 ♑	9 ♑	28 ♎	20 ♒	19 ♎
18	26 ♓ 25	24 ♍ 23	25 ♊ 28	25 ♊ 16	10 R 10	7 ♈ 10	17 ♋ 12	25 ♎ 35	17 ♋ 57	13 ♊ 41	7 ♎ 33	9 ♌ 42	27 ♑	9 ♑	28 ♎	20 ♒	19 ♎
19	27 ♓ 24	6 ♎ 57	25 ♊ 24	25 ♊ 2	9 ♈ 59	8 ♈ 25	17 ♋ 27	25 ♎ 29	17 ♋ 57	13 ♊ 42	7 ♎ 31	9 ♌ 41	28 ♑	9 ♑	27 ♎	21 ♒	19 ♎
20	28 ♓ 24	19 ♎ 18	25 ♊ 21	24 ♊ 49	9 ♈ 41	9 ♈ 39	17 ♋ 42	25 ♎ 23	17 ♋ 57	13 ♊ 44	7 ♎ 30	9 ♌ 40	28 ♑	10 ♑	27 ♎	21 ♒	19 ♎
21	29 ♓ 23	1 ♏ 28	25 ♊ 18	24 ♊ 38	9 ♈ 15	10 ♈ 54	17 ♋ 57	25 ♎ 17	17 D 56	13 ♊ 45	7 ♎ 28	9 ♌ 39	28 ♑	10 ♑	27 ♎	22 ♒	19 ♎
22	0 ♈ 23	13 ♏ 27	25 ♊ 15	24 ♊ 30	8 ♈ 42	12 ♈ 8	18 ♋ 14	25 ♎ 11	17 ♋ 57	13 ♊ 46	7 ♎ 26	9 ♌ 39	29 ♑	10 ♑	27 ♎	22 ♒	19 ♎
23	1 ♈ 22	25 ♏ 19	25 ♊ 12	24 ♊ 24	8 ♈ 4	13 ♈ 23	18 ♋ 30	25 ♎ 4	17 ♋ 57	13 ♊ 48	7 ♎ 25	9 ♌ 38	29 ♑	10 ♑	27 ♎	23 ♒	19 ♎
24	2 ♈ 22	7 ♐ 7	25 ♊ 9	24 ♊ 21	7 ♈ 21	14 ♈ 37	18 ♋ 47	24 ♎ 58	17 ♋ 57	13 ♊ 50	7 ♎ 23	9 ♌ 37	29 ♑	11 ♑	26 ♎	23 ♒	19 ♎
25	3 ♈ 21	18 ♐ 56	25 ♊ 5	24 ♊ 20	6 ♈ 34	15 ♈ 52	19 ♋ 5	24 ♎ 51	17 ♋ 57	13 ♊ 51	7 ♎ 21	9 ♌ 36	0 ♒	11 ♑	26 ♎	24 ♒	19 ♎
26	4 ♈ 21	0 ♑ 51	25 ♊ 2	24 D 20	5 ♈ 44	17 ♈ 6	19 ♋ 22	24 ♎ 44	17 ♋ 58	13 ♊ 53	7 ♎ 20	9 ♌ 36	0 ♒	11 ♑	26 ♎	24 ♒	19 ♎
27	5 ♈ 20	12 ♑ 57	24 ♊ 59	24 R 20	4 ♈ 53	18 ♈ 20	19 ♋ 41	24 ♎ 38	17 ♋ 59	13 ♊ 55	7 ♎ 18	9 ♌ 35	0 ♒	11 ♑	26 ♎	25 ♒	19 ♎
28	6 ♈ 20	25 ♑ 20	24 ♊ 56	24 ♊ 18	4 ♈ 1	19 ♈ 35	19 ♋ 59	24 ♎ 31	17 ♋ 59	13 ♊ 56	7 ♎ 16	9 ♌ 34	0 ♒	12 ♑	26 ♎	25 ♒	19 ♎
29	7 ♈ 19	8 ♒ 6	24 ♊ 53	24 ♊ 15	3 ♈ 9	20 ♈ 49	20 ♋ 18	24 ♎ 24	18 ♋ 0	13 ♊ 58	7 ♎ 15	9 ♌ 33	1 ♒	12 ♑	25 ♎	26 ♒	19 ♎
30	8 ♈ 18	21 ♒ 16	24 ♊ 50	24 ♊ 9	2 ♈ 19	22 ♈ 3	20 ♋ 38	24 ♎ 17	18 ♋ 1	14 ♊ 0	7 ♎ 13	9 ♌ 33	1 ♒	12 ♑	25 ♎	26 ♒	18 ♎
31	9 ♈ 18	4 ♓ 55	24 ♊ 46	24 ♊ 0	1 ♈ 31	23 ♈ 18	20 ♋ 57	24 ♎ 9	18 ♋ 2	14 ♊ 2	7 ♎ 11	9 ♌ 32	1 ♒	12 ♑	25 ♎	27 ♒	18 ♎

SUN INGRESS: ☉ → ♈ 21日 14:33

MOON PHASE: ● 4日 03:01 ♓ ◐ 10日 21:03 ♊ ○ 18日 04:11 ♍ ◑ 26日 07:37 ♑

aspects		
2日	19:20	♀△♄
5日	00:54	☉□♅
6日	13:12	☉△♂
9日	14:55	☉△♄
11日	05:21	☿☍♆
14日	14:22	☿△♇
18日	07:07	♀☍♆
20日	00:18	♀△♇
20日	00:19	☿☌♀
20日	00:23	☿△♇
20日	22:30	♂☌♄
23日	08:20	♀⚹♅
23日	22:57	☿☍♆
26日	16:56	♀□♄
26日	18:06	☉☌☿
28日	10:37	♀□♂
28日	22:19	☉☍♆
31日	05:52	☉△♇
31日	15:17	♀☍♃

1946年4月

DAY	☉	☽	☊ mean	☊ true	☿	♀	♂	♃	♄	♅	♆	♇	⚳	⚴	⚵	⚶	⚷
	° ′	° ′	° ′	° ′	° ′	° ′	° ′	° ′	° ′	° ′	° ′	° ′	°	°	°	°	°
1	10 ♈ 17	19 ♓ 0	24 ♊ 43	23 R 50	0 R 46	24 D 32	21 D 17	24 R 2	18 D 3	14 D 4	7 R 10	9 R 32	2 D	12 D	25 R	27 D	18 R
2	11 ♈ 16	3 ♈ 29	24 ♊ 40	23 ♊ 39	0 ♈ 5	25 ♈ 46	21 ♋ 38	23 ♎ 55	18 ♋ 5	14 ♊ 6	7 ♎ 8	9 ♌ 31	2 ♒	13 ♑	25 ♎	28 ♒	18 ♎
3	12 ♈ 15	18 ♈ 14	24 ♊ 37	23 ♊ 28	29 ♓ 28	27 ♈ 0	21 ♋ 59	23 ♎ 48	18 ♋ 6	14 ♊ 8	7 ♎ 6	9 ♌ 31	2 ♒	13 ♑	24 ♎	28 ♒	18 ♎
4	13 ♈ 14	3 ♉ 8	24 ♊ 34	23 ♊ 19	28 ♓ 56	28 ♈ 14	22 ♋ 20	23 ♎ 40	18 ♋ 8	14 ♊ 10	7 ♎ 5	9 ♌ 30	2 ♒	13 ♑	24 ♎	29 ♒	18 ♎
5	14 ♈ 14	18 ♉ 2	24 ♊ 30	23 ♊ 12	28 ♓ 29	29 ♈ 29	22 ♋ 41	23 ♎ 33	18 ♋ 9	14 ♊ 12	7 ♎ 3	9 ♌ 30	3 ♒	13 ♑	24 ♎	29 ♒	18 ♎
6	15 ♈ 13	2 ♊ 48	24 ♊ 27	23 ♊ 9	28 ♓ 8	0 ♉ 43	23 ♋ 3	23 ♎ 25	18 ♋ 11	14 ♊ 14	7 ♎ 2	9 ♌ 29	3 ♒	13 ♑	24 ♎	29 ♒	18 ♎
7	16 ♈ 12	17 ♊ 19	24 ♊ 24	23 ♊ 7	27 ♓ 52	1 ♉ 57	23 ♋ 25	23 ♎ 18	18 ♋ 13	14 ♊ 16	7 ♎ 0	9 ♌ 29	3 ♒	14 ♑	23 ♎	0 ♓	18 ♎
8	17 ♈ 11	1 ♋ 33	24 ♊ 21	23 D 7	27 ♓ 42	3 ♉ 11	23 ♋ 47	23 ♎ 10	18 ♋ 15	14 ♊ 19	6 ♎ 58	9 ♌ 28	4 ♒	14 ♑	23 ♎	0 ♓	18 ♎
9	18 ♈ 10	15 ♋ 28	24 ♊ 18	23 ♊ 8	27 ♓ 37	4 ♉ 25	24 ♋ 10	23 ♎ 2	18 ♋ 17	14 ♊ 21	6 ♎ 57	9 ♌ 28	4 ♒	14 ♑	23 ♎	1 ♓	18 ♎
10	19 ♈ 9	29 ♋ 5	24 ♊ 15	23 R 7	27 D 37	5 ♉ 39	24 ♋ 33	22 ♎ 55	18 ♋ 19	14 ♊ 23	6 ♎ 55	9 ♌ 28	4 ♒	14 ♑	23 ♎	1 ♓	18 ♎
11	20 ♈ 8	12 ♌ 25	24 ♊ 11	23 ♊ 5	27 ♓ 43	6 ♉ 53	24 ♋ 56	22 ♎ 47	18 ♋ 21	14 ♊ 26	6 ♎ 53	9 ♌ 27	4 ♒	14 ♑	23 ♎	2 ♓	17 ♎
12	21 ♈ 6	25 ♌ 30	24 ♊ 8	23 ♊ 0	27 ♓ 54	8 ♉ 7	25 ♋ 20	22 ♎ 39	18 ♋ 24	14 ♊ 28	6 ♎ 52	9 ♌ 27	5 ♒	14 ♑	22 ♎	2 ♓	17 ♎
13	22 ♈ 5	8 ♍ 22	24 ♊ 5	22 ♊ 53	28 ♓ 10	9 ♉ 21	25 ♋ 43	22 ♎ 32	18 ♋ 26	14 ♊ 31	6 ♎ 50	9 ♌ 27	5 ♒	15 ♑	22 ♎	3 ♓	17 ♎
14	23 ♈ 4	21 ♍ 1	24 ♊ 2	22 ♊ 44	28 ♓ 31	10 ♉ 34	26 ♋ 7	22 ♎ 24	18 ♋ 29	14 ♊ 33	6 ♎ 49	9 ♌ 26	5 ♒	15 ♑	22 ♎	3 ♓	17 ♎
15	24 ♈ 3	3 ♎ 30	23 ♊ 59	22 ♊ 33	28 ♓ 56	11 ♉ 48	26 ♋ 32	22 ♎ 16	18 ♋ 31	14 ♊ 35	6 ♎ 47	9 ♌ 26	5 ♒	15 ♑	22 ♎	4 ♓	17 ♎
16	25 ♈ 1	15 ♎ 48	23 ♊ 56	22 ♊ 22	29 ♓ 26	13 ♉ 2	26 ♋ 56	22 ♎ 9	18 ♋ 34	14 ♊ 38	6 ♎ 46	9 ♌ 26	6 ♒	15 ♑	21 ♎	4 ♓	17 ♎
17	26 ♈ 0	27 ♎ 57	23 ♊ 52	22 ♊ 12	0 ♈ 0	14 ♉ 16	27 ♋ 21	22 ♎ 1	18 ♋ 37	14 ♊ 41	6 ♎ 44	9 ♌ 26	6 ♒	15 ♑	21 ♎	5 ♓	17 ♎
18	26 ♈ 59	9 ♏ 58	23 ♊ 49	22 ♊ 4	0 ♈ 37	15 ♉ 29	27 ♋ 46	21 ♎ 53	18 ♋ 40	14 ♊ 43	6 ♎ 42	9 ♌ 26	6 ♒	15 ♑	21 ♎	5 ♓	17 ♎
19	27 ♈ 57	21 ♏ 52	23 ♊ 46	21 ♊ 57	1 ♈ 19	16 ♉ 43	28 ♋ 11	21 ♎ 46	18 ♋ 43	14 ♊ 46	6 ♎ 41	9 ♌ 26	6 ♒	15 ♑	21 ♎	5 ♓	17 ♎
20	28 ♈ 56	3 ♐ 41	23 ♊ 43	21 ♊ 53	2 ♈ 4	17 ♉ 57	28 ♋ 37	21 ♎ 38	18 ♋ 46	14 ♊ 49	6 ♎ 39	9 ♌ 26	7 ♒	15 ♑	20 ♎	6 ♓	17 ♎
21	29 ♈ 55	15 ♐ 28	23 ♊ 40	21 ♊ 51	2 ♈ 53	19 ♉ 10	29 ♋ 2	21 ♎ 31	18 ♋ 49	14 ♊ 51	6 ♎ 38	9 ♌ 26	7 ♒	16 ♑	20 ♎	6 ♓	17 ♎
22	0 ♉ 53	27 ♐ 17	23 ♊ 36	21 D 51	3 ♈ 45	20 ♉ 24	29 ♋ 28	21 ♎ 23	18 ♋ 53	14 ♊ 54	6 ♎ 36	9 ♌ 25	7 ♒	16 ♑	20 ♎	7 ♓	17 ♎
23	1 ♉ 52	9 ♑ 12	23 ♊ 33	21 ♊ 52	4 ♈ 40	21 ♉ 38	29 ♋ 55	21 ♎ 15	18 ♋ 56	14 ♊ 57	6 ♎ 35	9 D 25	7 ♒	16 ♑	20 ♎	7 ♓	17 ♎
24	2 ♉ 50	21 ♑ 18	23 ♊ 30	21 ♊ 53	5 ♈ 39	22 ♉ 51	0 ♌ 21	21 ♎ 8	19 ♋ 0	15 ♊ 0	6 ♎ 34	9 ♌ 26	7 ♒	16 ♑	20 ♎	8 ♓	17 ♎
25	3 ♉ 48	3 ♒ 40	23 ♊ 27	21 ♊ 54	6 ♈ 40	24 ♉ 5	0 ♌ 47	21 ♎ 1	19 ♋ 3	15 ♊ 2	6 ♎ 32	9 ♌ 26	8 ♒	16 ♑	19 ♎	8 ♓	16 ♎
26	4 ♉ 47	16 ♒ 22	23 ♊ 24	21 R 53	7 ♈ 44	25 ♉ 18	1 ♌ 14	20 ♎ 53	19 ♋ 7	15 ♊ 5	6 ♎ 31	9 ♌ 26	8 ♒	16 ♑	19 ♎	9 ♓	16 ♎
27	5 ♉ 45	29 ♒ 29	23 ♊ 21	21 ♊ 50	8 ♈ 50	26 ♉ 32	1 ♌ 41	20 ♎ 46	19 ♋ 11	15 ♊ 8	6 ♎ 29	9 ♌ 26	8 ♒	16 ♑	19 ♎	9 ♓	16 ♎
28	6 ♉ 44	13 ♓ 5	23 ♊ 17	21 ♊ 46	9 ♈ 59	27 ♉ 45	2 ♌ 8	20 ♎ 39	19 ♋ 15	15 ♊ 11	6 ♎ 28	9 ♌ 26	8 ♒	16 ♑	19 ♎	9 ♓	16 ♎
29	7 ♉ 42	27 ♓ 9	23 ♊ 14	21 ♊ 40	11 ♈ 11	28 ♉ 58	2 ♌ 36	20 ♎ 32	19 ♋ 19	15 ♊ 14	6 ♎ 27	9 ♌ 26	9 ♒	16 ♑	18 ♎	10 ♓	16 ♎
30	8 ♉ 40	11 ♈ 40	23 ♊ 11	21 ♊ 34	12 ♈ 25	0 ♊ 12	3 ♌ 3	20 ♎ 25	19 ♋ 23	15 ♊ 17	6 ♎ 25	9 ♌ 26	9 ♒	16 ♑	18 ♎	10 ♓	16 ♎

SUN INGRESS: ☉ → ♉ 21日 02:02

MOON PHASE: ● 2日 13:37 ♈ ◐ 9日 05:04 ♋ ○ 16日 19:47 ♎ ◑ 25日 00:18 ♒

aspects		
4日	23:23	☉⚹♅
6日	18:09	♂□♃
9日	03:02	☉□♄
13日	02:00	♀□♇
13日	09:33	☉☍♃
19日	10:03	☉□♂
20日	16:50	♀⚹♄
24日	21:09	☿☍♆
27日	12:31	☿△♇
30日	18:59	☉□♇

1946年5月

DAY	☉	☽	☊ mean	☊ true	☿	♀	♂	♃	♄	♅	♆	♇	⚳	⚴	⚵	⚶	⚷
	° ′	° ′	° ′	° ′	° ′	° ′	° ′	° ′	° ′	° ′	° ′	° ′	°	°	°	°	°
1	9 ♉ 39	26 ♈ 32	23 ♊ 8	21 R 27	13 D 41	1 D 25	3 D 31	20 R 18	19 D 27	15 D 20	6 R 24	9 D 26	9 D	16 D	18 R	11 D	16 R
2	10 ♉ 37	11 ♉ 38	23 ♊ 5	21 ♊ 22	15 ♈ 0	2 ♊ 38	3 ♌ 59	20 ♎ 11	19 ♋ 31	15 ♊ 23	6 ♎ 23	9 ♌ 27	9 ♒	16 ♑	18 ♎	11 ♓	16 ♎
3	11 ♉ 35	26 ♉ 48	23 ♊ 1	21 ♊ 18	16 ♈ 21	3 ♊ 52	4 ♌ 27	20 ♎ 4	19 ♋ 36	15 ♊ 26	6 ♎ 21	9 ♌ 27	9 ♒	16 ♑	18 ♎	12 ♓	16 ♎
4	12 ♉ 33	11 ♊ 53	22 ♊ 58	21 ♊ 16	17 ♈ 43	5 ♊ 5	4 ♌ 55	19 ♎ 57	19 ♋ 40	15 ♊ 29	6 ♎ 20	9 ♌ 27	9 ♒	16 ♑	18 ♎	12 ♓	16 ♎
5	13 ♉ 31	26 ♊ 43	22 ♊ 55	21 D 16	19 ♈ 9	6 ♊ 18	5 ♌ 24	19 ♎ 51	19 ♋ 45	15 ♊ 32	6 ♎ 19	9 ♌ 28	10 ♒	16 ♑	18 ♎	12 ♓	16 ♎
6	14 ♉ 30	11 ♋ 13	22 ♊ 52	21 ♊ 17	20 ♈ 36	7 ♊ 31	5 ♌ 52	19 ♎ 44	19 ♋ 49	15 ♊ 36	6 ♎ 17	9 ♌ 28	10 ♒	16 R	17 ♎	13 ♓	16 ♎
7	15 ♉ 28	25 ♋ 20	22 ♊ 49	21 ♊ 18	22 ♈ 5	8 ♊ 44	6 ♌ 21	19 ♎ 38	19 ♋ 54	15 ♊ 39	6 ♎ 16	9 ♌ 28	10 ♒	16 ♑	17 ♎	13 ♓	16 ♎
8	16 ♉ 26	9 ♌ 3	22 ♊ 46	21 ♊ 19	23 ♈ 36	9 ♊ 57	6 ♌ 50	19 ♎ 32	19 ♋ 59	15 ♊ 42	6 ♎ 15	9 ♌ 29	10 ♒	16 ♑	17 ♎	14 ♓	16 ♎
9	17 ♉ 24	22 ♌ 24	22 ♊ 42	21 R 19	25 ♈ 10	11 ♊ 10	7 ♌ 19	19 ♎ 26	20 ♋ 4	15 ♊ 45	6 ♎ 14	9 ♌ 29	10 ♒	16 ♑	17 ♎	14 ♓	16 ♎
10	18 ♉ 22	5 ♍ 24	22 ♊ 39	21 ♊ 18	26 ♈ 45	12 ♊ 23	7 ♌ 49	19 ♎ 20	20 ♋ 8	15 ♊ 48	6 ♎ 13	9 ♌ 30	10 ♒	16 ♑	16 ♎	14 ♓	15 ♎
11	19 ♉ 20	18 ♍ 6	22 ♊ 36	21 ♊ 15	28 ♈ 22	13 ♊ 36	8 ♌ 18	19 ♎ 14	20 ♋ 13	15 ♊ 52	6 ♎ 12	9 ♌ 30	11 ♒	16 ♑	16 ♎	15 ♓	15 ♎
12	20 ♉ 18	0 ♎ 34	22 ♊ 33	21 ♊ 11	0 ♉ 2	14 ♊ 49	8 ♌ 48	19 ♎ 8	20 ♋ 18	15 ♊ 55	6 ♎ 11	9 ♌ 31	11 ♒	16 ♑	16 ♎	15 ♓	15 ♎
13	21 ♉ 16	12 ♎ 49	22 ♊ 30	21 ♊ 7	1 ♉ 43	16 ♊ 2	9 ♌ 17	19 ♎ 3	20 ♋ 24	15 ♊ 58	6 ♎ 10	9 ♌ 31	11 ♒	16 ♑	16 ♎	16 ♓	15 ♎
14	22 ♉ 14	24 ♎ 55	22 ♊ 27	21 ♊ 2	3 ♉ 26	17 ♊ 15	9 ♌ 47	18 ♎ 57	20 ♋ 29	16 ♊ 2	6 ♎ 8	9 ♌ 32	11 ♒	16 ♑	16 ♎	16 ♓	15 ♎
15	23 ♉ 11	6 ♏ 54	22 ♊ 23	20 ♊ 57	5 ♉ 12	18 ♊ 28	10 ♌ 17	18 ♎ 52	20 ♋ 34	16 ♊ 5	6 ♎ 7	9 ♌ 32	11 ♒	16 ♑	16 ♎	17 ♓	15 ♎
16	24 ♉ 9	18 ♏ 46	22 ♊ 20	20 ♊ 53	6 ♉ 59	19 ♊ 41	10 ♌ 47	18 ♎ 47	20 ♋ 39	16 ♊ 8	6 ♎ 6	9 ♌ 33	11 ♒	16 ♑	16 ♎	17 ♓	15 ♎
17	25 ♉ 7	0 ♐ 36	22 ♊ 17	20 ♊ 50	8 ♉ 49	20 ♊ 53	11 ♌ 18	18 ♎ 41	20 ♋ 45	16 ♊ 12	6 ♎ 6	9 ♌ 33	11 ♒	16 ♑	16 ♎	17 ♓	15 ♎
18	26 ♉ 5	12 ♐ 24	22 ♊ 14	20 ♊ 49	10 ♉ 40	22 ♊ 6	11 ♌ 48	18 ♎ 37	20 ♋ 50	16 ♊ 15	6 ♎ 5	9 ♌ 34	12 ♒	16 ♑	15 ♎	18 ♓	15 ♎
19	27 ♉ 3	24 ♐ 13	22 ♊ 11	20 D 48	12 ♉ 34	23 ♊ 19	12 ♌ 18	18 ♎ 32	20 ♋ 56	16 ♊ 18	6 ♎ 4	9 ♌ 35	12 ♒	16 ♑	15 ♎	18 ♓	15 ♎
20	28 ♉ 0	6 ♑ 5	22 ♊ 7	20 ♊ 49	14 ♉ 29	24 ♊ 31	12 ♌ 49	18 ♎ 27	21 ♋ 2	16 ♊ 22	6 ♎ 3	9 ♌ 36	12 ♒	16 ♑	15 ♎	18 ♓	15 ♎
21	28 ♉ 58	18 ♑ 5	22 ♊ 4	20 ♊ 51	16 ♉ 26	25 ♊ 44	13 ♌ 20	18 ♎ 23	21 ♋ 7	16 ♊ 25	6 ♎ 2	9 ♌ 36	12 ♒	15 ♑	15 ♎	19 ♓	15 ♎
22	29 ♉ 56	0 ♒ 14	22 ♊ 1	20 ♊ 52	18 ♉ 26	26 ♊ 56	13 ♌ 51	18 ♎ 18	21 ♋ 13	16 ♊ 29	6 ♎ 1	9 ♌ 37	12 ♒	15 ♑	15 ♎	19 ♓	15 ♎
23	0 ♊ 53	12 ♒ 38	21 ♊ 58	20 ♊ 54	20 ♉ 27	28 ♊ 9	14 ♌ 22	18 ♎ 14	21 ♋ 19	16 ♊ 32	6 ♎ 0	9 ♌ 38	12 ♒	15 ♑	15 ♎	20 ♓	15 ♎
24	1 ♊ 51	25 ♒ 20	21 ♊ 55	20 ♊ 54	22 ♉ 30	29 ♊ 21	14 ♌ 53	18 ♎ 10	21 ♋ 25	16 ♊ 35	6 ♎ 0	9 ♌ 39	12 ♒	15 ♑	15 ♎	20 ♓	15 ♎
25	2 ♊ 49	8 ♓ 24	21 ♊ 52	20 R 54	24 ♉ 35	0 ♋ 34	15 ♌ 24	18 ♎ 7	21 ♋ 31	16 ♊ 39	5 ♎ 59	9 ♌ 39	12 ♒	15 ♑	15 ♎	20 ♓	15 ♎
26	3 ♊ 46	21 ♓ 53	21 ♊ 48	20 ♊ 54	26 ♉ 41	1 ♋ 46	15 ♌ 56	18 ♎ 3	21 ♋ 37	16 ♊ 42	5 ♎ 58	9 ♌ 40	12 ♒	15 ♑	15 ♎	21 ♓	15 ♎
27	4 ♊ 44	5 ♈ 48	21 ♊ 45	20 ♊ 52	28 ♉ 49	2 ♋ 58	16 ♌ 27	17 ♎ 59	21 ♋ 43	16 ♊ 46	5 ♎ 57	9 ♌ 41	12 ♒	15 ♑	15 ♎	21 ♓	15 ♎
28	5 ♊ 42	20 ♈ 10	21 ♊ 42	20 ♊ 50	0 ♊ 58	4 ♋ 11	16 ♌ 59	17 ♎ 56	21 ♋ 49	16 ♊ 49	5 ♎ 57	9 ♌ 42	12 ♒	14 ♑	15 ♎	21 ♓	15 ♎
29	6 ♊ 39	4 ♉ 54	21 ♊ 39	20 ♊ 49	3 ♊ 8	5 ♋ 23	17 ♌ 31	17 ♎ 53	21 ♋ 55	16 ♊ 53	5 ♎ 56	9 ♌ 43	12 ♒	14 ♑	14 ♎	22 ♓	15 ♎
30	7 ♊ 37	19 ♉ 56	21 ♊ 36	20 ♊ 47	5 ♊ 19	6 ♋ 35	18 ♌ 2	17 ♎ 50	22 ♋ 1	16 ♊ 56	5 ♎ 55	9 ♌ 44	13 ♒	14 ♑	14 ♎	22 ♓	15 ♎
31	8 ♊ 34	5 ♊ 7	21 ♊ 33	20 ♊ 46	7 ♊ 30	7 ♋ 47	18 ♌ 34	17 ♎ 47	22 ♋ 8	17 ♊ 0	5 ♎ 55	9 ♌ 45	13 ♒	14 ♑	14 ♎	23 ♓	15 ♎

SUN INGRESS	☉ → ♊ 22日 01:34
MOON PHASE	● 1日 22:16 ♉　◐ 8日 14:13 ♌　○ 16日 11:52 ♏　◑ 24日 13:02 ♓　● 31日 05:49 ♊

aspects

2日	07:20	☿⚹♅
3日	18:56	♀⚹♂
5日	00:13	☿△♆
5日	10:34	☿□♄
5日	10:56	☿☍♃
5日	13:37	♃□♄
6日	20:02	♂⚹♆
7日	14:32	♀⚹♇
12日	00:22	☉⚹♄
12日	22:38	♀☌♅
13日	11:19	♂☌♇
15日	07:21	☿△♃
17日	09:46	☿□♇
18日	19:40	☿□♂
23日	10:43	☿⚹♄
27日	15:59	♂⚹♅
28日	06:14	☉△♆
29日	10:55	♀□♆
29日	15:28	♂⚹♃
30日	06:42	☿△♆
31日	20:40	☉☌☿

1946年6月

DAY	☉	☽	☊ mean	☊ true	☿	♀	♂	♃	♄	♅	♆	♇	⚳	⚴	⚵	⚶	⚷
	° ′	° ′	° ′	° ′	° ′	° ′	° ′	° ′	° ′	° ′	° ′	° ′	°	°	°	°	°
1	9 ♊ 32	20 ♊ 17	21 ♊ 29	20 R 46	9 D 42	8 D 59	19 D 6	17 R 45	22 D 14	17 D 3	5 R 54	9 D 46	13 D	14 R	14 R	23 D	15 R
2	10 ♊ 29	5 ♋ 18	21 ♊ 26	20 D 46	11 ♊ 54	10 ♋ 12	19 ♌ 39	17 ♎ 42	22 ♋ 21	17 ♊ 7	5 ♎ 54	9 ♌ 47	13 ♒	14 ♑	14 ♎	23 ♓	15 ♎
3	11 ♊ 27	20 ♋ 0	21 ♊ 23	20 ♊ 47	14 ♊ 6	11 ♋ 24	20 ♌ 11	17 ♎ 40	22 ♋ 27	17 ♊ 11	5 ♎ 53	9 ♌ 48	13 ♒	13 ♑	14 ♎	24 ♓	15 ♎
4	12 ♊ 24	4 ♌ 20	21 ♊ 20	20 ♊ 48	16 ♊ 18	12 ♋ 36	20 ♌ 43	17 ♎ 38	22 ♋ 34	17 ♊ 14	5 ♎ 53	9 ♌ 49	13 ♒	13 ♑	14 ♎	24 ♓	14 ♎
5	13 ♊ 22	18 ♌ 14	21 ♊ 17	20 ♊ 48	18 ♊ 28	13 ♋ 48	21 ♌ 16	17 ♎ 36	22 ♋ 40	17 ♊ 18	5 ♎ 52	9 ♌ 50	13 ♒	13 ♑	14 ♎	24 ♓	14 ♎
6	14 ♊ 19	1 ♍ 41	21 ♊ 13	20 ♊ 49	20 ♊ 38	14 ♋ 59	21 ♌ 48	17 ♎ 34	22 ♋ 47	17 ♊ 21	5 ♎ 52	9 ♌ 51	13 ♒	13 ♑	14 ♎	25 ♓	14 ♎
7	15 ♊ 17	14 ♍ 44	21 ♊ 10	20 ♊ 49	22 ♊ 47	16 ♋ 11	22 ♌ 21	17 ♎ 33	22 ♋ 53	17 ♊ 25	5 ♎ 52	9 ♌ 52	13 ♒	13 ♑	14 ♎	25 ♓	14 ♎
8	16 ♊ 14	27 ♍ 25	21 ♊ 7	20 R 49	24 ♊ 54	17 ♋ 23	22 ♌ 54	17 ♎ 31	23 ♋ 0	17 ♊ 28	5 ♎ 51	9 ♌ 53	13 R	12 ♑	14 D	25 ♓	14 ♎
9	17 ♊ 11	9 ♎ 48	21 ♊ 4	20 ♊ 48	27 ♊ 0	18 ♋ 35	23 ♌ 27	17 ♎ 30	23 ♋ 7	17 ♊ 32	5 ♎ 51	9 ♌ 55	13 ♒	12 ♑	14 ♎	26 ♓	14 ♎
10	18 ♊ 9	21 ♎ 57	21 ♊ 1	20 ♊ 48	29 ♊ 3	19 ♋ 46	24 ♌ 0	17 ♎ 29	23 ♋ 14	17 ♊ 35	5 ♎ 51	9 ♌ 56	13 ♒	12 ♑	14 ♎	26 ♓	14 ♎
11	19 ♊ 6	3 ♏ 56	20 ♊ 58	20 ♊ 48	1 ♋ 5	20 ♋ 58	24 ♌ 33	17 ♎ 28	23 ♋ 21	17 ♊ 39	5 ♎ 51	9 ♌ 57	13 ♒	12 ♑	14 ♎	26 ♓	14 ♎
12	20 ♊ 4	15 ♏ 48	20 ♊ 54	20 ♊ 48	3 ♋ 5	22 ♋ 10	25 ♌ 6	17 ♎ 28	23 ♋ 28	17 ♊ 42	5 ♎ 50	9 ♌ 58	13 ♒	11 ♑	14 ♎	27 ♓	14 ♎
13	21 ♊ 1	27 ♏ 37	20 ♊ 51	20 D 48	5 ♋ 3	23 ♋ 21	25 ♌ 39	17 ♎ 27	23 ♋ 34	17 ♊ 46	5 ♎ 50	9 ♌ 59	13 ♒	11 ♑	14 ♎	27 ♓	14 ♎
14	21 ♊ 58	9 ♐ 25	20 ♊ 48	20 ♊ 48	6 ♋ 58	24 ♋ 33	26 ♌ 13	17 ♎ 27	23 ♋ 41	17 ♊ 50	5 ♎ 50	10 ♌ 1	13 ♒	11 ♑	14 ♎	27 ♓	14 D
15	22 ♊ 55	21 ♐ 15	20 ♊ 45	20 R 48	8 ♋ 52	25 ♋ 44	26 ♌ 46	17 ♎ 27	23 ♋ 48	17 ♊ 53	5 ♎ 50	10 ♌ 2	13 ♒	11 ♑	14 ♎	28 ♓	14 ♎
16	23 ♊ 53	3 ♑ 9	20 ♊ 42	20 ♊ 48	10 ♋ 42	26 ♋ 55	27 ♌ 20	17 D 27	23 ♋ 56	17 ♊ 57	5 ♎ 50	10 ♌ 3	13 ♒	10 ♑	14 ♎	28 ♓	14 ♎
17	24 ♊ 50	15 ♑ 9	20 ♊ 39	20 ♊ 47	12 ♋ 31	28 ♋ 7	27 ♌ 53	17 ♎ 27	24 ♋ 3	18 ♊ 0	5 ♎ 50	10 ♌ 5	13 ♒	10 ♑	14 ♎	28 ♓	14 ♎
18	25 ♊ 47	27 ♑ 18	20 ♊ 35	20 ♊ 47	14 ♋ 16	29 ♋ 18	28 ♌ 27	17 ♎ 27	24 ♋ 10	18 ♊ 4	5 D 50	10 ♌ 6	12 ♒	10 ♑	14 ♎	28 ♓	14 ♎
19	26 ♊ 45	9 ♒ 38	20 ♊ 32	20 ♊ 46	16 ♋ 1	0 ♌ 29	29 ♌ 1	17 ♎ 28	24 ♋ 17	18 ♊ 7	5 ♎ 50	10 ♌ 7	12 ♒	10 ♑	14 ♎	29 ♓	14 ♎
20	27 ♊ 42	22 ♒ 11	20 ♊ 29	20 ♊ 45	17 ♋ 42	1 ♌ 40	29 ♌ 35	17 ♎ 29	24 ♋ 24	18 ♊ 11	5 ♎ 50	10 ♌ 9	12 ♒	9 ♑	15 ♎	29 ♓	14 ♎
21	28 ♊ 39	4 ♓ 59	20 ♊ 26	20 ♊ 45	19 ♋ 21	2 ♌ 51	0 ♍ 9	17 ♎ 30	24 ♋ 31	18 ♊ 14	5 ♎ 50	10 ♌ 10	12 ♒	9 ♑	15 ♎	29 ♓	14 ♎
22	29 ♊ 36	18 ♓ 5	20 ♊ 23	20 ♊ 44	20 ♋ 58	4 ♌ 2	0 ♍ 43	17 ♎ 31	24 ♋ 39	18 ♊ 18	5 ♎ 50	10 ♌ 11	12 ♒	9 ♑	15 ♎	0 ♈	14 ♎
23	0 ♋ 34	1 ♈ 30	20 ♊ 19	20 D 44	22 ♋ 32	5 ♌ 13	1 ♍ 17	17 ♎ 32	24 ♋ 46	18 ♊ 21	5 ♎ 50	10 ♌ 13	12 ♒	8 ♑	15 ♎	0 ♈	14 ♎
24	1 ♋ 31	15 ♈ 18	20 ♊ 16	20 ♊ 44	24 ♋ 4	6 ♌ 24	1 ♍ 51	17 ♎ 34	24 ♋ 53	18 ♊ 25	5 ♎ 51	10 ♌ 14	12 ♒	8 ♑	15 ♎	0 ♈	15 ♎
25	2 ♋ 28	29 ♈ 26	20 ♊ 13	20 ♊ 45	25 ♋ 33	7 ♌ 35	2 ♍ 25	17 ♎ 35	25 ♋ 1	18 ♊ 28	5 ♎ 51	10 ♌ 16	12 ♒	8 ♑	15 ♎	0 ♈	15 ♎
26	3 ♋ 25	13 ♉ 55	20 ♊ 10	20 ♊ 46	27 ♋ 0	8 ♌ 46	3 ♍ 0	17 ♎ 37	25 ♋ 8	18 ♊ 32	5 ♎ 51	10 ♌ 17	12 ♒	8 ♑	15 ♎	1 ♈	15 ♎
27	4 ♋ 22	28 ♉ 41	20 ♊ 7	20 ♊ 47	28 ♋ 24	9 ♌ 56	3 ♍ 34	17 ♎ 39	25 ♋ 15	18 ♊ 35	5 ♎ 51	10 ♌ 19	12 ♒	7 ♑	15 ♎	1 ♈	15 ♎
28	5 ♋ 20	13 ♊ 37	20 ♊ 4	20 ♊ 47	29 ♋ 46	11 ♌ 7	4 ♍ 9	17 ♎ 41	25 ♋ 23	18 ♊ 39	5 ♎ 52	10 ♌ 20	12 ♒	7 ♑	15 ♎	1 ♈	15 ♎
29	6 ♋ 17	28 ♊ 38	20 ♊ 0	20 R 47	1 ♌ 5	12 ♌ 18	4 ♍ 43	17 ♎ 44	25 ♋ 30	18 ♊ 42	5 ♎ 52	10 ♌ 22	11 ♒	7 ♑	15 ♎	1 ♈	15 ♎
30	7 ♋ 14	13 ♋ 34	19 ♊ 57	20 ♊ 46	2 ♌ 21	13 ♌ 28	5 ♍ 18	17 ♎ 46	25 ♋ 38	18 ♊ 45	5 ♎ 52	10 ♌ 23	11 ♒	6 ♑	15 ♎	2 ♈	15 ♎

SUN INGRESS	☉ → ♋ 22日 09:44
MOON PHASE	◐ 7日 01:06 ♍　○ 15日 03:42 ♐　◑ 22日 22:12 ♈　● 29日 13:06 ♋

aspects

1日	00:41	☿⚹♇
1日	05:59	☉⚹♇
4日	10:37	☿☌♅
4日	14:28	☿△♃
6日	17:32	☿⚹♂
8日	02:41	☿□♃
8日	14:46	♃△♅
9日	07:37	☉△♃
9日	09:04	☉☌♅
13日	04:56	♀☌♄
13日	09:48	☿□♆
19日	20:42	♀□♃
23日	12:36	☿⚹♆
24日	14:24	♀☌♄
24日	21:13	☉⚹♂
27日	07:46	♀☌♇
28日	13:27	☉□♆

1946年7月

DAY	☉	☽	☊ mean	☊ true	☿	♀	♂	♃	♄	♅	♆	♇	⚳	⚴	⚵	⚶	⚷
	° ′	° ′	° ′	° ′	° ′	° ′	° ′	° ′	° ′	° ′	° ′	° ′	°	°	°	°	°
1	8 ♋ 11	28 ♋ 18	19 ♊ 54	20 R 45	3 D 35	14 D 39	5 D 53	17 D 49	25 D 45	18 D 49	5 D 53	10 D 25	11 R	6 R	16 D	2 D	15 D
2	9 ♋ 9	12 ♌ 42	19 ♊ 51	20 ♊ 43	4 ♌ 46	15 ♌ 49	6 ♍ 28	17 ♎ 52	25 ♋ 53	18 ♊ 52	5 ♎ 53	10 ♌ 26	11 ♒	6 ♑	16 ♎	2 ♈	15 ♎
3	10 ♋ 6	26 ♌ 42	19 ♊ 48	20 ♊ 40	5 ♌ 54	16 ♌ 59	7 ♍ 3	17 ♎ 55	26 ♋ 0	18 ♊ 56	5 ♎ 54	10 ♌ 28	11 ♒	6 ♑	16 ♎	2 ♈	15 ♎
4	11 ♋ 3	10 ♍ 16	19 ♊ 45	20 ♊ 38	7 ♌ 0	18 ♌ 9	7 ♍ 38	17 ♎ 58	26 ♋ 8	18 ♊ 59	5 ♎ 54	10 ♌ 30	11 ♒	5 ♑	16 ♎	3 ♈	15 ♎
5	12 ♋ 0	23 ♍ 24	19 ♊ 41	20 ♊ 36	8 ♌ 2	19 ♌ 20	8 ♍ 13	18 ♎ 1	26 ♋ 16	19 ♊ 2	5 ♎ 55	10 ♌ 31	11 ♒	5 ♑	16 ♎	3 ♈	15 ♎
6	12 ♋ 58	6 ♎ 8	19 ♊ 38	20 ♊ 35	9 ♌ 1	20 ♌ 30	8 ♍ 48	18 ♎ 5	26 ♋ 23	19 ♊ 6	5 ♎ 55	10 ♌ 33	10 ♒	5 ♑	16 ♎	3 ♈	15 ♎
7	13 ♋ 55	18 ♎ 31	19 ♊ 35	20 D 35	9 ♌ 57	21 ♌ 40	9 ♍ 23	18 ♎ 9	26 ♋ 31	19 ♊ 9	5 ♎ 56	10 ♌ 34	10 ♒	4 ♑	16 ♎	3 ♈	15 ♎
8	14 ♋ 52	0 ♏ 39	19 ♊ 32	20 ♊ 36	10 ♌ 50	22 ♌ 49	9 ♍ 58	18 ♎ 13	26 ♋ 39	19 ♊ 12	5 ♎ 56	10 ♌ 36	10 ♒	4 ♑	16 ♎	3 ♈	15 ♎
9	15 ♋ 49	12 ♏ 35	19 ♊ 29	20 ♊ 37	11 ♌ 39	23 ♌ 59	10 ♍ 34	18 ♎ 17	26 ♋ 46	19 ♊ 16	5 ♎ 57	10 ♌ 38	10 ♒	4 ♑	17 ♎	4 ♈	15 ♎
10	16 ♋ 46	24 ♏ 25	19 ♊ 25	20 ♊ 39	12 ♌ 25	25 ♌ 9	11 ♍ 9	18 ♎ 21	26 ♋ 54	19 ♊ 19	5 ♎ 58	10 ♌ 39	10 ♒	4 ♑	17 ♎	4 ♈	15 ♎
11	17 ♋ 44	6 ♐ 13	19 ♊ 22	20 ♊ 40	13 ♌ 8	26 ♌ 19	11 ♍ 45	18 ♎ 25	27 ♋ 2	19 ♊ 22	5 ♎ 59	10 ♌ 41	10 ♒	3 ♑	17 ♎	4 ♈	15 ♎
12	18 ♋ 41	18 ♐ 2	19 ♊ 19	20 ♊ 41	13 ♌ 46	27 ♌ 28	12 ♍ 20	18 ♎ 30	27 ♋ 9	19 ♊ 25	5 ♎ 59	10 ♌ 43	9 ♒	3 ♑	17 ♎	4 ♈	15 ♎
13	19 ♋ 38	29 ♐ 57	19 ♊ 16	20 R 41	14 ♌ 21	28 ♌ 38	12 ♍ 56	18 ♎ 34	27 ♋ 17	19 ♊ 28	6 ♎ 0	10 ♌ 44	9 ♒	3 ♑	17 ♎	4 ♈	15 ♎
14	20 ♋ 35	11 ♑ 59	19 ♊ 13	20 ♊ 39	14 ♌ 51	29 ♌ 47	13 ♍ 32	18 ♎ 39	27 ♋ 25	19 ♊ 32	6 ♎ 1	10 ♌ 46	9 ♒	3 ♑	17 ♎	4 ♈	15 ♎
15	21 ♋ 32	24 ♑ 11	19 ♊ 10	20 ♊ 36	15 ♌ 17	0 ♍ 56	14 ♍ 8	18 ♎ 44	27 ♋ 32	19 ♊ 35	6 ♎ 2	10 ♌ 48	9 ♒	2 ♑	17 ♎	5 ♈	15 ♎
16	22 ♋ 30	6 ♒ 35	19 ♊ 6	20 ♊ 31	15 ♌ 39	2 ♍ 5	14 ♍ 43	18 ♎ 49	27 ♋ 40	19 ♊ 38	6 ♎ 3	10 ♌ 49	9 ♒	2 ♑	18 ♎	5 ♈	15 ♎
17	23 ♋ 27	19 ♒ 11	19 ♊ 3	20 ♊ 26	15 ♌ 57	3 ♍ 14	15 ♍ 19	18 ♎ 55	27 ♋ 48	19 ♊ 41	6 ♎ 4	10 ♌ 51	8 ♒	2 ♑	18 ♎	5 ♈	15 ♎
18	24 ♋ 24	2 ♓ 0	19 ♊ 0	20 ♊ 21	16 ♌ 10	4 ♍ 23	15 ♍ 55	19 ♎ 0	27 ♋ 56	19 ♊ 44	6 ♎ 5	10 ♌ 53	8 ♒	2 ♑	18 ♎	5 ♈	16 ♎
19	25 ♋ 21	15 ♓ 3	18 ♊ 57	20 ♊ 15	16 ♌ 18	5 ♍ 32	16 ♍ 31	19 ♎ 5	28 ♋ 3	19 ♊ 47	6 ♎ 5	10 ♌ 54	8 ♒	1 ♑	18 ♎	5 ♈	16 ♎
20	26 ♋ 18	28 ♓ 20	18 ♊ 54	20 ♊ 11	16 ♌ 21	6 ♍ 41	17 ♍ 8	19 ♎ 11	28 ♋ 11	19 ♊ 50	6 ♎ 6	10 ♌ 56	8 ♒	1 ♑	18 ♎	5 ♈	16 ♎
21	27 ♋ 16	11 ♈ 50	18 ♊ 51	20 ♊ 9	16 R 19	7 ♍ 50	17 ♍ 44	19 ♎ 17	28 ♋ 19	19 ♊ 53	6 ♎ 8	10 ♌ 58	8 ♒	1 ♑	19 ♎	5 ♈	16 ♎
22	28 ♋ 13	25 ♈ 36	18 ♊ 47	20 ♊ 8	16 ♌ 13	8 ♍ 58	18 ♍ 20	19 ♎ 23	28 ♋ 27	19 ♊ 56	6 ♎ 9	11 ♌ 0	7 ♒	1 ♑	19 ♎	6 ♈	16 ♎
23	29 ♋ 10	9 ♉ 35	18 ♊ 44	20 D 8	16 ♌ 1	10 ♍ 7	18 ♍ 56	19 ♎ 29	28 ♋ 34	19 ♊ 59	6 ♎ 10	11 ♌ 1	7 ♒	1 ♑	19 ♎	6 ♈	16 ♎
24	0 ♌ 8	23 ♉ 49	18 ♊ 41	20 ♊ 9	15 ♌ 45	11 ♍ 15	19 ♍ 33	19 ♎ 35	28 ♋ 42	20 ♊ 2	6 ♎ 11	11 ♌ 3	7 ♒	0 ♑	19 ♎	6 ♈	16 ♎
25	1 ♌ 5	8 ♊ 15	18 ♊ 38	20 ♊ 10	15 ♌ 24	12 ♍ 23	20 ♍ 9	19 ♎ 42	28 ♋ 50	20 ♊ 5	6 ♎ 12	11 ♌ 5	7 ♒	0 ♑	19 ♎	6 ♈	16 ♎
26	2 ♌ 2	22 ♊ 50	18 ♊ 35	20 R 11	14 ♌ 58	13 ♍ 31	20 ♍ 46	19 ♎ 48	28 ♋ 58	20 ♊ 8	6 ♎ 13	11 ♌ 7	7 ♒	0 ♑	19 ♎	6 ♈	16 ♎
27	3 ♌ 0	7 ♋ 30	18 ♊ 31	20 ♊ 10	14 ♌ 28	14 ♍ 39	21 ♍ 22	19 ♎ 55	29 ♋ 6	20 ♊ 11	6 ♎ 14	11 ♌ 8	6 ♒	0 ♑	20 ♎	6 ♈	16 ♎
28	3 ♌ 57	22 ♋ 8	18 ♊ 28	20 ♊ 7	13 ♌ 54	15 ♍ 47	21 ♍ 59	20 ♎ 2	29 ♋ 13	20 ♊ 13	6 ♎ 15	11 ♌ 10	6 ♒	0 ♑	20 ♎	6 ♈	16 ♎
29	4 ♌ 54	6 ♌ 39	18 ♊ 25	20 ♊ 2	13 ♌ 17	16 ♍ 55	22 ♍ 36	20 ♎ 9	29 ♋ 21	20 ♊ 16	6 ♎ 17	11 ♌ 12	6 ♒	29 ♐	20 ♎	6 ♈	16 ♎
30	5 ♌ 52	20 ♌ 55	18 ♊ 22	19 ♊ 55	12 ♌ 37	18 ♍ 2	23 ♍ 13	20 ♎ 16	29 ♋ 29	20 ♊ 19	6 ♎ 18	11 ♌ 14	6 ♒	29 ♐	20 ♎	6 ♈	16 ♎
31	6 ♌ 49	4 ♍ 52	18 ♊ 19	19 ♊ 47	11 ♌ 54	19 ♍ 10	23 ♍ 50	20 ♎ 23	29 ♋ 36	20 ♊ 22	6 ♎ 19	11 ♌ 15	5 ♒	29 ♐	21 ♎	6 ♈	16 ♎

SUN INGRESS	☉ → ♌ 23日 20:37
MOON PHASE	◐ 6日 14:15 ♎　○ 14日 18:23 ♑　◑ 22日 04:52 ♈　● 28日 20:54 ♌

aspects		
2日	23:48	☿⚹♆
3日	19:57	♀⚹♃
4日	17:50	♀⚹♅
7日	17:14	☿☌♇
11日	18:58	☉□♃
22日	06:39	☉☌♄
24日	20:52	♂□♅
30日	11:16	☉⚹♆
30日	15:15	♃△♅
31日	20:22	☿☌♇

1946年8月

DAY	☉	☽	☊ mean	☊ true	☿	♀	♂	♃	♄	♅	♆	♇	⚳	⚴	⚵	⚶	⚷
	° ′	° ′	° ′	° ′	° ′	° ′	° ′	° ′	° ′	° ′	° ′	° ′	°	°	°	°	°
1	7 ♌ 47	18 ♍ 25	18 ♊ 16	19 R 40	11 R 10	20 D 17	24 D 27	20 D 31	29 D 44	20 D 24	6 D 21	11 D 17	5 R	29 R	21 D	6 D	17 D
2	8 ♌ 44	1 ♎ 34	18 ♊ 12	19 ♊ 33	10 ♌ 25	21 ♍ 25	25 ♍ 4	20 ♎ 38	29 ♋ 52	20 ♊ 27	6 ♎ 22	11 ♌ 19	5 ♒	29 ♐	21 ♎	6 ♈	17 ♎
3	9 ♌ 41	14 ♎ 20	18 ♊ 9	19 ♊ 29	9 ♌ 40	22 ♍ 32	25 ♍ 41	20 ♎ 46	0 ♌ 0	20 ♊ 30	6 ♎ 23	11 ♌ 21	5 ♒	29 ♐	21 ♎	6 ♈	17 ♎
4	10 ♌ 39	26 ♎ 45	18 ♊ 6	19 ♊ 26	8 ♌ 55	23 ♍ 39	26 ♍ 18	20 ♎ 54	0 ♌ 7	20 ♊ 32	6 ♎ 25	11 ♌ 23	5 ♒	29 ♐	21 ♎	6 ♈	17 ♎
5	11 ♌ 36	8 ♏ 53	18 ♊ 3	19 ♊ 24	8 ♌ 12	24 ♍ 45	26 ♍ 55	21 ♎ 1	0 ♌ 15	20 ♊ 35	6 ♎ 26	11 ♌ 24	4 ♒	28 ♐	22 ♎	6 ♈	17 ♎
6	12 ♌ 34	20 ♏ 49	18 ♊ 0	19 D 25	7 ♌ 31	25 ♍ 52	27 ♍ 32	21 ♎ 9	0 ♌ 23	20 ♊ 37	6 ♎ 28	11 ♌ 26	4 ♒	28 ♐	22 ♎	6 ♈	17 ♎
7	13 ♌ 31	2 ♐ 39	17 ♊ 57	19 ♊ 26	6 ♌ 54	26 ♍ 59	28 ♍ 10	21 ♎ 17	0 ♌ 30	20 ♊ 40	6 ♎ 29	11 ♌ 28	4 ♒	28 ♐	22 ♎	6 R	17 ♎
8	14 ♌ 29	14 ♐ 27	17 ♊ 53	19 ♊ 27	6 ♌ 20	28 ♍ 5	28 ♍ 47	21 ♎ 26	0 ♌ 38	20 ♊ 42	6 ♎ 31	11 ♌ 30	4 ♒	28 ♐	22 ♎	6 ♈	17 ♎
9	15 ♌ 26	26 ♐ 19	17 ♊ 50	19 R 26	5 ♌ 51	29 ♍ 11	29 ♍ 25	21 ♎ 34	0 ♌ 45	20 ♊ 44	6 ♎ 32	11 ♌ 32	3 ♒	28 ♐	23 ♎	6 ♈	17 ♎
10	16 ♌ 24	8 ♑ 19	17 ♊ 47	19 ♊ 25	5 ♌ 27	0 ♎ 17	0 ♎ 2	21 ♎ 42	0 ♌ 53	20 ♊ 47	6 ♎ 34	11 ♌ 33	3 ♒	28 ♐	23 ♎	6 ♈	17 ♎
11	17 ♌ 21	20 ♑ 30	17 ♊ 44	19 ♊ 20	5 ♌ 9	1 ♎ 23	0 ♎ 40	21 ♎ 51	1 ♌ 1	20 ♊ 49	6 ♎ 35	11 ♌ 35	3 ♒	28 ♐	23 ♎	6 ♈	17 ♎
12	18 ♌ 19	2 ♒ 55	17 ♊ 41	19 ♊ 14	4 ♌ 58	2 ♎ 29	1 ♎ 17	22 ♎ 0	1 ♌ 8	20 ♊ 51	6 ♎ 37	11 ♌ 37	3 ♒	28 ♐	23 ♎	6 ♈	18 ♎
13	19 ♌ 16	15 ♒ 36	17 ♊ 37	19 ♊ 5	4 ♌ 52	3 ♎ 34	1 ♎ 55	22 ♎ 8	1 ♌ 16	20 ♊ 54	6 ♎ 39	11 ♌ 39	3 ♒	28 ♐	24 ♎	6 ♈	18 ♎
14	20 ♌ 14	28 ♒ 32	17 ♊ 34	18 ♊ 55	4 D 54	4 ♎ 39	2 ♎ 33	22 ♎ 17	1 ♌ 23	20 ♊ 56	6 ♎ 40	11 ♌ 40	2 ♒	28 ♐	24 ♎	6 ♈	18 ♎
15	21 ♌ 12	11 ♓ 43	17 ♊ 31	18 ♊ 45	5 ♌ 3	5 ♎ 45	3 ♎ 11	22 ♎ 26	1 ♌ 31	20 ♊ 58	6 ♎ 42	11 ♌ 42	2 ♒	28 ♐	24 ♎	6 ♈	18 ♎
16	22 ♌ 9	25 ♓ 8	17 ♊ 28	18 ♊ 35	5 ♌ 19	6 ♎ 49	3 ♎ 49	22 ♎ 35	1 ♌ 38	21 ♊ 0	6 ♎ 44	11 ♌ 44	2 ♒	28 ♐	24 ♎	6 ♈	18 ♎
17	23 ♌ 7	8 ♈ 44	17 ♊ 25	18 ♊ 27	5 ♌ 42	7 ♎ 54	4 ♎ 27	22 ♎ 45	1 ♌ 46	21 ♊ 2	6 ♎ 45	11 ♌ 46	2 ♒	28 ♐	25 ♎	6 ♈	18 ♎
18	24 ♌ 5	22 ♈ 29	17 ♊ 22	18 ♊ 21	6 ♌ 13	8 ♎ 59	5 ♎ 5	22 ♎ 54	1 ♌ 53	21 ♊ 4	6 ♎ 47	11 ♌ 47	2 ♒	28 ♐	25 ♎	6 ♈	18 ♎
19	25 ♌ 2	6 ♉ 23	17 ♊ 18	18 ♊ 17	6 ♌ 51	10 ♎ 3	5 ♎ 43	23 ♎ 3	2 ♌ 0	21 ♊ 6	6 ♎ 49	11 ♌ 49	2 ♒	27 ♐	25 ♎	6 ♈	18 ♎
20	26 ♌ 0	20 ♉ 23	17 ♊ 15	18 ♊ 16	7 ♌ 36	11 ♎ 7	6 ♎ 21	23 ♎ 13	2 ♌ 8	21 ♊ 8	6 ♎ 51	11 ♌ 51	1 ♒	27 ♐	25 ♎	6 ♈	18 ♎
21	26 ♌ 58	4 ♊ 29	17 ♊ 12	18 D 16	8 ♌ 28	12 ♎ 11	6 ♎ 59	23 ♎ 22	2 ♌ 15	21 ♊ 10	6 ♎ 52	11 ♌ 53	1 ♒	27 ♐	26 ♎	6 ♈	18 ♎
22	27 ♌ 56	18 ♊ 40	17 ♊ 9	18 R 16	9 ♌ 27	13 ♎ 15	7 ♎ 37	23 ♎ 32	2 ♌ 22	21 ♊ 12	6 ♎ 54	11 ♌ 54	1 ♒	27 ♐	26 ♎	6 ♈	19 ♎
23	28 ♌ 53	2 ♋ 54	17 ♊ 6	18 ♊ 15	10 ♌ 33	14 ♎ 18	8 ♎ 16	23 ♎ 42	2 ♌ 30	21 ♊ 14	6 ♎ 56	11 ♌ 56	1 ♒	27 D	26 ♎	5 ♈	19 ♎
24	29 ♌ 51	17 ♋ 10	17 ♊ 3	18 ♊ 12	11 ♌ 44	15 ♎ 21	8 ♎ 54	23 ♎ 52	2 ♌ 37	21 ♊ 16	6 ♎ 58	11 ♌ 58	1 ♒	27 ♐	26 ♎	5 ♈	19 ♎
25	0 ♍ 49	1 ♌ 24	16 ♊ 59	18 ♊ 7	13 ♌ 2	16 ♎ 24	9 ♎ 33	24 ♎ 2	2 ♌ 44	21 ♊ 17	7 ♎ 0	12 ♌ 0	1 ♒	27 ♐	27 ♎	5 ♈	19 ♎
26	1 ♍ 47	15 ♌ 31	16 ♊ 56	17 ♊ 59	14 ♌ 25	17 ♎ 27	10 ♎ 11	24 ♎ 12	2 ♌ 51	21 ♊ 19	7 ♎ 2	12 ♌ 1	0 ♒	27 ♐	27 ♎	5 ♈	19 ♎
27	2 ♍ 45	29 ♌ 28	16 ♊ 53	17 ♊ 48	15 ♌ 54	18 ♎ 29	10 ♎ 50	24 ♎ 22	2 ♌ 58	21 ♊ 21	7 ♎ 4	12 ♌ 3	0 ♒	28 ♐	27 ♎	5 ♈	19 ♎
28	3 ♍ 43	13 ♍ 10	16 ♊ 50	17 ♊ 37	17 ♌ 27	19 ♎ 32	11 ♎ 29	24 ♎ 32	3 ♌ 5	21 ♊ 22	7 ♎ 5	12 ♌ 5	0 ♒	28 ♐	27 ♎	5 ♈	19 ♎
29	4 ♍ 41	26 ♍ 34	16 ♊ 47	17 ♊ 25	19 ♌ 4	20 ♎ 33	12 ♎ 7	24 ♎ 43	3 ♌ 12	21 ♊ 24	7 ♎ 7	12 ♌ 6	0 ♒	28 ♐	28 ♎	5 ♈	19 ♎
30	5 ♍ 39	9 ♎ 36	16 ♊ 43	17 ♊ 14	20 ♌ 46	21 ♎ 35	12 ♎ 46	24 ♎ 53	3 ♌ 19	21 ♊ 25	7 ♎ 9	12 ♌ 8	0 ♒	28 ♐	28 ♎	4 ♈	20 ♎
31	6 ♍ 37	22 ♎ 19	16 ♊ 40	17 ♊ 5	22 ♌ 30	22 ♎ 36	13 ♎ 25	25 ♎ 4	3 ♌ 26	21 ♊ 27	7 ♎ 11	12 ♌ 10	0 ♒	28 ♐	28 ♎	4 ♈	20 ♎

SUN INGRESS	☉ → ♍ 24日 03:26
MOON PHASE	◐ 5日 05:55 ♏　○ 13日 07:26 ♒　◑ 20日 10:17 ♉　● 27日 06:07 ♍

aspects		
1日	02:35	♀□♅
2日	23:37	☉☌☿
4日	18:53	☉☌♇
7日	16:26	☿⚹♆
9日	11:21	♀☌♂
10日	14:46	♀⚹♄
11日	16:37	♂⚹♄
14日	05:59	☿⚹♀
14日	18:08	☉⚹♅
15日	21:47	♀☌♆
16日	12:58	☉⚹♃
18日	22:35	☿⚹♆
20日	16:55	♀⚹♇
20日	19:30	♂☌♆
24日	04:20	☿☌♇
28日	23:18	♂⚹♇
29日	20:06	♀△♅
30日	09:19	☿⚹♅
31日	03:18	☿⚹♀

1946年9月

DAY	☉	☽	☊ mean	☊ true	☿	♀	♂	♃	♄	♅	♆	♇	⚳	⚴	⚵	⚶	⚷
	° ′	° ′	° ′	° ′	° ′	° ′	° ′	° ′	° ′	° ′	° ′	° ′	°	°	°	°	°
1	7 ♍ 35	4 ♏ 42	16 ♊ 37	16 R 59	24 D 18	23 D 37	14 D 4	25 D 14	3 D 33	21 D 28	7 D 13	12 D 11	0 R	28 D	29 D	4 R	20 D
2	8 ♍ 33	16 ♏ 49	16 ♊ 34	16 ♊ 55	26 ♌ 7	24 ♎ 38	14 ♎ 43	25 ♎ 25	3 ♌ 40	21 ♊ 30	7 ♎ 15	12 ♌ 13	0 ♒	28 ♐	29 ♎	4 ♈	20 ♎
3	9 ♍ 31	28 ♏ 45	16 ♊ 31	16 ♊ 53	27 ♌ 59	25 ♎ 39	15 ♎ 22	25 ♎ 36	3 ♌ 47	21 ♊ 31	7 ♎ 17	12 ♌ 14	29 ♑	28 ♐	29 ♎	4 ♈	20 ♎
4	10 ♍ 29	10 ♐ 34	16 ♊ 28	16 D 53	29 ♌ 52	26 ♎ 39	16 ♎ 1	25 ♎ 46	3 ♌ 54	21 ♊ 32	7 ♎ 19	12 ♌ 16	29 ♑	28 ♐	29 ♎	3 ♈	20 ♎
5	11 ♍ 27	22 ♐ 23	16 ♊ 24	16 R 53	1 ♍ 47	27 ♎ 38	16 ♎ 40	25 ♎ 57	4 ♌ 0	21 ♊ 33	7 ♎ 21	12 ♌ 18	29 ♑	28 ♐	0 ♏	3 ♈	20 ♎
6	12 ♍ 26	4 ♑ 16	16 ♊ 21	16 ♊ 52	3 ♍ 42	28 ♎ 38	17 ♎ 20	26 ♎ 8	4 ♌ 7	21 ♊ 35	7 ♎ 23	12 ♌ 19	29 ♑	28 ♐	0 ♏	3 ♈	20 ♎
7	13 ♍ 24	16 ♑ 19	16 ♊ 18	16 ♊ 50	5 ♍ 38	29 ♎ 37	17 ♎ 59	26 ♎ 19	4 ♌ 14	21 ♊ 36	7 ♎ 25	12 ♌ 21	29 ♑	28 ♐	0 ♏	3 ♈	20 ♎
8	14 ♍ 22	28 ♑ 36	16 ♊ 15	16 ♊ 45	7 ♍ 34	0 ♏ 35	18 ♎ 38	26 ♎ 31	4 ♌ 20	21 ♊ 37	7 ♎ 28	12 ♌ 22	29 ♑	28 ♐	1 ♏	3 ♈	21 ♎
9	15 ♍ 20	11 ♒ 11	16 ♊ 12	16 ♊ 37	9 ♍ 29	1 ♏ 34	19 ♎ 18	26 ♎ 42	4 ♌ 27	21 ♊ 38	7 ♎ 30	12 ♌ 24	29 ♑	28 ♐	1 ♏	2 ♈	21 ♎
10	16 ♍ 19	24 ♒ 5	16 ♊ 8	16 ♊ 27	11 ♍ 25	2 ♏ 31	19 ♎ 57	26 ♎ 53	4 ♌ 33	21 ♊ 39	7 ♎ 32	12 ♌ 26	29 ♑	28 ♐	1 ♏	2 ♈	21 ♎
11	17 ♍ 17	7 ♓ 20	16 ♊ 5	16 ♊ 15	13 ♍ 20	3 ♏ 29	20 ♎ 37	27 ♎ 4	4 ♌ 40	21 ♊ 40	7 ♎ 34	12 ♌ 27	29 ♑	29 ♐	1 ♏	2 ♈	21 ♎
12	18 ♍ 15	20 ♓ 54	16 ♊ 2	16 ♊ 2	15 ♍ 15	4 ♏ 26	21 ♎ 16	27 ♎ 16	4 ♌ 46	21 ♊ 41	7 ♎ 36	12 ♌ 29	29 ♑	29 ♐	2 ♏	2 ♈	21 ♎
13	19 ♍ 14	4 ♈ 44	15 ♊ 59	15 ♊ 50	17 ♍ 9	5 ♏ 22	21 ♎ 56	27 ♎ 27	4 ♌ 52	21 ♊ 41	7 ♎ 38	12 ♌ 30	29 ♑	29 ♐	2 ♏	1 ♈	21 ♎
14	20 ♍ 12	18 ♈ 46	15 ♊ 56	15 ♊ 40	19 ♍ 2	6 ♏ 18	22 ♎ 36	27 ♎ 39	4 ♌ 59	21 ♊ 42	7 ♎ 40	12 ♌ 32	29 ♑	29 ♐	2 ♏	1 ♈	21 ♎
15	21 ♍ 10	2 ♉ 55	15 ♊ 53	15 ♊ 33	20 ♍ 54	7 ♏ 14	23 ♎ 15	27 ♎ 50	5 ♌ 5	21 ♊ 43	7 ♎ 42	12 ♌ 33	29 ♑	29 ♐	3 ♏	1 ♈	22 ♎
16	22 ♍ 9	17 ♉ 7	15 ♊ 49	15 ♊ 28	22 ♍ 45	8 ♏ 9	23 ♎ 55	28 ♎ 2	5 ♌ 11	21 ♊ 43	7 ♎ 45	12 ♌ 34	29 ♑	29 ♐	3 ♏	1 ♈	22 ♎
17	23 ♍ 7	1 ♊ 19	15 ♊ 46	15 ♊ 26	24 ♍ 36	9 ♏ 3	24 ♎ 35	28 ♎ 14	5 ♌ 17	21 ♊ 44	7 ♎ 47	12 ♌ 36	29 ♑	29 ♐	3 ♏	0 ♈	22 ♎
18	24 ♍ 6	15 ♊ 29	15 ♊ 43	15 D 26	26 ♍ 25	9 ♏ 57	25 ♎ 15	28 ♎ 26	5 ♌ 23	21 ♊ 45	7 ♎ 49	12 ♌ 37	29 ♑	29 ♐	4 ♏	0 ♈	22 ♎
19	25 ♍ 4	29 ♊ 35	15 ♊ 40	15 R 26	28 ♍ 14	10 ♏ 51	25 ♎ 55	28 ♎ 37	5 ♌ 29	21 ♊ 45	7 ♎ 51	12 ♌ 39	29 ♑	0 ♑	4 ♏	0 ♈	22 ♎
20	26 ♍ 3	13 ♋ 37	15 ♊ 37	15 ♊ 25	0 ♎ 1	11 ♏ 44	26 ♎ 35	28 ♎ 49	5 ♌ 35	21 ♊ 46	7 ♎ 53	12 ♌ 40	29 D	0 ♑	4 ♏	0 ♈	22 ♎
21	27 ♍ 2	27 ♋ 33	15 ♊ 34	15 ♊ 22	1 ♎ 48	12 ♏ 36	27 ♎ 16	29 ♎ 1	5 ♌ 41	21 ♊ 46	7 ♎ 56	12 ♌ 41	29 ♑	0 ♑	4 ♏	29 ♓	22 ♎
22	28 ♍ 0	11 ♌ 24	15 ♊ 30	15 ♊ 16	3 ♎ 33	13 ♏ 28	27 ♎ 56	29 ♎ 13	5 ♌ 46	21 ♊ 46	7 ♎ 58	12 ♌ 43	29 ♑	0 ♑	5 ♏	29 ♓	22 ♎
23	28 ♍ 59	25 ♌ 6	15 ♊ 27	15 ♊ 8	5 ♎ 18	14 ♏ 19	28 ♎ 36	29 ♎ 25	5 ♌ 52	21 ♊ 47	8 ♎ 0	12 ♌ 44	29 ♑	0 ♑	5 ♏	29 ♓	23 ♎
24	29 ♍ 58	8 ♍ 38	15 ♊ 24	14 ♊ 57	7 ♎ 1	15 ♏ 9	29 ♎ 16	29 ♎ 38	5 ♌ 58	21 ♊ 47	8 ♎ 2	12 ♌ 45	29 ♑	0 ♑	5 ♏	29 ♓	23 ♎
25	0 ♎ 57	21 ♍ 58	15 ♊ 21	14 ♊ 45	8 ♎ 44	15 ♏ 59	29 ♎ 57	29 ♎ 50	6 ♌ 3	21 ♊ 47	8 ♎ 4	12 ♌ 47	29 ♑	1 ♑	6 ♏	28 ♓	23 ♎
26	1 ♎ 55	5 ♎ 3	15 ♊ 18	14 ♊ 33	10 ♎ 26	16 ♏ 48	0 ♏ 37	0 ♏ 2	6 ♌ 9	21 ♊ 47	8 ♎ 7	12 ♌ 48	29 ♑	1 ♑	6 ♏	28 ♓	23 ♎
27	2 ♎ 54	17 ♎ 52	15 ♊ 14	14 ♊ 22	12 ♎ 6	17 ♏ 36	1 ♏ 18	0 ♏ 14	6 ♌ 14	21 ♊ 47	8 ♎ 9	12 ♌ 49	29 ♑	1 ♑	6 ♏	28 ♓	23 ♎
28	3 ♎ 53	0 ♏ 24	15 ♊ 11	14 ♊ 12	13 ♎ 46	18 ♏ 23	1 ♏ 59	0 ♏ 26	6 ♌ 20	21 ♊ 47	8 ♎ 11	12 ♌ 50	29 ♑	1 ♑	7 ♏	28 ♓	23 ♎
29	4 ♎ 52	12 ♏ 41	15 ♊ 8	14 ♊ 5	15 ♎ 25	19 ♏ 10	2 ♏ 39	0 ♏ 39	6 ♌ 25	21 R 47	8 ♎ 13	12 ♌ 52	29 ♑	1 ♑	7 ♏	27 ♓	23 ♎
30	5 ♎ 51	24 ♏ 45	15 ♊ 5	14 ♊ 1	17 ♎ 3	19 ♏ 56	3 ♏ 20	0 ♏ 51	6 ♌ 30	21 ♊ 47	8 ♎ 15	12 ♌ 53	29 ♑	2 ♑	7 ♏	27 ♓	24 ♎

SUN INGRESS	☉ → ♎24日 00:41
MOON PHASE	◐ 3日 23:49 ♐ ○ 11日 18:59 ♓ ◑ 18日 15:44 ♊ ● 25日 17:45 ♎

aspects		
1日	13:45	☿⚹♃
2日	22:32	♀☌♃
12日	09:37	♀□♄
12日	14:59	♂△♅
15日	07:19	☉☌☿
15日	10:32	☿□♅
15日	13:29	☉□♅
21日	02:35	♀□♇
23日	08:21	☿⚹♄
24日	14:29	☿☌♆
24日	17:54	♂☌♃
27日	10:27	☿⚹♇
30日	17:20	☉⚹♄

1946年10月

DAY	☉	☽	☊ mean	☊ true	☿	♀	♂	♃	♄	♅	♆	♇	⚳	⚴	⚵	⚶	⚷
	° ′	° ′	° ′	° ′	° ′	° ′	° ′	° ′	° ′	° ′	° ′	° ′	°	°	°	°	°
1	6 ♎ 50	6 ♐ 39	15 ♊ 2	13 R 59	18 D 40	20 D 41	4 D 1	1 D 4	6 D 35	21 R 47	8 D 18	12 D 54	29 D	2 D	8 D	27 R	24 D
2	7 ♎ 49	18 ♐ 27	14 ♊ 59	13 D 59	20 ♎ 16	21 ♏ 25	4 ♏ 42	1 ♏ 16	6 ♌ 40	21 ♊ 47	8 ♎ 20	12 ♌ 55	29 ♑	2 ♑	8 ♏	27 ♓	24 ♎
3	8 ♎ 48	0 ♑ 15	14 ♊ 55	14 ♊ 0	21 ♎ 51	22 ♏ 8	5 ♏ 23	1 ♏ 29	6 ♌ 45	21 ♊ 47	8 ♎ 22	12 ♌ 56	29 ♑	2 ♑	8 ♏	26 ♓	24 ♎
4	9 ♎ 47	12 ♑ 7	14 ♊ 52	14 R 0	23 ♎ 26	22 ♏ 50	6 ♏ 4	1 ♏ 41	6 ♌ 50	21 ♊ 47	8 ♎ 24	12 ♌ 57	29 ♑	2 ♑	9 ♏	26 ♓	24 ♎
5	10 ♎ 46	24 ♑ 10	14 ♊ 49	13 ♊ 59	24 ♎ 59	23 ♏ 31	6 ♏ 45	1 ♏ 54	6 ♌ 55	21 ♊ 46	8 ♎ 27	12 ♌ 59	29 ♑	3 ♑	9 ♏	26 ♓	24 ♎
6	11 ♎ 45	6 ♒ 28	14 ♊ 46	13 ♊ 56	26 ♎ 32	24 ♏ 10	7 ♏ 26	2 ♏ 7	7 ♌ 0	21 ♊ 46	8 ♎ 29	13 ♌ 0	29 ♑	3 ♑	9 ♏	26 ♓	24 ♎
7	12 ♎ 45	19 ♒ 5	14 ♊ 43	13 ♊ 51	28 ♎ 4	24 ♏ 49	8 ♏ 7	2 ♏ 19	7 ♌ 4	21 ♊ 45	8 ♎ 31	13 ♌ 1	29 ♑	3 ♑	10 ♏	25 ♓	25 ♎
8	13 ♎ 44	2 ♓ 6	14 ♊ 40	13 ♊ 43	29 ♎ 35	25 ♏ 27	8 ♏ 48	2 ♏ 32	7 ♌ 9	21 ♊ 45	8 ♎ 33	13 ♌ 2	0 ♒	3 ♑	10 ♏	25 ♓	25 ♎
9	14 ♎ 43	15 ♓ 32	14 ♊ 36	13 ♊ 34	1 ♏ 6	26 ♏ 3	9 ♏ 29	2 ♏ 45	7 ♌ 13	21 ♊ 44	8 ♎ 36	13 ♌ 3	0 ♒	3 ♑	10 ♏	25 ♓	25 ♎
10	15 ♎ 42	29 ♓ 22	14 ♊ 33	13 ♊ 24	2 ♏ 36	26 ♏ 38	10 ♏ 11	2 ♏ 57	7 ♌ 18	21 ♊ 44	8 ♎ 38	13 ♌ 4	0 ♒	4 ♑	11 ♏	25 ♓	25 ♎
11	16 ♎ 42	13 ♈ 32	14 ♊ 30	13 ♊ 15	4 ♏ 5	27 ♏ 12	10 ♏ 52	3 ♏ 10	7 ♌ 22	21 ♊ 43	8 ♎ 40	13 ♌ 5	0 ♒	4 ♑	11 ♏	25 ♓	25 ♎
12	17 ♎ 41	27 ♈ 58	14 ♊ 27	13 ♊ 7	5 ♏ 33	27 ♏ 44	11 ♏ 34	3 ♏ 23	7 ♌ 26	21 ♊ 43	8 ♎ 42	13 ♌ 6	0 ♒	4 ♑	11 ♏	24 ♓	25 ♎
13	18 ♎ 40	12 ♉ 33	14 ♊ 24	13 ♊ 1	7 ♏ 0	28 ♏ 15	12 ♏ 15	3 ♏ 36	7 ♌ 30	21 ♊ 42	8 ♎ 44	13 ♌ 6	0 ♒	4 ♑	12 ♏	24 ♓	25 ♎
14	19 ♎ 40	27 ♉ 11	14 ♊ 20	12 ♊ 58	8 ♏ 27	28 ♏ 45	12 ♏ 57	3 ♏ 49	7 ♌ 34	21 ♊ 41	8 ♎ 47	13 ♌ 7	0 ♒	5 ♑	12 ♏	24 ♓	26 ♎
15	20 ♎ 39	11 ♊ 45	14 ♊ 17	12 ♊ 57	9 ♏ 52	29 ♏ 13	13 ♏ 38	4 ♏ 2	7 ♌ 38	21 ♊ 40	8 ♎ 49	13 ♌ 8	0 ♒	5 ♑	12 ♏	24 ♓	26 ♎
16	21 ♎ 39	26 ♊ 11	14 ♊ 14	12 D 57	11 ♏ 17	29 ♏ 39	14 ♏ 20	4 ♏ 15	7 ♌ 42	21 ♊ 39	8 ♎ 51	13 ♌ 9	1 ♒	5 ♑	12 ♏	24 ♓	26 ♎
17	22 ♎ 38	10 ♋ 26	14 ♊ 11	12 ♊ 58	12 ♏ 41	0 ♐ 4	15 ♏ 2	4 ♏ 28	7 ♌ 46	21 ♊ 38	8 ♎ 53	13 ♌ 10	1 ♒	5 ♑	13 ♏	24 ♓	26 ♎
18	23 ♎ 38	24 ♋ 27	14 ♊ 8	12 R 59	14 ♏ 4	0 ♐ 27	15 ♏ 44	4 ♏ 40	7 ♌ 49	21 ♊ 37	8 ♎ 55	13 ♌ 11	1 ♒	6 ♑	13 ♏	23 ♓	26 ♎
19	24 ♎ 37	8 ♌ 15	14 ♊ 5	12 ♊ 58	15 ♏ 26	0 ♐ 48	16 ♏ 26	4 ♏ 53	7 ♌ 53	21 ♊ 36	8 ♎ 58	13 ♌ 11	1 ♒	6 ♑	13 ♏	23 ♓	26 ♎
20	25 ♎ 37	21 ♌ 50	14 ♊ 1	12 ♊ 55	16 ♏ 47	1 ♐ 7	17 ♏ 8	5 ♏ 6	7 ♌ 57	21 ♊ 35	9 ♎ 0	13 ♌ 12	1 ♒	6 ♑	14 ♏	23 ♓	26 ♎
21	26 ♎ 36	5 ♍ 12	13 ♊ 58	12 ♊ 50	18 ♏ 7	1 ♐ 25	17 ♏ 50	5 ♏ 20	8 ♌ 0	21 ♊ 34	9 ♎ 2	13 ♌ 13	1 ♒	6 ♑	14 ♏	23 ♓	27 ♎
22	27 ♎ 36	18 ♍ 22	13 ♊ 55	12 ♊ 43	19 ♏ 26	1 ♐ 40	18 ♏ 32	5 ♏ 33	8 ♌ 3	21 ♊ 33	9 ♎ 4	13 ♌ 13	1 ♒	7 ♑	14 ♏	23 ♓	27 ♎
23	28 ♎ 36	1 ♎ 18	13 ♊ 52	12 ♊ 36	20 ♏ 44	1 ♐ 54	19 ♏ 14	5 ♏ 46	8 ♌ 6	21 ♊ 32	9 ♎ 6	13 ♌ 14	2 ♒	7 ♑	15 ♏	23 ♓	27 ♎
24	29 ♎ 36	14 ♎ 2	13 ♊ 49	12 ♊ 27	22 ♏ 1	2 ♐ 5	19 ♏ 56	5 ♏ 59	8 ♌ 9	21 ♊ 31	9 ♎ 8	13 ♌ 15	2 ♒	7 ♑	15 ♏	23 ♓	27 ♎
25	0 ♏ 35	26 ♎ 33	13 ♊ 45	12 ♊ 20	23 ♏ 16	2 ♐ 14	20 ♏ 38	6 ♏ 12	8 ♌ 12	21 ♊ 29	9 ♎ 10	13 ♌ 15	2 ♒	7 ♑	15 ♏	22 ♓	27 ♎
26	1 ♏ 35	8 ♏ 51	13 ♊ 42	12 ♊ 14	24 ♏ 29	2 ♐ 22	21 ♏ 21	6 ♏ 25	8 ♌ 15	21 ♊ 28	9 ♎ 13	13 ♌ 16	2 ♒	8 ♑	16 ♏	22 ♓	27 ♎
27	2 ♏ 35	20 ♏ 59	13 ♊ 39	12 ♊ 10	25 ♏ 41	2 ♐ 26	22 ♏ 3	6 ♏ 38	8 ♌ 18	21 ♊ 27	9 ♎ 15	13 ♌ 16	2 ♒	8 ♑	16 ♏	22 ♓	27 ♎
28	3 ♏ 35	2 ♐ 57	13 ♊ 36	12 ♊ 7	26 ♏ 51	2 ♐ 29	22 ♏ 46	6 ♏ 51	8 ♌ 21	21 ♊ 25	9 ♎ 17	13 ♌ 17	3 ♒	8 ♑	17 ♏	22 ♓	28 ♎
29	4 ♏ 35	14 ♐ 47	13 ♊ 33	12 D 7	28 ♏ 0	2 R 29	23 ♏ 28	7 ♏ 4	8 ♌ 23	21 ♊ 24	9 ♎ 19	13 ♌ 17	3 ♒	8 ♑	17 ♏	22 ♓	28 ♎
30	5 ♏ 35	26 ♐ 34	13 ♊ 30	12 ♊ 8	29 ♏ 5	2 ♐ 27	24 ♏ 11	7 ♏ 17	8 ♌ 26	21 ♊ 22	9 ♎ 21	13 ♌ 18	3 ♒	9 ♑	17 ♏	22 ♓	28 ♎
31	6 ♏ 35	8 ♑ 21	13 ♊ 26	12 ♊ 10	0 ♐ 9	2 ♐ 22	24 ♏ 53	7 ♏ 31	8 ♌ 28	21 ♊ 21	9 ♎ 23	13 ♌ 18	3 ♒	9 ♑	18 ♏	22 ♓	28 ♎

SUN INGRESS	☉ → ♏24日 09:35
MOON PHASE	◐ 3日 18:53 ♑ ○ 11日 05:40 ♈ ◑ 17日 22:28 ♋ ● 25日 08:32 ♏

aspects		
2日	13:02	☉☌♆
2日	22:55	☿△♅
5日	06:46	♂□♄
7日	06:37	☉⚹♇
10日	06:49	☿☌♃
13日	08:46	☿□♄
14日	06:15	♂□♇
16日	00:20	☉△♅
17日	08:22	☿□♇
20日	12:39	☿☌♂

1946年11月

DAY	☉	☽	☊ mean	☊ true	☿	♀	♂	♃	♄	♅	♆	♇	⚳	⚴	⚵	⚶	⚷
	° ′	° ′	° ′	° ′	° ′	° ′	° ′	° ′	° ′	° ′	° ′	° ′	°	°	°	°	°
1	7 ♏ 35	20 ♑ 12	13 ♊ 23	12 D 11	1 D 10	2 R 15	25 D 36	7 D 44	8 D 30	21 R 19	9 D 25	13 D 19	3 D	9 D	18 D	22 R	28 D
2	8 ♏ 35	2 ♒ 12	13 ♊ 20	12 ♊ 13	2 ♐ 7	2 ♐ 6	26 ♏ 19	7 ♏ 57	8 ♌ 33	21 ♊ 17	9 ♎ 27	13 ♌ 19	4 ♒	10 ♑	18 ♏	22 ♓	28 ♎
3	9 ♏ 35	14 ♒ 28	13 ♊ 17	12 R 13	3 ♐ 2	1 ♐ 54	27 ♏ 2	8 ♏ 10	8 ♌ 35	21 ♊ 16	9 ♎ 29	13 ♌ 20	4 ♒	10 ♑	19 ♏	22 ♓	28 ♎
4	10 ♏ 35	27 ♒ 2	13 ♊ 14	12 ♊ 11	3 ♐ 52	1 ♐ 39	27 ♏ 44	8 ♏ 23	8 ♌ 37	21 ♊ 14	9 ♎ 31	13 ♌ 20	4 ♒	10 ♑	19 ♏	22 ♓	29 ♎
5	11 ♏ 35	10 ♓ 1	13 ♊ 11	12 ♊ 9	4 ♐ 39	1 ♐ 23	28 ♏ 27	8 ♏ 36	8 ♌ 38	21 ♊ 12	9 ♎ 33	13 ♌ 20	4 ♒	10 ♑	19 ♏	22 ♓	29 ♎
6	12 ♏ 35	23 ♓ 25	13 ♊ 7	12 ♊ 5	5 ♐ 20	1 ♐ 3	29 ♏ 10	8 ♏ 49	8 ♌ 40	21 ♊ 10	9 ♎ 35	13 ♌ 20	4 ♒	11 ♑	20 ♏	22 ♓	29 ♎
7	13 ♏ 36	7 ♈ 17	13 ♊ 4	12 ♊ 1	5 ♐ 57	0 ♐ 42	29 ♏ 53	9 ♏ 2	8 ♌ 42	21 ♊ 8	9 ♎ 37	13 ♌ 21	5 ♒	11 ♑	20 ♏	22 ♓	29 ♎
8	14 ♏ 36	21 ♈ 35	13 ♊ 1	11 ♊ 56	6 ♐ 27	0 ♐ 18	0 ♐ 37	9 ♏ 16	8 ♌ 43	21 ♊ 7	9 ♎ 39	13 ♌ 21	5 ♒	11 ♑	20 ♏	22 D	29 ♎
9	15 ♏ 36	6 ♉ 15	12 ♊ 58	11 ♊ 53	6 ♐ 52	29 ♏ 53	1 ♐ 20	9 ♏ 29	8 ♌ 45	21 ♊ 5	9 ♎ 41	13 ♌ 21	5 ♒	12 ♑	21 ♏	22 ♓	29 ♎
10	16 ♏ 36	21 ♉ 10	12 ♊ 55	11 ♊ 50	7 ♐ 9	29 ♏ 25	2 ♐ 3	9 ♏ 42	8 ♌ 46	21 ♊ 3	9 ♎ 42	13 ♌ 21	5 ♒	12 ♑	21 ♏	22 ♓	29 ♎
11	17 ♏ 37	6 ♊ 11	12 ♊ 51	11 ♊ 49	7 ♐ 18	28 ♏ 56	2 ♐ 46	9 ♏ 55	8 ♌ 47	21 ♊ 1	9 ♎ 44	13 ♌ 21	6 ♒	12 ♑	21 ♏	22 ♓	0 ♏
12	18 ♏ 37	21 ♊ 10	12 ♊ 48	11 D 49	7 R 18	28 ♏ 25	3 ♐ 30	10 ♏ 8	8 ♌ 48	20 ♊ 59	9 ♎ 46	13 ♌ 22	6 ♒	13 ♑	22 ♏	22 ♓	0 ♏
13	19 ♏ 37	5 ♋ 59	12 ♊ 45	11 ♊ 50	7 ♐ 10	27 ♏ 52	4 ♐ 13	10 ♏ 21	8 ♌ 49	20 ♊ 57	9 ♎ 48	13 ♌ 22	6 ♒	13 ♑	22 ♏	22 ♓	0 ♏
14	20 ♏ 38	20 ♋ 32	12 ♊ 42	11 ♊ 52	6 ♐ 51	27 ♏ 18	4 ♐ 56	10 ♏ 34	8 ♌ 50	20 ♊ 55	9 ♎ 50	13 ♌ 22	6 ♒	13 ♑	22 ♏	22 ♓	0 ♏
15	21 ♏ 38	4 ♌ 46	12 ♊ 39	11 ♊ 53	6 ♐ 23	26 ♏ 44	5 ♐ 40	10 ♏ 47	8 ♌ 51	20 ♊ 52	9 ♎ 52	13 ♌ 22	7 ♒	13 ♑	23 ♏	22 ♓	0 ♏
16	22 ♏ 38	18 ♌ 39	12 ♊ 36	11 ♊ 54	5 ♐ 44	26 ♏ 8	6 ♐ 24	11 ♏ 0	8 ♌ 51	20 ♊ 50	9 ♎ 53	13 R 22	7 ♒	14 ♑	23 ♏	22 ♓	0 ♏
17	23 ♏ 39	2 ♍ 11	12 ♊ 32	11 R 53	4 ♐ 55	25 ♏ 32	7 ♐ 7	11 ♏ 13	8 ♌ 52	20 ♊ 48	9 ♎ 55	13 ♌ 22	7 ♒	14 ♑	23 ♏	22 ♓	0 ♏
18	24 ♏ 39	15 ♍ 23	12 ♊ 29	11 ♊ 52	3 ♐ 57	24 ♏ 56	7 ♐ 51	11 ♏ 26	8 ♌ 52	20 ♊ 46	9 ♎ 57	13 ♌ 22	7 ♒	14 ♑	24 ♏	22 ♓	1 ♏
19	25 ♏ 40	28 ♍ 17	12 ♊ 26	11 ♊ 51	2 ♐ 50	24 ♏ 19	8 ♐ 35	11 ♏ 39	8 ♌ 53	20 ♊ 44	9 ♎ 59	13 ♌ 21	8 ♒	15 ♑	24 ♏	22 ♓	1 ♏
20	26 ♏ 41	10 ♎ 56	12 ♊ 23	11 ♊ 48	1 ♐ 36	23 ♏ 43	9 ♐ 18	11 ♏ 52	8 ♌ 53	20 ♊ 41	10 ♎ 0	13 ♌ 21	8 ♒	15 ♑	24 ♏	22 ♓	1 ♏
21	27 ♏ 41	23 ♎ 22	12 ♊ 20	11 ♊ 46	0 ♐ 17	23 ♏ 7	10 ♐ 2	12 ♏ 5	8 ♌ 53	20 ♊ 39	10 ♎ 2	13 ♌ 21	8 ♒	15 ♑	25 ♏	22 ♓	1 ♏
22	28 ♏ 42	5 ♏ 36	12 ♊ 17	11 ♊ 44	28 ♏ 56	22 ♏ 32	10 ♐ 46	12 ♏ 18	8 R 53	20 ♊ 37	10 ♎ 3	13 ♌ 21	8 ♒	16 ♑	25 ♏	22 ♓	1 ♏
23	29 ♏ 42	17 ♏ 41	12 ♊ 13	11 ♊ 43	27 ♏ 35	21 ♏ 58	11 ♐ 30	12 ♏ 31	8 ♌ 53	20 ♊ 35	10 ♎ 5	13 ♌ 21	9 ♒	16 ♑	25 ♏	23 ♓	1 ♏
24	0 ♐ 43	29 ♏ 38	12 ♊ 10	11 ♊ 42	26 ♏ 16	21 ♏ 25	12 ♐ 14	12 ♏ 44	8 ♌ 52	20 ♊ 32	10 ♎ 7	13 ♌ 21	9 ♒	16 ♑	26 ♏	23 ♓	1 ♏
25	1 ♐ 44	11 ♐ 29	12 ♊ 7	11 ♊ 41	25 ♏ 3	20 ♏ 53	12 ♐ 58	12 ♏ 57	8 ♌ 52	20 ♊ 30	10 ♎ 8	13 ♌ 20	9 ♒	17 ♑	26 ♏	23 ♓	1 ♏
26	2 ♐ 44	23 ♐ 17	12 ♊ 4	11 D 42	23 ♏ 58	20 ♏ 23	13 ♐ 43	13 ♏ 9	8 ♌ 52	20 ♊ 27	10 ♎ 10	13 ♌ 20	10 ♒	17 ♑	26 ♏	23 ♓	2 ♏
27	3 ♐ 45	5 ♑ 4	12 ♊ 1	11 ♊ 42	23 ♏ 2	19 ♏ 55	14 ♐ 27	13 ♏ 22	8 ♌ 51	20 ♊ 25	10 ♎ 11	13 ♌ 20	10 ♒	17 ♑	27 ♏	23 ♓	2 ♏
28	4 ♐ 46	16 ♑ 52	11 ♊ 57	11 ♊ 43	22 ♏ 17	19 ♏ 28	15 ♐ 11	13 ♏ 35	8 ♌ 50	20 ♊ 23	10 ♎ 13	13 ♌ 19	10 ♒	18 ♑	27 ♏	23 ♓	2 ♏
29	5 ♐ 47	28 ♑ 45	11 ♊ 54	11 ♊ 44	21 ♏ 43	19 ♏ 4	15 ♐ 55	13 ♏ 47	8 ♌ 49	20 ♊ 20	10 ♎ 14	13 ♌ 19	10 ♒	18 ♑	27 ♏	23 ♓	2 ♏
30	6 ♐ 48	10 ♒ 46	11 ♊ 51	11 ♊ 44	21 ♏ 21	18 ♏ 41	16 ♐ 40	14 ♏ 0	8 ♌ 48	20 ♊ 18	10 ♎ 16	13 ♌ 19	11 ♒	18 ♑	28 ♏	23 ♓	2 ♏

SUN INGRESS	☉ → ♐ 23日 06:46
MOON PHASE	◐ 2日 13:40 ♒　○ 9日 16:10 ♉　◑ 16日 07:35 ♌　● 24日 02:24 ♐

aspects		
1日	04:27	☉☌♃
1日	23:02	☉□♄
1日	23:23	☿☌♀
5日	04:48	♃□♄
6日	18:02	☉□♇
7日	17:34	♀☌♂
15日	12:55	☿☌♂
18日	04:01	☉☌♀
19日	09:56	♂△♄
20日	23:44	♂⚹♆
22日	02:22	☉☌☿
25日	11:52	♂△♇
26日	19:49	♃□♇

1946年12月

DAY	☉	☽	☊ mean	☊ true	☿	♀	♂	♃	♄	♅	♆	♇	⚳	⚴	⚵	⚶	⚷
	° ′	° ′	° ′	° ′	° ′	° ′	° ′	° ′	° ′	° ′	° ′	° ′	°	°	°	°	°
1	7 ♐ 48	23 ♒ 0	11 ♊ 48	11 D 45	21 R 10	18 R 21	17 D 24	14 D 13	8 R 47	20 R 15	10 D 17	13 R 18	11 D	19 D	28 D	24 D	2 D
2	8 ♐ 49	5 ♓ 30	11 ♊ 45	11 ♊ 45	21 D 10	18 ♏ 3	18 ♐ 9	14 ♏ 25	8 ♌ 46	20 ♊ 13	10 ♎ 18	13 ♌ 18	11 ♒	19 ♑	28 ♏	24 ♓	2 ♏
3	9 ♐ 50	18 ♓ 22	11 ♊ 42	11 R 45	21 ♏ 21	17 ♏ 48	18 ♐ 53	14 ♏ 38	8 ♌ 45	20 ♊ 10	10 ♎ 20	13 ♌ 17	12 ♒	19 ♑	29 ♏	24 ♓	2 ♏
4	10 ♐ 51	1 ♈ 38	11 ♊ 38	11 ♊ 45	21 ♏ 41	17 ♏ 35	19 ♐ 38	14 ♏ 50	8 ♌ 43	20 ♊ 8	10 ♎ 21	13 ♌ 17	12 ♒	20 ♑	29 ♏	24 ♓	3 ♏
5	11 ♐ 52	15 ♈ 20	11 ♊ 35	11 D 45	22 ♏ 9	17 ♏ 24	20 ♐ 22	15 ♏ 3	8 ♌ 42	20 ♊ 5	10 ♎ 22	13 ♌ 16	12 ♒	20 ♑	29 ♏	24 ♓	3 ♏
6	12 ♐ 53	29 ♈ 30	11 ♊ 32	11 ♊ 45	22 ♏ 45	17 ♏ 16	21 ♐ 7	15 ♏ 15	8 ♌ 40	20 ♊ 3	10 ♎ 24	13 ♌ 16	12 ♒	20 ♑	0 ♐	25 ♓	3 ♏
7	13 ♐ 54	14 ♉ 6	11 ♊ 29	11 ♊ 45	23 ♏ 29	17 ♏ 10	21 ♐ 52	15 ♏ 28	8 ♌ 39	20 ♊ 0	10 ♎ 25	13 ♌ 15	13 ♒	21 ♑	0 ♐	25 ♓	3 ♏
8	14 ♐ 54	29 ♉ 3	11 ♊ 26	11 ♊ 45	24 ♏ 18	17 ♏ 7	22 ♐ 37	15 ♏ 40	8 ♌ 37	19 ♊ 58	10 ♎ 26	13 ♌ 15	13 ♒	21 ♑	0 ♐	25 ♓	3 ♏
9	15 ♐ 55	14 ♊ 13	11 ♊ 23	11 R 45	25 ♏ 12	17 D 6	23 ♐ 21	15 ♏ 52	8 ♌ 35	19 ♊ 55	10 ♎ 27	13 ♌ 14	14 ♒	21 ♑	1 ♐	25 ♓	3 ♏
10	16 ♐ 56	29 ♊ 28	11 ♊ 19	11 ♊ 45	26 ♏ 12	17 ♏ 8	24 ♐ 6	16 ♏ 4	8 ♌ 33	19 ♊ 53	10 ♎ 28	13 ♌ 13	14 ♒	22 ♑	1 ♐	25 ♓	3 ♏
11	17 ♐ 57	14 ♋ 37	11 ♊ 16	11 ♊ 45	27 ♏ 15	17 ♏ 12	24 ♐ 51	16 ♏ 17	8 ♌ 31	19 ♊ 50	10 ♎ 29	13 ♌ 13	14 ♒	22 ♑	1 ♐	25 ♓	3 ♏
12	18 ♐ 58	29 ♋ 31	11 ♊ 13	11 ♊ 44	28 ♏ 22	17 ♏ 19	25 ♐ 36	16 ♏ 29	8 ♌ 28	19 ♊ 47	10 ♎ 31	13 ♌ 12	14 ♒	22 ♑	2 ♐	26 ♓	4 ♏
13	19 ♐ 59	14 ♌ 4	11 ♊ 10	11 ♊ 43	29 ♏ 32	17 ♏ 28	26 ♐ 21	16 ♏ 41	8 ♌ 26	19 ♊ 45	10 ♎ 32	13 ♌ 11	15 ♒	23 ♑	2 ♐	26 ♓	4 ♏
14	21 ♐ 0	28 ♌ 10	11 ♊ 7	11 ♊ 42	0 ♐ 45	17 ♏ 39	27 ♐ 6	16 ♏ 53	8 ♌ 24	19 ♊ 42	10 ♎ 33	13 ♌ 11	15 ♒	23 ♑	2 ♐	26 ♓	4 ♏
15	22 ♐ 1	11 ♍ 50	11 ♊ 3	11 ♊ 41	2 ♐ 0	17 ♏ 52	27 ♐ 51	17 ♏ 5	8 ♌ 21	19 ♊ 40	10 ♎ 34	13 ♌ 10	15 ♒	23 ♑	3 ♐	26 ♓	4 ♏
16	23 ♐ 2	25 ♍ 4	11 ♊ 0	11 D 41	3 ♐ 18	18 ♏ 8	28 ♐ 37	17 ♏ 16	8 ♌ 19	19 ♊ 37	10 ♎ 35	13 ♌ 9	16 ♒	24 ♑	3 ♐	27 ♓	4 ♏
17	24 ♐ 3	7 ♎ 55	10 ♊ 57	11 ♊ 41	4 ♐ 37	18 ♏ 25	29 ♐ 22	17 ♏ 28	8 ♌ 16	19 ♊ 35	10 ♎ 36	13 ♌ 8	16 ♒	24 ♑	3 ♐	27 ♓	4 ♏
18	25 ♐ 4	20 ♎ 25	10 ♊ 54	11 ♊ 42	5 ♐ 57	18 ♏ 45	0 ♑ 7	17 ♏ 40	8 ♌ 13	19 ♊ 32	10 ♎ 36	13 ♌ 7	16 ♒	24 ♑	4 ♐	27 ♓	4 ♏
19	26 ♐ 5	2 ♏ 40	10 ♊ 51	11 ♊ 44	7 ♐ 19	19 ♏ 7	0 ♑ 53	17 ♏ 52	8 ♌ 10	19 ♊ 30	10 ♎ 37	13 ♌ 6	17 ♒	25 ♑	4 ♐	27 ♓	4 ♏
20	27 ♐ 7	14 ♏ 43	10 ♊ 48	11 ♊ 45	8 ♐ 42	19 ♏ 30	1 ♑ 38	18 ♏ 3	8 ♌ 7	19 ♊ 27	10 ♎ 38	13 ♌ 6	17 ♒	25 ♑	4 ♐	27 ♓	4 ♏
21	28 ♐ 8	26 ♏ 38	10 ♊ 44	11 ♊ 46	10 ♐ 6	19 ♏ 55	2 ♑ 23	18 ♏ 15	8 ♌ 4	19 ♊ 24	10 ♎ 39	13 ♌ 5	17 ♒	25 ♑	5 ♐	28 ♓	5 ♏
22	29 ♐ 9	8 ♐ 27	10 ♊ 41	11 ♊ 47	11 ♐ 31	20 ♏ 22	3 ♑ 9	18 ♏ 26	8 ♌ 1	19 ♊ 22	10 ♎ 40	13 ♌ 4	18 ♒	26 ♑	5 ♐	28 ♓	5 ♏
23	0 ♑ 10	20 ♐ 15	10 ♊ 38	11 R 47	12 ♐ 57	20 ♏ 51	3 ♑ 54	18 ♏ 38	7 ♌ 57	19 ♊ 19	10 ♎ 40	13 ♌ 3	18 ♒	26 ♑	5 ♐	28 ♓	5 ♏
24	1 ♑ 11	2 ♑ 2	10 ♊ 35	11 ♊ 46	14 ♐ 24	21 ♏ 21	4 ♑ 40	18 ♏ 49	7 ♌ 54	19 ♊ 17	10 ♎ 41	13 ♌ 2	18 ♒	26 ♑	6 ♐	29 ♓	5 ♏
25	2 ♑ 12	13 ♑ 52	10 ♊ 32	11 ♊ 43	15 ♐ 51	21 ♏ 53	5 ♑ 26	19 ♏ 0	7 ♌ 51	19 ♊ 14	10 ♎ 42	13 ♌ 1	19 ♒	27 ♑	6 ♐	29 ♓	5 ♏
26	3 ♑ 13	25 ♑ 46	10 ♊ 29	11 ♊ 40	17 ♐ 19	22 ♏ 26	6 ♑ 11	19 ♏ 12	7 ♌ 47	19 ♊ 12	10 ♎ 42	13 ♌ 0	19 ♒	27 ♑	6 ♐	29 ♓	5 ♏
27	4 ♑ 15	7 ♒ 45	10 ♊ 25	11 ♊ 36	18 ♐ 47	23 ♏ 1	6 ♑ 57	19 ♏ 23	7 ♌ 43	19 ♊ 10	10 ♎ 43	12 ♌ 59	19 ♒	27 ♑	6 ♐	29 ♓	5 ♏
28	5 ♑ 16	19 ♒ 53	10 ♊ 22	11 ♊ 32	20 ♐ 16	23 ♏ 37	7 ♑ 43	19 ♏ 34	7 ♌ 40	19 ♊ 7	10 ♎ 44	12 ♌ 58	20 ♒	28 ♑	7 ♐	0 ♈	5 ♏
29	6 ♑ 17	2 ♓ 12	10 ♊ 19	11 ♊ 28	21 ♐ 46	24 ♏ 14	8 ♑ 29	19 ♏ 45	7 ♌ 36	19 ♊ 5	10 ♎ 44	12 ♌ 57	20 ♒	28 ♑	7 ♐	0 ♈	5 ♏
30	7 ♑ 18	14 ♓ 44	10 ♊ 16	11 ♊ 25	23 ♐ 15	24 ♏ 53	9 ♑ 14	19 ♏ 56	7 ♌ 32	19 ♊ 2	10 ♎ 45	12 ♌ 56	21 ♒	28 ♑	8 ♐	0 ♈	5 ♏
31	8 ♑ 19	27 ♓ 33	10 ♊ 13	11 ♊ 23	24 ♐ 46	25 ♏ 33	10 ♑ 0	20 ♏ 6	7 ♌ 28	19 ♊ 0	10 ♎ 45	12 ♌ 55	21 ♒	29 ♑	8 ♐	1 ♈	6 ♏

SUN INGRESS	☉ → ♑ 22日 19:53
MOON PHASE	◐ 2日 06:48 ♓　○ 9日 02:52 ♊　◑ 15日 19:57 ♍　● 23日 22:06 ♑　◐ 31日 21:23 ♈

aspects		
1日	22:48	☉△♄
3日	11:59	☉⚹♆
4日	15:17	♂☍♅
6日	09:03	☉△♇
12日	18:35	☉☍♅
19日	14:13	☿△♄
21日	09:17	☿⚹♆
23日	01:31	☿△♇
27日	05:50	☿☍♅
31日	23:38	♂□♆

1947年1月

DAY	☉	☽	☊ mean	☊ true	☿	♀	♂	♃	♄	♅	♆	♇	⚳	⚴	⚵	⚶	⚷
	° ′	° ′	° ′	° ′	° ′	° ′	° ′	° ′	° ′	° ′	° ′	° ′	°	°	°	°	°
1	9 ♑ 20	10 ♈ 41	10 ♊ 9	11 D 23	26 D 16	26 D 14	10 D 46	20 D 17	7 R 24	18 R 58	10 D 45	12 R 53	21 D	29 D	8 D	1 D	6 D
2	10 ♑ 22	24 ♈ 11	10 ♊ 6	11 ♊ 24	27 ♐ 47	26 ♏ 56	11 ♑ 32	20 ♏ 28	7 ♌ 20	18 ♊ 55	10 ♎ 46	12 ♌ 52	22 ♒	29 ♑	9 ♐	1 ♈	6 ♏
3	11 ♑ 23	8 ♉ 6	10 ♊ 3	11 ♊ 25	29 ♐ 18	27 ♏ 40	12 ♑ 18	20 ♏ 38	7 ♌ 16	18 ♊ 53	10 ♎ 46	12 ♌ 51	22 ♒	0 ♒	9 ♐	1 ♈	6 ♏
4	12 ♑ 24	22 ♉ 25	10 ♊ 0	11 ♊ 27	0 ♑ 50	28 ♏ 24	13 ♑ 4	20 ♏ 49	7 ♌ 12	18 ♊ 51	10 ♎ 47	12 ♌ 50	22 ♒	0 ♒	9 ♐	2 ♈	6 ♏
5	13 ♑ 25	7 ♊ 7	9 ♊ 57	11 ♊ 27	2 ♑ 22	29 ♏ 10	13 ♑ 50	20 ♏ 59	7 ♌ 8	18 ♊ 48	10 ♎ 47	12 ♌ 49	23 ♒	1 ♒	10 ♐	2 ♈	6 ♏
6	14 ♑ 26	22 ♊ 7	9 ♊ 54	11 R 27	3 ♑ 55	29 ♏ 56	14 ♑ 36	21 ♏ 9	7 ♌ 3	18 ♊ 46	10 ♎ 47	12 ♌ 48	23 ♒	1 ♒	10 ♐	2 ♈	6 ♏
7	15 ♑ 27	7 ♋ 18	9 ♊ 50	11 ♊ 25	5 ♑ 28	0 ♐ 43	15 ♑ 22	21 ♏ 19	6 ♌ 59	18 ♊ 44	10 ♎ 47	12 ♌ 46	23 ♒	1 ♒	10 ♐	3 ♈	6 ♏
8	16 ♑ 28	22 ♋ 30	9 ♊ 47	11 ♊ 21	7 ♑ 1	1 ♐ 32	16 ♑ 9	21 ♏ 29	6 ♌ 55	18 ♊ 42	10 ♎ 47	12 ♌ 45	24 ♒	2 ♒	11 ♐	3 ♈	6 ♏
9	17 ♑ 30	7 ♌ 34	9 ♊ 44	11 ♊ 16	8 ♑ 34	2 ♐ 21	16 ♑ 55	21 ♏ 39	6 ♌ 50	18 ♊ 40	10 ♎ 48	12 ♌ 44	24 ♒	2 ♒	11 ♐	3 ♈	6 ♏
10	18 ♑ 31	22 ♌ 19	9 ♊ 41	11 ♊ 10	10 ♑ 8	3 ♐ 11	17 ♑ 41	21 ♏ 49	6 ♌ 46	18 ♊ 37	10 ♎ 48	12 ♌ 43	24 ♒	2 ♒	11 ♐	4 ♈	6 ♏
11	19 ♑ 32	6 ♍ 40	9 ♊ 38	11 ♊ 5	11 ♑ 43	4 ♐ 1	18 ♑ 27	21 ♏ 59	6 ♌ 41	18 ♊ 35	10 ♎ 48	12 ♌ 41	25 ♒	3 ♒	12 ♐	4 ♈	7 ♏
12	20 ♑ 33	20 ♍ 32	9 ♊ 35	11 ♊ 0	13 ♑ 18	4 ♐ 53	19 ♑ 14	22 ♏ 9	6 ♌ 36	18 ♊ 33	10 ♎ 48	12 ♌ 40	25 ♒	3 ♒	12 ♐	4 ♈	7 ♏
13	21 ♑ 34	3 ♎ 54	9 ♊ 31	10 ♊ 56	14 ♑ 53	5 ♐ 45	20 ♑ 0	22 ♏ 18	6 ♌ 32	18 ♊ 31	10 R 48	12 ♌ 39	26 ♒	3 ♒	12 ♐	5 ♈	7 ♏
14	22 ♑ 35	16 ♎ 49	9 ♊ 28	10 ♊ 55	16 ♑ 29	6 ♐ 38	20 ♑ 46	22 ♏ 28	6 ♌ 27	18 ♊ 29	10 ♎ 48	12 ♌ 38	26 ♒	4 ♒	13 ♐	5 ♈	7 ♏
15	23 ♑ 36	29 ♎ 21	9 ♊ 25	10 D 54	18 ♑ 5	7 ♐ 32	21 ♑ 33	22 ♏ 37	6 ♌ 22	18 ♊ 27	10 ♎ 48	12 ♌ 36	26 ♒	4 ♒	13 ♐	5 ♈	7 ♏
16	24 ♑ 37	11 ♏ 33	9 ♊ 22	10 ♊ 56	19 ♑ 42	8 ♐ 26	22 ♑ 19	22 ♏ 46	6 ♌ 18	18 ♊ 25	10 ♎ 48	12 ♌ 35	27 ♒	4 ♒	13 ♐	6 ♈	7 ♏
17	25 ♑ 38	23 ♏ 33	9 ♊ 19	10 ♊ 57	21 ♑ 19	9 ♐ 21	23 ♑ 6	22 ♏ 55	6 ♌ 13	18 ♊ 23	10 ♎ 48	12 ♌ 34	27 ♒	5 ♒	13 ♐	6 ♈	7 ♏
18	26 ♑ 40	5 ♐ 23	9 ♊ 15	10 ♊ 58	22 ♑ 57	10 ♐ 17	23 ♑ 52	23 ♏ 4	6 ♌ 8	18 ♊ 22	10 ♎ 47	12 ♌ 32	27 ♒	5 ♒	14 ♐	6 ♈	7 ♏
19	27 ♑ 41	17 ♐ 9	9 ♊ 12	10 R 58	24 ♑ 36	11 ♐ 13	24 ♑ 39	23 ♏ 13	6 ♌ 3	18 ♊ 20	10 ♎ 47	12 ♌ 31	28 ♒	5 ♒	14 ♐	7 ♈	7 ♏
20	28 ♑ 42	28 ♐ 55	9 ♊ 9	10 ♊ 56	26 ♑ 14	12 ♐ 9	25 ♑ 26	23 ♏ 22	5 ♌ 58	18 ♊ 18	10 ♎ 47	12 ♌ 30	28 ♒	6 ♒	14 ♐	7 ♈	7 ♏
21	29 ♑ 43	10 ♑ 45	9 ♊ 6	10 ♊ 52	27 ♑ 54	13 ♐ 7	26 ♑ 12	23 ♏ 31	5 ♌ 53	18 ♊ 16	10 ♎ 47	12 ♌ 28	29 ♒	6 ♒	15 ♐	7 ♈	7 ♏
22	0 ♒ 44	22 ♑ 40	9 ♊ 3	10 ♊ 45	29 ♑ 34	14 ♐ 4	26 ♑ 59	23 ♏ 39	5 ♌ 49	18 ♊ 14	10 ♎ 47	12 ♌ 27	29 ♒	6 ♒	15 ♐	8 ♈	7 ♏
23	1 ♒ 45	4 ♒ 43	9 ♊ 0	10 ♊ 37	1 ♒ 15	15 ♐ 3	27 ♑ 46	23 ♏ 47	5 ♌ 44	18 ♊ 13	10 ♎ 46	12 ♌ 25	29 ♒	7 ♒	15 ♐	8 ♈	7 ♏
24	2 ♒ 46	16 ♒ 55	8 ♊ 56	10 ♊ 26	2 ♒ 56	16 ♐ 1	28 ♑ 32	23 ♏ 56	5 ♌ 39	18 ♊ 11	10 ♎ 46	12 ♌ 24	0 ♓	7 ♒	16 ♐	8 ♈	7 ♏
25	3 ♒ 47	29 ♒ 16	8 ♊ 53	10 ♊ 16	4 ♒ 38	17 ♐ 1	29 ♑ 19	24 ♏ 4	5 ♌ 34	18 ♊ 10	10 ♎ 45	12 ♌ 23	0 ♓	8 ♒	16 ♐	9 ♈	7 ♏
26	4 ♒ 48	11 ♓ 49	8 ♊ 50	10 ♊ 6	6 ♒ 20	18 ♐ 0	0 ♒ 6	24 ♏ 12	5 ♌ 29	18 ♊ 8	10 ♎ 45	12 ♌ 21	0 ♓	8 ♒	16 ♐	9 ♈	7 ♏
27	5 ♒ 49	24 ♓ 32	8 ♊ 47	9 ♊ 57	8 ♒ 3	19 ♐ 0	0 ♒ 53	24 ♏ 20	5 ♌ 24	18 ♊ 7	10 ♎ 45	12 ♌ 20	1 ♓	8 ♒	16 ♐	10 ♈	8 ♏
28	6 ♒ 50	7 ♈ 28	8 ♊ 44	9 ♊ 51	9 ♒ 47	20 ♐ 1	1 ♒ 39	24 ♏ 27	5 ♌ 19	18 ♊ 5	10 ♎ 44	12 ♌ 18	1 ♓	9 ♒	17 ♐	10 ♈	8 ♏
29	7 ♒ 51	20 ♈ 38	8 ♊ 41	9 ♊ 47	11 ♒ 31	21 ♐ 1	2 ♒ 26	24 ♏ 35	5 ♌ 14	18 ♊ 4	10 ♎ 44	12 ♌ 17	2 ♓	9 ♒	17 ♐	10 ♈	8 ♏
30	8 ♒ 52	4 ♉ 5	8 ♊ 37	9 ♊ 45	13 ♒ 15	22 ♐ 3	3 ♒ 13	24 ♏ 43	5 ♌ 9	18 ♊ 2	10 ♎ 43	12 ♌ 16	2 ♓	9 ♒	17 ♐	11 ♈	8 ♏
31	9 ♒ 53	17 ♉ 48	8 ♊ 34	9 D 46	15 ♒ 1	23 ♐ 4	4 ♒ 0	24 ♏ 50	5 ♌ 4	18 ♊ 1	10 ♎ 42	12 ♌ 14	2 ♓	10 ♒	18 ♐	11 ♈	8 ♏

SUN INGRESS	☉ → ♒ 21日 06:31
MOON PHASE	○ 7日 13:47 ♋　◑ 14日 11:56 ♎　● 22日 17:34 ♒　◐ 30日 09:07 ♉

aspects		
2日	09:35	☉□♆
6日	16:15	☉☌♂
10日	10:00	☿□♆
13日	19:23	♀△♄
13日	20:32	☉⚹♃
16日	17:14	♂⚹♃
18日	01:54	☿⚹♃
18日	13:09	♀⚹♆
19日	01:34	☿☌♂
20日	08:14	♀△♇
23日	18:13	☉☌☿
25日	12:34	☿☍♄
26日	03:06	♀☍♅
26日	14:49	☉☍♄
28日	13:11	☿△♆
29日	10:29	☿☍♇
31日	19:15	☉△♆

1947年2月

DAY	☉	☽	☊ mean	☊ true	☿	♀	♂	♃	♄	♅	♆	♇	⚳	⚴	⚵	⚶	⚷
	° ′	° ′	° ′	° ′	° ′	° ′	° ′	° ′	° ′	° ′	° ′	° ′	°	°	°	°	°
1	10 ♒ 54	1 ♊ 51	8 ♊ 31	9 D 46	16 D 46	24 D 6	4 D 47	24 D 57	4 R 59	18 R 0	10 R 42	12 R 13	3 D	10 D	18 D	11 D	8 D
2	11 ♒ 55	16 ♊ 12	8 ♊ 28	9 R 46	18 ♒ 32	25 ♐ 8	5 ♒ 34	25 ♏ 4	4 ♌ 55	17 ♊ 59	10 ♎ 41	12 ♌ 11	3 ♓	10 ♒	18 ♐	12 ♈	8 ♏
3	12 ♒ 56	0 ♋ 50	8 ♊ 25	9 ♊ 44	20 ♒ 19	26 ♐ 11	6 ♒ 21	25 ♏ 11	4 ♌ 50	17 ♊ 57	10 ♎ 40	12 ♌ 10	3 ♓	11 ♒	18 ♐	12 ♈	8 ♏
4	13 ♒ 57	15 ♋ 40	8 ♊ 21	9 ♊ 40	22 ♒ 6	27 ♐ 14	7 ♒ 8	25 ♏ 18	4 ♌ 45	17 ♊ 56	10 ♎ 40	12 ♌ 9	4 ♓	11 ♒	19 ♐	13 ♈	8 ♏
5	14 ♒ 57	0 ♌ 36	8 ♊ 18	9 ♊ 33	23 ♒ 53	28 ♐ 17	7 ♒ 55	25 ♏ 24	4 ♌ 40	17 ♊ 55	10 ♎ 39	12 ♌ 7	4 ♓	11 ♒	19 ♐	13 ♈	8 ♏
6	15 ♒ 58	15 ♌ 29	8 ♊ 15	9 ♊ 24	25 ♒ 40	29 ♐ 20	8 ♒ 42	25 ♏ 31	4 ♌ 35	17 ♊ 54	10 ♎ 38	12 ♌ 6	5 ♓	12 ♒	19 ♐	13 ♈	8 ♏
7	16 ♒ 59	0 ♍ 11	8 ♊ 12	9 ♊ 13	27 ♒ 26	0 ♑ 24	9 ♒ 29	25 ♏ 37	4 ♌ 30	17 ♊ 53	10 ♎ 37	12 ♌ 4	5 ♓	12 ♒	20 ♐	14 ♈	8 ♏
8	18 ♒ 0	14 ♍ 32	8 ♊ 9	9 ♊ 2	29 ♒ 13	1 ♑ 28	10 ♒ 16	25 ♏ 43	4 ♌ 26	17 ♊ 52	10 ♎ 37	12 ♌ 3	5 ♓	12 ♒	20 ♐	14 ♈	8 ♏
9	19 ♒ 0	28 ♍ 29	8 ♊ 6	8 ♊ 52	0 ♓ 59	2 ♑ 33	11 ♒ 3	25 ♏ 49	4 ♌ 21	17 ♊ 51	10 ♎ 36	12 ♌ 2	6 ♓	13 ♒	20 ♐	14 ♈	8 ♏
10	20 ♒ 1	11 ♎ 57	8 ♊ 2	8 ♊ 44	2 ♓ 44	3 ♑ 37	11 ♒ 50	25 ♏ 55	4 ♌ 16	17 ♊ 50	10 ♎ 35	12 ♌ 0	6 ♓	13 ♒	20 ♐	15 ♈	8 ♏
11	21 ♒ 2	24 ♎ 58	7 ♊ 59	8 ♊ 39	4 ♓ 28	4 ♑ 42	12 ♒ 37	26 ♏ 1	4 ♌ 12	17 ♊ 50	10 ♎ 34	11 ♌ 59	7 ♓	13 ♒	21 ♐	15 ♈	8 ♏
12	22 ♒ 3	7 ♏ 35	7 ♊ 56	8 ♊ 36	6 ♓ 11	5 ♑ 47	13 ♒ 24	26 ♏ 7	4 ♌ 7	17 ♊ 49	10 ♎ 33	11 ♌ 57	7 ♓	14 ♒	21 ♐	16 ♈	8 ♏
13	23 ♒ 3	19 ♏ 51	7 ♊ 53	8 ♊ 35	7 ♓ 52	6 ♑ 53	14 ♒ 11	26 ♏ 12	4 ♌ 3	17 ♊ 48	10 ♎ 32	11 ♌ 56	7 ♓	14 ♒	21 ♐	16 ♈	8 ♏
14	24 ♒ 4	1 ♐ 51	7 ♊ 50	8 D 35	9 ♓ 31	7 ♑ 58	14 ♒ 59	26 ♏ 17	3 ♌ 58	17 ♊ 48	10 ♎ 31	11 ♌ 55	8 ♓	14 ♒	21 ♐	16 ♈	8 ♏
15	25 ♒ 5	13 ♐ 42	7 ♊ 47	8 R 35	11 ♓ 7	9 ♑ 4	15 ♒ 46	26 ♏ 22	3 ♌ 54	17 ♊ 47	10 ♎ 30	11 ♌ 53	8 ♓	15 ♒	22 ♐	17 ♈	8 ♏
16	26 ♒ 5	25 ♐ 29	7 ♊ 43	8 ♊ 34	12 ♓ 40	10 ♑ 10	16 ♒ 33	26 ♏ 27	3 ♌ 49	17 ♊ 47	10 ♎ 29	11 ♌ 52	9 ♓	15 ♒	22 ♐	17 ♈	8 ♏
17	27 ♒ 6	7 ♑ 16	7 ♊ 40	8 ♊ 30	14 ♓ 9	11 ♑ 17	17 ♒ 20	26 ♏ 32	3 ♌ 45	17 ♊ 46	10 ♎ 28	11 ♌ 51	9 ♓	16 ♒	22 ♐	18 ♈	8 ♏
18	28 ♒ 6	19 ♑ 9	7 ♊ 37	8 ♊ 24	15 ♓ 33	12 ♑ 23	18 ♒ 7	26 ♏ 36	3 ♌ 41	17 ♊ 46	10 ♎ 27	11 ♌ 49	9 ♓	16 ♒	22 ♐	18 ♈	8 ♏
19	29 ♒ 7	1 ♒ 11	7 ♊ 34	8 ♊ 15	16 ♓ 52	13 ♑ 30	18 ♒ 55	26 ♏ 41	3 ♌ 37	17 ♊ 45	10 ♎ 26	11 ♌ 48	10 ♓	16 ♒	23 ♐	18 ♈	8 ♏
20	0 ♓ 7	13 ♒ 24	7 ♊ 31	8 ♊ 4	18 ♓ 5	14 ♑ 36	19 ♒ 42	26 ♏ 45	3 ♌ 32	17 ♊ 45	10 ♎ 25	11 ♌ 47	10 ♓	17 ♒	23 ♐	19 ♈	8 ♏
21	1 ♓ 8	25 ♒ 49	7 ♊ 27	7 ♊ 50	19 ♓ 12	15 ♑ 43	20 ♒ 29	26 ♏ 49	3 ♌ 28	17 ♊ 45	10 ♎ 23	11 ♌ 45	10 ♓	17 ♒	23 ♐	19 ♈	8 ♏
22	2 ♓ 8	8 ♓ 28	7 ♊ 24	7 ♊ 36	20 ♓ 12	16 ♑ 51	21 ♒ 16	26 ♏ 53	3 ♌ 24	17 ♊ 44	10 ♎ 22	11 ♌ 44	11 ♓	17 ♒	23 ♐	20 ♈	8 R
23	3 ♓ 9	21 ♓ 20	7 ♊ 21	7 ♊ 22	21 ♓ 4	17 ♑ 58	22 ♒ 3	26 ♏ 57	3 ♌ 20	17 ♊ 44	10 ♎ 21	11 ♌ 43	11 ♓	18 ♒	24 ♐	20 ♈	8 ♏
24	4 ♓ 9	4 ♈ 23	7 ♊ 18	7 ♊ 11	21 ♓ 47	19 ♑ 5	22 ♒ 51	27 ♏ 0	3 ♌ 16	17 ♊ 44	10 ♎ 20	11 ♌ 41	12 ♓	18 ♒	24 ♐	20 ♈	8 ♏
25	5 ♓ 10	17 ♈ 38	7 ♊ 15	7 ♊ 1	22 ♓ 22	20 ♑ 13	23 ♒ 38	27 ♏ 4	3 ♌ 13	17 ♊ 44	10 ♎ 18	11 ♌ 40	12 ♓	18 ♒	24 ♐	21 ♈	8 ♏
26	6 ♓ 10	1 ♉ 3	7 ♊ 12	6 ♊ 55	22 ♓ 47	21 ♑ 21	24 ♒ 25	27 ♏ 7	3 ♌ 9	17 D 44	10 ♎ 17	11 ♌ 39	12 ♓	19 ♒	24 ♐	21 ♈	8 ♏
27	7 ♓ 10	14 ♉ 38	7 ♊ 8	6 ♊ 52	23 ♓ 2	22 ♑ 29	25 ♒ 12	27 ♏ 10	3 ♌ 5	17 ♊ 44	10 ♎ 16	11 ♌ 37	13 ♓	19 ♒	25 ♐	22 ♈	8 ♏
28	8 ♓ 11	28 ♉ 23	7 ♊ 5	6 ♊ 51	23 ♓ 8	23 ♑ 37	26 ♒ 0	27 ♏ 13	3 ♌ 2	17 ♊ 44	10 ♎ 15	11 ♌ 36	13 ♓	19 ♒	25 ♐	22 ♈	8 ♏

SUN INGRESS	☉ → ♓ 19日 20:52
MOON PHASE	○ 6日 00:50 ♌　◑ 13日 06:58 ♏　● 21日 11:00 ♓　◐ 28日 18:12 ♊

aspects		
1日	05:44	♂☍♄
1日	16:25	☿△♅
2日	06:23	☉☍♇
5日	21:55	☿□♃
7日	21:03	☉△♅
8日	10:21	♂△♆
10日	04:59	♂☍♇
11日	08:41	☿⚹♀
16日	06:40	♀□♆
16日	09:27	☉□♃
17日	13:04	♂△♅
19日	17:08	☿□♅
27日	13:31	☿⚹♀

1947年3月

DAY	☉	☽	☊ mean	☊ true	☿	♀	♂	♃	♄	♅	♆	♇	⚳	⚴	⚵	⚶	⚷
	° ′	° ′	° ′	° ′	° ′	° ′	° ′	° ′	° ′	° ′	° ′	° ′	°	°	°	°	°
1	9 ♓ 11	12 ♊ 20	7 ♊ 2	6 R 51	23 R 5	24 D 45	26 D 47	27 D 15	2 R 58	17 D 45	10 R 13	11 R 35	14 D	20 D	25 D	22 D	8 R
2	10 ♓ 11	26 ♊ 27	6 ♊ 59	6 ♊ 51	22 ♓ 51	25 ♑ 53	27 ♒ 34	27 ♏ 18	2 ♌ 55	17 ♊ 45	10 ♎ 12	11 ♌ 34	14 ♓	20 ♒	25 ♐	23 ♈	8 ♏
3	11 ♓ 11	10 ♋ 44	6 ♊ 56	6 ♊ 48	22 ♓ 29	27 ♑ 2	28 ♒ 22	27 ♏ 20	2 ♌ 51	17 ♊ 45	10 ♎ 10	11 ♌ 33	14 ♓	20 ♒	26 ♐	23 ♈	8 ♏
4	12 ♓ 11	25 ♋ 10	6 ♊ 52	6 ♊ 44	21 ♓ 58	28 ♑ 10	29 ♒ 9	27 ♏ 22	2 ♌ 48	17 ♊ 45	10 ♎ 9	11 ♌ 31	15 ♓	21 ♒	26 ♐	24 ♈	8 ♏
5	13 ♓ 12	9 ♌ 40	6 ♊ 49	6 ♊ 36	21 ♓ 19	29 ♑ 19	29 ♒ 56	27 ♏ 24	2 ♌ 45	17 ♊ 46	10 ♎ 8	11 ♌ 30	15 ♓	21 ♒	26 ♐	24 ♈	8 ♏
6	14 ♓ 12	24 ♌ 8	6 ♊ 46	6 ♊ 26	20 ♓ 34	0 ♒ 28	0 ♓ 43	27 ♏ 26	2 ♌ 42	17 ♊ 46	10 ♎ 6	11 ♌ 29	16 ♓	21 ♒	26 ♐	25 ♈	8 ♏
7	15 ♓ 12	8 ♍ 28	6 ♊ 43	6 ♊ 14	19 ♓ 43	1 ♒ 37	1 ♓ 31	27 ♏ 28	2 ♌ 39	17 ♊ 47	10 ♎ 5	11 ♌ 28	16 ♓	22 ♒	26 ♐	25 ♈	8 ♏
8	16 ♓ 12	22 ♍ 34	6 ♊ 40	6 ♊ 2	18 ♓ 48	2 ♒ 46	2 ♓ 18	27 ♏ 29	2 ♌ 36	17 ♊ 47	10 ♎ 3	11 ♌ 27	16 ♓	22 ♒	27 ♐	25 ♈	8 ♏
9	17 ♓ 12	6 ♎ 21	6 ♊ 37	5 ♊ 50	17 ♓ 49	3 ♒ 55	3 ♓ 5	27 ♏ 30	2 ♌ 33	17 ♊ 48	10 ♎ 2	11 ♌ 26	17 ♓	22 ♒	27 ♐	26 ♈	8 ♏
10	18 ♓ 12	19 ♎ 45	6 ♊ 33	5 ♊ 41	16 ♓ 50	5 ♒ 4	3 ♓ 52	27 ♏ 31	2 ♌ 31	17 ♊ 48	10 ♎ 0	11 ♌ 25	17 ♓	23 ♒	27 ♐	26 ♈	8 ♏
11	19 ♓ 12	2 ♏ 45	6 ♊ 30	5 ♊ 34	15 ♓ 50	6 ♒ 13	4 ♓ 39	27 ♏ 32	2 ♌ 28	17 ♊ 49	9 ♎ 59	11 ♌ 23	18 ♓	23 ♒	27 ♐	27 ♈	8 ♏
12	20 ♓ 11	15 ♏ 23	6 ♊ 27	5 ♊ 30	14 ♓ 51	7 ♒ 23	5 ♓ 27	27 ♏ 33	2 ♌ 26	17 ♊ 50	9 ♎ 57	11 ♌ 22	18 ♓	23 ♒	27 ♐	27 ♈	8 ♏
13	21 ♓ 11	27 ♏ 41	6 ♊ 24	5 ♊ 29	13 ♓ 55	8 ♒ 33	6 ♓ 14	27 ♏ 33	2 ♌ 23	17 ♊ 51	9 ♎ 56	11 ♌ 21	18 ♓	24 ♒	28 ♐	27 ♈	8 ♏
14	22 ♓ 11	9 ♐ 44	6 ♊ 21	5 D 28	13 ♓ 2	9 ♒ 42	7 ♓ 1	27 ♏ 33	2 ♌ 21	17 ♊ 52	9 ♎ 54	11 ♌ 20	19 ♓	24 ♒	28 ♐	28 ♈	8 ♏
15	23 ♓ 11	21 ♐ 37	6 ♊ 18	5 ♊ 29	12 ♓ 13	10 ♒ 52	7 ♓ 48	27 R 33	2 ♌ 19	17 ♊ 52	9 ♎ 53	11 ♌ 19	19 ♓	24 ♒	28 ♐	28 ♈	8 ♏
16	24 ♓ 11	3 ♑ 26	6 ♊ 14	5 R 28	11 ♓ 29	12 ♒ 2	8 ♓ 36	27 ♏ 33	2 ♌ 16	17 ♊ 53	9 ♎ 51	11 ♌ 18	20 ♓	24 ♒	28 ♐	29 ♈	8 ♏
17	25 ♓ 11	15 ♑ 16	6 ♊ 11	5 ♊ 26	10 ♓ 51	13 ♒ 12	9 ♓ 23	27 ♏ 33	2 ♌ 14	17 ♊ 54	9 ♎ 49	11 ♌ 17	20 ♓	25 ♒	28 ♐	29 ♈	8 ♏
18	26 ♓ 10	27 ♑ 11	6 ♊ 8	5 ♊ 22	10 ♓ 19	14 ♒ 22	10 ♓ 10	27 ♏ 32	2 ♌ 13	17 ♊ 56	9 ♎ 48	11 ♌ 17	20 ♓	25 ♒	28 ♐	0 ♉	8 ♏
19	27 ♓ 10	9 ♒ 18	6 ♊ 5	5 ♊ 15	9 ♓ 53	15 ♒ 32	10 ♓ 57	27 ♏ 32	2 ♌ 11	17 ♊ 57	9 ♎ 46	11 ♌ 16	21 ♓	25 ♒	29 ♐	0 ♉	8 ♏
20	28 ♓ 10	21 ♒ 38	6 ♊ 2	5 ♊ 6	9 ♓ 34	16 ♒ 42	11 ♓ 44	27 ♏ 31	2 ♌ 9	17 ♊ 58	9 ♎ 45	11 ♌ 15	21 ♓	26 ♒	29 ♐	0 ♉	8 ♏
21	29 ♓ 9	4 ♓ 15	5 ♊ 58	4 ♊ 55	9 ♓ 20	17 ♒ 52	12 ♓ 31	27 ♏ 30	2 ♌ 7	17 ♊ 59	9 ♎ 43	11 ♌ 14	21 ♓	26 ♒	29 ♐	1 ♉	7 ♏
22	0 ♈ 9	17 ♓ 9	5 ♊ 55	4 ♊ 43	9 ♓ 13	19 ♒ 3	13 ♓ 19	27 ♏ 28	2 ♌ 6	18 ♊ 0	9 ♎ 41	11 ♌ 13	22 ♓	26 ♒	29 ♐	1 ♉	7 ♏
23	1 ♈ 8	0 ♈ 20	5 ♊ 52	4 ♊ 32	9 D 12	20 ♒ 13	14 ♓ 6	27 ♏ 27	2 ♌ 5	18 ♊ 2	9 ♎ 40	11 ♌ 12	22 ♓	27 ♒	29 ♐	2 ♉	7 ♏
24	2 ♈ 8	13 ♈ 46	5 ♊ 49	4 ♊ 22	9 ♓ 16	21 ♒ 23	14 ♓ 53	27 ♏ 25	2 ♌ 3	18 ♊ 3	9 ♎ 38	11 ♌ 11	23 ♓	27 ♒	29 ♐	2 ♉	7 ♏
25	3 ♈ 8	27 ♈ 25	5 ♊ 46	4 ♊ 15	9 ♓ 26	22 ♒ 34	15 ♓ 40	27 ♏ 24	2 ♌ 2	18 ♊ 4	9 ♎ 37	11 ♌ 11	23 ♓	27 ♒	29 ♐	3 ♉	7 ♏
26	4 ♈ 7	11 ♉ 14	5 ♊ 43	4 ♊ 10	9 ♓ 42	23 ♒ 44	16 ♓ 27	27 ♏ 22	2 ♌ 1	18 ♊ 6	9 ♎ 35	11 ♌ 10	23 ♓	28 ♒	0 ♑	3 ♉	7 ♏
27	5 ♈ 6	25 ♉ 10	5 ♊ 39	4 ♊ 8	10 ♓ 2	24 ♒ 55	17 ♓ 14	27 ♏ 19	2 ♌ 0	18 ♊ 7	9 ♎ 33	11 ♌ 9	24 ♓	28 ♒	0 ♑	3 ♉	7 ♏
28	6 ♈ 6	9 ♊ 12	5 ♊ 36	4 D 7	10 ♓ 28	26 ♒ 6	18 ♓ 1	27 ♏ 17	1 ♌ 59	18 ♊ 9	9 ♎ 32	11 ♌ 8	24 ♓	28 ♒	0 ♑	4 ♉	7 ♏
29	7 ♈ 5	23 ♊ 16	5 ♊ 33	4 ♊ 8	10 ♓ 58	27 ♒ 16	18 ♓ 48	27 ♏ 14	1 ♌ 59	18 ♊ 10	9 ♎ 30	11 ♌ 8	25 ♓	29 ♒	0 ♑	4 ♉	7 ♏
30	8 ♈ 5	7 ♋ 23	5 ♊ 30	4 ♊ 9	11 ♓ 32	28 ♒ 27	19 ♓ 35	27 ♏ 12	1 ♌ 58	18 ♊ 12	9 ♎ 28	11 ♌ 7	25 ♓	29 ♒	0 ♑	5 ♉	7 ♏
31	9 ♈ 4	21 ♋ 32	5 ♊ 27	4 R 8	12 ♓ 10	29 ♒ 38	20 ♓ 22	27 ♏ 9	1 ♌ 57	18 ♊ 14	9 ♎ 27	11 ♌ 6	25 ♓	29 ♒	0 ♑	5 ♉	7 ♏

SUN INGRESS	☉ → ♈ 21日 20:13
MOON PHASE	○ 7日 12:15 ♍ ◑ 15日 03:28 ♐ ● 23日 01:34 ♈ ◐ 30日 01:15 ♋

aspects		
1日	15:14	♂□♃
3日	06:41	♀⚹♃
7日	20:48	♀☍♄
9日	00:36	☿□♅
9日	07:33	☉☌☿
9日	14:36	☉□♅
14日	04:02	♀△♆
15日	09:18	♀☍♇
18日	02:57	☿☌♂
19日	08:35	☉△♃
21日	02:21	♀△♅
23日	22:08	☉△♄
28日	04:07	♂□♅
28日	23:20	♀□♃
31日	09:00	☉☍♆

1947年4月

DAY	☉	☽	☊ mean	☊ true	☿	♀	♂	♃	♄	♅	♆	♇	⚳	⚴	⚵	⚶	⚷
	° ′	° ′	° ′	° ′	° ′	° ′	° ′	° ′	° ′	° ′	° ′	° ′	°	°	°	°	°
1	10 ♈ 3	5 ♌ 40	5 ♊ 24	4 R 5	12 D 52	0 D 49	21 D 9	27 R 6	1 R 57	18 D 16	9 R 25	11 R 6	26 D	29 D	0 D	6 D	7 R
2	11 ♈ 2	19 ♌ 46	5 ♊ 20	4 ♊ 0	13 ♓ 38	2 ♓ 0	21 ♓ 56	27 ♏ 3	1 ♌ 57	18 ♊ 17	9 ♎ 23	11 ♌ 5	26 ♓	0 ♓	0 ♑	6 ♉	7 ♏
3	12 ♈ 1	3 ♍ 46	5 ♊ 17	3 ♊ 53	14 ♓ 27	3 ♓ 11	22 ♓ 43	26 ♏ 59	1 ♌ 57	18 ♊ 19	9 ♎ 22	11 ♌ 4	27 ♓	0 ♓	1 ♑	6 ♉	7 ♏
4	13 ♈ 1	17 ♍ 39	5 ♊ 14	3 ♊ 45	15 ♓ 20	4 ♓ 22	23 ♓ 30	26 ♏ 56	1 ♌ 56	18 ♊ 21	9 ♎ 20	11 ♌ 4	27 ♓	0 ♓	1 ♑	7 ♉	7 ♏
5	14 ♈ 0	1 ♎ 19	5 ♊ 11	3 ♊ 36	16 ♓ 15	5 ♓ 33	24 ♓ 17	26 ♏ 52	1 D 56	18 ♊ 23	9 ♎ 18	11 ♌ 3	27 ♓	1 ♓	1 ♑	7 ♉	7 ♏
6	14 ♈ 59	14 ♎ 44	5 ♊ 8	3 ♊ 28	17 ♓ 14	6 ♓ 44	25 ♓ 3	26 ♏ 48	1 ♌ 57	18 ♊ 25	9 ♎ 17	11 ♌ 3	28 ♓	1 ♓	1 ♑	8 ♉	7 ♏
7	15 ♈ 58	27 ♎ 52	5 ♊ 4	3 ♊ 22	18 ♓ 15	7 ♓ 55	25 ♓ 50	26 ♏ 44	1 ♌ 57	18 ♊ 27	9 ♎ 15	11 ♌ 2	28 ♓	1 ♓	1 ♑	8 ♉	6 ♏
8	16 ♈ 57	10 ♏ 41	5 ♊ 1	3 ♊ 17	19 ♓ 19	9 ♓ 7	26 ♓ 37	26 ♏ 40	1 ♌ 57	18 ♊ 29	9 ♎ 13	11 ♌ 2	29 ♓	2 ♓	1 ♑	9 ♉	6 ♏
9	17 ♈ 56	23 ♏ 13	4 ♊ 58	3 ♊ 15	20 ♓ 25	10 ♓ 18	27 ♓ 24	26 ♏ 35	1 ♌ 58	18 ♊ 31	9 ♎ 12	11 ♌ 2	29 ♓	2 ♓	1 ♑	9 ♉	6 ♏
10	18 ♈ 55	5 ♐ 29	4 ♊ 55	3 D 14	21 ♓ 34	11 ♓ 29	28 ♓ 10	26 ♏ 31	1 ♌ 58	18 ♊ 33	9 ♎ 10	11 ♌ 1	29 ♓	2 ♓	1 ♑	10 ♉	6 ♏
11	19 ♈ 53	17 ♐ 32	4 ♊ 52	3 ♊ 15	22 ♓ 45	12 ♓ 41	28 ♓ 57	26 ♏ 26	1 ♌ 59	18 ♊ 35	9 ♎ 9	11 ♌ 1	0 ♈	2 ♓	1 ♑	10 ♉	6 ♏
12	20 ♈ 52	29 ♐ 26	4 ♊ 49	3 ♊ 17	23 ♓ 59	13 ♓ 52	29 ♓ 44	26 ♏ 21	2 ♌ 0	18 ♊ 38	9 ♎ 7	11 ♌ 0	0 ♈	3 ♓	1 ♑	10 ♉	6 ♏
13	21 ♈ 51	11 ♑ 16	4 ♊ 45	3 ♊ 18	25 ♓ 14	15 ♓ 3	0 ♈ 31	26 ♏ 16	2 ♌ 1	18 ♊ 40	9 ♎ 5	11 ♌ 0	0 ♈	3 ♓	1 ♑	11 ♉	6 ♏
14	22 ♈ 50	23 ♑ 7	4 ♊ 42	3 R 19	26 ♓ 32	16 ♓ 15	1 ♈ 17	26 ♏ 11	2 ♌ 2	18 ♊ 42	9 ♎ 4	11 ♌ 0	1 ♈	3 ♓	1 ♑	11 ♉	6 ♏
15	23 ♈ 49	5 ♒ 4	4 ♊ 39	3 ♊ 18	27 ♓ 51	17 ♓ 26	2 ♈ 4	26 ♏ 5	2 ♌ 3	18 ♊ 45	9 ♎ 2	11 ♌ 0	1 ♈	3 ♓	1 ♑	12 ♉	6 ♏
16	24 ♈ 48	17 ♒ 12	4 ♊ 36	3 ♊ 16	29 ♓ 13	18 ♓ 38	2 ♈ 50	26 ♏ 0	2 ♌ 4	18 ♊ 47	9 ♎ 1	10 ♌ 59	2 ♈	4 ♓	1 ♑	12 ♉	6 ♏
17	25 ♈ 46	29 ♒ 35	4 ♊ 33	3 ♊ 12	0 ♈ 36	19 ♓ 50	3 ♈ 37	25 ♏ 54	2 ♌ 5	18 ♊ 49	8 ♎ 59	10 ♌ 59	2 ♈	4 ♓	2 ♑	13 ♉	6 ♏
18	26 ♈ 45	12 ♓ 17	4 ♊ 29	3 ♊ 6	2 ♈ 2	21 ♓ 1	4 ♈ 23	25 ♏ 49	2 ♌ 7	18 ♊ 52	8 ♎ 57	10 ♌ 59	2 ♈	4 ♓	2 ♑	13 ♉	6 ♏
19	27 ♈ 44	25 ♓ 20	4 ♊ 26	3 ♊ 1	3 ♈ 29	22 ♓ 13	5 ♈ 10	25 ♏ 43	2 ♌ 8	18 ♊ 54	8 ♎ 56	10 ♌ 59	3 ♈	5 ♓	2 ♑	13 ♉	6 ♏
20	28 ♈ 42	8 ♈ 44	4 ♊ 23	2 ♊ 55	4 ♈ 58	23 ♓ 25	5 ♈ 56	25 ♏ 37	2 ♌ 10	18 ♊ 57	8 ♎ 54	10 ♌ 59	3 ♈	5 ♓	2 ♑	14 ♉	6 ♏
21	29 ♈ 41	22 ♈ 28	4 ♊ 20	2 ♊ 50	6 ♈ 28	24 ♓ 36	6 ♈ 43	25 ♏ 31	2 ♌ 12	18 ♊ 59	8 ♎ 53	10 ♌ 59	3 ♈	5 ♓	2 ♑	14 ♉	5 ♏
22	0 ♉ 39	6 ♉ 30	4 ♊ 17	2 ♊ 46	8 ♈ 1	25 ♓ 48	7 ♈ 29	25 ♏ 24	2 ♌ 14	19 ♊ 2	8 ♎ 51	10 ♌ 58	4 ♈	5 ♓	2 ♑	15 ♉	5 ♏
23	1 ♉ 38	20 ♉ 44	4 ♊ 14	2 ♊ 44	9 ♈ 35	27 ♓ 0	8 ♈ 15	25 ♏ 18	2 ♌ 16	19 ♊ 5	8 ♎ 50	10 ♌ 58	4 ♈	6 ♓	2 ♑	15 ♉	5 ♏
24	2 ♉ 36	5 ♊ 7	4 ♊ 10	2 D 44	11 ♈ 11	28 ♓ 12	9 ♈ 2	25 ♏ 12	2 ♌ 18	19 ♊ 7	8 ♎ 48	10 ♌ 58	5 ♈	6 ♓	2 R	16 ♉	5 ♏
25	3 ♉ 35	19 ♊ 33	4 ♊ 7	2 ♊ 45	12 ♈ 49	29 ♓ 23	9 ♈ 48	25 ♏ 5	2 ♌ 20	19 ♊ 10	8 ♎ 47	10 D 58	5 ♈	6 ♓	2 ♑	16 ♉	5 ♏
26	4 ♉ 33	3 ♋ 58	4 ♊ 4	2 ♊ 46	14 ♈ 29	0 ♈ 35	10 ♈ 34	24 ♏ 58	2 ♌ 22	19 ♊ 13	8 ♎ 45	10 ♌ 58	5 ♈	6 ♓	2 ♑	16 ♉	5 ♏
27	5 ♉ 32	18 ♋ 18	4 ♊ 1	2 ♊ 47	16 ♈ 10	1 ♈ 47	11 ♈ 20	24 ♏ 52	2 ♌ 25	19 ♊ 16	8 ♎ 44	10 ♌ 58	6 ♈	7 ♓	2 ♑	17 ♉	5 ♏
28	6 ♉ 30	2 ♌ 30	3 ♊ 58	2 ♊ 48	17 ♈ 53	2 ♈ 59	12 ♈ 6	24 ♏ 45	2 ♌ 27	19 ♊ 18	8 ♎ 43	10 ♌ 59	6 ♈	7 ♓	2 ♑	17 ♉	5 ♏
29	7 ♉ 28	16 ♌ 33	3 ♊ 55	2 R 48	19 ♈ 37	4 ♈ 11	12 ♈ 53	24 ♏ 38	2 ♌ 30	19 ♊ 21	8 ♎ 41	10 ♌ 59	7 ♈	7 ♓	2 ♑	18 ♉	5 ♏
30	8 ♉ 27	0 ♍ 25	3 ♊ 51	2 ♊ 46	21 ♈ 24	5 ♈ 23	13 ♈ 39	24 ♏ 31	2 ♌ 32	19 ♊ 24	8 ♎ 40	10 ♌ 59	7 ♈	7 ♓	1 ♑	18 ♉	5 ♏

SUN INGRESS	☉ → ♉ 21日 07:39
MOON PHASE	○ 6日 00:28 ♎ ◑ 13日 23:23 ♑ ● 21日 13:19 ♉ ◐ 28日 07:18 ♌

aspects		
2日	01:07	☉△♇
7日	04:44	☿□♅
8日	01:10	♂△♃
9日	15:00	☉⚹♅
13日	18:00	☿△♃
14日	23:31	♂△♄
16日	03:07	♀□♅
18日	01:30	☿△♄
21日	07:28	☿☌♂
21日	16:44	♀△♃
22日	12:40	☿☍♆
23日	16:03	☉□♄
23日	17:19	♂☍♆
23日	20:47	☿△♇
26日	12:38	♂△♇
27日	12:56	♀△♄
28日	20:12	☿⚹♅

1900 ～1910
1911 ～1920
1921 ～1930
1931 ～1940
1941 ～1950
1951 ～1960
1961 ～1970
1971 ～1980
1981 ～1990
1991 ～2000
2001 ～2010
2011 ～2020
2021 ～2030
2031 ～2040
2041 ～2050

1947年5月

DAY	☉	☽	☊ mean	☊ true	☿	♀	♂	♃	♄	♅	♆	♇	⚳	⚴	⚵	⚶	⚷
1	9 ♉ 25	14 ♍ 6	3 ♊ 48	2 R 44	23 D 12	6 D 35	14 D 25	24 R 24	2 D 35	19 D 27	8 R 38	10 D 59	7 D	8 D	1 R	19 D	5 R
2	10 ♉ 23	27 ♍ 33	3 ♊ 45	2 ♊ 41	25 ♈ 2	7 ♈ 47	15 ♈ 11	24 ♏ 17	2 ♌ 38	19 ♊ 30	8 ♎ 37	10 ♌ 59	8 ♈	8 ♓	1 ♑	19 ♉	5 ♏
3	11 ♉ 21	10 ♎ 47	3 ♊ 42	2 ♊ 38	26 ♈ 54	8 ♈ 59	15 ♈ 56	24 ♏ 9	2 ♌ 41	19 ♊ 33	8 ♎ 36	10 ♌ 59	8 ♈	8 ♓	1 ♑	20 ♉	5 ♏
4	12 ♉ 20	23 ♎ 48	3 ♊ 39	2 ♊ 35	28 ♈ 47	10 ♈ 11	16 ♈ 42	24 ♏ 2	2 ♌ 44	19 ♊ 36	8 ♎ 34	11 ♌ 0	8 ♈	8 ♓	1 ♑	20 ♉	4 ♏
5	13 ♉ 18	6 ♏ 34	3 ♊ 35	2 ♊ 33	0 ♉ 43	11 ♈ 23	17 ♈ 28	23 ♏ 55	2 ♌ 47	19 ♊ 39	8 ♎ 33	11 ♌ 0	9 ♈	8 ♓	1 ♑	20 ♉	4 ♏
6	14 ♉ 16	19 ♏ 7	3 ♊ 32	2 ♊ 31	2 ♉ 40	12 ♈ 35	18 ♈ 14	23 ♏ 47	2 ♌ 51	19 ♊ 42	8 ♎ 32	11 ♌ 0	9 ♈	9 ♓	1 ♑	21 ♉	4 ♏
7	15 ♉ 14	1 ♐ 27	3 ♊ 29	2 ♊ 31	4 ♉ 39	13 ♈ 47	19 ♈ 0	23 ♏ 40	2 ♌ 54	19 ♊ 45	8 ♎ 31	11 ♌ 1	9 ♈	9 ♓	1 ♑	21 ♉	4 ♏
8	16 ♉ 12	13 ♐ 35	3 ♊ 26	2 D 31	6 ♉ 39	14 ♈ 59	19 ♈ 45	23 ♏ 32	2 ♌ 57	19 ♊ 48	8 ♎ 29	11 ♌ 1	10 ♈	9 ♓	1 ♑	22 ♉	4 ♏
9	17 ♉ 10	25 ♐ 34	3 ♊ 23	2 ♊ 32	8 ♉ 41	16 ♈ 11	20 ♈ 31	23 ♏ 25	3 ♌ 1	19 ♊ 51	8 ♎ 28	11 ♌ 1	10 ♈	10 ♓	1 ♑	22 ♉	4 ♏
10	18 ♉ 8	7 ♑ 27	3 ♊ 20	2 ♊ 33	10 ♉ 45	17 ♈ 23	21 ♈ 17	23 ♏ 17	3 ♌ 5	19 ♊ 54	8 ♎ 27	11 ♌ 2	11 ♈	10 ♓	1 ♑	23 ♉	4 ♏
11	19 ♉ 6	19 ♑ 17	3 ♊ 16	2 ♊ 34	12 ♉ 50	18 ♈ 36	22 ♈ 2	23 ♏ 10	3 ♌ 8	19 ♊ 57	8 ♎ 26	11 ♌ 2	11 ♈	10 ♓	1 ♑	23 ♉	4 ♏
12	20 ♉ 4	1 ♒ 8	3 ♊ 13	2 ♊ 35	14 ♉ 57	19 ♈ 48	22 ♈ 48	23 ♏ 2	3 ♌ 12	20 ♊ 1	8 ♎ 25	11 ♌ 2	11 ♈	10 ♓	1 ♑	24 ♉	4 ♏
13	21 ♉ 2	13 ♒ 5	3 ♊ 10	2 ♊ 36	17 ♉ 4	21 ♈ 0	23 ♈ 33	22 ♏ 55	3 ♌ 16	20 ♊ 4	8 ♎ 23	11 ♌ 3	12 ♈	10 ♓	1 ♑	24 ♉	4 ♏
14	22 ♉ 0	25 ♒ 13	3 ♊ 7	2 R 36	19 ♉ 13	22 ♈ 12	24 ♈ 19	22 ♏ 47	3 ♌ 20	20 ♊ 7	8 ♎ 22	11 ♌ 4	12 ♈	11 ♓	0 ♑	24 ♉	4 ♏
15	22 ♉ 58	7 ♓ 35	3 ♊ 4	2 ♊ 36	21 ♉ 23	23 ♈ 24	25 ♈ 4	22 ♏ 39	3 ♌ 24	20 ♊ 10	8 ♎ 21	11 ♌ 4	12 ♈	11 ♓	0 ♑	25 ♉	4 ♏
16	23 ♉ 56	20 ♓ 16	3 ♊ 1	2 ♊ 35	23 ♉ 34	24 ♈ 37	25 ♈ 50	22 ♏ 32	3 ♌ 28	20 ♊ 14	8 ♎ 20	11 ♌ 5	13 ♈	11 ♓	0 ♑	25 ♉	4 ♏
17	24 ♉ 53	3 ♈ 20	2 ♊ 57	2 ♊ 34	25 ♉ 45	25 ♈ 49	26 ♈ 35	22 ♏ 24	3 ♌ 32	20 ♊ 17	8 ♎ 19	11 ♌ 5	13 ♈	11 ♓	0 ♑	26 ♉	4 ♏
18	25 ♉ 51	16 ♈ 47	2 ♊ 54	2 ♊ 33	27 ♉ 56	27 ♈ 1	27 ♈ 20	22 ♏ 16	3 ♌ 37	20 ♊ 20	8 ♎ 18	11 ♌ 6	13 ♈	11 ♓	0 ♑	26 ♉	3 ♏
19	26 ♉ 49	0 ♉ 40	2 ♊ 51	2 ♊ 33	0 ♊ 7	28 ♈ 14	28 ♈ 5	22 ♏ 9	3 ♌ 41	20 ♊ 23	8 ♎ 17	11 ♌ 7	14 ♈	12 ♓	0 ♑	27 ♉	3 ♏
20	27 ♉ 47	14 ♉ 55	2 ♊ 48	2 ♊ 32	2 ♊ 18	29 ♈ 26	28 ♈ 51	22 ♏ 1	3 ♌ 46	20 ♊ 27	8 ♎ 16	11 ♌ 7	14 ♈	12 ♓	0 ♑	27 ♉	3 ♏
21	28 ♉ 45	29 ♉ 28	2 ♊ 45	2 ♊ 32	4 ♊ 29	0 ♉ 38	29 ♈ 36	21 ♏ 54	3 ♌ 50	20 ♊ 30	8 ♎ 15	11 ♌ 8	15 ♈	12 ♓	29 ♐	27 ♉	3 ♏
22	29 ♉ 42	14 ♊ 14	2 ♊ 41	2 D 32	6 ♊ 38	1 ♉ 51	0 ♉ 21	21 ♏ 46	3 ♌ 55	20 ♊ 34	8 ♎ 14	11 ♌ 9	15 ♈	12 ♓	29 ♐	28 ♉	3 ♏
23	0 ♊ 40	29 ♊ 6	2 ♊ 38	2 ♊ 32	8 ♊ 46	3 ♉ 3	1 ♉ 6	21 ♏ 39	4 ♌ 0	20 ♊ 37	8 ♎ 14	11 ♌ 9	15 ♈	12 ♓	29 ♐	28 ♉	3 ♏
24	1 ♊ 38	13 ♋ 55	2 ♊ 35	2 ♊ 32	10 ♊ 53	4 ♉ 16	1 ♉ 51	21 ♏ 31	4 ♌ 5	20 ♊ 40	8 ♎ 13	11 ♌ 10	16 ♈	13 ♓	29 ♐	29 ♉	3 ♏
25	2 ♊ 35	28 ♋ 36	2 ♊ 32	2 R 32	12 ♊ 59	5 ♉ 28	2 ♉ 36	21 ♏ 24	4 ♌ 9	20 ♊ 44	8 ♎ 12	11 ♌ 11	16 ♈	13 ♓	29 ♐	29 ♉	3 ♏
26	3 ♊ 33	13 ♌ 2	2 ♊ 29	2 ♊ 32	15 ♊ 2	6 ♉ 40	3 ♉ 21	21 ♏ 16	4 ♌ 14	20 ♊ 47	8 ♎ 11	11 ♌ 12	16 ♈	13 ♓	29 ♐	0 ♊	3 ♏
27	4 ♊ 31	27 ♌ 11	2 ♊ 26	2 ♊ 32	17 ♊ 3	7 ♉ 53	4 ♉ 5	21 ♏ 9	4 ♌ 19	20 ♊ 51	8 ♎ 10	11 ♌ 13	17 ♈	13 ♓	28 ♐	0 ♊	3 ♏
28	5 ♊ 28	11 ♍ 1	2 ♊ 22	2 D 32	19 ♊ 3	9 ♉ 5	4 ♉ 50	21 ♏ 2	4 ♌ 25	20 ♊ 54	8 ♎ 10	11 ♌ 14	17 ♈	13 ♓	28 ♐	1 ♊	3 ♏
29	6 ♊ 26	24 ♍ 31	2 ♊ 19	2 ♊ 32	20 ♊ 59	10 ♉ 18	5 ♉ 35	20 ♏ 55	4 ♌ 30	20 ♊ 58	8 ♎ 9	11 ♌ 14	17 ♈	13 ♓	28 ♐	1 ♊	3 ♏
30	7 ♊ 23	7 ♎ 43	2 ♊ 16	2 ♊ 33	22 ♊ 54	11 ♉ 30	6 ♉ 19	20 ♏ 48	4 ♌ 35	21 ♊ 1	8 ♎ 8	11 ♌ 15	18 ♈	14 ♓	28 ♐	1 ♊	3 ♏
31	8 ♊ 21	20 ♎ 38	2 ♊ 13	2 ♊ 33	24 ♊ 46	12 ♉ 43	7 ♉ 4	20 ♏ 40	4 ♌ 40	21 ♊ 5	8 ♎ 8	11 ♌ 16	18 ♈	14 ♓	28 ♐	2 ♊	3 ♏

SUN INGRESS	☉ → ♊ 22日 07:09
MOON PHASE	○ 5日 13:53 ♏　◑ 13日 17:08 ♒　● 20日 22:44 ♉　◐ 27日 13:36 ♍

aspects	
2日 14:53	☉□♇
2日 16:25	♀☍♆
4日 16:19	☿△♇
6日 02:15	♀□♄
8日 01:25	♂⚹♅
10日 03:16	☿□♇
12日 04:27	♀⚹♅
14日 17:16	☉☍♃
15日 13:12	☿☍♃
16日 07:07	☉☌☿
18日 16:40	♀☌♂
20日 16:39	☿⚹♄
22日 17:52	☿△♆
23日 20:04	☿□♄
24日 03:14	♀⚹♇
26日 18:53	☉⚹♄
27日 08:33	♂□♄
28日 23:37	☿☌♅
29日 18:58	☿□♇
30日 18:30	☉△♆

1947年6月

DAY	☉	☽	☊ mean	☊ true	☿	♀	♂	♃	♄	♅	♆	♇	⚳	⚴	⚵	⚶	⚷
1	9 ♊ 18	3 ♏ 18	2 ♊ 10	2 D 34	26 D 35	13 D 55	7 D 48	20 R 34	4 D 46	21 D 8	8 R 7	11 D 17	18 D	14 D	28 R	2 D	3 R
2	10 ♊ 16	15 ♏ 45	2 ♊ 7	2 ♊ 34	28 ♊ 21	15 ♉ 8	8 ♉ 33	20 ♏ 27	4 ♌ 51	21 ♊ 12	8 ♎ 6	11 ♌ 18	19 ♈	14 ♓	27 ♐	3 ♊	3 ♏
3	11 ♊ 13	28 ♏ 1	2 ♊ 3	2 ♊ 35	0 ♋ 5	16 ♉ 20	9 ♉ 17	20 ♏ 20	4 ♌ 57	21 ♊ 15	8 ♎ 6	11 ♌ 19	19 ♈	14 ♓	27 ♐	3 ♊	3 ♏
4	12 ♊ 11	10 ♐ 8	2 ♊ 0	2 R 35	1 ♋ 46	17 ♉ 33	10 ♉ 2	20 ♏ 13	5 ♌ 2	21 ♊ 19	8 ♎ 5	11 ♌ 20	19 ♈	14 ♓	27 ♐	4 ♊	2 ♏
5	13 ♊ 8	22 ♐ 7	1 ♊ 57	2 ♊ 34	3 ♋ 25	18 ♉ 46	10 ♉ 46	20 ♏ 7	5 ♌ 8	21 ♊ 22	8 ♎ 5	11 ♌ 21	20 ♈	14 ♓	27 ♐	4 ♊	2 ♏
6	14 ♊ 6	4 ♑ 1	1 ♊ 54	2 ♊ 33	5 ♋ 0	19 ♉ 58	11 ♉ 30	20 ♏ 0	5 ♌ 14	21 ♊ 26	8 ♎ 4	11 ♌ 22	20 ♈	15 ♓	26 ♐	4 ♊	2 ♏
7	15 ♊ 3	15 ♑ 52	1 ♊ 51	2 ♊ 31	6 ♋ 33	21 ♉ 11	12 ♉ 14	19 ♏ 54	5 ♌ 20	21 ♊ 29	8 ♎ 4	11 ♌ 23	20 ♈	15 ♓	26 ♐	5 ♊	2 ♏
8	16 ♊ 0	27 ♑ 42	1 ♊ 47	2 ♊ 30	8 ♋ 2	22 ♉ 23	12 ♉ 59	19 ♏ 48	5 ♌ 26	21 ♊ 33	8 ♎ 4	11 ♌ 25	21 ♈	15 ♓	26 ♐	5 ♊	2 ♏
9	16 ♊ 58	9 ♒ 35	1 ♊ 44	2 ♊ 28	9 ♋ 29	23 ♉ 36	13 ♉ 43	19 ♏ 42	5 ♌ 31	21 ♊ 36	8 ♎ 3	11 ♌ 26	21 ♈	15 ♓	26 ♐	6 ♊	2 ♏
10	17 ♊ 55	21 ♒ 32	1 ♊ 41	2 ♊ 26	10 ♋ 53	24 ♉ 49	14 ♉ 27	19 ♏ 36	5 ♌ 37	21 ♊ 40	8 ♎ 3	11 ♌ 27	21 ♈	15 ♓	26 ♐	6 ♊	2 ♏
11	18 ♊ 53	3 ♓ 39	1 ♊ 38	2 ♊ 24	12 ♋ 14	26 ♉ 1	15 ♉ 11	19 ♏ 30	5 ♌ 43	21 ♊ 43	8 ♎ 2	11 ♌ 28	22 ♈	15 ♓	25 ♐	7 ♊	2 ♏
12	19 ♊ 50	16 ♓ 0	1 ♊ 35	2 ♊ 24	13 ♋ 32	27 ♉ 14	15 ♉ 55	19 ♏ 24	5 ♌ 50	21 ♊ 47	8 ♎ 2	11 ♌ 29	22 ♈	15 ♓	25 ♐	7 ♊	2 ♏
13	20 ♊ 47	28 ♓ 37	1 ♊ 32	2 D 24	14 ♋ 47	28 ♉ 27	16 ♉ 38	19 ♏ 18	5 ♌ 56	21 ♊ 51	8 ♎ 2	11 ♌ 30	22 ♈	15 ♓	25 ♐	7 ♊	2 ♏
14	21 ♊ 45	11 ♈ 36	1 ♊ 28	2 ♊ 25	15 ♋ 59	29 ♉ 40	17 ♉ 22	19 ♏ 13	6 ♌ 2	21 ♊ 54	8 ♎ 2	11 ♌ 32	23 ♈	15 ♓	25 ♐	8 ♊	2 ♏
15	22 ♊ 42	25 ♈ 0	1 ♊ 25	2 ♊ 26	17 ♋ 7	0 ♊ 52	18 ♉ 6	19 ♏ 7	6 ♌ 8	21 ♊ 58	8 ♎ 2	11 ♌ 33	23 ♈	16 ♓	24 ♐	8 ♊	2 ♏
16	23 ♊ 39	8 ♉ 50	1 ♊ 22	2 ♊ 27	18 ♋ 13	2 ♊ 5	18 ♉ 50	19 ♏ 2	6 ♌ 15	22 ♊ 1	8 ♎ 1	11 ♌ 34	23 ♈	16 ♓	24 ♐	9 ♊	2 ♏
17	24 ♊ 37	23 ♉ 6	1 ♊ 19	2 ♊ 28	19 ♋ 15	3 ♊ 18	19 ♉ 33	18 ♏ 57	6 ♌ 21	22 ♊ 5	8 ♎ 1	11 ♌ 36	24 ♈	16 ♓	24 ♐	9 ♊	2 ♏
18	25 ♊ 34	7 ♊ 46	1 ♊ 16	2 R 28	20 ♋ 14	4 ♊ 31	20 ♉ 17	18 ♏ 52	6 ♌ 27	22 ♊ 8	8 ♎ 1	11 ♌ 37	24 ♈	16 ♓	24 ♐	10 ♊	2 ♏
19	26 ♊ 31	22 ♊ 44	1 ♊ 13	2 ♊ 27	21 ♋ 9	5 ♊ 44	21 ♉ 0	18 ♏ 47	6 ♌ 34	22 ♊ 12	8 ♎ 1	11 ♌ 38	24 ♈	16 ♓	24 ♐	10 ♊	2 ♏
20	27 ♊ 28	7 ♋ 52	1 ♊ 9	2 ♊ 25	22 ♋ 1	6 ♊ 56	21 ♉ 44	18 ♏ 43	6 ♌ 40	22 ♊ 16	8 ♎ 1	11 ♌ 40	24 ♈	16 ♓	24 ♐	10 ♊	2 ♏
21	28 ♊ 26	23 ♋ 1	1 ♊ 6	2 ♊ 22	22 ♋ 49	8 ♊ 9	22 ♉ 27	18 ♏ 38	6 ♌ 47	22 ♊ 19	8 D 1	11 ♌ 41	25 ♈	16 ♓	23 ♐	11 ♊	2 ♏
22	29 ♊ 23	8 ♌ 2	1 ♊ 3	2 ♊ 19	23 ♋ 33	9 ♊ 22	23 ♉ 10	18 ♏ 34	6 ♌ 54	22 ♊ 23	8 ♎ 1	11 ♌ 42	25 ♈	16 ♓	23 ♐	11 ♊	2 ♏
23	0 ♋ 20	22 ♌ 45	1 ♊ 0	2 ♊ 15	24 ♋ 14	10 ♊ 35	23 ♉ 54	18 ♏ 30	7 ♌ 0	22 ♊ 26	8 ♎ 1	11 ♌ 44	25 ♈	16 ♓	23 ♐	12 ♊	2 ♏
24	1 ♋ 17	7 ♍ 6	0 ♊ 57	2 ♊ 12	24 ♋ 50	11 ♊ 48	24 ♉ 37	18 ♏ 26	7 ♌ 7	22 ♊ 30	8 ♎ 1	11 ♌ 45	26 ♈	16 ♓	22 ♐	12 ♊	2 ♏
25	2 ♋ 15	21 ♍ 2	0 ♊ 53	2 ♊ 11	25 ♋ 23	13 ♊ 1	25 ♉ 20	18 ♏ 22	7 ♌ 14	22 ♊ 33	8 ♎ 1	11 ♌ 47	26 ♈	16 ♓	22 ♐	13 ♊	2 ♏
26	3 ♋ 12	4 ♎ 32	0 ♊ 50	2 D 10	25 ♋ 51	14 ♊ 14	26 ♉ 3	18 ♏ 18	7 ♌ 21	22 ♊ 37	8 ♎ 2	11 ♌ 48	26 ♈	16 ♓	22 ♐	13 ♊	2 ♏
27	4 ♋ 9	17 ♎ 37	0 ♊ 47	2 ♊ 11	26 ♋ 15	15 ♊ 27	26 ♉ 46	18 ♏ 15	7 ♌ 27	22 ♊ 40	8 ♎ 2	11 ♌ 49	27 ♈	16 ♓	22 ♐	13 ♊	2 ♏
28	5 ♋ 6	0 ♏ 22	0 ♊ 44	2 ♊ 12	26 ♋ 34	16 ♊ 40	27 ♉ 29	18 ♏ 11	7 ♌ 34	22 ♊ 44	8 ♎ 2	11 ♌ 51	27 ♈	16 ♓	22 ♐	14 ♊	2 ♏
29	6 ♋ 4	12 ♏ 50	0 ♊ 41	2 ♊ 14	26 ♋ 49	17 ♊ 53	28 ♉ 12	18 ♏ 8	7 ♌ 41	22 ♊ 47	8 ♎ 2	11 ♌ 52	27 ♈	16 ♓	21 ♐	14 ♊	2 ♏
30	7 ♋ 1	25 ♏ 4	0 ♊ 38	2 ♊ 15	27 ♋ 0	19 ♊ 6	28 ♉ 54	18 ♏ 5	7 ♌ 48	22 ♊ 51	8 ♎ 3	11 ♌ 54	27 ♈	16 ♓	21 ♐	15 ♊	2 ♏

SUN INGRESS	☉ → ♋ 22日 15:19
MOON PHASE	○ 4日 04:27 ♐　◑ 12日 07:58 ♓　● 19日 06:26 ♊　◐ 25日 21:25 ♎

aspects	
3日 02:29	☉⚹♇
5日 19:37	♂□♇
6日 00:39	♀☍♃
8日 00:19	☿□♆
14日 04:16	☉☌♅
16日 06:10	♂☍♃
16日 17:31	☿△♃
18日 05:40	☿⚹♂
19日 18:12	♀⚹♄
20日 21:18	♀△♆
23日 23:01	♀⚹♇
25日 05:12	☿⚹♂

1947年7月

DAY	☉	☽	☊ mean	☊ true	☿	♀	♂	♃	♄	♅	♆	♇	⚳	⚴	⚵	⚶	⚷
	° ′	° ′	° ′	° ′	° ′	° ′	° ′	° ′	° ′	° ′	° ′	° ′	°	°	°	°	°
1	7 ♋ 58	7 ♐ 8	0 ♊ 34	2 R 15	27 D 6	20 D 19	29 D 37	18 R 2	7 D 55	22 D 54	8 D 3	11 D 55	28 D	16 D	21 R	15 D	2 R
2	8 ♋ 55	19 ♐ 5	0 ♊ 31	2 ♊ 14	27 R 7	21 ♊ 32	0 ♊ 20	18 ♏ 0	8 ♌ 2	22 ♊ 58	8 ♎ 3	11 ♌ 57	28 ♈	16 ♓	21 ♐	16 ♊	2 ♏
3	9 ♋ 52	0 ♑ 57	0 ♊ 28	2 ♊ 10	27 ♋ 4	22 ♊ 45	1 ♊ 2	17 ♏ 57	8 ♌ 9	23 ♊ 1	8 ♎ 4	11 ♌ 59	28 ♈	16 ♓	20 ♐	16 ♊	2 D
4	10 ♋ 49	12 ♑ 48	0 ♊ 25	2 ♊ 6	26 ♋ 56	23 ♊ 58	1 ♊ 45	17 ♏ 55	8 ♌ 17	23 ♊ 5	8 ♎ 4	12 ♌ 0	29 ♈	16 R	20 ♐	16 ♊	2 ♏
5	11 ♋ 47	24 ♑ 39	0 ♊ 22	1 ♊ 59	26 ♋ 43	25 ♊ 11	2 ♊ 27	17 ♏ 53	8 ♌ 24	23 ♊ 8	8 ♎ 5	12 ♌ 2	29 ♈	16 ♓	20 ♐	17 ♊	2 ♏
6	12 ♋ 44	6 ♒ 31	0 ♊ 19	1 ♊ 52	26 ♋ 26	26 ♊ 25	3 ♊ 10	17 ♏ 51	8 ♌ 31	23 ♊ 11	8 ♎ 5	12 ♌ 3	29 ♈	16 ♓	20 ♐	17 ♊	2 ♏
7	13 ♋ 41	18 ♒ 27	0 ♊ 15	1 ♊ 44	26 ♋ 5	27 ♊ 38	3 ♊ 52	17 ♏ 49	8 ♌ 38	23 ♊ 15	8 ♎ 6	12 ♌ 5	29 ♈	16 ♓	20 ♐	18 ♊	2 ♏
8	14 ♋ 38	0 ♓ 28	0 ♊ 12	1 ♊ 37	25 ♋ 40	28 ♊ 51	4 ♊ 34	17 ♏ 47	8 ♌ 45	23 ♊ 18	8 ♎ 6	12 ♌ 7	0 ♉	16 ♓	19 ♐	18 ♊	2 ♏
9	15 ♋ 35	12 ♓ 38	0 ♊ 9	1 ♊ 32	25 ♋ 12	0 ♋ 4	5 ♊ 17	17 ♏ 46	8 ♌ 53	23 ♊ 22	8 ♎ 7	12 ♌ 8	0 ♉	16 ♓	19 ♐	19 ♊	2 ♏
10	16 ♋ 33	25 ♓ 0	0 ♊ 6	1 ♊ 27	24 ♋ 40	1 ♋ 17	5 ♊ 59	17 ♏ 45	9 ♌ 0	23 ♊ 25	8 ♎ 7	12 ♌ 10	0 ♉	16 ♓	19 ♐	19 ♊	2 ♏
11	17 ♋ 30	7 ♈ 36	0 ♊ 3	1 ♊ 25	24 ♋ 6	2 ♋ 31	6 ♊ 41	17 ♏ 44	9 ♌ 7	23 ♊ 28	8 ♎ 8	12 ♌ 11	0 ♉	16 ♓	19 ♐	19 ♊	2 ♏
12	18 ♋ 27	20 ♈ 31	29 ♉ 59	1 D 25	23 ♋ 29	3 ♋ 44	7 ♊ 23	17 ♏ 43	9 ♌ 15	23 ♊ 32	8 ♎ 9	12 ♌ 13	1 ♉	16 ♓	19 ♐	20 ♊	2 ♏
13	19 ♋ 24	3 ♉ 48	29 ♉ 56	1 ♊ 25	22 ♋ 51	4 ♋ 57	8 ♊ 5	17 ♏ 42	9 ♌ 22	23 ♊ 35	8 ♎ 9	12 ♌ 15	1 ♉	16 ♓	19 ♐	20 ♊	2 ♏
14	20 ♋ 21	17 ♉ 29	29 ♉ 53	1 ♊ 26	22 ♋ 12	6 ♋ 11	8 ♊ 47	17 ♏ 42	9 ♌ 30	23 ♊ 38	8 ♎ 10	12 ♌ 16	1 ♉	16 ♓	18 ♐	21 ♊	2 ♏
15	21 ♋ 19	1 ♊ 37	29 ♉ 50	1 R 27	21 ♋ 33	7 ♋ 24	9 ♊ 28	17 ♏ 41	9 ♌ 37	23 ♊ 41	8 ♎ 11	12 ♌ 18	1 ♉	16 ♓	18 ♐	21 ♊	2 ♏
16	22 ♋ 16	16 ♊ 10	29 ♉ 47	1 ♊ 26	20 ♋ 54	8 ♋ 37	10 ♊ 10	17 ♏ 41	9 ♌ 44	23 ♊ 45	8 ♎ 12	12 ♌ 20	2 ♉	16 ♓	18 ♐	21 ♊	2 ♏
17	23 ♋ 13	1 ♋ 6	29 ♉ 44	1 ♊ 23	20 ♋ 16	9 ♋ 51	10 ♊ 52	17 D 41	9 ♌ 52	23 ♊ 48	8 ♎ 13	12 ♌ 22	2 ♉	16 ♓	18 ♐	22 ♊	2 ♏
18	24 ♋ 10	16 ♋ 16	29 ♉ 40	1 ♊ 18	19 ♋ 40	11 ♋ 4	11 ♊ 33	17 ♏ 41	9 ♌ 59	23 ♊ 51	8 ♎ 13	12 ♌ 23	2 ♉	16 ♓	18 ♐	22 ♊	2 ♏
19	25 ♋ 8	1 ♌ 32	29 ♉ 37	1 ♊ 11	19 ♋ 6	12 ♋ 18	12 ♊ 15	17 ♏ 42	10 ♌ 7	23 ♊ 54	8 ♎ 14	12 ♌ 25	2 ♉	16 ♓	18 ♐	23 ♊	2 ♏
20	26 ♋ 5	16 ♌ 43	29 ♉ 34	1 ♊ 3	18 ♋ 36	13 ♋ 31	12 ♊ 56	17 ♏ 42	10 ♌ 15	23 ♊ 58	8 ♎ 15	12 ♌ 27	3 ♉	16 ♓	18 ♐	23 ♊	2 ♏
21	27 ♋ 2	1 ♍ 39	29 ♉ 31	0 ♊ 55	18 ♋ 9	14 ♋ 45	13 ♊ 38	17 ♏ 43	10 ♌ 22	24 ♊ 1	8 ♎ 16	12 ♌ 28	3 ♉	16 ♓	17 ♐	24 ♊	2 ♏
22	28 ♋ 0	16 ♍ 11	29 ♉ 28	0 ♊ 48	17 ♋ 45	15 ♋ 58	14 ♊ 19	17 ♏ 44	10 ♌ 30	24 ♊ 4	8 ♎ 17	12 ♌ 30	3 ♉	16 ♓	17 ♐	24 ♊	2 ♏
23	28 ♋ 57	0 ♎ 15	29 ♉ 25	0 ♊ 43	17 ♋ 27	17 ♋ 12	15 ♊ 0	17 ♏ 45	10 ♌ 37	24 ♊ 7	8 ♎ 18	12 ♌ 32	3 ♉	15 ♓	17 ♐	24 ♊	2 ♏
24	29 ♋ 54	13 ♎ 50	29 ♉ 21	0 ♊ 40	17 ♋ 13	18 ♋ 25	15 ♊ 42	17 ♏ 46	10 ♌ 45	24 ♊ 10	8 ♎ 19	12 ♌ 34	3 ♉	15 ♓	17 ♐	25 ♊	2 ♏
25	0 ♌ 51	26 ♎ 57	29 ♉ 18	0 ♊ 38	17 ♋ 5	19 ♋ 39	16 ♊ 23	17 ♏ 48	10 ♌ 53	24 ♊ 13	8 ♎ 20	12 ♌ 35	4 ♉	15 ♓	17 ♐	25 ♊	2 ♏
26	1 ♌ 49	9 ♏ 40	29 ♉ 15	0 D 38	17 D 2	20 ♋ 53	17 ♊ 4	17 ♏ 50	11 ♌ 0	24 ♊ 16	8 ♎ 21	12 ♌ 37	4 ♉	15 ♓	17 ♐	26 ♊	2 ♏
27	2 ♌ 46	22 ♏ 3	29 ♉ 12	0 ♊ 39	17 ♋ 5	22 ♋ 6	17 ♊ 45	17 ♏ 51	11 ♌ 8	24 ♊ 19	8 ♎ 23	12 ♌ 39	4 ♉	15 ♓	17 ♐	26 ♊	2 ♏
28	3 ♌ 43	4 ♐ 11	29 ♉ 9	0 R 39	17 ♋ 14	23 ♋ 20	18 ♊ 25	17 ♏ 53	11 ♌ 16	24 ♊ 22	8 ♎ 24	12 ♌ 41	4 ♉	15 ♓	17 ♐	26 ♊	2 ♏
29	4 ♌ 41	16 ♐ 9	29 ♉ 5	0 ♊ 38	17 ♋ 29	24 ♋ 34	19 ♊ 6	17 ♏ 56	11 ♌ 23	24 ♊ 25	8 ♎ 25	12 ♌ 43	5 ♉	15 ♓	17 ♐	27 ♊	2 ♏
30	5 ♌ 38	28 ♐ 0	29 ♉ 2	0 ♊ 35	17 ♋ 50	25 ♋ 47	19 ♊ 47	17 ♏ 58	11 ♌ 31	24 ♊ 28	8 ♎ 26	12 ♌ 44	5 ♉	14 ♓	16 ♐	27 ♊	2 ♏
31	6 ♌ 35	9 ♑ 50	28 ♉ 59	0 ♊ 29	18 ♋ 18	27 ♋ 1	20 ♊ 28	18 ♏ 0	11 ♌ 39	24 ♊ 31	8 ♎ 27	12 ♌ 46	5 ♉	14 ♓	16 ♐	28 ♊	3 ♏

SUN INGRESS	☉ → ♌ 24日 02:14
MOON PHASE	○ 3日 19:39 ♑ ◑ 11日 19:54 ♈ ● 18日 13:15 ♋ ◐ 25日 07:54 ♏

aspects		
1日	02:07	☉□♆
2日	03:29	♄⚹♆
3日	05:32	♀☌♅
11日	05:42	☉△♃
13日	02:43	♂△♆
15日	03:35	☉☌☿
15日	05:59	♂⚹♄
15日	15:32	♀□♆
19日	06:01	♂⚹♇
22日	01:35	☿△♃
23日	04:03	☿☌♀
23日	11:03	♀△♃
30日	08:02	☿△♃

1947年8月

DAY	☉	☽	☊ mean	☊ true	☿	♀	♂	♃	♄	♅	♆	♇	⚳	⚴	⚵	⚶	⚷
	° ′	° ′	° ′	° ′	° ′	° ′	° ′	° ′	° ′	° ′	° ′	° ′	°	°	°	°	°
1	7 ♌ 33	21 ♑ 40	28 ♉ 56	0 R 20	18 D 51	28 D 15	21 D 8	18 D 3	11 D 46	24 D 33	8 D 29	12 D 48	5 D	14 R	16 R	28 D	3 D
2	8 ♌ 30	3 ♒ 33	28 ♉ 53	0 ♊ 9	19 ♋ 31	29 ♋ 28	21 ♊ 49	18 ♏ 6	11 ♌ 54	24 ♊ 36	8 ♎ 30	12 ♌ 50	5 ♉	14 ♓	16 ♐	28 ♊	3 ♏
3	9 ♌ 28	15 ♒ 30	28 ♉ 50	29 ♉ 57	20 ♋ 17	0 ♌ 42	22 ♊ 29	18 ♏ 9	12 ♌ 2	24 ♊ 39	8 ♎ 31	12 ♌ 51	5 ♉	14 ♓	16 ♐	29 ♊	3 ♏
4	10 ♌ 25	27 ♒ 34	28 ♉ 46	29 ♉ 45	21 ♋ 8	1 ♌ 56	23 ♊ 9	18 ♏ 12	12 ♌ 9	24 ♊ 42	8 ♎ 33	12 ♌ 53	6 ♉	14 ♓	16 ♐	29 ♊	3 ♏
5	11 ♌ 22	9 ♓ 44	28 ♉ 43	29 ♉ 33	22 ♋ 6	3 ♌ 10	23 ♊ 50	18 ♏ 16	12 ♌ 17	24 ♊ 44	8 ♎ 34	12 ♌ 55	6 ♉	14 ♓	16 ♐	0 ♋	3 ♏
6	12 ♌ 20	22 ♓ 3	28 ♉ 40	29 ♉ 23	23 ♋ 10	4 ♌ 24	24 ♊ 30	18 ♏ 19	12 ♌ 25	24 ♊ 47	8 ♎ 35	12 ♌ 57	6 ♉	13 ♓	16 ♐	0 ♋	3 ♏
7	13 ♌ 17	4 ♈ 31	28 ♉ 37	29 ♉ 15	24 ♋ 19	5 ♌ 38	25 ♊ 10	18 ♏ 23	12 ♌ 32	24 ♊ 50	8 ♎ 37	12 ♌ 59	6 ♉	13 ♓	16 ♐	0 ♋	3 ♏
8	14 ♌ 15	17 ♈ 13	28 ♉ 34	29 ♉ 10	25 ♋ 34	6 ♌ 52	25 ♊ 50	18 ♏ 27	12 ♌ 40	24 ♊ 52	8 ♎ 38	13 ♌ 0	6 ♉	13 ♓	16 ♐	1 ♋	3 ♏
9	15 ♌ 12	0 ♉ 9	28 ♉ 31	29 ♉ 7	26 ♋ 54	8 ♌ 5	26 ♊ 30	18 ♏ 31	12 ♌ 48	24 ♊ 55	8 ♎ 40	13 ♌ 2	6 ♉	13 ♓	16 ♐	1 ♋	3 ♏
10	16 ♌ 10	13 ♉ 23	28 ♉ 27	29 ♉ 6	28 ♋ 19	9 ♌ 19	27 ♊ 10	18 ♏ 35	12 ♌ 56	24 ♊ 57	8 ♎ 41	13 ♌ 4	7 ♉	13 ♓	16 ♐	2 ♋	3 ♏
11	17 ♌ 7	26 ♉ 57	28 ♉ 24	29 D 6	29 ♋ 49	10 ♌ 33	27 ♊ 50	18 ♏ 40	13 ♌ 3	25 ♊ 0	8 ♎ 43	13 ♌ 6	7 ♉	12 ♓	16 ♐	2 ♋	3 ♏
12	18 ♌ 5	10 ♊ 54	28 ♉ 21	29 R 6	1 ♌ 24	11 ♌ 47	28 ♊ 30	18 ♏ 44	13 ♌ 11	25 ♊ 2	8 ♎ 44	13 ♌ 8	7 ♉	12 ♓	16 ♐	2 ♋	3 ♏
13	19 ♌ 2	25 ♊ 14	28 ♉ 18	29 ♉ 4	3 ♌ 3	13 ♌ 2	29 ♊ 9	18 ♏ 49	13 ♌ 19	25 ♊ 5	8 ♎ 46	13 ♌ 9	7 ♉	12 ♓	16 D	3 ♋	3 ♏
14	20 ♌ 0	9 ♋ 56	28 ♉ 15	29 ♉ 0	4 ♌ 45	14 ♌ 16	29 ♊ 49	18 ♏ 54	13 ♌ 26	25 ♊ 7	8 ♎ 47	13 ♌ 11	7 ♉	12 ♓	16 ♐	3 ♋	3 ♏
15	20 ♌ 58	24 ♋ 54	28 ♉ 11	28 ♉ 53	6 ♌ 32	15 ♌ 30	0 ♋ 28	18 ♏ 59	13 ♌ 34	25 ♊ 10	8 ♎ 49	13 ♌ 13	7 ♉	11 ♓	16 ♐	4 ♋	3 ♏
16	21 ♌ 55	10 ♌ 1	28 ♉ 8	28 ♉ 43	8 ♌ 21	16 ♌ 44	1 ♋ 8	19 ♏ 4	13 ♌ 42	25 ♊ 12	8 ♎ 51	13 ♌ 15	7 ♉	11 ♓	16 ♐	4 ♋	4 ♏
17	22 ♌ 53	25 ♌ 7	28 ♉ 5	28 ♉ 33	10 ♌ 13	17 ♌ 58	1 ♋ 47	19 ♏ 9	13 ♌ 49	25 ♊ 14	8 ♎ 52	13 ♌ 17	8 ♉	11 ♓	16 ♐	4 ♋	4 ♏
18	23 ♌ 51	10 ♍ 1	28 ♉ 2	28 ♉ 22	12 ♌ 7	19 ♌ 12	2 ♋ 26	19 ♏ 15	13 ♌ 57	25 ♊ 17	8 ♎ 54	13 ♌ 18	8 ♉	11 ♓	16 ♐	5 ♋	4 ♏
19	24 ♌ 49	24 ♍ 36	27 ♉ 59	28 ♉ 12	14 ♌ 4	20 ♌ 26	3 ♋ 5	19 ♏ 20	14 ♌ 5	25 ♊ 19	8 ♎ 56	13 ♌ 20	8 ♉	11 ♓	16 ♐	5 ♋	4 ♏
20	25 ♌ 46	8 ♎ 44	27 ♉ 56	28 ♉ 4	16 ♌ 3	21 ♌ 40	3 ♋ 45	19 ♏ 26	14 ♌ 12	25 ♊ 21	8 ♎ 57	13 ♌ 22	8 ♉	10 ♓	16 ♐	5 ♋	4 ♏
21	26 ♌ 44	22 ♎ 23	27 ♉ 52	27 ♉ 58	18 ♌ 0	22 ♌ 55	4 ♋ 24	19 ♏ 32	14 ♌ 20	25 ♊ 23	8 ♎ 59	13 ♌ 24	8 ♉	10 ♓	16 ♐	6 ♋	4 ♏
22	27 ♌ 42	5 ♏ 34	27 ♉ 49	27 ♉ 55	20 ♌ 0	24 ♌ 9	5 ♋ 3	19 ♏ 38	14 ♌ 27	25 ♊ 25	9 ♎ 1	13 ♌ 25	8 ♉	10 ♓	16 ♐	6 ♋	4 ♏
23	28 ♌ 40	18 ♏ 19	27 ♉ 46	27 ♉ 54	22 ♌ 0	25 ♌ 23	5 ♋ 42	19 ♏ 44	14 ♌ 35	25 ♊ 27	9 ♎ 3	13 ♌ 27	8 ♉	10 ♓	16 ♐	7 ♋	4 ♏
24	29 ♌ 37	0 ♐ 43	27 ♉ 43	27 ♉ 54	24 ♌ 1	26 ♌ 37	6 ♋ 20	19 ♏ 51	14 ♌ 43	25 ♊ 29	9 ♎ 5	13 ♌ 29	8 ♉	9 ♓	16 ♐	7 ♋	4 ♏
25	0 ♍ 35	12 ♐ 51	27 ♉ 40	27 ♉ 54	26 ♌ 1	27 ♌ 52	6 ♋ 59	19 ♏ 57	14 ♌ 50	25 ♊ 31	9 ♎ 6	13 ♌ 31	8 ♉	9 ♓	16 ♐	7 ♋	4 ♏
26	1 ♍ 33	24 ♐ 48	27 ♉ 37	27 ♉ 52	28 ♌ 1	29 ♌ 6	7 ♋ 38	20 ♏ 4	14 ♌ 58	25 ♊ 33	9 ♎ 8	13 ♌ 32	8 ♉	9 ♓	16 ♐	8 ♋	4 ♏
27	2 ♍ 31	6 ♑ 39	27 ♉ 33	27 ♉ 48	0 ♍ 0	0 ♍ 20	8 ♋ 16	20 ♏ 11	15 ♌ 5	25 ♊ 35	9 ♎ 10	13 ♌ 34	8 ♉	9 ♓	17 ♐	8 ♋	4 ♏
28	3 ♍ 29	18 ♑ 28	27 ♉ 30	27 ♉ 42	1 ♍ 59	1 ♍ 35	8 ♋ 54	20 ♏ 18	15 ♌ 13	25 ♊ 37	9 ♎ 12	13 ♌ 36	8 ♉	8 ♓	17 ♐	8 ♋	5 ♏
29	4 ♍ 27	0 ♒ 20	27 ♉ 27	27 ♉ 33	3 ♍ 57	2 ♍ 49	9 ♋ 33	20 ♏ 25	15 ♌ 20	25 ♊ 38	9 ♎ 14	13 ♌ 38	8 ♉	8 ♓	17 ♐	9 ♋	5 ♏
30	5 ♍ 25	12 ♒ 18	27 ♉ 24	27 ♉ 21	5 ♍ 54	4 ♍ 3	10 ♋ 11	20 ♏ 32	15 ♌ 27	25 ♊ 40	9 ♎ 16	13 ♌ 39	9 ♉	8 ♓	17 ♐	9 ♋	5 ♏
31	6 ♍ 23	24 ♒ 23	27 ♉ 21	27 ♉ 8	7 ♍ 50	5 ♍ 18	10 ♋ 49	20 ♏ 39	15 ♌ 35	25 ♊ 42	9 ♎ 18	13 ♌ 41	9 ♉	8 ♓	17 ♐	9 ♋	5 ♏

SUN INGRESS	☉ → ♍ 24日 09:09
MOON PHASE	○ 2日 10:50 ♒ ◑ 10日 05:22 ♉ ● 16日 20:12 ♌ ◐ 23日 21:40 ♏

aspects		
1日	23:53	☉⚹♆
6日	02:23	☉☌♄
6日	10:59	♂☌♅
6日	15:59	☉☌♇
9日	11:19	♀⚹♆
11日	10:21	♄☌♇
12日	17:48	☉□♃
13日	02:38	♀☌♇
13日	06:13	♀☌♄
16日	06:32	☿⚹♆
18日	00:55	♀□♃
18日	14:56	☿☌♇
19日	00:14	☿☌♄
19日	13:02	☉⚹♅
21日	19:24	☿□♃
23日	01:19	☿⚹♅
24日	17:57	☿⚹♅
27日	10:43	☿☌♀
28日	11:29	♂□♆
29日	11:59	☉☌☿

1947年9月

DAY	☉	☽	☊ mean	☊ true	☿	♀	♂	♃	♄	♅	♆	♇	⚳	⚴	⚵	⚶	⚷
	° ′	° ′	° ′	° ′	° ′	° ′	° ′	° ′	° ′	° ′	° ′	° ′	°	°	°	°	°
1	7 ♍ 21	6 ♓ 36	27 ♉ 17	26 R 55	9 D 46	6 D 32	11 D 27	20 D 47	15 D 42	25 D 43	9 D 20	13 D 43	9 D	7 R	17 D	10 D	5 D
2	8 ♍ 19	19 ♓ 0	27 ♉ 14	26 ♉ 42	11 ♍ 39	7 ♍ 47	12 ♋ 5	20 ♏ 54	15 ♌ 50	25 ♊ 45	9 ♎ 22	13 ♌ 44	9 ♉	7 ♓	17 ♐	10 ♋	5 ♏
3	9 ♍ 17	1 ♈ 33	27 ♉ 11	26 ♉ 31	13 ♍ 32	9 ♍ 1	12 ♋ 43	21 ♏ 2	15 ♌ 57	25 ♊ 47	9 ♎ 24	13 ♌ 46	9 ♉	7 ♓	17 ♐	11 ♋	5 ♏
4	10 ♍ 15	14 ♈ 17	27 ♉ 8	26 ♉ 23	15 ♍ 24	10 ♍ 15	13 ♋ 21	21 ♏ 10	16 ♌ 4	25 ♊ 48	9 ♎ 26	13 ♌ 48	9 ♉	7 ♓	17 ♐	11 ♋	5 ♏
5	11 ♍ 13	27 ♈ 11	27 ♉ 5	26 ♉ 17	17 ♍ 14	11 ♍ 30	13 ♋ 59	21 ♏ 18	16 ♌ 11	25 ♊ 50	9 ♎ 28	13 ♌ 49	9 ♉	6 ♓	17 ♐	11 ♋	5 ♏
6	12 ♍ 11	10 ♉ 18	27 ♉ 2	26 ♉ 14	19 ♍ 4	12 ♍ 44	14 ♋ 36	21 ♏ 26	16 ♌ 19	25 ♊ 51	9 ♎ 30	13 ♌ 51	9 ♉	6 ♓	18 ♐	12 ♋	5 ♏
7	13 ♍ 9	23 ♉ 38	26 ♉ 58	26 ♉ 13	20 ♍ 52	13 ♍ 59	15 ♋ 14	21 ♏ 34	16 ♌ 26	25 ♊ 52	9 ♎ 32	13 ♌ 52	9 R	6 ♓	18 ♐	12 ♋	6 ♏
8	14 ♍ 8	7 ♊ 13	26 ♉ 55	26 D 13	22 ♍ 39	15 ♍ 13	15 ♋ 51	21 ♏ 43	16 ♌ 33	25 ♊ 54	9 ♎ 34	13 ♌ 54	9 ♉	5 ♓	18 ♐	12 ♋	6 ♏
9	15 ♍ 6	21 ♊ 4	26 ♉ 52	26 R 13	24 ♍ 24	16 ♍ 28	16 ♋ 28	21 ♏ 51	16 ♌ 40	25 ♊ 55	9 ♎ 36	13 ♌ 56	9 ♉	5 ♓	18 ♐	13 ♋	6 ♏
10	16 ♍ 4	5 ♋ 13	26 ♉ 49	26 ♉ 12	26 ♍ 9	17 ♍ 42	17 ♋ 6	22 ♏ 0	16 ♌ 47	25 ♊ 56	9 ♎ 38	13 ♌ 57	9 ♉	5 ♓	18 ♐	13 ♋	6 ♏
11	17 ♍ 3	19 ♋ 37	26 ♉ 46	26 ♉ 8	27 ♍ 52	18 ♍ 57	17 ♋ 43	22 ♏ 9	16 ♌ 54	25 ♊ 57	9 ♎ 40	13 ♌ 59	9 ♉	5 ♓	18 ♐	13 ♋	6 ♏
12	18 ♍ 1	4 ♌ 15	26 ♉ 42	26 ♉ 2	29 ♍ 35	20 ♍ 12	18 ♋ 20	22 ♏ 17	17 ♌ 1	25 ♊ 58	9 ♎ 42	14 ♌ 0	9 ♉	4 ♓	18 ♐	14 ♋	6 ♏
13	18 ♍ 59	19 ♌ 0	26 ♉ 39	25 ♉ 54	1 ♎ 16	21 ♍ 26	18 ♋ 57	22 ♏ 26	17 ♌ 8	25 ♊ 59	9 ♎ 44	14 ♌ 2	9 ♉	4 ♓	19 ♐	14 ♋	6 ♏
14	19 ♍ 58	3 ♍ 46	26 ♉ 36	25 ♉ 44	2 ♎ 56	22 ♍ 41	19 ♋ 34	22 ♏ 35	17 ♌ 15	26 ♊ 0	9 ♎ 46	14 ♌ 3	8 ♉	4 ♓	19 ♐	14 ♋	6 ♏
15	20 ♍ 56	18 ♍ 25	26 ♉ 33	25 ♉ 34	4 ♎ 35	23 ♍ 55	20 ♋ 10	22 ♏ 45	17 ♌ 22	26 ♊ 1	9 ♎ 48	14 ♌ 5	8 ♉	4 ♓	19 ♐	15 ♋	6 ♏
16	21 ♍ 55	2 ♎ 48	26 ♉ 30	25 ♉ 25	6 ♎ 12	25 ♍ 10	20 ♋ 47	22 ♏ 54	17 ♌ 29	26 ♊ 2	9 ♎ 50	14 ♌ 6	8 ♉	4 ♓	19 ♐	15 ♋	7 ♏
17	22 ♍ 53	16 ♎ 50	26 ♉ 27	25 ♉ 17	7 ♎ 49	26 ♍ 25	21 ♋ 23	23 ♏ 3	17 ♌ 36	26 ♊ 3	9 ♎ 53	14 ♌ 8	8 ♉	3 ♓	19 ♐	15 ♋	7 ♏
18	23 ♍ 52	0 ♏ 27	26 ♉ 23	25 ♉ 12	9 ♎ 25	27 ♍ 39	22 ♋ 0	23 ♏ 13	17 ♌ 42	26 ♊ 4	9 ♎ 55	14 ♌ 9	8 ♉	3 ♓	19 ♐	16 ♋	7 ♏
19	24 ♍ 50	13 ♏ 38	26 ♉ 20	25 ♉ 10	11 ♎ 0	28 ♍ 54	22 ♋ 36	23 ♏ 22	17 ♌ 49	26 ♊ 5	9 ♎ 57	14 ♌ 11	8 ♉	3 ♓	20 ♐	16 ♋	7 ♏
20	25 ♍ 49	26 ♏ 25	26 ♉ 17	25 D 9	12 ♎ 33	0 ♎ 9	23 ♋ 12	23 ♏ 32	17 ♌ 56	26 ♊ 6	9 ♎ 59	14 ♌ 12	8 ♉	3 ♓	20 ♐	16 ♋	7 ♏
21	26 ♍ 48	8 ♐ 52	26 ♉ 14	25 ♉ 10	14 ♎ 6	1 ♎ 23	23 ♋ 48	23 ♏ 42	18 ♌ 2	26 ♊ 6	10 ♎ 1	14 ♌ 14	8 ♉	2 ♓	20 ♐	17 ♋	7 ♏
22	27 ♍ 46	21 ♐ 1	26 ♉ 11	25 ♉ 10	15 ♎ 38	2 ♎ 38	24 ♋ 24	23 ♏ 52	18 ♌ 9	26 ♊ 7	10 ♎ 3	14 ♌ 15	8 ♉	2 ♓	20 ♐	17 ♋	7 ♏
23	28 ♍ 45	3 ♑ 0	26 ♉ 8	25 R 10	17 ♎ 9	3 ♎ 53	25 ♋ 0	24 ♏ 2	18 ♌ 15	26 ♊ 7	10 ♎ 6	14 ♌ 16	8 ♉	2 ♓	20 ♐	17 ♋	7 ♏
24	29 ♍ 44	14 ♑ 52	26 ♉ 4	25 ♉ 9	18 ♎ 38	5 ♎ 8	25 ♋ 36	24 ♏ 12	18 ♌ 22	26 ♊ 8	10 ♎ 8	14 ♌ 18	8 ♉	2 ♓	21 ♐	18 ♋	7 ♏
25	0 ♎ 42	26 ♑ 43	26 ♉ 1	25 ♉ 6	20 ♎ 7	6 ♎ 22	26 ♋ 12	24 ♏ 22	18 ♌ 28	26 ♊ 8	10 ♎ 10	14 ♌ 19	8 ♉	2 ♓	21 ♐	18 ♋	8 ♏
26	1 ♎ 41	8 ♒ 37	25 ♉ 58	25 ♉ 0	21 ♎ 34	7 ♎ 37	26 ♋ 47	24 ♏ 32	18 ♌ 35	26 ♊ 9	10 ♎ 12	14 ♌ 20	7 ♉	1 ♓	21 ♐	18 ♋	8 ♏
27	2 ♎ 40	20 ♒ 39	25 ♉ 55	24 ♉ 52	23 ♎ 1	8 ♎ 52	27 ♋ 22	24 ♏ 43	18 ♌ 41	26 ♊ 9	10 ♎ 15	14 ♌ 22	7 ♉	1 ♓	21 ♐	19 ♋	8 ♏
28	3 ♎ 39	2 ♓ 51	25 ♉ 52	24 ♉ 43	24 ♎ 27	10 ♎ 7	27 ♋ 58	24 ♏ 53	18 ♌ 47	26 ♊ 9	10 ♎ 17	14 ♌ 23	7 ♉	1 ♓	21 ♐	19 ♋	8 ♏
29	4 ♎ 38	15 ♓ 15	25 ♉ 48	24 ♉ 34	25 ♎ 51	11 ♎ 21	28 ♋ 33	25 ♏ 4	18 ♌ 53	26 ♊ 10	10 ♎ 19	14 ♌ 24	7 ♉	1 ♓	22 ♐	19 ♋	8 ♏
30	5 ♎ 37	27 ♓ 53	25 ♉ 45	24 ♉ 25	27 ♎ 15	12 ♎ 36	29 ♋ 8	25 ♏ 15	18 ♌ 59	26 ♊ 10	10 ♎ 21	14 ♌ 25	7 ♉	1 ♓	22 ♐	19 ♋	8 ♏

SUN INGRESS	☉ → ♎ 24日 06:29
MOON PHASE	○ 1日 01:34 ♓　◑ 8日 12:57 ♊　● 15日 04:28 ♍　◐ 22日 14:42 ♐　○ 30日 15:41 ♈

aspects

2日	08:11	☿⚹♂
3日	23:23	☉☌♀
7日	10:21	☿⚹♃
9日	00:18	♀⚹♂
9日	21:01	☿□♅
12日	21:09	☉⚹♂
13日	21:59	♀⚹♃
16日	16:59	♀□♅
17日	04:55	☉⚹♃
18日	07:40	☿☌♆
20日	06:51	☉□♅
20日	18:01	♂△♃
21日	01:58	☿⚹♇
23日	19:16	☿⚹♄
28日	03:22	♀☌♆
29日	05:16	☿△♅

1947年10月

DAY	☉	☽	☊ mean	☊ true	☿	♀	♂	♃	♄	♅	♆	♇	⚳	⚴	⚵	⚶	⚷
	° ′	° ′	° ′	° ′	° ′	° ′	° ′	° ′	° ′	° ′	° ′	° ′	°	°	°	°	°
1	6 ♎ 36	10 ♈ 44	25 ♉ 42	24 R 17	28 D 37	13 D 51	29 D 43	25 D 25	19 D 6	26 D 10	10 D 23	14 D 27	7 R	0 R	22 D	20 D	8 D
2	7 ♎ 34	23 ♈ 48	25 ♉ 39	24 ♉ 12	29 ♎ 58	15 ♎ 6	0 ♌ 18	25 ♏ 36	19 ♌ 12	26 ♊ 10	10 ♎ 26	14 ♌ 28	7 ♉	0 ♓	22 ♐	20 ♋	8 ♏
3	8 ♎ 34	7 ♉ 4	25 ♉ 36	24 ♉ 8	1 ♏ 18	16 ♎ 20	0 ♌ 52	25 ♏ 47	19 ♌ 17	26 ♊ 10	10 ♎ 28	14 ♌ 29	6 ♉	0 ♓	23 ♐	20 ♋	9 ♏
4	9 ♎ 33	20 ♉ 31	25 ♉ 33	24 ♉ 7	2 ♏ 37	17 ♎ 35	1 ♌ 27	25 ♏ 58	19 ♌ 23	26 R 10	10 ♎ 30	14 ♌ 30	6 ♉	0 ♓	23 ♐	21 ♋	9 ♏
5	10 ♎ 32	4 ♊ 8	25 ♉ 29	24 D 7	3 ♏ 54	18 ♎ 50	2 ♌ 1	26 ♏ 9	19 ♌ 29	26 ♊ 10	10 ♎ 32	14 ♌ 31	6 ♉	0 ♓	23 ♐	21 ♋	9 ♏
6	11 ♎ 31	17 ♊ 56	25 ♉ 26	24 ♉ 8	5 ♏ 10	20 ♎ 5	2 ♌ 36	26 ♏ 20	19 ♌ 35	26 ♊ 10	10 ♎ 35	14 ♌ 32	6 ♉	0 ♓	23 ♐	21 ♋	9 ♏
7	12 ♎ 30	1 ♋ 52	25 ♉ 23	24 ♉ 9	6 ♏ 25	21 ♎ 19	3 ♌ 10	26 ♏ 31	19 ♌ 41	26 ♊ 10	10 ♎ 37	14 ♌ 34	6 ♉	0 ♓	24 ♐	21 ♋	9 ♏
8	13 ♎ 29	15 ♋ 58	25 ♉ 20	24 R 10	7 ♏ 38	22 ♎ 34	3 ♌ 44	26 ♏ 43	19 ♌ 46	26 ♊ 9	10 ♎ 39	14 ♌ 35	6 ♉	29 ♒	24 ♐	22 ♋	9 ♏
9	14 ♎ 28	0 ♌ 11	25 ♉ 17	24 ♉ 9	8 ♏ 50	23 ♎ 49	4 ♌ 18	26 ♏ 54	19 ♌ 52	26 ♊ 9	10 ♎ 41	14 ♌ 36	5 ♉	29 ♒	24 ♐	22 ♋	9 ♏
10	15 ♎ 28	14 ♌ 29	25 ♉ 14	24 ♉ 6	9 ♏ 59	25 ♎ 4	4 ♌ 51	27 ♏ 6	19 ♌ 57	26 ♊ 9	10 ♎ 43	14 ♌ 37	5 ♉	29 ♒	24 ♐	22 ♋	9 ♏
11	16 ♎ 27	28 ♌ 50	25 ♉ 10	24 ♉ 2	11 ♏ 7	26 ♎ 19	5 ♌ 25	27 ♏ 17	20 ♌ 3	26 ♊ 8	10 ♎ 46	14 ♌ 38	5 ♉	29 ♒	25 ♐	23 ♋	10 ♏
12	17 ♎ 26	13 ♍ 8	25 ♉ 7	23 ♉ 56	12 ♏ 13	27 ♎ 34	5 ♌ 58	27 ♏ 29	20 ♌ 8	26 ♊ 8	10 ♎ 48	14 ♌ 39	5 ♉	29 ♒	25 ♐	23 ♋	10 ♏
13	18 ♎ 26	27 ♍ 20	25 ♉ 4	23 ♉ 50	13 ♏ 16	28 ♎ 48	6 ♌ 32	27 ♏ 41	20 ♌ 13	26 ♊ 7	10 ♎ 50	14 ♌ 40	5 ♉	29 ♒	25 ♐	23 ♋	10 ♏
14	19 ♎ 25	11 ♎ 20	25 ♉ 1	23 ♉ 45	14 ♏ 18	0 ♏ 3	7 ♌ 5	27 ♏ 52	20 ♌ 18	26 ♊ 7	10 ♎ 52	14 ♌ 41	4 ♉	29 ♒	25 ♐	23 ♋	10 ♏
15	20 ♎ 25	25 ♎ 4	24 ♉ 58	23 ♉ 41	15 ♏ 16	1 ♏ 18	7 ♌ 38	28 ♏ 4	20 ♌ 23	26 ♊ 6	10 ♎ 55	14 ♌ 42	4 ♉	29 ♒	26 ♐	24 ♋	10 ♏
16	21 ♎ 24	8 ♏ 28	24 ♉ 54	23 ♉ 38	16 ♏ 12	2 ♏ 33	8 ♌ 11	28 ♏ 16	20 ♌ 28	26 ♊ 6	10 ♎ 57	14 ♌ 42	4 ♉	29 ♒	26 ♐	24 ♋	10 ♏
17	22 ♎ 24	21 ♏ 32	24 ♉ 51	23 ♉ 37	17 ♏ 4	3 ♏ 48	8 ♌ 43	28 ♏ 28	20 ♌ 33	26 ♊ 5	10 ♎ 59	14 ♌ 43	4 ♉	28 ♒	26 ♐	24 ♋	10 ♏
18	23 ♎ 23	4 ♐ 16	24 ♉ 48	23 D 38	17 ♏ 53	5 ♏ 3	9 ♌ 16	28 ♏ 40	20 ♌ 38	26 ♊ 4	11 ♎ 1	14 ♌ 44	4 ♉	28 ♒	26 ♐	24 ♋	11 ♏
19	24 ♎ 23	16 ♐ 42	24 ♉ 45	23 ♉ 39	18 ♏ 38	6 ♏ 17	9 ♌ 48	28 ♏ 52	20 ♌ 43	26 ♊ 3	11 ♎ 3	14 ♌ 45	3 ♉	28 ♒	27 ♐	24 ♋	11 ♏
20	25 ♎ 22	28 ♐ 52	24 ♉ 42	23 ♉ 41	19 ♏ 19	7 ♏ 32	10 ♌ 21	29 ♏ 4	20 ♌ 48	26 ♊ 2	11 ♎ 6	14 ♌ 46	3 ♉	28 ♒	27 ♐	25 ♋	11 ♏
21	26 ♎ 22	10 ♑ 52	24 ♉ 39	23 ♉ 43	19 ♏ 55	8 ♏ 47	10 ♌ 53	29 ♏ 16	20 ♌ 52	26 ♊ 2	11 ♎ 8	14 ♌ 46	3 ♉	28 ♒	27 ♐	25 ♋	11 ♏
22	27 ♎ 22	22 ♑ 45	24 ♉ 35	23 ♉ 44	20 ♏ 25	10 ♏ 2	11 ♌ 24	29 ♏ 29	20 ♌ 57	26 ♊ 1	11 ♎ 10	14 ♌ 47	3 ♉	28 ♒	28 ♐	25 ♋	11 ♏
23	28 ♎ 21	4 ♒ 37	24 ♉ 32	23 R 43	20 ♏ 51	11 ♏ 17	11 ♌ 56	29 ♏ 41	21 ♌ 1	26 ♊ 0	11 ♎ 12	14 ♌ 48	2 ♉	28 ♒	28 ♐	25 ♋	11 ♏
24	29 ♎ 21	16 ♒ 32	24 ♉ 29	23 ♉ 42	21 ♏ 10	12 ♏ 32	12 ♌ 28	29 ♏ 53	21 ♌ 6	25 ♊ 59	11 ♎ 14	14 ♌ 49	2 ♉	28 ♒	28 ♐	26 ♋	11 ♏
25	0 ♏ 21	28 ♒ 36	24 ♉ 26	23 ♉ 40	21 ♏ 22	13 ♏ 47	12 ♌ 59	0 ♐ 6	21 ♌ 10	25 ♊ 58	11 ♎ 16	14 ♌ 49	2 ♉	28 ♒	28 ♐	26 ♋	12 ♏
26	1 ♏ 21	10 ♓ 51	24 ♉ 23	23 ♉ 37	21 ♏ 26	15 ♏ 1	13 ♌ 30	0 ♐ 18	21 ♌ 14	25 ♊ 56	11 ♎ 19	14 ♌ 50	2 ♉	28 ♒	29 ♐	26 ♋	12 ♏
27	2 ♏ 20	23 ♓ 21	24 ♉ 19	23 ♉ 33	21 R 23	16 ♏ 16	14 ♌ 1	0 ♐ 31	21 ♌ 18	25 ♊ 55	11 ♎ 21	14 ♌ 50	1 ♉	28 ♒	29 ♐	26 ♋	12 ♏
28	3 ♏ 20	6 ♈ 9	24 ♉ 16	23 ♉ 30	21 ♏ 11	17 ♏ 31	14 ♌ 32	0 ♐ 43	21 ♌ 22	25 ♊ 54	11 ♎ 23	14 ♌ 51	1 ♉	28 ♒	29 ♐	26 ♋	12 ♏
29	4 ♏ 20	19 ♈ 15	24 ♉ 13	23 ♉ 27	20 ♏ 51	18 ♏ 46	15 ♌ 3	0 ♐ 56	21 ♌ 26	25 ♊ 53	11 ♎ 25	14 ♌ 52	1 ♉	28 ♒	0 ♑	27 ♋	12 ♏
30	5 ♏ 20	2 ♉ 39	24 ♉ 10	23 ♉ 25	20 ♏ 21	20 ♏ 1	15 ♌ 33	1 ♐ 9	21 ♌ 30	25 ♊ 51	11 ♎ 27	14 ♌ 52	1 ♉	28 D	0 ♑	27 ♋	12 ♏
31	6 ♏ 20	16 ♉ 20	24 ♉ 7	23 ♉ 24	19 ♏ 41	21 ♏ 16	16 ♌ 3	1 ♐ 21	21 ♌ 34	25 ♊ 50	11 ♎ 29	14 ♌ 53	1 ♉	28 ♒	0 ♑	27 ♋	12 ♏

SUN INGRESS	☉ → ♏ 24日 15:26
MOON PHASE	◑ 7日 19:29 ♋　● 14日 15:10 ♎　◐ 22日 10:11 ♑　○ 30日 05:07 ♉

aspects

1日	11:43	♀⚹♇
2日	10:16	☿□♂
5日	00:17	☉☌♆
5日	13:39	♀⚹♄
9日	03:02	☉⚹♇
10日	20:41	♀△♅
14日	09:29	☿□♇
14日	23:29	☉⚹♄
20日	15:55	☉△♅
21日	12:13	♂⚹♆
23日	16:30	☿□♄
23日	21:46	♀□♂
25日	20:15	♀□♇
27日	08:50	☿□♄
28日	15:07	♂☌♇
30日	04:18	☿☌♀
31日	06:06	♀□♄

1947年11月

DAY	☉	☽	☊ mean	☊ true	☿	♀	♂	♃	♄	♅	♆	♇	⚳	⚴	⚵	⚶	⚷
	° ′	° ′	° ′	° ′	° ′	° ′	° ′	° ′	° ′	° ′	° ′	° ′	°	°	°	°	°
1	7 ♏ 20	0 ♊ 14	24 ♉ 4	23 D 24	18 R 53	22 D 30	16 D 33	1 D 34	21 D 37	25 R 49	11 D 31	14 D 53	0 R	28 D	1 D	27 D	12 D
2	8 ♏ 20	14 ♊ 18	24 ♉ 0	23 ♉ 25	17 ♏ 56	23 ♏ 45	17 ♌ 3	1 ♐ 47	21 ♌ 41	25 ♊ 47	11 ♎ 33	14 ♌ 54	0 ♉	28 ♒	1 ♑	27 ♋	13 ♏
3	9 ♏ 20	28 ♊ 29	23 ♉ 57	23 ♉ 26	16 ♏ 51	25 ♏ 0	17 ♌ 33	2 ♐ 0	21 ♌ 44	25 ♊ 46	11 ♎ 35	14 ♌ 54	0 ♉	28 ♒	1 ♑	27 ♋	13 ♏
4	10 ♏ 20	12 ♋ 44	23 ♉ 54	23 ♉ 27	15 ♏ 39	26 ♏ 15	18 ♌ 2	2 ♐ 13	21 ♌ 48	25 ♊ 44	11 ♎ 37	14 ♌ 54	0 ♉	28 ♒	2 ♑	28 ♋	13 ♏
5	11 ♏ 20	27 ♋ 0	23 ♉ 51	23 ♉ 28	14 ♏ 23	27 ♏ 30	18 ♌ 32	2 ♐ 25	21 ♌ 51	25 ♊ 42	11 ♎ 39	14 ♌ 55	29 ♈	28 ♒	2 ♑	28 ♋	13 ♏
6	12 ♏ 20	11 ♌ 13	23 ♉ 48	23 ♉ 29	13 ♏ 5	28 ♏ 45	19 ♌ 1	2 ♐ 38	21 ♌ 54	25 ♊ 41	11 ♎ 41	14 ♌ 55	29 ♈	28 ♒	2 ♑	28 ♋	13 ♏
7	13 ♏ 21	25 ♌ 21	23 ♉ 45	23 R 28	11 ♏ 46	0 ♐ 0	19 ♌ 29	2 ♐ 51	21 ♌ 57	25 ♊ 39	11 ♎ 43	14 ♌ 55	29 ♈	28 ♒	3 ♑	28 ♋	13 ♏
8	14 ♏ 21	9 ♍ 23	23 ♉ 41	23 ♉ 28	10 ♏ 30	1 ♐ 14	19 ♌ 58	3 ♐ 4	22 ♌ 0	25 ♊ 37	11 ♎ 45	14 ♌ 56	29 ♈	28 ♒	3 ♑	28 ♋	13 ♏
9	15 ♏ 21	23 ♍ 17	23 ♉ 38	23 ♉ 27	9 ♏ 19	2 ♐ 29	20 ♌ 26	3 ♐ 17	22 ♌ 3	25 ♊ 36	11 ♎ 47	14 ♌ 56	29 ♈	28 ♒	3 ♑	28 ♋	14 ♏
10	16 ♏ 21	7 ♎ 0	23 ♉ 35	23 ♉ 26	8 ♏ 15	3 ♐ 44	20 ♌ 54	3 ♐ 31	22 ♌ 6	25 ♊ 34	11 ♎ 49	14 ♌ 56	28 ♈	28 ♒	4 ♑	28 ♋	14 ♏
11	17 ♏ 22	20 ♎ 31	23 ♉ 32	23 ♉ 25	7 ♏ 20	4 ♐ 59	21 ♌ 22	3 ♐ 44	22 ♌ 9	25 ♊ 32	11 ♎ 51	14 ♌ 56	28 ♈	28 ♒	4 ♑	28 ♋	14 ♏
12	18 ♏ 22	3 ♏ 49	23 ♉ 29	23 ♉ 24	6 ♏ 35	6 ♐ 14	21 ♌ 50	3 ♐ 57	22 ♌ 11	25 ♊ 30	11 ♎ 53	14 ♌ 56	28 ♈	28 ♒	4 ♑	29 ♋	14 ♏
13	19 ♏ 22	16 ♏ 53	23 ♉ 25	23 ♉ 24	6 ♏ 1	7 ♐ 29	22 ♌ 17	4 ♐ 10	22 ♌ 14	25 ♊ 28	11 ♎ 55	14 ♌ 57	28 ♈	29 ♒	5 ♑	29 ♋	14 ♏
14	20 ♏ 23	29 ♏ 42	23 ♉ 22	23 D 24	5 ♏ 39	8 ♐ 44	22 ♌ 44	4 ♐ 23	22 ♌ 16	25 ♊ 26	11 ♎ 57	14 ♌ 57	28 ♈	29 ♒	5 ♑	29 ♋	14 ♏
15	21 ♏ 23	12 ♐ 16	23 ♉ 19	23 ♉ 24	5 ♏ 29	9 ♐ 58	23 ♌ 11	4 ♐ 37	22 ♌ 18	25 ♊ 24	11 ♎ 58	14 ♌ 57	27 ♈	29 ♒	5 ♑	29 ♋	14 ♏
16	22 ♏ 24	24 ♐ 36	23 ♉ 16	23 ♉ 24	5 D 30	11 ♐ 13	23 ♌ 38	4 ♐ 50	22 ♌ 20	25 ♊ 22	12 ♎ 0	14 ♌ 57	27 ♈	29 ♒	6 ♑	29 ♋	15 ♏
17	23 ♏ 24	6 ♑ 44	23 ♉ 13	23 ♉ 24	5 ♏ 42	12 ♐ 28	24 ♌ 4	5 ♐ 3	22 ♌ 22	25 ♊ 20	12 ♎ 2	14 ♌ 57	27 ♈	29 ♒	6 ♑	29 ♋	15 ♏
18	24 ♏ 25	18 ♑ 43	23 ♉ 10	23 R 24	6 ♏ 4	13 ♐ 43	24 ♌ 30	5 ♐ 16	22 ♌ 24	25 ♊ 18	12 ♎ 4	14 R 57	27 ♈	29 ♒	6 ♑	29 ♋	15 ♏
19	25 ♏ 25	0 ♒ 37	23 ♉ 6	23 ♉ 24	6 ♏ 34	14 ♐ 58	24 ♌ 56	5 ♐ 30	22 ♌ 26	25 ♊ 16	12 ♎ 6	14 ♌ 57	27 ♈	29 ♒	7 ♑	29 ♋	15 ♏
20	26 ♏ 26	12 ♒ 28	23 ♉ 3	23 ♉ 24	7 ♏ 14	16 ♐ 13	25 ♌ 21	5 ♐ 43	22 ♌ 28	25 ♊ 14	12 ♎ 7	14 ♌ 57	27 ♈	29 ♒	7 ♑	29 ♋	15 ♏
21	27 ♏ 26	24 ♒ 22	23 ♉ 0	23 ♉ 24	8 ♏ 0	17 ♐ 27	25 ♌ 47	5 ♐ 56	22 ♌ 29	25 ♊ 12	12 ♎ 9	14 ♌ 57	26 ♈	29 ♒	7 ♑	29 ♋	15 ♏
22	28 ♏ 27	6 ♓ 23	22 ♉ 57	23 D 24	8 ♏ 53	18 ♐ 42	26 ♌ 11	6 ♐ 10	22 ♌ 31	25 ♊ 10	12 ♎ 11	14 ♌ 56	26 ♈	29 ♒	8 ♑	29 ♋	15 ♏
23	29 ♏ 28	18 ♓ 37	22 ♉ 54	23 ♉ 24	9 ♏ 52	19 ♐ 57	26 ♌ 36	6 ♐ 23	22 ♌ 32	25 ♊ 7	12 ♎ 12	14 ♌ 56	26 ♈	0 ♓	8 ♑	29 ♋	15 ♏
24	0 ♐ 28	1 ♈ 6	22 ♉ 51	23 ♉ 25	10 ♏ 56	21 ♐ 12	27 ♌ 0	6 ♐ 37	22 ♌ 33	25 ♊ 5	12 ♎ 14	14 ♌ 56	26 ♈	0 ♓	8 ♑	29 ♋	16 ♏
25	1 ♐ 29	13 ♈ 56	22 ♉ 47	23 ♉ 26	12 ♏ 4	22 ♐ 27	27 ♌ 24	6 ♐ 50	22 ♌ 35	25 ♊ 3	12 ♎ 16	14 ♌ 56	26 ♈	0 ♓	9 ♑	29 ♋	16 ♏
26	2 ♐ 30	27 ♈ 8	22 ♉ 44	23 ♉ 26	13 ♏ 16	23 ♐ 41	27 ♌ 48	7 ♐ 3	22 ♌ 36	25 ♊ 1	12 ♎ 17	14 ♌ 56	26 ♈	0 ♓	9 ♑	29 ♋	16 ♏
27	3 ♐ 30	10 ♉ 44	22 ♉ 41	23 ♉ 27	14 ♏ 30	24 ♐ 56	28 ♌ 11	7 ♐ 17	22 ♌ 37	24 ♊ 58	12 ♎ 19	14 ♌ 55	26 ♈	0 ♓	9 ♑	29 ♋	16 ♏
28	4 ♐ 31	24 ♉ 43	22 ♉ 38	23 R 27	15 ♏ 48	26 ♐ 11	28 ♌ 34	7 ♐ 30	22 ♌ 37	24 ♊ 56	12 ♎ 20	14 ♌ 55	25 ♈	0 ♓	10 ♑	29 R	16 ♏
29	5 ♐ 32	9 ♊ 1	22 ♉ 35	23 ♉ 27	17 ♏ 8	27 ♐ 26	28 ♌ 57	7 ♐ 44	22 ♌ 38	24 ♊ 54	12 ♎ 22	14 ♌ 55	25 ♈	0 ♓	10 ♑	29 ♋	16 ♏
30	6 ♐ 32	23 ♊ 34	22 ♉ 31	23 ♉ 26	18 ♏ 30	28 ♐ 40	29 ♌ 19	7 ♐ 57	22 ♌ 39	24 ♊ 51	12 ♎ 23	14 ♌ 55	25 ♈	0 ♓	11 ♑	29 ♋	16 ♏

SUN INGRESS	☉ → ♐ 23日 12:38
MOON PHASE	◑ 6日 02:04 ♌　● 13日 05:01 ♏　◐ 21日 06:44 ♒　○ 28日 17:45 ♊

aspects		
2日	13:29	☿□♂
4日	14:17	☿□♇
6日	07:40	☉☌☿
8日	13:54	☉□♇
9日	18:44	♀☌♃
12日	20:19	♂☌♄
15日	22:34	☉□♄
16日	15:25	♀⚹♆
18日	03:47	☉□♂
18日	23:41	♀△♇
19日	17:35	♂⚹♅
25日	02:36	♀△♄
27日	00:40	♀☍♅
27日	07:46	☿□♇
30日	17:29	♀△♂

1947年12月

DAY	☉	☽	☊ mean	☊ true	☿	♀	♂	♃	♄	♅	♆	♇	⚳	⚴	⚵	⚶	⚷
	° ′	° ′	° ′	° ′	° ′	° ′	° ′	° ′	° ′	° ′	° ′	° ′	°	°	°	°	°
1	7 ♐ 33	8 ♋ 15	22 ♉ 28	23 R 24	19 D 54	29 D 55	29 D 41	8 D 11	22 D 39	24 R 49	12 D 25	14 R 54	25 R	1 D	11 D	29 R	17 D
2	8 ♐ 34	22 ♋ 58	22 ♉ 25	23 ♉ 22	21 ♏ 19	1 ♑ 10	0 ♍ 2	8 ♐ 24	22 ♌ 40	24 ♊ 46	12 ♎ 26	14 ♌ 54	25 ♈	1 ♓	11 ♑	29 ♋	17 ♏
3	9 ♐ 35	7 ♌ 35	22 ♉ 22	23 ♉ 20	22 ♏ 45	2 ♑ 25	0 ♍ 24	8 ♐ 38	22 ♌ 40	24 ♊ 44	12 ♎ 28	14 ♌ 53	25 ♈	1 ♓	12 ♑	29 ♋	17 ♏
4	10 ♐ 36	22 ♌ 2	22 ♉ 19	23 ♉ 19	24 ♏ 12	3 ♑ 39	0 ♍ 44	8 ♐ 51	22 ♌ 40	24 ♊ 42	12 ♎ 29	14 ♌ 53	25 ♈	1 ♓	12 ♑	29 ♋	17 ♏
5	11 ♐ 37	6 ♍ 14	22 ♉ 16	23 ♉ 18	25 ♏ 40	4 ♑ 54	1 ♍ 5	9 ♐ 5	22 R 40	24 ♊ 39	12 ♎ 30	14 ♌ 52	25 ♈	1 ♓	12 ♑	29 ♋	17 ♏
6	12 ♐ 37	20 ♍ 10	22 ♉ 12	23 D 18	27 ♏ 9	6 ♑ 9	1 ♍ 25	9 ♐ 18	22 ♌ 40	24 ♊ 37	12 ♎ 32	14 ♌ 52	25 ♈	1 ♓	13 ♑	29 ♋	17 ♏
7	13 ♐ 38	3 ♎ 49	22 ♉ 9	23 ♉ 19	28 ♏ 39	7 ♑ 24	1 ♍ 44	9 ♐ 31	22 ♌ 40	24 ♊ 34	12 ♎ 33	14 ♌ 51	25 ♈	2 ♓	13 ♑	29 ♋	17 ♏
8	14 ♐ 39	17 ♎ 11	22 ♉ 6	23 ♉ 21	0 ♐ 9	8 ♑ 38	2 ♍ 4	9 ♐ 45	22 ♌ 40	24 ♊ 32	12 ♎ 34	14 ♌ 51	25 ♈	2 ♓	13 ♑	29 ♋	17 ♏
9	15 ♐ 40	0 ♏ 19	22 ♉ 3	23 ♉ 22	1 ♐ 39	9 ♑ 53	2 ♍ 22	9 ♐ 58	22 ♌ 39	24 ♊ 29	12 ♎ 35	14 ♌ 50	25 ♈	2 ♓	14 ♑	29 ♋	18 ♏
10	16 ♐ 41	13 ♏ 13	22 ♉ 0	23 ♉ 23	3 ♐ 10	11 ♑ 8	2 ♍ 41	10 ♐ 12	22 ♌ 39	24 ♊ 27	12 ♎ 37	14 ♌ 50	25 ♈	2 ♓	14 ♑	29 ♋	18 ♏
11	17 ♐ 42	25 ♏ 54	21 ♉ 57	23 R 24	4 ♐ 41	12 ♑ 22	2 ♍ 59	10 ♐ 25	22 ♌ 38	24 ♊ 24	12 ♎ 38	14 ♌ 49	24 ♈	2 ♓	15 ♑	29 ♋	18 ♏
12	18 ♐ 43	8 ♐ 24	21 ♉ 53	23 ♉ 23	6 ♐ 13	13 ♑ 37	3 ♍ 16	10 ♐ 39	22 ♌ 37	24 ♊ 21	12 ♎ 39	14 ♌ 48	24 ♈	3 ♓	15 ♑	29 ♋	18 ♏
13	19 ♐ 44	20 ♐ 44	21 ♉ 50	23 ♉ 20	7 ♐ 44	14 ♑ 52	3 ♍ 33	10 ♐ 52	22 ♌ 36	24 ♊ 19	12 ♎ 40	14 ♌ 48	24 ♈	3 ♓	15 ♑	28 ♋	18 ♏
14	20 ♐ 45	2 ♑ 54	21 ♉ 47	23 ♉ 17	9 ♐ 16	16 ♑ 6	3 ♍ 49	11 ♐ 6	22 ♌ 35	24 ♊ 16	12 ♎ 41	14 ♌ 47	24 ♈	3 ♓	16 ♑	28 ♋	18 ♏
15	21 ♐ 46	14 ♑ 57	21 ♉ 44	23 ♉ 12	10 ♐ 48	17 ♑ 21	4 ♍ 5	11 ♐ 19	22 ♌ 34	24 ♊ 14	12 ♎ 42	14 ♌ 46	24 ♈	3 ♓	16 ♑	28 ♋	18 ♏
16	22 ♐ 47	26 ♑ 53	21 ♉ 41	23 ♉ 6	12 ♐ 21	18 ♑ 36	4 ♍ 21	11 ♐ 32	22 ♌ 33	24 ♊ 11	12 ♎ 43	14 ♌ 45	24 D	3 ♓	17 ♑	28 ♋	18 ♏
17	23 ♐ 49	8 ♒ 46	21 ♉ 37	23 ♉ 1	13 ♐ 53	19 ♑ 50	4 ♍ 36	11 ♐ 46	22 ♌ 32	24 ♊ 9	12 ♎ 44	14 ♌ 45	24 ♈	4 ♓	17 ♑	28 ♋	19 ♏
18	24 ♐ 50	20 ♒ 36	21 ♉ 34	22 ♉ 56	15 ♐ 26	21 ♑ 5	4 ♍ 50	11 ♐ 59	22 ♌ 30	24 ♊ 6	12 ♎ 45	14 ♌ 44	24 ♈	4 ♓	17 ♑	28 ♋	19 ♏
19	25 ♐ 51	2 ♓ 29	21 ♉ 31	22 ♉ 52	16 ♐ 58	22 ♑ 19	5 ♍ 4	12 ♐ 12	22 ♌ 29	24 ♊ 3	12 ♎ 46	14 ♌ 43	24 ♈	4 ♓	18 ♑	28 ♋	19 ♏
20	26 ♐ 52	14 ♓ 27	21 ♉ 28	22 ♉ 49	18 ♐ 31	23 ♑ 34	5 ♍ 18	12 ♐ 26	22 ♌ 27	24 ♊ 1	12 ♎ 47	14 ♌ 42	24 ♈	4 ♓	18 ♑	27 ♋	19 ♏
21	27 ♐ 53	26 ♓ 36	21 ♉ 25	22 ♉ 48	20 ♐ 4	24 ♑ 48	5 ♍ 30	12 ♐ 39	22 ♌ 26	23 ♊ 58	12 ♎ 48	14 ♌ 41	25 ♈	5 ♓	18 ♑	27 ♋	19 ♏
22	28 ♐ 54	9 ♈ 0	21 ♉ 22	22 D 49	21 ♐ 38	26 ♑ 3	5 ♍ 43	12 ♐ 52	22 ♌ 24	23 ♊ 56	12 ♎ 49	14 ♌ 40	25 ♈	5 ♓	19 ♑	27 ♋	19 ♏
23	29 ♐ 55	21 ♈ 44	21 ♉ 18	22 ♉ 50	23 ♐ 11	27 ♑ 18	5 ♍ 54	13 ♐ 5	22 ♌ 22	23 ♊ 53	12 ♎ 50	14 ♌ 40	25 ♈	5 ♓	19 ♑	27 ♋	19 ♏
24	0 ♑ 56	4 ♉ 52	21 ♉ 15	22 ♉ 52	24 ♐ 45	28 ♑ 32	6 ♍ 6	13 ♐ 19	22 ♌ 20	23 ♊ 51	12 ♎ 50	14 ♌ 39	25 ♈	5 ♓	20 ♑	27 ♋	19 ♏
25	1 ♑ 57	18 ♉ 27	21 ♉ 12	22 ♉ 53	26 ♐ 19	29 ♑ 46	6 ♍ 16	13 ♐ 32	22 ♌ 18	23 ♊ 48	12 ♎ 51	14 ♌ 38	25 ♈	6 ♓	20 ♑	26 ♋	20 ♏
26	2 ♑ 58	2 ♊ 30	21 ♉ 9	22 R 52	27 ♐ 53	1 ♒ 1	6 ♍ 26	13 ♐ 45	22 ♌ 15	23 ♊ 46	12 ♎ 52	14 ♌ 37	25 ♈	6 ♓	20 ♑	26 ♋	20 ♏
27	4 ♑ 0	16 ♊ 59	21 ♉ 6	22 ♉ 50	29 ♐ 27	2 ♒ 15	6 ♍ 35	13 ♐ 58	22 ♌ 13	23 ♊ 43	12 ♎ 53	14 ♌ 36	25 ♈	6 ♓	21 ♑	26 ♋	20 ♏
28	5 ♑ 1	1 ♋ 50	21 ♉ 3	22 ♉ 46	1 ♑ 1	3 ♒ 30	6 ♍ 44	14 ♐ 11	22 ♌ 11	23 ♊ 41	12 ♎ 53	14 ♌ 35	25 ♈	6 ♓	21 ♑	26 ♋	20 ♏
29	6 ♑ 2	16 ♋ 55	20 ♉ 59	22 ♉ 40	2 ♑ 36	4 ♒ 44	6 ♍ 52	14 ♐ 24	22 ♌ 8	23 ♊ 38	12 ♎ 54	14 ♌ 34	25 ♈	6 ♓	22 ♑	26 ♋	20 ♏
30	7 ♑ 3	2 ♌ 5	20 ♉ 56	22 ♉ 33	4 ♑ 11	5 ♒ 58	7 ♍ 0	14 ♐ 37	22 ♌ 5	23 ♊ 36	12 ♎ 54	14 ♌ 33	25 ♈	7 ♓	22 ♑	25 ♋	20 ♏
31	8 ♑ 4	17 ♌ 9	20 ♉ 53	22 ♉ 26	5 ♑ 47	7 ♒ 13	7 ♍ 7	14 ♐ 50	22 ♌ 3	23 ♊ 33	12 ♎ 55	14 ♌ 32	25 ♈	7 ♓	22 ♑	25 ♋	20 ♏

SUN INGRESS	☉ → ♑ 23日 01:43
MOON PHASE	◑ 5日 09:55 ♍　● 12日 21:53 ♐　◐ 21日 02:44 ♓　○ 28日 05:27 ♋

aspects		
1日	18:58	☉☌♃
2日	22:34	☿□♄
5日	21:38	☉⚹♆
8日	04:29	☉△♇
9日	14:18	☿□♂
11日	05:03	♀□♆
15日	09:20	☿☌♃
15日	18:27	☉△♄
16日	05:59	☿⚹♆
17日	07:33	☉☍♅
17日	13:18	☿△♇
21日	17:43	♃⚹♆
22日	11:36	☿△♄
23日	10:31	☿☍♅
29日	16:26	♃△♇
29日	22:32	☉△♂
31日	21:24	☿△♂

1948年1月

DAY	☉	☽	☊ mean	☊ true	☿	♀	♂	♃	♄	♅	♆	♇	⚳	⚴	⚵	⚶	⚷
	° ′	° ′	° ′	° ′	° ′	° ′	° ′	° ′	° ′	° ′	° ′	° ′	°	°	°	°	°
1	9 ♑ 5	1 ♍ 58	20 ♉ 50	22 R 20	7 D 22	8 D 27	7 D 13	15 D 3	22 R 0	23 R 31	12 D 55	14 R 30	25 D	7 D	23 D	25 R	20 D
2	10 ♑ 6	16 ♍ 25	20 ♉ 47	22 ♉ 15	8 ♑ 58	9 ♒ 41	7 ♍ 18	15 ♐ 16	21 ♌ 57	23 ♊ 28	12 ♎ 56	14 ♌ 29	25 ♈	8 ♓	23 ♑	25 ♋	20 ♏
3	11 ♑ 8	0 ♎ 28	20 ♉ 43	22 ♉ 13	10 ♑ 35	10 ♒ 55	7 ♍ 23	15 ♐ 29	21 ♌ 54	23 ♊ 26	12 ♎ 56	14 ♌ 28	26 ♈	8 ♓	24 ♑	24 ♋	21 ♏
4	12 ♑ 9	14 ♎ 7	20 ♉ 40	22 D 12	12 ♑ 11	12 ♒ 10	7 ♍ 27	15 ♐ 41	21 ♌ 51	23 ♊ 23	12 ♎ 57	14 ♌ 27	26 ♈	8 ♓	24 ♑	24 ♋	21 ♏
5	13 ♑ 10	27 ♎ 21	20 ♉ 37	22 ♉ 13	13 ♑ 48	13 ♒ 24	7 ♍ 30	15 ♐ 54	21 ♌ 48	23 ♊ 21	12 ♎ 57	14 ♌ 26	26 ♈	8 ♓	24 ♑	24 ♋	21 ♏
6	14 ♑ 11	10 ♏ 16	20 ♉ 34	22 ♉ 14	15 ♑ 26	14 ♒ 38	7 ♍ 33	16 ♐ 7	21 ♌ 44	23 ♊ 19	12 ♎ 58	14 ♌ 25	26 ♈	9 ♓	24 ♑	24 ♋	21 ♏
7	15 ♑ 12	22 ♏ 54	20 ♉ 31	22 R 15	17 ♑ 4	15 ♒ 52	7 ♍ 35	16 ♐ 20	21 ♌ 41	23 ♊ 16	12 ♎ 58	14 ♌ 24	26 ♈	9 ♓	25 ♑	23 ♋	21 ♏
8	16 ♑ 13	5 ♐ 18	20 ♉ 28	22 ♉ 14	18 ♑ 42	17 ♒ 6	7 ♍ 36	16 ♐ 32	21 ♌ 37	23 ♊ 14	12 ♎ 58	14 ♌ 22	26 ♈	9 ♓	26 ♑	23 ♋	21 ♏
9	17 ♑ 15	17 ♐ 33	20 ♉ 24	22 ♉ 10	20 ♑ 20	18 ♒ 20	7 R 36	16 ♐ 45	21 ♌ 34	23 ♊ 12	12 ♎ 58	14 ♌ 21	26 ♈	9 ♓	26 ♑	23 ♋	21 ♏
10	18 ♑ 16	29 ♐ 39	20 ♉ 21	22 ♉ 4	21 ♑ 59	19 ♒ 34	7 ♍ 36	16 ♐ 57	21 ♌ 30	23 ♊ 9	12 ♎ 59	14 ♌ 20	26 ♈	10 ♓	26 ♑	23 ♋	21 ♏
11	19 ♑ 17	11 ♑ 40	20 ♉ 18	21 ♉ 56	23 ♑ 39	20 ♒ 48	7 ♍ 34	17 ♐ 10	21 ♌ 27	23 ♊ 7	12 ♎ 59	14 ♌ 19	27 ♈	10 ♓	27 ♑	22 ♋	21 ♏
12	20 ♑ 18	23 ♑ 36	20 ♉ 15	21 ♉ 45	25 ♑ 19	22 ♒ 2	7 ♍ 32	17 ♐ 22	21 ♌ 23	23 ♊ 5	12 ♎ 59	14 ♌ 17	27 ♈	10 ♓	27 ♑	22 ♋	21 ♏
13	21 ♑ 19	5 ♒ 29	20 ♉ 12	21 ♉ 33	26 ♑ 59	23 ♒ 16	7 ♍ 30	17 ♐ 35	21 ♌ 19	23 ♊ 3	12 ♎ 59	14 ♌ 16	27 ♈	10 ♓	28 ♑	22 ♋	22 ♏
14	22 ♑ 20	17 ♒ 21	20 ♉ 9	21 ♉ 20	28 ♑ 39	24 ♒ 30	7 ♍ 26	17 ♐ 47	21 ♌ 15	23 ♊ 1	12 ♎ 59	14 ♌ 15	27 ♈	11 ♓	28 ♑	22 ♋	22 ♏
15	23 ♑ 22	29 ♒ 12	20 ♉ 5	21 ♉ 9	0 ♒ 20	25 ♒ 44	7 ♍ 22	17 ♐ 59	21 ♌ 11	22 ♊ 59	12 ♎ 59	14 ♌ 13	27 ♈	11 ♓	28 ♑	21 ♋	22 ♏
16	24 ♑ 23	11 ♓ 6	20 ♉ 2	20 ♉ 59	2 ♒ 1	26 ♒ 58	7 ♍ 17	18 ♐ 11	21 ♌ 7	22 ♊ 56	12 R 59	14 ♌ 12	27 ♈	11 ♓	29 ♑	21 ♋	22 ♏
17	25 ♑ 24	23 ♓ 5	19 ♉ 59	20 ♉ 51	3 ♒ 43	28 ♒ 11	7 ♍ 11	18 ♐ 23	21 ♌ 3	22 ♊ 54	12 ♎ 59	14 ♌ 11	28 ♈	12 ♓	29 ♑	21 ♋	22 ♏
18	26 ♑ 25	5 ♈ 12	19 ♉ 56	20 ♉ 46	5 ♒ 24	29 ♒ 25	7 ♍ 4	18 ♐ 35	20 ♌ 59	22 ♊ 52	12 ♎ 59	14 ♌ 10	28 ♈	12 ♓	0 ♒	21 ♋	22 ♏
19	27 ♑ 26	17 ♈ 32	19 ♉ 53	20 ♉ 44	7 ♒ 6	0 ♓ 39	6 ♍ 56	18 ♐ 47	20 ♌ 55	22 ♊ 50	12 ♎ 59	14 ♌ 8	28 ♈	12 ♓	0 ♒	20 ♋	22 ♏
20	28 ♑ 27	0 ♉ 9	19 ♉ 49	20 D 43	8 ♒ 48	1 ♓ 52	6 ♍ 48	18 ♐ 59	20 ♌ 50	22 ♊ 48	12 ♎ 59	14 ♌ 7	28 ♈	13 ♓	1 ♒	20 ♋	22 ♏
21	29 ♑ 28	13 ♉ 8	19 ♉ 46	20 ♉ 44	10 ♒ 30	3 ♓ 6	6 ♍ 39	19 ♐ 11	20 ♌ 46	22 ♊ 47	12 ♎ 58	14 ♌ 5	28 ♈	13 ♓	1 ♒	20 ♋	22 ♏
22	0 ♒ 29	26 ♉ 33	19 ♉ 43	20 R 44	12 ♒ 11	4 ♓ 19	6 ♍ 29	19 ♐ 23	20 ♌ 42	22 ♊ 45	12 ♎ 58	14 ♌ 4	29 ♈	13 ♓	1 ♒	20 ♋	22 ♏
23	1 ♒ 30	10 ♊ 27	19 ♉ 40	20 ♉ 42	13 ♒ 53	5 ♓ 33	6 ♍ 18	19 ♐ 35	20 ♌ 37	22 ♊ 43	12 ♎ 58	14 ♌ 3	29 ♈	14 ♓	2 ♒	19 ♋	22 ♏
24	2 ♒ 31	24 ♊ 51	19 ♉ 37	20 ♉ 38	15 ♒ 34	6 ♓ 46	6 ♍ 6	19 ♐ 46	20 ♌ 33	22 ♊ 41	12 ♎ 58	14 ♌ 1	29 ♈	14 ♓	2 ♒	19 ♋	22 ♏
25	3 ♒ 32	9 ♋ 42	19 ♉ 34	20 ♉ 32	17 ♒ 14	7 ♓ 59	5 ♍ 54	19 ♐ 58	20 ♌ 28	22 ♊ 39	12 ♎ 57	14 ♌ 0	29 ♈	14 ♓	3 ♒	19 ♋	23 ♏
26	4 ♒ 33	24 ♋ 53	19 ♉ 30	20 ♉ 22	18 ♒ 53	9 ♓ 13	5 ♍ 41	20 ♐ 9	20 ♌ 24	22 ♊ 37	12 ♎ 57	13 ♌ 59	29 ♈	14 ♓	3 ♒	19 ♋	23 ♏
27	5 ♒ 34	10 ♌ 15	19 ♉ 27	20 ♉ 12	20 ♒ 31	10 ♓ 26	5 ♍ 27	20 ♐ 21	20 ♌ 19	22 ♊ 36	12 ♎ 57	13 ♌ 57	0 ♉	15 ♓	3 ♒	18 ♋	23 ♏
28	6 ♒ 35	25 ♌ 36	19 ♉ 24	20 ♉ 0	22 ♒ 7	11 ♓ 39	5 ♍ 13	20 ♐ 32	20 ♌ 14	22 ♊ 34	12 ♎ 56	13 ♌ 56	0 ♉	15 ♓	4 ♒	18 ♋	23 ♏
29	7 ♒ 36	10 ♍ 43	19 ♉ 21	19 ♉ 50	23 ♒ 41	12 ♓ 52	4 ♍ 57	20 ♐ 43	20 ♌ 10	22 ♊ 32	12 ♎ 56	13 ♌ 54	0 ♉	15 ♓	4 ♒	18 ♋	23 ♏
30	8 ♒ 37	25 ♍ 29	19 ♉ 18	19 ♉ 42	25 ♒ 13	14 ♓ 5	4 ♍ 41	20 ♐ 54	20 ♌ 5	22 ♊ 31	12 ♎ 55	13 ♌ 53	0 ♉	16 ♓	5 ♒	18 ♋	23 ♏
31	9 ♒ 38	9 ♎ 47	19 ♉ 15	19 ♉ 37	26 ♒ 42	15 ♓ 18	4 ♍ 24	21 ♐ 5	20 ♌ 0	22 ♊ 29	12 ♎ 55	13 ♌ 52	1 ♉	16 ♓	5 ♒	17 ♋	23 ♏

SUN INGRESS	☉ → ♒ 21日 12:18
MOON PHASE	◑ 3日 20:13 ♎ ● 11日 16:45 ♑ ◐ 19日 20:32 ♈ ○ 26日 16:11 ♌

aspects		
3日	22:14	☉☌☿
4日	11:18	☿□♆
4日	15:21	♀△♆
4日	18:59	☉□♆
5日	19:47	♀☍♇
7日	10:45	♀⚹♃
11日	11:51	♀☍♄
12日	19:49	♀△♅
22日	11:03	☿△♆
23日	02:20	☿☍♇
23日	12:47	♀☍♂
26日	21:14	☿⚹♃
26日	21:15	☿☍♄
26日	21:20	♃△♄
28日	06:47	☿△♅

1948年2月

DAY	☉	☽	☊ mean	☊ true	☿	♀	♂	♃	♄	♅	♆	♇	⚳	⚴	⚵	⚶	⚷
	° ′	° ′	° ′	° ′	° ′	° ′	° ′	° ′	° ′	° ′	° ′	° ′	°	°	°	°	°
1	10 ♒ 39	23 ♎ 35	19 ♉ 11	19 R 34	28 D 7	16 D 31	4 R 7	21 D 16	19 R 55	22 R 28	12 R 54	13 R 50	1 D	16 D	6 D	17 R	23 D
2	11 ♒ 40	6 ♏ 54	19 ♉ 8	19 ♉ 33	29 ♒ 28	17 ♓ 44	3 ♍ 49	21 ♐ 27	19 ♌ 51	22 ♊ 26	12 ♎ 54	13 ♌ 49	1 ♉	17 ♓	6 ♒	17 ♋	23 ♏
3	12 ♒ 41	19 ♏ 48	19 ♉ 5	19 ♉ 33	0 ♓ 44	18 ♓ 57	3 ♍ 30	21 ♐ 38	19 ♌ 46	22 ♊ 25	12 ♎ 53	13 ♌ 47	1 ♉	17 ♓	6 ♒	17 ♋	23 ♏
4	13 ♒ 42	2 ♐ 22	19 ♉ 2	19 ♉ 32	1 ♓ 55	20 ♓ 9	3 ♍ 11	21 ♐ 49	19 ♌ 41	22 ♊ 24	12 ♎ 53	13 ♌ 46	2 ♉	17 ♓	7 ♒	17 ♋	23 ♏
5	14 ♒ 43	14 ♐ 39	18 ♉ 59	19 ♉ 30	2 ♓ 59	21 ♓ 22	2 ♍ 51	22 ♐ 0	19 ♌ 36	22 ♊ 22	12 ♎ 52	13 ♌ 44	2 ♉	18 ♓	7 ♒	16 ♋	23 ♏
6	15 ♒ 43	26 ♐ 45	18 ♉ 55	19 ♉ 26	3 ♓ 56	22 ♓ 34	2 ♍ 31	22 ♐ 10	19 ♌ 31	22 ♊ 21	12 ♎ 51	13 ♌ 43	2 ♉	18 ♓	8 ♒	16 ♋	23 ♏
7	16 ♒ 44	8 ♑ 43	18 ♉ 52	19 ♉ 18	4 ♓ 45	23 ♓ 47	2 ♍ 10	22 ♐ 21	19 ♌ 26	22 ♊ 20	12 ♎ 50	13 ♌ 42	2 ♉	18 ♓	8 ♒	16 ♋	23 ♏
8	17 ♒ 45	20 ♑ 36	18 ♉ 49	19 ♉ 7	5 ♓ 26	24 ♓ 59	1 ♍ 48	22 ♐ 31	19 ♌ 21	22 ♊ 19	12 ♎ 50	13 ♌ 40	3 ♉	19 ♓	8 ♒	16 ♋	23 ♏
9	18 ♒ 46	2 ♒ 28	18 ♉ 46	18 ♉ 54	5 ♓ 57	26 ♓ 12	1 ♍ 26	22 ♐ 41	19 ♌ 16	22 ♊ 18	12 ♎ 49	13 ♌ 39	3 ♉	19 ♓	9 ♒	16 ♋	24 ♏
10	19 ♒ 47	14 ♒ 20	18 ♉ 43	18 ♉ 39	6 ♓ 18	27 ♓ 24	1 ♍ 4	22 ♐ 51	19 ♌ 12	22 ♊ 17	12 ♎ 48	13 ♌ 37	3 ♉	19 ♓	9 ♒	15 ♋	24 ♏
11	20 ♒ 47	26 ♒ 13	18 ♉ 40	18 ♉ 24	6 ♓ 29	28 ♓ 36	0 ♍ 41	23 ♐ 1	19 ♌ 7	22 ♊ 16	12 ♎ 47	13 ♌ 36	4 ♉	20 ♓	10 ♒	15 ♋	24 ♏
12	21 ♒ 48	8 ♓ 8	18 ♉ 36	18 ♉ 10	6 R 29	29 ♓ 48	0 ♍ 18	23 ♐ 11	19 ♌ 2	22 ♊ 15	12 ♎ 46	13 ♌ 35	4 ♉	20 ♓	10 ♒	15 ♋	24 ♏
13	22 ♒ 49	20 ♓ 8	18 ♉ 33	17 ♉ 57	6 ♓ 19	1 ♈ 0	29 ♌ 55	23 ♐ 21	18 ♌ 57	22 ♊ 14	12 ♎ 45	13 ♌ 33	4 ♉	20 ♓	11 ♒	15 ♋	24 ♏
14	23 ♒ 49	2 ♈ 12	18 ♉ 30	17 ♉ 47	5 ♓ 58	2 ♈ 12	29 ♌ 32	23 ♐ 31	18 ♌ 52	22 ♊ 13	12 ♎ 45	13 ♌ 32	4 ♉	21 ♓	11 ♒	15 ♋	24 ♏
15	24 ♒ 50	14 ♈ 25	18 ♉ 27	17 ♉ 40	5 ♓ 27	3 ♈ 24	29 ♌ 8	23 ♐ 40	18 ♌ 47	22 ♊ 12	12 ♎ 44	13 ♌ 30	5 ♉	21 ♓	11 ♒	15 ♋	24 ♏
16	25 ♒ 51	26 ♈ 48	18 ♉ 24	17 ♉ 36	4 ♓ 46	4 ♈ 35	28 ♌ 44	23 ♐ 50	18 ♌ 42	22 ♊ 11	12 ♎ 43	13 ♌ 29	5 ♉	21 ♓	12 ♒	15 ♋	24 ♏
17	26 ♒ 51	9 ♉ 25	18 ♉ 21	17 ♉ 35	3 ♓ 57	5 ♈ 47	28 ♌ 20	23 ♐ 59	18 ♌ 38	22 ♊ 11	12 ♎ 42	13 ♌ 28	5 ♉	22 ♓	12 ♒	14 ♋	24 ♏
18	27 ♒ 52	22 ♉ 20	18 ♉ 17	17 D 35	3 ♓ 2	6 ♈ 58	27 ♌ 56	24 ♐ 9	18 ♌ 33	22 ♊ 10	12 ♎ 41	13 ♌ 26	6 ♉	22 ♓	13 ♒	14 ♋	24 ♏
19	28 ♒ 52	5 ♊ 37	18 ♉ 14	17 R 35	2 ♓ 0	8 ♈ 10	27 ♌ 32	24 ♐ 18	18 ♌ 28	22 ♊ 9	12 ♎ 39	13 ♌ 25	6 ♉	22 ♓	13 ♒	14 ♋	24 ♏
20	29 ♒ 53	19 ♊ 20	18 ♉ 11	17 ♉ 35	0 ♓ 56	9 ♈ 21	27 ♌ 8	24 ♐ 27	18 ♌ 23	22 ♊ 9	12 ♎ 38	13 ♌ 23	6 ♉	23 ♓	14 ♒	14 ♋	24 ♏
21	0 ♓ 53	3 ♋ 29	18 ♉ 8	17 ♉ 30	29 ♒ 49	10 ♈ 32	26 ♌ 45	24 ♐ 36	18 ♌ 18	22 ♊ 8	12 ♎ 37	13 ♌ 22	6 ♉	23 ♓	14 ♒	14 ♋	24 ♏
22	1 ♓ 54	18 ♋ 5	18 ♉ 5	17 ♉ 24	28 ♒ 41	11 ♈ 43	26 ♌ 21	24 ♐ 44	18 ♌ 14	22 ♊ 8	12 ♎ 36	13 ♌ 21	7 ♉	23 ♓	14 ♒	14 ♋	24 ♏
23	2 ♓ 54	3 ♌ 4	18 ♉ 1	17 ♉ 15	27 ♒ 36	12 ♈ 54	25 ♌ 58	24 ♐ 53	18 ♌ 9	22 ♊ 7	12 ♎ 35	13 ♌ 19	7 ♉	24 ♓	15 ♒	14 ♋	24 ♏
24	3 ♓ 55	18 ♌ 17	17 ♉ 58	17 ♉ 5	26 ♒ 33	14 ♈ 5	25 ♌ 34	25 ♐ 2	18 ♌ 5	22 ♊ 7	12 ♎ 34	13 ♌ 18	7 ♉	24 ♓	15 ♒	14 ♋	24 ♏
25	4 ♓ 55	3 ♍ 34	17 ♉ 55	16 ♉ 54	25 ♒ 34	15 ♈ 16	25 ♌ 11	25 ♐ 10	18 ♌ 0	22 ♊ 7	12 ♎ 33	13 ♌ 17	8 ♉	24 ♓	16 ♒	14 ♋	24 ♏
26	5 ♓ 55	18 ♍ 45	17 ♉ 52	16 ♉ 44	24 ♒ 40	16 ♈ 26	24 ♌ 49	25 ♐ 18	17 ♌ 55	22 ♊ 7	12 ♎ 31	13 ♌ 16	8 ♉	25 ♓	16 ♒	14 ♋	24 ♏
27	6 ♓ 56	3 ♎ 37	17 ♉ 49	16 ♉ 36	23 ♒ 53	17 ♈ 37	24 ♌ 26	25 ♐ 27	17 ♌ 51	22 ♊ 6	12 ♎ 30	13 ♌ 14	8 ♉	25 ♓	17 ♒	14 ♋	24 ♏
28	7 ♓ 56	18 ♎ 5	17 ♉ 46	16 ♉ 30	23 ♒ 12	18 ♈ 47	24 ♌ 4	25 ♐ 35	17 ♌ 46	22 ♊ 6	12 ♎ 29	13 ♌ 13	9 ♉	26 ♓	17 ♒	14 ♋	24 ♏
29	8 ♓ 56	2 ♏ 4	17 ♉ 42	16 ♉ 27	22 ♒ 38	19 ♈ 57	23 ♌ 43	25 ♐ 43	17 ♌ 42	22 ♊ 6	12 ♎ 28	13 ♌ 12	9 ♉	26 ♓	17 ♒	14 ♋	24 ♏

SUN INGRESS	☉ → ♓ 20日 02:37
MOON PHASE	◑ 2日 09:31 ♏ ● 10日 12:02 ♒ ◐ 18日 10:55 ♉ ○ 25日 02:16 ♍

aspects		
3日	04:50	☉△♆
4日	01:37	☉☍♇
4日	21:38	☿☍♂
5日	14:35	♀□♃
5日	19:42	♀□♅
6日	22:49	♃☍♅
9日	11:12	☉☍♄
12日	10:21	☉△♅
13日	15:13	☉⚹♃
18日	01:15	☉☍♂
20日	11:49	☉☌☿
22日	17:37	♀☍♆
23日	08:25	♀△♇
25日	00:59	♂△♃
25日	09:00	☿⚹♃
25日	17:09	☿☍♂
27日	04:34	♀△♄

1948年3月

DAY	☉	☽	☊ mean	☊ true	☿	♀	♂	♃	♄	♅	♆	♇	⚳	⚴	⚵	⚶	⚷
	° ′	° ′	° ′	° ′	° ′	° ′	° ′	° ′	° ′	° ′	° ′	° ′	°	°	°	°	°
1	9 ♓ 56	15 ♏ 32	17 ♉ 39	16 R 26	22 R 11	21 D 7	23 R 22	25 D 50	17 R 38	22 D 6	12 R 26	13 R 10	9 D	26 D	18 D	14 R	24 D
2	10 ♓ 57	28 ♏ 34	17 ♉ 36	16 D 27	21 ♒ 52	22 ♈ 17	23 ♌ 1	25 ♐ 58	17 ♌ 33	22 ♊ 6	12 ♎ 25	13 ♌ 9	10 ♉	27 ♓	18 ♒	14 ♋	24 ♏
3	11 ♓ 57	11 ♐ 11	17 ♉ 33	16 ♉ 27	21 ♒ 39	23 ♈ 27	22 ♌ 41	26 ♐ 5	17 ♌ 29	22 ♊ 6	12 ♎ 24	13 ♌ 8	10 ♉	27 ♓	19 ♒	14 D	24 ♏
4	12 ♓ 57	23 ♐ 30	17 ♉ 30	16 R 27	21 ♒ 33	24 ♈ 36	22 ♌ 22	26 ♐ 13	17 ♌ 25	22 ♊ 6	12 ♎ 22	13 ♌ 7	10 ♉	27 ♓	19 ♒	14 ♋	24 ♏
5	13 ♓ 57	5 ♑ 35	17 ♉ 27	16 ♉ 24	21 D 34	25 ♈ 46	22 ♌ 3	26 ♐ 20	17 ♌ 21	22 ♊ 7	12 ♎ 21	13 ♌ 6	11 ♉	28 ♓	19 ♒	14 ♋	24 ♏
6	14 ♓ 57	17 ♑ 31	17 ♉ 23	16 ♉ 19	21 ♒ 41	26 ♈ 55	21 ♌ 44	26 ♐ 27	17 ♌ 17	22 ♊ 7	12 ♎ 19	13 ♌ 4	11 ♉	28 ♓	20 ♒	14 ♋	24 ♏
7	15 ♓ 57	29 ♑ 23	17 ♉ 20	16 ♉ 12	21 ♒ 54	28 ♈ 5	21 ♌ 27	26 ♐ 34	17 ♌ 13	22 ♊ 7	12 ♎ 18	13 ♌ 3	11 ♉	28 ♓	20 ♒	14 ♋	24 ♏
8	16 ♓ 57	11 ♒ 13	17 ♉ 17	16 ♉ 2	22 ♒ 12	29 ♈ 14	21 ♌ 10	26 ♐ 41	17 ♌ 9	22 ♊ 7	12 ♎ 17	13 ♌ 2	12 ♉	29 ♓	21 ♒	14 ♋	24 R
9	17 ♓ 57	23 ♒ 6	17 ♉ 14	15 ♉ 51	22 ♒ 36	0 ♉ 22	20 ♌ 53	26 ♐ 47	17 ♌ 5	22 ♊ 8	12 ♎ 15	13 ♌ 1	12 ♉	29 ♓	21 ♒	14 ♋	24 ♏
10	18 ♓ 57	5 ♓ 2	17 ♉ 11	15 ♉ 39	23 ♒ 4	1 ♉ 31	20 ♌ 38	26 ♐ 54	17 ♌ 1	22 ♊ 8	12 ♎ 14	13 ♌ 0	12 ♉	29 ♓	22 ♒	14 ♋	24 ♏
11	19 ♓ 57	17 ♓ 4	17 ♉ 7	15 ♉ 28	23 ♒ 38	2 ♉ 40	20 ♌ 23	27 ♐ 0	16 ♌ 58	22 ♊ 9	12 ♎ 12	12 ♌ 59	13 ♉	0 ♈	22 ♒	14 ♋	24 ♏
12	20 ♓ 57	29 ♓ 12	17 ♉ 4	15 ♉ 19	24 ♒ 15	3 ♉ 48	20 ♌ 9	27 ♐ 6	16 ♌ 54	22 ♊ 9	12 ♎ 11	12 ♌ 58	13 ♉	0 ♈	23 ♒	14 ♋	24 ♏
13	21 ♓ 57	11 ♈ 28	17 ♉ 1	15 ♉ 11	24 ♒ 57	4 ♉ 56	19 ♌ 55	27 ♐ 12	16 ♌ 50	22 ♊ 10	12 ♎ 9	12 ♌ 57	13 ♉	1 ♈	23 ♒	14 ♋	24 ♏
14	22 ♓ 57	23 ♈ 54	16 ♉ 58	15 ♉ 7	25 ♒ 42	6 ♉ 4	19 ♌ 42	27 ♐ 18	16 ♌ 47	22 ♊ 11	12 ♎ 8	12 ♌ 56	14 ♉	1 ♈	23 ♒	14 ♋	24 ♏
15	23 ♓ 57	6 ♉ 29	16 ♉ 55	15 ♉ 4	26 ♒ 31	7 ♉ 12	19 ♌ 30	27 ♐ 24	16 ♌ 44	22 ♊ 11	12 ♎ 6	12 ♌ 55	14 ♉	1 ♈	24 ♒	14 ♋	24 ♏
16	24 ♓ 56	19 ♉ 17	16 ♉ 52	15 D 4	27 ♒ 23	8 ♉ 20	19 ♌ 19	27 ♐ 30	16 ♌ 40	22 ♊ 12	12 ♎ 4	12 ♌ 54	15 ♉	2 ♈	24 ♒	14 ♋	24 ♏
17	25 ♓ 56	2 ♊ 19	16 ♉ 48	15 ♉ 5	28 ♒ 18	9 ♉ 28	19 ♌ 9	27 ♐ 35	16 ♌ 37	22 ♊ 13	12 ♎ 3	12 ♌ 53	15 ♉	2 ♈	25 ♒	14 ♋	24 ♏
18	26 ♓ 56	15 ♊ 38	16 ♉ 45	15 ♉ 6	29 ♒ 16	10 ♉ 35	18 ♌ 59	27 ♐ 40	16 ♌ 34	22 ♊ 14	12 ♎ 1	12 ♌ 52	15 ♉	2 ♈	25 ♒	15 ♋	24 ♏
19	27 ♓ 55	29 ♊ 17	16 ♉ 42	15 R 7	0 ♓ 17	11 ♉ 42	18 ♌ 51	27 ♐ 45	16 ♌ 31	22 ♊ 15	12 ♎ 0	12 ♌ 51	16 ♉	3 ♈	25 ♒	15 ♋	24 ♏
20	28 ♓ 55	13 ♋ 16	16 ♉ 39	15 ♉ 6	1 ♓ 20	12 ♉ 49	18 ♌ 43	27 ♐ 50	16 ♌ 28	22 ♊ 16	11 ♎ 58	12 ♌ 50	16 ♉	3 ♈	26 ♒	15 ♋	24 ♏
21	29 ♓ 55	27 ♋ 36	16 ♉ 36	15 ♉ 3	2 ♓ 26	13 ♉ 56	18 ♌ 36	27 ♐ 55	16 ♌ 25	22 ♊ 17	11 ♎ 57	12 ♌ 49	16 ♉	4 ♈	26 ♒	15 ♋	24 ♏
22	0 ♈ 54	12 ♌ 13	16 ♉ 32	14 ♉ 58	3 ♓ 34	15 ♉ 2	18 ♌ 29	27 ♐ 59	16 ♌ 22	22 ♊ 18	11 ♎ 55	12 ♌ 48	17 ♉	4 ♈	27 ♒	15 ♋	24 ♏
23	1 ♈ 54	27 ♌ 4	16 ♉ 29	14 ♉ 52	4 ♓ 44	16 ♉ 8	18 ♌ 24	28 ♐ 4	16 ♌ 19	22 ♊ 19	11 ♎ 53	12 ♌ 47	17 ♉	4 ♈	27 ♒	15 ♋	24 ♏
24	2 ♈ 53	12 ♍ 0	16 ♉ 26	14 ♉ 45	5 ♓ 57	17 ♉ 14	18 ♌ 19	28 ♐ 8	16 ♌ 17	22 ♊ 20	11 ♎ 52	12 ♌ 46	17 ♉	5 ♈	28 ♒	15 ♋	24 ♏
25	3 ♈ 53	26 ♍ 54	16 ♉ 23	14 ♉ 39	7 ♓ 11	18 ♉ 20	18 ♌ 15	28 ♐ 12	16 ♌ 14	22 ♊ 22	11 ♎ 50	12 ♌ 45	18 ♉	5 ♈	28 ♒	16 ♋	24 ♏
26	4 ♈ 52	11 ♎ 36	16 ♉ 20	14 ♉ 34	8 ♓ 28	19 ♉ 25	18 ♌ 11	28 ♐ 16	16 ♌ 12	22 ♊ 23	11 ♎ 48	12 ♌ 45	18 ♉	5 ♈	28 ♒	16 ♋	24 ♏
27	5 ♈ 51	25 ♎ 58	16 ♉ 17	14 ♉ 31	9 ♓ 46	20 ♉ 31	18 ♌ 9	28 ♐ 20	16 ♌ 10	22 ♊ 24	11 ♎ 47	12 ♌ 44	19 ♉	6 ♈	29 ♒	16 ♋	24 ♏
28	6 ♈ 51	9 ♏ 57	16 ♉ 13	14 ♉ 30	11 ♓ 6	21 ♉ 36	18 ♌ 7	28 ♐ 23	16 ♌ 7	22 ♊ 26	11 ♎ 45	12 ♌ 43	19 ♉	6 ♈	29 ♒	16 ♋	24 ♏
29	7 ♈ 50	23 ♏ 30	16 ♉ 10	14 D 30	12 ♓ 27	22 ♉ 40	18 ♌ 6	28 ♐ 27	16 ♌ 5	22 ♊ 27	11 ♎ 44	12 ♌ 42	19 ♉	6 ♈	0 ♓	16 ♋	24 ♏
30	8 ♈ 49	6 ♐ 37	16 ♉ 7	14 ♉ 31	13 ♓ 51	23 ♉ 45	18 D 6	28 ♐ 30	16 ♌ 3	22 ♊ 28	11 ♎ 42	12 ♌ 42	20 ♉	7 ♈	0 ♓	16 ♋	24 ♏
31	9 ♈ 49	19 ♐ 21	16 ♉ 4	14 ♉ 33	15 ♓ 16	24 ♉ 49	18 ♌ 6	28 ♐ 33	16 ♌ 1	22 ♊ 30	11 ♎ 40	12 ♌ 41	20 ♉	7 ♈	0 ♓	17 ♋	24 ♏

SUN INGRESS	☉ → ♈ 21日 01:57
MOON PHASE	◑ 3日 01:35 ♐ ● 11日 06:15 ♓ ◐ 18日 21:27 ♊ ○ 25日 12:10 ♎

aspects

1日	05:30	☿△♅
1日	16:58	☿⚹♀
1日	20:14	♀⚹♅
2日	11:46	♀△♂
4日	19:08	♂⚹♅
5日	13:06	♀△♃
6日	03:07	☿☍♂
7日	18:29	♀△♅
13日	05:18	☉□♅
16日	03:17	☿⚹♃
18日	19:31	☉□♃
20日	00:19	♀□♇
23日	03:56	♀□♄
24日	22:10	♀□♂

1948年4月

DAY	☉	☽	☊ mean	☊ true	☿	♀	♂	♃	♄	♅	♆	♇	⚳	⚴	⚵	⚶	⚷
	° ′	° ′	° ′	° ′	° ′	° ′	° ′	° ′	° ′	° ′	° ′	° ′	°	°	°	°	°
1	10 ♈ 48	1 ♑ 45	16 ♉ 1	14 D 34	16 D 43	25 D 53	18 D 7	28 D 36	16 R 0	22 D 32	11 R 39	12 R 40	20 D	8 D	1 D	17 D	24 R
2	11 ♈ 47	13 ♑ 54	15 ♉ 58	14 R 34	18 ♓ 11	26 ♉ 57	18 ♌ 9	28 ♐ 38	15 ♌ 58	22 ♊ 33	11 ♎ 37	12 ♌ 40	21 ♉	8 ♈	1 ♓	17 ♋	24 ♏
3	12 ♈ 46	25 ♑ 52	15 ♉ 54	14 ♉ 34	19 ♓ 41	28 ♉ 0	18 ♌ 12	28 ♐ 41	15 ♌ 56	22 ♊ 35	11 ♎ 35	12 ♌ 39	21 ♉	8 ♈	2 ♓	17 ♋	24 ♏
4	13 ♈ 45	7 ♒ 45	15 ♉ 51	14 ♉ 31	21 ♓ 12	29 ♉ 3	18 ♌ 15	28 ♐ 43	15 ♌ 55	22 ♊ 37	11 ♎ 34	12 ♌ 39	22 ♉	9 ♈	2 ♓	17 ♋	24 ♏
5	14 ♈ 44	19 ♒ 37	15 ♉ 48	14 ♉ 28	22 ♓ 45	0 ♊ 6	18 ♌ 19	28 ♐ 45	15 ♌ 53	22 ♊ 38	11 ♎ 32	12 ♌ 38	22 ♉	9 ♈	3 ♓	18 ♋	24 ♏
6	15 ♈ 43	1 ♓ 31	15 ♉ 45	14 ♉ 23	24 ♓ 19	1 ♊ 8	18 ♌ 24	28 ♐ 47	15 ♌ 52	22 ♊ 40	11 ♎ 30	12 ♌ 38	22 ♉	10 ♈	3 ♓	18 ♋	23 ♏
7	16 ♈ 42	13 ♓ 31	15 ♉ 42	14 ♉ 18	25 ♓ 55	2 ♊ 10	18 ♌ 29	28 ♐ 49	15 ♌ 51	22 ♊ 42	11 ♎ 29	12 ♌ 37	23 ♉	10 ♈	3 ♓	18 ♋	23 ♏
8	17 ♈ 41	25 ♓ 40	15 ♉ 38	14 ♉ 13	27 ♓ 33	3 ♊ 12	18 ♌ 35	28 ♐ 50	15 ♌ 50	22 ♊ 44	11 ♎ 27	12 ♌ 37	23 ♉	10 ♈	4 ♓	18 ♋	23 ♏
9	18 ♈ 40	7 ♈ 59	15 ♉ 35	14 ♉ 9	29 ♓ 12	4 ♊ 13	18 ♌ 41	28 ♐ 52	15 ♌ 49	22 ♊ 46	11 ♎ 25	12 ♌ 36	24 ♉	11 ♈	4 ♓	18 ♋	23 ♏
10	19 ♈ 39	20 ♈ 29	15 ♉ 32	14 ♉ 6	0 ♈ 52	5 ♊ 14	18 ♌ 49	28 ♐ 53	15 ♌ 48	22 ♊ 48	11 ♎ 24	12 ♌ 36	24 ♉	11 ♈	5 ♓	19 ♋	23 ♏
11	20 ♈ 38	3 ♉ 12	15 ♉ 29	14 ♉ 5	2 ♈ 34	6 ♊ 15	18 ♌ 57	28 ♐ 54	15 ♌ 47	22 ♊ 50	11 ♎ 22	12 ♌ 35	24 ♉	11 ♈	5 ♓	19 ♋	23 ♏
12	21 ♈ 37	16 ♉ 7	15 ♉ 26	14 D 4	4 ♈ 18	7 ♊ 15	19 ♌ 5	28 ♐ 55	15 ♌ 46	22 ♊ 52	11 ♎ 20	12 ♌ 35	25 ♉	12 ♈	5 ♓	19 ♋	23 ♏
13	22 ♈ 36	29 ♉ 15	15 ♉ 23	14 ♉ 5	6 ♈ 3	8 ♊ 15	19 ♌ 14	28 ♐ 55	15 ♌ 46	22 ♊ 54	11 ♎ 19	12 ♌ 35	25 ♉	12 ♈	6 ♓	19 ♋	23 ♏
14	23 ♈ 35	12 ♊ 36	15 ♉ 19	14 ♉ 6	7 ♈ 50	9 ♊ 14	19 ♌ 24	28 ♐ 56	15 ♌ 46	22 ♊ 56	11 ♎ 17	12 ♌ 34	26 ♉	13 ♈	6 ♓	20 ♋	23 ♏
15	24 ♈ 34	26 ♊ 10	15 ♉ 16	14 ♉ 8	9 ♈ 38	10 ♊ 13	19 ♌ 34	28 ♐ 56	15 ♌ 45	22 ♊ 58	11 ♎ 16	12 ♌ 34	26 ♉	13 ♈	7 ♓	20 ♋	23 ♏
16	25 ♈ 32	9 ♋ 57	15 ♉ 13	14 ♉ 9	11 ♈ 27	11 ♊ 12	19 ♌ 45	28 R 56	15 ♌ 45	23 ♊ 1	11 ♎ 14	12 ♌ 34	26 ♉	13 ♈	7 ♓	20 ♋	23 ♏
17	26 ♈ 31	23 ♋ 57	15 ♉ 10	14 ♉ 9	13 ♈ 19	12 ♊ 10	19 ♌ 56	28 ♐ 56	15 ♌ 45	23 ♊ 3	11 ♎ 12	12 ♌ 34	27 ♉	14 ♈	8 ♓	20 ♋	23 ♏
18	27 ♈ 30	8 ♌ 8	15 ♉ 7	14 R 9	15 ♈ 11	13 ♊ 8	20 ♌ 8	28 ♐ 56	15 D 45	23 ♊ 5	11 ♎ 11	12 ♌ 33	27 ♉	14 ♈	8 ♓	21 ♋	23 ♏
19	28 ♈ 28	22 ♌ 28	15 ♉ 4	14 ♉ 8	17 ♈ 6	14 ♊ 5	20 ♌ 21	28 ♐ 55	15 ♌ 45	23 ♊ 8	11 ♎ 9	12 ♌ 33	28 ♉	15 ♈	8 ♓	21 ♋	23 ♏
20	29 ♈ 27	6 ♍ 55	15 ♉ 0	14 ♉ 7	19 ♈ 2	15 ♊ 1	20 ♌ 34	28 ♐ 54	15 ♌ 45	23 ♊ 10	11 ♎ 8	12 ♌ 33	28 ♉	15 ♈	9 ♓	21 ♋	23 ♏
21	0 ♉ 25	21 ♍ 24	14 ♉ 57	14 ♉ 5	20 ♈ 59	15 ♊ 58	20 ♌ 47	28 ♐ 53	15 ♌ 46	23 ♊ 13	11 ♎ 6	12 ♌ 33	28 ♉	15 ♈	9 ♓	22 ♋	23 ♏
22	1 ♉ 24	5 ♎ 50	14 ♉ 54	14 ♉ 3	22 ♈ 58	16 ♊ 53	21 ♌ 1	28 ♐ 52	15 ♌ 46	23 ♊ 15	11 ♎ 5	12 ♌ 33	29 ♉	16 ♈	10 ♓	22 ♋	23 ♏
23	2 ♉ 22	20 ♎ 7	14 ♉ 51	14 ♉ 2	24 ♈ 59	17 ♊ 48	21 ♌ 16	28 ♐ 51	15 ♌ 46	23 ♊ 18	11 ♎ 3	12 ♌ 33	29 ♉	16 ♈	10 ♓	22 ♋	23 ♏
24	3 ♉ 21	4 ♏ 10	14 ♉ 48	14 ♉ 1	27 ♈ 1	18 ♊ 43	21 ♌ 30	28 ♐ 50	15 ♌ 47	23 ♊ 20	11 ♎ 2	12 ♌ 33	0 ♊	16 ♈	10 ♓	22 ♋	22 ♏
25	4 ♉ 19	17 ♏ 56	14 ♉ 44	14 D 1	29 ♈ 4	19 ♊ 36	21 ♌ 46	28 ♐ 48	15 ♌ 48	23 ♊ 23	11 ♎ 0	12 ♌ 33	0 ♊	17 ♈	11 ♓	23 ♋	22 ♏
26	5 ♉ 18	1 ♐ 22	14 ♉ 41	14 ♉ 2	1 ♉ 9	20 ♊ 30	22 ♌ 2	28 ♐ 46	15 ♌ 49	23 ♊ 25	10 ♎ 59	12 D 33	0 ♊	17 ♈	11 ♓	23 ♋	22 ♏
27	6 ♉ 16	14 ♐ 27	14 ♉ 38	14 ♉ 2	3 ♉ 15	21 ♊ 22	22 ♌ 18	28 ♐ 44	15 ♌ 50	23 ♊ 28	10 ♎ 57	12 ♌ 33	1 ♊	18 ♈	12 ♓	23 ♋	22 ♏
28	7 ♉ 14	27 ♐ 11	14 ♉ 35	14 ♉ 3	5 ♉ 22	22 ♊ 14	22 ♌ 35	28 ♐ 42	15 ♌ 51	23 ♊ 31	10 ♎ 56	12 ♌ 33	1 ♊	18 ♈	12 ♓	24 ♋	22 ♏
29	8 ♉ 12	9 ♑ 38	14 ♉ 32	14 ♉ 4	7 ♉ 30	23 ♊ 5	22 ♌ 52	28 ♐ 40	15 ♌ 52	23 ♊ 33	10 ♎ 54	12 ♌ 33	2 ♊	18 ♈	12 ♓	24 ♋	22 ♏
30	9 ♉ 11	21 ♑ 50	14 ♉ 29	14 ♉ 4	9 ♉ 39	23 ♊ 56	23 ♌ 10	28 ♐ 37	15 ♌ 53	23 ♊ 36	10 ♎ 53	12 ♌ 33	2 ♊	19 ♈	13 ♓	24 ♋	22 ♏

SUN INGRESS	☉ → ♉ 20日 13:25
MOON PHASE	◑ 1日 19:25 ♑ ● 9日 22:17 ♈ ◐ 17日 04:42 ♋ ○ 23日 22:28 ♏

aspects

1日	20:01	☉☍♆
2日	21:14	☿△♇
4日	22:15	☿□♅
6日	03:26	☉△♄
8日	19:05	☿□♃
9日	00:29	☉△♂
13日	07:40	☉⚹♅
15日	16:49	☿⚹♀
15日	21:08	☿☍♆
16日	00:52	♀△♆
16日	14:20	☿△♇
17日	09:45	♀⚹♇
18日	07:02	☿△♄
19日	10:50	☉△♃
20日	18:47	♀⚹♄
20日	21:10	☿△♂
22日	03:23	☿⚹♅
24日	20:51	☿△♃
28日	14:30	♀⚹♂
29日	14:02	♀☌♅
29日	14:31	☉☌☿

1948年5月

DAY	☉	☽	☊ mean	☊ true	☿	♀	♂	♃	♄	♅	♆	♇	⚳	⚴	⚵	⚶	⚷
	° ′	° ′	° ′	° ′	° ′	° ′	° ′	° ′	° ′	° ′	° ′	° ′	°	°	°	°	°
1	10 ♉ 9	3 ♒ 51	14 ♉ 25	14 D 4	11 D 48	24 D 46	23 D 28	28 R 34	15 D 55	23 D 39	10 R 52	12 D 33	2 D	19 D	13 D	25 D	22 R
2	11 ♉ 7	15 ♒ 46	14 ♉ 22	14 R 4	13 ♉ 57	25 ♊ 35	23 ♌ 46	28 ♐ 31	15 ♌ 56	23 ♊ 42	10 ♎ 50	12 ♌ 33	3 ♊	20 ♈	14 ♓	25 ♋	22 ♏
3	12 ♉ 5	27 ♒ 39	14 ♉ 19	14 ♉ 4	16 ♉ 7	26 ♊ 23	24 ♌ 5	28 ♐ 28	15 ♌ 58	23 ♊ 45	10 ♎ 49	12 ♌ 34	3 ♊	20 ♈	14 ♓	25 ♋	22 ♏
4	13 ♉ 4	9 ♓ 35	14 ♉ 16	14 ♉ 4	18 ♉ 16	27 ♊ 10	24 ♌ 24	28 ♐ 25	15 ♌ 59	23 ♊ 47	10 ♎ 47	12 ♌ 34	4 ♊	20 ♈	14 ♓	25 ♋	22 ♏
5	14 ♉ 2	21 ♓ 37	14 ♉ 13	14 ♉ 4	20 ♉ 25	27 ♊ 57	24 ♌ 43	28 ♐ 22	16 ♌ 1	23 ♊ 50	10 ♎ 46	12 ♌ 34	4 ♊	21 ♈	15 ♓	26 ♋	22 ♏
6	15 ♉ 0	3 ♈ 51	14 ♉ 9	14 D 4	22 ♉ 33	28 ♊ 43	25 ♌ 3	28 ♐ 18	16 ♌ 3	23 ♊ 53	10 ♎ 45	12 ♌ 34	4 ♊	21 ♈	15 ♓	26 ♋	22 ♏
7	15 ♉ 58	16 ♈ 18	14 ♉ 6	14 ♉ 4	24 ♉ 40	29 ♊ 27	25 ♌ 24	28 ♐ 14	16 ♌ 5	23 ♊ 56	10 ♎ 44	12 ♌ 35	5 ♊	21 ♈	16 ♓	26 ♋	22 ♏
8	16 ♉ 56	29 ♈ 2	14 ♉ 3	14 ♉ 4	26 ♉ 46	0 ♋ 11	25 ♌ 44	28 ♐ 10	16 ♌ 7	23 ♊ 59	10 ♎ 42	12 ♌ 35	5 ♊	22 ♈	16 ♓	27 ♋	21 ♏
9	17 ♉ 54	12 ♉ 2	14 ♉ 0	14 ♉ 5	28 ♉ 50	0 ♋ 54	26 ♌ 5	28 ♐ 6	16 ♌ 9	24 ♊ 2	10 ♎ 41	12 ♌ 35	6 ♊	22 ♈	16 ♓	27 ♋	21 ♏
10	18 ♉ 52	25 ♉ 19	13 ♉ 57	14 R 4	0 ♊ 52	1 ♋ 36	26 ♌ 27	28 ♐ 2	16 ♌ 12	24 ♊ 5	10 ♎ 40	12 ♌ 36	6 ♊	23 ♈	17 ♓	27 ♋	21 ♏
11	19 ♉ 50	8 ♊ 52	13 ♉ 54	14 ♉ 4	2 ♊ 52	2 ♋ 17	26 ♌ 49	27 ♐ 57	16 ♌ 14	24 ♊ 8	10 ♎ 39	12 ♌ 36	7 ♊	23 ♈	17 ♓	28 ♋	21 ♏
12	20 ♉ 48	22 ♊ 39	13 ♉ 50	14 ♉ 3	4 ♊ 49	2 ♋ 57	27 ♌ 11	27 ♐ 53	16 ♌ 17	24 ♊ 12	10 ♎ 37	12 ♌ 37	7 ♊	23 ♈	18 ♓	28 ♋	21 ♏
13	21 ♉ 46	6 ♋ 38	13 ♉ 47	14 ♉ 3	6 ♊ 44	3 ♋ 35	27 ♌ 33	27 ♐ 48	16 ♌ 19	24 ♊ 15	10 ♎ 36	12 ♌ 37	7 ♊	24 ♈	18 ♓	28 ♋	21 ♏
14	22 ♉ 44	20 ♋ 44	13 ♉ 44	14 ♉ 2	8 ♊ 36	4 ♋ 13	27 ♌ 56	27 ♐ 43	16 ♌ 22	24 ♊ 18	10 ♎ 35	12 ♌ 38	8 ♊	24 ♈	18 ♓	29 ♋	21 ♏
15	23 ♉ 42	4 ♌ 56	13 ♉ 41	14 ♉ 1	10 ♊ 26	4 ♋ 49	28 ♌ 19	27 ♐ 38	16 ♌ 25	24 ♊ 21	10 ♎ 34	12 ♌ 38	8 ♊	25 ♈	19 ♓	29 ♋	21 ♏
16	24 ♉ 40	19 ♌ 11	13 ♉ 38	14 ♉ 1	12 ♊ 12	5 ♋ 24	28 ♌ 42	27 ♐ 33	16 ♌ 28	24 ♊ 24	10 ♎ 33	12 ♌ 39	9 ♊	25 ♈	19 ♓	0 ♌	21 ♏
17	25 ♉ 37	3 ♍ 24	13 ♉ 35	14 D 1	13 ♊ 55	5 ♋ 57	29 ♌ 5	27 ♐ 28	16 ♌ 31	24 ♊ 27	10 ♎ 32	12 ♌ 39	9 ♊	25 ♈	19 ♓	0 ♌	21 ♏
18	26 ♉ 35	17 ♍ 35	13 ♉ 31	14 ♉ 1	15 ♊ 35	6 ♋ 29	29 ♌ 29	27 ♐ 22	16 ♌ 34	24 ♊ 31	10 ♎ 31	12 ♌ 40	9 ♊	26 ♈	20 ♓	0 ♌	21 ♏
19	27 ♉ 33	1 ♎ 41	13 ♉ 28	14 ♉ 2	17 ♊ 12	7 ♋ 0	29 ♌ 54	27 ♐ 17	16 ♌ 37	24 ♊ 34	10 ♎ 30	12 ♌ 40	10 ♊	26 ♈	20 ♓	1 ♌	21 ♏
20	28 ♉ 31	15 ♎ 39	13 ♉ 25	14 ♉ 3	18 ♊ 45	7 ♋ 29	0 ♍ 18	27 ♐ 11	16 ♌ 40	24 ♊ 37	10 ♎ 29	12 ♌ 41	10 ♊	27 ♈	21 ♓	1 ♌	21 ♏
21	29 ♉ 28	29 ♎ 28	13 ♉ 22	14 ♉ 4	20 ♊ 16	7 ♋ 57	0 ♍ 43	27 ♐ 5	16 ♌ 44	24 ♊ 40	10 ♎ 28	12 ♌ 42	11 ♊	27 ♈	21 ♓	1 ♌	20 ♏
22	0 ♊ 26	13 ♏ 5	13 ♉ 19	14 ♉ 4	21 ♊ 42	8 ♋ 23	1 ♍ 8	26 ♐ 59	16 ♌ 47	24 ♊ 44	10 ♎ 27	12 ♌ 42	11 ♊	27 ♈	21 ♓	2 ♌	20 ♏
23	1 ♊ 24	26 ♏ 29	13 ♉ 15	14 R 4	23 ♊ 6	8 ♋ 47	1 ♍ 33	26 ♐ 53	16 ♌ 51	24 ♊ 47	10 ♎ 26	12 ♌ 43	12 ♊	28 ♈	22 ♓	2 ♌	20 ♏
24	2 ♊ 21	9 ♐ 38	13 ♉ 12	14 ♉ 3	24 ♊ 25	9 ♋ 10	1 ♍ 58	26 ♐ 47	16 ♌ 54	24 ♊ 50	10 ♎ 25	12 ♌ 44	12 ♊	28 ♈	22 ♓	2 ♌	20 ♏
25	3 ♊ 19	22 ♐ 31	13 ♉ 9	14 ♉ 1	25 ♊ 42	9 ♋ 31	2 ♍ 24	26 ♐ 40	16 ♌ 58	24 ♊ 54	10 ♎ 24	12 ♌ 45	12 ♊	29 ♈	22 ♓	3 ♌	20 ♏
26	4 ♊ 17	5 ♑ 10	13 ♉ 6	13 ♉ 58	26 ♊ 54	9 ♋ 50	2 ♍ 50	26 ♐ 34	17 ♌ 2	24 ♊ 57	10 ♎ 23	12 ♌ 46	13 ♊	29 ♈	23 ♓	3 ♌	20 ♏
27	5 ♊ 14	17 ♑ 33	13 ♉ 3	13 ♉ 55	28 ♊ 3	10 ♋ 7	3 ♍ 16	26 ♐ 27	17 ♌ 6	25 ♊ 1	10 ♎ 23	12 ♌ 46	13 ♊	29 ♈	23 ♓	4 ♌	20 ♏
28	6 ♊ 12	29 ♑ 44	13 ♉ 0	13 ♉ 51	29 ♊ 8	10 ♋ 22	3 ♍ 43	26 ♐ 21	17 ♌ 10	25 ♊ 4	10 ♎ 22	12 ♌ 47	14 ♊	0 ♉	24 ♓	4 ♌	20 ♏
29	7 ♊ 9	11 ♒ 45	12 ♉ 56	13 ♉ 49	0 ♋ 10	10 ♋ 35	4 ♍ 9	26 ♐ 14	17 ♌ 14	25 ♊ 8	10 ♎ 21	12 ♌ 48	14 ♊	0 ♉	24 ♓	4 ♌	20 ♏
30	8 ♊ 7	23 ♒ 40	12 ♉ 53	13 ♉ 47	1 ♋ 8	10 ♋ 46	4 ♍ 36	26 ♐ 7	17 ♌ 18	25 ♊ 11	10 ♎ 20	12 ♌ 49	14 ♊	0 ♉	24 ♓	5 ♌	20 ♏
31	9 ♊ 4	5 ♓ 33	12 ♉ 50	13 ♉ 46	2 ♋ 1	10 ♋ 55	5 ♍ 4	26 ♐ 0	17 ♌ 22	25 ♊ 14	10 ♎ 20	12 ♌ 50	15 ♊	1 ♉	25 ♓	5 ♌	20 ♏

SUN INGRESS	☉ → ♊ 21日 12:58
MOON PHASE	◑ 1日 13:48 ♒ ● 9日 11:30 ♉ ◐ 16日 09:55 ♌ ○ 23日 09:37 ♐ ◑ 31日 07:43 ♓

aspects		
1日	08:24	☿□♇
1日	17:30	♂⚹♅
2日	22:15	☿□♄
3日	11:39	☉□♇
5日	11:56	♀☍♃
7日	03:04	☉□♄
7日	09:52	☿□♂
13日	13:16	♂△♃
15日	01:49	☿△♆
16日	06:09	☿⚹♇
18日	14:54	☿⚹♄
23日	06:50	☉□♂
24日	08:10	☿☌♅
25日	17:43	☿☍♃
27日	23:58	♀□♆

1948年6月

DAY	☉	☽	☊ mean	☊ true	☿	♀	♂	♃	♄	♅	♆	♇	⚳	⚴	⚵	⚶	⚷
	° ′	° ′	° ′	° ′	° ′	° ′	° ′	° ′	° ′	° ′	° ′	° ′	°	°	°	°	°
1	10 ♊ 2	17 ♓ 29	12 ♉ 47	13 D 46	2 D 51	11 D 2	5 D 31	25 R 53	17 D 27	25 D 18	10 R 19	12 D 51	15 D	1 D	25 D	6 D	20 R
2	10 ♊ 59	29 ♓ 32	12 ♉ 44	13 ♉ 47	3 ♋ 37	11 ♋ 6	5 ♍ 58	25 ♐ 46	17 ♌ 31	25 ♊ 21	10 ♎ 18	12 ♌ 52	16 ♊	2 ♉	25 ♓	6 ♌	20 ♏
3	11 ♊ 57	11 ♈ 47	12 ♉ 41	13 ♉ 49	4 ♋ 19	11 ♋ 8	6 ♍ 26	25 ♐ 39	17 ♌ 35	25 ♊ 25	10 ♎ 18	12 ♌ 53	16 ♊	2 ♉	26 ♓	6 ♌	20 ♏
4	12 ♊ 54	24 ♈ 18	12 ♉ 37	13 ♉ 50	4 ♋ 56	11 R 8	6 ♍ 54	25 ♐ 31	17 ♌ 40	25 ♊ 28	10 ♎ 17	12 ♌ 54	17 ♊	2 ♉	26 ♓	7 ♌	19 ♏
5	13 ♊ 52	7 ♉ 8	12 ♉ 34	13 ♉ 51	5 ♋ 29	11 ♋ 6	7 ♍ 23	25 ♐ 24	17 ♌ 45	25 ♊ 32	10 ♎ 17	12 ♌ 55	17 ♊	3 ♉	26 ♓	7 ♌	19 ♏
6	14 ♊ 49	20 ♉ 21	12 ♉ 31	13 R 51	5 ♋ 58	11 ♋ 1	7 ♍ 51	25 ♐ 17	17 ♌ 49	25 ♊ 35	10 ♎ 16	12 ♌ 56	17 ♊	3 ♉	27 ♓	8 ♌	19 ♏
7	15 ♊ 47	3 ♊ 56	12 ♉ 28	13 ♉ 50	6 ♋ 22	10 ♋ 54	8 ♍ 20	25 ♐ 9	17 ♌ 54	25 ♊ 39	10 ♎ 16	12 ♌ 57	18 ♊	4 ♉	27 ♓	8 ♌	19 ♏
8	16 ♊ 44	17 ♊ 52	12 ♉ 25	13 ♉ 47	6 ♋ 42	10 ♋ 44	8 ♍ 48	25 ♐ 2	17 ♌ 59	25 ♊ 43	10 ♎ 15	12 ♌ 58	18 ♊	4 ♉	28 ♓	8 ♌	19 ♏
9	17 ♊ 41	2 ♋ 6	12 ♉ 21	13 ♉ 43	6 ♋ 57	10 ♋ 32	9 ♍ 17	24 ♐ 54	18 ♌ 4	25 ♊ 46	10 ♎ 15	12 ♌ 59	19 ♊	4 ♉	28 ♓	9 ♌	19 ♏
10	18 ♊ 39	16 ♋ 32	12 ♉ 18	13 ♉ 38	7 ♋ 8	10 ♋ 18	9 ♍ 47	24 ♐ 47	18 ♌ 9	25 ♊ 50	10 ♎ 14	13 ♌ 0	19 ♊	5 ♉	28 ♓	9 ♌	19 ♏
11	19 ♊ 36	1 ♌ 5	12 ♉ 15	13 ♉ 33	7 ♋ 14	10 ♋ 1	10 ♍ 16	24 ♐ 39	18 ♌ 14	25 ♊ 53	10 ♎ 14	13 ♌ 2	20 ♊	5 ♉	29 ♓	10 ♌	19 ♏
12	20 ♊ 33	15 ♌ 39	12 ♉ 12	13 ♉ 28	7 R 16	9 ♋ 42	10 ♍ 46	24 ♐ 32	18 ♌ 19	25 ♊ 57	10 ♎ 14	13 ♌ 3	20 ♊	6 ♉	29 ♓	10 ♌	19 ♏
13	21 ♊ 31	0 ♍ 6	12 ♉ 9	13 ♉ 25	7 ♋ 13	9 ♋ 21	11 ♍ 15	24 ♐ 24	18 ♌ 25	26 ♊ 0	10 ♎ 13	13 ♌ 4	20 ♊	6 ♉	29 ♓	10 ♌	19 ♏
14	22 ♊ 28	14 ♍ 25	12 ♉ 6	13 ♉ 23	7 ♋ 5	8 ♋ 57	11 ♍ 45	24 ♐ 16	18 ♌ 30	26 ♊ 4	10 ♎ 13	13 ♌ 5	21 ♊	6 ♉	0 ♈	11 ♌	19 ♏
15	23 ♊ 25	28 ♍ 30	12 ♉ 2	13 D 23	6 ♋ 54	8 ♋ 31	12 ♍ 16	24 ♐ 9	18 ♌ 35	26 ♊ 7	10 ♎ 13	13 ♌ 7	21 ♊	7 ♉	0 ♈	11 ♌	19 ♏
16	24 ♊ 23	12 ♎ 23	11 ♉ 59	13 ♉ 24	6 ♋ 38	8 ♋ 4	12 ♍ 46	24 ♐ 1	18 ♌ 41	26 ♊ 11	10 ♎ 13	13 ♌ 8	22 ♊	7 ♉	0 ♈	12 ♌	19 ♏
17	25 ♊ 20	26 ♎ 1	11 ♉ 56	13 ♉ 25	6 ♋ 19	7 ♋ 34	13 ♍ 16	23 ♐ 53	18 ♌ 46	26 ♊ 15	10 ♎ 13	13 ♌ 9	22 ♊	7 ♉	1 ♈	12 ♌	19 ♏
18	26 ♊ 17	9 ♏ 27	11 ♉ 53	13 ♉ 26	5 ♋ 56	7 ♋ 3	13 ♍ 47	23 ♐ 46	18 ♌ 52	26 ♊ 18	10 ♎ 12	13 ♌ 10	23 ♊	8 ♉	1 ♈	12 ♌	19 ♏
19	27 ♊ 15	22 ♏ 40	11 ♉ 50	13 R 26	5 ♋ 29	6 ♋ 30	14 ♍ 18	23 ♐ 38	18 ♌ 57	26 ♊ 22	10 ♎ 12	13 ♌ 12	23 ♊	8 ♉	1 ♈	13 ♌	19 ♏
20	28 ♊ 12	5 ♐ 41	11 ♉ 47	13 ♉ 24	5 ♋ 0	5 ♋ 56	14 ♍ 49	23 ♐ 30	19 ♌ 3	26 ♊ 25	10 ♎ 12	13 ♌ 13	23 ♊	9 ♉	2 ♈	13 ♌	19 ♏
21	29 ♊ 9	18 ♐ 30	11 ♉ 43	13 ♉ 19	4 ♋ 29	5 ♋ 21	15 ♍ 20	23 ♐ 23	19 ♌ 9	26 ♊ 29	10 ♎ 12	13 ♌ 14	24 ♊	9 ♉	2 ♈	14 ♌	19 ♏
22	0 ♋ 6	1 ♑ 7	11 ♉ 40	13 ♉ 13	3 ♋ 56	4 ♋ 44	15 ♍ 51	23 ♐ 15	19 ♌ 15	26 ♊ 33	10 D 12	13 ♌ 16	24 ♊	9 ♉	2 ♈	14 ♌	19 ♏
23	1 ♋ 3	13 ♑ 33	11 ♉ 37	13 ♉ 5	3 ♋ 22	4 ♋ 7	16 ♍ 23	23 ♐ 8	19 ♌ 21	26 ♊ 36	10 ♎ 12	13 ♌ 17	25 ♊	10 ♉	2 ♈	15 ♌	18 ♏
24	2 ♋ 1	25 ♑ 49	11 ♉ 34	12 ♉ 56	2 ♋ 47	3 ♋ 30	16 ♍ 54	23 ♐ 0	19 ♌ 27	26 ♊ 40	10 ♎ 12	13 ♌ 19	25 ♊	10 ♉	3 ♈	15 ♌	18 ♏
25	2 ♋ 58	7 ♒ 55	11 ♉ 31	12 ♉ 48	2 ♋ 12	2 ♋ 52	17 ♍ 26	22 ♐ 53	19 ♌ 33	26 ♊ 43	10 ♎ 12	13 ♌ 20	26 ♊	11 ♉	3 ♈	15 ♌	18 ♏
26	3 ♋ 55	19 ♒ 53	11 ♉ 27	12 ♉ 39	1 ♋ 37	2 ♋ 15	17 ♍ 58	22 ♐ 45	19 ♌ 39	26 ♊ 47	10 ♎ 13	13 ♌ 22	26 ♊	11 ♉	3 ♈	16 ♌	18 ♏
27	4 ♋ 52	1 ♓ 47	11 ♉ 24	12 ♉ 33	1 ♋ 4	1 ♋ 37	18 ♍ 30	22 ♐ 38	19 ♌ 45	26 ♊ 50	10 ♎ 13	13 ♌ 23	26 ♊	11 ♉	4 ♈	16 ♌	18 ♏
28	5 ♋ 49	13 ♓ 38	11 ♉ 21	12 ♉ 28	0 ♋ 32	1 ♋ 1	19 ♍ 2	22 ♐ 31	19 ♌ 51	26 ♊ 54	10 ♎ 13	13 ♌ 24	27 ♊	12 ♉	4 ♈	17 ♌	18 ♏
29	6 ♋ 47	25 ♓ 32	11 ♉ 18	12 ♉ 26	0 ♋ 3	0 ♋ 24	19 ♍ 34	22 ♐ 23	19 ♌ 57	26 ♊ 57	10 ♎ 13	13 ♌ 26	27 ♊	12 ♉	4 ♈	17 ♌	18 ♏
30	7 ♋ 44	7 ♈ 33	11 ♉ 15	12 ♉ 25	29 ♊ 36	29 ♊ 49	20 ♍ 7	22 ♐ 16	20 ♌ 4	27 ♊ 1	10 ♎ 13	13 ♌ 27	28 ♊	12 ♉	5 ♈	18 ♌	18 ♏

SUN INGRESS	☉ → ♋ 21日 21:11
MOON PHASE	● 7日 21:55 ♊ ◐ 14日 14:40 ♍ ○ 21日 21:54 ♑ ◑ 30日 00:23 ♈

aspects		
1日	07:07	☉△♆
3日	23:51	☉⚹♇
4日	06:41	♃☍♅
9日	10:21	☉⚹♄
10日	05:07	♀□♆
10日	16:17	♀⚹♂
15日	15:56	☉☍♃
18日	00:24	☉☌♅
24日	12:00	☉☌☿
24日	22:36	☉☌♀

1948年7月

DAY	☉	☽	☊ mean	☊ true	☿	♀	♂	♃	♄	♅	♆	♇	⚳	⚴	⚵	⚶	⚷
	° ′	° ′	° ′	° ′	° ′	° ′	° ′	° ′	° ′	° ′	° ′	° ′	°	°	°	°	°
1	8 ♋ 41	19 ♈ 46	11 ♉ 12	12 D 25	29 R 13	29 R 15	20 D 39	22 R 9	20 D 10	27 D 4	10 D 14	13 D 29	28 D	13 D	5 D	18 D	18 R
2	9 ♋ 38	2 ♉ 16	11 ♉ 8	12 ♉ 26	28 ♊ 53	28 ♊ 43	21 ♍ 12	22 ♐ 2	20 ♌ 16	27 ♊ 8	10 ♎ 14	13 ♌ 31	29 ♊	13 ♉	5 ♈	18 ♌	18 ♏
3	10 ♋ 36	15 ♉ 8	11 ♉ 5	12 R 26	28 ♊ 37	28 ♊ 12	21 ♍ 45	21 ♐ 55	20 ♌ 23	27 ♊ 12	10 ♎ 14	13 ♌ 32	29 ♊	14 ♉	5 ♈	19 ♌	18 ♏
4	11 ♋ 33	28 ♉ 25	11 ♉ 2	12 ♉ 25	28 ♊ 26	27 ♊ 42	22 ♍ 18	21 ♐ 48	20 ♌ 29	27 ♊ 15	10 ♎ 15	13 ♌ 34	29 ♊	14 ♉	6 ♈	19 ♌	18 ♏
5	12 ♋ 30	12 ♊ 9	10 ♉ 59	12 ♉ 22	28 ♊ 19	27 ♊ 15	22 ♍ 51	21 ♐ 41	20 ♌ 36	27 ♊ 19	10 ♎ 15	13 ♌ 35	0 ♋	14 ♉	6 ♈	20 ♌	18 ♏
6	13 ♋ 27	26 ♊ 19	10 ♉ 56	12 ♉ 16	28 D 17	26 ♊ 49	23 ♍ 24	21 ♐ 35	20 ♌ 42	27 ♊ 22	10 ♎ 16	13 ♌ 37	0 ♋	15 ♉	6 ♈	20 ♌	18 ♏
7	14 ♋ 24	10 ♋ 52	10 ♉ 53	12 ♉ 9	28 ♊ 20	26 ♊ 26	23 ♍ 58	21 ♐ 28	20 ♌ 49	27 ♊ 25	10 ♎ 16	13 ♌ 38	1 ♋	15 ♉	6 ♈	21 ♌	18 ♏
8	15 ♋ 22	25 ♋ 42	10 ♉ 49	12 ♉ 0	28 ♊ 28	26 ♊ 5	24 ♍ 31	21 ♐ 22	20 ♌ 56	27 ♊ 29	10 ♎ 16	13 ♌ 40	1 ♋	16 ♉	7 ♈	21 ♌	18 ♏
9	16 ♋ 19	10 ♌ 40	10 ♉ 46	11 ♉ 50	28 ♊ 41	25 ♊ 46	25 ♍ 5	21 ♐ 15	21 ♌ 2	27 ♊ 32	10 ♎ 17	13 ♌ 42	1 ♋	16 ♉	7 ♈	22 ♌	18 ♏
10	17 ♋ 16	25 ♌ 37	10 ♉ 43	11 ♉ 42	28 ♊ 59	25 ♊ 29	25 ♍ 39	21 ♐ 9	21 ♌ 9	27 ♊ 36	10 ♎ 18	13 ♌ 43	2 ♋	16 ♉	7 ♈	22 ♌	18 ♏
11	18 ♋ 13	10 ♍ 24	10 ♉ 40	11 ♉ 35	29 ♊ 23	25 ♊ 15	26 ♍ 13	21 ♐ 3	21 ♌ 16	27 ♊ 39	10 ♎ 18	13 ♌ 45	2 ♋	17 ♉	8 ♈	22 ♌	18 ♏
12	19 ♋ 11	24 ♍ 55	10 ♉ 37	11 ♉ 30	29 ♊ 52	25 ♊ 3	26 ♍ 47	20 ♐ 57	21 ♌ 23	27 ♊ 43	10 ♎ 19	13 ♌ 47	3 ♋	17 ♉	8 ♈	23 ♌	18 ♏
13	20 ♋ 8	9 ♎ 6	10 ♉ 33	11 ♉ 28	0 ♋ 26	24 ♊ 53	27 ♍ 21	20 ♐ 51	21 ♌ 30	27 ♊ 46	10 ♎ 20	13 ♌ 48	3 ♋	17 ♉	8 ♈	23 ♌	18 ♏
14	21 ♋ 5	22 ♎ 56	10 ♉ 30	11 D 28	1 ♋ 5	24 ♊ 46	27 ♍ 55	20 ♐ 45	21 ♌ 37	27 ♊ 49	10 ♎ 20	13 ♌ 50	4 ♋	18 ♉	8 ♈	24 ♌	18 ♏
15	22 ♋ 2	6 ♏ 26	10 ♉ 27	11 ♉ 28	1 ♋ 49	24 ♊ 41	28 ♍ 29	20 ♐ 40	21 ♌ 44	27 ♊ 53	10 ♎ 21	13 ♌ 52	4 ♋	18 ♉	8 ♈	24 ♌	18 ♏
16	22 ♋ 59	19 ♏ 38	10 ♉ 24	11 R 28	2 ♋ 38	24 ♊ 38	29 ♍ 4	20 ♐ 34	21 ♌ 51	27 ♊ 56	10 ♎ 22	13 ♌ 53	4 ♋	19 ♉	9 ♈	25 ♌	18 ♏
17	23 ♋ 57	2 ♐ 34	10 ♉ 21	11 ♉ 26	3 ♋ 33	24 D 38	29 ♍ 39	20 ♐ 29	21 ♌ 58	27 ♊ 59	10 ♎ 22	13 ♌ 55	5 ♋	19 ♉	9 ♈	25 ♌	18 ♏
18	24 ♋ 54	15 ♐ 17	10 ♉ 18	11 ♉ 22	4 ♋ 32	24 ♊ 40	0 ♎ 13	20 ♐ 24	22 ♌ 5	28 ♊ 3	10 ♎ 23	13 ♌ 57	5 ♋	19 ♉	9 ♈	26 ♌	18 ♏
19	25 ♋ 51	27 ♐ 48	10 ♉ 14	11 ♉ 15	5 ♋ 36	24 ♊ 44	0 ♎ 48	20 ♐ 19	22 ♌ 12	28 ♊ 6	10 ♎ 24	13 ♌ 59	6 ♋	20 ♉	9 ♈	26 ♌	18 D
20	26 ♋ 48	10 ♑ 10	10 ♉ 11	11 ♉ 6	6 ♋ 45	24 ♊ 51	1 ♎ 23	20 ♐ 14	22 ♌ 19	28 ♊ 9	10 ♎ 25	14 ♌ 0	6 ♋	20 ♉	10 ♈	27 ♌	18 ♏
21	27 ♋ 46	22 ♑ 24	10 ♉ 8	10 ♉ 54	7 ♋ 59	25 ♊ 0	1 ♎ 58	20 ♐ 9	22 ♌ 26	28 ♊ 12	10 ♎ 26	14 ♌ 2	7 ♋	20 ♉	10 ♈	27 ♌	18 ♏
22	28 ♋ 43	4 ♒ 30	10 ♉ 5	10 ♉ 41	9 ♋ 18	25 ♊ 10	2 ♎ 33	20 ♐ 5	22 ♌ 33	28 ♊ 16	10 ♎ 27	14 ♌ 4	7 ♋	21 ♉	10 ♈	27 ♌	18 ♏
23	29 ♋ 40	16 ♒ 30	10 ♉ 2	10 ♉ 28	10 ♋ 41	25 ♊ 23	3 ♎ 9	20 ♐ 0	22 ♌ 41	28 ♊ 19	10 ♎ 28	14 ♌ 6	7 ♋	21 ♉	10 ♈	28 ♌	18 ♏
24	0 ♌ 37	28 ♒ 24	9 ♉ 59	10 ♉ 16	12 ♋ 9	25 ♊ 38	3 ♎ 44	19 ♐ 56	22 ♌ 48	28 ♊ 22	10 ♎ 29	14 ♌ 7	8 ♋	21 ♉	10 ♈	28 ♌	18 ♏
25	1 ♌ 35	10 ♓ 15	9 ♉ 55	10 ♉ 5	13 ♋ 41	25 ♊ 55	4 ♎ 20	19 ♐ 52	22 ♌ 55	28 ♊ 25	10 ♎ 30	14 ♌ 9	8 ♋	22 ♉	11 ♈	29 ♌	18 ♏
26	2 ♌ 32	22 ♓ 6	9 ♉ 52	9 ♉ 57	15 ♋ 17	26 ♊ 14	4 ♎ 55	19 ♐ 48	23 ♌ 2	28 ♊ 28	10 ♎ 31	14 ♌ 11	9 ♋	22 ♉	11 ♈	29 ♌	18 ♏
27	3 ♌ 29	3 ♈ 59	9 ♉ 49	9 ♉ 52	16 ♋ 57	26 ♊ 34	5 ♎ 31	19 ♐ 44	23 ♌ 10	28 ♊ 31	10 ♎ 32	14 ♌ 13	9 ♋	23 ♉	11 ♈	0 ♍	18 ♏
28	4 ♌ 27	15 ♈ 59	9 ♉ 46	9 ♉ 49	18 ♋ 40	26 ♊ 57	6 ♎ 7	19 ♐ 40	23 ♌ 17	28 ♊ 34	10 ♎ 33	14 ♌ 14	10 ♋	23 ♉	11 ♈	0 ♍	18 ♏
29	5 ♌ 24	28 ♈ 10	9 ♉ 43	9 ♉ 48	20 ♋ 27	27 ♊ 21	6 ♎ 43	19 ♐ 37	23 ♌ 25	28 ♊ 37	10 ♎ 34	14 ♌ 16	10 ♋	23 ♉	11 ♈	1 ♍	18 ♏
30	6 ♌ 21	10 ♉ 37	9 ♉ 39	9 ♉ 48	22 ♋ 18	27 ♊ 46	7 ♎ 19	19 ♐ 34	23 ♌ 32	28 ♊ 40	10 ♎ 35	14 ♌ 18	10 ♋	24 ♉	11 ♈	1 ♍	18 ♏
31	7 ♌ 19	23 ♉ 25	9 ♉ 36	9 ♉ 47	24 ♋ 11	28 ♊ 13	7 ♎ 55	19 ♐ 31	23 ♌ 39	28 ♊ 43	10 ♎ 37	14 ♌ 20	11 ♋	24 ♉	12 ♈	2 ♍	18 ♏

SUN INGRESS: ☉ → ♌ 23日 08:07

MOON PHASE: ● 7日 06:09 ♋　◐ 13日 20:30 ♎　○ 21日 11:31 ♑　◑ 29日 15:11 ♉

aspects		
1日	04:51	☿☌♀
2日	15:02	☉□♆
3日	06:10	♂□♃
4日	21:06	♀☌♅
9日	19:19	♀□♂
10日	00:00	♃△♄
13日	19:34	♂□♅
22日	20:12	☿□♆

1948年8月

DAY	☉	☽	☊ mean	☊ true	☿	♀	♂	♃	♄	♅	♆	♇	⚳	⚴	⚵	⚶	⚷
	° ′	° ′	° ′	° ′	° ′	° ′	° ′	° ′	° ′	° ′	° ′	° ′	°	°	°	°	°
1	8 ♌ 16	6 ♊ 39	9 ♉ 33	9 R 46	26 D 7	28 D 42	8 D 31	19 R 28	23 D 47	28 D 46	10 D 38	14 D 22	11 D	24 D	12 D	2 D	18 D
2	9 ♌ 14	20 ♊ 22	9 ♉ 30	9 ♉ 42	28 ♋ 5	29 ♊ 12	9 ♎ 8	19 ♐ 25	23 ♌ 54	28 ♊ 49	10 ♎ 39	14 ♌ 23	12 ♋	25 ♉	12 ♈	3 ♍	18 ♏
3	10 ♌ 11	4 ♋ 35	9 ♉ 27	9 ♉ 35	0 ♌ 5	29 ♊ 44	9 ♎ 44	19 ♐ 22	24 ♌ 2	28 ♊ 52	10 ♎ 40	14 ♌ 25	12 ♋	25 ♉	12 ♈	3 ♍	18 ♏
4	11 ♌ 8	19 ♋ 15	9 ♉ 24	9 ♉ 27	2 ♌ 7	0 ♋ 17	10 ♎ 21	19 ♐ 20	24 ♌ 9	28 ♊ 55	10 ♎ 42	14 ♌ 27	12 ♋	25 ♉	12 ♈	4 ♍	18 ♏
5	12 ♌ 6	4 ♌ 16	9 ♉ 20	9 ♉ 16	4 ♌ 9	0 ♋ 52	10 ♎ 57	19 ♐ 18	24 ♌ 17	28 ♊ 58	10 ♎ 43	14 ♌ 29	13 ♋	26 ♉	12 ♈	4 ♍	18 ♏
6	13 ♌ 3	19 ♌ 29	9 ♉ 17	9 ♉ 5	6 ♌ 13	1 ♋ 27	11 ♎ 34	19 ♐ 16	24 ♌ 24	29 ♊ 1	10 ♎ 44	14 ♌ 31	13 ♋	26 ♉	12 ♈	4 ♍	18 ♏
7	14 ♌ 1	4 ♍ 43	9 ♉ 14	8 ♉ 55	8 ♌ 17	2 ♋ 4	12 ♎ 11	19 ♐ 14	24 ♌ 32	29 ♊ 4	10 ♎ 46	14 ♌ 33	14 ♋	26 ♉	12 ♈	5 ♍	18 ♏
8	14 ♌ 58	19 ♍ 48	9 ♉ 11	8 ♉ 47	10 ♌ 21	2 ♋ 42	12 ♎ 48	19 ♐ 12	24 ♌ 40	29 ♊ 6	10 ♎ 47	14 ♌ 34	14 ♋	27 ♉	13 ♈	5 ♍	18 ♏
9	15 ♌ 56	4 ♎ 34	9 ♉ 8	8 ♉ 41	12 ♌ 25	3 ♋ 21	13 ♎ 25	19 ♐ 11	24 ♌ 47	29 ♊ 9	10 ♎ 49	14 ♌ 36	15 ♋	27 ♉	13 ♈	6 ♍	18 ♏
10	16 ♌ 54	18 ♎ 57	9 ♉ 5	8 ♉ 38	14 ♌ 29	4 ♋ 1	14 ♎ 2	19 ♐ 9	24 ♌ 55	29 ♊ 12	10 ♎ 50	14 ♌ 38	15 ♋	27 ♉	13 ♈	6 ♍	18 ♏
11	17 ♌ 51	2 ♏ 54	9 ♉ 1	8 ♉ 37	16 ♌ 33	4 ♋ 42	14 ♎ 39	19 ♐ 8	25 ♌ 2	29 ♊ 14	10 ♎ 52	14 ♌ 40	15 ♋	28 ♉	13 ♈	7 ♍	18 ♏
12	18 ♌ 49	16 ♏ 25	8 ♉ 58	8 D 37	18 ♌ 35	5 ♋ 25	15 ♎ 17	19 ♐ 7	25 ♌ 10	29 ♊ 17	10 ♎ 53	14 ♌ 42	16 ♋	28 ♉	13 ♈	7 ♍	18 ♏
13	19 ♌ 46	29 ♏ 33	8 ♉ 55	8 R 37	20 ♌ 37	6 ♋ 8	15 ♎ 54	19 ♐ 7	25 ♌ 18	29 ♊ 20	10 ♎ 55	14 ♌ 43	16 ♋	28 ♉	13 ♈	8 ♍	18 ♏
14	20 ♌ 44	12 ♐ 22	8 ♉ 52	8 ♉ 35	22 ♌ 38	6 ♋ 52	16 ♎ 32	19 ♐ 6	25 ♌ 25	29 ♊ 22	10 ♎ 56	14 ♌ 45	17 ♋	29 ♉	13 ♈	8 ♍	18 ♏
15	21 ♌ 42	24 ♐ 54	8 ♉ 49	8 ♉ 31	24 ♌ 38	7 ♋ 37	17 ♎ 10	19 ♐ 6	25 ♌ 33	29 ♊ 25	10 ♎ 58	14 ♌ 47	17 ♋	29 ♉	13 ♈	9 ♍	19 ♏
16	22 ♌ 39	7 ♑ 14	8 ♉ 45	8 ♉ 25	26 ♌ 36	8 ♋ 23	17 ♎ 47	19 ♐ 6	25 ♌ 40	29 ♊ 27	10 ♎ 59	14 ♌ 49	17 ♋	29 ♉	13 ♈	9 ♍	19 ♏
17	23 ♌ 37	19 ♑ 25	8 ♉ 42	8 ♉ 15	28 ♌ 34	9 ♋ 10	18 ♎ 25	19 D 6	25 ♌ 48	29 ♊ 30	11 ♎ 1	14 ♌ 51	18 ♋	0 ♊	13 ♈	10 ♍	19 ♏
18	24 ♌ 35	1 ♒ 28	8 ♉ 39	8 ♉ 4	0 ♍ 30	9 ♋ 57	19 ♎ 3	19 ♐ 6	25 ♌ 56	29 ♊ 32	11 ♎ 3	14 ♌ 52	18 ♋	0 ♊	13 ♈	10 ♍	19 ♏
19	25 ♌ 32	13 ♒ 27	8 ♉ 36	7 ♉ 51	2 ♍ 24	10 ♋ 46	19 ♎ 41	19 ♐ 6	26 ♌ 3	29 ♊ 34	11 ♎ 4	14 ♌ 54	19 ♋	0 ♊	13 ♈	11 ♍	19 ♏
20	26 ♌ 30	25 ♒ 21	8 ♉ 33	7 ♉ 38	4 ♍ 18	11 ♋ 35	20 ♎ 19	19 ♐ 7	26 ♌ 11	29 ♊ 37	11 ♎ 6	14 ♌ 56	19 ♋	1 ♊	13 ♈	11 ♍	19 ♏
21	27 ♌ 28	7 ♓ 13	8 ♉ 30	7 ♉ 26	6 ♍ 10	12 ♋ 25	20 ♎ 57	19 ♐ 7	26 ♌ 19	29 ♊ 39	11 ♎ 8	14 ♌ 58	20 ♋	1 ♊	13 ♈	12 ♍	19 ♏
22	28 ♌ 25	19 ♓ 4	8 ♉ 26	7 ♉ 16	8 ♍ 0	13 ♋ 15	21 ♎ 36	19 ♐ 8	26 ♌ 26	29 ♊ 41	11 ♎ 9	15 ♌ 0	20 ♋	1 ♊	13 ♈	12 ♍	19 ♏
23	29 ♌ 23	0 ♈ 56	8 ♉ 23	7 ♉ 8	9 ♍ 49	14 ♋ 6	22 ♎ 14	19 ♐ 10	26 ♌ 34	29 ♊ 43	11 ♎ 11	15 ♌ 1	20 ♋	2 ♊	13 R	13 ♍	19 ♏
24	0 ♍ 21	12 ♈ 52	8 ♉ 20	7 ♉ 3	11 ♍ 37	14 ♋ 58	22 ♎ 52	19 ♐ 11	26 ♌ 42	29 ♊ 45	11 ♎ 13	15 ♌ 3	21 ♋	2 ♊	13 ♈	13 ♍	19 ♏
25	1 ♍ 19	24 ♈ 54	8 ♉ 17	7 ♉ 0	13 ♍ 24	15 ♋ 51	23 ♎ 31	19 ♐ 12	26 ♌ 49	29 ♊ 48	11 ♎ 15	15 ♌ 5	21 ♋	2 ♊	13 ♈	14 ♍	19 ♏
26	2 ♍ 17	7 ♉ 7	8 ♉ 14	6 D 59	15 ♍ 9	16 ♋ 44	24 ♎ 10	19 ♐ 14	26 ♌ 57	29 ♊ 50	11 ♎ 17	15 ♌ 7	22 ♋	3 ♊	13 ♈	14 ♍	19 ♏
27	3 ♍ 15	19 ♉ 33	8 ♉ 11	7 ♉ 0	16 ♍ 52	17 ♋ 38	24 ♎ 48	19 ♐ 16	27 ♌ 4	29 ♊ 52	11 ♎ 18	15 ♌ 8	22 ♋	3 ♊	13 ♈	15 ♍	19 ♏
28	4 ♍ 13	2 ♊ 19	8 ♉ 7	7 ♉ 0	18 ♍ 35	18 ♋ 32	25 ♎ 27	19 ♐ 18	27 ♌ 12	29 ♊ 54	11 ♎ 20	15 ♌ 10	22 ♋	3 ♊	13 ♈	15 ♍	19 ♏
29	5 ♍ 11	15 ♊ 29	8 ♉ 4	7 R 0	20 ♍ 16	19 ♋ 27	26 ♎ 6	19 ♐ 20	27 ♌ 20	29 ♊ 56	11 ♎ 22	15 ♌ 12	23 ♋	4 ♊	13 ♈	16 ♍	19 ♏
30	6 ♍ 9	29 ♊ 5	8 ♉ 1	6 ♉ 57	21 ♍ 56	20 ♋ 22	26 ♎ 45	19 ♐ 23	27 ♌ 27	29 ♊ 58	11 ♎ 24	15 ♌ 14	23 ♋	4 ♊	13 ♈	16 ♍	19 ♏
31	7 ♍ 7	13 ♋ 10	7 ♉ 58	6 ♉ 53	23 ♍ 35	21 ♋ 18	27 ♎ 24	19 ♐ 25	27 ♌ 35	29 ♊ 59	11 ♎ 26	15 ♌ 15	24 ♋	4 ♊	13 ♈	17 ♍	19 ♏

SUN INGRESS: ☉ → ♍ 23日 15:03

MOON PHASE: ● 5日 13:13 ♌　◐ 12日 04:40 ♏　○ 20日 02:32 ♒　◑ 28日 03:46 ♊

aspects		
1日	03:44	♀☌♅
1日	17:16	☉⚹♂
3日	12:33	☉⚹♆
4日	14:15	♂☌♆
7日	13:37	☉☌♇
8日	05:04	☿⚹♆
9日	16:28	☿⚹♂
10日	01:41	☿☌♇
11日	00:12	♂⚹♇
12日	04:54	☉☌☿
12日	06:13	☿△♃
12日	07:39	☉△♃
15日	11:51	☿☌♄
17日	11:45	☿⚹♅
18日	01:45	♂⚹♃
19日	09:29	♀□♆
19日	14:56	☉☌♄
23日	08:39	☉⚹♅
27日	22:32	☿⚹♀
28日	10:23	☿□♃
31日	08:16	♂⚹♄

1948年9月

DAY	☉	☽	☊ mean	☊ true	☿	♀	♂	♃	♄	♅	♆	♇	⚳	⚴	⚵	⚶	⚷
	° ′	° ′	° ′	° ′	° ′	° ′	° ′	° ′	° ′	° ′	° ′	° ′	°	°	°	°	°
1	8 ♍ 5	27 ♋ 43	7 ♉ 55	6 R 47	25 D 12	22 D 15	28 D 3	19 D 28	27 D 42	0 D 1	11 D 28	15 D 17	24 D	4 D	13 R	17 D	20 D
2	9 ♍ 3	12 ♌ 40	7 ♉ 51	6 ♉ 38	26 ♍ 48	23 ♋ 12	28 ♎ 42	19 ♐ 31	27 ♌ 50	0 ♋ 3	11 ♎ 30	15 ♌ 19	24 ♋	5 ♊	13 ♈	18 ♍	20 ♏
3	10 ♍ 1	27 ♌ 52	7 ♉ 48	6 ♉ 30	28 ♍ 23	24 ♋ 9	29 ♎ 22	19 ♐ 34	27 ♌ 58	0 ♋ 5	11 ♎ 32	15 ♌ 20	25 ♋	5 ♊	13 ♈	18 ♍	20 ♏
4	10 ♍ 59	13 ♍ 10	7 ♉ 45	6 ♉ 22	29 ♍ 56	25 ♋ 7	0 ♏ 1	19 ♐ 37	28 ♌ 5	0 ♋ 6	11 ♎ 34	15 ♌ 22	25 ♋	5 ♊	13 ♈	19 ♍	20 ♏
5	11 ♍ 57	28 ♍ 22	7 ♉ 42	6 ♉ 15	1 ♎ 29	26 ♋ 5	0 ♏ 41	19 ♐ 41	28 ♌ 13	0 ♋ 8	11 ♎ 36	15 ♌ 24	26 ♋	6 ♊	13 ♈	19 ♍	20 ♏
6	12 ♍ 56	13 ♎ 18	7 ♉ 39	6 ♉ 11	3 ♎ 0	27 ♋ 4	1 ♏ 20	19 ♐ 44	28 ♌ 20	0 ♋ 10	11 ♎ 38	15 ♌ 25	26 ♋	6 ♊	12 ♈	20 ♍	20 ♏
7	13 ♍ 54	27 ♎ 52	7 ♉ 36	6 ♉ 9	4 ♎ 30	28 ♋ 3	2 ♏ 0	19 ♐ 48	28 ♌ 28	0 ♋ 11	11 ♎ 40	15 ♌ 27	26 ♋	6 ♊	12 ♈	20 ♍	20 ♏
8	14 ♍ 52	11 ♏ 59	7 ♉ 32	6 D 9	5 ♎ 59	29 ♋ 3	2 ♏ 40	19 ♐ 52	28 ♌ 35	0 ♋ 13	11 ♎ 42	15 ♌ 29	27 ♋	6 ♊	12 ♈	20 ♍	20 ♏
9	15 ♍ 50	25 ♏ 37	7 ♉ 29	6 ♉ 10	7 ♎ 26	0 ♌ 3	3 ♏ 20	19 ♐ 57	28 ♌ 42	0 ♋ 14	11 ♎ 44	15 ♌ 30	27 ♋	7 ♊	12 ♈	21 ♍	20 ♏
10	16 ♍ 49	8 ♐ 50	7 ♉ 26	6 ♉ 11	8 ♎ 52	1 ♌ 3	4 ♏ 0	20 ♐ 1	28 ♌ 50	0 ♋ 16	11 ♎ 46	15 ♌ 32	28 ♋	7 ♊	12 ♈	21 ♍	20 ♏
11	17 ♍ 47	21 ♐ 39	7 ♉ 23	6 R 11	10 ♎ 17	2 ♌ 4	4 ♏ 40	20 ♐ 5	28 ♌ 57	0 ♋ 17	11 ♎ 48	15 ♌ 33	28 ♋	7 ♊	12 ♈	22 ♍	20 ♏
12	18 ♍ 45	4 ♑ 10	7 ♉ 20	6 ♉ 10	11 ♎ 41	3 ♌ 5	5 ♏ 20	20 ♐ 10	29 ♌ 5	0 ♋ 18	11 ♎ 50	15 ♌ 35	28 ♋	7 ♊	12 ♈	22 ♍	20 ♏
13	19 ♍ 44	16 ♑ 25	7 ♉ 17	6 ♉ 6	13 ♎ 3	4 ♌ 6	6 ♏ 0	20 ♐ 15	29 ♌ 12	0 ♋ 20	11 ♎ 52	15 ♌ 37	29 ♋	8 ♊	11 ♈	23 ♍	20 ♏
14	20 ♍ 42	28 ♑ 30	7 ♉ 13	6 ♉ 1	14 ♎ 24	5 ♌ 8	6 ♏ 40	20 ♐ 20	29 ♌ 19	0 ♋ 21	11 ♎ 54	15 ♌ 38	29 ♋	8 ♊	11 ♈	23 ♍	21 ♏
15	21 ♍ 41	10 ♒ 28	7 ♉ 10	5 ♉ 54	15 ♎ 44	6 ♌ 10	7 ♏ 21	20 ♐ 25	29 ♌ 27	0 ♋ 22	11 ♎ 56	15 ♌ 40	0 ♌	8 ♊	11 ♈	24 ♍	21 ♏
16	22 ♍ 39	22 ♒ 21	7 ♉ 7	5 ♉ 46	17 ♎ 2	7 ♌ 13	8 ♏ 1	20 ♐ 30	29 ♌ 34	0 ♋ 23	11 ♎ 58	15 ♌ 41	0 ♌	8 ♊	11 ♈	24 ♍	21 ♏
17	23 ♍ 38	4 ♓ 13	7 ♉ 4	5 ♉ 38	18 ♎ 18	8 ♌ 15	8 ♏ 41	20 ♐ 36	29 ♌ 41	0 ♋ 24	12 ♎ 1	15 ♌ 43	0 ♌	9 ♊	11 ♈	25 ♍	21 ♏
18	24 ♍ 36	16 ♓ 5	7 ♉ 1	5 ♉ 30	19 ♎ 33	9 ♌ 18	9 ♏ 22	20 ♐ 42	29 ♌ 48	0 ♋ 25	12 ♎ 3	15 ♌ 44	1 ♌	9 ♊	11 ♈	25 ♍	21 ♏
19	25 ♍ 35	27 ♓ 59	6 ♉ 57	5 ♉ 24	20 ♎ 47	10 ♌ 22	10 ♏ 3	20 ♐ 47	29 ♌ 55	0 ♋ 26	12 ♎ 5	15 ♌ 46	1 ♌	9 ♊	10 ♈	26 ♍	21 ♏
20	26 ♍ 33	9 ♈ 57	6 ♉ 54	5 ♉ 19	21 ♎ 58	11 ♌ 25	10 ♏ 43	20 ♐ 53	0 ♍ 3	0 ♋ 27	12 ♎ 7	15 ♌ 47	1 ♌	9 ♊	10 ♈	26 ♍	21 ♏
21	27 ♍ 32	22 ♈ 1	6 ♉ 51	5 ♉ 17	23 ♎ 8	12 ♌ 29	11 ♏ 24	21 ♐ 0	0 ♍ 10	0 ♋ 28	12 ♎ 9	15 ♌ 48	2 ♌	9 ♊	10 ♈	27 ♍	21 ♏
22	28 ♍ 31	4 ♉ 12	6 ♉ 48	5 ♉ 16	24 ♎ 16	13 ♌ 34	12 ♏ 5	21 ♐ 6	0 ♍ 17	0 ♋ 29	12 ♎ 11	15 ♌ 50	2 ♌	10 ♊	10 ♈	27 ♍	21 ♏
23	29 ♍ 29	16 ♉ 33	6 ♉ 45	5 D 16	25 ♎ 22	14 ♌ 38	12 ♏ 46	21 ♐ 12	0 ♍ 24	0 ♋ 29	12 ♎ 14	15 ♌ 51	3 ♌	10 ♊	10 ♈	28 ♍	21 ♏
24	0 ♎ 28	29 ♉ 7	6 ♉ 42	5 ♉ 18	26 ♎ 26	15 ♌ 43	13 ♏ 27	21 ♐ 19	0 ♍ 31	0 ♋ 30	12 ♎ 16	15 ♌ 53	3 ♌	10 ♊	9 ♈	28 ♍	22 ♏
25	1 ♎ 27	11 ♊ 57	6 ♉ 38	5 ♉ 19	27 ♎ 28	16 ♌ 48	14 ♏ 8	21 ♐ 26	0 ♍ 38	0 ♋ 31	12 ♎ 18	15 ♌ 54	3 ♌	10 ♊	9 ♈	29 ♍	22 ♏
26	2 ♎ 26	25 ♊ 6	6 ♉ 35	5 ♉ 20	28 ♎ 27	17 ♌ 53	14 ♏ 50	21 ♐ 32	0 ♍ 45	0 ♋ 31	12 ♎ 20	15 ♌ 55	4 ♌	10 ♊	9 ♈	29 ♍	22 ♏
27	3 ♎ 24	8 ♋ 37	6 ♉ 32	5 R 21	29 ♎ 23	18 ♌ 59	15 ♏ 31	21 ♐ 39	0 ♍ 52	0 ♋ 32	12 ♎ 22	15 ♌ 57	4 ♌	11 ♊	9 ♈	0 ♎	22 ♏
28	4 ♎ 23	22 ♋ 32	6 ♉ 29	5 ♉ 19	0 ♏ 16	20 ♌ 5	16 ♏ 12	21 ♐ 47	0 ♍ 58	0 ♋ 32	12 ♎ 25	15 ♌ 58	4 ♌	11 ♊	8 ♈	0 ♎	22 ♏
29	5 ♎ 22	6 ♌ 51	6 ♉ 26	5 ♉ 17	1 ♏ 7	21 ♌ 11	16 ♏ 54	21 ♐ 54	1 ♍ 5	0 ♋ 33	12 ♎ 27	15 ♌ 59	5 ♌	11 ♊	8 ♈	1 ♎	22 ♏
30	6 ♎ 21	21 ♌ 31	6 ♉ 22	5 ♉ 13	1 ♏ 53	22 ♌ 17	17 ♏ 35	22 ♐ 1	1 ♍ 12	0 ♋ 33	12 ♎ 29	16 ♌ 1	5 ♌	11 ♊	8 ♈	1 ♎	22 ♏

SUN INGRESS	☉ → ♎ 23日 12:22
MOON PHASE	● 3日 20:21 ♍ ◐ 10日 16:05 ♐ ○ 18日 18:43 ♓ ◑ 26日 14:07 ♋

aspects

4日	02:37	☿□♅
4日	03:20	♂△♅
12日	02:42	☿☌♆
13日	14:01	☉□♃
14日	22:46	☿⚹♇
18日	03:52	♀□♂
19日	00:15	☿⚹♃
20日	16:09	♀⚹♆
23日	21:03	♄⚹♅
24日	00:49	☉□♅
24日	03:42	♀☌♇
27日	15:29	♂□♇
28日	07:33	☿△♅
28日	23:12	☿⚹♄
29日	17:40	♀△♃

1948年10月

DAY	☉	☽	☊ mean	☊ true	☿	♀	♂	♃	♄	♅	♆	♇	⚳	⚴	⚵	⚶	⚷
	° ′	° ′	° ′	° ′	° ′	° ′	° ′	° ′	° ′	° ′	° ′	° ′	°	°	°	°	°
1	7 ♎ 20	6 ♍ 27	6 ♉ 19	5 R 9	2 D 37	23 D 23	18 D 17	22 D 9	1 D 19	0 D 33	12 D 31	16 D 2	5 D	11 D	8 R	2 D	22 D
2	8 ♎ 19	21 ♍ 31	6 ♉ 16	5 ♉ 5	3 ♏ 16	24 ♌ 30	18 ♏ 59	22 ♐ 17	1 ♍ 25	0 ♋ 34	12 ♎ 33	16 ♌ 3	6 ♌	11 ♊	7 ♈	2 ♎	22 ♏
3	9 ♎ 18	6 ♎ 34	6 ♉ 13	5 ♉ 2	3 ♏ 50	25 ♌ 37	19 ♏ 40	22 ♐ 25	1 ♍ 32	0 ♋ 34	12 ♎ 36	16 ♌ 4	6 ♌	11 ♊	7 ♈	3 ♎	22 ♏
4	10 ♎ 17	21 ♎ 27	6 ♉ 10	5 ♉ 1	4 ♏ 20	26 ♌ 44	20 ♏ 22	22 ♐ 33	1 ♍ 38	0 ♋ 34	12 ♎ 38	16 ♌ 6	7 ♌	12 ♊	7 ♈	3 ♎	23 ♏
5	11 ♎ 17	6 ♏ 3	6 ♉ 7	5 D 0	4 ♏ 45	27 ♌ 52	21 ♏ 4	22 ♐ 41	1 ♍ 45	0 ♋ 34	12 ♎ 40	16 ♌ 7	7 ♌	12 ♊	7 ♈	4 ♎	23 ♏
6	12 ♎ 16	20 ♏ 15	6 ♉ 3	5 ♉ 1	5 ♏ 4	28 ♌ 59	21 ♏ 46	22 ♐ 49	1 ♍ 51	0 ♋ 34	12 ♎ 42	16 ♌ 8	7 ♌	12 ♊	6 ♈	4 ♎	23 ♏
7	13 ♎ 15	4 ♐ 1	6 ♉ 0	5 ♉ 2	5 ♏ 17	0 ♍ 7	22 ♏ 28	22 ♐ 57	1 ♍ 58	0 R 34	12 ♎ 45	16 ♌ 9	8 ♌	12 ♊	6 ♈	5 ♎	23 ♏
8	14 ♎ 14	17 ♐ 20	5 ♉ 57	5 ♉ 4	5 ♏ 24	1 ♍ 15	23 ♏ 10	23 ♐ 6	2 ♍ 4	0 ♋ 34	12 ♎ 47	16 ♌ 10	8 ♌	12 ♊	6 ♈	6 ♎	23 ♏
9	15 ♎ 13	0 ♑ 15	5 ♉ 54	5 ♉ 5	5 R 23	2 ♍ 23	23 ♏ 53	23 ♐ 15	2 ♍ 10	0 ♋ 34	12 ♎ 49	16 ♌ 11	8 ♌	12 ♊	6 ♈	6 ♎	23 ♏
10	16 ♎ 13	12 ♑ 49	5 ♉ 51	5 ♉ 5	5 ♏ 16	3 ♍ 31	24 ♏ 35	23 ♐ 23	2 ♍ 17	0 ♋ 34	12 ♎ 51	16 ♌ 12	9 ♌	12 ♊	5 ♈	7 ♎	23 ♏
11	17 ♎ 12	25 ♑ 6	5 ♉ 48	5 R 5	5 ♏ 0	4 ♍ 40	25 ♏ 17	23 ♐ 32	2 ♍ 23	0 ♋ 34	12 ♎ 54	16 ♌ 13	9 ♌	12 ♊	5 ♈	7 ♎	23 ♏
12	18 ♎ 11	7 ♒ 10	5 ♉ 44	5 ♉ 4	4 ♏ 36	5 ♍ 48	26 ♏ 0	23 ♐ 41	2 ♍ 29	0 ♋ 34	12 ♎ 56	16 ♌ 14	9 ♌	12 ♊	5 ♈	8 ♎	23 ♏
13	19 ♎ 11	19 ♒ 5	5 ♉ 41	5 ♉ 3	4 ♏ 3	6 ♍ 57	26 ♏ 42	23 ♐ 50	2 ♍ 35	0 ♋ 33	12 ♎ 58	16 ♌ 15	10 ♌	12 ♊	5 ♈	8 ♎	24 ♏
14	20 ♎ 10	0 ♓ 57	5 ♉ 38	5 ♉ 0	3 ♏ 23	8 ♍ 6	27 ♏ 25	24 ♐ 0	2 ♍ 41	0 ♋ 33	13 ♎ 0	16 ♌ 16	10 ♌	12 ♊	5 ♈	9 ♎	24 ♏
15	21 ♎ 10	12 ♓ 49	5 ♉ 35	4 ♉ 58	2 ♏ 34	9 ♍ 15	28 ♏ 8	24 ♐ 9	2 ♍ 47	0 ♋ 33	13 ♎ 2	16 ♌ 17	10 ♌	12 ♊	4 ♈	9 ♎	24 ♏
16	22 ♎ 9	24 ♓ 43	5 ♉ 32	4 ♉ 56	1 ♏ 38	10 ♍ 24	28 ♏ 50	24 ♐ 19	2 ♍ 53	0 ♋ 32	13 ♎ 5	16 ♌ 18	11 ♌	12 ♊	4 ♈	10 ♎	24 ♏
17	23 ♎ 9	6 ♈ 42	5 ♉ 28	4 ♉ 55	0 ♏ 35	11 ♍ 34	29 ♏ 33	24 ♐ 28	2 ♍ 59	0 ♋ 32	13 ♎ 7	16 ♌ 19	11 ♌	12 ♊	4 ♈	10 ♎	24 ♏
18	24 ♎ 8	18 ♈ 49	5 ♉ 25	4 ♉ 53	29 ♎ 26	12 ♍ 43	0 ♐ 16	24 ♐ 38	3 ♍ 4	0 ♋ 31	13 ♎ 9	16 ♌ 20	11 ♌	13 ♊	4 ♈	11 ♎	24 ♏
19	25 ♎ 8	1 ♉ 4	5 ♉ 22	4 ♉ 53	28 ♎ 14	13 ♍ 53	0 ♐ 59	24 ♐ 48	3 ♍ 10	0 ♋ 30	13 ♎ 11	16 ♌ 21	12 ♌	13 R	4 ♈	11 ♎	24 ♏
20	26 ♎ 7	13 ♉ 31	5 ♉ 19	4 D 53	27 ♎ 0	15 ♍ 3	1 ♐ 42	24 ♐ 58	3 ♍ 16	0 ♋ 30	13 ♎ 13	16 ♌ 21	12 ♌	13 ♊	3 ♈	12 ♎	24 ♏
21	27 ♎ 7	26 ♉ 8	5 ♉ 16	4 ♉ 54	25 ♎ 45	16 ♍ 13	2 ♐ 25	25 ♐ 8	3 ♍ 21	0 ♋ 29	13 ♎ 16	16 ♌ 22	12 ♌	12 ♊	3 ♈	12 ♎	25 ♏
22	28 ♎ 7	8 ♊ 59	5 ♉ 13	4 ♉ 54	24 ♎ 33	17 ♍ 23	3 ♐ 8	25 ♐ 18	3 ♍ 27	0 ♋ 28	13 ♎ 18	16 ♌ 23	13 ♌	12 ♊	3 ♈	13 ♎	25 ♏
23	29 ♎ 6	22 ♊ 3	5 ♉ 9	4 ♉ 55	23 ♎ 26	18 ♍ 34	3 ♐ 52	25 ♐ 28	3 ♍ 32	0 ♋ 27	13 ♎ 20	16 ♌ 24	13 ♌	12 ♊	3 ♈	13 ♎	25 ♏
24	0 ♏ 6	5 ♋ 22	5 ♉ 6	4 ♉ 55	22 ♎ 25	19 ♍ 44	4 ♐ 35	25 ♐ 39	3 ♍ 38	0 ♋ 27	13 ♎ 22	16 ♌ 24	13 ♌	12 ♊	3 ♈	14 ♎	25 ♏
25	1 ♏ 6	18 ♋ 57	5 ♉ 3	4 ♉ 56	21 ♎ 32	20 ♍ 55	5 ♐ 18	25 ♐ 49	3 ♍ 43	0 ♋ 26	13 ♎ 24	16 ♌ 25	14 ♌	12 ♊	2 ♈	14 ♎	25 ♏
26	2 ♏ 6	2 ♌ 48	5 ♉ 0	4 R 56	20 ♎ 49	22 ♍ 6	6 ♐ 2	26 ♐ 0	3 ♍ 48	0 ♋ 25	13 ♎ 26	16 ♌ 26	14 ♌	12 ♊	2 ♈	15 ♎	25 ♏
27	3 ♏ 6	16 ♌ 55	4 ♉ 57	4 ♉ 56	20 ♎ 16	23 ♍ 16	6 ♐ 45	26 ♐ 10	3 ♍ 53	0 ♋ 24	13 ♎ 29	16 ♌ 26	14 ♌	12 ♊	2 ♈	15 ♎	25 ♏
28	4 ♏ 6	1 ♍ 16	4 ♉ 54	4 ♉ 56	19 ♎ 55	24 ♍ 27	7 ♐ 29	26 ♐ 21	3 ♍ 58	0 ♋ 23	13 ♎ 31	16 ♌ 27	14 ♌	12 ♊	2 ♈	16 ♎	25 ♏
29	5 ♏ 6	15 ♍ 48	4 ♉ 50	4 D 56	19 ♎ 46	25 ♍ 39	8 ♐ 12	26 ♐ 32	4 ♍ 3	0 ♋ 22	13 ♎ 33	16 ♌ 28	15 ♌	12 ♊	2 ♈	16 ♎	26 ♏
30	6 ♏ 6	0 ♎ 27	4 ♉ 47	4 ♉ 56	19 D 48	26 ♍ 50	8 ♐ 56	26 ♐ 43	4 ♍ 8	0 ♋ 20	13 ♎ 35	16 ♌ 28	15 ♌	12 ♊	2 ♈	17 ♎	26 ♏
31	7 ♏ 6	15 ♎ 6	4 ♉ 44	4 ♉ 56	20 ♎ 0	28 ♍ 1	9 ♐ 40	26 ♐ 54	4 ♍ 13	0 ♋ 19	13 ♎ 37	16 ♌ 29	15 ♌	12 ♊	2 ♈	17 ♎	26 ♏

SUN INGRESS	☉ → ♏ 23日 21:18
MOON PHASE	● 3日 04:42 ♎ ◐ 10日 07:10 ♑ ○ 18日 11:23 ♈ ◑ 25日 22:41 ♌

aspects

6日	11:12	☉☌♆
7日	09:44	♀⚹♅
8日	19:12	♀☌♄
9日	23:45	☉⚹♇
11日	05:24	☿⚹♀
14日	18:34	☿⚹♄
17日	01:09	☿△♅
18日	14:19	☉⚹♃
20日	09:19	☉☌☿
21日	10:49	☿⚹♃
22日	11:42	♂□♄
24日	08:02	☉△♅
27日	20:44	☉⚹♄
29日	21:10	♀□♃

1948年11月

DAY	☉	☽	☊ mean	☊ true	☿	♀	♂	♃	♄	♅	♆	♇	⚳	⚴	⚵	⚶	⚷
	° ′	° ′	° ′	° ′	° ′	° ′	° ′	° ′	° ′	° ′	° ′	° ′	°	°	°	°	°
1	8 ♏ 6	29 ♎ 41	4 ♉ 41	4 D 56	20 D 23	29 D 13	10 D 24	27 D 5	4 D 18	0 R 18	13 D 39	16 D 29	16 D	12 R	2 R	18 D	26 D
2	9 ♏ 6	14 ♏ 4	4 ♉ 38	4 R 56	20 ♎ 56	0 ♎ 24	11 ♐ 8	27 ♐ 16	4 ♍ 22	0 ♋ 17	13 ♎ 41	16 ♌ 30	16 ♌	11 ♊	1 ♈	18 ♎	26 ♏
3	10 ♏ 6	28 ♏ 9	4 ♉ 34	4 ♉ 56	21 ♎ 37	1 ♎ 36	11 ♐ 52	27 ♐ 27	4 ♍ 27	0 ♋ 15	13 ♎ 43	16 ♌ 30	16 ♌	11 ♊	1 ♈	19 ♎	26 ♏
4	11 ♏ 6	11 ♐ 54	4 ♉ 31	4 ♉ 55	22 ♎ 27	2 ♎ 48	12 ♐ 36	27 ♐ 39	4 ♍ 31	0 ♋ 14	13 ♎ 45	16 ♌ 31	16 ♌	11 ♊	1 ♈	19 ♎	26 ♏
5	12 ♏ 6	25 ♐ 16	4 ♉ 28	4 ♉ 54	23 ♎ 23	4 ♎ 0	13 ♐ 20	27 ♐ 50	4 ♍ 36	0 ♋ 12	13 ♎ 47	16 ♌ 31	17 ♌	11 ♊	1 ♈	20 ♎	26 ♏
6	13 ♏ 6	8 ♑ 15	4 ♉ 25	4 ♉ 53	24 ♎ 25	5 ♎ 12	14 ♐ 4	28 ♐ 2	4 ♍ 40	0 ♋ 11	13 ♎ 49	16 ♌ 31	17 ♌	11 ♊	1 ♈	20 ♎	27 ♏
7	14 ♏ 7	20 ♑ 53	4 ♉ 22	4 ♉ 52	25 ♎ 33	6 ♎ 24	14 ♐ 48	28 ♐ 14	4 ♍ 44	0 ♋ 9	13 ♎ 51	16 ♌ 32	17 ♌	11 ♊	1 ♈	21 ♎	27 ♏
8	15 ♏ 7	3 ♒ 13	4 ♉ 19	4 ♉ 51	26 ♎ 45	7 ♎ 36	15 ♐ 33	28 ♐ 25	4 ♍ 48	0 ♋ 8	13 ♎ 53	16 ♌ 32	18 ♌	10 ♊	1 ♈	21 ♎	27 ♏
9	16 ♏ 7	15 ♒ 18	4 ♉ 15	4 ♉ 51	28 ♎ 1	8 ♎ 48	16 ♐ 17	28 ♐ 37	4 ♍ 52	0 ♋ 6	13 ♎ 55	16 ♌ 32	18 ♌	10 ♊	1 ♈	22 ♎	27 ♏
10	17 ♏ 7	27 ♒ 14	4 ♉ 12	4 D 51	29 ♎ 21	10 ♎ 1	17 ♐ 2	28 ♐ 49	4 ♍ 56	0 ♋ 5	13 ♎ 57	16 ♌ 32	18 ♌	10 ♊	1 ♈	22 ♎	27 ♏
11	18 ♏ 8	9 ♓ 6	4 ♉ 9	4 ♉ 52	0 ♏ 43	11 ♎ 13	17 ♐ 46	29 ♐ 1	5 ♍ 0	0 ♋ 3	13 ♎ 59	16 ♌ 33	18 ♌	10 ♊	1 ♈	23 ♎	27 ♏
12	19 ♏ 8	20 ♓ 57	4 ♉ 6	4 ♉ 53	2 ♏ 8	12 ♎ 26	18 ♐ 31	29 ♐ 13	5 ♍ 4	0 ♋ 1	14 ♎ 1	16 ♌ 33	19 ♌	10 ♊	1 ♈	23 ♎	27 ♏
13	20 ♏ 8	2 ♈ 53	4 ♉ 3	4 ♉ 55	3 ♏ 35	13 ♎ 38	19 ♐ 15	29 ♐ 25	5 ♍ 8	29 ♊ 59	14 ♎ 3	16 ♌ 33	19 ♌	9 ♊	1 D	24 ♎	27 ♏
14	21 ♏ 9	14 ♈ 57	3 ♉ 59	4 ♉ 56	5 ♏ 4	14 ♎ 51	20 ♐ 0	29 ♐ 37	5 ♍ 11	29 ♊ 58	14 ♎ 5	16 ♌ 33	19 ♌	9 ♊	1 ♈	24 ♎	28 ♏
15	22 ♏ 9	27 ♈ 12	3 ♉ 56	4 ♉ 57	6 ♏ 33	16 ♎ 4	20 ♐ 45	29 ♐ 49	5 ♍ 15	29 ♊ 56	14 ♎ 7	16 ♌ 33	19 ♌	9 ♊	1 ♈	25 ♎	28 ♏
16	23 ♏ 10	9 ♉ 41	3 ♉ 53	4 R 57	8 ♏ 4	17 ♎ 16	21 ♐ 30	0 ♑ 2	5 ♍ 18	29 ♊ 54	14 ♎ 9	16 ♌ 33	19 ♌	8 ♊	1 ♈	25 ♎	28 ♏
17	24 ♏ 10	22 ♉ 25	3 ♉ 50	4 ♉ 56	9 ♏ 36	18 ♎ 29	22 ♐ 14	0 ♑ 14	5 ♍ 21	29 ♊ 52	14 ♎ 10	16 ♌ 33	20 ♌	8 ♊	1 ♈	26 ♎	28 ♏
18	25 ♏ 11	5 ♊ 25	3 ♉ 47	4 ♉ 54	11 ♏ 9	19 ♎ 42	22 ♐ 59	0 ♑ 27	5 ♍ 25	29 ♊ 50	14 ♎ 12	16 ♌ 33	20 ♌	8 ♊	1 ♈	26 ♎	28 ♏
19	26 ♏ 11	18 ♊ 40	3 ♉ 44	4 ♉ 52	12 ♏ 42	20 ♎ 56	23 ♐ 44	0 ♑ 39	5 ♍ 28	29 ♊ 48	14 ♎ 14	16 R 33	20 ♌	8 ♊	1 ♈	27 ♎	28 ♏
20	27 ♏ 12	2 ♋ 9	3 ♉ 40	4 ♉ 48	14 ♏ 15	22 ♎ 9	24 ♐ 29	0 ♑ 52	5 ♍ 31	29 ♊ 46	14 ♎ 16	16 ♌ 33	20 ♌	7 ♊	1 ♈	27 ♎	28 ♏
21	28 ♏ 12	15 ♋ 50	3 ♉ 37	4 ♉ 45	15 ♏ 49	23 ♎ 22	25 ♐ 14	1 ♑ 4	5 ♍ 34	29 ♊ 44	14 ♎ 18	16 ♌ 33	21 ♌	7 ♊	1 ♈	28 ♎	28 ♏
22	29 ♏ 13	29 ♋ 41	3 ♉ 34	4 ♉ 42	17 ♏ 23	24 ♎ 35	26 ♐ 0	1 ♑ 17	5 ♍ 36	29 ♊ 42	14 ♎ 19	16 ♌ 33	21 ♌	7 ♊	1 ♈	28 ♎	29 ♏
23	0 ♐ 13	13 ♌ 40	3 ♉ 31	4 ♉ 40	18 ♏ 58	25 ♎ 49	26 ♐ 45	1 ♑ 30	5 ♍ 39	29 ♊ 40	14 ♎ 21	16 ♌ 33	21 ♌	6 ♊	1 ♈	29 ♎	29 ♏
24	1 ♐ 14	27 ♌ 45	3 ♉ 28	4 ♉ 39	20 ♏ 32	27 ♎ 2	27 ♐ 30	1 ♑ 42	5 ♍ 42	29 ♊ 38	14 ♎ 23	16 ♌ 33	21 ♌	6 ♊	2 ♈	29 ♎	29 ♏
25	2 ♐ 15	11 ♍ 55	3 ♉ 25	4 D 39	22 ♏ 7	28 ♎ 16	28 ♐ 15	1 ♑ 55	5 ♍ 44	29 ♊ 35	14 ♎ 24	16 ♌ 33	21 ♌	6 ♊	2 ♈	0 ♏	29 ♏
26	3 ♐ 16	26 ♍ 7	3 ♉ 21	4 ♉ 40	23 ♏ 41	29 ♎ 29	29 ♐ 1	2 ♑ 8	5 ♍ 47	29 ♊ 33	14 ♎ 26	16 ♌ 33	22 ♌	5 ♊	2 ♈	0 ♏	29 ♏
27	4 ♐ 16	10 ♎ 20	3 ♉ 18	4 ♉ 42	25 ♏ 16	0 ♏ 43	29 ♐ 46	2 ♑ 21	5 ♍ 49	29 ♊ 31	14 ♎ 27	16 ♌ 32	22 ♌	5 ♊	2 ♈	1 ♏	29 ♏
28	5 ♐ 17	24 ♎ 31	3 ♉ 15	4 ♉ 43	26 ♏ 50	1 ♏ 56	0 ♑ 32	2 ♑ 34	5 ♍ 51	29 ♊ 29	14 ♎ 29	16 ♌ 32	22 ♌	5 ♊	2 ♈	1 ♏	29 ♏
29	6 ♐ 18	8 ♏ 37	3 ♉ 12	4 R 43	28 ♏ 25	3 ♏ 10	1 ♑ 17	2 ♑ 47	5 ♍ 53	29 ♊ 26	14 ♎ 31	16 ♌ 32	22 ♌	4 ♊	2 ♈	2 ♏	0 ♐
30	7 ♐ 19	22 ♏ 35	3 ♉ 9	4 ♉ 42	29 ♏ 59	4 ♏ 24	2 ♑ 3	3 ♑ 0	5 ♍ 55	29 ♊ 24	14 ♎ 32	16 ♌ 31	22 ♌	4 ♊	2 ♈	2 ♏	0 ♐

SUN INGRESS: ☉ → ♐ 22日 18:29

MOON PHASE: ● 1日 15:03 ♏　◐ 9日 01:46 ♒　○ 17日 03:31 ♉　◑ 24日 06:22 ♍

aspects

1日	21:28	♀□♅
5日	15:33	♂⚹♆
9日	08:09	♂△♇
9日	10:04	☉□♇
9日	12:47	☿⚹♃
10日	12:32	☿△♅
13日	08:26	♀☌♆
14日	02:07	☿⚹♄
15日	09:46	♀⚹♇
15日	10:39	♃☍♅
21日	11:13	☿□♇
24日	23:56	♀⚹♂
26日	01:17	♀△♅
26日	16:16	♂☍♅
28日	13:54	☉□♄
28日	14:55	♀⚹♃

1948年12月

DAY	☉	☽	☊ mean	☊ true	☿	♀	♂	♃	♄	♅	♆	♇	⚳	⚴	⚵	⚶	⚷
	° ′	° ′	° ′	° ′	° ′	° ′	° ′	° ′	° ′	° ′	° ′	° ′	°	°	°	°	°
1	8 ♐ 19	6 ♐ 21	3 ♉ 5	4 R 39	1 D 33	5 D 38	2 D 49	3 D 13	5 D 57	29 R 22	14 D 34	16 R 31	22 D	4 R	3 D	3 D	0 D
2	9 ♐ 20	19 ♐ 53	3 ♉ 2	4 ♉ 34	3 ♐ 8	6 ♏ 52	3 ♑ 34	3 ♑ 27	5 ♍ 59	29 ♊ 19	14 ♎ 35	16 ♌ 31	23 ♌	3 ♊	3 ♈	3 ♏	0 ♐
3	10 ♐ 21	3 ♑ 7	2 ♉ 59	4 ♉ 28	4 ♐ 42	8 ♏ 6	4 ♑ 20	3 ♑ 40	6 ♍ 0	29 ♊ 17	14 ♎ 37	16 ♌ 30	23 ♌	3 ♊	3 ♈	4 ♏	0 ♐
4	11 ♐ 22	16 ♑ 3	2 ♉ 56	4 ♉ 22	6 ♐ 16	9 ♏ 20	5 ♑ 6	3 ♑ 53	6 ♍ 2	29 ♊ 15	14 ♎ 38	16 ♌ 30	23 ♌	3 ♊	3 ♈	4 ♏	0 ♐
5	12 ♐ 23	28 ♑ 41	2 ♉ 53	4 ♉ 15	7 ♐ 50	10 ♏ 34	5 ♑ 52	4 ♑ 7	6 ♍ 3	29 ♊ 12	14 ♎ 39	16 ♌ 29	23 ♌	2 ♊	3 ♈	5 ♏	0 ♐
6	13 ♐ 24	11 ♒ 1	2 ♉ 50	4 ♉ 9	9 ♐ 25	11 ♏ 48	6 ♑ 38	4 ♑ 20	6 ♍ 5	29 ♊ 10	14 ♎ 41	16 ♌ 29	23 ♌	2 ♊	3 ♈	5 ♏	0 ♐
7	14 ♐ 25	23 ♒ 8	2 ♉ 46	4 ♉ 5	10 ♐ 59	13 ♏ 2	7 ♑ 24	4 ♑ 33	6 ♍ 6	29 ♊ 7	14 ♎ 42	16 ♌ 28	23 ♌	2 ♊	4 ♈	6 ♏	1 ♐
8	15 ♐ 26	5 ♓ 4	2 ♉ 43	4 ♉ 3	12 ♐ 33	14 ♏ 16	8 ♑ 10	4 ♑ 47	6 ♍ 7	29 ♊ 5	14 ♎ 43	16 ♌ 28	23 ♌	1 ♊	4 ♈	6 ♏	1 ♐
9	16 ♐ 27	16 ♓ 55	2 ♉ 40	4 D 2	14 ♐ 7	15 ♏ 30	8 ♑ 56	5 ♑ 0	6 ♍ 8	29 ♊ 2	14 ♎ 45	16 ♌ 27	23 ♌	1 ♊	4 ♈	7 ♏	1 ♐
10	17 ♐ 28	28 ♓ 45	2 ♉ 37	4 ♉ 3	15 ♐ 41	16 ♏ 44	9 ♑ 42	5 ♑ 14	6 ♍ 9	29 ♊ 0	14 ♎ 46	16 ♌ 27	24 ♌	1 ♊	4 ♈	7 ♏	1 ♐
11	18 ♐ 29	10 ♈ 41	2 ♉ 34	4 ♉ 4	17 ♐ 15	17 ♏ 59	10 ♑ 28	5 ♑ 27	6 ♍ 10	28 ♊ 57	14 ♎ 47	16 ♌ 26	24 ♌	0 ♊	5 ♈	8 ♏	1 ♐
12	19 ♐ 30	22 ♈ 46	2 ♉ 31	4 ♉ 5	18 ♐ 50	19 ♏ 13	11 ♑ 14	5 ♑ 41	6 ♍ 10	28 ♊ 55	14 ♎ 48	16 ♌ 25	24 ♌	0 ♊	5 ♈	8 ♏	1 ♐
13	20 ♐ 31	5 ♉ 5	2 ♉ 27	4 R 6	20 ♐ 24	20 ♏ 27	12 ♑ 0	5 ♑ 54	6 ♍ 11	28 ♊ 52	14 ♎ 50	16 ♌ 25	24 ♌	0 ♊	5 ♈	9 ♏	1 ♐
14	21 ♐ 32	17 ♉ 43	2 ♉ 24	4 ♉ 5	21 ♐ 58	21 ♏ 42	12 ♑ 47	6 ♑ 8	6 ♍ 11	28 ♊ 50	14 ♎ 51	16 ♌ 24	24 ♌	29 ♉	5 ♈	9 ♏	1 ♐
15	22 ♐ 33	0 ♊ 41	2 ♉ 21	4 ♉ 2	23 ♐ 33	22 ♏ 56	13 ♑ 33	6 ♑ 22	6 ♍ 11	28 ♊ 47	14 ♎ 52	16 ♌ 23	24 ♌	29 ♉	6 ♈	10 ♏	2 ♐
16	23 ♐ 34	14 ♊ 1	2 ♉ 18	3 ♉ 56	25 ♐ 8	24 ♏ 10	14 ♑ 19	6 ♑ 35	6 ♍ 12	28 ♊ 45	14 ♎ 53	16 ♌ 23	24 ♌	29 ♉	6 ♈	10 ♏	2 ♐
17	24 ♐ 35	27 ♊ 41	2 ♉ 15	3 ♉ 49	26 ♐ 42	25 ♏ 25	15 ♑ 6	6 ♑ 49	6 ♍ 12	28 ♊ 42	14 ♎ 54	16 ♌ 22	24 ♌	29 ♉	6 ♈	11 ♏	2 ♐
18	25 ♐ 36	11 ♋ 38	2 ♉ 12	3 ♉ 40	28 ♐ 17	26 ♏ 39	15 ♑ 52	7 ♑ 3	6 R 12	28 ♊ 39	14 ♎ 55	16 ♌ 21	24 ♌	28 ♉	6 ♈	11 ♏	2 ♐
19	26 ♐ 37	25 ♋ 48	2 ♉ 8	3 ♉ 31	29 ♐ 52	27 ♏ 54	16 ♑ 38	7 ♑ 17	6 ♍ 12	28 ♊ 37	14 ♎ 56	16 ♌ 20	24 ♌	28 ♉	7 ♈	12 ♏	2 ♐
20	27 ♐ 38	10 ♌ 6	2 ♉ 5	3 ♉ 23	1 ♑ 28	29 ♏ 8	17 ♑ 25	7 ♑ 30	6 ♍ 11	28 ♊ 34	14 ♎ 57	16 ♌ 19	24 ♌	28 ♉	7 ♈	12 ♏	2 ♐
21	28 ♐ 39	24 ♌ 26	2 ♉ 2	3 ♉ 16	3 ♑ 3	0 ♐ 23	18 ♑ 12	7 ♑ 44	6 ♍ 11	28 ♊ 32	14 ♎ 58	16 ♌ 19	24 ♌	28 ♉	7 ♈	13 ♏	2 ♐
22	29 ♐ 40	8 ♍ 44	1 ♉ 59	3 ♉ 12	4 ♑ 39	1 ♐ 38	18 ♑ 58	7 ♑ 58	6 ♍ 11	28 ♊ 29	14 ♎ 59	16 ♌ 18	24 ♌	27 ♉	8 ♈	13 ♏	2 ♐
23	0 ♑ 41	22 ♍ 56	1 ♉ 56	3 ♉ 10	6 ♑ 15	2 ♐ 52	19 ♑ 45	8 ♑ 12	6 ♍ 10	28 ♊ 27	15 ♎ 0	16 ♌ 17	24 ♌	27 ♉	8 ♈	14 ♏	3 ♐
24	1 ♑ 43	7 ♎ 2	1 ♉ 52	3 D 10	7 ♑ 51	4 ♐ 7	20 ♑ 31	8 ♑ 26	6 ♍ 9	28 ♊ 24	15 ♎ 0	16 ♌ 16	24 ♌	27 ♉	8 ♈	14 ♏	3 ♐
25	2 ♑ 44	20 ♎ 59	1 ♉ 49	3 ♉ 10	9 ♑ 27	5 ♐ 21	21 ♑ 18	8 ♑ 39	6 ♍ 9	28 ♊ 21	15 ♎ 1	16 ♌ 15	24 R	27 ♉	9 ♈	15 ♏	3 ♐
26	3 ♑ 45	4 ♏ 47	1 ♉ 46	3 R 11	11 ♑ 3	6 ♐ 36	22 ♑ 5	8 ♑ 53	6 ♍ 8	28 ♊ 19	15 ♎ 2	16 ♌ 14	24 ♌	27 ♉	9 ♈	15 ♏	3 ♐
27	4 ♑ 46	18 ♏ 27	1 ♉ 43	3 ♉ 10	12 ♑ 40	7 ♐ 51	22 ♑ 52	9 ♑ 7	6 ♍ 7	28 ♊ 16	15 ♎ 3	16 ♌ 13	24 ♌	26 ♉	9 ♈	16 ♏	3 ♐
28	5 ♑ 47	1 ♐ 58	1 ♉ 40	3 ♉ 6	14 ♑ 17	9 ♐ 6	23 ♑ 38	9 ♑ 21	6 ♍ 6	28 ♊ 14	15 ♎ 3	16 ♌ 12	24 ♌	26 ♉	10 ♈	16 ♏	3 ♐
29	6 ♑ 48	15 ♐ 19	1 ♉ 37	3 ♉ 0	15 ♑ 53	10 ♐ 20	24 ♑ 25	9 ♑ 35	6 ♍ 4	28 ♊ 11	15 ♎ 4	16 ♌ 11	24 ♌	26 ♉	10 ♈	17 ♏	3 ♐
30	7 ♑ 49	28 ♐ 29	1 ♉ 33	2 ♉ 51	17 ♑ 30	11 ♐ 35	25 ♑ 12	9 ♑ 49	6 ♍ 3	28 ♊ 9	15 ♎ 5	16 ♌ 10	24 ♌	26 ♉	10 ♈	17 ♏	3 ♐
31	8 ♑ 51	11 ♑ 26	1 ♉ 30	2 ♉ 39	19 ♑ 8	12 ♐ 50	25 ♑ 59	10 ♑ 3	6 ♍ 2	28 ♊ 6	15 ♎ 5	16 ♌ 9	24 ♌	26 ♉	11 ♈	18 ♏	3 ♐

SUN INGRESS: ☉ → ♑ 22日 07:33

MOON PHASE: ● 1日 03:44 ♐　◐ 8日 22:57 ♓　○ 16日 18:11 ♊　◑ 23日 14:12 ♎　● 30日 18:45 ♑

aspects

1日	06:22	♀⚹♄
1日	18:22	♂☌♃
3日	20:18	☿□♄
5日	06:14	♂△♄
7日	06:55	☉⚹♆
9日	00:12	☉△♇
9日	09:44	☿⚹♆
9日	18:21	♀□♇
10日	11:31	☿△♇
13日	04:49	☉☌☿
14日	05:39	♃△♄
16日	17:50	♂□♆
18日	05:25	☿☍♅
20日	21:12	☉☍♅
22日	22:52	☿△♄
24日	10:11	☿☌♃
25日	14:57	♀□♄
28日	07:05	☉△♄
28日	11:40	☿□♆

1949年1月

DAY	☉	☽	☊ mean	☊ true	☿	♀	♂	♃	♄	♅	♆	♇	⚳	⚴	⚵	⚶	⚷
	° ′	° ′	° ′	° ′	° ′	° ′	° ′	° ′	° ′	° ′	° ′	° ′	°	°	°	°	°
1	9 ♑ 52	24 ♑ 10	1 ♉ 27	2 R 26	20 D 45	14 D 5	26 D 46	10 D 17	6 R 0	28 R 4	15 D 6	16 R 8	24 R	26 R	11 D	18 D	4 D
2	10 ♑ 53	6 ♒ 40	1 ♉ 24	2 ♉ 14	22 ♑ 22	15 ♐ 20	27 ♑ 33	10 ♑ 31	5 ♍ 58	28 ♊ 1	15 ♎ 6	16 ♌ 7	24 ♌	26 ♉	11 ♈	19 ♏	4 ♐
3	11 ♑ 54	18 ♒ 56	1 ♉ 21	2 ♉ 2	23 ♑ 59	16 ♐ 34	28 ♑ 20	10 ♑ 44	5 ♍ 57	27 ♊ 59	15 ♎ 7	16 ♌ 6	24 ♌	26 ♉	12 ♈	19 ♏	4 ♐
4	12 ♑ 55	1 ♓ 0	1 ♉ 18	1 ♉ 52	25 ♑ 36	17 ♐ 49	29 ♑ 7	10 ♑ 58	5 ♍ 55	27 ♊ 56	15 ♎ 7	16 ♌ 4	24 ♌	26 ♉	12 ♈	20 ♏	4 ♐
5	13 ♑ 57	12 ♓ 55	1 ♉ 14	1 ♉ 45	27 ♑ 12	19 ♐ 4	29 ♑ 54	11 ♑ 12	5 ♍ 53	27 ♊ 54	15 ♎ 8	16 ♌ 3	24 ♌	25 ♉	13 ♈	20 ♏	4 ♐
6	14 ♑ 58	24 ♓ 45	1 ♉ 11	1 ♉ 41	28 ♑ 48	20 ♐ 19	0 ♒ 41	11 ♑ 26	5 ♍ 51	27 ♊ 51	15 ♎ 8	16 ♌ 2	24 ♌	25 ♉	13 ♈	21 ♏	4 ♐
7	15 ♑ 59	6 ♈ 33	1 ♉ 8	1 ♉ 39	0 ♒ 24	21 ♐ 34	1 ♒ 28	11 ♑ 40	5 ♍ 48	27 ♊ 49	15 ♎ 8	16 ♌ 1	24 ♌	25 ♉	13 ♈	21 ♏	4 ♐
8	17 ♑ 0	18 ♈ 26	1 ♉ 5	1 D 38	1 ♒ 59	22 ♐ 49	2 ♒ 15	11 ♑ 54	5 ♍ 46	27 ♊ 46	15 ♎ 9	16 ♌ 0	23 ♌	25 ♉	14 ♈	22 ♏	4 ♐
9	18 ♑ 1	0 ♉ 28	1 ♉ 2	1 ♉ 38	3 ♒ 32	24 ♐ 4	3 ♒ 2	12 ♑ 8	5 ♍ 44	27 ♊ 44	15 ♎ 9	15 ♌ 59	23 ♌	25 ♉	14 ♈	22 ♏	4 ♐
10	19 ♑ 2	12 ♉ 46	0 ♉ 58	1 R 38	5 ♒ 5	25 ♐ 19	3 ♒ 50	12 ♑ 22	5 ♍ 41	27 ♊ 42	15 ♎ 9	15 ♌ 57	23 ♌	25 D	14 ♈	22 ♏	5 ♐
11	20 ♑ 4	25 ♉ 25	0 ♉ 55	1 ♉ 36	6 ♒ 36	26 ♐ 33	4 ♒ 37	12 ♑ 36	5 ♍ 39	27 ♊ 39	15 ♎ 9	15 ♌ 56	23 ♌	25 ♉	15 ♈	23 ♏	5 ♐
12	21 ♑ 5	8 ♊ 28	0 ♉ 52	1 ♉ 31	8 ♒ 5	27 ♐ 48	5 ♒ 24	12 ♑ 49	5 ♍ 36	27 ♊ 37	15 ♎ 10	15 ♌ 55	23 ♌	25 ♉	15 ♈	23 ♏	5 ♐
13	22 ♑ 6	21 ♊ 57	0 ♉ 49	1 ♉ 24	9 ♒ 32	29 ♐ 3	6 ♒ 11	13 ♑ 3	5 ♍ 33	27 ♊ 35	15 ♎ 10	15 ♌ 54	23 ♌	25 ♉	16 ♈	24 ♏	5 ♐
14	23 ♑ 7	5 ♋ 53	0 ♉ 46	1 ♉ 14	10 ♒ 56	0 ♑ 18	6 ♒ 58	13 ♑ 17	5 ♍ 30	27 ♊ 33	15 ♎ 10	15 ♌ 52	23 ♌	25 ♉	16 ♈	24 ♏	5 ♐
15	24 ♑ 8	20 ♋ 12	0 ♉ 43	1 ♉ 2	12 ♒ 17	1 ♑ 33	7 ♒ 46	13 ♑ 31	5 ♍ 27	27 ♊ 30	15 ♎ 10	15 ♌ 51	23 ♌	26 ♉	17 ♈	25 ♏	5 ♐
16	25 ♑ 9	4 ♌ 49	0 ♉ 39	0 ♉ 50	13 ♒ 35	2 ♑ 48	8 ♒ 33	13 ♑ 45	5 ♍ 24	27 ♊ 28	15 ♎ 10	15 ♌ 50	22 ♌	26 ♉	17 ♈	25 ♏	5 ♐
17	26 ♑ 10	19 ♌ 35	0 ♉ 36	0 ♉ 38	14 ♒ 47	4 ♑ 3	9 ♒ 20	13 ♑ 58	5 ♍ 21	27 ♊ 26	15 R 10	15 ♌ 48	22 ♌	26 ♉	17 ♈	26 ♏	5 ♐
18	27 ♑ 11	4 ♍ 23	0 ♉ 33	0 ♉ 29	15 ♒ 55	5 ♑ 18	10 ♒ 8	14 ♑ 12	5 ♍ 18	27 ♊ 24	15 ♎ 10	15 ♌ 47	22 ♌	26 ♉	18 ♈	26 ♏	5 ♐
19	28 ♑ 12	19 ♍ 5	0 ♉ 30	0 ♉ 22	16 ♒ 56	6 ♑ 33	10 ♒ 55	14 ♑ 26	5 ♍ 15	27 ♊ 22	15 ♎ 10	15 ♌ 46	22 ♌	26 ♉	18 ♈	27 ♏	5 ♐
20	29 ♑ 13	3 ♎ 34	0 ♉ 27	0 ♉ 18	17 ♒ 51	7 ♑ 48	11 ♒ 42	14 ♑ 40	5 ♍ 11	27 ♊ 20	15 ♎ 10	15 ♌ 44	22 ♌	26 ♉	19 ♈	27 ♏	6 ♐
21	0 ♒ 14	17 ♎ 47	0 ♉ 24	0 ♉ 17	18 ♒ 38	9 ♑ 3	12 ♒ 30	14 ♑ 53	5 ♍ 8	27 ♊ 18	15 ♎ 10	15 ♌ 43	22 ♌	26 ♉	19 ♈	28 ♏	6 ♐
22	1 ♒ 15	1 ♏ 43	0 ♉ 20	0 ♉ 17	19 ♒ 16	10 ♑ 18	13 ♒ 17	15 ♑ 7	5 ♍ 4	27 ♊ 16	15 ♎ 10	15 ♌ 42	21 ♌	26 ♉	20 ♈	28 ♏	6 ♐
23	2 ♒ 17	15 ♏ 23	0 ♉ 17	0 ♉ 16	19 ♒ 45	11 ♑ 33	14 ♒ 4	15 ♑ 21	5 ♍ 1	27 ♊ 14	15 ♎ 9	15 ♌ 40	21 ♌	26 ♉	20 ♈	28 ♏	6 ♐
24	3 ♒ 18	28 ♏ 48	0 ♉ 14	0 ♉ 14	20 ♒ 4	12 ♑ 48	14 ♒ 52	15 ♑ 34	4 ♍ 57	27 ♊ 12	15 ♎ 9	15 ♌ 39	21 ♌	27 ♉	21 ♈	29 ♏	6 ♐
25	4 ♒ 19	11 ♐ 59	0 ♉ 11	0 ♉ 10	20 ♒ 12	14 ♑ 3	15 ♒ 39	15 ♑ 48	4 ♍ 53	27 ♊ 10	15 ♎ 9	15 ♌ 37	21 ♌	27 ♉	21 ♈	29 ♏	6 ♐
26	5 ♒ 20	24 ♐ 59	0 ♉ 8	0 ♉ 3	20 R 9	15 ♑ 18	16 ♒ 27	16 ♑ 1	4 ♍ 50	27 ♊ 8	15 ♎ 9	15 ♌ 36	21 ♌	27 ♉	21 ♈	0 ♐	6 ♐
27	6 ♒ 21	7 ♑ 47	0 ♉ 4	29 ♈ 53	19 ♒ 54	16 ♑ 33	17 ♒ 14	16 ♑ 15	4 ♍ 46	27 ♊ 6	15 ♎ 8	15 ♌ 35	20 ♌	27 ♉	22 ♈	0 ♐	6 ♐
28	7 ♒ 22	20 ♑ 24	0 ♉ 1	29 ♈ 40	19 ♒ 28	17 ♑ 48	18 ♒ 1	16 ♑ 28	4 ♍ 42	27 ♊ 4	15 ♎ 8	15 ♌ 33	20 ♌	27 ♉	22 ♈	1 ♐	6 ♐
29	8 ♒ 23	2 ♒ 52	29 ♈ 58	29 ♈ 26	18 ♒ 51	19 ♑ 3	18 ♒ 49	16 ♑ 42	4 ♍ 38	27 ♊ 2	15 ♎ 8	15 ♌ 32	20 ♌	28 ♉	23 ♈	1 ♐	6 ♐
30	9 ♒ 24	15 ♒ 9	29 ♈ 55	29 ♈ 11	18 ♒ 4	20 ♑ 18	19 ♒ 36	16 ♑ 55	4 ♍ 34	27 ♊ 1	15 ♎ 7	15 ♌ 30	20 ♌	28 ♉	23 ♈	2 ♐	6 ♐
31	10 ♒ 25	27 ♒ 16	29 ♈ 52	28 ♈ 58	17 ♒ 8	21 ♑ 33	20 ♒ 24	17 ♑ 9	4 ♍ 29	26 ♊ 59	15 ♎ 7	15 ♌ 29	19 ♌	28 ♉	24 ♈	2 ♐	7 ♐

SUN INGRESS	☉ → ♒ 20日 18:09
MOON PHASE	◐ 7日 20:52 ♈　○ 15日 06:59 ♋　◑ 21日 23:07 ♏　● 29日 11:42 ♒

aspects		
1日	12:34	☉☌♃
1日	19:43	♀⚹♆
2日	14:54	♀△♇
6日	04:04	☉□♆
8日	08:29	☿☌♂
11日	20:30	♀☍♅
17日	07:54	☿△♆
17日	21:12	☿☍♇
18日	00:03	♀△♄
22日	04:24	♃□♆
24日	08:48	♂△♆
24日	23:10	♂☍♇
25日	21:02	♀□♆
26日	17:00	♀☌♃
29日	00:37	☿☌♂

1949年2月

DAY	☉	☽	☊ mean	☊ true	☿	♀	♂	♃	♄	♅	♆	♇	⚳	⚴	⚵	⚶	⚷
	° ′	° ′	° ′	° ′	° ′	° ′	° ′	° ′	° ′	° ′	° ′	° ′	°	°	°	°	°
1	11 ♒ 25	9 ♓ 15	29 ♈ 49	28 R 46	16 R 5	22 D 48	21 D 11	17 D 22	4 R 25	26 R 57	15 R 6	15 R 28	19 R	28 D	24 D	2 D	7 D
2	12 ♒ 26	21 ♓ 6	29 ♈ 45	28 ♈ 38	14 ♒ 56	24 ♑ 3	21 ♒ 59	17 ♑ 35	4 ♍ 21	26 ♊ 56	15 ♎ 6	15 ♌ 26	19 ♌	28 ♉	25 ♈	3 ♐	7 ♐
3	13 ♒ 27	2 ♈ 54	29 ♈ 42	28 ♈ 32	13 ♒ 44	25 ♑ 18	22 ♒ 46	17 ♑ 49	4 ♍ 17	26 ♊ 54	15 ♎ 5	15 ♌ 25	19 ♌	29 ♉	25 ♈	3 ♐	7 ♐
4	14 ♒ 28	14 ♈ 41	29 ♈ 39	28 ♈ 29	12 ♒ 31	26 ♑ 33	23 ♒ 34	18 ♑ 2	4 ♍ 12	26 ♊ 53	15 ♎ 4	15 ♌ 23	19 ♌	29 ♉	26 ♈	4 ♐	7 ♐
5	15 ♒ 29	26 ♈ 32	29 ♈ 36	28 ♈ 28	11 ♒ 18	27 ♑ 48	24 ♒ 21	18 ♑ 15	4 ♍ 8	26 ♊ 51	15 ♎ 4	15 ♌ 22	18 ♌	29 ♉	26 ♈	4 ♐	7 ♐
6	16 ♒ 30	8 ♉ 32	29 ♈ 33	28 D 28	10 ♒ 8	29 ♑ 3	25 ♒ 9	18 ♑ 28	4 ♍ 3	26 ♊ 50	15 ♎ 3	15 ♌ 20	18 ♌	29 ♉	27 ♈	5 ♐	7 ♐
7	17 ♒ 31	20 ♉ 46	29 ♈ 29	28 R 28	9 ♒ 2	0 ♒ 18	25 ♒ 56	18 ♑ 41	3 ♍ 59	26 ♊ 48	15 ♎ 2	15 ♌ 19	18 ♌	0 ♊	27 ♈	5 ♐	7 ♐
8	18 ♒ 31	3 ♊ 21	29 ♈ 26	28 ♈ 27	8 ♒ 2	1 ♒ 33	26 ♒ 44	18 ♑ 54	3 ♍ 54	26 ♊ 47	15 ♎ 2	15 ♌ 18	18 ♌	0 ♊	28 ♈	5 ♐	7 ♐
9	19 ♒ 32	16 ♊ 20	29 ♈ 23	28 ♈ 24	7 ♒ 9	2 ♒ 48	27 ♒ 31	19 ♑ 7	3 ♍ 50	26 ♊ 46	15 ♎ 1	15 ♌ 16	17 ♌	0 ♊	28 ♈	6 ♐	7 ♐
10	20 ♒ 33	29 ♊ 47	29 ♈ 20	28 ♈ 19	6 ♒ 23	4 ♒ 3	28 ♒ 18	19 ♑ 20	3 ♍ 45	26 ♊ 45	15 ♎ 0	15 ♌ 15	17 ♌	1 ♊	29 ♈	6 ♐	7 ♐
11	21 ♒ 34	13 ♋ 44	29 ♈ 17	28 ♈ 11	5 ♒ 45	5 ♒ 18	29 ♒ 6	19 ♑ 33	3 ♍ 40	26 ♊ 43	14 ♎ 59	15 ♌ 13	17 ♌	1 ♊	29 ♈	7 ♐	7 ♐
12	22 ♒ 34	28 ♋ 9	29 ♈ 14	28 ♈ 1	5 ♒ 15	6 ♒ 33	29 ♒ 53	19 ♑ 46	3 ♍ 36	26 ♊ 42	14 ♎ 59	15 ♌ 12	17 ♌	1 ♊	0 ♉	7 ♐	7 ♐
13	23 ♒ 35	12 ♌ 58	29 ♈ 10	27 ♈ 51	4 ♒ 54	7 ♒ 48	0 ♓ 41	19 ♑ 59	3 ♍ 31	26 ♊ 41	14 ♎ 58	15 ♌ 10	16 ♌	2 ♊	0 ♉	8 ♐	7 ♐
14	24 ♒ 35	28 ♌ 2	29 ♈ 7	27 ♈ 41	4 ♒ 40	9 ♒ 3	1 ♓ 28	20 ♑ 11	3 ♍ 26	26 ♊ 40	14 ♎ 57	15 ♌ 9	16 ♌	2 ♊	1 ♉	8 ♐	8 ♐
15	25 ♒ 36	13 ♍ 12	29 ♈ 4	27 ♈ 33	4 ♒ 33	10 ♒ 18	2 ♓ 16	20 ♑ 24	3 ♍ 22	26 ♊ 39	14 ♎ 56	15 ♌ 8	16 ♌	2 ♊	1 ♉	8 ♐	8 ♐
16	26 ♒ 37	28 ♍ 17	29 ♈ 1	27 ♈ 27	4 D 34	11 ♒ 33	3 ♓ 3	20 ♑ 37	3 ♍ 17	26 ♊ 38	14 ♎ 55	15 ♌ 6	16 ♌	3 ♊	2 ♉	9 ♐	8 ♐
17	27 ♒ 37	13 ♎ 9	28 ♈ 58	27 ♈ 24	4 ♒ 42	12 ♒ 48	3 ♓ 51	20 ♑ 49	3 ♍ 12	26 ♊ 37	14 ♎ 54	15 ♌ 5	16 ♌	3 ♊	2 ♉	9 ♐	8 ♐
18	28 ♒ 38	27 ♎ 41	28 ♈ 55	27 D 23	4 ♒ 56	14 ♒ 2	4 ♓ 38	21 ♑ 2	3 ♍ 7	26 ♊ 36	14 ♎ 53	15 ♌ 3	15 ♌	3 ♊	3 ♉	10 ♐	8 ♐
19	29 ♒ 38	11 ♏ 50	28 ♈ 51	27 ♈ 24	5 ♒ 16	15 ♒ 17	5 ♓ 25	21 ♑ 14	3 ♍ 2	26 ♊ 36	14 ♎ 52	15 ♌ 2	15 ♌	4 ♊	3 ♉	10 ♐	8 ♐
20	0 ♓ 39	25 ♏ 35	28 ♈ 48	27 ♈ 24	5 ♒ 42	16 ♒ 32	6 ♓ 13	21 ♑ 26	2 ♍ 57	26 ♊ 35	14 ♎ 51	15 ♌ 1	15 ♌	4 ♊	4 ♉	10 ♐	8 ♐
21	1 ♓ 39	8 ♐ 59	28 ♈ 45	27 R 24	6 ♒ 13	17 ♒ 47	7 ♓ 0	21 ♑ 39	2 ♍ 53	26 ♊ 34	14 ♎ 50	14 ♌ 59	15 ♌	4 ♊	4 ♉	11 ♐	8 ♐
22	2 ♓ 40	22 ♐ 3	28 ♈ 42	27 ♈ 22	6 ♒ 48	19 ♒ 2	7 ♓ 47	21 ♑ 51	2 ♍ 48	26 ♊ 34	14 ♎ 49	14 ♌ 58	14 ♌	5 ♊	5 ♉	11 ♐	8 ♐
23	3 ♓ 40	4 ♑ 51	28 ♈ 39	27 ♈ 18	7 ♒ 28	20 ♒ 17	8 ♓ 35	22 ♑ 3	2 ♍ 43	26 ♊ 33	14 ♎ 48	14 ♌ 57	14 ♌	5 ♊	5 ♉	11 ♐	8 ♐
24	4 ♓ 40	17 ♑ 24	28 ♈ 35	27 ♈ 11	8 ♒ 12	21 ♒ 32	9 ♓ 22	22 ♑ 15	2 ♍ 38	26 ♊ 32	14 ♎ 47	14 ♌ 55	14 ♌	6 ♊	6 ♉	12 ♐	8 ♐
25	5 ♓ 41	29 ♑ 46	28 ♈ 32	27 ♈ 3	9 ♒ 0	22 ♒ 47	10 ♓ 10	22 ♑ 27	2 ♍ 33	26 ♊ 32	14 ♎ 45	14 ♌ 54	14 ♌	6 ♊	6 ♉	12 ♐	8 ♐
26	6 ♓ 41	11 ♒ 59	28 ♈ 29	26 ♈ 53	9 ♒ 51	24 ♒ 2	10 ♓ 57	22 ♑ 39	2 ♍ 28	26 ♊ 31	14 ♎ 44	14 ♌ 53	14 ♌	6 ♊	7 ♉	13 ♐	8 ♐
27	7 ♓ 41	24 ♒ 3	28 ♈ 26	26 ♈ 43	10 ♒ 45	25 ♒ 17	11 ♓ 44	22 ♑ 51	2 ♍ 24	26 ♊ 31	14 ♎ 43	14 ♌ 51	13 ♌	7 ♊	8 ♉	13 ♐	8 ♐
28	8 ♓ 42	6 ♓ 1	28 ♈ 23	26 ♈ 34	11 ♒ 43	26 ♒ 32	12 ♓ 31	23 ♑ 3	2 ♍ 19	26 ♊ 31	14 ♎ 42	14 ♌ 50	13 ♌	7 ♊	8 ♉	13 ♐	8 ♐

SUN INGRESS	☉ → ♓ 19日 08:27
MOON PHASE	◐ 6日 17:05 ♉　○ 13日 18:08 ♌　◑ 20日 09:43 ♐　● 28日 05:55 ♓

aspects		
1日	13:33	☿☍♇
1日	20:47	☿△♆
3日	03:01	☉☌☿
4日	14:11	☉△♆
4日	21:15	☉☍♇
8日	01:43	♂△♅
11日	06:05	☿☌♀
16日	00:35	☉△♅
16日	06:16	♂☍♄
18日	15:58	♀△♆
18日	19:09	♀☍♇
22日	03:01	☉☍♄
27日	23:43	♀△♅

1949年3月

DAY	☉	☽	☊ mean	☊ true	☿	♀	♂	♃	♄	♅	♆	♇	⚳	⚴	⚵	⚶	⚷
	° ′	° ′	° ′	° ′	° ′	° ′	° ′	° ′	° ′	° ′	° ′	° ′	°	°	°	°	°
1	9 ♓ 42	17 ♓ 53	28 ♈ 20	26 R 26	12 D 43	27 D 47	13 D 19	23 D 14	2 R 14	26 R 30	14 R 40	14 R 49	13 R	8 D	9 D	14 D	8 D
2	10 ♓ 42	29 ♓ 42	28 ♈ 16	26 ♈ 20	13 ♒ 45	29 ♒ 1	14 ♓ 6	23 ♑ 26	2 ♍ 9	26 ♊ 30	14 ♎ 39	14 ♌ 47	13 ♌	8 ♊	9 ♉	14 ♐	8 ♐
3	11 ♓ 42	11 ♈ 29	28 ♈ 13	26 ♈ 17	14 ♒ 50	0 ♓ 16	14 ♓ 53	23 ♑ 37	2 ♍ 4	26 ♊ 30	14 ♎ 38	14 ♌ 46	13 ♌	8 ♊	10 ♉	14 ♐	8 ♐
4	12 ♓ 43	23 ♈ 18	28 ♈ 10	26 ♈ 15	15 ♒ 58	1 ♓ 31	15 ♓ 40	23 ♑ 49	2 ♍ 0	26 ♊ 30	14 ♎ 36	14 ♌ 45	13 ♌	9 ♊	10 ♉	15 ♐	8 ♐
5	13 ♓ 43	5 ♉ 11	28 ♈ 7	26 D 16	17 ♒ 7	2 ♓ 46	16 ♓ 28	24 ♑ 0	1 ♍ 55	26 ♊ 30	14 ♎ 35	14 ♌ 44	12 ♌	9 ♊	11 ♉	15 ♐	8 ♐
6	14 ♓ 43	17 ♉ 12	28 ♈ 4	26 ♈ 17	18 ♒ 18	4 ♓ 1	17 ♓ 15	24 ♑ 11	1 ♍ 50	26 D 30	14 ♎ 34	14 ♌ 43	12 ♌	10 ♊	11 ♉	15 ♐	8 ♐
7	15 ♓ 43	29 ♉ 26	28 ♈ 1	26 ♈ 19	19 ♒ 32	5 ♓ 16	18 ♓ 2	24 ♑ 23	1 ♍ 46	26 ♊ 30	14 ♎ 32	14 ♌ 41	12 ♌	10 ♊	12 ♉	16 ♐	8 ♐
8	16 ♓ 43	11 ♊ 57	27 ♈ 57	26 ♈ 20	20 ♒ 47	6 ♓ 30	18 ♓ 49	24 ♑ 34	1 ♍ 41	26 ♊ 30	14 ♎ 31	14 ♌ 40	12 ♌	11 ♊	12 ♉	16 ♐	8 ♐
9	17 ♓ 43	24 ♊ 51	27 ♈ 54	26 R 19	22 ♒ 4	7 ♓ 45	19 ♓ 36	24 ♑ 45	1 ♍ 37	26 ♊ 30	14 ♎ 30	14 ♌ 39	12 ♌	11 ♊	13 ♉	16 ♐	8 ♐
10	18 ♓ 43	8 ♋ 11	27 ♈ 51	26 ♈ 18	23 ♒ 22	9 ♓ 0	20 ♓ 23	24 ♑ 55	1 ♍ 32	26 ♊ 30	14 ♎ 28	14 ♌ 38	12 ♌	11 ♊	14 ♉	17 ♐	8 ♐
11	19 ♓ 43	21 ♋ 59	27 ♈ 48	26 ♈ 14	24 ♒ 43	10 ♓ 15	21 ♓ 10	25 ♑ 6	1 ♍ 28	26 ♊ 31	14 ♎ 27	14 ♌ 37	12 ♌	12 ♊	14 ♉	17 ♐	9 ♐
12	20 ♓ 43	6 ♌ 16	27 ♈ 45	26 ♈ 10	26 ♒ 4	11 ♓ 29	21 ♓ 57	25 ♑ 17	1 ♍ 23	26 ♊ 31	14 ♎ 25	14 ♌ 36	12 ♌	12 ♊	15 ♉	17 ♐	9 ♐
13	21 ♓ 43	20 ♌ 59	27 ♈ 41	26 ♈ 5	27 ♒ 27	12 ♓ 44	22 ♓ 44	25 ♑ 28	1 ♍ 19	26 ♊ 31	14 ♎ 24	14 ♌ 34	12 ♌	13 ♊	15 ♉	18 ♐	9 ♐
14	22 ♓ 42	6 ♍ 3	27 ♈ 38	26 ♈ 0	28 ♒ 52	13 ♓ 59	23 ♓ 31	25 ♑ 38	1 ♍ 14	26 ♊ 32	14 ♎ 22	14 ♌ 33	11 ♌	13 ♊	16 ♉	18 ♐	9 ♐
15	23 ♓ 42	21 ♍ 18	27 ♈ 35	25 ♈ 55	0 ♓ 18	15 ♓ 14	24 ♓ 18	25 ♑ 48	1 ♍ 10	26 ♊ 32	14 ♎ 21	14 ♌ 32	11 ♌	14 ♊	16 ♉	18 ♐	9 ♐
16	24 ♓ 42	6 ♎ 33	27 ♈ 32	25 ♈ 53	1 ♓ 45	16 ♓ 28	25 ♓ 5	25 ♑ 59	1 ♍ 6	26 ♊ 33	14 ♎ 19	14 ♌ 31	11 ♌	14 ♊	17 ♉	19 ♐	9 ♐
17	25 ♓ 42	21 ♎ 40	27 ♈ 29	25 ♈ 52	3 ♓ 14	17 ♓ 43	25 ♓ 52	26 ♑ 9	1 ♍ 2	26 ♊ 33	14 ♎ 18	14 ♌ 30	11 ♌	15 ♊	17 ♉	19 ♐	9 ♐
18	26 ♓ 41	6 ♏ 29	27 ♈ 26	25 D 52	4 ♓ 44	18 ♓ 58	26 ♓ 39	26 ♑ 19	0 ♍ 58	26 ♊ 34	14 ♎ 16	14 ♌ 29	11 ♌	15 ♊	18 ♉	19 ♐	9 ♐
19	27 ♓ 41	20 ♏ 54	27 ♈ 22	25 ♈ 53	6 ♓ 16	20 ♓ 12	27 ♓ 26	26 ♑ 29	0 ♍ 53	26 ♊ 35	14 ♎ 15	14 ♌ 28	11 ♌	16 ♊	18 ♉	20 ♐	9 ♐
20	28 ♓ 41	4 ♐ 53	27 ♈ 19	25 ♈ 55	7 ♓ 49	21 ♓ 27	28 ♓ 12	26 ♑ 39	0 ♍ 49	26 ♊ 36	14 ♎ 13	14 ♌ 27	11 ♌	16 ♊	19 ♉	20 ♐	9 ♐
21	29 ♓ 40	18 ♐ 26	27 ♈ 16	25 ♈ 56	9 ♓ 23	22 ♓ 42	28 ♓ 59	26 ♑ 49	0 ♍ 46	26 ♊ 36	14 ♎ 11	14 ♌ 26	11 ♌	17 ♊	20 ♉	20 ♐	9 ♐
22	0 ♈ 40	1 ♑ 34	27 ♈ 13	25 R 56	10 ♓ 58	23 ♓ 56	29 ♓ 46	26 ♑ 58	0 ♍ 42	26 ♊ 37	14 ♎ 10	14 ♌ 25	11 ♌	17 ♊	20 ♉	20 ♐	9 R
23	1 ♈ 39	14 ♑ 21	27 ♈ 10	25 ♈ 56	12 ♓ 35	25 ♓ 11	0 ♈ 33	27 ♑ 8	0 ♍ 38	26 ♊ 38	14 ♎ 8	14 ♌ 25	11 ♌	18 ♊	21 ♉	21 ♐	9 ♐
24	2 ♈ 39	26 ♑ 50	27 ♈ 7	25 ♈ 54	14 ♓ 13	26 ♓ 25	1 ♈ 19	27 ♑ 17	0 ♍ 34	26 ♊ 39	14 ♎ 7	14 ♌ 24	11 ♌	18 ♊	21 ♉	21 ♐	9 ♐
25	3 ♈ 38	9 ♒ 4	27 ♈ 3	25 ♈ 51	15 ♓ 52	27 ♓ 40	2 ♈ 6	27 ♑ 26	0 ♍ 30	26 ♊ 40	14 ♎ 5	14 ♌ 23	11 ♌	19 ♊	22 ♉	21 ♐	9 ♐
26	4 ♈ 38	21 ♒ 7	27 ♈ 0	25 ♈ 48	17 ♓ 33	28 ♓ 55	2 ♈ 52	27 ♑ 36	0 ♍ 27	26 ♊ 41	14 ♎ 3	14 ♌ 22	11 ♌	19 ♊	22 ♉	21 ♐	9 ♐
27	5 ♈ 37	3 ♓ 3	26 ♈ 57	25 ♈ 44	19 ♓ 15	0 ♈ 9	3 ♈ 39	27 ♑ 45	0 ♍ 23	26 ♊ 42	14 ♎ 2	14 ♌ 21	11 D	20 ♊	23 ♉	22 ♐	9 ♐
28	6 ♈ 36	14 ♓ 54	26 ♈ 54	25 ♈ 41	20 ♓ 58	1 ♈ 24	4 ♈ 26	27 ♑ 54	0 ♍ 20	26 ♊ 43	14 ♎ 0	14 ♌ 20	11 ♌	20 ♊	23 ♉	22 ♐	9 ♐
29	7 ♈ 36	26 ♓ 42	26 ♈ 51	25 ♈ 38	22 ♓ 43	2 ♈ 38	5 ♈ 12	28 ♑ 2	0 ♍ 17	26 ♊ 45	13 ♎ 59	14 ♌ 20	11 ♌	21 ♊	24 ♉	22 ♐	9 ♐
30	8 ♈ 35	8 ♈ 30	26 ♈ 47	25 ♈ 37	24 ♓ 29	3 ♈ 53	5 ♈ 58	28 ♑ 11	0 ♍ 13	26 ♊ 46	13 ♎ 57	14 ♌ 19	11 ♌	21 ♊	25 ♉	22 ♐	9 ♐
31	9 ♈ 34	20 ♈ 20	26 ♈ 44	25 ♈ 36	26 ♓ 16	5 ♈ 7	6 ♈ 45	28 ♑ 20	0 ♍ 10	26 ♊ 47	13 ♎ 55	14 ♌ 18	11 ♌	22 ♊	25 ♉	23 ♐	9 ♐

SUN INGRESS	☉ → ♈ 21日 07:48
MOON PHASE	◐ 8日 09:42 ♊ ○ 15日 04:03 ♍ ◑ 21日 22:10 ♑ ● 30日 00:11 ♈

aspects		
2日	19:33	☿△♆
2日	22:32	☿☍♇
4日	08:39	♀☍♄
12日	07:49	☿△♅
15日	13:40	☿☍♄
17日	11:08	♂⚹♃
17日	13:14	☉⚹♃
17日	19:14	☉☌♂
17日	21:05	☉□♅
17日	21:36	♂□♅
24日	04:27	♀□♅
24日	19:02	♀⚹♃
31日	07:01	☿□♅

1949年4月

DAY	☉	☽	☊ mean	☊ true	☿	♀	♂	♃	♄	♅	♆	♇	⚳	⚴	⚵	⚶	⚷
	° ′	° ′	° ′	° ′	° ′	° ′	° ′	° ′	° ′	° ′	° ′	° ′	°	°	°	°	°
1	10 ♈ 34	2 ♉ 14	26 ♈ 41	25 D 36	28 D 5	6 D 22	7 D 31	28 D 28	0 R 7	26 D 49	13 R 54	14 R 17	11 D	22 D	26 D	23 D	9 R
2	11 ♈ 33	14 ♉ 14	26 ♈ 38	25 ♈ 37	29 ♓ 55	7 ♈ 36	8 ♈ 18	28 ♑ 36	0 ♍ 4	26 ♊ 50	13 ♎ 52	14 ♌ 17	11 ♌	23 ♊	26 ♉	23 ♐	8 ♐
3	12 ♈ 32	26 ♉ 23	26 ♈ 35	25 ♈ 38	1 ♈ 46	8 ♈ 51	9 ♈ 4	28 ♑ 44	0 ♍ 1	26 ♊ 51	13 ♎ 50	14 ♌ 16	11 ♌	23 ♊	27 ♉	23 ♐	8 ♐
4	13 ♈ 31	8 ♊ 44	26 ♈ 32	25 ♈ 39	3 ♈ 39	10 ♈ 5	9 ♈ 50	28 ♑ 53	29 ♌ 58	26 ♊ 53	13 ♎ 49	14 ♌ 15	11 ♌	24 ♊	27 ♉	23 ♐	8 ♐
5	14 ♈ 30	21 ♊ 20	26 ♈ 28	25 ♈ 40	5 ♈ 33	11 ♈ 20	10 ♈ 36	29 ♑ 0	29 ♌ 55	26 ♊ 54	13 ♎ 47	14 ♌ 15	11 ♌	24 ♊	28 ♉	24 ♐	8 ♐
6	15 ♈ 29	4 ♋ 14	26 ♈ 25	25 ♈ 41	7 ♈ 29	12 ♈ 34	11 ♈ 23	29 ♑ 8	29 ♌ 53	26 ♊ 56	13 ♎ 45	14 ♌ 14	11 ♌	25 ♊	29 ♉	24 ♐	8 ♐
7	16 ♈ 28	17 ♋ 30	26 ♈ 22	25 R 41	9 ♈ 26	13 ♈ 48	12 ♈ 9	29 ♑ 16	29 ♌ 50	26 ♊ 58	13 ♎ 44	14 ♌ 14	11 ♌	25 ♊	29 ♉	24 ♐	8 ♐
8	17 ♈ 27	1 ♌ 9	26 ♈ 19	25 ♈ 41	11 ♈ 25	15 ♈ 3	12 ♈ 55	29 ♑ 23	29 ♌ 48	26 ♊ 59	13 ♎ 42	14 ♌ 13	11 ♌	26 ♊	0 ♊	24 ♐	8 ♐
9	18 ♈ 26	15 ♌ 13	26 ♈ 16	25 ♈ 40	13 ♈ 24	16 ♈ 17	13 ♈ 41	29 ♑ 31	29 ♌ 45	27 ♊ 1	13 ♎ 40	14 ♌ 13	12 ♌	26 ♊	0 ♊	24 ♐	8 ♐
10	19 ♈ 25	29 ♌ 40	26 ♈ 12	25 ♈ 39	15 ♈ 25	17 ♈ 32	14 ♈ 27	29 ♑ 38	29 ♌ 43	27 ♊ 3	13 ♎ 39	14 ♌ 12	12 ♌	27 ♊	1 ♊	25 ♐	8 ♐
11	20 ♈ 24	14 ♍ 28	26 ♈ 9	25 ♈ 39	17 ♈ 28	18 ♈ 46	15 ♈ 13	29 ♑ 45	29 ♌ 41	27 ♊ 5	13 ♎ 37	14 ♌ 12	12 ♌	27 ♊	1 ♊	25 ♐	8 ♐
12	21 ♈ 23	29 ♍ 29	26 ♈ 6	25 ♈ 38	19 ♈ 31	20 ♈ 0	15 ♈ 59	29 ♑ 52	29 ♌ 39	27 ♊ 7	13 ♎ 35	14 ♌ 11	12 ♌	28 ♊	2 ♊	25 ♐	8 ♐
13	22 ♈ 22	14 ♎ 37	26 ♈ 3	25 ♈ 38	21 ♈ 35	21 ♈ 14	16 ♈ 45	29 ♑ 58	29 ♌ 37	27 ♊ 9	13 ♎ 34	14 ♌ 11	12 ♌	28 ♊	3 ♊	25 ♐	8 ♐
14	23 ♈ 20	29 ♎ 42	26 ♈ 0	25 D 38	23 ♈ 40	22 ♈ 29	17 ♈ 31	0 ♒ 5	29 ♌ 35	27 ♊ 11	13 ♎ 32	14 ♌ 11	12 ♌	29 ♊	3 ♊	25 ♐	8 ♐
15	24 ♈ 19	14 ♏ 36	25 ♈ 57	25 ♈ 38	25 ♈ 46	23 ♈ 43	18 ♈ 16	0 ♒ 11	29 ♌ 33	27 ♊ 13	13 ♎ 31	14 ♌ 10	12 ♌	29 ♊	4 ♊	25 ♐	8 ♐
16	25 ♈ 18	29 ♏ 10	25 ♈ 53	25 ♈ 38	27 ♈ 53	24 ♈ 57	19 ♈ 2	0 ♒ 18	29 ♌ 31	27 ♊ 15	13 ♎ 29	14 ♌ 10	12 ♌	0 ♋	4 ♊	25 ♐	8 ♐
17	26 ♈ 17	13 ♐ 20	25 ♈ 50	25 R 38	0 ♉ 0	26 ♈ 12	19 ♈ 48	0 ♒ 24	29 ♌ 30	27 ♊ 17	13 ♎ 27	14 ♌ 10	13 ♌	0 ♋	5 ♊	26 ♐	8 ♐
18	27 ♈ 15	27 ♐ 3	25 ♈ 47	25 ♈ 38	2 ♉ 7	27 ♈ 26	20 ♈ 33	0 ♒ 30	29 ♌ 28	27 ♊ 19	13 ♎ 26	14 ♌ 9	13 ♌	1 ♋	5 ♊	26 ♐	8 ♐
19	28 ♈ 14	10 ♑ 19	25 ♈ 44	25 ♈ 38	4 ♉ 14	28 ♈ 40	21 ♈ 19	0 ♒ 36	29 ♌ 27	27 ♊ 21	13 ♎ 24	14 ♌ 9	13 ♌	1 ♋	6 ♊	26 ♐	8 ♐
20	29 ♈ 12	23 ♑ 11	25 ♈ 41	25 ♈ 38	6 ♉ 20	29 ♈ 54	22 ♈ 5	0 ♒ 41	29 ♌ 26	27 ♊ 23	13 ♎ 23	14 ♌ 9	13 ♌	2 ♋	6 ♊	26 ♐	8 ♐
21	0 ♉ 11	5 ♒ 42	25 ♈ 38	25 D 38	8 ♉ 26	1 ♉ 8	22 ♈ 50	0 ♒ 47	29 ♌ 24	27 ♊ 26	13 ♎ 21	14 ♌ 9	13 ♌	2 ♋	7 ♊	26 ♐	8 ♐
22	1 ♉ 10	17 ♒ 55	25 ♈ 34	25 ♈ 38	10 ♉ 31	2 ♉ 23	23 ♈ 36	0 ♒ 52	29 ♌ 23	27 ♊ 28	13 ♎ 20	14 ♌ 9	13 ♌	3 ♋	8 ♊	26 ♐	8 ♐
23	2 ♉ 8	29 ♒ 56	25 ♈ 31	25 ♈ 38	12 ♉ 34	3 ♉ 37	24 ♈ 21	0 ♒ 57	29 ♌ 22	27 ♊ 30	13 ♎ 18	14 ♌ 9	14 ♌	3 ♋	8 ♊	26 ♐	8 ♐
24	3 ♉ 7	11 ♓ 48	25 ♈ 28	25 ♈ 39	14 ♉ 36	4 ♉ 51	25 ♈ 6	1 ♒ 2	29 ♌ 21	27 ♊ 33	13 ♎ 16	14 ♌ 9	14 ♌	4 ♋	9 ♊	26 ♐	8 ♐
25	4 ♉ 5	23 ♓ 36	25 ♈ 25	25 ♈ 40	16 ♉ 35	6 ♉ 5	25 ♈ 52	1 ♒ 7	29 ♌ 21	27 ♊ 35	13 ♎ 15	14 ♌ 8	14 ♌	5 ♋	9 ♊	26 ♐	8 ♐
26	5 ♉ 3	5 ♈ 24	25 ♈ 22	25 ♈ 41	18 ♉ 33	7 ♉ 19	26 ♈ 37	1 ♒ 12	29 ♌ 20	27 ♊ 37	13 ♎ 13	14 ♌ 8	14 ♌	5 ♋	10 ♊	26 ♐	8 ♐
27	6 ♉ 2	17 ♈ 14	25 ♈ 18	25 ♈ 41	20 ♉ 27	8 ♉ 33	27 ♈ 22	1 ♒ 16	29 ♌ 19	27 ♊ 40	13 ♎ 12	14 D 8	14 ♌	6 ♋	10 ♊	26 ♐	8 ♐
28	7 ♉ 0	29 ♈ 9	25 ♈ 15	25 R 41	22 ♉ 19	9 ♉ 47	28 ♈ 8	1 ♒ 20	29 ♌ 19	27 ♊ 42	13 ♎ 10	14 ♌ 8	14 ♌	6 ♋	11 ♊	26 ♐	7 ♐
29	7 ♉ 58	11 ♉ 12	25 ♈ 12	25 ♈ 41	24 ♉ 8	11 ♉ 1	28 ♈ 53	1 ♒ 25	29 ♌ 19	27 ♊ 45	13 ♎ 9	14 ♌ 8	15 ♌	7 ♋	12 ♊	26 ♐	7 ♐
30	8 ♉ 57	23 ♉ 25	25 ♈ 9	25 ♈ 40	25 ♉ 54	12 ♉ 15	29 ♈ 38	1 ♒ 29	29 ♌ 18	27 ♊ 48	13 ♎ 7	14 ♌ 9	15 ♌	7 ♋	12 ♊	26 ♐	7 ♐

SUN INGRESS	☉ → ♉ 20日 19:17
MOON PHASE	◐ 6日 22:01 ♋ ○ 13日 13:08 ♎ ◑ 20日 12:27 ♑ ● 28日 17:02 ♉

aspects		
1日	05:33	☿⚹♃
3日	11:14	♀☌♂
4日	06:54	☉☍♆
4日	17:48	☉△♇
6日	22:30	♀☍♆
7日	08:06	♀△♇
8日	23:45	♂☍♆
9日	03:10	☿☍♆
9日	05:21	☿☌♂
9日	09:36	☿△♇
9日	16:26	♂△♇
12日	14:08	☿☌♀
13日	16:50	☉☌☿
15日	16:36	☿⚹♅
16日	18:22	☿△♄
17日	04:43	☿□♃
17日	07:48	☉☌♀
17日	21:42	♀⚹♅
18日	01:32	☉⚹♅
19日	14:54	♀△♄
20日	05:16	☉△♄
20日	16:25	♀□♃
21日	16:05	☉□♃
23日	18:36	☿□♇
27日	09:51	♂⚹♅
29日	13:41	♂△♄

1949年5月

DAY	☉	☽	☊ mean	☊ true	☿	♀	♂	♃	♄	♅	♆	♇	⚳	⚴	⚵	⚶	⚷
	° ′	° ′	° ′	° ′	° ′	° ′	° ′	° ′	° ′	° ′	° ′	° ′	°	°	°	°	°
1	9 ♉ 55	5 ♊ 48	25 ♈ 6	25 R 38	27 D 36	13 D 29	0 D 23	1 D 32	29 R 18	27 D 50	13 R 6	14 D 9	15 D	8 D	13 D	26 R	7 R
2	10 ♉ 53	18 ♊ 24	25 ♈ 3	25 ♈ 36	29 ♉ 14	14 ♉ 43	1 ♉ 8	1 ♒ 36	29 D 18	27 ♊ 53	13 ♎ 5	14 ♌ 9	15 ♌	8 ♋	13 ♊	26 ♐	7 ♐
3	11 ♉ 51	1 ♋ 13	24 ♈ 59	25 ♈ 34	0 ♊ 49	15 ♉ 57	1 ♉ 53	1 ♒ 39	29 ♌ 18	27 ♊ 56	13 ♎ 3	14 ♌ 9	16 ♌	9 ♋	14 ♊	26 ♐	7 ♐
4	12 ♉ 50	14 ♋ 18	24 ♈ 56	25 ♈ 32	2 ♊ 20	17 ♉ 11	2 ♉ 38	1 ♒ 43	29 ♌ 18	27 ♊ 58	13 ♎ 2	14 ♌ 9	16 ♌	9 ♋	14 ♊	26 ♐	7 ♐
5	13 ♉ 48	27 ♋ 38	24 ♈ 53	25 ♈ 30	3 ♊ 47	18 ♉ 25	3 ♉ 23	1 ♒ 46	29 ♌ 19	28 ♊ 1	13 ♎ 0	14 ♌ 9	16 ♌	10 ♋	15 ♊	26 ♐	7 ♐
6	14 ♉ 46	11 ♌ 16	24 ♈ 50	25 ♈ 29	5 ♊ 10	19 ♉ 39	4 ♉ 7	1 ♒ 49	29 ♌ 19	28 ♊ 4	12 ♎ 59	14 ♌ 10	16 ♌	10 ♋	16 ♊	26 ♐	7 ♐
7	15 ♉ 44	25 ♌ 11	24 ♈ 47	25 D 30	6 ♊ 28	20 ♉ 53	4 ♉ 52	1 ♒ 51	29 ♌ 20	28 ♊ 7	12 ♎ 58	14 ♌ 10	16 ♌	11 ♋	16 ♊	26 ♐	7 ♐
8	16 ♉ 42	9 ♍ 23	24 ♈ 44	25 ♈ 31	7 ♊ 43	22 ♉ 7	5 ♉ 37	1 ♒ 54	29 ♌ 20	28 ♊ 10	12 ♎ 56	14 ♌ 10	17 ♌	11 ♋	17 ♊	26 ♐	7 ♐
9	17 ♉ 40	23 ♍ 50	24 ♈ 40	25 ♈ 32	8 ♊ 53	23 ♉ 21	6 ♉ 21	1 ♒ 56	29 ♌ 21	28 ♊ 13	12 ♎ 55	14 ♌ 10	17 ♌	12 ♋	17 ♊	26 ♐	7 ♐
10	18 ♉ 38	8 ♎ 30	24 ♈ 37	25 ♈ 33	9 ♊ 59	24 ♉ 35	7 ♉ 6	1 ♒ 58	29 ♌ 22	28 ♊ 16	12 ♎ 54	14 ♌ 11	17 ♌	13 ♋	18 ♊	26 ♐	7 ♐
11	19 ♉ 36	23 ♎ 16	24 ♈ 34	25 ♈ 34	11 ♊ 0	25 ♉ 49	7 ♉ 51	2 ♒ 0	29 ♌ 23	28 ♊ 18	12 ♎ 53	14 ♌ 11	17 ♌	13 ♋	18 ♊	26 ♐	7 ♐
12	20 ♉ 34	8 ♏ 4	24 ♈ 31	25 R 33	11 ♊ 57	27 ♉ 3	8 ♉ 35	2 ♒ 2	29 ♌ 24	28 ♊ 21	12 ♎ 51	14 ♌ 12	18 ♌	14 ♋	19 ♊	26 ♐	7 ♐
13	21 ♉ 32	22 ♏ 45	24 ♈ 28	25 ♈ 32	12 ♊ 49	28 ♉ 17	9 ♉ 19	2 ♒ 4	29 ♌ 25	28 ♊ 24	12 ♎ 50	14 ♌ 12	18 ♌	14 ♋	20 ♊	26 ♐	7 ♐
14	22 ♉ 30	7 ♐ 13	24 ♈ 24	25 ♈ 29	13 ♊ 37	29 ♉ 31	10 ♉ 4	2 ♒ 5	29 ♌ 26	28 ♊ 28	12 ♎ 49	14 ♌ 12	18 ♌	15 ♋	20 ♊	26 ♐	6 ♐
15	23 ♉ 28	21 ♐ 22	24 ♈ 21	25 ♈ 25	14 ♊ 20	0 ♊ 44	10 ♉ 48	2 ♒ 6	29 ♌ 28	28 ♊ 31	12 ♎ 48	14 ♌ 13	19 ♌	15 ♋	21 ♊	25 ♐	6 ♐
16	24 ♉ 25	5 ♑ 8	24 ♈ 18	25 ♈ 21	14 ♊ 58	1 ♊ 58	11 ♉ 32	2 ♒ 7	29 ♌ 29	28 ♊ 34	12 ♎ 47	14 ♌ 13	19 ♌	16 ♋	21 ♊	25 ♐	6 ♐
17	25 ♉ 23	18 ♑ 29	24 ♈ 15	25 ♈ 17	15 ♊ 32	3 ♊ 12	12 ♉ 17	2 ♒ 8	29 ♌ 31	28 ♊ 37	12 ♎ 46	14 ♌ 14	19 ♌	16 ♋	22 ♊	25 ♐	6 ♐
18	26 ♉ 21	1 ♒ 25	24 ♈ 12	25 ♈ 13	16 ♊ 1	4 ♊ 26	13 ♉ 1	2 ♒ 9	29 ♌ 32	28 ♊ 40	12 ♎ 44	14 ♌ 15	19 ♌	17 ♋	22 ♊	25 ♐	6 ♐
19	27 ♉ 19	13 ♒ 59	24 ♈ 9	25 ♈ 11	16 ♊ 25	5 ♊ 39	13 ♉ 45	2 ♒ 9	29 ♌ 34	28 ♊ 43	12 ♎ 43	14 ♌ 15	20 ♌	17 ♋	23 ♊	25 ♐	6 ♐
20	28 ♉ 16	26 ♒ 15	24 ♈ 5	25 ♈ 10	16 ♊ 44	6 ♊ 53	14 ♉ 29	2 ♒ 10	29 ♌ 36	28 ♊ 46	12 ♎ 42	14 ♌ 16	20 ♌	18 ♋	23 ♊	25 ♐	6 ♐
21	29 ♉ 14	8 ♓ 16	24 ♈ 2	25 D 10	16 ♊ 58	8 ♊ 7	15 ♉ 13	2 ♒ 10	29 ♌ 38	28 ♊ 50	12 ♎ 41	14 ♌ 16	20 ♌	18 ♋	24 ♊	25 ♐	6 ♐
22	0 ♊ 12	20 ♓ 8	23 ♈ 59	25 ♈ 12	17 ♊ 7	9 ♊ 21	15 ♉ 57	2 R 10	29 ♌ 40	28 ♊ 53	12 ♎ 40	14 ♌ 17	21 ♌	19 ♋	25 ♊	24 ♐	6 ♐
23	1 ♊ 10	1 ♈ 57	23 ♈ 56	25 ♈ 13	17 ♊ 12	10 ♊ 34	16 ♉ 41	2 ♒ 9	29 ♌ 42	28 ♊ 56	12 ♎ 39	14 ♌ 18	21 ♌	20 ♋	25 ♊	24 ♐	6 ♐
24	2 ♊ 7	13 ♈ 45	23 ♈ 53	25 ♈ 15	17 R 12	11 ♊ 48	17 ♉ 25	2 ♒ 9	29 ♌ 44	28 ♊ 59	12 ♎ 38	14 ♌ 18	21 ♌	20 ♋	26 ♊	24 ♐	6 ♐
25	3 ♊ 5	25 ♈ 39	23 ♈ 50	25 R 15	17 ♊ 7	13 ♊ 2	18 ♉ 8	2 ♒ 8	29 ♌ 47	29 ♊ 3	12 ♎ 37	14 ♌ 19	21 ♌	21 ♋	26 ♊	24 ♐	6 ♐
26	4 ♊ 3	7 ♉ 41	23 ♈ 46	25 ♈ 15	16 ♊ 58	14 ♊ 16	18 ♉ 52	2 ♒ 7	29 ♌ 49	29 ♊ 6	12 ♎ 37	14 ♌ 20	22 ♌	21 ♋	27 ♊	24 ♐	6 ♐
27	5 ♊ 0	19 ♉ 55	23 ♈ 43	25 ♈ 12	16 ♊ 45	15 ♊ 29	19 ♉ 36	2 ♒ 6	29 ♌ 52	29 ♊ 9	12 ♎ 36	14 ♌ 21	22 ♌	22 ♋	27 ♊	24 ♐	6 ♐
28	5 ♊ 58	2 ♊ 22	23 ♈ 40	25 ♈ 8	16 ♊ 27	16 ♊ 43	20 ♉ 20	2 ♒ 5	29 ♌ 54	29 ♊ 13	12 ♎ 35	14 ♌ 22	22 ♌	22 ♋	28 ♊	23 ♐	5 ♐
29	6 ♊ 55	15 ♊ 4	23 ♈ 37	25 ♈ 2	16 ♊ 6	17 ♊ 57	21 ♉ 3	2 ♒ 4	29 ♌ 57	29 ♊ 16	12 ♎ 34	14 ♌ 22	23 ♌	23 ♋	29 ♊	23 ♐	5 ♐
30	7 ♊ 53	28 ♊ 0	23 ♈ 34	24 ♈ 54	15 ♊ 42	19 ♊ 10	21 ♉ 47	2 ♒ 2	0 ♍ 0	29 ♊ 19	12 ♎ 33	14 ♌ 23	23 ♌	23 ♋	29 ♊	23 ♐	5 ♐
31	8 ♊ 50	11 ♋ 11	23 ♈ 30	24 ♈ 47	15 ♊ 15	20 ♊ 24	22 ♉ 30	2 ♒ 0	0 ♍ 3	29 ♊ 23	12 ♎ 32	14 ♌ 24	23 ♌	24 ♋	0 ♋	23 ♐	5 ♐

SUN INGRESS	☉ → ♊ 21日 18:51
MOON PHASE	◐ 6日 06:33 ♌　○ 12日 21:51 ♏　◑ 20日 04:22 ♒　● 28日 07:24 ♊

aspects		
1日	12:43	♀□♇
2日	00:57	☿□♄
2日	16:13	♂□♃
3日	13:39	☿△♃
5日	08:54	☉□♇
13日	00:25	☿△♆
13日	22:34	♀□♄
14日	19:45	☿⚹♇
16日	03:04	♀△♃
19日	16:40	♂□♇
21日	10:08	☉□♄
24日	00:43	☉△♃
24日	16:08	♀△♆
26日	01:26	♀⚹♇
27日	19:58	☿☌♀

1949年6月

DAY	☉	☽	☊ mean	☊ true	☿	♀	♂	♃	♄	♅	♆	♇	⚳	⚴	⚵	⚶	⚷
	° ′	° ′	° ′	° ′	° ′	° ′	° ′	° ′	° ′	° ′	° ′	° ′	°	°	°	°	°
1	9 ♊ 48	24 ♋ 35	23 ♈ 27	24 R 40	14 R 46	21 D 37	23 D 14	1 R 58	0 D 6	29 D 26	12 R 32	14 D 25	24 D	24 D	0 D	23 R	5 R
2	10 ♊ 46	8 ♌ 10	23 ♈ 24	24 ♈ 35	14 ♊ 15	22 ♊ 51	23 ♉ 57	1 ♒ 56	0 ♍ 9	29 ♊ 30	12 ♎ 31	14 ♌ 26	24 ♌	25 ♋	1 ♋	22 ♐	5 ♐
3	11 ♊ 43	21 ♌ 57	23 ♈ 21	24 ♈ 31	13 ♊ 42	24 ♊ 5	24 ♉ 40	1 ♒ 54	0 ♍ 12	29 ♊ 33	12 ♎ 30	14 ♌ 27	24 ♌	25 ♋	1 ♋	22 ♐	5 ♐
4	12 ♊ 40	5 ♍ 53	23 ♈ 18	24 ♈ 29	13 ♊ 9	25 ♊ 18	25 ♉ 23	1 ♒ 51	0 ♍ 15	29 ♊ 37	12 ♎ 30	14 ♌ 28	25 ♌	26 ♋	2 ♋	22 ♐	5 ♐
5	13 ♊ 38	19 ♍ 58	23 ♈ 15	24 D 29	12 ♊ 35	26 ♊ 32	26 ♉ 7	1 ♒ 49	0 ♍ 19	29 ♊ 40	12 ♎ 29	14 ♌ 29	25 ♌	26 ♋	2 ♋	22 ♐	5 ♐
6	14 ♊ 35	4 ♎ 10	23 ♈ 11	24 ♈ 30	12 ♊ 2	27 ♊ 45	26 ♉ 50	1 ♒ 46	0 ♍ 22	29 ♊ 44	12 ♎ 29	14 ♌ 30	25 ♌	27 ♋	3 ♋	21 ♐	5 ♐
7	15 ♊ 33	18 ♎ 29	23 ♈ 8	24 ♈ 31	11 ♊ 30	28 ♊ 59	27 ♉ 33	1 ♒ 43	0 ♍ 26	29 ♊ 47	12 ♎ 28	14 ♌ 31	26 ♌	28 ♋	4 ♋	21 ♐	5 ♐
8	16 ♊ 30	2 ♏ 51	23 ♈ 5	24 R 31	10 ♊ 59	0 ♋ 12	28 ♉ 16	1 ♒ 39	0 ♍ 29	29 ♊ 51	12 ♎ 27	14 ♌ 32	26 ♌	28 ♋	4 ♋	21 ♐	5 ♐
9	17 ♊ 27	17 ♏ 14	23 ♈ 2	24 ♈ 29	10 ♊ 30	1 ♋ 26	28 ♉ 59	1 ♒ 36	0 ♍ 33	29 ♊ 54	12 ♎ 27	14 ♌ 33	26 ♌	29 ♋	5 ♋	21 ♐	5 ♐
10	18 ♊ 25	1 ♐ 32	22 ♈ 59	24 ♈ 25	10 ♊ 4	2 ♋ 39	29 ♉ 42	1 ♒ 32	0 ♍ 37	29 ♊ 58	12 ♎ 26	14 ♌ 34	27 ♌	29 ♋	5 ♋	20 ♐	5 ♐
11	19 ♊ 22	15 ♐ 42	22 ♈ 56	24 ♈ 18	9 ♊ 41	3 ♋ 53	0 ♊ 25	1 ♒ 29	0 ♍ 41	0 ♋ 1	12 ♎ 26	14 ♌ 35	27 ♌	0 ♌	6 ♋	20 ♐	4 ♐
12	20 ♊ 19	29 ♐ 37	22 ♈ 52	24 ♈ 10	9 ♊ 21	5 ♋ 6	1 ♊ 7	1 ♒ 25	0 ♍ 45	0 ♋ 5	12 ♎ 26	14 ♌ 37	27 ♌	0 ♌	6 ♋	20 ♐	4 ♐
13	21 ♊ 17	13 ♑ 14	22 ♈ 49	24 ♈ 1	9 ♊ 4	6 ♋ 20	1 ♊ 50	1 ♒ 20	0 ♍ 49	0 ♋ 8	12 ♎ 25	14 ♌ 38	28 ♌	1 ♌	7 ♋	20 ♐	4 ♐
14	22 ♊ 14	26 ♑ 30	22 ♈ 46	23 ♈ 51	8 ♊ 52	7 ♋ 33	2 ♊ 33	1 ♒ 16	0 ♍ 53	0 ♋ 12	12 ♎ 25	14 ♌ 39	28 ♌	1 ♌	7 ♋	19 ♐	4 ♐
15	23 ♊ 11	9 ♒ 24	22 ♈ 43	23 ♈ 43	8 ♊ 44	8 ♋ 47	3 ♊ 15	1 ♒ 12	0 ♍ 57	0 ♋ 15	12 ♎ 25	14 ♌ 40	29 ♌	2 ♌	8 ♋	19 ♐	4 ♐
16	24 ♊ 9	21 ♒ 58	22 ♈ 40	23 ♈ 36	8 ♊ 40	10 ♋ 0	3 ♊ 58	1 ♒ 7	1 ♍ 2	0 ♋ 19	12 ♎ 24	14 ♌ 41	29 ♌	2 ♌	8 ♋	19 ♐	4 ♐
17	25 ♊ 6	4 ♓ 14	22 ♈ 36	23 ♈ 32	8 D 40	11 ♋ 13	4 ♊ 41	1 ♒ 2	1 ♍ 6	0 ♋ 22	12 ♎ 24	14 ♌ 43	29 ♌	3 ♌	9 ♋	19 ♐	4 ♐
18	26 ♊ 3	16 ♓ 16	22 ♈ 33	23 ♈ 30	8 ♊ 45	12 ♋ 27	5 ♊ 23	0 ♒ 57	1 ♍ 11	0 ♋ 26	12 ♎ 24	14 ♌ 44	0 ♍	3 ♌	10 ♋	19 ♐	4 ♐
19	27 ♊ 0	28 ♓ 9	22 ♈ 30	23 D 29	8 ♊ 55	13 ♋ 40	6 ♊ 5	0 ♒ 52	1 ♍ 15	0 ♋ 30	12 ♎ 24	14 ♌ 45	0 ♍	4 ♌	10 ♋	18 ♐	4 ♐
20	27 ♊ 58	9 ♈ 58	22 ♈ 27	23 ♈ 30	9 ♊ 10	14 ♋ 54	6 ♊ 48	0 ♒ 47	1 ♍ 20	0 ♋ 33	12 ♎ 24	14 ♌ 47	0 ♍	4 ♌	11 ♋	18 ♐	4 ♐
21	28 ♊ 55	21 ♈ 48	22 ♈ 24	23 ♈ 30	9 ♊ 29	16 ♋ 7	7 ♊ 30	0 ♒ 42	1 ♍ 25	0 ♋ 37	12 ♎ 23	14 ♌ 48	1 ♍	5 ♌	11 ♋	18 ♐	4 ♐
22	29 ♊ 52	3 ♉ 44	22 ♈ 21	23 R 30	9 ♊ 52	17 ♋ 20	8 ♊ 12	0 ♒ 36	1 ♍ 29	0 ♋ 40	12 ♎ 23	14 ♌ 49	1 ♍	5 ♌	12 ♋	18 ♐	4 ♐
23	0 ♋ 49	15 ♉ 52	22 ♈ 17	23 ♈ 27	10 ♊ 20	18 ♋ 34	8 ♊ 55	0 ♒ 31	1 ♍ 34	0 ♋ 44	12 ♎ 23	14 ♌ 51	1 ♍	6 ♌	12 ♋	17 ♐	4 ♐
24	1 ♋ 47	28 ♉ 15	22 ♈ 14	23 ♈ 23	10 ♊ 53	19 ♋ 47	9 ♊ 37	0 ♒ 25	1 ♍ 39	0 ♋ 48	12 ♎ 23	14 ♌ 52	2 ♍	7 ♌	13 ♋	17 ♐	4 ♐
25	2 ♋ 44	10 ♊ 56	22 ♈ 11	23 ♈ 16	11 ♊ 30	21 ♋ 0	10 ♊ 19	0 ♒ 19	1 ♍ 44	0 ♋ 51	12 D 23	14 ♌ 54	2 ♍	7 ♌	13 ♋	17 ♐	4 ♐
26	3 ♋ 41	23 ♊ 55	22 ♈ 8	23 ♈ 6	12 ♊ 12	22 ♋ 14	11 ♊ 1	0 ♒ 13	1 ♍ 49	0 ♋ 55	12 ♎ 23	14 ♌ 55	3 ♍	8 ♌	14 ♋	17 ♐	4 ♐
27	4 ♋ 38	7 ♋ 13	22 ♈ 5	22 ♈ 55	12 ♊ 58	23 ♋ 27	11 ♊ 43	0 ♒ 7	1 ♍ 54	0 ♋ 58	12 ♎ 23	14 ♌ 56	3 ♍	8 ♌	14 ♋	17 ♐	3 ♐
28	5 ♋ 36	20 ♋ 48	22 ♈ 2	22 ♈ 44	13 ♊ 49	24 ♋ 40	12 ♊ 25	0 ♒ 0	2 ♍ 0	1 ♋ 2	12 ♎ 23	14 ♌ 58	3 ♍	9 ♌	15 ♋	16 ♐	3 ♐
29	6 ♋ 33	4 ♌ 37	21 ♈ 58	22 ♈ 33	14 ♊ 43	25 ♋ 53	13 ♊ 7	29 ♑ 54	2 ♍ 5	1 ♋ 6	12 ♎ 24	14 ♌ 59	4 ♍	9 ♌	16 ♋	16 ♐	3 ♐
30	7 ♋ 30	18 ♌ 35	21 ♈ 55	22 ♈ 24	15 ♊ 42	27 ♋ 7	13 ♊ 48	29 ♑ 47	2 ♍ 10	1 ♋ 9	12 ♎ 24	15 ♌ 1	4 ♍	10 ♌	16 ♋	16 ♐	3 ♐

SUN INGRESS	☉ → ♋ 22日 03:03
MOON PHASE	◐ 4日 12:27 ♍　○ 11日 06:45 ♐　◑ 18日 21:29 ♓　● 26日 19:02 ♋

aspects		
1日	15:44	☿⚹♇
3日	19:34	☉△♆
4日	07:28	☉☌☿
5日	04:27	☿△♆
5日	21:44	☉⚹♇
7日	16:30	♀☌♅
8日	05:51	♀⚹♄
11日	10:06	♂□♄
12日	08:50	♂△♃
17日	23:02	♀□♆
22日	21:33	☉☌♅
23日	20:32	☉⚹♄
26日	06:02	☿△♆
27日	23:17	♂△♆
29日	06:58	☿⚹♇

1949年7月

DAY	☉	☽	☊ mean	☊ true	☿	♀	♂	♃	♄	♅	♆	♇	⚳	⚴	⚵	⚶	⚷
	° ′	° ′	° ′	° ′	° ′	° ′	° ′	° ′	° ′	° ′	° ′	° ′	°	°	°	°	°
1	8 ♋ 27	2 ♍ 40	21 ♈ 52	22 R 18	16 D 45	28 D 20	14 D 30	29 R 41	2 D 16	1 D 13	12 D 24	15 D 2	5 D	10 D	17 D	16 R	3 R
2	9 ♋ 25	16 ♍ 48	21 ♈ 49	22 ♈ 14	17 ♊ 52	29 ♋ 33	15 ♊ 12	29 ♑ 34	2 ♍ 21	1 ♋ 16	12 ♎ 24	15 ♌ 4	5 ♍	11 ♌	17 ♋	16 ♐	3 ♐
3	10 ♋ 22	0 ♎ 57	21 ♈ 46	22 ♈ 12	19 ♊ 3	0 ♌ 46	15 ♊ 53	29 ♑ 27	2 ♍ 27	1 ♋ 20	12 ♎ 24	15 ♌ 5	5 ♍	11 ♌	18 ♋	15 ♐	3 ♐
4	11 ♋ 19	15 ♎ 5	21 ♈ 42	22 D 12	20 ♊ 18	1 ♌ 59	16 ♊ 35	29 ♑ 20	2 ♍ 32	1 ♋ 23	12 ♎ 25	15 ♌ 7	6 ♍	12 ♌	18 ♋	15 ♐	3 ♐
5	12 ♋ 16	29 ♎ 12	21 ♈ 39	22 R 12	21 ♊ 37	3 ♌ 13	17 ♊ 17	29 ♑ 13	2 ♍ 38	1 ♋ 27	12 ♎ 25	15 ♌ 9	6 ♍	12 ♌	19 ♋	15 ♐	3 ♐
6	13 ♋ 13	13 ♏ 15	21 ♈ 36	22 ♈ 11	23 ♊ 0	4 ♌ 26	17 ♊ 58	29 ♑ 6	2 ♍ 44	1 ♋ 31	12 ♎ 25	15 ♌ 10	6 ♍	13 ♌	19 ♋	15 ♐	3 ♐
7	14 ♋ 11	27 ♏ 14	21 ♈ 33	22 ♈ 8	24 ♊ 26	5 ♌ 39	18 ♊ 39	28 ♑ 59	2 ♍ 50	1 ♋ 34	12 ♎ 26	15 ♌ 12	7 ♍	13 ♌	20 ♋	15 ♐	3 ♐
8	15 ♋ 8	11 ♐ 7	21 ♈ 30	22 ♈ 2	25 ♊ 56	6 ♌ 52	19 ♊ 21	28 ♑ 52	2 ♍ 56	1 ♋ 38	12 ♎ 26	15 ♌ 13	7 ♍	14 ♌	20 ♋	15 ♐	3 ♐
9	16 ♋ 5	24 ♐ 52	21 ♈ 27	21 ♈ 53	27 ♊ 30	8 ♌ 5	20 ♊ 2	28 ♑ 44	3 ♍ 2	1 ♋ 41	12 ♎ 27	15 ♌ 15	8 ♍	14 ♌	21 ♋	15 ♐	3 ♐
10	17 ♋ 2	8 ♑ 25	21 ♈ 23	21 ♈ 42	29 ♊ 8	9 ♌ 18	20 ♊ 43	28 ♑ 37	3 ♍ 7	1 ♋ 45	12 ♎ 27	15 ♌ 17	8 ♍	15 ♌	21 ♋	14 ♐	3 ♐
11	17 ♋ 59	21 ♑ 44	21 ♈ 20	21 ♈ 30	0 ♋ 49	10 ♌ 31	21 ♊ 24	28 ♑ 30	3 ♍ 14	1 ♋ 48	12 ♎ 28	15 ♌ 18	8 ♍	15 ♌	22 ♋	14 ♐	3 ♐
12	18 ♋ 57	4 ♒ 46	21 ♈ 17	21 ♈ 17	2 ♋ 34	11 ♌ 44	22 ♊ 6	28 ♑ 22	3 ♍ 20	1 ♋ 52	12 ♎ 28	15 ♌ 20	9 ♍	16 ♌	23 ♋	14 ♐	3 ♐
13	19 ♋ 54	17 ♒ 31	21 ♈ 14	21 ♈ 6	4 ♋ 21	12 ♌ 57	22 ♊ 47	28 ♑ 15	3 ♍ 26	1 ♋ 55	12 ♎ 29	15 ♌ 22	9 ♍	16 ♌	23 ♋	14 ♐	3 ♐
14	20 ♋ 51	29 ♒ 59	21 ♈ 11	20 ♈ 57	6 ♋ 12	14 ♌ 10	23 ♊ 28	28 ♑ 7	3 ♍ 32	1 ♋ 58	12 ♎ 30	15 ♌ 23	10 ♍	17 ♌	24 ♋	14 ♐	3 ♐
15	21 ♋ 48	12 ♓ 11	21 ♈ 8	20 ♈ 50	8 ♋ 6	15 ♌ 23	24 ♊ 9	27 ♑ 59	3 ♍ 38	2 ♋ 2	12 ♎ 30	15 ♌ 25	10 ♍	17 ♌	24 ♋	14 ♐	3 ♐
16	22 ♋ 45	24 ♓ 11	21 ♈ 4	20 ♈ 46	10 ♋ 2	16 ♌ 36	24 ♊ 50	27 ♑ 52	3 ♍ 45	2 ♋ 5	12 ♎ 31	15 ♌ 27	11 ♍	18 ♌	25 ♋	14 ♐	3 ♐
17	23 ♋ 43	6 ♈ 3	21 ♈ 1	20 ♈ 44	12 ♋ 1	17 ♌ 49	25 ♊ 30	27 ♑ 44	3 ♍ 51	2 ♋ 9	12 ♎ 32	15 ♌ 28	11 ♍	19 ♌	25 ♋	14 ♐	3 ♐
18	24 ♋ 40	17 ♈ 52	20 ♈ 58	20 ♈ 43	14 ♋ 2	19 ♌ 2	26 ♊ 11	27 ♑ 36	3 ♍ 57	2 ♋ 12	12 ♎ 32	15 ♌ 30	11 ♍	19 ♌	26 ♋	14 ♐	3 ♐
19	25 ♋ 37	29 ♈ 42	20 ♈ 55	20 ♈ 43	16 ♋ 5	20 ♌ 15	26 ♊ 52	27 ♑ 28	4 ♍ 4	2 ♋ 16	12 ♎ 33	15 ♌ 32	12 ♍	20 ♌	26 ♋	14 ♐	3 ♐
20	26 ♋ 34	11 ♉ 39	20 ♈ 52	20 ♈ 43	18 ♋ 9	21 ♌ 28	27 ♊ 33	27 ♑ 21	4 ♍ 10	2 ♋ 19	12 ♎ 34	15 ♌ 34	12 ♍	20 ♌	27 ♋	14 ♐	3 ♐
21	27 ♋ 32	23 ♉ 50	20 ♈ 48	20 ♈ 40	20 ♋ 15	22 ♌ 41	28 ♊ 13	27 ♑ 13	4 ♍ 17	2 ♋ 22	12 ♎ 35	15 ♌ 35	13 ♍	21 ♌	27 ♋	14 ♐	3 ♐
22	28 ♋ 29	6 ♊ 17	20 ♈ 45	20 ♈ 36	22 ♋ 21	23 ♌ 53	28 ♊ 54	27 ♑ 5	4 ♍ 23	2 ♋ 26	12 ♎ 36	15 ♌ 37	13 ♍	21 ♌	28 ♋	14 ♐	3 ♐
23	29 ♋ 26	19 ♊ 6	20 ♈ 42	20 ♈ 29	24 ♋ 29	25 ♌ 6	29 ♊ 34	26 ♑ 57	4 ♍ 30	2 ♋ 29	12 ♎ 36	15 ♌ 39	13 ♍	22 ♌	28 ♋	14 ♐	2 ♐
24	0 ♌ 24	2 ♋ 18	20 ♈ 39	20 ♈ 20	26 ♋ 36	26 ♌ 19	0 ♋ 15	26 ♑ 50	4 ♍ 37	2 ♋ 32	12 ♎ 37	15 ♌ 41	14 ♍	22 ♌	29 ♋	14 ♐	2 ♐
25	1 ♌ 21	15 ♋ 52	20 ♈ 36	20 ♈ 9	28 ♋ 43	27 ♌ 32	0 ♋ 55	26 ♑ 42	4 ♍ 43	2 ♋ 35	12 ♎ 38	15 ♌ 42	14 ♍	23 ♌	29 ♋	14 D	2 ♐
26	2 ♌ 18	29 ♋ 48	20 ♈ 33	19 ♈ 57	0 ♌ 51	28 ♌ 45	1 ♋ 36	26 ♑ 34	4 ♍ 50	2 ♋ 39	12 ♎ 39	15 ♌ 44	15 ♍	23 ♌	0 ♌	14 ♐	2 ♐
27	3 ♌ 16	14 ♌ 1	20 ♈ 29	19 ♈ 46	2 ♌ 57	29 ♌ 57	2 ♋ 16	26 ♑ 27	4 ♍ 57	2 ♋ 42	12 ♎ 40	15 ♌ 46	15 ♍	24 ♌	0 ♌	14 ♐	2 ♐
28	4 ♌ 13	28 ♌ 26	20 ♈ 26	19 ♈ 37	5 ♌ 4	1 ♍ 10	2 ♋ 56	26 ♑ 19	5 ♍ 4	2 ♋ 45	12 ♎ 41	15 ♌ 48	16 ♍	24 ♌	1 ♌	14 ♐	2 ♐
29	5 ♌ 10	12 ♍ 55	20 ♈ 23	19 ♈ 30	7 ♌ 9	2 ♍ 23	3 ♋ 36	26 ♑ 11	5 ♍ 11	2 ♋ 48	12 ♎ 42	15 ♌ 50	16 ♍	25 ♌	1 ♌	14 ♐	2 ♐
30	6 ♌ 8	27 ♍ 23	20 ♈ 20	19 ♈ 26	9 ♌ 13	3 ♍ 35	4 ♋ 17	26 ♑ 4	5 ♍ 18	2 ♋ 51	12 ♎ 44	15 ♌ 51	16 ♍	25 ♌	2 ♌	14 ♐	2 ♐
31	7 ♌ 5	11 ♎ 47	20 ♈ 17	19 ♈ 25	11 ♌ 16	4 ♍ 48	4 ♋ 57	25 ♑ 56	5 ♍ 25	2 ♋ 55	12 ♎ 45	15 ♌ 53	17 ♍	26 ♌	2 ♌	14 ♐	2 ♐
SUN INGRESS	☉ → ♌ 23日 13:57																
MOON PHASE	◐ 3日 17:08 ♎ ○ 10日 16:41 ♑ ◑ 18日 15:02 ♈ ● 26日 04:33 ♌																

aspects

1日	19:17	♂⚹♇
2日	00:19	♀☍♃
5日	03:45	☉□♆
11日	14:06	☿☌♅
12日	10:58	☿⚹♄
12日	14:38	♀⚹♆
15日	00:38	♀☌♇
17日	06:08	☿□♆
20日	17:07	☉☍♃
24日	02:26	☿☍♃
27日	06:17	☉☌☿
27日	16:48	♂☌♅
29日	08:49	♀⚹♅
31日	06:18	♀⚹♂
31日	13:23	♀☌♄
31日	17:41	☿⚹♆
31日	20:23	♂⚹♄

1949年8月

DAY	☉	☽	☊ mean	☊ true	☿	♀	♂	♃	♄	♅	♆	♇	⚳	⚴	⚵	⚶	⚷
	° ′	° ′	° ′	° ′	° ′	° ′	° ′	° ′	° ′	° ′	° ′	° ′	°	°	°	°	°
1	8 ♌ 2	26 ♎ 1	20 ♈ 14	19 D 25	13 D 17	6 D 1	5 D 37	25 R 49	5 D 32	2 D 58	12 D 46	15 D 55	17 D	26 D	3 D	14 D	2 R
2	9 ♌ 0	10 ♏ 6	20 ♈ 10	19 R 25	15 ♌ 18	7 ♍ 13	6 ♋ 17	25 ♑ 41	5 ♍ 39	3 ♋ 1	12 ♎ 47	15 ♌ 57	18 ♍	27 ♌	3 ♌	14 ♐	2 ♐
3	9 ♌ 57	24 ♏ 1	20 ♈ 7	19 ♈ 24	17 ♌ 17	8 ♍ 26	6 ♋ 56	25 ♑ 34	5 ♍ 46	3 ♋ 4	12 ♎ 48	15 ♌ 59	18 ♍	27 ♌	4 ♌	14 ♐	2 ♐
4	10 ♌ 55	7 ♐ 44	20 ♈ 4	19 ♈ 22	19 ♌ 14	9 ♍ 38	7 ♋ 36	25 ♑ 27	5 ♍ 53	3 ♋ 7	12 ♎ 49	16 ♌ 0	18 ♍	28 ♌	5 ♌	14 ♐	2 ♐
5	11 ♌ 52	21 ♐ 17	20 ♈ 1	19 ♈ 16	21 ♌ 10	10 ♍ 51	8 ♋ 16	25 ♑ 20	6 ♍ 0	3 ♋ 10	12 ♎ 51	16 ♌ 2	19 ♍	28 ♌	5 ♌	14 ♐	2 D
6	12 ♌ 50	4 ♑ 39	19 ♈ 58	19 ♈ 9	23 ♌ 4	12 ♍ 3	8 ♋ 56	25 ♑ 13	6 ♍ 7	3 ♋ 13	12 ♎ 52	16 ♌ 4	19 ♍	29 ♌	6 ♌	14 ♐	2 ♐
7	13 ♌ 47	17 ♑ 49	19 ♈ 54	18 ♈ 59	24 ♌ 57	13 ♍ 16	9 ♋ 36	25 ♑ 6	6 ♍ 14	3 ♋ 16	12 ♎ 53	16 ♌ 6	20 ♍	29 ♌	6 ♌	14 ♐	2 ♐
8	14 ♌ 45	0 ♒ 46	19 ♈ 51	18 ♈ 48	26 ♌ 48	14 ♍ 28	10 ♋ 15	24 ♑ 59	6 ♍ 22	3 ♋ 19	12 ♎ 55	16 ♌ 8	20 ♍	0 ♍	7 ♌	14 ♐	2 ♐
9	15 ♌ 42	13 ♒ 30	19 ♈ 48	18 ♈ 37	28 ♌ 38	15 ♍ 41	10 ♋ 55	24 ♑ 52	6 ♍ 29	3 ♋ 21	12 ♎ 56	16 ♌ 10	21 ♍	0 ♍	7 ♌	14 ♐	2 ♐
10	16 ♌ 40	26 ♒ 0	19 ♈ 45	18 ♈ 27	0 ♍ 26	16 ♍ 53	11 ♋ 34	24 ♑ 45	6 ♍ 36	3 ♋ 24	12 ♎ 57	16 ♌ 11	21 ♍	1 ♍	8 ♌	15 ♐	2 ♐
11	17 ♌ 37	8 ♓ 17	19 ♈ 42	18 ♈ 19	2 ♍ 13	18 ♍ 5	12 ♋ 14	24 ♑ 39	6 ♍ 43	3 ♋ 27	12 ♎ 59	16 ♌ 13	21 ♍	1 ♍	8 ♌	15 ♐	2 ♐
12	18 ♌ 35	20 ♓ 22	19 ♈ 39	18 ♈ 13	3 ♍ 58	19 ♍ 17	12 ♋ 53	24 ♑ 32	6 ♍ 51	3 ♋ 30	13 ♎ 0	16 ♌ 15	22 ♍	2 ♍	9 ♌	15 ♐	2 ♐
13	19 ♌ 32	2 ♈ 18	19 ♈ 35	18 ♈ 9	5 ♍ 41	20 ♍ 30	13 ♋ 32	24 ♑ 26	6 ♍ 58	3 ♋ 33	13 ♎ 2	16 ♌ 17	22 ♍	2 ♍	9 ♌	15 ♐	2 ♐
14	20 ♌ 30	14 ♈ 8	19 ♈ 32	18 ♈ 8	7 ♍ 23	21 ♍ 42	14 ♋ 12	24 ♑ 20	7 ♍ 5	3 ♋ 35	13 ♎ 3	16 ♌ 19	23 ♍	3 ♍	10 ♌	15 ♐	2 ♐
15	21 ♌ 27	25 ♈ 55	19 ♈ 29	18 D 8	9 ♍ 4	22 ♍ 54	14 ♋ 51	24 ♑ 13	7 ♍ 13	3 ♋ 38	13 ♎ 5	16 ♌ 21	23 ♍	3 ♍	10 ♌	15 ♐	2 ♐
16	22 ♌ 25	7 ♉ 44	19 ♈ 26	18 ♈ 9	10 ♍ 43	24 ♍ 6	15 ♋ 30	24 ♑ 7	7 ♍ 20	3 ♋ 41	13 ♎ 6	16 ♌ 22	24 ♍	4 ♍	11 ♌	15 ♐	2 ♐
17	23 ♌ 23	19 ♉ 41	19 ♈ 23	18 ♈ 10	12 ♍ 21	25 ♍ 18	16 ♋ 9	24 ♑ 2	7 ♍ 27	3 ♋ 43	13 ♎ 8	16 ♌ 24	24 ♍	4 ♍	11 ♌	16 ♐	2 ♐
18	24 ♌ 20	1 ♊ 51	19 ♈ 20	18 R 10	13 ♍ 57	26 ♍ 30	16 ♋ 48	23 ♑ 56	7 ♍ 35	3 ♋ 46	13 ♎ 9	16 ♌ 26	25 ♍	5 ♍	12 ♌	16 ♐	3 ♐
19	25 ♌ 18	14 ♊ 18	19 ♈ 16	18 ♈ 8	15 ♍ 31	27 ♍ 43	17 ♋ 27	23 ♑ 50	7 ♍ 42	3 ♋ 49	13 ♎ 11	16 ♌ 28	25 ♍	5 ♍	12 ♌	16 ♐	3 ♐
20	26 ♌ 16	27 ♊ 8	19 ♈ 13	18 ♈ 4	17 ♍ 5	28 ♍ 55	18 ♋ 6	23 ♑ 45	7 ♍ 50	3 ♋ 51	13 ♎ 13	16 ♌ 30	25 ♍	6 ♍	13 ♌	16 ♐	3 ♐
21	27 ♌ 14	10 ♋ 23	19 ♈ 10	17 ♈ 58	18 ♍ 36	0 ♎ 7	18 ♋ 45	23 ♑ 39	7 ♍ 57	3 ♋ 54	13 ♎ 14	16 ♌ 31	26 ♍	6 ♍	13 ♌	16 ♐	3 ♐
22	28 ♌ 12	24 ♋ 5	19 ♈ 7	17 ♈ 51	20 ♍ 7	1 ♎ 19	19 ♋ 24	23 ♑ 34	8 ♍ 5	3 ♋ 56	13 ♎ 16	16 ♌ 33	26 ♍	7 ♍	14 ♌	17 ♐	3 ♐
23	29 ♌ 9	8 ♌ 12	19 ♈ 4	17 ♈ 43	21 ♍ 36	2 ♎ 30	20 ♋ 3	23 ♑ 29	8 ♍ 12	3 ♋ 58	13 ♎ 18	16 ♌ 35	27 ♍	7 ♍	14 ♌	17 ♐	3 ♐
24	0 ♍ 7	22 ♌ 41	19 ♈ 0	17 ♈ 36	23 ♍ 3	3 ♎ 42	20 ♋ 42	23 ♑ 24	8 ♍ 20	4 ♋ 1	13 ♎ 20	16 ♌ 37	27 ♍	8 ♍	15 ♌	17 ♐	3 ♐
25	1 ♍ 5	7 ♍ 26	18 ♈ 57	17 ♈ 29	24 ♍ 29	4 ♎ 54	21 ♋ 20	23 ♑ 20	8 ♍ 27	4 ♋ 3	13 ♎ 21	16 ♌ 39	28 ♍	8 ♍	15 ♌	17 ♐	3 ♐
26	2 ♍ 3	22 ♍ 18	18 ♈ 54	17 ♈ 25	25 ♍ 53	6 ♎ 6	21 ♋ 59	23 ♑ 15	8 ♍ 35	4 ♋ 5	13 ♎ 23	16 ♌ 40	28 ♍	9 ♍	15 ♌	17 ♐	3 ♐
27	3 ♍ 1	7 ♎ 10	18 ♈ 51	17 ♈ 23	27 ♍ 16	7 ♎ 18	22 ♋ 38	23 ♑ 11	8 ♍ 42	4 ♋ 8	13 ♎ 25	16 ♌ 42	28 ♍	9 ♍	16 ♌	18 ♐	3 ♐
28	3 ♍ 59	21 ♎ 54	18 ♈ 48	17 D 23	28 ♍ 37	8 ♎ 30	23 ♋ 16	23 ♑ 6	8 ♍ 50	4 ♋ 10	13 ♎ 27	16 ♌ 44	29 ♍	10 ♍	16 ♌	18 ♐	3 ♐
29	4 ♍ 57	6 ♏ 25	18 ♈ 45	17 ♈ 24	29 ♍ 57	9 ♎ 41	23 ♋ 54	23 ♑ 2	8 ♍ 58	4 ♋ 12	13 ♎ 28	16 ♌ 46	29 ♍	10 ♍	17 ♌	18 ♐	3 ♐
30	5 ♍ 55	20 ♏ 40	18 ♈ 41	17 ♈ 25	1 ♎ 15	10 ♎ 53	24 ♋ 33	22 ♑ 58	9 ♍ 5	4 ♋ 14	13 ♎ 30	16 ♌ 48	0 ♎	11 ♍	17 ♌	18 ♐	3 ♐
31	6 ♍ 53	4 ♐ 36	18 ♈ 38	17 ♈ 26	2 ♎ 31	12 ♎ 5	25 ♋ 11	22 ♑ 55	9 ♍ 13	4 ♋ 16	13 ♎ 32	16 ♌ 49	0 ♎	11 ♍	18 ♌	19 ♐	3 ♐
SUN INGRESS	☉ → ♍ 23日 20:48																
MOON PHASE	◐ 1日 21:57 ♏ ○ 9日 04:33 ♒ ◑ 17日 07:59 ♉ ● 24日 12:59 ♍ ◐ 31日 04:16 ♐																

aspects

2日	07:59	☿☌♇
6日	01:02	☉⚹♆
9日	11:54	☉☌♇
11日	17:26	☿⚹♅
12日	04:34	♂□♆
13日	19:24	☿☌♄
16日	00:21	♀△♃
21日	04:05	☿⚹♂
24日	05:36	☿△♃
24日	06:20	♀□♅
27日	18:36	♂☍♃
28日	04:42	☉⚹♅

1949年9月

DAY	☉	☽	☊ mean	☊ true	☿	♀	♂	♃	♄	♅	♆	♇	⚳	⚴	⚵	⚶	⚷
	° ′	° ′	° ′	° ′	° ′	° ′	° ′	° ′	° ′	° ′	° ′	° ′	°	°	°	°	°
1	7 ♍ 51	18 ♐ 15	18 ♈ 35	17 R 25	3 D 46	13 D 16	25 D 49	22 R 51	9 D 20	4 D 18	13 D 34	16 D 51	1 D	12 D	18 D	19 D	3 D
2	8 ♍ 49	1 ♑ 36	18 ♈ 32	17 ♈ 23	4 ♎ 58	14 ♎ 28	26 ♋ 28	22 ♑ 48	9 ♍ 28	4 ♋ 20	13 ♎ 36	16 ♌ 53	1 ♎	12 ♍	19 ♌	19 ♐	3 ♐
3	9 ♍ 47	14 ♑ 42	18 ♈ 29	17 ♈ 19	6 ♎ 9	15 ♎ 39	27 ♋ 6	22 ♑ 45	9 ♍ 35	4 ♋ 22	13 ♎ 38	16 ♌ 54	2 ♎	13 ♍	19 ♌	19 ♐	3 ♐
4	10 ♍ 45	27 ♑ 33	18 ♈ 26	17 ♈ 14	7 ♎ 18	16 ♎ 51	27 ♋ 44	22 ♑ 42	9 ♍ 43	4 ♋ 24	13 ♎ 40	16 ♌ 56	2 ♎	13 ♍	20 ♌	20 ♐	3 ♐
5	11 ♍ 43	10 ♒ 11	18 ♈ 22	17 ♈ 8	8 ♎ 25	18 ♎ 2	28 ♋ 22	22 ♑ 39	9 ♍ 51	4 ♋ 26	13 ♎ 42	16 ♌ 58	2 ♎	14 ♍	20 ♌	20 ♐	3 ♐
6	12 ♍ 41	22 ♒ 36	18 ♈ 19	17 ♈ 2	9 ♎ 29	19 ♎ 13	29 ♋ 0	22 ♑ 36	9 ♍ 58	4 ♋ 28	13 ♎ 44	17 ♌ 0	3 ♎	14 ♍	21 ♌	20 ♐	3 ♐
7	13 ♍ 40	4 ♓ 51	18 ♈ 16	16 ♈ 56	10 ♎ 31	20 ♎ 25	29 ♋ 38	22 ♑ 34	10 ♍ 6	4 ♋ 30	13 ♎ 46	17 ♌ 1	3 ♎	15 ♍	21 ♌	20 ♐	3 ♐
8	14 ♍ 38	16 ♓ 56	18 ♈ 13	16 ♈ 52	11 ♎ 31	21 ♎ 36	0 ♌ 15	22 ♑ 32	10 ♍ 13	4 ♋ 31	13 ♎ 48	17 ♌ 3	4 ♎	15 ♍	22 ♌	21 ♐	3 ♐
9	15 ♍ 36	28 ♓ 54	18 ♈ 10	16 ♈ 49	12 ♎ 28	22 ♎ 47	0 ♌ 53	22 ♑ 30	10 ♍ 21	4 ♋ 33	13 ♎ 50	17 ♌ 5	4 ♎	16 ♍	22 ♌	21 ♐	3 ♐
10	16 ♍ 34	10 ♈ 45	18 ♈ 6	16 ♈ 47	13 ♎ 22	23 ♎ 58	1 ♌ 31	22 ♑ 28	10 ♍ 28	4 ♋ 35	13 ♎ 52	17 ♌ 6	5 ♎	16 ♍	23 ♌	21 ♐	3 ♐
11	17 ♍ 33	22 ♈ 32	18 ♈ 3	16 D 47	14 ♎ 13	25 ♎ 9	2 ♌ 9	22 ♑ 26	10 ♍ 36	4 ♋ 36	13 ♎ 54	17 ♌ 8	5 ♎	17 ♍	23 ♌	22 ♐	3 ♐
12	18 ♍ 31	4 ♉ 19	18 ♈ 0	16 ♈ 48	15 ♎ 1	26 ♎ 20	2 ♌ 46	22 ♑ 25	10 ♍ 43	4 ♋ 38	13 ♎ 56	17 ♌ 9	6 ♎	17 ♍	24 ♌	22 ♐	4 ♐
13	19 ♍ 29	16 ♉ 9	17 ♈ 57	16 ♈ 50	15 ♎ 46	27 ♎ 31	3 ♌ 24	22 ♑ 23	10 ♍ 51	4 ♋ 39	13 ♎ 58	17 ♌ 11	6 ♎	18 ♍	24 ♌	22 ♐	4 ♐
14	20 ♍ 28	28 ♉ 6	17 ♈ 54	16 ♈ 52	16 ♎ 27	28 ♎ 42	4 ♌ 1	22 ♑ 22	10 ♍ 58	4 ♋ 41	14 ♎ 0	17 ♌ 13	7 ♎	18 ♍	25 ♌	23 ♐	4 ♐
15	21 ♍ 26	10 ♊ 15	17 ♈ 51	16 ♈ 53	17 ♎ 4	29 ♎ 53	4 ♌ 39	22 ♑ 21	11 ♍ 6	4 ♋ 42	14 ♎ 2	17 ♌ 14	7 ♎	19 ♍	25 ♌	23 ♐	4 ♐
16	22 ♍ 25	22 ♊ 40	17 ♈ 47	16 R 54	17 ♎ 37	1 ♏ 4	5 ♌ 16	22 ♑ 21	11 ♍ 13	4 ♋ 43	14 ♎ 4	17 ♌ 16	7 ♎	19 ♍	25 ♌	23 ♐	4 ♐
17	23 ♍ 23	5 ♋ 26	17 ♈ 44	16 ♈ 53	18 ♎ 5	2 ♏ 15	5 ♌ 53	22 ♑ 20	11 ♍ 21	4 ♋ 45	14 ♎ 6	17 ♌ 17	8 ♎	19 ♍	26 ♌	24 ♐	4 ♐
18	24 ♍ 22	18 ♋ 37	17 ♈ 41	16 ♈ 51	18 ♎ 29	3 ♏ 25	6 ♌ 30	22 ♑ 20	11 ♍ 28	4 ♋ 46	14 ♎ 8	17 ♌ 19	8 ♎	20 ♍	26 ♌	24 ♐	4 ♐
19	25 ♍ 20	2 ♌ 15	17 ♈ 38	16 ♈ 49	18 ♎ 47	4 ♏ 36	7 ♌ 8	22 ♑ 20	11 ♍ 36	4 ♋ 47	14 ♎ 10	17 ♌ 20	9 ♎	20 ♍	27 ♌	24 ♐	4 ♐
20	26 ♍ 19	16 ♌ 21	17 ♈ 35	16 ♈ 46	18 ♎ 59	5 ♏ 47	7 ♌ 45	22 D 20	11 ♍ 43	4 ♋ 48	14 ♎ 13	17 ♌ 22	9 ♎	21 ♍	27 ♌	25 ♐	4 ♐
21	27 ♍ 18	0 ♍ 52	17 ♈ 31	16 ♈ 44	19 ♎ 6	6 ♏ 57	8 ♌ 22	22 ♑ 20	11 ♍ 51	4 ♋ 49	14 ♎ 15	17 ♌ 23	10 ♎	21 ♍	28 ♌	25 ♐	4 ♐
22	28 ♍ 16	15 ♍ 44	17 ♈ 28	16 ♈ 41	19 R 6	8 ♏ 8	8 ♌ 59	22 ♑ 20	11 ♍ 58	4 ♋ 50	14 ♎ 17	17 ♌ 25	10 ♎	22 ♍	28 ♌	25 ♐	4 ♐
23	29 ♍ 15	0 ♎ 49	17 ♈ 25	16 ♈ 40	19 ♎ 0	9 ♏ 18	9 ♌ 36	22 ♑ 21	12 ♍ 5	4 ♋ 51	14 ♎ 19	17 ♌ 26	11 ♎	22 ♍	29 ♌	26 ♐	4 ♐
24	0 ♎ 14	15 ♎ 58	17 ♈ 22	16 ♈ 40	18 ♎ 46	10 ♏ 28	10 ♌ 12	22 ♑ 22	12 ♍ 13	4 ♋ 52	14 ♎ 21	17 ♌ 28	11 ♎	23 ♍	29 ♌	26 ♐	4 ♐
25	1 ♎ 13	1 ♏ 2	17 ♈ 19	16 D 40	18 ♎ 25	11 ♏ 39	10 ♌ 49	22 ♑ 23	12 ♍ 20	4 ♋ 53	14 ♎ 23	17 ♌ 29	11 ♎	23 ♍	0 ♍	26 ♐	4 ♐
26	2 ♎ 12	15 ♏ 52	17 ♈ 16	16 ♈ 41	17 ♎ 57	12 ♏ 49	11 ♌ 26	22 ♑ 24	12 ♍ 27	4 ♋ 54	14 ♎ 26	17 ♌ 31	12 ♎	24 ♍	0 ♍	27 ♐	5 ♐
27	3 ♎ 10	0 ♐ 23	17 ♈ 12	16 ♈ 42	17 ♎ 22	13 ♏ 59	12 ♌ 3	22 ♑ 26	12 ♍ 35	4 ♋ 55	14 ♎ 28	17 ♌ 32	12 ♎	24 ♍	0 ♍	27 ♐	5 ♐
28	4 ♎ 9	14 ♐ 31	17 ♈ 9	16 ♈ 43	16 ♎ 39	15 ♏ 9	12 ♌ 39	22 ♑ 27	12 ♍ 42	4 ♋ 56	14 ♎ 30	17 ♌ 33	13 ♎	25 ♍	1 ♍	27 ♐	5 ♐
29	5 ♎ 8	28 ♐ 14	17 ♈ 6	16 ♈ 43	15 ♎ 50	16 ♏ 19	13 ♌ 16	22 ♑ 29	12 ♍ 49	4 ♋ 56	14 ♎ 32	17 ♌ 35	13 ♎	25 ♍	1 ♍	28 ♐	5 ♐
30	6 ♎ 7	11 ♑ 35	17 ♈ 3	16 R 43	14 ♎ 54	17 ♏ 29	13 ♌ 52	22 ♑ 31	12 ♍ 56	4 ♋ 57	14 ♎ 34	17 ♌ 36	14 ♎	26 ♍	2 ♍	28 ♐	5 ♐

SUN INGRESS	☉ → ♎ 23日 18:06
MOON PHASE	○ 7日 18:59 ♓　◑ 15日 23:29 ♊　● 22日 21:21 ♍　◐ 29日 13:18 ♑

aspects		
1日	06:10	♀☌♆
1日	10:58	☿□♅
2日	18:28	☉☌♄
4日	01:55	♀⚹♇
8日	18:19	♀□♃
10日	14:16	☿☌♆
15日	07:23	☿⚹♇
15日	22:19	☉△♃
19日	03:52	♀△♅
23日	12:36	♀□♂
25日	15:46	♀⚹♄
26日	18:00	☿⚹♇
28日	19:08	☉□♅
30日	02:21	♀□♇
30日	07:46	☿☌♆
30日	15:32	☿⚹♂

1949年10月

DAY	☉	☽	☊ mean	☊ true	☿	♀	♂	♃	♄	♅	♆	♇	⚳	⚴	⚵	⚶	⚷
	° ′	° ′	° ′	° ′	° ′	° ′	° ′	° ′	° ′	° ′	° ′	° ′	°	°	°	°	°
1	7 ♎ 6	24 ♑ 34	17 ♈ 0	16 R 43	13 R 53	18 D 39	14 D 28	22 D 33	13 D 3	4 D 58	14 D 37	17 D 37	14 D	26 D	2 D	28 D	5 D
2	8 ♎ 5	7 ♒ 14	16 ♈ 57	16 ♈ 42	12 ♎ 48	19 ♏ 49	15 ♌ 4	22 ♑ 36	13 ♍ 11	4 ♋ 58	14 ♎ 39	17 ♌ 39	15 ♎	27 ♍	3 ♍	29 ♐	5 ♐
3	9 ♎ 4	19 ♒ 39	16 ♈ 53	16 ♈ 41	11 ♎ 40	20 ♏ 59	15 ♌ 41	22 ♑ 38	13 ♍ 18	4 ♋ 59	14 ♎ 41	17 ♌ 40	15 ♎	27 ♍	3 ♍	29 ♐	5 ♐
4	10 ♎ 3	1 ♓ 51	16 ♈ 50	16 ♈ 40	10 ♎ 31	22 ♏ 8	16 ♌ 17	22 ♑ 41	13 ♍ 25	4 ♋ 59	14 ♎ 43	17 ♌ 41	16 ♎	28 ♍	4 ♍	0 ♑	5 ♐
5	11 ♎ 2	13 ♓ 53	16 ♈ 47	16 ♈ 39	9 ♎ 22	23 ♏ 18	16 ♌ 53	22 ♑ 44	13 ♍ 32	4 ♋ 59	14 ♎ 46	17 ♌ 42	16 ♎	28 ♍	4 ♍	0 ♑	5 ♐
6	12 ♎ 1	25 ♓ 49	16 ♈ 44	16 ♈ 39	8 ♎ 16	24 ♏ 27	17 ♌ 29	22 ♑ 47	13 ♍ 39	5 ♋ 0	14 ♎ 48	17 ♌ 43	16 ♎	29 ♍	4 ♍	0 ♑	5 ♐
7	13 ♎ 1	7 ♈ 39	16 ♈ 41	16 ♈ 38	7 ♎ 14	25 ♏ 37	18 ♌ 5	22 ♑ 51	13 ♍ 46	5 ♋ 0	14 ♎ 50	17 ♌ 45	17 ♎	29 ♍	5 ♍	1 ♑	5 ♐
8	14 ♎ 0	19 ♈ 27	16 ♈ 37	16 D 38	6 ♎ 19	26 ♏ 46	18 ♌ 40	22 ♑ 54	13 ♍ 53	5 ♋ 0	14 ♎ 52	17 ♌ 46	17 ♎	29 ♍	5 ♍	1 ♑	6 ♐
9	14 ♎ 59	1 ♉ 15	16 ♈ 34	16 ♈ 38	5 ♎ 31	27 ♏ 55	19 ♌ 16	22 ♑ 58	13 ♍ 59	5 ♋ 0	14 ♎ 55	17 ♌ 47	18 ♎	0 ♎	6 ♍	1 ♑	6 ♐
10	15 ♎ 58	13 ♉ 5	16 ♈ 31	16 ♈ 39	4 ♎ 52	29 ♏ 4	19 ♌ 52	23 ♑ 2	14 ♍ 6	5 ♋ 1	14 ♎ 57	17 ♌ 48	18 ♎	0 ♎	6 ♍	2 ♑	6 ♐
11	16 ♎ 58	24 ♉ 59	16 ♈ 28	16 R 39	4 ♎ 23	0 ♐ 13	20 ♌ 27	23 ♑ 6	14 ♍ 13	5 ♋ 1	14 ♎ 59	17 ♌ 49	19 ♎	1 ♎	7 ♍	2 ♑	6 ♐
12	17 ♎ 57	7 ♊ 0	16 ♈ 25	16 ♈ 38	4 ♎ 4	1 ♐ 22	21 ♌ 3	23 ♑ 10	14 ♍ 20	5 R 1	15 ♎ 1	17 ♌ 50	19 ♎	1 ♎	7 ♍	3 ♑	6 ♐
13	18 ♎ 56	19 ♊ 12	16 ♈ 22	16 ♈ 38	3 ♎ 56	2 ♐ 31	21 ♌ 38	23 ♑ 14	14 ♍ 27	5 ♋ 1	15 ♎ 3	17 ♌ 51	20 ♎	2 ♎	7 ♍	3 ♑	6 ♐
14	19 ♎ 56	1 ♋ 38	16 ♈ 18	16 ♈ 38	4 D 0	3 ♐ 39	22 ♌ 14	23 ♑ 19	14 ♍ 33	5 ♋ 0	15 ♎ 6	17 ♌ 52	20 ♎	2 ♎	8 ♍	3 ♑	6 ♐
15	20 ♎ 55	14 ♋ 22	16 ♈ 15	16 ♈ 38	4 ♎ 14	4 ♐ 48	22 ♌ 49	23 ♑ 24	14 ♍ 40	5 ♋ 0	15 ♎ 8	17 ♌ 53	20 ♎	3 ♎	8 ♍	4 ♑	6 ♐
16	21 ♎ 55	27 ♋ 27	16 ♈ 12	16 D 38	4 ♎ 38	5 ♐ 56	23 ♌ 24	23 ♑ 29	14 ♍ 46	5 ♋ 0	15 ♎ 10	17 ♌ 54	21 ♎	3 ♎	9 ♍	4 ♑	6 ♐
17	22 ♎ 54	10 ♌ 56	16 ♈ 9	16 ♈ 38	5 ♎ 12	7 ♐ 5	23 ♌ 59	23 ♑ 34	14 ♍ 53	5 ♋ 0	15 ♎ 12	17 ♌ 55	21 ♎	4 ♎	9 ♍	5 ♑	6 ♐
18	23 ♎ 54	24 ♌ 50	16 ♈ 6	16 ♈ 39	5 ♎ 55	8 ♐ 13	24 ♌ 34	23 ♑ 39	14 ♍ 59	5 ♋ 0	15 ♎ 15	17 ♌ 56	22 ♎	4 ♎	9 ♍	5 ♑	7 ♐
19	24 ♎ 53	9 ♍ 10	16 ♈ 3	16 ♈ 39	6 ♎ 46	9 ♐ 21	25 ♌ 9	23 ♑ 44	15 ♍ 6	4 ♋ 59	15 ♎ 17	17 ♌ 57	22 ♎	5 ♎	10 ♍	6 ♑	7 ♐
20	25 ♎ 53	23 ♍ 54	15 ♈ 59	16 ♈ 40	7 ♎ 45	10 ♐ 29	25 ♌ 44	23 ♑ 50	15 ♍ 12	4 ♋ 59	15 ♎ 19	17 ♌ 58	23 ♎	5 ♎	10 ♍	6 ♑	7 ♐
21	26 ♎ 53	8 ♎ 54	15 ♈ 56	16 ♈ 40	8 ♎ 50	11 ♐ 37	26 ♌ 19	23 ♑ 56	15 ♍ 19	4 ♋ 58	15 ♎ 21	17 ♌ 59	23 ♎	5 ♎	11 ♍	6 ♑	7 ♐
22	27 ♎ 52	24 ♎ 6	15 ♈ 53	16 R 40	10 ♎ 1	12 ♐ 45	26 ♌ 53	24 ♑ 2	15 ♍ 25	4 ♋ 58	15 ♎ 23	17 ♌ 59	24 ♎	6 ♎	11 ♍	7 ♑	7 ♐
23	28 ♎ 52	9 ♏ 17	15 ♈ 50	16 ♈ 40	11 ♎ 17	13 ♐ 52	27 ♌ 28	24 ♑ 8	15 ♍ 31	4 ♋ 57	15 ♎ 26	18 ♌ 0	24 ♎	6 ♎	11 ♍	7 ♑	7 ♐
24	29 ♎ 52	24 ♏ 20	15 ♈ 47	16 ♈ 39	12 ♎ 37	15 ♐ 0	28 ♌ 2	24 ♑ 14	15 ♍ 37	4 ♋ 57	15 ♎ 28	18 ♌ 1	25 ♎	7 ♎	12 ♍	8 ♑	7 ♐
25	0 ♏ 52	9 ♐ 6	15 ♈ 43	16 ♈ 37	14 ♎ 1	16 ♐ 7	28 ♌ 37	24 ♑ 21	15 ♍ 43	4 ♋ 56	15 ♎ 30	18 ♌ 2	25 ♎	7 ♎	12 ♍	8 ♑	7 ♐
26	1 ♏ 52	23 ♐ 27	15 ♈ 40	16 ♈ 35	15 ♎ 28	17 ♐ 14	29 ♌ 11	24 ♑ 27	15 ♍ 49	4 ♋ 55	15 ♎ 32	18 ♌ 3	25 ♎	8 ♎	13 ♍	8 ♑	7 ♐
27	2 ♏ 51	7 ♑ 22	15 ♈ 37	16 ♈ 33	16 ♎ 58	18 ♐ 21	29 ♌ 45	24 ♑ 34	15 ♍ 55	4 ♋ 54	15 ♎ 34	18 ♌ 3	26 ♎	8 ♎	13 ♍	9 ♑	7 ♐
28	3 ♏ 51	20 ♑ 49	15 ♈ 34	16 ♈ 32	18 ♎ 29	19 ♐ 28	0 ♍ 19	24 ♑ 41	16 ♍ 1	4 ♋ 53	15 ♎ 36	18 ♌ 4	26 ♎	9 ♎	13 ♍	9 ♑	8 ♐
29	4 ♏ 51	3 ♒ 50	15 ♈ 31	16 ♈ 31	20 ♎ 3	20 ♐ 35	0 ♍ 53	24 ♑ 48	16 ♍ 7	4 ♋ 53	15 ♎ 39	18 ♌ 5	27 ♎	9 ♎	14 ♍	10 ♑	8 ♐
30	5 ♏ 51	16 ♒ 28	15 ♈ 28	16 D 32	21 ♎ 38	21 ♐ 42	1 ♍ 27	24 ♑ 55	16 ♍ 13	4 ♋ 52	15 ♎ 41	18 ♌ 5	27 ♎	10 ♎	14 ♍	10 ♑	8 ♐
31	6 ♏ 51	28 ♒ 48	15 ♈ 24	16 ♈ 33	23 ♎ 13	22 ♐ 48	2 ♍ 1	25 ♑ 3	16 ♍ 19	4 ♋ 51	15 ♎ 43	18 ♌ 6	28 ♎	10 ♎	15 ♍	11 ♑	8 ♐

SUN INGRESS	☉ → ♏ 24日 03:03
MOON PHASE	○ 7日 11:53 ♈　◑ 15日 13:06 ♋　● 22日 06:23 ♎　◐ 29日 02:04 ♒

aspects		
1日	05:57	♂⚹♆
4日	05:11	☉☌☿
4日	11:52	♀⚹♃
6日	10:09	♂☌♇
8日	22:05	☉☌♆
9日	18:01	☿□♅
11日	21:12	☉⚹♇
14日	08:23	☿⚹♀
16日	16:15	☿□♅
17日	17:29	☉□♃
19日	15:20	☉⚹♂
24日	10:19	♀⚹♆
24日	14:40	♀□♄
26日	01:10	☿☌♆
26日	17:26	♀△♇
27日	17:22	☿⚹♇
29日	00:32	☉△♅
30日	03:18	☿⚹♀

1949年11月

DAY	☉	☽	☊ mean	☊ true	☿	♀	♂	♃	♄	♅	♆	♇	⚳	⚴	⚵	⚶	⚷
	° ′	° ′	° ′	° ′	° ′	° ′	° ′	° ′	° ′	° ′	° ′	° ′	°	°	°	°	°
1	7 ♏ 51	10 ♓ 53	15 ♈ 21	16 D 35	24 D 50	23 D 54	2 D 35	25 D 10	16 D 24	4 R 50	15 D 45	18 D 6	28 D	10 D	15 D	11 D	8 D
2	8 ♏ 51	22 ♓ 48	15 ♈ 18	16 ♈ 36	26 ♎ 27	25 ♐ 0	3 ♍ 8	25 ♑ 18	16 ♍ 30	4 ♋ 49	15 ♎ 47	18 ♌ 7	29 ♎	11 ♎	15 ♍	12 ♑	8 ♐
3	9 ♏ 51	4 ♈ 38	15 ♈ 15	16 ♈ 38	28 ♎ 5	26 ♐ 6	3 ♍ 42	25 ♑ 26	16 ♍ 35	4 ♋ 47	15 ♎ 49	18 ♌ 7	29 ♎	11 ♎	16 ♍	12 ♑	8 ♐
4	10 ♏ 51	16 ♈ 25	15 ♈ 12	16 ♈ 38	29 ♎ 43	27 ♐ 11	4 ♍ 15	25 ♑ 34	16 ♍ 41	4 ♋ 46	15 ♎ 51	18 ♌ 8	29 ♎	12 ♎	16 ♍	12 ♑	8 ♐
5	11 ♏ 51	28 ♈ 13	15 ♈ 8	16 R 38	1 ♏ 22	28 ♐ 17	4 ♍ 48	25 ♑ 42	16 ♍ 46	4 ♋ 45	15 ♎ 53	18 ♌ 8	0 ♏	12 ♎	16 ♍	13 ♑	8 ♐
6	12 ♏ 52	10 ♉ 4	15 ♈ 5	16 ♈ 36	3 ♏ 0	29 ♐ 22	5 ♍ 22	25 ♑ 50	16 ♍ 52	4 ♋ 44	15 ♎ 55	18 ♌ 9	0 ♏	13 ♎	17 ♍	13 ♑	9 ♐
7	13 ♏ 52	22 ♉ 1	15 ♈ 2	16 ♈ 32	4 ♏ 38	0 ♑ 27	5 ♍ 55	25 ♑ 58	16 ♍ 57	4 ♋ 42	15 ♎ 57	18 ♌ 9	1 ♏	13 ♎	17 ♍	14 ♑	9 ♐
8	14 ♏ 52	4 ♊ 4	14 ♈ 59	16 ♈ 28	6 ♏ 16	1 ♑ 32	6 ♍ 27	26 ♑ 7	17 ♍ 2	4 ♋ 41	15 ♎ 59	18 ♌ 9	1 ♏	14 ♎	18 ♍	14 ♑	9 ♐
9	15 ♏ 52	16 ♊ 16	14 ♈ 56	16 ♈ 23	7 ♏ 54	2 ♑ 36	7 ♍ 0	26 ♑ 16	17 ♍ 7	4 ♋ 40	16 ♎ 1	18 ♌ 10	2 ♏	14 ♎	18 ♍	15 ♑	9 ♐
10	16 ♏ 52	28 ♊ 39	14 ♈ 53	16 ♈ 17	9 ♏ 32	3 ♑ 40	7 ♍ 33	26 ♑ 24	17 ♍ 12	4 ♋ 38	16 ♎ 3	18 ♌ 10	2 ♏	14 ♎	18 ♍	15 ♑	9 ♐
11	17 ♏ 53	11 ♋ 13	14 ♈ 49	16 ♈ 12	11 ♏ 10	4 ♑ 44	8 ♍ 6	26 ♑ 33	17 ♍ 17	4 ♋ 37	16 ♎ 5	18 ♌ 10	3 ♏	15 ♎	19 ♍	16 ♑	9 ♐
12	18 ♏ 53	24 ♋ 2	14 ♈ 46	16 ♈ 9	12 ♏ 47	5 ♑ 48	8 ♍ 38	26 ♑ 42	17 ♍ 22	4 ♋ 35	16 ♎ 7	18 ♌ 11	3 ♏	15 ♎	19 ♍	16 ♑	9 ♐
13	19 ♏ 53	7 ♌ 6	14 ♈ 43	16 ♈ 6	14 ♏ 25	6 ♑ 51	9 ♍ 10	26 ♑ 52	17 ♍ 27	4 ♋ 34	16 ♎ 9	18 ♌ 11	3 ♏	16 ♎	19 ♍	17 ♑	9 ♐
14	20 ♏ 54	20 ♌ 29	14 ♈ 40	16 ♈ 5	16 ♏ 1	7 ♑ 54	9 ♍ 43	27 ♑ 1	17 ♍ 32	4 ♋ 32	16 ♎ 11	18 ♌ 11	4 ♏	16 ♎	20 ♍	17 ♑	9 ♐
15	21 ♏ 54	4 ♍ 12	14 ♈ 37	16 D 6	17 ♏ 38	8 ♑ 57	10 ♍ 15	27 ♑ 10	17 ♍ 36	4 ♋ 30	16 ♎ 13	18 ♌ 11	4 ♏	17 ♎	20 ♍	17 ♑	10 ♐
16	22 ♏ 55	18 ♍ 15	14 ♈ 34	16 ♈ 7	19 ♏ 15	10 ♑ 0	10 ♍ 47	27 ♑ 20	17 ♍ 41	4 ♋ 29	16 ♎ 15	18 ♌ 11	5 ♏	17 ♎	20 ♍	18 ♑	10 ♐
17	23 ♏ 55	2 ♎ 40	14 ♈ 30	16 ♈ 9	20 ♏ 51	11 ♑ 2	11 ♍ 18	27 ♑ 30	17 ♍ 45	4 ♋ 27	16 ♎ 17	18 ♌ 11	5 ♏	17 ♎	21 ♍	18 ♑	10 ♐
18	24 ♏ 56	17 ♎ 22	14 ♈ 27	16 R 9	22 ♏ 27	12 ♑ 4	11 ♍ 50	27 ♑ 39	17 ♍ 50	4 ♋ 25	16 ♎ 19	18 ♌ 11	6 ♏	18 ♎	21 ♍	19 ♑	10 ♐
19	25 ♏ 56	2 ♏ 18	14 ♈ 24	16 ♈ 8	24 ♏ 2	13 ♑ 6	12 ♍ 22	27 ♑ 49	17 ♍ 54	4 ♋ 23	16 ♎ 21	18 ♌ 11	6 ♏	18 ♎	21 ♍	19 ♑	10 ♐
20	26 ♏ 57	17 ♏ 20	14 ♈ 21	16 ♈ 5	25 ♏ 38	14 ♑ 7	12 ♍ 53	27 ♑ 59	17 ♍ 58	4 ♋ 21	16 ♎ 22	18 ♌ 11	6 ♏	19 ♎	22 ♍	20 ♑	10 ♐
21	27 ♏ 58	2 ♐ 19	14 ♈ 18	16 ♈ 0	27 ♏ 13	15 ♑ 8	13 ♍ 24	28 ♑ 10	18 ♍ 2	4 ♋ 19	16 ♎ 24	18 R 11	7 ♏	19 ♎	22 ♍	20 ♑	10 ♐
22	28 ♏ 58	17 ♐ 7	14 ♈ 14	15 ♈ 54	28 ♏ 48	16 ♑ 8	13 ♍ 56	28 ♑ 20	18 ♍ 6	4 ♋ 18	16 ♎ 26	18 ♌ 11	7 ♏	20 ♎	22 ♍	21 ♑	10 ♐
23	29 ♏ 59	1 ♑ 35	14 ♈ 11	15 ♈ 46	0 ♐ 23	17 ♑ 8	14 ♍ 27	28 ♑ 30	18 ♍ 10	4 ♋ 16	16 ♎ 28	18 ♌ 11	8 ♏	20 ♎	23 ♍	21 ♑	11 ♐
24	1 ♐ 0	15 ♑ 38	14 ♈ 8	15 ♈ 39	1 ♐ 57	18 ♑ 8	14 ♍ 57	28 ♑ 41	18 ♍ 14	4 ♋ 14	16 ♎ 29	18 ♌ 11	8 ♏	20 ♎	23 ♍	22 ♑	11 ♐
25	2 ♐ 0	29 ♑ 13	14 ♈ 5	15 ♈ 33	3 ♐ 32	19 ♑ 7	15 ♍ 28	28 ♑ 51	18 ♍ 18	4 ♋ 12	16 ♎ 31	18 ♌ 11	9 ♏	21 ♎	23 ♍	22 ♑	11 ♐
26	3 ♐ 1	12 ♒ 20	14 ♈ 2	15 ♈ 29	5 ♐ 6	20 ♑ 6	15 ♍ 59	29 ♑ 2	18 ♍ 21	4 ♋ 9	16 ♎ 33	18 ♌ 11	9 ♏	21 ♎	24 ♍	23 ♑	11 ♐
27	4 ♐ 2	25 ♒ 1	13 ♈ 59	15 ♈ 27	6 ♐ 40	21 ♑ 5	16 ♍ 29	29 ♑ 13	18 ♍ 25	4 ♋ 7	16 ♎ 34	18 ♌ 11	10 ♏	22 ♎	24 ♍	23 ♑	11 ♐
28	5 ♐ 2	7 ♓ 22	13 ♈ 55	15 D 26	8 ♐ 14	22 ♑ 3	16 ♍ 59	29 ♑ 24	18 ♍ 29	4 ♋ 5	16 ♎ 36	18 ♌ 11	10 ♏	22 ♎	24 ♍	24 ♑	11 ♐
29	6 ♐ 3	19 ♓ 26	13 ♈ 52	15 ♈ 27	9 ♐ 48	23 ♑ 0	17 ♍ 29	29 ♑ 35	18 ♍ 32	4 ♋ 3	16 ♎ 38	18 ♌ 10	10 ♏	23 ♎	25 ♍	24 ♑	11 ♐
30	7 ♐ 4	1 ♈ 19	13 ♈ 49	15 ♈ 28	11 ♐ 22	23 ♑ 57	17 ♍ 59	29 ♑ 46	18 ♍ 35	4 ♋ 1	16 ♎ 39	18 ♌ 10	11 ♏	23 ♎	25 ♍	24 ♑	11 ♐

SUN INGRESS: ☉ → ♐ 23日 00:16

MOON PHASE: ○ 6日 06:09 ♉ ◑ 14日 00:48 ♌ ● 20日 16:29 ♏ ◐ 27日 19:01 ♓

aspects		
1日	05:24	☿□♃
4日	21:40	♂⚹♅
7日	01:03	☿△♅
8日	04:07	☿⚹♂
10日	08:32	☉⚹♄
10日	21:17	♀☍♅
11日	07:00	☉□♇
14日	23:28	☿⚹♄
15日	08:12	☿□♇
17日	13:02	♀△♂
21日	05:42	☉⚹♃
21日	16:01	☿⚹♃
22日	07:10	☉☌☿
22日	07:15	♀□♆
24日	02:33	♀△♄

1949年12月

DAY	☉	☽	☊ mean	☊ true	☿	♀	♂	♃	♄	♅	♆	♇	⚳	⚴	⚵	⚶	⚷
	° ′	° ′	° ′	° ′	° ′	° ′	° ′	° ′	° ′	° ′	° ′	° ′	°	°	°	°	°
1	8 ♐ 5	13 ♈ 7	13 ♈ 46	15 D 29	12 D 56	24 D 53	18 D 29	29 D 57	18 D 38	3 R 59	16 D 41	18 R 10	11 D	23 D	25 D	25 D	12 D
2	9 ♐ 6	24 ♈ 54	13 ♈ 43	15 R 29	14 ♐ 30	25 ♑ 49	18 ♍ 58	0 ♒ 8	18 ♍ 41	3 ♋ 56	16 ♎ 42	18 ♌ 9	12 ♏	24 ♎	25 ♍	25 ♑	12 ♐
3	10 ♐ 6	6 ♉ 44	13 ♈ 40	15 ♈ 26	16 ♐ 3	26 ♑ 44	19 ♍ 27	0 ♒ 20	18 ♍ 44	3 ♋ 54	16 ♎ 44	18 ♌ 9	12 ♏	24 ♎	26 ♍	26 ♑	12 ♐
4	11 ♐ 7	18 ♉ 40	13 ♈ 36	15 ♈ 21	17 ♐ 37	27 ♑ 39	19 ♍ 57	0 ♒ 31	18 ♍ 47	3 ♋ 52	16 ♎ 45	18 ♌ 9	13 ♏	25 ♎	26 ♍	26 ♑	12 ♐
5	12 ♐ 8	0 ♊ 46	13 ♈ 33	15 ♈ 14	19 ♐ 10	28 ♑ 33	20 ♍ 26	0 ♒ 43	18 ♍ 50	3 ♋ 49	16 ♎ 47	18 ♌ 8	13 ♏	25 ♎	26 ♍	27 ♑	12 ♐
6	13 ♐ 9	13 ♊ 3	13 ♈ 30	15 ♈ 4	20 ♐ 44	29 ♑ 26	20 ♍ 54	0 ♒ 55	18 ♍ 53	3 ♋ 47	16 ♎ 48	18 ♌ 8	13 ♏	25 ♎	27 ♍	27 ♑	12 ♐
7	14 ♐ 10	25 ♊ 31	13 ♈ 27	14 ♈ 53	22 ♐ 17	0 ♒ 19	21 ♍ 23	1 ♒ 6	18 ♍ 55	3 ♋ 45	16 ♎ 50	18 ♌ 7	14 ♏	26 ♎	27 ♍	28 ♑	12 ♐
8	15 ♐ 11	8 ♋ 11	13 ♈ 24	14 ♈ 41	23 ♐ 51	1 ♒ 11	21 ♍ 51	1 ♒ 18	18 ♍ 58	3 ♋ 42	16 ♎ 51	18 ♌ 7	14 ♏	26 ♎	27 ♍	28 ♑	12 ♐
9	16 ♐ 12	21 ♋ 3	13 ♈ 20	14 ♈ 30	25 ♐ 25	2 ♒ 2	22 ♍ 20	1 ♒ 30	19 ♍ 0	3 ♋ 40	16 ♎ 52	18 ♌ 6	15 ♏	27 ♎	27 ♍	29 ♑	13 ♐
10	17 ♐ 13	4 ♌ 7	13 ♈ 17	14 ♈ 21	26 ♐ 58	2 ♒ 53	22 ♍ 48	1 ♒ 42	19 ♍ 3	3 ♋ 37	16 ♎ 54	18 ♌ 6	15 ♏	27 ♎	28 ♍	29 ♑	13 ♐
11	18 ♐ 14	17 ♌ 22	13 ♈ 14	14 ♈ 15	28 ♐ 31	3 ♒ 42	23 ♍ 16	1 ♒ 54	19 ♍ 5	3 ♋ 35	16 ♎ 55	18 ♌ 5	15 ♏	27 ♎	28 ♍	0 ♒	13 ♐
12	19 ♐ 15	0 ♍ 50	13 ♈ 11	14 ♈ 11	0 ♑ 5	4 ♒ 31	23 ♍ 43	2 ♒ 6	19 ♍ 7	3 ♋ 33	16 ♎ 56	18 ♌ 5	16 ♏	28 ♎	28 ♍	0 ♒	13 ♐
13	20 ♐ 16	14 ♍ 30	13 ♈ 8	14 ♈ 9	1 ♑ 38	5 ♒ 19	24 ♍ 11	2 ♒ 19	19 ♍ 9	3 ♋ 30	16 ♎ 58	18 ♌ 4	16 ♏	28 ♎	28 ♍	1 ♒	13 ♐
14	21 ♐ 17	28 ♍ 23	13 ♈ 5	14 D 9	3 ♑ 11	6 ♒ 6	24 ♍ 38	2 ♒ 31	19 ♍ 11	3 ♋ 28	16 ♎ 59	18 ♌ 3	17 ♏	29 ♎	29 ♍	1 ♒	13 ♐
15	22 ♐ 18	12 ♎ 30	13 ♈ 1	14 ♈ 10	4 ♑ 45	6 ♒ 52	25 ♍ 5	2 ♒ 43	19 ♍ 13	3 ♋ 25	17 ♎ 0	18 ♌ 3	17 ♏	29 ♎	29 ♍	2 ♒	13 ♐
16	23 ♐ 19	26 ♎ 51	12 ♈ 58	14 R 9	6 ♑ 18	7 ♒ 37	25 ♍ 32	2 ♒ 56	19 ♍ 14	3 ♋ 23	17 ♎ 1	18 ♌ 2	18 ♏	29 ♎	29 ♍	2 ♒	13 ♐
17	24 ♐ 20	11 ♏ 22	12 ♈ 55	14 ♈ 6	7 ♑ 50	8 ♒ 22	25 ♍ 58	3 ♒ 9	19 ♍ 16	3 ♋ 20	17 ♎ 2	18 ♌ 1	18 ♏	0 ♏	29 ♍	3 ♒	13 ♐
18	25 ♐ 21	26 ♏ 0	12 ♈ 52	14 ♈ 1	9 ♑ 23	9 ♒ 5	26 ♍ 24	3 ♒ 21	19 ♍ 17	3 ♋ 17	17 ♎ 3	18 ♌ 1	18 ♏	0 ♏	29 ♍	3 ♒	14 ♐
19	26 ♐ 22	10 ♐ 39	12 ♈ 49	13 ♈ 53	10 ♑ 55	9 ♒ 47	26 ♍ 50	3 ♒ 34	19 ♍ 19	3 ♋ 15	17 ♎ 4	18 ♌ 0	19 ♏	0 ♏	0 ♎	4 ♒	14 ♐
20	27 ♐ 23	25 ♐ 12	12 ♈ 46	13 ♈ 42	12 ♑ 27	10 ♒ 28	27 ♍ 16	3 ♒ 47	19 ♍ 20	3 ♋ 12	17 ♎ 5	17 ♌ 59	19 ♏	1 ♏	0 ♎	4 ♒	14 ♐
21	28 ♐ 24	9 ♑ 30	12 ♈ 42	13 ♈ 30	13 ♑ 58	11 ♒ 7	27 ♍ 42	4 ♒ 0	19 ♍ 21	3 ♋ 10	17 ♎ 6	17 ♌ 58	20 ♏	1 ♏	0 ♎	5 ♒	14 ♐
22	29 ♐ 25	23 ♑ 29	12 ♈ 39	13 ♈ 18	15 ♑ 28	11 ♒ 46	28 ♍ 7	4 ♒ 12	19 ♍ 22	3 ♋ 7	17 ♎ 7	17 ♌ 57	20 ♏	2 ♏	0 ♎	5 ♒	14 ♐
23	0 ♑ 27	7 ♒ 4	12 ♈ 36	13 ♈ 7	16 ♑ 58	12 ♒ 23	28 ♍ 32	4 ♒ 25	19 ♍ 23	3 ♋ 5	17 ♎ 8	17 ♌ 57	20 ♏	2 ♏	1 ♎	6 ♒	14 ♐
24	1 ♑ 28	20 ♒ 13	12 ♈ 33	12 ♈ 58	18 ♑ 27	12 ♒ 59	28 ♍ 57	4 ♒ 38	19 ♍ 24	3 ♋ 2	17 ♎ 9	17 ♌ 56	21 ♏	2 ♏	1 ♎	6 ♒	14 ♐
25	2 ♑ 29	2 ♓ 58	12 ♈ 30	12 ♈ 52	19 ♑ 54	13 ♒ 33	29 ♍ 21	4 ♒ 52	19 ♍ 24	2 ♋ 59	17 ♎ 10	17 ♌ 55	21 ♏	3 ♏	1 ♎	7 ♒	14 ♐
26	3 ♑ 30	15 ♓ 21	12 ♈ 26	12 ♈ 49	21 ♑ 20	14 ♒ 6	29 ♍ 45	5 ♒ 5	19 ♍ 25	2 ♋ 57	17 ♎ 11	17 ♌ 54	22 ♏	3 ♏	1 ♎	7 ♒	15 ♐
27	4 ♑ 31	27 ♓ 28	12 ♈ 23	12 ♈ 48	22 ♑ 44	14 ♒ 38	0 ♎ 9	5 ♒ 18	19 ♍ 25	2 ♋ 54	17 ♎ 12	17 ♌ 53	22 ♏	3 ♏	1 ♎	8 ♒	15 ♐
28	5 ♑ 32	9 ♈ 22	12 ♈ 20	12 D 48	24 ♑ 5	15 ♒ 8	0 ♎ 33	5 ♒ 31	19 ♍ 26	2 ♋ 52	17 ♎ 12	17 ♌ 52	22 ♏	4 ♏	1 ♎	8 ♒	15 ♐
29	6 ♑ 33	21 ♈ 10	12 ♈ 17	12 R 47	25 ♑ 25	15 ♒ 36	0 ♎ 56	5 ♒ 44	19 ♍ 26	2 ♋ 49	17 ♎ 13	17 ♌ 51	23 ♏	4 ♏	2 ♎	9 ♒	15 ♐
30	7 ♑ 35	2 ♉ 58	12 ♈ 14	12 ♈ 46	26 ♑ 41	16 ♒ 3	1 ♎ 19	5 ♒ 58	19 ♍ 26	2 ♋ 47	17 ♎ 14	17 ♌ 50	23 ♏	5 ♏	2 ♎	9 ♒	15 ♐
31	8 ♑ 36	14 ♉ 50	12 ♈ 11	12 ♈ 43	27 ♑ 53	16 ♒ 27	1 ♎ 42	6 ♒ 11	19 R 26	2 ♋ 44	17 ♎ 15	17 ♌ 49	24 ♏	5 ♏	2 ♎	10 ♒	15 ♐

SUN INGRESS: ☉ → ♑ 22日 13:23

MOON PHASE: ○ 6日 00:13 ♊ ◑ 13日 10:48 ♍ ● 20日 03:56 ♐ ◐ 27日 15:31 ♈

aspects		
1日	08:52	♂☌♄
3日	10:36	☿⚹♆
4日	08:09	☿△♇
4日	18:40	☿□♄
6日	03:53	☿□♂
8日	04:26	♀☌♃
9日	16:23	☉⚹♆
10日	20:46	☉△♇
11日	20:53	☉□♄
14日	04:02	☿☍♅
19日	19:13	☉□♂
23日	02:48	☿□♆
24日	15:44	☿△♄
25日	11:32	☉☍♅

1950年1月

DAY	☉	☽	☊ mean	☊ true	☿	♀	♂	♃	♄	♅	♆	♇	⚳	⚴	⚵	⚶	⚷
	° ′	° ′	° ′	° ′	° ′	° ′	° ′	° ′	° ′	° ′	° ′	° ′	°	°	°	°	°
1	9 ♑ 37	26 ♉ 51	12 ♈ 7	12 R 36	29 D 2	16 D 50	2 D 4	6 D 25	19 R 26	2 R 41	17 D 15	17 R 48	24 D	5 D	2 D	10 D	15 D
2	10 ♑ 38	9 ♊ 5	12 ♈ 4	12 ♈ 27	0 ♒ 5	17 ♒ 11	2 ♎ 26	6 ♒ 38	19 ♍ 26	2 ♋ 39	17 ♎ 16	17 ♌ 47	24 ♏	6 ♏	2 ♎	11 ♒	15 ♐
3	11 ♑ 39	21 ♊ 33	12 ♈ 1	12 ♈ 15	1 ♒ 3	17 ♒ 30	2 ♎ 48	6 ♒ 52	19 ♍ 25	2 ♋ 36	17 ♎ 16	17 ♌ 46	25 ♏	6 ♏	2 ♎	11 ♒	15 ♐
4	12 ♑ 40	4 ♋ 18	11 ♈ 58	12 ♈ 2	1 ♒ 55	17 ♒ 47	3 ♎ 9	7 ♒ 5	19 ♍ 25	2 ♋ 34	17 ♎ 17	17 ♌ 45	25 ♏	6 ♏	3 ♎	12 ♒	16 ♐
5	13 ♑ 41	17 ♋ 19	11 ♈ 55	11 ♈ 48	2 ♒ 39	18 ♒ 2	3 ♎ 30	7 ♒ 19	19 ♍ 24	2 ♋ 31	17 ♎ 17	17 ♌ 43	26 ♏	7 ♏	3 ♎	12 ♒	16 ♐
6	14 ♑ 43	0 ♌ 34	11 ♈ 52	11 ♈ 35	3 ♒ 16	18 ♒ 15	3 ♎ 51	7 ♒ 33	19 ♍ 24	2 ♋ 29	17 ♎ 18	17 ♌ 42	26 ♏	7 ♏	3 ♎	13 ♒	16 ♐
7	15 ♑ 44	14 ♌ 2	11 ♈ 48	11 ♈ 23	3 ♒ 43	18 ♒ 25	4 ♎ 11	7 ♒ 47	19 ♍ 23	2 ♋ 26	17 ♎ 18	17 ♌ 41	26 ♏	7 ♏	3 ♎	13 ♒	16 ♐
8	16 ♑ 45	27 ♌ 39	11 ♈ 45	11 ♈ 15	4 ♒ 0	18 ♒ 33	4 ♎ 31	8 ♒ 0	19 ♍ 22	2 ♋ 24	17 ♎ 19	17 ♌ 40	27 ♏	8 ♏	3 ♎	14 ♒	16 ♐
9	17 ♑ 46	11 ♍ 24	11 ♈ 42	11 ♈ 10	4 ♒ 7	18 ♒ 39	4 ♎ 51	8 ♒ 14	19 ♍ 21	2 ♋ 21	17 ♎ 19	17 ♌ 39	27 ♏	8 ♏	3 ♎	14 ♒	16 ♐
10	18 ♑ 47	25 ♍ 16	11 ♈ 39	11 ♈ 7	4 R 2	18 ♒ 43	5 ♎ 10	8 ♒ 28	19 ♍ 20	2 ♋ 19	17 ♎ 19	17 ♌ 38	28 ♏	8 ♏	3 ♎	15 ♒	16 ♐
11	19 ♑ 48	9 ♎ 13	11 ♈ 36	11 ♈ 6	3 ♒ 45	18 R 44	5 ♎ 28	8 ♒ 42	19 ♍ 19	2 ♋ 16	17 ♎ 20	17 ♌ 36	28 ♏	9 ♏	3 ♎	15 ♒	16 ♐
12	20 ♑ 49	23 ♎ 16	11 ♈ 32	11 ♈ 6	3 ♒ 17	18 ♒ 43	5 ♎ 47	8 ♒ 56	19 ♍ 17	2 ♋ 14	17 ♎ 20	17 ♌ 35	28 ♏	9 ♏	3 ♎	16 ♒	16 ♐
13	21 ♑ 51	7 ♏ 22	11 ♈ 29	11 ♈ 6	2 ♒ 37	18 ♒ 39	6 ♎ 5	9 ♒ 10	19 ♍ 16	2 ♋ 12	17 ♎ 20	17 ♌ 34	29 ♏	9 ♏	3 ♎	16 ♒	17 ♐
14	22 ♑ 52	21 ♏ 33	11 ♈ 26	11 ♈ 3	1 ♒ 46	18 ♒ 32	6 ♎ 22	9 ♒ 24	19 ♍ 15	2 ♋ 9	17 ♎ 20	17 ♌ 33	29 ♏	10 ♏	4 ♎	17 ♒	17 ♐
15	23 ♑ 53	5 ♐ 45	11 ♈ 23	10 ♈ 58	0 ♒ 46	18 ♒ 23	6 ♎ 40	9 ♒ 38	19 ♍ 13	2 ♋ 7	17 ♎ 21	17 ♌ 31	29 ♏	10 ♏	4 ♎	17 ♒	17 ♐
16	24 ♑ 54	19 ♐ 56	11 ♈ 20	10 ♈ 49	29 ♑ 38	18 ♒ 12	6 ♎ 56	9 ♒ 52	19 ♍ 11	2 ♋ 5	17 ♎ 21	17 ♌ 30	0 ♐	10 ♏	4 ♎	18 ♒	17 ♐
17	25 ♑ 55	4 ♑ 2	11 ♈ 17	10 ♈ 38	28 ♑ 24	17 ♒ 58	7 ♎ 12	10 ♒ 6	19 ♍ 9	2 ♋ 2	17 ♎ 21	17 ♌ 29	0 ♐	10 ♏	4 ♎	18 ♒	17 ♐
18	26 ♑ 56	17 ♑ 57	11 ♈ 13	10 ♈ 26	27 ♑ 7	17 ♒ 42	7 ♎ 28	10 ♒ 20	19 ♍ 7	2 ♋ 0	17 ♎ 21	17 ♌ 27	0 ♐	11 ♏	4 ♎	19 ♒	17 ♐
19	27 ♑ 57	1 ♒ 37	11 ♈ 10	10 ♈ 14	25 ♑ 48	17 ♒ 23	7 ♎ 43	10 ♒ 34	19 ♍ 5	1 ♋ 58	17 ♎ 21	17 ♌ 26	1 ♐	11 ♏	4 ♎	19 ♒	17 ♐
20	28 ♑ 58	14 ♒ 59	11 ♈ 7	10 ♈ 2	24 ♑ 31	17 ♒ 2	7 ♎ 58	10 ♒ 48	19 ♍ 3	1 ♋ 55	17 R 21	17 ♌ 25	1 ♐	11 ♏	4 ♎	20 ♒	17 ♐
21	0 ♒ 0	28 ♒ 1	11 ♈ 4	9 ♈ 53	23 ♑ 18	16 ♒ 39	8 ♎ 13	11 ♒ 2	19 ♍ 1	1 ♋ 53	17 ♎ 21	17 ♌ 23	2 ♐	12 ♏	4 ♎	20 ♒	17 ♐
22	1 ♒ 1	10 ♓ 43	11 ♈ 1	9 ♈ 47	22 ♑ 10	16 ♒ 14	8 ♎ 26	11 ♒ 17	18 ♍ 59	1 ♋ 51	17 ♎ 21	17 ♌ 22	2 ♐	12 ♏	4 ♎	21 ♒	17 ♐
23	2 ♒ 2	23 ♓ 5	10 ♈ 58	9 ♈ 43	21 ♑ 9	15 ♒ 46	8 ♎ 40	11 ♒ 31	18 ♍ 56	1 ♋ 49	17 ♎ 21	17 ♌ 21	2 ♐	12 ♏	4 ♎	21 ♒	18 ♐
24	3 ♒ 3	5 ♈ 12	10 ♈ 54	9 ♈ 42	20 ♑ 16	15 ♒ 17	8 ♎ 52	11 ♒ 45	18 ♍ 54	1 ♋ 47	17 ♎ 21	17 ♌ 19	3 ♐	13 ♏	4 ♎	22 ♒	18 ♐
25	4 ♒ 4	17 ♈ 8	10 ♈ 51	9 D 42	19 ♑ 32	14 ♒ 45	9 ♎ 5	11 ♒ 59	18 ♍ 51	1 ♋ 45	17 ♎ 20	17 ♌ 18	3 ♐	13 ♏	4 R	22 ♒	18 ♐
26	5 ♒ 5	28 ♈ 57	10 ♈ 48	9 ♈ 42	18 ♑ 57	14 ♒ 13	9 ♎ 16	12 ♒ 13	18 ♍ 48	1 ♋ 43	17 ♎ 20	17 ♌ 16	3 ♐	13 ♏	4 ♎	23 ♒	18 ♐
27	6 ♒ 6	10 ♉ 45	10 ♈ 45	9 R 42	18 ♑ 30	13 ♒ 39	9 ♎ 27	12 ♒ 28	18 ♍ 46	1 ♋ 41	17 ♎ 20	17 ♌ 15	4 ♐	13 ♏	4 ♎	23 ♒	18 ♐
28	7 ♒ 7	22 ♉ 38	10 ♈ 42	9 ♈ 41	18 ♑ 13	13 ♒ 4	9 ♎ 38	12 ♒ 42	18 ♍ 43	1 ♋ 39	17 ♎ 20	17 ♌ 14	4 ♐	14 ♏	4 ♎	24 ♒	18 ♐
29	8 ♒ 8	4 ♊ 41	10 ♈ 38	9 ♈ 37	18 ♑ 4	12 ♒ 27	9 ♎ 48	12 ♒ 56	18 ♍ 40	1 ♋ 37	17 ♎ 19	17 ♌ 12	4 ♐	14 ♏	4 ♎	24 ♒	18 ♐
30	9 ♒ 9	16 ♊ 58	10 ♈ 35	9 ♈ 31	18 D 4	11 ♒ 51	9 ♎ 57	13 ♒ 11	18 ♍ 37	1 ♋ 35	17 ♎ 19	17 ♌ 11	5 ♐	14 ♏	4 ♎	25 ♒	18 ♐
31	10 ♒ 10	29 ♊ 33	10 ♈ 32	9 ♈ 23	18 ♑ 11	11 ♒ 14	10 ♎ 6	13 ♒ 25	18 ♍ 34	1 ♋ 33	17 ♎ 19	17 ♌ 9	5 ♐	14 ♏	4 ♎	25 ♒	18 ♐

SUN INGRESS	☉ → ♒ 21日 00:00
MOON PHASE	○ 4日 16:48 ♋　◑ 11日 19:31 ♎　● 18日 17:00 ♑　◐ 26日 13:39 ♉

aspects

2日	05:50	♀△♆
2日	12:47	♂□♅
3日	20:19	♀☍♇
8日	13:24	☉□♆
10日	12:39	☉△♄
18日	01:48	☉☌☿
18日	20:32	♀☍♇
19日	02:53	♀△♆
22日	21:53	♆⚹♇
26日	07:25	☿△♄
28日	10:19	♀☌♃
30日	22:29	☉△♂
31日	15:40	☉☌♀

1950年2月

DAY	☉	☽	☊ mean	☊ true	☿	♀	♂	♃	♄	♅	♆	♇	⚳	⚴	⚵	⚶	⚷
	° ′	° ′	° ′	° ′	° ′	° ′	° ′	° ′	° ′	° ′	° ′	° ′	°	°	°	°	°
1	11 ♒ 10	12 ♋ 28	10 ♈ 29	9 R 13	18 D 24	10 R 36	10 D 14	13 D 39	18 R 30	1 R 31	17 R 18	17 R 8	5 D	15 D	4 R	26 D	18 D
2	12 ♒ 11	25 ♋ 45	10 ♈ 26	9 ♈ 3	18 ♑ 45	9 ♒ 59	10 ♎ 22	13 ♒ 53	18 ♍ 27	1 ♋ 29	17 ♎ 18	17 ♌ 6	6 ♐	15 ♏	4 ♎	26 ♒	19 ♐
3	13 ♒ 12	9 ♌ 20	10 ♈ 23	8 ♈ 53	19 ♑ 11	9 ♒ 23	10 ♎ 29	14 ♒ 8	18 ♍ 24	1 ♋ 28	17 ♎ 17	17 ♌ 5	6 ♐	15 ♏	4 ♎	27 ♒	19 ♐
4	14 ♒ 13	23 ♌ 12	10 ♈ 19	8 ♈ 44	19 ♑ 43	8 ♒ 46	10 ♎ 35	14 ♒ 22	18 ♍ 20	1 ♋ 26	17 ♎ 17	17 ♌ 4	6 ♐	15 ♏	3 ♎	27 ♒	19 ♐
5	15 ♒ 14	7 ♍ 17	10 ♈ 16	8 ♈ 38	20 ♑ 20	8 ♒ 11	10 ♎ 41	14 ♒ 36	18 ♍ 17	1 ♋ 24	17 ♎ 16	17 ♌ 2	7 ♐	16 ♏	3 ♎	28 ♒	19 ♐
6	16 ♒ 15	21 ♍ 29	10 ♈ 13	8 ♈ 34	21 ♑ 2	7 ♒ 37	10 ♎ 46	14 ♒ 51	18 ♍ 13	1 ♋ 23	17 ♎ 16	17 ♌ 1	7 ♐	16 ♏	3 ♎	28 ♒	19 ♐
7	17 ♒ 15	5 ♎ 45	10 ♈ 10	8 ♈ 33	21 ♑ 48	7 ♒ 4	10 ♎ 50	15 ♒ 5	18 ♍ 9	1 ♋ 21	17 ♎ 15	16 ♌ 59	7 ♐	16 ♏	3 ♎	29 ♒	19 ♐
8	18 ♒ 16	20 ♎ 1	10 ♈ 7	8 D 33	22 ♑ 37	6 ♒ 33	10 ♎ 54	15 ♒ 19	18 ♍ 5	1 ♋ 19	17 ♎ 14	16 ♌ 58	8 ♐	16 ♏	3 ♎	29 ♒	19 ♐
9	19 ♒ 17	4 ♏ 14	10 ♈ 4	8 ♈ 34	23 ♑ 30	6 ♒ 4	10 ♎ 57	15 ♒ 34	18 ♍ 2	1 ♋ 18	17 ♎ 14	16 ♌ 56	8 ♐	16 ♏	3 ♎	0 ♓	19 ♐
10	20 ♒ 18	18 ♏ 22	10 ♈ 0	8 ♈ 35	24 ♑ 26	5 ♒ 36	10 ♎ 59	15 ♒ 48	17 ♍ 58	1 ♋ 17	17 ♎ 13	16 ♌ 55	8 ♐	17 ♏	3 ♎	0 ♓	19 ♐
11	21 ♒ 18	2 ♐ 25	9 ♈ 57	8 R 34	25 ♑ 26	5 ♒ 11	11 ♎ 1	16 ♒ 2	17 ♍ 54	1 ♋ 15	17 ♎ 12	16 ♌ 54	9 ♐	17 ♏	3 ♎	1 ♓	19 ♐
12	22 ♒ 19	16 ♐ 20	9 ♈ 54	8 ♈ 32	26 ♑ 27	4 ♒ 48	11 ♎ 2	16 ♒ 17	17 ♍ 50	1 ♋ 14	17 ♎ 11	16 ♌ 52	9 ♐	17 ♏	3 ♎	1 ♓	19 ♐
13	23 ♒ 20	0 ♑ 8	9 ♈ 51	8 ♈ 27	27 ♑ 32	4 ♒ 27	11 R 2	16 ♒ 31	17 ♍ 46	1 ♋ 12	17 ♎ 11	16 ♌ 51	9 ♐	17 ♏	3 ♎	2 ♓	19 ♐
14	24 ♒ 20	13 ♑ 47	9 ♈ 48	8 ♈ 21	28 ♑ 38	4 ♒ 8	11 ♎ 1	16 ♒ 45	17 ♍ 42	1 ♋ 11	17 ♎ 10	16 ♌ 49	9 ♐	17 ♏	2 ♎	2 ♓	19 ♐
15	25 ♒ 21	27 ♑ 14	9 ♈ 44	8 ♈ 13	29 ♑ 47	3 ♒ 52	11 ♎ 0	16 ♒ 59	17 ♍ 37	1 ♋ 10	17 ♎ 9	16 ♌ 48	10 ♐	18 ♏	2 ♎	3 ♓	20 ♐
16	26 ♒ 22	10 ♒ 29	9 ♈ 41	8 ♈ 6	0 ♒ 58	3 ♒ 38	10 ♎ 58	17 ♒ 14	17 ♍ 33	1 ♋ 9	17 ♎ 8	16 ♌ 46	10 ♐	18 ♏	2 ♎	3 ♓	20 ♐
17	27 ♒ 22	23 ♒ 29	9 ♈ 38	7 ♈ 59	2 ♒ 11	3 ♒ 27	10 ♎ 55	17 ♒ 28	17 ♍ 29	1 ♋ 8	17 ♎ 7	16 ♌ 45	10 ♐	18 ♏	2 ♎	4 ♓	20 ♐
18	28 ♒ 23	6 ♓ 14	9 ♈ 35	7 ♈ 53	3 ♒ 25	3 ♒ 18	10 ♎ 51	17 ♒ 42	17 ♍ 24	1 ♋ 7	17 ♎ 6	16 ♌ 44	11 ♐	18 ♏	2 ♎	4 ♓	20 ♐
19	29 ♒ 23	18 ♓ 44	9 ♈ 32	7 ♈ 49	4 ♒ 41	3 ♒ 11	10 ♎ 46	17 ♒ 56	17 ♍ 20	1 ♋ 6	17 ♎ 5	16 ♌ 42	11 ♐	18 ♏	2 ♎	5 ♓	20 ♐
20	0 ♓ 24	1 ♈ 0	9 ♈ 29	7 ♈ 47	5 ♒ 59	3 ♒ 7	10 ♎ 41	18 ♒ 10	17 ♍ 16	1 ♋ 5	17 ♎ 4	16 ♌ 41	11 ♐	18 ♏	1 ♎	5 ♓	20 ♐
21	1 ♓ 24	13 ♈ 4	9 ♈ 25	7 D 47	7 ♒ 18	3 ♒ 6	10 ♎ 35	18 ♒ 25	17 ♍ 11	1 ♋ 4	17 ♎ 3	16 ♌ 39	11 ♐	19 ♏	1 ♎	6 ♓	20 ♐
22	2 ♓ 25	24 ♈ 58	9 ♈ 22	7 ♈ 49	8 ♒ 38	3 D 7	10 ♎ 28	18 ♒ 39	17 ♍ 6	1 ♋ 3	17 ♎ 2	16 ♌ 38	12 ♐	19 ♏	1 ♎	6 ♓	20 ♐
23	3 ♓ 25	6 ♉ 47	9 ♈ 19	7 ♈ 50	10 ♒ 0	3 ♒ 10	10 ♎ 21	18 ♒ 53	17 ♍ 2	1 ♋ 2	17 ♎ 1	16 ♌ 37	12 ♐	19 ♏	1 ♎	7 ♓	20 ♐
24	4 ♓ 26	18 ♉ 35	9 ♈ 16	7 ♈ 52	11 ♒ 23	3 ♒ 15	10 ♎ 12	19 ♒ 7	16 ♍ 57	1 ♋ 1	17 ♎ 0	16 ♌ 35	12 ♐	19 ♏	1 ♎	7 ♓	20 ♐
25	5 ♓ 26	0 ♊ 28	9 ♈ 13	7 ♈ 53	12 ♒ 47	3 ♒ 23	10 ♎ 3	19 ♒ 21	16 ♍ 53	1 ♋ 0	16 ♎ 59	16 ♌ 34	12 ♐	19 ♏	0 ♎	8 ♓	20 ♐
26	6 ♓ 26	12 ♊ 30	9 ♈ 10	7 R 53	14 ♒ 13	3 ♒ 33	9 ♎ 53	19 ♒ 35	16 ♍ 48	1 ♋ 0	16 ♎ 58	16 ♌ 33	13 ♐	19 ♏	0 ♎	8 ♓	20 ♐
27	7 ♓ 27	24 ♊ 46	9 ♈ 6	7 ♈ 52	15 ♒ 39	3 ♒ 46	9 ♎ 42	19 ♒ 49	16 ♍ 43	0 ♋ 59	16 ♎ 57	16 ♌ 31	13 ♐	19 ♏	0 ♎	9 ♓	20 ♐
28	8 ♓ 27	7 ♋ 21	9 ♈ 3	7 ♈ 49	17 ♒ 7	4 ♒ 0	9 ♎ 31	20 ♒ 3	16 ♍ 39	0 ♋ 59	16 ♎ 56	16 ♌ 30	13 ♐	19 ♏	0 ♎	9 ♓	20 ♐

SUN INGRESS	☉ → ♓ 19日 14:17
MOON PHASE	○ 3日 07:16 ♌　◑ 10日 03:32 ♏　● 17日 07:53 ♒　◐ 25日 10:52 ♊

aspects

1日	06:32	☿△♄
1日	11:42	♀△♂
4日	04:41	☉☌♃
6日	17:47	☉☍♇
6日	23:49	☉△♆
14日	06:20	♃☍♇
15日	15:16	♃△♆
17日	21:52	☿☌♀
20日	15:51	☉△♅
23日	05:30	☿△♂
27日	13:58	☿☍♇
27日	20:50	☿△♆

1950年3月

DAY	☉	☽	☊ mean	☊ true	☿	♀	♂	♃	♄	♅	♆	♇	⚳	⚴	⚵	⚶	⚷
	° ′	° ′	° ′	° ′	° ′	° ′	° ′	° ′	° ′	° ′	° ′	° ′	°	°	°	°	°
1	9 ♓ 27	20 ♋ 18	9 ♈ 0	7 R 45	18 D 36	4 D 16	9 R 19	20 D 17	16 R 34	0 R 58	16 R 54	16 R 29	13 D	19 D	0 R	10 D	20 D
2	10 ♓ 28	3 ♌ 39	8 ♈ 57	7 ♈ 41	20 ♒ 7	4 ♒ 35	9 ♎ 6	20 ♒ 31	16 ♍ 29	0 ♋ 58	16 ♎ 53	16 ♌ 27	14 ♐	19 ♏	29 ♍	10 ♓	20 ♐
3	11 ♓ 28	17 ♌ 24	8 ♈ 54	7 ♈ 37	21 ♒ 38	4 ♒ 55	8 ♎ 52	20 ♒ 45	16 ♍ 24	0 ♋ 57	16 ♎ 52	16 ♌ 26	14 ♐	20 ♏	29 ♍	10 ♓	20 ♐
4	12 ♓ 28	1 ♍ 32	8 ♈ 50	7 ♈ 33	23 ♒ 10	5 ♒ 17	8 ♎ 37	20 ♒ 59	16 ♍ 20	0 ♋ 57	16 ♎ 51	16 ♌ 25	14 ♐	20 ♏	29 ♍	11 ♓	21 ♐
5	13 ♓ 28	15 ♍ 58	8 ♈ 47	7 ♈ 31	24 ♒ 44	5 ♒ 41	8 ♎ 22	21 ♒ 12	16 ♍ 15	0 ♋ 56	16 ♎ 49	16 ♌ 23	14 ♐	20 ♏	29 ♍	11 ♓	21 ♐
6	14 ♓ 28	0 ♎ 36	8 ♈ 44	7 ♈ 29	26 ♒ 18	6 ♒ 7	8 ♎ 6	21 ♒ 26	16 ♍ 10	0 ♋ 56	16 ♎ 48	16 ♌ 22	15 ♐	20 ♏	28 ♍	12 ♓	21 ♐
7	15 ♓ 28	15 ♎ 20	8 ♈ 41	7 D 29	27 ♒ 54	6 ♒ 34	7 ♎ 50	21 ♒ 40	16 ♍ 5	0 ♋ 56	16 ♎ 47	16 ♌ 21	15 ♐	20 ♏	28 ♍	12 ♓	21 ♐
8	16 ♓ 28	0 ♏ 2	8 ♈ 38	7 ♈ 30	29 ♒ 31	7 ♒ 3	7 ♎ 33	21 ♒ 54	16 ♍ 1	0 ♋ 56	16 ♎ 45	16 ♌ 20	15 ♐	20 ♏	28 ♍	13 ♓	21 ♐
9	17 ♓ 28	14 ♏ 38	8 ♈ 35	7 ♈ 32	1 ♓ 9	7 ♒ 34	7 ♎ 15	22 ♒ 7	15 ♍ 56	0 ♋ 56	16 ♎ 44	16 ♌ 19	15 ♐	20 ♏	28 ♍	13 ♓	21 ♐
10	18 ♓ 28	29 ♏ 2	8 ♈ 31	7 ♈ 33	2 ♓ 48	8 ♒ 6	6 ♎ 57	22 ♒ 21	15 ♍ 51	0 ♋ 56	16 ♎ 42	16 ♌ 17	15 ♐	20 ♏	28 ♍	14 ♓	21 ♐
11	19 ♓ 28	13 ♐ 11	8 ♈ 28	7 ♈ 34	4 ♓ 28	8 ♒ 39	6 ♎ 38	22 ♒ 34	15 ♍ 46	0 D 56	16 ♎ 41	16 ♌ 16	16 ♐	20 ♏	27 ♍	14 ♓	21 ♐
12	20 ♓ 28	27 ♐ 4	8 ♈ 25	7 R 34	6 ♓ 9	9 ♒ 14	6 ♎ 18	22 ♒ 48	15 ♍ 41	0 ♋ 56	16 ♎ 40	16 ♌ 15	16 ♐	20 ♏	27 ♍	15 ♓	21 ♐
13	21 ♓ 28	10 ♑ 41	8 ♈ 22	7 ♈ 33	7 ♓ 52	9 ♒ 50	5 ♎ 58	23 ♒ 1	15 ♍ 37	0 ♋ 56	16 ♎ 38	16 ♌ 14	16 ♐	20 R	27 ♍	15 ♓	21 ♐
14	22 ♓ 28	24 ♑ 2	8 ♈ 19	7 ♈ 31	9 ♓ 35	10 ♒ 28	5 ♎ 37	23 ♒ 15	15 ♍ 32	0 ♋ 56	16 ♎ 37	16 ♌ 13	16 ♐	20 ♏	27 ♍	16 ♓	21 ♐
15	23 ♓ 27	7 ♒ 7	8 ♈ 16	7 ♈ 29	11 ♓ 20	11 ♒ 6	5 ♎ 16	23 ♒ 28	15 ♍ 27	0 ♋ 56	16 ♎ 35	16 ♌ 12	16 ♐	20 ♏	26 ♍	16 ♓	21 ♐
16	24 ♓ 27	19 ♒ 59	8 ♈ 12	7 ♈ 27	13 ♓ 6	11 ♒ 46	4 ♎ 55	23 ♒ 42	15 ♍ 22	0 ♋ 57	16 ♎ 34	16 ♌ 11	17 ♐	20 ♏	26 ♍	17 ♓	21 ♐
17	25 ♓ 27	2 ♓ 37	8 ♈ 9	7 ♈ 26	14 ♓ 53	12 ♒ 27	4 ♎ 33	23 ♒ 55	15 ♍ 18	0 ♋ 57	16 ♎ 32	16 ♌ 10	17 ♐	20 ♏	26 ♍	17 ♓	21 ♐
18	26 ♓ 27	15 ♓ 2	8 ♈ 6	7 ♈ 24	16 ♓ 42	13 ♒ 9	4 ♎ 11	24 ♒ 8	15 ♍ 13	0 ♋ 57	16 ♎ 31	16 ♌ 8	17 ♐	20 ♏	26 ♍	18 ♓	21 ♐
19	27 ♓ 26	27 ♓ 17	8 ♈ 3	7 ♈ 24	18 ♓ 32	13 ♒ 52	3 ♎ 48	24 ♒ 21	15 ♍ 8	0 ♋ 58	16 ♎ 29	16 ♌ 7	17 ♐	20 ♏	25 ♍	18 ♓	21 ♐
20	28 ♓ 26	9 ♈ 22	8 ♈ 0	7 D 23	20 ♓ 22	14 ♒ 36	3 ♎ 25	24 ♒ 34	15 ♍ 4	0 ♋ 58	16 ♎ 28	16 ♌ 6	17 ♐	20 ♏	25 ♍	19 ♓	21 ♐
21	29 ♓ 26	21 ♈ 19	7 ♈ 56	7 ♈ 24	22 ♓ 15	15 ♒ 21	3 ♎ 2	24 ♒ 48	14 ♍ 59	0 ♋ 59	16 ♎ 26	16 ♌ 5	17 ♐	20 ♏	25 ♍	19 ♓	21 ♐
22	0 ♈ 25	3 ♉ 11	7 ♈ 53	7 ♈ 24	24 ♓ 8	16 ♒ 7	2 ♎ 39	25 ♒ 1	14 ♍ 55	1 ♋ 0	16 ♎ 25	16 ♌ 4	18 ♐	20 ♏	25 ♍	20 ♓	21 ♐
23	1 ♈ 25	14 ♉ 59	7 ♈ 50	7 ♈ 25	26 ♓ 3	16 ♒ 54	2 ♎ 16	25 ♒ 13	14 ♍ 50	1 ♋ 0	16 ♎ 23	16 ♌ 4	18 ♐	20 ♏	24 ♍	20 ♓	21 ♐
24	2 ♈ 24	26 ♉ 48	7 ♈ 47	7 ♈ 26	27 ♓ 58	17 ♒ 41	1 ♎ 52	25 ♒ 26	14 ♍ 46	1 ♋ 1	16 ♎ 21	16 ♌ 3	18 ♐	19 ♏	24 ♍	21 ♓	21 ♐
25	3 ♈ 24	8 ♊ 41	7 ♈ 44	7 ♈ 26	29 ♓ 55	18 ♒ 30	1 ♎ 29	25 ♒ 39	14 ♍ 41	1 ♋ 2	16 ♎ 20	16 ♌ 2	18 ♐	19 ♏	24 ♍	21 ♓	21 ♐
26	4 ♈ 23	20 ♊ 42	7 ♈ 41	7 ♈ 26	1 ♈ 53	19 ♒ 19	1 ♎ 6	25 ♒ 52	14 ♍ 37	1 ♋ 2	16 ♎ 18	16 ♌ 1	18 ♐	19 ♏	24 ♍	22 ♓	21 ♐
27	5 ♈ 23	2 ♋ 56	7 ♈ 37	7 ♈ 27	3 ♈ 53	20 ♒ 9	0 ♎ 42	26 ♒ 5	14 ♍ 33	1 ♋ 3	16 ♎ 17	16 ♌ 0	18 ♐	19 ♏	23 ♍	22 ♓	21 ♐
28	6 ♈ 22	15 ♋ 27	7 ♈ 34	7 R 26	5 ♈ 53	20 ♒ 59	0 ♎ 19	26 ♒ 17	14 ♍ 28	1 ♋ 4	16 ♎ 15	15 ♌ 59	18 ♐	19 ♏	23 ♍	23 ♓	21 ♐
29	7 ♈ 22	28 ♋ 19	7 ♈ 31	7 ♈ 26	7 ♈ 54	21 ♒ 50	29 ♍ 56	26 ♒ 30	14 ♍ 24	1 ♋ 5	16 ♎ 13	15 ♌ 58	18 ♐	19 ♏	23 ♍	23 ♓	21 ♐
30	8 ♈ 21	11 ♌ 36	7 ♈ 28	7 D 26	9 ♈ 56	22 ♒ 42	29 ♍ 33	26 ♒ 42	14 ♍ 20	1 ♋ 6	16 ♎ 12	15 ♌ 58	18 ♐	19 ♏	23 ♍	24 ♓	21 ♐
31	9 ♈ 20	25 ♌ 19	7 ♈ 25	7 ♈ 27	11 ♈ 59	23 ♒ 35	29 ♍ 10	26 ♒ 55	14 ♍ 16	1 ♋ 7	16 ♎ 10	15 ♌ 57	19 ♐	19 ♏	23 ♍	24 ♓	21 ♐

SUN INGRESS	☉ → ♈ 21日 13:35
MOON PHASE	○ 4日 19:34 ♍　◑ 11日 11:38 ♐　● 19日 00:20 ♓　◐ 27日 05:10 ♋

aspects		
2日	07:36	☿☌♃
7日	13:49	☉☍♄
8日	14:49	♀△♂
8日	20:52	☿△♅
17日	05:11	☿☍♄
21日	22:46	♀☍♇
22日	08:49	♀△♆
22日	13:54	☉□♅
23日	14:44	☉☍♂
25日	13:37	☿□♅
25日	15:55	☿☍♂
26日	03:03	♂□♅
28日	11:28	☉☌☿

1950年4月

DAY	☉	☽	☊ mean	☊ true	☿	♀	♂	♃	♄	♅	♆	♇	⚳	⚴	⚵	⚶	⚷
	° ′	° ′	° ′	° ′	° ′	° ′	° ′	° ′	° ′	° ′	° ′	° ′	°	°	°	°	°
1	10 ♈ 19	9 ♍ 28	7 ♈ 21	7 D 27	14 D 2	24 D 28	28 R 48	27 D 7	14 R 12	1 D 8	16 R 8	15 R 56	19 D	18 R	22 R	25 D	21 D
2	11 ♈ 19	24 ♍ 2	7 ♈ 18	7 ♈ 27	16 ♈ 5	25 ♒ 22	28 ♍ 25	27 ♒ 19	14 ♍ 8	1 ♋ 10	16 ♎ 7	15 ♌ 55	19 ♐	18 ♏	22 ♍	25 ♓	21 ♐
3	12 ♈ 18	8 ♎ 54	7 ♈ 15	7 R 27	18 ♈ 9	26 ♒ 16	28 ♍ 4	27 ♒ 31	14 ♍ 4	1 ♋ 11	16 ♎ 5	15 ♌ 55	19 ♐	18 ♏	22 ♍	26 ♓	21 R
4	13 ♈ 17	23 ♎ 57	7 ♈ 12	7 ♈ 27	20 ♈ 13	27 ♒ 11	27 ♍ 42	27 ♒ 44	14 ♍ 0	1 ♋ 12	16 ♎ 4	15 ♌ 54	19 ♐	18 ♏	22 ♍	26 ♓	21 ♐
5	14 ♈ 16	9 ♏ 3	7 ♈ 9	7 ♈ 27	22 ♈ 16	28 ♒ 7	27 ♍ 21	27 ♒ 56	13 ♍ 56	1 ♋ 13	16 ♎ 2	15 ♌ 53	19 ♐	18 ♏	21 ♍	27 ♓	21 ♐
6	15 ♈ 15	24 ♏ 3	7 ♈ 6	7 ♈ 26	24 ♈ 18	29 ♒ 3	27 ♍ 1	28 ♒ 7	13 ♍ 52	1 ♋ 15	16 ♎ 0	15 ♌ 53	19 ♐	18 ♏	21 ♍	27 ♓	21 ♐
7	16 ♈ 14	8 ♐ 48	7 ♈ 2	7 ♈ 25	26 ♈ 20	29 ♒ 59	26 ♍ 41	28 ♒ 19	13 ♍ 49	1 ♋ 16	15 ♎ 59	15 ♌ 52	19 ♐	17 ♏	21 ♍	28 ♓	21 ♐
8	17 ♈ 13	23 ♐ 13	6 ♈ 59	7 ♈ 24	28 ♈ 20	0 ♓ 56	26 ♍ 21	28 ♒ 31	13 ♍ 45	1 ♋ 18	15 ♎ 57	15 ♌ 51	19 ♐	17 ♏	21 ♍	28 ♓	21 ♐
9	18 ♈ 12	7 ♑ 16	6 ♈ 56	7 ♈ 23	0 ♉ 18	1 ♓ 53	26 ♍ 2	28 ♒ 43	13 ♍ 42	1 ♋ 19	15 ♎ 55	15 ♌ 51	19 ♐	17 ♏	21 ♍	28 ♓	21 ♐
10	19 ♈ 11	20 ♑ 54	6 ♈ 53	7 D 23	2 ♉ 14	2 ♓ 51	25 ♍ 44	28 ♒ 54	13 ♍ 38	1 ♋ 21	15 ♎ 54	15 ♌ 50	19 ♐	17 ♏	21 ♍	29 ♓	21 ♐
11	20 ♈ 10	4 ♒ 9	6 ♈ 50	7 ♈ 23	4 ♉ 8	3 ♓ 49	25 ♍ 26	29 ♒ 6	13 ♍ 35	1 ♋ 23	15 ♎ 52	15 ♌ 50	19 ♐	16 ♏	20 ♍	29 ♓	21 ♐
12	21 ♈ 9	17 ♒ 3	6 ♈ 47	7 ♈ 24	5 ♉ 59	4 ♓ 48	25 ♍ 9	29 ♒ 17	13 ♍ 32	1 ♋ 24	15 ♎ 50	15 ♌ 49	19 ♐	16 ♏	20 ♍	0 ♈	21 ♐
13	22 ♈ 7	29 ♒ 40	6 ♈ 43	7 ♈ 25	7 ♉ 47	5 ♓ 47	24 ♍ 52	29 ♒ 29	13 ♍ 28	1 ♋ 26	15 ♎ 49	15 ♌ 49	19 ♐	16 ♏	20 ♍	0 ♈	21 ♐
14	23 ♈ 6	12 ♓ 2	6 ♈ 40	7 ♈ 27	9 ♉ 31	6 ♓ 47	24 ♍ 36	29 ♒ 40	13 ♍ 25	1 ♋ 28	15 ♎ 47	15 ♌ 49	19 ♐	16 ♏	20 ♍	1 ♈	21 ♐
15	24 ♈ 5	24 ♓ 12	6 ♈ 37	7 ♈ 28	11 ♉ 12	7 ♓ 46	24 ♍ 21	29 ♒ 51	13 ♍ 22	1 ♋ 29	15 ♎ 45	15 ♌ 48	19 ♐	15 ♏	20 ♍	1 ♈	21 ♐
16	25 ♈ 4	6 ♈ 14	6 ♈ 34	7 ♈ 28	12 ♉ 49	8 ♓ 47	24 ♍ 7	0 ♓ 2	13 ♍ 19	1 ♋ 31	15 ♎ 44	15 ♌ 48	19 R	15 ♏	20 ♍	2 ♈	21 ♐
17	26 ♈ 3	18 ♈ 9	6 ♈ 31	7 R 28	14 ♉ 21	9 ♓ 47	23 ♍ 53	0 ♓ 13	13 ♍ 16	1 ♋ 33	15 ♎ 42	15 ♌ 48	19 ♐	15 ♏	19 ♍	2 ♈	21 ♐
18	27 ♈ 1	0 ♉ 0	6 ♈ 27	7 ♈ 27	15 ♉ 49	10 ♓ 48	23 ♍ 40	0 ♓ 24	13 ♍ 13	1 ♋ 35	15 ♎ 41	15 ♌ 47	19 ♐	15 ♏	19 ♍	3 ♈	21 ♐
19	28 ♈ 0	11 ♉ 49	6 ♈ 24	7 ♈ 24	17 ♉ 12	11 ♓ 49	23 ♍ 28	0 ♓ 35	13 ♍ 11	1 ♋ 37	15 ♎ 39	15 ♌ 47	19 ♐	14 ♏	19 ♍	3 ♈	21 ♐
20	28 ♈ 59	23 ♉ 38	6 ♈ 21	7 ♈ 21	18 ♉ 31	12 ♓ 51	23 ♍ 17	0 ♓ 46	13 ♍ 8	1 ♋ 39	15 ♎ 37	15 ♌ 47	19 ♐	14 ♏	19 ♍	4 ♈	21 ♐
21	29 ♈ 57	5 ♊ 29	6 ♈ 18	7 ♈ 17	19 ♉ 44	13 ♓ 52	23 ♍ 6	0 ♓ 56	13 ♍ 6	1 ♋ 41	15 ♎ 36	15 ♌ 46	19 ♐	14 ♏	19 ♍	4 ♈	21 ♐
22	0 ♉ 56	17 ♊ 25	6 ♈ 15	7 ♈ 13	20 ♉ 53	14 ♓ 54	22 ♍ 56	1 ♓ 7	13 ♍ 3	1 ♋ 43	15 ♎ 34	15 ♌ 46	19 ♐	14 ♏	19 ♍	5 ♈	21 ♐
23	1 ♉ 54	29 ♊ 28	6 ♈ 12	7 ♈ 10	21 ♉ 56	15 ♓ 57	22 ♍ 47	1 ♓ 17	13 ♍ 1	1 ♋ 46	15 ♎ 33	15 ♌ 46	19 ♐	13 ♏	19 ♍	5 ♈	21 ♐
24	2 ♉ 53	11 ♋ 43	6 ♈ 8	7 ♈ 7	22 ♉ 54	16 ♓ 59	22 ♍ 39	1 ♓ 27	12 ♍ 59	1 ♋ 48	15 ♎ 31	15 ♌ 46	19 ♐	13 ♏	19 ♍	5 ♈	21 ♐
25	3 ♉ 51	24 ♋ 12	6 ♈ 5	7 ♈ 6	23 ♉ 46	18 ♓ 2	22 ♍ 31	1 ♓ 37	12 ♍ 56	1 ♋ 50	15 ♎ 30	15 ♌ 46	19 ♐	13 ♏	19 ♍	6 ♈	21 ♐
26	4 ♉ 50	6 ♌ 59	6 ♈ 2	7 D 5	24 ♉ 34	19 ♓ 5	22 ♍ 25	1 ♓ 47	12 ♍ 54	1 ♋ 52	15 ♎ 28	15 ♌ 46	19 ♐	12 ♏	19 ♍	6 ♈	21 ♐
27	5 ♉ 48	20 ♌ 8	5 ♈ 59	7 ♈ 6	25 ♉ 15	20 ♓ 8	22 ♍ 19	1 ♓ 57	12 ♍ 52	1 ♋ 55	15 ♎ 26	15 ♌ 46	19 ♐	12 ♏	18 ♍	7 ♈	21 ♐
28	6 ♉ 46	3 ♍ 43	5 ♈ 56	7 ♈ 7	25 ♉ 51	21 ♓ 12	22 ♍ 14	2 ♓ 7	12 ♍ 51	1 ♋ 57	15 ♎ 25	15 ♌ 46	19 ♐	12 ♏	18 ♍	7 ♈	21 ♐
29	7 ♉ 45	17 ♍ 43	5 ♈ 53	7 ♈ 9	26 ♉ 22	22 ♓ 16	22 ♍ 10	2 ♓ 17	12 ♍ 49	1 ♋ 59	15 ♎ 23	15 D 46	19 ♐	11 ♏	18 ♍	8 ♈	21 ♐
30	8 ♉ 43	2 ♎ 10	5 ♈ 49	7 ♈ 10	26 ♉ 47	23 ♓ 20	22 ♍ 6	2 ♓ 26	12 ♍ 47	2 ♋ 2	15 ♎ 22	15 ♌ 46	19 ♐	11 ♏	18 ♍	8 ♈	21 ♐

SUN INGRESS	☉ → ♉ 21日 00:59
MOON PHASE	○ 3日 05:49 ♎　◑ 9日 20:42 ♑　● 17日 17:25 ♈　◐ 25日 19:40 ♌

aspects		
1日	22:04	☿△♇
2日	00:18	☿☍♆
4日	17:56	♀☌♃
6日	15:12	☉△♇
6日	17:56	☉☍♆
8日	02:33	☿⚹♃
8日	09:25	♀△♅
9日	12:45	☿⚹♅
10日	15:46	☿⚹♀
12日	18:11	♆⚹♇
16日	07:33	☿△♄
17日	23:30	☿□♇
20日	06:36	♀☍♄
22日	05:27	☉⚹♃
22日	20:18	☉⚹♅
23日	18:19	☿△♂
26日	15:23	♃△♅
28日	21:51	♀☍♂

1950年5月

DAY	☉	☽	☊ mean	☊ true	☿	♀	♂	♃	♄	♅	♆	♇	⚳	⚴	⚵	⚶	⚷
1	9♉41	17♎1	5♈46	7 R 9	27 D 6	24 D 24	22 R 3	2 D 36	12 R 46	2 D 4	15 R 20	15 D 46	18 R	11 R	18 R	9 D	21 R
2	10♉39	2♏8	5♈43	7♈8	27♉20	25♓28	22♍1	2♓45	12♍44	2♋7	15♎19	15♌46	18♐	11♏	18♍	9♈	21♐
3	11♉37	17♏24	5♈40	7♈4	27♉28	26♓33	22♍0	2♓54	12♍43	2♋9	15♎18	15♌46	18♐	10♏	18♍	10♈	21♐
4	12♉36	2♐37	5♈37	7♈0	27♉31	27♓38	22♍0	3♓3	12♍41	2♋12	15♎16	15♌46	18♐	10♏	18♍	10♈	20♐
5	13♉34	17♐39	5♈33	6♈54	27 R 28	28♓43	22 D 0	3♓12	12♍40	2♋15	15♎15	15♌46	18♐	10♏	18♍	11♈	20♐
6	14♉32	2♑20	5♈30	6♈49	27♉21	29♓48	22♍1	3♓21	12♍39	2♋17	15♎13	15♌46	18♐	9♏	18♍	11♈	20♐
7	15♉30	16♑35	5♈27	6♈45	27♉9	0♈53	22♍3	3♓30	12♍38	2♋20	15♎12	15♌47	18♐	9♏	18♍	11♈	20♐
8	16♉28	0♒21	5♈24	6♈42	26♉52	1♈59	22♍6	3♓38	12♍37	2♋23	15♎11	15♌47	18♐	9♏	18♍	12♈	20♐
9	17♉26	13♒39	5♈21	6♈41	26♉31	3♈4	22♍9	3♓47	12♍37	2♋25	15♎9	15♌47	17♐	8♏	18 D	12♈	20♐
10	18♉24	26♒32	5♈18	6 D 41	26♉7	4♈10	22♍13	3♓55	12♍36	2♋28	15♎8	15♌47	17♐	8♏	18♍	13♈	20♐
11	19♉22	9♓4	5♈14	6♈42	25♉39	5♈16	22♍18	4♓3	12♍35	2♋31	15♎7	15♌48	17♐	8♏	18♍	13♈	20♐
12	20♉20	21♓18	5♈11	6♈44	25♉9	6♈23	22♍23	4♓11	12♍35	2♋34	15♎5	15♌48	17♐	8♏	18♍	14♈	20♐
13	21♉18	3♈20	5♈8	6♈45	24♉36	7♈29	22♍29	4♓19	12♍35	2♋37	15♎4	15♌48	17♐	7♏	18♍	14♈	20♐
14	22♉16	15♈14	5♈5	6 R 44	24♉2	8♈35	22♍36	4♓27	12♍34	2♋40	15♎3	15♌49	17♐	7♏	18♍	15♈	20♐
15	23♉14	27♈3	5♈2	6♈42	23♉27	9♈42	22♍43	4♓35	12♍34	2♋43	15♎2	15♌49	16♐	7♏	18♍	15♈	20♐
16	24♉12	8♉51	4♈59	6♈38	22♉51	10♈49	22♍51	4♓42	12 D 34	2♋46	15♎0	15♌50	16♐	6♏	18♍	15♈	20♐
17	25♉10	20♉40	4♈55	6♈31	22♉16	11♈56	23♍0	4♓49	12♍34	2♋49	14♎59	15♌50	16♐	6♏	18♍	16♈	20♐
18	26♉7	2♊32	4♈52	6♈23	21♉41	13♈3	23♍9	4♓57	12♍35	2♋52	14♎58	15♌51	16♐	6♏	18♍	16♈	20♐
19	27♉5	14♊29	4♈49	6♈14	21♉8	14♈10	23♍19	5♓4	12♍35	2♋55	14♎57	15♌51	16♐	6♏	18♍	17♈	20♐
20	28♉3	26♊32	4♈46	6♈4	20♉38	15♈17	23♍29	5♓11	12♍35	2♋58	14♎56	15♌52	16♐	5♏	18♍	17♈	20♐
21	29♉1	8♋43	4♈43	5♈55	20♉9	16♈25	23♍40	5♓17	12♍36	3♋1	14♎55	15♌52	15♐	5♏	19♍	18♈	20♐
22	29♉58	21♋4	4♈39	5♈47	19♉44	17♈32	23♍52	5♓24	12♍36	3♋4	14♎54	15♌53	15♐	5♏	19♍	18♈	19♐
23	0♊56	3♌37	4♈36	5♈42	19♉21	18♈40	24♍4	5♓30	12♍37	3♋7	14♎53	15♌54	15♐	5♏	19♍	18♈	19♐
24	1♊54	16♌26	4♈33	5♈38	19♉3	19♈47	24♍17	5♓37	12♍38	3♋10	14♎52	15♌54	15♐	4♏	19♍	19♈	19♐
25	2♊51	29♌32	4♈30	5♈37	18♉48	20♈55	24♍31	5♓43	12♍39	3♋14	14♎51	15♌55	15♐	4♏	19♍	19♈	19♐
26	3♊49	12♍58	4♈27	5 D 37	18♉38	22♈3	24♍45	5♓49	12♍40	3♋17	14♎50	15♌56	14♐	4♏	19♍	20♈	19♐
27	4♊47	26♍48	4♈24	5♈38	18♉32	23♈11	24♍59	5♓54	12♍41	3♋20	14♎49	15♌57	14♐	4♏	19♍	20♈	19♐
28	5♊44	11♎2	4♈20	5 R 38	18 D 30	24♈19	25♍14	6♓0	12♍42	3♋23	14♎48	15♌57	14♐	4♏	19♍	21♈	19♐
29	6♊42	25♎39	4♈17	5♈37	18♉33	25♈28	25♍30	6♓5	12♍43	3♋27	14♎47	15♌58	14♐	3♏	19♍	21♈	19♐
30	7♊39	10♏36	4♈14	5♈33	18♉40	26♈36	25♍46	6♓11	12♍45	3♋30	14♎46	15♌59	13♐	3♏	19♍	21♈	19♐
31	8♊37	25♏44	4♈11	5♈27	18♉52	27♈44	26♍2	6♓16	12♍46	3♋33	14♎45	16♌0	13♐	3♏	19♍	22♈	19♐

SUN INGRESS	☉→♊ 22日 00:27
MOON PHASE	○ 2日 14:19 ♏ ◑ 9日 07:32 ♒ ● 17日 09:54 ♉ ◐ 25日 06:28 ♍ ○ 31日 21:43 ♐

aspects

3日	21:29	☿⚹♀
4日	02:21	☉△♄
7日	06:54	☉□♇
8日	09:07	♀□♅
14日	09:19	☉△♂
15日	03:17	☉☌☿
16日	00:02	☿△♂
19日	16:29	♀☍♆
20日	12:27	♀△♇
28日	07:16	☉□♃

1950年6月

DAY	☉	☽	☊ mean	☊ true	☿	♀	♂	♃	♄	♅	♆	♇	⚳	⚴	⚵	⚶	⚷
1	9♊34	10♐55	4♈8	5 R 18	19 D 8	28 D 53	26 D 19	6 D 21	12 D 48	3 D 37	14 R 44	16 D 1	13 R	3 R	20 D	22 D	19 R
2	10♊32	25♐59	4♈5	5♈9	19♉28	0♉1	26♍37	6♓26	12♍50	3♋40	14♎44	16♌2	13♐	3♏	20♍	23♈	19♐
3	11♊29	10♑46	4♈1	5♈0	19♉53	1♉10	26♍54	6♓30	12♍52	3♋43	14♎43	16♌3	13♐	2♏	20♍	23♈	19♐
4	12♊27	25♑8	3♈58	4♈51	20♉23	2♉19	27♍13	6♓35	12♍53	3♋47	14♎42	16♌4	12♐	2♏	20♍	24♈	19♐
5	13♊24	9♒1	3♈55	4♈45	20♉56	3♉28	27♍31	6♓39	12♍56	3♋50	14♎42	16♌5	12♐	2♏	20♍	24♈	19♐
6	14♊22	22♒25	3♈52	4♈41	21♉34	4♉37	27♍51	6♓43	12♍58	3♋54	14♎41	16♌6	12♐	2♏	20♍	24♈	18♐
7	15♊19	5♓21	3♈49	4♈39	22♉15	5♉46	28♍10	6♓47	13♍0	3♋57	14♎40	16♌7	12♐	2♏	20♍	25♈	18♐
8	16♊16	17♓54	3♈45	4 D 38	23♉0	6♉55	28♍30	6♓51	13♍2	4♋1	14♎40	16♌8	11♐	2♏	21♍	25♈	18♐
9	17♊14	0♈8	3♈42	4♈38	23♉50	8♉4	28♍51	6♓54	13♍5	4♋4	14♎39	16♌9	11♐	2♏	21♍	26♈	18♐
10	18♊11	12♈8	3♈39	4 R 38	24♉43	9♉13	29♍12	6♓58	13♍7	4♋7	14♎39	16♌10	11♐	2♏	21♍	26♈	18♐
11	19♊9	23♈59	3♈36	4♈37	25♉39	10♉23	29♍33	7♓1	13♍10	4♋11	14♎38	16♌11	11♐	2♏	21♍	26♈	18♐
12	20♊6	5♉47	3♈33	4♈33	26♉39	11♉32	29♍55	7♓4	13♍12	4♋14	14♎38	16♌12	11♐	1♏	21♍	27♈	18♐
13	21♊3	17♉36	3♈30	4♈26	27♉43	12♉42	0♎17	7♓7	13♍15	4♋18	14♎37	16♌13	10♐	1♏	21♍	27♈	18♐
14	22♊1	29♉27	3♈26	4♈17	28♉50	13♉51	0♎39	7♓9	13♍18	4♋22	14♎37	16♌14	10♐	1♏	22♍	28♈	18♐
15	22♊58	11♊25	3♈23	4♈6	0♊1	15♉1	1♎2	7♓12	13♍21	4♋25	14♎36	16♌15	10♐	1♏	22♍	28♈	18♐
16	23♊55	23♊31	3♈20	3♈53	1♊15	16♉11	1♎25	7♓14	13♍24	4♋29	14♎36	16♌17	10♐	1♏	22♍	28♈	18♐
17	24♊53	5♋45	3♈17	3♈39	2♊32	17♉20	1♎48	7♓16	13♍27	4♋32	14♎36	16♌18	10♐	1♏	22♍	29♈	18♐
18	25♊50	18♋9	3♈14	3♈27	3♊52	18♉30	2♎12	7♓18	13♍31	4♋36	14♎35	16♌19	10♐	1♏	22♍	29♈	18♐
19	26♊47	0♌43	3♈11	3♈16	5♊16	19♉40	2♎36	7♓20	13♍34	4♋39	14♎35	16♌21	9♐	1♏	22♍	0♉	18♐
20	27♊44	13♌28	3♈7	3♈8	6♊43	20♉50	3♎1	7♓21	13♍37	4♋43	14♎35	16♌22	9♐	1♏	23♍	0♉	18♐
21	28♊42	26♌26	3♈4	3♈2	8♊13	22♉0	3♎26	7♓23	13♍41	4♋47	14♎35	16♌23	9♐	1♏	23♍	0♉	17♐
22	29♊39	9♍37	3♈1	2♈59	9♊46	23♉10	3♎51	7♓24	13♍44	4♋50	14♎34	16♌24	9♐	1♏	23♍	1♉	17♐
23	0♋36	23♍4	2♈58	2♈58	11♊22	24♉20	4♎16	7♓25	13♍48	4♋54	14♎34	16♌26	8♐	1 D	23♍	1♉	17♐
24	1♋33	6♎49	2♈55	2♈58	13♊1	25♉31	4♎42	7♓26	13♍52	4♋57	14♎34	16♌27	8♐	1♏	23♍	1♉	17♐
25	2♋31	20♎52	2♈51	2♈58	14♊43	26♉41	5♎8	7♓26	13♍56	5♋1	14♎34	16♌29	8♐	1♏	24♍	2♉	17♐
26	3♋28	5♏13	2♈48	2♈56	16♊29	27♉51	5♎35	7♓26	14♍0	5♋5	14♎34	16♌30	8♐	1♏	24♍	2♉	17♐
27	4♋25	19♏51	2♈45	2♈51	18♊17	29♉2	6♎1	7♓27	14♍4	5♋8	14 D 34	16♌31	8♐	1♏	24♍	3♉	17♐
28	5♋22	4♐41	2♈42	2♈44	20♊7	0♊12	6♎28	7 R 27	14♍8	5♋12	14♎34	16♌33	8♐	1♏	24♍	3♉	17♐
29	6♋20	19♐35	2♈39	2♈35	22♊1	1♊22	6♎55	7♓26	14♍12	5♋15	14♎34	16♌34	7♐	1♏	24♍	3♉	17♐
30	7♋17	4♑26	2♈36	2♈24	23♊57	2♊33	7♎23	7♓26	14♍16	5♋19	14♎34	16♌36	7♐	1♏	25♍	4♉	17♐

SUN INGRESS	☉→♋ 22日 08:36
MOON PHASE	◑ 7日 20:35 ♓ ● 16日 00:53 ♊ ◐ 23日 14:13 ♎ ○ 30日 04:58 ♑

aspects

4日	11:35	☉□♄
5日	08:11	♀⚹♅
6日	07:58	☉△♆
7日	20:15	☉⚹♇
7日	22:29	♀⚹♃
13日	12:02	♀△♄
16日	02:07	♀□♇
16日	04:37	☿△♂
20日	10:35	☿□♃
24日	12:29	☿□♄
24日	16:21	♂□♅
24日	21:52	☿△♆
26日	00:20	☿⚹♇
27日	19:17	☉☌♅
30日	03:51	☉△♃
30日	05:00	☉□♂

1950年7月

DAY	☉	☽	☊ mean	☊ true	☿	♀	♂	♃	♄	♅	♆	♇	⚳	⚴	⚵	⚶	⚷
	° ′	° ′	° ′	° ′	° ′	° ′	° ′	° ′	° ′	° ′	° ′	° ′	°	°	°	°	°
1	8♋14	19♑3	2♈32	2 R 13	25 D 56	3 D 44	7 D 51	7 R 25	14 D 21	5 D 23	14 D 34	16 D 37	7 R	1 D	25 D	4 D	17 R
2	9♋11	3♒20	2♈29	2♈3	27♊57	4♊54	8♎19	7♓25	14♍25	5♋26	14♎35	16♌39	7♐	1♏	25♍	4♉	17♐
3	10♋8	17♒12	2♈26	1♈55	0♋0	6♊5	8♎47	7♓24	14♍30	5♋30	14♎35	16♌40	7♐	1♏	25♍	5♉	17♐
4	11♋5	0♓37	2♈23	1♈49	2♋5	7♊16	9♎15	7♓22	14♍34	5♋33	14♎35	16♌42	7♐	1♏	26♍	5♉	17♐
5	12♋3	13♓36	2♈20	1♈46	4♋11	8♊27	9♎44	7♓21	14♍39	5♋37	14♎35	16♌43	7♐	2♏	26♍	6♉	17♐
6	13♋0	26♓11	2♈17	1♈45	6♋18	9♊38	10♎13	7♓19	14♍44	5♋41	14♎35	16♌45	6♐	2♏	26♍	6♉	16♐
7	13♋57	8♈26	2♈13	1 D 45	8♋27	10♊49	10♎43	7♓18	14♍48	5♋44	14♎36	16♌47	6♐	2♏	26♍	6♉	16♐
8	14♋54	20♈28	2♈10	1 R 45	10♋36	12♊0	11♎12	7♓16	14♍53	5♋48	14♎36	16♌48	6♐	2♏	27♍	7♉	16♐
9	15♋51	2♉21	2♈7	1♈44	12♋46	13♊11	11♎42	7♓14	14♍58	5♋51	14♎36	16♌50	6♐	2♏	27♍	7♉	16♐
10	16♋49	14♉10	2♈4	1♈41	14♋56	14♊22	12♎12	7♓11	15♍3	5♋55	14♎37	16♌51	6♐	2♏	27♍	7♉	16♐
11	17♋46	26♉1	2♈1	1♈36	17♋6	15♊33	12♎42	7♓9	15♍8	5♋58	14♎37	16♌53	6♐	2♏	27♍	8♉	16♐
12	18♋43	7♊57	1♈57	1♈28	19♋15	16♊44	13♎12	7♓6	15♍13	6♋2	14♎38	16♌55	6♐	2♏	28♍	8♉	16♐
13	19♋40	20♊1	1♈54	1♈17	21♋24	17♊55	13♎43	7♓3	15♍19	6♋5	14♎38	16♌56	6♐	2♏	28♍	8♉	16♐
14	20♋38	2♋16	1♈51	1♈6	23♋32	19♊7	14♎14	7♓0	15♍24	6♋9	14♎39	16♌58	6♐	3♏	28♍	9♉	16♐
15	21♋35	14♋44	1♈48	0♈53	25♋39	20♊18	14♎45	6♓57	15♍29	6♋13	14♎39	17♌0	6♐	3♏	28♍	9♉	16♐
16	22♋32	27♋24	1♈45	0♈42	27♋44	21♊30	15♎16	6♓53	15♍35	6♋16	14♎40	17♌1	6♐	3♏	29♍	9♉	16♐
17	23♋29	10♌16	1♈42	0♈32	29♋49	22♊41	15♎48	6♓50	15♍40	6♋20	14♎41	17♌3	6♐	3♏	29♍	10♉	16♐
18	24♋27	23♌20	1♈38	0♈25	1♌51	23♊53	16♎20	6♓46	15♍46	6♋23	14♎41	17♌5	6♐	3♏	29♍	10♉	16♐
19	25♋24	6♍36	1♈35	0♈20	3♌53	25♊4	16♎52	6♓42	15♍51	6♋26	14♎42	17♌7	6♐	3♏	29♍	10♉	16♐
20	26♋21	20♍2	1♈32	0♈18	5♌52	26♊16	17♎24	6♓38	15♍57	6♋30	14♎43	17♌8	5♐	3♏	0♎	11♉	16♐
21	27♋18	3♎40	1♈29	0 D 17	7♌50	27♊28	17♎56	6♓33	16♍3	6♋33	14♎44	17♌10	5♐	4♏	0♎	11♉	16♐
22	28♋16	17♎29	1♈26	0♈18	9♌47	28♊39	18♎29	6♓29	16♍9	6♋37	14♎44	17♌12	5♐	4♏	0♎	11♉	16♐
23	29♋13	1♏30	1♈23	0 R 18	11♌41	29♊51	19♎2	6♓24	16♍14	6♋40	14♎45	17♌14	5♐	4♏	1♎	11♉	16♐
24	0♌10	15♏41	1♈19	0♈17	13♌34	1♋3	19♎35	6♓20	16♍20	6♋44	14♎46	17♌15	5♐	4♏	1♎	12♉	16♐
25	1♌8	0♐2	1♈16	0♈14	15♌25	2♋15	20♎8	6♓15	16♍26	6♋47	14♎47	17♌17	5 D	4♏	1♎	12♉	16♐
26	2♌5	14♐30	1♈13	0♈9	17♌15	3♋27	20♎41	6♓9	16♍32	6♋50	14♎48	17♌19	5♐	5♏	1♎	12♉	16♐
27	3♌2	29♐0	1♈10	0♈2	19♌3	4♋39	21♎14	6♓4	16♍38	6♋54	14♎49	17♌21	5♐	5♏	2♎	12♉	16♐
28	3♌59	13♑25	1♈7	29♓53	20♌49	5♋51	21♎48	5♓59	16♍45	6♋57	14♎50	17♌23	5♐	5♏	2♎	13♉	15♐
29	4♌57	27♑41	1♈3	29♓44	22♌33	7♋3	22♎22	5♓53	16♍51	7♋0	14♎51	17♌24	5♐	5♏	2♎	13♉	15♐
30	5♌54	11♒41	1♈0	29♓37	24♌15	8♋15	22♎56	5♓47	16♍57	7♋4	14♎52	17♌26	6♐	5♏	3♎	13♉	15♐
31	6♌51	25♒21	0♈57	29♓30	25♌56	9♋27	23♎30	5♓41	17♍3	7♋7	14♎53	17♌28	6♐	6♏	3♎	14♉	15♐

SUN INGRESS ☉ → ♌ 23日 19:30

MOON PHASE ◑ 7日 11:53 ♈ ● 15日 14:05 ♋ ◐ 22日 19:50 ♎ ○ 29日 13:18 ♒

aspects

4日	02:12	♀□♃
5日	16:41	☿☌♅
6日	11:15	♀△♃
6日	20:33	♀△♂
7日	16:22	☉□♆
7日	23:32	☉⚹♄
8日	08:33	☿□♂
9日	20:26	☿□♆
10日	01:21	☿⚹♄
10日	05:09	♀△♆
10日	15:03	♀□♄
11日	13:17	☉☌☿
12日	03:39	☿⚹♇
14日	19:31	♂☌♆
19日	11:45	♂⚹♇
21日	00:19	♃△♅
24日	15:33	☿⚹♆
26日	00:55	☿☌♇
28日	02:29	♀△♃
28日	20:17	☿⚹♂
28日	23:09	♀☌♅

1950年8月

DAY	☉	☽	☊ mean	☊ true	☿	♀	♂	♃	♄	♅	♆	♇	⚳	⚴	⚵	⚶	⚷
	° ′	° ′	° ′	° ′	° ′	° ′	° ′	° ′	° ′	° ′	° ′	° ′	°	°	°	°	°
1	7♌49	8♓38	0♈54	29 R 26	27 D 35	10 D 39	24 D 4	5 R 35	17 D 10	7 D 10	14 D 54	17 D 30	6 D	6 D	3 D	14 D	15 R
2	8♌46	21♓33	0♈51	29♓24	29♌13	11♋52	24♎39	5♓29	17♍16	7♋13	14♎55	17♌32	6♐	6♏	3♎	14♉	15♐
3	9♌44	4♈7	0♈48	29 D 24	0♍48	13♋4	25♎14	5♓23	17♍22	7♋16	14♎56	17♌33	6♐	6♏	4♎	15♉	15♐
4	10♌41	16♈24	0♈44	29♓25	2♍22	14♋16	25♎48	5♓17	17♍29	7♋20	14♎57	17♌35	6♐	7♏	4♎	15♉	15♐
5	11♌38	28♈27	0♈41	29♓26	3♍55	15♋29	26♎23	5♓10	17♍35	7♋23	14♎58	17♌37	6♐	7♏	4♎	15♉	15♐
6	12♌36	10♉22	0♈38	29♓27	5♍25	16♋41	26♎59	5♓4	17♍42	7♋26	15♎0	17♌39	6♐	7♏	5♎	15♉	15♐
7	13♌33	22♉13	0♈35	29 R 27	6♍54	17♋54	27♎34	4♓57	17♍49	7♋29	15♎1	17♌41	6♐	7♏	5♎	16♉	15♐
8	14♌31	4♊5	0♈32	29♓24	8♍21	19♋6	28♎9	4♓50	17♍55	7♋32	15♎2	17♌43	6♐	8♏	5♎	16♉	15♐
9	15♌28	16♊4	0♈29	29♓21	9♍47	20♋19	28♎45	4♓43	18♍2	7♋35	15♎3	17♌45	6♐	8♏	5♎	16♉	15♐
10	16♌26	28♊14	0♈25	29♓15	11♍10	21♋32	29♎21	4♓36	18♍9	7♋38	15♎5	17♌46	6♐	8♏	6♎	16♉	15♐
11	17♌24	10♋36	0♈22	29♓8	12♍32	22♋44	29♎57	4♓29	18♍15	7♋41	15♎6	17♌48	6♐	8♏	6♎	17♉	15♐
12	18♌21	23♋15	0♈19	29♓1	13♍52	23♋57	0♏33	4♓22	18♍22	7♋44	15♎8	17♌50	6♐	9♏	6♎	17♉	15♐
13	19♌19	6♌9	0♈16	28♓54	15♍10	25♋10	1♏9	4♓14	18♍29	7♋47	15♎9	17♌52	7♐	9♏	7♎	17♉	15♐
14	20♌16	19♌21	0♈13	28♓49	16♍26	26♋23	1♏46	4♓7	18♍36	7♋50	15♎10	17♌54	7♐	9♏	7♎	17♉	15♐
15	21♌14	2♍47	0♈9	28♓44	17♍41	27♋36	2♏22	3♓59	18♍43	7♋53	15♎12	17♌56	7♐	9♏	7♎	17♉	15♐
16	22♌12	16♍26	0♈6	28♓42	18♍53	28♋49	2♏59	3♓52	18♍50	7♋55	15♎13	17♌57	7♐	10♏	8♎	18♉	15♐
17	23♌9	0♎16	0♈3	28 D 42	20♍3	0♌2	3♏36	3♓44	18♍57	7♋58	15♎15	17♌59	7♐	10♏	8♎	18♉	15♐
18	24♌7	14♎15	0♈0	28♓42	21♍11	1♌15	4♏13	3♓36	19♍4	8♋1	15♎16	18♌1	7♐	10♏	8♎	18♉	15♐
19	25♌5	28♎20	29♓57	28♓44	22♍16	2♌28	4♏50	3♓29	19♍11	8♋4	15♎18	18♌3	7♐	11♏	9♎	18♉	15♐
20	26♌3	12♏29	29♓54	28♓45	23♍19	3♌41	5♏27	3♓21	19♍18	8♋6	15♎20	18♌5	7♐	11♏	9♎	18♉	15 D
21	27♌0	26♏41	29♓50	28♓46	24♍20	4♌54	6♏4	3♓13	19♍25	8♋9	15♎21	18♌7	8♐	11♏	9♎	19♉	15♐
22	27♌58	10♐53	29♓47	28 R 45	25♍18	6♌7	6♏42	3♓5	19♍32	8♋12	15♎23	18♌8	8♐	11♏	10♎	19♉	15♐
23	28♌56	25♐3	29♓44	28♓43	26♍13	7♌21	7♏20	2♓58	19♍39	8♋14	15♎24	18♌10	8♐	12♏	10♎	19♉	15♐
24	29♌54	9♑9	29♓41	28♓40	27♍5	8♌34	7♏57	2♓50	19♍47	8♋17	15♎26	18♌12	8♐	12♏	10♎	19♉	15♐
25	0♍52	23♑8	29♓38	28♓36	27♍54	9♌47	8♏35	2♓42	19♍54	8♋19	15♎28	18♌14	8♐	12♏	10♎	19♉	15♐
26	1♍49	6♒56	29♓35	28♓32	28♍40	11♌1	9♏13	2♓34	20♍1	8♋22	15♎30	18♌16	8♐	13♏	11♎	20♉	15♐
27	2♍47	20♒31	29♓31	28♓28	29♍22	12♌14	9♏52	2♓26	20♍8	8♋24	15♎31	18♌18	9♐	13♏	11♎	20♉	15♐
28	3♍45	3♓50	29♓28	28♓25	0♎1	13♌28	10♏30	2♓18	20♍16	8♋27	15♎33	18♌19	9♐	13♏	11♎	20♉	15♐
29	4♍43	16♓52	29♓25	28♓24	0♎35	14♌41	11♏8	2♓10	20♍23	8♋29	15♎35	18♌21	9♐	14♏	12♎	20♉	15♐
30	5♍41	29♓36	29♓22	28 D 23	1♎5	15♌55	11♏47	2♓2	20♍30	8♋31	15♎37	18♌23	9♐	14♏	12♎	20♉	15♐
31	6♍39	12♈4	29♓19	28♓24	1♎31	17♌8	12♏25	1♓54	20♍38	8♋34	15♎38	18♌25	9♐	14♏	12♎	20♉	15♐

SUN INGRESS ☉ → ♍ 24日 02:23

MOON PHASE ◑ 6日 04:56 ♉ ● 14日 01:48 ♌ ◐ 21日 00:35 ♏ ○ 27日 23:51 ♓

aspects

4日	13:49	♀□♆
5日	18:38	☿☍♃
6日	22:09	♀⚹♄
7日	09:54	☿⚹♅
8日	13:21	☉⚹♆
11日	10:37	☉☌♇
15日	22:53	☿☌♄
17日	04:35	♂△♃
22日	23:19	☿□♂
24日	13:15	♂△♅
26日	16:13	☉☍♃
29日	17:58	♀⚹♆

1950年9月

DAY	☉	☽	☊ mean	☊ true	☿	♀	♂	♃	♄	♅	♆	♇	⚳	⚴	⚵	⚶	⚷
	° ′	° ′	° ′	° ′	° ′	° ′	° ′	° ′	° ′	° ′	° ′	° ′	°	°	°	°	°
1	7 ♍ 37	24 ♈ 18	29 ♓ 15	28 D 25	1 D 52	18 D 22	13 D 4	1 R 47	20 D 45	8 D 36	15 D 40	18 D 26	9 D	15 D	13 D	20 D	15 D
2	8 ♍ 35	6 ♉ 20	29 ♓ 12	28 ♓ 27	2 ♎ 8	19 ♌ 36	13 ♏ 43	1 ♓ 39	20 ♍ 52	8 ♋ 38	15 ♎ 42	18 ♌ 28	10 ♐	15 ♏	13 ♎	20 ♉	15 ♐
3	9 ♍ 33	18 ♉ 15	29 ♓ 9	28 ♓ 28	2 ♎ 19	20 ♌ 49	14 ♏ 22	1 ♓ 31	21 ♍ 0	8 ♋ 40	15 ♎ 44	18 ♌ 30	10 ♐	15 ♏	13 ♎	21 ♉	15 ♐
4	10 ♍ 31	0 ♊ 7	29 ♓ 6	28 ♓ 29	2 ♎ 24	22 ♌ 3	15 ♏ 1	1 ♓ 23	21 ♍ 7	8 ♋ 43	15 ♎ 46	18 ♌ 32	10 ♐	16 ♏	14 ♎	21 ♉	15 ♐
5	11 ♍ 30	12 ♊ 0	29 ♓ 3	28 R 30	2 R 24	23 ♌ 17	15 ♏ 41	1 ♓ 16	21 ♍ 14	8 ♋ 45	15 ♎ 48	18 ♌ 33	10 ♐	16 ♏	14 ♎	21 ♉	15 ♐
6	12 ♍ 28	23 ♊ 59	29 ♓ 0	28 ♓ 29	2 ♎ 17	24 ♌ 31	16 ♏ 20	1 ♓ 8	21 ♍ 22	8 ♋ 47	15 ♎ 50	18 ♌ 35	10 ♐	16 ♏	14 ♎	21 ♉	15 ♐
7	13 ♍ 26	6 ♋ 9	28 ♓ 56	28 ♓ 28	2 ♎ 4	25 ♌ 45	16 ♏ 59	1 ♓ 0	21 ♍ 29	8 ♋ 49	15 ♎ 52	18 ♌ 37	11 ♐	17 ♏	15 ♎	21 ♉	15 ♐
8	14 ♍ 24	18 ♋ 35	28 ♓ 53	28 ♓ 27	1 ♎ 44	26 ♌ 59	17 ♏ 39	0 ♓ 53	21 ♍ 37	8 ♋ 51	15 ♎ 54	18 ♌ 39	11 ♐	17 ♏	15 ♎	21 ♉	15 ♐
9	15 ♍ 22	1 ♌ 18	28 ♓ 50	28 ♓ 25	1 ♎ 18	28 ♌ 13	18 ♏ 19	0 ♓ 46	21 ♍ 44	8 ♋ 53	15 ♎ 56	18 ♌ 40	11 ♐	17 ♏	15 ♎	21 ♉	15 ♐
10	16 ♍ 21	14 ♌ 21	28 ♓ 47	28 ♓ 23	0 ♎ 46	29 ♌ 27	18 ♏ 59	0 ♓ 38	21 ♍ 52	8 ♋ 54	15 ♎ 58	18 ♌ 42	11 ♐	18 ♏	16 ♎	21 ♉	15 ♐
11	17 ♍ 19	27 ♌ 46	28 ♓ 44	28 ♓ 22	0 ♎ 7	0 ♍ 41	19 ♏ 39	0 ♓ 31	21 ♍ 59	8 ♋ 56	16 ♎ 0	18 ♌ 44	12 ♐	18 ♏	16 ♎	21 ♉	16 ♐
12	18 ♍ 17	11 ♍ 31	28 ♓ 40	28 ♓ 21	29 ♍ 22	1 ♍ 55	20 ♏ 19	0 ♓ 24	22 ♍ 7	8 ♋ 58	16 ♎ 2	18 ♌ 45	12 ♐	18 ♏	16 ♎	21 ♉	16 ♐
13	19 ♍ 16	25 ♍ 34	28 ♓ 37	28 ♓ 20	28 ♍ 32	3 ♍ 9	20 ♏ 59	0 ♓ 17	22 ♍ 14	9 ♋ 0	16 ♎ 4	18 ♌ 47	12 ♐	19 ♏	17 ♎	21 ♉	16 ♐
14	20 ♍ 14	9 ♎ 51	28 ♓ 34	28 D 21	27 ♍ 37	4 ♍ 23	21 ♏ 39	0 ♓ 10	22 ♍ 22	9 ♋ 1	16 ♎ 6	18 ♌ 49	12 ♐	19 ♏	17 ♎	21 ♉	16 ♐
15	21 ♍ 13	24 ♎ 17	28 ♓ 31	28 ♓ 21	26 ♍ 39	5 ♍ 37	22 ♏ 20	0 ♓ 3	22 ♍ 29	9 ♋ 3	16 ♎ 8	18 ♌ 50	13 ♐	19 ♏	17 ♎	21 ♉	16 ♐
16	22 ♍ 11	8 ♏ 47	28 ♓ 28	28 ♓ 22	25 ♍ 38	6 ♍ 52	23 ♏ 0	29 ♒ 56	22 ♍ 37	9 ♋ 5	16 ♎ 10	18 ♌ 52	13 ♐	20 ♏	18 ♎	21 ♉	16 ♐
17	23 ♍ 10	23 ♏ 16	28 ♓ 25	28 ♓ 22	24 ♍ 35	8 ♍ 6	23 ♏ 41	29 ♒ 49	22 ♍ 44	9 ♋ 6	16 ♎ 12	18 ♌ 53	13 ♐	20 ♏	18 ♎	21 ♉	16 ♐
18	24 ♍ 8	7 ♐ 39	28 ♓ 21	28 ♓ 22	23 ♍ 32	9 ♍ 20	24 ♏ 22	29 ♒ 43	22 ♍ 52	9 ♋ 8	16 ♎ 14	18 ♌ 55	13 ♐	20 ♏	18 ♎	21 ♉	16 ♐
19	25 ♍ 7	21 ♐ 53	28 ♓ 18	28 ♓ 23	22 ♍ 31	10 ♍ 35	25 ♏ 2	29 ♒ 36	22 ♍ 59	9 ♋ 9	16 ♎ 16	18 ♌ 57	14 ♐	21 ♏	19 ♎	21 ♉	16 ♐
20	26 ♍ 5	5 ♑ 56	28 ♓ 15	28 R 22	21 ♍ 32	11 ♍ 49	25 ♏ 43	29 ♒ 30	23 ♍ 7	9 ♋ 11	16 ♎ 18	18 ♌ 58	14 ♐	21 ♏	19 ♎	21 R	16 ♐
21	27 ♍ 4	19 ♑ 46	28 ♓ 12	28 ♓ 22	20 ♍ 39	13 ♍ 3	26 ♏ 24	29 ♒ 24	23 ♍ 14	9 ♋ 12	16 ♎ 20	19 ♌ 0	14 ♐	21 ♏	19 ♎	21 ♉	16 ♐
22	28 ♍ 3	3 ♒ 23	28 ♓ 9	28 ♓ 22	19 ♍ 51	14 ♍ 18	27 ♏ 6	29 ♒ 18	23 ♍ 22	9 ♋ 13	16 ♎ 22	19 ♌ 1	14 ♐	22 ♏	20 ♎	21 ♉	16 ♐
23	29 ♍ 1	16 ♒ 46	28 ♓ 6	28 D 22	19 ♍ 10	15 ♍ 32	27 ♏ 47	29 ♒ 12	23 ♍ 29	9 ♋ 14	16 ♎ 25	19 ♌ 3	15 ♐	22 ♏	20 ♎	21 ♉	16 ♐
24	0 ♎ 0	29 ♒ 55	28 ♓ 2	28 ♓ 22	18 ♍ 37	16 ♍ 47	28 ♏ 28	29 ♒ 6	23 ♍ 37	9 ♋ 16	16 ♎ 27	19 ♌ 4	15 ♐	23 ♏	20 ♎	21 ♉	16 ♐
25	0 ♎ 59	12 ♓ 50	27 ♓ 59	28 ♓ 23	18 ♍ 14	18 ♍ 1	29 ♏ 10	29 ♒ 1	23 ♍ 44	9 ♋ 17	16 ♎ 29	19 ♌ 6	15 ♐	23 ♏	21 ♎	21 ♉	16 ♐
26	1 ♎ 58	25 ♓ 32	27 ♓ 56	28 ♓ 23	18 ♍ 0	19 ♍ 16	29 ♏ 51	28 ♒ 55	23 ♍ 51	9 ♋ 18	16 ♎ 31	19 ♌ 7	15 ♐	23 ♏	21 ♎	21 ♉	16 ♐
27	2 ♎ 56	8 ♈ 1	27 ♓ 53	28 R 23	17 D 56	20 ♍ 30	0 ♐ 33	28 ♒ 50	23 ♍ 59	9 ♋ 19	16 ♎ 33	19 ♌ 8	16 ♐	24 ♏	21 ♎	21 ♉	16 ♐
28	3 ♎ 55	20 ♈ 19	27 ♓ 50	28 ♓ 22	18 ♍ 3	21 ♍ 45	1 ♐ 15	28 ♒ 45	24 ♍ 6	9 ♋ 20	16 ♎ 35	19 ♌ 10	16 ♐	24 ♏	22 ♎	21 ♉	16 ♐
29	4 ♎ 54	2 ♉ 26	27 ♓ 46	28 ♓ 22	18 ♍ 19	23 ♍ 0	1 ♐ 56	28 ♒ 40	24 ♍ 14	9 ♋ 21	16 ♎ 38	19 ♌ 11	16 ♐	24 ♏	22 ♎	21 ♉	16 ♐
30	5 ♎ 53	14 ♉ 25	27 ♓ 43	28 ♓ 21	18 ♍ 45	24 ♍ 14	2 ♐ 38	28 ♒ 35	24 ♍ 21	9 ♋ 22	16 ♎ 40	19 ♌ 13	16 ♐	25 ♏	23 ♎	21 ♉	16 ♐

SUN INGRESS	☉ → ♎23日 23:44
MOON PHASE	◑ 4日 22:53 ♊　● 12日 12:29 ♍　◐ 19日 05:54 ♐　○ 26日 13:21 ♈

aspects		
1日	01:31	♀☌♇
2日	01:18	☉⚹♅
9日	13:32	♂□♇
10日	21:05	♀☍♃
15日	06:57	♂⚹♄
16日	11:58	☉☌♄
17日	12:29	☿⚹♂
17日	16:47	☉☌☿
17日	19:50	♀⚹♅
18日	13:57	☿☌♄
18日	17:55	☉⚹♂
24日	19:23	♂□♃
25日	03:17	☿☌♀
30日	02:27	♀☌♄

1950年10月

DAY	☉	☽	☊ mean	☊ true	☿	♀	♂	♃	♄	♅	♆	♇	⚳	⚴	⚵	⚶	⚷
	° ′	° ′	° ′	° ′	° ′	° ′	° ′	° ′	° ′	° ′	° ′	° ′	°	°	°	°	°
1	6 ♎ 52	26 ♉ 19	27 ♓ 40	28 R 20	19 D 21	25 D 29	3 D 20	28 R 30	24 D 29	9 D 23	16 D 42	19 D 14	17 D	25 D	23 D	21 R	16 D
2	7 ♎ 51	8 ♊ 10	27 ♓ 37	28 ♓ 18	20 ♍ 6	26 ♍ 44	4 ♐ 2	28 ♒ 26	24 ♍ 36	9 ♋ 23	16 ♎ 44	19 ♌ 15	17 ♐	25 ♏	23 ♎	21 ♉	17 ♐
3	8 ♎ 50	20 ♊ 2	27 ♓ 34	28 ♓ 17	20 ♍ 58	27 ♍ 58	4 ♐ 45	28 ♒ 21	24 ♍ 43	9 ♋ 24	16 ♎ 46	19 ♌ 17	17 ♐	26 ♏	24 ♎	21 ♉	17 ♐
4	9 ♎ 49	2 ♋ 0	27 ♓ 31	28 ♓ 17	21 ♍ 59	29 ♍ 13	5 ♐ 27	28 ♒ 17	24 ♍ 51	9 ♋ 25	16 ♎ 49	19 ♌ 18	18 ♐	26 ♏	24 ♎	21 ♉	17 ♐
5	10 ♎ 48	14 ♋ 8	27 ♓ 27	28 D 17	23 ♍ 6	0 ♎ 28	6 ♐ 9	28 ♒ 13	24 ♍ 58	9 ♋ 25	16 ♎ 51	19 ♌ 19	18 ♐	27 ♏	24 ♎	21 ♉	17 ♐
6	11 ♎ 47	26 ♋ 30	27 ♓ 24	28 ♓ 17	24 ♍ 20	1 ♎ 43	6 ♐ 52	28 ♒ 10	25 ♍ 5	9 ♋ 26	16 ♎ 53	19 ♌ 20	18 ♐	27 ♏	25 ♎	20 ♉	17 ♐
7	12 ♎ 47	9 ♌ 11	27 ♓ 21	28 ♓ 18	25 ♍ 38	2 ♎ 58	7 ♐ 34	28 ♒ 6	25 ♍ 13	9 ♋ 27	16 ♎ 55	19 ♌ 22	19 ♐	27 ♏	25 ♎	20 ♉	17 ♐
8	13 ♎ 46	22 ♌ 15	27 ♓ 18	28 ♓ 19	27 ♍ 2	4 ♎ 13	8 ♐ 17	28 ♒ 3	25 ♍ 20	9 ♋ 27	16 ♎ 58	19 ♌ 23	19 ♐	28 ♏	25 ♎	20 ♉	17 ♐
9	14 ♎ 45	5 ♍ 43	27 ♓ 15	28 ♓ 20	28 ♍ 30	5 ♎ 28	9 ♐ 0	27 ♒ 59	25 ♍ 27	9 ♋ 27	17 ♎ 0	19 ♌ 24	19 ♐	28 ♏	26 ♎	20 ♉	17 ♐
10	15 ♎ 44	19 ♍ 37	27 ♓ 12	28 ♓ 21	0 ♎ 1	6 ♎ 42	9 ♐ 43	27 ♒ 56	25 ♍ 34	9 ♋ 28	17 ♎ 2	19 ♌ 25	19 ♐	29 ♏	26 ♎	20 ♉	17 ♐
11	16 ♎ 44	3 ♎ 55	27 ♓ 8	28 R 21	1 ♎ 35	7 ♎ 57	10 ♐ 26	27 ♒ 54	25 ♍ 41	9 ♋ 28	17 ♎ 4	19 ♌ 26	20 ♐	29 ♏	26 ♎	20 ♉	17 ♐
12	17 ♎ 43	18 ♎ 33	27 ♓ 5	28 ♓ 21	3 ♎ 11	9 ♎ 12	11 ♐ 9	27 ♒ 51	25 ♍ 49	9 ♋ 28	17 ♎ 7	19 ♌ 27	20 ♐	29 ♏	27 ♎	20 ♉	17 ♐
13	18 ♎ 42	3 ♏ 24	27 ♓ 2	28 ♓ 19	4 ♎ 49	10 ♎ 27	11 ♐ 52	27 ♒ 49	25 ♍ 56	9 ♋ 29	17 ♎ 9	19 ♌ 29	20 ♐	0 ♐	27 ♎	19 ♉	17 ♐
14	19 ♎ 42	18 ♏ 21	26 ♓ 59	28 ♓ 16	6 ♎ 29	11 ♎ 42	12 ♐ 35	27 ♒ 46	26 ♍ 3	9 ♋ 29	17 ♎ 11	19 ♌ 30	21 ♐	0 ♐	27 ♎	19 ♉	17 ♐
15	20 ♎ 41	3 ♐ 15	26 ♓ 56	28 ♓ 13	8 ♎ 10	12 ♎ 57	13 ♐ 18	27 ♒ 44	26 ♍ 10	9 ♋ 29	17 ♎ 13	19 ♌ 31	21 ♐	0 ♐	28 ♎	19 ♉	17 ♐
16	21 ♎ 41	17 ♐ 59	26 ♓ 52	28 ♓ 10	9 ♎ 52	14 ♎ 12	14 ♐ 2	27 ♒ 42	26 ♍ 17	9 ♋ 29	17 ♎ 15	19 ♌ 32	21 ♐	1 ♐	28 ♎	19 ♉	18 ♐
17	22 ♎ 40	2 ♑ 26	26 ♓ 49	28 ♓ 8	11 ♎ 34	15 ♎ 27	14 ♐ 45	27 ♒ 41	26 ♍ 24	9 R 29	17 ♎ 18	19 ♌ 33	22 ♐	1 ♐	28 ♎	19 ♉	18 ♐
18	23 ♎ 40	16 ♑ 33	26 ♓ 46	28 ♓ 7	13 ♎ 17	16 ♎ 43	15 ♐ 29	27 ♒ 39	26 ♍ 31	9 ♋ 29	17 ♎ 20	19 ♌ 34	22 ♐	2 ♐	29 ♎	18 ♉	18 ♐
19	24 ♎ 39	0 ♒ 18	26 ♓ 43	28 D 7	15 ♎ 0	17 ♎ 58	16 ♐ 12	27 ♒ 38	26 ♍ 38	9 ♋ 29	17 ♎ 22	19 ♌ 35	22 ♐	2 ♐	29 ♎	18 ♉	18 ♐
20	25 ♎ 39	13 ♒ 43	26 ♓ 40	28 ♓ 8	16 ♎ 43	19 ♎ 13	16 ♐ 56	27 ♒ 37	26 ♍ 45	9 ♋ 29	17 ♎ 24	19 ♌ 36	23 ♐	2 ♐	29 ♎	18 ♉	18 ♐
21	26 ♎ 39	26 ♒ 49	26 ♓ 37	28 ♓ 9	18 ♎ 26	20 ♎ 28	17 ♐ 40	27 ♒ 36	26 ♍ 52	9 ♋ 28	17 ♎ 27	19 ♌ 37	23 ♐	3 ♐	0 ♏	18 ♉	18 ♐
22	27 ♎ 38	9 ♓ 39	26 ♓ 33	28 ♓ 11	20 ♎ 9	21 ♎ 43	18 ♐ 24	27 ♒ 36	26 ♍ 58	9 ♋ 28	17 ♎ 29	19 ♌ 37	23 ♐	3 ♐	0 ♏	18 ♉	18 ♐
23	28 ♎ 38	22 ♓ 14	26 ♓ 30	28 ♓ 12	21 ♎ 51	22 ♎ 58	19 ♐ 8	27 ♒ 35	27 ♍ 5	9 ♋ 28	17 ♎ 31	19 ♌ 38	24 ♐	4 ♐	0 ♏	17 ♉	18 ♐
24	29 ♎ 38	4 ♈ 38	26 ♓ 27	28 R 12	23 ♎ 33	24 ♎ 13	19 ♐ 52	27 ♒ 35	27 ♍ 12	9 ♋ 27	17 ♎ 33	19 ♌ 39	24 ♐	4 ♐	1 ♏	17 ♉	18 ♐
25	0 ♏ 37	16 ♈ 52	26 ♓ 24	28 ♓ 10	25 ♎ 15	25 ♎ 28	20 ♐ 36	27 D 35	27 ♍ 19	9 ♋ 27	17 ♎ 35	19 ♌ 40	24 ♐	4 ♐	1 ♏	17 ♉	18 ♐
26	1 ♏ 37	28 ♈ 58	26 ♓ 21	28 ♓ 7	26 ♎ 56	26 ♎ 44	21 ♐ 20	27 ♒ 35	27 ♍ 25	9 ♋ 26	17 ♎ 38	19 ♌ 41	25 ♐	5 ♐	2 ♏	17 ♉	18 ♐
27	2 ♏ 37	10 ♉ 58	26 ♓ 17	28 ♓ 2	28 ♎ 37	27 ♎ 59	22 ♐ 4	27 ♒ 35	27 ♍ 32	9 ♋ 26	17 ♎ 40	19 ♌ 41	25 ♐	5 ♐	2 ♏	16 ♉	18 ♐
28	3 ♏ 37	22 ♉ 53	26 ♓ 14	27 ♓ 56	0 ♏ 18	29 ♎ 14	22 ♐ 48	27 ♒ 36	27 ♍ 38	9 ♋ 25	17 ♎ 42	19 ♌ 42	25 ♐	6 ♐	2 ♏	16 ♉	19 ♐
29	4 ♏ 37	4 ♊ 45	26 ♓ 11	27 ♓ 49	1 ♏ 58	0 ♏ 29	23 ♐ 33	27 ♒ 37	27 ♍ 45	9 ♋ 25	17 ♎ 44	19 ♌ 43	26 ♐	6 ♐	3 ♏	16 ♉	19 ♐
30	5 ♏ 37	16 ♊ 36	26 ♓ 8	27 ♓ 42	3 ♏ 37	1 ♏ 44	24 ♐ 17	27 ♒ 38	27 ♍ 51	9 ♋ 24	17 ♎ 46	19 ♌ 44	26 ♐	6 ♐	3 ♏	16 ♉	19 ♐
31	6 ♏ 37	28 ♊ 29	26 ♓ 5	27 ♓ 35	5 ♏ 17	3 ♏ 0	25 ♐ 2	27 ♒ 39	27 ♍ 58	9 ♋ 23	17 ♎ 48	19 ♌ 44	26 ♐	7 ♐	3 ♏	15 ♉	19 ♐

SUN INGRESS	☉ → ♏24日 08:45
MOON PHASE	◑ 4日 16:53 ♋　● 11日 22:34 ♎　◐ 18日 13:18 ♑　○ 26日 05:46 ♉

aspects		
3日	14:00	☉□♅
6日	15:30	☿☌♄
11日	08:41	☉☌♆
12日	05:09	♀□♅
13日	19:00	☉⚹♇
15日	15:54	♀⚹♂
15日	18:37	☿□♅
18日	12:19	♀☌♆
20日	05:21	☿⚹♂
20日	07:25	♀⚹♇
20日	09:54	☿☌♆
20日	16:22	♂⚹♆
21日	16:40	☿⚹♇
21日	22:53	☉△♃
23日	17:03	♂△♇
25日	12:10	☿☌♀
26日	09:11	☿△♃
26日	16:30	♀△♃

1950年11月

DAY	☉	☽	☊ mean	☊ true	☿	♀	♂	♃	♄	♅	♆	♇	⚳	⚴	⚵	⚶	⚷
	° ′	° ′	° ′	° ′	° ′	° ′	° ′	° ′	° ′	° ′	° ′	° ′	°	°	°	°	°
1	7 ♏ 37	10 ♋ 26	26 ♓ 2	27 R 30	6 D 55	4 D 15	25 D 46	27 D 40	28 D 4	9 R 22	17 D 51	19 D 45	27 D	7 D	4 D	15 R	19 D
2	8 ♏ 37	22 ♋ 31	25 ♓ 58	27 ♓ 27	8 ♏ 33	5 ♏ 30	26 ♐ 31	27 ♒ 42	28 ♍ 10	9 ♋ 22	17 ♎ 53	19 ♌ 45	27 ♐	8 ♐	4 ♏	15 ♉	19 ♐
3	9 ♏ 37	4 ♌ 49	25 ♓ 55	27 ♓ 25	10 ♏ 11	6 ♏ 45	27 ♐ 16	27 ♒ 44	28 ♍ 17	9 ♋ 21	17 ♎ 55	19 ♌ 46	27 ♐	8 ♐	4 ♏	15 ♉	19 ♐
4	10 ♏ 37	17 ♌ 24	25 ♓ 52	27 D 25	11 ♏ 48	8 ♏ 1	28 ♐ 0	27 ♒ 46	28 ♍ 23	9 ♋ 20	17 ♎ 57	19 ♌ 46	28 ♐	8 ♐	5 ♏	14 ♉	19 ♐
5	11 ♏ 37	0 ♍ 21	25 ♓ 49	27 ♓ 27	13 ♏ 25	9 ♏ 16	28 ♐ 45	27 ♒ 48	28 ♍ 29	9 ♋ 19	17 ♎ 59	19 ♌ 47	28 ♐	9 ♐	5 ♏	14 ♉	19 ♐
6	12 ♏ 37	13 ♍ 43	25 ♓ 46	27 ♓ 28	15 ♏ 1	10 ♏ 31	29 ♐ 30	27 ♒ 50	28 ♍ 35	9 ♋ 18	18 ♎ 1	19 ♌ 47	28 ♐	9 ♐	5 ♏	14 ♉	19 ♐
7	13 ♏ 37	27 ♍ 32	25 ♓ 43	27 R 29	16 ♏ 37	11 ♏ 47	0 ♑ 15	27 ♒ 53	28 ♍ 41	9 ♋ 17	18 ♎ 3	19 ♌ 48	29 ♐	10 ♐	6 ♏	14 ♉	20 ♐
8	14 ♏ 38	11 ♎ 51	25 ♓ 39	27 ♓ 28	18 ♏ 13	13 ♏ 2	1 ♑ 0	27 ♒ 56	28 ♍ 47	9 ♋ 15	18 ♎ 5	19 ♌ 48	29 ♐	10 ♐	6 ♏	13 ♉	20 ♐
9	15 ♏ 38	26 ♎ 35	25 ♓ 36	27 ♓ 25	19 ♏ 48	14 ♏ 17	1 ♑ 45	27 ♒ 59	28 ♍ 53	9 ♋ 14	18 ♎ 7	19 ♌ 49	0 ♑	11 ♐	6 ♏	13 ♉	20 ♐
10	16 ♏ 38	11 ♏ 39	25 ♓ 33	27 ♓ 19	21 ♏ 23	15 ♏ 33	2 ♑ 30	28 ♒ 2	28 ♍ 59	9 ♋ 13	18 ♎ 9	19 ♌ 49	0 ♑	11 ♐	7 ♏	13 ♉	20 ♐
11	17 ♏ 38	26 ♏ 54	25 ♓ 30	27 ♓ 12	22 ♏ 57	16 ♏ 48	3 ♑ 16	28 ♒ 5	29 ♍ 5	9 ♋ 12	18 ♎ 11	19 ♌ 49	0 ♑	11 ♐	7 ♏	13 ♉	20 ♐
12	18 ♏ 39	12 ♐ 10	25 ♓ 27	27 ♓ 4	24 ♏ 32	18 ♏ 3	4 ♑ 1	28 ♒ 9	29 ♍ 11	9 ♋ 10	18 ♎ 13	19 ♌ 50	1 ♑	12 ♐	7 ♏	12 ♉	20 ♐
13	19 ♏ 39	27 ♐ 15	25 ♓ 23	26 ♓ 56	26 ♏ 5	19 ♏ 19	4 ♑ 46	28 ♒ 12	29 ♍ 16	9 ♋ 9	18 ♎ 15	19 ♌ 50	1 ♑	12 ♐	8 ♏	12 ♉	20 ♐
14	20 ♏ 40	12 ♑ 0	25 ♓ 20	26 ♓ 49	27 ♏ 39	20 ♏ 34	5 ♑ 32	28 ♒ 16	29 ♍ 22	9 ♋ 8	18 ♎ 17	19 ♌ 50	1 ♑	13 ♐	8 ♏	12 ♉	20 ♐
15	21 ♏ 40	26 ♑ 20	25 ♓ 17	26 ♓ 44	29 ♏ 12	21 ♏ 49	6 ♑ 17	28 ♒ 20	29 ♍ 28	9 ♋ 6	18 ♎ 19	19 ♌ 50	2 ♑	13 ♐	8 ♏	12 ♉	20 ♐
16	22 ♏ 41	10 ♒ 13	25 ♓ 14	26 ♓ 41	0 ♐ 45	23 ♏ 5	7 ♑ 3	28 ♒ 25	29 ♍ 33	9 ♋ 5	18 ♎ 21	19 ♌ 51	2 ♑	13 ♐	9 ♏	11 ♉	20 ♐
17	23 ♏ 41	23 ♒ 38	25 ♓ 11	26 D 41	2 ♐ 18	24 ♏ 20	7 ♑ 49	28 ♒ 29	29 ♍ 38	9 ♋ 3	18 ♎ 23	19 ♌ 51	2 ♑	14 ♐	9 ♏	11 ♉	21 ♐
18	24 ♏ 41	6 ♓ 39	25 ♓ 8	26 ♓ 41	3 ♐ 51	25 ♏ 36	8 ♑ 34	28 ♒ 34	29 ♍ 44	9 ♋ 1	18 ♎ 25	19 ♌ 51	3 ♑	14 ♐	9 ♏	11 ♉	21 ♐
19	25 ♏ 42	19 ♓ 19	25 ♓ 4	26 ♓ 42	5 ♐ 23	26 ♏ 51	9 ♑ 20	28 ♒ 39	29 ♍ 49	9 ♋ 0	18 ♎ 27	19 ♌ 51	3 ♑	15 ♐	10 ♏	11 ♉	21 ♐
20	26 ♏ 43	1 ♈ 42	25 ♓ 1	26 R 42	6 ♐ 55	28 ♏ 6	10 ♑ 6	28 ♒ 44	29 ♍ 54	8 ♋ 58	18 ♎ 29	19 ♌ 51	4 ♑	15 ♐	10 ♏	10 ♉	21 ♐
21	27 ♏ 43	13 ♈ 54	24 ♓ 58	26 ♓ 40	8 ♐ 27	29 ♏ 22	10 ♑ 51	28 ♒ 49	29 ♍ 59	8 ♋ 56	18 ♎ 31	19 ♌ 51	4 ♑	15 ♐	10 ♏	10 ♉	21 ♐
22	28 ♏ 44	25 ♈ 56	24 ♓ 55	26 ♓ 36	9 ♐ 58	0 ♐ 37	11 ♑ 37	28 ♒ 55	0 ♎ 4	8 ♋ 55	18 ♎ 32	19 ♌ 51	4 ♑	16 ♐	11 ♏	10 ♉	21 ♐
23	29 ♏ 44	7 ♉ 53	24 ♓ 52	26 ♓ 29	11 ♐ 30	1 ♐ 52	12 ♑ 23	29 ♒ 0	0 ♎ 9	8 ♋ 53	18 ♎ 34	19 R 51	5 ♑	16 ♐	11 ♏	10 ♉	21 ♐
24	0 ♐ 45	19 ♉ 47	24 ♓ 49	26 ♓ 20	13 ♐ 1	3 ♐ 8	13 ♑ 9	29 ♒ 6	0 ♎ 14	8 ♋ 51	18 ♎ 36	19 ♌ 51	5 ♑	17 ♐	11 ♏	9 ♉	21 ♐
25	1 ♐ 46	1 ♊ 39	24 ♓ 45	26 ♓ 8	14 ♐ 31	4 ♐ 23	13 ♑ 55	29 ♒ 12	0 ♎ 19	8 ♋ 49	18 ♎ 38	19 ♌ 51	5 ♑	17 ♐	12 ♏	9 ♉	21 ♐
26	2 ♐ 46	13 ♊ 31	24 ♓ 42	25 ♓ 55	16 ♐ 2	5 ♐ 39	14 ♑ 41	29 ♒ 18	0 ♎ 24	8 ♋ 47	18 ♎ 39	19 ♌ 51	6 ♑	17 ♐	12 ♏	9 ♉	22 ♐
27	3 ♐ 47	25 ♊ 25	24 ♓ 39	25 ♓ 42	17 ♐ 32	6 ♐ 54	15 ♑ 27	29 ♒ 24	0 ♎ 28	8 ♋ 45	18 ♎ 41	19 ♌ 51	6 ♑	18 ♐	12 ♏	9 ♉	22 ♐
28	4 ♐ 48	7 ♋ 21	24 ♓ 36	25 ♓ 29	19 ♐ 2	8 ♐ 9	16 ♑ 14	29 ♒ 31	0 ♎ 33	8 ♋ 43	18 ♎ 43	19 ♌ 51	7 ♑	18 ♐	13 ♏	9 ♉	22 ♐
29	5 ♐ 48	19 ♋ 22	24 ♓ 33	25 ♓ 18	20 ♐ 32	9 ♐ 25	17 ♑ 0	29 ♒ 37	0 ♎ 38	8 ♋ 41	18 ♎ 44	19 ♌ 50	7 ♑	19 ♐	13 ♏	8 ♉	22 ♐
30	6 ♐ 49	1 ♌ 30	24 ♓ 29	25 ♓ 10	22 ♐ 1	10 ♐ 40	17 ♑ 46	29 ♒ 44	0 ♎ 42	8 ♋ 39	18 ♎ 46	19 ♌ 50	7 ♑	19 ♐	13 ♏	8 ♉	22 ♐

SUN INGRESS	☉ → ♐ 23日 06:02
MOON PHASE	◑ 3日 10:00 ♌　● 10日 08:25 ♏　◐ 17日 00:06 ♒　○ 25日 00:14 ♊

aspects		
2日	02:12	☉☌☿
2日	11:45	☿△♅
2日	17:40	☉△♅
3日	15:44	♂⚹♃
4日	14:03	♂□♄
5日	00:52	♀△♅
9日	00:10	☿□♇
13日	04:18	☉□♇
13日	10:01	♀□♇
14日	08:59	☉☌♀
14日	10:02	☿□♃
15日	04:10	☿⚹♄
18日	13:48	♂☍♅
20日	12:52	♀□♃
21日	12:51	♀⚹♄
22日	04:45	☉□♃
23日	10:49	☉⚹♄
27日	18:40	☿⚹♆
28日	12:53	☿△♇

1950年12月

DAY	☉	☽	☊ mean	☊ true	☿	♀	♂	♃	♄	♅	♆	♇	⚳	⚴	⚵	⚶	⚷
	° ′	° ′	° ′	° ′	° ′	° ′	° ′	° ′	° ′	° ′	° ′	° ′	°	°	°	°	°
1	7 ♐ 50	13 ♌ 48	24 ♓ 26	25 R 5	23 D 30	11 D 56	18 D 32	29 D 51	0 D 46	8 R 37	18 D 48	19 R 50	8 D	20 D	14 D	8 R	22 D
2	8 ♐ 51	26 ♌ 20	24 ♓ 23	25 ♓ 3	24 ♐ 59	13 ♐ 11	19 ♑ 19	29 ♒ 58	0 ♎ 51	8 ♋ 35	18 ♎ 49	19 ♌ 50	8 ♑	20 ♐	14 ♏	8 ♉	22 ♐
3	9 ♐ 52	9 ♍ 11	24 ♓ 20	25 ♓ 2	26 ♐ 27	14 ♐ 26	20 ♑ 5	0 ♓ 5	0 ♎ 55	8 ♋ 33	18 ♎ 51	19 ♌ 49	8 ♑	20 ♐	14 ♏	8 ♉	22 ♐
4	10 ♐ 52	22 ♍ 23	24 ♓ 17	25 D 2	27 ♐ 54	15 ♐ 42	20 ♑ 51	0 ♓ 13	0 ♎ 59	8 ♋ 31	18 ♎ 52	19 ♌ 49	9 ♑	21 ♐	15 ♏	8 ♉	22 ♐
5	11 ♐ 53	6 ♎ 2	24 ♓ 14	25 R 2	29 ♐ 20	16 ♐ 57	21 ♑ 38	0 ♓ 20	1 ♎ 3	8 ♋ 28	18 ♎ 54	19 ♌ 49	9 ♑	21 ♐	15 ♏	7 ♉	23 ♐
6	12 ♐ 54	20 ♎ 8	24 ♓ 10	25 ♓ 0	0 ♑ 46	18 ♐ 13	22 ♑ 24	0 ♓ 28	1 ♎ 7	8 ♋ 26	18 ♎ 55	19 ♌ 48	10 ♑	22 ♐	15 ♏	7 ♉	23 ♐
7	13 ♐ 55	4 ♏ 42	24 ♓ 7	24 ♓ 55	2 ♑ 11	19 ♐ 28	23 ♑ 11	0 ♓ 36	1 ♎ 11	8 ♋ 24	18 ♎ 57	19 ♌ 48	10 ♑	22 ♐	16 ♏	7 ♉	23 ♐
8	14 ♐ 56	19 ♏ 40	24 ♓ 4	24 ♓ 48	3 ♑ 34	20 ♐ 44	23 ♑ 57	0 ♓ 44	1 ♎ 14	8 ♋ 22	18 ♎ 58	19 ♌ 48	10 ♑	22 ♐	16 ♏	7 ♉	23 ♐
9	15 ♐ 57	4 ♐ 55	24 ♓ 1	24 ♓ 38	4 ♑ 56	21 ♐ 59	24 ♑ 44	0 ♓ 52	1 ♎ 18	8 ♋ 19	19 ♎ 0	19 ♌ 47	11 ♑	23 ♐	16 ♏	7 ♉	23 ♐
10	16 ♐ 58	20 ♐ 16	23 ♓ 58	24 ♓ 26	6 ♑ 17	23 ♐ 14	25 ♑ 31	1 ♓ 0	1 ♎ 21	8 ♋ 17	19 ♎ 1	19 ♌ 47	11 ♑	23 ♐	17 ♏	7 ♉	23 ♐
11	17 ♐ 59	5 ♑ 31	23 ♓ 55	24 ♓ 15	7 ♑ 35	24 ♐ 30	26 ♑ 17	1 ♓ 9	1 ♎ 25	8 ♋ 15	19 ♎ 3	19 ♌ 46	12 ♑	24 ♐	17 ♏	7 ♉	23 ♐
12	19 ♐ 0	20 ♑ 30	23 ♓ 51	24 ♓ 4	8 ♑ 52	25 ♐ 45	27 ♑ 4	1 ♓ 17	1 ♎ 28	8 ♋ 12	19 ♎ 4	19 ♌ 46	12 ♑	24 ♐	17 ♏	7 ♉	23 ♐
13	20 ♐ 1	5 ♒ 3	23 ♓ 48	23 ♓ 56	10 ♑ 6	27 ♐ 1	27 ♑ 51	1 ♓ 26	1 ♎ 31	8 ♋ 10	19 ♎ 5	19 ♌ 45	12 ♑	25 ♐	18 ♏	6 ♉	23 ♐
14	21 ♐ 2	19 ♒ 7	23 ♓ 45	23 ♓ 51	11 ♑ 17	28 ♐ 16	28 ♑ 38	1 ♓ 35	1 ♎ 35	8 ♋ 7	19 ♎ 7	19 ♌ 44	13 ♑	25 ♐	18 ♏	6 ♉	24 ♐
15	22 ♐ 3	2 ♓ 41	23 ♓ 42	23 ♓ 48	12 ♑ 25	29 ♐ 32	29 ♑ 24	1 ♓ 44	1 ♎ 38	8 ♋ 5	19 ♎ 8	19 ♌ 44	13 ♑	25 ♐	18 ♏	6 ♉	24 ♐
16	23 ♐ 4	15 ♓ 46	23 ♓ 39	23 ♓ 47	13 ♑ 28	0 ♑ 47	0 ♒ 11	1 ♓ 53	1 ♎ 41	8 ♋ 2	19 ♎ 9	19 ♌ 43	14 ♑	26 ♐	19 ♏	6 ♉	24 ♐
17	24 ♐ 5	28 ♓ 27	23 ♓ 35	23 ♓ 47	14 ♑ 27	2 ♑ 2	0 ♒ 58	2 ♓ 3	1 ♎ 44	8 ♋ 0	19 ♎ 10	19 ♌ 42	14 ♑	26 ♐	19 ♏	6 ♉	24 ♐
18	25 ♐ 6	10 ♈ 48	23 ♓ 32	23 ♓ 46	15 ♑ 21	3 ♑ 18	1 ♒ 45	2 ♓ 12	1 ♎ 46	7 ♋ 57	19 ♎ 11	19 ♌ 42	14 ♑	27 ♐	19 ♏	6 ♉	24 ♐
19	26 ♐ 7	22 ♈ 55	23 ♓ 29	23 ♓ 44	16 ♑ 9	4 ♑ 33	2 ♒ 32	2 ♓ 22	1 ♎ 49	7 ♋ 55	19 ♎ 12	19 ♌ 41	15 ♑	27 ♐	20 ♏	6 ♉	24 ♐
20	27 ♐ 8	4 ♉ 53	23 ♓ 26	23 ♓ 39	16 ♑ 51	5 ♑ 49	3 ♒ 19	2 ♓ 31	1 ♎ 52	7 ♋ 52	19 ♎ 14	19 ♌ 40	15 ♑	27 ♐	20 ♏	6 ♉	24 ♐
21	28 ♐ 9	16 ♉ 45	23 ♓ 23	23 ♓ 32	17 ♑ 24	7 ♑ 4	4 ♒ 6	2 ♓ 41	1 ♎ 54	7 ♋ 50	19 ♎ 15	19 ♌ 39	15 ♑	28 ♐	20 ♏	6 ♉	24 ♐
22	29 ♐ 11	28 ♉ 36	23 ♓ 20	23 ♓ 21	17 ♑ 49	8 ♑ 19	4 ♒ 53	2 ♓ 51	1 ♎ 56	7 ♋ 47	19 ♎ 16	19 ♌ 39	16 ♑	28 ♐	21 ♏	6 ♉	24 ♐
23	0 ♑ 12	10 ♊ 28	23 ♓ 16	23 ♓ 8	18 ♑ 5	9 ♑ 35	5 ♒ 40	3 ♓ 1	1 ♎ 59	7 ♋ 45	19 ♎ 17	19 ♌ 38	16 ♑	29 ♐	21 ♏	6 ♉	25 ♐
24	1 ♑ 13	22 ♊ 22	23 ♓ 13	22 ♓ 53	18 R 10	10 ♑ 50	6 ♒ 27	3 ♓ 11	2 ♎ 1	7 ♋ 42	19 ♎ 18	19 ♌ 37	17 ♑	29 ♐	21 ♏	6 ♉	25 ♐
25	2 ♑ 14	4 ♋ 21	23 ♓ 10	22 ♓ 38	18 ♑ 4	12 ♑ 5	7 ♒ 14	3 ♓ 22	2 ♎ 3	7 ♋ 40	19 ♎ 19	19 ♌ 36	17 ♑	29 ♐	21 ♏	6 D	25 ♐
26	3 ♑ 15	16 ♋ 25	23 ♓ 7	22 ♓ 24	17 ♑ 47	13 ♑ 21	8 ♒ 1	3 ♓ 32	2 ♎ 5	7 ♋ 37	19 ♎ 20	19 ♌ 35	17 ♑	0 ♑	22 ♏	6 ♉	25 ♐
27	4 ♑ 16	28 ♋ 35	23 ♓ 4	22 ♓ 12	17 ♑ 18	14 ♑ 36	8 ♒ 48	3 ♓ 43	2 ♎ 7	7 ♋ 34	19 ♎ 20	19 ♌ 34	18 ♑	0 ♑	22 ♏	6 ♉	25 ♐
28	5 ♑ 17	10 ♌ 53	23 ♓ 1	22 ♓ 3	16 ♑ 37	15 ♑ 52	9 ♒ 35	3 ♓ 53	2 ♎ 8	7 ♋ 32	19 ♎ 21	19 ♌ 33	18 ♑	1 ♑	22 ♏	6 ♉	25 ♐
29	6 ♑ 18	23 ♌ 20	22 ♓ 57	21 ♓ 57	15 ♑ 45	17 ♑ 7	10 ♒ 22	4 ♓ 4	2 ♎ 10	7 ♋ 29	19 ♎ 22	19 ♌ 32	19 ♑	1 ♑	23 ♏	6 ♉	25 ♐
30	7 ♑ 19	5 ♍ 59	22 ♓ 54	21 ♓ 54	14 ♑ 43	18 ♑ 22	11 ♒ 9	4 ♓ 15	2 ♎ 11	7 ♋ 27	19 ♎ 23	19 ♌ 31	19 ♑	1 ♑	23 ♏	6 ♉	25 ♐
31	8 ♑ 21	18 ♍ 51	22 ♓ 51	21 ♓ 53	13 ♑ 33	19 ♑ 38	11 ♒ 57	4 ♓ 26	2 ♎ 13	7 ♋ 24	19 ♎ 24	19 ♌ 30	19 ♑	2 ♑	23 ♏	6 ♉	25 ♐

SUN INGRESS	☉ → ♑ 22日 19:13
MOON PHASE	◑ 3日 01:22 ♍　● 9日 18:29 ♐　◐ 16日 14:56 ♓　○ 24日 19:23 ♋

aspects		
1日	08:20	♂□♆
5日	18:26	☿⚹♃
6日	06:09	☿□♄
6日	13:54	♀⚹♆
7日	06:18	♀△♇
11日	11:50	☿☍♅
12日	01:35	☉⚹♆
12日	17:44	☉△♇
16日	17:47	♀□♄
17日	00:05	♀⚹♃
18日	00:42	♂△♄
21日	14:09	♀☍♅
24日	19:30	☉□♄
26日	08:04	☉⚹♃
28日	08:51	☿☌♀
30日	02:44	☉☍♅
30日	19:31	♀□♆

1900 ～1910
1911 ～1920
1921 ～1930
1931 ～1940
1941 ～1950
1951 ～1960
1961 ～1970
1971 ～1980
1981 ～1990
1991 ～2000
2001 ～2010
2011 ～2020
2021 ～2030
2031 ～2040
2041 ～2050

1951年1月

DAY	☉	☽	☊ mean	☊ true	☿	♀	♂	♃	♄	♅	♆	♇	⚳	⚴	⚵	⚶	⚷
	° ′	° ′	° ′	° ′	° ′	° ′	° ′	° ′	° ′	° ′	° ′	° ′	°	°	°	°	°
1	9 ♑ 22	2 ♎ 1	22 ♓ 48	21 D 53	12 R 16	20 D 53	12 D 44	4 D 37	2 D 14	7 R 22	19 D 24	19 R 29	20 D	2 D	24 D	6 D	26 D
2	10 ♑ 23	15 ♎ 32	22 ♓ 45	21 R 53	10 ♑ 56	22 ♑ 8	13 ♒ 31	4 ♓ 48	2 ♎ 15	7 ♋ 19	19 ♎ 25	19 ♌ 28	20 ♑	3 ♑	24 ♏	6 ♉	26 ♐
3	11 ♑ 24	29 ♎ 26	22 ♓ 41	21 ♓ 52	9 ♑ 34	23 ♑ 24	14 ♒ 18	4 ♓ 59	2 ♎ 16	7 ♋ 16	19 ♎ 26	19 ♌ 27	21 ♑	3 ♑	24 ♏	6 ♉	26 ♐
4	12 ♑ 25	13 ♏ 43	22 ♓ 38	21 ♓ 48	8 ♑ 14	24 ♑ 39	15 ♒ 5	5 ♓ 11	2 ♎ 17	7 ♋ 14	19 ♎ 26	19 ♌ 26	21 ♑	3 ♑	24 ♏	6 ♉	26 ♐
5	13 ♑ 26	28 ♏ 22	22 ♓ 35	21 ♓ 42	6 ♑ 58	25 ♑ 54	15 ♒ 53	5 ♓ 22	2 ♎ 18	7 ♋ 11	19 ♎ 27	19 ♌ 25	21 ♑	4 ♑	25 ♏	6 ♉	26 ♐
6	14 ♑ 28	13 ♐ 18	22 ♓ 32	21 ♓ 33	5 ♑ 49	27 ♑ 10	16 ♒ 40	5 ♓ 34	2 ♎ 19	7 ♋ 9	19 ♎ 27	19 ♌ 24	22 ♑	4 ♑	25 ♏	6 ♉	26 ♐
7	15 ♑ 29	28 ♐ 24	22 ♓ 29	21 ♓ 23	4 ♑ 46	28 ♑ 25	17 ♒ 27	5 ♓ 45	2 ♎ 20	7 ♋ 6	19 ♎ 28	19 ♌ 23	22 ♑	5 ♑	25 ♏	7 ♉	26 ♐
8	16 ♑ 30	13 ♑ 29	22 ♓ 26	21 ♓ 13	3 ♑ 53	29 ♑ 40	18 ♒ 14	5 ♓ 57	2 ♎ 20	7 ♋ 4	19 ♎ 28	19 ♌ 22	23 ♑	5 ♑	26 ♏	7 ♉	26 ♐
9	17 ♑ 31	28 ♑ 24	22 ♓ 22	21 ♓ 3	3 ♑ 10	0 ♒ 55	19 ♒ 2	6 ♓ 9	2 ♎ 21	7 ♋ 1	19 ♎ 29	19 ♌ 21	23 ♑	6 ♑	26 ♏	7 ♉	26 ♐
10	18 ♑ 32	12 ♒ 59	22 ♓ 19	20 ♓ 55	2 ♑ 36	2 ♒ 11	19 ♒ 49	6 ♓ 21	2 ♎ 21	6 ♋ 58	19 ♎ 29	19 ♌ 19	23 ♑	6 ♑	26 ♏	7 ♉	27 ♐
11	19 ♑ 33	27 ♒ 9	22 ♓ 16	20 ♓ 50	2 ♑ 13	3 ♒ 26	20 ♒ 36	6 ♓ 33	2 ♎ 21	6 ♋ 56	19 ♎ 30	19 ♌ 18	24 ♑	6 ♑	26 ♏	7 ♉	27 ♐
12	20 ♑ 35	10 ♓ 50	22 ♓ 13	20 ♓ 48	1 ♑ 59	4 ♒ 41	21 ♒ 23	6 ♓ 45	2 ♎ 21	6 ♋ 53	19 ♎ 30	19 ♌ 17	24 ♑	7 ♑	27 ♏	7 ♉	27 ♐
13	21 ♑ 36	24 ♓ 2	22 ♓ 10	20 D 47	1 ♑ 55	5 ♒ 57	22 ♒ 11	6 ♓ 57	2 R 21	6 ♋ 51	19 ♎ 30	19 ♌ 16	25 ♑	7 ♑	27 ♏	7 ♉	27 ♐
14	22 ♑ 37	6 ♈ 49	22 ♓ 7	20 ♓ 48	1 D 59	7 ♒ 12	22 ♒ 58	7 ♓ 10	2 ♎ 21	6 ♋ 48	19 ♎ 31	19 ♌ 14	25 ♑	8 ♑	27 ♏	7 ♉	27 ♐
15	23 ♑ 38	19 ♈ 15	22 ♓ 3	20 ♓ 49	2 ♑ 11	8 ♒ 27	23 ♒ 45	7 ♓ 22	2 ♎ 21	6 ♋ 46	19 ♎ 31	19 ♌ 13	25 ♑	8 ♑	28 ♏	7 ♉	27 ♐
16	24 ♑ 39	1 ♉ 25	22 ♓ 0	20 R 49	2 ♑ 30	9 ♒ 42	24 ♒ 32	7 ♓ 35	2 ♎ 21	6 ♋ 44	19 ♎ 31	19 ♌ 12	26 ♑	8 ♑	28 ♏	8 ♉	27 ♐
17	25 ♑ 40	13 ♉ 23	21 ♓ 57	20 ♓ 47	2 ♑ 56	10 ♒ 57	25 ♒ 20	7 ♓ 47	2 ♎ 20	6 ♋ 41	19 ♎ 31	19 ♌ 11	26 ♑	9 ♑	28 ♏	8 ♉	27 ♐
18	26 ♑ 41	25 ♉ 15	21 ♓ 54	20 ♓ 42	3 ♑ 28	12 ♒ 13	26 ♒ 7	8 ♓ 0	2 ♎ 20	6 ♋ 39	19 ♎ 31	19 ♌ 9	27 ♑	9 ♑	28 ♏	8 ♉	27 ♐
19	27 ♑ 42	7 ♊ 6	21 ♓ 51	20 ♓ 36	4 ♑ 6	13 ♒ 28	26 ♒ 54	8 ♓ 12	2 ♎ 19	6 ♋ 36	19 ♎ 32	19 ♌ 8	27 ♑	9 ♑	29 ♏	8 ♉	27 ♐
20	28 ♑ 44	18 ♊ 59	21 ♓ 47	20 ♓ 27	4 ♑ 48	14 ♒ 43	27 ♒ 42	8 ♓ 25	2 ♎ 18	6 ♋ 34	19 ♎ 32	19 ♌ 7	27 ♑	10 ♑	29 ♏	8 ♉	28 ♐
21	29 ♑ 45	0 ♋ 57	21 ♓ 44	20 ♓ 18	5 ♑ 35	15 ♒ 58	28 ♒ 29	8 ♓ 38	2 ♎ 17	6 ♋ 32	19 ♎ 32	19 ♌ 5	28 ♑	10 ♑	29 ♏	8 ♉	28 ♐
22	0 ♒ 46	13 ♋ 2	21 ♓ 41	20 ♓ 8	6 ♑ 26	17 ♒ 13	29 ♒ 16	8 ♓ 51	2 ♎ 16	6 ♋ 29	19 R 32	19 ♌ 4	28 ♑	11 ♑	29 ♏	9 ♉	28 ♐
23	1 ♒ 47	25 ♋ 16	21 ♓ 38	19 ♓ 58	7 ♑ 21	18 ♒ 28	0 ♓ 3	9 ♓ 4	2 ♎ 15	6 ♋ 27	19 ♎ 32	19 ♌ 3	29 ♑	11 ♑	0 ♐	9 ♉	28 ♐
24	2 ♒ 48	7 ♌ 40	21 ♓ 35	19 ♓ 50	8 ♑ 19	19 ♒ 43	0 ♓ 50	9 ♓ 17	2 ♎ 14	6 ♋ 25	19 ♎ 32	19 ♌ 1	29 ♑	11 ♑	0 ♐	9 ♉	28 ♐
25	3 ♒ 49	20 ♌ 13	21 ♓ 32	19 ♓ 44	9 ♑ 20	20 ♒ 58	1 ♓ 38	9 ♓ 30	2 ♎ 13	6 ♋ 23	19 ♎ 31	19 ♌ 0	29 ♑	12 ♑	0 ♐	9 ♉	28 ♐
26	4 ♒ 50	2 ♍ 58	21 ♓ 28	19 ♓ 40	10 ♑ 24	22 ♒ 13	2 ♓ 25	9 ♓ 43	2 ♎ 11	6 ♋ 20	19 ♎ 31	18 ♌ 58	0 ♒	12 ♑	0 ♐	9 ♉	28 ♐
27	5 ♒ 51	15 ♍ 53	21 ♓ 25	19 ♓ 39	11 ♑ 30	23 ♒ 28	3 ♓ 12	9 ♓ 56	2 ♎ 10	6 ♋ 18	19 ♎ 31	18 ♌ 57	0 ♒	13 ♑	1 ♐	10 ♉	28 ♐
28	6 ♒ 52	29 ♍ 1	21 ♓ 22	19 D 39	12 ♑ 38	24 ♒ 43	3 ♓ 59	10 ♓ 10	2 ♎ 8	6 ♋ 16	19 ♎ 31	18 ♌ 56	0 ♒	13 ♑	1 ♐	10 ♉	28 ♐
29	7 ♒ 53	12 ♎ 22	21 ♓ 19	19 ♓ 40	13 ♑ 49	25 ♒ 58	4 ♓ 46	10 ♓ 23	2 ♎ 7	6 ♋ 14	19 ♎ 31	18 ♌ 54	1 ♒	13 ♑	1 ♐	10 ♉	28 ♐
30	8 ♒ 53	25 ♎ 57	21 ♓ 16	19 ♓ 42	15 ♑ 1	27 ♒ 13	5 ♓ 34	10 ♓ 36	2 ♎ 5	6 ♋ 12	19 ♎ 30	18 ♌ 53	1 ♒	14 ♑	1 ♐	10 ♉	29 ♐
31	9 ♒ 54	9 ♏ 47	21 ♓ 13	19 ♓ 42	16 ♑ 15	28 ♒ 28	6 ♓ 21	10 ♓ 50	2 ♎ 3	6 ♋ 10	19 ♎ 30	18 ♌ 51	2 ♒	14 ♑	2 ♐	10 ♉	29 ♐

SUN INGRESS	☉ → ♒ 21日 05:52
MOON PHASE	◑ 1日 14:11 ♎　● 8日 05:10 ♑　◐ 15日 09:23 ♈　○ 23日 13:47 ♌　◑ 31日 00:14 ♏

aspects		
2日	05:34	☉☌☿
3日	22:30	♆⚹♇
4日	19:42	☿☍♅
6日	04:37	☿⚹♃
9日	09:24	♂☍♇
9日	14:01	♂△♆
10日	03:18	♀△♄
10日	14:25	☿□♄
10日	22:30	☉□♆
12日	13:27	♃△♅
15日	13:48	☿□♄
22日	01:19	☿☍♅
23日	10:48	♀☍♇
23日	11:05	☉△♄
23日	20:16	♀△♆
25日	04:48	☿⚹♃
30日	18:42	♂△♅

1951年2月

DAY	☉	☽	☊ mean	☊ true	☿	♀	♂	♃	♄	♅	♆	♇	⚳	⚴	⚵	⚶	⚷
	° ′	° ′	° ′	° ′	° ′	° ′	° ′	° ′	° ′	° ′	° ′	° ′	°	°	°	°	°
1	10 ♒ 55	23 ♏ 53	21 ♓ 9	19 R 42	17 D 31	29 D 43	7 D 8	11 D 3	2 R 1	6 R 8	19 R 30	18 R 50	2 D	15 D	2 D	11 D	29 D
2	11 ♒ 56	8 ♐ 13	21 ♓ 6	19 ♓ 39	18 ♑ 48	0 ♓ 58	7 ♓ 55	11 ♓ 17	1 ♎ 59	6 ♋ 6	19 ♎ 29	18 ♌ 49	2 ♒	15 ♑	2 ♐	11 ♉	29 ♐
3	12 ♒ 57	22 ♐ 45	21 ♓ 3	19 ♓ 35	20 ♑ 6	2 ♓ 13	8 ♓ 42	11 ♓ 31	1 ♎ 57	6 ♋ 4	19 ♎ 29	18 ♌ 47	3 ♒	15 ♑	2 ♐	11 ♉	29 ♐
4	13 ♒ 58	7 ♑ 24	21 ♓ 0	19 ♓ 30	21 ♑ 26	3 ♓ 28	9 ♓ 29	11 ♓ 44	1 ♎ 54	6 ♋ 2	19 ♎ 29	18 ♌ 46	3 ♒	16 ♑	3 ♐	11 ♉	29 ♐
5	14 ♒ 59	22 ♑ 3	20 ♓ 57	19 ♓ 24	22 ♑ 47	4 ♓ 43	10 ♓ 16	11 ♓ 58	1 ♎ 52	6 ♋ 0	19 ♎ 28	18 ♌ 44	4 ♒	16 ♑	3 ♐	12 ♉	29 ♐
6	16 ♒ 0	6 ♒ 36	20 ♓ 53	19 ♓ 19	24 ♑ 10	5 ♓ 57	11 ♓ 4	12 ♓ 12	1 ♎ 49	5 ♋ 58	19 ♎ 28	18 ♌ 43	4 ♒	16 ♑	3 ♐	12 ♉	29 ♐
7	17 ♒ 1	20 ♒ 55	20 ♓ 50	19 ♓ 15	25 ♑ 33	7 ♓ 12	11 ♓ 51	12 ♓ 26	1 ♎ 47	5 ♋ 57	19 ♎ 27	18 ♌ 41	4 ♒	17 ♑	3 ♐	12 ♉	29 ♐
8	18 ♒ 1	4 ♓ 55	20 ♓ 47	19 ♓ 13	26 ♑ 57	8 ♓ 27	12 ♓ 38	12 ♓ 40	1 ♎ 44	5 ♋ 55	19 ♎ 27	18 ♌ 40	5 ♒	17 ♑	3 ♐	12 ♉	29 ♐
9	19 ♒ 2	18 ♓ 33	20 ♓ 44	19 ♓ 12	28 ♑ 23	9 ♓ 42	13 ♓ 25	12 ♓ 53	1 ♎ 41	5 ♋ 53	19 ♎ 26	18 ♌ 38	5 ♒	18 ♑	4 ♐	13 ♉	29 ♐
10	20 ♒ 3	1 ♈ 47	20 ♓ 41	19 D 12	29 ♑ 49	10 ♓ 57	14 ♓ 12	13 ♓ 7	1 ♎ 38	5 ♋ 52	19 ♎ 25	18 ♌ 37	6 ♒	18 ♑	4 ♐	13 ♉	0 ♑
11	21 ♒ 4	14 ♈ 38	20 ♓ 38	19 ♓ 14	1 ♒ 17	12 ♓ 11	14 ♓ 59	13 ♓ 21	1 ♎ 36	5 ♋ 50	19 ♎ 25	18 ♌ 35	6 ♒	18 ♑	4 ♐	13 ♉	0 ♑
12	22 ♒ 4	27 ♈ 8	20 ♓ 34	19 ♓ 16	2 ♒ 45	13 ♓ 26	15 ♓ 46	13 ♓ 35	1 ♎ 33	5 ♋ 48	19 ♎ 24	18 ♌ 34	6 ♒	19 ♑	4 ♐	13 ♉	0 ♑
13	23 ♒ 5	9 ♉ 22	20 ♓ 31	19 ♓ 17	4 ♒ 14	14 ♓ 41	16 ♓ 32	13 ♓ 49	1 ♎ 29	5 ♋ 47	19 ♎ 23	18 ♌ 33	7 ♒	19 ♑	4 ♐	14 ♉	0 ♑
14	24 ♒ 6	21 ♉ 24	20 ♓ 28	19 ♓ 18	5 ♒ 44	15 ♓ 55	17 ♓ 19	14 ♓ 4	1 ♎ 26	5 ♋ 45	19 ♎ 22	18 ♌ 31	7 ♒	19 ♑	5 ♐	14 ♉	0 ♑
15	25 ♒ 6	3 ♊ 18	20 ♓ 25	19 R 18	7 ♒ 16	17 ♓ 10	18 ♓ 6	14 ♓ 18	1 ♎ 23	5 ♋ 44	19 ♎ 22	18 ♌ 30	8 ♒	20 ♑	5 ♐	14 ♉	0 ♑
16	26 ♒ 7	15 ♊ 10	20 ♓ 22	19 ♓ 16	8 ♒ 48	18 ♓ 24	18 ♓ 53	14 ♓ 32	1 ♎ 20	5 ♋ 43	19 ♎ 21	18 ♌ 28	8 ♒	20 ♑	5 ♐	14 ♉	0 ♑
17	27 ♒ 8	27 ♊ 5	20 ♓ 19	19 ♓ 14	10 ♒ 20	19 ♓ 39	19 ♓ 40	14 ♓ 46	1 ♎ 16	5 ♋ 41	19 ♎ 20	18 ♌ 27	8 ♒	20 ♑	5 ♐	15 ♉	0 ♑
18	28 ♒ 8	9 ♋ 5	20 ♓ 15	19 ♓ 11	11 ♒ 54	20 ♓ 53	20 ♓ 27	15 ♓ 0	1 ♎ 13	5 ♋ 40	19 ♎ 19	18 ♌ 25	9 ♒	21 ♑	5 ♐	15 ♉	0 ♑
19	29 ♒ 9	21 ♋ 15	20 ♓ 12	19 ♓ 7	13 ♒ 29	22 ♓ 8	21 ♓ 14	15 ♓ 15	1 ♎ 9	5 ♋ 39	19 ♎ 18	18 ♌ 24	9 ♒	21 ♑	6 ♐	15 ♉	0 ♑
20	0 ♓ 9	3 ♌ 37	20 ♓ 9	19 ♓ 4	15 ♒ 5	23 ♓ 22	22 ♓ 0	15 ♓ 29	1 ♎ 5	5 ♋ 37	19 ♎ 17	18 ♌ 23	9 ♒	22 ♑	6 ♐	16 ♉	0 ♑
21	1 ♓ 10	16 ♌ 13	20 ♓ 6	19 ♓ 1	16 ♒ 41	24 ♓ 36	22 ♓ 47	15 ♓ 43	1 ♎ 2	5 ♋ 36	19 ♎ 16	18 ♌ 21	10 ♒	22 ♑	6 ♐	16 ♉	0 ♑
22	2 ♓ 10	29 ♌ 4	20 ♓ 3	19 ♓ 0	18 ♒ 19	25 ♓ 51	23 ♓ 34	15 ♓ 57	0 ♎ 58	5 ♋ 35	19 ♎ 15	18 ♌ 20	10 ♒	22 ♑	6 ♐	16 ♉	0 ♑
23	3 ♓ 10	12 ♍ 10	19 ♓ 59	18 ♓ 59	19 ♒ 57	27 ♓ 5	24 ♓ 20	16 ♓ 12	0 ♎ 54	5 ♋ 34	19 ♎ 14	18 ♌ 18	11 ♒	23 ♑	6 ♐	17 ♉	1 ♑
24	4 ♓ 11	25 ♍ 29	19 ♓ 56	18 D 59	21 ♒ 36	28 ♓ 19	25 ♓ 7	16 ♓ 26	0 ♎ 50	5 ♋ 33	19 ♎ 13	18 ♌ 17	11 ♒	23 ♑	6 ♐	17 ♉	1 ♑
25	5 ♓ 11	9 ♎ 2	19 ♓ 53	18 ♓ 59	23 ♒ 17	29 ♓ 33	25 ♓ 53	16 ♓ 41	0 ♎ 46	5 ♋ 32	19 ♎ 12	18 ♌ 16	11 ♒	23 ♑	7 ♐	17 ♉	1 ♑
26	6 ♓ 12	22 ♎ 46	19 ♓ 50	19 ♓ 0	24 ♒ 58	0 ♈ 48	26 ♓ 40	16 ♓ 55	0 ♎ 42	5 ♋ 31	19 ♎ 11	18 ♌ 14	12 ♒	24 ♑	7 ♐	17 ♉	1 ♑
27	7 ♓ 12	6 ♏ 39	19 ♓ 47	19 ♓ 1	26 ♒ 40	2 ♈ 2	27 ♓ 27	17 ♓ 9	0 ♎ 38	5 ♋ 30	19 ♎ 10	18 ♌ 13	12 ♒	24 ♑	7 ♐	18 ♉	1 ♑
28	8 ♓ 12	20 ♏ 41	19 ♓ 44	19 ♓ 2	28 ♒ 24	3 ♈ 16	28 ♓ 13	17 ♓ 24	0 ♎ 34	5 ♋ 30	19 ♎ 9	18 ♌ 12	13 ♒	24 ♑	7 ♐	18 ♉	1 ♑

SUN INGRESS	☉ → ♓ 19日 20:10
MOON PHASE	● 6日 16:54 ♒　◐ 14日 05:55 ♉　○ 22日 06:12 ♍

aspects		
2日	12:40	☿□♆
6日	00:19	♀△♅
8日	01:24	♂☌♃
8日	14:49	☉☍♇
9日	09:16	☉△♆
11日	05:00	☿△♄
12日	03:46	♀☌♃
17日	01:03	♀☌♂
22日	00:17	☿☍♇
22日	13:45	☿△♆
25日	08:11	☉△♅
25日	22:19	♀☍♄

1951年3月

DAY	☉	☽	☊ mean	☊ true	☿	♀	♂	♃	♄	♅	♆	♇	⚳	⚴	⚵	⚶	⚷
	° ′	° ′	° ′	° ′	° ′	° ′	° ′	° ′	° ′	° ′	° ′	° ′	°	°	°	°	°
1	9 ♓ 12	4 ♐ 49	19 ♓ 40	19 D 3	0 D 8	4 D 30	28 D 59	17 D 38	0 R 30	5 R 29	19 R 8	18 R 10	13 D	25 D	7 D	18 D	1 D
2	10 ♓ 13	19 ♐ 1	19 ♓ 37	19 R 3	1 ♓ 53	5 ♈ 44	29 ♓ 46	17 ♓ 53	0 ♎ 25	5 ♋ 28	19 ♎ 7	18 ♌ 9	13 ♒	25 ♑	7 ♐	19 ♉	1 ♑
3	11 ♓ 13	3 ♑ 16	19 ♓ 34	19 ♓ 2	3 ♓ 40	6 ♈ 58	0 ♈ 32	18 ♓ 7	0 ♎ 21	5 ♋ 27	19 ♎ 6	18 ♌ 8	14 ♒	25 ♑	7 ♐	19 ♉	1 ♑
4	12 ♓ 13	17 ♑ 29	19 ♓ 31	19 ♓ 1	5 ♓ 27	8 ♈ 12	1 ♈ 19	18 ♓ 22	0 ♎ 17	5 ♋ 27	19 ♎ 4	18 ♌ 6	14 ♒	26 ♑	7 ♐	19 ♉	1 ♑
5	13 ♓ 13	1 ♒ 39	19 ♓ 28	19 ♓ 1	7 ♓ 16	9 ♈ 26	2 ♈ 5	18 ♓ 36	0 ♎ 12	5 ♋ 26	19 ♎ 3	18 ♌ 5	14 ♒	26 ♑	7 ♐	20 ♉	1 ♑
6	14 ♓ 13	15 ♒ 42	19 ♓ 25	19 ♓ 0	9 ♓ 5	10 ♈ 40	2 ♈ 51	18 ♓ 51	0 ♎ 8	5 ♋ 26	19 ♎ 2	18 ♌ 4	15 ♒	26 ♑	8 ♐	20 ♉	1 ♑
7	15 ♓ 13	29 ♒ 33	19 ♓ 21	19 ♓ 0	10 ♓ 56	11 ♈ 53	3 ♈ 37	19 ♓ 5	0 ♎ 3	5 ♋ 25	19 ♎ 1	18 ♌ 2	15 ♒	26 ♑	8 ♐	20 ♉	1 ♑
8	16 ♓ 13	13 ♓ 11	19 ♓ 18	18 ♓ 59	12 ♓ 48	13 ♈ 7	4 ♈ 24	19 ♓ 20	29 ♍ 59	5 ♋ 25	18 ♎ 59	18 ♌ 1	16 ♒	27 ♑	8 ♐	21 ♉	1 ♑
9	17 ♓ 14	26 ♓ 33	19 ♓ 15	18 D 59	14 ♓ 40	14 ♈ 21	5 ♈ 10	19 ♓ 34	29 ♍ 54	5 ♋ 25	18 ♎ 58	18 ♌ 0	16 ♒	27 ♑	8 ♐	21 ♉	1 ♑
10	18 ♓ 14	9 ♈ 37	19 ♓ 12	19 ♓ 0	16 ♓ 34	15 ♈ 34	5 ♈ 56	19 ♓ 49	29 ♍ 50	5 ♋ 24	18 ♎ 57	17 ♌ 59	16 ♒	28 ♑	8 ♐	21 ♉	1 ♑
11	19 ♓ 14	22 ♈ 23	19 ♓ 9	19 R 0	18 ♓ 29	16 ♈ 48	6 ♈ 42	20 ♓ 3	29 ♍ 45	5 ♋ 24	18 ♎ 55	17 ♌ 57	17 ♒	28 ♑	8 ♐	22 ♉	1 ♑
12	20 ♓ 13	4 ♉ 53	19 ♓ 5	18 ♓ 59	20 ♓ 25	18 ♈ 2	7 ♈ 28	20 ♓ 18	29 ♍ 41	5 ♋ 24	18 ♎ 54	17 ♌ 56	17 ♒	28 ♑	8 ♐	22 ♉	2 ♑
13	21 ♓ 13	17 ♉ 8	19 ♓ 2	18 ♓ 59	22 ♓ 21	19 ♈ 15	8 ♈ 14	20 ♓ 33	29 ♍ 36	5 ♋ 24	18 ♎ 52	17 ♌ 55	17 ♒	29 ♑	8 ♐	22 ♉	2 ♑
14	22 ♓ 13	29 ♉ 12	18 ♓ 59	18 ♓ 59	24 ♓ 19	20 ♈ 29	9 ♈ 0	20 ♓ 47	29 ♍ 31	5 ♋ 24	18 ♎ 51	17 ♌ 54	18 ♒	29 ♑	9 ♐	23 ♉	2 ♑
15	23 ♓ 13	11 ♊ 8	18 ♓ 56	18 ♓ 59	26 ♓ 17	21 ♈ 42	9 ♈ 46	21 ♓ 2	29 ♍ 27	5 D 24	18 ♎ 50	17 ♌ 53	18 ♒	29 ♑	9 ♐	23 ♉	2 ♑
16	24 ♓ 13	23 ♊ 0	18 ♓ 53	18 ♓ 59	28 ♓ 16	22 ♈ 55	10 ♈ 32	21 ♓ 16	29 ♍ 22	5 ♋ 24	18 ♎ 48	17 ♌ 52	19 ♒	0 ♒	9 ♐	23 ♉	2 ♑
17	25 ♓ 13	4 ♋ 55	18 ♓ 50	18 D 59	0 ♈ 15	24 ♈ 9	11 ♈ 18	21 ♓ 31	29 ♍ 17	5 ♋ 24	18 ♎ 47	17 ♌ 51	19 ♒	0 ♒	9 ♐	24 ♉	2 ♑
18	26 ♓ 12	16 ♋ 55	18 ♓ 46	18 ♓ 59	2 ♈ 15	25 ♈ 22	12 ♈ 4	21 ♓ 45	29 ♍ 13	5 ♋ 24	18 ♎ 45	17 ♌ 49	19 ♒	0 ♒	9 ♐	24 ♉	2 ♑
19	27 ♓ 12	29 ♋ 6	18 ♓ 43	19 ♓ 0	4 ♈ 14	26 ♈ 35	12 ♈ 49	22 ♓ 0	29 ♍ 8	5 ♋ 24	18 ♎ 44	17 ♌ 48	20 ♒	1 ♒	9 ♐	25 ♉	2 ♑
20	28 ♓ 12	11 ♌ 31	18 ♓ 40	19 ♓ 1	6 ♈ 14	27 ♈ 48	13 ♈ 35	22 ♓ 14	29 ♍ 3	5 ♋ 24	18 ♎ 42	17 ♌ 47	20 ♒	1 ♒	9 ♐	25 ♉	2 ♑
21	29 ♓ 11	24 ♌ 15	18 ♓ 37	19 ♓ 2	8 ♈ 13	29 ♈ 1	14 ♈ 21	22 ♓ 29	28 ♍ 58	5 ♋ 25	18 ♎ 41	17 ♌ 46	20 ♒	1 ♒	9 ♐	25 ♉	2 ♑
22	0 ♈ 11	7 ♍ 18	18 ♓ 34	19 ♓ 2	10 ♈ 11	0 ♉ 14	15 ♈ 6	22 ♓ 43	28 ♍ 54	5 ♋ 25	18 ♎ 39	17 ♌ 45	21 ♒	1 ♒	9 ♐	26 ♉	2 ♑
23	1 ♈ 10	20 ♍ 41	18 ♓ 30	19 R 2	12 ♈ 8	1 ♉ 27	15 ♈ 52	22 ♓ 58	28 ♍ 49	5 ♋ 25	18 ♎ 38	17 ♌ 44	21 ♒	2 ♒	9 ♐	26 ♉	2 ♑
24	2 ♈ 10	4 ♎ 24	18 ♓ 27	19 ♓ 2	14 ♈ 4	2 ♉ 40	16 ♈ 38	23 ♓ 12	28 ♍ 44	5 ♋ 26	18 ♎ 36	17 ♌ 43	21 ♒	2 ♒	9 ♐	26 ♉	2 ♑
25	3 ♈ 9	18 ♎ 24	18 ♓ 24	19 ♓ 1	15 ♈ 58	3 ♉ 53	17 ♈ 23	23 ♓ 27	28 ♍ 39	5 ♋ 26	18 ♎ 34	17 ♌ 42	22 ♒	2 ♒	9 ♐	27 ♉	2 ♑
26	4 ♈ 9	2 ♏ 37	18 ♓ 21	18 ♓ 59	17 ♈ 50	5 ♉ 6	18 ♈ 9	23 ♓ 41	28 ♍ 35	5 ♋ 27	18 ♎ 33	17 ♌ 41	22 ♒	3 ♒	9 ♐	27 ♉	2 ♑
27	5 ♈ 8	16 ♏ 59	18 ♓ 18	18 ♓ 57	19 ♈ 40	6 ♉ 19	18 ♈ 54	23 ♓ 55	28 ♍ 30	5 ♋ 28	18 ♎ 31	17 ♌ 41	23 ♒	3 ♒	9 ♐	27 ♉	2 ♑
28	6 ♈ 8	1 ♐ 23	18 ♓ 15	18 ♓ 55	21 ♈ 26	7 ♉ 31	19 ♈ 39	24 ♓ 10	28 ♍ 25	5 ♋ 28	18 ♎ 30	17 ♌ 40	23 ♒	3 ♒	9 ♐	28 ♉	2 ♑
29	7 ♈ 7	15 ♐ 47	18 ♓ 11	18 ♓ 53	23 ♈ 9	8 ♉ 44	20 ♈ 25	24 ♓ 24	28 ♍ 21	5 ♋ 29	18 ♎ 28	17 ♌ 39	23 ♒	3 ♒	9 ♐	28 ♉	2 ♑
30	8 ♈ 6	0 ♑ 5	18 ♓ 8	18 ♓ 52	24 ♈ 48	9 ♉ 56	21 ♈ 10	24 ♓ 38	28 ♍ 16	5 ♋ 30	18 ♎ 26	17 ♌ 38	24 ♒	4 ♒	9 R	29 ♉	2 ♑
31	9 ♈ 6	14 ♑ 15	18 ♓ 5	18 D 52	26 ♈ 22	11 ♉ 9	21 ♈ 55	24 ♓ 53	28 ♍ 11	5 ♋ 31	18 ♎ 25	17 ♌ 37	24 ♒	4 ♒	9 ♐	29 ♉	2 ♑

SUN INGRESS	☉ → ♈ 21日 19:26
MOON PHASE	◑ 1日 07:59 ♐ ● 8日 05:51 ♓ ◐ 16日 02:40 ♊ ○ 23日 19:50 ♎ ◑ 30日 14:35 ♑

aspects		
1日	18:55	♀□♅
2日	18:43	♂☍♄
3日	23:55	☿△♅
9日	07:34	♂□♅
11日	19:10	☉☌☿
11日	22:15	☿△♇
11日	22:24	☿☌♃
12日	02:24	☉☌♃
12日	16:41	♀☍♆
16日	12:50	☿☍♄
19日	14:04	☿□♅
20日	19:11	☉☍♄
25日	09:58	♂△♇
25日	22:05	♀△♇
26日	06:43	☿☌♂
26日	07:01	☿⚹♅
26日	09:07	☿☍♆
26日	12:24	♂☍♆
27日	07:56	☉□♅

1951年4月

DAY	☉	☽	☊ mean	☊ true	☿	♀	♂	♃	♄	♅	♆	♇	⚳	⚴	⚵	⚶	⚷
	° ′	° ′	° ′	° ′	° ′	° ′	° ′	° ′	° ′	° ′	° ′	° ′	°	°	°	°	°
1	10 ♈ 5	28 ♑ 14	18 ♓ 2	18 D 53	27 D 52	12 D 21	22 D 40	25 D 7	28 R 7	5 D 32	18 R 23	17 R 36	24 D	4 D	9 R	29 D	2 D
2	11 ♈ 4	12 ♒ 2	17 ♓ 59	18 ♓ 54	29 ♈ 17	13 ♉ 34	23 ♈ 25	25 ♓ 21	28 ♍ 2	5 ♋ 32	18 ♎ 22	17 ♌ 36	25 ♒	5 ♒	9 ♐	0 ♊	2 ♑
3	12 ♈ 3	25 ♒ 39	17 ♓ 56	18 ♓ 56	0 ♉ 37	14 ♉ 46	24 ♈ 11	25 ♓ 36	27 ♍ 58	5 ♋ 33	18 ♎ 20	17 ♌ 35	25 ♒	5 ♒	9 ♐	0 ♊	2 ♑
4	13 ♈ 2	9 ♓ 3	17 ♓ 52	18 ♓ 57	1 ♉ 51	15 ♉ 58	24 ♈ 56	25 ♓ 50	27 ♍ 53	5 ♋ 34	18 ♎ 18	17 ♌ 34	25 ♒	5 ♒	9 ♐	1 ♊	2 ♑
5	14 ♈ 2	22 ♓ 15	17 ♓ 49	18 R 57	3 ♉ 0	17 ♉ 10	25 ♈ 41	26 ♓ 4	27 ♍ 49	5 ♋ 36	18 ♎ 17	17 ♌ 33	26 ♒	5 ♒	9 ♐	1 ♊	2 ♑
6	15 ♈ 1	5 ♈ 14	17 ♓ 46	18 ♓ 56	4 ♉ 2	18 ♉ 22	26 ♈ 26	26 ♓ 18	27 ♍ 44	5 ♋ 37	18 ♎ 15	17 ♌ 33	26 ♒	6 ♒	9 ♐	1 ♊	2 ♑
7	16 ♈ 0	18 ♈ 1	17 ♓ 43	18 ♓ 54	4 ♉ 58	19 ♉ 34	27 ♈ 10	26 ♓ 32	27 ♍ 40	5 ♋ 38	18 ♎ 13	17 ♌ 32	26 ♒	6 ♒	9 ♐	2 ♊	2 ♑
8	16 ♈ 59	0 ♉ 35	17 ♓ 40	18 ♓ 50	5 ♉ 48	20 ♉ 46	27 ♈ 55	26 ♓ 46	27 ♍ 36	5 ♋ 39	18 ♎ 12	17 ♌ 31	27 ♒	6 ♒	9 ♐	2 ♊	2 ♑
9	17 ♈ 58	12 ♉ 57	17 ♓ 36	18 ♓ 45	6 ♉ 31	21 ♉ 58	28 ♈ 40	27 ♓ 0	27 ♍ 31	5 ♋ 40	18 ♎ 10	17 ♌ 31	27 ♒	6 ♒	9 ♐	2 ♊	2 ♑
10	18 ♈ 57	25 ♉ 8	17 ♓ 33	18 ♓ 40	7 ♉ 8	23 ♉ 10	29 ♈ 25	27 ♓ 14	27 ♍ 27	5 ♋ 42	18 ♎ 8	17 ♌ 30	27 ♒	7 ♒	9 ♐	3 ♊	2 ♑
11	19 ♈ 56	7 ♊ 9	17 ♓ 30	18 ♓ 35	7 ♉ 38	24 ♉ 21	0 ♉ 10	27 ♓ 28	27 ♍ 23	5 ♋ 43	18 ♎ 7	17 ♌ 30	28 ♒	7 ♒	9 ♐	3 ♊	2 ♑
12	20 ♈ 55	19 ♊ 5	17 ♓ 27	18 ♓ 30	8 ♉ 2	25 ♉ 33	0 ♉ 54	27 ♓ 42	27 ♍ 19	5 ♋ 45	18 ♎ 5	17 ♌ 29	28 ♒	7 ♒	9 ♐	4 ♊	2 ♑
13	21 ♈ 53	0 ♋ 57	17 ♓ 24	18 ♓ 27	8 ♉ 19	26 ♉ 45	1 ♉ 39	27 ♓ 56	27 ♍ 15	5 ♋ 46	18 ♎ 3	17 ♌ 29	28 ♒	7 ♒	9 ♐	4 ♊	2 R
14	22 ♈ 52	12 ♋ 50	17 ♓ 21	18 ♓ 25	8 ♉ 29	27 ♉ 56	2 ♉ 23	28 ♓ 10	27 ♍ 11	5 ♋ 48	18 ♎ 2	17 ♌ 28	29 ♒	7 ♒	8 ♐	4 ♊	2 ♑
15	23 ♈ 51	24 ♋ 48	17 ♓ 17	18 D 24	8 ♉ 33	29 ♉ 7	3 ♉ 8	28 ♓ 24	27 ♍ 7	5 ♋ 49	18 ♎ 0	17 ♌ 28	29 ♒	8 ♒	8 ♐	5 ♊	2 ♑
16	24 ♈ 50	6 ♌ 57	17 ♓ 14	18 ♓ 25	8 R 30	0 ♊ 19	3 ♉ 52	28 ♓ 38	27 ♍ 3	5 ♋ 51	17 ♎ 59	17 ♌ 27	29 ♒	8 ♒	8 ♐	5 ♊	2 ♑
17	25 ♈ 48	19 ♌ 21	17 ♓ 11	18 ♓ 26	8 ♉ 22	1 ♊ 30	4 ♉ 37	28 ♓ 52	26 ♍ 59	5 ♋ 53	17 ♎ 57	17 ♌ 27	0 ♓	8 ♒	8 ♐	6 ♊	2 ♑
18	26 ♈ 47	2 ♍ 4	17 ♓ 8	18 ♓ 28	8 ♉ 8	2 ♊ 41	5 ♉ 21	29 ♓ 5	26 ♍ 55	5 ♋ 54	17 ♎ 55	17 ♌ 27	0 ♓	8 ♒	8 ♐	6 ♊	2 ♑
19	27 ♈ 46	15 ♍ 11	17 ♓ 5	18 ♓ 29	7 ♉ 49	3 ♊ 52	6 ♉ 5	29 ♓ 19	26 ♍ 51	5 ♋ 56	17 ♎ 54	17 ♌ 26	0 ♓	9 ♒	8 ♐	6 ♊	2 ♑
20	28 ♈ 44	28 ♍ 43	17 ♓ 2	18 R 28	7 ♉ 24	5 ♊ 3	6 ♉ 50	29 ♓ 32	26 ♍ 48	5 ♋ 58	17 ♎ 52	17 ♌ 26	1 ♓	9 ♒	8 ♐	7 ♊	2 ♑
21	29 ♈ 43	12 ♎ 40	16 ♓ 58	18 ♓ 26	6 ♉ 56	6 ♊ 14	7 ♉ 34	29 ♓ 46	26 ♍ 44	6 ♋ 0	17 ♎ 50	17 ♌ 26	1 ♓	9 ♒	8 ♐	7 ♊	2 ♑
22	0 ♉ 41	27 ♎ 1	16 ♓ 55	18 ♓ 22	6 ♉ 23	7 ♊ 24	8 ♉ 18	0 ♈ 0	26 ♍ 41	6 ♋ 2	17 ♎ 49	17 ♌ 25	1 ♓	9 ♒	8 ♐	8 ♊	2 ♑
23	1 ♉ 40	11 ♏ 40	16 ♓ 52	18 ♓ 16	5 ♉ 48	8 ♊ 35	9 ♉ 2	0 ♈ 13	26 ♍ 37	6 ♋ 4	17 ♎ 47	17 ♌ 25	2 ♓	9 ♒	7 ♐	8 ♊	2 ♑
24	2 ♉ 38	26 ♏ 29	16 ♓ 49	18 ♓ 10	5 ♉ 10	9 ♊ 46	9 ♉ 46	0 ♈ 26	26 ♍ 34	6 ♋ 6	17 ♎ 46	17 ♌ 25	2 ♓	10 ♒	7 ♐	8 ♊	2 ♑
25	3 ♉ 37	11 ♐ 21	16 ♓ 46	18 ♓ 3	4 ♉ 31	10 ♊ 56	10 ♉ 30	0 ♈ 40	26 ♍ 31	6 ♋ 8	17 ♎ 44	17 ♌ 25	2 ♓	10 ♒	7 ♐	9 ♊	2 ♑
26	4 ♉ 35	26 ♐ 8	16 ♓ 42	17 ♓ 57	3 ♉ 50	12 ♊ 6	11 ♉ 14	0 ♈ 53	26 ♍ 27	6 ♋ 10	17 ♎ 43	17 ♌ 25	2 ♓	10 ♒	7 ♐	9 ♊	2 ♑
27	5 ♉ 34	10 ♑ 42	16 ♓ 39	17 ♓ 53	3 ♉ 9	13 ♊ 17	11 ♉ 58	1 ♈ 6	26 ♍ 24	6 ♋ 12	17 ♎ 41	17 ♌ 25	3 ♓	10 ♒	7 ♐	10 ♊	2 ♑
28	6 ♉ 32	24 ♑ 59	16 ♓ 36	17 ♓ 50	2 ♉ 29	14 ♊ 27	12 ♉ 42	1 ♈ 19	26 ♍ 21	6 ♋ 14	17 ♎ 39	17 ♌ 25	3 ♓	10 ♒	7 ♐	10 ♊	2 ♑
29	7 ♉ 30	8 ♒ 57	16 ♓ 33	17 D 50	1 ♉ 50	15 ♊ 37	13 ♉ 25	1 ♈ 33	26 ♍ 18	6 ♋ 16	17 ♎ 38	17 ♌ 25	3 ♓	10 ♒	7 ♐	10 ♊	2 ♑
30	8 ♉ 29	22 ♒ 36	16 ♓ 30	17 ♓ 50	1 ♉ 13	16 ♊ 47	14 ♉ 9	1 ♈ 46	26 ♍ 15	6 ♋ 19	17 ♎ 36	17 ♌ 24	4 ♓	11 ♒	6 ♐	11 ♊	2 ♑

SUN INGRESS	☉ → ♉ 21日 06:48
MOON PHASE	● 6日 19:52 ♈ ◐ 14日 21:56 ♋ ○ 22日 06:30 ♏ ◑ 28日 21:18 ♒

aspects		
5日	07:41	♀□♇
7日	19:20	☿⚹♅
8日	13:10	☉△♇
9日	04:52	☉☍♆
10日	16:44	♃☍♄
13日	09:35	♀△♄
14日	05:55	♀⚹♃
18日	18:48	♂⚹♅
20日	11:39	☿☌♂
22日	14:08	☿⚹♅
25日	13:02	☉☌☿
27日	16:22	☉⚹♅
30日	12:56	♀⚹♇
30日	16:40	♀△♆

1951年5月

DAY	☉	☽	☊ mean	☊ true	☿	♀	♂	♃	♄	♅	♆	♇	⚳	⚴	⚵	⚶	⚷
	° ′	° ′	° ′	° ′	° ′	° ′	° ′	° ′	° ′	° ′	° ′	° ′	°	°	°	°	°
1	9 ♉ 27	5 ♓ 57	16 ♓ 27	17 D 51	0 R 39	17 D 57	14 D 53	1 D 59	26 R 12	6 D 21	17 R 35	17 D 24	4 D	11 D	6 R	11 D	2 R
2	10 ♉ 25	19 ♓ 2	16 ♓ 23	17 R 52	0 ♉ 7	19 ♊ 6	15 ♉ 37	2 ♈ 12	26 ♍ 10	6 ♋ 23	17 ♎ 33	17 ♌ 24	4 ♓	11 ♒	6 ♐	12 ♊	2 ♑
3	11 ♉ 23	1 ♈ 53	16 ♓ 20	17 ♓ 51	29 ♈ 39	20 ♊ 16	16 ♉ 20	2 ♈ 24	26 ♍ 7	6 ♋ 26	17 ♎ 32	17 ♌ 25	5 ♓	11 ♒	6 ♐	12 ♊	2 ♑
4	12 ♉ 22	14 ♈ 32	16 ♓ 17	17 ♓ 48	29 ♈ 15	21 ♊ 26	17 ♉ 4	2 ♈ 37	26 ♍ 5	6 ♋ 28	17 ♎ 30	17 ♌ 25	5 ♓	11 ♒	6 ♐	13 ♊	2 ♑
5	13 ♉ 20	27 ♈ 1	16 ♓ 14	17 ♓ 42	28 ♈ 55	22 ♊ 35	17 ♉ 47	2 ♈ 50	26 ♍ 2	6 ♋ 31	17 ♎ 29	17 ♌ 25	5 ♓	11 ♒	5 ♐	13 ♊	2 ♑
6	14 ♉ 18	9 ♉ 20	16 ♓ 11	17 ♓ 34	28 ♈ 40	23 ♊ 44	18 ♉ 31	3 ♈ 3	26 ♍ 0	6 ♋ 33	17 ♎ 27	17 ♌ 25	5 ♓	12 ♒	5 ♐	13 ♊	2 ♑
7	15 ♉ 16	21 ♉ 31	16 ♓ 8	17 ♓ 24	28 ♈ 29	24 ♊ 53	19 ♉ 14	3 ♈ 15	25 ♍ 57	6 ♋ 36	17 ♎ 26	17 ♌ 25	6 ♓	12 ♒	5 ♐	14 ♊	2 ♑
8	16 ♉ 14	3 ♊ 35	16 ♓ 4	17 ♓ 13	28 ♈ 22	26 ♊ 2	19 ♉ 57	3 ♈ 28	25 ♍ 55	6 ♋ 38	17 ♎ 25	17 ♌ 25	6 ♓	12 ♒	5 ♐	14 ♊	2 ♑
9	17 ♉ 12	15 ♊ 32	16 ♓ 1	17 ♓ 2	28 D 20	27 ♊ 11	20 ♉ 41	3 ♈ 40	25 ♍ 53	6 ♋ 41	17 ♎ 23	17 ♌ 25	6 ♓	12 ♒	5 ♐	15 ♊	2 ♑
10	18 ♉ 10	27 ♊ 25	15 ♓ 58	16 ♓ 51	28 ♈ 23	28 ♊ 20	21 ♉ 24	3 ♈ 53	25 ♍ 51	6 ♋ 43	17 ♎ 22	17 ♌ 26	6 ♓	12 ♒	5 ♐	15 ♊	2 ♑
11	19 ♉ 8	9 ♋ 16	15 ♓ 55	16 ♓ 43	28 ♈ 31	29 ♊ 29	22 ♉ 7	4 ♈ 5	25 ♍ 49	6 ♋ 46	17 ♎ 21	17 ♌ 26	7 ♓	12 ♒	4 ♐	15 ♊	2 ♑
12	20 ♉ 6	21 ♋ 8	15 ♓ 52	16 ♓ 36	28 ♈ 43	0 ♋ 38	22 ♉ 50	4 ♈ 17	25 ♍ 47	6 ♋ 49	17 ♎ 19	17 ♌ 26	7 ♓	12 ♒	4 ♐	16 ♊	2 ♑
13	21 ♉ 4	3 ♌ 5	15 ♓ 48	16 ♓ 32	29 ♈ 0	1 ♋ 46	23 ♉ 33	4 ♈ 29	25 ♍ 46	6 ♋ 51	17 ♎ 18	17 ♌ 27	7 ♓	12 ♒	4 ♐	16 ♊	2 ♑
14	22 ♉ 2	15 ♌ 11	15 ♓ 45	16 ♓ 31	29 ♈ 21	2 ♋ 54	24 ♉ 16	4 ♈ 41	25 ♍ 44	6 ♋ 54	17 ♎ 17	17 ♌ 27	8 ♓	12 ♒	4 ♐	17 ♊	2 ♑
15	23 ♉ 0	27 ♌ 31	15 ♓ 42	16 D 31	29 ♈ 47	4 ♋ 2	24 ♉ 59	4 ♈ 53	25 ♍ 43	6 ♋ 57	17 ♎ 15	17 ♌ 27	8 ♓	13 ♒	3 ♐	17 ♊	2 ♑
16	23 ♉ 58	10 ♍ 11	15 ♓ 39	16 ♓ 31	0 ♉ 17	5 ♋ 10	25 ♉ 42	5 ♈ 5	25 ♍ 41	7 ♋ 0	17 ♎ 14	17 ♌ 28	8 ♓	13 ♒	3 ♐	18 ♊	1 ♑
17	24 ♉ 56	23 ♍ 15	15 ♓ 36	16 R 31	0 ♉ 50	6 ♋ 18	26 ♉ 25	5 ♈ 17	25 ♍ 40	7 ♋ 3	17 ♎ 13	17 ♌ 28	8 ♓	13 ♒	3 ♐	18 ♊	1 ♑
18	25 ♉ 54	6 ♎ 46	15 ♓ 33	16 ♓ 29	1 ♉ 28	7 ♋ 26	27 ♉ 8	5 ♈ 29	25 ♍ 39	7 ♋ 6	17 ♎ 12	17 ♌ 29	9 ♓	13 ♒	3 ♐	18 ♊	1 ♑
19	26 ♉ 51	20 ♎ 46	15 ♓ 29	16 ♓ 26	2 ♉ 10	8 ♋ 33	27 ♉ 51	5 ♈ 40	25 ♍ 38	7 ♋ 9	17 ♎ 10	17 ♌ 29	9 ♓	13 ♒	3 ♐	19 ♊	1 ♑
20	27 ♉ 49	5 ♏ 14	15 ♓ 26	16 ♓ 19	2 ♉ 55	9 ♋ 41	28 ♉ 33	5 ♈ 52	25 ♍ 36	7 ♋ 12	17 ♎ 9	17 ♌ 30	9 ♓	13 ♒	2 ♐	19 ♊	1 ♑
21	28 ♉ 47	20 ♏ 6	15 ♓ 23	16 ♓ 11	3 ♉ 44	10 ♋ 48	29 ♉ 16	6 ♈ 3	25 ♍ 36	7 ♋ 15	17 ♎ 8	17 ♌ 30	9 ♓	13 ♒	2 ♐	20 ♊	1 ♑
22	29 ♉ 44	5 ♐ 13	15 ♓ 20	16 ♓ 1	4 ♉ 36	11 ♋ 55	29 ♉ 59	6 ♈ 15	25 ♍ 35	7 ♋ 18	17 ♎ 7	17 ♌ 31	10 ♓	13 ♒	2 ♐	20 ♊	1 ♑
23	0 ♊ 42	20 ♐ 26	15 ♓ 17	15 ♓ 50	5 ♉ 32	13 ♋ 2	0 ♊ 41	6 ♈ 26	25 ♍ 34	7 ♋ 21	17 ♎ 6	17 ♌ 31	10 ♓	13 ♒	2 ♐	21 ♊	1 ♑
24	1 ♊ 40	5 ♑ 34	15 ♓ 14	15 ♓ 41	6 ♉ 30	14 ♋ 9	1 ♊ 24	6 ♈ 37	25 ♍ 33	7 ♋ 24	17 ♎ 5	17 ♌ 32	10 ♓	13 ♒	1 ♐	21 ♊	1 ♑
25	2 ♊ 37	20 ♑ 27	15 ♓ 10	15 ♓ 34	7 ♉ 33	15 ♋ 15	2 ♊ 6	6 ♈ 48	25 ♍ 33	7 ♋ 27	17 ♎ 4	17 ♌ 33	10 ♓	13 ♒	1 ♐	21 ♊	1 ♑
26	3 ♊ 35	4 ♒ 59	15 ♓ 7	15 ♓ 29	8 ♉ 38	16 ♋ 21	2 ♊ 48	6 ♈ 59	25 ♍ 33	7 ♋ 30	17 ♎ 3	17 ♌ 33	10 ♓	13 ♒	1 ♐	22 ♊	1 ♑
27	4 ♊ 33	19 ♒ 5	15 ♓ 4	15 ♓ 26	9 ♉ 46	17 ♋ 28	3 ♊ 31	7 ♈ 10	25 ♍ 32	7 ♋ 33	17 ♎ 2	17 ♌ 34	11 ♓	13 ♒	1 ♐	22 ♊	1 ♑
28	5 ♊ 30	2 ♓ 46	15 ♓ 1	15 ♓ 26	10 ♉ 57	18 ♋ 34	4 ♊ 13	7 ♈ 21	25 ♍ 32	7 ♋ 36	17 ♎ 1	17 ♌ 35	11 ♓	13 ♒	1 ♐	23 ♊	1 ♑
29	6 ♊ 28	16 ♓ 3	14 ♓ 58	15 ♓ 26	12 ♉ 11	19 ♋ 39	4 ♊ 55	7 ♈ 32	25 ♍ 32	7 ♋ 39	17 ♎ 0	17 ♌ 36	11 ♓	13 ♒	0 ♐	23 ♊	1 ♑
30	7 ♊ 25	28 ♓ 59	14 ♓ 54	15 ♓ 25	13 ♉ 27	20 ♋ 45	5 ♊ 38	7 ♈ 42	25 D 32	7 ♋ 43	16 ♎ 59	17 ♌ 36	11 ♓	13 ♒	0 ♐	24 ♊	1 ♑
31	8 ♊ 23	11 ♈ 39	14 ♓ 51	15 ♓ 23	14 ♉ 47	21 ♋ 50	6 ♊ 20	7 ♈ 53	25 ♍ 32	7 ♋ 46	16 ♎ 58	17 ♌ 37	12 ♓	13 R	0 ♐	24 ♊	1 ♑

SUN INGRESS	☉ → ♊ 22日 06:15
MOON PHASE	● 6日 10:36 ♉ ◐ 14日 14:32 ♌ ○ 21日 14:45 ♏ ◑ 28日 05:17 ♓

aspects

4日	11:35	♂□♇
7日	15:23	♆⚹♇
7日	21:33	♀□♄
9日	05:29	☉□♇
10日	01:10	☿⚹♀
15日	21:48	♀□♃
15日	23:28	♂△♄
17日	16:31	♀☌♅
17日	17:57	☉△♄
22日	22:22	☉☌♂
24日	21:43	☿⚹♅
26日	14:47	♀□♆
30日	01:25	♃□♅
30日	08:35	☉⚹♃

1951年6月

DAY	☉	☽	☊ mean	☊ true	☿	♀	♂	♃	♄	♅	♆	♇	⚳	⚴	⚵	⚶	⚷
	° ′	° ′	° ′	° ′	° ′	° ′	° ′	° ′	° ′	° ′	° ′	° ′	°	°	°	°	°
1	9 ♊ 20	24 ♈ 4	14 ♓ 48	15 R 19	16 D 9	22 D 55	7 D 2	8 D 3	25 D 32	7 D 49	16 R 57	17 D 38	12 D	13 R	0 R	24 D	1 R
2	10 ♊ 18	6 ♉ 20	14 ♓ 45	15 ♓ 11	17 ♉ 34	24 ♋ 0	7 ♊ 44	8 ♈ 13	25 ♍ 33	7 ♋ 52	16 ♎ 56	17 ♌ 39	12 ♓	13 ♒	29 ♏	25 ♊	1 ♑
3	11 ♊ 16	18 ♉ 27	14 ♓ 42	15 ♓ 1	19 ♉ 1	25 ♋ 5	8 ♊ 26	8 ♈ 24	25 ♍ 33	7 ♋ 56	16 ♎ 56	17 ♌ 40	12 ♓	13 ♒	29 ♏	25 ♊	1 ♑
4	12 ♊ 13	0 ♊ 28	14 ♓ 39	14 ♓ 48	20 ♉ 32	26 ♋ 10	9 ♊ 8	8 ♈ 34	25 ♍ 33	7 ♋ 59	16 ♎ 55	17 ♌ 41	12 ♓	13 ♒	29 ♏	26 ♊	0 ♑
5	13 ♊ 10	12 ♊ 25	14 ♓ 35	14 ♓ 35	22 ♉ 4	27 ♋ 14	9 ♊ 50	8 ♈ 43	25 ♍ 34	8 ♋ 2	16 ♎ 54	17 ♌ 42	13 ♓	13 ♒	29 ♏	26 ♊	0 ♑
6	14 ♊ 8	24 ♊ 18	14 ♓ 32	14 ♓ 21	23 ♉ 40	28 ♋ 18	10 ♊ 32	8 ♈ 53	25 ♍ 35	8 ♋ 6	16 ♎ 53	17 ♌ 43	13 ♓	13 ♒	29 ♏	27 ♊	0 ♑
7	15 ♊ 5	6 ♋ 9	14 ♓ 29	14 ♓ 8	25 ♉ 18	29 ♋ 22	11 ♊ 14	9 ♈ 3	25 ♍ 36	8 ♋ 9	16 ♎ 53	17 ♌ 44	13 ♓	13 ♒	28 ♏	27 ♊	0 ♑
8	16 ♊ 3	18 ♋ 1	14 ♓ 26	13 ♓ 56	26 ♉ 59	0 ♌ 26	11 ♊ 55	9 ♈ 13	25 ♍ 37	8 ♋ 13	16 ♎ 52	17 ♌ 45	13 ♓	13 ♒	28 ♏	27 ♊	0 ♑
9	17 ♊ 0	29 ♋ 54	14 ♓ 23	13 ♓ 48	28 ♉ 42	1 ♌ 29	12 ♊ 37	9 ♈ 22	25 ♍ 38	8 ♋ 16	16 ♎ 51	17 ♌ 46	13 ♓	13 ♒	28 ♏	28 ♊	0 ♑
10	17 ♊ 58	11 ♌ 52	14 ♓ 20	13 ♓ 42	0 ♊ 27	2 ♌ 32	13 ♊ 19	9 ♈ 31	25 ♍ 39	8 ♋ 19	16 ♎ 51	17 ♌ 47	13 ♓	13 ♒	28 ♏	28 ♊	0 ♑
11	18 ♊ 55	23 ♌ 59	14 ♓ 16	13 ♓ 39	2 ♊ 16	3 ♌ 35	14 ♊ 0	9 ♈ 41	25 ♍ 40	8 ♋ 23	16 ♎ 50	17 ♌ 48	14 ♓	13 ♒	28 ♏	29 ♊	0 ♑
12	19 ♊ 52	6 ♍ 18	14 ♓ 13	13 ♓ 38	4 ♊ 6	4 ♌ 37	14 ♊ 42	9 ♈ 50	25 ♍ 41	8 ♋ 26	16 ♎ 49	17 ♌ 49	14 ♓	13 ♒	27 ♏	29 ♊	0 ♑
13	20 ♊ 50	18 ♍ 55	14 ♓ 10	13 D 38	6 ♊ 0	5 ♌ 40	15 ♊ 24	9 ♈ 59	25 ♍ 43	8 ♋ 30	16 ♎ 49	17 ♌ 50	14 ♓	13 ♒	27 ♏	0 ♋	0 ♑
14	21 ♊ 47	1 ♎ 54	14 ♓ 7	13 R 38	7 ♊ 55	6 ♌ 41	16 ♊ 5	10 ♈ 7	25 ♍ 44	8 ♋ 33	16 ♎ 48	17 ♌ 51	14 ♓	13 ♒	27 ♏	0 ♋	0 ♑
15	22 ♊ 44	15 ♎ 20	14 ♓ 4	13 ♓ 36	9 ♊ 53	7 ♌ 43	16 ♊ 46	10 ♈ 16	25 ♍ 46	8 ♋ 37	16 ♎ 48	17 ♌ 52	14 ♓	13 ♒	27 ♏	0 ♋	0 ♑
16	23 ♊ 42	29 ♎ 14	14 ♓ 0	13 ♓ 33	11 ♊ 53	8 ♌ 44	17 ♊ 28	10 ♈ 25	25 ♍ 48	8 ♋ 40	16 ♎ 48	17 ♌ 54	14 ♓	13 ♒	27 ♏	1 ♋	0 ♑
17	24 ♊ 39	13 ♏ 38	13 ♓ 57	13 ♓ 27	13 ♊ 55	9 ♌ 45	18 ♊ 9	10 ♈ 33	25 ♍ 49	8 ♋ 44	16 ♎ 47	17 ♌ 55	14 ♓	12 ♒	26 ♏	1 ♋	0 ♑
18	25 ♊ 36	28 ♏ 28	13 ♓ 54	13 ♓ 18	15 ♊ 59	10 ♌ 46	18 ♊ 50	10 ♈ 41	25 ♍ 51	8 ♋ 47	16 ♎ 47	17 ♌ 56	15 ♓	12 ♒	26 ♏	2 ♋	0 ♑
19	26 ♊ 33	13 ♐ 38	13 ♓ 51	13 ♓ 8	18 ♊ 5	11 ♌ 46	19 ♊ 32	10 ♈ 50	25 ♍ 53	8 ♋ 51	16 ♎ 46	17 ♌ 57	15 ♓	12 ♒	26 ♏	2 ♋	29 ♐
20	27 ♊ 31	28 ♐ 57	13 ♓ 48	12 ♓ 58	20 ♊ 12	12 ♌ 46	20 ♊ 13	10 ♈ 58	25 ♍ 55	8 ♋ 55	16 ♎ 46	17 ♌ 59	15 ♓	12 ♒	26 ♏	3 ♋	29 ♐
21	28 ♊ 28	14 ♑ 15	13 ♓ 45	12 ♓ 49	22 ♊ 21	13 ♌ 46	20 ♊ 54	11 ♈ 6	25 ♍ 58	8 ♋ 58	16 ♎ 46	18 ♌ 0	15 ♓	12 ♒	26 ♏	3 ♋	29 ♐
22	29 ♊ 25	29 ♑ 20	13 ♓ 41	12 ♓ 41	24 ♊ 31	14 ♌ 45	21 ♊ 35	11 ♈ 13	26 ♍ 0	9 ♋ 2	16 ♎ 46	18 ♌ 1	15 ♓	12 ♒	26 ♏	3 ♋	29 ♐
23	0 ♋ 22	14 ♒ 4	13 ♓ 38	12 ♓ 36	26 ♊ 41	15 ♌ 44	22 ♊ 16	11 ♈ 21	26 ♍ 2	9 ♋ 5	16 ♎ 45	18 ♌ 2	15 ♓	12 ♒	25 ♏	4 ♋	29 ♐
24	1 ♋ 20	28 ♒ 21	13 ♓ 35	12 ♓ 33	28 ♊ 53	16 ♌ 42	22 ♊ 57	11 ♈ 28	26 ♍ 5	9 ♋ 9	16 ♎ 45	18 ♌ 4	15 ♓	11 ♒	25 ♏	4 ♋	29 ♐
25	2 ♋ 17	12 ♓ 9	13 ♓ 32	12 ♓ 33	1 ♋ 4	17 ♌ 40	23 ♊ 38	11 ♈ 36	26 ♍ 7	9 ♋ 12	16 ♎ 45	18 ♌ 5	15 ♓	11 ♒	25 ♏	5 ♋	29 ♐
26	3 ♋ 14	25 ♓ 31	13 ♓ 29	12 D 33	3 ♋ 15	18 ♌ 38	24 ♊ 19	11 ♈ 43	26 ♍ 10	9 ♋ 16	16 ♎ 45	18 ♌ 7	16 ♓	11 ♒	25 ♏	5 ♋	29 ♐
27	4 ♋ 11	8 ♈ 28	13 ♓ 26	12 R 33	5 ♋ 27	19 ♌ 35	25 ♊ 0	11 ♈ 50	26 ♍ 13	9 ♋ 20	16 ♎ 45	18 ♌ 8	16 ♓	11 ♒	25 ♏	6 ♋	29 ♐
28	5 ♋ 8	21 ♈ 5	13 ♓ 22	12 ♓ 32	7 ♋ 37	20 ♌ 32	25 ♊ 41	11 ♈ 57	26 ♍ 16	9 ♋ 23	16 ♎ 45	18 ♌ 9	16 ♓	11 ♒	25 ♏	6 ♋	29 ♐
29	6 ♋ 6	3 ♉ 25	13 ♓ 19	12 ♓ 29	9 ♋ 47	21 ♌ 28	26 ♊ 22	12 ♈ 3	26 ♍ 19	9 ♋ 27	16 ♎ 45	18 ♌ 11	16 ♓	11 ♒	25 ♏	7 ♋	29 ♐
30	7 ♋ 3	15 ♉ 34	13 ♓ 16	12 ♓ 23	11 ♋ 56	22 ♌ 24	27 ♊ 2	12 ♈ 10	26 ♍ 22	9 ♋ 31	16 D 45	18 ♌ 12	16 ♓	10 ♒	25 ♏	7 ♋	29 ♐

SUN INGRESS	☉ → ♋ 22日 14:25
MOON PHASE	● 5日 01:40 ♊ ◐ 13日 03:52 ♍ ○ 19日 21:36 ♐ ◑ 26日 15:21 ♈

aspects

2日	01:25	☿□♇
2日	22:08	♂⚹♃
3日	10:24	♀⚹♄
7日	04:18	☿△♄
8日	20:17	☉△♆
9日	19:23	☉⚹♇
12日	14:44	☿⚹♀
15日	00:54	♂△♆
15日	05:03	☿⚹♃
16日	15:25	♂⚹♇
17日	21:55	♀△♃
18日	06:34	☉□♄
18日	09:06	☿△♆
18日	22:32	☿⚹♇
20日	00:08	☿☌♂
22日	16:42	☿□♄
24日	01:14	♀⚹♆
25日	10:39	♀☌♇
25日	23:33	☉☌☿
28日	20:12	☿☌♅
28日	22:13	♂□♄
30日	02:51	☿□♃

1951年7月

DAY	☉	☽	☊ mean	☊ true	☿	♀	♂	♃	♄	♅	♆	♇	⚳	⚴	⚵	⚶	⚷
	° ′	° ′	° ′	° ′	° ′	° ′	° ′	° ′	° ′	° ′	° ′	° ′	°	°	°	°	°
1	8 ♋ 0	27 ♉ 35	13 ♓ 13	12 R 15	14 D 3	23 D 19	27 D 43	12 D 16	26 D 25	9 D 34	16 D 45	18 D 14	16 D	10 R	24 R	7 D	29 R
2	8 ♋ 57	9 ♊ 30	13 ♓ 10	12 ♓ 5	16 ♋ 9	24 ♌ 14	28 ♊ 24	12 ♈ 23	26 ♍ 28	9 ♋ 38	16 ♎ 45	18 ♌ 15	16 ♓	10 ♒	24 ♏	8 ♋	29 ♐
3	9 ♋ 55	21 ♊ 22	13 ♓ 6	11 ♓ 53	18 ♋ 14	25 ♌ 8	29 ♊ 4	12 ♈ 29	26 ♍ 31	9 ♋ 41	16 ♎ 45	18 ♌ 17	16 ♓	10 ♒	24 ♏	8 ♋	29 ♐
4	10 ♋ 52	3 ♋ 14	13 ♓ 3	11 ♓ 42	20 ♋ 17	26 ♌ 1	29 ♊ 45	12 ♈ 35	26 ♍ 35	9 ♋ 45	16 ♎ 45	18 ♌ 18	16 ♓	10 ♒	24 ♏	9 ♋	29 ♐
5	11 ♋ 49	15 ♋ 6	13 ♓ 0	11 ♓ 31	22 ♋ 19	26 ♌ 54	0 ♋ 25	12 ♈ 40	26 ♍ 38	9 ♋ 49	16 ♎ 45	18 ♌ 20	16 ♓	9 ♒	24 ♏	9 ♋	28 ♐
6	12 ♋ 46	27 ♋ 0	12 ♓ 57	11 ♓ 22	24 ♋ 18	27 ♌ 47	1 ♋ 6	12 ♈ 46	26 ♍ 42	9 ♋ 52	16 ♎ 45	18 ♌ 21	16 ♓	9 ♒	24 ♏	10 ♋	28 ♐
7	13 ♋ 43	8 ♌ 59	12 ♓ 54	11 ♓ 15	26 ♋ 16	28 ♌ 39	1 ♋ 46	12 ♈ 51	26 ♍ 46	9 ♋ 56	16 ♎ 46	18 ♌ 23	16 ♓	9 ♒	24 ♏	10 ♋	28 ♐
8	14 ♋ 41	21 ♌ 3	12 ♓ 51	11 ♓ 10	28 ♋ 12	29 ♌ 30	2 ♋ 27	12 ♈ 57	26 ♍ 49	10 ♋ 0	16 ♎ 46	18 ♌ 25	16 ♓	9 ♒	24 ♏	10 ♋	28 ♐
9	15 ♋ 38	3 ♍ 16	12 ♓ 47	11 ♓ 8	0 ♌ 6	0 ♍ 21	3 ♋ 7	13 ♈ 2	26 ♍ 53	10 ♋ 3	16 ♎ 46	18 ♌ 26	16 ♓	9 ♒	24 ♏	11 ♋	28 ♐
10	16 ♋ 35	15 ♍ 41	12 ♓ 44	11 D 8	1 ♌ 58	1 ♍ 11	3 ♋ 47	13 ♈ 7	26 ♍ 57	10 ♋ 7	16 ♎ 47	18 ♌ 28	16 ♓	8 ♒	24 ♏	11 ♋	28 ♐
11	17 ♋ 32	28 ♍ 21	12 ♓ 41	11 ♓ 9	3 ♌ 48	2 ♍ 0	4 ♋ 28	13 ♈ 11	27 ♍ 1	10 ♋ 10	16 ♎ 47	18 ♌ 29	16 ♓	8 ♒	24 ♏	12 ♋	28 ♐
12	18 ♋ 30	11 ♎ 20	12 ♓ 38	11 ♓ 10	5 ♌ 36	2 ♍ 48	5 ♋ 8	13 ♈ 16	27 ♍ 5	10 ♋ 14	16 ♎ 47	18 ♌ 31	16 ♓	8 ♒	24 ♏	12 ♋	28 ♐
13	19 ♋ 27	24 ♎ 42	12 ♓ 35	11 R 10	7 ♌ 22	3 ♍ 36	5 ♋ 48	13 ♈ 20	27 ♍ 9	10 ♋ 18	16 ♎ 48	18 ♌ 33	16 ♓	8 ♒	24 ♏	13 ♋	28 ♐
14	20 ♋ 24	8 ♏ 29	12 ♓ 32	11 ♓ 8	9 ♌ 7	4 ♍ 23	6 ♋ 28	13 ♈ 25	27 ♍ 13	10 ♋ 21	16 ♎ 48	18 ♌ 34	16 R	7 ♒	24 ♏	13 ♋	28 ♐
15	21 ♋ 21	22 ♏ 42	12 ♓ 28	11 ♓ 5	10 ♌ 49	5 ♍ 9	7 ♋ 8	13 ♈ 29	27 ♍ 18	10 ♋ 25	16 ♎ 49	18 ♌ 36	16 ♓	7 ♒	23 ♏	14 ♋	28 ♐
16	22 ♋ 18	7 ♐ 19	12 ♓ 25	11 ♓ 0	12 ♌ 29	5 ♍ 54	7 ♋ 48	13 ♈ 33	27 ♍ 22	10 ♋ 28	16 ♎ 49	18 ♌ 38	16 ♓	7 ♒	23 ♏	14 ♋	28 ♐
17	23 ♋ 16	22 ♐ 17	12 ♓ 22	10 ♓ 53	14 ♌ 8	6 ♍ 38	8 ♋ 28	13 ♈ 36	27 ♍ 27	10 ♋ 32	16 ♎ 50	18 ♌ 39	16 ♓	7 ♒	23 ♏	14 ♋	28 ♐
18	24 ♋ 13	7 ♑ 26	12 ♓ 19	10 ♓ 47	15 ♌ 44	7 ♍ 22	9 ♋ 8	13 ♈ 40	27 ♍ 31	10 ♋ 35	16 ♎ 50	18 ♌ 41	16 ♓	6 ♒	23 ♏	15 ♋	28 ♐
19	25 ♋ 10	22 ♑ 38	12 ♓ 16	10 ♓ 40	17 ♌ 18	8 ♍ 4	9 ♋ 48	13 ♈ 43	27 ♍ 36	10 ♋ 39	16 ♎ 51	18 ♌ 43	16 ♓	6 ♒	23 ♏	15 ♋	28 ♐
20	26 ♋ 7	7 ♒ 41	12 ♓ 12	10 ♓ 35	18 ♌ 51	8 ♍ 46	10 ♋ 28	13 ♈ 46	27 ♍ 41	10 ♋ 42	16 ♎ 52	18 ♌ 45	16 ♓	6 ♒	23 ♏	16 ♋	28 ♐
21	27 ♋ 5	22 ♒ 28	12 ♓ 9	10 ♓ 32	20 ♌ 21	9 ♍ 26	11 ♋ 8	13 ♈ 49	27 ♍ 45	10 ♋ 46	16 ♎ 52	18 ♌ 46	16 ♓	6 ♒	23 D	16 ♋	28 ♐
22	28 ♋ 2	6 ♓ 51	12 ♓ 6	10 ♓ 31	21 ♌ 50	10 ♍ 5	11 ♋ 48	13 ♈ 52	27 ♍ 50	10 ♋ 49	16 ♎ 53	18 ♌ 48	16 ♓	5 ♒	23 ♏	17 ♋	27 ♐
23	28 ♋ 59	20 ♓ 46	12 ♓ 3	10 D 31	23 ♌ 17	10 ♍ 43	12 ♋ 27	13 ♈ 54	27 ♍ 55	10 ♋ 53	16 ♎ 54	18 ♌ 50	16 ♓	5 ♒	23 ♏	17 ♋	27 ♐
24	29 ♋ 56	4 ♈ 14	12 ♓ 0	10 ♓ 32	24 ♌ 41	11 ♍ 20	13 ♋ 7	13 ♈ 57	28 ♍ 0	10 ♋ 56	16 ♎ 55	18 ♌ 52	16 ♓	5 ♒	23 ♏	17 ♋	27 ♐
25	0 ♌ 54	17 ♈ 16	11 ♓ 57	10 ♓ 34	26 ♌ 4	11 ♍ 56	13 ♋ 47	13 ♈ 59	28 ♍ 5	11 ♋ 0	16 ♎ 55	18 ♌ 53	16 ♓	4 ♒	23 ♏	18 ♋	27 ♐
26	1 ♌ 51	29 ♈ 56	11 ♓ 53	10 ♓ 34	27 ♌ 24	12 ♍ 31	14 ♋ 26	14 ♈ 1	28 ♍ 10	11 ♋ 3	16 ♎ 56	18 ♌ 55	16 ♓	4 ♒	23 ♏	18 ♋	27 ♐
27	2 ♌ 48	12 ♉ 18	11 ♓ 50	10 R 34	28 ♌ 42	13 ♍ 4	15 ♋ 6	14 ♈ 3	28 ♍ 15	11 ♋ 7	16 ♎ 57	18 ♌ 57	16 ♓	4 ♒	24 ♏	19 ♋	27 ♐
28	3 ♌ 46	24 ♉ 26	11 ♓ 47	10 ♓ 32	29 ♌ 58	13 ♍ 36	15 ♋ 46	14 ♈ 4	28 ♍ 21	11 ♋ 10	16 ♎ 58	18 ♌ 59	16 ♓	4 ♒	24 ♏	19 ♋	27 ♐
29	4 ♌ 43	6 ♊ 24	11 ♓ 44	10 ♓ 28	1 ♍ 12	14 ♍ 6	16 ♋ 25	14 ♈ 6	28 ♍ 26	11 ♋ 14	16 ♎ 59	19 ♌ 1	16 ♓	3 ♒	24 ♏	20 ♋	27 ♐
30	5 ♌ 40	18 ♊ 17	11 ♓ 41	10 ♓ 24	2 ♍ 24	14 ♍ 36	17 ♋ 5	14 ♈ 7	28 ♍ 31	11 ♋ 17	17 ♎ 0	19 ♌ 3	15 ♓	3 ♒	24 ♏	20 ♋	27 ♐
31	6 ♌ 38	0 ♋ 8	11 ♓ 38	10 ♓ 18	3 ♍ 33	15 ♍ 3	17 ♋ 44	14 ♈ 8	28 ♍ 37	11 ♋ 20	17 ♎ 1	19 ♌ 4	15 ♓	3 ♒	24 ♏	21 ♋	27 ♐

SUN INGRESS	☉ → ♌ 24日 01:21
MOON PHASE	● 4日 16:48 ♋ ◐ 12日 13:56 ♎ ○ 19日 04:17 ♑ ◑ 26日 03:59 ♉

aspects		
2日	06:48	☿□♆
2日	18:07	☉☌♅
5日	23:55	☉□♃
7日	06:17	☿⚹♄
10日	04:52	☉□♆
16日	16:01	☿△♃
18日	16:57	☿⚹♆
19日	22:20	☿☌♇
20日	09:34	♂☌♅
21日	18:40	☉⚹♄
23日	06:47	♀⚹♅
25日	07:51	♂□♃
29日	21:05	♂□♆

1951年8月

DAY	☉	☽	☊ mean	☊ true	☿	♀	♂	♃	♄	♅	♆	♇	⚳	⚴	⚵	⚶	⚷
	° ′	° ′	° ′	° ′	° ′	° ′	° ′	° ′	° ′	° ′	° ′	° ′	°	°	°	°	°
1	7 ♌ 35	12 ♋ 1	11 ♓ 34	10 R 12	4 D 39	15 D 29	18 D 23	14 D 9	28 D 42	11 D 24	17 D 2	19 D 6	15 R	3 R	24 D	21 D	27 R
2	8 ♌ 32	23 ♋ 56	11 ♓ 31	10 ♓ 6	5 ♍ 44	15 ♍ 54	19 ♋ 3	14 ♈ 10	28 ♍ 48	11 ♋ 27	17 ♎ 3	19 ♌ 8	15 ♓	2 ♒	24 ♏	21 ♋	27 ♐
3	9 ♌ 30	5 ♌ 57	11 ♓ 28	10 ♓ 2	6 ♍ 45	16 ♍ 16	19 ♋ 42	14 ♈ 10	28 ♍ 53	11 ♋ 30	17 ♎ 4	19 ♌ 10	15 ♓	2 ♒	24 ♏	22 ♋	27 ♐
4	10 ♌ 27	18 ♌ 5	11 ♓ 25	9 ♓ 59	7 ♍ 44	16 ♍ 37	20 ♋ 21	14 ♈ 10	28 ♍ 59	11 ♋ 34	17 ♎ 5	19 ♌ 12	15 ♓	2 ♒	24 ♏	22 ♋	27 ♐
5	11 ♌ 25	0 ♍ 21	11 ♓ 22	9 ♓ 57	8 ♍ 40	16 ♍ 57	21 ♋ 1	14 R 10	29 ♍ 5	11 ♋ 37	17 ♎ 6	19 ♌ 14	15 ♓	2 ♒	24 ♏	23 ♋	27 ♐
6	12 ♌ 22	12 ♍ 47	11 ♓ 18	9 D 56	9 ♍ 33	17 ♍ 14	21 ♋ 40	14 ♈ 10	29 ♍ 11	11 ♋ 40	17 ♎ 7	19 ♌ 15	15 ♓	1 ♒	24 ♏	23 ♋	27 ♐
7	13 ♌ 20	25 ♍ 26	11 ♓ 15	9 ♓ 57	10 ♍ 22	17 ♍ 30	22 ♋ 19	14 ♈ 10	29 ♍ 17	11 ♋ 43	17 ♎ 9	19 ♌ 17	15 ♓	1 ♒	24 ♏	24 ♋	27 ♐
8	14 ♌ 17	8 ♎ 17	11 ♓ 12	9 ♓ 59	11 ♍ 9	17 ♍ 43	22 ♋ 58	14 ♈ 9	29 ♍ 22	11 ♋ 47	17 ♎ 10	19 ♌ 19	14 ♓	1 ♒	24 ♏	24 ♋	27 ♐
9	15 ♌ 15	21 ♎ 25	11 ♓ 9	10 ♓ 0	11 ♍ 52	17 ♍ 55	23 ♋ 37	14 ♈ 8	29 ♍ 28	11 ♋ 50	17 ♎ 11	19 ♌ 21	14 ♓	1 ♒	24 ♏	24 ♋	27 ♐
10	16 ♌ 12	4 ♏ 50	11 ♓ 6	10 ♓ 1	12 ♍ 31	18 ♍ 4	24 ♋ 16	14 ♈ 7	29 ♍ 34	11 ♋ 53	17 ♎ 12	19 ♌ 23	14 ♓	0 ♒	24 ♏	25 ♋	27 ♐
11	17 ♌ 10	18 ♏ 35	11 ♓ 3	10 R 2	13 ♍ 6	18 ♍ 11	24 ♋ 55	14 ♈ 6	29 ♍ 41	11 ♋ 56	17 ♎ 14	19 ♌ 25	14 ♓	0 ♒	25 ♏	25 ♋	27 ♐
12	18 ♌ 7	2 ♐ 39	10 ♓ 59	10 ♓ 1	13 ♍ 38	18 ♍ 16	25 ♋ 34	14 ♈ 5	29 ♍ 47	11 ♋ 59	17 ♎ 15	19 ♌ 27	14 ♓	0 ♒	25 ♏	26 ♋	27 ♐
13	19 ♌ 5	17 ♐ 1	10 ♓ 56	9 ♓ 59	14 ♍ 5	18 ♍ 19	26 ♋ 13	14 ♈ 3	29 ♍ 53	12 ♋ 2	17 ♎ 16	19 ♌ 28	14 ♓	0 ♒	25 ♏	26 ♋	27 ♐
14	20 ♌ 3	1 ♑ 39	10 ♓ 53	9 ♓ 57	14 ♍ 27	18 R 19	26 ♋ 52	14 ♈ 2	29 ♍ 59	12 ♋ 5	17 ♎ 18	19 ♌ 30	13 ♓	29 ♑	25 ♏	27 ♋	27 ♐
15	21 ♌ 0	16 ♑ 27	10 ♓ 50	9 ♓ 55	14 ♍ 45	18 ♍ 18	27 ♋ 31	14 ♈ 0	0 ♎ 5	12 ♋ 8	17 ♎ 19	19 ♌ 32	13 ♓	29 ♑	25 ♏	27 ♋	27 ♐
16	21 ♌ 58	1 ♒ 18	10 ♓ 47	9 ♓ 53	14 ♍ 58	18 ♍ 13	28 ♋ 10	13 ♈ 58	0 ♎ 12	12 ♋ 11	17 ♎ 20	19 ♌ 34	13 ♓	29 ♑	25 ♏	27 ♋	26 ♐
17	22 ♌ 55	16 ♒ 5	10 ♓ 44	9 ♓ 51	15 ♍ 6	18 ♍ 7	28 ♋ 49	13 ♈ 55	0 ♎ 18	12 ♋ 14	17 ♎ 22	19 ♌ 36	13 ♓	29 ♑	25 ♏	28 ♋	26 ♐
18	23 ♌ 53	0 ♓ 40	10 ♓ 40	9 ♓ 50	15 R 9	17 ♍ 58	29 ♋ 27	13 ♈ 53	0 ♎ 24	12 ♋ 17	17 ♎ 23	19 ♌ 38	13 ♓	29 ♑	25 ♏	28 ♋	26 ♐
19	24 ♌ 51	14 ♓ 57	10 ♓ 37	9 D 50	15 ♍ 6	17 ♍ 46	0 ♌ 6	13 ♈ 50	0 ♎ 31	12 ♋ 20	17 ♎ 25	19 ♌ 40	12 ♓	28 ♑	26 ♏	29 ♋	26 ♐
20	25 ♌ 48	28 ♓ 52	10 ♓ 34	9 ♓ 50	14 ♍ 57	17 ♍ 33	0 ♌ 45	13 ♈ 47	0 ♎ 37	12 ♋ 23	17 ♎ 26	19 ♌ 41	12 ♓	28 ♑	26 ♏	29 ♋	26 ♐
21	26 ♌ 46	12 ♈ 22	10 ♓ 31	9 ♓ 51	14 ♍ 43	17 ♍ 16	1 ♌ 23	13 ♈ 44	0 ♎ 44	12 ♋ 26	17 ♎ 28	19 ♌ 43	12 ♓	28 ♑	26 ♏	0 ♌	26 ♐
22	27 ♌ 44	25 ♈ 28	10 ♓ 28	9 ♓ 52	14 ♍ 23	16 ♍ 58	2 ♌ 2	13 ♈ 41	0 ♎ 51	12 ♋ 29	17 ♎ 29	19 ♌ 45	12 ♓	28 ♑	26 ♏	0 ♌	26 ♐
23	28 ♌ 42	8 ♉ 12	10 ♓ 24	9 ♓ 53	13 ♍ 57	16 ♍ 37	2 ♌ 41	13 ♈ 37	0 ♎ 57	12 ♋ 31	17 ♎ 31	19 ♌ 47	12 ♓	28 ♑	26 ♏	0 ♌	26 ♐
24	29 ♌ 40	20 ♉ 37	10 ♓ 21	9 ♓ 54	13 ♍ 25	16 ♍ 14	3 ♌ 19	13 ♈ 34	1 ♎ 4	12 ♋ 34	17 ♎ 33	19 ♌ 49	11 ♓	27 ♑	26 ♏	1 ♌	26 ♐
25	0 ♍ 37	2 ♊ 47	10 ♓ 18	9 R 54	12 ♍ 49	15 ♍ 49	3 ♌ 58	13 ♈ 30	1 ♎ 11	12 ♋ 37	17 ♎ 34	19 ♌ 51	11 ♓	27 ♑	26 ♏	1 ♌	26 ♐
26	1 ♍ 35	14 ♊ 46	10 ♓ 15	9 ♓ 54	12 ♍ 7	15 ♍ 23	4 ♌ 36	13 ♈ 26	1 ♎ 17	12 ♋ 39	17 ♎ 36	19 ♌ 53	11 ♓	27 ♑	27 ♏	2 ♌	26 ♐
27	2 ♍ 33	26 ♊ 40	10 ♓ 12	9 ♓ 53	11 ♍ 21	14 ♍ 54	5 ♌ 15	13 ♈ 22	1 ♎ 24	12 ♋ 42	17 ♎ 38	19 ♌ 54	11 ♓	27 ♑	27 ♏	2 ♌	26 ♐
28	3 ♍ 31	8 ♋ 31	10 ♓ 9	9 ♓ 52	10 ♍ 31	14 ♍ 23	5 ♌ 53	13 ♈ 17	1 ♎ 31	12 ♋ 45	17 ♎ 39	19 ♌ 56	11 ♓	27 ♑	27 ♏	3 ♌	26 ♐
29	4 ♍ 29	20 ♋ 25	10 ♓ 5	9 ♓ 52	9 ♍ 38	13 ♍ 51	6 ♌ 31	13 ♈ 13	1 ♎ 38	12 ♋ 47	17 ♎ 41	19 ♌ 58	10 ♓	27 ♑	27 ♏	3 ♌	26 ♐
30	5 ♍ 27	2 ♌ 25	10 ♓ 2	9 ♓ 51	8 ♍ 43	13 ♍ 18	7 ♌ 10	13 ♈ 8	1 ♎ 45	12 ♋ 50	17 ♎ 43	20 ♌ 0	10 ♓	26 ♑	27 ♏	3 ♌	26 ♐
31	6 ♍ 25	14 ♌ 34	9 ♓ 59	9 ♓ 51	7 ♍ 47	12 ♍ 43	7 ♌ 48	13 ♈ 3	1 ♎ 52	12 ♋ 52	17 ♎ 45	20 ♌ 2	10 ♓	26 ♑	27 ♏	4 ♌	26 ♐

SUN INGRESS	☉ → ♍ 24日 08:16
MOON PHASE	● 3日 07:39 ♌ ◐ 10日 21:22 ♏ ○ 17日 11:59 ♒ ◑ 24日 19:20 ♊

aspects		
7日	20:39	☉△♃
8日	22:44	☿⚹♅
11日	01:34	☉⚹♆
13日	10:05	☉☌♇
19日	18:31	♂⚹♄
25日	06:38	☿⚹♅
30日	18:23	♀⚹♅
31日	17:09	☉☌☿

1951年9月

DAY	☉	☽	☊ mean	☊ true	☿	♀	♂	♃	♄	♅	♆	♇	⚳	⚴	⚵	⚶	⚷
	° ′	° ′	° ′	° ′	° ′	° ′	° ′	° ′	° ′	° ′	° ′	° ′	°	°	°	°	°
1	7 ♍ 23	26 ♌ 53	9 ♓ 56	9 R 50	6 R 51	12 R 8	8 D 26	12 R 58	1 D 59	12 D 55	17 D 46	20 D 3	10 R	26 R	28 D	4 D	26 R
2	8 ♍ 21	9 ♍ 25	9 ♓ 53	9 ♓ 50	5 ♍ 56	11 ♍ 32	9 ♌ 4	12 ♈ 53	2 ♎ 6	12 ♋ 57	17 ♎ 48	20 ♌ 5	9 ♓	26 ♑	28 ♏	5 ♌	26 D
3	9 ♍ 19	22 ♍ 10	9 ♓ 49	9 D 50	5 ♍ 4	10 ♍ 55	9 ♌ 43	12 ♈ 47	2 ♎ 13	12 ♋ 59	17 ♎ 50	20 ♌ 7	9 ♓	26 ♑	28 ♏	5 ♌	26 ♐
4	10 ♍ 17	5 ♎ 8	9 ♓ 46	9 R 50	4 ♍ 15	10 ♍ 18	10 ♌ 21	12 ♈ 42	2 ♎ 20	13 ♋ 2	17 ♎ 52	20 ♌ 9	9 ♓	26 ♑	28 ♏	6 ♌	26 ♐
5	11 ♍ 16	18 ♎ 21	9 ♓ 43	9 ♓ 50	3 ♍ 32	9 ♍ 41	10 ♌ 59	12 ♈ 36	2 ♎ 27	13 ♋ 4	17 ♎ 54	20 ♌ 11	9 ♓	26 ♑	28 ♏	6 ♌	26 ♐
6	12 ♍ 14	1 ♏ 47	9 ♓ 40	9 ♓ 50	2 ♍ 54	9 ♍ 4	11 ♌ 37	12 ♈ 30	2 ♎ 34	13 ♋ 6	17 ♎ 56	20 ♌ 12	9 ♓	26 ♑	29 ♏	6 ♌	26 ♐
7	13 ♍ 12	15 ♏ 27	9 ♓ 37	9 ♓ 50	2 ♍ 23	8 ♍ 27	12 ♌ 15	12 ♈ 24	2 ♎ 41	13 ♋ 9	17 ♎ 57	20 ♌ 14	8 ♓	25 ♑	29 ♏	7 ♌	26 ♐
8	14 ♍ 10	29 ♏ 18	9 ♓ 34	9 ♓ 49	2 ♍ 0	7 ♍ 52	12 ♌ 53	12 ♈ 18	2 ♎ 48	13 ♋ 11	17 ♎ 59	20 ♌ 16	8 ♓	25 ♑	29 ♏	7 ♌	26 ♐
9	15 ♍ 8	13 ♐ 21	9 ♓ 30	9 ♓ 49	1 ♍ 45	7 ♍ 17	13 ♌ 31	12 ♈ 12	2 ♎ 55	13 ♋ 13	18 ♎ 1	20 ♌ 18	8 ♓	25 ♑	29 ♏	8 ♌	26 ♐
10	16 ♍ 7	27 ♐ 33	9 ♓ 27	9 D 49	1 ♍ 38	6 ♍ 43	14 ♌ 9	12 ♈ 5	3 ♎ 2	13 ♋ 15	18 ♎ 3	20 ♌ 19	8 ♓	25 ♑	29 ♏	8 ♌	26 ♐
11	17 ♍ 5	11 ♑ 53	9 ♓ 24	9 ♓ 50	1 D 41	6 ♍ 10	14 ♌ 47	11 ♈ 59	3 ♎ 10	13 ♋ 17	18 ♎ 5	20 ♌ 21	7 ♓	25 ♑	0 ♐	9 ♌	26 ♐
12	18 ♍ 3	26 ♑ 16	9 ♓ 21	9 ♓ 50	1 ♍ 52	5 ♍ 39	15 ♌ 25	11 ♈ 52	3 ♎ 17	13 ♋ 19	18 ♎ 7	20 ♌ 23	7 ♓	25 ♑	0 ♐	9 ♌	26 ♐
13	19 ♍ 2	10 ♒ 41	9 ♓ 18	9 ♓ 51	2 ♍ 13	5 ♍ 10	16 ♌ 2	11 ♈ 45	3 ♎ 24	13 ♋ 21	18 ♎ 9	20 ♌ 24	7 ♓	25 ♑	0 ♐	9 ♌	26 ♐
14	20 ♍ 0	25 ♒ 2	9 ♓ 15	9 ♓ 52	2 ♍ 43	4 ♍ 42	16 ♌ 40	11 ♈ 39	3 ♎ 31	13 ♋ 23	18 ♎ 11	20 ♌ 26	7 ♓	25 ♑	0 ♐	10 ♌	26 ♐
15	20 ♍ 59	9 ♓ 14	9 ♓ 11	9 ♓ 52	3 ♍ 21	4 ♍ 16	17 ♌ 18	11 ♈ 32	3 ♎ 39	13 ♋ 25	18 ♎ 13	20 ♌ 28	7 ♓	25 ♑	1 ♐	10 ♌	26 ♐
16	21 ♍ 57	23 ♓ 13	9 ♓ 8	9 R 52	4 ♍ 8	3 ♍ 53	17 ♌ 56	11 ♈ 24	3 ♎ 46	13 ♋ 27	18 ♎ 15	20 ♌ 29	6 ♓	25 ♑	1 ♐	11 ♌	26 ♐
17	22 ♍ 55	6 ♈ 56	9 ♓ 5	9 ♓ 51	5 ♍ 3	3 ♍ 31	18 ♌ 33	11 ♈ 17	3 ♎ 53	13 ♋ 28	18 ♎ 17	20 ♌ 31	6 ♓	25 ♑	1 ♐	11 ♌	26 ♐
18	23 ♍ 54	20 ♈ 20	9 ♓ 2	9 ♓ 49	6 ♍ 5	3 ♍ 12	19 ♌ 11	11 ♈ 10	4 ♎ 1	13 ♋ 30	18 ♎ 19	20 ♌ 33	6 ♓	25 ♑	1 ♐	11 ♌	27 ♐
19	24 ♍ 53	3 ♉ 24	8 ♓ 59	9 ♓ 47	7 ♍ 14	2 ♍ 56	19 ♌ 48	11 ♈ 3	4 ♎ 8	13 ♋ 32	18 ♎ 22	20 ♌ 34	6 ♓	25 ♑	2 ♐	12 ♌	27 ♐
20	25 ♍ 51	16 ♉ 8	8 ♓ 55	9 ♓ 45	8 ♍ 29	2 ♍ 41	20 ♌ 26	10 ♈ 55	4 ♎ 15	13 ♋ 33	18 ♎ 24	20 ♌ 36	6 ♓	25 ♑	2 ♐	12 ♌	27 ♐
21	26 ♍ 50	28 ♉ 34	8 ♓ 52	9 ♓ 43	9 ♍ 50	2 ♍ 29	21 ♌ 4	10 ♈ 48	4 ♎ 23	13 ♋ 35	18 ♎ 26	20 ♌ 37	5 ♓	25 ♑	2 ♐	13 ♌	27 ♐
22	27 ♍ 48	10 ♊ 46	8 ♓ 49	9 ♓ 41	11 ♍ 17	2 ♍ 20	21 ♌ 41	10 ♈ 40	4 ♎ 30	13 ♋ 37	18 ♎ 28	20 ♌ 39	5 ♓	25 ♑	2 ♐	13 ♌	27 ♐
23	28 ♍ 47	22 ♊ 46	8 ♓ 46	9 ♓ 40	12 ♍ 47	2 ♍ 13	22 ♌ 18	10 ♈ 32	4 ♎ 37	13 ♋ 38	18 ♎ 30	20 ♌ 40	5 ♓	25 D	3 ♐	13 ♌	27 ♐
24	29 ♍ 46	4 ♋ 39	8 ♓ 43	9 D 40	14 ♍ 21	2 ♍ 8	22 ♌ 56	10 ♈ 24	4 ♎ 45	13 ♋ 40	18 ♎ 32	20 ♌ 42	5 ♓	25 ♑	3 ♐	14 ♌	27 ♐
25	0 ♎ 45	16 ♋ 31	8 ♓ 40	9 ♓ 41	15 ♍ 59	2 ♍ 6	23 ♌ 33	10 ♈ 17	4 ♎ 52	13 ♋ 41	18 ♎ 34	20 ♌ 44	5 ♓	25 ♑	3 ♐	14 ♌	27 ♐
26	1 ♎ 43	28 ♋ 26	8 ♓ 36	9 ♓ 43	17 ♍ 39	2 D 6	24 ♌ 11	10 ♈ 9	5 ♎ 0	13 ♋ 42	18 ♎ 36	20 ♌ 45	5 ♓	25 ♑	3 ♐	15 ♌	27 ♐
27	2 ♎ 42	10 ♌ 28	8 ♓ 33	9 ♓ 44	19 ♍ 22	2 ♍ 9	24 ♌ 48	10 ♈ 1	5 ♎ 7	13 ♋ 44	18 ♎ 39	20 ♌ 46	4 ♓	25 ♑	4 ♐	15 ♌	27 ♐
28	3 ♎ 41	22 ♌ 42	8 ♓ 30	9 ♓ 46	21 ♍ 6	2 ♍ 14	25 ♌ 25	9 ♈ 53	5 ♎ 14	13 ♋ 45	18 ♎ 41	20 ♌ 48	4 ♓	25 ♑	4 ♐	16 ♌	27 ♐
29	4 ♎ 40	5 ♍ 11	8 ♓ 27	9 ♓ 47	22 ♍ 52	2 ♍ 21	26 ♌ 2	9 ♈ 45	5 ♎ 22	13 ♋ 46	18 ♎ 43	20 ♌ 49	4 ♓	25 ♑	4 ♐	16 ♌	27 ♐
30	5 ♎ 39	17 ♍ 57	8 ♓ 24	9 R 46	24 ♍ 39	2 ♍ 30	26 ♌ 40	9 ♈ 37	5 ♎ 29	13 ♋ 47	18 ♎ 45	20 ♌ 51	4 ♓	25 ♑	4 ♐	16 ♌	27 ♐

SUN INGRESS: ☉→♎24日 05:37

MOON PHASE: ● 1日 21:50 ♍ ◐ 9日 03:16 ♐ ○ 15日 21:38 ♓ ◑ 23日 13:13 ♊

aspects

1日	10:09	♃□♅
4日	00:08	☉☌♀
6日	22:33	☉⚹♅
7日	05:03	♂△♃
15日	19:01	☿☌♀
16日	13:19	♂⚹♆
20日	06:32	♂☌♇
23日	13:17	♀⚹♅
29日	19:33	☉☌♄

1951年10月

DAY	☉	☽	☊ mean	☊ true	☿	♀	♂	♃	♄	♅	♆	♇	⚳	⚴	⚵	⚶	⚷
	° ′	° ′	° ′	° ′	° ′	° ′	° ′	° ′	° ′	° ′	° ′	° ′	°	°	°	°	°
1	6 ♎ 38	1 ♎ 1	8 ♓ 21	9 R 45	26 D 26	2 D 42	27 D 17	9 R 29	5 D 37	13 D 48	18 D 47	20 D 52	4 R	25 D	5 D	17 D	27 D
2	7 ♎ 37	14 ♎ 24	8 ♓ 17	9 ♓ 42	28 ♍ 14	2 ♍ 55	27 ♌ 54	9 ♈ 21	5 ♎ 44	13 ♋ 49	18 ♎ 49	20 ♌ 54	4 ♓	25 ♑	5 ♐	17 ♌	27 ♐
3	8 ♎ 36	28 ♎ 3	8 ♓ 14	9 ♓ 38	0 ♎ 2	3 ♍ 11	28 ♌ 31	9 ♈ 13	5 ♎ 52	13 ♋ 50	18 ♎ 52	20 ♌ 55	4 ♓	25 ♑	5 ♐	18 ♌	27 ♐
4	9 ♎ 35	11 ♏ 56	8 ♓ 11	9 ♓ 34	1 ♎ 50	3 ♍ 28	29 ♌ 8	9 ♈ 5	5 ♎ 59	13 ♋ 51	18 ♎ 54	20 ♌ 56	3 ♓	25 ♑	5 ♐	18 ♌	27 ♐
5	10 ♎ 34	25 ♏ 59	8 ♓ 8	9 ♓ 29	3 ♎ 38	3 ♍ 48	29 ♌ 45	8 ♈ 56	6 ♎ 6	13 ♋ 52	18 ♎ 56	20 ♌ 58	3 ♓	25 ♑	6 ♐	18 ♌	27 ♐
6	11 ♎ 33	10 ♐ 9	8 ♓ 5	9 ♓ 25	5 ♎ 26	4 ♍ 9	0 ♍ 22	8 ♈ 48	6 ♎ 14	13 ♋ 53	18 ♎ 58	20 ♌ 59	3 ♓	25 ♑	6 ♐	19 ♌	27 ♐
7	12 ♎ 32	24 ♐ 22	8 ♓ 1	9 ♓ 22	7 ♎ 13	4 ♍ 33	0 ♍ 59	8 ♈ 40	6 ♎ 21	13 ♋ 54	19 ♎ 1	21 ♌ 0	3 ♓	25 ♑	6 ♐	19 ♌	27 ♐
8	13 ♎ 32	8 ♑ 35	7 ♓ 58	9 ♓ 21	9 ♎ 0	4 ♍ 58	1 ♍ 36	8 ♈ 32	6 ♎ 29	13 ♋ 55	19 ♎ 3	21 ♌ 2	3 ♓	25 ♑	7 ♐	20 ♌	27 ♐
9	14 ♎ 31	22 ♑ 45	7 ♓ 55	9 D 21	10 ♎ 46	5 ♍ 24	2 ♍ 13	8 ♈ 24	6 ♎ 36	13 ♋ 55	19 ♎ 5	21 ♌ 3	3 ♓	25 ♑	7 ♐	20 ♌	27 ♐
10	15 ♎ 30	6 ♒ 51	7 ♓ 52	9 ♓ 22	12 ♎ 32	5 ♍ 52	2 ♍ 50	8 ♈ 16	6 ♎ 43	13 ♋ 56	19 ♎ 7	21 ♌ 4	3 ♓	25 ♑	7 ♐	20 ♌	27 ♐
11	16 ♎ 29	20 ♒ 51	7 ♓ 49	9 ♓ 24	14 ♎ 17	6 ♍ 22	3 ♍ 26	8 ♈ 9	6 ♎ 51	13 ♋ 56	19 ♎ 9	21 ♌ 5	3 ♓	26 ♑	7 ♐	21 ♌	27 ♐
12	17 ♎ 29	4 ♓ 44	7 ♓ 46	9 ♓ 25	16 ♎ 1	6 ♍ 54	4 ♍ 3	8 ♈ 1	6 ♎ 58	13 ♋ 57	19 ♎ 12	21 ♌ 6	3 ♓	26 ♑	8 ♐	21 ♌	27 ♐
13	18 ♎ 28	18 ♓ 29	7 ♓ 42	9 R 25	17 ♎ 45	7 ♍ 26	4 ♍ 40	7 ♈ 53	7 ♎ 5	13 ♋ 57	19 ♎ 14	21 ♌ 8	3 ♓	26 ♑	8 ♐	21 ♌	28 ♐
14	19 ♎ 27	2 ♈ 4	7 ♓ 39	9 ♓ 23	19 ♎ 28	8 ♍ 1	5 ♍ 16	7 ♈ 45	7 ♎ 13	13 ♋ 58	19 ♎ 16	21 ♌ 9	2 ♓	26 ♑	8 ♐	22 ♌	28 ♐
15	20 ♎ 27	15 ♈ 26	7 ♓ 36	9 ♓ 18	21 ♎ 10	8 ♍ 36	5 ♍ 53	7 ♈ 37	7 ♎ 20	13 ♋ 58	19 ♎ 18	21 ♌ 10	2 ♓	26 ♑	9 ♐	22 ♌	28 ♐
16	21 ♎ 26	28 ♈ 34	7 ♓ 33	9 ♓ 12	22 ♎ 52	9 ♍ 13	6 ♍ 29	7 ♈ 30	7 ♎ 27	13 ♋ 58	19 ♎ 21	21 ♌ 11	2 ♓	26 ♑	9 ♐	23 ♌	28 ♐
17	22 ♎ 26	11 ♉ 28	7 ♓ 30	9 ♓ 5	24 ♎ 33	9 ♍ 51	7 ♍ 6	7 ♈ 22	7 ♎ 34	13 ♋ 59	19 ♎ 23	21 ♌ 12	2 ♓	26 ♑	9 ♐	23 ♌	28 ♐
18	23 ♎ 25	24 ♉ 6	7 ♓ 26	8 ♓ 57	26 ♎ 13	10 ♍ 31	7 ♍ 42	7 ♈ 15	7 ♎ 42	13 ♋ 59	19 ♎ 25	21 ♌ 13	2 ♓	26 ♑	10 ♐	23 ♌	28 ♐
19	24 ♎ 25	6 ♊ 29	7 ♓ 23	8 ♓ 49	27 ♎ 52	11 ♍ 11	8 ♍ 19	7 ♈ 7	7 ♎ 49	13 ♋ 59	19 ♎ 27	21 ♌ 14	2 ♓	26 ♑	10 ♐	24 ♌	28 ♐
20	25 ♎ 24	18 ♊ 39	7 ♓ 20	8 ♓ 42	29 ♎ 31	11 ♍ 53	8 ♍ 55	7 ♈ 0	7 ♎ 56	13 ♋ 59	19 ♎ 30	21 ♌ 15	2 ♓	26 ♑	10 ♐	24 ♌	28 ♐
21	26 ♎ 24	0 ♋ 38	7 ♓ 17	8 ♓ 36	1 ♏ 10	12 ♍ 36	9 ♍ 32	6 ♈ 53	8 ♎ 3	13 ♋ 59	19 ♎ 32	21 ♌ 16	2 ♓	27 ♑	10 ♐	24 ♌	28 ♐
22	27 ♎ 24	12 ♋ 31	7 ♓ 14	8 ♓ 33	2 ♏ 47	13 ♍ 20	10 ♍ 8	6 ♈ 46	8 ♎ 10	13 R 59	19 ♎ 34	21 ♌ 17	2 ♓	27 ♑	11 ♐	25 ♌	28 ♐
23	28 ♎ 23	24 ♋ 21	7 ♓ 11	8 ♓ 32	4 ♏ 24	14 ♍ 5	10 ♍ 44	6 ♈ 39	8 ♎ 18	13 ♋ 59	19 ♎ 36	21 ♌ 18	2 ♓	27 ♑	11 ♐	25 ♌	28 ♐
24	29 ♎ 23	6 ♌ 14	7 ♓ 7	8 D 32	6 ♏ 1	14 ♍ 51	11 ♍ 20	6 ♈ 32	8 ♎ 25	13 ♋ 59	19 ♎ 38	21 ♌ 19	2 ♓	27 ♑	11 ♐	26 ♌	28 ♐
25	0 ♏ 23	18 ♌ 15	7 ♓ 4	8 ♓ 33	7 ♏ 37	15 ♍ 38	11 ♍ 57	6 ♈ 25	8 ♎ 32	13 ♋ 59	19 ♎ 41	21 ♌ 20	2 D	27 ♑	12 ♐	26 ♌	28 ♐
26	1 ♏ 23	0 ♍ 30	7 ♓ 1	8 ♓ 34	9 ♏ 12	16 ♍ 25	12 ♍ 33	6 ♈ 19	8 ♎ 39	13 ♋ 59	19 ♎ 43	21 ♌ 20	2 ♓	28 ♑	12 ♐	26 ♌	28 ♐
27	2 ♏ 23	13 ♍ 2	6 ♓ 58	8 R 34	10 ♏ 47	17 ♍ 14	13 ♍ 9	6 ♈ 12	8 ♎ 46	13 ♋ 58	19 ♎ 45	21 ♌ 21	2 ♓	28 ♑	12 ♐	27 ♌	28 ♐
28	3 ♏ 22	25 ♍ 56	6 ♓ 55	8 ♓ 32	12 ♏ 21	18 ♍ 3	13 ♍ 45	6 ♈ 6	8 ♎ 53	13 ♋ 58	19 ♎ 47	21 ♌ 22	2 ♓	28 ♑	13 ♐	27 ♌	29 ♐
29	4 ♏ 22	9 ♎ 13	6 ♓ 52	8 ♓ 29	13 ♏ 55	18 ♍ 54	14 ♍ 21	6 ♈ 0	9 ♎ 0	13 ♋ 58	19 ♎ 49	21 ♌ 23	2 ♓	28 ♑	13 ♐	27 ♌	29 ♐
30	5 ♏ 22	22 ♎ 55	6 ♓ 48	8 ♓ 22	15 ♏ 28	19 ♍ 45	14 ♍ 57	5 ♈ 54	9 ♎ 7	13 ♋ 57	19 ♎ 52	21 ♌ 23	2 ♓	28 ♑	13 ♐	28 ♌	29 ♐
31	6 ♏ 22	6 ♏ 58	6 ♓ 45	8 ♓ 14	17 ♏ 1	20 ♍ 37	15 ♍ 33	5 ♈ 48	9 ♎ 14	13 ♋ 57	19 ♎ 54	21 ♌ 24	2 ♓	28 ♑	14 ♐	28 ♌	29 ♐

SUN INGRESS: ☉→♏24日 14:36

MOON PHASE: ● 1日 10:57 ♎ ◐ 8日 09:00 ♑ ○ 15日 09:51 ♈ ◑ 23日 08:55 ♋ ● 30日 22:55 ♏

aspects

3日	13:07	☉☍♃
6日	11:32	☿☌♄
7日	18:16	☿☍♃
8日	09:23	☉□♅
10日	19:20	☿□♅
13日	19:16	☉☌♆
13日	21:15	☿☌♆
13日	23:52	☉☌☿
14日	23:57	☿⚹♇
15日	17:39	☉⚹♇
16日	04:12	♃☍♄
22日	20:59	♀⚹♅
28日	08:39	♂⚹♅
29日	00:37	☿△♅
29日	10:44	☿⚹♂

1951年11月

DAY	☉	☽	☊ mean	☊ true	☿	♀	♂	♃	♄	♅	♆	♇	⚳	⚴	⚵	⚶	⚷
	° ′	° ′	° ′	° ′	° ′	° ′	° ′	° ′	° ′	° ′	° ′	° ′	°	°	°	°	°
1	7 ♏ 22	21 ♏ 20	6 ♓ 42	8 R 4	18 D 34	21 D 29	16 D 8	5 R 42	9 D 21	13 R 56	19 D 56	21 D 25	2 D	29 D	14 D	28 D	29 D
2	8 ♏ 22	5 ♐ 52	6 ♓ 39	7 ♓ 55	20 ♏ 6	22 ♍ 22	16 ♍ 44	5 ♈ 36	9 ♎ 27	13 ♋ 55	19 ♎ 58	21 ♌ 25	2 ♓	29 ♑	14 ♐	29 ♌	29 ♐
3	9 ♏ 22	20 ♐ 29	6 ♓ 36	7 ♓ 46	21 ♏ 37	23 ♍ 16	17 ♍ 20	5 ♈ 31	9 ♎ 34	13 ♋ 55	20 ♎ 0	21 ♌ 26	2 ♓	29 ♑	15 ♐	29 ♌	29 ♐
4	10 ♏ 23	5 ♑ 2	6 ♓ 32	7 ♓ 39	23 ♏ 8	24 ♍ 11	17 ♍ 56	5 ♈ 26	9 ♎ 41	13 ♋ 54	20 ♎ 2	21 ♌ 27	2 ♓	29 ♑	15 ♐	0 ♍	29 ♐
5	11 ♏ 23	19 ♑ 28	6 ♓ 29	7 ♓ 34	24 ♏ 39	25 ♍ 6	18 ♍ 31	5 ♈ 21	9 ♎ 48	13 ♋ 53	20 ♎ 5	21 ♌ 27	3 ♓	29 ♑	15 ♐	0 ♍	29 ♐
6	12 ♏ 23	3 ♒ 42	6 ♓ 26	7 ♓ 33	26 ♏ 9	26 ♍ 2	19 ♍ 7	5 ♈ 16	9 ♎ 54	13 ♋ 53	20 ♎ 7	21 ♌ 28	3 ♓	29 ♑	16 ♐	0 ♍	29 ♐
7	13 ♏ 23	17 ♒ 42	6 ♓ 23	7 D 32	27 ♏ 39	26 ♍ 58	19 ♍ 42	5 ♈ 11	10 ♎ 1	13 ♋ 52	20 ♎ 9	21 ♌ 28	3 ♓	0 ♒	16 ♐	1 ♍	29 ♐
8	14 ♏ 23	1 ♓ 29	6 ♓ 20	7 ♓ 33	29 ♏ 8	27 ♍ 55	20 ♍ 18	5 ♈ 6	10 ♎ 7	13 ♋ 51	20 ♎ 11	21 ♌ 29	3 ♓	0 ♒	16 ♐	1 ♍	29 ♐
9	15 ♏ 23	15 ♓ 3	6 ♓ 17	7 R 33	0 ♐ 37	28 ♍ 52	20 ♍ 53	5 ♈ 2	10 ♎ 14	13 ♋ 50	20 ♎ 13	21 ♌ 29	3 ♓	0 ♒	17 ♐	1 ♍	29 ♐
10	16 ♏ 24	28 ♓ 24	6 ♓ 13	7 ♓ 31	2 ♐ 5	29 ♍ 50	21 ♍ 29	4 ♈ 58	10 ♎ 20	13 ♋ 49	20 ♎ 15	21 ♌ 30	3 ♓	0 ♒	17 ♐	2 ♍	0 ♑
11	17 ♏ 24	11 ♈ 35	6 ♓ 10	7 ♓ 26	3 ♐ 33	0 ♎ 49	22 ♍ 4	4 ♈ 54	10 ♎ 27	13 ♋ 48	20 ♎ 17	21 ♌ 30	3 ♓	1 ♒	17 ♐	2 ♍	0 ♑
12	18 ♏ 24	24 ♈ 34	6 ♓ 7	7 ♓ 19	5 ♐ 0	1 ♎ 48	22 ♍ 39	4 ♈ 50	10 ♎ 33	13 ♋ 47	20 ♎ 19	21 ♌ 30	3 ♓	1 ♒	18 ♐	2 ♍	0 ♑
13	19 ♏ 25	7 ♉ 23	6 ♓ 4	7 ♓ 9	6 ♐ 27	2 ♎ 47	23 ♍ 14	4 ♈ 46	10 ♎ 40	13 ♋ 45	20 ♎ 21	21 ♌ 31	3 ♓	1 ♒	18 ♐	3 ♍	0 ♑
14	20 ♏ 25	20 ♉ 0	6 ♓ 1	6 ♓ 56	7 ♐ 53	3 ♎ 47	23 ♍ 50	4 ♈ 43	10 ♎ 46	13 ♋ 44	20 ♎ 23	21 ♌ 31	3 ♓	1 ♒	18 ♐	3 ♍	0 ♑
15	21 ♏ 25	2 ♊ 26	5 ♓ 58	6 ♓ 43	9 ♐ 18	4 ♎ 48	24 ♍ 25	4 ♈ 39	10 ♎ 52	13 ♋ 43	20 ♎ 25	21 ♌ 31	3 ♓	1 ♒	19 ♐	3 ♍	0 ♑
16	22 ♏ 26	14 ♊ 41	5 ♓ 54	6 ♓ 29	10 ♐ 43	5 ♎ 48	25 ♍ 0	4 ♈ 36	10 ♎ 58	13 ♋ 42	20 ♎ 27	21 ♌ 32	4 ♓	2 ♒	19 ♐	3 ♍	0 ♑
17	23 ♏ 26	26 ♊ 46	5 ♓ 51	6 ♓ 17	12 ♐ 7	6 ♎ 50	25 ♍ 35	4 ♈ 33	11 ♎ 5	13 ♋ 40	20 ♎ 29	21 ♌ 32	4 ♓	2 ♒	19 ♐	4 ♍	0 ♑
18	24 ♏ 27	8 ♋ 42	5 ♓ 48	6 ♓ 7	13 ♐ 30	7 ♎ 51	26 ♍ 10	4 ♈ 31	11 ♎ 11	13 ♋ 39	20 ♎ 31	21 ♌ 32	4 ♓	2 ♒	20 ♐	4 ♍	0 ♑
19	25 ♏ 27	20 ♋ 33	5 ♓ 45	5 ♓ 59	14 ♐ 52	8 ♎ 53	26 ♍ 44	4 ♈ 28	11 ♎ 17	13 ♋ 38	20 ♎ 33	21 ♌ 32	4 ♓	2 ♒	20 ♐	4 ♍	0 ♑
20	26 ♏ 28	2 ♌ 21	5 ♓ 42	5 ♓ 54	16 ♐ 14	9 ♎ 56	27 ♍ 19	4 ♈ 26	11 ♎ 23	13 ♋ 36	20 ♎ 35	21 ♌ 32	4 ♓	3 ♒	20 ♐	5 ♍	0 ♑
21	27 ♏ 28	14 ♌ 12	5 ♓ 38	5 ♓ 52	17 ♐ 34	10 ♎ 59	27 ♍ 54	4 ♈ 24	11 ♎ 29	13 ♋ 35	20 ♎ 37	21 ♌ 32	4 ♓	3 ♒	21 ♐	5 ♍	1 ♑
22	28 ♏ 29	26 ♌ 10	5 ♓ 35	5 ♓ 52	18 ♐ 52	12 ♎ 2	28 ♍ 29	4 ♈ 22	11 ♎ 34	13 ♋ 33	20 ♎ 38	21 ♌ 32	4 ♓	3 ♒	21 ♐	5 ♍	1 ♑
23	29 ♏ 30	8 ♍ 21	5 ♓ 32	5 ♓ 52	20 ♐ 9	13 ♎ 5	29 ♍ 3	4 ♈ 20	11 ♎ 40	13 ♋ 31	20 ♎ 40	21 ♌ 33	5 ♓	3 ♒	21 ♐	6 ♍	1 ♑
24	0 ♐ 30	20 ♍ 50	5 ♓ 29	5 ♓ 51	21 ♐ 25	14 ♎ 9	29 ♍ 38	4 ♈ 19	11 ♎ 46	13 ♋ 30	20 ♎ 42	21 ♌ 33	5 ♓	4 ♒	22 ♐	6 ♍	1 ♑
25	1 ♐ 31	3 ♎ 43	5 ♓ 26	5 ♓ 49	22 ♐ 38	15 ♎ 13	0 ♎ 12	4 ♈ 18	11 ♎ 52	13 ♋ 28	20 ♎ 44	21 R 33	5 ♓	4 ♒	22 ♐	6 ♍	1 ♑
26	2 ♐ 32	17 ♎ 2	5 ♓ 23	5 ♓ 44	23 ♐ 50	16 ♎ 18	0 ♎ 47	4 ♈ 16	11 ♎ 57	13 ♋ 26	20 ♎ 46	21 ♌ 32	5 ♓	4 ♒	22 ♐	6 ♍	1 ♑
27	3 ♐ 32	0 ♏ 51	5 ♓ 19	5 ♓ 36	24 ♐ 58	17 ♎ 23	1 ♎ 21	4 ♈ 16	12 ♎ 3	13 ♋ 24	20 ♎ 48	21 ♌ 32	5 ♓	4 ♒	23 ♐	7 ♍	1 ♑
28	4 ♐ 33	15 ♏ 7	5 ♓ 16	5 ♓ 26	26 ♐ 4	18 ♎ 28	1 ♎ 55	4 ♈ 15	12 ♎ 8	13 ♋ 23	20 ♎ 49	21 ♌ 32	5 ♓	5 ♒	23 ♐	7 ♍	1 ♑
29	5 ♐ 34	29 ♏ 47	5 ♓ 13	5 ♓ 14	27 ♐ 6	19 ♎ 33	2 ♎ 29	4 ♈ 15	12 ♎ 14	13 ♋ 21	20 ♎ 51	21 ♌ 32	6 ♓	5 ♒	24 ♐	7 ♍	1 ♑
30	6 ♐ 35	14 ♐ 43	5 ♓ 10	5 ♓ 2	28 ♐ 5	20 ♎ 39	3 ♎ 3	4 ♈ 14	12 ♎ 19	13 ♋ 19	20 ♎ 53	21 ♌ 32	6 ♓	5 ♒	24 ♐	8 ♍	1 ♑

SUN INGRESS: ☉ → ♐ 23日 11:51

MOON PHASE: ◐ 6日 15:59 ♒　○ 14日 00:52 ♉　◑ 22日 05:01 ♌　● 29日 10:00 ♐

aspects

2日	21:06	☿□♇
5日	18:56	☿⚹♀
7日	11:15	☉△♅
11日	21:20	♀△♃
14日	20:55	♀☍♃
15日	02:22	☉□♇
16日	04:44	☿⚹♄
21日	12:32	♀☌♄
21日	23:39	☉⚹♂
23日	09:30	♀□♅
23日	10:01	☿⚹♆
24日	02:29	☿△♇
27日	16:55	☉△♃
30日	05:07	♀☌♆
30日	19:15	♀⚹♇

1951年12月

DAY	☉	☽	☊ mean	☊ true	☿	♀	♂	♃	♄	♅	♆	♇	⚳	⚴	⚵	⚶	⚷
	° ′	° ′	° ′	° ′	° ′	° ′	° ′	° ′	° ′	° ′	° ′	° ′	°	°	°	°	°
1	7 ♐ 35	29 ♐ 46	5 ♓ 7	4 R 51	28 D 59	21 D 45	3 D 37	4 D 14	12 D 24	13 R 17	20 D 54	21 R 32	6 D	5 D	24 D	8 D	2 D
2	8 ♐ 36	14 ♑ 45	5 ♓ 4	4 ♓ 42	29 ♐ 49	22 ♎ 51	4 ♎ 11	4 ♈ 14	12 ♎ 29	13 ♋ 15	20 ♎ 56	21 ♌ 32	6 ♓	6 ♒	25 ♐	8 ♍	2 ♑
3	9 ♐ 37	29 ♑ 32	5 ♓ 0	4 ♓ 36	0 ♑ 32	23 ♎ 58	4 ♎ 45	4 ♈ 15	12 ♎ 35	13 ♋ 13	20 ♎ 58	21 ♌ 31	6 ♓	6 ♒	25 ♐	8 ♍	2 ♑
4	10 ♐ 38	14 ♒ 2	4 ♓ 57	4 ♓ 33	1 ♑ 10	25 ♎ 4	5 ♎ 19	4 ♈ 16	12 ♎ 40	13 ♋ 11	20 ♎ 59	21 ♌ 31	7 ♓	6 ♒	25 ♐	9 ♍	2 ♑
5	11 ♐ 39	28 ♒ 10	4 ♓ 54	4 ♓ 32	1 ♑ 40	26 ♎ 11	5 ♎ 53	4 ♈ 16	12 ♎ 45	13 ♋ 9	21 ♎ 1	21 ♌ 31	7 ♓	6 ♒	26 ♐	9 ♍	2 ♑
6	12 ♐ 40	11 ♓ 58	4 ♓ 51	4 D 32	2 ♑ 2	27 ♎ 18	6 ♎ 26	4 ♈ 17	12 ♎ 49	13 ♋ 7	21 ♎ 2	21 ♌ 30	7 ♓	7 ♒	26 ♐	9 ♍	2 ♑
7	13 ♐ 41	25 ♓ 25	4 ♓ 48	4 R 31	2 ♑ 16	28 ♎ 26	7 ♎ 0	4 ♈ 19	12 ♎ 54	13 ♋ 5	21 ♎ 4	21 ♌ 30	7 ♓	7 ♒	26 ♐	9 ♍	2 ♑
8	14 ♐ 42	8 ♈ 34	4 ♓ 44	4 ♓ 29	2 R 19	29 ♎ 33	7 ♎ 33	4 ♈ 20	12 ♎ 59	13 ♋ 2	21 ♎ 5	21 ♌ 30	8 ♓	7 ♒	27 ♐	10 ♍	2 ♑
9	15 ♐ 43	21 ♈ 28	4 ♓ 41	4 ♓ 25	2 ♑ 13	0 ♏ 41	8 ♎ 7	4 ♈ 22	13 ♎ 4	13 ♋ 0	21 ♎ 7	21 ♌ 29	8 ♓	7 ♒	27 ♐	10 ♍	2 ♑
10	16 ♐ 44	4 ♉ 10	4 ♓ 38	4 ♓ 17	1 ♑ 55	1 ♏ 49	8 ♎ 40	4 ♈ 24	13 ♎ 8	12 ♋ 58	21 ♎ 8	21 ♌ 29	8 ♓	8 ♒	27 ♐	10 ♍	2 ♑
11	17 ♐ 44	16 ♉ 40	4 ♓ 35	4 ♓ 7	1 ♑ 26	2 ♏ 57	9 ♎ 13	4 ♈ 26	13 ♎ 13	12 ♋ 56	21 ♎ 10	21 ♌ 28	8 ♓	8 ♒	28 ♐	10 ♍	3 ♑
12	18 ♐ 45	29 ♉ 1	4 ♓ 32	3 ♓ 54	0 ♑ 46	4 ♏ 6	9 ♎ 46	4 ♈ 28	13 ♎ 17	12 ♋ 53	21 ♎ 11	21 ♌ 28	8 ♓	8 ♒	28 ♐	10 ♍	3 ♑
13	19 ♐ 46	11 ♊ 14	4 ♓ 29	3 ♓ 40	29 ♐ 54	5 ♏ 14	10 ♎ 19	4 ♈ 30	13 ♎ 22	12 ♋ 51	21 ♎ 13	21 ♌ 27	9 ♓	9 ♒	29 ♐	11 ♍	3 ♑
14	20 ♐ 47	23 ♊ 19	4 ♓ 25	3 ♓ 26	28 ♐ 52	6 ♏ 23	10 ♎ 52	4 ♈ 33	13 ♎ 26	12 ♋ 49	21 ♎ 14	21 ♌ 27	9 ♓	9 ♒	29 ♐	11 ♍	3 ♑
15	21 ♐ 48	5 ♋ 17	4 ♓ 22	3 ♓ 13	27 ♐ 42	7 ♏ 32	11 ♎ 25	4 ♈ 36	13 ♎ 30	12 ♋ 46	21 ♎ 15	21 ♌ 26	9 ♓	9 ♒	29 ♐	11 ♍	3 ♑
16	22 ♐ 49	17 ♋ 9	4 ♓ 19	3 ♓ 3	26 ♐ 25	8 ♏ 41	11 ♎ 58	4 ♈ 39	13 ♎ 34	12 ♋ 44	21 ♎ 17	21 ♌ 26	9 ♓	9 ♒	0 ♑	11 ♍	3 ♑
17	23 ♐ 50	28 ♋ 58	4 ♓ 16	2 ♓ 55	25 ♐ 3	9 ♏ 50	12 ♎ 31	4 ♈ 42	13 ♎ 38	12 ♋ 42	21 ♎ 18	21 ♌ 25	10 ♓	10 ♒	0 ♑	12 ♍	3 ♑
18	24 ♐ 52	10 ♌ 46	4 ♓ 13	2 ♓ 49	23 ♐ 40	10 ♏ 59	13 ♎ 3	4 ♈ 46	13 ♎ 42	12 ♋ 39	21 ♎ 19	21 ♌ 24	10 ♓	10 ♒	0 ♑	12 ♍	3 ♑
19	25 ♐ 53	22 ♌ 36	4 ♓ 10	2 ♓ 47	22 ♐ 19	12 ♏ 9	13 ♎ 36	4 ♈ 49	13 ♎ 46	12 ♋ 37	21 ♎ 20	21 ♌ 24	10 ♓	10 ♒	1 ♑	12 ♍	3 ♑
20	26 ♐ 54	4 ♍ 33	4 ♓ 6	2 D 46	21 ♐ 1	13 ♏ 19	14 ♎ 8	4 ♈ 53	13 ♎ 50	12 ♋ 34	21 ♎ 21	21 ♌ 23	10 ♓	11 ♒	1 ♑	12 ♍	3 ♑
21	27 ♐ 55	16 ♍ 42	4 ♓ 3	2 ♓ 47	19 ♐ 49	14 ♏ 29	14 ♎ 40	4 ♈ 57	13 ♎ 53	12 ♋ 32	21 ♎ 23	21 ♌ 22	11 ♓	11 ♒	1 ♑	12 ♍	4 ♑
22	28 ♐ 56	29 ♍ 7	4 ♓ 0	2 R 47	18 ♐ 46	15 ♏ 39	15 ♎ 12	5 ♈ 1	13 ♎ 57	12 ♋ 29	21 ♎ 24	21 ♌ 22	11 ♓	11 ♒	2 ♑	12 ♍	4 ♑
23	29 ♐ 57	11 ♎ 54	3 ♓ 57	2 ♓ 47	17 ♐ 52	16 ♏ 49	15 ♎ 44	5 ♈ 6	14 ♎ 0	12 ♋ 27	21 ♎ 25	21 ♌ 21	11 ♓	12 ♒	2 ♑	12 ♍	4 ♑
24	0 ♑ 58	25 ♎ 7	3 ♓ 54	2 ♓ 44	17 ♐ 9	17 ♏ 59	16 ♎ 16	5 ♈ 11	14 ♎ 4	12 ♋ 24	21 ♎ 26	21 ♌ 20	12 ♓	12 ♒	3 ♑	13 ♍	4 ♑
25	1 ♑ 59	8 ♏ 49	3 ♓ 50	2 ♓ 39	16 ♐ 36	19 ♏ 10	16 ♎ 48	5 ♈ 15	14 ♎ 7	12 ♋ 22	21 ♎ 27	21 ♌ 19	12 ♓	12 ♒	3 ♑	13 ♍	4 ♑
26	3 ♑ 0	23 ♏ 2	3 ♓ 47	2 ♓ 31	16 ♐ 14	20 ♏ 20	17 ♎ 20	5 ♈ 20	14 ♎ 10	12 ♋ 19	21 ♎ 28	21 ♌ 18	12 ♓	12 ♒	3 ♑	13 ♍	4 ♑
27	4 ♑ 2	7 ♐ 43	3 ♓ 44	2 ♓ 22	16 ♐ 3	21 ♏ 31	17 ♎ 51	5 ♈ 25	14 ♎ 13	12 ♋ 17	21 ♎ 29	21 ♌ 17	12 ♓	13 ♒	4 ♑	13 ♍	4 ♑
28	5 ♑ 3	22 ♐ 46	3 ♓ 41	2 ♓ 13	16 D 1	22 ♏ 42	18 ♎ 23	5 ♈ 31	14 ♎ 16	12 ♋ 14	21 ♎ 30	21 ♌ 16	13 ♓	13 ♒	4 ♑	13 ♍	4 ♑
29	6 ♑ 4	8 ♑ 1	3 ♓ 38	2 ♓ 4	16 ♐ 9	23 ♏ 52	18 ♎ 54	5 ♈ 36	14 ♎ 19	12 ♋ 12	21 ♎ 31	21 ♌ 16	13 ♓	13 ♒	4 ♑	13 ♍	4 ♑
30	7 ♑ 5	23 ♑ 17	3 ♓ 35	1 ♓ 57	16 ♐ 25	25 ♏ 3	19 ♎ 25	5 ♈ 42	14 ♎ 22	12 ♋ 9	21 ♎ 32	21 ♌ 15	13 ♓	14 ♒	5 ♑	13 ♍	5 ♑
31	8 ♑ 6	8 ♒ 24	3 ♓ 31	1 ♓ 52	16 ♐ 49	26 ♏ 15	19 ♎ 57	5 ♈ 48	14 ♎ 25	12 ♋ 6	21 ♎ 32	21 ♌ 14	14 ♓	14 ♒	5 ♑	13 ♍	5 ♑

SUN INGRESS: ☉ → ♑ 23日 01:00

MOON PHASE: ◐ 6日 01:20 ♓　○ 13日 18:30 ♊　◑ 21日 23:37 ♍　● 28日 20:43 ♑

aspects

2日	02:13	♂☍♃
6日	04:09	☉⚹♄
8日	11:48	♄□♅
10日	01:35	☿⚹♀
14日	10:41	☉⚹♆
14日	15:23	☉△♇
17日	07:40	♂□♅
17日	12:09	☉☌☿
19日	08:38	♂☌♄
19日	09:15	☿△♅
19日	16:53	☿△♇
19日	17:32	☿⚹♆
20日	19:37	♆⚹♇
24日	19:12	☿⚹♂
26日	19:31	♀□♇
28日	12:07	☉□♃

1952年1月

DAY	☉	☽	☊ mean	☊ true	☿	♀	♂	♃	♄	♅	♆	♇	⚳	⚴	⚵	⚶	⚷
	° ′	° ′	° ′	° ′	° ′	° ′	° ′	° ′	° ′	° ′	° ′	° ′	°	°	°	°	°
1	9 ♑ 7	23 ♒ 14	3 ♓ 28	1 R 50	17 D 20	27 D 26	20 D 27	5 D 54	14 D 27	12 R 4	21 D 33	21 R 13	14 D	14 D	6 D	14 D	5 D
2	10 ♑ 9	7 ♓ 39	3 ♓ 25	1 D 50	17 ♐ 57	28 ♏ 37	20 ♎ 58	6 ♈ 0	14 ♎ 30	12 ♋ 1	21 ♎ 34	21 ♌ 12	14 ♓	15 ♒	6 ♑	14 ♍	5 ♑
3	11 ♑ 10	21 ♓ 38	3 ♓ 22	1 ♓ 51	18 ♐ 40	29 ♏ 48	21 ♎ 29	6 ♈ 7	14 ♎ 32	11 ♋ 59	21 ♎ 35	21 ♌ 11	14 ♓	15 ♒	6 ♑	14 ♍	5 ♑
4	12 ♑ 11	5 ♈ 12	3 ♓ 19	1 ♓ 52	19 ♐ 28	1 ♐ 0	21 ♎ 59	6 ♈ 13	14 ♎ 34	11 ♋ 56	21 ♎ 35	21 ♌ 10	15 ♓	15 ♒	7 ♑	14 ♍	5 ♑
5	13 ♑ 12	18 ♈ 22	3 ♓ 16	1 R 52	20 ♐ 20	2 ♐ 11	22 ♎ 30	6 ♈ 20	14 ♎ 37	11 ♋ 53	21 ♎ 36	21 ♌ 8	15 ♓	16 ♒	7 ♑	14 ♍	5 ♑
6	14 ♑ 13	1 ♉ 12	3 ♓ 12	1 ♓ 50	21 ♐ 16	3 ♐ 23	23 ♎ 0	6 ♈ 27	14 ♎ 39	11 ♋ 51	21 ♎ 37	21 ♌ 7	15 ♓	16 ♒	7 ♑	14 ♍	5 ♑
7	15 ♑ 14	13 ♉ 45	3 ♓ 9	1 ♓ 47	22 ♐ 16	4 ♐ 35	23 ♎ 30	6 ♈ 34	14 ♎ 41	11 ♋ 48	21 ♎ 37	21 ♌ 6	16 ♓	16 ♒	8 ♑	14 ♍	5 ♑
8	16 ♑ 16	26 ♉ 4	3 ♓ 6	1 ♓ 41	23 ♐ 19	5 ♐ 47	24 ♎ 0	6 ♈ 41	14 ♎ 42	11 ♋ 46	21 ♎ 38	21 ♌ 5	16 ♓	16 ♒	8 ♑	14 ♍	5 ♑
9	17 ♑ 17	8 ♊ 14	3 ♓ 3	1 ♓ 33	24 ♐ 25	6 ♐ 58	24 ♎ 30	6 ♈ 49	14 ♎ 44	11 ♋ 43	21 ♎ 38	21 ♌ 4	16 ♓	17 ♒	9 ♑	14 ♍	6 ♑
10	18 ♑ 18	20 ♊ 15	3 ♓ 0	1 ♓ 25	25 ♐ 33	8 ♐ 10	25 ♎ 0	6 ♈ 56	14 ♎ 46	11 ♋ 41	21 ♎ 39	21 ♌ 3	17 ♓	17 ♒	9 ♑	14 ♍	6 ♑
11	19 ♑ 19	2 ♋ 11	2 ♓ 56	1 ♓ 16	26 ♐ 43	9 ♐ 22	25 ♎ 29	7 ♈ 4	14 ♎ 47	11 ♋ 38	21 ♎ 39	21 ♌ 2	17 ♓	17 ♒	9 ♑	14 ♍	6 ♑
12	20 ♑ 20	14 ♋ 4	2 ♓ 53	1 ♓ 8	27 ♐ 56	10 ♐ 35	25 ♎ 59	7 ♈ 12	14 ♎ 49	11 ♋ 35	21 ♎ 40	21 ♌ 0	17 ♓	18 ♒	10 ♑	14 ♍	6 ♑
13	21 ♑ 21	25 ♋ 54	2 ♓ 50	1 ♓ 1	29 ♐ 10	11 ♐ 47	26 ♎ 28	7 ♈ 20	14 ♎ 50	11 ♋ 33	21 ♎ 40	20 ♌ 59	18 ♓	18 ♒	10 ♑	14 ♍	6 ♑
14	22 ♑ 22	7 ♌ 43	2 ♓ 47	0 ♓ 57	0 ♑ 26	12 ♐ 59	26 ♎ 57	7 ♈ 28	14 ♎ 52	11 ♋ 30	21 ♎ 41	20 ♌ 58	18 ♓	18 ♒	10 ♑	14 ♍	6 ♑
15	23 ♑ 23	19 ♌ 34	2 ♓ 44	0 ♓ 54	1 ♑ 43	14 ♐ 11	27 ♎ 26	7 ♈ 36	14 ♎ 53	11 ♋ 28	21 ♎ 41	20 ♌ 57	18 ♓	19 ♒	11 ♑	14 R	6 ♑
16	24 ♑ 24	1 ♍ 29	2 ♓ 41	0 D 53	3 ♑ 2	15 ♐ 24	27 ♎ 54	7 ♈ 45	14 ♎ 54	11 ♋ 25	21 ♎ 41	20 ♌ 56	19 ♓	19 ♒	11 ♑	14 ♍	6 ♑
17	25 ♑ 26	13 ♍ 31	2 ♓ 37	0 ♓ 54	4 ♑ 22	16 ♐ 36	28 ♎ 23	7 ♈ 53	14 ♎ 55	11 ♋ 23	21 ♎ 41	20 ♌ 54	19 ♓	19 ♒	12 ♑	14 ♍	6 ♑
18	26 ♑ 27	25 ♍ 43	2 ♓ 34	0 ♓ 56	5 ♑ 43	17 ♐ 49	28 ♎ 51	8 ♈ 2	14 ♎ 55	11 ♋ 20	21 ♎ 42	20 ♌ 53	19 ♓	20 ♒	12 ♑	14 ♍	7 ♑
19	27 ♑ 28	8 ♎ 9	2 ♓ 31	0 ♓ 57	7 ♑ 5	19 ♐ 1	29 ♎ 19	8 ♈ 11	14 ♎ 56	11 ♋ 18	21 ♎ 42	20 ♌ 52	20 ♓	20 ♒	12 ♑	14 ♍	7 ♑
20	28 ♑ 29	20 ♎ 53	2 ♓ 28	0 ♓ 59	8 ♑ 29	20 ♐ 14	29 ♎ 47	8 ♈ 20	14 ♎ 57	11 ♋ 15	21 ♎ 42	20 ♌ 50	20 ♓	20 ♒	13 ♑	14 ♍	7 ♑
21	29 ♑ 30	4 ♏ 0	2 ♓ 25	0 R 59	9 ♑ 53	21 ♐ 26	0 ♏ 15	8 ♈ 29	14 ♎ 57	11 ♋ 13	21 ♎ 42	20 ♌ 49	20 ♓	21 ♒	13 ♑	14 ♍	7 ♑
22	0 ♒ 31	17 ♏ 33	2 ♓ 22	0 ♓ 58	11 ♑ 18	22 ♐ 39	0 ♏ 43	8 ♈ 38	14 ♎ 58	11 ♋ 11	21 ♎ 42	20 ♌ 48	21 ♓	21 ♒	13 ♑	14 ♍	7 ♑
23	1 ♒ 32	1 ♐ 33	2 ♓ 18	0 ♓ 55	12 ♑ 44	23 ♐ 52	1 ♏ 10	8 ♈ 48	14 ♎ 58	11 ♋ 8	21 ♎ 42	20 ♌ 46	21 ♓	21 ♒	14 ♑	14 ♍	7 ♑
24	2 ♒ 33	16 ♐ 0	2 ♓ 15	0 ♓ 52	14 ♑ 10	25 ♐ 5	1 ♏ 37	8 ♈ 57	14 ♎ 58	11 ♋ 6	21 ♎ 42	20 ♌ 45	21 ♓	22 ♒	14 ♑	14 ♍	7 ♑
25	3 ♒ 34	0 ♑ 50	2 ♓ 12	0 ♓ 47	15 ♑ 38	26 ♐ 18	2 ♏ 4	9 ♈ 7	14 ♎ 58	11 ♋ 3	21 R 42	20 ♌ 44	22 ♓	22 ♒	14 ♑	14 ♍	7 ♑
26	4 ♒ 35	15 ♑ 57	2 ♓ 9	0 ♓ 44	17 ♑ 6	27 ♐ 31	2 ♏ 31	9 ♈ 17	14 R 58	11 ♋ 1	21 ♎ 42	20 ♌ 42	22 ♓	22 ♒	15 ♑	14 ♍	7 ♑
27	5 ♒ 36	1 ♒ 12	2 ♓ 6	0 ♓ 41	18 ♑ 35	28 ♐ 44	2 ♏ 57	9 ♈ 26	14 ♎ 58	10 ♋ 59	21 ♎ 42	20 ♌ 41	22 ♓	23 ♒	15 ♑	14 ♍	7 ♑
28	6 ♒ 37	16 ♒ 24	2 ♓ 2	0 ♓ 39	20 ♑ 5	29 ♐ 57	3 ♏ 24	9 ♈ 37	14 ♎ 58	10 ♋ 57	21 ♎ 42	20 ♌ 39	23 ♓	23 ♒	16 ♑	13 ♍	7 ♑
29	7 ♒ 38	1 ♓ 23	1 ♓ 59	0 D 38	21 ♑ 35	1 ♑ 10	3 ♏ 50	9 ♈ 47	14 ♎ 57	10 ♋ 54	21 ♎ 42	20 ♌ 38	23 ♓	23 ♒	16 ♑	13 ♍	8 ♑
30	8 ♒ 39	16 ♓ 2	1 ♓ 56	0 ♓ 39	23 ♑ 6	2 ♑ 23	4 ♏ 16	9 ♈ 57	14 ♎ 57	10 ♋ 52	21 ♎ 42	20 ♌ 37	23 ♓	24 ♒	16 ♑	13 ♍	8 ♑
31	9 ♒ 40	0 ♈ 16	1 ♓ 53	0 ♓ 40	24 ♑ 38	3 ♑ 36	4 ♏ 41	10 ♈ 7	14 ♎ 56	10 ♋ 50	21 ♎ 41	20 ♌ 35	24 ♓	24 ♒	17 ♑	13 ♍	8 ♑

SUN INGRESS	☉ → ♒ 21日 11:38
MOON PHASE	◐ 4日 13:42 ♈　○ 12日 13:55 ♋　◑ 20日 15:09 ♎　● 27日 07:26 ♒

aspects		
2日	10:06	♂⚹♇
3日	04:36	♂☌♆
3日	18:26	☉☍♅
5日	20:18	☿△♇
6日	08:22	☿⚹♆
6日	10:18	☉□♄
8日	20:19	♀△♃
9日	03:25	☿⚹♂
13日	07:30	☉□♆
15日	13:57	♀⚹♄
19日	21:11	☿□♃
20日	11:51	♀△♇
21日	05:10	♀⚹♆
21日	22:02	☿☍♅
22日	08:20	☉□♂
24日	13:09	☿□♄
29日	01:45	☿□♆
31日	12:58	☉⚹♃

1952年2月

DAY	☉	☽	☊ mean	☊ true	☿	♀	♂	♃	♄	♅	♆	♇	⚳	⚴	⚵	⚶	⚷
	° ′	° ′	° ′	° ′	° ′	° ′	° ′	° ′	° ′	° ′	° ′	° ′	°	°	°	°	°
1	10 ♒ 41	14 ♈ 2	1 ♓ 50	0 D 41	26 D 11	4 D 49	5 D 6	10 D 18	14 R 56	10 R 48	21 R 41	20 R 34	24 D	24 D	17 D	13 R	8 D
2	11 ♒ 42	27 ♈ 21	1 ♓ 47	0 ♓ 43	27 ♑ 44	6 ♑ 2	5 ♏ 32	10 ♈ 29	14 ♎ 55	10 ♋ 46	21 ♎ 41	20 ♌ 32	24 ♓	25 ♒	17 ♑	13 ♍	8 ♑
3	12 ♒ 43	10 ♉ 16	1 ♓ 43	0 ♓ 43	29 ♑ 18	7 ♑ 15	5 ♏ 56	10 ♈ 39	14 ♎ 54	10 ♋ 43	21 ♎ 41	20 ♌ 31	25 ♓	25 ♒	18 ♑	13 ♍	8 ♑
4	13 ♒ 44	22 ♉ 50	1 ♓ 40	0 R 43	0 ♒ 52	8 ♑ 29	6 ♏ 21	10 ♈ 50	14 ♎ 53	10 ♋ 41	21 ♎ 40	20 ♌ 29	25 ♓	25 ♒	18 ♑	12 ♍	8 ♑
5	14 ♒ 45	5 ♊ 7	1 ♓ 37	0 ♓ 42	2 ♒ 28	9 ♑ 42	6 ♏ 45	11 ♈ 1	14 ♎ 52	10 ♋ 39	21 ♎ 40	20 ♌ 28	25 ♓	26 ♒	19 ♑	12 ♍	8 ♑
6	15 ♒ 45	17 ♊ 12	1 ♓ 34	0 ♓ 40	4 ♒ 4	10 ♑ 55	7 ♏ 9	11 ♈ 12	14 ♎ 51	10 ♋ 37	21 ♎ 39	20 ♌ 27	26 ♓	26 ♒	19 ♑	12 ♍	8 ♑
7	16 ♒ 46	29 ♊ 8	1 ♓ 31	0 ♓ 38	5 ♒ 41	12 ♑ 8	7 ♏ 33	11 ♈ 23	14 ♎ 49	10 ♋ 35	21 ♎ 39	20 ♌ 25	26 ♓	26 ♒	19 ♑	12 ♍	8 ♑
8	17 ♒ 47	10 ♋ 59	1 ♓ 28	0 ♓ 36	7 ♒ 18	13 ♑ 22	7 ♏ 56	11 ♈ 35	14 ♎ 48	10 ♋ 33	21 ♎ 38	20 ♌ 24	27 ♓	27 ♒	20 ♑	12 ♍	8 ♑
9	18 ♒ 48	22 ♋ 48	1 ♓ 24	0 ♓ 34	8 ♒ 56	14 ♑ 35	8 ♏ 20	11 ♈ 46	14 ♎ 46	10 ♋ 32	21 ♎ 38	20 ♌ 22	27 ♓	27 ♒	20 ♑	12 ♍	9 ♑
10	19 ♒ 48	4 ♌ 38	1 ♓ 21	0 ♓ 33	10 ♒ 36	15 ♑ 49	8 ♏ 43	11 ♈ 57	14 ♎ 45	10 ♋ 30	21 ♎ 37	20 ♌ 21	27 ♓	27 ♒	20 ♑	11 ♍	9 ♑
11	20 ♒ 49	16 ♌ 31	1 ♓ 18	0 ♓ 32	12 ♒ 16	17 ♑ 2	9 ♏ 5	12 ♈ 9	14 ♎ 43	10 ♋ 28	21 ♎ 37	20 ♌ 19	28 ♓	28 ♒	21 ♑	11 ♍	9 ♑
12	21 ♒ 50	28 ♌ 28	1 ♓ 15	0 ♓ 31	13 ♒ 56	18 ♑ 15	9 ♏ 27	12 ♈ 21	14 ♎ 41	10 ♋ 26	21 ♎ 36	20 ♌ 18	28 ♓	28 ♒	21 ♑	11 ♍	9 ♑
13	22 ♒ 51	10 ♍ 33	1 ♓ 12	0 D 31	15 ♒ 38	19 ♑ 29	9 ♏ 49	12 ♈ 32	14 ♎ 39	10 ♋ 24	21 ♎ 35	20 ♌ 16	28 ♓	28 ♒	22 ♑	11 ♍	9 ♑
14	23 ♒ 51	22 ♍ 47	1 ♓ 8	0 ♓ 32	17 ♒ 20	20 ♑ 42	10 ♏ 11	12 ♈ 44	14 ♎ 37	10 ♋ 23	21 ♎ 35	20 ♌ 15	29 ♓	29 ♒	22 ♑	11 ♍	9 ♑
15	24 ♒ 52	5 ♎ 11	1 ♓ 5	0 ♓ 33	19 ♒ 4	21 ♑ 56	10 ♏ 32	12 ♈ 56	14 ♎ 35	10 ♋ 21	21 ♎ 34	20 ♌ 13	29 ♓	29 ♒	22 ♑	10 ♍	9 ♑
16	25 ♒ 52	17 ♎ 48	1 ♓ 2	0 ♓ 33	20 ♒ 48	23 ♑ 9	10 ♏ 53	13 ♈ 8	14 ♎ 33	10 ♋ 19	21 ♎ 33	20 ♌ 12	0 ♈	29 ♒	23 ♑	10 ♍	9 ♑
17	26 ♒ 53	0 ♏ 40	0 ♓ 59	0 ♓ 34	22 ♒ 33	24 ♑ 23	11 ♏ 14	13 ♈ 20	14 ♎ 31	10 ♋ 18	21 ♎ 33	20 ♌ 11	0 ♈	0 ♓	23 ♑	10 ♍	9 ♑
18	27 ♒ 54	13 ♏ 50	0 ♓ 56	0 ♓ 34	24 ♒ 19	25 ♑ 37	11 ♏ 34	13 ♈ 32	14 ♎ 28	10 ♋ 16	21 ♎ 32	20 ♌ 9	0 ♈	0 ♓	23 ♑	10 ♍	9 ♑
19	28 ♒ 54	27 ♏ 19	0 ♓ 53	0 ♓ 34	26 ♒ 5	26 ♑ 50	11 ♏ 54	13 ♈ 45	14 ♎ 26	10 ♋ 15	21 ♎ 31	20 ♌ 8	1 ♈	0 ♓	24 ♑	9 ♍	9 ♑
20	29 ♒ 55	11 ♐ 8	0 ♓ 49	0 R 34	27 ♒ 53	28 ♑ 4	12 ♏ 14	13 ♈ 57	14 ♎ 23	10 ♋ 13	21 ♎ 30	20 ♌ 6	1 ♈	1 ♓	24 ♑	9 ♍	9 ♑
21	0 ♓ 55	25 ♐ 18	0 ♓ 46	0 D 34	29 ♒ 42	29 ♑ 17	12 ♏ 33	14 ♈ 9	14 ♎ 20	10 ♋ 12	21 ♎ 29	20 ♌ 5	1 ♈	1 ♓	24 ♑	9 ♍	10 ♑
22	1 ♓ 56	9 ♑ 47	0 ♓ 43	0 ♓ 34	1 ♓ 31	0 ♒ 31	12 ♏ 52	14 ♈ 22	14 ♎ 18	10 ♋ 11	21 ♎ 28	20 ♌ 3	2 ♈	1 ♓	25 ♑	9 ♍	10 ♑
23	2 ♓ 56	24 ♑ 32	0 ♓ 40	0 ♓ 34	3 ♓ 22	1 ♒ 45	13 ♏ 10	14 ♈ 34	14 ♎ 15	10 ♋ 9	21 ♎ 27	20 ♌ 2	2 ♈	2 ♓	25 ♑	8 ♍	10 ♑
24	3 ♓ 56	9 ♒ 27	0 ♓ 37	0 ♓ 34	5 ♓ 13	2 ♒ 58	13 ♏ 28	14 ♈ 47	14 ♎ 12	10 ♋ 8	21 ♎ 26	20 ♌ 1	3 ♈	2 ♓	25 ♑	8 ♍	10 ♑
25	4 ♓ 57	24 ♒ 24	0 ♓ 34	0 ♓ 35	7 ♓ 5	4 ♒ 12	13 ♏ 45	15 ♈ 0	14 ♎ 9	10 ♋ 7	21 ♎ 25	19 ♌ 59	3 ♈	2 ♓	26 ♑	8 ♍	10 ♑
26	5 ♓ 57	9 ♓ 15	0 ♓ 30	0 R 35	8 ♓ 57	5 ♒ 26	14 ♏ 3	15 ♈ 13	14 ♎ 6	10 ♋ 6	21 ♎ 24	19 ♌ 58	3 ♈	3 ♓	26 ♑	8 ♍	10 ♑
27	6 ♓ 58	23 ♓ 53	0 ♓ 27	0 ♓ 34	10 ♓ 51	6 ♒ 40	14 ♏ 19	15 ♈ 25	14 ♎ 3	10 ♋ 5	21 ♎ 23	19 ♌ 56	4 ♈	3 ♓	27 ♑	7 ♍	10 ♑
28	7 ♓ 58	8 ♈ 10	0 ♓ 24	0 ♓ 33	12 ♓ 45	7 ♒ 53	14 ♏ 35	15 ♈ 38	13 ♎ 59	10 ♋ 4	21 ♎ 22	19 ♌ 55	4 ♈	3 ♓	27 ♑	7 ♍	10 ♑
29	8 ♓ 58	22 ♈ 4	0 ♓ 21	0 ♓ 32	14 ♓ 39	9 ♒ 7	14 ♏ 51	15 ♈ 51	13 ♎ 56	10 ♋ 3	21 ♎ 21	19 ♌ 54	4 ♈	4 ♓	27 ♑	7 ♍	10 ♑

SUN INGRESS	☉ → ♓ 20日 01:57
MOON PHASE	◐ 3日 05:01 ♉　○ 11日 09:28 ♌　◑ 19日 03:01 ♏　● 25日 18:16 ♓

aspects		
1日	08:45	♀⚹♂
3日	07:47	♃□♅
5日	02:48	☉△♄
5日	18:21	♀☍♅
6日	06:35	♀□♃
8日	12:16	☿□♂
9日	03:36	♀□♄
10日	12:26	☉☍♇
10日	22:13	☿⚹♃
11日	18:37	☉△♆
12日	10:26	☿△♄
14日	12:13	♂△♅
14日	16:58	♀□♆
15日	15:54	☿☍♇
16日	10:23	☿△♆
21日	17:36	♃☍♄
22日	11:47	☉☌☿
26日	14:24	☿△♅
29日	02:57	☿△♂

1952年3月

DAY	☉	☽	☊ mean	☊ true	☿	♀	♂	♃	♄	♅	♆	♇	⚳	⚴	⚵	⚶	⚷
	° ′	° ′	° ′	° ′	° ′	° ′	° ′	° ′	° ′	° ′	° ′	° ′	°	°	°	°	°
1	9 ♓ 58	5 ♉ 32	0 ♓ 18	0 R 31	16 D 34	10 D 21	15 D 7	16 D 4	13 R 53	10 R 2	21 R 20	19 R 52	5 D	4 D	28 D	7 R	10 D
2	10 ♓ 59	18 ♉ 35	0 ♓ 14	0 ♓ 30	18 ♓ 29	11 ♒ 35	15 ♏ 21	16 ♈ 17	13 ♎ 49	10 ♋ 1	21 ♎ 19	19 ♌ 51	5 ♈	4 ♓	28 ♑	6 ♍	10 ♑
3	11 ♓ 59	1 ♊ 14	0 ♓ 11	0 ♓ 30	20 ♓ 24	12 ♒ 48	15 ♏ 36	16 ♈ 31	13 ♎ 46	10 ♋ 0	21 ♎ 18	19 ♌ 49	6 ♈	5 ♓	28 ♑	6 ♍	10 ♑
4	12 ♓ 59	13 ♊ 35	0 ♓ 8	0 D 29	22 ♓ 18	14 ♒ 2	15 ♏ 50	16 ♈ 44	13 ♎ 42	9 ♋ 59	21 ♎ 17	19 ♌ 48	6 ♈	5 ♓	29 ♑	6 ♍	10 ♑
5	13 ♓ 59	25 ♊ 40	0 ♓ 5	0 ♓ 30	24 ♓ 13	15 ♒ 16	16 ♏ 3	16 ♈ 57	13 ♎ 38	9 ♋ 58	21 ♎ 15	19 ♌ 47	6 ♈	5 ♓	29 ♑	5 ♍	10 ♑
6	14 ♓ 59	7 ♋ 35	0 ♓ 2	0 ♓ 31	26 ♓ 6	16 ♒ 30	16 ♏ 16	17 ♈ 11	13 ♎ 35	9 ♋ 58	21 ♎ 14	19 ♌ 46	7 ♈	6 ♓	29 ♑	5 ♍	11 ♑
7	15 ♓ 59	19 ♋ 25	29 ♒ 59	0 ♓ 32	27 ♓ 59	17 ♒ 43	16 ♏ 28	17 ♈ 24	13 ♎ 31	9 ♋ 57	21 ♎ 13	19 ♌ 44	7 ♈	6 ♓	0 ♒	5 ♍	11 ♑
8	16 ♓ 59	1 ♌ 13	29 ♒ 55	0 ♓ 33	29 ♓ 50	18 ♒ 57	16 ♏ 40	17 ♈ 37	13 ♎ 27	9 ♋ 57	21 ♎ 12	19 ♌ 43	8 ♈	6 ♓	0 ♒	5 ♍	11 ♑
9	17 ♓ 59	13 ♌ 5	29 ♒ 52	0 ♓ 35	1 ♈ 39	20 ♒ 11	16 ♏ 51	17 ♈ 51	13 ♎ 23	9 ♋ 56	21 ♎ 10	19 ♌ 42	8 ♈	7 ♓	0 ♒	4 ♍	11 ♑
10	18 ♓ 59	25 ♌ 2	29 ♒ 49	0 ♓ 35	3 ♈ 25	21 ♒ 25	17 ♏ 2	18 ♈ 4	13 ♎ 19	9 ♋ 56	21 ♎ 9	19 ♌ 40	8 ♈	7 ♓	1 ♒	4 ♍	11 ♑
11	19 ♓ 59	7 ♍ 9	29 ♒ 46	0 R 35	5 ♈ 9	22 ♒ 39	17 ♏ 12	18 ♈ 18	13 ♎ 15	9 ♋ 55	21 ♎ 8	19 ♌ 39	9 ♈	7 ♓	1 ♒	4 ♍	11 ♑
12	20 ♓ 59	19 ♍ 27	29 ♒ 43	0 ♓ 34	6 ♈ 50	23 ♒ 53	17 ♏ 21	18 ♈ 32	13 ♎ 11	9 ♋ 55	21 ♎ 6	19 ♌ 38	9 ♈	7 ♓	1 ♒	4 ♍	11 ♑
13	21 ♓ 59	1 ♎ 57	29 ♒ 39	0 ♓ 32	8 ♈ 27	25 ♒ 6	17 ♏ 30	18 ♈ 45	13 ♎ 7	9 ♋ 54	21 ♎ 5	19 ♌ 37	10 ♈	8 ♓	2 ♒	3 ♍	11 ♑
14	22 ♓ 59	14 ♎ 40	29 ♒ 36	0 ♓ 29	9 ♈ 59	26 ♒ 20	17 ♏ 39	18 ♈ 59	13 ♎ 2	9 ♋ 54	21 ♎ 4	19 ♌ 36	10 ♈	8 ♓	2 ♒	3 ♍	11 ♑
15	23 ♓ 58	27 ♎ 38	29 ♒ 33	0 ♓ 25	11 ♈ 27	27 ♒ 34	17 ♏ 46	19 ♈ 13	12 ♎ 58	9 ♋ 54	21 ♎ 2	19 ♌ 34	10 ♈	8 ♓	2 ♒	3 ♍	11 ♑
16	24 ♓ 58	10 ♏ 48	29 ♒ 30	0 ♓ 22	12 ♈ 49	28 ♒ 48	17 ♏ 54	19 ♈ 27	12 ♎ 54	9 ♋ 54	21 ♎ 1	19 ♌ 33	11 ♈	9 ♓	3 ♒	3 ♍	11 ♑
17	25 ♓ 58	24 ♏ 12	29 ♒ 27	0 ♓ 18	14 ♈ 6	0 ♓ 2	18 ♏ 0	19 ♈ 41	12 ♎ 50	9 ♋ 54	20 ♎ 59	19 ♌ 32	11 ♈	9 ♓	3 ♒	3 ♍	11 ♑
18	26 ♓ 58	7 ♐ 49	29 ♒ 24	0 ♓ 16	15 ♈ 17	1 ♓ 16	18 ♏ 6	19 ♈ 54	12 ♎ 45	9 ♋ 54	20 ♎ 58	19 ♌ 31	11 ♈	9 ♓	3 ♒	2 ♍	11 ♑
19	27 ♓ 57	21 ♐ 39	29 ♒ 20	0 ♓ 15	16 ♈ 21	2 ♓ 29	18 ♏ 11	20 ♈ 8	12 ♎ 41	9 D 54	20 ♎ 56	19 ♌ 30	12 ♈	10 ♓	4 ♒	2 ♍	11 ♑
20	28 ♓ 57	5 ♑ 40	29 ♒ 17	0 D 15	17 ♈ 17	3 ♓ 43	18 ♏ 16	20 ♈ 22	12 ♎ 36	9 ♋ 54	20 ♎ 55	19 ♌ 29	12 ♈	10 ♓	4 ♒	2 ♍	11 ♑
21	29 ♓ 56	19 ♑ 53	29 ♒ 14	0 ♓ 16	18 ♈ 7	4 ♓ 57	18 ♏ 19	20 ♈ 36	12 ♎ 32	9 ♋ 54	20 ♎ 53	19 ♌ 28	13 ♈	10 ♓	4 ♒	2 ♍	11 ♑
22	0 ♈ 56	4 ♒ 15	29 ♒ 11	0 ♓ 17	18 ♈ 49	6 ♓ 11	18 ♏ 23	20 ♈ 50	12 ♎ 27	9 ♋ 54	20 ♎ 52	19 ♌ 27	13 ♈	11 ♓	5 ♒	2 ♍	11 ♑
23	1 ♈ 56	18 ♒ 43	29 ♒ 8	0 ♓ 18	19 ♈ 24	7 ♓ 25	18 ♏ 25	21 ♈ 5	12 ♎ 23	9 ♋ 54	20 ♎ 50	19 ♌ 26	13 ♈	11 ♓	5 ♒	1 ♍	11 ♑
24	2 ♈ 55	3 ♓ 14	29 ♒ 5	0 R 19	19 ♈ 51	8 ♓ 39	18 ♏ 27	21 ♈ 19	12 ♎ 18	9 ♋ 54	20 ♎ 49	19 ♌ 25	14 ♈	11 ♓	5 ♒	1 ♍	11 ♑
25	3 ♈ 55	17 ♓ 42	29 ♒ 1	0 ♓ 18	20 ♈ 10	9 ♓ 53	18 ♏ 28	21 ♈ 33	12 ♎ 14	9 ♋ 55	20 ♎ 47	19 ♌ 24	14 ♈	12 ♓	6 ♒	1 ♍	11 ♑
26	4 ♈ 54	2 ♈ 2	28 ♒ 58	0 ♓ 15	20 ♈ 21	11 ♓ 6	18 R 28	21 ♈ 47	12 ♎ 9	9 ♋ 55	20 ♎ 46	19 ♌ 23	15 ♈	12 ♓	6 ♒	1 ♍	12 ♑
27	5 ♈ 53	16 ♈ 8	28 ♒ 55	0 ♓ 10	20 R 25	12 ♓ 20	18 ♏ 28	22 ♈ 1	12 ♎ 4	9 ♋ 55	20 ♎ 44	19 ♌ 22	15 ♈	12 ♓	6 ♒	1 ♍	12 ♑
28	6 ♈ 53	29 ♈ 57	28 ♒ 52	0 ♓ 5	20 ♈ 20	13 ♓ 34	18 ♏ 26	22 ♈ 15	12 ♎ 0	9 ♋ 56	20 ♎ 43	19 ♌ 21	15 ♈	13 ♓	7 ♒	1 ♍	12 ♑
29	7 ♈ 52	13 ♉ 23	28 ♒ 49	29 ♒ 58	20 ♈ 9	14 ♓ 48	18 ♏ 24	22 ♈ 30	11 ♎ 55	9 ♋ 56	20 ♎ 41	19 ♌ 20	16 ♈	13 ♓	7 ♒	0 ♍	12 ♑
30	8 ♈ 51	26 ♉ 28	28 ♒ 45	29 ♒ 52	19 ♈ 51	16 ♓ 2	18 ♏ 22	22 ♈ 44	11 ♎ 50	9 ♋ 57	20 ♎ 39	19 ♌ 19	16 ♈	13 ♓	7 ♒	0 ♍	12 ♑
31	9 ♈ 51	9 ♊ 10	28 ♒ 42	29 ♒ 47	19 ♈ 27	17 ♓ 16	18 ♏ 18	22 ♈ 58	11 ♎ 46	9 ♋ 58	20 ♎ 38	19 ♌ 18	17 ♈	14 ♓	8 ♒	0 ♍	12 ♑

SUN INGRESS	☉ → ♈ 21日 01:14
MOON PHASE	◐ 3日 22:43 ♊　○ 12日 03:14 ♍　◑ 19日 11:40 ♐　● 26日 05:13 ♈

aspects		
1日	01:19	☉△♅
3日	17:45	♀△♄
5日	18:31	♀□♂
6日	16:13	♀⚹♃
7日	14:22	☉△♂
8日	14:37	♀☍♇
9日	18:56	♀△♆
13日	22:38	☿□♅
16日	01:16	☿☍♄
16日	10:39	♃△♇
22日	02:12	♃☍♆
23日	01:19	☿△♇
25日	00:41	♀△♅
31日	02:51	☉□♅
31日	07:05	☿△♇
31日	19:10	♀△♂

1952年4月

DAY	☉	☽	☊ mean	☊ true	☿	♀	♂	♃	♄	♅	♆	♇	⚳	⚴	⚵	⚶	⚷
	° ′	° ′	° ′	° ′	° ′	° ′	° ′	° ′	° ′	° ′	° ′	° ′	°	°	°	°	°
1	10 ♈ 50	21 ♊ 34	28 ♒ 39	29 R 43	18 R 56	18 D 30	18 R 14	23 D 12	11 R 41	9 D 58	20 R 36	19 R 18	17 D	14 D	8 D	0 R	12 D
2	11 ♈ 49	3 ♋ 41	28 ♒ 36	29 ♒ 41	18 ♈ 21	19 ♓ 43	18 ♏ 9	23 ♈ 27	11 ♎ 36	9 ♋ 59	20 ♎ 34	19 ♌ 17	17 ♈	14 ♓	8 ♒	0 ♍	12 ♑
3	12 ♈ 48	15 ♋ 37	28 ♒ 33	29 D 41	17 ♈ 41	20 ♓ 57	18 ♏ 3	23 ♈ 41	11 ♎ 32	10 ♋ 0	20 ♎ 33	19 ♌ 16	18 ♈	15 ♓	9 ♒	0 ♍	12 ♑
4	13 ♈ 47	27 ♋ 27	28 ♒ 30	29 ♒ 42	16 ♈ 58	22 ♓ 11	17 ♏ 56	23 ♈ 55	11 ♎ 27	10 ♋ 1	20 ♎ 31	19 ♌ 15	18 ♈	15 ♓	9 ♒	0 ♍	12 ♑
5	14 ♈ 47	9 ♌ 16	28 ♒ 26	29 ♒ 43	16 ♈ 13	23 ♓ 25	17 ♏ 49	24 ♈ 10	11 ♎ 22	10 ♋ 2	20 ♎ 30	19 ♌ 15	19 ♈	15 ♓	9 ♒	0 ♍	12 ♑
6	15 ♈ 46	21 ♌ 9	28 ♒ 23	29 ♒ 44	15 ♈ 26	24 ♓ 39	17 ♏ 41	24 ♈ 24	11 ♎ 18	10 ♋ 3	20 ♎ 28	19 ♌ 14	19 ♈	16 ♓	10 ♒	0 ♍	12 ♑
7	16 ♈ 45	3 ♍ 11	28 ♒ 20	29 R 45	14 ♈ 38	25 ♓ 53	17 ♏ 32	24 ♈ 39	11 ♎ 13	10 ♋ 4	20 ♎ 26	19 ♌ 13	19 ♈	16 ♓	10 ♒	0 ♍	12 ♑
8	17 ♈ 44	15 ♍ 25	28 ♒ 17	29 ♒ 43	13 ♈ 51	27 ♓ 6	17 ♏ 23	24 ♈ 53	11 ♎ 8	10 ♋ 5	20 ♎ 25	19 ♌ 13	20 ♈	16 ♓	10 ♒	0 ♍	12 ♑
9	18 ♈ 43	27 ♍ 55	28 ♒ 14	29 ♒ 40	13 ♈ 4	28 ♓ 20	17 ♏ 12	25 ♈ 7	11 ♎ 4	10 ♋ 6	20 ♎ 23	19 ♌ 12	20 ♈	16 ♓	10 ♒	29 ♌	12 ♑
10	19 ♈ 41	10 ♎ 42	28 ♒ 11	29 ♒ 34	12 ♈ 20	29 ♓ 34	17 ♏ 1	25 ♈ 22	10 ♎ 59	10 ♋ 7	20 ♎ 21	19 ♌ 11	21 ♈	17 ♓	11 ♒	29 ♌	12 ♑
11	20 ♈ 40	23 ♎ 47	28 ♒ 7	29 ♒ 27	11 ♈ 39	0 ♈ 48	16 ♏ 49	25 ♈ 36	10 ♎ 55	10 ♋ 8	20 ♎ 20	19 ♌ 11	21 ♈	17 ♓	11 ♒	29 ♌	12 ♑
12	21 ♈ 39	7 ♏ 8	28 ♒ 4	29 ♒ 18	11 ♈ 0	2 ♈ 2	16 ♏ 37	25 ♈ 51	10 ♎ 50	10 ♋ 10	20 ♎ 18	19 ♌ 10	21 ♈	17 ♓	11 ♒	29 ♌	12 ♑
13	22 ♈ 38	20 ♏ 44	28 ♒ 1	29 ♒ 9	10 ♈ 26	3 ♈ 15	16 ♏ 24	26 ♈ 5	10 ♎ 46	10 ♋ 11	20 ♎ 16	19 ♌ 10	22 ♈	18 ♓	12 ♒	29 ♌	12 ♑
14	23 ♈ 37	4 ♐ 32	27 ♒ 58	29 ♒ 1	9 ♈ 56	4 ♈ 29	16 ♏ 10	26 ♈ 20	10 ♎ 41	10 ♋ 12	20 ♎ 15	19 ♌ 9	22 ♈	18 ♓	12 ♒	29 ♌	12 ♑
15	24 ♈ 35	18 ♐ 29	27 ♒ 55	28 ♒ 54	9 ♈ 31	5 ♈ 43	15 ♏ 55	26 ♈ 34	10 ♎ 37	10 ♋ 14	20 ♎ 13	19 ♌ 9	23 ♈	18 ♓	12 ♒	29 D	12 ♑
16	25 ♈ 34	2 ♑ 31	27 ♒ 51	28 ♒ 49	9 ♈ 11	6 ♈ 57	15 ♏ 40	26 ♈ 48	10 ♎ 32	10 ♋ 15	20 ♎ 12	19 ♌ 8	23 ♈	19 ♓	13 ♒	29 ♌	12 ♑
17	26 ♈ 33	16 ♑ 37	27 ♒ 48	28 ♒ 47	8 ♈ 56	8 ♈ 11	15 ♏ 24	27 ♈ 3	10 ♎ 28	10 ♋ 17	20 ♎ 10	19 ♌ 8	23 ♈	19 ♓	13 ♒	29 ♌	12 ♑
18	27 ♈ 31	0 ♒ 45	27 ♒ 45	28 D 47	8 ♈ 46	9 ♈ 24	15 ♏ 7	27 ♈ 17	10 ♎ 23	10 ♋ 18	20 ♎ 8	19 ♌ 8	24 ♈	19 ♓	13 ♒	29 ♌	12 ♑
19	28 ♈ 30	14 ♒ 53	27 ♒ 42	28 ♒ 47	8 ♈ 41	10 ♈ 38	14 ♏ 50	27 ♈ 32	10 ♎ 19	10 ♋ 20	20 ♎ 7	19 ♌ 7	24 ♈	20 ♓	13 ♒	29 ♌	12 ♑
20	29 ♈ 29	29 ♒ 1	27 ♒ 39	28 R 48	8 D 41	11 ♈ 52	14 ♏ 32	27 ♈ 46	10 ♎ 15	10 ♋ 21	20 ♎ 5	19 ♌ 7	25 ♈	20 ♓	14 ♒	29 ♌	12 ♑
21	0 ♉ 27	13 ♓ 6	27 ♒ 36	28 ♒ 47	8 ♈ 47	13 ♈ 6	14 ♏ 13	28 ♈ 1	10 ♎ 11	10 ♋ 23	20 ♎ 3	19 ♌ 7	25 ♈	20 ♓	14 ♒	0 ♍	12 R
22	1 ♉ 26	27 ♓ 7	27 ♒ 32	28 ♒ 44	8 ♈ 57	14 ♈ 20	13 ♏ 55	28 ♈ 15	10 ♎ 6	10 ♋ 25	20 ♎ 2	19 ♌ 6	25 ♈	20 ♓	14 ♒	0 ♍	12 ♑
23	2 ♉ 24	11 ♈ 1	27 ♒ 29	28 ♒ 38	9 ♈ 12	15 ♈ 33	13 ♏ 35	28 ♈ 30	10 ♎ 2	10 ♋ 27	20 ♎ 0	19 ♌ 6	26 ♈	21 ♓	14 ♒	0 ♍	12 ♑
24	3 ♉ 23	24 ♈ 46	27 ♒ 26	28 ♒ 30	9 ♈ 32	16 ♈ 47	13 ♏ 15	28 ♈ 44	9 ♎ 58	10 ♋ 28	19 ♎ 59	19 ♌ 6	26 ♈	21 ♓	15 ♒	0 ♍	12 ♑
25	4 ♉ 21	8 ♉ 16	27 ♒ 23	28 ♒ 20	9 ♈ 56	18 ♈ 1	12 ♏ 55	28 ♈ 58	9 ♎ 54	10 ♋ 30	19 ♎ 57	19 ♌ 6	27 ♈	21 ♓	15 ♒	0 ♍	12 ♑
26	5 ♉ 20	21 ♉ 30	27 ♒ 20	28 ♒ 8	10 ♈ 25	19 ♈ 15	12 ♏ 34	29 ♈ 13	9 ♎ 50	10 ♋ 32	19 ♎ 55	19 ♌ 5	27 ♈	22 ♓	15 ♒	0 ♍	12 ♑
27	6 ♉ 18	4 ♊ 27	27 ♒ 17	27 ♒ 57	10 ♈ 58	20 ♈ 28	12 ♏ 13	29 ♈ 27	9 ♎ 46	10 ♋ 34	19 ♎ 54	19 ♌ 5	27 ♈	22 ♓	15 ♒	0 ♍	12 ♑
28	7 ♉ 16	17 ♊ 5	27 ♒ 13	27 ♒ 47	11 ♈ 34	21 ♈ 42	11 ♏ 52	29 ♈ 42	9 ♎ 42	10 ♋ 36	19 ♎ 52	19 ♌ 5	28 ♈	22 ♓	16 ♒	0 ♍	12 ♑
29	8 ♉ 15	29 ♊ 26	27 ♒ 10	27 ♒ 38	12 ♈ 15	22 ♈ 56	11 ♏ 30	29 ♈ 56	9 ♎ 38	10 ♋ 38	19 ♎ 51	19 ♌ 5	28 ♈	22 ♓	16 ♒	0 ♍	12 ♑
30	9 ♉ 13	11 ♋ 33	27 ♒ 7	27 ♒ 33	12 ♈ 59	24 ♈ 10	11 ♏ 9	0 ♉ 10	9 ♎ 35	10 ♋ 40	19 ♎ 49	19 ♌ 5	29 ♈	23 ♓	16 ♒	0 ♍	12 ♑

SUN INGRESS	☉ → ♉ 20日 12:37
MOON PHASE	◐ 2日 17:48 ♋　○ 10日 17:53 ♎　◑ 17日 18:07 ♑　● 24日 16:27 ♉

aspects		
1日	19:11	☉☍♄
5日	19:33	☉☌☿
9日	11:52	☉△♇
10日	15:51	☉☍♆
12日	08:01	☿☍♄
13日	11:25	☿□♅
17日	12:43	☿☌♀
17日	16:21	☉☌♃
18日	17:52	♀□♅
18日	18:07	♀☍♄
18日	21:13	♄□♅
24日	22:18	☿☍♄
25日	21:01	♀△♇
26日	06:08	☿□♅
26日	12:59	♀☍♆

1952年5月

DAY	☉	☽	☊ mean	☊ true	☿	♀	♂	♃	♄	♅	♆	♇	⚳	⚴	⚵	⚶	⚷
	° ′	° ′	° ′	° ′	° ′	° ′	° ′	° ′	° ′	° ′	° ′	° ′	°	°	°	°	°
1	10 ♉ 11	23 ♋ 29	27 ♒ 4	27 R 29	13 D 47	25 D 23	10 R 47	0 D 25	9 R 31	10 D 43	19 R 48	19 R 5	29 D	23 D	16 D	0 D	12 R
2	11 ♉ 10	5 ♌ 18	27 ♒ 1	27 ♒ 28	14 ♈ 38	26 ♈ 37	10 ♏ 24	0 ♉ 39	9 ♎ 27	10 ♋ 45	19 ♎ 46	19 D 5	29 ♈	23 ♓	17 ♒	1 ♍	12 ♑
3	12 ♉ 8	17 ♌ 7	26 ♒ 57	27 D 28	15 ♈ 33	27 ♈ 51	10 ♏ 2	0 ♉ 53	9 ♎ 24	10 ♋ 47	19 ♎ 45	19 ♌ 5	0 ♉	24 ♓	17 ♒	1 ♍	12 ♑
4	13 ♉ 6	29 ♌ 1	26 ♒ 54	27 R 28	16 ♈ 30	29 ♈ 5	9 ♏ 40	1 ♉ 8	9 ♎ 20	10 ♋ 49	19 ♎ 43	19 ♌ 5	0 ♉	24 ♓	17 ♒	1 ♍	12 ♑
5	14 ♉ 4	11 ♍ 5	26 ♒ 51	27 ♒ 27	17 ♈ 31	0 ♉ 18	9 ♏ 18	1 ♉ 22	9 ♎ 17	10 ♋ 52	19 ♎ 42	19 ♌ 5	1 ♉	24 ♓	17 ♒	1 ♍	12 ♑
6	15 ♉ 2	23 ♍ 23	26 ♒ 48	27 ♒ 25	18 ♈ 34	1 ♉ 32	8 ♏ 56	1 ♉ 36	9 ♎ 13	10 ♋ 54	19 ♎ 40	19 ♌ 5	1 ♉	24 ♓	18 ♒	1 ♍	12 ♑
7	16 ♉ 0	6 ♎ 0	26 ♒ 45	27 ♒ 20	19 ♈ 40	2 ♉ 46	8 ♏ 34	1 ♉ 50	9 ♎ 10	10 ♋ 56	19 ♎ 39	19 ♌ 5	1 ♉	25 ♓	18 ♒	1 ♍	12 ♑
8	16 ♉ 58	18 ♎ 59	26 ♒ 42	27 ♒ 12	20 ♈ 49	3 ♉ 59	8 ♏ 12	2 ♉ 4	9 ♎ 7	10 ♋ 59	19 ♎ 37	19 ♌ 6	2 ♉	25 ♓	18 ♒	1 ♍	12 ♑
9	17 ♉ 56	2 ♏ 21	26 ♒ 38	27 ♒ 3	22 ♈ 0	5 ♉ 13	7 ♏ 50	2 ♉ 19	9 ♎ 4	11 ♋ 1	19 ♎ 36	19 ♌ 6	2 ♉	25 ♓	18 ♒	2 ♍	12 ♑
10	18 ♉ 54	16 ♏ 4	26 ♒ 35	26 ♒ 51	23 ♈ 14	6 ♉ 27	7 ♏ 29	2 ♉ 33	9 ♎ 1	11 ♋ 4	19 ♎ 35	19 ♌ 6	3 ♉	26 ♓	19 ♒	2 ♍	12 ♑
11	19 ♉ 52	0 ♐ 5	26 ♒ 32	26 ♒ 39	24 ♈ 31	7 ♉ 40	7 ♏ 8	2 ♉ 47	8 ♎ 58	11 ♋ 6	19 ♎ 33	19 ♌ 6	3 ♉	26 ♓	19 ♒	2 ♍	12 ♑
12	20 ♉ 50	14 ♐ 20	26 ♒ 29	26 ♒ 28	25 ♈ 50	8 ♉ 54	6 ♏ 47	3 ♉ 1	8 ♎ 55	11 ♋ 9	19 ♎ 32	19 ♌ 7	3 ♉	26 ♓	19 ♒	2 ♍	12 ♑
13	21 ♉ 48	28 ♐ 42	26 ♒ 26	26 ♒ 19	27 ♈ 11	10 ♉ 8	6 ♏ 26	3 ♉ 15	8 ♎ 52	11 ♋ 12	19 ♎ 30	19 ♌ 7	4 ♉	26 ♓	19 ♒	2 ♍	12 ♑
14	22 ♉ 46	13 ♑ 6	26 ♒ 22	26 ♒ 13	28 ♈ 35	11 ♉ 21	6 ♏ 6	3 ♉ 29	8 ♎ 49	11 ♋ 14	19 ♎ 29	19 ♌ 7	4 ♉	27 ♓	19 ♒	3 ♍	12 ♑
15	23 ♉ 44	27 ♑ 28	26 ♒ 19	26 ♒ 9	0 ♉ 1	12 ♉ 35	5 ♏ 46	3 ♉ 43	8 ♎ 47	11 ♋ 17	19 ♎ 28	19 ♌ 8	5 ♉	27 ♓	20 ♒	3 ♍	12 ♑
16	24 ♉ 42	11 ♒ 43	26 ♒ 16	26 ♒ 7	1 ♉ 29	13 ♉ 49	5 ♏ 27	3 ♉ 57	8 ♎ 44	11 ♋ 20	19 ♎ 27	19 ♌ 8	5 ♉	27 ♓	20 ♒	3 ♍	12 ♑
17	25 ♉ 39	25 ♒ 51	26 ♒ 13	26 D 7	2 ♉ 59	15 ♉ 2	5 ♏ 8	4 ♉ 11	8 ♎ 42	11 ♋ 22	19 ♎ 25	19 ♌ 8	5 ♉	27 ♓	20 ♒	3 ♍	12 ♑
18	26 ♉ 37	9 ♓ 49	26 ♒ 10	26 R 7	4 ♉ 32	16 ♉ 16	4 ♏ 50	4 ♉ 25	8 ♎ 39	11 ♋ 25	19 ♎ 24	19 ♌ 9	6 ♉	28 ♓	20 ♒	3 ♍	11 ♑
19	27 ♉ 35	23 ♓ 39	26 ♒ 7	26 ♒ 6	6 ♉ 7	17 ♉ 30	4 ♏ 32	4 ♉ 39	8 ♎ 37	11 ♋ 28	19 ♎ 23	19 ♌ 9	6 ♉	28 ♓	20 ♒	4 ♍	11 ♑
20	28 ♉ 33	7 ♈ 19	26 ♒ 3	26 ♒ 2	7 ♉ 44	18 ♉ 43	4 ♏ 15	4 ♉ 52	8 ♎ 35	11 ♋ 31	19 ♎ 22	19 ♌ 10	7 ♉	28 ♓	21 ♒	4 ♍	11 ♑
21	29 ♉ 30	20 ♈ 49	26 ♒ 0	25 ♒ 55	9 ♉ 23	19 ♉ 57	3 ♏ 59	5 ♉ 6	8 ♎ 33	11 ♋ 34	19 ♎ 20	19 ♌ 10	7 ♉	28 ♓	21 ♒	4 ♍	11 ♑
22	0 ♊ 28	4 ♉ 9	25 ♒ 57	25 ♒ 46	11 ♉ 4	21 ♉ 11	3 ♏ 43	5 ♉ 20	8 ♎ 31	11 ♋ 37	19 ♎ 19	19 ♌ 11	7 ♉	29 ♓	21 ♒	4 ♍	11 ♑
23	1 ♊ 26	17 ♉ 17	25 ♒ 54	25 ♒ 34	12 ♉ 48	22 ♉ 24	3 ♏ 28	5 ♉ 34	8 ♎ 29	11 ♋ 40	19 ♎ 18	19 ♌ 12	8 ♉	29 ♓	21 ♒	5 ♍	11 ♑
24	2 ♊ 24	0 ♊ 12	25 ♒ 51	25 ♒ 21	14 ♉ 34	23 ♉ 38	3 ♏ 14	5 ♉ 47	8 ♎ 27	11 ♋ 43	19 ♎ 17	19 ♌ 12	8 ♉	29 ♓	21 ♒	5 ♍	11 ♑
25	3 ♊ 21	12 ♊ 53	25 ♒ 48	25 ♒ 8	16 ♉ 22	24 ♉ 52	3 ♏ 0	6 ♉ 1	8 ♎ 25	11 ♋ 46	19 ♎ 16	19 ♌ 13	9 ♉	29 ♓	21 ♒	5 ♍	11 ♑
26	4 ♊ 19	25 ♊ 20	25 ♒ 44	24 ♒ 57	18 ♉ 12	26 ♉ 5	2 ♏ 47	6 ♉ 14	8 ♎ 24	11 ♋ 49	19 ♎ 15	19 ♌ 13	9 ♉	0 ♈	22 ♒	5 ♍	11 ♑
27	5 ♊ 17	7 ♋ 33	25 ♒ 41	24 ♒ 47	20 ♉ 4	27 ♉ 19	2 ♏ 35	6 ♉ 28	8 ♎ 22	11 ♋ 52	19 ♎ 14	19 ♌ 14	9 ♉	0 ♈	22 ♒	6 ♍	11 ♑
28	6 ♊ 14	19 ♋ 35	25 ♒ 38	24 ♒ 40	21 ♉ 59	28 ♉ 33	2 ♏ 23	6 ♉ 41	8 ♎ 21	11 ♋ 55	19 ♎ 13	19 ♌ 15	10 ♉	0 ♈	22 ♒	6 ♍	11 ♑
29	7 ♊ 12	1 ♌ 29	25 ♒ 35	24 ♒ 35	23 ♉ 55	29 ♉ 46	2 ♏ 13	6 ♉ 55	8 ♎ 19	11 ♋ 58	19 ♎ 12	19 ♌ 16	10 ♉	0 ♈	22 ♒	6 ♍	11 ♑
30	8 ♊ 9	13 ♌ 17	25 ♒ 32	24 ♒ 33	25 ♉ 54	1 ♊ 0	2 ♏ 3	7 ♉ 8	8 ♎ 18	12 ♋ 1	19 ♎ 11	19 ♌ 16	10 ♉	1 ♈	22 ♒	7 ♍	11 ♑
31	9 ♊ 7	25 ♌ 5	25 ♒ 28	24 D 33	27 ♉ 55	2 ♊ 14	1 ♏ 54	7 ♉ 21	8 ♎ 17	12 ♋ 4	19 ♎ 10	19 ♌ 17	11 ♉	1 ♈	22 ♒	7 ♍	11 ♑

SUN INGRESS	☉ → ♊ 21日 12:04
MOON PHASE	◐ 2日 12:58 ♌　○ 10日 05:16 ♏　◑ 16日 23:39 ♒　● 24日 04:28 ♊

aspects

1日	03:56	♂△♅
1日	10:32	☉☍♂
1日	13:23	☉⚹♅
6日	01:41	♀☌♃
6日	11:30	☿△♇
6日	23:30	☿☍♆
10日	04:55	☉□♇
10日	15:42	♀☍♂
13日	21:35	♀⚹♅
17日	21:55	☿☌♃
18日	03:57	☿☍♂
18日	19:15	♂☍♃
20日	08:43	♀□♇
22日	07:46	☿⚹♅
26日	13:17	☿□♇
26日	19:46	♆⚹♇
30日	03:39	☉△♄

1952年6月

DAY	☉	☽	☊ mean	☊ true	☿	♀	♂	♃	♄	♅	♆	♇	⚳	⚴	⚵	⚶	⚷
	° ′	° ′	° ′	° ′	° ′	° ′	° ′	° ′	° ′	° ′	° ′	° ′	°	°	°	°	°
1	10 ♊ 4	6 ♍ 58	25 ♒ 25	24 D 33	29 D 57	3 D 27	1 R 46	7 D 35	8 R 16	12 D 7	19 R 9	19 D 18	11 D	1 D	22 D	7 D	11 R
2	11 ♊ 2	19 ♍ 1	25 ♒ 22	24 R 33	2 ♊ 2	4 ♊ 41	1 ♏ 39	7 ♉ 48	8 ♎ 15	12 ♋ 11	19 ♎ 8	19 ♌ 19	12 ♉	1 ♈	22 ♒	7 ♍	11 ♑
3	11 ♊ 59	1 ♎ 20	25 ♒ 19	24 ♒ 31	4 ♊ 8	5 ♊ 54	1 ♏ 32	8 ♉ 1	8 ♎ 14	12 ♋ 14	19 ♎ 7	19 ♌ 20	12 ♉	2 ♈	23 ♒	8 ♍	11 ♑
4	12 ♊ 57	13 ♎ 59	25 ♒ 16	24 ♒ 28	6 ♊ 15	7 ♊ 8	1 ♏ 26	8 ♉ 14	8 ♎ 13	12 ♋ 17	19 ♎ 7	19 ♌ 21	12 ♉	2 ♈	23 ♒	8 ♍	11 ♑
5	13 ♊ 54	27 ♎ 2	25 ♒ 13	24 ♒ 22	8 ♊ 24	8 ♊ 22	1 ♏ 22	8 ♉ 27	8 ♎ 13	12 ♋ 20	19 ♎ 6	19 ♌ 22	13 ♉	2 ♈	23 ♒	8 ♍	11 ♑
6	14 ♊ 52	10 ♏ 32	25 ♒ 9	24 ♒ 13	10 ♊ 34	9 ♊ 35	1 ♏ 18	8 ♉ 40	8 ♎ 12	12 ♋ 24	19 ♎ 5	19 ♌ 23	13 ♉	2 ♈	23 ♒	9 ♍	11 ♑
7	15 ♊ 49	24 ♏ 28	25 ♒ 6	24 ♒ 4	12 ♊ 45	10 ♊ 49	1 ♏ 14	8 ♉ 53	8 ♎ 12	12 ♋ 27	19 ♎ 4	19 ♌ 24	14 ♉	2 ♈	23 ♒	9 ♍	11 ♑
8	16 ♊ 46	8 ♐ 46	25 ♒ 3	23 ♒ 53	14 ♊ 57	12 ♊ 3	1 ♏ 12	9 ♉ 6	8 ♎ 11	12 ♋ 30	19 ♎ 3	19 ♌ 25	14 ♉	3 ♈	23 ♒	9 ♍	10 ♑
9	17 ♊ 44	23 ♐ 23	25 ♒ 0	23 ♒ 44	17 ♊ 9	13 ♊ 16	1 ♏ 10	9 ♉ 19	8 ♎ 11	12 ♋ 34	19 ♎ 3	19 ♌ 26	14 ♉	3 ♈	23 ♒	10 ♍	10 ♑
10	18 ♊ 41	8 ♑ 9	24 ♒ 57	23 ♒ 36	19 ♊ 21	14 ♊ 30	1 ♏ 10	9 ♉ 31	8 ♎ 11	12 ♋ 37	19 ♎ 2	19 ♌ 27	15 ♉	3 ♈	23 ♒	10 ♍	10 ♑
11	19 ♊ 38	22 ♑ 57	24 ♒ 54	23 ♒ 30	21 ♊ 33	15 ♊ 44	1 D 10	9 ♉ 44	8 D 11	12 ♋ 40	19 ♎ 2	19 ♌ 28	15 ♉	3 ♈	23 ♒	10 ♍	10 ♑
12	20 ♊ 36	7 ♒ 41	24 ♒ 50	23 ♒ 27	23 ♊ 44	16 ♊ 57	1 ♏ 10	9 ♉ 56	8 ♎ 11	12 ♋ 44	19 ♎ 1	19 ♌ 29	15 ♉	3 ♈	23 ♒	11 ♍	10 ♑
13	21 ♊ 33	22 ♒ 13	24 ♒ 47	23 ♒ 26	25 ♊ 55	18 ♊ 11	1 ♏ 12	10 ♉ 9	8 ♎ 11	12 ♋ 47	19 ♎ 0	19 ♌ 30	16 ♉	4 ♈	23 ♒	11 ♍	10 ♑
14	22 ♊ 30	6 ♓ 30	24 ♒ 44	23 D 27	28 ♊ 5	19 ♊ 25	1 ♏ 14	10 ♉ 21	8 ♎ 12	12 ♋ 51	19 ♎ 0	19 ♌ 31	16 ♉	4 ♈	24 ♒	11 ♍	10 ♑
15	23 ♊ 28	20 ♓ 32	24 ♒ 41	23 ♒ 27	0 ♋ 14	20 ♊ 38	1 ♏ 17	10 ♉ 34	8 ♎ 12	12 ♋ 54	18 ♎ 59	19 ♌ 32	17 ♉	4 ♈	24 ♒	12 ♍	10 ♑
16	24 ♊ 25	4 ♈ 16	24 ♒ 38	23 R 27	2 ♋ 21	21 ♊ 52	1 ♏ 21	10 ♉ 46	8 ♎ 12	12 ♋ 58	18 ♎ 59	19 ♌ 33	17 ♉	4 ♈	24 ♒	12 ♍	10 ♑
17	25 ♊ 22	17 ♈ 45	24 ♒ 34	23 ♒ 25	4 ♋ 27	23 ♊ 6	1 ♏ 26	10 ♉ 58	8 ♎ 13	13 ♋ 1	18 ♎ 58	19 ♌ 35	17 ♉	4 ♈	24 ♒	12 ♍	10 ♑
18	26 ♊ 19	0 ♉ 59	24 ♒ 31	23 ♒ 20	6 ♋ 31	24 ♊ 19	1 ♏ 31	11 ♉ 10	8 ♎ 14	13 ♋ 5	18 ♎ 58	19 ♌ 36	18 ♉	5 ♈	24 ♒	13 ♍	10 ♑
19	27 ♊ 17	14 ♉ 0	24 ♒ 28	23 ♒ 13	8 ♋ 33	25 ♊ 33	1 ♏ 37	11 ♉ 23	8 ♎ 14	13 ♋ 8	18 ♎ 58	19 ♌ 37	18 ♉	5 ♈	24 ♒	13 ♍	10 ♑
20	28 ♊ 14	26 ♉ 48	24 ♒ 25	23 ♒ 5	10 ♋ 34	26 ♊ 47	1 ♏ 44	11 ♉ 35	8 ♎ 15	13 ♋ 12	18 ♎ 57	19 ♌ 38	18 ♉	5 ♈	24 ♒	13 ♍	10 ♑
21	29 ♊ 11	9 ♊ 23	24 ♒ 22	22 ♒ 55	12 ♋ 32	28 ♊ 0	1 ♏ 52	11 ♉ 46	8 ♎ 16	13 ♋ 15	18 ♎ 57	19 ♌ 40	19 ♉	5 ♈	24 ♒	14 ♍	10 ♑
22	0 ♋ 9	21 ♊ 48	24 ♒ 19	22 ♒ 46	14 ♋ 28	29 ♊ 14	2 ♏ 0	11 ♉ 58	8 ♎ 17	13 ♋ 19	18 ♎ 57	19 ♌ 41	19 ♉	5 ♈	24 ♒	14 ♍	10 ♑
23	1 ♋ 6	4 ♋ 1	24 ♒ 15	22 ♒ 37	16 ♋ 23	0 ♋ 28	2 ♏ 9	12 ♉ 10	8 ♎ 18	13 ♋ 22	18 ♎ 56	19 ♌ 42	20 ♉	5 ♈	24 R	14 ♍	10 ♑
24	2 ♋ 3	16 ♋ 4	24 ♒ 12	22 ♒ 30	18 ♋ 15	1 ♋ 42	2 ♏ 19	12 ♉ 22	8 ♎ 20	13 ♋ 26	18 ♎ 56	19 ♌ 44	20 ♉	6 ♈	24 ♒	15 ♍	10 ♑
25	3 ♋ 0	28 ♋ 0	24 ♒ 9	22 ♒ 25	20 ♋ 5	2 ♋ 55	2 ♏ 29	12 ♉ 33	8 ♎ 21	13 ♋ 30	18 ♎ 56	19 ♌ 45	20 ♉	6 ♈	24 ♒	15 ♍	9 ♑
26	3 ♋ 58	9 ♌ 49	24 ♒ 6	22 ♒ 22	21 ♋ 52	4 ♋ 9	2 ♏ 41	12 ♉ 45	8 ♎ 22	13 ♋ 33	18 ♎ 56	19 ♌ 46	21 ♉	6 ♈	24 ♒	16 ♍	9 ♑
27	4 ♋ 55	21 ♌ 36	24 ♒ 3	22 ♒ 21	23 ♋ 38	5 ♋ 23	2 ♏ 52	12 ♉ 56	8 ♎ 24	13 ♋ 37	18 ♎ 56	19 ♌ 48	21 ♉	6 ♈	24 ♒	16 ♍	9 ♑
28	5 ♋ 52	3 ♍ 23	24 ♒ 0	22 D 21	25 ♋ 21	6 ♋ 37	3 ♏ 5	13 ♉ 7	8 ♎ 26	13 ♋ 40	18 ♎ 55	19 ♌ 49	21 ♉	6 ♈	24 ♒	16 ♍	9 ♑
29	6 ♋ 49	15 ♍ 16	23 ♒ 56	22 ♒ 23	27 ♋ 2	7 ♋ 50	3 ♏ 18	13 ♉ 19	8 ♎ 27	13 ♋ 44	18 ♎ 55	19 ♌ 51	22 ♉	6 ♈	24 ♒	17 ♍	9 ♑
30	7 ♋ 46	27 ♍ 18	23 ♒ 53	22 ♒ 24	28 ♋ 41	9 ♋ 4	3 ♏ 31	13 ♉ 30	8 ♎ 29	13 ♋ 48	18 ♎ 55	19 ♌ 52	22 ♉	7 ♈	24 ♒	17 ♍	9 ♑

SUN INGRESS	☉ → ♋ 21日 20:13
MOON PHASE	◐ 1日 06:46 ♍　○ 8日 14:07 ♐　◑ 15日 05:28 ♓　● 22日 17:45 ♋　◐ 30日 22:11 ♎

aspects

4日	21:06	♀△♄
4日	21:55	☿△♄
4日	23:00	☿☌♀
9日	11:15	☉☌☿
9日	20:39	☿△♆
10日	01:04	☿⚹♇
10日	08:46	☉△♆
10日	19:27	☉⚹♇
13日	15:59	♀△♆
14日	02:06	♀⚹♇
15日	12:21	☿△♂
18日	20:14	☿□♄
20日	13:39	☿⚹♃
21日	09:08	☿☌♅
24日	08:08	☉△♂
24日	08:57	☿□♆
24日	14:10	♀△♂
25日	07:17	☉☌♀
29日	12:24	♀□♄
30日	18:36	☉□♄

1952年7月

DAY	☉	☽	☊ mean	☊ true	☿	♀	♂	♃	♄	♅	♆	♇	⚳	⚴	⚵	⚶	⚷
	° ′	° ′	° ′	° ′	° ′	° ′	° ′	° ′	° ′	° ′	° ′	° ′	°	°	°	°	°
1	8 ♋ 44	9 ♎ 36	23 ♒ 50	22 R 24	0 D 18	10 D 18	3 D 46	13 D 41	8 D 31	13 D 51	18 D 55	19 D 53	22 D	7 D	24 R	18 D	9 R
2	9 ♋ 41	22 ♎ 13	23 ♒ 47	22 ♒ 24	1 ♌ 52	11 ♋ 31	4 ♏ 0	13 ♉ 52	8 ♎ 33	13 ♋ 55	18 ♎ 55	19 ♌ 55	23 ♉	7 ♈	23 ♒	18 ♍	9 ♑
3	10 ♋ 38	5 ♏ 15	23 ♒ 44	22 ♒ 21	3 ♌ 24	12 ♋ 45	4 ♏ 16	14 ♉ 3	8 ♎ 35	13 ♋ 58	18 ♎ 55	19 ♌ 56	23 ♉	7 ♈	23 ♒	18 ♍	9 ♑
4	11 ♋ 35	18 ♏ 43	23 ♒ 40	22 ♒ 17	4 ♌ 54	13 ♋ 59	4 ♏ 32	14 ♉ 13	8 ♎ 38	14 ♋ 2	18 ♎ 56	19 ♌ 58	24 ♉	7 ♈	23 ♒	19 ♍	9 ♑
5	12 ♋ 32	2 ♐ 40	23 ♒ 37	22 ♒ 12	6 ♌ 21	15 ♋ 13	4 ♏ 49	14 ♉ 24	8 ♎ 40	14 ♋ 6	18 ♎ 56	20 ♌ 0	24 ♉	7 ♈	23 ♒	19 ♍	9 ♑
6	13 ♋ 30	17 ♐ 4	23 ♒ 34	22 ♒ 6	7 ♌ 47	16 ♋ 27	5 ♏ 6	14 ♉ 34	8 ♎ 42	14 ♋ 9	18 ♎ 56	20 ♌ 1	24 ♉	7 ♈	23 ♒	20 ♍	9 ♑
7	14 ♋ 27	1 ♑ 50	23 ♒ 31	22 ♒ 0	9 ♌ 9	17 ♋ 40	5 ♏ 24	14 ♉ 45	8 ♎ 45	14 ♋ 13	18 ♎ 56	20 ♌ 3	25 ♉	7 ♈	23 ♒	20 ♍	9 ♑
8	15 ♋ 24	16 ♑ 50	23 ♒ 28	21 ♒ 56	10 ♌ 30	18 ♋ 54	5 ♏ 42	14 ♉ 55	8 ♎ 47	14 ♋ 17	18 ♎ 56	20 ♌ 4	25 ♉	8 ♈	23 ♒	20 ♍	9 ♑
9	16 ♋ 21	1 ♒ 56	23 ♒ 25	21 ♒ 53	11 ♌ 48	20 ♋ 8	6 ♏ 1	15 ♉ 5	8 ♎ 50	14 ♋ 20	18 ♎ 56	20 ♌ 6	25 ♉	8 ♈	23 ♒	21 ♍	9 ♑
10	17 ♋ 18	16 ♒ 59	23 ♒ 21	21 ♒ 52	13 ♌ 3	21 ♋ 22	6 ♏ 20	15 ♉ 15	8 ♎ 53	14 ♋ 24	18 ♎ 57	20 ♌ 7	26 ♉	8 ♈	23 ♒	21 ♍	9 ♑
11	18 ♋ 15	1 ♓ 51	23 ♒ 18	21 D 52	14 ♌ 16	22 ♋ 35	6 ♏ 40	15 ♉ 25	8 ♎ 56	14 ♋ 28	18 ♎ 57	20 ♌ 9	26 ♉	8 ♈	23 ♒	22 ♍	8 ♑
12	19 ♋ 13	16 ♓ 24	23 ♒ 15	21 ♒ 53	15 ♌ 27	23 ♋ 49	7 ♏ 0	15 ♉ 35	8 ♎ 59	14 ♋ 31	18 ♎ 57	20 ♌ 11	26 ♉	8 ♈	23 ♒	22 ♍	8 ♑
13	20 ♋ 10	0 ♈ 37	23 ♒ 12	21 ♒ 55	16 ♌ 35	25 ♋ 3	7 ♏ 21	15 ♉ 45	9 ♎ 2	14 ♋ 35	18 ♎ 58	20 ♌ 12	27 ♉	8 ♈	22 ♒	22 ♍	8 ♑
14	21 ♋ 7	14 ♈ 27	23 ♒ 9	21 ♒ 56	17 ♌ 40	26 ♋ 17	7 ♏ 42	15 ♉ 55	9 ♎ 5	14 ♋ 38	18 ♎ 58	20 ♌ 14	27 ♉	8 ♈	22 ♒	23 ♍	8 ♑
15	22 ♋ 4	27 ♈ 55	23 ♒ 6	21 R 56	18 ♌ 42	27 ♋ 31	8 ♏ 4	16 ♉ 4	9 ♎ 8	14 ♋ 42	18 ♎ 59	20 ♌ 16	27 ♉	8 ♈	22 ♒	23 ♍	8 ♑
16	23 ♋ 2	11 ♉ 3	23 ♒ 2	21 ♒ 54	19 ♌ 41	28 ♋ 44	8 ♏ 26	16 ♉ 14	9 ♎ 12	14 ♋ 46	18 ♎ 59	20 ♌ 17	28 ♉	8 ♈	22 ♒	24 ♍	8 ♑
17	23 ♋ 59	23 ♉ 52	22 ♒ 59	21 ♒ 52	20 ♌ 37	29 ♋ 58	8 ♏ 48	16 ♉ 23	9 ♎ 15	14 ♋ 49	19 ♎ 0	20 ♌ 19	28 ♉	8 ♈	22 ♒	24 ♍	8 ♑
18	24 ♋ 56	6 ♊ 27	22 ♒ 56	21 ♒ 48	21 ♌ 30	1 ♌ 12	9 ♏ 11	16 ♉ 32	9 ♎ 18	14 ♋ 53	19 ♎ 0	20 ♌ 21	28 ♉	8 ♈	22 ♒	25 ♍	8 ♑
19	25 ♋ 53	18 ♊ 48	22 ♒ 53	21 ♒ 44	22 ♌ 20	2 ♌ 26	9 ♏ 35	16 ♉ 41	9 ♎ 22	14 ♋ 56	19 ♎ 1	20 ♌ 23	29 ♉	8 ♈	21 ♒	25 ♍	8 ♑
20	26 ♋ 51	0 ♋ 58	22 ♒ 50	21 ♒ 40	23 ♌ 7	3 ♌ 40	9 ♏ 59	16 ♉ 50	9 ♎ 26	15 ♋ 0	19 ♎ 1	20 ♌ 24	29 ♉	8 ♈	21 ♒	25 ♍	8 ♑
21	27 ♋ 48	12 ♋ 59	22 ♒ 46	21 ♒ 36	23 ♌ 50	4 ♌ 54	10 ♏ 23	16 ♉ 59	9 ♎ 29	15 ♋ 4	19 ♎ 2	20 ♌ 26	29 ♉	8 ♈	21 ♒	26 ♍	8 ♑
22	28 ♋ 45	24 ♋ 53	22 ♒ 43	21 ♒ 33	24 ♌ 29	6 ♌ 8	10 ♏ 48	17 ♉ 8	9 ♎ 33	15 ♋ 7	19 ♎ 3	20 ♌ 28	0 ♊	9 ♈	21 ♒	26 ♍	8 ♑
23	29 ♋ 42	6 ♌ 43	22 ♒ 40	21 ♒ 32	25 ♌ 4	7 ♌ 22	11 ♏ 13	17 ♉ 16	9 ♎ 37	15 ♋ 11	19 ♎ 3	20 ♌ 30	0 ♊	9 ♈	21 ♒	27 ♍	8 ♑
24	0 ♌ 40	18 ♌ 30	22 ♒ 37	21 ♒ 31	25 ♌ 35	8 ♌ 35	11 ♏ 39	17 ♉ 25	9 ♎ 41	15 ♋ 14	19 ♎ 4	20 ♌ 31	0 ♊	9 ♈	21 ♒	27 ♍	8 ♑
25	1 ♌ 37	0 ♍ 17	22 ♒ 34	21 D 31	26 ♌ 2	9 ♌ 49	12 ♏ 4	17 ♉ 33	9 ♎ 45	15 ♋ 18	19 ♎ 5	20 ♌ 33	1 ♊	9 ♈	20 ♒	28 ♍	8 ♑
26	2 ♌ 34	12 ♍ 6	22 ♒ 31	21 ♒ 32	26 ♌ 25	11 ♌ 3	12 ♏ 31	17 ♉ 41	9 ♎ 49	15 ♋ 21	19 ♎ 6	20 ♌ 35	1 ♊	9 ♈	20 ♒	28 ♍	8 ♑
27	3 ♌ 32	24 ♍ 2	22 ♒ 27	21 ♒ 33	26 ♌ 43	12 ♌ 17	12 ♏ 58	17 ♉ 49	9 ♎ 54	15 ♋ 25	19 ♎ 6	20 ♌ 37	1 ♊	9 ♈	20 ♒	29 ♍	8 ♑
28	4 ♌ 29	6 ♎ 6	22 ♒ 24	21 ♒ 35	26 ♌ 57	13 ♌ 31	13 ♏ 25	17 ♉ 57	9 ♎ 58	15 ♋ 28	19 ♎ 7	20 ♌ 39	2 ♊	9 ♈	20 ♒	29 ♍	7 ♑
29	5 ♌ 27	18 ♎ 25	22 ♒ 21	21 ♒ 36	27 ♌ 6	14 ♌ 45	13 ♏ 52	18 ♉ 5	10 ♎ 2	15 ♋ 32	19 ♎ 8	20 ♌ 40	2 ♊	9 R	20 ♒	29 ♍	7 ♑
30	6 ♌ 24	1 ♏ 1	22 ♒ 18	21 ♒ 37	27 ♌ 9	15 ♌ 59	14 ♏ 20	18 ♉ 12	10 ♎ 7	15 ♋ 35	19 ♎ 9	20 ♌ 42	2 ♊	9 ♈	19 ♒	0 ♎	7 ♑
31	7 ♌ 21	13 ♏ 59	22 ♒ 15	21 R 37	27 R 8	17 ♌ 13	14 ♏ 48	18 ♉ 20	10 ♎ 11	15 ♋ 39	19 ♎ 10	20 ♌ 44	3 ♊	9 ♈	19 ♒	0 ♎	7 ♑

SUN INGRESS: ☉ → ♌ 23日 07:07

MOON PHASE: ○ 7日 21:33 ♑ ◑ 14日 12:42 ♈ ● 22日 08:31 ♋ ◐ 30日 10:51 ♏

aspects		
2日	10:20	♃⚹♅
3日	16:48	☿□♂
4日	01:04	♀☌♅
4日	05:26	♀⚹♃
6日	16:35	☿⚹♄
6日	17:50	☉☌♅
7日	09:17	☉⚹♃
8日	00:43	♀□♆
11日	17:34	☉□♆
12日	03:27	☿□♃
15日	06:43	☿⚹♆
16日	15:50	☿☌♇
24日	22:35	♀⚹♄
27日	20:43	♀□♂

1952年8月

DAY	☉	☽	☊ mean	☊ true	☿	♀	♂	♃	♄	♅	♆	♇	⚳	⚴	⚵	⚶	⚷
	° ′	° ′	° ′	° ′	° ′	° ′	° ′	° ′	° ′	° ′	° ′	° ′	°	°	°	°	°
1	8 ♌ 19	27 ♏ 22	22 ♒ 12	21 R 36	27 R 1	18 D 27	15 D 17	18 D 27	10 D 16	15 D 42	19 D 11	20 D 46	3 D	9 R	19 R	1 D	7 R
2	9 ♌ 16	11 ♐ 12	22 ♒ 8	21 ♒ 35	26 ♌ 50	19 ♌ 41	15 ♏ 45	18 ♉ 34	10 ♎ 21	15 ♋ 46	19 ♎ 12	20 ♌ 48	3 ♊	9 ♈	19 ♒	1 ♎	7 ♑
3	10 ♌ 13	25 ♐ 28	22 ♒ 5	21 ♒ 33	26 ♌ 33	20 ♌ 54	16 ♏ 14	18 ♉ 41	10 ♎ 25	15 ♋ 49	19 ♎ 13	20 ♌ 50	4 ♊	9 ♈	18 ♒	2 ♎	7 ♑
4	11 ♌ 11	10 ♑ 9	22 ♒ 2	21 ♒ 32	26 ♌ 11	22 ♌ 8	16 ♏ 44	18 ♉ 48	10 ♎ 30	15 ♋ 52	19 ♎ 14	20 ♌ 52	4 ♊	9 ♈	18 ♒	2 ♎	7 ♑
5	12 ♌ 8	25 ♑ 9	21 ♒ 59	21 ♒ 31	25 ♌ 44	23 ♌ 22	17 ♏ 14	18 ♉ 54	10 ♎ 35	15 ♋ 56	19 ♎ 15	20 ♌ 53	4 ♊	9 ♈	18 ♒	3 ♎	7 ♑
6	13 ♌ 6	10 ♒ 19	21 ♒ 56	21 ♒ 31	25 ♌ 12	24 ♌ 36	17 ♏ 44	19 ♉ 1	10 ♎ 40	15 ♋ 59	19 ♎ 16	20 ♌ 55	4 ♊	8 ♈	18 ♒	3 ♎	7 ♑
7	14 ♌ 3	25 ♒ 32	21 ♒ 52	21 D 31	24 ♌ 36	25 ♌ 50	18 ♏ 14	19 ♉ 7	10 ♎ 45	16 ♋ 2	19 ♎ 17	20 ♌ 57	5 ♊	8 ♈	17 ♒	4 ♎	7 ♑
8	15 ♌ 1	10 ♓ 36	21 ♒ 49	21 ♒ 31	23 ♌ 56	27 ♌ 4	18 ♏ 45	19 ♉ 14	10 ♎ 50	16 ♋ 6	19 ♎ 19	20 ♌ 59	5 ♊	8 ♈	17 ♒	4 ♎	7 ♑
9	15 ♌ 58	25 ♓ 24	21 ♒ 46	21 ♒ 31	23 ♌ 13	28 ♌ 18	19 ♏ 16	19 ♉ 20	10 ♎ 55	16 ♋ 9	19 ♎ 20	21 ♌ 1	5 ♊	8 ♈	17 ♒	4 ♎	7 ♑
10	16 ♌ 56	9 ♈ 50	21 ♒ 43	21 ♒ 32	22 ♌ 27	29 ♌ 32	19 ♏ 47	19 ♉ 25	11 ♎ 0	16 ♋ 12	19 ♎ 21	21 ♌ 3	6 ♊	8 ♈	17 ♒	5 ♎	7 ♑
11	17 ♌ 53	23 ♈ 51	21 ♒ 40	21 ♒ 32	21 ♌ 39	0 ♍ 46	20 ♏ 19	19 ♉ 31	11 ♎ 6	16 ♋ 15	19 ♎ 22	21 ♌ 5	6 ♊	8 ♈	16 ♒	5 ♎	7 ♑
12	18 ♌ 51	7 ♉ 26	21 ♒ 37	21 ♒ 32	20 ♌ 50	2 ♍ 0	20 ♏ 50	19 ♉ 37	11 ♎ 11	16 ♋ 19	19 ♎ 24	21 ♌ 7	6 ♊	8 ♈	16 ♒	6 ♎	7 ♑
13	19 ♌ 48	20 ♉ 35	21 ♒ 33	21 R 32	20 ♌ 1	3 ♍ 14	21 ♏ 22	19 ♉ 42	11 ♎ 17	16 ♋ 22	19 ♎ 25	21 ♌ 8	7 ♊	8 ♈	16 ♒	6 ♎	7 ♑
14	20 ♌ 46	3 ♊ 22	21 ♒ 30	21 ♒ 32	19 ♌ 12	4 ♍ 28	21 ♏ 55	19 ♉ 47	11 ♎ 22	16 ♋ 25	19 ♎ 26	21 ♌ 10	7 ♊	8 ♈	16 ♒	7 ♎	7 ♑
15	21 ♌ 44	15 ♊ 50	21 ♒ 27	21 D 32	18 ♌ 26	5 ♍ 42	22 ♏ 27	19 ♉ 52	11 ♎ 28	16 ♋ 28	19 ♎ 28	21 ♌ 12	7 ♊	8 ♈	16 ♒	7 ♎	7 ♑
16	22 ♌ 41	28 ♊ 3	21 ♒ 24	21 ♒ 32	17 ♌ 41	6 ♍ 56	23 ♏ 0	19 ♉ 57	11 ♎ 33	16 ♋ 31	19 ♎ 29	21 ♌ 14	7 ♊	8 ♈	15 ♒	8 ♎	7 ♑
17	23 ♌ 39	10 ♋ 4	21 ♒ 21	21 ♒ 33	17 ♌ 1	8 ♍ 9	23 ♏ 33	20 ♉ 2	11 ♎ 39	16 ♋ 34	19 ♎ 30	21 ♌ 16	8 ♊	8 ♈	15 ♒	8 ♎	7 ♑
18	24 ♌ 37	21 ♋ 57	21 ♒ 18	21 ♒ 33	16 ♌ 24	9 ♍ 23	24 ♏ 7	20 ♉ 6	11 ♎ 45	16 ♋ 37	19 ♎ 32	21 ♌ 18	8 ♊	7 ♈	15 ♒	9 ♎	7 ♑
19	25 ♌ 34	3 ♌ 46	21 ♒ 14	21 ♒ 33	15 ♌ 53	10 ♍ 37	24 ♏ 40	20 ♉ 11	11 ♎ 50	16 ♋ 40	19 ♎ 33	21 ♌ 20	8 ♊	7 ♈	15 ♒	9 ♎	7 ♑
20	26 ♌ 32	15 ♌ 33	21 ♒ 11	21 ♒ 33	15 ♌ 28	11 ♍ 51	25 ♏ 14	20 ♉ 15	11 ♎ 56	16 ♋ 43	19 ♎ 35	21 ♌ 22	8 ♊	7 ♈	14 ♒	10 ♎	6 ♑
21	27 ♌ 30	27 ♌ 21	21 ♒ 8	21 R 33	15 ♌ 9	13 ♍ 5	25 ♏ 48	20 ♉ 19	12 ♎ 2	16 ♋ 46	19 ♎ 36	21 ♌ 23	9 ♊	7 ♈	14 ♒	10 ♎	6 ♑
22	28 ♌ 28	9 ♍ 11	21 ♒ 5	21 ♒ 33	14 ♌ 57	14 ♍ 19	26 ♏ 23	20 ♉ 23	12 ♎ 8	16 ♋ 49	19 ♎ 38	21 ♌ 25	9 ♊	7 ♈	14 ♒	11 ♎	6 ♑
23	29 ♌ 26	21 ♍ 7	21 ♒ 2	21 ♒ 32	14 ♌ 53	15 ♍ 33	26 ♏ 57	20 ♉ 26	12 ♎ 14	16 ♋ 52	19 ♎ 39	21 ♌ 27	9 ♊	7 ♈	14 ♒	11 ♎	6 ♑
24	0 ♍ 23	3 ♎ 10	20 ♒ 58	21 ♒ 31	14 D 56	16 ♍ 47	27 ♏ 32	20 ♉ 30	12 ♎ 20	16 ♋ 55	19 ♎ 41	21 ♌ 29	10 ♊	7 ♈	13 ♒	12 ♎	6 ♑
25	1 ♍ 21	15 ♎ 23	20 ♒ 55	21 ♒ 30	15 ♌ 7	18 ♍ 1	28 ♏ 7	20 ♉ 33	12 ♎ 26	16 ♋ 58	19 ♎ 42	21 ♌ 31	10 ♊	6 ♈	13 ♒	12 ♎	6 ♑
26	2 ♍ 19	27 ♎ 49	20 ♒ 52	21 ♒ 29	15 ♌ 26	19 ♍ 15	28 ♏ 42	20 ♉ 36	12 ♎ 32	17 ♋ 1	19 ♎ 44	21 ♌ 33	10 ♊	6 ♈	13 ♒	13 ♎	6 ♑
27	3 ♍ 17	10 ♏ 29	20 ♒ 49	21 ♒ 27	15 ♌ 53	20 ♍ 29	29 ♏ 18	20 ♉ 39	12 ♎ 38	17 ♋ 4	19 ♎ 46	21 ♌ 35	10 ♊	6 ♈	13 ♒	13 ♎	6 ♑
28	4 ♍ 15	23 ♏ 27	20 ♒ 46	21 ♒ 27	16 ♌ 28	21 ♍ 43	29 ♏ 54	20 ♉ 42	12 ♎ 45	17 ♋ 6	19 ♎ 47	21 ♌ 37	11 ♊	6 ♈	12 ♒	14 ♎	6 ♑
29	5 ♍ 13	6 ♐ 45	20 ♒ 43	21 D 26	17 ♌ 11	22 ♍ 57	0 ♐ 30	20 ♉ 44	12 ♎ 51	17 ♋ 9	19 ♎ 49	21 ♌ 38	11 ♊	6 ♈	12 ♒	14 ♎	6 ♑
30	6 ♍ 11	20 ♐ 26	20 ♒ 39	21 ♒ 27	18 ♌ 1	24 ♍ 11	1 ♐ 6	20 ♉ 47	12 ♎ 57	17 ♋ 12	19 ♎ 51	21 ♌ 40	11 ♊	6 ♈	12 ♒	15 ♎	6 ♑
31	7 ♍ 9	4 ♑ 29	20 ♒ 36	21 ♒ 28	18 ♌ 59	25 ♍ 25	1 ♐ 42	20 ♉ 49	13 ♎ 4	17 ♋ 14	19 ♎ 53	21 ♌ 42	11 ♊	5 ♈	12 ♒	15 ♎	6 ♑

SUN INGRESS: ☉ → ♍ 23日 14:03

MOON PHASE: ○ 6日 04:40 ♒ ◑ 12日 22:27 ♉ ● 21日 00:20 ♌ ◐ 28日 21:03 ♐

aspects		
1日	00:04	♀□♃
1日	14:35	♀⚹♆
2日	00:10	♂△♅
2日	22:24	♀☌♇
3日	05:24	☉⚹♄
6日	07:57	☿☌♀
9日	03:35	♂☍♃
11日	16:22	☿☌♇
11日	23:59	☿□♂
12日	12:53	♂□♇
12日	13:58	☉⚹♆
12日	21:08	☉□♃
13日	02:51	☉☌☿
13日	08:22	☿□♃
13日	17:21	☿⚹♆
14日	10:28	☉☌♇
16日	18:29	☉□♂
24日	02:42	♀⚹♅
27日	03:25	♀△♃
31日	20:47	☿⚹♆

1952年9月

DAY	☉	☽	☊ mean	☊ true	☿	♀	♂	♃	♄	♅	♆	♇	⚳	⚴	⚵	⚶	⚷
	° ′	° ′	° ′	° ′	° ′	° ′	° ′	° ′	° ′	° ′	° ′	° ′	°	°	°	°	°
1	8♍7	18♑55	20♒33	21D29	20D3	26D39	2D19	20D51	13D10	17D17	19D54	21D44	11D	5R	12R	16D	6R
2	9♍5	3♒41	20♒30	21♒30	21♌14	27♍52	2♐55	20♉52	13♎17	17♋20	19♎56	21♌46	12♊	5♈	11♒	16♎	6♑
3	10♍3	18♒40	20♒27	21♒30	22♌31	29♍6	3♐32	20♉54	13♎23	17♋22	19♎58	21♌47	12♊	5♈	11♒	17♎	6♑
4	11♍1	3♓46	20♒24	21R30	23♌54	0♎20	4♐9	20♉55	13♎30	17♋25	20♎0	21♌49	12♊	5♈	11♒	17♎	6♑
5	12♍0	18♓50	20♒20	21♒29	25♌22	1♎34	4♐47	20♉56	13♎36	17♋27	20♎2	21♌51	12♊	4♈	11♒	18♎	6♑
6	12♍58	3♈43	20♒17	21♒27	26♌55	2♎48	5♐24	20♉57	13♎43	17♋29	20♎3	21♌53	13♊	4♈	11♒	18♎	6♑
7	13♍56	18♈17	20♒14	21♒24	28♌32	4♎2	6♐2	20♉58	13♎50	17♋32	20♎5	21♌55	13♊	4♈	11♒	19♎	6♑
8	14♍54	2♉26	20♒11	21♒20	0♍12	5♎16	6♐40	20♉58	13♎56	17♋34	20♎7	21♌56	13♊	4♈	10♒	19♎	6♑
9	15♍52	16♉9	20♒8	21♒18	1♍56	6♎29	7♐18	20♉59	14♎3	17♋36	20♎9	21♌58	13♊	3♈	10♒	20♎	6♑
10	16♍51	29♉24	20♒4	21♒15	3♍42	7♎43	7♐56	20♉59	14♎10	17♋39	20♎11	22♌0	13♊	3♈	10♒	20♎	6♑
11	17♍49	12♊13	20♒1	21♒14	5♍30	8♎57	8♐34	20R59	14♎17	17♋41	20♎13	22♌2	14♊	3♈	10♒	21♎	6♑
12	18♍47	24♊41	19♒58	21D14	7♍20	10♎11	9♐12	20♉59	14♎23	17♋43	20♎15	22♌3	14♊	3♈	10♒	21♎	6D
13	19♍46	6♋52	19♒55	21♒15	9♍11	11♎25	9♐51	20♉58	14♎30	17♋45	20♎17	22♌5	14♊	2♈	10♒	22♎	6♑
14	20♍44	18♋50	19♒52	21♒17	11♍3	12♎39	10♐30	20♉57	14♎37	17♋47	20♎19	22♌7	14♊	2♈	10♒	22♎	6♑
15	21♍43	0♌40	19♒49	21♒19	12♍56	13♎52	11♐9	20♉57	14♎44	17♋49	20♎21	22♌8	14♊	2♈	10♒	23♎	6♑
16	22♍41	12♌26	19♒45	21♒20	14♍49	15♎6	11♐48	20♉56	14♎51	17♋51	20♎23	22♌10	14♊	2♈	9♒	23♎	6♑
17	23♍40	24♌14	19♒42	21R20	16♍42	16♎20	12♐27	20♉54	14♎58	17♋53	20♎25	22♌12	15♊	1♈	9♒	24♎	6♑
18	24♍38	6♍5	19♒39	21♒19	18♍35	17♎34	13♐7	20♉53	15♎5	17♋55	20♎27	22♌13	15♊	1♈	9♒	24♎	6♑
19	25♍37	18♍3	19♒36	21♒16	20♍28	18♎48	13♐47	20♉51	15♎12	17♋57	20♎29	22♌15	15♊	1♈	9♒	25♎	6♑
20	26♍36	0♎9	19♒33	21♒12	22♍20	20♎2	14♐26	20♉49	15♎19	17♋59	20♎31	22♌17	15♊	1♈	9♒	25♎	6♑
21	27♍34	12♎26	19♒29	21♒6	24♍12	21♎15	15♐6	20♉47	15♎26	18♋1	20♎33	22♌18	15♊	0♈	9♒	26♎	6♑
22	28♍33	24♎53	19♒26	21♒0	26♍3	22♎29	15♐46	20♉45	15♎33	18♋3	20♎35	22♌20	15♊	0♈	9♒	26♎	6♑
23	29♍32	7♏33	19♒23	20♒53	27♍53	23♎43	16♐27	20♉42	15♎41	18♋4	20♎37	22♌21	15♊	0♈	9♒	27♎	6♑
24	0♎30	20♏26	19♒20	20♒47	29♍42	24♎57	17♐7	20♉40	15♎48	18♋6	20♎40	22♌23	16♊	29♓	9♒	27♎	6♑
25	1♎29	3♐32	19♒17	20♒42	1♎31	26♎10	17♐47	20♉37	15♎55	18♋7	20♎42	22♌25	16♊	29♓	9♒	28♎	6♑
26	2♎28	16♐54	19♒14	20♒39	3♎19	27♎24	18♐28	20♉34	16♎2	18♋9	20♎44	22♌26	16♊	29♓	9♒	28♎	6♑
27	3♎27	0♑30	19♒10	20♒38	5♎6	28♎38	19♐9	20♉30	16♎9	18♋10	20♎46	22♌28	16♊	29♓	9♒	29♎	6♑
28	4♎26	14♑24	19♒7	20D38	6♎52	29♎52	19♐50	20♉27	16♎17	18♋12	20♎48	22♌29	16♊	28♓	9♒	29♎	6♑
29	5♎25	28♑34	19♒4	20♒39	8♎37	1♏5	20♐31	20♉23	16♎24	18♋13	20♎50	22♌31	16♊	28♓	9♒	0♏	6♑
30	6♎24	12♒59	19♒1	20♒40	10♎21	2♏19	21♐12	20♉20	16♎31	18♋15	20♎52	22♌32	16♊	28♓	9D	0♏	6♑

SUN INGRESS	☉ → ♎23日 11:24
MOON PHASE	○ 4日 12:19 ♓　◑ 11日 11:36 ♊　● 19日 16:22 ♍　◐ 27日 05:31 ♑

aspects		
1日	16:38	☿□♃
2日	10:15	☿☌♇
10日	08:20	♀⚹♂
10日	20:34	☉⚹♅
13日	13:10	☿□♂
14日	05:23	☉△♃
15日	18:33	♀☌♄
17日	15:25	☿⚹♅
18日	07:08	♀□♅
19日	04:55	☿△♃
20日	09:55	♀☌♆
21日	14:37	♂⚹♄
21日	20:57	♀⚹♇
24日	23:03	☉☌☿
29日	11:58	♂⚹♆

1952年10月

DAY	☉	☽	☊ mean	☊ true	☿	♀	♂	♃	♄	♅	♆	♇	⚳	⚴	⚵	⚶	⚷
	° ′	° ′	° ′	° ′	° ′	° ′	° ′	° ′	° ′	° ′	° ′	° ′	°	°	°	°	°
1	7♎23	27♒37	18♒58	20R40	12D5	3D33	21D53	20R16	16D38	18D16	20D55	22D34	16D	28R	9D	1D	6D
2	8♎22	12♓23	18♒55	20♒39	13♎47	4♏46	22♐35	20♉11	16♎46	18♋17	20♎57	22♌35	16♊	27♓	9♒	1♏	6♑
3	9♎21	27♓11	18♒51	20♒35	15♎29	6♏0	23♐16	20♉7	16♎53	18♋18	20♎59	22♌36	16♊	27♓	9♒	2♏	6♑
4	10♎20	11♈53	18♒48	20♒28	17♎10	7♏13	23♐58	20♉2	17♎0	18♋20	21♎1	22♌38	17♊	27♓	9♒	2♏	6♑
5	11♎19	26♈22	18♒45	20♒21	18♎49	8♏27	24♐40	19♉58	17♎8	18♋21	21♎3	22♌39	17♊	26♓	9♒	3♏	7♑
6	12♎18	10♉31	18♒42	20♒12	20♎29	9♏41	25♐22	19♉53	17♎15	18♋22	21♎6	22♌40	17♊	26♓	9♒	3♏	7♑
7	13♎17	24♉15	18♒39	20♒4	22♎7	10♏54	26♐4	19♉48	17♎22	18♋23	21♎8	22♌42	17♊	26♓	9♒	4♏	7♑
8	14♎16	7♊34	18♒35	19♒57	23♎44	12♏8	26♐46	19♉43	17♎30	18♋24	21♎10	22♌43	17♊	26♓	9♒	4♏	7♑
9	15♎15	20♊27	18♒32	19♒52	25♎21	13♏21	27♐28	19♉37	17♎37	18♋25	21♎12	22♌44	17♊	25♓	9♒	5♏	7♑
10	16♎15	2♋57	18♒29	19♒49	26♎57	14♏35	28♐10	19♉32	17♎44	18♋25	21♎15	22♌46	17♊	25♓	9♒	6♏	7♑
11	17♎14	15♋8	18♒26	19♒48	28♎32	15♏48	28♐53	19♉26	17♎52	18♋26	21♎17	22♌47	17♊	25♓	9♒	6♏	7♑
12	18♎13	27♋6	18♒23	19D48	0♏7	17♏2	29♐35	19♉20	17♎59	18♋27	21♎19	22♌48	17♊	25♓	9♒	7♏	7♑
13	19♎13	8♌56	18♒20	19♒49	1♏41	18♏16	0♑18	19♉14	18♎6	18♋28	21♎21	22♌49	17♊	24♓	9♒	7♏	7♑
14	20♎12	20♌43	18♒16	19R49	3♏14	19♏29	1♑0	19♉8	18♎14	18♋28	21♎24	22♌50	17♊	24♓	10♒	8♏	7♑
15	21♎12	2♍32	18♒13	19♒48	4♏47	20♏43	1♑43	19♉2	18♎21	18♋29	21♎26	22♌52	17♊	24♓	10♒	8♏	7♑
16	22♎11	14♍28	18♒10	19♒45	6♏18	21♏56	2♑26	18♉55	18♎28	18♋29	21♎28	22♌53	17R	24♓	10♒	9♏	7♑
17	23♎11	26♍34	18♒7	19♒39	7♏50	23♏9	3♑9	18♉49	18♎36	18♋30	21♎30	22♌54	17♊	24♓	10♒	9♏	7♑
18	24♎10	8♎52	18♒4	19♒31	9♏20	24♏23	3♑52	18♉42	18♎43	18♋30	21♎32	22♌55	17♊	23♓	10♒	10♏	7♑
19	25♎10	21♎24	18♒1	19♒21	10♏50	25♏36	4♑36	18♉35	18♎50	18♋31	21♎35	22♌56	17♊	23♓	10♒	10♏	7♑
20	26♎10	4♏11	17♒57	19♒9	12♏19	26♏50	5♑19	18♉28	18♎57	18♋31	21♎37	22♌57	17♊	23♓	10♒	11♏	7♑
21	27♎9	17♏12	17♒54	18♒57	13♏48	28♏3	6♑2	18♉21	19♎5	18♋31	21♎39	22♌58	17♊	23♓	10♒	11♏	7♑
22	28♎9	0♐26	17♒51	18♒46	15♏15	29♏17	6♑46	18♉14	19♎12	18♋31	21♎41	22♌59	17♊	22♓	11♒	12♏	7♑
23	29♎9	13♐51	17♒48	18♒36	16♏43	0♐30	7♑30	18♉6	19♎19	18♋31	21♎44	23♌0	17♊	22♓	11♒	12♏	7♑
24	0♏9	27♐27	17♒45	18♒30	18♏9	1♐43	8♑13	17♉59	19♎27	18♋31	21♎46	23♌1	17♊	22♓	11♒	13♏	7♑
25	1♏8	11♑11	17♒41	18♒26	19♏35	2♐57	8♑57	17♉52	19♎34	18♋32	21♎48	23♌2	17♊	22♓	11♒	14♏	7♑
26	2♏8	25♑4	17♒38	18♒24	21♏0	4♐10	9♑41	17♉44	19♎41	18R32	21♎50	23♌2	17♊	22♓	11♒	14♏	7♑
27	3♏8	9♒5	17♒35	18D24	22♏24	5♐23	10♑25	17♉36	19♎48	18♋31	21♎52	23♌3	17♊	22♓	11♒	15♏	8♑
28	4♏8	23♒14	17♒32	18R24	23♏48	6♐37	11♑9	17♉29	19♎56	18♋31	21♎55	23♌4	16♊	21♓	12♒	15♏	8♑
29	5♏8	7♓31	17♒29	18♒23	25♏10	7♐50	11♑53	17♉21	20♎3	18♋31	21♎57	23♌5	16♊	21♓	12♒	16♏	8♑
30	6♏8	21♓52	17♒26	18♒20	26♏32	9♐3	12♑37	17♉13	20♎10	18♋31	21♎59	23♌6	16♊	21♓	12♒	16♏	8♑
31	7♏8	6♈14	17♒22	18♒14	27♏52	10♐16	13♑21	17♉5	20♎17	18♋31	22♎1	23♌6	16♊	21♓	12♒	17♏	8♑

SUN INGRESS	☉ → ♏23日 20:22
MOON PHASE	○ 3日 21:15 ♈　◑ 11日 04:33 ♋　● 19日 07:42 ♎　◐ 26日 13:04 ♒

aspects		
2日	00:07	♂△♇
3日	21:36	☿☌♄
4日	16:59	☿□♅
6日	09:14	☿☌♆
7日	08:40	☿⚹♇
11日	09:14	☿⚹♂
11日	17:17	☉☌♄
12日	05:31	☉□♅
13日	03:59	♀△♅
13日	17:38	♀☍♃
15日	05:53	☉☌♆
16日	03:51	♄□♅
16日	17:00	☉⚹♇
16日	18:47	♀□♇
19日	14:44	♃⚹♅
23日	21:26	☿☍♃
24日	06:15	☿△♅
27日	11:23	☿□♇

1952年11月

DAY	☉	☽	☊ mean	☊ true	☿	♀	♂	♃	♄	♅	♆	♇	⚳	⚴	⚵	⚶	⚷
	° ′	° ′	° ′	° ′	° ′	° ′	° ′	° ′	° ′	° ′	° ′	° ′	°	°	°	°	°
1	8 ♏ 8	20 ♈ 33	17 ♒ 19	18 R 5	29 D 12	11 D 29	14 D 6	16 R 57	20 D 24	18 R 30	22 D 3	23 D 7	16 R	21 R	12 D	17 D	8 D
2	9 ♏ 8	4 ♉ 42	17 ♒ 16	17 ♒ 53	0 ♐ 30	12 ♐ 43	14 ♑ 50	16 ♉ 49	20 ♎ 31	18 ♋ 30	22 ♎ 6	23 ♌ 8	16 ♊	21 ♓	13 ♒	18 ♏	8 ♑
3	10 ♏ 8	18 ♉ 37	17 ♒ 13	17 ♒ 41	1 ♐ 47	13 ♐ 56	15 ♑ 35	16 ♉ 41	20 ♎ 38	18 ♋ 29	22 ♎ 8	23 ♌ 8	16 ♊	21 ♓	13 ♒	18 ♏	8 ♑
4	11 ♏ 8	2 ♊ 13	17 ♒ 10	17 ♒ 28	3 ♐ 3	15 ♐ 9	16 ♑ 19	16 ♉ 33	20 ♎ 45	18 ♋ 29	22 ♎ 10	23 ♌ 9	16 ♊	21 ♓	13 ♒	19 ♏	8 ♑
5	12 ♏ 8	15 ♊ 27	17 ♒ 7	17 ♒ 17	4 ♐ 17	16 ♐ 22	17 ♑ 4	16 ♉ 25	20 ♎ 52	18 ♋ 28	22 ♎ 12	23 ♌ 10	16 ♊	20 ♓	13 ♒	19 ♏	8 ♑
6	13 ♏ 8	28 ♊ 18	17 ♒ 3	17 ♒ 8	5 ♐ 30	17 ♐ 35	17 ♑ 48	16 ♉ 17	20 ♎ 59	18 ♋ 28	22 ♎ 14	23 ♌ 10	15 ♊	20 ♓	14 ♒	20 ♏	8 ♑
7	14 ♏ 8	10 ♋ 48	17 ♒ 0	17 ♒ 2	6 ♐ 40	18 ♐ 48	18 ♑ 33	16 ♉ 9	21 ♎ 6	18 ♋ 27	22 ♎ 16	23 ♌ 11	15 ♊	20 ♓	14 ♒	20 ♏	8 ♑
8	15 ♏ 9	23 ♋ 1	16 ♒ 57	16 ♒ 59	7 ♐ 49	20 ♐ 1	19 ♑ 18	16 ♉ 0	21 ♎ 13	18 ♋ 26	22 ♎ 18	23 ♌ 11	15 ♊	20 ♓	14 ♒	21 ♏	8 ♑
9	16 ♏ 9	5 ♌ 0	16 ♒ 54	16 ♒ 57	8 ♐ 55	21 ♐ 14	20 ♑ 3	15 ♉ 52	21 ♎ 20	18 ♋ 26	22 ♎ 20	23 ♌ 12	15 ♊	20 ♓	14 ♒	22 ♏	8 ♑
10	17 ♏ 9	16 ♌ 50	16 ♒ 51	16 D 57	9 ♐ 58	22 ♐ 27	20 ♑ 48	15 ♉ 44	21 ♎ 27	18 ♋ 25	22 ♎ 23	23 ♌ 12	15 ♊	20 ♓	15 ♒	22 ♏	8 ♑
11	18 ♏ 10	28 ♌ 37	16 ♒ 47	16 R 57	10 ♐ 58	23 ♐ 40	21 ♑ 32	15 ♉ 36	21 ♎ 34	18 ♋ 24	22 ♎ 25	23 ♌ 13	15 ♊	20 ♓	15 ♒	23 ♏	9 ♑
12	19 ♏ 10	10 ♍ 28	16 ♒ 44	16 ♒ 56	11 ♐ 55	24 ♐ 53	22 ♑ 18	15 ♉ 28	21 ♎ 41	18 ♋ 23	22 ♎ 27	23 ♌ 13	15 ♊	20 ♓	15 ♒	23 ♏	9 ♑
13	20 ♏ 10	22 ♍ 26	16 ♒ 41	16 ♒ 52	12 ♐ 49	26 ♐ 6	23 ♑ 3	15 ♉ 20	21 ♎ 48	18 ♋ 22	22 ♎ 29	23 ♌ 14	15 ♊	20 ♓	15 ♒	24 ♏	9 ♑
14	21 ♏ 11	4 ♎ 37	16 ♒ 38	16 ♒ 46	13 ♐ 38	27 ♐ 19	23 ♑ 48	15 ♉ 12	21 ♎ 54	18 ♋ 21	22 ♎ 31	23 ♌ 14	14 ♊	20 ♓	16 ♒	24 ♏	9 ♑
15	22 ♏ 11	17 ♎ 4	16 ♒ 35	16 ♒ 37	14 ♐ 22	28 ♐ 31	24 ♑ 33	15 ♉ 3	22 ♎ 1	18 ♋ 20	22 ♎ 33	23 ♌ 14	14 ♊	20 ♓	16 ♒	25 ♏	9 ♑
16	23 ♏ 12	29 ♎ 50	16 ♒ 32	16 ♒ 26	15 ♐ 1	29 ♐ 44	25 ♑ 18	14 ♉ 55	22 ♎ 8	18 ♋ 19	22 ♎ 35	23 ♌ 14	14 ♊	20 ♓	16 ♒	25 ♏	9 ♑
17	24 ♏ 12	12 ♏ 54	16 ♒ 28	16 ♒ 13	15 ♐ 34	0 ♑ 57	26 ♑ 3	14 ♉ 47	22 ♎ 14	18 ♋ 18	22 ♎ 37	23 ♌ 15	14 ♊	20 ♓	17 ♒	26 ♏	9 ♑
18	25 ♏ 13	26 ♏ 17	16 ♒ 25	16 ♒ 0	16 ♐ 0	2 ♑ 10	26 ♑ 49	14 ♉ 40	22 ♎ 21	18 ♋ 16	22 ♎ 39	23 ♌ 15	13 ♊	20 ♓	17 ♒	26 ♏	9 ♑
19	26 ♏ 13	9 ♐ 56	16 ♒ 22	15 ♒ 48	16 ♐ 18	3 ♑ 22	27 ♑ 34	14 ♉ 32	22 ♎ 27	18 ♋ 15	22 ♎ 41	23 ♌ 15	13 ♊	20 ♓	17 ♒	27 ♏	9 ♑
20	27 ♏ 14	23 ♐ 47	16 ♒ 19	15 ♒ 37	16 ♐ 29	4 ♑ 35	28 ♑ 20	14 ♉ 24	22 ♎ 34	18 ♋ 14	22 ♎ 43	23 ♌ 15	13 ♊	20 D	17 ♒	27 ♏	9 ♑
21	28 ♏ 14	7 ♑ 47	16 ♒ 16	15 ♒ 30	16 R 30	5 ♑ 48	29 ♑ 5	14 ♉ 16	22 ♎ 40	18 ♋ 12	22 ♎ 45	23 ♌ 15	13 ♊	20 ♓	18 ♒	28 ♏	9 ♑
22	29 ♏ 15	21 ♑ 51	16 ♒ 13	15 ♒ 25	16 ♐ 22	7 ♑ 0	29 ♑ 51	14 ♉ 8	22 ♎ 47	18 ♋ 11	22 ♎ 46	23 ♌ 16	13 ♊	20 ♓	18 ♒	29 ♏	9 ♑
23	0 ♐ 16	5 ♒ 57	16 ♒ 9	15 ♒ 23	16 ♐ 3	8 ♑ 13	0 ♒ 36	14 ♉ 1	22 ♎ 53	18 ♋ 10	22 ♎ 48	23 ♌ 16	12 ♊	20 ♓	18 ♒	29 ♏	9 ♑
24	1 ♐ 16	20 ♒ 4	16 ♒ 6	15 D 23	15 ♐ 34	9 ♑ 25	1 ♒ 22	13 ♉ 53	22 ♎ 59	18 ♋ 8	22 ♎ 50	23 ♌ 16	12 ♊	20 ♓	19 ♒	0 ♐	10 ♑
25	2 ♐ 17	4 ♓ 9	16 ♒ 3	15 R 23	14 ♐ 54	10 ♑ 38	2 ♒ 8	13 ♉ 46	23 ♎ 6	18 ♋ 6	22 ♎ 52	23 ♌ 16	12 ♊	20 ♓	19 ♒	0 ♐	10 ♑
26	3 ♐ 18	18 ♓ 13	16 ♒ 0	15 ♒ 22	14 ♐ 4	11 ♑ 50	2 ♒ 53	13 ♉ 39	23 ♎ 12	18 ♋ 5	22 ♎ 54	23 R 16	12 ♊	20 ♓	19 ♒	1 ♐	10 ♑
27	4 ♐ 18	2 ♈ 14	15 ♒ 57	15 ♒ 20	13 ♐ 3	13 ♑ 3	3 ♒ 39	13 ♉ 32	23 ♎ 18	18 ♋ 3	22 ♎ 56	23 ♌ 16	11 ♊	20 ♓	20 ♒	1 ♐	10 ♑
28	5 ♐ 19	16 ♈ 12	15 ♒ 53	15 ♒ 14	11 ♐ 54	14 ♑ 15	4 ♒ 25	13 ♉ 25	23 ♎ 24	18 ♋ 2	22 ♎ 57	23 ♌ 16	11 ♊	20 ♓	20 ♒	2 ♐	10 ♑
29	6 ♐ 20	0 ♉ 3	15 ♒ 50	15 ♒ 6	10 ♐ 38	15 ♑ 27	5 ♒ 10	13 ♉ 18	23 ♎ 30	18 ♋ 0	22 ♎ 59	23 ♌ 15	11 ♊	20 ♓	20 ♒	2 ♐	10 ♑
30	7 ♐ 21	13 ♉ 46	15 ♒ 47	14 ♒ 55	9 ♐ 18	16 ♑ 39	5 ♒ 56	13 ♉ 11	23 ♎ 36	17 ♋ 58	23 ♎ 1	23 ♌ 15	11 ♊	20 ♓	21 ♒	3 ♐	10 ♑

SUN INGRESS ☉ → ♐ 22日 17:36

MOON PHASE ○ 2日 08:10 ♉ ◑ 10日 00:43 ♌ ● 17日 21:56 ♏ ◐ 24日 20:34 ♓

aspects		
4日	06:20	♂△♃
6日	20:50	♂☍♅
8日	18:09	☉☍♃
9日	02:14	♀⚹♄
9日	22:29	♀⚹♆
10日	15:00	♀△♇
11日	00:55	♂□♄
11日	05:37	☉△♅
12日	05:07	♂□♆
16日	01:08	☉□♇
21日	22:17	♄☌♆
24日	08:47	☉⚹♂
26日	14:53	♄⚹♇
27日	08:49	♀△♃
30日	19:37	☉☌☿

1952年12月

DAY	☉	☽	☊ mean	☊ true	☿	♀	♂	♃	♄	♅	♆	♇	⚳	⚴	⚵	⚶	⚷
	° ′	° ′	° ′	° ′	° ′	° ′	° ′	° ′	° ′	° ′	° ′	° ′	°	°	°	°	°
1	8 ♐ 22	27 ♉ 16	15 ♒ 44	14 R 43	7 R 55	17 D 51	6 D 42	13 R 4	23 D 42	17 R 56	23 D 3	23 R 15	10 R	20 D	21 D	3 D	10 D
2	9 ♐ 22	10 ♊ 32	15 ♒ 41	14 ♒ 32	6 ♐ 33	19 ♑ 3	7 ♒ 28	12 ♉ 58	23 ♎ 48	17 ♋ 55	23 ♎ 4	23 ♌ 15	10 ♊	20 ♓	21 ♒	4 ♐	10 ♑
3	10 ♐ 23	23 ♊ 32	15 ♒ 38	14 ♒ 21	5 ♐ 15	20 ♑ 15	8 ♒ 14	12 ♉ 51	23 ♎ 54	17 ♋ 53	23 ♎ 6	23 ♌ 15	10 ♊	20 ♓	22 ♒	5 ♐	10 ♑
4	11 ♐ 24	6 ♋ 14	15 ♒ 34	14 ♒ 13	4 ♐ 3	21 ♑ 27	9 ♒ 0	12 ♉ 45	24 ♎ 0	17 ♋ 51	23 ♎ 8	23 ♌ 15	10 ♊	20 ♓	22 ♒	5 ♐	10 ♑
5	12 ♐ 25	18 ♋ 39	15 ♒ 31	14 ♒ 7	2 ♐ 58	22 ♑ 39	9 ♒ 46	12 ♉ 39	24 ♎ 5	17 ♋ 49	23 ♎ 9	23 ♌ 14	10 ♊	20 ♓	23 ♒	6 ♐	10 ♑
6	13 ♐ 26	0 ♌ 48	15 ♒ 28	14 ♒ 4	2 ♐ 4	23 ♑ 51	10 ♒ 32	12 ♉ 33	24 ♎ 11	17 ♋ 47	23 ♎ 11	23 ♌ 14	9 ♊	21 ♓	23 ♒	6 ♐	11 ♑
7	14 ♐ 27	12 ♌ 46	15 ♒ 25	14 ♒ 3	1 ♐ 20	25 ♑ 3	11 ♒ 18	12 ♉ 27	24 ♎ 16	17 ♋ 45	23 ♎ 12	23 ♌ 14	9 ♊	21 ♓	23 ♒	7 ♐	11 ♑
8	15 ♐ 28	24 ♌ 37	15 ♒ 22	14 D 3	0 ♐ 48	26 ♑ 14	12 ♒ 4	12 ♉ 21	24 ♎ 22	17 ♋ 43	23 ♎ 14	23 ♌ 13	9 ♊	21 ♓	24 ♒	7 ♐	11 ♑
9	16 ♐ 29	6 ♍ 24	15 ♒ 19	14 ♒ 4	0 ♐ 27	27 ♑ 26	12 ♒ 50	12 ♉ 16	24 ♎ 27	17 ♋ 41	23 ♎ 15	23 ♌ 13	9 ♊	21 ♓	24 ♒	8 ♐	11 ♑
10	17 ♐ 30	18 ♍ 14	15 ♒ 15	14 R 5	0 ♐ 17	28 ♑ 38	13 ♒ 36	12 ♉ 11	24 ♎ 33	17 ♋ 39	23 ♎ 17	23 ♌ 12	8 ♊	21 ♓	24 ♒	8 ♐	11 ♑
11	18 ♐ 31	0 ♎ 12	15 ♒ 12	14 ♒ 4	0 D 17	29 ♑ 49	14 ♒ 22	12 ♉ 5	24 ♎ 38	17 ♋ 36	23 ♎ 18	23 ♌ 12	8 ♊	21 ♓	25 ♒	9 ♐	11 ♑
12	19 ♐ 32	12 ♎ 23	15 ♒ 9	14 ♒ 1	0 ♐ 28	1 ♒ 0	15 ♒ 8	12 ♉ 0	24 ♎ 43	17 ♋ 34	23 ♎ 20	23 ♌ 12	8 ♊	21 ♓	25 ♒	9 ♐	11 ♑
13	20 ♐ 33	24 ♎ 53	15 ♒ 6	13 ♒ 56	0 ♐ 47	2 ♒ 12	15 ♒ 54	11 ♉ 56	24 ♎ 48	17 ♋ 32	23 ♎ 21	23 ♌ 11	8 ♊	21 ♓	26 ♒	10 ♐	11 ♑
14	21 ♐ 34	7 ♏ 43	15 ♒ 3	13 ♒ 48	1 ♐ 15	3 ♒ 23	16 ♒ 41	11 ♉ 51	24 ♎ 54	17 ♋ 30	23 ♎ 23	23 ♌ 11	7 ♊	22 ♓	26 ♒	10 ♐	11 ♑
15	22 ♐ 35	20 ♏ 57	14 ♒ 59	13 ♒ 40	1 ♐ 50	4 ♒ 34	17 ♒ 27	11 ♉ 46	24 ♎ 59	17 ♋ 28	23 ♎ 24	23 ♌ 10	7 ♊	22 ♓	26 ♒	11 ♐	11 ♑
16	23 ♐ 36	4 ♐ 35	14 ♒ 56	13 ♒ 31	2 ♐ 32	5 ♒ 45	18 ♒ 13	11 ♉ 42	25 ♎ 4	17 ♋ 25	23 ♎ 25	23 ♌ 9	7 ♊	22 ♓	27 ♒	12 ♐	12 ♑
17	24 ♐ 37	18 ♐ 33	14 ♒ 53	13 ♒ 22	3 ♐ 19	6 ♒ 56	18 ♒ 59	11 ♉ 38	25 ♎ 8	17 ♋ 23	23 ♎ 27	23 ♌ 9	7 ♊	22 ♓	27 ♒	12 ♐	12 ♑
18	25 ♐ 38	2 ♑ 49	14 ♒ 50	13 ♒ 15	4 ♐ 12	8 ♒ 7	19 ♒ 45	11 ♉ 34	25 ♎ 13	17 ♋ 21	23 ♎ 28	23 ♌ 8	7 ♊	22 ♓	28 ♒	13 ♐	12 ♑
19	26 ♐ 39	17 ♑ 15	14 ♒ 47	13 ♒ 10	5 ♐ 9	9 ♒ 18	20 ♒ 32	11 ♉ 30	25 ♎ 18	17 ♋ 18	23 ♎ 29	23 ♌ 8	7 ♊	22 ♓	28 ♒	13 ♐	12 ♑
20	27 ♐ 40	1 ♒ 47	14 ♒ 44	13 ♒ 8	6 ♐ 10	10 ♒ 29	21 ♒ 18	11 ♉ 27	25 ♎ 23	17 ♋ 16	23 ♎ 30	23 ♌ 7	6 ♊	22 ♓	28 ♒	14 ♐	12 ♑
21	28 ♐ 41	16 ♒ 18	14 ♒ 40	13 D 7	7 ♐ 15	11 ♒ 39	22 ♒ 4	11 ♉ 24	25 ♎ 27	17 ♋ 13	23 ♎ 32	23 ♌ 6	6 ♊	23 ♓	29 ♒	14 ♐	12 ♑
22	29 ♐ 42	0 ♓ 44	14 ♒ 37	13 ♒ 8	8 ♐ 22	12 ♒ 50	22 ♒ 50	11 ♉ 20	25 ♎ 32	17 ♋ 11	23 ♎ 33	23 ♌ 5	6 ♊	23 ♓	29 ♒	15 ♐	12 ♑
23	0 ♑ 44	15 ♓ 1	14 ♒ 34	13 ♒ 9	9 ♐ 33	14 ♒ 0	23 ♒ 37	11 ♉ 17	25 ♎ 36	17 ♋ 9	23 ♎ 34	23 ♌ 5	6 ♊	23 ♓	0 ♓	15 ♐	12 ♑
24	1 ♑ 45	29 ♓ 7	14 ♒ 31	13 ♒ 10	10 ♐ 46	15 ♒ 10	24 ♒ 23	11 ♉ 15	25 ♎ 40	17 ♋ 6	23 ♎ 35	23 ♌ 4	5 ♊	23 ♓	0 ♓	16 ♐	12 ♑
25	2 ♑ 46	13 ♈ 2	14 ♒ 28	13 R 10	12 ♐ 0	16 ♒ 20	25 ♒ 9	11 ♉ 12	25 ♎ 45	17 ♋ 4	23 ♎ 36	23 ♌ 3	5 ♊	23 ♓	1 ♓	16 ♐	12 ♑
26	3 ♑ 47	26 ♈ 44	14 ♒ 25	13 ♒ 7	13 ♐ 17	17 ♒ 30	25 ♒ 55	11 ♉ 10	25 ♎ 49	17 ♋ 1	23 ♎ 37	23 ♌ 2	5 ♊	24 ♓	1 ♓	17 ♐	12 ♑
27	4 ♑ 48	10 ♉ 14	14 ♒ 21	13 ♒ 3	14 ♐ 35	18 ♒ 40	26 ♒ 42	11 ♉ 8	25 ♎ 53	16 ♋ 59	23 ♎ 38	23 ♌ 1	5 ♊	24 ♓	1 ♓	18 ♐	13 ♑
28	5 ♑ 49	23 ♉ 32	14 ♒ 18	12 ♒ 58	15 ♐ 55	19 ♒ 50	27 ♒ 28	11 ♉ 6	25 ♎ 57	16 ♋ 56	23 ♎ 39	23 ♌ 0	5 ♊	24 ♓	2 ♓	18 ♐	13 ♑
29	6 ♑ 50	6 ♊ 37	14 ♒ 15	12 ♒ 51	17 ♐ 16	20 ♒ 59	28 ♒ 14	11 ♉ 4	26 ♎ 1	16 ♋ 53	23 ♎ 40	23 ♌ 0	5 ♊	24 ♓	2 ♓	19 ♐	13 ♑
30	7 ♑ 51	19 ♊ 29	14 ♒ 12	12 ♒ 45	18 ♐ 38	22 ♒ 9	29 ♒ 1	11 ♉ 3	26 ♎ 5	16 ♋ 51	23 ♎ 41	22 ♌ 59	4 ♊	25 ♓	3 ♓	19 ♐	13 ♑
31	8 ♑ 53	2 ♋ 9	14 ♒ 9	12 ♒ 39	20 ♐ 1	23 ♒ 18	29 ♒ 47	11 ♉ 1	26 ♎ 8	16 ♋ 48	23 ♎ 42	22 ♌ 58	4 ♊	25 ♓	3 ♓	20 ♐	13 ♑

SUN INGRESS ☉ → ♑ 22日 06:43

MOON PHASE ○ 1日 21:41 ♊ ◑ 9日 22:22 ♍ ● 17日 11:02 ♐ ◐ 24日 04:52 ♈ ○ 31日 14:06 ♋

aspects		
1日	01:38	♀☍♅
1日	13:41	♀⚹♂
5日	10:14	♀□♆
6日	07:11	♀□♄
7日	16:24	♆⚹♇
8日	08:08	♂□♃
11日	10:39	☿⚹♀
15日	13:45	☉△♇
15日	19:49	☉⚹♆
17日	13:29	☉⚹♄
20日	18:56	♀□♃
22日	07:40	♂☍♇
22日	22:31	♂△♆
25日	20:13	♂△♄
30日	17:00	♀☍♇
31日	08:18	♀△♆

1953年1月

DAY	☉	☽	☊ mean	☊ true	☿	♀	♂	♃	♄	♅	♆	♇	⚳	⚴	⚵	⚶	⚷
	° ′	° ′	° ′	° ′	° ′	° ′	° ′	° ′	° ′	° ′	° ′	° ′	°	°	°	°	°
1	9 ♑ 54	14 ♋ 35	14 ♒ 5	12 R 35	21 D 25	24 D 27	0 D 33	11 R 0	26 D 12	16 R 46	23 D 43	22 R 57	4 R	25 D	4 D	20 D	13 D
2	10 ♑ 55	26 ♋ 49	14 ♒ 2	12 ♒ 32	22 ♐ 50	25 ♒ 36	1 ♓ 19	10 ♉ 59	26 ♎ 16	16 ♋ 43	23 ♎ 43	22 ♌ 56	4 ♊	25 ♓	4 ♓	21 ♐	13 ♑
3	11 ♑ 56	8 ♌ 52	13 ♒ 59	12 ♒ 30	24 ♐ 16	26 ♒ 45	2 ♓ 6	10 ♉ 59	26 ♎ 19	16 ♋ 41	23 ♎ 44	22 ♌ 55	4 ♊	25 ♓	4 ♓	21 ♐	13 ♑
4	12 ♑ 57	20 ♌ 47	13 ♒ 56	12 D 31	25 ♐ 42	27 ♒ 54	2 ♓ 52	10 ♉ 58	26 ♎ 22	16 ♋ 38	23 ♎ 45	22 ♌ 54	4 ♊	26 ♓	5 ♓	22 ♐	13 ♑
5	13 ♑ 58	2 ♍ 36	13 ♒ 53	12 ♒ 32	27 ♐ 9	29 ♒ 2	3 ♓ 38	10 ♉ 58	26 ♎ 26	16 ♋ 35	23 ♎ 46	22 ♌ 53	4 ♊	26 ♓	5 ♓	22 ♐	13 ♑
6	14 ♑ 59	14 ♍ 24	13 ♒ 50	12 ♒ 34	28 ♐ 37	0 ♓ 10	4 ♓ 24	10 D 58	26 ♎ 29	16 ♋ 33	23 ♎ 46	22 ♌ 51	4 ♊	26 ♓	6 ♓	23 ♐	14 ♑
7	16 ♑ 1	26 ♍ 13	13 ♒ 46	12 ♒ 36	0 ♑ 5	1 ♓ 18	5 ♓ 10	10 ♉ 58	26 ♎ 32	16 ♋ 30	23 ♎ 47	22 ♌ 50	4 ♊	26 ♓	6 ♓	23 ♐	14 ♑
8	17 ♑ 2	8 ♎ 10	13 ♒ 43	12 ♒ 37	1 ♑ 34	2 ♓ 26	5 ♓ 57	10 ♉ 59	26 ♎ 35	16 ♋ 28	23 ♎ 48	22 ♌ 49	3 ♊	27 ♓	7 ♓	24 ♐	14 ♑
9	18 ♑ 3	20 ♎ 19	13 ♒ 40	12 R 37	3 ♑ 4	3 ♓ 34	6 ♓ 43	10 ♉ 59	26 ♎ 38	16 ♋ 25	23 ♎ 48	22 ♌ 48	3 ♊	27 ♓	7 ♓	24 ♐	14 ♑
10	19 ♑ 4	2 ♏ 45	13 ♒ 37	12 ♒ 37	4 ♑ 34	4 ♓ 42	7 ♓ 29	11 ♉ 0	26 ♎ 41	16 ♋ 22	23 ♎ 49	22 ♌ 47	3 ♊	27 ♓	8 ♓	25 ♐	14 ♑
11	20 ♑ 5	15 ♏ 32	13 ♒ 34	12 ♒ 35	6 ♑ 4	5 ♓ 49	8 ♓ 15	11 ♉ 1	26 ♎ 43	16 ♋ 20	23 ♎ 49	22 ♌ 46	3 ♊	28 ♓	8 ♓	26 ♐	14 ♑
12	21 ♑ 6	28 ♏ 44	13 ♒ 31	12 ♒ 32	7 ♑ 35	6 ♓ 56	9 ♓ 1	11 ♉ 2	26 ♎ 46	16 ♋ 17	23 ♎ 50	22 ♌ 45	3 ♊	28 ♓	9 ♓	26 ♐	14 ♑
13	22 ♑ 7	12 ♐ 23	13 ♒ 27	12 ♒ 29	9 ♑ 6	8 ♓ 3	9 ♓ 48	11 ♉ 4	26 ♎ 48	16 ♋ 15	23 ♎ 50	22 ♌ 43	3 ♊	28 ♓	9 ♓	27 ♐	14 ♑
14	23 ♑ 9	26 ♐ 28	13 ♒ 24	12 ♒ 26	10 ♑ 38	9 ♓ 10	10 ♓ 34	11 ♉ 5	26 ♎ 51	16 ♋ 12	23 ♎ 51	22 ♌ 42	3 ♊	28 ♓	10 ♓	27 ♐	14 ♑
15	24 ♑ 10	10 ♑ 55	13 ♒ 21	12 ♒ 24	12 ♑ 11	10 ♓ 16	11 ♓ 20	11 ♉ 7	26 ♎ 53	16 ♋ 9	23 ♎ 51	22 ♌ 41	3 ♊	29 ♓	10 ♓	28 ♐	14 ♑
16	25 ♑ 11	25 ♑ 41	13 ♒ 18	12 ♒ 22	13 ♑ 44	11 ♓ 22	12 ♓ 6	11 ♉ 9	26 ♎ 55	16 ♋ 7	23 ♎ 51	22 ♌ 40	3 ♊	29 ♓	10 ♓	28 ♐	15 ♑
17	26 ♑ 12	10 ♒ 36	13 ♒ 15	12 ♒ 22	15 ♑ 17	12 ♓ 28	12 ♓ 52	11 ♉ 11	26 ♎ 57	16 ♋ 4	23 ♎ 52	22 ♌ 38	3 ♊	29 ♓	11 ♓	29 ♐	15 ♑
18	27 ♑ 13	25 ♒ 34	13 ♒ 11	12 D 22	16 ♑ 51	13 ♓ 34	13 ♓ 38	11 ♉ 14	26 ♎ 59	16 ♋ 2	23 ♎ 52	22 ♌ 37	3 ♊	29 ♓	11 ♓	29 ♐	15 ♑
19	28 ♑ 14	10 ♓ 26	13 ♒ 8	12 ♒ 23	18 ♑ 25	14 ♓ 40	14 ♓ 24	11 ♉ 16	27 ♎ 1	15 ♋ 59	23 ♎ 52	22 ♌ 36	3 ♊	0 ♈	12 ♓	0 ♑	15 ♑
20	29 ♑ 15	25 ♓ 5	13 ♒ 5	12 ♒ 24	20 ♑ 0	15 ♓ 45	15 ♓ 10	11 ♉ 19	27 ♎ 3	15 ♋ 57	23 ♎ 52	22 ♌ 35	3 ♊	0 ♈	12 ♓	0 ♑	15 ♑
21	0 ♒ 16	9 ♈ 27	13 ♒ 2	12 ♒ 25	21 ♑ 36	16 ♓ 50	15 ♓ 56	11 ♉ 22	27 ♎ 5	15 ♋ 54	23 ♎ 52	22 ♌ 33	3 D	0 ♈	13 ♓	1 ♑	15 ♑
22	1 ♒ 17	23 ♈ 29	12 ♒ 59	12 ♒ 25	23 ♑ 12	17 ♓ 54	16 ♓ 42	11 ♉ 25	27 ♎ 6	15 ♋ 52	23 ♎ 53	22 ♌ 32	3 ♊	1 ♈	13 ♓	1 ♑	15 ♑
23	2 ♒ 19	7 ♉ 10	12 ♒ 56	12 R 25	24 ♑ 49	18 ♓ 58	17 ♓ 28	11 ♉ 29	27 ♎ 8	15 ♋ 49	23 ♎ 53	22 ♌ 31	3 ♊	1 ♈	14 ♓	2 ♑	15 ♑
24	3 ♒ 20	20 ♉ 32	12 ♒ 52	12 ♒ 25	26 ♑ 26	20 ♓ 2	18 ♓ 14	11 ♉ 32	27 ♎ 9	15 ♋ 47	23 ♎ 53	22 ♌ 29	3 ♊	1 ♈	14 ♓	2 ♑	15 ♑
25	4 ♒ 21	3 ♊ 35	12 ♒ 49	12 ♒ 24	28 ♑ 4	21 ♓ 6	19 ♓ 0	11 ♉ 36	27 ♎ 10	15 ♋ 44	23 ♎ 53	22 ♌ 28	3 ♊	2 ♈	15 ♓	3 ♑	15 ♑
26	5 ♒ 22	16 ♊ 21	12 ♒ 46	12 ♒ 23	29 ♑ 42	22 ♓ 9	19 ♓ 46	11 ♉ 40	27 ♎ 12	15 ♋ 42	23 R 53	22 ♌ 26	3 ♊	2 ♈	15 ♓	3 ♑	15 ♑
27	6 ♒ 23	28 ♊ 54	12 ♒ 43	12 ♒ 22	1 ♒ 21	23 ♓ 12	20 ♓ 32	11 ♉ 44	27 ♎ 13	15 ♋ 40	23 ♎ 53	22 ♌ 25	3 ♊	2 ♈	16 ♓	4 ♑	16 ♑
28	7 ♒ 23	11 ♋ 14	12 ♒ 40	12 ♒ 22	3 ♒ 1	24 ♓ 15	21 ♓ 18	11 ♉ 49	27 ♎ 14	15 ♋ 37	23 ♎ 53	22 ♌ 24	3 ♊	3 ♈	16 ♓	5 ♑	16 ♑
29	8 ♒ 24	23 ♋ 25	12 ♒ 37	12 ♒ 21	4 ♒ 42	25 ♓ 17	22 ♓ 4	11 ♉ 53	27 ♎ 14	15 ♋ 35	23 ♎ 53	22 ♌ 22	3 ♊	3 ♈	17 ♓	5 ♑	16 ♑
30	9 ♒ 25	5 ♌ 26	12 ♒ 33	12 ♒ 21	6 ♒ 23	26 ♓ 19	22 ♓ 49	11 ♉ 58	27 ♎ 15	15 ♋ 33	23 ♎ 52	22 ♌ 21	3 ♊	3 ♈	17 ♓	6 ♑	16 ♑
31	10 ♒ 26	17 ♌ 22	12 ♒ 30	12 D 21	8 ♒ 4	27 ♓ 20	23 ♓ 35	12 ♉ 3	27 ♎ 16	15 ♋ 30	23 ♎ 52	22 ♌ 19	3 ♊	4 ♈	18 ♓	6 ♑	16 ♑

SUN INGRESS	☉ → ♒ 20日 17:21
MOON PHASE	◑ 8日 19:09 ♎　● 15日 23:08 ♑　◐ 22日 14:43 ♉　○ 30日 08:44 ♌

aspects		
2日	01:30	☿△♇
2日	01:48	☉△♃
2日	14:26	♀△♄
2日	15:02	☿⚹♆
4日	11:28	☿⚹♄
7日	11:10	☉☍♅
10日	08:31	☿⚹♀
13日	21:39	☿⚹♂
14日	07:09	☿△♃
14日	16:34	☉□♆
14日	17:02	♂⚹♃
15日	19:01	♀⚹♃
17日	11:48	☿☍♅
17日	18:24	☉□♄
18日	05:05	♀☌♂
20日	04:17	♀△♅
20日	22:58	♂△♅
22日	10:05	☿□♆
24日	10:45	☿□♄

1953年2月

DAY	☉	☽	☊ mean	☊ true	☿	♀	♂	♃	♄	♅	♆	♇	⚳	⚴	⚵	⚶	⚷
	° ′	° ′	° ′	° ′	° ′	° ′	° ′	° ′	° ′	° ′	° ′	° ′	°	°	°	°	°
1	11 ♒ 27	29 ♌ 13	12 ♒ 27	12 D 21	9 D 47	28 D 22	24 D 21	12 D 8	27 D 16	15 R 28	23 R 52	22 R 18	3 D	4 D	18 D	7 D	16 D
2	12 ♒ 28	11 ♍ 1	12 ♒ 24	12 R 21	11 ♒ 30	29 ♓ 22	25 ♓ 7	12 ♉ 13	27 ♎ 17	15 ♋ 26	23 ♎ 52	22 ♌ 16	3 ♊	4 ♈	19 ♓	7 ♑	16 ♑
3	13 ♒ 29	22 ♍ 49	12 ♒ 21	12 ♒ 21	13 ♒ 14	0 ♈ 22	25 ♓ 52	12 ♉ 19	27 ♎ 17	15 ♋ 24	23 ♎ 51	22 ♌ 15	3 ♊	5 ♈	19 ♓	8 ♑	16 ♑
4	14 ♒ 30	4 ♎ 41	12 ♒ 17	12 ♒ 21	14 ♒ 59	1 ♈ 22	26 ♓ 38	12 ♉ 24	27 ♎ 17	15 ♋ 21	23 ♎ 51	22 ♌ 14	4 ♊	5 ♈	20 ♓	8 ♑	16 ♑
5	15 ♒ 31	16 ♎ 39	12 ♒ 14	12 ♒ 20	16 ♒ 44	2 ♈ 21	27 ♓ 24	12 ♉ 30	27 ♎ 17	15 ♋ 19	23 ♎ 51	22 ♌ 12	4 ♊	5 ♈	20 ♓	9 ♑	16 ♑
6	16 ♒ 31	28 ♎ 48	12 ♒ 11	12 ♒ 20	18 ♒ 30	3 ♈ 20	28 ♓ 9	12 ♉ 36	27 R 17	15 ♋ 17	23 ♎ 50	22 ♌ 11	4 ♊	6 ♈	21 ♓	9 ♑	16 ♑
7	17 ♒ 32	11 ♏ 11	12 ♒ 8	12 ♒ 20	20 ♒ 17	4 ♈ 18	28 ♓ 55	12 ♉ 42	27 ♎ 17	15 ♋ 15	23 ♎ 50	22 ♌ 9	4 ♊	6 ♈	21 ♓	10 ♑	17 ♑
8	18 ♒ 33	23 ♏ 52	12 ♒ 5	12 D 20	22 ♒ 4	5 ♈ 16	29 ♓ 40	12 ♉ 49	27 ♎ 17	15 ♋ 13	23 ♎ 50	22 ♌ 8	4 ♊	6 ♈	22 ♓	10 ♑	17 ♑
9	19 ♒ 34	6 ♐ 56	12 ♒ 2	12 ♒ 20	23 ♒ 52	6 ♈ 13	0 ♈ 26	12 ♉ 55	27 ♎ 17	15 ♋ 11	23 ♎ 49	22 ♌ 6	4 ♊	7 ♈	22 ♓	11 ♑	17 ♑
10	20 ♒ 34	20 ♐ 26	11 ♒ 58	12 ♒ 21	25 ♒ 40	7 ♈ 10	1 ♈ 11	13 ♉ 2	27 ♎ 16	15 ♋ 9	23 ♎ 49	22 ♌ 5	4 ♊	7 ♈	23 ♓	11 ♑	17 ♑
11	21 ♒ 35	4 ♑ 23	11 ♒ 55	12 ♒ 22	27 ♒ 29	8 ♈ 6	1 ♈ 57	13 ♉ 9	27 ♎ 16	15 ♋ 7	23 ♎ 48	22 ♌ 3	4 ♊	7 ♈	23 ♓	12 ♑	17 ♑
12	22 ♒ 36	18 ♑ 46	11 ♒ 52	12 ♒ 22	29 ♒ 19	9 ♈ 1	2 ♈ 42	13 ♉ 15	27 ♎ 15	15 ♋ 5	23 ♎ 48	22 ♌ 2	5 ♊	8 ♈	24 ♓	12 ♑	17 ♑
13	23 ♒ 37	3 ♒ 33	11 ♒ 49	12 ♒ 23	1 ♓ 8	9 ♈ 56	3 ♈ 28	13 ♉ 23	27 ♎ 14	15 ♋ 3	23 ♎ 47	22 ♌ 0	5 ♊	8 ♈	25 ♓	13 ♑	17 ♑
14	24 ♒ 37	18 ♒ 37	11 ♒ 46	12 R 23	2 ♓ 58	10 ♈ 51	4 ♈ 13	13 ♉ 30	27 ♎ 14	15 ♋ 1	23 ♎ 46	21 ♌ 59	5 ♊	9 ♈	25 ♓	13 ♑	17 ♑
15	25 ♒ 38	3 ♓ 49	11 ♒ 43	12 ♒ 22	4 ♓ 48	11 ♈ 44	4 ♈ 58	13 ♉ 37	27 ♎ 13	14 ♋ 59	23 ♎ 46	21 ♌ 58	5 ♊	9 ♈	26 ♓	14 ♑	17 ♑
16	26 ♒ 38	19 ♓ 1	11 ♒ 39	12 ♒ 21	6 ♓ 38	12 ♈ 37	5 ♈ 43	13 ♉ 45	27 ♎ 12	14 ♋ 58	23 ♎ 45	21 ♌ 56	5 ♊	9 ♈	26 ♓	14 ♑	17 ♑
17	27 ♒ 39	4 ♈ 2	11 ♒ 36	12 ♒ 19	8 ♓ 28	13 ♈ 29	6 ♈ 29	13 ♉ 53	27 ♎ 10	14 ♋ 56	23 ♎ 44	21 ♌ 55	5 ♊	10 ♈	27 ♓	15 ♑	17 ♑
18	28 ♒ 40	18 ♈ 44	11 ♒ 33	12 ♒ 17	10 ♓ 16	14 ♈ 21	7 ♈ 14	14 ♉ 0	27 ♎ 9	14 ♋ 54	23 ♎ 43	21 ♌ 53	5 ♊	10 ♈	27 ♓	15 ♑	18 ♑
19	29 ♒ 40	3 ♉ 2	11 ♒ 30	12 ♒ 15	12 ♓ 4	15 ♈ 11	7 ♈ 59	14 ♉ 8	27 ♎ 8	14 ♋ 53	23 ♎ 43	21 ♌ 52	6 ♊	10 ♈	28 ♓	16 ♑	18 ♑
20	0 ♓ 41	16 ♉ 53	11 ♒ 27	12 ♒ 14	13 ♓ 51	16 ♈ 1	8 ♈ 44	14 ♉ 17	27 ♎ 6	14 ♋ 51	23 ♎ 42	21 ♌ 50	6 ♊	11 ♈	28 ♓	16 ♑	18 ♑
21	1 ♓ 41	0 ♊ 18	11 ♒ 23	12 ♒ 13	15 ♓ 36	16 ♈ 50	9 ♈ 29	14 ♉ 25	27 ♎ 5	14 ♋ 50	23 ♎ 41	21 ♌ 49	6 ♊	11 ♈	29 ♓	17 ♑	18 ♑
22	2 ♓ 42	13 ♊ 18	11 ♒ 20	12 D 14	17 ♓ 20	17 ♈ 39	10 ♈ 14	14 ♉ 33	27 ♎ 3	14 ♋ 48	23 ♎ 40	21 ♌ 47	6 ♊	12 ♈	29 ♓	17 ♑	18 ♑
23	3 ♓ 42	25 ♊ 57	11 ♒ 17	12 ♒ 15	19 ♓ 0	18 ♈ 26	10 ♈ 59	14 ♉ 42	27 ♎ 1	14 ♋ 47	23 ♎ 39	21 ♌ 46	6 ♊	12 ♈	0 ♈	18 ♑	18 ♑
24	4 ♓ 42	8 ♋ 19	11 ♒ 14	12 ♒ 16	20 ♓ 38	19 ♈ 12	11 ♈ 44	14 ♉ 51	27 ♎ 0	14 ♋ 45	23 ♎ 38	21 ♌ 44	7 ♊	12 ♈	0 ♈	18 ♑	18 ♑
25	5 ♓ 43	20 ♋ 27	11 ♒ 11	12 ♒ 18	22 ♓ 12	19 ♈ 57	12 ♈ 29	15 ♉ 0	26 ♎ 58	14 ♋ 44	23 ♎ 37	21 ♌ 43	7 ♊	13 ♈	1 ♈	19 ♑	18 ♑
26	6 ♓ 43	2 ♌ 26	11 ♒ 8	12 ♒ 19	23 ♓ 42	20 ♈ 42	13 ♈ 14	15 ♉ 8	26 ♎ 56	14 ♋ 42	23 ♎ 36	21 ♌ 42	7 ♊	13 ♈	1 ♈	19 ♑	18 ♑
27	7 ♓ 43	14 ♌ 19	11 ♒ 4	12 R 20	25 ♓ 8	21 ♈ 25	13 ♈ 59	15 ♉ 18	26 ♎ 53	14 ♋ 41	23 ♎ 35	21 ♌ 40	7 ♊	14 ♈	2 ♈	20 ♑	18 ♑
28	8 ♓ 44	26 ♌ 8	11 ♒ 1	12 ♒ 19	26 ♓ 28	22 ♈ 7	14 ♈ 44	15 ♉ 27	26 ♎ 51	14 ♋ 40	23 ♎ 34	21 ♌ 39	7 ♊	14 ♈	2 ♈	20 ♑	18 ♑

SUN INGRESS	☉ → ♓ 19日 07:41
MOON PHASE	◑ 7日 13:09 ♏　● 14日 10:10 ♒　◐ 21日 02:44 ♊

aspects		
1日	17:41	☉□♃
2日	10:34	☿□♃
3日	08:11	☉☌☿
8日	00:52	☿☍♇
8日	23:25	☿△♆
10日	21:04	☿△♄
11日	10:55	☉☍♇
13日	04:05	☉△♆
16日	12:53	☉△♄
18日	15:22	♀□♅
20日	06:15	☿⚹♃
20日	13:25	☿△♅
23日	10:58	♃⚹♅
27日	08:15	♀△♇
27日	22:05	♂□♅

1953年3月

DAY	☉	☽	☊ mean	☊ true	☿	♀	♂	♃	♄	♅	♆	♇	⚳	⚴	⚵	⚶	⚷
	° ′	° ′	° ′	° ′	° ′	° ′	° ′	° ′	° ′	° ′	° ′	° ′	°	°	°	°	°
1	9 ♓ 44	7 ♍ 56	10 ♒ 58	12 R 16	27 D 42	22 D 48	15 D 28	15 D 36	26 R 49	14 R 39	23 R 33	21 R 37	8 D	14 D	3 D	21 D	18 D
2	10 ♓ 44	19 ♍ 46	10 ♒ 55	12 ♒ 13	28 ♓ 49	23 ♈ 28	16 ♈ 13	15 ♉ 46	26 ♎ 46	14 ♋ 38	23 ♎ 32	21 ♌ 36	8 ♊	15 ♈	4 ♈	21 ♑	18 ♑
3	11 ♓ 44	1 ♎ 38	10 ♒ 52	12 ♒ 8	29 ♓ 49	24 ♈ 7	16 ♈ 58	15 ♉ 55	26 ♎ 44	14 ♋ 37	23 ♎ 31	21 ♌ 35	8 ♊	15 ♈	4 ♈	22 ♑	18 ♑
4	12 ♓ 44	13 ♎ 36	10 ♒ 48	12 ♒ 2	0 ♈ 42	24 ♈ 44	17 ♈ 42	16 ♉ 5	26 ♎ 41	14 ♋ 35	23 ♎ 30	21 ♌ 33	8 ♊	16 ♈	5 ♈	22 ♑	19 ♑
5	13 ♓ 44	25 ♎ 40	10 ♒ 45	11 ♒ 57	1 ♈ 27	25 ♈ 20	18 ♈ 27	16 ♉ 15	26 ♎ 39	14 ♋ 34	23 ♎ 29	21 ♌ 32	9 ♊	16 ♈	5 ♈	23 ♑	19 ♑
6	14 ♓ 44	7 ♏ 54	10 ♒ 42	11 ♒ 52	2 ♈ 3	25 ♈ 55	19 ♈ 11	16 ♉ 25	26 ♎ 36	14 ♋ 34	23 ♎ 28	21 ♌ 31	9 ♊	16 ♈	6 ♈	23 ♑	19 ♑
7	15 ♓ 44	20 ♏ 20	10 ♒ 39	11 ♒ 47	2 ♈ 30	26 ♈ 28	19 ♈ 56	16 ♉ 35	26 ♎ 33	14 ♋ 33	23 ♎ 26	21 ♌ 29	9 ♊	17 ♈	6 ♈	24 ♑	19 ♑
8	16 ♓ 44	3 ♐ 1	10 ♒ 36	11 ♒ 45	2 ♈ 49	27 ♈ 0	20 ♈ 40	16 ♉ 45	26 ♎ 30	14 ♋ 32	23 ♎ 25	21 ♌ 28	9 ♊	17 ♈	7 ♈	24 ♑	19 ♑
9	17 ♓ 44	16 ♐ 0	10 ♒ 33	11 ♒ 44	2 ♈ 58	27 ♈ 30	21 ♈ 25	16 ♉ 55	26 ♎ 27	14 ♋ 31	23 ♎ 24	21 ♌ 27	10 ♊	18 ♈	7 ♈	25 ♑	19 ♑
10	18 ♓ 44	29 ♐ 20	10 ♒ 29	11 D 44	2 R 58	27 ♈ 59	22 ♈ 9	17 ♉ 6	26 ♎ 24	14 ♋ 30	23 ♎ 23	21 ♌ 25	10 ♊	18 ♈	8 ♈	25 ♑	19 ♑
11	19 ♓ 44	13 ♑ 4	10 ♒ 26	11 ♒ 46	2 ♈ 50	28 ♈ 26	22 ♈ 53	17 ♉ 16	26 ♎ 21	14 ♋ 30	23 ♎ 21	21 ♌ 24	10 ♊	19 ♈	9 ♈	26 ♑	19 ♑
12	20 ♓ 44	27 ♑ 13	10 ♒ 23	11 ♒ 47	2 ♈ 33	28 ♈ 51	23 ♈ 38	17 ♉ 27	26 ♎ 18	14 ♋ 29	23 ♎ 20	21 ♌ 23	10 ♊	19 ♈	9 ♈	26 ♑	19 ♑
13	21 ♓ 44	11 ♒ 47	10 ♒ 20	11 ♒ 48	2 ♈ 8	29 ♈ 15	24 ♈ 22	17 ♉ 38	26 ♎ 14	14 ♋ 28	23 ♎ 19	21 ♌ 22	11 ♊	19 ♈	10 ♈	27 ♑	19 ♑
14	22 ♓ 44	26 ♒ 41	10 ♒ 17	11 R 47	1 ♈ 35	29 ♈ 37	25 ♈ 6	17 ♉ 48	26 ♎ 11	14 ♋ 28	23 ♎ 18	21 ♌ 20	11 ♊	20 ♈	10 ♈	27 ♑	19 ♑
15	23 ♓ 44	11 ♓ 49	10 ♒ 14	11 ♒ 44	0 ♈ 56	29 ♈ 56	25 ♈ 50	17 ♉ 59	26 ♎ 7	14 ♋ 27	23 ♎ 16	21 ♌ 19	11 ♊	20 ♈	11 ♈	27 ♑	19 ♑
16	24 ♓ 44	27 ♓ 3	10 ♒ 10	11 ♒ 39	0 ♈ 12	0 ♉ 14	26 ♈ 34	18 ♉ 10	26 ♎ 4	14 ♋ 27	23 ♎ 15	21 ♌ 18	11 ♊	21 ♈	11 ♈	28 ♑	19 ♑
17	25 ♓ 43	12 ♈ 12	10 ♒ 7	11 ♒ 33	29 ♓ 23	0 ♉ 30	27 ♈ 19	18 ♉ 21	26 ♎ 0	14 ♋ 27	23 ♎ 13	21 ♌ 17	12 ♊	21 ♈	12 ♈	28 ♑	19 ♑
18	26 ♓ 43	27 ♈ 6	10 ♒ 4	11 ♒ 26	28 ♓ 31	0 ♉ 44	28 ♈ 3	18 ♉ 33	25 ♎ 57	14 ♋ 26	23 ♎ 12	21 ♌ 16	12 ♊	22 ♈	12 ♈	29 ♑	19 ♑
19	27 ♓ 43	11 ♉ 36	10 ♒ 1	11 ♒ 19	27 ♓ 36	0 ♉ 56	28 ♈ 47	18 ♉ 44	25 ♎ 53	14 ♋ 26	23 ♎ 10	21 ♌ 15	12 ♊	22 ♈	13 ♈	29 ♑	19 ♑
20	28 ♓ 42	25 ♉ 39	9 ♒ 58	11 ♒ 13	26 ♓ 41	1 ♉ 5	29 ♈ 30	18 ♉ 55	25 ♎ 49	14 ♋ 26	23 ♎ 9	21 ♌ 13	13 ♊	22 ♈	14 ♈	0 ♒	20 ♑
21	29 ♓ 42	9 ♊ 13	9 ♒ 54	11 ♒ 9	25 ♓ 46	1 ♉ 12	0 ♉ 14	19 ♉ 7	25 ♎ 45	14 ♋ 26	23 ♎ 8	21 ♌ 12	13 ♊	23 ♈	14 ♈	0 ♒	20 ♑
22	0 ♈ 42	22 ♊ 18	9 ♒ 51	11 ♒ 7	24 ♓ 52	1 ♉ 17	0 ♉ 58	19 ♉ 18	25 ♎ 41	14 ♋ 26	23 ♎ 6	21 ♌ 11	13 ♊	23 ♈	15 ♈	1 ♒	20 ♑
23	1 ♈ 41	4 ♋ 58	9 ♒ 48	11 D 6	24 ♓ 0	1 ♉ 20	1 ♉ 42	19 ♉ 30	25 ♎ 37	14 ♋ 26	23 ♎ 5	21 ♌ 10	14 ♊	24 ♈	15 ♈	1 ♒	20 ♑
24	2 ♈ 41	17 ♋ 18	9 ♒ 45	11 ♒ 7	23 ♓ 12	1 R 20	2 ♉ 26	19 ♉ 42	25 ♎ 33	14 D 26	23 ♎ 3	21 ♌ 9	14 ♊	24 ♈	16 ♈	2 ♒	20 ♑
25	3 ♈ 40	29 ♋ 23	9 ♒ 42	11 ♒ 8	22 ♓ 28	1 ♉ 17	3 ♉ 9	19 ♉ 54	25 ♎ 29	14 ♋ 26	23 ♎ 2	21 ♌ 8	14 ♊	25 ♈	16 ♈	2 ♒	20 ♑
26	4 ♈ 40	11 ♌ 17	9 ♒ 39	11 R 9	21 ♓ 48	1 ♉ 13	3 ♉ 53	20 ♉ 6	25 ♎ 25	14 ♋ 26	23 ♎ 0	21 ♌ 7	14 ♊	25 ♈	17 ♈	3 ♒	20 ♑
27	5 ♈ 39	23 ♌ 5	9 ♒ 35	11 ♒ 8	21 ♓ 14	1 ♉ 5	4 ♉ 37	20 ♉ 17	25 ♎ 21	14 ♋ 26	22 ♎ 59	21 ♌ 6	15 ♊	26 ♈	17 ♈	3 ♒	20 ♑
28	6 ♈ 38	4 ♍ 52	9 ♒ 32	11 ♒ 5	20 ♓ 45	0 ♉ 55	5 ♉ 20	20 ♉ 30	25 ♎ 17	14 ♋ 26	22 ♎ 57	21 ♌ 5	15 ♊	26 ♈	18 ♈	3 ♒	20 ♑
29	7 ♈ 38	16 ♍ 41	9 ♒ 29	11 ♒ 0	20 ♓ 22	0 ♉ 43	6 ♉ 4	20 ♉ 42	25 ♎ 12	14 ♋ 26	22 ♎ 55	21 ♌ 4	15 ♊	26 ♈	19 ♈	4 ♒	20 ♑
30	8 ♈ 37	28 ♍ 34	9 ♒ 26	10 ♒ 52	20 ♓ 5	0 ♉ 28	6 ♉ 47	20 ♉ 54	25 ♎ 8	14 ♋ 27	22 ♎ 54	21 ♌ 3	16 ♊	27 ♈	19 ♈	4 ♒	20 ♑
31	9 ♈ 36	10 ♎ 34	9 ♒ 23	10 ♒ 42	19 ♓ 53	0 ♉ 11	7 ♉ 30	21 ♉ 6	25 ♎ 4	14 ♋ 27	22 ♎ 52	21 ♌ 3	16 ♊	27 ♈	20 ♈	5 ♒	20 ♑

SUN INGRESS	☉ → ♈ 21日 07:00
MOON PHASE	○ 1日 03:59 ♍ ◑ 9日 03:26 ♐ ● 15日 20:05 ♓ ◐ 22日 17:11 ♋ ○ 30日 21:55 ♎

aspects		
2日	02:25	♀☍♆
5日	19:44	☉△♅
7日	03:16	♀☍♄
8日	00:16	☉⚹♃
9日	01:02	♂△♇
11日	14:45	♂☍♆
15日	08:35	♂☍♄
18日	22:36	☉☌☿
22日	11:16	♀☌♂
28日	10:08	☿⚹♃
30日	17:26	♃□♇

1953年4月

DAY	☉	☽	☊ mean	☊ true	☿	♀	♂	♃	♄	♅	♆	♇	⚳	⚴	⚵	⚶	⚷
	° ′	° ′	° ′	° ′	° ′	° ′	° ′	° ′	° ′	° ′	° ′	° ′	°	°	°	°	°
1	10 ♈ 35	22 ♎ 41	9 ♒ 19	10 R 31	19 R 47	29 R 51	8 D 14	21 D 18	24 R 59	14 D 28	22 R 51	21 R 2	16 D	28 D	20 D	5 D	20 D
2	11 ♈ 35	4 ♏ 58	9 ♒ 16	10 ♒ 19	19 D 47	29 ♈ 29	8 ♉ 57	21 ♉ 31	24 ♎ 55	14 ♋ 28	22 ♎ 49	21 ♌ 1	17 ♊	28 ♈	21 ♈	6 ♒	20 ♑
3	12 ♈ 34	17 ♏ 24	9 ♒ 13	10 ♒ 8	19 ♓ 52	29 ♈ 5	9 ♉ 40	21 ♉ 43	24 ♎ 51	14 ♋ 29	22 ♎ 47	21 ♌ 0	17 ♊	29 ♈	21 ♈	6 ♒	20 ♑
4	13 ♈ 33	0 ♐ 0	9 ♒ 10	9 ♒ 59	20 ♓ 3	28 ♈ 39	10 ♉ 24	21 ♉ 56	24 ♎ 46	14 ♋ 29	22 ♎ 46	20 ♌ 59	17 ♊	29 ♈	22 ♈	7 ♒	20 ♑
5	14 ♈ 32	12 ♐ 49	9 ♒ 7	9 ♒ 53	20 ♓ 19	28 ♈ 10	11 ♉ 7	22 ♉ 8	24 ♎ 42	14 ♋ 30	22 ♎ 44	20 ♌ 58	18 ♊	0 ♉	23 ♈	7 ♒	20 ♑
6	15 ♈ 31	25 ♐ 52	9 ♒ 4	9 ♒ 49	20 ♓ 40	27 ♈ 40	11 ♉ 50	22 ♉ 21	24 ♎ 37	14 ♋ 31	22 ♎ 43	20 ♌ 58	18 ♊	0 ♉	23 ♈	7 ♒	20 ♑
7	16 ♈ 30	9 ♑ 11	9 ♒ 0	9 ♒ 47	21 ♓ 5	27 ♈ 8	12 ♉ 33	22 ♉ 34	24 ♎ 33	14 ♋ 31	22 ♎ 41	20 ♌ 57	18 ♊	1 ♉	24 ♈	8 ♒	20 ♑
8	17 ♈ 29	22 ♑ 48	8 ♒ 57	9 D 47	21 ♓ 35	26 ♈ 35	13 ♉ 16	22 ♉ 47	24 ♎ 28	14 ♋ 32	22 ♎ 39	20 ♌ 56	19 ♊	1 ♉	24 ♈	8 ♒	20 ♑
9	18 ♈ 28	6 ♒ 44	8 ♒ 54	9 ♒ 47	22 ♓ 9	26 ♈ 0	13 ♉ 59	23 ♉ 0	24 ♎ 23	14 ♋ 33	22 ♎ 38	20 ♌ 56	19 ♊	2 ♉	25 ♈	9 ♒	20 ♑
10	19 ♈ 27	21 ♒ 1	8 ♒ 51	9 R 47	22 ♓ 47	25 ♈ 24	14 ♉ 42	23 ♉ 12	24 ♎ 19	14 ♋ 34	22 ♎ 36	20 ♌ 55	19 ♊	2 ♉	26 ♈	9 ♒	20 ♑
11	20 ♈ 26	5 ♓ 36	8 ♒ 48	9 ♒ 44	23 ♓ 29	24 ♈ 48	15 ♉ 25	23 ♉ 25	24 ♎ 14	14 ♋ 35	22 ♎ 34	20 ♌ 54	20 ♊	2 ♉	26 ♈	9 ♒	20 ♑
12	21 ♈ 25	20 ♓ 27	8 ♒ 45	9 ♒ 40	24 ♓ 15	24 ♈ 11	16 ♉ 8	23 ♉ 38	24 ♎ 10	14 ♋ 36	22 ♎ 33	20 ♌ 54	20 ♊	3 ♉	27 ♈	10 ♒	20 ♑
13	22 ♈ 24	5 ♈ 25	8 ♒ 41	9 ♒ 32	25 ♓ 4	23 ♈ 33	16 ♉ 51	23 ♉ 51	24 ♎ 5	14 ♋ 37	22 ♎ 31	20 ♌ 53	20 ♊	3 ♉	27 ♈	10 ♒	20 ♑
14	23 ♈ 22	20 ♈ 23	8 ♒ 38	9 ♒ 22	25 ♓ 56	22 ♈ 55	17 ♉ 33	24 ♉ 5	24 ♎ 0	14 ♋ 38	22 ♎ 29	20 ♌ 53	21 ♊	4 ♉	28 ♈	11 ♒	20 ♑
15	24 ♈ 21	5 ♉ 12	8 ♒ 35	9 ♒ 11	26 ♓ 51	22 ♈ 18	18 ♉ 16	24 ♉ 18	23 ♎ 56	14 ♋ 39	22 ♎ 28	20 ♌ 52	21 ♊	4 ♉	28 ♈	11 ♒	20 ♑
16	25 ♈ 20	19 ♉ 42	8 ♒ 32	9 ♒ 0	27 ♓ 50	21 ♈ 40	18 ♉ 59	24 ♉ 31	23 ♎ 51	14 ♋ 41	22 ♎ 26	20 ♌ 52	22 ♊	5 ♉	29 ♈	12 ♒	20 ♑
17	26 ♈ 19	3 ♊ 48	8 ♒ 29	8 ♒ 51	28 ♓ 51	21 ♈ 3	19 ♉ 41	24 ♉ 44	23 ♎ 47	14 ♋ 42	22 ♎ 24	20 ♌ 51	22 ♊	5 ♉	0 ♉	12 ♒	20 ♑
18	27 ♈ 17	17 ♊ 26	8 ♒ 25	8 ♒ 43	29 ♓ 55	20 ♈ 28	20 ♉ 24	24 ♉ 58	23 ♎ 42	14 ♋ 43	22 ♎ 23	20 ♌ 51	22 ♊	6 ♉	0 ♉	12 ♒	20 ♑
19	28 ♈ 16	0 ♋ 36	8 ♒ 22	8 ♒ 38	1 ♈ 1	19 ♈ 53	21 ♉ 6	25 ♉ 11	23 ♎ 37	14 ♋ 45	22 ♎ 21	20 ♌ 50	23 ♊	6 ♉	1 ♉	13 ♒	20 ♑
20	29 ♈ 15	13 ♋ 20	8 ♒ 19	8 ♒ 35	2 ♈ 10	19 ♈ 19	21 ♉ 49	25 ♉ 24	23 ♎ 33	14 ♋ 46	22 ♎ 20	20 ♌ 50	23 ♊	7 ♉	1 ♉	13 ♒	20 ♑
21	0 ♉ 13	25 ♋ 42	8 ♒ 16	8 ♒ 35	3 ♈ 21	18 ♈ 47	22 ♉ 31	25 ♉ 38	23 ♎ 28	14 ♋ 47	22 ♎ 18	20 ♌ 49	23 ♊	7 ♉	2 ♉	13 ♒	21 ♑
22	1 ♉ 12	7 ♌ 48	8 ♒ 13	8 D 35	4 ♈ 35	18 ♈ 16	23 ♉ 14	25 ♉ 51	23 ♎ 24	14 ♋ 49	22 ♎ 16	20 ♌ 49	24 ♊	8 ♉	2 ♉	14 ♒	21 ♑
23	2 ♉ 10	19 ♌ 43	8 ♒ 10	8 R 34	5 ♈ 51	17 ♈ 48	23 ♉ 56	26 ♉ 5	23 ♎ 19	14 ♋ 51	22 ♎ 15	20 ♌ 49	24 ♊	8 ♉	3 ♉	14 ♒	21 ♑
24	3 ♉ 9	1 ♍ 32	8 ♒ 6	8 ♒ 33	7 ♈ 9	17 ♈ 21	24 ♉ 38	26 ♉ 18	23 ♎ 15	14 ♋ 52	22 ♎ 13	20 ♌ 49	24 ♊	9 ♉	4 ♉	15 ♒	21 ♑
25	4 ♉ 7	13 ♍ 20	8 ♒ 3	8 ♒ 29	8 ♈ 29	16 ♈ 56	25 ♉ 21	26 ♉ 32	23 ♎ 10	14 ♋ 54	22 ♎ 11	20 ♌ 48	25 ♊	9 ♉	4 ♉	15 ♒	21 ♑
26	5 ♉ 5	25 ♍ 11	8 ♒ 0	8 ♒ 22	9 ♈ 52	16 ♈ 34	26 ♉ 3	26 ♉ 46	23 ♎ 6	14 ♋ 56	22 ♎ 10	20 ♌ 48	25 ♊	10 ♉	5 ♉	15 ♒	21 ♑
27	6 ♉ 4	7 ♎ 9	7 ♒ 57	8 ♒ 13	11 ♈ 16	16 ♈ 13	26 ♉ 45	26 ♉ 59	23 ♎ 1	14 ♋ 57	22 ♎ 8	20 ♌ 48	26 ♊	10 ♉	5 ♉	16 ♒	21 ♑
28	7 ♉ 2	19 ♎ 18	7 ♒ 54	8 ♒ 1	12 ♈ 42	15 ♈ 55	27 ♉ 27	27 ♉ 13	22 ♎ 57	14 ♋ 59	22 ♎ 7	20 ♌ 48	26 ♊	11 ♉	6 ♉	16 ♒	21 ♑
29	8 ♉ 0	1 ♏ 37	7 ♒ 51	7 ♒ 48	14 ♈ 10	15 ♈ 40	28 ♉ 9	27 ♉ 27	22 ♎ 52	15 ♋ 1	22 ♎ 5	20 ♌ 48	26 ♊	11 ♉	7 ♉	16 ♒	21 R
30	8 ♉ 59	14 ♏ 8	7 ♒ 47	7 ♒ 34	15 ♈ 41	15 ♈ 27	28 ♉ 51	27 ♉ 40	22 ♎ 48	15 ♋ 3	22 ♎ 4	20 ♌ 48	27 ♊	12 ♉	7 ♉	17 ♒	21 ♑

SUN INGRESS	☉ → ♉ 20日 18:25
MOON PHASE	◑ 7日 13:58 ♑ ● 14日 05:09 ♈ ◐ 21日 09:41 ♌ ○ 29日 13:20 ♏

aspects		
4日	23:10	☉□♅
9日	19:25	♂⚹♅
10日	21:10	☿⚹♃
11日	11:29	☉△♇
12日	00:41	♀☍♄
13日	03:00	☉☍♆
13日	17:15	☉☌♀
14日	14:25	☉☍♄
14日	17:09	♀☍♆
17日	08:19	♀△♇
18日	14:57	♂□♇
27日	12:03	♂☌♃
29日	13:48	☿□♅
29日	20:44	☿☌♀

1953年5月

DAY	☉	☽	☊ mean	☊ true	☿	♀	♂	♃	♄	♅	♆	♇	⚳	⚴	⚵	⚶	⚷
	° ′	° ′	° ′	° ′	° ′	° ′	° ′	° ′	° ′	° ′	° ′	° ′	°	°	°	°	°
1	9 ♉ 57	26 ♏ 51	7 ♒ 44	7 R 21	17 D 13	15 R 16	29 D 33	27 D 54	22 R 44	15 D 5	22 R 2	20 R 47	27 D	12 D	8 D	17 D	21 R
2	10 ♉ 55	9 ♐ 46	7 ♒ 41	7 ♒ 11	18 ♈ 47	15 ♈ 8	0 ♊ 15	28 ♉ 8	22 ♎ 39	15 ♋ 7	22 ♎ 0	20 ♌ 47	28 ♊	13 ♉	8 ♉	18 ♒	21 ♑
3	11 ♉ 53	22 ♐ 52	7 ♒ 38	7 ♒ 2	20 ♈ 23	15 ♈ 2	0 ♊ 57	28 ♉ 22	22 ♎ 35	15 ♋ 9	21 ♎ 59	20 ♌ 47	28 ♊	13 ♉	9 ♉	18 ♒	21 ♑
4	12 ♉ 51	6 ♑ 9	7 ♒ 35	6 ♒ 57	22 ♈ 1	14 ♈ 59	1 ♊ 39	28 ♉ 36	22 ♎ 31	15 ♋ 11	21 ♎ 57	20 D 47	28 ♊	14 ♉	10 ♉	18 ♒	21 ♑
5	13 ♉ 50	19 ♑ 38	7 ♒ 31	6 ♒ 55	23 ♈ 40	14 D 58	2 ♊ 20	28 ♉ 49	22 ♎ 27	15 ♋ 13	21 ♎ 56	20 ♌ 47	29 ♊	14 ♉	10 ♉	19 ♒	21 ♑
6	14 ♉ 48	3 ♒ 19	7 ♒ 28	6 ♒ 54	25 ♈ 22	14 ♈ 59	3 ♊ 2	29 ♉ 3	22 ♎ 23	15 ♋ 15	21 ♎ 54	20 ♌ 47	29 ♊	15 ♉	11 ♉	19 ♒	21 ♑
7	15 ♉ 46	17 ♒ 12	7 ♒ 25	6 ♒ 54	27 ♈ 5	15 ♈ 3	3 ♊ 44	29 ♉ 17	22 ♎ 19	15 ♋ 17	21 ♎ 53	20 ♌ 48	29 ♊	15 ♉	11 ♉	19 ♒	20 ♑
8	16 ♉ 44	1 ♓ 19	7 ♒ 22	6 ♒ 53	28 ♈ 51	15 ♈ 9	4 ♊ 26	29 ♉ 31	22 ♎ 15	15 ♋ 20	21 ♎ 51	20 ♌ 48	0 ♋	16 ♉	12 ♉	20 ♒	20 ♑
9	17 ♉ 42	15 ♓ 37	7 ♒ 19	6 ♒ 51	0 ♉ 38	15 ♈ 17	5 ♊ 7	29 ♉ 45	22 ♎ 11	15 ♋ 22	21 ♎ 50	20 ♌ 48	0 ♋	16 ♉	12 ♉	20 ♒	20 ♑
10	18 ♉ 40	0 ♈ 6	7 ♒ 16	6 ♒ 46	2 ♉ 27	15 ♈ 27	5 ♊ 49	29 ♉ 59	22 ♎ 7	15 ♋ 24	21 ♎ 49	20 ♌ 48	1 ♋	17 ♉	13 ♉	20 ♒	20 ♑
11	19 ♉ 38	14 ♈ 41	7 ♒ 12	6 ♒ 39	4 ♉ 19	15 ♈ 40	6 ♊ 30	0 ♊ 13	22 ♎ 3	15 ♋ 27	21 ♎ 47	20 ♌ 48	1 ♋	17 ♉	14 ♉	21 ♒	20 ♑
12	20 ♉ 36	29 ♈ 16	7 ♒ 9	6 ♒ 29	6 ♉ 12	15 ♈ 54	7 ♊ 12	0 ♊ 27	21 ♎ 59	15 ♋ 29	21 ♎ 46	20 ♌ 48	1 ♋	18 ♉	14 ♉	21 ♒	20 ♑
13	21 ♉ 34	13 ♉ 44	7 ♒ 6	6 ♒ 18	8 ♉ 7	16 ♈ 11	7 ♊ 53	0 ♊ 41	21 ♎ 56	15 ♋ 31	21 ♎ 44	20 ♌ 49	2 ♋	18 ♉	15 ♉	21 ♒	20 ♑
14	22 ♉ 32	27 ♉ 58	7 ♒ 3	6 ♒ 7	10 ♉ 3	16 ♈ 29	8 ♊ 35	0 ♊ 55	21 ♎ 52	15 ♋ 34	21 ♎ 43	20 ♌ 49	2 ♋	19 ♉	15 ♉	21 ♒	20 ♑
15	23 ♉ 30	11 ♊ 53	7 ♒ 0	5 ♒ 57	12 ♉ 2	16 ♈ 50	9 ♊ 16	1 ♊ 9	21 ♎ 48	15 ♋ 36	21 ♎ 42	20 ♌ 49	3 ♋	19 ♉	16 ♉	22 ♒	20 ♑
16	24 ♉ 28	25 ♊ 25	6 ♒ 57	5 ♒ 49	14 ♉ 2	17 ♈ 12	9 ♊ 57	1 ♊ 23	21 ♎ 45	15 ♋ 39	21 ♎ 40	20 ♌ 50	3 ♋	20 ♉	17 ♉	22 ♒	20 ♑
17	25 ♉ 25	8 ♋ 33	6 ♒ 53	5 ♒ 44	16 ♉ 5	17 ♈ 35	10 ♊ 39	1 ♊ 37	21 ♎ 41	15 ♋ 42	21 ♎ 39	20 ♌ 50	3 ♋	20 ♉	17 ♉	22 ♒	20 ♑
18	26 ♉ 23	21 ♋ 17	6 ♒ 50	5 ♒ 41	18 ♉ 8	18 ♈ 1	11 ♊ 20	1 ♊ 51	21 ♎ 38	15 ♋ 44	21 ♎ 38	20 ♌ 50	4 ♋	21 ♉	18 ♉	23 ♒	20 ♑
19	27 ♉ 21	3 ♌ 41	6 ♒ 47	5 ♒ 40	20 ♉ 14	18 ♈ 28	12 ♊ 1	2 ♊ 6	21 ♎ 35	15 ♋ 47	21 ♎ 36	20 ♌ 51	4 ♋	21 ♉	18 ♉	23 ♒	20 ♑
20	28 ♉ 19	15 ♌ 49	6 ♒ 44	5 D 40	22 ♉ 21	18 ♈ 56	12 ♊ 42	2 ♊ 20	21 ♎ 31	15 ♋ 50	21 ♎ 35	20 ♌ 51	5 ♋	22 ♉	19 ♉	23 ♒	20 ♑
21	29 ♉ 17	27 ♌ 46	6 ♒ 41	5 ♒ 41	24 ♉ 29	19 ♈ 26	13 ♊ 23	2 ♊ 34	21 ♎ 28	15 ♋ 52	21 ♎ 34	20 ♌ 52	5 ♋	22 ♉	20 ♉	24 ♒	20 ♑
22	0 ♊ 14	9 ♍ 36	6 ♒ 37	5 R 40	26 ♉ 38	19 ♈ 58	14 ♊ 4	2 ♊ 48	21 ♎ 25	15 ♋ 55	21 ♎ 33	20 ♌ 52	6 ♋	23 ♉	20 ♉	24 ♒	20 ♑
23	1 ♊ 12	21 ♍ 26	6 ♒ 34	5 ♒ 38	28 ♉ 49	20 ♈ 31	14 ♊ 45	3 ♊ 2	21 ♎ 22	15 ♋ 58	21 ♎ 32	20 ♌ 53	6 ♋	23 ♉	21 ♉	24 ♒	20 ♑
24	2 ♊ 10	3 ♎ 21	6 ♒ 31	5 ♒ 34	1 ♊ 0	21 ♈ 5	15 ♊ 26	3 ♊ 16	21 ♎ 19	16 ♋ 1	21 ♎ 30	20 ♌ 53	6 ♋	24 ♉	21 ♉	24 ♒	20 ♑
25	3 ♊ 7	15 ♎ 24	6 ♒ 28	5 ♒ 27	3 ♊ 11	21 ♈ 40	16 ♊ 7	3 ♊ 30	21 ♎ 16	16 ♋ 4	21 ♎ 29	20 ♌ 54	7 ♋	24 ♉	22 ♉	25 ♒	20 ♑
26	4 ♊ 5	27 ♎ 39	6 ♒ 25	5 ♒ 18	5 ♊ 23	22 ♈ 17	16 ♊ 48	3 ♊ 44	21 ♎ 14	16 ♋ 6	21 ♎ 28	20 ♌ 55	7 ♋	25 ♉	23 ♉	25 ♒	20 ♑
27	5 ♊ 2	10 ♏ 9	6 ♒ 22	5 ♒ 8	7 ♊ 35	22 ♈ 54	17 ♊ 29	3 ♊ 58	21 ♎ 11	16 ♋ 9	21 ♎ 27	20 ♌ 55	8 ♋	26 ♉	23 ♉	25 ♒	20 ♑
28	6 ♊ 0	22 ♏ 54	6 ♒ 18	4 ♒ 58	9 ♊ 46	23 ♈ 33	18 ♊ 10	4 ♊ 12	21 ♎ 8	16 ♋ 12	21 ♎ 26	20 ♌ 56	8 ♋	26 ♉	24 ♉	25 ♒	20 ♑
29	6 ♊ 58	5 ♐ 55	6 ♒ 15	4 ♒ 48	11 ♊ 57	24 ♈ 13	18 ♊ 51	4 ♊ 26	21 ♎ 6	16 ♋ 15	21 ♎ 25	20 ♌ 57	8 ♋	27 ♉	24 ♉	26 ♒	20 ♑
30	7 ♊ 55	19 ♐ 11	6 ♒ 12	4 ♒ 40	14 ♊ 7	24 ♈ 55	19 ♊ 31	4 ♊ 40	21 ♎ 3	16 ♋ 18	21 ♎ 24	20 ♌ 57	9 ♋	27 ♉	25 ♉	26 ♒	20 ♑
31	8 ♊ 53	2 ♑ 40	6 ♒ 9	4 ♒ 34	16 ♊ 16	25 ♈ 37	20 ♊ 12	4 ♊ 55	21 ♎ 1	16 ♋ 21	21 ♎ 23	20 ♌ 58	9 ♋	28 ♉	25 ♉	26 ♒	20 ♑

SUN INGRESS	☉ → ♊ 21日 17:53
MOON PHASE	◑ 6日 21:21 ♒　● 13日 14:06 ♉　◐ 21日 03:20 ♌　○ 29日 02:03 ♐

aspects		
2日	02:23	♀□♅
3日	06:05	☿△♇
3日	23:15	☿☍♆
4日	07:05	☿☍♄
6日	11:47	☉⚹♅
9日	15:15	♀□♅
12日	05:13	☉□♇
16日	19:25	☿⚹♅
18日	02:28	♄☌♆
19日	07:03	☿□♇
23日	16:03	♀△♇
24日	09:13	♀☍♄
24日	17:01	♀☍♆
24日	22:39	☉☌☿
25日	03:49	☿☌♃
25日	12:38	☉☌♃
31日	22:29	♄⚹♇

1953年6月

DAY	☉	☽	☊ mean	☊ true	☿	♀	♂	♃	♄	♅	♆	♇	⚳	⚴	⚵	⚶	⚷
	° ′	° ′	° ′	° ′	° ′	° ′	° ′	° ′	° ′	° ′	° ′	° ′	°	°	°	°	°
1	9 ♊ 50	16 ♑ 19	6 ♒ 6	4 R 30	18 D 24	26 D 20	20 D 53	5 D 9	20 R 59	16 D 25	21 R 22	20 D 59	10 D	28 D	26 D	26 D	20 R
2	10 ♊ 48	0 ♒ 8	6 ♒ 3	4 ♒ 29	20 ♊ 30	27 ♈ 4	21 ♊ 33	5 ♊ 23	20 ♎ 57	16 ♋ 28	21 ♎ 21	21 ♌ 0	10 ♋	29 ♉	27 ♉	26 ♒	20 ♑
3	11 ♊ 45	14 ♒ 4	5 ♒ 59	4 D 29	22 ♊ 34	27 ♈ 49	22 ♊ 14	5 ♊ 37	20 ♎ 54	16 ♋ 31	21 ♎ 20	21 ♌ 1	11 ♋	29 ♉	27 ♉	27 ♒	20 ♑
4	12 ♊ 42	28 ♒ 7	5 ♒ 56	4 ♒ 30	24 ♊ 37	28 ♈ 34	22 ♊ 55	5 ♊ 51	20 ♎ 52	16 ♋ 34	21 ♎ 19	21 ♌ 1	11 ♋	0 ♊	28 ♉	27 ♒	20 ♑
5	13 ♊ 40	12 ♓ 14	5 ♒ 53	4 ♒ 30	26 ♊ 37	29 ♈ 21	23 ♊ 35	6 ♊ 5	20 ♎ 51	16 ♋ 37	21 ♎ 18	21 ♌ 2	11 ♋	0 ♊	28 ♉	27 ♒	20 ♑
6	14 ♊ 37	26 ♓ 26	5 ♒ 50	4 R 30	28 ♊ 35	0 ♉ 8	24 ♊ 16	6 ♊ 19	20 ♎ 49	16 ♋ 40	21 ♎ 18	21 ♌ 3	12 ♋	1 ♊	29 ♉	27 ♒	20 ♑
7	15 ♊ 35	10 ♈ 39	5 ♒ 47	4 ♒ 27	0 ♋ 31	0 ♉ 56	24 ♊ 56	6 ♊ 33	20 ♎ 47	16 ♋ 43	21 ♎ 17	21 ♌ 4	12 ♋	1 ♊	0 ♊	27 ♒	20 ♑
8	16 ♊ 32	24 ♈ 52	5 ♒ 43	4 ♒ 23	2 ♋ 25	1 ♉ 45	25 ♊ 36	6 ♊ 47	20 ♎ 45	16 ♋ 47	21 ♎ 16	21 ♌ 5	13 ♋	2 ♊	0 ♊	28 ♒	20 ♑
9	17 ♊ 30	9 ♉ 1	5 ♒ 40	4 ♒ 17	4 ♋ 16	2 ♉ 35	26 ♊ 17	7 ♊ 1	20 ♎ 44	16 ♋ 50	21 ♎ 15	21 ♌ 6	13 ♋	2 ♊	1 ♊	28 ♒	19 ♑
10	18 ♊ 27	23 ♉ 2	5 ♒ 37	4 ♒ 10	6 ♋ 5	3 ♉ 25	26 ♊ 57	7 ♊ 15	20 ♎ 42	16 ♋ 53	21 ♎ 14	21 ♌ 7	14 ♋	3 ♊	1 ♊	28 ♒	19 ♑
11	19 ♊ 24	6 ♊ 51	5 ♒ 34	4 ♒ 2	7 ♋ 51	4 ♉ 16	27 ♊ 37	7 ♊ 28	20 ♎ 41	16 ♋ 57	21 ♎ 14	21 ♌ 8	14 ♋	4 ♊	2 ♊	28 ♒	19 ♑
12	20 ♊ 22	20 ♊ 24	5 ♒ 31	3 ♒ 56	9 ♋ 34	5 ♉ 8	28 ♊ 18	7 ♊ 42	20 ♎ 40	17 ♋ 0	21 ♎ 13	21 ♌ 9	14 ♋	4 ♊	3 ♊	28 ♒	19 ♑
13	21 ♊ 19	3 ♋ 40	5 ♒ 28	3 ♒ 51	11 ♋ 15	6 ♉ 0	28 ♊ 58	7 ♊ 56	20 ♎ 39	17 ♋ 3	21 ♎ 12	21 ♌ 10	15 ♋	5 ♊	3 ♊	28 ♒	19 ♑
14	22 ♊ 16	16 ♋ 37	5 ♒ 24	3 ♒ 47	12 ♋ 54	6 ♉ 53	29 ♊ 38	8 ♊ 10	20 ♎ 38	17 ♋ 7	21 ♎ 12	21 ♌ 11	15 ♋	5 ♊	4 ♊	29 ♒	19 ♑
15	23 ♊ 14	29 ♋ 14	5 ♒ 21	3 ♒ 46	14 ♋ 30	7 ♉ 46	0 ♋ 18	8 ♊ 24	20 ♎ 37	17 ♋ 10	21 ♎ 11	21 ♌ 13	16 ♋	6 ♊	4 ♊	29 ♒	19 ♑
16	24 ♊ 11	11 ♌ 35	5 ♒ 18	3 D 46	16 ♋ 3	8 ♉ 40	0 ♋ 58	8 ♊ 38	20 ♎ 36	17 ♋ 14	21 ♎ 11	21 ♌ 14	16 ♋	6 ♊	5 ♊	29 ♒	19 ♑
17	25 ♊ 8	23 ♌ 42	5 ♒ 15	3 ♒ 47	17 ♋ 34	9 ♉ 34	1 ♋ 38	8 ♊ 52	20 ♎ 35	17 ♋ 17	21 ♎ 10	21 ♌ 15	17 ♋	7 ♊	6 ♊	29 ♒	19 ♑
18	26 ♊ 6	5 ♍ 39	5 ♒ 12	3 ♒ 49	19 ♋ 2	10 ♉ 29	2 ♋ 18	9 ♊ 5	20 ♎ 34	17 ♋ 20	21 ♎ 10	21 ♌ 16	17 ♋	7 ♊	6 ♊	29 ♒	19 ♑
19	27 ♊ 3	17 ♍ 30	5 ♒ 9	3 ♒ 50	20 ♋ 28	11 ♉ 25	2 ♋ 58	9 ♊ 19	20 ♎ 34	17 ♋ 24	21 ♎ 9	21 ♌ 17	17 ♋	8 ♊	7 ♊	29 ♒	19 ♑
20	28 ♊ 0	29 ♍ 22	5 ♒ 5	3 R 51	21 ♋ 50	12 ♉ 20	3 ♋ 38	9 ♊ 33	20 ♎ 33	17 ♋ 27	21 ♎ 9	21 ♌ 18	18 ♋	9 ♊	7 ♊	29 ♒	19 ♑
21	28 ♊ 57	11 ♎ 18	5 ♒ 2	3 ♒ 50	23 ♋ 10	13 ♉ 17	4 ♋ 18	9 ♊ 46	20 ♎ 33	17 ♋ 31	21 ♎ 8	21 ♌ 20	18 ♋	9 ♊	8 ♊	29 ♒	19 ♑
22	29 ♊ 55	23 ♎ 23	4 ♒ 59	3 ♒ 48	24 ♋ 27	14 ♉ 13	4 ♋ 58	10 ♊ 0	20 ♎ 33	17 ♋ 34	21 ♎ 8	21 ♌ 21	19 ♋	10 ♊	8 ♊	29 ♒	19 ♑
23	0 ♋ 52	5 ♏ 41	4 ♒ 56	3 ♒ 44	25 ♋ 42	15 ♉ 11	5 ♋ 38	10 ♊ 14	20 ♎ 33	17 ♋ 38	21 ♎ 8	21 ♌ 22	19 ♋	10 ♊	9 ♊	29 ♒	19 ♑
24	1 ♋ 49	18 ♏ 17	4 ♒ 53	3 ♒ 40	26 ♋ 53	16 ♉ 8	6 ♋ 18	10 ♊ 27	20 ♎ 33	17 ♋ 41	21 ♎ 7	21 ♌ 24	20 ♋	11 ♊	10 ♊	0 ♓	19 ♑
25	2 ♋ 46	1 ♐ 12	4 ♒ 49	3 ♒ 35	28 ♋ 2	17 ♉ 6	6 ♋ 58	10 ♊ 41	20 D 33	17 ♋ 45	21 ♎ 7	21 ♌ 25	20 ♋	11 ♊	10 ♊	0 ♓	19 ♑
26	3 ♋ 44	14 ♐ 26	4 ♒ 46	3 ♒ 30	29 ♋ 7	18 ♉ 4	7 ♋ 38	10 ♊ 54	20 ♎ 33	17 ♋ 48	21 ♎ 7	21 ♌ 26	20 ♋	12 ♊	11 ♊	0 ♓	19 ♑
27	4 ♋ 41	28 ♐ 0	4 ♒ 43	3 ♒ 26	0 ♌ 10	19 ♉ 3	8 ♋ 17	11 ♊ 7	20 ♎ 33	17 ♋ 52	21 ♎ 7	21 ♌ 28	21 ♋	12 ♊	11 ♊	0 ♓	19 ♑
28	5 ♋ 38	11 ♑ 51	4 ♒ 40	3 ♒ 23	1 ♌ 9	20 ♉ 2	8 ♋ 57	11 ♊ 21	20 ♎ 33	17 ♋ 56	21 ♎ 6	21 ♌ 29	21 ♋	13 ♊	12 ♊	0 ♓	18 ♑
29	6 ♋ 35	25 ♑ 56	4 ♒ 37	3 ♒ 22	2 ♌ 5	21 ♉ 2	9 ♋ 37	11 ♊ 34	20 ♎ 34	17 ♋ 59	21 ♎ 6	21 ♌ 31	22 ♋	14 ♊	13 ♊	0 ♓	18 ♑
30	7 ♋ 32	10 ♒ 11	4 ♒ 34	3 D 22	2 ♌ 57	22 ♉ 1	10 ♋ 16	11 ♊ 48	20 ♎ 34	18 ♋ 3	21 ♎ 6	21 ♌ 32	22 ♋	14 ♊	13 ♊	0 ♓	18 ♑

SUN INGRESS	☉ → ♋ 22日 02:00
MOON PHASE	◑ 5日 02:35 ♓　● 11日 23:55 ♊　◐ 19日 21:01 ♍　○ 27日 12:29 ♑

aspects		
1日	03:20	♂△♄
1日	03:42	♂⚹♇
1日	16:51	♂△♆
2日	05:00	☿△♄
2日	05:44	☿⚹♇
2日	09:43	☿△♆
2日	18:06	☿☌♂
7日	09:15	☿⚹♀
12日	07:27	☉△♄
12日	20:15	☉⚹♇
12日	21:15	☉△♆
14日	06:03	♆⚹♇
16日	19:14	☿☌♅
19日	01:48	☿□♄
19日	11:55	☿□♆
25日	17:03	♀⚹♅
29日	11:52	♀□♇

1953年7月

DAY	☉	☽	☊ mean	☊ true	☿	♀	♂	♃	♄	♅	♆	♇	⚳	⚴	⚵	⚶	⚷
	° ′	° ′	° ′	° ′	° ′	° ′	° ′	° ′	° ′	° ′	° ′	° ′	°	°	°	°	°
1	8 ♋ 30	24 ♒ 31	4 ♒ 30	3 D 23	3 D 46	23 D 2	10 D 56	12 D 1	20 D 35	18 D 6	21 R 6	21 D 33	23 D	15 D	14 D	0 D	18 R
2	9 ♋ 27	8 ♓ 53	4 ♒ 27	3 ♒ 24	4 ♌ 32	24 ♉ 2	11 ♋ 35	12 ♊ 14	20 ♎ 36	18 ♋ 10	21 ♎ 6	21 ♌ 35	23 ♋	15 ♊	14 ♊	0 ♓	18 ♑
3	10 ♋ 24	23 ♓ 13	4 ♒ 24	3 ♒ 26	5 ♌ 14	25 ♉ 3	12 ♋ 15	12 ♊ 27	20 ♎ 37	18 ♋ 14	21 ♎ 6	21 ♌ 36	24 ♋	16 ♊	15 ♊	0 R	18 ♑
4	11 ♋ 21	7 ♈ 28	4 ♒ 21	3 ♒ 26	5 ♌ 52	26 ♉ 4	12 ♋ 55	12 ♊ 40	20 ♎ 37	18 ♋ 17	21 D 6	21 ♌ 38	24 ♋	16 ♊	16 ♊	0 ♓	18 ♑
5	12 ♋ 18	21 ♈ 36	4 ♒ 18	3 R 26	6 ♌ 26	27 ♉ 5	13 ♋ 34	12 ♊ 54	20 ♎ 38	18 ♋ 21	21 ♎ 6	21 ♌ 39	24 ♋	17 ♊	16 ♊	0 ♓	18 ♑
6	13 ♋ 16	5 ♉ 34	4 ♒ 15	3 ♒ 25	6 ♌ 55	28 ♉ 7	14 ♋ 13	13 ♊ 7	20 ♎ 40	18 ♋ 25	21 ♎ 6	21 ♌ 41	25 ♋	17 ♊	17 ♊	0 ♓	18 ♑
7	14 ♋ 13	19 ♉ 22	4 ♒ 11	3 ♒ 23	7 ♌ 21	29 ♉ 9	14 ♋ 53	13 ♊ 20	20 ♎ 41	18 ♋ 28	21 ♎ 6	21 ♌ 42	25 ♋	18 ♊	17 ♊	0 ♓	18 ♑
8	15 ♋ 10	2 ♊ 58	4 ♒ 8	3 ♒ 21	7 ♌ 42	0 ♊ 11	15 ♋ 32	13 ♊ 33	20 ♎ 42	18 ♋ 32	21 ♎ 6	21 ♌ 44	26 ♋	19 ♊	18 ♊	0 ♓	18 ♑
9	16 ♋ 7	16 ♊ 21	4 ♒ 5	3 ♒ 18	7 ♌ 59	1 ♊ 14	16 ♋ 12	13 ♊ 45	20 ♎ 44	18 ♋ 35	21 ♎ 7	21 ♌ 46	26 ♋	19 ♊	18 ♊	0 ♓	18 ♑
10	17 ♋ 4	29 ♊ 30	4 ♒ 2	3 ♒ 16	8 ♌ 12	2 ♊ 16	16 ♋ 51	13 ♊ 58	20 ♎ 45	18 ♋ 39	21 ♎ 7	21 ♌ 47	27 ♋	20 ♊	19 ♊	0 ♓	18 ♑
11	18 ♋ 2	12 ♋ 24	3 ♒ 59	3 ♒ 14	8 ♌ 19	3 ♊ 19	17 ♋ 30	14 ♊ 11	20 ♎ 47	18 ♋ 43	21 ♎ 7	21 ♌ 49	27 ♋	20 ♊	20 ♊	29 ♒	18 ♑
12	18 ♋ 59	25 ♋ 4	3 ♒ 55	3 ♒ 14	8 ♌ 22	4 ♊ 23	18 ♋ 10	14 ♊ 24	20 ♎ 48	18 ♋ 46	21 ♎ 7	21 ♌ 51	28 ♋	21 ♊	20 ♊	29 ♒	18 ♑
13	19 ♋ 56	7 ♌ 29	3 ♒ 52	3 D 14	8 R 20	5 ♊ 26	18 ♋ 49	14 ♊ 36	20 ♎ 50	18 ♋ 50	21 ♎ 8	21 ♌ 52	28 ♋	21 ♊	21 ♊	29 ♒	18 ♑
14	20 ♋ 53	19 ♌ 43	3 ♒ 49	3 ♒ 14	8 ♌ 13	6 ♊ 30	19 ♋ 28	14 ♊ 49	20 ♎ 52	18 ♋ 54	21 ♎ 8	21 ♌ 54	28 ♋	22 ♊	21 ♊	29 ♒	17 ♑
15	21 ♋ 51	1 ♍ 45	3 ♒ 46	3 ♒ 15	8 ♌ 2	7 ♊ 34	20 ♋ 7	15 ♊ 2	20 ♎ 54	18 ♋ 57	21 ♎ 8	21 ♌ 55	29 ♋	23 ♊	22 ♊	29 ♒	17 ♑
16	22 ♋ 48	13 ♍ 40	3 ♒ 43	3 ♒ 16	7 ♌ 46	8 ♊ 38	20 ♋ 47	15 ♊ 14	20 ♎ 56	19 ♋ 1	21 ♎ 9	21 ♌ 57	29 ♋	23 ♊	23 ♊	29 ♒	17 ♑
17	23 ♋ 45	25 ♍ 31	3 ♒ 40	3 ♒ 17	7 ♌ 25	9 ♊ 42	21 ♋ 26	15 ♊ 26	20 ♎ 58	19 ♋ 5	21 ♎ 9	21 ♌ 59	0 ♌	24 ♊	23 ♊	29 ♒	17 ♑
18	24 ♋ 42	7 ♎ 22	3 ♒ 36	3 ♒ 18	7 ♌ 0	10 ♊ 47	22 ♋ 5	15 ♊ 39	21 ♎ 1	19 ♋ 8	21 ♎ 10	22 ♌ 1	0 ♌	24 ♊	24 ♊	29 ♒	17 ♑
19	25 ♋ 40	19 ♎ 18	3 ♒ 33	3 ♒ 18	6 ♌ 32	11 ♊ 51	22 ♋ 44	15 ♊ 51	21 ♎ 3	19 ♋ 12	21 ♎ 10	22 ♌ 2	1 ♌	25 ♊	24 ♊	29 ♒	17 ♑
20	26 ♋ 37	1 ♏ 22	3 ♒ 30	3 R 18	5 ♌ 59	12 ♊ 56	23 ♋ 23	16 ♊ 3	21 ♎ 6	19 ♋ 16	21 ♎ 11	22 ♌ 4	1 ♌	25 ♊	25 ♊	28 ♒	17 ♑
21	27 ♋ 34	13 ♏ 40	3 ♒ 27	3 ♒ 18	5 ♌ 23	14 ♊ 1	24 ♋ 2	16 ♊ 15	21 ♎ 8	19 ♋ 19	21 ♎ 11	22 ♌ 6	2 ♌	26 ♊	25 ♊	28 ♒	17 ♑
22	28 ♋ 32	26 ♏ 16	3 ♒ 24	3 ♒ 17	4 ♌ 45	15 ♊ 7	24 ♋ 41	16 ♊ 28	21 ♎ 11	19 ♋ 23	21 ♎ 12	22 ♌ 8	2 ♌	27 ♊	26 ♊	28 ♒	17 ♑
23	29 ♋ 29	9 ♐ 12	3 ♒ 21	3 ♒ 17	4 ♌ 5	16 ♊ 12	25 ♋ 20	16 ♊ 40	21 ♎ 13	19 ♋ 26	21 ♎ 12	22 ♌ 9	2 ♌	27 ♊	27 ♊	28 ♒	17 ♑
24	0 ♌ 26	22 ♐ 32	3 ♒ 17	3 ♒ 17	3 ♌ 23	17 ♊ 18	25 ♋ 59	16 ♊ 52	21 ♎ 16	19 ♋ 30	21 ♎ 13	22 ♌ 11	3 ♌	28 ♊	27 ♊	28 ♒	17 ♑
25	1 ♌ 23	6 ♑ 16	3 ♒ 14	3 ♒ 16	2 ♌ 40	18 ♊ 24	26 ♋ 38	17 ♊ 3	21 ♎ 19	19 ♋ 34	21 ♎ 14	22 ♌ 13	3 ♌	28 ♊	28 ♊	28 ♒	17 ♑
26	2 ♌ 21	20 ♑ 23	3 ♒ 11	3 ♒ 16	1 ♌ 58	19 ♊ 30	27 ♋ 17	17 ♊ 15	21 ♎ 22	19 ♋ 37	21 ♎ 14	22 ♌ 15	4 ♌	29 ♊	28 ♊	28 ♒	17 ♑
27	3 ♌ 18	4 ♒ 48	3 ♒ 8	3 D 16	1 ♌ 16	20 ♊ 36	27 ♋ 56	17 ♊ 27	21 ♎ 25	19 ♋ 41	21 ♎ 15	22 ♌ 17	4 ♌	29 ♊	29 ♊	27 ♒	17 ♑
28	4 ♌ 15	19 ♒ 28	3 ♒ 5	3 R 16	0 ♌ 35	21 ♊ 42	28 ♋ 35	17 ♊ 39	21 ♎ 29	19 ♋ 44	21 ♎ 16	22 ♌ 18	5 ♌	0 ♋	29 ♊	27 ♒	17 ♑
29	5 ♌ 13	4 ♓ 14	3 ♒ 1	3 ♒ 16	29 ♋ 57	22 ♊ 49	29 ♋ 14	17 ♊ 50	21 ♎ 32	19 ♋ 48	21 ♎ 17	22 ♌ 20	5 ♌	1 ♋	0 ♋	27 ♒	17 ♑
30	6 ♌ 10	19 ♓ 1	2 ♒ 58	3 ♒ 16	29 ♋ 23	23 ♊ 55	29 ♋ 52	18 ♊ 2	21 ♎ 35	19 ♋ 51	21 ♎ 17	22 ♌ 22	6 ♌	1 ♋	1 ♋	27 ♒	17 ♑
31	7 ♌ 7	3 ♈ 41	2 ♒ 55	3 ♒ 15	28 ♋ 51	25 ♊ 2	0 ♌ 31	18 ♊ 13	21 ♎ 39	19 ♋ 55	21 ♎ 18	22 ♌ 24	6 ♌	2 ♋	1 ♋	27 ♒	16 ♑

SUN INGRESS: ☉ → ♌ 23日 12:52

MOON PHASE: ◑ 4日 07:03 ♈　● 11日 11:28 ♋　◐ 19日 13:47 ♎　○ 26日 21:21 ♒

aspects		
9日	06:00	☉☌♂
11日	18:23	☉☌♅
13日	00:45	♂☌♅
13日	23:26	☉□♄
14日	06:05	☉□♆
15日	08:39	☿⚹♀
16日	06:14	♂□♄
16日	13:38	♂□♆
22日	10:22	♄☌♆
23日	12:19	♀☌♃
25日	18:27	☉☌☿
27日	14:25	♀△♆
27日	18:52	♀△♄
28日	13:28	♀⚹♇
29日	14:09	☿☌♂

1953年8月

DAY	☉	☽	☊ mean	☊ true	☿	♀	♂	♃	♄	♅	♆	♇	⚳	⚴	⚵	⚶	⚷
	° ′	° ′	° ′	° ′	° ′	° ′	° ′	° ′	° ′	° ′	° ′	° ′	°	°	°	°	°
1	8 ♌ 5	18 ♈ 10	2 ♒ 52	3 R 15	28 R 24	26 D 9	1 D 10	18 D 24	21 D 42	19 D 59	21 D 19	22 D 26	6 D	2 D	2 D	26 R	16 R
2	9 ♌ 2	2 ♉ 22	2 ♒ 49	3 ♒ 15	28 ♋ 2	27 ♊ 16	1 ♌ 49	18 ♊ 35	21 ♎ 46	20 ♋ 2	21 ♎ 20	22 ♌ 28	7 ♌	3 ♋	2 ♋	26 ♒	16 ♑
3	10 ♌ 0	16 ♉ 17	2 ♒ 46	3 D 15	27 ♋ 46	28 ♊ 24	2 ♌ 27	18 ♊ 47	21 ♎ 49	20 ♋ 6	21 ♎ 21	22 ♌ 29	7 ♌	3 ♋	3 ♋	26 ♒	16 ♑
4	10 ♌ 57	29 ♉ 54	2 ♒ 42	3 ♒ 15	27 ♋ 35	29 ♊ 31	3 ♌ 6	18 ♊ 58	21 ♎ 53	20 ♋ 9	21 ♎ 22	22 ♌ 31	8 ♌	4 ♋	3 ♋	26 ♒	16 ♑
5	11 ♌ 54	13 ♊ 12	2 ♒ 39	3 ♒ 16	27 ♋ 30	0 ♋ 39	3 ♌ 45	19 ♊ 9	21 ♎ 57	20 ♋ 12	21 ♎ 23	22 ♌ 33	8 ♌	5 ♋	4 ♋	25 ♒	16 ♑
6	12 ♌ 52	26 ♊ 15	2 ♒ 36	3 ♒ 17	27 D 31	1 ♋ 46	4 ♌ 24	19 ♊ 19	22 ♎ 1	20 ♋ 16	21 ♎ 24	22 ♌ 35	9 ♌	5 ♋	4 ♋	25 ♒	16 ♑
7	13 ♌ 49	9 ♋ 2	2 ♒ 33	3 ♒ 18	27 ♋ 39	2 ♋ 54	5 ♌ 2	19 ♊ 30	22 ♎ 5	20 ♋ 19	21 ♎ 25	22 ♌ 37	9 ♌	6 ♋	5 ♋	25 ♒	16 ♑
8	14 ♌ 47	21 ♋ 35	2 ♒ 30	3 ♒ 18	27 ♋ 54	4 ♋ 2	5 ♌ 41	19 ♊ 41	22 ♎ 9	20 ♋ 23	21 ♎ 26	22 ♌ 39	10 ♌	6 ♋	6 ♋	25 ♒	16 ♑
9	15 ♌ 44	3 ♌ 58	2 ♒ 27	3 R 19	28 ♋ 16	5 ♋ 10	6 ♌ 19	19 ♊ 51	22 ♎ 13	20 ♋ 26	21 ♎ 27	22 ♌ 41	10 ♌	7 ♋	6 ♋	24 ♒	16 ♑
10	16 ♌ 42	16 ♌ 10	2 ♒ 23	3 ♒ 18	28 ♋ 44	6 ♋ 19	6 ♌ 58	20 ♊ 2	22 ♎ 17	20 ♋ 30	21 ♎ 29	22 ♌ 43	10 ♌	7 ♋	7 ♋	24 ♒	16 ♑
11	17 ♌ 40	28 ♌ 13	2 ♒ 20	3 ♒ 17	29 ♋ 19	7 ♋ 27	7 ♌ 37	20 ♊ 12	22 ♎ 22	20 ♋ 33	21 ♎ 30	22 ♌ 44	11 ♌	8 ♋	7 ♋	24 ♒	16 ♑
12	18 ♌ 37	10 ♍ 10	2 ♒ 17	3 ♒ 15	0 ♌ 1	8 ♋ 36	8 ♌ 15	20 ♊ 23	22 ♎ 26	20 ♋ 36	21 ♎ 31	22 ♌ 46	11 ♌	9 ♋	8 ♋	24 ♒	16 ♑
13	19 ♌ 35	22 ♍ 2	2 ♒ 14	3 ♒ 13	0 ♌ 50	9 ♋ 44	8 ♌ 54	20 ♊ 33	22 ♎ 31	20 ♋ 40	21 ♎ 32	22 ♌ 48	12 ♌	9 ♋	8 ♋	24 ♒	16 ♑
14	20 ♌ 32	3 ♎ 52	2 ♒ 11	3 ♒ 10	1 ♌ 45	10 ♋ 53	9 ♌ 32	20 ♊ 43	22 ♎ 35	20 ♋ 43	21 ♎ 34	22 ♌ 50	12 ♌	10 ♋	9 ♋	23 ♒	16 ♑
15	21 ♌ 30	15 ♎ 43	2 ♒ 7	3 ♒ 8	2 ♌ 46	12 ♋ 2	10 ♌ 11	20 ♊ 53	22 ♎ 40	20 ♋ 46	21 ♎ 35	22 ♌ 52	13 ♌	10 ♋	9 ♋	23 ♒	16 ♑
16	22 ♌ 28	27 ♎ 38	2 ♒ 4	3 ♒ 5	3 ♌ 54	13 ♋ 11	10 ♌ 49	21 ♊ 3	22 ♎ 45	20 ♋ 49	21 ♎ 36	22 ♌ 54	13 ♌	11 ♋	10 ♋	23 ♒	16 ♑
17	23 ♌ 25	9 ♏ 41	2 ♒ 1	3 ♒ 4	5 ♌ 8	14 ♋ 20	11 ♌ 28	21 ♊ 12	22 ♎ 49	20 ♋ 53	21 ♎ 37	22 ♌ 56	14 ♌	12 ♋	11 ♋	23 ♒	16 ♑
18	24 ♌ 23	21 ♏ 56	1 ♒ 58	3 ♒ 3	6 ♌ 27	15 ♋ 29	12 ♌ 6	21 ♊ 22	22 ♎ 54	20 ♋ 56	21 ♎ 39	22 ♌ 58	14 ♌	12 ♋	11 ♋	22 ♒	16 ♑
19	25 ♌ 21	4 ♐ 28	1 ♒ 55	3 D 3	7 ♌ 52	16 ♋ 38	12 ♌ 44	21 ♊ 31	22 ♎ 59	20 ♋ 59	21 ♎ 40	23 ♌ 0	15 ♌	13 ♋	12 ♋	22 ♒	16 ♑
20	26 ♌ 19	17 ♐ 20	1 ♒ 52	3 ♒ 4	9 ♌ 21	17 ♋ 48	13 ♌ 23	21 ♊ 41	23 ♎ 4	21 ♋ 2	21 ♎ 42	23 ♌ 2	15 ♌	13 ♋	12 ♋	22 ♒	16 ♑
21	27 ♌ 16	0 ♑ 37	1 ♒ 48	3 ♒ 6	10 ♌ 55	18 ♋ 57	14 ♌ 1	21 ♊ 50	23 ♎ 9	21 ♋ 5	21 ♎ 43	23 ♌ 3	15 ♌	14 ♋	12 ♋	22 ♒	15 ♑
22	28 ♌ 14	14 ♑ 20	1 ♒ 45	3 ♒ 7	12 ♌ 34	20 ♋ 7	14 ♌ 39	21 ♊ 59	23 ♎ 14	21 ♋ 8	21 ♎ 45	23 ♌ 5	16 ♌	14 ♋	13 ♋	21 ♒	15 ♑
23	29 ♌ 12	28 ♑ 30	1 ♒ 42	3 ♒ 8	14 ♌ 16	21 ♋ 17	15 ♌ 18	22 ♊ 8	23 ♎ 19	21 ♋ 11	21 ♎ 46	23 ♌ 7	16 ♌	15 ♋	14 ♋	21 ♒	15 ♑
24	0 ♍ 10	13 ♒ 5	1 ♒ 39	3 R 8	16 ♌ 2	22 ♋ 27	15 ♌ 56	22 ♊ 17	23 ♎ 25	21 ♋ 14	21 ♎ 48	23 ♌ 9	17 ♌	16 ♋	14 ♋	21 ♒	15 ♑
25	1 ♍ 8	27 ♒ 59	1 ♒ 36	3 ♒ 6	17 ♌ 51	23 ♋ 37	16 ♌ 34	22 ♊ 26	23 ♎ 30	21 ♋ 17	21 ♎ 49	23 ♌ 11	17 ♌	16 ♋	15 ♋	20 ♒	15 ♑
26	2 ♍ 5	13 ♓ 6	1 ♒ 32	3 ♒ 4	19 ♌ 42	24 ♋ 47	17 ♌ 13	22 ♊ 35	23 ♎ 35	21 ♋ 20	21 ♎ 51	23 ♌ 13	18 ♌	17 ♋	15 ♋	20 ♒	15 ♑
27	3 ♍ 3	28 ♓ 15	1 ♒ 29	3 ♒ 0	21 ♌ 35	25 ♋ 57	17 ♌ 51	22 ♊ 43	23 ♎ 41	21 ♋ 23	21 ♎ 52	23 ♌ 15	18 ♌	17 ♋	16 ♋	20 ♒	15 ♑
28	4 ♍ 1	13 ♈ 17	1 ♒ 26	2 ♒ 55	23 ♌ 30	27 ♋ 7	18 ♌ 29	22 ♊ 51	23 ♎ 46	21 ♋ 26	21 ♎ 54	23 ♌ 17	19 ♌	18 ♋	16 ♋	20 ♒	15 ♑
29	4 ♍ 59	28 ♈ 4	1 ♒ 23	2 ♒ 51	25 ♌ 26	28 ♋ 18	19 ♌ 7	23 ♊ 0	23 ♎ 52	21 ♋ 29	21 ♎ 56	23 ♌ 19	19 ♌	18 ♋	17 ♋	20 ♒	15 ♑
30	5 ♍ 57	12 ♉ 29	1 ♒ 20	2 ♒ 48	27 ♌ 23	29 ♋ 28	19 ♌ 46	23 ♊ 8	23 ♎ 57	21 ♋ 32	21 ♎ 57	23 ♌ 20	19 ♌	19 ♋	18 ♋	19 ♒	15 ♑
31	6 ♍ 55	26 ♉ 30	1 ♒ 17	2 ♒ 46	29 ♌ 20	0 ♌ 39	20 ♌ 24	23 ♊ 16	24 ♎ 3	21 ♋ 35	21 ♎ 59	23 ♌ 22	20 ♌	20 ♋	18 ♋	19 ♒	15 ♑

SUN INGRESS: ☉ → ♍ 23日 19:45

MOON PHASE: ◑ 2日 12:16 ♉　● 10日 01:10 ♌　◐ 18日 05:08 ♏　○ 25日 05:21 ♓　◑ 31日 19:46 ♊

aspects		
14日	05:12	☉⚹♃
15日	02:01	☉⚹♆
16日	07:36	☉⚹♄
16日	11:16	☉☌♇
19日	04:52	♄⚹♇
20日	02:47	♃△♆
22日	22:00	♀☌♅
23日	10:15	♀□♆
23日	21:58	☿☌♂
24日	21:25	♀□♄
27日	03:44	☿⚹♆
27日	15:26	☿⚹♃
27日	21:15	☿☌♇
28日	03:35	☿⚹♄

1953年9月

DAY	☉	☽	☊ mean	☊ true	☿	♀	♂	♃	♄	♅	♆	♇	⚳	⚴	⚵	⚶	⚷
	° ′	° ′	° ′	° ′	° ′	° ′	° ′	° ′	° ′	° ′	° ′	° ′	°	°	°	°	°
1	7 ♍ 53	10 ♊ 5	1 ♒ 13	2 D 46	1 D 18	1 D 50	21 D 2	23 D 24	24 D 9	21 D 38	22 D 1	23 D 24	20 D	20 D	19 D	19 R	15 R
2	8 ♍ 51	23 ♊ 16	1 ♒ 10	2 ♒ 47	3 ♍ 16	3 ♌ 1	21 ♌ 40	23 ♊ 32	24 ♎ 14	21 ♋ 40	22 ♎ 2	23 ♌ 26	21 ♌	21 ♋	19 ♋	19 ♒	15 ♑
3	9 ♍ 49	6 ♋ 6	1 ♒ 7	2 ♒ 48	5 ♍ 14	4 ♌ 12	22 ♌ 18	23 ♊ 39	24 ♎ 20	21 ♋ 43	22 ♎ 4	23 ♌ 28	21 ♌	21 ♋	20 ♋	19 ♒	15 ♑
4	10 ♍ 48	18 ♋ 39	1 ♒ 4	2 ♒ 50	7 ♍ 11	5 ♌ 23	22 ♌ 56	23 ♊ 47	24 ♎ 26	21 ♋ 46	22 ♎ 6	23 ♌ 30	22 ♌	22 ♋	20 ♋	18 ♒	15 ♑
5	11 ♍ 46	0 ♌ 58	1 ♒ 1	2 ♒ 50	9 ♍ 8	6 ♌ 34	23 ♌ 34	23 ♊ 54	24 ♎ 32	21 ♋ 48	22 ♎ 8	23 ♌ 32	22 ♌	22 ♋	21 ♋	18 ♒	15 ♑
6	12 ♍ 44	13 ♌ 7	0 ♒ 58	2 R 50	11 ♍ 3	7 ♌ 45	24 ♌ 13	24 ♊ 1	24 ♎ 38	21 ♋ 51	22 ♎ 10	23 ♌ 33	23 ♌	23 ♋	21 ♋	18 ♒	15 ♑
7	13 ♍ 42	25 ♌ 7	0 ♒ 54	2 ♒ 47	12 ♍ 59	8 ♌ 56	24 ♌ 51	24 ♊ 8	24 ♎ 44	21 ♋ 54	22 ♎ 11	23 ♌ 35	23 ♌	24 ♋	22 ♋	18 ♒	15 ♑
8	14 ♍ 40	7 ♍ 3	0 ♒ 51	2 ♒ 43	14 ♍ 53	10 ♌ 8	25 ♌ 29	24 ♊ 15	24 ♎ 50	21 ♋ 56	22 ♎ 13	23 ♌ 37	24 ♌	24 ♋	22 ♋	18 ♒	15 ♑
9	15 ♍ 39	18 ♍ 55	0 ♒ 48	2 ♒ 37	16 ♍ 46	11 ♌ 19	26 ♌ 7	24 ♊ 22	24 ♎ 56	21 ♋ 59	22 ♎ 15	23 ♌ 39	24 ♌	25 ♋	23 ♋	18 ♒	15 ♑
10	16 ♍ 37	0 ♎ 45	0 ♒ 45	2 ♒ 29	18 ♍ 39	12 ♌ 31	26 ♌ 45	24 ♊ 28	25 ♎ 2	22 ♋ 1	22 ♎ 17	23 ♌ 41	24 ♌	25 ♋	23 ♋	17 ♒	15 ♑
11	17 ♍ 35	12 ♎ 36	0 ♒ 42	2 ♒ 20	20 ♍ 30	13 ♌ 42	27 ♌ 23	24 ♊ 35	25 ♎ 9	22 ♋ 4	22 ♎ 19	23 ♌ 42	25 ♌	26 ♋	24 ♋	17 ♒	15 ♑
12	18 ♍ 34	24 ♎ 29	0 ♒ 38	2 ♒ 12	22 ♍ 20	14 ♌ 54	28 ♌ 1	24 ♊ 41	25 ♎ 15	22 ♋ 6	22 ♎ 21	23 ♌ 44	25 ♌	26 ♋	24 ♋	17 ♒	15 ♑
13	19 ♍ 32	6 ♏ 26	0 ♒ 35	2 ♒ 4	24 ♍ 9	16 ♌ 6	28 ♌ 39	24 ♊ 47	25 ♎ 21	22 ♋ 8	22 ♎ 23	23 ♌ 46	26 ♌	27 ♋	25 ♋	17 ♒	15 ♑
14	20 ♍ 31	18 ♏ 30	0 ♒ 32	1 ♒ 57	25 ♍ 57	17 ♌ 18	29 ♌ 17	24 ♊ 53	25 ♎ 28	22 ♋ 11	22 ♎ 25	23 ♌ 48	26 ♌	28 ♋	25 ♋	17 ♒	15 ♑
15	21 ♍ 29	0 ♐ 45	0 ♒ 29	1 ♒ 53	27 ♍ 44	18 ♌ 30	29 ♌ 55	24 ♊ 59	25 ♎ 34	22 ♋ 13	22 ♎ 27	23 ♌ 49	27 ♌	28 ♋	26 ♋	17 ♒	15 ♑
16	22 ♍ 27	13 ♐ 14	0 ♒ 26	1 ♒ 51	29 ♍ 30	19 ♌ 42	0 ♍ 33	25 ♊ 4	25 ♎ 41	22 ♋ 15	22 ♎ 29	23 ♌ 51	27 ♌	29 ♋	26 ♋	17 ♒	15 ♑
17	23 ♍ 26	26 ♐ 1	0 ♒ 23	1 D 50	1 ♎ 15	20 ♌ 54	1 ♍ 11	25 ♊ 10	25 ♎ 47	22 ♋ 17	22 ♎ 31	23 ♌ 53	28 ♌	29 ♋	27 ♋	17 ♒	15 ♑
18	24 ♍ 25	9 ♑ 10	0 ♒ 19	1 ♒ 51	2 ♎ 58	22 ♌ 6	1 ♍ 49	25 ♊ 15	25 ♎ 54	22 ♋ 20	22 ♎ 33	23 ♌ 54	28 ♌	0 ♌	27 ♋	16 ♒	15 ♑
19	25 ♍ 23	22 ♑ 44	0 ♒ 16	1 ♒ 52	4 ♎ 41	23 ♌ 18	2 ♍ 26	25 ♊ 20	26 ♎ 0	22 ♋ 22	22 ♎ 35	23 ♌ 56	28 ♌	0 ♌	28 ♋	16 ♒	15 ♑
20	26 ♍ 22	6 ♒ 47	0 ♒ 13	1 R 52	6 ♎ 23	24 ♌ 31	3 ♍ 4	25 ♊ 25	26 ♎ 7	22 ♋ 24	22 ♎ 37	23 ♌ 58	29 ♌	1 ♌	28 ♋	16 ♒	15 ♑
21	27 ♍ 20	21 ♒ 17	0 ♒ 10	1 ♒ 51	8 ♎ 3	25 ♌ 43	3 ♍ 42	25 ♊ 30	26 ♎ 13	22 ♋ 26	22 ♎ 39	23 ♌ 59	29 ♌	1 ♌	29 ♋	16 ♒	15 ♑
22	28 ♍ 19	6 ♓ 11	0 ♒ 7	1 ♒ 47	9 ♎ 43	26 ♌ 56	4 ♍ 20	25 ♊ 34	26 ♎ 20	22 ♋ 28	22 ♎ 41	24 ♌ 1	0 ♍	2 ♌	29 ♋	16 ♒	15 D
23	29 ♍ 18	21 ♓ 22	0 ♒ 4	1 ♒ 41	11 ♎ 22	28 ♌ 8	4 ♍ 58	25 ♊ 39	26 ♎ 27	22 ♋ 30	22 ♎ 43	24 ♌ 3	0 ♍	3 ♌	0 ♌	16 ♒	15 ♑
24	0 ♎ 16	6 ♈ 42	0 ♒ 0	1 ♒ 33	12 ♎ 59	29 ♌ 21	5 ♍ 36	25 ♊ 43	26 ♎ 34	22 ♋ 31	22 ♎ 45	24 ♌ 4	1 ♍	3 ♌	0 ♌	16 ♒	15 ♑
25	1 ♎ 15	21 ♈ 58	29 ♑ 57	1 ♒ 24	14 ♎ 36	0 ♍ 33	6 ♍ 14	25 ♊ 47	26 ♎ 40	22 ♋ 33	22 ♎ 47	24 ♌ 6	1 ♍	4 ♌	1 ♌	16 ♒	15 ♑
26	2 ♎ 14	7 ♉ 0	29 ♑ 54	1 ♒ 15	16 ♎ 12	1 ♍ 46	6 ♍ 51	25 ♊ 51	26 ♎ 47	22 ♋ 35	22 ♎ 49	24 ♌ 7	1 ♍	4 ♌	1 ♌	16 ♒	15 ♑
27	3 ♎ 13	21 ♉ 39	29 ♑ 51	1 ♒ 8	17 ♎ 47	2 ♍ 59	7 ♍ 29	25 ♊ 54	26 ♎ 54	22 ♋ 37	22 ♎ 51	24 ♌ 9	2 ♍	5 ♌	2 ♌	16 ♒	15 ♑
28	4 ♎ 12	5 ♊ 50	29 ♑ 48	1 ♒ 2	19 ♎ 21	4 ♍ 12	8 ♍ 7	25 ♊ 58	27 ♎ 1	22 ♋ 39	22 ♎ 53	24 ♌ 11	2 ♍	5 ♌	2 ♌	16 ♒	15 ♑
29	5 ♎ 11	19 ♊ 32	29 ♑ 44	0 ♒ 59	20 ♎ 54	5 ♍ 25	8 ♍ 45	26 ♊ 1	27 ♎ 8	22 ♋ 40	22 ♎ 56	24 ♌ 12	3 ♍	6 ♌	3 ♌	16 ♒	15 ♑
30	6 ♎ 9	2 ♋ 45	29 ♑ 41	0 ♒ 58	22 ♎ 26	6 ♍ 38	9 ♍ 22	26 ♊ 4	27 ♎ 15	22 ♋ 42	22 ♎ 58	24 ♌ 14	3 ♍	6 ♌	3 ♌	16 D	15 ♑

SUN INGRESS	☉ → ♎ 23日 17:06
MOON PHASE	● 8日 16:48 ♍ ◐ 16日 18:49 ♐ ○ 23日 13:16 ♓ ◑ 30日 06:51 ♋

aspects		
1日	01:25	♃ ⚹ ♇
2日	14:42	♂ ⚹ ♆
4日	22:02	♂ ☌ ♇
5日	15:02	♂ ⚹ ♃
6日	19:03	♂ ⚹ ♄
7日	18:35	☉ ☌ ☿
11日	20:53	☿ ⚹ ♅
13日	08:51	☿ □ ♃
15日	18:46	☉ ⚹ ♅
18日	09:06	♀ ⚹ ♆
18日	22:34	☉ □ ♃
19日	12:51	♀ ☌ ♇
20日	19:14	♀ ⚹ ♃
21日	11:05	♀ ⚹ ♄
30日	04:17	☿ □ ♅
30日	08:36	☿ ☌ ♆

1953年10月

DAY	☉	☽	☊ mean	☊ true	☿	♀	♂	♃	♄	♅	♆	♇	⚳	⚴	⚵	⚶	⚷
	° ′	° ′	° ′	° ′	° ′	° ′	° ′	° ′	° ′	° ′	° ′	° ′	°	°	°	°	°
1	7 ♎ 8	15 ♋ 33	29 ♑ 38	0 D 58	23 D 57	7 D 51	10 D 0	26 D 7	27 D 22	22 D 43	23 D 0	24 D 15	4 D	7 D	3 D	16 D	15 D
2	8 ♎ 7	28 ♋ 0	29 ♑ 35	0 ♒ 58	25 ♎ 27	9 ♍ 5	10 ♍ 38	26 ♊ 10	27 ♎ 29	22 ♋ 45	23 ♎ 2	24 ♌ 17	4 ♍	7 ♌	4 ♌	16 ♒	15 ♑
3	9 ♎ 6	10 ♌ 12	29 ♑ 32	0 R 58	26 ♎ 57	10 ♍ 18	11 ♍ 16	26 ♊ 13	27 ♎ 36	22 ♋ 46	23 ♎ 4	24 ♌ 18	5 ♍	8 ♌	4 ♌	16 ♒	15 ♑
4	10 ♎ 6	22 ♌ 13	29 ♑ 29	0 ♒ 56	28 ♎ 26	11 ♍ 31	11 ♍ 53	26 ♊ 15	27 ♎ 43	22 ♋ 48	23 ♎ 6	24 ♌ 19	5 ♍	8 ♌	5 ♌	16 ♒	15 ♑
5	11 ♎ 5	4 ♍ 7	29 ♑ 25	0 ♒ 51	29 ♎ 53	12 ♍ 45	12 ♍ 31	26 ♊ 17	27 ♎ 50	22 ♋ 49	23 ♎ 9	24 ♌ 21	5 ♍	9 ♌	5 ♌	16 ♒	15 ♑
6	12 ♎ 4	15 ♍ 57	29 ♑ 22	0 ♒ 44	1 ♏ 20	13 ♍ 58	13 ♍ 9	26 ♊ 19	27 ♎ 57	22 ♋ 50	23 ♎ 11	24 ♌ 22	6 ♍	10 ♌	6 ♌	16 ♒	15 ♑
7	13 ♎ 3	27 ♍ 47	29 ♑ 19	0 ♒ 33	2 ♏ 46	15 ♍ 12	13 ♍ 46	26 ♊ 21	28 ♎ 4	22 ♋ 52	23 ♎ 13	24 ♌ 24	6 ♍	10 ♌	6 ♌	16 ♒	15 ♑
8	14 ♎ 2	9 ♎ 39	29 ♑ 16	0 ♒ 21	4 ♏ 11	16 ♍ 25	14 ♍ 24	26 ♊ 23	28 ♎ 11	22 ♋ 53	23 ♎ 15	24 ♌ 25	7 ♍	11 ♌	7 ♌	16 ♒	15 ♑
9	15 ♎ 2	21 ♎ 33	29 ♑ 13	0 ♒ 7	5 ♏ 35	17 ♍ 39	15 ♍ 2	26 ♊ 24	28 ♎ 18	22 ♋ 54	23 ♎ 17	24 ♌ 26	7 ♍	11 ♌	7 ♌	16 ♒	15 ♑
10	16 ♎ 1	3 ♏ 32	29 ♑ 9	29 ♑ 53	6 ♏ 59	18 ♍ 53	15 ♍ 39	26 ♊ 25	28 ♎ 25	22 ♋ 55	23 ♎ 20	24 ♌ 28	8 ♍	12 ♌	8 ♌	16 ♒	15 ♑
11	17 ♎ 0	15 ♏ 36	29 ♑ 6	29 ♑ 40	8 ♏ 21	20 ♍ 6	16 ♍ 17	26 ♊ 26	28 ♎ 33	22 ♋ 56	23 ♎ 22	24 ♌ 29	8 ♍	12 ♌	8 ♌	16 ♒	15 ♑
12	18 ♎ 0	27 ♏ 47	29 ♑ 3	29 ♑ 30	9 ♏ 42	21 ♍ 20	16 ♍ 54	26 ♊ 27	28 ♎ 40	22 ♋ 57	23 ♎ 24	24 ♌ 30	8 ♍	13 ♌	8 ♌	17 ♒	15 ♑
13	18 ♎ 59	10 ♐ 7	29 ♑ 0	29 ♑ 21	11 ♏ 2	22 ♍ 34	17 ♍ 32	26 ♊ 28	28 ♎ 47	22 ♋ 58	23 ♎ 26	24 ♌ 31	9 ♍	13 ♌	9 ♌	17 ♒	15 ♑
14	19 ♎ 58	22 ♐ 39	28 ♑ 57	29 ♑ 16	12 ♏ 21	23 ♍ 48	18 ♍ 10	26 ♊ 28	28 ♎ 54	22 ♋ 59	23 ♎ 29	24 ♌ 33	9 ♍	14 ♌	9 ♌	17 ♒	15 ♑
15	20 ♎ 58	5 ♑ 25	28 ♑ 54	29 ♑ 14	13 ♏ 38	25 ♍ 2	18 ♍ 47	26 ♊ 28	29 ♎ 1	23 ♋ 0	23 ♎ 31	24 ♌ 34	10 ♍	14 ♌	10 ♌	17 ♒	15 ♑
16	21 ♎ 57	18 ♑ 30	28 ♑ 50	29 ♑ 13	14 ♏ 54	26 ♍ 16	19 ♍ 25	26 R 28	29 ♎ 9	23 ♋ 1	23 ♎ 33	24 ♌ 35	10 ♍	15 ♌	10 ♌	17 ♒	15 ♑
17	22 ♎ 57	1 ♒ 56	28 ♑ 47	29 ♑ 13	16 ♏ 9	27 ♍ 30	20 ♍ 2	26 ♊ 28	29 ♎ 16	23 ♋ 1	23 ♎ 35	24 ♌ 36	11 ♍	15 ♌	10 ♌	17 ♒	15 ♑
18	23 ♎ 56	15 ♒ 47	28 ♑ 44	29 ♑ 12	17 ♏ 23	28 ♍ 44	20 ♍ 40	26 ♊ 28	29 ♎ 23	23 ♋ 2	23 ♎ 38	24 ♌ 37	11 ♍	16 ♌	11 ♌	17 ♒	15 ♑
19	24 ♎ 56	0 ♓ 2	28 ♑ 41	29 ♑ 10	18 ♏ 34	29 ♍ 58	21 ♍ 17	26 ♊ 27	29 ♎ 30	23 ♋ 3	23 ♎ 40	24 ♌ 38	11 ♍	16 ♌	11 ♌	17 ♒	15 ♑
20	25 ♎ 56	14 ♓ 43	28 ♑ 38	29 ♑ 5	19 ♏ 44	1 ♎ 12	21 ♍ 55	26 ♊ 26	29 ♎ 38	23 ♋ 3	23 ♎ 42	24 ♌ 40	12 ♍	17 ♌	12 ♌	17 ♒	15 ♑
21	26 ♎ 55	29 ♓ 43	28 ♑ 35	28 ♑ 57	20 ♏ 52	2 ♎ 27	22 ♍ 32	26 ♊ 25	29 ♎ 45	23 ♋ 4	23 ♎ 44	24 ♌ 41	12 ♍	17 ♌	12 ♌	18 ♒	15 ♑
22	27 ♎ 55	14 ♈ 54	28 ♑ 31	28 ♑ 47	21 ♏ 58	3 ♎ 41	23 ♍ 9	26 ♊ 24	29 ♎ 52	23 ♋ 4	23 ♎ 47	24 ♌ 42	13 ♍	18 ♌	13 ♌	18 ♒	15 ♑
23	28 ♎ 55	0 ♉ 8	28 ♑ 28	28 ♑ 36	23 ♏ 2	4 ♎ 55	23 ♍ 47	26 ♊ 22	29 ♎ 59	23 ♋ 4	23 ♎ 49	24 ♌ 43	13 ♍	18 ♌	13 ♌	18 ♒	15 ♑
24	29 ♎ 54	15 ♉ 12	28 ♑ 25	28 ♑ 24	24 ♏ 3	6 ♎ 9	24 ♍ 24	26 ♊ 21	0 ♏ 7	23 ♋ 5	23 ♎ 51	24 ♌ 44	13 ♍	19 ♌	13 ♌	18 ♒	15 ♑
25	0 ♏ 54	29 ♉ 57	28 ♑ 22	28 ♑ 14	25 ♏ 1	7 ♎ 24	25 ♍ 2	26 ♊ 19	0 ♏ 14	23 ♋ 5	23 ♎ 53	24 ♌ 45	14 ♍	19 ♌	14 ♌	18 ♒	16 ♑
26	1 ♏ 54	14 ♊ 16	28 ♑ 19	28 ♑ 7	25 ♏ 56	8 ♎ 38	25 ♍ 39	26 ♊ 17	0 ♏ 21	23 ♋ 5	23 ♎ 55	24 ♌ 46	14 ♍	20 ♌	14 ♌	18 ♒	16 ♑
27	2 ♏ 54	28 ♊ 5	28 ♑ 15	28 ♑ 1	26 ♏ 48	9 ♎ 53	26 ♍ 17	26 ♊ 15	0 ♏ 28	23 ♋ 6	23 ♎ 58	24 ♌ 46	15 ♍	20 ♌	14 ♌	19 ♒	16 ♑
28	3 ♏ 54	11 ♋ 24	28 ♑ 12	27 ♑ 59	27 ♏ 35	11 ♎ 7	26 ♍ 54	26 ♊ 12	0 ♏ 36	23 ♋ 6	24 ♎ 0	24 ♌ 47	15 ♍	20 ♌	15 ♌	19 ♒	16 ♑
29	4 ♏ 53	24 ♋ 16	28 ♑ 9	27 ♑ 58	28 ♏ 19	12 ♎ 22	27 ♍ 31	26 ♊ 10	0 ♏ 43	23 ♋ 6	24 ♎ 2	24 ♌ 48	16 ♍	21 ♌	15 ♌	19 ♒	16 ♑
30	5 ♏ 53	6 ♌ 46	28 ♑ 6	27 ♑ 58	28 ♏ 58	13 ♎ 37	28 ♍ 9	26 ♊ 7	0 ♏ 50	23 R 6	24 ♎ 4	24 ♌ 49	16 ♍	21 ♌	16 ♌	19 ♒	16 ♑
31	6 ♏ 53	18 ♌ 57	28 ♑ 3	27 ♑ 58	29 ♏ 31	14 ♎ 51	28 ♍ 46	26 ♊ 4	0 ♏ 57	23 ♋ 6	24 ♎ 7	24 ♌ 50	16 ♍	22 ♌	16 ♌	19 ♒	16 ♑

SUN INGRESS	☉ → ♏ 24日 02:06
MOON PHASE	● 8日 09:40 ♎ ◐ 16日 06:44 ♑ ○ 22日 21:56 ♈ ◑ 29日 22:09 ♌

aspects		
1日	04:51	☿ ⚹ ♇
2日	11:44	☿ △ ♃
3日	11:21	☿ ☌ ♄
4日	14:51	♀ ☌ ♂
13日	07:55	♀ ⚹ ♅
16日	03:59	♀ □ ♃
17日	01:49	☉ □ ♅
17日	16:08	☉ ☌ ♆
18日	16:49	☉ ⚹ ♇
20日	12:07	☉ △ ♃
21日	20:30	♂ ⚹ ♅
23日	01:03	☿ △ ♅
24日	05:38	☉ ☌ ♄
24日	17:00	☿ □ ♇
25日	01:01	☿ ⚹ ♂
26日	23:00	♂ □ ♃

1953年11月

DAY	☉	☽	☊ mean	☊ true	☿	♀	♂	♃	♄	♅	♆	♇	⚳	⚴	⚵	⚶	⚷
	° ′	° ′	° ′	° ′	° ′	° ′	° ′	° ′	° ′	° ′	° ′	° ′	°	°	°	°	°
1	7 ♏ 53	0 ♍ 57	28 ♑ 0	27 R 56	29 D 59	16 D 6	29 D 23	26 R 1	1 D 5	23 R 6	24 D 9	24 D 51	17 D	22 D	16 D	20 D	16 D
2	8 ♏ 53	12 ♍ 49	27 ♑ 56	27 ♑ 51	0 ♐ 20	17 ♎ 21	0 ♎ 1	25 ♊ 58	1 ♏ 12	23 ♋ 6	24 ♎ 11	24 ♌ 51	17 ♍	23 ♌	17 ♌	20 ♒	16 ♑
3	9 ♏ 54	24 ♍ 39	27 ♑ 53	27 ♑ 44	0 ♐ 34	18 ♎ 35	0 ♎ 38	25 ♊ 54	1 ♏ 19	23 ♋ 5	24 ♎ 13	24 ♌ 52	18 ♍	23 ♌	17 ♌	20 ♒	16 ♑
4	10 ♏ 54	6 ♎ 29	27 ♑ 50	27 ♑ 34	0 ♐ 41	19 ♎ 50	1 ♎ 15	25 ♊ 50	1 ♏ 26	23 ♋ 5	24 ♎ 15	24 ♌ 53	18 ♍	24 ♌	17 ♌	20 ♒	16 ♑
5	11 ♏ 54	18 ♎ 23	27 ♑ 47	27 ♑ 21	0 R 39	21 ♎ 5	1 ♎ 52	25 ♊ 46	1 ♏ 34	23 ♋ 5	24 ♎ 17	24 ♌ 53	18 ♍	24 ♌	18 ♌	21 ♒	16 ♑
6	12 ♏ 54	0 ♏ 24	27 ♑ 44	27 ♑ 8	0 ♐ 28	22 ♎ 20	2 ♎ 30	25 ♊ 42	1 ♏ 41	23 ♋ 4	24 ♎ 20	24 ♌ 54	19 ♍	25 ♌	18 ♌	21 ♒	16 ♑
7	13 ♏ 54	12 ♏ 31	27 ♑ 41	26 ♑ 54	0 ♐ 8	23 ♎ 35	3 ♎ 7	25 ♊ 38	1 ♏ 48	23 ♋ 4	24 ♎ 22	24 ♌ 55	19 ♍	25 ♌	18 ♌	21 ♒	16 ♑
8	14 ♏ 54	24 ♏ 47	27 ♑ 37	26 ♑ 41	29 ♏ 38	24 ♎ 50	3 ♎ 44	25 ♊ 33	1 ♏ 55	23 ♋ 4	24 ♎ 24	24 ♌ 55	20 ♍	25 ♌	19 ♌	21 ♒	16 ♑
9	15 ♏ 55	7 ♐ 12	27 ♑ 34	26 ♑ 30	28 ♏ 58	26 ♎ 5	4 ♎ 21	25 ♊ 29	2 ♏ 2	23 ♋ 3	24 ♎ 26	24 ♌ 56	20 ♍	26 ♌	19 ♌	22 ♒	16 ♑
10	16 ♏ 55	19 ♐ 46	27 ♑ 31	26 ♑ 22	28 ♏ 8	27 ♎ 20	4 ♎ 58	25 ♊ 24	2 ♏ 9	23 ♋ 3	24 ♎ 28	24 ♌ 56	20 ♍	26 ♌	19 ♌	22 ♒	16 ♑
11	17 ♏ 55	2 ♑ 30	27 ♑ 28	26 ♑ 16	27 ♏ 9	28 ♎ 34	5 ♎ 36	25 ♊ 19	2 ♏ 16	23 ♋ 2	24 ♎ 30	24 ♌ 57	21 ♍	27 ♌	20 ♌	22 ♒	16 ♑
12	18 ♏ 56	15 ♑ 26	27 ♑ 25	26 ♑ 14	26 ♏ 2	29 ♎ 50	6 ♎ 13	25 ♊ 14	2 ♏ 24	23 ♋ 1	24 ♎ 32	24 ♌ 57	21 ♍	27 ♌	20 ♌	22 ♒	16 ♑
13	19 ♏ 56	28 ♑ 36	27 ♑ 21	26 D 14	24 ♏ 49	1 ♏ 5	6 ♎ 50	25 ♊ 8	2 ♏ 31	23 ♋ 0	24 ♎ 34	24 ♌ 58	22 ♍	27 ♌	20 ♌	23 ♒	17 ♑
14	20 ♏ 56	12 ♒ 2	27 ♑ 18	26 ♑ 14	23 ♏ 31	2 ♏ 20	7 ♎ 27	25 ♊ 3	2 ♏ 38	23 ♋ 0	24 ♎ 36	24 ♌ 58	22 ♍	28 ♌	20 ♌	23 ♒	17 ♑
15	21 ♏ 57	25 ♒ 46	27 ♑ 15	26 R 14	22 ♏ 10	3 ♏ 35	8 ♎ 4	24 ♊ 57	2 ♏ 45	22 ♋ 59	24 ♎ 38	24 ♌ 58	22 ♍	28 ♌	21 ♌	23 ♒	17 ♑
16	22 ♏ 57	9 ♓ 49	27 ♑ 12	26 ♑ 13	20 ♏ 50	4 ♏ 50	8 ♎ 41	24 ♊ 51	2 ♏ 52	22 ♋ 58	24 ♎ 40	24 ♌ 59	23 ♍	29 ♌	21 ♌	23 ♒	17 ♑
17	23 ♏ 58	24 ♓ 10	27 ♑ 9	26 ♑ 9	19 ♏ 33	6 ♏ 5	9 ♎ 18	24 ♊ 45	2 ♏ 59	22 ♋ 57	24 ♎ 42	24 ♌ 59	23 ♍	29 ♌	21 ♌	24 ♒	17 ♑
18	24 ♏ 58	8 ♈ 49	27 ♑ 6	26 ♑ 3	18 ♏ 21	7 ♏ 20	9 ♎ 55	24 ♊ 39	3 ♏ 6	22 ♋ 56	24 ♎ 44	24 ♌ 59	23 ♍	29 ♌	22 ♌	24 ♒	17 ♑
19	25 ♏ 59	23 ♈ 38	27 ♑ 2	25 ♑ 55	17 ♏ 17	8 ♏ 35	10 ♎ 32	24 ♊ 33	3 ♏ 12	22 ♋ 55	24 ♎ 46	25 ♌ 0	24 ♍	0 ♍	22 ♌	24 ♒	17 ♑
20	26 ♏ 59	8 ♉ 31	26 ♑ 59	25 ♑ 46	16 ♏ 22	9 ♏ 50	11 ♎ 9	24 ♊ 26	3 ♏ 19	22 ♋ 54	24 ♎ 48	25 ♌ 0	24 ♍	0 ♍	22 ♌	25 ♒	17 ♑
21	28 ♏ 0	23 ♉ 20	26 ♑ 56	25 ♑ 37	15 ♏ 38	11 ♏ 5	11 ♎ 46	24 ♊ 20	3 ♏ 26	22 ♋ 53	24 ♎ 50	25 ♌ 0	25 ♍	1 ♍	22 ♌	25 ♒	17 ♑
22	29 ♏ 0	7 ♊ 55	26 ♑ 53	25 ♑ 28	15 ♏ 6	12 ♏ 21	12 ♎ 23	24 ♊ 13	3 ♏ 33	22 ♋ 52	24 ♎ 52	25 ♌ 0	25 ♍	1 ♍	23 ♌	25 ♒	17 ♑
23	0 ♐ 1	22 ♊ 9	26 ♑ 50	25 ♑ 22	14 ♏ 45	13 ♏ 36	13 ♎ 0	24 ♊ 6	3 ♏ 40	22 ♋ 50	24 ♎ 54	25 ♌ 0	25 ♍	1 ♍	23 ♌	25 ♒	17 ♑
24	1 ♐ 2	5 ♋ 58	26 ♑ 47	25 ♑ 18	14 ♏ 35	14 ♏ 51	13 ♎ 37	24 ♊ 0	3 ♏ 47	22 ♋ 49	24 ♎ 56	25 ♌ 1	26 ♍	2 ♍	23 ♌	26 ♒	17 ♑
25	2 ♐ 2	19 ♋ 21	26 ♑ 43	25 ♑ 16	14 D 37	16 ♏ 6	14 ♎ 14	23 ♊ 53	3 ♏ 53	22 ♋ 48	24 ♎ 58	25 ♌ 1	26 ♍	2 ♍	23 ♌	26 ♒	17 ♑
26	3 ♐ 3	2 ♌ 18	26 ♑ 40	25 D 16	14 ♏ 50	17 ♏ 22	14 ♎ 51	23 ♊ 45	4 ♏ 0	22 ♋ 46	25 ♎ 0	25 ♌ 1	26 ♍	2 ♍	24 ♌	26 ♒	17 ♑
27	4 ♐ 4	14 ♌ 52	26 ♑ 37	25 ♑ 17	15 ♏ 11	18 ♏ 37	15 ♎ 28	23 ♊ 38	4 ♏ 7	22 ♋ 45	25 ♎ 2	25 ♌ 1	27 ♍	3 ♍	24 ♌	27 ♒	18 ♑
28	5 ♐ 5	27 ♌ 8	26 ♑ 34	25 ♑ 18	15 ♏ 42	19 ♏ 52	16 ♎ 4	23 ♊ 31	4 ♏ 13	22 ♋ 44	25 ♎ 4	25 R 1	27 ♍	3 ♍	24 ♌	27 ♒	18 ♑
29	6 ♐ 5	9 ♍ 10	26 ♑ 31	25 R 18	16 ♏ 20	21 ♏ 8	16 ♎ 41	23 ♊ 23	4 ♏ 20	22 ♋ 42	25 ♎ 5	25 ♌ 1	27 ♍	3 ♍	24 ♌	27 ♒	18 ♑
30	7 ♐ 6	21 ♍ 4	26 ♑ 27	25 ♑ 17	17 ♏ 6	22 ♏ 23	17 ♎ 18	23 ♊ 16	4 ♏ 26	22 ♋ 40	25 ♎ 7	25 ♌ 1	28 ♍	4 ♍	24 ♌	28 ♒	18 ♑

SUN INGRESS	☉ → ♐ 22日 23:22
MOON PHASE	● 7日 02:58 ♏　◐ 14日 16:52 ♒　○ 21日 08:12 ♉　◑ 28日 17:16 ♍

aspects		
2日	20:33	☿⚹♂
6日	14:14	♀□♅
7日	15:30	♀☌♆
8日	01:49	♀⚹♇
8日	13:11	♀△♃
12日	21:12	☿□♇
14日	06:23	♀☌♄
14日	09:21	☿△♅
14日	18:25	♃⚹♇
15日	02:15	☉☌☿
16日	00:15	☉△♅
17日	08:11	♃△♆
18日	00:27	☉□♇
23日	19:19	☿☌♀
26日	09:51	♆⚹♇
30日	05:31	♀△♅

1953年12月

DAY	☉	☽	☊ mean	☊ true	☿	♀	♂	♃	♄	♅	♆	♇	⚳	⚴	⚵	⚶	⚷
	° ′	° ′	° ′	° ′	° ′	° ′	° ′	° ′	° ′	° ′	° ′	° ′	°	°	°	°	°
1	8 ♐ 7	2 ♎ 54	26 ♑ 24	25 R 14	17 D 58	23 D 38	17 D 55	23 R 8	4 D 33	22 R 39	25 D 9	25 R 0	28 D	4 D	25 D	28 D	18 D
2	9 ♐ 8	14 ♎ 46	26 ♑ 21	25 ♑ 8	18 ♏ 55	24 ♏ 54	18 ♎ 32	23 ♊ 0	4 ♏ 39	22 ♋ 37	25 ♎ 11	25 ♌ 0	29 ♍	4 ♍	25 ♌	28 ♒	18 ♑
3	10 ♐ 9	26 ♎ 44	26 ♑ 18	25 ♑ 1	19 ♏ 56	26 ♏ 9	19 ♎ 8	22 ♊ 53	4 ♏ 46	22 ♋ 36	25 ♎ 12	25 ♌ 0	29 ♍	4 ♍	25 ♌	29 ♒	18 ♑
4	11 ♐ 9	8 ♏ 50	26 ♑ 15	24 ♑ 53	21 ♏ 2	27 ♏ 24	19 ♎ 45	22 ♊ 45	4 ♏ 52	22 ♋ 34	25 ♎ 14	25 ♌ 0	29 ♍	5 ♍	25 ♌	29 ♒	18 ♑
5	12 ♐ 10	21 ♏ 6	26 ♑ 12	24 ♑ 44	22 ♏ 12	28 ♏ 40	20 ♎ 22	22 ♊ 37	4 ♏ 58	22 ♋ 32	25 ♎ 16	25 ♌ 0	0 ♎	5 ♍	25 ♌	29 ♒	18 ♑
6	13 ♐ 11	3 ♐ 35	26 ♑ 8	24 ♑ 36	23 ♏ 24	29 ♏ 55	20 ♎ 58	22 ♊ 29	5 ♏ 5	22 ♋ 30	25 ♎ 17	25 ♌ 0	0 ♎	5 ♍	25 ♌	0 ♓	18 ♑
7	14 ♐ 12	16 ♐ 16	26 ♑ 5	24 ♑ 30	24 ♏ 40	1 ♐ 11	21 ♎ 35	22 ♊ 21	5 ♏ 11	22 ♋ 28	25 ♎ 19	24 ♌ 59	0 ♎	6 ♍	25 ♌	0 ♓	18 ♑
8	15 ♐ 13	29 ♐ 9	26 ♑ 2	24 ♑ 25	25 ♏ 57	2 ♐ 26	22 ♎ 12	22 ♊ 13	5 ♏ 17	22 ♋ 27	25 ♎ 21	24 ♌ 59	1 ♎	6 ♍	26 ♌	0 ♓	18 ♑
9	16 ♐ 14	12 ♑ 15	25 ♑ 59	24 ♑ 22	27 ♏ 16	3 ♐ 41	22 ♎ 48	22 ♊ 5	5 ♏ 23	22 ♋ 25	25 ♎ 22	24 ♌ 59	1 ♎	6 ♍	26 ♌	1 ♓	18 ♑
10	17 ♐ 15	25 ♑ 32	25 ♑ 56	24 D 22	28 ♏ 38	4 ♐ 57	23 ♎ 25	21 ♊ 57	5 ♏ 29	22 ♋ 23	25 ♎ 24	24 ♌ 58	1 ♎	6 ♍	26 ♌	1 ♓	19 ♑
11	18 ♐ 16	9 ♒ 0	25 ♑ 53	24 ♑ 22	0 ♐ 0	6 ♐ 12	24 ♎ 1	21 ♊ 49	5 ♏ 35	22 ♋ 21	25 ♎ 25	24 ♌ 58	2 ♎	6 ♍	26 ♌	1 ♓	19 ♑
12	19 ♐ 17	22 ♒ 39	25 ♑ 49	24 ♑ 24	1 ♐ 24	7 ♐ 28	24 ♎ 38	21 ♊ 40	5 ♏ 41	22 ♋ 19	25 ♎ 27	24 ♌ 57	2 ♎	7 ♍	26 ♌	2 ♓	19 ♑
13	20 ♐ 18	6 ♓ 29	25 ♑ 46	24 ♑ 25	2 ♐ 49	8 ♐ 43	25 ♎ 14	21 ♊ 32	5 ♏ 47	22 ♋ 17	25 ♎ 28	24 ♌ 57	2 ♎	7 ♍	26 ♌	2 ♓	19 ♑
14	21 ♐ 19	20 ♓ 30	25 ♑ 43	24 ♑ 26	4 ♐ 15	9 ♐ 59	25 ♎ 51	21 ♊ 24	5 ♏ 53	22 ♋ 14	25 ♎ 30	24 ♌ 57	2 ♎	7 ♍	26 ♌	3 ♓	19 ♑
15	22 ♐ 20	4 ♈ 40	25 ♑ 40	24 R 25	5 ♐ 42	11 ♐ 14	26 ♎ 27	21 ♊ 16	5 ♏ 58	22 ♋ 12	25 ♎ 31	24 ♌ 56	3 ♎	7 ♍	26 ♌	3 ♓	19 ♑
16	23 ♐ 21	18 ♈ 59	25 ♑ 37	24 ♑ 23	7 ♐ 9	12 ♐ 29	27 ♎ 4	21 ♊ 8	6 ♏ 4	22 ♋ 10	25 ♎ 33	24 ♌ 56	3 ♎	8 ♍	26 ♌	3 ♓	19 ♑
17	24 ♐ 22	3 ♉ 22	25 ♑ 33	24 ♑ 20	8 ♐ 37	13 ♐ 45	27 ♎ 40	21 ♊ 0	6 ♏ 10	22 ♋ 8	25 ♎ 34	24 ♌ 55	3 ♎	8 ♍	27 ♌	4 ♓	19 ♑
18	25 ♐ 23	17 ♉ 46	25 ♑ 30	24 ♑ 16	10 ♐ 6	15 ♐ 0	28 ♎ 16	20 ♊ 51	6 ♏ 15	22 ♋ 6	25 ♎ 35	24 ♌ 54	4 ♎	8 ♍	27 ♌	4 ♓	19 ♑
19	26 ♐ 24	2 ♊ 6	25 ♑ 27	24 ♑ 11	11 ♐ 35	16 ♐ 16	28 ♎ 52	20 ♊ 43	6 ♏ 21	22 ♋ 4	25 ♎ 37	24 ♌ 54	4 ♎	8 ♍	27 ♌	4 ♓	19 ♑
20	27 ♐ 25	16 ♊ 16	25 ♑ 24	24 ♑ 7	13 ♐ 4	17 ♐ 31	29 ♎ 29	20 ♊ 35	6 ♏ 26	22 ♋ 1	25 ♎ 38	24 ♌ 53	4 ♎	8 ♍	27 ♌	5 ♓	19 ♑
21	28 ♐ 27	0 ♋ 11	25 ♑ 21	24 ♑ 4	14 ♐ 34	18 ♐ 47	0 ♏ 5	20 ♊ 27	6 ♏ 32	21 ♋ 59	25 ♎ 39	24 ♌ 52	5 ♎	8 ♍	27 ♌	5 ♓	19 ♑
22	29 ♐ 28	13 ♋ 48	25 ♑ 18	24 ♑ 3	16 ♐ 4	20 ♐ 2	0 ♏ 41	20 ♊ 19	6 ♏ 37	21 ♋ 57	25 ♎ 40	24 ♌ 52	5 ♎	9 ♍	27 ♌	6 ♓	20 ♑
23	0 ♑ 29	27 ♋ 4	25 ♑ 14	24 D 2	17 ♐ 35	21 ♐ 18	1 ♏ 17	20 ♊ 11	6 ♏ 42	21 ♋ 54	25 ♎ 42	24 ♌ 51	5 ♎	9 ♍	27 ♌	6 ♓	20 ♑
24	1 ♑ 30	9 ♌ 59	25 ♑ 11	24 ♑ 3	19 ♐ 6	22 ♐ 33	1 ♏ 53	20 ♊ 3	6 ♏ 48	21 ♋ 52	25 ♎ 43	24 ♌ 50	5 ♎	9 ♍	27 ♌	6 ♓	20 ♑
25	2 ♑ 31	22 ♌ 35	25 ♑ 8	24 ♑ 5	20 ♐ 37	23 ♐ 49	2 ♏ 30	19 ♊ 56	6 ♏ 53	21 ♋ 49	25 ♎ 44	24 ♌ 50	6 ♎	9 ♍	27 R	7 ♓	20 ♑
26	3 ♑ 32	4 ♍ 53	25 ♑ 5	24 ♑ 6	22 ♐ 9	25 ♐ 4	3 ♏ 6	19 ♊ 48	6 ♏ 58	21 ♋ 47	25 ♎ 45	24 ♌ 49	6 ♎	9 ♍	27 ♌	7 ♓	20 ♑
27	4 ♑ 33	16 ♍ 58	25 ♑ 2	24 ♑ 8	23 ♐ 41	26 ♐ 20	3 ♏ 42	19 ♊ 40	7 ♏ 3	21 ♋ 45	25 ♎ 46	24 ♌ 48	6 ♎	9 ♍	27 ♌	8 ♓	20 ♑
28	5 ♑ 34	28 ♍ 55	24 ♑ 59	24 ♑ 9	25 ♐ 13	27 ♐ 35	4 ♏ 18	19 ♊ 33	7 ♏ 8	21 ♋ 42	25 ♎ 47	24 ♌ 47	6 ♎	9 ♍	27 ♌	8 ♓	20 ♑
29	6 ♑ 35	10 ♎ 47	24 ♑ 55	24 R 9	26 ♐ 45	28 ♐ 51	4 ♏ 54	19 ♊ 25	7 ♏ 13	21 ♋ 40	25 ♎ 48	24 ♌ 46	7 ♎	9 ♍	27 ♌	8 ♓	20 ♑
30	7 ♑ 37	22 ♎ 40	24 ♑ 52	24 ♑ 8	28 ♐ 18	0 ♑ 6	5 ♏ 30	19 ♊ 18	7 ♏ 17	21 ♋ 37	25 ♎ 49	24 ♌ 45	7 ♎	9 ♍	27 ♌	9 ♓	20 ♑
31	8 ♑ 38	4 ♏ 38	24 ♑ 49	24 ♑ 7	29 ♐ 51	1 ♑ 22	6 ♏ 6	19 ♊ 10	7 ♏ 22	21 ♋ 35	25 ♎ 50	24 ♌ 44	7 ♎	9 ♍	27 ♌	9 ♓	20 ♑

SUN INGRESS	☉ → ♑ 22日 12:31
MOON PHASE	● 6日 19:48 ♐　◐ 14日 01:30 ♓　○ 20日 20:43 ♊　◑ 28日 14:43 ♎

aspects		
2日	02:10	♀□♇
5日	06:38	☿△♅
7日	06:09	☿□♇
8日	00:41	♂△♃
8日	09:17	♂□♅
12日	12:47	♂⚹♇
13日	09:38	♂☌♆
14日	01:42	☉☍♃
17日	12:44	☉△♇
18日	04:49	☉⚹♆
22日	04:54	♀☍♃
24日	13:57	☿☍♃
24日	22:44	☉⚹♂
25日	19:10	♀△♇
26日	13:11	♀⚹♆
27日	17:25	☿△♇
28日	09:04	☿⚹♆
29日	15:47	☉⚹♄

1954年1月

DAY	☉	☽	☊ mean	☊ true	☿	♀	♂	♃	♄	♅	♆	♇	⚳	⚴	⚵	⚶	⚷
	° ′	° ′	° ′	° ′	° ′	° ′	° ′	° ′	° ′	° ′	° ′	° ′	°	°	°	°	°
1	9 ♑ 39	16 ♏ 46	24 ♑ 46	24 R 5	1 D 24	2 D 37	6 D 41	19 R 3	7 D 27	21 R 32	25 D 51	24 R 44	7 D	9 D	26 R	10 D	20 D
2	10 ♑ 40	29 ♏ 8	24 ♑ 43	24 ♑ 3	2 ♑ 58	3 ♑ 53	7 ♏ 17	18 ♊ 56	7 ♏ 31	21 ♋ 30	25 ♎ 52	24 ♌ 43	8 ♎	9 ♍	26 ♌	10 ♓	21 ♑
3	11 ♑ 41	11 ♐ 45	24 ♑ 39	24 ♑ 1	4 ♑ 32	5 ♑ 8	7 ♏ 53	18 ♊ 49	7 ♏ 36	21 ♋ 27	25 ♎ 53	24 ♌ 42	8 ♎	9 ♍	26 ♌	10 ♓	21 ♑
4	12 ♑ 42	24 ♐ 39	24 ♑ 36	23 ♑ 59	6 ♑ 6	6 ♑ 24	8 ♏ 29	18 ♊ 42	7 ♏ 40	21 ♋ 25	25 ♎ 54	24 ♌ 41	8 ♎	9 ♍	26 ♌	11 ♓	21 ♑
5	13 ♑ 44	7 ♑ 52	24 ♑ 33	23 ♑ 58	7 ♑ 41	7 ♑ 39	9 ♏ 4	18 ♊ 35	7 ♏ 44	21 ♋ 22	25 ♎ 54	24 ♌ 40	8 ♎	9 R	26 ♌	11 ♓	21 ♑
6	14 ♑ 45	21 ♑ 21	24 ♑ 30	23 ♑ 58	9 ♑ 16	8 ♑ 55	9 ♏ 40	18 ♊ 29	7 ♏ 48	21 ♋ 19	25 ♎ 55	24 ♌ 39	9 ♎	9 ♍	26 ♌	12 ♓	21 ♑
7	15 ♑ 46	5 ♒ 5	24 ♑ 27	23 D 58	10 ♑ 51	10 ♑ 10	10 ♏ 16	18 ♊ 22	7 ♏ 53	21 ♋ 17	25 ♎ 56	24 ♌ 37	9 ♎	9 ♍	26 ♌	12 ♓	21 ♑
8	16 ♑ 47	19 ♒ 1	24 ♑ 24	23 ♑ 58	12 ♑ 27	11 ♑ 26	10 ♏ 51	18 ♊ 16	7 ♏ 57	21 ♋ 14	25 ♎ 57	24 ♌ 36	9 ♎	9 ♍	26 ♌	12 ♓	21 ♑
9	17 ♑ 48	3 ♓ 6	24 ♑ 20	23 ♑ 59	14 ♑ 3	12 ♑ 41	11 ♏ 27	18 ♊ 10	8 ♏ 1	21 ♋ 12	25 ♎ 57	24 ♌ 35	9 ♎	9 ♍	26 ♌	13 ♓	21 ♑
10	18 ♑ 50	17 ♓ 17	24 ♑ 17	23 ♑ 59	15 ♑ 40	13 ♑ 57	12 ♏ 2	18 ♊ 4	8 ♏ 4	21 ♋ 9	25 ♎ 58	24 ♌ 34	9 ♎	9 ♍	26 ♌	13 ♓	21 ♑
11	19 ♑ 51	1 ♈ 30	24 ♑ 14	24 ♑ 0	17 ♑ 17	15 ♑ 12	12 ♏ 38	17 ♊ 58	8 ♏ 8	21 ♋ 6	25 ♎ 58	24 ♌ 33	10 ♎	9 ♍	25 ♌	14 ♓	21 ♑
12	20 ♑ 52	15 ♈ 43	24 ♑ 11	24 ♑ 0	18 ♑ 54	16 ♑ 28	13 ♏ 13	17 ♊ 52	8 ♏ 12	21 ♋ 4	25 ♎ 59	24 ♌ 32	10 ♎	9 ♍	25 ♌	14 ♓	21 ♑
13	21 ♑ 53	29 ♈ 54	24 ♑ 8	24 R 0	20 ♑ 32	17 ♑ 43	13 ♏ 48	17 ♊ 47	8 ♏ 16	21 ♋ 1	26 ♎ 0	24 ♌ 31	10 ♎	9 ♍	25 ♌	15 ♓	22 ♑
14	22 ♑ 54	13 ♉ 59	24 ♑ 5	24 ♑ 0	22 ♑ 11	18 ♑ 58	14 ♏ 24	17 ♊ 41	8 ♏ 19	20 ♋ 59	26 ♎ 0	24 ♌ 29	10 ♎	9 ♍	25 ♌	15 ♓	22 ♑
15	23 ♑ 55	27 ♉ 58	24 ♑ 1	24 ♑ 0	23 ♑ 50	20 ♑ 14	14 ♏ 59	17 ♊ 36	8 ♏ 22	20 ♋ 56	26 ♎ 1	24 ♌ 28	10 ♎	9 ♍	25 ♌	15 ♓	22 ♑
16	24 ♑ 56	11 ♊ 49	23 ♑ 58	24 D 0	25 ♑ 29	21 ♑ 29	15 ♏ 34	17 ♊ 31	8 ♏ 26	20 ♋ 53	26 ♎ 1	24 ♌ 27	11 ♎	9 ♍	25 ♌	16 ♓	22 ♑
17	25 ♑ 57	25 ♊ 28	23 ♑ 55	24 ♑ 0	27 ♑ 9	22 ♑ 45	16 ♏ 9	17 ♊ 26	8 ♏ 29	20 ♋ 51	26 ♎ 1	24 ♌ 26	11 ♎	9 ♍	24 ♌	16 ♓	22 ♑
18	26 ♑ 58	8 ♋ 56	23 ♑ 52	24 ♑ 0	28 ♑ 49	24 ♑ 0	16 ♏ 44	17 ♊ 21	8 ♏ 32	20 ♋ 48	26 ♎ 2	24 ♌ 24	11 ♎	8 ♍	24 ♌	17 ♓	22 ♑
19	27 ♑ 59	22 ♋ 10	23 ♑ 49	24 ♑ 0	0 ♒ 30	25 ♑ 16	17 ♏ 19	17 ♊ 16	8 ♏ 35	20 ♋ 46	26 ♎ 2	24 ♌ 23	11 ♎	8 ♍	24 ♌	17 ♓	22 ♑
20	29 ♑ 1	5 ♌ 9	23 ♑ 45	24 R 0	2 ♒ 12	26 ♑ 31	17 ♏ 54	17 ♊ 12	8 ♏ 38	20 ♋ 43	26 ♎ 2	24 ♌ 22	11 ♎	8 ♍	24 ♌	17 ♓	22 ♑
21	0 ♒ 2	17 ♌ 54	23 ♑ 42	24 ♑ 0	3 ♒ 54	27 ♑ 46	18 ♏ 29	17 ♊ 8	8 ♏ 41	20 ♋ 40	26 ♎ 3	24 ♌ 21	11 ♎	8 ♍	24 ♌	18 ♓	22 ♑
22	1 ♒ 3	0 ♍ 23	23 ♑ 39	23 ♑ 59	5 ♒ 36	29 ♑ 2	19 ♏ 4	17 ♊ 4	8 ♏ 44	20 ♋ 38	26 ♎ 3	24 ♌ 19	11 ♎	8 ♍	23 ♌	18 ♓	22 ♑
23	2 ♒ 4	12 ♍ 40	23 ♑ 36	23 ♑ 58	7 ♒ 19	0 ♒ 17	19 ♏ 39	17 ♊ 0	8 ♏ 47	20 ♋ 35	26 ♎ 3	24 ♌ 18	12 ♎	7 ♍	23 ♌	19 ♓	22 ♑
24	3 ♒ 5	24 ♍ 45	23 ♑ 33	23 ♑ 57	9 ♒ 2	1 ♒ 33	20 ♏ 13	16 ♊ 56	8 ♏ 49	20 ♋ 33	26 ♎ 3	24 ♌ 17	12 ♎	7 ♍	23 ♌	19 ♓	23 ♑
25	4 ♒ 6	6 ♎ 42	23 ♑ 30	23 ♑ 56	10 ♒ 46	2 ♒ 48	20 ♏ 48	16 ♊ 53	8 ♏ 52	20 ♋ 30	26 ♎ 3	24 ♌ 15	12 ♎	7 ♍	23 ♌	20 ♓	23 ♑
26	5 ♒ 7	18 ♎ 35	23 ♑ 26	23 ♑ 54	12 ♒ 30	4 ♒ 3	21 ♏ 23	16 ♊ 50	8 ♏ 54	20 ♋ 28	26 ♎ 3	24 ♌ 14	12 ♎	7 ♍	22 ♌	20 ♓	23 ♑
27	6 ♒ 8	0 ♏ 28	23 ♑ 23	23 ♑ 54	14 ♒ 14	5 ♒ 19	21 ♏ 57	16 ♊ 47	8 ♏ 56	20 ♋ 25	26 ♎ 3	24 ♌ 13	12 ♎	7 ♍	22 ♌	21 ♓	23 ♑
28	7 ♒ 9	12 ♏ 25	23 ♑ 20	23 D 54	15 ♒ 59	6 ♒ 34	22 ♏ 32	16 ♊ 44	8 ♏ 58	20 ♋ 23	26 R 3	24 ♌ 11	12 ♎	6 ♍	22 ♌	21 ♓	23 ♑
29	8 ♒ 10	24 ♏ 31	23 ♑ 17	23 ♑ 54	17 ♒ 44	7 ♒ 50	23 ♏ 6	16 ♊ 41	9 ♏ 1	20 ♋ 20	26 ♎ 3	24 ♌ 10	12 ♎	6 ♍	22 ♌	21 ♓	23 ♑
30	9 ♒ 11	6 ♐ 52	23 ♑ 14	23 ♑ 56	19 ♒ 29	9 ♒ 5	23 ♏ 41	16 ♊ 38	9 ♏ 3	20 ♋ 18	26 ♎ 3	24 ♌ 8	12 ♎	6 ♍	21 ♌	22 ♓	23 ♑
31	10 ♒ 11	19 ♐ 30	23 ♑ 11	23 ♑ 57	21 ♒ 13	10 ♒ 20	24 ♏ 15	16 ♊ 36	9 ♏ 4	20 ♋ 15	26 ♎ 3	24 ♌ 7	12 ♎	6 ♍	21 ♌	22 ♓	23 ♑

SUN INGRESS ☉ → ♒ 20日 23:11

MOON PHASE ● 5日 11:21 ♑ ◐ 12日 09:22 ♈ ○ 19日 11:37 ♋ ◑ 27日 12:28 ♏

aspects		
2日	10:37	♂☌♄
4日	22:01	☿☌♀
5日	00:55	☿⚹♄
5日	01:43	♀⚹♄
6日	09:48	☿⚹♂
7日	03:22	♀⚹♂
12日	04:30	☉☍♅
13日	06:54	☿☍♅
15日	03:33	☉☌☿
15日	12:56	♀☍♅
16日	07:44	☿□♆
17日	01:35	☉□♆
19日	14:49	♀□♆
23日	20:53	☿□♄
24日	12:29	♂△♅
28日	09:56	☿△♃
29日	20:45	☉□♄
29日	23:13	♀□♄
30日	09:18	☉☌♀
30日	18:39	♂□♇

1954年2月

DAY	☉	☽	☊ mean	☊ true	☿	♀	♂	♃	♄	♅	♆	♇	⚳	⚴	⚵	⚶	⚷
	° ′	° ′	° ′	° ′	° ′	° ′	° ′	° ′	° ′	° ′	° ′	° ′	°	°	°	°	°
1	11 ♒ 12	2 ♑ 29	23 ♑ 7	23 D 58	22 D 58	11 D 36	24 D 49	16 R 34	9 D 6	20 R 13	26 R 3	24 R 5	12 D	5 R	21 R	23 D	23 D
2	12 ♒ 13	15 ♑ 52	23 ♑ 4	23 ♑ 59	24 ♒ 41	12 ♒ 51	25 ♏ 23	16 ♊ 32	9 ♏ 8	20 ♋ 11	26 ♎ 3	24 ♌ 4	13 ♎	5 ♍	21 ♌	23 ♓	23 ♑
3	13 ♒ 14	29 ♑ 38	23 ♑ 1	23 R 59	26 ♒ 24	14 ♒ 6	25 ♏ 57	16 ♊ 30	9 ♏ 9	20 ♋ 8	26 ♎ 3	24 ♌ 3	13 ♎	5 ♍	20 ♌	24 ♓	23 ♑
4	14 ♒ 15	13 ♒ 44	22 ♑ 58	23 ♑ 58	28 ♒ 6	15 ♒ 22	26 ♏ 31	16 ♊ 29	9 ♏ 11	20 ♋ 6	26 ♎ 2	24 ♌ 1	13 ♎	4 ♍	20 ♌	24 ♓	24 ♑
5	15 ♒ 16	28 ♒ 9	22 ♑ 55	23 ♑ 56	29 ♒ 47	16 ♒ 37	27 ♏ 5	16 ♊ 28	9 ♏ 12	20 ♋ 4	26 ♎ 2	24 ♌ 0	13 ♎	4 ♍	20 ♌	24 ♓	24 ♑
6	16 ♒ 17	12 ♓ 44	22 ♑ 51	23 ♑ 53	1 ♓ 26	17 ♒ 52	27 ♏ 39	16 ♊ 27	9 ♏ 14	20 ♋ 1	26 ♎ 2	23 ♌ 58	13 ♎	4 ♍	20 ♌	25 ♓	24 ♑
7	17 ♒ 18	27 ♓ 24	22 ♑ 48	23 ♑ 50	3 ♓ 2	19 ♒ 8	28 ♏ 13	16 ♊ 26	9 ♏ 15	19 ♋ 59	26 ♎ 2	23 ♌ 57	13 ♎	3 ♍	19 ♌	25 ♓	24 ♑
8	18 ♒ 18	12 ♈ 2	22 ♑ 45	23 ♑ 47	4 ♓ 36	20 ♒ 23	28 ♏ 46	16 ♊ 25	9 ♏ 16	19 ♋ 57	26 ♎ 1	23 ♌ 55	13 ♎	3 ♍	19 ♌	26 ♓	24 ♑
9	19 ♒ 19	26 ♈ 32	22 ♑ 42	23 ♑ 44	6 ♓ 7	21 ♒ 38	29 ♏ 20	16 ♊ 25	9 ♏ 17	19 ♋ 55	26 ♎ 1	23 ♌ 54	13 ♎	3 ♍	19 ♌	26 ♓	24 ♑
10	20 ♒ 20	10 ♉ 49	22 ♑ 39	23 ♑ 43	7 ♓ 34	22 ♒ 53	29 ♏ 54	16 ♊ 24	9 ♏ 18	19 ♋ 53	26 ♎ 0	23 ♌ 52	13 ♎	3 ♍	19 ♌	27 ♓	24 ♑
11	21 ♒ 21	24 ♉ 51	22 ♑ 36	23 D 42	8 ♓ 56	24 ♒ 9	0 ♐ 27	16 D 24	9 ♏ 18	19 ♋ 51	26 ♎ 0	23 ♌ 51	13 R	2 ♍	18 ♌	27 ♓	24 ♑
12	22 ♒ 21	8 ♊ 37	22 ♑ 32	23 ♑ 43	10 ♓ 14	25 ♒ 24	1 ♐ 0	16 ♊ 24	9 ♏ 19	19 ♋ 48	25 ♎ 59	23 ♌ 49	13 ♎	2 ♍	18 ♌	28 ♓	24 ♑
13	23 ♒ 22	22 ♊ 8	22 ♑ 29	23 ♑ 45	11 ♓ 25	26 ♒ 39	1 ♐ 33	16 ♊ 25	9 ♏ 20	19 ♋ 46	25 ♎ 59	23 ♌ 48	13 ♎	2 ♍	18 ♌	28 ♓	24 ♑
14	24 ♒ 23	5 ♋ 24	22 ♑ 26	23 ♑ 46	12 ♓ 30	27 ♒ 54	2 ♐ 7	16 ♊ 25	9 ♏ 20	19 ♋ 44	25 ♎ 58	23 ♌ 46	13 ♎	1 ♍	18 ♌	28 ♓	24 ♑
15	25 ♒ 23	18 ♋ 26	22 ♑ 23	23 ♑ 47	13 ♓ 28	29 ♒ 9	2 ♐ 40	16 ♊ 26	9 ♏ 20	19 ♋ 42	25 ♎ 58	23 ♌ 45	13 ♎	1 ♍	17 ♌	29 ♓	24 ♑
16	26 ♒ 24	1 ♌ 16	22 ♑ 20	23 R 47	14 ♓ 18	0 ♓ 24	3 ♐ 13	16 ♊ 27	9 ♏ 21	19 ♋ 40	25 ♎ 57	23 ♌ 44	13 ♎	1 ♍	17 ♌	29 ♓	25 ♑
17	27 ♒ 24	13 ♌ 55	22 ♑ 17	23 ♑ 46	14 ♓ 59	1 ♓ 40	3 ♐ 45	16 ♊ 28	9 ♏ 21	19 ♋ 39	25 ♎ 57	23 ♌ 42	13 ♎	0 ♍	17 ♌	0 ♈	25 ♑
18	28 ♒ 25	26 ♌ 23	22 ♑ 13	23 ♑ 42	15 ♓ 30	2 ♓ 55	4 ♐ 18	16 ♊ 30	9 R 21	19 ♋ 37	25 ♎ 56	23 ♌ 41	13 ♎	0 ♍	17 ♌	0 ♈	25 ♑
19	29 ♒ 25	8 ♍ 41	22 ♑ 10	23 ♑ 37	15 ♓ 53	4 ♓ 10	4 ♐ 51	16 ♊ 31	9 ♏ 21	19 ♋ 35	25 ♎ 55	23 ♌ 39	12 ♎	0 ♍	16 ♌	1 ♈	25 ♑
20	0 ♓ 26	20 ♍ 51	22 ♑ 7	23 ♑ 30	16 ♓ 5	5 ♓ 25	5 ♐ 23	16 ♊ 33	9 ♏ 20	19 ♋ 33	25 ♎ 54	23 ♌ 38	12 ♎	29 ♌	16 ♌	1 ♈	25 ♑
21	1 ♓ 26	2 ♎ 52	22 ♑ 4	23 ♑ 23	16 R 7	6 ♓ 40	5 ♐ 56	16 ♊ 35	9 ♏ 20	19 ♋ 31	25 ♎ 54	23 ♌ 36	12 ♎	29 ♌	16 ♌	2 ♈	25 ♑
22	2 ♓ 27	14 ♎ 48	22 ♑ 1	23 ♑ 16	15 ♓ 58	7 ♓ 55	6 ♐ 28	16 ♊ 37	9 ♏ 20	19 ♋ 30	25 ♎ 53	23 ♌ 35	12 ♎	28 ♌	16 ♌	2 ♈	25 ♑
23	3 ♓ 27	26 ♎ 40	21 ♑ 57	23 ♑ 9	15 ♓ 40	9 ♓ 10	7 ♐ 1	16 ♊ 39	9 ♏ 19	19 ♋ 28	25 ♎ 52	23 ♌ 33	12 ♎	28 ♌	15 ♌	3 ♈	25 ♑
24	4 ♓ 28	8 ♏ 32	21 ♑ 54	23 ♑ 4	15 ♓ 13	10 ♓ 25	7 ♐ 33	16 ♊ 42	9 ♏ 19	19 ♋ 26	25 ♎ 51	23 ♌ 32	12 ♎	28 ♌	15 ♌	3 ♈	25 ♑
25	5 ♓ 28	20 ♏ 28	21 ♑ 51	23 ♑ 1	14 ♓ 36	11 ♓ 40	8 ♐ 5	16 ♊ 44	9 ♏ 18	19 ♋ 25	25 ♎ 50	23 ♌ 30	12 ♎	28 ♌	15 ♌	3 ♈	25 ♑
26	6 ♓ 28	2 ♐ 31	21 ♑ 48	22 ♑ 59	13 ♓ 52	12 ♓ 55	8 ♐ 37	16 ♊ 47	9 ♏ 17	19 ♋ 23	25 ♎ 49	23 ♌ 29	12 ♎	27 ♌	15 ♌	4 ♈	25 ♑
27	7 ♓ 29	14 ♐ 47	21 ♑ 45	22 D 59	13 ♓ 1	14 ♓ 10	9 ♐ 8	16 ♊ 50	9 ♏ 16	19 ♋ 22	25 ♎ 48	23 ♌ 27	12 ♎	27 ♌	15 ♌	4 ♈	25 ♑
28	8 ♓ 29	27 ♐ 21	21 ♑ 42	23 ♑ 1	12 ♓ 5	15 ♓ 25	9 ♐ 40	16 ♊ 54	9 ♏ 15	19 ♋ 20	25 ♎ 47	23 ♌ 26	12 ♎	27 ♌	14 ♌	5 ♈	26 ♑

SUN INGRESS ☉ → ♓ 19日 13:32

MOON PHASE ● 4日 00:55 ♒ ◐ 10日 17:29 ♉ ○ 18日 04:17 ♌ ◑ 26日 08:29 ♐

aspects		
1日	15:29	☿☍♇
2日	14:34	☿□♂
2日	18:58	☿△♆
4日	21:06	♀△♃
6日	03:49	☉△♃
10日	18:28	♀☍♇
11日	06:41	☿△♄
12日	11:18	♀△♆
13日	10:02	☉☍♇
15日	13:33	☉△♆
19日	23:11	♀□♂
23日	02:53	♀△♄
26日	11:01	☿☌♀
28日	18:07	☉△♄

1954年3月

DAY	☉	☽	☊ mean	☊ true	☿	♀	♂	♃	♄	♅	♆	♇	⚳	⚴	⚵	⚶	⚷
	° ′	° ′	° ′	° ′	° ′	° ′	° ′	° ′	° ′	° ′	° ′	° ′	°	°	°	°	°
1	9 ♓ 29	10 ♑ 17	21 ♑ 38	23 D 2	11 R 5	16 D 40	10 D 12	16 D 57	9 R 14	19 R 19	25 R 46	23 R 25	11 R	26 R	14 R	5 D	26 D
2	10 ♓ 29	23 ♑ 39	21 ♑ 35	23 R 3	10 ♓ 3	17 ♓ 55	10 ♐ 43	17 ♊ 1	9 ♏ 13	19 ♋ 17	25 ♎ 45	23 ♌ 23	11 ♎	26 ♌	14 ♌	6 ♈	26 ♑
3	11 ♓ 29	7 ♒ 28	21 ♑ 32	23 ♑ 2	9 ♓ 0	19 ♓ 10	11 ♐ 14	17 ♊ 5	9 ♏ 11	19 ♋ 16	25 ♎ 44	23 ♌ 22	11 ♎	26 ♌	14 ♌	6 ♈	26 ♑
4	12 ♓ 30	21 ♒ 45	21 ♑ 29	22 ♑ 58	7 ♓ 57	20 ♓ 25	11 ♐ 46	17 ♊ 9	9 ♏ 10	19 ♋ 15	25 ♎ 43	23 ♌ 20	11 ♎	25 ♌	14 ♌	7 ♈	26 ♑
5	13 ♓ 30	6 ♓ 26	21 ♑ 26	22 ♑ 53	6 ♓ 57	21 ♓ 40	12 ♐ 17	17 ♊ 13	9 ♏ 9	19 ♋ 14	25 ♎ 42	23 ♌ 19	11 ♎	25 ♌	14 ♌	7 ♈	26 ♑
6	14 ♓ 30	21 ♓ 24	21 ♑ 22	22 ♑ 46	6 ♓ 0	22 ♓ 55	12 ♐ 47	17 ♊ 17	9 ♏ 7	19 ♋ 12	25 ♎ 41	23 ♌ 18	11 ♎	25 ♌	13 ♌	8 ♈	26 ♑
7	15 ♓ 30	6 ♈ 30	21 ♑ 19	22 ♑ 38	5 ♓ 7	24 ♓ 9	13 ♐ 18	17 ♊ 22	9 ♏ 5	19 ♋ 11	25 ♎ 40	23 ♌ 16	11 ♎	25 ♌	13 ♌	8 ♈	26 ♑
8	16 ♓ 30	21 ♈ 34	21 ♑ 16	22 ♑ 29	4 ♓ 19	25 ♓ 24	13 ♐ 49	17 ♊ 27	9 ♏ 3	19 ♋ 10	25 ♎ 39	23 ♌ 15	10 ♎	24 ♌	13 ♌	8 ♈	26 ♑
9	17 ♓ 30	6 ♉ 27	21 ♑ 13	22 ♑ 22	3 ♓ 38	26 ♓ 39	14 ♐ 19	17 ♊ 31	9 ♏ 1	19 ♋ 9	25 ♎ 38	23 ♌ 14	10 ♎	24 ♌	13 ♌	9 ♈	26 ♑
10	18 ♓ 30	21 ♉ 1	21 ♑ 10	22 ♑ 17	3 ♓ 2	27 ♓ 54	14 ♐ 49	17 ♊ 37	8 ♏ 59	19 ♋ 8	25 ♎ 36	23 ♌ 12	10 ♎	24 ♌	13 ♌	9 ♈	26 ♑
11	19 ♓ 30	5 ♊ 12	21 ♑ 7	22 ♑ 14	2 ♓ 33	29 ♓ 9	15 ♐ 20	17 ♊ 42	8 ♏ 57	19 ♋ 7	25 ♎ 35	23 ♌ 11	10 ♎	24 ♌	13 ♌	10 ♈	26 ♑
12	20 ♓ 30	19 ♊ 0	21 ♑ 3	22 ♑ 13	2 ♓ 10	0 ♈ 23	15 ♐ 49	17 ♊ 47	8 ♏ 55	19 ♋ 6	25 ♎ 34	23 ♌ 10	10 ♎	23 ♌	13 ♌	10 ♈	26 ♑
13	21 ♓ 30	2 ♋ 25	21 ♑ 0	22 D 13	1 ♓ 54	1 ♈ 38	16 ♐ 19	17 ♊ 53	8 ♏ 53	19 ♋ 6	25 ♎ 33	23 ♌ 9	9 ♎	23 ♌	13 ♌	11 ♈	26 ♑
14	22 ♓ 30	15 ♋ 29	20 ♑ 57	22 ♑ 14	1 ♓ 45	2 ♈ 53	16 ♐ 49	17 ♊ 59	8 ♏ 51	19 ♋ 5	25 ♎ 31	23 ♌ 7	9 ♎	23 ♌	13 ♌	11 ♈	26 ♑
15	23 ♓ 29	28 ♋ 16	20 ♑ 54	22 R 14	1 ♓ 42	4 ♈ 7	17 ♐ 18	18 ♊ 4	8 ♏ 48	19 ♋ 4	25 ♎ 30	23 ♌ 6	9 ♎	23 ♌	12 ♌	12 ♈	27 ♑
16	24 ♓ 29	10 ♌ 49	20 ♑ 51	22 ♑ 12	1 D 45	5 ♈ 22	17 ♐ 48	18 ♊ 11	8 ♏ 46	19 ♋ 3	25 ♎ 29	23 ♌ 5	9 ♎	23 ♌	12 ♌	12 ♈	27 ♑
17	25 ♓ 29	23 ♌ 11	20 ♑ 48	22 ♑ 8	1 ♓ 54	6 ♈ 37	18 ♐ 17	18 ♊ 17	8 ♏ 43	19 ♋ 3	25 ♎ 27	23 ♌ 4	9 ♎	22 ♌	12 ♌	13 ♈	27 ♑
18	26 ♓ 29	5 ♍ 24	20 ♑ 44	22 ♑ 1	2 ♓ 8	7 ♈ 51	18 ♐ 46	18 ♊ 23	8 ♏ 40	19 ♋ 2	25 ♎ 26	23 ♌ 2	8 ♎	22 ♌	12 ♌	13 ♈	27 ♑
19	27 ♓ 28	17 ♍ 30	20 ♑ 41	21 ♑ 51	2 ♓ 28	9 ♈ 6	19 ♐ 14	18 ♊ 30	8 ♏ 37	19 ♋ 2	25 ♎ 25	23 ♌ 1	8 ♎	22 ♌	12 ♌	13 ♈	27 ♑
20	28 ♓ 28	29 ♍ 31	20 ♑ 38	21 ♑ 39	2 ♓ 52	10 ♈ 20	19 ♐ 43	18 ♊ 36	8 ♏ 35	19 ♋ 1	25 ♎ 23	23 ♌ 0	8 ♎	22 ♌	12 ♌	14 ♈	27 ♑
21	29 ♓ 28	11 ♎ 27	20 ♑ 35	21 ♑ 26	3 ♓ 22	11 ♈ 35	20 ♐ 11	18 ♊ 43	8 ♏ 32	19 ♋ 1	25 ♎ 22	22 ♌ 59	8 ♎	22 ♌	12 ♌	14 ♈	27 ♑
22	0 ♈ 27	23 ♎ 21	20 ♑ 32	21 ♑ 13	3 ♓ 56	12 ♈ 49	20 ♐ 40	18 ♊ 50	8 ♏ 29	19 ♋ 0	25 ♎ 20	22 ♌ 58	8 ♎	22 ♌	12 ♌	15 ♈	27 ♑
23	1 ♈ 27	5 ♏ 13	20 ♑ 28	21 ♑ 1	4 ♓ 33	14 ♈ 4	21 ♐ 7	18 ♊ 57	8 ♏ 26	19 ♋ 0	25 ♎ 19	22 ♌ 57	7 ♎	22 ♌	12 ♌	15 ♈	27 ♑
24	2 ♈ 26	17 ♏ 6	20 ♑ 25	20 ♑ 51	5 ♓ 15	15 ♈ 18	21 ♐ 35	19 ♊ 5	8 ♏ 22	19 ♋ 0	25 ♎ 17	22 ♌ 56	7 ♎	21 ♌	12 ♌	16 ♈	27 ♑
25	3 ♈ 26	29 ♏ 2	20 ♑ 22	20 ♑ 44	6 ♓ 1	16 ♈ 32	22 ♐ 3	19 ♊ 12	8 ♏ 19	19 ♋ 0	25 ♎ 16	22 ♌ 54	7 ♎	21 ♌	12 ♌	16 ♈	27 ♑
26	4 ♈ 25	11 ♐ 4	20 ♑ 19	20 ♑ 39	6 ♓ 50	17 ♈ 47	22 ♐ 30	19 ♊ 20	8 ♏ 16	19 ♋ 0	25 ♎ 14	22 ♌ 53	7 ♎	21 ♌	12 D	17 ♈	27 ♑
27	5 ♈ 24	23 ♐ 18	20 ♑ 16	20 ♑ 36	7 ♓ 42	19 ♈ 1	22 ♐ 57	19 ♊ 27	8 ♏ 12	18 ♋ 59	25 ♎ 13	22 ♌ 52	6 ♎	21 ♌	12 ♌	17 ♈	27 ♑
28	6 ♈ 24	5 ♑ 48	20 ♑ 13	20 ♑ 36	8 ♓ 38	20 ♈ 15	23 ♐ 24	19 ♊ 35	8 ♏ 9	18 ♋ 59	25 ♎ 11	22 ♌ 51	6 ♎	21 ♌	12 ♌	18 ♈	27 ♑
29	7 ♈ 23	18 ♑ 38	20 ♑ 9	20 D 36	9 ♓ 36	21 ♈ 30	23 ♐ 51	19 ♊ 43	8 ♏ 5	18 D 59	25 ♎ 10	22 ♌ 50	6 ♎	21 ♌	12 ♌	18 ♈	27 ♑
30	8 ♈ 22	1 ♒ 53	20 ♑ 6	20 R 35	10 ♓ 37	22 ♈ 44	24 ♐ 17	19 ♊ 51	8 ♏ 2	19 ♋ 0	25 ♎ 8	22 ♌ 49	6 ♎	21 ♌	12 ♌	18 ♈	27 ♑
31	9 ♈ 22	15 ♒ 37	20 ♑ 3	20 ♑ 34	11 ♓ 41	23 ♈ 58	24 ♐ 43	20 ♊ 0	7 ♏ 58	19 ♋ 0	25 ♎ 7	22 ♌ 49	6 ♎	21 ♌	12 ♌	19 ♈	27 ♑

SUN INGRESS: ☉ → ♈ 21日 12:53

MOON PHASE: ● 5日 12:11 ♓　◐ 12日 02:52 ♊　○ 19日 21:42 ♍　◑ 28日 01:14 ♑

aspects		
1日	05:46	♀□♃
1日	13:44	☿□♂
1日	18:51	☉☌☿
2日	11:31	☉□♂
2日	19:25	☿△♄
3日	01:57	♀△♅
9日	00:37	☉□♃
10日	15:01	☉△♅
17日	00:04	♂☍♃
26日	19:50	♂△♇
26日	23:30	♀□♅
27日	09:29	♀⚹♃
27日	12:26	☿△♄
30日	01:46	♀△♇
31日	20:16	♂⚹♆
31日	21:41	♀☍♆
31日	22:30	♀△♂

1954年4月

DAY	☉	☽	☊ mean	☊ true	☿	♀	♂	♃	♄	♅	♆	♇	⚳	⚴	⚵	⚶	⚷
	° ′	° ′	° ′	° ′	° ′	° ′	° ′	° ′	° ′	° ′	° ′	° ′	°	°	°	°	°
1	10 ♈ 21	29 ♒ 50	20 ♑ 0	20 R 29	12 D 47	25 D 12	25 D 9	20 D 8	7 R 54	19 D 0	25 R 5	22 R 48	5 R	21 R	12 D	19 D	27 D
2	11 ♈ 20	14 ♓ 31	19 ♑ 57	20 ♑ 22	13 ♓ 55	26 ♈ 27	25 ♐ 35	20 ♊ 16	7 ♏ 51	19 ♋ 0	25 ♎ 4	22 ♌ 47	5 ♎	21 ♌	12 ♌	20 ♈	27 ♑
3	12 ♈ 19	29 ♓ 34	19 ♑ 54	20 ♑ 12	15 ♓ 6	27 ♈ 41	26 ♐ 0	20 ♊ 25	7 ♏ 47	19 ♋ 0	25 ♎ 2	22 ♌ 46	5 ♎	21 ♌	12 ♌	20 ♈	27 ♑
4	13 ♈ 19	14 ♈ 51	19 ♑ 50	20 ♑ 1	16 ♓ 19	28 ♈ 55	26 ♐ 26	20 ♊ 34	7 ♏ 43	19 ♋ 1	25 ♎ 0	22 ♌ 45	5 ♎	21 ♌	12 ♌	21 ♈	28 ♑
5	14 ♈ 18	0 ♉ 11	19 ♑ 47	19 ♑ 50	17 ♓ 34	0 ♉ 9	26 ♐ 50	20 ♊ 43	7 ♏ 39	19 ♋ 1	24 ♎ 59	22 ♌ 44	4 ♎	21 D	12 ♌	21 ♈	28 ♑
6	15 ♈ 17	15 ♉ 21	19 ♑ 44	19 ♑ 40	18 ♓ 51	1 ♉ 23	27 ♐ 15	20 ♊ 52	7 ♏ 35	19 ♋ 2	24 ♎ 57	22 ♌ 43	4 ♎	21 ♌	12 ♌	22 ♈	28 ♑
7	16 ♈ 16	0 ♊ 12	19 ♑ 41	19 ♑ 32	20 ♓ 10	2 ♉ 37	27 ♐ 39	21 ♊ 1	7 ♏ 31	19 ♋ 2	24 ♎ 56	22 ♌ 43	4 ♎	21 ♌	13 ♌	22 ♈	28 ♑
8	17 ♈ 15	14 ♊ 37	19 ♑ 38	19 ♑ 27	21 ♓ 31	3 ♉ 51	28 ♐ 3	21 ♊ 10	7 ♏ 27	19 ♋ 3	24 ♎ 54	22 ♌ 42	4 ♎	21 ♌	13 ♌	23 ♈	28 ♑
9	18 ♈ 14	28 ♊ 35	19 ♑ 34	19 ♑ 25	22 ♓ 53	5 ♉ 5	28 ♐ 27	21 ♊ 19	7 ♏ 23	19 ♋ 3	24 ♎ 52	22 ♌ 41	4 ♎	21 ♌	13 ♌	23 ♈	28 ♑
10	19 ♈ 13	12 ♋ 4	19 ♑ 31	19 ♑ 24	24 ♓ 18	6 ♉ 19	28 ♐ 50	21 ♊ 29	7 ♏ 18	19 ♋ 4	24 ♎ 51	22 ♌ 40	3 ♎	21 ♌	13 ♌	24 ♈	28 ♑
11	20 ♈ 12	25 ♋ 8	19 ♑ 28	19 ♑ 24	25 ♓ 44	7 ♉ 33	29 ♐ 13	21 ♊ 38	7 ♏ 14	19 ♋ 5	24 ♎ 49	22 ♌ 40	3 ♎	21 ♌	13 ♌	24 ♈	28 ♑
12	21 ♈ 11	7 ♌ 51	19 ♑ 25	19 ♑ 23	27 ♓ 12	8 ♉ 47	29 ♐ 36	21 ♊ 48	7 ♏ 10	19 ♋ 5	24 ♎ 47	22 ♌ 39	3 ♎	21 ♌	13 ♌	24 ♈	28 ♑
13	22 ♈ 9	20 ♌ 17	19 ♑ 22	19 ♑ 21	28 ♓ 41	10 ♉ 1	29 ♐ 58	21 ♊ 58	7 ♏ 6	19 ♋ 6	24 ♎ 46	22 ♌ 38	3 ♎	21 ♌	13 ♌	25 ♈	28 ♑
14	23 ♈ 8	2 ♍ 30	19 ♑ 19	19 ♑ 16	0 ♈ 13	11 ♉ 15	0 ♑ 20	22 ♊ 8	7 ♏ 1	19 ♋ 7	24 ♎ 44	22 ♌ 38	3 ♎	21 ♌	13 ♌	25 ♈	28 ♑
15	24 ♈ 7	14 ♍ 34	19 ♑ 15	19 ♑ 9	1 ♈ 46	12 ♉ 28	0 ♑ 42	22 ♊ 18	6 ♏ 57	19 ♋ 8	24 ♎ 42	22 ♌ 37	2 ♎	21 ♌	13 ♌	26 ♈	28 ♑
16	25 ♈ 6	26 ♍ 32	19 ♑ 12	18 ♑ 58	3 ♈ 20	13 ♉ 42	1 ♑ 3	22 ♊ 28	6 ♏ 52	19 ♋ 9	24 ♎ 41	22 ♌ 37	2 ♎	21 ♌	13 ♌	26 ♈	28 ♑
17	26 ♈ 4	8 ♎ 27	19 ♑ 9	18 ♑ 46	4 ♈ 56	14 ♉ 56	1 ♑ 24	22 ♊ 38	6 ♏ 48	19 ♋ 10	24 ♎ 39	22 ♌ 36	2 ♎	21 ♌	14 ♌	27 ♈	28 ♑
18	27 ♈ 3	20 ♎ 19	19 ♑ 6	18 ♑ 32	6 ♈ 34	16 ♉ 10	1 ♑ 45	22 ♊ 49	6 ♏ 44	19 ♋ 11	24 ♎ 38	22 ♌ 36	2 ♎	21 ♌	14 ♌	27 ♈	28 ♑
19	28 ♈ 2	2 ♏ 12	19 ♑ 3	18 ♑ 18	8 ♈ 14	17 ♉ 23	2 ♑ 5	22 ♊ 59	6 ♏ 39	19 ♋ 12	24 ♎ 36	22 ♌ 35	2 ♎	22 ♌	14 ♌	28 ♈	28 ♑
20	29 ♈ 0	14 ♏ 6	18 ♑ 59	18 ♑ 4	9 ♈ 55	18 ♉ 37	2 ♑ 25	23 ♊ 9	6 ♏ 35	19 ♋ 13	24 ♎ 34	22 ♌ 35	1 ♎	22 ♌	14 ♌	28 ♈	28 ♑
21	29 ♈ 59	26 ♏ 2	18 ♑ 56	17 ♑ 53	11 ♈ 38	19 ♉ 50	2 ♑ 44	23 ♊ 20	6 ♏ 30	19 ♋ 15	24 ♎ 33	22 ♌ 34	1 ♎	22 ♌	14 ♌	29 ♈	28 ♑
22	0 ♉ 57	8 ♐ 3	18 ♑ 53	17 ♑ 45	13 ♈ 22	21 ♉ 4	3 ♑ 3	23 ♊ 31	6 ♏ 26	19 ♋ 16	24 ♎ 31	22 ♌ 34	1 ♎	22 ♌	14 ♌	29 ♈	28 ♑
23	1 ♉ 56	20 ♐ 11	18 ♑ 50	17 ♑ 39	15 ♈ 8	22 ♉ 17	3 ♑ 22	23 ♊ 42	6 ♏ 21	19 ♋ 17	24 ♎ 29	22 ♌ 34	1 ♎	22 ♌	15 ♌	29 ♈	28 ♑
24	2 ♉ 54	2 ♑ 28	18 ♑ 47	17 ♑ 36	16 ♈ 56	23 ♉ 31	3 ♑ 40	23 ♊ 52	6 ♏ 17	19 ♋ 19	24 ♎ 28	22 ♌ 33	1 ♎	22 ♌	15 ♌	0 ♉	28 ♑
25	3 ♉ 53	15 ♑ 0	18 ♑ 44	17 ♑ 35	18 ♈ 45	24 ♉ 44	3 ♑ 58	24 ♊ 3	6 ♏ 12	19 ♋ 20	24 ♎ 26	22 ♌ 33	1 ♎	22 ♌	15 ♌	0 ♉	28 ♑
26	4 ♉ 51	27 ♑ 48	18 ♑ 40	17 D 36	20 ♈ 37	25 ♉ 58	4 ♑ 15	24 ♊ 14	6 ♏ 7	19 ♋ 22	24 ♎ 24	22 ♌ 33	1 ♎	22 ♌	15 ♌	1 ♉	28 ♑
27	5 ♉ 49	10 ♒ 59	18 ♑ 37	17 R 36	22 ♈ 29	27 ♉ 11	4 ♑ 32	24 ♊ 25	6 ♏ 3	19 ♋ 23	24 ♎ 23	22 ♌ 32	1 ♎	23 ♌	15 ♌	1 ♉	28 ♑
28	6 ♉ 48	24 ♒ 34	18 ♑ 34	17 ♑ 34	24 ♈ 24	28 ♉ 25	4 ♑ 48	24 ♊ 37	5 ♏ 58	19 ♋ 25	24 ♎ 21	22 ♌ 32	0 ♎	23 ♌	15 ♌	2 ♉	28 ♑
29	7 ♉ 46	8 ♓ 37	18 ♑ 31	17 ♑ 31	26 ♈ 20	29 ♉ 38	5 ♑ 4	24 ♊ 48	5 ♏ 54	19 ♋ 26	24 ♎ 20	22 ♌ 32	0 ♎	23 ♌	16 ♌	2 ♉	28 ♑
30	8 ♉ 44	23 ♓ 7	18 ♑ 28	17 ♑ 25	28 ♈ 18	0 ♊ 51	5 ♑ 20	24 ♊ 59	5 ♏ 49	19 ♋ 28	24 ♎ 18	22 ♌ 32	0 ♎	23 ♌	16 ♌	3 ♉	28 ♑

SUN INGRESS: ☉ → ♉ 21日 00:20

MOON PHASE: ● 3日 21:25 ♈　◐ 10日 14:05 ♋　○ 18日 14:48 ♎　◑ 26日 13:57 ♒

aspects		
6日	03:20	☿△♅
7日	17:11	☿□♃
9日	20:22	☉□♅
10日	18:11	♀☍♄
12日	18:26	☉⚹♃
13日	11:45	☉△♇
14日	02:34	☿□♂
15日	14:08	☉☍♆
16日	19:30	♃⚹♇
20日	12:10	♀⚹♅
23日	05:15	♀□♇
25日	03:03	☉△♂
25日	07:39	☿□♅
26日	19:03	♃△♆
27日	00:39	☿△♇
27日	05:07	☉☍♄
27日	23:28	☿☍♆
28日	02:57	☿⚹♃

1954年5月

DAY	☉	☽	☊ mean	☊ true	☿	♀	♂	♃	♄	♅	♆	♇	⚳	⚴	⚵	⚶	⚷
	° ′	° ′	° ′	° ′	° ′	° ′	° ′	° ′	° ′	° ′	° ′	° ′	°	°	°	°	°
1	9♉43	8♈1	18♑25	17R17	0D17	2D5	5D34	25D11	5R45	19D30	24R16	22R32	0R	23D	16D	3D	28D
2	10♉41	23♈11	18♑21	17♑8	2♉18	3♊18	5♑49	25♊22	5♏40	19♋32	24♎15	22♌32	0♎	24♌	16♌	3♉	28♑
3	11♉39	8♉27	18♑18	16♑58	4♉21	4♊31	6♑3	25♊34	5♏36	19♋33	24♎13	22♌32	0♎	24♌	16♌	4♉	28♑
4	12♉37	23♉39	18♑15	16♑49	6♉25	5♊44	6♑16	25♊46	5♏31	19♋35	24♎12	22♌32	0♎	24♌	17♌	4♉	28♑
5	13♉36	8♊36	18♑12	16♑42	8♉31	6♊57	6♑28	25♊57	5♏26	19♋37	24♎10	22♌32	0♎	24♌	17♌	5♉	28♑
6	14♉34	23♊10	18♑9	16♑38	10♉37	8♊10	6♑41	26♊9	5♏22	19♋39	24♎9	22D32	0♎	24♌	17♌	5♉	28R
7	15♉32	7♋17	18♑5	16♑36	12♉45	9♊23	6♑52	26♊21	5♏18	19♋41	24♎7	22♌32	0♎	25♌	17♌	6♉	28♑
8	16♉30	20♋54	18♑2	16D36	14♉54	10♊36	7♑3	26♊33	5♏13	19♋43	24♎6	22♌32	0♎	25♌	18♌	6♉	28♑
9	17♉28	4♌4	17♑59	16♑36	17♉4	11♊49	7♑14	26♊45	5♏9	19♋45	24♎4	22♌32	0♎	25♌	18♌	7♉	28♑
10	18♉26	16♌51	17♑56	16♑37	19♉14	13♊2	7♑23	26♊57	5♏4	19♋47	24♎3	22♌32	0♎	25♌	18♌	7♉	28♑
11	19♉24	29♌17	17♑53	16R36	21♉25	14♊15	7♑32	27♊9	5♏0	19♋50	24♎1	22♌32	0♎	25♌	18♌	8♉	28♑
12	20♉22	11♍29	17♑50	16♑34	23♉35	15♊28	7♑41	27♊21	4♏56	19♋52	24♎0	22♌32	0♎	26♌	18♌	8♉	28♑
13	21♉20	23♍30	17♑46	16♑29	25♉46	16♊41	7♑49	27♊34	4♏51	19♋54	23♎58	22♌32	0♎	26♌	19♌	8♉	28♑
14	22♉18	5♎25	17♑43	16♑23	27♉56	17♊54	7♑56	27♊46	4♏47	19♋56	23♎57	22♌33	0♎	26♌	19♌	9♉	28♑
15	23♉16	17♎17	17♑40	16♑14	0♊5	19♊7	8♑3	27♊58	4♏43	19♋59	23♎56	22♌33	0D	26♌	19♌	9♉	28♑
16	24♉13	29♎9	17♑37	16♑4	2♊13	20♊19	8♑9	28♊11	4♏39	20♋1	23♎54	22♌33	0♎	27♌	19♌	10♉	28♑
17	25♉11	11♏3	17♑34	15♑55	4♊20	21♊32	8♑14	28♊23	4♏35	20♋3	23♎53	22♌34	0♎	27♌	20♌	10♉	28♑
18	26♉9	23♏2	17♑31	15♑46	6♊26	22♊44	8♑19	28♊36	4♏30	20♋6	23♎52	22♌34	0♎	27♌	20♌	11♉	28♑
19	27♉7	5♐5	17♑27	15♑38	8♊29	23♊57	8♑23	28♊48	4♏26	20♋8	23♎50	22♌34	0♎	27♌	20♌	11♉	28♑
20	28♉5	17♐16	17♑24	15♑32	10♊31	25♊10	8♑26	29♊1	4♏22	20♋11	23♎49	22♌35	0♎	28♌	20♌	12♉	28♑
21	29♉2	29♐34	17♑21	15♑29	12♊30	26♊22	8♑28	29♊14	4♏19	20♋14	23♎48	22♌35	0♎	28♌	21♌	12♉	28♑
22	0♊0	12♑3	17♑18	15♑28	14♊27	27♊35	8♑30	29♊27	4♏15	20♋16	23♎46	22♌36	0♎	28♌	21♌	12♉	28♑
23	0♊58	24♑44	17♑15	15D28	16♊21	28♊47	8♑31	29♊39	4♏11	20♋19	23♎45	22♌36	0♎	28♌	21♌	13♉	28♑
24	1♊55	7♒41	17♑11	15♑29	18♊13	29♊59	8R31	29♊52	4♏7	20♋21	23♎44	22♌37	0♎	29♌	22♌	13♉	28♑
25	2♊53	20♒54	17♑8	15♑30	20♊2	1♋12	8♑31	0♋5	4♏3	20♋24	23♎43	22♌37	0♎	29♌	22♌	14♉	28♑
26	3♊51	4♓28	17♑5	15R31	21♊48	2♋24	8♑30	0♋18	4♏0	20♋27	23♎42	22♌38	0♎	29♌	22♌	14♉	28♑
27	4♊48	18♓24	17♑2	15♑30	23♊31	3♋36	8♑28	0♋31	3♏56	20♋30	23♎40	22♌38	0♎	0♍	22♌	15♉	28♑
28	5♊46	2♈41	16♑59	15♑28	25♊12	4♋48	8♑25	0♋44	3♏53	20♋32	23♎39	22♌39	0♎	0♍	23♌	15♉	28♑
29	6♊43	17♈17	16♑56	15♑24	26♊49	6♋1	8♑22	0♋57	3♏49	20♋35	23♎38	22♌40	0♎	0♍	23♌	15♉	28♑
30	7♊41	2♉8	16♑52	15♑19	28♊24	7♋13	8♑17	1♋10	3♏46	20♋38	23♎37	22♌40	0♎	0♍	23♌	16♉	28♑
31	8♊39	17♉6	16♑49	15♑13	29♊55	8♋25	8♑12	1♋23	3♏42	20♋41	23♎36	22♌41	0♎	1♍	24♌	16♉	28♑

SUN INGRESS: ☉→♊ 21日 23:47

MOON PHASE: ● 3日 05:22 ♉ ◐ 10日 03:17 ♌ ○ 18日 06:47 ♏ ◑ 25日 22:49 ♓

aspects

1日	12:53	♂⚹♄
3日	13:56	☿☍♄
3日	21:59	☿△♂
9日	08:03	☉☌☿
10日	06:14	☿⚹♅
11日	11:01	☉⚹♅
11日	12:23	☿□♇
14日	06:12	☉□♇
17日	20:28	♀⚹♇
18日	21:48	♀△♆
23日	21:07	♀☌♃
26日	11:29	☿⚹♇
27日	02:06	☿△♆
27日	06:18	♀△♄
30日	20:09	♀☍♂

1954年6月

DAY	☉	☽	☊ mean	☊ true	☿	♀	♂	♃	♄	♅	♆	♇	⚳	⚴	⚵	⚶	⚷
	° ′	° ′	° ′	° ′	° ′	° ′	° ′	° ′	° ′	° ′	° ′	° ′	°	°	°	°	°
1	9♊36	2♊3	16♑46	15R8	1D23	9D37	8R7	1D36	3R39	20D44	23R35	22D42	1D	1D	24D	17D	28R
2	10♊34	16♊50	16♑43	15♑4	2♋48	10♋49	8♑0	1♋49	3♏36	20♋47	23♎34	22♌42	1♎	1♍	24♌	17♉	28♑
3	11♊31	1♋20	16♑40	15♑2	4♋21	12♋1	7♑53	2♋3	3♏33	20♋50	23♎33	22♌43	1♎	2♍	24♌	18♉	28♑
4	12♊29	15♋26	16♑37	15D2	5♋29	13♋13	7♑45	2♋16	3♏30	20♋53	23♎32	22♌44	1♎	2♍	25♌	18♉	28♑
5	13♊26	29♋7	16♑33	15♑2	6♋45	14♋24	7♑36	2♋29	3♏27	20♋56	23♎31	22♌45	1♎	2♍	25♌	18♉	28♑
6	14♊24	12♌22	16♑30	15♑4	7♋57	15♋36	7♑26	2♋42	3♏24	20♋59	23♎30	22♌46	1♎	3♍	25♌	19♉	28♑
7	15♊21	25♌13	16♑27	15♑5	9♋6	16♋48	7♑16	2♋56	3♏21	21♋2	23♎29	22♌47	1♎	3♍	26♌	19♉	28♑
8	16♊18	7♍43	16♑24	15♑6	10♋11	18♋0	7♑5	3♋9	3♏18	21♋5	23♎29	22♌48	1♎	3♍	26♌	20♉	27♑
9	17♊16	19♍57	16♑21	15R7	11♋13	19♋11	6♑54	3♋22	3♏16	21♋9	23♎28	22♌49	2♎	4♍	26♌	20♉	27♑
10	18♊13	2♎0	16♑17	15♑6	12♋12	20♋23	6♑42	3♋36	3♏13	21♋12	23♎27	22♌50	2♎	4♍	27♌	21♉	27♑
11	19♊11	13♎55	16♑14	15♑4	13♋7	21♋34	6♑29	3♋49	3♏11	21♋15	23♎26	22♌50	2♎	4♍	27♌	21♉	27♑
12	20♊8	25♎47	16♑11	15♑1	13♋58	22♋46	6♑16	4♋3	3♏8	21♋18	23♎25	22♌52	2♎	5♍	27♌	21♉	27♑
13	21♊5	7♏41	16♑8	14♑57	14♋45	23♋57	6♑2	4♋16	3♏6	21♋22	23♎25	22♌53	2♎	5♍	28♌	22♉	27♑
14	22♊3	19♏38	16♑5	14♑53	15♋29	25♋9	5♑47	4♋30	3♏4	21♋25	23♎24	22♌54	2♎	5♍	28♌	22♉	27♑
15	23♊0	1♐42	16♑2	14♑50	16♋8	26♋20	5♑32	4♋43	3♏2	21♋28	23♎23	22♌55	3♎	6♍	28♌	23♉	27♑
16	23♊57	13♐55	15♑58	14♑47	16♋44	27♋31	5♑16	4♋57	3♏0	21♋31	23♎23	22♌56	3♎	6♍	28♌	23♉	27♑
17	24♊54	26♐18	15♑55	14♑45	17♋15	28♋42	5♑0	5♋10	2♏58	21♋35	23♎22	22♌57	3♎	6♍	29♌	24♉	27♑
18	25♊52	8♑53	15♑52	14♑44	17♋42	29♋53	4♑44	5♋24	2♏56	21♋38	23♎22	22♌58	3♎	7♍	29♌	24♉	27♑
19	26♊49	21♑40	15♑49	14D44	18♋4	1♌4	4♑27	5♋37	2♏54	21♋42	23♎21	22♌59	3♎	7♍	29♌	24♉	27♑
20	27♊46	4♒39	15♑46	14♑45	18♋22	2♌15	4♑10	5♋51	2♏52	21♋45	23♎21	23♌1	4♎	7♍	0♍	25♉	27♑
21	28♊43	17♒53	15♑43	14♑46	18♋36	3♌26	3♑52	6♋4	2♏51	21♋48	23♎20	23♌2	4♎	8♍	0♍	25♉	27♑
22	29♊41	1♓21	15♑39	14♑47	18♋45	4♌37	3♑35	6♋18	2♏49	21♋52	23♎20	23♌3	4♎	8♍	0♍	26♉	27♑
23	0♋38	15♓3	15♑36	14♑48	18♋49	5♌48	3♑17	6♋32	2♏48	21♋55	23♎19	23♌4	4♎	8♍	1♍	26♉	27♑
24	1♋35	28♓59	15♑33	14♑48	18R49	6♌59	2♑58	6♋45	2♏46	21♋59	23♎19	23♌6	5♎	9♍	1♍	27♉	27♑
25	2♋32	13♈9	15♑30	14R48	18♋44	8♌9	2♑40	6♋59	2♏45	22♋2	23♎18	23♌7	5♎	9♍	1♍	27♉	27♑
26	3♋30	27♈30	15♑27	14♑48	18♋35	9♌20	2♑21	7♋12	2♏44	22♋6	23♎18	23♌8	5♎	10♍	2♍	27♉	27♑
27	4♋27	11♉59	15♑23	14♑47	18♋22	10♌30	2♑3	7♋26	2♏43	22♋9	23♎18	23♌10	5♎	10♍	2♍	28♉	27♑
28	5♋24	26♉32	15♑20	14♑46	18♋4	11♌41	1♑44	7♋40	2♏42	22♋13	23♎18	23♌11	5♎	10♍	2♍	28♉	27♑
29	6♋21	11♊4	15♑17	14♑45	17♋43	12♌51	1♑25	7♋53	2♏41	22♋16	23♎17	23♌12	6♎	11♍	3♍	29♉	27♑
30	7♋19	25♊29	15♑14	14♑44	17♋18	14♌2	1♑7	8♋7	2♏41	22♋20	23♎17	23♌14	6♎	11♍	3♍	29♉	26♑

SUN INGRESS: ☉→♋ 22日 07:54

MOON PHASE: ● 1日 13:03 ♊ ◐ 8日 18:14 ♍ ○ 16日 21:06 ♐ ◑ 24日 04:46 ♈ ● 30日 21:26 ♋

aspects

1日	04:16	☿☌♃
2日	13:17	☿△♄
5日	14:57	☿☍♂
8日	13:48	♃△♄
10日	17:12	♀☌♅
12日	13:11	♀□♆
14日	21:49	☉⚹♇
15日	09:46	☉△♆
16日	16:08	♂☍♃
20日	12:12	♀□♄
24日	16:30	♂⚹♄
25日	02:21	☉☍♂
25日	05:16	☉△♄

1954年7月

DAY	☉	☽	☊ mean	☊ true	☿	♀	♂	♃	♄	♅	♆	♇	⚳	⚴	⚵	⚶	⚷
	° ′	° ′	° ′	° ′	° ′	° ′	° ′	° ′	° ′	° ′	° ′	° ′	°	°	°	°	°
1	8 ♋ 16	9 ♋ 40	15 ♑ 11	14 R 44	16 R 49	15 D 12	0 R 48	8 D 21	2 R 40	22 D 23	23 R 17	23 D 15	6 D	11 D	3 D	29 D	26 R
2	9 ♋ 13	23 ♋ 34	15 ♑ 8	14 D 44	16 ♋ 18	16 ♌ 22	0 ♑ 30	8 ♋ 34	2 ♏ 39	22 ♋ 27	23 ♎ 17	23 ♌ 17	6 ♎	12 ♍	4 ♍	0 ♊	26 ♑
3	10 ♋ 10	7 ♌ 9	15 ♑ 4	14 ♑ 44	15 ♋ 45	17 ♌ 32	0 ♑ 12	8 ♋ 48	2 ♏ 39	22 ♋ 31	23 ♎ 17	23 ♌ 18	7 ♎	12 ♍	4 ♍	0 ♊	26 ♑
4	11 ♋ 7	20 ♌ 21	15 ♑ 1	14 ♑ 44	15 ♋ 10	18 ♌ 42	29 ♐ 54	9 ♋ 1	2 ♏ 39	22 ♋ 34	23 ♎ 17	23 ♌ 20	7 ♎	12 ♍	5 ♍	1 ♊	26 ♑
5	12 ♋ 5	3 ♍ 13	14 ♑ 58	14 ♑ 45	14 ♋ 33	19 ♌ 52	29 ♐ 36	9 ♋ 15	2 ♏ 38	22 ♋ 38	23 ♎ 17	23 ♌ 21	7 ♎	13 ♍	5 ♍	1 ♊	26 ♑
6	13 ♋ 2	15 ♍ 45	14 ♑ 55	14 ♑ 45	13 ♋ 56	21 ♌ 2	29 ♐ 19	9 ♋ 29	2 ♏ 38	22 ♋ 42	23 D 17	23 ♌ 23	7 ♎	13 ♍	5 ♍	1 ♊	26 ♑
7	13 ♋ 59	28 ♍ 2	14 ♑ 52	14 ♑ 45	13 ♋ 19	22 ♌ 12	29 ♐ 2	9 ♋ 42	2 ♏ 38	22 ♋ 45	23 ♎ 17	23 ♌ 24	8 ♎	14 ♍	6 ♍	2 ♊	26 ♑
8	14 ♋ 56	10 ♎ 6	14 ♑ 49	14 R 45	12 ♋ 43	23 ♌ 21	28 ♐ 46	9 ♋ 56	2 D 38	22 ♋ 49	23 ♎ 17	23 ♌ 26	8 ♎	14 ♍	6 ♍	2 ♊	26 ♑
9	15 ♋ 54	22 ♎ 2	14 ♑ 45	14 D 45	12 ♋ 7	24 ♌ 31	28 ♐ 30	10 ♋ 9	2 ♏ 38	22 ♋ 52	23 ♎ 17	23 ♌ 27	8 ♎	14 ♍	6 ♍	3 ♊	26 ♑
10	16 ♋ 51	3 ♏ 55	14 ♑ 42	14 ♑ 45	11 ♋ 34	25 ♌ 41	28 ♐ 15	10 ♋ 23	2 ♏ 39	22 ♋ 56	23 ♎ 17	23 ♌ 29	9 ♎	15 ♍	7 ♍	3 ♊	26 ♑
11	17 ♋ 48	15 ♏ 50	14 ♑ 39	14 ♑ 45	11 ♋ 3	26 ♌ 50	28 ♐ 0	10 ♋ 37	2 ♏ 39	23 ♋ 0	23 ♎ 17	23 ♌ 30	9 ♎	15 ♍	7 ♍	3 ♊	26 ♑
12	18 ♋ 45	27 ♏ 49	14 ♑ 36	14 ♑ 46	10 ♋ 35	27 ♌ 59	27 ♐ 46	10 ♋ 50	2 ♏ 39	23 ♋ 3	23 ♎ 17	23 ♌ 32	9 ♎	16 ♍	7 ♍	4 ♊	26 ♑
13	19 ♋ 42	9 ♐ 58	14 ♑ 33	14 ♑ 46	10 ♋ 11	29 ♌ 8	27 ♐ 33	11 ♋ 4	2 ♏ 40	23 ♋ 7	23 ♎ 18	23 ♌ 34	9 ♎	16 ♍	8 ♍	4 ♊	26 ♑
14	20 ♋ 40	22 ♐ 20	14 ♑ 29	14 ♑ 47	9 ♋ 51	0 ♍ 18	27 ♐ 20	11 ♋ 17	2 ♏ 40	23 ♋ 11	23 ♎ 18	23 ♌ 35	10 ♎	16 ♍	8 ♍	5 ♊	26 ♑
15	21 ♋ 37	4 ♑ 55	14 ♑ 26	14 ♑ 47	9 ♋ 35	1 ♍ 27	27 ♐ 7	11 ♋ 31	2 ♏ 41	23 ♋ 14	23 ♎ 18	23 ♌ 37	10 ♎	17 ♍	8 ♍	5 ♊	26 ♑
16	22 ♋ 34	17 ♑ 47	14 ♑ 23	14 R 47	9 ♋ 24	2 ♍ 36	26 ♐ 56	11 ♋ 44	2 ♏ 42	23 ♋ 18	23 ♎ 18	23 ♌ 39	10 ♎	17 ♍	9 ♍	5 ♊	26 ♑
17	23 ♋ 31	0 ♒ 55	14 ♑ 20	14 ♑ 47	9 ♋ 18	3 ♍ 44	26 ♐ 45	11 ♋ 58	2 ♏ 43	23 ♋ 22	23 ♎ 19	23 ♌ 40	11 ♎	17 ♍	9 ♍	6 ♊	25 ♑
18	24 ♋ 28	14 ♒ 19	14 ♑ 17	14 ♑ 46	9 D 17	4 ♍ 53	26 ♐ 35	12 ♋ 11	2 ♏ 44	23 ♋ 25	23 ♎ 19	23 ♌ 42	11 ♎	18 ♍	9 ♍	6 ♊	25 ♑
19	25 ♋ 26	27 ♒ 58	14 ♑ 14	14 ♑ 45	9 ♋ 21	6 ♍ 2	26 ♐ 25	12 ♋ 25	2 ♏ 45	23 ♋ 29	23 ♎ 19	23 ♌ 44	11 ♎	18 ♍	10 ♍	7 ♊	25 ♑
20	26 ♋ 23	11 ♓ 48	14 ♑ 10	14 ♑ 44	9 ♋ 32	7 ♍ 10	26 ♐ 17	12 ♋ 38	2 ♏ 46	23 ♋ 33	23 ♎ 20	23 ♌ 46	12 ♎	19 ♍	10 ♍	7 ♊	25 ♑
21	27 ♋ 20	25 ♓ 49	14 ♑ 7	14 ♑ 42	9 ♋ 47	8 ♍ 18	26 ♐ 9	12 ♋ 51	2 ♏ 48	23 ♋ 36	23 ♎ 20	23 ♌ 47	12 ♎	19 ♍	11 ♍	7 ♊	25 ♑
22	28 ♋ 17	9 ♈ 56	14 ♑ 4	14 ♑ 41	10 ♋ 9	9 ♍ 27	26 ♐ 2	13 ♋ 5	2 ♏ 49	23 ♋ 40	23 ♎ 21	23 ♌ 49	12 ♎	19 ♍	11 ♍	8 ♊	25 ♑
23	29 ♋ 15	24 ♈ 8	14 ♑ 1	14 ♑ 40	10 ♋ 36	10 ♍ 35	25 ♐ 56	13 ♋ 18	2 ♏ 51	23 ♋ 44	23 ♎ 21	23 ♌ 51	12 ♎	20 ♍	11 ♍	8 ♊	25 ♑
24	0 ♌ 12	8 ♉ 22	13 ♑ 58	14 D 41	11 ♋ 9	11 ♍ 43	25 ♐ 50	13 ♋ 31	2 ♏ 52	23 ♋ 47	23 ♎ 22	23 ♌ 53	13 ♎	20 ♍	12 ♍	8 ♊	25 ♑
25	1 ♌ 9	22 ♉ 36	13 ♑ 55	14 ♑ 41	11 ♋ 48	12 ♍ 51	25 ♐ 46	13 ♋ 45	2 ♏ 54	23 ♋ 51	23 ♎ 23	23 ♌ 54	13 ♎	21 ♍	12 ♍	9 ♊	25 ♑
26	2 ♌ 7	6 ♊ 46	13 ♑ 51	14 ♑ 42	12 ♋ 33	13 ♍ 59	25 ♐ 42	13 ♋ 58	2 ♏ 56	23 ♋ 55	23 ♎ 23	23 ♌ 56	13 ♎	21 ♍	12 ♍	9 ♊	25 ♑
27	3 ♌ 4	20 ♊ 51	13 ♑ 48	14 ♑ 44	13 ♋ 23	15 ♍ 6	25 ♐ 39	14 ♋ 11	2 ♏ 58	23 ♋ 58	23 ♎ 24	23 ♌ 58	14 ♎	21 ♍	13 ♍	10 ♊	25 ♑
28	4 ♌ 1	4 ♋ 48	13 ♑ 45	14 ♑ 44	14 ♋ 18	16 ♍ 14	25 ♐ 37	14 ♋ 24	3 ♏ 0	24 ♋ 2	23 ♎ 25	24 ♌ 0	14 ♎	22 ♍	13 ♍	10 ♊	25 ♑
29	4 ♌ 59	18 ♋ 35	13 ♑ 42	14 R 45	15 ♋ 19	17 ♍ 21	25 ♐ 35	14 ♋ 37	3 ♏ 2	24 ♋ 5	23 ♎ 25	24 ♌ 2	14 ♎	22 ♍	13 ♍	10 ♊	25 ♑
30	5 ♌ 56	2 ♌ 8	13 ♑ 39	14 ♑ 44	16 ♋ 26	18 ♍ 29	25 ♐ 35	14 ♋ 51	3 ♏ 4	24 ♋ 9	23 ♎ 26	24 ♌ 3	15 ♎	23 ♍	14 ♍	11 ♊	25 ♑
31	6 ♌ 54	15 ♌ 27	13 ♑ 35	14 ♑ 42	17 ♋ 38	19 ♍ 36	25 D 35	15 ♋ 4	3 ♏ 6	24 ♋ 13	23 ♎ 27	24 ♌ 5	15 ♎	23 ♍	14 ♍	11 ♊	25 ♑

SUN INGRESS	☉ → ♌ 23日 18:45
MOON PHASE	◐ 8日 10:33 ♎ ○ 16日 09:29 ♑ ◑ 23日 09:14 ♈ ● 30日 07:20 ♌

aspects

1日	02:39	☉☌♃
2日	04:09	♆⚹♇
6日	13:48	☉☌☿
7日	22:23	♀⚹♆
8日	01:30	♀☌♇
11日	15:12	☿☌♃
11日	20:13	♀△♂
16日	02:18	♀⚹♄
16日	02:36	♅□♆
16日	18:43	☉□♆
16日	19:42	☉☌♅
23日	00:52	☿⚹♀
25日	23:38	♀⚹♃
26日	21:13	☉□♄
28日	03:06	☿☌♃

1954年8月

DAY	☉	☽	☊ mean	☊ true	☿	♀	♂	♃	♄	♅	♆	♇	⚳	⚴	⚵	⚶	⚷
	° ′	° ′	° ′	° ′	° ′	° ′	° ′	° ′	° ′	° ′	° ′	° ′	°	°	°	°	°
1	7 ♌ 51	28 ♌ 29	13 ♑ 32	14 R 39	18 D 55	20 D 43	25 D 37	15 D 17	3 D 8	24 D 16	23 D 28	24 D 7	15 D	23 D	15 D	11 D	25 R
2	8 ♌ 48	11 ♍ 14	13 ♑ 29	14 ♑ 35	20 ♋ 17	21 ♍ 50	25 ♐ 39	15 ♋ 30	3 ♏ 11	24 ♋ 20	23 ♎ 29	24 ♌ 9	16 ♎	24 ♍	15 ♍	12 ♊	25 ♑
3	9 ♌ 46	23 ♍ 43	13 ♑ 26	14 ♑ 32	21 ♋ 43	22 ♍ 56	25 ♐ 42	15 ♋ 43	3 ♏ 13	24 ♋ 23	23 ♎ 29	24 ♌ 11	16 ♎	24 ♍	15 ♍	12 ♊	24 ♑
4	10 ♌ 43	5 ♎ 58	13 ♑ 23	14 ♑ 28	23 ♋ 15	24 ♍ 3	25 ♐ 45	15 ♋ 56	3 ♏ 16	24 ♋ 27	23 ♎ 30	24 ♌ 13	16 ♎	25 ♍	16 ♍	13 ♊	24 ♑
5	11 ♌ 41	18 ♎ 2	13 ♑ 20	14 ♑ 25	24 ♋ 50	25 ♍ 9	25 ♐ 50	16 ♋ 8	3 ♏ 19	24 ♋ 30	23 ♎ 31	24 ♌ 15	17 ♎	25 ♍	16 ♍	13 ♊	24 ♑
6	12 ♌ 38	29 ♎ 58	13 ♑ 16	14 ♑ 23	26 ♋ 30	26 ♍ 16	25 ♐ 56	16 ♋ 21	3 ♏ 22	24 ♋ 34	23 ♎ 32	24 ♌ 16	17 ♎	26 ♍	16 ♍	13 ♊	24 ♑
7	13 ♌ 36	11 ♏ 51	13 ♑ 13	14 ♑ 22	28 ♋ 14	27 ♍ 22	26 ♐ 2	16 ♋ 34	3 ♏ 25	24 ♋ 38	23 ♎ 33	24 ♌ 18	17 ♎	26 ♍	17 ♍	14 ♊	24 ♑
8	14 ♌ 33	23 ♏ 45	13 ♑ 10	14 D 22	0 ♌ 1	28 ♍ 28	26 ♐ 9	16 ♋ 47	3 ♏ 28	24 ♋ 41	23 ♎ 34	24 ♌ 20	18 ♎	26 ♍	17 ♍	14 ♊	24 ♑
9	15 ♌ 31	5 ♐ 44	13 ♑ 7	14 ♑ 24	1 ♌ 51	29 ♍ 33	26 ♐ 17	17 ♋ 0	3 ♏ 31	24 ♋ 45	23 ♎ 35	24 ♌ 22	18 ♎	27 ♍	17 ♍	14 ♊	24 ♑
10	16 ♌ 28	17 ♐ 55	13 ♑ 4	14 ♑ 25	3 ♌ 44	0 ♎ 39	26 ♐ 25	17 ♋ 12	3 ♏ 34	24 ♋ 48	23 ♎ 36	24 ♌ 24	18 ♎	27 ♍	18 ♍	15 ♊	24 ♑
11	17 ♌ 26	0 ♑ 20	13 ♑ 1	14 ♑ 27	5 ♌ 39	1 ♎ 44	26 ♐ 35	17 ♋ 25	3 ♏ 37	24 ♋ 51	23 ♎ 38	24 ♌ 26	19 ♎	28 ♍	18 ♍	15 ♊	24 ♑
12	18 ♌ 23	13 ♑ 5	12 ♑ 57	14 ♑ 28	7 ♌ 37	2 ♎ 50	26 ♐ 45	17 ♋ 37	3 ♏ 40	24 ♋ 55	23 ♎ 39	24 ♌ 28	19 ♎	28 ♍	19 ♍	15 ♊	24 ♑
13	19 ♌ 21	26 ♑ 10	12 ♑ 54	14 R 27	9 ♌ 36	3 ♎ 55	26 ♐ 56	17 ♋ 50	3 ♏ 44	24 ♋ 58	23 ♎ 40	24 ♌ 30	20 ♎	28 ♍	19 ♍	16 ♊	24 ♑
14	20 ♌ 18	9 ♒ 37	12 ♑ 51	14 ♑ 25	11 ♌ 36	4 ♎ 59	27 ♐ 8	18 ♋ 2	3 ♏ 47	25 ♋ 2	23 ♎ 41	24 ♌ 32	20 ♎	29 ♍	19 ♍	16 ♊	24 ♑
15	21 ♌ 16	23 ♒ 24	12 ♑ 48	14 ♑ 21	13 ♌ 37	6 ♎ 4	27 ♐ 20	18 ♋ 15	3 ♏ 51	25 ♋ 5	23 ♎ 42	24 ♌ 34	20 ♎	29 ♍	20 ♍	16 ♊	24 ♑
16	22 ♌ 14	7 ♓ 30	12 ♑ 45	14 ♑ 16	15 ♌ 39	7 ♎ 8	27 ♐ 33	18 ♋ 27	3 ♏ 55	25 ♋ 9	23 ♎ 44	24 ♌ 36	21 ♎	0 ♎	20 ♍	17 ♊	24 ♑
17	23 ♌ 11	21 ♓ 48	12 ♑ 41	14 ♑ 10	17 ♌ 41	8 ♎ 12	27 ♐ 47	18 ♋ 39	3 ♏ 58	25 ♋ 12	23 ♎ 45	24 ♌ 37	21 ♎	0 ♎	20 ♍	17 ♊	24 ♑
18	24 ♌ 9	6 ♈ 15	12 ♑ 38	14 ♑ 4	19 ♌ 43	9 ♎ 16	28 ♐ 1	18 ♋ 52	4 ♏ 2	25 ♋ 15	23 ♎ 46	24 ♌ 39	21 ♎	1 ♎	21 ♍	17 ♊	24 ♑
19	25 ♌ 7	20 ♈ 43	12 ♑ 35	13 ♑ 59	21 ♌ 45	10 ♎ 20	28 ♐ 16	19 ♋ 4	4 ♏ 6	25 ♋ 18	23 ♎ 47	24 ♌ 41	22 ♎	1 ♎	21 ♍	18 ♊	24 ♑
20	26 ♌ 4	5 ♉ 8	12 ♑ 32	13 ♑ 56	23 ♌ 46	11 ♎ 24	28 ♐ 32	19 ♋ 16	4 ♏ 10	25 ♋ 22	23 ♎ 49	24 ♌ 43	22 ♎	1 ♎	22 ♍	18 ♊	24 ♑
21	27 ♌ 2	19 ♉ 25	12 ♑ 29	13 ♑ 54	25 ♌ 47	12 ♎ 27	28 ♐ 49	19 ♋ 28	4 ♏ 14	25 ♋ 25	23 ♎ 50	24 ♌ 45	22 ♎	2 ♎	22 ♍	18 ♊	24 ♑
22	28 ♌ 0	3 ♊ 33	12 ♑ 26	13 D 54	27 ♌ 47	13 ♎ 30	29 ♐ 6	19 ♋ 40	4 ♏ 18	25 ♋ 28	23 ♎ 52	24 ♌ 47	23 ♎	2 ♎	22 ♍	19 ♊	24 ♑
23	28 ♌ 58	17 ♊ 29	12 ♑ 22	13 ♑ 55	29 ♌ 46	14 ♎ 33	29 ♐ 24	19 ♋ 52	4 ♏ 22	25 ♋ 31	23 ♎ 53	24 ♌ 49	23 ♎	3 ♎	23 ♍	19 ♊	23 ♑
24	29 ♌ 56	1 ♋ 14	12 ♑ 19	13 ♑ 56	1 ♍ 44	15 ♎ 35	29 ♐ 42	20 ♋ 4	4 ♏ 27	25 ♋ 35	23 ♎ 55	24 ♌ 51	24 ♎	3 ♎	23 ♍	19 ♊	23 ♑
25	0 ♍ 54	14 ♋ 47	12 ♑ 16	13 R 57	3 ♍ 41	16 ♎ 37	0 ♑ 1	20 ♋ 16	4 ♏ 31	25 ♋ 38	23 ♎ 56	24 ♌ 53	24 ♎	4 ♎	23 ♍	20 ♊	23 ♑
26	1 ♍ 51	28 ♋ 8	12 ♑ 13	13 ♑ 56	5 ♍ 37	17 ♎ 39	0 ♑ 20	20 ♋ 27	4 ♏ 36	25 ♋ 41	23 ♎ 58	24 ♌ 55	24 ♎	4 ♎	24 ♍	20 ♊	23 ♑
27	2 ♍ 49	11 ♌ 18	12 ♑ 10	13 ♑ 53	7 ♍ 32	18 ♎ 41	0 ♑ 40	20 ♋ 39	4 ♏ 40	25 ♋ 44	23 ♎ 59	24 ♌ 57	25 ♎	4 ♎	24 ♍	20 ♊	23 ♑
28	3 ♍ 47	24 ♌ 16	12 ♑ 6	13 ♑ 47	9 ♍ 25	19 ♎ 43	1 ♑ 1	20 ♋ 51	4 ♏ 45	25 ♋ 47	24 ♎ 1	24 ♌ 59	25 ♎	5 ♎	25 ♍	21 ♊	23 ♑
29	4 ♍ 45	7 ♍ 2	12 ♑ 3	13 ♑ 40	11 ♍ 17	20 ♎ 44	1 ♑ 22	21 ♋ 2	4 ♏ 49	25 ♋ 50	24 ♎ 2	25 ♌ 0	25 ♎	5 ♎	25 ♍	21 ♊	23 ♑
30	5 ♍ 43	19 ♍ 35	12 ♑ 0	13 ♑ 31	13 ♍ 8	21 ♎ 45	1 ♑ 44	21 ♋ 14	4 ♏ 54	25 ♋ 53	24 ♎ 4	25 ♌ 2	26 ♎	6 ♎	25 ♍	21 ♊	23 ♑
31	6 ♍ 41	1 ♎ 56	11 ♑ 57	13 ♑ 21	14 ♍ 58	22 ♎ 45	2 ♑ 7	21 ♋ 25	4 ♏ 59	25 ♋ 56	24 ♎ 5	25 ♌ 4	26 ♎	6 ♎	26 ♍	21 ♊	23 ♑

SUN INGRESS	☉ → ♍ 24日 01:36
MOON PHASE	◐ 7日 03:51 ♏ ○ 14日 20:03 ♒ ◑ 21日 13:51 ♉ ● 28日 19:21 ♍

aspects

4日	04:03	☿□♆
4日	09:10	♀⚹♅
4日	18:55	☿☌♅
5日	13:57	☿⚹♀
5日	16:02	♀□♂
9日	21:49	☿□♄
17日	14:16	☉⚹♆
18日	13:03	☉☌♇
20日	00:30	☿⚹♆
20日	11:28	☿☌♇
22日	05:01	☉☌☿
22日	18:36	☿△♂
23日	15:35	☉△♂
25日	10:43	☿⚹♄
29日	01:50	☉⚹♄
29日	08:55	♀□♃

1954年9月

DAY	☉	☽	☊ mean	☊ true	☿	♀	♂	♃	♄	♅	♆	♇	⚳	⚴	⚵	⚶	⚷
	° ′	° ′	° ′	° ′	° ′	° ′	° ′	° ′	° ′	° ′	° ′	° ′	°	°	°	°	°
1	7 ♍ 39	14 ♎ 6	11 ♑ 54	13 R 11	16 D 46	23 D 45	2 D 30	21 D 36	5 D 4	25 D 59	24 D 7	25 D 6	27 D	7 D	26 D	22 D	23 R
2	8 ♍ 37	26 ♎ 7	11 ♑ 51	13 ♑ 3	18 ♍ 33	24 ♎ 45	2 ♑ 53	21 ♋ 47	5 ♏ 9	26 ♋ 2	24 ♎ 9	25 ♌ 8	27 ♎	7 ♎	26 ♍	22 ♊	23 ♑
3	9 ♍ 36	8 ♏ 0	11 ♑ 47	12 ♑ 56	20 ♍ 19	25 ♎ 45	3 ♑ 17	21 ♋ 59	5 ♏ 14	26 ♋ 5	24 ♎ 11	25 ♌ 10	27 ♎	7 ♎	27 ♍	22 ♊	23 ♑
4	10 ♍ 34	19 ♏ 51	11 ♑ 44	12 ♑ 51	22 ♍ 3	26 ♎ 44	3 ♑ 41	22 ♋ 10	5 ♏ 19	26 ♋ 8	24 ♎ 12	25 ♌ 12	28 ♎	8 ♎	27 ♍	23 ♊	23 ♑
5	11 ♍ 32	1 ♐ 42	11 ♑ 41	12 ♑ 49	23 ♍ 47	27 ♎ 43	4 ♑ 6	22 ♋ 21	5 ♏ 24	26 ♋ 11	24 ♎ 14	25 ♌ 14	28 ♎	8 ♎	28 ♍	23 ♊	23 ♑
6	12 ♍ 30	13 ♐ 40	11 ♑ 38	12 D 48	25 ♍ 29	28 ♎ 41	4 ♑ 32	22 ♋ 31	5 ♏ 29	26 ♋ 14	24 ♎ 16	25 ♌ 15	29 ♎	9 ♎	28 ♍	23 ♊	23 ♑
7	13 ♍ 28	25 ♐ 48	11 ♑ 35	12 ♑ 49	27 ♍ 10	29 ♎ 39	4 ♑ 58	22 ♋ 42	5 ♏ 34	26 ♋ 16	24 ♎ 18	25 ♌ 17	29 ♎	9 ♎	28 ♍	23 ♊	23 ♑
8	14 ♍ 26	8 ♑ 13	11 ♑ 32	12 ♑ 50	28 ♍ 49	0 ♏ 37	5 ♑ 24	22 ♋ 53	5 ♏ 40	26 ♋ 19	24 ♎ 19	25 ♌ 19	29 ♎	10 ♎	29 ♍	24 ♊	23 ♑
9	15 ♍ 25	20 ♑ 58	11 ♑ 28	12 R 49	0 ♎ 28	1 ♏ 34	5 ♑ 51	23 ♋ 3	5 ♏ 45	26 ♋ 22	24 ♎ 21	25 ♌ 21	0 ♏	10 ♎	29 ♍	24 ♊	23 ♑
10	16 ♍ 23	4 ♒ 9	11 ♑ 25	12 ♑ 47	2 ♎ 5	2 ♏ 31	6 ♑ 18	23 ♋ 14	5 ♏ 51	26 ♋ 24	24 ♎ 23	25 ♌ 23	0 ♏	10 ♎	29 ♍	24 ♊	23 ♑
11	17 ♍ 21	17 ♒ 46	11 ♑ 22	12 ♑ 43	3 ♎ 41	3 ♏ 27	6 ♑ 45	23 ♋ 24	5 ♏ 56	26 ♋ 27	24 ♎ 25	25 ♌ 25	1 ♏	11 ♎	0 ♎	25 ♊	23 ♑
12	18 ♍ 20	1 ♓ 49	11 ♑ 19	12 ♑ 36	5 ♎ 17	4 ♏ 23	7 ♑ 13	23 ♋ 35	6 ♏ 2	26 ♋ 30	24 ♎ 27	25 ♌ 26	1 ♏	11 ♎	0 ♎	25 ♊	23 ♑
13	19 ♍ 18	16 ♓ 16	11 ♑ 16	12 ♑ 27	6 ♎ 51	5 ♏ 18	7 ♑ 42	23 ♋ 45	6 ♏ 7	26 ♋ 32	24 ♎ 29	25 ♌ 28	1 ♏	12 ♎	1 ♎	25 ♊	23 ♑
14	20 ♍ 16	1 ♈ 0	11 ♑ 12	12 ♑ 17	8 ♎ 23	6 ♏ 13	8 ♑ 11	23 ♋ 55	6 ♏ 13	26 ♋ 35	24 ♎ 31	25 ♌ 30	2 ♏	12 ♎	1 ♎	25 ♊	23 ♑
15	21 ♍ 15	15 ♈ 53	11 ♑ 9	12 ♑ 7	9 ♎ 55	7 ♏ 7	8 ♑ 40	24 ♋ 5	6 ♏ 19	26 ♋ 37	24 ♎ 32	25 ♌ 32	2 ♏	13 ♎	1 ♎	26 ♊	23 ♑
16	22 ♍ 13	0 ♉ 46	11 ♑ 6	11 ♑ 58	11 ♎ 26	8 ♏ 0	9 ♑ 9	24 ♋ 15	6 ♏ 25	26 ♋ 40	24 ♎ 34	25 ♌ 34	3 ♏	13 ♎	2 ♎	26 ♊	23 ♑
17	23 ♍ 12	15 ♉ 32	11 ♑ 3	11 ♑ 51	12 ♎ 56	8 ♏ 53	9 ♑ 39	24 ♋ 25	6 ♏ 30	26 ♋ 42	24 ♎ 36	25 ♌ 35	3 ♏	13 ♎	2 ♎	26 ♊	23 ♑
18	24 ♍ 10	0 ♊ 3	11 ♑ 0	11 ♑ 47	14 ♎ 24	9 ♏ 46	10 ♑ 10	24 ♋ 34	6 ♏ 36	26 ♋ 44	24 ♎ 38	25 ♌ 37	3 ♏	14 ♎	2 ♎	26 ♊	23 ♑
19	25 ♍ 9	14 ♊ 16	10 ♑ 57	11 ♑ 45	15 ♎ 51	10 ♏ 38	10 ♑ 40	24 ♋ 44	6 ♏ 42	26 ♋ 47	24 ♎ 40	25 ♌ 39	4 ♏	14 ♎	3 ♎	27 ♊	23 ♑
20	26 ♍ 7	28 ♊ 9	10 ♑ 53	11 D 45	17 ♎ 18	11 ♏ 29	11 ♑ 11	24 ♋ 54	6 ♏ 48	26 ♋ 49	24 ♎ 42	25 ♌ 40	4 ♏	15 ♎	3 ♎	27 ♊	23 ♑
21	27 ♍ 6	11 ♋ 44	10 ♑ 50	11 ♑ 45	18 ♎ 43	12 ♏ 20	11 ♑ 42	25 ♋ 3	6 ♏ 54	26 ♋ 51	24 ♎ 44	25 ♌ 42	5 ♏	15 ♎	4 ♎	27 ♊	23 ♑
22	28 ♍ 5	25 ♋ 2	10 ♑ 47	11 R 44	20 ♎ 7	13 ♏ 10	12 ♑ 14	25 ♋ 12	7 ♏ 0	26 ♋ 53	24 ♎ 46	25 ♌ 44	5 ♏	16 ♎	4 ♎	27 ♊	23 ♑
23	29 ♍ 3	8 ♌ 5	10 ♑ 44	11 ♑ 42	21 ♎ 30	13 ♏ 59	12 ♑ 46	25 ♋ 21	7 ♏ 7	26 ♋ 56	24 ♎ 48	25 ♌ 46	5 ♏	16 ♎	4 ♎	27 ♊	23 ♑
24	0 ♎ 2	20 ♌ 55	10 ♑ 41	11 ♑ 37	22 ♎ 51	14 ♏ 47	13 ♑ 18	25 ♋ 30	7 ♏ 13	26 ♋ 58	24 ♎ 50	25 ♌ 47	6 ♏	17 ♎	5 ♎	28 ♊	23 ♑
25	1 ♎ 1	3 ♍ 34	10 ♑ 38	11 ♑ 29	24 ♎ 12	15 ♏ 35	13 ♑ 51	25 ♋ 39	7 ♏ 19	27 ♋ 0	24 ♎ 53	25 ♌ 49	6 ♏	17 ♎	5 ♎	28 ♊	23 ♑
26	2 ♎ 0	16 ♍ 3	10 ♑ 34	11 ♑ 18	25 ♎ 31	16 ♏ 22	14 ♑ 24	25 ♋ 48	7 ♏ 25	27 ♋ 2	24 ♎ 55	25 ♌ 50	7 ♏	17 ♎	5 ♎	28 ♊	23 ♑
27	2 ♎ 59	28 ♍ 22	10 ♑ 31	11 ♑ 5	26 ♎ 48	17 ♏ 8	14 ♑ 57	25 ♋ 57	7 ♏ 32	27 ♋ 4	24 ♎ 57	25 ♌ 52	7 ♏	18 ♎	6 ♎	28 ♊	23 ♑
28	3 ♎ 57	10 ♎ 33	10 ♑ 28	10 ♑ 51	28 ♎ 5	17 ♏ 53	15 ♑ 30	26 ♋ 5	7 ♏ 38	27 ♋ 6	24 ♎ 59	25 ♌ 54	7 ♏	18 ♎	6 ♎	28 ♊	23 ♑
29	4 ♎ 56	22 ♎ 35	10 ♑ 25	10 ♑ 37	29 ♎ 19	18 ♏ 38	16 ♑ 4	26 ♋ 14	7 ♏ 44	27 ♋ 8	25 ♎ 1	25 ♌ 55	8 ♏	19 ♎	7 ♎	29 ♊	23 ♑
30	5 ♎ 55	4 ♏ 31	10 ♑ 22	10 ♑ 24	0 ♏ 33	19 ♏ 21	16 ♑ 38	26 ♋ 22	7 ♏ 51	27 ♋ 9	25 ♎ 3	25 ♌ 57	8 ♏	19 ♎	7 ♎	29 ♊	23 ♑

SUN INGRESS	☉ → ♎ 23日 22:55
MOON PHASE	◐ 5日 21:28 ♐　○ 13日 05:19 ♓　◑ 19日 20:11 ♊　● 27日 09:50 ♎

aspects		
1日	08:57	♀☌♆
2日	09:27	♀⚹♇
3日	08:37	♀□♅
4日	01:39	☿⚹♃
6日	10:57	☿⚹♅
8日	17:50	♂⚹♄
13日	19:11	☿□♂
14日	00:14	♀☌♄
18日	11:54	☉⚹♃
18日	12:03	♃□♆
19日	02:47	♀⚹♂
20日	17:44	☉⚹♅
25日	12:45	☿☌♆
26日	06:04	☿□♃
26日	06:14	☿⚹♇
27日	04:59	☿□♅

1954年10月

DAY	☉	☽	☊ mean	☊ true	☿	♀	♂	♃	♄	♅	♆	♇	⚳	⚴	⚵	⚶	⚷
	° ′	° ′	° ′	° ′	° ′	° ′	° ′	° ′	° ′	° ′	° ′	° ′	°	°	°	°	°
1	6 ♎ 54	16 ♏ 22	10 ♑ 18	10 R 13	1 D 44	20 D 4	17 D 12	26 D 30	7 D 57	27 D 11	25 D 5	25 D 58	9 D	20 D	7 D	29 D	23 D
2	7 ♎ 53	28 ♏ 11	10 ♑ 15	10 ♑ 6	2 ♏ 54	20 ♏ 45	17 ♑ 47	26 ♋ 38	8 ♏ 4	27 ♋ 13	25 ♎ 7	26 ♌ 0	9 ♏	20 ♎	8 ♎	29 ♊	23 ♑
3	8 ♎ 52	10 ♐ 0	10 ♑ 12	10 ♑ 1	4 ♏ 2	21 ♏ 25	18 ♑ 22	26 ♋ 46	8 ♏ 10	27 ♋ 15	25 ♎ 10	26 ♌ 1	9 ♏	21 ♎	8 ♎	29 ♊	23 ♑
4	9 ♎ 51	21 ♐ 55	10 ♑ 9	9 ♑ 58	5 ♏ 8	22 ♏ 5	18 ♑ 57	26 ♋ 54	8 ♏ 17	27 ♋ 16	25 ♎ 12	26 ♌ 3	10 ♏	21 ♎	8 ♎	29 ♊	23 ♑
5	10 ♎ 51	4 ♑ 1	10 ♑ 6	9 ♑ 58	6 ♏ 11	22 ♏ 43	19 ♑ 32	27 ♋ 2	8 ♏ 24	27 ♋ 18	25 ♎ 14	26 ♌ 4	10 ♏	21 ♎	9 ♎	0 ♋	23 ♑
6	11 ♎ 50	16 ♑ 21	10 ♑ 3	9 ♑ 58	7 ♏ 13	23 ♏ 20	20 ♑ 8	27 ♋ 9	8 ♏ 30	27 ♋ 19	25 ♎ 16	26 ♌ 6	11 ♏	22 ♎	9 ♎	0 ♋	23 ♑
7	12 ♎ 49	29 ♑ 3	9 ♑ 59	9 ♑ 57	8 ♏ 12	23 ♏ 56	20 ♑ 44	27 ♋ 16	8 ♏ 37	27 ♋ 21	25 ♎ 18	26 ♌ 7	11 ♏	22 ♎	10 ♎	0 ♋	23 ♑
8	13 ♎ 48	12 ♒ 10	9 ♑ 56	9 ♑ 55	9 ♏ 8	24 ♏ 30	21 ♑ 20	27 ♋ 24	8 ♏ 44	27 ♋ 22	25 ♎ 20	26 ♌ 9	11 ♏	23 ♎	10 ♎	0 ♋	23 ♑
9	14 ♎ 47	25 ♒ 46	9 ♑ 53	9 ♑ 50	10 ♏ 1	25 ♏ 3	21 ♑ 56	27 ♋ 31	8 ♏ 51	27 ♋ 24	25 ♎ 23	26 ♌ 10	12 ♏	23 ♎	10 ♎	0 ♋	23 ♑
10	15 ♎ 47	9 ♓ 52	9 ♑ 50	9 ♑ 43	10 ♏ 50	25 ♏ 35	22 ♑ 32	27 ♋ 38	8 ♏ 57	27 ♋ 25	25 ♎ 25	26 ♌ 11	12 ♏	24 ♎	11 ♎	0 ♋	23 ♑
11	16 ♎ 46	24 ♓ 27	9 ♑ 47	9 ♑ 33	11 ♏ 36	26 ♏ 5	23 ♑ 9	27 ♋ 44	9 ♏ 4	27 ♋ 26	25 ♎ 27	26 ♌ 13	13 ♏	24 ♎	11 ♎	0 ♋	23 ♑
12	17 ♎ 45	9 ♈ 24	9 ♑ 43	9 ♑ 22	12 ♏ 18	26 ♏ 34	23 ♑ 46	27 ♋ 51	9 ♏ 11	27 ♋ 28	25 ♎ 29	26 ♌ 14	13 ♏	24 ♎	11 ♎	1 ♋	23 ♑
13	18 ♎ 44	24 ♈ 35	9 ♑ 40	9 ♑ 11	12 ♏ 56	27 ♏ 1	24 ♑ 23	27 ♋ 57	9 ♏ 18	27 ♋ 29	25 ♎ 32	26 ♌ 15	14 ♏	25 ♎	12 ♎	1 ♋	23 ♑
14	19 ♎ 44	9 ♉ 48	9 ♑ 37	9 ♑ 1	13 ♏ 29	27 ♏ 26	25 ♑ 0	28 ♋ 4	9 ♏ 25	27 ♋ 30	25 ♎ 34	26 ♌ 17	14 ♏	25 ♎	12 ♎	1 ♋	23 ♑
15	20 ♎ 43	24 ♉ 55	9 ♑ 34	8 ♑ 53	13 ♏ 56	27 ♏ 50	25 ♑ 37	28 ♋ 10	9 ♏ 32	27 ♋ 31	25 ♎ 36	26 ♌ 18	14 ♏	26 ♎	12 ♎	1 ♋	23 ♑
16	21 ♎ 43	9 ♊ 44	9 ♑ 31	8 ♑ 48	14 ♏ 18	28 ♏ 12	26 ♑ 15	28 ♋ 16	9 ♏ 39	27 ♋ 32	25 ♎ 38	26 ♌ 19	15 ♏	26 ♎	13 ♎	1 ♋	23 ♑
17	22 ♎ 42	24 ♊ 12	9 ♑ 28	8 ♑ 45	14 ♏ 34	28 ♏ 32	26 ♑ 53	28 ♋ 22	9 ♏ 46	27 ♋ 33	25 ♎ 41	26 ♌ 20	15 ♏	27 ♎	13 ♎	1 ♋	23 ♑
18	23 ♎ 42	8 ♋ 14	9 ♑ 24	8 ♑ 45	14 ♏ 43	28 ♏ 51	27 ♑ 31	28 ♋ 28	9 ♏ 53	27 ♋ 34	25 ♎ 43	26 ♌ 22	16 ♏	27 ♎	14 ♎	1 ♋	23 ♑
19	24 ♎ 41	21 ♋ 51	9 ♑ 21	8 D 45	14 R 45	29 ♏ 7	28 ♑ 9	28 ♋ 33	10 ♏ 0	27 ♋ 35	25 ♎ 45	26 ♌ 23	16 ♏	28 ♎	14 ♎	1 ♋	23 ♑
20	25 ♎ 41	5 ♌ 5	9 ♑ 18	8 R 45	14 ♏ 39	29 ♏ 21	28 ♑ 47	28 ♋ 38	10 ♏ 7	27 ♋ 36	25 ♎ 47	26 ♌ 24	17 ♏	28 ♎	14 ♎	1 ♋	23 ♑
21	26 ♎ 41	18 ♌ 0	9 ♑ 15	8 ♑ 43	14 ♏ 24	29 ♏ 34	29 ♑ 26	28 ♋ 44	10 ♏ 14	27 ♋ 37	25 ♎ 49	26 ♌ 25	17 ♏	28 ♎	15 ♎	1 ♋	23 ♑
22	27 ♎ 40	0 ♍ 39	9 ♑ 12	8 ♑ 38	14 ♏ 1	29 ♏ 44	0 ♒ 4	28 ♋ 49	10 ♏ 21	27 ♋ 37	25 ♎ 52	26 ♌ 26	17 ♏	29 ♎	15 ♎	1 ♋	23 ♑
23	28 ♎ 40	13 ♍ 5	9 ♑ 9	8 ♑ 31	13 ♏ 30	29 ♏ 52	0 ♒ 43	28 ♋ 54	10 ♏ 28	27 ♋ 38	25 ♎ 54	26 ♌ 27	18 ♏	29 ♎	15 ♎	1 ♋	23 ♑
24	29 ♎ 40	25 ♍ 20	9 ♑ 5	8 ♑ 21	12 ♏ 49	29 ♏ 58	1 ♒ 22	28 ♋ 58	10 ♏ 35	27 ♋ 39	25 ♎ 56	26 ♌ 28	18 ♏	0 ♏	16 ♎	1 ♋	23 ♑
25	0 ♏ 40	7 ♎ 27	9 ♑ 2	8 ♑ 10	11 ♏ 59	0 ♐ 2	2 ♒ 1	29 ♋ 3	10 ♏ 42	27 ♋ 39	25 ♎ 58	26 ♌ 29	19 ♏	0 ♏	16 ♎	1 ♋	23 ♑
26	1 ♏ 39	19 ♎ 28	8 ♑ 59	7 ♑ 57	11 ♏ 2	0 ♐ 3	2 ♒ 40	29 ♋ 7	10 ♏ 50	27 ♋ 40	26 ♎ 1	26 ♌ 30	19 ♏	1 ♏	16 ♎	2 ♋	23 ♑
27	2 ♏ 39	1 ♏ 23	8 ♑ 56	7 ♑ 44	9 ♏ 57	0 R 2	3 ♒ 20	29 ♋ 11	10 ♏ 57	27 ♋ 40	26 ♎ 3	26 ♌ 31	19 ♏	1 ♏	17 ♎	2 ♋	23 ♑
28	3 ♏ 39	13 ♏ 15	8 ♑ 53	7 ♑ 32	8 ♏ 46	29 ♏ 59	3 ♒ 59	29 ♋ 15	11 ♏ 4	27 ♋ 41	26 ♎ 5	26 ♌ 32	20 ♏	2 ♏	17 ♎	2 ♋	23 ♑
29	4 ♏ 39	25 ♏ 5	8 ♑ 49	7 ♑ 22	7 ♏ 32	29 ♏ 53	4 ♒ 39	29 ♋ 19	11 ♏ 11	27 ♋ 41	26 ♎ 7	26 ♌ 33	20 ♏	2 ♏	18 ♎	2 ♋	23 ♑
30	5 ♏ 39	6 ♐ 54	8 ♑ 46	7 ♑ 15	6 ♏ 15	29 ♏ 45	5 ♒ 19	29 ♋ 23	11 ♏ 18	27 ♋ 41	26 ♎ 10	26 ♌ 34	21 ♏	2 ♏	18 ♎	2 R	23 ♑
31	6 ♏ 39	18 ♐ 45	8 ♑ 43	7 ♑ 11	4 ♏ 58	29 ♏ 34	5 ♒ 59	29 ♋ 26	11 ♏ 25	27 ♋ 42	26 ♎ 12	26 ♌ 35	21 ♏	3 ♏	18 ♎	2 ♋	23 ♑

SUN INGRESS	☉ → ♏ 24日 07:56
MOON PHASE	◐ 5日 14:31 ♑　○ 12日 14:10 ♈　◑ 19日 05:30 ♋　● 27日 02:47 ♏

aspects		
7日	12:15	☿☌♄
7日	19:02	♃☌♅
11日	06:38	♀□♇
14日	03:58	♀△♅
14日	23:01	♂□♆
16日	06:19	♀△♃
18日	02:11	♂☍♅
19日	17:39	♂☍♃
20日	02:38	☉☌♆
20日	17:37	☉⚹♇
21日	07:10	♀⚹♂
21日	22:51	☉□♅
23日	05:56	☉□♃
26日	04:16	☿☌♄
28日	23:44	☉□♂
30日	06:15	☉☌☿
30日	11:30	☿□♂
31日	11:45	♀△♃

1954年11月

DAY	☉	☽	☊ mean	☊ true	☿	♀	♂	♃	♄	♅	♆	♇	⚳	⚴	⚵	⚶	⚷
	° ′	° ′	° ′	° ′	° ′	° ′	° ′	° ′	° ′	° ′	° ′	° ′	°	°	°	°	°
1	7♏39	0♑41	8♑40	7R9	3R44	29R21	6D39	29D30	11D33	27D42	26D14	26D36	22D	3D	19D	2R	23D
2	8♏39	12♑47	8♑37	7D9	2♏34	29♏5	7♒19	29♋33	11♏40	27♋42	26♎16	26♌36	22♏	4♏	19♎	1♋	23♑
3	9♏39	25♑6	8♑34	7♑10	1♏32	28♏47	7♒59	29♋35	11♏47	27♋42	26♎18	26♌37	22♏	4♏	19♎	1♋	23♑
4	10♏39	7♒44	8♑30	7♑10	0♏39	28♏27	8♒39	29♋38	11♏54	27R42	26♎21	26♌38	23♏	5♏	20♎	1♋	23♑
5	11♏39	20♒45	8♑27	7R10	29♎56	28♏5	9♒20	29♋41	12♏1	27♋42	26♎23	26♌39	23♏	5♏	20♎	1♋	23♑
6	12♏39	4♓13	8♑24	7♑8	29♎24	27♏40	10♒1	29♋43	12♏9	27♋42	26♎25	26♌39	24♏	6♏	20♎	1♋	23♑
7	13♏40	18♓10	8♑21	7♑3	29♎3	27♏14	10♒41	29♋45	12♏16	27♋42	26♎27	26♌40	24♏	6♏	21♎	1♋	23♑
8	14♏40	2♈37	8♑18	6♑57	28♎54	26♏45	11♒22	29♋47	12♏23	27♋41	26♎29	26♌41	25♏	6♏	21♎	1♋	23♑
9	15♏40	17♈29	8♑15	6♑49	28D57	26♏15	12♒3	29♋49	12♏30	27♋41	26♎31	26♌41	25♏	7♏	21♎	1♋	24♑
10	16♏40	2♉40	8♑11	6♑41	29♎10	25♏43	12♒44	29♋51	12♏37	27♋41	26♎34	26♌42	25♏	7♏	22♎	1♋	24♑
11	17♏41	17♉59	8♑8	6♑34	29♎34	25♏10	13♒25	29♋52	12♏45	27♋41	26♎36	26♌43	26♏	8♏	22♎	1♋	24♑
12	18♏41	3♊16	8♑5	6♑28	0♏6	24♏36	14♒6	29♋53	12♏52	27♋40	26♎38	26♌43	26♏	8♏	22♎	1♋	24♑
13	19♏41	18♊19	8♑2	6♑25	0♏48	24♏1	14♒47	29♋54	12♏59	27♋40	26♎40	26♌44	27♏	9♏	23♎	1♋	24♑
14	20♏42	3♋2	7♑59	6♑23	1♏36	23♏25	15♒29	29♋55	13♏6	27♋39	26♎42	26♌44	27♏	9♏	23♎	1♋	24♑
15	21♏42	17♋18	7♑55	6D24	2♏31	22♏48	16♒10	29♋55	13♏13	27♋39	26♎44	26♌44	28♏	10♏	24♎	1♋	24♑
16	22♏42	1♌6	7♑52	6♑25	3♏32	22♏12	16♒52	29♋56	13♏21	27♋38	26♎46	26♌45	28♏	10♏	24♎	0♋	24♑
17	23♏43	14♌27	7♑49	6♑26	4♏38	21♏35	17♒33	29♋56	13♏28	27♋37	26♎48	26♌45	28♏	10♏	24♎	0♋	24♑
18	24♏43	27♌24	7♑46	6R27	5♏49	20♏59	18♒15	29R56	13♏35	27♋37	26♎50	26♌46	29♏	11♏	25♎	0♋	24♑
19	25♏44	10♍1	7♑43	6♑25	7♏3	20♏24	18♒57	29♋56	13♏42	27♋36	26♎52	26♌46	29♏	11♏	25♎	0♋	24♑
20	26♏44	22♍22	7♑40	6♑22	8♏20	19♏49	19♒38	29♋55	13♏49	27♋35	26♎54	26♌46	0♐	12♏	25♎	0♋	24♑
21	27♏45	4♎30	7♑36	6♑18	9♏40	19♏15	20♒20	29♋55	13♏56	27♋34	26♎56	26♌47	0♐	12♏	26♎	0♋	24♑
22	28♏46	16♎30	7♑33	6♑11	11♏2	18♏43	21♒2	29♋54	14♏3	27♋33	26♎58	26♌47	0♐	13♏	26♎	29♊	24♑
23	29♏46	28♎24	7♑30	6♑4	12♏27	18♏12	21♒44	29♋53	14♏10	27♋32	27♎0	26♌47	1♐	13♏	26♎	29♊	24♑
24	0♐47	10♏15	7♑27	5♑57	13♏52	17♏42	22♒26	29♋52	14♏17	27♋31	27♎2	26♌47	1♐	13♏	27♎	29♊	24♑
25	1♐48	22♏5	7♑24	5♑51	15♏20	17♏15	23♒8	29♋50	14♏24	27♋30	27♎4	26♌47	2♐	14♏	27♎	29♊	24♑
26	2♐48	3♐56	7♑21	5♑46	16♏48	16♏49	23♒51	29♋49	14♏31	27♋29	27♎6	26♌47	2♐	14♏	27♎	29♊	24♑
27	3♐49	15♐49	7♑17	5♑42	18♏17	16♏26	24♒33	29♋47	14♏38	27♋28	27♎8	26♌47	3♐	15♏	28♎	29♊	25♑
28	4♐50	27♐47	7♑14	5♑40	19♏47	16♏4	25♒15	29♋45	14♏45	27♋26	27♎10	26♌48	3♐	15♏	28♎	28♊	25♑
29	5♐51	9♑52	7♑11	5D40	21♏18	15♏45	25♒57	29♋43	14♏52	27♋25	27♎12	26♌48	3♐	16♏	28♎	28♊	25♑
30	6♐51	22♑5	7♑8	5♑41	22♏49	15♏29	26♒40	29♋40	14♏59	27♋24	27♎13	26R48	4♐	16♏	29♎	28♊	25♑

SUN INGRESS	☉ → ♐ 23日 05:14
MOON PHASE	◐ 4日 05:55 ♒　○ 10日 23:29 ♉　◑ 17日 18:33 ♌　● 25日 21:30 ♐

aspects		
5日	09:28	☿□♃
5日	10:02	☉☌♄
5日	22:38	♀△♅
8日	03:37	♀□♇
9日	19:24	♂□♄
11日	14:39	☿□♃
15日	05:48	♆⚹♇
15日	16:26	☉☌♀
20日	00:43	☉□♇
20日	03:19	♀□♂
20日	19:42	☉△♅
23日	02:38	☉△♃
24日	07:27	☿☌♄
26日	00:16	☿☌♀
30日	04:23	♂☍♇
30日	19:53	♂△♆

1954年12月

DAY	☉	☽	☊ mean	☊ true	☿	♀	♂	♃	♄	♅	♆	♇	⚳	⚴	⚵	⚶	⚷
	° ′	° ′	° ′	° ′	° ′	° ′	° ′	° ′	° ′	° ′	° ′	° ′	°	°	°	°	°
1	7♐52	4♒31	7♑5	5D43	24D21	15R14	27D22	29R38	15D6	27R22	27D15	26R48	4D	17D	29D	28R	25D
2	8♐53	17♒12	7♑1	5♑44	25♏53	15♏2	28♒5	29♋35	15♏13	27♋21	27♎17	26♌47	5♐	17♏	29♎	27♊	25♑
3	9♐54	0♓11	6♑58	5♑46	27♏25	14♏53	28♒47	29♋32	15♏19	27♋19	27♎19	26♌47	5♐	17♏	0♏	27♊	25♑
4	10♐55	13♓33	6♑55	5R46	28♏58	14♏46	29♒30	29♋29	15♏26	27♋18	27♎21	26♌47	6♐	18♏	0♏	27♊	25♑
5	11♐56	27♓19	6♑52	5♑45	0♐30	14♏42	0♓12	29♋26	15♏33	27♋16	27♎22	26♌47	6♐	18♏	0♏	27♊	25♑
6	12♐56	11♈30	6♑49	5♑43	2♐3	14♏40	0♓55	29♋22	15♏40	27♋15	27♎24	26♌47	6♐	19♏	0♏	27♊	25♑
7	13♐57	26♈4	6♑46	5♑41	3♐36	14D40	1♓38	29♋18	15♏46	27♋13	27♎26	26♌47	7♐	19♏	1♏	26♊	25♑
8	14♐58	10♉57	6♑42	5♑38	5♐9	14♏43	2♓21	29♋14	15♏53	27♋11	27♎27	26♌46	7♐	20♏	1♏	26♊	25♑
9	15♐59	26♉2	6♑39	5♑35	6♐42	14♏48	3♓3	29♋10	15♏59	27♋10	27♎29	26♌46	8♐	20♏	1♏	26♊	25♑
10	17♐0	11♊10	6♑36	5♑33	8♐15	14♏56	3♓46	29♋6	16♏6	27♋8	27♎31	26♌46	8♐	20♏	2♏	26♊	25♑
11	18♐1	26♊12	6♑33	5♑32	9♐49	15♏6	4♓29	29♋2	16♏12	27♋6	27♎32	26♌46	9♐	21♏	2♏	25♊	25♑
12	19♐2	10♋59	6♑30	5D32	11♐22	15♏18	5♓12	28♋57	16♏19	27♋4	27♎34	26♌45	9♐	21♏	2♏	25♊	26♑
13	20♐3	25♋24	6♑27	5♑32	12♐55	15♏32	5♓55	28♋52	16♏25	27♋2	27♎35	26♌45	9♐	22♏	3♏	25♊	26♑
14	21♐4	9♌23	6♑23	5♑34	14♐29	15♏48	6♓37	28♋47	16♏32	27♋0	27♎37	26♌44	10♐	22♏	3♏	24♊	26♑
15	22♐5	22♌54	6♑20	5♑35	16♐2	16♏7	7♓20	28♋42	16♏38	26♋58	27♎38	26♌44	10♐	23♏	3♏	24♊	26♑
16	23♐6	6♍0	6♑17	5♑36	17♐36	16♏27	8♓3	28♋37	16♏44	26♋56	27♎40	26♌43	11♐	23♏	4♏	24♊	26♑
17	24♐7	18♍42	6♑14	5♑36	19♐10	16♏50	8♓46	28♋32	16♏51	26♋54	27♎41	26♌43	11♐	23♏	4♏	24♊	26♑
18	25♐8	1♎5	6♑11	5R36	20♐44	17♏14	9♓29	28♋26	16♏57	26♋52	27♎43	26♌42	11♐	24♏	4♏	23♊	26♑
19	26♐9	13♎13	6♑7	5♑36	22♐18	17♏40	10♓12	28♋20	17♏3	26♋50	27♎44	26♌42	12♐	24♏	4♏	23♊	26♑
20	27♐10	25♎11	6♑4	5♑35	23♐52	18♏8	10♓55	28♋14	17♏9	26♋48	27♎45	26♌41	12♐	25♏	5♏	23♊	26♑
21	28♐12	7♏2	6♑1	5♑34	25♐26	18♏37	11♓38	28♋8	17♏15	26♋46	27♎47	26♌41	13♐	25♏	5♏	23♊	26♑
22	29♐13	18♏51	5♑58	5♑33	27♐1	19♏8	12♓21	28♋2	17♏21	26♋44	27♎48	26♌40	13♐	25♏	5♏	22♊	26♑
23	0♑14	0♐42	5♑55	5♑32	28♐36	19♏40	13♓4	27♋56	17♏27	26♋41	27♎49	26♌39	14♐	26♏	6♏	22♊	26♑
24	1♑15	12♐36	5♑52	5♑31	0♑11	20♏14	13♓47	27♋49	17♏33	26♋39	27♎51	26♌39	14♐	26♏	6♏	22♊	27♑
25	2♑16	24♐37	5♑48	5♑31	1♑46	20♏50	14♓30	27♋43	17♏39	26♋37	27♎52	26♌38	14♐	27♏	6♏	22♊	27♑
26	3♑17	6♑45	5♑45	5D31	3♑21	21♏27	15♓13	27♋36	17♏45	26♋35	27♎53	26♌37	15♐	27♏	6♏	21♊	27♑
27	4♑18	19♑4	5♑42	5♑31	4♑57	22♏5	15♓56	27♋29	17♏50	26♋32	27♎54	26♌36	15♐	28♏	7♏	21♊	27♑
28	5♑20	1♒34	5♑39	5♑31	6♑33	22♏44	16♓40	27♋22	17♏56	26♋30	27♎55	26♌36	16♐	28♏	7♏	21♊	27♑
29	6♑21	14♒16	5♑36	5R31	8♑9	23♏25	17♓23	27♋15	18♏2	26♋27	27♎56	26♌35	16♐	28♏	7♏	21♊	27♑
30	7♑22	27♒11	5♑33	5♑31	9♑46	24♏6	18♓6	27♋8	18♏7	26♋25	27♎57	26♌34	16♐	29♏	8♏	20♊	27♑
31	8♑23	10♓21	5♑29	5♑31	11♑22	24♏49	18♓49	27♋1	18♏13	26♋23	27♎58	26♌33	17♐	29♏	8♏	20♊	27♑

SUN INGRESS	☉ → ♑ 22日 18:24
MOON PHASE	◐ 3日 18:56 ♓　○ 10日 09:57 ♊　◑ 17日 11:21 ♍　● 25日 16:33 ♑

aspects		
1日	10:36	♀☌♄
2日	14:12	☿□♇
2日	22:32	☿△♅
3日	04:06	♅□♆
4日	07:52	☿△♃
4日	15:30	☿□♂
17日	01:30	♀☌♄
19日	12:40	☉△♇
20日	14:04	☉⚹♆
21日	18:42	☿△♇
22日	12:04	☿⚹♆
23日	19:57	♃□♆
25日	21:07	☉☌☿
30日	00:50	♂△♄

1955年1月

DAY	☉	☽	☊ mean	☊ true	☿	♀	♂	♃	♄	♅	♆	♇	⚳	⚴	⚵	⚶	⚷
	° ′	° ′	° ′	° ′	° ′	° ′	° ′	° ′	° ′	° ′	° ′	° ′	°	°	°	°	°
1	9 ♑ 24	23 ♓ 47	5 ♑ 26	5 R 30	12 D 59	25 D 33	19 D 32	26 R 53	18 D 18	26 R 20	27 D 59	26 R 32	17 D	0 D	8 D	20 R	27 D
2	10 ♑ 25	7 ♈ 29	5 ♑ 23	5 ♑ 30	14 ♑ 37	26 ♏ 18	20 ♓ 15	26 ♋ 46	18 ♏ 23	26 ♋ 18	28 ♎ 0	26 ♌ 31	18 ♐	0 ♐	8 ♏	20 ♊	27 ♑
3	11 ♑ 27	21 ♈ 28	5 ♑ 20	5 D 30	16 ♑ 15	27 ♏ 4	20 ♓ 58	26 ♋ 38	18 ♏ 29	26 ♋ 15	28 ♎ 1	26 ♌ 30	18 ♐	0 ♐	9 ♏	19 ♊	27 ♑
4	12 ♑ 28	5 ♉ 43	5 ♑ 17	5 ♑ 31	17 ♑ 53	27 ♏ 51	21 ♓ 41	26 ♋ 31	18 ♏ 34	26 ♋ 13	28 ♎ 2	26 ♌ 29	18 ♐	1 ♐	9 ♏	19 ♊	27 ♑
5	13 ♑ 29	20 ♉ 12	5 ♑ 13	5 ♑ 31	19 ♑ 31	28 ♏ 38	22 ♓ 24	26 ♋ 23	18 ♏ 39	26 ♋ 10	28 ♎ 3	26 ♌ 28	19 ♐	1 ♐	9 ♏	19 ♊	28 ♑
6	14 ♑ 30	4 ♊ 51	5 ♑ 10	5 ♑ 32	21 ♑ 9	29 ♏ 27	23 ♓ 8	26 ♋ 15	18 ♏ 44	26 ♋ 8	28 ♎ 4	26 ♌ 27	19 ♐	2 ♐	9 ♏	19 ♊	28 ♑
7	15 ♑ 31	19 ♊ 34	5 ♑ 7	5 ♑ 33	22 ♑ 48	0 ♐ 17	23 ♓ 51	26 ♋ 8	18 ♏ 49	26 ♋ 5	28 ♎ 5	26 ♌ 26	20 ♐	2 ♐	10 ♏	19 ♊	28 ♑
8	16 ♑ 32	4 ♋ 16	5 ♑ 4	5 ♑ 33	24 ♑ 27	1 ♐ 7	24 ♓ 34	26 ♋ 0	18 ♏ 54	26 ♋ 3	28 ♎ 5	26 ♌ 25	20 ♐	2 ♐	10 ♏	18 ♊	28 ♑
9	17 ♑ 33	18 ♋ 49	5 ♑ 1	5 R 33	26 ♑ 7	1 ♐ 58	25 ♓ 17	25 ♋ 52	18 ♏ 59	26 ♋ 0	28 ♎ 6	26 ♌ 24	20 ♐	3 ♐	10 ♏	18 ♊	28 ♑
10	18 ♑ 34	3 ♌ 8	4 ♑ 58	5 ♑ 32	27 ♑ 46	2 ♐ 50	26 ♓ 0	25 ♋ 44	19 ♏ 4	25 ♋ 57	28 ♎ 7	26 ♌ 23	21 ♐	3 ♐	10 ♏	18 ♊	28 ♑
11	19 ♑ 36	17 ♌ 7	4 ♑ 54	5 ♑ 30	29 ♑ 26	3 ♐ 42	26 ♓ 43	25 ♋ 36	19 ♏ 8	25 ♋ 55	28 ♎ 8	26 ♌ 22	21 ♐	4 ♐	11 ♏	18 ♊	28 ♑
12	20 ♑ 37	0 ♍ 43	4 ♑ 51	5 ♑ 28	1 ♒ 6	4 ♐ 36	27 ♓ 26	25 ♋ 28	19 ♏ 13	25 ♋ 52	28 ♎ 8	26 ♌ 21	22 ♐	4 ♐	11 ♏	18 ♊	28 ♑
13	21 ♑ 38	13 ♍ 54	4 ♑ 48	5 ♑ 26	2 ♒ 45	5 ♐ 30	28 ♓ 9	25 ♋ 20	19 ♏ 17	25 ♋ 50	28 ♎ 9	26 ♌ 20	22 ♐	4 ♐	11 ♏	18 ♊	28 ♑
14	22 ♑ 39	26 ♍ 43	4 ♑ 45	5 ♑ 24	4 ♒ 25	6 ♐ 24	28 ♓ 52	25 ♋ 12	19 ♏ 22	25 ♋ 47	28 ♎ 9	26 ♌ 19	22 ♐	5 ♐	11 ♏	17 ♊	28 ♑
15	23 ♑ 40	9 ♎ 11	4 ♑ 42	5 ♑ 22	6 ♒ 4	7 ♐ 19	29 ♓ 35	25 ♋ 4	19 ♏ 26	25 ♋ 44	28 ♎ 10	26 ♌ 17	23 ♐	5 ♐	12 ♏	17 ♊	28 ♑
16	24 ♑ 41	21 ♎ 22	4 ♑ 39	5 ♑ 22	7 ♒ 43	8 ♐ 15	0 ♈ 18	24 ♋ 56	19 ♏ 31	25 ♋ 42	28 ♎ 10	26 ♌ 16	23 ♐	6 ♐	12 ♏	17 ♊	28 ♑
17	25 ♑ 42	3 ♏ 21	4 ♑ 35	5 D 22	9 ♒ 22	9 ♐ 12	1 ♈ 1	24 ♋ 48	19 ♏ 35	25 ♋ 39	28 ♎ 11	26 ♌ 15	24 ♐	6 ♐	12 ♏	17 ♊	29 ♑
18	26 ♑ 43	15 ♏ 12	4 ♑ 32	5 ♑ 23	11 ♒ 0	10 ♐ 9	1 ♈ 44	24 ♋ 39	19 ♏ 39	25 ♋ 37	28 ♎ 11	26 ♌ 14	24 ♐	6 ♐	12 ♏	17 ♊	29 ♑
19	27 ♑ 45	27 ♏ 1	4 ♑ 29	5 ♑ 24	12 ♒ 36	11 ♐ 6	2 ♈ 27	24 ♋ 31	19 ♏ 43	25 ♋ 34	28 ♎ 12	26 ♌ 12	24 ♐	7 ♐	12 ♏	17 ♊	29 ♑
20	28 ♑ 46	8 ♐ 53	4 ♑ 26	5 ♑ 26	14 ♒ 12	12 ♐ 4	3 ♈ 10	24 ♋ 23	19 ♏ 47	25 ♋ 31	28 ♎ 12	26 ♌ 11	25 ♐	7 ♐	13 ♏	17 ♊	29 ♑
21	29 ♑ 47	20 ♐ 50	4 ♑ 23	5 ♑ 28	15 ♒ 46	13 ♐ 3	3 ♈ 53	24 ♋ 15	19 ♏ 51	25 ♋ 29	28 ♎ 13	26 ♌ 10	25 ♐	7 ♐	13 ♏	16 ♊	29 ♑
22	0 ♒ 48	2 ♑ 58	4 ♑ 19	5 ♑ 29	17 ♒ 18	14 ♐ 2	4 ♈ 36	24 ♋ 7	19 ♏ 55	25 ♋ 26	28 ♎ 13	26 ♌ 9	26 ♐	8 ♐	13 ♏	16 ♊	29 ♑
23	1 ♒ 49	15 ♑ 18	4 ♑ 16	5 R 28	18 ♒ 47	15 ♐ 1	5 ♈ 19	23 ♋ 59	19 ♏ 59	25 ♋ 24	28 ♎ 13	26 ♌ 7	26 ♐	8 ♐	13 ♏	16 ♊	29 ♑
24	2 ♒ 50	27 ♑ 53	4 ♑ 13	5 ♑ 26	20 ♒ 14	16 ♐ 1	6 ♈ 2	23 ♋ 52	20 ♏ 2	25 ♋ 21	28 ♎ 13	26 ♌ 6	26 ♐	9 ♐	13 ♏	16 ♊	29 ♑
25	3 ♒ 51	10 ♒ 43	4 ♑ 10	5 ♑ 23	21 ♒ 37	17 ♐ 1	6 ♈ 45	23 ♋ 44	20 ♏ 6	25 ♋ 18	28 ♎ 14	26 ♌ 5	27 ♐	9 ♐	14 ♏	16 ♊	29 ♑
26	4 ♒ 52	23 ♒ 49	4 ♑ 7	5 ♑ 19	22 ♒ 56	18 ♐ 2	7 ♈ 28	23 ♋ 36	20 ♏ 9	25 ♋ 16	28 ♎ 14	26 ♌ 3	27 ♐	9 ♐	14 ♏	16 ♊	29 ♑
27	5 ♒ 53	7 ♓ 8	4 ♑ 4	5 ♑ 14	24 ♒ 10	19 ♐ 3	8 ♈ 11	23 ♋ 28	20 ♏ 13	25 ♋ 13	28 ♎ 14	26 ♌ 2	28 ♐	10 ♐	14 ♏	16 ♊	29 ♑
28	6 ♒ 54	20 ♓ 41	4 ♑ 0	5 ♑ 8	25 ♒ 19	20 ♐ 4	8 ♈ 53	23 ♋ 20	20 ♏ 16	25 ♋ 11	28 ♎ 14	26 ♌ 1	28 ♐	10 ♐	14 ♏	16 ♊	29 ♑
29	7 ♒ 55	4 ♈ 24	3 ♑ 57	5 ♑ 4	26 ♒ 21	21 ♐ 6	9 ♈ 36	23 ♋ 13	20 ♏ 19	25 ♋ 8	28 ♎ 14	25 ♌ 59	28 ♐	10 ♐	14 ♏	16 ♊	0 ♒
30	8 ♒ 56	18 ♈ 16	3 ♑ 54	5 ♑ 1	27 ♒ 16	22 ♐ 8	10 ♈ 19	23 ♋ 5	20 ♏ 22	25 ♋ 6	28 ♎ 14	25 ♌ 58	29 ♐	11 ♐	15 ♏	16 ♊	0 ♒
31	9 ♒ 57	2 ♉ 16	3 ♑ 51	4 ♑ 59	28 ♒ 4	23 ♐ 11	11 ♈ 2	22 ♋ 58	20 ♏ 25	25 ♋ 3	28 R 14	25 ♌ 56	29 ♐	11 ♐	15 ♏	16 ♊	0 ♒

SUN INGRESS	☉ → ♒ 21日 05:02
MOON PHASE	◐ 2日 05:29 ♈　○ 8日 21:44 ♋　◑ 16日 07:14 ♎　● 24日 10:07 ♒　◐ 31日 14:06 ♉

aspects		
1日	23:55	♀△♅
2日	06:55	♀□♇
2日	12:38	♀△♃
4日	10:38	☿⚹♄
7日	11:01	♃☌♅
8日	02:45	☿⚹♂
8日	20:40	☿☍♃
8日	22:25	☿☍♅
9日	16:25	♂△♃
9日	22:40	♂△♅
10日	05:01	☿□♆
10日	12:22	☉⚹♄
16日	05:01	☉☍♃
16日	18:07	☿⚹♀
16日	22:50	☉☍♅
19日	10:47	☉□♆
23日	20:38	☿□♄
28日	15:25	☿☍♇
31日	05:48	☿△♆

1955年2月

DAY	☉	☽	☊ mean	☊ true	☿	♀	♂	♃	♄	♅	♆	♇	⚳	⚴	⚵	⚶	⚷
	° ′	° ′	° ′	° ′	° ′	° ′	° ′	° ′	° ′	° ′	° ′	° ′	°	°	°	°	°
1	10 ♒ 58	16 ♉ 23	3 ♑ 48	4 D 59	28 D 42	24 D 14	11 D 45	22 R 50	20 D 28	25 R 1	28 R 14	25 R 55	29 D	11 D	15 D	16 R	0 D
2	11 ♒ 59	0 ♊ 34	3 ♑ 44	5 ♑ 0	29 ♒ 11	25 ♐ 17	12 ♈ 27	22 ♋ 43	20 ♏ 31	24 ♋ 58	28 ♎ 14	25 ♌ 53	0 ♑	12 ♐	15 ♏	16 ♊	0 ♒
3	13 ♒ 0	14 ♊ 48	3 ♑ 41	5 ♑ 1	29 ♒ 30	26 ♐ 20	13 ♈ 10	22 ♋ 36	20 ♏ 34	24 ♋ 56	28 ♎ 14	25 ♌ 52	0 ♑	12 ♐	15 ♏	16 ♊	0 ♒
4	14 ♒ 0	29 ♊ 2	3 ♑ 38	5 ♑ 2	29 ♒ 38	27 ♐ 24	13 ♈ 53	22 ♋ 29	20 ♏ 36	24 ♋ 53	28 ♎ 14	25 ♌ 51	1 ♑	13 ♐	15 ♏	16 D	0 ♒
5	15 ♒ 1	13 ♋ 15	3 ♑ 35	5 R 2	29 R 36	28 ♐ 28	14 ♈ 36	22 ♋ 22	20 ♏ 39	24 ♋ 51	28 ♎ 13	25 ♌ 49	1 ♑	13 ♐	16 ♏	16 ♊	0 ♒
6	16 ♒ 2	27 ♋ 23	3 ♑ 32	5 ♑ 0	29 ♒ 22	29 ♐ 32	15 ♈ 18	22 ♋ 15	20 ♏ 41	24 ♋ 48	28 ♎ 13	25 ♌ 48	1 ♑	13 ♐	16 ♏	16 ♊	0 ♒
7	17 ♒ 3	11 ♌ 20	3 ♑ 29	4 ♑ 56	28 ♒ 57	0 ♑ 36	16 ♈ 1	22 ♋ 8	20 ♏ 44	24 ♋ 46	28 ♎ 13	25 ♌ 46	2 ♑	14 ♐	16 ♏	16 ♊	0 ♒
8	18 ♒ 4	25 ♌ 4	3 ♑ 25	4 ♑ 50	28 ♒ 22	1 ♑ 41	16 ♈ 43	22 ♋ 2	20 ♏ 46	24 ♋ 44	28 ♎ 13	25 ♌ 45	2 ♑	14 ♐	16 ♏	16 ♊	0 ♒
9	19 ♒ 4	8 ♍ 31	3 ♑ 22	4 ♑ 42	27 ♒ 37	2 ♑ 46	17 ♈ 26	21 ♋ 55	20 ♏ 48	24 ♋ 41	28 ♎ 12	25 ♌ 43	2 ♑	14 ♐	16 ♏	16 ♊	1 ♒
10	20 ♒ 5	21 ♍ 39	3 ♑ 19	4 ♑ 34	26 ♒ 44	3 ♑ 52	18 ♈ 9	21 ♋ 49	20 ♏ 50	24 ♋ 39	28 ♎ 12	25 ♌ 42	3 ♑	15 ♐	16 ♏	16 ♊	1 ♒
11	21 ♒ 6	4 ♎ 28	3 ♑ 16	4 ♑ 26	25 ♒ 44	4 ♑ 57	18 ♈ 51	21 ♋ 43	20 ♏ 52	24 ♋ 37	28 ♎ 12	25 ♌ 40	3 ♑	15 ♐	16 ♏	16 ♊	1 ♒
12	22 ♒ 7	16 ♎ 57	3 ♑ 13	4 ♑ 19	24 ♒ 39	6 ♑ 3	19 ♈ 34	21 ♋ 37	20 ♏ 54	24 ♋ 35	28 ♎ 11	25 ♌ 39	3 ♑	15 ♐	16 ♏	16 ♊	1 ♒
13	23 ♒ 7	29 ♎ 10	3 ♑ 10	4 ♑ 14	23 ♒ 30	7 ♑ 9	20 ♈ 16	21 ♋ 31	20 ♏ 56	24 ♋ 32	28 ♎ 11	25 ♌ 37	4 ♑	16 ♐	17 ♏	16 ♊	1 ♒
14	24 ♒ 8	11 ♏ 10	3 ♑ 6	4 ♑ 11	22 ♒ 20	8 ♑ 15	20 ♈ 58	21 ♋ 25	20 ♏ 58	24 ♋ 30	28 ♎ 10	25 ♌ 36	4 ♑	16 ♐	17 ♏	16 ♊	1 ♒
15	25 ♒ 8	23 ♏ 2	3 ♑ 3	4 ♑ 10	21 ♒ 10	9 ♑ 21	21 ♈ 41	21 ♋ 19	20 ♏ 59	24 ♋ 28	28 ♎ 10	25 ♌ 34	5 ♑	16 ♐	17 ♏	16 ♊	1 ♒
16	26 ♒ 9	4 ♐ 51	3 ♑ 0	4 D 10	20 ♒ 3	10 ♑ 28	22 ♈ 23	21 ♋ 14	21 ♏ 1	24 ♋ 26	28 ♎ 9	25 ♌ 33	5 ♑	16 ♐	17 ♏	16 ♊	1 ♒
17	27 ♒ 10	16 ♐ 43	2 ♑ 57	4 ♑ 11	18 ♒ 59	11 ♑ 35	23 ♈ 6	21 ♋ 9	21 ♏ 2	24 ♋ 24	28 ♎ 9	25 ♌ 31	5 ♑	17 ♐	17 ♏	16 ♊	1 ♒
18	28 ♒ 10	28 ♐ 42	2 ♑ 54	4 ♑ 12	18 ♒ 1	12 ♑ 42	23 ♈ 48	21 ♋ 3	21 ♏ 3	24 ♋ 22	28 ♎ 8	25 ♌ 30	6 ♑	17 ♐	17 ♏	17 ♊	1 ♒
19	29 ♒ 11	10 ♑ 53	2 ♑ 50	4 R 12	17 ♒ 8	13 ♑ 49	24 ♈ 30	20 ♋ 58	21 ♏ 4	24 ♋ 20	28 ♎ 7	25 ♌ 28	6 ♑	17 ♐	17 ♏	17 ♊	1 ♒
20	0 ♓ 11	23 ♑ 21	2 ♑ 47	4 ♑ 10	16 ♒ 22	14 ♑ 56	25 ♈ 12	20 ♋ 54	21 ♏ 5	24 ♋ 18	28 ♎ 7	25 ♌ 27	6 ♑	18 ♐	17 ♏	17 ♊	1 ♒
21	1 ♓ 12	6 ♒ 8	2 ♑ 44	4 ♑ 6	15 ♒ 43	16 ♑ 4	25 ♈ 55	20 ♋ 49	21 ♏ 6	24 ♋ 16	28 ♎ 6	25 ♌ 26	7 ♑	18 ♐	17 ♏	17 ♊	1 ♒
22	2 ♓ 12	19 ♒ 16	2 ♑ 41	3 ♑ 59	15 ♒ 12	17 ♑ 11	26 ♈ 37	20 ♋ 44	21 ♏ 7	24 ♋ 14	28 ♎ 5	25 ♌ 24	7 ♑	18 ♐	17 ♏	17 ♊	2 ♒
23	3 ♓ 13	2 ♓ 44	2 ♑ 38	3 ♑ 50	14 ♒ 48	18 ♑ 19	27 ♈ 19	20 ♋ 40	21 ♏ 8	24 ♋ 12	28 ♎ 5	25 ♌ 23	7 ♑	19 ♐	17 ♏	17 ♊	2 ♒
24	4 ♓ 13	16 ♓ 31	2 ♑ 35	3 ♑ 40	14 ♒ 32	19 ♑ 27	28 ♈ 1	20 ♋ 36	21 ♏ 9	24 ♋ 10	28 ♎ 4	25 ♌ 21	8 ♑	19 ♐	18 ♏	17 ♊	2 ♒
25	5 ♓ 14	0 ♈ 31	2 ♑ 31	3 ♑ 29	14 ♒ 23	20 ♑ 35	28 ♈ 43	20 ♋ 32	21 ♏ 9	24 ♋ 8	28 ♎ 3	25 ♌ 20	8 ♑	19 ♐	18 ♏	17 ♊	2 ♒
26	6 ♓ 14	14 ♈ 41	2 ♑ 28	3 ♑ 20	14 D 21	21 ♑ 43	29 ♈ 26	20 ♋ 28	21 ♏ 9	24 ♋ 7	28 ♎ 2	25 ♌ 18	8 ♑	19 ♐	18 ♏	18 ♊	2 ♒
27	7 ♓ 14	28 ♈ 56	2 ♑ 25	3 ♑ 12	14 ♒ 26	22 ♑ 52	0 ♉ 8	20 ♋ 25	21 ♏ 10	24 ♋ 5	28 ♎ 1	25 ♌ 17	9 ♑	20 ♐	18 ♏	18 ♊	2 ♒
28	8 ♓ 15	13 ♉ 12	2 ♑ 22	3 ♑ 7	14 ♒ 36	24 ♑ 0	0 ♉ 50	20 ♋ 21	21 ♏ 10	24 ♋ 3	28 ♎ 0	25 ♌ 15	9 ♑	20 ♐	18 ♏	18 ♊	2 ♒

SUN INGRESS	☉ → ♓ 19日 19:19
MOON PHASE	○ 7日 10:43 ♌　◑ 15日 04:40 ♏　● 23日 00:54 ♓

aspects		
2日	13:40	♀△♇
3日	14:00	☉⚹♂
4日	18:40	♀⚹♆
5日	21:03	☿⚹♀
8日	05:19	☿△♆
10日	18:27	☉□♄
11日	01:21	☿☍♇
13日	04:12	☉☌☿
14日	13:16	♂□♃
14日	17:27	☿⚹♂
15日	03:53	☿□♄
15日	10:02	☉☍♇
17日	23:09	☉△♆
18日	00:55	♃△♄
18日	18:24	♂□♅
20日	07:58	♂△♇
24日	01:25	♂☍♆
24日	22:58	♀☍♃
25日	12:03	♀⚹♄
28日	01:09	♀☍♅

1955年3月

DAY	☉	☽	☊ mean	☊ true	☿	♀	♂	♃	♄	♅	♆	♇	⚳	⚴	⚵	⚶	⚷
1	9 ♓ 15	27 ♉ 24	2 ♑ 19	3 R 5	14 D 53	25 D 9	1 D 32	20 R 18	21 D 10	24 R 2	27 R 59	25 R 14	9 D	20 D	18 D	18 D	2 D
2	10 ♓ 15	11 ♊ 31	2 ♑ 16	3 D 4	15 ♒ 15	26 ♑ 17	2 ♉ 14	20 ♋ 15	21 R 10	24 ♋ 0	27 ♎ 59	25 ♌ 12	10 ♑	21 ♐	18 ♏	18 ♊	2 ♒
3	11 ♓ 15	25 ♊ 32	2 ♑ 12	3 ♑ 4	15 ♒ 43	27 ♑ 26	2 ♉ 56	20 ♋ 12	21 ♏ 10	23 ♋ 59	27 ♎ 58	25 ♌ 11	10 ♑	21 ♐	18 ♏	18 ♊	2 ♒
4	12 ♓ 15	9 ♋ 27	2 ♑ 9	3 R 4	16 ♒ 15	28 ♑ 35	3 ♉ 38	20 ♋ 9	21 ♏ 10	23 ♋ 57	27 ♎ 57	25 ♌ 10	10 ♑	21 ♐	18 ♏	19 ♊	2 ♒
5	13 ♓ 16	23 ♋ 15	2 ♑ 6	3 ♑ 3	16 ♒ 52	29 ♑ 44	4 ♉ 19	20 ♋ 7	21 ♏ 10	23 ♋ 56	27 ♎ 55	25 ♌ 8	11 ♑	21 ♐	18 ♏	19 ♊	2 ♒
6	14 ♓ 16	6 ♌ 55	2 ♑ 3	2 ♑ 59	17 ♒ 32	0 ♒ 53	5 ♉ 1	20 ♋ 5	21 ♏ 9	23 ♋ 54	27 ♎ 54	25 ♌ 7	11 ♑	22 ♐	18 ♏	19 ♊	2 ♒
7	15 ♓ 16	20 ♌ 26	2 ♑ 0	2 ♑ 52	18 ♒ 17	2 ♒ 2	5 ♉ 43	20 ♋ 3	21 ♏ 9	23 ♋ 53	27 ♎ 53	25 ♌ 5	11 ♑	22 ♐	18 ♏	19 ♊	3 ♒
8	16 ♓ 16	3 ♍ 47	1 ♑ 56	2 ♑ 42	19 ♒ 5	3 ♒ 12	6 ♉ 25	20 ♋ 1	21 ♏ 8	23 ♋ 52	27 ♎ 52	25 ♌ 4	12 ♑	22 ♐	18 R	19 ♊	3 ♒
9	17 ♓ 16	16 ♍ 55	1 ♑ 53	2 ♑ 30	19 ♒ 57	4 ♒ 21	7 ♉ 7	19 ♋ 59	21 ♏ 7	23 ♋ 50	27 ♎ 51	25 ♌ 3	12 ♑	22 ♐	18 ♏	19 ♊	3 ♒
10	18 ♓ 16	29 ♍ 49	1 ♑ 50	2 ♑ 17	20 ♒ 52	5 ♒ 31	7 ♉ 48	19 ♋ 57	21 ♏ 7	23 ♋ 49	27 ♎ 50	25 ♌ 1	12 ♑	23 ♐	18 ♏	20 ♊	3 ♒
11	19 ♓ 16	12 ♎ 28	1 ♑ 47	2 ♑ 4	21 ♒ 49	6 ♒ 41	8 ♉ 30	19 ♋ 56	21 ♏ 6	23 ♋ 48	27 ♎ 49	25 ♌ 0	13 ♑	23 ♐	18 ♏	20 ♊	3 ♒
12	20 ♓ 16	24 ♎ 52	1 ♑ 44	1 ♑ 52	22 ♒ 50	7 ♒ 50	9 ♉ 12	19 ♋ 55	21 ♏ 5	23 ♋ 47	27 ♎ 48	24 ♌ 59	13 ♑	23 ♐	18 ♏	20 ♊	3 ♒
13	21 ♓ 15	7 ♏ 2	1 ♑ 41	1 ♑ 43	23 ♒ 53	9 ♒ 0	9 ♉ 53	19 ♋ 54	21 ♏ 4	23 ♋ 46	27 ♎ 46	24 ♌ 57	13 ♑	23 ♐	18 ♏	20 ♊	3 ♒
14	22 ♓ 15	19 ♏ 1	1 ♑ 37	1 ♑ 36	24 ♒ 58	10 ♒ 10	10 ♉ 35	19 ♋ 53	21 ♏ 2	23 ♋ 45	27 ♎ 45	24 ♌ 56	13 ♑	24 ♐	18 ♏	21 ♊	3 ♒
15	23 ♓ 15	0 ♐ 52	1 ♑ 34	1 ♑ 32	26 ♒ 6	11 ♒ 20	11 ♉ 16	19 ♋ 53	21 ♏ 1	23 ♋ 44	27 ♎ 44	24 ♌ 55	14 ♑	24 ♐	18 ♏	21 ♊	3 ♒
16	24 ♓ 15	12 ♐ 41	1 ♑ 31	1 ♑ 30	27 ♒ 15	12 ♒ 30	11 ♉ 58	19 ♋ 52	21 ♏ 0	23 ♋ 43	27 ♎ 43	24 ♌ 53	14 ♑	24 ♐	18 ♏	21 ♊	3 ♒
17	25 ♓ 15	24 ♐ 31	1 ♑ 28	1 ♑ 29	28 ♒ 27	13 ♒ 40	12 ♉ 39	19 ♋ 52	20 ♏ 58	23 ♋ 42	27 ♎ 41	24 ♌ 52	14 ♑	24 ♐	18 ♏	21 ♊	3 ♒
18	26 ♓ 14	6 ♑ 29	1 ♑ 25	1 ♑ 29	29 ♒ 41	14 ♒ 51	13 ♉ 21	19 D 52	20 ♏ 57	23 ♋ 41	27 ♎ 40	24 ♌ 51	15 ♑	24 ♐	18 ♏	22 ♊	3 ♒
19	27 ♓ 14	18 ♑ 40	1 ♑ 22	1 ♑ 29	0 ♓ 57	16 ♒ 1	14 ♉ 2	19 ♋ 53	20 ♏ 55	23 ♋ 40	27 ♎ 39	24 ♌ 50	15 ♑	25 ♐	17 ♏	22 ♊	3 ♒
20	28 ♓ 14	1 ♒ 10	1 ♑ 18	1 ♑ 26	2 ♓ 15	17 ♒ 11	14 ♉ 44	19 ♋ 53	20 ♏ 53	23 ♋ 40	27 ♎ 37	24 ♌ 49	15 ♑	25 ♐	17 ♏	22 ♊	3 ♒
21	29 ♓ 13	14 ♒ 2	1 ♑ 15	1 ♑ 21	3 ♓ 34	18 ♒ 22	15 ♉ 25	19 ♋ 54	20 ♏ 51	23 ♋ 39	27 ♎ 36	24 ♌ 47	15 ♑	25 ♐	17 ♏	22 ♊	3 ♒
22	0 ♈ 13	27 ♒ 19	1 ♑ 12	1 ♑ 13	4 ♓ 55	19 ♒ 32	16 ♉ 6	19 ♋ 55	20 ♏ 49	23 ♋ 38	27 ♎ 34	24 ♌ 46	16 ♑	25 ♐	17 ♏	23 ♊	3 ♒
23	1 ♈ 13	11 ♓ 1	1 ♑ 9	1 ♑ 3	6 ♓ 18	20 ♒ 43	16 ♉ 48	19 ♋ 56	20 ♏ 47	23 ♋ 38	27 ♎ 33	24 ♌ 45	16 ♑	25 ♐	17 ♏	23 ♊	4 ♒
24	2 ♈ 12	25 ♓ 8	1 ♑ 6	0 ♑ 51	7 ♓ 42	21 ♒ 54	17 ♉ 29	19 ♋ 57	20 ♏ 45	23 ♋ 37	27 ♎ 32	24 ♌ 44	16 ♑	25 ♐	17 ♏	23 ♊	4 ♒
25	3 ♈ 12	9 ♈ 33	1 ♑ 2	0 ♑ 39	9 ♓ 7	23 ♒ 4	18 ♉ 10	19 ♋ 58	20 ♏ 43	23 ♋ 37	27 ♎ 30	24 ♌ 43	16 ♑	26 ♐	17 ♏	23 ♊	4 ♒
26	4 ♈ 11	24 ♈ 10	0 ♑ 59	0 ♑ 27	10 ♓ 35	24 ♒ 15	18 ♉ 51	20 ♋ 0	20 ♏ 41	23 ♋ 36	27 ♎ 29	24 ♌ 42	17 ♑	26 ♐	17 ♏	24 ♊	4 ♒
27	5 ♈ 11	8 ♉ 52	0 ♑ 56	0 ♑ 18	12 ♓ 3	25 ♒ 26	19 ♉ 32	20 ♋ 2	20 ♏ 38	23 ♋ 36	27 ♎ 27	24 ♌ 41	17 ♑	26 ♐	17 ♏	24 ♊	4 ♒
28	6 ♈ 10	23 ♉ 30	0 ♑ 53	0 ♑ 12	13 ♓ 34	26 ♒ 37	20 ♉ 14	20 ♋ 4	20 ♏ 36	23 ♋ 36	27 ♎ 26	24 ♌ 40	17 ♑	26 ♐	17 ♏	24 ♊	4 ♒
29	7 ♈ 9	8 ♊ 1	0 ♑ 50	0 ♑ 8	15 ♓ 5	27 ♒ 48	20 ♉ 55	20 ♋ 6	20 ♏ 33	23 ♋ 36	27 ♎ 24	24 ♌ 39	18 ♑	26 ♐	17 ♏	24 ♊	4 ♒
30	8 ♈ 9	22 ♊ 18	0 ♑ 47	0 ♑ 7	16 ♓ 38	28 ♒ 59	21 ♉ 36	20 ♋ 8	20 ♏ 30	23 ♋ 35	27 ♎ 23	24 ♌ 38	18 ♑	26 ♐	16 ♏	25 ♊	4 ♒
31	9 ♈ 8	6 ♋ 21	0 ♑ 43	0 D 7	18 ♓ 13	0 ♓ 10	22 ♉ 17	20 ♋ 11	20 ♏ 28	23 ♋ 35	27 ♎ 21	24 ♌ 37	18 ♑	26 ♐	16 ♏	25 ♊	4 ♒

SUN INGRESS	☉ → ♈ 21日 18:35
MOON PHASE	◐ 1日 21:40 ♊　○ 9日 00:41 ♍　◑ 17日 01:36 ♐　● 24日 12:42 ♈　◐ 31日 05:10 ♋

aspects		
3日	10:48	♀□♆
10日	06:16	☿□♄
11日	15:55	☉△♃
12日	19:20	☉△♄
13日	23:19	☿☍♇
14日	20:54	♀□♂
15日	11:21	☉△♅
16日	08:57	☿△♆
23日	01:24	♀□♄
26日	08:51	♀☍♇
27日	17:50	♂⚹♃
28日	12:07	♂☍♄
28日	16:10	♀△♆

1955年4月

DAY	☉	☽	☊ mean	☊ true	☿	♀	♂	♃	♄	♅	♆	♇	⚳	⚴	⚵	⚶	⚷
1	10 ♈ 7	20 ♋ 10	0 ♑ 40	0 R 7	19 D 49	1 D 21	22 D 58	20 D 13	20 R 25	23 R 35	27 R 20	24 R 36	18 D	27 D	16 R	25 D	4 D
2	11 ♈ 6	3 ♌ 44	0 ♑ 37	0 ♑ 5	21 ♓ 26	2 ♓ 32	23 ♉ 39	20 ♋ 16	20 ♏ 22	23 D 35	27 ♎ 18	24 ♌ 35	19 ♑	27 ♐	16 ♏	26 ♊	4 ♒
3	12 ♈ 6	17 ♌ 6	0 ♑ 34	0 ♑ 1	23 ♓ 5	3 ♓ 43	24 ♉ 20	20 ♋ 19	20 ♏ 19	23 ♋ 35	27 ♎ 16	24 ♌ 34	19 ♑	27 ♐	16 ♏	26 ♊	4 ♒
4	13 ♈ 5	0 ♍ 15	0 ♑ 31	29 ♐ 54	24 ♓ 45	4 ♓ 54	25 ♉ 1	20 ♋ 22	20 ♏ 16	23 ♋ 35	27 ♎ 15	24 ♌ 33	19 ♑	27 ♐	16 ♏	26 ♊	4 ♒
5	14 ♈ 4	13 ♍ 14	0 ♑ 27	29 ♐ 45	26 ♓ 27	6 ♓ 6	25 ♉ 41	20 ♋ 26	20 ♏ 13	23 ♋ 35	27 ♎ 13	24 ♌ 32	19 ♑	27 ♐	16 ♏	27 ♊	4 ♒
6	15 ♈ 3	26 ♍ 0	0 ♑ 24	29 ♐ 33	28 ♓ 10	7 ♓ 17	26 ♉ 22	20 ♋ 30	20 ♏ 9	23 ♋ 36	27 ♎ 12	24 ♌ 31	19 ♑	27 ♐	15 ♏	27 ♊	4 ♒
7	16 ♈ 2	8 ♎ 36	0 ♑ 21	29 ♐ 20	29 ♓ 54	8 ♓ 28	27 ♉ 3	20 ♋ 33	20 ♏ 6	23 ♋ 36	27 ♎ 10	24 ♌ 30	20 ♑	27 ♐	15 ♏	27 ♊	4 ♒
8	17 ♈ 1	21 ♎ 0	0 ♑ 18	29 ♐ 7	1 ♈ 40	9 ♓ 40	27 ♉ 44	20 ♋ 37	20 ♏ 3	23 ♋ 36	27 ♎ 9	24 ♌ 29	20 ♑	27 ♐	15 ♏	27 ♊	4 ♒
9	18 ♈ 0	3 ♏ 13	0 ♑ 15	28 ♐ 56	3 ♈ 27	10 ♓ 51	28 ♉ 24	20 ♋ 41	19 ♏ 59	23 ♋ 37	27 ♎ 7	24 ♌ 29	20 ♑	27 ♐	15 ♏	28 ♊	4 ♒
10	18 ♈ 59	15 ♏ 16	0 ♑ 12	28 ♐ 46	5 ♈ 16	12 ♓ 3	29 ♉ 5	20 ♋ 46	19 ♏ 56	23 ♋ 37	27 ♎ 5	24 ♌ 28	20 ♑	27 ♐	15 ♏	28 ♊	4 ♒
11	19 ♈ 58	27 ♏ 11	0 ♑ 8	28 ♐ 39	7 ♈ 7	13 ♓ 14	29 ♉ 46	20 ♋ 50	19 ♏ 52	23 ♋ 37	27 ♎ 4	24 ♌ 27	20 ♑	28 ♐	14 ♏	28 ♊	4 ♒
12	20 ♈ 56	9 ♐ 0	0 ♑ 5	28 ♐ 35	8 ♈ 59	14 ♓ 26	0 ♊ 26	20 ♋ 55	19 ♏ 49	23 ♋ 38	27 ♎ 2	24 ♌ 26	21 ♑	28 ♐	14 ♏	29 ♊	4 ♒
13	21 ♈ 55	20 ♐ 48	0 ♑ 2	28 ♐ 33	10 ♈ 52	15 ♓ 37	1 ♊ 7	21 ♋ 0	19 ♏ 45	23 ♋ 38	27 ♎ 0	24 ♌ 26	21 ♑	28 ♐	14 ♏	29 ♊	4 ♒
14	22 ♈ 54	2 ♑ 37	29 ♐ 59	28 D 33	12 ♈ 47	16 ♓ 49	1 ♊ 47	21 ♋ 4	19 ♏ 41	23 ♋ 39	26 ♎ 59	24 ♌ 25	21 ♑	28 ♐	14 ♏	29 ♊	5 ♒
15	23 ♈ 53	14 ♑ 35	29 ♐ 56	28 ♐ 33	14 ♈ 43	18 ♓ 1	2 ♊ 28	21 ♋ 10	19 ♏ 38	23 ♋ 40	26 ♎ 57	24 ♌ 24	21 ♑	28 ♐	14 ♏	0 ♋	5 ♒
16	24 ♈ 52	26 ♑ 44	29 ♐ 53	28 R 33	16 ♈ 41	19 ♓ 12	3 ♊ 8	21 ♋ 15	19 ♏ 34	23 ♋ 40	26 ♎ 56	24 ♌ 24	21 ♑	28 ♐	14 ♏	0 ♋	5 ♒
17	25 ♈ 50	9 ♒ 12	29 ♐ 49	28 ♐ 33	18 ♈ 40	20 ♓ 24	3 ♊ 49	21 ♋ 20	19 ♏ 30	23 ♋ 41	26 ♎ 54	24 ♌ 23	22 ♑	28 ♐	13 ♏	0 ♋	5 ♒
18	26 ♈ 49	22 ♒ 2	29 ♐ 46	28 ♐ 30	20 ♈ 41	21 ♓ 36	4 ♊ 29	21 ♋ 26	19 ♏ 26	23 ♋ 42	26 ♎ 52	24 ♌ 23	22 ♑	28 ♐	13 ♏	1 ♋	5 ♒
19	27 ♈ 48	5 ♓ 19	29 ♐ 43	28 ♐ 25	22 ♈ 43	22 ♓ 48	5 ♊ 10	21 ♋ 32	19 ♏ 22	23 ♋ 43	26 ♎ 51	24 ♌ 22	22 ♑	28 R	13 ♏	1 ♋	5 ♒
20	28 ♈ 46	19 ♓ 5	29 ♐ 40	28 ♐ 17	24 ♈ 46	23 ♓ 59	5 ♊ 50	21 ♋ 37	19 ♏ 18	23 ♋ 44	26 ♎ 49	24 ♌ 22	22 ♑	28 ♐	13 ♏	1 ♋	5 ♒
21	29 ♈ 45	3 ♈ 18	29 ♐ 37	28 ♐ 9	26 ♈ 51	25 ♓ 11	6 ♊ 30	21 ♋ 44	19 ♏ 14	23 ♋ 45	26 ♎ 47	24 ♌ 21	22 ♑	28 ♐	12 ♏	2 ♋	5 ♒
22	0 ♉ 44	17 ♈ 55	29 ♐ 33	27 ♐ 59	28 ♈ 57	26 ♓ 23	7 ♊ 11	21 ♋ 50	19 ♏ 10	23 ♋ 46	26 ♎ 46	24 ♌ 21	22 ♑	28 ♐	12 ♏	2 ♋	5 ♒
23	1 ♉ 42	2 ♉ 49	29 ♐ 30	27 ♐ 51	1 ♉ 3	27 ♓ 35	7 ♊ 51	21 ♋ 56	19 ♏ 5	23 ♋ 47	26 ♎ 44	24 ♌ 20	23 ♑	28 ♐	12 ♏	2 ♋	5 ♒
24	2 ♉ 41	17 ♉ 51	29 ♐ 27	27 ♐ 44	3 ♉ 11	28 ♓ 47	8 ♊ 31	22 ♋ 3	19 ♏ 1	23 ♋ 48	26 ♎ 42	24 ♌ 20	23 ♑	28 ♐	12 ♏	3 ♋	5 ♒
25	3 ♉ 39	2 ♊ 52	29 ♐ 24	27 ♐ 39	5 ♉ 19	29 ♓ 59	9 ♊ 11	22 ♋ 9	18 ♏ 57	23 ♋ 49	26 ♎ 41	24 ♌ 20	23 ♑	28 ♐	12 ♏	3 ♋	5 ♒
26	4 ♉ 37	17 ♊ 43	29 ♐ 21	27 ♐ 37	7 ♉ 27	1 ♈ 11	9 ♊ 52	22 ♋ 16	18 ♏ 53	23 ♋ 51	26 ♎ 39	24 ♌ 19	23 ♑	28 ♐	11 ♏	4 ♋	5 ♒
27	5 ♉ 36	2 ♋ 19	29 ♐ 18	27 D 37	9 ♉ 36	2 ♈ 23	10 ♊ 32	22 ♋ 23	18 ♏ 48	23 ♋ 52	26 ♎ 38	24 ♌ 19	23 ♑	27 ♐	11 ♏	4 ♋	5 ♒
28	6 ♉ 34	16 ♋ 35	29 ♐ 14	27 ♐ 38	11 ♉ 44	3 ♈ 35	11 ♊ 12	22 ♋ 30	18 ♏ 44	23 ♋ 53	26 ♎ 36	24 ♌ 19	23 ♑	27 ♐	11 ♏	4 ♋	5 ♒
29	7 ♉ 33	0 ♌ 29	29 ♐ 11	27 ♐ 39	13 ♉ 52	4 ♈ 47	11 ♊ 52	22 ♋ 37	18 ♏ 40	23 ♋ 55	26 ♎ 34	24 ♌ 18	23 ♑	27 ♐	11 ♏	5 ♋	5 ♒
30	8 ♉ 31	14 ♌ 3	29 ♐ 8	27 R 39	16 ♉ 0	5 ♈ 59	12 ♊ 32	22 ♋ 45	18 ♏ 35	23 ♋ 56	26 ♎ 33	24 ♌ 18	24 ♑	27 ♐	10 ♏	5 ♋	5 ♒

SUN INGRESS	☉ → ♉ 21日 05:58
MOON PHASE	○ 7日 15:35 ♎　◑ 15日 20:01 ♑　● 22日 22:06 ♉　◐ 29日 13:23 ♌

aspects		
1日	06:16	☿△♃
1日	08:40	☿△♄
1日	21:56	♂⚹♅
2日	22:41	♃△♄
3日	07:20	☿△♅
3日	08:05	♂□♇
4日	06:12	☿⚹♂
11日	23:13	☉□♃
14日	18:34	☉□♅
15日	12:46	☉△♇
16日	06:50	♀△♄
17日	20:25	♀△♃
18日	01:16	☉☍♆
18日	09:19	☿□♃
19日	11:48	☿□♅
19日	18:47	♀△♅
19日	19:15	☿△♇
20日	23:20	☿☍♆
23日	13:35	☉☌☿

1900 ～1910
1911 ～1920
1921 ～1930
1931 ～1940
1941 ～1950
1951 ～1960
1961 ～1970
1971 ～1980
1981 ～1990
1991 ～2000
2001 ～2010
2011 ～2020
2021 ～2030
2031 ～2040
2041 ～2050

1955年5月

DAY	☉	☽	☊ mean	☊ true	☿	♀	♂	♃	♄	♅	♆	♇	⚳	⚴	⚵	⚶	⚷
	° ′	° ′	° ′	° ′	° ′	° ′	° ′	° ′	° ′	° ′	° ′	° ′	°	°	°	°	°
1	9 ♉ 29	27 ♌ 17	29 ♐ 5	27 R 37	18 D 6	7 D 11	13 D 12	22 D 52	18 R 31	23 D 58	26 R 31	24 R 18	24 D	27 R	10 R	5 D	5 D
2	10 ♉ 27	10 ♍ 15	29 ♐ 2	27 ♐ 33	20 ♉ 12	8 ♈ 23	13 ♊ 52	23 ♋ 0	18 ♏ 26	23 ♋ 59	26 ♎ 29	24 ♌ 18	24 ♑	27 ♐	10 ♏	6 ♋	5 ♒
3	11 ♉ 26	22 ♍ 58	28 ♐ 59	27 ♐ 28	22 ♉ 15	9 ♈ 35	14 ♊ 32	23 ♋ 7	18 ♏ 22	24 ♋ 1	26 ♎ 28	24 ♌ 18	24 ♑	27 ♐	10 ♏	6 ♋	5 ♒
4	12 ♉ 24	5 ♎ 29	28 ♐ 55	27 ♐ 21	24 ♉ 17	10 ♈ 47	15 ♊ 12	23 ♋ 15	18 ♏ 18	24 ♋ 2	26 ♎ 26	24 ♌ 18	24 ♑	27 ♐	10 ♏	6 ♋	5 ♒
5	13 ♉ 22	17 ♎ 48	28 ♐ 52	27 ♐ 13	26 ♉ 17	11 ♈ 59	15 ♊ 52	23 ♋ 23	18 ♏ 13	24 ♋ 4	26 ♎ 25	24 ♌ 18	24 ♑	27 ♐	9 ♏	7 ♋	5 ♒
6	14 ♉ 20	29 ♎ 58	28 ♐ 49	27 ♐ 5	28 ♉ 14	13 ♈ 12	16 ♊ 32	23 ♋ 31	18 ♏ 9	24 ♋ 6	26 ♎ 23	24 ♌ 18	24 ♑	27 ♐	9 ♏	7 ♋	5 ♒
7	15 ♉ 18	11 ♏ 59	28 ♐ 46	26 ♐ 58	0 ♊ 9	14 ♈ 24	17 ♊ 12	23 ♋ 40	18 ♏ 4	24 ♋ 8	26 ♎ 22	24 ♌ 18	24 ♑	26 ♐	9 ♏	8 ♋	5 ♒
8	16 ♉ 16	23 ♏ 55	28 ♐ 43	26 ♐ 52	2 ♊ 0	15 ♈ 36	17 ♊ 51	23 ♋ 48	18 ♏ 0	24 ♋ 9	26 ♎ 20	24 D 18	24 ♑	26 ♐	9 ♏	8 ♋	5 ♒
9	17 ♉ 14	5 ♐ 45	28 ♐ 39	26 ♐ 48	3 ♊ 49	16 ♈ 48	18 ♊ 31	23 ♋ 56	17 ♏ 55	24 ♋ 11	26 ♎ 19	24 ♌ 18	24 ♑	26 ♐	8 ♏	8 ♋	5 ♒
10	18 ♉ 12	17 ♐ 33	28 ♐ 36	26 ♐ 46	5 ♊ 35	18 ♈ 0	19 ♊ 11	24 ♋ 5	17 ♏ 51	24 ♋ 13	26 ♎ 17	24 ♌ 18	24 ♑	26 ♐	8 ♏	9 ♋	5 ♒
11	19 ♉ 10	29 ♐ 21	28 ♐ 33	26 D 45	7 ♊ 17	19 ♈ 13	19 ♊ 51	24 ♋ 14	17 ♏ 46	24 ♋ 15	26 ♎ 16	24 ♌ 18	25 ♑	26 ♐	8 ♏	9 ♋	5 ♒
12	20 ♉ 8	11 ♑ 12	28 ♐ 30	26 ♐ 46	8 ♊ 56	20 ♈ 25	20 ♊ 30	24 ♋ 22	17 ♏ 41	24 ♋ 17	26 ♎ 14	24 ♌ 18	25 ♑	26 ♐	8 ♏	10 ♋	5 ♒
13	21 ♉ 6	23 ♑ 11	28 ♐ 27	26 ♐ 48	10 ♊ 32	21 ♈ 37	21 ♊ 10	24 ♋ 31	17 ♏ 37	24 ♋ 19	26 ♎ 13	24 ♌ 18	25 ♑	25 ♐	8 ♏	10 ♋	5 R
14	22 ♉ 4	5 ♒ 21	28 ♐ 24	26 ♐ 49	12 ♊ 4	22 ♈ 49	21 ♊ 50	24 ♋ 40	17 ♏ 32	24 ♋ 21	26 ♎ 11	24 ♌ 18	25 ♑	25 ♐	7 ♏	10 ♋	5 ♒
15	23 ♉ 2	17 ♒ 48	28 ♐ 20	26 ♐ 50	13 ♊ 32	24 ♈ 2	22 ♊ 29	24 ♋ 50	17 ♏ 28	24 ♋ 23	26 ♎ 10	24 ♌ 18	25 ♑	25 ♐	7 ♏	11 ♋	5 ♒
16	24 ♉ 0	0 ♓ 36	28 ♐ 17	26 R 50	14 ♊ 57	25 ♈ 14	23 ♊ 9	24 ♋ 59	17 ♏ 24	24 ♋ 26	26 ♎ 8	24 ♌ 19	25 ♑	25 ♐	7 ♏	11 ♋	5 ♒
17	24 ♉ 58	13 ♓ 48	28 ♐ 14	26 ♐ 49	16 ♊ 18	26 ♈ 27	23 ♊ 48	25 ♋ 8	17 ♏ 19	24 ♋ 28	26 ♎ 7	24 ♌ 19	25 ♑	25 ♐	7 ♏	12 ♋	5 ♒
18	25 ♉ 55	27 ♓ 28	28 ♐ 11	26 ♐ 46	17 ♊ 35	27 ♈ 39	24 ♊ 28	25 ♋ 18	17 ♏ 15	24 ♋ 30	26 ♎ 6	24 ♌ 19	25 ♑	24 ♐	7 ♏	12 ♋	5 ♒
19	26 ♉ 53	11 ♈ 36	28 ♐ 8	26 ♐ 42	18 ♊ 48	28 ♈ 51	25 ♊ 7	25 ♋ 27	17 ♏ 10	24 ♋ 32	26 ♎ 4	24 ♌ 20	25 ♑	24 ♐	6 ♏	12 ♋	5 ♒
20	27 ♉ 51	26 ♈ 10	28 ♐ 4	26 ♐ 38	19 ♊ 58	0 ♉ 4	25 ♊ 47	25 ♋ 37	17 ♏ 6	24 ♋ 35	26 ♎ 3	24 ♌ 20	25 ♑	24 ♐	6 ♏	13 ♋	5 ♒
21	28 ♉ 49	11 ♉ 5	28 ♐ 1	26 ♐ 34	21 ♊ 3	1 ♉ 16	26 ♊ 26	25 ♋ 47	17 ♏ 1	24 ♋ 37	26 ♎ 2	24 ♌ 20	25 R	24 ♐	6 ♏	13 ♋	5 ♒
22	29 ♉ 46	26 ♉ 14	27 ♐ 58	26 ♐ 31	22 ♊ 5	2 ♉ 29	27 ♊ 6	25 ♋ 56	16 ♏ 57	24 ♋ 40	26 ♎ 0	24 ♌ 21	25 ♑	24 ♐	6 ♏	14 ♋	5 ♒
23	0 ♊ 44	11 ♊ 26	27 ♐ 55	26 ♐ 29	23 ♊ 2	3 ♉ 41	27 ♊ 45	26 ♋ 6	16 ♏ 53	24 ♋ 42	25 ♎ 59	24 ♌ 21	25 ♑	23 ♐	6 ♏	14 ♋	5 ♒
24	1 ♊ 42	26 ♊ 32	27 ♐ 52	26 D 29	23 ♊ 56	4 ♉ 54	28 ♊ 25	26 ♋ 17	16 ♏ 48	24 ♋ 45	25 ♎ 58	24 ♌ 22	25 ♑	23 ♐	5 ♏	14 ♋	5 ♒
25	2 ♊ 40	11 ♋ 24	27 ♐ 49	26 ♐ 29	24 ♊ 45	6 ♉ 6	29 ♊ 4	26 ♋ 27	16 ♏ 44	24 ♋ 47	25 ♎ 57	24 ♌ 22	25 ♑	23 ♐	5 ♏	15 ♋	5 ♒
26	3 ♊ 37	25 ♋ 54	27 ♐ 45	26 ♐ 31	25 ♊ 30	7 ♉ 19	29 ♊ 43	26 ♋ 37	16 ♏ 40	24 ♋ 50	25 ♎ 55	24 ♌ 23	25 ♑	23 ♐	5 ♏	15 ♋	5 ♒
27	4 ♊ 35	10 ♌ 1	27 ♐ 42	26 ♐ 32	26 ♊ 10	8 ♉ 31	0 ♋ 23	26 ♋ 47	16 ♏ 36	24 ♋ 52	25 ♎ 54	24 ♌ 23	25 ♑	22 ♐	5 ♏	16 ♋	5 ♒
28	5 ♊ 32	23 ♌ 43	27 ♐ 39	26 ♐ 33	26 ♊ 46	9 ♉ 44	1 ♋ 2	26 ♋ 58	16 ♏ 32	24 ♋ 55	25 ♎ 53	24 ♌ 24	25 ♑	22 ♐	5 ♏	16 ♋	5 ♒
29	6 ♊ 30	7 ♍ 0	27 ♐ 36	26 R 33	27 ♊ 18	10 ♉ 56	1 ♋ 41	27 ♋ 8	16 ♏ 27	24 ♋ 58	25 ♎ 52	24 ♌ 24	25 ♑	22 ♐	5 ♏	16 ♋	5 ♒
30	7 ♊ 28	19 ♍ 55	27 ♐ 33	26 ♐ 33	27 ♊ 45	12 ♉ 9	2 ♋ 20	27 ♋ 19	16 ♏ 23	25 ♋ 0	25 ♎ 51	24 ♌ 25	25 ♑	21 ♐	4 ♏	17 ♋	5 ♒
31	8 ♊ 25	2 ♎ 32	27 ♐ 30	26 ♐ 32	28 ♊ 7	13 ♉ 21	3 ♋ 0	27 ♋ 29	16 ♏ 19	25 ♋ 3	25 ♎ 49	24 ♌ 26	25 ♑	21 ♐	4 ♏	17 ♋	5 ♒

SUN INGRESS	☉ → ♊ 22日 05:24
MOON PHASE	○ 7日 07:14 ♏ ◑ 15日 10:42 ♒ ● 22日 05:59 ♊ ◐ 28日 23:01 ♍

aspects		
1日	04:30	☿☍♄
3日	10:54	☿⚹♃
3日	21:03	☿⚹♅
4日	00:07	☿□♇
9日	15:40	☉☍♄
11日	05:38	♃☌♅
12日	04:02	♀⚹♂
15日	05:31	♀△♇
15日	07:25	♀□♅
15日	18:09	♀□♃
16日	07:54	☉□♇
16日	11:12	☉⚹♅
16日	17:40	♀☍♆
17日	05:15	☉⚹♃
17日	18:39	♂⚹♇
20日	09:25	♂△♆
22日	08:11	♃□♆
24日	12:33	☿⚹♇
26日	14:31	☿△♆

1955年6月

DAY	☉	☽	☊ mean	☊ true	☿	♀	♂	♃	♄	♅	♆	♇	⚳	⚴	⚵	⚶	⚷
	° ′	° ′	° ′	° ′	° ′	° ′	° ′	° ′	° ′	° ′	° ′	° ′	°	°	°	°	°
1	9 ♊ 23	14 ♎ 53	27 ♐ 26	26 R 30	28 D 25	14 D 34	3 D 39	27 D 40	16 R 15	25 D 6	25 R 48	24 D 26	24 R	21 R	4 R	18 D	5 R
2	10 ♊ 20	27 ♎ 2	27 ♐ 23	26 ♐ 27	28 ♊ 38	15 ♉ 46	4 ♋ 18	27 ♋ 51	16 ♏ 11	25 ♋ 9	25 ♎ 47	24 ♌ 27	24 ♑	21 ♐	4 ♏	18 ♋	5 ♒
3	11 ♊ 18	9 ♏ 2	27 ♐ 20	26 ♐ 25	28 ♊ 46	16 ♉ 59	4 ♋ 57	28 ♋ 2	16 ♏ 8	25 ♋ 12	25 ♎ 46	24 ♌ 28	24 ♑	20 ♐	4 ♏	18 ♋	5 ♒
4	12 ♊ 15	20 ♏ 55	27 ♐ 17	26 ♐ 23	28 ♊ 50	18 ♉ 12	5 ♋ 36	28 ♋ 13	16 ♏ 4	25 ♋ 15	25 ♎ 45	24 ♌ 29	24 ♑	20 ♐	4 ♏	19 ♋	5 ♒
5	13 ♊ 13	2 ♐ 45	27 ♐ 14	26 ♐ 21	28 R 49	19 ♉ 24	6 ♋ 15	28 ♋ 24	16 ♏ 0	25 ♋ 17	25 ♎ 44	24 ♌ 29	24 ♑	20 ♐	4 ♏	19 ♋	5 ♒
6	14 ♊ 10	14 ♐ 33	27 ♐ 10	26 ♐ 20	28 ♊ 44	20 ♉ 37	6 ♋ 54	28 ♋ 35	15 ♏ 56	25 ♋ 20	25 ♎ 43	24 ♌ 30	24 ♑	19 ♐	3 ♏	20 ♋	5 ♒
7	15 ♊ 7	26 ♐ 22	27 ♐ 7	26 D 20	28 ♊ 34	21 ♉ 50	7 ♋ 33	28 ♋ 46	15 ♏ 53	25 ♋ 23	25 ♎ 42	24 ♌ 31	24 ♑	19 ♐	3 ♏	20 ♋	5 ♒
8	16 ♊ 5	8 ♑ 14	27 ♐ 4	26 ♐ 20	28 ♊ 21	23 ♉ 2	8 ♋ 13	28 ♋ 58	15 ♏ 49	25 ♋ 26	25 ♎ 41	24 ♌ 32	24 ♑	19 ♐	3 ♏	21 ♋	5 ♒
9	17 ♊ 2	20 ♑ 11	27 ♐ 1	26 ♐ 21	28 ♊ 3	24 ♉ 15	8 ♋ 52	29 ♋ 9	15 ♏ 46	25 ♋ 29	25 ♎ 41	24 ♌ 33	24 ♑	19 ♐	3 ♏	21 ♋	5 ♒
10	17 ♊ 59	2 ♒ 16	26 ♐ 58	26 ♐ 22	27 ♊ 42	25 ♉ 28	9 ♋ 31	29 ♋ 20	15 ♏ 42	25 ♋ 32	25 ♎ 40	24 ♌ 34	24 ♑	18 ♐	3 ♏	21 ♋	5 ♒
11	18 ♊ 57	14 ♒ 33	26 ♐ 55	26 ♐ 23	27 ♊ 17	26 ♉ 41	10 ♋ 9	29 ♋ 32	15 ♏ 39	25 ♋ 36	25 ♎ 39	24 ♌ 35	23 ♑	18 ♐	3 ♏	22 ♋	5 ♒
12	19 ♊ 54	27 ♒ 4	26 ♐ 51	26 ♐ 23	26 ♊ 50	27 ♉ 53	10 ♋ 48	29 ♋ 43	15 ♏ 35	25 ♋ 39	25 ♎ 38	24 ♌ 36	23 ♑	18 ♐	3 ♏	22 ♋	4 ♒
13	20 ♊ 51	9 ♓ 53	26 ♐ 48	26 ♐ 24	26 ♊ 20	29 ♉ 6	11 ♋ 27	29 ♋ 55	15 ♏ 32	25 ♋ 42	25 ♎ 37	24 ♌ 37	23 ♑	17 ♐	3 ♏	23 ♋	4 ♒
14	21 ♊ 49	23 ♓ 3	26 ♐ 45	26 R 24	25 ♊ 49	0 ♊ 19	12 ♋ 6	0 ♌ 7	15 ♏ 29	25 ♋ 45	25 ♎ 37	24 ♌ 38	23 ♑	17 ♐	3 ♏	23 ♋	4 ♒
15	22 ♊ 46	6 ♈ 36	26 ♐ 42	26 ♐ 24	25 ♊ 16	1 ♊ 32	12 ♋ 45	0 ♌ 18	15 ♏ 26	25 ♋ 48	25 ♎ 36	24 ♌ 39	23 ♑	17 ♐	3 ♏	24 ♋	4 ♒
16	23 ♊ 43	20 ♈ 34	26 ♐ 39	26 ♐ 23	24 ♊ 42	2 ♊ 44	13 ♋ 24	0 ♌ 30	15 ♏ 23	25 ♋ 51	25 ♎ 35	24 ♌ 40	23 ♑	17 ♐	3 ♏	24 ♋	4 ♒
17	24 ♊ 41	4 ♉ 55	26 ♐ 36	26 ♐ 23	24 ♊ 8	3 ♊ 57	14 ♋ 3	0 ♌ 42	15 ♏ 20	25 ♋ 55	25 ♎ 34	24 ♌ 41	23 ♑	16 ♐	2 ♏	24 ♋	4 ♒
18	25 ♊ 38	19 ♉ 39	26 ♐ 32	26 ♐ 23	23 ♊ 35	5 ♊ 10	14 ♋ 42	0 ♌ 54	15 ♏ 17	25 ♋ 58	25 ♎ 34	24 ♌ 42	22 ♑	16 ♐	2 ♏	25 ♋	4 ♒
19	26 ♊ 35	4 ♊ 38	26 ♐ 29	26 D 23	23 ♊ 2	6 ♊ 23	15 ♋ 20	1 ♌ 6	15 ♏ 14	26 ♋ 1	25 ♎ 33	24 ♌ 43	22 ♑	16 ♐	2 ♏	25 ♋	4 ♒
20	27 ♊ 33	19 ♊ 45	26 ♐ 26	26 ♐ 23	22 ♊ 31	7 ♊ 36	15 ♋ 59	1 ♌ 18	15 ♏ 11	26 ♋ 5	25 ♎ 33	24 ♌ 44	22 ♑	15 ♐	2 ♏	26 ♋	4 ♒
21	28 ♊ 30	4 ♋ 52	26 ♐ 23	26 R 23	22 ♊ 1	8 ♊ 49	16 ♋ 38	1 ♌ 30	15 ♏ 8	26 ♋ 8	25 ♎ 32	24 ♌ 46	22 ♑	15 ♐	2 ♏	26 ♋	4 ♒
22	29 ♊ 27	19 ♋ 49	26 ♐ 20	26 ♐ 23	21 ♊ 35	10 ♊ 2	17 ♋ 17	1 ♌ 42	15 ♏ 6	26 ♋ 11	25 ♎ 32	24 ♌ 47	22 ♑	15 ♐	2 ♏	27 ♋	4 ♒
23	0 ♋ 25	4 ♌ 28	26 ♐ 16	26 ♐ 23	21 ♊ 11	11 ♊ 15	17 ♋ 56	1 ♌ 55	15 ♏ 3	26 ♋ 15	25 ♎ 31	24 ♌ 48	22 ♑	15 ♐	2 ♏	27 ♋	4 ♒
24	1 ♋ 22	18 ♌ 45	26 ♐ 13	26 ♐ 22	20 ♊ 51	12 ♊ 28	18 ♋ 34	2 ♌ 7	15 ♏ 1	26 ♋ 18	25 ♎ 31	24 ♌ 49	21 ♑	14 ♐	2 ♏	27 ♋	4 ♒
25	2 ♋ 19	2 ♍ 36	26 ♐ 10	26 ♐ 21	20 ♊ 34	13 ♊ 41	19 ♋ 13	2 ♌ 19	14 ♏ 59	26 ♋ 21	25 ♎ 30	24 ♌ 51	21 ♑	14 ♐	2 ♏	28 ♋	4 ♒
26	3 ♋ 16	15 ♍ 59	26 ♐ 7	26 ♐ 21	20 ♊ 21	14 ♊ 54	19 ♋ 52	2 ♌ 31	14 ♏ 56	26 ♋ 25	25 ♎ 30	24 ♌ 52	21 ♑	14 ♐	2 ♏	28 ♋	4 ♒
27	4 ♋ 13	28 ♍ 58	26 ♐ 4	26 ♐ 21	20 ♊ 13	16 ♊ 7	20 ♋ 30	2 ♌ 44	14 ♏ 54	26 ♋ 28	25 ♎ 29	24 ♌ 53	21 ♑	14 ♐	2 ♏	29 ♋	4 ♒
28	5 ♋ 11	11 ♎ 35	26 ♐ 1	26 D 21	20 ♊ 9	17 ♊ 20	21 ♋ 9	2 ♌ 56	14 ♏ 52	26 ♋ 32	25 ♎ 29	24 ♌ 55	21 ♑	13 ♐	2 ♏	29 ♋	4 ♒
29	6 ♋ 8	23 ♎ 53	25 ♐ 57	26 ♐ 21	20 D 10	18 ♊ 33	21 ♋ 48	3 ♌ 9	14 ♏ 50	26 ♋ 35	25 ♎ 29	24 ♌ 56	20 ♑	13 ♐	2 D	0 ♌	4 ♒
30	7 ♋ 5	5 ♏ 58	25 ♐ 54	26 ♐ 22	20 ♊ 15	19 ♊ 46	22 ♋ 26	3 ♌ 21	14 ♏ 48	26 ♋ 39	25 ♎ 28	24 ♌ 57	20 ♑	13 ♐	2 ♏	0 ♌	4 ♒

SUN INGRESS	☉ → ♋ 22日 13:31
MOON PHASE	○ 5日 23:08 ♐ ◑ 13日 21:37 ♓ ● 20日 13:12 ♊ ◐ 27日 10:44 ♎

aspects		
2日	07:50	♀☍♄
9日	05:57	♀□♇
10日	01:37	♀⚹♅
11日	20:08	♅□♆
13日	19:16	♀⚹♃
14日	09:18	☿△♆
16日	01:36	☿⚹♇
16日	15:26	☉☌☿
17日	00:05	☉⚹♇
17日	22:13	☉△♆
18日	20:13	♂△♄
30日	10:58	☿☌♀

1955年7月

DAY	☉	☽	☊ mean	☊ true	☿	♀	♂	♃	♄	♅	♆	♇	⚳	⚴	⚵	⚶	⚷
	° ′	° ′	° ′	° ′	° ′	° ′	° ′	° ′	° ′	° ′	° ′	° ′	°	°	°	°	°
1	8 ♋ 2	17 ♏ 53	25 ♐ 51	26 D 23	20 D 26	20 D 59	23 D 5	3 D 34	14 R 46	26 D 42	25 R 28	24 D 59	20 R	13 R	2 D	0 D	4 R
2	8 ♋ 59	29 ♏ 43	25 ♐ 48	26 ♐ 24	20 ♊ 41	22 ♊ 12	23 ♋ 43	3 ♌ 46	14 ♏ 45	26 ♋ 46	25 ♎ 28	25 ♌ 0	20 ♑	12 ♐	2 ♏	1 ♌	4 ♒
3	9 ♋ 57	11 ♐ 30	25 ♐ 45	26 ♐ 25	21 ♊ 1	23 ♊ 25	24 ♋ 22	3 ♌ 59	14 ♏ 43	26 ♋ 49	25 ♎ 28	25 ♌ 2	20 ♑	12 ♐	2 ♏	1 ♌	4 ♒
4	10 ♋ 54	23 ♐ 19	25 ♐ 42	26 ♐ 26	21 ♊ 26	24 ♊ 38	25 ♋ 1	4 ♌ 12	14 ♏ 41	26 ♋ 53	25 ♎ 28	25 ♌ 3	19 ♑	12 ♐	2 ♏	2 ♌	4 ♒
5	11 ♋ 51	5 ♑ 12	25 ♐ 38	26 R 25	21 ♊ 56	25 ♊ 52	25 ♋ 39	4 ♌ 24	14 ♏ 40	26 ♋ 57	25 ♎ 28	25 ♌ 5	19 ♑	12 ♐	2 ♏	2 ♌	3 ♒
6	12 ♋ 48	17 ♑ 12	25 ♐ 35	26 ♐ 24	22 ♊ 31	27 ♊ 5	26 ♋ 18	4 ♌ 37	14 ♏ 39	27 ♋ 0	25 ♎ 27	25 ♌ 6	19 ♑	12 ♐	2 ♏	3 ♌	3 ♒
7	13 ♋ 45	29 ♑ 20	25 ♐ 32	26 ♐ 23	23 ♊ 11	28 ♊ 18	26 ♋ 56	4 ♌ 50	14 ♏ 37	27 ♋ 4	25 ♎ 27	25 ♌ 8	19 ♑	11 ♐	2 ♏	3 ♌	3 ♒
8	14 ♋ 43	11 ♒ 38	25 ♐ 29	26 ♐ 20	23 ♊ 55	29 ♊ 31	27 ♋ 35	5 ♌ 3	14 ♏ 36	27 ♋ 7	25 ♎ 27	25 ♌ 9	19 ♑	11 ♐	2 ♏	4 ♌	3 ♒
9	15 ♋ 40	24 ♒ 7	25 ♐ 26	26 ♐ 17	24 ♊ 45	0 ♋ 45	28 ♋ 13	5 ♌ 15	14 ♏ 35	27 ♋ 11	25 D 27	25 ♌ 11	18 ♑	11 ♐	2 ♏	4 ♌	3 ♒
10	16 ♋ 37	6 ♓ 50	25 ♐ 22	26 ♐ 15	25 ♊ 39	1 ♋ 58	28 ♋ 52	5 ♌ 28	14 ♏ 34	27 ♋ 15	25 ♎ 27	25 ♌ 12	18 ♑	11 ♐	2 ♏	4 ♌	3 ♒
11	17 ♋ 34	19 ♓ 47	25 ♐ 19	26 ♐ 12	26 ♊ 37	3 ♋ 11	29 ♋ 30	5 ♌ 41	14 ♏ 33	27 ♋ 18	25 ♎ 27	25 ♌ 14	18 ♑	11 ♐	3 ♏	5 ♌	3 ♒
12	18 ♋ 31	3 ♈ 1	25 ♐ 16	26 ♐ 10	27 ♊ 40	4 ♋ 24	0 ♌ 9	5 ♌ 54	14 ♏ 32	27 ♋ 22	25 ♎ 28	25 ♌ 15	18 ♑	11 ♐	3 ♏	5 ♌	3 ♒
13	19 ♋ 29	16 ♈ 33	25 ♐ 13	26 ♐ 10	28 ♊ 48	5 ♋ 38	0 ♌ 47	6 ♌ 7	14 ♏ 32	27 ♋ 25	25 ♎ 28	25 ♌ 17	17 ♑	10 ♐	3 ♏	6 ♌	3 ♒
14	20 ♋ 26	0 ♉ 23	25 ♐ 10	26 D 10	0 ♋ 0	6 ♋ 51	1 ♌ 25	6 ♌ 20	14 ♏ 31	27 ♋ 29	25 ♎ 28	25 ♌ 19	17 ♑	10 ♐	3 ♏	6 ♌	3 ♒
15	21 ♋ 23	14 ♉ 31	25 ♐ 7	26 ♐ 11	1 ♋ 17	8 ♋ 5	2 ♌ 4	6 ♌ 33	14 ♏ 31	27 ♋ 33	25 ♎ 28	25 ♌ 20	17 ♑	10 ♐	3 ♏	7 ♌	3 ♒
16	22 ♋ 20	28 ♉ 57	25 ♐ 3	26 ♐ 12	2 ♋ 38	9 ♋ 18	2 ♌ 42	6 ♌ 46	14 ♏ 30	27 ♋ 36	25 ♎ 28	25 ♌ 22	17 ♑	10 ♐	3 ♏	7 ♌	3 ♒
17	23 ♋ 18	13 ♊ 37	25 ♐ 0	26 ♐ 13	4 ♋ 3	10 ♋ 31	3 ♌ 21	6 ♌ 59	14 ♏ 30	27 ♋ 40	25 ♎ 29	25 ♌ 24	17 ♑	10 ♐	3 ♏	8 ♌	3 ♒
18	24 ♋ 15	28 ♊ 27	24 ♐ 57	26 R 14	5 ♋ 32	11 ♋ 45	3 ♌ 59	7 ♌ 12	14 ♏ 30	27 ♋ 44	25 ♎ 29	25 ♌ 25	16 ♑	10 ♐	3 ♏	8 ♌	3 ♒
19	25 ♋ 12	13 ♋ 19	24 ♐ 54	26 ♐ 13	7 ♋ 5	12 ♋ 58	4 ♌ 37	7 ♌ 25	14 ♏ 30	27 ♋ 47	25 ♎ 29	25 ♌ 27	16 ♑	10 ♐	3 ♏	9 ♌	3 ♒
20	26 ♋ 9	28 ♋ 7	24 ♐ 51	26 ♐ 11	8 ♋ 42	14 ♋ 12	5 ♌ 16	7 ♌ 38	14 D 30	27 ♋ 51	25 ♎ 30	25 ♌ 29	16 ♑	10 ♐	3 ♏	9 ♌	3 ♒
21	27 ♋ 7	12 ♌ 43	24 ♐ 48	26 ♐ 7	10 ♋ 23	15 ♋ 25	5 ♌ 54	7 ♌ 51	14 ♏ 30	27 ♋ 55	25 ♎ 30	25 ♌ 30	16 ♑	9 ♐	3 ♏	9 ♌	3 ♒
22	28 ♋ 4	27 ♌ 0	24 ♐ 44	26 ♐ 3	12 ♋ 8	16 ♋ 39	6 ♌ 33	8 ♌ 5	14 ♏ 30	27 ♋ 58	25 ♎ 30	25 ♌ 32	15 ♑	9 ♐	4 ♏	10 ♌	3 ♒
23	29 ♋ 1	10 ♍ 54	24 ♐ 41	25 ♐ 58	13 ♋ 56	17 ♋ 53	7 ♌ 11	8 ♌ 18	14 ♏ 30	28 ♋ 2	25 ♎ 31	25 ♌ 34	15 ♑	9 ♐	4 ♏	10 ♌	2 ♒
24	29 ♋ 59	24 ♍ 22	24 ♐ 38	25 ♐ 53	15 ♋ 47	19 ♋ 6	7 ♌ 49	8 ♌ 31	14 ♏ 30	28 ♋ 6	25 ♎ 31	25 ♌ 36	15 ♑	9 ♐	4 ♏	11 ♌	2 ♒
25	0 ♌ 56	7 ♎ 24	24 ♐ 35	25 ♐ 50	17 ♋ 40	20 ♋ 20	8 ♌ 28	8 ♌ 44	14 ♏ 31	28 ♋ 10	25 ♎ 32	25 ♌ 38	15 ♑	9 ♐	4 ♏	11 ♌	2 ♒
26	1 ♌ 53	20 ♎ 3	24 ♐ 32	25 ♐ 47	19 ♋ 37	21 ♋ 34	9 ♌ 6	8 ♌ 57	14 ♏ 31	28 ♋ 13	25 ♎ 32	25 ♌ 39	15 ♑	9 ♐	4 ♏	12 ♌	2 ♒
27	2 ♌ 50	2 ♏ 23	24 ♐ 28	25 ♐ 47	21 ♋ 36	22 ♋ 47	9 ♌ 44	9 ♌ 10	14 ♏ 32	28 ♋ 17	25 ♎ 33	25 ♌ 41	14 ♑	9 ♐	4 ♏	12 ♌	2 ♒
28	3 ♌ 48	14 ♏ 27	24 ♐ 25	25 D 47	23 ♋ 36	24 ♋ 1	10 ♌ 22	9 ♌ 24	14 ♏ 33	28 ♋ 21	25 ♎ 34	25 ♌ 43	14 ♑	9 ♐	4 ♏	13 ♌	2 ♒
29	4 ♌ 45	26 ♏ 21	24 ♐ 22	25 ♐ 49	25 ♋ 39	25 ♋ 15	11 ♌ 1	9 ♌ 37	14 ♏ 34	28 ♋ 24	25 ♎ 34	25 ♌ 45	14 ♑	9 ♐	4 ♏	13 ♌	2 ♒
30	5 ♌ 42	8 ♐ 9	24 ♐ 19	25 ♐ 50	27 ♋ 42	26 ♋ 28	11 ♌ 39	9 ♌ 50	14 ♏ 35	28 ♋ 28	25 ♎ 35	25 ♌ 47	14 ♑	9 ♐	5 ♏	14 ♌	2 ♒
31	6 ♌ 40	19 ♐ 58	24 ♐ 16	25 ♐ 51	29 ♋ 47	27 ♋ 42	12 ♌ 17	10 ♌ 3	14 ♏ 36	28 ♋ 32	25 ♎ 36	25 ♌ 48	14 ♑	9 ♐	5 ♏	14 ♌	2 ♒

SUN INGRESS	☉ → ♌ 24日 00:25
MOON PHASE	○ 5日 14:29 ♑　◑ 13日 05:31 ♈　● 19日 20:35 ♋　◐ 27日 01:00 ♏

aspects		
4日	08:14	♀⚹♇
4日	16:07	♀△♆
4日	16:48	♂□♆
7日	05:13	♂☌♅
7日	21:22	☉△♄
9日	12:10	☿⚹♇
9日	19:11	☿△♆
19日	07:15	☉□♆
20日	05:45	♀△♄
20日	15:43	♆⚹♇
21日	21:35	☉☌♅
23日	07:33	☿△♄
25日	15:45	♂☌♃
28日	12:10	☿☌♀
28日	23:08	☿□♆
29日	06:30	♀□♆
30日	09:01	☿☌♅
31日	16:56	♀☌♅

1955年8月

DAY	☉	☽	☊ mean	☊ true	☿	♀	♂	♃	♄	♅	♆	♇	⚳	⚴	⚵	⚶	⚷
	° ′	° ′	° ′	° ′	° ′	° ′	° ′	° ′	° ′	° ′	° ′	° ′	°	°	°	°	°
1	7 ♌ 37	1 ♑ 49	24 ♐ 13	25 R 51	1 D 52	28 D 56	12 D 56	10 D 16	14 D 37	28 D 35	25 D 36	25 D 50	14 R	9 R	5 D	14 D	2 R
2	8 ♌ 35	13 ♑ 49	24 ♐ 9	25 ♐ 50	3 ♌ 58	0 ♌ 10	13 ♌ 34	10 ♌ 30	14 ♏ 38	28 ♋ 39	25 ♎ 37	25 ♌ 52	13 ♑	9 D	5 ♏	15 ♌	2 ♒
3	9 ♌ 32	25 ♑ 58	24 ♐ 6	25 ♐ 46	6 ♌ 4	1 ♌ 23	14 ♌ 12	10 ♌ 43	14 ♏ 40	28 ♋ 42	25 ♎ 38	25 ♌ 54	13 ♑	9 ♐	5 ♏	15 ♌	2 ♒
4	10 ♌ 29	8 ♒ 20	24 ♐ 3	25 ♐ 41	8 ♌ 9	2 ♌ 37	14 ♌ 50	10 ♌ 56	14 ♏ 41	28 ♋ 46	25 ♎ 39	25 ♌ 56	13 ♑	9 ♐	5 ♏	16 ♌	2 ♒
5	11 ♌ 27	20 ♒ 54	24 ♐ 0	25 ♐ 33	10 ♌ 14	3 ♌ 51	15 ♌ 28	11 ♌ 9	14 ♏ 43	28 ♋ 50	25 ♎ 40	25 ♌ 58	13 ♑	9 ♐	5 ♏	16 ♌	2 ♒
6	12 ♌ 24	3 ♓ 43	23 ♐ 57	25 ♐ 25	12 ♌ 19	5 ♌ 5	16 ♌ 7	11 ♌ 23	14 ♏ 44	28 ♋ 53	25 ♎ 41	26 ♌ 0	13 ♑	9 ♐	6 ♏	17 ♌	2 ♒
7	13 ♌ 22	16 ♓ 45	23 ♐ 54	25 ♐ 17	14 ♌ 22	6 ♌ 19	16 ♌ 45	11 ♌ 36	14 ♏ 46	28 ♋ 57	25 ♎ 42	26 ♌ 2	13 ♑	9 ♐	6 ♏	17 ♌	2 ♒
8	14 ♌ 19	0 ♈ 0	23 ♐ 50	25 ♐ 10	16 ♌ 25	7 ♌ 33	17 ♌ 23	11 ♌ 49	14 ♏ 48	29 ♋ 0	25 ♎ 43	26 ♌ 3	12 ♑	9 ♐	6 ♏	18 ♌	2 ♒
9	15 ♌ 17	13 ♈ 27	23 ♐ 47	25 ♐ 4	18 ♌ 27	8 ♌ 47	18 ♌ 1	12 ♌ 2	14 ♏ 50	29 ♋ 4	25 ♎ 44	26 ♌ 5	12 ♑	9 ♐	6 ♏	18 ♌	2 ♒
10	16 ♌ 14	27 ♈ 6	23 ♐ 44	25 ♐ 1	20 ♌ 27	10 ♌ 1	18 ♌ 40	12 ♌ 15	14 ♏ 52	29 ♋ 8	25 ♎ 45	26 ♌ 7	12 ♑	9 ♐	6 ♏	19 ♌	1 ♒
11	17 ♌ 12	10 ♉ 56	23 ♐ 41	24 ♐ 59	22 ♌ 26	11 ♌ 15	19 ♌ 18	12 ♌ 29	14 ♏ 54	29 ♋ 11	25 ♎ 46	26 ♌ 9	12 ♑	9 ♐	7 ♏	19 ♌	1 ♒
12	18 ♌ 9	24 ♉ 57	23 ♐ 38	24 D 59	24 ♌ 24	12 ♌ 29	19 ♌ 56	12 ♌ 42	14 ♏ 56	29 ♋ 15	25 ♎ 47	26 ♌ 11	12 ♑	9 ♐	7 ♏	20 ♌	1 ♒
13	19 ♌ 7	9 ♊ 8	23 ♐ 34	25 ♐ 0	26 ♌ 20	13 ♌ 43	20 ♌ 34	12 ♌ 55	14 ♏ 58	29 ♋ 18	25 ♎ 48	26 ♌ 13	12 ♑	9 ♐	7 ♏	20 ♌	1 ♒
14	20 ♌ 4	23 ♊ 29	23 ♐ 31	25 ♐ 0	28 ♌ 15	14 ♌ 57	21 ♌ 12	13 ♌ 8	15 ♏ 1	29 ♋ 22	25 ♎ 49	26 ♌ 15	12 ♑	9 ♐	7 ♏	20 ♌	1 ♒
15	21 ♌ 2	7 ♋ 55	23 ♐ 28	25 R 0	0 ♍ 8	16 ♌ 11	21 ♌ 51	13 ♌ 21	15 ♏ 3	29 ♋ 25	25 ♎ 50	26 ♌ 17	12 ♑	9 ♐	7 ♏	21 ♌	1 ♒
16	22 ♌ 0	22 ♋ 25	23 ♐ 25	24 ♐ 57	2 ♍ 0	17 ♌ 25	22 ♌ 29	13 ♌ 35	15 ♏ 6	29 ♋ 29	25 ♎ 51	26 ♌ 19	12 ♑	10 ♐	8 ♏	21 ♌	1 ♒
17	22 ♌ 57	6 ♌ 52	23 ♐ 22	24 ♐ 52	3 ♍ 51	18 ♌ 39	23 ♌ 7	13 ♌ 48	15 ♏ 8	29 ♋ 32	25 ♎ 52	26 ♌ 21	11 ♑	10 ♐	8 ♏	22 ♌	1 ♒
18	23 ♌ 55	21 ♌ 11	23 ♐ 19	24 ♐ 44	5 ♍ 40	19 ♌ 54	23 ♌ 45	14 ♌ 1	15 ♏ 11	29 ♋ 36	25 ♎ 54	26 ♌ 23	11 ♑	10 ♐	8 ♏	22 ♌	1 ♒
19	24 ♌ 53	5 ♍ 16	23 ♐ 15	24 ♐ 35	7 ♍ 28	21 ♌ 8	24 ♌ 23	14 ♌ 14	15 ♏ 14	29 ♋ 39	25 ♎ 55	26 ♌ 25	11 ♑	10 ♐	8 ♏	23 ♌	1 ♒
20	25 ♌ 51	19 ♍ 2	23 ♐ 12	24 ♐ 25	9 ♍ 14	22 ♌ 22	25 ♌ 2	14 ♌ 27	15 ♏ 17	29 ♋ 42	25 ♎ 56	26 ♌ 27	11 ♑	10 ♐	8 ♏	23 ♌	1 ♒
21	26 ♌ 48	2 ♎ 27	23 ♐ 9	24 ♐ 16	10 ♍ 59	23 ♌ 36	25 ♌ 40	14 ♌ 40	15 ♏ 20	29 ♋ 46	25 ♎ 58	26 ♌ 29	11 ♑	10 ♐	9 ♏	24 ♌	1 ♒
22	27 ♌ 46	15 ♎ 28	23 ♐ 6	24 ♐ 7	12 ♍ 42	24 ♌ 50	26 ♌ 18	14 ♌ 53	15 ♏ 23	29 ♋ 49	25 ♎ 59	26 ♌ 30	11 ♑	10 ♐	9 ♏	24 ♌	1 ♒
23	28 ♌ 44	28 ♎ 7	23 ♐ 3	24 ♐ 1	14 ♍ 24	26 ♌ 5	26 ♌ 56	15 ♌ 6	15 ♏ 26	29 ♋ 52	26 ♎ 0	26 ♌ 32	11 ♑	10 ♐	9 ♏	25 ♌	1 ♒
24	29 ♌ 42	10 ♏ 26	23 ♐ 0	23 ♐ 57	16 ♍ 5	27 ♌ 19	27 ♌ 34	15 ♌ 19	15 ♏ 29	29 ♋ 56	26 ♎ 2	26 ♌ 34	11 ♑	10 ♐	9 ♏	25 ♌	1 ♒
25	0 ♍ 40	22 ♏ 31	22 ♐ 56	23 ♐ 55	17 ♍ 44	28 ♌ 33	28 ♌ 13	15 ♌ 32	15 ♏ 33	29 ♋ 59	26 ♎ 3	26 ♌ 36	11 ♑	11 ♐	9 ♏	26 ♌	1 ♒
26	1 ♍ 38	4 ♐ 25	22 ♐ 53	23 D 55	19 ♍ 22	29 ♌ 48	28 ♌ 51	15 ♌ 45	15 ♏ 36	0 ♌ 2	26 ♎ 5	26 ♌ 38	11 ♑	11 ♐	10 ♏	26 ♌	1 ♒
27	2 ♍ 35	16 ♐ 13	22 ♐ 50	23 ♐ 55	20 ♍ 59	1 ♍ 2	29 ♌ 29	15 ♌ 58	15 ♏ 40	0 ♌ 6	26 ♎ 6	26 ♌ 40	11 ♑	11 ♐	10 ♏	27 ♌	1 ♒
28	3 ♍ 33	28 ♐ 3	22 ♐ 47	23 R 55	22 ♍ 34	2 ♍ 16	0 ♍ 7	16 ♌ 11	15 ♏ 43	0 ♌ 9	26 ♎ 8	26 ♌ 42	11 ♑	11 ♐	10 ♏	27 ♌	1 ♒
29	4 ♍ 31	9 ♑ 57	22 ♐ 44	23 ♐ 54	24 ♍ 8	3 ♍ 31	0 ♍ 45	16 ♌ 24	15 ♏ 47	0 ♌ 12	26 ♎ 9	26 ♌ 44	11 ♑	11 ♐	10 ♏	27 ♌	1 ♒
30	5 ♍ 29	22 ♑ 2	22 ♐ 40	23 ♐ 51	25 ♍ 40	4 ♍ 45	1 ♍ 23	16 ♌ 37	15 ♏ 51	0 ♌ 15	26 ♎ 11	26 ♌ 46	11 ♑	11 ♐	11 ♏	28 ♌	0 ♒
31	6 ♍ 27	4 ♒ 20	22 ♐ 37	23 ♐ 45	27 ♍ 12	5 ♍ 59	2 ♍ 2	16 ♌ 50	15 ♏ 54	0 ♌ 18	26 ♎ 12	26 ♌ 48	11 ♑	12 ♐	11 ♏	28 ♌	0 ♒

SUN INGRESS	☉ → ♍ 24日 07:19
MOON PHASE	○ 4日 04:30 ♒　◑ 11日 11:33 ♉　● 18日 04:58 ♌　◐ 25日 17:52 ♐

aspects		
3日	17:57	♂□♄
4日	14:31	☉☌♃
5日	11:50	☿☌♃
6日	01:57	☉☌☿
7日	04:39	☿□♄
8日	12:19	☉□♄
8日	16:43	☿☌♂
12日	05:08	♀☌♃
12日	17:17	☿⚹♆
12日	22:33	☿☌♇
14日	01:13	♀□♄
17日	11:46	☉☌♂
20日	02:23	☉⚹♆
20日	15:27	☉☌♇
21日	11:34	♂⚹♆
22日	08:15	♂☌♇
22日	22:35	♀⚹♆
23日	09:13	♀☌♇
23日	15:10	☿⚹♄
24日	10:17	♀☌♂
25日	01:02	♃□♄

1955年9月

DAY	☉	☽	☊ mean	☊ true	☿	♀	♂	♃	♄	♅	♆	♇	⚳	⚴	⚵	⚶	⚷
	° ′	° ′	° ′	° ′	° ′	° ′	° ′	° ′	° ′	° ′	° ′	° ′	°	°	°	°	°
1	7 ♍ 25	16 ♒ 55	22 ♐ 34	23 R 36	28 D 42	7 D 14	2 D 40	17 D 2	15 D 58	0 D 21	26 D 14	26 D 50	11 R	12 D	11 D	29 D	0 R
2	8 ♍ 23	29 ♒ 47	22 ♐ 31	23 ♐ 26	0 ♎ 10	8 ♍ 28	3 ♍ 18	17 ♌ 15	16 ♏ 2	0 ♌ 25	26 ♎ 15	26 ♌ 52	11 D	12 ♐	11 ♏	29 ♌	0 ♒
3	9 ♍ 21	12 ♓ 57	22 ♐ 28	23 ♐ 14	1 ♎ 37	9 ♍ 43	3 ♍ 56	17 ♌ 28	16 ♏ 6	0 ♌ 28	26 ♎ 17	26 ♌ 54	11 ♑	12 ♐	12 ♏	0 ♍	0 ♒
4	10 ♍ 19	26 ♓ 22	22 ♐ 25	23 ♐ 2	3 ♎ 3	10 ♍ 57	4 ♍ 34	17 ♌ 40	16 ♏ 11	0 ♌ 31	26 ♎ 19	26 ♌ 55	11 ♑	12 ♐	12 ♏	0 ♍	0 ♒
5	11 ♍ 18	10 ♈ 1	22 ♐ 21	22 ♐ 51	4 ♎ 28	12 ♍ 11	5 ♍ 13	17 ♌ 53	16 ♏ 15	0 ♌ 34	26 ♎ 20	26 ♌ 57	11 ♑	12 ♐	12 ♏	1 ♍	0 ♒
6	12 ♍ 16	23 ♈ 51	22 ♐ 18	22 ♐ 42	5 ♎ 51	13 ♍ 26	5 ♍ 51	18 ♌ 6	16 ♏ 19	0 ♌ 37	26 ♎ 22	26 ♌ 59	11 ♑	13 ♐	12 ♏	1 ♍	0 ♒
7	13 ♍ 14	7 ♉ 47	22 ♐ 15	22 ♐ 36	7 ♎ 12	14 ♍ 40	6 ♍ 29	18 ♌ 18	16 ♏ 23	0 ♌ 40	26 ♎ 24	27 ♌ 1	11 ♑	13 ♐	13 ♏	2 ♍	0 ♒
8	14 ♍ 12	21 ♉ 48	22 ♐ 12	22 ♐ 32	8 ♎ 33	15 ♍ 55	7 ♍ 7	18 ♌ 31	16 ♏ 28	0 ♌ 43	26 ♎ 26	27 ♌ 3	11 ♑	13 ♐	13 ♏	2 ♍	0 ♒
9	15 ♍ 10	5 ♊ 53	22 ♐ 9	22 ♐ 31	9 ♎ 51	17 ♍ 9	7 ♍ 45	18 ♌ 43	16 ♏ 32	0 ♌ 45	26 ♎ 27	27 ♌ 5	11 ♑	13 ♐	13 ♏	3 ♍	0 ♒
10	16 ♍ 9	19 ♊ 59	22 ♐ 5	22 D 31	11 ♎ 8	18 ♍ 24	8 ♍ 23	18 ♌ 56	16 ♏ 37	0 ♌ 48	26 ♎ 29	27 ♌ 7	11 ♑	13 ♐	13 ♏	3 ♍	0 ♒
11	17 ♍ 7	4 ♋ 6	22 ♐ 2	22 R 30	12 ♎ 24	19 ♍ 39	9 ♍ 2	19 ♌ 8	16 ♏ 42	0 ♌ 51	26 ♎ 31	27 ♌ 9	11 ♑	14 ♐	14 ♏	4 ♍	0 ♒
12	18 ♍ 5	18 ♋ 13	21 ♐ 59	22 ♐ 29	13 ♎ 38	20 ♍ 53	9 ♍ 40	19 ♌ 20	16 ♏ 46	0 ♌ 54	26 ♎ 33	27 ♌ 10	11 ♑	14 ♐	14 ♏	4 ♍	0 ♒
13	19 ♍ 4	2 ♌ 19	21 ♐ 56	22 ♐ 25	14 ♎ 50	22 ♍ 8	10 ♍ 18	19 ♌ 33	16 ♏ 51	0 ♌ 57	26 ♎ 35	27 ♌ 12	11 ♑	14 ♐	14 ♏	5 ♍	0 ♒
14	20 ♍ 2	16 ♌ 21	21 ♐ 53	22 ♐ 18	16 ♎ 0	23 ♍ 22	10 ♍ 56	19 ♌ 45	16 ♏ 56	0 ♌ 59	26 ♎ 37	27 ♌ 14	11 ♑	14 ♐	14 ♏	5 ♍	0 ♒
15	21 ♍ 1	0 ♍ 15	21 ♐ 50	22 ♐ 8	17 ♎ 9	24 ♍ 37	11 ♍ 35	19 ♌ 57	17 ♏ 1	1 ♌ 2	26 ♎ 38	27 ♌ 16	11 ♑	14 ♐	15 ♏	5 ♍	0 ♒
16	21 ♍ 59	13 ♍ 58	21 ♐ 46	21 ♐ 57	18 ♎ 15	25 ♍ 52	12 ♍ 13	20 ♌ 9	17 ♏ 6	1 ♌ 5	26 ♎ 40	27 ♌ 18	11 ♑	15 ♐	15 ♏	6 ♍	0 ♒
17	22 ♍ 58	27 ♍ 27	21 ♐ 43	21 ♐ 44	19 ♎ 19	27 ♍ 6	12 ♍ 51	20 ♌ 22	17 ♏ 11	1 ♌ 7	26 ♎ 42	27 ♌ 20	12 ♑	15 ♐	15 ♏	6 ♍	0 ♒
18	23 ♍ 56	10 ♎ 38	21 ♐ 40	21 ♐ 31	20 ♎ 21	28 ♍ 21	13 ♍ 29	20 ♌ 34	17 ♏ 16	1 ♌ 10	26 ♎ 44	27 ♌ 21	12 ♑	15 ♐	16 ♏	7 ♍	0 ♒
19	24 ♍ 55	23 ♎ 31	21 ♐ 37	21 ♐ 20	21 ♎ 20	29 ♍ 36	14 ♍ 8	20 ♌ 46	17 ♏ 21	1 ♌ 12	26 ♎ 46	27 ♌ 23	12 ♑	15 ♐	16 ♏	7 ♍	0 ♒
20	25 ♍ 53	6 ♏ 4	21 ♐ 34	21 ♐ 11	22 ♎ 17	0 ♎ 50	14 ♍ 46	20 ♌ 57	17 ♏ 27	1 ♌ 15	26 ♎ 48	27 ♌ 25	12 ♑	16 ♐	16 ♏	8 ♍	0 ♒
21	26 ♍ 52	18 ♏ 21	21 ♐ 31	21 ♐ 5	23 ♎ 11	2 ♎ 5	15 ♍ 24	21 ♌ 9	17 ♏ 32	1 ♌ 17	26 ♎ 50	27 ♌ 27	12 ♑	16 ♐	16 ♏	8 ♍	0 ♒
22	27 ♍ 51	0 ♐ 24	21 ♐ 27	21 ♐ 2	24 ♎ 2	3 ♎ 20	16 ♍ 2	21 ♌ 21	17 ♏ 37	1 ♌ 20	26 ♎ 52	27 ♌ 28	12 ♑	16 ♐	17 ♏	9 ♍	0 ♒
23	28 ♍ 49	12 ♐ 17	21 ♐ 24	21 ♐ 0	24 ♎ 49	4 ♎ 34	16 ♍ 41	21 ♌ 33	17 ♏ 43	1 ♌ 22	26 ♎ 54	27 ♌ 30	12 ♑	16 ♐	17 ♏	9 ♍	0 ♒
24	29 ♍ 48	24 ♐ 5	21 ♐ 21	21 D 0	25 ♎ 33	5 ♎ 49	17 ♍ 19	21 ♌ 45	17 ♏ 48	1 ♌ 24	26 ♎ 56	27 ♌ 32	12 ♑	17 ♐	17 ♏	10 ♍	0 ♒
25	0 ♎ 47	5 ♑ 54	21 ♐ 18	21 R 0	26 ♎ 14	7 ♎ 4	17 ♍ 57	21 ♌ 56	17 ♏ 54	1 ♌ 27	26 ♎ 58	27 ♌ 33	12 ♑	17 ♐	18 ♏	10 ♍	0 ♒
26	1 ♎ 46	17 ♑ 49	21 ♐ 15	20 ♐ 59	26 ♎ 50	8 ♎ 18	18 ♍ 35	22 ♌ 8	18 ♏ 0	1 ♌ 29	27 ♎ 0	27 ♌ 35	13 ♑	17 ♐	18 ♏	11 ♍	0 ♒
27	2 ♎ 44	29 ♑ 56	21 ♐ 11	20 ♐ 56	27 ♎ 21	9 ♎ 33	19 ♍ 14	22 ♌ 19	18 ♏ 5	1 ♌ 31	27 ♎ 2	27 ♌ 37	13 ♑	17 ♐	18 ♏	11 ♍	0 ♒
28	3 ♎ 43	12 ♒ 19	21 ♐ 8	20 ♐ 51	27 ♎ 48	10 ♎ 48	19 ♍ 52	22 ♌ 31	18 ♏ 11	1 ♌ 33	27 ♎ 4	27 ♌ 38	13 ♑	18 ♐	18 ♏	12 ♍	0 ♒
29	4 ♎ 42	25 ♒ 1	21 ♐ 5	20 ♐ 43	28 ♎ 9	12 ♎ 3	20 ♍ 30	22 ♌ 42	18 ♏ 17	1 ♌ 35	27 ♎ 7	27 ♌ 40	13 ♑	18 ♐	19 ♏	12 ♍	0 ♒
30	5 ♎ 41	8 ♓ 6	21 ♐ 2	20 ♐ 33	28 ♎ 25	13 ♎ 17	21 ♍ 8	22 ♌ 53	18 ♏ 23	1 ♌ 37	27 ♎ 9	27 ♌ 42	13 ♑	18 ♐	19 ♏	13 ♍	0 ♒

SUN INGRESS	☉ → ♎ 24日 04:41
MOON PHASE	○ 2日 16:59 ♓　◑ 9日 16:59 ♊　● 16日 15:19 ♍　◐ 24日 12:41 ♑

aspects		
1日	16:57	☉☌♀
2日	04:06	☿⚹♅
8日	11:17	♀⚹♄
10日	12:42	☉⚹♄
18日	06:18	☿⚹♃
20日	08:10	♀⚹♅
24日	21:45	♂⚹♄
25日	16:56	☉⚹♅
26日	08:16	☿☌♆
27日	14:23	☿⚹♇

1955年10月

DAY	☉	☽	☊ mean	☊ true	☿	♀	♂	♃	♄	♅	♆	♇	⚳	⚴	⚵	⚶	⚷
	° ′	° ′	° ′	° ′	° ′	° ′	° ′	° ′	° ′	° ′	° ′	° ′	°	°	°	°	°
1	6 ♎ 40	21 ♓ 33	20 ♐ 59	20 R 22	28 D 35	14 D 32	21 D 47	23 D 4	18 D 29	1 D 40	27 D 11	27 D 43	13 D	18 D	19 D	13 D	0 R
2	7 ♎ 39	5 ♈ 20	20 ♐ 56	20 ♐ 10	28 R 38	15 ♎ 47	22 ♍ 25	23 ♌ 16	18 ♏ 35	1 ♌ 41	27 ♎ 13	27 ♌ 45	13 ♑	19 ♐	20 ♏	14 ♍	0 ♒
3	8 ♎ 38	19 ♈ 24	20 ♐ 52	19 ♐ 59	28 ♎ 34	17 ♎ 2	23 ♍ 3	23 ♌ 27	18 ♏ 40	1 ♌ 43	27 ♎ 15	27 ♌ 46	14 ♑	19 ♐	20 ♏	14 ♍	0 ♒
4	9 ♎ 37	3 ♉ 39	20 ♐ 49	19 ♐ 50	28 ♎ 23	18 ♎ 16	23 ♍ 42	23 ♌ 38	18 ♏ 47	1 ♌ 45	27 ♎ 17	27 ♌ 48	14 ♑	19 ♐	20 ♏	14 ♍	0 ♒
5	10 ♎ 36	18 ♉ 1	20 ♐ 46	19 ♐ 44	28 ♎ 4	19 ♎ 31	24 ♍ 20	23 ♌ 48	18 ♏ 53	1 ♌ 47	27 ♎ 19	27 ♌ 49	14 ♑	20 ♐	21 ♏	15 ♍	0 ♒
6	11 ♎ 35	2 ♊ 24	20 ♐ 43	19 ♐ 41	27 ♎ 37	20 ♎ 46	24 ♍ 58	23 ♌ 59	18 ♏ 59	1 ♌ 49	27 ♎ 21	27 ♌ 51	14 ♑	20 ♐	21 ♏	15 ♍	0 ♒
7	12 ♎ 34	16 ♊ 43	20 ♐ 40	19 ♐ 40	27 ♎ 3	22 ♎ 1	25 ♍ 37	24 ♌ 10	19 ♏ 5	1 ♌ 51	27 ♎ 24	27 ♌ 52	14 ♑	20 ♐	21 ♏	16 ♍	0 ♒
8	13 ♎ 33	0 ♋ 57	20 ♐ 37	19 D 40	26 ♎ 21	23 ♎ 15	26 ♍ 15	24 ♌ 21	19 ♏ 11	1 ♌ 52	27 ♎ 26	27 ♌ 54	14 ♑	20 ♐	21 ♏	16 ♍	0 ♒
9	14 ♎ 33	15 ♋ 3	20 ♐ 33	19 R 40	25 ♎ 31	24 ♎ 30	26 ♍ 53	24 ♌ 31	19 ♏ 17	1 ♌ 54	27 ♎ 28	27 ♌ 55	15 ♑	21 ♐	22 ♏	17 ♍	0 ♒
10	15 ♎ 32	29 ♋ 1	20 ♐ 30	19 ♐ 40	24 ♎ 34	25 ♎ 45	27 ♍ 32	24 ♌ 42	19 ♏ 24	1 ♌ 56	27 ♎ 30	27 ♌ 57	15 ♑	21 ♐	22 ♏	17 ♍	0 D
11	16 ♎ 31	12 ♌ 50	20 ♐ 27	19 ♐ 37	23 ♎ 31	27 ♎ 0	28 ♍ 10	24 ♌ 52	19 ♏ 30	1 ♌ 57	27 ♎ 32	27 ♌ 58	15 ♑	21 ♐	22 ♏	18 ♍	0 ♒
12	17 ♎ 31	26 ♌ 30	20 ♐ 24	19 ♐ 31	22 ♎ 24	28 ♎ 15	28 ♍ 49	25 ♌ 2	19 ♏ 37	1 ♌ 59	27 ♎ 35	28 ♌ 0	15 ♑	22 ♐	23 ♏	18 ♍	0 ♒
13	18 ♎ 30	9 ♍ 59	20 ♐ 21	19 ♐ 24	21 ♎ 13	29 ♎ 29	29 ♍ 27	25 ♌ 13	19 ♏ 43	2 ♌ 0	27 ♎ 37	28 ♌ 1	15 ♑	22 ♐	23 ♏	19 ♍	0 ♒
14	19 ♎ 29	23 ♍ 18	20 ♐ 17	19 ♐ 14	20 ♎ 1	0 ♏ 44	0 ♎ 5	25 ♌ 23	19 ♏ 49	2 ♌ 2	27 ♎ 39	28 ♌ 2	16 ♑	22 ♐	23 ♏	19 ♍	0 ♒
15	20 ♎ 29	6 ♎ 23	20 ♐ 14	19 ♐ 3	18 ♎ 49	1 ♏ 59	0 ♎ 44	25 ♌ 33	19 ♏ 56	2 ♌ 3	27 ♎ 41	28 ♌ 4	16 ♑	23 ♐	24 ♏	20 ♍	0 ♒
16	21 ♎ 28	19 ♎ 15	20 ♐ 11	18 ♐ 53	17 ♎ 39	3 ♏ 14	1 ♎ 22	25 ♌ 42	20 ♏ 3	2 ♌ 4	27 ♎ 44	28 ♌ 5	16 ♑	23 ♐	24 ♏	20 ♍	0 ♒
17	22 ♎ 28	1 ♏ 53	20 ♐ 8	18 ♐ 43	16 ♎ 35	4 ♏ 29	2 ♎ 1	25 ♌ 52	20 ♏ 9	2 ♌ 6	27 ♎ 46	28 ♌ 6	16 ♑	23 ♐	24 ♏	21 ♍	0 ♒
18	23 ♎ 27	14 ♏ 15	20 ♐ 5	18 ♐ 36	15 ♎ 37	5 ♏ 44	2 ♎ 39	26 ♌ 2	20 ♏ 16	2 ♌ 7	27 ♎ 48	28 ♌ 7	17 ♑	23 ♐	25 ♏	21 ♍	0 ♒
19	24 ♎ 27	26 ♏ 25	20 ♐ 2	18 ♐ 31	14 ♎ 47	6 ♏ 58	3 ♎ 18	26 ♌ 12	20 ♏ 22	2 ♌ 8	27 ♎ 50	28 ♌ 9	17 ♑	24 ♐	25 ♏	22 ♍	0 ♒
20	25 ♎ 27	8 ♐ 24	19 ♐ 58	18 ♐ 28	14 ♎ 6	8 ♏ 13	3 ♎ 56	26 ♌ 21	20 ♏ 29	2 ♌ 9	27 ♎ 52	28 ♌ 10	17 ♑	24 ♐	25 ♏	22 ♍	0 ♒
21	26 ♎ 26	20 ♐ 15	19 ♐ 55	18 D 28	13 ♎ 36	9 ♏ 28	4 ♎ 35	26 ♌ 30	20 ♏ 36	2 ♌ 10	27 ♎ 55	28 ♌ 11	17 ♑	24 ♐	26 ♏	22 ♍	0 ♒
22	27 ♎ 26	2 ♑ 1	19 ♐ 52	18 ♐ 28	13 ♎ 17	10 ♏ 43	5 ♎ 13	26 ♌ 40	20 ♏ 43	2 ♌ 11	27 ♎ 57	28 ♌ 12	17 ♑	25 ♐	26 ♏	23 ♍	0 ♒
23	28 ♎ 26	13 ♑ 49	19 ♐ 49	18 ♐ 30	13 ♎ 9	11 ♏ 58	5 ♎ 51	26 ♌ 49	20 ♏ 49	2 ♌ 12	27 ♎ 59	28 ♌ 13	18 ♑	25 ♐	26 ♏	23 ♍	0 ♒
24	29 ♎ 25	25 ♑ 43	19 ♐ 46	18 ♐ 31	13 D 13	13 ♏ 13	6 ♎ 30	26 ♌ 58	20 ♏ 56	2 ♌ 13	28 ♎ 1	28 ♌ 14	18 ♑	25 ♐	27 ♏	24 ♍	0 ♒
25	0 ♏ 25	7 ♒ 48	19 ♐ 42	18 R 30	13 ♎ 27	14 ♏ 27	7 ♎ 8	27 ♌ 7	21 ♏ 3	2 ♌ 14	28 ♎ 4	28 ♌ 16	18 ♑	26 ♐	27 ♏	24 ♍	0 ♒
26	1 ♏ 25	20 ♒ 10	19 ♐ 39	18 ♐ 28	13 ♎ 52	15 ♏ 42	7 ♎ 47	27 ♌ 16	21 ♏ 10	2 ♌ 14	28 ♎ 6	28 ♌ 17	18 ♑	26 ♐	27 ♏	25 ♍	0 ♒
27	2 ♏ 25	2 ♓ 53	19 ♐ 36	18 ♐ 25	14 ♎ 26	16 ♏ 57	8 ♎ 25	27 ♌ 24	21 ♏ 17	2 ♌ 15	28 ♎ 8	28 ♌ 18	19 ♑	26 ♐	28 ♏	25 ♍	0 ♒
28	3 ♏ 25	16 ♓ 0	19 ♐ 33	18 ♐ 19	15 ♎ 9	18 ♏ 12	9 ♎ 4	27 ♌ 33	21 ♏ 24	2 ♌ 16	28 ♎ 10	28 ♌ 19	19 ♑	27 ♐	28 ♏	26 ♍	0 ♒
29	4 ♏ 24	29 ♓ 33	19 ♐ 30	18 ♐ 12	16 ♎ 0	19 ♏ 27	9 ♎ 43	27 ♌ 41	21 ♏ 31	2 ♌ 16	28 ♎ 13	28 ♌ 20	19 ♑	27 ♐	28 ♏	26 ♍	0 ♒
30	5 ♏ 24	13 ♈ 32	19 ♐ 27	18 ♐ 5	16 ♎ 58	20 ♏ 41	10 ♎ 21	27 ♌ 50	21 ♏ 38	2 ♌ 17	28 ♎ 15	28 ♌ 21	19 ♑	27 ♐	28 ♏	27 ♍	0 ♒
31	6 ♏ 24	27 ♈ 53	19 ♐ 23	17 ♐ 58	18 ♎ 2	21 ♏ 56	11 ♎ 0	27 ♌ 58	21 ♏ 45	2 ♌ 18	28 ♎ 17	28 ♌ 21	20 ♑	28 ♐	29 ♏	27 ♍	0 ♒

SUN INGRESS	☉ → ♏ 24日 13:43
MOON PHASE	○ 2日 04:17 ♈　◑ 8日 23:04 ♋　● 16日 04:32 ♎　◐ 24日 08:05 ♑　○ 31日 15:04 ♉

aspects		
5日	13:15	☿⚹♇
6日	11:02	☿☌♆
9日	00:22	♀⚹♃
9日	11:11	☿☌♀
9日	21:22	☿⚹♃
11日	10:47	♀☌♆
11日	19:04	♀⚹♇
14日	05:41	☉☌☿
15日	01:17	♀□♅
17日	03:09	♂⚹♅
21日	02:01	☉⚹♃
22日	12:58	☉☌♆
22日	18:58	☉⚹♇
26日	20:08	☉□♅
30日	19:53	♀☌♄

1955年11月

DAY	☉	☽	☊ mean	☊ true	☿	♀	♂	♃	♄	♅	♆	♇	⚳	⚴	⚵	⚶	⚷
	° ′	° ′	° ′	° ′	° ′	° ′	° ′	° ′	° ′	° ′	° ′	° ′	°	°	°	°	°
1	7 ♏ 24	12 ♉ 30	19 ♐ 20	17 R 53	19 D 12	23 D 11	11 D 38	28 D 6	21 D 52	2 D 18	28 D 19	28 D 22	20 D	28 D	29 D	28 D	0 D
2	8 ♏ 24	27 ♉ 17	19 ♐ 17	17 ♐ 49	20 ♎ 26	24 ♏ 26	12 ♎ 17	28 ♌ 14	21 ♏ 59	2 ♌ 18	28 ♎ 22	28 ♌ 23	20 ♑	28 ♐	29 ♏	28 ♍	0 ♒
3	9 ♏ 24	12 ♊ 6	19 ♐ 14	17 ♐ 48	21 ♎ 45	25 ♏ 41	12 ♎ 55	28 ♌ 22	22 ♏ 6	2 ♌ 19	28 ♎ 24	28 ♌ 24	21 ♑	29 ♐	0 ♐	28 ♍	0 ♒
4	10 ♏ 24	26 ♊ 50	19 ♐ 11	17 D 48	23 ♎ 7	26 ♏ 55	13 ♎ 34	28 ♌ 29	22 ♏ 13	2 ♌ 19	28 ♎ 26	28 ♌ 25	21 ♑	29 ♐	0 ♐	29 ♍	0 ♒
5	11 ♏ 24	11 ♋ 23	19 ♐ 8	17 ♐ 49	24 ♎ 31	28 ♏ 10	14 ♎ 13	28 ♌ 37	22 ♏ 20	2 ♌ 19	28 ♎ 28	28 ♌ 26	21 ♑	29 ♐	0 ♐	29 ♍	0 ♒
6	12 ♏ 25	25 ♋ 41	19 ♐ 4	17 ♐ 50	25 ♎ 59	29 ♏ 25	14 ♎ 51	28 ♌ 44	22 ♏ 27	2 ♌ 19	28 ♎ 30	28 ♌ 27	21 ♑	0 ♑	1 ♐	0 ♎	0 ♒
7	13 ♏ 25	9 ♌ 42	19 ♐ 1	17 ♐ 51	27 ♎ 28	0 ♐ 40	15 ♎ 30	28 ♌ 52	22 ♏ 34	2 ♌ 20	28 ♎ 33	28 ♌ 27	22 ♑	0 ♑	1 ♐	0 ♎	0 ♒
8	14 ♏ 25	23 ♌ 27	18 ♐ 58	17 R 51	28 ♎ 58	1 ♐ 55	16 ♎ 8	28 ♌ 59	22 ♏ 41	2 ♌ 20	28 ♎ 35	28 ♌ 28	22 ♑	0 ♑	2 ♐	1 ♎	0 ♒
9	15 ♏ 25	6 ♍ 55	18 ♐ 55	17 ♐ 49	0 ♏ 31	3 ♐ 10	16 ♎ 47	29 ♌ 6	22 ♏ 48	2 R 20	28 ♎ 37	28 ♌ 29	22 ♑	1 ♑	2 ♐	1 ♎	0 ♒
10	16 ♏ 26	20 ♍ 7	18 ♐ 52	17 ♐ 46	2 ♏ 4	4 ♐ 24	17 ♎ 26	29 ♌ 13	22 ♏ 55	2 ♌ 20	28 ♎ 39	28 ♌ 29	23 ♑	1 ♑	2 ♐	2 ♎	0 ♒
11	17 ♏ 26	3 ♎ 4	18 ♐ 48	17 ♐ 41	3 ♏ 38	5 ♐ 39	18 ♎ 4	29 ♌ 19	23 ♏ 2	2 ♌ 20	28 ♎ 41	28 ♌ 30	23 ♑	1 ♑	3 ♐	2 ♎	0 ♒
12	18 ♏ 26	15 ♎ 49	18 ♐ 45	17 ♐ 36	5 ♏ 12	6 ♐ 54	18 ♎ 43	29 ♌ 26	23 ♏ 10	2 ♌ 19	28 ♎ 43	28 ♌ 31	23 ♑	2 ♑	3 ♐	3 ♎	0 ♒
13	19 ♏ 27	28 ♎ 20	18 ♐ 42	17 ♐ 31	6 ♏ 47	8 ♐ 9	19 ♎ 22	29 ♌ 32	23 ♏ 17	2 ♌ 19	28 ♎ 45	28 ♌ 31	23 ♑	2 ♑	3 ♐	3 ♎	0 ♒
14	20 ♏ 27	10 ♏ 40	18 ♐ 39	17 ♐ 27	8 ♏ 23	9 ♐ 24	20 ♎ 1	29 ♌ 39	23 ♏ 24	2 ♌ 19	28 ♎ 48	28 ♌ 32	24 ♑	2 ♑	4 ♐	4 ♎	0 ♒
15	21 ♏ 27	22 ♏ 50	18 ♐ 36	17 ♐ 23	9 ♏ 59	10 ♐ 38	20 ♎ 39	29 ♌ 45	23 ♏ 31	2 ♌ 19	28 ♎ 50	28 ♌ 32	24 ♑	3 ♑	4 ♐	4 ♎	0 ♒
16	22 ♏ 28	4 ♐ 50	18 ♐ 33	17 ♐ 21	11 ♏ 34	11 ♐ 53	21 ♎ 18	29 ♌ 51	23 ♏ 38	2 ♌ 18	28 ♎ 52	28 ♌ 33	24 ♑	3 ♑	4 ♐	4 ♎	0 ♒
17	23 ♏ 28	16 ♐ 43	18 ♐ 29	17 ♐ 21	13 ♏ 10	13 ♐ 8	21 ♎ 57	29 ♌ 56	23 ♏ 45	2 ♌ 18	28 ♎ 54	28 ♌ 33	25 ♑	4 ♑	5 ♐	5 ♎	0 ♒
18	24 ♏ 29	28 ♐ 32	18 ♐ 26	17 D 21	14 ♏ 46	14 ♐ 23	22 ♎ 36	0 ♍ 2	23 ♏ 52	2 ♌ 17	28 ♎ 56	28 ♌ 34	25 ♑	4 ♑	5 ♐	5 ♎	1 ♒
19	25 ♏ 29	10 ♑ 18	18 ♐ 23	17 ♐ 23	16 ♏ 22	15 ♐ 38	23 ♎ 14	0 ♍ 8	24 ♏ 0	2 ♌ 17	28 ♎ 58	28 ♌ 34	25 ♑	4 ♑	5 ♐	6 ♎	1 ♒
20	26 ♏ 30	22 ♑ 6	18 ♐ 20	17 ♐ 24	17 ♏ 58	16 ♐ 52	23 ♎ 53	0 ♍ 13	24 ♏ 7	2 ♌ 16	29 ♎ 0	28 ♌ 34	26 ♑	5 ♑	6 ♐	6 ♎	1 ♒
21	27 ♏ 30	3 ♒ 59	18 ♐ 17	17 ♐ 26	19 ♏ 34	18 ♐ 7	24 ♎ 32	0 ♍ 18	24 ♏ 14	2 ♌ 16	29 ♎ 2	28 ♌ 35	26 ♑	5 ♑	6 ♐	7 ♎	1 ♒
22	28 ♏ 31	16 ♒ 2	18 ♐ 14	17 ♐ 27	21 ♏ 10	19 ♐ 22	25 ♎ 11	0 ♍ 23	24 ♏ 21	2 ♌ 15	29 ♎ 4	28 ♌ 35	26 ♑	5 ♑	6 ♐	7 ♎	1 ♒
23	29 ♏ 32	28 ♒ 21	18 ♐ 10	17 ♐ 28	22 ♏ 45	20 ♐ 37	25 ♎ 49	0 ♍ 28	24 ♏ 28	2 ♌ 14	29 ♎ 6	28 ♌ 35	27 ♑	6 ♑	7 ♐	8 ♎	1 ♒
24	0 ♐ 32	10 ♓ 58	18 ♐ 7	17 R 27	24 ♏ 21	21 ♐ 52	26 ♎ 28	0 ♍ 32	24 ♏ 35	2 ♌ 13	29 ♎ 8	28 ♌ 35	27 ♑	6 ♑	7 ♐	8 ♎	1 ♒
25	1 ♐ 33	24 ♓ 0	18 ♐ 4	17 ♐ 26	25 ♏ 56	23 ♐ 6	27 ♎ 7	0 ♍ 37	24 ♏ 43	2 ♌ 13	29 ♎ 10	28 ♌ 36	27 ♑	6 ♑	7 ♐	8 ♎	1 ♒
26	2 ♐ 34	7 ♈ 28	18 ♐ 1	17 ♐ 25	27 ♏ 31	24 ♐ 21	27 ♎ 46	0 ♍ 41	24 ♏ 50	2 ♌ 12	29 ♎ 12	28 ♌ 36	28 ♑	7 ♑	8 ♐	9 ♎	1 ♒
27	3 ♐ 34	21 ♈ 23	17 ♐ 58	17 ♐ 23	29 ♏ 6	25 ♐ 36	28 ♎ 25	0 ♍ 45	24 ♏ 57	2 ♌ 11	29 ♎ 14	28 ♌ 36	28 ♑	7 ♑	8 ♐	9 ♎	1 ♒
28	4 ♐ 35	5 ♉ 46	17 ♐ 54	17 ♐ 21	0 ♐ 41	26 ♐ 51	29 ♎ 4	0 ♍ 49	25 ♏ 4	2 ♌ 10	29 ♎ 16	28 ♌ 36	28 ♑	7 ♑	8 ♐	10 ♎	1 ♒
29	5 ♐ 36	20 ♉ 31	17 ♐ 51	17 ♐ 20	2 ♐ 15	28 ♐ 5	29 ♎ 42	0 ♍ 53	25 ♏ 11	2 ♌ 9	29 ♎ 18	28 ♌ 36	28 ♑	8 ♑	9 ♐	10 ♎	1 ♒
30	6 ♐ 37	5 ♊ 32	17 ♐ 48	17 ♐ 19	3 ♐ 50	29 ♐ 20	0 ♏ 21	0 ♍ 57	25 ♏ 18	2 ♌ 8	29 ♎ 20	28 ♌ 36	29 ♑	8 ♑	9 ♐	11 ♎	1 ♒

SUN INGRESS	☉ → ♐ 23日 11:01
MOON PHASE	◑ 7日 06:56 ♌　● 14日 21:01 ♏　◐ 23日 02:29 ♒　○ 30日 01:50 ♊

aspects

3日	07:02	♆⚹♇
3日	08:26	♃☌♇
3日	08:47	♃⚹♆
5日	05:01	♀□♇
5日	09:30	♀□♃
7日	15:56	☿⚹♇
7日	17:37	☿☌♆
8日	00:06	☿⚹♃
8日	08:01	♀△♅
10日	04:06	☿□♅
17日	07:40	☉☌♄
22日	01:32	☉□♇
24日	00:03	☉□♃
24日	04:03	☿☌♄
25日	15:26	☉△♅
26日	16:26	☿□♇
27日	06:59	♂⚹♇
28日	02:17	☿□♃
28日	08:01	♂☌♆
28日	22:18	☿△♅
29日	09:57	♀△♇
29日	23:55	♀⚹♆
30日	23:59	♂⚹♃

1955年12月

DAY	☉	☽	☊ mean	☊ true	☿	♀	♂	♃	♄	♅	♆	♇	⚳	⚴	⚵	⚶	⚷
	° ′	° ′	° ′	° ′	° ′	° ′	° ′	° ′	° ′	° ′	° ′	° ′	°	°	°	°	°
1	7 ♐ 37	20 ♊ 41	17 ♐ 45	17 D 19	5 D 24	0 D 35	1 D 0	1 D 0	25 D 25	2 R 6	29 D 22	28 D 36	29 D	9 D	9 D	11 D	1 D
2	8 ♐ 38	5 ♋ 47	17 ♐ 42	17 ♐ 19	6 ♐ 59	1 ♑ 49	1 ♏ 39	1 ♍ 3	25 ♏ 32	2 ♌ 5	29 ♎ 23	28 R 36	29 ♑	9 ♑	10 ♐	12 ♎	1 ♒
3	9 ♐ 39	20 ♋ 44	17 ♐ 39	17 ♐ 20	8 ♐ 33	3 ♑ 4	2 ♏ 18	1 ♍ 6	25 ♏ 39	2 ♌ 4	29 ♎ 25	28 ♌ 36	0 ♒	9 ♑	10 ♐	12 ♎	1 ♒
4	10 ♐ 40	5 ♌ 22	17 ♐ 35	17 ♐ 20	10 ♐ 8	4 ♑ 19	2 ♏ 57	1 ♍ 9	25 ♏ 46	2 ♌ 3	29 ♎ 27	28 ♌ 36	0 ♒	10 ♑	10 ♐	12 ♎	1 ♒
5	11 ♐ 41	19 ♌ 39	17 ♐ 32	17 ♐ 21	11 ♐ 42	5 ♑ 33	3 ♏ 36	1 ♍ 12	25 ♏ 53	2 ♌ 1	29 ♎ 29	28 ♌ 36	1 ♒	10 ♑	11 ♐	13 ♎	1 ♒
6	12 ♐ 41	3 ♍ 31	17 ♐ 29	17 ♐ 21	13 ♐ 16	6 ♑ 48	4 ♏ 15	1 ♍ 15	26 ♏ 0	2 ♌ 0	29 ♎ 31	28 ♌ 36	1 ♒	10 ♑	11 ♐	13 ♎	1 ♒
7	13 ♐ 42	17 ♍ 0	17 ♐ 26	17 R 21	14 ♐ 50	8 ♑ 3	4 ♏ 54	1 ♍ 17	26 ♏ 7	1 ♌ 58	29 ♎ 32	28 ♌ 36	1 ♒	11 ♑	11 ♐	14 ♎	2 ♒
8	14 ♐ 43	0 ♎ 6	17 ♐ 23	17 ♐ 21	16 ♐ 24	9 ♑ 17	5 ♏ 33	1 ♍ 19	26 ♏ 14	1 ♌ 57	29 ♎ 34	28 ♌ 36	2 ♒	11 ♑	12 ♐	14 ♎	2 ♒
9	15 ♐ 44	12 ♎ 52	17 ♐ 20	17 ♐ 21	17 ♐ 59	10 ♑ 32	6 ♏ 12	1 ♍ 21	26 ♏ 21	1 ♌ 55	29 ♎ 36	28 ♌ 35	2 ♒	11 ♑	12 ♐	15 ♎	2 ♒
10	16 ♐ 45	25 ♎ 22	17 ♐ 16	17 ♐ 21	19 ♐ 33	11 ♑ 47	6 ♏ 51	1 ♍ 23	26 ♏ 28	1 ♌ 54	29 ♎ 37	28 ♌ 35	2 ♒	12 ♑	13 ♐	15 ♎	2 ♒
11	17 ♐ 46	7 ♏ 39	17 ♐ 13	17 D 21	21 ♐ 7	13 ♑ 1	7 ♏ 30	1 ♍ 24	26 ♏ 35	1 ♌ 52	29 ♎ 39	28 ♌ 35	3 ♒	12 ♑	13 ♐	15 ♎	2 ♒
12	18 ♐ 47	19 ♏ 44	17 ♐ 10	17 ♐ 21	22 ♐ 42	14 ♑ 16	8 ♏ 9	1 ♍ 26	26 ♏ 41	1 ♌ 51	29 ♎ 41	28 ♌ 35	3 ♒	13 ♑	13 ♐	16 ♎	2 ♒
13	19 ♐ 48	1 ♐ 42	17 ♐ 7	17 ♐ 21	24 ♐ 16	15 ♑ 31	8 ♏ 48	1 ♍ 27	26 ♏ 48	1 ♌ 49	29 ♎ 42	28 ♌ 34	3 ♒	13 ♑	14 ♐	16 ♎	2 ♒
14	20 ♐ 49	13 ♐ 34	17 ♐ 4	17 ♐ 21	25 ♐ 51	16 ♑ 45	9 ♏ 27	1 ♍ 28	26 ♏ 55	1 ♌ 47	29 ♎ 44	28 ♌ 34	4 ♒	13 ♑	14 ♐	17 ♎	2 ♒
15	21 ♐ 50	25 ♐ 23	17 ♐ 0	17 R 21	27 ♐ 25	18 ♑ 0	10 ♏ 6	1 ♍ 29	27 ♏ 2	1 ♌ 45	29 ♎ 45	28 ♌ 34	4 ♒	14 ♑	14 ♐	17 ♎	2 ♒
16	22 ♐ 51	7 ♑ 10	16 ♐ 57	17 ♐ 21	29 ♐ 0	19 ♑ 14	10 ♏ 45	1 ♍ 29	27 ♏ 9	1 ♌ 44	29 ♎ 47	28 ♌ 33	4 ♒	14 ♑	15 ♐	18 ♎	2 ♒
17	23 ♐ 52	18 ♑ 58	16 ♐ 54	17 ♐ 20	0 ♑ 35	20 ♑ 29	11 ♏ 24	1 ♍ 30	27 ♏ 15	1 ♌ 42	29 ♎ 48	28 ♌ 33	5 ♒	14 ♑	15 ♐	18 ♎	2 ♒
18	24 ♐ 54	0 ♒ 49	16 ♐ 51	17 ♐ 19	2 ♑ 10	21 ♑ 43	12 ♏ 3	1 ♍ 30	27 ♏ 22	1 ♌ 40	29 ♎ 50	28 ♌ 32	5 ♒	15 ♑	15 ♐	18 ♎	2 ♒
19	25 ♐ 55	12 ♒ 47	16 ♐ 48	17 ♐ 18	3 ♑ 45	22 ♑ 58	12 ♏ 42	1 R 30	27 ♏ 28	1 ♌ 38	29 ♎ 51	28 ♌ 32	5 ♒	15 ♑	16 ♐	19 ♎	2 ♒
20	26 ♐ 56	24 ♒ 53	16 ♐ 45	17 ♐ 17	5 ♑ 20	24 ♑ 12	13 ♏ 21	1 ♍ 30	27 ♏ 35	1 ♌ 36	29 ♎ 53	28 ♌ 31	6 ♒	15 ♑	16 ♐	19 ♎	2 ♒
21	27 ♐ 57	7 ♓ 11	16 ♐ 41	17 ♐ 16	6 ♑ 55	25 ♑ 27	14 ♏ 0	1 ♍ 29	27 ♏ 42	1 ♌ 34	29 ♎ 54	28 ♌ 31	6 ♒	16 ♑	16 ♐	20 ♎	2 ♒
22	28 ♐ 58	19 ♓ 45	16 ♐ 38	17 ♐ 15	8 ♑ 30	26 ♑ 41	14 ♏ 39	1 ♍ 29	27 ♏ 48	1 ♌ 32	29 ♎ 56	28 ♌ 30	7 ♒	16 ♑	17 ♐	20 ♎	3 ♒
23	29 ♐ 59	2 ♈ 40	16 ♐ 35	17 D 15	10 ♑ 6	27 ♑ 56	15 ♏ 18	1 ♍ 28	27 ♏ 54	1 ♌ 30	29 ♎ 57	28 ♌ 29	7 ♒	17 ♑	17 ♐	20 ♎	3 ♒
24	1 ♑ 0	15 ♈ 57	16 ♐ 32	17 ♐ 15	11 ♑ 41	29 ♑ 10	15 ♏ 57	1 ♍ 27	28 ♏ 1	1 ♌ 28	29 ♎ 58	28 ♌ 29	7 ♒	17 ♑	17 ♐	21 ♎	3 ♒
25	2 ♑ 1	29 ♈ 40	16 ♐ 29	17 ♐ 16	13 ♑ 16	0 ♒ 25	16 ♏ 37	1 ♍ 26	28 ♏ 7	1 ♌ 25	29 ♎ 59	28 ♌ 28	8 ♒	17 ♑	18 ♐	21 ♎	3 ♒
26	3 ♑ 2	13 ♉ 50	16 ♐ 26	17 ♐ 17	14 ♑ 52	1 ♒ 39	17 ♏ 16	1 ♍ 24	28 ♏ 14	1 ♌ 23	0 ♏ 1	28 ♌ 27	8 ♒	18 ♑	18 ♐	22 ♎	3 ♒
27	4 ♑ 4	28 ♉ 25	16 ♐ 22	17 ♐ 18	16 ♑ 27	2 ♒ 53	17 ♏ 55	1 ♍ 23	28 ♏ 20	1 ♌ 21	0 ♏ 2	28 ♌ 27	8 ♒	18 ♑	18 ♐	22 ♎	3 ♒
28	5 ♑ 5	13 ♊ 22	16 ♐ 19	17 ♐ 19	18 ♑ 2	4 ♒ 8	18 ♏ 34	1 ♍ 21	28 ♏ 26	1 ♌ 19	0 ♏ 3	28 ♌ 26	9 ♒	18 ♑	19 ♐	22 ♎	3 ♒
29	6 ♑ 6	28 ♊ 32	16 ♐ 16	17 R 19	19 ♑ 36	5 ♒ 22	19 ♏ 13	1 ♍ 19	28 ♏ 32	1 ♌ 16	0 ♏ 4	28 ♌ 25	9 ♒	19 ♑	19 ♐	23 ♎	3 ♒
30	7 ♑ 7	13 ♋ 48	16 ♐ 13	17 ♐ 18	21 ♑ 11	6 ♒ 36	19 ♏ 52	1 ♍ 17	28 ♏ 38	1 ♌ 14	0 ♏ 5	28 ♌ 24	9 ♒	19 ♑	19 ♐	23 ♎	3 ♒
31	8 ♑ 8	28 ♋ 59	16 ♐ 10	17 ♐ 15	22 ♑ 45	7 ♒ 51	20 ♏ 31	1 ♍ 15	28 ♏ 44	1 ♌ 12	0 ♏ 7	28 ♌ 24	10 ♒	20 ♑	20 ♐	24 ♎	3 ♒

SUN INGRESS	☉ → ♑ 23日 00:11
MOON PHASE	◑ 6日 17:35 ♍　● 14日 16:07 ♐　◐ 22日 18:39 ♓　○ 29日 12:44 ♋

aspects

1日	08:34	♀△♃
1日	17:05	♀⚹♂
2日	15:37	♂□♅
4日	23:10	☉☌☿
15日	17:16	☿△♇
16日	12:08	☿⚹♆
17日	13:57	☿△♃
21日	13:09	☉△♇
22日	23:09	☉⚹♆
22日	23:31	♀⚹♄
24日	10:22	☉△♃
24日	15:44	♀□♆
25日	19:02	♀☍♅
27日	23:29	♄□♇
28日	13:54	☿⚹♂

1956年1月

DAY	☉	☽	☊		☿	♀	♂	♃	♄	♅	♆	♇	⚳	⚴	⚵	⚶	⚷
			mean	true													
	° '	° '	° '	° '	° '	° '	° '	° '	° '	° '	° '	° '	°	°	°	°	°
1	9 ♑ 9	13 ♌ 56	16 ♐ 6	17 R 12	24 D 18	9 D 5	21 D 11	1 R 12	28 D 51	1 R 10	0 D 8	28 R 23	10 D	20 D	20 D	24 D	3 D
2	10 ♑ 10	28 ♌ 30	16 ♐ 3	17 ♐ 9	25 ♑ 50	10 ♒ 19	21 ♏ 50	1 ♍ 10	28 ♏ 57	1 ♌ 7	0 ♏ 9	28 ♌ 22	11 ♒	20 ♑	21 ♐	24 ♎	3 ♒
3	11 ♑ 11	12 ♍ 37	16 ♐ 0	17 ♐ 6	27 ♑ 22	11 ♒ 33	22 ♏ 29	1 ♍ 7	29 ♏ 2	1 ♌ 5	0 ♏ 10	28 ♌ 21	11 ♒	21 ♑	21 ♐	25 ♎	3 ♒
4	12 ♑ 13	26 ♍ 15	15 ♐ 57	17 ♐ 4	28 ♑ 52	12 ♒ 47	23 ♏ 8	1 ♍ 4	29 ♏ 8	1 ♌ 2	0 ♏ 11	28 ♌ 20	11 ♒	21 ♑	21 ♐	25 ♎	4 ♒
5	13 ♑ 14	9 ♎ 26	15 ♐ 54	17 ♐ 3	0 ♒ 21	14 ♒ 1	23 ♏ 47	1 ♍ 0	29 ♏ 14	1 ♌ 0	0 ♏ 12	28 ♌ 19	12 ♒	21 ♑	22 ♐	25 ♎	4 ♒
6	14 ♑ 15	22 ♎ 12	15 ♐ 51	17 D 3	1 ♒ 47	15 ♒ 15	24 ♏ 27	0 ♍ 57	29 ♏ 20	0 ♌ 57	0 ♏ 13	28 ♌ 18	12 ♒	22 ♑	22 ♐	26 ♎	4 ♒
7	15 ♑ 16	4 ♏ 37	15 ♐ 47	17 ♐ 4	3 ♒ 12	16 ♒ 29	25 ♏ 6	0 ♍ 53	29 ♏ 26	0 ♌ 55	0 ♏ 13	28 ♌ 17	12 ♒	22 ♑	22 ♐	26 ♎	4 ♒
8	16 ♑ 17	16 ♏ 46	15 ♐ 44	17 ♐ 6	4 ♒ 34	17 ♒ 43	25 ♏ 45	0 ♍ 50	29 ♏ 31	0 ♌ 52	0 ♏ 14	28 ♌ 16	13 ♒	23 ♑	23 ♐	27 ♎	4 ♒
9	17 ♑ 18	28 ♏ 44	15 ♐ 41	17 ♐ 8	5 ♒ 52	18 ♒ 57	26 ♏ 24	0 ♍ 46	29 ♏ 37	0 ♌ 50	0 ♏ 15	28 ♌ 15	13 ♒	23 ♑	23 ♐	27 ♎	4 ♒
10	18 ♑ 20	10 ♐ 34	15 ♐ 38	17 ♐ 9	7 ♒ 7	20 ♒ 11	27 ♏ 4	0 ♍ 41	29 ♏ 42	0 ♌ 47	0 ♏ 16	28 ♌ 14	14 ♒	23 ♑	23 ♐	27 ♎	4 ♒
11	19 ♑ 21	22 ♐ 22	15 ♐ 35	17 R 9	8 ♒ 17	21 ♒ 25	27 ♏ 43	0 ♍ 37	29 ♏ 48	0 ♌ 45	0 ♏ 17	28 ♌ 13	14 ♒	24 ♑	24 ♐	28 ♎	4 ♒
12	20 ♑ 22	4 ♑ 8	15 ♐ 32	17 ♐ 8	9 ♒ 23	22 ♒ 39	28 ♏ 22	0 ♍ 33	29 ♏ 53	0 ♌ 42	0 ♏ 17	28 ♌ 12	14 ♒	24 ♑	24 ♐	28 ♎	4 ♒
13	21 ♑ 23	15 ♑ 57	15 ♐ 28	17 ♐ 5	10 ♒ 22	23 ♒ 53	29 ♏ 1	0 ♍ 28	29 ♏ 59	0 ♌ 40	0 ♏ 18	28 ♌ 11	15 ♒	24 ♑	24 ♐	28 ♎	4 ♒
14	22 ♑ 24	27 ♑ 50	15 ♐ 25	16 ♐ 59	11 ♒ 15	25 ♒ 7	29 ♏ 41	0 ♍ 23	0 ♐ 4	0 ♌ 37	0 ♏ 19	28 ♌ 10	15 ♒	25 ♑	25 ♐	29 ♎	4 ♒
15	23 ♑ 25	9 ♒ 50	15 ♐ 22	16 ♐ 53	12 ♒ 0	26 ♒ 20	0 ♐ 20	0 ♍ 18	0 ♐ 9	0 ♌ 35	0 ♏ 19	28 ♌ 8	16 ♒	25 ♑	25 ♐	29 ♎	4 ♒
16	24 ♑ 26	21 ♒ 57	15 ♐ 19	16 ♐ 46	12 ♒ 36	27 ♒ 34	0 ♐ 59	0 ♍ 13	0 ♐ 14	0 ♌ 32	0 ♏ 20	28 ♌ 7	16 ♒	25 ♑	25 ♐	29 ♎	5 ♒
17	25 ♑ 28	4 ♓ 12	15 ♐ 16	16 ♐ 38	13 ♒ 3	28 ♒ 48	1 ♐ 39	0 ♍ 8	0 ♐ 19	0 ♌ 29	0 ♏ 20	28 ♌ 6	16 ♒	26 ♑	26 ♐	0 ♏	5 ♒
18	26 ♑ 29	16 ♓ 39	15 ♐ 12	16 ♐ 32	13 ♒ 20	0 ♓ 1	2 ♐ 18	0 ♍ 2	0 ♐ 24	0 ♌ 27	0 ♏ 21	28 ♌ 5	17 ♒	26 ♑	26 ♐	0 ♏	5 ♒
19	27 ♑ 30	29 ♓ 18	15 ♐ 9	16 ♐ 27	13 ♒ 26	1 ♓ 15	2 ♐ 57	29 ♌ 56	0 ♐ 29	0 ♌ 24	0 ♏ 21	28 ♌ 4	17 ♒	27 ♑	26 ♐	0 ♏	5 ♒
20	28 ♑ 31	12 ♈ 13	15 ♐ 6	16 ♐ 23	13 R 21	2 ♓ 29	3 ♐ 37	29 ♌ 51	0 ♐ 34	0 ♌ 22	0 ♏ 22	28 ♌ 2	17 ♒	27 ♑	27 ♐	1 ♏	5 ♒
21	29 ♑ 32	25 ♈ 25	15 ♐ 3	16 ♐ 22	13 ♒ 4	3 ♓ 42	4 ♐ 16	29 ♌ 45	0 ♐ 39	0 ♌ 19	0 ♏ 22	28 ♌ 1	18 ♒	27 ♑	27 ♐	1 ♏	5 ♒
22	0 ♒ 33	8 ♉ 57	15 ♐ 0	16 D 22	12 ♒ 35	4 ♓ 55	4 ♐ 55	29 ♌ 39	0 ♐ 44	0 ♌ 16	0 ♏ 23	28 ♌ 0	18 ♒	28 ♑	27 ♐	1 ♏	5 ♒
23	1 ♒ 34	22 ♉ 51	14 ♐ 57	16 ♐ 23	11 ♒ 56	6 ♓ 9	5 ♐ 34	29 ♌ 33	0 ♐ 48	0 ♌ 14	0 ♏ 23	27 ♌ 58	19 ♒	28 ♑	28 ♐	2 ♏	5 ♒
24	2 ♒ 35	7 ♊ 7	14 ♐ 53	16 ♐ 24	11 ♒ 6	7 ♓ 22	6 ♐ 14	29 ♌ 26	0 ♐ 53	0 ♌ 11	0 ♏ 23	27 ♌ 57	19 ♒	28 ♑	28 ♐	2 ♏	5 ♒
25	3 ♒ 36	21 ♊ 44	14 ♐ 50	16 R 24	10 ♒ 6	8 ♓ 35	6 ♐ 53	29 ♌ 20	0 ♐ 57	0 ♌ 8	0 ♏ 24	27 ♌ 56	19 ♒	29 ♑	28 ♐	2 ♏	5 ♒
26	4 ♒ 37	6 ♋ 39	14 ♐ 47	16 ♐ 23	9 ♒ 0	9 ♓ 48	7 ♐ 32	29 ♌ 13	1 ♐ 2	0 ♌ 6	0 ♏ 24	27 ♌ 55	20 ♒	29 ♑	29 ♐	3 ♏	5 ♒
27	5 ♒ 38	21 ♋ 44	14 ♐ 44	16 ♐ 19	7 ♒ 48	11 ♓ 1	8 ♐ 12	29 ♌ 7	1 ♐ 6	0 ♌ 3	0 ♏ 24	27 ♌ 53	20 ♒	0 ♒	29 ♐	3 ♏	5 ♒
28	6 ♒ 39	6 ♌ 51	14 ♐ 41	16 ♐ 13	6 ♒ 33	12 ♓ 14	8 ♐ 51	29 ♌ 0	1 ♐ 10	0 ♌ 1	0 ♏ 24	27 ♌ 52	21 ♒	0 ♒	29 ♐	3 ♏	5 ♒
29	7 ♒ 40	21 ♌ 49	14 ♐ 38	16 ♐ 5	5 ♒ 18	13 ♓ 27	9 ♐ 31	28 ♌ 53	1 ♐ 15	29 ♋ 58	0 ♏ 24	27 ♌ 50	21 ♒	0 ♒	0 ♑	3 ♏	6 ♒
30	8 ♒ 41	6 ♍ 30	14 ♐ 34	15 ♐ 56	4 ♒ 3	14 ♓ 40	10 ♐ 10	28 ♌ 46	1 ♐ 19	29 ♋ 56	0 ♏ 25	27 ♌ 49	21 ♒	1 ♒	0 ♑	4 ♏	6 ♒
31	9 ♒ 42	20 ♍ 47	14 ♐ 31	15 ♐ 48	2 ♒ 52	15 ♓ 53	10 ♐ 49	28 ♌ 39	1 ♐ 23	29 ♋ 53	0 ♏ 25	27 ♌ 48	22 ♒	1 ♒	0 ♑	4 ♏	6 ♒
SUN INGRESS	☉ → ♒ 21日 10:48																
MOON PHASE	◑ 5日 07:41 ♎	● 13日 12:01 ♑	◐ 21日 07:58 ♈	○ 27日 23:40 ♌													

aspects		
4日	04:44	☿⚹♄
4日	21:33	☿□♆
5日	10:32	☿☍♅
11日	17:51	♂□♇
14日	16:22	♂☌♄
14日	18:31	♃⚹♆
14日	22:56	♂□♃
15日	08:21	♂△♅
15日	20:39	♃□♄
16日	10:36	♀☍♇
18日	00:12	♀☍♃
18日	06:25	♀△♆
18日	07:34	♄△♅
18日	08:02	♀□♄
19日	21:12	♅□♆
21日	17:42	☉☍♅
21日	19:55	☉□♆
21日	23:52	♀□♂
22日	04:33	☉⚹♄
26日	18:59	☿⚹♂
27日	22:59	☉☌☿

1956年2月

DAY	☉	☽	☊		☿	♀	♂	♃	♄	♅	♆	♇	⚳	⚴	⚵	⚶	⚷
			mean	true													
	° '	° '	° '	° '	° '	° '	° '	° '	° '	° '	° '	° '	°	°	°	°	°
1	10 ♒ 43	4 ♎ 35	14 ♐ 28	15 R 41	1 R 46	17 D 6	11 D 29	28 R 32	1 D 27	29 R 50	0 D 25	27 R 46	22 D	1 D	1 D	4 D	6 D
2	11 ♒ 44	17 ♎ 54	14 ♐ 25	15 ♐ 35	0 ♒ 46	18 ♓ 19	12 ♐ 8	28 ♌ 24	1 ♐ 31	29 ♋ 48	0 R 25	27 ♌ 45	23 ♒	2 ♒	1 ♑	5 ♏	6 ♒
3	12 ♒ 45	0 ♏ 45	14 ♐ 22	15 ♐ 33	29 ♑ 54	19 ♓ 31	12 ♐ 47	28 ♌ 17	1 ♐ 34	29 ♋ 45	0 ♏ 25	27 ♌ 43	23 ♒	2 ♒	1 ♑	5 ♏	6 ♒
4	13 ♒ 45	13 ♏ 14	14 ♐ 18	15 ♐ 32	29 ♑ 10	20 ♓ 44	13 ♐ 27	28 ♌ 10	1 ♐ 38	29 ♋ 43	0 ♏ 25	27 ♌ 42	23 ♒	2 ♒	2 ♑	5 ♏	6 ♒
5	14 ♒ 46	25 ♏ 23	14 ♐ 15	15 D 32	28 ♑ 34	21 ♓ 56	14 ♐ 6	28 ♌ 2	1 ♐ 42	29 ♋ 40	0 ♏ 24	27 ♌ 41	24 ♒	3 ♒	2 ♑	5 ♏	6 ♒
6	15 ♒ 47	7 ♐ 20	14 ♐ 12	15 ♐ 33	28 ♑ 7	23 ♓ 9	14 ♐ 46	27 ♌ 55	1 ♐ 45	29 ♋ 38	0 ♏ 24	27 ♌ 39	24 ♒	3 ♒	2 ♑	6 ♏	6 ♒
7	16 ♒ 48	19 ♐ 8	14 ♐ 9	15 R 33	27 ♑ 48	24 ♓ 21	15 ♐ 25	27 ♌ 47	1 ♐ 49	29 ♋ 35	0 ♏ 24	27 ♌ 38	24 ♒	3 ♒	2 ♑	6 ♏	6 ♒
8	17 ♒ 49	0 ♑ 54	14 ♐ 6	15 ♐ 32	27 ♑ 38	25 ♓ 33	16 ♐ 4	27 ♌ 39	1 ♐ 52	29 ♋ 33	0 ♏ 24	27 ♌ 36	25 ♒	4 ♒	3 ♑	6 ♏	6 ♒
9	18 ♒ 50	12 ♑ 42	14 ♐ 3	15 ♐ 28	27 D 35	26 ♓ 45	16 ♐ 44	27 ♌ 31	1 ♐ 55	29 ♋ 30	0 ♏ 24	27 ♌ 35	25 ♒	4 ♒	3 ♑	6 ♏	6 ♒
10	19 ♒ 50	24 ♑ 34	13 ♐ 59	15 ♐ 22	27 ♑ 39	27 ♓ 57	17 ♐ 23	27 ♌ 24	1 ♐ 58	29 ♋ 28	0 ♏ 24	27 ♌ 33	26 ♒	5 ♒	3 ♑	7 ♏	7 ♒
11	20 ♒ 51	6 ♒ 35	13 ♐ 56	15 ♐ 12	27 ♑ 50	29 ♓ 9	18 ♐ 3	27 ♌ 16	2 ♐ 1	29 ♋ 26	0 ♏ 23	27 ♌ 32	26 ♒	5 ♒	4 ♑	7 ♏	7 ♒
12	21 ♒ 52	18 ♒ 45	13 ♐ 53	15 ♐ 1	28 ♑ 8	0 ♈ 21	18 ♐ 42	27 ♌ 8	2 ♐ 4	29 ♋ 23	0 ♏ 23	27 ♌ 30	26 ♒	5 ♒	4 ♑	7 ♏	7 ♒
13	22 ♒ 53	1 ♓ 6	13 ♐ 50	14 ♐ 48	28 ♑ 32	1 ♈ 33	19 ♐ 21	27 ♌ 0	2 ♐ 7	29 ♋ 21	0 ♏ 23	27 ♌ 29	27 ♒	6 ♒	4 ♑	7 ♏	7 ♒
14	23 ♒ 53	13 ♓ 38	13 ♐ 47	14 ♐ 35	29 ♑ 1	2 ♈ 45	20 ♐ 1	26 ♌ 52	2 ♐ 10	29 ♋ 19	0 ♏ 22	27 ♌ 27	27 ♒	6 ♒	5 ♑	8 ♏	7 ♒
15	24 ♒ 54	26 ♓ 21	13 ♐ 43	14 ♐ 23	29 ♑ 35	3 ♈ 56	20 ♐ 40	26 ♌ 44	2 ♐ 13	29 ♋ 16	0 ♏ 22	27 ♌ 26	28 ♒	6 ♒	5 ♑	8 ♏	7 ♒
16	25 ♒ 55	9 ♈ 16	13 ♐ 40	14 ♐ 13	0 ♒ 14	5 ♈ 8	21 ♐ 19	26 ♌ 36	2 ♐ 15	29 ♋ 14	0 ♏ 21	27 ♌ 24	28 ♒	7 ♒	5 ♑	8 ♏	7 ♒
17	26 ♒ 55	22 ♈ 22	13 ♐ 37	14 ♐ 6	0 ♒ 57	6 ♈ 19	21 ♐ 59	26 ♌ 28	2 ♐ 18	29 ♋ 12	0 ♏ 21	27 ♌ 23	28 ♒	7 ♒	6 ♑	8 ♏	7 ♒
18	27 ♒ 56	5 ♉ 40	13 ♐ 34	14 ♐ 1	1 ♒ 43	7 ♈ 30	22 ♐ 38	26 ♌ 20	2 ♐ 20	29 ♋ 10	0 ♏ 20	27 ♌ 21	29 ♒	7 ♒	6 ♑	8 ♏	7 ♒
19	28 ♒ 56	19 ♉ 12	13 ♐ 31	13 ♐ 59	2 ♒ 34	8 ♈ 42	23 ♐ 18	26 ♌ 13	2 ♐ 23	29 ♋ 7	0 ♏ 20	27 ♌ 20	29 ♒	8 ♒	6 ♑	8 ♏	7 ♒
20	29 ♒ 57	2 ♊ 58	13 ♐ 28	13 D 59	3 ♒ 27	9 ♈ 53	23 ♐ 57	26 ♌ 5	2 ♐ 25	29 ♋ 5	0 ♏ 19	27 ♌ 18	0 ♓	8 ♒	6 ♑	9 ♏	7 ♒
21	0 ♓ 57	17 ♊ 0	13 ♐ 24	13 R 59	4 ♒ 24	11 ♈ 4	24 ♐ 36	25 ♌ 57	2 ♐ 27	29 ♋ 3	0 ♏ 18	27 ♌ 17	0 ♓	8 ♒	7 ♑	9 ♏	7 ♒
22	1 ♓ 58	1 ♋ 18	13 ♐ 21	13 ♐ 58	5 ♒ 24	12 ♈ 14	25 ♐ 16	25 ♌ 49	2 ♐ 29	29 ♋ 1	0 ♏ 18	27 ♌ 15	0 ♓	9 ♒	7 ♑	9 ♏	7 ♒
23	2 ♓ 58	15 ♋ 49	13 ♐ 18	13 ♐ 55	6 ♒ 26	13 ♈ 25	25 ♐ 55	25 ♌ 41	2 ♐ 31	28 ♋ 59	0 ♏ 17	27 ♌ 14	1 ♓	9 ♒	7 ♑	9 ♏	8 ♒
24	3 ♓ 59	0 ♌ 30	13 ♐ 15	13 ♐ 50	7 ♒ 31	14 ♈ 36	26 ♐ 34	25 ♌ 33	2 ♐ 33	28 ♋ 57	0 ♏ 16	27 ♌ 12	1 ♓	9 ♒	8 ♑	9 ♏	8 ♒
25	4 ♓ 59	15 ♌ 15	13 ♐ 12	13 ♐ 41	8 ♒ 37	15 ♈ 46	27 ♐ 14	25 ♌ 26	2 ♐ 34	28 ♋ 55	0 ♏ 16	27 ♌ 11	2 ♓	10 ♒	8 ♑	9 ♏	8 ♒
26	5 ♓ 59	29 ♌ 57	13 ♐ 9	13 ♐ 30	9 ♒ 46	16 ♈ 57	27 ♐ 53	25 ♌ 18	2 ♐ 36	28 ♋ 53	0 ♏ 15	27 ♌ 9	2 ♓	10 ♒	8 ♑	10 ♏	8 ♒
27	7 ♓ 0	14 ♍ 27	13 ♐ 5	13 ♐ 18	10 ♒ 57	18 ♈ 7	28 ♐ 32	25 ♌ 10	2 ♐ 38	28 ♋ 51	0 ♏ 14	27 ♌ 8	2 ♓	10 ♒	9 ♑	10 ♏	8 ♒
28	8 ♓ 0	28 ♍ 38	13 ♐ 2	13 ♐ 6	12 ♒ 10	19 ♈ 17	29 ♐ 12	25 ♌ 3	2 ♐ 39	28 ♋ 49	0 ♏ 13	27 ♌ 6	3 ♓	11 ♒	9 ♑	10 ♏	8 ♒
29	9 ♓ 0	12 ♎ 25	12 ♐ 59	12 ♐ 55	13 ♒ 25	20 ♈ 27	29 ♐ 51	24 ♌ 55	2 ♐ 40	28 ♋ 47	0 ♏ 12	27 ♌ 5	3 ♓	11 ♒	9 ♑	10 ♏	8 ♒
SUN INGRESS	☉ → ♓ 20日 01:05																
MOON PHASE	◑ 4日 01:08 ♏	● 12日 06:38 ♒	◐ 19日 18:21 ♉	○ 26日 10:42 ♍													

aspects		
1日	06:58	☿⚹♄
2日	09:29	☿□♆
3日	03:06	☉⚹♂
3日	04:40	☿☍♅
8日	11:39	♃☌♇
9日	17:19	☿⚹♀
11日	05:17	♀△♅
13日	11:58	♀△♄
14日	12:04	☿☍♅
16日	04:24	☿□♆
16日	14:38	☉☍♃
17日	10:41	☉☍♇
18日	18:36	☿⚹♄
20日	08:45	☉△♆
22日	12:49	☉□♄
22日	16:52	♂△♃
24日	22:16	♂△♇
29日	12:40	♂⚹♆

1956年3月

DAY	☉	☽	☊ mean	☊ true	☿	♀	♂	♃	♄	♅	♆	♇	⚳	⚴	⚵	⚶	⚷
	° ′	° ′	° ′	° ′	° ′	° ′	° ′	° ′	° ′	° ′	° ′	° ′	°	°	°	°	°
1	10 ♓ 0	25 ♎ 46	12 ♐ 56	12 R 47	14 D 41	21 D 37	0 D 31	24 R 48	2 D 42	28 R 46	0 R 12	27 R 3	4 D	12 D	9 D	10 D	8 D
2	11 ♓ 0	8 ♏ 42	12 ♐ 53	12 ♐ 41	15 ♒ 59	22 ♈ 46	1 ♑ 10	24 ♌ 40	2 ♐ 43	28 ♋ 44	0 ♏ 11	27 ♌ 2	4 ♓	12 ♒	10 ♑	10 ♏	8 ♒
3	12 ♓ 1	21 ♏ 14	12 ♐ 49	12 ♐ 38	17 ♒ 19	23 ♈ 56	1 ♑ 49	24 ♌ 33	2 ♐ 44	28 ♋ 42	0 ♏ 10	27 ♌ 1	4 ♓	12 ♒	10 ♑	10 ♏	8 ♒
4	13 ♓ 1	3 ♐ 27	12 ♐ 46	12 ♐ 37	18 ♒ 40	25 ♈ 5	2 ♑ 29	24 ♌ 26	2 ♐ 45	28 ♋ 41	0 ♏ 9	26 ♌ 59	5 ♓	13 ♒	10 ♑	10 ♏	8 ♒
5	14 ♓ 1	15 ♐ 26	12 ♐ 43	12 ♐ 37	20 ♒ 3	26 ♈ 14	3 ♑ 8	24 ♌ 19	2 ♐ 45	28 ♋ 39	0 ♏ 8	26 ♌ 58	5 ♓	13 ♒	11 ♑	10 ♏	8 ♒
6	15 ♓ 1	27 ♐ 16	12 ♐ 40	12 ♐ 37	21 ♒ 26	27 ♈ 23	3 ♑ 47	24 ♌ 12	2 ♐ 46	28 ♋ 37	0 ♏ 7	26 ♌ 56	5 ♓	13 ♒	11 ♑	11 ♏	8 ♒
7	16 ♓ 1	9 ♑ 4	12 ♐ 37	12 ♐ 35	22 ♒ 52	28 ♈ 32	4 ♑ 26	24 ♌ 5	2 ♐ 47	28 ♋ 36	0 ♏ 6	26 ♌ 55	6 ♓	14 ♒	11 ♑	11 ♏	9 ♒
8	17 ♓ 1	20 ♑ 53	12 ♐ 34	12 ♐ 31	24 ♒ 18	29 ♈ 41	5 ♑ 6	23 ♌ 58	2 ♐ 47	28 ♋ 34	0 ♏ 5	26 ♌ 54	6 ♓	14 ♒	11 ♑	11 ♏	9 ♒
9	18 ♓ 1	2 ♒ 50	12 ♐ 30	12 ♐ 25	25 ♒ 46	0 ♉ 49	5 ♑ 45	23 ♌ 51	2 ♐ 48	28 ♋ 33	0 ♏ 3	26 ♌ 52	7 ♓	14 ♒	12 ♑	11 ♏	9 ♒
10	19 ♓ 1	14 ♒ 57	12 ♐ 27	12 ♐ 15	27 ♒ 15	1 ♉ 58	6 ♑ 24	23 ♌ 45	2 ♐ 48	28 ♋ 31	0 ♏ 2	26 ♌ 51	7 ♓	14 ♒	12 ♑	11 ♏	9 ♒
11	20 ♓ 1	27 ♒ 17	12 ♐ 24	12 ♐ 3	28 ♒ 45	3 ♉ 6	7 ♑ 4	23 ♌ 38	2 ♐ 48	28 ♋ 30	0 ♏ 1	26 ♌ 49	7 ♓	15 ♒	12 ♑	11 ♏	9 ♒
12	21 ♓ 1	9 ♓ 52	12 ♐ 21	11 ♐ 50	0 ♓ 17	4 ♉ 14	7 ♑ 43	23 ♌ 32	2 ♐ 48	28 ♋ 29	0 ♏ 0	26 ♌ 48	8 ♓	15 ♒	12 ♑	11 ♏	9 ♒
13	22 ♓ 1	22 ♓ 42	12 ♐ 18	11 ♐ 37	1 ♓ 50	5 ♉ 22	8 ♑ 22	23 ♌ 25	2 R 48	28 ♋ 28	29 ♎ 59	26 ♌ 47	8 ♓	15 ♒	13 ♑	11 ♏	9 ♒
14	23 ♓ 1	5 ♈ 46	12 ♐ 15	11 ♐ 24	3 ♓ 24	6 ♉ 30	9 ♑ 1	23 ♌ 19	2 ♐ 48	28 ♋ 26	29 ♎ 58	26 ♌ 45	9 ♓	16 ♒	13 ♑	11 ♏	9 ♒
15	24 ♓ 0	19 ♈ 3	12 ♐ 11	11 ♐ 13	4 ♓ 59	7 ♉ 37	9 ♑ 41	23 ♌ 13	2 ♐ 48	28 ♋ 25	29 ♎ 56	26 ♌ 44	9 ♓	16 ♒	13 ♑	11 R	9 ♒
16	25 ♓ 0	2 ♉ 31	12 ♐ 8	11 ♐ 5	6 ♓ 35	8 ♉ 44	10 ♑ 20	23 ♌ 8	2 ♐ 48	28 ♋ 24	29 ♎ 55	26 ♌ 43	9 ♓	16 ♒	13 ♑	11 ♏	9 ♒
17	26 ♓ 0	16 ♉ 8	12 ♐ 5	11 ♐ 1	8 ♓ 13	9 ♉ 52	10 ♑ 59	23 ♌ 2	2 ♐ 47	28 ♋ 23	29 ♎ 54	26 ♌ 42	10 ♓	17 ♒	14 ♑	11 ♏	9 ♒
18	27 ♓ 0	29 ♉ 53	12 ♐ 2	10 ♐ 59	9 ♓ 52	10 ♉ 58	11 ♑ 38	22 ♌ 56	2 ♐ 47	28 ♋ 22	29 ♎ 53	26 ♌ 40	10 ♓	17 ♒	14 ♑	11 ♏	9 ♒
19	27 ♓ 59	13 ♊ 46	11 ♐ 59	10 D 58	11 ♓ 32	12 ♉ 5	12 ♑ 17	22 ♌ 51	2 ♐ 46	28 ♋ 21	29 ♎ 51	26 ♌ 39	11 ♓	17 ♒	14 ♑	11 ♏	9 ♒
20	28 ♓ 59	27 ♊ 46	11 ♐ 55	10 ♐ 58	13 ♓ 13	13 ♉ 12	12 ♑ 56	22 ♌ 46	2 ♐ 46	28 ♋ 20	29 ♎ 50	26 ♌ 38	11 ♓	18 ♒	14 ♑	11 ♏	9 ♒
21	29 ♓ 59	11 ♋ 54	11 ♐ 52	10 R 58	14 ♓ 56	14 ♉ 18	13 ♑ 35	22 ♌ 41	2 ♐ 45	28 ♋ 19	29 ♎ 49	26 ♌ 37	11 ♓	18 ♒	15 ♑	11 ♏	9 ♒
22	0 ♈ 58	26 ♋ 7	11 ♐ 49	10 ♐ 56	16 ♓ 40	15 ♉ 24	14 ♑ 15	22 ♌ 36	2 ♐ 44	28 ♋ 18	29 ♎ 47	26 ♌ 35	12 ♓	18 ♒	15 ♑	11 ♏	9 ♒
23	1 ♈ 58	10 ♌ 25	11 ♐ 46	10 ♐ 51	18 ♓ 25	16 ♉ 29	14 ♑ 54	22 ♌ 31	2 ♐ 43	28 ♋ 18	29 ♎ 46	26 ♌ 34	12 ♓	19 ♒	15 ♑	11 ♏	10 ♒
24	2 ♈ 57	24 ♌ 43	11 ♐ 43	10 ♐ 43	20 ♓ 11	17 ♉ 35	15 ♑ 33	22 ♌ 26	2 ♐ 42	28 ♋ 17	29 ♎ 44	26 ♌ 33	12 ♓	19 ♒	15 ♑	10 ♏	10 ♒
25	3 ♈ 57	8 ♍ 57	11 ♐ 40	10 ♐ 34	21 ♓ 59	18 ♉ 40	16 ♑ 12	22 ♌ 22	2 ♐ 41	28 ♋ 16	29 ♎ 43	26 ♌ 32	13 ♓	19 ♒	15 ♑	10 ♏	10 ♒
26	4 ♈ 56	23 ♍ 2	11 ♐ 36	10 ♐ 23	23 ♓ 48	19 ♉ 45	16 ♑ 51	22 ♌ 18	2 ♐ 39	28 ♋ 16	29 ♎ 42	26 ♌ 31	13 ♓	20 ♒	16 ♑	10 ♏	10 ♒
27	5 ♈ 55	6 ♎ 53	11 ♐ 33	10 ♐ 12	25 ♓ 38	20 ♉ 50	17 ♑ 30	22 ♌ 13	2 ♐ 38	28 ♋ 15	29 ♎ 40	26 ♌ 30	14 ♓	20 ♒	16 ♑	10 ♏	10 ♒
28	6 ♈ 55	20 ♎ 26	11 ♐ 30	10 ♐ 3	27 ♓ 30	21 ♉ 54	18 ♑ 9	22 ♌ 10	2 ♐ 36	28 ♋ 15	29 ♎ 39	26 ♌ 29	14 ♓	20 ♒	16 ♑	10 ♏	10 ♒
29	7 ♈ 54	3 ♏ 38	11 ♐ 27	9 ♐ 55	29 ♓ 23	22 ♉ 59	18 ♑ 48	22 ♌ 6	2 ♐ 35	28 ♋ 14	29 ♎ 37	26 ♌ 28	14 ♓	20 ♒	16 ♑	10 ♏	10 ♒
30	8 ♈ 53	16 ♏ 29	11 ♐ 24	9 ♐ 50	1 ♈ 17	24 ♉ 2	19 ♑ 27	22 ♌ 2	2 ♐ 33	28 ♋ 14	29 ♎ 36	26 ♌ 27	15 ♓	21 ♒	17 ♑	10 ♏	10 ♒
31	9 ♈ 53	29 ♏ 0	11 ♐ 20	9 ♐ 48	3 ♈ 13	25 ♉ 6	20 ♑ 6	21 ♌ 59	2 ♐ 31	28 ♋ 13	29 ♎ 34	26 ♌ 25	15 ♓	21 ♒	17 ♑	10 ♏	10 ♒

SUN INGRESS ☉ → ♈ 21日 00:20

MOON PHASE ◑ 4日 20:53 ♐ ● 12日 22:37 ♓ ◐ 20日 02:14 ♊ ○ 26日 22:11 ♎

aspects		
3日	11:41	♀△♃
5日	14:50	♀△♇
7日	01:15	♀□♅
7日	18:49	☿☍♃
8日	08:10	♀☍♆
9日	17:36	☿☍♇
11日	19:39	☿△♆
13日	14:59	☿□♄
19日	08:32	☉△♅
19日	10:40	♀△♂
19日	17:30	☿⚹♂
19日	22:46	☿⚹♀
23日	17:52	☉△♄
28日	05:21	♀□♃
28日	09:28	☿△♅
30日	15:31	☿△♄

1956年4月

DAY	☉	☽	☊ mean	☊ true	☿	♀	♂	♃	♄	♅	♆	♇	⚳	⚴	⚵	⚶	⚷
	° ′	° ′	° ′	° ′	° ′	° ′	° ′	° ′	° ′	° ′	° ′	° ′	°	°	°	°	°
1	10 ♈ 52	11 ♐ 14	11 ♐ 17	9 D 47	5 D 10	26 D 9	20 D 44	21 R 56	2 R 30	28 R 13	29 R 33	26 R 24	16 D	21 D	17 D	10 R	10 D
2	11 ♈ 51	23 ♐ 14	11 ♐ 14	9 ♐ 48	7 ♈ 8	27 ♉ 12	21 ♑ 23	21 ♌ 52	2 ♐ 28	28 ♋ 13	29 ♎ 31	26 ♌ 24	16 ♓	22 ♒	17 ♑	9 ♏	10 ♒
3	12 ♈ 50	5 ♑ 7	11 ♐ 11	9 ♐ 49	9 ♈ 8	28 ♉ 15	22 ♑ 2	21 ♌ 50	2 ♐ 26	28 ♋ 13	29 ♎ 30	26 ♌ 23	16 ♓	22 ♒	17 ♑	9 ♏	10 ♒
4	13 ♈ 49	16 ♑ 56	11 ♐ 8	9 R 49	11 ♈ 8	29 ♉ 17	22 ♑ 41	21 ♌ 47	2 ♐ 23	28 ♋ 13	29 ♎ 28	26 ♌ 22	17 ♓	22 ♒	18 ♑	9 ♏	10 ♒
5	14 ♈ 48	28 ♑ 48	11 ♐ 5	9 ♐ 48	13 ♈ 10	0 ♊ 19	23 ♑ 20	21 ♌ 44	2 ♐ 21	28 ♋ 13	29 ♎ 26	26 ♌ 21	17 ♓	22 ♒	18 ♑	9 ♏	10 ♒
6	15 ♈ 47	10 ♒ 47	11 ♐ 1	9 ♐ 44	15 ♈ 13	1 ♊ 21	23 ♑ 59	21 ♌ 42	2 ♐ 19	28 D 12	29 ♎ 25	26 ♌ 20	17 ♓	23 ♒	18 ♑	9 ♏	10 ♒
7	16 ♈ 46	22 ♒ 58	10 ♐ 58	9 ♐ 39	17 ♈ 16	2 ♊ 22	24 ♑ 37	21 ♌ 40	2 ♐ 17	28 ♋ 13	29 ♎ 23	26 ♌ 19	18 ♓	23 ♒	18 ♑	9 ♏	10 ♒
8	17 ♈ 45	5 ♓ 25	10 ♐ 55	9 ♐ 32	19 ♈ 21	3 ♊ 23	25 ♑ 16	21 ♌ 38	2 ♐ 14	28 ♋ 13	29 ♎ 22	26 ♌ 18	18 ♓	23 ♒	18 ♑	8 ♏	10 ♒
9	18 ♈ 44	18 ♓ 9	10 ♐ 52	9 ♐ 23	21 ♈ 26	4 ♊ 24	25 ♑ 55	21 ♌ 36	2 ♐ 11	28 ♋ 13	29 ♎ 20	26 ♌ 17	19 ♓	24 ♒	18 ♑	8 ♏	10 ♒
10	19 ♈ 43	1 ♈ 13	10 ♐ 49	9 ♐ 14	23 ♈ 32	5 ♊ 24	26 ♑ 33	21 ♌ 35	2 ♐ 9	28 ♋ 13	29 ♎ 18	26 ♌ 17	19 ♓	24 ♒	19 ♑	8 ♏	10 ♒
11	20 ♈ 42	14 ♈ 35	10 ♐ 46	9 ♐ 6	25 ♈ 37	6 ♊ 23	27 ♑ 12	21 ♌ 33	2 ♐ 6	28 ♋ 13	29 ♎ 17	26 ♌ 16	19 ♓	24 ♒	19 ♑	8 ♏	10 ♒
12	21 ♈ 41	28 ♈ 14	10 ♐ 42	8 ♐ 59	27 ♈ 43	7 ♊ 23	27 ♑ 50	21 ♌ 32	2 ♐ 3	28 ♋ 14	29 ♎ 15	26 ♌ 15	20 ♓	24 ♒	19 ♑	8 ♏	11 ♒
13	22 ♈ 40	12 ♉ 7	10 ♐ 39	8 ♐ 54	29 ♈ 48	8 ♊ 22	28 ♑ 29	21 ♌ 31	2 ♐ 0	28 ♋ 14	29 ♎ 14	26 ♌ 14	20 ♓	25 ♒	19 ♑	7 ♏	11 ♒
14	23 ♈ 39	26 ♉ 10	10 ♐ 36	8 ♐ 51	1 ♉ 53	9 ♊ 20	29 ♑ 7	21 ♌ 30	1 ♐ 57	28 ♋ 14	29 ♎ 12	26 ♌ 14	20 ♓	25 ♒	19 ♑	7 ♏	11 ♒
15	24 ♈ 38	10 ♊ 19	10 ♐ 33	8 D 51	3 ♉ 57	10 ♊ 18	29 ♑ 46	21 ♌ 29	1 ♐ 54	28 ♋ 15	29 ♎ 10	26 ♌ 13	21 ♓	25 ♒	19 ♑	7 ♏	11 ♒
16	25 ♈ 36	24 ♊ 31	10 ♐ 30	8 ♐ 51	5 ♉ 59	11 ♊ 16	0 ♒ 24	21 ♌ 29	1 ♐ 51	28 ♋ 15	29 ♎ 9	26 ♌ 12	21 ♓	25 ♒	20 ♑	7 ♏	11 ♒
17	26 ♈ 35	8 ♋ 44	10 ♐ 26	8 ♐ 53	8 ♉ 0	12 ♊ 13	1 ♒ 2	21 ♌ 29	1 ♐ 48	28 ♋ 16	29 ♎ 7	26 ♌ 12	22 ♓	26 ♒	20 ♑	6 ♏	11 ♒
18	27 ♈ 34	22 ♋ 55	10 ♐ 23	8 ♐ 53	9 ♉ 59	13 ♊ 9	1 ♒ 41	21 D 29	1 ♐ 45	28 ♋ 17	29 ♎ 5	26 ♌ 11	22 ♓	26 ♒	20 ♑	6 ♏	11 ♒
19	28 ♈ 32	7 ♌ 3	10 ♐ 20	8 R 53	11 ♉ 56	14 ♊ 5	2 ♒ 19	21 ♌ 29	1 ♐ 42	28 ♋ 17	29 ♎ 4	26 ♌ 11	22 ♓	26 ♒	20 ♑	6 ♏	11 ♒
20	29 ♈ 31	21 ♌ 6	10 ♐ 17	8 ♐ 51	13 ♉ 50	15 ♊ 1	2 ♒ 57	21 ♌ 29	1 ♐ 38	28 ♋ 18	29 ♎ 2	26 ♌ 10	23 ♓	26 ♒	20 ♑	6 ♏	11 ♒
21	0 ♉ 29	5 ♍ 3	10 ♐ 14	8 ♐ 48	15 ♉ 41	15 ♊ 56	3 ♒ 35	21 ♌ 30	1 ♐ 35	28 ♋ 19	29 ♎ 0	26 ♌ 10	23 ♓	27 ♒	20 ♑	6 ♏	11 ♒
22	1 ♉ 28	18 ♍ 51	10 ♐ 11	8 ♐ 43	17 ♉ 30	16 ♊ 50	4 ♒ 13	21 ♌ 30	1 ♐ 31	28 ♋ 20	28 ♎ 59	26 ♌ 9	23 ♓	27 ♒	20 ♑	5 ♏	11 ♒
23	2 ♉ 26	2 ♎ 28	10 ♐ 7	8 ♐ 37	19 ♉ 14	17 ♊ 44	4 ♒ 51	21 ♌ 31	1 ♐ 28	28 ♋ 20	28 ♎ 57	26 ♌ 9	24 ♓	27 ♒	21 ♑	5 ♏	11 ♒
24	3 ♉ 25	15 ♎ 53	10 ♐ 4	8 ♐ 31	20 ♉ 55	18 ♊ 37	5 ♒ 29	21 ♌ 32	1 ♐ 24	28 ♋ 21	28 ♎ 56	26 ♌ 8	24 ♓	27 ♒	21 ♑	5 ♏	11 ♒
25	4 ♉ 23	29 ♎ 3	10 ♐ 1	8 ♐ 26	22 ♉ 33	19 ♊ 29	6 ♒ 7	21 ♌ 33	1 ♐ 20	28 ♋ 22	28 ♎ 54	26 ♌ 8	24 ♓	28 ♒	21 ♑	5 ♏	11 ♒
26	5 ♉ 22	11 ♏ 57	9 ♐ 58	8 ♐ 22	24 ♉ 6	20 ♊ 21	6 ♒ 45	21 ♌ 35	1 ♐ 17	28 ♋ 23	28 ♎ 52	26 ♌ 7	25 ♓	28 ♒	21 ♑	4 ♏	11 ♒
27	6 ♉ 20	24 ♏ 35	9 ♐ 55	8 ♐ 20	25 ♉ 35	21 ♊ 12	7 ♒ 23	21 ♌ 36	1 ♐ 13	28 ♋ 25	28 ♎ 51	26 ♌ 7	25 ♓	28 ♒	21 ♑	4 ♏	11 ♒
28	7 ♉ 18	6 ♐ 58	9 ♐ 52	8 ♐ 19	27 ♉ 0	22 ♊ 3	8 ♒ 0	21 ♌ 38	1 ♐ 9	28 ♋ 26	28 ♎ 49	26 ♌ 7	26 ♓	28 ♒	21 ♑	4 ♏	11 ♒
29	8 ♉ 17	19 ♐ 8	9 ♐ 48	8 D 19	28 ♉ 20	22 ♊ 52	8 ♒ 38	21 ♌ 40	1 ♐ 5	28 ♋ 27	28 ♎ 47	26 ♌ 7	26 ♓	29 ♒	21 ♑	4 ♏	11 ♒
30	9 ♉ 15	1 ♑ 7	9 ♐ 45	8 ♐ 21	29 ♉ 36	23 ♊ 41	9 ♒ 16	21 ♌ 42	1 ♐ 1	28 ♋ 28	28 ♎ 46	26 ♌ 6	26 ♓	29 ♒	21 ♑	3 ♏	11 ♒

SUN INGRESS ☉ → ♉ 20日 11:43

MOON PHASE ◑ 3日 17:06 ♑ ● 11日 11:39 ♈ ◐ 18日 08:28 ♋ ○ 25日 10:41 ♏

aspects		
1日	05:43	♀□♇
2日	23:11	♀⚹♅
6日	12:55	☉☌☿
6日	21:54	♀☍♄
9日	01:55	☿△♃
11日	07:19	☿△♇
11日	20:19	☉△♃
12日	02:03	☿□♂
12日	05:53	☿□♅
12日	14:36	♂☍♅
12日	17:26	☿☍♆
14日	02:48	♂□♆
16日	14:34	☉△♇
18日	02:31	♂⚹♄
18日	17:44	☉□♅
19日	12:32	☉☍♆
24日	09:04	☿□♃
27日	08:57	☿□♇
27日	11:50	♀⚹♃
29日	02:06	☿⚹♅
30日	00:56	☉□♂

1956年5月

DAY	☉	☽	☊ mean	☊ true	☿	♀	♂	♃	♄	♅	♆	♇	⚳	⚴	⚵	⚶	⚷
	° ′	° ′	° ′	° ′	° ′	° ′	° ′	° ′	° ′	° ′	° ′	° ′	°	°	°	°	°
1	10 ♉ 13	13 ♑ 0	9 ♐ 42	8 D 22	0 D 48	24 D 29	9 D 53	21 D 44	0 R 57	28 D 29	28 R 44	26 R 6	27 D	29 D	21 D	3 R	11 D
2	11 ♉ 11	24 ♑ 50	9 ♐ 39	8 ♐ 24	1 ♊ 54	25 ♊ 16	10 ♒ 31	21 ♌ 47	0 ♐ 53	28 ♋ 31	28 ♎ 43	26 ♌ 6	27 ♓	29 ♒	21 ♑	3 ♏	11 ♒
3	12 ♉ 10	6 ♒ 42	9 ♐ 36	8 ♐ 25	2 ♊ 56	26 ♊ 3	11 ♒ 8	21 ♌ 49	0 ♐ 49	28 ♋ 32	28 ♎ 41	26 ♌ 6	27 ♓	29 ♒	21 ♑	3 ♏	11 ♒
4	13 ♉ 8	18 ♒ 42	9 ♐ 32	8 R 25	3 ♊ 53	26 ♊ 48	11 ♒ 45	21 ♌ 52	0 ♐ 45	28 ♋ 34	28 ♎ 39	26 ♌ 6	28 ♓	0 ♓	22 ♑	2 ♏	11 ♒
5	14 ♉ 6	0 ♓ 53	9 ♐ 29	8 ♐ 24	4 ♊ 46	27 ♊ 33	12 ♒ 23	21 ♌ 55	0 ♐ 41	28 ♋ 35	28 ♎ 38	26 ♌ 5	28 ♓	0 ♓	22 ♑	2 ♏	11 ♒
6	15 ♉ 4	13 ♓ 21	9 ♐ 26	8 ♐ 22	5 ♊ 33	28 ♊ 16	13 ♒ 0	21 ♌ 58	0 ♐ 37	28 ♋ 37	28 ♎ 36	26 ♌ 5	28 ♓	0 ♓	22 ♑	2 ♏	11 ♒
7	16 ♉ 2	26 ♓ 9	9 ♐ 23	8 ♐ 19	6 ♊ 16	28 ♊ 59	13 ♒ 37	22 ♌ 2	0 ♐ 32	28 ♋ 38	28 ♎ 35	26 ♌ 5	29 ♓	0 ♓	22 ♑	2 ♏	11 ♒
8	17 ♉ 0	9 ♈ 18	9 ♐ 20	8 ♐ 16	6 ♊ 53	29 ♊ 40	14 ♒ 14	22 ♌ 5	0 ♐ 28	28 ♋ 40	28 ♎ 33	26 ♌ 5	29 ♓	0 ♓	22 ♑	1 ♏	11 ♒
9	17 ♉ 58	22 ♈ 51	9 ♐ 17	8 ♐ 13	7 ♊ 25	0 ♋ 21	14 ♒ 51	22 ♌ 9	0 ♐ 24	28 ♋ 42	28 ♎ 32	26 D 5	29 ♓	1 ♓	22 ♑	1 ♏	11 ♒
10	18 ♉ 56	6 ♉ 45	9 ♐ 13	8 ♐ 11	7 ♊ 52	1 ♋ 0	15 ♒ 28	22 ♌ 13	0 ♐ 19	28 ♋ 43	28 ♎ 30	26 ♌ 5	0 ♈	1 ♓	22 ♑	1 ♏	11 ♒
11	19 ♉ 54	20 ♉ 59	9 ♐ 10	8 ♐ 9	8 ♊ 14	1 ♋ 38	16 ♒ 4	22 ♌ 17	0 ♐ 15	28 ♋ 45	28 ♎ 29	26 ♌ 5	0 ♈	1 ♓	22 ♑	1 ♏	11 ♒
12	20 ♉ 52	5 ♊ 26	9 ♐ 7	8 ♐ 8	8 ♊ 31	2 ♋ 16	16 ♒ 41	22 ♌ 21	0 ♐ 11	28 ♋ 47	28 ♎ 27	26 ♌ 6	0 ♈	1 ♓	22 ♑	1 ♏	11 ♒
13	21 ♉ 50	20 ♊ 1	9 ♐ 4	8 D 9	8 ♊ 43	2 ♋ 51	17 ♒ 18	22 ♌ 25	0 ♐ 6	28 ♋ 49	28 ♎ 26	26 ♌ 6	1 ♈	1 ♓	22 ♑	0 ♏	11 ♒
14	22 ♉ 48	4 ♋ 39	9 ♐ 1	8 ♐ 9	8 ♊ 50	3 ♋ 26	17 ♒ 54	22 ♌ 30	0 ♐ 2	28 ♋ 51	28 ♎ 24	26 ♌ 6	1 ♈	2 ♓	22 ♑	0 ♏	11 ♒
15	23 ♉ 46	19 ♋ 14	8 ♐ 58	8 ♐ 10	8 R 52	3 ♋ 59	18 ♒ 30	22 ♌ 35	29 ♏ 57	28 ♋ 53	28 ♎ 23	26 ♌ 6	1 ♈	2 ♓	22 ♑	0 ♏	11 ♒
16	24 ♉ 44	3 ♌ 40	8 ♐ 54	8 ♐ 11	8 ♊ 49	4 ♋ 31	19 ♒ 6	22 ♌ 39	29 ♏ 53	28 ♋ 55	28 ♎ 21	26 ♌ 6	2 ♈	2 ♓	22 R	0 ♏	11 ♒
17	25 ♉ 42	17 ♌ 55	8 ♐ 51	8 ♐ 12	8 ♊ 41	5 ♋ 1	19 ♒ 43	22 ♌ 44	29 ♏ 49	28 ♋ 57	28 ♎ 20	26 ♌ 6	2 ♈	2 ♓	22 ♑	0 ♏	11 ♒
18	26 ♉ 39	1 ♍ 56	8 ♐ 48	8 R 12	8 ♊ 29	5 ♋ 30	20 ♒ 19	22 ♌ 49	29 ♏ 44	28 ♋ 59	28 ♎ 18	26 ♌ 7	2 ♈	2 ♓	22 ♑	29 ♎	11 R
19	27 ♉ 37	15 ♍ 41	8 ♐ 45	8 ♐ 12	8 ♊ 13	5 ♋ 57	20 ♒ 54	22 ♌ 55	29 ♏ 40	29 ♋ 1	28 ♎ 17	26 ♌ 7	3 ♈	2 ♓	22 ♑	29 ♎	11 ♒
20	28 ♉ 35	29 ♍ 12	8 ♐ 42	8 ♐ 11	7 ♊ 53	6 ♋ 23	21 ♒ 30	23 ♌ 0	29 ♏ 35	29 ♋ 3	28 ♎ 16	26 ♌ 7	3 ♈	3 ♓	22 ♑	29 ♎	11 ♒
21	29 ♉ 33	12 ♎ 27	8 ♐ 38	8 ♐ 10	7 ♊ 29	6 ♋ 46	22 ♒ 6	23 ♌ 6	29 ♏ 31	29 ♋ 6	28 ♎ 14	26 ♌ 8	3 ♈	3 ♓	22 ♑	29 ♎	11 ♒
22	0 ♊ 30	25 ♎ 28	8 ♐ 35	8 ♐ 9	7 ♊ 3	7 ♋ 9	22 ♒ 41	23 ♌ 11	29 ♏ 26	29 ♋ 8	28 ♎ 13	26 ♌ 8	4 ♈	3 ♓	22 ♑	29 ♎	11 ♒
23	1 ♊ 28	8 ♏ 15	8 ♐ 32	8 ♐ 8	6 ♊ 34	7 ♋ 29	23 ♒ 17	23 ♌ 17	29 ♏ 22	29 ♋ 10	28 ♎ 12	26 ♌ 9	4 ♈	3 ♓	22 ♑	29 ♎	11 ♒
24	2 ♊ 26	20 ♏ 49	8 ♐ 29	8 ♐ 7	6 ♊ 2	7 ♋ 47	23 ♒ 52	23 ♌ 23	29 ♏ 17	29 ♋ 12	28 ♎ 10	26 ♌ 9	4 ♈	3 ♓	22 ♑	29 ♎	11 ♒
25	3 ♊ 23	3 ♐ 11	8 ♐ 26	8 ♐ 7	5 ♊ 30	8 ♋ 4	24 ♒ 27	23 ♌ 30	29 ♏ 13	29 ♋ 15	28 ♎ 9	26 ♌ 9	5 ♈	3 ♓	22 ♑	28 ♎	11 ♒
26	4 ♊ 21	15 ♐ 22	8 ♐ 23	8 D 7	4 ♊ 56	8 ♋ 18	25 ♒ 2	23 ♌ 36	29 ♏ 8	29 ♋ 17	28 ♎ 8	26 ♌ 10	5 ♈	3 ♓	22 ♑	28 ♎	11 ♒
27	5 ♊ 18	27 ♐ 24	8 ♐ 19	8 ♐ 7	4 ♊ 22	8 ♋ 31	25 ♒ 37	23 ♌ 42	29 ♏ 4	29 ♋ 20	28 ♎ 7	26 ♌ 11	5 ♈	3 ♓	22 ♑	28 ♎	11 ♒
28	6 ♊ 16	9 ♑ 20	8 ♐ 16	8 ♐ 7	3 ♊ 48	8 ♋ 41	26 ♒ 11	23 ♌ 49	28 ♏ 59	29 ♋ 22	28 ♎ 5	26 ♌ 11	6 ♈	4 ♓	21 ♑	28 ♎	11 ♒
29	7 ♊ 13	21 ♑ 11	8 ♐ 13	8 ♐ 8	3 ♊ 15	8 ♋ 49	26 ♒ 46	23 ♌ 56	28 ♏ 55	29 ♋ 25	28 ♎ 4	26 ♌ 12	6 ♈	4 ♓	21 ♑	28 ♎	11 ♒
30	8 ♊ 11	3 ♒ 1	8 ♐ 10	8 R 8	2 ♊ 43	8 ♋ 55	27 ♒ 20	24 ♌ 2	28 ♏ 51	29 ♋ 27	28 ♎ 3	26 ♌ 12	6 ♈	4 ♓	21 ♑	28 ♎	11 ♒
31	9 ♊ 8	14 ♒ 54	8 ♐ 7	8 ♐ 8	2 ♊ 14	8 ♋ 59	27 ♒ 54	24 ♌ 9	28 ♏ 46	29 ♋ 30	28 ♎ 2	26 ♌ 13	6 ♈	4 ♓	21 ♑	28 ♎	11 ♒

SUN INGRESS	☉ → ♊ 21日 11:13
MOON PHASE	◑ 3日 11:55 ♒　● 10日 22:04 ♉　◐ 17日 14:15 ♌　○ 25日 00:26 ♐

aspects

1日	03:11	☿☍♄
3日	01:39	♀⚹♇
5日	20:52	♅□♆
6日	10:53	♀△♆
13日	15:51	☉□♃
17日	10:25	☉□♇
20日	12:19	☉⚹♅
20日	23:16	☉☍♄
23日	00:39	♂☍♃
24日	16:37	♄△♅
26日	09:11	☉☌☿
27日	23:50	♂☍♇
31日	05:10	♂△♆

1956年6月

DAY	☉	☽	☊ mean	☊ true	☿	♀	♂	♃	♄	♅	♆	♇	⚳	⚴	⚵	⚶	⚷
	° ′	° ′	° ′	° ′	° ′	° ′	° ′	° ′	° ′	° ′	° ′	° ′	°	°	°	°	°
1	10 ♊ 6	26 ♒ 53	8 ♐ 3	8 R 8	1 R 47	9 D 1	28 D 28	24 D 16	28 R 42	29 D 33	28 R 1	26 D 14	7 D	4 D	21 R	28 R	11 R
2	11 ♊ 3	9 ♓ 4	8 ♐ 0	8 ♐ 7	1 ♊ 22	9 R 0	29 ♒ 2	24 ♌ 24	28 ♏ 38	29 ♋ 35	28 ♎ 0	26 ♌ 14	7 ♈	4 ♓	21 ♑	28 ♎	11 ♒
3	12 ♊ 1	21 ♓ 29	7 ♐ 57	8 D 8	1 ♊ 1	8 ♋ 56	29 ♒ 36	24 ♌ 31	28 ♏ 33	29 ♋ 38	27 ♎ 59	26 ♌ 15	7 ♈	4 ♓	21 ♑	28 ♎	11 ♒
4	12 ♊ 58	4 ♈ 15	7 ♐ 54	8 ♐ 8	0 ♊ 43	8 ♋ 51	0 ♓ 9	24 ♌ 39	28 ♏ 29	29 ♋ 41	27 ♎ 58	26 ♌ 16	8 ♈	4 ♓	21 ♑	28 ♎	11 ♒
5	13 ♊ 56	17 ♈ 23	7 ♐ 51	8 ♐ 8	0 ♊ 30	8 ♋ 43	0 ♓ 43	24 ♌ 46	28 ♏ 25	29 ♋ 44	27 ♎ 57	26 ♌ 17	8 ♈	4 ♓	21 ♑	28 ♎	11 ♒
6	14 ♊ 53	0 ♉ 56	7 ♐ 48	8 ♐ 9	0 ♊ 20	8 ♋ 32	1 ♓ 16	24 ♌ 54	28 ♏ 21	29 ♋ 47	27 ♎ 56	26 ♌ 17	8 ♈	4 ♓	21 ♑	28 ♎	11 ♒
7	15 ♊ 51	14 ♉ 55	7 ♐ 44	8 ♐ 9	0 ♊ 15	8 ♋ 20	1 ♓ 49	25 ♌ 2	28 ♏ 16	29 ♋ 49	27 ♎ 55	26 ♌ 18	9 ♈	5 ♓	20 ♑	28 ♎	11 ♒
8	16 ♊ 48	29 ♉ 17	7 ♐ 41	8 ♐ 10	0 D 14	8 ♋ 4	2 ♓ 21	25 ♌ 10	28 ♏ 12	29 ♋ 52	27 ♎ 54	26 ♌ 19	9 ♈	5 ♓	20 ♑	28 ♎	11 ♒
9	17 ♊ 46	14 ♊ 0	7 ♐ 38	8 R 10	0 ♊ 17	7 ♋ 47	2 ♓ 54	25 ♌ 18	28 ♏ 8	29 ♋ 55	27 ♎ 53	26 ♌ 20	9 ♈	5 ♓	20 ♑	28 D	11 ♒
10	18 ♊ 43	28 ♊ 56	7 ♐ 35	8 ♐ 9	0 ♊ 25	7 ♋ 27	3 ♓ 26	25 ♌ 26	28 ♏ 4	29 ♋ 58	27 ♎ 52	26 ♌ 21	9 ♈	5 ♓	20 ♑	28 ♎	11 ♒
11	19 ♊ 40	13 ♋ 57	7 ♐ 32	8 ♐ 8	0 ♊ 38	7 ♋ 5	3 ♓ 58	25 ♌ 35	28 ♏ 0	0 ♌ 1	27 ♎ 51	26 ♌ 22	10 ♈	5 ♓	20 ♑	28 ♎	11 ♒
12	20 ♊ 38	28 ♋ 55	7 ♐ 29	8 ♐ 7	0 ♊ 54	6 ♋ 41	4 ♓ 30	25 ♌ 43	27 ♏ 56	0 ♌ 4	27 ♎ 50	26 ♌ 23	10 ♈	5 ♓	20 ♑	28 ♎	11 ♒
13	21 ♊ 35	13 ♌ 41	7 ♐ 25	8 ♐ 6	1 ♊ 16	6 ♋ 15	5 ♓ 2	25 ♌ 52	27 ♏ 52	0 ♌ 7	27 ♎ 49	26 ♌ 24	10 ♈	5 ♓	20 ♑	28 ♎	11 ♒
14	22 ♊ 32	28 ♌ 10	7 ♐ 22	8 ♐ 4	1 ♊ 42	5 ♋ 46	5 ♓ 33	26 ♌ 0	27 ♏ 48	0 ♌ 10	27 ♎ 48	26 ♌ 25	11 ♈	5 ♓	19 ♑	28 ♎	11 ♒
15	23 ♊ 30	12 ♍ 18	7 ♐ 19	8 ♐ 3	2 ♊ 12	5 ♋ 16	6 ♓ 4	26 ♌ 9	27 ♏ 45	0 ♌ 13	27 ♎ 48	26 ♌ 26	11 ♈	5 ♓	19 ♑	28 ♎	11 ♒
16	24 ♊ 27	26 ♍ 4	7 ♐ 16	8 D 3	2 ♊ 47	4 ♋ 45	6 ♓ 35	26 ♌ 18	27 ♏ 41	0 ♌ 17	27 ♎ 47	26 ♌ 27	11 ♈	5 ♓	19 ♑	28 ♎	11 ♒
17	25 ♊ 24	9 ♎ 27	7 ♐ 13	8 ♐ 4	3 ♊ 26	4 ♋ 12	7 ♓ 5	26 ♌ 27	27 ♏ 37	0 ♌ 20	27 ♎ 46	26 ♌ 28	11 ♈	5 ♓	19 ♑	28 ♎	11 ♒
18	26 ♊ 22	22 ♎ 30	7 ♐ 9	8 ♐ 5	4 ♊ 9	3 ♋ 37	7 ♓ 35	26 ♌ 36	27 ♏ 33	0 ♌ 23	27 ♎ 46	26 ♌ 29	12 ♈	5 ♓	19 ♑	28 ♎	11 ♒
19	27 ♊ 19	5 ♏ 15	7 ♐ 6	8 ♐ 6	4 ♊ 56	3 ♋ 1	8 ♓ 5	26 ♌ 45	27 ♏ 30	0 ♌ 26	27 ♎ 45	26 ♌ 30	12 ♈	5 ♓	18 ♑	28 ♎	11 ♒
20	28 ♊ 16	17 ♏ 45	7 ♐ 3	8 ♐ 7	5 ♊ 47	2 ♋ 25	8 ♓ 35	26 ♌ 55	27 ♏ 26	0 ♌ 29	27 ♎ 44	26 ♌ 31	12 ♈	5 ♓	18 ♑	28 ♎	11 ♒
21	29 ♊ 13	0 ♐ 2	7 ♐ 0	8 ♐ 8	6 ♊ 42	1 ♋ 48	9 ♓ 5	27 ♌ 4	27 ♏ 23	0 ♌ 33	27 ♎ 44	26 ♌ 32	12 ♈	5 R	18 ♑	28 ♎	11 ♒
22	0 ♋ 10	12 ♐ 10	6 ♐ 57	8 R 8	7 ♊ 41	1 ♋ 10	9 ♓ 34	27 ♌ 14	27 ♏ 19	0 ♌ 36	27 ♎ 43	26 ♌ 34	13 ♈	5 ♓	18 ♑	28 ♎	11 ♒
23	1 ♋ 8	24 ♐ 10	6 ♐ 54	8 ♐ 8	8 ♊ 44	0 ♋ 33	10 ♓ 2	27 ♌ 23	27 ♏ 16	0 ♌ 39	27 ♎ 43	26 ♌ 35	13 ♈	5 ♓	18 ♑	28 ♎	11 ♒
24	2 ♋ 5	6 ♑ 5	6 ♐ 50	8 ♐ 5	9 ♊ 51	29 ♊ 55	10 ♓ 31	27 ♌ 33	27 ♏ 13	0 ♌ 42	27 ♎ 42	26 ♌ 36	13 ♈	5 ♓	17 ♑	29 ♎	10 ♒
25	3 ♋ 2	17 ♑ 57	6 ♐ 47	8 ♐ 2	11 ♊ 1	29 ♊ 18	10 ♓ 59	27 ♌ 43	27 ♏ 10	0 ♌ 46	27 ♎ 42	26 ♌ 37	13 ♈	5 ♓	17 ♑	29 ♎	10 ♒
26	3 ♋ 59	29 ♑ 47	6 ♐ 44	7 ♐ 58	12 ♊ 15	28 ♊ 41	11 ♓ 27	27 ♌ 52	27 ♏ 7	0 ♌ 49	27 ♎ 41	26 ♌ 39	14 ♈	5 ♓	17 ♑	29 ♎	10 ♒
27	4 ♋ 57	11 ♒ 38	6 ♐ 41	7 ♐ 54	13 ♊ 33	28 ♊ 5	11 ♓ 55	28 ♌ 2	27 ♏ 3	0 ♌ 53	27 ♎ 41	26 ♌ 40	14 ♈	5 ♓	17 ♑	29 ♎	10 ♒
28	5 ♋ 54	23 ♒ 33	6 ♐ 38	7 ♐ 49	14 ♊ 54	27 ♊ 30	12 ♓ 22	28 ♌ 13	27 ♏ 0	0 ♌ 56	27 ♎ 40	26 ♌ 41	14 ♈	5 ♓	17 ♑	29 ♎	10 ♒
29	6 ♋ 51	5 ♓ 34	6 ♐ 35	7 ♐ 45	16 ♊ 19	26 ♊ 57	12 ♓ 49	28 ♌ 23	26 ♏ 58	0 ♌ 59	27 ♎ 40	26 ♌ 43	14 ♈	5 ♓	16 ♑	29 ♎	10 ♒
30	7 ♋ 48	17 ♓ 44	6 ♐ 31	7 ♐ 42	17 ♊ 48	26 ♊ 25	13 ♓ 15	28 ♌ 33	26 ♏ 55	1 ♌ 3	27 ♎ 40	26 ♌ 44	15 ♈	5 ♓	16 ♑	29 ♎	10 ♒

SUN INGRESS	☉ → ♋ 21日 19:24
MOON PHASE	◑ 2日 04:13 ♓　● 9日 06:29 ♊　◐ 15日 20:56 ♍　○ 23日 15:14 ♑

aspects

1日	08:28	♂□♄
4日	17:09	♀□♂
14日	05:25	♀△♂
17日	02:45	♃☌♇
18日	03:12	☉⚹♇
18日	07:16	☉⚹♃
19日	10:50	☉△♆
22日	11:03	♃□♄
22日	15:09	☉☌♀
24日	21:39	♃⚹♆
24日	22:54	♀□♂
27日	01:28	♀⚹♃
27日	16:58	♀△♆
29日	09:55	♀⚹♇

1956年7月

DAY	☉	☽	☊ mean	☊ true	☿	♀	♂	♃	♄	♅	♆	♇	⚳	⚴	⚵	⚶	⚷
	° ′	° ′	° ′	° ′	° ′	° ′	° ′	° ′	° ′	° ′	° ′	° ′	°	°	°	°	°
1	8 ♋ 45	0 ♈ 9	6 ♐ 28	7 R 41	19 D 20	25 R 54	13 D 41	28 D 43	26 R 52	1 D 6	27 R 39	26 D 45	15 D	5 R	16 R	0 D	10 R
2	9 ♋ 43	12 ♈ 50	6 ♐ 25	7 D 41	20 ♊ 55	25 ♊ 25	14 ♓ 7	28 ♌ 54	26 ♏ 49	1 ♌ 10	27 ♎ 39	26 ♌ 47	15 ♈	5 ♓	16 ♑	0 ♏	10 ♒
3	10 ♋ 40	25 ♈ 53	6 ♐ 22	7 ♐ 41	22 ♊ 34	24 ♊ 58	14 ♓ 32	29 ♌ 4	26 ♏ 47	1 ♌ 13	27 ♎ 39	26 ♌ 48	15 ♈	5 ♓	15 ♑	0 ♏	10 ♒
4	11 ♋ 37	9 ♉ 20	6 ♐ 19	7 ♐ 43	24 ♊ 16	24 ♊ 33	14 ♓ 57	29 ♌ 15	26 ♏ 44	1 ♌ 17	27 ♎ 39	26 ♌ 50	15 ♈	5 ♓	15 ♑	0 ♏	10 ♒
5	12 ♋ 34	23 ♉ 13	6 ♐ 15	7 ♐ 44	26 ♊ 1	24 ♊ 11	15 ♓ 21	29 ♌ 25	26 ♏ 42	1 ♌ 20	27 ♎ 39	26 ♌ 51	16 ♈	4 ♓	15 ♑	0 ♏	10 ♒
6	13 ♋ 31	7 ♊ 33	6 ♐ 12	7 ♐ 45	27 ♊ 49	23 ♊ 50	15 ♓ 45	29 ♌ 36	26 ♏ 39	1 ♌ 24	27 ♎ 38	26 ♌ 53	16 ♈	4 ♓	15 ♑	1 ♏	10 ♒
7	14 ♋ 29	22 ♊ 18	6 ♐ 9	7 R 44	29 ♊ 41	23 ♊ 32	16 ♓ 9	29 ♌ 47	26 ♏ 37	1 ♌ 27	27 ♎ 38	26 ♌ 54	16 ♈	4 ♓	15 ♑	1 ♏	10 ♒
8	15 ♋ 26	7 ♋ 20	6 ♐ 6	7 ♐ 42	1 ♋ 35	23 ♊ 16	16 ♓ 32	29 ♌ 58	26 ♏ 35	1 ♌ 31	27 ♎ 38	26 ♌ 56	16 ♈	4 ♓	14 ♑	1 ♏	10 ♒
9	16 ♋ 23	22 ♋ 34	6 ♐ 3	7 ♐ 37	3 ♋ 31	23 ♊ 2	16 ♓ 55	0 ♍ 9	26 ♏ 33	1 ♌ 35	27 ♎ 38	26 ♌ 57	16 ♈	4 ♓	14 ♑	1 ♏	10 ♒
10	17 ♋ 20	7 ♌ 47	6 ♐ 0	7 ♐ 32	5 ♋ 30	22 ♊ 51	17 ♓ 17	0 ♍ 20	26 ♏ 31	1 ♌ 38	27 D 38	26 ♌ 59	17 ♈	4 ♓	14 ♑	1 ♏	10 ♒
11	18 ♋ 18	22 ♌ 50	5 ♐ 56	7 ♐ 26	7 ♋ 32	22 ♊ 42	17 ♓ 38	0 ♍ 31	26 ♏ 29	1 ♌ 42	27 ♎ 38	27 ♌ 0	17 ♈	4 ♓	14 ♑	2 ♏	10 ♒
12	19 ♋ 15	7 ♍ 35	5 ♐ 53	7 ♐ 21	9 ♋ 35	22 ♊ 36	17 ♓ 59	0 ♍ 42	26 ♏ 27	1 ♌ 45	27 ♎ 38	27 ♌ 2	17 ♈	4 ♓	13 ♑	2 ♏	10 ♒
13	20 ♋ 12	21 ♍ 54	5 ♐ 50	7 ♐ 16	11 ♋ 40	22 ♊ 32	18 ♓ 20	0 ♍ 53	26 ♏ 25	1 ♌ 49	27 ♎ 38	27 ♌ 4	17 ♈	4 ♓	13 ♑	2 ♏	10 ♒
14	21 ♋ 9	5 ♎ 46	5 ♐ 47	7 ♐ 13	13 ♋ 46	22 ♊ 30	18 ♓ 40	1 ♍ 4	26 ♏ 23	1 ♌ 53	27 ♎ 38	27 ♌ 5	17 ♈	3 ♓	13 ♑	2 ♏	10 ♒
15	22 ♋ 6	19 ♎ 10	5 ♐ 44	7 ♐ 12	15 ♋ 53	22 D 30	19 ♓ 0	1 ♍ 16	26 ♏ 22	1 ♌ 56	27 ♎ 39	27 ♌ 7	18 ♈	3 ♓	13 ♑	3 ♏	10 ♒
16	23 ♋ 4	2 ♏ 10	5 ♐ 41	7 D 13	18 ♋ 1	22 ♊ 33	19 ♓ 19	1 ♍ 27	26 ♏ 20	2 ♌ 0	27 ♎ 39	27 ♌ 9	18 ♈	3 ♓	12 ♑	3 ♏	9 ♒
17	24 ♋ 1	14 ♏ 47	5 ♐ 37	7 ♐ 14	20 ♋ 10	22 ♊ 38	19 ♓ 37	1 ♍ 39	26 ♏ 19	2 ♌ 4	27 ♎ 39	27 ♌ 10	18 ♈	3 ♓	12 ♑	3 ♏	9 ♒
18	24 ♋ 58	27 ♏ 8	5 ♐ 34	7 ♐ 15	22 ♋ 18	22 ♊ 46	19 ♓ 55	1 ♍ 50	26 ♏ 18	2 ♌ 7	27 ♎ 39	27 ♌ 12	18 ♈	3 ♓	12 ♑	3 ♏	9 ♒
19	25 ♋ 55	9 ♐ 15	5 ♐ 31	7 R 15	24 ♋ 27	22 ♊ 55	20 ♓ 12	2 ♍ 2	26 ♏ 17	2 ♌ 11	27 ♎ 40	27 ♌ 14	18 ♈	3 ♓	12 ♑	4 ♏	9 ♒
20	26 ♋ 53	21 ♐ 14	5 ♐ 28	7 ♐ 14	26 ♋ 35	23 ♊ 6	20 ♓ 29	2 ♍ 13	26 ♏ 15	2 ♌ 15	27 ♎ 40	27 ♌ 15	18 ♈	3 ♓	12 ♑	4 ♏	9 ♒
21	27 ♋ 50	3 ♑ 7	5 ♐ 25	7 ♐ 11	28 ♋ 42	23 ♊ 20	20 ♓ 45	2 ♍ 25	26 ♏ 14	2 ♌ 18	27 ♎ 40	27 ♌ 17	19 ♈	2 ♓	11 ♑	4 ♏	9 ♒
22	28 ♋ 47	14 ♑ 58	5 ♐ 21	7 ♐ 6	0 ♌ 49	23 ♊ 35	21 ♓ 0	2 ♍ 37	26 ♏ 13	2 ♌ 22	27 ♎ 41	27 ♌ 19	19 ♈	2 ♓	11 ♑	4 ♏	9 ♒
23	29 ♋ 44	26 ♑ 48	5 ♐ 18	6 ♐ 58	2 ♌ 55	23 ♊ 53	21 ♓ 15	2 ♍ 49	26 ♏ 13	2 ♌ 26	27 ♎ 41	27 ♌ 21	19 ♈	2 ♓	11 ♑	5 ♏	9 ♒
24	0 ♌ 42	8 ♒ 40	5 ♐ 15	6 ♐ 49	4 ♌ 59	24 ♊ 12	21 ♓ 29	3 ♍ 1	26 ♏ 12	2 ♌ 29	27 ♎ 41	27 ♌ 22	19 ♈	2 ♓	11 ♑	5 ♏	9 ♒
25	1 ♌ 39	20 ♒ 35	5 ♐ 12	6 ♐ 39	7 ♌ 3	24 ♊ 33	21 ♓ 43	3 ♍ 13	26 ♏ 11	2 ♌ 33	27 ♎ 42	27 ♌ 24	19 ♈	2 ♓	10 ♑	5 ♏	9 ♒
26	2 ♌ 36	2 ♓ 35	5 ♐ 9	6 ♐ 29	9 ♌ 4	24 ♊ 56	21 ♓ 56	3 ♍ 25	26 ♏ 11	2 ♌ 37	27 ♎ 42	27 ♌ 26	19 ♈	2 ♓	10 ♑	6 ♏	9 ♒
27	3 ♌ 34	14 ♓ 42	5 ♐ 6	6 ♐ 19	11 ♌ 5	25 ♊ 20	22 ♓ 8	3 ♍ 37	26 ♏ 10	2 ♌ 40	27 ♎ 43	27 ♌ 28	19 ♈	1 ♓	10 ♑	6 ♏	9 ♒
28	4 ♌ 31	26 ♓ 57	5 ♐ 2	6 ♐ 12	13 ♌ 4	25 ♊ 47	22 ♓ 19	3 ♍ 49	26 ♏ 10	2 ♌ 44	27 ♎ 44	27 ♌ 30	19 ♈	1 ♓	10 ♑	6 ♏	9 ♒
29	5 ♌ 28	9 ♈ 24	4 ♐ 59	6 ♐ 6	15 ♌ 1	26 ♊ 14	22 ♓ 30	4 ♍ 1	26 ♏ 10	2 ♌ 48	27 ♎ 44	27 ♌ 32	20 ♈	1 ♓	10 ♑	7 ♏	9 ♒
30	6 ♌ 26	22 ♈ 6	4 ♐ 56	6 ♐ 3	16 ♌ 57	26 ♊ 43	22 ♓ 40	4 ♍ 13	26 ♏ 10	2 ♌ 52	27 ♎ 45	27 ♌ 33	20 ♈	1 ♓	9 ♑	7 ♏	9 ♒
31	7 ♌ 23	5 ♉ 5	4 ♐ 53	6 ♐ 2	18 ♌ 51	27 ♊ 14	22 ♓ 49	4 ♍ 25	26 ♏ 9	2 ♌ 55	27 ♎ 45	27 ♌ 35	20 ♈	0 ♓	9 ♑	7 ♏	9 ♒

SUN INGRESS: ☉ → ♌ 23日 06:20

MOON PHASE: ◑ 1日 17:41 ♈　● 8日 13:38 ♋　◐ 15日 05:47 ♎　○ 23日 06:29 ♒　◑ 31日 04:31 ♉

aspects		
2日	14:09	♄□♇
4日	03:18	☿☌♀
5日	11:23	☿⚹♇
5日	21:37	☿△♆
7日	01:29	☿⚹♃
9日	21:33	☉△♂
16日	16:51	♀△♂
19日	08:42	☉△♄
19日	20:22	♀△♄
20日	06:01	☉☌☿
20日	12:15	♀□♆
20日	19:57	☉□♆
22日	18:16	☿☌♅
26日	00:14	☉☌♅
31日	16:50	♀⚹♇
31日	23:58	♀△♆

1956年8月

DAY	☉	☽	☊ mean	☊ true	☿	♀	♂	♃	♄	♅	♆	♇	⚳	⚴	⚵	⚶	⚷
	° ′	° ′	° ′	° ′	° ′	° ′	° ′	° ′	° ′	° ′	° ′	° ′	°	°	°	°	°
1	8 ♌ 20	18 ♉ 25	4 ♐ 50	6 D 2	20 D 43	27 D 46	22 D 58	4 D 37	26 D 9	2 D 59	27 D 46	27 D 37	20 D	0 R	9 R	8 D	9 R
2	9 ♌ 18	2 ♊ 9	4 ♐ 47	6 ♐ 3	22 ♌ 34	28 ♊ 20	23 ♓ 5	4 ♍ 50	26 ♏ 10	3 ♌ 3	27 ♎ 47	27 ♌ 39	20 ♈	0 ♓	9 ♑	8 ♏	9 ♒
3	10 ♌ 15	16 ♊ 19	4 ♐ 43	6 R 3	24 ♌ 24	28 ♊ 54	23 ♓ 12	5 ♍ 2	26 ♏ 10	3 ♌ 6	27 ♎ 48	27 ♌ 41	20 ♈	0 ♓	9 ♑	8 ♏	8 ♒
4	11 ♌ 13	0 ♋ 53	4 ♐ 40	6 ♐ 0	26 ♌ 11	29 ♊ 30	23 ♓ 19	5 ♍ 14	26 ♏ 10	3 ♌ 10	27 ♎ 48	27 ♌ 43	20 ♈	29 ♒	9 ♑	9 ♏	8 ♒
5	12 ♌ 10	15 ♋ 49	4 ♐ 37	5 ♐ 56	27 ♌ 57	0 ♋ 8	23 ♓ 24	5 ♍ 27	26 ♏ 11	3 ♌ 14	27 ♎ 49	27 ♌ 45	20 ♈	29 ♒	9 ♑	9 ♏	8 ♒
6	13 ♌ 8	0 ♌ 59	4 ♐ 34	5 ♐ 49	29 ♌ 42	0 ♋ 46	23 ♓ 28	5 ♍ 39	26 ♏ 11	3 ♌ 17	27 ♎ 50	27 ♌ 46	20 ♈	29 ♒	8 ♑	9 ♏	8 ♒
7	14 ♌ 5	16 ♌ 13	4 ♐ 31	5 ♐ 40	1 ♍ 25	1 ♋ 25	23 ♓ 32	5 ♍ 52	26 ♏ 12	3 ♌ 21	27 ♎ 51	27 ♌ 48	20 ♈	29 ♒	8 ♑	10 ♏	8 ♒
8	15 ♌ 3	1 ♍ 21	4 ♐ 27	5 ♐ 30	3 ♍ 6	2 ♋ 6	23 ♓ 35	6 ♍ 4	26 ♏ 12	3 ♌ 25	27 ♎ 52	27 ♌ 50	20 ♈	29 ♒	8 ♑	10 ♏	8 ♒
9	16 ♌ 0	16 ♍ 13	4 ♐ 24	5 ♐ 20	4 ♍ 46	2 ♋ 48	23 ♓ 37	6 ♍ 17	26 ♏ 13	3 ♌ 28	27 ♎ 53	27 ♌ 52	20 ♈	28 ♒	8 ♑	10 ♏	8 ♒
10	16 ♌ 58	0 ♎ 41	4 ♐ 21	5 ♐ 12	6 ♍ 24	3 ♋ 30	23 ♓ 38	6 ♍ 29	26 ♏ 14	3 ♌ 32	27 ♎ 54	27 ♌ 54	20 ♈	28 ♒	8 ♑	11 ♏	8 ♒
11	17 ♌ 55	14 ♎ 40	4 ♐ 18	5 ♐ 6	8 ♍ 0	4 ♋ 14	23 ♓ 39	6 ♍ 42	26 ♏ 15	3 ♌ 35	27 ♎ 55	27 ♌ 56	20 ♈	28 ♒	8 ♑	11 ♏	8 ♒
12	18 ♌ 53	28 ♎ 9	4 ♐ 15	5 ♐ 2	9 ♍ 35	4 ♋ 58	23 R 39	6 ♍ 55	26 ♏ 16	3 ♌ 39	27 ♎ 56	27 ♌ 58	20 ♈	28 ♒	7 ♑	11 ♏	8 ♒
13	19 ♌ 51	11 ♏ 11	4 ♐ 12	5 ♐ 0	11 ♍ 9	5 ♋ 43	23 ♓ 37	7 ♍ 7	26 ♏ 18	3 ♌ 43	27 ♎ 57	28 ♌ 0	21 ♈	27 ♒	7 ♑	12 ♏	8 ♒
14	20 ♌ 48	23 ♏ 48	4 ♐ 8	5 D 0	12 ♍ 41	6 ♋ 30	23 ♓ 35	7 ♍ 20	26 ♏ 19	3 ♌ 46	27 ♎ 58	28 ♌ 2	21 ♈	27 ♒	7 ♑	12 ♏	8 ♒
15	21 ♌ 46	6 ♐ 7	4 ♐ 5	5 R 0	14 ♍ 11	7 ♋ 16	23 ♓ 33	7 ♍ 33	26 ♏ 20	3 ♌ 50	27 ♎ 59	28 ♌ 4	21 ♈	27 ♒	7 ♑	13 ♏	8 ♒
16	22 ♌ 43	18 ♐ 11	4 ♐ 2	5 ♐ 0	15 ♍ 40	8 ♋ 4	23 ♓ 29	7 ♍ 46	26 ♏ 22	3 ♌ 53	28 ♎ 0	28 ♌ 6	21 ♈	27 ♒	7 ♑	13 ♏	8 ♒
17	23 ♌ 41	0 ♑ 6	3 ♐ 59	4 ♐ 57	17 ♍ 7	8 ♋ 53	23 ♓ 25	7 ♍ 58	26 ♏ 23	3 ♌ 57	28 ♎ 1	28 ♌ 8	21 ♈	26 ♒	7 ♑	13 ♏	8 ♒
18	24 ♌ 39	11 ♑ 56	3 ♐ 56	4 ♐ 52	18 ♍ 32	9 ♋ 42	23 ♓ 19	8 ♍ 11	26 ♏ 25	4 ♌ 0	28 ♎ 3	28 ♌ 10	21 R	26 ♒	7 ♑	14 ♏	8 ♒
19	25 ♌ 37	23 ♑ 45	3 ♐ 53	4 ♐ 45	19 ♍ 56	10 ♋ 32	23 ♓ 13	8 ♍ 24	26 ♏ 27	4 ♌ 4	28 ♎ 4	28 ♌ 12	21 ♈	26 ♒	7 ♑	14 ♏	8 ♒
20	26 ♌ 34	5 ♒ 37	3 ♐ 49	4 ♐ 35	21 ♍ 18	11 ♋ 23	23 ♓ 7	8 ♍ 37	26 ♏ 29	4 ♌ 7	28 ♎ 5	28 ♌ 14	21 ♈	25 ♒	7 ♑	14 ♏	8 ♒
21	27 ♌ 32	17 ♒ 33	3 ♐ 46	4 ♐ 22	22 ♍ 39	12 ♋ 14	22 ♓ 59	8 ♍ 50	26 ♏ 31	4 ♌ 11	28 ♎ 6	28 ♌ 16	21 ♈	25 ♒	7 ♑	15 ♏	8 ♒
22	28 ♌ 30	29 ♒ 36	3 ♐ 43	4 ♐ 9	23 ♍ 58	13 ♋ 6	22 ♓ 51	9 ♍ 2	26 ♏ 33	4 ♌ 14	28 ♎ 8	28 ♌ 18	21 ♈	25 ♒	7 ♑	15 ♏	7 ♒
23	29 ♌ 28	11 ♓ 45	3 ♐ 40	3 ♐ 55	25 ♍ 15	13 ♋ 59	22 ♓ 42	9 ♍ 15	26 ♏ 35	4 ♌ 18	28 ♎ 9	28 ♌ 19	20 ♈	25 ♒	7 ♑	16 ♏	7 ♒
24	0 ♍ 25	24 ♓ 3	3 ♐ 37	3 ♐ 42	26 ♍ 30	14 ♋ 52	22 ♓ 33	9 ♍ 28	26 ♏ 37	4 ♌ 21	28 ♎ 10	28 ♌ 21	20 ♈	24 ♒	6 ♑	16 ♏	7 ♒
25	1 ♍ 23	6 ♈ 30	3 ♐ 33	3 ♐ 32	27 ♍ 43	15 ♋ 46	22 ♓ 22	9 ♍ 41	26 ♏ 39	4 ♌ 24	28 ♎ 12	28 ♌ 23	20 ♈	24 ♒	6 ♑	16 ♏	7 ♒
26	2 ♍ 21	19 ♈ 7	3 ♐ 30	3 ♐ 24	28 ♍ 54	16 ♋ 41	22 ♓ 11	9 ♍ 54	26 ♏ 42	4 ♌ 28	28 ♎ 13	28 ♌ 25	20 ♈	24 ♒	6 ♑	17 ♏	7 ♒
27	3 ♍ 19	1 ♉ 56	3 ♐ 27	3 ♐ 19	0 ♎ 4	17 ♋ 36	22 ♓ 0	10 ♍ 7	26 ♏ 44	4 ♌ 31	28 ♎ 15	28 ♌ 27	20 ♈	24 ♒	6 ♑	17 ♏	7 ♒
28	4 ♍ 17	14 ♉ 59	3 ♐ 24	3 ♐ 17	1 ♎ 11	18 ♋ 31	21 ♓ 47	10 ♍ 20	26 ♏ 47	4 ♌ 35	28 ♎ 16	28 ♌ 29	20 ♈	23 ♒	6 ♑	18 ♏	7 ♒
29	5 ♍ 15	28 ♉ 19	3 ♐ 21	3 ♐ 16	2 ♎ 16	19 ♋ 27	21 ♓ 35	10 ♍ 33	26 ♏ 50	4 ♌ 38	28 ♎ 18	28 ♌ 31	20 ♈	23 ♒	6 ♑	18 ♏	7 ♒
30	6 ♍ 13	11 ♊ 57	3 ♐ 18	3 ♐ 16	3 ♎ 18	20 ♋ 24	21 ♓ 21	10 ♍ 46	26 ♏ 52	4 ♌ 41	28 ♎ 19	28 ♌ 33	20 ♈	23 ♒	6 ♑	19 ♏	7 ♒
31	7 ♍ 11	25 ♊ 56	3 ♐ 14	3 ♐ 14	4 ♎ 19	21 ♋ 21	21 ♓ 7	10 ♍ 59	26 ♏ 55	4 ♌ 44	28 ♎ 21	28 ♌ 35	20 ♈	23 ♒	6 ♑	19 ♏	7 ♒

SUN INGRESS: ☉ → ♍ 23日 13:15

MOON PHASE: ● 6日 20:25 ♌　◐ 13日 17:45 ♏　○ 21日 21:38 ♒　◑ 29日 13:13 ♊

aspects		
3日	23:45	☿□♄
4日	21:02	☿☌♇
4日	22:09	☿⚹♃
7日	00:19	☿⚹♀
9日	16:11	♆⚹♇
10日	01:37	☿☌♃
15日	11:13	♀⚹♃
19日	21:34	☉□♄
21日	05:37	☿☍♂
21日	14:38	☉⚹♆
21日	18:44	☉☌♇
24日	02:23	☿⚹♄
30日	19:29	♀△♂
31日	11:15	☿⚹♅

1956年9月

DAY	☉	☽	☊ mean	☊ true	☿	♀	♂	♃	♄	♅	♆	♇	⚳	⚴	⚵	⚶	⚷
	° ′	° ′	° ′	° ′	° ′	° ′	° ′	° ′	° ′	° ′	° ′	° ′	°	°	°	°	°
1	8 ♍ 9	10 ♋ 16	3 ♐ 11	3 R 13	5 D 16	22 D 18	20 R 53	11 D 12	26 D 58	4 D 48	28 D 22	28 D 37	20 R	22 R	6 D	19 D	7 R
2	9 ♍ 7	24 ♋ 55	3 ♐ 8	3 ♐ 8	6 ♎ 11	23 ♋ 16	20 ♓ 38	11 ♍ 25	27 ♏ 1	4 ♌ 51	28 ♎ 24	28 ♌ 39	20 ♈	22 ♒	6 ♑	20 ♏	7 ♒
3	10 ♍ 5	9 ♌ 47	3 ♐ 5	3 ♐ 0	7 ♎ 3	24 ♋ 15	20 ♓ 23	11 ♍ 38	27 ♏ 4	4 ♌ 54	28 ♎ 25	28 ♌ 41	20 ♈	22 ♒	6 ♑	20 ♏	7 ♒
4	11 ♍ 3	24 ♌ 47	3 ♐ 2	2 ♐ 50	7 ♎ 51	25 ♋ 14	20 ♓ 8	11 ♍ 51	27 ♏ 8	4 ♌ 57	28 ♎ 27	28 ♌ 43	20 ♈	22 ♒	6 ♑	21 ♏	7 ♒
5	12 ♍ 2	9 ♍ 44	2 ♐ 58	2 ♐ 39	8 ♎ 37	26 ♋ 13	19 ♓ 52	12 ♍ 4	27 ♏ 11	5 ♌ 0	28 ♎ 29	28 ♌ 45	19 ♈	22 ♒	6 ♑	21 ♏	7 ♒
6	13 ♍ 0	24 ♍ 30	2 ♐ 55	2 ♐ 28	9 ♎ 18	27 ♋ 13	19 ♓ 36	12 ♍ 17	27 ♏ 14	5 ♌ 3	28 ♎ 30	28 ♌ 47	19 ♈	21 ♒	6 ♑	22 ♏	7 ♒
7	13 ♍ 58	8 ♎ 55	2 ♐ 52	2 ♐ 18	9 ♎ 56	28 ♋ 13	19 ♓ 19	12 ♍ 30	27 ♏ 18	5 ♌ 7	28 ♎ 32	28 ♌ 49	19 ♈	21 ♒	6 ♑	22 ♏	7 ♒
8	14 ♍ 56	22 ♎ 55	2 ♐ 49	2 ♐ 11	10 ♎ 30	29 ♋ 13	19 ♓ 3	12 ♍ 43	27 ♏ 21	5 ♌ 10	28 ♎ 34	28 ♌ 50	19 ♈	21 ♒	6 ♑	22 ♏	7 ♒
9	15 ♍ 55	6 ♏ 27	2 ♐ 46	2 ♐ 6	11 ♎ 0	0 ♌ 14	18 ♓ 46	12 ♍ 56	27 ♏ 25	5 ♌ 13	28 ♎ 36	28 ♌ 52	19 ♈	21 ♒	7 ♑	23 ♏	7 ♒
10	16 ♍ 53	19 ♏ 32	2 ♐ 43	2 ♐ 4	11 ♎ 25	1 ♌ 15	18 ♓ 30	13 ♍ 9	27 ♏ 29	5 ♌ 16	28 ♎ 37	28 ♌ 54	19 ♈	20 ♒	7 ♑	23 ♏	7 ♒
11	17 ♍ 51	2 ♐ 12	2 ♐ 39	2 D 3	11 ♎ 44	2 ♌ 16	18 ♓ 13	13 ♍ 22	27 ♏ 32	5 ♌ 19	28 ♎ 39	28 ♌ 56	19 ♈	20 ♒	7 ♑	24 ♏	7 ♒
12	18 ♍ 50	14 ♐ 32	2 ♐ 36	2 ♐ 4	11 ♎ 59	3 ♌ 18	17 ♓ 56	13 ♍ 35	27 ♏ 36	5 ♌ 21	28 ♎ 41	28 ♌ 58	19 ♈	20 ♒	7 ♑	24 ♏	7 ♒
13	19 ♍ 48	26 ♐ 37	2 ♐ 33	2 R 3	12 ♎ 8	4 ♌ 20	17 ♓ 40	13 ♍ 48	27 ♏ 40	5 ♌ 24	28 ♎ 43	29 ♌ 0	18 ♈	20 ♒	7 ♑	25 ♏	7 ♒
14	20 ♍ 46	8 ♑ 33	2 ♐ 30	2 ♐ 2	12 R 11	5 ♌ 23	17 ♓ 24	14 ♍ 1	27 ♏ 44	5 ♌ 27	28 ♎ 45	29 ♌ 2	18 ♈	20 ♒	7 ♑	25 ♏	6 ♒
15	21 ♍ 45	20 ♑ 23	2 ♐ 27	1 ♐ 58	12 ♎ 7	6 ♌ 26	17 ♓ 8	14 ♍ 14	27 ♏ 48	5 ♌ 30	28 ♎ 46	29 ♌ 4	18 ♈	20 ♒	7 ♑	25 ♏	6 ♒
16	22 ♍ 43	2 ♒ 14	2 ♐ 24	1 ♐ 52	11 ♎ 57	7 ♌ 29	16 ♓ 52	14 ♍ 27	27 ♏ 53	5 ♌ 33	28 ♎ 48	29 ♌ 5	18 ♈	19 ♒	7 ♑	26 ♏	6 ♒
17	23 ♍ 42	14 ♒ 9	2 ♐ 20	1 ♐ 43	11 ♎ 40	8 ♌ 32	16 ♓ 36	14 ♍ 40	27 ♏ 57	5 ♌ 36	28 ♎ 50	29 ♌ 7	18 ♈	19 ♒	7 ♑	26 ♏	6 ♒
18	24 ♍ 40	26 ♒ 10	2 ♐ 17	1 ♐ 33	11 ♎ 17	9 ♌ 36	16 ♓ 21	14 ♍ 53	28 ♏ 1	5 ♌ 38	28 ♎ 52	29 ♌ 9	18 ♈	19 ♒	7 ♑	27 ♏	6 ♒
19	25 ♍ 39	8 ♓ 21	2 ♐ 14	1 ♐ 21	10 ♎ 46	10 ♌ 40	16 ♓ 6	15 ♍ 6	28 ♏ 6	5 ♌ 41	28 ♎ 54	29 ♌ 11	17 ♈	19 ♒	7 ♑	27 ♏	6 ♒
20	26 ♍ 38	20 ♓ 43	2 ♐ 11	1 ♐ 9	10 ♎ 8	11 ♌ 44	15 ♓ 51	15 ♍ 19	28 ♏ 10	5 ♌ 44	28 ♎ 56	29 ♌ 13	17 ♈	19 ♒	8 ♑	28 ♏	6 ♒
21	27 ♍ 36	3 ♈ 15	2 ♐ 8	0 ♐ 58	9 ♎ 24	12 ♌ 48	15 ♓ 37	15 ♍ 31	28 ♏ 15	5 ♌ 46	28 ♎ 58	29 ♌ 14	17 ♈	19 ♒	8 ♑	28 ♏	6 ♒
22	28 ♍ 35	15 ♈ 59	2 ♐ 4	0 ♐ 49	8 ♎ 33	13 ♌ 53	15 ♓ 24	15 ♍ 44	28 ♏ 19	5 ♌ 49	29 ♎ 0	29 ♌ 16	17 ♈	18 ♒	8 ♑	29 ♏	6 ♒
23	29 ♍ 34	28 ♈ 54	2 ♐ 1	0 ♐ 42	7 ♎ 37	14 ♌ 58	15 ♓ 10	15 ♍ 57	28 ♏ 24	5 ♌ 51	29 ♎ 2	29 ♌ 18	17 ♈	18 ♒	8 ♑	29 ♏	6 ♒
24	0 ♎ 32	12 ♉ 0	1 ♐ 58	0 ♐ 38	6 ♎ 37	16 ♌ 3	14 ♓ 58	16 ♍ 10	28 ♏ 29	5 ♌ 54	29 ♎ 4	29 ♌ 20	16 ♈	18 ♒	8 ♑	0 ♐	6 ♒
25	1 ♎ 31	25 ♉ 17	1 ♐ 55	0 ♐ 36	5 ♎ 33	17 ♌ 9	14 ♓ 46	16 ♍ 23	28 ♏ 33	5 ♌ 56	29 ♎ 6	29 ♌ 21	16 ♈	18 ♒	8 ♑	0 ♐	6 ♒
26	2 ♎ 30	8 ♊ 47	1 ♐ 52	0 D 37	4 ♎ 27	18 ♌ 15	14 ♓ 34	16 ♍ 35	28 ♏ 38	5 ♌ 59	29 ♎ 8	29 ♌ 23	16 ♈	18 ♒	8 ♑	1 ♐	6 ♒
27	3 ♎ 29	22 ♊ 29	1 ♐ 49	0 ♐ 37	3 ♎ 20	19 ♌ 21	14 ♓ 24	16 ♍ 48	28 ♏ 43	6 ♌ 1	29 ♎ 10	29 ♌ 25	16 ♈	18 ♒	8 ♑	1 ♐	6 ♒
28	4 ♎ 28	6 ♋ 24	1 ♐ 45	0 R 38	2 ♎ 15	20 ♌ 27	14 ♓ 13	17 ♍ 1	28 ♏ 48	6 ♌ 3	29 ♎ 12	29 ♌ 26	16 ♈	18 ♒	9 ♑	1 ♐	6 ♒
29	5 ♎ 27	20 ♋ 33	1 ♐ 42	0 ♐ 37	1 ♎ 12	21 ♌ 34	14 ♓ 4	17 ♍ 14	28 ♏ 53	6 ♌ 6	29 ♎ 14	29 ♌ 28	15 ♈	18 ♒	9 ♑	2 ♐	6 ♒
30	6 ♎ 26	4 ♌ 55	1 ♐ 39	0 ♐ 34	0 ♎ 14	22 ♌ 40	13 ♓ 55	17 ♍ 26	28 ♏ 59	6 ♌ 8	29 ♎ 16	29 ♌ 30	15 ♈	17 ♒	9 ♑	2 ♐	6 ♒

SUN INGRESS	☉ → ♎ 23日 10:35
MOON PHASE	● 5日 03:57 ♍ ◐ 12日 09:13 ♐ ○ 20日 12:19 ♓ ◑ 27日 20:25 ♋

aspects

5日	01:18	☉☌♃
6日	00:43	♀△♄
7日	08:02	♀□♆
11日	06:58	☉☍♂
14日	01:47	♀☌♅
19日	01:32	☿⚹♀
21日	05:17	♂☍♃
21日	17:01	☉⚹♄
24日	15:38	☿⚹♅
26日	22:20	☉☌☿
29日	16:37	☉⚹♅

1956年10月

DAY	☉	☽	☊ mean	☊ true	☿	♀	♂	♃	♄	♅	♆	♇	⚳	⚴	⚵	⚶	⚷
	° ′	° ′	° ′	° ′	° ′	° ′	° ′	° ′	° ′	° ′	° ′	° ′	°	°	°	°	°
1	7 ♎ 25	19 ♌ 25	1 ♐ 36	0 R 28	29 R 22	23 D 47	13 R 47	17 D 39	29 D 4	6 D 10	29 D 18	29 D 31	15 R	17 R	9 D	3 D	6 R
2	8 ♎ 24	4 ♍ 0	1 ♐ 33	0 ♐ 21	28 ♍ 38	24 ♌ 54	13 ♓ 40	17 ♍ 51	29 ♏ 9	6 ♌ 12	29 ♎ 21	29 ♌ 33	15 ♈	17 ♒	9 ♑	3 ♐	6 ♒
3	9 ♎ 23	18 ♍ 33	1 ♐ 30	0 ♐ 13	28 ♍ 2	26 ♌ 2	13 ♓ 33	18 ♍ 4	29 ♏ 15	6 ♌ 15	29 ♎ 23	29 ♌ 35	14 ♈	17 ♒	9 ♑	4 ♐	6 ♒
4	10 ♎ 22	2 ♎ 58	1 ♐ 26	0 ♐ 5	27 ♍ 37	27 ♌ 9	13 ♓ 27	18 ♍ 16	29 ♏ 20	6 ♌ 17	29 ♎ 25	29 ♌ 36	14 ♈	17 ♒	10 ♑	4 ♐	6 ♒
5	11 ♎ 21	17 ♎ 7	1 ♐ 23	29 ♏ 58	27 ♍ 21	28 ♌ 17	13 ♓ 22	18 ♍ 29	29 ♏ 25	6 ♌ 19	29 ♎ 27	29 ♌ 38	14 ♈	17 ♒	10 ♑	5 ♐	6 ♒
6	12 ♎ 20	0 ♏ 57	1 ♐ 20	29 ♏ 52	27 D 16	29 ♌ 25	13 ♓ 18	18 ♍ 41	29 ♏ 31	6 ♌ 21	29 ♎ 29	29 ♌ 39	14 ♈	17 ♒	10 ♑	5 ♐	6 ♒
7	13 ♎ 19	14 ♏ 24	1 ♐ 17	29 ♏ 49	27 ♍ 22	0 ♍ 33	13 ♓ 14	18 ♍ 54	29 ♏ 37	6 ♌ 23	29 ♎ 31	29 ♌ 41	14 ♈	17 ♒	10 ♑	6 ♐	6 ♒
8	14 ♎ 19	27 ♏ 27	1 ♐ 14	29 ♏ 48	27 ♍ 38	1 ♍ 41	13 ♓ 12	19 ♍ 6	29 ♏ 42	6 ♌ 25	29 ♎ 33	29 ♌ 42	13 ♈	17 ♒	10 ♑	6 ♐	6 ♒
9	15 ♎ 18	10 ♐ 8	1 ♐ 10	29 D 48	28 ♍ 4	2 ♍ 50	13 ♓ 10	19 ♍ 19	29 ♏ 48	6 ♌ 26	29 ♎ 36	29 ♌ 44	13 ♈	17 ♒	11 ♑	7 ♐	6 ♒
10	16 ♎ 17	22 ♐ 30	1 ♐ 7	29 ♏ 50	28 ♍ 39	3 ♍ 58	13 ♓ 9	19 ♍ 31	29 ♏ 54	6 ♌ 28	29 ♎ 38	29 ♌ 45	13 ♈	17 ♒	11 ♑	7 ♐	6 ♒
11	17 ♎ 16	4 ♑ 37	1 ♐ 4	29 ♏ 51	29 ♍ 24	5 ♍ 7	13 D 9	19 ♍ 43	29 ♏ 59	6 ♌ 30	29 ♎ 40	29 ♌ 47	13 ♈	17 ♒	11 ♑	8 ♐	6 ♒
12	18 ♎ 16	16 ♑ 34	1 ♐ 1	29 ♏ 52	0 ♎ 17	6 ♍ 16	13 ♓ 9	19 ♍ 55	0 ♐ 5	6 ♌ 32	29 ♎ 42	29 ♌ 48	12 ♈	17 ♒	11 ♑	8 ♐	6 ♒
13	19 ♎ 15	28 ♑ 26	0 ♐ 58	29 R 51	1 ♎ 17	7 ♍ 25	13 ♓ 11	20 ♍ 7	0 ♐ 11	6 ♌ 33	29 ♎ 44	29 ♌ 50	12 ♈	17 ♒	12 ♑	9 ♐	6 ♒
14	20 ♎ 15	10 ♒ 18	0 ♐ 55	29 ♏ 49	2 ♎ 24	8 ♍ 34	13 ♓ 13	20 ♍ 19	0 ♐ 17	6 ♌ 35	29 ♎ 47	29 ♌ 51	12 ♈	17 ♒	12 ♑	9 ♐	6 ♒
15	21 ♎ 14	22 ♒ 15	0 ♐ 51	29 ♏ 45	3 ♎ 37	9 ♍ 44	13 ♓ 16	20 ♍ 32	0 ♐ 23	6 ♌ 36	29 ♎ 49	29 ♌ 52	12 ♈	17 ♒	12 ♑	10 ♐	6 ♒
16	22 ♎ 14	4 ♓ 20	0 ♐ 48	29 ♏ 40	4 ♎ 54	10 ♍ 53	13 ♓ 19	20 ♍ 44	0 ♐ 29	6 ♌ 38	29 ♎ 51	29 ♌ 54	12 ♈	17 ♒	12 ♑	10 ♐	6 D
17	23 ♎ 13	16 ♓ 38	0 ♐ 45	29 ♏ 34	6 ♎ 17	12 ♍ 3	13 ♓ 24	20 ♍ 55	0 ♐ 35	6 ♌ 39	29 ♎ 53	29 ♌ 55	11 ♈	17 D	12 ♑	11 ♐	6 ♒
18	24 ♎ 13	29 ♓ 9	0 ♐ 42	29 ♏ 27	7 ♎ 42	13 ♍ 13	13 ♓ 29	21 ♍ 7	0 ♐ 42	6 ♌ 41	29 ♎ 56	29 ♌ 56	11 ♈	17 ♒	13 ♑	11 ♐	6 ♒
19	25 ♎ 12	11 ♈ 56	0 ♐ 39	29 ♏ 21	9 ♎ 12	14 ♍ 23	13 ♓ 35	21 ♍ 19	0 ♐ 48	6 ♌ 42	29 ♎ 58	29 ♌ 57	11 ♈	17 ♒	13 ♑	12 ♐	6 ♒
20	26 ♎ 12	24 ♈ 58	0 ♐ 35	29 ♏ 17	10 ♎ 43	15 ♍ 33	13 ♓ 42	21 ♍ 31	0 ♐ 54	6 ♌ 44	0 ♏ 0	29 ♌ 59	11 ♈	17 ♒	13 ♑	12 ♐	6 ♒
21	27 ♎ 11	8 ♉ 15	0 ♐ 32	29 ♏ 13	12 ♎ 17	16 ♍ 44	13 ♓ 50	21 ♍ 43	1 ♐ 0	6 ♌ 45	0 ♏ 2	0 ♍ 0	10 ♈	17 ♒	13 ♑	13 ♐	6 ♒
22	28 ♎ 11	21 ♉ 45	0 ♐ 29	29 ♏ 12	13 ♎ 53	17 ♍ 54	13 ♓ 58	21 ♍ 54	1 ♐ 7	6 ♌ 46	0 ♏ 4	0 ♍ 1	10 ♈	17 ♒	14 ♑	13 ♐	6 ♒
23	29 ♎ 11	5 ♊ 27	0 ♐ 26	29 D 12	15 ♎ 30	19 ♍ 5	14 ♓ 7	22 ♍ 6	1 ♐ 13	6 ♌ 47	0 ♏ 7	0 ♍ 2	10 ♈	17 ♒	14 ♑	14 ♐	6 ♒
24	0 ♏ 11	19 ♊ 18	0 ♐ 23	29 ♏ 13	17 ♎ 8	20 ♍ 15	14 ♓ 16	22 ♍ 17	1 ♐ 19	6 ♌ 48	0 ♏ 9	0 ♍ 3	10 ♈	17 ♒	14 ♑	14 ♐	6 ♒
25	1 ♏ 10	3 ♋ 16	0 ♐ 20	29 ♏ 14	18 ♎ 47	21 ♍ 26	14 ♓ 27	22 ♍ 29	1 ♐ 26	6 ♌ 49	0 ♏ 11	0 ♍ 5	10 ♈	17 ♒	15 ♑	15 ♐	6 ♒
26	2 ♏ 10	17 ♋ 21	0 ♐ 16	29 ♏ 16	20 ♎ 27	22 ♍ 37	14 ♓ 38	22 ♍ 40	1 ♐ 32	6 ♌ 50	0 ♏ 13	0 ♍ 6	9 ♈	17 ♒	15 ♑	15 ♐	6 ♒
27	3 ♏ 10	1 ♌ 30	0 ♐ 13	29 ♏ 16	22 ♎ 7	23 ♍ 48	14 ♓ 49	22 ♍ 52	1 ♐ 39	6 ♌ 51	0 ♏ 16	0 ♍ 7	9 ♈	17 ♒	15 ♑	16 ♐	6 ♒
28	4 ♏ 10	15 ♌ 42	0 ♐ 10	29 R 16	23 ♎ 47	25 ♍ 0	15 ♓ 2	23 ♍ 3	1 ♐ 45	6 ♌ 52	0 ♏ 18	0 ♍ 8	9 ♈	17 ♒	15 ♑	16 ♐	6 ♒
29	5 ♏ 10	29 ♌ 54	0 ♐ 7	29 ♏ 14	25 ♎ 27	26 ♍ 11	15 ♓ 15	23 ♍ 14	1 ♐ 52	6 ♌ 53	0 ♏ 20	0 ♍ 9	9 ♈	17 ♒	16 ♑	17 ♐	6 ♒
30	6 ♏ 10	14 ♍ 4	0 ♐ 4	29 ♏ 12	27 ♎ 7	27 ♍ 22	15 ♓ 28	23 ♍ 25	1 ♐ 59	6 ♌ 54	0 ♏ 22	0 ♍ 10	9 ♈	17 ♒	16 ♑	17 ♐	6 ♒
31	7 ♏ 10	28 ♍ 9	0 ♐ 1	29 ♏ 8	28 ♎ 47	28 ♍ 34	15 ♓ 43	23 ♍ 36	2 ♐ 5	6 ♌ 54	0 ♏ 25	0 ♍ 11	9 ♈	17 ♒	16 ♑	18 ♐	6 ♒

SUN INGRESS	☉ → ♏ 23日 19:34
MOON PHASE	● 4日 13:25 ♎ ◐ 12日 03:44 ♑ ○ 20日 02:25 ♈ ◑ 27日 03:02 ♌

aspects

1日	08:26	☿⚹♄
6日	01:32	♀⚹♆
6日	02:20	♀□♄
6日	05:12	♀☌♇
8日	00:42	♄□♇
11日	18:28	☿⚹♄
17日	06:37	☿⚹♅
18日	06:02	♀☍♂
18日	16:31	♆⚹♇
23日	21:07	☉⚹♇
23日	23:22	☉☌♆
26日	01:15	♀☌♃
30日	17:49	☉□♅
31日	20:14	☿⚹♇
31日	23:54	☿☌♆

1956年11月

DAY	☉	☽	☊ mean	☊ true	☿	♀	♂	♃	♄	♅	♆	♇	⚳	⚴	⚵	⚶	⚷
	° ′	° ′	° ′	° ′	° ′	° ′	° ′	° ′	° ′	° ′	° ′	° ′	°	°	°	°	°
1	8 ♏ 10	12 ♎ 5	29 ♏ 57	29 R 5	0 D 27	29 D 46	15 D 58	23 D 47	2 D 12	6 D 55	0 D 27	0 D 12	8 R	17 D	16 D	18 D	6 D
2	9 ♏ 10	25 ♎ 48	29 ♏ 54	29 ♏ 2	2 ♏ 7	0 ♎ 57	16 ♓ 13	23 ♍ 58	2 ♐ 19	6 ♌ 56	0 ♏ 29	0 ♍ 13	8 ♈	17 ♒	17 ♑	19 ♐	6 ♒
3	10 ♏ 10	9 ♏ 17	29 ♏ 51	29 ♏ 1	3 ♏ 47	2 ♎ 9	16 ♓ 29	24 ♍ 9	2 ♐ 25	6 ♌ 56	0 ♏ 31	0 ♍ 14	8 ♈	17 ♒	17 ♑	19 ♐	6 ♒
4	11 ♏ 10	22 ♏ 28	29 ♏ 48	29 ♏ 0	5 ♏ 26	3 ♎ 21	16 ♓ 46	24 ♍ 20	2 ♐ 32	6 ♌ 57	0 ♏ 34	0 ♍ 14	8 ♈	17 ♒	17 ♑	20 ♐	6 ♒
5	12 ♏ 10	5 ♐ 22	29 ♏ 45	29 D 0	7 ♏ 5	4 ♎ 33	17 ♓ 3	24 ♍ 30	2 ♐ 39	6 ♌ 57	0 ♏ 36	0 ♍ 15	8 ♈	18 ♒	18 ♑	20 ♐	6 ♒
6	13 ♏ 10	17 ♐ 58	29 ♏ 41	29 ♏ 0	8 ♏ 43	5 ♎ 45	17 ♓ 21	24 ♍ 41	2 ♐ 46	6 ♌ 58	0 ♏ 38	0 ♍ 16	8 ♈	18 ♒	18 ♑	21 ♐	6 ♒
7	14 ♏ 11	0 ♑ 18	29 ♏ 38	29 ♏ 2	10 ♏ 21	6 ♎ 58	17 ♓ 39	24 ♍ 51	2 ♐ 53	6 ♌ 58	0 ♏ 40	0 ♍ 17	8 ♈	18 ♒	18 ♑	21 ♐	6 ♒
8	15 ♏ 11	12 ♑ 25	29 ♏ 35	29 ♏ 3	11 ♏ 59	8 ♎ 10	17 ♓ 58	25 ♍ 2	3 ♐ 0	6 ♌ 58	0 ♏ 42	0 ♍ 18	7 ♈	18 ♒	19 ♑	22 ♐	6 ♒
9	16 ♏ 11	24 ♑ 23	29 ♏ 32	29 ♏ 4	13 ♏ 37	9 ♎ 23	18 ♓ 17	25 ♍ 12	3 ♐ 7	6 ♌ 59	0 ♏ 45	0 ♍ 18	7 ♈	18 ♒	19 ♑	22 ♐	6 ♒
10	17 ♏ 12	6 ♒ 16	29 ♏ 29	29 ♏ 5	15 ♏ 14	10 ♎ 35	18 ♓ 37	25 ♍ 22	3 ♐ 13	6 ♌ 59	0 ♏ 47	0 ♍ 19	7 ♈	18 ♒	19 ♑	23 ♐	6 ♒
11	18 ♏ 12	18 ♒ 8	29 ♏ 26	29 ♏ 5	16 ♏ 50	11 ♎ 48	18 ♓ 57	25 ♍ 32	3 ♐ 20	6 ♌ 59	0 ♏ 49	0 ♍ 20	7 ♈	18 ♒	20 ♑	23 ♐	6 ♒
12	19 ♏ 12	0 ♓ 4	29 ♏ 22	29 R 5	18 ♏ 27	13 ♎ 0	19 ♓ 18	25 ♍ 42	3 ♐ 27	6 ♌ 59	0 ♏ 51	0 ♍ 20	7 ♈	18 ♒	20 ♑	24 ♐	6 ♒
13	20 ♏ 13	12 ♓ 10	29 ♏ 19	29 ♏ 4	20 ♏ 3	14 ♎ 13	19 ♓ 40	25 ♍ 52	3 ♐ 34	6 R 59	0 ♏ 53	0 ♍ 21	7 ♈	19 ♒	20 ♑	24 ♐	6 ♒
14	21 ♏ 13	24 ♓ 28	29 ♏ 16	29 ♏ 3	21 ♏ 39	15 ♎ 26	20 ♓ 1	26 ♍ 2	3 ♐ 41	6 ♌ 59	0 ♏ 55	0 ♍ 22	7 ♈	19 ♒	21 ♑	25 ♐	6 ♒
15	22 ♏ 13	7 ♈ 3	29 ♏ 13	29 ♏ 2	23 ♏ 14	16 ♎ 39	20 ♓ 24	26 ♍ 12	3 ♐ 48	6 ♌ 59	0 ♏ 57	0 ♍ 22	7 ♈	19 ♒	21 ♑	25 ♐	6 ♒
16	23 ♏ 14	19 ♈ 58	29 ♏ 10	29 ♏ 2	24 ♏ 49	17 ♎ 52	20 ♓ 46	26 ♍ 22	3 ♐ 55	6 ♌ 59	1 ♏ 0	0 ♍ 23	7 ♈	19 ♒	21 ♑	26 ♐	6 ♒
17	24 ♏ 14	3 ♉ 13	29 ♏ 7	29 ♏ 1	26 ♏ 24	19 ♎ 5	21 ♓ 9	26 ♍ 31	4 ♐ 2	6 ♌ 58	1 ♏ 2	0 ♍ 23	7 ♈	19 ♒	22 ♑	26 ♐	7 ♒
18	25 ♏ 15	16 ♉ 49	29 ♏ 3	29 ♏ 1	27 ♏ 59	20 ♎ 18	21 ♓ 33	26 ♍ 40	4 ♐ 9	6 ♌ 58	1 ♏ 4	0 ♍ 24	7 ♈	19 ♒	22 ♑	27 ♐	7 ♒
19	26 ♏ 15	0 ♊ 43	29 ♏ 0	29 D 1	29 ♏ 33	21 ♎ 31	21 ♓ 57	26 ♍ 50	4 ♐ 17	6 ♌ 58	1 ♏ 6	0 ♍ 24	7 ♈	19 ♒	22 ♑	27 ♐	7 ♒
20	27 ♏ 16	14 ♊ 53	28 ♏ 57	29 ♏ 1	1 ♐ 7	22 ♎ 45	22 ♓ 21	26 ♍ 59	4 ♐ 24	6 ♌ 57	1 ♏ 8	0 ♍ 24	6 ♈	20 ♒	23 ♑	28 ♐	7 ♒
21	28 ♏ 16	29 ♊ 13	28 ♏ 54	29 ♏ 1	2 ♐ 41	23 ♎ 58	22 ♓ 45	27 ♍ 8	4 ♐ 31	6 ♌ 57	1 ♏ 10	0 ♍ 25	6 ♈	20 ♒	23 ♑	28 ♐	7 ♒
22	29 ♏ 17	13 ♋ 39	28 ♏ 51	29 R 1	4 ♐ 15	25 ♎ 11	23 ♓ 10	27 ♍ 17	4 ♐ 38	6 ♌ 57	1 ♏ 12	0 ♍ 25	6 ♈	20 ♒	23 ♑	29 ♐	7 ♒
23	0 ♐ 18	28 ♋ 5	28 ♏ 47	29 ♏ 1	5 ♐ 49	26 ♎ 25	23 ♓ 36	27 ♍ 26	4 ♐ 45	6 ♌ 56	1 ♏ 14	0 ♍ 25	6 ♈	20 ♒	24 ♑	0 ♑	7 ♒
24	1 ♐ 18	12 ♌ 28	28 ♏ 44	29 ♏ 1	7 ♐ 22	27 ♎ 38	24 ♓ 2	27 ♍ 35	4 ♐ 52	6 ♌ 55	1 ♏ 16	0 ♍ 26	6 ♈	20 ♒	24 ♑	0 ♑	7 ♒
25	2 ♐ 19	26 ♌ 44	28 ♏ 41	29 ♏ 0	8 ♐ 56	28 ♎ 52	24 ♓ 28	27 ♍ 43	4 ♐ 59	6 ♌ 55	1 ♏ 18	0 ♍ 26	6 ♈	20 ♒	24 ♑	1 ♑	7 ♒
26	3 ♐ 20	10 ♍ 49	28 ♏ 38	29 D 0	10 ♐ 29	0 ♏ 6	24 ♓ 54	27 ♍ 52	5 ♐ 6	6 ♌ 54	1 ♏ 20	0 ♍ 26	6 ♈	21 ♒	25 ♑	1 ♑	7 ♒
27	4 ♐ 20	24 ♍ 44	28 ♏ 35	29 ♏ 1	12 ♐ 2	1 ♏ 19	25 ♓ 21	28 ♍ 0	5 ♐ 13	6 ♌ 53	1 ♏ 22	0 ♍ 26	6 D	21 ♒	25 ♑	2 ♑	7 ♒
28	5 ♐ 21	8 ♎ 25	28 ♏ 32	29 ♏ 1	13 ♐ 35	2 ♏ 33	25 ♓ 48	28 ♍ 9	5 ♐ 20	6 ♌ 53	1 ♏ 24	0 ♍ 27	6 ♈	21 ♒	25 ♑	2 ♑	7 ♒
29	6 ♐ 22	21 ♎ 55	28 ♏ 28	29 ♏ 2	15 ♐ 8	3 ♏ 47	26 ♓ 15	28 ♍ 17	5 ♐ 28	6 ♌ 52	1 ♏ 26	0 ♍ 27	6 ♈	21 ♒	26 ♑	3 ♑	7 ♒
30	7 ♐ 23	5 ♏ 11	28 ♏ 25	29 ♏ 3	16 ♐ 40	5 ♏ 1	26 ♓ 43	28 ♍ 25	5 ♐ 35	6 ♌ 51	1 ♏ 28	0 ♍ 27	6 ♈	21 ♒	26 ♑	3 ♑	7 ♒

SUN INGRESS	☉ → ♐ 22日 16:50
MOON PHASE	● 3日 01:44 ♏　◐ 11日 00:09 ♒　○ 18日 15:45 ♉　◑ 25日 10:13 ♍

aspects		
3日	05:58	♀⚹♄
4日	22:14	☿□♅
7日	00:06	♀⚹♅
12日	03:42	☉△♂
12日	16:31	☿△♂
13日	06:36	☉☌☿
17日	01:57	☿⚹♃
19日	13:00	☿□♇
19日	16:08	☉⚹♃
22日	06:17	☿☌♄
23日	03:06	☉□♇
23日	17:10	☿△♅
26日	06:43	♀⚹♇
27日	00:54	♀☌♆
27日	23:43	☉☌♄
29日	11:35	☉△♅

1956年12月

DAY	☉	☽	☊ mean	☊ true	☿	♀	♂	♃	♄	♅	♆	♇	⚳	⚴	⚵	⚶	⚷
	° ′	° ′	° ′	° ′	° ′	° ′	° ′	° ′	° ′	° ′	° ′	° ′	°	°	°	°	°
1	8 ♐ 24	18 ♏ 14	28 ♏ 22	29 D 3	18 D 13	6 D 15	27 D 11	28 D 33	5 D 42	6 R 50	1 D 30	0 D 27	6 D	22 D	27 D	4 D	7 D
2	9 ♐ 24	1 ♐ 4	28 ♏ 19	29 R 3	19 ♐ 46	7 ♏ 29	27 ♓ 39	28 ♍ 40	5 ♐ 49	6 ♌ 49	1 ♏ 32	0 ♍ 27	6 ♈	22 ♒	27 ♑	4 ♑	7 ♒
3	10 ♐ 25	13 ♐ 41	28 ♏ 16	29 ♏ 3	21 ♐ 18	8 ♏ 43	28 ♓ 7	28 ♍ 48	5 ♐ 56	6 ♌ 48	1 ♏ 33	0 R 27	6 ♈	22 ♒	27 ♑	5 ♑	7 ♒
4	11 ♐ 26	26 ♐ 6	28 ♏ 13	29 ♏ 2	22 ♐ 50	9 ♏ 57	28 ♓ 36	28 ♍ 55	6 ♐ 3	6 ♌ 47	1 ♏ 35	0 ♍ 27	6 ♈	22 ♒	28 ♑	5 ♑	7 ♒
5	12 ♐ 27	8 ♑ 20	28 ♏ 9	29 ♏ 0	24 ♐ 22	11 ♏ 11	29 ♓ 5	29 ♍ 3	6 ♐ 10	6 ♌ 45	1 ♏ 37	0 ♍ 27	7 ♈	22 ♒	28 ♑	6 ♑	7 ♒
6	13 ♐ 28	20 ♑ 24	28 ♏ 6	28 ♏ 58	25 ♐ 54	12 ♏ 25	29 ♓ 34	29 ♍ 10	6 ♐ 17	6 ♌ 44	1 ♏ 39	0 ♍ 27	7 ♈	23 ♒	28 ♑	6 ♑	7 ♒
7	14 ♐ 29	2 ♒ 20	28 ♏ 3	28 ♏ 56	27 ♐ 26	13 ♏ 39	0 ♈ 4	29 ♍ 17	6 ♐ 24	6 ♌ 43	1 ♏ 41	0 ♍ 27	7 ♈	23 ♒	29 ♑	7 ♑	7 ♒
8	15 ♐ 30	14 ♒ 12	28 ♏ 0	28 ♏ 53	28 ♐ 58	14 ♏ 54	0 ♈ 34	29 ♍ 24	6 ♐ 32	6 ♌ 42	1 ♏ 42	0 ♍ 26	7 ♈	23 ♒	29 ♑	7 ♑	8 ♒
9	16 ♐ 31	26 ♒ 4	27 ♏ 57	28 ♏ 51	0 ♑ 29	16 ♏ 8	1 ♈ 4	29 ♍ 31	6 ♐ 39	6 ♌ 40	1 ♏ 44	0 ♍ 26	7 ♈	23 ♒	0 ♒	8 ♑	8 ♒
10	17 ♐ 32	7 ♓ 58	27 ♏ 53	28 ♏ 50	2 ♑ 0	17 ♏ 22	1 ♈ 34	29 ♍ 38	6 ♐ 46	6 ♌ 39	1 ♏ 46	0 ♍ 26	7 ♈	23 ♒	0 ♒	8 ♑	8 ♒
11	18 ♐ 33	20 ♓ 0	27 ♏ 50	28 D 50	3 ♑ 31	18 ♏ 36	2 ♈ 5	29 ♍ 44	6 ♐ 53	6 ♌ 37	1 ♏ 47	0 ♍ 26	7 ♈	24 ♒	0 ♒	9 ♑	8 ♒
12	19 ♐ 34	2 ♈ 15	27 ♏ 47	28 ♏ 50	5 ♑ 1	19 ♏ 51	2 ♈ 35	29 ♍ 50	7 ♐ 0	6 ♌ 36	1 ♏ 49	0 ♍ 26	7 ♈	24 ♒	1 ♒	9 ♑	8 ♒
13	20 ♐ 35	14 ♈ 47	27 ♏ 44	28 ♏ 52	6 ♑ 31	21 ♏ 5	3 ♈ 6	29 ♍ 57	7 ♐ 7	6 ♌ 34	1 ♏ 51	0 ♍ 25	7 ♈	24 ♒	1 ♒	10 ♑	8 ♒
14	21 ♐ 36	27 ♈ 40	27 ♏ 41	28 ♏ 53	8 ♑ 0	22 ♏ 20	3 ♈ 38	0 ♎ 3	7 ♐ 14	6 ♌ 33	1 ♏ 52	0 ♍ 25	7 ♈	24 ♒	2 ♒	11 ♑	8 ♒
15	22 ♐ 37	10 ♉ 57	27 ♏ 38	28 ♏ 55	9 ♑ 28	23 ♏ 34	4 ♈ 9	0 ♎ 9	7 ♐ 21	6 ♌ 31	1 ♏ 54	0 ♍ 25	7 ♈	25 ♒	2 ♒	11 ♑	8 ♒
16	23 ♐ 38	24 ♉ 41	27 ♏ 34	28 ♏ 55	10 ♑ 55	24 ♏ 49	4 ♈ 40	0 ♎ 14	7 ♐ 28	6 ♌ 30	1 ♏ 56	0 ♍ 24	7 ♈	25 ♒	2 ♒	12 ♑	8 ♒
17	24 ♐ 39	8 ♊ 49	27 ♏ 31	28 R 55	12 ♑ 22	26 ♏ 3	5 ♈ 12	0 ♎ 20	7 ♐ 35	6 ♌ 28	1 ♏ 57	0 ♍ 24	8 ♈	25 ♒	3 ♒	12 ♑	8 ♒
18	25 ♐ 40	23 ♊ 20	27 ♏ 28	28 ♏ 54	13 ♑ 47	27 ♏ 18	5 ♈ 44	0 ♎ 25	7 ♐ 41	6 ♌ 26	1 ♏ 59	0 ♍ 23	8 ♈	25 ♒	3 ♒	13 ♑	8 ♒
19	26 ♐ 41	8 ♋ 6	27 ♏ 25	28 ♏ 51	15 ♑ 10	28 ♏ 32	6 ♈ 16	0 ♎ 31	7 ♐ 48	6 ♌ 24	2 ♏ 0	0 ♍ 23	8 ♈	26 ♒	4 ♒	13 ♑	8 ♒
20	27 ♐ 42	23 ♋ 2	27 ♏ 22	28 ♏ 47	16 ♑ 31	29 ♏ 47	6 ♈ 48	0 ♎ 36	7 ♐ 55	6 ♌ 22	2 ♏ 2	0 ♍ 22	8 ♈	26 ♒	4 ♒	14 ♑	8 ♒
21	28 ♐ 43	7 ♌ 57	27 ♏ 19	28 ♏ 42	17 ♑ 51	1 ♐ 1	7 ♈ 21	0 ♎ 41	8 ♐ 2	6 ♌ 21	2 ♏ 3	0 ♍ 22	8 ♈	26 ♒	4 ♒	14 ♑	8 ♒
22	29 ♐ 44	22 ♌ 44	27 ♏ 15	28 ♏ 38	19 ♑ 7	2 ♐ 16	7 ♈ 54	0 ♎ 46	8 ♐ 9	6 ♌ 19	2 ♏ 4	0 ♍ 21	8 ♈	26 ♒	5 ♒	15 ♑	8 ♒
23	0 ♑ 45	7 ♍ 16	27 ♏ 12	28 ♏ 35	20 ♑ 21	3 ♐ 31	8 ♈ 26	0 ♎ 50	8 ♐ 16	6 ♌ 17	2 ♏ 6	0 ♍ 21	8 ♈	27 ♒	5 ♒	15 ♑	8 ♒
24	1 ♑ 46	21 ♍ 29	27 ♏ 9	28 ♏ 33	21 ♑ 31	4 ♐ 45	8 ♈ 59	0 ♎ 55	8 ♐ 22	6 ♌ 15	2 ♏ 7	0 ♍ 20	9 ♈	27 ♒	6 ♒	16 ♑	8 ♒
25	2 ♑ 48	5 ♎ 21	27 ♏ 6	28 D 32	22 ♑ 37	6 ♐ 0	9 ♈ 32	0 ♎ 59	8 ♐ 29	6 ♌ 13	2 ♏ 8	0 ♍ 19	9 ♈	27 ♒	6 ♒	16 ♑	9 ♒
26	3 ♑ 49	18 ♎ 53	27 ♏ 3	28 ♏ 33	23 ♑ 38	7 ♐ 15	10 ♈ 5	1 ♎ 3	8 ♐ 36	6 ♌ 11	2 ♏ 10	0 ♍ 19	9 ♈	27 ♒	6 ♒	17 ♑	9 ♒
27	4 ♑ 50	2 ♏ 6	26 ♏ 59	28 ♏ 35	24 ♑ 34	8 ♐ 30	10 ♈ 39	1 ♎ 7	8 ♐ 42	6 ♌ 9	2 ♏ 11	0 ♍ 18	9 ♈	28 ♒	7 ♒	17 ♑	9 ♒
28	5 ♑ 51	15 ♏ 2	26 ♏ 56	28 ♏ 36	25 ♑ 23	9 ♐ 44	11 ♈ 12	1 ♎ 11	8 ♐ 49	6 ♌ 6	2 ♏ 12	0 ♍ 17	9 ♈	28 ♒	7 ♒	18 ♑	9 ♒
29	6 ♑ 52	27 ♏ 43	26 ♏ 53	28 ♏ 37	26 ♑ 5	10 ♐ 59	11 ♈ 46	1 ♎ 14	8 ♐ 56	6 ♌ 4	2 ♏ 13	0 ♍ 17	9 ♈	28 ♒	8 ♒	18 ♑	9 ♒
30	7 ♑ 53	10 ♐ 13	26 ♏ 50	28 R 36	26 ♑ 40	12 ♐ 14	12 ♈ 20	1 ♎ 18	9 ♐ 2	6 ♌ 2	2 ♏ 15	0 ♍ 16	10 ♈	29 ♒	8 ♒	19 ♑	9 ♒
31	8 ♑ 55	22 ♐ 33	26 ♏ 47	28 ♏ 34	27 ♑ 5	13 ♐ 29	12 ♈ 54	1 ♎ 21	9 ♐ 9	6 ♌ 0	2 ♏ 16	0 ♍ 15	10 ♈	29 ♒	9 ♒	19 ♑	9 ♒

SUN INGRESS	☉ → ♑ 22日 05:59
MOON PHASE	● 2日 17:13 ♐　◐ 10日 20:51 ♓　○ 18日 04:06 ♊　◑ 24日 19:10 ♎

aspects		
1日	11:14	♀□♅
4日	21:35	♂☍♃
8日	07:27	☿□♃
8日	23:13	☿△♇
9日	04:56	♄△♅
9日	13:39	☿□♂
9日	20:07	☿⚹♆
19日	05:42	♂△♅
20日	11:22	♀□♇
20日	16:55	♀⚹♃
22日	14:09	♂△♄
22日	14:23	☉△♇
23日	02:02	☉□♃
24日	08:18	☉⚹♆
25日	03:57	♀△♅
27日	04:31	♀☌♄
30日	03:23	♀△♂

1957年1月

DAY	☉	☽	☊ mean	☊ true	☿	♀	♂	♃	♄	♅	♆	♇	⚳	⚴	⚵	⚶	⚷
	° ′	° ′	° ′	° ′	° ′	° ′	° ′	° ′	° ′	° ′	° ′	° ′	°	°	°	°	°
1	9 ♑ 56	4 ♑ 45	26 ♏ 44	28 R 29	27 D 20	14 D 44	13 D 28	1 D 24	9 D 15	5 R 58	2 D 17	0 R 14	10 D	29 D	9 D	20 D	9 D
2	10 ♑ 57	16 ♑ 49	26 ♏ 40	28 ♏ 22	27 R 25	15 ♐ 59	14 ♈ 2	1 ♎ 27	9 ♐ 22	5 ♌ 55	2 ♏ 18	0 ♍ 13	10 ♈	29 ♒	9 ♒	21 ♑	9 ♒
3	11 ♑ 58	28 ♑ 48	26 ♏ 37	28 ♏ 13	27 ♑ 19	17 ♐ 13	14 ♈ 36	1 ♎ 30	9 ♐ 28	5 ♌ 53	2 ♏ 19	0 ♍ 12	10 ♈	0 ♓	10 ♒	21 ♑	9 ♒
4	12 ♑ 59	10 ♒ 42	26 ♏ 34	28 ♏ 4	27 ♑ 0	18 ♐ 28	15 ♈ 11	1 ♎ 32	9 ♐ 34	5 ♌ 51	2 ♏ 20	0 ♍ 11	11 ♈	0 ♓	10 ♒	22 ♑	9 ♒
5	14 ♑ 0	22 ♒ 33	26 ♏ 31	27 ♏ 55	26 ♑ 30	19 ♐ 43	15 ♈ 45	1 ♎ 34	9 ♐ 41	5 ♌ 48	2 ♏ 21	0 ♍ 11	11 ♈	0 ♓	11 ♒	22 ♑	9 ♒
6	15 ♑ 2	4 ♓ 24	26 ♏ 28	27 ♏ 47	25 ♑ 49	20 ♐ 58	16 ♈ 20	1 ♎ 36	9 ♐ 47	5 ♌ 46	2 ♏ 22	0 ♍ 10	11 ♈	0 ♓	11 ♒	23 ♑	9 ♒
7	16 ♑ 3	16 ♓ 18	26 ♏ 24	27 ♏ 41	24 ♑ 56	22 ♐ 13	16 ♈ 55	1 ♎ 38	9 ♐ 53	5 ♌ 44	2 ♏ 23	0 ♍ 9	11 ♈	1 ♓	12 ♒	23 ♑	9 ♒
8	17 ♑ 4	28 ♓ 18	26 ♏ 21	27 ♏ 36	23 ♑ 54	23 ♐ 28	17 ♈ 29	1 ♎ 40	9 ♐ 59	5 ♌ 41	2 ♏ 24	0 ♍ 8	11 ♈	1 ♓	12 ♒	24 ♑	10 ♒
9	18 ♑ 5	10 ♈ 28	26 ♏ 18	27 ♏ 34	22 ♑ 44	24 ♐ 43	18 ♈ 4	1 ♎ 42	10 ♐ 5	5 ♌ 39	2 ♏ 25	0 ♍ 7	12 ♈	1 ♓	12 ♒	24 ♑	10 ♒
10	19 ♑ 6	22 ♈ 53	26 ♏ 15	27 D 34	21 ♑ 28	25 ♐ 58	18 ♈ 39	1 ♎ 43	10 ♐ 12	5 ♌ 36	2 ♏ 26	0 ♍ 6	12 ♈	2 ♓	13 ♒	25 ♑	10 ♒
11	20 ♑ 7	5 ♉ 39	26 ♏ 12	27 ♏ 35	20 ♑ 9	27 ♐ 13	19 ♈ 15	1 ♎ 44	10 ♐ 18	5 ♌ 34	2 ♏ 26	0 ♍ 5	12 ♈	2 ♓	13 ♒	25 ♑	10 ♒
12	21 ♑ 8	18 ♉ 49	26 ♏ 9	27 ♏ 36	18 ♑ 49	28 ♐ 28	19 ♈ 50	1 ♎ 45	10 ♐ 24	5 ♌ 31	2 ♏ 27	0 ♍ 3	12 ♈	2 ♓	14 ♒	26 ♑	10 ♒
13	22 ♑ 10	2 ♊ 27	26 ♏ 5	27 R 36	17 ♑ 31	29 ♐ 43	20 ♈ 25	1 ♎ 46	10 ♐ 30	5 ♌ 29	2 ♏ 28	0 ♍ 2	13 ♈	3 ♓	14 ♒	26 ♑	10 ♒
14	23 ♑ 11	16 ♊ 35	26 ♏ 2	27 ♏ 34	16 ♑ 17	0 ♑ 58	21 ♈ 1	1 ♎ 47	10 ♐ 35	5 ♌ 26	2 ♏ 29	0 ♍ 1	13 ♈	3 ♓	15 ♒	27 ♑	10 ♒
15	24 ♑ 12	1 ♋ 10	25 ♏ 59	27 ♏ 30	15 ♑ 8	2 ♑ 13	21 ♈ 36	1 ♎ 47	10 ♐ 41	5 ♌ 24	2 ♏ 29	0 ♍ 0	13 ♈	3 ♓	15 ♒	27 ♑	10 ♒
16	25 ♑ 13	16 ♋ 9	25 ♏ 56	27 ♏ 24	14 ♑ 8	3 ♑ 28	22 ♈ 12	1 ♎ 47	10 ♐ 47	5 ♌ 21	2 ♏ 30	29 ♌ 59	13 ♈	3 ♓	15 ♒	28 ♑	10 ♒
17	26 ♑ 14	1 ♌ 22	25 ♏ 53	27 ♏ 15	13 ♑ 16	4 ♑ 43	22 ♈ 47	1 R 47	10 ♐ 53	5 ♌ 19	2 ♏ 30	29 ♌ 58	14 ♈	4 ♓	16 ♒	28 ♑	10 ♒
18	27 ♑ 15	16 ♌ 40	25 ♏ 50	27 ♏ 6	12 ♑ 33	5 ♑ 58	23 ♈ 23	1 ♎ 47	10 ♐ 58	5 ♌ 16	2 ♏ 31	29 ♌ 57	14 ♈	4 ♓	16 ♒	29 ♑	10 ♒
19	28 ♑ 16	1 ♍ 51	25 ♏ 46	26 ♏ 57	12 ♑ 0	7 ♑ 13	23 ♈ 59	1 ♎ 47	11 ♐ 4	5 ♌ 13	2 ♏ 32	29 ♌ 55	14 ♈	4 ♓	17 ♒	29 ♑	10 ♒
20	29 ♑ 17	16 ♍ 44	25 ♏ 43	26 ♏ 49	11 ♑ 36	8 ♑ 28	24 ♈ 35	1 ♎ 46	11 ♐ 9	5 ♌ 11	2 ♏ 32	29 ♌ 54	14 ♈	5 ♓	17 ♒	0 ♒	10 ♒
21	0 ♒ 18	1 ♎ 14	25 ♏ 40	26 ♏ 43	11 ♑ 21	9 ♑ 43	25 ♈ 11	1 ♎ 46	11 ♐ 15	5 ♌ 8	2 ♏ 33	29 ♌ 53	15 ♈	5 ♓	18 ♒	1 ♒	11 ♒
22	1 ♒ 19	15 ♎ 16	25 ♏ 37	26 ♏ 39	11 ♑ 15	10 ♑ 58	25 ♈ 47	1 ♎ 45	11 ♐ 20	5 ♌ 6	2 ♏ 33	29 ♌ 52	15 ♈	5 ♓	18 ♒	1 ♒	11 ♒
23	2 ♒ 20	28 ♎ 51	25 ♏ 34	26 ♏ 38	11 D 18	12 ♑ 13	26 ♈ 23	1 ♎ 44	11 ♐ 26	5 ♌ 3	2 ♏ 33	29 ♌ 50	15 ♈	6 ♓	19 ♒	2 ♒	11 ♒
24	3 ♒ 21	12 ♏ 1	25 ♏ 30	26 D 38	11 ♑ 28	13 ♑ 28	26 ♈ 59	1 ♎ 42	11 ♐ 31	5 ♌ 0	2 ♏ 34	29 ♌ 49	15 ♈	6 ♓	19 ♒	2 ♒	11 ♒
25	4 ♒ 22	24 ♏ 49	25 ♏ 27	26 ♏ 39	11 ♑ 45	14 ♑ 43	27 ♈ 35	1 ♎ 41	11 ♐ 36	4 ♌ 58	2 ♏ 34	29 ♌ 48	16 ♈	6 ♓	20 ♒	3 ♒	11 ♒
26	5 ♒ 23	7 ♐ 20	25 ♏ 24	26 R 38	12 ♑ 8	15 ♑ 58	28 ♈ 11	1 ♎ 39	11 ♐ 41	4 ♌ 55	2 ♏ 34	29 ♌ 46	16 ♈	6 ♓	20 ♒	3 ♒	11 ♒
27	6 ♒ 24	19 ♐ 37	25 ♏ 21	26 ♏ 36	12 ♑ 38	17 ♑ 13	28 ♈ 48	1 ♎ 37	11 ♐ 46	4 ♌ 52	2 ♏ 35	29 ♌ 45	16 ♈	7 ♓	20 ♒	4 ♒	11 ♒
28	7 ♒ 25	1 ♑ 44	25 ♏ 18	26 ♏ 30	13 ♑ 13	18 ♑ 28	29 ♈ 24	1 ♎ 35	11 ♐ 52	4 ♌ 50	2 ♏ 35	29 ♌ 44	17 ♈	7 ♓	21 ♒	4 ♒	11 ♒
29	8 ♒ 26	13 ♑ 45	25 ♏ 15	26 ♏ 22	13 ♑ 53	19 ♑ 43	0 ♉ 1	1 ♎ 33	11 ♐ 56	4 ♌ 47	2 ♏ 35	29 ♌ 42	17 ♈	7 ♓	21 ♒	5 ♒	11 ♒
30	9 ♒ 27	25 ♑ 41	25 ♏ 11	26 ♏ 11	14 ♑ 38	20 ♑ 58	0 ♉ 37	1 ♎ 31	12 ♐ 1	4 ♌ 45	2 ♏ 35	29 ♌ 41	17 ♈	8 ♓	22 ♒	5 ♒	11 ♒
31	10 ♒ 28	7 ♒ 34	25 ♏ 8	25 ♏ 58	15 ♑ 26	22 ♑ 13	1 ♉ 14	1 ♎ 28	12 ♐ 6	4 ♌ 42	2 ♏ 35	29 ♌ 39	17 ♈	8 ♓	22 ♒	6 ♒	11 ♒

SUN INGRESS: ☉ → ♒ 20日 16:39

MOON PHASE: ● 1日 11:14 ♑ ◐ 9日 16:06 ♈ ○ 16日 15:21 ♋ ◑ 23日 06:48 ♏ ● 31日 06:25 ♒

aspects		
8日	23:23	☉□♂
11日	00:13	☉☌☿
11日	11:14	☿□♂
13日	06:12	♀△♇
14日	15:49	♀□♃
15日	05:22	♀⚹♆
22日	05:35	☿☌♀
22日	09:54	☉△♃
23日	05:10	☉□♆
25日	13:20	☉☍♅
28日	12:23	♂△♇

1957年2月

DAY	☉	☽	☊ mean	☊ true	☿	♀	♂	♃	♄	♅	♆	♇	⚳	⚴	⚵	⚶	⚷
	° ′	° ′	° ′	° ′	° ′	° ′	° ′	° ′	° ′	° ′	° ′	° ′	°	°	°	°	°
1	11 ♒ 29	19 ♒ 26	25 ♏ 5	25 R 43	16 D 18	23 D 28	1 D 50	1 R 25	12 D 11	4 R 39	2 D 35	29 R 38	18 D	8 D	23 D	6 D	11 D
2	12 ♒ 30	1 ♓ 18	25 ♏ 2	25 ♏ 29	17 ♑ 14	24 ♑ 43	2 ♉ 27	1 ♎ 22	12 ♐ 16	4 ♌ 37	2 ♏ 35	29 ♌ 37	18 ♈	9 ♓	23 ♒	7 ♒	11 ♒
3	13 ♒ 31	13 ♓ 12	24 ♏ 59	25 ♏ 15	18 ♑ 13	25 ♑ 58	3 ♉ 4	1 ♎ 19	12 ♐ 20	4 ♌ 34	2 ♏ 35	29 ♌ 35	18 ♈	9 ♓	24 ♒	7 ♒	12 ♒
4	14 ♒ 32	25 ♓ 9	24 ♏ 56	25 ♏ 4	19 ♑ 14	27 ♑ 13	3 ♉ 40	1 ♎ 16	12 ♐ 25	4 ♌ 32	2 R 35	29 ♌ 34	19 ♈	9 ♓	24 ♒	8 ♒	12 ♒
5	15 ♒ 33	7 ♈ 11	24 ♏ 52	24 ♏ 56	20 ♑ 18	28 ♑ 28	4 ♉ 17	1 ♎ 12	12 ♐ 29	4 ♌ 29	2 ♏ 35	29 ♌ 32	19 ♈	10 ♓	25 ♒	8 ♒	12 ♒
6	16 ♒ 34	19 ♈ 22	24 ♏ 49	24 ♏ 50	21 ♑ 24	29 ♑ 43	4 ♉ 54	1 ♎ 9	12 ♐ 33	4 ♌ 26	2 ♏ 35	29 ♌ 31	19 ♈	10 ♓	25 ♒	9 ♒	12 ♒
7	17 ♒ 34	1 ♉ 45	24 ♏ 46	24 ♏ 48	22 ♑ 33	0 ♒ 58	5 ♉ 31	1 ♎ 5	12 ♐ 38	4 ♌ 24	2 ♏ 35	29 ♌ 29	20 ♈	10 ♓	25 ♒	9 ♒	12 ♒
8	18 ♒ 35	14 ♉ 26	24 ♏ 43	24 ♏ 47	23 ♑ 43	2 ♒ 13	6 ♉ 8	1 ♎ 1	12 ♐ 42	4 ♌ 21	2 ♏ 35	29 ♌ 28	20 ♈	11 ♓	26 ♒	10 ♒	12 ♒
9	19 ♒ 36	27 ♉ 28	24 ♏ 40	24 ♏ 47	24 ♑ 56	3 ♒ 28	6 ♉ 45	0 ♎ 56	12 ♐ 46	4 ♌ 19	2 ♏ 35	29 ♌ 26	20 ♈	11 ♓	26 ♒	10 ♒	12 ♒
10	20 ♒ 37	10 ♊ 55	24 ♏ 36	24 ♏ 46	26 ♑ 10	4 ♒ 43	7 ♉ 22	0 ♎ 52	12 ♐ 50	4 ♌ 16	2 ♏ 35	29 ♌ 25	21 ♈	11 ♓	27 ♒	11 ♒	12 ♒
11	21 ♒ 37	24 ♊ 51	24 ♏ 33	24 ♏ 44	27 ♑ 25	5 ♒ 58	7 ♉ 59	0 ♎ 47	12 ♐ 54	4 ♌ 14	2 ♏ 34	29 ♌ 23	21 ♈	12 ♓	27 ♒	12 ♒	12 ♒
12	22 ♒ 38	9 ♋ 16	24 ♏ 30	24 ♏ 39	28 ♑ 43	7 ♒ 13	8 ♉ 36	0 ♎ 43	12 ♐ 58	4 ♌ 11	2 ♏ 34	29 ♌ 22	21 ♈	12 ♓	28 ♒	12 ♒	12 ♒
13	23 ♒ 39	24 ♋ 8	24 ♏ 27	24 ♏ 31	0 ♒ 1	8 ♒ 28	9 ♉ 13	0 ♎ 38	13 ♐ 2	4 ♌ 9	2 ♏ 34	29 ♌ 21	21 ♈	12 ♓	28 ♒	13 ♒	12 ♒
14	24 ♒ 39	9 ♌ 19	24 ♏ 24	24 ♏ 21	1 ♒ 21	9 ♒ 43	9 ♉ 50	0 ♎ 33	13 ♐ 6	4 ♌ 7	2 ♏ 33	29 ♌ 19	22 ♈	13 ♓	29 ♒	13 ♒	12 ♒
15	25 ♒ 40	24 ♌ 41	24 ♏ 21	24 ♏ 10	2 ♒ 42	10 ♒ 58	10 ♉ 27	0 ♎ 28	13 ♐ 9	4 ♌ 4	2 ♏ 33	29 ♌ 18	22 ♈	13 ♓	29 ♒	14 ♒	12 ♒
16	26 ♒ 40	10 ♍ 1	24 ♏ 17	23 ♏ 58	4 ♒ 5	12 ♒ 13	11 ♉ 4	0 ♎ 22	13 ♐ 13	4 ♌ 2	2 ♏ 33	29 ♌ 16	22 ♈	13 ♓	0 ♓	14 ♒	13 ♒
17	27 ♒ 41	25 ♍ 8	24 ♏ 14	23 ♏ 48	5 ♒ 29	13 ♒ 28	11 ♉ 42	0 ♎ 17	13 ♐ 16	4 ♌ 0	2 ♏ 32	29 ♌ 15	23 ♈	14 ♓	0 ♓	15 ♒	13 ♒
18	28 ♒ 41	9 ♎ 53	24 ♏ 11	23 ♏ 40	6 ♒ 54	14 ♒ 43	12 ♉ 19	0 ♎ 11	13 ♐ 20	3 ♌ 57	2 ♏ 32	29 ♌ 13	23 ♈	14 ♓	1 ♓	15 ♒	13 ♒
19	29 ♒ 42	24 ♎ 9	24 ♏ 8	23 ♏ 35	8 ♒ 20	15 ♒ 58	12 ♉ 56	0 ♎ 6	13 ♐ 23	3 ♌ 55	2 ♏ 31	29 ♌ 11	23 ♈	14 ♓	1 ♓	16 ♒	13 ♒
20	0 ♓ 42	7 ♏ 54	24 ♏ 5	23 ♏ 33	9 ♒ 47	17 ♒ 13	13 ♉ 33	0 ♎ 0	13 ♐ 26	3 ♌ 53	2 ♏ 31	29 ♌ 10	24 ♈	15 ♓	2 ♓	16 ♒	13 ♒
21	1 ♓ 43	21 ♏ 11	24 ♏ 2	23 ♏ 32	11 ♒ 15	18 ♒ 28	14 ♉ 11	29 ♍ 54	13 ♐ 29	3 ♌ 50	2 ♏ 30	29 ♌ 8	24 ♈	15 ♓	2 ♓	17 ♒	13 ♒
22	2 ♓ 43	4 ♐ 2	23 ♏ 58	23 ♏ 32	12 ♒ 44	19 ♒ 43	14 ♉ 48	29 ♍ 47	13 ♐ 32	3 ♌ 48	2 ♏ 29	29 ♌ 7	25 ♈	15 ♓	3 ♓	17 ♒	13 ♒
23	3 ♓ 44	16 ♐ 32	23 ♏ 55	23 ♏ 32	14 ♒ 15	20 ♒ 58	15 ♉ 25	29 ♍ 41	13 ♐ 35	3 ♌ 46	2 ♏ 29	29 ♌ 5	25 ♈	16 ♓	3 ♓	18 ♒	13 ♒
24	4 ♓ 44	28 ♐ 45	23 ♏ 52	23 ♏ 29	15 ♒ 46	22 ♒ 12	16 ♉ 3	29 ♍ 35	13 ♐ 38	3 ♌ 44	2 ♏ 28	29 ♌ 4	25 ♈	16 ♓	3 ♓	18 ♒	13 ♒
25	5 ♓ 44	10 ♑ 48	23 ♏ 49	23 ♏ 25	17 ♒ 18	23 ♒ 27	16 ♉ 40	29 ♍ 28	13 ♐ 41	3 ♌ 42	2 ♏ 27	29 ♌ 2	26 ♈	16 ♓	4 ♓	19 ♒	13 ♒
26	6 ♓ 45	22 ♑ 43	23 ♏ 46	23 ♏ 17	18 ♒ 52	24 ♒ 42	17 ♉ 18	29 ♍ 22	13 ♐ 43	3 ♌ 40	2 ♏ 27	29 ♌ 1	26 ♈	17 ♓	4 ♓	19 ♒	13 ♒
27	7 ♓ 45	4 ♒ 35	23 ♏ 42	23 ♏ 6	20 ♒ 26	25 ♒ 57	17 ♉ 55	29 ♍ 15	13 ♐ 46	3 ♌ 38	2 ♏ 26	28 ♌ 59	26 ♈	17 ♓	5 ♓	20 ♒	13 ♒
28	8 ♓ 45	16 ♒ 26	23 ♏ 39	22 ♏ 54	22 ♒ 1	27 ♒ 12	18 ♉ 32	29 ♍ 8	13 ♐ 48	3 ♌ 36	2 ♏ 25	28 ♌ 58	27 ♈	17 ♓	5 ♓	20 ♒	13 ♒

SUN INGRESS: ☉ → ♓ 19日 06:58

MOON PHASE: ◐ 8日 08:23 ♉ ○ 15日 01:38 ♌ ◑ 21日 21:19 ♐

aspects		
1日	17:49	☉⚹♄
2日	05:37	♂☍♆
5日	07:15	♂□♅
7日	02:01	♀△♃
8日	07:02	♀□♆
9日	15:45	♀☍♅
13日	10:25	☿△♃
14日	04:32	♀□♂
14日	21:16	☿□♆
15日	23:07	☿☍♅
16日	20:05	♀⚹♄
18日	12:13	☉☍♇
21日	18:34	☉△♆
22日	13:12	☿⚹♄
24日	07:25	☿□♂

1957年3月

DAY	☉	☽	☊ mean	☊ true	☿	♀	♂	♃	♄	♅	♆	♇	⚳	⚴	⚵	⚶	⚷
	° ′	° ′	° ′	° ′	° ′	° ′	° ′	° ′	° ′	° ′	° ′	° ′	°	°	°	°	°
1	9 ♓ 46	28 ♒ 18	23 ♏ 36	22 R 40	23 D 38	28 D 27	19 D 10	29 R 1	13 D 51	3 R 34	2 R 24	28 R 57	27 D	18 D	6 D	21 D	14 D
2	10 ♓ 46	10 ♓ 13	23 ♏ 33	22 ♏ 26	25 ♒ 15	29 ♒ 42	19 ♉ 47	28 ♍ 54	13 ♐ 53	3 ♌ 32	2 ♏ 24	28 ♌ 55	27 ♈	18 ♓	6 ♓	21 ♒	14 ♒
3	11 ♓ 46	22 ♓ 12	23 ♏ 30	22 ♏ 13	26 ♒ 54	0 ♓ 57	20 ♉ 25	28 ♍ 47	13 ♐ 55	3 ♌ 30	2 ♏ 23	28 ♌ 54	28 ♈	18 ♓	7 ♓	22 ♒	14 ♒
4	12 ♓ 46	4 ♈ 16	23 ♏ 27	22 ♏ 2	28 ♒ 33	2 ♓ 12	21 ♉ 2	28 ♍ 40	13 ♐ 57	3 ♌ 28	2 ♏ 22	28 ♌ 52	28 ♈	19 ♓	7 ♓	22 ♒	14 ♒
5	13 ♓ 46	16 ♈ 27	23 ♏ 23	21 ♏ 54	0 ♓ 14	3 ♓ 26	21 ♉ 40	28 ♍ 33	13 ♐ 59	3 ♌ 26	2 ♏ 21	28 ♌ 51	28 ♈	19 ♓	8 ♓	23 ♒	14 ♒
6	14 ♓ 47	28 ♈ 47	23 ♏ 20	21 ♏ 49	1 ♓ 56	4 ♓ 41	22 ♉ 18	28 ♍ 25	14 ♐ 1	3 ♌ 24	2 ♏ 20	28 ♌ 49	29 ♈	19 ♓	8 ♓	23 ♒	14 ♒
7	15 ♓ 47	11 ♉ 17	23 ♏ 17	21 ♏ 46	3 ♓ 38	5 ♓ 56	22 ♉ 55	28 ♍ 18	14 ♐ 3	3 ♌ 23	2 ♏ 19	28 ♌ 48	29 ♈	20 ♓	9 ♓	24 ♒	14 ♒
8	16 ♓ 47	24 ♉ 2	23 ♏ 14	21 D 46	5 ♓ 22	7 ♓ 11	23 ♉ 33	28 ♍ 10	14 ♐ 5	3 ♌ 21	2 ♏ 18	28 ♌ 46	29 ♈	20 ♓	9 ♓	24 ♒	14 ♒
9	17 ♓ 47	7 ♊ 3	23 ♏ 11	21 ♏ 46	7 ♓ 7	8 ♓ 26	24 ♉ 10	28 ♍ 3	14 ♐ 6	3 ♌ 19	2 ♏ 17	28 ♌ 45	0 ♉	20 ♓	10 ♓	25 ♒	14 ♒
10	18 ♓ 47	20 ♊ 26	23 ♏ 7	21 R 47	8 ♓ 53	9 ♓ 41	24 ♉ 48	27 ♍ 55	14 ♐ 8	3 ♌ 18	2 ♏ 16	28 ♌ 44	0 ♉	21 ♓	10 ♓	25 ♒	14 ♒
11	19 ♓ 47	4 ♋ 12	23 ♏ 4	21 ♏ 46	10 ♓ 41	10 ♓ 55	25 ♉ 26	27 ♍ 48	14 ♐ 9	3 ♌ 16	2 ♏ 15	28 ♌ 42	1 ♉	21 ♓	11 ♓	26 ♒	14 ♒
12	20 ♓ 46	18 ♋ 22	23 ♏ 1	21 ♏ 43	12 ♓ 29	12 ♓ 10	26 ♉ 3	27 ♍ 40	14 ♐ 10	3 ♌ 14	2 ♏ 14	28 ♌ 41	1 ♉	22 ♓	11 ♓	26 ♒	14 ♒
13	21 ♓ 46	2 ♌ 56	22 ♏ 58	21 ♏ 37	14 ♓ 19	13 ♓ 25	26 ♉ 41	27 ♍ 32	14 ♐ 11	3 ♌ 13	2 ♏ 13	28 ♌ 39	1 ♉	22 ♓	12 ♓	27 ♒	14 ♒
14	22 ♓ 46	17 ♌ 50	22 ♏ 55	21 ♏ 30	16 ♓ 9	14 ♓ 40	27 ♉ 19	27 ♍ 25	14 ♐ 13	3 ♌ 12	2 ♏ 11	28 ♌ 38	2 ♉	22 ♓	12 ♓	27 ♒	14 ♒
15	23 ♓ 46	2 ♍ 56	22 ♏ 52	21 ♏ 21	18 ♓ 1	15 ♓ 54	27 ♉ 56	27 ♍ 17	14 ♐ 14	3 ♌ 10	2 ♏ 10	28 ♌ 37	2 ♉	23 ♓	13 ♓	28 ♒	15 ♒
16	24 ♓ 46	18 ♍ 5	22 ♏ 48	21 ♏ 12	19 ♓ 54	17 ♓ 9	28 ♉ 34	27 ♍ 9	14 ♐ 14	3 ♌ 9	2 ♏ 9	28 ♌ 35	2 ♉	23 ♓	13 ♓	28 ♒	15 ♒
17	25 ♓ 45	3 ♎ 7	22 ♏ 45	21 ♏ 4	21 ♓ 48	18 ♓ 24	29 ♉ 12	27 ♍ 1	14 ♐ 15	3 ♌ 7	2 ♏ 8	28 ♌ 34	3 ♉	23 ♓	14 ♓	29 ♒	15 ♒
18	26 ♓ 45	17 ♎ 52	22 ♏ 42	20 ♏ 58	23 ♓ 43	19 ♓ 38	29 ♉ 49	26 ♍ 54	14 ♐ 16	3 ♌ 6	2 ♏ 6	28 ♌ 33	3 ♉	24 ♓	14 ♓	29 ♒	15 ♒
19	27 ♓ 45	2 ♏ 13	22 ♏ 39	20 ♏ 54	25 ♓ 40	20 ♓ 53	0 ♊ 27	26 ♍ 46	14 ♐ 17	3 ♌ 5	2 ♏ 5	28 ♌ 31	4 ♉	24 ♓	15 ♓	0 ♓	15 ♒
20	28 ♓ 44	16 ♏ 5	22 ♏ 36	20 ♏ 53	27 ♓ 37	22 ♓ 8	1 ♊ 5	26 ♍ 38	14 ♐ 17	3 ♌ 4	2 ♏ 4	28 ♌ 30	4 ♉	24 ♓	15 ♓	0 ♓	15 ♒
21	29 ♓ 44	29 ♏ 30	22 ♏ 33	20 D 53	29 ♓ 36	23 ♓ 22	1 ♊ 42	26 ♍ 30	14 ♐ 17	3 ♌ 3	2 ♏ 3	28 ♌ 29	4 ♉	25 ♓	16 ♓	1 ♓	15 ♒
22	0 ♈ 43	12 ♐ 28	22 ♏ 29	20 ♏ 54	1 ♈ 35	24 ♓ 37	2 ♊ 20	26 ♍ 22	14 ♐ 18	3 ♌ 2	2 ♏ 1	28 ♌ 28	5 ♉	25 ♓	16 ♓	1 ♓	15 ♒
23	1 ♈ 43	25 ♐ 4	22 ♏ 26	20 ♏ 55	3 ♈ 35	25 ♓ 52	2 ♊ 58	26 ♍ 15	14 ♐ 18	3 ♌ 1	2 ♏ 0	28 ♌ 26	5 ♉	25 ♓	17 ♓	2 ♓	15 ♒
24	2 ♈ 43	7 ♑ 21	22 ♏ 23	20 R 55	5 ♈ 36	27 ♓ 6	3 ♊ 35	26 ♍ 7	14 ♐ 18	3 ♌ 0	1 ♏ 59	28 ♌ 25	6 ♉	26 ♓	17 ♓	2 ♓	15 ♒
25	3 ♈ 42	19 ♑ 25	22 ♏ 20	20 ♏ 53	7 ♈ 38	28 ♓ 21	4 ♊ 13	25 ♍ 59	14 R 18	2 ♌ 59	1 ♏ 57	28 ♌ 24	6 ♉	26 ♓	18 ♓	3 ♓	15 ♒
26	4 ♈ 41	1 ♒ 20	22 ♏ 17	20 ♏ 50	9 ♈ 39	29 ♓ 35	4 ♊ 51	25 ♍ 52	14 ♐ 18	2 ♌ 58	1 ♏ 56	28 ♌ 23	6 ♉	26 ♓	18 ♓	3 ♓	15 ♒
27	5 ♈ 41	13 ♒ 11	22 ♏ 13	20 ♏ 45	11 ♈ 41	0 ♈ 50	5 ♊ 28	25 ♍ 44	14 ♐ 18	2 ♌ 57	1 ♏ 54	28 ♌ 22	7 ♉	27 ♓	19 ♓	4 ♓	15 ♒
28	6 ♈ 40	25 ♒ 3	22 ♏ 10	20 ♏ 37	13 ♈ 43	2 ♈ 5	6 ♊ 6	25 ♍ 37	14 ♐ 17	2 ♌ 56	1 ♏ 53	28 ♌ 21	7 ♉	27 ♓	19 ♓	4 ♓	15 ♒
29	7 ♈ 40	6 ♓ 57	22 ♏ 7	20 ♏ 29	15 ♈ 45	3 ♈ 19	6 ♊ 44	25 ♍ 29	14 ♐ 17	2 ♌ 56	1 ♏ 52	28 ♌ 20	7 ♉	27 ♓	20 ♓	5 ♓	15 ♒
30	8 ♈ 39	18 ♓ 56	22 ♏ 4	20 ♏ 21	17 ♈ 46	4 ♈ 34	7 ♊ 22	25 ♍ 22	14 ♐ 16	2 ♌ 55	1 ♏ 50	28 ♌ 18	8 ♉	28 ♓	20 ♓	5 ♓	15 ♒
31	9 ♈ 38	1 ♈ 3	22 ♏ 1	20 ♏ 14	19 ♈ 46	5 ♈ 48	7 ♊ 59	25 ♍ 14	14 ♐ 16	2 ♌ 54	1 ♏ 49	28 ♌ 17	8 ♉	28 ♓	21 ♓	6 ♓	15 ♒

SUN INGRESS: ☉ → ♈ 21日 06:16

MOON PHASE: ● 2日 01:12 ♓ ◐ 9日 20:50 ♊ ○ 16日 11:22 ♍ ◑ 23日 14:04 ♑ ● 31日 18:19 ♈

aspects		
1日	09:18	♀☍♇
4日	03:14	♀△♆
4日	04:26	☿☍♇
5日	05:15	☉□♄
6日	05:38	☿△♆
11日	10:36	☿☌♀
12日	22:27	☿□♄
13日	15:13	♀□♄
14日	03:11	♂△♃
16日	00:55	♂□♇
18日	03:01	☉☍♃
19日	12:39	☿☍♃
21日	03:19	☉☌☿
22日	13:05	☿⚹♂
22日	17:11	☿△♅
23日	01:55	♂⚹♅
23日	06:45	♀☍♃
24日	06:50	☉△♅
26日	10:13	☉⚹♂
28日	06:40	☿△♄
28日	16:32	♀△♅

1957年4月

DAY	☉	☽	☊ mean	☊ true	☿	♀	♂	♃	♄	♅	♆	♇	⚳	⚴	⚵	⚶	⚷
	° ′	° ′	° ′	° ′	° ′	° ′	° ′	° ′	° ′	° ′	° ′	° ′	°	°	°	°	°
1	10 ♈ 37	13 ♈ 18	21 ♏ 58	20 R 7	21 D 45	7 D 3	8 D 37	25 R 7	14 R 15	2 R 54	1 R 47	28 R 16	9 D	28 D	21 D	6 D	16 D
2	11 ♈ 37	25 ♈ 43	21 ♏ 54	20 ♏ 3	23 ♈ 43	8 ♈ 17	9 ♊ 15	25 ♍ 0	14 ♐ 14	2 ♌ 53	1 ♏ 46	28 ♌ 15	9 ♉	29 ♓	22 ♓	7 ♓	16 ♒
3	12 ♈ 36	8 ♉ 18	21 ♏ 51	20 ♏ 0	25 ♈ 38	9 ♈ 32	9 ♊ 52	24 ♍ 52	14 ♐ 13	2 ♌ 53	1 ♏ 44	28 ♌ 14	9 ♉	29 ♓	22 ♓	7 ♓	16 ♒
4	13 ♈ 35	21 ♉ 5	21 ♏ 48	20 D 0	27 ♈ 31	10 ♈ 46	10 ♊ 30	24 ♍ 45	14 ♐ 12	2 ♌ 53	1 ♏ 43	28 ♌ 13	10 ♉	0 ♈	23 ♓	8 ♓	16 ♒
5	14 ♈ 34	4 ♊ 4	21 ♏ 45	20 ♏ 0	29 ♈ 21	12 ♈ 1	11 ♊ 8	24 ♍ 38	14 ♐ 11	2 ♌ 52	1 ♏ 41	28 ♌ 12	10 ♉	0 ♈	23 ♓	8 ♓	16 ♒
6	15 ♈ 33	17 ♊ 18	21 ♏ 42	20 ♏ 2	1 ♉ 8	13 ♈ 15	11 ♊ 46	24 ♍ 32	14 ♐ 10	2 ♌ 52	1 ♏ 39	28 ♌ 11	11 ♉	0 ♈	24 ♓	8 ♓	16 ♒
7	16 ♈ 32	0 ♋ 46	21 ♏ 39	20 ♏ 3	2 ♉ 51	14 ♈ 29	12 ♊ 23	24 ♍ 25	14 ♐ 9	2 ♌ 52	1 ♏ 38	28 ♌ 10	11 ♉	1 ♈	24 ♓	9 ♓	16 ♒
8	17 ♈ 31	14 ♋ 32	21 ♏ 35	20 ♏ 4	4 ♉ 30	15 ♈ 44	13 ♊ 1	24 ♍ 18	14 ♐ 7	2 ♌ 52	1 ♏ 36	28 ♌ 10	11 ♉	1 ♈	25 ♓	9 ♓	16 ♒
9	18 ♈ 30	28 ♋ 34	21 ♏ 32	20 R 4	6 ♉ 6	16 ♈ 58	13 ♊ 39	24 ♍ 11	14 ♐ 6	2 ♌ 51	1 ♏ 35	28 ♌ 9	12 ♉	1 ♈	25 ♓	10 ♓	16 ♒
10	19 ♈ 29	12 ♌ 53	21 ♏ 29	20 ♏ 2	7 ♉ 37	18 ♈ 12	14 ♊ 17	24 ♍ 5	14 ♐ 4	2 ♌ 51	1 ♏ 33	28 ♌ 8	12 ♉	2 ♈	26 ♓	10 ♓	16 ♒
11	20 ♈ 28	27 ♌ 25	21 ♏ 26	19 ♏ 59	9 ♉ 3	19 ♈ 27	14 ♊ 54	23 ♍ 59	14 ♐ 3	2 D 51	1 ♏ 32	28 ♌ 7	13 ♉	2 ♈	26 ♓	11 ♓	16 ♒
12	21 ♈ 27	12 ♍ 7	21 ♏ 23	19 ♏ 55	10 ♉ 24	20 ♈ 41	15 ♊ 32	23 ♍ 52	14 ♐ 1	2 ♌ 51	1 ♏ 30	28 ♌ 6	13 ♉	2 ♈	27 ♓	11 ♓	16 ♒
13	22 ♈ 26	26 ♍ 51	21 ♏ 19	19 ♏ 51	11 ♉ 40	21 ♈ 55	16 ♊ 10	23 ♍ 46	13 ♐ 59	2 ♌ 51	1 ♏ 28	28 ♌ 6	13 ♉	3 ♈	27 ♓	12 ♓	16 ♒
14	23 ♈ 24	11 ♎ 30	21 ♏ 16	19 ♏ 48	12 ♉ 50	23 ♈ 10	16 ♊ 48	23 ♍ 40	13 ♐ 57	2 ♌ 52	1 ♏ 27	28 ♌ 5	14 ♉	3 ♈	28 ♓	12 ♓	16 ♒
15	24 ♈ 23	25 ♎ 58	21 ♏ 13	19 ♏ 45	13 ♉ 56	24 ♈ 24	17 ♊ 25	23 ♍ 34	13 ♐ 55	2 ♌ 52	1 ♏ 25	28 ♌ 4	14 ♉	3 ♈	28 ♓	13 ♓	16 ♒
16	25 ♈ 22	10 ♏ 9	21 ♏ 10	19 ♏ 44	14 ♉ 55	25 ♈ 38	18 ♊ 3	23 ♍ 29	13 ♐ 53	2 ♌ 52	1 ♏ 23	28 ♌ 3	15 ♉	4 ♈	29 ♓	13 ♓	16 ♒
17	26 ♈ 21	23 ♏ 57	21 ♏ 7	19 D 43	15 ♉ 49	26 ♈ 52	18 ♊ 41	23 ♍ 23	13 ♐ 51	2 ♌ 52	1 ♏ 22	28 ♌ 3	15 ♉	4 ♈	29 ♓	14 ♓	16 ♒
18	27 ♈ 19	7 ♐ 22	21 ♏ 4	19 ♏ 44	16 ♉ 37	28 ♈ 7	19 ♊ 18	23 ♍ 18	13 ♐ 49	2 ♌ 53	1 ♏ 20	28 ♌ 2	15 ♉	4 ♈	0 ♈	14 ♓	16 ♒
19	28 ♈ 18	20 ♐ 24	21 ♏ 0	19 ♏ 45	17 ♉ 19	29 ♈ 21	19 ♊ 56	23 ♍ 12	13 ♐ 46	2 ♌ 53	1 ♏ 19	28 ♌ 1	16 ♉	5 ♈	0 ♈	15 ♓	16 ♒
20	29 ♈ 16	3 ♑ 3	20 ♏ 57	19 ♏ 47	17 ♉ 55	0 ♉ 35	20 ♊ 34	23 ♍ 7	13 ♐ 44	2 ♌ 54	1 ♏ 17	28 ♌ 1	16 ♉	5 ♈	1 ♈	15 ♓	16 ♒
21	0 ♉ 15	15 ♑ 25	20 ♏ 54	19 ♏ 48	18 ♉ 25	1 ♉ 49	21 ♊ 11	23 ♍ 2	13 ♐ 41	2 ♌ 54	1 ♏ 15	28 ♌ 0	17 ♉	5 ♈	1 ♈	15 ♓	16 ♒
22	1 ♉ 13	27 ♑ 33	20 ♏ 51	19 ♏ 49	18 ♉ 49	3 ♉ 3	21 ♊ 49	22 ♍ 57	13 ♐ 39	2 ♌ 55	1 ♏ 14	28 ♌ 0	17 ♉	6 ♈	2 ♈	16 ♓	16 ♒
23	2 ♉ 12	9 ♒ 31	20 ♏ 48	19 R 49	19 ♉ 7	4 ♉ 18	22 ♊ 27	22 ♍ 53	13 ♐ 36	2 ♌ 55	1 ♏ 12	27 ♌ 59	17 ♉	6 ♈	2 ♈	16 ♓	16 ♒
24	3 ♉ 10	21 ♒ 24	20 ♏ 44	19 ♏ 48	19 ♉ 19	5 ♉ 32	23 ♊ 4	22 ♍ 48	13 ♐ 33	2 ♌ 56	1 ♏ 10	27 ♌ 59	18 ♉	7 ♈	3 ♈	17 ♓	16 ♒
25	4 ♉ 9	3 ♓ 16	20 ♏ 41	19 ♏ 46	19 ♉ 25	6 ♉ 46	23 ♊ 42	22 ♍ 44	13 ♐ 30	2 ♌ 57	1 ♏ 9	27 ♌ 58	18 ♉	7 ♈	3 ♈	17 ♓	17 ♒
26	5 ♉ 7	15 ♓ 13	20 ♏ 38	19 ♏ 44	19 R 26	8 ♉ 0	24 ♊ 20	22 ♍ 39	13 ♐ 27	2 ♌ 58	1 ♏ 7	27 ♌ 58	19 ♉	7 ♈	4 ♈	18 ♓	17 ♒
27	6 ♉ 6	27 ♓ 16	20 ♏ 35	19 ♏ 42	19 ♉ 21	9 ♉ 14	24 ♊ 58	22 ♍ 35	13 ♐ 24	2 ♌ 58	1 ♏ 5	27 ♌ 58	19 ♉	8 ♈	4 ♈	18 ♓	17 ♒
28	7 ♉ 4	9 ♈ 30	20 ♏ 32	19 ♏ 40	19 ♉ 11	10 ♉ 28	25 ♊ 35	22 ♍ 31	13 ♐ 21	2 ♌ 59	1 ♏ 4	27 ♌ 57	19 ♉	8 ♈	5 ♈	19 ♓	17 ♒
29	8 ♉ 2	21 ♈ 57	20 ♏ 29	19 ♏ 39	18 ♉ 56	11 ♉ 42	26 ♊ 13	22 ♍ 28	13 ♐ 18	3 ♌ 0	1 ♏ 2	27 ♌ 57	20 ♉	8 ♈	5 ♈	19 ♓	17 ♒
30	9 ♉ 1	4 ♉ 37	20 ♏ 25	19 ♏ 38	18 ♉ 36	12 ♉ 56	26 ♊ 51	22 ♍ 24	13 ♐ 15	3 ♌ 1	1 ♏ 1	27 ♌ 56	20 ♉	9 ♈	6 ♈	20 ♓	17 ♒

SUN INGRESS: ☉ → ♉ 20日 17:41

MOON PHASE: ◐ 8日 05:33 ♋ ○ 14日 21:09 ♎ ◑ 22日 08:01 ♒ ● 30日 08:54 ♉

aspects		
3日	13:38	♀⚹♂
4日	09:09	☿△♇
4日	14:54	☉△♄
6日	07:12	☿☍♆
6日	17:29	♀△♄
7日	00:10	☿□♅
9日	16:31	♂☍♄
14日	22:39	☉☌♀
17日	22:30	♀△♇
18日	17:23	☉△♇
20日	13:15	♀☍♆
21日	21:09	♀□♅
22日	00:06	☉☍♆
23日	14:37	♂□♃
23日	18:03	☉□♅

1957年5月

DAY	☉	☽	☊ mean	☊ true	☿	♀	♂	♃	♄	♅	♆	♇	⚳	⚴	⚵	⚶	⚷
	° ′	° ′	° ′	° ′	° ′	° ′	° ′	° ′	° ′	° ′	° ′	° ′	°	°	°	°	°
1	9 ♉ 59	17 ♉ 31	20 ♏ 22	19 R 38	18 R 12	14 D 10	27 D 28	22 R 21	13 R 12	3 D 2	0 R 59	27 R 56	21 D	9 D	6 D	20 D	17 D
2	10 ♉ 57	0 ♊ 40	20 ♏ 19	19 D 38	17 ♉ 44	15 ♉ 24	28 ♊ 6	22 ♍ 17	13 ♐ 8	3 ♌ 3	0 ♏ 57	27 ♌ 56	21 ♉	9 ♈	7 ♈	20 ♓	17 ♒
3	11 ♉ 55	14 ♊ 3	20 ♏ 16	19 ♏ 38	17 ♉ 13	16 ♉ 38	28 ♊ 44	22 ♍ 14	13 ♐ 5	3 ♌ 5	0 ♏ 56	27 ♌ 56	21 ♉	10 ♈	7 ♈	21 ♓	17 ♒
4	12 ♉ 54	27 ♊ 38	20 ♏ 13	19 ♏ 39	16 ♉ 40	17 ♉ 52	29 ♊ 21	22 ♍ 11	13 ♐ 1	3 ♌ 6	0 ♏ 54	27 ♌ 56	22 ♉	10 ♈	8 ♈	21 ♓	17 ♒
5	13 ♉ 52	11 ♋ 25	20 ♏ 10	19 ♏ 39	16 ♉ 5	19 ♉ 6	29 ♊ 59	22 ♍ 9	12 ♐ 58	3 ♌ 7	0 ♏ 53	27 ♌ 55	22 ♉	10 ♈	8 ♈	22 ♓	17 ♒
6	14 ♉ 50	25 ♋ 22	20 ♏ 6	19 ♏ 40	15 ♉ 28	20 ♉ 20	0 ♋ 37	22 ♍ 6	12 ♐ 54	3 ♌ 8	0 ♏ 51	27 ♌ 55	23 ♉	11 ♈	9 ♈	22 ♓	17 ♒
7	15 ♉ 48	9 ♌ 28	20 ♏ 3	19 ♏ 40	14 ♉ 51	21 ♉ 34	1 ♋ 14	22 ♍ 4	12 ♐ 50	3 ♌ 10	0 ♏ 49	27 ♌ 55	23 ♉	11 ♈	9 ♈	23 ♓	17 ♒
8	16 ♉ 46	23 ♌ 41	20 ♏ 0	19 R 40	14 ♉ 13	22 ♉ 48	1 ♋ 52	22 ♍ 2	12 ♐ 47	3 ♌ 11	0 ♏ 48	27 ♌ 55	24 ♉	11 ♈	10 ♈	23 ♓	17 ♒
9	17 ♉ 44	7 ♍ 58	19 ♏ 57	19 ♏ 40	13 ♉ 36	24 ♉ 2	2 ♋ 30	22 ♍ 0	12 ♐ 43	3 ♌ 13	0 ♏ 46	27 ♌ 55	24 ♉	12 ♈	10 ♈	23 ♓	17 ♒
10	18 ♉ 42	22 ♍ 17	19 ♏ 54	19 ♏ 40	13 ♉ 1	25 ♉ 16	3 ♋ 7	21 ♍ 58	12 ♐ 39	3 ♌ 14	0 ♏ 45	27 ♌ 55	24 ♉	12 ♈	11 ♈	24 ♓	17 ♒
11	19 ♉ 40	6 ♎ 33	19 ♏ 50	19 D 40	12 ♉ 28	26 ♉ 30	3 ♋ 45	21 ♍ 56	12 ♐ 35	3 ♌ 16	0 ♏ 43	27 D 55	25 ♉	12 ♈	11 ♈	24 ♓	17 ♒
12	20 ♉ 38	20 ♎ 44	19 ♏ 47	19 ♏ 40	11 ♉ 56	27 ♉ 44	4 ♋ 22	21 ♍ 55	12 ♐ 31	3 ♌ 17	0 ♏ 42	27 ♌ 55	25 ♉	13 ♈	12 ♈	25 ♓	17 ♒
13	21 ♉ 36	4 ♏ 46	19 ♏ 44	19 ♏ 40	11 ♉ 28	28 ♉ 58	5 ♋ 0	21 ♍ 54	12 ♐ 27	3 ♌ 19	0 ♏ 40	27 ♌ 55	26 ♉	13 ♈	12 ♈	25 ♓	17 ♒
14	22 ♉ 34	18 ♏ 34	19 ♏ 41	19 ♏ 40	11 ♉ 3	0 ♊ 11	5 ♋ 38	21 ♍ 52	12 ♐ 23	3 ♌ 21	0 ♏ 39	27 ♌ 55	26 ♉	13 ♈	13 ♈	26 ♓	17 ♒
15	23 ♉ 32	2 ♐ 6	19 ♏ 38	19 R 40	10 ♉ 42	1 ♊ 25	6 ♋ 15	21 ♍ 52	12 ♐ 19	3 ♌ 22	0 ♏ 37	27 ♌ 55	26 ♉	14 ♈	13 ♈	26 ♓	17 ♒
16	24 ♉ 29	15 ♐ 21	19 ♏ 35	19 ♏ 40	10 ♉ 25	2 ♊ 39	6 ♋ 53	21 ♍ 51	12 ♐ 15	3 ♌ 24	0 ♏ 36	27 ♌ 55	27 ♉	14 ♈	14 ♈	26 ♓	17 ♒
17	25 ♉ 27	28 ♐ 17	19 ♏ 31	19 ♏ 39	10 ♉ 12	3 ♊ 53	7 ♋ 31	21 ♍ 50	12 ♐ 11	3 ♌ 26	0 ♏ 34	27 ♌ 56	27 ♉	14 ♈	14 ♈	27 ♓	17 ♒
18	26 ♉ 25	10 ♑ 55	19 ♏ 28	19 ♏ 38	10 ♉ 3	5 ♊ 7	8 ♋ 8	21 ♍ 50	12 ♐ 7	3 ♌ 28	0 ♏ 33	27 ♌ 56	28 ♉	15 ♈	15 ♈	27 ♓	17 ♒
19	27 ♉ 23	23 ♑ 17	19 ♏ 25	19 ♏ 37	9 ♉ 59	6 ♊ 20	8 ♋ 46	21 ♍ 50	12 ♐ 3	3 ♌ 30	0 ♏ 31	27 ♌ 56	28 ♉	15 ♈	15 ♈	28 ♓	17 ♒
20	28 ♉ 20	5 ♒ 26	19 ♏ 22	19 ♏ 36	10 D 0	7 ♊ 34	9 ♋ 23	21 D 50	11 ♐ 59	3 ♌ 32	0 ♏ 30	27 ♌ 56	28 ♉	15 ♈	16 ♈	28 ♓	17 ♒
21	29 ♉ 18	17 ♒ 26	19 ♏ 19	19 ♏ 36	10 ♉ 5	8 ♊ 48	10 ♋ 1	21 ♍ 50	11 ♐ 54	3 ♌ 34	0 ♏ 29	27 ♌ 57	29 ♉	16 ♈	16 ♈	28 ♓	17 ♒
22	0 ♊ 16	29 ♒ 20	19 ♏ 16	19 ♏ 35	10 ♉ 14	10 ♊ 2	10 ♋ 39	21 ♍ 50	11 ♐ 50	3 ♌ 36	0 ♏ 27	27 ♌ 57	29 ♉	16 ♈	17 ♈	29 ♓	17 ♒
23	1 ♊ 14	11 ♓ 13	19 ♏ 12	19 D 36	10 ♉ 28	11 ♊ 15	11 ♋ 16	21 ♍ 51	11 ♐ 46	3 ♌ 38	0 ♏ 26	27 ♌ 57	0 ♊	16 ♈	17 ♈	29 ♓	17 R
24	2 ♊ 11	23 ♓ 11	19 ♏ 9	19 ♏ 36	10 ♉ 46	12 ♊ 29	11 ♋ 54	21 ♍ 52	11 ♐ 41	3 ♌ 40	0 ♏ 25	27 ♌ 58	0 ♊	17 ♈	18 ♈	0 ♈	17 ♒
25	3 ♊ 9	5 ♈ 16	19 ♏ 6	19 ♏ 37	11 ♉ 9	13 ♊ 43	12 ♋ 31	21 ♍ 52	11 ♐ 37	3 ♌ 42	0 ♏ 23	27 ♌ 58	1 ♊	17 ♈	18 ♈	0 ♈	17 ♒
26	4 ♊ 7	17 ♈ 35	19 ♏ 3	19 ♏ 38	11 ♉ 36	14 ♊ 56	13 ♋ 9	21 ♍ 54	11 ♐ 33	3 ♌ 45	0 ♏ 22	27 ♌ 59	1 ♊	17 ♈	19 ♈	1 ♈	17 ♒
27	5 ♊ 4	0 ♉ 9	19 ♏ 0	19 ♏ 40	12 ♉ 8	16 ♊ 10	13 ♋ 47	21 ♍ 55	11 ♐ 28	3 ♌ 47	0 ♏ 21	27 ♌ 59	1 ♊	18 ♈	19 ♈	1 ♈	17 ♒
28	6 ♊ 2	13 ♉ 1	18 ♏ 56	19 ♏ 41	12 ♉ 43	17 ♊ 24	14 ♋ 24	21 ♍ 56	11 ♐ 24	3 ♌ 49	0 ♏ 19	28 ♌ 0	2 ♊	18 ♈	20 ♈	1 ♈	17 ♒
29	6 ♊ 59	26 ♉ 12	18 ♏ 53	19 R 41	13 ♉ 22	18 ♊ 37	15 ♋ 2	21 ♍ 58	11 ♐ 19	3 ♌ 52	0 ♏ 18	28 ♌ 0	2 ♊	18 ♈	20 ♈	2 ♈	17 ♒
30	7 ♊ 57	9 ♊ 43	18 ♏ 50	19 ♏ 40	14 ♉ 5	19 ♊ 51	15 ♋ 39	22 ♍ 0	11 ♐ 15	3 ♌ 54	0 ♏ 17	28 ♌ 1	3 ♊	19 ♈	21 ♈	2 ♈	17 ♒
31	8 ♊ 54	23 ♊ 32	18 ♏ 47	19 ♏ 38	14 ♉ 52	21 ♊ 4	16 ♋ 17	22 ♍ 2	11 ♐ 10	3 ♌ 56	0 ♏ 16	28 ♌ 1	3 ♊	19 ♈	21 ♈	2 ♈	17 ♒

SUN INGRESS	☉ → ♊ 21日 17:10
MOON PHASE	◐ 7日 11:29 ♌ ○ 14日 07:34 ♏ ◑ 22日 02:03 ♓ ● 29日 20:39 ♊

aspects

1日	17:42	♂⚹♇
3日	07:53	☿☌♀
6日	08:49	♂△♆
6日	09:34	☉☌☿
7日	09:19	♀△♃
12日	03:41	♀□♇
13日	07:12	☉△♃
16日	15:04	♀⚹♅
19日	13:57	☉□♇
21日	02:52	☿⚹♂
23日	09:22	♀☍♄
25日	14:28	☉⚹♅
31日	19:13	♀□♃

1957年6月

DAY	☉	☽	☊ mean	☊ true	☿	♀	♂	♃	♄	♅	♆	♇	⚳	⚴	⚵	⚶	⚷
	° ′	° ′	° ′	° ′	° ′	° ′	° ′	° ′	° ′	° ′	° ′	° ′	°	°	°	°	°
1	9 ♊ 52	7 ♋ 34	18 ♏ 44	19 R 35	15 D 43	22 D 18	16 D 55	22 D 4	11 R 6	3 D 59	0 R 14	28 D 2	3 D	19 D	22 D	3 D	17 R
2	10 ♊ 50	21 ♋ 48	18 ♏ 41	19 ♏ 33	16 ♉ 37	23 ♊ 32	17 ♋ 32	22 ♍ 6	11 ♐ 2	4 ♌ 1	0 ♏ 13	28 ♌ 3	4 ♊	20 ♈	22 ♈	3 ♈	17 ♒
3	11 ♊ 47	6 ♌ 7	18 ♏ 37	19 ♏ 30	17 ♉ 34	24 ♊ 45	18 ♋ 10	22 ♍ 9	10 ♐ 57	4 ♌ 4	0 ♏ 12	28 ♌ 3	4 ♊	20 ♈	23 ♈	4 ♈	17 ♒
4	12 ♊ 45	20 ♌ 27	18 ♏ 34	19 ♏ 28	18 ♉ 35	25 ♊ 59	18 ♋ 47	22 ♍ 11	10 ♐ 53	4 ♌ 7	0 ♏ 11	28 ♌ 4	5 ♊	20 ♈	23 ♈	4 ♈	17 ♒
5	13 ♊ 42	4 ♍ 46	18 ♏ 31	19 ♏ 27	19 ♉ 39	27 ♊ 12	19 ♋ 25	22 ♍ 14	10 ♐ 48	4 ♌ 9	0 ♏ 10	28 ♌ 5	5 ♊	21 ♈	24 ♈	4 ♈	17 ♒
6	14 ♊ 39	18 ♍ 58	18 ♏ 28	19 D 26	20 ♉ 47	28 ♊ 26	20 ♋ 3	22 ♍ 17	10 ♐ 44	4 ♌ 12	0 ♏ 9	28 ♌ 5	5 ♊	21 ♈	24 ♈	5 ♈	17 ♒
7	15 ♊ 37	3 ♎ 3	18 ♏ 25	19 ♏ 27	21 ♉ 57	29 ♊ 39	20 ♋ 40	22 ♍ 20	10 ♐ 39	4 ♌ 15	0 ♏ 8	28 ♌ 6	6 ♊	21 ♈	25 ♈	5 ♈	17 ♒
8	16 ♊ 34	16 ♎ 59	18 ♏ 22	19 ♏ 28	23 ♉ 11	0 ♋ 53	21 ♋ 18	22 ♍ 24	10 ♐ 35	4 ♌ 17	0 ♏ 7	28 ♌ 7	6 ♊	22 ♈	25 ♈	5 ♈	17 ♒
9	17 ♊ 32	0 ♏ 45	18 ♏ 18	19 ♏ 30	24 ♉ 28	2 ♋ 6	21 ♋ 55	22 ♍ 27	10 ♐ 31	4 ♌ 20	0 ♏ 6	28 ♌ 8	7 ♊	22 ♈	26 ♈	6 ♈	17 ♒
10	18 ♊ 29	14 ♏ 19	18 ♏ 15	19 ♏ 31	25 ♉ 47	3 ♋ 20	22 ♋ 33	22 ♍ 31	10 ♐ 26	4 ♌ 23	0 ♏ 5	28 ♌ 9	7 ♊	22 ♈	26 ♈	6 ♈	17 ♒
11	19 ♊ 26	27 ♏ 42	18 ♏ 12	19 R 31	27 ♉ 10	4 ♋ 33	23 ♋ 10	22 ♍ 35	10 ♐ 22	4 ♌ 26	0 ♏ 4	28 ♌ 10	8 ♊	22 ♈	27 ♈	7 ♈	17 ♒
12	20 ♊ 24	10 ♐ 52	18 ♏ 9	19 ♏ 29	28 ♉ 36	5 ♋ 47	23 ♋ 48	22 ♍ 39	10 ♐ 17	4 ♌ 29	0 ♏ 3	28 ♌ 11	8 ♊	23 ♈	27 ♈	7 ♈	17 ♒
13	21 ♊ 21	23 ♐ 49	18 ♏ 6	19 ♏ 26	0 ♊ 5	7 ♋ 0	24 ♋ 26	22 ♍ 43	10 ♐ 13	4 ♌ 31	0 ♏ 2	28 ♌ 11	8 ♊	23 ♈	28 ♈	7 ♈	17 ♒
14	22 ♊ 18	6 ♑ 32	18 ♏ 2	19 ♏ 21	1 ♊ 36	8 ♋ 13	25 ♋ 3	22 ♍ 47	10 ♐ 9	4 ♌ 34	0 ♏ 1	28 ♌ 12	9 ♊	23 ♈	28 ♈	8 ♈	17 ♒
15	23 ♊ 15	19 ♑ 2	17 ♏ 59	19 ♏ 16	3 ♊ 11	9 ♋ 27	25 ♋ 41	22 ♍ 52	10 ♐ 5	4 ♌ 37	0 ♏ 0	28 ♌ 13	9 ♊	24 ♈	29 ♈	8 ♈	17 ♒
16	24 ♊ 13	1 ♒ 19	17 ♏ 56	19 ♏ 10	4 ♊ 48	10 ♋ 40	26 ♋ 18	22 ♍ 56	10 ♐ 0	4 ♌ 40	0 ♏ 0	28 ♌ 14	10 ♊	24 ♈	29 ♈	8 ♈	17 ♒
17	25 ♊ 10	13 ♒ 26	17 ♏ 53	19 ♏ 4	6 ♊ 28	11 ♋ 54	26 ♋ 56	23 ♍ 1	9 ♐ 56	4 ♌ 43	29 ♎ 59	28 ♌ 15	10 ♊	24 ♈	0 ♉	9 ♈	17 ♒
18	26 ♊ 7	25 ♒ 24	17 ♏ 50	18 ♏ 59	8 ♊ 11	13 ♋ 7	27 ♋ 33	23 ♍ 6	9 ♐ 52	4 ♌ 46	29 ♎ 58	28 ♌ 17	10 ♊	25 ♈	0 ♉	9 ♈	17 ♒
19	27 ♊ 5	7 ♓ 18	17 ♏ 47	18 ♏ 56	9 ♊ 57	14 ♋ 20	28 ♋ 11	23 ♍ 11	9 ♐ 48	4 ♌ 49	29 ♎ 57	28 ♌ 18	11 ♊	25 ♈	1 ♉	9 ♈	17 ♒
20	28 ♊ 2	19 ♓ 10	17 ♏ 43	18 ♏ 54	11 ♊ 45	15 ♋ 34	28 ♋ 49	23 ♍ 16	9 ♐ 44	4 ♌ 53	29 ♎ 57	28 ♌ 19	11 ♊	25 ♈	1 ♉	10 ♈	17 ♒
21	28 ♊ 59	1 ♈ 7	17 ♏ 40	18 D 53	13 ♊ 36	16 ♋ 47	29 ♋ 26	23 ♍ 22	9 ♐ 40	4 ♌ 56	29 ♎ 56	28 ♌ 20	12 ♊	26 ♈	2 ♉	10 ♈	16 ♒
22	29 ♊ 56	13 ♈ 11	17 ♏ 37	18 ♏ 54	15 ♊ 30	18 ♋ 0	0 ♌ 4	23 ♍ 27	9 ♐ 35	4 ♌ 59	29 ♎ 55	28 ♌ 21	12 ♊	26 ♈	2 ♉	10 ♈	16 ♒
23	0 ♋ 54	25 ♈ 30	17 ♏ 34	18 ♏ 56	17 ♊ 26	19 ♋ 14	0 ♌ 41	23 ♍ 33	9 ♐ 31	5 ♌ 2	29 ♎ 55	28 ♌ 22	12 ♊	26 ♈	3 ♉	11 ♈	16 ♒
24	1 ♋ 51	8 ♉ 6	17 ♏ 31	18 ♏ 57	19 ♊ 25	20 ♋ 27	1 ♌ 19	23 ♍ 39	9 ♐ 28	5 ♌ 5	29 ♎ 54	28 ♌ 23	13 ♊	26 ♈	3 ♉	11 ♈	16 ♒
25	2 ♋ 48	21 ♉ 4	17 ♏ 28	18 R 57	21 ♊ 26	21 ♋ 40	1 ♌ 57	23 ♍ 45	9 ♐ 24	5 ♌ 9	29 ♎ 54	28 ♌ 25	13 ♊	27 ♈	4 ♉	11 ♈	16 ♒
26	3 ♋ 45	4 ♊ 26	17 ♏ 24	18 ♏ 56	23 ♊ 29	22 ♋ 53	2 ♌ 34	23 ♍ 51	9 ♐ 20	5 ♌ 12	29 ♎ 53	28 ♌ 26	14 ♊	27 ♈	4 ♉	12 ♈	16 ♒
27	4 ♋ 43	18 ♊ 13	17 ♏ 21	18 ♏ 53	25 ♊ 34	24 ♋ 7	3 ♌ 12	23 ♍ 57	9 ♐ 16	5 ♌ 15	29 ♎ 53	28 ♌ 27	14 ♊	27 ♈	5 ♉	12 ♈	16 ♒
28	5 ♋ 40	2 ♋ 22	17 ♏ 18	18 ♏ 48	27 ♊ 40	25 ♋ 20	3 ♌ 49	24 ♍ 3	9 ♐ 12	5 ♌ 18	29 ♎ 52	28 ♌ 29	15 ♊	28 ♈	5 ♉	12 ♈	16 ♒
29	6 ♋ 37	16 ♋ 50	17 ♏ 15	18 ♏ 42	29 ♊ 48	26 ♋ 33	4 ♌ 27	24 ♍ 10	9 ♐ 9	5 ♌ 22	29 ♎ 52	28 ♌ 30	15 ♊	28 ♈	6 ♉	12 ♈	16 ♒
30	7 ♋ 34	1 ♌ 31	17 ♏ 12	18 ♏ 34	1 ♋ 57	27 ♋ 46	5 ♌ 5	24 ♍ 17	9 ♐ 5	5 ♌ 25	29 ♎ 51	28 ♌ 31	15 ♊	28 ♈	6 ♉	13 ♈	16 ♒

SUN INGRESS	☉ → ♋ 22日 01:20
MOON PHASE	◐ 5日 16:10 ♍ ○ 12日 19:02 ♐ ◑ 20日 19:22 ♓ ● 28日 05:53 ♋

aspects

2日	04:40	☉☍♄
4日	11:21	☿⚹♂
5日	17:16	♀⚹♇
7日	07:59	♀△♃
7日	09:12	♀△♆
9日	22:38	♂⚹♃
11日	16:55	☿□♇
14日	13:11	☉□♃
15日	22:07	♀⚹♅
18日	22:03	☿☍♄
20日	07:16	☉⚹♇
21日	18:46	♂□♆
21日	23:38	☉△♆
26日	04:27	☿□♃
26日	20:35	♀⚹♃
28日	09:12	☿⚹♇
29日	00:41	☿△♆
30日	14:23	♂☌♅

1957年7月

DAY	☉	☽	☊ mean	☊ true	☿	♀	♂	♃	♄	♅	♆	♇	⚳	⚴	⚵	⚶	⚷
	° ′	° ′	° ′	° ′	° ′	° ′	° ′	° ′	° ′	° ′	° ′	° ′	°	°	°	°	°
1	8 ♋ 31	16 ♌ 16	17 ♏ 8	18 R 27	4 D 7	28 D 59	5 D 42	24 D 23	9 R 1	5 D 29	29 R 51	28 D 33	16 D	28 D	7 D	13 D	16 R
2	9 ♋ 29	0 ♍ 58	17 ♏ 5	18 ♏ 21	6 ♋ 17	0 ♌ 13	6 ♌ 20	24 ♍ 30	8 ♐ 58	5 ♌ 32	29 ♎ 51	28 ♌ 34	16 ♊	29 ♈	7 ♉	13 ♈	16 ♒
3	10 ♋ 26	15 ♍ 31	17 ♏ 2	18 ♏ 17	8 ♋ 28	1 ♌ 26	6 ♌ 57	24 ♍ 37	8 ♐ 54	5 ♌ 35	29 ♎ 50	28 ♌ 35	17 ♊	29 ♈	8 ♉	14 ♈	16 ♒
4	11 ♋ 23	29 ♍ 50	16 ♏ 59	18 ♏ 14	10 ♋ 39	2 ♌ 39	7 ♌ 35	24 ♍ 45	8 ♐ 51	5 ♌ 39	29 ♎ 50	28 ♌ 37	17 ♊	29 ♈	8 ♉	14 ♈	16 ♒
5	12 ♋ 20	13 ♎ 53	16 ♏ 56	18 D 14	12 ♋ 49	3 ♌ 52	8 ♌ 13	24 ♍ 52	8 ♐ 48	5 ♌ 42	29 ♎ 50	28 ♌ 38	17 ♊	0 ♉	9 ♉	14 ♈	16 ♒
6	13 ♋ 17	27 ♎ 38	16 ♏ 53	18 ♏ 14	14 ♋ 59	5 ♌ 5	8 ♌ 50	24 ♍ 59	8 ♐ 44	5 ♌ 46	29 ♎ 50	28 ♌ 40	18 ♊	0 ♉	9 ♉	14 ♈	16 ♒
7	14 ♋ 15	11 ♏ 7	16 ♏ 49	18 ♏ 15	17 ♋ 8	6 ♌ 18	9 ♌ 28	25 ♍ 7	8 ♐ 41	5 ♌ 49	29 ♎ 49	28 ♌ 41	18 ♊	0 ♉	10 ♉	15 ♈	16 ♒
8	15 ♋ 12	24 ♏ 22	16 ♏ 46	18 R 15	19 ♋ 16	7 ♌ 31	10 ♌ 6	25 ♍ 15	8 ♐ 38	5 ♌ 53	29 ♎ 49	28 ♌ 43	19 ♊	0 ♉	10 ♉	15 ♈	16 ♒
9	16 ♋ 9	7 ♐ 23	16 ♏ 43	18 ♏ 13	21 ♋ 23	8 ♌ 44	10 ♌ 43	25 ♍ 22	8 ♐ 35	5 ♌ 56	29 ♎ 49	28 ♌ 44	19 ♊	1 ♉	11 ♉	15 ♈	16 ♒
10	17 ♋ 6	20 ♐ 12	16 ♏ 40	18 ♏ 9	23 ♋ 28	9 ♌ 57	11 ♌ 21	25 ♍ 30	8 ♐ 32	6 ♌ 0	29 ♎ 49	28 ♌ 46	19 ♊	1 ♉	11 ♉	15 ♈	16 ♒
11	18 ♋ 3	2 ♑ 50	16 ♏ 37	18 ♏ 3	25 ♋ 32	11 ♌ 10	11 ♌ 59	25 ♍ 38	8 ♐ 29	6 ♌ 3	29 ♎ 49	28 ♌ 47	20 ♊	1 ♉	12 ♉	16 ♈	16 ♒
12	19 ♋ 1	15 ♑ 18	16 ♏ 34	17 ♏ 54	27 ♋ 35	12 ♌ 23	12 ♌ 36	25 ♍ 47	8 ♐ 26	6 ♌ 7	29 ♎ 49	28 ♌ 49	20 ♊	1 ♉	12 ♉	16 ♈	16 ♒
13	19 ♋ 58	27 ♑ 36	16 ♏ 30	17 ♏ 43	29 ♋ 36	13 ♌ 36	13 ♌ 14	25 ♍ 55	8 ♐ 23	6 ♌ 10	29 D 49	28 ♌ 51	21 ♊	2 ♉	13 ♉	16 ♈	16 ♒
14	20 ♋ 55	9 ♒ 45	16 ♏ 27	17 ♏ 32	1 ♌ 35	14 ♌ 49	13 ♌ 52	26 ♍ 3	8 ♐ 21	6 ♌ 14	29 ♎ 49	28 ♌ 52	21 ♊	2 ♉	13 ♉	16 ♈	16 ♒
15	21 ♋ 52	21 ♒ 46	16 ♏ 24	17 ♏ 21	3 ♌ 33	16 ♌ 2	14 ♌ 29	26 ♍ 12	8 ♐ 18	6 ♌ 18	29 ♎ 49	28 ♌ 54	21 ♊	2 ♉	13 ♉	17 ♈	16 ♒
16	22 ♋ 49	3 ♓ 41	16 ♏ 21	17 ♏ 11	5 ♌ 29	17 ♌ 15	15 ♌ 7	26 ♍ 20	8 ♐ 16	6 ♌ 21	29 ♎ 49	28 ♌ 55	22 ♊	2 ♉	14 ♉	17 ♈	16 ♒
17	23 ♋ 47	15 ♓ 33	16 ♏ 18	17 ♏ 2	7 ♌ 23	18 ♌ 28	15 ♌ 45	26 ♍ 29	8 ♐ 13	6 ♌ 25	29 ♎ 49	28 ♌ 57	22 ♊	3 ♉	14 ♉	17 ♈	15 ♒
18	24 ♋ 44	27 ♓ 24	16 ♏ 14	16 ♏ 57	9 ♌ 15	19 ♌ 41	16 ♌ 22	26 ♍ 38	8 ♐ 11	6 ♌ 29	29 ♎ 50	28 ♌ 59	23 ♊	3 ♉	15 ♉	17 ♈	15 ♒
19	25 ♋ 41	9 ♈ 19	16 ♏ 11	16 ♏ 53	11 ♌ 5	20 ♌ 53	17 ♌ 0	26 ♍ 47	8 ♐ 8	6 ♌ 32	29 ♎ 50	29 ♌ 0	23 ♊	3 ♉	15 ♉	18 ♈	15 ♒
20	26 ♋ 38	21 ♈ 21	16 ♏ 8	16 ♏ 52	12 ♌ 54	22 ♌ 6	17 ♌ 38	26 ♍ 56	8 ♐ 6	6 ♌ 36	29 ♎ 50	29 ♌ 2	23 ♊	3 ♉	16 ♉	18 ♈	15 ♒
21	27 ♋ 36	3 ♉ 37	16 ♏ 5	16 D 52	14 ♌ 40	23 ♌ 19	18 ♌ 16	27 ♍ 5	8 ♐ 4	6 ♌ 39	29 ♎ 50	29 ♌ 4	24 ♊	4 ♉	16 ♉	18 ♈	15 ♒
22	28 ♋ 33	16 ♉ 11	16 ♏ 2	16 ♏ 52	16 ♌ 25	24 ♌ 32	18 ♌ 53	27 ♍ 14	8 ♐ 2	6 ♌ 43	29 ♎ 51	29 ♌ 6	24 ♊	4 ♉	17 ♉	18 ♈	15 ♒
23	29 ♋ 30	29 ♉ 8	15 ♏ 59	16 R 52	18 ♌ 8	25 ♌ 45	19 ♌ 31	27 ♍ 23	8 ♐ 0	6 ♌ 47	29 ♎ 51	29 ♌ 7	25 ♊	4 ♉	17 ♉	18 ♈	15 ♒
24	0 ♌ 28	12 ♊ 32	15 ♏ 55	16 ♏ 49	19 ♌ 50	26 ♌ 57	20 ♌ 9	27 ♍ 33	7 ♐ 58	6 ♌ 51	29 ♎ 51	29 ♌ 9	25 ♊	4 ♉	18 ♉	19 ♈	15 ♒
25	1 ♌ 25	26 ♊ 24	15 ♏ 52	16 ♏ 45	21 ♌ 29	28 ♌ 10	20 ♌ 47	27 ♍ 42	7 ♐ 56	6 ♌ 54	29 ♎ 52	29 ♌ 11	25 ♊	5 ♉	18 ♉	19 ♈	15 ♒
26	2 ♌ 22	10 ♋ 44	15 ♏ 49	16 ♏ 38	23 ♌ 7	29 ♌ 23	21 ♌ 24	27 ♍ 52	7 ♐ 55	6 ♌ 58	29 ♎ 52	29 ♌ 13	26 ♊	5 ♉	19 ♉	19 ♈	15 ♒
27	3 ♌ 20	25 ♋ 28	15 ♏ 46	16 ♏ 28	24 ♌ 43	0 ♍ 35	22 ♌ 2	28 ♍ 2	7 ♐ 53	7 ♌ 2	29 ♎ 53	29 ♌ 15	26 ♊	5 ♉	19 ♉	19 ♈	15 ♒
28	4 ♌ 17	10 ♌ 28	15 ♏ 43	16 ♏ 18	26 ♌ 17	1 ♍ 48	22 ♌ 40	28 ♍ 12	7 ♐ 52	7 ♌ 5	29 ♎ 53	29 ♌ 16	27 ♊	5 ♉	20 ♉	19 ♈	15 ♒
29	5 ♌ 14	25 ♌ 36	15 ♏ 39	16 ♏ 7	27 ♌ 49	3 ♍ 1	23 ♌ 18	28 ♍ 22	7 ♐ 50	7 ♌ 9	29 ♎ 54	29 ♌ 18	27 ♊	5 ♉	20 ♉	19 ♈	15 ♒
30	6 ♌ 12	10 ♍ 40	15 ♏ 36	15 ♏ 58	29 ♌ 20	4 ♍ 13	23 ♌ 56	28 ♍ 31	7 ♐ 49	7 ♌ 13	29 ♎ 54	29 ♌ 20	27 ♊	6 ♉	21 ♉	19 ♈	15 ♒
31	7 ♌ 9	25 ♍ 31	15 ♏ 33	15 ♏ 51	0 ♍ 48	5 ♍ 26	24 ♌ 34	28 ♍ 42	7 ♐ 48	7 ♌ 16	29 ♎ 55	29 ♌ 22	28 ♊	6 ♉	21 ♉	20 ♈	15 ♒

SUN INGRESS	☉ → ♌ 23日 12:15
MOON PHASE	◐ 4日 21:09 ♎ ○ 12日 07:50 ♑ ◑ 20日 11:17 ♈ ● 27日 13:28 ♌

aspects		
1日	16:50	♀□♆
4日	14:37	☉☌☿
5日	20:26	♂△♄
6日	14:01	♀☌♅
8日	21:04	♀△♄
11日	01:14	☿⚹♃
12日	08:55	♀☌♂
13日	02:36	☿□♆
16日	11:23	☿☌♅
17日	10:31	☿△♄
20日	08:39	☉⚹♃
23日	08:42	☉□♆
24日	07:23	☿☌♂
25日	20:38	♀☌♇
26日	09:47	♀⚹♆
30日	00:06	☿☌♇
30日	09:21	☿⚹♆
31日	03:16	☉☌♅
31日	15:51	☉△♄

1957年8月

DAY	☉	☽	☊ mean	☊ true	☿	♀	♂	♃	♄	♅	♆	♇	⚳	⚴	⚵	⚶	⚷
	° ′	° ′	° ′	° ′	° ′	° ′	° ′	° ′	° ′	° ′	° ′	° ′	°	°	°	°	°
1	8 ♌ 7	10 ♎ 3	15 ♏ 30	15 R 46	2 D 15	6 D 38	25 D 11	28 D 52	7 R 47	7 D 20	29 D 55	29 D 24	28 D	6 D	22 D	20 D	15 R
2	9 ♌ 4	24 ♎ 12	15 ♏ 27	15 ♏ 44	3 ♍ 40	7 ♍ 51	25 ♌ 49	29 ♍ 2	7 ♐ 46	7 ♌ 24	29 ♎ 56	29 ♌ 26	29 ♊	6 ♉	22 ♉	20 ♈	15 ♒
3	10 ♌ 1	7 ♏ 58	15 ♏ 24	15 ♏ 44	5 ♍ 3	9 ♍ 3	26 ♌ 27	29 ♍ 12	7 ♐ 45	7 ♌ 28	29 ♎ 57	29 ♌ 27	29 ♊	6 ♉	22 ♉	20 ♈	15 ♒
4	10 ♌ 59	21 ♏ 22	15 ♏ 20	15 ♏ 44	6 ♍ 24	10 ♍ 16	27 ♌ 5	29 ♍ 23	7 ♐ 44	7 ♌ 31	29 ♎ 57	29 ♌ 29	29 ♊	7 ♉	23 ♉	20 ♈	15 ♒
5	11 ♌ 56	4 ♐ 26	15 ♏ 17	15 ♏ 43	7 ♍ 43	11 ♍ 28	27 ♌ 43	29 ♍ 33	7 ♐ 43	7 ♌ 35	29 ♎ 58	29 ♌ 31	0 ♋	7 ♉	23 ♉	20 ♈	14 ♒
6	12 ♌ 54	17 ♐ 13	15 ♏ 14	15 ♏ 40	9 ♍ 0	12 ♍ 41	28 ♌ 21	29 ♍ 44	7 ♐ 42	7 ♌ 39	29 ♎ 59	29 ♌ 33	0 ♋	7 ♉	24 ♉	20 ♈	14 ♒
7	13 ♌ 51	29 ♐ 47	15 ♏ 11	15 ♏ 35	10 ♍ 15	13 ♍ 53	28 ♌ 59	29 ♍ 55	7 ♐ 42	7 ♌ 42	0 ♏ 0	29 ♌ 35	1 ♋	7 ♉	24 ♉	20 ♈	14 ♒
8	14 ♌ 49	12 ♑ 11	15 ♏ 8	15 ♏ 27	11 ♍ 28	15 ♍ 5	29 ♌ 37	0 ♎ 5	7 ♐ 41	7 ♌ 46	0 ♏ 1	29 ♌ 37	1 ♋	7 ♉	25 ♉	21 ♈	14 ♒
9	15 ♌ 46	24 ♑ 25	15 ♏ 5	15 ♏ 16	12 ♍ 39	16 ♍ 17	0 ♍ 15	0 ♎ 16	7 ♐ 41	7 ♌ 50	0 ♏ 1	29 ♌ 39	1 ♋	8 ♉	25 ♉	21 ♈	14 ♒
10	16 ♌ 44	6 ♒ 32	15 ♏ 1	15 ♏ 3	13 ♍ 47	17 ♍ 30	0 ♍ 53	0 ♎ 27	7 ♐ 41	7 ♌ 53	0 ♏ 2	29 ♌ 41	2 ♋	8 ♉	26 ♉	21 ♈	14 ♒
11	17 ♌ 41	18 ♒ 32	14 ♏ 58	14 ♏ 50	14 ♍ 54	18 ♍ 42	1 ♍ 30	0 ♎ 38	7 ♐ 41	7 ♌ 57	0 ♏ 3	29 ♌ 43	2 ♋	8 ♉	26 ♉	21 ♈	14 ♒
12	18 ♌ 39	0 ♓ 28	14 ♏ 55	14 ♏ 36	15 ♍ 57	19 ♍ 54	2 ♍ 8	0 ♎ 49	7 ♐ 40	8 ♌ 1	0 ♏ 4	29 ♌ 45	2 ♋	8 ♉	26 ♉	21 ♈	14 ♒
13	19 ♌ 36	12 ♓ 21	14 ♏ 52	14 ♏ 23	16 ♍ 58	21 ♍ 6	2 ♍ 46	1 ♎ 0	7 D 40	8 ♌ 4	0 ♏ 5	29 ♌ 47	3 ♋	8 ♉	27 ♉	21 ♈	14 ♒
14	20 ♌ 34	24 ♓ 11	14 ♏ 49	14 ♏ 13	17 ♍ 56	22 ♍ 18	3 ♍ 24	1 ♎ 11	7 ♐ 41	8 ♌ 8	0 ♏ 6	29 ♌ 49	3 ♋	8 ♉	27 ♉	21 ♈	14 ♒
15	21 ♌ 32	6 ♈ 2	14 ♏ 45	14 ♏ 6	18 ♍ 52	23 ♍ 30	4 ♍ 2	1 ♎ 22	7 ♐ 41	8 ♌ 12	0 ♏ 7	29 ♌ 51	4 ♋	8 ♉	28 ♉	21 ♈	14 ♒
16	22 ♌ 29	17 ♈ 57	14 ♏ 42	14 ♏ 1	19 ♍ 45	24 ♍ 43	4 ♍ 40	1 ♎ 34	7 ♐ 41	8 ♌ 15	0 ♏ 8	29 ♌ 52	4 ♋	9 ♉	28 ♉	21 ♈	14 ♒
17	23 ♌ 27	29 ♈ 59	14 ♏ 39	13 ♏ 59	20 ♍ 34	25 ♍ 55	5 ♍ 19	1 ♎ 45	7 ♐ 41	8 ♌ 19	0 ♏ 9	29 ♌ 54	4 ♋	9 ♉	29 ♉	21 ♈	14 ♒
18	24 ♌ 25	12 ♉ 14	14 ♏ 36	13 ♏ 58	21 ♍ 20	27 ♍ 7	5 ♍ 57	1 ♎ 56	7 ♐ 42	8 ♌ 22	0 ♏ 11	29 ♌ 56	5 ♋	9 ♉	29 ♉	21 ♈	14 ♒
19	25 ♌ 22	24 ♉ 45	14 ♏ 33	13 D 58	22 ♍ 3	28 ♍ 18	6 ♍ 35	2 ♎ 8	7 ♐ 43	8 ♌ 26	0 ♏ 12	29 ♌ 58	5 ♋	9 ♉	0 ♊	21 ♈	14 ♒
20	26 ♌ 20	7 ♊ 38	14 ♏ 30	13 R 58	22 ♍ 42	29 ♍ 30	7 ♍ 13	2 ♎ 19	7 ♐ 43	8 ♌ 30	0 ♏ 13	0 ♍ 0	5 ♋	9 ♉	0 ♊	21 ♈	14 ♒
21	27 ♌ 18	20 ♊ 57	14 ♏ 26	13 ♏ 56	23 ♍ 17	0 ♎ 42	7 ♍ 51	2 ♎ 31	7 ♐ 44	8 ♌ 33	0 ♏ 14	0 ♍ 2	6 ♋	9 ♉	0 ♊	21 R	14 ♒
22	28 ♌ 16	4 ♋ 46	14 ♏ 23	13 ♏ 52	23 ♍ 48	1 ♎ 54	8 ♍ 29	2 ♎ 43	7 ♐ 45	8 ♌ 37	0 ♏ 15	0 ♍ 4	6 ♋	9 ♉	1 ♊	21 ♈	14 ♒
23	29 ♌ 13	19 ♋ 4	14 ♏ 20	13 ♏ 45	24 ♍ 15	3 ♎ 6	9 ♍ 7	2 ♎ 54	7 ♐ 46	8 ♌ 40	0 ♏ 17	0 ♍ 6	7 ♋	9 ♉	1 ♊	21 ♈	14 ♒
24	0 ♍ 11	3 ♌ 49	14 ♏ 17	13 ♏ 36	24 ♍ 37	4 ♎ 18	9 ♍ 45	3 ♎ 6	7 ♐ 47	8 ♌ 44	0 ♏ 18	0 ♍ 8	7 ♋	10 ♉	2 ♊	21 ♈	13 ♒
25	1 ♍ 9	18 ♌ 54	14 ♏ 14	13 ♏ 26	24 ♍ 54	5 ♎ 29	10 ♍ 24	3 ♎ 18	7 ♐ 48	8 ♌ 47	0 ♏ 19	0 ♍ 10	7 ♋	10 ♉	2 ♊	21 ♈	13 ♒
26	2 ♍ 7	4 ♍ 11	14 ♏ 11	13 ♏ 16	25 ♍ 6	6 ♎ 41	11 ♍ 2	3 ♎ 30	7 ♐ 49	8 ♌ 51	0 ♏ 21	0 ♍ 12	8 ♋	10 ♉	2 ♊	21 ♈	13 ♒
27	3 ♍ 5	19 ♍ 28	14 ♏ 7	13 ♏ 7	25 ♍ 13	7 ♎ 53	11 ♍ 40	3 ♎ 42	7 ♐ 51	8 ♌ 54	0 ♏ 22	0 ♍ 14	8 ♋	10 ♉	3 ♊	21 ♈	13 ♒
28	4 ♍ 3	4 ♎ 34	14 ♏ 4	13 ♏ 0	25 R 14	9 ♎ 4	12 ♍ 18	3 ♎ 54	7 ♐ 52	8 ♌ 58	0 ♏ 23	0 ♍ 16	8 ♋	10 ♉	3 ♊	21 ♈	13 ♒
29	5 ♍ 1	19 ♎ 20	14 ♏ 1	12 ♏ 56	25 ♍ 10	10 ♎ 16	12 ♍ 56	4 ♎ 6	7 ♐ 54	9 ♌ 1	0 ♏ 25	0 ♍ 18	9 ♋	10 ♉	4 ♊	21 ♈	13 ♒
30	5 ♍ 59	3 ♏ 41	13 ♏ 58	12 ♏ 54	24 ♍ 59	11 ♎ 27	13 ♍ 35	4 ♎ 18	7 ♐ 55	9 ♌ 4	0 ♏ 26	0 ♍ 20	9 ♋	10 ♉	4 ♊	21 ♈	13 ♒
31	6 ♍ 57	17 ♏ 35	13 ♏ 55	12 D 53	24 ♍ 42	12 ♎ 39	14 ♍ 13	4 ♎ 30	7 ♐ 57	9 ♌ 8	0 ♏ 28	0 ♍ 22	9 ♋	10 ♉	4 ♊	21 ♈	13 ♒

SUN INGRESS	☉ → ♍ 23日 19:08
MOON PHASE	◐ 3日 03:55 ♏ ○ 10日 22:08 ♒ ◑ 19日 01:16 ♉ ● 25日 20:33 ♍

aspects		
1日	22:18	♀□♄
4日	23:56	☿□♄
6日	21:14	♄△♅
8日	00:12	♂☌♇
8日	15:29	♂⚹♆
20日	19:35	♂□♄
22日	19:27	♀☌♃
23日	22:44	☉☌♇
24日	02:51	☉⚹♆
26日	23:20	♀⚹♄
27日	21:39	♀⚹♅

1957年9月

DAY	☉	☽	☊ mean	☊ true	☿	♀	♂	♃	♄	♅	♆	♇	⚳	⚴	⚵	⚶	⚷
	° ′	° ′	° ′	° ′	° ′	° ′	° ′	° ′	° ′	° ′	° ′	° ′	°	°	°	°	°
1	7 ♍ 55	1 ♐ 2	13 ♏ 51	12 D 54	24 R 20	13 D 50	14 D 51	4 D 42	7 D 59	9 D 11	0 D 29	0 D 24	10 D	10 D	5 D	21 R	13 R
2	8 ♍ 53	14 ♐ 5	13 ♏ 48	12 R 54	23 ♍ 50	15 ♎ 2	15 ♍ 30	4 ♎ 55	8 ♐ 1	9 ♌ 15	0 ♏ 31	0 ♍ 26	10 ♋	10 ♉	5 ♊	20 ♈	13 ♒
3	9 ♍ 51	26 ♐ 49	13 ♏ 45	12 ♏ 52	23 ♍ 15	16 ♎ 13	16 ♍ 8	5 ♎ 7	8 ♐ 3	9 ♌ 18	0 ♏ 32	0 ♍ 28	10 ♋	10 ♉	6 ♊	20 ♈	13 ♒
4	10 ♍ 49	9 ♑ 16	13 ♏ 42	12 ♏ 49	22 ♍ 35	17 ♎ 24	16 ♍ 46	5 ♎ 19	8 ♐ 5	9 ♌ 21	0 ♏ 34	0 ♍ 30	11 ♋	10 ♉	6 ♊	20 ♈	13 ♒
5	11 ♍ 47	21 ♑ 30	13 ♏ 39	12 ♏ 43	21 ♍ 49	18 ♎ 36	17 ♍ 25	5 ♎ 32	8 ♐ 7	9 ♌ 24	0 ♏ 36	0 ♍ 32	11 ♋	10 ♉	6 ♊	20 ♈	13 ♒
6	12 ♍ 46	3 ♒ 35	13 ♏ 36	12 ♏ 34	20 ♍ 58	19 ♎ 47	18 ♍ 3	5 ♎ 44	8 ♐ 10	9 ♌ 28	0 ♏ 37	0 ♍ 34	12 ♋	10 ♉	7 ♊	20 ♈	13 ♒
7	13 ♍ 44	15 ♒ 34	13 ♏ 32	12 ♏ 24	20 ♍ 3	20 ♎ 58	18 ♍ 41	5 ♎ 56	8 ♐ 12	9 ♌ 31	0 ♏ 39	0 ♍ 36	12 ♋	10 ♉	7 ♊	20 ♈	13 ♒
8	14 ♍ 42	27 ♒ 29	13 ♏ 29	12 ♏ 13	19 ♍ 6	22 ♎ 9	19 ♍ 20	6 ♎ 9	8 ♐ 15	9 ♌ 34	0 ♏ 40	0 ♍ 38	12 ♋	10 ♉	7 ♊	20 ♈	13 ♒
9	15 ♍ 40	9 ♓ 21	13 ♏ 26	12 ♏ 2	18 ♍ 6	23 ♎ 20	19 ♍ 58	6 ♎ 21	8 ♐ 17	9 ♌ 37	0 ♏ 42	0 ♍ 40	13 ♋	10 R	8 ♊	20 ♈	13 ♒
10	16 ♍ 39	21 ♓ 13	13 ♏ 23	11 ♏ 52	17 ♍ 6	24 ♎ 31	20 ♍ 37	6 ♎ 34	8 ♐ 20	9 ♌ 40	0 ♏ 44	0 ♍ 42	13 ♋	10 ♉	8 ♊	19 ♈	13 ♒
11	17 ♍ 37	3 ♈ 5	13 ♏ 20	11 ♏ 44	16 ♍ 6	25 ♎ 42	21 ♍ 15	6 ♎ 46	8 ♐ 23	9 ♌ 44	0 ♏ 46	0 ♍ 44	13 ♋	10 ♉	8 ♊	19 ♈	13 ♒
12	18 ♍ 35	15 ♈ 0	13 ♏ 16	11 ♏ 39	15 ♍ 9	26 ♎ 53	21 ♍ 54	6 ♎ 59	8 ♐ 25	9 ♌ 47	0 ♏ 47	0 ♍ 45	14 ♋	10 ♉	9 ♊	19 ♈	13 ♒
13	19 ♍ 34	27 ♈ 0	13 ♏ 13	11 ♏ 35	14 ♍ 15	28 ♎ 4	22 ♍ 32	7 ♎ 12	8 ♐ 28	9 ♌ 50	0 ♏ 49	0 ♍ 47	14 ♋	10 ♉	9 ♊	19 ♈	13 ♒
14	20 ♍ 32	9 ♉ 7	13 ♏ 10	11 ♏ 34	13 ♍ 26	29 ♎ 14	23 ♍ 11	7 ♎ 24	8 ♐ 31	9 ♌ 53	0 ♏ 51	0 ♍ 49	14 ♋	10 ♉	9 ♊	19 ♈	13 ♒
15	21 ♍ 30	21 ♉ 26	13 ♏ 7	11 D 34	12 ♍ 43	0 ♏ 25	23 ♍ 49	7 ♎ 37	8 ♐ 34	9 ♌ 56	0 ♏ 53	0 ♍ 51	15 ♋	10 ♉	10 ♊	19 ♈	12 ♒
16	22 ♍ 29	3 ♊ 59	13 ♏ 4	11 ♏ 35	12 ♍ 7	1 ♏ 36	24 ♍ 28	7 ♎ 50	8 ♐ 38	9 ♌ 59	0 ♏ 55	0 ♍ 53	15 ♋	10 ♉	10 ♊	18 ♈	12 ♒
17	23 ♍ 27	16 ♊ 51	13 ♏ 1	11 ♏ 36	11 ♍ 39	2 ♏ 46	25 ♍ 7	8 ♎ 2	8 ♐ 41	10 ♌ 2	0 ♏ 56	0 ♍ 55	15 ♋	10 ♉	10 ♊	18 ♈	12 ♒
18	24 ♍ 26	0 ♋ 5	12 ♏ 57	11 R 37	11 ♍ 20	3 ♏ 57	25 ♍ 45	8 ♎ 15	8 ♐ 44	10 ♌ 5	0 ♏ 58	0 ♍ 57	16 ♋	10 ♉	11 ♊	18 ♈	12 ♒
19	25 ♍ 25	13 ♋ 46	12 ♏ 54	11 ♏ 35	11 ♍ 10	5 ♏ 7	26 ♍ 24	8 ♎ 28	8 ♐ 48	10 ♌ 7	1 ♏ 0	0 ♍ 59	16 ♋	10 ♉	11 ♊	18 ♈	12 ♒
20	26 ♍ 23	27 ♋ 53	12 ♏ 51	11 ♏ 32	11 D 10	6 ♏ 18	27 ♍ 3	8 ♎ 41	8 ♐ 51	10 ♌ 10	1 ♏ 2	1 ♍ 0	16 ♋	10 ♉	11 ♊	18 ♈	12 ♒
21	27 ♍ 22	12 ♌ 27	12 ♏ 48	11 ♏ 26	11 ♍ 19	7 ♏ 28	27 ♍ 41	8 ♎ 53	8 ♐ 55	10 ♌ 13	1 ♏ 4	1 ♍ 2	16 ♋	10 ♉	12 ♊	17 ♈	12 ♒
22	28 ♍ 21	27 ♌ 22	12 ♏ 45	11 ♏ 20	11 ♍ 38	8 ♏ 38	28 ♍ 20	9 ♎ 6	8 ♐ 59	10 ♌ 16	1 ♏ 6	1 ♍ 4	17 ♋	10 ♉	12 ♊	17 ♈	12 ♒
23	29 ♍ 19	12 ♍ 31	12 ♏ 42	11 ♏ 14	12 ♍ 7	9 ♏ 48	28 ♍ 59	9 ♎ 19	9 ♐ 2	10 ♌ 19	1 ♏ 8	1 ♍ 6	17 ♋	10 ♉	12 ♊	17 ♈	12 ♒
24	0 ♎ 18	27 ♍ 45	12 ♏ 38	11 ♏ 8	12 ♍ 45	10 ♏ 59	29 ♍ 38	9 ♎ 32	9 ♐ 6	10 ♌ 21	1 ♏ 10	1 ♍ 8	17 ♋	9 ♉	13 ♊	17 ♈	12 ♒
25	1 ♎ 17	12 ♎ 53	12 ♏ 35	11 ♏ 4	13 ♍ 31	12 ♏ 9	0 ♎ 16	9 ♎ 45	9 ♐ 10	10 ♌ 24	1 ♏ 12	1 ♍ 9	18 ♋	9 ♉	13 ♊	16 ♈	12 ♒
26	2 ♎ 16	27 ♎ 45	12 ♏ 32	11 ♏ 1	14 ♍ 25	13 ♏ 19	0 ♎ 55	9 ♎ 58	9 ♐ 14	10 ♌ 27	1 ♏ 14	1 ♍ 11	18 ♋	9 ♉	13 ♊	16 ♈	12 ♒
27	3 ♎ 15	12 ♏ 15	12 ♏ 29	11 D 1	15 ♍ 27	14 ♏ 29	1 ♎ 34	10 ♎ 11	9 ♐ 18	10 ♌ 29	1 ♏ 16	1 ♍ 13	18 ♋	9 ♉	13 ♊	16 ♈	12 ♒
28	4 ♎ 13	26 ♏ 18	12 ♏ 26	11 ♏ 1	16 ♍ 36	15 ♏ 38	2 ♎ 13	10 ♎ 24	9 ♐ 22	10 ♌ 32	1 ♏ 18	1 ♍ 15	19 ♋	9 ♉	14 ♊	16 ♈	12 ♒
29	5 ♎ 12	9 ♐ 53	12 ♏ 22	11 ♏ 3	17 ♍ 51	16 ♏ 48	2 ♎ 52	10 ♎ 37	9 ♐ 27	10 ♌ 34	1 ♏ 20	1 ♍ 16	19 ♋	9 ♉	14 ♊	16 ♈	12 ♒
30	6 ♎ 11	23 ♐ 2	12 ♏ 19	11 ♏ 4	19 ♍ 12	17 ♏ 58	3 ♎ 31	10 ♎ 50	9 ♐ 31	10 ♌ 37	1 ♏ 22	1 ♍ 18	19 ♋	9 ♉	14 ♊	15 ♈	12 ♒

SUN INGRESS: ☉ → ♎ 23日 16:26

MOON PHASE: ◐ 1日 13:35 ♐　○ 9日 13:55 ♓　◑ 17日 13:02 ♊　● 24日 04:18 ♎

aspects		
1日	01:44	☉□♄
7日	20:28	☿☌♂
10日	05:33	☉☌☿
15日	09:06	♀⚹♇
15日	09:40	♀☌♆
21日	03:41	♃⚹♄
21日	23:29	☉☌♂
23日	10:45	♀□♅
28日	18:26	♃⚹♅

1957年10月

DAY	☉	☽	☊ mean	☊ true	☿	♀	♂	♃	♄	♅	♆	♇	⚳	⚴	⚵	⚶	⚷
	° ′	° ′	° ′	° ′	° ′	° ′	° ′	° ′	° ′	° ′	° ′	° ′	°	°	°	°	°
1	7 ♎ 10	5 ♑ 49	12 ♏ 16	11 D 5	20 D 37	19 D 8	4 D 10	11 D 3	9 D 35	10 D 39	1 D 24	1 D 20	20 D	8 R	14 D	15 R	12 R
2	8 ♎ 9	18 ♑ 16	12 ♏ 13	11 R 4	22 ♍ 6	20 ♏ 17	4 ♎ 49	11 ♎ 16	9 ♐ 40	10 ♌ 42	1 ♏ 26	1 ♍ 21	20 ♋	8 ♉	15 ♊	15 ♈	12 ♒
3	9 ♎ 8	0 ♒ 28	12 ♏ 10	11 ♏ 2	23 ♍ 39	21 ♏ 27	5 ♎ 28	11 ♎ 29	9 ♐ 44	10 ♌ 44	1 ♏ 28	1 ♍ 23	20 ♋	8 ♉	15 ♊	14 ♈	12 ♒
4	10 ♎ 7	12 ♒ 30	12 ♏ 7	10 ♏ 59	25 ♍ 15	22 ♏ 36	6 ♎ 7	11 ♎ 42	9 ♐ 49	10 ♌ 46	1 ♏ 30	1 ♍ 25	20 ♋	8 ♉	15 ♊	14 ♈	12 ♒
5	11 ♎ 6	24 ♒ 25	12 ♏ 3	10 ♏ 55	26 ♍ 54	23 ♏ 45	6 ♎ 46	11 ♎ 55	9 ♐ 54	10 ♌ 48	1 ♏ 33	1 ♍ 26	21 ♋	8 ♉	15 ♊	14 ♈	12 ♒
6	12 ♎ 6	6 ♓ 16	12 ♏ 0	10 ♏ 49	28 ♍ 34	24 ♏ 54	7 ♎ 25	12 ♎ 8	9 ♐ 58	10 ♌ 51	1 ♏ 35	1 ♍ 28	21 ♋	7 ♉	15 ♊	14 ♈	12 ♒
7	13 ♎ 5	18 ♓ 8	11 ♏ 57	10 ♏ 44	0 ♎ 16	26 ♏ 4	8 ♎ 4	12 ♎ 21	10 ♐ 3	10 ♌ 53	1 ♏ 37	1 ♍ 29	21 ♋	7 ♉	16 ♊	13 ♈	12 ♒
8	14 ♎ 4	0 ♈ 1	11 ♏ 54	10 ♏ 40	1 ♎ 59	27 ♏ 12	8 ♎ 43	12 ♎ 34	10 ♐ 8	10 ♌ 55	1 ♏ 39	1 ♍ 31	21 ♋	7 ♉	16 ♊	13 ♈	12 ♒
9	15 ♎ 3	11 ♈ 58	11 ♏ 51	10 ♏ 36	3 ♎ 43	28 ♏ 21	9 ♎ 22	12 ♎ 47	10 ♐ 13	10 ♌ 57	1 ♏ 41	1 ♍ 32	22 ♋	7 ♉	16 ♊	13 ♈	12 ♒
10	16 ♎ 2	24 ♈ 2	11 ♏ 48	10 ♏ 34	5 ♎ 28	29 ♏ 30	10 ♎ 1	12 ♎ 59	10 ♐ 18	10 ♌ 59	1 ♏ 43	1 ♍ 34	22 ♋	6 ♉	16 ♊	13 ♈	12 ♒
11	17 ♎ 2	6 ♉ 12	11 ♏ 44	10 ♏ 33	7 ♎ 13	0 ♐ 39	10 ♎ 41	13 ♎ 12	10 ♐ 23	11 ♌ 1	1 ♏ 45	1 ♍ 35	22 ♋	6 ♉	16 ♊	12 ♈	12 ♒
12	18 ♎ 1	18 ♉ 32	11 ♏ 41	10 D 33	8 ♎ 58	1 ♐ 47	11 ♎ 20	13 ♎ 25	10 ♐ 28	11 ♌ 3	1 ♏ 48	1 ♍ 37	23 ♋	6 ♉	17 ♊	12 ♈	12 ♒
13	19 ♎ 0	1 ♊ 2	11 ♏ 38	10 ♏ 34	10 ♎ 43	2 ♐ 56	11 ♎ 59	13 ♎ 38	10 ♐ 34	11 ♌ 5	1 ♏ 50	1 ♍ 38	23 ♋	6 ♉	17 ♊	12 ♈	12 ♒
14	20 ♎ 0	13 ♊ 46	11 ♏ 35	10 ♏ 35	12 ♎ 28	4 ♐ 4	12 ♎ 38	13 ♎ 51	10 ♐ 39	11 ♌ 7	1 ♏ 52	1 ♍ 40	23 ♋	5 ♉	17 ♊	12 ♈	12 ♒
15	20 ♎ 59	26 ♊ 45	11 ♏ 32	10 ♏ 37	14 ♎ 13	5 ♐ 12	13 ♎ 18	14 ♎ 4	10 ♐ 44	11 ♌ 9	1 ♏ 54	1 ♍ 41	23 ♋	5 ♉	17 ♊	11 ♈	12 ♒
16	21 ♎ 59	10 ♋ 2	11 ♏ 28	10 ♏ 38	15 ♎ 57	6 ♐ 20	13 ♎ 57	14 ♎ 17	10 ♐ 50	11 ♌ 10	1 ♏ 56	1 ♍ 43	24 ♋	5 ♉	17 ♊	11 ♈	12 ♒
17	22 ♎ 58	23 ♋ 39	11 ♏ 25	10 R 38	17 ♎ 41	7 ♐ 28	14 ♎ 36	14 ♎ 30	10 ♐ 55	11 ♌ 12	1 ♏ 59	1 ♍ 44	24 ♋	5 ♉	17 ♊	11 ♈	12 ♒
18	23 ♎ 58	7 ♌ 36	11 ♏ 22	10 ♏ 38	19 ♎ 25	8 ♐ 36	15 ♎ 16	14 ♎ 43	11 ♐ 1	11 ♌ 14	2 ♏ 1	1 ♍ 45	24 ♋	4 ♉	17 ♊	11 ♈	12 ♒
19	24 ♎ 57	21 ♌ 53	11 ♏ 19	10 ♏ 37	21 ♎ 8	9 ♐ 44	15 ♎ 55	14 ♎ 56	11 ♐ 6	11 ♌ 15	2 ♏ 3	1 ♍ 47	24 ♋	4 ♉	17 ♊	10 ♈	12 ♒
20	25 ♎ 57	6 ♍ 28	11 ♏ 16	10 ♏ 35	22 ♎ 50	10 ♐ 52	16 ♎ 35	15 ♎ 9	11 ♐ 12	11 ♌ 17	2 ♏ 5	1 ♍ 48	24 ♋	4 ♉	18 ♊	10 ♈	12 ♒
21	26 ♎ 57	21 ♍ 16	11 ♏ 13	10 ♏ 33	24 ♎ 32	11 ♐ 59	17 ♎ 14	15 ♎ 22	11 ♐ 17	11 ♌ 19	2 ♏ 8	1 ♍ 49	25 ♋	3 ♉	18 ♊	10 ♈	12 ♒
22	27 ♎ 56	6 ♎ 11	11 ♏ 9	10 ♏ 32	26 ♎ 14	13 ♐ 6	17 ♎ 54	15 ♎ 35	11 ♐ 23	11 ♌ 20	2 ♏ 10	1 ♍ 51	25 ♋	3 ♉	18 ♊	10 ♈	12 ♒
23	28 ♎ 56	21 ♎ 4	11 ♏ 6	10 ♏ 31	27 ♎ 55	14 ♐ 14	18 ♎ 33	15 ♎ 48	11 ♐ 29	11 ♌ 21	2 ♏ 12	1 ♍ 52	25 ♋	3 ♉	18 ♊	10 ♈	12 D
24	29 ♎ 56	5 ♏ 47	11 ♏ 3	10 ♏ 30	29 ♎ 35	15 ♐ 21	19 ♎ 13	16 ♎ 0	11 ♐ 35	11 ♌ 23	2 ♏ 14	1 ♍ 53	25 ♋	2 ♉	18 ♊	9 ♈	12 ♒
25	0 ♏ 56	20 ♏ 14	11 ♏ 0	10 D 30	1 ♏ 15	16 ♐ 28	19 ♎ 52	16 ♎ 13	11 ♐ 41	11 ♌ 24	2 ♏ 17	1 ♍ 54	25 ♋	2 ♉	18 ♊	9 ♈	12 ♒
26	1 ♏ 56	4 ♐ 19	10 ♏ 57	10 ♏ 31	2 ♏ 54	17 ♐ 34	20 ♎ 32	16 ♎ 26	11 ♐ 47	11 ♌ 25	2 ♏ 19	1 ♍ 55	26 ♋	2 ♉	18 ♊	9 ♈	12 ♒
27	2 ♏ 56	18 ♐ 0	10 ♏ 53	10 ♏ 32	4 ♏ 33	18 ♐ 41	21 ♎ 11	16 ♎ 39	11 ♐ 53	11 ♌ 27	2 ♏ 21	1 ♍ 57	26 ♋	1 ♉	18 ♊	9 ♈	12 ♒
28	3 ♏ 55	1 ♑ 15	10 ♏ 50	10 ♏ 32	6 ♏ 11	19 ♐ 47	21 ♎ 51	16 ♎ 51	11 ♐ 59	11 ♌ 28	2 ♏ 23	1 ♍ 58	26 ♋	1 ♉	18 ♊	9 ♈	12 ♒
29	4 ♏ 55	14 ♑ 7	10 ♏ 47	10 ♏ 33	7 ♏ 49	20 ♐ 54	22 ♎ 31	17 ♎ 4	12 ♐ 5	11 ♌ 29	2 ♏ 26	1 ♍ 59	26 ♋	1 ♉	18 ♊	8 ♈	12 ♒
30	5 ♏ 55	26 ♑ 38	10 ♏ 44	10 ♏ 33	9 ♏ 26	22 ♐ 0	23 ♎ 11	17 ♎ 17	12 ♐ 11	11 ♌ 30	2 ♏ 28	2 ♍ 0	26 ♋	1 ♉	18 R	8 ♈	12 ♒
31	6 ♏ 55	8 ♒ 52	10 ♏ 41	10 R 33	11 ♏ 2	23 ♐ 5	23 ♎ 50	17 ♎ 29	12 ♐ 17	11 ♌ 31	2 ♏ 30	2 ♍ 1	27 ♋	0 ♉	18 ♊	8 ♈	12 ♒

SUN INGRESS: ☉ → ♏ 24日 01:24

MOON PHASE: ◐ 1日 02:49 ♑　○ 9日 06:42 ♈　◑ 16日 22:44 ♋　● 23日 13:43 ♎　◐ 30日 19:48 ♒

aspects		
3日	15:55	☉⚹♄
4日	16:24	☉⚹♅
6日	01:00	☉☌♃
10日	11:49	♂⚹♄
11日	13:16	♂⚹♅
11日	20:17	♀□♇
12日	21:48	☿⚹♄
13日	05:10	☿⚹♅
14日	03:51	☿☌♂
14日	21:51	☿☌♃
16日	18:30	♂☌♃
20日	07:50	♀☌♄
20日	09:15	♀△♅
21日	05:59	♄△♅
24日	12:28	☉☌☿
24日	17:37	♀⚹♃
25日	09:37	☿⚹♇
25日	15:14	☿☌♆
25日	23:55	☉⚹♇
26日	09:39	☉☌♆
31日	07:14	☿□♅

1957年11月

DAY	☉	☽	☊ mean	☊ true	☿	♀	♂	♃	♄	♅	♆	♇	⚳	⚴	⚵	⚶	⚷
	° ′	° ′	° ′	° ′	° ′	° ′	° ′	° ′	° ′	° ′	° ′	° ′	°	°	°	°	°
1	7 ♏ 55	20 ♒ 54	10 ♏ 38	10 R 33	12 D 38	24 D 11	24 D 30	17 D 42	12 D 23	11 D 32	2 D 32	2 D 2	27 D	0 R	18 R	8 R	12 D
2	8 ♏ 55	2 ♓ 49	10 ♏ 34	10 ♏ 33	14 ♏ 14	25 ♐ 16	25 ♎ 10	17 ♎ 55	12 ♐ 30	11 ♌ 33	2 ♏ 35	2 ♍ 3	27 ♋	0 ♉	18 ♊	8 ♈	12 ♒
3	9 ♏ 55	14 ♓ 40	10 ♏ 31	10 ♏ 33	15 ♏ 49	26 ♐ 22	25 ♎ 50	18 ♎ 7	12 ♐ 36	11 ♌ 34	2 ♏ 37	2 ♍ 4	27 ♋	29 ♈	18 ♊	8 ♈	12 ♒
4	10 ♏ 56	26 ♓ 31	10 ♏ 28	10 D 33	17 ♏ 24	27 ♐ 27	26 ♎ 30	18 ♎ 20	12 ♐ 42	11 ♌ 34	2 ♏ 39	2 ♍ 5	27 ♋	29 ♈	18 ♊	7 ♈	12 ♒
5	11 ♏ 56	8 ♈ 27	10 ♏ 25	10 ♏ 33	18 ♏ 58	28 ♐ 31	27 ♎ 10	18 ♎ 32	12 ♐ 49	11 ♌ 35	2 ♏ 41	2 ♍ 6	27 ♋	29 ♈	18 ♊	7 ♈	12 ♒
6	12 ♏ 56	20 ♈ 31	10 ♏ 22	10 ♏ 33	20 ♏ 32	29 ♐ 36	27 ♎ 49	18 ♎ 45	12 ♐ 55	11 ♌ 36	2 ♏ 43	2 ♍ 7	28 ♋	28 ♈	18 ♊	7 ♈	12 ♒
7	13 ♏ 56	2 ♉ 45	10 ♏ 19	10 ♏ 33	22 ♏ 6	0 ♑ 40	28 ♎ 29	18 ♎ 57	13 ♐ 2	11 ♌ 36	2 ♏ 46	2 ♍ 7	28 ♋	28 ♈	18 ♊	7 ♈	12 ♒
8	14 ♏ 56	15 ♉ 10	10 ♏ 15	10 R 33	23 ♏ 39	1 ♑ 44	29 ♎ 9	19 ♎ 9	13 ♐ 8	11 ♌ 37	2 ♏ 48	2 ♍ 8	28 ♋	28 ♈	18 ♊	7 ♈	12 ♒
9	15 ♏ 56	27 ♉ 47	10 ♏ 12	10 ♏ 33	25 ♏ 12	2 ♑ 48	29 ♎ 49	19 ♎ 22	13 ♐ 15	11 ♌ 37	2 ♏ 50	2 ♍ 9	28 ♋	27 ♈	17 ♊	7 ♈	12 ♒
10	16 ♏ 57	10 ♊ 38	10 ♏ 9	10 ♏ 33	26 ♏ 44	3 ♑ 52	0 ♏ 29	19 ♎ 34	13 ♐ 21	11 ♌ 38	2 ♏ 52	2 ♍ 10	28 ♋	27 ♈	17 ♊	7 ♈	12 ♒
11	17 ♏ 57	23 ♊ 42	10 ♏ 6	10 ♏ 32	28 ♏ 16	4 ♑ 55	1 ♏ 10	19 ♎ 46	13 ♐ 28	11 ♌ 38	2 ♏ 54	2 ♍ 11	28 ♋	27 ♈	17 ♊	7 ♈	12 ♒
12	18 ♏ 57	7 ♋ 0	10 ♏ 3	10 ♏ 31	29 ♏ 48	5 ♑ 58	1 ♏ 50	19 ♎ 58	13 ♐ 35	11 ♌ 39	2 ♏ 57	2 ♍ 11	28 ♋	26 ♈	17 ♊	7 ♈	12 ♒
13	19 ♏ 58	20 ♋ 31	9 ♏ 59	10 ♏ 30	1 ♐ 20	7 ♑ 0	2 ♏ 30	20 ♎ 10	13 ♐ 41	11 ♌ 39	2 ♏ 59	2 ♍ 12	28 ♋	26 ♈	17 ♊	6 ♈	12 ♒
14	20 ♏ 58	4 ♌ 15	9 ♏ 56	10 ♏ 29	2 ♐ 51	8 ♑ 3	3 ♏ 10	20 ♎ 22	13 ♐ 48	11 ♌ 39	3 ♏ 1	2 ♍ 13	29 ♋	26 ♈	17 ♊	6 ♈	12 ♒
15	21 ♏ 58	18 ♌ 10	9 ♏ 53	10 ♏ 28	4 ♐ 22	9 ♑ 5	3 ♏ 50	20 ♎ 34	13 ♐ 55	11 ♌ 39	3 ♏ 3	2 ♍ 13	29 ♋	26 ♈	17 ♊	6 ♈	12 ♒
16	22 ♏ 59	2 ♍ 17	9 ♏ 50	10 D 28	5 ♐ 52	10 ♑ 6	4 ♏ 30	20 ♎ 46	14 ♐ 1	11 ♌ 39	3 ♏ 5	2 ♍ 14	29 ♋	25 ♈	17 ♊	6 ♈	12 ♒
17	23 ♏ 59	16 ♍ 33	9 ♏ 47	10 ♏ 29	7 ♐ 22	11 ♑ 8	5 ♏ 11	20 ♎ 58	14 ♐ 8	11 ♌ 40	3 ♏ 7	2 ♍ 14	29 ♋	25 ♈	16 ♊	6 ♈	12 ♒
18	25 ♏ 0	0 ♎ 57	9 ♏ 44	10 ♏ 30	8 ♐ 52	12 ♑ 9	5 ♏ 51	21 ♎ 10	14 ♐ 15	11 R 40	3 ♏ 9	2 ♍ 15	29 ♋	25 ♈	16 ♊	6 ♈	12 ♒
19	26 ♏ 0	15 ♎ 23	9 ♏ 40	10 ♏ 31	10 ♐ 22	13 ♑ 9	6 ♏ 31	21 ♎ 22	14 ♐ 22	11 ♌ 39	3 ♏ 12	2 ♍ 15	29 ♋	25 ♈	16 ♊	6 ♈	12 ♒
20	27 ♏ 1	29 ♎ 49	9 ♏ 37	10 ♏ 32	11 ♐ 51	14 ♑ 10	7 ♏ 12	21 ♎ 34	14 ♐ 29	11 ♌ 39	3 ♏ 14	2 ♍ 16	29 ♋	24 ♈	16 ♊	6 ♈	12 ♒
21	28 ♏ 2	14 ♏ 10	9 ♏ 34	10 R 32	13 ♐ 20	15 ♑ 10	7 ♏ 52	21 ♎ 45	14 ♐ 36	11 ♌ 39	3 ♏ 16	2 ♍ 16	29 ♋	24 ♈	16 ♊	6 ♈	12 ♒
22	29 ♏ 2	28 ♏ 19	9 ♏ 31	10 ♏ 32	14 ♐ 48	16 ♑ 9	8 ♏ 32	21 ♎ 57	14 ♐ 43	11 ♌ 39	3 ♏ 18	2 ♍ 17	29 ♋	24 ♈	16 ♊	6 ♈	12 ♒
23	0 ♐ 3	12 ♐ 14	9 ♏ 28	10 ♏ 30	16 ♐ 16	17 ♑ 8	9 ♏ 13	22 ♎ 9	14 ♐ 50	11 ♌ 39	3 ♏ 20	2 ♍ 17	29 ♋	24 ♈	15 ♊	6 D	12 ♒
24	1 ♐ 4	25 ♐ 49	9 ♏ 25	10 ♏ 27	17 ♐ 43	18 ♑ 7	9 ♏ 53	22 ♎ 20	14 ♐ 57	11 ♌ 38	3 ♏ 22	2 ♍ 17	29 ♋	23 ♈	15 ♊	6 ♈	12 ♒
25	2 ♐ 4	9 ♑ 4	9 ♏ 21	10 ♏ 24	19 ♐ 10	19 ♑ 5	10 ♏ 34	22 ♎ 31	15 ♐ 3	11 ♌ 38	3 ♏ 24	2 ♍ 18	29 ♋	23 ♈	15 ♊	6 ♈	12 ♒
26	3 ♐ 5	21 ♑ 58	9 ♏ 18	10 ♏ 20	20 ♐ 36	20 ♑ 2	11 ♏ 15	22 ♎ 43	15 ♐ 10	11 ♌ 38	3 ♏ 26	2 ♍ 18	29 ♋	23 ♈	15 ♊	6 ♈	12 ♒
27	4 ♐ 6	4 ♒ 32	9 ♏ 15	10 ♏ 17	22 ♐ 2	21 ♑ 0	11 ♏ 55	22 ♎ 54	15 ♐ 17	11 ♌ 37	3 ♏ 28	2 ♍ 18	29 ♋	23 ♈	14 ♊	6 ♈	12 ♒
28	5 ♐ 6	16 ♒ 48	9 ♏ 12	10 ♏ 15	23 ♐ 26	21 ♑ 56	12 ♏ 36	23 ♎ 5	15 ♐ 24	11 ♌ 37	3 ♏ 30	2 ♍ 19	29 ♋	23 ♈	14 ♊	6 ♈	12 ♒
29	6 ♐ 7	28 ♒ 52	9 ♏ 9	10 ♏ 13	24 ♐ 50	22 ♑ 52	13 ♏ 16	23 ♎ 16	15 ♐ 32	11 ♌ 36	3 ♏ 32	2 ♍ 19	29 R	22 ♈	14 ♊	6 ♈	13 ♒
30	7 ♐ 8	10 ♓ 46	9 ♏ 5	10 D 13	26 ♐ 12	23 ♑ 48	13 ♏ 57	23 ♎ 28	15 ♐ 39	11 ♌ 35	3 ♏ 34	2 ♍ 19	29 ♋	22 ♈	14 ♊	6 ♈	13 ♒

SUN INGRESS	☉ → ♐ 22日 22:39
MOON PHASE	○ 7日 23:32 ♉ ◑ 15日 06:59 ♌ ● 22日 01:19 ♏ ◐ 29日 15:58 ♓

aspects		
1日	17:51	♀⚹♂
4日	15:42	☉□♅
8日	09:06	♀△♇
9日	00:46	♀⚹♆
12日	13:10	♂⚹♇
13日	13:53	☿□♇
13日	18:19	♂☌♆
19日	20:54	☿△♅
21日	22:25	☿☌♄
25日	05:21	☉□♇
26日	13:30	♂□♅
27日	17:11	☿⚹♃
29日	12:59	♀□♃

1957年12月

DAY	☉	☽	☊ mean	☊ true	☿	♀	♂	♃	♄	♅	♆	♇	⚳	⚴	⚵	⚶	⚷
	° ′	° ′	° ′	° ′	° ′	° ′	° ′	° ′	° ′	° ′	° ′	° ′	°	°	°	°	°
1	8 ♐ 9	22 ♓ 37	9 ♏ 2	10 D 14	27 D 33	24 D 43	14 D 38	23 D 39	15 D 46	11 R 35	3 D 36	2 D 19	29 R	22 R	14 R	6 D	13 D
2	9 ♐ 10	4 ♈ 29	8 ♏ 59	10 ♏ 16	28 ♐ 53	25 ♑ 37	15 ♏ 18	23 ♎ 49	15 ♐ 53	11 ♌ 34	3 ♏ 38	2 ♍ 19	29 ♋	22 ♈	13 ♊	6 ♈	13 ♒
3	10 ♐ 11	16 ♈ 26	8 ♏ 56	10 ♏ 17	0 ♑ 11	26 ♑ 31	15 ♏ 59	24 ♎ 0	16 ♐ 0	11 ♌ 33	3 ♏ 40	2 ♍ 19	29 ♋	22 ♈	13 ♊	6 ♈	13 ♒
4	11 ♐ 11	28 ♈ 34	8 ♏ 53	10 ♏ 19	1 ♑ 28	27 ♑ 24	16 ♏ 40	24 ♎ 11	16 ♐ 7	11 ♌ 32	3 ♏ 42	2 ♍ 19	29 ♋	22 ♈	13 ♊	7 ♈	13 ♒
5	12 ♐ 12	10 ♉ 55	8 ♏ 50	10 R 20	2 ♑ 42	28 ♑ 16	17 ♏ 21	24 ♎ 22	16 ♐ 14	11 ♌ 31	3 ♏ 43	2 R 19	29 ♋	22 ♈	13 ♊	7 ♈	13 ♒
6	13 ♐ 13	23 ♉ 34	8 ♏ 46	10 ♏ 19	3 ♑ 53	29 ♑ 8	18 ♏ 2	24 ♎ 32	16 ♐ 21	11 ♌ 30	3 ♏ 45	2 ♍ 19	29 ♋	22 ♈	12 ♊	7 ♈	13 ♒
7	14 ♐ 14	6 ♊ 30	8 ♏ 43	10 ♏ 16	5 ♑ 1	29 ♑ 59	18 ♏ 43	24 ♎ 43	16 ♐ 28	11 ♌ 29	3 ♏ 47	2 ♍ 19	29 ♋	21 ♈	12 ♊	7 ♈	13 ♒
8	15 ♐ 15	19 ♊ 44	8 ♏ 40	10 ♏ 12	6 ♑ 6	0 ♒ 49	19 ♏ 24	24 ♎ 53	16 ♐ 35	11 ♌ 28	3 ♏ 49	2 ♍ 19	29 ♋	21 ♈	12 ♊	7 ♈	13 ♒
9	16 ♐ 16	3 ♋ 15	8 ♏ 37	10 ♏ 6	7 ♑ 7	1 ♒ 38	20 ♏ 4	25 ♎ 3	16 ♐ 42	11 ♌ 27	3 ♏ 51	2 ♍ 19	29 ♋	21 ♈	12 ♊	7 ♈	13 ♒
10	17 ♐ 17	17 ♋ 0	8 ♏ 34	10 ♏ 0	8 ♑ 4	2 ♒ 26	20 ♏ 45	25 ♎ 14	16 ♐ 49	11 ♌ 26	3 ♏ 52	2 ♍ 19	29 ♋	21 ♈	12 ♊	7 ♈	13 ♒
11	18 ♐ 18	0 ♌ 56	8 ♏ 31	9 ♏ 54	8 ♑ 55	3 ♒ 14	21 ♏ 26	25 ♎ 24	16 ♐ 56	11 ♌ 25	3 ♏ 54	2 ♍ 19	29 ♋	21 ♈	11 ♊	7 ♈	13 ♒
12	19 ♐ 19	15 ♌ 0	8 ♏ 27	9 ♏ 49	9 ♑ 41	4 ♒ 0	22 ♏ 8	25 ♎ 34	17 ♐ 4	11 ♌ 23	3 ♏ 56	2 ♍ 18	29 ♋	21 ♈	11 ♊	7 ♈	13 ♒
13	20 ♐ 20	29 ♌ 7	8 ♏ 24	9 ♏ 45	10 ♑ 20	4 ♒ 46	22 ♏ 49	25 ♎ 44	17 ♐ 11	11 ♌ 22	3 ♏ 58	2 ♍ 18	29 ♋	21 ♈	11 ♊	8 ♈	13 ♒
14	21 ♐ 21	13 ♍ 17	8 ♏ 21	9 ♏ 43	10 ♑ 51	5 ♒ 31	23 ♏ 30	25 ♎ 54	17 ♐ 18	11 ♌ 21	3 ♏ 59	2 ♍ 18	28 ♋	21 ♈	11 ♊	8 ♈	13 ♒
15	22 ♐ 22	27 ♍ 25	8 ♏ 18	9 D 43	11 ♑ 14	6 ♒ 14	24 ♏ 11	26 ♎ 3	17 ♐ 25	11 ♌ 19	4 ♏ 1	2 ♍ 18	28 ♋	21 ♈	10 ♊	8 ♈	13 ♒
16	23 ♐ 23	11 ♎ 31	8 ♏ 15	9 ♏ 44	11 ♑ 28	6 ♒ 57	24 ♏ 52	26 ♎ 13	17 ♐ 32	11 ♌ 18	4 ♏ 3	2 ♍ 17	28 ♋	21 ♈	10 ♊	8 ♈	13 ♒
17	24 ♐ 24	25 ♎ 34	8 ♏ 11	9 ♏ 45	11 R 31	7 ♒ 38	25 ♏ 33	26 ♎ 23	17 ♐ 39	11 ♌ 16	4 ♏ 4	2 ♍ 17	28 ♋	21 D	10 ♊	8 ♈	13 ♒
18	25 ♐ 25	9 ♏ 32	8 ♏ 8	9 ♏ 46	11 ♑ 24	8 ♒ 19	26 ♏ 15	26 ♎ 32	17 ♐ 46	11 ♌ 15	4 ♏ 6	2 ♍ 17	28 ♋	21 ♈	10 ♊	8 ♈	13 ♒
19	26 ♐ 26	23 ♏ 24	8 ♏ 5	9 R 45	11 ♑ 5	8 ♒ 58	26 ♏ 56	26 ♎ 41	17 ♐ 53	11 ♌ 13	4 ♏ 7	2 ♍ 16	28 ♋	21 ♈	10 ♊	8 ♈	14 ♒
20	27 ♐ 27	7 ♐ 7	8 ♏ 2	9 ♏ 42	10 ♑ 35	9 ♒ 36	27 ♏ 37	26 ♎ 50	18 ♐ 0	11 ♌ 12	4 ♏ 9	2 ♍ 16	28 ♋	21 ♈	9 ♊	9 ♈	14 ♒
21	28 ♐ 28	20 ♐ 39	7 ♏ 59	9 ♏ 36	9 ♑ 53	10 ♒ 12	28 ♏ 19	27 ♎ 0	18 ♐ 7	11 ♌ 10	4 ♏ 10	2 ♍ 15	28 ♋	21 ♈	9 ♊	9 ♈	14 ♒
22	29 ♐ 29	3 ♑ 58	7 ♏ 56	9 ♏ 28	9 ♑ 0	10 ♒ 48	29 ♏ 0	27 ♎ 9	18 ♐ 14	11 ♌ 8	4 ♏ 12	2 ♍ 15	27 ♋	21 ♈	9 ♊	9 ♈	14 ♒
23	0 ♑ 31	17 ♑ 2	7 ♏ 52	9 ♏ 19	7 ♑ 57	11 ♒ 21	29 ♏ 41	27 ♎ 17	18 ♐ 21	11 ♌ 6	4 ♏ 13	2 ♍ 14	27 ♋	21 ♈	9 ♊	9 ♈	14 ♒
24	1 ♑ 32	29 ♑ 50	7 ♏ 49	9 ♏ 9	6 ♑ 45	11 ♒ 54	0 ♐ 23	27 ♎ 26	18 ♐ 28	11 ♌ 5	4 ♏ 15	2 ♍ 14	27 ♋	21 ♈	9 ♊	9 ♈	14 ♒
25	2 ♑ 33	12 ♒ 21	7 ♏ 46	8 ♏ 59	5 ♑ 28	12 ♒ 24	1 ♐ 4	27 ♎ 35	18 ♐ 35	11 ♌ 3	4 ♏ 16	2 ♍ 13	27 ♋	21 ♈	9 ♊	10 ♈	14 ♒
26	3 ♑ 34	24 ♒ 36	7 ♏ 43	8 ♏ 51	4 ♑ 6	12 ♒ 54	1 ♐ 46	27 ♎ 43	18 ♐ 42	11 ♌ 1	4 ♏ 17	2 ♍ 12	27 ♋	21 ♈	9 ♊	10 ♈	14 ♒
27	4 ♑ 35	6 ♓ 39	7 ♏ 40	8 ♏ 45	2 ♑ 44	13 ♒ 21	2 ♐ 27	27 ♎ 52	18 ♐ 49	10 ♌ 59	4 ♏ 19	2 ♍ 12	27 ♋	22 ♈	8 ♊	10 ♈	14 ♒
28	5 ♑ 36	18 ♓ 33	7 ♏ 37	8 ♏ 41	1 ♑ 23	13 ♒ 47	3 ♐ 9	28 ♎ 0	18 ♐ 56	10 ♌ 57	4 ♏ 20	2 ♍ 11	26 ♋	22 ♈	8 ♊	10 ♈	14 ♒
29	6 ♑ 37	0 ♈ 23	7 ♏ 33	8 ♏ 39	0 ♑ 7	14 ♒ 11	3 ♐ 51	28 ♎ 8	19 ♐ 3	10 ♌ 55	4 ♏ 21	2 ♍ 10	26 ♋	22 ♈	8 ♊	10 ♈	14 ♒
30	7 ♑ 39	12 ♈ 13	7 ♏ 30	8 D 39	28 ♐ 57	14 ♒ 33	4 ♐ 32	28 ♎ 16	19 ♐ 10	10 ♌ 53	4 ♏ 23	2 ♍ 10	26 ♋	22 ♈	8 ♊	11 ♈	14 ♒
31	8 ♑ 40	24 ♈ 9	7 ♏ 27	8 ♏ 39	27 ♐ 56	14 ♒ 53	5 ♐ 14	28 ♎ 24	19 ♐ 17	10 ♌ 51	4 ♏ 24	2 ♍ 9	26 ♋	22 ♈	8 ♊	11 ♈	14 ♒

SUN INGRESS	☉ → ♑ 22日 11:49
MOON PHASE	○ 7日 15:16 ♊ ◑ 14日 14:45 ♍ ● 21日 15:12 ♐ ◐ 29日 13:52 ♈

aspects		
4日	08:06	☉△♅
4日	16:41	☿△♇
5日	21:19	☿⚹♆
9日	11:47	☉☌♄
11日	21:33	♀□♆
19日	07:03	☉⚹♃
22日	13:50	♀☍♅
24日	16:19	☉△♇
25日	20:51	☿⚹♆
26日	05:25	☉☌☿
26日	15:09	♂□♇
26日	17:25	☉⚹♆
27日	09:34	☿△♇
30日	13:48	☿⚹♃

1958年1月

DAY	☉	☽	☊		☿	♀	♂	♃	♄	♅	♆	♇	⚳	⚴	⚵	⚶	⚷
			mean	true													
	° ′	° ′	° ′	° ′	° ′	° ′	° ′	° ′	° ′	° ′	° ′	° ′	°	°	°	°	°
1	9 ♑ 41	6 ♉ 17	7 ♏ 24	8 D 40	27 R 3	15 D 11	5 D 56	28 D 32	19 D 23	10 R 49	4 D 25	2 R 8	26 R	22 D	8 R	11 D	14 D
2	10 ♑ 42	18 ♉ 40	7 ♏ 21	8 R 39	26 ♐ 21	15 ♒ 27	6 ♐ 37	28 ♎ 39	19 ♐ 30	10 ♌ 47	4 ♏ 26	2 ♍ 7	25 ♋	22 ♈	8 ♊	11 ♈	14 ♒
3	11 ♑ 43	1 ♊ 25	7 ♏ 17	8 ♏ 37	25 ♐ 49	15 ♒ 41	7 ♐ 19	28 ♎ 47	19 ♐ 37	10 ♌ 45	4 ♏ 27	2 ♍ 7	25 ♋	23 ♈	8 ♊	12 ♈	14 ♒
4	12 ♑ 44	14 ♊ 32	7 ♏ 14	8 ♏ 32	25 ♐ 28	15 ♒ 53	8 ♐ 1	28 ♎ 54	19 ♐ 44	10 ♌ 42	4 ♏ 28	2 ♍ 6	25 ♋	23 ♈	8 ♊	12 ♈	15 ♒
5	13 ♑ 45	28 ♊ 4	7 ♏ 11	8 ♏ 24	25 ♐ 16	16 ♒ 3	8 ♐ 43	29 ♎ 2	19 ♐ 50	10 ♌ 40	4 ♏ 29	2 ♍ 5	25 ♋	23 ♈	8 ♊	12 ♈	15 ♒
6	14 ♑ 47	11 ♋ 58	7 ♏ 8	8 ♏ 14	25 D 14	16 ♒ 10	9 ♐ 25	29 ♎ 9	19 ♐ 57	10 ♌ 38	4 ♏ 30	2 ♍ 4	24 ♋	23 ♈	7 ♊	12 ♈	15 ♒
7	15 ♑ 48	26 ♋ 11	7 ♏ 5	8 ♏ 3	25 ♐ 21	16 ♒ 15	10 ♐ 6	29 ♎ 16	20 ♐ 4	10 ♌ 36	4 ♏ 31	2 ♍ 3	24 ♋	23 ♈	7 ♊	13 ♈	15 ♒
8	16 ♑ 49	10 ♌ 37	7 ♏ 2	7 ♏ 52	25 ♐ 35	16 ♒ 17	10 ♐ 48	29 ♎ 22	20 ♐ 10	10 ♌ 33	4 ♏ 32	2 ♍ 2	24 ♋	23 ♈	7 ♊	13 ♈	15 ♒
9	17 ♑ 50	25 ♌ 9	6 ♏ 58	7 ♏ 42	25 ♐ 58	16 R 17	11 ♐ 30	29 ♎ 29	20 ♐ 17	10 ♌ 31	4 ♏ 33	2 ♍ 1	24 ♋	24 ♈	7 ♊	13 ♈	15 ♒
10	18 ♑ 51	9 ♍ 41	6 ♏ 55	7 ♏ 34	26 ♐ 26	16 ♒ 15	12 ♐ 12	29 ♎ 35	20 ♐ 23	10 ♌ 29	4 ♏ 34	2 ♍ 0	24 ♋	24 ♈	7 ♊	13 ♈	15 ♒
11	19 ♑ 52	24 ♍ 7	6 ♏ 52	7 ♏ 29	27 ♐ 1	16 ♒ 10	12 ♐ 54	29 ♎ 42	20 ♐ 30	10 ♌ 26	4 ♏ 35	1 ♍ 59	23 ♋	24 ♈	7 D	14 ♈	15 ♒
12	20 ♑ 53	8 ♎ 22	6 ♏ 49	7 ♏ 27	27 ♐ 42	16 ♒ 2	13 ♐ 36	29 ♎ 48	20 ♐ 36	10 ♌ 24	4 ♏ 36	1 ♍ 58	23 ♋	24 ♈	7 ♊	14 ♈	15 ♒
13	21 ♑ 54	22 ♎ 26	6 ♏ 46	7 D 26	28 ♐ 27	15 ♒ 52	14 ♐ 18	29 ♎ 54	20 ♐ 43	10 ♌ 21	4 ♏ 37	1 ♍ 57	23 ♋	24 ♈	7 ♊	14 ♈	15 ♒
14	22 ♑ 56	6 ♏ 18	6 ♏ 43	7 ♏ 27	29 ♐ 17	15 ♒ 40	15 ♐ 1	0 ♏ 0	20 ♐ 49	10 ♌ 19	4 ♏ 38	1 ♍ 56	23 ♋	25 ♈	7 ♊	14 ♈	15 ♒
15	23 ♑ 57	19 ♏ 58	6 ♏ 39	7 R 26	0 ♑ 11	15 ♒ 25	15 ♐ 43	0 ♏ 6	20 ♐ 56	10 ♌ 16	4 ♏ 38	1 ♍ 55	22 ♋	25 ♈	7 ♊	15 ♈	15 ♒
16	24 ♑ 58	3 ♐ 27	6 ♏ 36	7 ♏ 24	1 ♑ 8	15 ♒ 7	16 ♐ 25	0 ♏ 11	21 ♐ 2	10 ♌ 14	4 ♏ 39	1 ♍ 54	22 ♋	25 ♈	8 ♊	15 ♈	15 ♒
17	25 ♑ 59	16 ♐ 45	6 ♏ 33	7 ♏ 18	2 ♑ 9	14 ♒ 47	17 ♐ 7	0 ♏ 17	21 ♐ 8	10 ♌ 11	4 ♏ 40	1 ♍ 52	22 ♋	25 ♈	8 ♊	15 ♈	15 ♒
18	27 ♑ 0	29 ♐ 53	6 ♏ 30	7 ♏ 10	3 ♑ 12	14 ♒ 25	17 ♐ 49	0 ♏ 22	21 ♐ 14	10 ♌ 9	4 ♏ 40	1 ♍ 51	22 ♋	26 ♈	8 ♊	16 ♈	15 ♒
19	28 ♑ 1	12 ♑ 50	6 ♏ 27	6 ♏ 59	4 ♑ 18	14 ♒ 1	18 ♐ 32	0 ♏ 27	21 ♐ 21	10 ♌ 6	4 ♏ 41	1 ♍ 50	21 ♋	26 ♈	8 ♊	16 ♈	16 ♒
20	29 ♑ 2	25 ♑ 35	6 ♏ 23	6 ♏ 46	5 ♑ 26	13 ♒ 35	19 ♐ 14	0 ♏ 32	21 ♐ 27	10 ♌ 4	4 ♏ 42	1 ♍ 49	21 ♋	26 ♈	8 ♊	16 ♈	16 ♒
21	0 ♒ 3	8 ♒ 9	6 ♏ 20	6 ♏ 31	6 ♑ 36	13 ♒ 6	19 ♐ 56	0 ♏ 37	21 ♐ 33	10 ♌ 1	4 ♏ 42	1 ♍ 48	21 ♋	27 ♈	8 ♊	17 ♈	16 ♒
22	1 ♒ 4	20 ♒ 30	6 ♏ 17	6 ♏ 17	7 ♑ 49	12 ♒ 36	20 ♐ 39	0 ♏ 42	21 ♐ 39	9 ♌ 59	4 ♏ 43	1 ♍ 46	21 ♋	27 ♈	8 ♊	17 ♈	16 ♒
23	2 ♒ 6	2 ♓ 40	6 ♏ 14	6 ♏ 4	9 ♑ 3	12 ♒ 4	21 ♐ 21	0 ♏ 46	21 ♐ 45	9 ♌ 56	4 ♏ 43	1 ♍ 45	21 ♋	27 ♈	8 ♊	17 ♈	16 ♒
24	3 ♒ 7	14 ♓ 39	6 ♏ 11	5 ♏ 54	10 ♑ 18	11 ♒ 31	22 ♐ 4	0 ♏ 50	21 ♐ 51	9 ♌ 53	4 ♏ 44	1 ♍ 44	20 ♋	27 ♈	8 ♊	17 ♈	16 ♒
25	4 ♒ 8	26 ♓ 31	6 ♏ 8	5 ♏ 46	11 ♑ 35	10 ♒ 57	22 ♐ 46	0 ♏ 54	21 ♐ 57	9 ♌ 51	4 ♏ 44	1 ♍ 43	20 ♋	28 ♈	8 ♊	18 ♈	16 ♒
26	5 ♒ 9	8 ♈ 19	6 ♏ 4	5 ♏ 42	12 ♑ 54	10 ♒ 21	23 ♐ 29	0 ♏ 58	22 ♐ 2	9 ♌ 48	4 ♏ 44	1 ♍ 41	20 ♋	28 ♈	8 ♊	18 ♈	16 ♒
27	6 ♒ 10	20 ♈ 7	6 ♏ 1	5 ♏ 40	14 ♑ 14	9 ♒ 45	24 ♐ 11	1 ♏ 2	22 ♐ 8	9 ♌ 46	4 ♏ 45	1 ♍ 40	20 ♋	28 ♈	9 ♊	18 ♈	16 ♒
28	7 ♒ 11	2 ♉ 1	5 ♏ 58	5 ♏ 39	15 ♑ 35	9 ♒ 8	24 ♐ 54	1 ♏ 6	22 ♐ 14	9 ♌ 43	4 ♏ 45	1 ♍ 39	19 ♋	29 ♈	9 ♊	19 ♈	16 ♒
29	8 ♒ 12	14 ♉ 5	5 ♏ 55	5 ♏ 39	16 ♑ 57	8 ♒ 31	25 ♐ 36	1 ♏ 9	22 ♐ 20	9 ♌ 40	4 ♏ 45	1 ♍ 37	19 ♋	29 ♈	9 ♊	19 ♈	16 ♒
30	9 ♒ 12	26 ♉ 26	5 ♏ 52	5 ♏ 38	18 ♑ 20	7 ♒ 54	26 ♐ 19	1 ♏ 12	22 ♐ 25	9 ♌ 38	4 ♏ 46	1 ♍ 36	19 ♋	29 ♈	9 ♊	19 ♈	16 ♒
31	10 ♒ 13	9 ♊ 9	5 ♏ 48	5 ♏ 36	19 ♑ 44	7 ♒ 17	27 ♐ 2	1 ♏ 15	22 ♐ 31	9 ♌ 35	4 ♏ 46	1 ♍ 35	19 ♋	0 ♉	9 ♊	20 ♈	16 ♒

SUN INGRESS	☉ → ♒ 20日 22:28
MOON PHASE	○ 6日 05:09 ♋　◑ 12日 23:01 ♎　● 20日 07:08 ♑　◐ 28日 11:16 ♉

aspects		
7日	15:49	♂△♅
14日	16:29	♀⚹♂
14日	21:32	☿⚹♃
16日	17:49	☿△♇
19日	08:18	☿⚹♆
21日	14:16	☉□♃
23日	15:28	♂☌♄
25日	14:25	☉□♆
26日	23:34	♀☍♅
29日	04:47	☉☌♀
30日	09:33	☉☍♅

1958年2月

DAY	☉	☽	☊		☿	♀	♂	♃	♄	♅	♆	♇	⚳	⚴	⚵	⚶	⚷
			mean	true													
	° ′	° ′	° ′	° ′	° ′	° ′	° ′	° ′	° ′	° ′	° ′	° ′	°	°	°	°	°
1	11 ♒ 14	22 ♊ 18	5 ♏ 45	5 R 30	21 D 9	6 R 41	27 D 44	1 D 18	22 D 36	9 R 33	4 D 46	1 R 33	19 R	0 D	9 D	20 D	17 D
2	12 ♒ 15	5 ♋ 54	5 ♏ 42	5 ♏ 23	22 ♑ 35	6 ♒ 5	28 ♐ 27	1 ♏ 21	22 ♐ 42	9 ♌ 30	4 ♏ 46	1 ♍ 32	18 ♋	0 ♉	10 ♊	20 ♈	17 ♒
3	13 ♒ 16	19 ♋ 59	5 ♏ 39	5 ♏ 12	24 ♑ 2	5 ♒ 30	29 ♐ 10	1 ♏ 23	22 ♐ 47	9 ♌ 27	4 ♏ 46	1 ♍ 30	18 ♋	1 ♉	10 ♊	21 ♈	17 ♒
4	14 ♒ 17	4 ♌ 29	5 ♏ 36	5 ♏ 1	25 ♑ 30	4 ♒ 57	29 ♐ 52	1 ♏ 26	22 ♐ 52	9 ♌ 25	4 ♏ 46	1 ♍ 29	18 ♋	1 ♉	10 ♊	21 ♈	17 ♒
5	15 ♒ 18	19 ♌ 17	5 ♏ 33	4 ♏ 49	26 ♑ 58	4 ♒ 25	0 ♑ 35	1 ♏ 28	22 ♐ 57	9 ♌ 22	4 ♏ 46	1 ♍ 27	18 ♋	2 ♉	10 ♊	21 ♈	17 ♒
6	16 ♒ 18	4 ♍ 15	5 ♏ 29	4 ♏ 38	28 ♑ 28	3 ♒ 54	1 ♑ 18	1 ♏ 30	23 ♐ 3	9 ♌ 19	4 R 46	1 ♍ 26	18 ♋	2 ♉	10 ♊	22 ♈	17 ♒
7	17 ♒ 19	19 ♍ 14	5 ♏ 26	4 ♏ 29	29 ♑ 58	3 ♒ 26	2 ♑ 1	1 ♏ 32	23 ♐ 8	9 ♌ 17	4 ♏ 46	1 ♍ 25	18 ♋	2 ♉	11 ♊	22 ♈	17 ♒
8	18 ♒ 20	4 ♎ 3	5 ♏ 23	4 ♏ 24	1 ♒ 29	2 ♒ 59	2 ♑ 44	1 ♏ 33	23 ♐ 13	9 ♌ 14	4 ♏ 46	1 ♍ 23	17 ♋	3 ♉	11 ♊	23 ♈	17 ♒
9	19 ♒ 21	18 ♎ 38	5 ♏ 20	4 ♏ 21	3 ♒ 1	2 ♒ 35	3 ♑ 27	1 ♏ 35	23 ♐ 18	9 ♌ 12	4 ♏ 46	1 ♍ 22	17 ♋	3 ♉	11 ♊	23 ♈	17 ♒
10	20 ♒ 21	2 ♏ 54	5 ♏ 17	4 ♏ 20	4 ♒ 34	2 ♒ 12	4 ♑ 10	1 ♏ 36	23 ♐ 23	9 ♌ 9	4 ♏ 46	1 ♍ 20	17 ♋	3 ♉	11 ♊	23 ♈	17 ♒
11	21 ♒ 22	16 ♏ 50	5 ♏ 14	4 D 20	6 ♒ 8	1 ♒ 52	4 ♑ 53	1 ♏ 37	23 ♐ 28	9 ♌ 7	4 ♏ 46	1 ♍ 19	17 ♋	4 ♉	11 ♊	24 ♈	17 ♒
12	22 ♒ 23	0 ♐ 27	5 ♏ 10	4 R 20	7 ♒ 42	1 ♒ 35	5 ♑ 36	1 ♏ 38	23 ♐ 32	9 ♌ 4	4 ♏ 46	1 ♍ 17	17 ♋	4 ♉	12 ♊	24 ♈	17 ♒
13	23 ♒ 24	13 ♐ 45	5 ♏ 7	4 ♏ 18	9 ♒ 17	1 ♒ 20	6 ♑ 19	1 ♏ 39	23 ♐ 37	9 ♌ 1	4 ♏ 45	1 ♍ 16	17 ♋	5 ♉	12 ♊	24 ♈	17 ♒
14	24 ♒ 24	26 ♐ 49	5 ♏ 4	4 ♏ 14	10 ♒ 54	1 ♒ 7	7 ♑ 2	1 ♏ 39	23 ♐ 42	8 ♌ 59	4 ♏ 45	1 ♍ 14	17 ♋	5 ♉	12 ♊	25 ♈	17 ♒
15	25 ♒ 25	9 ♑ 38	5 ♏ 1	4 ♏ 7	12 ♒ 31	0 ♒ 57	7 ♑ 45	1 ♏ 39	23 ♐ 46	8 ♌ 56	4 ♏ 45	1 ♍ 13	16 ♋	5 ♉	12 ♊	25 ♈	18 ♒
16	26 ♒ 25	22 ♑ 16	4 ♏ 58	3 ♏ 57	14 ♒ 8	0 ♒ 49	8 ♑ 28	1 R 39	23 ♐ 51	8 ♌ 54	4 ♏ 44	1 ♍ 11	16 ♋	6 ♉	13 ♊	25 ♈	18 ♒
17	27 ♒ 26	4 ♒ 43	4 ♏ 54	3 ♏ 46	15 ♒ 47	0 ♒ 44	9 ♑ 11	1 ♏ 39	23 ♐ 55	8 ♌ 52	4 ♏ 44	1 ♍ 10	16 ♋	6 ♉	13 ♊	26 ♈	18 ♒
18	28 ♒ 27	17 ♒ 1	4 ♏ 51	3 ♏ 33	17 ♒ 27	0 ♒ 41	9 ♑ 54	1 ♏ 39	23 ♐ 59	8 ♌ 49	4 ♏ 44	1 ♍ 8	16 ♋	7 ♉	13 ♊	26 ♈	18 ♒
19	29 ♒ 27	29 ♒ 10	4 ♏ 48	3 ♏ 20	19 ♒ 7	0 D 41	10 ♑ 38	1 ♏ 39	24 ♐ 4	8 ♌ 47	4 ♏ 43	1 ♍ 7	16 ♋	7 ♉	14 ♊	27 ♈	18 ♒
20	0 ♓ 28	11 ♓ 10	4 ♏ 45	3 ♏ 9	20 ♒ 49	0 ♒ 43	11 ♑ 21	1 ♏ 38	24 ♐ 8	8 ♌ 44	4 ♏ 43	1 ♍ 5	16 ♋	8 ♉	14 ♊	27 ♈	18 ♒
21	1 ♓ 28	23 ♓ 5	4 ♏ 42	3 ♏ 0	22 ♒ 31	0 ♒ 47	12 ♑ 4	1 ♏ 37	24 ♐ 12	8 ♌ 42	4 ♏ 42	1 ♍ 4	16 ♋	8 ♉	14 ♊	27 ♈	18 ♒
22	2 ♓ 29	4 ♈ 54	4 ♏ 39	2 ♏ 53	24 ♒ 14	0 ♒ 54	12 ♑ 47	1 ♏ 36	24 ♐ 16	8 ♌ 40	4 ♏ 42	1 ♍ 2	16 ♋	8 ♉	14 ♊	28 ♈	18 ♒
23	3 ♓ 29	16 ♈ 41	4 ♏ 35	2 ♏ 49	25 ♒ 58	1 ♒ 3	13 ♑ 31	1 ♏ 35	24 ♐ 20	8 ♌ 37	4 ♏ 41	1 ♍ 1	16 ♋	9 ♉	15 ♊	28 ♈	18 ♒
24	4 ♓ 30	28 ♈ 28	4 ♏ 32	2 ♏ 47	27 ♒ 43	1 ♒ 14	14 ♑ 14	1 ♏ 33	24 ♐ 23	8 ♌ 35	4 ♏ 41	0 ♍ 59	16 ♋	9 ♉	15 ♊	28 ♈	18 ♒
25	5 ♓ 30	10 ♉ 21	4 ♏ 29	2 D 48	29 ♒ 30	1 ♒ 27	14 ♑ 57	1 ♏ 32	24 ♐ 27	8 ♌ 33	4 ♏ 40	0 ♍ 58	16 ♋	10 ♉	15 ♊	29 ♈	18 ♒
26	6 ♓ 30	22 ♉ 24	4 ♏ 26	2 ♏ 48	1 ♓ 17	1 ♒ 43	15 ♑ 41	1 ♏ 30	24 ♐ 31	8 ♌ 30	4 ♏ 39	0 ♍ 56	16 ♋	10 ♉	16 ♊	29 ♈	18 ♒
27	7 ♓ 31	4 ♊ 42	4 ♏ 23	2 ♏ 49	3 ♓ 5	2 ♒ 0	16 ♑ 24	1 ♏ 28	24 ♐ 34	8 ♌ 28	4 ♏ 39	0 ♍ 54	16 ♋	11 ♉	16 ♊	0 ♉	18 ♒
28	8 ♓ 31	17 ♊ 20	4 ♏ 20	2 R 49	4 ♓ 54	2 ♒ 19	17 ♑ 8	1 ♏ 26	24 ♐ 38	8 ♌ 26	4 ♏ 38	0 ♍ 53	16 ♋	11 ♉	16 ♊	0 ♉	19 ♒

SUN INGRESS	☉ → ♓ 19日 12:48
MOON PHASE	○ 4日 17:05 ♌　◑ 11日 08:34 ♏　● 19日 00:38 ♒　◐ 27日 05:52 ♊

aspects		
4日	07:50	♀□♆
4日	20:32	♃⚹♇
6日	04:18	♂△♇
6日	06:56	♂⚹♃
8日	01:04	☿□♃
8日	18:30	☿☌♀
10日	03:03	☿□♆
10日	20:09	♂⚹♆
11日	19:47	♀□♃
12日	20:06	☿☍♅
13日	05:44	☉⚹♄
20日	14:28	☉☍♇
21日	03:26	☉△♃
22日	00:25	☿⚹♄
24日	04:21	☉△♆
25日	06:23	♀□♃
25日	19:27	☿☍♇
26日	02:54	☿△♃
27日	20:31	☿△♆

1958年3月

DAY	☉	☽	☊ mean	☊ true	☿	♀	♂	♃	♄	♅	♆	♇	⚳	⚴	⚵	⚶	⚷
	° ′	° ′	° ′	° ′	° ′	° ′	° ′	° ′	° ′	° ′	° ′	° ′	°	°	°	°	°
1	9♓31	0♋23	4♏16	2 R 47	6 D 44	2 D 41	17 D 51	1 R 23	24 D 41	8 R 24	4 R 37	0 R 51	16 R	12 D	17 D	0 D	19 D
2	10♓31	13♋55	4♏13	2♏42	8♓35	3♒4	18♑35	1♏21	24♐45	8♌22	4♏36	0♍50	16♋	12♉	17♊	1♉	19♒
3	11♓31	27♋56	4♏10	2♏36	10♓27	3♒28	19♑18	1♏18	24♐48	8♌20	4♏36	0♍49	16 D	13♉	17♊	1♉	19♒
4	12♓32	12♌26	4♏7	2♏28	12♓20	3♒55	20♑2	1♏15	24♐51	8♌18	4♏35	0♍47	16♋	13♉	18♊	2♉	19♒
5	13♓32	27♌19	4♏4	2♏21	14♓14	4♒23	20♑45	1♏12	24♐54	8♌16	4♏34	0♍46	16♋	14♉	18♊	2♉	19♒
6	14♓32	12♍28	4♏0	2♏13	16♓9	4♒53	21♑29	1♏9	24♐57	8♌14	4♏33	0♍44	16♋	14♉	18♊	2♉	19♒
7	15♓32	27♍43	3♏57	2♏8	18♓4	5♒24	22♑12	1♏6	25♐0	8♌12	4♏32	0♍43	16♋	15♉	19♊	3♉	19♒
8	16♓32	12♎53	3♏54	2♏4	20♓0	5♒57	22♑56	1♏2	25♐3	8♌10	4♏31	0♍41	16♋	15♉	19♊	3♉	19♒
9	17♓32	27♎48	3♏51	2♏3	21♓57	6♒31	23♑40	0♏58	25♐5	8♌8	4♏30	0♍40	16♋	16♉	19♊	4♉	19♒
10	18♓32	12♏23	3♏48	2 D 3	23♓54	7♒6	24♑23	0♏54	25♐8	8♌6	4♏29	0♍38	16♋	16♉	20♊	4♉	19♒
11	19♓32	26♏33	3♏45	2♏4	25♓52	7♒43	25♑7	0♏50	25♐11	8♌4	4♏28	0♍37	16♋	16♉	20♊	4♉	19♒
12	20♓32	10♐18	3♏41	2♏5	27♓50	8♒21	25♑51	0♏46	25♐13	8♌3	4♏27	0♍35	16♋	17♉	20♊	5♉	19♒
13	21♓31	23♐40	3♏38	2 R 6	29♓47	9♒0	26♑35	0♏41	25♐15	8♌1	4♏26	0♍34	16♋	17♉	21♊	5♉	19♒
14	22♓31	6♑40	3♏35	2♏5	1♈44	9♒41	27♑18	0♏37	25♐18	7♌59	4♏25	0♍33	16♋	18♉	21♊	6♉	19♒
15	23♓31	19♑22	3♏32	2♏2	3♈41	10♒22	28♑2	0♏32	25♐20	7♌58	4♏24	0♍31	16♋	18♉	22♊	6♉	20♒
16	24♓31	1♒49	3♏29	1♏57	5♈37	11♒5	28♑46	0♏27	25♐22	7♌56	4♏23	0♍30	16♋	19♉	22♊	6♉	20♒
17	25♓31	14♒3	3♏25	1♏51	7♈31	11♒48	29♑30	0♏22	25♐24	7♌55	4♏22	0♍29	16♋	20♉	22♊	7♉	20♒
18	26♓30	26♒9	3♏22	1♏45	9♈24	12♒33	0♒14	0♏17	25♐26	7♌53	4♏20	0♍27	16♋	20♉	23♊	7♉	20♒
19	27♓30	8♓7	3♏19	1♏38	11♈14	13♒18	0♒58	0♏12	25♐27	7♌52	4♏19	0♍26	17♋	21♉	23♊	8♉	20♒
20	28♓30	20♓0	3♏16	1♏32	13♈2	14♒4	1♒42	0♏6	25♐29	7♌50	4♏18	0♍25	17♋	21♉	23♊	8♉	20♒
21	29♓29	1♈49	3♏13	1♏28	14♈48	14♒52	2♒26	0♏1	25♐31	7♌49	4♏17	0♍23	17♋	22♉	24♊	8♉	20♒
22	0♈29	13♈37	3♏10	1♏24	16♈29	15♒40	3♒9	29♎55	25♐32	7♌48	4♏15	0♍22	17♋	22♉	24♊	9♉	20♒
23	1♈29	25♈26	3♏6	1♏23	18♈7	16♒28	3♒53	29♎49	25♐33	7♌46	4♏14	0♍21	17♋	23♉	25♊	9♉	20♒
24	2♈28	7♉17	3♏3	1 D 23	19♈40	17♒18	4♒37	29♎43	25♐35	7♌45	4♏13	0♍19	17♋	23♉	25♊	10♉	20♒
25	3♈28	19♉14	3♏0	1♏24	21♈9	18♒8	5♒21	29♎37	25♐36	7♌44	4♏11	0♍18	17♋	24♉	25♊	10♉	20♒
26	4♈27	1♊21	2♏57	1♏26	22♈32	18♒59	6♒5	29♎30	25♐37	7♌43	4♏10	0♍17	18♋	24♉	26♊	10♉	20♒
27	5♈27	13♊41	2♏54	1♏27	23♈50	19♒51	6♒49	29♎24	25♐38	7♌42	4♏9	0♍16	18♋	25♉	26♊	11♉	20♒
28	6♈26	26♊19	2♏51	1♏29	25♈1	20♒43	7♒33	29♎18	25♐39	7♌41	4♏7	0♍15	18♋	25♉	27♊	11♉	20♒
29	7♈25	9♋17	2♏47	1 R 29	26♈7	21♒36	8♒17	29♎11	25♐39	7♌40	4♏6	0♍13	18♋	26♉	27♊	12♉	20♒
30	8♈25	22♋41	2♏44	1♏28	27♈6	22♒30	9♒1	29♎4	25♐40	7♌39	4♏4	0♍12	18♋	26♉	27♊	12♉	20♒
31	9♈24	6♌32	2♏41	1♏27	27♈59	23♒24	9♒45	28♎58	25♐41	7♌38	4♏3	0♍11	18♋	27♉	28♊	13♉	21♒

SUN INGRESS	☉→♈21日 12:06
MOON PHASE	○ 6日 03:28 ♍　◑ 12日 19:48 ♐　● 20日 18:50 ♓　◐ 28日 20:19 ♋

aspects

4日	05:12	☉☌☿
5日	08:40	♀□♆
10日	09:30	☿⚹♂
10日	15:25	☿□♄
11日	13:00	♀☍♅
15日	05:54	♃⚹♇
16日	21:06	☉□♄
17日	04:53	♀△♅
18日	01:33	♂□♃
21日	01:48	☿⚹♀
23日	10:57	♂□♆
28日	03:58	♂☍♅
28日	13:28	☿△♄
29日	05:48	☉△♅

1958年4月

DAY	☉	☽	☊ mean	☊ true	☿	♀	♂	♃	♄	♅	♆	♇	⚳	⚴	⚵	⚶	⚷
	° ′	° ′	° ′	° ′	° ′	° ′	° ′	° ′	° ′	° ′	° ′	° ′	°	°	°	°	°
1	10♈23	20♌50	2♏38	1 R 24	28 D 44	24 D 18	10 D 30	28 R 51	25 D 41	7 R 37	4 R 2	0 R 10	19 D	27 D	28 D	13 D	21 D
2	11♈22	5♍32	2♏35	1♏21	29♈23	25♒14	11♒14	28♎44	25♐41	7♌37	4♏0	0♍9	19♋	28♉	29♊	13♉	21♒
3	12♈21	20♍34	2♏31	1♏19	29♈55	26♒9	11♒58	28♎37	25♐42	7♌36	3♏59	0♍8	19♋	29♉	29♊	14♉	21♒
4	13♈21	5♎46	2♏28	1♏17	0♉19	27♒6	12♒42	28♎29	25♐42	7♌35	3♏57	0♍7	19♋	29♉	0♋	14♉	21♒
5	14♈20	21♎0	2♏25	1♏16	0♉36	28♒2	13♒26	28♎22	25♐42	7♌35	3♏56	0♍6	19♋	0♊	0♋	15♉	21♒
6	15♈19	6♏5	2♏22	1 D 16	0♉46	28♒59	14♒10	28♎15	25 R 42	7♌34	3♏54	0♍5	20♋	0♊	0♋	15♉	21♒
7	16♈18	20♏52	2♏19	1♏16	0 R 50	29♒57	14♒54	28♎8	25♐42	7♌34	3♏53	0♍4	20♋	1♊	1♋	15♉	21♒
8	17♈17	5♐17	2♏16	1♏17	0♉46	0♓55	15♒38	28♎0	25♐42	7♌33	3♏51	0♍3	20♋	1♊	1♋	16♉	21♒
9	18♈16	19♐15	2♏12	1♏19	0♉36	1♓54	16♒23	27♎53	25♐41	7♌33	3♏49	0♍2	20♋	2♊	2♋	16♉	21♒
10	19♈15	2♑46	2♏9	1♏19	0♉20	2♓53	17♒7	27♎45	25♐41	7♌32	3♏48	0♍1	20♋	2♊	2♋	17♉	21♒
11	20♈13	15♑52	2♏6	1♏20	29♈58	3♓52	17♒51	27♎38	25♐40	7♌32	3♏46	0♍0	21♋	3♊	3♋	17♉	21♒
12	21♈12	28♑35	2♏3	1 R 20	29♈31	4♓52	18♒35	27♎30	25♐40	7♌32	3♏45	0♍0	21♋	4♊	3♋	18♉	21♒
13	22♈11	11♒0	2♏0	1♏19	29♈0	5♓52	19♒19	27♎23	25♐39	7♌32	3♏43	29♌59	21♋	4♊	3♋	18♉	21♒
14	23♈10	23♒10	1♏57	1♏18	28♈24	6♓52	20♒4	27♎15	25♐38	7♌32	3♏42	29♌58	21♋	5♊	4♋	18♉	21♒
15	24♈9	5♓9	1♏53	1♏17	27♈46	7♓53	20♒48	27♎7	25♐37	7♌31	3♏40	29♌57	22♋	5♊	4♋	19♉	21♒
16	25♈8	17♓1	1♏50	1♏17	27♈5	8♓54	21♒32	27♎0	25♐36	7 D 31	3♏38	29♌56	22♋	6♊	5♋	19♉	21♒
17	26♈6	28♓49	1♏47	1♏16	26♈22	9♓55	22♒16	26♎52	25♐35	7♌32	3♏37	29♌56	22♋	6♊	5♋	20♉	21♒
18	27♈5	10♈37	1♏44	1♏15	25♈39	10♓57	23♒0	26♎44	25♐34	7♌32	3♏35	29♌55	22♋	7♊	6♋	20♉	21♒
19	28♈4	22♈26	1♏41	1♏15	24♈55	11♓59	23♒45	26♎37	25♐33	7♌32	3♏33	29♌54	23♋	7♊	6♋	21♉	21♒
20	29♈2	4♉20	1♏37	1 D 15	24♈13	13♓1	24♒29	26♎29	25♐31	7♌32	3♏32	29♌54	23♋	8♊	6♋	21♉	21♒
21	0♉1	16♉19	1♏34	1♏15	23♈32	14♓3	25♒13	26♎21	25♐30	7♌32	3♏30	29♌53	23♋	9♊	7♋	21♉	22♒
22	0♉59	28♉26	1♏31	1♏15	22♈53	15♓6	25♒57	26♎14	25♐28	7♌33	3♏29	29♌52	23♋	9♊	7♋	22♉	22♒
23	1♉58	10♊44	1♏28	1 R 15	22♈17	16♓9	26♒42	26♎6	25♐27	7♌33	3♏27	29♌52	24♋	10♊	8♋	22♉	22♒
24	2♉56	23♊14	1♏25	1♏15	21♈45	17♓12	27♒26	25♎58	25♐25	7♌33	3♏25	29♌51	24♋	10♊	8♋	23♉	22♒
25	3♉55	5♋59	1♏22	1♏15	21♈16	18♓16	28♒10	25♎51	25♐23	7♌34	3♏24	29♌51	24♋	11♊	9♋	23♉	22♒
26	4♉53	19♋2	1♏18	1♏15	20♈52	19♓20	28♒54	25♎43	25♐21	7♌34	3♏22	29♌50	25♋	12♊	9♋	24♉	22♒
27	5♉52	2♌24	1♏15	1♏14	20♈32	20♓23	29♒38	25♎36	25♐19	7♌35	3♏20	29♌50	25♋	12♊	10♋	24♉	22♒
28	6♉50	16♌7	1♏12	1 D 14	20♈17	21♓28	0♓22	25♎28	25♐17	7♌36	3♏19	29♌49	25♋	13♊	10♋	24♉	22♒
29	7♉48	0♍11	1♏9	1♏15	20♈6	22♓32	1♓7	25♎21	25♐15	7♌36	3♏17	29♌49	25♋	13♊	10♋	25♉	22♒
30	8♉47	14♍36	1♏6	1♏15	20♈0	23♓37	1♓51	25♎14	25♐12	7♌37	3♏15	29♌49	26♋	14♊	11♋	25♉	22♒

SUN INGRESS	☉→♉20日 23:27
MOON PHASE	○ 4日 12:45 ♎　◑ 11日 08:50 ♑　● 19日 12:23 ♈　◐ 27日 06:36 ♌

aspects

1日	03:03	☿☍♃
1日	10:16	☉⚹♂
2日	12:05	♀⚹♄
3日	11:48	☿△♇
5日	07:28	♀△♃
7日	02:49	♀☍♇
7日	20:40	☿⚹♀
10日	21:49	♀△♆
10日	21:57	☿△♇
16日	03:33	☿☍♃
16日	11:32	☉△♄
17日	03:45	☉☌☿
17日	16:33	☉☍♃
18日	02:45	♀△♄
19日	19:33	☿⚹♂
20日	20:49	☉△♇
21日	08:44	♂⚹♄
22日	07:32	♂△♃
24日	11:31	☉☍♆
27日	06:12	♂☍♇
28日	18:57	☉□♅
30日	06:05	♃⚹♄

1958年5月

DAY	☉	☽	☊ mean	☊ true	☿	♀	♂	♃	♄	♅	♆	♇	⚳	⚴	⚵	⚶	⚷
	° ′	° ′	° ′	° ′	° ′	° ′	° ′	° ′	° ′	° ′	° ′	° ′	°	°	°	°	°
1	9 ♉ 45	29 ♍ 18	1 ♏ 2	1 D 16	19 D 59	24 D 41	2 D 35	25 R 6	25 R 10	7 D 38	3 R 14	29 R 48	26 D	14 D	11 D	26 D	22 D
2	10 ♉ 43	14 ♎ 13	0 ♏ 59	1 ♏ 17	20 ♈ 4	25 ♓ 46	3 ♓ 19	24 ♎ 59	25 ♐ 8	7 ♌ 39	3 ♏ 12	29 ♌ 48	26 ♋	15 ♊	12 ♋	26 ♉	22 ♒
3	11 ♉ 41	29 ♎ 13	0 ♏ 56	1 ♏ 17	20 ♈ 12	26 ♓ 51	4 ♓ 3	24 ♎ 52	25 ♐ 5	7 ♌ 40	3 ♏ 11	29 ♌ 48	27 ♋	16 ♊	12 ♋	27 ♉	22 ♒
4	12 ♉ 40	14 ♏ 10	0 ♏ 53	1 R 17	20 ♈ 26	27 ♓ 57	4 ♓ 47	24 ♎ 45	25 ♐ 2	7 ♌ 41	3 ♏ 9	29 ♌ 47	27 ♋	16 ♊	13 ♋	27 ♉	22 ♒
5	13 ♉ 38	28 ♏ 57	0 ♏ 50	1 ♏ 16	20 ♈ 44	29 ♓ 2	5 ♓ 31	24 ♎ 38	25 ♐ 0	7 ♌ 42	3 ♏ 7	29 ♌ 47	27 ♋	17 ♊	13 ♋	27 ♉	22 ♒
6	14 ♉ 36	13 ♐ 25	0 ♏ 47	1 ♏ 15	21 ♈ 7	0 ♈ 8	6 ♓ 16	24 ♎ 31	24 ♐ 57	7 ♌ 43	3 ♏ 6	29 ♌ 47	28 ♋	17 ♊	14 ♋	28 ♉	22 ♒
7	15 ♉ 34	27 ♐ 29	0 ♏ 43	1 ♏ 13	21 ♈ 34	1 ♈ 14	7 ♓ 0	24 ♎ 24	24 ♐ 54	7 ♌ 44	3 ♏ 4	29 ♌ 47	28 ♋	18 ♊	14 ♋	28 ♉	22 ♒
8	16 ♉ 32	11 ♑ 8	0 ♏ 40	1 ♏ 11	22 ♈ 5	2 ♈ 20	7 ♓ 44	24 ♎ 18	24 ♐ 51	7 ♌ 45	3 ♏ 3	29 ♌ 47	28 ♋	19 ♊	14 ♋	29 ♉	22 ♒
9	17 ♉ 30	24 ♑ 21	0 ♏ 37	1 ♏ 9	22 ♈ 40	3 ♈ 26	8 ♓ 28	24 ♎ 11	24 ♐ 48	7 ♌ 46	3 ♏ 1	29 ♌ 47	29 ♋	19 ♊	15 ♋	29 ♉	22 ♒
10	18 ♉ 28	7 ♒ 9	0 ♏ 34	1 ♏ 8	23 ♈ 19	4 ♈ 32	9 ♓ 12	24 ♎ 5	24 ♐ 45	7 ♌ 47	2 ♏ 59	29 ♌ 47	29 ♋	20 ♊	15 ♋	0 ♊	22 ♒
11	19 ♉ 26	19 ♒ 36	0 ♏ 31	1 D 8	24 ♈ 2	5 ♈ 39	9 ♓ 56	23 ♎ 58	24 ♐ 42	7 ♌ 49	2 ♏ 58	29 ♌ 46	29 ♋	20 ♊	16 ♋	0 ♊	22 ♒
12	20 ♉ 24	1 ♓ 47	0 ♏ 28	1 ♏ 8	24 ♈ 48	6 ♈ 45	10 ♓ 40	23 ♎ 52	24 ♐ 39	7 ♌ 50	2 ♏ 56	29 ♌ 46	0 ♌	21 ♊	16 ♋	1 ♊	22 ♒
13	21 ♉ 22	13 ♓ 45	0 ♏ 24	1 ♏ 9	25 ♈ 38	7 ♈ 52	11 ♓ 24	23 ♎ 46	24 ♐ 36	7 ♌ 51	2 ♏ 55	29 D 46	0 ♌	21 ♊	17 ♋	1 ♊	22 ♒
14	22 ♉ 20	25 ♓ 35	0 ♏ 21	1 ♏ 11	26 ♈ 31	8 ♈ 59	12 ♓ 8	23 ♎ 40	24 ♐ 32	7 ♌ 53	2 ♏ 53	29 ♌ 46	0 ♌	22 ♊	17 ♋	1 ♊	22 ♒
15	23 ♉ 18	7 ♈ 23	0 ♏ 18	1 ♏ 12	27 ♈ 28	10 ♈ 6	12 ♓ 52	23 ♎ 34	24 ♐ 29	7 ♌ 54	2 ♏ 52	29 ♌ 47	1 ♌	23 ♊	18 ♋	2 ♊	22 ♒
16	24 ♉ 15	19 ♈ 11	0 ♏ 15	1 ♏ 14	28 ♈ 27	11 ♈ 13	13 ♓ 36	23 ♎ 28	24 ♐ 25	7 ♌ 56	2 ♏ 50	29 ♌ 47	1 ♌	23 ♊	18 ♋	2 ♊	22 ♒
17	25 ♉ 13	1 ♉ 4	0 ♏ 12	1 ♏ 14	29 ♈ 30	12 ♈ 20	14 ♓ 20	23 ♎ 22	24 ♐ 22	7 ♌ 58	2 ♏ 49	29 ♌ 47	1 ♌	24 ♊	19 ♋	3 ♊	22 ♒
18	26 ♉ 11	13 ♉ 5	0 ♏ 8	1 R 14	0 ♉ 36	13 ♈ 28	15 ♓ 3	23 ♎ 17	24 ♐ 18	7 ♌ 59	2 ♏ 47	29 ♌ 47	2 ♌	24 ♊	19 ♋	3 ♊	22 ♒
19	27 ♉ 9	25 ♉ 16	0 ♏ 5	1 ♏ 12	1 ♉ 44	14 ♈ 35	15 ♓ 47	23 ♎ 12	24 ♐ 15	8 ♌ 1	2 ♏ 46	29 ♌ 47	2 ♌	25 ♊	19 ♋	4 ♊	22 ♒
20	28 ♉ 7	7 ♊ 38	0 ♏ 2	1 ♏ 9	2 ♉ 55	15 ♈ 43	16 ♓ 31	23 ♎ 6	24 ♐ 11	8 ♌ 3	2 ♏ 44	29 ♌ 47	2 ♌	26 ♊	20 ♋	4 ♊	22 ♒
21	29 ♉ 5	20 ♊ 12	29 ♎ 59	1 ♏ 5	4 ♉ 9	16 ♈ 50	17 ♓ 15	23 ♎ 1	24 ♐ 7	8 ♌ 4	2 ♏ 43	29 ♌ 48	3 ♌	26 ♊	20 ♋	4 ♊	22 ♒
22	0 ♊ 2	3 ♋ 1	29 ♎ 56	1 ♏ 0	5 ♉ 26	17 ♈ 58	17 ♓ 58	22 ♎ 56	24 ♐ 3	8 ♌ 6	2 ♏ 42	29 ♌ 48	3 ♌	27 ♊	21 ♋	5 ♊	22 ♒
23	1 ♊ 0	16 ♋ 2	29 ♎ 53	0 ♏ 55	6 ♉ 45	19 ♈ 6	18 ♓ 42	22 ♎ 51	24 ♐ 0	8 ♌ 8	2 ♏ 40	29 ♌ 48	3 ♌	27 ♊	21 ♋	5 ♊	22 ♒
24	1 ♊ 58	29 ♋ 18	29 ♎ 49	0 ♏ 51	8 ♉ 7	20 ♈ 14	19 ♓ 26	22 ♎ 47	23 ♐ 56	8 ♌ 10	2 ♏ 39	29 ♌ 48	4 ♌	28 ♊	22 ♋	6 ♊	22 ♒
25	2 ♊ 55	12 ♌ 48	29 ♎ 46	0 ♏ 49	9 ♉ 31	21 ♈ 22	20 ♓ 9	22 ♎ 42	23 ♐ 52	8 ♌ 12	2 ♏ 37	29 ♌ 49	4 ♌	29 ♊	22 ♋	6 ♊	22 ♒
26	3 ♊ 53	26 ♌ 31	29 ♎ 43	0 ♏ 47	10 ♉ 57	22 ♈ 31	20 ♓ 53	22 ♎ 38	23 ♐ 48	8 ♌ 14	2 ♏ 36	29 ♌ 49	5 ♌	29 ♊	23 ♋	7 ♊	22 ♒
27	4 ♊ 51	10 ♍ 29	29 ♎ 40	0 D 47	12 ♉ 27	23 ♈ 39	21 ♓ 36	22 ♎ 34	23 ♐ 44	8 ♌ 16	2 ♏ 35	29 ♌ 50	5 ♌	0 ♋	23 ♋	7 ♊	22 ♒
28	5 ♊ 48	24 ♍ 40	29 ♎ 37	0 ♏ 48	13 ♉ 58	24 ♈ 47	22 ♓ 20	22 ♎ 30	23 ♐ 40	8 ♌ 18	2 ♏ 33	29 ♌ 50	5 ♌	0 ♋	24 ♋	7 ♊	22 ♒
29	6 ♊ 46	9 ♎ 3	29 ♎ 34	0 ♏ 49	15 ♉ 32	25 ♈ 56	23 ♓ 3	22 ♎ 26	23 ♐ 35	8 ♌ 20	2 ♏ 32	29 ♌ 51	6 ♌	1 ♋	24 ♋	8 ♊	22 R
30	7 ♊ 43	23 ♎ 34	29 ♎ 30	0 ♏ 50	17 ♉ 9	27 ♈ 4	23 ♓ 47	22 ♎ 22	23 ♐ 31	8 ♌ 23	2 ♏ 31	29 ♌ 51	6 ♌	2 ♋	24 ♋	8 ♊	22 ♒
31	8 ♊ 41	8 ♏ 11	29 ♎ 27	0 R 50	18 ♉ 48	28 ♈ 13	24 ♓ 30	22 ♎ 19	23 ♐ 27	8 ♌ 25	2 ♏ 30	29 ♌ 52	6 ♌	2 ♋	25 ♋	9 ♊	22 ♒

SUN INGRESS: ☉ → ♊ 21日 22:51

MOON PHASE: ○ 3日 21:23 ♏　◑ 10日 23:38 ♒　● 19日 04:00 ♉　◐ 26日 13:38 ♍

aspects		
1日	10:16	♀□♄
1日	20:24	♂△♆
10日	22:20	☿☍♃
11日	19:36	☿△♄
12日	23:49	♀△♅
17日	06:13	☿△♇
19日	20:27	☿☍♆
21日	17:59	☉□♇
24日	01:03	☿□♅
26日	02:26	♀☍♃
27日	01:33	♀△♄
29日	16:14	♂△♄
30日	17:06	☉⚹♅

1958年6月

DAY	☉	☽	☊ mean	☊ true	☿	♀	♂	♃	♄	♅	♆	♇	⚳	⚴	⚵	⚶	⚷
	° ′	° ′	° ′	° ′	° ′	° ′	° ′	° ′	° ′	° ′	° ′	° ′	°	°	°	°	°
1	9 ♊ 38	22 ♏ 47	29 ♎ 24	0 R 49	20 D 29	29 D 22	25 D 13	22 R 15	23 R 23	8 D 27	2 R 28	29 D 52	7 D	3 D	25 D	9 D	22 R
2	10 ♊ 36	7 ♐ 17	29 ♎ 21	0 ♏ 45	22 ♉ 13	0 ♉ 31	25 ♓ 57	22 ♎ 12	23 ♐ 19	8 ♌ 29	2 ♏ 27	29 ♌ 53	7 ♌	3 ♋	26 ♋	10 ♊	22 ♒
3	11 ♊ 33	21 ♐ 34	29 ♎ 18	0 ♏ 40	23 ♉ 59	1 ♉ 40	26 ♓ 40	22 ♎ 9	23 ♐ 14	8 ♌ 32	2 ♏ 26	29 ♌ 53	8 ♌	4 ♋	26 ♋	10 ♊	22 ♒
4	12 ♊ 31	5 ♑ 34	29 ♎ 14	0 ♏ 34	25 ♉ 47	2 ♉ 49	27 ♓ 23	22 ♎ 6	23 ♐ 10	8 ♌ 34	2 ♏ 25	29 ♌ 54	8 ♌	5 ♋	27 ♋	11 ♊	22 ♒
5	13 ♊ 28	19 ♑ 11	29 ♎ 11	0 ♏ 27	27 ♉ 38	3 ♉ 58	28 ♓ 6	22 ♎ 4	23 ♐ 6	8 ♌ 37	2 ♏ 24	29 ♌ 55	8 ♌	5 ♋	27 ♋	11 ♊	22 ♒
6	14 ♊ 26	2 ♒ 25	29 ♎ 8	0 ♏ 20	29 ♉ 31	5 ♉ 7	28 ♓ 49	22 ♎ 1	23 ♐ 1	8 ♌ 39	2 ♏ 22	29 ♌ 55	9 ♌	6 ♋	28 ♋	11 ♊	22 ♒
7	15 ♊ 23	15 ♒ 15	29 ♎ 5	0 ♏ 15	1 ♊ 26	6 ♉ 16	29 ♓ 32	21 ♎ 59	22 ♐ 57	8 ♌ 42	2 ♏ 21	29 ♌ 56	9 ♌	6 ♋	28 ♋	12 ♊	22 ♒
8	16 ♊ 20	27 ♒ 44	29 ♎ 2	0 ♏ 12	3 ♊ 24	7 ♉ 26	0 ♈ 15	21 ♎ 57	22 ♐ 53	8 ♌ 44	2 ♏ 20	29 ♌ 57	10 ♌	7 ♋	29 ♋	12 ♊	22 ♒
9	17 ♊ 18	9 ♓ 56	28 ♎ 59	0 ♏ 10	5 ♊ 24	8 ♉ 35	0 ♈ 58	21 ♎ 55	22 ♐ 48	8 ♌ 47	2 ♏ 19	29 ♌ 58	10 ♌	7 ♋	29 ♋	13 ♊	22 ♒
10	18 ♊ 15	21 ♓ 55	28 ♎ 55	0 D 9	7 ♊ 26	9 ♉ 44	1 ♈ 41	21 ♎ 53	22 ♐ 44	8 ♌ 49	2 ♏ 18	29 ♌ 59	10 ♌	8 ♋	0 ♌	13 ♊	22 ♒
11	19 ♊ 12	3 ♈ 46	28 ♎ 52	0 ♏ 10	9 ♊ 29	10 ♉ 54	2 ♈ 23	21 ♎ 51	22 ♐ 40	8 ♌ 52	2 ♏ 17	29 ♌ 59	11 ♌	9 ♋	0 ♌	14 ♊	22 ♒
12	20 ♊ 10	15 ♈ 34	28 ♎ 49	0 ♏ 11	11 ♊ 35	12 ♉ 4	3 ♈ 6	21 ♎ 50	22 ♐ 35	8 ♌ 55	2 ♏ 16	0 ♍ 0	11 ♌	9 ♋	0 ♌	14 ♊	22 ♒
13	21 ♊ 7	27 ♈ 25	28 ♎ 46	0 ♏ 12	13 ♊ 42	13 ♉ 13	3 ♈ 49	21 ♎ 49	22 ♐ 31	8 ♌ 58	2 ♏ 15	0 ♍ 1	12 ♌	10 ♋	1 ♌	14 ♊	22 ♒
14	22 ♊ 4	9 ♉ 22	28 ♎ 43	0 R 12	15 ♊ 50	14 ♉ 23	4 ♈ 31	21 ♎ 48	22 ♐ 26	9 ♌ 0	2 ♏ 14	0 ♍ 2	12 ♌	10 ♋	1 ♌	15 ♊	22 ♒
15	23 ♊ 2	21 ♉ 30	28 ♎ 40	0 ♏ 10	18 ♊ 0	15 ♉ 33	5 ♈ 14	21 ♎ 47	22 ♐ 22	9 ♌ 3	2 ♏ 13	0 ♍ 3	12 ♌	11 ♋	2 ♌	15 ♊	22 ♒
16	23 ♊ 59	3 ♊ 53	28 ♎ 36	0 ♏ 5	20 ♊ 11	16 ♉ 43	5 ♈ 56	21 ♎ 46	22 ♐ 17	9 ♌ 6	2 ♏ 13	0 ♍ 4	13 ♌	12 ♋	2 ♌	16 ♊	22 ♒
17	24 ♊ 56	16 ♊ 31	28 ♎ 33	29 ♎ 58	22 ♊ 22	17 ♉ 53	6 ♈ 38	21 ♎ 45	22 ♐ 13	9 ♌ 9	2 ♏ 12	0 ♍ 5	13 ♌	12 ♋	3 ♌	16 ♊	22 ♒
18	25 ♊ 54	29 ♊ 25	28 ♎ 30	29 ♎ 50	24 ♊ 34	19 ♉ 3	7 ♈ 21	21 ♎ 45	22 ♐ 9	9 ♌ 12	2 ♏ 11	0 ♍ 6	14 ♌	13 ♋	3 ♌	17 ♊	22 ♒
19	26 ♊ 51	12 ♋ 35	28 ♎ 27	29 ♎ 40	26 ♊ 46	20 ♉ 13	8 ♈ 3	21 ♎ 45	22 ♐ 4	9 ♌ 15	2 ♏ 10	0 ♍ 7	14 ♌	13 ♋	4 ♌	17 ♊	22 ♒
20	27 ♊ 48	26 ♋ 0	28 ♎ 24	29 ♎ 31	28 ♊ 57	21 ♉ 23	8 ♈ 45	21 D 45	22 ♐ 0	9 ♌ 18	2 ♏ 9	0 ♍ 8	14 ♌	14 ♋	4 ♌	17 ♊	22 ♒
21	28 ♊ 46	9 ♌ 37	28 ♎ 20	29 ♎ 22	1 ♋ 9	22 ♉ 33	9 ♈ 27	21 ♎ 45	21 ♐ 55	9 ♌ 21	2 ♏ 9	0 ♍ 9	15 ♌	15 ♋	5 ♌	18 ♊	22 ♒
22	29 ♊ 43	23 ♌ 25	28 ♎ 17	29 ♎ 15	3 ♋ 19	23 ♉ 43	10 ♈ 9	21 ♎ 45	21 ♐ 51	9 ♌ 24	2 ♏ 8	0 ♍ 10	15 ♌	15 ♋	5 ♌	18 ♊	22 ♒
23	0 ♋ 40	7 ♍ 20	28 ♎ 14	29 ♎ 11	5 ♋ 29	24 ♉ 54	10 ♈ 50	21 ♎ 46	21 ♐ 47	9 ♌ 27	2 ♏ 7	0 ♍ 11	16 ♌	16 ♋	6 ♌	19 ♊	22 ♒
24	1 ♋ 37	21 ♍ 22	28 ♎ 11	29 ♎ 9	7 ♋ 38	26 ♉ 4	11 ♈ 32	21 ♎ 47	21 ♐ 42	9 ♌ 30	2 ♏ 7	0 ♍ 13	16 ♌	16 ♋	6 ♌	19 ♊	22 ♒
25	2 ♋ 35	5 ♎ 28	28 ♎ 8	29 D 8	9 ♋ 45	27 ♉ 15	12 ♈ 14	21 ♎ 48	21 ♐ 38	9 ♌ 33	2 ♏ 6	0 ♍ 14	16 ♌	17 ♋	6 ♌	20 ♊	22 ♒
26	3 ♋ 32	19 ♎ 38	28 ♎ 5	29 ♎ 9	11 ♋ 51	28 ♉ 25	12 ♈ 55	21 ♎ 49	21 ♐ 34	9 ♌ 36	2 ♏ 5	0 ♍ 15	17 ♌	18 ♋	7 ♌	20 ♊	22 ♒
27	4 ♋ 29	3 ♏ 50	28 ♎ 1	29 R 9	13 ♋ 55	29 ♉ 36	13 ♈ 37	21 ♎ 50	21 ♐ 29	9 ♌ 39	2 ♏ 5	0 ♍ 16	17 ♌	18 ♋	7 ♌	20 ♊	22 ♒
28	5 ♋ 26	18 ♏ 3	27 ♎ 58	29 ♎ 8	15 ♋ 57	0 ♊ 46	14 ♈ 18	21 ♎ 51	21 ♐ 25	9 ♌ 43	2 ♏ 4	0 ♍ 18	18 ♌	19 ♋	8 ♌	21 ♊	22 ♒
29	6 ♋ 23	2 ♐ 14	27 ♎ 55	29 ♎ 4	17 ♋ 58	1 ♊ 57	14 ♈ 59	21 ♎ 53	21 ♐ 21	9 ♌ 46	2 ♏ 4	0 ♍ 19	18 ♌	19 ♋	8 ♌	21 ♊	22 ♒
30	7 ♋ 21	16 ♐ 20	27 ♎ 52	28 ♎ 58	19 ♋ 57	3 ♊ 7	15 ♈ 40	21 ♎ 55	21 ♐ 17	9 ♌ 49	2 ♏ 3	0 ♍ 20	18 ♌	20 ♋	9 ♌	22 ♊	22 ♒

SUN INGRESS: ☉ → ♋ 22日 06:57

MOON PHASE: ○ 2日 05:55 ♐　◑ 9日 15:59 ♓　● 17日 16:59 ♊　◐ 24日 18:45 ♎

aspects		
1日	10:40	♀△♇
3日	15:50	♀☍♆
5日	09:45	☿⚹♂
6日	05:10	☿□♇
9日	04:17	☿□♅
10日	16:41	☿⚹♅
13日	17:01	☉△♃
14日	08:28	☉☍♄
16日	17:19	☿△♃
16日	22:23	☿☍♄
19日	01:44	☉☌☿
20日	13:01	☿⚹♇
20日	20:18	♂△♅
21日	10:56	☿△♆
22日	11:44	☉⚹♇
23日	03:10	♃⚹♄
24日	12:05	☉△♆
26日	18:41	♀□♂
27日	14:07	♀□♇

1958年7月

DAY	☉	☽	☊ mean	☊ true	☿	♀	♂	♃	♄	♅	♆	♇	⚳	⚴	⚵	⚶	⚷
	° ′	° ′	° ′	° ′	° ′	° ′	° ′	° ′	° ′	° ′	° ′	° ′	°	°	°	°	°
1	8 ♋ 18	0 ♑ 16	27 ♎ 49	28 R 49	21 D 53	4 D 18	16 D 21	21 D 57	21 R 13	9 D 52	2 R 3	0 D 22	19 D	20 D	9 D	22 D	22 R
2	9 ♋ 15	13 ♑ 58	27 ♎ 46	28 ♎ 39	23 ♋ 48	5 ♊ 29	17 ♈ 2	21 ♎ 59	21 ♐ 9	9 ♌ 56	2 ♏ 2	0 ♍ 23	19 ♌	21 ♋	10 ♌	23 ♊	22 ♒
3	10 ♋ 12	27 ♑ 23	27 ♎ 42	28 ♎ 27	25 ♋ 41	6 ♊ 40	17 ♈ 43	22 ♎ 1	21 ♐ 5	9 ♌ 59	2 ♏ 2	0 ♍ 24	20 ♌	22 ♋	10 ♌	23 ♊	22 ♒
4	11 ♋ 9	10 ♒ 28	27 ♎ 39	28 ♎ 16	27 ♋ 32	7 ♊ 51	18 ♈ 23	22 ♎ 4	21 ♐ 0	10 ♌ 2	2 ♏ 2	0 ♍ 26	20 ♌	22 ♋	11 ♌	23 ♊	22 ♒
5	12 ♋ 7	23 ♒ 14	27 ♎ 36	28 ♎ 7	29 ♋ 20	9 ♊ 2	19 ♈ 4	22 ♎ 6	20 ♐ 56	10 ♌ 6	2 ♏ 1	0 ♍ 27	21 ♌	23 ♋	11 ♌	24 ♊	22 ♒
6	13 ♋ 4	5 ♓ 41	27 ♎ 33	27 ♎ 59	1 ♌ 7	10 ♊ 13	19 ♈ 44	22 ♎ 9	20 ♐ 53	10 ♌ 9	2 ♏ 1	0 ♍ 29	21 ♌	23 ♋	11 ♌	24 ♊	21 ♒
7	14 ♋ 1	17 ♓ 52	27 ♎ 30	27 ♎ 54	2 ♌ 52	11 ♊ 24	20 ♈ 25	22 ♎ 12	20 ♐ 49	10 ♌ 12	2 ♏ 1	0 ♍ 30	21 ♌	24 ♋	12 ♌	25 ♊	21 ♒
8	14 ♋ 58	29 ♓ 51	27 ♎ 26	27 ♎ 52	4 ♌ 34	12 ♊ 35	21 ♈ 5	22 ♎ 15	20 ♐ 45	10 ♌ 16	2 ♏ 1	0 ♍ 31	22 ♌	25 ♋	12 ♌	25 ♊	21 ♒
9	15 ♋ 55	11 ♈ 42	27 ♎ 23	27 ♎ 51	6 ♌ 15	13 ♊ 46	21 ♈ 45	22 ♎ 19	20 ♐ 41	10 ♌ 19	2 ♏ 0	0 ♍ 33	22 ♌	25 ♋	13 ♌	26 ♊	21 ♒
10	16 ♋ 53	23 ♈ 30	27 ♎ 20	27 D 51	7 ♌ 53	14 ♊ 57	22 ♈ 25	22 ♎ 22	20 ♐ 37	10 ♌ 23	2 ♏ 0	0 ♍ 34	23 ♌	26 ♋	13 ♌	26 ♊	21 ♒
11	17 ♋ 50	5 ♉ 22	27 ♎ 17	27 R 51	9 ♌ 29	16 ♊ 9	23 ♈ 5	22 ♎ 26	20 ♐ 34	10 ♌ 26	2 ♏ 0	0 ♍ 36	23 ♌	26 ♋	14 ♌	26 ♊	21 ♒
12	18 ♋ 47	17 ♉ 22	27 ♎ 14	27 ♎ 49	11 ♌ 4	17 ♊ 20	23 ♈ 44	22 ♎ 30	20 ♐ 30	10 ♌ 30	2 ♏ 0	0 ♍ 38	24 ♌	27 ♋	14 ♌	27 ♊	21 ♒
13	19 ♋ 44	29 ♉ 36	27 ♎ 11	27 ♎ 46	12 ♌ 36	18 ♊ 31	24 ♈ 24	22 ♎ 34	20 ♐ 26	10 ♌ 33	2 ♏ 0	0 ♍ 39	24 ♌	28 ♋	15 ♌	27 ♊	21 ♒
14	20 ♋ 41	12 ♊ 6	27 ♎ 7	27 ♎ 40	14 ♌ 6	19 ♊ 43	25 ♈ 3	22 ♎ 38	20 ♐ 23	10 ♌ 37	2 ♏ 0	0 ♍ 41	24 ♌	28 ♋	15 ♌	28 ♊	21 ♒
15	21 ♋ 39	24 ♊ 57	27 ♎ 4	27 ♎ 32	15 ♌ 34	20 ♊ 54	25 ♈ 42	22 ♎ 42	20 ♐ 19	10 ♌ 40	2 D 0	0 ♍ 42	25 ♌	29 ♋	16 ♌	28 ♊	21 ♒
16	22 ♋ 36	8 ♋ 8	27 ♎ 1	27 ♎ 21	17 ♌ 0	22 ♊ 6	26 ♈ 21	22 ♎ 47	20 ♐ 16	10 ♌ 44	2 ♏ 0	0 ♍ 44	25 ♌	29 ♋	16 ♌	29 ♊	21 ♒
17	23 ♋ 33	21 ♋ 40	26 ♎ 58	27 ♎ 9	18 ♌ 23	23 ♊ 18	27 ♈ 0	22 ♎ 51	20 ♐ 13	10 ♌ 47	2 ♏ 0	0 ♍ 46	26 ♌	0 ♌	16 ♌	29 ♊	21 ♒
18	24 ♋ 31	5 ♌ 29	26 ♎ 55	26 ♎ 57	19 ♌ 45	24 ♊ 29	27 ♈ 39	22 ♎ 56	20 ♐ 9	10 ♌ 51	2 ♏ 0	0 ♍ 47	26 ♌	0 ♌	17 ♌	29 ♊	21 ♒
19	25 ♋ 28	19 ♌ 32	26 ♎ 52	26 ♎ 46	21 ♌ 4	25 ♊ 41	28 ♈ 17	23 ♎ 1	20 ♐ 6	10 ♌ 55	2 ♏ 0	0 ♍ 49	27 ♌	1 ♌	17 ♌	0 ♋	21 ♒
20	26 ♋ 25	3 ♍ 44	26 ♎ 48	26 ♎ 38	22 ♌ 21	26 ♊ 53	28 ♈ 56	23 ♎ 6	20 ♐ 3	10 ♌ 58	2 ♏ 0	0 ♍ 51	27 ♌	2 ♌	18 ♌	0 ♋	21 ♒
21	27 ♋ 22	17 ♍ 59	26 ♎ 45	26 ♎ 32	23 ♌ 36	28 ♊ 4	29 ♈ 34	23 ♎ 11	20 ♐ 0	11 ♌ 2	2 ♏ 1	0 ♍ 52	28 ♌	2 ♌	18 ♌	1 ♋	21 ♒
22	28 ♋ 20	2 ♎ 15	26 ♎ 42	26 ♎ 28	24 ♌ 48	29 ♊ 16	0 ♉ 12	23 ♎ 17	19 ♐ 57	11 ♌ 6	2 ♏ 1	0 ♍ 54	28 ♌	3 ♌	19 ♌	1 ♋	21 ♒
23	29 ♋ 17	16 ♎ 28	26 ♎ 39	26 ♎ 27	25 ♌ 58	0 ♋ 28	0 ♉ 50	23 ♎ 22	19 ♐ 54	11 ♌ 9	2 ♏ 1	0 ♍ 56	28 ♌	3 ♌	19 ♌	2 ♋	21 ♒
24	0 ♌ 14	0 ♏ 36	26 ♎ 36	26 ♎ 27	27 ♌ 5	1 ♋ 40	1 ♉ 28	23 ♎ 28	19 ♐ 51	11 ♌ 13	2 ♏ 1	0 ♍ 58	29 ♌	4 ♌	20 ♌	2 ♋	21 ♒
25	1 ♌ 12	14 ♏ 39	26 ♎ 32	26 ♎ 27	28 ♌ 10	2 ♋ 52	2 ♉ 5	23 ♎ 34	19 ♐ 48	11 ♌ 17	2 ♏ 2	0 ♍ 59	29 ♌	4 ♌	20 ♌	2 ♋	21 ♒
26	2 ♌ 9	28 ♏ 35	26 ♎ 29	26 ♎ 25	29 ♌ 12	4 ♋ 4	2 ♉ 42	23 ♎ 40	19 ♐ 46	11 ♌ 20	2 ♏ 2	1 ♍ 1	0 ♍	5 ♌	21 ♌	3 ♋	21 ♒
27	3 ♌ 6	12 ♐ 25	26 ♎ 26	26 ♎ 21	0 ♍ 11	5 ♋ 16	3 ♉ 19	23 ♎ 46	19 ♐ 43	11 ♌ 24	2 ♏ 2	1 ♍ 3	0 ♍	6 ♌	21 ♌	3 ♋	21 ♒
28	4 ♌ 3	26 ♐ 6	26 ♎ 23	26 ♎ 14	1 ♍ 7	6 ♋ 28	3 ♉ 56	23 ♎ 52	19 ♐ 41	11 ♌ 28	2 ♏ 3	1 ♍ 5	1 ♍	6 ♌	21 ♌	4 ♋	21 ♒
29	5 ♌ 1	9 ♑ 37	26 ♎ 20	26 ♎ 4	2 ♍ 1	7 ♋ 40	4 ♉ 33	23 ♎ 58	19 ♐ 38	11 ♌ 31	2 ♏ 3	1 ♍ 7	1 ♍	7 ♌	22 ♌	4 ♋	20 ♒
30	5 ♌ 58	22 ♑ 56	26 ♎ 17	25 ♎ 53	2 ♍ 51	8 ♋ 53	5 ♉ 10	24 ♎ 5	19 ♐ 36	11 ♌ 35	2 ♏ 4	1 ♍ 8	1 ♍	7 ♌	22 ♌	4 ♋	20 ♒
31	6 ♌ 55	6 ♒ 2	26 ♎ 13	25 ♎ 41	3 ♍ 37	10 ♋ 5	5 ♉ 46	24 ♎ 12	19 ♐ 33	11 ♌ 39	2 ♏ 4	1 ♍ 10	2 ♍	8 ♌	23 ♌	5 ♋	20 ♒

SUN INGRESS	☉ → ♌ 23日 17:50
MOON PHASE	○ 1日 15:04 ♑　◑ 9日 09:21 ♈　● 17日 03:33 ♋　◐ 23日 23:20 ♏　○ 31日 01:47 ♒

aspects		
1日	00:44	☿□♃
5日	22:40	♀⚹♅
6日	12:20	☿□♆
7日	13:05	♂△♄
9日	22:16	♂☍♃
11日	15:00	☿☌♅
14日	12:47	♀☍♄
16日	04:48	☉□♃
16日	14:32	♀△♃
18日	07:01	☿△♄
20日	15:18	☿⚹♃
23日	03:56	♂△♇
23日	09:28	♀⚹♇
23日	15:16	♀⚹♂
24日	07:06	♀△♆
24日	21:45	♂☍♆
25日	21:07	☉□♆
27日	15:44	☉□♂
27日	22:46	☿☌♇
29日	01:14	☿⚹♆

1958年8月

DAY	☉	☽	☊ mean	☊ true	☿	♀	♂	♃	♄	♅	♆	♇	⚳	⚴	⚵	⚶	⚷
	° ′	° ′	° ′	° ′	° ′	° ′	° ′	° ′	° ′	° ′	° ′	° ′	°	°	°	°	°
1	7 ♌ 53	18 ♒ 52	26 ♎ 10	25 R 29	4 D 20	11 D 17	6 D 22	24 D 18	19 R 31	11 D 42	2 D 5	1 D 12	2 D	8 D	23 D	5 D	20 R
2	8 ♌ 50	1 ♓ 27	26 ♎ 7	25 ♎ 18	5 ♍ 0	12 ♋ 30	6 ♉ 58	24 ♎ 25	19 ♐ 29	11 ♌ 46	2 ♏ 5	1 ♍ 14	3 ♍	9 ♌	24 ♌	6 ♋	20 ♒
3	9 ♌ 48	13 ♓ 47	26 ♎ 4	25 ♎ 9	5 ♍ 35	13 ♋ 42	7 ♉ 34	24 ♎ 32	19 ♐ 27	11 ♌ 50	2 ♏ 6	1 ♍ 16	3 ♍	10 ♌	24 ♌	6 ♋	20 ♒
4	10 ♌ 45	25 ♓ 53	26 ♎ 1	25 ♎ 4	6 ♍ 7	14 ♋ 54	8 ♉ 9	24 ♎ 40	19 ♐ 25	11 ♌ 54	2 ♏ 7	1 ♍ 18	4 ♍	10 ♌	25 ♌	7 ♋	20 ♒
5	11 ♌ 42	7 ♈ 49	25 ♎ 57	25 ♎ 0	6 ♍ 34	16 ♋ 7	8 ♉ 44	24 ♎ 47	19 ♐ 23	11 ♌ 57	2 ♏ 7	1 ♍ 20	4 ♍	11 ♌	25 ♌	7 ♋	20 ♒
6	12 ♌ 40	19 ♈ 38	25 ♎ 54	24 ♎ 59	6 ♍ 57	17 ♋ 19	9 ♉ 19	24 ♎ 54	19 ♐ 21	12 ♌ 1	2 ♏ 8	1 ♍ 21	5 ♍	11 ♌	25 ♌	7 ♋	20 ♒
7	13 ♌ 37	1 ♉ 26	25 ♎ 51	24 D 59	7 ♍ 15	18 ♋ 32	9 ♉ 54	25 ♎ 2	19 ♐ 20	12 ♌ 5	2 ♏ 9	1 ♍ 23	5 ♍	12 ♌	26 ♌	8 ♋	20 ♒
8	14 ♌ 35	13 ♉ 17	25 ♎ 48	24 ♎ 59	7 ♍ 29	19 ♋ 45	10 ♉ 28	25 ♎ 10	19 ♐ 18	12 ♌ 8	2 ♏ 9	1 ♍ 25	6 ♍	12 ♌	26 ♌	8 ♋	20 ♒
9	15 ♌ 32	25 ♉ 18	25 ♎ 45	24 R 59	7 ♍ 38	20 ♋ 57	11 ♉ 3	25 ♎ 17	19 ♐ 17	12 ♌ 12	2 ♏ 10	1 ♍ 27	6 ♍	13 ♌	27 ♌	9 ♋	20 ♒
10	16 ♌ 30	7 ♊ 32	25 ♎ 42	24 ♎ 57	7 ♍ 41	22 ♋ 10	11 ♉ 37	25 ♎ 25	19 ♐ 15	12 ♌ 16	2 ♏ 11	1 ♍ 29	6 ♍	13 ♌	27 ♌	9 ♋	20 ♒
11	17 ♌ 27	20 ♊ 6	25 ♎ 38	24 ♎ 53	7 R 39	23 ♋ 23	12 ♉ 10	25 ♎ 33	19 ♐ 14	12 ♌ 19	2 ♏ 12	1 ♍ 31	7 ♍	14 ♌	28 ♌	9 ♋	20 ♒
12	18 ♌ 25	3 ♋ 2	25 ♎ 35	24 ♎ 46	7 ♍ 32	24 ♋ 36	12 ♉ 44	25 ♎ 42	19 ♐ 13	12 ♌ 23	2 ♏ 13	1 ♍ 33	7 ♍	15 ♌	28 ♌	10 ♋	20 ♒
13	19 ♌ 23	16 ♋ 23	25 ♎ 32	24 ♎ 37	7 ♍ 19	25 ♋ 49	13 ♉ 17	25 ♎ 50	19 ♐ 12	12 ♌ 27	2 ♏ 14	1 ♍ 35	8 ♍	15 ♌	29 ♌	10 ♋	20 ♒
14	20 ♌ 20	0 ♌ 9	25 ♎ 29	24 ♎ 28	7 ♍ 1	27 ♋ 2	13 ♉ 50	25 ♎ 58	19 ♐ 11	12 ♌ 31	2 ♏ 15	1 ♍ 37	8 ♍	16 ♌	29 ♌	11 ♋	20 ♒
15	21 ♌ 18	14 ♌ 17	25 ♎ 26	24 ♎ 17	6 ♍ 37	28 ♋ 15	14 ♉ 22	26 ♎ 7	19 ♐ 10	12 ♌ 34	2 ♏ 16	1 ♍ 39	9 ♍	16 ♌	29 ♌	11 ♋	20 ♒
16	22 ♌ 16	28 ♌ 43	25 ♎ 23	24 ♎ 8	6 ♍ 9	29 ♋ 28	14 ♉ 55	26 ♎ 16	19 ♐ 9	12 ♌ 38	2 ♏ 17	1 ♍ 41	9 ♍	17 ♌	0 ♍	11 ♋	20 ♒
17	23 ♌ 13	13 ♍ 19	25 ♎ 19	24 ♎ 1	5 ♍ 35	0 ♌ 41	15 ♉ 27	26 ♎ 24	19 ♐ 8	12 ♌ 42	2 ♏ 18	1 ♍ 43	10 ♍	17 ♌	0 ♍	12 ♋	19 ♒
18	24 ♌ 11	27 ♍ 59	25 ♎ 16	23 ♎ 56	4 ♍ 56	1 ♌ 54	15 ♉ 58	26 ♎ 33	19 ♐ 7	12 ♌ 45	2 ♏ 19	1 ♍ 45	10 ♍	18 ♌	1 ♍	12 ♋	19 ♒
19	25 ♌ 9	12 ♎ 37	25 ♎ 13	23 ♎ 54	4 ♍ 13	3 ♌ 7	16 ♉ 29	26 ♎ 42	19 ♐ 7	12 ♌ 49	2 ♏ 20	1 ♍ 47	10 ♍	18 ♌	1 ♍	13 ♋	19 ♒
20	26 ♌ 6	27 ♎ 6	25 ♎ 10	23 D 53	3 ♍ 26	4 ♌ 20	17 ♉ 0	26 ♎ 51	19 ♐ 6	12 ♌ 53	2 ♏ 21	1 ♍ 49	11 ♍	19 ♌	2 ♍	13 ♋	19 ♒
21	27 ♌ 4	11 ♏ 24	25 ♎ 7	23 ♎ 54	2 ♍ 36	5 ♌ 33	17 ♉ 31	27 ♎ 1	19 ♐ 6	12 ♌ 56	2 ♏ 22	1 ♍ 51	11 ♍	20 ♌	2 ♍	13 ♋	19 ♒
22	28 ♌ 2	25 ♏ 28	25 ♎ 3	23 ♎ 54	1 ♍ 45	6 ♌ 47	18 ♉ 1	27 ♎ 10	19 ♐ 6	13 ♌ 0	2 ♏ 23	1 ♍ 53	12 ♍	20 ♌	2 ♍	14 ♋	19 ♒
23	29 ♌ 0	9 ♐ 19	25 ♎ 0	23 R 54	0 ♍ 52	8 ♌ 0	18 ♉ 31	27 ♎ 19	19 ♐ 5	13 ♌ 3	2 ♏ 24	1 ♍ 55	12 ♍	21 ♌	3 ♍	14 ♋	19 ♒
24	29 ♌ 58	22 ♐ 55	24 ♎ 57	23 ♎ 52	29 ♌ 58	9 ♌ 13	19 ♉ 1	27 ♎ 29	19 ♐ 5	13 ♌ 7	2 ♏ 26	1 ♍ 57	13 ♍	21 ♌	3 ♍	15 ♋	19 ♒
25	0 ♍ 56	6 ♑ 18	24 ♎ 54	23 ♎ 47	29 ♌ 6	10 ♌ 27	19 ♉ 30	27 ♎ 38	19 D 5	13 ♌ 11	2 ♏ 27	1 ♍ 59	13 ♍	22 ♌	4 ♍	15 ♋	19 ♒
26	1 ♍ 53	19 ♑ 28	24 ♎ 51	23 ♎ 41	28 ♌ 16	11 ♌ 40	19 ♉ 59	27 ♎ 48	19 ♐ 5	13 ♌ 14	2 ♏ 28	2 ♍ 1	14 ♍	22 ♌	4 ♍	15 ♋	19 ♒
27	2 ♍ 51	2 ♒ 26	24 ♎ 48	23 ♎ 32	27 ♌ 28	12 ♌ 54	20 ♉ 28	27 ♎ 58	19 ♐ 6	13 ♌ 18	2 ♏ 29	2 ♍ 3	14 ♍	23 ♌	5 ♍	16 ♋	19 ♒
28	3 ♍ 49	15 ♒ 10	24 ♎ 44	23 ♎ 24	26 ♌ 45	14 ♌ 7	20 ♉ 56	28 ♎ 8	19 ♐ 6	13 ♌ 21	2 ♏ 31	2 ♍ 5	15 ♍	23 ♌	5 ♍	16 ♋	19 ♒
29	4 ♍ 47	27 ♒ 42	24 ♎ 41	23 ♎ 15	26 ♌ 7	15 ♌ 21	21 ♉ 24	28 ♎ 18	19 ♐ 6	13 ♌ 25	2 ♏ 32	2 ♍ 7	15 ♍	24 ♌	6 ♍	16 ♋	19 ♒
30	5 ♍ 45	10 ♓ 3	24 ♎ 38	23 ♎ 7	25 ♌ 35	16 ♌ 34	21 ♉ 51	28 ♎ 28	19 ♐ 7	13 ♌ 28	2 ♏ 34	2 ♍ 9	15 ♍	24 ♌	6 ♍	17 ♋	19 ♒
31	6 ♍ 43	22 ♓ 12	24 ♎ 35	23 ♎ 1	25 ♌ 10	17 ♌ 48	22 ♉ 18	28 ♎ 38	19 ♐ 7	13 ♌ 32	2 ♏ 35	2 ♍ 11	16 ♍	25 ♌	6 ♍	17 ♋	19 ♒

SUN INGRESS	☉ → ♍ 24日 00:46
MOON PHASE	◑ 8日 02:50 ♉　● 15日 12:33 ♌　◐ 22日 04:45 ♏　○ 29日 14:53 ♓

aspects		
5日	06:36	☉☌♅
11日	07:22	♂□♅
12日	19:28	☉△♄
13日	00:29	♀□♃
18日	08:17	♀□♆
20日	22:09	☉⚹♃
21日	06:38	☿⚹♆
21日	20:24	☿☌♇
24日	00:10	☉☌☿
26日	03:13	☉☌♇
26日	11:29	☿⚹♃
26日	14:46	☉⚹♆
27日	08:16	♀☌♅

1958年9月

DAY	☉	☽	☊ mean	☊ true	☿	♀	♂	♃	♄	♅	♆	♇	⚳	⚴	⚵	⚶	⚷
	° ′	° ′	° ′	° ′	° ′	° ′	° ′	° ′	° ′	° ′	° ′	° ′	°	°	°	°	°
1	7 ♍ 41	4 ♈ 11	24 ♎ 32	22 R 57	24 R 52	19 D 2	22 D 44	28 D 48	19 D 8	13 D 35	2 D 36	2 D 13	16 D	25 D	7 D	18 D	19 R
2	8 ♍ 39	16 ♈ 3	24 ♎ 29	22 ♎ 55	24 ♌ 42	20 ♌ 16	23 ♉ 11	28 ♎ 58	19 ♐ 9	13 ♌ 39	2 ♏ 38	2 ♍ 15	17 ♍	26 ♌	7 ♍	18 ♋	19 ♒
3	9 ♍ 37	27 ♈ 50	24 ♎ 25	22 D 55	24 D 41	21 ♌ 29	23 ♉ 36	29 ♎ 9	19 ♐ 10	13 ♌ 42	2 ♏ 39	2 ♍ 17	17 ♍	27 ♌	8 ♍	18 ♋	19 ♒
4	10 ♍ 35	9 ♉ 37	24 ♎ 22	22 ♎ 56	24 ♌ 47	22 ♌ 43	24 ♉ 1	29 ♎ 19	19 ♐ 11	13 ♌ 46	2 ♏ 41	2 ♍ 19	18 ♍	27 ♌	8 ♍	19 ♋	19 ♒
5	11 ♍ 33	21 ♉ 28	24 ♎ 19	22 ♎ 58	25 ♌ 3	23 ♌ 57	24 ♉ 26	29 ♎ 30	19 ♐ 12	13 ♌ 49	2 ♏ 42	2 ♍ 21	18 ♍	28 ♌	9 ♍	19 ♋	19 ♒
6	12 ♍ 32	3 ♊ 27	24 ♎ 16	22 ♎ 59	25 ♌ 27	25 ♌ 11	24 ♉ 50	29 ♎ 41	19 ♐ 13	13 ♌ 52	2 ♏ 44	2 ♍ 23	19 ♍	28 ♌	9 ♍	20 ♋	18 ♒
7	13 ♍ 30	15 ♊ 40	24 ♎ 13	23 R 0	26 ♌ 0	26 ♌ 25	25 ♉ 14	29 ♎ 51	19 ♐ 14	13 ♌ 56	2 ♏ 46	2 ♍ 25	19 ♍	29 ♌	9 ♍	20 ♋	18 ♒
8	14 ♍ 28	28 ♊ 12	24 ♎ 9	22 ♎ 58	26 ♌ 41	27 ♌ 39	25 ♉ 38	0 ♏ 2	19 ♐ 16	13 ♌ 59	2 ♏ 47	2 ♍ 27	20 ♍	29 ♌	10 ♍	20 ♋	18 ♒
9	15 ♍ 26	11 ♋ 7	24 ♎ 6	22 ♎ 56	27 ♌ 30	28 ♌ 53	26 ♉ 0	0 ♏ 13	19 ♐ 17	14 ♌ 2	2 ♏ 49	2 ♍ 29	20 ♍	0 ♍	10 ♍	21 ♋	18 ♒
10	16 ♍ 25	24 ♋ 28	24 ♎ 3	22 ♎ 52	28 ♌ 26	0 ♍ 7	26 ♉ 23	0 ♏ 24	19 ♐ 19	14 ♌ 6	2 ♏ 51	2 ♍ 31	20 ♍	0 ♍	11 ♍	21 ♋	18 ♒
11	17 ♍ 23	8 ♌ 17	24 ♎ 0	22 ♎ 47	29 ♌ 30	1 ♍ 21	26 ♉ 45	0 ♏ 35	19 ♐ 20	14 ♌ 9	2 ♏ 52	2 ♍ 33	21 ♍	1 ♍	11 ♍	21 ♋	18 ♒
12	18 ♍ 21	22 ♌ 32	23 ♎ 57	22 ♎ 42	0 ♍ 41	2 ♍ 35	27 ♉ 6	0 ♏ 46	19 ♐ 22	14 ♌ 12	2 ♏ 54	2 ♍ 34	21 ♍	1 ♍	12 ♍	22 ♋	18 ♒
13	19 ♍ 20	7 ♍ 9	23 ♎ 54	22 ♎ 37	1 ♍ 58	3 ♍ 49	27 ♉ 26	0 ♏ 58	19 ♐ 24	14 ♌ 16	2 ♏ 56	2 ♍ 36	22 ♍	2 ♍	12 ♍	22 ♋	18 ♒
14	20 ♍ 18	22 ♍ 2	23 ♎ 50	22 ♎ 33	3 ♍ 20	5 ♍ 4	27 ♉ 47	1 ♏ 9	19 ♐ 26	14 ♌ 19	2 ♏ 57	2 ♍ 38	22 ♍	2 ♍	12 ♍	23 ♋	18 ♒
15	21 ♍ 17	7 ♎ 3	23 ♎ 47	22 ♎ 30	4 ♍ 48	6 ♍ 18	28 ♉ 6	1 ♏ 20	19 ♐ 28	14 ♌ 22	2 ♏ 59	2 ♍ 40	23 ♍	3 ♍	13 ♍	23 ♋	18 ♒
16	22 ♍ 15	22 ♎ 2	23 ♎ 44	22 ♎ 30	6 ♍ 20	7 ♍ 32	28 ♉ 25	1 ♏ 32	19 ♐ 30	14 ♌ 25	3 ♏ 1	2 ♍ 42	23 ♍	3 ♍	13 ♍	23 ♋	18 ♒
17	23 ♍ 14	6 ♏ 53	23 ♎ 41	22 D 30	7 ♍ 56	8 ♍ 46	28 ♉ 43	1 ♏ 43	19 ♐ 32	14 ♌ 28	3 ♏ 3	2 ♍ 44	24 ♍	4 ♍	14 ♍	24 ♋	18 ♒
18	24 ♍ 12	21 ♏ 28	23 ♎ 38	22 ♎ 32	9 ♍ 35	10 ♍ 1	29 ♉ 1	1 ♏ 55	19 ♐ 34	14 ♌ 31	3 ♏ 5	2 ♍ 46	24 ♍	4 ♍	14 ♍	24 ♋	18 ♒
19	25 ♍ 11	5 ♐ 44	23 ♎ 34	22 ♎ 33	11 ♍ 17	11 ♍ 15	29 ♉ 18	2 ♏ 6	19 ♐ 37	14 ♌ 34	3 ♏ 6	2 ♍ 48	25 ♍	5 ♍	14 ♍	24 ♋	18 ♒
20	26 ♍ 9	19 ♐ 40	23 ♎ 31	22 ♎ 34	13 ♍ 2	12 ♍ 30	29 ♉ 35	2 ♏ 18	19 ♐ 39	14 ♌ 37	3 ♏ 8	2 ♍ 50	25 ♍	5 ♍	15 ♍	25 ♋	18 ♒
21	27 ♍ 8	3 ♑ 14	23 ♎ 28	22 R 34	14 ♍ 48	13 ♍ 44	29 ♉ 50	2 ♏ 30	19 ♐ 42	14 ♌ 40	3 ♏ 10	2 ♍ 52	26 ♍	6 ♍	15 ♍	25 ♋	18 ♒
22	28 ♍ 7	16 ♑ 29	23 ♎ 25	22 ♎ 33	16 ♍ 36	14 ♍ 58	0 ♊ 5	2 ♏ 42	19 ♐ 45	14 ♌ 43	3 ♏ 12	2 ♍ 53	26 ♍	6 ♍	16 ♍	25 ♋	18 ♒
23	29 ♍ 5	29 ♑ 26	23 ♎ 22	22 ♎ 31	18 ♍ 25	16 ♍ 13	0 ♊ 20	2 ♏ 53	19 ♐ 47	14 ♌ 46	3 ♏ 14	2 ♍ 55	26 ♍	7 ♍	16 ♍	26 ♋	18 ♒
24	0 ♎ 4	12 ♒ 7	23 ♎ 19	22 ♎ 28	20 ♍ 14	17 ♍ 27	0 ♊ 34	3 ♏ 5	19 ♐ 50	14 ♌ 49	3 ♏ 16	2 ♍ 57	27 ♍	7 ♍	17 ♍	26 ♋	18 ♒
25	1 ♎ 3	24 ♒ 35	23 ♎ 15	22 ♎ 24	22 ♍ 4	18 ♍ 42	0 ♊ 47	3 ♏ 17	19 ♐ 53	14 ♌ 52	3 ♏ 18	2 ♍ 59	27 ♍	8 ♍	17 ♍	26 ♋	18 ♒
26	2 ♎ 2	6 ♓ 51	23 ♎ 12	22 ♎ 21	23 ♍ 54	19 ♍ 57	0 ♊ 59	3 ♏ 29	19 ♐ 56	14 ♌ 55	3 ♏ 20	3 ♍ 1	28 ♍	9 ♍	17 ♍	27 ♋	18 ♒
27	3 ♎ 0	18 ♓ 57	23 ♎ 9	22 ♎ 18	25 ♍ 44	21 ♍ 11	1 ♊ 11	3 ♏ 41	19 ♐ 59	14 ♌ 57	3 ♏ 22	3 ♍ 2	28 ♍	9 ♍	18 ♍	27 ♋	18 ♒
28	3 ♎ 59	0 ♈ 55	23 ♎ 6	22 ♎ 16	27 ♍ 34	22 ♍ 26	1 ♊ 22	3 ♏ 54	20 ♐ 2	15 ♌ 0	3 ♏ 24	3 ♍ 4	29 ♍	10 ♍	18 ♍	27 ♋	18 ♒
29	4 ♎ 58	12 ♈ 48	23 ♎ 3	22 ♎ 15	29 ♍ 24	23 ♍ 40	1 ♊ 32	4 ♏ 6	20 ♐ 6	15 ♌ 3	3 ♏ 26	3 ♍ 6	29 ♍	10 ♍	19 ♍	28 ♋	18 ♒
30	5 ♎ 57	24 ♈ 36	23 ♎ 0	22 D 14	1 ♎ 13	24 ♍ 55	1 ♊ 42	4 ♏ 18	20 ♐ 9	15 ♌ 6	3 ♏ 28	3 ♍ 8	0 ♎	11 ♍	19 ♍	28 ♋	18 ♒

SUN INGRESS	☉ → ♎ 23日 22:09
MOON PHASE	◑ 6日 19:24 ♊　● 13日 21:02 ♍　◐ 20日 12:18 ♐　○ 28日 06:44 ♈

aspects		
1日	02:04	♀△♄
5日	14:10	♀□♂
6日	08:52	☿☌♀
10日	06:34	♀⚹♃
11日	23:46	♀☌♇
12日	02:03	☿⚹♃
12日	06:12	♀⚹♆
13日	01:45	☉□♄
13日	11:41	☿☌♇
13日	17:19	☿⚹♆
18日	22:12	☿☌♀
23日	04:20	♃⚹♇
23日	18:39	☿□♄
24日	15:40	☉△♂
25日	01:13	♃☌♆
25日	23:51	♀□♄
30日	06:45	☿△♂

1958年10月

DAY	☉	☽	☊ mean	☊ true	☿	♀	♂	♃	♄	♅	♆	♇	⚳	⚴	⚵	⚶	⚷
	° ′	° ′	° ′	° ′	° ′	° ′	° ′	° ′	° ′	° ′	° ′	° ′	°	°	°	°	°
1	6 ♎ 56	6 ♉ 23	22 ♎ 56	22 D 15	3 D 2	26 D 10	1 D 50	4 D 30	20 D 13	15 D 8	3 D 30	3 D 10	0 D	11 D	19 D	28 D	18 R
2	7 ♎ 55	18 ♉ 12	22 ♎ 53	22 ♎ 16	4 ♎ 50	27 ♍ 25	1 ♊ 58	4 ♏ 43	20 ♐ 16	15 ♌ 11	3 ♏ 32	3 ♍ 11	1 ♎	12 ♍	20 ♍	29 ♋	18 ♒
3	8 ♎ 54	0 ♊ 4	22 ♎ 50	22 ♎ 17	6 ♎ 38	28 ♍ 39	2 ♊ 5	4 ♏ 55	20 ♐ 20	15 ♌ 13	3 ♏ 34	3 ♍ 13	1 ♎	12 ♍	20 ♍	29 ♋	17 ♒
4	9 ♎ 53	12 ♊ 5	22 ♎ 47	22 ♎ 18	8 ♎ 25	29 ♍ 54	2 ♊ 11	5 ♏ 7	20 ♐ 23	15 ♌ 16	3 ♏ 36	3 ♍ 15	1 ♎	13 ♍	21 ♍	29 ♋	17 ♒
5	10 ♎ 52	24 ♊ 18	22 ♎ 44	22 ♎ 19	10 ♎ 11	1 ♎ 9	2 ♊ 17	5 ♏ 20	20 ♐ 27	15 ♌ 18	3 ♏ 38	3 ♍ 16	2 ♎	13 ♍	21 ♍	0 ♌	17 ♒
6	11 ♎ 51	6 ♋ 48	22 ♎ 40	22 ♎ 20	11 ♎ 56	2 ♎ 24	2 ♊ 22	5 ♏ 32	20 ♐ 31	15 ♌ 21	3 ♏ 40	3 ♍ 18	2 ♎	14 ♍	21 ♍	0 ♌	17 ♒
7	12 ♎ 50	19 ♋ 38	22 ♎ 37	22 R 20	13 ♎ 40	3 ♎ 39	2 ♊ 25	5 ♏ 45	20 ♐ 35	15 ♌ 23	3 ♏ 42	3 ♍ 20	3 ♎	14 ♍	22 ♍	0 ♌	17 ♒
8	13 ♎ 50	2 ♌ 52	22 ♎ 34	22 ♎ 19	15 ♎ 24	4 ♎ 54	2 ♊ 28	5 ♏ 58	20 ♐ 39	15 ♌ 26	3 ♏ 45	3 ♍ 21	3 ♎	14 ♍	22 ♍	1 ♌	17 ♒
9	14 ♎ 49	16 ♌ 33	22 ♎ 31	22 ♎ 19	17 ♎ 7	6 ♎ 8	2 ♊ 30	6 ♏ 10	20 ♐ 43	15 ♌ 28	3 ♏ 47	3 ♍ 23	4 ♎	15 ♍	23 ♍	1 ♌	17 ♒
10	15 ♎ 48	0 ♍ 42	22 ♎ 28	22 ♎ 18	18 ♎ 49	7 ♎ 23	2 ♊ 31	6 ♏ 23	20 ♐ 47	15 ♌ 30	3 ♏ 49	3 ♍ 24	4 ♎	15 ♍	23 ♍	1 ♌	17 ♒
11	16 ♎ 47	15 ♍ 15	22 ♎ 25	22 ♎ 17	20 ♎ 31	8 ♎ 38	2 R 32	6 ♏ 36	20 ♐ 51	15 ♌ 32	3 ♏ 51	3 ♍ 26	5 ♎	16 ♍	23 ♍	2 ♌	17 ♒
12	17 ♎ 47	0 ♎ 10	22 ♎ 21	22 ♎ 17	22 ♎ 12	9 ♎ 53	2 ♊ 31	6 ♏ 48	20 ♐ 56	15 ♌ 35	3 ♏ 53	3 ♍ 27	5 ♎	16 ♍	24 ♍	2 ♌	17 ♒
13	18 ♎ 46	15 ♎ 18	22 ♎ 18	22 ♎ 17	23 ♎ 52	11 ♎ 8	2 ♊ 29	7 ♏ 1	21 ♐ 0	15 ♌ 37	3 ♏ 55	3 ♍ 29	6 ♎	17 ♍	24 ♍	2 ♌	17 ♒
14	19 ♎ 46	0 ♏ 30	22 ♎ 15	22 D 17	25 ♎ 31	12 ♎ 23	2 ♊ 27	7 ♏ 14	21 ♐ 5	15 ♌ 39	3 ♏ 57	3 ♍ 30	6 ♎	17 ♍	25 ♍	3 ♌	17 ♒
15	20 ♎ 45	15 ♏ 38	22 ♎ 12	22 ♎ 17	27 ♎ 9	13 ♎ 38	2 ♊ 24	7 ♏ 27	21 ♐ 9	15 ♌ 41	4 ♏ 0	3 ♍ 32	6 ♎	18 ♍	25 ♍	3 ♌	17 ♒
16	21 ♎ 45	0 ♐ 31	22 ♎ 9	22 ♎ 17	28 ♎ 47	14 ♎ 53	2 ♊ 19	7 ♏ 40	21 ♐ 14	15 ♌ 43	4 ♏ 2	3 ♍ 33	7 ♎	18 ♍	25 ♍	3 ♌	17 ♒
17	22 ♎ 44	15 ♐ 4	22 ♎ 5	22 R 17	0 ♏ 24	16 ♎ 8	2 ♊ 14	7 ♏ 52	21 ♐ 19	15 ♌ 45	4 ♏ 4	3 ♍ 35	7 ♎	19 ♍	26 ♍	3 ♌	17 ♒
18	23 ♎ 44	29 ♐ 12	22 ♎ 2	22 ♎ 17	2 ♏ 1	17 ♎ 24	2 ♊ 8	8 ♏ 5	21 ♐ 23	15 ♌ 47	4 ♏ 6	3 ♍ 36	8 ♎	19 ♍	26 ♍	4 ♌	17 ♒
19	24 ♎ 43	12 ♑ 53	21 ♎ 59	22 ♎ 17	3 ♏ 37	18 ♎ 39	2 ♊ 1	8 ♏ 18	21 ♐ 28	15 ♌ 49	4 ♏ 9	3 ♍ 38	8 ♎	20 ♍	27 ♍	4 ♌	17 ♒
20	25 ♎ 43	26 ♑ 10	21 ♎ 56	22 D 16	5 ♏ 12	19 ♎ 54	1 ♊ 53	8 ♏ 31	21 ♐ 33	15 ♌ 50	4 ♏ 11	3 ♍ 39	9 ♎	20 ♍	27 ♍	4 ♌	17 ♒
21	26 ♎ 43	9 ♒ 3	21 ♎ 53	22 ♎ 17	6 ♏ 46	21 ♎ 9	1 ♊ 45	8 ♏ 44	21 ♐ 38	15 ♌ 52	4 ♏ 13	3 ♍ 40	9 ♎	21 ♍	27 ♍	5 ♌	17 ♒
22	27 ♎ 42	21 ♒ 36	21 ♎ 50	22 ♎ 17	8 ♏ 20	22 ♎ 24	1 ♊ 35	8 ♏ 57	21 ♐ 43	15 ♌ 54	4 ♏ 15	3 ♍ 42	10 ♎	21 ♍	28 ♍	5 ♌	17 ♒
23	28 ♎ 42	3 ♓ 54	21 ♎ 46	22 ♎ 18	9 ♏ 54	23 ♎ 39	1 ♊ 25	9 ♏ 10	21 ♐ 48	15 ♌ 56	4 ♏ 17	3 ♍ 43	10 ♎	22 ♍	28 ♍	5 ♌	17 ♒
24	29 ♎ 42	15 ♓ 59	21 ♎ 43	22 ♎ 18	11 ♏ 27	24 ♎ 54	1 ♊ 14	9 ♏ 23	21 ♐ 53	15 ♌ 57	4 ♏ 20	3 ♍ 44	11 ♎	22 ♍	29 ♍	5 ♌	17 ♒
25	0 ♏ 41	27 ♓ 56	21 ♎ 40	22 ♎ 19	12 ♏ 59	26 ♎ 9	1 ♊ 1	9 ♏ 36	21 ♐ 59	15 ♌ 59	4 ♏ 22	3 ♍ 46	11 ♎	23 ♍	29 ♍	6 ♌	17 ♒
26	1 ♏ 41	9 ♈ 46	21 ♎ 37	22 ♎ 20	14 ♏ 31	27 ♎ 25	0 ♊ 49	9 ♏ 49	22 ♐ 4	16 ♌ 0	4 ♏ 24	3 ♍ 47	11 ♎	23 ♍	29 ♍	6 ♌	17 ♒
27	2 ♏ 41	21 ♈ 35	21 ♎ 34	22 ♎ 20	16 ♏ 2	28 ♎ 40	0 ♊ 35	10 ♏ 3	22 ♐ 9	16 ♌ 2	4 ♏ 26	3 ♍ 48	12 ♎	24 ♍	0 ♎	6 ♌	17 ♒
28	3 ♏ 41	3 ♉ 22	21 ♎ 31	22 R 20	17 ♏ 33	29 ♎ 55	0 ♊ 21	10 ♏ 16	22 ♐ 15	16 ♌ 3	4 ♏ 29	3 ♍ 49	12 ♎	24 ♍	0 ♎	6 ♌	17 ♒
29	4 ♏ 41	15 ♉ 12	21 ♎ 27	22 ♎ 19	19 ♏ 3	1 ♏ 10	0 ♊ 5	10 ♏ 29	22 ♐ 20	16 ♌ 5	4 ♏ 31	3 ♍ 50	13 ♎	24 ♍	0 ♎	7 ♌	17 D
30	5 ♏ 41	27 ♉ 6	21 ♎ 24	22 ♎ 17	20 ♏ 32	2 ♏ 25	29 ♉ 50	10 ♏ 42	22 ♐ 26	16 ♌ 6	4 ♏ 33	3 ♍ 51	13 ♎	25 ♍	1 ♎	7 ♌	17 ♒
31	6 ♏ 41	9 ♊ 5	21 ♎ 21	22 ♎ 15	22 ♏ 1	3 ♏ 41	29 ♉ 33	10 ♏ 55	22 ♐ 31	16 ♌ 7	4 ♏ 35	3 ♍ 53	14 ♎	25 ♍	1 ♎	7 ♌	17 ♒

SUN INGRESS	☉ → ♏ 24日 07:11
MOON PHASE	◑ 6日 10:20 ♋　● 13日 05:52 ♎　◐ 19日 23:07 ♑　○ 28日 00:41 ♉

aspects		
5日	21:31	☉☌☿
5日	23:15	♀△♂
8日	00:19	☿⚹♅
9日	16:26	☉⚹♅
11日	05:07	☿⚹♄
15日	10:34	☉⚹♄
16日	16:14	♀⚹♅
19日	00:17	☿⚹♇
19日	08:13	☿☌♆
21日	09:59	♀⚹♄
22日	10:58	☿☌♃
26日	23:58	☿□♅
28日	03:26	☉⚹♇
28日	19:55	☉☌♆
31日	03:52	♀⚹♇
31日	17:59	♀☌♆

1958年11月

DAY	☉	☽	☊ mean	☊ true	☿	♀	♂	♃	♄	♅	♆	♇	⚳	⚴	⚵	⚶	⚷
	° ′	° ′	° ′	° ′	° ′	° ′	° ′	° ′	° ′	° ′	° ′	° ′	°	°	°	°	°
1	7 ♏ 41	21 ♊ 13	21 ♎ 18	22 R 13	23 D 30	4 D 56	29 R 16	11 D 8	22 D 37	16 D 8	4 D 38	3 D 54	14 D	26 D	2 D	7 D	17 D
2	8 ♏ 41	3 ♋ 32	21 ♎ 15	22 ♎ 11	24 ♏ 58	6 ♏ 11	28 ♉ 58	11 ♏ 21	22 ♐ 42	16 ♌ 10	4 ♏ 40	3 ♍ 55	15 ♎	26 ♍	2 ♎	8 ♌	17 ♒
3	9 ♏ 41	16 ♋ 4	21 ♎ 11	22 ♎ 9	26 ♏ 25	7 ♏ 26	28 ♉ 39	11 ♏ 34	22 ♐ 48	16 ♌ 11	4 ♏ 42	3 ♍ 56	15 ♎	27 ♍	2 ♎	8 ♌	17 ♒
4	10 ♏ 41	28 ♋ 53	21 ♎ 8	22 ♎ 7	27 ♏ 52	8 ♏ 42	28 ♉ 20	11 ♏ 48	22 ♐ 54	16 ♌ 12	4 ♏ 44	3 ♍ 57	15 ♎	27 ♍	3 ♎	8 ♌	17 ♒
5	11 ♏ 41	12 ♌ 2	21 ♎ 5	22 D 7	29 ♏ 18	9 ♏ 57	28 ♉ 1	12 ♏ 1	23 ♐ 0	16 ♌ 13	4 ♏ 47	3 ♍ 58	16 ♎	28 ♍	3 ♎	8 ♌	17 ♒
6	12 ♏ 41	25 ♌ 32	21 ♎ 2	22 ♎ 7	0 ♐ 44	11 ♏ 12	27 ♉ 41	12 ♏ 14	23 ♐ 6	16 ♌ 14	4 ♏ 49	3 ♍ 59	16 ♎	28 ♍	3 ♎	8 ♌	17 ♒
7	13 ♏ 41	9 ♍ 27	20 ♎ 59	22 ♎ 8	2 ♐ 8	12 ♏ 28	27 ♉ 20	12 ♏ 27	23 ♐ 12	16 ♌ 15	4 ♏ 51	4 ♍ 0	17 ♎	29 ♍	4 ♎	9 ♌	17 ♒
8	14 ♏ 41	23 ♍ 45	20 ♎ 56	22 ♎ 10	3 ♐ 33	13 ♏ 43	27 ♉ 0	12 ♏ 40	23 ♐ 18	16 ♌ 15	4 ♏ 53	4 ♍ 0	17 ♎	29 ♍	4 ♎	9 ♌	17 ♒
9	15 ♏ 42	8 ♎ 26	20 ♎ 52	22 ♎ 11	4 ♐ 56	14 ♏ 58	26 ♉ 38	12 ♏ 54	23 ♐ 24	16 ♌ 16	4 ♏ 55	4 ♍ 1	18 ♎	29 ♍	4 ♎	9 ♌	17 ♒
10	16 ♏ 42	23 ♎ 23	20 ♎ 49	22 R 12	6 ♐ 18	16 ♏ 14	26 ♉ 17	13 ♏ 7	23 ♐ 30	16 ♌ 17	4 ♏ 58	4 ♍ 2	18 ♎	0 ♎	5 ♎	9 ♌	17 ♒
11	17 ♏ 42	8 ♏ 31	20 ♎ 46	22 ♎ 11	7 ♐ 40	17 ♏ 29	25 ♉ 55	13 ♏ 20	23 ♐ 36	16 ♌ 18	5 ♏ 0	4 ♍ 3	19 ♎	0 ♎	5 ♎	9 ♌	17 ♒
12	18 ♏ 43	23 ♏ 41	20 ♎ 43	22 ♎ 9	9 ♐ 0	18 ♏ 44	25 ♉ 33	13 ♏ 33	23 ♐ 42	16 ♌ 18	5 ♏ 2	4 ♍ 4	19 ♎	1 ♎	6 ♎	10 ♌	17 ♒
13	19 ♏ 43	8 ♐ 42	20 ♎ 40	22 ♎ 5	10 ♐ 20	20 ♏ 0	25 ♉ 11	13 ♏ 46	23 ♐ 49	16 ♌ 19	5 ♏ 4	4 ♍ 5	19 ♎	1 ♎	6 ♎	10 ♌	17 ♒
14	20 ♏ 43	23 ♐ 26	20 ♎ 37	22 ♎ 1	11 ♐ 38	21 ♏ 15	24 ♉ 49	13 ♏ 59	23 ♐ 55	16 ♌ 19	5 ♏ 6	4 ♍ 5	20 ♎	2 ♎	6 ♎	10 ♌	17 ♒
15	21 ♏ 44	7 ♑ 45	20 ♎ 33	21 ♎ 57	12 ♐ 54	22 ♏ 30	24 ♉ 27	14 ♏ 13	24 ♐ 1	16 ♌ 20	5 ♏ 9	4 ♍ 6	20 ♎	2 ♎	7 ♎	10 ♌	17 ♒
16	22 ♏ 44	21 ♑ 38	20 ♎ 30	21 ♎ 53	14 ♐ 9	23 ♏ 46	24 ♉ 5	14 ♏ 26	24 ♐ 8	16 ♌ 20	5 ♏ 11	4 ♍ 7	21 ♎	2 ♎	7 ♎	10 ♌	17 ♒
17	23 ♏ 45	5 ♒ 2	20 ♎ 27	21 ♎ 50	15 ♐ 22	25 ♏ 1	23 ♉ 43	14 ♏ 39	24 ♐ 14	16 ♌ 20	5 ♏ 13	4 ♍ 7	21 ♎	3 ♎	7 ♎	10 ♌	17 ♒
18	24 ♏ 45	17 ♒ 59	20 ♎ 24	21 ♎ 48	16 ♐ 33	26 ♏ 17	23 ♉ 21	14 ♏ 52	24 ♐ 20	16 ♌ 21	5 ♏ 15	4 ♍ 8	22 ♎	3 ♎	8 ♎	11 ♌	17 ♒
19	25 ♏ 46	0 ♓ 32	20 ♎ 21	21 D 48	17 ♐ 42	27 ♏ 32	23 ♉ 0	15 ♏ 5	24 ♐ 27	16 ♌ 21	5 ♏ 17	4 ♍ 8	22 ♎	4 ♎	8 ♎	11 ♌	17 ♒
20	26 ♏ 46	12 ♓ 47	20 ♎ 17	21 ♎ 49	18 ♐ 48	28 ♏ 47	22 ♉ 38	15 ♏ 18	24 ♐ 33	16 ♌ 21	5 ♏ 19	4 ♍ 9	22 ♎	4 ♎	8 ♎	11 ♌	17 ♒
21	27 ♏ 47	24 ♓ 48	20 ♎ 14	21 ♎ 51	19 ♐ 51	0 ♐ 3	22 ♉ 17	15 ♏ 31	24 ♐ 40	16 ♌ 21	5 ♏ 22	4 ♍ 9	23 ♎	5 ♎	9 ♎	11 ♌	17 ♒
22	28 ♏ 48	6 ♈ 40	20 ♎ 11	21 ♎ 53	20 ♐ 51	1 ♐ 18	21 ♉ 57	15 ♏ 44	24 ♐ 47	16 ♌ 21	5 ♏ 24	4 ♍ 10	23 ♎	5 ♎	9 ♎	11 ♌	17 ♒
23	29 ♏ 48	18 ♈ 27	20 ♎ 8	21 ♎ 54	21 ♐ 47	2 ♐ 33	21 ♉ 36	15 ♏ 57	24 ♐ 53	16 R 21	5 ♏ 26	4 ♍ 10	24 ♎	5 ♎	9 ♎	11 ♌	18 ♒
24	0 ♐ 49	0 ♉ 14	20 ♎ 5	21 R 53	22 ♐ 38	3 ♐ 49	21 ♉ 16	16 ♏ 10	25 ♐ 0	16 ♌ 21	5 ♏ 28	4 ♍ 11	24 ♎	6 ♎	10 ♎	11 ♌	18 ♒
25	1 ♐ 49	12 ♉ 4	20 ♎ 2	21 ♎ 51	23 ♐ 25	5 ♐ 4	20 ♉ 57	16 ♏ 23	25 ♐ 6	16 ♌ 21	5 ♏ 30	4 ♍ 11	25 ♎	6 ♎	10 ♎	11 ♌	18 ♒
26	2 ♐ 50	23 ♉ 59	19 ♎ 58	21 ♎ 47	24 ♐ 6	6 ♐ 20	20 ♉ 38	16 ♏ 36	25 ♐ 13	16 ♌ 21	5 ♏ 32	4 ♍ 12	25 ♎	7 ♎	10 ♎	12 ♌	18 ♒
27	3 ♐ 51	6 ♊ 2	19 ♎ 55	21 ♎ 41	24 ♐ 41	7 ♐ 35	20 ♉ 19	16 ♏ 49	25 ♐ 20	16 ♌ 21	5 ♏ 34	4 ♍ 12	25 ♎	7 ♎	11 ♎	12 ♌	18 ♒
28	4 ♐ 52	18 ♊ 13	19 ♎ 52	21 ♎ 33	25 ♐ 8	8 ♐ 50	20 ♉ 2	17 ♏ 2	25 ♐ 27	16 ♌ 20	5 ♏ 36	4 ♍ 12	26 ♎	7 ♎	11 ♎	12 ♌	18 ♒
29	5 ♐ 52	0 ♋ 35	19 ♎ 49	21 ♎ 25	25 ♐ 28	10 ♐ 6	19 ♉ 44	17 ♏ 15	25 ♐ 33	16 ♌ 20	5 ♏ 38	4 ♍ 12	26 ♎	8 ♎	11 ♎	12 ♌	18 ♒
30	6 ♐ 53	13 ♋ 8	19 ♎ 46	21 ♎ 16	25 ♐ 39	11 ♐ 21	19 ♉ 28	17 ♏ 28	25 ♐ 40	16 ♌ 20	5 ♏ 40	4 ♍ 13	27 ♎	8 ♎	12 ♎	12 ♌	18 ♒

SUN INGRESS	☉ → ♐ 23日 04:29
MOON PHASE	◑ 4日 23:19 ♌　● 11日 15:34 ♏　◐ 18日 13:59 ♒　○ 26日 19:17 ♊

aspects		
4日	06:28	☿☍♂
5日	10:13	☉☌♃
6日	23:50	♀☌♃
8日	08:06	☿□♇
9日	13:53	☉□♅
10日	01:03	♀□♅
11日	21:21	☉☌♀
16日	04:47	♀☍♂
16日	23:32	☉☍♂
17日	19:40	☿△♅
24日	07:02	♀□♇
24日	20:23	♃□♅
27日	08:23	☉□♇

1958年12月

DAY	☉	☽	☊ mean	☊ true	☿	♀	♂	♃	♄	♅	♆	♇	⚳	⚴	⚵	⚶	⚷
	° ′	° ′	° ′	° ′	° ′	° ′	° ′	° ′	° ′	° ′	° ′	° ′	°	°	°	°	°
1	7 ♐ 54	25 ♋ 52	19 ♎ 43	21 R 9	25 R 41	12 D 37	19 R 12	17 D 40	25 D 47	16 R 19	5 D 42	4 D 13	27 D	9 D	12 D	12 D	18 D
2	8 ♐ 55	8 ♌ 50	19 ♎ 39	21 ♎ 3	25 ♐ 33	13 ♐ 52	18 ♉ 56	17 ♏ 53	25 ♐ 54	16 ♌ 19	5 ♏ 44	4 ♍ 13	28 ♎	9 ♎	12 ♎	12 ♌	18 ♒
3	9 ♐ 55	22 ♌ 1	19 ♎ 36	20 ♎ 59	25 ♐ 13	15 ♐ 7	18 ♉ 42	18 ♏ 6	26 ♐ 1	16 ♌ 18	5 ♏ 46	4 ♍ 13	28 ♎	9 ♎	12 ♎	12 ♌	18 ♒
4	10 ♐ 56	5 ♍ 28	19 ♎ 33	20 ♎ 57	24 ♐ 43	16 ♐ 23	18 ♉ 28	18 ♏ 19	26 ♐ 8	16 ♌ 18	5 ♏ 48	4 ♍ 13	28 ♎	10 ♎	13 ♎	12 ♌	18 ♒
5	11 ♐ 57	19 ♍ 12	19 ♎ 30	20 D 57	24 ♐ 2	17 ♐ 38	18 ♉ 15	18 ♏ 31	26 ♐ 15	16 ♌ 17	5 ♏ 50	4 ♍ 13	29 ♎	10 ♎	13 ♎	12 ♌	18 ♒
6	12 ♐ 58	3 ♎ 14	19 ♎ 27	20 ♎ 58	23 ♐ 9	18 ♐ 54	18 ♉ 2	18 ♏ 44	26 ♐ 22	16 ♌ 16	5 ♏ 52	4 ♍ 13	29 ♎	10 ♎	13 ♎	12 ♌	18 ♒
7	13 ♐ 59	17 ♎ 33	19 ♎ 23	20 ♎ 59	22 ♐ 7	20 ♐ 9	17 ♉ 51	18 ♏ 56	26 ♐ 29	16 ♌ 16	5 ♏ 53	4 ♍ 13	0 ♏	11 ♎	14 ♎	12 ♌	18 ♒
8	15 ♐ 0	2 ♏ 9	19 ♎ 20	20 R 58	20 ♐ 56	21 ♐ 24	17 ♉ 40	19 ♏ 9	26 ♐ 36	16 ♌ 15	5 ♏ 55	4 R 13	0 ♏	11 ♎	14 ♎	12 ♌	18 ♒
9	16 ♐ 1	16 ♏ 57	19 ♎ 17	20 ♎ 56	19 ♐ 39	22 ♐ 40	17 ♉ 30	19 ♏ 22	26 ♐ 43	16 ♌ 14	5 ♏ 57	4 ♍ 13	0 ♏	12 ♎	14 ♎	12 ♌	18 ♒
10	17 ♐ 2	1 ♐ 50	19 ♎ 14	20 ♎ 51	18 ♐ 17	23 ♐ 55	17 ♉ 21	19 ♏ 34	26 ♐ 50	16 ♌ 13	5 ♏ 59	4 ♍ 13	1 ♏	12 ♎	15 ♎	12 ♌	18 ♒
11	18 ♐ 3	16 ♐ 41	19 ♎ 11	20 ♎ 43	16 ♐ 54	25 ♐ 11	17 ♉ 12	19 ♏ 46	26 ♐ 57	16 ♌ 12	6 ♏ 1	4 ♍ 13	1 ♏	12 ♎	15 ♎	12 R	18 ♒
12	19 ♐ 4	1 ♑ 21	19 ♎ 8	20 ♎ 34	15 ♐ 33	26 ♐ 26	17 ♉ 5	19 ♏ 59	27 ♐ 4	16 ♌ 11	6 ♏ 3	4 ♍ 13	2 ♏	13 ♎	15 ♎	12 ♌	18 ♒
13	20 ♐ 5	15 ♑ 41	19 ♎ 4	20 ♎ 23	14 ♐ 15	27 ♐ 42	16 ♉ 58	20 ♏ 11	27 ♐ 11	16 ♌ 10	6 ♏ 4	4 ♍ 13	2 ♏	13 ♎	15 ♎	12 ♌	18 ♒
14	21 ♐ 6	29 ♑ 38	19 ♎ 1	20 ♎ 14	13 ♐ 4	28 ♐ 57	16 ♉ 52	20 ♏ 23	27 ♐ 18	16 ♌ 9	6 ♏ 6	4 ♍ 13	2 ♏	13 ♎	16 ♎	12 ♌	18 ♒
15	22 ♐ 7	13 ♒ 7	18 ♎ 58	20 ♎ 6	12 ♐ 1	0 ♑ 12	16 ♉ 47	20 ♏ 36	27 ♐ 25	16 ♌ 8	6 ♏ 8	4 ♍ 12	3 ♏	14 ♎	16 ♎	12 ♌	18 ♒
16	23 ♐ 8	26 ♒ 10	18 ♎ 55	20 ♎ 0	11 ♐ 8	1 ♑ 28	16 ♉ 43	20 ♏ 48	27 ♐ 32	16 ♌ 6	6 ♏ 9	4 ♍ 12	3 ♏	14 ♎	16 ♎	12 ♌	18 ♒
17	24 ♐ 9	8 ♓ 47	18 ♎ 52	19 ♎ 56	10 ♐ 26	2 ♑ 43	16 ♉ 40	21 ♏ 0	27 ♐ 39	16 ♌ 5	6 ♏ 11	4 ♍ 12	4 ♏	14 ♎	17 ♎	12 ♌	18 ♒
18	25 ♐ 10	21 ♓ 5	18 ♎ 49	19 ♎ 55	9 ♐ 55	3 ♑ 59	16 ♉ 37	21 ♏ 12	27 ♐ 46	16 ♌ 4	6 ♏ 13	4 ♍ 12	4 ♏	15 ♎	17 ♎	12 ♌	18 ♒
19	26 ♐ 11	3 ♈ 6	18 ♎ 45	19 D 55	9 ♐ 35	5 ♑ 14	16 ♉ 35	21 ♏ 24	27 ♐ 53	16 ♌ 2	6 ♏ 14	4 ♍ 11	4 ♏	15 ♎	17 ♎	12 ♌	19 ♒
20	27 ♐ 12	14 ♈ 57	18 ♎ 42	19 ♎ 56	9 ♐ 25	6 ♑ 29	16 ♉ 34	21 ♏ 36	28 ♐ 0	16 ♌ 1	6 ♏ 16	4 ♍ 11	5 ♏	15 ♎	17 ♎	12 ♌	19 ♒
21	28 ♐ 13	26 ♈ 44	18 ♎ 39	19 R 55	9 D 26	7 ♑ 45	16 D 34	21 ♏ 48	28 ♐ 7	16 ♌ 0	6 ♏ 17	4 ♍ 10	5 ♏	16 ♎	18 ♎	12 ♌	19 ♒
22	29 ♐ 15	8 ♉ 32	18 ♎ 36	19 ♎ 54	9 ♐ 36	9 ♑ 0	16 ♉ 35	21 ♏ 59	28 ♐ 14	15 ♌ 58	6 ♏ 19	4 ♍ 10	6 ♏	16 ♎	18 ♎	12 ♌	19 ♒
23	0 ♑ 16	20 ♉ 25	18 ♎ 33	19 ♎ 49	9 ♐ 54	10 ♑ 15	16 ♉ 36	22 ♏ 11	28 ♐ 22	15 ♌ 56	6 ♏ 20	4 ♍ 10	6 ♏	16 ♎	18 ♎	12 ♌	19 ♒
24	1 ♑ 17	2 ♊ 26	18 ♎ 29	19 ♎ 42	10 ♐ 21	11 ♑ 31	16 ♉ 39	22 ♏ 23	28 ♐ 29	15 ♌ 55	6 ♏ 22	4 ♍ 9	6 ♏	17 ♎	18 ♎	12 ♌	19 ♒
25	2 ♑ 18	14 ♊ 39	18 ♎ 26	19 ♎ 33	10 ♐ 54	12 ♑ 46	16 ♉ 42	22 ♏ 34	28 ♐ 36	15 ♌ 53	6 ♏ 23	4 ♍ 9	7 ♏	17 ♎	19 ♎	12 ♌	19 ♒
26	3 ♑ 19	27 ♊ 5	18 ♎ 23	19 ♎ 20	11 ♐ 34	14 ♑ 2	16 ♉ 45	22 ♏ 46	28 ♐ 43	15 ♌ 52	6 ♏ 25	4 ♍ 8	7 ♏	17 ♎	19 ♎	11 ♌	19 ♒
27	4 ♑ 20	9 ♋ 45	18 ♎ 20	19 ♎ 7	12 ♐ 20	15 ♑ 17	16 ♉ 50	22 ♏ 57	28 ♐ 50	15 ♌ 50	6 ♏ 26	4 ♍ 7	8 ♏	18 ♎	19 ♎	11 ♌	19 ♒
28	5 ♑ 21	22 ♋ 38	18 ♎ 17	18 ♎ 54	13 ♐ 10	16 ♑ 32	16 ♉ 55	23 ♏ 9	28 ♐ 57	15 ♌ 48	6 ♏ 28	4 ♍ 7	8 ♏	18 ♎	19 ♎	11 ♌	19 ♒
29	6 ♑ 22	5 ♌ 43	18 ♎ 14	18 ♎ 41	14 ♐ 5	17 ♑ 48	17 ♉ 1	23 ♏ 20	29 ♐ 4	15 ♌ 46	6 ♏ 29	4 ♍ 6	8 ♏	18 ♎	20 ♎	11 ♌	19 ♒
30	7 ♑ 23	18 ♌ 59	18 ♎ 10	18 ♎ 31	15 ♐ 3	19 ♑ 3	17 ♉ 7	23 ♏ 31	29 ♐ 11	15 ♌ 44	6 ♏ 30	4 ♍ 5	9 ♏	19 ♎	20 ♎	11 ♌	19 ♒
31	8 ♑ 25	2 ♍ 26	18 ♎ 7	18 ♎ 24	16 ♐ 6	20 ♑ 18	17 ♉ 15	23 ♏ 43	29 ♐ 18	15 ♌ 43	6 ♏ 32	4 ♍ 5	9 ♏	19 ♎	20 ♎	11 ♌	19 ♒

SUN INGRESS	☉ → ♑ 22日 17:40
MOON PHASE	◑ 4日 10:24 ♍　● 11日 02:23 ♐　◐ 18日 08:52 ♓　○ 26日 12:54 ♋

aspects		
3日	22:24	♀△♅
4日	08:34	♂☍♃
7日	19:30	☿☌♀
9日	05:03	☉△♅
10日	12:36	☉☌☿
11日	12:31	☿△♅
12日	13:12	♀☌♄
18日	04:09	♀△♇
19日	19:37	♀⚹♆
20日	21:17	☉☌♄
26日	19:04	☉△♇
28日	07:48	♀△♂
29日	02:40	☉⚹♆
30日	15:28	☿△♅

1959年1月

DAY	☉	☽	☊ mean	☊ true	☿	♀	♂	♃	♄	♅	♆	♇	⚳	⚴	⚵	⚶	⚷
	° ′	° ′	° ′	° ′	° ′	° ′	° ′	° ′	° ′	° ′	° ′	° ′	°	°	°	°	°
1	9 ♑ 26	16 ♍ 2	18 ♎ 4	18 R 20	17 D 11	21 D 34	17 D 22	23 D 54	29 D 25	15 R 41	6 D 33	4 R 4	9 D	19 D	20 D	11 R	19 D
2	10 ♑ 27	29 ♍ 47	18 ♎ 1	18 ♎ 18	18 ♐ 19	22 ♑ 49	17 ♉ 31	24 ♏ 5	29 ♐ 32	15 ♌ 39	6 ♏ 34	4 ♍ 3	10 ♏	20 ♎	20 ♎	10 ♌	19 ♒
3	11 ♑ 28	13 ♎ 43	17 ♎ 58	18 D 18	19 ♐ 29	24 ♑ 4	17 ♉ 40	24 ♏ 16	29 ♐ 39	15 ♌ 37	6 ♏ 35	4 ♍ 3	10 ♏	20 ♎	21 ♎	10 ♌	19 ♒
4	12 ♑ 29	27 ♎ 48	17 ♎ 54	18 R 18	20 ♐ 42	25 ♑ 19	17 ♉ 50	24 ♏ 26	29 ♐ 46	15 ♌ 35	6 ♏ 36	4 ♍ 2	10 ♏	20 ♎	21 ♎	10 ♌	19 ♒
5	13 ♑ 30	12 ♏ 3	17 ♎ 51	18 ♎ 16	21 ♐ 56	26 ♑ 35	18 ♉ 1	24 ♏ 37	29 ♐ 53	15 ♌ 32	6 ♏ 38	4 ♍ 1	11 ♏	20 ♎	21 ♎	10 ♌	19 ♒
6	14 ♑ 32	26 ♏ 26	17 ♎ 48	18 ♎ 13	23 ♐ 12	27 ♑ 50	18 ♉ 12	24 ♏ 48	0 ♑ 0	15 ♌ 30	6 ♏ 39	4 ♍ 0	11 ♏	21 ♎	21 ♎	10 ♌	20 ♒
7	15 ♑ 33	10 ♐ 52	17 ♎ 45	18 ♎ 6	24 ♐ 30	29 ♑ 5	18 ♉ 23	24 ♏ 59	0 ♑ 7	15 ♌ 28	6 ♏ 40	3 ♍ 59	12 ♏	21 ♎	21 ♎	10 ♌	20 ♒
8	16 ♑ 34	25 ♐ 18	17 ♎ 42	17 ♎ 56	25 ♐ 49	0 ♒ 21	18 ♉ 36	25 ♏ 9	0 ♑ 14	15 ♌ 26	6 ♏ 41	3 ♍ 58	12 ♏	21 ♎	22 ♎	9 ♌	20 ♒
9	17 ♑ 35	9 ♑ 37	17 ♎ 39	17 ♎ 44	27 ♐ 9	1 ♒ 36	18 ♉ 48	25 ♏ 19	0 ♑ 21	15 ♌ 24	6 ♏ 42	3 ♍ 57	12 ♏	21 ♎	22 ♎	9 ♌	20 ♒
10	18 ♑ 36	23 ♑ 43	17 ♎ 35	17 ♎ 31	28 ♐ 31	2 ♒ 51	19 ♉ 2	25 ♏ 30	0 ♑ 28	15 ♌ 22	6 ♏ 43	3 ♍ 56	13 ♏	22 ♎	22 ♎	9 ♌	20 ♒
11	19 ♑ 37	7 ♒ 30	17 ♎ 32	17 ♎ 18	29 ♐ 53	4 ♒ 6	19 ♉ 16	25 ♏ 40	0 ♑ 34	15 ♌ 19	6 ♏ 44	3 ♍ 55	13 ♏	22 ♎	22 ♎	9 ♌	20 ♒
12	20 ♑ 39	20 ♒ 55	17 ♎ 29	17 ♎ 7	1 ♑ 17	5 ♒ 22	19 ♉ 30	25 ♏ 50	0 ♑ 41	15 ♌ 17	6 ♏ 45	3 ♍ 54	13 ♏	22 ♎	22 ♎	8 ♌	20 ♒
13	21 ♑ 40	3 ♓ 56	17 ♎ 26	16 ♎ 59	2 ♑ 41	6 ♒ 37	19 ♉ 45	26 ♏ 0	0 ♑ 48	15 ♌ 15	6 ♏ 46	3 ♍ 53	14 ♏	22 ♎	23 ♎	8 ♌	20 ♒
14	22 ♑ 41	16 ♓ 35	17 ♎ 23	16 ♎ 53	4 ♑ 6	7 ♒ 52	20 ♉ 1	26 ♏ 10	0 ♑ 55	15 ♌ 12	6 ♏ 46	3 ♍ 52	14 ♏	23 ♎	23 ♎	8 ♌	20 ♒
15	23 ♑ 42	28 ♓ 54	17 ♎ 20	16 ♎ 50	5 ♑ 32	9 ♒ 7	20 ♉ 17	26 ♏ 20	1 ♑ 1	15 ♌ 10	6 ♏ 47	3 ♍ 51	14 ♏	23 ♎	23 ♎	8 ♌	20 ♒
16	24 ♑ 43	10 ♈ 57	17 ♎ 16	16 ♎ 49	6 ♑ 59	10 ♒ 22	20 ♉ 34	26 ♏ 30	1 ♑ 8	15 ♌ 8	6 ♏ 48	3 ♍ 50	15 ♏	23 ♎	23 ♎	8 ♌	20 ♒
17	25 ♑ 44	22 ♈ 50	17 ♎ 13	16 D 49	8 ♑ 26	11 ♒ 38	20 ♉ 51	26 ♏ 39	1 ♑ 15	15 ♌ 5	6 ♏ 49	3 ♍ 49	15 ♏	23 ♎	23 ♎	7 ♌	20 ♒
18	26 ♑ 45	4 ♉ 38	17 ♎ 10	16 R 48	9 ♑ 54	12 ♒ 53	21 ♉ 8	26 ♏ 49	1 ♑ 22	15 ♌ 3	6 ♏ 50	3 ♍ 48	15 ♏	24 ♎	23 ♎	7 ♌	20 ♒
19	27 ♑ 46	16 ♉ 27	17 ♎ 7	16 ♎ 47	11 ♑ 23	14 ♒ 8	21 ♉ 26	26 ♏ 58	1 ♑ 28	15 ♌ 0	6 ♏ 50	3 ♍ 47	16 ♏	24 ♎	23 ♎	7 ♌	20 ♒
20	28 ♑ 47	28 ♉ 22	17 ♎ 4	16 ♎ 43	12 ♑ 52	15 ♒ 23	21 ♉ 44	27 ♏ 7	1 ♑ 35	14 ♌ 58	6 ♏ 51	3 ♍ 46	16 ♏	24 ♎	24 ♎	7 ♌	20 ♒
21	29 ♑ 49	10 ♊ 27	17 ♎ 0	16 ♎ 37	14 ♑ 22	16 ♒ 38	22 ♉ 3	27 ♏ 16	1 ♑ 41	14 ♌ 55	6 ♏ 52	3 ♍ 44	16 ♏	24 ♎	24 ♎	6 ♌	21 ♒
22	0 ♒ 50	22 ♊ 47	16 ♎ 57	16 ♎ 28	15 ♑ 53	17 ♒ 53	22 ♉ 22	27 ♏ 25	1 ♑ 48	14 ♌ 53	6 ♏ 52	3 ♍ 43	17 ♏	24 ♎	24 ♎	6 ♌	21 ♒
23	1 ♒ 51	5 ♋ 24	16 ♎ 54	16 ♎ 17	17 ♑ 24	19 ♒ 8	22 ♉ 42	27 ♏ 34	1 ♑ 54	14 ♌ 50	6 ♏ 53	3 ♍ 42	17 ♏	24 ♎	24 ♎	6 ♌	21 ♒
24	2 ♒ 52	18 ♋ 19	16 ♎ 51	16 ♎ 4	18 ♑ 56	20 ♒ 23	23 ♉ 2	27 ♏ 43	2 ♑ 1	14 ♌ 48	6 ♏ 53	3 ♍ 41	17 ♏	25 ♎	24 ♎	5 ♌	21 ♒
25	3 ♒ 53	1 ♌ 32	16 ♎ 48	15 ♎ 51	20 ♑ 29	21 ♒ 38	23 ♉ 23	27 ♏ 52	2 ♑ 7	14 ♌ 45	6 ♏ 54	3 ♍ 39	18 ♏	25 ♎	24 ♎	5 ♌	21 ♒
26	4 ♒ 54	15 ♌ 1	16 ♎ 45	15 ♎ 40	22 ♑ 2	22 ♒ 53	23 ♉ 43	28 ♏ 1	2 ♑ 13	14 ♌ 43	6 ♏ 54	3 ♍ 38	18 ♏	25 ♎	24 ♎	5 ♌	21 ♒
27	5 ♒ 55	28 ♌ 43	16 ♎ 41	15 ♎ 30	23 ♑ 35	24 ♒ 8	24 ♉ 5	28 ♏ 9	2 ♑ 20	14 ♌ 40	6 ♏ 55	3 ♍ 37	18 ♏	25 ♎	24 ♎	5 ♌	21 ♒
28	6 ♒ 56	12 ♍ 35	16 ♎ 38	15 ♎ 23	25 ♑ 10	25 ♒ 23	24 ♉ 26	28 ♏ 17	2 ♑ 26	14 ♌ 37	6 ♏ 55	3 ♍ 35	18 ♏	25 ♎	24 ♎	4 ♌	21 ♒
29	7 ♒ 56	26 ♍ 33	16 ♎ 35	15 ♎ 19	26 ♑ 45	26 ♒ 38	24 ♉ 48	28 ♏ 25	2 ♑ 32	14 ♌ 35	6 ♏ 55	3 ♍ 34	19 ♏	25 ♎	25 ♎	4 ♌	21 ♒
30	8 ♒ 57	10 ♎ 35	16 ♎ 32	15 ♎ 18	28 ♑ 20	27 ♒ 53	25 ♉ 10	28 ♏ 34	2 ♑ 38	14 ♌ 32	6 ♏ 56	3 ♍ 33	19 ♏	26 ♎	25 ♎	4 ♌	21 ♒
31	9 ♒ 58	24 ♎ 39	16 ♎ 29	15 D 18	29 ♑ 57	29 ♒ 8	25 ♉ 33	28 ♏ 42	2 ♑ 45	14 ♌ 30	6 ♏ 56	3 ♍ 31	19 ♏	26 ♎	25 ♎	4 ♌	21 ♒

SUN INGRESS	☉ → ♒ 21日 04:19
MOON PHASE	◑ 2日 19:51 ♎ ● 9日 14:34 ♑ ◐ 17日 06:27 ♈ ○ 25日 04:33 ♌

aspects

3日	04:18	♀⚹♃
10日	13:01	☉△♂
11日	12:54	☿☌♄
13日	02:50	♀□♆
13日	20:08	☿△♇
15日	21:00	☿⚹♆
18日	01:33	☉⚹♃
19日	16:12	♀☍♅
26日	22:19	♀□♂
27日	09:37	☿△♂
27日	23:48	☉□♆
30日	03:35	☿⚹♃
30日	14:29	♀□♃

1959年2月

DAY	☉	☽	☊ mean	☊ true	☿	♀	♂	♃	♄	♅	♆	♇	⚳	⚴	⚵	⚶	⚷
	° ′	° ′	° ′	° ′	° ′	° ′	° ′	° ′	° ′	° ′	° ′	° ′	°	°	°	°	°
1	10 ♒ 59	8 ♏ 45	16 ♎ 26	15 D 18	1 D 34	0 D 23	25 D 56	28 D 49	2 D 51	14 R 27	6 D 56	3 R 30	20 D	26 D	25 D	3 R	21 D
2	12 ♒ 0	22 ♏ 51	16 ♎ 22	15 R 18	3 ♒ 11	1 ♓ 38	26 ♉ 19	28 ♏ 57	2 ♑ 57	14 ♌ 24	6 ♏ 56	3 ♍ 29	20 ♏	26 ♎	25 ♎	3 ♌	21 ♒
3	13 ♒ 1	6 ♐ 56	16 ♎ 19	15 ♎ 15	4 ♒ 50	2 ♓ 53	26 ♉ 42	29 ♏ 5	3 ♑ 3	14 ♌ 22	6 ♏ 57	3 ♍ 27	20 ♏	26 ♎	25 ♎	3 ♌	21 ♒
4	14 ♒ 2	20 ♐ 58	16 ♎ 16	15 ♎ 10	6 ♒ 29	4 ♓ 8	27 ♉ 6	29 ♏ 12	3 ♑ 9	14 ♌ 19	6 ♏ 57	3 ♍ 26	20 ♏	26 ♎	25 ♎	3 ♌	22 ♒
5	15 ♒ 3	4 ♑ 56	16 ♎ 13	15 ♎ 3	8 ♒ 9	5 ♓ 22	27 ♉ 30	29 ♏ 19	3 ♑ 15	14 ♌ 16	6 ♏ 57	3 ♍ 24	21 ♏	26 ♎	25 ♎	2 ♌	22 ♒
6	16 ♒ 4	18 ♑ 47	16 ♎ 10	14 ♎ 54	9 ♒ 49	6 ♓ 37	27 ♉ 55	29 ♏ 26	3 ♑ 20	14 ♌ 14	6 ♏ 57	3 ♍ 23	21 ♏	26 ♎	25 ♎	2 ♌	22 ♒
7	17 ♒ 4	2 ♒ 26	16 ♎ 6	14 ♎ 43	11 ♒ 31	7 ♓ 52	28 ♉ 19	29 ♏ 33	3 ♑ 26	14 ♌ 11	6 ♏ 57	3 ♍ 22	21 ♏	26 ♎	25 ♎	2 ♌	22 ♒
8	18 ♒ 5	15 ♒ 52	16 ♎ 3	14 ♎ 33	13 ♒ 13	9 ♓ 7	28 ♉ 44	29 ♏ 40	3 ♑ 32	14 ♌ 9	6 R 57	3 ♍ 20	21 ♏	27 ♎	25 ♎	2 ♌	22 ♒
9	19 ♒ 6	29 ♒ 0	16 ♎ 0	14 ♎ 24	14 ♒ 56	10 ♓ 21	29 ♉ 9	29 ♏ 47	3 ♑ 38	14 ♌ 6	6 ♏ 57	3 ♍ 19	22 ♏	27 ♎	25 ♎	1 ♌	22 ♒
10	20 ♒ 7	11 ♓ 50	15 ♎ 57	14 ♎ 17	16 ♒ 39	11 ♓ 36	29 ♉ 35	29 ♏ 53	3 ♑ 43	14 ♌ 3	6 ♏ 57	3 ♍ 17	22 ♏	27 ♎	25 ♎	1 ♌	22 ♒
11	21 ♒ 8	24 ♓ 23	15 ♎ 54	14 ♎ 12	18 ♒ 24	12 ♓ 51	0 ♊ 1	0 ♐ 0	3 ♑ 49	14 ♌ 1	6 ♏ 57	3 ♍ 16	22 ♏	27 ♎	25 ♎	1 ♌	22 ♒
12	22 ♒ 8	6 ♈ 39	15 ♎ 51	14 ♎ 10	20 ♒ 9	14 ♓ 5	0 ♊ 27	0 ♐ 6	3 ♑ 54	13 ♌ 58	6 ♏ 57	3 ♍ 14	22 ♏	27 ♎	25 ♎	1 ♌	22 ♒
13	23 ♒ 9	18 ♈ 42	15 ♎ 47	14 D 10	21 ♒ 55	15 ♓ 20	0 ♊ 53	0 ♐ 12	4 ♑ 0	13 ♌ 56	6 ♏ 57	3 ♍ 13	23 ♏	27 ♎	25 R	0 ♌	22 ♒
14	24 ♒ 10	0 ♉ 35	15 ♎ 44	14 ♎ 11	23 ♒ 42	16 ♓ 34	1 ♊ 19	0 ♐ 18	4 ♑ 5	13 ♌ 53	6 ♏ 56	3 ♍ 11	23 ♏	27 ♎	25 ♎	0 ♌	22 ♒
15	25 ♒ 10	12 ♉ 24	15 ♎ 41	14 ♎ 12	25 ♒ 30	17 ♓ 49	1 ♊ 46	0 ♐ 24	4 ♑ 10	13 ♌ 50	6 ♏ 56	3 ♍ 10	23 ♏	27 ♎	25 ♎	0 ♌	22 ♒
16	26 ♒ 11	24 ♉ 13	15 ♎ 38	14 ♎ 13	27 ♒ 19	19 ♓ 3	2 ♊ 13	0 ♐ 30	4 ♑ 16	13 ♌ 48	6 ♏ 56	3 ♍ 8	23 ♏	27 ♎	25 ♎	0 ♌	22 ♒
17	27 ♒ 11	6 ♊ 8	15 ♎ 35	14 R 13	29 ♒ 8	20 ♓ 18	2 ♊ 40	0 ♐ 35	4 ♑ 21	13 ♌ 45	6 ♏ 56	3 ♍ 7	24 ♏	27 ♎	25 ♎	0 ♌	22 ♒
18	28 ♒ 12	18 ♊ 14	15 ♎ 32	14 ♎ 10	0 ♓ 58	21 ♓ 32	3 ♊ 8	0 ♐ 40	4 ♑ 26	13 ♌ 43	6 ♏ 55	3 ♍ 5	24 ♏	27 R	25 ♎	29 ♋	23 ♒
19	29 ♒ 13	0 ♋ 36	15 ♎ 28	14 ♎ 6	2 ♓ 49	22 ♓ 47	3 ♊ 35	0 ♐ 45	4 ♑ 31	13 ♌ 40	6 ♏ 55	3 ♍ 4	24 ♏	27 ♎	25 ♎	29 ♋	23 ♒
20	0 ♓ 13	13 ♋ 17	15 ♎ 25	14 ♎ 0	4 ♓ 40	24 ♓ 1	4 ♊ 3	0 ♐ 50	4 ♑ 36	13 ♌ 38	6 ♏ 55	3 ♍ 2	24 ♏	27 ♎	25 ♎	29 ♋	23 ♒
21	1 ♓ 14	26 ♋ 19	15 ♎ 22	13 ♎ 53	6 ♓ 32	25 ♓ 15	4 ♊ 31	0 ♐ 55	4 ♑ 41	13 ♌ 35	6 ♏ 54	3 ♍ 1	24 ♏	27 ♎	25 ♎	29 ♋	23 ♒
22	2 ♓ 14	9 ♌ 45	15 ♎ 19	13 ♎ 46	8 ♓ 24	26 ♓ 30	4 ♊ 59	1 ♐ 0	4 ♑ 46	13 ♌ 33	6 ♏ 54	2 ♍ 59	25 ♏	27 ♎	25 ♎	29 ♋	23 ♒
23	3 ♓ 14	23 ♌ 31	15 ♎ 16	13 ♎ 39	10 ♓ 17	27 ♓ 44	5 ♊ 27	1 ♐ 4	4 ♑ 51	13 ♌ 30	6 ♏ 53	2 ♍ 58	25 ♏	27 ♎	25 ♎	29 ♋	23 ♒
24	4 ♓ 15	7 ♍ 36	15 ♎ 12	13 ♎ 33	12 ♓ 10	28 ♓ 58	5 ♊ 56	1 ♐ 9	4 ♑ 55	13 ♌ 28	6 ♏ 53	2 ♍ 56	25 ♏	27 ♎	25 ♎	28 ♋	23 ♒
25	5 ♓ 15	21 ♍ 54	15 ♎ 9	13 ♎ 29	14 ♓ 3	0 ♈ 12	6 ♊ 25	1 ♐ 13	5 ♑ 0	13 ♌ 26	6 ♏ 52	2 ♍ 55	25 ♏	27 ♎	25 ♎	28 ♋	23 ♒
26	6 ♓ 15	6 ♎ 20	15 ♎ 6	13 ♎ 28	15 ♓ 55	1 ♈ 26	6 ♊ 53	1 ♐ 17	5 ♑ 5	13 ♌ 23	6 ♏ 52	2 ♍ 53	25 ♏	27 ♎	25 ♎	28 ♋	23 ♒
27	7 ♓ 16	20 ♎ 49	15 ♎ 3	13 D 28	17 ♓ 47	2 ♈ 40	7 ♊ 22	1 ♐ 21	5 ♑ 9	13 ♌ 21	6 ♏ 51	2 ♍ 51	25 ♏	27 ♎	25 ♎	28 ♋	23 ♒
28	8 ♓ 16	5 ♏ 15	15 ♎ 0	13 ♎ 29	19 ♓ 39	3 ♈ 54	7 ♊ 52	1 ♐ 24	5 ♑ 13	13 ♌ 19	6 ♏ 50	2 ♍ 50	26 ♏	26 ♎	25 ♎	28 ♋	23 ♒

SUN INGRESS	☉ → ♓ 19日 18:38
MOON PHASE	◑ 1日 04:06 ♏ ● 8日 04:22 ♒ ◐ 16日 04:20 ♉ ○ 23日 17:54 ♍

aspects

3日	03:29	♀⚹♄
3日	10:53	♀☍♇
4日	06:30	☉☍♅
4日	06:44	☿□♆
6日	06:23	♀△♆
6日	08:41	♄△♇
8日	12:43	☿☍♅
10日	23:01	♂☍♃
14日	13:55	☉☌☿
17日	19:57	☿□♃
17日	22:04	♂□♇
19日	03:11	☿☍♇
19日	13:20	☿□♂
19日	23:06	☿⚹♄
20日	16:08	☉□♃
21日	04:45	☿△♆
22日	17:30	☉☍♇
24日	17:31	☉⚹♄
25日	20:45	♀△♃
26日	14:17	☉△♆
27日	05:12	☉□♂

1959年3月

DAY	☉	☽	☊ mean	☊ true	☿	♀	♂	♃	♄	♅	♆	♇	⚳	⚴	⚵	⚶	⚷
	° ′	° ′	° ′	° ′	° ′	° ′	° ′	° ′	° ′	° ′	° ′	° ′	°	°	°	°	°
1	9 ♓ 16	19 ♏ 36	14 ♎ 57	13 D 30	21 D 29	5 D 8	8 D 21	1 D 28	5 D 18	13 R 16	6 R 50	2 R 48	26 D	26 R	24 R	28 R	23 D
2	10 ♓ 16	3 ♐ 48	14 ♎ 53	13 ♎ 31	23 ♓ 18	6 ♈ 22	8 ♊ 50	1 ♐ 31	5 ♑ 22	13 ♌ 14	6 ♏ 49	2 ♍ 47	26 ♏	26 ♎	24 ♎	28 ♋	23 ♒
3	11 ♓ 17	17 ♐ 49	14 ♎ 50	13 R 31	25 ♓ 6	7 ♈ 36	9 ♊ 20	1 ♐ 34	5 ♑ 26	13 ♌ 12	6 ♏ 48	2 ♍ 45	26 ♏	26 ♎	24 ♎	28 ♋	23 ♒
4	12 ♓ 17	1 ♑ 40	14 ♎ 47	13 ♎ 30	26 ♓ 51	8 ♈ 50	9 ♊ 50	1 ♐ 37	5 ♑ 30	13 ♌ 10	6 ♏ 48	2 ♍ 44	26 ♏	26 ♎	24 ♎	27 ♋	24 ♒
5	13 ♓ 17	15 ♑ 18	14 ♎ 44	13 ♎ 27	28 ♓ 33	10 ♈ 4	10 ♊ 20	1 ♐ 40	5 ♑ 34	13 ♌ 7	6 ♏ 47	2 ♍ 42	26 ♏	26 ♎	24 ♎	27 ♋	24 ♒
6	14 ♓ 17	28 ♑ 44	14 ♎ 41	13 ♎ 23	0 ♈ 12	11 ♈ 18	10 ♊ 50	1 ♐ 42	5 ♑ 38	13 ♌ 5	6 ♏ 46	2 ♍ 41	26 ♏	26 ♎	24 ♎	27 ♋	24 ♒
7	15 ♓ 17	11 ♒ 57	14 ♎ 38	13 ♎ 18	1 ♈ 48	12 ♈ 31	11 ♊ 20	1 ♐ 45	5 ♑ 42	13 ♌ 3	6 ♏ 45	2 ♍ 39	27 ♏	26 ♎	24 ♎	27 ♋	24 ♒
8	16 ♓ 17	24 ♒ 57	14 ♎ 34	13 ♎ 14	3 ♈ 19	13 ♈ 45	11 ♊ 51	1 ♐ 47	5 ♑ 46	13 ♌ 1	6 ♏ 44	2 ♍ 38	27 ♏	25 ♎	24 ♎	27 ♋	24 ♒
9	17 ♓ 17	7 ♓ 43	14 ♎ 31	13 ♎ 10	4 ♈ 45	14 ♈ 59	12 ♊ 21	1 ♐ 49	5 ♑ 50	12 ♌ 59	6 ♏ 43	2 ♍ 36	27 ♏	25 ♎	23 ♎	27 ♋	24 ♒
10	18 ♓ 17	20 ♓ 16	14 ♎ 28	13 ♎ 7	6 ♈ 6	16 ♈ 12	12 ♊ 52	1 ♐ 51	5 ♑ 53	12 ♌ 57	6 ♏ 42	2 ♍ 35	27 ♏	25 ♎	23 ♎	27 ♋	24 ♒
11	19 ♓ 17	2 ♈ 36	14 ♎ 25	13 ♎ 5	7 ♈ 20	17 ♈ 26	13 ♊ 23	1 ♐ 52	5 ♑ 57	12 ♌ 55	6 ♏ 41	2 ♍ 34	27 ♏	25 ♎	23 ♎	27 ♋	24 ♒
12	20 ♓ 17	14 ♈ 44	14 ♎ 22	13 D 5	8 ♈ 29	18 ♈ 39	13 ♊ 54	1 ♐ 54	6 ♑ 0	12 ♌ 53	6 ♏ 40	2 ♍ 32	27 ♏	25 ♎	23 ♎	27 ♋	24 ♒
13	21 ♓ 17	26 ♈ 43	14 ♎ 18	13 ♎ 5	9 ♈ 30	19 ♈ 53	14 ♊ 25	1 ♐ 55	6 ♑ 4	12 ♌ 51	6 ♏ 39	2 ♍ 31	27 ♏	25 ♎	23 ♎	27 ♋	24 ♒
14	22 ♓ 17	8 ♉ 35	14 ♎ 15	13 ♎ 7	10 ♈ 25	21 ♈ 6	14 ♊ 56	1 ♐ 56	6 ♑ 7	12 ♌ 49	6 ♏ 38	2 ♍ 29	27 ♏	24 ♎	23 ♎	27 ♋	24 ♒
15	23 ♓ 17	20 ♉ 23	14 ♎ 12	13 ♎ 8	11 ♈ 11	22 ♈ 20	15 ♊ 27	1 ♐ 57	6 ♑ 10	12 ♌ 47	6 ♏ 37	2 ♍ 28	27 ♏	24 ♎	22 ♎	27 ♋	24 ♒
16	24 ♓ 17	2 ♊ 12	14 ♎ 9	13 ♎ 10	11 ♈ 50	23 ♈ 33	15 ♊ 58	1 ♐ 58	6 ♑ 13	12 ♌ 46	6 ♏ 36	2 ♍ 26	27 ♏	24 ♎	22 ♎	27 D	24 ♒
17	25 ♓ 16	14 ♊ 7	14 ♎ 6	13 ♎ 11	12 ♈ 20	24 ♈ 46	16 ♊ 30	1 ♐ 58	6 ♑ 16	12 ♌ 44	6 ♏ 35	2 ♍ 25	27 ♏	24 ♎	22 ♎	27 ♋	24 ♒
18	26 ♓ 16	26 ♊ 11	14 ♎ 3	13 ♎ 11	12 ♈ 42	25 ♈ 59	17 ♊ 2	1 ♐ 59	6 ♑ 19	12 ♌ 42	6 ♏ 34	2 ♍ 24	27 ♏	23 ♎	22 ♎	27 ♋	24 ♒
19	27 ♓ 16	8 ♋ 31	13 ♎ 59	13 R 11	12 ♈ 56	27 ♈ 12	17 ♊ 33	1 ♐ 59	6 ♑ 22	12 ♌ 41	6 ♏ 33	2 ♍ 22	28 ♏	23 ♎	22 ♎	27 ♋	25 ♒
20	28 ♓ 15	21 ♋ 9	13 ♎ 56	13 ♎ 10	13 ♈ 1	28 ♈ 25	18 ♊ 5	1 R 59	6 ♑ 25	12 ♌ 39	6 ♏ 32	2 ♍ 21	28 ♏	23 ♎	22 ♎	27 ♋	25 ♒
21	29 ♓ 15	4 ♌ 10	13 ♎ 53	13 ♎ 8	12 R 58	29 ♈ 38	18 ♊ 37	1 ♐ 59	6 ♑ 28	12 ♌ 37	6 ♏ 30	2 ♍ 20	28 ♏	23 ♎	21 ♎	27 ♋	25 ♒
22	0 ♈ 15	17 ♌ 37	13 ♎ 50	13 ♎ 7	12 ♈ 47	0 ♉ 51	19 ♊ 9	1 ♐ 58	6 ♑ 30	12 ♌ 36	6 ♏ 29	2 ♍ 18	28 ♏	23 ♎	21 ♎	27 ♋	25 ♒
23	1 ♈ 14	1 ♍ 29	13 ♎ 47	13 ♎ 5	12 ♈ 29	2 ♉ 4	19 ♊ 41	1 ♐ 58	6 ♑ 33	12 ♌ 34	6 ♏ 28	2 ♍ 17	28 ♏	22 ♎	21 ♎	27 ♋	25 ♒
24	2 ♈ 14	15 ♍ 44	13 ♎ 43	13 ♎ 4	12 ♈ 4	3 ♉ 17	20 ♊ 13	1 ♐ 57	6 ♑ 35	12 ♌ 33	6 ♏ 27	2 ♍ 16	28 ♏	22 ♎	21 ♎	27 ♋	25 ♒
25	3 ♈ 13	0 ♎ 20	13 ♎ 40	13 ♎ 3	11 ♈ 32	4 ♉ 30	20 ♊ 46	1 ♐ 56	6 ♑ 37	12 ♌ 32	6 ♏ 25	2 ♍ 14	28 ♏	22 ♎	21 ♎	27 ♋	25 ♒
26	4 ♈ 13	15 ♎ 9	13 ♎ 37	13 D 3	10 ♈ 55	5 ♉ 42	21 ♊ 18	1 ♐ 55	6 ♑ 39	12 ♌ 30	6 ♏ 24	2 ♍ 13	28 R	21 ♎	20 ♎	27 ♋	25 ♒
27	5 ♈ 12	0 ♏ 4	13 ♎ 34	13 ♎ 3	10 ♈ 13	6 ♉ 55	21 ♊ 51	1 ♐ 53	6 ♑ 42	12 ♌ 29	6 ♏ 23	2 ♍ 12	28 ♏	21 ♎	20 ♎	27 ♋	25 ♒
28	6 ♈ 11	14 ♏ 57	13 ♎ 31	13 ♎ 4	9 ♈ 27	8 ♉ 8	22 ♊ 23	1 ♐ 52	6 ♑ 44	12 ♌ 28	6 ♏ 21	2 ♍ 11	28 ♏	21 ♎	20 ♎	27 ♋	25 ♒
29	7 ♈ 11	29 ♏ 40	13 ♎ 28	13 ♎ 4	8 ♈ 39	9 ♉ 20	22 ♊ 56	1 ♐ 50	6 ♑ 46	12 ♌ 26	6 ♏ 20	2 ♍ 9	28 ♏	21 ♎	20 ♎	28 ♋	25 ♒
30	8 ♈ 10	14 ♐ 10	13 ♎ 24	13 ♎ 5	7 ♈ 48	10 ♉ 32	23 ♊ 28	1 ♐ 48	6 ♑ 47	12 ♌ 25	6 ♏ 19	2 ♍ 8	28 ♏	20 ♎	19 ♎	28 ♋	25 ♒
31	9 ♈ 9	28 ♐ 21	13 ♎ 21	13 ♎ 5	6 ♈ 57	11 ♉ 45	24 ♊ 1	1 ♐ 46	6 ♑ 49	12 ♌ 24	6 ♏ 17	2 ♍ 7	28 ♏	20 ♎	19 ♎	28 ♋	25 ♒

SUN INGRESS	☉→♈ 21日 17:54
MOON PHASE	◑ 2日 11:54 ♐ ● 9日 19:51 ♓ ◐ 18日 00:10 ♊ ○ 25日 05:02 ♎ ◑ 31日 20:06 ♑

aspects

1日	03:15	♀□♄
5日	08:46	♀⚹♂
6日	23:16	☿△♃
7日	10:02	♀△♅
9日	20:06	☿□♄
10日	03:45	♂⚹♅
18日	00:15	☿△♅
21日	18:10	♄⚹♆
22日	17:36	☿△♅
23日	04:06	♀△♇
23日	17:19	☉△♃
26日	13:32	♀☍♆
26日	19:26	♀△♄
28日	13:30	☉□♄
29日	19:18	☉☌☿
31日	03:48	♀□♄
31日	12:54	♀□♅

1959年4月

DAY	☉	☽	☊ mean	☊ true	☿	♀	♂	♃	♄	♅	♆	♇	⚳	⚴	⚵	⚶	⚷
	° ′	° ′	° ′	° ′	° ′	° ′	° ′	° ′	° ′	° ′	° ′	° ′	°	°	°	°	°
1	10 ♈ 8	12 ♑ 12	13 ♎ 18	13 R 5	6 R 7	12 D 57	24 D 34	1 R 44	6 D 51	12 R 23	6 R 16	2 R 6	28 R	20 R	19 R	28 D	25 D
2	11 ♈ 8	25 ♑ 44	13 ♎ 15	13 ♎ 5	5 ♈ 17	14 ♉ 9	25 ♊ 7	1 ♐ 41	6 ♑ 52	12 ♌ 22	6 ♏ 14	2 ♍ 5	27 ♏	19 ♎	19 ♎	28 ♋	25 ♒
3	12 ♈ 7	8 ♒ 56	13 ♎ 12	13 ♎ 5	4 ♈ 30	15 ♉ 21	25 ♊ 40	1 ♐ 39	6 ♑ 54	12 ♌ 21	6 ♏ 13	2 ♍ 4	27 ♏	19 ♎	18 ♎	28 ♋	25 ♒
4	13 ♈ 6	21 ♒ 51	13 ♎ 9	13 D 5	3 ♈ 46	16 ♉ 33	26 ♊ 13	1 ♐ 36	6 ♑ 55	12 ♌ 20	6 ♏ 12	2 ♍ 3	27 ♏	19 ♎	18 ♎	28 ♋	25 ♒
5	14 ♈ 5	4 ♓ 31	13 ♎ 5	13 ♎ 5	3 ♈ 6	17 ♉ 45	26 ♊ 46	1 ♐ 33	6 ♑ 56	12 ♌ 19	6 ♏ 10	2 ♍ 2	27 ♏	18 ♎	18 ♎	28 ♋	26 ♒
6	15 ♈ 4	16 ♓ 57	13 ♎ 2	13 ♎ 5	2 ♈ 29	18 ♉ 57	27 ♊ 20	1 ♐ 30	6 ♑ 57	12 ♌ 19	6 ♏ 9	2 ♍ 0	27 ♏	18 ♎	18 ♎	29 ♋	26 ♒
7	16 ♈ 3	29 ♓ 13	12 ♎ 59	13 ♎ 5	1 ♈ 58	20 ♉ 9	27 ♊ 53	1 ♐ 26	6 ♑ 58	12 ♌ 18	6 ♏ 7	1 ♍ 59	27 ♏	18 ♎	18 ♎	29 ♋	26 ♒
8	17 ♈ 2	11 ♈ 19	12 ♎ 56	13 ♎ 5	1 ♈ 31	21 ♉ 21	28 ♊ 26	1 ♐ 23	6 ♑ 59	12 ♌ 17	6 ♏ 6	1 ♍ 58	27 ♏	18 ♎	17 ♎	29 ♋	26 ♒
9	18 ♈ 1	23 ♈ 17	12 ♎ 53	13 R 5	1 ♈ 10	22 ♉ 33	29 ♊ 0	1 ♐ 19	7 ♑ 0	12 ♌ 16	6 ♏ 4	1 ♍ 57	27 ♏	17 ♎	17 ♎	29 ♋	26 ♒
10	19 ♈ 0	5 ♉ 10	12 ♎ 49	13 ♎ 5	0 ♈ 54	23 ♉ 44	29 ♊ 33	1 ♐ 15	7 ♑ 1	12 ♌ 16	6 ♏ 3	1 ♍ 57	27 ♏	17 ♎	17 ♎	29 ♋	26 ♒
11	19 ♈ 59	17 ♉ 0	12 ♎ 46	13 ♎ 4	0 ♈ 44	24 ♉ 56	0 ♋ 7	1 ♐ 11	7 ♑ 2	12 ♌ 15	6 ♏ 1	1 ♍ 56	27 ♏	17 ♎	17 ♎	29 ♋	26 ♒
12	20 ♈ 58	28 ♉ 48	12 ♎ 43	13 ♎ 3	0 ♈ 38	26 ♉ 7	0 ♋ 40	1 ♐ 7	7 ♑ 2	12 ♌ 15	5 ♏ 59	1 ♍ 55	27 ♏	16 ♎	16 ♎	0 ♌	26 ♒
13	21 ♈ 57	10 ♊ 39	12 ♎ 40	13 ♎ 2	0 D 39	27 ♉ 19	1 ♋ 14	1 ♐ 3	7 ♑ 3	12 ♌ 14	5 ♏ 58	1 ♍ 54	26 ♏	16 ♎	16 ♎	0 ♌	26 ♒
14	22 ♈ 56	22 ♊ 34	12 ♎ 37	13 ♎ 1	0 ♈ 44	28 ♉ 30	1 ♋ 48	0 ♐ 58	7 ♑ 3	12 ♌ 14	5 ♏ 56	1 ♍ 53	26 ♏	16 ♎	16 ♎	0 ♌	26 ♒
15	23 ♈ 55	4 ♋ 39	12 ♎ 34	13 ♎ 0	0 ♈ 55	29 ♉ 41	2 ♋ 22	0 ♐ 54	7 ♑ 3	12 ♌ 14	5 ♏ 55	1 ♍ 52	26 ♏	15 ♎	16 ♎	0 ♌	26 ♒
16	24 ♈ 53	16 ♋ 56	12 ♎ 30	12 ♎ 59	1 ♈ 10	0 ♊ 52	2 ♋ 56	0 ♐ 49	7 ♑ 3	12 ♌ 13	5 ♏ 53	1 ♍ 51	26 ♏	15 ♎	15 ♎	0 ♌	26 ♒
17	25 ♈ 52	29 ♋ 30	12 ♎ 27	12 D 59	1 ♈ 31	2 ♊ 4	3 ♋ 30	0 ♐ 44	7 ♑ 3	12 ♌ 13	5 ♏ 51	1 ♍ 51	26 ♏	15 ♎	15 ♎	1 ♌	26 ♒
18	26 ♈ 51	12 ♌ 26	12 ♎ 24	12 ♎ 59	1 ♈ 55	3 ♊ 14	4 ♋ 4	0 ♐ 39	7 R 3	12 ♌ 13	5 ♏ 50	1 ♍ 50	26 ♏	14 ♎	15 ♎	1 ♌	26 ♒
19	27 ♈ 49	25 ♌ 46	12 ♎ 21	13 ♎ 0	2 ♈ 25	4 ♊ 25	4 ♋ 38	0 ♐ 34	7 ♑ 3	12 ♌ 13	5 ♏ 48	1 ♍ 49	26 ♏	14 ♎	15 ♎	1 ♌	26 ♒
20	28 ♈ 48	9 ♍ 32	12 ♎ 18	13 ♎ 2	2 ♈ 58	5 ♊ 36	5 ♋ 12	0 ♐ 28	7 ♑ 3	12 ♌ 13	5 ♏ 47	1 ♍ 48	25 ♏	14 ♎	15 ♎	1 ♌	26 ♒
21	29 ♈ 47	23 ♍ 45	12 ♎ 14	13 ♎ 3	3 ♈ 35	6 ♊ 47	5 ♋ 46	0 ♐ 23	7 ♑ 3	12 D 13	5 ♏ 45	1 ♍ 48	25 ♏	14 ♎	14 ♎	1 ♌	26 ♒
22	0 ♉ 45	8 ♎ 23	12 ♎ 11	13 ♎ 3	4 ♈ 16	7 ♊ 57	6 ♋ 20	0 ♐ 17	7 ♑ 2	12 ♌ 13	5 ♏ 43	1 ♍ 47	25 ♏	13 ♎	14 ♎	2 ♌	26 ♒
23	1 ♉ 44	23 ♎ 20	12 ♎ 8	13 R 3	5 ♈ 1	9 ♊ 8	6 ♋ 54	0 ♐ 11	7 ♑ 2	12 ♌ 13	5 ♏ 42	1 ♍ 46	25 ♏	13 ♎	14 ♎	2 ♌	26 ♒
24	2 ♉ 42	8 ♏ 30	12 ♎ 5	13 ♎ 2	5 ♈ 50	10 ♊ 18	7 ♋ 29	0 ♐ 5	7 ♑ 1	12 ♌ 13	5 ♏ 40	1 ♍ 46	25 ♏	13 ♎	14 ♎	2 ♌	26 ♒
25	3 ♉ 41	23 ♏ 42	12 ♎ 2	13 ♎ 0	6 ♈ 41	11 ♊ 28	8 ♋ 3	29 ♏ 59	7 ♑ 0	12 ♌ 13	5 ♏ 38	1 ♍ 45	25 ♏	12 ♎	14 ♎	2 ♌	26 ♒
26	4 ♉ 39	8 ♐ 47	11 ♎ 59	12 ♎ 57	7 ♈ 36	12 ♊ 38	8 ♋ 37	29 ♏ 53	6 ♑ 59	12 ♌ 14	5 ♏ 37	1 ♍ 45	24 ♏	12 ♎	13 ♎	3 ♌	26 ♒
27	5 ♉ 37	23 ♐ 36	11 ♎ 55	12 ♎ 54	8 ♈ 34	13 ♊ 49	9 ♋ 12	29 ♏ 47	6 ♑ 59	12 ♌ 14	5 ♏ 35	1 ♍ 44	24 ♏	12 ♎	13 ♎	3 ♌	27 ♒
28	6 ♉ 36	8 ♑ 3	11 ♎ 52	12 ♎ 52	9 ♈ 35	14 ♊ 58	9 ♋ 46	29 ♏ 40	6 ♑ 58	12 ♌ 14	5 ♏ 34	1 ♍ 44	24 ♏	12 ♎	13 ♎	3 ♌	27 ♒
29	7 ♉ 34	22 ♑ 4	11 ♎ 49	12 ♎ 50	10 ♈ 38	16 ♊ 8	10 ♋ 21	29 ♏ 34	6 ♑ 56	12 ♌ 15	5 ♏ 32	1 ♍ 43	24 ♏	11 ♎	13 ♎	3 ♌	27 ♒
30	8 ♉ 32	5 ♒ 38	11 ♎ 46	12 ♎ 49	11 ♈ 45	17 ♊ 18	10 ♋ 56	29 ♏ 27	6 ♑ 55	12 ♌ 15	5 ♏ 30	1 ♍ 43	24 ♏	11 ♎	13 ♎	4 ♌	27 ♒

SUN INGRESS	☉→♉ 21日 05:16
MOON PHASE	● 8日 12:29 ♈ ◐ 16日 16:33 ♋ ○ 23日 14:13 ♏ ◑ 30日 05:38 ♒

aspects

3日	05:42	☉△♅
8日	10:29	☿△♃
11日	22:42	☿□♂
14日	03:26	♂⚹♇
14日	22:36	☿△♃
15日	22:54	♀☍♃
16日	08:10	☿⚹♀
16日	19:40	♀□♇
20日	23:21	♂△♆
23日	01:06	☉△♇
23日	04:56	♂☍♄
25日	08:22	☿□♄
25日	15:27	♀⚹♅
26日	23:09	☉☍♆
28日	08:49	☉△♃
28日	09:55	☿□♂
30日	10:50	☿△♅

1959年5月

DAY	☉	☽	☊ mean	☊ true	☿	♀	♂	♃	♄	♅	♆	♇	⚳	⚴	⚵	⚶	⚷
	° ′	° ′	° ′	° ′	° ′	° ′	° ′	° ′	° ′	° ′	° ′	° ′	°	°	°	°	°
1	9 ♉ 31	18 ♒ 48	11 ♎ 43	12 D 49	12 D 54	18 D 28	11 D 30	29 R 21	6 R 54	12 D 16	5 R 29	1 R 42	23 R	11 R	12 R	4 D	27 D
2	10 ♉ 29	1 ♓ 35	11 ♎ 40	12 ♎ 50	14 ♈ 5	19 ♊ 37	12 ♋ 5	29 ♏ 14	6 ♑ 53	12 ♌ 16	5 ♏ 27	1 ♍ 42	23 ♏	11 ♎	12 ♎	4 ♌	27 ♒
3	11 ♉ 27	14 ♓ 4	11 ♎ 36	12 ♎ 52	15 ♈ 19	20 ♊ 47	12 ♋ 40	29 ♏ 7	6 ♑ 51	12 ♌ 17	5 ♏ 25	1 ♍ 42	23 ♏	11 ♎	12 ♎	4 ♌	27 ♒
4	12 ♉ 25	26 ♓ 18	11 ♎ 33	12 ♎ 54	16 ♈ 35	21 ♊ 56	13 ♋ 14	29 ♏ 0	6 ♑ 49	12 ♌ 18	5 ♏ 24	1 ♍ 41	23 ♏	10 ♎	12 ♎	5 ♌	27 ♒
5	13 ♉ 23	8 ♈ 21	11 ♎ 30	12 ♎ 55	17 ♈ 54	23 ♊ 5	13 ♋ 49	28 ♏ 53	6 ♑ 48	12 ♌ 18	5 ♏ 22	1 ♍ 41	23 ♏	10 ♎	12 ♎	5 ♌	27 ♒
6	14 ♉ 22	20 ♈ 17	11 ♎ 27	12 R 54	19 ♈ 14	24 ♊ 14	14 ♋ 24	28 ♏ 46	6 ♑ 46	12 ♌ 19	5 ♏ 21	1 ♍ 41	22 ♏	10 ♎	12 ♎	5 ♌	27 ♒
7	15 ♉ 20	2 ♉ 8	11 ♎ 24	12 ♎ 53	20 ♈ 37	25 ♊ 23	14 ♋ 59	28 ♏ 39	6 ♑ 44	12 ♌ 20	5 ♏ 19	1 ♍ 40	22 ♏	10 ♎	11 ♎	6 ♌	27 ♒
8	16 ♉ 18	13 ♉ 57	11 ♎ 20	12 ♎ 49	22 ♈ 3	26 ♊ 32	15 ♋ 34	28 ♏ 31	6 ♑ 42	12 ♌ 21	5 ♏ 17	1 ♍ 40	22 ♏	10 ♎	11 ♎	6 ♌	27 ♒
9	17 ♉ 16	25 ♉ 46	11 ♎ 17	12 ♎ 45	23 ♈ 30	27 ♊ 40	16 ♋ 9	28 ♏ 24	6 ♑ 40	12 ♌ 22	5 ♏ 16	1 ♍ 40	22 ♏	9 ♎	11 ♎	6 ♌	27 ♒
10	18 ♉ 14	7 ♊ 37	11 ♎ 14	12 ♎ 39	24 ♈ 59	28 ♊ 49	16 ♋ 44	28 ♏ 17	6 ♑ 38	12 ♌ 23	5 ♏ 14	1 ♍ 40	21 ♏	9 ♎	11 ♎	7 ♌	27 ♒
11	19 ♉ 12	19 ♊ 31	11 ♎ 11	12 ♎ 32	26 ♈ 31	29 ♊ 57	17 ♋ 19	28 ♏ 9	6 ♑ 36	12 ♌ 24	5 ♏ 13	1 ♍ 40	21 ♏	9 ♎	11 ♎	7 ♌	27 ♒
12	20 ♉ 10	1 ♋ 32	11 ♎ 8	12 ♎ 25	28 ♈ 4	1 ♋ 6	17 ♋ 54	28 ♏ 2	6 ♑ 34	12 ♌ 25	5 ♏ 11	1 ♍ 40	21 ♏	9 ♎	11 ♎	7 ♌	27 ♒
13	21 ♉ 8	13 ♋ 40	11 ♎ 5	12 ♎ 19	29 ♈ 40	2 ♋ 14	18 ♋ 29	27 ♏ 54	6 ♑ 31	12 ♌ 26	5 ♏ 9	1 ♍ 40	21 ♏	9 ♎	11 ♎	7 ♌	27 ♒
14	22 ♉ 6	26 ♋ 0	11 ♎ 1	12 ♎ 15	1 ♉ 18	3 ♋ 22	19 ♋ 4	27 ♏ 47	6 ♑ 29	12 ♌ 27	5 ♏ 8	1 ♍ 40	21 ♏	9 ♎	10 ♎	8 ♌	27 ♒
15	23 ♉ 4	8 ♌ 34	10 ♎ 58	12 ♎ 12	2 ♉ 58	4 ♋ 30	19 ♋ 39	27 ♏ 39	6 ♑ 26	12 ♌ 29	5 ♏ 6	1 D 40	20 ♏	9 ♎	10 ♎	8 ♌	27 ♒
16	24 ♉ 2	21 ♌ 26	10 ♎ 55	12 ♎ 11	4 ♉ 39	5 ♋ 37	20 ♋ 15	27 ♏ 32	6 ♑ 24	12 ♌ 30	5 ♏ 5	1 ♍ 40	20 ♏	9 ♎	10 ♎	8 ♌	27 ♒
17	24 ♉ 59	4 ♍ 39	10 ♎ 52	12 D 11	6 ♉ 23	6 ♋ 45	20 ♋ 50	27 ♏ 24	6 ♑ 21	12 ♌ 31	5 ♏ 3	1 ♍ 40	20 ♏	8 ♎	10 ♎	9 ♌	27 ♒
18	25 ♉ 57	18 ♍ 15	10 ♎ 49	12 ♎ 12	8 ♉ 9	7 ♋ 52	21 ♋ 25	27 ♏ 16	6 ♑ 18	12 ♌ 33	5 ♏ 2	1 ♍ 40	20 ♏	8 ♎	10 ♎	9 ♌	27 ♒
19	26 ♉ 55	2 ♎ 18	10 ♎ 46	12 ♎ 14	9 ♉ 57	8 ♋ 59	22 ♋ 0	27 ♏ 9	6 ♑ 15	12 ♌ 34	5 ♏ 0	1 ♍ 40	19 ♏	8 ♎	10 ♎	9 ♌	27 ♒
20	27 ♉ 53	16 ♎ 46	10 ♎ 42	12 R 14	11 ♉ 47	10 ♋ 6	22 ♋ 36	27 ♏ 1	6 ♑ 13	12 ♌ 36	4 ♏ 59	1 ♍ 40	19 ♏	8 ♎	10 ♎	10 ♌	27 ♒
21	28 ♉ 50	1 ♏ 37	10 ♎ 39	12 ♎ 12	13 ♉ 39	11 ♋ 13	23 ♋ 11	26 ♏ 53	6 ♑ 10	12 ♌ 37	4 ♏ 57	1 ♍ 40	19 ♏	8 ♎	10 ♎	10 ♌	27 ♒
22	29 ♉ 48	16 ♏ 44	10 ♎ 36	12 ♎ 9	15 ♉ 34	12 ♋ 20	23 ♋ 47	26 ♏ 46	6 ♑ 6	12 ♌ 39	4 ♏ 56	1 ♍ 41	19 ♏	8 ♎	10 ♎	10 ♌	27 ♒
23	0 ♊ 46	2 ♐ 0	10 ♎ 33	12 ♎ 4	17 ♉ 30	13 ♋ 26	24 ♋ 22	26 ♏ 38	6 ♑ 3	12 ♌ 41	4 ♏ 54	1 ♍ 41	19 ♏	8 ♎	10 ♎	11 ♌	27 ♒
24	1 ♊ 44	17 ♐ 13	10 ♎ 30	11 ♎ 57	19 ♉ 28	14 ♋ 33	24 ♋ 58	26 ♏ 31	6 ♑ 0	12 ♌ 42	4 ♏ 53	1 ♍ 41	18 ♏	8 ♎	10 ♎	11 ♌	27 ♒
25	2 ♊ 41	2 ♑ 14	10 ♎ 26	11 ♎ 49	21 ♉ 28	15 ♋ 39	25 ♋ 33	26 ♏ 23	5 ♑ 57	12 ♌ 44	4 ♏ 52	1 ♍ 41	18 ♏	8 ♎	10 ♎	12 ♌	27 ♒
26	3 ♊ 39	16 ♑ 52	10 ♎ 23	11 ♎ 42	23 ♉ 30	16 ♋ 45	26 ♋ 9	26 ♏ 15	5 ♑ 54	12 ♌ 46	4 ♏ 50	1 ♍ 42	18 ♏	8 ♎	10 ♎	12 ♌	27 ♒
27	4 ♊ 36	1 ♒ 4	10 ♎ 20	11 ♎ 36	25 ♉ 33	17 ♋ 50	26 ♋ 44	26 ♏ 8	5 ♑ 50	12 ♌ 48	4 ♏ 49	1 ♍ 42	18 ♏	8 ♎	10 ♎	12 ♌	27 ♒
28	5 ♊ 34	14 ♒ 46	10 ♎ 17	11 ♎ 32	27 ♉ 39	18 ♋ 56	27 ♋ 20	26 ♏ 0	5 ♑ 47	12 ♌ 50	4 ♏ 47	1 ♍ 42	18 ♏	8 ♎	9 ♎	13 ♌	27 ♒
29	6 ♊ 32	27 ♒ 59	10 ♎ 14	11 ♎ 30	29 ♉ 46	20 ♋ 1	27 ♋ 55	25 ♏ 53	5 ♑ 43	12 ♌ 52	4 ♏ 46	1 ♍ 43	17 ♏	8 ♎	9 ♎	13 ♌	27 ♒
30	7 ♊ 29	10 ♓ 47	10 ♎ 11	11 D 30	1 ♊ 54	21 ♋ 6	28 ♋ 31	25 ♏ 46	5 ♑ 40	12 ♌ 54	4 ♏ 45	1 ♍ 43	17 ♏	8 D	9 ♎	13 ♌	27 ♒
31	8 ♊ 27	23 ♓ 13	10 ♎ 7	11 ♎ 30	4 ♊ 4	22 ♋ 11	29 ♋ 7	25 ♏ 38	5 ♑ 36	12 ♌ 56	4 ♏ 44	1 ♍ 44	17 ♏	8 ♎	9 ♎	14 ♌	27 ♒

SUN INGRESS	☉ → ♊ 22日 04:42
MOON PHASE	● 8日 05:11 ♉ ◐ 16日 05:09 ♌ ○ 22日 21:56 ♐ ◑ 29日 17:14 ♓

aspects		
3日	20:49	☉□♅
6日	02:23	☉⚹♂
12日	12:01	♀⚹♇
14日	05:18	☿△♇
15日	12:45	♀△♆
16日	05:49	☿☍♆
16日	15:53	♀☍♄
16日	23:30	☿△♄
17日	13:32	☿⚹♀
19日	05:00	☉☍♃
20日	10:35	☿□♅
23日	22:59	☉□♇
26日	03:49	♂△♃
27日	06:16	☿☍♃
27日	18:57	☿⚹♂
29日	22:00	☿□♇

1959年6月

DAY	☉	☽	☊ mean	☊ true	☿	♀	♂	♃	♄	♅	♆	♇	⚳	⚴	⚵	⚶	⚷
	° ′	° ′	° ′	° ′	° ′	° ′	° ′	° ′	° ′	° ′	° ′	° ′	°	°	°	°	°
1	9 ♊ 24	5 ♈ 23	10 ♎ 4	11 D 31	6 D 14	23 D 16	29 D 42	25 R 31	5 R 32	12 D 58	4 R 42	1 D 44	17 R	8 D	9 R	14 D	27 D
2	10 ♊ 22	17 ♈ 21	10 ♎ 1	11 R 31	8 ♊ 25	24 ♋ 20	0 ♌ 18	25 ♏ 24	5 ♑ 29	13 ♌ 0	4 ♏ 41	1 ♍ 45	17 ♏	8 ♎	9 ♎	14 ♌	27 ♒
3	11 ♊ 19	29 ♈ 12	9 ♎ 58	11 ♎ 29	10 ♊ 37	25 ♋ 25	0 ♌ 54	25 ♏ 17	5 ♑ 25	13 ♌ 2	4 ♏ 40	1 ♍ 45	17 ♏	8 ♎	9 D	15 ♌	27 R
4	12 ♊ 17	11 ♉ 0	9 ♎ 55	11 ♎ 25	12 ♊ 49	26 ♋ 29	1 ♌ 30	25 ♏ 10	5 ♑ 21	13 ♌ 4	4 ♏ 39	1 ♍ 46	16 ♏	8 ♎	9 ♎	15 ♌	27 ♒
5	13 ♊ 14	22 ♉ 48	9 ♎ 51	11 ♎ 19	15 ♊ 1	27 ♋ 32	2 ♌ 6	25 ♏ 3	5 ♑ 17	13 ♌ 6	4 ♏ 37	1 ♍ 47	16 ♏	8 ♎	9 ♎	16 ♌	27 ♒
6	14 ♊ 12	4 ♊ 39	9 ♎ 48	11 ♎ 10	17 ♊ 13	28 ♋ 36	2 ♌ 42	24 ♏ 56	5 ♑ 13	13 ♌ 9	4 ♏ 36	1 ♍ 47	16 ♏	8 ♎	9 ♎	16 ♌	27 ♒
7	15 ♊ 9	16 ♊ 35	9 ♎ 45	10 ♎ 59	19 ♊ 24	29 ♋ 39	3 ♌ 18	24 ♏ 49	5 ♑ 9	13 ♌ 11	4 ♏ 35	1 ♍ 48	16 ♏	8 ♎	9 ♎	16 ♌	27 ♒
8	16 ♊ 7	28 ♊ 37	9 ♎ 42	10 ♎ 47	21 ♊ 35	0 ♌ 42	3 ♌ 53	24 ♏ 42	5 ♑ 5	13 ♌ 13	4 ♏ 34	1 ♍ 49	16 ♏	8 ♎	9 ♎	17 ♌	27 ♒
9	17 ♊ 4	10 ♋ 47	9 ♎ 39	10 ♎ 35	23 ♊ 44	1 ♌ 45	4 ♌ 29	24 ♏ 36	5 ♑ 1	13 ♌ 16	4 ♏ 33	1 ♍ 49	16 ♏	8 ♎	9 ♎	17 ♌	27 ♒
10	18 ♊ 1	23 ♋ 5	9 ♎ 36	10 ♎ 25	25 ♊ 52	2 ♌ 47	5 ♌ 5	24 ♏ 29	4 ♑ 57	13 ♌ 18	4 ♏ 32	1 ♍ 50	15 ♏	8 ♎	10 ♎	17 ♌	27 ♒
11	18 ♊ 59	5 ♌ 34	9 ♎ 32	10 ♎ 16	27 ♊ 59	3 ♌ 50	5 ♌ 42	24 ♏ 23	4 ♑ 53	13 ♌ 21	4 ♏ 31	1 ♍ 51	15 ♏	8 ♎	10 ♎	18 ♌	27 ♒
12	19 ♊ 56	18 ♌ 15	9 ♎ 29	10 ♎ 9	0 ♋ 4	4 ♌ 51	6 ♌ 18	24 ♏ 16	4 ♑ 49	13 ♌ 23	4 ♏ 30	1 ♍ 52	15 ♏	8 ♎	10 ♎	18 ♌	27 ♒
13	20 ♊ 53	1 ♍ 10	9 ♎ 26	10 ♎ 6	2 ♋ 7	5 ♌ 53	6 ♌ 54	24 ♏ 10	4 ♑ 45	13 ♌ 26	4 ♏ 29	1 ♍ 53	15 ♏	9 ♎	10 ♎	19 ♌	27 ♒
14	21 ♊ 51	14 ♍ 22	9 ♎ 23	10 ♎ 4	4 ♋ 8	6 ♌ 54	7 ♌ 30	24 ♏ 4	4 ♑ 40	13 ♌ 28	4 ♏ 28	1 ♍ 54	15 ♏	9 ♎	10 ♎	19 ♌	27 ♒
15	22 ♊ 48	27 ♍ 53	9 ♎ 20	10 D 4	6 ♋ 7	7 ♌ 55	8 ♌ 6	23 ♏ 58	4 ♑ 36	13 ♌ 31	4 ♏ 27	1 ♍ 54	15 ♏	9 ♎	10 ♎	19 ♌	27 ♒
16	23 ♊ 45	11 ♎ 45	9 ♎ 17	10 R 4	8 ♋ 4	8 ♌ 56	8 ♌ 42	23 ♏ 52	4 ♑ 32	13 ♌ 34	4 ♏ 26	1 ♍ 55	15 ♏	9 ♎	10 ♎	20 ♌	27 ♒
17	24 ♊ 43	25 ♎ 59	9 ♎ 13	10 ♎ 3	9 ♋ 59	9 ♌ 56	9 ♌ 18	23 ♏ 47	4 ♑ 27	13 ♌ 36	4 ♏ 25	1 ♍ 56	15 ♏	9 ♎	10 ♎	20 ♌	27 ♒
18	25 ♊ 40	10 ♏ 35	9 ♎ 10	10 ♎ 1	11 ♋ 51	10 ♌ 56	9 ♌ 55	23 ♏ 41	4 ♑ 23	13 ♌ 39	4 ♏ 24	1 ♍ 57	15 ♏	9 ♎	10 ♎	21 ♌	27 ♒
19	26 ♊ 37	25 ♏ 28	9 ♎ 7	9 ♎ 55	13 ♋ 41	11 ♌ 55	10 ♌ 31	23 ♏ 36	4 ♑ 19	13 ♌ 42	4 ♏ 23	1 ♍ 58	15 ♏	9 ♎	10 ♎	21 ♌	27 ♒
20	27 ♊ 34	10 ♐ 31	9 ♎ 4	9 ♎ 48	15 ♋ 29	12 ♌ 54	11 ♌ 7	23 ♏ 30	4 ♑ 14	13 ♌ 45	4 ♏ 22	1 ♍ 59	14 ♏	9 ♎	10 ♎	22 ♌	27 ♒
21	28 ♊ 32	25 ♐ 36	9 ♎ 1	9 ♎ 38	17 ♋ 15	13 ♌ 53	11 ♌ 43	23 ♏ 25	4 ♑ 10	13 ♌ 48	4 ♏ 21	2 ♍ 0	14 ♏	10 ♎	10 ♎	22 ♌	27 ♒
22	29 ♊ 29	10 ♑ 33	8 ♎ 57	9 ♎ 27	18 ♋ 58	14 ♌ 51	12 ♌ 20	23 ♏ 20	4 ♑ 6	13 ♌ 50	4 ♏ 21	2 ♍ 1	14 ♏	10 ♎	10 ♎	22 ♌	27 ♒
23	0 ♋ 26	25 ♑ 11	8 ♎ 54	9 ♎ 17	20 ♋ 39	15 ♌ 49	12 ♌ 56	23 ♏ 15	4 ♑ 1	13 ♌ 53	4 ♏ 20	2 ♍ 3	14 ♏	10 ♎	10 ♎	23 ♌	27 ♒
24	1 ♋ 23	9 ♒ 26	8 ♎ 51	9 ♎ 8	22 ♋ 18	16 ♌ 47	13 ♌ 32	23 ♏ 11	3 ♑ 57	13 ♌ 56	4 ♏ 19	2 ♍ 4	14 ♏	10 ♎	11 ♎	23 ♌	27 ♒
25	2 ♋ 21	23 ♒ 12	8 ♎ 48	9 ♎ 1	23 ♋ 54	17 ♌ 44	14 ♌ 9	23 ♏ 6	3 ♑ 52	13 ♌ 59	4 ♏ 18	2 ♍ 5	14 ♏	10 ♎	11 ♎	24 ♌	27 ♒
26	3 ♋ 18	6 ♓ 30	8 ♎ 45	8 ♎ 56	25 ♋ 27	18 ♌ 40	14 ♌ 45	23 ♏ 2	3 ♑ 48	14 ♌ 2	4 ♏ 18	2 ♍ 6	14 ♏	10 ♎	11 ♎	24 ♌	27 ♒
27	4 ♋ 15	19 ♓ 21	8 ♎ 42	8 ♎ 54	26 ♋ 59	19 ♌ 36	15 ♌ 22	22 ♏ 57	3 ♑ 44	14 ♌ 5	4 ♏ 17	2 ♍ 7	14 ♏	10 ♎	11 ♎	24 ♌	27 ♒
28	5 ♋ 12	1 ♈ 49	8 ♎ 38	8 ♎ 54	28 ♋ 28	20 ♌ 32	15 ♌ 58	22 ♏ 53	3 ♑ 39	14 ♌ 8	4 ♏ 16	2 ♍ 8	14 ♏	11 ♎	11 ♎	25 ♌	27 ♒
29	6 ♋ 9	13 ♈ 59	8 ♎ 35	8 ♎ 54	29 ♋ 54	21 ♌ 27	16 ♌ 35	22 ♏ 49	3 ♑ 35	14 ♌ 11	4 ♏ 16	2 ♍ 10	14 ♏	11 ♎	11 ♎	25 ♌	27 ♒
30	7 ♋ 7	25 ♈ 57	8 ♎ 32	8 ♎ 53	1 ♌ 18	22 ♌ 21	17 ♌ 11	22 ♏ 46	3 ♑ 30	14 ♌ 15	4 ♏ 15	2 ♍ 11	14 ♏	11 ♎	11 ♎	26 ♌	27 ♒

SUN INGRESS	☉ → ♋ 22日 12:50
MOON PHASE	● 6日 20:53 ♊ ◐ 14日 14:23 ♍ ○ 21日 05:00 ♐ ◑ 28日 07:12 ♈

aspects		
2日	21:18	♀△♃
3日	13:30	☉☌☿
4日	02:43	☿⚹♅
4日	20:35	☉⚹♅
9日	02:06	♂□♆
11日	15:38	♀□♆
12日	21:12	☿⚹♇
14日	03:53	☿△♆
14日	06:15	☿☍♄
15日	10:38	♀☌♂
17日	19:02	♄⚹♆
20日	21:39	♀☌♅
24日	12:36	☿△♃
24日	17:05	♂☌♅
24日	17:17	☉⚹♇
26日	11:46	☉☍♄
27日	00:52	☉△♆
30日	10:10	♀□♃

1959年7月

DAY	☉	☽	☊ mean	☊ true	☿	♀	♂	♃	♄	♅	♆	♇	⚳	⚴	⚵	⚶	⚷
	° ′	° ′	° ′	° ′	° ′	° ′	° ′	° ′	° ′	° ′	° ′	° ′	°	°	°	°	°
1	8♋4	7♉47	8♎29	8 R 51	2 D 40	23 D 15	17 D 48	22 R 42	3 R 26	14 D 18	4 R 15	2 D 12	14 R	11 D	11 D	26 D	27 R
2	9♋1	19♉36	8♎26	8♎46	3♌59	24♌9	18♌25	22♏39	3♑22	14♌21	4♏14	2♍14	14 D	11♎	12♎	27♌	27♒
3	9♋58	1♊26	8♎23	8♎39	5♌15	25♌1	19♌1	22♏35	3♑17	14♌24	4♏14	2♍15	14♏	12♎	12♎	27♌	27♒
4	10♋56	13♊21	8♎19	8♎29	6♌29	25♌54	19♌38	22♏32	3♑13	14♌27	4♏13	2♍16	14♏	12♎	12♎	27♌	27♒
5	11♋53	25♊24	8♎16	8♎17	7♌40	26♌45	20♌15	22♏29	3♑8	14♌31	4♏13	2♍18	14♏	12♎	12♎	28♌	27♒
6	12♋50	7♋37	8♎13	8♎4	8♌48	27♌36	20♌51	22♏27	3♑4	14♌34	4♏13	2♍19	14♏	12♎	12♎	28♌	27♒
7	13♋47	20♋0	8♎10	7♎50	9♌53	28♌27	21♌28	22♏24	3♑0	14♌37	4♏12	2♍21	14♏	13♎	12♎	29♌	27♒
8	14♋44	2♌33	8♎7	7♎38	10♌56	29♌16	22♌5	22♏22	2♑55	14♌41	4♏12	2♍22	14♏	13♎	12♎	29♌	27♒
9	15♋42	15♌18	8♎3	7♎28	11♌55	0♍5	22♌42	22♏19	2♑51	14♌44	4♏12	2♍23	14♏	13♎	13♎	0♍	26♒
10	16♋39	28♌13	8♎0	7♎20	12♌52	0♍53	23♌19	22♏17	2♑47	14♌47	4♏11	2♍25	14♏	13♎	13♎	0♍	26♒
11	17♋36	11♍21	7♎57	7♎16	13♌45	1♍41	23♌55	22♏16	2♑43	14♌51	4♏11	2♍26	14♏	13♎	13♎	1♍	26♒
12	18♋33	24♍41	7♎54	7♎14	14♌35	2♍28	24♌32	22♏14	2♑39	14♌54	4♏11	2♍28	14♏	14♎	13♎	1♍	26♒
13	19♋31	8♎15	7♎51	7 D 13	15♌21	3♍13	25♌9	22♏12	2♑34	14♌57	4♏11	2♍30	14♏	14♎	13♎	1♍	26♒
14	20♋28	22♎4	7♎48	7 R 13	16♌4	3♍58	25♌46	22♏11	2♑30	15♌1	4♏11	2♍31	15♏	14♎	13♎	2♍	26♒
15	21♋25	6♏9	7♎44	7♎13	16♌43	4♍42	26♌23	22♏10	2♑26	15♌4	4♏11	2♍33	15♏	14♎	14♎	2♍	26♒
16	22♋22	20♏30	7♎41	7♎10	17♌18	5♍25	27♌0	22♏9	2♑22	15♌8	4♏11	2♍34	15♏	15♎	14♎	3♍	26♒
17	23♋19	5♐3	7♎38	7♎6	17♌49	6♍7	27♌37	22♏8	2♑18	15♌11	4♏11	2♍36	15♏	15♎	14♎	3♍	26♒
18	24♋17	19♐45	7♎35	6♎58	18♌16	6♍48	28♌14	22♏8	2♑14	15♌15	4 D 11	2♍38	15♏	15♎	14♎	4♍	26♒
19	25♋14	4♑28	7♎32	6♎49	18♌38	7♍28	28♌51	22♏7	2♑10	15♌18	4♏11	2♍39	15♏	16♎	14♎	4♍	26♒
20	26♋11	19♑7	7♎29	6♎39	18♌56	8♍7	29♌28	22♏7	2♑7	15♌22	4♏11	2♍41	15♏	16♎	15♎	5♍	26♒
21	27♋8	3♒31	7♎25	6♎28	19♌9	8♍45	0♍6	22 D 7	2♑3	15♌26	4♏11	2♍43	15♏	16♎	15♎	5♍	26♒
22	28♋6	17♒36	7♎22	6♎20	19♌18	9♍22	0♍43	22♏7	1♑59	15♌29	4♏11	2♍44	15♏	16♎	15♎	5♍	26♒
23	29♋3	1♓18	7♎19	6♎13	19♌21	9♍57	1♍20	22♏7	1♑55	15♌33	4♏11	2♍46	15♏	17♎	15♎	6♍	26♒
24	0♌0	14♓34	7♎16	6♎9	19 R 20	10♍31	1♍57	22♏8	1♑52	15♌36	4♏11	2♍48	16♏	17♎	15♎	6♍	26♒
25	0♌57	27♓25	7♎13	6♎7	19♌14	11♍4	2♍34	22♏9	1♑48	15♌40	4♏12	2♍50	16♏	17♎	16♎	7♍	26♒
26	1♌55	9♈55	7♎9	6 D 6	19♌3	11♍35	3♍12	22♏10	1♑45	15♌44	4♏12	2♍51	16♏	17♎	16♎	7♍	26♒
27	2♌52	22♈7	7♎6	6♎7	18♌47	12♍5	3♍49	22♏11	1♑41	15♌47	4♏12	2♍53	16♏	18♎	16♎	8♍	26♒
28	3♌49	4♉7	7♎3	6 R 7	18♌26	12♍34	4♍26	22♏12	1♑38	15♌51	4♏13	2♍55	16♏	18♎	16♎	8♍	26♒
29	4♌47	15♉59	7♎0	6♎7	18♌0	13♍0	5♍4	22♏13	1♑34	15♌55	4♏13	2♍57	16♏	18♎	17♎	9♍	26♒
30	5♌44	27♉49	6♎57	6♎4	17♌30	13♍26	5♍41	22♏15	1♑31	15♌58	4♏13	2♍58	16♏	19♎	17♎	9♍	26♒
31	6♌41	9♊42	6♎54	5♎59	16♌56	13♍50	6♍19	22♏17	1♑28	16♌2	4♏14	3♍0	17♏	19♎	17♎	10♍	26♒

SUN INGRESS ☉→♌23日 23:45

MOON PHASE ● 6日 11:00♋ ◐ 13日 21:01♎ ○ 20日 12:33♑ ◑ 27日 23:22♉

aspects		
2日	04:51	☿□♆
8日	10:20	♂□♃
12日	00:16	♀☌♇
12日	05:18	♀△♄
12日	10:34	☿☌♅
13日	20:50	♄△♇
14日	06:50	♀⚹♆
15日	18:34	☉△♃
23日	20:48	♂△♄
25日	10:10	♂☌♇
27日	15:01	♂⚹♆
28日	09:48	☉□♆

1959年8月

DAY	☉	☽	☊ mean	☊ true	☿	♀	♂	♃	♄	♅	♆	♇	⚳	⚴	⚵	⚶	⚷
	° ′	° ′	° ′	° ′	° ′	° ′	° ′	° ′	° ′	° ′	° ′	° ′	°	°	°	°	°
1	7♌39	21♊42	6♎50	5 R 52	16 R 18	14 D 12	6 D 56	22 D 18	1 R 25	16 D 6	4 D 14	3 D 2	17 D	19 D	17 D	10 D	26 R
2	8♌36	3♋52	6♎47	5♎44	15♌38	14♍32	7♍34	22♏21	1♑22	16♌9	4♏15	3♍4	17♏	20♎	17♎	11♍	25♒
3	9♌34	16♋15	6♎44	5♎34	14♌54	14♍51	8♍11	22♏23	1♑19	16♌13	4♏15	3♍6	17♏	20♎	18♎	11♍	25♒
4	10♌31	28♋51	6♎41	5♎24	14♌9	15♍7	8♍49	22♏25	1♑16	16♌17	4♏16	3♍8	17♏	20♎	18♎	12♍	25♒
5	11♌29	11♌42	6♎38	5♎15	13♌23	15♍22	9♍26	22♏28	1♑13	16♌20	4♏16	3♍10	17♏	21♎	18♎	12♍	25♒
6	12♌26	24♌46	6♎35	5♎7	12♌37	15♍35	10♍4	22♏31	1♑10	16♌24	4♏17	3♍12	18♏	21♎	18♎	12♍	25♒
7	13♌23	8♍3	6♎31	5♎2	11♌51	15♍45	10♍42	22♏34	1♑8	16♌28	4♏18	3♍13	18♏	21♎	19♎	13♍	25♒
8	14♌21	21♍31	6♎28	4♎59	11♌7	15♍54	11♍19	22♏37	1♑5	16♌32	4♏18	3♍15	18♏	22♎	19♎	13♍	25♒
9	15♌19	5♎10	6♎25	4 D 58	10♌25	16♍0	11♍57	22♏40	1♑2	16♌35	4♏19	3♍17	18♏	22♎	19♎	14♍	25♒
10	16♌16	18♎58	6♎22	4♎59	9♌47	16♍5	12♍35	22♏44	1♑0	16♌39	4♏20	3♍19	18♏	22♎	19♎	14♍	25♒
11	17♌14	2♏55	6♎19	5♎0	9♌12	16♍7	13♍13	22♏48	0♑58	16♌43	4♏21	3♍21	19♏	23♎	20♎	15♍	25♒
12	18♌11	17♏0	6♎15	5♎1	8♌42	16 R 6	13♍51	22♏51	0♑55	16♌47	4♏21	3♍23	19♏	23♎	20♎	15♍	25♒
13	19♌9	1♐12	6♎12	5 R 0	8♌17	16♍4	14♍28	22♏55	0♑53	16♌50	4♏22	3♍25	19♏	23♎	20♎	16♍	25♒
14	20♌6	15♐29	6♎9	4♎58	7♌59	15♍58	15♍6	23♏0	0♑51	16♌54	4♏23	3♍27	19♏	24♎	20♎	16♍	25♒
15	21♌4	29♐48	6♎6	4♎53	7♌46	15♍51	15♍44	23♏4	0♑49	16♌58	4♏24	3♍29	20♏	24♎	21♎	17♍	25♒
16	22♌2	14♑6	6♎3	4♎48	7♌41	15♍41	16♍22	23♏8	0♑47	17♌1	4♏25	3♍31	20♏	24♎	21♎	17♍	25♒
17	22♌59	28♑18	6♎0	4♎41	7 D 42	15♍29	17♍0	23♏13	0♑45	17♌5	4♏26	3♍33	20♏	25♎	21♎	18♍	25♒
18	23♌57	12♒18	5♎56	4♎35	7♌51	15♍14	17♍38	23♏18	0♑43	17♌9	4♏27	3♍35	20♏	25♎	21♎	18♍	25♒
19	24♌55	26♒3	5♎53	4♎29	8♌7	14♍57	18♍16	23♏23	0♑42	17♌13	4♏28	3♍37	20♏	25♎	22♎	19♍	25♒
20	25♌52	9♓29	5♎50	4♎25	8♌31	14♍38	18♍54	23♏28	0♑40	17♌16	4♏29	3♍39	21♏	26♎	22♎	19♍	25♒
21	26♌50	22♓35	5♎47	4♎23	9♌2	14♍16	19♍32	23♏33	0♑38	17♌20	4♏30	3♍41	21♏	26♎	22♎	20♍	25♒
22	27♌48	5♈21	5♎44	4 D 22	9♌40	13♍53	20♍11	23♏39	0♑37	17♌24	4♏31	3♍43	21♏	26♎	23♎	20♍	24♒
23	28♌45	17♈48	5♎41	4♎23	10♌26	13♍27	20♍49	23♏44	0♑36	17♌27	4♏32	3♍45	21♏	27♎	23♎	21♍	24♒
24	29♌43	0♉0	5♎37	4♎24	11♌19	12♍59	21♍27	23♏50	0♑34	17♌31	4♏33	3♍47	22♏	27♎	23♎	21♍	24♒
25	0♍41	12♉1	5♎34	4♎26	12♌19	12♍30	22♍5	23♏56	0♑33	17♌35	4♏35	3♍49	22♏	27♎	23♎	22♍	24♒
26	1♍39	23♉55	5♎31	4♎27	13♌25	11♍59	22♍43	24♏2	0♑32	17♌38	4♏36	3♍51	22♏	28♎	24♎	22♍	24♒
27	2♍37	5♊46	5♎28	4 R 28	14♌38	11♍26	23♍22	24♏8	0♑31	17♌42	4♏37	3♍53	22♏	28♎	24♎	23♍	24♒
28	3♍35	17♊41	5♎25	4♎27	15♌57	10♍52	24♍0	24♏15	0♑30	17♌46	4♏38	3♍55	23♏	29♎	24♎	23♍	24♒
29	4♍33	29♊43	5♎21	4♎24	17♌21	10♍17	24♍38	24♏21	0♑30	17♌49	4♏40	3♍57	23♏	29♎	25♎	24♍	24♒
30	5♍31	11♋56	5♎18	4♎21	18♌50	9♍41	25♍17	24♏28	0♑29	17♌53	4♏41	3♍59	23♏	29♎	25♎	24♍	24♒
31	6♍29	24♋25	5♎15	4♎17	20♌24	9♍5	25♍55	24♏34	0♑28	17♌56	4♏42	4♍1	24♏	0♏	25♎	25♍	24♒

SUN INGRESS ☉→♍24日 06:43

MOON PHASE ● 4日 23:34♌ ◐ 12日 02:10♏ ○ 18日 21:51♒ ◑ 26日 17:03♊

aspects		
1日	07:04	☿☌♅
6日	02:33	☉☌☿
10日	10:17	☉☌♅
15日	03:29	♀☌♂
17日	06:19	☉□♃
24日	20:49	☉△♄
28日	08:43	☉☌♇
28日	10:54	♂⚹♃
29日	02:55	☉⚹♆
29日	08:03	☿☌♅

1959年9月

DAY	☉	☽	☊ mean	☊ true	☿	♀	♂	♃	♄	♅	♆	♇	⚳	⚴	⚵	⚶	⚷
	° ′	° ′	° ′	° ′	° ′	° ′	° ′	° ′	° ′	° ′	° ′	° ′	°	°	°	°	°
1	7 ♍ 27	7 ♌ 11	5 ♎ 12	4 R 12	22 D 2	8 R 28	26 D 34	24 D 41	0 R 28	18 D 0	4 D 44	4 D 3	24 D	0 D	25 D	25 D	24 R
2	8 ♍ 25	20 ♌ 15	5 ♎ 9	4 ♎ 8	23 ♌ 44	7 ♍ 51	27 ♍ 12	24 ♏ 48	0 ♑ 28	18 ♌ 4	4 ♏ 45	4 ♍ 5	24 ♏	0 ♏	26 ♎	26 ♍	24 ♒
3	9 ♍ 23	3 ♍ 38	5 ♎ 6	4 ♎ 5	25 ♌ 29	7 ♍ 14	27 ♍ 51	24 ♏ 56	0 ♑ 27	18 ♌ 7	4 ♏ 47	4 ♍ 7	24 ♏	1 ♏	26 ♎	26 ♍	24 ♒
4	10 ♍ 21	17 ♍ 18	5 ♎ 2	4 ♎ 3	27 ♌ 17	6 ♍ 37	28 ♍ 30	25 ♏ 3	0 ♑ 27	18 ♌ 11	4 ♏ 48	4 ♍ 9	25 ♏	1 ♏	26 ♎	27 ♍	24 ♒
5	11 ♍ 19	1 ♎ 12	4 ♎ 59	4 ♎ 2	29 ♌ 6	6 ♍ 1	29 ♍ 8	25 ♏ 10	0 ♑ 27	18 ♌ 14	4 ♏ 49	4 ♍ 11	25 ♏	2 ♏	27 ♎	27 ♍	24 ♒
6	12 ♍ 17	15 ♎ 16	4 ♎ 56	4 D 2	0 ♍ 58	5 ♍ 25	29 ♍ 47	25 ♏ 18	0 D 27	18 ♌ 18	4 ♏ 51	4 ♍ 13	25 ♏	2 ♏	27 ♎	28 ♍	24 ♒
7	13 ♍ 16	29 ♎ 28	4 ♎ 53	4 ♎ 3	2 ♍ 51	4 ♍ 50	0 ♎ 26	25 ♏ 26	0 ♑ 27	18 ♌ 21	4 ♏ 53	4 ♍ 15	26 ♏	2 ♏	27 ♎	28 ♍	24 ♒
8	14 ♍ 14	13 ♏ 44	4 ♎ 50	4 ♎ 5	4 ♍ 45	4 ♍ 17	1 ♎ 4	25 ♏ 34	0 ♑ 27	18 ♌ 25	4 ♏ 54	4 ♍ 17	26 ♏	3 ♏	27 ♎	29 ♍	24 ♒
9	15 ♍ 12	28 ♏ 1	4 ♎ 46	4 ♎ 6	6 ♍ 40	3 ♍ 45	1 ♎ 43	25 ♏ 42	0 ♑ 28	18 ♌ 28	4 ♏ 56	4 ♍ 19	26 ♏	3 ♏	28 ♎	29 ♍	24 ♒
10	16 ♍ 10	12 ♐ 15	4 ♎ 43	4 ♎ 7	8 ♍ 35	3 ♍ 15	2 ♎ 22	25 ♏ 50	0 ♑ 28	18 ♌ 31	4 ♏ 57	4 ♍ 21	26 ♏	3 ♏	28 ♎	0 ♎	24 ♒
11	17 ♍ 9	26 ♐ 25	4 ♎ 40	4 R 6	10 ♍ 30	2 ♍ 46	3 ♎ 1	25 ♏ 58	0 ♑ 29	18 ♌ 35	4 ♏ 59	4 ♍ 23	27 ♏	4 ♏	28 ♎	0 ♎	24 ♒
12	18 ♍ 7	10 ♑ 29	4 ♎ 37	4 ♎ 5	12 ♍ 25	2 ♍ 19	3 ♎ 40	26 ♏ 6	0 ♑ 29	18 ♌ 38	5 ♏ 1	4 ♍ 25	27 ♏	4 ♏	29 ♎	1 ♎	23 ♒
13	19 ♍ 5	24 ♑ 24	4 ♎ 34	4 ♎ 4	14 ♍ 20	1 ♍ 54	4 ♎ 19	26 ♏ 15	0 ♑ 30	18 ♌ 41	5 ♏ 2	4 ♍ 27	27 ♏	5 ♏	29 ♎	1 ♎	23 ♒
14	20 ♍ 4	8 ♒ 9	4 ♎ 31	4 ♎ 2	16 ♍ 14	1 ♍ 31	4 ♎ 58	26 ♏ 23	0 ♑ 31	18 ♌ 45	5 ♏ 4	4 ♍ 29	28 ♏	5 ♏	29 ♎	2 ♎	23 ♒
15	21 ♍ 2	21 ♒ 42	4 ♎ 27	4 ♎ 0	18 ♍ 8	1 ♍ 11	5 ♎ 37	26 ♏ 32	0 ♑ 32	18 ♌ 48	5 ♏ 6	4 ♍ 31	28 ♏	5 ♏	0 ♏	2 ♎	23 ♒
16	22 ♍ 1	5 ♓ 1	4 ♎ 24	3 ♎ 59	20 ♍ 1	0 ♍ 52	6 ♎ 16	26 ♏ 41	0 ♑ 33	18 ♌ 51	5 ♏ 7	4 ♍ 33	28 ♏	6 ♏	0 ♏	3 ♎	23 ♒
17	22 ♍ 59	18 ♓ 5	4 ♎ 21	3 ♎ 58	21 ♍ 53	0 ♍ 36	6 ♎ 55	26 ♏ 50	0 ♑ 34	18 ♌ 55	5 ♏ 9	4 ♍ 35	29 ♏	6 ♏	0 ♏	3 ♎	23 ♒
18	23 ♍ 58	0 ♈ 55	4 ♎ 18	3 ♎ 57	23 ♍ 44	0 ♍ 23	7 ♎ 34	26 ♏ 59	0 ♑ 35	18 ♌ 58	5 ♏ 11	4 ♍ 37	29 ♏	7 ♏	1 ♏	4 ♎	23 ♒
19	24 ♍ 56	13 ♈ 29	4 ♎ 15	3 D 58	25 ♍ 35	0 ♍ 12	8 ♎ 13	27 ♏ 8	0 ♑ 36	19 ♌ 1	5 ♏ 13	4 ♍ 39	29 ♏	7 ♏	1 ♏	4 ♎	23 ♒
20	25 ♍ 55	25 ♈ 49	4 ♎ 12	3 ♎ 58	27 ♍ 24	0 ♍ 3	8 ♎ 52	27 ♏ 17	0 ♑ 37	19 ♌ 4	5 ♏ 14	4 ♍ 41	0 ♐	7 ♏	1 ♏	5 ♎	23 ♒
21	26 ♍ 53	7 ♉ 58	4 ♎ 8	3 ♎ 59	29 ♍ 13	29 ♌ 57	9 ♎ 32	27 ♏ 27	0 ♑ 39	19 ♌ 7	5 ♏ 16	4 ♍ 43	0 ♐	8 ♏	1 ♏	5 ♎	23 ♒
22	27 ♍ 52	19 ♉ 57	4 ♎ 5	4 ♎ 0	1 ♎ 1	29 ♌ 53	10 ♎ 11	27 ♏ 36	0 ♑ 40	19 ♌ 10	5 ♏ 18	4 ♍ 44	0 ♐	8 ♏	2 ♏	6 ♎	23 ♒
23	28 ♍ 51	1 ♊ 50	4 ♎ 2	4 ♎ 0	2 ♎ 47	29 ♌ 51	10 ♎ 50	27 ♏ 46	0 ♑ 42	19 ♌ 14	5 ♏ 20	4 ♍ 46	0 ♐	9 ♏	2 ♏	6 ♎	23 ♒
24	29 ♍ 49	13 ♊ 42	3 ♎ 59	4 ♎ 0	4 ♎ 33	29 D 52	11 ♎ 30	27 ♏ 56	0 ♑ 44	19 ♌ 17	5 ♏ 22	4 ♍ 48	1 ♐	9 ♏	2 ♏	7 ♎	23 ♒
25	0 ♎ 48	25 ♊ 36	3 ♎ 56	4 ♎ 1	6 ♎ 18	29 ♌ 56	12 ♎ 9	28 ♏ 5	0 ♑ 46	19 ♌ 20	5 ♏ 24	4 ♍ 50	1 ♐	9 ♏	3 ♏	7 ♎	23 ♒
26	1 ♎ 47	7 ♋ 37	3 ♎ 52	4 R 1	8 ♎ 2	0 ♍ 1	12 ♎ 48	28 ♏ 15	0 ♑ 48	19 ♌ 23	5 ♏ 26	4 ♍ 52	1 ♐	10 ♏	3 ♏	8 ♎	23 ♒
27	2 ♎ 46	19 ♋ 49	3 ♎ 49	4 ♎ 1	9 ♎ 44	0 ♍ 9	13 ♎ 28	28 ♏ 25	0 ♑ 50	19 ♌ 26	5 ♏ 28	4 ♍ 54	2 ♐	10 ♏	3 ♏	8 ♎	23 ♒
28	3 ♎ 45	2 ♌ 18	3 ♎ 46	4 ♎ 1	11 ♎ 26	0 ♍ 19	14 ♎ 7	28 ♏ 35	0 ♑ 52	19 ♌ 29	5 ♏ 30	4 ♍ 56	2 ♐	11 ♏	4 ♏	9 ♎	23 ♒
29	4 ♎ 43	15 ♌ 6	3 ♎ 43	4 D 1	13 ♎ 7	0 ♍ 31	14 ♎ 47	28 ♏ 46	0 ♑ 54	19 ♌ 31	5 ♏ 32	4 ♍ 57	2 ♐	11 ♏	4 ♏	9 ♎	23 ♒
30	5 ♎ 42	28 ♌ 17	3 ♎ 40	4 ♎ 1	14 ♎ 47	0 ♍ 46	15 ♎ 27	28 ♏ 56	0 ♑ 56	19 ♌ 34	5 ♏ 34	4 ♍ 59	3 ♐	11 ♏	4 ♏	10 ♎	23 ♒

SUN INGRESS	☉ → ♎ 24日 04:08
MOON PHASE	● 3日 10:56 ♍ ◐ 10日 07:07 ♐ ○ 17日 09:52 ♓ ◑ 25日 11:22 ♋

aspects		
1日	15:23	☉☌♀
2日	15:54	☿□♃
5日	17:22	☿△♄
6日	22:39	♀⚹♆
7日	00:53	♂□♄
7日	18:04	☿☌♇
7日	19:27	☿☌♀
7日	23:56	♀☌♇
8日	01:56	☿⚹♆
17日	04:16	♀△♄
18日	06:05	☉☌☿
19日	22:18	☿⚹♃
21日	16:18	☉⚹♃
21日	19:24	☿□♄
24日	22:59	☉□♄
30日	15:51	☿☌♂
30日	18:32	♀△♄

1959年10月

DAY	☉	☽	☊ mean	☊ true	☿	♀	♂	♃	♄	♅	♆	♇	⚳	⚴	⚵	⚶	⚷
	° ′	° ′	° ′	° ′	° ′	° ′	° ′	° ′	° ′	° ′	° ′	° ′	°	°	°	°	°
1	6 ♎ 41	11 ♍ 51	3 ♎ 37	4 D 1	16 D 26	1 D 2	16 D 6	29 D 6	0 D 59	19 D 37	5 D 36	5 D 1	3 D	12 D	5 D	10 D	23 R
2	7 ♎ 40	25 ♍ 47	3 ♎ 33	4 ♎ 1	18 ♎ 5	1 ♍ 20	16 ♎ 46	29 ♏ 17	1 ♑ 1	19 ♌ 40	5 ♏ 38	5 ♍ 3	4 ♐	12 ♏	5 ♏	11 ♎	23 ♒
3	8 ♎ 39	10 ♎ 3	3 ♎ 30	4 R 1	19 ♎ 42	1 ♍ 41	17 ♎ 26	29 ♏ 27	1 ♑ 4	19 ♌ 43	5 ♏ 40	5 ♍ 5	4 ♐	13 ♏	5 ♏	11 ♎	23 ♒
4	9 ♎ 39	24 ♎ 34	3 ♎ 27	4 ♎ 1	21 ♎ 19	2 ♍ 3	18 ♎ 5	29 ♏ 38	1 ♑ 7	19 ♌ 45	5 ♏ 42	5 ♍ 6	4 ♐	13 ♏	6 ♏	12 ♎	23 ♒
5	10 ♎ 38	9 ♏ 14	3 ♎ 24	4 ♎ 0	22 ♎ 54	2 ♍ 26	18 ♎ 45	29 ♏ 49	1 ♑ 9	19 ♌ 48	5 ♏ 44	5 ♍ 8	5 ♐	13 ♏	6 ♏	12 ♎	23 ♒
6	11 ♎ 37	23 ♏ 56	3 ♎ 21	3 ♎ 59	24 ♎ 29	2 ♍ 52	19 ♎ 25	0 ♐ 0	1 ♑ 12	19 ♌ 51	5 ♏ 46	5 ♍ 10	5 ♐	14 ♏	6 ♏	13 ♎	23 ♒
7	12 ♎ 36	8 ♐ 35	3 ♎ 17	3 ♎ 59	26 ♎ 4	3 ♍ 19	20 ♎ 5	0 ♐ 11	1 ♑ 15	19 ♌ 53	5 ♏ 48	5 ♍ 11	5 ♐	14 ♏	7 ♏	13 ♎	23 ♒
8	13 ♎ 35	23 ♐ 3	3 ♎ 14	3 ♎ 58	27 ♎ 37	3 ♍ 48	20 ♎ 45	0 ♐ 22	1 ♑ 18	19 ♌ 56	5 ♏ 50	5 ♍ 13	6 ♐	15 ♏	7 ♏	14 ♎	23 ♒
9	14 ♎ 34	7 ♑ 18	3 ♎ 11	3 ♎ 57	29 ♎ 10	4 ♍ 18	21 ♎ 25	0 ♐ 33	1 ♑ 21	19 ♌ 58	5 ♏ 52	5 ♍ 15	6 ♐	15 ♏	7 ♏	14 ♎	23 ♒
10	15 ♎ 34	21 ♑ 17	3 ♎ 8	3 D 57	0 ♏ 41	4 ♍ 50	22 ♎ 5	0 ♐ 44	1 ♑ 25	20 ♌ 1	5 ♏ 54	5 ♍ 16	6 ♐	16 ♏	8 ♏	15 ♎	22 ♒
11	16 ♎ 33	4 ♒ 59	3 ♎ 5	3 ♎ 58	2 ♏ 12	5 ♍ 23	22 ♎ 45	0 ♐ 55	1 ♑ 28	20 ♌ 3	5 ♏ 56	5 ♍ 18	7 ♐	16 ♏	8 ♏	15 ♎	22 ♒
12	17 ♎ 32	18 ♒ 24	3 ♎ 2	3 ♎ 59	3 ♏ 43	5 ♍ 58	23 ♎ 25	1 ♐ 7	1 ♑ 31	20 ♌ 6	5 ♏ 59	5 ♍ 20	7 ♐	16 ♏	8 ♏	16 ♎	22 ♒
13	18 ♎ 32	1 ♓ 34	2 ♎ 58	4 ♎ 0	5 ♏ 12	6 ♍ 34	24 ♎ 5	1 ♐ 18	1 ♑ 35	20 ♌ 8	6 ♏ 1	5 ♍ 21	7 ♐	17 ♏	9 ♏	16 ♎	22 ♒
14	19 ♎ 31	14 ♓ 30	2 ♎ 55	4 ♎ 1	6 ♏ 41	7 ♍ 11	24 ♎ 46	1 ♐ 29	1 ♑ 38	20 ♌ 10	6 ♏ 3	5 ♍ 23	8 ♐	17 ♏	9 ♏	17 ♎	22 ♒
15	20 ♎ 30	27 ♓ 12	2 ♎ 52	4 ♎ 2	8 ♏ 9	7 ♍ 50	25 ♎ 26	1 ♐ 41	1 ♑ 42	20 ♌ 13	6 ♏ 5	5 ♍ 24	8 ♐	18 ♏	9 ♏	17 ♎	22 ♒
16	21 ♎ 30	9 ♈ 42	2 ♎ 49	4 R 2	9 ♏ 36	8 ♍ 30	26 ♎ 6	1 ♐ 53	1 ♑ 46	20 ♌ 15	6 ♏ 7	5 ♍ 26	8 ♐	18 ♏	10 ♏	18 ♎	22 ♒
17	22 ♎ 29	22 ♈ 2	2 ♎ 46	4 ♎ 1	11 ♏ 3	9 ♍ 11	26 ♎ 46	2 ♐ 4	1 ♑ 49	20 ♌ 17	6 ♏ 9	5 ♍ 27	9 ♐	18 ♏	10 ♏	19 ♎	22 ♒
18	23 ♎ 29	4 ♉ 12	2 ♎ 43	3 ♎ 59	12 ♏ 29	9 ♍ 53	27 ♎ 27	2 ♐ 16	1 ♑ 53	20 ♌ 19	6 ♏ 12	5 ♍ 29	9 ♐	19 ♏	10 ♏	19 ♎	22 ♒
19	24 ♎ 28	16 ♉ 14	2 ♎ 39	3 ♎ 56	13 ♏ 54	10 ♍ 36	28 ♎ 7	2 ♐ 28	1 ♑ 57	20 ♌ 21	6 ♏ 14	5 ♍ 30	10 ♐	19 ♏	11 ♏	20 ♎	22 ♒
20	25 ♎ 28	28 ♉ 11	2 ♎ 36	3 ♎ 53	15 ♏ 18	11 ♍ 20	28 ♎ 47	2 ♐ 40	2 ♑ 1	20 ♌ 24	6 ♏ 16	5 ♍ 32	10 ♐	20 ♏	11 ♏	20 ♎	22 ♒
21	26 ♎ 28	10 ♊ 3	2 ♎ 33	3 ♎ 49	16 ♏ 41	12 ♍ 5	29 ♎ 28	2 ♐ 52	2 ♑ 5	20 ♌ 26	6 ♏ 18	5 ♍ 33	10 ♐	20 ♏	11 ♏	21 ♎	22 ♒
22	27 ♎ 27	21 ♊ 54	2 ♎ 30	3 ♎ 45	18 ♏ 3	12 ♍ 51	0 ♏ 9	3 ♐ 4	2 ♑ 10	20 ♌ 28	6 ♏ 21	5 ♍ 34	11 ♐	21 ♏	12 ♏	21 ♎	22 ♒
23	28 ♎ 27	3 ♋ 47	2 ♎ 27	3 ♎ 42	19 ♏ 24	13 ♍ 38	0 ♏ 49	3 ♐ 16	2 ♑ 14	20 ♌ 29	6 ♏ 23	5 ♍ 36	11 ♐	21 ♏	12 ♏	22 ♎	22 ♒
24	29 ♎ 27	15 ♋ 46	2 ♎ 23	3 ♎ 40	20 ♏ 45	14 ♍ 26	1 ♏ 30	3 ♐ 28	2 ♑ 18	20 ♌ 31	6 ♏ 25	5 ♍ 37	11 ♐	21 ♏	12 ♏	22 ♎	22 ♒
25	0 ♏ 26	27 ♋ 55	2 ♎ 20	3 ♎ 39	22 ♏ 4	15 ♍ 15	2 ♏ 10	3 ♐ 40	2 ♑ 23	20 ♌ 33	6 ♏ 27	5 ♍ 38	12 ♐	22 ♏	13 ♏	23 ♎	22 ♒
26	1 ♏ 26	10 ♌ 19	2 ♎ 17	3 D 40	23 ♏ 22	16 ♍ 5	2 ♏ 51	3 ♐ 53	2 ♑ 27	20 ♌ 35	6 ♏ 29	5 ♍ 40	12 ♐	22 ♏	13 ♏	23 ♎	22 ♒
27	2 ♏ 26	23 ♌ 3	2 ♎ 14	3 ♎ 41	24 ♏ 38	16 ♍ 55	3 ♏ 32	4 ♐ 5	2 ♑ 32	20 ♌ 37	6 ♏ 32	5 ♍ 41	13 ♐	23 ♏	13 ♏	24 ♎	22 ♒
28	3 ♏ 26	6 ♍ 10	2 ♎ 11	3 ♎ 42	25 ♏ 54	17 ♍ 47	4 ♏ 13	4 ♐ 17	2 ♑ 36	20 ♌ 38	6 ♏ 34	5 ♍ 42	13 ♐	23 ♏	14 ♏	24 ♎	22 ♒
29	4 ♏ 26	19 ♍ 43	2 ♎ 8	3 ♎ 44	27 ♏ 7	18 ♍ 39	4 ♏ 53	4 ♐ 30	2 ♑ 41	20 ♌ 40	6 ♏ 36	5 ♍ 44	13 ♐	24 ♏	14 ♏	25 ♎	22 ♒
30	5 ♏ 26	3 ♎ 43	2 ♎ 4	3 ♎ 45	28 ♏ 20	19 ♍ 31	5 ♏ 34	4 ♐ 42	2 ♑ 46	20 ♌ 42	6 ♏ 38	5 ♍ 45	14 ♐	24 ♏	14 ♏	25 ♎	22 ♒
31	6 ♏ 26	18 ♎ 9	2 ♎ 1	3 R 44	29 ♏ 30	20 ♍ 25	6 ♏ 15	4 ♐ 55	2 ♑ 51	20 ♌ 43	6 ♏ 41	5 ♍ 46	14 ♐	24 ♏	15 ♏	26 ♎	22 ♒

SUN INGRESS	☉ → ♏ 24日 13:11
MOON PHASE	● 2日 21:31 ♎ ◐ 9日 13:22 ♑ ○ 17日 00:59 ♈ ◑ 25日 05:22 ♌

aspects		
3日	00:09	☿⚹♅
6日	16:28	♂⚹♅
10日	11:47	☿⚹♄
10日	19:57	♀☌♇
12日	00:24	♀⚹♆
13日	02:25	☿⚹♇
13日	13:23	☿☌♆
14日	14:32	☿⚹♀
14日	16:36	☉⚹♅
23日	19:55	☿□♅
25日	08:12	♂⚹♄
27日	02:29	☉⚹♄
30日	06:16	♂⚹♇
30日	07:44	☉⚹♇
30日	10:46	☉☌♂
31日	06:10	☉☌♆
31日	15:43	♂☌♆

1959年11月

DAY	☉	☽	☊ mean	☊ true	☿	♀	♂	♃	♄	♅	♆	♇	⚳	⚴	⚵	⚶	⚷
	° ′	° ′	° ′	° ′	° ′	° ′	° ′	° ′	° ′	° ′	° ′	° ′	°	°	°	°	°
1	7 ♏ 26	2 ♏ 57	1 ♎ 58	3 R 41	0 D 38	21 D 19	6 D 56	5 D 8	2 D 56	20 D 45	6 D 43	5 D 47	14 D	25 D	15 D	26 D	22 R
2	8 ♏ 26	18 ♏ 0	1 ♎ 55	3 ♎ 37	1 ♐ 44	22 ♍ 13	7 ♏ 37	5 ♐ 20	3 ♑ 1	20 ♌ 46	6 ♏ 45	5 ♍ 48	15 ♐	25 ♏	15 ♏	27 ♎	22 ♒
3	9 ♏ 26	3 ♐ 8	1 ♎ 52	3 ♎ 32	2 ♐ 48	23 ♍ 9	8 ♏ 18	5 ♐ 33	3 ♑ 6	20 ♌ 47	6 ♏ 47	5 ♍ 49	15 ♐	26 ♏	16 ♏	27 ♎	22 ♒
4	10 ♏ 26	18 ♐ 11	1 ♎ 49	3 ♎ 27	3 ♐ 49	24 ♍ 5	9 ♏ 0	5 ♐ 46	3 ♑ 11	20 ♌ 49	6 ♏ 50	5 ♍ 50	16 ♐	26 ♏	16 ♏	28 ♎	22 D
5	11 ♏ 26	3 ♑ 0	1 ♎ 45	3 ♎ 21	4 ♐ 47	25 ♍ 1	9 ♏ 41	5 ♐ 59	3 ♑ 16	20 ♌ 50	6 ♏ 52	5 ♍ 51	16 ♐	27 ♏	16 ♏	28 ♎	22 ♒
6	12 ♏ 26	17 ♑ 30	1 ♎ 42	3 ♎ 17	5 ♐ 41	25 ♍ 58	10 ♏ 22	6 ♐ 11	3 ♑ 21	20 ♌ 51	6 ♏ 54	5 ♍ 52	16 ♐	27 ♏	17 ♏	29 ♎	22 ♒
7	13 ♏ 27	1 ♒ 36	1 ♎ 39	3 ♎ 15	6 ♐ 32	26 ♍ 56	11 ♏ 3	6 ♐ 24	3 ♑ 27	20 ♌ 52	6 ♏ 56	5 ♍ 53	17 ♐	27 ♏	17 ♏	29 ♎	22 ♒
8	14 ♏ 27	15 ♒ 17	1 ♎ 36	3 D 14	7 ♐ 18	27 ♍ 54	11 ♏ 44	6 ♐ 37	3 ♑ 32	20 ♌ 53	6 ♏ 59	5 ♍ 54	17 ♐	28 ♏	17 ♏	0 ♏	22 ♒
9	15 ♏ 27	28 ♒ 35	1 ♎ 33	3 ♎ 15	7 ♐ 59	28 ♍ 53	12 ♏ 26	6 ♐ 50	3 ♑ 38	20 ♌ 54	7 ♏ 1	5 ♍ 55	18 ♐	28 ♏	18 ♏	1 ♏	22 ♒
10	16 ♏ 27	11 ♓ 32	1 ♎ 29	3 ♎ 17	8 ♐ 35	29 ♍ 52	13 ♏ 7	7 ♐ 3	3 ♑ 43	20 ♌ 55	7 ♏ 3	5 ♍ 56	18 ♐	29 ♏	18 ♏	1 ♏	22 ♒
11	17 ♏ 28	24 ♓ 11	1 ♎ 26	3 ♎ 18	9 ♐ 5	0 ♎ 51	13 ♏ 49	7 ♐ 16	3 ♑ 49	20 ♌ 56	7 ♏ 5	5 ♍ 57	18 ♐	29 ♏	18 ♏	2 ♏	22 ♒
12	18 ♏ 28	6 ♈ 37	1 ♎ 23	3 R 18	9 ♐ 28	1 ♎ 51	14 ♏ 30	7 ♐ 29	3 ♑ 54	20 ♌ 57	7 ♏ 7	5 ♍ 58	19 ♐	0 ♐	19 ♏	2 ♏	22 ♒
13	19 ♏ 28	18 ♈ 51	1 ♎ 20	3 ♎ 17	9 ♐ 44	2 ♎ 52	15 ♏ 12	7 ♐ 42	4 ♑ 0	20 ♌ 58	7 ♏ 10	5 ♍ 59	19 ♐	0 ♐	19 ♏	3 ♏	22 ♒
14	20 ♏ 29	0 ♉ 58	1 ♎ 17	3 ♎ 13	9 ♐ 52	3 ♎ 53	15 ♏ 53	7 ♐ 56	4 ♑ 6	20 ♌ 59	7 ♏ 12	6 ♍ 0	19 ♐	0 ♐	19 ♏	3 ♏	22 ♒
15	21 ♏ 29	12 ♉ 58	1 ♎ 14	3 ♎ 7	9 R 51	4 ♎ 54	16 ♏ 35	8 ♐ 9	4 ♑ 11	21 ♌ 0	7 ♏ 14	6 ♍ 0	20 ♐	1 ♐	20 ♏	4 ♏	22 ♒
16	22 ♏ 29	24 ♉ 54	1 ♎ 10	2 ♎ 59	9 ♐ 41	5 ♎ 56	17 ♏ 16	8 ♐ 22	4 ♑ 17	21 ♌ 0	7 ♏ 16	6 ♍ 1	20 ♐	1 ♐	20 ♏	4 ♏	22 ♒
17	23 ♏ 30	6 ♊ 47	1 ♎ 7	2 ♎ 49	9 ♐ 21	6 ♎ 58	17 ♏ 58	8 ♐ 35	4 ♑ 23	21 ♌ 1	7 ♏ 18	6 ♍ 2	21 ♐	2 ♐	20 ♏	5 ♏	22 ♒
18	24 ♏ 30	18 ♊ 39	1 ♎ 4	2 ♎ 39	8 ♐ 50	8 ♎ 0	18 ♏ 40	8 ♐ 48	4 ♑ 29	21 ♌ 2	7 ♏ 21	6 ♍ 2	21 ♐	2 ♐	21 ♏	5 ♏	22 ♒
19	25 ♏ 31	0 ♋ 31	1 ♎ 1	2 ♎ 29	8 ♐ 9	9 ♎ 3	19 ♏ 22	9 ♐ 2	4 ♑ 35	21 ♌ 2	7 ♏ 23	6 ♍ 3	21 ♐	3 ♐	21 ♏	6 ♏	22 ♒
20	26 ♏ 31	12 ♋ 25	0 ♎ 58	2 ♎ 19	7 ♐ 18	10 ♎ 6	20 ♏ 3	9 ♐ 15	4 ♑ 41	21 ♌ 2	7 ♏ 25	6 ♍ 4	22 ♐	3 ♐	21 ♏	6 ♏	22 ♒
21	27 ♏ 32	24 ♋ 25	0 ♎ 54	2 ♎ 12	6 ♐ 17	11 ♎ 10	20 ♏ 45	9 ♐ 28	4 ♑ 47	21 ♌ 3	7 ♏ 27	6 ♍ 4	22 ♐	3 ♐	22 ♏	7 ♏	22 ♒
22	28 ♏ 32	6 ♌ 33	0 ♎ 51	2 ♎ 7	5 ♐ 8	12 ♎ 14	21 ♏ 27	9 ♐ 42	4 ♑ 53	21 ♌ 3	7 ♏ 29	6 ♍ 5	23 ♐	4 ♐	22 ♏	7 ♏	22 ♒
23	29 ♏ 33	18 ♌ 54	0 ♎ 48	2 ♎ 4	3 ♐ 52	13 ♎ 18	22 ♏ 9	9 ♐ 55	4 ♑ 59	21 ♌ 4	7 ♏ 31	6 ♍ 5	23 ♐	4 ♐	22 ♏	8 ♏	22 ♒
24	0 ♐ 34	1 ♍ 31	0 ♎ 45	2 D 4	2 ♐ 32	14 ♎ 23	22 ♏ 51	10 ♐ 8	5 ♑ 6	21 ♌ 4	7 ♏ 33	6 ♍ 6	23 ♐	5 ♐	23 ♏	8 ♏	22 ♒
25	1 ♐ 34	14 ♍ 30	0 ♎ 42	2 ♎ 4	1 ♐ 10	15 ♎ 28	23 ♏ 33	10 ♐ 22	5 ♑ 12	21 ♌ 4	7 ♏ 36	6 ♍ 6	24 ♐	5 ♐	23 ♏	9 ♏	22 ♒
26	2 ♐ 35	27 ♍ 54	0 ♎ 39	2 ♎ 5	29 ♏ 49	16 ♎ 33	24 ♏ 15	10 ♐ 35	5 ♑ 18	21 ♌ 4	7 ♏ 38	6 ♍ 7	24 ♐	6 ♐	23 ♏	9 ♏	22 ♒
27	3 ♐ 36	11 ♎ 46	0 ♎ 35	2 R 4	28 ♏ 32	17 ♎ 38	24 ♏ 57	10 ♐ 49	5 ♑ 25	21 ♌ 4	7 ♏ 40	6 ♍ 7	25 ♐	6 ♐	24 ♏	10 ♏	22 ♒
28	4 ♐ 37	26 ♎ 7	0 ♎ 32	2 ♎ 2	27 ♏ 20	18 ♎ 44	25 ♏ 40	11 ♐ 2	5 ♑ 31	21 R 4	7 ♏ 42	6 ♍ 8	25 ♐	6 ♐	24 ♏	10 ♏	23 ♒
29	5 ♐ 37	10 ♏ 54	0 ♎ 29	1 ♎ 57	26 ♏ 17	19 ♎ 50	26 ♏ 22	11 ♐ 16	5 ♑ 37	21 ♌ 4	7 ♏ 44	6 ♍ 8	25 ♐	7 ♐	25 ♏	11 ♏	23 ♒
30	6 ♐ 38	26 ♏ 3	0 ♎ 26	1 ♎ 50	25 ♏ 23	20 ♎ 56	27 ♏ 4	11 ♐ 29	5 ♑ 44	21 ♌ 4	7 ♏ 46	6 ♍ 8	26 ♐	7 ♐	25 ♏	11 ♏	23 ♒

SUN INGRESS　☉ → ♐ 23日 10:27

MOON PHASE　● 1日 07:41 ♏　◐ 7日 22:24 ♒　○ 15日 18:42 ♉　◑ 23日 22:03 ♍　● 30日 17:46 ♐

aspects		
4日	09:31	♃□♇
6日	05:18	☿□♇
6日	19:04	☿☌♃
14日	05:37	♀□♄
14日	12:13	☉□♅
18日	00:47	☿☌♃
18日	11:46	☿⚹♀
18日	23:16	♀⚹♃
21日	04:33	☿□♇
21日	10:12	♂□♅
24日	19:56	☉☌☿
28日	22:46	☿☌♂
29日	12:07	☉□♇
30日	02:45	♀⚹♅

1959年12月

DAY	☉	☽	☊ mean	☊ true	☿	♀	♂	♃	♄	♅	♆	♇	⚳	⚴	⚵	⚶	⚷
	° ′	° ′	° ′	° ′	° ′	° ′	° ′	° ′	° ′	° ′	° ′	° ′	°	°	°	°	°
1	7 ♐ 39	11 ♐ 23	0 ♎ 23	1 R 40	24 R 41	22 D 3	27 D 47	11 D 43	5 D 50	21 R 4	7 D 48	6 D 8	26 D	8 D	25 D	12 D	23 D
2	8 ♐ 40	26 ♐ 42	0 ♎ 20	1 ♎ 30	24 ♏ 10	23 ♎ 10	28 ♏ 29	11 ♐ 56	5 ♑ 57	21 ♌ 4	7 ♏ 50	6 ♍ 9	27 ♐	8 ♐	26 ♏	13 ♏	23 ♒
3	9 ♐ 41	11 ♑ 50	0 ♎ 16	1 ♎ 20	23 ♏ 50	24 ♎ 17	29 ♏ 11	12 ♐ 10	6 ♑ 3	21 ♌ 3	7 ♏ 52	6 ♍ 9	27 ♐	9 ♐	26 ♏	13 ♏	23 ♒
4	10 ♐ 42	26 ♑ 37	0 ♎ 13	1 ♎ 11	23 ♏ 42	25 ♎ 24	29 ♏ 54	12 ♐ 23	6 ♑ 10	21 ♌ 3	7 ♏ 54	6 ♍ 9	27 ♐	9 ♐	26 ♏	14 ♏	23 ♒
5	11 ♐ 42	10 ♒ 57	0 ♎ 10	1 ♎ 5	23 D 44	26 ♎ 31	0 ♐ 36	12 ♐ 37	6 ♑ 17	21 ♌ 3	7 ♏ 56	6 ♍ 9	28 ♐	9 ♐	27 ♏	14 ♏	23 ♒
6	12 ♐ 43	24 ♒ 47	0 ♎ 7	1 ♎ 2	23 ♏ 56	27 ♎ 39	1 ♐ 19	12 ♐ 50	6 ♑ 23	21 ♌ 2	7 ♏ 58	6 ♍ 9	28 ♐	10 ♐	27 ♏	15 ♏	23 ♒
7	13 ♐ 44	8 ♓ 8	0 ♎ 4	1 ♎ 0	24 ♏ 18	28 ♎ 47	2 ♐ 2	13 ♐ 4	6 ♑ 30	21 ♌ 2	8 ♏ 0	6 ♍ 9	29 ♐	10 ♐	27 ♏	15 ♏	23 ♒
8	14 ♐ 45	21 ♓ 4	0 ♎ 0	1 D 0	24 ♏ 48	29 ♎ 55	2 ♐ 44	13 ♐ 17	6 ♑ 37	21 ♌ 1	8 ♏ 2	6 ♍ 10	29 ♐	11 ♐	28 ♏	16 ♏	23 ♒
9	15 ♐ 46	3 ♈ 38	29 ♍ 57	1 R 0	25 ♏ 25	1 ♏ 3	3 ♐ 27	13 ♐ 31	6 ♑ 44	21 ♌ 0	8 ♏ 3	6 ♍ 10	29 ♐	11 ♐	28 ♏	16 ♏	23 ♒
10	16 ♐ 47	15 ♈ 56	29 ♍ 54	0 ♎ 59	26 ♏ 9	2 ♏ 11	4 ♐ 10	13 ♐ 44	6 ♑ 50	21 ♌ 0	8 ♏ 5	6 R 10	0 ♑	12 ♐	28 ♏	17 ♏	23 ♒
11	17 ♐ 48	28 ♈ 1	29 ♍ 51	0 ♎ 56	26 ♏ 59	3 ♏ 20	4 ♐ 53	13 ♐ 58	6 ♑ 57	20 ♌ 59	8 ♏ 7	6 ♍ 9	0 ♑	12 ♐	29 ♏	17 ♏	23 ♒
12	18 ♐ 49	9 ♉ 59	29 ♍ 48	0 ♎ 51	27 ♏ 54	4 ♏ 29	5 ♐ 35	14 ♐ 11	7 ♑ 4	20 ♌ 58	8 ♏ 9	6 ♍ 9	1 ♑	12 ♐	29 ♏	18 ♏	23 ♒
13	19 ♐ 50	21 ♉ 53	29 ♍ 45	0 ♎ 42	28 ♏ 54	5 ♏ 38	6 ♐ 18	14 ♐ 25	7 ♑ 11	20 ♌ 58	8 ♏ 11	6 ♍ 9	1 ♑	13 ♐	29 ♏	18 ♏	23 ♒
14	20 ♐ 51	3 ♊ 45	29 ♍ 41	0 ♎ 30	29 ♏ 58	6 ♏ 47	7 ♐ 1	14 ♐ 38	7 ♑ 18	20 ♌ 57	8 ♏ 13	6 ♍ 9	1 ♑	13 ♐	0 ♐	19 ♏	23 ♒
15	21 ♐ 52	15 ♊ 37	29 ♍ 38	0 ♎ 16	1 ♐ 5	7 ♏ 56	7 ♐ 44	14 ♐ 52	7 ♑ 25	20 ♌ 56	8 ♏ 14	6 ♍ 9	2 ♑	14 ♐	0 ♐	19 ♏	23 ♒
16	22 ♐ 53	27 ♊ 30	29 ♍ 35	0 ♎ 1	2 ♐ 15	9 ♏ 6	8 ♐ 27	15 ♐ 5	7 ♑ 32	20 ♌ 55	8 ♏ 16	6 ♍ 9	2 ♑	14 ♐	0 ♐	20 ♏	23 ♒
17	23 ♐ 54	9 ♋ 27	29 ♍ 32	29 ♍ 46	3 ♐ 27	10 ♏ 15	9 ♐ 10	15 ♐ 19	7 ♑ 39	20 ♌ 54	8 ♏ 18	6 ♍ 9	3 ♑	15 ♐	1 ♐	20 ♏	23 ♒
18	24 ♐ 55	21 ♋ 27	29 ♍ 29	29 ♍ 33	4 ♐ 42	11 ♏ 25	9 ♐ 53	15 ♐ 32	7 ♑ 46	20 ♌ 53	8 ♏ 19	6 ♍ 8	3 ♑	15 ♐	1 ♐	21 ♏	23 ♒
19	25 ♐ 56	3 ♌ 33	29 ♍ 26	29 ♍ 21	5 ♐ 59	12 ♏ 35	10 ♐ 36	15 ♐ 46	7 ♑ 52	20 ♌ 52	8 ♏ 21	6 ♍ 8	3 ♑	15 ♐	1 ♐	21 ♏	23 ♒
20	26 ♐ 57	15 ♌ 47	29 ♍ 22	29 ♍ 13	7 ♐ 18	13 ♏ 45	11 ♐ 20	15 ♐ 59	7 ♑ 59	20 ♌ 50	8 ♏ 23	6 ♍ 8	4 ♑	16 ♐	2 ♐	22 ♏	23 ♒
21	27 ♐ 58	28 ♌ 10	29 ♍ 19	29 ♍ 8	8 ♐ 38	14 ♏ 55	12 ♐ 3	16 ♐ 13	8 ♑ 6	20 ♌ 49	8 ♏ 24	6 ♍ 7	4 ♑	16 ♐	2 ♐	22 ♏	23 ♒
22	28 ♐ 59	10 ♍ 47	29 ♍ 16	29 ♍ 5	10 ♐ 0	16 ♏ 5	12 ♐ 46	16 ♐ 26	8 ♑ 14	20 ♌ 48	8 ♏ 26	6 ♍ 7	5 ♑	17 ♐	2 ♐	23 ♏	23 ♒
23	0 ♑ 1	23 ♍ 42	29 ♍ 13	29 ♍ 5	11 ♐ 23	17 ♏ 16	13 ♐ 29	16 ♐ 40	8 ♑ 21	20 ♌ 47	8 ♏ 28	6 ♍ 7	5 ♑	17 ♐	3 ♐	23 ♏	23 ♒
24	1 ♑ 2	6 ♎ 58	29 ♍ 10	29 ♍ 5	12 ♐ 46	18 ♏ 26	14 ♐ 13	16 ♐ 53	8 ♑ 28	20 ♌ 45	8 ♏ 29	6 ♍ 6	5 ♑	18 ♐	3 ♐	24 ♏	23 ♒
25	2 ♑ 3	20 ♎ 38	29 ♍ 6	29 ♍ 4	14 ♐ 11	19 ♏ 37	14 ♐ 56	17 ♐ 6	8 ♑ 35	20 ♌ 44	8 ♏ 31	6 ♍ 6	6 ♑	18 ♐	3 ♐	24 ♏	24 ♒
26	3 ♑ 4	4 ♏ 44	29 ♍ 3	29 ♍ 1	15 ♐ 37	20 ♏ 48	15 ♐ 40	17 ♐ 20	8 ♑ 42	20 ♌ 42	8 ♏ 32	6 ♍ 5	6 ♑	18 ♐	3 ♐	25 ♏	24 ♒
27	4 ♑ 5	19 ♏ 17	29 ♍ 0	28 ♍ 56	17 ♐ 3	21 ♏ 59	16 ♐ 23	17 ♐ 33	8 ♑ 49	20 ♌ 41	8 ♏ 34	6 ♍ 5	7 ♑	19 ♐	4 ♐	25 ♏	24 ♒
28	5 ♑ 6	4 ♐ 13	28 ♍ 57	28 ♍ 48	18 ♐ 30	23 ♏ 10	17 ♐ 7	17 ♐ 46	8 ♑ 56	20 ♌ 39	8 ♏ 35	6 ♍ 4	7 ♑	19 ♐	4 ♐	26 ♏	24 ♒
29	6 ♑ 7	19 ♐ 24	28 ♍ 54	28 ♍ 37	19 ♐ 58	24 ♏ 21	17 ♐ 50	17 ♐ 59	9 ♑ 3	20 ♌ 38	8 ♏ 36	6 ♍ 4	7 ♑	20 ♐	4 ♐	26 ♏	24 ♒
30	7 ♑ 9	4 ♑ 41	28 ♍ 51	28 ♍ 26	21 ♐ 26	25 ♏ 32	18 ♐ 34	18 ♐ 13	9 ♑ 10	20 ♌ 36	8 ♏ 38	6 ♍ 3	8 ♑	20 ♐	5 ♐	27 ♏	24 ♒
31	8 ♑ 10	19 ♑ 52	28 ♍ 47	28 ♍ 14	22 ♐ 54	26 ♏ 44	19 ♐ 18	18 ♐ 26	9 ♑ 17	20 ♌ 34	8 ♏ 39	6 ♍ 2	8 ♑	20 ♐	5 ♐	27 ♏	24 ♒

SUN INGRESS　☉ → ♑ 22日 23:34

MOON PHASE　◐ 7日 11:12 ♓　○ 15日 13:49 ♊　◑ 23日 12:28 ♎　● 30日 04:09 ♑

aspects		
3日	20:23	♄△♇
6日	03:31	☉☌♃
12日	19:02	♂□♇
13日	10:59	♀⚹♇
14日	02:11	☉△♅
14日	11:57	♀⚹♄
15日	06:28	♀☌♆
19日	02:42	☿□♇
24日	06:22	♄⚹♆
25日	22:07	♀□♅
26日	01:44	☿☌♂
27日	09:45	☿☌♃
28日	22:29	☉△♇
29日	07:03	♂☌♃
29日	10:44	☿△♅
31日	11:45	☉⚹♆

1960年1月

DAY	☉	☽	☊ mean	☊ true	☿	♀	♂	♃	♄	♅	♆	♇	⚳	⚴	⚵	⚶	⚷
	° ′	° ′	° ′	° ′	° ′	° ′	° ′	° ′	° ′	° ′	° ′	° ′	°	°	°	°	°
1	9 ♑ 11	4 ♒ 46	28 ♍ 44	28 R 4	24 D 23	27 D 55	20 D 1	18 D 39	9 D 24	20 R 32	8 D 40	6 R 2	9 D	21 D	5 D	28 D	24 D
2	10 ♑ 12	19 ♒ 16	28 ♍ 41	27 ♍ 56	25 ♐ 53	29 ♏ 7	20 ♐ 45	18 ♐ 52	9 ♑ 31	20 ♌ 31	8 ♏ 42	6 ♍ 1	9 ♑	21 ♐	6 ♐	28 ♏	24 ♒
3	11 ♑ 13	3 ♓ 16	28 ♍ 38	27 ♍ 52	27 ♐ 23	0 ♐ 18	21 ♐ 29	19 ♐ 5	9 ♑ 38	20 ♌ 29	8 ♏ 43	6 ♍ 0	9 ♑	22 ♐	6 ♐	29 ♏	24 ♒
4	12 ♑ 15	16 ♓ 46	28 ♍ 35	27 ♍ 50	28 ♐ 54	1 ♐ 30	22 ♐ 13	19 ♐ 18	9 ♑ 45	20 ♌ 27	8 ♏ 44	5 ♍ 59	10 ♑	22 ♐	6 ♐	0 ♐	24 ♒
5	13 ♑ 16	29 ♓ 48	28 ♍ 32	27 D 49	0 ♑ 25	2 ♐ 42	22 ♐ 57	19 ♐ 31	9 ♑ 53	20 ♌ 25	8 ♏ 46	5 ♍ 59	10 ♑	23 ♐	7 ♐	0 ♐	24 ♒
6	14 ♑ 17	12 ♈ 26	28 ♍ 28	27 ♍ 49	1 ♑ 56	3 ♐ 54	23 ♐ 41	19 ♐ 44	10 ♑ 0	20 ♌ 23	8 ♏ 47	5 ♍ 58	11 ♑	23 ♐	7 ♐	1 ♐	24 ♒
7	15 ♑ 18	24 ♈ 45	28 ♍ 25	27 R 49	3 ♑ 28	5 ♐ 6	24 ♐ 25	19 ♐ 57	10 ♑ 7	20 ♌ 21	8 ♏ 48	5 ♍ 57	11 ♑	23 ♐	7 ♐	1 ♐	24 ♒
8	16 ♑ 19	6 ♉ 50	28 ♍ 22	27 ♍ 47	5 ♑ 0	6 ♐ 18	25 ♐ 9	20 ♐ 10	10 ♑ 14	20 ♌ 19	8 ♏ 49	5 ♍ 56	11 ♑	24 ♐	8 ♐	2 ♐	24 ♒
9	17 ♑ 20	18 ♉ 45	28 ♍ 19	27 ♍ 42	6 ♑ 32	7 ♐ 30	25 ♐ 53	20 ♐ 23	10 ♑ 21	20 ♌ 17	8 ♏ 50	5 ♍ 55	12 ♑	24 ♐	8 ♐	2 ♐	24 ♒
10	18 ♑ 22	0 ♊ 36	28 ♍ 16	27 ♍ 35	8 ♑ 5	8 ♐ 42	26 ♐ 37	20 ♐ 35	10 ♑ 28	20 ♌ 15	8 ♏ 51	5 ♍ 54	12 ♑	25 ♐	8 ♐	3 ♐	24 ♒
11	19 ♑ 23	12 ♊ 27	28 ♍ 12	27 ♍ 25	9 ♑ 38	9 ♐ 54	27 ♐ 21	20 ♐ 48	10 ♑ 35	20 ♌ 13	8 ♏ 52	5 ♍ 53	13 ♑	25 ♐	9 ♐	3 ♐	24 ♒
12	20 ♑ 24	24 ♊ 20	28 ♍ 9	27 ♍ 13	11 ♑ 12	11 ♐ 6	28 ♐ 5	21 ♐ 1	10 ♑ 42	20 ♌ 11	8 ♏ 53	5 ♍ 53	13 ♑	25 ♐	9 ♐	4 ♐	25 ♒
13	21 ♑ 25	6 ♋ 17	28 ♍ 6	27 ♍ 0	12 ♑ 46	12 ♐ 19	28 ♐ 49	21 ♐ 14	10 ♑ 49	20 ♌ 9	8 ♏ 54	5 ♍ 52	14 ♑	26 ♐	9 ♐	4 ♐	25 ♒
14	22 ♑ 26	18 ♋ 20	28 ♍ 3	26 ♍ 47	14 ♑ 21	13 ♐ 31	29 ♐ 34	21 ♐ 26	10 ♑ 56	20 ♌ 6	8 ♏ 55	5 ♍ 51	14 ♑	26 ♐	9 ♐	5 ♐	25 ♒
15	23 ♑ 27	0 ♌ 31	28 ♍ 0	26 ♍ 35	15 ♑ 56	14 ♐ 44	0 ♑ 18	21 ♐ 39	11 ♑ 3	20 ♌ 4	8 ♏ 56	5 ♍ 49	14 ♑	27 ♐	10 ♐	5 ♐	25 ♒
16	24 ♑ 28	12 ♌ 49	27 ♍ 57	26 ♍ 25	17 ♑ 32	15 ♐ 56	1 ♑ 2	21 ♐ 51	11 ♑ 10	20 ♌ 2	8 ♏ 57	5 ♍ 48	15 ♑	27 ♐	10 ♐	6 ♐	25 ♒
17	25 ♑ 29	25 ♌ 15	27 ♍ 53	26 ♍ 18	19 ♑ 8	17 ♐ 9	1 ♑ 47	22 ♐ 4	11 ♑ 17	20 ♌ 0	8 ♏ 58	5 ♍ 47	15 ♑	27 ♐	10 ♐	6 ♐	25 ♒
18	26 ♑ 30	7 ♍ 52	27 ♍ 50	26 ♍ 14	20 ♑ 45	18 ♐ 21	2 ♑ 31	22 ♐ 16	11 ♑ 24	19 ♌ 57	8 ♏ 58	5 ♍ 46	16 ♑	28 ♐	11 ♐	6 ♐	25 ♒
19	27 ♑ 31	20 ♍ 40	27 ♍ 47	26 ♍ 12	22 ♑ 22	19 ♐ 34	3 ♑ 16	22 ♐ 28	11 ♑ 31	19 ♌ 55	8 ♏ 59	5 ♍ 45	16 ♑	28 ♐	11 ♐	7 ♐	25 ♒
20	28 ♑ 33	3 ♎ 41	27 ♍ 44	26 D 12	24 ♑ 0	20 ♐ 47	4 ♑ 0	22 ♐ 41	11 ♑ 38	19 ♌ 53	9 ♏ 0	5 ♍ 44	16 ♑	29 ♐	11 ♐	7 ♐	25 ♒
21	29 ♑ 34	16 ♎ 59	27 ♍ 41	26 ♍ 13	25 ♑ 38	22 ♐ 0	4 ♑ 45	22 ♐ 53	11 ♑ 45	19 ♌ 50	9 ♏ 1	5 ♍ 43	17 ♑	29 ♐	12 ♐	8 ♐	25 ♒
22	0 ♒ 35	0 ♏ 34	27 ♍ 38	26 ♍ 14	27 ♑ 17	23 ♐ 12	5 ♑ 29	23 ♐ 5	11 ♑ 51	19 ♌ 48	9 ♏ 1	5 ♍ 42	17 ♑	29 ♐	12 ♐	8 ♐	25 ♒
23	1 ♒ 36	14 ♏ 30	27 ♍ 34	26 R 13	28 ♑ 56	24 ♐ 25	6 ♑ 14	23 ♐ 17	11 ♑ 58	19 ♌ 45	9 ♏ 2	5 ♍ 40	18 ♑	0 ♑	12 ♐	9 ♐	25 ♒
24	2 ♒ 37	28 ♏ 46	27 ♍ 31	26 ♍ 10	0 ♒ 36	25 ♐ 38	6 ♑ 59	23 ♐ 29	12 ♑ 5	19 ♌ 43	9 ♏ 3	5 ♍ 39	18 ♑	0 ♑	12 ♐	9 ♐	25 ♒
25	3 ♒ 38	13 ♐ 20	27 ♍ 28	26 ♍ 5	2 ♒ 17	26 ♐ 51	7 ♑ 43	23 ♐ 41	12 ♑ 12	19 ♌ 40	9 ♏ 3	5 ♍ 38	18 ♑	1 ♑	13 ♐	10 ♐	25 ♒
26	4 ♒ 39	28 ♐ 8	27 ♍ 25	25 ♍ 58	3 ♒ 58	28 ♐ 4	8 ♑ 28	23 ♐ 53	12 ♑ 19	19 ♌ 38	9 ♏ 4	5 ♍ 37	19 ♑	1 ♑	13 ♐	10 ♐	25 ♒
27	5 ♒ 40	13 ♑ 3	27 ♍ 22	25 ♍ 50	5 ♒ 40	29 ♐ 18	9 ♑ 13	24 ♐ 5	12 ♑ 25	19 ♌ 35	9 ♏ 4	5 ♍ 35	19 ♑	1 ♑	13 ♐	11 ♐	25 ♒
28	6 ♒ 41	27 ♑ 57	27 ♍ 18	25 ♍ 42	7 ♒ 22	0 ♑ 31	9 ♑ 58	24 ♐ 16	12 ♑ 32	19 ♌ 33	9 ♏ 5	5 ♍ 34	19 ♑	2 ♑	14 ♐	11 ♐	26 ♒
29	7 ♒ 42	12 ♒ 40	27 ♍ 15	25 ♍ 35	9 ♒ 5	1 ♑ 44	10 ♑ 42	24 ♐ 28	12 ♑ 39	19 ♌ 30	9 ♏ 5	5 ♍ 33	20 ♑	2 ♑	14 ♐	12 ♐	26 ♒
30	8 ♒ 43	27 ♒ 4	27 ♍ 12	25 ♍ 29	10 ♒ 49	2 ♑ 57	11 ♑ 27	24 ♐ 40	12 ♑ 45	19 ♌ 28	9 ♏ 6	5 ♍ 32	20 ♑	3 ♑	14 ♐	12 ♐	26 ♒
31	9 ♒ 44	11 ♓ 5	27 ♍ 9	25 ♍ 26	12 ♒ 33	4 ♑ 10	12 ♑ 12	24 ♐ 51	12 ♑ 52	19 ♌ 25	9 ♏ 6	5 ♍ 30	21 ♑	3 ♑	14 ♐	13 ♐	26 ♒

SUN INGRESS	☉ → ♒ 21日 10:10
MOON PHASE	◐ 6日 03:53 ♈　○ 14日 08:51 ♋　◑ 22日 00:01 ♏　● 28日 15:15 ♒

aspects		
1日	05:51	☉☌♄
1日	16:21	♂△♅
7日	16:59	♀□♇
8日	14:33	☿△♇
8日	15:03	♃△♅
10日	11:59	☿⚹♆
11日	15:39	☿☌♄
19日	06:41	♀△♅
21日	21:00	♀☌♃
22日	06:32	♂△♇
26日	19:25	♂⚹♆
27日	00:11	☉☌☿
29日	00:01	☿□♆
30日	09:00	☉□♆

1960年2月

DAY	☉	☽	☊ mean	☊ true	☿	♀	♂	♃	♄	♅	♆	♇	⚳	⚴	⚵	⚶	⚷
	° ′	° ′	° ′	° ′	° ′	° ′	° ′	° ′	° ′	° ′	° ′	° ′	°	°	°	°	°
1	10 ♒ 45	24 ♓ 40	27 ♍ 6	25 R 25	14 D 18	5 D 24	12 D 57	25 D 2	12 D 58	19 R 23	9 D 6	5 R 29	21 D	3 D	15 D	13 D	26 D
2	11 ♒ 46	7 ♈ 48	27 ♍ 3	25 D 26	16 ♒ 4	6 ♑ 37	13 ♑ 42	25 ♐ 14	13 ♑ 5	19 ♌ 20	9 ♏ 7	5 ♍ 28	21 ♑	4 ♑	15 ♐	14 ♐	26 ♒
3	12 ♒ 47	20 ♈ 32	26 ♍ 59	25 ♍ 27	17 ♒ 50	7 ♑ 50	14 ♑ 27	25 ♐ 25	13 ♑ 12	19 ♌ 17	9 ♏ 7	5 ♍ 26	22 ♑	4 ♑	15 ♐	14 ♐	26 ♒
4	13 ♒ 48	2 ♉ 56	26 ♍ 56	25 ♍ 29	19 ♒ 36	9 ♑ 4	15 ♑ 12	25 ♐ 36	13 ♑ 18	19 ♌ 15	9 ♏ 7	5 ♍ 25	22 ♑	5 ♑	16 ♐	15 ♐	26 ♒
5	14 ♒ 48	15 ♉ 4	26 ♍ 53	25 R 29	21 ♒ 23	10 ♑ 17	15 ♑ 57	25 ♐ 47	13 ♑ 24	19 ♌ 12	9 ♏ 7	5 ♍ 23	23 ♑	5 ♑	16 ♐	15 ♐	26 ♒
6	15 ♒ 49	27 ♉ 2	26 ♍ 50	25 ♍ 28	23 ♒ 10	11 ♑ 30	16 ♑ 42	25 ♐ 58	13 ♑ 31	19 ♌ 9	9 ♏ 7	5 ♍ 22	23 ♑	5 ♑	16 ♐	16 ♐	26 ♒
7	16 ♒ 50	8 ♊ 54	26 ♍ 47	25 ♍ 26	24 ♒ 58	12 ♑ 44	17 ♑ 28	26 ♐ 9	13 ♑ 37	19 ♌ 7	9 ♏ 8	5 ♍ 20	23 ♑	6 ♑	16 ♐	16 ♐	26 ♒
8	17 ♒ 51	20 ♊ 46	26 ♍ 44	25 ♍ 21	26 ♒ 46	13 ♑ 57	18 ♑ 13	26 ♐ 20	13 ♑ 43	19 ♌ 4	9 ♏ 8	5 ♍ 19	24 ♑	6 ♑	17 ♐	17 ♐	26 ♒
9	18 ♒ 52	2 ♋ 40	26 ♍ 40	25 ♍ 16	28 ♒ 33	15 ♑ 11	18 ♑ 58	26 ♐ 31	13 ♑ 50	19 ♌ 2	9 ♏ 8	5 ♍ 18	24 ♑	6 ♑	17 ♐	17 ♐	26 ♒
10	19 ♒ 52	14 ♋ 41	26 ♍ 37	25 ♍ 9	0 ♓ 21	16 ♑ 24	19 ♑ 43	26 ♐ 41	13 ♑ 56	18 ♌ 59	9 ♏ 8	5 ♍ 16	25 ♑	7 ♑	17 ♐	18 ♐	26 ♒
11	20 ♒ 53	26 ♋ 51	26 ♍ 34	25 ♍ 3	2 ♓ 8	17 ♑ 38	20 ♑ 29	26 ♐ 52	14 ♑ 2	18 ♌ 56	9 R 8	5 ♍ 15	25 ♑	7 ♑	17 ♐	18 ♐	27 ♒
12	21 ♒ 54	9 ♌ 12	26 ♍ 31	24 ♍ 57	3 ♓ 55	18 ♑ 51	21 ♑ 14	27 ♐ 2	14 ♑ 8	18 ♌ 54	9 ♏ 8	5 ♍ 13	25 ♑	7 ♑	18 ♐	18 ♐	27 ♒
13	22 ♒ 54	21 ♌ 45	26 ♍ 28	24 ♍ 52	5 ♓ 41	20 ♑ 5	21 ♑ 59	27 ♐ 13	14 ♑ 14	18 ♌ 51	9 ♏ 8	5 ♍ 12	26 ♑	8 ♑	18 ♐	19 ♐	27 ♒
14	23 ♒ 55	4 ♍ 29	26 ♍ 24	24 ♍ 48	7 ♓ 25	21 ♑ 18	22 ♑ 45	27 ♐ 23	14 ♑ 20	18 ♌ 48	9 ♏ 8	5 ♍ 10	26 ♑	8 ♑	18 ♐	19 ♐	27 ♒
15	24 ♒ 56	17 ♍ 26	26 ♍ 21	24 ♍ 47	9 ♓ 8	22 ♑ 32	23 ♑ 30	27 ♐ 33	14 ♑ 26	18 ♌ 46	9 ♏ 7	5 ♍ 9	26 ♑	9 ♑	18 ♐	20 ♐	27 ♒
16	25 ♒ 56	0 ♎ 35	26 ♍ 18	24 D 47	10 ♓ 49	23 ♑ 46	24 ♑ 15	27 ♐ 43	14 ♑ 32	18 ♌ 43	9 ♏ 7	5 ♍ 7	27 ♑	9 ♑	19 ♐	20 ♐	27 ♒
17	26 ♒ 57	13 ♎ 56	26 ♍ 15	24 ♍ 48	12 ♓ 28	24 ♑ 59	25 ♑ 1	27 ♐ 53	14 ♑ 38	18 ♌ 41	9 ♏ 7	5 ♍ 6	27 ♑	9 ♑	19 ♐	21 ♐	27 ♒
18	27 ♒ 57	27 ♎ 29	26 ♍ 12	24 ♍ 49	14 ♓ 4	26 ♑ 13	25 ♑ 46	28 ♐ 3	14 ♑ 44	18 ♌ 38	9 ♏ 7	5 ♍ 4	28 ♑	10 ♑	19 ♐	21 ♐	27 ♒
19	28 ♒ 58	11 ♏ 14	26 ♍ 9	24 ♍ 51	15 ♓ 36	27 ♑ 27	26 ♑ 32	28 ♐ 13	14 ♑ 50	18 ♌ 35	9 ♏ 7	5 ♍ 3	28 ♑	10 ♑	19 ♐	22 ♐	27 ♒
20	29 ♒ 58	25 ♏ 11	26 ♍ 5	24 ♍ 52	17 ♓ 5	28 ♑ 40	27 ♑ 18	28 ♐ 22	14 ♑ 55	18 ♌ 33	9 ♏ 6	5 ♍ 1	28 ♑	10 ♑	20 ♐	22 ♐	27 ♒
21	0 ♓ 59	9 ♐ 19	26 ♍ 2	24 R 52	18 ♓ 28	29 ♑ 54	28 ♑ 3	28 ♐ 32	15 ♑ 1	18 ♌ 30	9 ♏ 6	5 ♍ 0	29 ♑	11 ♑	20 ♐	22 ♐	27 ♒
22	1 ♓ 59	23 ♐ 36	25 ♍ 59	24 ♍ 50	19 ♓ 47	1 ♒ 8	28 ♑ 49	28 ♐ 41	15 ♑ 6	18 ♌ 28	9 ♏ 6	4 ♍ 58	29 ♑	11 ♑	20 ♐	23 ♐	27 ♒
23	3 ♓ 0	8 ♑ 1	25 ♍ 56	24 ♍ 48	20 ♓ 59	2 ♒ 22	29 ♑ 34	28 ♐ 50	15 ♑ 12	18 ♌ 25	9 ♏ 5	4 ♍ 56	0 ♒	11 ♑	20 ♐	23 ♐	27 ♒
24	4 ♓ 0	22 ♑ 27	25 ♍ 53	24 ♍ 45	22 ♓ 5	3 ♒ 35	0 ♒ 20	28 ♐ 59	15 ♑ 18	18 ♌ 23	9 ♏ 5	4 ♍ 55	0 ♒	12 ♑	20 ♐	24 ♐	27 ♒
25	5 ♓ 1	6 ♒ 52	25 ♍ 49	24 ♍ 42	23 ♓ 3	4 ♒ 49	1 ♒ 6	29 ♐ 9	15 ♑ 23	18 ♌ 20	9 ♏ 4	4 ♍ 53	0 ♒	12 ♑	21 ♐	24 ♐	27 ♒
26	6 ♓ 1	21 ♒ 8	25 ♍ 46	24 ♍ 40	23 ♓ 53	6 ♒ 3	1 ♒ 52	29 ♐ 17	15 ♑ 28	18 ♌ 18	9 ♏ 4	4 ♍ 52	1 ♒	12 ♑	21 ♐	25 ♐	28 ♒
27	7 ♓ 1	5 ♓ 12	25 ♍ 43	24 ♍ 38	24 ♓ 35	7 ♒ 17	2 ♒ 37	29 ♐ 26	15 ♑ 34	18 ♌ 15	9 ♏ 3	4 ♍ 50	1 ♒	13 ♑	21 ♐	25 ♐	28 ♒
28	8 ♓ 2	18 ♓ 58	25 ♍ 40	24 ♍ 37	25 ♓ 8	8 ♒ 30	3 ♒ 23	29 ♐ 35	15 ♑ 39	18 ♌ 13	9 ♏ 3	4 ♍ 49	1 ♒	13 ♑	21 ♐	25 ♐	28 ♒
29	9 ♓ 2	2 ♈ 25	25 ♍ 37	24 D 37	25 ♓ 32	9 ♒ 44	4 ♒ 9	29 ♐ 43	15 ♑ 44	18 ♌ 10	9 ♏ 2	4 ♍ 47	2 ♒	13 ♑	22 ♐	26 ♐	28 ♒

SUN INGRESS	☉ → ♓ 20日 00:26
MOON PHASE	◐ 4日 23:26 ♉　○ 13日 02:24 ♌　◑ 20日 08:47 ♐　● 27日 03:23 ♓

aspects		
1日	00:48	♂☌♄
1日	01:42	♀△♇
3日	19:18	☿☍♅
4日	01:11	♀⚹♆
7日	17:40	☿⚹♃
7日	19:04	♀☌♄
9日	03:48	☉☍♅
12日	17:31	☿☍♇
14日	23:48	☿△♆
17日	01:27	♀☌♂
18日	02:36	☉⚹♃
18日	10:52	☿⚹♄
24日	21:12	☉☍♇
28日	10:23	♀□♆
29日	00:02	☉△♆

1960年3月

DAY	☉	☽	☊ mean	☊ true	☿	♀	♂	♃	♄	♅	♆	♇	⚳	⚴	⚵	⚶	⚷
	° ′	° ′	° ′	° ′	° ′	° ′	° ′	° ′	° ′	° ′	° ′	° ′	°	°	°	°	°
1	10 ♓ 2	15 ♈ 30	25 ♍ 34	24 D 38	25 D 47	10 D 58	4 D 55	29 D 52	15 D 49	18 R 8	9 R 1	4 R 46	2 D	14 D	22 D	26 D	28 D
2	11 ♓ 2	28 ♈ 16	25 ♍ 30	24 ♍ 39	25 ♓ 52	12 ♒ 12	5 ♒ 41	0 ♑ 0	15 ♑ 54	18 ♌ 6	9 ♏ 1	4 ♍ 44	2 ♒	14 ♑	22 ♐	27 ♐	28 ♒
3	12 ♓ 3	10 ♉ 42	25 ♍ 27	24 ♍ 41	25 R 47	13 ♒ 26	6 ♒ 26	0 ♑ 8	15 ♑ 59	18 ♌ 3	9 ♏ 0	4 ♍ 43	3 ♒	14 ♑	22 ♐	27 ♐	28 ♒
4	13 ♓ 3	22 ♉ 54	25 ♍ 24	24 ♍ 42	25 ♓ 33	14 ♒ 40	7 ♒ 12	0 ♑ 16	16 ♑ 4	18 ♌ 1	8 ♏ 59	4 ♍ 41	3 ♒	15 ♑	22 ♐	28 ♐	28 ♒
5	14 ♓ 3	4 ♊ 55	25 ♍ 21	24 ♍ 42	25 ♓ 10	15 ♒ 53	7 ♒ 58	0 ♑ 24	16 ♑ 9	17 ♌ 59	8 ♏ 58	4 ♍ 40	4 ♒	15 ♑	23 ♐	28 ♐	28 ♒
6	15 ♓ 3	16 ♊ 49	25 ♍ 18	24 R 42	24 ♓ 39	17 ♒ 7	8 ♒ 44	0 ♑ 32	16 ♑ 14	17 ♌ 56	8 ♏ 58	4 ♍ 38	4 ♒	15 ♑	23 ♐	28 ♐	28 ♒
7	16 ♓ 3	28 ♊ 42	25 ♍ 15	24 ♍ 42	24 ♓ 1	18 ♒ 21	9 ♒ 30	0 ♑ 40	16 ♑ 18	17 ♌ 54	8 ♏ 57	4 ♍ 37	4 ♒	16 ♑	23 ♐	29 ♐	28 ♒
8	17 ♓ 3	10 ♋ 37	25 ♍ 11	24 ♍ 41	23 ♓ 16	19 ♒ 35	10 ♒ 16	0 ♑ 47	16 ♑ 23	17 ♌ 52	8 ♏ 56	4 ♍ 35	5 ♒	16 ♑	23 ♐	29 ♐	28 ♒
9	18 ♓ 3	22 ♋ 40	25 ♍ 8	24 ♍ 41	22 ♓ 25	20 ♒ 49	11 ♒ 2	0 ♑ 54	16 ♑ 27	17 ♌ 50	8 ♏ 55	4 ♍ 34	5 ♒	16 ♑	23 ♐	0 ♑	28 ♒
10	19 ♓ 3	4 ♌ 54	25 ♍ 5	24 ♍ 40	21 ♓ 31	22 ♒ 3	11 ♒ 48	1 ♑ 2	16 ♑ 32	17 ♌ 48	8 ♏ 54	4 ♍ 32	5 ♒	17 ♑	23 ♐	0 ♑	28 ♒
11	20 ♓ 3	17 ♌ 22	25 ♍ 2	24 ♍ 39	20 ♓ 34	23 ♒ 17	12 ♒ 34	1 ♑ 9	16 ♑ 36	17 ♌ 46	8 ♏ 54	4 ♍ 31	6 ♒	17 ♑	24 ♐	0 ♑	28 ♒
12	21 ♓ 3	0 ♍ 6	24 ♍ 59	24 ♍ 39	19 ♓ 35	24 ♒ 30	13 ♒ 20	1 ♑ 16	16 ♑ 41	17 ♌ 43	8 ♏ 53	4 ♍ 29	6 ♒	17 ♑	24 ♐	1 ♑	29 ♒
13	22 ♓ 3	13 ♍ 8	24 ♍ 55	24 ♍ 38	18 ♓ 36	25 ♒ 44	14 ♒ 6	1 ♑ 22	16 ♑ 45	17 ♌ 41	8 ♏ 52	4 ♍ 28	6 ♒	18 ♑	24 ♐	1 ♑	29 ♒
14	23 ♓ 2	26 ♍ 26	24 ♍ 52	24 D 38	17 ♓ 39	26 ♒ 58	14 ♒ 52	1 ♑ 29	16 ♑ 49	17 ♌ 39	8 ♏ 51	4 ♍ 26	7 ♒	18 ♑	24 ♐	2 ♑	29 ♒
15	24 ♓ 2	10 ♎ 1	24 ♍ 49	24 ♍ 38	16 ♓ 44	28 ♒ 12	15 ♒ 38	1 ♑ 35	16 ♑ 53	17 ♌ 37	8 ♏ 50	4 ♍ 25	7 ♒	18 ♑	24 ♐	2 ♑	29 ♒
16	25 ♓ 2	23 ♎ 49	24 ♍ 46	24 R 38	15 ♓ 52	29 ♒ 26	16 ♒ 24	1 ♑ 42	16 ♑ 57	17 ♌ 36	8 ♏ 49	4 ♍ 23	7 ♒	18 ♑	24 ♐	2 ♑	29 ♒
17	26 ♓ 2	7 ♏ 49	24 ♍ 43	24 ♍ 38	15 ♓ 4	0 ♓ 40	17 ♒ 10	1 ♑ 48	17 ♑ 1	17 ♌ 34	8 ♏ 47	4 ♍ 22	8 ♒	19 ♑	25 ♐	3 ♑	29 ♒
18	27 ♓ 1	21 ♏ 56	24 ♍ 40	24 ♍ 38	14 ♓ 21	1 ♓ 54	17 ♒ 57	1 ♑ 54	17 ♑ 5	17 ♌ 32	8 ♏ 46	4 ♍ 21	8 ♒	19 ♑	25 ♐	3 ♑	29 ♒
19	28 ♓ 1	6 ♐ 8	24 ♍ 36	24 ♍ 38	13 ♓ 44	3 ♓ 8	18 ♒ 43	2 ♑ 0	17 ♑ 9	17 ♌ 30	8 ♏ 45	4 ♍ 19	9 ♒	19 ♑	25 ♐	3 ♑	29 ♒
20	29 ♓ 1	20 ♐ 22	24 ♍ 33	24 ♍ 38	13 ♓ 12	4 ♓ 22	19 ♒ 29	2 ♑ 5	17 ♑ 12	17 ♌ 28	8 ♏ 44	4 ♍ 18	9 ♒	20 ♑	25 ♐	4 ♑	29 ♒
21	0 ♈ 0	4 ♑ 35	24 ♍ 30	24 D 38	12 ♓ 47	5 ♓ 35	20 ♒ 15	2 ♑ 11	17 ♑ 16	17 ♌ 26	8 ♏ 43	4 ♍ 16	9 ♒	20 ♑	25 ♐	4 ♑	29 ♒
22	1 ♈ 0	18 ♑ 45	24 ♍ 27	24 ♍ 38	12 ♓ 27	6 ♓ 49	21 ♒ 1	2 ♑ 16	17 ♑ 19	17 ♌ 25	8 ♏ 42	4 ♍ 15	10 ♒	20 ♑	25 ♐	5 ♑	29 ♒
23	1 ♈ 59	2 ♒ 49	24 ♍ 24	24 ♍ 38	12 ♓ 14	8 ♓ 3	21 ♒ 47	2 ♑ 22	17 ♑ 23	17 ♌ 23	8 ♏ 41	4 ♍ 14	10 ♒	20 ♑	25 ♐	5 ♑	29 ♒
24	2 ♈ 59	16 ♒ 46	24 ♍ 21	24 ♍ 39	12 ♓ 7	9 ♓ 17	22 ♒ 34	2 ♑ 27	17 ♑ 26	17 ♌ 21	8 ♏ 39	4 ♍ 12	10 ♒	21 ♑	25 ♐	5 ♑	29 ♒
25	3 ♈ 58	0 ♓ 33	24 ♍ 17	24 ♍ 40	12 D 6	10 ♓ 31	23 ♒ 20	2 ♑ 31	17 ♑ 29	17 ♌ 20	8 ♏ 38	4 ♍ 11	11 ♒	21 ♑	26 ♐	6 ♑	29 ♒
26	4 ♈ 58	14 ♓ 8	24 ♍ 14	24 ♍ 41	12 ♓ 10	11 ♓ 45	24 ♒ 6	2 ♑ 36	17 ♑ 33	17 ♌ 18	8 ♏ 37	4 ♍ 10	11 ♒	21 ♑	26 ♐	6 ♑	29 ♒
27	5 ♈ 57	27 ♓ 31	24 ♍ 11	24 R 41	12 ♓ 20	12 ♓ 59	24 ♒ 52	2 ♑ 41	17 ♑ 36	17 ♌ 17	8 ♏ 35	4 ♍ 9	11 ♒	22 ♑	26 ♐	6 ♑	0 ♓
28	6 ♈ 57	10 ♈ 39	24 ♍ 8	24 ♍ 40	12 ♓ 36	14 ♓ 13	25 ♒ 39	2 ♑ 45	17 ♑ 39	17 ♌ 15	8 ♏ 34	4 ♍ 7	12 ♒	22 ♑	26 ♐	7 ♑	0 ♓
29	7 ♈ 56	23 ♈ 32	24 ♍ 5	24 ♍ 39	12 ♓ 56	15 ♓ 27	26 ♒ 25	2 ♑ 49	17 ♑ 42	17 ♌ 14	8 ♏ 33	4 ♍ 6	12 ♒	22 ♑	26 ♐	7 ♑	0 ♓
30	8 ♈ 55	6 ♉ 10	24 ♍ 1	24 ♍ 37	13 ♓ 21	16 ♓ 41	27 ♒ 11	2 ♑ 53	17 ♑ 44	17 ♌ 13	8 ♏ 31	4 ♍ 5	12 ♒	22 ♑	26 ♐	7 ♑	0 ♓
31	9 ♈ 55	18 ♉ 33	23 ♍ 58	24 ♍ 35	13 ♓ 51	17 ♓ 55	27 ♒ 57	2 ♑ 57	17 ♑ 47	17 ♌ 11	8 ♏ 30	4 ♍ 4	13 ♒	23 ♑	26 ♐	8 ♑	0 ♓

SUN INGRESS ☉ → ♈ 20日 23:43

MOON PHASE ◐ 5日 20:06 ♊ ○ 13日 17:26 ♍ ◑ 20日 15:40 ♐ ● 27日 16:37 ♈

aspects		
6日	07:03	♂□♆
6日	15:30	♀☍♅
7日	06:35	☉⚹♄
11日	06:16	☉☌☿
14日	20:04	☿⚹♄
17日	11:36	♂☍♅
18日	00:02	♀⚹♃
19日	22:49	♀☍♇
23日	09:47	☉□♃
23日	11:54	♀△♆
26日	09:13	☿☌♀
30日	21:31	♀⚹♄

1960年4月

DAY	☉	☽	☊ mean	☊ true	☿	♀	♂	♃	♄	♅	♆	♇	⚳	⚴	⚵	⚶	⚷
	° ′	° ′	° ′	° ′	° ′	° ′	° ′	° ′	° ′	° ′	° ′	° ′	°	°	°	°	°
1	10 ♈ 54	0 ♊ 44	23 ♍ 55	24 R 33	14 D 25	19 D 8	28 D 44	3 D 1	17 D 50	17 R 10	8 R 29	4 R 3	13 D	23 D	26 D	8 D	0 D
2	11 ♈ 53	12 ♊ 45	23 ♍ 52	24 ♍ 30	15 ♓ 3	20 ♓ 22	29 ♒ 30	3 ♑ 4	17 ♑ 52	17 ♌ 9	8 ♏ 27	4 ♍ 1	13 ♒	23 ♑	26 ♐	8 ♑	0 ♓
3	12 ♈ 52	24 ♊ 40	23 ♍ 49	24 ♍ 29	15 ♓ 45	21 ♓ 36	0 ♓ 16	3 ♑ 8	17 ♑ 55	17 ♌ 8	8 ♏ 26	4 ♍ 0	13 ♒	23 ♑	26 ♐	9 ♑	0 ♓
4	13 ♈ 51	6 ♋ 33	23 ♍ 46	24 ♍ 28	16 ♓ 30	22 ♓ 50	1 ♓ 2	3 ♑ 11	17 ♑ 57	17 ♌ 7	8 ♏ 24	3 ♍ 59	14 ♒	23 ♑	26 ♐	9 ♑	0 ♓
5	14 ♈ 50	18 ♋ 27	23 ♍ 42	24 D 27	17 ♓ 19	24 ♓ 4	1 ♓ 49	3 ♑ 14	17 ♑ 59	17 ♌ 6	8 ♏ 23	3 ♍ 58	14 ♒	24 ♑	27 ♐	9 ♑	0 ♓
6	15 ♈ 49	0 ♌ 29	23 ♍ 39	24 ♍ 28	18 ♓ 11	25 ♓ 18	2 ♓ 35	3 ♑ 17	18 ♑ 2	17 ♌ 5	8 ♏ 21	3 ♍ 57	14 ♒	24 ♑	27 ♐	9 ♑	0 ♓
7	16 ♈ 48	12 ♌ 43	23 ♍ 36	24 ♍ 29	19 ♓ 7	26 ♓ 32	3 ♓ 21	3 ♑ 19	18 ♑ 4	17 ♌ 4	8 ♏ 20	3 ♍ 56	15 ♒	24 ♑	27 ♐	10 ♑	0 ♓
8	17 ♈ 47	25 ♌ 13	23 ♍ 33	24 ♍ 31	20 ♓ 5	27 ♓ 46	4 ♓ 7	3 ♑ 22	18 ♑ 6	17 ♌ 3	8 ♏ 19	3 ♍ 55	15 ♒	24 ♑	27 ♐	10 ♑	0 ♓
9	18 ♈ 46	8 ♍ 2	23 ♍ 30	24 ♍ 33	21 ♓ 6	28 ♓ 59	4 ♓ 54	3 ♑ 24	18 ♑ 8	17 ♌ 2	8 ♏ 17	3 ♍ 54	15 ♒	25 ♑	27 ♐	10 ♑	0 ♓
10	19 ♈ 45	21 ♍ 13	23 ♍ 26	24 ♍ 33	22 ♓ 10	0 ♈ 13	5 ♓ 40	3 ♑ 26	18 ♑ 9	17 ♌ 1	8 ♏ 15	3 ♍ 53	16 ♒	25 ♑	27 ♐	11 ♑	0 ♓
11	20 ♈ 44	4 ♎ 47	23 ♍ 23	24 R 33	23 ♓ 16	1 ♈ 27	6 ♓ 26	3 ♑ 28	18 ♑ 11	17 ♌ 0	8 ♏ 14	3 ♍ 52	16 ♒	25 ♑	27 ♐	11 ♑	0 ♓
12	21 ♈ 43	18 ♎ 43	23 ♍ 20	24 ♍ 31	24 ♓ 25	2 ♈ 41	7 ♓ 12	3 ♑ 30	18 ♑ 13	17 ♌ 0	8 ♏ 12	3 ♍ 51	16 ♒	25 ♑	27 ♐	11 ♑	0 ♓
13	22 ♈ 42	2 ♏ 58	23 ♍ 17	24 ♍ 28	25 ♓ 36	3 ♈ 55	7 ♓ 59	3 ♑ 31	18 ♑ 14	16 ♌ 59	8 ♏ 11	3 ♍ 50	17 ♒	25 ♑	27 ♐	11 ♑	0 ♓
14	23 ♈ 40	17 ♏ 27	23 ♍ 14	24 ♍ 25	26 ♓ 49	5 ♈ 9	8 ♓ 45	3 ♑ 32	18 ♑ 16	16 ♌ 58	8 ♏ 9	3 ♍ 49	17 ♒	26 ♑	27 ♐	12 ♑	0 ♓
15	24 ♈ 39	2 ♐ 3	23 ♍ 11	24 ♍ 20	28 ♓ 4	6 ♈ 22	9 ♓ 31	3 ♑ 33	18 ♑ 17	16 ♌ 58	8 ♏ 8	3 ♍ 48	17 ♒	26 ♑	27 ♐	12 ♑	1 ♓
16	25 ♈ 38	16 ♐ 40	23 ♍ 7	24 ♍ 16	29 ♓ 22	7 ♈ 36	10 ♓ 17	3 ♑ 34	18 ♑ 18	16 ♌ 57	8 ♏ 6	3 ♍ 47	17 ♒	26 ♑	27 ♐	12 ♑	1 ♓
17	26 ♈ 37	1 ♑ 11	23 ♍ 4	24 ♍ 13	0 ♈ 42	8 ♈ 50	11 ♓ 4	3 ♑ 35	18 ♑ 19	16 ♌ 57	8 ♏ 5	3 ♍ 47	18 ♒	26 ♑	27 R	12 ♑	1 ♓
18	27 ♈ 35	15 ♑ 33	23 ♍ 1	24 ♍ 11	2 ♈ 3	10 ♈ 4	11 ♓ 50	3 ♑ 36	18 ♑ 20	16 ♌ 56	8 ♏ 3	3 ♍ 46	18 ♒	26 ♑	27 ♐	13 ♑	1 ♓
19	28 ♈ 34	29 ♑ 41	22 ♍ 58	24 D 10	3 ♈ 27	11 ♈ 18	12 ♓ 36	3 ♑ 36	18 ♑ 21	16 ♌ 56	8 ♏ 1	3 ♍ 45	18 ♒	26 ♑	27 ♐	13 ♑	1 ♓
20	29 ♈ 32	13 ♒ 35	22 ♍ 55	24 ♍ 11	4 ♈ 52	12 ♈ 31	13 ♓ 22	3 ♑ 36	18 ♑ 22	16 ♌ 56	8 ♏ 0	3 ♍ 44	19 ♒	27 ♑	27 ♐	13 ♑	1 ♓
21	0 ♉ 31	27 ♒ 13	22 ♍ 52	24 ♍ 12	6 ♈ 20	13 ♈ 45	14 ♓ 8	3 R 36	18 ♑ 23	16 ♌ 56	7 ♏ 58	3 ♍ 44	19 ♒	27 ♑	27 ♐	13 ♑	1 ♓
22	1 ♉ 30	10 ♓ 38	22 ♍ 48	24 ♍ 14	7 ♈ 49	14 ♈ 59	14 ♓ 55	3 ♑ 36	18 ♑ 24	16 ♌ 55	7 ♏ 57	3 ♍ 43	19 ♒	27 ♑	27 ♐	14 ♑	1 ♓
23	2 ♉ 28	23 ♓ 49	22 ♍ 45	24 ♍ 14	9 ♈ 20	16 ♈ 13	15 ♓ 41	3 ♑ 36	18 ♑ 24	16 ♌ 55	7 ♏ 55	3 ♍ 42	19 ♒	27 ♑	27 ♐	14 ♑	1 ♓
24	3 ♉ 27	6 ♈ 47	22 ♍ 42	24 R 13	10 ♈ 53	17 ♈ 27	16 ♓ 27	3 ♑ 35	18 ♑ 24	16 ♌ 55	7 ♏ 53	3 ♍ 42	20 ♒	27 ♑	27 ♐	14 ♑	1 ♓
25	4 ♉ 25	19 ♈ 34	22 ♍ 39	24 ♍ 11	12 ♈ 27	18 ♈ 40	17 ♓ 13	3 ♑ 35	18 ♑ 25	16 D 55	7 ♏ 52	3 ♍ 41	20 ♒	27 ♑	27 ♐	14 ♑	1 ♓
26	5 ♉ 23	2 ♉ 10	22 ♍ 36	24 ♍ 6	14 ♈ 4	19 ♈ 54	17 ♓ 59	3 ♑ 34	18 ♑ 25	16 ♌ 55	7 ♏ 50	3 ♍ 40	20 ♒	27 ♑	27 ♐	14 ♑	1 ♓
27	6 ♉ 22	14 ♉ 34	22 ♍ 32	24 ♍ 0	15 ♈ 42	21 ♈ 8	18 ♓ 45	3 ♑ 33	18 ♑ 25	16 ♌ 55	7 ♏ 48	3 ♍ 40	20 ♒	27 ♑	27 ♐	15 ♑	1 ♓
28	7 ♉ 20	26 ♉ 49	22 ♍ 29	23 ♍ 52	17 ♈ 22	22 ♈ 22	19 ♓ 31	3 ♑ 31	18 R 25	16 ♌ 56	7 ♏ 47	3 ♍ 39	21 ♒	28 ♑	27 ♐	15 ♑	1 ♓
29	8 ♉ 18	8 ♊ 55	22 ♍ 26	23 ♍ 44	19 ♈ 3	23 ♈ 36	20 ♓ 17	3 ♑ 30	18 ♑ 25	16 ♌ 56	7 ♏ 45	3 ♍ 39	21 ♒	28 ♑	27 ♐	15 ♑	1 ♓
30	9 ♉ 17	20 ♊ 53	22 ♍ 23	23 ♍ 36	20 ♈ 47	24 ♈ 49	21 ♓ 3	3 ♑ 28	18 ♑ 25	16 ♌ 56	7 ♏ 43	3 ♍ 38	21 ♒	28 ♑	26 ♐	15 ♑	1 ♓

SUN INGRESS ☉ → ♉ 20日 11:06

MOON PHASE ◐ 4日 16:05 ♋ ○ 12日 05:27 ♎ ◑ 18日 21:57 ♑ ● 26日 06:44 ♉

aspects		
5日	19:26	☿⚹♄
6日	22:57	♂⚹♃
7日	06:06	☉△♅
7日	17:39	♂☍♇
8日	07:44	☉□♄
12日	16:09	♀□♃
13日	06:10	♂△♆
19日	02:40	☿□♃
23日	13:48	♀△♅
24日	03:35	☉△♃
24日	06:08	☉△♇
24日	18:53	♀□♄
26日	13:33	♂⚹♄
27日	17:45	☿△♅
28日	10:39	☉☍♆
28日	15:02	☿□♄

1960年5月

DAY	☉	☽	☊ mean	☊ true	☿	♀	♂	♃	♄	♅	♆	♇	⚳	⚴	⚵	⚶	⚷
	° ′	° ′	° ′	° ′	° ′	° ′	° ′	° ′	° ′	° ′	° ′	° ′	°	°	°	°	°
1	10 ♉ 15	2 ♋ 46	22 ♍ 20	23 R 29	22 D 32	26 D 3	21 D 49	3 R 26	18 R 25	16 D 56	7 R 42	3 R 38	21 D	28 D	26 R	15 D	1 D
2	11 ♉ 13	14 ♋ 38	22 ♍ 17	23 ♍ 23	24 ♈ 19	27 ♈ 17	22 ♓ 35	3 ♑ 24	18 ♑ 24	16 ♌ 57	7 ♏ 40	3 ♍ 37	22 ♒	28 ♑	26 ♐	15 ♑	1 ♓
3	12 ♉ 11	26 ♋ 31	22 ♍ 13	23 ♍ 20	26 ♈ 8	28 ♈ 31	23 ♓ 21	3 ♑ 22	18 ♑ 24	16 ♌ 57	7 ♏ 39	3 ♍ 37	22 ♒	28 ♑	26 ♐	15 ♑	1 ♓
4	13 ♉ 10	8 ♌ 31	22 ♍ 10	23 ♍ 18	27 ♈ 59	29 ♈ 44	24 ♓ 7	3 ♑ 19	18 ♑ 23	16 ♌ 58	7 ♏ 37	3 ♍ 37	22 ♒	28 ♑	26 ♐	16 ♑	1 ♓
5	14 ♉ 8	20 ♌ 42	22 ♍ 7	23 D 18	29 ♈ 51	0 ♉ 58	24 ♓ 53	3 ♑ 17	18 ♑ 23	16 ♌ 58	7 ♏ 35	3 ♍ 36	22 ♒	28 ♑	26 ♐	16 ♑	1 ♓
6	15 ♉ 6	3 ♍ 9	22 ♍ 4	23 ♍ 19	1 ♉ 45	2 ♉ 12	25 ♓ 39	3 ♑ 14	18 ♑ 22	16 ♌ 59	7 ♏ 34	3 ♍ 36	23 ♒	28 ♑	26 ♐	16 ♑	1 ♓
7	16 ♉ 4	15 ♍ 56	22 ♍ 1	23 ♍ 20	3 ♉ 42	3 ♉ 26	26 ♓ 25	3 ♑ 11	18 ♑ 21	16 ♌ 59	7 ♏ 32	3 ♍ 36	23 ♒	28 ♑	26 ♐	16 ♑	1 ♓
8	17 ♉ 2	29 ♍ 9	21 ♍ 57	23 R 20	5 ♉ 39	4 ♉ 39	27 ♓ 11	3 ♑ 8	18 ♑ 20	17 ♌ 0	7 ♏ 30	3 ♍ 36	23 ♒	28 ♑	26 ♐	16 ♑	1 ♓
9	18 ♉ 0	12 ♎ 49	21 ♍ 54	23 ♍ 19	7 ♉ 39	5 ♉ 53	27 ♓ 57	3 ♑ 5	18 ♑ 19	17 ♌ 1	7 ♏ 29	3 ♍ 35	23 ♒	29 ♑	26 ♐	16 ♑	1 ♓
10	18 ♉ 58	26 ♎ 56	21 ♍ 51	23 ♍ 15	9 ♉ 40	7 ♉ 7	28 ♓ 43	3 ♑ 1	18 ♑ 18	17 ♌ 2	7 ♏ 27	3 ♍ 35	23 ♒	29 ♑	25 ♐	16 ♑	1 ♓
11	19 ♉ 56	11 ♏ 27	21 ♍ 48	23 ♍ 9	11 ♉ 43	8 ♉ 20	29 ♓ 28	2 ♑ 58	18 ♑ 17	17 ♌ 2	7 ♏ 26	3 ♍ 35	24 ♒	29 ♑	25 ♐	16 ♑	1 ♓
12	20 ♉ 54	26 ♏ 18	21 ♍ 45	23 ♍ 1	13 ♉ 47	9 ♉ 34	0 ♈ 14	2 ♑ 54	18 ♑ 16	17 ♌ 3	7 ♏ 24	3 ♍ 35	24 ♒	29 ♑	25 ♐	16 ♑	1 ♓
13	21 ♉ 52	11 ♐ 19	21 ♍ 42	22 ♍ 52	15 ♉ 53	10 ♉ 48	1 ♈ 0	2 ♑ 50	18 ♑ 14	17 ♌ 4	7 ♏ 22	3 ♍ 35	24 ♒	29 ♑	25 ♐	16 ♑	2 ♓
14	22 ♉ 50	26 ♐ 21	21 ♍ 38	22 ♍ 44	18 ♉ 1	12 ♉ 1	1 ♈ 46	2 ♑ 46	18 ♑ 13	17 ♌ 5	7 ♏ 21	3 ♍ 35	24 ♒	29 ♑	25 ♐	17 ♑	2 ♓
15	23 ♉ 47	11 ♑ 15	21 ♍ 35	22 ♍ 36	20 ♉ 9	13 ♉ 15	2 ♈ 31	2 ♑ 41	18 ♑ 11	17 ♌ 6	7 ♏ 19	3 ♍ 35	24 ♒	29 ♑	25 ♐	17 ♑	2 ♓
16	24 ♉ 45	25 ♑ 53	21 ♍ 32	22 ♍ 31	22 ♉ 19	14 ♉ 29	3 ♈ 17	2 ♑ 37	18 ♑ 10	17 ♌ 8	7 ♏ 18	3 D 35	25 ♒	29 ♑	25 ♐	17 ♑	2 ♓
17	25 ♉ 43	10 ♒ 10	21 ♍ 29	22 ♍ 28	24 ♉ 29	15 ♉ 42	4 ♈ 2	2 ♑ 32	18 ♑ 8	17 ♌ 9	7 ♏ 16	3 ♍ 35	25 ♒	29 R	24 ♐	17 ♑	2 ♓
18	26 ♉ 41	24 ♒ 5	21 ♍ 26	22 ♍ 27	26 ♉ 40	16 ♉ 56	4 ♈ 48	2 ♑ 28	18 ♑ 6	17 ♌ 10	7 ♏ 15	3 ♍ 35	25 ♒	29 ♑	24 ♐	17 ♑	2 ♓
19	27 ♉ 39	7 ♓ 38	21 ♍ 23	22 D 27	28 ♉ 51	18 ♉ 10	5 ♈ 34	2 ♑ 23	18 ♑ 4	17 ♌ 11	7 ♏ 13	3 ♍ 35	25 ♒	29 ♑	24 ♐	17 ♑	2 ♓
20	28 ♉ 36	20 ♓ 51	21 ♍ 19	22 ♍ 27	1 ♊ 3	19 ♉ 23	6 ♈ 19	2 ♑ 18	18 ♑ 2	17 ♌ 12	7 ♏ 12	3 ♍ 35	25 ♒	29 ♑	24 ♐	17 ♑	2 ♓
21	29 ♉ 34	3 ♈ 47	21 ♍ 16	22 R 27	3 ♊ 14	20 ♉ 37	7 ♈ 5	2 ♑ 12	18 ♑ 0	17 ♌ 14	7 ♏ 10	3 ♍ 35	26 ♒	29 ♑	24 ♐	17 R	2 ♓
22	0 ♊ 32	16 ♈ 28	21 ♍ 13	22 ♍ 24	5 ♊ 25	21 ♉ 51	7 ♈ 50	2 ♑ 7	17 ♑ 58	17 ♌ 15	7 ♏ 9	3 ♍ 35	26 ♒	29 ♑	24 ♐	17 ♑	2 ♓
23	1 ♊ 30	28 ♈ 58	21 ♍ 10	22 ♍ 19	7 ♊ 35	23 ♉ 5	8 ♈ 35	2 ♑ 1	17 ♑ 56	17 ♌ 17	7 ♏ 7	3 ♍ 36	26 ♒	29 ♑	23 ♐	17 ♑	2 ♓
24	2 ♊ 27	11 ♉ 17	21 ♍ 7	22 ♍ 12	9 ♊ 44	24 ♉ 18	9 ♈ 21	1 ♑ 56	17 ♑ 53	17 ♌ 18	7 ♏ 6	3 ♍ 36	26 ♒	28 ♑	23 ♐	17 ♑	2 ♓
25	3 ♊ 25	23 ♉ 29	21 ♍ 3	22 ♍ 1	11 ♊ 52	25 ♉ 32	10 ♈ 6	1 ♑ 50	17 ♑ 51	17 ♌ 20	7 ♏ 4	3 ♍ 36	26 ♒	28 ♑	23 ♐	17 ♑	2 ♓
26	4 ♊ 23	5 ♊ 33	21 ♍ 0	21 ♍ 49	13 ♊ 59	26 ♉ 46	10 ♈ 51	1 ♑ 44	17 ♑ 48	17 ♌ 21	7 ♏ 3	3 ♍ 36	26 ♒	28 ♑	23 ♐	17 ♑	2 ♓
27	5 ♊ 20	17 ♊ 32	20 ♍ 57	21 ♍ 36	16 ♊ 3	27 ♉ 59	11 ♈ 37	1 ♑ 38	17 ♑ 46	17 ♌ 23	7 ♏ 2	3 ♍ 37	27 ♒	28 ♑	23 ♐	17 ♑	2 ♓
28	6 ♊ 18	29 ♊ 27	20 ♍ 54	21 ♍ 23	18 ♊ 6	29 ♉ 13	12 ♈ 22	1 ♑ 32	17 ♑ 43	17 ♌ 25	7 ♏ 0	3 ♍ 37	27 ♒	28 ♑	22 ♐	17 ♑	2 ♓
29	7 ♊ 15	11 ♋ 18	20 ♍ 51	21 ♍ 11	20 ♊ 7	0 ♊ 27	13 ♈ 7	1 ♑ 26	17 ♑ 40	17 ♌ 26	6 ♏ 59	3 ♍ 38	27 ♒	28 ♑	22 ♐	16 ♑	2 ♓
30	8 ♊ 13	23 ♋ 9	20 ♍ 48	21 ♍ 2	22 ♊ 5	1 ♊ 40	13 ♈ 52	1 ♑ 19	17 ♑ 37	17 ♌ 28	6 ♏ 58	3 ♍ 38	27 ♒	28 ♑	22 ♐	16 ♑	2 ♓
31	9 ♊ 10	5 ♌ 2	20 ♍ 44	20 ♍ 55	24 ♊ 1	2 ♊ 54	14 ♈ 37	1 ♑ 13	17 ♑ 34	17 ♌ 30	6 ♏ 56	3 ♍ 38	27 ♒	28 ♑	22 ♐	16 ♑	2 ♓

SUN INGRESS　☉ → ♊ 21日 10:33

MOON PHASE　◐ 4日 10:00 ♌　○ 11日 14:42 ♏　◑ 18日 04:54 ♒　● 25日 21:26 ♊

aspects		
6日	15:04	☿☌♀
6日	17:56	☿△♃
6日	19:31	♀△♃
6日	22:51	☿△♇
7日	03:22	♀△♇
7日	23:14	☉□♅
8日	22:02	☿☍♆
9日	07:53	☉△♄
10日	06:35	♀☍♆
13日	13:32	☿□♅
14日	02:16	☿△♄
15日	04:54	♂□♃
18日	00:18	☉☌☿
18日	04:34	♀□♅
18日	22:12	♀△♄
21日	03:53	☿□♇
23日	17:14	☿⚹♂
25日	04:44	☉□♇
27日	15:46	☿⚹♅
31日	14:36	♀□♇

1960年6月

DAY	☉	☽	☊ mean	☊ true	☿	♀	♂	♃	♄	♅	♆	♇	⚳	⚴	⚵	⚶	⚷
	° ′	° ′	° ′	° ′	° ′	° ′	° ′	° ′	° ′	° ′	° ′	° ′	°	°	°	°	°
1	10 ♊ 8	17 ♌ 1	20 ♍ 41	20 R 51	25 D 55	4 D 8	15 D 22	1 R 6	17 R 31	17 D 32	6 R 55	3 D 39	27 D	28 R	22 R	16 R	2 D
2	11 ♊ 5	29 ♌ 9	20 ♍ 38	20 ♍ 49	27 ♊ 46	5 ♊ 21	16 ♈ 7	0 ♑ 59	17 ♑ 28	17 ♌ 34	6 ♏ 54	3 ♍ 39	27 ♒	28 ♑	21 ♐	16 ♑	2 ♓
3	12 ♊ 3	11 ♍ 33	20 ♍ 35	20 ♍ 48	29 ♊ 35	6 ♊ 35	16 ♈ 52	0 ♑ 53	17 ♑ 25	17 ♌ 36	6 ♏ 52	3 ♍ 40	27 ♒	28 ♑	21 ♐	16 ♑	2 ♓
4	13 ♊ 0	24 ♍ 17	20 ♍ 32	20 ♍ 48	1 ♋ 21	7 ♊ 49	17 ♈ 37	0 ♑ 46	17 ♑ 22	17 ♌ 38	6 ♏ 51	3 ♍ 41	28 ♒	28 ♑	21 ♐	16 ♑	2 ♓
5	13 ♊ 58	7 ♎ 26	20 ♍ 29	20 ♍ 48	3 ♋ 4	9 ♊ 2	18 ♈ 21	0 ♑ 39	17 ♑ 19	17 ♌ 40	6 ♏ 50	3 ♍ 41	28 ♒	27 ♑	21 ♐	16 ♑	2 ♓
6	14 ♊ 55	21 ♎ 2	20 ♍ 25	20 ♍ 45	4 ♋ 45	10 ♊ 16	19 ♈ 6	0 ♑ 32	17 ♑ 16	17 ♌ 42	6 ♏ 49	3 ♍ 42	28 ♒	27 ♑	20 ♐	16 ♑	2 R
7	15 ♊ 53	5 ♏ 9	20 ♍ 22	20 ♍ 40	6 ♋ 23	11 ♊ 30	19 ♈ 51	0 ♑ 25	17 ♑ 12	17 ♌ 44	6 ♏ 47	3 ♍ 42	28 ♒	27 ♑	20 ♐	16 ♑	2 ♓
8	16 ♊ 50	19 ♏ 43	20 ♍ 19	20 ♍ 33	7 ♋ 58	12 ♊ 43	20 ♈ 35	0 ♑ 17	17 ♑ 9	17 ♌ 47	6 ♏ 46	3 ♍ 43	28 ♒	27 ♑	20 ♐	15 ♑	2 ♓
9	17 ♊ 47	4 ♐ 42	20 ♍ 16	20 ♍ 23	9 ♋ 30	13 ♊ 57	21 ♈ 20	0 ♑ 10	17 ♑ 5	17 ♌ 49	6 ♏ 45	3 ♍ 44	28 ♒	27 ♑	20 ♐	15 ♑	2 ♓
10	18 ♊ 45	19 ♐ 55	20 ♍ 13	20 ♍ 13	10 ♋ 59	15 ♊ 10	22 ♈ 4	0 ♑ 3	17 ♑ 2	17 ♌ 51	6 ♏ 44	3 ♍ 45	28 ♒	27 ♑	20 ♐	15 ♑	2 ♓
11	19 ♊ 42	5 ♑ 13	20 ♍ 9	20 ♍ 2	12 ♋ 26	16 ♊ 24	22 ♈ 49	29 ♐ 55	16 ♑ 58	17 ♌ 53	6 ♏ 43	3 ♍ 45	28 ♒	26 ♑	19 ♐	15 ♑	2 ♓
12	20 ♊ 39	20 ♑ 24	20 ♍ 6	19 ♍ 53	13 ♋ 50	17 ♊ 38	23 ♈ 33	29 ♐ 48	16 ♑ 54	17 ♌ 56	6 ♏ 42	3 ♍ 46	28 ♒	26 ♑	19 ♐	15 ♑	2 ♓
13	21 ♊ 37	5 ♒ 18	20 ♍ 3	19 ♍ 46	15 ♋ 10	18 ♊ 51	24 ♈ 18	29 ♐ 41	16 ♑ 51	17 ♌ 58	6 ♏ 41	3 ♍ 47	28 ♒	26 ♑	19 ♐	15 ♑	2 ♓
14	22 ♊ 34	19 ♒ 49	20 ♍ 0	19 ♍ 41	16 ♋ 28	20 ♊ 5	25 ♈ 2	29 ♐ 33	16 ♑ 47	18 ♌ 1	6 ♏ 40	3 ♍ 48	28 ♒	26 ♑	19 ♐	14 ♑	2 ♓
15	23 ♊ 31	3 ♓ 53	19 ♍ 57	19 ♍ 39	17 ♋ 43	21 ♊ 19	25 ♈ 46	29 ♐ 25	16 ♑ 43	18 ♌ 3	6 ♏ 39	3 ♍ 49	28 ♒	26 ♑	18 ♐	14 ♑	2 ♓
16	24 ♊ 28	17 ♓ 30	19 ♍ 54	19 ♍ 39	18 ♋ 55	22 ♊ 32	26 ♈ 30	29 ♐ 18	16 ♑ 39	18 ♌ 6	6 ♏ 38	3 ♍ 50	29 ♒	26 ♑	18 ♐	14 ♑	2 ♓
17	25 ♊ 26	0 ♈ 42	19 ♍ 50	19 ♍ 39	20 ♋ 4	23 ♊ 46	27 ♈ 15	29 ♐ 10	16 ♑ 35	18 ♌ 8	6 ♏ 37	3 ♍ 50	29 ♒	25 ♑	18 ♐	14 ♑	2 ♓
18	26 ♊ 23	13 ♈ 32	19 ♍ 47	19 ♍ 38	21 ♋ 10	25 ♊ 0	27 ♈ 59	29 ♐ 3	16 ♑ 31	18 ♌ 11	6 ♏ 36	3 ♍ 51	29 ♒	25 ♑	18 ♐	14 ♑	2 ♓
19	27 ♊ 20	26 ♈ 5	19 ♍ 44	19 ♍ 35	22 ♋ 12	26 ♊ 14	28 ♈ 43	28 ♐ 55	16 ♑ 27	18 ♌ 13	6 ♏ 35	3 ♍ 52	29 ♒	25 ♑	18 ♐	13 ♑	2 ♓
20	28 ♊ 18	8 ♉ 25	19 ♍ 41	19 ♍ 30	23 ♋ 11	27 ♊ 27	29 ♈ 26	28 ♐ 47	16 ♑ 23	18 ♌ 16	6 ♏ 34	3 ♍ 53	29 ♒	25 ♑	17 ♐	13 ♑	2 ♓
21	29 ♊ 15	20 ♉ 34	19 ♍ 38	19 ♍ 22	24 ♋ 7	28 ♊ 41	0 ♉ 10	28 ♐ 40	16 ♑ 19	18 ♌ 19	6 ♏ 33	3 ♍ 54	29 ♒	24 ♑	17 ♐	13 ♑	2 ♓
22	0 ♋ 12	2 ♊ 36	19 ♍ 35	19 ♍ 12	24 ♋ 59	29 ♊ 55	0 ♉ 54	28 ♐ 32	16 ♑ 15	18 ♌ 22	6 ♏ 32	3 ♍ 56	29 ♒	24 ♑	17 ♐	13 ♑	2 ♓
23	1 ♋ 9	14 ♊ 33	19 ♍ 31	18 ♍ 59	25 ♋ 48	1 ♋ 8	1 ♉ 38	28 ♐ 24	16 ♑ 11	18 ♌ 24	6 ♏ 32	3 ♍ 57	29 ♒	24 ♑	17 ♐	13 ♑	2 ♓
24	2 ♋ 7	26 ♊ 27	19 ♍ 28	18 ♍ 46	26 ♋ 33	2 ♋ 22	2 ♉ 21	28 ♐ 17	16 ♑ 7	18 ♌ 27	6 ♏ 31	3 ♍ 58	29 R	24 ♑	16 ♐	12 ♑	2 ♓
25	3 ♋ 4	8 ♋ 19	19 ♍ 25	18 ♍ 33	27 ♋ 14	3 ♋ 36	3 ♉ 5	28 ♐ 9	16 ♑ 2	18 ♌ 30	6 ♏ 30	3 ♍ 59	29 ♒	23 ♑	16 ♐	12 ♑	2 ♓
26	4 ♋ 1	20 ♋ 10	19 ♍ 22	18 ♍ 21	27 ♋ 51	4 ♋ 50	3 ♉ 49	28 ♐ 1	15 ♑ 58	18 ♌ 33	6 ♏ 29	4 ♍ 0	29 ♒	23 ♑	16 ♐	12 ♑	2 ♓
27	4 ♋ 58	2 ♌ 3	19 ♍ 19	18 ♍ 11	28 ♋ 24	6 ♋ 3	4 ♉ 32	27 ♐ 54	15 ♑ 54	18 ♌ 36	6 ♏ 29	4 ♍ 1	29 ♒	23 ♑	16 ♐	12 ♑	2 ♓
28	5 ♋ 56	13 ♌ 59	19 ♍ 15	18 ♍ 4	28 ♋ 53	7 ♋ 17	5 ♉ 15	27 ♐ 46	15 ♑ 49	18 ♌ 39	6 ♏ 28	4 ♍ 2	29 ♒	23 ♑	16 ♐	11 ♑	2 ♓
29	6 ♋ 53	26 ♌ 1	19 ♍ 12	17 ♍ 59	29 ♋ 18	8 ♋ 31	5 ♉ 59	27 ♐ 39	15 ♑ 45	18 ♌ 42	6 ♏ 27	4 ♍ 4	29 ♒	22 ♑	15 ♐	11 ♑	2 ♓
30	7 ♋ 50	8 ♍ 12	19 ♍ 9	17 ♍ 57	29 ♋ 38	9 ♋ 45	6 ♉ 42	27 ♐ 31	15 ♑ 41	18 ♌ 45	6 ♏ 27	4 ♍ 5	29 ♒	22 ♑	15 ♐	11 ♑	2 ♓

SUN INGRESS　☉ → ♋ 21日 18:42

MOON PHASE　◐ 3日 01:01 ♍　○ 9日 22:02 ♐　◑ 16日 13:35 ♓　● 24日 12:27 ♋

aspects		
3日	16:29	☿☍♃
3日	16:46	♂□♄
4日	00:47	♂△♅
5日	08:49	☿⚹♇
7日	06:09	☿△♆
9日	00:39	☉⚹♅
12日	06:03	♀⚹♅
14日	05:32	☿☍♄
19日	05:46	♂△♃
20日	10:58	☉☍♃
20日	23:35	♀☍♃
23日	01:25	☉☌♀
23日	23:28	♀⚹♂
25日	02:01	☉⚹♂
25日	07:36	♀⚹♇
25日	23:31	☉⚹♇
26日	06:31	♂△♇
27日	08:11	♀△♆
28日	13:29	☉△♆
29日	15:50	♂☍♆

1960年7月

DAY	☉	☽	☊ mean	☊ true	☿	♀	♂	♃	♄	♅	♆	♇	⚳	⚴	⚵	⚶	⚷
	° ′	° ′	° ′	° ′	° ′	° ′	° ′	° ′	° ′	° ′	° ′	° ′	°	°	°	°	°
1	8 ♋ 47	20 ♍ 37	19 ♍ 6	17 D 57	29 D 54	10 D 58	7 D 25	27 R 24	15 R 36	18 D 48	6 R 26	4 D 6	29 R	22 R	15 R	11 R	1 R
2	9 ♋ 44	3 ♎ 19	19 ♍ 3	17 ♍ 57	0 ♌ 5	12 ♋ 12	8 ♉ 8	27 ♐ 16	15 ♑ 32	18 ♌ 51	6 ♏ 26	4 ♍ 7	28 ♒	22 ♑	15 ♐	10 ♑	1 ♓
3	10 ♋ 42	16 ♎ 24	19 ♍ 0	17 R 57	0 ♌ 12	13 ♋ 26	8 ♉ 51	27 ♐ 9	15 ♑ 28	18 ♌ 54	6 ♏ 25	4 ♍ 9	28 ♒	21 ♑	15 ♐	10 ♑	1 ♓
4	11 ♋ 39	29 ♎ 55	18 ♍ 56	17 ♍ 56	0 R 14	14 ♋ 40	9 ♉ 34	27 ♐ 2	15 ♑ 23	18 ♌ 57	6 ♏ 25	4 ♍ 10	28 ♒	21 ♑	14 ♐	10 ♑	1 ♓
5	12 ♋ 36	13 ♏ 53	18 ♍ 53	17 ♍ 52	0 ♌ 11	15 ♋ 53	10 ♉ 17	26 ♐ 55	15 ♑ 19	19 ♌ 0	6 ♏ 24	4 ♍ 12	28 ♒	21 ♑	14 ♐	10 ♑	1 ♓
6	13 ♋ 33	28 ♏ 20	18 ♍ 50	17 ♍ 46	0 ♌ 4	17 ♋ 7	10 ♉ 59	26 ♐ 48	15 ♑ 14	19 ♌ 3	6 ♏ 24	4 ♍ 13	28 ♒	21 ♑	14 ♐	9 ♑	1 ♓
7	14 ♋ 30	13 ♐ 12	18 ♍ 47	17 ♍ 39	29 ♋ 52	18 ♋ 21	11 ♉ 42	26 ♐ 41	15 ♑ 10	19 ♌ 7	6 ♏ 24	4 ♍ 14	28 ♒	20 ♑	14 ♐	9 ♑	1 ♓
8	15 ♋ 28	28 ♐ 21	18 ♍ 44	17 ♍ 30	29 ♋ 36	19 ♋ 35	12 ♉ 24	26 ♐ 34	15 ♑ 6	19 ♌ 10	6 ♏ 23	4 ♍ 16	28 ♒	20 ♑	14 ♐	9 ♑	1 ♓
9	16 ♋ 25	13 ♑ 39	18 ♍ 41	17 ♍ 21	29 ♋ 15	20 ♋ 48	13 ♉ 7	26 ♐ 27	15 ♑ 1	19 ♌ 13	6 ♏ 23	4 ♍ 17	28 ♒	20 ♑	14 ♐	9 ♑	1 ♓
10	17 ♋ 22	28 ♑ 55	18 ♍ 37	17 ♍ 13	28 ♋ 51	22 ♋ 2	13 ♉ 49	26 ♐ 20	14 ♑ 57	19 ♌ 16	6 ♏ 23	4 ♍ 19	28 ♒	19 ♑	13 ♐	9 ♑	1 ♓
11	18 ♋ 19	13 ♒ 56	18 ♍ 34	17 ♍ 8	28 ♋ 22	23 ♋ 16	14 ♉ 31	26 ♐ 13	14 ♑ 52	19 ♌ 20	6 ♏ 22	4 ♍ 20	28 ♒	19 ♑	13 ♐	8 ♑	1 ♓
12	19 ♋ 16	28 ♒ 36	18 ♍ 31	17 ♍ 4	27 ♋ 51	24 ♋ 30	15 ♉ 14	26 ♐ 7	14 ♑ 48	19 ♌ 23	6 ♏ 22	4 ♍ 22	28 ♒	19 ♑	13 ♐	8 ♑	1 ♓
13	20 ♋ 14	12 ♓ 49	18 ♍ 28	17 ♍ 3	27 ♋ 16	25 ♋ 44	15 ♉ 56	26 ♐ 0	14 ♑ 44	19 ♌ 26	6 ♏ 22	4 ♍ 23	28 ♒	19 ♑	13 ♐	8 ♑	1 ♓
14	21 ♋ 11	26 ♓ 34	18 ♍ 25	17 D 3	26 ♋ 40	26 ♋ 57	16 ♉ 38	25 ♐ 54	14 ♑ 39	19 ♌ 30	6 ♏ 22	4 ♍ 25	27 ♒	18 ♑	13 ♐	8 ♑	1 ♓
15	22 ♋ 8	9 ♈ 51	18 ♍ 21	17 ♍ 4	26 ♋ 1	28 ♋ 11	17 ♉ 20	25 ♐ 48	14 ♑ 35	19 ♌ 33	6 ♏ 22	4 ♍ 26	27 ♒	18 ♑	13 ♐	7 ♑	1 ♓
16	23 ♋ 5	22 ♈ 44	18 ♍ 18	17 ♍ 4	25 ♋ 21	29 ♋ 25	18 ♉ 2	25 ♐ 42	14 ♑ 30	19 ♌ 37	6 ♏ 22	4 ♍ 28	27 ♒	18 ♑	13 ♐	7 ♑	1 ♓
17	24 ♋ 2	5 ♉ 17	18 ♍ 15	17 R 4	24 ♋ 41	0 ♌ 39	18 ♉ 43	25 ♐ 36	14 ♑ 26	19 ♌ 40	6 ♏ 21	4 ♍ 30	27 ♒	18 ♑	13 ♐	7 ♑	1 ♓
18	25 ♋ 0	17 ♉ 34	18 ♍ 12	17 ♍ 1	24 ♋ 1	1 ♌ 53	19 ♉ 25	25 ♐ 30	14 ♑ 22	19 ♌ 44	6 ♏ 21	4 ♍ 31	27 ♒	17 ♑	12 ♐	7 ♑	1 ♓
19	25 ♋ 57	29 ♉ 39	18 ♍ 9	16 ♍ 56	23 ♋ 22	3 ♌ 7	20 ♉ 7	25 ♐ 24	14 ♑ 17	19 ♌ 47	6 D 21	4 ♍ 33	27 ♒	17 ♑	12 ♐	7 ♑	1 ♓
20	26 ♋ 54	11 ♊ 37	18 ♍ 6	16 ♍ 50	22 ♋ 45	4 ♌ 20	20 ♉ 48	25 ♐ 19	14 ♑ 13	19 ♌ 50	6 ♏ 21	4 ♍ 35	27 ♒	17 ♑	12 ♐	6 ♑	1 ♓
21	27 ♋ 51	23 ♊ 30	18 ♍ 2	16 ♍ 42	22 ♋ 10	5 ♌ 34	21 ♉ 29	25 ♐ 13	14 ♑ 9	19 ♌ 54	6 ♏ 21	4 ♍ 36	27 ♒	16 ♑	12 ♐	6 ♑	1 ♓
22	28 ♋ 49	5 ♋ 21	17 ♍ 59	16 ♍ 33	21 ♋ 38	6 ♌ 48	22 ♉ 11	25 ♐ 8	14 ♑ 5	19 ♌ 58	6 ♏ 22	4 ♍ 38	26 ♒	16 ♑	12 ♐	6 ♑	1 ♓
23	29 ♋ 46	17 ♋ 13	17 ♍ 56	16 ♍ 24	21 ♋ 9	8 ♌ 2	22 ♉ 52	25 ♐ 3	14 ♑ 1	20 ♌ 1	6 ♏ 22	4 ♍ 40	26 ♒	16 ♑	12 ♐	6 ♑	1 ♓
24	0 ♌ 43	29 ♋ 7	17 ♍ 53	16 ♍ 16	20 ♋ 45	9 ♌ 16	23 ♉ 33	24 ♐ 58	13 ♑ 56	20 ♌ 5	6 ♏ 22	4 ♍ 41	26 ♒	16 ♑	12 ♐	6 ♑	1 ♓
25	1 ♌ 41	11 ♌ 5	17 ♍ 50	16 ♍ 9	20 ♋ 25	10 ♌ 30	24 ♉ 14	24 ♐ 53	13 ♑ 52	20 ♌ 8	6 ♏ 22	4 ♍ 43	26 ♒	15 ♑	12 ♐	6 ♑	1 ♓
26	2 ♌ 38	23 ♌ 9	17 ♍ 47	16 ♍ 5	20 ♋ 10	11 ♌ 44	24 ♉ 55	24 ♐ 48	13 ♑ 48	20 ♌ 12	6 ♏ 22	4 ♍ 45	26 ♒	15 ♑	12 ♐	5 ♑	1 ♓
27	3 ♌ 35	5 ♍ 20	17 ♍ 43	16 ♍ 2	20 ♋ 1	12 ♌ 58	25 ♉ 35	24 ♐ 44	13 ♑ 44	20 ♌ 15	6 ♏ 23	4 ♍ 47	26 ♒	15 ♑	12 ♐	5 ♑	1 ♓
28	4 ♌ 33	17 ♍ 41	17 ♍ 40	16 D 2	19 ♋ 57	14 ♌ 11	26 ♉ 16	24 ♐ 39	13 ♑ 40	20 ♌ 19	6 ♏ 23	4 ♍ 49	25 ♒	15 ♑	12 ♐	5 ♑	1 ♓
29	5 ♌ 30	0 ♎ 14	17 ♍ 37	16 ♍ 2	19 D 59	15 ♌ 25	26 ♉ 56	24 ♐ 35	13 ♑ 36	20 ♌ 23	6 ♏ 23	4 ♍ 50	25 ♒	14 ♑	11 ♐	5 ♑	1 ♓
30	6 ♌ 27	13 ♎ 2	17 ♍ 34	16 ♍ 4	20 ♋ 8	16 ♌ 39	27 ♉ 37	24 ♐ 31	13 ♑ 32	20 ♌ 26	6 ♏ 23	4 ♍ 52	25 ♒	14 ♑	11 ♐	5 ♑	0 ♓
31	7 ♌ 25	26 ♎ 9	17 ♍ 31	16 ♍ 5	20 ♋ 22	17 ♌ 53	28 ♉ 17	24 ♐ 27	13 ♑ 28	20 ♌ 30	6 ♏ 24	4 ♍ 54	25 ♒	14 ♑	11 ♐	5 ♑	0 ♓

SUN INGRESS: ☉ → ♌ 23日 05:37

MOON PHASE: ◐ 2日 12:48 ♎　○ 9日 04:37 ♑　◑ 16日 00:43 ♈　● 24日 03:31 ♌　◐ 31日 21:38 ♏

aspects		
4日	13:23	♀☍♄
7日	15:25	☉☍♄
11日	10:44	♂△♄
13日	20:09	☿☌♀
17日	09:34	☉☌☿
18日	11:40	♂□♅
21日	13:10	♀⚹♂
21日	15:21	♀□♆
29日	22:19	☉□♆

1960年8月

DAY	☉	☽	☊ mean	☊ true	☿	♀	♂	♃	♄	♅	♆	♇	⚳	⚴	⚵	⚶	⚷
	° ′	° ′	° ′	° ′	° ′	° ′	° ′	° ′	° ′	° ′	° ′	° ′	°	°	°	°	°
1	8 ♌ 22	9 ♏ 37	17 ♍ 27	16 R 6	20 D 43	19 D 7	28 D 57	24 R 23	13 R 25	20 D 34	6 D 24	4 D 56	25 R	14 R	11 R	5 R	0 R
2	9 ♌ 20	23 ♏ 28	17 ♍ 24	16 ♍ 5	21 ♋ 10	20 ♌ 21	29 ♉ 37	24 ♐ 20	13 ♑ 21	20 ♌ 37	6 ♏ 25	4 ♍ 58	24 ♒	14 ♑	11 ♐	4 ♑	0 ♓
3	10 ♌ 17	7 ♐ 43	17 ♍ 21	16 ♍ 2	21 ♋ 43	21 ♌ 35	0 ♊ 17	24 ♐ 16	13 ♑ 17	20 ♌ 41	6 ♏ 25	5 ♍ 0	24 ♒	13 ♑	11 ♐	4 ♑	0 ♓
4	11 ♌ 14	22 ♐ 19	17 ♍ 18	15 ♍ 59	22 ♋ 23	22 ♌ 49	0 ♊ 57	24 ♐ 13	13 ♑ 14	20 ♌ 45	6 ♏ 26	5 ♍ 1	24 ♒	13 ♑	11 ♐	4 ♑	0 ♓
5	12 ♌ 12	7 ♑ 12	17 ♍ 15	15 ♍ 54	23 ♋ 9	24 ♌ 3	1 ♊ 36	24 ♐ 10	13 ♑ 10	20 ♌ 48	6 ♏ 26	5 ♍ 3	24 ♒	13 ♑	11 ♐	4 ♑	0 ♓
6	13 ♌ 9	22 ♑ 14	17 ♍ 12	15 ♍ 50	24 ♋ 0	25 ♌ 17	2 ♊ 16	24 ♐ 7	13 ♑ 6	20 ♌ 52	6 ♏ 27	5 ♍ 5	24 ♒	13 ♑	11 ♐	4 ♑	0 ♓
7	14 ♌ 7	7 ♒ 18	17 ♍ 8	15 ♍ 45	24 ♋ 59	26 ♌ 30	2 ♊ 55	24 ♐ 5	13 ♑ 3	20 ♌ 56	6 ♏ 27	5 ♍ 7	23 ♒	13 ♑	11 D	4 ♑	0 ♓
8	15 ♌ 4	22 ♒ 12	17 ♍ 5	15 ♍ 43	26 ♋ 3	27 ♌ 44	3 ♊ 34	24 ♐ 2	13 ♑ 0	21 ♌ 0	6 ♏ 28	5 ♍ 9	23 ♒	12 ♑	11 ♐	4 ♑	0 ♓
9	16 ♌ 2	6 ♓ 50	17 ♍ 2	15 ♍ 41	27 ♋ 13	28 ♌ 58	4 ♊ 14	24 ♐ 0	12 ♑ 56	21 ♌ 3	6 ♏ 29	5 ♍ 11	23 ♒	12 ♑	11 ♐	4 ♑	0 ♓
10	16 ♌ 59	21 ♓ 6	16 ♍ 59	15 D 41	28 ♋ 29	0 ♍ 12	4 ♊ 53	23 ♐ 58	12 ♑ 53	21 ♌ 7	6 ♏ 29	5 ♍ 13	23 ♒	12 ♑	11 ♐	4 ♑	0 ♓
11	17 ♌ 57	4 ♈ 55	16 ♍ 56	15 ♍ 42	29 ♋ 50	1 ♍ 26	5 ♊ 32	23 ♐ 56	12 ♑ 50	21 ♌ 11	6 ♏ 30	5 ♍ 15	22 ♒	12 ♑	11 ♐	4 ♑	0 ♓
12	18 ♌ 54	18 ♈ 18	16 ♍ 52	15 ♍ 43	1 ♌ 16	2 ♍ 40	6 ♊ 10	23 ♐ 54	12 ♑ 47	21 ♌ 14	6 ♏ 31	5 ♍ 17	22 ♒	12 ♑	11 ♐	4 ♑	0 ♓
13	19 ♌ 52	1 ♉ 17	16 ♍ 49	15 ♍ 45	2 ♌ 46	3 ♍ 54	6 ♊ 49	23 ♐ 52	12 ♑ 44	21 ♌ 18	6 ♏ 32	5 ♍ 19	22 ♒	12 ♑	11 ♐	4 ♑	0 ♓
14	20 ♌ 50	13 ♉ 53	16 ♍ 46	15 ♍ 46	4 ♌ 22	5 ♍ 8	7 ♊ 27	23 ♐ 51	12 ♑ 41	21 ♌ 22	6 ♏ 33	5 ♍ 21	22 ♒	11 ♑	11 ♐	4 ♑	0 ♓
15	21 ♌ 47	26 ♉ 12	16 ♍ 43	15 R 46	6 ♌ 1	6 ♍ 22	8 ♊ 6	23 ♐ 50	12 ♑ 38	21 ♌ 26	6 ♏ 33	5 ♍ 23	22 ♒	11 ♑	11 ♐	4 D	0 ♓
16	22 ♌ 45	8 ♊ 18	16 ♍ 40	15 ♍ 45	7 ♌ 45	7 ♍ 36	8 ♊ 44	23 ♐ 48	12 ♑ 35	21 ♌ 29	6 ♏ 34	5 ♍ 25	21 ♒	11 ♑	11 ♐	4 ♑	0 ♓
17	23 ♌ 43	20 ♊ 14	16 ♍ 37	15 ♍ 43	9 ♌ 31	8 ♍ 49	9 ♊ 22	23 ♐ 48	12 ♑ 32	21 ♌ 33	6 ♏ 35	5 ♍ 27	21 ♒	11 ♑	12 ♐	4 ♑	0 ♓
18	24 ♌ 40	2 ♋ 7	16 ♍ 33	15 ♍ 40	11 ♌ 21	10 ♍ 3	10 ♊ 0	23 ♐ 47	12 ♑ 29	21 ♌ 37	6 ♏ 36	5 ♍ 29	21 ♒	11 ♑	12 ♐	4 ♑	0 ♓
19	25 ♌ 38	13 ♋ 58	16 ♍ 30	15 ♍ 37	13 ♌ 14	11 ♍ 17	10 ♊ 38	23 ♐ 46	12 ♑ 27	21 ♌ 41	6 ♏ 37	5 ♍ 31	21 ♒	11 ♑	12 ♐	4 ♑	0 ♓
20	26 ♌ 36	25 ♋ 52	16 ♍ 27	15 ♍ 34	15 ♌ 8	12 ♍ 31	11 ♊ 15	23 ♐ 46	12 ♑ 24	21 ♌ 44	6 ♏ 38	5 ♍ 33	20 ♒	11 ♑	12 ♐	4 ♑	29 ♒
21	27 ♌ 34	7 ♌ 51	16 ♍ 24	15 ♍ 31	17 ♌ 4	13 ♍ 45	11 ♊ 53	23 ♐ 46	12 ♑ 22	21 ♌ 48	6 ♏ 39	5 ♍ 35	20 ♒	11 ♑	12 ♐	4 ♑	29 ♒
22	28 ♌ 31	19 ♌ 57	16 ♍ 21	15 ♍ 29	19 ♌ 2	14 ♍ 59	12 ♊ 30	23 D 46	12 ♑ 19	21 ♌ 52	6 ♏ 40	5 ♍ 37	20 ♒	11 ♑	12 ♐	4 ♑	29 ♒
23	29 ♌ 29	2 ♍ 12	16 ♍ 18	15 ♍ 28	21 ♌ 1	16 ♍ 13	13 ♊ 7	23 ♐ 46	12 ♑ 17	21 ♌ 55	6 ♏ 41	5 ♍ 39	20 ♒	10 ♑	12 ♐	4 ♑	29 ♒
24	0 ♍ 27	14 ♍ 38	16 ♍ 14	15 ♍ 27	23 ♌ 0	17 ♍ 27	13 ♊ 44	23 ♐ 47	12 ♑ 15	21 ♌ 59	6 ♏ 42	5 ♍ 41	20 ♒	10 ♑	12 ♐	4 ♑	29 ♒
25	1 ♍ 25	27 ♍ 15	16 ♍ 11	15 D 28	25 ♌ 0	18 ♍ 41	14 ♊ 21	23 ♐ 48	12 ♑ 13	22 ♌ 3	6 ♏ 44	5 ♍ 43	19 ♒	10 ♑	12 ♐	4 ♑	29 ♒
26	2 ♍ 23	10 ♎ 5	16 ♍ 8	15 ♍ 28	26 ♌ 59	19 ♍ 55	14 ♊ 58	23 ♐ 48	12 ♑ 10	22 ♌ 7	6 ♏ 45	5 ♍ 45	19 ♒	10 ♑	12 ♐	4 ♑	29 ♒
27	3 ♍ 21	23 ♎ 9	16 ♍ 5	15 ♍ 29	28 ♌ 59	21 ♍ 9	15 ♊ 34	23 ♐ 49	12 ♑ 9	22 ♌ 10	6 ♏ 46	5 ♍ 47	19 ♒	10 ♑	12 ♐	4 ♑	29 ♒
28	4 ♍ 19	6 ♏ 28	16 ♍ 2	15 ♍ 30	0 ♍ 58	22 ♍ 22	16 ♊ 10	23 ♐ 51	12 ♑ 7	22 ♌ 14	6 ♏ 47	5 ♍ 49	19 ♒	10 ♑	12 ♐	5 ♑	29 ♒
29	5 ♍ 17	20 ♏ 2	15 ♍ 58	15 ♍ 31	2 ♍ 57	23 ♍ 36	16 ♊ 47	23 ♐ 52	12 ♑ 5	22 ♌ 18	6 ♏ 48	5 ♍ 51	19 ♒	10 ♑	13 ♐	5 ♑	29 ♒
30	6 ♍ 15	3 ♐ 52	15 ♍ 55	15 ♍ 31	4 ♍ 55	24 ♍ 50	17 ♊ 22	23 ♐ 54	12 ♑ 3	22 ♌ 21	6 ♏ 50	5 ♍ 53	18 ♒	10 ♑	13 ♐	5 ♑	29 ♒
31	7 ♍ 13	17 ♐ 58	15 ♍ 52	15 R 31	6 ♍ 52	26 ♍ 4	17 ♊ 58	23 ♐ 55	12 ♑ 2	22 ♌ 25	6 ♏ 51	5 ♍ 55	18 ♒	10 ♑	13 ♐	5 ♑	29 ♒

SUN INGRESS: ☉ → ♍ 23日 12:34

MOON PHASE: ○ 7日 11:41 ♒　◑ 14日 14:37 ♉　● 22日 18:15 ♌　◐ 30日 04:22 ♐

aspects		
2日	05:36	♀☌♅
5日	02:20	♀△♃
10日	13:14	♂□♇
14日	04:23	♀☌♇
14日	14:24	☉☌♅
15日	03:51	☿⚹♆
15日	07:36	♀□♆
16日	20:47	♀⚹♂
17日	02:05	☉△♃
17日	21:43	♀□♂
19日	21:45	♀△♄
23日	11:25	☿☌♅
24日	09:29	☿△♃
29日	05:11	♀□♃
29日	14:48	☉☌♇
30日	12:11	☿☌♇
30日	14:51	☉⚹♆
30日	23:50	☿⚹♆
31日	08:34	☉☌☿

1960年9月

DAY	☉	☽	☊ mean	☊ true	☿	♀	♂	♃	♄	♅	♆	♇	⚳	⚴	⚵	⚶	⚷
	° ′	° ′	° ′	° ′	° ′	° ′	° ′	° ′	° ′	° ′	° ′	° ′	°	°	°	°	°
1	8 ♍ 11	2 ♑ 19	15 ♍ 49	15 R 31	8 D 48	27 D 18	18 D 34	23 D 57	12 R 0	22 D 29	6 D 52	5 D 57	18 R	10 R	13 D	5 D	29 R
2	9 ♍ 9	16 ♑ 50	15 ♍ 46	15 ♍ 30	10 ♍ 43	28 ♍ 32	19 ♊ 9	23 ♐ 59	11 ♑ 59	22 ♌ 32	6 ♏ 54	5 ♍ 59	18 ♒	10 ♑	13 ♐	5 ♑	29 ♒
3	10 ♍ 7	1 ♒ 28	15 ♍ 43	15 ♍ 30	12 ♍ 37	29 ♍ 46	19 ♊ 44	24 ♐ 2	11 ♑ 57	22 ♌ 36	6 ♏ 55	6 ♍ 1	18 ♒	10 ♑	13 ♐	5 ♑	29 ♒
4	11 ♍ 5	16 ♒ 7	15 ♍ 39	15 ♍ 29	14 ♍ 30	1 ♎ 0	20 ♊ 19	24 ♐ 4	11 ♑ 56	22 ♌ 39	6 ♏ 57	6 ♍ 3	17 ♒	10 ♑	13 ♐	5 ♑	29 ♒
5	12 ♍ 3	0 ♓ 41	15 ♍ 36	15 ♍ 29	16 ♍ 22	2 ♎ 13	20 ♊ 54	24 ♐ 7	11 ♑ 55	22 ♌ 43	6 ♏ 58	6 ♍ 5	17 ♒	10 D	13 ♐	6 ♑	29 ♒
6	13 ♍ 1	15 ♓ 4	15 ♍ 33	15 ♍ 29	18 ♍ 13	3 ♎ 27	21 ♊ 29	24 ♐ 10	11 ♑ 54	22 ♌ 47	6 ♏ 59	6 ♍ 7	17 ♒	10 ♑	14 ♐	6 ♑	29 ♒
7	13 ♍ 59	29 ♓ 10	15 ♍ 30	15 D 29	20 ♍ 3	4 ♎ 41	22 ♊ 3	24 ♐ 13	11 ♑ 53	22 ♌ 50	7 ♏ 1	6 ♍ 9	17 ♒	10 ♑	14 ♐	6 ♑	29 ♒
8	14 ♍ 58	12 ♈ 55	15 ♍ 27	15 ♍ 29	21 ♍ 51	5 ♎ 55	22 ♊ 38	24 ♐ 16	11 ♑ 52	22 ♌ 54	7 ♏ 2	6 ♍ 11	17 ♒	10 ♑	14 ♐	6 ♑	29 ♒
9	15 ♍ 56	26 ♈ 18	15 ♍ 24	15 R 29	23 ♍ 38	7 ♎ 9	23 ♊ 12	24 ♐ 19	11 ♑ 51	22 ♌ 57	7 ♏ 4	6 ♍ 14	17 ♒	10 ♑	14 ♐	6 ♑	29 ♒
10	16 ♍ 54	9 ♉ 19	15 ♍ 20	15 ♍ 29	25 ♍ 24	8 ♎ 22	23 ♊ 45	24 ♐ 23	11 ♑ 51	23 ♌ 1	7 ♏ 6	6 ♍ 16	16 ♒	10 ♑	14 ♐	6 ♑	28 ♒
11	17 ♍ 53	21 ♉ 58	15 ♍ 17	15 ♍ 29	27 ♍ 9	9 ♎ 36	24 ♊ 19	24 ♐ 27	11 ♑ 50	23 ♌ 4	7 ♏ 7	6 ♍ 18	16 ♒	10 ♑	14 ♐	7 ♑	28 ♒
12	18 ♍ 51	4 ♊ 20	15 ♍ 14	15 ♍ 28	28 ♍ 53	10 ♎ 50	24 ♊ 52	24 ♐ 31	11 ♑ 50	23 ♌ 8	7 ♏ 9	6 ♍ 20	16 ♒	10 ♑	15 ♐	7 ♑	28 ♒
13	19 ♍ 49	16 ♊ 27	15 ♍ 11	15 ♍ 28	0 ♎ 36	12 ♎ 4	25 ♊ 26	24 ♐ 35	11 ♑ 49	23 ♌ 11	7 ♏ 10	6 ♍ 22	16 ♒	10 ♑	15 ♐	7 ♑	28 ♒
14	20 ♍ 48	28 ♊ 25	15 ♍ 8	15 D 28	2 ♎ 17	13 ♎ 18	25 ♊ 59	24 ♐ 39	11 ♑ 49	23 ♌ 15	7 ♏ 12	6 ♍ 24	16 ♒	10 ♑	15 ♐	7 ♑	28 ♒
15	21 ♍ 46	10 ♋ 18	15 ♍ 4	15 ♍ 29	3 ♎ 58	14 ♎ 31	26 ♊ 31	24 ♐ 44	11 ♑ 49	23 ♌ 18	7 ♏ 14	6 ♍ 26	16 ♒	10 ♑	15 ♐	7 ♑	28 ♒
16	22 ♍ 45	22 ♋ 10	15 ♍ 1	15 ♍ 29	5 ♎ 37	15 ♎ 45	27 ♊ 4	24 ♐ 48	11 ♑ 49	23 ♌ 21	7 ♏ 15	6 ♍ 27	16 ♒	10 ♑	15 ♐	8 ♑	28 ♒
17	23 ♍ 43	4 ♌ 6	14 ♍ 58	15 ♍ 30	7 ♎ 16	16 ♎ 59	27 ♊ 36	24 ♐ 53	11 D 49	23 ♌ 25	7 ♏ 17	6 ♍ 29	16 ♒	10 ♑	16 ♐	8 ♑	28 ♒
18	24 ♍ 42	16 ♌ 9	14 ♍ 55	15 ♍ 31	8 ♎ 53	18 ♎ 13	28 ♊ 8	24 ♐ 58	11 ♑ 49	23 ♌ 28	7 ♏ 19	6 ♍ 31	15 ♒	10 ♑	16 ♐	8 ♑	28 ♒
19	25 ♍ 40	28 ♌ 23	14 ♍ 52	15 ♍ 32	10 ♎ 29	19 ♎ 26	28 ♊ 40	25 ♐ 3	11 ♑ 49	23 ♌ 31	7 ♏ 21	6 ♍ 33	15 ♒	10 ♑	16 ♐	8 ♑	28 ♒
20	26 ♍ 39	10 ♍ 51	14 ♍ 49	15 ♍ 32	12 ♎ 5	20 ♎ 40	29 ♊ 11	25 ♐ 8	11 ♑ 49	23 ♌ 35	7 ♏ 23	6 ♍ 35	15 ♒	11 ♑	16 ♐	9 ♑	28 ♒
21	27 ♍ 38	23 ♍ 33	14 ♍ 45	15 R 32	13 ♎ 39	21 ♎ 54	29 ♊ 43	25 ♐ 14	11 ♑ 50	23 ♌ 38	7 ♏ 24	6 ♍ 37	15 ♒	11 ♑	16 ♐	9 ♑	28 ♒
22	28 ♍ 36	6 ♎ 31	14 ♍ 42	15 ♍ 31	15 ♎ 12	23 ♎ 7	0 ♋ 14	25 ♐ 19	11 ♑ 50	23 ♌ 41	7 ♏ 26	6 ♍ 39	15 ♒	11 ♑	17 ♐	9 ♑	28 ♒
23	29 ♍ 35	19 ♎ 45	14 ♍ 39	15 ♍ 30	16 ♎ 45	24 ♎ 21	0 ♋ 44	25 ♐ 25	11 ♑ 51	23 ♌ 44	7 ♏ 28	6 ♍ 41	15 ♒	11 ♑	17 ♐	9 ♑	28 ♒
24	0 ♎ 34	3 ♏ 13	14 ♍ 36	15 ♍ 28	18 ♎ 16	25 ♎ 35	1 ♋ 15	25 ♐ 31	11 ♑ 52	23 ♌ 48	7 ♏ 30	6 ♍ 43	15 ♒	11 ♑	17 ♐	10 ♑	28 ♒
25	1 ♎ 33	16 ♏ 53	14 ♍ 33	15 ♍ 26	19 ♎ 47	26 ♎ 49	1 ♋ 45	25 ♐ 37	11 ♑ 52	23 ♌ 51	7 ♏ 32	6 ♍ 45	15 ♒	11 ♑	17 ♐	10 ♑	28 ♒
26	2 ♎ 31	0 ♐ 45	14 ♍ 29	15 ♍ 24	21 ♎ 16	28 ♎ 2	2 ♋ 15	25 ♐ 43	11 ♑ 53	23 ♌ 54	7 ♏ 34	6 ♍ 47	15 ♒	11 ♑	17 ♐	10 ♑	28 ♒
27	3 ♎ 30	14 ♐ 45	14 ♍ 26	15 ♍ 22	22 ♎ 44	29 ♎ 16	2 ♋ 44	25 ♐ 50	11 ♑ 54	23 ♌ 57	7 ♏ 36	6 ♍ 49	15 ♒	11 ♑	18 ♐	10 ♑	28 ♒
28	4 ♎ 29	28 ♐ 52	14 ♍ 23	15 ♍ 21	24 ♎ 12	0 ♏ 30	3 ♋ 14	25 ♐ 56	11 ♑ 55	24 ♌ 0	7 ♏ 38	6 ♍ 51	15 ♒	11 ♑	18 ♐	11 ♑	28 ♒
29	5 ♎ 28	13 ♑ 4	14 ♍ 20	15 D 22	25 ♎ 38	1 ♏ 43	3 ♋ 43	26 ♐ 3	11 ♑ 57	24 ♌ 3	7 ♏ 39	6 ♍ 52	15 ♒	12 ♑	18 ♐	11 ♑	28 ♒
30	6 ♎ 27	27 ♑ 18	14 ♍ 17	15 ♍ 22	27 ♎ 4	2 ♏ 57	4 ♋ 11	26 ♐ 10	11 ♑ 58	24 ♌ 6	7 ♏ 41	6 ♍ 54	15 ♒	12 ♑	18 ♐	11 ♑	28 ♒

SUN INGRESS	☉→♎23日 09:59
MOON PHASE	○ 5日 20:19 ♓　◑ 13日 07:19 ♊　● 21日 08:12 ♍　◐ 28日 10:13 ♑

aspects

2日	15:39	☿△♄
4日	20:43	☉△♄
8日	12:41	♂⚹♅
8日	15:13	☿□♂
9日	09:37	☿□♃
11日	06:18	♂☍♃
12日	19:19	♀□♄
18日	07:13	☉□♃
19日	20:07	☿□♄
22日	11:29	♀⚹♅
23日	22:36	♀⚹♃
25日	10:09	☉□♂
27日	20:37	☿⚹♅
29日	07:26	☿⚹♃

1960年10月

DAY	☉	☽	☊ mean	☊ true	☿	♀	♂	♃	♄	♅	♆	♇	⚳	⚴	⚵	⚶	⚷
	° ′	° ′	° ′	° ′	° ′	° ′	° ′	° ′	° ′	° ′	° ′	° ′	°	°	°	°	°
1	7 ♎ 26	11 ♒ 32	14 ♍ 14	15 D 24	28 D 28	4 D 10	4 D 40	26 D 17	11 D 59	24 D 9	7 D 43	6 D 56	15 R	12 D	19 D	11 D	28 R
2	8 ♎ 25	25 ♒ 44	14 ♍ 10	15 ♍ 25	29 ♎ 52	5 ♏ 24	5 ♋ 8	26 ♐ 24	12 ♑ 1	24 ♌ 12	7 ♏ 45	6 ♍ 58	15 ♒	12 ♑	19 ♐	12 ♑	28 ♒
3	9 ♎ 24	9 ♓ 50	14 ♍ 7	15 ♍ 26	1 ♏ 14	6 ♏ 38	5 ♋ 35	26 ♐ 31	12 ♑ 2	24 ♌ 15	7 ♏ 47	7 ♍ 0	15 ♒	12 ♑	19 ♐	12 ♑	28 ♒
4	10 ♎ 23	23 ♓ 47	14 ♍ 4	15 R 26	2 ♏ 35	7 ♏ 51	6 ♋ 3	26 ♐ 38	12 ♑ 4	24 ♌ 18	7 ♏ 49	7 ♍ 1	14 ♒	12 ♑	19 ♐	12 ♑	27 ♒
5	11 ♎ 22	7 ♈ 33	14 ♍ 1	15 ♍ 24	3 ♏ 55	9 ♏ 5	6 ♋ 30	26 ♐ 46	12 ♑ 6	24 ♌ 21	7 ♏ 52	7 ♍ 3	14 ♒	12 ♑	20 ♐	13 ♑	27 ♒
6	12 ♎ 21	21 ♈ 4	13 ♍ 58	15 ♍ 22	5 ♏ 14	10 ♏ 18	6 ♋ 57	26 ♐ 54	12 ♑ 8	24 ♌ 23	7 ♏ 54	7 ♍ 5	14 D	13 ♑	20 ♐	13 ♑	27 ♒
7	13 ♎ 20	4 ♉ 17	13 ♍ 55	15 ♍ 18	6 ♏ 31	11 ♏ 32	7 ♋ 23	27 ♐ 1	12 ♑ 10	24 ♌ 26	7 ♏ 56	7 ♍ 7	14 ♒	13 ♑	20 ♐	13 ♑	27 ♒
8	14 ♎ 20	17 ♉ 13	13 ♍ 51	15 ♍ 13	7 ♏ 48	12 ♏ 45	7 ♋ 49	27 ♐ 9	12 ♑ 12	24 ♌ 29	7 ♏ 58	7 ♍ 8	15 ♒	13 ♑	20 ♐	14 ♑	27 ♒
9	15 ♎ 19	29 ♉ 51	13 ♍ 48	15 ♍ 8	9 ♏ 2	13 ♏ 59	8 ♋ 15	27 ♐ 18	12 ♑ 14	24 ♌ 32	8 ♏ 0	7 ♍ 10	15 ♒	13 ♑	21 ♐	14 ♑	27 ♒
10	16 ♎ 18	12 ♊ 13	13 ♍ 45	15 ♍ 3	10 ♏ 16	15 ♏ 12	8 ♋ 40	27 ♐ 26	12 ♑ 16	24 ♌ 34	8 ♏ 2	7 ♍ 12	15 ♒	13 ♑	21 ♐	14 ♑	27 ♒
11	17 ♎ 17	24 ♊ 20	13 ♍ 42	15 ♍ 0	11 ♏ 27	16 ♏ 26	9 ♋ 5	27 ♐ 34	12 ♑ 19	24 ♌ 37	8 ♏ 4	7 ♍ 13	15 ♒	13 ♑	21 ♐	15 ♑	27 ♒
12	18 ♎ 17	6 ♋ 18	13 ♍ 39	14 ♍ 58	12 ♏ 37	17 ♏ 39	9 ♋ 30	27 ♐ 43	12 ♑ 21	24 ♌ 39	8 ♏ 6	7 ♍ 15	15 ♒	14 ♑	21 ♐	15 ♑	27 ♒
13	19 ♎ 16	18 ♋ 11	13 ♍ 35	14 ♍ 57	13 ♏ 45	18 ♏ 52	9 ♋ 54	27 ♐ 51	12 ♑ 24	24 ♌ 42	8 ♏ 8	7 ♍ 17	15 ♒	14 ♑	22 ♐	15 ♑	27 ♒
14	20 ♎ 16	0 ♌ 2	13 ♍ 32	14 D 57	14 ♏ 51	20 ♏ 6	10 ♋ 17	28 ♐ 0	12 ♑ 26	24 ♌ 44	8 ♏ 10	7 ♍ 18	15 ♒	14 ♑	22 ♐	16 ♑	27 ♒
15	21 ♎ 15	11 ♌ 58	13 ♍ 29	14 ♍ 59	15 ♏ 55	21 ♏ 19	10 ♋ 41	28 ♐ 9	12 ♑ 29	24 ♌ 47	8 ♏ 13	7 ♍ 20	15 ♒	14 ♑	22 ♐	16 ♑	27 ♒
16	22 ♎ 15	24 ♌ 2	13 ♍ 26	15 ♍ 0	16 ♏ 56	22 ♏ 33	11 ♋ 4	28 ♐ 18	12 ♑ 32	24 ♌ 49	8 ♏ 15	7 ♍ 21	15 ♒	14 ♑	23 ♐	16 ♑	27 ♒
17	23 ♎ 14	6 ♍ 21	13 ♍ 23	15 ♍ 2	17 ♏ 54	23 ♏ 46	11 ♋ 26	28 ♐ 27	12 ♑ 35	24 ♌ 52	8 ♏ 17	7 ♍ 23	15 ♒	15 ♑	23 ♐	17 ♑	27 ♒
18	24 ♎ 14	18 ♍ 57	13 ♍ 20	15 R 2	18 ♏ 50	24 ♏ 59	11 ♋ 48	28 ♐ 36	12 ♑ 38	24 ♌ 54	8 ♏ 19	7 ♍ 24	15 ♒	15 ♑	23 ♐	17 ♑	27 ♒
19	25 ♎ 13	1 ♎ 53	13 ♍ 16	15 ♍ 1	19 ♏ 43	26 ♏ 13	12 ♋ 10	28 ♐ 46	12 ♑ 41	24 ♌ 56	8 ♏ 21	7 ♍ 26	15 ♒	15 ♑	24 ♐	17 ♑	27 ♒
20	26 ♎ 13	15 ♎ 10	13 ♍ 13	14 ♍ 57	20 ♏ 31	27 ♏ 26	12 ♋ 31	28 ♐ 55	12 ♑ 44	24 ♌ 59	8 ♏ 24	7 ♍ 27	15 ♒	15 ♑	24 ♐	18 ♑	27 ♒
21	27 ♎ 13	28 ♎ 47	13 ♍ 10	14 ♍ 52	21 ♏ 16	28 ♏ 39	12 ♋ 52	29 ♐ 5	12 ♑ 47	25 ♌ 1	8 ♏ 26	7 ♍ 29	15 ♒	15 ♑	24 ♐	18 ♑	27 ♒
22	28 ♎ 12	12 ♏ 43	13 ♍ 7	14 ♍ 45	21 ♏ 57	29 ♏ 53	13 ♋ 12	29 ♐ 14	12 ♑ 50	25 ♌ 3	8 ♏ 28	7 ♍ 30	15 ♒	16 ♑	24 ♐	18 ♑	27 ♒
23	29 ♎ 12	26 ♏ 52	13 ♍ 4	14 ♍ 38	22 ♏ 33	1 ♐ 6	13 ♋ 31	29 ♐ 24	12 ♑ 54	25 ♌ 5	8 ♏ 30	7 ♍ 32	15 ♒	16 ♑	25 ♐	19 ♑	27 ♒
24	0 ♏ 12	11 ♐ 10	13 ♍ 0	14 ♍ 31	23 ♏ 3	2 ♐ 19	13 ♋ 51	29 ♐ 34	12 ♑ 57	25 ♌ 7	8 ♏ 32	7 ♍ 33	15 ♒	16 ♑	25 ♐	19 ♑	27 ♒
25	1 ♏ 12	25 ♐ 32	12 ♍ 57	14 ♍ 25	23 ♏ 28	3 ♐ 33	14 ♋ 9	29 ♐ 44	13 ♑ 1	25 ♌ 9	8 ♏ 35	7 ♍ 34	16 ♒	16 ♑	25 ♐	20 ♑	27 ♒
26	2 ♏ 12	9 ♑ 52	12 ♍ 54	14 ♍ 21	23 ♏ 46	4 ♐ 46	14 ♋ 27	29 ♐ 54	13 ♑ 5	25 ♌ 11	8 ♏ 37	7 ♍ 36	16 ♒	16 ♑	25 ♐	20 ♑	27 ♒
27	3 ♏ 11	24 ♑ 7	12 ♍ 51	14 ♍ 19	23 ♏ 57	5 ♐ 59	14 ♋ 45	0 ♑ 5	13 ♑ 8	25 ♌ 13	8 ♏ 39	7 ♍ 37	16 ♒	17 ♑	26 ♐	20 ♑	27 ♒
28	4 ♏ 11	8 ♒ 15	12 ♍ 48	14 D 18	24 R 1	7 ♐ 12	15 ♋ 2	0 ♑ 15	13 ♑ 12	25 ♌ 15	8 ♏ 41	7 ♍ 38	16 ♒	17 ♑	26 ♐	21 ♑	27 ♒
29	5 ♏ 11	22 ♒ 14	12 ♍ 45	14 ♍ 19	23 ♏ 56	8 ♐ 25	15 ♋ 19	0 ♑ 25	13 ♑ 16	25 ♌ 17	8 ♏ 44	7 ♍ 40	16 ♒	17 ♑	26 ♐	21 ♑	27 ♒
30	6 ♏ 11	6 ♓ 4	12 ♍ 41	14 ♍ 20	23 ♏ 43	9 ♐ 39	15 ♋ 35	0 ♑ 36	13 ♑ 20	25 ♌ 19	8 ♏ 46	7 ♍ 41	16 ♒	17 ♑	27 ♐	21 ♑	27 ♒
31	7 ♏ 11	19 ♓ 44	12 ♍ 38	14 R 20	23 ♏ 21	10 ♐ 52	15 ♋ 50	0 ♑ 47	13 ♑ 24	25 ♌ 20	8 ♏ 48	7 ♍ 42	16 ♒	18 ♑	27 ♐	22 ♑	27 ♒

SUN INGRESS	☉→♏23日 19:02
MOON PHASE	○ 5日 07:16 ♈　◑ 13日 02:25 ♋　● 20日 21:02 ♎　◐ 27日 16:34 ♒

aspects

1日	15:25	♀△♂
3日	07:23	♀⚹♇
3日	23:28	♀☌♆
5日	18:20	☉□♄
6日	07:59	♂⚹♇
7日	11:16	☿⚹♇
7日	12:48	♀⚹♄
8日	00:42	☿△♂
8日	03:19	☿☌♆
8日	08:46	♂△♆
11日	18:14	☿⚹♄
17日	22:11	♀□♅
18日	16:55	☉⚹♅
20日	17:39	♂☍♄
23日	05:51	☉⚹♃
28日	08:44	♀□♇
31日	12:40	☉⚹♇

1960年11月

DAY	☉	☽	☊		☿	♀	♂	♃	♄	♅	♆	♇	⚳	⚴	⚵	⚶	⚷
			mean	true													
	° ′	° ′	° ′	° ′	° ′	° ′	° ′	° ′	° ′	° ′	° ′	° ′	°	°	°	°	°
1	8 ♏ 11	3 ♈ 15	12 ♍ 35	14 R 18	22 R 49	12 D 5	16 D 5	0 D 57	13 D 28	25 D 22	8 D 50	7 D 43	16 D	18 D	27 D	22 D	27 R
2	9 ♏ 11	16 ♈ 35	12 ♍ 32	14 ♍ 14	22 ♏ 8	13 ♐ 18	16 ♋ 19	1 ♑ 8	13 ♑ 33	25 ♌ 24	8 ♏ 53	7 ♍ 44	17 ♒	18 ♑	28 ♐	23 ♑	27 ♒
3	10 ♏ 11	29 ♈ 45	12 ♍ 29	14 ♍ 8	21 ♏ 17	14 ♐ 31	16 ♋ 32	1 ♑ 19	13 ♑ 37	25 ♌ 25	8 ♏ 55	7 ♍ 46	17 ♒	18 ♑	28 ♐	23 ♑	27 ♒
4	11 ♏ 11	12 ♉ 41	12 ♍ 26	13 ♍ 59	20 ♏ 18	15 ♐ 44	16 ♋ 45	1 ♑ 30	13 ♑ 41	25 ♌ 27	8 ♏ 57	7 ♍ 47	17 ♒	19 ♑	28 ♐	23 ♑	27 ♒
5	12 ♏ 11	25 ♉ 25	12 ♍ 22	13 ♍ 48	19 ♏ 11	16 ♐ 57	16 ♋ 58	1 ♑ 41	13 ♑ 46	25 ♌ 28	8 ♏ 59	7 ♍ 48	17 ♒	19 ♑	29 ♐	24 ♑	27 ♒
6	13 ♏ 12	7 ♊ 55	12 ♍ 19	13 ♍ 37	17 ♏ 58	18 ♐ 10	17 ♋ 9	1 ♑ 53	13 ♑ 50	25 ♌ 30	9 ♏ 2	7 ♍ 49	17 ♒	19 ♑	29 ♐	24 ♑	27 ♒
7	14 ♏ 12	20 ♊ 12	12 ♍ 16	13 ♍ 26	16 ♏ 41	19 ♐ 23	17 ♋ 21	2 ♑ 4	13 ♑ 55	25 ♌ 31	9 ♏ 4	7 ♍ 50	17 ♒	19 ♑	29 ♐	25 ♑	27 ♒
8	15 ♏ 12	2 ♋ 17	12 ♍ 13	13 ♍ 16	15 ♏ 22	20 ♐ 36	17 ♋ 31	2 ♑ 15	14 ♑ 0	25 ♌ 32	9 ♏ 6	7 ♍ 51	18 ♒	20 ♑	0 ♑	25 ♑	27 D
9	16 ♏ 12	14 ♋ 13	12 ♍ 10	13 ♍ 9	14 ♏ 3	21 ♐ 49	17 ♋ 41	2 ♑ 27	14 ♑ 4	25 ♌ 34	9 ♏ 8	7 ♍ 52	18 ♒	20 ♑	0 ♑	25 ♑	27 ♒
10	17 ♏ 12	26 ♋ 3	12 ♍ 6	13 ♍ 4	12 ♏ 47	23 ♐ 1	17 ♋ 50	2 ♑ 38	14 ♑ 9	25 ♌ 35	9 ♏ 11	7 ♍ 53	18 ♒	20 ♑	0 ♑	26 ♑	27 ♒
11	18 ♏ 13	7 ♌ 53	12 ♍ 3	13 ♍ 2	11 ♏ 37	24 ♐ 14	17 ♋ 58	2 ♑ 50	14 ♑ 14	25 ♌ 36	9 ♏ 13	7 ♍ 54	18 ♒	20 ♑	1 ♑	26 ♑	27 ♒
12	19 ♏ 13	19 ♌ 46	12 ♍ 0	13 D 1	10 ♏ 34	25 ♐ 27	18 ♋ 5	3 ♑ 2	14 ♑ 19	25 ♌ 37	9 ♏ 15	7 ♍ 55	18 ♒	21 ♑	1 ♑	27 ♑	27 ♒
13	20 ♏ 14	1 ♍ 49	11 ♍ 57	13 ♍ 1	9 ♏ 41	26 ♐ 41	18 ♋ 12	3 ♑ 14	14 ♑ 24	25 ♌ 38	9 ♏ 17	7 ♍ 56	19 ♒	21 ♑	1 ♑	27 ♑	27 ♒
14	21 ♏ 14	14 ♍ 6	11 ♍ 54	13 R 2	8 ♏ 59	27 ♐ 52	18 ♋ 18	3 ♑ 26	14 ♑ 29	25 ♌ 39	9 ♏ 19	7 ♍ 56	19 ♒	21 ♑	2 ♑	27 ♑	27 ♒
15	22 ♏ 14	26 ♍ 43	11 ♍ 51	13 ♍ 1	8 ♏ 28	29 ♐ 5	18 ♋ 24	3 ♑ 38	14 ♑ 34	25 ♌ 40	9 ♏ 22	7 ♍ 57	19 ♒	21 ♑	2 ♑	28 ♑	27 ♒
16	23 ♏ 15	9 ♎ 43	11 ♍ 47	12 ♍ 58	8 ♏ 8	0 ♑ 18	18 ♋ 28	3 ♑ 50	14 ♑ 40	25 ♌ 41	9 ♏ 24	7 ♍ 58	19 ♒	22 ♑	2 ♑	28 ♑	27 ♒
17	24 ♏ 15	23 ♎ 10	11 ♍ 44	12 ♍ 52	8 ♏ 0	1 ♑ 30	18 ♋ 32	4 ♑ 2	14 ♑ 45	25 ♌ 42	9 ♏ 26	7 ♍ 59	19 ♒	22 ♑	3 ♑	29 ♑	27 ♒
18	25 ♏ 16	7 ♏ 3	11 ♍ 41	12 ♍ 44	8 D 4	2 ♑ 43	18 ♋ 35	4 ♑ 14	14 ♑ 50	25 ♌ 43	9 ♏ 28	7 ♍ 59	20 ♒	22 ♑	3 ♑	29 ♑	27 ♒
19	26 ♏ 16	21 ♏ 20	11 ♍ 38	12 ♍ 34	8 ♏ 18	3 ♑ 56	18 ♋ 37	4 ♑ 26	14 ♑ 56	25 ♌ 43	9 ♏ 30	8 ♍ 0	20 ♒	23 ♑	3 ♑	0 ♒	27 ♒
20	27 ♏ 17	5 ♐ 56	11 ♍ 35	12 ♍ 22	8 ♏ 42	5 ♑ 8	18 ♋ 38	4 ♑ 38	15 ♑ 1	25 ♌ 44	9 ♏ 33	8 ♍ 1	20 ♒	23 ♑	4 ♑	0 ♒	27 ♒
21	28 ♏ 18	20 ♐ 43	11 ♍ 32	12 ♍ 11	9 ♏ 14	6 ♑ 21	18 ♋ 39	4 ♑ 51	15 ♑ 7	25 ♌ 45	9 ♏ 35	8 ♍ 1	20 ♒	23 ♑	4 ♑	0 ♒	27 ♒
22	29 ♏ 18	5 ♑ 31	11 ♍ 28	12 ♍ 1	9 ♏ 55	7 ♑ 33	18 R 38	5 ♑ 3	15 ♑ 12	25 ♌ 45	9 ♏ 37	8 ♍ 2	20 ♒	23 ♑	4 ♑	1 ♒	27 ♒
23	0 ♐ 19	20 ♑ 14	11 ♍ 25	11 ♍ 53	10 ♏ 42	8 ♑ 45	18 ♋ 37	5 ♑ 16	15 ♑ 18	25 ♌ 46	9 ♏ 39	8 ♍ 3	21 ♒	24 ♑	5 ♑	1 ♒	27 ♒
24	1 ♐ 20	4 ♒ 46	11 ♍ 22	11 ♍ 48	11 ♏ 36	9 ♑ 58	18 ♋ 35	5 ♑ 28	15 ♑ 24	25 ♌ 46	9 ♏ 41	8 ♍ 3	21 ♒	24 ♑	5 ♑	2 ♒	27 ♒
25	2 ♐ 20	19 ♒ 1	11 ♍ 19	11 ♍ 46	12 ♏ 36	11 ♑ 10	18 ♋ 32	5 ♑ 41	15 ♑ 30	25 ♌ 47	9 ♏ 43	8 ♍ 4	21 ♒	24 ♑	5 ♑	2 ♒	27 ♒
26	3 ♐ 21	2 ♓ 59	11 ♍ 16	11 ♍ 46	13 ♏ 40	12 ♑ 22	18 ♋ 29	5 ♑ 54	15 ♑ 35	25 ♌ 47	9 ♏ 45	8 ♍ 4	21 ♒	25 ♑	6 ♑	3 ♒	27 ♒
27	4 ♐ 22	16 ♓ 40	11 ♍ 12	11 ♍ 46	14 ♏ 48	13 ♑ 35	18 ♋ 24	6 ♑ 7	15 ♑ 41	25 ♌ 47	9 ♏ 47	8 ♍ 5	22 ♒	25 ♑	6 ♑	3 ♒	27 ♒
28	5 ♐ 22	0 ♈ 5	11 ♍ 9	11 ♍ 45	16 ♏ 0	14 ♑ 47	18 ♋ 19	6 ♑ 19	15 ♑ 47	25 ♌ 47	9 ♏ 50	8 ♍ 5	22 ♒	25 ♑	7 ♑	4 ♒	27 ♒
29	6 ♐ 23	13 ♈ 16	11 ♍ 6	11 ♍ 42	17 ♏ 15	15 ♑ 59	18 ♋ 12	6 ♑ 32	15 ♑ 53	25 ♌ 48	9 ♏ 52	8 ♍ 5	22 ♒	25 ♑	7 ♑	4 ♒	27 ♒
30	7 ♐ 24	26 ♈ 15	11 ♍ 3	11 ♍ 36	18 ♏ 32	17 ♑ 11	18 ♋ 5	6 ♑ 45	15 ♑ 59	25 ♌ 48	9 ♏ 54	8 ♍ 6	22 ♒	26 ♑	7 ♑	4 ♒	27 ♒

SUN INGRESS ☉ → ♐ 22日 16:18

MOON PHASE ○ 3日 20:58 ♉ ◑ 11日 22:47 ♌ ● 19日 08:46 ♏ ◐ 26日 00:42 ♓

aspects		
1日	16:18	☉☌♆
6日	13:19	☿△♂
6日	16:46	☉⚹♄
8日	01:40	☉☌☿
8日	23:33	☿⚹♄
10日	17:09	☉△♂
12日	03:25	♀△♅
13日	12:06	☿☌♆
18日	10:45	☉□♅
19日	12:11	♀☌♃
21日	13:25	☿☌♆
22日	09:41	♀△♇
23日	18:18	♀⚹♆
27日	19:28	♀⚹♄
28日	21:57	♀☌♄
29日	16:25	☿△♂
30日	16:20	♀☍♂
30日	16:33	☉□♇

1960年12月

DAY	☉	☽	☊		☿	♀	♂	♃	♄	♅	♆	♇	⚳	⚴	⚵	⚶	⚷
			mean	true													
	° ′	° ′	° ′	° ′	° ′	° ′	° ′	° ′	° ′	° ′	° ′	° ′	°	°	°	°	°
1	8 ♐ 25	9 ♉ 2	11 ♍ 0	11 R 27	19 D 52	18 D 23	17 R 57	6 D 58	16 D 5	25 D 48	9 D 56	8 D 6	23 D	26 D	8 D	5 D	27 D
2	9 ♐ 26	21 ♉ 40	10 ♍ 57	11 ♍ 15	21 ♏ 14	19 ♑ 35	17 ♋ 48	7 ♑ 11	16 ♑ 11	25 R 48	9 ♏ 58	8 ♍ 6	23 ♒	26 ♑	8 ♑	5 ♒	27 ♒
3	10 ♐ 26	4 ♊ 7	10 ♍ 53	11 ♍ 1	22 ♏ 37	20 ♑ 46	17 ♋ 39	7 ♑ 24	16 ♑ 18	25 ♌ 48	10 ♏ 0	8 ♍ 7	23 ♒	27 ♑	8 ♑	6 ♒	27 ♒
4	11 ♐ 27	16 ♊ 25	10 ♍ 50	10 ♍ 47	24 ♏ 1	21 ♑ 58	17 ♋ 28	7 ♑ 38	16 ♑ 24	25 ♌ 48	10 ♏ 2	8 ♍ 7	23 ♒	27 ♑	9 ♑	6 ♒	27 ♒
5	12 ♐ 28	28 ♊ 33	10 ♍ 47	10 ♍ 32	25 ♏ 27	23 ♑ 10	17 ♋ 17	7 ♑ 51	16 ♑ 30	25 ♌ 48	10 ♏ 4	8 ♍ 7	24 ♒	27 ♑	9 ♑	7 ♒	27 ♒
6	13 ♐ 29	10 ♋ 33	10 ♍ 44	10 ♍ 19	26 ♏ 54	24 ♑ 22	17 ♋ 4	8 ♑ 4	16 ♑ 36	25 ♌ 47	10 ♏ 6	8 ♍ 7	24 ♒	28 ♑	9 ♑	7 ♒	27 ♒
7	14 ♐ 30	22 ♋ 26	10 ♍ 41	10 ♍ 9	28 ♏ 22	25 ♑ 33	16 ♋ 51	8 ♑ 17	16 ♑ 43	25 ♌ 47	10 ♏ 8	8 ♍ 7	24 ♒	28 ♑	10 ♑	8 ♒	27 ♒
8	15 ♐ 31	4 ♌ 15	10 ♍ 38	10 ♍ 2	29 ♏ 50	26 ♑ 45	16 ♋ 38	8 ♑ 31	16 ♑ 49	25 ♌ 47	10 ♏ 10	8 ♍ 7	25 ♒	28 ♑	10 ♑	8 ♒	27 ♒
9	16 ♐ 32	16 ♌ 3	10 ♍ 34	9 ♍ 57	1 ♐ 19	27 ♑ 56	16 ♋ 23	8 ♑ 44	16 ♑ 55	25 ♌ 46	10 ♏ 11	8 ♍ 7	25 ♒	29 ♑	11 ♑	8 ♒	27 ♒
10	17 ♐ 33	27 ♌ 54	10 ♍ 31	9 ♍ 55	2 ♐ 49	29 ♑ 7	16 ♋ 8	8 ♑ 57	17 ♑ 2	25 ♌ 46	10 ♏ 13	8 ♍ 7	25 ♒	29 ♑	11 ♑	9 ♒	27 ♒
11	18 ♐ 34	9 ♍ 53	10 ♍ 28	9 D 55	4 ♐ 19	0 ♒ 19	15 ♋ 51	9 ♑ 11	17 ♑ 8	25 ♌ 45	10 ♏ 15	8 R 7	25 ♒	29 ♑	11 ♑	9 ♒	27 ♒
12	19 ♐ 35	22 ♍ 6	10 ♍ 25	9 R 55	5 ♐ 49	1 ♒ 30	15 ♋ 35	9 ♑ 24	17 ♑ 15	25 ♌ 45	10 ♏ 17	8 ♍ 7	26 ♒	29 ♑	12 ♑	10 ♒	28 ♒
13	20 ♐ 36	4 ♎ 39	10 ♍ 22	9 ♍ 54	7 ♐ 20	2 ♒ 41	15 ♋ 17	9 ♑ 38	17 ♑ 22	25 ♌ 44	10 ♏ 19	8 ♍ 7	26 ♒	0 ♒	12 ♑	10 ♒	28 ♒
14	21 ♐ 37	17 ♎ 36	10 ♍ 18	9 ♍ 51	8 ♐ 51	3 ♒ 52	14 ♋ 59	9 ♑ 51	17 ♑ 28	25 ♌ 44	10 ♏ 21	8 ♍ 7	26 ♒	0 ♒	12 ♑	11 ♒	28 ♒
15	22 ♐ 38	1 ♏ 0	10 ♍ 15	9 ♍ 47	10 ♐ 22	5 ♒ 3	14 ♋ 40	10 ♑ 5	17 ♑ 35	25 ♌ 43	10 ♏ 22	8 ♍ 7	27 ♒	0 ♒	13 ♑	11 ♒	28 ♒
16	23 ♐ 39	14 ♏ 55	10 ♍ 12	9 ♍ 39	11 ♐ 54	6 ♒ 14	14 ♋ 20	10 ♑ 19	17 ♑ 42	25 ♌ 42	10 ♏ 24	8 ♍ 7	27 ♒	1 ♒	13 ♑	12 ♒	28 ♒
17	24 ♐ 40	29 ♏ 19	10 ♍ 9	9 ♍ 29	13 ♐ 26	7 ♒ 24	14 ♋ 0	10 ♑ 32	17 ♑ 48	25 ♌ 41	10 ♏ 26	8 ♍ 7	27 ♒	1 ♒	14 ♑	12 ♒	28 ♒
18	25 ♐ 41	14 ♐ 7	10 ♍ 6	9 ♍ 18	14 ♐ 58	8 ♒ 35	13 ♋ 39	10 ♑ 46	17 ♑ 55	25 ♌ 40	10 ♏ 28	8 ♍ 7	27 ♒	1 ♒	14 ♑	13 ♒	28 ♒
19	26 ♐ 42	29 ♐ 11	10 ♍ 3	9 ♍ 6	16 ♐ 30	9 ♒ 45	13 ♋ 18	11 ♑ 0	18 ♑ 2	25 ♌ 39	10 ♏ 29	8 ♍ 6	28 ♒	2 ♒	14 ♑	13 ♒	28 ♒
20	27 ♐ 43	14 ♑ 22	9 ♍ 59	8 ♍ 56	18 ♐ 3	10 ♒ 56	12 ♋ 56	11 ♑ 13	18 ♑ 9	25 ♌ 38	10 ♏ 31	8 ♍ 6	28 ♒	2 ♒	15 ♑	13 ♒	28 ♒
21	28 ♐ 45	29 ♑ 29	9 ♍ 56	8 ♍ 49	19 ♐ 35	12 ♒ 6	12 ♋ 34	11 ♑ 27	18 ♑ 15	25 ♌ 37	10 ♏ 33	8 ♍ 6	28 ♒	2 ♒	15 ♑	14 ♒	28 ♒
22	29 ♐ 46	14 ♒ 22	9 ♍ 53	8 ♍ 44	21 ♐ 8	13 ♒ 16	12 ♋ 12	11 ♑ 41	18 ♑ 22	25 ♌ 36	10 ♏ 34	8 ♍ 5	29 ♒	3 ♒	16 ♑	14 ♒	28 ♒
23	0 ♑ 47	28 ♒ 55	9 ♍ 50	8 ♍ 42	22 ♐ 41	14 ♒ 26	11 ♋ 49	11 ♑ 55	18 ♑ 29	25 ♌ 35	10 ♏ 36	8 ♍ 5	29 ♒	3 ♒	16 ♑	15 ♒	28 ♒
24	1 ♑ 48	13 ♓ 5	9 ♍ 47	8 D 41	24 ♐ 14	15 ♒ 36	11 ♋ 26	12 ♑ 9	18 ♑ 36	25 ♌ 34	10 ♏ 38	8 ♍ 5	29 ♒	3 ♒	16 ♑	15 ♒	28 ♒
25	2 ♑ 49	26 ♓ 51	9 ♍ 44	8 ♍ 42	25 ♐ 48	16 ♒ 46	11 ♋ 2	12 ♑ 22	18 ♑ 43	25 ♌ 33	10 ♏ 39	8 ♍ 4	0 ♓	4 ♒	17 ♑	16 ♒	28 ♒
26	3 ♑ 50	10 ♈ 40	9 ♍ 40	8 R 42	27 ♐ 21	17 ♒ 56	10 ♋ 39	12 ♑ 36	18 ♑ 50	25 ♌ 32	10 ♏ 41	8 ♍ 4	0 ♓	4 ♒	17 ♑	16 ♒	28 ♒
27	4 ♑ 51	23 ♈ 18	9 ♍ 37	8 ♍ 40	28 ♐ 55	19 ♒ 5	10 ♋ 15	12 ♑ 50	18 ♑ 57	25 ♌ 30	10 ♏ 42	8 ♍ 3	0 ♓	4 ♒	17 ♑	17 ♒	28 ♒
28	5 ♑ 52	6 ♉ 5	9 ♍ 34	8 ♍ 36	0 ♑ 30	20 ♒ 15	9 ♋ 51	13 ♑ 4	19 ♑ 4	25 ♌ 29	10 ♏ 44	8 ♍ 3	1 ♓	5 ♒	18 ♑	17 ♒	28 ♒
29	6 ♑ 54	18 ♉ 38	9 ♍ 31	8 ♍ 29	2 ♑ 4	21 ♒ 24	9 ♋ 27	13 ♑ 18	19 ♑ 11	25 ♌ 27	10 ♏ 45	8 ♍ 2	1 ♓	5 ♒	18 ♑	18 ♒	28 ♒
30	7 ♑ 55	1 ♊ 0	9 ♍ 28	8 ♍ 20	3 ♑ 39	22 ♒ 33	9 ♋ 3	13 ♑ 32	19 ♑ 18	25 ♌ 26	10 ♏ 46	8 ♍ 2	1 ♓	5 ♒	19 ♑	18 ♒	28 ♒
31	8 ♑ 56	13 ♊ 13	9 ♍ 24	8 ♍ 9	5 ♑ 14	23 ♒ 42	8 ♋ 39	13 ♑ 46	19 ♑ 25	25 ♌ 24	10 ♏ 48	8 ♍ 1	2 ♓	6 ♒	19 ♑	19 ♒	28 ♒

SUN INGRESS ☉ → ♑ 22日 05:26

MOON PHASE ○ 3日 13:24 ♊ ◑ 11日 18:38 ♍ ● 18日 19:47 ♐ ◐ 25日 11:30 ♈

aspects		
5日	05:36	☿□♅
6日	05:47	♃△♇
7日	10:31	♂☍♄
13日	12:28	☿□♇
16日	11:23	♃⚹♆
17日	23:42	☉△♅
19日	15:21	♀□♆
22日	20:05	♂☍♃
24日	20:12	♀△♅
25日	22:03	♂△♆
30日	02:40	☉△♇
30日	19:21	☉☍♂

1961年1月

DAY	☉	☽	☊ mean	☊ true	☿	♀	♂	♃	♄	♅	♆	♇	⚳	⚴	⚵	⚶	⚷
	° ′	° ′	° ′	° ′	° ′	° ′	° ′	° ′	° ′	° ′	° ′	° ′	°	°	°	°	°
1	9 ♑ 57	25 ♊ 18	9 ♍ 21	7 R 57	6 D 49	24 D 51	8 R 16	14 D 0	19 D 32	25 R 23	10 D 49	8 R 0	2 D	6 D	19 D	19 D	28 D
2	10 ♑ 58	7 ♋ 17	9 ♍ 18	7 ♍ 45	8 ♑ 25	25 ♒ 59	7 ♋ 52	14 ♑ 14	19 ♑ 39	25 ♌ 21	10 ♏ 51	8 ♍ 0	2 ♓	6 ♒	20 ♑	20 ♒	28 ♒
3	11 ♑ 59	19 ♋ 11	9 ♍ 15	7 ♍ 35	10 ♑ 1	27 ♒ 8	7 ♋ 29	14 ♑ 28	19 ♑ 46	25 ♌ 20	10 ♏ 52	7 ♍ 59	3 ♓	7 ♒	20 ♑	20 ♒	28 ♒
4	13 ♑ 0	1 ♌ 2	9 ♍ 12	7 ♍ 27	11 ♑ 37	28 ♒ 16	7 ♋ 6	14 ♑ 42	19 ♑ 53	25 ♌ 18	10 ♏ 53	7 ♍ 58	3 ♓	7 ♒	21 ♑	21 ♒	29 ♒
5	14 ♑ 2	12 ♌ 50	9 ♍ 9	7 ♍ 21	13 ♑ 14	29 ♒ 24	6 ♋ 43	14 ♑ 56	20 ♑ 0	25 ♌ 16	10 ♏ 54	7 ♍ 58	3 ♓	7 ♒	21 ♑	21 ♒	29 ♒
6	15 ♑ 3	24 ♌ 39	9 ♍ 5	7 ♍ 18	14 ♑ 51	0 ♓ 32	6 ♋ 20	15 ♑ 10	20 ♑ 7	25 ♌ 14	10 ♏ 56	7 ♍ 57	4 ♓	8 ♒	21 ♑	22 ♒	29 ♒
7	16 ♑ 4	6 ♍ 32	9 ♍ 2	7 ♍ 17	16 ♑ 28	1 ♓ 40	5 ♋ 58	15 ♑ 23	20 ♑ 14	25 ♌ 13	10 ♏ 57	7 ♍ 56	4 ♓	8 ♒	22 ♑	22 ♒	29 ♒
8	17 ♑ 5	18 ♍ 33	8 ♍ 59	7 D 17	18 ♑ 6	2 ♓ 47	5 ♋ 36	15 ♑ 37	20 ♑ 21	25 ♌ 11	10 ♏ 58	7 ♍ 55	4 ♓	8 ♒	22 ♑	22 ♒	29 ♒
9	18 ♑ 6	0 ♎ 45	8 ♍ 56	7 ♍ 18	19 ♑ 44	3 ♓ 54	5 ♋ 15	15 ♑ 51	20 ♑ 28	25 ♌ 9	10 ♏ 59	7 ♍ 54	5 ♓	9 ♒	23 ♑	23 ♒	29 ♒
10	19 ♑ 7	13 ♎ 14	8 ♍ 53	7 ♍ 19	21 ♑ 23	5 ♓ 1	4 ♋ 54	16 ♑ 5	20 ♑ 36	25 ♌ 7	11 ♏ 0	7 ♍ 53	5 ♓	9 ♒	23 ♑	23 ♒	29 ♒
11	20 ♑ 9	26 ♎ 5	8 ♍ 50	7 R 19	23 ♑ 2	6 ♓ 8	4 ♋ 34	16 ♑ 19	20 ♑ 43	25 ♌ 5	11 ♏ 1	7 ♍ 52	5 ♓	9 ♒	23 ♑	24 ♒	29 ♒
12	21 ♑ 10	9 ♏ 22	8 ♍ 46	7 ♍ 18	24 ♑ 42	7 ♓ 15	4 ♋ 14	16 ♑ 33	20 ♑ 50	25 ♌ 3	11 ♏ 2	7 ♍ 52	6 ♓	10 ♒	24 ♑	24 ♒	29 ♒
13	22 ♑ 11	23 ♏ 7	8 ♍ 43	7 ♍ 14	26 ♑ 22	8 ♓ 21	3 ♋ 55	16 ♑ 47	20 ♑ 57	25 ♌ 1	11 ♏ 3	7 ♍ 51	6 ♓	10 ♒	24 ♑	25 ♒	29 ♒
14	23 ♑ 12	7 ♐ 22	8 ♍ 40	7 ♍ 9	28 ♑ 2	9 ♓ 27	3 ♋ 36	17 ♑ 1	21 ♑ 4	24 ♌ 59	11 ♏ 4	7 ♍ 50	6 ♓	10 ♒	25 ♑	25 ♒	29 ♒
15	24 ♑ 13	22 ♐ 4	8 ♍ 37	7 ♍ 2	29 ♑ 43	10 ♓ 33	3 ♋ 19	17 ♑ 15	21 ♑ 11	24 ♌ 57	11 ♏ 5	7 ♍ 49	7 ♓	11 ♒	25 ♑	26 ♒	29 ♒
16	25 ♑ 14	7 ♑ 7	8 ♍ 34	6 ♍ 55	1 ♒ 24	11 ♓ 39	3 ♋ 1	17 ♑ 29	21 ♑ 18	24 ♌ 54	11 ♏ 6	7 ♍ 48	7 ♓	11 ♒	25 ♑	26 ♒	29 ♒
17	26 ♑ 15	22 ♑ 23	8 ♍ 30	6 ♍ 49	3 ♒ 6	12 ♓ 44	2 ♋ 45	17 ♑ 43	21 ♑ 25	24 ♌ 52	11 ♏ 7	7 ♍ 47	7 ♓	11 ♒	26 ♑	27 ♒	29 ♒
18	27 ♑ 17	7 ♒ 41	8 ♍ 27	6 ♍ 44	4 ♒ 47	13 ♓ 49	2 ♋ 29	17 ♑ 57	21 ♑ 32	24 ♌ 50	11 ♏ 8	7 ♍ 45	8 ♓	12 ♒	26 ♑	27 ♒	29 ♒
19	28 ♑ 18	22 ♒ 49	8 ♍ 24	6 ♍ 42	6 ♒ 30	14 ♓ 54	2 ♋ 14	18 ♑ 11	21 ♑ 39	24 ♌ 48	11 ♏ 9	7 ♍ 44	8 ♓	12 ♒	27 ♑	28 ♒	29 ♒
20	29 ♑ 19	7 ♓ 39	8 ♍ 21	6 D 41	8 ♒ 12	15 ♓ 59	2 ♋ 0	18 ♑ 25	21 ♑ 47	24 ♌ 45	11 ♏ 10	7 ♍ 43	9 ♓	12 ♒	27 ♑	28 ♒	29 ♒
21	0 ♒ 20	22 ♓ 6	8 ♍ 18	6 ♍ 42	9 ♒ 55	17 ♓ 3	1 ♋ 46	18 ♑ 39	21 ♑ 54	24 ♌ 43	11 ♏ 10	7 ♍ 42	9 ♓	13 ♒	27 ♑	29 ♒	29 ♒
22	1 ♒ 21	6 ♈ 6	8 ♍ 15	6 ♍ 43	11 ♒ 37	18 ♓ 7	1 ♋ 33	18 ♑ 52	22 ♑ 1	24 ♌ 41	11 ♏ 11	7 ♍ 41	9 ♓	13 ♒	28 ♑	29 ♒	0 ♓
23	2 ♒ 22	19 ♈ 38	8 ♍ 11	6 ♍ 45	13 ♒ 20	19 ♓ 10	1 ♋ 22	19 ♑ 6	22 ♑ 8	24 ♌ 38	11 ♏ 12	7 ♍ 40	10 ♓	13 ♒	28 ♑	0 ♓	0 ♓
24	3 ♒ 23	2 ♉ 47	8 ♍ 8	6 ♍ 45	15 ♒ 2	20 ♓ 14	1 ♋ 10	19 ♑ 20	22 ♑ 15	24 ♌ 36	11 ♏ 12	7 ♍ 39	10 ♓	14 ♒	29 ♑	0 ♓	0 ♓
25	4 ♒ 24	15 ♉ 33	8 ♍ 5	6 R 45	16 ♒ 44	21 ♓ 17	1 ♋ 0	19 ♑ 34	22 ♑ 22	24 ♌ 34	11 ♏ 13	7 ♍ 37	10 ♓	14 ♒	29 ♑	1 ♓	0 ♓
26	5 ♒ 25	28 ♉ 1	8 ♍ 2	6 ♍ 43	18 ♒ 26	22 ♓ 19	0 ♋ 51	19 ♑ 48	22 ♑ 29	24 ♌ 31	11 ♏ 14	7 ♍ 36	11 ♓	14 ♒	29 ♑	1 ♓	0 ♓
27	6 ♒ 26	10 ♊ 16	7 ♍ 59	6 ♍ 39	20 ♒ 6	23 ♓ 21	0 ♋ 42	20 ♑ 1	22 ♑ 36	24 ♌ 29	11 ♏ 14	7 ♍ 35	11 ♓	15 ♒	0 ♒	2 ♓	0 ♓
28	7 ♒ 27	22 ♊ 20	7 ♍ 56	6 ♍ 34	21 ♒ 46	24 ♓ 23	0 ♋ 34	20 ♑ 15	22 ♑ 43	24 ♌ 26	11 ♏ 15	7 ♍ 34	11 ♓	15 ♒	0 ♒	2 ♓	0 ♓
29	8 ♒ 28	4 ♋ 17	7 ♍ 52	6 ♍ 29	23 ♒ 24	25 ♓ 24	0 ♋ 27	20 ♑ 29	22 ♑ 50	24 ♌ 24	11 ♏ 15	7 ♍ 32	12 ♓	15 ♒	1 ♒	3 ♓	0 ♓
30	9 ♒ 29	16 ♋ 9	7 ♍ 49	6 ♍ 24	25 ♒ 1	26 ♓ 25	0 ♋ 21	20 ♑ 42	22 ♑ 57	24 ♌ 21	11 ♏ 16	7 ♍ 31	12 ♓	16 ♒	1 ♒	3 ♓	0 ♓
31	10 ♒ 30	27 ♋ 59	7 ♍ 46	6 ♍ 19	26 ♒ 35	27 ♓ 26	0 ♋ 15	20 ♑ 56	23 ♑ 3	24 ♌ 19	11 ♏ 16	7 ♍ 30	13 ♓	16 ♒	1 ♒	4 ♓	0 ♓

SUN INGRESS	☉ → ♒ 20日 16:01
MOON PHASE	○ 2日 08:06 ♋　◑ 10日 12:02 ♎　● 17日 06:30 ♑　◐ 24日 01:13 ♉

aspects		
1日	10:57	♀☍♅
1日	16:06	♂⚹♇
1日	17:29	☿☍♂
1日	17:49	☿△♇
1日	20:57	☉⚹♆
3日	12:59	☿⚹♆
6日	03:25	☉☌♃
6日	05:27	☿☌♃
6日	08:06	☉☌☿
9日	11:37	☿☌♄
9日	22:03	♀△♂
11日	15:10	☉☌♄
12日	13:05	♀☍♇
15日	11:54	♀△♆
21日	17:51	☿□♆
22日	21:57	♀⚹♃
26日	04:11	☿⚹♄
29日	14:26	☿☍♅
31日	18:24	☉□♆

1961年2月

DAY	☉	☽	☊ mean	☊ true	☿	♀	♂	♃	♄	♅	♆	♇	⚳	⚴	⚵	⚶	⚷
	° ′	° ′	° ′	° ′	° ′	° ′	° ′	° ′	° ′	° ′	° ′	° ′	°	°	°	°	°
1	11 ♒ 31	9 ♌ 48	7 ♍ 43	6 R 16	28 D 7	28 D 26	0 R 11	21 D 9	23 D 10	24 R 16	11 D 16	7 R 28	13 D	16 D	2 D	4 D	0 D
2	12 ♒ 32	21 ♌ 40	7 ♍ 40	6 ♍ 14	29 ♒ 36	29 ♓ 26	0 ♋ 7	21 ♑ 23	23 ♑ 17	24 ♌ 14	11 ♏ 17	7 ♍ 27	13 ♓	17 ♒	2 ♒	5 ♓	0 ♓
3	13 ♒ 32	3 ♍ 34	7 ♍ 36	6 ♍ 13	1 ♓ 0	0 ♈ 25	0 ♋ 4	21 ♑ 36	23 ♑ 24	24 ♌ 11	11 ♏ 17	7 ♍ 26	14 ♓	17 ♒	3 ♒	5 ♓	0 ♓
4	14 ♒ 33	15 ♍ 35	7 ♍ 33	6 D 13	2 ♓ 21	1 ♈ 23	0 ♋ 1	21 ♑ 50	23 ♑ 31	24 ♌ 9	11 ♏ 17	7 ♍ 24	14 ♓	17 ♒	3 ♒	6 ♓	0 ♓
5	15 ♒ 34	27 ♍ 43	7 ♍ 30	6 ♍ 14	3 ♓ 36	2 ♈ 21	0 ♋ 0	22 ♑ 3	23 ♑ 38	24 ♌ 6	11 ♏ 18	7 ♍ 23	14 ♓	18 ♒	4 ♒	6 ♓	0 ♓
6	16 ♒ 35	10 ♎ 3	7 ♍ 27	6 ♍ 16	4 ♓ 46	3 ♈ 19	29 ♊ 59	22 ♑ 17	23 ♑ 44	24 ♌ 3	11 ♏ 18	7 ♍ 21	15 ♓	18 ♒	4 ♒	6 ♓	0 ♓
7	17 ♒ 36	22 ♎ 37	7 ♍ 24	6 ♍ 17	5 ♓ 49	4 ♈ 16	29 D 59	22 ♑ 30	23 ♑ 51	24 ♌ 1	11 ♏ 18	7 ♍ 20	15 ♓	18 ♒	4 ♒	7 ♓	1 ♓
8	18 ♒ 36	5 ♏ 28	7 ♍ 21	6 ♍ 19	6 ♓ 45	5 ♈ 13	0 ♋ 0	22 ♑ 43	23 ♑ 58	23 ♌ 58	11 ♏ 18	7 ♍ 18	16 ♓	19 ♒	5 ♒	7 ♓	1 ♓
9	19 ♒ 37	18 ♏ 41	7 ♍ 17	6 ♍ 19	7 ♓ 33	6 ♈ 8	0 ♋ 1	22 ♑ 57	24 ♑ 4	23 ♌ 56	11 ♏ 18	7 ♍ 17	16 ♓	19 ♒	5 ♒	8 ♓	1 ♓
10	20 ♒ 38	2 ♐ 17	7 ♍ 14	6 R 19	8 ♓ 12	7 ♈ 4	0 ♋ 4	23 ♑ 10	24 ♑ 11	23 ♌ 53	11 ♏ 18	7 ♍ 16	16 ♓	19 ♒	6 ♒	8 ♓	1 ♓
11	21 ♒ 39	16 ♐ 17	7 ♍ 11	6 ♍ 18	8 ♓ 41	7 ♈ 58	0 ♋ 7	23 ♑ 23	24 ♑ 18	23 ♌ 50	11 ♏ 18	7 ♍ 14	17 ♓	20 ♒	6 ♒	9 ♓	1 ♓
12	22 ♒ 39	0 ♑ 42	7 ♍ 8	6 ♍ 16	9 ♓ 0	8 ♈ 53	0 ♋ 10	23 ♑ 36	24 ♑ 24	23 ♌ 48	11 R 18	7 ♍ 13	17 ♓	20 ♒	6 ♒	9 ♓	1 ♓
13	23 ♒ 40	15 ♑ 27	7 ♍ 5	6 ♍ 15	9 ♓ 9	9 ♈ 46	0 ♋ 15	23 ♑ 49	24 ♑ 31	23 ♌ 45	11 ♏ 18	7 ♍ 11	18 ♓	20 ♒	7 ♒	10 ♓	1 ♓
14	24 ♒ 41	0 ♒ 28	7 ♍ 1	6 ♍ 13	9 R 8	10 ♈ 39	0 ♋ 20	24 ♑ 2	24 ♑ 37	23 ♌ 42	11 ♏ 18	7 ♍ 10	18 ♓	21 ♒	7 ♒	10 ♓	1 ♓
15	25 ♒ 41	15 ♒ 36	6 ♍ 58	6 ♍ 12	8 ♓ 56	11 ♈ 31	0 ♋ 25	24 ♑ 15	24 ♑ 44	23 ♌ 40	11 ♏ 18	7 ♍ 8	18 ♓	21 ♒	8 ♒	11 ♓	1 ♓
16	26 ♒ 42	0 ♓ 42	6 ♍ 55	6 ♍ 12	8 ♓ 33	12 ♈ 22	0 ♋ 32	24 ♑ 28	24 ♑ 50	23 ♌ 37	11 ♏ 18	7 ♍ 7	19 ♓	21 ♒	8 ♒	11 ♓	1 ♓
17	27 ♒ 43	15 ♓ 36	6 ♍ 52	6 D 12	8 ♓ 1	13 ♈ 12	0 ♋ 39	24 ♑ 41	24 ♑ 57	23 ♌ 35	11 ♏ 18	7 ♍ 5	19 ♓	22 ♒	8 ♒	12 ♓	1 ♓
18	28 ♒ 43	0 ♈ 11	6 ♍ 49	6 ♍ 12	7 ♓ 20	14 ♈ 2	0 ♋ 46	24 ♑ 54	25 ♑ 3	23 ♌ 32	11 ♏ 18	7 ♍ 4	19 ♓	22 ♒	9 ♒	12 ♓	1 ♓
19	29 ♒ 44	14 ♈ 22	6 ♍ 46	6 ♍ 13	6 ♓ 31	14 ♈ 51	0 ♋ 55	25 ♑ 7	25 ♑ 9	23 ♌ 29	11 ♏ 18	7 ♍ 2	20 ♓	23 ♒	9 ♒	13 ♓	1 ♓
20	0 ♓ 44	28 ♈ 7	6 ♍ 42	6 ♍ 13	5 ♓ 35	15 ♈ 39	1 ♋ 4	25 ♑ 19	25 ♑ 15	23 ♌ 27	11 ♏ 17	7 ♍ 0	20 ♓	23 ♒	10 ♒	13 ♓	1 ♓
21	1 ♓ 45	11 ♉ 24	6 ♍ 39	6 ♍ 14	4 ♓ 34	16 ♈ 26	1 ♋ 13	25 ♑ 32	25 ♑ 22	23 ♌ 24	11 ♏ 17	6 ♍ 59	21 ♓	23 ♒	10 ♒	14 ♓	1 ♓
22	2 ♓ 45	24 ♉ 17	6 ♍ 36	6 ♍ 14	3 ♓ 30	17 ♈ 12	1 ♋ 23	25 ♑ 45	25 ♑ 28	23 ♌ 21	11 ♏ 17	6 ♍ 57	21 ♓	24 ♒	10 ♒	14 ♓	2 ♓
23	3 ♓ 46	6 ♊ 49	6 ♍ 33	6 R 14	2 ♓ 24	17 ♈ 57	1 ♋ 34	25 ♑ 57	25 ♑ 34	23 ♌ 19	11 ♏ 16	6 ♍ 56	21 ♓	24 ♒	11 ♒	15 ♓	2 ♓
24	4 ♓ 46	19 ♊ 3	6 ♍ 30	6 ♍ 14	1 ♓ 18	18 ♈ 41	1 ♋ 45	26 ♑ 10	25 ♑ 40	23 ♌ 16	11 ♏ 16	6 ♍ 54	22 ♓	24 ♒	11 ♒	15 ♓	2 ♓
25	5 ♓ 46	1 ♋ 5	6 ♍ 27	6 ♍ 14	0 ♓ 14	19 ♈ 24	1 ♋ 57	26 ♑ 22	25 ♑ 46	23 ♌ 14	11 ♏ 16	6 ♍ 53	22 ♓	25 ♒	12 ♒	16 ♓	2 ♓
26	6 ♓ 47	12 ♋ 58	6 ♍ 23	6 D 14	29 ♒ 12	20 ♈ 6	2 ♋ 9	26 ♑ 34	25 ♑ 52	23 ♌ 11	11 ♏ 15	6 ♍ 51	23 ♓	25 ♒	12 ♒	16 ♓	2 ♓
27	7 ♓ 47	24 ♋ 47	6 ♍ 20	6 ♍ 14	28 ♒ 15	20 ♈ 47	2 ♋ 22	26 ♑ 47	25 ♑ 58	23 ♌ 9	11 ♏ 15	6 ♍ 50	23 ♓	25 ♒	13 ♒	17 ♓	2 ♓
28	8 ♓ 47	6 ♌ 36	6 ♍ 17	6 ♍ 14	27 ♒ 22	21 ♈ 26	2 ♋ 36	26 ♑ 59	26 ♑ 4	23 ♌ 6	11 ♏ 14	6 ♍ 48	23 ♓	26 ♒	13 ♒	17 ♓	2 ♓

SUN INGRESS	☉ → ♓ 19日 06:16
MOON PHASE	○ 1日 03:47 ♌　◑ 9日 01:49 ♏　● 15日 17:10 ♒　◐ 22日 17:34 ♊

aspects		
2日	08:22	♀△♂
2日	15:51	♀□♂
8日	15:52	☿☍♇
13日	01:55	☉☍♅
18日	08:44	♀☍♇
19日	09:02	♃☌♄
20日	09:04	☉△♂
22日	08:35	☉☌☿
23日	15:37	☿△♂
26日	01:47	☉☍♇

1961年3月

DAY	☉	☽	☊ mean	☊ true	☿	♀	♂	♃	♄	♅	♆	♇	⚳	⚴	⚵	⚶	⚷
	° ′	° ′	° ′	° ′	° ′	° ′	° ′	° ′	° ′	° ′	° ′	° ′	°	°	°	°	°
1	9 ♓ 47	18 ♌ 27	6 ♍ 14	6 D 15	26 R 36	22 D 5	2 D 49	27 D 11	26 D 10	23 R 4	11 R 14	6 R 47	24 D	26 D	13 D	18 D	2 D
2	10 ♓ 48	0 ♍ 24	6 ♍ 11	6 ♍ 15	25 ♒ 56	22 ♈ 42	3 ♋ 4	27 ♑ 23	26 ♑ 15	23 ♌ 1	11 ♏ 13	6 ♍ 45	24 ♓	26 ♒	14 ♒	18 ♓	2 ♓
3	11 ♓ 48	12 ♍ 27	6 ♍ 7	6 R 15	25 ♒ 23	23 ♈ 17	3 ♋ 19	27 ♑ 35	26 ♑ 21	22 ♌ 59	11 ♏ 12	6 ♍ 43	24 ♓	27 ♒	14 ♒	19 ♓	2 ♓
4	12 ♓ 48	24 ♍ 40	6 ♍ 4	6 ♍ 14	24 ♒ 57	23 ♈ 51	3 ♋ 34	27 ♑ 47	26 ♑ 27	22 ♌ 56	11 ♏ 12	6 ♍ 42	25 ♓	27 ♒	15 ♒	19 ♓	2 ♓
5	13 ♓ 48	7 ♎ 4	6 ♍ 1	6 ♍ 14	24 ♒ 38	24 ♈ 24	3 ♋ 50	27 ♑ 58	26 ♑ 32	22 ♌ 54	11 ♏ 11	6 ♍ 40	25 ♓	27 ♒	15 ♒	20 ♓	2 ♓
6	14 ♓ 48	19 ♎ 39	5 ♍ 58	6 ♍ 13	24 ♒ 26	24 ♈ 56	4 ♋ 6	28 ♑ 10	26 ♑ 38	22 ♌ 52	11 ♏ 10	6 ♍ 39	26 ♓	27 ♒	15 ♒	20 ♓	2 ♓
7	15 ♓ 48	2 ♏ 28	5 ♍ 55	6 ♍ 11	24 ♒ 20	25 ♈ 25	4 ♋ 23	28 ♑ 22	26 ♑ 43	22 ♌ 49	11 ♏ 10	6 ♍ 37	26 ♓	28 ♒	16 ♒	21 ♓	2 ♓
8	16 ♓ 48	15 ♏ 31	5 ♍ 52	6 ♍ 10	24 D 21	25 ♈ 53	4 ♋ 40	28 ♑ 33	26 ♑ 49	22 ♌ 47	11 ♏ 9	6 ♍ 36	26 ♓	28 ♒	16 ♒	21 ♓	3 ♓
9	17 ♓ 48	28 ♏ 50	5 ♍ 48	6 ♍ 9	24 ♒ 28	26 ♈ 20	4 ♋ 57	28 ♑ 45	26 ♑ 54	22 ♌ 44	11 ♏ 8	6 ♍ 34	27 ♓	28 ♒	17 ♒	22 ♓	3 ♓
10	18 ♓ 48	12 ♐ 25	5 ♍ 45	6 ♍ 9	24 ♒ 41	26 ♈ 45	5 ♋ 15	28 ♑ 56	26 ♑ 59	22 ♌ 42	11 ♏ 7	6 ♍ 33	27 ♓	29 ♒	17 ♒	22 ♓	3 ♓
11	19 ♓ 48	26 ♐ 18	5 ♍ 42	6 D 9	25 ♒ 0	27 ♈ 8	5 ♋ 33	29 ♑ 8	27 ♑ 4	22 ♌ 40	11 ♏ 6	6 ♍ 31	28 ♓	29 ♒	17 ♒	22 ♓	3 ♓
12	20 ♓ 48	10 ♑ 27	5 ♍ 39	6 ♍ 9	25 ♒ 24	27 ♈ 29	5 ♋ 52	29 ♑ 19	27 ♑ 10	22 ♌ 38	11 ♏ 5	6 ♍ 30	28 ♓	29 ♒	18 ♒	23 ♓	3 ♓
13	21 ♓ 48	24 ♑ 51	5 ♍ 36	6 ♍ 10	25 ♒ 52	27 ♈ 48	6 ♋ 11	29 ♑ 30	27 ♑ 15	22 ♌ 35	11 ♏ 5	6 ♍ 28	28 ♓	0 ♓	18 ♒	23 ♓	3 ♓
14	22 ♓ 48	9 ♒ 27	5 ♍ 33	6 ♍ 11	26 ♒ 25	28 ♈ 5	6 ♋ 31	29 ♑ 41	27 ♑ 20	22 ♌ 33	11 ♏ 4	6 ♍ 27	29 ♓	0 ♓	19 ♒	24 ♓	3 ♓
15	23 ♓ 47	24 ♒ 11	5 ♍ 29	6 ♍ 12	27 ♒ 3	28 ♈ 20	6 ♋ 50	29 ♑ 52	27 ♑ 25	22 ♌ 31	11 ♏ 3	6 ♍ 25	29 ♓	0 ♓	19 ♒	24 ♓	3 ♓
16	24 ♓ 47	8 ♓ 57	5 ♍ 26	6 R 13	27 ♒ 44	28 ♈ 33	7 ♋ 11	0 ♒ 3	27 ♑ 30	22 ♌ 29	11 ♏ 2	6 ♍ 24	0 ♈	1 ♓	19 ♒	25 ♓	3 ♓
17	25 ♓ 47	23 ♓ 37	5 ♍ 23	6 ♍ 12	28 ♒ 29	28 ♈ 44	7 ♋ 31	0 ♒ 13	27 ♑ 34	22 ♌ 27	11 ♏ 1	6 ♍ 22	0 ♈	1 ♓	20 ♒	25 ♓	3 ♓
18	26 ♓ 47	8 ♈ 4	5 ♍ 20	6 ♍ 10	29 ♒ 18	28 ♈ 53	7 ♋ 52	0 ♒ 24	27 ♑ 39	22 ♌ 25	11 ♏ 0	6 ♍ 21	0 ♈	1 ♓	20 ♒	26 ♓	3 ♓
19	27 ♓ 46	22 ♈ 14	5 ♍ 17	6 ♍ 7	0 ♓ 10	28 ♈ 59	8 ♋ 13	0 ♒ 35	27 ♑ 44	22 ♌ 23	10 ♏ 59	6 ♍ 20	1 ♈	2 ♓	21 ♒	26 ♓	3 ♓
20	28 ♓ 46	6 ♉ 1	5 ♍ 13	6 ♍ 4	1 ♓ 5	29 ♈ 3	8 ♋ 35	0 ♒ 45	27 ♑ 48	22 ♌ 21	10 ♏ 57	6 ♍ 18	1 ♈	2 ♓	21 ♒	27 ♓	3 ♓
21	29 ♓ 46	19 ♉ 24	5 ♍ 10	6 ♍ 1	2 ♓ 3	29 ♈ 5	8 ♋ 57	0 ♒ 55	27 ♑ 53	22 ♌ 19	10 ♏ 56	6 ♍ 17	2 ♈	2 ♓	21 ♒	27 ♓	3 ♓
22	0 ♈ 45	2 ♊ 23	5 ♍ 7	5 ♍ 58	3 ♓ 4	29 R 5	9 ♋ 19	1 ♒ 6	27 ♑ 57	22 ♌ 17	10 ♏ 55	6 ♍ 15	2 ♈	3 ♓	22 ♒	28 ♓	3 ♓
23	1 ♈ 45	14 ♊ 59	5 ♍ 4	5 ♍ 55	4 ♓ 7	29 ♈ 1	9 ♋ 41	1 ♒ 16	28 ♑ 2	22 ♌ 15	10 ♏ 54	6 ♍ 14	2 ♈	3 ♓	22 ♒	28 ♓	3 ♓
24	2 ♈ 44	27 ♊ 17	5 ♍ 1	5 ♍ 54	5 ♓ 13	28 ♈ 56	10 ♋ 4	1 ♒ 26	28 ♑ 6	22 ♌ 13	10 ♏ 53	6 ♍ 13	3 ♈	3 ♓	23 ♒	29 ♓	4 ♓
25	3 ♈ 44	9 ♋ 20	4 ♍ 58	5 D 54	6 ♓ 21	28 ♈ 48	10 ♋ 27	1 ♒ 36	28 ♑ 10	22 ♌ 12	10 ♏ 52	6 ♍ 11	3 ♈	4 ♓	23 ♒	29 ♓	4 ♓
26	4 ♈ 43	21 ♋ 13	4 ♍ 54	5 ♍ 55	7 ♓ 31	28 ♈ 37	10 ♋ 50	1 ♒ 45	28 ♑ 15	22 ♌ 10	10 ♏ 50	6 ♍ 10	4 ♈	4 ♓	24 ♒	0 ♈	4 ♓
27	5 ♈ 43	3 ♌ 2	4 ♍ 51	5 ♍ 57	8 ♓ 43	28 ♈ 24	11 ♋ 14	1 ♒ 55	28 ♑ 19	22 ♌ 8	10 ♏ 49	6 ♍ 9	4 ♈	4 ♓	24 ♒	0 ♈	4 ♓
28	6 ♈ 42	14 ♌ 51	4 ♍ 48	5 ♍ 59	9 ♓ 58	28 ♈ 8	11 ♋ 38	2 ♒ 5	28 ♑ 23	22 ♌ 7	10 ♏ 48	6 ♍ 7	4 ♈	5 ♓	24 ♒	1 ♈	4 ♓
29	7 ♈ 41	26 ♌ 45	4 ♍ 45	6 ♍ 0	11 ♓ 14	27 ♈ 50	12 ♋ 2	2 ♒ 14	28 ♑ 27	22 ♌ 5	10 ♏ 47	6 ♍ 6	5 ♈	5 ♓	25 ♒	1 ♈	4 ♓
30	8 ♈ 41	8 ♍ 47	4 ♍ 42	6 R 0	12 ♓ 32	27 ♈ 30	12 ♋ 26	2 ♒ 23	28 ♑ 30	22 ♌ 3	10 ♏ 45	6 ♍ 5	5 ♈	5 ♓	25 ♒	2 ♈	4 ♓
31	9 ♈ 40	21 ♍ 1	4 ♍ 38	5 ♍ 59	13 ♓ 53	27 ♈ 7	12 ♋ 51	2 ♒ 33	28 ♑ 34	22 ♌ 2	10 ♏ 44	6 ♍ 4	6 ♈	5 ♓	25 ♒	2 ♈	4 ♓

SUN INGRESS	☉ → ♈ 21日 05:32
MOON PHASE	○ 2日 22:35 ♍ ◑ 10日 11:57 ♐ ● 17日 03:51 ♓ ◐ 24日 11:48 ♋

aspects		
2日	10:01	☉△♆
2日	12:19	♀△♅
5日	07:04	☿⚹♀
10日	19:41	♀□♄
13日	19:38	♂⚹♇
17日	09:19	☿⚹♀
18日	22:52	☉⚹♄
22日	09:49	☉⚹♃
24日	20:45	☿☍♇
26日	00:02	♂△♆
27日	06:37	♀□♄
28日	15:34	☿△♆
29日	21:22	☿△♂

1961年4月

DAY	☉	☽	☊ mean	☊ true	☿	♀	♂	♃	♄	♅	♆	♇	⚳	⚴	⚵	⚶	⚷
	° ′	° ′	° ′	° ′	° ′	° ′	° ′	° ′	° ′	° ′	° ′	° ′	°	°	°	°	°
1	10 ♈ 39	3 ♎ 28	4 ♍ 35	5 R 56	15 D 14	26 R 42	13 D 16	2 D 42	28 D 38	22 R 0	10 R 43	6 R 2	6 D	6 D	26 D	3 D	4 D
2	11 ♈ 38	16 ♎ 10	4 ♍ 32	5 ♍ 52	16 ♓ 38	26 ♈ 15	13 ♋ 41	2 ♒ 51	28 ♑ 41	21 ♌ 59	10 ♏ 41	6 ♍ 1	6 ♈	6 ♓	26 ♒	3 ♈	4 ♓
3	12 ♈ 37	29 ♎ 7	4 ♍ 29	5 ♍ 46	18 ♓ 3	25 ♈ 46	14 ♋ 6	2 ♒ 59	28 ♑ 45	21 ♌ 57	10 ♏ 40	6 ♍ 0	7 ♈	6 ♓	27 ♒	4 ♈	4 ♓
4	13 ♈ 37	12 ♏ 18	4 ♍ 26	5 ♍ 40	19 ♓ 30	25 ♈ 15	14 ♋ 32	3 ♒ 8	28 ♑ 48	21 ♌ 56	10 ♏ 39	5 ♍ 59	7 ♈	7 ♓	27 ♒	4 ♈	4 ♓
5	14 ♈ 36	25 ♏ 43	4 ♍ 23	5 ♍ 34	20 ♓ 59	24 ♈ 43	14 ♋ 58	3 ♒ 17	28 ♑ 52	21 ♌ 55	10 ♏ 37	5 ♍ 58	8 ♈	7 ♓	27 ♒	4 ♈	4 ♓
6	15 ♈ 35	9 ♐ 20	4 ♍ 19	5 ♍ 28	22 ♓ 29	24 ♈ 9	15 ♋ 24	3 ♒ 25	28 ♑ 55	21 ♌ 54	10 ♏ 36	5 ♍ 56	8 ♈	7 ♓	28 ♒	5 ♈	4 ♓
7	16 ♈ 34	23 ♐ 7	4 ♍ 16	5 ♍ 24	24 ♓ 0	23 ♈ 33	15 ♋ 50	3 ♒ 33	28 ♑ 58	21 ♌ 52	10 ♏ 34	5 ♍ 55	8 ♈	8 ♓	28 ♒	5 ♈	4 ♓
8	17 ♈ 33	7 ♑ 3	4 ♍ 13	5 ♍ 22	25 ♓ 34	22 ♈ 57	16 ♋ 16	3 ♒ 42	29 ♑ 1	21 ♌ 51	10 ♏ 33	5 ♍ 54	9 ♈	8 ♓	29 ♒	6 ♈	4 ♓
9	18 ♈ 32	21 ♑ 7	4 ♍ 10	5 D 22	27 ♓ 8	22 ♈ 20	16 ♋ 43	3 ♒ 50	29 ♑ 4	21 ♌ 50	10 ♏ 31	5 ♍ 53	9 ♈	8 ♓	29 ♒	6 ♈	4 ♓
10	19 ♈ 31	5 ♒ 18	4 ♍ 7	5 ♍ 22	28 ♓ 45	21 ♈ 43	17 ♋ 10	3 ♒ 58	29 ♑ 7	21 ♌ 49	10 ♏ 30	5 ♍ 52	10 ♈	8 ♓	29 ♒	7 ♈	4 ♓
11	20 ♈ 29	19 ♒ 33	4 ♍ 4	5 ♍ 24	0 ♈ 23	21 ♈ 5	17 ♋ 37	4 ♒ 5	29 ♑ 10	21 ♌ 48	10 ♏ 28	5 ♍ 51	10 ♈	9 ♓	0 ♓	7 ♈	5 ♓
12	21 ♈ 28	3 ♓ 51	4 ♍ 0	5 ♍ 24	2 ♈ 2	20 ♈ 27	18 ♋ 4	4 ♒ 13	29 ♑ 13	21 ♌ 47	10 ♏ 27	5 ♍ 50	10 ♈	9 ♓	0 ♓	8 ♈	5 ♓
13	22 ♈ 27	18 ♓ 10	3 ♍ 57	5 R 24	3 ♈ 43	19 ♈ 50	18 ♋ 32	4 ♒ 21	29 ♑ 15	21 ♌ 46	10 ♏ 25	5 ♍ 49	11 ♈	9 ♓	1 ♓	8 ♈	5 ♓
14	23 ♈ 26	2 ♈ 24	3 ♍ 54	5 ♍ 21	5 ♈ 26	19 ♈ 13	18 ♋ 59	4 ♒ 28	29 ♑ 18	21 ♌ 45	10 ♏ 24	5 ♍ 48	11 ♈	10 ♓	1 ♓	9 ♈	5 ♓
15	24 ♈ 25	16 ♈ 31	3 ♍ 51	5 ♍ 16	7 ♈ 10	18 ♈ 36	19 ♋ 27	4 ♒ 35	29 ♑ 20	21 ♌ 45	10 ♏ 22	5 ♍ 47	11 ♈	10 ♓	1 ♓	9 ♈	5 ♓
16	25 ♈ 24	0 ♉ 24	3 ♍ 48	5 ♍ 9	8 ♈ 55	18 ♈ 1	19 ♋ 55	4 ♒ 42	29 ♑ 23	21 ♌ 44	10 ♏ 21	5 ♍ 46	12 ♈	10 ♓	2 ♓	10 ♈	5 ♓
17	26 ♈ 22	14 ♉ 1	3 ♍ 44	5 ♍ 0	10 ♈ 43	17 ♈ 26	20 ♋ 23	4 ♒ 49	29 ♑ 25	21 ♌ 43	10 ♏ 19	5 ♍ 45	12 ♈	11 ♓	2 ♓	10 ♈	5 ♓
18	27 ♈ 21	27 ♉ 19	3 ♍ 41	4 ♍ 51	12 ♈ 31	16 ♈ 53	20 ♋ 51	4 ♒ 56	29 ♑ 27	21 ♌ 42	10 ♏ 18	5 ♍ 45	13 ♈	11 ♓	2 ♓	11 ♈	5 ♓
19	28 ♈ 20	10 ♊ 15	3 ♍ 38	4 ♍ 43	14 ♈ 22	16 ♈ 22	21 ♋ 20	5 ♒ 3	29 ♑ 29	21 ♌ 42	10 ♏ 16	5 ♍ 44	13 ♈	11 ♓	3 ♓	11 ♈	5 ♓
20	29 ♈ 18	22 ♊ 52	3 ♍ 35	4 ♍ 35	16 ♈ 14	15 ♈ 52	21 ♋ 49	5 ♒ 9	29 ♑ 31	21 ♌ 41	10 ♏ 14	5 ♍ 43	13 ♈	11 ♓	3 ♓	11 ♈	5 ♓
21	0 ♉ 17	5 ♋ 10	3 ♍ 32	4 ♍ 30	18 ♈ 7	15 ♈ 24	22 ♋ 17	5 ♒ 15	29 ♑ 33	21 ♌ 41	10 ♏ 13	5 ♍ 42	14 ♈	12 ♓	4 ♓	12 ♈	5 ♓
22	1 ♉ 15	17 ♋ 15	3 ♍ 29	4 ♍ 27	20 ♈ 3	14 ♈ 58	22 ♋ 46	5 ♒ 21	29 ♑ 35	21 ♌ 40	10 ♏ 11	5 ♍ 41	14 ♈	12 ♓	4 ♓	12 ♈	5 ♓
23	2 ♉ 14	29 ♋ 9	3 ♍ 25	4 ♍ 26	21 ♈ 59	14 ♈ 34	23 ♋ 15	5 ♒ 27	29 ♑ 37	21 ♌ 40	10 ♏ 10	5 ♍ 41	15 ♈	12 ♓	4 ♓	13 ♈	5 ♓
24	3 ♉ 12	10 ♌ 58	3 ♍ 22	4 D 26	23 ♈ 58	14 ♈ 12	23 ♋ 45	5 ♒ 33	29 ♑ 38	21 ♌ 40	10 ♏ 8	5 ♍ 40	15 ♈	12 ♓	5 ♓	13 ♈	5 ♓
25	4 ♉ 11	22 ♌ 48	3 ♍ 19	4 ♍ 27	25 ♈ 58	13 ♈ 53	24 ♋ 14	5 ♒ 39	29 ♑ 40	21 ♌ 39	10 ♏ 6	5 ♍ 39	15 ♈	13 ♓	5 ♓	14 ♈	5 ♓
26	5 ♉ 9	4 ♍ 43	3 ♍ 16	4 R 27	27 ♈ 59	13 ♈ 36	24 ♋ 44	5 ♒ 45	29 ♑ 41	21 ♌ 39	10 ♏ 5	5 ♍ 39	16 ♈	13 ♓	6 ♓	14 ♈	5 ♓
27	6 ♉ 7	16 ♍ 49	3 ♍ 13	4 ♍ 26	0 ♉ 2	13 ♈ 21	25 ♋ 13	5 ♒ 50	29 ♑ 42	21 ♌ 39	10 ♏ 3	5 ♍ 38	16 ♈	13 ♓	6 ♓	15 ♈	5 ♓
28	7 ♉ 6	29 ♍ 10	3 ♍ 9	4 ♍ 23	2 ♉ 6	13 ♈ 9	25 ♋ 43	5 ♒ 55	29 ♑ 44	21 ♌ 39	10 ♏ 1	5 ♍ 38	17 ♈	14 ♓	6 ♓	15 ♈	5 ♓
29	8 ♉ 4	11 ♎ 49	3 ♍ 6	4 ♍ 18	4 ♉ 11	12 ♈ 59	26 ♋ 13	6 ♒ 0	29 ♑ 45	21 ♌ 39	10 ♏ 0	5 ♍ 37	17 ♈	14 ♓	7 ♓	16 ♈	5 ♓
30	9 ♉ 2	24 ♎ 48	3 ♍ 3	4 ♍ 10	6 ♉ 18	12 ♈ 52	26 ♋ 43	6 ♒ 5	29 ♑ 46	21 D 39	9 ♏ 58	5 ♍ 36	17 ♈	14 ♓	7 ♓	16 ♈	5 ♓

SUN INGRESS	☉ → ♉ 20日 16:55
MOON PHASE	○ 1日 14:47 ♎ ◑ 8日 19:16 ♑ ● 15日 14:37 ♈ ◐ 23日 06:49 ♌

aspects		
5日	16:07	☉□♂
9日	19:57	♀△♅
10日	05:42	☿⚹♄
11日	08:51	☉☌♀
12日	07:32	☉△♅
13日	09:32	☿⚹♃
14日	04:59	☿□♂
19日	20:17	☿☌♀
20日	05:31	☉□♄
22日	20:04	☿△♅
23日	20:33	☿□♂
26日	12:03	☉△♇
26日	16:02	☉□♃
26日	20:13	♀□♄
29日	16:10	☿△♇
29日	21:25	☿□♃
30日	22:21	☉☍♆

1961年5月

DAY	☉	☽	☊ mean	☊ true	☿	♀	♂	♃	♄	♅	♆	♇	⚳	⚴	⚵	⚶	⚷
	° ′	° ′	° ′	° ′	° ′	° ′	° ′	° ′	° ′	° ′	° ′	° ′	°	°	°	°	°
1	10♉1	8♏6	3♍0	4 R 1	8 D 26	12 R 47	27 D 13	6 D 10	29 D 47	21 D 39	9 R 56	5 R 36	18 D	14 D	7 D	17 D	5 D
2	10♉59	21♏42	2♍57	3♍50	10♉34	12♈44	27♋44	6♒14	29♑48	21♌39	9♏55	5♍35	18♈	15♓	8♓	17♈	5♓
3	11♉57	5♐33	2♍54	3♍39	12♉44	12 D 44	28♋14	6♒19	29♑48	21♌39	9♏53	5♍35	18♈	15♓	8♓	17♈	6♓
4	12♉55	19♐35	2♍50	3♍30	14♉53	12♈46	28♋45	6♒23	29♑49	21♌39	9♏52	5♍35	19♈	15♓	8♓	18♈	6♓
5	13♉53	3♑44	2♍47	3♍22	17♉3	12♈51	29♋16	6♒27	29♑50	21♌40	9♏50	5♍34	19♈	15♓	9♓	18♈	6♓
6	14♉51	17♑56	2♍44	3♍17	19♉13	12♈58	29♋46	6♒31	29♑50	21♌40	9♏48	5♍34	20♈	16♓	9♓	19♈	6♓
7	15♉49	2♒7	2♍41	3♍15	21♉22	13♈7	0♌17	6♒34	29♑50	21♌40	9♏47	5♍33	20♈	16♓	10♓	19♈	6♓
8	16♉48	16♒16	2♍38	3♍14	23♉31	13♈18	0♌48	6♒38	29♑51	21♌41	9♏45	5♍33	20♈	16♓	10♓	20♈	6♓
9	17♉46	0♓21	2♍35	3 D 14	25♉39	13♈31	1♌20	6♒41	29♑51	21♌41	9♏43	5♍33	21♈	16♓	10♓	20♈	6♓
10	18♉44	14♓22	2♍31	3 R 14	27♉46	13♈46	1♌51	6♒44	29♑51	21♌42	9♏42	5♍33	21♈	17♓	11♓	21♈	6♓
11	19♉42	28♓18	2♍28	3♍12	29♉51	14♈4	2♌22	6♒47	29 R 51	21♌42	9♏40	5♍32	22♈	17♓	11♓	21♈	6♓
12	20♉40	12♈7	2♍25	3♍7	1♊55	14♈23	2♌54	6♒50	29♑51	21♌43	9♏39	5♍32	22♈	17♓	11♓	21♈	6♓
13	21♉37	25♈48	2♍22	3♍0	3♊56	14♈44	3♌25	6♒52	29♑50	21♌44	9♏37	5♍32	22♈	17♓	12♓	22♈	6♓
14	22♉35	9♉18	2♍19	2♍50	5♊56	15♈6	3♌57	6♒55	29♑50	21♌44	9♏35	5♍32	23♈	17♓	12♓	22♈	6♓
15	23♉33	22♉35	2♍15	2♍38	7♊53	15♈31	4♌29	6♒57	29♑50	21♌45	9♏34	5♍32	23♈	18♓	12♓	23♈	6♓
16	24♉31	5♊37	2♍12	2♍25	9♊47	15♈57	5♌1	6♒59	29♑49	21♌46	9♏32	5♍32	23♈	18♓	13♓	23♈	6♓
17	25♉29	18♊23	2♍9	2♍13	11♊38	16♈24	5♌33	7♒1	29♑48	21♌47	9♏31	5♍32	24♈	18♓	13♓	24♈	6♓
18	26♉27	0♋53	2♍6	2♍2	13♊27	16♈54	6♌5	7♒2	29♑48	21♌48	9♏29	5 D 32	24♈	18♓	13♓	24♈	6♓
19	27♉25	13♋7	2♍3	1♍53	15♊13	17♈24	6♌37	7♒4	29♑47	21♌49	9♏28	5♍32	25♈	19♓	14♓	25♈	6♓
20	28♉22	25♋9	2♍0	1♍47	16♊55	17♈56	7♌9	7♒5	29♑46	21♌50	9♏26	5♍32	25♈	19♓	14♓	25♈	6♓
21	29♉20	7♌2	1♍56	1♍44	18♊35	18♈30	7♌42	7♒6	29♑45	21♌51	9♏25	5♍32	25♈	19♓	14♓	25♈	6♓
22	0♊18	18♌51	1♍53	1♍43	20♊11	19♈4	8♌14	7♒7	29♑44	21♌52	9♏23	5♍32	26♈	19♓	15♓	26♈	6♓
23	1♊16	0♍40	1♍50	1♍42	21♊44	19♈40	8♌47	7♒8	29♑43	21♌53	9♏22	5♍32	26♈	20♓	15♓	26♈	6♓
24	2♊13	12♍35	1♍47	1♍42	23♊14	20♈17	9♌20	7♒8	29♑41	21♌55	9♏20	5♍32	26♈	20♓	15♓	27♈	6♓
25	3♊11	24♍43	1♍44	1♍41	24♊41	20♈55	9♌52	7♒9	29♑40	21♌56	9♏19	5♍33	27♈	20♓	16♓	27♈	6♓
26	4♊8	7♎7	1♍41	1♍38	26♊4	21♈35	10♌25	7♒9	29♑39	21♌57	9♏17	5♍33	27♈	20♓	16♓	28♈	6♓
27	5♊6	19♎51	1♍37	1♍33	27♊24	22♈15	10♌58	7 R 9	29♑37	21♌59	9♏16	5♍33	28♈	20♓	16♓	28♈	6♓
28	6♊4	3♏0	1♍34	1♍25	28♊40	22♈57	11♌31	7♒8	29♑35	22♌0	9♏14	5♍33	28♈	21♓	17♓	28♈	6♓
29	7♊1	16♏33	1♍31	1♍14	29♊52	23♈39	12♌4	7♒8	29♑34	22♌2	9♏13	5♍34	28♈	21♓	17♓	29♈	6♓
30	7♊59	0♐28	1♍28	1♍3	1♋0	24♈23	12♌37	7♒7	29♑32	22♌3	9♏12	5♍34	29♈	21♓	17♓	29♈	6♓
31	8♊56	14♐43	1♍25	0♍51	2♋7	25♈7	13♌11	7♒7	29♑30	22♌5	9♏10	5♍35	29♈	21♓	18♓	0♉	6♓

SUN INGRESS	☉→♊ 21日 16:22
MOON PHASE	○ 1日 03:40 ♏ ◑ 8日 00:57 ♒ ● 15日 01:54 ♉ ◐ 23日 01:18 ♍ ○ 30日 13:37 ♐

aspects

1日	16:44	☿☍♆
2日	08:18	☉☌☿
6日	02:53	♂☍♄
7日	03:18	☿□♅
10日	23:53	☿△♄
12日	15:37	☿⚹♂
13日	02:33	☉□♅
13日	19:12	☿□♇
14日	12:18	☿△♃
19日	20:43	♂☍♃
20日	21:58	☿⚹♀
21日	10:09	☉△♄
23日	02:22	☿⚹♅
24日	00:22	♂□♆
26日	13:53	♀△♅
27日	11:22	☉□♇
29日	02:49	☉△♃

1961年6月

DAY	☉	☽	☊ mean	☊ true	☿	♀	♂	♃	♄	♅	♆	♇	⚳	⚴	⚵	⚶	⚷
	° ′	° ′	° ′	° ′	° ′	° ′	° ′	° ′	° ′	° ′	° ′	° ′	°	°	°	°	°
1	9♊54	29♐11	1♍21	0 R 41	3 D 9	25 D 52	13 D 44	7 R 6	29 R 28	22 D 6	9 R 9	5 D 35	29 D	21 D	18 D	0 D	6 D
2	10♊51	13♑46	1♍18	0♍33	4♋7	26♈38	14♌17	7♒4	29♑26	22♌8	9♏7	5♍35	0♉	21♓	18♓	1♉	6♓
3	11♊49	28♑20	1♍15	0♍27	5♋1	27♈25	14♌51	7♒3	29♑24	22♌10	9♏6	5♍36	0♉	22♓	19♓	1♉	6♓
4	12♊46	12♒49	1♍12	0♍25	5♋52	28♈13	15♌24	7♒1	29♑21	22♌12	9♏5	5♍36	0♉	22♓	19♓	2♉	6♓
5	13♊43	27♒8	1♍9	0♍24	6♋38	29♈1	15♌58	7♒0	29♑19	22♌14	9♏4	5♍37	1♉	22♓	19♓	2♉	6♓
6	14♊41	11♓15	1♍6	0 D 24	7♋21	29♈50	16♌32	6♒58	29♑17	22♌15	9♏2	5♍37	1♉	22♓	20♓	2♉	6♓
7	15♊38	25♓10	1♍2	0 R 24	7♋59	0♉40	17♌6	6♒55	29♑14	22♌17	9♏1	5♍38	2♉	22♓	20♓	3♉	6♓
8	16♊36	8♈53	0♍59	0♍22	8♋33	1♉31	17♌39	6♒53	29♑11	22♌19	9♏0	5♍39	2♉	22♓	20♓	3♉	6♓
9	17♊33	22♈24	0♍56	0♍18	9♋3	2♉22	18♌13	6♒51	29♑9	22♌21	8♏59	5♍39	2♉	23♓	20♓	4♉	6♓
10	18♊31	5♉43	0♍53	0♍11	9♋28	3♉14	18♌47	6♒48	29♑6	22♌23	8♏57	5♍40	3♉	23♓	21♓	4♉	6♓
11	19♊28	18♉51	0♍50	0♍2	9♋49	4♉6	19♌21	6♒45	29♑3	22♌26	8♏56	5♍41	3♉	23♓	21♓	4♉	6 R
12	20♊25	1♊46	0♍47	29♌51	10♋5	4♉59	19♌56	6♒42	29♑0	22♌28	8♏55	5♍41	3♉	23♓	21♓	5♉	6♓
13	21♊23	14♊29	0♍43	29♌39	10♋17	5♉53	20♌30	6♒39	28♑57	22♌30	8♏54	5♍42	4♉	23♓	22♓	5♉	6♓
14	22♊20	26♊59	0♍40	29♌28	10♋24	6♉47	21♌4	6♒35	28♑54	22♌32	8♏53	5♍43	4♉	23♓	22♓	6♉	6♓
15	23♊17	9♋17	0♍37	29♌17	10♋27	7♉42	21♌39	6♒32	28♑51	22♌34	8♏52	5♍44	4♉	23♓	22♓	6♉	6♓
16	24♊15	21♋20	0♍34	29♌9	10 R 25	8♉37	22♌13	6♒28	28♑48	22♌37	8♏51	5♍45	5♉	24♓	22♓	6♉	6♓
17	25♊12	3♌20	0♍31	29♌4	10♋19	9♉32	22♌47	6♒24	28♑45	22♌39	8♏50	5♍46	5♉	24♓	23♓	7♉	6♓
18	26♊9	15♌10	0♍27	29♌1	10♋8	10♉28	23♌22	6♒20	28♑41	22♌42	8♏49	5♍47	5♉	24♓	23♓	7♉	6♓
19	27♊7	26♌57	0♍24	29♌0	9♋53	11♉25	23♌57	6♒16	28♑38	22♌44	8♏48	5♍47	6♉	24♓	23♓	8♉	6♓
20	28♊4	8♍45	0♍21	29 D 0	9♋35	12♉22	24♌31	6♒11	28♑35	22♌46	8♏47	5♍48	6♉	24♓	23♓	8♉	6♓
21	29♊1	20♍40	0♍18	29♌1	9♋12	13♉19	25♌6	6♒7	28♑31	22♌49	8♏46	5♍49	6♉	24♓	24♓	8♉	6♓
22	29♊58	2♎46	0♍15	29 R 1	8♋47	14♉17	25♌41	6♒2	28♑27	22♌52	8♏45	5♍50	7♉	24♓	24♓	9♉	6♓
23	0♋56	15♎10	0♍12	29♌0	8♋18	15♉15	26♌16	5♒57	28♑24	22♌54	8♏44	5♍51	7♉	24♓	24♓	9♉	6♓
24	1♋53	27♎55	0♍8	28♌57	7♋47	16♉13	26♌51	5♒52	28♑20	22♌57	8♏43	5♍53	7♉	25♓	24♓	10♉	6♓
25	2♋50	11♏5	0♍5	28♌52	7♋14	17♉12	27♌26	5♒47	28♑16	22♌59	8♏43	5♍54	8♉	25♓	25♓	10♉	6♓
26	3♋47	24♏43	0♍2	28♌45	6♋40	18♉12	28♌1	5♒41	28♑13	23♌2	8♏42	5♍55	8♉	25♓	25♓	10♉	6♓
27	4♋44	8♐47	29♌59	28♌37	6♋4	19♉11	28♌36	5♒36	28♑9	23♌5	8♏41	5♍56	8♉	25♓	25♓	11♉	6♓
28	5♋42	23♐15	29♌56	28♌28	5♋29	20♉11	29♌11	5♒30	28♑5	23♌8	8♏40	5♍57	9♉	25♓	25♓	11♉	6♓
29	6♋39	8♑1	29♌53	28♌21	4♋54	21♉11	29♌47	5♒24	28♑1	23♌11	8♏40	5♍58	9♉	25♓	26♓	12♉	6♓
30	7♋36	22♑57	29♌49	28♌15	4♋19	22♉12	0♍22	5♒19	27♑57	23♌13	8♏39	5♍59	9♉	25♓	26♓	12♉	6♓

SUN INGRESS	☉→♋ 22日 00:30
MOON PHASE	◑ 6日 06:19 ♓ ● 13日 14:16 ♊ ◐ 21日 18:01 ♍ ○ 28日 21:38 ♑

aspects

3日	16:19	☿⚹♇
5日	08:18	♀□♄
8日	20:42	☿△♆
10日	17:23	☉⚹♂
12日	19:11	♀△♇
13日	19:11	♀□♃
14日	05:19	☉⚹♅
16日	06:02	♀☍♆
16日	17:46	♂☌♅
17日	16:53	☿⚹♀
22日	01:23	☿△♆
27日	05:35	☿⚹♇
27日	20:42	☉☌☿
28日	06:37	☉⚹♇

1961年7月

DAY	☉	☽	☊ mean	☊ true	☿	♀	♂	♃	♄	♅	♆	♇	⚳	⚴	⚵	⚶	⚷
	° ′	° ′	° ′	° ′	° ′	° ′	° ′	° ′	° ′	° ′	° ′	° ′	°	°	°	°	°
1	8 ♋ 33	7 ♒ 54	29 ♌ 46	28 R 12	3 R 47	23 D 13	0 D 57	5 R 12	27 R 53	23 D 16	8 R 38	6 D 1	10 D	25 D	26 D	12 D	6 R
2	9 ♋ 30	22 ♒ 44	29 ♌ 43	28 ♌ 10	3 ♋ 16	24 ♉ 14	1 ♍ 33	5 ♒ 6	27 ♑ 49	23 ♌ 19	8 ♏ 38	6 ♍ 2	10 ♉	25 ♓	26 ♓	13 ♉	6 ♓
3	10 ♋ 28	7 ♓ 21	29 ♌ 40	28 D 10	2 ♋ 48	25 ♉ 15	2 ♍ 8	5 ♒ 0	27 ♑ 45	23 ♌ 22	8 ♏ 37	6 ♍ 3	10 ♉	25 ♓	26 ♓	13 ♉	6 ♓
4	11 ♋ 25	21 ♓ 40	29 ♌ 37	28 ♌ 11	2 ♋ 23	26 ♉ 17	2 ♍ 44	4 ♒ 54	27 ♑ 41	23 ♌ 25	8 ♏ 37	6 ♍ 5	11 ♉	25 ♓	27 ♓	14 ♉	6 ♓
5	12 ♋ 22	5 ♈ 40	29 ♌ 33	28 ♌ 12	2 ♋ 2	27 ♉ 19	3 ♍ 19	4 ♒ 47	27 ♑ 37	23 ♌ 28	8 ♏ 36	6 ♍ 6	11 ♉	25 ♓	27 ♓	14 ♉	6 ♓
6	13 ♋ 19	19 ♈ 22	29 ♌ 30	28 R 12	1 ♋ 45	28 ♉ 22	3 ♍ 55	4 ♒ 40	27 ♑ 32	23 ♌ 31	8 ♏ 36	6 ♍ 7	11 ♉	25 ♓	27 ♓	14 ♉	6 ♓
7	14 ♋ 16	2 ♉ 45	29 ♌ 27	28 ♌ 11	1 ♋ 32	29 ♉ 24	4 ♍ 31	4 ♒ 34	27 ♑ 28	23 ♌ 34	8 ♏ 35	6 ♍ 9	12 ♉	25 ♓	27 ♓	15 ♉	6 ♓
8	15 ♋ 14	15 ♉ 51	29 ♌ 24	28 ♌ 7	1 ♋ 24	0 ♊ 27	5 ♍ 7	4 ♒ 27	27 ♑ 24	23 ♌ 37	8 ♏ 35	6 ♍ 10	12 ♉	25 ♓	27 ♓	15 ♉	6 ♓
9	16 ♋ 11	28 ♉ 42	29 ♌ 21	28 ♌ 2	1 ♋ 21	1 ♊ 30	5 ♍ 42	4 ♒ 20	27 ♑ 20	23 ♌ 40	8 ♏ 34	6 ♍ 11	12 ♉	25 ♓	28 ♓	15 ♉	6 ♓
10	17 ♋ 8	11 ♊ 19	29 ♌ 18	27 ♌ 56	1 D 22	2 ♊ 33	6 ♍ 18	4 ♒ 13	27 ♑ 15	23 ♌ 44	8 ♏ 34	6 ♍ 13	13 ♉	25 ♓	28 ♓	16 ♉	6 ♓
11	18 ♋ 5	23 ♊ 44	29 ♌ 14	27 ♌ 49	1 ♋ 29	3 ♊ 37	6 ♍ 54	4 ♒ 6	27 ♑ 11	23 ♌ 47	8 ♏ 34	6 ♍ 14	13 ♉	25 ♓	28 ♓	16 ♉	6 ♓
12	19 ♋ 2	5 ♋ 59	29 ♌ 11	27 ♌ 42	1 ♋ 41	4 ♊ 41	7 ♍ 30	3 ♒ 59	27 ♑ 7	23 ♌ 50	8 ♏ 33	6 ♍ 16	13 ♉	25 ♓	28 ♓	16 ♉	6 ♓
13	20 ♋ 0	18 ♋ 4	29 ♌ 8	27 ♌ 36	1 ♋ 58	5 ♊ 45	8 ♍ 6	3 ♒ 51	27 ♑ 2	23 ♌ 53	8 ♏ 33	6 ♍ 17	14 ♉	25 ♓	28 ♓	17 ♉	6 ♓
14	20 ♋ 57	0 ♌ 1	29 ♌ 5	27 ♌ 31	2 ♋ 21	6 ♊ 49	8 ♍ 43	3 ♒ 44	26 ♑ 58	23 ♌ 57	8 ♏ 33	6 ♍ 19	14 ♉	25 R	28 ♓	17 ♉	6 ♓
15	21 ♋ 54	11 ♌ 52	29 ♌ 2	27 ♌ 28	2 ♋ 49	7 ♊ 53	9 ♍ 19	3 ♒ 37	26 ♑ 53	24 ♌ 0	8 ♏ 33	6 ♍ 20	14 ♉	25 ♓	29 ♓	18 ♉	6 ♓
16	22 ♋ 51	23 ♌ 40	28 ♌ 59	27 ♌ 27	3 ♋ 22	8 ♊ 58	9 ♍ 55	3 ♒ 29	26 ♑ 49	24 ♌ 3	8 ♏ 32	6 ♍ 22	14 ♉	25 ♓	29 ♓	18 ♉	6 ♓
17	23 ♋ 49	5 ♍ 26	28 ♌ 55	27 D 27	4 ♋ 0	10 ♊ 3	10 ♍ 31	3 ♒ 22	26 ♑ 45	24 ♌ 7	8 ♏ 32	6 ♍ 24	15 ♉	25 ♓	29 ♓	18 ♉	6 ♓
18	24 ♋ 46	17 ♍ 15	28 ♌ 52	27 ♌ 28	4 ♋ 44	11 ♊ 8	11 ♍ 8	3 ♒ 14	26 ♑ 40	24 ♌ 10	8 ♏ 32	6 ♍ 25	15 ♉	25 ♓	29 ♓	19 ♉	6 ♓
19	25 ♋ 43	29 ♍ 10	28 ♌ 49	27 ♌ 30	5 ♋ 33	12 ♊ 13	11 ♍ 44	3 ♒ 6	26 ♑ 36	24 ♌ 13	8 ♏ 32	6 ♍ 27	15 ♉	25 ♓	29 ♓	19 ♉	6 ♓
20	26 ♋ 40	11 ♎ 17	28 ♌ 46	27 ♌ 32	6 ♋ 28	13 ♊ 18	12 ♍ 21	2 ♒ 59	26 ♑ 31	24 ♌ 17	8 ♏ 32	6 ♍ 29	16 ♉	25 ♓	29 ♓	19 ♉	5 ♓
21	27 ♋ 38	23 ♎ 39	28 ♌ 43	27 ♌ 32	7 ♋ 27	14 ♊ 24	12 ♍ 57	2 ♒ 51	26 ♑ 27	24 ♌ 20	8 ♏ 32	6 ♍ 30	16 ♉	25 ♓	29 ♓	20 ♉	5 ♓
22	28 ♋ 35	6 ♏ 21	28 ♌ 39	27 R 32	8 ♋ 32	15 ♊ 29	13 ♍ 34	2 ♒ 43	26 ♑ 22	24 ♌ 24	8 D 32	6 ♍ 32	16 ♉	25 ♓	29 ♓	20 ♉	5 ♓
23	29 ♋ 32	19 ♏ 28	28 ♌ 36	27 ♌ 31	9 ♋ 41	16 ♊ 35	14 ♍ 10	2 ♒ 36	26 ♑ 18	24 ♌ 27	8 ♏ 32	6 ♍ 34	16 ♉	25 ♓	29 ♓	20 ♉	5 ♓
24	0 ♌ 30	3 ♐ 2	28 ♌ 33	27 ♌ 28	10 ♋ 55	17 ♊ 41	14 ♍ 47	2 ♒ 28	26 ♑ 14	24 ♌ 30	8 ♏ 32	6 ♍ 35	17 ♉	25 ♓	0 ♈	21 ♉	5 ♓
25	1 ♌ 27	17 ♐ 4	28 ♌ 30	27 ♌ 25	12 ♋ 14	18 ♊ 47	15 ♍ 24	2 ♒ 20	26 ♑ 9	24 ♌ 34	8 ♏ 32	6 ♍ 37	17 ♉	25 ♓	0 ♈	21 ♉	5 ♓
26	2 ♌ 24	1 ♑ 32	28 ♌ 27	27 ♌ 22	13 ♋ 38	19 ♊ 54	16 ♍ 1	2 ♒ 12	26 ♑ 5	24 ♌ 38	8 ♏ 32	6 ♍ 39	17 ♉	25 ♓	0 ♈	21 ♉	5 ♓
27	3 ♌ 21	16 ♑ 22	28 ♌ 24	27 ♌ 19	15 ♋ 6	21 ♊ 0	16 ♍ 38	2 ♒ 5	26 ♑ 0	24 ♌ 41	8 ♏ 33	6 ♍ 41	17 ♉	25 ♓	0 ♈	22 ♉	5 ♓
28	4 ♌ 19	1 ♒ 27	28 ♌ 20	27 ♌ 16	16 ♋ 39	22 ♊ 7	17 ♍ 14	1 ♒ 57	25 ♑ 56	24 ♌ 45	8 ♏ 33	6 ♍ 42	18 ♉	25 ♓	0 ♈	22 ♉	5 ♓
29	5 ♌ 16	16 ♒ 38	28 ♌ 17	27 ♌ 15	18 ♋ 15	23 ♊ 14	17 ♍ 51	1 ♒ 49	25 ♑ 52	24 ♌ 48	8 ♏ 33	6 ♍ 44	18 ♉	25 ♓	0 ♈	22 ♉	5 ♓
30	6 ♌ 13	1 ♓ 44	28 ♌ 14	27 D 15	19 ♋ 56	24 ♊ 21	18 ♍ 28	1 ♒ 41	25 ♑ 47	24 ♌ 52	8 ♏ 33	6 ♍ 46	18 ♉	25 ♓	0 ♈	23 ♉	5 ♓
31	7 ♌ 11	16 ♓ 39	28 ♌ 11	27 ♌ 15	21 ♋ 40	25 ♊ 28	19 ♍ 5	1 ♒ 34	25 ♑ 43	24 ♌ 55	8 ♏ 34	6 ♍ 48	19 ♉	25 ♓	0 ♈	23 ♉	5 ♓

SUN INGRESS: ☉ → ♌ 23日 11:24

MOON PHASE: ◑ 5日 12:32 ♈ ● 13日 04:11 ♋ ◐ 21日 08:13 ♎ ○ 28日 04:50 ♒

aspects

1日	01:29	♀□♅
1日	02:11	☉△♆
3日	15:47	☿⚹♂
5日	06:17	♀△♄
9日	20:14	♂☌♇
11日	09:48	♀△♃
13日	12:34	♀□♇
13日	17:35	♂⚹♆
18日	00:08	♀□♂
19日	20:25	☉☍♄
20日	00:21	☿⚹♇
22日	00:10	☿△♆
25日	19:37	☉☍♃
28日	14:32	☿⚹♂
30日	11:40	♀⚹♅

1961年8月

DAY	☉	☽	☊ mean	☊ true	☿	♀	♂	♃	♄	♅	♆	♇	⚳	⚴	⚵	⚶	⚷
	° ′	° ′	° ′	° ′	° ′	° ′	° ′	° ′	° ′	° ′	° ′	° ′	°	°	°	°	°
1	8 ♌ 8	1 ♈ 14	28 ♌ 8	27 D 16	23 D 28	26 D 35	19 D 43	1 R 26	25 R 39	24 D 59	8 D 34	6 D 50	19 D	24 R	0 D	23 D	5 R
2	9 ♌ 6	15 ♈ 27	28 ♌ 4	27 ♌ 18	25 ♋ 19	27 ♊ 43	20 ♍ 20	1 ♒ 18	25 ♑ 34	25 ♌ 3	8 ♏ 34	6 ♍ 51	19 ♉	24 ♓	0 ♈	23 ♉	5 ♓
3	10 ♌ 3	29 ♈ 15	28 ♌ 1	27 ♌ 19	27 ♋ 13	28 ♊ 50	20 ♍ 57	1 ♒ 11	25 ♑ 30	25 ♌ 6	8 ♏ 35	6 ♍ 53	19 ♉	24 ♓	0 ♈	24 ♉	5 ♓
4	11 ♌ 0	12 ♉ 39	27 ♌ 58	27 R 19	29 ♋ 9	29 ♊ 58	21 ♍ 34	1 ♒ 3	25 ♑ 26	25 ♌ 10	8 ♏ 35	6 ♍ 55	20 ♉	24 ♓	0 ♈	24 ♉	5 ♓
5	11 ♌ 58	25 ♉ 41	27 ♌ 55	27 ♌ 18	1 ♌ 8	1 ♋ 6	22 ♍ 12	0 ♒ 56	25 ♑ 22	25 ♌ 14	8 ♏ 36	6 ♍ 57	20 ♉	24 ♓	0 ♈	24 ♉	5 ♓
6	12 ♌ 55	8 ♊ 24	27 ♌ 52	27 ♌ 17	3 ♌ 8	2 ♋ 14	22 ♍ 49	0 ♒ 48	25 ♑ 18	25 ♌ 17	8 ♏ 36	6 ♍ 59	20 ♉	24 ♓	0 ♈	25 ♉	5 ♓
7	13 ♌ 53	20 ♊ 50	27 ♌ 49	27 ♌ 16	5 ♌ 9	3 ♋ 22	23 ♍ 27	0 ♒ 41	25 ♑ 14	25 ♌ 21	8 ♏ 37	7 ♍ 1	20 ♉	24 ♓	0 R	25 ♉	5 ♓
8	14 ♌ 50	3 ♋ 4	27 ♌ 45	27 ♌ 14	7 ♌ 12	4 ♋ 31	24 ♍ 4	0 ♒ 33	25 ♑ 10	25 ♌ 25	8 ♏ 37	7 ♍ 3	20 ♉	24 ♓	0 ♈	25 ♉	5 ♓
9	15 ♌ 48	15 ♋ 7	27 ♌ 42	27 ♌ 12	9 ♌ 15	5 ♋ 39	24 ♍ 42	0 ♒ 26	25 ♑ 6	25 ♌ 28	8 ♏ 38	7 ♍ 5	21 ♉	23 ♓	0 ♈	26 ♉	5 ♓
10	16 ♌ 45	27 ♋ 2	27 ♌ 39	27 ♌ 11	11 ♌ 19	6 ♋ 47	25 ♍ 19	0 ♒ 19	25 ♑ 2	25 ♌ 32	8 ♏ 38	7 ♍ 7	21 ♉	23 ♓	0 ♈	26 ♉	5 ♓
11	17 ♌ 43	8 ♌ 52	27 ♌ 36	27 ♌ 10	13 ♌ 22	7 ♋ 56	25 ♍ 57	0 ♒ 12	24 ♑ 58	25 ♌ 36	8 ♏ 39	7 ♍ 9	21 ♉	23 ♓	0 ♈	26 ♉	5 ♓
12	18 ♌ 41	20 ♌ 40	27 ♌ 33	27 ♌ 9	15 ♌ 26	9 ♋ 5	26 ♍ 35	0 ♒ 5	24 ♑ 54	25 ♌ 39	8 ♏ 40	7 ♍ 11	21 ♉	23 ♓	0 ♈	26 ♉	5 ♓
13	19 ♌ 38	2 ♍ 27	27 ♌ 30	27 D 9	17 ♌ 29	10 ♋ 14	27 ♍ 12	29 ♑ 58	24 ♑ 50	25 ♌ 43	8 ♏ 40	7 ♍ 13	22 ♉	23 ♓	0 ♈	27 ♉	4 ♓
14	20 ♌ 36	14 ♍ 15	27 ♌ 26	27 ♌ 10	19 ♌ 32	11 ♋ 23	27 ♍ 50	29 ♑ 51	24 ♑ 46	25 ♌ 47	8 ♏ 41	7 ♍ 15	22 ♉	23 ♓	0 ♈	27 ♉	4 ♓
15	21 ♌ 34	26 ♍ 9	27 ♌ 23	27 ♌ 10	21 ♌ 34	12 ♋ 32	28 ♍ 28	29 ♑ 44	24 ♑ 42	25 ♌ 51	8 ♏ 42	7 ♍ 17	22 ♉	22 ♓	0 ♈	27 ♉	4 ♓
16	22 ♌ 31	8 ♎ 9	27 ♌ 20	27 ♌ 11	23 ♌ 35	13 ♋ 41	29 ♍ 6	29 ♑ 38	24 ♑ 39	25 ♌ 54	8 ♏ 43	7 ♍ 19	22 ♉	22 ♓	0 ♈	27 ♉	4 ♓
17	23 ♌ 29	20 ♎ 20	27 ♌ 17	27 ♌ 11	25 ♌ 35	14 ♋ 51	29 ♍ 44	29 ♑ 31	24 ♑ 35	25 ♌ 58	8 ♏ 44	7 ♍ 21	22 ♉	22 ♓	0 ♈	28 ♉	4 ♓
18	24 ♌ 27	2 ♏ 44	27 ♌ 14	27 ♌ 11	27 ♌ 33	16 ♋ 0	0 ♎ 22	29 ♑ 25	24 ♑ 32	26 ♌ 2	8 ♏ 44	7 ♍ 23	23 ♉	22 ♓	0 ♈	28 ♉	4 ♓
19	25 ♌ 24	15 ♏ 26	27 ♌ 10	27 ♌ 12	29 ♌ 31	17 ♋ 10	1 ♎ 0	29 ♑ 18	24 ♑ 28	26 ♌ 6	8 ♏ 45	7 ♍ 25	23 ♉	22 ♓	0 ♈	28 ♉	4 ♓
20	26 ♌ 22	28 ♏ 29	27 ♌ 7	27 R 12	1 ♍ 27	18 ♋ 19	1 ♎ 38	29 ♑ 12	24 ♑ 25	26 ♌ 9	8 ♏ 46	7 ♍ 27	23 ♉	21 ♓	29 ♓	28 ♉	4 ♓
21	27 ♌ 20	11 ♐ 56	27 ♌ 4	27 D 12	3 ♍ 22	19 ♋ 29	2 ♎ 17	29 ♑ 6	24 ♑ 21	26 ♌ 13	8 ♏ 47	7 ♍ 29	23 ♉	21 ♓	29 ♓	29 ♉	4 ♓
22	28 ♌ 18	25 ♐ 48	27 ♌ 1	27 ♌ 12	5 ♍ 16	20 ♋ 39	2 ♎ 55	29 ♑ 0	24 ♑ 18	26 ♌ 17	8 ♏ 48	7 ♍ 31	23 ♉	21 ♓	29 ♓	29 ♉	4 ♓
23	29 ♌ 15	10 ♑ 5	26 ♌ 58	27 ♌ 12	7 ♍ 9	21 ♋ 49	3 ♎ 33	28 ♑ 55	24 ♑ 15	26 ♌ 21	8 ♏ 49	7 ♍ 33	23 ♉	21 ♓	29 ♓	29 ♉	4 ♓
24	0 ♍ 13	24 ♑ 46	26 ♌ 55	27 ♌ 12	9 ♍ 0	22 ♋ 59	4 ♎ 12	28 ♑ 49	24 ♑ 12	26 ♌ 24	8 ♏ 50	7 ♍ 35	24 ♉	21 ♓	29 ♓	29 ♉	4 ♓
25	1 ♍ 11	9 ♒ 45	26 ♌ 51	27 ♌ 12	10 ♍ 49	24 ♋ 9	4 ♎ 50	28 ♑ 43	24 ♑ 9	26 ♌ 28	8 ♏ 51	7 ♍ 37	24 ♉	20 ♓	29 ♓	0 ♊	4 ♓
26	2 ♍ 9	24 ♒ 54	26 ♌ 48	27 ♌ 12	12 ♍ 38	25 ♋ 19	5 ♎ 29	28 ♑ 38	24 ♑ 6	26 ♌ 32	8 ♏ 52	7 ♍ 39	24 ♉	20 ♓	29 ♓	0 ♊	4 ♓
27	3 ♍ 7	10 ♓ 5	26 ♌ 45	27 R 12	14 ♍ 25	26 ♋ 30	6 ♎ 7	28 ♑ 33	24 ♑ 3	26 ♌ 36	8 ♏ 54	7 ♍ 41	24 ♉	20 ♓	29 ♓	0 ♊	4 ♓
28	4 ♍ 5	25 ♓ 9	26 ♌ 42	27 ♌ 12	16 ♍ 10	27 ♋ 40	6 ♎ 46	28 ♑ 28	24 ♑ 0	26 ♌ 39	8 ♏ 55	7 ♍ 43	24 ♉	20 ♓	28 ♓	0 ♊	4 ♓
29	5 ♍ 3	9 ♈ 56	26 ♌ 39	27 ♌ 11	17 ♍ 55	28 ♋ 51	7 ♎ 24	28 ♑ 23	23 ♑ 57	26 ♌ 43	8 ♏ 56	7 ♍ 45	24 ♉	19 ♓	28 ♓	0 ♊	4 ♓
30	6 ♍ 1	24 ♈ 21	26 ♌ 36	27 ♌ 10	19 ♍ 38	0 ♌ 2	8 ♎ 3	28 ♑ 18	23 ♑ 54	26 ♌ 47	8 ♏ 57	7 ♍ 47	25 ♉	19 ♓	28 ♓	1 ♊	4 ♓
31	6 ♍ 59	8 ♉ 19	26 ♌ 32	27 ♌ 9	21 ♍ 20	1 ♌ 12	8 ♎ 42	28 ♑ 14	23 ♑ 52	26 ♌ 50	8 ♏ 58	7 ♍ 49	25 ♉	19 ♓	28 ♓	1 ♊	4 ♓

SUN INGRESS: ☉ → ♍ 23日 18:19

MOON PHASE: ◑ 3日 20:47 ♉ ● 11日 19:36 ♌ ◐ 19日 19:51 ♏ ○ 26日 12:13 ♓

aspects

1日	10:49	☉□♆
2日	03:08	☿☍♄
4日	21:44	☿☍♃
8日	16:44	☿□♆
9日	13:49	♂△♄
10日	06:55	☿⚹♇
11日	15:07	♀△♆
14日	23:57	☉☌☿
16日	16:56	♂△♃
17日	04:54	♀☌♅
19日	18:22	☉☌♅
23日	05:18	☿☌♇
23日	21:58	☿⚹♆
24日	23:50	♀☍♄
28日	15:09	♀☍♃
31日	21:38	☉☌♇

1961年9月

DAY	☉	☽	☊ mean	☊ true	☿	♀	♂	♃	♄	♅	♆	♇	⚳	⚴	⚵	⚶	⚷
	° ′	° ′	° ′	° ′	° ′	° ′	° ′	° ′	° ′	° ′	° ′	° ′	°	°	°	°	°
1	7 ♍ 57	21 ♉ 50	26 ♌ 29	27 R 8	23 D 0	2 D 23	9 D 21	28 R 9	23 R 49	26 D 54	9 D 0	7 D 51	25 D	19 R	28 R	1 D	4 R
2	8 ♍ 55	4 ♊ 55	26 ♌ 26	27 ♌ 8	24 ♍ 39	3 ♌ 34	9 ♎ 59	28 ♑ 5	23 ♑ 47	26 ♌ 58	9 ♏ 1	7 ♍ 53	25 ♉	18 ♓	28 ♓	1 ♊	4 ♓
3	9 ♍ 53	17 ♊ 37	26 ♌ 23	27 D 8	26 ♍ 17	4 ♌ 45	10 ♎ 38	28 ♑ 1	23 ♑ 44	27 ♌ 1	9 ♏ 2	7 ♍ 55	25 ♉	18 ♓	27 ♓	1 ♊	3 ♓
4	10 ♍ 51	29 ♊ 59	26 ♌ 20	27 ♌ 9	27 ♍ 54	5 ♌ 57	11 ♎ 17	27 ♑ 57	23 ♑ 42	27 ♌ 5	9 ♏ 4	7 ♍ 57	25 ♉	18 ♓	27 ♓	2 ♊	3 ♓
5	11 ♍ 49	12 ♋ 7	26 ♌ 16	27 ♌ 10	29 ♍ 30	7 ♌ 8	11 ♎ 56	27 ♑ 54	23 ♑ 40	27 ♌ 9	9 ♏ 5	7 ♍ 59	25 ♉	18 ♓	27 ♓	2 ♊	3 ♓
6	12 ♍ 47	24 ♋ 4	26 ♌ 13	27 ♌ 11	1 ♎ 4	8 ♌ 19	12 ♎ 35	27 ♑ 50	23 ♑ 37	27 ♌ 12	9 ♏ 6	8 ♍ 1	25 ♉	17 ♓	27 ♓	2 ♊	3 ♓
7	13 ♍ 45	5 ♌ 54	26 ♌ 10	27 ♌ 13	2 ♎ 37	9 ♌ 31	13 ♎ 15	27 ♑ 47	23 ♑ 35	27 ♌ 16	9 ♏ 8	8 ♍ 3	26 ♉	17 ♓	27 ♓	2 ♊	3 ♓
8	14 ♍ 44	17 ♌ 40	26 ♌ 7	27 ♌ 13	4 ♎ 9	10 ♌ 42	13 ♎ 54	27 ♑ 43	23 ♑ 33	27 ♌ 20	9 ♏ 9	8 ♍ 6	26 ♉	17 ♓	26 ♓	2 ♊	3 ♓
9	15 ♍ 42	29 ♌ 28	26 ♌ 4	27 R 14	5 ♎ 40	11 ♌ 54	14 ♎ 33	27 ♑ 40	23 ♑ 32	27 ♌ 23	9 ♏ 11	8 ♍ 8	26 ♉	17 ♓	26 ♓	2 ♊	3 ♓
10	16 ♍ 40	11 ♍ 18	26 ♌ 1	27 ♌ 13	7 ♎ 10	13 ♌ 5	15 ♎ 12	27 ♑ 38	23 ♑ 30	27 ♌ 27	9 ♏ 12	8 ♍ 10	26 ♉	16 ♓	26 ♓	2 ♊	3 ♓
11	17 ♍ 39	23 ♍ 13	25 ♌ 57	27 ♌ 11	8 ♎ 38	14 ♌ 17	15 ♎ 52	27 ♑ 35	23 ♑ 28	27 ♌ 31	9 ♏ 14	8 ♍ 12	26 ♉	16 ♓	26 ♓	3 ♊	3 ♓
12	18 ♍ 37	5 ♎ 15	25 ♌ 54	27 ♌ 9	10 ♎ 5	15 ♌ 29	16 ♎ 31	27 ♑ 33	23 ♑ 26	27 ♌ 34	9 ♏ 15	8 ♍ 14	26 ♉	16 ♓	25 ♓	3 ♊	3 ♓
13	19 ♍ 35	17 ♎ 26	25 ♌ 51	27 ♌ 5	11 ♎ 31	16 ♌ 41	17 ♎ 11	27 ♑ 30	23 ♑ 25	27 ♌ 38	9 ♏ 17	8 ♍ 16	26 ♉	16 ♓	25 ♓	3 ♊	3 ♓
14	20 ♍ 34	29 ♎ 48	25 ♌ 48	27 ♌ 2	12 ♎ 56	17 ♌ 53	17 ♎ 50	27 ♑ 28	23 ♑ 23	27 ♌ 41	9 ♏ 19	8 ♍ 18	26 ♉	15 ♓	25 ♓	3 ♊	3 ♓
15	21 ♍ 32	12 ♏ 22	25 ♌ 45	26 ♌ 58	14 ♎ 19	19 ♌ 5	18 ♎ 30	27 ♑ 26	23 ♑ 22	27 ♌ 45	9 ♏ 20	8 ♍ 20	26 ♉	15 ♓	25 ♓	3 ♊	3 ♓
16	22 ♍ 31	25 ♏ 10	25 ♌ 41	26 ♌ 55	15 ♎ 42	20 ♌ 17	19 ♎ 9	27 ♑ 25	23 ♑ 21	27 ♌ 48	9 ♏ 22	8 ♍ 22	26 ♉	15 ♓	24 ♓	3 ♊	3 ♓
17	23 ♍ 29	8 ♐ 15	25 ♌ 38	26 ♌ 53	17 ♎ 2	21 ♌ 30	19 ♎ 49	27 ♑ 23	23 ♑ 20	27 ♌ 52	9 ♏ 24	8 ♍ 24	26 ♉	14 ♓	24 ♓	3 ♊	3 ♓
18	24 ♍ 28	21 ♐ 38	25 ♌ 35	26 ♌ 52	18 ♎ 22	22 ♌ 42	20 ♎ 29	27 ♑ 22	23 ♑ 19	27 ♌ 55	9 ♏ 25	8 ♍ 26	26 ♉	14 ♓	24 ♓	3 ♊	3 ♓
19	25 ♍ 27	5 ♑ 21	25 ♌ 32	26 D 52	19 ♎ 40	23 ♌ 54	21 ♎ 9	27 ♑ 21	23 ♑ 18	27 ♌ 59	9 ♏ 27	8 ♍ 28	26 ♉	14 ♓	24 ♓	3 ♊	3 ♓
20	26 ♍ 25	19 ♑ 24	25 ♌ 29	26 ♌ 53	20 ♎ 57	25 ♌ 7	21 ♎ 48	27 ♑ 20	23 ♑ 17	28 ♌ 2	9 ♏ 29	8 ♍ 30	26 ♉	14 ♓	23 ♓	4 ♊	3 ♓
21	27 ♍ 24	3 ♒ 47	25 ♌ 26	26 ♌ 55	22 ♎ 12	26 ♌ 19	22 ♎ 28	27 ♑ 19	23 ♑ 16	28 ♌ 5	9 ♏ 31	8 ♍ 32	26 ♉	13 ♓	23 ♓	4 ♊	3 ♓
22	28 ♍ 22	18 ♒ 28	25 ♌ 22	26 ♌ 56	23 ♎ 25	27 ♌ 32	23 ♎ 8	27 ♑ 19	23 ♑ 16	28 ♌ 9	9 ♏ 32	8 ♍ 34	26 ♉	13 ♓	23 ♓	4 ♊	3 ♓
23	29 ♍ 21	3 ♓ 21	25 ♌ 19	26 R 56	24 ♎ 37	28 ♌ 45	23 ♎ 48	27 ♑ 19	23 ♑ 15	28 ♌ 12	9 ♏ 34	8 ♍ 36	26 ♉	13 ♓	23 ♓	4 ♊	3 ♓
24	0 ♎ 20	18 ♓ 21	25 ♌ 16	26 ♌ 55	25 ♎ 47	29 ♌ 57	24 ♎ 28	27 ♑ 19	23 ♑ 15	28 ♌ 15	9 ♏ 36	8 ♍ 38	26 R	13 ♓	22 ♓	4 ♊	3 ♓
25	1 ♎ 19	3 ♈ 18	25 ♌ 13	26 ♌ 51	26 ♎ 55	1 ♍ 10	25 ♎ 9	27 D 19	23 ♑ 14	28 ♌ 19	9 ♏ 38	8 ♍ 40	26 ♉	12 ♓	22 ♓	4 ♊	2 ♓
26	2 ♎ 17	18 ♈ 5	25 ♌ 10	26 ♌ 47	28 ♎ 1	2 ♍ 23	25 ♎ 49	27 ♑ 19	23 ♑ 14	28 ♌ 22	9 ♏ 40	8 ♍ 41	26 ♉	12 ♓	22 ♓	4 ♊	2 ♓
27	3 ♎ 16	2 ♉ 34	25 ♌ 7	26 ♌ 41	29 ♎ 5	3 ♍ 36	26 ♎ 29	27 ♑ 19	23 ♑ 14	28 ♌ 25	9 ♏ 41	8 ♍ 43	26 ♉	12 ♓	22 ♓	4 ♊	2 ♓
28	4 ♎ 15	16 ♉ 38	25 ♌ 3	26 ♌ 36	0 ♏ 6	4 ♍ 49	27 ♎ 9	27 ♑ 20	23 ♑ 14	28 ♌ 28	9 ♏ 43	8 ♍ 45	26 ♉	12 ♓	22 ♓	4 ♊	2 ♓
29	5 ♎ 14	0 ♊ 15	25 ♌ 0	26 ♌ 30	1 ♏ 5	6 ♍ 2	27 ♎ 50	27 ♑ 21	23 D 14	28 ♌ 32	9 ♏ 45	8 ♍ 47	26 ♉	12 ♓	21 ♓	4 ♊	2 ♓
30	6 ♎ 13	13 ♊ 26	24 ♌ 57	26 ♌ 27	2 ♏ 2	7 ♍ 15	28 ♎ 30	27 ♑ 22	23 ♑ 14	28 ♌ 35	9 ♏ 47	8 ♍ 49	26 ♉	11 ♓	21 ♓	4 ♊	2 ♓

SUN INGRESS	☉→♎23日 15:42
MOON PHASE	◑ 2日 08:05 ♊　● 10日 11:50 ♍　◐ 18日 05:23 ♐　○ 24日 20:33 ♈

aspects		
1日	11:31	☿△♄
2日	02:40	☉⚹♆
4日	00:45	☿△♃
6日	16:14	♀□♆
13日	21:50	♀⚹♂
16日	20:09	☉△♄
20日	22:16	☉△♃
21日	11:49	☿☌♂
21日	20:53	☿□♄
22日	04:17	♂□♄
22日	12:46	♀☌♅
25日	08:35	☿□♃
26日	08:15	☿⚹♅
28日	06:36	♂□♃
30日	03:08	♂⚹♅

1961年10月

DAY	☉	☽	☊ mean	☊ true	☿	♀	♂	♃	♄	♅	♆	♇	⚳	⚴	⚵	⚶	⚷
	° ′	° ′	° ′	° ′	° ′	° ′	° ′	° ′	° ′	° ′	° ′	° ′	°	°	°	°	°
1	7 ♎ 12	26 ♊ 11	24 ♌ 54	26 R 24	2 D 55	8 D 29	29 D 10	27 D 23	23 D 14	28 D 38	9 D 49	8 D 51	26 R	11 R	21 R	4 D	2 R
2	8 ♎ 11	8 ♋ 34	24 ♌ 51	26 D 23	3 ♏ 46	9 ♍ 42	29 ♎ 51	27 ♑ 25	23 ♑ 14	28 ♌ 41	9 ♏ 51	8 ♍ 53	26 ♉	11 ♓	21 ♓	4 R	2 ♓
3	9 ♎ 10	20 ♋ 41	24 ♌ 47	26 ♌ 24	4 ♏ 33	10 ♍ 55	0 ♏ 32	27 ♑ 26	23 ♑ 15	28 ♌ 44	9 ♏ 53	8 ♍ 55	26 ♉	11 ♓	20 ♓	4 ♊	2 ♓
4	10 ♎ 9	2 ♌ 36	24 ♌ 44	26 ♌ 26	5 ♏ 16	12 ♍ 9	1 ♏ 12	27 ♑ 28	23 ♑ 15	28 ♌ 47	9 ♏ 55	8 ♍ 56	26 ♉	10 ♓	20 ♓	4 ♊	2 ♓
5	11 ♎ 8	14 ♌ 24	24 ♌ 41	26 ♌ 27	5 ♏ 55	13 ♍ 22	1 ♏ 53	27 ♑ 30	23 ♑ 16	28 ♌ 50	9 ♏ 57	8 ♍ 58	26 ♉	10 ♓	20 ♓	4 ♊	2 ♓
6	12 ♎ 7	26 ♌ 11	24 ♌ 38	26 ♌ 28	6 ♏ 29	14 ♍ 36	2 ♏ 34	27 ♑ 33	23 ♑ 17	28 ♌ 53	9 ♏ 59	9 ♍ 0	26 ♉	10 ♓	20 ♓	4 ♊	2 ♓
7	13 ♎ 6	8 ♍ 0	24 ♌ 35	26 R 27	6 ♏ 59	15 ♍ 49	3 ♏ 14	27 ♑ 35	23 ♑ 18	28 ♌ 56	10 ♏ 1	9 ♍ 2	26 ♉	10 ♓	20 ♓	4 ♊	2 ♓
8	14 ♎ 6	19 ♍ 55	24 ♌ 32	26 ♌ 24	7 ♏ 24	17 ♍ 3	3 ♏ 55	27 ♑ 38	23 ♑ 18	28 ♌ 59	10 ♏ 3	9 ♍ 4	26 ♉	10 ♓	19 ♓	4 ♊	2 ♓
9	15 ♎ 5	1 ♎ 59	24 ♌ 28	26 ♌ 19	7 ♏ 42	18 ♍ 17	4 ♏ 36	27 ♑ 40	23 ♑ 19	29 ♌ 2	10 ♏ 5	9 ♍ 5	26 ♉	9 ♓	19 ♓	4 ♊	2 ♓
10	16 ♎ 4	14 ♎ 14	24 ♌ 25	26 ♌ 12	7 ♏ 55	19 ♍ 31	5 ♏ 17	27 ♑ 43	23 ♑ 21	29 ♌ 5	10 ♏ 7	9 ♍ 7	26 ♉	9 ♓	19 ♓	4 ♊	2 ♓
11	17 ♎ 3	26 ♎ 41	24 ♌ 22	26 ♌ 3	8 ♏ 1	20 ♍ 44	5 ♏ 58	27 ♑ 47	23 ♑ 22	29 ♌ 8	10 ♏ 9	9 ♍ 9	25 ♉	9 ♓	19 ♓	4 ♊	2 ♓
12	18 ♎ 3	9 ♏ 20	24 ♌ 19	25 ♌ 53	7 R 59	21 ♍ 58	6 ♏ 39	27 ♑ 50	23 ♑ 23	29 ♌ 10	10 ♏ 12	9 ♍ 10	25 ♉	9 ♓	19 ♓	4 ♊	2 ♓
13	19 ♎ 2	22 ♏ 12	24 ♌ 16	25 ♌ 44	7 ♏ 50	23 ♍ 12	7 ♏ 21	27 ♑ 53	23 ♑ 25	29 ♌ 13	10 ♏ 14	9 ♍ 12	25 ♉	9 ♓	18 ♓	3 ♊	2 ♓
14	20 ♎ 2	5 ♐ 16	24 ♌ 12	25 ♌ 35	7 ♏ 33	24 ♍ 26	8 ♏ 2	27 ♑ 57	23 ♑ 26	29 ♌ 16	10 ♏ 16	9 ♍ 14	25 ♉	9 ♓	18 ♓	3 ♊	2 ♓
15	21 ♎ 1	18 ♐ 33	24 ♌ 9	25 ♌ 29	7 ♏ 8	25 ♍ 40	8 ♏ 43	28 ♑ 1	23 ♑ 28	29 ♌ 19	10 ♏ 18	9 ♍ 15	25 ♉	9 ♓	18 ♓	3 ♊	2 ♓
16	22 ♎ 1	2 ♑ 2	24 ♌ 6	25 ♌ 25	6 ♏ 34	26 ♍ 54	9 ♏ 24	28 ♑ 5	23 ♑ 29	29 ♌ 21	10 ♏ 20	9 ♍ 17	25 ♉	8 ♓	18 ♓	3 ♊	2 ♓
17	23 ♎ 0	15 ♑ 43	24 ♌ 3	25 ♌ 23	5 ♏ 52	28 ♍ 8	10 ♏ 6	28 ♑ 10	23 ♑ 31	29 ♌ 24	10 ♏ 22	9 ♍ 19	25 ♉	8 ♓	18 ♓	3 ♊	2 ♓
18	24 ♎ 0	29 ♑ 38	24 ♌ 0	25 D 23	5 ♏ 2	29 ♍ 23	10 ♏ 47	28 ♑ 14	23 ♑ 33	29 ♌ 26	10 ♏ 24	9 ♍ 20	25 ♉	8 ♓	18 ♓	3 ♊	2 ♓
19	24 ♎ 59	13 ♒ 45	23 ♌ 57	25 ♌ 23	4 ♏ 4	0 ♎ 37	11 ♏ 29	28 ♑ 19	23 ♑ 35	29 ♌ 29	10 ♏ 27	9 ♍ 22	24 ♉	8 ♓	18 ♓	3 ♊	2 ♓
20	25 ♎ 59	28 ♒ 5	23 ♌ 53	25 R 24	2 ♏ 59	1 ♎ 51	12 ♏ 10	28 ♑ 23	23 ♑ 37	29 ♌ 31	10 ♏ 29	9 ♍ 23	24 ♉	8 ♓	18 ♓	3 ♊	2 ♓
21	26 ♎ 58	12 ♓ 35	23 ♌ 50	25 ♌ 22	1 ♏ 49	3 ♎ 5	12 ♏ 52	28 ♑ 28	23 ♑ 39	29 ♌ 34	10 ♏ 31	9 ♍ 25	24 ♉	8 ♓	17 ♓	3 ♊	2 ♓
22	27 ♎ 58	27 ♓ 12	23 ♌ 47	25 ♌ 19	0 ♏ 35	4 ♎ 20	13 ♏ 33	28 ♑ 34	23 ♑ 42	29 ♌ 36	10 ♏ 33	9 ♍ 26	24 ♉	8 ♓	17 ♓	2 ♊	2 ♓
23	28 ♎ 58	11 ♈ 49	23 ♌ 44	25 ♌ 13	29 ♎ 20	5 ♎ 34	14 ♏ 15	28 ♑ 39	23 ♑ 44	29 ♌ 38	10 ♏ 35	9 ♍ 28	24 ♉	8 ♓	17 ♓	2 ♊	2 ♓
24	29 ♎ 58	26 ♈ 20	23 ♌ 41	25 ♌ 4	28 ♎ 5	6 ♎ 48	14 ♏ 57	28 ♑ 44	23 ♑ 47	29 ♌ 41	10 ♏ 38	9 ♍ 29	24 ♉	7 ♓	17 ♓	2 ♊	2 ♓
25	0 ♏ 57	10 ♉ 38	23 ♌ 38	24 ♌ 54	26 ♎ 53	8 ♎ 3	15 ♏ 39	28 ♑ 50	23 ♑ 49	29 ♌ 43	10 ♏ 40	9 ♍ 31	23 ♉	7 ♓	17 ♓	2 ♊	2 ♓
26	1 ♏ 57	24 ♉ 37	23 ♌ 34	24 ♌ 43	25 ♎ 47	9 ♎ 17	16 ♏ 21	28 ♑ 56	23 ♑ 52	29 ♌ 45	10 ♏ 42	9 ♍ 32	23 ♉	7 ♓	17 ♓	2 ♊	2 ♓
27	2 ♏ 57	8 ♊ 13	23 ♌ 31	24 ♌ 32	24 ♎ 47	10 ♎ 32	17 ♏ 3	29 ♑ 2	23 ♑ 55	29 ♌ 47	10 ♏ 44	9 ♍ 34	23 ♉	7 ♓	17 ♓	2 ♊	2 ♓
28	3 ♏ 57	21 ♊ 24	23 ♌ 28	24 ♌ 23	23 ♎ 55	11 ♎ 46	17 ♏ 45	29 ♑ 8	23 ♑ 57	29 ♌ 50	10 ♏ 46	9 ♍ 35	23 ♉	7 ♓	17 ♓	1 ♊	2 ♓
29	4 ♏ 57	4 ♋ 11	23 ♌ 25	24 ♌ 17	23 ♎ 14	13 ♎ 1	18 ♏ 27	29 ♑ 15	24 ♑ 0	29 ♌ 52	10 ♏ 49	9 ♍ 36	23 ♉	7 ♓	17 ♓	1 ♊	1 ♓
30	5 ♏ 57	16 ♋ 37	23 ♌ 22	24 ♌ 13	22 ♎ 44	14 ♎ 16	19 ♏ 9	29 ♑ 21	24 ♑ 3	29 ♌ 54	10 ♏ 51	9 ♍ 38	22 ♉	7 ♓	17 ♓	1 ♊	1 ♓
31	6 ♏ 57	28 ♋ 45	23 ♌ 18	24 ♌ 11	22 ♎ 25	15 ♎ 30	19 ♏ 51	29 ♑ 28	24 ♑ 7	29 ♌ 56	10 ♏ 53	9 ♍ 39	22 ♉	7 ♓	17 ♓	1 ♊	1 ♓

SUN INGRESS	☉→♏24日 00:47
MOON PHASE	◑ 1日 23:10 ♋　● 10日 03:52 ♎　◐ 17日 13:34 ♑　○ 24日 06:30 ♉　◑ 31日 17:58 ♌

aspects		
1日	07:31	♀☌♇
2日	03:07	☿⚹♆
13日	04:07	♀△♄
13日	12:44	☿☌♂
15日	19:36	♂⚹♇
17日	00:25	♀△♃
17日	10:06	♂☌♆
17日	12:58	☉□♄
22日	15:40	☉□♃
22日	18:22	☿⚹♅
23日	03:59	☉☌☿
23日	12:17	☿□♃
23日	17:00	☉⚹♅
27日	22:59	☿□♄

1961年11月

DAY	☉	☽	☊ mean	☊ true	☿	♀	♂	♃	♄	♅	♆	♇	⚳	⚴	⚵	⚶	⚷
	° ′	° ′	° ′	° ′	° ′	° ′	° ′	° ′	° ′	° ′	° ′	° ′	°	°	°	°	°
1	7 ♏ 57	10 ♌ 40	23 ♌ 15	24 D 11	22 R 18	16 D 45	20 D 33	29 D 34	24 D 10	29 D 58	10 D 55	9 D 40	22 R	7 R	17 R	1 R	1 R
2	8 ♏ 57	22 ♌ 29	23 ♌ 12	24 ♌ 11	22 D 22	18 ♎ 0	21 ♏ 15	29 ♑ 41	24 ♑ 13	29 ♌ 59	10 ♏ 58	9 ♍ 41	22 ♉	7 ♓	17 D	0 ♊	1 ♓
3	9 ♏ 57	4 ♍ 16	23 ♌ 9	24 R 11	22 ♎ 37	19 ♎ 15	21 ♏ 58	29 ♑ 49	24 ♑ 16	0 ♍ 1	11 ♏ 0	9 ♍ 43	22 ♉	7 ♓	17 ♓	0 ♊	1 ♓
4	10 ♏ 57	16 ♍ 8	23 ♌ 6	24 ♌ 9	23 ♎ 3	20 ♎ 29	22 ♏ 40	29 ♑ 56	24 ♑ 20	0 ♍ 3	11 ♏ 2	9 ♍ 44	21 ♉	7 ♓	17 ♓	0 ♊	1 ♓
5	11 ♏ 57	28 ♍ 7	23 ♌ 3	24 ♌ 4	23 ♎ 37	21 ♎ 44	23 ♏ 23	0 ♒ 3	24 ♑ 23	0 ♍ 5	11 ♏ 4	9 ♍ 45	21 ♉	7 ♓	17 ♓	0 ♊	1 ♓
6	12 ♏ 57	10 ♎ 19	22 ♌ 59	23 ♌ 57	24 ♎ 20	22 ♎ 59	24 ♏ 5	0 ♒ 11	24 ♑ 27	0 ♍ 6	11 ♏ 7	9 ♍ 46	21 ♉	7 ♓	17 ♓	29 ♉	1 ♓
7	13 ♏ 57	22 ♎ 47	22 ♌ 56	23 ♌ 47	25 ♎ 10	24 ♎ 14	24 ♏ 48	0 ♒ 19	24 ♑ 31	0 ♍ 8	11 ♏ 9	9 ♍ 47	21 ♉	7 ♓	17 ♓	29 ♉	1 ♓
8	14 ♏ 58	5 ♏ 30	22 ♌ 53	23 ♌ 34	26 ♎ 8	25 ♎ 29	25 ♏ 30	0 ♒ 26	24 ♑ 35	0 ♍ 10	11 ♏ 11	9 ♍ 48	20 ♉	7 D	17 ♓	29 ♉	1 ♓
9	15 ♏ 58	18 ♏ 30	22 ♌ 50	23 ♌ 21	27 ♎ 11	26 ♎ 44	26 ♏ 13	0 ♒ 35	24 ♑ 39	0 ♍ 11	11 ♏ 13	9 ♍ 49	20 ♉	7 ♓	17 ♓	29 ♉	1 ♓
10	16 ♏ 58	1 ♐ 45	22 ♌ 47	23 ♌ 8	28 ♎ 19	27 ♎ 59	26 ♏ 56	0 ♒ 43	24 ♑ 43	0 ♍ 13	11 ♏ 16	9 ♍ 50	20 ♉	7 ♓	17 ♓	28 ♉	1 ♓
11	17 ♏ 58	15 ♐ 13	22 ♌ 44	22 ♌ 56	29 ♎ 32	29 ♎ 14	27 ♏ 39	0 ♒ 51	24 ♑ 47	0 ♍ 14	11 ♏ 18	9 ♍ 51	20 ♉	7 ♓	17 ♓	28 ♉	1 ♓
12	18 ♏ 59	28 ♐ 51	22 ♌ 40	22 ♌ 46	0 ♏ 48	0 ♏ 29	28 ♏ 21	0 ♒ 59	24 ♑ 51	0 ♍ 16	11 ♏ 20	9 ♍ 52	19 ♉	7 ♓	17 ♓	28 ♉	1 ♓
13	19 ♏ 59	12 ♑ 38	22 ♌ 37	22 ♌ 40	2 ♏ 8	1 ♏ 44	29 ♏ 4	1 ♒ 8	24 ♑ 55	0 ♍ 17	11 ♏ 22	9 ♍ 53	19 ♉	7 ♓	18 ♓	28 ♉	1 D
14	21 ♏ 0	26 ♑ 31	22 ♌ 34	22 ♌ 36	3 ♏ 30	2 ♏ 59	29 ♏ 47	1 ♒ 17	24 ♑ 59	0 ♍ 18	11 ♏ 25	9 ♍ 54	19 ♉	7 ♓	18 ♓	27 ♉	1 ♓
15	22 ♏ 0	10 ♒ 29	22 ♌ 31	22 ♌ 35	4 ♏ 55	4 ♏ 14	0 ♐ 30	1 ♒ 26	25 ♑ 4	0 ♍ 19	11 ♏ 27	9 ♍ 55	19 ♉	7 ♓	18 ♓	27 ♉	1 ♓
16	23 ♏ 0	24 ♒ 32	22 ♌ 28	22 ♌ 34	6 ♏ 21	5 ♏ 29	1 ♐ 13	1 ♒ 35	25 ♑ 8	0 ♍ 21	11 ♏ 29	9 ♍ 56	19 ♉	7 ♓	18 ♓	27 ♉	1 ♓
17	24 ♏ 1	8 ♓ 38	22 ♌ 24	22 ♌ 34	7 ♏ 49	6 ♏ 45	1 ♐ 56	1 ♒ 44	25 ♑ 13	0 ♍ 22	11 ♏ 31	9 ♍ 57	18 ♉	7 ♓	18 ♓	27 ♉	1 ♓
18	25 ♏ 1	22 ♓ 48	22 ♌ 21	22 ♌ 32	9 ♏ 19	8 ♏ 0	2 ♐ 40	1 ♒ 53	25 ♑ 17	0 ♍ 23	11 ♏ 33	9 ♍ 58	18 ♉	7 ♓	18 ♓	26 ♉	1 ♓
19	26 ♏ 2	6 ♈ 59	22 ♌ 18	22 ♌ 28	10 ♏ 49	9 ♏ 15	3 ♐ 23	2 ♒ 2	25 ♑ 22	0 ♍ 24	11 ♏ 36	9 ♍ 58	18 ♉	7 ♓	18 ♓	26 ♉	1 ♓
20	27 ♏ 2	21 ♈ 9	22 ♌ 15	22 ♌ 20	12 ♏ 20	10 ♏ 30	4 ♐ 6	2 ♒ 12	25 ♑ 27	0 ♍ 25	11 ♏ 38	9 ♍ 59	18 ♉	7 ♓	18 ♓	26 ♉	1 ♓
21	28 ♏ 3	5 ♉ 14	22 ♌ 12	22 ♌ 10	13 ♏ 52	11 ♏ 45	4 ♐ 49	2 ♒ 22	25 ♑ 31	0 ♍ 26	11 ♏ 40	10 ♍ 0	17 ♉	7 ♓	19 ♓	26 ♉	1 ♓
22	29 ♏ 4	19 ♉ 9	22 ♌ 9	21 ♌ 58	15 ♏ 25	13 ♏ 0	5 ♐ 33	2 ♒ 31	25 ♑ 36	0 ♍ 26	11 ♏ 42	10 ♍ 0	17 ♉	7 ♓	19 ♓	25 ♉	1 ♓
23	0 ♐ 4	2 ♊ 50	22 ♌ 5	21 ♌ 45	16 ♏ 58	14 ♏ 16	6 ♐ 16	2 ♒ 41	25 ♑ 41	0 ♍ 27	11 ♏ 44	10 ♍ 1	17 ♉	7 ♓	19 ♓	25 ♉	1 ♓
24	1 ♐ 5	16 ♊ 13	22 ♌ 2	21 ♌ 33	18 ♏ 31	15 ♏ 31	7 ♐ 0	2 ♒ 51	25 ♑ 46	0 ♍ 28	11 ♏ 47	10 ♍ 2	17 ♉	8 ♓	19 ♓	25 ♉	1 ♓
25	2 ♐ 6	29 ♊ 16	21 ♌ 59	21 ♌ 22	20 ♏ 5	16 ♏ 46	7 ♐ 43	3 ♒ 1	25 ♑ 51	0 ♍ 29	11 ♏ 49	10 ♍ 2	17 ♉	8 ♓	19 ♓	25 ♉	1 ♓
26	3 ♐ 6	11 ♋ 59	21 ♌ 56	21 ♌ 14	21 ♏ 38	18 ♏ 2	8 ♐ 27	3 ♒ 11	25 ♑ 56	0 ♍ 29	11 ♏ 51	10 ♍ 3	16 ♉	8 ♓	20 ♓	24 ♉	1 ♓
27	4 ♐ 7	24 ♋ 23	21 ♌ 53	21 ♌ 8	23 ♏ 12	19 ♏ 17	9 ♐ 11	3 ♒ 22	26 ♑ 2	0 ♍ 30	11 ♏ 53	10 ♍ 3	16 ♉	8 ♓	20 ♓	24 ♉	1 ♓
28	5 ♐ 8	6 ♌ 31	21 ♌ 50	21 ♌ 5	24 ♏ 46	20 ♏ 32	9 ♐ 54	3 ♒ 32	26 ♑ 7	0 ♍ 30	11 ♏ 55	10 ♍ 4	16 ♉	8 ♓	20 ♓	24 ♉	2 ♓
29	6 ♐ 8	18 ♌ 28	21 ♌ 46	21 ♌ 4	26 ♏ 20	21 ♏ 47	10 ♐ 38	3 ♒ 43	26 ♑ 12	0 ♍ 31	11 ♏ 57	10 ♍ 4	16 ♉	8 ♓	20 ♓	24 ♉	2 ♓
30	7 ♐ 9	0 ♍ 17	21 ♌ 43	21 D 4	27 ♏ 54	23 ♏ 3	11 ♐ 22	3 ♒ 53	26 ♑ 18	0 ♍ 31	11 ♏ 59	10 ♍ 5	16 ♉	8 ♓	20 ♓	23 ♉	2 ♓

SUN INGRESS	☉ → ♐ 22日 22:08
MOON PHASE	● 8日 18:58 ♏ ◐ 15日 21:12 ♒ ○ 22日 18:44 ♉ ◑ 30日 15:18 ♍

aspects		
2日	18:16	☉⚹♇
4日	02:15	☉☌♆
6日	03:56	☿□♄
6日	13:36	♂⚹♄
7日	05:39	♀□♄
11日	13:45	☿⚹♅
11日	19:36	♀⚹♅
12日	03:56	☿□♃
12日	10:58	♀□♃
14日	17:46	♂□♅
16日	15:03	♂⚹♃
18日	06:45	☉⚹♄
18日	10:29	☿⚹♇
19日	12:37	☿☌♆
19日	14:00	♀⚹♇
20日	22:17	♀☌♆
23日	09:14	☉□♅
26日	02:32	☉⚹♃
28日	05:17	♂□♇
28日	21:50	☿⚹♄

1961年12月

DAY	☉	☽	☊ mean	☊ true	☿	♀	♂	♃	♄	♅	♆	♇	⚳	⚴	⚵	⚶	⚷
	° ′	° ′	° ′	° ′	° ′	° ′	° ′	° ′	° ′	° ′	° ′	° ′	°	°	°	°	°
1	8 ♐ 10	12 ♍ 4	21 ♌ 40	21 R 4	29 D 29	24 D 18	12 D 6	4 D 4	26 D 23	0 D 32	12 D 1	10 D 5	15 R	8 D	21 D	23 R	2 D
2	9 ♐ 11	23 ♍ 56	21 ♌ 37	21 ♌ 3	1 ♐ 3	25 ♏ 34	12 ♐ 50	4 ♒ 15	26 ♑ 29	0 ♍ 32	12 ♏ 3	10 ♍ 5	15 ♉	8 ♓	21 ♓	23 ♉	2 ♓
3	10 ♐ 12	5 ♎ 58	21 ♌ 34	21 ♌ 0	2 ♐ 37	26 ♏ 49	13 ♐ 34	4 ♒ 26	26 ♑ 34	0 ♍ 32	12 ♏ 5	10 ♍ 6	15 ♉	9 ♓	21 ♓	23 ♉	2 ♓
4	11 ♐ 12	18 ♎ 13	21 ♌ 30	20 ♌ 54	4 ♐ 11	28 ♏ 4	14 ♐ 18	4 ♒ 37	26 ♑ 40	0 ♍ 32	12 ♏ 7	10 ♍ 6	15 ♉	9 ♓	21 ♓	22 ♉	2 ♓
5	12 ♐ 13	0 ♏ 47	21 ♌ 27	20 ♌ 46	5 ♐ 45	29 ♏ 20	15 ♐ 2	4 ♒ 48	26 ♑ 46	0 ♍ 32	12 ♏ 9	10 ♍ 6	15 ♉	9 ♓	22 ♓	22 ♉	2 ♓
6	13 ♐ 14	13 ♏ 42	21 ♌ 24	20 ♌ 36	7 ♐ 19	0 ♐ 35	15 ♐ 46	5 ♒ 0	26 ♑ 52	0 ♍ 32	12 ♏ 11	10 ♍ 7	14 ♉	9 ♓	22 ♓	22 ♉	2 ♓
7	14 ♐ 15	26 ♏ 57	21 ♌ 21	20 ♌ 24	8 ♐ 53	1 ♐ 51	16 ♐ 30	5 ♒ 11	26 ♑ 57	0 R 32	12 ♏ 13	10 ♍ 7	14 ♉	9 ♓	22 ♓	22 ♉	2 ♓
8	15 ♐ 16	10 ♐ 33	21 ♌ 18	20 ♌ 13	10 ♐ 27	3 ♐ 6	17 ♐ 14	5 ♒ 23	27 ♑ 3	0 ♍ 32	12 ♏ 15	10 ♍ 7	14 ♉	9 ♓	22 ♓	21 ♉	2 ♓
9	16 ♐ 17	24 ♐ 26	21 ♌ 15	20 ♌ 2	12 ♐ 1	4 ♐ 21	17 ♐ 59	5 ♒ 34	27 ♑ 9	0 ♍ 32	12 ♏ 17	10 ♍ 7	14 ♉	10 ♓	23 ♓	21 ♉	2 ♓
10	17 ♐ 18	8 ♑ 31	21 ♌ 11	19 ♌ 54	13 ♐ 35	5 ♐ 37	18 ♐ 43	5 ♒ 46	27 ♑ 15	0 ♍ 32	12 ♏ 19	10 ♍ 7	14 ♉	10 ♓	23 ♓	21 ♉	2 ♓
11	18 ♐ 19	22 ♑ 45	21 ♌ 8	19 ♌ 48	15 ♐ 9	6 ♐ 52	19 ♐ 28	5 ♒ 57	27 ♑ 21	0 ♍ 32	12 ♏ 21	10 ♍ 7	14 ♉	10 ♓	23 ♓	21 ♉	2 ♓
12	19 ♐ 20	7 ♒ 1	21 ♌ 5	19 ♌ 45	16 ♐ 43	8 ♐ 8	20 ♐ 12	6 ♒ 9	27 ♑ 27	0 ♍ 32	12 ♏ 23	10 ♍ 7	14 ♉	10 ♓	24 ♓	21 ♉	2 ♓
13	20 ♐ 21	21 ♒ 17	21 ♌ 2	19 D 44	18 ♐ 17	9 ♐ 23	20 ♐ 56	6 ♒ 21	27 ♑ 33	0 ♍ 31	12 ♏ 25	10 R 7	13 ♉	10 ♓	24 ♓	21 ♉	2 ♓
14	21 ♐ 22	5 ♓ 30	20 ♌ 59	19 ♌ 45	19 ♐ 52	10 ♐ 39	21 ♐ 41	6 ♒ 33	27 ♑ 40	0 ♍ 31	12 ♏ 27	10 ♍ 7	13 ♉	10 ♓	24 ♓	20 ♉	2 ♓
15	22 ♐ 23	19 ♓ 37	20 ♌ 56	19 ♌ 46	21 ♐ 26	11 ♐ 54	22 ♐ 26	6 ♒ 45	27 ♑ 46	0 ♍ 30	12 ♏ 29	10 ♍ 7	13 ♉	11 ♓	25 ♓	20 ♉	2 ♓
16	23 ♐ 24	3 ♈ 39	20 ♌ 52	19 R 45	23 ♐ 0	13 ♐ 10	23 ♐ 10	6 ♒ 58	27 ♑ 52	0 ♍ 30	12 ♏ 30	10 ♍ 7	13 ♉	11 ♓	25 ♓	20 ♉	2 ♓
17	24 ♐ 25	17 ♈ 33	20 ♌ 49	19 ♌ 43	24 ♐ 35	14 ♐ 25	23 ♐ 55	7 ♒ 10	27 ♑ 58	0 ♍ 29	12 ♏ 32	10 ♍ 7	13 ♉	11 ♓	25 ♓	20 ♉	2 ♓
18	25 ♐ 26	1 ♉ 20	20 ♌ 46	19 ♌ 38	26 ♐ 10	15 ♐ 41	24 ♐ 40	7 ♒ 22	28 ♑ 5	0 ♍ 29	12 ♏ 34	10 ♍ 7	13 ♉	11 ♓	26 ♓	20 ♉	2 ♓
19	26 ♐ 27	14 ♉ 59	20 ♌ 43	19 ♌ 31	27 ♐ 45	16 ♐ 56	25 ♐ 24	7 ♒ 35	28 ♑ 11	0 ♍ 28	12 ♏ 36	10 ♍ 7	13 ♉	11 ♓	26 ♓	20 ♉	2 ♓
20	27 ♐ 29	28 ♉ 26	20 ♌ 40	19 ♌ 22	29 ♐ 20	18 ♐ 11	26 ♐ 9	7 ♒ 47	28 ♑ 18	0 ♍ 27	12 ♏ 38	10 ♍ 7	13 ♉	12 ♓	26 ♓	19 ♉	2 ♓
21	28 ♐ 30	11 ♊ 42	20 ♌ 36	19 ♌ 12	0 ♑ 55	19 ♐ 27	26 ♐ 54	8 ♒ 0	28 ♑ 24	0 ♍ 27	12 ♏ 39	10 ♍ 6	13 ♉	12 ♓	27 ♓	19 ♉	2 ♓
22	29 ♐ 31	24 ♊ 44	20 ♌ 33	19 ♌ 3	2 ♑ 30	20 ♐ 42	27 ♐ 39	8 ♒ 12	28 ♑ 31	0 ♍ 26	12 ♏ 41	10 ♍ 6	13 ♉	12 ♓	27 ♓	19 ♉	2 ♓
23	0 ♑ 32	7 ♋ 30	20 ♌ 30	18 ♌ 55	4 ♑ 6	21 ♐ 58	28 ♐ 24	8 ♒ 25	28 ♑ 37	0 ♍ 25	12 ♏ 43	10 ♍ 6	12 ♉	12 ♓	27 ♓	19 ♉	2 ♓
24	1 ♑ 33	20 ♋ 2	20 ♌ 27	18 ♌ 49	5 ♑ 42	23 ♐ 13	29 ♐ 9	8 ♒ 38	28 ♑ 44	0 ♍ 24	12 ♏ 44	10 ♍ 5	12 ♉	12 ♓	28 ♓	19 ♉	2 ♓
25	2 ♑ 34	2 ♌ 19	20 ♌ 24	18 ♌ 45	7 ♑ 18	24 ♐ 29	29 ♐ 54	8 ♒ 51	28 ♑ 50	0 ♍ 23	12 ♏ 46	10 ♍ 5	12 ♉	13 ♓	28 ♓	19 ♉	2 ♓
26	3 ♑ 35	14 ♌ 23	20 ♌ 21	18 ♌ 44	8 ♑ 54	25 ♐ 44	0 ♑ 39	9 ♒ 3	28 ♑ 57	0 ♍ 22	12 ♏ 47	10 ♍ 5	12 ♉	13 ♓	28 ♓	19 ♉	2 ♓
27	4 ♑ 36	26 ♌ 18	20 ♌ 17	18 D 44	10 ♑ 30	27 ♐ 0	1 ♑ 24	9 ♒ 16	29 ♑ 4	0 ♍ 21	12 ♏ 49	10 ♍ 4	12 ♉	13 ♓	29 ♓	19 ♉	2 ♓
28	5 ♑ 37	8 ♍ 7	20 ♌ 14	18 ♌ 45	12 ♑ 7	28 ♐ 15	2 ♑ 10	9 ♒ 29	29 ♑ 10	0 ♍ 20	12 ♏ 51	10 ♍ 4	12 ♉	13 ♓	29 ♓	19 ♉	2 ♓
29	6 ♑ 38	19 ♍ 54	20 ♌ 11	18 ♌ 47	13 ♑ 44	29 ♐ 31	2 ♑ 55	9 ♒ 42	29 ♑ 17	0 ♍ 19	12 ♏ 52	10 ♍ 3	12 ♉	14 ♓	0 ♈	19 ♉	2 ♓
30	7 ♑ 40	1 ♎ 46	20 ♌ 8	18 ♌ 48	15 ♑ 21	0 ♑ 46	3 ♑ 40	9 ♒ 56	29 ♑ 24	0 ♍ 17	12 ♏ 54	10 ♍ 3	12 ♉	14 ♓	0 ♈	19 ♉	2 ♓
31	8 ♑ 41	13 ♎ 46	20 ♌ 5	18 R 48	16 ♑ 58	2 ♑ 2	4 ♑ 26	10 ♒ 9	29 ♑ 31	0 ♍ 16	12 ♏ 55	10 ♍ 2	12 ♉	14 ♓	0 ♈	18 ♉	3 ♓

SUN INGRESS	☉ → ♑ 22日 11:19
MOON PHASE	● 8日 08:52 ♐ ◐ 15日 05:05 ♓ ○ 22日 09:42 ♊ ◑ 30日 12:57 ♎

aspects		
1日	16:08	☿□♅
2日	19:00	♀⚹♄
2日	21:42	☉□♇
4日	07:40	☿⚹♃
5日	23:09	♀□♅
7日	18:56	☿□♇
10日	03:21	♀⚹♃
13日	14:03	♀□♇
15日	03:29	☉☌♂
16日	04:44	☿☌♂
16日	17:05	☉☌☿
20日	16:58	☿△♅
22日	21:21	☉△♅
25日	15:00	♂△♅
26日	17:34	☿△♇
28日	10:59	☿⚹♆
29日	14:56	♀△♅

1962年1月

DAY	☉	☽	☊ mean	☊ true	☿	♀	♂	♃	♄	♅	♆	♇	⚳	⚴	⚵	⚶	⚷
	° ′	° ′	° ′	° ′	° ′	° ′	° ′	° ′	° ′	° ′	° ′	° ′	°	°	°	°	°
1	9 ♑ 42	26 ♎ 0	20 ♌ 2	18 R 47	18 D 36	3 D 17	5 D 11	10 D 22	29 D 38	0 R 15	12 D 56	10 R 2	12 R	14 D	1 D	18 R	3 D
2	10 ♑ 43	8 ♏ 33	19 ♌ 58	18 ♌ 43	20 ♑ 13	4 ♑ 33	5 ♑ 56	10 ♒ 35	29 ♑ 45	0 ♍ 13	12 ♏ 58	10 ♍ 1	12 D	15 ♓	1 ♈	18 ♉	3 ♓
3	11 ♑ 44	21 ♏ 29	19 ♌ 55	18 ♌ 39	21 ♑ 51	5 ♑ 48	6 ♑ 42	10 ♒ 49	29 ♑ 51	0 ♍ 12	12 ♏ 59	10 ♍ 0	12 ♉	15 ♓	2 ♈	18 ♉	3 ♓
4	12 ♑ 45	4 ♐ 50	19 ♌ 52	18 ♌ 33	23 ♑ 29	7 ♑ 4	7 ♑ 27	11 ♒ 2	29 ♑ 58	0 ♍ 10	13 ♏ 1	10 ♍ 0	12 ♉	15 ♓	2 ♈	18 ♉	3 ♓
5	13 ♑ 47	18 ♐ 35	19 ♌ 49	18 ♌ 27	25 ♑ 7	8 ♑ 19	8 ♑ 13	11 ♒ 16	0 ♒ 5	0 ♍ 9	13 ♏ 2	9 ♍ 59	12 ♉	15 ♓	2 ♈	18 ♉	3 ♓
6	14 ♑ 48	2 ♑ 44	19 ♌ 46	18 ♌ 21	26 ♑ 44	9 ♑ 35	8 ♑ 59	11 ♒ 29	0 ♒ 12	0 ♍ 7	13 ♏ 3	9 ♍ 58	12 ♉	16 ♓	3 ♈	18 ♉	3 ♓
7	15 ♑ 49	17 ♑ 11	19 ♌ 42	18 ♌ 17	28 ♑ 22	10 ♑ 50	9 ♑ 44	11 ♒ 43	0 ♒ 19	0 ♍ 6	13 ♏ 4	9 ♍ 58	12 ♉	16 ♓	3 ♈	18 D	3 ♓
8	16 ♑ 50	1 ♒ 50	19 ♌ 39	18 ♌ 15	29 ♑ 59	12 ♑ 6	10 ♑ 30	11 ♒ 56	0 ♒ 26	0 ♍ 4	13 ♏ 6	9 ♍ 57	12 ♉	16 ♓	4 ♈	18 ♉	3 ♓
9	17 ♑ 51	16 ♒ 34	19 ♌ 36	18 ♌ 14	1 ♒ 36	13 ♑ 21	11 ♑ 16	12 ♒ 10	0 ♒ 33	0 ♍ 2	13 ♏ 7	9 ♍ 56	12 ♉	16 ♓	4 ♈	18 ♉	3 ♓
10	18 ♑ 53	1 ♓ 17	19 ♌ 33	18 D 14	3 ♒ 12	14 ♑ 37	12 ♑ 1	12 ♒ 24	0 ♒ 40	0 ♍ 1	13 ♏ 8	9 ♍ 55	12 ♉	17 ♓	5 ♈	18 ♉	3 ♓
11	19 ♑ 54	15 ♓ 52	19 ♌ 30	18 ♌ 15	4 ♒ 47	15 ♑ 52	12 ♑ 47	12 ♒ 38	0 ♒ 47	29 ♌ 59	13 ♏ 9	9 ♍ 54	13 ♉	17 ♓	5 ♈	18 ♉	3 ♓
12	20 ♑ 55	0 ♈ 15	19 ♌ 27	18 ♌ 17	6 ♒ 22	17 ♑ 8	13 ♑ 33	12 ♒ 51	0 ♒ 54	29 ♌ 57	13 ♏ 10	9 ♍ 53	13 ♉	17 ♓	5 ♈	18 ♉	3 ♓
13	21 ♑ 56	14 ♈ 23	19 ♌ 23	18 ♌ 18	7 ♒ 55	18 ♑ 23	14 ♑ 19	13 ♒ 5	1 ♒ 1	29 ♌ 55	13 ♏ 11	9 ♍ 53	13 ♉	18 ♓	5 ♈	18 ♉	3 ♓
14	22 ♑ 57	28 ♈ 16	19 ♌ 20	18 R 18	9 ♒ 26	19 ♑ 39	15 ♑ 5	13 ♒ 19	1 ♒ 9	29 ♌ 53	13 ♏ 13	9 ♍ 52	13 ♉	18 ♓	6 ♈	19 ♉	3 ♓
15	23 ♑ 58	11 ♉ 52	19 ♌ 17	18 ♌ 17	10 ♒ 56	20 ♑ 54	15 ♑ 51	13 ♒ 33	1 ♒ 16	29 ♌ 51	13 ♏ 14	9 ♍ 51	13 ♉	18 ♓	7 ♈	19 ♉	3 ♓
16	24 ♑ 59	25 ♉ 13	19 ♌ 14	18 ♌ 15	12 ♒ 23	22 ♑ 10	16 ♑ 37	13 ♒ 47	1 ♒ 23	29 ♌ 49	13 ♏ 15	9 ♍ 50	13 ♉	18 ♓	7 ♈	19 ♉	3 ♓
17	26 ♑ 0	8 ♊ 19	19 ♌ 11	18 ♌ 12	13 ♒ 47	23 ♑ 25	17 ♑ 23	14 ♒ 1	1 ♒ 30	29 ♌ 47	13 ♏ 15	9 ♍ 49	13 ♉	19 ♓	8 ♈	19 ♉	3 ♓
18	27 ♑ 1	21 ♊ 11	19 ♌ 8	18 ♌ 8	15 ♒ 8	24 ♑ 41	18 ♑ 9	14 ♒ 15	1 ♒ 37	29 ♌ 45	13 ♏ 16	9 ♍ 48	13 ♉	19 ♓	8 ♈	19 ♉	3 ♓
19	28 ♑ 3	3 ♋ 50	19 ♌ 4	18 ♌ 5	16 ♒ 25	25 ♑ 56	18 ♑ 55	14 ♒ 29	1 ♒ 44	29 ♌ 43	13 ♏ 17	9 ♍ 47	13 ♉	19 ♓	9 ♈	19 ♉	3 ♓
20	29 ♑ 4	16 ♋ 18	19 ♌ 1	18 ♌ 2	17 ♒ 37	27 ♑ 11	19 ♑ 41	14 ♒ 43	1 ♒ 51	29 ♌ 41	13 ♏ 18	9 ♍ 45	13 ♉	20 ♓	9 ♈	19 ♉	4 ♓
21	0 ♒ 5	28 ♋ 33	18 ♌ 58	18 ♌ 0	18 ♒ 43	28 ♑ 27	20 ♑ 27	14 ♒ 57	1 ♒ 58	29 ♌ 39	13 ♏ 19	9 ♍ 44	13 ♉	20 ♓	10 ♈	19 ♉	4 ♓
22	1 ♒ 6	10 ♌ 40	18 ♌ 55	17 ♌ 59	19 ♒ 44	29 ♑ 42	21 ♑ 13	15 ♒ 11	2 ♒ 6	29 ♌ 37	13 ♏ 20	9 ♍ 43	14 ♉	20 ♓	10 ♈	19 ♉	4 ♓
23	2 ♒ 7	22 ♌ 37	18 ♌ 52	17 D 59	20 ♒ 37	0 ♒ 58	22 ♑ 0	15 ♒ 25	2 ♒ 13	29 ♌ 34	13 ♏ 21	9 ♍ 42	14 ♉	21 ♓	11 ♈	19 ♉	4 ♓
24	3 ♒ 8	4 ♍ 29	18 ♌ 48	17 ♌ 59	21 ♒ 23	2 ♒ 13	22 ♑ 46	15 ♒ 40	2 ♒ 20	29 ♌ 32	13 ♏ 21	9 ♍ 41	14 ♉	21 ♓	11 ♈	19 ♉	4 ♓
25	4 ♒ 9	16 ♍ 17	18 ♌ 45	18 ♌ 1	21 ♒ 59	3 ♒ 28	23 ♑ 32	15 ♒ 54	2 ♒ 27	29 ♌ 30	13 ♏ 22	9 ♍ 40	14 ♉	21 ♓	11 ♈	20 ♉	4 ♓
26	5 ♒ 10	28 ♍ 5	18 ♌ 42	18 ♌ 2	22 ♒ 26	4 ♒ 44	24 ♑ 19	16 ♒ 8	2 ♒ 34	29 ♌ 28	13 ♏ 23	9 ♍ 39	14 ♉	21 ♓	12 ♈	20 ♉	4 ♓
27	6 ♒ 11	9 ♎ 57	18 ♌ 39	18 ♌ 3	22 ♒ 43	5 ♒ 59	25 ♑ 5	16 ♒ 22	2 ♒ 41	29 ♌ 25	13 ♏ 23	9 ♍ 37	14 ♉	22 ♓	12 ♈	20 ♉	4 ♓
28	7 ♒ 12	21 ♎ 56	18 ♌ 36	18 ♌ 4	22 ♒ 49	7 ♒ 15	25 ♑ 51	16 ♒ 36	2 ♒ 48	29 ♌ 23	13 ♏ 24	9 ♍ 36	14 ♉	22 ♓	13 ♈	20 ♉	4 ♓
29	8 ♒ 13	4 ♏ 8	18 ♌ 33	18 ♌ 5	22 R 43	8 ♒ 30	26 ♑ 38	16 ♒ 51	2 ♒ 56	29 ♌ 21	13 ♏ 25	9 ♍ 35	15 ♉	22 ♓	13 ♈	20 ♉	4 ♓
30	9 ♒ 14	16 ♏ 37	18 ♌ 29	18 R 4	22 ♒ 26	9 ♒ 45	27 ♑ 24	17 ♒ 5	3 ♒ 3	29 ♌ 18	13 ♏ 25	9 ♍ 34	15 ♉	23 ♓	14 ♈	20 ♉	4 ♓
31	10 ♒ 15	29 ♏ 27	18 ♌ 26	18 ♌ 4	21 ♒ 58	11 ♒ 1	28 ♑ 11	17 ♒ 19	3 ♒ 10	29 ♌ 16	13 ♏ 26	9 ♍ 32	15 ♉	23 ♓	14 ♈	20 ♉	4 ♓

SUN INGRESS ☉ → ♒ 20日 21:58

MOON PHASE ● 6日 21:35 ♑ ◐ 13日 14:01 ♈ ○ 21日 03:16 ♌ ◑ 29日 08:36 ♏

aspects		
1日	07:40	☉△♇
4日	06:04	☉⚹♆
4日	18:53	♀☌♂
6日	07:24	♀△♇
7日	06:54	♂△♇
8日	07:17	☿☌♄
8日	19:21	♀⚹♆
11日	11:49	♂⚹♆
13日	11:40	♃□♆
16日	14:47	☿□♆
17日	04:52	☿☌♃
23日	02:40	☉☌♄
24日	02:25	♀☌♄
27日	19:19	☉☌♀

1962年2月

DAY	☉	☽	☊ mean	☊ true	☿	♀	♂	♃	♄	♅	♆	♇	⚳	⚴	⚵	⚶	⚷
	° ′	° ′	° ′	° ′	° ′	° ′	° ′	° ′	° ′	° ′	° ′	° ′	°	°	°	°	°
1	11 ♒ 15	12 ♐ 42	18 ♌ 23	18 R 3	21 R 20	12 D 16	28 D 57	17 D 34	3 D 17	29 R 13	13 D 26	9 R 31	15 D	23 D	15 D	21 D	4 D
2	12 ♒ 16	26 ♐ 24	18 ♌ 20	18 ♌ 3	20 ♒ 31	13 ♒ 31	29 ♑ 44	17 ♒ 48	3 ♒ 24	29 ♌ 11	13 ♏ 26	9 ♍ 30	15 ♉	24 ♓	15 ♈	21 ♉	4 ♓
3	13 ♒ 17	10 ♑ 33	18 ♌ 17	18 ♌ 2	19 ♒ 35	14 ♒ 47	0 ♒ 30	18 ♒ 2	3 ♒ 31	29 ♌ 8	13 ♏ 27	9 ♍ 28	16 ♉	24 ♓	16 ♈	21 ♉	4 ♓
4	14 ♒ 18	25 ♑ 6	18 ♌ 13	18 ♌ 2	18 ♒ 31	16 ♒ 2	1 ♒ 17	18 ♒ 17	3 ♒ 38	29 ♌ 6	13 ♏ 27	9 ♍ 27	16 ♉	24 ♓	16 ♈	21 ♉	4 ♓
5	15 ♒ 19	9 ♒ 58	18 ♌ 10	18 ♌ 1	17 ♒ 22	17 ♒ 17	2 ♒ 4	18 ♒ 31	3 ♒ 45	29 ♌ 3	13 ♏ 28	9 ♍ 25	16 ♉	25 ♓	17 ♈	21 ♉	4 ♓
6	16 ♒ 20	25 ♒ 2	18 ♌ 7	18 D 1	16 ♒ 11	18 ♒ 33	2 ♒ 50	18 ♒ 45	3 ♒ 52	29 ♌ 1	13 ♏ 28	9 ♍ 24	16 ♉	25 ♓	17 ♈	21 ♉	5 ♓
7	17 ♒ 21	10 ♓ 8	18 ♌ 4	18 ♌ 1	14 ♒ 58	19 ♒ 48	3 ♒ 37	19 ♒ 0	3 ♒ 59	28 ♌ 58	13 ♏ 28	9 ♍ 23	16 ♉	25 ♓	18 ♈	22 ♉	5 ♓
8	18 ♒ 22	25 ♓ 8	18 ♌ 1	18 R 1	13 ♒ 46	21 ♒ 3	4 ♒ 24	19 ♒ 14	4 ♒ 6	28 ♌ 56	13 ♏ 28	9 ♍ 21	17 ♉	26 ♓	18 ♈	22 ♉	5 ♓
9	19 ♒ 22	9 ♈ 54	17 ♌ 58	18 ♌ 1	12 ♒ 38	22 ♒ 18	5 ♒ 10	19 ♒ 28	4 ♒ 13	28 ♌ 53	13 ♏ 29	9 ♍ 20	17 ♉	26 ♓	19 ♈	22 ♉	5 ♓
10	20 ♒ 23	24 ♈ 20	17 ♌ 54	18 ♌ 1	11 ♒ 34	23 ♒ 34	5 ♒ 57	19 ♒ 43	4 ♒ 20	28 ♌ 50	13 ♏ 29	9 ♍ 18	17 ♉	26 ♓	19 ♈	22 ♉	5 ♓
11	21 ♒ 24	8 ♉ 23	17 ♌ 51	18 ♌ 1	10 ♒ 35	24 ♒ 49	6 ♒ 44	19 ♒ 57	4 ♒ 27	28 ♌ 48	13 ♏ 29	9 ♍ 17	17 ♉	27 ♓	20 ♈	22 ♉	5 ♓
12	22 ♒ 25	22 ♉ 2	17 ♌ 48	18 ♌ 1	9 ♒ 43	26 ♒ 4	7 ♒ 31	20 ♒ 11	4 ♒ 34	28 ♌ 45	13 ♏ 29	9 ♍ 15	17 ♉	27 ♓	21 ♈	23 ♉	5 ♓
13	23 ♒ 25	5 ♊ 19	17 ♌ 45	18 D 1	8 ♒ 59	27 ♒ 19	8 ♒ 17	20 ♒ 26	4 ♒ 41	28 ♌ 43	13 ♏ 29	9 ♍ 14	18 ♉	27 ♓	21 ♈	23 ♉	5 ♓
14	24 ♒ 26	18 ♊ 14	17 ♌ 42	18 ♌ 1	8 ♒ 23	28 ♒ 34	9 ♒ 4	20 ♒ 40	4 ♒ 48	28 ♌ 40	13 ♏ 29	9 ♍ 12	18 ♉	28 ♓	22 ♈	23 ♉	5 ♓
15	25 ♒ 26	0 ♋ 52	17 ♌ 39	18 ♌ 2	7 ♒ 54	29 ♒ 50	9 ♒ 51	20 ♒ 55	4 ♒ 55	28 ♌ 37	13 R 29	9 ♍ 11	18 ♉	28 ♓	22 ♈	23 ♉	5 ♓
16	26 ♒ 27	13 ♋ 15	17 ♌ 35	18 ♌ 3	7 ♒ 33	1 ♓ 5	10 ♒ 38	21 ♒ 9	5 ♒ 2	28 ♌ 35	13 ♏ 29	9 ♍ 9	18 ♉	28 ♓	23 ♈	24 ♉	5 ♓
17	27 ♒ 28	25 ♋ 26	17 ♌ 32	18 ♌ 4	7 ♒ 20	2 ♓ 20	11 ♒ 25	21 ♒ 23	5 ♒ 8	28 ♌ 32	13 ♏ 29	9 ♍ 8	19 ♉	29 ♓	23 ♈	24 ♉	5 ♓
18	28 ♒ 28	7 ♌ 28	17 ♌ 29	18 ♌ 4	7 ♒ 15	3 ♓ 35	12 ♒ 12	21 ♒ 38	5 ♒ 15	28 ♌ 29	13 ♏ 29	9 ♍ 6	19 ♉	29 ♓	24 ♈	24 ♉	5 ♓
19	29 ♒ 29	19 ♌ 24	17 ♌ 26	18 R 5	7 D 16	4 ♓ 50	12 ♒ 59	21 ♒ 52	5 ♒ 22	28 ♌ 27	13 ♏ 29	9 ♍ 5	19 ♉	0 ♈	24 ♈	24 ♉	5 ♓
20	0 ♓ 29	1 ♍ 15	17 ♌ 23	18 ♌ 4	7 ♒ 25	6 ♓ 5	13 ♒ 45	22 ♒ 6	5 ♒ 29	28 ♌ 24	13 ♏ 28	9 ♍ 3	19 ♉	0 ♈	25 ♈	25 ♉	5 ♓
21	1 ♓ 30	13 ♍ 4	17 ♌ 19	18 ♌ 3	7 ♒ 39	7 ♓ 20	14 ♒ 32	22 ♒ 20	5 ♒ 35	28 ♌ 22	13 ♏ 28	9 ♍ 2	20 ♉	0 ♈	25 ♈	25 ♉	6 ♓
22	2 ♓ 30	24 ♍ 53	17 ♌ 16	18 ♌ 1	7 ♒ 59	8 ♓ 35	15 ♒ 19	22 ♒ 35	5 ♒ 42	28 ♌ 19	13 ♏ 28	9 ♍ 0	20 ♉	1 ♈	26 ♈	25 ♉	6 ♓
23	3 ♓ 30	6 ♎ 44	17 ♌ 13	17 ♌ 59	8 ♒ 25	9 ♓ 50	16 ♒ 6	22 ♒ 49	5 ♒ 49	28 ♌ 16	13 ♏ 28	8 ♍ 59	20 ♉	1 ♈	26 ♈	25 ♉	6 ♓
24	4 ♓ 31	18 ♎ 39	17 ♌ 10	17 ♌ 56	8 ♒ 56	11 ♓ 5	16 ♒ 53	23 ♒ 3	5 ♒ 55	28 ♌ 14	13 ♏ 27	8 ♍ 57	20 ♉	1 ♈	27 ♈	26 ♉	6 ♓
25	5 ♓ 31	0 ♏ 42	17 ♌ 7	17 ♌ 54	9 ♒ 32	12 ♓ 20	17 ♒ 40	23 ♒ 17	6 ♒ 2	28 ♌ 11	13 ♏ 27	8 ♍ 56	21 ♉	2 ♈	27 ♈	26 ♉	6 ♓
26	6 ♓ 31	12 ♏ 55	17 ♌ 4	17 ♌ 52	10 ♒ 12	13 ♓ 35	18 ♒ 27	23 ♒ 32	6 ♒ 8	28 ♌ 9	13 ♏ 27	8 ♍ 54	21 ♉	2 ♈	28 ♈	26 ♉	6 ♓
27	7 ♓ 32	25 ♏ 22	17 ♌ 0	17 ♌ 50	10 ♒ 55	14 ♓ 50	19 ♒ 14	23 ♒ 46	6 ♒ 15	28 ♌ 6	13 ♏ 26	8 ♍ 53	21 ♉	2 ♈	29 ♈	26 ♉	6 ♓
28	8 ♓ 32	8 ♐ 7	16 ♌ 57	17 ♌ 50	11 ♒ 43	16 ♓ 5	20 ♒ 1	24 ♒ 0	6 ♒ 21	28 ♌ 3	13 ♏ 26	8 ♍ 51	22 ♉	3 ♈	29 ♈	27 ♉	6 ♓

SUN INGRESS ☉ → ♓ 19日 12:15

MOON PHASE ● 5日 09:10 ♒ ◐ 12日 00:43 ♉ ○ 19日 22:18 ♍ ◑ 28日 00:50 ♐

aspects		
1日	22:28	♀□♆
3日	03:48	☉□♆
4日	04:15	☿☌♃
5日	00:49	☿☌♀
5日	22:19	☉☌☿
6日	05:01	♀☌♃
7日	13:31	♂☌♄
8日	06:09	☿□♆
9日	03:08	☉☌♃
13日	11:44	☿☌♂
14日	01:43	♀☍♅
18日	00:31	☉☍♅
19日	15:20	♂□♆
22日	07:49	♀☍♇
25日	21:13	♀△♆
28日	07:21	☉☍♇

1962年3月

DAY	☉	☽	☊ mean	☊ true	☿	♀	♂	♃	♄	♅	♆	♇	⚳	⚴	⚵	⚶	⚷
	° ′	° ′	° ′	° ′	° ′	° ′	° ′	° ′	° ′	° ′	° ′	° ′	°	°	°	°	°
1	9 ♓ 32	21 ♐ 14	16 ♌ 54	17 D 50	12 D 34	17 D 20	20 D 48	24 D 14	6 D 27	28 R 1	13 R 25	8 R 49	22 D	3 D	0 D	27 D	6 D
2	10 ♓ 33	4 ♑ 45	16 ♌ 51	17 ♌ 51	13 ♒ 28	18 ♓ 35	21 ♒ 35	24 ♒ 28	6 ♒ 34	27 ♌ 58	13 ♏ 25	8 ♍ 48	22 ♉	4 ♈	0 ♉	27 ♉	6 ♓
3	11 ♓ 33	18 ♑ 43	16 ♌ 48	17 ♌ 53	14 ♒ 26	19 ♓ 50	22 ♒ 22	24 ♒ 42	6 ♒ 40	27 ♌ 56	13 ♏ 24	8 ♍ 46	22 ♉	4 ♈	1 ♉	28 ♉	6 ♓
4	12 ♓ 33	3 ♒ 7	16 ♌ 45	17 ♌ 54	15 ♒ 26	21 ♓ 5	23 ♒ 10	24 ♒ 56	6 ♒ 46	27 ♌ 53	13 ♏ 24	8 ♍ 45	23 ♉	4 ♈	1 ♉	28 ♉	6 ♓
5	13 ♓ 33	17 ♒ 54	16 ♌ 41	17 ♌ 55	16 ♒ 28	22 ♓ 20	23 ♒ 57	25 ♒ 10	6 ♒ 53	27 ♌ 51	13 ♏ 23	8 ♍ 43	23 ♉	5 ♈	2 ♉	28 ♉	6 ♓
6	14 ♓ 33	2 ♓ 59	16 ♌ 38	17 R 54	17 ♒ 33	23 ♓ 35	24 ♒ 44	25 ♒ 24	6 ♒ 59	27 ♌ 48	13 ♏ 22	8 ♍ 42	23 ♉	5 ♈	2 ♉	28 ♉	6 ♓
7	15 ♓ 33	18 ♓ 13	16 ♌ 35	17 ♌ 52	18 ♒ 41	24 ♓ 50	25 ♒ 31	25 ♒ 38	7 ♒ 5	27 ♌ 46	13 ♏ 22	8 ♍ 40	24 ♉	5 ♈	3 ♉	29 ♉	6 ♓
8	16 ♓ 33	3 ♈ 27	16 ♌ 32	17 ♌ 48	19 ♒ 50	26 ♓ 4	26 ♒ 18	25 ♒ 52	7 ♒ 11	27 ♌ 43	13 ♏ 21	8 ♍ 39	24 ♉	6 ♈	3 ♉	29 ♉	7 ♓
9	17 ♓ 33	18 ♈ 30	16 ♌ 29	17 ♌ 44	21 ♒ 1	27 ♓ 19	27 ♒ 5	26 ♒ 6	7 ♒ 17	27 ♌ 41	13 ♏ 20	8 ♍ 37	24 ♉	6 ♈	4 ♉	29 ♉	7 ♓
10	18 ♓ 33	3 ♉ 14	16 ♌ 25	17 ♌ 40	22 ♒ 15	28 ♓ 34	27 ♒ 52	26 ♒ 20	7 ♒ 23	27 ♌ 38	13 ♏ 20	8 ♍ 35	25 ♉	7 ♈	5 ♉	0 ♊	7 ♓
11	19 ♓ 33	17 ♉ 32	16 ♌ 22	17 ♌ 36	23 ♒ 30	29 ♓ 49	28 ♒ 39	26 ♒ 34	7 ♒ 29	27 ♌ 36	13 ♏ 19	8 ♍ 34	25 ♉	7 ♈	5 ♉	0 ♊	7 ♓
12	20 ♓ 33	1 ♊ 22	16 ♌ 19	17 ♌ 33	24 ♒ 47	1 ♈ 3	29 ♒ 26	26 ♒ 48	7 ♒ 35	27 ♌ 34	13 ♏ 18	8 ♍ 32	25 ♉	7 ♈	6 ♉	0 ♊	7 ♓
13	21 ♓ 33	14 ♊ 43	16 ♌ 16	17 ♌ 31	26 ♒ 6	2 ♈ 18	0 ♓ 13	27 ♒ 1	7 ♒ 41	27 ♌ 31	13 ♏ 17	8 ♍ 31	26 ♉	8 ♈	6 ♉	1 ♊	7 ♓
14	22 ♓ 33	27 ♊ 39	16 ♌ 13	17 D 31	27 ♒ 26	3 ♈ 33	1 ♓ 0	27 ♒ 15	7 ♒ 46	27 ♌ 29	13 ♏ 16	8 ♍ 29	26 ♉	8 ♈	7 ♉	1 ♊	7 ♓
15	23 ♓ 33	10 ♋ 13	16 ♌ 10	17 ♌ 32	28 ♒ 48	4 ♈ 47	1 ♓ 47	27 ♒ 29	7 ♒ 52	27 ♌ 27	13 ♏ 15	8 ♍ 28	26 ♉	9 ♈	7 ♉	1 ♊	7 ♓
16	24 ♓ 33	22 ♋ 29	16 ♌ 6	17 ♌ 34	0 ♓ 11	6 ♈ 2	2 ♓ 35	27 ♒ 42	7 ♒ 58	27 ♌ 24	13 ♏ 15	8 ♍ 26	27 ♉	9 ♈	8 ♉	2 ♊	7 ♓
17	25 ♓ 32	4 ♌ 31	16 ♌ 3	17 ♌ 35	1 ♓ 36	7 ♈ 17	3 ♓ 22	27 ♒ 56	8 ♒ 3	27 ♌ 22	13 ♏ 14	8 ♍ 25	27 ♉	9 ♈	9 ♉	2 ♊	7 ♓
18	26 ♓ 32	16 ♌ 26	16 ♌ 0	17 ♌ 36	3 ♓ 2	8 ♈ 31	4 ♓ 9	28 ♒ 9	8 ♒ 9	27 ♌ 20	13 ♏ 13	8 ♍ 23	27 ♉	10 ♈	9 ♉	2 ♊	7 ♓
19	27 ♓ 32	28 ♌ 15	15 ♌ 57	17 R 36	4 ♓ 30	9 ♈ 46	4 ♓ 56	28 ♒ 23	8 ♒ 14	27 ♌ 18	13 ♏ 12	8 ♍ 22	28 ♉	10 ♈	10 ♉	3 ♊	7 ♓
20	28 ♓ 31	10 ♍ 3	15 ♌ 54	17 ♌ 33	5 ♓ 59	11 ♈ 0	5 ♓ 43	28 ♒ 36	8 ♒ 20	27 ♌ 16	13 ♏ 11	8 ♍ 21	28 ♉	11 ♈	10 ♉	3 ♊	7 ♓
21	29 ♓ 31	21 ♍ 51	15 ♌ 50	17 ♌ 28	7 ♓ 29	12 ♈ 15	6 ♓ 30	28 ♒ 50	8 ♒ 25	27 ♌ 13	13 ♏ 10	8 ♍ 19	28 ♉	11 ♈	11 ♉	3 ♊	7 ♓
22	0 ♈ 31	3 ♎ 43	15 ♌ 47	17 ♌ 22	9 ♓ 1	13 ♈ 29	7 ♓ 17	29 ♒ 3	8 ♒ 31	27 ♌ 11	13 ♏ 8	8 ♍ 18	29 ♉	11 ♈	11 ♉	4 ♊	7 ♓
23	1 ♈ 30	15 ♎ 40	15 ♌ 44	17 ♌ 14	10 ♓ 34	14 ♈ 44	8 ♓ 4	29 ♒ 16	8 ♒ 36	27 ♌ 9	13 ♏ 7	8 ♍ 16	29 ♉	12 ♈	12 ♉	4 ♊	7 ♓
24	2 ♈ 30	27 ♎ 44	15 ♌ 41	17 ♌ 5	12 ♓ 8	15 ♈ 58	8 ♓ 51	29 ♒ 29	8 ♒ 41	27 ♌ 7	13 ♏ 6	8 ♍ 15	29 ♉	12 ♈	13 ♉	4 ♊	8 ♓
25	3 ♈ 29	9 ♏ 55	15 ♌ 38	16 ♌ 57	13 ♓ 44	17 ♈ 12	9 ♓ 38	29 ♒ 43	8 ♒ 46	27 ♌ 5	13 ♏ 5	8 ♍ 13	0 ♊	12 ♈	13 ♉	5 ♊	8 ♓
26	4 ♈ 28	22 ♏ 16	15 ♌ 35	16 ♌ 49	15 ♓ 21	18 ♈ 27	10 ♓ 25	29 ♒ 56	8 ♒ 51	27 ♌ 3	13 ♏ 4	8 ♍ 12	0 ♊	13 ♈	14 ♉	5 ♊	8 ♓
27	5 ♈ 28	4 ♐ 49	15 ♌ 31	16 ♌ 43	17 ♓ 0	19 ♈ 41	11 ♓ 12	0 ♓ 9	8 ♒ 56	27 ♌ 2	13 ♏ 3	8 ♍ 11	0 ♊	13 ♈	14 ♉	5 ♊	8 ♓
28	6 ♈ 27	17 ♐ 37	15 ♌ 28	16 ♌ 39	18 ♓ 40	20 ♈ 55	11 ♓ 59	0 ♓ 22	9 ♒ 1	27 ♌ 0	13 ♏ 2	8 ♍ 9	1 ♊	14 ♈	15 ♉	6 ♊	8 ♓
29	7 ♈ 27	0 ♑ 40	15 ♌ 25	16 ♌ 37	20 ♓ 21	22 ♈ 10	12 ♓ 46	0 ♓ 35	9 ♒ 6	26 ♌ 58	13 ♏ 0	8 ♍ 8	1 ♊	14 ♈	15 ♉	6 ♊	8 ♓
30	8 ♈ 26	14 ♑ 4	15 ♌ 22	16 D 37	22 ♓ 3	23 ♈ 24	13 ♓ 33	0 ♓ 47	9 ♒ 11	26 ♌ 56	12 ♏ 59	8 ♍ 7	1 ♊	14 ♈	16 ♉	6 ♊	8 ♓
31	9 ♈ 25	27 ♑ 50	15 ♌ 19	16 ♌ 38	23 ♓ 47	24 ♈ 38	14 ♓ 20	1 ♓ 0	9 ♒ 15	26 ♌ 54	12 ♏ 58	8 ♍ 5	2 ♊	15 ♈	17 ♉	7 ♊	8 ♓

SUN INGRESS	☉ → ♈ 21日 11:30
MOON PHASE	● 6日 19:31 ♓　◐ 13日 13:39 ♊　○ 21日 16:55 ♎　◑ 29日 13:11 ♑

aspects		
1日	22:28	☿□♆
4日	20:04	☉△♆
7日	05:26	♂☌♃
9日	17:22	♂☍♅
13日	20:07	☿☌♃
14日	00:52	☿☍♅
14日	20:57	♃☍♅
17日	16:17	♀⚹♄
19日	15:00	☿☌♂
21日	12:55	☿☍♇
23日	06:06	♂☍♇
24日	14:21	☿△♆
29日	07:05	♂△♆
30日	19:39	☉⚹♄

1962年4月

DAY	☉	☽	☊ mean	☊ true	☿	♀	♂	♃	♄	♅	♆	♇	⚳	⚴	⚵	⚶	⚷
	° ′	° ′	° ′	° ′	° ′	° ′	° ′	° ′	° ′	° ′	° ′	° ′	°	°	°	°	°
1	10 ♈ 24	11 ♒ 58	15 ♌ 16	16 D 39	25 D 32	25 D 52	15 D 7	1 D 13	9 D 20	26 R 53	12 R 56	8 R 4	2 D	15 D	17 D	7 D	8 D
2	11 ♈ 24	26 ♒ 29	15 ♌ 12	16 R 38	27 ♓ 19	27 ♈ 6	15 ♓ 54	1 ♓ 26	9 ♒ 24	26 ♌ 51	12 ♏ 55	8 ♍ 3	2 ♊	16 ♈	18 ♉	7 ♊	8 ♓
3	12 ♈ 23	11 ♓ 20	15 ♌ 9	16 ♌ 36	29 ♓ 7	28 ♈ 20	16 ♓ 41	1 ♓ 38	9 ♒ 29	26 ♌ 49	12 ♏ 54	8 ♍ 2	3 ♊	16 ♈	18 ♉	8 ♊	8 ♓
4	13 ♈ 22	26 ♓ 24	15 ♌ 6	16 ♌ 31	0 ♈ 57	29 ♈ 35	17 ♓ 28	1 ♓ 51	9 ♒ 33	26 ♌ 48	12 ♏ 52	8 ♍ 0	3 ♊	17 ♈	19 ♉	8 ♊	8 ♓
5	14 ♈ 21	11 ♈ 33	15 ♌ 3	16 ♌ 24	2 ♈ 47	0 ♉ 49	18 ♓ 15	2 ♓ 3	9 ♒ 38	26 ♌ 46	12 ♏ 51	7 ♍ 59	4 ♊	17 ♈	19 ♉	9 ♊	8 ♓
6	15 ♈ 20	26 ♈ 37	15 ♌ 0	16 ♌ 16	4 ♈ 40	2 ♉ 3	19 ♓ 2	2 ♓ 16	9 ♒ 42	26 ♌ 45	12 ♏ 50	7 ♍ 58	4 ♊	17 ♈	20 ♉	9 ♊	8 ♓
7	16 ♈ 19	11 ♉ 26	14 ♌ 56	16 ♌ 6	6 ♈ 33	3 ♉ 17	19 ♓ 49	2 ♓ 28	9 ♒ 46	26 ♌ 43	12 ♏ 48	7 ♍ 57	4 ♊	18 ♈	21 ♉	9 ♊	8 ♓
8	17 ♈ 18	25 ♉ 52	14 ♌ 53	15 ♌ 57	8 ♈ 29	4 ♉ 31	20 ♓ 35	2 ♓ 40	9 ♒ 50	26 ♌ 42	12 ♏ 47	7 ♍ 56	5 ♊	18 ♈	21 ♉	10 ♊	8 ♓
9	18 ♈ 17	9 ♊ 50	14 ♌ 50	15 ♌ 50	10 ♈ 25	5 ♉ 45	21 ♓ 22	2 ♓ 52	9 ♒ 54	26 ♌ 41	12 ♏ 45	7 ♍ 55	5 ♊	19 ♈	22 ♉	10 ♊	8 ♓
10	19 ♈ 16	23 ♊ 19	14 ♌ 47	15 ♌ 45	12 ♈ 23	6 ♉ 59	22 ♓ 9	3 ♓ 4	9 ♒ 58	26 ♌ 39	12 ♏ 44	7 ♍ 54	5 ♊	19 ♈	22 ♉	10 ♊	8 ♓
11	20 ♈ 15	6 ♋ 20	14 ♌ 44	15 ♌ 42	14 ♈ 22	8 ♉ 12	22 ♓ 56	3 ♓ 16	10 ♒ 2	26 ♌ 38	12 ♏ 43	7 ♍ 52	6 ♊	19 ♈	23 ♉	11 ♊	9 ♓
12	21 ♈ 14	18 ♋ 56	14 ♌ 41	15 ♌ 41	16 ♈ 23	9 ♉ 26	23 ♓ 43	3 ♓ 28	10 ♒ 6	26 ♌ 37	12 ♏ 41	7 ♍ 51	6 ♊	20 ♈	23 ♉	11 ♊	9 ♓
13	22 ♈ 13	1 ♌ 12	14 ♌ 37	15 D 41	18 ♈ 25	10 ♉ 40	24 ♓ 29	3 ♓ 40	10 ♒ 9	26 ♌ 36	12 ♏ 40	7 ♍ 50	7 ♊	20 ♈	24 ♉	12 ♊	9 ♓
14	23 ♈ 12	13 ♌ 14	14 ♌ 34	15 ♌ 41	20 ♈ 28	11 ♉ 54	25 ♓ 16	3 ♓ 52	10 ♒ 13	26 ♌ 35	12 ♏ 38	7 ♍ 49	7 ♊	21 ♈	25 ♉	12 ♊	9 ♓
15	24 ♈ 10	25 ♌ 6	14 ♌ 31	15 R 41	22 ♈ 32	13 ♉ 8	26 ♓ 3	4 ♓ 4	10 ♒ 17	26 ♌ 33	12 ♏ 37	7 ♍ 48	7 ♊	21 ♈	25 ♉	12 ♊	9 ♓
16	25 ♈ 9	6 ♍ 54	14 ♌ 28	15 ♌ 39	24 ♈ 37	14 ♉ 21	26 ♓ 49	4 ♓ 15	10 ♒ 20	26 ♌ 32	12 ♏ 35	7 ♍ 47	8 ♊	22 ♈	26 ♉	13 ♊	9 ♓
17	26 ♈ 8	18 ♍ 41	14 ♌ 25	15 ♌ 34	26 ♈ 43	15 ♉ 35	27 ♓ 36	4 ♓ 27	10 ♒ 23	26 ♌ 32	12 ♏ 33	7 ♍ 46	8 ♊	22 ♈	26 ♉	13 ♊	9 ♓
18	27 ♈ 7	0 ♎ 32	14 ♌ 22	15 ♌ 27	28 ♈ 50	16 ♉ 49	28 ♓ 23	4 ♓ 38	10 ♒ 27	26 ♌ 31	12 ♏ 32	7 ♍ 46	8 ♊	22 ♈	27 ♉	13 ♊	9 ♓
19	28 ♈ 5	12 ♎ 30	14 ♌ 18	15 ♌ 17	0 ♉ 57	18 ♉ 2	29 ♓ 9	4 ♓ 49	10 ♒ 30	26 ♌ 30	12 ♏ 30	7 ♍ 45	9 ♊	23 ♈	28 ♉	14 ♊	9 ♓
20	29 ♈ 4	24 ♎ 36	14 ♌ 15	15 ♌ 5	3 ♉ 4	19 ♉ 16	29 ♓ 56	5 ♓ 0	10 ♒ 33	26 ♌ 29	12 ♏ 29	7 ♍ 44	9 ♊	23 ♈	28 ♉	14 ♊	9 ♓
21	0 ♉ 2	6 ♏ 51	14 ♌ 12	14 ♌ 52	5 ♉ 12	20 ♉ 30	0 ♈ 42	5 ♓ 12	10 ♒ 36	26 ♌ 28	12 ♏ 27	7 ♍ 43	10 ♊	24 ♈	29 ♉	15 ♊	9 ♓
22	1 ♉ 1	19 ♏ 16	14 ♌ 9	14 ♌ 39	7 ♉ 19	21 ♉ 43	1 ♈ 29	5 ♓ 23	10 ♒ 39	26 ♌ 27	12 ♏ 26	7 ♍ 42	10 ♊	24 ♈	29 ♉	15 ♊	9 ♓
23	1 ♉ 59	1 ♐ 52	14 ♌ 6	14 ♌ 27	9 ♉ 26	22 ♉ 56	2 ♈ 15	5 ♓ 34	10 ♒ 42	26 ♌ 27	12 ♏ 24	7 ♍ 41	10 ♊	24 ♈	0 ♊	15 ♊	9 ♓
24	2 ♉ 58	14 ♐ 39	14 ♌ 2	14 ♌ 17	11 ♉ 31	24 ♉ 10	3 ♈ 2	5 ♓ 44	10 ♒ 45	26 ♌ 26	12 ♏ 22	7 ♍ 41	11 ♊	25 ♈	0 ♊	16 ♊	9 ♓
25	3 ♉ 56	27 ♐ 38	13 ♌ 59	14 ♌ 10	13 ♉ 36	25 ♉ 23	3 ♈ 48	5 ♓ 55	10 ♒ 47	26 ♌ 26	12 ♏ 21	7 ♍ 40	11 ♊	25 ♈	1 ♊	16 ♊	9 ♓
26	4 ♉ 55	10 ♑ 49	13 ♌ 56	14 ♌ 6	15 ♉ 39	26 ♉ 37	4 ♈ 34	6 ♓ 6	10 ♒ 50	26 ♌ 25	12 ♏ 19	7 ♍ 39	12 ♊	26 ♈	2 ♊	17 ♊	9 ♓
27	5 ♉ 53	24 ♑ 15	13 ♌ 53	14 ♌ 4	17 ♉ 41	27 ♉ 50	5 ♈ 21	6 ♓ 16	10 ♒ 52	26 ♌ 25	12 ♏ 18	7 ♍ 38	12 ♊	26 ♈	2 ♊	17 ♊	9 ♓
28	6 ♉ 51	7 ♒ 56	13 ♌ 50	14 D 4	19 ♉ 40	29 ♉ 3	6 ♈ 7	6 ♓ 27	10 ♒ 55	26 ♌ 24	12 ♏ 16	7 ♍ 38	12 ♊	27 ♈	3 ♊	17 ♊	9 ♓
29	7 ♉ 50	21 ♒ 54	13 ♌ 47	14 R 4	21 ♉ 37	0 ♊ 17	6 ♈ 53	6 ♓ 37	10 ♒ 57	26 ♌ 24	12 ♏ 14	7 ♍ 37	13 ♊	27 ♈	3 ♊	18 ♊	9 ♓
30	8 ♉ 48	6 ♓ 10	13 ♌ 43	14 ♌ 3	23 ♉ 31	1 ♊ 30	7 ♈ 40	6 ♓ 47	10 ♒ 59	26 ♌ 24	12 ♏ 13	7 ♍ 37	13 ♊	27 ♈	4 ♊	18 ♊	9 ♓

SUN INGRESS	☉ → ♉ 20日 22:51
MOON PHASE	● 5日 04:45 ♈　◐ 12日 04:50 ♋　○ 20日 09:33 ♎　◑ 27日 21:59 ♒

aspects		
1日	19:08	♀△♅
6日	05:02	♀⚹♃
8日	17:28	☿⚹♄
10日	17:36	♀△♇
12日	13:30	♀□♄
14日	14:03	♀☍♆
16日	11:29	☉☌☿
16日	21:49	☿△♅
17日	09:31	☉△♅
20日	23:57	☿⚹♃
22日	04:21	☿△♇
23日	14:50	☿□♄
24日	09:39	☿☍♆
25日	20:15	♀□♅
27日	11:37	☉⚹♃
28日	18:55	☉△♇

1962年5月

DAY	☉	☽	☊ mean	☊ true	☿	♀	♂	♃	♄	♅	♆	♇	⚳	⚴	⚵	⚶	⚷
	° ′	° ′	° ′	° ′	° ′	° ′	° ′	° ′	° ′	° ′	° ′	° ′	°	°	°	°	°
1	9 ♉ 46	20 ♓ 41	13 ♌ 40	14 R 0	25 D 22	2 D 43	8 D 26	6 D 57	11 D 1	26 R 24	12 R 11	7 R 36	14 D	28 D	5 D	19 D	9 D
2	10 ♉ 45	5 ♈ 24	13 ♌ 37	13 ♌ 54	27 ♉ 10	3 ♊ 56	9 ♈ 12	7 ♓ 7	11 ♒ 3	26 ♌ 23	12 ♏ 9	7 ♍ 35	14 ♊	28 ♈	5 ♊	19 ♊	10 ♓
3	11 ♉ 43	20 ♈ 14	13 ♌ 34	13 ♌ 45	28 ♉ 55	5 ♊ 9	9 ♈ 58	7 ♓ 17	11 ♒ 5	26 ♌ 23	12 ♏ 8	7 ♍ 35	14 ♊	29 ♈	6 ♊	19 ♊	10 ♓
4	12 ♉ 41	5 ♉ 1	13 ♌ 31	13 ♌ 34	0 ♊ 37	6 ♊ 23	10 ♈ 44	7 ♓ 27	11 ♒ 7	26 ♌ 23	12 ♏ 6	7 ♍ 34	15 ♊	29 ♈	6 ♊	20 ♊	10 ♓
5	13 ♉ 39	19 ♉ 39	13 ♌ 27	13 ♌ 23	2 ♊ 15	7 ♊ 36	11 ♈ 30	7 ♓ 36	11 ♒ 9	26 D 23	12 ♏ 4	7 ♍ 34	15 ♊	0 ♉	7 ♊	20 ♊	10 ♓
6	14 ♉ 37	3 ♊ 58	13 ♌ 24	13 ♌ 11	3 ♊ 49	8 ♊ 49	12 ♈ 16	7 ♓ 46	11 ♒ 10	26 ♌ 23	12 ♏ 3	7 ♍ 34	16 ♊	0 ♉	7 ♊	21 ♊	10 ♓
7	15 ♉ 35	17 ♊ 54	13 ♌ 21	13 ♌ 2	5 ♊ 19	10 ♊ 2	13 ♈ 2	7 ♓ 55	11 ♒ 12	26 ♌ 23	12 ♏ 1	7 ♍ 33	16 ♊	0 ♉	8 ♊	21 ♊	10 ♓
8	16 ♉ 34	1 ♋ 24	13 ♌ 18	12 ♌ 54	6 ♊ 46	11 ♊ 15	13 ♈ 48	8 ♓ 5	11 ♒ 13	26 ♌ 23	12 ♏ 0	7 ♍ 33	16 ♊	1 ♉	9 ♊	21 ♊	10 ♓
9	17 ♉ 32	14 ♋ 39	13 ♌ 15	12 ♌ 50	8 ♊ 8	12 ♊ 28	14 ♈ 34	8 ♓ 14	11 ♒ 15	26 ♌ 24	11 ♏ 58	7 ♍ 33	17 ♊	1 ♉	9 ♊	22 ♊	10 ♓
10	18 ♉ 30	27 ♋ 6	13 ♌ 12	12 ♌ 47	9 ♊ 27	13 ♊ 40	15 ♈ 20	8 ♓ 23	11 ♒ 16	26 ♌ 24	11 ♏ 56	7 ♍ 32	17 ♊	2 ♉	10 ♊	22 ♊	10 ♓
11	19 ♉ 28	9 ♌ 24	13 ♌ 8	12 ♌ 47	10 ♊ 41	14 ♊ 53	16 ♈ 6	8 ♓ 32	11 ♒ 17	26 ♌ 24	11 ♏ 55	7 ♍ 32	18 ♊	2 ♉	10 ♊	23 ♊	10 ♓
12	20 ♉ 26	21 ♌ 28	13 ♌ 5	12 ♌ 47	11 ♊ 51	16 ♊ 6	16 ♈ 52	8 ♓ 40	11 ♒ 18	26 ♌ 25	11 ♏ 53	7 ♍ 32	18 ♊	3 ♉	11 ♊	23 ♊	10 ♓
13	21 ♉ 23	3 ♍ 21	13 ♌ 2	12 ♌ 46	12 ♊ 57	17 ♊ 19	17 ♈ 37	8 ♓ 49	11 ♒ 19	26 ♌ 25	11 ♏ 52	7 ♍ 31	18 ♊	3 ♉	11 ♊	23 ♊	10 ♓
14	22 ♉ 21	15 ♍ 10	12 ♌ 59	12 ♌ 44	13 ♊ 59	18 ♊ 32	18 ♈ 23	8 ♓ 58	11 ♒ 20	26 ♌ 25	11 ♏ 50	7 ♍ 31	19 ♊	4 ♉	12 ♊	24 ♊	10 ♓
15	23 ♉ 19	27 ♍ 0	12 ♌ 56	12 ♌ 40	14 ♊ 56	19 ♊ 44	19 ♈ 9	9 ♓ 6	11 ♒ 21	26 ♌ 26	11 ♏ 48	7 ♍ 31	19 ♊	4 ♉	13 ♊	24 ♊	10 ♓
16	24 ♉ 17	8 ♎ 55	12 ♌ 53	12 ♌ 33	15 ♊ 49	20 ♊ 57	19 ♈ 54	9 ♓ 14	11 ♒ 21	26 ♌ 27	11 ♏ 47	7 ♍ 31	20 ♊	4 ♉	13 ♊	25 ♊	10 ♓
17	25 ♉ 15	20 ♎ 58	12 ♌ 49	12 ♌ 24	16 ♊ 38	22 ♊ 9	20 ♈ 40	9 ♓ 22	11 ♒ 22	26 ♌ 27	11 ♏ 45	7 ♍ 31	20 ♊	5 ♉	14 ♊	25 ♊	10 ♓
18	26 ♉ 13	3 ♏ 13	12 ♌ 46	12 ♌ 13	17 ♊ 21	23 ♊ 22	21 ♈ 25	9 ♓ 30	11 ♒ 22	26 ♌ 28	11 ♏ 44	7 ♍ 31	21 ♊	5 ♉	14 ♊	26 ♊	10 ♓
19	27 ♉ 10	15 ♏ 41	12 ♌ 43	12 ♌ 0	18 ♊ 1	24 ♊ 34	22 ♈ 11	9 ♓ 38	11 ♒ 23	26 ♌ 29	11 ♏ 42	7 ♍ 31	21 ♊	6 ♉	15 ♊	26 ♊	10 ♓
20	28 ♉ 8	28 ♏ 22	12 ♌ 40	11 ♌ 48	18 ♊ 35	25 ♊ 47	22 ♈ 56	9 ♓ 46	11 ♒ 23	26 ♌ 29	11 ♏ 40	7 D 31	21 ♊	6 ♉	16 ♊	26 ♊	10 ♓
21	29 ♉ 6	11 ♐ 17	12 ♌ 37	11 ♌ 37	19 ♊ 5	26 ♊ 59	23 ♈ 42	9 ♓ 53	11 ♒ 23	26 ♌ 30	11 ♏ 39	7 ♍ 31	22 ♊	7 ♉	16 ♊	27 ♊	10 ♓
22	0 ♊ 4	24 ♐ 24	12 ♌ 33	11 ♌ 27	19 ♊ 30	28 ♊ 12	24 ♈ 27	10 ♓ 1	11 ♒ 23	26 ♌ 31	11 ♏ 37	7 ♍ 31	22 ♊	7 ♉	17 ♊	27 ♊	10 ♓
23	1 ♊ 1	7 ♑ 42	12 ♌ 30	11 ♌ 21	19 ♊ 50	29 ♊ 24	25 ♈ 12	10 ♓ 8	11 R 23	26 ♌ 32	11 ♏ 36	7 ♍ 31	23 ♊	8 ♉	17 ♊	28 ♊	10 ♓
24	1 ♊ 59	21 ♑ 11	12 ♌ 27	11 ♌ 17	20 ♊ 6	0 ♋ 36	25 ♈ 58	10 ♓ 15	11 ♒ 23	26 ♌ 33	11 ♏ 34	7 ♍ 31	23 ♊	8 ♉	18 ♊	28 ♊	10 ♓
25	2 ♊ 57	4 ♒ 50	12 ♌ 24	11 ♌ 15	20 ♊ 16	1 ♋ 49	26 ♈ 43	10 ♓ 22	11 ♒ 23	26 ♌ 34	11 ♏ 33	7 ♍ 31	23 ♊	8 ♉	18 ♊	29 ♊	10 ♓
26	3 ♊ 54	18 ♒ 39	12 ♌ 21	11 D 15	20 ♊ 22	3 ♋ 1	27 ♈ 28	10 ♓ 29	11 ♒ 23	26 ♌ 35	11 ♏ 31	7 ♍ 31	24 ♊	9 ♉	19 ♊	29 ♊	10 ♓
27	4 ♊ 52	2 ♓ 38	12 ♌ 18	11 ♌ 16	20 R 23	4 ♋ 13	28 ♈ 13	10 ♓ 35	11 ♒ 22	26 ♌ 36	11 ♏ 30	7 ♍ 32	24 ♊	9 ♉	20 ♊	29 ♊	10 ♓
28	5 ♊ 49	16 ♓ 46	12 ♌ 14	11 R 15	20 ♊ 20	5 ♋ 25	28 ♈ 58	10 ♓ 42	11 ♒ 22	26 ♌ 38	11 ♏ 28	7 ♍ 32	25 ♊	10 ♉	20 ♊	0 ♋	10 ♓
29	6 ♊ 47	1 ♈ 2	12 ♌ 11	11 ♌ 13	20 ♊ 12	6 ♋ 37	29 ♈ 43	10 ♓ 48	11 ♒ 22	26 ♌ 39	11 ♏ 27	7 ♍ 32	25 ♊	10 ♉	21 ♊	0 ♋	10 ♓
30	7 ♊ 45	15 ♈ 25	12 ♌ 8	11 ♌ 9	20 ♊ 0	7 ♋ 49	0 ♉ 28	10 ♓ 54	11 ♒ 21	26 ♌ 40	11 ♏ 26	7 ♍ 32	26 ♊	11 ♉	21 ♊	1 ♋	10 ♓
31	8 ♊ 42	29 ♈ 50	12 ♌ 5	11 ♌ 2	19 ♊ 44	9 ♋ 1	1 ♉ 13	11 ♓ 0	11 ♒ 20	26 ♌ 42	11 ♏ 24	7 ♍ 33	26 ♊	11 ♉	22 ♊	1 ♋	10 ♓

SUN INGRESS	☉ → ♊ 21日 22:16
MOON PHASE	● 4日 13:25 ♉　◐ 11日 21:44 ♌　○ 19日 23:32 ♏　◑ 27日 04:05 ♓

aspects

1日	13:30	☿□♅
2日	07:59	☉□♄
3日	10:01	☉☍♆
4日	12:19	♂⚹♄
4日	18:14	♃☍♇
4日	23:29	♀□♇
5日	00:19	♀□♃
7日	23:35	♀△♄
8日	13:28	☿□♇
9日	01:48	☿□♃
11日	12:16	☿△♄
13日	16:33	♀⚹♂
18日	06:23	☉□♅
20日	14:14	♀⚹♅
24日	19:18	♂△♅
29日	18:24	♀⚹♇
29日	18:52	☉□♇

1962年6月

DAY	☉	☽	☊ mean	☊ true	☿	♀	♂	♃	♄	♅	♆	♇	⚳	⚴	⚵	⚶	⚷
	° ′	° ′	° ′	° ′	° ′	° ′	° ′	° ′	° ′	° ′	° ′	° ′	°	°	°	°	°
1	9 ♊ 40	14 ♉ 12	12 ♌ 2	10 R 53	19 R 24	10 D 13	1 D 58	11 D 6	11 R 19	26 D 43	11 R 23	7 D 33	26 D	12 D	22 D	1 D	10 D
2	10 ♊ 37	28 ♉ 25	11 ♌ 59	10 ♌ 43	19 ♊ 1	11 ♋ 25	2 ♉ 42	11 ♓ 12	11 ♒ 18	26 ♌ 44	11 ♏ 21	7 ♍ 33	27 ♊	12 ♉	23 ♊	2 ♋	10 ♓
3	11 ♊ 35	12 ♊ 25	11 ♌ 55	10 ♌ 34	18 ♊ 35	12 ♋ 37	3 ♉ 27	11 ♓ 18	11 ♒ 17	26 ♌ 46	11 ♏ 20	7 ♍ 34	27 ♊	12 ♉	24 ♊	2 ♋	10 ♓
4	12 ♊ 32	26 ♊ 6	11 ♌ 52	10 ♌ 26	18 ♊ 6	13 ♋ 48	4 ♉ 12	11 ♓ 23	11 ♒ 16	26 ♌ 47	11 ♏ 19	7 ♍ 34	28 ♊	13 ♉	24 ♊	3 ♋	10 ♓
5	13 ♊ 30	9 ♋ 26	11 ♌ 49	10 ♌ 20	17 ♊ 36	15 ♋ 0	4 ♉ 57	11 ♓ 28	11 ♒ 14	26 ♌ 49	11 ♏ 17	7 ♍ 35	28 ♊	13 ♉	25 ♊	3 ♋	10 ♓
6	14 ♊ 27	22 ♋ 24	11 ♌ 46	10 ♌ 16	17 ♊ 4	16 ♋ 12	5 ♉ 41	11 ♓ 33	11 ♒ 13	26 ♌ 51	11 ♏ 16	7 ♍ 35	29 ♊	14 ♉	25 ♊	4 ♋	10 ♓
7	15 ♊ 25	5 ♌ 0	11 ♌ 43	10 ♌ 15	16 ♊ 30	17 ♋ 24	6 ♉ 26	11 ♓ 38	11 ♒ 12	26 ♌ 52	11 ♏ 15	7 ♍ 36	29 ♊	14 ♉	26 ♊	4 ♋	10 ♓
8	16 ♊ 22	17 ♌ 19	11 ♌ 39	10 D 15	15 ♊ 57	18 ♋ 35	7 ♉ 10	11 ♓ 43	11 ♒ 10	26 ♌ 54	11 ♏ 13	7 ♍ 36	29 ♊	15 ♉	26 ♊	4 ♋	10 ♓
9	17 ♊ 19	29 ♌ 24	11 ♌ 36	10 ♌ 16	15 ♊ 23	19 ♋ 47	7 ♉ 54	11 ♓ 47	11 ♒ 8	26 ♌ 56	11 ♏ 12	7 ♍ 37	0 ♋	15 ♉	27 ♊	5 ♋	10 ♓
10	18 ♊ 17	11 ♍ 19	11 ♌ 33	10 ♌ 17	14 ♊ 51	20 ♋ 58	8 ♉ 39	11 ♓ 52	11 ♒ 7	26 ♌ 58	11 ♏ 11	7 ♍ 38	0 ♋	16 ♉	28 ♊	5 ♋	10 ♓
11	19 ♊ 14	23 ♍ 9	11 ♌ 30	10 R 17	14 ♊ 20	22 ♋ 9	9 ♉ 23	11 ♓ 56	11 ♒ 5	27 ♌ 0	11 ♏ 10	7 ♍ 38	1 ♋	16 ♉	28 ♊	6 ♋	10 ♓
12	20 ♊ 11	5 ♎ 1	11 ♌ 27	10 ♌ 15	13 ♊ 50	23 ♋ 21	10 ♉ 7	12 ♓ 0	11 ♒ 3	27 ♌ 2	11 ♏ 9	7 ♍ 39	1 ♋	17 ♉	29 ♊	6 ♋	10 ♓
13	21 ♊ 9	16 ♎ 59	11 ♌ 24	10 ♌ 12	13 ♊ 23	24 ♋ 32	10 ♉ 51	12 ♓ 4	11 ♒ 1	27 ♌ 4	11 ♏ 7	7 ♍ 40	2 ♋	17 ♉	29 ♊	7 ♋	10 ♓
14	22 ♊ 6	29 ♎ 6	11 ♌ 20	10 ♌ 7	12 ♊ 59	25 ♋ 43	11 ♉ 35	12 ♓ 7	10 ♒ 59	27 ♌ 6	11 ♏ 6	7 ♍ 40	2 ♋	17 ♉	0 ♋	7 ♋	10 ♓
15	23 ♊ 3	11 ♏ 27	11 ♌ 17	10 ♌ 0	12 ♊ 37	26 ♋ 54	12 ♉ 19	12 ♓ 11	10 ♒ 57	27 ♌ 8	11 ♏ 5	7 ♍ 41	2 ♋	18 ♉	0 ♋	8 ♋	10 R
16	24 ♊ 1	24 ♏ 5	11 ♌ 14	9 ♌ 53	12 ♊ 20	28 ♋ 6	13 ♉ 3	12 ♓ 14	10 ♒ 54	27 ♌ 10	11 ♏ 4	7 ♍ 42	3 ♋	18 ♉	1 ♋	8 ♋	10 ♓
17	24 ♊ 58	7 ♐ 0	11 ♌ 11	9 ♌ 45	12 ♊ 6	29 ♋ 17	13 ♉ 47	12 ♓ 17	10 ♒ 52	27 ♌ 12	11 ♏ 3	7 ♍ 43	3 ♋	19 ♉	2 ♋	8 ♋	10 ♓
18	25 ♊ 55	20 ♐ 12	11 ♌ 8	9 ♌ 38	11 ♊ 56	0 ♌ 28	14 ♉ 31	12 ♓ 20	10 ♒ 50	27 ♌ 14	11 ♏ 2	7 ♍ 44	4 ♋	19 ♉	2 ♋	9 ♋	10 ♓
19	26 ♊ 53	3 ♑ 40	11 ♌ 5	9 ♌ 32	11 ♊ 51	1 ♌ 38	15 ♉ 15	12 ♓ 23	10 ♒ 47	27 ♌ 16	11 ♏ 1	7 ♍ 44	4 ♋	20 ♉	3 ♋	9 ♋	10 ♓
20	27 ♊ 50	17 ♑ 22	11 ♌ 1	9 ♌ 28	11 D 50	2 ♌ 49	15 ♉ 59	12 ♓ 25	10 ♒ 45	27 ♌ 19	11 ♏ 0	7 ♍ 45	5 ♋	20 ♉	3 ♋	10 ♋	10 ♓
21	28 ♊ 47	1 ♒ 16	10 ♌ 58	9 ♌ 27	11 ♊ 54	4 ♌ 0	16 ♉ 42	12 ♓ 28	10 ♒ 42	27 ♌ 21	10 ♏ 59	7 ♍ 46	5 ♋	21 ♉	4 ♋	10 ♋	10 ♓
22	29 ♊ 44	15 ♒ 18	10 ♌ 55	9 D 26	12 ♊ 2	5 ♌ 11	17 ♉ 26	12 ♓ 30	10 ♒ 39	27 ♌ 23	10 ♏ 58	7 ♍ 47	5 ♋	21 ♉	4 ♋	11 ♋	10 ♓
23	0 ♋ 41	29 ♒ 25	10 ♌ 52	9 ♌ 27	12 ♊ 15	6 ♌ 21	18 ♉ 9	12 ♓ 32	10 ♒ 36	27 ♌ 26	10 ♏ 57	7 ♍ 48	6 ♋	22 ♉	5 ♋	11 ♋	10 ♓
24	1 ♋ 39	13 ♓ 36	10 ♌ 49	9 ♌ 29	12 ♊ 33	7 ♌ 32	18 ♉ 53	12 ♓ 33	10 ♒ 34	27 ♌ 28	10 ♏ 56	7 ♍ 49	6 ♋	22 ♉	6 ♋	11 ♋	10 ♓
25	2 ♋ 36	27 ♓ 48	10 ♌ 45	9 ♌ 30	12 ♊ 55	8 ♌ 42	19 ♉ 36	12 ♓ 35	10 ♒ 31	27 ♌ 31	10 ♏ 55	7 ♍ 50	7 ♋	22 ♉	6 ♋	12 ♋	10 ♓
26	3 ♋ 33	11 ♈ 59	10 ♌ 42	9 R 29	13 ♊ 22	9 ♌ 53	20 ♉ 20	12 ♓ 36	10 ♒ 28	27 ♌ 33	10 ♏ 54	7 ♍ 51	7 ♋	23 ♉	7 ♋	12 ♋	10 ♓
27	4 ♋ 30	26 ♈ 8	10 ♌ 39	9 ♌ 28	13 ♊ 54	11 ♌ 3	21 ♉ 3	12 ♓ 38	10 ♒ 24	27 ♌ 36	10 ♏ 54	7 ♍ 53	8 ♋	23 ♉	7 ♋	13 ♋	10 ♓
28	5 ♋ 28	10 ♉ 12	10 ♌ 36	9 ♌ 25	14 ♊ 31	12 ♌ 13	21 ♉ 46	12 ♓ 39	10 ♒ 21	27 ♌ 38	10 ♏ 53	7 ♍ 54	8 ♋	24 ♉	8 ♋	13 ♋	10 ♓
29	6 ♋ 25	24 ♉ 8	10 ♌ 33	9 ♌ 20	15 ♊ 11	13 ♌ 24	22 ♉ 29	12 ♓ 40	10 ♒ 18	27 ♌ 41	10 ♏ 52	7 ♍ 55	8 ♋	24 ♉	8 ♋	14 ♋	10 ♓
30	7 ♋ 22	7 ♊ 55	10 ♌ 30	9 ♌ 16	15 ♊ 57	14 ♌ 34	23 ♉ 12	12 ♓ 40	10 ♒ 15	27 ♌ 44	10 ♏ 51	7 ♍ 56	9 ♋	25 ♉	9 ♋	14 ♋	10 ♓

SUN INGRESS	☉ → ♋ 22日 06:24
MOON PHASE	● 2日 22:27 ♊　◐ 10日 15:21 ♍　○ 18日 11:02 ♐　◑ 25日 08:42 ♈

aspects

1日	19:21	♀△♃
1日	22:51	♀△♆
2日	16:05	☉□♃
2日	16:40	☉△♄
3日	08:30	♃△♆
7日	17:22	☉☌☿
8日	14:27	♂△♇
13日	05:00	♂□♄
13日	08:31	♂☍♆
14日	18:50	♂⚹♃
16日	07:47	☿□♃
19日	10:26	☉⚹♅
24日	00:45	☿□♃
26日	11:21	♀☍♄
26日	20:45	♀□♆
30日	14:31	☉⚹♇

1962年7月

DAY	☉	☽	☊ mean	☊ true	☿	♀	♂	♃	♄	♅	♆	♇	⚳	⚴	⚵	⚶	⚷
	° ′	° ′	° ′	° ′	° ′	° ′	° ′	° ′	° ′	° ′	° ′	° ′	°	°	°	°	°
1	8 ♋ 19	21 ♊ 28	10 ♌ 26	9 R 11	16 D 47	15 D 44	23 D 55	12 D 41	10 R 11	27 D 46	10 R 51	7 D 57	9 D	25 D	9 D	14 D	10 R
2	9 ♋ 17	4 ♋ 47	10 ♌ 23	9 ♌ 7	17 ♊ 41	16 ♌ 54	24 ♉ 38	12 ♓ 41	10 ♒ 8	27 ♌ 49	10 ♏ 50	7 ♍ 58	10 ♋	26 ♉	10 ♋	15 ♋	10 ♓
3	10 ♋ 14	17 ♋ 49	10 ♌ 20	9 ♌ 4	18 ♊ 39	18 ♌ 4	25 ♉ 21	12 R 41	10 ♒ 4	27 ♌ 52	10 ♏ 49	8 ♍ 0	10 ♋	26 ♉	11 ♋	15 ♋	10 ♓
4	11 ♋ 11	0 ♌ 33	10 ♌ 17	9 ♌ 2	19 ♊ 42	19 ♌ 14	26 ♉ 4	12 ♓ 41	10 ♒ 1	27 ♌ 55	10 ♏ 49	8 ♍ 1	11 ♋	27 ♉	11 ♋	16 ♋	10 ♓
5	12 ♋ 8	13 ♌ 2	10 ♌ 14	9 D 2	20 ♊ 49	20 ♌ 23	26 ♉ 47	12 ♓ 40	9 ♒ 57	27 ♌ 58	10 ♏ 48	8 ♍ 2	11 ♋	27 ♉	12 ♋	16 ♋	10 ♓
6	13 ♋ 5	25 ♌ 16	10 ♌ 11	9 ♌ 3	22 ♊ 0	21 ♌ 33	27 ♉ 29	12 ♓ 40	9 ♒ 54	28 ♌ 1	10 ♏ 47	8 ♍ 4	12 ♋	28 ♉	12 ♋	17 ♋	10 ♓
7	14 ♋ 3	7 ♍ 19	10 ♌ 7	9 ♌ 4	23 ♊ 15	22 ♌ 43	28 ♉ 12	12 ♓ 39	9 ♒ 50	28 ♌ 3	10 ♏ 47	8 ♍ 5	12 ♋	28 ♉	13 ♋	17 ♋	10 ♓
8	15 ♋ 0	19 ♍ 14	10 ♌ 4	9 ♌ 6	24 ♊ 34	23 ♌ 52	28 ♉ 54	12 ♓ 38	9 ♒ 46	28 ♌ 6	10 ♏ 46	8 ♍ 6	12 ♋	29 ♉	13 ♋	18 ♋	10 ♓
9	15 ♋ 57	1 ♎ 5	10 ♌ 1	9 ♌ 7	25 ♊ 57	25 ♌ 1	29 ♉ 37	12 ♓ 37	9 ♒ 42	28 ♌ 9	10 ♏ 46	8 ♍ 8	13 ♋	29 ♉	14 ♋	18 ♋	10 ♓
10	16 ♋ 54	12 ♎ 57	9 ♌ 58	9 ♌ 8	27 ♊ 24	26 ♌ 11	0 ♊ 19	12 ♓ 36	9 ♒ 38	28 ♌ 12	10 ♏ 45	8 ♍ 9	13 ♋	29 ♉	14 ♋	18 ♋	10 ♓
11	17 ♋ 51	24 ♎ 55	9 ♌ 55	9 R 8	28 ♊ 54	27 ♌ 20	1 ♊ 1	12 ♓ 34	9 ♒ 34	28 ♌ 15	10 ♏ 45	8 ♍ 10	14 ♋	0 ♊	15 ♋	19 ♋	10 ♓
12	18 ♋ 49	7 ♏ 3	9 ♌ 51	9 ♌ 7	0 ♋ 29	28 ♌ 29	1 ♊ 44	12 ♓ 33	9 ♒ 30	28 ♌ 19	10 ♏ 45	8 ♍ 12	14 ♋	0 ♊	16 ♋	19 ♋	10 ♓
13	19 ♋ 46	19 ♏ 26	9 ♌ 48	9 ♌ 5	2 ♋ 7	29 ♌ 38	2 ♊ 26	12 ♓ 31	9 ♒ 26	28 ♌ 22	10 ♏ 44	8 ♍ 13	15 ♋	1 ♊	16 ♋	20 ♋	10 ♓
14	20 ♋ 43	2 ♐ 8	9 ♌ 45	9 ♌ 3	3 ♋ 49	0 ♍ 47	3 ♊ 8	12 ♓ 29	9 ♒ 22	28 ♌ 25	10 ♏ 44	8 ♍ 15	15 ♋	1 ♊	17 ♋	20 ♋	10 ♓
15	21 ♋ 40	15 ♐ 10	9 ♌ 42	9 ♌ 0	5 ♋ 34	1 ♍ 56	3 ♊ 50	12 ♓ 26	9 ♒ 18	28 ♌ 28	10 ♏ 44	8 ♍ 16	15 ♋	2 ♊	17 ♋	21 ♋	10 ♓
16	22 ♋ 38	28 ♐ 33	9 ♌ 39	8 ♌ 58	7 ♋ 22	3 ♍ 4	4 ♊ 32	12 ♓ 24	9 ♒ 14	28 ♌ 31	10 ♏ 43	8 ♍ 18	16 ♋	2 ♊	18 ♋	21 ♋	10 ♓
17	23 ♋ 35	12 ♑ 18	9 ♌ 36	8 ♌ 56	9 ♋ 14	4 ♍ 13	5 ♊ 14	12 ♓ 21	9 ♒ 10	28 ♌ 34	10 ♏ 43	8 ♍ 20	16 ♋	3 ♊	18 ♋	22 ♋	10 ♓
18	24 ♋ 32	26 ♑ 22	9 ♌ 32	8 ♌ 55	11 ♋ 8	5 ♍ 21	5 ♊ 55	12 ♓ 18	9 ♒ 6	28 ♌ 38	10 ♏ 43	8 ♍ 21	17 ♋	3 ♊	19 ♋	22 ♋	10 ♓
19	25 ♋ 29	10 ♒ 40	9 ♌ 29	8 D 55	13 ♋ 5	6 ♍ 29	6 ♊ 37	12 ♓ 15	9 ♒ 1	28 ♌ 41	10 ♏ 43	8 ♍ 23	17 ♋	4 ♊	19 ♋	22 ♋	10 ♓
20	26 ♋ 26	25 ♒ 9	9 ♌ 26	8 ♌ 55	15 ♋ 4	7 ♍ 38	7 ♊ 19	12 ♓ 12	8 ♒ 57	28 ♌ 44	10 ♏ 43	8 ♍ 24	18 ♋	4 ♊	20 ♋	23 ♋	10 ♓
21	27 ♋ 24	9 ♓ 42	9 ♌ 23	8 ♌ 56	17 ♋ 6	8 ♍ 46	8 ♊ 0	12 ♓ 9	8 ♒ 53	28 ♌ 47	10 ♏ 43	8 ♍ 26	18 ♋	5 ♊	20 ♋	23 ♋	10 ♓
22	28 ♋ 21	24 ♓ 14	9 ♌ 20	8 ♌ 57	19 ♋ 9	9 ♍ 54	8 ♊ 42	12 ♓ 5	8 ♒ 48	28 ♌ 51	10 ♏ 43	8 ♍ 28	19 ♋	5 ♊	21 ♋	24 ♋	10 ♓
23	29 ♋ 18	8 ♈ 40	9 ♌ 17	8 ♌ 58	21 ♋ 13	11 ♍ 2	9 ♊ 23	12 ♓ 1	8 ♒ 44	28 ♌ 54	10 ♏ 42	8 ♍ 29	19 ♋	6 ♊	21 ♋	24 ♋	10 ♓
24	0 ♌ 15	22 ♈ 57	9 ♌ 13	8 ♌ 58	23 ♋ 19	12 ♍ 9	10 ♊ 5	11 ♓ 58	8 ♒ 40	28 ♌ 58	10 D 42	8 ♍ 31	19 ♋	6 ♊	22 ♋	25 ♋	10 ♓
25	1 ♌ 13	7 ♉ 3	9 ♌ 10	8 R 58	25 ♋ 25	13 ♍ 17	10 ♊ 46	11 ♓ 53	8 ♒ 35	29 ♌ 1	10 ♏ 43	8 ♍ 33	20 ♋	6 ♊	23 ♋	25 ♋	10 ♓
26	2 ♌ 10	20 ♉ 55	9 ♌ 7	8 ♌ 58	27 ♋ 32	14 ♍ 24	11 ♊ 27	11 ♓ 49	8 ♒ 31	29 ♌ 4	10 ♏ 43	8 ♍ 34	20 ♋	7 ♊	23 ♋	26 ♋	10 ♓
27	3 ♌ 7	4 ♊ 32	9 ♌ 4	8 ♌ 57	29 ♋ 39	15 ♍ 32	12 ♊ 8	11 ♓ 45	8 ♒ 26	29 ♌ 8	10 ♏ 43	8 ♍ 36	21 ♋	7 ♊	24 ♋	26 ♋	10 ♓
28	4 ♌ 5	17 ♊ 56	9 ♌ 1	8 ♌ 57	1 ♌ 46	16 ♍ 39	12 ♊ 49	11 ♓ 40	8 ♒ 22	29 ♌ 11	10 ♏ 43	8 ♍ 38	21 ♋	8 ♊	24 ♋	26 ♋	10 ♓
29	5 ♌ 2	1 ♋ 5	8 ♌ 57	8 ♌ 56	3 ♌ 53	17 ♍ 46	13 ♊ 30	11 ♓ 35	8 ♒ 18	29 ♌ 15	10 ♏ 43	8 ♍ 40	22 ♋	8 ♊	25 ♋	27 ♋	10 ♓
30	6 ♌ 0	13 ♋ 59	8 ♌ 54	8 ♌ 56	5 ♌ 59	18 ♍ 53	14 ♊ 11	11 ♓ 30	8 ♒ 13	29 ♌ 18	10 ♏ 43	8 ♍ 42	22 ♋	9 ♊	25 ♋	27 ♋	9 ♓
31	6 ♌ 57	26 ♋ 40	8 ♌ 51	8 ♌ 56	8 ♌ 4	20 ♍ 0	14 ♊ 52	11 ♓ 25	8 ♒ 9	29 ♌ 22	10 ♏ 43	8 ♍ 43	22 ♋	9 ♊	26 ♋	28 ♋	9 ♓

SUN INGRESS: ☉ → ♌ 23日 17:18

MOON PHASE: ● 2日 08:52 ♋　◐ 10日 08:39 ♎　○ 17日 20:41 ♑　◑ 24日 13:18 ♉　● 31日 21:24 ♌

aspects		
3日	14:42	☉△♆
5日	13:24	☉△♃
6日	18:53	♂□♅
10日	13:27	☿⚹♅
11日	20:13	♀☌♅
16日	12:13	☿⚹♇
17日	18:47	☿△♆
18日	14:07	☿△♃
19日	06:57	♀□♂
20日	16:51	♀☌♇
21日	15:26	♂□♇
22日	03:28	♂△♄
22日	17:16	♀⚹♆
23日	20:05	♀☍♃
26日	11:43	♂□♃
30日	00:14	☉☌☿
31日	00:51	☿☍♄

1962年8月

DAY	☉	☽	☊ mean	☊ true	☿	♀	♂	♃	♄	♅	♆	♇	⚳	⚴	⚵	⚶	⚷
	° ′	° ′	° ′	° ′	° ′	° ′	° ′	° ′	° ′	° ′	° ′	° ′	°	°	°	°	°
1	7 ♌ 54	9 ♌ 9	8 ♌ 48	8 D 56	10 D 8	21 D 6	15 D 32	11 R 20	8 R 4	29 D 25	10 D 44	8 D 45	23 D	10 D	26 D	28 D	9 R
2	8 ♌ 52	21 ♌ 25	8 ♌ 45	8 ♌ 56	12 ♌ 12	22 ♍ 13	16 ♊ 13	11 ♓ 15	8 ♒ 0	29 ♌ 29	10 ♏ 44	8 ♍ 47	23 ♋	10 ♊	27 ♋	29 ♋	9 ♓
3	9 ♌ 49	3 ♍ 32	8 ♌ 42	8 R 56	14 ♌ 14	23 ♍ 19	16 ♊ 53	11 ♓ 9	7 ♒ 55	29 ♌ 32	10 ♏ 44	8 ♍ 49	24 ♋	11 ♊	27 ♋	29 ♋	9 ♓
4	10 ♌ 47	15 ♍ 30	8 ♌ 38	8 ♌ 56	16 ♌ 15	24 ♍ 25	17 ♊ 34	11 ♓ 3	7 ♒ 51	29 ♌ 36	10 ♏ 45	8 ♍ 51	24 ♋	11 ♊	28 ♋	0 ♌	9 ♓
5	11 ♌ 44	27 ♍ 23	8 ♌ 35	8 ♌ 55	18 ♌ 14	25 ♍ 31	18 ♊ 14	10 ♓ 58	7 ♒ 46	29 ♌ 40	10 ♏ 45	8 ♍ 53	25 ♋	12 ♊	28 ♋	0 ♌	9 ♓
6	12 ♌ 42	9 ♎ 13	8 ♌ 32	8 ♌ 55	20 ♌ 12	26 ♍ 37	18 ♊ 54	10 ♓ 52	7 ♒ 42	29 ♌ 43	10 ♏ 45	8 ♍ 54	25 ♋	12 ♊	29 ♋	0 ♌	9 ♓
7	13 ♌ 39	21 ♎ 5	8 ♌ 29	8 ♌ 54	22 ♌ 8	27 ♍ 43	19 ♊ 35	10 ♓ 45	7 ♒ 38	29 ♌ 47	10 ♏ 46	8 ♍ 56	26 ♋	13 ♊	29 ♋	1 ♌	9 ♓
8	14 ♌ 37	3 ♏ 2	8 ♌ 26	8 ♌ 54	24 ♌ 3	28 ♍ 48	20 ♊ 15	10 ♓ 39	7 ♒ 33	29 ♌ 51	10 ♏ 46	8 ♍ 58	26 ♋	13 ♊	0 ♌	1 ♌	9 ♓
9	15 ♌ 34	15 ♏ 8	8 ♌ 22	8 ♌ 54	25 ♌ 57	29 ♍ 53	20 ♊ 55	10 ♓ 33	7 ♒ 29	29 ♌ 54	10 ♏ 47	9 ♍ 0	26 ♋	14 ♊	1 ♌	2 ♌	9 ♓
10	16 ♌ 32	27 ♏ 29	8 ♌ 19	8 D 54	27 ♌ 49	0 ♎ 59	21 ♊ 35	10 ♓ 26	7 ♒ 24	29 ♌ 58	10 ♏ 47	9 ♍ 2	27 ♋	14 ♊	1 ♌	2 ♌	9 ♓
11	17 ♌ 29	10 ♐ 9	8 ♌ 16	8 ♌ 55	29 ♌ 39	2 ♎ 3	22 ♊ 14	10 ♓ 20	7 ♒ 20	0 ♍ 2	10 ♏ 48	9 ♍ 4	27 ♋	14 ♊	2 ♌	3 ♌	9 ♓
12	18 ♌ 27	23 ♐ 10	8 ♌ 13	8 ♌ 55	1 ♍ 28	3 ♎ 8	22 ♊ 54	10 ♓ 13	7 ♒ 16	0 ♍ 5	10 ♏ 49	9 ♍ 6	28 ♋	15 ♊	2 ♌	3 ♌	9 ♓
13	19 ♌ 24	6 ♑ 36	8 ♌ 10	8 ♌ 56	3 ♍ 15	4 ♎ 13	23 ♊ 34	10 ♓ 6	7 ♒ 11	0 ♍ 9	10 ♏ 49	9 ♍ 8	28 ♋	15 ♊	3 ♌	4 ♌	9 ♓
14	20 ♌ 22	20 ♑ 27	8 ♌ 7	8 ♌ 57	5 ♍ 1	5 ♎ 17	24 ♊ 13	9 ♓ 59	7 ♒ 7	0 ♍ 13	10 ♏ 50	9 ♍ 10	29 ♋	16 ♊	3 ♌	4 ♌	9 ♓
15	21 ♌ 20	4 ♒ 43	8 ♌ 3	8 ♌ 57	6 ♍ 45	6 ♎ 21	24 ♊ 53	9 ♓ 52	7 ♒ 3	0 ♍ 16	10 ♏ 51	9 ♍ 12	29 ♋	16 ♊	4 ♌	4 ♌	9 ♓
16	22 ♌ 17	19 ♒ 19	8 ♌ 0	8 R 57	8 ♍ 28	7 ♎ 25	25 ♊ 32	9 ♓ 45	6 ♒ 59	0 ♍ 20	10 ♏ 51	9 ♍ 14	29 ♋	17 ♊	4 ♌	5 ♌	9 ♓
17	23 ♌ 15	4 ♓ 10	7 ♌ 57	8 ♌ 57	10 ♍ 10	8 ♎ 28	26 ♊ 11	9 ♓ 38	6 ♒ 54	0 ♍ 24	10 ♏ 52	9 ♍ 16	0 ♌	17 ♊	5 ♌	5 ♌	9 ♓
18	24 ♌ 12	19 ♓ 8	7 ♌ 54	8 ♌ 55	11 ♍ 50	9 ♎ 32	26 ♊ 50	9 ♓ 30	6 ♒ 50	0 ♍ 28	10 ♏ 53	9 ♍ 18	0 ♌	18 ♊	5 ♌	6 ♌	9 ♓
19	25 ♌ 10	4 ♈ 5	7 ♌ 51	8 ♌ 53	13 ♍ 28	10 ♎ 35	27 ♊ 30	9 ♓ 23	6 ♒ 46	0 ♍ 31	10 ♏ 54	9 ♍ 20	1 ♌	18 ♊	6 ♌	6 ♌	9 ♓
20	26 ♌ 8	18 ♈ 52	7 ♌ 48	8 ♌ 51	15 ♍ 5	11 ♎ 38	28 ♊ 9	9 ♓ 16	6 ♒ 42	0 ♍ 35	10 ♏ 54	9 ♍ 22	1 ♌	19 ♊	6 ♌	7 ♌	9 ♓
21	27 ♌ 6	3 ♉ 24	7 ♌ 44	8 ♌ 49	16 ♍ 41	12 ♎ 40	28 ♊ 47	9 ♓ 8	6 ♒ 38	0 ♍ 39	10 ♏ 55	9 ♍ 24	2 ♌	19 ♊	7 ♌	7 ♌	9 ♓
22	28 ♌ 3	17 ♉ 36	7 ♌ 41	8 ♌ 48	18 ♍ 15	13 ♎ 43	29 ♊ 26	9 ♓ 0	6 ♒ 34	0 ♍ 43	10 ♏ 56	9 ♍ 26	2 ♌	20 ♊	7 ♌	8 ♌	8 ♓
23	29 ♌ 1	1 ♊ 26	7 ♌ 38	8 D 48	19 ♍ 48	14 ♎ 45	0 ♋ 5	8 ♓ 53	6 ♒ 30	0 ♍ 46	10 ♏ 57	9 ♍ 28	2 ♌	20 ♊	8 ♌	8 ♌	8 ♓
24	29 ♌ 59	14 ♊ 55	7 ♌ 35	8 ♌ 49	21 ♍ 19	15 ♎ 47	0 ♋ 44	8 ♓ 45	6 ♒ 26	0 ♍ 50	10 ♏ 58	9 ♍ 30	3 ♌	21 ♊	8 ♌	8 ♌	8 ♓
25	0 ♍ 57	28 ♊ 4	7 ♌ 32	8 ♌ 50	22 ♍ 49	16 ♎ 48	1 ♋ 22	8 ♓ 37	6 ♒ 22	0 ♍ 54	10 ♏ 59	9 ♍ 32	3 ♌	21 ♊	9 ♌	9 ♌	8 ♓
26	1 ♍ 55	10 ♋ 55	7 ♌ 28	8 ♌ 51	24 ♍ 17	17 ♎ 49	2 ♋ 0	8 ♓ 30	6 ♒ 18	0 ♍ 58	11 ♏ 0	9 ♍ 34	4 ♌	21 ♊	9 ♌	9 ♌	8 ♓
27	2 ♍ 53	23 ♋ 31	7 ♌ 25	8 ♌ 53	25 ♍ 45	18 ♎ 50	2 ♋ 39	8 ♓ 22	6 ♒ 15	1 ♍ 1	11 ♏ 1	9 ♍ 36	4 ♌	22 ♊	10 ♌	10 ♌	8 ♓
28	3 ♍ 51	5 ♌ 54	7 ♌ 22	8 ♌ 54	27 ♍ 10	19 ♎ 51	3 ♋ 17	8 ♓ 14	6 ♒ 11	1 ♍ 5	11 ♏ 2	9 ♍ 38	5 ♌	22 ♊	10 ♌	10 ♌	8 ♓
29	4 ♍ 49	18 ♌ 7	7 ♌ 19	8 R 53	28 ♍ 34	20 ♎ 51	3 ♋ 55	8 ♓ 6	6 ♒ 7	1 ♍ 9	11 ♏ 4	9 ♍ 41	5 ♌	23 ♊	11 ♌	11 ♌	8 ♓
30	5 ♍ 47	0 ♍ 12	7 ♌ 16	8 ♌ 52	29 ♍ 57	21 ♎ 51	4 ♋ 33	7 ♓ 58	6 ♒ 4	1 ♍ 13	11 ♏ 5	9 ♍ 43	6 ♌	23 ♊	11 ♌	11 ♌	8 ♓
31	6 ♍ 45	12 ♍ 10	7 ♌ 13	8 ♌ 49	1 ♎ 18	22 ♎ 51	5 ♋ 11	7 ♓ 50	6 ♒ 0	1 ♍ 16	11 ♏ 6	9 ♍ 45	6 ♌	24 ♊	12 ♌	12 ♌	8 ♓

SUN INGRESS: ☉ → ♍ 24日 00:12

MOON PHASE: ◐ 9日 00:55 ♏　○ 16日 05:09 ♒　◑ 22日 19:26 ♉　● 30日 12:09 ♍

aspects		
1日	03:50	☉☍♄
1日	06:50	☿□♆
3日	23:07	☉□♆
5日	00:07	☿⚹♂
6日	22:42	♃△♆
11日	05:07	☿☌♅
15日	14:44	♀△♄
16日	11:00	☿☌♇
16日	16:55	☿☍♃
17日	10:12	☿⚹♅
19日	07:42	♃☍♇
24日	04:31	♂⚹♅
24日	22:40	☉☌♅
26日	07:01	☉⚹♂
31日	23:49	☉☍♃

1962年9月

DAY	☉	☽	☊ mean	☊ true	☿	♀	♂	♃	♄	♅	♆	♇	⚳	⚴	⚵	⚶	⚷
	° ′	° ′	° ′	° ′	° ′	° ′	° ′	° ′	° ′	° ′	° ′	° ′	°	°	°	°	°
1	7 ♍ 43	24 ♍ 3	7 ♌ 9	8 R 44	2 D 37	23 D 50	5 D 49	7 R 42	5 R 57	1 D 20	11 D 7	9 D 47	6 D	24 D	12 D	12 D	8 R
2	8 ♍ 41	5 ♎ 54	7 ♌ 6	8 ♌ 39	3 ♎ 55	24 ♎ 49	6 ♋ 26	7 ♓ 34	5 ♒ 53	1 ♍ 24	11 ♏ 8	9 ♍ 49	7 ♌	25 ♊	13 ♌	12 ♌	8 ♓
3	9 ♍ 39	17 ♎ 44	7 ♌ 3	8 ♌ 34	5 ♎ 11	25 ♎ 48	7 ♋ 4	7 ♓ 26	5 ♒ 50	1 ♍ 28	11 ♏ 10	9 ♍ 51	7 ♌	25 ♊	13 ♌	13 ♌	8 ♓
4	10 ♍ 37	29 ♎ 37	7 ♌ 0	8 ♌ 28	6 ♎ 26	26 ♎ 46	7 ♋ 41	7 ♓ 18	5 ♒ 47	1 ♍ 31	11 ♏ 11	9 ♍ 53	8 ♌	26 ♊	14 ♌	13 ♌	8 ♓
5	11 ♍ 35	11 ♏ 34	6 ♌ 57	8 ♌ 24	7 ♎ 38	27 ♎ 44	8 ♋ 19	7 ♓ 10	5 ♒ 44	1 ♍ 35	11 ♏ 12	9 ♍ 55	8 ♌	26 ♊	14 ♌	14 ♌	8 ♓
6	12 ♍ 33	23 ♏ 39	6 ♌ 54	8 ♌ 21	8 ♎ 49	28 ♎ 41	8 ♋ 56	7 ♓ 3	5 ♒ 40	1 ♍ 39	11 ♏ 14	9 ♍ 57	9 ♌	26 ♊	15 ♌	14 ♌	8 ♓
7	13 ♍ 32	5 ♐ 57	6 ♌ 50	8 ♌ 19	9 ♎ 58	29 ♎ 38	9 ♋ 33	6 ♓ 55	5 ♒ 37	1 ♍ 42	11 ♏ 15	9 ♍ 59	9 ♌	27 ♊	15 ♌	15 ♌	8 ♓
8	14 ♍ 30	18 ♐ 32	6 ♌ 47	8 D 19	11 ♎ 5	0 ♏ 34	10 ♋ 10	6 ♓ 47	5 ♒ 34	1 ♍ 46	11 ♏ 16	10 ♍ 1	9 ♌	27 ♊	16 ♌	15 ♌	8 ♓
9	15 ♍ 28	1 ♑ 27	6 ♌ 44	8 ♌ 20	12 ♎ 9	1 ♏ 30	10 ♋ 47	6 ♓ 39	5 ♒ 32	1 ♍ 50	11 ♏ 18	10 ♍ 3	10 ♌	28 ♊	16 ♌	15 ♌	8 ♓
10	16 ♍ 26	14 ♑ 47	6 ♌ 41	8 ♌ 21	13 ♎ 11	2 ♏ 26	11 ♋ 24	6 ♓ 31	5 ♒ 29	1 ♍ 53	11 ♏ 19	10 ♍ 5	10 ♌	28 ♊	17 ♌	16 ♌	8 ♓
11	17 ♍ 25	28 ♑ 34	6 ♌ 38	8 ♌ 23	14 ♎ 11	3 ♏ 21	12 ♋ 0	6 ♓ 24	5 ♒ 26	1 ♍ 57	11 ♏ 21	10 ♍ 8	11 ♌	29 ♊	17 ♌	16 ♌	8 ♓
12	18 ♍ 23	12 ♒ 49	6 ♌ 34	8 R 23	15 ♎ 8	4 ♏ 15	12 ♋ 37	6 ♓ 16	5 ♒ 23	2 ♍ 1	11 ♏ 22	10 ♍ 10	11 ♌	29 ♊	18 ♌	17 ♌	7 ♓
13	19 ♍ 21	27 ♒ 29	6 ♌ 31	8 ♌ 21	16 ♎ 3	5 ♏ 9	13 ♋ 13	6 ♓ 9	5 ♒ 21	2 ♍ 4	11 ♏ 24	10 ♍ 12	11 ♌	0 ♋	18 ♌	17 ♌	7 ♓
14	20 ♍ 20	12 ♓ 31	6 ♌ 28	8 ♌ 18	16 ♎ 54	6 ♏ 2	13 ♋ 49	6 ♓ 1	5 ♒ 18	2 ♍ 8	11 ♏ 25	10 ♍ 14	12 ♌	0 ♋	19 ♌	18 ♌	7 ♓
15	21 ♍ 18	27 ♓ 44	6 ♌ 25	8 ♌ 13	17 ♎ 42	6 ♏ 55	14 ♋ 25	5 ♓ 54	5 ♒ 16	2 ♍ 12	11 ♏ 27	10 ♍ 16	12 ♌	1 ♋	19 ♌	18 ♌	7 ♓
16	22 ♍ 17	13 ♈ 0	6 ♌ 22	8 ♌ 7	18 ♎ 27	7 ♏ 47	15 ♋ 1	5 ♓ 47	5 ♒ 13	2 ♍ 15	11 ♏ 28	10 ♍ 18	13 ♌	1 ♋	19 ♌	19 ♌	7 ♓
17	23 ♍ 15	28 ♈ 7	6 ♌ 19	8 ♌ 0	19 ♎ 8	8 ♏ 39	15 ♋ 37	5 ♓ 39	5 ♒ 11	2 ♍ 19	11 ♏ 30	10 ♍ 20	13 ♌	1 ♋	20 ♌	19 ♌	7 ♓
18	24 ♍ 14	12 ♉ 56	6 ♌ 15	7 ♌ 54	19 ♎ 45	9 ♏ 30	16 ♋ 13	5 ♓ 32	5 ♒ 9	2 ♍ 22	11 ♏ 32	10 ♍ 22	14 ♌	2 ♋	20 ♌	19 ♌	7 ♓
19	25 ♍ 12	27 ♉ 21	6 ♌ 12	7 ♌ 49	20 ♎ 18	10 ♏ 20	16 ♋ 49	5 ♓ 25	5 ♒ 7	2 ♍ 26	11 ♏ 33	10 ♍ 24	14 ♌	2 ♋	21 ♌	20 ♌	7 ♓
20	26 ♍ 11	11 ♊ 19	6 ♌ 9	7 ♌ 46	20 ♎ 46	11 ♏ 9	17 ♋ 24	5 ♓ 18	5 ♒ 5	2 ♍ 29	11 ♏ 35	10 ♍ 26	14 ♌	3 ♋	21 ♌	20 ♌	7 ♓
21	27 ♍ 9	24 ♊ 48	6 ♌ 6	7 ♌ 45	21 ♎ 9	11 ♏ 58	18 ♋ 0	5 ♓ 11	5 ♒ 3	2 ♍ 33	11 ♏ 37	10 ♍ 28	15 ♌	3 ♋	22 ♌	21 ♌	7 ♓
22	28 ♍ 8	7 ♋ 53	6 ♌ 3	7 D 45	21 ♎ 27	12 ♏ 46	18 ♋ 35	5 ♓ 5	5 ♒ 1	2 ♍ 36	11 ♏ 38	10 ♍ 30	15 ♌	4 ♋	22 ♌	21 ♌	7 ♓
23	29 ♍ 7	20 ♋ 36	5 ♌ 59	7 ♌ 47	21 ♎ 39	13 ♏ 34	19 ♋ 10	4 ♓ 58	5 ♒ 0	2 ♍ 40	11 ♏ 40	10 ♍ 32	16 ♌	4 ♋	23 ♌	22 ♌	7 ♓
24	0 ♎ 5	3 ♌ 1	5 ♌ 56	7 ♌ 47	21 ♎ 45	14 ♏ 20	19 ♋ 45	4 ♓ 52	4 ♒ 58	2 ♍ 43	11 ♏ 42	10 ♍ 34	16 ♌	4 ♋	23 ♌	22 ♌	7 ♓
25	1 ♎ 4	15 ♌ 13	5 ♌ 53	7 R 47	21 R 45	15 ♏ 6	20 ♋ 20	4 ♓ 45	4 ♒ 56	2 ♍ 47	11 ♏ 44	10 ♍ 36	16 ♌	5 ♋	24 ♌	22 ♌	7 ♓
26	2 ♎ 3	27 ♌ 15	5 ♌ 50	7 ♌ 45	21 ♎ 38	15 ♏ 50	20 ♋ 54	4 ♓ 39	4 ♒ 55	2 ♍ 50	11 ♏ 46	10 ♍ 38	17 ♌	5 ♋	24 ♌	23 ♌	7 ♓
27	3 ♎ 2	9 ♍ 10	5 ♌ 47	7 ♌ 41	21 ♎ 24	16 ♏ 34	21 ♋ 29	4 ♓ 33	4 ♒ 54	2 ♍ 54	11 ♏ 47	10 ♍ 40	17 ♌	6 ♋	25 ♌	23 ♌	7 ♓
28	4 ♎ 1	21 ♍ 3	5 ♌ 44	7 ♌ 34	21 ♎ 2	17 ♏ 17	22 ♋ 3	4 ♓ 27	4 ♒ 52	2 ♍ 57	11 ♏ 49	10 ♍ 42	18 ♌	6 ♋	25 ♌	24 ♌	7 ♓
29	5 ♎ 0	2 ♎ 53	5 ♌ 40	7 ♌ 24	20 ♎ 33	17 ♏ 59	22 ♋ 38	4 ♓ 21	4 ♒ 51	3 ♍ 0	11 ♏ 51	10 ♍ 44	18 ♌	6 ♋	25 ♌	24 ♌	7 ♓
30	5 ♎ 59	14 ♎ 44	5 ♌ 37	7 ♌ 13	19 ♎ 56	18 ♏ 40	23 ♋ 12	4 ♓ 16	4 ♒ 50	3 ♍ 4	11 ♏ 53	10 ♍ 46	19 ♌	7 ♋	26 ♌	25 ♌	7 ♓

SUN INGRESS: ☉→♎23日 21:35

MOON PHASE: ◐ 7日 15:44 ♐ ○ 14日 13:11 ♓ ◑ 21日 04:36 ♊ ● 29日 04:39 ♎

aspects		
3日	05:11	☉☌♇
3日	11:50	♂△♃
3日	11:52	☿△♄
4日	14:18	☉⚹♆
6日	04:58	☿□♂
7日	18:04	♂⚹♇
9日	09:02	♀⚹♅
9日	21:00	♂△♆
13日	04:58	♀□♄
13日	23:31	♀△♃
19日	02:00	♀⚹♇
20日	12:58	♀☌♆
26日	21:31	☿□♂
28日	20:40	☉△♄

1962年10月

DAY	☉	☽	☊ mean	☊ true	☿	♀	♂	♃	♄	♅	♆	♇	⚳	⚴	⚵	⚶	⚷
	° ′	° ′	° ′	° ′	° ′	° ′	° ′	° ′	° ′	° ′	° ′	° ′	°	°	°	°	°
1	6 ♎ 58	26 ♎ 37	5 ♌ 34	7 R 2	19 R 12	19 D 20	23 D 46	4 R 10	4 R 49	3 D 7	11 D 55	10 D 48	19 D	7 D	26 D	25 D	7 R
2	7 ♎ 57	8 ♏ 33	5 ♌ 31	6 ♌ 50	18 ♎ 22	19 ♏ 58	24 ♋ 19	4 ♓ 5	4 ♒ 48	3 ♍ 10	11 ♏ 57	10 ♍ 50	19 ♌	8 ♋	27 ♌	25 ♌	7 ♓
3	8 ♎ 56	20 ♏ 34	5 ♌ 28	6 ♌ 40	17 ♎ 25	20 ♏ 36	24 ♋ 53	3 ♓ 59	4 ♒ 48	3 ♍ 13	11 ♏ 59	10 ♍ 51	20 ♌	8 ♋	27 ♌	26 ♌	7 ♓
4	9 ♎ 55	2 ♐ 42	5 ♌ 25	6 ♌ 32	16 ♎ 22	21 ♏ 12	25 ♋ 26	3 ♓ 54	4 ♒ 47	3 ♍ 17	12 ♏ 1	10 ♍ 53	20 ♌	8 ♋	28 ♌	26 ♌	7 ♓
5	10 ♎ 54	15 ♐ 1	5 ♌ 21	6 ♌ 26	15 ♎ 16	21 ♏ 47	26 ♋ 0	3 ♓ 50	4 ♒ 46	3 ♍ 20	12 ♏ 3	10 ♍ 55	21 ♌	9 ♋	28 ♌	27 ♌	7 ♓
6	11 ♎ 53	27 ♐ 34	5 ♌ 18	6 ♌ 23	14 ♎ 7	22 ♏ 21	26 ♋ 33	3 ♓ 45	4 ♒ 46	3 ♍ 23	12 ♏ 5	10 ♍ 57	21 ♌	9 ♋	29 ♌	27 ♌	6 ♓
7	12 ♎ 52	10 ♑ 24	5 ♌ 15	6 ♌ 22	12 ♎ 56	22 ♏ 53	27 ♋ 6	3 ♓ 40	4 ♒ 46	3 ♍ 26	12 ♏ 7	10 ♍ 59	21 ♌	10 ♋	29 ♌	28 ♌	6 ♓
8	13 ♎ 51	23 ♑ 36	5 ♌ 12	6 D 22	11 ♎ 47	23 ♏ 24	27 ♋ 38	3 ♓ 36	4 ♒ 45	3 ♍ 29	12 ♏ 9	11 ♍ 1	22 ♌	10 ♋	29 ♌	28 ♌	6 ♓
9	14 ♎ 51	7 ♒ 13	5 ♌ 9	6 R 23	10 ♎ 41	23 ♏ 54	28 ♋ 11	3 ♓ 32	4 ♒ 45	3 ♍ 32	12 ♏ 11	11 ♍ 2	22 ♌	10 ♋	0 ♍	28 ♌	6 ♓
10	15 ♎ 50	21 ♒ 17	5 ♌ 5	6 ♌ 22	9 ♎ 40	24 ♏ 22	28 ♋ 43	3 ♓ 28	4 ♒ 45	3 ♍ 35	12 ♏ 13	11 ♍ 4	23 ♌	11 ♋	0 ♍	29 ♌	6 ♓
11	16 ♎ 49	5 ♓ 48	5 ♌ 2	6 ♌ 19	8 ♎ 45	24 ♏ 48	29 ♋ 16	3 ♓ 24	4 D 45	3 ♍ 38	12 ♏ 15	11 ♍ 6	23 ♌	11 ♋	1 ♍	29 ♌	6 ♓
12	17 ♎ 48	20 ♓ 43	4 ♌ 59	6 ♌ 13	7 ♎ 58	25 ♏ 13	29 ♋ 48	3 ♓ 20	4 ♒ 45	3 ♍ 41	12 ♏ 17	11 ♍ 8	23 ♌	12 ♋	1 ♍	0 ♍	6 ♓
13	18 ♎ 48	5 ♈ 55	4 ♌ 56	6 ♌ 5	7 ♎ 20	25 ♏ 36	0 ♌ 20	3 ♓ 17	4 ♒ 46	3 ♍ 44	12 ♏ 19	11 ♍ 9	24 ♌	12 ♋	2 ♍	0 ♍	6 ♓
14	19 ♎ 47	21 ♈ 15	4 ♌ 53	5 ♌ 55	6 ♎ 53	25 ♏ 57	0 ♌ 51	3 ♓ 14	4 ♒ 46	3 ♍ 47	12 ♏ 21	11 ♍ 11	24 ♌	12 ♋	2 ♍	0 ♍	6 ♓
15	20 ♎ 47	6 ♉ 30	4 ♌ 50	5 ♌ 44	6 ♎ 36	26 ♏ 16	1 ♌ 23	3 ♓ 11	4 ♒ 46	3 ♍ 50	12 ♏ 23	11 ♍ 13	24 ♌	13 ♋	2 ♍	1 ♍	6 ♓
16	21 ♎ 46	21 ♉ 31	4 ♌ 46	5 ♌ 34	6 ♎ 30	26 ♏ 33	1 ♌ 54	3 ♓ 8	4 ♒ 47	3 ♍ 53	12 ♏ 25	11 ♍ 15	25 ♌	13 ♋	3 ♍	1 ♍	6 ♓
17	22 ♎ 45	6 ♊ 7	4 ♌ 43	5 ♌ 25	6 D 36	26 ♏ 49	2 ♌ 25	3 ♓ 5	4 ♒ 48	3 ♍ 55	12 ♏ 27	11 ♍ 16	25 ♌	13 ♋	3 ♍	2 ♍	6 ♓
18	23 ♎ 45	20 ♊ 15	4 ♌ 40	5 ♌ 19	6 ♎ 52	27 ♏ 2	2 ♌ 56	3 ♓ 3	4 ♒ 48	3 ♍ 58	12 ♏ 30	11 ♍ 18	26 ♌	14 ♋	4 ♍	2 ♍	6 ♓
19	24 ♎ 45	3 ♋ 52	4 ♌ 37	5 ♌ 16	7 ♎ 18	27 ♏ 13	3 ♌ 27	3 ♓ 0	4 ♒ 49	4 ♍ 1	12 ♏ 32	11 ♍ 20	26 ♌	14 ♋	4 ♍	3 ♍	6 ♓
20	25 ♎ 44	17 ♋ 1	4 ♌ 34	5 ♌ 14	7 ♎ 54	27 ♏ 23	3 ♌ 57	2 ♓ 58	4 ♒ 50	4 ♍ 4	12 ♏ 34	11 ♍ 21	26 ♌	14 ♋	5 ♍	3 ♍	6 ♓
21	26 ♎ 44	29 ♋ 44	4 ♌ 31	5 D 14	8 ♎ 39	27 ♏ 30	4 ♌ 27	2 ♓ 56	4 ♒ 51	4 ♍ 6	12 ♏ 36	11 ♍ 23	27 ♌	15 ♋	5 ♍	3 ♍	6 ♓
22	27 ♎ 43	12 ♌ 7	4 ♌ 27	5 R 14	9 ♎ 32	27 ♏ 34	4 ♌ 57	2 ♓ 55	4 ♒ 52	4 ♍ 9	12 ♏ 38	11 ♍ 24	27 ♌	15 ♋	5 ♍	4 ♍	6 ♓
23	28 ♎ 43	24 ♌ 14	4 ♌ 24	5 ♌ 13	10 ♎ 31	27 ♏ 37	5 ♌ 27	2 ♓ 53	4 ♒ 54	4 ♍ 11	12 ♏ 40	11 ♍ 26	28 ♌	15 ♋	6 ♍	4 ♍	6 ♓
24	29 ♎ 43	6 ♍ 12	4 ♌ 21	5 ♌ 10	11 ♎ 37	27 R 37	5 ♌ 57	2 ♓ 52	4 ♒ 55	4 ♍ 14	12 ♏ 43	11 ♍ 27	28 ♌	16 ♋	6 ♍	5 ♍	6 ♓
25	0 ♏ 43	18 ♍ 3	4 ♌ 18	5 ♌ 4	12 ♎ 49	27 ♏ 35	6 ♌ 26	2 ♓ 51	4 ♒ 56	4 ♍ 16	12 ♏ 45	11 ♍ 29	28 ♌	16 ♋	7 ♍	5 ♍	6 ♓
26	1 ♏ 43	29 ♍ 53	4 ♌ 15	4 ♌ 55	14 ♎ 6	27 ♏ 30	6 ♌ 55	2 ♓ 50	4 ♒ 58	4 ♍ 19	12 ♏ 47	11 ♍ 30	29 ♌	16 ♋	7 ♍	5 ♍	6 ♓
27	2 ♏ 42	11 ♎ 43	4 ♌ 11	4 ♌ 43	15 ♎ 26	27 ♏ 23	7 ♌ 24	2 ♓ 49	5 ♒ 0	4 ♍ 21	12 ♏ 49	11 ♍ 32	29 ♌	16 ♋	7 ♍	6 ♍	6 ♓
28	3 ♏ 42	23 ♎ 37	4 ♌ 8	4 ♌ 29	16 ♎ 50	27 ♏ 13	7 ♌ 53	2 ♓ 49	5 ♒ 1	4 ♍ 24	12 ♏ 51	11 ♍ 33	29 ♌	17 ♋	8 ♍	6 ♍	6 ♓
29	4 ♏ 42	5 ♏ 35	4 ♌ 5	4 ♌ 14	18 ♎ 17	27 ♏ 2	8 ♌ 21	2 ♓ 49	5 ♒ 3	4 ♍ 26	12 ♏ 54	11 ♍ 35	0 ♍	17 ♋	8 ♍	7 ♍	6 ♓
30	5 ♏ 42	17 ♏ 39	4 ♌ 2	3 ♌ 59	19 ♎ 47	26 ♏ 47	8 ♌ 50	2 D 49	5 ♒ 5	4 ♍ 28	12 ♏ 56	11 ♍ 36	0 ♍	17 ♋	9 ♍	7 ♍	6 ♓
31	6 ♏ 42	29 ♏ 50	3 ♌ 59	3 ♌ 46	21 ♎ 18	26 ♏ 31	9 ♌ 17	2 ♓ 49	5 ♒ 7	4 ♍ 30	12 ♏ 58	11 ♍ 37	0 ♍	18 ♋	9 ♍	7 ♍	6 ♓

SUN INGRESS: ☉→♏24日 06:40

MOON PHASE: ◐ 7日 04:54 ♑ ○ 13日 21:33 ♈ ◑ 20日 17:47 ♋ ● 28日 22:05 ♏

aspects		
7日	00:49	☉☌☿
8日	22:56	♃☍♅
21日	19:42	♂☍♄
27日	02:47	☉△♃
28日	17:14	☉⚹♅
29日	08:41	☉□♄

1962年11月

DAY	☉	☽	☊ mean	☊ true	☿	♀	♂	♃	♄	♅	♆	♇	⚳	⚴	⚵	⚶	⚷
	° ′	° ′	° ′	° ′	° ′	° ′	° ′	° ′	° ′	° ′	° ′	° ′	°	°	°	°	°
1	7 ♏ 42	12 ♐ 8	3 ♌ 56	3 R 36	22 D 51	26 R 12	9 D 45	2 D 49	5 D 9	4 D 33	13 D 0	11 D 39	1 D	18 D	9 D	8 D	6 R
2	8 ♏ 42	24 ♐ 36	3 ♌ 52	3 ♌ 28	24 ♎ 25	25 ♏ 51	10 ♌ 12	2 ♓ 50	5 ♒ 12	4 ♍ 35	13 ♏ 3	11 ♍ 40	1 ♍	18 ♋	10 ♍	8 ♍	6 ♓
3	9 ♏ 42	7 ♑ 15	3 ♌ 49	3 ♌ 23	26 ♎ 1	25 ♏ 27	10 ♌ 39	2 ♓ 50	5 ♒ 14	4 ♍ 37	13 ♏ 5	11 ♍ 41	2 ♍	18 ♋	10 ♍	9 ♍	6 ♓
4	10 ♏ 42	20 ♑ 8	3 ♌ 46	3 ♌ 21	27 ♎ 37	25 ♏ 2	11 ♌ 6	2 ♓ 51	5 ♒ 16	4 ♍ 39	13 ♏ 7	11 ♍ 43	2 ♍	19 ♋	10 ♍	9 ♍	6 ♓
5	11 ♏ 42	3 ♒ 18	3 ♌ 43	3 D 20	29 ♎ 14	24 ♏ 34	11 ♌ 33	2 ♓ 52	5 ♒ 19	4 ♍ 41	13 ♏ 9	11 ♍ 44	2 ♍	19 ♋	11 ♍	9 ♍	6 ♓
6	12 ♏ 43	16 ♒ 47	3 ♌ 40	3 R 21	0 ♏ 51	24 ♏ 5	11 ♌ 59	2 ♓ 54	5 ♒ 21	4 ♍ 43	13 ♏ 12	11 ♍ 45	3 ♍	19 ♋	11 ♍	10 ♍	6 ♓
7	13 ♏ 43	0 ♓ 39	3 ♌ 36	3 ♌ 20	2 ♏ 28	23 ♏ 34	12 ♌ 25	2 ♓ 55	5 ♒ 24	4 ♍ 45	13 ♏ 14	11 ♍ 46	3 ♍	19 ♋	12 ♍	10 ♍	6 ♓
8	14 ♏ 43	14 ♓ 54	3 ♌ 33	3 ♌ 17	4 ♏ 6	23 ♏ 2	12 ♌ 51	2 ♓ 57	5 ♒ 27	4 ♍ 46	13 ♏ 16	11 ♍ 47	3 ♍	19 ♋	12 ♍	10 ♍	6 ♓
9	15 ♏ 43	29 ♓ 32	3 ♌ 30	3 ♌ 11	5 ♏ 43	22 ♏ 28	13 ♌ 16	2 ♓ 59	5 ♒ 30	4 ♍ 48	13 ♏ 18	11 ♍ 48	4 ♍	20 ♋	12 ♍	11 ♍	6 ♓
10	16 ♏ 43	14 ♈ 26	3 ♌ 27	3 ♌ 3	7 ♏ 21	21 ♏ 53	13 ♌ 41	3 ♓ 1	5 ♒ 33	4 ♍ 50	13 ♏ 21	11 ♍ 50	4 ♍	20 ♋	13 ♍	11 ♍	6 ♓
11	17 ♏ 44	29 ♈ 31	3 ♌ 24	2 ♌ 53	8 ♏ 59	21 ♏ 18	14 ♌ 6	3 ♓ 4	5 ♒ 36	4 ♍ 52	13 ♏ 23	11 ♍ 51	4 ♍	20 ♋	13 ♍	12 ♍	6 ♓
12	18 ♏ 44	14 ♉ 37	3 ♌ 21	2 ♌ 42	10 ♏ 36	20 ♏ 42	14 ♌ 30	3 ♓ 6	5 ♒ 39	4 ♍ 53	13 ♏ 25	11 ♍ 52	5 ♍	20 ♋	13 ♍	12 ♍	6 ♓
13	19 ♏ 44	29 ♉ 33	3 ♌ 17	2 ♌ 31	12 ♏ 13	20 ♏ 5	14 ♌ 54	3 ♓ 9	5 ♒ 42	4 ♍ 55	13 ♏ 27	11 ♍ 53	5 ♍	20 ♋	14 ♍	12 ♍	6 ♓
14	20 ♏ 45	14 ♊ 10	3 ♌ 14	2 ♌ 22	13 ♏ 50	19 ♏ 28	15 ♌ 18	3 ♓ 12	5 ♒ 46	4 ♍ 56	13 ♏ 30	11 ♍ 54	5 ♍	21 ♋	14 ♍	13 ♍	6 ♓
15	21 ♏ 45	28 ♊ 22	3 ♌ 11	2 ♌ 15	15 ♏ 27	18 ♏ 52	15 ♌ 41	3 ♓ 15	5 ♒ 49	4 ♍ 58	13 ♏ 32	11 ♍ 55	6 ♍	21 ♋	14 ♍	13 ♍	6 ♓
16	22 ♏ 46	12 ♋ 5	3 ♌ 8	2 ♌ 11	17 ♏ 4	18 ♏ 16	16 ♌ 4	3 ♓ 18	5 ♒ 53	4 ♍ 59	13 ♏ 34	11 ♍ 56	6 ♍	21 ♋	15 ♍	13 ♍	6 ♓
17	23 ♏ 46	25 ♋ 19	3 ♌ 5	2 ♌ 9	18 ♏ 41	17 ♏ 41	16 ♌ 27	3 ♓ 22	5 ♒ 56	5 ♍ 1	13 ♏ 36	11 ♍ 57	6 ♍	21 ♋	15 ♍	14 ♍	6 ♓
18	24 ♏ 46	8 ♌ 8	3 ♌ 2	2 D 9	20 ♏ 17	17 ♏ 6	16 ♌ 49	3 ♓ 26	6 ♒ 0	5 ♍ 2	13 ♏ 39	11 ♍ 57	6 ♍	21 ♋	15 ♍	14 ♍	6 D
19	25 ♏ 47	20 ♌ 34	2 ♌ 58	2 ♌ 10	21 ♏ 53	16 ♏ 33	17 ♌ 11	3 ♓ 30	6 ♒ 4	5 ♍ 3	13 ♏ 41	11 ♍ 58	7 ♍	21 ♋	16 ♍	14 ♍	6 ♓
20	26 ♏ 48	2 ♍ 44	2 ♌ 55	2 R 10	23 ♏ 29	16 ♏ 1	17 ♌ 32	3 ♓ 34	6 ♒ 8	5 ♍ 5	13 ♏ 43	11 ♍ 59	7 ♍	21 ♋	16 ♍	15 ♍	6 ♓
21	27 ♏ 48	14 ♍ 42	2 ♌ 52	2 ♌ 8	25 ♏ 4	15 ♏ 31	17 ♌ 54	3 ♓ 38	6 ♒ 12	5 ♍ 6	13 ♏ 45	12 ♍ 0	7 ♍	21 ♋	16 ♍	15 ♍	6 ♓
22	28 ♏ 49	26 ♍ 34	2 ♌ 49	2 ♌ 4	26 ♏ 39	15 ♏ 2	18 ♌ 14	3 ♓ 43	6 ♒ 16	5 ♍ 7	13 ♏ 47	12 ♍ 1	8 ♍	21 ♋	17 ♍	16 ♍	6 ♓
23	29 ♏ 49	8 ♎ 23	2 ♌ 46	1 ♌ 58	28 ♏ 15	14 ♏ 36	18 ♌ 35	3 ♓ 47	6 ♒ 20	5 ♍ 8	13 ♏ 50	12 ♍ 1	8 ♍	21 ♋	17 ♍	16 ♍	6 ♓
24	0 ♐ 50	20 ♎ 15	2 ♌ 42	1 ♌ 49	29 ♏ 50	14 ♏ 11	18 ♌ 54	3 ♓ 52	6 ♒ 24	5 ♍ 9	13 ♏ 52	12 ♍ 2	8 ♍	21 ♋	17 ♍	16 ♍	6 ♓
25	1 ♐ 51	2 ♏ 13	2 ♌ 39	1 ♌ 38	1 ♐ 24	13 ♏ 48	19 ♌ 14	3 ♓ 57	6 ♒ 28	5 ♍ 10	13 ♏ 54	12 ♍ 3	9 ♍	22 ♋	18 ♍	17 ♍	6 ♓
26	2 ♐ 51	14 ♏ 18	2 ♌ 36	1 ♌ 26	2 ♐ 59	13 ♏ 28	19 ♌ 33	4 ♓ 2	6 ♒ 32	5 ♍ 11	13 ♏ 56	12 ♍ 3	9 ♍	22 ♋	18 ♍	17 ♍	6 ♓
27	3 ♐ 52	26 ♏ 32	2 ♌ 33	1 ♌ 15	4 ♐ 33	13 ♏ 10	19 ♌ 51	4 ♓ 8	6 ♒ 37	5 ♍ 12	13 ♏ 58	12 ♍ 4	9 ♍	22 ♋	18 ♍	17 ♍	6 ♓
28	4 ♐ 53	8 ♐ 56	2 ♌ 30	1 ♌ 4	6 ♐ 8	12 ♏ 54	20 ♌ 10	4 ♓ 13	6 ♒ 41	5 ♍ 13	14 ♏ 0	12 ♍ 4	9 ♍	22 R	18 ♍	18 ♍	6 ♓
29	5 ♐ 54	21 ♐ 31	2 ♌ 27	0 ♌ 56	7 ♐ 42	12 ♏ 41	20 ♌ 27	4 ♓ 19	6 ♒ 46	5 ♍ 13	14 ♏ 2	12 ♍ 5	10 ♍	22 ♋	19 ♍	18 ♍	6 ♓
30	6 ♐ 54	4 ♑ 15	2 ♌ 23	0 ♌ 50	9 ♐ 16	12 ♏ 31	20 ♌ 44	4 ♓ 25	6 ♒ 51	5 ♍ 14	14 ♏ 5	12 ♍ 6	10 ♍	22 ♋	19 ♍	18 ♍	6 ♓

SUN INGRESS	☉ → ♐ 23日 04:02
MOON PHASE	◐ 5日 16:15 ♒　○ 12日 07:03 ♉　◑ 19日 11:09 ♌　● 27日 15:29 ♐

aspects		
4日	17:08	☉□♂
5日	00:33	☉⚹♇
6日	12:03	☉☌♆
7日	06:49	☿△♃
8日	10:12	☿⚹♅
8日	20:33	☿□♄
9日	02:39	♂□♆
12日	18:51	☿⚹♇
13日	05:07	☉☌♀
13日	18:43	☿☌♆
15日	04:28	☿□♂
16日	13:05	☿☌♀
18日	07:28	♀□♂
24日	18:26	♀☌♆
25日	18:37	☉☌☿
26日	17:05	☿□♃
27日	06:49	☉□♃
27日	09:50	☿□♅
28日	07:53	☉□♅
28日	08:59	☿⚹♄
29日	22:23	☉⚹♄

1962年12月

DAY	☉	☽	☊ mean	☊ true	☿	♀	♂	♃	♄	♅	♆	♇	⚳	⚴	⚵	⚶	⚷
	° ′	° ′	° ′	° ′	° ′	° ′	° ′	° ′	° ′	° ′	° ′	° ′	°	°	°	°	°
1	7 ♐ 55	17 ♑ 11	2 ♌ 20	0 R 47	10 D 50	12 R 22	21 D 1	4 D 31	6 D 55	5 D 15	14 D 7	12 D 6	10 D	22 R	19 D	19 D	6 D
2	8 ♐ 56	0 ♒ 18	2 ♌ 17	0 ♌ 46	12 ♐ 24	12 ♏ 17	21 ♌ 17	4 ♓ 37	7 ♒ 0	5 ♍ 15	14 ♏ 9	12 ♍ 6	11 ♍	21 ♋	20 ♍	19 ♍	6 ♓
3	9 ♐ 57	13 ♒ 38	2 ♌ 14	0 D 46	13 ♐ 58	12 ♏ 13	21 ♌ 33	4 ♓ 44	7 ♒ 5	5 ♍ 16	14 ♏ 11	12 ♍ 7	11 ♍	21 ♋	20 ♍	19 ♍	6 ♓
4	10 ♐ 58	27 ♒ 12	2 ♌ 11	0 ♌ 47	15 ♐ 32	12 D 12	21 ♌ 48	4 ♓ 50	7 ♒ 10	5 ♍ 16	14 ♏ 13	12 ♍ 7	11 ♍	21 ♋	20 ♍	20 ♍	6 ♓
5	11 ♐ 59	11 ♓ 1	2 ♌ 8	0 ♌ 48	17 ♐ 6	12 ♏ 14	22 ♌ 2	4 ♓ 57	7 ♒ 15	5 ♍ 17	14 ♏ 15	12 ♍ 8	11 ♍	21 ♋	20 ♍	20 ♍	6 ♓
6	13 ♐ 0	25 ♓ 5	2 ♌ 4	0 R 48	18 ♐ 40	12 ♏ 18	22 ♌ 17	5 ♓ 4	7 ♒ 20	5 ♍ 17	14 ♏ 17	12 ♍ 8	11 ♍	21 ♋	21 ♍	20 ♍	6 ♓
7	14 ♐ 0	9 ♈ 23	2 ♌ 1	0 ♌ 45	20 ♐ 14	12 ♏ 24	22 ♌ 30	5 ♓ 11	7 ♒ 25	5 ♍ 17	14 ♏ 19	12 ♍ 8	12 ♍	21 ♋	21 ♍	20 ♍	6 ♓
8	15 ♐ 1	23 ♈ 54	1 ♌ 58	0 ♌ 40	21 ♐ 47	12 ♏ 33	22 ♌ 43	5 ♓ 19	7 ♒ 30	5 ♍ 17	14 ♏ 21	12 ♍ 8	12 ♍	21 ♋	21 ♍	21 ♍	6 ♓
9	16 ♐ 2	8 ♉ 33	1 ♌ 55	0 ♌ 34	23 ♐ 21	12 ♏ 44	22 ♌ 55	5 ♓ 26	7 ♒ 36	5 ♍ 18	14 ♏ 23	12 ♍ 9	12 ♍	21 ♋	21 ♍	21 ♍	6 ♓
10	17 ♐ 3	23 ♉ 13	1 ♌ 52	0 ♌ 27	24 ♐ 55	12 ♏ 57	23 ♌ 7	5 ♓ 34	7 ♒ 41	5 ♍ 18	14 ♏ 25	12 ♍ 9	13 ♍	21 ♋	22 ♍	21 ♍	6 ♓
11	18 ♐ 4	7 ♊ 47	1 ♌ 48	0 ♌ 20	26 ♐ 29	13 ♏ 12	23 ♌ 18	5 ♓ 41	7 ♒ 47	5 ♍ 18	14 ♏ 27	12 ♍ 9	13 ♍	20 ♋	22 ♍	22 ♍	6 ♓
12	19 ♐ 5	22 ♊ 8	1 ♌ 45	0 ♌ 14	28 ♐ 3	13 ♏ 29	23 ♌ 29	5 ♓ 49	7 ♒ 52	5 R 18	14 ♏ 29	12 ♍ 9	13 ♍	20 ♋	22 ♍	22 ♍	6 ♓
13	20 ♐ 6	6 ♋ 11	1 ♌ 42	0 ♌ 9	29 ♐ 37	13 ♏ 48	23 ♌ 39	5 ♓ 57	7 ♒ 58	5 ♍ 18	14 ♏ 31	12 ♍ 9	13 ♍	20 ♋	22 ♍	22 ♍	6 ♓
14	21 ♐ 7	19 ♋ 50	1 ♌ 39	0 ♌ 7	1 ♑ 11	14 ♏ 10	23 ♌ 48	6 ♓ 5	8 ♒ 3	5 ♍ 18	14 ♏ 33	12 ♍ 9	13 ♍	20 ♋	23 ♍	23 ♍	6 ♓
15	22 ♐ 8	3 ♌ 5	1 ♌ 36	0 D 7	2 ♑ 44	14 ♏ 33	23 ♌ 57	6 ♓ 14	8 ♒ 9	5 ♍ 17	14 ♏ 35	12 ♍ 9	14 ♍	20 ♋	23 ♍	23 ♍	6 ♓
16	23 ♐ 9	15 ♌ 57	1 ♌ 33	0 ♌ 8	4 ♑ 18	14 ♏ 58	24 ♌ 5	6 ♓ 22	8 ♒ 15	5 ♍ 17	14 ♏ 36	12 R 9	14 ♍	20 ♋	23 ♍	23 ♍	6 ♓
17	24 ♐ 10	28 ♌ 27	1 ♌ 29	0 ♌ 9	5 ♑ 52	15 ♏ 25	24 ♌ 13	6 ♓ 31	8 ♒ 20	5 ♍ 17	14 ♏ 38	12 ♍ 9	14 ♍	19 ♋	23 ♍	23 ♍	6 ♓
18	25 ♐ 11	10 ♍ 41	1 ♌ 26	0 ♌ 11	7 ♑ 26	15 ♏ 53	24 ♌ 19	6 ♓ 40	8 ♒ 26	5 ♍ 17	14 ♏ 40	12 ♍ 9	14 ♍	19 ♋	23 ♍	24 ♍	6 ♓
19	26 ♐ 12	22 ♍ 42	1 ♌ 23	0 ♌ 12	8 ♑ 59	16 ♏ 23	24 ♌ 25	6 ♓ 48	8 ♒ 32	5 ♍ 16	14 ♏ 42	12 ♍ 9	14 ♍	19 ♋	24 ♍	24 ♍	6 ♓
20	27 ♐ 13	4 ♎ 36	1 ♌ 20	0 R 12	10 ♑ 33	16 ♏ 55	24 ♌ 31	6 ♓ 57	8 ♒ 38	5 ♍ 16	14 ♏ 44	12 ♍ 9	15 ♍	19 ♋	24 ♍	24 ♍	6 ♓
21	28 ♐ 14	16 ♎ 27	1 ♌ 17	0 ♌ 10	12 ♑ 6	17 ♏ 28	24 ♌ 35	7 ♓ 7	8 ♒ 44	5 ♍ 15	14 ♏ 45	12 ♍ 9	15 ♍	18 ♋	24 ♍	24 ♍	6 ♓
22	29 ♐ 16	28 ♎ 21	1 ♌ 14	0 ♌ 7	13 ♑ 38	18 ♏ 3	24 ♌ 39	7 ♓ 16	8 ♒ 50	5 ♍ 15	14 ♏ 47	12 ♍ 9	15 ♍	18 ♋	24 ♍	25 ♍	6 ♓
23	0 ♑ 17	10 ♏ 21	1 ♌ 10	0 ♌ 2	15 ♑ 11	18 ♏ 39	24 ♌ 42	7 ♓ 25	8 ♒ 56	5 ♍ 14	14 ♏ 49	12 ♍ 8	15 ♍	18 ♋	24 ♍	25 ♍	6 ♓
24	1 ♑ 18	22 ♏ 31	1 ♌ 7	29 ♋ 57	16 ♑ 42	19 ♏ 16	24 ♌ 45	7 ♓ 35	9 ♒ 2	5 ♍ 13	14 ♏ 51	12 ♍ 8	15 ♍	17 ♋	25 ♍	25 ♍	6 ♓
25	2 ♑ 19	4 ♐ 54	1 ♌ 4	29 ♋ 52	18 ♑ 13	19 ♏ 55	24 ♌ 46	7 ♓ 45	9 ♒ 8	5 ♍ 13	14 ♏ 52	12 ♍ 8	15 ♍	17 ♋	25 ♍	25 ♍	6 ♓
26	3 ♑ 20	17 ♐ 30	1 ♌ 1	29 ♋ 48	19 ♑ 43	20 ♏ 35	24 ♌ 47	7 ♓ 54	9 ♒ 15	5 ♍ 12	14 ♏ 54	12 ♍ 7	16 ♍	17 ♋	25 ♍	26 ♍	6 ♓
27	4 ♑ 21	0 ♑ 22	0 ♌ 58	29 ♋ 44	21 ♑ 13	21 ♏ 16	24 R 47	8 ♓ 4	9 ♒ 21	5 ♍ 11	14 ♏ 56	12 ♍ 7	16 ♍	17 ♋	25 ♍	26 ♍	6 ♓
28	5 ♑ 22	13 ♑ 28	0 ♌ 54	29 ♋ 42	22 ♑ 40	21 ♏ 58	24 ♌ 47	8 ♓ 14	9 ♒ 27	5 ♍ 10	14 ♏ 57	12 ♍ 7	16 ♍	16 ♋	25 ♍	26 ♍	6 ♓
29	6 ♑ 24	26 ♑ 48	0 ♌ 51	29 ♋ 41	24 ♑ 7	22 ♏ 41	24 ♌ 45	8 ♓ 25	9 ♒ 34	5 ♍ 9	14 ♏ 59	12 ♍ 6	16 ♍	16 ♋	25 ♍	26 ♍	6 ♓
30	7 ♑ 25	10 ♒ 20	0 ♌ 48	29 D 41	25 ♑ 31	23 ♏ 26	24 ♌ 43	8 ♓ 35	9 ♒ 40	5 ♍ 8	15 ♏ 0	12 ♍ 6	16 ♍	16 ♋	25 ♍	27 ♍	7 ♓
31	8 ♑ 26	24 ♒ 2	0 ♌ 45	29 ♋ 42	26 ♑ 53	24 ♏ 11	24 ♌ 40	8 ♓ 45	9 ♒ 47	5 ♍ 7	15 ♏ 2	12 ♍ 5	16 ♍	15 ♋	26 ♍	27 ♍	7 ♓

SUN INGRESS	☉ → ♑ 22日 17:15
MOON PHASE	◐ 5日 01:48 ♓　○ 11日 18:27 ♊　◑ 19日 07:42 ♍　● 27日 07:59 ♑

aspects		
1日	19:26	☿□♇
5日	03:32	☉□♇
7日	20:01	♃☍♅
8日	16:25	☿△♂
15日	01:56	♀☌♆
16日	15:03	☿△♅
17日	01:04	☉△♂
17日	10:58	☿⚹♃
21日	00:49	☿△♇
22日	18:15	☿⚹♅
27日	01:36	☿⚹♀
27日	19:17	☉△♅
31日	09:12	☉⚹♃
31日	13:52	♀□♂

1963年1月

DAY	☉	☽	☊ mean	☊ true	☿	♀	♂	♃	♄	♅	♆	♇	⚳	⚴	⚵	⚶	⚷
	° ′	° ′	° ′	° ′	° ′	° ′	° ′	° ′	° ′	° ′	° ′	° ′	°	°	°	°	°
1	9♑27	7♓54	0♌42	29 D 44	28 D 12	24 D 57	24 R 36	8 D 56	9 D 53	5 R 6	15 D 3	12 R 5	16 D	15 R	26 D	27 D	7 D
2	10♑28	21♓54	0♌39	29♋45	29♑28	25♏45	24♌31	9♓7	10♒0	5♍5	15♏5	12♍4	16♍	15♋	26♍	27♍	7♓
3	11♑29	6♈0	0♌35	29♋46	0♒41	26♏33	24♌26	9♓17	10♒6	5♍4	15♏6	12♍4	17♍	14♋	26♍	27♍	7♓
4	12♑31	20♈11	0♌32	29 R 46	1♒49	27♏22	24♌19	9♓28	10♒13	5♍3	15♏8	12♍3	17♍	14♋	26♍	28♍	7♓
5	13♑32	4♉24	0♌29	29♋45	2♒52	28♏12	24♌12	9♓39	10♒19	5♍1	15♏9	12♍2	17♍	14♋	26♍	28♍	7♓
6	14♑33	18♉38	0♌26	29♋43	3♒49	29♏2	24♌4	9♓50	10♒26	5♍0	15♏10	12♍2	17♍	13♋	26♍	28♍	7♓
7	15♑34	2♊48	0♌23	29♋41	4♒40	29♏54	23♌56	10♓1	10♒33	4♍59	15♏12	12♍1	17♍	13♋	26♍	28♍	7♓
8	16♑35	16♊52	0♌20	29♋39	5♒23	0♐46	23♌46	10♓13	10♒40	4♍57	15♏13	12♍0	17♍	13♋	26♍	28♍	7♓
9	17♑36	0♋45	0♌16	29♋38	5♒57	1♐39	23♌36	10♓24	10♒46	4♍56	15♏14	12♍0	17♍	12♋	26♍	28♍	7♓
10	18♑37	14♋24	0♌13	29♋37	6♒22	2♐33	23♌24	10♓36	10♒53	4♍54	15♏16	11♍59	17♍	12♋	26♍	29♍	7♓
11	19♑39	27♋47	0♌10	29♋37	6♒37	3♐27	23♌13	10♓47	11♒0	4♍53	15♏17	11♍58	17♍	12♋	27♍	29♍	7♓
12	20♑40	10♌52	0♌7	29 D 37	6 R 41	4♐22	23♌0	10♓59	11♒7	4♍51	15♏18	11♍57	17♍	11♋	27♍	29♍	7♓
13	21♑41	23♌39	0♌4	29♋37	6♒34	5♐17	22♌46	11♓11	11♒14	4♍49	15♏19	11♍56	17♍	11♋	27♍	29♍	7♓
14	22♑42	6♍9	0♌0	29♋38	6♒15	6♐13	22♌32	11♓23	11♒21	4♍48	15♏20	11♍56	17♍	11♋	27♍	29♍	7♓
15	23♑43	18♍24	29♋57	29♋39	5♒44	7♐10	22♌17	11♓35	11♒28	4♍46	15♏21	11♍55	17♍	10♋	27♍	29♍	7♓
16	24♑44	0♎27	29♋54	29♋39	5♒2	8♐7	22♌1	11♓47	11♒35	4♍44	15♏22	11♍54	17♍	10♋	27♍	29♍	7♓
17	25♑45	12♎23	29♋51	29♋40	4♒9	9♐5	21♌45	11♓59	11♒42	4♍42	15♏24	11♍53	17 R	10♋	27♍	29♍	7♓
18	26♑46	24♎15	29♋48	29♋40	3♒8	10♐3	21♌27	12♓11	11♒49	4♍40	15♏25	11♍52	17♍	9♋	27♍	0♎	7♓
19	27♑47	6♏9	29♋45	29 R 40	1♒59	11♐2	21♌9	12♓23	11♒56	4♍38	15♏25	11♍51	17♍	9♋	27 R	0♎	7♓
20	28♑48	18♏9	29♋41	29♋40	0♒44	12♐1	20♌51	12♓36	12♒3	4♍37	15♏26	11♍50	17♍	9♋	27♍	0♎	7♓
21	29♑50	0♐20	29♋38	29 D 40	29♑27	13♐1	20♌32	12♓48	12♒10	4♍35	15♏27	11♍49	17♍	9♋	27♍	0♎	8♓
22	0♒51	12♐45	29♋35	29♋40	28♑10	14♐1	20♌12	13♓1	12♒17	4♍33	15♏28	11♍48	17♍	8♋	27♍	0♎	8♓
23	1♒52	25♐28	29♋32	29♋40	26♑54	15♐1	19♌52	13♓13	12♒24	4♍30	15♏29	11♍46	17♍	8♋	27♍	0♎	8♓
24	2♒53	8♑31	29♋29	29♋40	25♑42	16♐2	19♌31	13♓26	12♒31	4♍28	15♏30	11♍45	17♍	8♋	27♍	0♎	8♓
25	3♒54	21♑54	29♋26	29♋41	24♑36	17♐4	19♌9	13♓39	12♒38	4♍26	15♏31	11♍44	17♍	8♋	27♍	0♎	8♓
26	4♒55	5♒37	29♋22	29 R 41	23♑37	18♐5	18♌48	13♓52	12♒45	4♍24	15♏31	11♍43	17♍	8♋	27♍	0♎	8♓
27	5♒56	19♒36	29♋19	29♋40	22♑46	19♐7	18♌25	14♓5	12♒53	4♍22	15♏32	11♍42	17♍	7♋	26♍	0♎	8♓
28	6♒57	3♓49	29♋16	29♋40	22♑3	20♐10	18♌3	14♓17	13♒0	4♍20	15♏33	11♍41	17♍	7♋	26♍	0♎	8♓
29	7♒58	18♓9	29♋13	29♋39	21♑30	21♐12	17♌40	14♓31	13♒7	4♍17	15♏33	11♍39	17♍	7♋	26♍	0♎	8♓
30	8♒59	2♈33	29♋10	29♋38	21♑5	22♐15	17♌16	14♓44	13♒14	4♍15	15♏34	11♍38	17♍	7♋	26♍	0♎	8♓
31	10♒0	16♈56	29♋6	29♋37	20♑49	23♐19	16♌53	14♓57	13♒21	4♍13	15♏35	11♍37	16♍	7♋	26♍	0 R	8♓

SUN INGRESS ☉→♒21日 03:54

MOON PHASE ◐ 3日 10:02 ♈ ○ 10日 08:08 ♋ ◑ 18日 05:34 ♎ ● 25日 22:42 ♒

aspects

3日	13:18	☉△♇
6日	15:04	☉⚹♆
12日	12:20	♀□♅
14日	00:30	☿⚹♀
16日	13:00	♃☍♇
19日	19:27	♀□♇
20日	00:46	☿⚹♄
20日	17:33	♀□♃
20日	20:08	☉☌☿
26日	12:05	♀△♂

1963年2月

DAY	☉	☽	☊ mean	☊ true	☿	♀	♂	♃	♄	♅	♆	♇	⚳	⚴	⚵	⚶	⚷
	° ′	° ′	° ′	° ′	° ′	° ′	° ′	° ′	° ′	° ′	° ′	° ′	°	°	°	°	°
1	11♒1	1♉14	29♋3	29 R 36	20 R 41	24 D 22	16 R 29	15 D 10	13 D 29	4 R 11	15 D 35	11 R 36	16 R	7 R	26 R	0 R	8 D
2	12♒2	15♉23	29♋0	29 D 36	20 D 42	25♐26	16♌5	15♓23	13♒36	4♍8	15♏36	11♍34	16♍	6♋	26♍	0♎	8♓
3	13♒3	29♉23	28♋57	29♋36	20♑49	26♐30	15♌41	15♓37	13♒43	4♍6	15♏36	11♍33	16♍	6♋	26♍	0♎	8♓
4	14♒3	13♊12	28♋54	29♋37	21♑4	27♐35	15♌17	15♓50	13♒50	4♍3	15♏37	11♍32	16♍	6♋	26♍	0♎	8♓
5	15♒4	26♊48	28♋51	29♋38	21♑25	28♐39	14♌53	16♓4	13♒57	4♍1	15♏37	11♍30	16♍	6♋	26♍	0♎	8♓
6	16♒5	10♋13	28♋47	29♋40	21♑52	29♐44	14♌29	16♓17	14♒4	3♍59	15♏37	11♍29	16♍	6♋	25♍	0♎	8♓
7	17♒6	23♋25	28♋44	29♋40	22♑24	0♑50	14♌6	16♓31	14♒12	3♍56	15♏38	11♍28	16♍	6♋	25♍	0♎	9♓
8	18♒7	6♌25	28♋41	29 R 40	23♑1	1♑55	13♌42	16♓44	14♒19	3♍54	15♏38	11♍26	15♍	6♋	25♍	0♎	9♓
9	19♒7	19♌11	28♋38	29♋39	23♑43	3♑1	13♌18	16♓58	14♒26	3♍51	15♏38	11♍25	15♍	6♋	25♍	0♎	9♓
10	20♒8	1♍46	28♋35	29♋37	24♑29	4♑6	12♌55	17♓12	14♒33	3♍49	15♏39	11♍23	15♍	6♋	25♍	0♎	9♓
11	21♒9	14♍8	28♋32	29♋34	25♑18	5♑13	12♌32	17♓26	14♒40	3♍46	15♏39	11♍22	15♍	6♋	25♍	0♎	9♓
12	22♒9	26♍19	28♋28	29♋30	26♑11	6♑19	12♌9	17♓39	14♒48	3♍43	15♏39	11♍20	15♍	6♋	25♍	0♎	9♓
13	23♒10	8♎21	28♋25	29♋26	27♑8	7♑25	11♌46	17♓53	14♒55	3♍41	15♏39	11♍19	15♍	6 D	24♍	0♎	9♓
14	24♒11	20♎17	28♋22	29♋22	28♑7	8♑32	11♌24	18♓7	15♒2	3♍38	15♏39	11♍17	14♍	6♋	24♍	29♍	9♓
15	25♒11	2♏9	28♋19	29♋19	29♑8	9♑39	11♌2	18♓21	15♒9	3♍36	15♏39	11♍16	14♍	6♋	24♍	29♍	9♓
16	26♒12	14♏2	28♋16	29♋17	0♒13	10♑46	10♌41	18♓35	15♒16	3♍33	15♏39	11♍14	14♍	6♋	24♍	29♍	9♓
17	27♒13	26♏0	28♋12	29♋17	1♒19	11♑53	10♌20	18♓49	15♒23	3♍31	15 R 39	11♍13	14♍	6♋	24♍	29♍	9♓
18	28♒13	8♐8	28♋9	29 D 17	2♒28	13♑1	10♌0	19♓3	15♒30	3♍28	15♏39	11♍11	14♍	6♋	23♍	29♍	9♓
19	29♒14	20♐30	28♋6	29♋18	3♒39	14♑8	9♌40	19♓17	15♒37	3♍25	15♏39	11♍10	13♍	6♋	23♍	29♍	9♓
20	0♓14	3♑12	28♋3	29♋20	4♒51	15♑16	9♌21	19♓31	15♒44	3♍23	15♏39	11♍8	13♍	6♋	23♍	29♍	9♓
21	1♓15	16♑16	28♋0	29♋22	6♒6	16♑24	9♌3	19♓45	15♒51	3♍20	15♏39	11♍7	13♍	6♋	23♍	28♍	9♓
22	2♓15	29♑46	27♋57	29 R 22	7♒22	17♑32	8♌45	20♓0	15♒58	3♍17	15♏39	11♍5	13♍	6♋	23♍	28♍	9♓
23	3♓16	13♒41	27♋53	29♋21	8♒39	18♑40	8♌27	20♓14	16♒5	3♍15	15♏39	11♍4	12♍	6♋	22♍	28♍	10♓
24	4♓16	28♒0	27♋50	29♋19	9♒58	19♑49	8♌11	20♓28	16♒12	3♍12	15♏38	11♍2	12♍	6♋	22♍	28♍	10♓
25	5♓17	12♓38	27♋47	29♋15	11♒19	20♑57	7♌55	20♓42	16♒19	3♍9	15♏38	11♍1	12♍	7♋	22♍	28♍	10♓
26	6♓17	27♓28	27♋44	29♋9	12♒41	22♑6	7♌40	20♓57	16♒26	3♍7	15♏38	10♍59	12♍	7♋	22♍	28♍	10♓
27	7♓17	12♈21	27♋41	29♋3	14♒4	23♑14	7♌25	21♓11	16♒33	3♍4	15♏38	10♍58	12♍	7♋	21♍	27♍	10♓
28	8♓18	27♈9	27♋37	28♋58	15♒28	24♑23	7♌12	21♓25	16♒40	3♍2	15♏37	10♍56	11♍	7♋	21♍	27♍	10♓

SUN INGRESS ☉→♓19日 18:09

MOON PHASE ◐ 1日 17:50 ♉ ○ 8日 23:52 ♌ ◑ 17日 02:38 ♏ ● 24日 11:06 ♓

aspects

2日	23:05	♃△♆
3日	05:11	♂□♆
3日	18:03	☉☌♄
4日	20:58	☉☍♂
5日	13:03	☉□♆
6日	19:20	♂☍♄
9日	17:43	♀△♅
16日	09:55	♀△♇
19日	06:48	♄□♆
20日	08:09	♀⚹♆
22日	21:02	☿☍♂
22日	23:39	☉☍♅
24日	17:30	♀⚹♃
28日	02:31	♀□♆
28日	21:51	☿☌♄

1963年3月

DAY	☉	☽	☊ mean	☊ true	☿	♀	♂	♃	♄	♅	♆	♇	⚳	⚴	⚵	⚶	⚷
	° ′	° ′	° ′	° ′	° ′	° ′	° ′	° ′	° ′	° ′	° ′	° ′	°	°	°	°	°
1	9 ♓ 18	11 ♉ 45	27 ♋ 34	28 R 53	16 D 54	25 D 32	6 R 59	21 D 40	16 D 47	2 R 59	15 R 37	10 R 54	11 R	7 D	21 R	27 R	10 D
2	10 ♓ 18	26 ♉ 5	27 ♋ 31	28 ♋ 51	18 ♒ 21	26 ♑ 41	6 ♌ 47	21 ♓ 54	16 ♒ 54	2 ♍ 56	15 ♏ 36	10 ♍ 53	11 ♍	7 ♋	21 ♍	27 ♍	10 ♓
3	11 ♓ 18	10 ♊ 5	27 ♋ 28	28 ♋ 50	19 ♒ 49	27 ♑ 50	6 ♌ 36	22 ♓ 9	17 ♒ 0	2 ♍ 54	15 ♏ 36	10 ♍ 51	11 ♍	7 ♋	20 ♍	26 ♍	10 ♓
4	12 ♓ 18	23 ♊ 46	27 ♋ 25	28 D 50	21 ♒ 18	29 ♑ 0	6 ♌ 25	22 ♓ 23	17 ♒ 7	2 ♍ 51	15 ♏ 35	10 ♍ 50	10 ♍	8 ♋	20 ♍	26 ♍	10 ♓
5	13 ♓ 19	7 ♋ 7	27 ♋ 22	28 ♋ 51	22 ♒ 49	0 ♒ 9	6 ♌ 15	22 ♓ 38	17 ♒ 14	2 ♍ 49	15 ♏ 35	10 ♍ 48	10 ♍	8 ♋	20 ♍	26 ♍	10 ♓
6	14 ♓ 19	20 ♋ 12	27 ♋ 18	28 ♋ 53	24 ♒ 20	1 ♒ 19	6 ♌ 6	22 ♓ 52	17 ♒ 21	2 ♍ 46	15 ♏ 34	10 ♍ 47	10 ♍	8 ♋	20 ♍	26 ♍	10 ♓
7	15 ♓ 19	3 ♌ 3	27 ♋ 15	28 R 53	25 ♒ 53	2 ♒ 28	5 ♌ 58	23 ♓ 6	17 ♒ 27	2 ♍ 43	15 ♏ 34	10 ♍ 45	10 ♍	8 ♋	19 ♍	26 ♍	10 ♓
8	16 ♓ 19	15 ♌ 41	27 ♋ 12	28 ♋ 51	27 ♒ 27	3 ♒ 38	5 ♌ 51	23 ♓ 21	17 ♒ 34	2 ♍ 41	15 ♏ 33	10 ♍ 43	9 ♍	8 ♋	19 ♍	25 ♍	10 ♓
9	17 ♓ 19	28 ♌ 9	27 ♋ 9	28 ♋ 48	29 ♒ 2	4 ♒ 48	5 ♌ 44	23 ♓ 35	17 ♒ 40	2 ♍ 38	15 ♏ 33	10 ♍ 42	9 ♍	9 ♋	19 ♍	25 ♍	10 ♓
10	18 ♓ 19	10 ♍ 28	27 ♋ 6	28 ♋ 41	0 ♓ 38	5 ♒ 57	5 ♌ 39	23 ♓ 50	17 ♒ 47	2 ♍ 36	15 ♏ 32	10 ♍ 40	9 ♍	9 ♋	19 ♍	25 ♍	10 ♓
11	19 ♓ 19	22 ♍ 39	27 ♋ 3	28 ♋ 33	2 ♓ 15	7 ♒ 7	5 ♌ 34	24 ♓ 4	17 ♒ 54	2 ♍ 33	15 ♏ 31	10 ♍ 39	9 ♍	9 ♋	18 ♍	25 ♍	11 ♓
12	20 ♓ 19	4 ♎ 43	26 ♋ 59	28 ♋ 23	3 ♓ 54	8 ♒ 17	5 ♌ 29	24 ♓ 19	18 ♒ 0	2 ♍ 31	15 ♏ 30	10 ♍ 37	9 ♍	9 ♋	18 ♍	24 ♍	11 ♓
13	21 ♓ 19	16 ♎ 41	26 ♋ 56	28 ♋ 13	5 ♓ 33	9 ♒ 27	5 ♌ 26	24 ♓ 33	18 ♒ 6	2 ♍ 28	15 ♏ 30	10 ♍ 36	8 ♍	10 ♋	18 ♍	24 ♍	11 ♓
14	22 ♓ 18	28 ♎ 35	26 ♋ 53	28 ♋ 3	7 ♓ 14	10 ♒ 38	5 ♌ 23	24 ♓ 48	18 ♒ 13	2 ♍ 26	15 ♏ 29	10 ♍ 34	8 ♍	10 ♋	18 ♍	24 ♍	11 ♓
15	23 ♓ 18	10 ♏ 27	26 ♋ 50	27 ♋ 53	8 ♓ 56	11 ♒ 48	5 ♌ 21	25 ♓ 3	18 ♒ 19	2 ♍ 24	15 ♏ 28	10 ♍ 33	8 ♍	10 ♋	17 ♍	24 ♍	11 ♓
16	24 ♓ 18	22 ♏ 19	26 ♋ 47	27 ♋ 46	10 ♓ 39	12 ♒ 58	5 ♌ 20	25 ♓ 17	18 ♒ 25	2 ♍ 21	15 ♏ 27	10 ♍ 31	8 ♍	10 ♋	17 ♍	23 ♍	11 ♓
17	25 ♓ 18	4 ♐ 16	26 ♋ 43	27 ♋ 42	12 ♓ 23	14 ♒ 9	5 ♌ 20	25 ♓ 32	18 ♒ 32	2 ♍ 19	15 ♏ 26	10 ♍ 30	8 ♍	11 ♋	17 ♍	23 ♍	11 ♓
18	26 ♓ 17	16 ♐ 21	26 ♋ 40	27 ♋ 39	14 ♓ 9	15 ♒ 19	5 D 20	25 ♓ 46	18 ♒ 38	2 ♍ 16	15 ♏ 25	10 ♍ 28	7 ♍	11 ♋	17 ♍	23 ♍	11 ♓
19	27 ♓ 17	28 ♐ 39	26 ♋ 37	27 D 39	15 ♓ 55	16 ♒ 30	5 ♌ 21	26 ♓ 1	18 ♒ 44	2 ♍ 14	15 ♏ 24	10 ♍ 27	7 ♍	11 ♋	16 ♍	22 ♍	11 ♓
20	28 ♓ 17	11 ♑ 16	26 ♋ 34	27 ♋ 39	17 ♓ 43	17 ♒ 40	5 ♌ 23	26 ♓ 15	18 ♒ 50	2 ♍ 12	15 ♏ 23	10 ♍ 25	7 ♍	11 ♋	16 ♍	22 ♍	11 ♓
21	29 ♓ 16	24 ♑ 15	26 ♋ 31	27 ♋ 40	19 ♓ 32	18 ♒ 51	5 ♌ 25	26 ♓ 30	18 ♒ 56	2 ♍ 10	15 ♏ 22	10 ♍ 24	7 ♍	12 ♋	16 ♍	22 ♍	11 ♓
22	0 ♈ 16	7 ♒ 41	26 ♋ 28	27 R 39	21 ♓ 23	20 ♒ 2	5 ♌ 28	26 ♓ 44	19 ♒ 2	2 ♍ 7	15 ♏ 21	10 ♍ 22	7 ♍	12 ♋	16 ♍	22 ♍	11 ♓
23	1 ♈ 16	21 ♒ 36	26 ♋ 24	27 ♋ 37	23 ♓ 14	21 ♒ 13	5 ♌ 32	26 ♓ 59	19 ♒ 8	2 ♍ 5	15 ♏ 20	10 ♍ 21	6 ♍	12 ♋	16 ♍	21 ♍	11 ♓
24	2 ♈ 15	6 ♓ 0	26 ♋ 21	27 ♋ 32	25 ♓ 7	22 ♒ 23	5 ♌ 37	27 ♓ 13	19 ♒ 14	2 ♍ 3	15 ♏ 19	10 ♍ 19	6 ♍	13 ♋	15 ♍	21 ♍	11 ♓
25	3 ♈ 15	20 ♓ 49	26 ♋ 18	27 ♋ 25	27 ♓ 2	23 ♒ 34	5 ♌ 42	27 ♓ 28	19 ♒ 20	2 ♍ 1	15 ♏ 18	10 ♍ 18	6 ♍	13 ♋	15 ♍	21 ♍	11 ♓
26	4 ♈ 14	5 ♈ 55	26 ♋ 15	27 ♋ 16	28 ♓ 57	24 ♒ 45	5 ♌ 48	27 ♓ 42	19 ♒ 26	1 ♍ 59	15 ♏ 17	10 ♍ 16	6 ♍	13 ♋	15 ♍	21 ♍	11 ♓
27	5 ♈ 14	21 ♈ 9	26 ♋ 12	27 ♋ 5	0 ♈ 54	25 ♒ 56	5 ♌ 54	27 ♓ 57	19 ♒ 32	1 ♍ 57	15 ♏ 16	10 ♍ 15	6 ♍	14 ♋	15 ♍	20 ♍	12 ♓
28	6 ♈ 13	6 ♉ 20	26 ♋ 8	26 ♋ 55	2 ♈ 52	27 ♒ 8	6 ♌ 1	28 ♓ 11	19 ♒ 37	1 ♍ 55	15 ♏ 15	10 ♍ 14	6 ♍	14 ♋	15 ♍	20 ♍	12 ♓
29	7 ♈ 12	21 ♉ 18	26 ♋ 5	26 ♋ 47	4 ♈ 51	28 ♒ 19	6 ♌ 9	28 ♓ 26	19 ♒ 43	1 ♍ 53	15 ♏ 14	10 ♍ 12	5 ♍	14 ♋	14 ♍	20 ♍	12 ♓
30	8 ♈ 12	5 ♊ 54	26 ♋ 2	26 ♋ 41	6 ♈ 51	29 ♒ 30	6 ♌ 17	28 ♓ 40	19 ♒ 49	1 ♍ 51	15 ♏ 12	10 ♍ 11	5 ♍	14 ♋	14 ♍	20 ♍	12 ♓
31	9 ♈ 11	20 ♊ 5	25 ♋ 59	26 ♋ 37	8 ♈ 52	0 ♓ 41	6 ♌ 26	28 ♓ 55	19 ♒ 54	1 ♍ 49	15 ♏ 11	10 ♍ 10	5 ♍	15 ♋	14 ♍	20 ♍	12 ♓

SUN INGRESS	☉ → ♈ 21日 17:20
MOON PHASE	◐ 3日 02:17 ♊　○ 10日 16:49 ♍　◑ 18日 21:08 ♐　● 25日 21:10 ♈

aspects		
2日	13:30	☉☍♇
7日	05:56	☉△♆
9日	18:01	♀☍♂
11日	04:22	☿☍♅
15日	22:16	☿☍♇
17日	07:24	☉☌♃
18日	02:06	♀□♆
18日	17:10	☿△♆
21日	01:59	♀☌♄
25日	06:16	☿☌♃
27日	18:32	☉△♂
29日	16:51	☿△♂
31日	07:26	☉☌☿
31日	22:11	♀☍♅

1963年4月

DAY	☉	☽	☊ mean	☊ true	☿	♀	♂	♃	♄	♅	♆	♇	⚳	⚴	⚵	⚶	⚷
	° ′	° ′	° ′	° ′	° ′	° ′	° ′	° ′	° ′	° ′	° ′	° ′	°	°	°	°	°
1	10 ♈ 10	3 ♋ 50	25 ♋ 56	26 R 36	10 D 54	1 D 52	6 D 36	29 D 9	20 D 0	1 R 47	15 R 10	10 R 8	5 R	15 D	14 R	19 R	12 D
2	11 ♈ 10	17 ♋ 9	25 ♋ 53	26 D 36	12 ♈ 57	3 ♓ 4	6 ♌ 46	29 ♓ 23	20 ♒ 5	1 ♍ 45	15 ♏ 9	10 ♍ 7	5 ♍	16 ♋	14 ♍	19 ♍	12 ♓
3	12 ♈ 9	0 ♌ 7	25 ♋ 49	26 R 36	15 ♈ 0	4 ♓ 15	6 ♌ 57	29 ♓ 38	20 ♒ 10	1 ♍ 43	15 ♏ 7	10 ♍ 6	5 ♍	16 ♋	13 ♍	19 ♍	12 ♓
4	13 ♈ 8	12 ♌ 47	25 ♋ 46	26 ♋ 35	17 ♈ 4	5 ♓ 26	7 ♌ 8	29 ♓ 52	20 ♒ 16	1 ♍ 41	15 ♏ 6	10 ♍ 4	5 ♍	16 ♋	13 ♍	19 ♍	12 ♓
5	14 ♈ 7	25 ♌ 13	25 ♋ 43	26 ♋ 32	19 ♈ 8	6 ♓ 38	7 ♌ 20	0 ♈ 6	20 ♒ 21	1 ♍ 40	15 ♏ 5	10 ♍ 3	5 ♍	17 ♋	13 ♍	18 ♍	12 ♓
6	15 ♈ 6	7 ♍ 27	25 ♋ 40	26 ♋ 26	21 ♈ 12	7 ♓ 49	7 ♌ 32	0 ♈ 21	20 ♒ 26	1 ♍ 38	15 ♏ 3	10 ♍ 2	5 ♍	17 ♋	13 ♍	18 ♍	12 ♓
7	16 ♈ 5	19 ♍ 34	25 ♋ 37	26 ♋ 17	23 ♈ 16	9 ♓ 1	7 ♌ 45	0 ♈ 35	20 ♒ 31	1 ♍ 36	15 ♏ 2	10 ♍ 1	4 ♍	17 ♋	13 ♍	18 ♍	12 ♓
8	17 ♈ 4	1 ♎ 35	25 ♋ 34	26 ♋ 6	25 ♈ 20	10 ♓ 12	7 ♌ 58	0 ♈ 49	20 ♒ 36	1 ♍ 35	15 ♏ 1	10 ♍ 0	4 ♍	18 ♋	13 ♍	18 ♍	12 ♓
9	18 ♈ 3	13 ♎ 31	25 ♋ 30	25 ♋ 53	27 ♈ 23	11 ♓ 24	8 ♌ 12	1 ♈ 3	20 ♒ 41	1 ♍ 33	14 ♏ 59	9 ♍ 58	4 ♍	18 ♋	12 ♍	18 ♍	12 ♓
10	19 ♈ 2	25 ♎ 25	25 ♋ 27	25 ♋ 38	29 ♈ 24	12 ♓ 35	8 ♌ 26	1 ♈ 18	20 ♒ 46	1 ♍ 32	14 ♏ 58	9 ♍ 57	4 ♍	18 ♋	12 ♍	18 ♍	12 ♓
11	20 ♈ 1	7 ♏ 18	25 ♋ 24	25 ♋ 24	1 ♉ 24	13 ♓ 47	8 ♌ 41	1 ♈ 32	20 ♒ 51	1 ♍ 30	14 ♏ 56	9 ♍ 56	4 ♍	19 ♋	12 ♍	17 ♍	12 ♓
12	21 ♈ 0	19 ♏ 11	25 ♋ 21	25 ♋ 12	3 ♉ 22	14 ♓ 59	8 ♌ 56	1 ♈ 46	20 ♒ 55	1 ♍ 29	14 ♏ 55	9 ♍ 55	4 ♍	19 ♋	12 ♍	17 ♍	12 ♓
13	21 ♈ 59	1 ♐ 5	25 ♋ 18	25 ♋ 1	5 ♉ 18	16 ♓ 11	9 ♌ 12	2 ♈ 0	21 ♒ 0	1 ♍ 27	14 ♏ 54	9 ♍ 54	4 ♍	19 ♋	12 ♍	17 ♍	12 ♓
14	22 ♈ 57	13 ♐ 4	25 ♋ 14	24 ♋ 54	7 ♉ 12	17 ♓ 22	9 ♌ 28	2 ♈ 14	21 ♒ 5	1 ♍ 26	14 ♏ 52	9 ♍ 53	4 ♍	20 ♋	12 ♍	17 ♍	13 ♓
15	23 ♈ 56	25 ♐ 11	25 ♋ 11	24 ♋ 49	9 ♉ 2	18 ♓ 34	9 ♌ 45	2 ♈ 28	21 ♒ 9	1 ♍ 25	14 ♏ 51	9 ♍ 52	4 ♍	20 ♋	12 ♍	17 ♍	13 ♓
16	24 ♈ 55	7 ♑ 29	25 ♋ 8	24 ♋ 47	10 ♉ 49	19 ♓ 46	10 ♌ 2	2 ♈ 42	21 ♒ 14	1 ♍ 23	14 ♏ 49	9 ♍ 51	4 ♍	21 ♋	12 ♍	17 ♍	13 ♓
17	25 ♈ 54	20 ♑ 2	25 ♋ 5	24 ♋ 46	12 ♉ 33	20 ♓ 58	10 ♌ 19	2 ♈ 56	21 ♒ 18	1 ♍ 22	14 ♏ 48	9 ♍ 50	4 ♍	21 ♋	12 ♍	17 ♍	13 ♓
18	26 ♈ 52	2 ♒ 57	25 ♋ 2	24 ♋ 46	14 ♉ 13	22 ♓ 10	10 ♌ 37	3 ♈ 10	21 ♒ 22	1 ♍ 21	14 ♏ 46	9 ♍ 49	4 ♍	21 ♋	12 ♍	17 ♍	13 ♓
19	27 ♈ 51	16 ♒ 16	24 ♋ 59	24 ♋ 45	15 ♉ 49	23 ♓ 22	10 ♌ 55	3 ♈ 24	21 ♒ 27	1 ♍ 20	14 ♏ 45	9 ♍ 48	4 D	22 ♋	11 ♍	16 ♍	13 ♓
20	28 ♈ 50	0 ♓ 3	24 ♋ 55	24 ♋ 43	17 ♉ 21	24 ♓ 33	11 ♌ 14	3 ♈ 38	21 ♒ 31	1 ♍ 19	14 ♏ 43	9 ♍ 47	4 ♍	22 ♋	11 ♍	16 ♍	13 ♓
21	29 ♈ 48	14 ♓ 20	24 ♋ 52	24 ♋ 38	18 ♉ 48	25 ♓ 45	11 ♌ 33	3 ♈ 52	21 ♒ 35	1 ♍ 18	14 ♏ 41	9 ♍ 46	4 ♍	23 ♋	11 ♍	16 ♍	13 ♓
22	0 ♉ 47	29 ♓ 4	24 ♋ 49	24 ♋ 30	20 ♉ 11	26 ♓ 57	11 ♌ 52	4 ♈ 5	21 ♒ 39	1 ♍ 17	14 ♏ 40	9 ♍ 45	4 ♍	23 ♋	11 ♍	16 ♍	13 ♓
23	1 ♉ 45	14 ♈ 9	24 ♋ 46	24 ♋ 20	21 ♉ 29	28 ♓ 9	12 ♌ 12	4 ♈ 19	21 ♒ 43	1 ♍ 16	14 ♏ 38	9 ♍ 44	4 ♍	23 ♋	11 ♍	16 ♍	13 ♓
24	2 ♉ 44	29 ♈ 27	24 ♋ 43	24 ♋ 9	22 ♉ 42	29 ♓ 22	12 ♌ 32	4 ♈ 33	21 ♒ 47	1 ♍ 15	14 ♏ 37	9 ♍ 43	4 ♍	24 ♋	11 ♍	16 ♍	13 ♓
25	3 ♉ 42	14 ♉ 47	24 ♋ 40	23 ♋ 59	23 ♉ 50	0 ♈ 34	12 ♌ 52	4 ♈ 46	21 ♒ 50	1 ♍ 14	14 ♏ 35	9 ♍ 43	4 ♍	24 ♋	11 ♍	16 ♍	13 ♓
26	4 ♉ 41	29 ♉ 56	24 ♋ 36	23 ♋ 49	24 ♉ 54	1 ♈ 46	13 ♌ 13	5 ♈ 0	21 ♒ 54	1 ♍ 13	14 ♏ 33	9 ♍ 42	4 ♍	25 ♋	11 ♍	16 ♍	13 ♓
27	5 ♉ 39	14 ♊ 45	24 ♋ 33	23 ♋ 42	25 ♉ 52	2 ♈ 58	13 ♌ 34	5 ♈ 13	21 ♒ 58	1 ♍ 13	14 ♏ 32	9 ♍ 41	4 ♍	25 ♋	11 ♍	16 ♍	13 ♓
28	6 ♉ 38	29 ♊ 8	24 ♋ 30	23 ♋ 38	26 ♉ 44	4 ♈ 10	13 ♌ 56	5 ♈ 27	22 ♒ 1	1 ♍ 12	14 ♏ 30	9 ♍ 40	4 ♍	25 ♋	11 ♍	16 ♍	13 ♓
29	7 ♉ 36	13 ♋ 3	24 ♋ 27	23 ♋ 36	27 ♉ 32	5 ♈ 22	14 ♌ 18	5 ♈ 40	22 ♒ 4	1 ♍ 11	14 ♏ 29	9 ♍ 40	4 ♍	26 ♋	11 ♍	16 ♍	13 ♓
30	8 ♉ 34	26 ♋ 29	24 ♋ 24	23 D 36	28 ♉ 14	6 ♈ 34	14 ♌ 40	5 ♈ 54	22 ♒ 8	1 ♍ 11	14 ♏ 27	9 ♍ 39	4 ♍	26 ♋	11 ♍	16 ♍	13 ♓

SUN INGRESS	☉ → ♉ 21日 04:36
MOON PHASE	◐ 1日 12:15 ♋　○ 9日 09:57 ♎　◑ 17日 11:52 ♑　● 24日 05:29 ♉

aspects		
5日	14:39	☿⚹♄
7日	19:48	♀☍♇
11日	01:11	☿△♅
11日	22:04	☉⚹♄
11日	22:46	♀△♆
15日	10:55	☿△♇
15日	11:13	☿□♂
18日	08:00	☿☍♆
22日	12:05	☉△♅
23日	04:38	☿□♄
29日	07:28	♀☌♃
29日	11:09	♂□♆

1963年5月

DAY	☉	☽	☊ mean	☊ true	☿	♀	♂	♃	♄	♅	♆	♇	⚳	⚴	⚵	⚶	⚷
	° ′	° ′	° ′	° ′	° ′	° ′	° ′	° ′	° ′	° ′	° ′	° ′	°	°	°	°	°
1	9 ♉ 33	9 ♌ 29	24 ♋ 20	23 D 36	28 D 51	7 D 46	15 D 2	6 D 7	22 D 11	1 R 10	14 R 25	9 R 38	5 D	27 D	11 D	16 D	13 D
2	10 ♉ 31	22 ♌ 8	24 ♋ 17	23 R 36	29 ♉ 22	8 ♈ 58	15 ♌ 25	6 ♈ 20	22 ♒ 14	1 ♍ 10	14 ♏ 24	9 ♍ 38	5 ♍	27 ♋	11 ♍	16 ♍	13 ♓
3	11 ♉ 29	4 ♍ 29	24 ♋ 14	23 ♋ 33	29 ♉ 48	10 ♈ 11	15 ♌ 48	6 ♈ 33	22 ♒ 17	1 ♍ 10	14 ♏ 22	9 ♍ 37	5 ♍	28 ♋	11 ♍	16 ♍	13 ♓
4	12 ♉ 27	16 ♍ 38	24 ♋ 11	23 ♋ 29	0 ♊ 8	11 ♈ 23	16 ♌ 11	6 ♈ 46	22 ♒ 20	1 ♍ 9	14 ♏ 21	9 ♍ 37	5 ♍	28 ♋	11 ♍	16 ♍	13 ♓
5	13 ♉ 25	28 ♍ 39	24 ♋ 8	23 ♋ 21	0 ♊ 23	12 ♈ 35	16 ♌ 35	7 ♈ 0	22 ♒ 23	1 ♍ 9	14 ♏ 19	9 ♍ 36	5 ♍	28 ♋	11 ♍	16 ♍	14 ♓
6	14 ♉ 24	10 ♎ 34	24 ♋ 5	23 ♋ 12	0 ♊ 32	13 ♈ 47	16 ♌ 59	7 ♈ 13	22 ♒ 26	1 ♍ 9	14 ♏ 17	9 ♍ 36	5 ♍	29 ♋	11 ♍	16 ♍	14 ♓
7	15 ♉ 22	22 ♎ 27	24 ♋ 1	23 ♋ 0	0 ♊ 36	15 ♈ 0	17 ♌ 23	7 ♈ 25	22 ♒ 29	1 ♍ 9	14 ♏ 16	9 ♍ 35	5 ♍	29 ♋	11 ♍	16 ♍	14 ♓
8	16 ♉ 20	4 ♏ 19	23 ♋ 58	22 ♋ 48	0 R 36	16 ♈ 12	17 ♌ 47	7 ♈ 38	22 ♒ 31	1 ♍ 8	14 ♏ 14	9 ♍ 35	5 ♍	0 ♌	11 ♍	16 ♍	14 ♓
9	17 ♉ 18	16 ♏ 12	23 ♋ 55	22 ♋ 35	0 ♊ 30	17 ♈ 24	18 ♌ 12	7 ♈ 51	22 ♒ 34	1 ♍ 8	14 ♏ 12	9 ♍ 34	5 ♍	0 ♌	11 ♍	16 ♍	14 ♓
10	18 ♉ 16	28 ♏ 9	23 ♋ 52	22 ♋ 24	0 ♊ 19	18 ♈ 37	18 ♌ 37	8 ♈ 4	22 ♒ 36	1 D 8	14 ♏ 11	9 ♍ 34	6 ♍	0 ♌	11 ♍	16 ♍	14 ♓
11	19 ♉ 14	10 ♐ 9	23 ♋ 49	22 ♋ 15	0 ♊ 4	19 ♈ 49	19 ♌ 2	8 ♈ 17	22 ♒ 39	1 ♍ 8	14 ♏ 9	9 ♍ 34	6 ♍	1 ♌	11 ♍	16 ♍	14 ♓
12	20 ♉ 12	22 ♐ 15	23 ♋ 45	22 ♋ 9	29 ♉ 44	21 ♈ 1	19 ♌ 28	8 ♈ 29	22 ♒ 41	1 ♍ 8	14 ♏ 7	9 ♍ 33	6 ♍	1 ♌	11 ♍	16 ♍	14 ♓
13	21 ♉ 10	4 ♑ 29	23 ♋ 42	22 ♋ 5	29 ♉ 21	22 ♈ 14	19 ♌ 53	8 ♈ 42	22 ♒ 43	1 ♍ 9	14 ♏ 6	9 ♍ 33	6 ♍	2 ♌	12 ♍	16 ♍	14 ♓
14	22 ♉ 7	16 ♑ 54	23 ♋ 39	22 ♋ 3	28 ♉ 55	23 ♈ 26	20 ♌ 19	8 ♈ 54	22 ♒ 45	1 ♍ 9	14 ♏ 4	9 ♍ 33	6 ♍	2 ♌	12 ♍	17 ♍	14 ♓
15	23 ♉ 5	29 ♑ 32	23 ♋ 36	22 D 3	28 ♉ 25	24 ♈ 38	20 ♌ 45	9 ♈ 7	22 ♒ 47	1 ♍ 9	14 ♏ 3	9 ♍ 32	6 ♍	3 ♌	12 ♍	17 ♍	14 ♓
16	24 ♉ 3	12 ♒ 28	23 ♋ 33	22 ♋ 4	27 ♉ 54	25 ♈ 51	21 ♌ 11	9 ♈ 19	22 ♒ 49	1 ♍ 9	14 ♏ 1	9 ♍ 32	7 ♍	3 ♌	12 ♍	17 ♍	14 ♓
17	25 ♉ 1	25 ♒ 45	23 ♋ 30	22 R 5	27 ♉ 20	27 ♈ 3	21 ♌ 38	9 ♈ 31	22 ♒ 51	1 ♍ 10	13 ♏ 59	9 ♍ 32	7 ♍	4 ♌	12 ♍	17 ♍	14 ♓
18	25 ♉ 59	9 ♓ 25	23 ♋ 26	22 ♋ 4	26 ♉ 46	28 ♈ 16	22 ♌ 5	9 ♈ 43	22 ♒ 52	1 ♍ 10	13 ♏ 58	9 ♍ 32	7 ♍	4 ♌	12 ♍	17 ♍	14 ♓
19	26 ♉ 57	23 ♓ 31	23 ♋ 23	22 ♋ 1	26 ♉ 11	29 ♈ 28	22 ♌ 32	9 ♈ 55	22 ♒ 54	1 ♍ 11	13 ♏ 56	9 ♍ 32	7 ♍	4 ♌	12 ♍	17 ♍	14 ♓
20	27 ♉ 54	8 ♈ 1	23 ♋ 20	21 ♋ 56	25 ♉ 36	0 ♉ 41	22 ♌ 59	10 ♈ 7	22 ♒ 55	1 ♍ 11	13 ♏ 55	9 ♍ 32	7 ♍	5 ♌	12 ♍	17 ♍	14 ♓
21	28 ♉ 52	22 ♈ 52	23 ♋ 17	21 ♋ 49	25 ♉ 2	1 ♉ 53	23 ♌ 26	10 ♈ 19	22 ♒ 57	1 ♍ 12	13 ♏ 53	9 ♍ 32	7 ♍	5 ♌	12 ♍	17 ♍	14 ♓
22	29 ♉ 50	7 ♉ 58	23 ♋ 14	21 ♋ 42	24 ♉ 29	3 ♉ 6	23 ♌ 54	10 ♈ 31	22 ♒ 58	1 ♍ 12	13 ♏ 52	9 ♍ 32	8 ♍	6 ♌	12 ♍	18 ♍	14 ♓
23	0 ♊ 48	23 ♉ 8	23 ♋ 11	21 ♋ 34	23 ♉ 58	4 ♉ 18	24 ♌ 22	10 ♈ 43	22 ♒ 59	1 ♍ 13	13 ♏ 50	9 D 32	8 ♍	6 ♌	13 ♍	18 ♍	14 ♓
24	1 ♊ 45	8 ♊ 12	23 ♋ 7	21 ♋ 28	23 ♉ 29	5 ♉ 31	24 ♌ 50	10 ♈ 55	23 ♒ 0	1 ♍ 14	13 ♏ 48	9 ♍ 32	8 ♍	7 ♌	13 ♍	18 ♍	14 ♓
25	2 ♊ 43	23 ♊ 2	23 ♋ 4	21 ♋ 23	23 ♉ 3	6 ♉ 43	25 ♌ 18	11 ♈ 6	23 ♒ 1	1 ♍ 15	13 ♏ 47	9 ♍ 32	8 ♍	7 ♌	13 ♍	18 ♍	14 ♓
26	3 ♊ 41	7 ♋ 29	23 ♋ 1	21 ♋ 20	22 ♉ 40	7 ♉ 56	25 ♌ 46	11 ♈ 18	23 ♒ 2	1 ♍ 15	13 ♏ 45	9 ♍ 32	9 ♍	7 ♌	13 ♍	18 ♍	14 ♓
27	4 ♊ 38	21 ♋ 29	22 ♋ 58	21 D 19	22 ♉ 21	9 ♉ 9	26 ♌ 15	11 ♈ 29	23 ♒ 3	1 ♍ 16	13 ♏ 44	9 ♍ 32	9 ♍	8 ♌	13 ♍	19 ♍	14 ♓
28	5 ♊ 36	5 ♌ 2	22 ♋ 55	21 ♋ 20	22 ♉ 5	10 ♉ 21	26 ♌ 44	11 ♈ 40	23 ♒ 4	1 ♍ 17	13 ♏ 42	9 ♍ 32	9 ♍	8 ♌	13 ♍	19 ♍	14 ♓
29	6 ♊ 34	18 ♌ 8	22 ♋ 51	21 ♋ 21	21 ♉ 54	11 ♉ 34	27 ♌ 13	11 ♈ 52	23 ♒ 5	1 ♍ 18	13 ♏ 41	9 ♍ 33	9 ♍	9 ♌	13 ♍	19 ♍	14 ♓
30	7 ♊ 31	0 ♍ 51	22 ♋ 48	21 ♋ 22	21 ♉ 46	12 ♉ 46	27 ♌ 42	12 ♈ 3	23 ♒ 5	1 ♍ 19	13 ♏ 39	9 ♍ 33	9 ♍	9 ♌	13 ♍	19 ♍	14 ♓
31	8 ♊ 29	13 ♍ 15	22 ♋ 45	21 R 22	21 ♉ 43	13 ♉ 59	28 ♌ 11	12 ♈ 14	23 ♒ 5	1 ♍ 20	13 ♏ 38	9 ♍ 33	10 ♍	10 ♌	14 ♍	19 ♍	14 ♓
SUN INGRESS	☉ → ♊ 22日 03:58																
MOON PHASE	◐ 1日 00:08 ♌　○ 9日 02:23 ♏　◑ 16日 22:36 ♒　● 23日 13:00 ♊　◐ 30日 13:55 ♍																

aspects

1日	02:22	☉△♇
5日	21:30	☉☍♆
10日	00:12	♀△♂
10日	15:31	☉□♂
13日	10:01	♀⚹♄
14日	16:08	☉□♄
18日	12:11	☉☌☿
19日	20:42	♂☍♄
20日	10:09	♀△♅
22日	14:03	☿□♂
23日	10:41	☉□♅
25日	01:16	☿□♄
27日	07:48	♀△♇
30日	17:11	♀☍♆

1963年6月

DAY	☉	☽	☊ mean	☊ true	☿	♀	♂	♃	♄	♅	♆	♇	⚳	⚴	⚵	⚶	⚷
	° ′	° ′	° ′	° ′	° ′	° ′	° ′	° ′	° ′	° ′	° ′	° ′	°	°	°	°	°
1	9 ♊ 26	25 ♍ 24	22 ♋ 42	21 R 21	21 D 45	15 D 12	28 D 41	12 D 25	23 D 6	1 D 22	13 R 37	9 D 33	10 D	10 D	14 D	20 D	14 D
2	10 ♊ 24	7 ♎ 24	22 ♋ 39	21 ♋ 17	21 ♉ 51	16 ♉ 24	29 ♌ 10	12 ♈ 36	23 ♒ 6	1 ♍ 23	13 ♏ 35	9 ♍ 34	10 ♍	11 ♌	14 ♍	20 ♍	14 ♓
3	11 ♊ 21	19 ♎ 18	22 ♋ 36	21 ♋ 13	22 ♉ 1	17 ♉ 37	29 ♌ 40	12 ♈ 46	23 ♒ 6	1 ♍ 24	13 ♏ 34	9 ♍ 34	10 ♍	11 ♌	14 ♍	20 ♍	14 ♓
4	12 ♊ 19	1 ♏ 9	22 ♋ 32	21 ♋ 7	22 ♉ 16	18 ♉ 50	0 ♍ 10	12 ♈ 57	23 R 6	1 ♍ 25	13 ♏ 32	9 ♍ 34	11 ♍	12 ♌	14 ♍	20 ♍	14 ♓
5	13 ♊ 16	13 ♏ 2	22 ♋ 29	21 ♋ 0	22 ♉ 36	20 ♉ 2	0 ♍ 40	13 ♈ 7	23 ♒ 6	1 ♍ 27	13 ♏ 31	9 ♍ 35	11 ♍	12 ♌	14 ♍	20 ♍	14 ♓
6	14 ♊ 13	24 ♏ 59	22 ♋ 26	20 ♋ 53	23 ♉ 0	21 ♉ 15	1 ♍ 11	13 ♈ 18	23 ♒ 6	1 ♍ 28	13 ♏ 30	9 ♍ 35	11 ♍	12 ♌	15 ♍	21 ♍	14 ♓
7	15 ♊ 11	7 ♐ 1	22 ♋ 23	20 ♋ 47	23 ♉ 28	22 ♉ 28	1 ♍ 41	13 ♈ 28	23 ♒ 6	1 ♍ 30	13 ♏ 28	9 ♍ 36	11 ♍	13 ♌	15 ♍	21 ♍	14 ♓
8	16 ♊ 8	19 ♐ 11	22 ♋ 20	20 ♋ 42	24 ♉ 0	23 ♉ 41	2 ♍ 12	13 ♈ 38	23 ♒ 5	1 ♍ 31	13 ♏ 27	9 ♍ 36	12 ♍	13 ♌	15 ♍	21 ♍	14 ♓
9	17 ♊ 6	1 ♑ 29	22 ♋ 17	20 ♋ 39	24 ♉ 36	24 ♉ 53	2 ♍ 42	13 ♈ 48	23 ♒ 5	1 ♍ 33	13 ♏ 26	9 ♍ 37	12 ♍	14 ♌	15 ♍	21 ♍	14 ♓
10	18 ♊ 3	13 ♑ 57	22 ♋ 13	20 ♋ 38	25 ♉ 17	26 ♉ 6	3 ♍ 13	13 ♈ 58	23 ♒ 4	1 ♍ 34	13 ♏ 24	9 ♍ 37	12 ♍	14 ♌	15 ♍	22 ♍	14 ♓
11	19 ♊ 0	26 ♑ 36	22 ♋ 10	20 D 37	26 ♉ 2	27 ♉ 19	3 ♍ 44	14 ♈ 8	23 ♒ 4	1 ♍ 36	13 ♏ 23	9 ♍ 38	13 ♍	15 ♌	16 ♍	22 ♍	14 ♓
12	19 ♊ 58	9 ♒ 28	22 ♋ 7	20 ♋ 38	26 ♉ 50	28 ♉ 32	4 ♍ 15	14 ♈ 18	23 ♒ 3	1 ♍ 38	13 ♏ 22	9 ♍ 38	13 ♍	15 ♌	16 ♍	22 ♍	14 ♓
13	20 ♊ 55	22 ♒ 35	22 ♋ 4	20 ♋ 40	27 ♉ 42	29 ♉ 44	4 ♍ 47	14 ♈ 28	23 ♒ 2	1 ♍ 39	13 ♏ 21	9 ♍ 39	13 ♍	16 ♌	16 ♍	23 ♍	14 ♓
14	21 ♊ 52	5 ♓ 58	22 ♋ 1	20 ♋ 41	28 ♉ 38	0 ♊ 57	5 ♍ 18	14 ♈ 37	23 ♒ 1	1 ♍ 41	13 ♏ 19	9 ♍ 40	13 ♍	16 ♌	16 ♍	23 ♍	14 ♓
15	22 ♊ 50	19 ♓ 40	21 ♋ 57	20 ♋ 42	29 ♉ 38	2 ♊ 10	5 ♍ 49	14 ♈ 46	23 ♒ 0	1 ♍ 43	13 ♏ 18	9 ♍ 41	14 ♍	16 ♌	16 ♍	23 ♍	14 ♓
16	23 ♊ 47	3 ♈ 39	21 ♋ 54	20 R 42	0 ♊ 41	3 ♊ 23	6 ♍ 21	14 ♈ 56	22 ♒ 59	1 ♍ 45	13 ♏ 17	9 ♍ 41	14 ♍	17 ♌	17 ♍	23 ♍	14 ♓
17	24 ♊ 44	17 ♈ 57	21 ♋ 51	20 ♋ 40	1 ♊ 48	4 ♊ 36	6 ♍ 53	15 ♈ 5	22 ♒ 58	1 ♍ 47	13 ♏ 16	9 ♍ 42	14 ♍	17 ♌	17 ♍	24 ♍	14 ♓
18	25 ♊ 42	2 ♉ 29	21 ♋ 48	20 ♋ 38	2 ♊ 58	5 ♊ 49	7 ♍ 25	15 ♈ 14	22 ♒ 56	1 ♍ 49	13 ♏ 15	9 ♍ 43	15 ♍	18 ♌	17 ♍	24 ♍	14 ♓
19	26 ♊ 39	17 ♉ 13	21 ♋ 45	20 ♋ 35	4 ♊ 12	7 ♊ 2	7 ♍ 57	15 ♈ 23	22 ♒ 55	1 ♍ 51	13 ♏ 14	9 ♍ 44	15 ♍	18 ♌	17 ♍	24 ♍	14 R
20	27 ♊ 36	2 ♊ 1	21 ♋ 42	20 ♋ 32	5 ♊ 29	8 ♊ 15	8 ♍ 29	15 ♈ 31	22 ♒ 53	1 ♍ 53	13 ♏ 13	9 ♍ 45	15 ♍	19 ♌	18 ♍	25 ♍	14 ♓
21	28 ♊ 33	16 ♊ 46	21 ♋ 38	20 ♋ 29	6 ♊ 49	9 ♊ 28	9 ♍ 2	15 ♈ 40	22 ♒ 52	1 ♍ 55	13 ♏ 12	9 ♍ 45	16 ♍	19 ♌	18 ♍	25 ♍	14 ♓
22	29 ♊ 31	1 ♋ 20	21 ♋ 35	20 ♋ 27	8 ♊ 13	10 ♊ 41	9 ♍ 34	15 ♈ 49	22 ♒ 50	1 ♍ 57	13 ♏ 11	9 ♍ 46	16 ♍	20 ♌	18 ♍	25 ♍	14 ♓
23	0 ♋ 28	15 ♋ 38	21 ♋ 32	20 ♋ 27	9 ♊ 40	11 ♊ 54	10 ♍ 7	15 ♈ 57	22 ♒ 48	1 ♍ 59	13 ♏ 10	9 ♍ 47	16 ♍	20 ♌	18 ♍	26 ♍	14 ♓
24	1 ♋ 25	29 ♋ 34	21 ♋ 29	20 D 27	11 ♊ 10	13 ♊ 7	10 ♍ 39	16 ♈ 5	22 ♒ 47	2 ♍ 1	13 ♏ 9	9 ♍ 48	16 ♍	21 ♌	18 ♍	26 ♍	14 ♓
25	2 ♋ 22	13 ♌ 7	21 ♋ 26	20 ♋ 28	12 ♊ 44	14 ♊ 20	11 ♍ 12	16 ♈ 13	22 ♒ 45	2 ♍ 4	13 ♏ 8	9 ♍ 49	17 ♍	21 ♌	19 ♍	26 ♍	14 ♓
26	3 ♋ 20	26 ♌ 16	21 ♋ 23	20 ♋ 29	14 ♊ 20	15 ♊ 33	11 ♍ 45	16 ♈ 21	22 ♒ 43	2 ♍ 6	13 ♏ 7	9 ♍ 50	17 ♍	22 ♌	19 ♍	27 ♍	14 ♓
27	4 ♋ 17	9 ♍ 2	21 ♋ 19	20 ♋ 30	16 ♊ 0	16 ♊ 46	12 ♍ 18	16 ♈ 29	22 ♒ 40	2 ♍ 8	13 ♏ 6	9 ♍ 51	17 ♍	22 ♌	19 ♍	27 ♍	14 ♓
28	5 ♋ 14	21 ♍ 30	21 ♋ 16	20 ♋ 31	17 ♊ 43	17 ♊ 59	12 ♍ 52	16 ♈ 37	22 ♒ 38	2 ♍ 11	13 ♏ 5	9 ♍ 52	18 ♍	22 ♌	19 ♍	27 ♍	14 ♓
29	6 ♋ 11	3 ♎ 41	21 ♋ 13	20 ♋ 31	19 ♊ 29	19 ♊ 12	13 ♍ 25	16 ♈ 44	22 ♒ 36	2 ♍ 13	13 ♏ 4	9 ♍ 53	18 ♍	23 ♌	20 ♍	28 ♍	14 ♓
30	7 ♋ 9	15 ♎ 42	21 ♋ 10	20 R 31	21 ♊ 17	20 ♊ 25	13 ♍ 58	16 ♈ 51	22 ♒ 33	2 ♍ 16	13 ♏ 3	9 ♍ 55	18 ♍	23 ♌	20 ♍	28 ♍	14 ♓
SUN INGRESS	☉ → ♋ 22日 12:04																
MOON PHASE	○ 7日 17:31 ♐　◑ 15日 05:53 ♓　● 21日 20:46 ♊　◐ 29日 05:24 ♎																

aspects

1日	02:59	☉□♇
4日	19:34	☉⚹♃
6日	05:44	☿□♄
6日	14:33	♂☌♅
7日	12:26	♀□♄
8日	12:31	☿☌♀
14日	14:47	♀□♅
15日	04:17	☉△♄
16日	23:33	☿□♅
20日	08:34	♀□♂
21日	05:53	♀□♇
22日	09:15	♂☌♇
23日	01:58	☿□♇
23日	11:18	☿□♂
24日	15:49	☉⚹♅
26日	17:46	♀⚹♃
27日	07:24	☿⚹♃
28日	09:31	♂⚹♆
28日	12:14	☿☌♀
30日	16:07	☿△♄

1963年7月

DAY	☉	☽	☊ mean	☊ true	☿	♀	♂	♃	♄	♅	♆	♇	⚳	⚴	⚵	⚶	⚷
1	8♋6	27♎37	21♋7	20R31	23D9	21D38	14D32	16D59	22R31	2D18	13R3	9D56	19D	24D	20D	28D	14R
2	9♋3	9♏30	21♋3	20♋29	25♊3	22♊52	15♍6	17♈6	22♒28	2♍21	13♏2	9♍57	19♍	24♌	20♍	29♍	14♓
3	10♋0	21♏24	21♋0	20♋28	27♊0	24♊5	15♍39	17♈13	22♒26	2♍23	13♏1	9♍58	19♍	25♌	21♍	29♍	14♓
4	10♋57	3♐25	20♋57	20♋27	28♊59	25♊18	16♍13	17♈19	22♒23	2♍26	13♏1	9♍59	20♍	25♌	21♍	29♍	14♓
5	11♋55	15♐34	20♋54	20♋25	1♋1	26♊31	16♍47	17♈26	22♒20	2♍29	13♏0	10♍1	20♍	26♌	21♍	0♎	14♓
6	12♋52	27♐54	20♋51	20♋25	3♋4	27♊44	17♍21	17♈32	22♒17	2♍31	12♏59	10♍2	20♍	26♌	21♍	0♎	14♓
7	13♋49	10♑26	20♋48	20♋24	5♋9	28♊58	17♍55	17♈39	22♒14	2♍34	12♏59	10♍3	21♍	26♌	22♍	0♎	14♓
8	14♋46	23♑12	20♋44	20D24	7♋16	0♋11	18♍30	17♈45	22♒11	2♍37	12♏58	10♍5	21♍	27♌	22♍	1♎	14♓
9	15♋43	6♒12	20♋41	20♋24	9♋23	1♋24	19♍4	17♈51	22♒8	2♍40	12♏57	10♍6	22♍	27♌	22♍	1♎	14♓
10	16♋40	19♒25	20♋38	20♋25	11♋32	2♋37	19♍38	17♈57	22♒5	2♍43	12♏57	10♍7	22♍	28♌	23♍	2♎	14♓
11	17♋38	2♓53	20♋35	20♋25	13♋41	3♋51	20♍13	18♈2	22♒2	2♍46	12♏56	10♍9	22♍	28♌	23♍	2♎	14♓
12	18♋35	16♓33	20♋32	20♋25	15♋51	5♋4	20♍48	18♈8	21♒59	2♍48	12♏56	10♍10	23♍	29♌	23♍	2♎	14♓
13	19♋32	0♈25	20♋29	20♋25	18♋0	6♋17	21♍23	18♈13	21♒55	2♍51	12♏56	10♍11	23♍	29♌	23♍	3♎	14♓
14	20♋29	14♈28	20♋25	20R25	20♋10	7♋31	21♍57	18♈18	21♒52	2♍54	12♏55	10♍13	23♍	0♍	24♍	3♎	14♓
15	21♋26	28♈39	20♋22	20D25	22♋19	8♋44	22♍32	18♈23	21♒48	2♍57	12♏55	10♍14	24♍	0♍	24♍	4♎	14♓
16	22♋24	12♉58	20♋19	20♋25	24♋27	9♋58	23♍7	18♈28	21♒45	3♍0	12♏54	10♍16	24♍	1♍	24♍	4♎	14♓
17	23♋21	27♉20	20♋16	20♋26	26♋34	11♋11	23♍43	18♈33	21♒41	3♍4	12♏54	10♍17	24♍	1♍	25♍	4♎	14♓
18	24♋18	11♊42	20♋13	20♋26	28♋40	12♋25	24♍18	18♈37	21♒38	3♍7	12♏54	10♍19	25♍	2♍	25♍	5♎	14♓
19	25♋15	26♊0	20♋9	20♋26	0♌44	13♋38	24♍53	18♈42	21♒34	3♍10	12♏54	10♍21	25♍	2♍	25♍	5♎	14♓
20	26♋13	10♋9	20♋6	20♋27	2♌48	14♋52	25♍29	18♈46	21♒30	3♍13	12♏53	10♍22	26♍	3♍	25♍	6♎	14♓
21	27♋10	24♋7	20♋3	20R27	4♌50	16♋5	26♍4	18♈50	21♒26	3♍16	12♏53	10♍24	26♍	3♍	26♍	6♎	14♓
22	28♋7	7♌48	20♋0	20♋26	6♌50	17♋19	26♍40	18♈53	21♒22	3♍19	12♏53	10♍25	26♍	4♍	26♍	6♎	14♓
23	29♋5	21♌11	19♋57	20♋26	8♌49	18♋33	27♍16	18♈57	21♒18	3♍23	12♏53	10♍27	27♍	4♍	26♍	7♎	14♓
24	0♌2	4♍15	19♋54	20♋25	10♌46	19♋46	27♍51	19♈0	21♒14	3♍26	12♏53	10♍29	27♍	4♍	27♍	7♎	14♓
25	0♌59	17♍0	19♋50	20♋23	12♌42	21♋0	28♍27	19♈3	21♒10	3♍29	12♏53	10♍30	27♍	5♍	27♍	8♎	14♓
26	1♌57	29♍28	19♋47	20♋22	14♌35	22♋14	29♍3	19♈6	21♒6	3♍32	12♏53	10♍32	28♍	5♍	27♍	8♎	14♓
27	2♌54	11♎40	19♋44	20♋21	16♌27	23♋27	29♍40	19♈9	21♒2	3♍36	12D53	10♍34	28♍	6♍	27♍	8♎	14♓
28	3♌51	23♎42	19♋41	20♋20	18♌18	24♋41	0♎16	19♈12	20♒58	3♍39	12♏53	10♍36	29♍	6♍	28♍	9♎	14♓
29	4♌49	5♏37	19♋38	20D19	20♌6	25♋55	0♎52	19♈14	20♒54	3♍43	12♏53	10♍37	29♍	7♍	28♍	9♎	14♓
30	5♌46	17♏30	19♋35	20♋20	21♌53	27♋8	1♎28	19♈17	20♒49	3♍46	12♏53	10♍39	29♍	7♍	28♍	10♎	14♓
31	6♌43	29♏26	19♋31	20♋21	23♌39	28♋22	2♎5	19♈19	20♒45	3♍49	12♏53	10♍41	0♎	8♍	29♍	10♎	14♓

SUN INGRESS ☉ → ♌ 23日 22:59

MOON PHASE ○ 7日 06:55 ♑ ◑ 14日 10:57 ♈ ● 21日 05:43 ♋ ◐ 28日 22:13 ♏

aspects

1日	16:42	♀△♄
2日	23:07	☉⚹♇
5日	17:35	☿⚹♅
6日	03:07	☉△♆
9日	08:01	☿⚹♇
10日	01:48	♀⚹♅
10日	15:42	☿△♆
11日	11:30	☉□♃
13日	02:28	☿□♃
14日	06:31	☉☌☿
15日	03:33	♀⚹♂
16日	06:04	♀⚹♇
17日	23:38	☉⚹♂
18日	09:30	♀△♆
23日	08:18	♀□♃
25日	02:22	☿☌♆
28日	12:11	☿△♃
29日	10:11	☿☍♄

1963年8月

DAY	☉	☽	☊ mean	☊ true	☿	♀	♂	♃	♄	♅	♆	♇	⚳	⚴	⚵	⚶	⚷
1	7♌41	11♐28	19♋28	20D22	25D22	29D36	2D41	19D20	20R41	3D53	12D53	10D43	0D	8D	29D	11D	14R
2	8♌38	23♐41	19♋25	20♋24	27♌4	0♌50	3♎18	19♈22	20♒37	3♍56	12♏54	10♍45	1♎	9♍	29♍	11♎	14♓
3	9♌35	6♑9	19♋22	20♋25	28♌44	2♌4	3♎55	19♈24	20♒32	4♍0	12♏54	10♍46	1♎	9♍	0♎	11♎	14♓
4	10♌33	18♑54	19♋19	20♋25	0♍23	3♌18	4♎32	19♈25	20♒28	4♍3	12♏54	10♍48	1♎	10♍	0♎	12♎	13♓
5	11♌30	1♒57	19♋15	20R25	1♍59	4♌31	5♎8	19♈26	20♒23	4♍7	12♏54	10♍50	2♎	10♍	0♎	12♎	13♓
6	12♌28	15♒19	19♋12	20♋24	3♍35	5♌45	5♎45	19♈27	20♒19	4♍10	12♏55	10♍52	2♎	10♍	1♎	13♎	13♓
7	13♌25	28♒59	19♋9	20♋21	5♍8	6♌59	6♎22	19♈28	20♒15	4♍14	12♏55	10♍54	3♎	11♍	1♎	13♎	13♓
8	14♌23	12♓53	19♋6	20♋18	6♍40	8♌13	7♎0	19♈28	20♒10	4♍18	12♏56	10♍56	3♎	11♍	1♎	14♎	13♓
9	15♌20	26♓58	19♋3	20♋14	8♍10	9♌27	7♎37	19♈28	20♒6	4♍21	12♏56	10♍58	3♎	12♍	1♎	14♎	13♓
10	16♌18	11♈11	19♋0	20♋11	9♍39	10♌41	8♎14	19♈28	20♒1	4♍25	12♏56	11♍0	4♎	12♍	2♎	15♎	13♓
11	17♌15	25♈27	18♋56	20♋9	11♍5	11♌55	8♎51	19R28	19♒57	4♍28	12♏57	11♍2	4♎	13♍	2♎	15♎	13♓
12	18♌13	9♉43	18♋53	20♋7	12♍31	13♌9	9♎29	19♈28	19♒52	4♍32	12♏57	11♍4	5♎	13♍	2♎	16♎	13♓
13	19♌10	23♉56	18♋50	20D7	13♍54	14♌23	10♎6	19♈28	19♒48	4♍36	12♏58	11♍5	5♎	14♍	3♎	16♎	13♓
14	20♌8	8♊4	18♋47	20♋8	15♍15	15♌37	10♎44	19♈27	19♒43	4♍39	12♏59	11♍7	5♎	14♍	3♎	16♎	13♓
15	21♌5	22♊5	18♋44	20♋9	16♍35	16♌51	11♎22	19♈26	19♒39	4♍43	12♏59	11♍9	6♎	15♍	3♎	17♎	13♓
16	22♌3	5♋57	18♋41	20♋11	17♍53	18♌6	11♎59	19♈25	19♒34	4♍47	13♏0	11♍11	6♎	15♍	4♎	17♎	13♓
17	23♌1	19♋40	18♋37	20♋11	19♍9	19♌20	12♎37	19♈24	19♒30	4♍50	13♏1	11♍13	7♎	16♍	4♎	18♎	13♓
18	23♌58	3♌12	18♋34	20R11	20♍23	20♌34	13♎15	19♈22	19♒25	4♍54	13♏1	11♍15	7♎	16♍	4♎	18♎	13♓
19	24♌56	16♌32	18♋31	20♋8	21♍35	21♌48	13♎53	19♈20	19♒21	4♍58	13♏2	11♍17	7♎	16♍	5♎	19♎	13♓
20	25♌54	29♌38	18♋28	20♋4	22♍45	23♌2	14♎31	19♈19	19♒16	5♍2	13♏3	11♍20	8♎	17♍	5♎	19♎	13♓
21	26♌52	12♍29	18♋25	19♋59	23♍53	24♌17	15♎10	19♈16	19♒12	5♍5	13♏4	11♍22	8♎	17♍	5♎	20♎	13♓
22	27♌49	25♍6	18♋21	19♋52	24♍59	25♌31	15♎48	19♈14	19♒8	5♍9	13♏4	11♍24	9♎	18♍	6♎	20♎	13♓
23	28♌47	7♎29	18♋18	19♋45	26♍2	26♌45	16♎26	19♈12	19♒3	5♍13	13♏5	11♍26	9♎	18♍	6♎	21♎	13♓
24	29♌45	19♎39	18♋15	19♋39	27♍2	27♌59	17♎5	19♈9	18♒59	5♍17	13♏6	11♍28	9♎	19♍	6♎	21♎	13♓
25	0♍43	1♏40	18♋12	19♋34	28♍0	29♌14	17♎43	19♈6	18♒54	5♍20	13♏7	11♍30	10♎	19♍	7♎	22♎	13♓
26	1♍41	13♏33	18♋9	19♋30	28♍56	0♍28	18♎22	19♈3	18♒50	5♍24	13♏8	11♍32	10♎	20♍	7♎	22♎	13♓
27	2♍39	25♏25	18♋6	19♋29	29♍48	1♍42	19♎0	19♈0	18♒46	5♍28	13♏9	11♍34	11♎	20♍	7♎	22♎	13♓
28	3♍37	7♐19	18♋2	19D28	0♎37	2♍57	19♎39	18♈56	18♒41	5♍32	13♏10	11♍36	11♎	20♍	8♎	23♎	12♓
29	4♍35	19♐20	17♋59	19♋29	1♎23	4♍11	20♎18	18♈53	18♒37	5♍35	13♏11	11♍38	12♎	21♍	8♎	23♎	12♓
30	5♍33	1♑33	17♋56	19♋31	2♎5	5♍25	20♎57	18♈49	18♒33	5♍39	13♏12	11♍40	12♎	22♍	8♎	24♎	12♓
31	6♍31	14♑4	17♋53	19♋32	2♎44	6♍40	21♎36	18♈45	18♒29	5♍43	13♏13	11♍42	12♎	22♍	9♎	24♎	12♓

SUN INGRESS ☉ → ♍ 24日 05:58

MOON PHASE ○ 5日 18:31 ♒ ◑ 12日 15:21 ♉ ● 19日 16:34 ♌ ◐ 27日 15:54 ♐

aspects

6日	00:03	♀⚹♂
6日	09:31	☿☌♅
6日	11:24	☉□♆
10日	22:54	♀☌♇
11日	20:10	♀□♆
12日	07:44	☿⚹♆
13日	07:10	☉△♃
13日	14:32	☉☍♄
17日	01:15	♀△♃
17日	03:05	♀☍♄
19日	03:56	♃⚹♄
26日	15:48	♂△♄
26日	23:41	♂☍♃
30日	02:53	☉☌♅
30日	04:40	♀☌♅
30日	10:31	☉☌♀

1963年9月

DAY	☉	☽	☊ mean	☊ true	☿	♀	♂	♃	♄	♅	♆	♇	⚳	⚴	⚵	⚶	⚷
	° ′	° ′	° ′	° ′	° ′	° ′	° ′	° ′	° ′	° ′	° ′	° ′	°	°	°	°	°
1	7 ♍ 29	26 ♑ 56	17 ♋ 50	19 R 32	3 D 18	7 D 54	22 D 15	18 R 41	18 R 25	5 D 47	13 D 14	11 D 44	13 D	23 D	9 D	25 D	12 R
2	8 ♍ 27	10 ♒ 10	17 ♋ 46	19 ♋ 30	3 ♎ 49	9 ♍ 9	22 ♎ 54	18 ♈ 37	18 ♒ 21	5 ♍ 50	13 ♏ 16	11 ♍ 46	13 ♎	23 ♍	9 ♎	25 ♎	12 ♓
3	9 ♍ 25	23 ♒ 50	17 ♋ 43	19 ♋ 26	4 ♎ 15	10 ♍ 23	23 ♎ 33	18 ♈ 32	18 ♒ 17	5 ♍ 54	13 ♏ 17	11 ♍ 49	14 ♎	23 ♍	10 ♎	26 ♎	12 ♓
4	10 ♍ 23	7 ♓ 52	17 ♋ 40	19 ♋ 20	4 ♎ 36	11 ♍ 37	24 ♎ 12	18 ♈ 27	18 ♒ 13	5 ♍ 58	13 ♏ 18	11 ♍ 51	14 ♎	24 ♍	10 ♎	26 ♎	12 ♓
5	11 ♍ 21	22 ♓ 12	17 ♋ 37	19 ♋ 12	4 ♎ 52	12 ♍ 52	24 ♎ 52	18 ♈ 23	18 ♒ 9	6 ♍ 2	13 ♏ 19	11 ♍ 53	14 ♎	24 ♍	10 ♎	27 ♎	12 ♓
6	12 ♍ 19	6 ♈ 46	17 ♋ 34	19 ♋ 4	5 ♎ 2	14 ♍ 6	25 ♎ 31	18 ♈ 18	18 ♒ 5	6 ♍ 5	13 ♏ 21	11 ♍ 55	15 ♎	25 ♍	11 ♎	27 ♎	12 ♓
7	13 ♍ 17	21 ♈ 25	17 ♋ 31	18 ♋ 56	5 ♎ 7	15 ♍ 21	26 ♎ 11	18 ♈ 12	18 ♒ 1	6 ♍ 9	13 ♏ 22	11 ♍ 57	15 ♎	25 ♍	11 ♎	28 ♎	12 ♓
8	14 ♍ 15	6 ♉ 4	17 ♋ 27	18 ♋ 49	5 R 6	16 ♍ 35	26 ♎ 50	18 ♈ 7	17 ♒ 57	6 ♍ 13	13 ♏ 23	11 ♍ 59	16 ♎	26 ♍	11 ♎	28 ♎	12 ♓
9	15 ♍ 14	20 ♉ 34	17 ♋ 24	18 ♋ 45	4 ♎ 59	17 ♍ 50	27 ♎ 30	18 ♈ 1	17 ♒ 53	6 ♍ 17	13 ♏ 25	12 ♍ 1	16 ♎	26 ♍	12 ♎	29 ♎	12 ♓
10	16 ♍ 12	4 ♊ 53	17 ♋ 21	18 ♋ 42	4 ♎ 46	19 ♍ 4	28 ♎ 10	17 ♈ 56	17 ♒ 50	6 ♍ 20	13 ♏ 26	12 ♍ 3	17 ♎	27 ♍	12 ♎	29 ♎	12 ♓
11	17 ♍ 10	18 ♊ 57	17 ♋ 18	18 D 42	4 ♎ 26	20 ♍ 19	28 ♎ 49	17 ♈ 50	17 ♒ 46	6 ♍ 24	13 ♏ 27	12 ♍ 5	17 ♎	27 ♍	12 ♎	0 ♏	12 ♓
12	18 ♍ 9	2 ♋ 47	17 ♋ 15	18 ♋ 42	3 ♎ 59	21 ♍ 34	29 ♎ 29	17 ♈ 44	17 ♒ 42	6 ♍ 28	13 ♏ 29	12 ♍ 7	17 ♎	28 ♍	13 ♎	0 ♏	12 ♓
13	19 ♍ 7	16 ♋ 22	17 ♋ 12	18 ♋ 43	3 ♎ 26	22 ♍ 48	0 ♏ 9	17 ♈ 39	17 ♒ 39	6 ♍ 31	13 ♏ 30	12 ♍ 10	18 ♎	28 ♍	13 ♎	1 ♏	12 ♓
14	20 ♍ 5	29 ♋ 43	17 ♋ 8	18 R 42	2 ♎ 46	24 ♍ 3	0 ♏ 49	17 ♈ 32	17 ♒ 36	6 ♍ 35	13 ♏ 32	12 ♍ 12	18 ♎	29 ♍	14 ♎	1 ♏	12 ♓
15	21 ♍ 4	12 ♌ 52	17 ♋ 5	18 ♋ 40	2 ♎ 0	25 ♍ 17	1 ♏ 29	17 ♈ 25	17 ♒ 32	6 ♍ 39	13 ♏ 33	12 ♍ 14	19 ♎	29 ♍	14 ♎	2 ♏	12 ♓
16	22 ♍ 2	25 ♌ 50	17 ♋ 2	18 ♋ 34	1 ♎ 9	26 ♍ 32	2 ♏ 9	17 ♈ 19	17 ♒ 29	6 ♍ 43	13 ♏ 35	12 ♍ 16	19 ♎	29 ♍	14 ♎	2 ♏	12 ♓
17	23 ♍ 1	8 ♍ 36	16 ♋ 59	18 ♋ 27	0 ♎ 13	27 ♍ 47	2 ♏ 50	17 ♈ 12	17 ♒ 26	6 ♍ 46	13 ♏ 36	12 ♍ 18	20 ♎	0 ♎	15 ♎	3 ♏	12 ♓
18	23 ♍ 59	21 ♍ 11	16 ♋ 56	18 ♋ 16	29 ♍ 13	29 ♍ 1	3 ♏ 30	17 ♈ 5	17 ♒ 22	6 ♍ 50	13 ♏ 38	12 ♍ 20	20 ♎	0 ♎	15 ♎	3 ♏	11 ♓
19	24 ♍ 58	3 ♎ 36	16 ♋ 52	18 ♋ 4	28 ♍ 11	0 ♎ 16	4 ♏ 10	16 ♈ 59	17 ♒ 19	6 ♍ 53	13 ♏ 40	12 ♍ 22	20 ♎	1 ♎	15 ♎	4 ♏	11 ♓
20	25 ♍ 56	15 ♎ 50	16 ♋ 49	17 ♋ 52	27 ♍ 7	1 ♎ 31	4 ♏ 51	16 ♈ 52	17 ♒ 16	6 ♍ 57	13 ♏ 41	12 ♍ 24	21 ♎	1 ♎	16 ♎	4 ♏	11 ♓
21	26 ♍ 55	27 ♎ 54	16 ♋ 46	17 ♋ 40	26 ♍ 3	2 ♎ 45	5 ♏ 31	16 ♈ 44	17 ♒ 13	7 ♍ 1	13 ♏ 43	12 ♍ 26	21 ♎	2 ♎	16 ♎	5 ♏	11 ♓
22	27 ♍ 54	9 ♏ 51	16 ♋ 43	17 ♋ 29	25 ♍ 1	4 ♎ 0	6 ♏ 12	16 ♈ 37	17 ♒ 11	7 ♍ 4	13 ♏ 45	12 ♍ 28	22 ♎	2 ♎	16 ♎	5 ♏	11 ♓
23	28 ♍ 52	21 ♏ 42	16 ♋ 40	17 ♋ 21	24 ♍ 3	5 ♎ 15	6 ♏ 53	16 ♈ 30	17 ♒ 8	7 ♍ 8	13 ♏ 46	12 ♍ 30	22 ♎	3 ♎	17 ♎	6 ♏	11 ♓
24	29 ♍ 51	3 ♐ 31	16 ♋ 37	17 ♋ 16	23 ♍ 9	6 ♎ 29	7 ♏ 34	16 ♈ 23	17 ♒ 5	7 ♍ 11	13 ♏ 48	12 ♍ 32	23 ♎	3 ♎	17 ♎	6 ♏	11 ♓
25	0 ♎ 50	15 ♐ 23	16 ♋ 33	17 ♋ 13	22 ♍ 21	7 ♎ 44	8 ♏ 14	16 ♈ 15	17 ♒ 2	7 ♍ 15	13 ♏ 50	12 ♍ 34	23 ♎	4 ♎	17 ♎	7 ♏	11 ♓
26	1 ♎ 49	27 ♐ 21	16 ♋ 30	17 ♋ 12	21 ♍ 41	8 ♎ 59	8 ♏ 55	16 ♈ 8	17 ♒ 0	7 ♍ 18	13 ♏ 51	12 ♍ 36	24 ♎	4 ♎	18 ♎	7 ♏	11 ♓
27	2 ♎ 48	9 ♑ 31	16 ♋ 27	17 D 12	21 ♍ 9	10 ♎ 13	9 ♏ 36	16 ♈ 0	16 ♒ 57	7 ♍ 22	13 ♏ 53	12 ♍ 38	24 ♎	4 ♎	18 ♎	8 ♏	11 ♓
28	3 ♎ 46	21 ♑ 59	16 ♋ 24	17 R 12	20 ♍ 47	11 ♎ 28	10 ♏ 17	15 ♈ 52	16 ♒ 55	7 ♍ 25	13 ♏ 55	12 ♍ 40	24 ♎	5 ♎	18 ♎	8 ♏	11 ♓
29	4 ♎ 45	4 ♒ 50	16 ♋ 21	17 ♋ 10	20 ♍ 35	12 ♎ 43	10 ♏ 58	15 ♈ 44	16 ♒ 53	7 ♍ 29	13 ♏ 57	12 ♍ 42	25 ♎	5 ♎	19 ♎	9 ♏	11 ♓
30	5 ♎ 44	18 ♒ 7	16 ♋ 18	17 ♋ 7	20 D 33	13 ♎ 58	11 ♏ 40	15 ♈ 37	16 ♒ 51	7 ♍ 32	13 ♏ 59	12 ♍ 44	25 ♎	6 ♎	19 ♎	9 ♏	11 ♓

SUN INGRESS: ☉→♎24日 03:23

MOON PHASE: ○ 4日 04:34 ♓ ◑ 10日 20:42 ♊ ● 18日 05:51 ♍ ◐ 26日 09:38 ♑

aspects

4日	04:22	♀☌♇
5日	08:58	♀⚹♆
5日	13:40	☉☌♇
7日	02:00	☉⚹♆
12日	15:14	♃⚹♄
18日	02:05	☿☌♀
20日	13:48	☉☌☿
23日	09:45	♂⚹♅

1963年10月

DAY	☉	☽	☊ mean	☊ true	☿	♀	♂	♃	♄	♅	♆	♇	⚳	⚴	⚵	⚶	⚷
	° ′	° ′	° ′	° ′	° ′	° ′	° ′	° ′	° ′	° ′	° ′	° ′	°	°	°	°	°
1	6 ♎ 43	1 ♓ 52	16 ♋ 14	17 R 2	20 D 41	15 D 12	12 D 21	15 R 29	16 R 49	7 D 36	14 D 1	12 D 46	26 D	6 D	19 D	10 D	11 R
2	7 ♎ 42	16 ♓ 6	16 ♋ 11	16 ♋ 53	20 ♍ 59	16 ♎ 27	13 ♏ 2	15 ♈ 21	16 ♒ 47	7 ♍ 39	14 ♏ 2	12 ♍ 48	26 ♎	7 ♎	20 ♎	10 ♏	11 ♓
3	8 ♎ 41	0 ♈ 44	16 ♋ 8	16 ♋ 43	21 ♍ 27	17 ♎ 42	13 ♏ 44	15 ♈ 13	16 ♒ 45	7 ♍ 43	14 ♏ 4	12 ♍ 50	27 ♎	7 ♎	20 ♎	11 ♏	11 ♓
4	9 ♎ 40	15 ♈ 40	16 ♋ 5	16 ♋ 32	22 ♍ 4	18 ♎ 57	14 ♏ 25	15 ♈ 5	16 ♒ 43	7 ♍ 46	14 ♏ 6	12 ♍ 52	27 ♎	8 ♎	21 ♎	11 ♏	11 ♓
5	10 ♎ 39	0 ♉ 44	16 ♋ 2	16 ♋ 21	22 ♍ 51	20 ♎ 11	15 ♏ 7	14 ♈ 57	16 ♒ 41	7 ♍ 49	14 ♏ 8	12 ♍ 54	27 ♎	8 ♎	21 ♎	12 ♏	11 ♓
6	11 ♎ 38	15 ♉ 46	15 ♋ 58	16 ♋ 11	23 ♍ 45	21 ♎ 26	15 ♏ 48	14 ♈ 49	16 ♒ 39	7 ♍ 52	14 ♏ 10	12 ♍ 56	28 ♎	9 ♎	21 ♎	12 ♏	11 ♓
7	12 ♎ 37	0 ♊ 38	15 ♋ 55	16 ♋ 4	24 ♍ 47	22 ♎ 41	16 ♏ 30	14 ♈ 41	16 ♒ 38	7 ♍ 56	14 ♏ 12	12 ♍ 58	28 ♎	9 ♎	22 ♎	13 ♏	11 ♓
8	13 ♎ 37	15 ♊ 11	15 ♋ 52	16 ♋ 0	25 ♍ 55	23 ♎ 56	17 ♏ 12	14 ♈ 33	16 ♒ 36	7 ♍ 59	14 ♏ 14	13 ♍ 0	29 ♎	10 ♎	22 ♎	14 ♏	11 ♓
9	14 ♎ 36	29 ♊ 24	15 ♋ 49	15 ♋ 58	27 ♍ 10	25 ♎ 10	17 ♏ 53	14 ♈ 25	16 ♒ 35	8 ♍ 2	14 ♏ 16	13 ♍ 1	29 ♎	10 ♎	22 ♎	14 ♏	11 ♓
10	15 ♎ 35	13 ♋ 14	15 ♋ 46	15 ♋ 58	28 ♍ 29	26 ♎ 25	18 ♏ 35	14 ♈ 16	16 ♒ 34	8 ♍ 5	14 ♏ 18	13 ♍ 3	0 ♏	10 ♎	23 ♎	15 ♏	11 ♓
11	16 ♎ 34	26 ♋ 44	15 ♋ 43	15 ♋ 57	29 ♍ 53	27 ♎ 40	19 ♏ 17	14 ♈ 8	16 ♒ 33	8 ♍ 9	14 ♏ 20	13 ♍ 5	0 ♏	11 ♎	23 ♎	15 ♏	11 ♓
12	17 ♎ 34	9 ♌ 54	15 ♋ 39	15 ♋ 56	1 ♎ 21	28 ♎ 55	19 ♏ 59	14 ♈ 0	16 ♒ 32	8 ♍ 12	14 ♏ 22	13 ♍ 7	0 ♏	11 ♎	23 ♎	16 ♏	10 ♓
13	18 ♎ 33	22 ♌ 48	15 ♋ 36	15 ♋ 52	2 ♎ 52	0 ♏ 9	20 ♏ 41	13 ♈ 52	16 ♒ 31	8 ♍ 15	14 ♏ 24	13 ♍ 9	1 ♏	12 ♎	24 ♎	16 ♏	10 ♓
14	19 ♎ 32	5 ♍ 29	15 ♋ 33	15 ♋ 47	4 ♎ 26	1 ♏ 24	21 ♏ 24	13 ♈ 44	16 ♒ 30	8 ♍ 18	14 ♏ 26	13 ♍ 10	1 ♏	12 ♎	24 ♎	17 ♏	10 ♓
15	20 ♎ 32	17 ♍ 58	15 ♋ 30	15 ♋ 38	6 ♎ 3	2 ♏ 39	22 ♏ 6	13 ♈ 36	16 ♒ 29	8 ♍ 21	14 ♏ 28	13 ♍ 12	2 ♏	13 ♎	24 ♎	17 ♏	10 ♓
16	21 ♎ 31	0 ♎ 18	15 ♋ 27	15 ♋ 26	7 ♎ 40	3 ♏ 54	22 ♏ 48	13 ♈ 28	16 ♒ 28	8 ♍ 24	14 ♏ 30	13 ♍ 14	2 ♏	13 ♎	25 ♎	18 ♏	10 ♓
17	22 ♎ 31	12 ♎ 29	15 ♋ 23	15 ♋ 12	9 ♎ 20	5 ♏ 9	23 ♏ 30	13 ♈ 20	16 ♒ 28	8 ♍ 27	14 ♏ 33	13 ♍ 16	3 ♏	14 ♎	25 ♎	18 ♏	10 ♓
18	23 ♎ 30	24 ♎ 34	15 ♋ 20	14 ♋ 58	11 ♎ 0	6 ♏ 23	24 ♏ 13	13 ♈ 13	16 ♒ 27	8 ♍ 30	14 ♏ 35	13 ♍ 17	3 ♏	14 ♎	25 ♎	19 ♏	10 ♓
19	24 ♎ 30	6 ♏ 31	15 ♋ 17	14 ♋ 44	12 ♎ 41	7 ♏ 38	24 ♏ 55	13 ♈ 5	16 ♒ 27	8 ♍ 33	14 ♏ 37	13 ♍ 19	4 ♏	15 ♎	26 ♎	19 ♏	10 ♓
20	25 ♎ 30	18 ♏ 24	15 ♋ 14	14 ♋ 31	14 ♎ 23	8 ♏ 53	25 ♏ 38	12 ♈ 57	16 ♒ 27	8 ♍ 36	14 ♏ 39	13 ♍ 21	4 ♏	15 ♎	26 ♎	20 ♏	10 ♓
21	26 ♎ 29	0 ♐ 13	15 ♋ 11	14 ♋ 21	16 ♎ 5	10 ♏ 8	26 ♏ 21	12 ♈ 49	16 ♒ 26	8 ♍ 38	14 ♏ 41	13 ♍ 22	4 ♏	15 ♎	26 ♎	20 ♏	10 ♓
22	27 ♎ 29	12 ♐ 1	15 ♋ 8	14 ♋ 14	17 ♎ 47	11 ♏ 23	27 ♏ 3	12 ♈ 42	16 ♒ 26	8 ♍ 41	14 ♏ 43	13 ♍ 24	5 ♏	16 ♎	27 ♎	21 ♏	10 ♓
23	28 ♎ 29	23 ♐ 52	15 ♋ 4	14 ♋ 10	19 ♎ 30	12 ♏ 37	27 ♏ 46	12 ♈ 34	16 D 26	8 ♍ 44	14 ♏ 45	13 ♍ 26	5 ♏	16 ♎	27 ♎	21 ♏	10 ♓
24	29 ♎ 28	5 ♑ 49	15 ♋ 1	14 ♋ 8	21 ♎ 12	13 ♏ 52	28 ♏ 29	12 ♈ 27	16 ♒ 27	8 ♍ 47	14 ♏ 48	13 ♍ 27	6 ♏	17 ♎	28 ♎	22 ♏	10 ♓
25	0 ♏ 28	17 ♑ 56	14 ♋ 58	14 D 8	22 ♎ 54	15 ♏ 7	29 ♏ 12	12 ♈ 20	16 ♒ 27	8 ♍ 49	14 ♏ 50	13 ♍ 29	6 ♏	17 ♎	28 ♎	22 ♏	10 ♓
26	1 ♏ 28	0 ♒ 20	14 ♋ 55	14 ♋ 8	24 ♎ 36	16 ♏ 22	29 ♏ 55	12 ♈ 12	16 ♒ 27	8 ♍ 52	14 ♏ 52	13 ♍ 30	7 ♏	18 ♎	28 ♎	23 ♏	10 ♓
27	2 ♏ 28	13 ♒ 6	14 ♋ 52	14 R 8	26 ♎ 17	17 ♏ 37	0 ♐ 38	12 ♈ 5	16 ♒ 28	8 ♍ 55	14 ♏ 54	13 ♍ 32	7 ♏	18 ♎	29 ♎	23 ♏	10 ♓
28	3 ♏ 28	26 ♒ 17	14 ♋ 49	14 ♋ 6	27 ♎ 58	18 ♏ 51	1 ♐ 21	11 ♈ 58	16 ♒ 28	8 ♍ 57	14 ♏ 56	13 ♍ 33	8 ♏	19 ♎	29 ♎	24 ♏	10 ♓
29	4 ♏ 28	9 ♓ 57	14 ♋ 45	14 ♋ 1	29 ♎ 39	20 ♏ 6	2 ♐ 4	11 ♈ 51	16 ♒ 29	9 ♍ 0	14 ♏ 59	13 ♍ 35	8 ♏	19 ♎	29 ♎	25 ♏	10 ♓
30	5 ♏ 27	24 ♓ 8	14 ♋ 42	13 ♋ 54	1 ♏ 19	21 ♏ 21	2 ♐ 48	11 ♈ 45	16 ♒ 30	9 ♍ 2	15 ♏ 1	13 ♍ 36	8 ♏	19 ♎	0 ♏	25 ♏	10 ♓
31	6 ♏ 27	8 ♈ 48	14 ♋ 39	13 ♋ 45	2 ♏ 59	22 ♏ 36	3 ♐ 31	11 ♈ 38	16 ♒ 30	9 ♍ 5	15 ♏ 3	13 ♍ 38	9 ♏	20 ♎	0 ♏	26 ♏	10 ♓

SUN INGRESS: ☉→♏24日 12:29

MOON PHASE: ○ 3日 13:44 ♈ ◑ 10日 04:27 ♋ ● 17日 21:43 ♎ ◐ 26日 02:20 ♒

aspects

1日	04:46	♀☍♃
1日	15:26	♂⚹♇
2日	06:06	♀△♄
3日	12:37	♂☌♆
7日	04:28	♂□♄
8日	20:00	☉☍♃
10日	23:19	☉△♄
19日	05:10	☿☍♃
19日	18:13	♀⚹♅
21日	05:00	☿△♄
23日	15:49	♀⚹♇
24日	18:19	♀☌♆
26日	01:44	♀□♄

1963年11月

DAY	☉	☽	☊ mean	☊ true	☿	♀	♂	♃	♄	♅	♆	♇	⚳	⚴	⚵	⚶	⚷
	° ′	° ′	° ′	° ′	° ′	° ′	° ′	° ′	° ′	° ′	° ′	° ′	°	°	°	°	°
1	7 ♏ 27	23 ♈ 50	14 ♋ 36	13 R 35	4 D 39	23 D 51	4 D 14	11 R 31	16 D 31	9 D 7	15 D 5	13 D 39	9 D	20 D	0 D	26 D	10 R
2	8 ♏ 27	9 ♉ 6	14 ♋ 33	13 ♋ 25	6 ♏ 18	25 ♏ 5	4 ♐ 58	11 ♈ 25	16 ♒ 33	9 ♍ 9	15 ♏ 8	13 ♍ 41	10 ♏	21 ♎	1 ♏	27 ♏	10 ♓
3	9 ♏ 27	24 ♉ 24	14 ♋ 29	13 ♋ 17	7 ♏ 56	26 ♏ 20	5 ♐ 41	11 ♈ 19	16 ♒ 34	9 ♍ 12	15 ♏ 10	13 ♍ 42	10 ♏	21 ♎	1 ♏	27 ♏	10 ♓
4	10 ♏ 27	9 ♊ 34	14 ♋ 26	13 ♋ 10	9 ♏ 34	27 ♏ 35	6 ♐ 25	11 ♈ 13	16 ♒ 35	9 ♍ 14	15 ♏ 12	13 ♍ 43	11 ♏	22 ♎	1 ♏	28 ♏	10 ♓
5	11 ♏ 28	24 ♊ 26	14 ♋ 23	13 ♋ 6	11 ♏ 12	28 ♏ 50	7 ♐ 8	11 ♈ 7	16 ♒ 36	9 ♍ 16	15 ♏ 14	13 ♍ 45	11 ♏	22 ♎	2 ♏	28 ♏	10 ♓
6	12 ♏ 28	8 ♋ 54	14 ♋ 20	13 ♋ 5	12 ♏ 49	0 ♐ 4	7 ♐ 52	11 ♈ 1	16 ♒ 38	9 ♍ 18	15 ♏ 17	13 ♍ 46	11 ♏	23 ♎	2 ♏	29 ♏	10 ♓
7	13 ♏ 28	22 ♋ 55	14 ♋ 17	13 D 5	14 ♏ 26	1 ♐ 19	8 ♐ 36	10 ♈ 55	16 ♒ 39	9 ♍ 21	15 ♏ 19	13 ♍ 47	12 ♏	23 ♎	2 ♏	29 ♏	10 ♓
8	14 ♏ 28	6 ♌ 30	14 ♋ 14	13 ♋ 6	16 ♏ 2	2 ♐ 34	9 ♐ 20	10 ♈ 50	16 ♒ 41	9 ♍ 23	15 ♏ 21	13 ♍ 48	12 ♏	23 ♎	3 ♏	0 ♐	10 ♓
9	15 ♏ 28	19 ♌ 41	14 ♋ 10	13 R 6	17 ♏ 38	3 ♐ 49	10 ♐ 4	10 ♈ 45	16 ♒ 43	9 ♍ 25	15 ♏ 23	13 ♍ 49	13 ♏	24 ♎	3 ♏	0 ♐	10 ♓
10	16 ♏ 29	2 ♍ 31	14 ♋ 7	13 ♋ 5	19 ♏ 14	5 ♐ 4	10 ♐ 47	10 ♈ 39	16 ♒ 45	9 ♍ 27	15 ♏ 26	13 ♍ 51	13 ♏	24 ♎	3 ♏	1 ♐	10 ♓
11	17 ♏ 29	15 ♍ 4	14 ♋ 4	13 ♋ 1	20 ♏ 49	6 ♐ 18	11 ♐ 31	10 ♈ 34	16 ♒ 47	9 ♍ 29	15 ♏ 28	13 ♍ 52	14 ♏	25 ♎	4 ♏	2 ♐	10 ♓
12	18 ♏ 29	27 ♍ 23	14 ♋ 1	12 ♋ 55	22 ♏ 24	7 ♐ 33	12 ♐ 16	10 ♈ 30	16 ♒ 49	9 ♍ 31	15 ♏ 30	13 ♍ 53	14 ♏	25 ♎	4 ♏	2 ♐	10 ♓
13	19 ♏ 30	9 ♎ 32	13 ♋ 58	12 ♋ 47	23 ♏ 59	8 ♐ 48	13 ♐ 0	10 ♈ 25	16 ♒ 51	9 ♍ 32	15 ♏ 32	13 ♍ 54	15 ♏	26 ♎	4 ♏	3 ♐	10 ♓
14	20 ♏ 30	21 ♎ 34	13 ♋ 55	12 ♋ 37	25 ♏ 33	10 ♐ 3	13 ♐ 44	10 ♈ 20	16 ♒ 53	9 ♍ 34	15 ♏ 34	13 ♍ 55	15 ♏	26 ♎	5 ♏	3 ♐	10 ♓
15	21 ♏ 30	3 ♏ 30	13 ♋ 51	12 ♋ 26	27 ♏ 7	11 ♐ 17	14 ♐ 28	10 ♈ 16	16 ♒ 56	9 ♍ 36	15 ♏ 37	13 ♍ 56	15 ♏	27 ♎	5 ♏	4 ♐	10 ♓
16	22 ♏ 31	15 ♏ 22	13 ♋ 48	12 ♋ 16	28 ♏ 41	12 ♐ 32	15 ♐ 12	10 ♈ 12	16 ♒ 58	9 ♍ 38	15 ♏ 39	13 ♍ 57	16 ♏	27 ♎	6 ♏	4 ♐	10 ♓
17	23 ♏ 31	27 ♏ 12	13 ♋ 45	12 ♋ 7	0 ♐ 15	13 ♐ 47	15 ♐ 57	10 ♈ 8	17 ♒ 1	9 ♍ 39	15 ♏ 41	13 ♍ 58	16 ♏	27 ♎	6 ♏	5 ♐	10 ♓
18	24 ♏ 32	9 ♐ 2	13 ♋ 42	12 ♋ 0	1 ♐ 48	15 ♐ 2	16 ♐ 41	10 ♈ 4	17 ♒ 3	9 ♍ 41	15 ♏ 43	13 ♍ 59	17 ♏	28 ♎	6 ♏	5 ♐	10 ♓
19	25 ♏ 32	20 ♐ 53	13 ♋ 39	11 ♋ 55	3 ♐ 21	16 ♐ 16	17 ♐ 26	10 ♈ 1	17 ♒ 6	9 ♍ 42	15 ♏ 46	14 ♍ 0	17 ♏	28 ♎	7 ♏	6 ♐	10 ♓
20	26 ♏ 33	2 ♑ 47	13 ♋ 35	11 ♋ 53	4 ♐ 54	17 ♐ 31	18 ♐ 10	9 ♈ 58	17 ♒ 9	9 ♍ 44	15 ♏ 48	14 ♍ 1	18 ♏	29 ♎	7 ♏	6 ♐	10 ♓
21	27 ♏ 33	14 ♑ 48	13 ♋ 32	11 D 52	6 ♐ 26	18 ♐ 46	18 ♐ 55	9 ♈ 54	17 ♒ 12	9 ♍ 45	15 ♏ 50	14 ♍ 2	18 ♏	29 ♎	7 ♏	7 ♐	10 ♓
22	28 ♏ 34	26 ♑ 59	13 ♋ 29	11 ♋ 53	7 ♐ 59	20 ♐ 1	19 ♐ 40	9 ♈ 51	17 ♒ 15	9 ♍ 47	15 ♏ 52	14 ♍ 3	18 ♏	0 ♏	8 ♏	7 ♐	10 D
23	29 ♏ 35	9 ♒ 24	13 ♋ 26	11 ♋ 55	9 ♐ 31	21 ♐ 15	20 ♐ 24	9 ♈ 49	17 ♒ 18	9 ♍ 48	15 ♏ 55	14 ♍ 3	19 ♏	0 ♏	8 ♏	8 ♐	10 ♓
24	0 ♐ 35	22 ♒ 7	13 ♋ 23	11 ♋ 56	11 ♐ 3	22 ♐ 30	21 ♐ 9	9 ♈ 46	17 ♒ 21	9 ♍ 49	15 ♏ 57	14 ♍ 4	19 ♏	0 ♏	8 ♏	9 ♐	10 ♓
25	1 ♐ 36	5 ♓ 12	13 ♋ 20	11 R 56	12 ♐ 35	23 ♐ 45	21 ♐ 54	9 ♈ 44	17 ♒ 24	9 ♍ 51	15 ♏ 59	14 ♍ 5	20 ♏	1 ♏	9 ♏	9 ♐	10 ♓
26	2 ♐ 37	18 ♓ 43	13 ♋ 16	11 ♋ 55	14 ♐ 6	25 ♐ 0	22 ♐ 39	9 ♈ 42	17 ♒ 28	9 ♍ 52	16 ♏ 1	14 ♍ 6	20 ♏	1 ♏	9 ♏	10 ♐	10 ♓
27	3 ♐ 37	2 ♈ 42	13 ♋ 13	11 ♋ 52	15 ♐ 38	26 ♐ 14	23 ♐ 24	9 ♈ 40	17 ♒ 31	9 ♍ 53	16 ♏ 3	14 ♍ 6	21 ♏	2 ♏	9 ♏	10 ♐	10 ♓
28	4 ♐ 38	17 ♈ 8	13 ♋ 10	11 ♋ 48	17 ♐ 9	27 ♐ 29	24 ♐ 9	9 ♈ 38	17 ♒ 35	9 ♍ 54	16 ♏ 5	14 ♍ 7	21 ♏	2 ♏	10 ♏	11 ♐	10 ♓
29	5 ♐ 39	1 ♉ 59	13 ♋ 7	11 ♋ 42	18 ♐ 40	28 ♐ 44	24 ♐ 54	9 ♈ 37	17 ♒ 39	9 ♍ 55	16 ♏ 8	14 ♍ 8	21 ♏	3 ♏	10 ♏	11 ♐	10 ♓
30	6 ♐ 40	17 ♉ 7	13 ♋ 4	11 ♋ 37	20 ♐ 10	29 ♐ 58	25 ♐ 39	9 ♈ 35	17 ♒ 42	9 ♍ 56	16 ♏ 10	14 ♍ 8	22 ♏	3 ♏	10 ♏	12 ♐	10 ♓

SUN INGRESS	☉ → ♐ 23日 09:49
MOON PHASE	○ 1日 22:55 ♉ ◑ 8日 15:37 ♌ ● 16日 15:50 ♏ ◐ 24日 16:56 ♓

aspects		
2日	17:30	☉⚹♅
3日	18:57	☿⚹♅
5日	10:08	☉☌☿
6日	14:15	☿⚹♇
7日	07:50	☉⚹♇
7日	13:28	☿☌♆
8日	01:45	♂□♅
8日	09:51	☿□♄
8日	21:56	☉☌♆
9日	20:04	♂△♃
10日	06:39	☉□♄
13日	14:39	♀□♅
14日	05:24	♀△♃
14日	06:15	♂□♇
17日	03:39	♀□♇
18日	12:36	♂⚹♄
19日	16:31	♀⚹♄
21日	07:10	♀☌♂
23日	04:31	☿△♃
23日	04:33	☿□♅
25日	23:50	☿□♇
28日	07:10	☿⚹♄

1963年12月

DAY	☉	☽	☊ mean	☊ true	☿	♀	♂	♃	♄	♅	♆	♇	⚳	⚴	⚵	⚶	⚷
	° ′	° ′	° ′	° ′	° ′	° ′	° ′	° ′	° ′	° ′	° ′	° ′	°	°	°	°	°
1	7 ♐ 40	2 ♊ 23	13 ♋ 1	11 R 32	21 D 41	1 D 13	26 D 24	9 R 34	17 D 46	9 D 57	16 D 12	14 D 9	22 D	3 D	11 D	12 D	10 D
2	8 ♐ 41	17 ♊ 37	12 ♋ 57	11 ♋ 29	23 ♐ 11	2 ♑ 28	27 ♐ 9	9 ♈ 33	17 ♒ 50	9 ♍ 58	16 ♏ 14	14 ♍ 9	23 ♏	4 ♏	11 ♏	13 ♐	10 ♓
3	9 ♐ 42	2 ♋ 38	12 ♋ 54	11 ♋ 27	24 ♐ 41	3 ♑ 42	27 ♐ 55	9 ♈ 33	17 ♒ 54	9 ♍ 59	16 ♏ 16	14 ♍ 10	23 ♏	4 ♏	11 ♏	13 ♐	10 ♓
4	10 ♐ 43	17 ♋ 19	12 ♋ 51	11 D 27	26 ♐ 10	4 ♑ 57	28 ♐ 40	9 ♈ 32	17 ♒ 58	9 ♍ 59	16 ♏ 18	14 ♍ 10	24 ♏	5 ♏	12 ♏	14 ♐	10 ♓
5	11 ♐ 44	1 ♌ 33	12 ♋ 48	11 ♋ 28	27 ♐ 39	6 ♑ 12	29 ♐ 25	9 ♈ 32	18 ♒ 2	10 ♍ 0	16 ♏ 20	14 ♍ 11	24 ♏	5 ♏	12 ♏	14 ♐	10 ♓
6	12 ♐ 44	15 ♌ 20	12 ♋ 45	11 ♋ 29	29 ♐ 7	7 ♑ 26	0 ♑ 11	9 D 32	18 ♒ 7	10 ♍ 1	16 ♏ 22	14 ♍ 11	24 ♏	6 ♏	12 ♏	15 ♐	10 ♓
7	13 ♐ 45	28 ♌ 40	12 ♋ 41	11 ♋ 31	0 ♑ 35	8 ♑ 41	0 ♑ 56	9 ♈ 32	18 ♒ 11	10 ♍ 1	16 ♏ 24	14 ♍ 11	25 ♏	6 ♏	13 ♏	16 ♐	10 ♓
8	14 ♐ 46	11 ♍ 35	12 ♋ 38	11 ♋ 32	2 ♑ 2	9 ♑ 55	1 ♑ 42	9 ♈ 32	18 ♒ 15	10 ♍ 2	16 ♏ 26	14 ♍ 12	25 ♏	6 ♏	13 ♏	16 ♐	10 ♓
9	15 ♐ 47	24 ♍ 9	12 ♋ 35	11 R 32	3 ♑ 28	11 ♑ 10	2 ♑ 27	9 ♈ 33	18 ♒ 20	10 ♍ 2	16 ♏ 28	14 ♍ 12	26 ♏	7 ♏	13 ♏	17 ♐	10 ♓
10	16 ♐ 48	6 ♎ 26	12 ♋ 32	11 ♋ 30	4 ♑ 53	12 ♑ 25	3 ♑ 13	9 ♈ 34	18 ♒ 24	10 ♍ 3	16 ♏ 30	14 ♍ 12	26 ♏	7 ♏	14 ♏	17 ♐	10 ♓
11	17 ♐ 49	18 ♎ 31	12 ♋ 29	11 ♋ 27	6 ♑ 17	13 ♑ 39	3 ♑ 59	9 ♈ 35	18 ♒ 29	10 ♍ 3	16 ♏ 32	14 ♍ 12	27 ♏	8 ♏	14 ♏	18 ♐	10 ♓
12	18 ♐ 50	0 ♏ 27	12 ♋ 26	11 ♋ 24	7 ♑ 40	14 ♑ 54	4 ♑ 44	9 ♈ 36	18 ♒ 34	10 ♍ 3	16 ♏ 34	14 ♍ 13	27 ♏	8 ♏	14 ♏	18 ♐	10 ♓
13	19 ♐ 51	12 ♏ 18	12 ♋ 22	11 ♋ 20	9 ♑ 0	16 ♑ 8	5 ♑ 30	9 ♈ 37	18 ♒ 38	10 ♍ 3	16 ♏ 36	14 ♍ 13	27 ♏	8 ♏	14 ♏	19 ♐	10 ♓
14	20 ♐ 52	24 ♏ 8	12 ♋ 19	11 ♋ 16	10 ♑ 19	17 ♑ 23	6 ♑ 16	9 ♈ 39	18 ♒ 43	10 ♍ 4	16 ♏ 38	14 ♍ 13	28 ♏	9 ♏	15 ♏	19 ♐	10 ♓
15	21 ♐ 53	5 ♐ 58	12 ♋ 16	11 ♋ 13	11 ♑ 36	18 ♑ 37	7 ♑ 2	9 ♈ 41	18 ♒ 48	10 ♍ 4	16 ♏ 40	14 ♍ 13	28 ♏	9 ♏	15 ♏	20 ♐	10 ♓
16	22 ♐ 54	17 ♐ 51	12 ♋ 13	11 ♋ 11	12 ♑ 50	19 ♑ 52	7 ♑ 48	9 ♈ 43	18 ♒ 53	10 ♍ 4	16 ♏ 42	14 ♍ 13	29 ♏	10 ♏	15 ♏	20 ♐	10 ♓
17	23 ♐ 55	29 ♐ 49	12 ♋ 10	11 ♋ 9	14 ♑ 1	21 ♑ 6	8 ♑ 34	9 ♈ 45	18 ♒ 58	10 R 4	16 ♏ 44	14 ♍ 13	29 ♏	10 ♏	16 ♏	21 ♐	10 ♓
18	24 ♐ 56	11 ♑ 53	12 ♋ 7	11 D 9	15 ♑ 9	22 ♑ 21	9 ♑ 20	9 ♈ 47	19 ♒ 3	10 ♍ 4	16 ♏ 46	14 R 13	0 ♐	11 ♏	16 ♏	22 ♐	10 ♓
19	25 ♐ 58	24 ♑ 6	12 ♋ 3	11 ♋ 9	16 ♑ 12	23 ♑ 35	10 ♑ 6	9 ♈ 50	19 ♒ 9	10 ♍ 4	16 ♏ 48	14 ♍ 13	0 ♐	11 ♏	16 ♏	22 ♐	10 ♓
20	26 ♐ 59	6 ♒ 28	12 ♋ 0	11 ♋ 10	17 ♑ 11	24 ♑ 50	10 ♑ 52	9 ♈ 53	19 ♒ 14	10 ♍ 3	16 ♏ 50	14 ♍ 13	0 ♐	11 ♏	17 ♏	23 ♐	10 ♓
21	28 ♐ 0	19 ♒ 4	11 ♋ 57	11 ♋ 12	18 ♑ 4	26 ♑ 4	11 ♑ 38	9 ♈ 56	19 ♒ 19	10 ♍ 3	16 ♏ 52	14 ♍ 13	1 ♐	12 ♏	17 ♏	23 ♐	10 ♓
22	29 ♐ 1	1 ♓ 54	11 ♋ 54	11 ♋ 13	18 ♑ 52	27 ♑ 19	12 ♑ 24	9 ♈ 59	19 ♒ 25	10 ♍ 3	16 ♏ 53	14 ♍ 13	1 ♐	12 ♏	17 ♏	24 ♐	10 ♓
23	0 ♑ 2	15 ♓ 1	11 ♋ 51	11 ♋ 14	19 ♑ 32	28 ♑ 33	13 ♑ 11	10 ♈ 2	19 ♒ 30	10 ♍ 3	16 ♏ 55	14 ♍ 13	2 ♐	13 ♏	18 ♏	24 ♐	10 ♓
24	1 ♑ 3	28 ♓ 28	11 ♋ 47	11 ♋ 14	20 ♑ 4	29 ♑ 47	13 ♑ 57	10 ♈ 6	19 ♒ 36	10 ♍ 2	16 ♏ 57	14 ♍ 13	2 ♐	13 ♏	18 ♏	25 ♐	10 ♓
25	2 ♑ 4	12 ♈ 16	11 ♋ 44	11 R 14	20 ♑ 27	1 ♒ 2	14 ♑ 43	10 ♈ 10	19 ♒ 41	10 ♍ 2	16 ♏ 59	14 ♍ 12	2 ♐	13 ♏	18 ♏	25 ♐	10 ♓
26	3 ♑ 5	26 ♈ 26	11 ♋ 41	11 ♋ 13	20 ♑ 41	2 ♒ 16	15 ♑ 29	10 ♈ 14	19 ♒ 47	10 ♍ 1	17 ♏ 0	14 ♍ 12	3 ♐	14 ♏	19 ♏	26 ♐	10 ♓
27	4 ♑ 6	10 ♉ 55	11 ♋ 38	11 ♋ 13	20 R 44	3 ♒ 30	16 ♑ 16	10 ♈ 18	19 ♒ 53	10 ♍ 1	17 ♏ 2	14 ♍ 12	3 ♐	14 ♏	19 ♏	26 ♐	10 ♓
28	5 ♑ 8	25 ♉ 40	11 ♋ 35	11 ♋ 12	20 ♑ 35	4 ♒ 45	17 ♑ 2	10 ♈ 22	19 ♒ 59	10 ♍ 0	17 ♏ 4	14 ♍ 11	4 ♐	14 ♏	19 ♏	27 ♐	10 ♓
29	6 ♑ 9	10 ♊ 36	11 ♋ 32	11 ♋ 11	20 ♑ 16	5 ♒ 59	17 ♑ 49	10 ♈ 27	20 ♒ 4	9 ♍ 59	17 ♏ 5	14 ♍ 11	4 ♐	15 ♏	19 ♏	27 ♐	10 ♓
30	7 ♑ 10	25 ♊ 34	11 ♋ 28	11 ♋ 11	19 ♑ 44	7 ♒ 13	18 ♑ 35	10 ♈ 32	20 ♒ 10	9 ♍ 59	17 ♏ 7	14 ♍ 11	4 ♐	15 ♏	20 ♏	28 ♐	10 ♓
31	8 ♑ 11	10 ♋ 27	11 ♋ 25	11 ♋ 11	19 ♑ 0	8 ♒ 27	19 ♑ 22	10 ♈ 37	20 ♒ 16	9 ♍ 58	17 ♏ 8	14 ♍ 10	5 ♐	16 ♏	20 ♏	29 ♐	10 ♓

SUN INGRESS	☉ → ♑ 22日 23:02
MOON PHASE	○ 1日 08:54 ♊ ◑ 8日 06:34 ♍ ● 16日 11:06 ♐ ◐ 24日 04:54 ♈ ○ 30日 20:04 ♋

aspects		
2日	20:22	☉△♃
3日	06:39	☉□♅
7日	10:19	☉□♇
7日	12:17	☿☌♂
7日	16:30	♀□♃
8日	02:01	♀△♅
11日	10:45	♀△♇
11日	16:58	☉⚹♄
13日	09:18	♀⚹♆
13日	11:18	☿□♃
13日	19:08	☿△♅
17日	04:07	☿△♇
18日	15:08	♂□♃
18日	22:50	♂△♅
19日	14:42	☿⚹♆
24日	08:08	♂△♇
28日	00:43	♂⚹♆
30日	18:35	☿☌♂

1964年1月

DAY	☉	☽	☊ mean	☊ true	☿	♀	♂	♃	♄	♅	♆	♇	⚳	⚴	⚵	⚶	⚷
	° ′	° ′	° ′	° ′	° ′	° ′	° ′	° ′	° ′	° ′	° ′	° ′	°	°	°	°	°
1	9 ♑ 12	25 ♋ 5	11 ♋ 22	11 D 11	18 R 6	9 D 41	20 D 8	10 D 42	20 D 22	9 R 57	17 D 10	14 R 10	5 D	16 D	20 D	29 D	10 D
2	10 ♑ 13	9 ♌ 24	11 ♋ 19	11 ♋ 11	17 ♑ 2	10 ♒ 56	20 ♑ 55	10 ♈ 47	20 ♒ 28	9 ♍ 56	17 ♏ 12	14 ♍ 9	6 ♐	16 ♏	21 ♏	0 ♑	11 ♓
3	11 ♑ 14	23 ♌ 19	11 ♋ 16	11 R 11	15 ♑ 50	12 ♒ 10	21 ♑ 42	10 ♈ 53	20 ♒ 34	9 ♍ 55	17 ♏ 13	14 ♍ 9	6 ♐	17 ♏	21 ♏	0 ♑	11 ♓
4	12 ♑ 15	6 ♍ 47	11 ♋ 13	11 ♋ 11	14 ♑ 33	13 ♒ 24	22 ♑ 28	10 ♈ 58	20 ♒ 41	9 ♍ 54	17 ♏ 15	14 ♍ 8	6 ♐	17 ♏	21 ♏	1 ♑	11 ♓
5	13 ♑ 17	19 ♍ 51	11 ♋ 9	11 ♋ 11	13 ♑ 12	14 ♒ 38	23 ♑ 15	11 ♈ 4	20 ♒ 47	9 ♍ 53	17 ♏ 16	14 ♍ 8	7 ♐	18 ♏	21 ♏	1 ♑	11 ♓
6	14 ♑ 18	2 ♎ 31	11 ♋ 6	11 ♋ 11	11 ♑ 51	15 ♒ 52	24 ♑ 2	11 ♈ 10	20 ♒ 53	9 ♍ 52	17 ♏ 17	14 ♍ 7	7 ♐	18 ♏	22 ♏	2 ♑	11 ♓
7	15 ♑ 19	14 ♎ 52	11 ♋ 3	11 ♋ 10	10 ♑ 32	17 ♒ 6	24 ♑ 48	11 ♈ 16	20 ♒ 59	9 ♍ 51	17 ♏ 19	14 ♍ 7	8 ♐	18 ♏	22 ♏	2 ♑	11 ♓
8	16 ♑ 20	26 ♎ 58	11 ♋ 0	11 D 11	9 ♑ 18	18 ♒ 20	25 ♑ 35	11 ♈ 23	21 ♒ 6	9 ♍ 50	17 ♏ 20	14 ♍ 6	8 ♐	19 ♏	22 ♏	3 ♑	11 ♓
9	17 ♑ 21	8 ♏ 54	10 ♋ 57	11 ♋ 11	8 ♑ 10	19 ♒ 33	26 ♑ 22	11 ♈ 29	21 ♒ 12	9 ♍ 49	17 ♏ 22	14 ♍ 5	8 ♐	19 ♏	23 ♏	3 ♑	11 ♓
10	18 ♑ 22	20 ♏ 44	10 ♋ 53	11 ♋ 12	7 ♑ 10	20 ♒ 47	27 ♑ 9	11 ♈ 36	21 ♒ 19	9 ♍ 47	17 ♏ 23	14 ♍ 5	9 ♐	19 ♏	23 ♏	4 ♑	11 ♓
11	19 ♑ 24	2 ♐ 33	10 ♋ 50	11 ♋ 13	6 ♑ 19	22 ♒ 1	27 ♑ 56	11 ♈ 43	21 ♒ 25	9 ♍ 46	17 ♏ 24	14 ♍ 4	9 ♐	20 ♏	23 ♏	4 ♑	11 ♓
12	20 ♑ 25	14 ♐ 24	10 ♋ 47	11 ♋ 14	5 ♑ 38	23 ♒ 15	28 ♑ 43	11 ♈ 50	21 ♒ 32	9 ♍ 45	17 ♏ 25	14 ♍ 3	10 ♐	20 ♏	23 ♏	5 ♑	11 ♓
13	21 ♑ 26	26 ♐ 22	10 ♋ 44	11 ♋ 14	5 ♑ 6	24 ♒ 29	29 ♑ 30	11 ♈ 57	21 ♒ 38	9 ♍ 43	17 ♏ 27	14 ♍ 2	10 ♐	20 ♏	24 ♏	6 ♑	11 ♓
14	22 ♑ 27	8 ♑ 28	10 ♋ 41	11 ♋ 15	4 ♑ 45	25 ♒ 42	0 ♒ 17	12 ♈ 4	21 ♒ 45	9 ♍ 42	17 ♏ 28	14 ♍ 1	10 ♐	21 ♏	24 ♏	6 ♑	11 ♓
15	23 ♑ 28	20 ♑ 45	10 ♋ 38	11 R 15	4 ♑ 33	26 ♒ 56	1 ♒ 4	12 ♈ 12	21 ♒ 51	9 ♍ 40	17 ♏ 29	14 ♍ 1	11 ♐	21 ♏	24 ♏	7 ♑	11 ♓
16	24 ♑ 29	3 ♒ 14	10 ♋ 34	11 ♋ 14	4 D 29	28 ♒ 10	1 ♒ 51	12 ♈ 19	21 ♒ 58	9 ♍ 39	17 ♏ 30	14 ♍ 0	11 ♐	22 ♏	24 ♏	7 ♑	11 ♓
17	25 ♑ 30	15 ♒ 57	10 ♋ 31	11 ♋ 12	4 ♑ 35	29 ♒ 23	2 ♒ 38	12 ♈ 27	22 ♒ 5	9 ♍ 37	17 ♏ 31	13 ♍ 59	12 ♐	22 ♏	25 ♏	8 ♑	11 ♓
18	26 ♑ 32	28 ♒ 52	10 ♋ 28	11 ♋ 10	4 ♑ 48	0 ♓ 37	3 ♒ 25	12 ♈ 35	22 ♒ 12	9 ♍ 35	17 ♏ 32	13 ♍ 58	12 ♐	22 ♏	25 ♏	8 ♑	11 ♓
19	27 ♑ 33	12 ♓ 1	10 ♋ 25	11 ♋ 8	5 ♑ 8	1 ♓ 50	4 ♒ 12	12 ♈ 43	22 ♒ 18	9 ♍ 34	17 ♏ 33	13 ♍ 57	12 ♐	23 ♏	25 ♏	9 ♑	11 ♓
20	28 ♑ 34	25 ♓ 23	10 ♋ 22	11 ♋ 5	5 ♑ 35	3 ♓ 3	4 ♒ 59	12 ♈ 51	22 ♒ 25	9 ♍ 32	17 ♏ 34	13 ♍ 56	13 ♐	23 ♏	25 ♏	9 ♑	11 ♓
21	29 ♑ 35	8 ♈ 59	10 ♋ 19	11 ♋ 3	6 ♑ 7	4 ♓ 17	5 ♒ 46	13 ♈ 0	22 ♒ 32	9 ♍ 30	17 ♏ 35	13 ♍ 55	13 ♐	23 ♏	26 ♏	10 ♑	11 ♓
22	0 ♒ 36	22 ♈ 47	10 ♋ 15	11 ♋ 2	6 ♑ 45	5 ♓ 30	6 ♒ 33	13 ♈ 8	22 ♒ 39	9 ♍ 28	17 ♏ 36	13 ♍ 54	14 ♐	24 ♏	26 ♏	10 ♑	11 ♓
23	1 ♒ 37	6 ♉ 48	10 ♋ 12	11 D 2	7 ♑ 28	6 ♓ 43	7 ♒ 21	13 ♈ 17	22 ♒ 46	9 ♍ 26	17 ♏ 37	13 ♍ 53	14 ♐	24 ♏	26 ♏	11 ♑	11 ♓
24	2 ♒ 38	20 ♉ 59	10 ♋ 9	11 ♋ 3	8 ♑ 15	7 ♓ 56	8 ♒ 8	13 ♈ 26	22 ♒ 53	9 ♍ 25	17 ♏ 38	13 ♍ 52	14 ♐	24 ♏	26 ♏	11 ♑	12 ♓
25	3 ♒ 39	5 ♊ 21	10 ♋ 6	11 ♋ 4	9 ♑ 7	9 ♓ 10	8 ♒ 55	13 ♈ 35	23 ♒ 0	9 ♍ 23	17 ♏ 39	13 ♍ 51	15 ♐	25 ♏	27 ♏	12 ♑	12 ♓
26	4 ♒ 40	19 ♊ 48	10 ♋ 3	11 ♋ 6	10 ♑ 1	10 ♓ 23	9 ♒ 42	13 ♈ 44	23 ♒ 7	9 ♍ 21	17 ♏ 40	13 ♍ 50	15 ♐	25 ♏	27 ♏	12 ♑	12 ♓
27	5 ♒ 41	4 ♋ 19	9 ♋ 59	11 ♋ 7	10 ♑ 59	11 ♓ 36	10 ♒ 30	13 ♈ 53	23 ♒ 14	9 ♍ 19	17 ♏ 41	13 ♍ 48	15 ♐	25 ♏	27 ♏	13 ♑	12 ♓
28	6 ♒ 42	18 ♋ 47	9 ♋ 56	11 R 7	12 ♑ 0	12 ♓ 48	11 ♒ 17	14 ♈ 3	23 ♒ 21	9 ♍ 17	17 ♏ 41	13 ♍ 47	16 ♐	26 ♏	27 ♏	14 ♑	12 ♓
29	7 ♒ 43	3 ♌ 7	9 ♋ 53	11 ♋ 5	13 ♑ 4	14 ♓ 1	12 ♒ 4	14 ♈ 12	23 ♒ 28	9 ♍ 14	17 ♏ 42	13 ♍ 46	16 ♐	26 ♏	28 ♏	14 ♑	12 ♓
30	8 ♒ 44	17 ♌ 14	9 ♋ 50	11 ♋ 2	14 ♑ 10	15 ♓ 14	12 ♒ 51	14 ♈ 22	23 ♒ 35	9 ♍ 12	17 ♏ 43	13 ♍ 45	16 ♐	26 ♏	28 ♏	15 ♑	12 ♓
31	9 ♒ 45	1 ♍ 3	9 ♋ 47	10 ♋ 58	15 ♑ 18	16 ♓ 27	13 ♒ 39	14 ♈ 32	23 ♒ 42	9 ♍ 10	17 ♏ 44	13 ♍ 44	17 ♐	26 ♏	28 ♏	15 ♑	12 ♓

SUN INGRESS	☉ → ♒ 21日 09:41
MOON PHASE	◑ 7日 00:58 ♎ ● 15日 05:43 ♑ ◐ 22日 14:29 ♉ ○ 29日 08:23 ♌

aspects		
1日	17:26	☉△♅
1日	20:47	☿⚹♆
1日	21:03	♀⚹♃
2日	14:35	☉□♃
4日	07:27	☿△♇
4日	23:18	☉☌☿
5日	19:54	☉△♇
6日	11:32	☿□♃
7日	04:22	♀□♆
7日	13:19	☿△♅
9日	00:07	☉⚹♆
10日	11:10	♀☌♄
24日	20:27	☿⚹♀
25日	04:10	♀☍♅
25日	06:55	☿△♅
28日	19:04	♀☍♇
29日	15:10	☿△♇
30日	04:57	☿□♃

1964年2月

DAY	☉	☽	☊ mean	☊ true	☿	♀	♂	♃	♄	♅	♆	♇	⚳	⚴	⚵	⚶	⚷
	° ′	° ′	° ′	° ′	° ′	° ′	° ′	° ′	° ′	° ′	° ′	° ′	°	°	°	°	°
1	10 ♒ 46	14 ♍ 31	9 ♋ 44	10 R 53	16 D 28	17 D 39	14 D 26	14 D 41	23 D 49	9 R 8	17 D 44	13 R 42	17 D	27 D	28 D	16 D	12 D
2	11 ♒ 47	27 ♍ 37	9 ♋ 40	10 ♋ 48	17 ♑ 41	18 ♓ 52	15 ♒ 13	14 ♈ 51	23 ♒ 56	9 ♍ 6	17 ♏ 45	13 ♍ 41	18 ♐	27 ♏	29 ♏	16 ♑	12 ♓
3	12 ♒ 47	10 ♎ 22	9 ♋ 37	10 ♋ 44	18 ♑ 55	20 ♓ 4	16 ♒ 1	15 ♈ 2	24 ♒ 3	9 ♍ 4	17 ♏ 45	13 ♍ 40	18 ♐	27 ♏	29 ♏	17 ♑	12 ♓
4	13 ♒ 48	22 ♎ 46	9 ♋ 34	10 ♋ 40	20 ♑ 10	21 ♓ 17	16 ♒ 48	15 ♈ 12	24 ♒ 11	9 ♍ 1	17 ♏ 46	13 ♍ 39	18 ♐	28 ♏	29 ♏	17 ♑	12 ♓
5	14 ♒ 49	4 ♏ 55	9 ♋ 31	10 ♋ 38	21 ♑ 27	22 ♓ 29	17 ♒ 35	15 ♈ 22	24 ♒ 18	8 ♍ 59	17 ♏ 46	13 ♍ 37	19 ♐	28 ♏	29 ♏	18 ♑	12 ♓
6	15 ♒ 50	16 ♏ 52	9 ♋ 28	10 D 38	22 ♑ 46	23 ♓ 41	18 ♒ 23	15 ♈ 33	24 ♒ 25	8 ♍ 57	17 ♏ 47	13 ♍ 36	19 ♐	28 ♏	29 ♏	18 ♑	12 ♓
7	16 ♒ 51	28 ♏ 43	9 ♋ 24	10 ♋ 38	24 ♑ 5	24 ♓ 53	19 ♒ 10	15 ♈ 43	24 ♒ 32	8 ♍ 54	17 ♏ 47	13 ♍ 35	19 ♐	29 ♏	0 ♐	19 ♑	12 ♓
8	17 ♒ 52	10 ♐ 32	9 ♋ 21	10 ♋ 40	25 ♑ 26	26 ♓ 5	19 ♒ 58	15 ♈ 54	24 ♒ 39	8 ♍ 52	17 ♏ 48	13 ♍ 33	20 ♐	29 ♏	0 ♐	19 ♑	12 ♓
9	18 ♒ 52	22 ♐ 25	9 ♋ 18	10 ♋ 42	26 ♑ 49	27 ♓ 17	20 ♒ 45	16 ♈ 5	24 ♒ 47	8 ♍ 49	17 ♏ 48	13 ♍ 32	20 ♐	29 ♏	0 ♐	20 ♑	12 ♓
10	19 ♒ 53	4 ♑ 26	9 ♋ 15	10 ♋ 43	28 ♑ 12	28 ♓ 29	21 ♒ 32	16 ♈ 16	24 ♒ 54	8 ♍ 47	17 ♏ 48	13 ♍ 30	20 ♐	29 ♏	0 ♐	20 ♑	12 ♓
11	20 ♒ 54	16 ♑ 39	9 ♋ 12	10 R 43	29 ♑ 36	29 ♓ 41	22 ♒ 20	16 ♈ 27	25 ♒ 1	8 ♍ 45	17 ♏ 49	13 ♍ 29	21 ♐	0 ♐	0 ♐	21 ♑	13 ♓
12	21 ♒ 55	29 ♑ 7	9 ♋ 9	10 ♋ 41	1 ♒ 2	0 ♈ 53	23 ♒ 7	16 ♈ 38	25 ♒ 8	8 ♍ 42	17 ♏ 49	13 ♍ 27	21 ♐	0 ♐	1 ♐	21 ♑	13 ♓
13	22 ♒ 55	11 ♒ 53	9 ♋ 5	10 ♋ 37	2 ♒ 28	2 ♈ 4	23 ♒ 55	16 ♈ 49	25 ♒ 16	8 ♍ 40	17 ♏ 49	13 ♍ 26	21 ♐	0 ♐	1 ♐	22 ♑	13 ♓
14	23 ♒ 56	24 ♒ 56	9 ♋ 2	10 ♋ 32	3 ♒ 56	3 ♈ 16	24 ♒ 42	17 ♈ 0	25 ♒ 23	8 ♍ 37	17 ♏ 49	13 ♍ 25	22 ♐	0 ♐	1 ♐	22 ♑	13 ♓
15	24 ♒ 57	8 ♓ 17	8 ♋ 59	10 ♋ 24	5 ♒ 25	4 ♈ 27	25 ♒ 30	17 ♈ 12	25 ♒ 30	8 ♍ 35	17 ♏ 49	13 ♍ 23	22 ♐	1 ♐	1 ♐	23 ♑	13 ♓
16	25 ♒ 57	21 ♓ 52	8 ♋ 56	10 ♋ 16	6 ♒ 54	5 ♈ 39	26 ♒ 17	17 ♈ 23	25 ♒ 37	8 ♍ 32	17 ♏ 50	13 ♍ 22	22 ♐	1 ♐	1 ♐	23 ♑	13 ♓
17	26 ♒ 58	5 ♈ 40	8 ♋ 53	10 ♋ 8	8 ♒ 24	6 ♈ 50	27 ♒ 5	17 ♈ 35	25 ♒ 45	8 ♍ 30	17 ♏ 50	13 ♍ 20	23 ♐	1 ♐	1 ♐	24 ♑	13 ♓
18	27 ♒ 59	19 ♈ 37	8 ♋ 50	10 ♋ 2	9 ♒ 56	8 ♈ 1	27 ♒ 52	17 ♈ 46	25 ♒ 52	8 ♍ 27	17 ♏ 50	13 ♍ 19	23 ♐	1 ♐	2 ♐	24 ♑	13 ♓
19	28 ♒ 59	3 ♉ 39	8 ♋ 46	9 ♋ 57	11 ♒ 28	9 ♈ 12	28 ♒ 39	17 ♈ 58	25 ♒ 59	8 ♍ 24	17 R 50	13 ♍ 17	23 ♐	2 ♐	2 ♐	25 ♑	13 ♓
20	0 ♓ 0	17 ♉ 45	8 ♋ 43	9 ♋ 54	13 ♒ 1	10 ♈ 23	29 ♒ 27	18 ♈ 10	26 ♒ 6	8 ♍ 22	17 ♏ 50	13 ♍ 16	24 ♐	2 ♐	2 ♐	25 ♑	13 ♓
21	1 ♓ 0	1 ♊ 53	8 ♋ 40	9 D 53	14 ♒ 35	11 ♈ 33	0 ♓ 14	18 ♈ 22	26 ♒ 14	8 ♍ 19	17 ♏ 50	13 ♍ 14	24 ♐	2 ♐	2 ♐	26 ♑	13 ♓
22	2 ♓ 1	16 ♊ 0	8 ♋ 37	9 ♋ 54	16 ♒ 10	12 ♈ 44	1 ♓ 2	18 ♈ 34	26 ♒ 21	8 ♍ 17	17 ♏ 50	13 ♍ 13	24 ♐	2 ♐	2 ♐	26 ♑	13 ♓
23	3 ♓ 1	0 ♋ 6	8 ♋ 34	9 ♋ 55	17 ♒ 46	13 ♈ 55	1 ♓ 49	18 ♈ 46	26 ♒ 28	8 ♍ 14	17 ♏ 49	13 ♍ 11	25 ♐	3 ♐	2 ♐	27 ♑	13 ♓
24	4 ♓ 1	14 ♋ 9	8 ♋ 30	9 R 55	19 ♒ 23	15 ♈ 5	2 ♓ 36	18 ♈ 58	26 ♒ 35	8 ♍ 11	17 ♏ 49	13 ♍ 9	25 ♐	3 ♐	3 ♐	27 ♑	13 ♓
25	5 ♓ 2	28 ♋ 9	8 ♋ 27	9 ♋ 54	21 ♒ 1	16 ♈ 15	3 ♓ 24	19 ♈ 11	26 ♒ 42	8 ♍ 9	17 ♏ 49	13 ♍ 8	25 ♐	3 ♐	3 ♐	28 ♑	13 ♓
26	6 ♓ 2	12 ♌ 1	8 ♋ 24	9 ♋ 50	22 ♒ 40	17 ♈ 25	4 ♓ 11	19 ♈ 23	26 ♒ 50	8 ♍ 6	17 ♏ 49	13 ♍ 6	25 ♐	3 ♐	3 ♐	29 ♑	13 ♓
27	7 ♓ 2	25 ♌ 45	8 ♋ 21	9 ♋ 43	24 ♒ 20	18 ♈ 35	4 ♓ 59	19 ♈ 36	26 ♒ 57	8 ♍ 3	17 ♏ 49	13 ♍ 5	26 ♐	3 ♐	3 ♐	29 ♑	13 ♓
28	8 ♓ 3	9 ♍ 15	8 ♋ 18	9 ♋ 34	26 ♒ 1	19 ♈ 45	5 ♓ 46	19 ♈ 48	27 ♒ 4	8 ♍ 1	17 ♏ 48	13 ♍ 3	26 ♐	4 ♐	3 ♐	0 ♒	14 ♓
29	9 ♓ 3	22 ♍ 31	8 ♋ 15	9 ♋ 24	27 ♒ 43	20 ♈ 55	6 ♓ 33	20 ♈ 1	27 ♒ 11	7 ♍ 58	17 ♏ 48	13 ♍ 2	26 ♐	4 ♐	3 ♐	0 ♒	14 ♓

SUN INGRESS	☉ → ♓ 19日 23:57
MOON PHASE	◑ 5日 21:42 ♏ ● 13日 22:01 ♒ ◐ 20日 22:24 ♊ ○ 27日 21:39 ♍

aspects		
1日	01:36	♀△♆
1日	09:53	♂⚹♃
2日	01:22	☿⚹♆
5日	05:35	♂□♆
5日	15:42	☉⚹♃
7日	22:26	☉□♆
11日	08:20	☿⚹♀
15日	00:17	♂☌♄
15日	15:01	☉☌♄
17日	11:58	☉☌♂
23日	00:45	☿□♆
23日	16:57	☿⚹♃
27日	23:18	☉☍♅
28日	01:18	♀☌♃
28日	16:01	☿☌♄

1964年3月

DAY	☉	☽	☊ mean	☊ true	☿	♀	♂	♃	♄	♅	♆	♇	⚳	⚴	⚵	⚶	⚷
	° ′	° ′	° ′	° ′	° ′	° ′	° ′	° ′	° ′	° ′	° ′	° ′	°	°	°	°	°
1	10 ♓ 3	5 ♎ 29	8 ♋ 11	9 R 13	29 D 26	22 D 4	7 D 21	20 D 13	27 D 18	7 R 56	17 R 48	13 R 0	27 D	4 D	3 D	1 D	14 D
2	11 ♓ 3	18 ♎ 10	8 ♋ 8	9 ♋ 2	1 ♓ 10	23 ♈ 13	8 ♓ 8	20 ♈ 26	27 ♒ 25	7 ♍ 53	17 ♏ 47	12 ♍ 58	27 ♐	4 ♐	3 ♐	1 ♒	14 ♓
3	12 ♓ 4	0 ♏ 33	8 ♋ 5	8 ♋ 53	2 ♓ 55	24 ♈ 23	8 ♓ 55	20 ♈ 39	27 ♒ 33	7 ♍ 50	17 ♏ 47	12 ♍ 57	27 ♐	4 ♐	3 ♐	2 ♒	14 ♓
4	13 ♓ 4	12 ♏ 42	8 ♋ 2	8 ♋ 46	4 ♓ 41	25 ♈ 32	9 ♓ 43	20 ♈ 52	27 ♒ 40	7 ♍ 48	17 ♏ 46	12 ♍ 55	27 ♐	5 ♐	4 ♐	2 ♒	14 ♓
5	14 ♓ 4	24 ♏ 40	7 ♋ 59	8 ♋ 42	6 ♓ 28	26 ♈ 41	10 ♓ 30	21 ♈ 5	27 ♒ 47	7 ♍ 45	17 ♏ 46	12 ♍ 54	28 ♐	5 ♐	4 ♐	3 ♒	14 ♓
6	15 ♓ 4	6 ♐ 30	7 ♋ 56	8 ♋ 40	8 ♓ 16	27 ♈ 49	11 ♓ 17	21 ♈ 18	27 ♒ 54	7 ♍ 42	17 ♏ 45	12 ♍ 52	28 ♐	5 ♐	4 ♐	3 ♒	14 ♓
7	16 ♓ 4	18 ♐ 19	7 ♋ 52	8 D 39	10 ♓ 5	28 ♈ 58	12 ♓ 5	21 ♈ 31	28 ♒ 1	7 ♍ 40	17 ♏ 45	12 ♍ 51	28 ♐	5 ♐	4 ♐	4 ♒	14 ♓
8	17 ♓ 4	0 ♑ 12	7 ♋ 49	8 ♋ 40	11 ♓ 56	0 ♉ 6	12 ♓ 52	21 ♈ 44	28 ♒ 8	7 ♍ 37	17 ♏ 44	12 ♍ 49	29 ♐	5 ♐	4 ♐	4 ♒	14 ♓
9	18 ♓ 4	12 ♑ 13	7 ♋ 46	8 R 40	13 ♓ 47	1 ♉ 14	13 ♓ 39	21 ♈ 57	28 ♒ 15	7 ♍ 35	17 ♏ 44	12 ♍ 47	29 ♐	5 ♐	4 ♐	4 ♒	14 ♓
10	19 ♓ 4	24 ♑ 29	7 ♋ 43	8 ♋ 39	15 ♓ 40	2 ♉ 22	14 ♓ 26	22 ♈ 10	28 ♒ 22	7 ♍ 32	17 ♏ 43	12 ♍ 46	29 ♐	5 ♐	4 ♐	5 ♒	14 ♓
11	20 ♓ 4	7 ♒ 3	7 ♋ 40	8 ♋ 35	17 ♓ 33	3 ♉ 30	15 ♓ 14	22 ♈ 24	28 ♒ 29	7 ♍ 30	17 ♏ 42	12 ♍ 44	29 ♐	6 ♐	4 ♐	5 ♒	14 ♓
12	21 ♓ 4	19 ♒ 59	7 ♋ 36	8 ♋ 29	19 ♓ 28	4 ♉ 38	16 ♓ 1	22 ♈ 37	28 ♒ 36	7 ♍ 27	17 ♏ 42	12 ♍ 43	0 ♑	6 ♐	4 ♐	6 ♒	14 ♓
13	22 ♓ 4	3 ♓ 19	7 ♋ 33	8 ♋ 21	21 ♓ 24	5 ♉ 45	16 ♓ 48	22 ♈ 50	28 ♒ 42	7 ♍ 25	17 ♏ 41	12 ♍ 41	0 ♑	6 ♐	4 ♐	6 ♒	14 ♓
14	23 ♓ 4	17 ♓ 0	7 ♋ 30	8 ♋ 10	23 ♓ 20	6 ♉ 53	17 ♓ 35	23 ♈ 4	28 ♒ 49	7 ♍ 22	17 ♏ 40	12 ♍ 40	0 ♑	6 ♐	4 ♐	7 ♒	14 ♓
15	24 ♓ 3	1 ♈ 1	7 ♋ 27	7 ♋ 58	25 ♓ 18	8 ♉ 0	18 ♓ 22	23 ♈ 17	28 ♒ 56	7 ♍ 19	17 ♏ 39	12 ♍ 38	0 ♑	6 ♐	4 ♐	7 ♒	15 ♓
16	25 ♓ 3	15 ♈ 17	7 ♋ 24	7 ♋ 46	27 ♓ 16	9 ♉ 7	19 ♓ 9	23 ♈ 31	29 ♒ 3	7 ♍ 17	17 ♏ 39	12 ♍ 37	1 ♑	6 ♐	4 ♐	8 ♒	15 ♓
17	26 ♓ 3	29 ♈ 41	7 ♋ 21	7 ♋ 36	29 ♓ 15	10 ♉ 13	19 ♓ 57	23 ♈ 44	29 ♒ 10	7 ♍ 15	17 ♏ 38	12 ♍ 35	1 ♑	6 ♐	4 ♐	8 ♒	15 ♓
18	27 ♓ 3	14 ♉ 8	7 ♋ 17	7 ♋ 28	1 ♈ 15	11 ♉ 20	20 ♓ 44	23 ♈ 58	29 ♒ 16	7 ♍ 12	17 ♏ 37	12 ♍ 34	1 ♑	6 ♐	5 ♐	9 ♒	15 ♓
19	28 ♓ 2	28 ♉ 32	7 ♋ 14	7 ♋ 23	3 ♈ 15	12 ♉ 26	21 ♓ 31	24 ♈ 12	29 ♒ 23	7 ♍ 10	17 ♏ 36	12 ♍ 32	1 ♑	6 ♐	5 ♐	9 ♒	15 ♓
20	29 ♓ 2	12 ♊ 49	7 ♋ 11	7 ♋ 20	5 ♈ 15	13 ♉ 32	22 ♓ 18	24 ♈ 25	29 ♒ 30	7 ♍ 7	17 ♏ 35	12 ♍ 30	2 ♑	6 ♐	5 ♐	10 ♒	15 ♓
21	0 ♈ 2	26 ♊ 57	7 ♋ 8	7 ♋ 20	7 ♈ 15	14 ♉ 38	23 ♓ 5	24 ♈ 39	29 ♒ 36	7 ♍ 5	17 ♏ 34	12 ♍ 29	2 ♑	7 ♐	5 ♐	10 ♒	15 ♓
22	1 ♈ 1	10 ♋ 55	7 ♋ 5	7 ♋ 20	9 ♈ 15	15 ♉ 43	23 ♓ 52	24 ♈ 53	29 ♒ 43	7 ♍ 3	17 ♏ 33	12 ♍ 28	2 ♑	7 ♐	5 ♐	11 ♒	15 ♓
23	2 ♈ 1	24 ♋ 43	7 ♋ 1	7 ♋ 19	11 ♈ 15	16 ♉ 49	24 ♓ 39	25 ♈ 7	29 ♒ 49	7 ♍ 0	17 ♏ 32	12 ♍ 26	2 ♑	7 ♐	5 ♐	11 ♒	15 ♓
24	3 ♈ 0	8 ♌ 21	6 ♋ 58	7 ♋ 16	13 ♈ 13	17 ♉ 54	25 ♓ 26	25 ♈ 21	29 ♒ 56	6 ♍ 58	17 ♏ 31	12 ♍ 25	2 ♑	7 ♐	5 R	12 ♒	15 ♓
25	4 ♈ 0	21 ♌ 50	6 ♋ 55	7 ♋ 11	15 ♈ 11	18 ♉ 58	26 ♓ 12	25 ♈ 35	0 ♓ 2	6 ♍ 56	17 ♏ 30	12 ♍ 23	3 ♑	7 ♐	5 ♐	12 ♒	15 ♓
26	4 ♈ 59	5 ♍ 8	6 ♋ 52	7 ♋ 3	17 ♈ 7	20 ♉ 3	26 ♓ 59	25 ♈ 49	0 ♓ 9	6 ♍ 54	17 ♏ 29	12 ♍ 22	3 ♑	7 ♐	5 ♐	13 ♒	15 ♓
27	5 ♈ 58	18 ♍ 15	6 ♋ 49	6 ♋ 52	19 ♈ 1	21 ♉ 7	27 ♓ 46	26 ♈ 3	0 ♓ 15	6 ♍ 51	17 ♏ 28	12 ♍ 20	3 ♑	7 ♐	5 ♐	13 ♒	15 ♓
28	6 ♈ 58	1 ♎ 10	6 ♋ 46	6 ♋ 39	20 ♈ 53	22 ♉ 11	28 ♓ 33	26 ♈ 17	0 ♓ 21	6 ♍ 49	17 ♏ 27	12 ♍ 19	3 ♑	7 ♐	5 ♐	14 ♒	15 ♓
29	7 ♈ 57	13 ♎ 53	6 ♋ 42	6 ♋ 25	22 ♈ 42	23 ♉ 14	29 ♓ 20	26 ♈ 31	0 ♓ 28	6 ♍ 47	17 ♏ 26	12 ♍ 17	3 ♑	7 R	5 ♐	14 ♒	15 ♓
30	8 ♈ 56	26 ♎ 22	6 ♋ 39	6 ♋ 12	24 ♈ 27	24 ♉ 17	0 ♈ 6	26 ♈ 45	0 ♓ 34	6 ♍ 45	17 ♏ 25	12 ♍ 16	4 ♑	7 ♐	4 ♐	15 ♒	15 ♓
31	9 ♈ 56	8 ♏ 38	6 ♋ 36	6 ♋ 0	26 ♈ 10	25 ♉ 20	0 ♈ 53	26 ♈ 59	0 ♓ 40	6 ♍ 43	17 ♏ 23	12 ♍ 15	4 ♑	7 ♐	4 ♐	15 ♒	16 ♓

SUN INGRESS: ☉ → ♈ 20日 23:10

MOON PHASE: ◑ 6日 19:00 ♐　● 14日 11:14 ♓　◐ 21日 05:39 ♋　○ 28日 11:48 ♎

aspects		
1日	16:45	♂☍♅
3日	20:47	☉☍♇
5日	16:46	☿☍♅
6日	01:44	♀⚹♄
7日	22:37	♂☍♇
8日	11:22	☿☍♇
8日	16:01	☉△♆
8日	21:02	☿☌♂
11日	01:54	☿△♆
13日	16:57	☉☌☿
14日	02:33	♂△♆
14日	10:05	♀△♅
19日	02:07	♀△♇
23日	15:53	♀☍♆
31日	13:55	☿☌♃

1964年4月

DAY	☉	☽	☊ mean	☊ true	☿	♀	♂	♃	♄	♅	♆	♇	⚳	⚴	⚵	⚶	⚷
	° ′	° ′	° ′	° ′	° ′	° ′	° ′	° ′	° ′	° ′	° ′	° ′	°	°	°	°	°
1	10 ♈ 55	20 ♏ 42	6 ♋ 33	5 R 51	27 D 48	26 D 23	1 D 40	27 D 13	0 D 46	6 R 41	17 R 22	12 R 13	4 D	7 R	4 R	15 D	16 D
2	11 ♈ 54	2 ♐ 37	6 ♋ 30	5 ♋ 44	29 ♈ 22	27 ♉ 25	2 ♈ 27	27 ♈ 27	0 ♓ 52	6 ♍ 39	17 ♏ 21	12 ♍ 12	4 ♑	7 ♐	4 ♐	16 ♒	16 ♓
3	12 ♈ 53	14 ♐ 27	6 ♋ 27	5 ♋ 41	0 ♉ 51	28 ♉ 27	3 ♈ 13	27 ♈ 41	0 ♓ 58	6 ♍ 37	17 ♏ 20	12 ♍ 11	4 ♑	7 ♐	4 ♐	16 ♒	16 ♓
4	13 ♈ 52	26 ♐ 15	6 ♋ 23	5 ♋ 39	2 ♉ 15	29 ♉ 29	4 ♈ 0	27 ♈ 56	1 ♓ 4	6 ♍ 35	17 ♏ 18	12 ♍ 9	4 ♑	7 ♐	4 ♐	17 ♒	16 ♓
5	14 ♈ 51	8 ♑ 6	6 ♋ 20	5 D 39	3 ♉ 34	0 ♊ 30	4 ♈ 46	28 ♈ 10	1 ♓ 10	6 ♍ 33	17 ♏ 17	12 ♍ 8	5 ♑	7 ♐	4 ♐	17 ♒	16 ♓
6	15 ♈ 50	20 ♑ 7	6 ♋ 17	5 R 39	4 ♉ 48	1 ♊ 31	5 ♈ 33	28 ♈ 24	1 ♓ 16	6 ♍ 31	17 ♏ 16	12 ♍ 7	5 ♑	7 ♐	4 ♐	18 ♒	16 ♓
7	16 ♈ 49	2 ♒ 22	6 ♋ 14	5 ♋ 38	5 ♉ 56	2 ♊ 31	6 ♈ 19	28 ♈ 38	1 ♓ 22	6 ♍ 29	17 ♏ 14	12 ♍ 6	5 ♑	6 ♐	4 ♐	18 ♒	16 ♓
8	17 ♈ 48	14 ♒ 56	6 ♋ 11	5 ♋ 35	6 ♉ 58	3 ♊ 31	7 ♈ 6	28 ♈ 53	1 ♓ 28	6 ♍ 27	17 ♏ 13	12 ♍ 4	5 ♑	6 ♐	4 ♐	19 ♒	16 ♓
9	18 ♈ 47	27 ♒ 54	6 ♋ 7	5 ♋ 30	7 ♉ 53	4 ♊ 31	7 ♈ 52	29 ♈ 7	1 ♓ 33	6 ♍ 26	17 ♏ 12	12 ♍ 3	5 ♑	6 ♐	4 ♐	19 ♒	16 ♓
10	19 ♈ 46	11 ♓ 19	6 ♋ 4	5 ♋ 22	8 ♉ 43	5 ♊ 30	8 ♈ 39	29 ♈ 21	1 ♓ 39	6 ♍ 24	17 ♏ 10	12 ♍ 2	5 ♑	6 ♐	4 ♐	20 ♒	16 ♓
11	20 ♈ 45	25 ♓ 12	6 ♋ 1	5 ♋ 13	9 ♉ 26	6 ♊ 29	9 ♈ 25	29 ♈ 36	1 ♓ 45	6 ♍ 22	17 ♏ 9	12 ♍ 1	5 ♑	6 ♐	4 ♐	20 ♒	16 ♓
12	21 ♈ 44	9 ♈ 28	5 ♋ 58	5 ♋ 2	10 ♉ 3	7 ♊ 27	10 ♈ 11	29 ♈ 50	1 ♓ 50	6 ♍ 21	17 ♏ 7	12 ♍ 0	5 ♑	6 ♐	4 ♐	20 ♒	16 ♓
13	22 ♈ 43	24 ♈ 5	5 ♋ 55	4 ♋ 50	10 ♉ 33	8 ♊ 25	10 ♈ 58	0 ♉ 4	1 ♓ 56	6 ♍ 19	17 ♏ 6	11 ♍ 59	6 ♑	6 ♐	3 ♐	21 ♒	16 ♓
14	23 ♈ 42	8 ♉ 53	5 ♋ 52	4 ♋ 41	10 ♉ 57	9 ♊ 23	11 ♈ 44	0 ♉ 19	2 ♓ 1	6 ♍ 18	17 ♏ 5	11 ♍ 57	6 ♑	6 ♐	3 ♐	21 ♒	16 ♓
15	24 ♈ 41	23 ♉ 45	5 ♋ 48	4 ♋ 33	11 ♉ 15	10 ♊ 20	12 ♈ 30	0 ♉ 33	2 ♓ 7	6 ♍ 16	17 ♏ 3	11 ♍ 56	6 ♑	6 ♐	3 ♐	22 ♒	16 ♓
16	25 ♈ 39	8 ♊ 33	5 ♋ 45	4 ♋ 28	11 ♉ 26	11 ♊ 16	13 ♈ 16	0 ♉ 48	2 ♓ 12	6 ♍ 15	17 ♏ 2	11 ♍ 55	6 ♑	5 ♐	3 ♐	22 ♒	16 ♓
17	26 ♈ 38	23 ♊ 9	5 ♋ 42	4 ♋ 26	11 ♉ 31	12 ♊ 12	14 ♈ 2	1 ♉ 2	2 ♓ 17	6 ♍ 13	17 ♏ 0	11 ♍ 54	6 ♑	5 ♐	3 ♐	23 ♒	16 ♓
18	27 ♈ 37	7 ♋ 30	5 ♋ 39	4 D 25	11 R 29	13 ♊ 8	14 ♈ 48	1 ♉ 16	2 ♓ 22	6 ♍ 12	16 ♏ 59	11 ♍ 53	6 ♑	5 ♐	3 ♐	23 ♒	17 ♓
19	28 ♈ 35	21 ♋ 33	5 ♋ 36	4 ♋ 26	11 ♉ 22	14 ♊ 2	15 ♈ 34	1 ♉ 31	2 ♓ 27	6 ♍ 11	16 ♏ 57	11 ♍ 52	6 ♑	5 ♐	3 ♐	23 ♒	17 ♓
20	29 ♈ 34	5 ♌ 19	5 ♋ 33	4 R 26	11 ♉ 9	14 ♊ 57	16 ♈ 20	1 ♉ 45	2 ♓ 32	6 ♍ 9	16 ♏ 56	11 ♍ 51	6 ♑	5 ♐	3 ♐	24 ♒	17 ♓
21	0 ♉ 33	18 ♌ 48	5 ♋ 29	4 ♋ 24	10 ♉ 51	15 ♊ 50	17 ♈ 6	2 ♉ 0	2 ♓ 37	6 ♍ 8	16 ♏ 54	11 ♍ 50	6 ♑	5 ♐	2 ♐	24 ♒	17 ♓
22	1 ♉ 31	2 ♍ 1	5 ♋ 26	4 ♋ 21	10 ♉ 28	16 ♊ 43	17 ♈ 52	2 ♉ 14	2 ♓ 42	6 ♍ 7	16 ♏ 52	11 ♍ 49	6 ♑	4 ♐	2 ♐	25 ♒	17 ♓
23	2 ♉ 30	15 ♍ 1	5 ♋ 23	4 ♋ 14	10 ♉ 1	17 ♊ 35	18 ♈ 38	2 ♉ 28	2 ♓ 47	6 ♍ 6	16 ♏ 51	11 ♍ 49	6 ♑	4 ♐	2 ♐	25 ♒	17 ♓
24	3 ♉ 28	27 ♍ 49	5 ♋ 20	4 ♋ 6	9 ♉ 30	18 ♊ 27	19 ♈ 24	2 ♉ 43	2 ♓ 52	6 ♍ 5	16 ♏ 49	11 ♍ 48	6 ♑	4 ♐	2 ♐	25 ♒	17 ♓
25	4 ♉ 26	10 ♎ 24	5 ♋ 17	3 ♋ 56	8 ♉ 56	19 ♊ 18	20 ♈ 9	2 ♉ 57	2 ♓ 56	6 ♍ 4	16 ♏ 48	11 ♍ 47	6 ♑	4 ♐	2 ♐	26 ♒	17 ♓
26	5 ♉ 25	22 ♎ 49	5 ♋ 13	3 ♋ 45	8 ♉ 20	20 ♊ 8	20 ♈ 55	3 ♉ 12	3 ♓ 1	6 ♍ 3	16 ♏ 46	11 ♍ 46	7 ♑	4 ♐	2 ♐	26 ♒	17 ♓
27	6 ♉ 23	5 ♏ 4	5 ♋ 10	3 ♋ 34	7 ♉ 41	20 ♊ 58	21 ♈ 41	3 ♉ 26	3 ♓ 5	6 ♍ 2	16 ♏ 45	11 ♍ 45	7 ♑	3 ♐	1 ♐	27 ♒	17 ♓
28	7 ♉ 22	17 ♏ 10	5 ♋ 7	3 ♋ 25	7 ♉ 2	21 ♊ 46	22 ♈ 26	3 ♉ 40	3 ♓ 10	6 ♍ 1	16 ♏ 43	11 ♍ 44	7 ♑	3 ♐	1 ♐	27 ♒	17 ♓
29	8 ♉ 20	29 ♏ 7	5 ♋ 4	3 ♋ 18	6 ♉ 22	22 ♊ 34	23 ♈ 12	3 ♉ 55	3 ♓ 14	6 ♍ 0	16 ♏ 41	11 ♍ 44	7 ♑	3 ♐	1 ♐	28 ♒	17 ♓
30	9 ♉ 18	10 ♐ 58	5 ♋ 1	3 ♋ 13	5 ♉ 43	23 ♊ 21	23 ♈ 58	4 ♉ 9	3 ♓ 19	6 ♍ 0	16 ♏ 40	11 ♍ 43	7 ♑	3 ♐	1 ♐	28 ♒	17 ♓

SUN INGRESS: ☉ → ♉ 20日 10:27

MOON PHASE: ◑ 5日 14:45 ♑　● 12日 21:37 ♈　◐ 19日 13:09 ♋　○ 27日 02:50 ♏

aspects		
3日	02:10	☿⚹♄
5日	17:37	♀□♄
7日	12:22	☿△♅
10日	21:20	♀□♅
16日	16:25	♀□♇
22日	23:20	☉☌♃
23日	07:46	☉⚹♄
24日	22:06	♃⚹♄
26日	15:25	☉△♅
27日	19:11	☉☌☿
29日	13:23	☿△♅

1964年5月

DAY	☉	☽	☊ mean	☊ true	☿	♀	♂	♃	♄	♅	♆	♇	⚳	⚴	⚵	⚶	⚷
	° ′	° ′	° ′	° ′	° ′	° ′	° ′	° ′	° ′	° ′	° ′	° ′	°	°	°	°	°
1	10♉16	22♐46	4♋58	3R10	5R4	24D7	24D43	4D23	3D23	5R59	16R38	11R42	7D	2R	1R	28D	17D
2	11♉15	4♑34	4♋54	3D10	4♉27	24♊52	25♈28	4♉38	3♓27	5♍58	16♏36	11♍42	7R	2♐	0♐	29♒	17♓
3	12♉13	16♑25	4♋51	3♋10	3♉53	25♊37	26♈14	4♉52	3♓31	5♍58	16♏35	11♍41	7♑	2♐	0♐	29♒	17♓
4	13♉11	28♑25	4♋48	3♋11	3♉22	26♊20	26♈59	5♉6	3♓35	5♍57	16♏33	11♍41	7♑	2♐	0♐	0♓	17♓
5	14♉9	10♒39	4♋45	3♋12	2♉53	27♊2	27♈45	5♉21	3♓39	5♍57	16♏32	11♍40	7♑	2♐	0♐	0♓	17♓
6	15♉7	23♒12	4♋42	3R12	2♉29	27♊44	28♈30	5♉35	3♓43	5♍56	16♏30	11♍39	7♑	1♐	0♐	0♓	17♓
7	16♉5	6♓7	4♋39	3♋10	2♉8	28♊24	29♈15	5♉49	3♓46	5♍56	16♏28	11♍39	7♑	1♐	29♏	1♓	17♓
8	17♉3	19♓30	4♋35	3♋6	1♉52	29♊3	0♉0	6♉3	3♓50	5♍55	16♏27	11♍38	6♑	1♐	29♏	1♓	17♓
9	18♉1	3♈21	4♋32	3♋1	1♉40	29♊41	0♉45	6♉18	3♓54	5♍55	16♏25	11♍38	6♑	0♐	29♏	1♓	17♓
10	18♉59	17♈40	4♋29	2♋54	1♉33	0♋17	1♉30	6♉32	3♓57	5♍55	16♏23	11♍38	6♑	0♐	29♏	2♓	17♓
11	19♉57	2♉22	4♋26	2♋48	1♉31	0♋53	2♉15	6♉46	4♓1	5♍55	16♏22	11♍37	6♑	0♐	29♏	2♓	18♓
12	20♉55	17♉22	4♋23	2♋42	1D33	1♋27	3♉0	7♉0	4♓4	5♍54	16♏20	11♍37	6♑	29♏	28♏	3♓	18♓
13	21♉53	2♊30	4♋19	2♋37	1♉40	2♋0	3♉45	7♉14	4♓7	5♍54	16♏19	11♍36	6♑	29♏	28♏	3♓	18♓
14	22♉51	17♊36	4♋16	2♋35	1♉51	2♋31	4♉30	7♉29	4♓10	5D54	16♏17	11♍36	6♑	29♏	28♏	3♓	18♓
15	23♉49	2♋32	4♋13	2D34	2♉7	3♋1	5♉15	7♉43	4♓13	5♍54	16♏15	11♍36	6♑	29♏	28♏	4♓	18♓
16	24♉47	17♋10	4♋10	2♋34	2♉27	3♋29	6♉0	7♉57	4♓16	5♍55	16♏14	11♍36	6♑	28♏	27♏	4♓	18♓
17	25♉45	1♌27	4♋7	2♋36	2♉52	3♋56	6♉44	8♉11	4♓19	5♍55	16♏12	11♍35	6♑	28♏	27♏	4♓	18♓
18	26♉43	15♌21	4♋4	2♋37	3♉21	4♋21	7♉29	8♉25	4♓22	5♍55	16♏10	11♍35	6♑	28♏	27♏	5♓	18♓
19	27♉40	28♌52	4♋0	2R37	3♉54	4♋44	8♉13	8♉39	4♓25	5♍55	16♏9	11♍35	6♑	27♏	27♏	5♓	18♓
20	28♉38	12♍2	3♋57	2♋37	4♉31	5♋6	8♉58	8♉53	4♓27	5♍55	16♏7	11♍35	6♑	27♏	27♏	5♓	18♓
21	29♉36	24♍53	3♋54	2♋34	5♉11	5♋26	9♉42	9♉7	4♓30	5♍56	16♏6	11♍35	5♑	27♏	26♏	6♓	18♓
22	0♊34	7♎28	3♋51	2♋31	5♉56	5♋44	10♉27	9♉21	4♓32	5♍56	16♏4	11♍35	5♑	26♏	26♏	6♓	18♓
23	1♊31	19♎50	3♋48	2♋26	6♉44	6♋0	11♉11	9♉34	4♓35	5♍57	16♏3	11♍35	5♑	26♏	26♏	6♓	18♓
24	2♊29	2♏2	3♋44	2♋21	7♉36	6♋14	11♉56	9♉48	4♓37	5♍57	16♏1	11D35	5♑	26♏	26♏	7♓	18♓
25	3♊27	14♏5	3♋41	2♋16	8♉31	6♋25	12♉40	10♉2	4♓39	5♍58	15♏59	11♍35	5♑	26♏	25♏	7♓	18♓
26	4♊24	26♏1	3♋38	2♋11	9♉29	6♋35	13♉24	10♉16	4♓41	5♍58	15♏58	11♍35	5♑	25♏	25♏	7♓	18♓
27	5♊22	7♐52	3♋35	2♋8	10♉30	6♋43	14♉8	10♉29	4♓43	5♍59	15♏56	11♍35	5♑	25♏	25♏	8♓	18♓
28	6♊19	19♐40	3♋32	2♋6	11♉35	6♋48	14♉52	10♉43	4♓45	6♍0	15♏55	11♍35	4♑	25♏	25♏	8♓	18♓
29	7♊17	1♑28	3♋29	2♋6	12♉43	6♋51	15♉36	10♉57	4♓47	6♍1	15♏53	11♍35	4♑	24♏	25♏	8♓	18♓
30	8♊14	13♑18	3♋25	2D6	13♉54	6R52	16♉20	11♉10	4♓48	6♍1	15♏52	11♍36	4♑	24♏	24♏	8♓	18♓
31	9♊12	25♑13	3♋22	2♋7	15♉7	6♋50	17♉4	11♉24	4♓50	6♍2	15♏50	11♍36	4♑	24♏	24♏	9♓	18♓

SUN INGRESS: ☉→♊21日 09:50

MOON PHASE: ◑ 5日 07:20 ♒ ● 12日 06:02 ♉ ◐ 18日 21:42 ♌ ○ 26日 18:29 ♐

aspects		
1日	19:06	☿☌♃
2日	11:07	☉△♇
3日	14:42	☿⚹♄
7日	09:18	☉☍♆
7日	10:35	♃△♅
10日	01:27	☿☌♂
12日	05:07	☿⚹♀
13日	12:42	♂⚹♄
15日	21:18	♂△♅
18日	01:11	♀△♄
19日	19:54	♂☌♃
19日	21:54	☿⚹♄
21日	13:45	☿⚹♀
22日	00:13	☿△♅
22日	19:03	☿⚹♅
23日	12:49	♂△♇
26日	07:19	☉□♄
26日	23:29	☿☌♃
27日	15:46	☉□♅
28日	00:03	☿△♇
29日	09:04	♂☍♆
31日	13:26	☿☍♆
31日	22:05	♃△♇

1964年6月

DAY	☉	☽	☊ mean	☊ true	☿	♀	♂	♃	♄	♅	♆	♇	⚳	⚴	⚵	⚶	⚷
	° ′	° ′	° ′	° ′	° ′	° ′	° ′	° ′	° ′	° ′	° ′	° ′	°	°	°	°	°
1	10♊9	7♒17	3♋19	2D9	16D24	6R46	17D48	11D37	4D51	6D3	15R49	11D36	4R	24R	24R	9D	18D
2	11♊7	19♒33	3♋16	2♋10	17♉43	6♋40	18♉32	11♉51	4♓53	6♍4	15♏48	11♍36	4♑	23♏	24♏	9♓	18♓
3	12♊4	2♓6	3♋13	2♋11	19♉5	6♋31	19♉16	12♉4	4♓54	6♍5	15♏46	11♍37	3♑	23♏	24♏	10♓	18♓
4	13♊2	14♓59	3♋10	2R12	20♉30	6♋20	19♉59	12♉17	4♓55	6♍6	15♏45	11♍37	3♑	23♏	23♏	10♓	18♓
5	13♊59	28♓16	3♋6	2♋11	21♉58	6♋6	20♉43	12♉31	4♓56	6♍7	15♏43	11♍37	3♑	22♏	23♏	10♓	18♓
6	14♊57	12♈0	3♋3	2♋10	23♉28	5♋50	21♉27	12♉44	4♓57	6♍9	15♏42	11♍38	3♑	22♏	23♏	10♓	18♓
7	15♊54	26♈11	3♋0	2♋8	25♉1	5♋32	22♉10	12♉57	4♓58	6♍10	15♏41	11♍38	3♑	22♏	23♏	11♓	18♓
8	16♊51	10♉46	2♋57	2♋6	26♉37	5♋11	22♉54	13♉10	4♓59	6♍11	15♏39	11♍39	2♑	22♏	23♏	11♓	18♓
9	17♊49	25♉42	2♋54	2♋4	28♉15	4♋49	23♉37	13♉23	5♓0	6♍13	15♏38	11♍39	2♑	21♏	22♏	11♓	18♓
10	18♊46	10♊50	2♋50	2♋3	29♉56	4♋24	24♉20	13♉36	5♓0	6♍14	15♏37	11♍40	2♑	21♏	22♏	11♓	18♓
11	19♊44	26♊2	2♋47	2♋3	1♊40	3♋57	25♉4	13♉49	5♓1	6♍15	15♏35	11♍40	2♑	21♏	22♏	12♓	18♓
12	20♊41	11♋8	2♋44	2D3	3♊26	3♋28	25♉47	14♉2	5♓1	6♍17	15♏34	11♍41	2♑	21♏	22♏	12♓	18♓
13	21♊38	25♋59	2♋41	2♋3	5♊15	2♋58	26♉30	14♉15	5♓2	6♍18	15♏33	11♍42	1♑	21♏	22♏	12♓	18♓
14	22♊36	10♌29	2♋38	2♋4	7♊6	2♋25	27♉13	14♉27	5♓2	6♍20	15♏32	11♍42	1♑	20♏	22♏	12♓	18♓
15	23♊33	24♌34	2♋35	2♋5	9♊0	1♋52	27♉56	14♉40	5♓2	6♍22	15♏30	11♍43	1♑	20♏	21♏	13♓	18♓
16	24♊30	8♍13	2♋31	2♋5	10♊56	1♋17	28♉40	14♉53	5R2	6♍23	15♏29	11♍44	1♑	20♏	21♏	13♓	18♓
17	25♊28	21♍27	2♋28	2♋6	12♊55	0♋41	29♉22	15♉5	5♓2	6♍25	15♏28	11♍44	1♑	20♏	21♏	13♓	18♓
18	26♊25	4♎17	2♋25	2R6	14♊56	0♋5	0♊5	15♉18	5♓2	6♍27	15♏27	11♍45	0♑	20♏	21♏	13♓	18♓
19	27♊22	16♎49	2♋22	2♋5	16♊58	29♊27	0♊48	15♉30	5♓2	6♍29	15♏26	11♍46	0♑	20♏	21♏	13♓	18♓
20	28♊19	29♎4	2♋19	2♋5	19♊3	28♊50	1♊31	15♉43	5♓1	6♍31	15♏25	11♍47	0♑	19♏	21♏	14♓	18♓
21	29♊17	11♏8	2♋16	2♋4	21♊9	28♊12	2♊14	15♉55	5♓0	6♍33	15♏24	11♍48	0♑	19♏	21♏	14♓	18♓
22	0♋14	23♏3	2♋12	2♋4	23♊17	27♊35	2♊56	16♉7	5♓0	6♍35	15♏22	11♍48	29♐	19♏	20♏	14♓	18R
23	1♋11	4♐53	2♋9	2♋4	25♊26	26♊58	3♊39	16♉19	4♓59	6♍37	15♏21	11♍49	29♐	19♏	20♏	14♓	18♓
24	2♋8	16♐41	2♋6	2D4	27♊36	26♊21	4♊22	16♉31	4♓58	6♍39	15♏20	11♍50	29♐	19♏	20♏	14♓	18♓
25	3♋6	28♐30	2♋3	2♋4	29♊47	25♊45	5♊4	16♉43	4♓57	6♍41	15♏19	11♍51	29♐	19♏	20♏	15♓	18♓
26	4♋3	10♑21	2♋0	2R4	1♋58	25♊11	5♊46	16♉55	4♓56	6♍43	15♏19	11♍52	29♐	19♏	20♏	15♓	18♓
27	5♋0	22♑17	1♋56	2♋4	4♋9	24♊38	6♊29	17♉7	4♓55	6♍45	15♏18	11♍53	28♐	19♏	20♏	15♓	18♓
28	5♋57	4♒21	1♋53	2♋4	6♋21	24♊6	7♊11	17♉19	4♓54	6♍47	15♏17	11♍54	28♐	18♏	20♏	15♓	18♓
29	6♋54	16♒34	1♋50	2♋3	8♋31	23♊36	7♊53	17♉30	4♓53	6♍50	15♏16	11♍55	28♐	18♏	20♏	15♓	18♓
30	7♋52	28♒59	1♋47	2♋2	10♋41	23♊7	8♊36	17♉42	4♓52	6♍52	15♏15	11♍56	28♐	18♏	20♏	15♓	18♓

SUN INGRESS: ☉→♋21日 17:57

MOON PHASE: ◑ 3日 20:07 ♓ ● 10日 13:22 ♊ ◐ 17日 08:02 ♍ ○ 25日 10:08 ♑

aspects		
2日	12:25	☉□♇
3日	06:14	☿☌♂
4日	22:08	♀⚹♅
8日	12:55	♀△♄
12日	21:03	☿□♄
13日	13:56	☿□♅
16日	09:40	☿□♇
18日	15:59	♃☍♆
20日	07:41	☉☌♀
23日	13:10	☿☌♀
24日	20:22	♂□♄
26日	22:07	☉△♄
27日	08:21	☿△♄
27日	09:42	♂□♅
27日	16:25	☉☌☿
28日	05:00	☿⚹♅
28日	21:54	☉⚹♅
30日	14:05	☿⚹♇

1900 ～1910
1911 ～1920
1921 ～1930
1931 ～1940
1941 ～1950
1951 ～1960
1961 ～1970
1971 ～1980
1981 ～1990
1991 ～2000
2001 ～2010
2011 ～2020
2021 ～2030
2031 ～2040
2041 ～2050

1964年7月

DAY	☉	☽	☊ mean	☊ true	☿	♀	♂	♃	♄	♅	♆	♇	⚳	⚴	⚵	⚶	⚷
	° ′	° ′	° ′	° ′	° ′	° ′	° ′	° ′	° ′	° ′	° ′	° ′	°	°	°	°	°
1	8 ♋ 49	11 ♓ 38	1 ♋ 44	2 R 2	12 D 50	22 R 41	9 D 18	17 D 53	4 R 50	6 D 54	15 R 14	11 D 58	28 R	18 R	19 R	15 D	18 R
2	9 ♋ 46	24 ♓ 35	1 ♋ 41	2 ♋ 1	14 ♋ 59	22 ♊ 17	10 ♊ 0	18 ♉ 5	4 ♓ 49	6 ♍ 57	15 ♏ 13	11 ♍ 59	27 ♐	18 ♏	19 ♏	16 ♓	18 ♓
3	10 ♋ 43	7 ♈ 51	1 ♋ 37	2 ♋ 1	17 ♋ 5	21 ♊ 55	10 ♊ 42	18 ♉ 16	4 ♓ 47	6 ♍ 59	15 ♏ 13	12 ♍ 0	27 ♐	18 ♏	19 ♏	16 ♓	18 ♓
4	11 ♋ 40	21 ♈ 28	1 ♋ 34	2 D 1	19 ♋ 11	21 ♊ 35	11 ♊ 24	18 ♉ 27	4 ♓ 45	7 ♍ 2	15 ♏ 12	12 ♍ 1	27 ♐	18 ♏	19 ♏	16 ♓	18 ♓
5	12 ♋ 38	5 ♉ 27	1 ♋ 31	2 ♋ 1	21 ♋ 15	21 ♊ 17	12 ♊ 6	18 ♉ 38	4 ♓ 43	7 ♍ 4	15 ♏ 11	12 ♍ 2	27 ♐	18 ♏	19 ♏	16 ♓	18 ♓
6	13 ♋ 35	19 ♉ 48	1 ♋ 28	2 ♋ 2	23 ♋ 17	21 ♊ 2	12 ♊ 48	18 ♉ 49	4 ♓ 42	7 ♍ 7	15 ♏ 10	12 ♍ 4	27 ♐	18 ♏	19 ♏	16 ♓	18 ♓
7	14 ♋ 32	4 ♊ 28	1 ♋ 25	2 ♋ 3	25 ♋ 17	20 ♊ 49	13 ♊ 29	19 ♉ 0	4 ♓ 40	7 ♍ 9	15 ♏ 10	12 ♍ 5	26 ♐	18 ♏	19 ♏	16 ♓	18 ♓
8	15 ♋ 29	19 ♊ 23	1 ♋ 22	2 ♋ 4	27 ♋ 16	20 ♊ 39	14 ♊ 11	19 ♉ 11	4 ♓ 37	7 ♍ 12	15 ♏ 9	12 ♍ 6	26 ♐	18 ♏	19 ♏	16 ♓	18 ♓
9	16 ♋ 26	4 ♋ 25	1 ♋ 18	2 R 4	29 ♋ 13	20 ♊ 31	14 ♊ 53	19 ♉ 22	4 ♓ 35	7 ♍ 15	15 ♏ 9	12 ♍ 8	26 ♐	18 ♏	19 ♏	16 ♓	18 ♓
10	17 ♋ 24	19 ♋ 26	1 ♋ 15	2 ♋ 4	1 ♌ 8	20 ♊ 25	15 ♊ 34	19 ♉ 32	4 ♓ 33	7 ♍ 17	15 ♏ 8	12 ♍ 9	26 ♐	18 D	19 ♏	16 ♓	18 ♓
11	18 ♋ 21	4 ♌ 18	1 ♋ 12	2 ♋ 2	3 ♌ 1	20 ♊ 22	16 ♊ 16	19 ♉ 43	4 ♓ 31	7 ♍ 20	15 ♏ 8	12 ♍ 10	26 ♐	18 ♏	19 ♏	16 ♓	18 ♓
12	19 ♋ 18	18 ♌ 52	1 ♋ 9	2 ♋ 0	4 ♌ 53	20 D 21	16 ♊ 57	19 ♉ 53	4 ♓ 28	7 ♍ 23	15 ♏ 7	12 ♍ 12	25 ♐	18 ♏	19 ♏	16 ♓	18 ♓
13	20 ♋ 15	3 ♍ 4	1 ♋ 6	1 ♋ 58	6 ♌ 42	20 ♊ 22	17 ♊ 39	20 ♉ 4	4 ♓ 26	7 ♍ 26	15 ♏ 7	12 ♍ 13	25 ♐	18 ♏	19 ♏	16 ♓	18 ♓
14	21 ♋ 13	16 ♍ 50	1 ♋ 2	1 ♋ 56	8 ♌ 29	20 ♊ 26	18 ♊ 20	20 ♉ 14	4 ♓ 23	7 ♍ 28	15 ♏ 6	12 ♍ 15	25 ♐	18 ♏	19 ♏	16 ♓	18 ♓
15	22 ♋ 10	0 ♎ 10	0 ♋ 59	1 ♋ 54	10 ♌ 15	20 ♊ 32	19 ♊ 2	20 ♉ 24	4 ♓ 20	7 ♍ 31	15 ♏ 6	12 ♍ 16	25 ♐	18 ♏	19 ♏	16 ♓	18 ♓
16	23 ♋ 7	13 ♎ 4	0 ♋ 56	1 ♋ 53	11 ♌ 58	20 ♊ 40	19 ♊ 43	20 ♉ 34	4 ♓ 18	7 ♍ 34	15 ♏ 5	12 ♍ 18	25 ♐	18 ♏	19 D	16 ♓	18 ♓
17	24 ♋ 4	25 ♎ 36	0 ♋ 53	1 D 52	13 ♌ 40	20 ♊ 50	20 ♊ 24	20 ♉ 44	4 ♓ 15	7 ♍ 37	15 ♏ 5	12 ♍ 19	25 ♐	18 ♏	19 ♏	17 ♓	18 ♓
18	25 ♋ 2	7 ♏ 51	0 ♋ 50	1 ♋ 53	15 ♌ 20	21 ♊ 2	21 ♊ 5	20 ♉ 53	4 ♓ 12	7 ♍ 40	15 ♏ 5	12 ♍ 21	24 ♐	18 ♏	19 ♏	17 R	18 ♓
19	25 ♋ 59	19 ♏ 52	0 ♋ 47	1 ♋ 54	16 ♌ 58	21 ♊ 16	21 ♊ 46	21 ♉ 3	4 ♓ 9	7 ♍ 43	15 ♏ 4	12 ♍ 22	24 ♐	18 ♏	19 ♏	16 ♓	18 ♓
20	26 ♋ 56	1 ♐ 44	0 ♋ 43	1 ♋ 56	18 ♌ 33	21 ♊ 32	22 ♊ 27	21 ♉ 13	4 ♓ 6	7 ♍ 46	15 ♏ 4	12 ♍ 24	24 ♐	18 ♏	19 ♏	16 ♓	18 ♓
21	27 ♋ 53	13 ♐ 32	0 ♋ 40	1 ♋ 57	20 ♌ 7	21 ♊ 50	23 ♊ 8	21 ♉ 22	4 ♓ 3	7 ♍ 49	15 ♏ 4	12 ♍ 25	24 ♐	18 ♏	19 ♏	16 ♓	18 ♓
22	28 ♋ 51	25 ♐ 20	0 ♋ 37	1 ♋ 58	21 ♌ 40	22 ♊ 10	23 ♊ 49	21 ♉ 31	4 ♓ 0	7 ♍ 52	15 ♏ 4	12 ♍ 27	24 ♐	18 ♏	19 ♏	16 ♓	18 ♓
23	29 ♋ 48	7 ♑ 11	0 ♋ 34	1 R 58	23 ♌ 10	22 ♊ 31	24 ♊ 30	21 ♉ 40	3 ♓ 56	7 ♍ 56	15 ♏ 3	12 ♍ 29	24 ♐	19 ♏	19 ♏	16 ♓	18 ♓
24	0 ♌ 45	19 ♑ 9	0 ♋ 31	1 ♋ 57	24 ♌ 38	22 ♊ 55	25 ♊ 10	21 ♉ 50	3 ♓ 53	7 ♍ 59	15 ♏ 3	12 ♍ 30	24 ♐	19 ♏	19 ♏	16 ♓	18 ♓
25	1 ♌ 42	1 ♒ 15	0 ♋ 28	1 ♋ 55	26 ♌ 4	23 ♊ 20	25 ♊ 51	21 ♉ 58	3 ♓ 50	8 ♍ 2	15 ♏ 3	12 ♍ 32	24 ♐	19 ♏	19 ♏	16 ♓	18 ♓
26	2 ♌ 40	13 ♒ 32	0 ♋ 24	1 ♋ 51	27 ♌ 28	23 ♊ 46	26 ♊ 32	22 ♉ 7	3 ♓ 46	8 ♍ 5	15 ♏ 3	12 ♍ 34	23 ♐	19 ♏	19 ♏	16 ♓	18 ♓
27	3 ♌ 37	26 ♒ 0	0 ♋ 21	1 ♋ 46	28 ♌ 51	24 ♊ 15	27 ♊ 12	22 ♉ 16	3 ♓ 42	8 ♍ 8	15 ♏ 3	12 ♍ 35	23 ♐	19 ♏	19 ♏	16 ♓	18 ♓
28	4 ♌ 34	8 ♓ 41	0 ♋ 18	1 ♋ 40	0 ♍ 11	24 ♊ 44	27 ♊ 53	22 ♉ 24	3 ♓ 39	8 ♍ 12	15 D 3	12 ♍ 37	23 ♐	19 ♏	19 ♏	16 ♓	18 ♓
29	5 ♌ 32	21 ♓ 35	0 ♋ 15	1 ♋ 35	1 ♍ 29	25 ♊ 15	28 ♊ 33	22 ♉ 33	3 ♓ 35	8 ♍ 15	15 ♏ 3	12 ♍ 39	23 ♐	19 ♏	19 ♏	16 ♓	18 ♓
30	6 ♌ 29	4 ♈ 43	0 ♋ 12	1 ♋ 31	2 ♍ 45	25 ♊ 48	29 ♊ 14	22 ♉ 41	3 ♓ 31	8 ♍ 18	15 ♏ 3	12 ♍ 41	23 ♐	19 ♏	19 ♏	16 ♓	18 ♓
31	7 ♌ 26	18 ♈ 5	0 ♋ 8	1 ♋ 28	3 ♍ 58	26 ♊ 22	29 ♊ 54	22 ♉ 49	3 ♓ 28	8 ♍ 22	15 ♏ 3	12 ♍ 42	23 ♐	19 ♏	20 ♏	16 ♓	18 ♓

SUN INGRESS	☉ → ♌ 23日 04:53
MOON PHASE	◑ 3日 05:31 ♈ ● 9日 20:31 ♋ ◐ 16日 20:47 ♎ ○ 25日 00:58 ♒

aspects		
2日	02:47	☿△♆
3日	14:48	♀⚹♃
4日	08:56	☉⚹♇
4日	22:03	♂□♇
7日	15:42	☉△♆
12日	17:58	☉⚹♃
17日	20:21	☿□♆
17日	21:16	♀☌♂
21日	21:36	☿□♃
22日	10:28	☿⚹♀
24日	17:00	☿⚹♂
30日	14:24	☿☍♄

1964年8月

DAY	☉	☽	☊ mean	☊ true	☿	♀	♂	♃	♄	♅	♆	♇	⚳	⚴	⚵	⚶	⚷
	° ′	° ′	° ′	° ′	° ′	° ′	° ′	° ′	° ′	° ′	° ′	° ′	°	°	°	°	°
1	8 ♌ 24	1 ♉ 42	0 ♋ 5	1 R 26	5 D 10	26 D 57	0 D 34	22 D 57	3 R 24	8 D 25	15 D 3	12 D 44	23 R	20 D	20 D	16 R	18 R
2	9 ♌ 21	15 ♉ 35	0 ♋ 2	1 D 26	6 ♍ 19	27 ♊ 33	1 ♋ 14	23 ♉ 5	3 ♓ 20	8 ♍ 28	15 ♏ 4	12 ♍ 46	23 ♐	20 ♏	20 ♏	16 ♓	18 ♓
3	10 ♌ 19	29 ♉ 43	29 ♊ 59	1 ♋ 27	7 ♍ 26	28 ♊ 11	1 ♋ 54	23 ♉ 13	3 ♓ 16	8 ♍ 32	15 ♏ 4	12 ♍ 48	23 ♐	20 ♏	20 ♏	15 ♓	18 ♓
4	11 ♌ 16	14 ♊ 5	29 ♊ 56	1 ♋ 28	8 ♍ 30	28 ♊ 49	2 ♋ 34	23 ♉ 20	3 ♓ 12	8 ♍ 35	15 ♏ 4	12 ♍ 50	23 ♐	20 ♏	20 ♏	15 ♓	17 ♓
5	12 ♌ 14	28 ♊ 38	29 ♊ 53	1 ♋ 29	9 ♍ 31	29 ♊ 29	3 ♋ 15	23 ♉ 28	3 ♓ 8	8 ♍ 39	15 ♏ 4	12 ♍ 52	23 ♐	20 ♏	20 ♏	15 ♓	17 ♓
6	13 ♌ 11	13 ♋ 20	29 ♊ 49	1 R 29	10 ♍ 30	0 ♋ 10	3 ♋ 54	23 ♉ 35	3 ♓ 4	8 ♍ 42	15 ♏ 5	12 ♍ 53	23 ♐	20 ♏	20 ♏	15 ♓	17 ♓
7	14 ♌ 9	28 ♋ 3	29 ♊ 46	1 ♋ 26	11 ♍ 26	0 ♋ 52	4 ♋ 34	23 ♉ 42	3 ♓ 0	8 ♍ 46	15 ♏ 5	12 ♍ 55	23 ♐	21 ♏	20 ♏	15 ♓	17 ♓
8	15 ♌ 6	12 ♌ 41	29 ♊ 43	1 ♋ 22	12 ♍ 19	1 ♋ 35	5 ♋ 14	23 ♉ 49	2 ♓ 56	8 ♍ 49	15 ♏ 5	12 ♍ 57	23 ♐	21 ♏	20 ♏	15 ♓	17 ♓
9	16 ♌ 4	27 ♌ 7	29 ♊ 40	1 ♋ 16	13 ♍ 9	2 ♋ 19	5 ♋ 54	23 ♉ 56	2 ♓ 51	8 ♍ 53	15 ♏ 6	12 ♍ 59	23 ♐	21 ♏	20 ♏	15 ♓	17 ♓
10	17 ♌ 1	11 ♍ 15	29 ♊ 37	1 ♋ 9	13 ♍ 56	3 ♋ 3	6 ♋ 34	24 ♉ 3	2 ♓ 47	8 ♍ 56	15 ♏ 6	13 ♍ 1	23 ♐	21 ♏	21 ♏	14 ♓	17 ♓
11	17 ♌ 59	25 ♍ 1	29 ♊ 34	1 ♋ 1	14 ♍ 39	3 ♋ 49	7 ♋ 13	24 ♉ 9	2 ♓ 43	9 ♍ 0	15 ♏ 6	13 ♍ 3	23 ♐	21 ♏	21 ♏	14 ♓	17 ♓
12	18 ♌ 56	8 ♎ 22	29 ♊ 30	0 ♋ 55	15 ♍ 18	4 ♋ 35	7 ♋ 53	24 ♉ 16	2 ♓ 38	9 ♍ 3	15 ♏ 7	13 ♍ 5	23 D	21 ♏	21 ♏	14 ♓	17 ♓
13	19 ♌ 54	21 ♎ 18	29 ♊ 27	0 ♋ 49	15 ♍ 54	5 ♋ 23	8 ♋ 32	24 ♉ 22	2 ♓ 34	9 ♍ 7	15 ♏ 7	13 ♍ 7	23 ♐	22 ♏	21 ♏	14 ♓	17 ♓
14	20 ♌ 52	3 ♏ 52	29 ♊ 24	0 ♋ 46	16 ♍ 25	6 ♋ 11	9 ♋ 12	24 ♉ 28	2 ♓ 30	9 ♍ 11	15 ♏ 8	13 ♍ 9	23 ♐	22 ♏	21 ♏	14 ♓	17 ♓
15	21 ♌ 49	16 ♏ 7	29 ♊ 21	0 ♋ 44	16 ♍ 53	6 ♋ 59	9 ♋ 51	24 ♉ 34	2 ♓ 25	9 ♍ 14	15 ♏ 9	13 ♍ 11	23 ♐	22 ♏	21 ♏	13 ♓	17 ♓
16	22 ♌ 47	28 ♏ 8	29 ♊ 18	0 D 44	17 ♍ 16	7 ♋ 49	10 ♋ 30	24 ♉ 39	2 ♓ 21	9 ♍ 18	15 ♏ 9	13 ♍ 13	23 ♐	22 ♏	21 ♏	13 ♓	17 ♓
17	23 ♌ 45	10 ♐ 0	29 ♊ 14	0 ♋ 45	17 ♍ 34	8 ♋ 39	11 ♋ 10	24 ♉ 45	2 ♓ 16	9 ♍ 22	15 ♏ 10	13 ♍ 15	23 ♐	22 ♏	22 ♏	13 ♓	17 ♓
18	24 ♌ 42	21 ♐ 48	29 ♊ 11	0 ♋ 46	17 ♍ 47	9 ♋ 30	11 ♋ 49	24 ♉ 50	2 ♓ 12	9 ♍ 25	15 ♏ 10	13 ♍ 17	23 ♐	23 ♏	22 ♏	13 ♓	17 ♓
19	25 ♌ 40	3 ♑ 38	29 ♊ 8	0 R 47	17 ♍ 55	10 ♋ 21	12 ♋ 28	24 ♉ 56	2 ♓ 8	9 ♍ 29	15 ♏ 11	13 ♍ 19	23 ♐	23 ♏	22 ♏	13 ♓	17 ♓
20	26 ♌ 38	15 ♑ 33	29 ♊ 5	0 ♋ 45	17 R 57	11 ♋ 14	13 ♋ 7	25 ♉ 1	2 ♓ 3	9 ♍ 33	15 ♏ 12	13 ♍ 21	23 ♐	23 ♏	22 ♏	12 ♓	17 ♓
21	27 ♌ 35	27 ♑ 38	29 ♊ 2	0 ♋ 42	17 ♍ 54	12 ♋ 6	13 ♋ 46	25 ♉ 5	1 ♓ 58	9 ♍ 36	15 ♏ 13	13 ♍ 23	23 ♐	23 ♏	22 ♏	12 ♓	17 ♓
22	28 ♌ 33	9 ♒ 55	28 ♊ 59	0 ♋ 36	17 ♍ 46	13 ♋ 0	14 ♋ 25	25 ♉ 10	1 ♓ 54	9 ♍ 40	15 ♏ 13	13 ♍ 25	23 ♐	24 ♏	22 ♏	12 ♓	17 ♓
23	29 ♌ 31	22 ♒ 27	28 ♊ 55	0 ♋ 28	17 ♍ 31	13 ♋ 54	15 ♋ 3	25 ♉ 15	1 ♓ 49	9 ♍ 44	15 ♏ 14	13 ♍ 27	23 ♐	24 ♏	22 ♏	12 ♓	17 ♓
24	0 ♍ 29	5 ♓ 14	28 ♊ 52	0 ♋ 19	17 ♍ 11	14 ♋ 48	15 ♋ 42	25 ♉ 19	1 ♓ 45	9 ♍ 47	15 ♏ 15	13 ♍ 29	23 ♐	24 ♏	23 ♏	11 ♓	17 ♓
25	1 ♍ 27	18 ♓ 16	28 ♊ 49	0 ♋ 8	16 ♍ 44	15 ♋ 44	16 ♋ 21	25 ♉ 23	1 ♓ 40	9 ♍ 51	15 ♏ 16	13 ♍ 31	23 ♐	24 ♏	23 ♏	11 ♓	17 ♓
26	2 ♍ 24	1 ♈ 31	28 ♊ 46	29 ♊ 58	16 ♍ 12	16 ♋ 39	17 ♋ 0	25 ♉ 27	1 ♓ 36	9 ♍ 55	15 ♏ 17	13 ♍ 33	23 ♐	25 ♏	23 ♏	11 ♓	17 ♓
27	3 ♍ 22	14 ♈ 59	28 ♊ 43	29 ♊ 49	15 ♍ 35	17 ♋ 35	17 ♋ 38	25 ♉ 31	1 ♓ 31	9 ♍ 59	15 ♏ 18	13 ♍ 36	23 ♐	25 ♏	23 ♏	11 ♓	17 ♓
28	4 ♍ 20	28 ♈ 37	28 ♊ 40	29 ♊ 42	14 ♍ 53	18 ♋ 32	18 ♋ 17	25 ♉ 35	1 ♓ 27	10 ♍ 2	15 ♏ 19	13 ♍ 38	23 ♐	25 ♏	23 ♏	10 ♓	17 ♓
29	5 ♍ 18	12 ♉ 25	28 ♊ 36	29 ♊ 38	14 ♍ 6	19 ♋ 29	18 ♋ 55	25 ♉ 38	1 ♓ 22	10 ♍ 6	15 ♏ 20	13 ♍ 40	23 ♐	25 ♏	24 ♏	10 ♓	16 ♓
30	6 ♍ 16	26 ♉ 20	28 ♊ 33	29 ♊ 35	13 ♍ 15	20 ♋ 27	19 ♋ 33	25 ♉ 41	1 ♓ 18	10 ♍ 10	15 ♏ 21	13 ♍ 42	24 ♐	26 ♏	24 ♏	10 ♓	16 ♓
31	7 ♍ 14	10 ♊ 23	28 ♊ 30	29 D 35	12 ♍ 21	21 ♋ 25	20 ♋ 12	25 ♉ 44	1 ♓ 13	10 ♍ 14	15 ♏ 22	13 ♍ 44	24 ♐	26 ♏	24 ♏	10 ♓	16 ♓

SUN INGRESS	☉ → ♍ 23日 11:51
MOON PHASE	◑ 1日 12:29 ♉ ● 8日 04:17 ♌ ◐ 15日 12:19 ♏ ○ 23日 14:25 ♓ ◑ 30日 18:15 ♊

aspects		
4日	02:10	☿☌♅
4日	20:27	♂△♄
7日	23:40	☉□♆
8日	18:54	☿☌♇
9日	16:07	♀△♄
11日	16:49	☿⚹♆
13日	23:17	♂⚹♅
17日	21:37	♀⚹♅
18日	03:43	☉□♃
20日	09:16	♂⚹♇
22日	11:42	♀⚹♇
23日	06:53	♂△♆
24日	11:51	♀△♆
25日	05:18	☉☍♄
25日	08:13	☿⚹♂
25日	16:51	☿⚹♀
27日	03:39	♀☌♂
27日	09:48	☿⚹♆
29日	11:54	☿☌♇

1964年9月

DAY	☉	☽	☊ mean	☊ true	☿	♀	♂	♃	♄	♅	♆	♇	⚳	⚴	⚵	⚶	⚷
	° ′	° ′	° ′	° ′	° ′	° ′	° ′	° ′	° ′	° ′	° ′	° ′	°	°	°	°	°
1	8 ♍ 12	24 ♊ 32	28 ♊ 27	29 D 35	11 R 25	22 D 23	20 D 50	25 D 47	1 R 9	10 D 17	15 D 23	13 D 46	24 D	26 D	24 D	9 R	16 R
2	9 ♍ 10	8 ♋ 46	28 ♊ 24	29 R 35	10 ♍ 27	23 ♋ 22	21 ♋ 28	25 ♉ 50	1 ♓ 4	10 ♍ 21	15 ♏ 24	13 ♍ 48	24 ♐	26 ♏	24 ♏	9 ♓	16 ♓
3	10 ♍ 8	23 ♋ 4	28 ♊ 20	29 ♊ 33	9 ♍ 30	24 ♋ 22	22 ♋ 6	25 ♉ 53	1 ♓ 0	10 ♍ 25	15 ♏ 25	13 ♍ 50	24 ♐	27 ♏	25 ♏	9 ♓	16 ♓
4	11 ♍ 7	7 ♌ 23	28 ♊ 17	29 ♊ 29	8 ♍ 35	25 ♋ 21	22 ♋ 44	25 ♉ 55	0 ♓ 55	10 ♍ 29	15 ♏ 27	13 ♍ 52	24 ♐	27 ♏	25 ♏	9 ♓	16 ♓
5	12 ♍ 5	21 ♌ 37	28 ♊ 14	29 ♊ 22	7 ♍ 42	26 ♋ 21	23 ♋ 22	25 ♉ 57	0 ♓ 51	10 ♍ 33	15 ♏ 28	13 ♍ 55	24 ♐	27 ♏	25 ♏	8 ♓	16 ♓
6	13 ♍ 3	5 ♍ 43	28 ♊ 11	29 ♊ 12	6 ♍ 53	27 ♋ 22	24 ♋ 0	25 ♉ 59	0 ♓ 47	10 ♍ 36	15 ♏ 29	13 ♍ 57	24 ♐	28 ♏	25 ♏	8 ♓	16 ♓
7	14 ♍ 1	19 ♍ 36	28 ♊ 8	29 ♊ 1	6 ♍ 9	28 ♋ 23	24 ♋ 38	26 ♉ 1	0 ♓ 42	10 ♍ 40	15 ♏ 30	13 ♍ 59	25 ♐	28 ♏	25 ♏	8 ♓	16 ♓
8	15 ♍ 0	3 ♎ 11	28 ♊ 5	28 ♊ 49	5 ♍ 31	29 ♋ 24	25 ♋ 15	26 ♉ 2	0 ♓ 38	10 ♍ 44	15 ♏ 32	14 ♍ 1	25 ♐	28 ♏	26 ♏	8 ♓	16 ♓
9	15 ♍ 58	16 ♎ 25	28 ♊ 1	28 ♊ 38	5 ♍ 0	0 ♌ 25	25 ♋ 53	26 ♉ 3	0 ♓ 33	10 ♍ 48	15 ♏ 33	14 ♍ 3	25 ♐	28 ♏	26 ♏	7 ♓	16 ♓
10	16 ♍ 56	29 ♎ 17	27 ♊ 58	28 ♊ 28	4 ♍ 37	1 ♌ 27	26 ♋ 31	26 ♉ 5	0 ♓ 29	10 ♍ 51	15 ♏ 34	14 ♍ 5	25 ♐	29 ♏	26 ♏	7 ♓	16 ♓
11	17 ♍ 54	11 ♏ 50	27 ♊ 55	28 ♊ 21	4 ♍ 23	2 ♌ 30	27 ♋ 8	26 ♉ 5	0 ♓ 25	10 ♍ 55	15 ♏ 36	14 ♍ 7	25 ♐	29 ♏	26 ♏	7 ♓	16 ♓
12	18 ♍ 53	24 ♏ 4	27 ♊ 52	28 ♊ 16	4 ♍ 17	3 ♌ 32	27 ♋ 46	26 ♉ 6	0 ♓ 21	10 ♍ 59	15 ♏ 37	14 ♍ 9	25 ♐	29 ♏	27 ♏	7 ♓	16 ♓
13	19 ♍ 51	6 ♐ 5	27 ♊ 49	28 ♊ 14	4 D 21	4 ♌ 35	28 ♋ 23	26 ♉ 7	0 ♓ 17	11 ♍ 3	15 ♏ 38	14 ♍ 11	25 ♐	0 ♐	27 ♏	6 ♓	16 ♓
14	20 ♍ 50	17 ♐ 56	27 ♊ 45	28 ♊ 13	4 ♍ 33	5 ♌ 38	29 ♋ 0	26 ♉ 7	0 ♓ 13	11 ♍ 6	15 ♏ 40	14 ♍ 14	26 ♐	0 ♐	27 ♏	6 ♓	16 ♓
15	21 ♍ 48	29 ♐ 45	27 ♊ 42	28 ♊ 13	4 ♍ 55	6 ♌ 41	29 ♋ 37	26 ♉ 7	0 ♓ 8	11 ♍ 10	15 ♏ 41	14 ♍ 16	26 ♐	0 ♐	27 ♏	6 ♓	16 ♓
16	22 ♍ 47	11 ♑ 35	27 ♊ 39	28 ♊ 13	5 ♍ 27	7 ♌ 45	0 ♌ 14	26 R 7	0 ♓ 4	11 ♍ 14	15 ♏ 43	14 ♍ 18	26 ♐	1 ♐	28 ♏	6 ♓	16 ♓
17	23 ♍ 45	23 ♑ 32	27 ♊ 36	28 ♊ 11	6 ♍ 6	8 ♌ 49	0 ♌ 51	26 ♉ 7	0 ♓ 0	11 ♍ 18	15 ♏ 44	14 ♍ 20	26 ♐	1 ♐	28 ♏	6 ♓	16 ♓
18	24 ♍ 44	5 ♒ 42	27 ♊ 33	28 ♊ 7	6 ♍ 55	9 ♌ 53	1 ♌ 28	26 ♉ 6	29 ♒ 57	11 ♍ 21	15 ♏ 46	14 ♍ 22	26 ♐	1 ♐	28 ♏	5 ♓	16 ♓
19	25 ♍ 42	18 ♒ 8	27 ♊ 30	28 ♊ 0	7 ♍ 51	10 ♌ 58	2 ♌ 5	26 ♉ 6	29 ♒ 53	11 ♍ 25	15 ♏ 47	14 ♍ 24	27 ♐	1 ♐	28 ♏	5 ♓	16 ♓
20	26 ♍ 41	0 ♓ 52	27 ♊ 26	27 ♊ 50	8 ♍ 54	12 ♌ 3	2 ♌ 42	26 ♉ 5	29 ♒ 49	11 ♍ 29	15 ♏ 49	14 ♍ 26	27 ♐	2 ♐	29 ♏	5 ♓	15 ♓
21	27 ♍ 39	13 ♓ 56	27 ♊ 23	27 ♊ 39	10 ♍ 5	13 ♌ 8	3 ♌ 19	26 ♉ 4	29 ♒ 45	11 ♍ 32	15 ♏ 51	14 ♍ 28	27 ♐	2 ♐	29 ♏	5 ♓	15 ♓
22	28 ♍ 38	27 ♓ 19	27 ♊ 20	27 ♊ 26	11 ♍ 21	14 ♌ 13	3 ♌ 55	26 ♉ 3	29 ♒ 41	11 ♍ 36	15 ♏ 52	14 ♍ 30	27 ♐	2 ♐	29 ♏	5 ♓	15 ♓
23	29 ♍ 37	10 ♈ 59	27 ♊ 17	27 ♊ 14	12 ♍ 43	15 ♌ 18	4 ♌ 32	26 ♉ 1	29 ♒ 38	11 ♍ 40	15 ♏ 54	14 ♍ 32	27 ♐	3 ♐	29 ♏	4 ♓	15 ♓
24	0 ♎ 36	24 ♈ 53	27 ♊ 14	27 ♊ 3	14 ♍ 10	16 ♌ 24	5 ♌ 8	25 ♉ 59	29 ♒ 34	11 ♍ 43	15 ♏ 56	14 ♍ 34	28 ♐	3 ♐	0 ♐	4 ♓	15 ♓
25	1 ♎ 34	8 ♉ 55	27 ♊ 11	26 ♊ 54	15 ♍ 41	17 ♌ 30	5 ♌ 45	25 ♉ 58	29 ♒ 31	11 ♍ 47	15 ♏ 57	14 ♍ 36	28 ♐	3 ♐	0 ♐	4 ♓	15 ♓
26	2 ♎ 33	23 ♉ 3	27 ♊ 7	26 ♊ 48	17 ♍ 16	18 ♌ 36	6 ♌ 21	25 ♉ 55	29 ♒ 27	11 ♍ 50	15 ♏ 59	14 ♍ 39	28 ♐	4 ♐	0 ♐	4 ♓	15 ♓
27	3 ♎ 32	7 ♊ 13	27 ♊ 4	26 ♊ 45	18 ♍ 53	19 ♌ 43	6 ♌ 57	25 ♉ 53	29 ♒ 24	11 ♍ 54	16 ♏ 1	14 ♍ 41	28 ♐	4 ♐	0 ♐	4 ♓	15 ♓
28	4 ♎ 31	21 ♊ 22	27 ♊ 1	26 ♊ 44	20 ♍ 34	20 ♌ 50	7 ♌ 33	25 ♉ 51	29 ♒ 21	11 ♍ 58	16 ♏ 3	14 ♍ 43	28 ♐	4 ♐	1 ♐	4 ♓	15 ♓
29	5 ♎ 30	5 ♋ 29	26 ♊ 58	26 D 44	22 ♍ 16	21 ♌ 57	8 ♌ 9	25 ♉ 48	29 ♒ 17	12 ♍ 1	16 ♏ 4	14 ♍ 45	29 ♐	5 ♐	1 ♐	3 ♓	15 ♓
30	6 ♎ 29	19 ♋ 33	26 ♊ 55	26 R 44	24 ♍ 0	23 ♌ 4	8 ♌ 45	25 ♉ 45	29 ♒ 14	12 ♍ 5	16 ♏ 6	14 ♍ 47	29 ♐	5 ♐	1 ♐	3 ♓	15 ♓

SUN INGRESS	☉ → ♎23日 09:17
MOON PHASE	● 6日 13:34 ♍ ◐ 14日 06:24 ♐ ○ 22日 02:31 ♓ ◑ 29日 00:01 ♋

aspects		
2日	02:26	☿☌♅
2日	16:03	☉☌☿
3日	07:18	☉☌♅
4日	13:55	♀⚹♃
6日	22:56	☉☌♇
8日	13:30	☉⚹♆
9日	06:51	♂⚹♃
19日	09:31	☉△♃
22日	04:40	☿☌♅
23日	13:21	♀□♆
24日	06:44	☿☌♇
25日	04:19	☿⚹♆
30日	23:17	☿△♃

1964年10月

DAY	☉	☽	☊ mean	☊ true	☿	♀	♂	♃	♄	♅	♆	♇	⚳	⚴	⚵	⚶	⚷
	° ′	° ′	° ′	° ′	° ′	° ′	° ′	° ′	° ′	° ′	° ′	° ′	°	°	°	°	°
1	7 ♎ 28	3 ♌ 34	26 ♊ 51	26 R 42	25 D 45	24 D 11	9 D 21	25 R 42	29 R 11	12 D 8	16 D 8	14 D 49	29 D	5 D	2 D	3 R	15 R
2	8 ♎ 27	17 ♌ 29	26 ♊ 48	26 ♊ 37	27 ♍ 32	25 ♌ 18	9 ♌ 57	25 ♉ 39	29 ♒ 8	12 ♍ 12	16 ♏ 10	14 ♍ 51	29 ♐	6 ♐	2 ♐	3 ♓	15 ♓
3	9 ♎ 26	1 ♍ 19	26 ♊ 45	26 ♊ 30	29 ♍ 18	26 ♌ 26	10 ♌ 33	25 ♉ 35	29 ♒ 5	12 ♍ 15	16 ♏ 12	14 ♍ 53	0 ♑	6 ♐	2 ♐	3 ♓	15 ♓
4	10 ♎ 25	14 ♍ 59	26 ♊ 42	26 ♊ 20	1 ♎ 6	27 ♌ 34	11 ♌ 8	25 ♉ 32	29 ♒ 3	12 ♍ 19	16 ♏ 14	14 ♍ 55	0 ♑	6 ♐	2 ♐	3 ♓	15 ♓
5	11 ♎ 24	28 ♍ 28	26 ♊ 39	26 ♊ 8	2 ♎ 53	28 ♌ 42	11 ♌ 44	25 ♉ 28	29 ♒ 0	12 ♍ 22	16 ♏ 16	14 ♍ 57	0 ♑	7 ♐	3 ♐	3 ♓	15 ♓
6	12 ♎ 23	11 ♎ 43	26 ♊ 36	25 ♊ 56	4 ♎ 40	29 ♌ 50	12 ♌ 19	25 ♉ 24	28 ♒ 57	12 ♍ 25	16 ♏ 18	14 ♍ 58	0 ♑	7 ♐	3 ♐	3 ♓	15 ♓
7	13 ♎ 22	24 ♎ 42	26 ♊ 32	25 ♊ 44	6 ♎ 27	0 ♍ 59	12 ♌ 55	25 ♉ 20	28 ♒ 54	12 ♍ 29	16 ♏ 20	15 ♍ 0	1 ♑	7 ♐	3 ♐	3 ♓	15 ♓
8	14 ♎ 22	7 ♏ 24	26 ♊ 29	25 ♊ 33	8 ♎ 14	2 ♍ 8	13 ♌ 30	25 ♉ 15	28 ♒ 52	12 ♍ 32	16 ♏ 21	15 ♍ 2	1 ♑	8 ♐	4 ♐	3 ♓	15 ♓
9	15 ♎ 21	19 ♏ 49	26 ♊ 26	25 ♊ 26	10 ♎ 1	3 ♍ 16	14 ♌ 5	25 ♉ 11	28 ♒ 50	12 ♍ 35	16 ♏ 23	15 ♍ 4	1 ♑	8 ♐	4 ♐	2 ♓	15 ♓
10	16 ♎ 20	1 ♐ 59	26 ♊ 23	25 ♊ 21	11 ♎ 47	4 ♍ 25	14 ♌ 40	25 ♉ 6	28 ♒ 47	12 ♍ 39	16 ♏ 25	15 ♍ 6	1 ♑	9 ♐	4 ♐	2 ♓	15 ♓
11	17 ♎ 19	13 ♐ 58	26 ♊ 20	25 ♊ 18	13 ♎ 32	5 ♍ 34	15 ♌ 15	25 ♉ 1	28 ♒ 45	12 ♍ 42	16 ♏ 27	15 ♍ 8	2 ♑	9 ♐	4 ♐	2 ♓	15 ♓
12	18 ♎ 19	25 ♐ 48	26 ♊ 16	25 D 17	15 ♎ 17	6 ♍ 44	15 ♌ 50	24 ♉ 56	28 ♒ 43	12 ♍ 45	16 ♏ 29	15 ♍ 10	2 ♑	9 ♐	5 ♐	2 ♓	15 ♓
13	19 ♎ 18	7 ♑ 35	26 ♊ 13	25 ♊ 18	17 ♎ 1	7 ♍ 53	16 ♌ 24	24 ♉ 51	28 ♒ 41	12 ♍ 49	16 ♏ 32	15 ♍ 12	2 ♑	10 ♐	5 ♐	2 ♓	15 ♓
14	20 ♎ 18	19 ♑ 25	26 ♊ 10	25 ♊ 18	18 ♎ 45	9 ♍ 3	16 ♌ 59	24 ♉ 46	28 ♒ 39	12 ♍ 52	16 ♏ 34	15 ♍ 13	2 ♑	10 ♐	5 ♐	2 ♓	14 ♓
15	21 ♎ 17	1 ♒ 22	26 ♊ 7	25 R 18	20 ♎ 28	10 ♍ 12	17 ♌ 33	24 ♉ 40	28 ♒ 37	12 ♍ 55	16 ♏ 36	15 ♍ 15	3 ♑	10 ♐	6 ♐	2 ♓	14 ♓
16	22 ♎ 17	13 ♒ 32	26 ♊ 4	25 ♊ 15	22 ♎ 10	11 ♍ 22	18 ♌ 8	24 ♉ 34	28 ♒ 35	12 ♍ 58	16 ♏ 38	15 ♍ 17	3 ♑	11 ♐	6 ♐	2 ♓	14 ♓
17	23 ♎ 16	26 ♒ 0	26 ♊ 1	25 ♊ 11	23 ♎ 52	12 ♍ 32	18 ♌ 42	24 ♉ 28	28 ♒ 34	13 ♍ 1	16 ♏ 40	15 ♍ 19	3 ♑	11 ♐	6 ♐	2 D	14 ♓
18	24 ♎ 16	8 ♓ 50	25 ♊ 57	25 ♊ 4	25 ♎ 33	13 ♍ 42	19 ♌ 16	24 ♉ 22	28 ♒ 32	13 ♍ 4	16 ♏ 42	15 ♍ 21	4 ♑	11 ♐	7 ♐	2 ♓	14 ♓
19	25 ♎ 15	22 ♓ 3	25 ♊ 54	24 ♊ 55	27 ♎ 13	14 ♍ 53	19 ♌ 50	24 ♉ 16	28 ♒ 30	13 ♍ 7	16 ♏ 44	15 ♍ 22	4 ♑	12 ♐	7 ♐	2 ♓	14 ♓
20	26 ♎ 15	5 ♈ 40	25 ♊ 51	24 ♊ 45	28 ♎ 53	16 ♍ 3	20 ♌ 24	24 ♉ 10	28 ♒ 29	13 ♍ 10	16 ♏ 46	15 ♍ 24	4 ♑	12 ♐	7 ♐	2 ♓	14 ♓
21	27 ♎ 14	19 ♈ 39	25 ♊ 48	24 ♊ 35	0 ♏ 32	17 ♍ 14	20 ♌ 58	24 ♉ 3	28 ♒ 28	13 ♍ 13	16 ♏ 48	15 ♍ 26	4 ♑	13 ♐	7 ♐	2 ♓	14 ♓
22	28 ♎ 14	3 ♉ 56	25 ♊ 45	24 ♊ 26	2 ♏ 10	18 ♍ 24	21 ♌ 32	23 ♉ 57	28 ♒ 27	13 ♍ 16	16 ♏ 50	15 ♍ 27	5 ♑	13 ♐	8 ♐	2 ♓	14 ♓
23	29 ♎ 14	18 ♉ 25	25 ♊ 42	24 ♊ 20	3 ♏ 48	19 ♍ 35	22 ♌ 6	23 ♉ 50	28 ♒ 25	13 ♍ 19	16 ♏ 53	15 ♍ 29	5 ♑	13 ♐	8 ♐	2 ♓	14 ♓
24	0 ♏ 14	3 ♊ 0	25 ♊ 38	24 ♊ 16	5 ♏ 25	20 ♍ 46	22 ♌ 39	23 ♉ 43	28 ♒ 24	13 ♍ 22	16 ♏ 55	15 ♍ 31	5 ♑	14 ♐	8 ♐	2 ♓	14 ♓
25	1 ♏ 13	17 ♊ 33	25 ♊ 35	24 ♊ 14	7 ♏ 2	21 ♍ 57	23 ♌ 12	23 ♉ 36	28 ♒ 24	13 ♍ 25	16 ♏ 57	15 ♍ 32	6 ♑	14 ♐	9 ♐	2 ♓	14 ♓
26	2 ♏ 13	2 ♋ 1	25 ♊ 32	24 D 14	8 ♏ 38	23 ♍ 8	23 ♌ 46	23 ♉ 29	28 ♒ 23	13 ♍ 28	16 ♏ 59	15 ♍ 34	6 ♑	14 ♐	9 ♐	3 ♓	14 ♓
27	3 ♏ 13	16 ♋ 19	25 ♊ 29	24 ♊ 15	10 ♏ 14	24 ♍ 20	24 ♌ 19	23 ♉ 22	28 ♒ 22	13 ♍ 30	17 ♏ 1	15 ♍ 35	6 ♑	15 ♐	9 ♐	3 ♓	14 ♓
28	4 ♏ 13	0 ♌ 26	25 ♊ 26	24 ♊ 15	11 ♏ 49	25 ♍ 31	24 ♌ 52	23 ♉ 15	28 ♒ 22	13 ♍ 33	17 ♏ 4	15 ♍ 37	7 ♑	15 ♐	10 ♐	3 ♓	14 ♓
29	5 ♏ 13	14 ♌ 21	25 ♊ 22	24 R 15	13 ♏ 23	26 ♍ 43	25 ♌ 25	23 ♉ 8	28 ♒ 21	13 ♍ 36	17 ♏ 6	15 ♍ 38	7 ♑	15 ♐	10 ♐	3 ♓	14 ♓
30	6 ♏ 13	28 ♌ 3	25 ♊ 19	24 ♊ 13	14 ♏ 57	27 ♍ 54	25 ♌ 58	23 ♉ 0	28 ♒ 21	13 ♍ 38	17 ♏ 8	15 ♍ 40	7 ♑	16 ♐	10 ♐	3 ♓	14 ♓
31	7 ♏ 13	11 ♍ 33	25 ♊ 16	24 ♊ 9	16 ♏ 31	29 ♍ 6	26 ♌ 30	22 ♉ 52	28 ♒ 20	13 ♍ 41	17 ♏ 10	15 ♍ 41	7 ♑	16 ♐	11 ♐	3 ♓	14 ♓

SUN INGRESS	☉ → ♏23日 18:21
MOON PHASE	● 6日 01:20 ♎ ◐ 14日 01:56 ♑ ○ 21日 13:45 ♈ ◑ 28日 06:59 ♌

aspects		
2日	06:55	♀□♃
5日	05:57	♀☍♄
5日	20:07	☉⚹♂
12日	11:18	☿⚹♂
13日	05:16	♂□♆
16日	03:44	☉☌☿
17日	10:22	♀☌♅
19日	10:23	♀☌♇
19日	18:23	☿△♄
20日	15:09	♀⚹♆
22日	04:55	☉△♄
25日	14:14	♂□♃
26日	06:28	♀△♃
29日	03:17	☿⚹♅
30日	11:05	☿⚹♇
31日	10:19	☿☌♆

1964年11月

DAY	☉	☽	☊ mean	☊ true	☿	♀	♂	♃	♄	♅	♆	♇	⚳	⚴	⚵	⚶	⚷
	° ′	° ′	° ′	° ′	° ′	° ′	° ′	° ′	° ′	° ′	° ′	° ′	°	°	°	°	°
1	8 ♏ 13	24 ♍ 51	25 ♊ 13	24 R 2	18 D 4	0 D 18	27 D 3	22 R 45	28 R 20	13 D 44	17 D 12	15 D 43	8 D	17 D	11 D	3 D	14 R
2	9 ♏ 13	7 ♎ 55	25 ♊ 10	23 ♊ 55	19 ♏ 37	1 ♎ 30	27 ♌ 35	22 ♉ 37	28 ♒ 20	13 ♍ 46	17 ♏ 15	15 ♍ 44	8 ♑	17 ♐	11 ♐	3 ♓	14 ♓
3	10 ♏ 13	20 ♎ 47	25 ♊ 7	23 ♊ 47	21 ♏ 9	2 ♎ 42	28 ♌ 7	22 ♉ 29	28 D 20	13 ♍ 49	17 ♏ 17	15 ♍ 46	8 ♑	17 ♐	12 ♐	3 ♓	14 ♓
4	11 ♏ 13	3 ♏ 27	25 ♊ 3	23 ♊ 39	22 ♏ 41	3 ♎ 54	28 ♌ 39	22 ♉ 21	28 ♒ 20	13 ♍ 51	17 ♏ 19	15 ♍ 47	9 ♑	18 ♐	12 ♐	3 ♓	14 ♓
5	12 ♏ 13	15 ♏ 53	25 ♊ 0	23 ♊ 32	24 ♏ 13	5 ♎ 6	29 ♌ 11	22 ♉ 13	28 ♒ 20	13 ♍ 54	17 ♏ 21	15 ♍ 48	9 ♑	18 ♐	12 ♐	4 ♓	14 ♓
6	13 ♏ 13	28 ♏ 7	24 ♊ 57	23 ♊ 27	25 ♏ 44	6 ♎ 19	29 ♌ 43	22 ♉ 5	28 ♒ 21	13 ♍ 56	17 ♏ 24	15 ♍ 50	9 ♑	19 ♐	13 ♐	4 ♓	14 ♓
7	14 ♏ 14	10 ♐ 10	24 ♊ 54	23 ♊ 24	27 ♏ 14	7 ♎ 31	0 ♍ 15	21 ♉ 57	28 ♒ 21	13 ♍ 58	17 ♏ 26	15 ♍ 51	10 ♑	19 ♐	13 ♐	4 ♓	14 ♓
8	15 ♏ 14	22 ♐ 4	24 ♊ 51	23 ♊ 23	28 ♏ 45	8 ♎ 43	0 ♍ 46	21 ♉ 49	28 ♒ 22	14 ♍ 1	17 ♏ 28	15 ♍ 52	10 ♑	19 ♐	13 ♐	4 ♓	14 ♓
9	16 ♏ 14	3 ♑ 52	24 ♊ 48	23 D 24	0 ♐ 14	9 ♎ 56	1 ♍ 18	21 ♉ 41	28 ♒ 22	14 ♍ 3	17 ♏ 30	15 ♍ 54	10 ♑	20 ♐	14 ♐	4 ♓	14 ♓
10	17 ♏ 15	15 ♑ 39	24 ♊ 44	23 ♊ 25	1 ♐ 44	11 ♎ 9	1 ♍ 49	21 ♉ 33	28 ♒ 23	14 ♍ 5	17 ♏ 33	15 ♍ 55	11 ♑	20 ♐	14 ♐	4 ♓	14 ♓
11	18 ♏ 15	27 ♑ 27	24 ♊ 41	23 ♊ 27	3 ♐ 13	12 ♎ 22	2 ♍ 20	21 ♉ 25	28 ♒ 24	14 ♍ 7	17 ♏ 35	15 ♍ 56	11 ♑	20 ♐	14 ♐	4 ♓	14 ♓
12	19 ♏ 15	9 ♒ 23	24 ♊ 38	23 ♊ 28	4 ♐ 41	13 ♎ 34	2 ♍ 51	21 ♉ 17	28 ♒ 25	14 ♍ 9	17 ♏ 37	15 ♍ 57	11 ♑	21 ♐	15 ♐	5 ♓	14 ♓
13	20 ♏ 16	21 ♒ 30	24 ♊ 35	23 R 29	6 ♐ 9	14 ♎ 47	3 ♍ 21	21 ♉ 9	28 ♒ 26	14 ♍ 11	17 ♏ 39	15 ♍ 58	12 ♑	21 ♐	15 ♐	5 ♓	14 ♓
14	21 ♏ 16	3 ♓ 55	24 ♊ 32	23 ♊ 28	7 ♐ 37	16 ♎ 0	3 ♍ 52	21 ♉ 0	28 ♒ 27	14 ♍ 13	17 ♏ 42	16 ♍ 0	12 ♑	22 ♐	15 ♐	5 ♓	14 ♓
15	22 ♏ 16	16 ♓ 42	24 ♊ 28	23 ♊ 26	9 ♐ 4	17 ♎ 13	4 ♍ 22	20 ♉ 52	28 ♒ 29	14 ♍ 15	17 ♏ 44	16 ♍ 1	12 ♑	22 ♐	16 ♐	5 ♓	14 ♓
16	23 ♏ 17	29 ♓ 54	24 ♊ 25	23 ♊ 22	10 ♐ 30	18 ♎ 26	4 ♍ 53	20 ♉ 44	28 ♒ 30	14 ♍ 17	17 ♏ 46	16 ♍ 2	13 ♑	22 ♐	16 ♐	5 ♓	14 ♓
17	24 ♏ 17	13 ♈ 33	24 ♊ 22	23 ♊ 18	11 ♐ 56	19 ♎ 40	5 ♍ 23	20 ♉ 36	28 ♒ 31	14 ♍ 19	17 ♏ 48	16 ♍ 3	13 ♑	23 ♐	16 ♐	6 ♓	14 ♓
18	25 ♏ 18	27 ♈ 38	24 ♊ 19	23 ♊ 13	13 ♐ 21	20 ♎ 53	5 ♍ 52	20 ♉ 28	28 ♒ 33	14 ♍ 21	17 ♏ 51	16 ♍ 4	13 ♑	23 ♐	17 ♐	6 ♓	14 ♓
19	26 ♏ 18	12 ♉ 7	24 ♊ 16	23 ♊ 9	14 ♐ 46	22 ♎ 6	6 ♍ 22	20 ♉ 20	28 ♒ 35	14 ♍ 22	17 ♏ 53	16 ♍ 5	14 ♑	24 ♐	17 ♐	6 ♓	14 ♓
20	27 ♏ 19	26 ♉ 54	24 ♊ 13	23 ♊ 7	16 ♐ 9	23 ♎ 20	6 ♍ 52	20 ♉ 12	28 ♒ 37	14 ♍ 24	17 ♏ 55	16 ♍ 6	14 ♑	24 ♐	17 ♐	6 ♓	14 ♓
21	28 ♏ 19	11 ♊ 51	24 ♊ 9	23 ♊ 5	17 ♐ 32	24 ♎ 33	7 ♍ 21	20 ♉ 4	28 ♒ 38	14 ♍ 26	17 ♏ 57	16 ♍ 7	14 ♑	24 ♐	18 ♐	6 ♓	14 ♓
22	29 ♏ 20	26 ♊ 50	24 ♊ 6	23 D 5	18 ♐ 53	25 ♎ 47	7 ♍ 50	19 ♉ 56	28 ♒ 40	14 ♍ 27	17 ♏ 59	16 ♍ 7	15 ♑	25 ♐	18 ♐	7 ♓	14 ♓
23	0 ♐ 21	11 ♋ 43	24 ♊ 3	23 ♊ 5	20 ♐ 14	27 ♎ 0	8 ♍ 19	19 ♉ 48	28 ♒ 43	14 ♍ 29	18 ♏ 2	16 ♍ 8	15 ♑	25 ♐	18 ♐	7 ♓	14 ♓
24	1 ♐ 21	26 ♋ 23	24 ♊ 0	23 ♊ 7	21 ♐ 33	28 ♎ 14	8 ♍ 48	19 ♉ 40	28 ♒ 45	14 ♍ 30	18 ♏ 4	16 ♍ 9	16 ♑	25 ♐	19 ♐	7 ♓	14 ♓
25	2 ♐ 22	10 ♌ 45	23 ♊ 57	23 ♊ 8	22 ♐ 50	29 ♎ 27	9 ♍ 16	19 ♉ 32	28 ♒ 47	14 ♍ 32	18 ♏ 6	16 ♍ 10	16 ♑	26 ♐	19 ♐	7 ♓	14 ♓
26	3 ♐ 23	24 ♌ 48	23 ♊ 54	23 ♊ 9	24 ♐ 6	0 ♏ 41	9 ♍ 44	19 ♉ 24	28 ♒ 49	14 ♍ 33	18 ♏ 8	16 ♍ 11	16 ♑	26 ♐	20 ♐	8 ♓	14 D
27	4 ♐ 23	8 ♍ 29	23 ♊ 50	23 R 9	25 ♐ 20	1 ♏ 55	10 ♍ 13	19 ♉ 17	28 ♒ 52	14 ♍ 35	18 ♏ 10	16 ♍ 11	17 ♑	27 ♐	20 ♐	8 ♓	14 ♓
28	5 ♐ 24	21 ♍ 51	23 ♊ 47	23 ♊ 8	26 ♐ 31	3 ♏ 9	10 ♍ 40	19 ♉ 9	28 ♒ 54	14 ♍ 36	18 ♏ 13	16 ♍ 12	17 ♑	27 ♐	20 ♐	8 ♓	14 ♓
29	6 ♐ 25	4 ♎ 55	23 ♊ 44	23 ♊ 7	27 ♐ 40	4 ♏ 23	11 ♍ 8	19 ♉ 2	28 ♒ 57	14 ♍ 37	18 ♏ 15	16 ♍ 13	17 ♑	27 ♐	21 ♐	8 ♓	14 ♓
30	7 ♐ 26	17 ♎ 42	23 ♊ 41	23 ♊ 5	28 ♐ 46	5 ♏ 37	11 ♍ 36	18 ♉ 54	29 ♒ 0	14 ♍ 38	18 ♏ 17	16 ♍ 13	18 ♑	28 ♐	21 ♐	9 ♓	14 ♓

SUN INGRESS ☉ → ♐ 22日 15:39

MOON PHASE ● 4日 16:16 ♏ ◐ 12日 21:20 ♒ ○ 20日 00:43 ♉ ◑ 26日 16:10 ♍

aspects

3日	09:33	♂☍♄
3日	19:15	☿☍♃
6日	17:36	☉⚹♅
7日	17:56	☿□♄
8日	15:40	☉⚹♇
10日	02:09	☿□♂
10日	07:29	☉☌♆
13日	18:34	☉☍♃
18日	17:14	☿□♅
19日	22:57	☿□♇
21日	07:48	☿□♄
24日	10:23	♀△♄
30日	05:32	☿⚹♄

1964年12月

DAY	☉	☽	☊ mean	☊ true	☿	♀	♂	♃	♄	♅	♆	♇	⚳	⚴	⚵	⚶	⚷
	° ′	° ′	° ′	° ′	° ′	° ′	° ′	° ′	° ′	° ′	° ′	° ′	°	°	°	°	°
1	8 ♐ 26	0 ♏ 15	23 ♊ 38	23 R 2	29 D 48	6 D 51	12 D 3	18 R 47	29 D 3	14 D 40	18 D 19	16 D 14	18 D	28 D	21 D	9 D	14 D
2	9 ♐ 27	12 ♏ 36	23 ♊ 34	23 ♊ 0	0 ♑ 47	8 ♏ 5	12 ♍ 30	18 ♉ 40	29 ♒ 6	14 ♍ 41	18 ♏ 21	16 ♍ 15	18 ♑	29 ♐	22 ♐	9 ♓	14 ♓
3	10 ♐ 28	24 ♏ 46	23 ♊ 31	22 ♊ 58	1 ♑ 41	9 ♏ 19	12 ♍ 57	18 ♉ 33	29 ♒ 9	14 ♍ 42	18 ♏ 23	16 ♍ 15	19 ♑	29 ♐	22 ♐	9 ♓	14 ♓
4	11 ♐ 29	6 ♐ 48	23 ♊ 28	22 ♊ 57	2 ♑ 29	10 ♏ 33	13 ♍ 23	18 ♉ 26	29 ♒ 12	14 ♍ 43	18 ♏ 26	16 ♍ 16	19 ♑	29 ♐	22 ♐	10 ♓	14 ♓
5	12 ♐ 30	18 ♐ 42	23 ♊ 25	22 ♊ 57	3 ♑ 12	11 ♏ 47	13 ♍ 49	18 ♉ 19	29 ♒ 15	14 ♍ 43	18 ♏ 28	16 ♍ 16	19 ♑	0 ♑	23 ♐	10 ♓	14 ♓
6	13 ♐ 31	0 ♑ 32	23 ♊ 22	22 D 57	3 ♑ 49	13 ♏ 2	14 ♍ 15	18 ♉ 12	29 ♒ 19	14 ♍ 44	18 ♏ 30	16 ♍ 17	20 ♑	0 ♑	23 ♐	10 ♓	14 ♓
7	14 ♐ 32	12 ♑ 19	23 ♊ 19	22 ♊ 57	4 ♑ 18	14 ♏ 16	14 ♍ 41	18 ♉ 6	29 ♒ 22	14 ♍ 45	18 ♏ 32	16 ♍ 17	20 ♑	1 ♑	23 ♐	11 ♓	14 ♓
8	15 ♐ 33	24 ♑ 6	23 ♊ 15	22 ♊ 58	4 ♑ 39	15 ♏ 30	15 ♍ 6	17 ♉ 59	29 ♒ 26	14 ♍ 46	18 ♏ 34	16 ♍ 17	21 ♑	1 ♑	24 ♐	11 ♓	14 ♓
9	16 ♐ 34	5 ♒ 56	23 ♊ 12	22 ♊ 59	4 ♑ 50	16 ♏ 45	15 ♍ 32	17 ♉ 53	29 ♒ 29	14 ♍ 47	18 ♏ 36	16 ♍ 18	21 ♑	1 ♑	24 ♐	11 ♓	14 ♓
10	17 ♐ 35	17 ♒ 53	23 ♊ 9	23 ♊ 0	4 R 52	17 ♏ 59	15 ♍ 57	17 ♉ 47	29 ♒ 33	14 ♍ 47	18 ♏ 38	16 ♍ 18	21 ♑	2 ♑	25 ♐	11 ♓	14 ♓
11	18 ♐ 36	0 ♓ 0	23 ♊ 6	23 ♊ 0	4 ♑ 43	19 ♏ 13	16 ♍ 21	17 ♉ 41	29 ♒ 37	14 ♍ 48	18 ♏ 40	16 ♍ 18	22 ♑	2 ♑	25 ♐	12 ♓	14 ♓
12	19 ♐ 37	12 ♓ 21	23 ♊ 3	23 ♊ 0	4 ♑ 23	20 ♏ 28	16 ♍ 46	17 ♉ 35	29 ♒ 41	14 ♍ 48	18 ♏ 42	16 ♍ 19	22 ♑	3 ♑	25 ♐	12 ♓	14 ♓
13	20 ♐ 38	25 ♓ 2	23 ♊ 0	23 R 0	3 ♑ 51	21 ♏ 42	17 ♍ 10	17 ♉ 29	29 ♒ 44	14 ♍ 49	18 ♏ 44	16 ♍ 19	22 ♑	3 ♑	26 ♐	12 ♓	14 ♓
14	21 ♐ 39	8 ♈ 6	22 ♊ 56	23 ♊ 0	3 ♑ 8	22 ♏ 57	17 ♍ 33	17 ♉ 24	29 ♒ 49	14 ♍ 49	18 ♏ 46	16 ♍ 19	23 ♑	3 ♑	26 ♐	13 ♓	14 ♓
15	22 ♐ 40	21 ♈ 35	22 ♊ 53	23 ♊ 0	2 ♑ 14	24 ♏ 11	17 ♍ 57	17 ♉ 19	29 ♒ 53	14 ♍ 49	18 ♏ 48	16 ♍ 19	23 ♑	4 ♑	26 ♐	13 ♓	14 ♓
16	23 ♐ 41	5 ♉ 33	22 ♊ 50	23 D 0	1 ♑ 10	25 ♏ 26	18 ♍ 20	17 ♉ 13	29 ♒ 57	14 ♍ 50	18 ♏ 50	16 ♍ 19	24 ♑	4 ♑	27 ♐	13 ♓	14 ♓
17	24 ♐ 42	19 ♉ 57	22 ♊ 47	23 ♊ 0	29 ♐ 58	26 ♏ 40	18 ♍ 43	17 ♉ 8	0 ♓ 1	14 ♍ 50	18 ♏ 52	16 ♍ 19	24 ♑	5 ♑	27 ♐	14 ♓	14 ♓
18	25 ♐ 43	4 ♊ 45	22 ♊ 44	23 ♊ 0	28 ♐ 40	27 ♏ 55	19 ♍ 5	17 ♉ 4	0 ♓ 6	14 ♍ 50	18 ♏ 54	16 ♍ 19	24 ♑	5 ♑	27 ♐	14 ♓	14 ♓
19	26 ♐ 44	19 ♊ 49	22 ♊ 40	23 ♊ 1	27 ♐ 18	29 ♏ 10	19 ♍ 27	16 ♉ 59	0 ♓ 10	14 ♍ 50	18 ♏ 56	16 ♍ 19	25 ♑	5 ♑	28 ♐	14 ♓	14 ♓
20	27 ♐ 45	5 ♋ 3	22 ♊ 37	23 R 1	25 ♐ 55	0 ♐ 24	19 ♍ 49	16 ♉ 54	0 ♓ 15	14 ♍ 50	18 ♏ 57	16 R 19	25 ♑	6 ♑	28 ♐	15 ♓	14 ♓
21	28 ♐ 46	20 ♋ 15	22 ♊ 34	23 ♊ 0	24 ♐ 34	1 ♐ 39	20 ♍ 11	16 ♉ 50	0 ♓ 19	14 R 50	18 ♏ 59	16 ♍ 19	25 ♑	6 ♑	28 ♐	15 ♓	14 ♓
22	29 ♐ 47	5 ♌ 17	22 ♊ 31	23 ♊ 0	23 ♐ 17	2 ♐ 54	20 ♍ 32	16 ♉ 46	0 ♓ 24	14 ♍ 50	19 ♏ 1	16 ♍ 19	26 ♑	7 ♑	29 ♐	15 ♓	14 ♓
23	0 ♑ 48	19 ♌ 59	22 ♊ 28	22 ♊ 59	22 ♐ 8	4 ♐ 8	20 ♍ 53	16 ♉ 42	0 ♓ 29	14 ♍ 50	19 ♏ 3	16 ♍ 19	26 ♑	7 ♑	29 ♐	16 ♓	14 ♓
24	1 ♑ 49	4 ♍ 18	22 ♊ 25	22 ♊ 58	21 ♐ 7	5 ♐ 23	21 ♍ 13	16 ♉ 38	0 ♓ 33	14 ♍ 50	19 ♏ 5	16 ♍ 19	27 ♑	7 ♑	0 ♑	16 ♓	14 ♓
25	2 ♑ 51	18 ♍ 11	22 ♊ 21	22 ♊ 57	20 ♐ 15	6 ♐ 38	21 ♍ 33	16 ♉ 35	0 ♓ 38	14 ♍ 50	19 ♏ 6	16 ♍ 19	27 ♑	8 ♑	0 ♑	16 ♓	14 ♓
26	3 ♑ 52	1 ♎ 36	22 ♊ 18	22 ♊ 57	19 ♐ 34	7 ♐ 53	21 ♍ 53	16 ♉ 32	0 ♓ 43	14 ♍ 50	19 ♏ 8	16 ♍ 19	27 ♑	8 ♑	0 ♑	17 ♓	14 ♓
27	4 ♑ 53	14 ♎ 38	22 ♊ 15	22 D 57	19 ♐ 4	9 ♐ 8	22 ♍ 12	16 ♉ 28	0 ♓ 48	14 ♍ 49	19 ♏ 10	16 ♍ 18	28 ♑	9 ♑	1 ♑	17 ♓	14 ♓
28	5 ♑ 54	27 ♎ 18	22 ♊ 12	22 ♊ 57	18 ♐ 44	10 ♐ 22	22 ♍ 31	16 ♉ 25	0 ♓ 54	14 ♍ 49	19 ♏ 12	16 ♍ 18	28 ♑	9 ♑	1 ♑	17 ♓	14 ♓
29	6 ♑ 55	9 ♏ 40	22 ♊ 9	22 ♊ 59	18 ♐ 35	11 ♐ 37	22 ♍ 49	16 ♉ 23	0 ♓ 59	14 ♍ 48	19 ♏ 13	16 ♍ 18	29 ♑	9 ♑	1 ♑	18 ♓	14 ♓
30	7 ♑ 56	21 ♏ 49	22 ♊ 6	23 ♊ 0	18 D 35	12 ♐ 52	23 ♍ 7	16 ♉ 20	1 ♓ 4	14 ♍ 48	19 ♏ 15	16 ♍ 17	29 ♑	10 ♑	2 ♑	18 ♓	14 ♓
31	8 ♑ 57	3 ♐ 48	22 ♊ 2	23 ♊ 1	18 ♐ 45	14 ♐ 7	23 ♍ 25	16 ♉ 18	1 ♓ 9	14 ♍ 47	19 ♏ 16	16 ♍ 17	29 ♑	10 ♑	2 ♑	18 ♓	14 ♓

SUN INGRESS ☉ → ♑ 22日 04:50

MOON PHASE ● 4日 10:18 ♐ ◐ 12日 15:01 ♓ ○ 19日 11:41 ♊ ◑ 26日 04:27 ♎

aspects

4日	01:01	♃☍♆
7日	04:01	♂☌♅
7日	05:17	☉□♅
7日	06:11	☉□♂
7日	09:31	♀⚹♅
7日	12:18	♀⚹♂
8日	15:16	♀⚹♇
8日	17:38	☉□♇
9日	20:24	♀☍♃
10日	12:55	♀☌♆
10日	21:09	♂☌♇
13日	16:17	♂△♃
16日	23:02	☿⚹♄
17日	10:27	♂⚹♆
19日	05:35	☉☌☿
19日	20:40	♀□♄
22日	15:36	☉⚹♄
23日	21:57	☿□♂
31日	10:15	♃△♇
31日	12:50	♀□♅

1965年1月

DAY	☉	☽	☊ mean	☊ true	☿	♀	♂	♃	♄	♅	♆	♇	⚳	⚴	⚵	⚶	⚷
	° ′	° ′	° ′	° ′	° ′	° ′	° ′	° ′	° ′	° ′	° ′	° ′	°	°	°	°	°
1	9 ♑ 59	15 ♐ 40	21 ♊ 59	23 D 2	19 D 2	15 D 22	23 D 42	16 R 16	1 D 15	14 R 47	19 D 18	16 R 17	0 D	10 D	3 D	19 D	14 D
2	11 ♑ 0	27 ♐ 29	21 ♊ 56	23 R 2	19 ♐ 27	16 ♐ 37	23 ♍ 59	16 ♉ 14	1 ♓ 20	14 ♍ 46	19 ♏ 20	16 ♍ 16	0 ♒	11 ♑	3 ♑	19 ♓	14 ♓
3	12 ♑ 1	9 ♑ 16	21 ♊ 53	23 ♊ 2	19 ♐ 59	17 ♐ 52	24 ♍ 15	16 ♉ 12	1 ♓ 26	14 ♍ 45	19 ♏ 21	16 ♍ 16	0 ♒	11 ♑	3 ♑	20 ♓	14 ♓
4	13 ♑ 2	21 ♑ 5	21 ♊ 50	23 ♊ 0	20 ♐ 36	19 ♐ 7	24 ♍ 31	16 ♉ 11	1 ♓ 31	14 ♍ 45	19 ♏ 23	16 ♍ 15	1 ♒	12 ♑	4 ♑	20 ♓	14 ♓
5	14 ♑ 3	2 ♒ 56	21 ♊ 46	22 ♊ 57	21 ♐ 20	20 ♐ 22	24 ♍ 46	16 ♉ 9	1 ♓ 37	14 ♍ 44	19 ♏ 24	16 ♍ 15	1 ♒	12 ♑	4 ♑	20 ♓	14 ♓
6	15 ♑ 5	14 ♒ 51	21 ♊ 43	22 ♊ 53	22 ♐ 8	21 ♐ 37	25 ♍ 1	16 ♉ 8	1 ♓ 43	14 ♍ 43	19 ♏ 26	16 ♍ 14	2 ♒	12 ♑	4 ♑	21 ♓	14 ♓
7	16 ♑ 6	26 ♒ 54	21 ♊ 40	22 ♊ 49	23 ♐ 0	22 ♐ 51	25 ♍ 15	16 ♉ 7	1 ♓ 49	14 ♍ 42	19 ♏ 27	16 ♍ 14	2 ♒	13 ♑	5 ♑	21 ♓	15 ♓
8	17 ♑ 7	9 ♓ 7	21 ♊ 37	22 ♊ 45	23 ♐ 57	24 ♐ 6	25 ♍ 29	16 ♉ 7	1 ♓ 54	14 ♍ 41	19 ♏ 29	16 ♍ 13	2 ♒	13 ♑	5 ♑	21 ♓	15 ♓
9	18 ♑ 8	21 ♓ 31	21 ♊ 34	22 ♊ 42	24 ♐ 56	25 ♐ 21	25 ♍ 42	16 ♉ 6	2 ♓ 0	14 ♍ 40	19 ♏ 30	16 ♍ 12	3 ♒	14 ♑	5 ♑	22 ♓	15 ♓
10	19 ♑ 9	4 ♈ 10	21 ♊ 31	22 ♊ 39	25 ♐ 59	26 ♐ 36	25 ♍ 55	16 ♉ 6	2 ♓ 6	14 ♍ 39	19 ♏ 31	16 ♍ 12	3 ♒	14 ♑	6 ♑	22 ♓	15 ♓
11	20 ♑ 10	17 ♈ 8	21 ♊ 27	22 ♊ 38	27 ♐ 5	27 ♐ 51	26 ♍ 7	16 D 6	2 ♓ 12	14 ♍ 38	19 ♏ 33	16 ♍ 11	4 ♒	14 ♑	6 ♑	23 ♓	15 ♓
12	21 ♑ 11	0 ♉ 27	21 ♊ 24	22 D 39	28 ♐ 13	29 ♐ 6	26 ♍ 19	16 ♉ 6	2 ♓ 18	14 ♍ 37	19 ♏ 34	16 ♍ 10	4 ♒	15 ♑	7 ♑	23 ♓	15 ♓
13	22 ♑ 13	14 ♉ 11	21 ♊ 21	22 ♊ 40	29 ♐ 23	0 ♑ 21	26 ♍ 30	16 ♉ 6	2 ♓ 25	14 ♍ 35	19 ♏ 35	16 ♍ 9	4 ♒	15 ♑	7 ♑	23 ♓	15 ♓
14	23 ♑ 14	28 ♉ 19	21 ♊ 18	22 ♊ 41	0 ♑ 35	1 ♑ 36	26 ♍ 40	16 ♉ 7	2 ♓ 31	14 ♍ 34	19 ♏ 36	16 ♍ 9	5 ♒	16 ♑	7 ♑	24 ♓	15 ♓
15	24 ♑ 15	12 ♊ 51	21 ♊ 15	22 ♊ 43	1 ♑ 49	2 ♑ 51	26 ♍ 50	16 ♉ 8	2 ♓ 37	14 ♍ 33	19 ♏ 38	16 ♍ 8	5 ♒	16 ♑	8 ♑	24 ♓	15 ♓
16	25 ♑ 16	27 ♊ 45	21 ♊ 12	22 R 43	3 ♑ 5	4 ♑ 6	27 ♍ 0	16 ♉ 9	2 ♓ 43	14 ♍ 31	19 ♏ 39	16 ♍ 7	6 ♒	16 ♑	8 ♑	25 ♓	15 ♓
17	26 ♑ 17	12 ♋ 53	21 ♊ 8	22 ♊ 42	4 ♑ 22	5 ♑ 21	27 ♍ 8	16 ♉ 10	2 ♓ 50	14 ♍ 30	19 ♏ 40	16 ♍ 6	6 ♒	17 ♑	8 ♑	25 ♓	15 ♓
18	27 ♑ 18	28 ♋ 7	21 ♊ 5	22 ♊ 38	5 ♑ 41	6 ♑ 36	27 ♍ 17	16 ♉ 11	2 ♓ 56	14 ♍ 28	19 ♏ 41	16 ♍ 5	6 ♒	17 ♑	9 ♑	25 ♓	15 ♓
19	28 ♑ 19	13 ♌ 17	21 ♊ 2	22 ♊ 34	7 ♑ 1	7 ♑ 51	27 ♍ 24	16 ♉ 13	3 ♓ 2	14 ♍ 27	19 ♏ 42	16 ♍ 4	7 ♒	17 ♑	9 ♑	26 ♓	15 ♓
20	29 ♑ 20	28 ♌ 12	20 ♊ 59	22 ♊ 28	8 ♑ 22	9 ♑ 6	27 ♍ 31	16 ♉ 15	3 ♓ 9	14 ♍ 25	19 ♏ 43	16 ♍ 3	7 ♒	18 ♑	9 ♑	26 ♓	15 ♓
21	0 ♒ 21	12 ♍ 46	20 ♊ 56	22 ♊ 22	9 ♑ 44	10 ♑ 21	27 ♍ 37	16 ♉ 17	3 ♓ 15	14 ♍ 24	19 ♏ 44	16 ♍ 2	8 ♒	18 ♑	10 ♑	26 ♓	15 ♓
22	1 ♒ 22	26 ♍ 51	20 ♊ 52	22 ♊ 17	11 ♑ 7	11 ♑ 37	27 ♍ 43	16 ♉ 19	3 ♓ 22	14 ♍ 22	19 ♏ 45	16 ♍ 1	8 ♒	19 ♑	10 ♑	27 ♓	15 ♓
23	2 ♒ 23	10 ♎ 27	20 ♊ 49	22 ♊ 13	12 ♑ 31	12 ♑ 52	27 ♍ 48	16 ♉ 21	3 ♓ 29	14 ♍ 20	19 ♏ 46	16 ♍ 0	8 ♒	19 ♑	11 ♑	27 ♓	15 ♓
24	3 ♒ 24	23 ♎ 35	20 ♊ 46	22 ♊ 11	13 ♑ 56	14 ♑ 7	27 ♍ 52	16 ♉ 24	3 ♓ 35	14 ♍ 19	19 ♏ 47	15 ♍ 59	9 ♒	19 ♑	11 ♑	28 ♓	15 ♓
25	4 ♒ 25	6 ♏ 17	20 ♊ 43	22 D 10	15 ♑ 22	15 ♑ 22	27 ♍ 55	16 ♉ 27	3 ♓ 42	14 ♍ 17	19 ♏ 48	15 ♍ 58	9 ♒	20 ♑	11 ♑	28 ♓	15 ♓
26	5 ♒ 26	18 ♏ 38	20 ♊ 40	22 ♊ 11	16 ♑ 48	16 ♑ 37	27 ♍ 58	16 ♉ 29	3 ♓ 49	14 ♍ 15	19 ♏ 49	15 ♍ 57	9 ♒	20 ♑	12 ♑	29 ♓	15 ♓
27	6 ♒ 27	0 ♐ 43	20 ♊ 37	22 ♊ 12	18 ♑ 16	17 ♑ 52	28 ♍ 0	16 ♉ 33	3 ♓ 55	14 ♍ 13	19 ♏ 50	15 ♍ 56	10 ♒	21 ♑	12 ♑	29 ♓	15 ♓
28	7 ♒ 28	12 ♐ 38	20 ♊ 33	22 ♊ 14	19 ♑ 44	19 ♑ 7	28 ♍ 2	16 ♉ 36	4 ♓ 2	14 ♍ 11	19 ♏ 51	15 ♍ 55	10 ♒	21 ♑	12 ♑	29 ♓	15 ♓
29	8 ♒ 29	24 ♐ 26	20 ♊ 30	22 R 14	21 ♑ 13	20 ♑ 22	28 ♍ 2	16 ♉ 40	4 ♓ 9	14 ♍ 9	19 ♏ 51	15 ♍ 54	11 ♒	21 ♑	13 ♑	0 ♈	15 ♓
30	9 ♒ 30	6 ♑ 11	20 ♊ 27	22 ♊ 13	22 ♑ 43	21 ♑ 37	28 R 2	16 ♉ 43	4 ♓ 16	14 ♍ 7	19 ♏ 52	15 ♍ 53	11 ♒	22 ♑	13 ♑	0 ♈	16 ♓
31	10 ♒ 31	17 ♑ 59	20 ♊ 24	22 ♊ 10	24 ♑ 13	22 ♑ 52	28 ♍ 1	16 ♉ 47	4 ♓ 23	14 ♍ 5	19 ♏ 53	15 ♍ 51	11 ♒	22 ♑	13 ♑	1 ♈	16 ♓
SUN INGRESS	☉ → ♒ 20日 15:29																
MOON PHASE	● 3日 06:07 ♑ ◐ 11日 06:00 ♈ ○ 17日 22:37 ♋ ◑ 24日 20:07 ♏																

aspects		
1日	17:27	♀□♇
5日	15:38	☉△♅
7日	00:35	☉△♃
7日	03:04	☉△♇
7日	10:44	☿☌♀
9日	08:04	♀□♂
9日	22:05	☿□♂
10日	08:52	☉⚹♆
14日	18:58	♀⚹♄
15日	03:43	♃△♇
15日	16:32	☿⚹♄
17日	23:22	☉△♂
24日	03:44	♀△♅
24日	06:16	☿△♅
25日	00:09	☿☌♀
25日	10:03	☿△♇
25日	11:31	♀△♇
25日	18:37	☿△♃
25日	21:35	♀△♃
28日	01:48	☿⚹♆
28日	14:08	♀⚹♆

1965年2月

DAY	☉	☽	☊ mean	☊ true	☿	♀	♂	♃	♄	♅	♆	♇	⚳	⚴	⚵	⚶	⚷
	° ′	° ′	° ′	° ′	° ′	° ′	° ′	° ′	° ′	° ′	° ′	° ′	°	°	°	°	°
1	11 ♒ 32	29 ♑ 51	20 ♊ 21	22 R 4	25 D 45	24 D 7	28 R 0	16 D 51	4 D 30	14 R 3	19 D 54	15 R 50	12 D	22 D	14 D	1 D	16 D
2	12 ♒ 33	11 ♒ 49	20 ♊ 18	21 ♊ 56	27 ♑ 17	25 ♑ 22	27 ♍ 57	16 ♉ 56	4 ♓ 37	14 ♍ 1	19 ♏ 54	15 ♍ 49	12 ♒	23 ♑	14 ♑	1 ♈	16 ♓
3	13 ♒ 34	23 ♒ 55	20 ♊ 14	21 ♊ 46	28 ♑ 49	26 ♑ 37	27 ♍ 54	17 ♉ 0	4 ♓ 44	13 ♍ 59	19 ♏ 55	15 ♍ 48	13 ♒	23 ♑	14 ♑	2 ♈	16 ♓
4	14 ♒ 35	6 ♓ 11	20 ♊ 11	21 ♊ 35	0 ♒ 23	27 ♑ 52	27 ♍ 50	17 ♉ 5	4 ♓ 51	13 ♍ 57	19 ♏ 55	15 ♍ 46	13 ♒	23 ♑	15 ♑	2 ♈	16 ♓
5	15 ♒ 36	18 ♓ 36	20 ♊ 8	21 ♊ 25	1 ♒ 57	29 ♑ 7	27 ♍ 45	17 ♉ 10	4 ♓ 58	13 ♍ 55	19 ♏ 56	15 ♍ 45	13 ♒	24 ♑	15 ♑	3 ♈	16 ♓
6	16 ♒ 36	1 ♈ 12	20 ♊ 5	21 ♊ 16	3 ♒ 32	0 ♒ 22	27 ♍ 40	17 ♉ 15	5 ♓ 5	13 ♍ 52	19 ♏ 56	15 ♍ 44	14 ♒	24 ♑	16 ♑	3 ♈	16 ♓
7	17 ♒ 37	14 ♈ 0	20 ♊ 2	21 ♊ 9	5 ♒ 8	1 ♒ 37	27 ♍ 33	17 ♉ 20	5 ♓ 12	13 ♍ 50	19 ♏ 57	15 ♍ 42	14 ♒	25 ♑	16 ♑	3 ♈	16 ♓
8	18 ♒ 38	27 ♈ 2	19 ♊ 58	21 ♊ 4	6 ♒ 44	2 ♒ 52	27 ♍ 26	17 ♉ 26	5 ♓ 19	13 ♍ 48	19 ♏ 57	15 ♍ 41	15 ♒	25 ♑	16 ♑	4 ♈	16 ♓
9	19 ♒ 39	10 ♉ 19	19 ♊ 55	21 ♊ 2	8 ♒ 21	4 ♒ 7	27 ♍ 18	17 ♉ 31	5 ♓ 26	13 ♍ 46	19 ♏ 58	15 ♍ 40	15 ♒	25 ♑	17 ♑	4 ♈	16 ♓
10	20 ♒ 39	23 ♉ 54	19 ♊ 52	21 D 1	9 ♒ 59	5 ♒ 22	27 ♍ 9	17 ♉ 37	5 ♓ 33	13 ♍ 43	19 ♏ 58	15 ♍ 38	15 ♒	26 ♑	17 ♑	5 ♈	16 ♓
11	21 ♒ 40	7 ♊ 47	19 ♊ 49	21 ♊ 2	11 ♒ 38	6 ♒ 37	27 ♍ 0	17 ♉ 43	5 ♓ 40	13 ♍ 41	19 ♏ 58	15 ♍ 37	16 ♒	26 ♑	17 ♑	5 ♈	16 ♓
12	22 ♒ 41	22 ♊ 1	19 ♊ 46	21 R 2	13 ♒ 18	7 ♒ 52	26 ♍ 50	17 ♉ 49	5 ♓ 47	13 ♍ 39	19 ♏ 59	15 ♍ 35	16 ♒	26 ♑	18 ♑	6 ♈	16 ♓
13	23 ♒ 42	6 ♋ 33	19 ♊ 43	21 ♊ 1	14 ♒ 58	9 ♒ 7	26 ♍ 39	17 ♉ 55	5 ♓ 55	13 ♍ 36	19 ♏ 59	15 ♍ 34	17 ♒	27 ♑	18 ♑	6 ♈	16 ♓
14	24 ♒ 42	21 ♋ 21	19 ♊ 39	20 ♊ 58	16 ♒ 40	10 ♒ 22	26 ♍ 27	18 ♉ 2	6 ♓ 2	13 ♍ 34	19 ♏ 59	15 ♍ 32	17 ♒	27 ♑	18 ♑	6 ♈	16 ♓
15	25 ♒ 43	6 ♌ 17	19 ♊ 36	20 ♊ 52	18 ♒ 22	11 ♒ 37	26 ♍ 14	18 ♉ 8	6 ♓ 9	13 ♍ 31	19 ♏ 59	15 ♍ 31	17 ♒	28 ♑	19 ♑	7 ♈	16 ♓
16	26 ♒ 43	21 ♌ 15	19 ♊ 33	20 ♊ 43	20 ♒ 5	12 ♒ 52	26 ♍ 1	18 ♉ 15	6 ♓ 16	13 ♍ 29	20 ♏ 0	15 ♍ 30	18 ♒	28 ♑	19 ♑	7 ♈	16 ♓
17	27 ♒ 44	6 ♍ 6	19 ♊ 30	20 ♊ 33	21 ♒ 49	14 ♒ 7	25 ♍ 47	18 ♉ 22	6 ♓ 24	13 ♍ 26	20 ♏ 0	15 ♍ 28	18 ♒	28 ♑	19 ♑	8 ♈	17 ♓
18	28 ♒ 44	20 ♍ 39	19 ♊ 27	20 ♊ 22	23 ♒ 33	15 ♒ 22	25 ♍ 32	18 ♉ 29	6 ♓ 31	13 ♍ 24	20 ♏ 0	15 ♍ 27	19 ♒	29 ♑	20 ♑	8 ♈	17 ♓
19	29 ♒ 45	4 ♎ 49	19 ♊ 24	20 ♊ 12	25 ♒ 19	16 ♒ 37	25 ♍ 17	18 ♉ 36	6 ♓ 38	13 ♍ 21	20 ♏ 0	15 ♍ 25	19 ♒	29 ♑	20 ♑	9 ♈	17 ♓
20	0 ♓ 45	18 ♎ 31	19 ♊ 20	20 ♊ 3	27 ♒ 6	17 ♒ 52	25 ♍ 1	18 ♉ 44	6 ♓ 45	13 ♍ 19	20 ♏ 0	15 ♍ 24	19 ♒	29 ♑	20 ♑	9 ♈	17 ♓
21	1 ♓ 46	1 ♏ 45	19 ♊ 17	19 ♊ 57	28 ♒ 53	19 ♒ 7	24 ♍ 44	18 ♉ 51	6 ♓ 53	13 ♍ 16	20 R 0	15 ♍ 22	20 ♒	0 ♒	21 ♑	9 ♈	17 ♓
22	2 ♓ 46	14 ♏ 33	19 ♊ 14	19 ♊ 53	0 ♓ 42	20 ♒ 22	24 ♍ 26	18 ♉ 59	7 ♓ 0	13 ♍ 14	20 ♏ 0	15 ♍ 20	20 ♒	0 ♒	21 ♑	10 ♈	17 ♓
23	3 ♓ 47	26 ♏ 58	19 ♊ 11	19 ♊ 52	2 ♓ 31	21 ♒ 37	24 ♍ 8	19 ♉ 7	7 ♓ 7	13 ♍ 11	20 ♏ 0	15 ♍ 19	20 ♒	0 ♒	22 ♑	10 ♈	17 ♓
24	4 ♓ 47	9 ♐ 5	19 ♊ 8	19 D 52	4 ♓ 22	22 ♒ 52	23 ♍ 49	19 ♉ 14	7 ♓ 15	13 ♍ 9	20 ♏ 0	15 ♍ 17	21 ♒	1 ♒	22 ♑	11 ♈	17 ♓
25	5 ♓ 47	21 ♐ 0	19 ♊ 4	19 R 52	6 ♓ 13	24 ♒ 7	23 ♍ 30	19 ♉ 23	7 ♓ 22	13 ♍ 6	20 ♏ 0	15 ♍ 16	21 ♒	1 ♒	22 ♑	11 ♈	17 ♓
26	6 ♓ 48	2 ♑ 48	19 ♊ 1	19 ♊ 51	8 ♓ 5	25 ♒ 22	23 ♍ 10	19 ♉ 31	7 ♓ 29	13 ♍ 3	19 ♏ 59	15 ♍ 14	22 ♒	1 ♒	23 ♑	12 ♈	17 ♓
27	7 ♓ 48	14 ♑ 34	18 ♊ 58	19 ♊ 49	9 ♓ 57	26 ♒ 37	22 ♍ 50	19 ♉ 39	7 ♓ 37	13 ♍ 1	19 ♏ 59	15 ♍ 13	22 ♒	2 ♒	23 ♑	12 ♈	17 ♓
28	8 ♓ 48	26 ♑ 24	18 ♊ 55	19 ♊ 44	11 ♓ 51	27 ♒ 52	22 ♍ 29	19 ♉ 48	7 ♓ 44	12 ♍ 58	19 ♏ 59	15 ♍ 11	22 ♒	2 ♒	23 ♑	13 ♈	17 ♓
SUN INGRESS	☉ → ♓ 19日 05:48																
MOON PHASE	● 2日 01:36 ♒ ◐ 9日 17:53 ♉ ○ 16日 09:27 ♌ ◑ 23日 14:39 ♐																

aspects		
2日	10:10	☿△♂
3日	23:17	♀△♂
6日	16:37	☉□♃
9日	07:32	☉□♆
14日	20:38	☿□♃
15日	22:49	☿□♆
20日	18:13	♀□♃
21日	16:52	♀□♆
24日	12:06	☉☌☿
25日	15:54	☿☌♄
26日	18:49	☉☌♄
28日	13:47	☿☍♅

1965年3月

DAY	☉	☽	☊ mean	☊ true	☿	♀	♂	♃	♄	♅	♆	♇	⚳	⚴	⚵	⚶	⚷
	° ′	° ′	° ′	° ′	° ′	° ′	° ′	° ′	° ′	° ′	° ′	° ′	°	°	°	°	°
1	9 ♓ 49	8 ♒ 21	18 ♊ 52	19 R 36	13 D 45	29 D 7	22 R 7	19 D 56	7 D 51	12 R 55	19 R 59	15 R 10	23 D	2 D	24 D	13 D	17 D
2	10 ♓ 49	20 ♒ 27	18 ♊ 49	19 ♊ 25	15 ♓ 40	0 ♓ 22	21 ♍ 45	20 ♉ 5	7 ♓ 59	12 ♍ 53	19 ♏ 58	15 ♍ 8	23 ♒	3 ♒	24 ♑	13 ♈	17 ♓
3	11 ♓ 49	2 ♓ 45	18 ♊ 45	19 ♊ 12	17 ♓ 35	1 ♓ 36	21 ♍ 23	20 ♉ 14	8 ♓ 6	12 ♍ 50	19 ♏ 58	15 ♍ 6	24 ♒	3 ♒	24 ♑	14 ♈	17 ♓
4	12 ♓ 49	15 ♓ 16	18 ♊ 42	18 ♊ 58	19 ♓ 31	2 ♓ 51	21 ♍ 1	20 ♉ 23	8 ♓ 13	12 ♍ 48	19 ♏ 58	15 ♍ 5	24 ♒	3 ♒	25 ♑	14 ♈	17 ♓
5	13 ♓ 49	27 ♓ 59	18 ♊ 39	18 ♊ 44	21 ♓ 27	4 ♓ 6	20 ♍ 38	20 ♉ 32	8 ♓ 21	12 ♍ 45	19 ♏ 57	15 ♍ 3	24 ♒	4 ♒	25 ♑	15 ♈	18 ♓
6	14 ♓ 49	10 ♈ 55	18 ♊ 36	18 ♊ 31	23 ♓ 22	5 ♓ 21	20 ♍ 15	20 ♉ 42	8 ♓ 28	12 ♍ 42	19 ♏ 57	15 ♍ 2	25 ♒	4 ♒	25 ♑	15 ♈	18 ♓
7	15 ♓ 50	24 ♈ 1	18 ♊ 33	18 ♊ 21	25 ♓ 18	6 ♓ 36	19 ♍ 51	20 ♉ 51	8 ♓ 35	12 ♍ 40	19 ♏ 56	15 ♍ 0	25 ♒	4 ♒	26 ♑	16 ♈	18 ♓
8	16 ♓ 50	7 ♉ 19	18 ♊ 29	18 ♊ 14	27 ♓ 12	7 ♓ 51	19 ♍ 28	21 ♉ 1	8 ♓ 42	12 ♍ 37	19 ♏ 56	14 ♍ 58	26 ♒	5 ♒	26 ♑	16 ♈	18 ♓
9	17 ♓ 50	20 ♉ 47	18 ♊ 26	18 ♊ 10	29 ♓ 6	9 ♓ 6	19 ♍ 4	21 ♉ 10	8 ♓ 50	12 ♍ 34	19 ♏ 55	14 ♍ 57	26 ♒	5 ♒	26 ♑	16 ♈	18 ♓
10	18 ♓ 50	4 ♊ 26	18 ♊ 23	18 ♊ 8	0 ♈ 59	10 ♓ 20	18 ♍ 41	21 ♉ 20	8 ♓ 57	12 ♍ 32	19 ♏ 55	14 ♍ 55	26 ♒	5 ♒	27 ♑	17 ♈	18 ♓
11	19 ♓ 50	18 ♊ 16	18 ♊ 20	18 D 8	2 ♈ 50	11 ♓ 35	18 ♍ 17	21 ♉ 30	9 ♓ 4	12 ♍ 29	19 ♏ 54	14 ♍ 54	27 ♒	6 ♒	27 ♑	17 ♈	18 ♓
12	20 ♓ 49	2 ♋ 19	18 ♊ 17	18 R 8	4 ♈ 39	12 ♓ 50	17 ♍ 53	21 ♉ 40	9 ♓ 11	12 ♍ 27	19 ♏ 54	14 ♍ 52	27 ♒	6 ♒	27 ♑	18 ♈	18 ♓
13	21 ♓ 49	16 ♋ 34	18 ♊ 14	18 ♊ 6	6 ♈ 26	14 ♓ 5	17 ♍ 30	21 ♉ 50	9 ♓ 19	12 ♍ 24	19 ♏ 53	14 ♍ 51	27 ♒	6 ♒	28 ♑	18 ♈	18 ♓
14	22 ♓ 49	0 ♌ 58	18 ♊ 10	18 ♊ 3	8 ♈ 9	15 ♓ 19	17 ♍ 6	22 ♉ 0	9 ♓ 26	12 ♍ 22	19 ♏ 52	14 ♍ 49	28 ♒	7 ♒	28 ♑	19 ♈	18 ♓
15	23 ♓ 49	15 ♌ 29	18 ♊ 7	17 ♊ 56	9 ♈ 49	16 ♓ 34	16 ♍ 43	22 ♉ 11	9 ♓ 33	12 ♍ 19	19 ♏ 52	14 ♍ 47	28 ♒	7 ♒	28 ♑	19 ♈	18 ♓
16	24 ♓ 49	0 ♍ 2	18 ♊ 4	17 ♊ 47	11 ♈ 26	17 ♓ 49	16 ♍ 20	22 ♉ 21	9 ♓ 40	12 ♍ 16	19 ♏ 51	14 ♍ 46	29 ♒	7 ♒	28 ♑	20 ♈	18 ♓
17	25 ♓ 48	14 ♍ 30	18 ♊ 1	17 ♊ 36	12 ♈ 57	19 ♓ 4	15 ♍ 57	22 ♉ 32	9 ♓ 47	12 ♍ 14	19 ♏ 50	14 ♍ 44	29 ♒	8 ♒	29 ♑	20 ♈	18 ♓
18	26 ♓ 48	28 ♍ 47	17 ♊ 58	17 ♊ 23	14 ♈ 24	20 ♓ 18	15 ♍ 34	22 ♉ 42	9 ♓ 54	12 ♍ 11	19 ♏ 49	14 ♍ 43	29 ♒	8 ♒	29 ♑	20 ♈	18 ♓
19	27 ♓ 48	12 ♎ 45	17 ♊ 55	17 ♊ 12	15 ♈ 46	21 ♓ 33	15 ♍ 12	22 ♉ 53	10 ♓ 2	12 ♍ 9	19 ♏ 48	14 ♍ 41	0 ♓	8 ♒	29 ♑	21 ♈	18 ♓
20	28 ♓ 47	26 ♎ 21	17 ♊ 51	17 ♊ 2	17 ♈ 2	22 ♓ 48	14 ♍ 50	23 ♉ 4	10 ♓ 9	12 ♍ 6	19 ♏ 48	14 ♍ 40	0 ♓	9 ♒	0 ♒	21 ♈	18 ♓
21	29 ♓ 47	9 ♏ 34	17 ♊ 48	16 ♊ 54	18 ♈ 11	24 ♓ 2	14 ♍ 28	23 ♉ 15	10 ♓ 16	12 ♍ 4	19 ♏ 47	14 ♍ 38	0 ♓	9 ♒	0 ♒	22 ♈	19 ♓
22	0 ♈ 46	22 ♏ 22	17 ♊ 45	16 ♊ 50	19 ♈ 14	25 ♓ 17	14 ♍ 7	23 ♉ 26	10 ♓ 23	12 ♍ 1	19 ♏ 46	14 ♍ 37	1 ♓	9 ♒	0 ♒	22 ♈	19 ♓
23	1 ♈ 46	4 ♐ 50	17 ♊ 42	16 ♊ 47	20 ♈ 10	26 ♓ 32	13 ♍ 47	23 ♉ 37	10 ♓ 30	11 ♍ 59	19 ♏ 45	14 ♍ 35	1 ♓	9 ♒	1 ♒	23 ♈	19 ♓
24	2 ♈ 45	16 ♐ 59	17 ♊ 39	16 D 47	20 ♈ 59	27 ♓ 46	13 ♍ 26	23 ♉ 48	10 ♓ 37	11 ♍ 57	19 ♏ 44	14 ♍ 34	2 ♓	10 ♒	1 ♒	23 ♈	19 ♓
25	3 ♈ 45	28 ♐ 57	17 ♊ 35	16 ♊ 47	21 ♈ 41	29 ♓ 1	13 ♍ 7	24 ♉ 0	10 ♓ 44	11 ♍ 54	19 ♏ 43	14 ♍ 32	2 ♓	10 ♒	1 ♒	24 ♈	19 ♓
26	4 ♈ 44	10 ♑ 47	17 ♊ 32	16 R 47	22 ♈ 15	0 ♈ 15	12 ♍ 48	24 ♉ 11	10 ♓ 51	11 ♍ 52	19 ♏ 42	14 ♍ 31	2 ♓	10 ♒	2 ♒	24 ♈	19 ♓
27	5 ♈ 44	22 ♑ 36	17 ♊ 29	16 ♊ 45	22 ♈ 41	1 ♈ 30	12 ♍ 29	24 ♉ 22	10 ♓ 57	11 ♍ 49	19 ♏ 41	14 ♍ 29	3 ♓	11 ♒	2 ♒	24 ♈	19 ♓
28	6 ♈ 43	4 ♒ 28	17 ♊ 26	16 ♊ 42	23 ♈ 0	2 ♈ 45	12 ♍ 11	24 ♉ 34	11 ♓ 4	11 ♍ 47	19 ♏ 40	14 ♍ 28	3 ♓	11 ♒	2 ♒	25 ♈	19 ♓
29	7 ♈ 43	16 ♒ 29	17 ♊ 23	16 ♊ 36	23 ♈ 11	3 ♈ 59	11 ♍ 54	24 ♉ 46	11 ♓ 11	11 ♍ 45	19 ♏ 39	14 ♍ 26	3 ♓	11 ♒	2 ♒	25 ♈	19 ♓
30	8 ♈ 42	28 ♒ 41	17 ♊ 20	16 ♊ 27	23 R 15	5 ♈ 14	11 ♍ 37	24 ♉ 57	11 ♓ 18	11 ♍ 43	19 ♏ 38	14 ♍ 25	4 ♓	12 ♒	3 ♒	26 ♈	19 ♓
31	9 ♈ 41	11 ♓ 9	17 ♊ 16	16 ♊ 17	23 ♈ 11	6 ♈ 28	11 ♍ 21	25 ♉ 9	11 ♓ 25	11 ♍ 40	19 ♏ 36	14 ♍ 23	4 ♓	12 ♒	3 ♒	26 ♈	19 ♓

SUN INGRESS　☉ → ♈ 21日 05:05

MOON PHASE　● 3日 18:56 ♓　◐ 11日 02:52 ♊　○ 17日 20:24 ♍　◑ 25日 10:37 ♑

aspects		
1日	06:19	♃☍♆
1日	17:24	☿☍♇
3日	23:23	☉☍♅
4日	05:34	☿△♆
4日	11:47	☿⚹♃
4日	15:34	☿☍♂
5日	04:08	♂△♃
6日	04:44	☉☍♇
6日	18:47	♂⚹♆
8日	18:20	♀☌♄
9日	21:28	☉☍♂
11日	01:53	☉△♆
11日	16:46	♀☍♅
13日	00:23	☉⚹♃
13日	14:25	♀☍♇
15日	02:09	♀☍♂
17日	14:47	♀△♆
20日	06:08	♀⚹♃
20日	12:22	♂☌♇
29日	15:02	♂☌♅
30日	20:24	♂☍♄

1965年4月

DAY	☉	☽	☊ mean	☊ true	☿	♀	♂	♃	♄	♅	♆	♇	⚳	⚴	⚵	⚶	⚷
	° ′	° ′	° ′	° ′	° ′	° ′	° ′	° ′	° ′	° ′	° ′	° ′	°	°	°	°	°
1	10 ♈ 40	23 ♓ 53	17 ♊ 13	16 R 5	23 R 0	7 D 43	11 R 6	25 D 21	11 D 31	11 R 38	19 R 35	14 R 22	5 D	12 D	3 D	27 D	19 D
2	11 ♈ 40	6 ♈ 54	17 ♊ 10	15 ♊ 54	22 ♈ 43	8 ♈ 57	10 ♍ 52	25 ♉ 33	11 ♓ 38	11 ♍ 36	19 ♏ 34	14 ♍ 21	5 ♓	12 ♒	4 ♒	27 ♈	19 ♓
3	12 ♈ 39	20 ♈ 11	17 ♊ 7	15 ♊ 43	22 ♈ 20	10 ♈ 12	10 ♍ 38	25 ♉ 45	11 ♓ 45	11 ♍ 34	19 ♏ 33	14 ♍ 19	5 ♓	13 ♒	4 ♒	28 ♈	19 ♓
4	13 ♈ 38	3 ♉ 41	17 ♊ 4	15 ♊ 35	21 ♈ 50	11 ♈ 26	10 ♍ 25	25 ♉ 57	11 ♓ 51	11 ♍ 32	19 ♏ 32	14 ♍ 18	6 ♓	13 ♒	4 ♒	28 ♈	19 ♓
5	14 ♈ 37	17 ♉ 22	17 ♊ 0	15 ♊ 29	21 ♈ 16	12 ♈ 41	10 ♍ 13	26 ♉ 10	11 ♓ 58	11 ♍ 30	19 ♏ 30	14 ♍ 17	6 ♓	13 ♒	4 ♒	29 ♈	19 ♓
6	15 ♈ 36	1 ♊ 12	16 ♊ 57	15 ♊ 26	20 ♈ 38	13 ♈ 55	10 ♍ 1	26 ♉ 22	12 ♓ 5	11 ♍ 28	19 ♏ 29	14 ♍ 15	6 ♓	13 ♒	5 ♒	29 ♈	19 ♓
7	16 ♈ 35	15 ♊ 9	16 ♊ 54	15 ♊ 25	19 ♈ 56	15 ♈ 9	9 ♍ 50	26 ♉ 34	12 ♓ 11	11 ♍ 26	19 ♏ 28	14 ♍ 14	7 ♓	14 ♒	5 ♒	29 ♈	20 ♓
8	17 ♈ 34	29 ♊ 10	16 ♊ 51	15 D 25	19 ♈ 12	16 ♈ 24	9 ♍ 40	26 ♉ 47	12 ♓ 18	11 ♍ 24	19 ♏ 27	14 ♍ 13	7 ♓	14 ♒	5 ♒	0 ♉	20 ♓
9	18 ♈ 33	13 ♋ 16	16 ♊ 48	15 ♊ 26	18 ♈ 26	17 ♈ 38	9 ♍ 31	26 ♉ 59	12 ♓ 24	11 ♍ 22	19 ♏ 25	14 ♍ 11	7 ♓	14 ♒	6 ♒	0 ♉	20 ♓
10	19 ♈ 32	27 ♋ 24	16 ♊ 45	15 R 26	17 ♈ 40	18 ♈ 53	9 ♍ 23	27 ♉ 12	12 ♓ 30	11 ♍ 20	19 ♏ 24	14 ♍ 10	8 ♓	15 ♒	6 ♒	1 ♉	20 ♓
11	20 ♈ 31	11 ♌ 34	16 ♊ 41	15 ♊ 24	16 ♈ 53	20 ♈ 7	9 ♍ 15	27 ♉ 24	12 ♓ 37	11 ♍ 18	19 ♏ 23	14 ♍ 9	8 ♓	15 ♒	6 ♒	1 ♉	20 ♓
12	21 ♈ 30	25 ♌ 44	16 ♊ 38	15 ♊ 20	16 ♈ 8	21 ♈ 21	9 ♍ 9	27 ♉ 37	12 ♓ 43	11 ♍ 16	19 ♏ 21	14 ♍ 8	8 ♓	15 ♒	6 ♒	2 ♉	20 ♓
13	22 ♈ 29	9 ♍ 50	16 ♊ 35	15 ♊ 14	15 ♈ 25	22 ♈ 36	9 ♍ 3	27 ♉ 50	12 ♓ 49	11 ♍ 14	19 ♏ 20	14 ♍ 7	9 ♓	15 ♒	7 ♒	2 ♉	20 ♓
14	23 ♈ 27	23 ♍ 50	16 ♊ 32	15 ♊ 6	14 ♈ 44	23 ♈ 50	8 ♍ 58	28 ♉ 2	12 ♓ 55	11 ♍ 13	19 ♏ 18	14 ♍ 6	9 ♓	16 ♒	7 ♒	3 ♉	20 ♓
15	24 ♈ 26	7 ♎ 40	16 ♊ 29	14 ♊ 57	14 ♈ 6	25 ♈ 4	8 ♍ 53	28 ♉ 15	13 ♓ 1	11 ♍ 11	19 ♏ 17	14 ♍ 4	10 ♓	16 ♒	7 ♒	3 ♉	20 ♓
16	25 ♈ 25	21 ♎ 15	16 ♊ 26	14 ♊ 49	13 ♈ 32	26 ♈ 18	8 ♍ 50	28 ♉ 28	13 ♓ 7	11 ♍ 9	19 ♏ 15	14 ♍ 3	10 ♓	16 ♒	7 ♒	3 ♉	20 ♓
17	26 ♈ 24	4 ♏ 34	16 ♊ 22	14 ♊ 42	13 ♈ 2	27 ♈ 33	8 ♍ 47	28 ♉ 41	13 ♓ 13	11 ♍ 8	19 ♏ 14	14 ♍ 2	10 ♓	16 ♒	8 ♒	4 ♉	20 ♓
18	27 ♈ 22	17 ♏ 33	16 ♊ 19	14 ♊ 37	12 ♈ 37	28 ♈ 47	8 ♍ 45	28 ♉ 54	13 ♓ 19	11 ♍ 6	19 ♏ 13	14 ♍ 1	11 ♓	16 ♒	8 ♒	4 ♉	20 ♓
19	28 ♈ 21	0 ♐ 15	16 ♊ 16	14 ♊ 34	12 ♈ 16	0 ♉ 1	8 ♍ 43	29 ♉ 7	13 ♓ 25	11 ♍ 5	19 ♏ 11	14 ♍ 0	11 ♓	17 ♒	8 ♒	5 ♉	20 ♓
20	29 ♈ 19	12 ♐ 38	16 ♊ 13	14 ♊ 32	12 ♈ 1	1 ♉ 15	8 ♍ 43	29 ♉ 20	13 ♓ 31	11 ♍ 3	19 ♏ 10	13 ♍ 59	11 ♓	17 ♒	8 ♒	5 ♉	20 ♓
21	0 ♉ 18	24 ♐ 47	16 ♊ 10	14 D 33	11 ♈ 51	2 ♉ 29	8 D 43	29 ♉ 33	13 ♓ 37	11 ♍ 2	19 ♏ 8	13 ♍ 58	12 ♓	17 ♒	9 ♒	6 ♉	20 ♓
22	1 ♉ 16	6 ♑ 45	16 ♊ 6	14 ♊ 34	11 ♈ 45	3 ♉ 44	8 ♍ 44	29 ♉ 47	13 ♓ 43	11 ♍ 0	19 ♏ 7	13 ♍ 57	12 ♓	17 ♒	9 ♒	6 ♉	20 ♓
23	2 ♉ 15	18 ♑ 37	16 ♊ 3	14 ♊ 36	11 D 45	4 ♉ 58	8 ♍ 45	0 ♊ 0	13 ♓ 48	10 ♍ 59	19 ♏ 5	13 ♍ 56	12 ♓	18 ♒	9 ♒	7 ♉	20 ♓
24	3 ♉ 13	0 ♒ 27	16 ♊ 0	14 ♊ 37	11 ♈ 50	6 ♉ 12	8 ♍ 48	0 ♊ 13	13 ♓ 54	10 ♍ 58	19 ♏ 3	13 ♍ 55	13 ♓	18 ♒	9 ♒	7 ♉	20 ♓
25	4 ♉ 12	12 ♒ 21	15 ♊ 57	14 R 36	12 ♈ 0	7 ♉ 26	8 ♍ 51	0 ♊ 26	14 ♓ 0	10 ♍ 56	19 ♏ 2	13 ♍ 54	13 ♓	18 ♒	10 ♒	7 ♉	20 ♓
26	5 ♉ 10	24 ♒ 23	15 ♊ 54	14 ♊ 34	12 ♈ 14	8 ♉ 40	8 ♍ 54	0 ♊ 40	14 ♓ 5	10 ♍ 55	19 ♏ 0	13 ♍ 53	13 ♓	18 ♒	10 ♒	8 ♉	21 ♓
27	6 ♉ 9	6 ♓ 39	15 ♊ 51	14 ♊ 31	12 ♈ 33	9 ♉ 54	8 ♍ 59	0 ♊ 53	14 ♓ 11	10 ♍ 54	18 ♏ 59	13 ♍ 53	14 ♓	18 ♒	10 ♒	8 ♉	21 ♓
28	7 ♉ 7	19 ♓ 11	15 ♊ 47	14 ♊ 26	12 ♈ 57	11 ♉ 8	9 ♍ 4	1 ♊ 7	14 ♓ 16	10 ♍ 53	18 ♏ 57	13 ♍ 52	14 ♓	19 ♒	10 ♒	9 ♉	21 ♓
29	8 ♉ 5	2 ♈ 3	15 ♊ 44	14 ♊ 20	13 ♈ 25	12 ♉ 22	9 ♍ 10	1 ♊ 20	14 ♓ 21	10 ♍ 52	18 ♏ 56	13 ♍ 51	14 ♓	19 ♒	10 ♒	9 ♉	21 ♓
30	9 ♉ 4	15 ♈ 16	15 ♊ 41	14 ♊ 14	13 ♈ 57	13 ♉ 36	9 ♍ 16	1 ♊ 34	14 ♓ 27	10 ♍ 51	18 ♏ 54	13 ♍ 50	15 ♓	19 ♒	11 ♒	10 ♉	21 ♓

SUN INGRESS　☉ → ♉ 20日 16:26

MOON PHASE　● 2日 09:21 ♈　◐ 9日 09:40 ♋　○ 16日 08:02 ♎　◑ 24日 06:07 ♒

aspects		
1日	18:06	♄☍♅
8日	22:25	☉☌☿
9日	09:32	☿☌♀
12日	13:20	☉☌♀
24日	03:58	♄☍♇
26日	04:56	♀△♂
27日	19:04	♀△♅
30日	04:25	♀△♇
30日	05:49	☉△♂
30日	17:30	♀⚹♄

1965年5月

DAY	☉	☽	☊ mean	☊ true	☿	♀	♂	♃	♄	♅	♆	♇	⚳	⚴	⚵	⚶	⚷
	° ′	° ′	° ′	° ′	° ′	° ′	° ′	° ′	° ′	° ′	° ′	° ′	°	°	°	°	°
1	10 ♉ 2	28 ♈ 49	15 ♊ 38	14 R 9	14 D 33	14 D 50	9 D 23	1 D 47	14 D 32	10 R 50	18 R 52	13 R 49	15 D	19 D	11 D	10 D	21 D
2	11 ♉ 0	12 ♉ 40	15 ♊ 35	14 ♊ 4	15 ♈ 14	16 ♉ 4	9 ♍ 31	2 ♊ 1	14 ♓ 37	10 ♍ 49	18 ♏ 51	13 ♍ 49	15 ♓	19 ♒	11 ♒	11 ♉	21 ♓
3	11 ♉ 58	26 ♉ 46	15 ♊ 32	14 ♊ 2	15 ♈ 57	17 ♉ 18	9 ♍ 39	2 ♊ 14	14 ♓ 42	10 ♍ 48	18 ♏ 49	13 ♍ 48	16 ♓	20 ♒	11 ♒	11 ♉	21 ♓
4	12 ♉ 57	11 ♊ 2	15 ♊ 28	14 ♊ 1	16 ♈ 45	18 ♉ 32	9 ♍ 48	2 ♊ 28	14 ♓ 47	10 ♍ 47	18 ♏ 48	13 ♍ 47	16 ♓	20 ♒	12 ♒	11 ♉	21 ♓
5	13 ♉ 55	25 ♊ 24	15 ♊ 25	14 D 1	17 ♈ 35	19 ♉ 46	9 ♍ 58	2 ♊ 42	14 ♓ 52	10 ♍ 46	18 ♏ 46	13 ♍ 47	16 ♓	20 ♒	12 ♒	12 ♉	21 ♓
6	14 ♉ 53	9 ♋ 48	15 ♊ 22	14 ♊ 2	18 ♈ 29	21 ♉ 0	10 ♍ 8	2 ♊ 55	14 ♓ 57	10 ♍ 46	18 ♏ 44	13 ♍ 46	16 ♓	20 ♒	12 ♒	12 ♉	21 ♓
7	15 ♉ 51	24 ♋ 9	15 ♊ 19	14 ♊ 4	19 ♈ 26	22 ♉ 14	10 ♍ 19	3 ♊ 9	15 ♓ 1	10 ♍ 45	18 ♏ 43	13 ♍ 46	17 ♓	20 ♒	12 ♒	13 ♉	21 ♓
8	16 ♉ 49	8 ♌ 24	15 ♊ 16	14 ♊ 5	20 ♈ 26	23 ♉ 28	10 ♍ 30	3 ♊ 23	15 ♓ 6	10 ♍ 44	18 ♏ 41	13 ♍ 45	17 ♓	20 ♒	12 ♒	13 ♉	21 ♓
9	17 ♉ 47	22 ♌ 32	15 ♊ 12	14 R 5	21 ♈ 29	24 ♉ 42	10 ♍ 42	3 ♊ 37	15 ♓ 11	10 ♍ 44	18 ♏ 39	13 ♍ 44	17 ♓	21 ♒	12 ♒	14 ♉	21 ♓
10	18 ♉ 45	6 ♍ 30	15 ♊ 9	14 ♊ 4	22 ♈ 35	25 ♉ 56	10 ♍ 55	3 ♊ 50	15 ♓ 15	10 ♍ 43	18 ♏ 38	13 ♍ 44	18 ♓	21 ♒	13 ♒	14 ♉	21 ♓
11	19 ♉ 43	20 ♍ 18	15 ♊ 6	14 ♊ 2	23 ♈ 44	27 ♉ 10	11 ♍ 8	4 ♊ 4	15 ♓ 20	10 ♍ 43	18 ♏ 36	13 ♍ 44	18 ♓	21 ♒	13 ♒	15 ♉	21 ♓
12	20 ♉ 41	3 ♎ 54	15 ♊ 3	13 ♊ 59	24 ♈ 55	28 ♉ 24	11 ♍ 21	4 ♊ 18	15 ♓ 24	10 ♍ 42	18 ♏ 34	13 ♍ 43	18 ♓	21 ♒	13 ♒	15 ♉	21 ♓
13	21 ♉ 39	17 ♎ 17	15 ♊ 0	13 ♊ 56	26 ♈ 9	29 ♉ 38	11 ♍ 35	4 ♊ 32	15 ♓ 29	10 ♍ 42	18 ♏ 33	13 ♍ 43	19 ♓	21 ♒	13 ♒	15 ♉	21 ♓
14	22 ♉ 37	0 ♏ 27	14 ♊ 57	13 ♊ 52	27 ♈ 25	0 ♊ 51	11 ♍ 50	4 ♊ 46	15 ♓ 33	10 ♍ 42	18 ♏ 31	13 ♍ 42	19 ♓	21 ♒	13 ♒	16 ♉	21 ♓
15	23 ♉ 35	13 ♏ 22	14 ♊ 53	13 ♊ 50	28 ♈ 44	2 ♊ 5	12 ♍ 5	5 ♊ 0	15 ♓ 37	10 ♍ 42	18 ♏ 30	13 ♍ 42	19 ♓	21 ♒	13 ♒	16 ♉	21 ♓
16	24 ♉ 33	26 ♏ 4	14 ♊ 50	13 ♊ 48	0 ♉ 5	3 ♊ 19	12 ♍ 20	5 ♊ 14	15 ♓ 41	10 ♍ 41	18 ♏ 28	13 ♍ 42	20 ♓	22 ♒	14 ♒	17 ♉	21 ♓
17	25 ♉ 30	8 ♐ 31	14 ♊ 47	13 ♊ 47	1 ♉ 29	4 ♊ 33	12 ♍ 36	5 ♊ 28	15 ♓ 45	10 ♍ 41	18 ♏ 26	13 ♍ 41	20 ♓	22 ♒	14 ♒	17 ♉	21 ♓
18	26 ♉ 28	20 ♐ 46	14 ♊ 44	13 D 47	2 ♉ 55	5 ♊ 46	12 ♍ 53	5 ♊ 42	15 ♓ 49	10 ♍ 41	18 ♏ 25	13 ♍ 41	20 ♓	22 ♒	14 ♒	18 ♉	21 ♓
19	27 ♉ 26	2 ♑ 50	14 ♊ 41	13 ♊ 48	4 ♉ 23	7 ♊ 0	13 ♍ 10	5 ♊ 55	15 ♓ 53	10 D 41	18 ♏ 23	13 ♍ 41	20 ♓	22 ♒	14 ♒	18 ♉	21 ♓
20	28 ♉ 24	14 ♑ 46	14 ♊ 38	13 ♊ 49	5 ♉ 54	8 ♊ 14	13 ♍ 27	6 ♊ 9	15 ♓ 57	10 ♍ 41	18 ♏ 22	13 ♍ 41	21 ♓	22 ♒	14 ♒	19 ♉	21 ♓
21	29 ♉ 21	26 ♑ 37	14 ♊ 34	13 ♊ 51	7 ♉ 26	9 ♊ 28	13 ♍ 45	6 ♊ 23	16 ♓ 0	10 ♍ 41	18 ♏ 20	13 ♍ 41	21 ♓	22 ♒	14 ♒	19 ♉	21 ♓
22	0 ♊ 19	8 ♒ 28	14 ♊ 31	13 ♊ 52	9 ♉ 2	10 ♊ 41	14 ♍ 3	6 ♊ 37	16 ♓ 4	10 ♍ 41	18 ♏ 18	13 ♍ 40	21 ♓	22 ♒	14 ♒	19 ♉	22 ♓
23	1 ♊ 17	20 ♒ 22	14 ♊ 28	13 ♊ 52	10 ♉ 39	11 ♊ 55	14 ♍ 22	6 ♊ 51	16 ♓ 7	10 ♍ 42	18 ♏ 17	13 ♍ 40	22 ♓	22 ♒	15 ♒	20 ♉	22 ♓
24	2 ♊ 14	2 ♓ 24	14 ♊ 25	13 R 53	12 ♉ 18	13 ♊ 9	14 ♍ 41	7 ♊ 5	16 ♓ 11	10 ♍ 42	18 ♏ 15	13 ♍ 40	22 ♓	22 ♒	15 ♒	20 ♉	22 ♓
25	3 ♊ 12	14 ♓ 39	14 ♊ 22	13 ♊ 52	14 ♉ 0	14 ♊ 22	15 ♍ 0	7 ♊ 19	16 ♓ 14	10 ♍ 42	18 ♏ 14	13 ♍ 40	22 ♓	23 ♒	15 ♒	21 ♉	22 ♓
26	4 ♊ 10	27 ♓ 10	14 ♊ 18	13 ♊ 52	15 ♉ 44	15 ♊ 36	15 ♍ 20	7 ♊ 33	16 ♓ 18	10 ♍ 42	18 ♏ 12	13 D 40	22 ♓	23 ♒	15 ♒	21 ♉	22 ♓
27	5 ♊ 7	10 ♈ 3	14 ♊ 15	13 ♊ 51	17 ♉ 31	16 ♊ 50	15 ♍ 41	7 ♊ 47	16 ♓ 21	10 ♍ 43	18 ♏ 11	13 ♍ 40	23 ♓	23 ♒	15 ♒	22 ♉	22 ♓
28	6 ♊ 5	23 ♈ 19	14 ♊ 12	13 ♊ 50	19 ♉ 19	18 ♊ 3	16 ♍ 1	8 ♊ 1	16 ♓ 24	10 ♍ 43	18 ♏ 9	13 ♍ 40	23 ♓	23 ♒	15 ♒	22 ♉	22 ♓
29	7 ♊ 3	6 ♉ 59	14 ♊ 9	13 ♊ 49	21 ♉ 10	19 ♊ 17	16 ♍ 22	8 ♊ 16	16 ♓ 27	10 ♍ 44	18 ♏ 7	13 ♍ 40	23 ♓	23 ♒	15 ♒	23 ♉	22 ♓
30	8 ♊ 0	21 ♉ 3	14 ♊ 6	13 ♊ 48	23 ♉ 3	20 ♊ 31	16 ♍ 44	8 ♊ 30	16 ♓ 30	10 ♍ 44	18 ♏ 6	13 ♍ 41	23 ♓	23 ♒	15 ♒	23 ♉	22 ♓
31	8 ♊ 58	5 ♊ 26	14 ♊ 3	13 ♊ 48	24 ♉ 58	21 ♊ 44	17 ♍ 6	8 ♊ 44	16 ♓ 33	10 ♍ 45	18 ♏ 4	13 ♍ 41	24 ♓	23 ♒	15 ♒	23 ♉	22 ♓

SUN INGRESS: ☉ → ♊ 21日 15:50

MOON PHASE: ● 1日 20:56 ♉ ◐ 8日 15:20 ♌ ○ 15日 20:52 ♏ ◑ 23日 23:40 ♓ ● 31日 06:13 ♊

aspects		
1日	19:21	☉△♅
4日	04:47	♀☍♆
4日	20:40	☉△♇
6日	01:40	☉⚹♄
9日	03:03	♂☌♅
9日	21:00	☉☍♆
17日	22:00	♀☌♃
20日	18:06	♂☌♇
22日	00:00	♀□♅
23日	00:40	☿△♅
24日	10:16	♀□♇
24日	19:18	☿△♇
25日	16:58	♀□♂
25日	17:11	☿△♂
26日	07:44	☿⚹♄
26日	14:07	♀□♄
27日	08:42	☿☍♆
29日	05:50	♂☍♄
30日	16:11	☉☌♃

1965年6月

DAY	☉	☽	☊ mean	☊ true	☿	♀	♂	♃	♄	♅	♆	♇	⚳	⚴	⚵	⚶	⚷
	° ′	° ′	° ′	° ′	° ′	° ′	° ′	° ′	° ′	° ′	° ′	° ′	°	°	°	°	°
1	9 ♊ 55	20 ♊ 5	13 ♊ 59	13 D 48	26 D 56	22 D 58	17 D 28	8 D 58	16 D 35	10 D 46	18 R 3	13 D 41	24 D	23 D	15 D	24 D	22 D
2	10 ♊ 53	4 ♋ 53	13 ♊ 56	13 ♊ 48	28 ♉ 55	24 ♊ 11	17 ♍ 50	9 ♊ 12	16 ♓ 38	10 ♍ 46	18 ♏ 1	13 ♍ 41	24 ♓	23 ♒	15 ♒	24 ♉	22 ♓
3	11 ♊ 50	19 ♋ 41	13 ♊ 53	13 ♊ 48	0 ♊ 56	25 ♊ 25	18 ♍ 13	9 ♊ 26	16 ♓ 40	10 ♍ 47	18 ♏ 0	13 ♍ 41	24 ♓	23 ♒	16 ♒	25 ♉	22 ♓
4	12 ♊ 48	4 ♌ 24	13 ♊ 50	13 ♊ 49	3 ♊ 0	26 ♊ 38	18 ♍ 36	9 ♊ 40	16 ♓ 43	10 ♍ 48	17 ♏ 59	13 ♍ 42	25 ♓	23 ♒	16 ♒	25 ♉	22 ♓
5	13 ♊ 45	18 ♌ 56	13 ♊ 47	13 ♊ 49	5 ♊ 5	27 ♊ 52	19 ♍ 0	9 ♊ 54	16 ♓ 45	10 ♍ 49	17 ♏ 57	13 ♍ 42	25 ♓	23 ♒	16 ♒	26 ♉	22 ♓
6	14 ♊ 43	3 ♍ 12	13 ♊ 44	13 R 49	7 ♊ 11	29 ♊ 5	19 ♍ 23	10 ♊ 8	16 ♓ 47	10 ♍ 50	17 ♏ 56	13 ♍ 42	25 ♓	23 ♒	16 ♒	26 ♉	22 ♓
7	15 ♊ 40	17 ♍ 11	13 ♊ 40	13 D 49	9 ♊ 20	0 ♋ 19	19 ♍ 48	10 ♊ 22	16 ♓ 50	10 ♍ 51	17 ♏ 54	13 ♍ 43	25 ♓	23 ♒	16 ♒	26 ♉	22 ♓
8	16 ♊ 37	0 ♎ 51	13 ♊ 37	13 ♊ 49	11 ♊ 29	1 ♋ 32	20 ♍ 12	10 ♊ 36	16 ♓ 52	10 ♍ 52	17 ♏ 53	13 ♍ 43	26 ♓	23 ♒	16 ♒	27 ♉	22 ♓
9	17 ♊ 35	14 ♎ 12	13 ♊ 34	13 ♊ 49	13 ♊ 39	2 ♋ 46	20 ♍ 37	10 ♊ 49	16 ♓ 54	10 ♍ 53	17 ♏ 52	13 ♍ 44	26 ♓	23 R	16 ♒	27 ♉	22 ♓
10	18 ♊ 32	27 ♎ 16	13 ♊ 31	13 ♊ 49	15 ♊ 51	3 ♋ 59	21 ♍ 2	11 ♊ 3	16 ♓ 56	10 ♍ 54	17 ♏ 50	13 ♍ 44	26 ♓	23 ♒	16 ♒	28 ♉	22 ♓
11	19 ♊ 30	10 ♏ 5	13 ♊ 28	13 ♊ 50	18 ♊ 2	5 ♋ 13	21 ♍ 27	11 ♊ 17	16 ♓ 57	10 ♍ 55	17 ♏ 49	13 ♍ 44	26 ♓	23 ♒	16 ♒	28 ♉	22 ♓
12	20 ♊ 27	22 ♏ 40	13 ♊ 24	13 ♊ 50	20 ♊ 14	6 ♋ 26	21 ♍ 53	11 ♊ 31	16 ♓ 59	10 ♍ 57	17 ♏ 48	13 ♍ 45	27 ♓	23 ♒	16 ♒	29 ♉	22 ♓
13	21 ♊ 24	5 ♐ 3	13 ♊ 21	13 ♊ 51	22 ♊ 26	7 ♋ 40	22 ♍ 19	11 ♊ 45	17 ♓ 1	10 ♍ 58	17 ♏ 46	13 ♍ 46	27 ♓	23 ♒	16 ♒	29 ♉	22 ♓
14	22 ♊ 22	17 ♐ 15	13 ♊ 18	13 R 51	24 ♊ 38	8 ♋ 53	22 ♍ 45	11 ♊ 59	17 ♓ 2	10 ♍ 59	17 ♏ 45	13 ♍ 46	27 ♓	23 ♒	16 R	29 ♉	22 ♓
15	23 ♊ 19	29 ♐ 19	13 ♊ 15	13 ♊ 51	26 ♊ 49	10 ♋ 6	23 ♍ 11	12 ♊ 13	17 ♓ 4	11 ♍ 1	17 ♏ 44	13 ♍ 47	27 ♓	23 ♒	16 ♒	0 ♊	22 ♓
16	24 ♊ 16	11 ♑ 17	13 ♊ 12	13 ♊ 50	29 ♊ 0	11 ♋ 20	23 ♍ 38	12 ♊ 27	17 ♓ 5	11 ♍ 2	17 ♏ 42	13 ♍ 47	27 ♓	23 ♒	16 ♒	0 ♊	22 ♓
17	25 ♊ 13	23 ♑ 9	13 ♊ 9	13 ♊ 48	1 ♋ 9	12 ♋ 33	24 ♍ 5	12 ♊ 41	17 ♓ 6	11 ♍ 3	17 ♏ 41	13 ♍ 48	28 ♓	23 ♒	16 ♒	1 ♊	22 ♓
18	26 ♊ 11	5 ♒ 0	13 ♊ 5	13 ♊ 47	3 ♋ 17	13 ♋ 46	24 ♍ 32	12 ♊ 54	17 ♓ 7	11 ♍ 5	17 ♏ 40	13 ♍ 49	28 ♓	23 ♒	16 ♒	1 ♊	22 ♓
19	27 ♊ 8	16 ♒ 51	13 ♊ 2	13 ♊ 45	5 ♋ 24	15 ♋ 0	24 ♍ 59	13 ♊ 8	17 ♓ 8	11 ♍ 7	17 ♏ 39	13 ♍ 50	28 ♓	23 ♒	16 ♒	2 ♊	22 ♓
20	28 ♊ 5	28 ♒ 45	12 ♊ 59	13 ♊ 43	7 ♋ 29	16 ♋ 13	25 ♍ 27	13 ♊ 22	17 ♓ 9	11 ♍ 8	17 ♏ 38	13 ♍ 50	28 ♓	23 ♒	16 ♒	2 ♊	22 ♓
21	29 ♊ 2	10 ♓ 47	12 ♊ 56	13 ♊ 42	9 ♋ 32	17 ♋ 26	25 ♍ 55	13 ♊ 36	17 ♓ 10	11 ♍ 10	17 ♏ 37	13 ♍ 51	28 ♓	23 ♒	16 ♒	2 ♊	22 ♓
22	0 ♋ 0	23 ♓ 1	12 ♊ 53	13 ♊ 41	11 ♋ 34	18 ♋ 39	26 ♍ 23	13 ♊ 49	17 ♓ 11	11 ♍ 12	17 ♏ 35	13 ♍ 52	29 ♓	23 ♒	16 ♒	3 ♊	22 ♓
23	0 ♋ 57	5 ♈ 30	12 ♊ 50	13 D 41	13 ♋ 33	19 ♋ 53	26 ♍ 52	14 ♊ 3	17 ♓ 11	11 ♍ 13	17 ♏ 34	13 ♍ 53	29 ♓	22 ♒	16 ♒	3 ♊	22 ♓
24	1 ♋ 54	18 ♈ 19	12 ♊ 46	13 ♊ 41	15 ♋ 31	21 ♋ 6	27 ♍ 20	14 ♊ 17	17 ♓ 12	11 ♍ 15	17 ♏ 33	13 ♍ 54	29 ♓	22 ♒	15 ♒	4 ♊	22 ♓
25	2 ♋ 51	1 ♉ 31	12 ♊ 43	13 ♊ 42	17 ♋ 27	22 ♋ 19	27 ♍ 49	14 ♊ 30	17 ♓ 12	11 ♍ 17	17 ♏ 32	13 ♍ 55	29 ♓	22 ♒	15 ♒	4 ♊	22 ♓
26	3 ♋ 49	15 ♉ 9	12 ♊ 40	13 ♊ 44	19 ♋ 20	23 ♋ 32	28 ♍ 18	14 ♊ 44	17 ♓ 12	11 ♍ 19	17 ♏ 31	13 ♍ 56	29 ♓	22 ♒	15 ♒	5 ♊	22 R
27	4 ♋ 46	29 ♉ 13	12 ♊ 37	13 ♊ 45	21 ♋ 11	24 ♋ 46	28 ♍ 48	14 ♊ 57	17 ♓ 13	11 ♍ 21	17 ♏ 30	13 ♍ 56	0 ♈	22 ♒	15 ♒	5 ♊	22 ♓
28	5 ♋ 43	13 ♊ 42	12 ♊ 34	13 ♊ 45	23 ♋ 1	25 ♋ 59	29 ♍ 17	15 ♊ 11	17 ♓ 13	11 ♍ 23	17 ♏ 29	13 ♍ 57	0 ♈	22 ♒	15 ♒	5 ♊	22 ♓
29	6 ♋ 40	28 ♊ 32	12 ♊ 30	13 R 45	24 ♋ 48	27 ♋ 12	29 ♍ 47	15 ♊ 24	17 R 13	11 ♍ 25	17 ♏ 28	13 ♍ 58	0 ♈	22 ♒	15 ♒	6 ♊	22 ♓
30	7 ♋ 38	13 ♋ 36	12 ♊ 27	13 ♊ 43	26 ♋ 33	28 ♋ 25	0 ♎ 17	15 ♊ 38	17 ♓ 13	11 ♍ 27	17 ♏ 27	14 ♍ 0	0 ♈	22 ♒	15 ♒	6 ♊	22 ♓

SUN INGRESS: ☉ → ♋ 21日 23:56

MOON PHASE: ◐ 6日 21:11 ♍ ○ 14日 10:59 ♐ ◑ 22日 14:36 ♈ ● 29日 13:52 ♋

aspects		
1日	21:18	☉□♅
2日	11:14	♂⚹♆
4日	22:38	☉□♇
7日	12:55	☿☌♃
7日	17:05	☿□♅
8日	06:10	☉□♄
9日	00:46	☿□♇
9日	06:28	♃□♅
10日	12:00	☿□♄
12日	04:01	☉☌☿
12日	22:14	☿□♂
14日	18:01	☉□♂
15日	18:06	♀⚹♅
18日	00:50	♀⚹♇
20日	18:36	♀△♄
21日	03:21	♀△♆
21日	19:31	☿⚹♅
22日	04:49	♃□♇
23日	03:56	☿⚹♇
24日	20:57	☿△♄
25日	01:10	☿△♆

1965年7月

DAY	☉	☽	☊ mean	☊ true	☿	♀	♂	♃	♄	♅	♆	♇	⚳	⚴	⚵	⚶	⚷
	° ′	° ′	° ′	° ′	° ′	° ′	° ′	° ′	° ′	° ′	° ′	° ′	°	°	°	°	°
1	8 ♋ 35	28 ♋ 45	12 ♊ 24	13 R 40	28 D 15	29 D 38	0 D 47	15 D 51	17 R 12	11 D 29	17 R 27	14 D 1	0 D	22 R	15 R	7 D	22 R
2	9 ♋ 32	13 ♌ 49	12 ♊ 21	13 ♊ 37	29 ♋ 56	0 ♌ 51	1 ♎ 17	16 ♊ 5	17 ♓ 12	11 ♍ 32	17 ♏ 26	14 ♍ 2	0 ♈	21 ♒	15 ♒	7 ♊	22 ♓
3	10 ♋ 29	28 ♌ 39	12 ♊ 18	13 ♊ 34	1 ♌ 34	2 ♌ 4	1 ♎ 48	16 ♊ 18	17 ♓ 12	11 ♍ 34	17 ♏ 25	14 ♍ 3	0 ♈	21 ♒	15 ♒	7 ♊	22 ♓
4	11 ♋ 27	13 ♍ 10	12 ♊ 15	13 ♊ 31	3 ♌ 10	3 ♌ 18	2 ♎ 19	16 ♊ 31	17 ♓ 11	11 ♍ 36	17 ♏ 24	14 ♍ 4	1 ♈	21 ♒	14 ♒	8 ♊	22 ♓
5	12 ♋ 24	27 ♍ 16	12 ♊ 11	13 ♊ 29	4 ♌ 44	4 ♌ 31	2 ♎ 50	16 ♊ 45	17 ♓ 11	11 ♍ 38	17 ♏ 23	14 ♍ 5	1 ♈	21 ♒	14 ♒	8 ♊	22 ♓
6	13 ♋ 21	10 ♎ 57	12 ♊ 8	13 ♊ 28	6 ♌ 16	5 ♌ 44	3 ♎ 21	16 ♊ 58	17 ♓ 10	11 ♍ 41	17 ♏ 23	14 ♍ 6	1 ♈	21 ♒	14 ♒	9 ♊	22 ♓
7	14 ♋ 18	24 ♎ 14	12 ♊ 5	13 D 28	7 ♌ 45	6 ♌ 57	3 ♎ 52	17 ♊ 11	17 ♓ 9	11 ♍ 43	17 ♏ 22	14 ♍ 8	1 ♈	21 ♒	14 ♒	9 ♊	22 ♓
8	15 ♋ 15	7 ♏ 8	12 ♊ 2	13 ♊ 29	9 ♌ 13	8 ♌ 10	4 ♎ 24	17 ♊ 24	17 ♓ 8	11 ♍ 46	17 ♏ 21	14 ♍ 9	1 ♈	20 ♒	14 ♒	10 ♊	22 ♓
9	16 ♋ 13	19 ♏ 45	11 ♊ 59	13 ♊ 31	10 ♌ 37	9 ♌ 23	4 ♎ 55	17 ♊ 37	17 ♓ 7	11 ♍ 48	17 ♏ 20	14 ♍ 10	1 ♈	20 ♒	14 ♒	10 ♊	22 ♓
10	17 ♋ 10	2 ♐ 6	11 ♊ 56	13 ♊ 32	12 ♌ 0	10 ♌ 36	5 ♎ 27	17 ♊ 50	17 ♓ 6	11 ♍ 51	17 ♏ 20	14 ♍ 11	1 ♈	20 ♒	14 ♒	10 ♊	22 ♓
11	18 ♋ 7	14 ♐ 15	11 ♊ 52	13 R 33	13 ♌ 20	11 ♌ 49	5 ♎ 59	18 ♊ 3	17 ♓ 5	11 ♍ 53	17 ♏ 19	14 ♍ 13	1 ♈	20 ♒	13 ♒	11 ♊	22 ♓
12	19 ♋ 4	26 ♐ 16	11 ♊ 49	13 ♊ 32	14 ♌ 38	13 ♌ 1	6 ♎ 32	18 ♊ 16	17 ♓ 4	11 ♍ 56	17 ♏ 19	14 ♍ 14	1 ♈	20 ♒	13 ♒	11 ♊	22 ♓
13	20 ♋ 1	8 ♑ 11	11 ♊ 46	13 ♊ 30	15 ♌ 54	14 ♌ 14	7 ♎ 4	18 ♊ 29	17 ♓ 2	11 ♍ 58	17 ♏ 18	14 ♍ 16	2 ♈	20 ♒	13 ♒	12 ♊	22 ♓
14	20 ♋ 59	20 ♑ 3	11 ♊ 43	13 ♊ 25	17 ♌ 7	15 ♌ 27	7 ♎ 37	18 ♊ 42	17 ♓ 1	12 ♍ 1	17 ♏ 18	14 ♍ 17	2 ♈	19 ♒	13 ♒	12 ♊	22 ♓
15	21 ♋ 56	1 ♒ 54	11 ♊ 40	13 ♊ 20	18 ♌ 17	16 ♌ 40	8 ♎ 9	18 ♊ 55	16 ♓ 59	12 ♍ 4	17 ♏ 17	14 ♍ 18	2 ♈	19 ♒	13 ♒	12 ♊	22 ♓
16	22 ♋ 53	13 ♒ 45	11 ♊ 36	13 ♊ 13	19 ♌ 25	17 ♌ 53	8 ♎ 42	19 ♊ 7	16 ♓ 58	12 ♍ 6	17 ♏ 17	14 ♍ 20	2 ♈	19 ♒	12 ♒	13 ♊	22 ♓
17	23 ♋ 50	25 ♒ 39	11 ♊ 33	13 ♊ 5	20 ♌ 30	19 ♌ 6	9 ♎ 15	19 ♊ 20	16 ♓ 56	12 ♍ 9	17 ♏ 16	14 ♍ 21	2 ♈	19 ♒	12 ♒	13 ♊	22 ♓
18	24 ♋ 47	7 ♓ 36	11 ♊ 30	12 ♊ 58	21 ♌ 33	20 ♌ 18	9 ♎ 49	19 ♊ 33	16 ♓ 54	12 ♍ 12	17 ♏ 16	14 ♍ 23	2 ♈	18 ♒	12 ♒	14 ♊	22 ♓
19	25 ♋ 45	19 ♓ 41	11 ♊ 27	12 ♊ 52	22 ♌ 32	21 ♌ 31	10 ♎ 22	19 ♊ 45	16 ♓ 52	12 ♍ 15	17 ♏ 15	14 ♍ 24	2 ♈	18 ♒	12 ♒	14 ♊	22 ♓
20	26 ♋ 42	1 ♈ 56	11 ♊ 24	12 ♊ 47	23 ♌ 28	22 ♌ 44	10 ♎ 56	19 ♊ 58	16 ♓ 50	12 ♍ 18	17 ♏ 15	14 ♍ 26	2 ♈	18 ♒	12 ♒	14 ♊	22 ♓
21	27 ♋ 39	14 ♈ 25	11 ♊ 21	12 ♊ 45	24 ♌ 22	23 ♌ 57	11 ♎ 29	20 ♊ 10	16 ♓ 48	12 ♍ 21	17 ♏ 15	14 ♍ 27	2 ♈	18 ♒	11 ♒	15 ♊	22 ♓
22	28 ♋ 36	27 ♈ 10	11 ♊ 17	12 ♊ 44	25 ♌ 12	25 ♌ 9	12 ♎ 3	20 ♊ 22	16 ♓ 46	12 ♍ 24	17 ♏ 14	14 ♍ 29	2 ♈	18 ♒	11 ♒	15 ♊	22 ♓
23	29 ♋ 34	10 ♉ 16	11 ♊ 14	12 D 44	25 ♌ 58	26 ♌ 22	12 ♎ 37	20 ♊ 35	16 ♓ 44	12 ♍ 27	17 ♏ 14	14 ♍ 31	2 ♈	17 ♒	11 ♒	16 ♊	22 ♓
24	0 ♌ 31	23 ♉ 46	11 ♊ 11	12 ♊ 45	26 ♌ 42	27 ♌ 35	13 ♎ 11	20 ♊ 47	16 ♓ 41	12 ♍ 30	17 ♏ 14	14 ♍ 32	2 ♈	17 ♒	11 ♒	16 ♊	22 ♓
25	1 ♌ 28	7 ♊ 43	11 ♊ 8	12 ♊ 46	27 ♌ 21	28 ♌ 47	13 ♎ 46	20 ♊ 59	16 ♓ 39	12 ♍ 33	17 ♏ 14	14 ♍ 34	2 ♈	17 ♒	11 ♒	16 ♊	22 ♓
26	2 ♌ 26	22 ♊ 6	11 ♊ 5	12 R 46	27 ♌ 57	0 ♍ 0	14 ♎ 20	21 ♊ 11	16 ♓ 36	12 ♍ 36	17 ♏ 14	14 ♍ 36	2 ♈	17 ♒	10 ♒	17 ♊	22 ♓
27	3 ♌ 23	6 ♋ 53	11 ♊ 2	12 ♊ 44	28 ♌ 28	1 ♍ 13	14 ♎ 55	21 ♊ 23	16 ♓ 34	12 ♍ 39	17 ♏ 14	14 ♍ 37	2 ♈	16 ♒	10 ♒	17 ♊	22 ♓
28	4 ♌ 20	21 ♋ 59	10 ♊ 58	12 ♊ 40	28 ♌ 56	2 ♍ 25	15 ♎ 30	21 ♊ 35	16 ♓ 31	12 ♍ 42	17 ♏ 14	14 ♍ 39	2 ♈	16 ♒	10 ♒	18 ♊	22 ♓
29	5 ♌ 18	7 ♌ 14	10 ♊ 55	12 ♊ 33	29 ♌ 19	3 ♍ 38	16 ♎ 4	21 ♊ 47	16 ♓ 28	12 ♍ 45	17 ♏ 13	14 ♍ 41	2 ♈	16 ♒	10 ♒	18 ♊	22 ♓
30	6 ♌ 15	22 ♌ 29	10 ♊ 52	12 ♊ 26	29 ♌ 38	4 ♍ 50	16 ♎ 40	21 ♊ 59	16 ♓ 25	12 ♍ 48	17 ♏ 13	14 ♍ 42	2 R	16 ♒	9 ♒	18 ♊	22 ♓
31	7 ♌ 13	7 ♍ 33	10 ♊ 49	12 ♊ 17	29 ♌ 52	6 ♍ 3	17 ♎ 15	22 ♊ 11	16 ♓ 22	12 ♍ 52	17 D 13	14 ♍ 44	2 ♈	15 ♒	9 ♒	19 ♊	22 ♓
SUN INGRESS	☉ → ♌ 23日 10:48																
MOON PHASE	◐ 6日 04:36 ♎	○ 14日 02:01 ♑	◑ 22日 02:53 ♈	● 28日 20:45 ♌													

aspects		
2日	14:38	♀⚹♂
3日	05:01	☿⚹♂
4日	04:09	☉⚹♅
4日	08:10	☿☌♀
6日	19:29	☉⚹♇
6日	20:55	♃□♄
9日	22:34	☉△♄
10日	04:10	☉△♆
14日	03:34	☿□♆
15日	12:06	♀□♆
15日	16:08	☿⚹♃
17日	05:42	♀⚹♃
22日	02:19	☿☌♀

1965年8月

DAY	☉	☽	☊ mean	☊ true	☿	♀	♂	♃	♄	♅	♆	♇	⚳	⚴	⚵	⚶	⚷
	° ′	° ′	° ′	° ′	° ′	° ′	° ′	° ′	° ′	° ′	° ′	° ′	°	°	°	°	°
1	8 ♌ 10	22 ♍ 16	10 ♊ 46	12 R 10	0 D 1	7 D 15	17 D 50	22 D 22	16 R 19	12 D 55	17 D 13	14 D 46	2 R	15 R	9 R	19 D	21 R
2	9 ♌ 7	6 ♎ 32	10 ♊ 42	12 ♊ 4	0 ♍ 5	8 ♍ 27	18 ♎ 26	22 ♊ 34	16 ♓ 16	12 ♍ 58	17 ♏ 14	14 ♍ 48	2 ♈	15 ♒	9 ♒	19 ♊	21 ♓
3	10 ♌ 5	20 ♎ 20	10 ♊ 39	12 ♊ 0	0 R 3	9 ♍ 40	19 ♎ 1	22 ♊ 45	16 ♓ 13	13 ♍ 1	17 ♏ 14	14 ♍ 50	2 ♈	15 ♒	8 ♒	20 ♊	21 ♓
4	11 ♌ 2	3 ♏ 39	10 ♊ 36	11 ♊ 59	29 ♌ 57	10 ♍ 52	19 ♎ 37	22 ♊ 57	16 ♓ 10	13 ♍ 5	17 ♏ 14	14 ♍ 51	2 ♈	14 ♒	8 ♒	20 ♊	21 ♓
5	12 ♌ 0	16 ♏ 32	10 ♊ 33	11 D 58	29 ♌ 46	12 ♍ 5	20 ♎ 13	23 ♊ 8	16 ♓ 6	13 ♍ 8	17 ♏ 14	14 ♍ 53	2 ♈	14 ♒	8 ♒	21 ♊	21 ♓
6	12 ♌ 57	29 ♏ 3	10 ♊ 30	11 ♊ 59	29 ♌ 29	13 ♍ 17	20 ♎ 49	23 ♊ 19	16 ♓ 3	13 ♍ 11	17 ♏ 14	14 ♍ 55	2 ♈	14 ♒	8 ♒	21 ♊	21 ♓
7	13 ♌ 55	11 ♐ 18	10 ♊ 27	12 ♊ 0	29 ♌ 7	14 ♍ 29	21 ♎ 25	23 ♊ 30	16 ♓ 0	13 ♍ 15	17 ♏ 14	14 ♍ 57	2 ♈	13 ♒	7 ♒	21 ♊	21 ♓
8	14 ♌ 52	23 ♐ 21	10 ♊ 23	11 R 59	28 ♌ 40	15 ♍ 41	22 ♎ 1	23 ♊ 42	15 ♓ 56	13 ♍ 18	17 ♏ 15	14 ♍ 59	2 ♈	13 ♒	7 ♒	22 ♊	21 ♓
9	15 ♌ 50	5 ♑ 15	10 ♊ 20	11 ♊ 56	28 ♌ 8	16 ♍ 54	22 ♎ 38	23 ♊ 53	15 ♓ 53	13 ♍ 22	17 ♏ 15	15 ♍ 1	2 ♈	13 ♒	7 ♒	22 ♊	21 ♓
10	16 ♌ 47	17 ♑ 6	10 ♊ 17	11 ♊ 51	27 ♌ 31	18 ♍ 6	23 ♎ 14	24 ♊ 3	15 ♓ 49	13 ♍ 25	17 ♏ 15	15 ♍ 3	2 ♈	13 ♒	7 ♒	22 ♊	21 ♓
11	17 ♌ 45	28 ♑ 56	10 ♊ 14	11 ♊ 43	26 ♌ 51	19 ♍ 18	23 ♎ 51	24 ♊ 14	15 ♓ 45	13 ♍ 29	17 ♏ 16	15 ♍ 5	2 ♈	12 ♒	6 ♒	23 ♊	21 ♓
12	18 ♌ 42	10 ♒ 47	10 ♊ 11	11 ♊ 33	26 ♌ 7	20 ♍ 30	24 ♎ 28	24 ♊ 25	15 ♓ 41	13 ♍ 32	17 ♏ 16	15 ♍ 7	2 ♈	12 ♒	6 ♒	23 ♊	21 ♓
13	19 ♌ 40	22 ♒ 42	10 ♊ 8	11 ♊ 22	25 ♌ 21	21 ♍ 42	25 ♎ 4	24 ♊ 36	15 ♓ 38	13 ♍ 36	17 ♏ 17	15 ♍ 9	2 ♈	12 ♒	6 ♒	24 ♊	21 ♓
14	20 ♌ 37	4 ♓ 41	10 ♊ 4	11 ♊ 9	24 ♌ 32	22 ♍ 54	25 ♎ 41	24 ♊ 46	15 ♓ 34	13 ♍ 39	17 ♏ 17	15 ♍ 11	2 ♈	12 ♒	6 ♒	24 ♊	21 ♓
15	21 ♌ 35	16 ♓ 47	10 ♊ 1	10 ♊ 57	23 ♌ 42	24 ♍ 6	26 ♎ 19	24 ♊ 56	15 ♓ 30	13 ♍ 43	17 ♏ 18	15 ♍ 13	1 ♈	11 ♒	6 ♒	24 ♊	21 ♓
16	22 ♌ 33	29 ♓ 0	9 ♊ 58	10 ♊ 46	22 ♌ 51	25 ♍ 18	26 ♎ 56	25 ♊ 7	15 ♓ 26	13 ♍ 46	17 ♏ 18	15 ♍ 15	1 ♈	11 ♒	5 ♒	25 ♊	21 ♓
17	23 ♌ 30	11 ♈ 22	9 ♊ 55	10 ♊ 37	22 ♌ 2	26 ♍ 30	27 ♎ 33	25 ♊ 17	15 ♓ 22	13 ♍ 50	17 ♏ 19	15 ♍ 17	1 ♈	11 ♒	5 ♒	25 ♊	21 ♓
18	24 ♌ 28	23 ♈ 55	9 ♊ 52	10 ♊ 31	21 ♌ 14	27 ♍ 42	28 ♎ 11	25 ♊ 27	15 ♓ 18	13 ♍ 53	17 ♏ 19	15 ♍ 19	1 ♈	11 ♒	5 ♒	25 ♊	21 ♓
19	25 ♌ 26	6 ♉ 43	9 ♊ 48	10 ♊ 28	20 ♌ 28	28 ♍ 53	28 ♎ 48	25 ♊ 37	15 ♓ 13	13 ♍ 57	17 ♏ 20	15 ♍ 21	1 ♈	10 ♒	5 ♒	26 ♊	21 ♓
20	26 ♌ 23	19 ♉ 47	9 ♊ 45	10 ♊ 26	19 ♌ 47	0 ♎ 5	29 ♎ 26	25 ♊ 47	15 ♓ 9	14 ♍ 1	17 ♏ 20	15 ♍ 23	1 ♈	10 ♒	4 ♒	26 ♊	21 ♓
21	27 ♌ 21	3 ♊ 11	9 ♊ 42	10 D 26	19 ♌ 9	1 ♎ 17	0 ♏ 4	25 ♊ 57	15 ♓ 5	14 ♍ 4	17 ♏ 21	15 ♍ 25	1 ♈	10 ♒	4 ♒	26 ♊	21 ♓
22	28 ♌ 19	16 ♊ 58	9 ♊ 39	10 R 26	18 ♌ 38	2 ♎ 29	0 ♏ 42	26 ♊ 6	15 ♓ 1	14 ♍ 8	17 ♏ 22	15 ♍ 27	1 ♈	10 ♒	4 ♒	27 ♊	21 ♓
23	29 ♌ 17	1 ♋ 9	9 ♊ 36	10 ♊ 25	18 ♌ 12	3 ♎ 40	1 ♏ 20	26 ♊ 16	14 ♓ 56	14 ♍ 12	17 ♏ 23	15 ♍ 29	0 ♈	10 ♒	4 ♒	27 ♊	21 ♓
24	0 ♍ 15	15 ♋ 43	9 ♊ 33	10 ♊ 22	17 ♌ 53	4 ♎ 52	1 ♏ 58	26 ♊ 25	14 ♓ 52	14 ♍ 15	17 ♏ 23	15 ♍ 31	0 ♈	9 ♒	4 ♒	27 ♊	21 ♓
25	1 ♍ 13	0 ♌ 36	9 ♊ 29	10 ♊ 16	17 ♌ 41	6 ♎ 4	2 ♏ 36	26 ♊ 35	14 ♓ 48	14 ♍ 19	17 ♏ 24	15 ♍ 33	0 ♈	9 ♒	3 ♒	28 ♊	21 ♓
26	2 ♍ 10	15 ♌ 43	9 ♊ 26	10 ♊ 7	17 ♌ 36	7 ♎ 15	3 ♏ 15	26 ♊ 44	14 ♓ 43	14 ♍ 23	17 ♏ 25	15 ♍ 35	0 ♈	9 ♒	3 ♒	28 ♊	21 ♓
27	3 ♍ 8	0 ♍ 52	9 ♊ 23	9 ♊ 57	17 D 40	8 ♎ 27	3 ♏ 53	26 ♊ 53	14 ♓ 39	14 ♍ 26	17 ♏ 26	15 ♍ 37	0 ♈	9 ♒	3 ♒	28 ♊	21 ♓
28	4 ♍ 6	15 ♍ 55	9 ♊ 20	9 ♊ 45	17 ♌ 51	9 ♎ 38	4 ♏ 32	27 ♊ 2	14 ♓ 34	14 ♍ 30	17 ♏ 27	15 ♍ 39	0 ♈	8 ♒	3 ♒	29 ♊	20 ♓
29	5 ♍ 4	0 ♎ 41	9 ♊ 17	9 ♊ 35	18 ♌ 11	10 ♎ 50	5 ♏ 11	27 ♊ 11	14 ♓ 30	14 ♍ 34	17 ♏ 28	15 ♍ 41	0 ♈	8 ♒	3 ♒	29 ♊	20 ♓
30	6 ♍ 2	15 ♎ 2	9 ♊ 13	9 ♊ 26	18 ♌ 39	12 ♎ 1	5 ♏ 49	27 ♊ 20	14 ♓ 25	14 ♍ 38	17 ♏ 29	15 ♍ 43	29 ♓	8 ♒	3 ♒	29 ♊	20 ♓
31	7 ♍ 0	28 ♎ 55	9 ♊ 10	9 ♊ 20	19 ♌ 15	13 ♎ 12	6 ♏ 28	27 ♊ 28	14 ♓ 21	14 ♍ 41	17 ♏ 30	15 ♍ 46	29 ♓	8 ♒	2 ♒	0 ♋	20 ♓
SUN INGRESS	☉ → ♍ 23日 17:43																
MOON PHASE	◐ 4日 14:47 ♏	○ 12日 17:22 ♒	◑ 20日 12:50 ♉	● 27日 03:50 ♍													

aspects		
5日	22:04	♀☌♅
7日	09:31	♀☌♇
8日	04:40	♀☍♄
9日	07:10	♀⚹♆
10日	11:50	☉□♆
11日	21:32	♂△♃
13日	04:31	☿⚹♂
13日	18:16	☿⚹♃
15日	19:41	♀□♃
16日	04:10	☉☌☿
17日	20:10	♄☍♇
19日	05:42	☉⚹♃
28日	12:36	♄☍♅
29日	07:51	☉⚹♂

1965年9月

DAY	☉	☽	☊ mean	☊ true	☿	♀	♂	♃	♄	♅	♆	♇	⚳	⚴	⚵	⚶	⚷
	° ′	° ′	° ′	° ′	° ′	° ′	° ′	° ′	° ′	° ′	° ′	° ′	°	°	°	°	°
1	7 ♍ 58	12 ♏ 19	9 ♊ 7	9 R 16	19 D 59	14 D 24	7 D 7	27 D 37	14 R 16	14 D 45	17 D 31	15 D 48	29 R	8 R	2 R	0 D	20 R
2	8 ♍ 56	25 ♏ 15	9 ♊ 4	9 ♊ 15	20 ♌ 50	15 ♎ 35	7 ♏ 47	27 ♊ 45	14 ♓ 12	14 ♍ 49	17 ♏ 32	15 ♍ 50	29 ♓	7 ♒	2 ♒	0 ♋	20 ♓
3	9 ♍ 55	7 ♐ 48	9 ♊ 1	9 ♊ 14	21 ♌ 49	16 ♎ 46	8 ♏ 26	27 ♊ 53	14 ♓ 7	14 ♍ 53	17 ♏ 33	15 ♍ 52	29 ♓	7 ♒	2 ♒	1 ♋	20 ♓
4	10 ♍ 53	20 ♐ 2	8 ♊ 58	9 ♊ 14	22 ♌ 54	17 ♎ 57	9 ♏ 5	28 ♊ 1	14 ♓ 3	14 ♍ 56	17 ♏ 34	15 ♍ 54	28 ♓	7 ♒	2 ♒	1 ♋	20 ♓
5	11 ♍ 51	2 ♑ 3	8 ♊ 54	9 ♊ 13	24 ♌ 6	19 ♎ 8	9 ♏ 45	28 ♊ 9	13 ♓ 58	15 ♍ 0	17 ♏ 35	15 ♍ 56	28 ♓	7 ♒	2 ♒	1 ♋	20 ♓
6	12 ♍ 49	13 ♑ 57	8 ♊ 51	9 ♊ 10	25 ♌ 25	20 ♎ 19	10 ♏ 24	28 ♊ 17	13 ♓ 54	15 ♍ 4	17 ♏ 36	15 ♍ 58	28 ♓	7 ♒	2 ♒	2 ♋	20 ♓
7	13 ♍ 47	25 ♑ 46	8 ♊ 48	9 ♊ 4	26 ♌ 48	21 ♎ 30	11 ♏ 4	28 ♊ 25	13 ♓ 49	15 ♍ 8	17 ♏ 38	16 ♍ 1	28 ♓	7 ♒	1 ♒	2 ♋	20 ♓
8	14 ♍ 45	7 ♒ 37	8 ♊ 45	8 ♊ 56	28 ♌ 17	22 ♎ 41	11 ♏ 44	28 ♊ 32	13 ♓ 44	15 ♍ 12	17 ♏ 39	16 ♍ 3	28 ♓	6 ♒	1 ♒	2 ♋	20 ♓
9	15 ♍ 44	19 ♒ 31	8 ♊ 42	8 ♊ 45	29 ♌ 51	23 ♎ 52	12 ♏ 24	28 ♊ 40	13 ♓ 40	15 ♍ 15	17 ♏ 40	16 ♍ 5	27 ♓	6 ♒	1 ♒	3 ♋	20 ♓
10	16 ♍ 42	1 ♓ 32	8 ♊ 39	8 ♊ 32	1 ♍ 28	25 ♎ 3	13 ♏ 4	28 ♊ 47	13 ♓ 35	15 ♍ 19	17 ♏ 41	16 ♍ 7	27 ♓	6 ♒	1 ♒	3 ♋	20 ♓
11	17 ♍ 40	13 ♓ 40	8 ♊ 35	8 ♊ 19	3 ♍ 9	26 ♎ 13	13 ♏ 44	28 ♊ 54	13 ♓ 31	15 ♍ 23	17 ♏ 43	16 ♍ 9	27 ♓	6 ♒	1 ♒	3 ♋	20 ♓
12	18 ♍ 39	25 ♓ 57	8 ♊ 32	8 ♊ 5	4 ♍ 52	27 ♎ 24	14 ♏ 24	29 ♊ 1	13 ♓ 26	15 ♍ 27	17 ♏ 44	16 ♍ 11	27 ♓	6 ♒	1 ♒	4 ♋	20 ♓
13	19 ♍ 37	8 ♈ 23	8 ♊ 29	7 ♊ 53	6 ♍ 39	28 ♎ 35	15 ♏ 4	29 ♊ 8	13 ♓ 21	15 ♍ 30	17 ♏ 45	16 ♍ 13	26 ♓	6 ♒	1 ♒	4 ♋	20 ♓
14	20 ♍ 35	21 ♈ 0	8 ♊ 26	7 ♊ 44	8 ♍ 27	29 ♎ 45	15 ♏ 45	29 ♊ 14	13 ♓ 17	15 ♍ 34	17 ♏ 47	16 ♍ 15	26 ♓	6 ♒	1 ♒	4 ♋	20 ♓
15	21 ♍ 34	3 ♉ 46	8 ♊ 23	7 ♊ 37	10 ♍ 16	0 ♏ 56	16 ♏ 25	29 ♊ 21	13 ♓ 12	15 ♍ 38	17 ♏ 48	16 ♍ 18	26 ♓	6 ♒	1 ♒	4 ♋	20 ♓
16	22 ♍ 32	16 ♉ 45	8 ♊ 19	7 ♊ 33	12 ♍ 7	2 ♏ 6	17 ♏ 6	29 ♊ 27	13 ♓ 8	15 ♍ 42	17 ♏ 49	16 ♍ 20	26 ♓	5 ♒	1 ♒	5 ♋	20 ♓
17	23 ♍ 31	29 ♉ 56	8 ♊ 16	7 ♊ 32	13 ♍ 59	3 ♏ 17	17 ♏ 46	29 ♊ 33	13 ♓ 3	15 ♍ 45	17 ♏ 51	16 ♍ 22	26 ♓	5 ♒	1 ♒	5 ♋	20 ♓
18	24 ♍ 29	13 ♊ 22	8 ♊ 13	7 D 31	15 ♍ 51	4 ♏ 27	18 ♏ 27	29 ♊ 39	12 ♓ 59	15 ♍ 49	17 ♏ 52	16 ♍ 24	25 ♓	5 ♒	1 ♒	5 ♋	20 ♓
19	25 ♍ 28	27 ♊ 5	8 ♊ 10	7 R 32	17 ♍ 43	5 ♏ 37	19 ♏ 8	29 ♊ 45	12 ♓ 55	15 ♍ 53	17 ♏ 54	16 ♍ 26	25 ♓	5 ♒	1 ♒	6 ♋	19 ♓
20	26 ♍ 26	11 ♋ 6	8 ♊ 7	7 ♊ 31	19 ♍ 35	6 ♏ 47	19 ♏ 49	29 ♊ 51	12 ♓ 50	15 ♍ 57	17 ♏ 56	16 ♍ 28	25 ♓	5 ♒	1 ♒	6 ♋	19 ♓
21	27 ♍ 25	25 ♋ 25	8 ♊ 4	7 ♊ 28	21 ♍ 28	7 ♏ 57	20 ♏ 30	29 ♊ 56	12 ♓ 46	16 ♍ 0	17 ♏ 57	16 ♍ 30	25 ♓	5 ♒	1 ♒	6 ♋	19 ♓
22	28 ♍ 24	9 ♌ 59	8 ♊ 0	7 ♊ 23	23 ♍ 20	9 ♏ 7	21 ♏ 11	0 ♋ 2	12 ♓ 41	16 ♍ 4	17 ♏ 59	16 ♍ 32	24 ♓	5 ♒	1 ♒	6 ♋	19 ♓
23	29 ♍ 23	24 ♌ 45	7 ♊ 57	7 ♊ 15	25 ♍ 11	10 ♏ 17	21 ♏ 52	0 ♋ 7	12 ♓ 37	16 ♍ 8	18 ♏ 0	16 ♍ 35	24 ♓	5 ♒	1 D	7 ♋	19 ♓
24	0 ♎ 21	9 ♍ 35	7 ♊ 54	7 ♊ 6	27 ♍ 2	11 ♏ 27	22 ♏ 34	0 ♋ 12	12 ♓ 33	16 ♍ 12	18 ♏ 2	16 ♍ 37	24 ♓	5 ♒	1 ♒	7 ♋	19 ♓
25	1 ♎ 20	24 ♍ 21	7 ♊ 51	6 ♊ 56	28 ♍ 52	12 ♏ 37	23 ♏ 15	0 ♋ 17	12 ♓ 29	16 ♍ 15	18 ♏ 4	16 ♍ 39	24 ♓	5 ♒	1 ♒	7 ♋	19 ♓
26	2 ♎ 19	8 ♎ 54	7 ♊ 48	6 ♊ 46	0 ♎ 41	13 ♏ 47	23 ♏ 56	0 ♋ 22	12 ♓ 24	16 ♍ 19	18 ♏ 5	16 ♍ 41	24 ♓	5 ♒	1 ♒	7 ♋	19 ♓
27	3 ♎ 18	23 ♎ 9	7 ♊ 45	6 ♊ 38	2 ♎ 30	14 ♏ 57	24 ♏ 38	0 ♋ 26	12 ♓ 20	16 ♍ 23	18 ♏ 7	16 ♍ 43	23 ♓	5 ♒	1 ♒	8 ♋	19 ♓
28	4 ♎ 17	6 ♏ 59	7 ♊ 41	6 ♊ 32	4 ♎ 18	16 ♏ 6	25 ♏ 20	0 ♋ 30	12 ♓ 16	16 ♍ 26	18 ♏ 9	16 ♍ 45	23 ♓	5 ♒	1 ♒	8 ♋	19 ♓
29	5 ♎ 16	20 ♏ 23	7 ♊ 38	6 ♊ 28	6 ♎ 5	17 ♏ 16	26 ♏ 2	0 ♋ 35	12 ♓ 12	16 ♍ 30	18 ♏ 10	16 ♍ 47	23 ♓	5 ♒	1 ♒	8 ♋	19 ♓
30	6 ♎ 15	3 ♐ 22	7 ♊ 35	6 ♊ 27	7 ♎ 51	18 ♏ 25	26 ♏ 43	0 ♋ 39	12 ♓ 8	16 ♍ 33	18 ♏ 12	16 ♍ 49	23 ♓	5 ♒	1 ♒	8 ♋	19 ♓

SUN INGRESS: ☉ → ♎ 23日 15:06

MOON PHASE: ◐ 3日 04:27 ♐ ○ 11日 08:32 ♓ ◑ 18日 20:58 ♊ ● 25日 12:18 ♎

aspects		
7日	00:39	☉☍♄
8日	04:16	☿⚹♃
8日	11:29	☉☌♅
9日	09:01	☉☌♇
10日	16:54	♂△♄
11日	00:58	☉⚹♆
13日	12:21	♀△♃
13日	17:09	♂⚹♅
14日	19:21	♂⚹♇
16日	12:34	☿☍♄
17日	02:52	♂☌♆
17日	23:38	☿☌♅
18日	07:14	☿☌♇
19日	02:20	☿⚹♆
20日	04:28	☿⚹♂
23日	19:52	☉□♃
24日	21:11	♀△♄
25日	19:28	☿□♃
27日	23:27	☉☌☿
28日	07:15	♀⚹♅
28日	13:46	♀⚹♇
29日	19:21	♀☌♆

1965年10月

DAY	☉	☽	☊ mean	☊ true	☿	♀	♂	♃	♄	♅	♆	♇	⚳	⚴	⚵	⚶	⚷
	° ′	° ′	° ′	° ′	° ′	° ′	° ′	° ′	° ′	° ′	° ′	° ′	°	°	°	°	°
1	7 ♎ 14	15 ♐ 57	7 ♊ 32	6 D 27	9 D 36	19 D 35	27 D 25	0 D 42	12 R 4	16 D 37	18 D 14	16 D 51	23 R	5 R	1 D	9 D	19 R
2	8 ♎ 13	28 ♐ 14	7 ♊ 29	6 ♊ 28	11 ♎ 21	20 ♏ 44	28 ♏ 7	0 ♋ 46	12 ♓ 0	16 ♍ 41	18 ♏ 16	16 ♍ 53	22 ♓	5 ♒	1 ♒	9 ♋	19 ♓
3	9 ♎ 12	10 ♑ 17	7 ♊ 25	6 R 28	13 ♎ 4	21 ♏ 53	28 ♏ 50	0 ♋ 49	11 ♓ 56	16 ♍ 44	18 ♏ 18	16 ♍ 55	22 ♓	5 ♒	1 ♒	9 ♋	19 ♓
4	10 ♎ 11	22 ♑ 11	7 ♊ 22	6 ♊ 27	14 ♎ 47	23 ♏ 2	29 ♏ 32	0 ♋ 53	11 ♓ 53	16 ♍ 48	18 ♏ 19	16 ♍ 57	22 ♓	5 D	1 ♒	9 ♋	19 ♓
5	11 ♎ 10	4 ♒ 2	7 ♊ 19	6 ♊ 25	16 ♎ 29	24 ♏ 11	0 ♐ 14	0 ♋ 56	11 ♓ 49	16 ♍ 51	18 ♏ 21	16 ♍ 59	22 ♓	5 ♒	1 ♒	10 ♋	19 ♓
6	12 ♎ 9	15 ♒ 55	7 ♊ 16	6 ♊ 19	18 ♎ 10	25 ♏ 20	0 ♐ 56	0 ♋ 59	11 ♓ 45	16 ♍ 55	18 ♏ 23	17 ♍ 1	22 ♓	5 ♒	1 ♒	10 ♋	19 ♓
7	13 ♎ 8	27 ♒ 52	7 ♊ 13	6 ♊ 12	19 ♎ 50	26 ♏ 29	1 ♐ 39	1 ♋ 1	11 ♓ 42	16 ♍ 58	18 ♏ 25	17 ♍ 3	21 ♓	5 ♒	1 ♒	10 ♋	19 ♓
8	14 ♎ 7	9 ♓ 58	7 ♊ 10	6 ♊ 3	21 ♎ 29	27 ♏ 37	2 ♐ 21	1 ♋ 4	11 ♓ 38	17 ♍ 2	18 ♏ 27	17 ♍ 5	21 ♓	5 ♒	1 ♒	10 ♋	19 ♓
9	15 ♎ 6	22 ♓ 16	7 ♊ 6	5 ♊ 54	23 ♎ 8	28 ♏ 46	3 ♐ 4	1 ♋ 6	11 ♓ 35	17 ♍ 5	18 ♏ 29	17 ♍ 7	21 ♓	5 ♒	2 ♒	10 ♋	19 ♓
10	16 ♎ 6	4 ♈ 45	7 ♊ 3	5 ♊ 44	24 ♎ 46	29 ♏ 54	3 ♐ 47	1 ♋ 8	11 ♓ 31	17 ♍ 9	18 ♏ 31	17 ♍ 9	21 ♓	5 ♒	2 ♒	11 ♋	19 ♓
11	17 ♎ 5	17 ♈ 28	7 ♊ 0	5 ♊ 36	26 ♎ 23	1 ♐ 3	4 ♐ 30	1 ♋ 10	11 ♓ 28	17 ♍ 12	18 ♏ 33	17 ♍ 11	21 ♓	5 ♒	2 ♒	11 ♋	19 ♓
12	18 ♎ 4	0 ♉ 23	6 ♊ 57	5 ♊ 29	27 ♎ 59	2 ♐ 11	5 ♐ 12	1 ♋ 12	11 ♓ 25	17 ♍ 16	18 ♏ 35	17 ♍ 13	20 ♓	5 ♒	2 ♒	11 ♋	18 ♓
13	19 ♎ 4	13 ♉ 31	6 ♊ 54	5 ♊ 25	29 ♎ 35	3 ♐ 19	5 ♐ 55	1 ♋ 13	11 ♓ 22	17 ♍ 19	18 ♏ 37	17 ♍ 15	20 ♓	5 ♒	2 ♒	11 ♋	18 ♓
14	20 ♎ 3	26 ♉ 49	6 ♊ 50	5 ♊ 23	1 ♏ 10	4 ♐ 27	6 ♐ 38	1 ♋ 15	11 ♓ 19	17 ♍ 22	18 ♏ 39	17 ♍ 17	20 ♓	5 ♒	2 ♒	11 ♋	18 ♓
15	21 ♎ 2	10 ♊ 19	6 ♊ 47	5 D 23	2 ♏ 44	5 ♐ 35	7 ♐ 21	1 ♋ 16	11 ♓ 16	17 ♍ 26	18 ♏ 41	17 ♍ 18	20 ♓	5 ♒	2 ♒	11 ♋	18 ♓
16	22 ♎ 2	23 ♊ 59	6 ♊ 44	5 ♊ 24	4 ♏ 17	6 ♐ 43	8 ♐ 5	1 ♋ 17	11 ♓ 13	17 ♍ 29	18 ♏ 43	17 ♍ 20	20 ♓	5 ♒	2 ♒	12 ♋	18 ♓
17	23 ♎ 1	7 ♋ 50	6 ♊ 41	5 ♊ 25	5 ♏ 50	7 ♐ 50	8 ♐ 48	1 ♋ 17	11 ♓ 10	17 ♍ 32	18 ♏ 45	17 ♍ 22	20 ♓	5 ♒	3 ♒	12 ♋	18 ♓
18	24 ♎ 1	21 ♋ 50	6 ♊ 38	5 ♊ 26	7 ♏ 23	8 ♐ 58	9 ♐ 31	1 ♋ 18	11 ♓ 7	17 ♍ 35	18 ♏ 47	17 ♍ 24	20 ♓	5 ♒	3 ♒	12 ♋	18 ♓
19	25 ♎ 1	6 ♌ 0	6 ♊ 35	5 R 25	8 ♏ 54	10 ♐ 5	10 ♐ 15	1 ♋ 18	11 ♓ 5	17 ♍ 39	18 ♏ 49	17 ♍ 26	19 ♓	5 ♒	3 ♒	12 ♋	18 ♓
20	26 ♎ 0	20 ♌ 17	6 ♊ 31	5 ♊ 23	10 ♏ 25	11 ♐ 12	10 ♐ 58	1 ♋ 18	11 ♓ 2	17 ♍ 42	18 ♏ 51	17 ♍ 28	19 ♓	5 ♒	3 ♒	12 ♋	18 ♓
21	27 ♎ 0	4 ♍ 39	6 ♊ 28	5 ♊ 19	11 ♏ 56	12 ♐ 19	11 ♐ 42	1 R 18	10 ♓ 59	17 ♍ 45	18 ♏ 53	17 ♍ 29	19 ♓	5 ♒	3 ♒	12 ♋	18 ♓
22	28 ♎ 0	19 ♍ 2	6 ♊ 25	5 ♊ 14	13 ♏ 26	13 ♐ 26	12 ♐ 25	1 ♋ 18	10 ♓ 57	17 ♍ 48	18 ♏ 56	17 ♍ 31	19 ♓	5 ♒	4 ♒	12 ♋	18 ♓
23	28 ♎ 59	3 ♎ 21	6 ♊ 22	5 ♊ 8	14 ♏ 55	14 ♐ 33	13 ♐ 9	1 ♋ 18	10 ♓ 55	17 ♍ 51	18 ♏ 58	17 ♍ 33	19 ♓	6 ♒	4 ♒	13 ♋	18 ♓
24	29 ♎ 59	17 ♎ 30	6 ♊ 19	5 ♊ 2	16 ♏ 23	15 ♐ 39	13 ♐ 53	1 ♋ 17	10 ♓ 53	17 ♍ 54	19 ♏ 0	17 ♍ 34	19 ♓	6 ♒	4 ♒	13 ♋	18 ♓
25	0 ♏ 59	1 ♏ 25	6 ♊ 16	4 ♊ 58	17 ♏ 51	16 ♐ 46	14 ♐ 37	1 ♋ 16	10 ♓ 50	17 ♍ 57	19 ♏ 2	17 ♍ 36	19 ♓	6 ♒	4 ♒	13 ♋	18 ♓
26	1 ♏ 59	15 ♏ 1	6 ♊ 12	4 ♊ 55	19 ♏ 18	17 ♐ 52	15 ♐ 21	1 ♋ 15	10 ♓ 48	18 ♍ 0	19 ♏ 4	17 ♍ 38	19 ♓	6 ♒	4 ♒	13 ♋	18 ♓
27	2 ♏ 59	28 ♏ 17	6 ♊ 9	4 ♊ 53	20 ♏ 45	18 ♐ 58	16 ♐ 5	1 ♋ 14	10 ♓ 46	18 ♍ 3	19 ♏ 6	17 ♍ 39	19 ♓	6 ♒	5 ♒	13 ♋	18 ♓
28	3 ♏ 58	11 ♐ 17	6 ♊ 6	4 D 53	22 ♏ 11	20 ♐ 4	16 ♐ 49	1 ♋ 12	10 ♓ 45	18 ♍ 6	19 ♏ 8	17 ♍ 41	18 ♓	6 ♒	5 ♒	13 ♋	18 ♓
29	4 ♏ 58	23 ♐ 46	6 ♊ 3	4 ♊ 54	23 ♏ 36	21 ♐ 10	17 ♐ 33	1 ♋ 11	10 ♓ 43	18 ♍ 9	19 ♏ 11	17 ♍ 43	18 ♓	6 ♒	5 ♒	13 ♋	18 ♓
30	5 ♏ 58	6 ♑ 4	6 ♊ 0	4 ♊ 56	25 ♏ 0	22 ♐ 15	18 ♐ 17	1 ♋ 9	10 ♓ 41	18 ♍ 12	19 ♏ 13	17 ♍ 44	18 ♓	6 ♒	5 ♒	13 ♋	18 ♓
31	6 ♏ 58	18 ♑ 9	5 ♊ 56	4 ♊ 58	26 ♏ 24	23 ♐ 20	19 ♐ 2	1 ♋ 7	10 ♓ 40	18 ♍ 15	19 ♏ 15	17 ♍ 46	18 ♓	6 ♒	5 ♒	13 ♋	18 ♓

SUN INGRESS: ☉ → ♏ 24日 00:10

MOON PHASE: ◐ 2日 21:37 ♑ ○ 10日 23:14 ♈ ◑ 18日 04:00 ♋ ● 24日 23:11 ♏

aspects		
10日	05:17	♅☌♇
14日	01:16	☿△♃
19日	09:43	♀☌♂
19日	20:29	♀□♄
20日	02:01	♂□♄
20日	09:26	☿△♄
24日	19:49	☿⚹♇
25日	01:42	☿⚹♅
25日	06:48	☉△♃
25日	18:42	♀□♇
25日	19:58	☿☌♆
26日	03:04	♀□♅
29日	05:25	♂□♇
29日	20:47	♂□♅

1965年11月

DAY	☉	☽	☊ mean	☊ true	☿	♀	♂	♃	♄	♅	♆	♇	⚳	⚴	⚵	⚶	⚷
	° ′	° ′	° ′	° ′	° ′	° ′	° ′	° ′	° ′	° ′	° ′	° ′	°	°	°	°	°
1	7 ♏ 58	0 ♒ 5	5 ♊ 53	4 D 59	27 D 47	24 D 25	19 D 46	1 R 4	10 R 38	18 D 17	19 D 17	17 D 47	18 R	7 D	6 D	13 D	18 R
2	8 ♏ 58	11 ♒ 57	5 ♊ 50	4 R 59	29 ♏ 9	25 ♐ 30	20 ♐ 30	1 ♋ 2	10 ♓ 37	18 ♍ 20	19 ♏ 20	17 ♍ 49	18 ♓	7 ♒	6 ♒	13 ♋	18 ♓
3	9 ♏ 58	23 ♒ 50	5 ♊ 47	4 ♊ 58	0 ♐ 29	26 ♐ 35	21 ♐ 15	0 ♋ 59	10 ♓ 36	18 ♍ 23	19 ♏ 22	17 ♍ 50	18 ♓	7 ♒	6 ♒	14 ♋	18 ♓
4	10 ♏ 59	5 ♓ 49	5 ♊ 44	4 ♊ 56	1 ♐ 49	27 ♐ 39	21 ♐ 59	0 ♋ 56	10 ♓ 35	18 ♍ 25	19 ♏ 24	17 ♍ 52	18 ♓	7 ♒	6 ♒	14 ♋	18 ♓
5	11 ♏ 59	17 ♓ 57	5 ♊ 41	4 ♊ 53	3 ♐ 8	28 ♐ 43	22 ♐ 44	0 ♋ 53	10 ♓ 33	18 ♍ 28	19 ♏ 26	17 ♍ 53	18 ♓	7 ♒	7 ♒	14 ♋	18 ♓
6	12 ♏ 59	0 ♈ 20	5 ♊ 37	4 ♊ 50	4 ♐ 25	29 ♐ 47	23 ♐ 29	0 ♋ 50	10 ♓ 33	18 ♍ 31	19 ♏ 28	17 ♍ 55	18 ♓	7 ♒	7 ♒	14 ♋	18 ♓
7	13 ♏ 59	12 ♈ 58	5 ♊ 34	4 ♊ 46	5 ♐ 41	0 ♑ 51	24 ♐ 14	0 ♋ 47	10 ♓ 32	18 ♍ 33	19 ♏ 31	17 ♍ 56	18 ♓	8 ♒	7 ♒	14 ♋	18 ♓
8	14 ♏ 59	25 ♈ 54	5 ♊ 31	4 ♊ 43	6 ♐ 56	1 ♑ 54	24 ♐ 58	0 ♋ 43	10 ♓ 31	18 ♍ 36	19 ♏ 33	17 ♍ 57	18 ♓	8 ♒	7 ♒	14 ♋	18 ♓
9	15 ♏ 59	9 ♉ 7	5 ♊ 28	4 ♊ 41	8 ♐ 9	2 ♑ 57	25 ♐ 43	0 ♋ 39	10 ♓ 30	18 ♍ 38	19 ♏ 35	17 ♍ 59	18 D	8 ♒	8 ♒	14 ♋	18 ♓
10	17 ♏ 0	22 ♉ 38	5 ♊ 25	4 ♊ 39	9 ♐ 19	4 ♑ 0	26 ♐ 28	0 ♋ 35	10 ♓ 30	18 ♍ 41	19 ♏ 37	18 ♍ 0	18 ♓	8 ♒	8 ♒	14 ♋	18 ♓
11	18 ♏ 0	6 ♊ 22	5 ♊ 22	4 D 39	10 ♐ 28	5 ♑ 2	27 ♐ 13	0 ♋ 31	10 ♓ 29	18 ♍ 43	19 ♏ 40	18 ♍ 1	18 ♓	8 ♒	8 ♒	14 R	18 ♓
12	19 ♏ 0	20 ♊ 19	5 ♊ 18	4 ♊ 40	11 ♐ 34	6 ♑ 5	27 ♐ 58	0 ♋ 27	10 ♓ 29	18 ♍ 45	19 ♏ 42	18 ♍ 2	18 ♓	8 ♒	9 ♒	14 ♋	18 ♓
13	20 ♏ 1	4 ♋ 25	5 ♊ 15	4 ♊ 41	12 ♐ 38	7 ♑ 6	28 ♐ 44	0 ♋ 22	10 ♓ 29	18 ♍ 47	19 ♏ 44	18 ♍ 4	18 ♓	9 ♒	9 ♒	14 ♋	18 ♓
14	21 ♏ 1	18 ♋ 36	5 ♊ 12	4 ♊ 42	13 ♐ 38	8 ♑ 8	29 ♐ 29	0 ♋ 17	10 ♓ 29	18 ♍ 50	19 ♏ 46	18 ♍ 5	18 ♓	9 ♒	9 ♒	14 ♋	18 ♓
15	22 ♏ 1	2 ♌ 49	5 ♊ 9	4 ♊ 43	14 ♐ 35	9 ♑ 9	0 ♑ 14	0 ♋ 12	10 D 29	18 ♍ 52	19 ♏ 49	18 ♍ 6	18 ♓	9 ♒	9 ♒	14 ♋	18 ♓
16	23 ♏ 2	17 ♌ 3	5 ♊ 6	4 ♊ 43	15 ♐ 28	10 ♑ 10	0 ♑ 59	0 ♋ 7	10 ♓ 29	18 ♍ 54	19 ♏ 51	18 ♍ 7	18 ♓	9 ♒	10 ♒	14 ♋	18 ♓
17	24 ♏ 2	1 ♍ 13	5 ♊ 2	4 R 43	16 ♐ 17	11 ♑ 10	1 ♑ 45	0 ♋ 2	10 ♓ 29	18 ♍ 56	19 ♏ 53	18 ♍ 8	18 ♓	9 ♒	10 ♒	14 ♋	18 ♓
18	25 ♏ 3	15 ♍ 20	4 ♊ 59	4 ♊ 43	17 ♐ 1	12 ♑ 10	2 ♑ 30	29 ♊ 57	10 ♓ 29	18 ♍ 58	19 ♏ 55	18 ♍ 9	18 ♓	10 ♒	10 ♒	14 ♋	18 ♓
19	26 ♏ 3	29 ♍ 19	4 ♊ 56	4 ♊ 42	17 ♐ 39	13 ♑ 10	3 ♑ 16	29 ♊ 51	10 ♓ 30	19 ♍ 0	19 ♏ 58	18 ♍ 10	18 ♓	10 ♒	11 ♒	13 ♋	18 ♓
20	27 ♏ 4	13 ♎ 10	4 ♊ 53	4 ♊ 41	18 ♐ 11	14 ♑ 9	4 ♑ 1	29 ♊ 46	10 ♓ 30	19 ♍ 2	20 ♏ 0	18 ♍ 11	18 ♓	10 ♒	11 ♒	13 ♋	18 ♓
21	28 ♏ 5	26 ♎ 50	4 ♊ 50	4 ♊ 40	18 ♐ 36	15 ♑ 8	4 ♑ 47	29 ♊ 40	10 ♓ 31	19 ♍ 4	20 ♏ 2	18 ♍ 12	18 ♓	10 ♒	11 ♒	13 ♋	18 ♓
22	29 ♏ 5	10 ♏ 17	4 ♊ 47	4 ♊ 39	18 ♐ 54	16 ♑ 6	5 ♑ 32	29 ♊ 34	10 ♓ 32	19 ♍ 6	20 ♏ 4	18 ♍ 13	19 ♓	10 ♒	12 ♒	13 ♋	17 ♓
23	0 ♐ 6	23 ♏ 30	4 ♊ 43	4 ♊ 39	19 ♐ 3	17 ♑ 4	6 ♑ 18	29 ♊ 27	10 ♓ 33	19 ♍ 8	20 ♏ 7	18 ♍ 14	19 ♓	11 ♒	12 ♒	13 ♋	17 ♓
24	1 ♐ 7	6 ♐ 29	4 ♊ 40	4 D 39	19 R 2	18 ♑ 1	7 ♑ 4	29 ♊ 21	10 ♓ 33	19 ♍ 10	20 ♏ 9	18 ♍ 15	19 ♓	11 ♒	12 ♒	13 ♋	17 ♓
25	2 ♐ 7	19 ♐ 12	4 ♊ 37	4 ♊ 39	18 ♐ 52	18 ♑ 58	7 ♑ 50	29 ♊ 15	10 ♓ 35	19 ♍ 11	20 ♏ 11	18 ♍ 16	19 ♓	11 ♒	13 ♒	13 ♋	17 ♓
26	3 ♐ 8	1 ♑ 40	4 ♊ 34	4 ♊ 39	18 ♐ 31	19 ♑ 54	8 ♑ 36	29 ♊ 8	10 ♓ 36	19 ♍ 13	20 ♏ 13	18 ♍ 17	19 ♓	11 ♒	13 ♒	13 ♋	17 ♓
27	4 ♐ 9	13 ♑ 55	4 ♊ 31	4 ♊ 39	18 ♐ 0	20 ♑ 50	9 ♑ 22	29 ♊ 1	10 ♓ 37	19 ♍ 15	20 ♏ 15	18 ♍ 18	19 ♓	11 ♒	13 ♒	13 ♋	17 ♓
28	5 ♐ 9	25 ♑ 59	4 ♊ 28	4 R 39	17 ♐ 17	21 ♑ 45	10 ♑ 8	28 ♊ 55	10 ♓ 38	19 ♍ 16	20 ♏ 18	18 ♍ 19	19 ♓	12 ♒	14 ♒	13 ♋	17 ♓
29	6 ♐ 10	7 ♒ 55	4 ♊ 24	4 ♊ 39	16 ♐ 24	22 ♑ 40	10 ♑ 54	28 ♊ 48	10 ♓ 40	19 ♍ 18	20 ♏ 20	18 ♍ 19	19 ♓	12 ♒	14 ♒	12 ♋	17 ♓
30	7 ♐ 11	19 ♒ 47	4 ♊ 21	4 ♊ 39	15 ♐ 22	23 ♑ 34	11 ♑ 40	28 ♊ 41	10 ♓ 41	19 ♍ 19	20 ♏ 22	18 ♍ 20	19 ♓	12 ♒	14 ♒	12 ♋	17 D

SUN INGRESS	☉ → ♐ 22日 21:29
MOON PHASE	◐ 1日 17:26 ♒ ○ 9日 13:15 ♉ ◑ 16日 10:54 ♌ ● 23日 13:10 ♐

aspects		
3日	14:33	☉△♄
6日	22:28	♀☍♃
11日	00:29	☉⚹♇
11日	00:29	☿□♄
11日	17:45	☉⚹♅
12日	17:11	☉☌♆
14日	23:16	♂☍♃
16日	07:38	♀⚹♄
20日	00:16	☿□♇
24日	06:05	♀△♇
25日	05:50	♀△♅
26日	08:29	♀⚹♆
26日	11:33	☿□♇
28日	16:31	♂⚹♄

1965年12月

DAY	☉	☽	☊ mean	☊ true	☿	♀	♂	♃	♄	♅	♆	♇	⚳	⚴	⚵	⚶	⚷
	° ′	° ′	° ′	° ′	° ′	° ′	° ′	° ′	° ′	° ′	° ′	° ′	°	°	°	°	°
1	8 ♐ 12	1 ♓ 39	4 ♊ 18	4 R 39	14 R 11	24 D 27	12 D 26	28 R 33	10 D 43	19 D 20	20 D 24	18 D 21	19 D	12 D	15 D	12 R	17 D
2	9 ♐ 13	13 ♓ 36	4 ♊ 15	4 D 39	12 ♐ 53	25 ♑ 20	13 ♑ 12	28 ♊ 26	10 ♓ 45	19 ♍ 22	20 ♏ 26	18 ♍ 21	20 ♓	13 ♒	15 ♒	12 ♋	17 ♓
3	10 ♐ 13	25 ♓ 43	4 ♊ 12	4 ♊ 39	11 ♐ 32	26 ♑ 12	13 ♑ 58	28 ♊ 19	10 ♓ 47	19 ♍ 23	20 ♏ 29	18 ♍ 22	20 ♓	13 ♒	15 ♒	12 ♋	17 ♓
4	11 ♐ 14	8 ♈ 4	4 ♊ 8	4 ♊ 39	10 ♐ 9	27 ♑ 3	14 ♑ 45	28 ♊ 11	10 ♓ 49	19 ♍ 24	20 ♏ 31	18 ♍ 23	20 ♓	13 ♒	16 ♒	12 ♋	17 ♓
5	12 ♐ 15	20 ♈ 43	4 ♊ 5	4 ♊ 40	8 ♐ 48	27 ♑ 54	15 ♑ 31	28 ♊ 4	10 ♓ 51	19 ♍ 25	20 ♏ 33	18 ♍ 23	20 ♓	13 ♒	16 ♒	12 ♋	17 ♓
6	13 ♐ 16	3 ♉ 43	4 ♊ 2	4 ♊ 41	7 ♐ 30	28 ♑ 43	16 ♑ 17	27 ♊ 56	10 ♓ 53	19 ♍ 27	20 ♏ 35	18 ♍ 24	20 ♓	14 ♒	17 ♒	11 ♋	17 ♓
7	14 ♐ 17	17 ♉ 7	3 ♊ 59	4 ♊ 42	6 ♐ 20	29 ♑ 32	17 ♑ 4	27 ♊ 48	10 ♓ 55	19 ♍ 28	20 ♏ 37	18 ♍ 24	20 ♓	14 ♒	17 ♒	11 ♋	17 ♓
8	15 ♐ 18	0 ♊ 53	3 ♊ 56	4 ♊ 42	5 ♐ 18	0 ♒ 20	17 ♑ 50	27 ♊ 41	10 ♓ 58	19 ♍ 29	20 ♏ 39	18 ♍ 25	21 ♓	14 ♒	17 ♒	11 ♋	18 ♓
9	16 ♐ 19	15 ♊ 1	3 ♊ 53	4 R 42	4 ♐ 25	1 ♒ 7	18 ♑ 36	27 ♊ 33	11 ♓ 0	19 ♍ 30	20 ♏ 41	18 ♍ 25	21 ♓	14 ♒	18 ♒	11 ♋	18 ♓
10	17 ♐ 20	29 ♊ 25	3 ♊ 49	4 ♊ 41	3 ♐ 44	1 ♒ 53	19 ♑ 23	27 ♊ 25	11 ♓ 3	19 ♍ 31	20 ♏ 43	18 ♍ 26	21 ♓	15 ♒	18 ♒	11 ♋	18 ♓
11	18 ♐ 21	14 ♋ 1	3 ♊ 46	4 ♊ 40	3 ♐ 14	2 ♒ 39	20 ♑ 10	27 ♊ 17	11 ♓ 6	19 ♍ 31	20 ♏ 45	18 ♍ 26	21 ♓	15 ♒	19 ♒	10 ♋	18 ♓
12	19 ♐ 22	28 ♋ 41	3 ♊ 43	4 ♊ 38	2 ♐ 56	3 ♒ 23	20 ♑ 56	27 ♊ 9	11 ♓ 8	19 ♍ 32	20 ♏ 47	18 ♍ 26	21 ♓	15 ♒	19 ♒	10 ♋	18 ♓
13	20 ♐ 23	13 ♌ 20	3 ♊ 40	4 ♊ 36	2 ♐ 48	4 ♒ 6	21 ♑ 43	27 ♊ 1	11 ♓ 11	19 ♍ 33	20 ♏ 49	18 ♍ 27	21 ♓	15 ♒	19 ♒	10 ♋	18 ♓
14	21 ♐ 24	27 ♌ 50	3 ♊ 37	4 ♊ 34	2 D 51	4 ♒ 48	22 ♑ 29	26 ♊ 53	11 ♓ 14	19 ♍ 34	20 ♏ 51	18 ♍ 27	22 ♓	16 ♒	20 ♒	10 ♋	18 ♓
15	22 ♐ 25	12 ♍ 9	3 ♊ 34	4 ♊ 33	3 ♐ 3	5 ♒ 29	23 ♑ 16	26 ♊ 45	11 ♓ 17	19 ♍ 34	20 ♏ 53	18 ♍ 27	22 ♓	16 ♒	20 ♒	9 ♋	18 ♓
16	23 ♐ 26	26 ♍ 12	3 ♊ 30	4 D 33	3 ♐ 24	6 ♒ 9	24 ♑ 3	26 ♊ 37	11 ♓ 20	19 ♍ 35	20 ♏ 55	18 ♍ 27	22 ♓	16 ♒	20 ♒	9 ♋	18 ♓
17	24 ♐ 27	9 ♎ 59	3 ♊ 27	4 ♊ 34	3 ♐ 53	6 ♒ 47	24 ♑ 50	26 ♊ 28	11 ♓ 24	19 ♍ 35	20 ♏ 57	18 ♍ 27	22 ♓	16 ♒	21 ♒	9 ♋	18 ♓
18	25 ♐ 28	23 ♎ 31	3 ♊ 24	4 ♊ 35	4 ♐ 29	7 ♒ 24	25 ♑ 36	26 ♊ 20	11 ♓ 27	19 ♍ 36	20 ♏ 59	18 ♍ 28	22 ♓	17 ♒	21 ♒	9 ♋	18 ♓
19	26 ♐ 29	6 ♏ 47	3 ♊ 21	4 ♊ 36	5 ♐ 11	8 ♒ 0	26 ♑ 23	26 ♊ 12	11 ♓ 31	19 ♍ 36	21 ♏ 1	18 ♍ 28	23 ♓	17 ♒	22 ♒	8 ♋	18 ♓
20	27 ♐ 30	19 ♏ 49	3 ♊ 18	4 ♊ 38	5 ♐ 59	8 ♒ 35	27 ♑ 10	26 ♊ 4	11 ♓ 34	19 ♍ 37	21 ♏ 3	18 ♍ 28	23 ♓	17 ♒	22 ♒	8 ♋	18 ♓
21	28 ♐ 31	2 ♐ 38	3 ♊ 14	4 ♊ 38	6 ♐ 52	9 ♒ 8	27 ♑ 57	25 ♊ 56	11 ♓ 38	19 ♍ 37	21 ♏ 5	18 ♍ 28	23 ♓	18 ♒	23 ♒	8 ♋	18 ♓
22	29 ♐ 32	15 ♐ 16	3 ♊ 11	4 R 38	7 ♐ 50	9 ♒ 39	28 ♑ 44	25 ♊ 48	11 ♓ 41	19 ♍ 37	21 ♏ 7	18 R 28	23 ♓	18 ♒	23 ♒	8 ♋	18 ♓
23	0 ♑ 33	27 ♐ 42	3 ♊ 8	4 ♊ 36	8 ♐ 51	10 ♒ 9	29 ♑ 31	25 ♊ 39	11 ♓ 45	19 ♍ 37	21 ♏ 9	18 ♍ 28	23 ♓	18 ♒	23 ♒	7 ♋	18 ♓
24	1 ♑ 35	9 ♑ 59	3 ♊ 5	4 ♊ 33	9 ♐ 56	10 ♒ 38	0 ♒ 18	25 ♊ 31	11 ♓ 49	19 ♍ 37	21 ♏ 11	18 ♍ 28	24 ♓	18 ♒	24 ♒	7 ♋	18 ♓
25	2 ♑ 36	22 ♑ 7	3 ♊ 2	4 ♊ 28	11 ♐ 3	11 ♒ 4	1 ♒ 5	25 ♊ 23	11 ♓ 53	19 ♍ 38	21 ♏ 12	18 ♍ 28	24 ♓	19 ♒	24 ♒	7 ♋	18 ♓
26	3 ♑ 37	4 ♒ 7	2 ♊ 59	4 ♊ 23	12 ♐ 14	11 ♒ 29	1 ♒ 52	25 ♊ 15	11 ♓ 57	19 R 38	21 ♏ 14	18 ♍ 27	24 ♓	19 ♒	25 ♒	7 ♋	18 ♓
27	4 ♑ 38	16 ♒ 1	2 ♊ 55	4 ♊ 17	13 ♐ 26	11 ♒ 53	2 ♒ 39	25 ♊ 7	12 ♓ 1	19 ♍ 37	21 ♏ 16	18 ♍ 27	24 ♓	19 ♒	25 ♒	6 ♋	18 ♓
28	5 ♑ 39	27 ♒ 53	2 ♊ 52	4 ♊ 12	14 ♐ 41	12 ♒ 14	3 ♒ 26	24 ♊ 59	12 ♓ 6	19 ♍ 37	21 ♏ 18	18 ♍ 27	25 ♓	20 ♒	25 ♒	6 ♋	18 ♓
29	6 ♑ 40	9 ♓ 44	2 ♊ 49	4 ♊ 8	15 ♐ 57	12 ♒ 33	4 ♒ 13	24 ♊ 52	12 ♓ 10	19 ♍ 37	21 ♏ 19	18 ♍ 27	25 ♓	20 ♒	26 ♒	6 ♋	18 ♓
30	7 ♑ 42	21 ♓ 39	2 ♊ 46	4 ♊ 5	17 ♐ 15	12 ♒ 50	5 ♒ 0	24 ♊ 44	12 ♓ 14	19 ♍ 37	21 ♏ 21	18 ♍ 27	25 ♓	20 ♒	26 ♒	6 ♋	18 ♓
31	8 ♑ 43	3 ♈ 42	2 ♊ 43	4 ♊ 3	18 ♐ 35	13 ♒ 6	5 ♒ 48	24 ♊ 36	12 ♓ 19	19 ♍ 37	21 ♏ 23	18 ♍ 26	25 ♓	20 ♒	27 ♒	5 ♋	18 ♓

SUN INGRESS	☉ → ♑ 22日 10:40
MOON PHASE	◐ 1日 14:24 ♓ ○ 9日 02:21 ♊ ◑ 15日 18:52 ♍ ● 23日 06:03 ♑ ◐ 31日 10:46 ♈

aspects		
3日	12:44	☿□♄
3日	13:04	☉☌☿
3日	13:34	☉□♄
8日	18:05	♂△♇
10日	03:59	♂△♅
11日	02:03	☉□♇
11日	13:05	☿⚹♀
11日	19:18	♂⚹♆
12日	04:13	☉□♅
18日	18:07	☉☍♃
25日	00:39	☿⚹♀
25日	18:10	☿□♄
30日	21:31	☿□♇
31日	18:26	☿□♅

1966年1月

DAY	☉	☽	☊ mean	☊ true	☿	♀	♂	♃	♄	♅	♆	♇	⚳	⚴	⚵	⚶	⚷
	° ′	° ′	° ′	° ′	° ′	° ′	° ′	° ′	° ′	° ′	° ′	° ′	°	°	°	°	°
1	9 ♑ 44	15 ♈ 58	2 ♊ 40	4 D 3	19 D 55	13 D 19	6 D 35	24 R 28	12 D 24	19 R 36	21 D 24	18 R 26	26 D	21 D	27 D	5 R	18 D
2	10 ♑ 45	28 ♈ 31	2 ♊ 36	4 ♊ 4	21 ♐ 17	13 ♒ 30	7 ♒ 22	24 ♊ 21	12 ♓ 28	19 ♍ 36	21 ♏ 26	18 ♍ 26	26 ♓	21 ♒	28 ♒	5 ♋	18 ♓
3	11 ♑ 46	11 ♉ 27	2 ♊ 33	4 ♊ 6	22 ♐ 40	13 ♒ 38	8 ♒ 9	24 ♊ 13	12 ♓ 33	19 ♍ 36	21 ♏ 28	18 ♍ 25	26 ♓	21 ♒	28 ♒	5 ♋	18 ♓
4	12 ♑ 47	24 ♉ 48	2 ♊ 30	4 ♊ 7	24 ♐ 4	13 ♒ 44	8 ♒ 56	24 ♊ 6	12 ♓ 38	19 ♍ 35	21 ♏ 29	18 ♍ 25	26 ♓	22 ♒	29 ♒	4 ♋	18 ♓
5	13 ♑ 48	8 ♊ 37	2 ♊ 27	4 R 8	25 ♐ 28	13 ♒ 48	9 ♒ 44	23 ♊ 59	12 ♓ 43	19 ♍ 35	21 ♏ 31	18 ♍ 24	27 ♓	22 ♒	29 ♒	4 ♋	18 ♓
6	14 ♑ 50	22 ♊ 54	2 ♊ 24	4 ♊ 6	26 ♐ 54	13 ♒ 49	10 ♒ 31	23 ♊ 52	12 ♓ 48	19 ♍ 34	21 ♏ 32	18 ♍ 24	27 ♓	22 ♒	29 ♒	4 ♋	18 ♓
7	15 ♑ 51	7 ♋ 35	2 ♊ 20	4 ♊ 3	28 ♐ 20	13 R 48	11 ♒ 18	23 ♊ 45	12 ♓ 53	19 ♍ 33	21 ♏ 34	18 ♍ 23	27 ♓	22 ♒	0 ♓	4 ♋	18 ♓
8	16 ♑ 52	22 ♋ 33	2 ♊ 17	3 ♊ 57	29 ♐ 47	13 ♒ 45	12 ♒ 5	23 ♊ 38	12 ♓ 58	19 ♍ 33	21 ♏ 35	18 ♍ 23	27 ♓	23 ♒	0 ♓	3 ♋	18 ♓
9	17 ♑ 53	7 ♌ 40	2 ♊ 14	3 ♊ 51	1 ♑ 15	13 ♒ 39	12 ♒ 53	23 ♊ 31	13 ♓ 3	19 ♍ 32	21 ♏ 37	18 ♍ 22	28 ♓	23 ♒	1 ♓	3 ♋	18 ♓
10	18 ♑ 54	22 ♌ 46	2 ♊ 11	3 ♊ 44	2 ♑ 43	13 ♒ 30	13 ♒ 40	23 ♊ 24	13 ♓ 8	19 ♍ 31	21 ♏ 38	18 ♍ 22	28 ♓	23 ♒	1 ♓	3 ♋	18 ♓
11	19 ♑ 55	7 ♍ 41	2 ♊ 8	3 ♊ 37	4 ♑ 11	13 ♒ 19	14 ♒ 27	23 ♊ 18	13 ♓ 13	19 ♍ 30	21 ♏ 40	18 ♍ 21	28 ♓	24 ♒	2 ♓	3 ♋	18 ♓
12	20 ♑ 56	22 ♍ 18	2 ♊ 5	3 ♊ 32	5 ♑ 41	13 ♒ 5	15 ♒ 15	23 ♊ 11	13 ♓ 19	19 ♍ 29	21 ♏ 41	18 ♍ 20	29 ♓	24 ♒	2 ♓	2 ♋	18 ♓
13	21 ♑ 57	6 ♎ 32	2 ♊ 1	3 ♊ 29	7 ♑ 11	12 ♒ 49	16 ♒ 2	23 ♊ 5	13 ♓ 24	19 ♍ 28	21 ♏ 42	18 ♍ 20	29 ♓	24 ♒	3 ♓	2 ♋	18 ♓
14	22 ♑ 59	20 ♎ 22	1 ♊ 58	3 ♊ 27	8 ♑ 41	12 ♒ 30	16 ♒ 49	22 ♊ 59	13 ♓ 30	19 ♍ 27	21 ♏ 44	18 ♍ 19	29 ♓	25 ♒	3 ♓	2 ♋	18 ♓
15	24 ♑ 0	3 ♏ 48	1 ♊ 55	3 D 28	10 ♑ 12	12 ♒ 10	17 ♒ 37	22 ♊ 53	13 ♓ 35	19 ♍ 26	21 ♏ 45	18 ♍ 18	29 ♓	25 ♒	4 ♓	2 ♋	18 ♓
16	25 ♑ 1	16 ♏ 52	1 ♊ 52	3 ♊ 29	11 ♑ 43	11 ♒ 46	18 ♒ 24	22 ♊ 47	13 ♓ 41	19 ♍ 25	21 ♏ 46	18 ♍ 17	0 ♈	25 ♒	4 ♓	1 ♋	18 ♓
17	26 ♑ 2	29 ♏ 39	1 ♊ 49	3 ♊ 30	13 ♑ 15	11 ♒ 21	19 ♒ 12	22 ♊ 41	13 ♓ 47	19 ♍ 24	21 ♏ 47	18 ♍ 17	0 ♈	26 ♒	4 ♓	1 ♋	19 ♓
18	27 ♑ 3	12 ♐ 11	1 ♊ 46	3 R 29	14 ♑ 48	10 ♒ 54	19 ♒ 59	22 ♊ 35	13 ♓ 53	19 ♍ 22	21 ♏ 49	18 ♍ 16	0 ♈	26 ♒	5 ♓	1 ♋	19 ♓
19	28 ♑ 4	24 ♐ 31	1 ♊ 42	3 ♊ 27	16 ♑ 21	10 ♒ 25	20 ♒ 46	22 ♊ 30	13 ♓ 58	19 ♍ 21	21 ♏ 50	18 ♍ 15	1 ♈	26 ♒	5 ♓	1 ♋	19 ♓
20	29 ♑ 5	6 ♑ 42	1 ♊ 39	3 ♊ 22	17 ♑ 55	9 ♒ 54	21 ♒ 34	22 ♊ 25	14 ♓ 4	19 ♍ 20	21 ♏ 51	18 ♍ 14	1 ♈	26 ♒	6 ♓	1 ♋	19 ♓
21	0 ♒ 6	18 ♑ 47	1 ♊ 36	3 ♊ 14	19 ♑ 29	9 ♒ 21	22 ♒ 21	22 ♊ 20	14 ♓ 10	19 ♍ 18	21 ♏ 52	18 ♍ 13	1 ♈	27 ♒	6 ♓	0 ♋	19 ♓
22	1 ♒ 7	0 ♒ 46	1 ♊ 33	3 ♊ 4	21 ♑ 3	8 ♒ 48	23 ♒ 9	22 ♊ 15	14 ♓ 16	19 ♍ 17	21 ♏ 53	18 ♍ 12	2 ♈	27 ♒	7 ♓	0 ♋	19 ♓
23	2 ♒ 8	12 ♒ 42	1 ♊ 30	2 ♊ 52	22 ♑ 39	8 ♒ 13	23 ♒ 56	22 ♊ 10	14 ♓ 22	19 ♍ 16	21 ♏ 54	18 ♍ 11	2 ♈	27 ♒	7 ♓	0 ♋	19 ♓
24	3 ♒ 9	24 ♒ 34	1 ♊ 26	2 ♊ 40	24 ♑ 15	7 ♒ 37	24 ♒ 43	22 ♊ 6	14 ♓ 29	19 ♍ 14	21 ♏ 55	18 ♍ 10	2 ♈	28 ♒	8 ♓	0 ♋	19 ♓
25	4 ♒ 11	6 ♓ 26	1 ♊ 23	2 ♊ 28	25 ♑ 51	7 ♒ 0	25 ♒ 31	22 ♊ 1	14 ♓ 35	19 ♍ 12	21 ♏ 56	18 ♍ 9	3 ♈	28 ♒	8 ♓	0 ♋	19 ♓
26	5 ♒ 12	18 ♓ 18	1 ♊ 20	2 ♊ 17	27 ♑ 28	6 ♒ 24	26 ♒ 18	21 ♊ 57	14 ♓ 41	19 ♍ 11	21 ♏ 57	18 ♍ 8	3 ♈	28 ♒	9 ♓	0 ♋	19 ♓
27	6 ♒ 13	0 ♈ 13	1 ♊ 17	2 ♊ 9	29 ♑ 6	5 ♒ 47	27 ♒ 6	21 ♊ 53	14 ♓ 47	19 ♍ 9	21 ♏ 58	18 ♍ 7	3 ♈	29 ♒	9 ♓	29 ♊	19 ♓
28	7 ♒ 14	12 ♈ 15	1 ♊ 14	2 ♊ 3	0 ♒ 44	5 ♒ 10	27 ♒ 53	21 ♊ 49	14 ♓ 54	19 ♍ 8	21 ♏ 59	18 ♍ 6	4 ♈	29 ♒	10 ♓	29 ♊	19 ♓
29	8 ♒ 15	24 ♈ 28	1 ♊ 11	2 ♊ 0	2 ♒ 23	4 ♒ 33	28 ♒ 40	21 ♊ 46	15 ♓ 0	19 ♍ 6	22 ♏ 0	18 ♍ 5	4 ♈	29 ♒	10 ♓	29 ♊	19 ♓
30	9 ♒ 15	6 ♉ 56	1 ♊ 7	1 ♊ 59	4 ♒ 3	3 ♒ 57	29 ♒ 28	21 ♊ 42	15 ♓ 6	19 ♍ 4	22 ♏ 1	18 ♍ 4	4 ♈	0 ♓	11 ♓	29 ♊	19 ♓
31	10 ♒ 16	19 ♉ 44	1 ♊ 4	1 D 59	5 ♒ 43	3 ♒ 22	0 ♓ 15	21 ♊ 39	15 ♓ 13	19 ♍ 2	22 ♏ 1	18 ♍ 2	5 ♈	0 ♓	11 ♓	29 ♊	19 ♓

SUN INGRESS	☉ → ♒ 20日 21 : 20
MOON PHASE	○ 7日 14 : 16 ♋　◑ 14日 05 : 00 ♎　● 22日 00 : 46 ♒　◐ 30日 04 : 48 ♉

aspects

3日	19 : 55	☉⚹♄
4日	00 : 34	☿☍♃
9日	11 : 23	☉△♇
9日	19 : 43	♀☌♂
10日	14 : 16	☉△♅
12日	17 : 57	☉⚹♆
17日	08 : 42	☿⚹♄
20日	04 : 54	☿△♇
20日	08 : 54	♂□♆
20日	21 : 26	☿△♅
20日	23 : 21	♂△♃
22日	12 : 41	☿⚹♆
26日	17 : 37	☉☌♀
29日	23 : 01	☿☌♀

1966年2月

DAY	☉	☽	☊ mean	☊ true	☿	♀	♂	♃	♄	♅	♆	♇	⚳	⚴	⚵	⚶	⚷
	° ′	° ′	° ′	° ′	° ′	° ′	° ′	° ′	° ′	° ′	° ′	° ′	°	°	°	°	°
1	11 ♒ 17	2 ♊ 56	1 ♊ 1	1 R 59	7 D 24	2 R 48	1 D 3	21 R 36	15 D 19	19 R 0	22 D 2	18 R 1	5 D	0 D	12 D	29 R	19 D
2	12 ♒ 18	16 ♊ 37	0 ♊ 58	1 ♊ 58	9 ♒ 6	2 ♒ 15	1 ♓ 50	21 ♊ 33	15 ♓ 26	18 ♍ 58	22 ♏ 3	18 ♍ 0	5 ♈	1 ♓	12 ♓	29 ♊	19 ♓
3	13 ♒ 19	0 ♋ 47	0 ♊ 55	1 ♊ 55	10 ♒ 48	1 ♒ 44	2 ♓ 37	21 ♊ 31	15 ♓ 33	18 ♍ 56	22 ♏ 4	17 ♍ 59	6 ♈	1 ♓	13 ♓	29 ♊	19 ♓
4	14 ♒ 20	15 ♋ 26	0 ♊ 52	1 ♊ 50	12 ♒ 31	1 ♒ 14	3 ♓ 25	21 ♊ 28	15 ♓ 39	18 ♍ 54	22 ♏ 4	17 ♍ 58	6 ♈	1 ♓	13 ♓	29 ♊	19 ♓
5	15 ♒ 21	0 ♌ 29	0 ♊ 48	1 ♊ 41	14 ♒ 15	0 ♒ 47	4 ♓ 12	21 ♊ 26	15 ♓ 46	18 ♍ 52	22 ♏ 5	17 ♍ 56	6 ♈	2 ♓	14 ♓	28 ♊	19 ♓
6	16 ♒ 22	15 ♌ 47	0 ♊ 45	1 ♊ 31	16 ♒ 0	0 ♒ 21	4 ♓ 59	21 ♊ 24	15 ♓ 53	18 ♍ 50	22 ♏ 5	17 ♍ 55	7 ♈	2 ♓	14 ♓	28 ♊	19 ♓
7	17 ♒ 22	1 ♍ 9	0 ♊ 42	1 ♊ 20	17 ♒ 45	29 ♑ 57	5 ♓ 47	21 ♊ 22	15 ♓ 59	18 ♍ 48	22 ♏ 6	17 ♍ 54	7 ♈	2 ♓	15 ♓	28 ♊	20 ♓
8	18 ♒ 23	16 ♍ 23	0 ♊ 39	1 ♊ 9	19 ♒ 31	29 ♑ 36	6 ♓ 34	21 ♊ 20	16 ♓ 6	18 ♍ 46	22 ♏ 7	17 ♍ 52	7 ♈	3 ♓	15 ♓	28 ♊	20 ♓
9	19 ♒ 24	1 ♎ 19	0 ♊ 36	1 ♊ 0	21 ♒ 18	29 ♑ 17	7 ♓ 21	21 ♊ 19	16 ♓ 13	18 ♍ 44	22 ♏ 7	17 ♍ 51	8 ♈	3 ♓	16 ♓	28 ♊	20 ♓
10	20 ♒ 24	15 ♎ 50	0 ♊ 32	0 ♊ 54	23 ♒ 5	29 ♑ 1	8 ♓ 8	21 ♊ 18	16 ♓ 20	18 ♍ 42	22 ♏ 7	17 ♍ 50	8 ♈	3 ♓	16 ♓	28 ♊	20 ♓
11	21 ♒ 25	29 ♎ 51	0 ♊ 29	0 ♊ 50	24 ♒ 53	28 ♑ 47	8 ♓ 56	21 ♊ 17	16 ♓ 27	18 ♍ 40	22 ♏ 8	17 ♍ 48	8 ♈	4 ♓	17 ♓	28 ♊	20 ♓
12	22 ♒ 26	13 ♏ 23	0 ♊ 26	0 ♊ 49	26 ♒ 42	28 ♑ 35	9 ♓ 43	21 ♊ 16	16 ♓ 34	18 ♍ 37	22 ♏ 8	17 ♍ 47	9 ♈	4 ♓	17 ♓	28 ♊	20 ♓
13	23 ♒ 27	26 ♏ 29	0 ♊ 23	0 D 49	28 ♒ 31	28 ♑ 26	10 ♓ 30	21 ♊ 15	16 ♓ 41	18 ♍ 35	22 ♏ 9	17 ♍ 46	9 ♈	4 ♓	18 ♓	28 ♊	20 ♓
14	24 ♒ 27	9 ♐ 12	0 ♊ 20	0 R 48	0 ♓ 21	28 ♑ 19	11 ♓ 17	21 ♊ 15	16 ♓ 48	18 ♍ 33	22 ♏ 9	17 ♍ 44	9 ♈	5 ♓	18 ♓	28 ♊	20 ♓
15	25 ♒ 28	21 ♐ 37	0 ♊ 17	0 ♊ 47	2 ♓ 11	28 ♑ 15	12 ♓ 5	21 ♊ 14	16 ♓ 55	18 ♍ 31	22 ♏ 9	17 ♍ 43	10 ♈	5 ♓	19 ♓	28 ♊	20 ♓
16	26 ♒ 28	3 ♑ 49	0 ♊ 13	0 ♊ 44	4 ♓ 2	28 ♑ 14	12 ♓ 52	21 D 14	17 ♓ 2	18 ♍ 28	22 ♏ 10	17 ♍ 41	10 ♈	5 ♓	19 ♓	28 D	20 ♓
17	27 ♒ 29	15 ♑ 51	0 ♊ 10	0 ♊ 37	5 ♓ 53	28 D 15	13 ♓ 39	21 ♊ 15	17 ♓ 9	18 ♍ 26	22 ♏ 10	17 ♍ 40	10 ♈	6 ♓	20 ♓	28 ♊	20 ♓
18	28 ♒ 30	27 ♑ 48	0 ♊ 7	0 ♊ 27	7 ♓ 43	28 ♑ 18	14 ♓ 26	21 ♊ 15	17 ♓ 16	18 ♍ 23	22 ♏ 10	17 ♍ 38	11 ♈	6 ♓	20 ♓	28 ♊	20 ♓
19	29 ♒ 30	9 ♒ 41	0 ♊ 4	0 ♊ 15	9 ♓ 34	28 ♑ 23	15 ♓ 13	21 ♊ 16	17 ♓ 23	18 ♍ 21	22 ♏ 10	17 ♍ 37	11 ♈	6 ♓	21 ♓	28 ♊	20 ♓
20	0 ♓ 31	21 ♒ 33	0 ♊ 1	0 ♊ 1	11 ♓ 24	28 ♑ 31	16 ♓ 0	21 ♊ 16	17 ♓ 31	18 ♍ 19	22 ♏ 10	17 ♍ 35	12 ♈	7 ♓	21 ♓	28 ♊	20 ♓
21	1 ♓ 31	3 ♓ 25	29 ♉ 57	29 ♉ 46	13 ♓ 13	28 ♑ 41	16 ♓ 47	21 ♊ 17	17 ♓ 38	18 ♍ 16	22 ♏ 10	17 ♍ 34	12 ♈	7 ♓	22 ♓	28 ♊	20 ♓
22	2 ♓ 32	15 ♓ 18	29 ♉ 54	29 ♉ 31	15 ♓ 2	28 ♑ 54	17 ♓ 34	21 ♊ 18	17 ♓ 45	18 ♍ 14	22 ♏ 10	17 ♍ 32	12 ♈	7 ♓	22 ♓	28 ♊	20 ♓
23	3 ♓ 32	27 ♓ 15	29 ♉ 51	29 ♉ 17	16 ♓ 49	29 ♑ 8	18 ♓ 22	21 ♊ 20	17 ♓ 52	18 ♍ 11	22 R 10	17 ♍ 31	13 ♈	8 ♓	23 ♓	28 ♊	20 ♓
24	4 ♓ 33	9 ♈ 15	29 ♉ 48	29 ♉ 6	18 ♓ 34	29 ♑ 24	19 ♓ 9	21 ♊ 21	17 ♓ 59	18 ♍ 9	22 ♏ 10	17 ♍ 29	13 ♈	8 ♓	23 ♓	28 ♊	20 ♓
25	5 ♓ 33	21 ♈ 23	29 ♉ 45	28 ♉ 59	20 ♓ 17	29 ♑ 43	19 ♓ 56	21 ♊ 23	18 ♓ 7	18 ♍ 6	22 ♏ 10	17 ♍ 28	13 ♈	8 ♓	24 ♓	28 ♊	21 ♓
26	6 ♓ 33	3 ♉ 39	29 ♉ 42	28 ♉ 54	21 ♓ 58	0 ♒ 3	20 ♓ 42	21 ♊ 25	18 ♓ 14	18 ♍ 4	22 ♏ 10	17 ♍ 26	14 ♈	9 ♓	24 ♓	28 ♊	21 ♓
27	7 ♓ 34	16 ♉ 8	29 ♉ 38	28 ♉ 52	23 ♓ 36	0 ♒ 25	21 ♓ 29	21 ♊ 27	18 ♓ 21	18 ♍ 1	22 ♏ 10	17 ♍ 25	14 ♈	9 ♓	25 ♓	29 ♊	21 ♓
28	8 ♓ 34	28 ♉ 53	29 ♉ 35	28 D 51	25 ♓ 9	0 ♒ 49	22 ♓ 16	21 ♊ 30	18 ♓ 29	17 ♍ 58	22 ♏ 10	17 ♍ 23	14 ♈	9 ♓	25 ♓	29 ♊	21 ♓

SUN INGRESS	☉ → ♓ 19日 11 : 38
MOON PHASE	○ 6日 00 : 58 ♌　◑ 12日 17 : 53 ♏　● 20日 19 : 49 ♓　◐ 28日 19 : 15 ♊

aspects

6日	11 : 53	☉☌☿
9日	00 : 16	☿△♃
9日	11 : 05	☿□♆
10日	20 : 39	☉△♃
11日	16 : 59	☉□♆
20日	13 : 11	♄☍♇
21日	22 : 54	♂☍♇
22日	06 : 18	♂☌♄
22日	18 : 58	♂☍♅
23日	09 : 21	☿☍♇
23日	15 : 26	☿☌♄
23日	18 : 16	☿☍♅
24日	14 : 30	☿☌♂
24日	22 : 29	♄☍♅
25日	15 : 53	☿□♃
26日	02 : 55	☿△♆
26日	22 : 52	♂□♃
27日	20 : 43	♂△♆

1966年3月

DAY	☉	☽	☊ mean	☊ true	☿	♀	♂	♃	♄	♅	♆	♇	⚳	⚴	⚵	⚶	⚷
	° ′	° ′	° ′	° ′	° ′	° ′	° ′	° ′	° ′	° ′	° ′	° ′	°	°	°	°	°
1	9 ♓ 34	12 ♊ 0	29 ♉ 32	28 R 51	26 D 39	1 D 15	23 D 3	21 D 32	18 D 36	17 R 56	22 R 10	17 R 21	15 D	10 D	26 D	29 D	21 D
2	10 ♓ 34	25 ♊ 30	29 ♉ 29	28 ♉ 51	28 ♓ 3	1 ♒ 42	23 ♓ 50	21 ♊ 35	18 ♓ 43	17 ♍ 53	22 ♏ 9	17 ♍ 20	15 ♈	10 ♓	27 ♓	29 ♊	21 ♓
3	11 ♓ 34	9 ♋ 28	29 ♉ 26	28 ♉ 48	29 ♓ 22	2 ♒ 11	24 ♓ 37	21 ♊ 38	18 ♓ 51	17 ♍ 51	22 ♏ 9	17 ♍ 18	16 ♈	10 ♓	27 ♓	29 ♊	21 ♓
4	12 ♓ 35	23 ♋ 53	29 ♉ 23	28 ♉ 43	0 ♈ 35	2 ♒ 42	25 ♓ 24	21 ♊ 41	18 ♓ 58	17 ♍ 48	22 ♏ 9	17 ♍ 17	16 ♈	11 ♓	28 ♓	29 ♊	21 ♓
5	13 ♓ 35	8 ♌ 44	29 ♉ 19	28 ♉ 35	1 ♈ 42	3 ♒ 13	26 ♓ 10	21 ♊ 44	19 ♓ 5	17 ♍ 45	22 ♏ 9	17 ♍ 15	16 ♈	11 ♓	28 ♓	29 ♊	21 ♓
6	14 ♓ 35	23 ♌ 52	29 ♉ 16	28 ♉ 25	2 ♈ 41	3 ♒ 47	26 ♓ 57	21 ♊ 48	19 ♓ 13	17 ♍ 43	22 ♏ 8	17 ♍ 13	17 ♈	11 ♓	29 ♓	29 ♊	21 ♓
7	15 ♓ 35	9 ♍ 10	29 ♉ 13	28 ♉ 15	3 ♈ 32	4 ♒ 22	27 ♓ 44	21 ♊ 51	19 ♓ 20	17 ♍ 40	22 ♏ 8	17 ♍ 12	17 ♈	12 ♓	29 ♓	29 ♊	21 ♓
8	16 ♓ 35	24 ♍ 26	29 ♉ 10	28 ♉ 4	4 ♈ 16	4 ♒ 58	28 ♓ 30	21 ♊ 55	19 ♓ 28	17 ♍ 38	22 ♏ 7	17 ♍ 10	18 ♈	12 ♓	0 ♈	0 ♋	21 ♓
9	17 ♓ 35	9 ♎ 29	29 ♉ 7	27 ♉ 55	4 ♈ 51	5 ♒ 35	29 ♓ 17	21 ♊ 59	19 ♓ 35	17 ♍ 35	22 ♏ 7	17 ♍ 9	18 ♈	12 ♓	0 ♈	0 ♋	21 ♓
10	18 ♓ 35	24 ♎ 9	29 ♉ 3	27 ♉ 49	5 ♈ 17	6 ♒ 14	0 ♈ 4	22 ♊ 3	19 ♓ 42	17 ♍ 32	22 ♏ 7	17 ♍ 7	18 ♈	13 ♓	1 ♈	0 ♋	21 ♓
11	19 ♓ 35	8 ♏ 21	29 ♉ 0	27 ♉ 45	5 ♈ 34	6 ♒ 53	0 ♈ 50	22 ♊ 8	19 ♓ 50	17 ♍ 30	22 ♏ 6	17 ♍ 5	19 ♈	13 ♓	1 ♈	0 ♋	21 ♓
12	20 ♓ 35	22 ♏ 3	28 ♉ 57	27 ♉ 43	5 ♈ 43	7 ♒ 34	1 ♈ 37	22 ♊ 12	19 ♓ 57	17 ♍ 27	22 ♏ 5	17 ♍ 4	19 ♈	13 ♓	2 ♈	0 ♋	21 ♓
13	21 ♓ 35	5 ♐ 17	28 ♉ 54	27 D 43	5 R 43	8 ♒ 16	2 ♈ 23	22 ♊ 17	20 ♓ 5	17 ♍ 24	22 ♏ 5	17 ♍ 2	19 ♈	14 ♓	2 ♈	0 ♋	22 ♓
14	22 ♓ 34	18 ♐ 5	28 ♉ 51	27 ♉ 44	5 ♈ 34	8 ♒ 59	3 ♈ 10	22 ♊ 22	20 ♓ 12	17 ♍ 22	22 ♏ 4	17 ♍ 1	20 ♈	14 ♓	3 ♈	0 ♋	22 ♓
15	23 ♓ 34	0 ♑ 33	28 ♉ 48	27 R 44	5 ♈ 17	9 ♒ 43	3 ♈ 56	22 ♊ 27	20 ♓ 19	17 ♍ 19	22 ♏ 4	16 ♍ 59	20 ♈	14 ♓	3 ♈	1 ♋	22 ♓
16	24 ♓ 34	12 ♑ 44	28 ♉ 44	27 ♉ 42	4 ♈ 52	10 ♒ 28	4 ♈ 42	22 ♊ 32	20 ♓ 27	17 ♍ 17	22 ♏ 3	16 ♍ 58	21 ♈	15 ♓	4 ♈	1 ♋	22 ♓
17	25 ♓ 34	24 ♑ 44	28 ♉ 41	27 ♉ 38	4 ♈ 20	11 ♒ 14	5 ♈ 29	22 ♊ 38	20 ♓ 34	17 ♍ 14	22 ♏ 2	16 ♍ 56	21 ♈	15 ♓	5 ♈	1 ♋	22 ♓
18	26 ♓ 33	6 ♒ 38	28 ♉ 38	27 ♉ 31	3 ♈ 42	12 ♒ 1	6 ♈ 15	22 ♊ 43	20 ♓ 41	17 ♍ 12	22 ♏ 2	16 ♍ 54	21 ♈	15 ♓	5 ♈	1 ♋	22 ♓
19	27 ♓ 33	18 ♒ 29	28 ♉ 35	27 ♉ 22	2 ♈ 58	12 ♒ 49	7 ♈ 1	22 ♊ 49	20 ♓ 49	17 ♍ 9	22 ♏ 1	16 ♍ 53	22 ♈	16 ♓	6 ♈	1 ♋	22 ♓
20	28 ♓ 33	0 ♓ 20	28 ♉ 32	27 ♉ 12	2 ♈ 10	13 ♒ 37	7 ♈ 47	22 ♊ 55	20 ♓ 56	17 ♍ 6	22 ♏ 0	16 ♍ 51	22 ♈	16 ♓	6 ♈	2 ♋	22 ♓
21	29 ♓ 32	12 ♓ 14	28 ♉ 29	27 ♉ 0	1 ♈ 19	14 ♒ 27	8 ♈ 34	23 ♊ 1	21 ♓ 4	17 ♍ 4	21 ♏ 59	16 ♍ 50	23 ♈	16 ♓	7 ♈	2 ♋	22 ♓
22	0 ♈ 32	24 ♓ 12	28 ♉ 25	26 ♉ 49	0 ♈ 26	15 ♒ 17	9 ♈ 20	23 ♊ 7	21 ♓ 11	17 ♍ 1	21 ♏ 58	16 ♍ 48	23 ♈	17 ♓	7 ♈	2 ♋	22 ♓
23	1 ♈ 32	6 ♈ 16	28 ♉ 22	26 ♉ 39	29 ♓ 31	16 ♒ 7	10 ♈ 6	23 ♊ 14	21 ♓ 18	16 ♍ 59	21 ♏ 57	16 ♍ 47	23 ♈	17 ♓	8 ♈	2 ♋	22 ♓
24	2 ♈ 31	18 ♈ 26	28 ♉ 19	26 ♉ 31	28 ♓ 37	16 ♒ 59	10 ♈ 52	23 ♊ 20	21 ♓ 26	16 ♍ 56	21 ♏ 57	16 ♍ 45	24 ♈	17 ♓	8 ♈	2 ♋	22 ♓
25	3 ♈ 31	0 ♉ 45	28 ♉ 16	26 ♉ 25	27 ♓ 45	17 ♒ 51	11 ♈ 38	23 ♊ 27	21 ♓ 33	16 ♍ 54	21 ♏ 56	16 ♍ 44	24 ♈	18 ♓	9 ♈	3 ♋	22 ♓
26	4 ♈ 30	13 ♉ 13	28 ♉ 13	26 ♉ 22	26 ♓ 54	18 ♒ 43	12 ♈ 24	23 ♊ 34	21 ♓ 40	16 ♍ 51	21 ♏ 55	16 ♍ 42	25 ♈	18 ♓	9 ♈	3 ♋	22 ♓
27	5 ♈ 30	25 ♉ 53	28 ♉ 9	26 ♉ 21	26 ♓ 7	19 ♒ 37	13 ♈ 10	23 ♊ 41	21 ♓ 47	16 ♍ 49	21 ♏ 54	16 ♍ 41	25 ♈	18 ♓	10 ♈	3 ♋	22 ♓
28	6 ♈ 29	8 ♊ 47	28 ♉ 6	26 D 21	25 ♓ 24	20 ♒ 31	13 ♈ 56	23 ♊ 48	21 ♓ 55	16 ♍ 46	21 ♏ 53	16 ♍ 39	25 ♈	19 ♓	11 ♈	3 ♋	22 ♓
29	7 ♈ 28	21 ♊ 57	28 ♉ 3	26 ♉ 22	24 ♓ 45	21 ♒ 25	14 ♈ 42	23 ♊ 55	22 ♓ 2	16 ♍ 44	21 ♏ 52	16 ♍ 38	26 ♈	19 ♓	11 ♈	4 ♋	22 ♓
30	8 ♈ 28	5 ♋ 26	28 ♉ 0	26 ♉ 23	24 ♓ 11	22 ♒ 20	15 ♈ 27	24 ♊ 2	22 ♓ 9	16 ♍ 42	21 ♏ 51	16 ♍ 36	26 ♈	19 ♓	12 ♈	4 ♋	23 ♓
31	9 ♈ 27	19 ♋ 16	27 ♉ 57	26 R 23	23 ♓ 42	23 ♒ 16	16 ♈ 13	24 ♊ 10	22 ♓ 16	16 ♍ 39	21 ♏ 50	16 ♍ 35	26 ♈	20 ♓	12 ♈	4 ♋	23 ♓

SUN INGRESS ☉ → ♈ 21日 10:53

MOON PHASE ○ 7日 10:45 ♍　◑ 14日 09:19 ♐　● 22日 13:46 ♈　◐ 30日 05:43 ♋

aspects		
8日	13:47	☉☍♇
9日	00:02	☉☍♅
11日	06:50	☉☌♄
13日	12:03	☉△♆
13日	18:35	☉□♃
16日	03:06	☿☌♂
21日	22:37	☉☌☿
27日	18:16	♄△♆
29日	11:27	♀□♆
30日	05:22	☿□♃

1966年4月

DAY	☉	☽	☊ mean	☊ true	☿	♀	♂	♃	♄	♅	♆	♇	⚳	⚴	⚵	⚶	⚷
	° ′	° ′	° ′	° ′	° ′	° ′	° ′	° ′	° ′	° ′	° ′	° ′	°	°	°	°	°
1	10 ♈ 26	3 ♌ 27	27 ♉ 54	26 R 21	23 R 19	24 D 12	16 D 59	24 D 18	22 D 24	16 R 37	21 R 48	16 R 33	27 D	20 D	13 D	4 D	23 D
2	11 ♈ 25	17 ♌ 59	27 ♉ 50	26 ♉ 17	23 ♓ 2	25 ♒ 8	17 ♈ 45	24 ♊ 25	22 ♓ 31	16 ♍ 35	21 ♏ 47	16 ♍ 32	27 ♈	20 ♓	13 ♈	5 ♋	23 ♓
3	12 ♈ 25	2 ♍ 46	27 ♉ 47	26 ♉ 11	22 ♓ 50	26 ♒ 5	18 ♈ 30	24 ♊ 33	22 ♓ 38	16 ♍ 32	21 ♏ 46	16 ♍ 30	28 ♈	21 ♓	14 ♈	5 ♋	23 ♓
4	13 ♈ 24	17 ♍ 43	27 ♉ 44	26 ♉ 4	22 ♓ 45	27 ♒ 2	19 ♈ 16	24 ♊ 41	22 ♓ 45	16 ♍ 30	21 ♏ 45	16 ♍ 29	28 ♈	21 ♓	14 ♈	5 ♋	23 ♓
5	14 ♈ 23	2 ♎ 42	27 ♉ 41	25 ♉ 58	22 D 44	28 ♒ 0	20 ♈ 1	24 ♊ 50	22 ♓ 52	16 ♍ 28	21 ♏ 44	16 ♍ 28	28 ♈	21 ♓	15 ♈	5 ♋	23 ♓
6	15 ♈ 22	17 ♎ 32	27 ♉ 38	25 ♉ 53	22 ♓ 49	28 ♒ 59	20 ♈ 47	24 ♊ 58	22 ♓ 59	16 ♍ 26	21 ♏ 43	16 ♍ 26	29 ♈	22 ♓	16 ♈	6 ♋	23 ♓
7	16 ♈ 21	2 ♏ 6	27 ♉ 34	25 ♉ 49	23 ♓ 0	29 ♒ 57	21 ♈ 32	25 ♊ 6	23 ♓ 6	16 ♍ 23	21 ♏ 41	16 ♍ 25	29 ♈	22 ♓	16 ♈	6 ♋	23 ♓
8	17 ♈ 20	16 ♏ 17	27 ♉ 31	25 ♉ 47	23 ♓ 15	0 ♓ 56	22 ♈ 18	25 ♊ 15	23 ♓ 13	16 ♍ 21	21 ♏ 40	16 ♍ 24	0 ♉	22 ♓	17 ♈	6 ♋	23 ♓
9	18 ♈ 19	0 ♐ 3	27 ♉ 28	25 D 46	23 ♓ 36	1 ♓ 56	23 ♈ 3	25 ♊ 24	23 ♓ 20	16 ♍ 19	21 ♏ 39	16 ♍ 22	0 ♉	23 ♓	17 ♈	7 ♋	23 ♓
10	19 ♈ 18	13 ♐ 23	27 ♉ 25	25 ♉ 47	24 ♓ 1	2 ♓ 56	23 ♈ 48	25 ♊ 33	23 ♓ 27	16 ♍ 17	21 ♏ 38	16 ♍ 21	0 ♉	23 ♓	18 ♈	7 ♋	23 ♓
11	20 ♈ 17	26 ♐ 17	27 ♉ 22	25 ♉ 49	24 ♓ 30	3 ♓ 56	24 ♈ 34	25 ♊ 42	23 ♓ 34	16 ♍ 15	21 ♏ 36	16 ♍ 20	1 ♉	23 ♓	18 ♈	7 ♋	23 ♓
12	21 ♈ 15	8 ♑ 50	27 ♉ 19	25 ♉ 50	25 ♓ 4	4 ♓ 57	25 ♈ 19	25 ♊ 51	23 ♓ 41	16 ♍ 13	21 ♏ 35	16 ♍ 18	1 ♉	23 ♓	19 ♈	8 ♋	23 ♓
13	22 ♈ 14	21 ♑ 5	27 ♉ 15	25 ♉ 51	25 ♓ 42	5 ♓ 58	26 ♈ 4	26 ♊ 0	23 ♓ 48	16 ♍ 11	21 ♏ 34	16 ♍ 17	2 ♉	24 ♓	19 ♈	8 ♋	23 ♓
14	23 ♈ 13	3 ♒ 8	27 ♉ 12	25 R 51	26 ♓ 23	6 ♓ 59	26 ♈ 49	26 ♊ 9	23 ♓ 54	16 ♍ 9	21 ♏ 32	16 ♍ 16	2 ♉	24 ♓	20 ♈	8 ♋	23 ♓
15	24 ♈ 12	15 ♒ 3	27 ♉ 9	25 ♉ 49	27 ♓ 8	8 ♓ 0	27 ♈ 34	26 ♊ 19	24 ♓ 1	16 ♍ 7	21 ♏ 31	16 ♍ 15	2 ♉	24 ♓	21 ♈	8 ♋	23 ♓
16	25 ♈ 11	26 ♒ 55	27 ♉ 6	25 ♉ 45	27 ♓ 57	9 ♓ 2	28 ♈ 19	26 ♊ 28	24 ♓ 8	16 ♍ 5	21 ♏ 29	16 ♍ 14	3 ♉	25 ♓	21 ♈	9 ♋	23 ♓
17	26 ♈ 9	8 ♓ 47	27 ♉ 3	25 ♉ 41	28 ♓ 49	10 ♓ 4	29 ♈ 4	26 ♊ 38	24 ♓ 14	16 ♍ 4	21 ♏ 28	16 ♍ 13	3 ♉	25 ♓	22 ♈	9 ♋	24 ♓
18	27 ♈ 8	20 ♓ 44	27 ♉ 0	25 ♉ 36	29 ♓ 44	11 ♓ 7	29 ♈ 49	26 ♊ 48	24 ♓ 21	16 ♍ 2	21 ♏ 27	16 ♍ 11	4 ♉	25 ♓	22 ♈	9 ♋	24 ♓
19	28 ♈ 7	2 ♈ 47	26 ♉ 56	25 ♉ 31	0 ♈ 42	12 ♓ 9	0 ♉ 34	26 ♊ 57	24 ♓ 28	16 ♍ 0	21 ♏ 25	16 ♍ 10	4 ♉	26 ♓	23 ♈	10 ♋	24 ♓
20	29 ♈ 5	15 ♈ 0	26 ♉ 53	25 ♉ 27	1 ♈ 43	13 ♓ 12	1 ♉ 19	27 ♊ 7	24 ♓ 34	15 ♍ 58	21 ♏ 24	16 ♍ 9	5 ♉	26 ♓	23 ♈	10 ♋	24 ♓
21	0 ♉ 4	27 ♈ 23	26 ♉ 50	25 ♉ 23	2 ♈ 47	14 ♓ 16	2 ♉ 4	27 ♊ 17	24 ♓ 41	15 ♍ 57	21 ♏ 22	16 ♍ 8	5 ♉	26 ♓	24 ♈	10 ♋	24 ♓
22	1 ♉ 2	9 ♉ 58	26 ♉ 47	25 ♉ 21	3 ♈ 53	15 ♓ 19	2 ♉ 48	27 ♊ 28	24 ♓ 47	15 ♍ 55	21 ♏ 21	16 ♍ 7	5 ♉	27 ♓	25 ♈	11 ♋	24 ♓
23	2 ♉ 1	22 ♉ 44	26 ♉ 44	25 ♉ 20	5 ♈ 2	16 ♓ 23	3 ♉ 33	27 ♊ 38	24 ♓ 54	15 ♍ 54	21 ♏ 19	16 ♍ 6	6 ♉	27 ♓	25 ♈	11 ♋	24 ♓
24	3 ♉ 0	5 ♊ 44	26 ♉ 40	25 D 21	6 ♈ 13	17 ♓ 27	4 ♉ 18	27 ♊ 48	25 ♓ 0	15 ♍ 52	21 ♏ 18	16 ♍ 5	6 ♉	27 ♓	26 ♈	11 ♋	24 ♓
25	3 ♉ 58	18 ♊ 56	26 ♉ 37	25 ♉ 22	7 ♈ 27	18 ♓ 31	5 ♉ 2	27 ♊ 59	25 ♓ 6	15 ♍ 50	21 ♏ 16	16 ♍ 4	7 ♉	28 ♓	26 ♈	11 ♋	24 ♓
26	4 ♉ 56	2 ♋ 22	26 ♉ 34	25 ♉ 23	8 ♈ 43	19 ♓ 35	5 ♉ 47	28 ♊ 9	25 ♓ 13	15 ♍ 49	21 ♏ 15	16 ♍ 3	7 ♉	28 ♓	27 ♈	12 ♋	24 ♓
27	5 ♉ 55	16 ♋ 1	26 ♉ 31	25 ♉ 24	10 ♈ 1	20 ♓ 39	6 ♉ 31	28 ♊ 20	25 ♓ 19	15 ♍ 48	21 ♏ 13	16 ♍ 2	7 ♉	28 ♓	27 ♈	12 ♋	24 ♓
28	6 ♉ 53	29 ♋ 54	26 ♉ 28	25 ♉ 25	11 ♈ 21	21 ♓ 44	7 ♉ 16	28 ♊ 31	25 ♓ 25	15 ♍ 46	21 ♏ 11	16 ♍ 1	8 ♉	29 ♓	28 ♈	13 ♋	24 ♓
29	7 ♉ 52	14 ♌ 0	26 ♉ 25	25 R 25	12 ♈ 43	22 ♓ 49	8 ♉ 0	28 ♊ 41	25 ♓ 31	15 ♍ 45	21 ♏ 10	16 ♍ 1	8 ♉	29 ♓	29 ♈	13 ♋	24 ♓
30	8 ♉ 50	28 ♌ 18	26 ♉ 21	25 ♉ 25	14 ♈ 8	23 ♓ 54	8 ♉ 44	28 ♊ 52	25 ♓ 37	15 ♍ 44	21 ♏ 8	16 ♍ 0	9 ♉	29 ♓	29 ♈	13 ♋	24 ♓

SUN INGRESS ☉ → ♉ 20日 22:11

MOON PHASE ○ 5日 20:13 ♎　◑ 13日 02:28 ♑　● 21日 05:35 ♉　◐ 28日 12:49 ♌

aspects		
1日	02:59	♀△♃
3日	23:16	♀☌♄
5日	05:31	♅☌♇
7日	18:55	☿☌♄
12日	21:16	♂⚹♃
13日	13:59	☿□♃
17日	13:57	☉⚹♃
22日	13:16	♀☍♅
22日	17:50	♀☍♇
27日	12:08	♀△♆
29日	14:28	☉☌♂

1966年5月

DAY	☉	☽	☊ mean	☊ true	☿	♀	♂	♃	♄	♅	♆	♇	⚳	⚴	⚵	⚶	⚷
	° ′	° ′	° ′	° ′	° ′	° ′	° ′	° ′	° ′	° ′	° ′	° ′	°	°	°	°	°
1	9 ♉ 48	12 ♍ 44	26 ♉ 18	25 R 23	15 D 34	24 D 59	9 D 29	29 D 3	25 D 43	15 R 43	21 R 7	15 R 59	9 D	29 D	0 D	14 D	24 D
2	10 ♉ 46	27 ♍ 15	26 ♉ 15	25 ♉ 21	17 ♈ 3	26 ♓ 5	10 ♉ 13	29 ♊ 14	25 ♓ 49	15 ♍ 41	21 ♏ 5	15 ♍ 58	9 ♉	0 ♈	0 ♉	14 ♋	24 ♓
3	11 ♉ 45	11 ♎ 46	26 ♉ 12	25 ♉ 20	18 ♈ 33	27 ♓ 10	10 ♉ 57	29 ♊ 26	25 ♓ 55	15 ♍ 40	21 ♏ 3	15 ♍ 57	10 ♉	0 ♈	1 ♉	14 ♋	24 ♓
4	12 ♉ 43	26 ♎ 11	26 ♉ 9	25 ♉ 18	20 ♈ 5	28 ♓ 16	11 ♉ 41	29 ♊ 37	26 ♓ 1	15 ♍ 39	21 ♏ 2	15 ♍ 57	10 ♉	0 ♈	1 ♉	15 ♋	24 ♓
5	13 ♉ 41	10 ♏ 24	26 ♉ 6	25 ♉ 17	21 ♈ 40	29 ♓ 22	12 ♉ 25	29 ♊ 48	26 ♓ 7	15 ♍ 38	21 ♏ 0	15 ♍ 56	11 ♉	1 ♈	2 ♉	15 ♋	24 ♓
6	14 ♉ 39	24 ♏ 21	26 ♉ 2	25 ♉ 17	23 ♈ 16	0 ♈ 28	13 ♉ 9	0 ♋ 0	26 ♓ 13	15 ♍ 37	20 ♏ 59	15 ♍ 55	11 ♉	1 ♈	3 ♉	15 ♋	24 ♓
7	15 ♉ 37	7 ♐ 58	25 ♉ 59	25 D 17	24 ♈ 54	1 ♈ 35	13 ♉ 53	0 ♋ 11	26 ♓ 18	15 ♍ 36	20 ♏ 57	15 ♍ 55	11 ♉	1 ♈	3 ♉	16 ♋	25 ♓
8	16 ♉ 35	21 ♐ 14	25 ♉ 56	25 ♉ 18	26 ♈ 34	2 ♈ 41	14 ♉ 37	0 ♋ 23	26 ♓ 24	15 ♍ 35	20 ♏ 55	15 ♍ 54	12 ♉	2 ♈	4 ♉	16 ♋	25 ♓
9	17 ♉ 33	4 ♑ 9	25 ♉ 53	25 ♉ 18	28 ♈ 16	3 ♈ 48	15 ♉ 21	0 ♋ 34	26 ♓ 30	15 ♍ 35	20 ♏ 54	15 ♍ 53	12 ♉	2 ♈	4 ♉	16 ♋	25 ♓
10	18 ♉ 31	16 ♑ 44	25 ♉ 50	25 ♉ 19	0 ♉ 0	4 ♈ 54	16 ♉ 5	0 ♋ 46	26 ♓ 35	15 ♍ 34	20 ♏ 52	15 ♍ 53	13 ♉	2 ♈	5 ♉	17 ♋	25 ♓
11	19 ♉ 29	29 ♑ 3	25 ♉ 46	25 ♉ 20	1 ♉ 46	6 ♈ 1	16 ♉ 48	0 ♋ 58	26 ♓ 41	15 ♍ 33	20 ♏ 51	15 ♍ 52	13 ♉	3 ♈	5 ♉	17 ♋	25 ♓
12	20 ♉ 27	11 ♒ 9	25 ♉ 43	25 ♉ 20	3 ♉ 34	7 ♈ 8	17 ♉ 32	1 ♋ 9	26 ♓ 46	15 ♍ 32	20 ♏ 49	15 ♍ 52	13 ♉	3 ♈	6 ♉	18 ♋	25 ♓
13	21 ♉ 25	23 ♒ 6	25 ♉ 40	25 R 20	5 ♉ 24	8 ♈ 15	18 ♉ 16	1 ♋ 21	26 ♓ 51	15 ♍ 32	20 ♏ 47	15 ♍ 51	14 ♉	3 ♈	7 ♉	18 ♋	25 ♓
14	22 ♉ 23	4 ♓ 59	25 ♉ 37	25 ♉ 20	7 ♉ 16	9 ♈ 22	18 ♉ 59	1 ♋ 33	26 ♓ 57	15 ♍ 31	20 ♏ 46	15 ♍ 51	14 ♉	3 ♈	7 ♉	18 ♋	25 ♓
15	23 ♉ 21	16 ♓ 53	25 ♉ 34	25 ♉ 20	9 ♉ 9	10 ♈ 30	19 ♉ 43	1 ♋ 45	27 ♓ 2	15 ♍ 31	20 ♏ 44	15 ♍ 50	15 ♉	4 ♈	8 ♉	19 ♋	25 ♓
16	24 ♉ 19	28 ♓ 52	25 ♉ 31	25 ♉ 20	11 ♉ 5	11 ♈ 37	20 ♉ 26	1 ♋ 57	27 ♓ 7	15 ♍ 30	20 ♏ 42	15 ♍ 50	15 ♉	4 ♈	8 ♉	19 ♋	25 ♓
17	25 ♉ 16	10 ♈ 59	25 ♉ 27	25 ♉ 20	13 ♉ 3	12 ♈ 45	21 ♉ 10	2 ♋ 10	27 ♓ 12	15 ♍ 30	20 ♏ 41	15 ♍ 50	15 ♉	4 ♈	9 ♉	19 ♋	25 ♓
18	26 ♉ 14	23 ♈ 19	25 ♉ 24	25 D 20	15 ♉ 2	13 ♈ 53	21 ♉ 53	2 ♋ 22	27 ♓ 17	15 ♍ 30	20 ♏ 39	15 ♍ 49	16 ♉	5 ♈	9 ♉	20 ♋	25 ♓
19	27 ♉ 12	5 ♉ 53	25 ♉ 21	25 ♉ 20	17 ♉ 3	15 ♈ 1	22 ♉ 36	2 ♋ 34	27 ♓ 22	15 ♍ 29	20 ♏ 38	15 ♍ 49	16 ♉	5 ♈	10 ♉	20 ♋	25 ♓
20	28 ♉ 10	18 ♉ 43	25 ♉ 18	25 ♉ 20	19 ♉ 6	16 ♈ 8	23 ♉ 20	2 ♋ 46	27 ♓ 27	15 ♍ 29	20 ♏ 36	15 ♍ 49	17 ♉	5 ♈	11 ♉	21 ♋	25 ♓
21	29 ♉ 8	1 ♊ 50	25 ♉ 15	25 R 20	21 ♉ 11	17 ♈ 16	24 ♉ 3	2 ♋ 59	27 ♓ 31	15 ♍ 29	20 ♏ 34	15 ♍ 49	17 ♉	5 ♈	11 ♉	21 ♋	25 ♓
22	0 ♊ 5	15 ♊ 13	25 ♉ 12	25 ♉ 20	23 ♉ 17	18 ♈ 25	24 ♉ 46	3 ♋ 11	27 ♓ 36	15 ♍ 29	20 ♏ 33	15 ♍ 48	17 ♉	6 ♈	12 ♉	21 ♋	25 ♓
23	1 ♊ 3	28 ♊ 51	25 ♉ 8	25 ♉ 19	25 ♉ 25	19 ♈ 33	25 ♉ 29	3 ♋ 24	27 ♓ 41	15 ♍ 29	20 ♏ 31	15 ♍ 48	18 ♉	6 ♈	12 ♉	22 ♋	25 ♓
24	2 ♊ 1	12 ♋ 41	25 ♉ 5	25 ♉ 19	27 ♉ 33	20 ♈ 41	26 ♉ 12	3 ♋ 36	27 ♓ 45	15 ♍ 29	20 ♏ 29	15 ♍ 48	18 ♉	6 ♈	13 ♉	22 ♋	25 ♓
25	2 ♊ 59	26 ♋ 42	25 ♉ 2	25 ♉ 18	29 ♉ 43	21 ♈ 50	26 ♉ 55	3 ♋ 49	27 ♓ 50	15 D 29	20 ♏ 28	15 ♍ 48	19 ♉	7 ♈	13 ♉	23 ♋	25 ♓
26	3 ♊ 56	10 ♌ 50	24 ♉ 59	25 ♉ 17	1 ♊ 54	22 ♈ 58	27 ♉ 38	4 ♋ 1	27 ♓ 54	15 ♍ 29	20 ♏ 26	15 ♍ 48	19 ♉	7 ♈	14 ♉	23 ♋	25 ♓
27	4 ♊ 54	25 ♌ 2	24 ♉ 56	25 ♉ 16	4 ♊ 6	24 ♈ 7	28 ♉ 21	4 ♋ 14	27 ♓ 58	15 ♍ 29	20 ♏ 25	15 ♍ 48	19 ♉	7 ♈	15 ♉	23 ♋	25 ♓
28	5 ♊ 51	9 ♍ 16	24 ♉ 52	25 D 16	6 ♊ 17	25 ♈ 15	29 ♉ 4	4 ♋ 27	28 ♓ 3	15 ♍ 29	20 ♏ 23	15 D 48	20 ♉	7 ♈	15 ♉	24 ♋	25 ♓
29	6 ♊ 49	23 ♍ 29	24 ♉ 49	25 ♉ 17	8 ♊ 29	26 ♈ 24	29 ♉ 47	4 ♋ 40	28 ♓ 7	15 ♍ 29	20 ♏ 22	15 ♍ 48	20 ♉	8 ♈	16 ♉	24 ♋	25 ♓
30	7 ♊ 47	7 ♎ 40	24 ♉ 46	25 ♉ 17	10 ♊ 41	27 ♈ 33	0 ♊ 30	4 ♋ 52	28 ♓ 11	15 ♍ 29	20 ♏ 20	15 ♍ 48	21 ♉	8 ♈	16 ♉	25 ♋	25 ♓
31	8 ♊ 44	21 ♎ 44	24 ♉ 43	25 ♉ 19	12 ♊ 52	28 ♈ 42	1 ♊ 12	5 ♋ 5	28 ♓ 15	15 ♍ 30	20 ♏ 19	15 ♍ 48	21 ♉	8 ♈	17 ♉	25 ♋	25 ♓

SUN INGRESS	☉ → ♊ 21日 21:32
MOON PHASE	○ 5日 06:00 ♏ ◑ 12日 20:19 ♒ ● 20日 18:42 ♉ ◐ 27日 17:50 ♍

aspects

1日	17:46	♀☌♄
5日	11:24	♀□♃
6日	23:42	☉△♅
7日	07:11	☉△♇
9日	07:26	♂△♅
9日	17:39	♂△♇
10日	11:39	☿⚹♃
12日	08:49	☉☍♆
16日	08:36	♂☍♆
18日	05:27	☿△♅
18日	09:24	☿△♇
19日	04:23	☉⚹♄
20日	17:05	☿☍♆
23日	01:19	☿☌♂
24日	02:17	☿⚹♄
26日	09:53	♂⚹♄
27日	15:37	☉☌☿

1966年6月

DAY	☉	☽	☊ mean	☊ true	☿	♀	♂	♃	♄	♅	♆	♇	⚳	⚴	⚵	⚶	⚷
	° ′	° ′	° ′	° ′	° ′	° ′	° ′	° ′	° ′	° ′	° ′	° ′	°	°	°	°	°
1	9 ♊ 42	5 ♏ 41	24 ♉ 40	25 D 19	15 D 3	29 D 51	1 D 55	5 D 18	28 D 19	15 D 30	20 R 17	15 D 48	22 D	8 D	18 D	25 D	25 D
2	10 ♊ 39	19 ♏ 27	24 ♉ 37	25 ♉ 20	17 ♊ 13	1 ♉ 0	2 ♊ 37	5 ♋ 31	28 ♓ 23	15 ♍ 31	20 ♏ 16	15 ♍ 48	22 ♉	9 ♈	18 ♉	26 ♋	25 ♓
3	11 ♊ 37	3 ♐ 0	24 ♉ 33	25 R 20	19 ♊ 21	2 ♉ 9	3 ♊ 20	5 ♋ 44	28 ♓ 26	15 ♍ 31	20 ♏ 14	15 ♍ 49	22 ♉	9 ♈	19 ♉	26 ♋	25 ♓
4	12 ♊ 34	16 ♐ 19	24 ♉ 30	25 ♉ 19	21 ♊ 28	3 ♉ 18	4 ♊ 2	5 ♋ 57	28 ♓ 30	15 ♍ 32	20 ♏ 13	15 ♍ 49	23 ♉	9 ♈	19 ♉	27 ♋	25 ♓
5	13 ♊ 31	29 ♐ 22	24 ♉ 27	25 ♉ 17	23 ♊ 34	4 ♉ 28	4 ♊ 45	6 ♋ 10	28 ♓ 34	15 ♍ 32	20 ♏ 11	15 ♍ 49	23 ♉	9 ♈	20 ♉	27 ♋	25 ♓
6	14 ♊ 29	12 ♑ 9	24 ♉ 24	25 ♉ 15	25 ♊ 38	5 ♉ 37	5 ♊ 27	6 ♋ 23	28 ♓ 37	15 ♍ 33	20 ♏ 10	15 ♍ 49	24 ♉	10 ♈	20 ♉	27 ♋	25 ♓
7	15 ♊ 26	24 ♑ 40	24 ♉ 21	25 ♉ 12	27 ♊ 39	6 ♉ 46	6 ♊ 10	6 ♋ 36	28 ♓ 41	15 ♍ 34	20 ♏ 8	15 ♍ 50	24 ♉	10 ♈	21 ♉	28 ♋	26 ♓
8	16 ♊ 24	6 ♒ 57	24 ♉ 18	25 ♉ 9	29 ♊ 39	7 ♉ 56	6 ♊ 52	6 ♋ 49	28 ♓ 44	15 ♍ 34	20 ♏ 7	15 ♍ 50	24 ♉	10 ♈	22 ♉	28 ♋	26 ♓
9	17 ♊ 21	19 ♒ 3	24 ♉ 14	25 ♉ 6	1 ♋ 36	9 ♉ 6	7 ♊ 34	7 ♋ 3	28 ♓ 47	15 ♍ 35	20 ♏ 5	15 ♍ 50	25 ♉	10 ♈	22 ♉	29 ♋	26 ♓
10	18 ♊ 18	1 ♓ 1	24 ♉ 11	25 ♉ 4	3 ♋ 31	10 ♉ 15	8 ♊ 16	7 ♋ 16	28 ♓ 50	15 ♍ 36	20 ♏ 4	15 ♍ 51	25 ♉	11 ♈	23 ♉	29 ♋	26 ♓
11	19 ♊ 16	12 ♓ 54	24 ♉ 8	25 ♉ 3	5 ♋ 24	11 ♉ 25	8 ♊ 58	7 ♋ 29	28 ♓ 53	15 ♍ 37	20 ♏ 3	15 ♍ 51	26 ♉	11 ♈	23 ♉	29 ♋	26 ♓
12	20 ♊ 13	24 ♓ 48	24 ♉ 5	25 D 3	7 ♋ 15	12 ♉ 35	9 ♊ 40	7 ♋ 42	28 ♓ 56	15 ♍ 38	20 ♏ 1	15 ♍ 52	26 ♉	11 ♈	24 ♉	0 ♌	26 ♓
13	21 ♊ 10	6 ♈ 47	24 ♉ 2	25 ♉ 4	9 ♋ 3	13 ♉ 45	10 ♊ 23	7 ♋ 56	28 ♓ 59	15 ♍ 39	20 ♏ 0	15 ♍ 52	26 ♉	11 ♈	24 ♉	0 ♌	26 ♓
14	22 ♊ 8	18 ♈ 55	23 ♉ 58	25 ♉ 5	10 ♋ 48	14 ♉ 55	11 ♊ 4	8 ♋ 9	29 ♓ 2	15 ♍ 40	19 ♏ 59	15 ♍ 53	27 ♉	12 ♈	25 ♉	1 ♌	26 ♓
15	23 ♊ 5	1 ♉ 18	23 ♉ 55	25 ♉ 7	12 ♋ 31	16 ♉ 5	11 ♊ 46	8 ♋ 22	29 ♓ 5	15 ♍ 41	19 ♏ 57	15 ♍ 53	27 ♉	12 ♈	26 ♉	1 ♌	26 ♓
16	24 ♊ 2	13 ♉ 58	23 ♉ 52	25 ♉ 8	14 ♋ 12	17 ♉ 15	12 ♊ 28	8 ♋ 36	29 ♓ 7	15 ♍ 42	19 ♏ 56	15 ♍ 54	27 ♉	12 ♈	26 ♉	2 ♌	26 ♓
17	25 ♊ 0	27 ♉ 0	23 ♉ 49	25 R 8	15 ♋ 50	18 ♉ 25	13 ♊ 10	8 ♋ 49	29 ♓ 10	15 ♍ 44	19 ♏ 55	15 ♍ 54	28 ♉	12 ♈	27 ♉	2 ♌	26 ♓
18	25 ♊ 57	10 ♊ 23	23 ♉ 46	25 ♉ 8	17 ♋ 25	19 ♉ 35	13 ♊ 52	9 ♋ 2	29 ♓ 12	15 ♍ 45	19 ♏ 53	15 ♍ 55	28 ♉	13 ♈	27 ♉	2 ♌	26 ♓
19	26 ♊ 54	24 ♊ 7	23 ♉ 43	25 ♉ 5	18 ♋ 58	20 ♉ 45	14 ♊ 34	9 ♋ 16	29 ♓ 14	15 ♍ 46	19 ♏ 52	15 ♍ 56	29 ♉	13 ♈	28 ♉	3 ♌	26 ♓
20	27 ♊ 52	8 ♋ 11	23 ♉ 39	25 ♉ 1	20 ♋ 29	21 ♉ 56	15 ♊ 15	9 ♋ 29	29 ♓ 17	15 ♍ 48	19 ♏ 51	15 ♍ 56	29 ♉	13 ♈	29 ♉	3 ♌	26 ♓
21	28 ♊ 49	22 ♋ 29	23 ♉ 36	24 ♉ 57	21 ♋ 57	23 ♉ 6	15 ♊ 57	9 ♋ 43	29 ♓ 19	15 ♍ 49	19 ♏ 50	15 ♍ 57	29 ♉	13 ♈	29 ♉	4 ♌	26 ♓
22	29 ♊ 46	6 ♌ 57	23 ♉ 33	24 ♉ 52	23 ♋ 22	24 ♉ 16	16 ♊ 39	9 ♋ 56	29 ♓ 21	15 ♍ 51	19 ♏ 49	15 ♍ 58	0 ♊	14 ♈	0 ♊	4 ♌	26 ♓
23	0 ♋ 44	21 ♌ 28	23 ♉ 30	24 ♉ 47	24 ♋ 45	25 ♉ 27	17 ♊ 20	10 ♋ 10	29 ♓ 23	15 ♍ 52	19 ♏ 47	15 ♍ 59	0 ♊	14 ♈	0 ♊	5 ♌	26 ♓
24	1 ♋ 41	5 ♍ 56	23 ♉ 27	24 ♉ 43	26 ♋ 4	26 ♉ 37	18 ♊ 1	10 ♋ 23	29 ♓ 25	15 ♍ 54	19 ♏ 46	15 ♍ 59	1 ♊	14 ♈	1 ♊	5 ♌	26 ♓
25	2 ♋ 38	20 ♍ 17	23 ♉ 24	24 ♉ 41	27 ♋ 22	27 ♉ 48	18 ♊ 43	10 ♋ 37	29 ♓ 26	15 ♍ 55	19 ♏ 45	16 ♍ 0	1 ♊	14 ♈	1 ♊	5 ♌	26 ♓
26	3 ♋ 35	4 ♎ 29	23 ♉ 20	24 D 41	28 ♋ 36	28 ♉ 59	19 ♊ 24	10 ♋ 50	29 ♓ 28	15 ♍ 57	19 ♏ 44	16 ♍ 1	1 ♊	14 ♈	2 ♊	6 ♌	26 ♓
27	4 ♋ 32	18 ♎ 28	23 ♉ 17	24 ♉ 41	29 ♋ 48	0 ♊ 9	20 ♊ 6	11 ♋ 4	29 ♓ 30	15 ♍ 59	19 ♏ 43	16 ♍ 2	2 ♊	15 ♈	3 ♊	6 ♌	26 ♓
28	5 ♋ 30	2 ♏ 14	23 ♉ 14	24 ♉ 42	0 ♌ 56	1 ♊ 20	20 ♊ 47	11 ♋ 17	29 ♓ 31	16 ♍ 1	19 ♏ 42	16 ♍ 3	2 ♊	15 ♈	3 ♊	7 ♌	26 ♓
29	6 ♋ 27	15 ♏ 48	23 ♉ 11	24 ♉ 44	2 ♌ 2	2 ♊ 31	21 ♊ 28	11 ♋ 31	29 ♓ 32	16 ♍ 2	19 ♏ 41	16 ♍ 4	3 ♊	15 ♈	4 ♊	7 ♌	26 ♓
30	7 ♋ 24	29 ♏ 9	23 ♉ 8	24 R 44	3 ♌ 5	3 ♊ 42	22 ♊ 9	11 ♋ 44	29 ♓ 34	16 ♍ 4	19 ♏ 40	16 ♍ 5	3 ♊	15 ♈	4 ♊	8 ♌	26 R

SUN INGRESS	☉ → ♋ 22日 05:33
MOON PHASE	○ 3日 16:40 ♐ ◑ 11日 13:58 ♓ ● 19日 05:09 ♊ ◐ 25日 22:22 ♎

aspects

1日	05:00	☿□♅
1日	08:19	☿□♇
6日	19:38	♀⚹♃
7日	03:09	☉□♅
7日	09:48	☉□♇
7日	12:35	☿□♄
12日	06:55	☿☌♃
14日	15:49	♀△♅
14日	19:58	♀△♇
16日	22:25	☿⚹♅
17日	01:04	☿⚹♇
18日	06:08	♀☍♆
19日	13:58	☿△♆
20日	19:20	♂□♅
21日	00:02	♂□♇
21日	12:59	☉□♄
26日	10:12	♀⚹♄
26日	17:43	☿△♄
30日	18:58	♅☌♇

1966年7月

DAY	☉	☽	☊ mean	☊ true	☿	♀	♂	♃	♄	♅	♆	♇	⚳	⚴	⚵	⚶	⚷
	° ′	° ′	° ′	° ′	° ′	° ′	° ′	° ′	° ′	° ′	° ′	° ′	°	°	°	°	°
1	8 ♋ 21	12 ♐ 18	23 ♉ 4	24 R 42	4 D 4	4 D 53	22 D 50	11 D 58	29 D 35	16 D 6	19 R 39	16 D 6	3 D	15 D	5 D	8 D	26 R
2	9 ♋ 18	25 ♐ 16	23 ♉ 1	24 ♉ 39	5 ♌ 0	6 ♊ 3	23 ♊ 31	12 ♋ 11	29 ♓ 36	16 ♍ 8	19 ♏ 38	16 ♍ 7	4 ♊	16 ♈	5 ♊	9 ♌	26 ♓
3	10 ♋ 16	8 ♑ 1	22 ♉ 58	24 ♉ 34	5 ♌ 53	7 ♊ 14	24 ♊ 12	12 ♋ 25	29 ♓ 37	16 ♍ 10	19 ♏ 37	16 ♍ 8	4 ♊	16 ♈	6 ♊	9 ♌	26 ♓
4	11 ♋ 13	20 ♑ 35	22 ♉ 55	24 ♉ 26	6 ♌ 43	8 ♊ 25	24 ♊ 53	12 ♋ 38	29 ♓ 38	16 ♍ 12	19 ♏ 36	16 ♍ 9	5 ♊	16 ♈	7 ♊	9 ♌	26 ♓
5	12 ♋ 10	2 ♒ 57	22 ♉ 52	24 ♉ 18	7 ♌ 29	9 ♊ 37	25 ♊ 34	12 ♋ 52	29 ♓ 38	16 ♍ 14	19 ♏ 36	16 ♍ 10	5 ♊	16 ♈	7 ♊	10 ♌	26 ♓
6	13 ♋ 7	15 ♒ 8	22 ♉ 49	24 ♉ 9	8 ♌ 11	10 ♊ 48	26 ♊ 15	13 ♋ 6	29 ♓ 39	16 ♍ 16	19 ♏ 35	16 ♍ 11	5 ♊	16 ♈	8 ♊	10 ♌	26 ♓
7	14 ♋ 4	27 ♒ 10	22 ♉ 45	24 ♉ 1	8 ♌ 50	11 ♊ 59	26 ♊ 56	13 ♋ 19	29 ♓ 40	16 ♍ 19	19 ♏ 34	16 ♍ 13	6 ♊	16 ♈	8 ♊	11 ♌	26 ♓
8	15 ♋ 2	9 ♓ 6	22 ♉ 42	23 ♉ 54	9 ♌ 24	13 ♊ 10	27 ♊ 37	13 ♋ 33	29 ♓ 40	16 ♍ 21	19 ♏ 33	16 ♍ 14	6 ♊	17 ♈	9 ♊	11 ♌	26 ♓
9	15 ♋ 59	20 ♓ 58	22 ♉ 39	23 ♉ 49	9 ♌ 55	14 ♊ 21	28 ♊ 17	13 ♋ 46	29 ♓ 40	16 ♍ 23	19 ♏ 33	16 ♍ 15	6 ♊	17 ♈	9 ♊	12 ♌	26 ♓
10	16 ♋ 56	2 ♈ 50	22 ♉ 36	23 ♉ 46	10 ♌ 21	15 ♊ 33	28 ♊ 58	14 ♋ 0	29 ♓ 41	16 ♍ 25	19 ♏ 32	16 ♍ 16	7 ♊	17 ♈	10 ♊	12 ♌	26 ♓
11	17 ♋ 53	14 ♈ 47	22 ♉ 33	23 ♉ 44	10 ♌ 43	16 ♊ 44	29 ♊ 39	14 ♋ 13	29 ♓ 41	16 ♍ 28	19 ♏ 31	16 ♍ 18	7 ♊	17 ♈	11 ♊	13 ♌	26 ♓
12	18 ♋ 50	26 ♈ 54	22 ♉ 30	23 D 45	11 ♌ 0	17 ♊ 56	0 ♋ 19	14 ♋ 27	29 R 41	16 ♍ 30	19 ♏ 30	16 ♍ 19	8 ♊	17 ♈	11 ♊	13 ♌	26 ♓
13	19 ♋ 48	9 ♉ 16	22 ♉ 26	23 ♉ 45	11 ♌ 13	19 ♊ 7	1 ♋ 0	14 ♋ 40	29 ♓ 41	16 ♍ 32	19 ♏ 30	16 ♍ 20	8 ♊	17 ♈	12 ♊	13 ♌	26 ♓
14	20 ♋ 45	21 ♉ 57	22 ♉ 23	23 ♉ 46	11 ♌ 21	20 ♊ 19	1 ♋ 40	14 ♋ 54	29 ♓ 41	16 ♍ 35	19 ♏ 29	16 ♍ 22	8 ♊	18 ♈	12 ♊	14 ♌	26 ♓
15	21 ♋ 42	5 ♊ 1	22 ♉ 20	23 R 46	11 ♌ 25	21 ♊ 30	2 ♋ 21	15 ♋ 7	29 ♓ 40	16 ♍ 37	19 ♏ 29	16 ♍ 23	9 ♊	18 ♈	13 ♊	14 ♌	26 ♓
16	22 ♋ 39	18 ♊ 32	22 ♉ 17	23 ♉ 43	11 R 23	22 ♊ 42	3 ♋ 1	15 ♋ 21	29 ♓ 40	16 ♍ 40	19 ♏ 28	16 ♍ 24	9 ♊	18 ♈	13 ♊	15 ♌	26 ♓
17	23 ♋ 37	2 ♋ 30	22 ♉ 14	23 ♉ 38	11 ♌ 17	23 ♊ 54	3 ♋ 42	15 ♋ 34	29 ♓ 39	16 ♍ 43	19 ♏ 28	16 ♍ 26	9 ♊	18 ♈	14 ♊	15 ♌	26 ♓
18	24 ♋ 34	16 ♋ 52	22 ♉ 10	23 ♉ 31	11 ♌ 6	25 ♊ 5	4 ♋ 22	15 ♋ 48	29 ♓ 39	16 ♍ 45	19 ♏ 27	16 ♍ 27	10 ♊	18 ♈	15 ♊	16 ♌	26 ♓
19	25 ♋ 31	1 ♌ 34	22 ♉ 7	23 ♉ 23	10 ♌ 50	26 ♊ 17	5 ♋ 2	16 ♋ 1	29 ♓ 38	16 ♍ 48	19 ♏ 27	16 ♍ 29	10 ♊	18 ♈	15 ♊	16 ♌	26 ♓
20	26 ♋ 28	16 ♌ 27	22 ♉ 4	23 ♉ 13	10 ♌ 30	27 ♊ 29	5 ♋ 42	16 ♋ 15	29 ♓ 37	16 ♍ 51	19 ♏ 26	16 ♍ 30	11 ♊	18 ♈	16 ♊	17 ♌	26 ♓
21	27 ♋ 26	1 ♍ 22	22 ♉ 1	23 ♉ 4	10 ♌ 6	28 ♊ 41	6 ♋ 23	16 ♋ 28	29 ♓ 37	16 ♍ 53	19 ♏ 26	16 ♍ 32	11 ♊	19 ♈	16 ♊	17 ♌	26 ♓
22	28 ♋ 23	16 ♍ 12	21 ♉ 58	22 ♉ 57	9 ♌ 37	29 ♊ 53	7 ♋ 3	16 ♋ 42	29 ♓ 36	16 ♍ 56	19 ♏ 26	16 ♍ 33	11 ♊	19 ♈	17 ♊	18 ♌	26 ♓
23	29 ♋ 20	0 ♎ 49	21 ♉ 55	22 ♉ 52	9 ♌ 4	1 ♋ 5	7 ♋ 43	16 ♋ 55	29 ♓ 35	16 ♍ 59	19 ♏ 25	16 ♍ 35	12 ♊	19 ♈	17 ♊	18 ♌	25 ♓
24	0 ♌ 18	15 ♎ 8	21 ♉ 51	22 ♉ 49	8 ♌ 28	2 ♋ 17	8 ♋ 23	17 ♋ 8	29 ♓ 33	17 ♍ 2	19 ♏ 25	16 ♍ 37	12 ♊	19 ♈	18 ♊	18 ♌	25 ♓
25	1 ♌ 15	29 ♎ 7	21 ♉ 48	22 ♉ 48	7 ♌ 49	3 ♋ 29	9 ♋ 3	17 ♋ 22	29 ♓ 32	17 ♍ 5	19 ♏ 25	16 ♍ 38	12 ♊	19 ♈	19 ♊	19 ♌	25 ♓
26	2 ♌ 12	12 ♏ 46	21 ♉ 45	22 D 48	7 ♌ 9	4 ♋ 41	9 ♋ 43	17 ♋ 35	29 ♓ 31	17 ♍ 8	19 ♏ 25	16 ♍ 40	13 ♊	19 ♈	19 ♊	19 ♌	25 ♓
27	3 ♌ 10	26 ♏ 7	21 ♉ 42	22 R 48	6 ♌ 26	5 ♋ 53	10 ♋ 23	17 ♋ 48	29 ♓ 29	17 ♍ 11	19 ♏ 24	16 ♍ 41	13 ♊	19 ♈	20 ♊	20 ♌	25 ♓
28	4 ♌ 7	9 ♐ 11	21 ♉ 39	22 ♉ 47	5 ♌ 42	7 ♋ 5	11 ♋ 2	18 ♋ 2	29 ♓ 28	17 ♍ 13	19 ♏ 24	16 ♍ 43	13 ♊	19 ♈	20 ♊	20 ♌	25 ♓
29	5 ♌ 4	22 ♐ 2	21 ♉ 36	22 ♉ 44	4 ♌ 59	8 ♋ 18	11 ♋ 42	18 ♋ 15	29 ♓ 26	17 ♍ 16	19 ♏ 24	16 ♍ 45	13 ♊	19 ♈	21 ♊	21 ♌	25 ♓
30	6 ♌ 2	4 ♑ 41	21 ♉ 32	22 ♉ 38	4 ♌ 16	9 ♋ 30	12 ♋ 22	18 ♋ 28	29 ♓ 24	17 ♍ 20	19 ♏ 24	16 ♍ 47	14 ♊	19 ♈	21 ♊	21 ♌	25 ♓
31	6 ♌ 59	17 ♑ 9	21 ♉ 29	22 ♉ 30	3 ♌ 35	10 ♋ 42	13 ♋ 2	18 ♋ 41	29 ♓ 23	17 ♍ 23	19 ♏ 24	16 ♍ 48	15 ♊	20 ♈	22 ♊	22 ♌	25 ♓

SUN INGRESS: ☉ → ♌ 23日 16:23

MOON PHASE: ○ 3日 04:36 ♑　◑ 11日 06:43 ♈　● 18日 13:30 ♋　◐ 25日 04:00 ♏

aspects		
5日	23:05	☉☌♃
9日	06:59	☉⚹♇
9日	10:35	☉⚹♅
10日	14:54	♀□♇
10日	18:15	♀□♅
11日	01:09	♂□♄
12日	16:37	☉△♆
21日	07:26	♃⚹♇
21日	18:19	♀□♄
23日	05:50	☉△♄
23日	09:01	♃⚹♅
28日	22:42	☉☌☿

1966年8月

DAY	☉	☽	☊ mean	☊ true	☿	♀	♂	♃	♄	♅	♆	♇	⚳	⚴	⚵	⚶	⚷
	° ′	° ′	° ′	° ′	° ′	° ′	° ′	° ′	° ′	° ′	° ′	° ′	°	°	°	°	°
1	7 ♌ 56	29 ♑ 28	21 ♉ 26	22 R 19	2 R 55	11 D 55	13 D 41	18 D 54	29 R 21	17 D 26	19 R 24	16 D 50	15 D	20 D	23 D	22 D	25 R
2	8 ♌ 54	11 ♒ 39	21 ♉ 23	22 ♉ 6	2 ♌ 19	13 ♋ 7	14 ♋ 21	19 ♋ 7	29 ♓ 19	17 ♍ 29	19 D 24	16 ♍ 52	15 ♊	20 ♈	23 ♊	23 ♌	25 ♓
3	9 ♌ 51	23 ♒ 42	21 ♉ 20	21 ♉ 53	1 ♌ 47	14 ♋ 20	15 ♋ 0	19 ♋ 21	29 ♓ 17	17 ♍ 32	19 ♏ 24	16 ♍ 54	16 ♊	20 ♈	24 ♊	23 ♌	25 ♓
4	10 ♌ 49	5 ♓ 40	21 ♉ 16	21 ♉ 40	1 ♌ 18	15 ♋ 32	15 ♋ 40	19 ♋ 34	29 ♓ 14	17 ♍ 35	19 ♏ 24	16 ♍ 55	16 ♊	20 ♈	24 ♊	24 ♌	25 ♓
5	11 ♌ 46	17 ♓ 32	21 ♉ 13	21 ♉ 29	0 ♌ 55	16 ♋ 45	16 ♋ 19	19 ♋ 47	29 ♓ 12	17 ♍ 38	19 ♏ 24	16 ♍ 57	16 ♊	20 ♈	25 ♊	24 ♌	25 ♓
6	12 ♌ 43	29 ♓ 23	21 ♉ 10	21 ♉ 20	0 ♌ 38	17 ♋ 57	16 ♋ 59	20 ♋ 0	29 ♓ 10	17 ♍ 42	19 ♏ 24	16 ♍ 59	17 ♊	20 ♈	25 ♊	24 ♌	25 ♓
7	13 ♌ 41	11 ♈ 14	21 ♉ 7	21 ♉ 14	0 ♌ 26	19 ♋ 10	17 ♋ 38	20 ♋ 12	29 ♓ 7	17 ♍ 45	19 ♏ 24	17 ♍ 1	17 ♊	20 ♈	26 ♊	25 ♌	25 ♓
8	14 ♌ 38	23 ♈ 9	21 ♉ 4	21 ♉ 10	0 ♌ 20	20 ♋ 23	18 ♋ 18	20 ♋ 25	29 ♓ 5	17 ♍ 48	19 ♏ 25	17 ♍ 3	17 ♊	20 ♈	26 ♊	25 ♌	25 ♓
9	15 ♌ 36	5 ♉ 14	21 ♉ 1	21 ♉ 9	0 D 21	21 ♋ 36	18 ♋ 57	20 ♋ 38	29 ♓ 2	17 ♍ 52	19 ♏ 25	17 ♍ 5	18 ♊	20 ♈	27 ♊	26 ♌	25 ♓
10	16 ♌ 33	17 ♉ 33	20 ♉ 57	21 D 9	0 ♌ 29	22 ♋ 48	19 ♋ 36	20 ♋ 51	28 ♓ 59	17 ♍ 55	19 ♏ 25	17 ♍ 7	18 ♊	20 ♈	28 ♊	26 ♌	25 ♓
11	17 ♌ 31	0 ♊ 11	20 ♉ 54	21 R 8	0 ♌ 43	24 ♋ 1	20 ♋ 15	21 ♋ 4	28 ♓ 57	17 ♍ 58	19 ♏ 25	17 ♍ 9	18 ♊	20 ♈	28 ♊	27 ♌	25 ♓
12	18 ♌ 29	13 ♊ 13	20 ♉ 51	21 ♉ 7	1 ♌ 5	25 ♋ 14	20 ♋ 54	21 ♋ 17	28 ♓ 54	18 ♍ 2	19 ♏ 26	17 ♍ 10	19 ♊	20 ♈	29 ♊	27 ♌	25 ♓
13	19 ♌ 26	26 ♊ 43	20 ♉ 48	21 ♉ 4	1 ♌ 33	26 ♋ 27	21 ♋ 34	21 ♋ 29	28 ♓ 51	18 ♍ 5	19 ♏ 26	17 ♍ 12	19 ♊	20 R	29 ♊	28 ♌	25 ♓
14	20 ♌ 24	10 ♋ 43	20 ♉ 45	20 ♉ 59	2 ♌ 9	27 ♋ 40	22 ♋ 13	21 ♋ 42	28 ♓ 48	18 ♍ 8	19 ♏ 26	17 ♍ 14	19 ♊	20 ♈	0 ♋	28 ♌	25 ♓
15	21 ♌ 21	25 ♋ 11	20 ♉ 42	20 ♉ 50	2 ♌ 51	28 ♋ 53	22 ♋ 51	21 ♋ 55	28 ♓ 45	18 ♍ 12	19 ♏ 27	17 ♍ 16	20 ♊	20 ♈	0 ♋	29 ♌	25 ♓
16	22 ♌ 19	10 ♌ 3	20 ♉ 38	20 ♉ 40	3 ♌ 40	0 ♌ 6	23 ♋ 31	22 ♋ 7	28 ♓ 41	18 ♍ 15	19 ♏ 27	17 ♍ 18	20 ♊	20 ♈	1 ♋	29 ♌	25 ♓
17	23 ♌ 17	25 ♌ 11	20 ♉ 35	20 ♉ 29	4 ♌ 36	1 ♌ 19	24 ♋ 10	22 ♋ 20	28 ♓ 38	18 ♍ 19	19 ♏ 28	17 ♍ 20	20 ♊	20 ♈	1 ♋	0 ♍	25 ♓
18	24 ♌ 15	10 ♍ 25	20 ♉ 32	20 ♉ 18	5 ♌ 38	2 ♌ 33	24 ♋ 49	22 ♋ 32	28 ♓ 35	18 ♍ 22	19 ♏ 28	17 ♍ 22	21 ♊	20 ♈	2 ♋	0 ♍	25 ♓
19	25 ♌ 12	25 ♍ 34	20 ♉ 29	20 ♉ 9	6 ♌ 47	3 ♌ 46	25 ♋ 27	22 ♋ 44	28 ♓ 31	18 ♍ 26	19 ♏ 29	17 ♍ 24	21 ♊	20 ♈	2 ♋	1 ♍	25 ♓
20	26 ♌ 10	10 ♎ 28	20 ♉ 26	20 ♉ 3	8 ♌ 1	4 ♌ 59	26 ♋ 6	22 ♋ 57	28 ♓ 28	18 ♍ 30	19 ♏ 29	17 ♍ 26	21 ♊	20 ♈	3 ♋	1 ♍	25 ♓
21	27 ♌ 8	25 ♎ 0	20 ♉ 22	19 ♉ 59	9 ♌ 22	6 ♌ 12	26 ♋ 45	23 ♋ 9	28 ♓ 24	18 ♍ 33	19 ♏ 30	17 ♍ 28	22 ♊	20 ♈	3 ♋	2 ♍	25 ♓
22	28 ♌ 6	9 ♏ 7	20 ♉ 19	19 ♉ 57	10 ♌ 47	7 ♌ 26	27 ♋ 24	23 ♋ 21	28 ♓ 21	18 ♍ 37	19 ♏ 31	17 ♍ 30	22 ♊	20 ♈	4 ♋	2 ♍	25 ♓
23	29 ♌ 3	22 ♏ 49	20 ♉ 16	19 D 57	12 ♌ 17	8 ♌ 39	28 ♋ 2	23 ♋ 33	28 ♓ 17	18 ♍ 40	19 ♏ 31	17 ♍ 33	22 ♊	20 ♈	5 ♋	2 ♍	25 ♓
24	0 ♍ 1	6 ♐ 8	20 ♉ 13	19 R 57	13 ♌ 53	9 ♌ 53	28 ♋ 41	23 ♋ 46	28 ♓ 13	18 ♍ 44	19 ♏ 32	17 ♍ 35	23 ♊	20 ♈	5 ♋	3 ♍	25 ♓
25	0 ♍ 59	19 ♐ 5	20 ♉ 10	19 ♉ 56	15 ♌ 32	11 ♌ 6	29 ♋ 20	23 ♋ 58	28 ♓ 9	18 ♍ 48	19 ♏ 33	17 ♍ 37	23 ♊	20 ♈	6 ♋	3 ♍	24 ♓
26	1 ♍ 57	1 ♑ 46	20 ♉ 7	19 ♉ 53	17 ♌ 15	12 ♌ 19	29 ♋ 58	24 ♋ 10	28 ♓ 5	18 ♍ 51	19 ♏ 33	17 ♍ 39	23 ♊	19 ♈	6 ♋	4 ♍	24 ♓
27	2 ♍ 55	14 ♑ 13	20 ♉ 3	19 ♉ 47	19 ♌ 1	13 ♌ 33	0 ♌ 37	24 ♋ 22	28 ♓ 2	18 ♍ 55	19 ♏ 34	17 ♍ 41	24 ♊	19 ♈	7 ♋	4 ♍	24 ♓
28	3 ♍ 53	26 ♑ 29	20 ♉ 0	19 ♉ 39	20 ♌ 50	14 ♌ 47	1 ♌ 15	24 ♋ 33	27 ♓ 58	18 ♍ 59	19 ♏ 35	17 ♍ 43	24 ♊	19 ♈	7 ♋	5 ♍	24 ♓
29	4 ♍ 51	8 ♒ 36	19 ♉ 57	19 ♉ 28	22 ♌ 41	16 ♌ 0	1 ♌ 53	24 ♋ 45	27 ♓ 54	19 ♍ 2	19 ♏ 36	17 ♍ 45	24 ♊	19 ♈	8 ♋	5 ♍	24 ♓
30	5 ♍ 49	20 ♒ 38	19 ♉ 54	19 ♉ 15	24 ♌ 34	17 ♌ 14	2 ♌ 32	24 ♋ 57	27 ♓ 49	19 ♍ 6	19 ♏ 37	17 ♍ 47	24 ♊	19 ♈	8 ♋	6 ♍	24 ♓
31	6 ♍ 47	2 ♓ 34	19 ♉ 51	19 ♉ 2	26 ♌ 29	18 ♌ 28	3 ♌ 10	25 ♋ 9	27 ♓ 45	19 ♍ 10	19 ♏ 38	17 ♍ 49	25 ♊	19 ♈	9 ♋	6 ♍	24 ♓

SUN INGRESS: ☉ → ♍ 23日 23:18

MOON PHASE: ○ 1日 18:05 ♒　◑ 9日 21:56 ♉　● 16日 20:48 ♌　◐ 23日 12:02 ♏　○ 31日 09:14 ♓

aspects		
3日	06:13	♃△♆
4日	05:38	♀☌♂
5日	04:14	♀⚹♇
5日	18:33	♀⚹♅
6日	00:09	♂⚹♇
7日	04:27	♂⚹♅
7日	04:43	♀△♆
8日	01:03	♀☌♃
9日	17:09	♂△♆
12日	20:06	♂☌♃
12日	23:54	☉□♆
14日	21:17	♀△♄
23日	08:13	♂△♄
27日	07:30	☿□♆
31日	23:07	♀□♆

1966年9月

DAY	☉	☽	☊		☿	♀	♂	♃	♄	♅	♆	♇	⚳	⚴	⚵	⚶	⚷
			mean	true													
	° ′	° ′	° ′	° ′	° ′	° ′	° ′	° ′	° ′	° ′	° ′	° ′	°	°	°	°	°
1	7 ♍ 45	14 ♓ 28	19 ♉ 47	18 R 49	28 D 24	19 D 41	3 D 48	25 D 20	27 R 41	19 D 13	19 D 39	17 D 51	25 D	19 R	9 D	7 D	24 R
2	8 ♍ 43	26 ♓ 19	19 ♉ 44	18 ♉ 38	0 ♍ 21	20 ♌ 55	4 ♌ 27	25 ♋ 32	27 ♓ 37	19 ♍ 17	19 ♏ 40	17 ♍ 54	25 ♊	19 ♈	10 ♋	7 ♍	24 ♓
3	9 ♍ 41	8 ♈ 10	19 ♉ 41	18 ♉ 29	2 ♍ 18	22 ♌ 9	5 ♌ 5	25 ♋ 43	27 ♓ 33	19 ♍ 21	19 ♏ 41	17 ♍ 56	26 ♊	19 ♈	10 ♋	8 ♍	24 ♓
4	10 ♍ 39	20 ♈ 2	19 ♉ 38	18 ♉ 23	4 ♍ 15	23 ♌ 23	5 ♌ 43	25 ♋ 54	27 ♓ 28	19 ♍ 25	19 ♏ 42	17 ♍ 58	26 ♊	18 ♈	11 ♋	8 ♍	24 ♓
5	11 ♍ 37	2 ♉ 0	19 ♉ 35	18 ♉ 20	6 ♍ 12	24 ♌ 37	6 ♌ 21	26 ♋ 6	27 ♓ 24	19 ♍ 28	19 ♏ 43	18 ♍ 0	26 ♊	18 ♈	11 ♋	9 ♍	24 ♓
6	12 ♍ 35	14 ♉ 6	19 ♉ 32	18 ♉ 18	8 ♍ 9	25 ♌ 51	6 ♌ 59	26 ♋ 17	27 ♓ 20	19 ♍ 32	19 ♏ 44	18 ♍ 2	27 ♊	18 ♈	12 ♋	9 ♍	24 ♓
7	13 ♍ 33	26 ♉ 25	19 ♉ 28	18 D 18	10 ♍ 5	27 ♌ 5	7 ♌ 37	26 ♋ 28	27 ♓ 15	19 ♍ 36	19 ♏ 45	18 ♍ 4	27 ♊	18 ♈	12 ♋	10 ♍	24 ♓
8	14 ♍ 32	9 ♊ 1	19 ♉ 25	18 ♉ 19	12 ♍ 1	28 ♌ 19	8 ♌ 15	26 ♋ 39	27 ♓ 11	19 ♍ 40	19 ♏ 46	18 ♍ 7	27 ♊	18 ♈	13 ♋	10 ♍	24 ♓
9	15 ♍ 30	21 ♊ 59	19 ♉ 22	18 R 19	13 ♍ 56	29 ♌ 33	8 ♌ 53	26 ♋ 50	27 ♓ 6	19 ♍ 43	19 ♏ 47	18 ♍ 9	27 ♊	18 ♈	13 ♋	11 ♍	24 ♓
10	16 ♍ 28	5 ♋ 23	19 ♉ 19	18 ♉ 17	15 ♍ 50	0 ♍ 47	9 ♌ 31	27 ♋ 1	27 ♓ 2	19 ♍ 47	19 ♏ 49	18 ♍ 11	28 ♊	17 ♈	14 ♋	11 ♍	24 ♓
11	17 ♍ 26	19 ♋ 16	19 ♉ 16	18 ♉ 13	17 ♍ 44	2 ♍ 1	10 ♌ 9	27 ♋ 12	26 ♓ 57	19 ♍ 51	19 ♏ 50	18 ♍ 13	28 ♊	17 ♈	14 ♋	12 ♍	24 ♓
12	18 ♍ 25	3 ♌ 37	19 ♉ 13	18 ♉ 7	19 ♍ 36	3 ♍ 15	10 ♌ 46	27 ♋ 22	26 ♓ 53	19 ♍ 55	19 ♏ 51	18 ♍ 15	28 ♊	17 ♈	15 ♋	12 ♍	24 ♓
13	19 ♍ 23	18 ♌ 24	19 ♉ 9	18 ♉ 0	21 ♍ 28	4 ♍ 29	11 ♌ 24	27 ♋ 33	26 ♓ 48	19 ♍ 58	19 ♏ 52	18 ♍ 17	28 ♊	17 ♈	15 ♋	13 ♍	24 ♓
14	20 ♍ 22	3 ♍ 31	19 ♉ 6	17 ♉ 51	23 ♍ 18	5 ♍ 44	12 ♌ 2	27 ♋ 44	26 ♓ 43	20 ♍ 2	19 ♏ 54	18 ♍ 19	29 ♊	17 ♈	16 ♋	13 ♍	24 ♓
15	21 ♍ 20	18 ♍ 49	19 ♉ 3	17 ♉ 42	25 ♍ 7	6 ♍ 58	12 ♌ 40	27 ♋ 54	26 ♓ 39	20 ♍ 6	19 ♏ 55	18 ♍ 22	29 ♊	16 ♈	16 ♋	14 ♍	24 ♓
16	22 ♍ 19	4 ♎ 5	19 ♉ 0	17 ♉ 35	26 ♍ 56	8 ♍ 12	13 ♌ 17	28 ♋ 4	26 ♓ 34	20 ♍ 10	19 ♏ 56	18 ♍ 24	29 ♊	16 ♈	17 ♋	14 ♍	23 ♓
17	23 ♍ 17	19 ♎ 10	18 ♉ 57	17 ♉ 30	28 ♍ 43	9 ♍ 27	13 ♌ 55	28 ♋ 14	26 ♓ 30	20 ♍ 14	19 ♏ 58	18 ♍ 26	29 ♊	16 ♈	17 ♋	15 ♍	23 ♓
18	24 ♍ 16	3 ♏ 54	18 ♉ 53	17 ♉ 27	0 ♎ 29	10 ♍ 41	14 ♌ 32	28 ♋ 25	26 ♓ 25	20 ♍ 17	19 ♏ 59	18 ♍ 28	0 ♋	16 ♈	18 ♋	15 ♍	23 ♓
19	25 ♍ 14	18 ♏ 13	18 ♉ 50	17 D 26	2 ♎ 14	11 ♍ 55	15 ♌ 10	28 ♋ 35	26 ♓ 20	20 ♍ 21	20 ♏ 1	18 ♍ 30	0 ♋	16 ♈	18 ♋	15 ♍	23 ♓
20	26 ♍ 13	2 ♐ 4	18 ♉ 47	17 ♉ 27	3 ♎ 58	13 ♍ 10	15 ♌ 47	28 ♋ 45	26 ♓ 16	20 ♍ 25	20 ♏ 2	18 ♍ 32	0 ♋	15 ♈	19 ♋	16 ♍	23 ♓
21	27 ♍ 11	15 ♐ 28	18 ♉ 44	17 ♉ 28	5 ♎ 41	14 ♍ 24	16 ♌ 24	28 ♋ 54	26 ♓ 11	20 ♍ 29	20 ♏ 4	18 ♍ 35	0 ♋	15 ♈	19 ♋	16 ♍	23 ♓
22	28 ♍ 10	28 ♐ 28	18 ♉ 41	17 R 29	7 ♎ 23	15 ♍ 39	17 ♌ 2	29 ♋ 4	26 ♓ 6	20 ♍ 32	20 ♏ 5	18 ♍ 37	1 ♋	15 ♈	20 ♋	17 ♍	23 ♓
23	29 ♍ 9	11 ♑ 7	18 ♉ 38	17 ♉ 28	9 ♎ 4	16 ♍ 53	17 ♌ 39	29 ♋ 14	26 ♓ 2	20 ♍ 36	20 ♏ 7	18 ♍ 39	1 ♋	15 ♈	20 ♋	17 ♍	23 ♓
24	0 ♎ 8	23 ♑ 29	18 ♉ 34	17 ♉ 25	10 ♎ 44	18 ♍ 8	18 ♌ 16	29 ♋ 23	25 ♓ 57	20 ♍ 40	20 ♏ 8	18 ♍ 41	1 ♋	14 ♈	21 ♋	18 ♍	23 ♓
25	1 ♎ 6	5 ♒ 39	18 ♉ 31	17 ♉ 20	12 ♎ 23	19 ♍ 22	18 ♌ 53	29 ♋ 33	25 ♓ 52	20 ♍ 44	20 ♏ 10	18 ♍ 43	1 ♋	14 ♈	21 ♋	18 ♍	23 ♓
26	2 ♎ 5	17 ♒ 40	18 ♉ 28	17 ♉ 14	14 ♎ 1	20 ♍ 37	19 ♌ 31	29 ♋ 42	25 ♓ 48	20 ♍ 47	20 ♏ 12	18 ♍ 45	2 ♋	14 ♈	22 ♋	19 ♍	23 ♓
27	3 ♎ 4	29 ♒ 35	18 ♉ 25	17 ♉ 6	15 ♎ 39	21 ♍ 52	20 ♌ 8	29 ♋ 51	25 ♓ 43	20 ♍ 51	20 ♏ 13	18 ♍ 47	2 ♋	13 ♈	22 ♋	19 ♍	23 ♓
28	4 ♎ 3	11 ♓ 28	18 ♉ 22	16 ♉ 58	17 ♎ 15	23 ♍ 6	20 ♌ 45	0 ♌ 0	25 ♓ 39	20 ♍ 55	20 ♏ 15	18 ♍ 49	2 ♋	13 ♈	23 ♋	20 ♍	23 ♓
29	5 ♎ 2	23 ♓ 19	18 ♉ 19	16 ♉ 50	18 ♎ 50	24 ♍ 21	21 ♌ 22	0 ♌ 9	25 ♓ 34	20 ♍ 59	20 ♏ 17	18 ♍ 52	2 ♋	13 ♈	23 ♋	20 ♍	23 ♓
30	6 ♎ 0	5 ♈ 12	18 ♉ 15	16 ♉ 43	20 ♎ 25	25 ♍ 36	21 ♌ 59	0 ♌ 18	25 ♓ 29	21 ♍ 2	20 ♏ 18	18 ♍ 54	2 ♋	13 ♈	23 ♋	21 ♍	23 ♓

SUN INGRESS	☉ → ♎23日 20:43
MOON PHASE	◑ 8日 11:07 ♊　● 15日 04:13 ♍　◐ 21日 23:25 ♐　○ 30日 01:47 ♈

aspects		
10日	01:13	♃△♄
10日	13:27	♅⚹♆
10日	16:21	☉☌☿
11日	06:20	☿☌♇
11日	19:54	☉☌♇
12日	03:13	☿⚹♆
12日	04:06	☿☌♅
13日	12:16	☉⚹♆
13日	15:31	☉☌♅
15日	19:25	☿☍♄
16日	16:58	☿⚹♃
20日	01:02	☉☍♄
23日	02:24	☉⚹♃
24日	11:00	♀☌♇
25日	15:39	♀⚹♆
26日	03:33	♀☌♅
27日	03:49	♂□♆
29日	22:08	♀☍♄

1966年10月

DAY	☉	☽	☊		☿	♀	♂	♃	♄	♅	♆	♇	⚳	⚴	⚵	⚶	⚷
			mean	true													
	° ′	° ′	° ′	° ′	° ′	° ′	° ′	° ′	° ′	° ′	° ′	° ′	°	°	°	°	°
1	6 ♎ 59	17 ♈ 7	18 ♉ 12	16 R 37	21 D 58	26 D 50	22 D 35	0 D 27	25 R 25	21 D 6	20 D 20	18 D 56	3 D	12 R	24 D	21 D	23 R
2	7 ♎ 58	29 ♈ 6	18 ♉ 9	16 ♉ 34	23 ♎ 31	28 ♍ 5	23 ♌ 12	0 ♌ 35	25 ♓ 20	21 ♍ 10	20 ♏ 22	18 ♍ 58	3 ♋	12 ♈	24 ♋	22 ♍	23 ♓
3	8 ♎ 57	11 ♉ 11	18 ♉ 6	16 ♉ 32	25 ♎ 3	29 ♍ 20	23 ♌ 49	0 ♌ 44	25 ♓ 16	21 ♍ 13	20 ♏ 24	19 ♍ 0	3 ♋	12 ♈	25 ♋	22 ♍	23 ♓
4	9 ♎ 56	23 ♉ 26	18 ♉ 3	16 D 32	26 ♎ 34	0 ♎ 35	24 ♌ 26	0 ♌ 52	25 ♓ 12	21 ♍ 17	20 ♏ 25	19 ♍ 2	3 ♋	12 ♈	25 ♋	23 ♍	23 ♓
5	10 ♎ 56	5 ♊ 52	17 ♉ 59	16 ♉ 33	28 ♎ 4	1 ♎ 49	25 ♌ 2	1 ♌ 0	25 ♓ 7	21 ♍ 21	20 ♏ 27	19 ♍ 4	3 ♋	11 ♈	26 ♋	23 ♍	23 ♓
6	11 ♎ 55	18 ♊ 32	17 ♉ 56	16 ♉ 35	29 ♎ 33	3 ♎ 4	25 ♌ 39	1 ♌ 8	25 ♓ 3	21 ♍ 24	20 ♏ 29	19 ♍ 6	4 ♋	11 ♈	26 ♋	24 ♍	23 ♓
7	12 ♎ 54	1 ♋ 31	17 ♉ 53	16 ♉ 36	1 ♏ 2	4 ♎ 19	26 ♌ 16	1 ♌ 16	24 ♓ 58	21 ♍ 28	20 ♏ 31	19 ♍ 8	4 ♋	11 ♈	27 ♋	24 ♍	23 ♓
8	13 ♎ 53	14 ♋ 51	17 ♉ 50	16 R 37	2 ♏ 30	5 ♎ 34	26 ♌ 52	1 ♌ 24	24 ♓ 54	21 ♍ 31	20 ♏ 33	19 ♍ 10	4 ♋	10 ♈	27 ♋	25 ♍	23 ♓
9	14 ♎ 52	28 ♋ 35	17 ♉ 47	16 ♉ 36	3 ♏ 56	6 ♎ 49	27 ♌ 29	1 ♌ 32	24 ♓ 50	21 ♍ 35	20 ♏ 35	19 ♍ 12	4 ♋	10 ♈	27 ♋	25 ♍	22 ♓
10	15 ♎ 52	12 ♌ 44	17 ♉ 44	16 ♉ 34	5 ♏ 22	8 ♎ 4	28 ♌ 5	1 ♌ 39	24 ♓ 46	21 ♍ 38	20 ♏ 37	19 ♍ 14	4 ♋	10 ♈	28 ♋	26 ♍	22 ♓
11	16 ♎ 51	27 ♌ 16	17 ♉ 40	16 ♉ 31	6 ♏ 47	9 ♎ 19	28 ♌ 41	1 ♌ 47	24 ♓ 42	21 ♍ 42	20 ♏ 39	19 ♍ 16	4 ♋	9 ♈	28 ♋	26 ♍	22 ♓
12	17 ♎ 50	12 ♍ 7	17 ♉ 37	16 ♉ 27	8 ♏ 11	10 ♎ 34	29 ♌ 18	1 ♌ 54	24 ♓ 38	21 ♍ 45	20 ♏ 40	19 ♍ 18	5 ♋	9 ♈	29 ♋	27 ♍	22 ♓
13	18 ♎ 50	27 ♍ 10	17 ♉ 34	16 ♉ 23	9 ♏ 35	11 ♎ 49	29 ♌ 54	2 ♌ 1	24 ♓ 34	21 ♍ 49	20 ♏ 42	19 ♍ 20	5 ♋	9 ♈	29 ♋	27 ♍	22 ♓
14	19 ♎ 49	12 ♎ 17	17 ♉ 31	16 ♉ 19	10 ♏ 57	13 ♎ 4	0 ♍ 30	2 ♌ 8	24 ♓ 30	21 ♍ 52	20 ♏ 44	19 ♍ 22	5 ♋	9 ♈	29 ♋	28 ♍	22 ♓
15	20 ♎ 48	27 ♎ 18	17 ♉ 28	16 ♉ 17	12 ♏ 18	14 ♎ 19	1 ♍ 6	2 ♌ 15	24 ♓ 26	21 ♍ 56	20 ♏ 46	19 ♍ 24	5 ♋	8 ♈	0 ♌	28 ♍	22 ♓
16	21 ♎ 48	12 ♏ 4	17 ♉ 24	16 ♉ 16	13 ♏ 38	15 ♎ 34	1 ♍ 43	2 ♌ 21	24 ♓ 22	21 ♍ 59	20 ♏ 48	19 ♍ 26	5 ♋	8 ♈	0 ♌	29 ♍	22 ♓
17	22 ♎ 47	26 ♏ 28	17 ♉ 21	16 D 16	14 ♏ 57	16 ♎ 49	2 ♍ 19	2 ♌ 28	24 ♓ 18	22 ♍ 3	20 ♏ 50	19 ♍ 28	5 ♋	8 ♈	1 ♌	29 ♍	22 ♓
18	23 ♎ 47	10 ♐ 27	17 ♉ 18	16 ♉ 17	16 ♏ 15	18 ♎ 4	2 ♍ 55	2 ♌ 34	24 ♓ 14	22 ♍ 6	20 ♏ 52	19 ♍ 29	5 ♋	7 ♈	1 ♌	0 ♎	22 ♓
19	24 ♎ 47	23 ♐ 59	17 ♉ 15	16 ♉ 19	17 ♏ 31	19 ♎ 19	3 ♍ 30	2 ♌ 40	24 ♓ 11	22 ♍ 9	20 ♏ 55	19 ♍ 31	5 ♋	7 ♈	1 ♌	0 ♎	22 ♓
20	25 ♎ 46	7 ♑ 5	17 ♉ 12	16 ♉ 20	18 ♏ 46	20 ♎ 34	4 ♍ 6	2 ♌ 46	24 ♓ 7	22 ♍ 13	20 ♏ 57	19 ♍ 33	6 ♋	7 ♈	2 ♌	1 ♎	22 ♓
21	26 ♎ 46	19 ♑ 48	17 ♉ 9	16 ♉ 21	20 ♏ 0	21 ♎ 49	4 ♍ 42	2 ♌ 52	24 ♓ 3	22 ♍ 16	20 ♏ 59	19 ♍ 35	6 ♋	7 ♈	2 ♌	1 ♎	22 ♓
22	27 ♎ 46	2 ♒ 12	17 ♉ 5	16 R 21	21 ♏ 12	23 ♎ 5	5 ♍ 18	2 ♌ 58	24 ♓ 0	22 ♍ 19	21 ♏ 1	19 ♍ 37	6 ♋	6 ♈	3 ♌	2 ♎	22 ♓
23	28 ♎ 45	14 ♒ 22	17 ♉ 2	16 ♉ 20	22 ♏ 22	24 ♎ 20	5 ♍ 54	3 ♌ 4	23 ♓ 57	22 ♍ 23	21 ♏ 3	19 ♍ 39	6 ♋	6 ♈	3 ♌	2 ♎	22 ♓
24	29 ♎ 45	26 ♒ 21	16 ♉ 59	16 ♉ 19	23 ♏ 30	25 ♎ 35	6 ♍ 29	3 ♌ 9	23 ♓ 53	22 ♍ 26	21 ♏ 5	19 ♍ 40	6 ♋	6 ♈	3 ♌	2 ♎	22 ♓
25	0 ♏ 45	8 ♓ 14	16 ♉ 56	16 ♉ 17	24 ♏ 36	26 ♎ 50	7 ♍ 5	3 ♌ 14	23 ♓ 50	22 ♍ 29	21 ♏ 7	19 ♍ 42	6 ♋	6 ♈	4 ♌	3 ♎	22 ♓
26	1 ♏ 44	20 ♓ 5	16 ♉ 53	16 ♉ 14	25 ♏ 40	28 ♎ 5	7 ♍ 40	3 ♌ 19	23 ♓ 47	22 ♍ 32	21 ♏ 9	19 ♍ 44	6 ♋	5 ♈	4 ♌	3 ♎	22 ♓
27	2 ♏ 44	1 ♈ 57	16 ♉ 50	16 ♉ 12	26 ♏ 41	29 ♎ 20	8 ♍ 16	3 ♌ 24	23 ♓ 44	22 ♍ 35	21 ♏ 11	19 ♍ 45	6 ♋	5 ♈	4 ♌	4 ♎	22 ♓
28	3 ♏ 44	13 ♈ 53	16 ♉ 46	16 ♉ 10	27 ♏ 39	0 ♏ 36	8 ♍ 51	3 ♌ 29	23 ♓ 41	22 ♍ 38	21 ♏ 14	19 ♍ 47	6 ♋	5 ♈	5 ♌	4 ♎	22 ♓
29	4 ♏ 44	25 ♈ 54	16 ♉ 43	16 ♉ 9	28 ♏ 34	1 ♏ 51	9 ♍ 26	3 ♌ 34	23 ♓ 38	22 ♍ 41	21 ♏ 16	19 ♍ 49	6 ♋	5 ♈	5 ♌	5 ♎	22 ♓
30	5 ♏ 44	8 ♉ 4	16 ♉ 40	16 ♉ 8	29 ♏ 26	3 ♏ 6	10 ♍ 2	3 ♌ 38	23 ♓ 35	22 ♍ 44	21 ♏ 18	19 ♍ 50	6 ♋	4 ♈	5 ♌	5 ♎	22 ♓
31	6 ♏ 44	20 ♉ 23	16 ♉ 37	16 D 8	0 ♐ 14	4 ♏ 21	10 ♍ 37	3 ♌ 42	23 ♓ 32	22 ♍ 47	21 ♏ 20	19 ♍ 52	6 ♋	4 ♈	6 ♌	6 ♎	22 ♓

SUN INGRESS	☉ → ♏24日 05:51
MOON PHASE	◑ 7日 22:08 ♋　● 14日 12:52 ♎　◐ 21日 14:34 ♑　○ 29日 19:00 ♉

aspects		
1日	15:54	☿⚹♂
4日	06:14	♀⚹♃
7日	04:15	☿□♃
20日	15:36	☿⚹♇
21日	20:11	☿☌♆
23日	00:14	☿⚹♅
24日	07:54	☿△♄
27日	17:27	☉□♃
30日	10:49	♀□♃

1966年11月

DAY	☉	☽	☊ mean	☊ true	☿	♀	♂	♃	♄	♅	♆	♇	⚳	⚴	⚵	⚶	⚷
	° ′	° ′	° ′	° ′	° ′	° ′	° ′	° ′	° ′	° ′	° ′	° ′	°	°	°	°	°
1	7 ♏ 44	2 ♊ 54	16 ♉ 34	16 D 8	0 D 57	5 D 37	11 D 12	3 D 46	23 R 30	22 D 50	21 D 22	19 D 54	6 D	4 R	6 D	6 D	22 R
2	8 ♏ 44	15 ♊ 36	16 ♉ 30	16 ♉ 9	1 ♐ 35	6 ♏ 52	11 ♍ 47	3 ♌ 50	23 ♓ 27	22 ♍ 53	21 ♏ 25	19 ♍ 55	6 ♋	4 ♈	6 ♌	7 ♎	22 ♓
3	9 ♏ 44	28 ♊ 31	16 ♉ 27	16 ♉ 10	2 ♐ 8	8 ♏ 7	12 ♍ 22	3 ♌ 54	23 ♓ 24	22 ♍ 56	21 ♏ 27	19 ♍ 57	6 ♋	3 ♈	7 ♌	7 ♎	22 ♓
4	10 ♏ 44	11 ♋ 41	16 ♉ 24	16 ♉ 10	2 ♐ 35	9 ♏ 22	12 ♍ 57	3 ♌ 57	23 ♓ 22	22 ♍ 59	21 ♏ 29	19 ♍ 58	6 ♋	3 ♈	7 ♌	8 ♎	22 ♓
5	11 ♏ 44	25 ♋ 7	16 ♉ 21	16 ♉ 11	2 ♐ 56	10 ♏ 38	13 ♍ 32	4 ♌ 1	23 ♓ 20	23 ♍ 2	21 ♏ 31	20 ♍ 0	6 ♋	3 ♈	7 ♌	8 ♎	22 ♓
6	12 ♏ 44	8 ♌ 49	16 ♉ 18	16 ♉ 11	3 ♐ 9	11 ♏ 53	14 ♍ 6	4 ♌ 4	23 ♓ 18	23 ♍ 5	21 ♏ 33	20 ♍ 1	6 R	3 ♈	8 ♌	9 ♎	22 ♓
7	13 ♏ 44	22 ♌ 48	16 ♉ 15	16 R 11	3 ♐ 14	13 ♏ 8	14 ♍ 41	4 ♌ 7	23 ♓ 15	23 ♍ 7	21 ♏ 36	20 ♍ 3	6 ♋	3 ♈	8 ♌	9 ♎	21 ♓
8	14 ♏ 45	7 ♍ 3	16 ♉ 11	16 ♉ 11	3 R 11	14 ♏ 24	15 ♍ 16	4 ♌ 10	23 ♓ 13	23 ♍ 10	21 ♏ 38	20 ♍ 4	6 ♋	3 ♈	8 ♌	10 ♎	21 ♓
9	15 ♏ 45	21 ♍ 32	16 ♉ 8	16 ♉ 11	2 ♐ 58	15 ♏ 39	15 ♍ 50	4 ♌ 12	23 ♓ 11	23 ♍ 13	21 ♏ 40	20 ♍ 6	6 ♋	2 ♈	8 ♌	10 ♎	21 ♓
10	16 ♏ 45	6 ♎ 10	16 ♉ 5	16 D 11	2 ♐ 36	16 ♏ 54	16 ♍ 25	4 ♌ 15	23 ♓ 10	23 ♍ 15	21 ♏ 42	20 ♍ 7	6 ♋	2 ♈	9 ♌	11 ♎	21 ♓
11	17 ♏ 45	20 ♎ 53	16 ♉ 2	16 ♉ 11	2 ♐ 4	18 ♏ 9	16 ♍ 59	4 ♌ 17	23 ♓ 8	23 ♍ 18	21 ♏ 45	20 ♍ 8	6 ♋	2 ♈	9 ♌	11 ♎	21 ♓
12	18 ♏ 46	5 ♏ 33	15 ♉ 59	16 ♉ 11	1 ♐ 22	19 ♏ 25	17 ♍ 33	4 ♌ 19	23 ♓ 6	23 ♍ 20	21 ♏ 47	20 ♍ 10	6 ♋	2 ♈	9 ♌	12 ♎	21 ♓
13	19 ♏ 46	20 ♏ 5	15 ♉ 56	16 R 11	0 ♐ 30	20 ♏ 40	18 ♍ 8	4 ♌ 21	23 ♓ 5	23 ♍ 23	21 ♏ 49	20 ♍ 11	6 ♋	2 ♈	9 ♌	12 ♎	21 ♓
14	20 ♏ 47	4 ♐ 22	15 ♉ 52	16 ♉ 11	29 ♏ 29	21 ♏ 56	18 ♍ 42	4 ♌ 22	23 ♓ 3	23 ♍ 25	21 ♏ 51	20 ♍ 12	6 ♋	2 ♈	10 ♌	13 ♎	21 ♓
15	21 ♏ 47	18 ♐ 19	15 ♉ 49	16 ♉ 10	28 ♏ 20	23 ♏ 11	19 ♍ 16	4 ♌ 24	23 ♓ 2	23 ♍ 28	21 ♏ 54	20 ♍ 14	6 ♋	2 ♈	10 ♌	13 ♎	21 ♓
16	22 ♏ 48	1 ♑ 53	15 ♉ 46	16 ♉ 10	27 ♏ 5	24 ♏ 26	19 ♍ 50	4 ♌ 25	23 ♓ 1	23 ♍ 30	21 ♏ 56	20 ♍ 15	6 ♋	1 ♈	10 ♌	14 ♎	21 ♓
17	23 ♏ 48	15 ♑ 4	15 ♉ 43	16 ♉ 9	25 ♏ 46	25 ♏ 42	20 ♍ 24	4 ♌ 26	23 ♓ 0	23 ♍ 33	21 ♏ 58	20 ♍ 16	6 ♋	1 ♈	10 ♌	14 ♎	21 ♓
18	24 ♏ 49	27 ♑ 52	15 ♉ 40	16 ♉ 8	24 ♏ 25	26 ♏ 57	20 ♍ 58	4 ♌ 27	22 ♓ 59	23 ♍ 35	22 ♏ 0	20 ♍ 17	6 ♋	1 ♈	11 ♌	15 ♎	21 ♓
19	25 ♏ 49	10 ♒ 20	15 ♉ 36	16 ♉ 7	23 ♏ 5	28 ♏ 12	21 ♍ 31	4 ♌ 28	22 ♓ 58	23 ♍ 37	22 ♏ 3	20 ♍ 18	6 ♋	1 ♈	11 ♌	15 ♎	21 ♓
20	26 ♏ 50	22 ♒ 32	15 ♉ 33	16 ♉ 6	21 ♏ 48	29 ♏ 28	22 ♍ 5	4 ♌ 28	22 ♓ 57	23 ♍ 39	22 ♏ 5	20 ♍ 19	6 ♋	1 ♈	11 ♌	16 ♎	21 ♓
21	27 ♏ 50	4 ♓ 32	15 ♉ 30	16 D 7	20 ♏ 38	0 ♐ 43	22 ♍ 39	4 ♌ 28	22 ♓ 56	23 ♍ 41	22 ♏ 7	20 ♍ 20	6 ♋	1 ♈	11 ♌	16 ♎	21 ♓
22	28 ♏ 51	16 ♓ 25	15 ♉ 27	16 ♉ 7	19 ♏ 36	1 ♐ 59	23 ♍ 12	4 R 28	22 ♓ 56	23 ♍ 44	22 ♏ 9	20 ♍ 21	5 ♋	1 ♈	11 ♌	16 ♎	21 ♓
23	29 ♏ 51	28 ♓ 15	15 ♉ 24	16 ♉ 8	18 ♏ 43	3 ♐ 14	23 ♍ 45	4 ♌ 28	22 ♓ 55	23 ♍ 46	22 ♏ 12	20 ♍ 22	5 ♋	1 ♈	12 ♌	17 ♎	21 ♓
24	0 ♐ 52	10 ♈ 8	15 ♉ 21	16 ♉ 10	18 ♏ 2	4 ♐ 29	24 ♍ 19	4 ♌ 28	22 ♓ 55	23 ♍ 48	22 ♏ 14	20 ♍ 23	5 ♋	1 ♈	12 ♌	17 ♎	21 ♓
25	1 ♐ 53	22 ♈ 7	15 ♉ 17	16 ♉ 11	17 ♏ 32	5 ♐ 45	24 ♍ 52	4 ♌ 27	22 ♓ 55	23 ♍ 50	22 ♏ 16	20 ♍ 24	5 ♋	1 ♈	12 ♌	18 ♎	21 ♓
26	2 ♐ 53	4 ♉ 15	15 ♉ 14	16 ♉ 12	17 ♏ 14	7 ♐ 0	25 ♍ 25	4 ♌ 27	22 ♓ 54	23 ♍ 51	22 ♏ 18	20 ♍ 25	5 ♋	1 ♈	12 ♌	18 ♎	21 ♓
27	3 ♐ 54	16 ♉ 36	15 ♉ 11	16 R 12	17 ♏ 7	8 ♐ 15	25 ♍ 58	4 ♌ 26	22 ♓ 54	23 ♍ 53	22 ♏ 21	20 ♍ 26	5 ♋	1 ♈	12 ♌	19 ♎	21 ♓
28	4 ♐ 55	29 ♉ 11	15 ♉ 8	16 ♉ 12	17 D 11	9 ♐ 31	26 ♍ 31	4 ♌ 25	22 D 54	23 ♍ 55	22 ♏ 23	20 ♍ 27	5 ♋	1 ♈	12 ♌	19 ♎	21 ♓
29	5 ♐ 55	12 ♊ 2	15 ♉ 5	16 ♉ 10	17 ♏ 25	10 ♐ 46	27 ♍ 4	4 ♌ 23	22 ♓ 55	23 ♍ 57	22 ♏ 25	20 ♍ 28	4 ♋	1 ♈	12 ♌	20 ♎	21 ♓
30	6 ♐ 56	25 ♊ 7	15 ♉ 2	16 ♉ 8	17 ♏ 49	12 ♐ 2	27 ♍ 36	4 ♌ 22	22 ♓ 55	23 ♍ 59	22 ♏ 27	20 ♍ 29	4 ♋	1 ♈	13 ♌	20 ♎	21 ♓

SUN INGRESS ☉ → ♐ 23日 03:14

MOON PHASE ◑ 6日 07:18 ♌　● 12日 23:26 ♏　◐ 20日 09:20 ♒　○ 28日 11:40 ♊

aspects		
8日	17:21	♄☍♅
9日	04:59	☉⚹♂
9日	06:42	♀⚹♂
9日	09:39	☉☌♀
12日	14:32	♀⚹♇
13日	10:03	☉⚹♇
13日	22:38	♀☌♆
14日	21:12	♀△♄
15日	02:43	☉☌♆
15日	05:34	♀⚹♅
16日	05:10	☉△♄
16日	17:38	☉⚹♅
16日	18:10	♂☌♇
17日	00:37	☿☌♀
17日	19:58	☉☌☿
18日	14:26	☿⚹♅
19日	02:07	☿△♄
19日	18:45	☿☌♆
19日	20:14	☿⚹♂
19日	23:53	♂⚹♆
21日	06:15	☿⚹♇
21日	12:24	♂☍♄
23日	00:07	♂☌♅
23日	23:35	♀△♃
27日	12:21	☉△♃

1966年12月

DAY	☉	☽	☊ mean	☊ true	☿	♀	♂	♃	♄	♅	♆	♇	⚳	⚴	⚵	⚶	⚷
	° ′	° ′	° ′	° ′	° ′	° ′	° ′	° ′	° ′	° ′	° ′	° ′	°	°	°	°	°
1	7 ♐ 57	8 ♋ 27	14 ♉ 58	16 R 5	18 D 21	13 D 17	28 D 9	4 R 20	22 D 55	24 D 0	22 D 29	20 D 30	4 R	1 D	13 D	21 D	21 R
2	8 ♐ 58	21 ♋ 59	14 ♉ 55	16 ♉ 1	19 ♏ 0	14 ♐ 32	28 ♍ 42	4 ♌ 18	22 ♓ 56	24 ♍ 2	22 ♏ 32	20 ♍ 30	4 ♋	1 ♈	13 ♌	21 ♎	21 ♓
3	9 ♐ 59	5 ♌ 43	14 ♉ 52	15 ♉ 58	19 ♏ 47	15 ♐ 48	29 ♍ 14	4 ♌ 16	22 ♓ 56	24 ♍ 4	22 ♏ 34	20 ♍ 31	4 ♋	1 ♈	13 ♌	22 ♎	21 ♓
4	10 ♐ 59	19 ♌ 36	14 ♉ 49	15 ♉ 55	20 ♏ 39	17 ♐ 3	29 ♍ 46	4 ♌ 14	22 ♓ 57	24 ♍ 5	22 ♏ 36	20 ♍ 32	4 ♋	1 ♈	13 ♌	22 ♎	21 D
5	12 ♐ 0	3 ♍ 37	14 ♉ 46	15 ♉ 54	21 ♏ 37	18 ♐ 18	0 ♎ 18	4 ♌ 11	22 ♓ 58	24 ♍ 6	22 ♏ 38	20 ♍ 32	3 ♋	1 ♈	13 ♌	23 ♎	21 ♓
6	13 ♐ 1	17 ♍ 45	14 ♉ 42	15 D 54	22 ♏ 39	19 ♐ 34	0 ♎ 50	4 ♌ 9	22 ♓ 59	24 ♍ 8	22 ♏ 40	20 ♍ 33	3 ♋	1 ♈	13 ♌	23 ♎	21 ♓
7	14 ♐ 2	1 ♎ 56	14 ♉ 39	15 ♉ 55	23 ♏ 45	20 ♐ 49	1 ♎ 22	4 ♌ 6	23 ♓ 0	24 ♍ 9	22 ♏ 42	20 ♍ 34	3 ♋	1 ♈	13 ♌	24 ♎	21 ♓
8	15 ♐ 3	16 ♎ 10	14 ♉ 36	15 ♉ 56	24 ♏ 54	22 ♐ 5	1 ♎ 54	4 ♌ 3	23 ♓ 1	24 ♍ 11	22 ♏ 44	20 ♍ 34	3 ♋	1 ♈	13 ♌	24 ♎	21 ♓
9	16 ♐ 4	0 ♏ 25	14 ♉ 33	15 ♉ 58	26 ♏ 7	23 ♐ 20	2 ♎ 26	3 ♌ 59	23 ♓ 2	24 ♍ 12	22 ♏ 47	20 ♍ 35	3 ♋	1 ♈	13 ♌	24 ♎	21 ♓
10	17 ♐ 5	14 ♏ 36	14 ♉ 30	15 ♉ 58	27 ♏ 22	24 ♐ 35	2 ♎ 58	3 ♌ 56	23 ♓ 3	24 ♍ 13	22 ♏ 49	20 ♍ 35	2 ♋	1 ♈	13 ♌	25 ♎	21 ♓
11	18 ♐ 6	28 ♏ 42	14 ♉ 27	15 R 58	28 ♏ 39	25 ♐ 51	3 ♎ 29	3 ♌ 52	23 ♓ 5	24 ♍ 14	22 ♏ 51	20 ♍ 36	2 ♋	1 ♈	13 ♌	25 ♎	21 ♓
12	19 ♐ 7	12 ♐ 38	14 ♉ 23	15 ♉ 55	29 ♏ 58	27 ♐ 6	4 ♎ 0	3 ♌ 48	23 ♓ 6	24 ♍ 15	22 ♏ 53	20 ♍ 36	2 ♋	1 ♈	13 ♌	26 ♎	21 ♓
13	20 ♐ 8	26 ♐ 19	14 ♉ 20	15 ♉ 51	1 ♐ 19	28 ♐ 22	4 ♎ 32	3 ♌ 44	23 ♓ 8	24 ♍ 16	22 ♏ 55	20 ♍ 36	2 ♋	1 ♈	14 ♌	26 ♎	21 ♓
14	21 ♐ 9	9 ♑ 45	14 ♉ 17	15 ♉ 46	2 ♐ 41	29 ♐ 37	5 ♎ 3	3 ♌ 40	23 ♓ 10	24 ♍ 17	22 ♏ 57	20 ♍ 37	2 ♋	1 ♈	14 R	27 ♎	21 ♓
15	22 ♐ 10	22 ♑ 51	14 ♉ 14	15 ♉ 39	4 ♐ 5	0 ♑ 52	5 ♎ 33	3 ♌ 36	23 ♓ 12	24 ♍ 18	22 ♏ 59	20 ♍ 37	1 ♋	1 ♈	14 ♌	27 ♎	21 ♓
16	23 ♐ 11	5 ♒ 39	14 ♉ 11	15 ♉ 33	5 ♐ 29	2 ♑ 8	6 ♎ 4	3 ♌ 31	23 ♓ 14	24 ♍ 19	23 ♏ 1	20 ♍ 37	1 ♋	2 ♈	13 ♌	28 ♎	21 ♓
17	24 ♐ 12	18 ♒ 8	14 ♉ 8	15 ♉ 27	6 ♐ 55	3 ♑ 23	6 ♎ 35	3 ♌ 27	23 ♓ 16	24 ♍ 20	23 ♏ 3	20 ♍ 38	1 ♋	2 ♈	13 ♌	28 ♎	21 ♓
18	25 ♐ 13	0 ♓ 21	14 ♉ 4	15 ♉ 22	8 ♐ 21	4 ♑ 39	7 ♎ 5	3 ♌ 22	23 ♓ 18	24 ♍ 20	23 ♏ 5	20 ♍ 38	1 ♋	2 ♈	13 ♌	29 ♎	21 ♓
19	26 ♐ 14	12 ♓ 22	14 ♉ 1	15 ♉ 19	9 ♐ 48	5 ♑ 54	7 ♎ 36	3 ♌ 17	23 ♓ 20	24 ♍ 21	23 ♏ 7	20 ♍ 38	0 ♋	2 ♈	13 ♌	29 ♎	21 ♓
20	27 ♐ 15	24 ♓ 15	13 ♉ 58	15 ♉ 18	11 ♐ 16	7 ♑ 9	8 ♎ 6	3 ♌ 11	23 ♓ 23	24 ♍ 22	23 ♏ 9	20 ♍ 38	0 ♋	2 ♈	13 ♌	29 ♎	21 ♓
21	28 ♐ 16	6 ♈ 5	13 ♉ 55	15 D 18	12 ♐ 44	8 ♑ 25	8 ♎ 36	3 ♌ 6	23 ♓ 25	24 ♍ 22	23 ♏ 11	20 ♍ 38	0 ♋	2 ♈	13 ♌	0 ♏	21 ♓
22	29 ♐ 18	17 ♈ 57	13 ♉ 52	15 ♉ 19	14 ♐ 13	9 ♑ 40	9 ♎ 6	3 ♌ 0	23 ♓ 28	24 ♍ 23	23 ♏ 13	20 ♍ 38	0 ♋	2 ♈	13 ♌	0 ♏	21 ♓
23	0 ♑ 19	29 ♈ 56	13 ♉ 48	15 ♉ 21	15 ♐ 42	10 ♑ 55	9 ♎ 36	2 ♌ 55	23 ♓ 30	24 ♍ 23	23 ♏ 15	20 ♍ 38	29 ♊	3 ♈	13 ♌	1 ♏	21 ♓
24	1 ♑ 20	12 ♉ 7	13 ♉ 45	15 ♉ 22	17 ♐ 12	12 ♑ 11	10 ♎ 5	2 ♌ 49	23 ♓ 33	24 ♍ 24	23 ♏ 17	20 ♍ 38	29 ♊	3 ♈	13 ♌	1 ♏	21 ♓
25	2 ♑ 21	24 ♉ 35	13 ♉ 42	15 R 21	18 ♐ 42	13 ♑ 26	10 ♎ 35	2 ♌ 43	23 ♓ 36	24 ♍ 24	23 ♏ 18	20 R 38	29 ♊	3 ♈	13 ♌	2 ♏	21 ♓
26	3 ♑ 22	7 ♊ 22	13 ♉ 39	15 ♉ 19	20 ♐ 12	14 ♑ 42	11 ♎ 4	2 ♌ 37	23 ♓ 39	24 ♍ 24	23 ♏ 20	20 ♍ 38	29 ♊	3 ♈	13 ♌	2 ♏	21 ♓
27	4 ♑ 23	20 ♊ 30	13 ♉ 36	15 ♉ 14	21 ♐ 43	15 ♑ 57	11 ♎ 33	2 ♌ 31	23 ♓ 42	24 ♍ 25	23 ♏ 22	20 ♍ 38	29 ♊	3 ♈	13 ♌	3 ♏	21 ♓
28	5 ♑ 24	3 ♋ 58	13 ♉ 33	15 ♉ 7	23 ♐ 14	17 ♑ 12	12 ♎ 2	2 ♌ 24	23 ♓ 45	24 ♍ 25	23 ♏ 24	20 ♍ 38	28 ♊	3 ♈	13 ♌	3 ♏	21 ♓
29	6 ♑ 25	17 ♋ 45	13 ♉ 29	14 ♉ 59	24 ♐ 45	18 ♑ 28	12 ♎ 31	2 ♌ 18	23 ♓ 48	24 ♍ 25	23 ♏ 26	20 ♍ 38	28 ♊	4 ♈	12 ♌	3 ♏	21 ♓
30	7 ♑ 26	1 ♌ 47	13 ♉ 26	14 ♉ 50	26 ♐ 17	19 ♑ 43	12 ♎ 59	2 ♌ 11	23 ♓ 52	24 ♍ 25	23 ♏ 27	20 ♍ 38	28 ♊	4 ♈	12 ♌	4 ♏	21 ♓
31	8 ♑ 28	15 ♌ 59	13 ♉ 23	14 ♉ 41	27 ♐ 49	20 ♑ 58	13 ♎ 28	2 ♌ 4	23 ♓ 55	24 R 25	23 ♏ 29	20 ♍ 38	28 ♊	4 ♈	12 ♌	4 ♏	22 ♓

SUN INGRESS ☉ → ♑ 22日 16:28

MOON PHASE ◑ 5日 15:22 ♍　● 12日 12:13 ♐　◐ 20日 06:41 ♓　○ 28日 02:43 ♋

aspects		
3日	20:44	☿⚹♇
6日	00:36	☿☌♆
6日	07:31	☿△♄
6日	18:57	♀□♇
7日	08:46	☿⚹♅
8日	18:09	♀□♄
9日	16:43	♀□♅
11日	15:53	♂⚹♃
13日	11:14	☉□♇
14日	16:11	☿△♃
16日	01:01	☉□♄
16日	15:26	☿⚹♂
17日	03:01	☉□♅
21日	05:57	♀□♂
26日	06:57	☿□♇
28日	08:32	☿□♄
28日	18:40	☿□♅
30日	17:28	♀△♇

1967年1月

DAY	☉	☽	☊ mean	☊ true	☿	♀	♂	♃	♄	♅	♆	♇	⚳	⚴	⚵	⚶	⚷
	° ′	° ′	° ′	° ′	° ′	° ′	° ′	° ′	° ′	° ′	° ′	° ′	°	°	°	°	°
1	9 ♑ 29	0 ♍ 16	13 ♉ 20	14 R 34	29 D 21	22 D 13	13 D 56	1 R 57	23 D 59	24 R 25	23 D 31	20 R 37	27 R	4 D	12 R	5 D	22 D
2	10 ♑ 30	14 ♍ 33	13 ♉ 17	14 ♉ 28	0 ♑ 54	23 ♑ 29	14 ♎ 24	1 ♌ 50	24 ♓ 2	24 ♍ 25	23 ♏ 33	20 ♍ 37	27 ♊	4 ♈	12 ♌	5 ♏	22 ♓
3	11 ♑ 31	28 ♍ 46	13 ♉ 14	14 ♉ 25	2 ♑ 27	24 ♑ 44	14 ♎ 52	1 ♌ 43	24 ♓ 6	24 ♍ 25	23 ♏ 34	20 ♍ 37	27 ♊	5 ♈	12 ♌	6 ♏	22 ♓
4	12 ♑ 32	12 ♎ 55	13 ♉ 10	14 D 25	4 ♑ 1	25 ♑ 59	15 ♎ 20	1 ♌ 36	24 ♓ 10	24 ♍ 24	23 ♏ 36	20 ♍ 36	27 ♊	5 ♈	12 ♌	6 ♏	22 ♓
5	13 ♑ 33	26 ♎ 56	13 ♉ 7	14 ♉ 25	5 ♑ 34	27 ♑ 15	15 ♎ 47	1 ♌ 29	24 ♓ 14	24 ♍ 24	23 ♏ 37	20 ♍ 36	26 ♊	5 ♈	11 ♌	6 ♏	22 ♓
6	14 ♑ 35	10 ♏ 50	13 ♉ 4	14 ♉ 26	7 ♑ 8	28 ♑ 30	16 ♎ 14	1 ♌ 21	24 ♓ 18	24 ♍ 24	23 ♏ 39	20 ♍ 36	26 ♊	5 ♈	11 ♌	7 ♏	22 ♓
7	15 ♑ 36	24 ♏ 36	13 ♉ 1	14 R 25	8 ♑ 43	29 ♑ 45	16 ♎ 41	1 ♌ 14	24 ♓ 22	24 ♍ 24	23 ♏ 41	20 ♍ 35	26 ♊	6 ♈	11 ♌	7 ♏	22 ♓
8	16 ♑ 37	8 ♐ 14	12 ♉ 58	14 ♉ 23	10 ♑ 18	1 ♒ 0	17 ♎ 8	1 ♌ 6	24 ♓ 26	24 ♍ 23	23 ♏ 42	20 ♍ 35	26 ♊	6 ♈	11 ♌	8 ♏	22 ♓
9	17 ♑ 38	21 ♐ 43	12 ♉ 54	14 ♉ 18	11 ♑ 53	2 ♒ 16	17 ♎ 35	0 ♌ 59	24 ♓ 30	24 ♍ 23	23 ♏ 44	20 ♍ 34	26 ♊	6 ♈	11 ♌	8 ♏	22 ♓
10	18 ♑ 39	5 ♑ 1	12 ♉ 51	14 ♉ 10	13 ♑ 29	3 ♒ 31	18 ♎ 1	0 ♌ 51	24 ♓ 35	24 ♍ 22	23 ♏ 45	20 ♍ 34	25 ♊	6 ♈	10 ♌	9 ♏	22 ♓
11	19 ♑ 40	18 ♑ 8	12 ♉ 48	13 ♉ 59	15 ♑ 5	4 ♒ 46	18 ♎ 27	0 ♌ 43	24 ♓ 39	24 ♍ 21	23 ♏ 47	20 ♍ 33	25 ♊	7 ♈	10 ♌	9 ♏	22 ♓
12	20 ♑ 42	1 ♒ 0	12 ♉ 45	13 ♉ 47	16 ♑ 41	6 ♒ 1	18 ♎ 53	0 ♌ 36	24 ♓ 44	24 ♍ 21	23 ♏ 48	20 ♍ 33	25 ♊	7 ♈	10 ♌	9 ♏	22 ♓
13	21 ♑ 43	13 ♒ 39	12 ♉ 42	13 ♉ 34	18 ♑ 18	7 ♒ 17	19 ♎ 19	0 ♌ 28	24 ♓ 48	24 ♍ 20	23 ♏ 50	20 ♍ 32	25 ♊	7 ♈	10 ♌	10 ♏	22 ♓
14	22 ♑ 44	26 ♒ 3	12 ♉ 39	13 ♉ 22	19 ♑ 56	8 ♒ 32	19 ♎ 44	0 ♌ 20	24 ♓ 53	24 ♍ 19	23 ♏ 51	20 ♍ 31	25 ♊	7 ♈	9 ♌	10 ♏	22 ♓
15	23 ♑ 45	8 ♓ 13	12 ♉ 35	13 ♉ 11	21 ♑ 33	9 ♒ 47	20 ♎ 9	0 ♌ 12	24 ♓ 58	24 ♍ 18	23 ♏ 52	20 ♍ 31	25 ♊	8 ♈	9 ♌	11 ♏	22 ♓
16	24 ♑ 46	20 ♓ 12	12 ♉ 32	13 ♉ 3	23 ♑ 12	11 ♒ 2	20 ♎ 34	0 ♌ 4	25 ♓ 3	24 ♍ 18	23 ♏ 54	20 ♍ 30	24 ♊	8 ♈	9 ♌	11 ♏	22 ♓
17	25 ♑ 47	2 ♈ 4	12 ♉ 29	12 ♉ 58	24 ♑ 51	12 ♒ 17	20 ♎ 59	29 ♋ 56	25 ♓ 8	24 ♍ 17	23 ♏ 55	20 ♍ 29	24 ♊	8 ♈	9 ♌	11 ♏	22 ♓
18	26 ♑ 48	13 ♈ 52	12 ♉ 26	12 ♉ 55	26 ♑ 30	13 ♒ 32	21 ♎ 23	29 ♋ 48	25 ♓ 13	24 ♍ 16	23 ♏ 56	20 ♍ 28	24 ♊	9 ♈	8 ♌	12 ♏	22 ♓
19	27 ♑ 49	25 ♈ 42	12 ♉ 23	12 ♉ 54	28 ♑ 10	14 ♒ 47	21 ♎ 47	29 ♋ 40	25 ♓ 18	24 ♍ 15	23 ♏ 57	20 ♍ 28	24 ♊	9 ♈	8 ♌	12 ♏	22 ♓
20	28 ♑ 50	7 ♉ 39	12 ♉ 20	12 D 54	29 ♑ 51	16 ♒ 3	22 ♎ 11	29 ♋ 32	25 ♓ 23	24 ♍ 14	23 ♏ 59	20 ♍ 27	24 ♊	9 ♈	8 ♌	13 ♏	22 ♓
21	29 ♑ 52	19 ♉ 49	12 ♉ 16	12 R 54	1 ♒ 32	17 ♒ 18	22 ♎ 34	29 ♋ 24	25 ♓ 28	24 ♍ 12	24 ♏ 0	20 ♍ 26	24 ♊	9 ♈	8 ♌	13 ♏	22 ♓
22	0 ♒ 53	2 ♊ 17	12 ♉ 13	12 ♉ 53	3 ♒ 13	18 ♒ 33	22 ♎ 58	29 ♋ 16	25 ♓ 33	24 ♍ 11	24 ♏ 1	20 ♍ 25	24 ♊	10 ♈	7 ♌	13 ♏	22 ♓
23	1 ♒ 54	15 ♊ 7	12 ♉ 10	12 ♉ 49	4 ♒ 55	19 ♒ 48	23 ♎ 21	29 ♋ 7	25 ♓ 39	24 ♍ 10	24 ♏ 2	20 ♍ 24	23 ♊	10 ♈	7 ♌	14 ♏	22 ♓
24	2 ♒ 55	28 ♊ 23	12 ♉ 7	12 ♉ 43	6 ♒ 38	21 ♒ 3	23 ♎ 43	28 ♋ 59	25 ♓ 44	24 ♍ 9	24 ♏ 3	20 ♍ 23	23 ♊	10 ♈	7 ♌	14 ♏	22 ♓
25	3 ♒ 56	12 ♋ 5	12 ♉ 4	12 ♉ 34	8 ♒ 21	22 ♒ 18	24 ♎ 6	28 ♋ 51	25 ♓ 49	24 ♍ 7	24 ♏ 4	20 ♍ 22	23 ♊	11 ♈	7 ♌	15 ♏	22 ♓
26	4 ♒ 57	26 ♋ 12	12 ♉ 0	12 ♉ 22	10 ♒ 5	23 ♒ 33	24 ♎ 28	28 ♋ 43	25 ♓ 55	24 ♍ 6	24 ♏ 5	20 ♍ 21	23 ♊	11 ♈	6 ♌	15 ♏	22 ♓
27	5 ♒ 58	10 ♌ 39	11 ♉ 57	12 ♉ 10	11 ♒ 49	24 ♒ 48	24 ♎ 49	28 ♋ 36	26 ♓ 1	24 ♍ 5	24 ♏ 6	20 ♍ 20	23 ♊	11 ♈	6 ♌	15 ♏	22 ♓
28	6 ♒ 59	25 ♌ 19	11 ♉ 54	11 ♉ 58	13 ♒ 34	26 ♒ 3	25 ♎ 11	28 ♋ 28	26 ♓ 6	24 ♍ 3	24 ♏ 7	20 ♍ 19	23 ♊	12 ♈	6 ♌	16 ♏	23 ♓
29	8 ♒ 0	10 ♍ 5	11 ♉ 51	11 ♉ 48	15 ♒ 18	27 ♒ 18	25 ♎ 32	28 ♋ 20	26 ♓ 12	24 ♍ 2	24 ♏ 8	20 ♍ 18	23 ♊	12 ♈	6 ♌	16 ♏	23 ♓
30	9 ♒ 0	24 ♍ 47	11 ♉ 48	11 ♉ 40	17 ♒ 4	28 ♒ 32	25 ♎ 52	28 ♋ 12	26 ♓ 18	24 ♍ 0	24 ♏ 9	20 ♍ 17	23 ♊	12 ♈	5 ♌	16 ♏	23 ♓
31	10 ♒ 1	9 ♎ 21	11 ♉ 45	11 ♉ 35	18 ♒ 49	29 ♒ 47	26 ♎ 13	28 ♋ 4	26 ♓ 24	23 ♍ 58	24 ♏ 10	20 ♍ 16	23 ♊	13 ♈	5 ♌	17 ♏	23 ♓

SUN INGRESS	☉ → ♒ 21日 03:08
MOON PHASE	◑ 3日 23:19 ♎　● 11日 03:06 ♑　◐ 19日 04:41 ♈　○ 26日 15:40 ♌

aspects		
2日	01:15	♀⚹♆
2日	11:18	♀⚹♄
2日	17:51	♀△♅
7日	07:52	♄☍♅
8日	01:45	♀☍♃
8日	21:40	☉□♂
11日	20:30	☉△♇
13日	20:10	☿□♂
14日	08:41	☿△♇
15日	02:55	☉⚹♆
15日	12:57	☉△♅
16日	07:02	☉⚹♄
16日	10:15	☿⚹♆
16日	15:47	☿△♅
17日	04:14	☿⚹♄
18日	11:10	☉☌☿
19日	19:47	☿☍♃
20日	14:17	☉☍♃
26日	07:52	♅⚹♆
26日	10:31	♀□♆
27日	00:43	♀△♂

1967年2月

DAY	☉	☽	☊ mean	☊ true	☿	♀	♂	♃	♄	♅	♆	♇	⚳	⚴	⚵	⚶	⚷
	° ′	° ′	° ′	° ′	° ′	° ′	° ′	° ′	° ′	° ′	° ′	° ′	°	°	°	°	°
1	11 ♒ 2	23 ♎ 40	11 ♉ 41	11 R 33	20 D 35	1 D 2	26 D 33	27 R 57	26 D 30	23 R 57	24 D 11	20 R 15	23 R	13 D	5 R	17 D	23 D
2	12 ♒ 3	7 ♏ 44	11 ♉ 38	11 ♉ 32	22 ♒ 20	2 ♓ 17	26 ♎ 52	27 ♋ 49	26 ♓ 36	23 ♍ 55	24 ♏ 12	20 ♍ 14	23 ♊	13 ♈	5 ♌	18 ♏	23 ♓
3	13 ♒ 4	21 ♏ 32	11 ♉ 35	11 ♉ 32	24 ♒ 5	3 ♓ 32	27 ♎ 12	27 ♋ 41	26 ♓ 42	23 ♍ 53	24 ♏ 12	20 ♍ 12	23 ♊	14 ♈	4 ♌	18 ♏	23 ♓
4	14 ♒ 5	5 ♐ 5	11 ♉ 32	11 ♉ 31	25 ♒ 50	4 ♓ 47	27 ♎ 31	27 ♋ 34	26 ♓ 48	23 ♍ 52	24 ♏ 13	20 ♍ 11	23 ♊	14 ♈	4 ♌	18 ♏	23 ♓
5	15 ♒ 6	18 ♐ 25	11 ♉ 29	11 ♉ 28	27 ♒ 35	6 ♓ 1	27 ♎ 49	27 ♋ 26	26 ♓ 54	23 ♍ 50	24 ♏ 14	20 ♍ 10	23 ♊	14 ♈	4 ♌	19 ♏	23 ♓
6	16 ♒ 7	1 ♑ 32	11 ♉ 26	11 ♉ 22	29 ♒ 18	7 ♓ 16	28 ♎ 7	27 ♋ 19	27 ♓ 0	23 ♍ 48	24 ♏ 14	20 ♍ 9	22 ♊	15 ♈	4 ♌	19 ♏	23 ♓
7	17 ♒ 7	14 ♑ 28	11 ♉ 22	11 ♉ 13	1 ♓ 1	8 ♓ 31	28 ♎ 25	27 ♋ 12	27 ♓ 7	23 ♍ 46	24 ♏ 15	20 ♍ 7	22 ♊	15 ♈	3 ♌	19 ♏	23 ♓
8	18 ♒ 8	27 ♑ 13	11 ♉ 19	11 ♉ 1	2 ♓ 42	9 ♓ 46	28 ♎ 42	27 ♋ 5	27 ♓ 13	23 ♍ 44	24 ♏ 16	20 ♍ 6	22 ♊	16 ♈	3 ♌	20 ♏	23 ♓
9	19 ♒ 9	9 ♒ 47	11 ♉ 16	10 ♉ 47	4 ♓ 21	11 ♓ 0	28 ♎ 59	26 ♋ 58	27 ♓ 19	23 ♍ 42	24 ♏ 16	20 ♍ 5	22 D	16 ♈	3 ♌	20 ♏	23 ♓
10	20 ♒ 10	22 ♒ 11	11 ♉ 13	10 ♉ 33	5 ♓ 57	12 ♓ 15	29 ♎ 15	26 ♋ 51	27 ♓ 26	23 ♍ 40	24 ♏ 17	20 ♍ 3	22 ♊	16 ♈	3 ♌	20 ♏	23 ♓
11	21 ♒ 11	4 ♓ 24	11 ♉ 10	10 ♉ 19	7 ♓ 31	13 ♓ 30	29 ♎ 31	26 ♋ 44	27 ♓ 32	23 ♍ 38	24 ♏ 17	20 ♍ 2	22 ♊	17 ♈	3 ♌	21 ♏	23 ♓
12	22 ♒ 11	16 ♓ 27	11 ♉ 6	10 ♉ 7	9 ♓ 2	14 ♓ 44	29 ♎ 46	26 ♋ 38	27 ♓ 39	23 ♍ 36	24 ♏ 18	20 ♍ 1	23 ♊	17 ♈	2 ♌	21 ♏	23 ♓
13	23 ♒ 12	28 ♓ 22	11 ♉ 3	9 ♉ 57	10 ♓ 28	15 ♓ 59	0 ♏ 1	26 ♋ 31	27 ♓ 45	23 ♍ 34	24 ♏ 18	19 ♍ 59	23 ♊	17 ♈	2 ♌	21 ♏	23 ♓
14	24 ♒ 13	10 ♈ 12	11 ♉ 0	9 ♉ 50	11 ♓ 50	17 ♓ 13	0 ♏ 16	26 ♋ 25	27 ♓ 52	23 ♍ 32	24 ♏ 19	19 ♍ 58	23 ♊	18 ♈	2 ♌	22 ♏	23 ♓
15	25 ♒ 13	21 ♈ 59	10 ♉ 57	9 ♉ 47	13 ♓ 7	18 ♓ 28	0 ♏ 30	26 ♋ 18	27 ♓ 59	23 ♍ 30	24 ♏ 19	19 ♍ 57	23 ♊	18 ♈	2 ♌	22 ♏	23 ♓
16	26 ♒ 14	3 ♉ 47	10 ♉ 54	9 ♉ 45	14 ♓ 17	19 ♓ 42	0 ♏ 43	26 ♋ 12	28 ♓ 5	23 ♍ 27	24 ♏ 19	19 ♍ 55	23 ♊	19 ♈	2 ♌	22 ♏	23 ♓
17	27 ♒ 15	15 ♉ 42	10 ♉ 51	9 D 45	15 ♓ 21	20 ♓ 57	0 ♏ 56	26 ♋ 6	28 ♓ 12	23 ♍ 25	24 ♏ 20	19 ♍ 54	23 ♊	19 ♈	1 ♌	22 ♏	24 ♓
18	28 ♒ 15	27 ♉ 49	10 ♉ 47	9 ♉ 45	16 ♓ 17	22 ♓ 11	1 ♏ 8	26 ♋ 0	28 ♓ 19	23 ♍ 23	24 ♏ 20	19 ♍ 52	23 ♊	19 ♈	1 ♌	23 ♏	24 ♓
19	29 ♒ 16	10 ♊ 13	10 ♉ 44	9 R 45	17 ♓ 5	23 ♓ 25	1 ♏ 20	25 ♋ 55	28 ♓ 26	23 ♍ 21	24 ♏ 20	19 ♍ 51	23 ♊	20 ♈	1 ♌	23 ♏	24 ♓
20	0 ♓ 16	23 ♊ 0	10 ♉ 41	9 ♉ 42	17 ♓ 45	24 ♓ 40	1 ♏ 32	25 ♋ 49	28 ♓ 33	23 ♍ 18	24 ♏ 20	19 ♍ 49	23 ♊	20 ♈	1 ♌	23 ♏	24 ♓
21	1 ♓ 17	6 ♋ 14	10 ♉ 38	9 ♉ 38	18 ♓ 15	25 ♓ 54	1 ♏ 42	25 ♋ 44	28 ♓ 39	23 ♍ 16	24 ♏ 20	19 ♍ 48	23 ♊	21 ♈	1 ♌	24 ♏	24 ♓
22	2 ♓ 17	19 ♋ 56	10 ♉ 35	9 ♉ 31	18 ♓ 36	27 ♓ 8	1 ♏ 53	25 ♋ 39	28 ♓ 46	23 ♍ 13	24 ♏ 21	19 ♍ 46	23 ♊	21 ♈	1 ♌	24 ♏	24 ♓
23	3 ♓ 17	4 ♌ 8	10 ♉ 32	9 ♉ 21	18 ♓ 46	28 ♓ 22	2 ♏ 2	25 ♋ 34	28 ♓ 53	23 ♍ 11	24 ♏ 21	19 ♍ 45	23 ♊	21 ♈	1 ♌	24 ♏	24 ♓
24	4 ♓ 18	18 ♌ 46	10 ♉ 28	9 ♉ 11	18 R 47	29 ♓ 36	2 ♏ 11	25 ♋ 29	29 ♓ 0	23 ♍ 9	24 ♏ 21	19 ♍ 43	23 ♊	22 ♈	0 ♌	24 ♏	24 ♓
25	5 ♓ 18	3 ♍ 43	10 ♉ 25	9 ♉ 1	18 ♓ 38	0 ♈ 50	2 ♏ 20	25 ♋ 24	29 ♓ 7	23 ♍ 6	24 ♏ 21	19 ♍ 42	23 ♊	22 ♈	0 ♌	25 ♏	24 ♓
26	6 ♓ 19	18 ♍ 49	10 ♉ 22	8 ♉ 52	18 ♓ 19	2 ♈ 5	2 ♏ 28	25 ♋ 19	29 ♓ 15	23 ♍ 4	24 R 21	19 ♍ 40	24 ♊	23 ♈	0 ♌	25 ♏	24 ♓
27	7 ♓ 19	3 ♎ 55	10 ♉ 19	8 ♉ 45	17 ♓ 50	3 ♈ 19	2 ♏ 35	25 ♋ 15	29 ♓ 22	23 ♍ 1	24 ♏ 21	19 ♍ 39	24 ♊	23 ♈	0 ♌	25 ♏	24 ♓
28	8 ♓ 19	18 ♎ 52	10 ♉ 16	8 ♉ 41	17 ♓ 14	4 ♈ 32	2 ♏ 42	25 ♋ 11	29 ♓ 29	22 ♍ 59	24 ♏ 21	19 ♍ 37	24 ♊	24 ♈	0 ♌	25 ♏	24 ♓

SUN INGRESS	☉ → ♓ 19日 17:24
MOON PHASE	◑ 2日 08:03 ♏　● 9日 19:44 ♒　◐ 18日 00:56 ♉　○ 25日 02:43 ♍

aspects		
3日	01:35	☿□♆
4日	03:06	♂□♃
5日	03:59	☿△♂
7日	09:41	♃△♄
14日	02:20	☉□♆
16日	04:07	♀☍♇
18日	22:30	♀☍♅
19日	17:45	♀△♆
20日	20:59	♀△♃
21日	12:20	☉△♂
23日	11:08	♀☌♄

1967年3月

DAY	☉	☽	☊ mean	☊ true	☿	♀	♂	♃	♄	♅	♆	♇	⚳	⚴	⚵	⚶	⚷
	° ′	° ′	° ′	° ′	° ′	° ′	° ′	° ′	° ′	° ′	° ′	° ′	°	°	°	°	°
1	9 ♓ 19	3 ♏ 32	10 ♉ 12	8 R 40	16 R 29	5 D 46	2 D 48	25 R 7	29 D 36	22 R 56	24 R 21	19 R 36	24 D	24 D	0 R	26 D	24 D
2	10 ♓ 20	17 ♏ 51	10 ♉ 9	8 D 40	15 ♓ 39	7 ♈ 0	2 ♏ 53	25 ♋ 3	29 ♓ 43	22 ♍ 54	24 ♏ 20	19 ♍ 34	24 ♊	24 ♈	0 ♌	26 ♏	24 ♓
3	11 ♓ 20	1 ♐ 47	10 ♉ 6	8 ♉ 41	14 ♓ 43	8 ♈ 14	2 ♏ 58	24 ♋ 59	29 ♓ 50	22 ♍ 51	24 ♏ 20	19 ♍ 32	24 ♊	25 ♈	0 ♌	26 ♏	24 ♓
4	12 ♓ 20	15 ♐ 21	10 ♉ 3	8 R 41	13 ♓ 44	9 ♈ 28	3 ♏ 2	24 ♋ 56	29 ♓ 58	22 ♍ 49	24 ♏ 20	19 ♍ 31	24 ♊	25 ♈	0 ♌	26 ♏	24 ♓
5	13 ♓ 20	28 ♐ 35	10 ♉ 0	8 ♉ 40	12 ♓ 42	10 ♈ 42	3 ♏ 5	24 ♋ 52	0 ♈ 5	22 ♍ 46	24 ♏ 20	19 ♍ 29	24 ♊	26 ♈	0 ♌	27 ♏	24 ♓
6	14 ♓ 20	11 ♑ 32	9 ♉ 57	8 ♉ 36	11 ♓ 40	11 ♈ 55	3 ♏ 8	24 ♋ 49	0 ♈ 12	22 ♍ 44	24 ♏ 20	19 ♍ 28	25 ♊	26 ♈	0 ♌	27 ♏	25 ♓
7	15 ♓ 20	24 ♑ 13	9 ♉ 53	8 ♉ 31	10 ♓ 39	13 ♈ 9	3 ♏ 10	24 ♋ 46	0 ♈ 19	22 ♍ 41	24 ♏ 19	19 ♍ 26	25 ♊	27 ♈	0 ♌	27 ♏	25 ♓
8	16 ♓ 20	6 ♒ 42	9 ♉ 50	8 ♉ 23	9 ♓ 40	14 ♈ 23	3 ♏ 11	24 ♋ 43	0 ♈ 27	22 ♍ 38	24 ♏ 19	19 ♍ 24	25 ♊	27 ♈	0 ♌	27 ♏	25 ♓
9	17 ♓ 20	19 ♒ 0	9 ♉ 47	8 ♉ 13	8 ♓ 44	15 ♈ 36	3 ♏ 11	24 ♋ 41	0 ♈ 34	22 ♍ 36	24 ♏ 18	19 ♍ 23	25 ♊	28 ♈	0 ♌	27 ♏	25 ♓
10	18 ♓ 20	1 ♓ 10	9 ♉ 44	8 ♉ 3	7 ♓ 52	16 ♈ 50	3 R 11	24 ♋ 38	0 ♈ 41	22 ♍ 33	24 ♏ 18	19 ♍ 21	25 ♊	28 ♈	0 ♌	28 ♏	25 ♓
11	19 ♓ 20	13 ♓ 11	9 ♉ 41	7 ♉ 54	7 ♓ 6	18 ♈ 3	3 ♏ 10	24 ♋ 36	0 ♈ 49	22 ♍ 31	24 ♏ 18	19 ♍ 20	26 ♊	28 ♈	0 D	28 ♏	25 ♓
12	20 ♓ 20	25 ♓ 7	9 ♉ 37	7 ♉ 45	6 ♓ 25	19 ♈ 17	3 ♏ 8	24 ♋ 34	0 ♈ 56	22 ♍ 28	24 ♏ 17	19 ♍ 18	26 ♊	29 ♈	0 ♌	28 ♏	25 ♓
13	21 ♓ 20	6 ♈ 57	9 ♉ 34	7 ♉ 39	5 ♓ 50	20 ♈ 30	3 ♏ 6	24 ♋ 32	1 ♈ 4	22 ♍ 25	24 ♏ 17	19 ♍ 16	26 ♊	29 ♈	0 ♌	28 ♏	25 ♓
14	22 ♓ 20	18 ♈ 45	9 ♉ 31	7 ♉ 35	5 ♓ 22	21 ♈ 43	3 ♏ 2	24 ♋ 31	1 ♈ 11	22 ♍ 23	24 ♏ 16	19 ♍ 15	26 ♊	0 ♉	0 ♌	28 ♏	25 ♓
15	23 ♓ 20	0 ♉ 32	9 ♉ 28	7 ♉ 33	5 ♓ 0	22 ♈ 57	2 ♏ 58	24 ♋ 29	1 ♈ 18	22 ♍ 20	24 ♏ 16	19 ♍ 13	26 ♊	0 ♉	0 ♌	29 ♏	25 ♓
16	24 ♓ 20	12 ♉ 22	9 ♉ 25	7 D 32	4 ♓ 44	24 ♈ 10	2 ♏ 53	24 ♋ 28	1 ♈ 26	22 ♍ 17	24 ♏ 15	19 ♍ 12	27 ♊	1 ♉	0 ♌	29 ♏	25 ♓
17	25 ♓ 20	24 ♉ 18	9 ♉ 22	7 ♉ 33	4 ♓ 35	25 ♈ 23	2 ♏ 48	24 ♋ 27	1 ♈ 33	22 ♍ 15	24 ♏ 14	19 ♍ 10	27 ♊	1 ♉	0 ♌	29 ♏	25 ♓
18	26 ♓ 19	6 ♊ 25	9 ♉ 18	7 ♉ 35	4 D 32	26 ♈ 36	2 ♏ 41	24 ♋ 26	1 ♈ 41	22 ♍ 12	24 ♏ 14	19 ♍ 8	27 ♊	2 ♉	0 ♌	29 ♏	25 ♓
19	27 ♓ 19	18 ♊ 48	9 ♉ 15	7 ♉ 36	4 ♓ 35	27 ♈ 49	2 ♏ 34	24 ♋ 26	1 ♈ 48	22 ♍ 10	24 ♏ 13	19 ♍ 7	27 ♊	2 ♉	0 ♌	29 ♏	25 ♓
20	28 ♓ 19	1 ♋ 31	9 ♉ 12	7 R 37	4 ♓ 44	29 ♈ 2	2 ♏ 26	24 ♋ 25	1 ♈ 56	22 ♍ 7	24 ♏ 12	19 ♍ 5	27 ♊	3 ♉	0 ♌	29 ♏	25 ♓
21	29 ♓ 18	14 ♋ 38	9 ♉ 9	7 ♉ 35	4 ♓ 58	0 ♉ 15	2 ♏ 18	24 ♋ 25	2 ♈ 3	22 ♍ 4	24 ♏ 12	19 ♍ 4	28 ♊	3 ♉	0 ♌	29 ♏	25 ♓
22	0 ♈ 18	28 ♋ 13	9 ♉ 6	7 ♉ 33	5 ♓ 18	1 ♉ 28	2 ♏ 8	24 D 25	2 ♈ 11	22 ♍ 2	24 ♏ 11	19 ♍ 2	28 ♊	4 ♉	0 ♌	29 ♏	25 ♓
23	1 ♈ 17	12 ♌ 18	9 ♉ 3	7 ♉ 28	5 ♓ 43	2 ♉ 40	1 ♏ 58	24 ♋ 25	2 ♈ 18	21 ♍ 59	24 ♏ 10	19 ♍ 1	28 ♊	4 ♉	0 ♌	0 ♐	26 ♓
24	2 ♈ 17	26 ♌ 50	8 ♉ 59	7 ♉ 23	6 ♓ 12	3 ♉ 53	1 ♏ 47	24 ♋ 25	2 ♈ 26	21 ♍ 57	24 ♏ 9	18 ♍ 59	28 ♊	5 ♉	0 ♌	0 ♐	26 ♓
25	3 ♈ 16	11 ♍ 45	8 ♉ 56	7 ♉ 18	6 ♓ 45	5 ♉ 6	1 ♏ 35	24 ♋ 26	2 ♈ 33	21 ♍ 54	24 ♏ 8	18 ♍ 57	29 ♊	5 ♉	0 ♌	0 ♐	26 ♓
26	4 ♈ 16	26 ♍ 55	8 ♉ 53	7 ♉ 14	7 ♓ 23	6 ♉ 18	1 ♏ 23	24 ♋ 27	2 ♈ 41	21 ♍ 52	24 ♏ 7	18 ♍ 56	29 ♊	6 ♉	0 ♌	0 ♐	26 ♓
27	5 ♈ 15	12 ♎ 11	8 ♉ 50	7 ♉ 10	8 ♓ 5	7 ♉ 31	1 ♏ 10	24 ♋ 28	2 ♈ 48	21 ♍ 49	24 ♏ 7	18 ♍ 54	29 ♊	6 ♉	1 ♌	0 ♐	26 ♓
28	6 ♈ 15	27 ♎ 22	8 ♉ 47	7 ♉ 9	8 ♓ 50	8 ♉ 43	0 ♏ 56	24 ♋ 29	2 ♈ 56	21 ♍ 47	24 ♏ 6	18 ♍ 53	29 ♊	7 ♉	1 ♌	0 ♐	26 ♓
29	7 ♈ 14	12 ♏ 19	8 ♉ 43	7 D 8	9 ♓ 39	9 ♉ 56	0 ♏ 41	24 ♋ 30	3 ♈ 3	21 ♍ 44	24 ♏ 5	18 ♍ 51	0 ♋	7 ♉	1 ♌	0 ♐	26 ♓
30	8 ♈ 13	26 ♏ 55	8 ♉ 40	7 ♉ 9	10 ♓ 31	11 ♉ 8	0 ♏ 26	24 ♋ 31	3 ♈ 10	21 ♍ 42	24 ♏ 4	18 ♍ 50	0 ♋	8 ♉	1 ♌	0 ♐	26 ♓
31	9 ♈ 12	11 ♐ 6	8 ♉ 37	7 ♉ 11	11 ♓ 26	12 ♉ 20	0 ♏ 10	24 ♋ 33	3 ♈ 18	21 ♍ 39	24 ♏ 3	18 ♍ 48	0 ♋	8 ♉	1 ♌	0 ♐	26 ♓

SUN INGRESS	☉ → ♈ 21日 16:37
MOON PHASE	◑ 3日 18:10 ♐ ● 11日 13:30 ♓ ◐ 19日 17:31 ♊ ○ 26日 12:21 ♎

aspects		
4日	16:36	☉☌☿
10日	23:42	☉☍♇
14日	01:00	☉☍♅
15日	22:06	☉△♆
16日	03:20	☉△♃
16日	05:58	♀□♃
22日	11:42	♀☍♂
24日	04:01	☉☌♄
28日	06:41	☿⚹♀

1967年4月

DAY	☉	☽	☊ mean	☊ true	☿	♀	♂	♃	♄	♅	♆	♇	⚳	⚴	⚵	⚶	⚷
	° ′	° ′	° ′	° ′	° ′	° ′	° ′	° ′	° ′	° ′	° ′	° ′	°	°	°	°	°
1	10 ♈ 12	24 ♐ 51	8 ♉ 34	7 D 12	12 D 24	13 D 32	29 R 53	24 D 35	3 D 25	21 R 37	24 R 2	18 R 47	0 D	9 D	1 D	0 D	26 D
2	11 ♈ 11	8 ♑ 10	8 ♉ 31	7 ♉ 13	13 ♓ 25	14 ♉ 44	29 ♎ 36	24 ♋ 37	3 ♈ 33	21 ♍ 34	24 ♏ 1	18 ♍ 45	1 ♋	9 ♉	1 ♌	0 ♐	26 ♓
3	12 ♈ 10	21 ♑ 7	8 ♉ 28	7 R 13	14 ♓ 29	15 ♉ 56	29 ♎ 18	24 ♋ 39	3 ♈ 40	21 ♍ 32	23 ♏ 59	18 ♍ 44	1 ♋	10 ♉	1 ♌	0 ♐	26 ♓
4	13 ♈ 9	3 ♒ 44	8 ♉ 24	7 ♉ 11	15 ♓ 35	17 ♉ 8	29 ♎ 0	24 ♋ 42	3 ♈ 48	21 ♍ 29	23 ♏ 58	18 ♍ 42	1 ♋	10 ♉	2 ♌	0 ♐	26 ♓
5	14 ♈ 8	16 ♒ 6	8 ♉ 21	7 ♉ 9	16 ♓ 43	18 ♉ 20	28 ♎ 41	24 ♋ 44	3 ♈ 55	21 ♍ 27	23 ♏ 57	18 ♍ 41	2 ♋	11 ♉	2 ♌	0 R	26 ♓
6	15 ♈ 8	28 ♒ 15	8 ♉ 18	7 ♉ 5	17 ♓ 54	19 ♉ 32	28 ♎ 21	24 ♋ 47	4 ♈ 2	21 ♍ 25	23 ♏ 56	18 ♍ 40	2 ♋	11 ♉	2 ♌	0 ♐	26 ♓
7	16 ♈ 7	10 ♓ 14	8 ♉ 15	7 ♉ 2	19 ♓ 7	20 ♉ 44	28 ♎ 1	24 ♋ 50	4 ♈ 10	21 ♍ 22	23 ♏ 55	18 ♍ 38	2 ♋	12 ♉	2 ♌	0 ♐	26 ♓
8	17 ♈ 6	22 ♓ 8	8 ♉ 12	6 ♉ 58	20 ♓ 22	21 ♉ 55	27 ♎ 41	24 ♋ 53	4 ♈ 17	21 ♍ 20	23 ♏ 54	18 ♍ 37	2 ♋	12 ♉	2 ♌	0 ♐	26 ♓
9	18 ♈ 5	3 ♈ 57	8 ♉ 9	6 ♉ 56	21 ♓ 39	23 ♉ 7	27 ♎ 20	24 ♋ 56	4 ♈ 25	21 ♍ 18	23 ♏ 52	18 ♍ 36	3 ♋	13 ♉	2 ♌	0 ♐	27 ♓
10	19 ♈ 4	15 ♈ 45	8 ♉ 5	6 ♉ 54	22 ♓ 58	24 ♉ 18	26 ♎ 58	25 ♋ 0	4 ♈ 32	21 ♍ 16	23 ♏ 51	18 ♍ 34	3 ♋	13 ♉	3 ♌	0 ♐	27 ♓
11	20 ♈ 3	27 ♈ 34	8 ♉ 2	6 ♉ 52	24 ♓ 19	25 ♉ 30	26 ♎ 37	25 ♋ 3	4 ♈ 39	21 ♍ 13	23 ♏ 50	18 ♍ 33	3 ♋	14 ♉	3 ♌	0 ♐	27 ♓
12	21 ♈ 1	9 ♉ 25	7 ♉ 59	6 D 52	25 ♓ 42	26 ♉ 41	26 ♎ 15	25 ♋ 7	4 ♈ 47	21 ♍ 11	23 ♏ 49	18 ♍ 32	4 ♋	14 ♉	3 ♌	0 ♐	27 ♓
13	22 ♈ 0	21 ♉ 21	7 ♉ 56	6 ♉ 53	27 ♓ 6	27 ♉ 52	25 ♎ 53	25 ♋ 11	4 ♈ 54	21 ♍ 9	23 ♏ 47	18 ♍ 30	4 ♋	15 ♉	3 ♌	0 ♐	27 ♓
14	22 ♈ 59	3 ♊ 24	7 ♉ 53	6 ♉ 54	28 ♓ 33	29 ♉ 4	25 ♎ 30	25 ♋ 15	5 ♈ 1	21 ♍ 7	23 ♏ 46	18 ♍ 29	4 ♋	15 ♉	3 ♌	0 ♐	27 ♓
15	23 ♈ 58	15 ♊ 38	7 ♉ 49	6 ♉ 55	0 ♈ 1	0 ♊ 15	25 ♎ 8	25 ♋ 20	5 ♈ 8	21 ♍ 5	23 ♏ 45	18 ♍ 28	5 ♋	16 ♉	4 ♌	0 ♐	27 ♓
16	24 ♈ 57	28 ♊ 6	7 ♉ 46	6 ♉ 56	1 ♈ 31	1 ♊ 26	24 ♎ 45	25 ♋ 24	5 ♈ 16	21 ♍ 3	23 ♏ 43	18 ♍ 27	5 ♋	16 ♉	4 ♌	0 ♐	27 ♓
17	25 ♈ 55	10 ♋ 50	7 ♉ 43	6 ♉ 57	3 ♈ 2	2 ♊ 36	24 ♎ 22	25 ♋ 29	5 ♈ 23	21 ♍ 1	23 ♏ 42	18 ♍ 25	5 ♋	17 ♉	4 ♌	29 ♏	27 ♓
18	26 ♈ 54	23 ♋ 55	7 ♉ 40	6 ♉ 57	4 ♈ 36	3 ♊ 47	23 ♎ 59	25 ♋ 34	5 ♈ 30	20 ♍ 59	23 ♏ 40	18 ♍ 24	6 ♋	17 ♉	4 ♌	29 ♏	27 ♓
19	27 ♈ 53	7 ♌ 24	7 ♉ 37	6 R 57	6 ♈ 11	4 ♊ 58	23 ♎ 36	25 ♋ 39	5 ♈ 37	20 ♍ 57	23 ♏ 39	18 ♍ 23	6 ♋	18 ♉	4 ♌	29 ♏	27 ♓
20	28 ♈ 51	21 ♌ 17	7 ♉ 34	6 ♉ 57	7 ♈ 47	6 ♊ 8	23 ♎ 14	25 ♋ 44	5 ♈ 44	20 ♍ 55	23 ♏ 38	18 ♍ 22	6 ♋	18 ♉	5 ♌	29 ♏	27 ♓
21	29 ♈ 50	5 ♍ 34	7 ♉ 30	6 ♉ 56	9 ♈ 25	7 ♊ 19	22 ♎ 51	25 ♋ 49	5 ♈ 51	20 ♍ 53	23 ♏ 36	18 ♍ 21	7 ♋	19 ♉	5 ♌	29 ♏	27 ♓
22	0 ♉ 48	20 ♍ 14	7 ♉ 27	6 ♉ 55	11 ♈ 5	8 ♊ 29	22 ♎ 28	25 ♋ 55	5 ♈ 58	20 ♍ 51	23 ♏ 35	18 ♍ 20	7 ♋	19 ♉	5 ♌	29 ♏	27 ♓
23	1 ♉ 47	5 ♎ 12	7 ♉ 24	6 ♉ 55	12 ♈ 47	9 ♊ 40	22 ♎ 6	26 ♋ 0	6 ♈ 5	20 ♍ 50	23 ♏ 33	18 ♍ 19	7 ♋	20 ♉	5 ♌	29 ♏	27 ♓
24	2 ♉ 45	20 ♎ 19	7 ♉ 21	6 ♉ 54	14 ♈ 30	10 ♊ 50	21 ♎ 44	26 ♋ 6	6 ♈ 12	20 ♍ 48	23 ♏ 32	18 ♍ 17	8 ♋	20 ♉	6 ♌	29 ♏	27 ♓
25	3 ♉ 44	5 ♏ 28	7 ♉ 18	6 ♉ 54	16 ♈ 15	12 ♊ 0	21 ♎ 22	26 ♋ 12	6 ♈ 19	20 ♍ 46	23 ♏ 30	18 ♍ 16	8 ♋	21 ♉	6 ♌	28 ♏	27 ♓
26	4 ♉ 42	20 ♏ 28	7 ♉ 14	6 D 54	18 ♈ 2	13 ♊ 10	21 ♎ 0	26 ♋ 18	6 ♈ 26	20 ♍ 45	23 ♏ 29	18 ♍ 15	8 ♋	22 ♉	6 ♌	28 ♏	27 ♓
27	5 ♉ 41	5 ♐ 12	7 ♉ 11	6 ♉ 54	19 ♈ 50	14 ♊ 20	20 ♎ 39	26 ♋ 24	6 ♈ 33	20 ♍ 43	23 ♏ 27	18 ♍ 14	9 ♋	22 ♉	6 ♌	28 ♏	27 ♓
28	6 ♉ 39	19 ♐ 34	7 ♉ 8	6 ♉ 54	21 ♈ 40	15 ♊ 29	20 ♎ 18	26 ♋ 31	6 ♈ 40	20 ♍ 41	23 ♏ 26	18 ♍ 13	9 ♋	23 ♉	7 ♌	28 ♏	28 ♓
29	7 ♉ 37	3 ♑ 29	7 ♉ 5	6 R 54	23 ♈ 32	16 ♊ 39	19 ♎ 58	26 ♋ 37	6 ♈ 47	20 ♍ 40	23 ♏ 24	18 ♍ 13	9 ♋	23 ♉	7 ♌	28 ♏	28 ♓
30	8 ♉ 36	16 ♑ 58	7 ♉ 2	6 ♉ 54	25 ♈ 26	17 ♊ 48	19 ♎ 38	26 ♋ 44	6 ♈ 53	20 ♍ 38	23 ♏ 23	18 ♍ 12	10 ♋	24 ♉	7 ♌	28 ♏	28 ♓

SUN INGRESS	☉ → ♉ 21日 03:55
MOON PHASE	◑ 2日 05:58 ♑ ● 10日 07:20 ♈ ◐ 18日 05:48 ♋ ○ 24日 21:03 ♏

aspects		
5日	06:49	♀△♇
6日	14:49	☿☍♇
7日	12:34	♀△♅
8日	17:40	☿☍♅
9日	15:00	♀☍♆
10日	14:39	♀⚹♃
10日	15:34	☿△♆
11日	13:36	☿△♃
14日	13:06	♂□♃
15日	17:36	☿⚹♀
15日	20:30	☉☍♂
16日	12:15	☉□♃
18日	14:53	☿☌♄
19日	14:47	♀⚹♄
27日	08:59	☿☍♂
30日	07:56	♀□♇
30日	17:20	☿□♃

1967年5月

DAY	☉	☽	☊ mean	☊ true	☿	♀	♂	♃	♄	♅	♆	♇	⚳	⚴	⚵	⚶	⚷
	° ′	° ′	° ′	° ′	° ′	° ′	° ′	° ′	° ′	° ′	° ′	° ′	°	°	°	°	°
1	9 ♉ 34	0 ♒ 1	6 ♉ 59	6 R 54	27 D 21	18 D 58	19 R 19	26 D 51	7 D 0	20 R 37	23 R 21	18 R 11	10 D	24 D	7 D	27 R	28 D
2	10 ♉ 32	12 ♒ 41	6 ♉ 55	6 D 54	29 ♈ 18	20 ♊ 7	19 ♎ 0	26 ♋ 58	7 ♈ 7	20 ♍ 35	23 ♏ 19	18 ♍ 10	10 ♋	25 ♉	8 ♌	27 ♏	28 ♓
3	11 ♉ 30	25 ♒ 2	6 ♉ 52	6 ♉ 54	1 ♉ 17	21 ♊ 16	18 ♎ 41	27 ♋ 5	7 ♈ 13	20 ♍ 34	23 ♏ 18	18 ♍ 9	11 ♋	25 ♉	8 ♌	27 ♏	28 ♓
4	12 ♉ 29	7 ♓ 8	6 ♉ 49	6 ♉ 55	3 ♉ 17	22 ♊ 25	18 ♎ 24	27 ♋ 12	7 ♈ 20	20 ♍ 33	23 ♏ 16	18 ♍ 8	11 ♋	26 ♉	8 ♌	27 ♏	28 ♓
5	13 ♉ 27	19 ♓ 4	6 ♉ 46	6 ♉ 55	5 ♉ 19	23 ♊ 34	18 ♎ 6	27 ♋ 19	7 ♈ 27	20 ♍ 32	23 ♏ 15	18 ♍ 8	12 ♋	26 ♉	9 ♌	26 ♏	28 ♓
6	14 ♉ 25	0 ♈ 54	6 ♉ 43	6 ♉ 56	7 ♉ 22	24 ♊ 43	17 ♎ 50	27 ♋ 27	7 ♈ 33	20 ♍ 30	23 ♏ 13	18 ♍ 7	12 ♋	27 ♉	9 ♌	26 ♏	28 ♓
7	15 ♉ 23	12 ♈ 41	6 ♉ 40	6 ♉ 57	9 ♉ 27	25 ♊ 52	17 ♎ 34	27 ♋ 34	7 ♈ 40	20 ♍ 29	23 ♏ 12	18 ♍ 6	12 ♋	28 ♉	9 ♌	26 ♏	28 ♓
8	16 ♉ 21	24 ♈ 29	6 ♉ 36	6 ♉ 57	11 ♉ 33	27 ♊ 0	17 ♎ 19	27 ♋ 42	7 ♈ 46	20 ♍ 28	23 ♏ 10	18 ♍ 5	13 ♋	28 ♉	9 ♌	26 ♏	28 ♓
9	17 ♉ 19	6 ♉ 21	6 ♉ 33	6 ♉ 58	13 ♉ 41	28 ♊ 8	17 ♎ 4	27 ♋ 50	7 ♈ 52	20 ♍ 27	23 ♏ 8	18 ♍ 5	13 ♋	29 ♉	10 ♌	26 ♏	28 ♓
10	18 ♉ 17	18 ♉ 19	6 ♉ 30	6 R 57	15 ♉ 49	29 ♊ 17	16 ♎ 51	27 ♋ 58	7 ♈ 59	20 ♍ 26	23 ♏ 7	18 ♍ 4	13 ♋	29 ♉	10 ♌	25 ♏	28 ♓
11	19 ♉ 15	0 ♊ 26	6 ♉ 27	6 ♉ 56	17 ♉ 59	0 ♋ 25	16 ♎ 38	28 ♋ 6	8 ♈ 5	20 ♍ 25	23 ♏ 5	18 ♍ 3	14 ♋	0 ♊	10 ♌	25 ♏	28 ♓
12	20 ♉ 13	12 ♊ 42	6 ♉ 24	6 ♉ 55	20 ♉ 9	1 ♋ 33	16 ♎ 26	28 ♋ 14	8 ♈ 11	20 ♍ 24	23 ♏ 3	18 ♍ 3	14 ♋	0 ♊	11 ♌	25 ♏	28 ♓
13	21 ♉ 11	25 ♊ 10	6 ♉ 20	6 ♉ 53	22 ♉ 20	2 ♋ 41	16 ♎ 14	28 ♋ 23	8 ♈ 17	20 ♍ 23	23 ♏ 2	18 ♍ 2	15 ♋	1 ♊	11 ♌	25 ♏	28 ♓
14	22 ♉ 9	7 ♋ 51	6 ♉ 17	6 ♉ 51	24 ♉ 31	3 ♋ 48	16 ♎ 4	28 ♋ 31	8 ♈ 24	20 ♍ 22	23 ♏ 0	18 ♍ 2	15 ♋	1 ♊	11 ♌	24 ♏	28 ♓
15	23 ♉ 7	20 ♋ 47	6 ♉ 14	6 ♉ 49	26 ♉ 41	4 ♋ 56	15 ♎ 54	28 ♋ 40	8 ♈ 30	20 ♍ 22	22 ♏ 59	18 ♍ 1	15 ♋	2 ♊	12 ♌	24 ♏	28 ♓
16	24 ♉ 5	3 ♌ 58	6 ♉ 11	6 ♉ 47	28 ♉ 52	6 ♋ 3	15 ♎ 45	28 ♋ 49	8 ♈ 36	20 ♍ 21	22 ♏ 57	18 ♍ 1	16 ♋	3 ♊	12 ♌	24 ♏	28 ♓
17	25 ♉ 3	17 ♌ 27	6 ♉ 8	6 ♉ 46	1 ♊ 2	7 ♋ 10	15 ♎ 36	28 ♋ 57	8 ♈ 42	20 ♍ 20	22 ♏ 55	18 ♍ 0	16 ♋	3 ♊	12 ♌	24 ♏	28 ♓
18	26 ♉ 1	1 ♍ 14	6 ♉ 5	6 D 46	3 ♊ 11	8 ♋ 17	15 ♎ 29	29 ♋ 6	8 ♈ 47	20 ♍ 20	22 ♏ 54	18 ♍ 0	17 ♋	4 ♊	12 ♌	23 ♏	28 ♓
19	26 ♉ 58	15 ♍ 19	6 ♉ 1	6 ♉ 47	5 ♊ 19	9 ♋ 24	15 ♎ 22	29 ♋ 15	8 ♈ 53	20 ♍ 19	22 ♏ 52	18 ♍ 0	17 ♋	4 ♊	13 ♌	23 ♏	28 ♓
20	27 ♉ 56	29 ♍ 41	5 ♉ 58	6 ♉ 48	7 ♊ 26	10 ♋ 31	15 ♎ 17	29 ♋ 25	8 ♈ 59	20 ♍ 18	22 ♏ 50	17 ♍ 59	17 ♋	5 ♊	13 ♌	23 ♏	28 ♓
21	28 ♉ 54	14 ♎ 17	5 ♉ 55	6 ♉ 50	9 ♊ 30	11 ♋ 37	15 ♎ 12	29 ♋ 34	9 ♈ 5	20 ♍ 18	22 ♏ 49	17 ♍ 59	18 ♋	5 ♊	13 ♌	23 ♏	29 ♓
22	29 ♉ 52	29 ♎ 4	5 ♉ 52	6 ♉ 50	11 ♊ 33	12 ♋ 44	15 ♎ 7	29 ♋ 43	9 ♈ 10	20 ♍ 18	22 ♏ 47	17 ♍ 59	18 ♋	6 ♊	14 ♌	22 ♏	29 ♓
23	0 ♊ 49	13 ♏ 55	5 ♉ 49	6 R 50	13 ♊ 34	13 ♋ 50	15 ♎ 4	29 ♋ 53	9 ♈ 16	20 ♍ 17	22 ♏ 46	17 ♍ 59	18 ♋	7 ♊	14 ♌	22 ♏	29 ♓
24	1 ♊ 47	28 ♏ 42	5 ♉ 46	6 ♉ 49	15 ♊ 33	14 ♋ 56	15 ♎ 2	0 ♌ 2	9 ♈ 22	20 ♍ 17	22 ♏ 44	17 ♍ 58	19 ♋	7 ♊	14 ♌	22 ♏	29 ♓
25	2 ♊ 45	13 ♐ 19	5 ♉ 42	6 ♉ 47	17 ♊ 29	16 ♋ 1	15 ♎ 0	0 ♌ 12	9 ♈ 27	20 ♍ 17	22 ♏ 42	17 ♍ 58	19 ♋	8 ♊	15 ♌	22 ♏	29 ♓
26	3 ♊ 42	27 ♐ 39	5 ♉ 39	6 ♉ 43	19 ♊ 23	17 ♋ 7	14 ♎ 59	0 ♌ 22	9 ♈ 32	20 ♍ 16	22 ♏ 41	17 ♍ 58	20 ♋	8 ♊	15 ♌	21 ♏	29 ♓
27	4 ♊ 40	11 ♑ 37	5 ♉ 36	6 ♉ 39	21 ♊ 14	18 ♋ 12	14 D 59	0 ♌ 31	9 ♈ 38	20 ♍ 16	22 ♏ 39	17 ♍ 58	20 ♋	9 ♊	15 ♌	21 ♏	29 ♓
28	5 ♊ 37	25 ♑ 10	5 ♉ 33	6 ♉ 35	23 ♊ 2	19 ♋ 17	14 ♎ 59	0 ♌ 41	9 ♈ 43	20 ♍ 16	22 ♏ 38	17 ♍ 58	20 ♋	9 ♊	16 ♌	21 ♏	29 ♓
29	6 ♊ 35	8 ♒ 18	5 ♉ 30	6 ♉ 32	24 ♊ 48	20 ♋ 22	15 ♎ 0	0 ♌ 51	9 ♈ 48	20 ♍ 16	22 ♏ 36	17 ♍ 58	21 ♋	10 ♊	16 ♌	21 ♏	29 ♓
30	7 ♊ 32	21 ♒ 2	5 ♉ 26	6 ♉ 29	26 ♊ 31	21 ♋ 27	15 ♎ 3	1 ♌ 2	9 ♈ 53	20 D 16	22 ♏ 34	17 ♍ 58	21 ♋	11 ♊	16 ♌	21 ♏	29 ♓
31	8 ♊ 30	3 ♓ 25	5 ♉ 23	6 ♉ 28	28 ♊ 11	22 ♋ 31	15 ♎ 5	1 ♌ 12	9 ♈ 59	20 ♍ 16	22 ♏ 33	17 D 58	22 ♋	11 ♊	17 ♌	20 ♏	29 ♓

SUN INGRESS	☉ → ♊ 22日 03:18
MOON PHASE	◑ 1日 19:32 ♒　● 9日 23:55 ♉　◐ 17日 14:18 ♌　○ 24日 05:22 ♐　◑ 31日 10:52 ♓

aspects		
1日	05:40	♀△♂
2日	09:40	♀□♅
9日	18:37	☉△♇
11日	00:52	☿△♇
12日	01:25	☉☌☿
12日	02:45	☿△♅
12日	04:24	☉△♅
13日	07:38	☿☍♆
14日	20:34	☉☍♆
15日	23:19	☿⚹♃
18日	11:52	♀□♄
20日	18:48	☿⚹♄
21日	19:48	☉⚹♃
23日	17:43	☿△♂
24日	02:08	♀□♂
25日	06:03	☿□♇
26日	11:29	☿□♅
26日	18:50	♀⚹♇
28日	21:53	♀⚹♅
31日	00:43	♀△♆

1967年6月

DAY	☉	☽	☊ mean	☊ true	☿	♀	♂	♃	♄	♅	♆	♇	⚳	⚴	⚵	⚶	⚷
	° ′	° ′	° ′	° ′	° ′	° ′	° ′	° ′	° ′	° ′	° ′	° ′	°	°	°	°	°
1	9 ♊ 28	15 ♓ 32	5 ♉ 20	6 D 28	29 D 47	23 D 35	15 D 9	1 D 22	10 D 4	20 D 16	22 R 31	17 D 58	22 D	12 D	17 D	20 R	29 D
2	10 ♊ 25	27 ♓ 28	5 ♉ 17	6 ♉ 29	1 ♋ 21	24 ♋ 39	15 ♎ 13	1 ♌ 33	10 ♈ 9	20 ♍ 17	22 ♏ 30	17 ♍ 58	23 ♋	12 ♊	17 ♌	20 ♏	29 ♓
3	11 ♊ 23	9 ♈ 17	5 ♉ 14	6 ♉ 31	2 ♋ 52	25 ♋ 43	15 ♎ 18	1 ♌ 43	10 ♈ 13	20 ♍ 17	22 ♏ 28	17 ♍ 58	23 ♋	13 ♊	18 ♌	20 ♏	29 ♓
4	12 ♊ 20	21 ♈ 5	5 ♉ 11	6 ♉ 32	4 ♋ 20	26 ♋ 46	15 ♎ 24	1 ♌ 54	10 ♈ 18	20 ♍ 17	22 ♏ 27	17 ♍ 58	23 ♋	14 ♊	18 ♌	20 ♏	29 ♓
5	13 ♊ 18	2 ♉ 56	5 ♉ 7	6 ♉ 33	5 ♋ 45	27 ♋ 49	15 ♎ 31	2 ♌ 4	10 ♈ 23	20 ♍ 17	22 ♏ 25	17 ♍ 58	24 ♋	14 ♊	18 ♌	19 ♏	29 ♓
6	14 ♊ 15	14 ♉ 53	5 ♉ 4	6 R 33	7 ♋ 7	28 ♋ 52	15 ♎ 38	2 ♌ 15	10 ♈ 28	20 ♍ 18	22 ♏ 24	17 ♍ 58	24 ♋	15 ♊	19 ♌	19 ♏	29 ♓
7	15 ♊ 12	27 ♉ 0	5 ♉ 1	6 ♉ 31	8 ♋ 26	29 ♋ 55	15 ♎ 46	2 ♌ 26	10 ♈ 32	20 ♍ 18	22 ♏ 22	17 ♍ 59	25 ♋	15 ♊	19 ♌	19 ♏	29 ♓
8	16 ♊ 10	9 ♊ 19	4 ♉ 58	6 ♉ 27	9 ♋ 42	0 ♌ 57	15 ♎ 54	2 ♌ 37	10 ♈ 37	20 ♍ 19	22 ♏ 21	17 ♍ 59	25 ♋	16 ♊	19 ♌	19 ♏	29 ♓
9	17 ♊ 7	21 ♊ 52	4 ♉ 55	6 ♉ 22	10 ♋ 54	1 ♌ 59	16 ♎ 3	2 ♌ 48	10 ♈ 41	20 ♍ 19	22 ♏ 19	17 ♍ 59	25 ♋	16 ♊	20 ♌	19 ♏	29 ♓
10	18 ♊ 5	4 ♋ 40	4 ♉ 52	6 ♉ 15	12 ♋ 3	3 ♌ 1	16 ♎ 13	2 ♌ 59	10 ♈ 45	20 ♍ 20	22 ♏ 18	18 ♍ 0	26 ♋	17 ♊	20 ♌	19 ♏	29 ♓
11	19 ♊ 2	17 ♋ 41	4 ♉ 48	6 ♉ 8	13 ♋ 9	4 ♌ 2	16 ♎ 24	3 ♌ 10	10 ♈ 50	20 ♍ 21	22 ♏ 17	18 ♍ 0	26 ♋	18 ♊	20 ♌	18 ♏	29 ♓
12	19 ♊ 59	0 ♌ 56	4 ♉ 45	6 ♉ 1	14 ♋ 11	5 ♌ 4	16 ♎ 35	3 ♌ 21	10 ♈ 54	20 ♍ 21	22 ♏ 15	18 ♍ 0	27 ♋	18 ♊	21 ♌	18 ♏	29 ♓
13	20 ♊ 57	14 ♌ 23	4 ♉ 42	5 ♉ 55	15 ♋ 10	6 ♌ 4	16 ♎ 47	3 ♌ 32	10 ♈ 58	20 ♍ 22	22 ♏ 14	18 ♍ 1	27 ♋	19 ♊	21 ♌	18 ♏	29 ♓
14	21 ♊ 54	28 ♌ 3	4 ♉ 39	5 ♉ 51	16 ♋ 6	7 ♌ 5	16 ♎ 59	3 ♌ 44	11 ♈ 2	20 ♍ 23	22 ♏ 12	18 ♍ 1	28 ♋	19 ♊	22 ♌	18 ♏	29 ♓
15	22 ♊ 51	11 ♍ 53	4 ♉ 36	5 ♉ 49	16 ♋ 57	8 ♌ 5	17 ♎ 12	3 ♌ 55	11 ♈ 6	20 ♍ 24	22 ♏ 11	18 ♍ 2	28 ♋	20 ♊	22 ♌	18 ♏	29 ♓
16	23 ♊ 49	25 ♍ 54	4 ♉ 32	5 D 48	17 ♋ 45	9 ♌ 5	17 ♎ 26	4 ♌ 7	11 ♈ 10	20 ♍ 25	22 ♏ 10	18 ♍ 2	28 ♋	21 ♊	22 ♌	18 ♏	29 ♓
17	24 ♊ 46	10 ♎ 3	4 ♉ 29	5 ♉ 49	18 ♋ 29	10 ♌ 4	17 ♎ 40	4 ♌ 18	11 ♈ 13	20 ♍ 26	22 ♏ 8	18 ♍ 3	29 ♋	21 ♊	23 ♌	18 ♏	29 ♓
18	25 ♊ 43	24 ♎ 21	4 ♉ 26	5 ♉ 50	19 ♋ 10	11 ♌ 3	17 ♎ 55	4 ♌ 30	11 ♈ 17	20 ♍ 27	22 ♏ 7	18 ♍ 3	29 ♋	22 ♊	23 ♌	18 ♏	29 ♓
19	26 ♊ 41	8 ♏ 45	4 ♉ 23	5 R 50	19 ♋ 46	12 ♌ 2	18 ♎ 10	4 ♌ 41	11 ♈ 21	20 ♍ 28	22 ♏ 6	18 ♍ 4	0 ♌	22 ♊	23 ♌	18 ♏	29 ♓
20	27 ♊ 38	23 ♏ 11	4 ♉ 20	5 ♉ 49	20 ♋ 18	13 ♌ 0	18 ♎ 26	4 ♌ 53	11 ♈ 24	20 ♍ 29	22 ♏ 5	18 ♍ 5	0 ♌	23 ♊	24 ♌	18 ♏	29 ♓
21	28 ♊ 35	7 ♐ 35	4 ♉ 17	5 ♉ 46	20 ♋ 45	13 ♌ 58	18 ♎ 42	5 ♌ 5	11 ♈ 28	20 ♍ 30	22 ♏ 3	18 ♍ 5	1 ♌	24 ♊	24 ♌	17 ♏	29 ♓
22	29 ♊ 32	21 ♐ 53	4 ♉ 13	5 ♉ 40	21 ♋ 9	14 ♌ 55	18 ♎ 59	5 ♌ 17	11 ♈ 31	20 ♍ 31	22 ♏ 2	18 ♍ 6	1 ♌	24 ♊	24 ♌	17 ♏	29 ♓
23	0 ♋ 30	5 ♑ 58	4 ♉ 10	5 ♉ 32	21 ♋ 28	15 ♌ 52	19 ♎ 17	5 ♌ 29	11 ♈ 34	20 ♍ 32	22 ♏ 1	18 ♍ 7	1 ♌	25 ♊	25 ♌	17 ♏	29 ♓
24	1 ♋ 27	19 ♑ 46	4 ♉ 7	5 ♉ 23	21 ♋ 42	16 ♌ 48	19 ♎ 34	5 ♌ 41	11 ♈ 37	20 ♍ 34	22 ♏ 0	18 ♍ 7	2 ♌	25 ♊	25 ♌	17 ♏	29 ♓
25	2 ♋ 24	3 ♒ 13	4 ♉ 4	5 ♉ 14	21 ♋ 52	17 ♌ 44	19 ♎ 53	5 ♌ 53	11 ♈ 40	20 ♍ 35	21 ♏ 59	18 ♍ 8	2 ♌	26 ♊	26 ♌	17 ♏	29 ♓
26	3 ♋ 21	16 ♒ 19	4 ♉ 1	5 ♉ 6	21 ♋ 57	18 ♌ 39	20 ♎ 12	6 ♌ 5	11 ♈ 43	20 ♍ 37	21 ♏ 57	18 ♍ 9	3 ♌	27 ♊	26 ♌	17 ♏	29 ♓
27	4 ♋ 18	29 ♒ 2	3 ♉ 58	4 ♉ 59	21 R 58	19 ♌ 34	20 ♎ 31	6 ♌ 17	11 ♈ 46	20 ♍ 38	21 ♏ 56	18 ♍ 10	3 ♌	27 ♊	26 ♌	17 ♏	29 ♓
28	5 ♋ 16	11 ♓ 26	3 ♉ 54	4 ♉ 54	21 ♋ 54	20 ♌ 29	20 ♎ 51	6 ♌ 29	11 ♈ 49	20 ♍ 40	21 ♏ 55	18 ♍ 11	4 ♌	28 ♊	27 ♌	17 ♏	29 ♓
29	6 ♋ 13	23 ♓ 34	3 ♉ 51	4 ♉ 51	21 ♋ 46	21 ♌ 22	21 ♎ 11	6 ♌ 41	11 ♈ 52	20 ♍ 41	21 ♏ 54	18 ♍ 12	4 ♌	28 ♊	27 ♌	17 D	29 ♓
30	7 ♋ 10	5 ♈ 30	3 ♉ 48	4 ♉ 50	21 ♋ 33	22 ♌ 16	21 ♎ 32	6 ♌ 53	11 ♈ 54	20 ♍ 43	21 ♏ 53	18 ♍ 13	4 ♌	29 ♊	27 ♌	17 ♏	29 ♓

SUN INGRESS	☉ → ♋ 22日 11:23
MOON PHASE	● 8日 14:13 ♊　◐ 15日 20:12 ♍　○ 22日 13:57 ♑　◑ 30日 03:39 ♈

aspects		
1日	16:26	☉⚹♄
7日	16:14	☉△♂
8日	19:19	☿□♄
9日	21:52	☉□♇
9日	22:55	♀☌♃
12日	09:14	☉□♅
15日	09:59	☿□♂
16日	09:06	☿⚹♇
18日	06:02	♀△♄
20日	09:34	☿⚹♅
25日	23:48	☿△♆
27日	19:28	☿△♆
28日	15:57	♀⚹♂
29日	14:01	♀□♆
30日	00:53	☿□♂

1967年7月

DAY	☉	☽	☊ mean	☊ true	☿	♀	♂	♃	♄	♅	♆	♇	⚳	⚴	⚵	⚶	⚷
	° ′	° ′	° ′	° ′	° ′	° ′	° ′	° ′	° ′	° ′	° ′	° ′	°	°	°	°	°
1	8 ♋ 7	17 ♈ 20	3 ♉ 45	4 D 50	21 R 16	23 D 8	21 D 53	7 D 6	11 D 57	20 D 44	21 R 52	18 D 14	5 D	0 D	28 D	17 D	29 D
2	9 ♋ 5	29 ♈ 9	3 ♉ 42	4 ♉ 51	20 ♋ 56	24 ♌ 0	22 ♎ 15	7 ♌ 18	11 ♈ 59	20 ♍ 46	21 ♏ 51	18 ♍ 15	5 ♌	0 ♋	28 ♌	17 ♏	29 ♓
3	10 ♋ 2	11 ♉ 2	3 ♉ 38	4 R 51	20 ♋ 31	24 ♌ 52	22 ♎ 37	7 ♌ 30	12 ♈ 1	20 ♍ 48	21 ♏ 50	18 ♍ 16	6 ♌	1 ♋	28 ♌	17 ♏	29 ♓
4	10 ♋ 59	23 ♉ 4	3 ♉ 35	4 ♉ 49	20 ♋ 3	25 ♌ 42	22 ♎ 59	7 ♌ 43	12 ♈ 4	20 ♍ 50	21 ♏ 49	18 ♍ 17	6 ♌	1 ♋	29 ♌	17 ♏	29 R
5	11 ♋ 56	5 ♊ 18	3 ♉ 32	4 ♉ 46	19 ♋ 32	26 ♌ 32	23 ♎ 22	7 ♌ 55	12 ♈ 6	20 ♍ 52	21 ♏ 48	18 ♍ 18	7 ♌	2 ♋	29 ♌	17 ♏	29 ♓
6	12 ♋ 53	17 ♊ 50	3 ♉ 29	4 ♉ 39	18 ♋ 58	27 ♌ 22	23 ♎ 45	8 ♌ 8	12 ♈ 8	20 ♍ 53	21 ♏ 47	18 ♍ 19	7 ♌	3 ♋	0 ♍	17 ♏	29 ♓
7	13 ♋ 51	0 ♋ 39	3 ♉ 26	4 ♉ 30	18 ♋ 23	28 ♌ 11	24 ♎ 9	8 ♌ 20	12 ♈ 10	20 ♍ 55	21 ♏ 47	18 ♍ 20	8 ♌	3 ♋	0 ♍	18 ♏	29 ♓
8	14 ♋ 48	13 ♋ 46	3 ♉ 23	4 ♉ 20	17 ♋ 46	28 ♌ 58	24 ♎ 33	8 ♌ 33	12 ♈ 12	20 ♍ 57	21 ♏ 46	18 ♍ 21	8 ♌	4 ♋	0 ♍	18 ♏	29 ♓
9	15 ♋ 45	27 ♋ 11	3 ♉ 19	4 ♉ 9	17 ♋ 8	29 ♌ 46	24 ♎ 58	8 ♌ 46	12 ♈ 13	20 ♍ 59	21 ♏ 45	18 ♍ 22	8 ♌	4 ♋	1 ♍	18 ♏	29 ♓
10	16 ♋ 42	10 ♌ 50	3 ♉ 16	3 ♉ 58	16 ♋ 31	0 ♍ 32	25 ♎ 23	8 ♌ 58	12 ♈ 15	21 ♍ 2	21 ♏ 44	18 ♍ 23	9 ♌	5 ♋	1 ♍	18 ♏	29 ♓
11	17 ♋ 40	24 ♌ 41	3 ♉ 13	3 ♉ 48	15 ♋ 53	1 ♍ 17	25 ♎ 48	9 ♌ 11	12 ♈ 16	21 ♍ 4	21 ♏ 43	18 ♍ 25	9 ♌	6 ♋	1 ♍	18 ♏	29 ♓
12	18 ♋ 37	8 ♍ 40	3 ♉ 10	3 ♉ 41	15 ♋ 17	2 ♍ 2	26 ♎ 13	9 ♌ 24	12 ♈ 18	21 ♍ 6	21 ♏ 43	18 ♍ 26	10 ♌	6 ♋	2 ♍	18 ♏	29 ♓
13	19 ♋ 34	22 ♍ 45	3 ♉ 7	3 ♉ 36	14 ♋ 43	2 ♍ 46	26 ♎ 39	9 ♌ 37	12 ♈ 19	21 ♍ 8	21 ♏ 42	18 ♍ 27	10 ♌	7 ♋	2 ♍	18 ♏	29 ♓
14	20 ♋ 31	6 ♎ 52	3 ♉ 4	3 ♉ 34	14 ♋ 10	3 ♍ 28	27 ♎ 6	9 ♌ 49	12 ♈ 20	21 ♍ 10	21 ♏ 41	18 ♍ 29	11 ♌	7 ♋	3 ♍	18 ♏	29 ♓
15	21 ♋ 28	20 ♎ 59	3 ♉ 0	3 ♉ 33	13 ♋ 41	4 ♍ 10	27 ♎ 32	10 ♌ 2	12 ♈ 22	21 ♍ 13	21 ♏ 41	18 ♍ 30	11 ♌	8 ♋	3 ♍	18 ♏	29 ♓
16	22 ♋ 26	5 ♏ 7	2 ♉ 57	3 ♉ 33	13 ♋ 16	4 ♍ 51	27 ♎ 59	10 ♌ 15	12 ♈ 23	21 ♍ 15	21 ♏ 40	18 ♍ 31	12 ♌	9 ♋	3 ♍	18 ♏	29 ♓
17	23 ♋ 23	19 ♏ 13	2 ♉ 54	3 ♉ 33	12 ♋ 54	5 ♍ 30	28 ♎ 26	10 ♌ 28	12 ♈ 24	21 ♍ 17	21 ♏ 40	18 ♍ 33	12 ♌	9 ♋	4 ♍	19 ♏	29 ♓
18	24 ♋ 20	3 ♐ 17	2 ♉ 51	3 ♉ 30	12 ♋ 37	6 ♍ 9	28 ♎ 54	10 ♌ 41	12 ♈ 24	21 ♍ 20	21 ♏ 39	18 ♍ 34	12 ♌	10 ♋	4 ♍	19 ♏	29 ♓
19	25 ♋ 17	17 ♐ 17	2 ♉ 48	3 ♉ 25	12 ♋ 24	6 ♍ 46	29 ♎ 22	10 ♌ 54	12 ♈ 25	21 ♍ 22	21 ♏ 38	18 ♍ 36	13 ♌	10 ♋	5 ♍	19 ♏	29 ♓
20	26 ♋ 15	1 ♑ 9	2 ♉ 44	3 ♉ 17	12 ♋ 17	7 ♍ 22	29 ♎ 50	11 ♌ 7	12 ♈ 26	21 ♍ 25	21 ♏ 38	18 ♍ 37	13 ♌	11 ♋	5 ♍	19 ♏	29 ♓
21	27 ♋ 12	14 ♑ 51	2 ♉ 41	3 ♉ 7	12 D 15	7 ♍ 57	0 ♏ 19	11 ♌ 20	12 ♈ 26	21 ♍ 27	21 ♏ 38	18 ♍ 38	14 ♌	12 ♋	5 ♍	19 ♏	29 ♓
22	28 ♋ 9	28 ♑ 20	2 ♉ 38	2 ♉ 55	12 ♋ 18	8 ♍ 31	0 ♏ 47	11 ♌ 33	12 ♈ 27	21 ♍ 30	21 ♏ 37	18 ♍ 40	14 ♌	12 ♋	6 ♍	19 ♏	29 ♓
23	29 ♋ 6	11 ♒ 32	2 ♉ 35	2 ♉ 43	12 ♋ 28	9 ♍ 3	1 ♏ 17	11 ♌ 46	12 ♈ 27	21 ♍ 32	21 ♏ 37	18 ♍ 42	15 ♌	13 ♋	6 ♍	20 ♏	29 ♓
24	0 ♌ 4	24 ♒ 27	2 ♉ 32	2 ♉ 31	12 ♋ 42	9 ♍ 34	1 ♏ 46	11 ♌ 59	12 ♈ 27	21 ♍ 35	21 ♏ 36	18 ♍ 43	15 ♌	13 ♋	6 ♍	20 ♏	29 ♓
25	1 ♌ 1	7 ♓ 4	2 ♉ 29	2 ♉ 21	13 ♋ 3	10 ♍ 3	2 ♏ 16	12 ♌ 12	12 ♈ 27	21 ♍ 38	21 ♏ 36	18 ♍ 45	16 ♌	14 ♋	7 ♍	20 ♏	29 ♓
26	1 ♌ 58	19 ♓ 24	2 ♉ 25	2 ♉ 13	13 ♋ 30	10 ♍ 31	2 ♏ 46	12 ♌ 25	12 R 27	21 ♍ 41	21 ♏ 36	18 ♍ 46	16 ♌	15 ♋	7 ♍	20 ♏	29 ♓
27	2 ♌ 56	1 ♈ 30	2 ♉ 22	2 ♉ 9	14 ♋ 3	10 ♍ 58	3 ♏ 16	12 ♌ 38	12 ♈ 27	21 ♍ 43	21 ♏ 35	18 ♍ 48	16 ♌	15 ♋	8 ♍	20 ♏	29 ♓
28	3 ♌ 53	13 ♈ 25	2 ♉ 19	2 ♉ 6	14 ♋ 41	11 ♍ 22	3 ♏ 46	12 ♌ 51	12 ♈ 27	21 ♍ 46	21 ♏ 35	18 ♍ 50	17 ♌	16 ♋	8 ♍	21 ♏	29 ♓
29	4 ♌ 50	25 ♈ 14	2 ♉ 16	2 ♉ 5	15 ♋ 25	11 ♍ 46	4 ♏ 17	13 ♌ 4	12 ♈ 27	21 ♍ 49	21 ♏ 35	18 ♍ 51	17 ♌	16 ♋	8 ♍	21 ♏	29 ♓
30	5 ♌ 48	7 ♉ 3	2 ♉ 13	2 ♉ 5	16 ♋ 16	12 ♍ 7	4 ♏ 48	13 ♌ 17	12 ♈ 26	21 ♍ 52	21 ♏ 35	18 ♍ 53	18 ♌	17 ♋	9 ♍	21 ♏	29 ♓
31	6 ♌ 45	18 ♉ 56	2 ♉ 10	2 ♉ 5	17 ♋ 11	12 ♍ 27	5 ♏ 19	13 ♌ 30	12 ♈ 26	21 ♍ 55	21 ♏ 35	18 ♍ 55	18 ♌	18 ♋	9 ♍	21 ♏	29 ♓

SUN INGRESS	☉ → ♌ 23日 22:16
MOON PHASE	● 8日 02:00 ♋　◐ 15日 00:53 ♎　○ 21日 23:39 ♑　◑ 29日 21:14 ♉

aspects	
2日 08:55	☿⚹♅
5日 04:11	☉□♄
7日 01:58	☿⚹♇
9日 21:02	☉☌☿
11日 19:22	☉⚹♇
14日 17:04	☉⚹♅
15日 05:04	☉△♆
18日 22:23	☿□♄
22日 22:43	☿□♄
24日 09:23	♅⚹♆
26日 04:15	♃△♄
27日 18:03	☉□♂

1967年8月

DAY	☉	☽	☊ mean	☊ true	☿	♀	♂	♃	♄	♅	♆	♇	⚳	⚴	⚵	⚶	⚷
	° ′	° ′	° ′	° ′	° ′	° ′	° ′	° ′	° ′	° ′	° ′	° ′	°	°	°	°	°
1	7 ♌ 42	1 ♊ 0	2 ♉ 6	2 R 3	18 D 13	12 D 44	5 D 51	13 D 44	12 R 25	21 D 58	21 R 35	18 D 56	19 D	18 D	10 D	21 D	29 R
2	8 ♌ 40	13 ♊ 19	2 ♉ 3	1 ♉ 59	19 ♋ 20	13 ♍ 0	6 ♏ 23	13 ♌ 57	12 ♈ 24	22 ♍ 1	21 ♏ 34	18 ♍ 58	19 ♌	19 ♋	10 ♍	22 ♏	29 ♓
3	9 ♌ 37	25 ♊ 57	2 ♉ 0	1 ♉ 53	20 ♋ 32	13 ♍ 14	6 ♏ 55	14 ♌ 10	12 ♈ 24	22 ♍ 4	21 ♏ 34	19 ♍ 0	20 ♌	19 ♋	10 ♍	22 ♏	29 ♓
4	10 ♌ 35	8 ♋ 57	1 ♉ 57	1 ♉ 44	21 ♋ 50	13 ♍ 26	7 ♏ 27	14 ♌ 23	12 ♈ 23	22 ♍ 7	21 ♏ 34	19 ♍ 2	20 ♌	20 ♋	11 ♍	22 ♏	29 ♓
5	11 ♌ 32	22 ♋ 20	1 ♉ 54	1 ♉ 33	23 ♋ 12	13 ♍ 36	7 ♏ 59	14 ♌ 36	12 ♈ 22	22 ♍ 10	21 D 34	19 ♍ 3	21 ♌	21 ♋	11 ♍	22 ♏	29 ♓
6	12 ♌ 30	6 ♌ 5	1 ♉ 50	1 ♉ 22	24 ♋ 40	13 ♍ 44	8 ♏ 32	14 ♌ 50	12 ♈ 21	22 ♍ 13	21 ♏ 34	19 ♍ 5	21 ♌	21 ♋	11 ♍	23 ♏	29 ♓
7	13 ♌ 27	20 ♌ 8	1 ♉ 47	1 ♉ 10	26 ♋ 12	13 ♍ 49	9 ♏ 5	15 ♌ 3	12 ♈ 19	22 ♍ 16	21 ♏ 35	19 ♍ 7	21 ♌	22 ♋	12 ♍	23 ♏	29 ♓
8	14 ♌ 25	4 ♍ 25	1 ♉ 44	1 ♉ 0	27 ♋ 48	13 ♍ 53	9 ♏ 38	15 ♌ 16	12 ♈ 18	22 ♍ 19	21 ♏ 35	19 ♍ 9	22 ♌	22 ♋	12 ♍	23 ♏	29 ♓
9	15 ♌ 22	18 ♍ 49	1 ♉ 41	0 ♉ 53	29 ♋ 29	13 R 54	10 ♏ 12	15 ♌ 29	12 ♈ 17	22 ♍ 22	21 ♏ 35	19 ♍ 11	22 ♌	23 ♋	13 ♍	24 ♏	29 ♓
10	16 ♌ 20	3 ♎ 15	1 ♉ 38	0 ♉ 48	1 ♌ 13	13 ♍ 53	10 ♏ 45	15 ♌ 42	12 ♈ 15	22 ♍ 26	21 ♏ 35	19 ♍ 13	23 ♌	24 ♋	13 ♍	24 ♏	29 ♓
11	17 ♌ 17	17 ♎ 39	1 ♉ 35	0 ♉ 45	3 ♌ 1	13 ♍ 49	11 ♏ 19	15 ♌ 56	12 ♈ 13	22 ♍ 29	21 ♏ 35	19 ♍ 15	23 ♌	24 ♋	13 ♍	24 ♏	29 ♓
12	18 ♌ 15	1 ♏ 56	1 ♉ 31	0 D 45	4 ♌ 51	13 ♍ 43	11 ♏ 53	16 ♌ 9	12 ♈ 12	22 ♍ 32	21 ♏ 35	19 ♍ 16	24 ♌	25 ♋	14 ♍	24 ♏	29 ♓
13	19 ♌ 12	16 ♏ 5	1 ♉ 28	0 ♉ 45	6 ♌ 45	13 ♍ 35	12 ♏ 28	16 ♌ 22	12 ♈ 10	22 ♍ 35	21 ♏ 36	19 ♍ 18	24 ♌	25 ♋	14 ♍	25 ♏	29 ♓
14	20 ♌ 10	0 ♐ 4	1 ♉ 25	0 R 45	8 ♌ 40	13 ♍ 24	13 ♏ 2	16 ♌ 35	12 ♈ 8	22 ♍ 39	21 ♏ 36	19 ♍ 20	25 ♌	26 ♋	15 ♍	25 ♏	29 ♓
15	21 ♌ 8	13 ♐ 54	1 ♉ 22	0 ♉ 43	10 ♌ 38	13 ♍ 11	13 ♏ 37	16 ♌ 48	12 ♈ 6	22 ♍ 42	21 ♏ 36	19 ♍ 22	25 ♌	27 ♋	15 ♍	25 ♏	29 ♓
16	22 ♌ 5	27 ♐ 34	1 ♉ 19	0 ♉ 39	12 ♌ 37	12 ♍ 56	14 ♏ 12	17 ♌ 1	12 ♈ 4	22 ♍ 45	21 ♏ 37	19 ♍ 24	26 ♌	27 ♋	15 ♍	26 ♏	29 ♓
17	23 ♌ 3	11 ♑ 3	1 ♉ 16	0 ♉ 32	14 ♌ 37	12 ♍ 38	14 ♏ 47	17 ♌ 15	12 ♈ 2	22 ♍ 49	21 ♏ 37	19 ♍ 26	26 ♌	28 ♋	16 ♍	26 ♏	29 ♓
18	24 ♌ 1	24 ♑ 21	1 ♉ 12	0 ♉ 23	16 ♌ 38	12 ♍ 18	15 ♏ 22	17 ♌ 28	12 ♈ 0	22 ♍ 52	21 ♏ 38	19 ♍ 28	26 ♌	28 ♋	16 ♍	26 ♏	28 ♓
19	24 ♌ 58	7 ♒ 27	1 ♉ 9	0 ♉ 12	18 ♌ 39	11 ♍ 55	15 ♏ 58	17 ♌ 41	11 ♈ 57	22 ♍ 56	21 ♏ 38	19 ♍ 30	27 ♌	29 ♋	17 ♍	27 ♏	28 ♓
20	25 ♌ 56	20 ♒ 20	1 ♉ 6	0 ♉ 1	20 ♌ 41	11 ♍ 31	16 ♏ 33	17 ♌ 54	11 ♈ 55	22 ♍ 59	21 ♏ 38	19 ♍ 32	27 ♌	29 ♋	17 ♍	27 ♏	28 ♓
21	26 ♌ 54	2 ♓ 59	1 ♉ 3	29 ♈ 50	22 ♌ 42	11 ♍ 4	17 ♏ 9	18 ♌ 7	11 ♈ 52	23 ♍ 3	21 ♏ 39	19 ♍ 34	28 ♌	0 ♌	17 ♍	27 ♏	28 ♓
22	27 ♌ 51	15 ♓ 23	1 ♉ 0	29 ♈ 41	24 ♌ 43	10 ♍ 36	17 ♏ 45	18 ♌ 20	11 ♈ 50	23 ♍ 6	21 ♏ 40	19 ♍ 36	28 ♌	1 ♌	18 ♍	27 ♏	28 ♓
23	28 ♌ 49	27 ♓ 35	0 ♉ 56	29 ♈ 34	26 ♌ 44	10 ♍ 6	18 ♏ 21	18 ♌ 33	11 ♈ 47	23 ♍ 10	21 ♏ 40	19 ♍ 38	29 ♌	1 ♌	18 ♍	28 ♏	28 ♓
24	29 ♌ 47	9 ♈ 35	0 ♉ 53	29 ♈ 30	28 ♌ 44	9 ♍ 34	18 ♏ 58	18 ♌ 46	11 ♈ 44	23 ♍ 13	21 ♏ 41	19 ♍ 40	29 ♌	2 ♌	18 ♍	28 ♏	28 ♓
25	0 ♍ 45	21 ♈ 28	0 ♉ 50	29 ♈ 28	0 ♍ 43	9 ♍ 1	19 ♏ 34	18 ♌ 59	11 ♈ 41	23 ♍ 17	21 ♏ 41	19 ♍ 43	0 ♍	2 ♌	19 ♍	28 ♏	28 ♓
26	1 ♍ 43	3 ♉ 15	0 ♉ 47	29 D 27	2 ♍ 41	8 ♍ 26	20 ♏ 11	19 ♌ 12	11 ♈ 38	23 ♍ 20	21 ♏ 42	19 ♍ 45	0 ♍	3 ♌	19 ♍	29 ♏	28 ♓
27	2 ♍ 41	15 ♉ 3	0 ♉ 44	29 ♈ 28	4 ♍ 38	7 ♍ 51	20 ♏ 48	19 ♌ 25	11 ♈ 35	23 ♍ 24	21 ♏ 43	19 ♍ 47	1 ♍	4 ♌	20 ♍	29 ♏	28 ♓
28	3 ♍ 38	26 ♉ 56	0 ♉ 41	29 ♈ 29	6 ♍ 34	7 ♍ 15	21 ♏ 25	19 ♌ 38	11 ♈ 32	23 ♍ 27	21 ♏ 44	19 ♍ 49	1 ♍	4 ♌	20 ♍	0 ♐	28 ♓
29	4 ♍ 36	8 ♊ 59	0 ♉ 37	29 R 29	8 ♍ 29	6 ♍ 38	22 ♏ 2	19 ♌ 51	11 ♈ 29	23 ♍ 31	21 ♏ 44	19 ♍ 51	2 ♍	5 ♌	20 ♍	0 ♐	28 ♓
30	5 ♍ 34	21 ♊ 18	0 ♉ 34	29 ♈ 28	10 ♍ 22	6 ♍ 1	22 ♏ 40	20 ♌ 4	11 ♈ 26	23 ♍ 35	21 ♏ 45	19 ♍ 53	2 ♍	5 ♌	21 ♍	0 ♐	28 ♓
31	6 ♍ 32	3 ♋ 57	0 ♉ 31	29 ♈ 24	12 ♍ 15	5 ♍ 24	23 ♏ 17	20 ♌ 17	11 ♈ 22	23 ♍ 38	21 ♏ 46	19 ♍ 55	2 ♍	6 ♌	21 ♍	1 ♐	28 ♓

SUN INGRESS	☉ → ♍ 24日 05:12
MOON PHASE	● 6日 11:48 ♌　◐ 13日 05:44 ♏　○ 20日 11:27 ♒　◑ 28日 14:35 ♊

aspects	
1日 16:11	☿⚹♇
3日 19:22	☿△♆
4日 05:14	☿⚹♅
5日 20:19	☉△♄
9日 03:48	☉☌♃
14日 11:12	♀⚹♂
15日 12:03	☉□♆
15日 17:32	☿△♄
17日 02:48	☿□♂
18日 11:05	☿☌♃
20日 11:29	☿□♆
23日 12:11	♂□♃
25日 00:51	☉☌☿
25日 05:40	♂⚹♇
28日 06:27	☿☌♀
28日 12:12	♂☌♀
30日 06:40	☉☌♀
31日 14:46	♂⚹♅

1967年9月

DAY	☉	☽	☊ mean	☊ true	☿	♀	♂	♃	♄	♅	♆	♇	⚳	⚴	⚵	⚶	⚷
	° ′	° ′	° ′	° ′	° ′	° ′	° ′	° ′	° ′	° ′	° ′	° ′	°	°	°	°	°
1	7 ♍ 30	17 ♋ 0	0 ♉ 28	29 R 19	14 D 6	4 R 47	23 D 55	20 D 30	11 R 19	23 D 42	21 D 47	19 D 57	3 D	6 D	22 D	1 D	28 R
2	8 ♍ 28	0 ♌ 29	0 ♉ 25	29 ♈ 12	15 ♍ 56	4 ♍ 10	24 ♏ 33	20 ♌ 43	11 ♈ 15	23 ♍ 46	21 ♏ 48	19 ♍ 59	3 ♍	7 ♌	22 ♍	1 ♐	28 ♓
3	9 ♍ 27	14 ♌ 24	0 ♉ 22	29 ♈ 4	17 ♍ 45	3 ♍ 34	25 ♏ 11	20 ♌ 56	11 ♈ 12	23 ♍ 49	21 ♏ 49	20 ♍ 2	4 ♍	8 ♌	22 ♍	2 ♐	28 ♓
4	10 ♍ 25	28 ♌ 43	0 ♉ 18	28 ♈ 56	19 ♍ 32	2 ♍ 59	25 ♏ 49	21 ♌ 9	11 ♈ 8	23 ♍ 53	21 ♏ 50	20 ♍ 4	4 ♍	8 ♌	23 ♍	2 ♐	28 ♓
5	11 ♍ 23	13 ♍ 19	0 ♉ 15	28 ♈ 49	21 ♍ 18	2 ♍ 25	26 ♏ 28	21 ♌ 21	11 ♈ 4	23 ♍ 57	21 ♏ 51	20 ♍ 6	5 ♍	9 ♌	23 ♍	2 ♐	28 ♓
6	12 ♍ 21	28 ♍ 6	0 ♉ 12	28 ♈ 44	23 ♍ 3	1 ♍ 52	27 ♏ 6	21 ♌ 34	11 ♈ 1	24 ♍ 0	21 ♏ 52	20 ♍ 8	5 ♍	9 ♌	24 ♍	3 ♐	28 ♓
7	13 ♍ 19	12 ♎ 57	0 ♉ 9	28 ♈ 41	24 ♍ 47	1 ♍ 20	27 ♏ 45	21 ♌ 47	10 ♈ 57	24 ♍ 4	21 ♏ 53	20 ♍ 10	6 ♍	10 ♌	24 ♍	3 ♐	28 ♓
8	14 ♍ 18	27 ♎ 43	0 ♉ 6	28 ♈ 40	26 ♍ 30	0 ♍ 50	28 ♏ 24	21 ♌ 59	10 ♈ 53	24 ♍ 8	21 ♏ 54	20 ♍ 12	6 ♍	10 ♌	24 ♍	4 ♐	28 ♓
9	15 ♍ 16	12 ♏ 18	0 ♉ 2	28 D 41	28 ♍ 11	0 ♍ 22	29 ♏ 3	22 ♌ 12	10 ♈ 49	24 ♍ 12	21 ♏ 55	20 ♍ 15	7 ♍	11 ♌	25 ♍	4 ♐	28 ♓
10	16 ♍ 14	26 ♏ 39	29 ♈ 59	28 ♈ 42	29 ♍ 52	29 ♌ 56	29 ♏ 42	22 ♌ 25	10 ♈ 45	24 ♍ 15	21 ♏ 56	20 ♍ 17	7 ♍	12 ♌	25 ♍	4 ♐	28 ♓
11	17 ♍ 12	10 ♐ 43	29 ♈ 56	28 ♈ 43	1 ♎ 31	29 ♌ 32	0 ♐ 21	22 ♌ 37	10 ♈ 41	24 ♍ 19	21 ♏ 57	20 ♍ 19	7 ♍	12 ♌	25 ♍	5 ♐	28 ♓
12	18 ♍ 11	24 ♐ 30	29 ♈ 53	28 R 43	3 ♎ 9	29 ♌ 10	1 ♐ 1	22 ♌ 50	10 ♈ 37	24 ♍ 23	21 ♏ 59	20 ♍ 21	8 ♍	13 ♌	26 ♍	5 ♐	27 ♓
13	19 ♍ 9	8 ♑ 0	29 ♈ 50	28 ♈ 41	4 ♎ 46	28 ♌ 50	1 ♐ 40	23 ♌ 2	10 ♈ 33	24 ♍ 27	22 ♏ 0	20 ♍ 23	8 ♍	13 ♌	26 ♍	6 ♐	27 ♓
14	20 ♍ 7	21 ♑ 14	29 ♈ 47	28 ♈ 38	6 ♎ 22	28 ♌ 33	2 ♐ 20	23 ♌ 15	10 ♈ 28	24 ♍ 31	22 ♏ 1	20 ♍ 26	9 ♍	14 ♌	27 ♍	6 ♐	27 ♓
15	21 ♍ 6	4 ♒ 13	29 ♈ 43	28 ♈ 33	7 ♎ 56	28 ♌ 18	3 ♐ 0	23 ♌ 27	10 ♈ 24	24 ♍ 34	22 ♏ 2	20 ♍ 28	9 ♍	14 ♌	27 ♍	6 ♐	27 ♓
16	22 ♍ 4	16 ♒ 59	29 ♈ 40	28 ♈ 27	9 ♎ 30	28 ♌ 5	3 ♐ 40	23 ♌ 39	10 ♈ 20	24 ♍ 38	22 ♏ 4	20 ♍ 30	10 ♍	15 ♌	27 ♍	7 ♐	27 ♓
17	23 ♍ 3	29 ♒ 32	29 ♈ 37	28 ♈ 21	11 ♎ 2	27 ♌ 55	4 ♐ 20	23 ♌ 52	10 ♈ 15	24 ♍ 42	22 ♏ 5	20 ♍ 32	10 ♍	16 ♌	28 ♍	7 ♐	27 ♓
18	24 ♍ 1	11 ♓ 54	29 ♈ 34	28 ♈ 15	12 ♎ 34	27 ♌ 47	5 ♐ 0	24 ♌ 4	10 ♈ 11	24 ♍ 46	22 ♏ 6	20 ♍ 34	11 ♍	16 ♌	28 ♍	8 ♐	27 ♓
19	25 ♍ 0	24 ♓ 5	29 ♈ 31	28 ♈ 10	14 ♎ 4	27 ♌ 41	5 ♐ 40	24 ♌ 16	10 ♈ 7	24 ♍ 49	22 ♏ 8	20 ♍ 36	11 ♍	17 ♌	29 ♍	8 ♐	27 ♓
20	25 ♍ 58	6 ♈ 6	29 ♈ 27	28 ♈ 6	15 ♎ 34	27 ♌ 38	6 ♐ 21	24 ♌ 28	10 ♈ 2	24 ♍ 53	22 ♏ 9	20 ♍ 39	12 ♍	17 ♌	29 ♍	8 ♐	27 ♓
21	26 ♍ 57	18 ♈ 0	29 ♈ 24	28 ♈ 4	17 ♎ 2	27 D 38	7 ♐ 1	24 ♌ 40	9 ♈ 58	24 ♍ 57	22 ♏ 11	20 ♍ 41	12 ♍	18 ♌	29 ♍	9 ♐	27 ♓
22	27 ♍ 56	29 ♈ 49	29 ♈ 21	28 D 4	18 ♎ 29	27 ♌ 39	7 ♐ 42	24 ♌ 52	9 ♈ 53	25 ♍ 1	22 ♏ 12	20 ♍ 43	13 ♍	18 ♌	0 ♎	9 ♐	27 ♓
23	28 ♍ 54	11 ♉ 36	29 ♈ 18	28 ♈ 5	19 ♎ 55	27 ♌ 43	8 ♐ 23	25 ♌ 4	9 ♈ 48	25 ♍ 5	22 ♏ 14	20 ♍ 45	13 ♍	19 ♌	0 ♎	10 ♐	27 ♓
24	29 ♍ 53	23 ♉ 24	29 ♈ 15	28 ♈ 6	21 ♎ 20	27 ♌ 50	9 ♐ 4	25 ♌ 16	9 ♈ 44	25 ♍ 8	22 ♏ 15	20 ♍ 47	13 ♍	19 ♌	0 ♎	10 ♐	27 ♓
25	0 ♎ 52	5 ♊ 17	29 ♈ 12	28 ♈ 8	22 ♎ 44	27 ♌ 58	9 ♐ 45	25 ♌ 28	9 ♈ 39	25 ♍ 12	22 ♏ 17	20 ♍ 49	14 ♍	20 ♌	1 ♎	11 ♐	27 ♓
26	1 ♎ 51	17 ♊ 19	29 ♈ 8	28 ♈ 10	24 ♎ 7	28 ♌ 9	10 ♐ 26	25 ♌ 40	9 ♈ 35	25 ♍ 16	22 ♏ 18	20 ♍ 52	14 ♍	21 ♌	1 ♎	11 ♐	27 ♓
27	2 ♎ 49	29 ♊ 36	29 ♈ 5	28 ♈ 10	25 ♎ 28	28 ♌ 22	11 ♐ 8	25 ♌ 52	9 ♈ 30	25 ♍ 20	22 ♏ 20	20 ♍ 54	15 ♍	21 ♌	2 ♎	11 ♐	27 ♓
28	3 ♎ 48	12 ♋ 12	29 ♈ 2	28 R 10	26 ♎ 48	28 ♌ 37	11 ♐ 49	26 ♌ 3	9 ♈ 25	25 ♍ 23	22 ♏ 21	20 ♍ 56	15 ♍	22 ♌	2 ♎	12 ♐	27 ♓
29	4 ♎ 47	25 ♋ 11	28 ♈ 59	28 ♈ 9	28 ♎ 7	28 ♌ 54	12 ♐ 31	26 ♌ 15	9 ♈ 21	25 ♍ 27	22 ♏ 23	20 ♍ 58	16 ♍	22 ♌	2 ♎	12 ♐	27 ♓
30	5 ♎ 46	8 ♌ 37	28 ♈ 56	28 ♈ 7	29 ♎ 25	29 ♌ 13	13 ♐ 12	26 ♌ 26	9 ♈ 16	25 ♍ 31	22 ♏ 25	21 ♍ 0	16 ♍	23 ♌	3 ♎	13 ♐	27 ♓

SUN INGRESS	☉ → ♎ 24日 02:38
MOON PHASE	● 4日 20:37 ♍　◐ 11日 12:06 ♐　○ 19日 01:59 ♓　◑ 27日 06:44 ♋

aspects		
4日	07:14	☿☌♇
5日	07:25	☿⚹♆
6日	13:38	☿☌♅
7日	12:32	♃□♆
9日	20:08	☿⚹♂
10日	05:22	♀□♂
14日	07:41	☉☌♇
15日	23:41	☉⚹♆
16日	12:20	☿☍♄
18日	19:25	☉☌♅
24日	20:58	♂△♄
27日	08:11	☿⚹♃
29日	18:56	☿⚹♀

1967年10月

DAY	☉	☽	☊ mean	☊ true	☿	♀	♂	♃	♄	♅	♆	♇	⚳	⚴	⚵	⚶	⚷
	° ′	° ′	° ′	° ′	° ′	° ′	° ′	° ′	° ′	° ′	° ′	° ′	°	°	°	°	°
1	6 ♎ 45	22 ♌ 30	28 ♈ 53	28 R 4	0 D 41	29 D 34	13 D 54	26 D 38	9 R 11	25 D 35	22 D 26	21 D 2	17 D	23 D	3 D	13 D	27 R
2	7 ♎ 44	6 ♍ 50	28 ♈ 49	28 ♈ 1	1 ♏ 56	29 ♌ 56	14 ♐ 36	26 ♌ 49	9 ♈ 7	25 ♍ 38	22 ♏ 28	21 ♍ 4	17 ♍	24 ♌	4 ♎	14 ♐	27 ♓
3	8 ♎ 43	21 ♍ 33	28 ♈ 46	27 ♈ 58	3 ♏ 10	0 ♍ 21	15 ♐ 18	27 ♌ 1	9 ♈ 2	25 ♍ 42	22 ♏ 30	21 ♍ 7	18 ♍	24 ♌	4 ♎	14 ♐	27 ♓
4	9 ♎ 42	6 ♎ 32	28 ♈ 43	27 ♈ 57	4 ♏ 21	0 ♍ 47	16 ♐ 0	27 ♌ 12	8 ♈ 57	25 ♍ 46	22 ♏ 32	21 ♍ 9	18 ♍	25 ♌	4 ♎	14 ♐	26 ♓
5	10 ♎ 41	21 ♎ 39	28 ♈ 40	27 ♈ 56	5 ♏ 31	1 ♍ 15	16 ♐ 42	27 ♌ 23	8 ♈ 52	25 ♍ 50	22 ♏ 33	21 ♍ 11	18 ♍	25 ♌	5 ♎	15 ♐	26 ♓
6	11 ♎ 40	6 ♏ 45	28 ♈ 37	27 D 56	6 ♏ 39	1 ♍ 44	17 ♐ 25	27 ♌ 34	8 ♈ 48	25 ♍ 53	22 ♏ 35	21 ♍ 13	19 ♍	26 ♌	5 ♎	15 ♐	26 ♓
7	12 ♎ 40	21 ♏ 41	28 ♈ 33	27 ♈ 57	7 ♏ 45	2 ♍ 15	18 ♐ 7	27 ♌ 45	8 ♈ 43	25 ♍ 57	22 ♏ 37	21 ♍ 15	19 ♍	26 ♌	5 ♎	16 ♐	26 ♓
8	13 ♎ 39	6 ♐ 21	28 ♈ 30	27 ♈ 58	8 ♏ 49	2 ♍ 47	18 ♐ 50	27 ♌ 56	8 ♈ 38	26 ♍ 1	22 ♏ 39	21 ♍ 17	20 ♍	27 ♌	6 ♎	16 ♐	26 ♓
9	14 ♎ 38	20 ♐ 39	28 ♈ 27	27 ♈ 59	9 ♏ 51	3 ♍ 21	19 ♐ 32	28 ♌ 7	8 ♈ 34	26 ♍ 4	22 ♏ 41	21 ♍ 19	20 ♍	27 ♌	6 ♎	17 ♐	26 ♓
10	15 ♎ 37	4 ♑ 33	28 ♈ 24	27 ♈ 59	10 ♏ 50	3 ♍ 56	20 ♐ 15	28 ♌ 18	8 ♈ 29	26 ♍ 8	22 ♏ 42	21 ♍ 21	21 ♍	28 ♌	7 ♎	17 ♐	26 ♓
11	16 ♎ 37	18 ♑ 4	28 ♈ 21	28 R 0	11 ♏ 46	4 ♍ 32	20 ♐ 58	28 ♌ 29	8 ♈ 24	26 ♍ 11	22 ♏ 44	21 ♍ 23	21 ♍	28 ♌	7 ♎	18 ♐	26 ♓
12	17 ♎ 36	1 ♒ 13	28 ♈ 18	27 ♈ 59	12 ♏ 39	5 ♍ 10	21 ♐ 41	28 ♌ 39	8 ♈ 20	26 ♍ 15	22 ♏ 46	21 ♍ 25	22 ♍	29 ♌	7 ♎	18 ♐	26 ♓
13	18 ♎ 35	14 ♒ 2	28 ♈ 14	27 ♈ 58	13 ♏ 28	5 ♍ 49	22 ♐ 24	28 ♌ 50	8 ♈ 15	26 ♍ 19	22 ♏ 48	21 ♍ 27	22 ♍	0 ♍	8 ♎	19 ♐	26 ♓
14	19 ♎ 35	26 ♒ 34	28 ♈ 11	27 ♈ 57	14 ♏ 14	6 ♍ 29	23 ♐ 7	29 ♌ 0	8 ♈ 10	26 ♍ 22	22 ♏ 50	21 ♍ 29	22 ♍	0 ♍	8 ♎	19 ♐	26 ♓
15	20 ♎ 34	8 ♓ 53	28 ♈ 8	27 ♈ 56	14 ♏ 56	7 ♍ 10	23 ♐ 50	29 ♌ 11	8 ♈ 6	26 ♍ 26	22 ♏ 52	21 ♍ 31	23 ♍	1 ♍	8 ♎	19 ♐	26 ♓
16	21 ♎ 34	21 ♓ 1	28 ♈ 5	27 ♈ 55	15 ♏ 34	7 ♍ 53	24 ♐ 33	29 ♌ 21	8 ♈ 1	26 ♍ 29	22 ♏ 54	21 ♍ 33	23 ♍	1 ♍	9 ♎	20 ♐	26 ♓
17	22 ♎ 33	3 ♈ 0	28 ♈ 2	27 ♈ 55	16 ♏ 7	8 ♍ 36	25 ♐ 17	29 ♌ 31	7 ♈ 57	26 ♍ 33	22 ♏ 56	21 ♍ 35	24 ♍	2 ♍	9 ♎	20 ♐	26 ♓
18	23 ♎ 33	14 ♈ 53	27 ♈ 59	27 ♈ 54	16 ♏ 34	9 ♍ 20	26 ♐ 0	29 ♌ 41	7 ♈ 52	26 ♍ 36	22 ♏ 58	21 ♍ 37	24 ♍	2 ♍	10 ♎	21 ♐	26 ♓
19	24 ♎ 32	26 ♈ 42	27 ♈ 55	27 ♈ 54	16 ♏ 55	10 ♍ 6	26 ♐ 44	29 ♌ 51	7 ♈ 48	26 ♍ 40	23 ♏ 0	21 ♍ 39	25 ♍	3 ♍	10 ♎	21 ♐	26 ♓
20	25 ♎ 32	8 ♉ 30	27 ♈ 52	27 D 54	17 ♏ 10	10 ♍ 52	27 ♐ 27	0 ♍ 1	7 ♈ 44	26 ♍ 43	23 ♏ 2	21 ♍ 41	25 ♍	3 ♍	10 ♎	22 ♐	26 ♓
21	26 ♎ 31	20 ♉ 18	27 ♈ 49	27 ♈ 54	17 ♏ 19	11 ♍ 40	28 ♐ 11	0 ♍ 11	7 ♈ 39	26 ♍ 47	23 ♏ 4	21 ♍ 42	26 ♍	4 ♍	11 ♎	22 ♐	26 ♓
22	27 ♎ 31	2 ♊ 9	27 ♈ 46	27 ♈ 54	17 R 19	12 ♍ 28	28 ♐ 55	0 ♍ 21	7 ♈ 35	26 ♍ 50	23 ♏ 6	21 ♍ 44	26 ♍	4 ♍	11 ♎	23 ♐	26 ♓
23	28 ♎ 31	14 ♊ 6	27 ♈ 43	27 R 54	17 ♏ 12	13 ♍ 17	29 ♐ 39	0 ♍ 30	7 ♈ 31	26 ♍ 53	23 ♏ 8	21 ♍ 46	26 ♍	5 ♍	11 ♎	23 ♐	26 ♓
24	29 ♎ 30	26 ♊ 12	27 ♈ 39	27 ♈ 54	16 ♏ 56	14 ♍ 7	0 ♑ 23	0 ♍ 40	7 ♈ 27	26 ♍ 57	23 ♏ 10	21 ♍ 48	27 ♍	5 ♍	12 ♎	24 ♐	26 ♓
25	0 ♏ 30	8 ♋ 30	27 ♈ 36	27 ♈ 54	16 ♏ 32	14 ♍ 57	1 ♑ 7	0 ♍ 49	7 ♈ 22	27 ♍ 0	23 ♏ 13	21 ♍ 50	27 ♍	5 ♍	12 ♎	24 ♐	26 ♓
26	1 ♏ 30	21 ♋ 4	27 ♈ 33	27 ♈ 54	15 ♏ 58	15 ♍ 49	1 ♑ 51	0 ♍ 58	7 ♈ 18	27 ♍ 3	23 ♏ 15	21 ♍ 52	28 ♍	6 ♍	13 ♎	25 ♐	26 ♓
27	2 ♏ 30	3 ♌ 58	27 ♈ 30	27 D 54	15 ♏ 15	16 ♍ 41	2 ♑ 35	1 ♍ 8	7 ♈ 14	27 ♍ 7	23 ♏ 17	21 ♍ 53	28 ♍	6 ♍	13 ♎	25 ♐	26 ♓
28	3 ♏ 30	17 ♌ 15	27 ♈ 27	27 ♈ 54	14 ♏ 24	17 ♍ 34	3 ♑ 20	1 ♍ 17	7 ♈ 10	27 ♍ 10	23 ♏ 19	21 ♍ 55	29 ♍	7 ♍	13 ♎	26 ♐	26 ♓
29	4 ♏ 29	0 ♍ 58	27 ♈ 24	27 ♈ 54	13 ♏ 25	18 ♍ 27	4 ♑ 4	1 ♍ 26	7 ♈ 6	27 ♍ 13	23 ♏ 21	21 ♍ 57	29 ♍	7 ♍	14 ♎	26 ♐	25 ♓
30	5 ♏ 29	15 ♍ 7	27 ♈ 20	27 ♈ 55	12 ♏ 18	19 ♍ 22	4 ♑ 48	1 ♍ 34	7 ♈ 3	27 ♍ 16	23 ♏ 23	21 ♍ 59	0 ♎	8 ♍	14 ♎	27 ♐	25 ♓
31	6 ♏ 29	29 ♍ 40	27 ♈ 17	27 ♈ 56	11 ♏ 6	20 ♍ 16	5 ♑ 33	1 ♍ 43	6 ♈ 59	27 ♍ 19	23 ♏ 25	22 ♍ 0	0 ♎	8 ♍	14 ♎	27 ♐	25 ♓

SUN INGRESS	☉ → ♏ 24日 11:44
MOON PHASE	● 4日 05:24 ♎　◐ 10日 21:11 ♑　○ 18日 19:11 ♈　◑ 26日 21:04 ♌

aspects		
3日	07:02	☉☍♄
11日	14:47	♂□♇
18日	21:33	♂□♅
24日	11:43	♂△♃
25日	09:05	☉⚹♃
26日	02:29	☿⚹♀
27日	08:39	☉⚹♂

1967年11月

DAY	☉	☽	☊ mean	☊ true	☿	♀	♂	♃	♄	♅	♆	♇	⚳	⚴	⚵	⚶	⚷
	° ′	° ′	° ′	° ′	° ′	° ′	° ′	° ′	° ′	° ′	° ′	° ′	°	°	°	°	°
1	7 ♏ 29	14 ♎ 35	27 ♈ 14	27 D 56	9 R 50	21 D 12	6 D 18	1 D 52	6 R 55	27 D 23	23 D 28	22 D 2	0 D	9 D	15 D	28 D	25 R
2	8 ♏ 29	29 ♎ 43	27 ♈ 11	27 R 57	8 ♏ 32	22 ♍ 8	7 ♑ 2	2 ♍ 0	6 ♈ 51	27 ♍ 26	23 ♏ 30	22 ♍ 4	1 ♎	9 ♍	15 ♎	28 ♐	25 ♓
3	9 ♏ 30	14 ♏ 56	27 ♈ 8	27 ♈ 56	7 ♏ 15	23 ♍ 5	7 ♑ 47	2 ♍ 9	6 ♈ 48	27 ♍ 29	23 ♏ 32	22 ♍ 5	1 ♎	10 ♍	15 ♎	29 ♐	25 ♓
4	10 ♏ 30	0 ♐ 5	27 ♈ 5	27 ♈ 55	6 ♏ 1	24 ♍ 2	8 ♑ 32	2 ♍ 17	6 ♈ 44	27 ♍ 32	23 ♏ 34	22 ♍ 7	2 ♎	10 ♍	16 ♎	29 ♐	25 ♓
5	11 ♏ 30	15 ♐ 0	27 ♈ 1	27 ♈ 54	4 ♏ 53	25 ♍ 0	9 ♑ 17	2 ♍ 25	6 ♈ 41	27 ♍ 35	23 ♏ 36	22 ♍ 8	2 ♎	11 ♍	16 ♎	29 ♐	25 ♓
6	12 ♏ 30	29 ♐ 33	26 ♈ 58	27 ♈ 52	3 ♏ 52	25 ♍ 58	10 ♑ 2	2 ♍ 33	6 ♈ 37	27 ♍ 38	23 ♏ 39	22 ♍ 10	3 ♎	11 ♍	17 ♎	0 ♑	25 ♓
7	13 ♏ 30	13 ♑ 41	26 ♈ 55	27 ♈ 50	3 ♏ 1	26 ♍ 57	10 ♑ 47	2 ♍ 41	6 ♈ 34	27 ♍ 41	23 ♏ 41	22 ♍ 12	3 ♎	11 ♍	17 ♎	0 ♑	25 ♓
8	14 ♏ 30	27 ♑ 20	26 ♈ 52	27 ♈ 49	2 ♏ 20	27 ♍ 56	11 ♑ 32	2 ♍ 48	6 ♈ 31	27 ♍ 44	23 ♏ 43	22 ♍ 13	3 ♎	12 ♍	17 ♎	1 ♑	25 ♓
9	15 ♏ 31	10 ♒ 33	26 ♈ 49	27 ♈ 48	1 ♏ 50	28 ♍ 56	12 ♑ 17	2 ♍ 56	6 ♈ 28	27 ♍ 46	23 ♏ 45	22 ♍ 15	4 ♎	12 ♍	18 ♎	1 ♑	25 ♓
10	16 ♏ 31	23 ♒ 21	26 ♈ 45	27 D 48	1 ♏ 32	29 ♍ 56	13 ♑ 2	3 ♍ 3	6 ♈ 25	27 ♍ 49	23 ♏ 48	22 ♍ 16	4 ♎	13 ♍	18 ♎	2 ♑	25 ♓
11	17 ♏ 31	5 ♓ 49	26 ♈ 42	27 ♈ 49	1 ♏ 26	0 ♎ 56	13 ♑ 47	3 ♍ 11	6 ♈ 22	27 ♍ 52	23 ♏ 50	22 ♍ 17	5 ♎	13 ♍	18 ♎	2 ♑	25 ♓
12	18 ♏ 31	18 ♓ 1	26 ♈ 39	27 ♈ 50	1 D 31	1 ♎ 57	14 ♑ 33	3 ♍ 18	6 ♈ 19	27 ♍ 55	23 ♏ 52	22 ♍ 19	5 ♎	14 ♍	19 ♎	3 ♑	25 ♓
13	19 ♏ 32	0 ♈ 0	26 ♈ 36	27 ♈ 52	1 ♏ 47	2 ♎ 59	15 ♑ 18	3 ♍ 25	6 ♈ 16	27 ♍ 58	23 ♏ 54	22 ♍ 20	6 ♎	14 ♍	19 ♎	3 ♑	25 ♓
14	20 ♏ 32	11 ♈ 52	26 ♈ 33	27 ♈ 53	2 ♏ 12	4 ♎ 0	16 ♑ 3	3 ♍ 32	6 ♈ 14	28 ♍ 0	23 ♏ 56	22 ♍ 22	6 ♎	15 ♍	19 ♎	4 ♑	25 ♓
15	21 ♏ 33	23 ♈ 40	26 ♈ 30	27 ♈ 54	2 ♏ 46	5 ♎ 3	16 ♑ 49	3 ♍ 38	6 ♈ 11	28 ♍ 3	23 ♏ 59	22 ♍ 23	6 ♎	15 ♍	20 ♎	4 ♑	25 ♓
16	22 ♏ 33	5 ♉ 28	26 ♈ 26	27 R 54	3 ♏ 29	6 ♎ 5	17 ♑ 35	3 ♍ 45	6 ♈ 8	28 ♍ 5	24 ♏ 1	22 ♍ 24	7 ♎	15 ♍	20 ♎	5 ♑	25 ♓
17	23 ♏ 33	17 ♉ 17	26 ♈ 23	27 ♈ 53	4 ♏ 19	7 ♎ 8	18 ♑ 20	3 ♍ 51	6 ♈ 6	28 ♍ 8	24 ♏ 3	22 ♍ 25	7 ♎	16 ♍	20 ♎	5 ♑	25 ♓
18	24 ♏ 34	29 ♉ 10	26 ♈ 20	27 ♈ 50	5 ♏ 15	8 ♎ 11	19 ♑ 6	3 ♍ 58	6 ♈ 4	28 ♍ 10	24 ♏ 6	22 ♍ 27	8 ♎	16 ♍	21 ♎	6 ♑	25 ♓
19	25 ♏ 34	11 ♊ 9	26 ♈ 17	27 ♈ 46	6 ♏ 16	9 ♎ 15	19 ♑ 51	4 ♍ 4	6 ♈ 1	28 ♍ 13	24 ♏ 8	22 ♍ 28	8 ♎	17 ♍	21 ♎	6 ♑	25 ♓
20	26 ♏ 35	23 ♊ 16	26 ♈ 14	27 ♈ 41	7 ♏ 23	10 ♎ 19	20 ♑ 37	4 ♍ 10	5 ♈ 59	28 ♍ 15	24 ♏ 10	22 ♍ 29	8 ♎	17 ♍	21 ♎	7 ♑	25 ♓
21	27 ♏ 35	5 ♋ 32	26 ♈ 11	27 ♈ 35	8 ♏ 33	11 ♎ 23	21 ♑ 23	4 ♍ 16	5 ♈ 57	28 ♍ 18	24 ♏ 12	22 ♍ 30	9 ♎	18 ♍	22 ♎	7 ♑	25 ♓
22	28 ♏ 36	17 ♋ 58	26 ♈ 7	27 ♈ 30	9 ♏ 48	12 ♎ 28	22 ♑ 9	4 ♍ 21	5 ♈ 55	28 ♍ 20	24 ♏ 15	22 ♍ 31	9 ♎	18 ♍	22 ♎	8 ♑	25 ♓
23	29 ♏ 37	0 ♌ 38	26 ♈ 4	27 ♈ 26	11 ♏ 5	13 ♎ 33	22 ♑ 55	4 ♍ 27	5 ♈ 54	28 ♍ 22	24 ♏ 17	22 ♍ 32	10 ♎	18 ♍	22 ♎	8 ♑	25 ♓
24	0 ♐ 37	13 ♌ 34	26 ♈ 1	27 ♈ 23	12 ♏ 25	14 ♎ 38	23 ♑ 41	4 ♍ 32	5 ♈ 52	28 ♍ 25	24 ♏ 19	22 ♍ 34	10 ♎	19 ♍	23 ♎	9 ♑	25 ♓
25	1 ♐ 38	26 ♌ 46	25 ♈ 58	27 ♈ 22	13 ♏ 47	15 ♎ 44	24 ♑ 27	4 ♍ 37	5 ♈ 50	28 ♍ 27	24 ♏ 21	22 ♍ 35	11 ♎	19 ♍	23 ♎	9 ♑	25 ♓
26	2 ♐ 39	10 ♍ 19	25 ♈ 55	27 D 22	15 ♏ 11	16 ♎ 49	25 ♑ 13	4 ♍ 42	5 ♈ 49	28 ♍ 29	24 ♏ 23	22 ♍ 36	11 ♎	20 ♍	23 ♎	10 ♑	25 ♓
27	3 ♐ 39	24 ♍ 13	25 ♈ 51	27 ♈ 23	16 ♏ 36	17 ♎ 55	25 ♑ 59	4 ♍ 47	5 ♈ 47	28 ♍ 31	24 ♏ 26	22 ♍ 37	11 ♎	20 ♍	24 ♎	10 ♑	25 ♓
28	4 ♐ 40	8 ♎ 28	25 ♈ 48	27 ♈ 24	18 ♏ 3	19 ♎ 2	26 ♑ 45	4 ♍ 52	5 ♈ 46	28 ♍ 33	24 ♏ 28	22 ♍ 38	12 ♎	20 ♍	24 ♎	11 ♑	25 ♓
29	5 ♐ 41	23 ♎ 4	25 ♈ 45	27 ♈ 25	19 ♏ 31	20 ♎ 8	27 ♑ 31	4 ♍ 56	5 ♈ 45	28 ♍ 35	24 ♏ 30	22 ♍ 38	12 ♎	21 ♍	24 ♎	11 ♑	25 ♓
30	6 ♐ 42	7 ♏ 56	25 ♈ 42	27 R 25	20 ♏ 59	21 ♎ 15	28 ♑ 17	5 ♍ 1	5 ♈ 44	28 ♍ 37	24 ♏ 32	22 ♍ 39	13 ♎	21 ♍	25 ♎	12 ♑	25 ♓

SUN INGRESS	☉ → ♐ 23日 09:04
MOON PHASE	● 2日 14:48 ♏　◐ 9日 10:00 ♒　○ 17日 13:53 ♉　◑ 25日 09:23 ♍

aspects		
1日	18:37	♂□♄
1日	22:02	♀☌♇
2日	00:27	☉☌☿
2日	17:40	☿⚹♂
3日	11:55	♀⚹♆
7日	09:17	☿⚹♃
7日	18:48	♀☌♅
15日	20:26	☉⚹♇
16日	01:12	♀☍♄
16日	09:19	☿⚹♃
17日	12:19	☉☌♆
21日	17:26	☉⚹♅
22日	12:07	♂△♇
24日	21:06	♂⚹♆
28日	05:01	☉□♃
29日	01:29	☉△♄
30日	10:53	♂△♅

1967年12月

DAY	☉	☽	☊ mean	☊ true	☿	♀	♂	♃	♄	♅	♆	♇	⚳	⚴	⚵	⚶	⚷
	° ′	° ′	° ′	° ′	° ′	° ′	° ′	° ′	° ′	° ′	° ′	° ′	°	°	°	°	°
1	7 ♐ 42	22 ♏ 59	25 ♈ 39	27 R 23	22 D 29	22 D 22	29 D 3	5 D 5	5 R 42	28 D 39	24 D 35	22 D 40	13 D	21 D	25 D	12 D	25 R
2	8 ♐ 43	8 ♐ 3	25 ♈ 36	27 ♈ 19	23 ♏ 59	23 ♎ 29	29 ♑ 49	5 ♍ 9	5 ♈ 42	28 ♍ 41	24 ♏ 37	22 ♍ 41	13 ♎	22 ♍	25 ♎	13 ♑	25 ♓
3	9 ♐ 44	22 ♐ 59	25 ♈ 32	27 ♈ 12	25 ♏ 30	24 ♎ 37	0 ♒ 36	5 ♍ 13	5 ♈ 41	28 ♍ 43	24 ♏ 39	22 ♍ 42	14 ♎	22 ♍	26 ♎	13 ♑	25 ♓
4	10 ♐ 45	7 ♑ 38	25 ♈ 29	27 ♈ 5	27 ♏ 1	25 ♎ 44	1 ♒ 22	5 ♍ 16	5 ♈ 40	28 ♍ 44	24 ♏ 41	22 ♍ 43	14 ♎	22 ♍	26 ♎	14 ♑	25 ♓
5	11 ♐ 46	21 ♑ 55	25 ♈ 26	26 ♈ 58	28 ♏ 33	26 ♎ 52	2 ♒ 8	5 ♍ 20	5 ♈ 40	28 ♍ 46	24 ♏ 43	22 ♍ 43	14 ♎	23 ♍	26 ♎	14 ♑	25 ♓
6	12 ♐ 47	5 ♒ 43	25 ♈ 23	26 ♈ 52	0 ♐ 5	28 ♎ 0	2 ♒ 55	5 ♍ 23	5 ♈ 39	28 ♍ 48	24 ♏ 46	22 ♍ 44	15 ♎	23 ♍	27 ♎	15 ♑	25 ♓
7	13 ♐ 48	19 ♒ 3	25 ♈ 20	26 ♈ 47	1 ♐ 37	29 ♎ 9	3 ♒ 41	5 ♍ 26	5 ♈ 39	28 ♍ 49	24 ♏ 48	22 ♍ 45	15 ♎	24 ♍	27 ♎	16 ♑	25 ♓
8	14 ♐ 49	1 ♓ 56	25 ♈ 17	26 ♈ 44	3 ♐ 9	0 ♏ 17	4 ♒ 28	5 ♍ 29	5 ♈ 38	28 ♍ 51	24 ♏ 50	22 ♍ 45	16 ♎	24 ♍	27 ♎	16 ♑	25 D
9	15 ♐ 50	14 ♓ 26	25 ♈ 13	26 ♈ 43	4 ♐ 41	1 ♏ 26	5 ♒ 14	5 ♍ 32	5 ♈ 38	28 ♍ 53	24 ♏ 52	22 ♍ 46	16 ♎	24 ♍	28 ♎	17 ♑	25 ♓
10	16 ♐ 51	26 ♓ 37	25 ♈ 10	26 D 43	6 ♐ 14	2 ♏ 35	6 ♒ 1	5 ♍ 34	5 D 38	28 ♍ 54	24 ♏ 54	22 ♍ 47	16 ♎	25 ♍	28 ♎	17 ♑	25 ♓
11	17 ♐ 51	8 ♈ 35	25 ♈ 7	26 ♈ 44	7 ♐ 47	3 ♏ 44	6 ♒ 47	5 ♍ 37	5 ♈ 38	28 ♍ 55	24 ♏ 56	22 ♍ 47	17 ♎	25 ♍	28 ♎	18 ♑	25 ♓
12	18 ♐ 52	20 ♈ 25	25 ♈ 4	26 ♈ 46	9 ♐ 19	4 ♏ 53	7 ♒ 34	5 ♍ 39	5 ♈ 39	28 ♍ 57	24 ♏ 58	22 ♍ 48	17 ♎	25 ♍	28 ♎	18 ♑	25 ♓
13	19 ♐ 53	2 ♉ 11	25 ♈ 1	26 R 46	10 ♐ 52	6 ♏ 2	8 ♒ 20	5 ♍ 41	5 ♈ 39	28 ♍ 58	25 ♏ 0	22 ♍ 48	18 ♎	25 ♍	29 ♎	19 ♑	25 ♓
14	20 ♐ 54	13 ♉ 59	24 ♈ 57	26 ♈ 44	12 ♐ 25	7 ♏ 12	9 ♒ 7	5 ♍ 42	5 ♈ 39	28 ♍ 59	25 ♏ 3	22 ♍ 49	18 ♎	26 ♍	29 ♎	19 ♑	25 ♓
15	21 ♐ 55	25 ♉ 51	24 ♈ 54	26 ♈ 40	13 ♐ 59	8 ♏ 21	9 ♒ 54	5 ♍ 44	5 ♈ 40	29 ♍ 0	25 ♏ 5	22 ♍ 49	18 ♎	26 ♍	29 ♎	20 ♑	25 ♓
16	22 ♐ 56	7 ♊ 52	24 ♈ 51	26 ♈ 33	15 ♐ 32	9 ♏ 31	10 ♒ 40	5 ♍ 45	5 ♈ 40	29 ♍ 2	25 ♏ 7	22 ♍ 49	19 ♎	26 ♍	0 ♏	20 ♑	25 ♓
17	23 ♐ 57	20 ♊ 2	24 ♈ 48	26 ♈ 24	17 ♐ 5	10 ♏ 41	11 ♒ 27	5 ♍ 47	5 ♈ 41	29 ♍ 3	25 ♏ 9	22 ♍ 50	19 ♎	27 ♍	0 ♏	21 ♑	25 ♓
18	24 ♐ 59	2 ♋ 23	24 ♈ 45	26 ♈ 13	18 ♐ 39	11 ♏ 51	12 ♒ 14	5 ♍ 48	5 ♈ 42	29 ♍ 4	25 ♏ 11	22 ♍ 50	19 ♎	27 ♍	0 ♏	21 ♑	25 ♓
19	26 ♐ 0	14 ♋ 56	24 ♈ 42	26 ♈ 1	20 ♐ 12	13 ♏ 1	13 ♒ 0	5 ♍ 49	5 ♈ 43	29 ♍ 5	25 ♏ 13	22 ♍ 50	20 ♎	27 ♍	1 ♏	22 ♑	25 ♓
20	27 ♐ 1	27 ♋ 40	24 ♈ 38	25 ♈ 50	21 ♐ 46	14 ♏ 12	13 ♒ 47	5 ♍ 49	5 ♈ 44	29 ♍ 6	25 ♏ 15	22 ♍ 50	20 ♎	27 ♍	1 ♏	22 ♑	25 ♓
21	28 ♐ 2	10 ♌ 36	24 ♈ 35	25 ♈ 40	23 ♐ 20	15 ♏ 22	14 ♒ 34	5 ♍ 50	5 ♈ 45	29 ♍ 6	25 ♏ 17	22 ♍ 51	20 ♎	28 ♍	1 ♏	23 ♑	25 ♓
22	29 ♐ 3	23 ♌ 43	24 ♈ 32	25 ♈ 33	24 ♐ 54	16 ♏ 33	15 ♒ 20	5 ♍ 50	5 ♈ 46	29 ♍ 7	25 ♏ 19	22 ♍ 51	21 ♎	28 ♍	1 ♏	23 ♑	25 ♓
23	0 ♑ 4	7 ♍ 2	24 ♈ 29	25 ♈ 28	26 ♐ 28	17 ♏ 43	16 ♒ 7	5 R 50	5 ♈ 48	29 ♍ 8	25 ♏ 21	22 ♍ 51	21 ♎	28 ♍	2 ♏	24 ♑	25 ♓
24	1 ♑ 5	20 ♍ 35	24 ♈ 26	25 ♈ 25	28 ♐ 3	18 ♏ 54	16 ♒ 54	5 ♍ 50	5 ♈ 49	29 ♍ 9	25 ♏ 23	22 ♍ 51	21 ♎	29 ♍	2 ♏	24 ♑	25 ♓
25	2 ♑ 6	4 ♎ 21	24 ♈ 23	25 D 25	29 ♐ 38	20 ♏ 5	17 ♒ 41	5 ♍ 49	5 ♈ 51	29 ♍ 9	25 ♏ 24	22 ♍ 51	22 ♎	29 ♍	2 ♏	25 ♑	25 ♓
26	3 ♑ 7	18 ♎ 22	24 ♈ 19	25 ♈ 25	1 ♑ 12	21 ♏ 16	18 ♒ 27	5 ♍ 49	5 ♈ 53	29 ♍ 10	25 ♏ 26	22 ♍ 51	22 ♎	29 ♍	3 ♏	25 ♑	25 ♓
27	4 ♑ 8	2 ♏ 37	24 ♈ 16	25 R 25	2 ♑ 48	22 ♏ 27	19 ♒ 14	5 ♍ 48	5 ♈ 54	29 ♍ 10	25 ♏ 28	22 R 51	23 ♎	29 ♍	3 ♏	26 ♑	25 ♓
28	5 ♑ 10	17 ♏ 6	24 ♈ 13	25 ♈ 23	4 ♑ 23	23 ♏ 39	20 ♒ 1	5 ♍ 47	5 ♈ 56	29 ♍ 11	25 ♏ 30	22 ♍ 51	23 ♎	29 ♍	3 ♏	26 ♑	25 ♓
29	6 ♑ 11	1 ♐ 44	24 ♈ 10	25 ♈ 19	5 ♑ 59	24 ♏ 50	20 ♒ 48	5 ♍ 46	5 ♈ 58	29 ♍ 11	25 ♏ 32	22 ♍ 51	23 ♎	0 ♎	3 ♏	27 ♑	25 ♓
30	7 ♑ 12	16 ♐ 26	24 ♈ 7	25 ♈ 12	7 ♑ 35	26 ♏ 2	21 ♒ 35	5 ♍ 45	6 ♈ 0	29 ♍ 12	25 ♏ 34	22 ♍ 51	24 ♎	0 ♎	4 ♏	27 ♑	25 ♓
31	8 ♑ 13	1 ♑ 6	24 ♈ 3	25 ♈ 2	9 ♑ 11	27 ♏ 13	22 ♒ 21	5 ♍ 43	6 ♈ 3	29 ♍ 12	25 ♏ 36	22 ♍ 51	24 ♎	0 ♎	4 ♏	28 ♑	25 ♓

SUN INGRESS	☉ → ♑ 22日 22:16
MOON PHASE	● 2日 01:10 ♐　◐ 9日 02:57 ♓　○ 17日 08:21 ♊　◑ 24日 19:48 ♎　● 31日 12:38 ♑

aspects		
1日	03:00	☿⚹♇
2日	10:11	☿☌♆
5日	03:35	☿⚹♅
9日	12:24	♂⚹♄
9日	13:26	☿□♃
9日	14:46	☿△♄
9日	17:09	☿⚹♂
12日	16:22	♀⚹♃
15日	21:10	☉□♇
18日	22:57	♀□♂
20日	16:29	♀□♇
22日	01:47	☉□♅
24日	16:48	☿□♅
27日	07:58	♀⚹♇
28日	14:33	☉△♃
28日	18:57	☉□♄
28日	20:54	☿△♃
28日	23:53	☿□♄
29日	08:18	☉☌☿
29日	14:22	♀☌♆

1968年1月

DAY	☉	☽	☊ mean	☊ true	☿	♀	♂	♃	♄	♅	♆	♇	⚳	⚴	⚵	⚶	⚷
	° ′	° ′	° ′	° ′	° ′	° ′	° ′	° ′	° ′	° ′	° ′	° ′	°	°	°	°	°
1	9 ♑ 14	15 ♑ 35	24 ♈ 0	24 R 50	10 D 48	28 D 25	23 D 8	5 R 42	6 D 5	29 D 12	25 D 37	22 R 51	24 D	0 D	4 D	28 D	25 D
2	10 ♑ 15	29 ♑ 46	23 ♈ 57	24 ♈ 38	12 ♑ 24	29 ♏ 37	23 ♒ 55	5 ♍ 40	6 ♈ 7	29 ♍ 12	25 ♏ 39	22 ♍ 51	24 ♎	0 ♎	4 ♏	29 ♑	25 ♓
3	11 ♑ 17	13 ♒ 34	23 ♈ 54	24 ♈ 26	14 ♑ 2	0 ♐ 49	24 ♒ 42	5 ♍ 38	6 ♈ 10	29 ♍ 13	25 ♏ 41	22 ♍ 50	25 ♎	1 ♎	5 ♏	29 ♑	25 ♓
4	12 ♑ 18	26 ♒ 56	23 ♈ 51	24 ♈ 17	15 ♑ 39	2 ♐ 0	25 ♒ 29	5 ♍ 35	6 ♈ 13	29 ♍ 13	25 ♏ 42	22 ♍ 50	25 ♎	1 ♎	5 ♏	0 ♒	25 ♓
5	13 ♑ 19	9 ♓ 53	23 ♈ 48	24 ♈ 10	17 ♑ 17	3 ♐ 12	26 ♒ 16	5 ♍ 33	6 ♈ 15	29 R 13	25 ♏ 44	22 ♍ 50	25 ♎	1 ♎	5 ♏	0 ♒	25 ♓
6	14 ♑ 20	22 ♓ 26	23 ♈ 44	24 ♈ 6	18 ♑ 55	4 ♐ 24	27 ♒ 2	5 ♍ 30	6 ♈ 18	29 ♍ 13	25 ♏ 46	22 ♍ 49	26 ♎	1 ♎	5 ♏	1 ♒	25 ♓
7	15 ♑ 21	4 ♈ 40	23 ♈ 41	24 ♈ 4	20 ♑ 34	5 ♐ 37	27 ♒ 49	5 ♍ 27	6 ♈ 21	29 ♍ 12	25 ♏ 47	22 ♍ 49	26 ♎	1 ♎	6 ♏	1 ♒	25 ♓
8	16 ♑ 22	16 ♈ 39	23 ♈ 38	24 D 4	22 ♑ 13	6 ♐ 49	28 ♒ 36	5 ♍ 24	6 ♈ 24	29 ♍ 12	25 ♏ 49	22 ♍ 49	26 ♎	1 ♎	6 ♏	2 ♒	25 ♓
9	17 ♑ 24	28 ♈ 30	23 ♈ 35	24 R 4	23 ♑ 52	8 ♐ 1	29 ♒ 23	5 ♍ 21	6 ♈ 27	29 ♍ 12	25 ♏ 51	22 ♍ 48	27 ♎	2 ♎	6 ♏	3 ♒	25 ♓
10	18 ♑ 25	10 ♉ 17	23 ♈ 32	24 ♈ 3	25 ♑ 32	9 ♐ 13	0 ♓ 10	5 ♍ 18	6 ♈ 31	29 ♍ 12	25 ♏ 52	22 ♍ 48	27 ♎	2 ♎	6 ♏	3 ♒	25 ♓
11	19 ♑ 26	22 ♉ 6	23 ♈ 29	24 ♈ 0	27 ♑ 11	10 ♐ 26	0 ♓ 56	5 ♍ 14	6 ♈ 34	29 ♍ 11	25 ♏ 54	22 ♍ 47	27 ♎	2 ♎	7 ♏	4 ♒	25 ♓
12	20 ♑ 27	4 ♊ 2	23 ♈ 25	23 ♈ 55	28 ♑ 51	11 ♐ 38	1 ♓ 43	5 ♍ 10	6 ♈ 37	29 ♍ 11	25 ♏ 55	22 ♍ 47	28 ♎	2 ♎	7 ♏	4 ♒	25 ♓
13	21 ♑ 28	16 ♊ 9	23 ♈ 22	23 ♈ 47	0 ♒ 32	12 ♐ 51	2 ♓ 30	5 ♍ 6	6 ♈ 41	29 ♍ 11	25 ♏ 57	22 ♍ 46	28 ♎	2 ♎	7 ♏	5 ♒	25 ♓
14	22 ♑ 29	28 ♊ 29	23 ♈ 19	23 ♈ 36	2 ♒ 12	14 ♐ 3	3 ♓ 17	5 ♍ 2	6 ♈ 45	29 ♍ 10	25 ♏ 58	22 ♍ 46	28 ♎	2 ♎	7 ♏	5 ♒	25 ♓
15	23 ♑ 30	11 ♋ 5	23 ♈ 16	23 ♈ 23	3 ♒ 52	15 ♐ 16	4 ♓ 4	4 ♍ 58	6 ♈ 48	29 ♍ 10	26 ♏ 0	22 ♍ 45	28 ♎	2 ♎	7 ♏	6 ♒	25 ♓
16	24 ♑ 31	23 ♋ 56	23 ♈ 13	23 ♈ 9	5 ♒ 33	16 ♐ 29	4 ♓ 50	4 ♍ 54	6 ♈ 52	29 ♍ 9	26 ♏ 1	22 ♍ 44	29 ♎	2 ♎	8 ♏	6 ♒	25 ♓
17	25 ♑ 33	7 ♌ 2	23 ♈ 9	22 ♈ 55	7 ♒ 13	17 ♐ 41	5 ♓ 37	4 ♍ 49	6 ♈ 56	29 ♍ 8	26 ♏ 2	22 ♍ 44	29 ♎	2 ♎	8 ♏	7 ♒	26 ♓
18	26 ♑ 34	20 ♌ 21	23 ♈ 6	22 ♈ 43	8 ♒ 53	18 ♐ 54	6 ♓ 24	4 ♍ 44	7 ♈ 0	29 ♍ 8	26 ♏ 4	22 ♍ 43	29 ♎	2 ♎	8 ♏	7 ♒	26 ♓
19	27 ♑ 35	3 ♍ 51	23 ♈ 3	22 ♈ 33	10 ♒ 33	20 ♐ 7	7 ♓ 10	4 ♍ 39	7 ♈ 4	29 ♍ 7	26 ♏ 5	22 ♍ 42	29 ♎	3 ♎	8 ♏	8 ♒	26 ♓
20	28 ♑ 36	17 ♍ 30	23 ♈ 0	22 ♈ 27	12 ♒ 12	21 ♐ 20	7 ♓ 57	4 ♍ 34	7 ♈ 8	29 ♍ 6	26 ♏ 6	22 ♍ 41	0 ♏	3 ♎	8 ♏	8 ♒	26 ♓
21	29 ♑ 37	1 ♎ 16	22 ♈ 57	22 ♈ 23	13 ♒ 50	22 ♐ 33	8 ♓ 44	4 ♍ 29	7 ♈ 12	29 ♍ 5	26 ♏ 7	22 ♍ 41	0 ♏	3 ♎	9 ♏	9 ♒	26 ♓
22	0 ♒ 38	15 ♎ 9	22 ♈ 54	22 ♈ 22	15 ♒ 28	23 ♐ 46	9 ♓ 30	4 ♍ 23	7 ♈ 17	29 ♍ 4	26 ♏ 9	22 ♍ 40	0 ♏	3 ♎	9 ♏	9 ♒	26 ♓
23	1 ♒ 39	29 ♎ 8	22 ♈ 50	22 D 22	17 ♒ 4	24 ♐ 59	10 ♓ 17	4 ♍ 18	7 ♈ 21	29 ♍ 3	26 ♏ 10	22 ♍ 39	0 ♏	3 ♎	9 ♏	10 ♒	26 ♓
24	2 ♒ 40	13 ♏ 13	22 ♈ 47	22 R 22	18 ♒ 38	26 ♐ 12	11 ♓ 4	4 ♍ 12	7 ♈ 26	29 ♍ 2	26 ♏ 11	22 ♍ 38	1 ♏	3 ♎	9 ♏	10 ♒	26 ♓
25	3 ♒ 41	27 ♏ 23	22 ♈ 44	22 ♈ 20	20 ♒ 10	27 ♐ 25	11 ♓ 50	4 ♍ 6	7 ♈ 30	29 ♍ 1	26 ♏ 12	22 ♍ 37	1 ♏	3 R	9 ♏	11 ♒	26 ♓
26	4 ♒ 42	11 ♐ 37	22 ♈ 41	22 ♈ 15	21 ♒ 39	28 ♐ 38	12 ♓ 37	4 ♍ 0	7 ♈ 35	29 ♍ 0	26 ♏ 13	22 ♍ 36	1 ♏	3 ♎	10 ♏	11 ♒	26 ♓
27	5 ♒ 43	25 ♐ 52	22 ♈ 38	22 ♈ 8	23 ♒ 6	29 ♐ 52	13 ♓ 24	3 ♍ 54	7 ♈ 40	28 ♍ 59	26 ♏ 14	22 ♍ 35	1 ♏	3 ♎	10 ♏	12 ♒	26 ♓
28	6 ♒ 44	10 ♑ 4	22 ♈ 35	21 ♈ 58	24 ♒ 29	1 ♑ 5	14 ♓ 10	3 ♍ 48	7 ♈ 44	28 ♍ 58	26 ♏ 15	22 ♍ 34	2 ♏	3 ♎	10 ♏	12 ♒	26 ♓
29	7 ♒ 45	24 ♑ 8	22 ♈ 31	21 ♈ 47	25 ♒ 47	2 ♑ 18	14 ♓ 57	3 ♍ 42	7 ♈ 49	28 ♍ 56	26 ♏ 16	22 ♍ 33	2 ♏	3 ♎	10 ♏	13 ♒	26 ♓
30	8 ♒ 46	7 ♒ 59	22 ♈ 28	21 ♈ 34	27 ♒ 1	3 ♑ 32	15 ♓ 43	3 ♍ 35	7 ♈ 54	28 ♍ 55	26 ♏ 17	22 ♍ 32	2 ♏	3 ♎	10 ♏	13 ♒	26 ♓
31	9 ♒ 47	21 ♒ 32	22 ♈ 25	21 ♈ 23	28 ♒ 9	4 ♑ 45	16 ♓ 30	3 ♍ 28	7 ♈ 59	28 ♍ 54	26 ♏ 18	22 ♍ 31	2 ♏	3 ♎	10 ♏	14 ♒	26 ♓

SUN INGRESS ☉→♒ 21日 08:54

MOON PHASE ◐ 7日 23:23 ♈　○ 16日 01:11 ♋　◑ 23日 04:38 ♏　● 30日 01:29 ♒

aspects

1日 15:51 ♀⚹♅
4日 07:19 ♂□♆
6日 21:03 ♀□♃
7日 15:28 ♀△♄
8日 08:38 ☿△♇
10日 05:02 ☿⚹♆
12日 04:42 ☿△♅
14日 06:21 ☉△♇
16日 01:34 ♂☍♃
16日 19:41 ☿⚹♄
17日 11:55 ☉⚹♆
20日 11:43 ☉△♅
21日 02:31 ♀□♇
26日 06:58 ♀□♅
29日 01:50 ☉⚹♄
29日 09:24 ☿□♆
30日 01:02 ♀△♃

1968年2月

DAY	☉	☽	☊ mean	☊ true	☿	♀	♂	♃	♄	♅	♆	♇	⚳	⚴	⚵	⚶	⚷
	° ′	° ′	° ′	° ′	° ′	° ′	° ′	° ′	° ′	° ′	° ′	° ′	°	°	°	°	°
1	10 ♒ 48	4 ♓ 46	22 ♈ 22	21 R 13	29 D 10	5 D 58	17 D 16	3 R 22	8 D 5	28 R 52	26 D 19	22 R 30	2 D	2 R	11 D	14 D	26 D
2	11 ♒ 49	17 ♓ 38	22 ♈ 19	21 ♈ 5	0 ♓ 4	7 ♑ 12	18 ♓ 3	3 ♍ 15	8 ♈ 10	28 ♍ 51	26 ♏ 20	22 ♍ 29	3 ♏	2 ♎	11 ♏	15 ♒	26 ♓
3	12 ♒ 50	0 ♈ 10	22 ♈ 15	21 ♈ 0	0 ♓ 50	8 ♑ 25	18 ♓ 49	3 ♍ 8	8 ♈ 15	28 ♍ 49	26 ♏ 21	22 ♍ 28	3 ♏	2 ♎	11 ♏	15 ♒	26 ♓
4	13 ♒ 51	12 ♈ 25	22 ♈ 12	20 ♈ 58	1 ♓ 26	9 ♑ 39	19 ♓ 35	3 ♍ 1	8 ♈ 20	28 ♍ 48	26 ♏ 22	22 ♍ 27	3 ♏	2 ♎	11 ♏	16 ♒	26 ♓
5	14 ♒ 52	24 ♈ 25	22 ♈ 9	20 D 58	1 ♓ 54	10 ♑ 52	20 ♓ 22	2 ♍ 54	8 ♈ 26	28 ♍ 46	26 ♏ 23	22 ♍ 26	3 ♏	2 ♎	11 ♏	16 ♒	26 ♓
6	15 ♒ 52	6 ♉ 17	22 ♈ 6	20 ♈ 59	2 ♓ 10	12 ♑ 6	21 ♓ 8	2 ♍ 46	8 ♈ 31	28 ♍ 44	26 ♏ 23	22 ♍ 24	3 ♏	2 ♎	11 ♏	17 ♒	26 ♓
7	16 ♒ 53	18 ♉ 5	22 ♈ 3	20 R 59	2 ♓ 17	13 ♑ 19	21 ♓ 54	2 ♍ 39	8 ♈ 37	28 ♍ 43	26 ♏ 24	22 ♍ 23	3 ♏	2 ♎	11 ♏	17 ♒	26 ♓
8	17 ♒ 54	29 ♉ 55	22 ♈ 0	20 ♈ 58	2 R 12	14 ♑ 33	22 ♓ 41	2 ♍ 32	8 ♈ 43	28 ♍ 41	26 ♏ 25	22 ♍ 22	4 ♏	2 ♎	11 ♏	18 ♒	26 ♓
9	18 ♒ 55	11 ♊ 53	21 ♈ 56	20 ♈ 55	1 ♓ 56	15 ♑ 46	23 ♓ 27	2 ♍ 24	8 ♈ 48	28 ♍ 39	26 ♏ 25	22 ♍ 21	4 ♏	2 ♎	12 ♏	19 ♒	27 ♓
10	19 ♒ 56	24 ♊ 2	21 ♈ 53	20 ♈ 50	1 ♓ 30	17 ♑ 0	24 ♓ 13	2 ♍ 17	8 ♈ 54	28 ♍ 37	26 ♏ 26	22 ♍ 19	4 ♏	1 ♎	12 ♏	19 ♒	27 ♓
11	20 ♒ 56	6 ♋ 28	21 ♈ 50	20 ♈ 42	0 ♓ 53	18 ♑ 13	24 ♓ 59	2 ♍ 9	9 ♈ 0	28 ♍ 36	26 ♏ 27	22 ♍ 18	4 ♏	1 ♎	12 ♏	20 ♒	27 ♓
12	21 ♒ 57	19 ♋ 13	21 ♈ 47	20 ♈ 33	0 ♓ 8	19 ♑ 27	25 ♓ 46	2 ♍ 1	9 ♈ 6	28 ♍ 34	26 ♏ 27	22 ♍ 17	4 ♏	1 ♎	12 ♏	20 ♒	27 ♓
13	22 ♒ 58	2 ♌ 17	21 ♈ 44	20 ♈ 22	29 ♒ 14	20 ♑ 41	26 ♓ 32	1 ♍ 54	9 ♈ 12	28 ♍ 32	26 ♏ 28	22 ♍ 15	4 ♏	1 ♎	12 ♏	21 ♒	27 ♓
14	23 ♒ 58	15 ♌ 42	21 ♈ 41	20 ♈ 12	28 ♒ 14	21 ♑ 54	27 ♓ 18	1 ♍ 46	9 ♈ 18	28 ♍ 30	26 ♏ 28	22 ♍ 14	4 ♏	1 ♎	12 ♏	21 ♒	27 ♓
15	24 ♒ 59	29 ♌ 23	21 ♈ 37	20 ♈ 3	27 ♒ 9	23 ♑ 8	28 ♓ 4	1 ♍ 38	9 ♈ 24	28 ♍ 28	26 ♏ 29	22 ♍ 13	5 ♏	1 ♎	12 ♏	22 ♒	27 ♓
16	25 ♒ 59	13 ♍ 19	21 ♈ 34	19 ♈ 56	26 ♒ 1	24 ♑ 22	28 ♓ 50	1 ♍ 30	9 ♈ 30	28 ♍ 26	26 ♏ 29	22 ♍ 11	5 ♏	0 ♎	12 ♏	22 ♒	27 ♓
17	27 ♒ 0	27 ♍ 25	21 ♈ 31	19 ♈ 51	24 ♒ 52	25 ♑ 35	29 ♓ 36	1 ♍ 22	9 ♈ 36	28 ♍ 24	26 ♏ 29	22 ♍ 10	5 ♏	0 ♎	12 ♏	23 ♒	27 ♓
18	28 ♒ 1	11 ♎ 37	21 ♈ 28	19 ♈ 49	23 ♒ 43	26 ♑ 49	0 ♈ 22	1 ♍ 15	9 ♈ 42	28 ♍ 22	26 ♏ 30	22 ♍ 8	5 ♏	0 ♎	12 ♏	23 ♒	27 ♓
19	29 ♒ 1	25 ♎ 51	21 ♈ 25	19 D 49	22 ♒ 37	28 ♑ 3	1 ♈ 8	1 ♍ 7	9 ♈ 49	28 ♍ 19	26 ♏ 30	22 ♍ 7	5 ♏	0 ♎	12 ♏	24 ♒	27 ♓
20	0 ♓ 2	10 ♏ 4	21 ♈ 21	19 ♈ 50	21 ♒ 35	29 ♑ 17	1 ♈ 54	0 ♍ 59	9 ♈ 55	28 ♍ 17	26 ♏ 30	22 ♍ 6	5 ♏	0 ♎	13 ♏	24 ♒	27 ♓
21	1 ♓ 2	24 ♏ 14	21 ♈ 18	19 ♈ 51	20 ♒ 38	0 ♒ 30	2 ♈ 40	0 ♍ 51	10 ♈ 1	28 ♍ 15	26 ♏ 31	22 ♍ 4	5 ♏	29 ♍	13 ♏	25 ♒	27 ♓
22	2 ♓ 3	8 ♐ 20	21 ♈ 15	19 R 51	19 ♒ 46	1 ♒ 44	3 ♈ 25	0 ♍ 43	10 ♈ 8	28 ♍ 13	26 ♏ 31	22 ♍ 3	5 ♏	29 ♍	13 ♏	25 ♒	27 ♓
23	3 ♓ 3	22 ♐ 20	21 ♈ 12	19 ♈ 49	19 ♒ 2	2 ♒ 58	4 ♈ 11	0 ♍ 35	10 ♈ 14	28 ♍ 11	26 ♏ 31	22 ♍ 1	5 ♏	29 ♍	13 ♏	26 ♒	27 ♓
24	4 ♓ 3	6 ♑ 14	21 ♈ 9	19 ♈ 45	18 ♒ 24	4 ♒ 12	4 ♈ 57	0 ♍ 27	10 ♈ 21	28 ♍ 8	26 ♏ 31	22 ♍ 0	5 ♏	29 ♍	13 ♏	26 ♒	27 ♓
25	5 ♓ 4	20 ♑ 0	21 ♈ 6	19 ♈ 40	17 ♒ 54	5 ♒ 26	5 ♈ 43	0 ♍ 19	10 ♈ 28	28 ♍ 6	26 ♏ 31	21 ♍ 58	5 ♏	28 ♍	13 ♏	27 ♒	27 ♓
26	6 ♓ 4	3 ♒ 36	21 ♈ 2	19 ♈ 32	17 ♒ 31	6 ♒ 40	6 ♈ 28	0 ♍ 11	10 ♈ 34	28 ♍ 4	26 ♏ 31	21 ♍ 57	6 ♏	28 ♍	13 ♏	27 ♒	27 ♓
27	7 ♓ 5	16 ♒ 59	20 ♈ 59	19 ♈ 25	17 ♒ 15	7 ♒ 54	7 ♈ 14	0 ♍ 4	10 ♈ 41	28 ♍ 1	26 ♏ 31	21 ♍ 55	6 ♏	28 ♍	13 ♏	28 ♒	27 ♓
28	8 ♓ 5	0 ♓ 9	20 ♈ 56	19 ♈ 17	17 ♒ 7	9 ♒ 7	8 ♈ 0	29 ♌ 56	10 ♈ 48	27 ♍ 59	26 R 31	21 ♍ 53	6 ♏	27 ♍	13 ♏	28 ♒	28 ♓
29	9 ♓ 5	13 ♓ 4	20 ♈ 53	19 ♈ 11	17 D 5	10 ♒ 21	8 ♈ 45	29 ♌ 48	10 ♈ 55	27 ♍ 56	26 ♏ 31	21 ♍ 52	6 ♏	27 ♍	13 ♏	29 ♒	28 ♓

SUN INGRESS ☉→♓ 19日 23:09

MOON PHASE ◐ 6日 21:20 ♉　○ 14日 15:43 ♌　◑ 21日 12:28 ♐　● 28日 15:56 ♓

aspects

2日 20:28 ♀□♄
7日 14:29 ♂☍♇
12日 21:49 ♂△♆
14日 06:19 ♀△♇
15日 11:53 ♂☍♅
15日 14:13 ☿□♆
16日 00:15 ☉☌☿
16日 11:46 ☉□♆
17日 17:38 ♀⚹♆
19日 05:12 ♀△♅
20日 20:02 ☉☍♃
25日 14:21 ♀⚹♂
29日 11:51 ♀⚹♄

1968年3月

DAY	☉	☽	☊ mean	☊ true	☿	♀	♂	♃	♄	♅	♆	♇	⚳	⚴	⚵	⚶	⚷
	° ′	° ′	° ′	° ′	° ′	° ′	° ′	° ′	° ′	° ′	° ′	° ′	°	°	°	°	°
1	10 ♓ 5	25 ♓ 43	20 ♈ 50	19 R 7	17 D 10	11 D 35	9 D 31	29 R 40	11 D 1	27 R 54	26 R 31	21 R 50	6 D	27 R	13 D	29 D	28 D
2	11 ♓ 6	8 ♈ 6	20 ♈ 46	19 ♈ 4	17 ♒ 22	12 ♒ 49	10 ♈ 16	29 ♌ 33	11 ♈ 8	27 ♍ 52	26 ♏ 31	21 ♍ 49	6 ♏	27 ♍	13 R	0 ♓	28 ♓
3	12 ♓ 6	20 ♈ 16	20 ♈ 43	19 D 4	17 ♒ 38	14 ♒ 3	11 ♈ 2	29 ♌ 25	11 ♈ 15	27 ♍ 49	26 ♏ 31	21 ♍ 47	6 ♏	26 ♍	13 ♏	0 ♓	28 ♓
4	13 ♓ 6	2 ♉ 15	20 ♈ 40	19 ♈ 5	18 ♒ 1	15 ♒ 17	11 ♈ 47	29 ♌ 18	11 ♈ 22	27 ♍ 47	26 ♏ 31	21 ♍ 46	6 R	26 ♍	13 ♏	1 ♓	28 ♓
5	14 ♓ 6	14 ♉ 6	20 ♈ 37	19 ♈ 6	18 ♒ 28	16 ♒ 31	12 ♈ 32	29 ♌ 10	11 ♈ 29	27 ♍ 44	26 ♏ 31	21 ♍ 44	6 ♏	26 ♍	13 ♏	1 ♓	28 ♓
6	15 ♓ 6	25 ♉ 55	20 ♈ 34	19 ♈ 8	19 ♒ 0	17 ♒ 45	13 ♈ 18	29 ♌ 3	11 ♈ 36	27 ♍ 42	26 ♏ 30	21 ♍ 42	6 ♏	25 ♍	13 ♏	2 ♓	28 ♓
7	16 ♓ 6	7 ♊ 45	20 ♈ 31	19 ♈ 9	19 ♒ 37	18 ♒ 59	14 ♈ 3	28 ♌ 55	11 ♈ 43	27 ♍ 39	26 ♏ 30	21 ♍ 41	6 ♏	25 ♍	13 ♏	2 ♓	28 ♓
8	17 ♓ 6	19 ♊ 42	20 ♈ 27	19 R 10	20 ♒ 18	20 ♒ 13	14 ♈ 48	28 ♌ 48	11 ♈ 50	27 ♍ 36	26 ♏ 30	21 ♍ 39	6 ♏	25 ♍	13 ♏	3 ♓	28 ♓
9	18 ♓ 6	1 ♋ 51	20 ♈ 24	19 ♈ 9	21 ♒ 2	21 ♒ 27	15 ♈ 33	28 ♌ 41	11 ♈ 57	27 ♍ 34	26 ♏ 30	21 ♍ 38	6 ♏	24 ♍	13 ♏	3 ♓	28 ♓
10	19 ♓ 6	14 ♋ 17	20 ♈ 21	19 ♈ 6	21 ♒ 51	22 ♒ 40	16 ♈ 19	28 ♌ 34	12 ♈ 4	27 ♍ 31	26 ♏ 29	21 ♍ 36	6 ♏	24 ♍	13 ♏	4 ♓	28 ♓
11	20 ♓ 6	27 ♋ 2	20 ♈ 18	19 ♈ 3	22 ♒ 42	23 ♒ 54	17 ♈ 4	28 ♌ 27	12 ♈ 12	27 ♍ 29	26 ♏ 29	21 ♍ 34	5 ♏	24 ♍	13 ♏	4 ♓	28 ♓
12	21 ♓ 6	10 ♌ 11	20 ♈ 15	18 ♈ 58	23 ♒ 37	25 ♒ 8	17 ♈ 49	28 ♌ 20	12 ♈ 19	27 ♍ 26	26 ♏ 28	21 ♍ 33	5 ♏	23 ♍	13 ♏	5 ♓	28 ♓
13	22 ♓ 6	23 ♌ 44	20 ♈ 12	18 ♈ 54	24 ♒ 34	26 ♒ 22	18 ♈ 34	28 ♌ 14	12 ♈ 26	27 ♍ 24	26 ♏ 28	21 ♍ 31	5 ♏	23 ♍	12 ♏	5 ♓	28 ♓
14	23 ♓ 6	7 ♍ 40	20 ♈ 8	18 ♈ 50	25 ♒ 35	27 ♒ 36	19 ♈ 19	28 ♌ 7	12 ♈ 33	27 ♍ 21	26 ♏ 28	21 ♍ 30	5 ♏	23 ♍	12 ♏	6 ♓	28 ♓
15	24 ♓ 6	21 ♍ 56	20 ♈ 5	18 ♈ 47	26 ♒ 37	28 ♒ 50	20 ♈ 4	28 ♌ 0	12 ♈ 41	27 ♍ 18	26 ♏ 27	21 ♍ 28	5 ♏	22 ♍	12 ♏	6 ♓	28 ♓
16	25 ♓ 5	6 ♎ 26	20 ♈ 2	18 ♈ 46	27 ♒ 43	0 ♓ 4	20 ♈ 49	27 ♌ 54	12 ♈ 48	27 ♍ 16	26 ♏ 26	21 ♍ 26	5 ♏	22 ♍	12 ♏	7 ♓	29 ♓
17	26 ♓ 5	21 ♎ 5	19 ♈ 59	18 D 45	28 ♒ 50	1 ♓ 18	21 ♈ 33	27 ♌ 48	12 ♈ 55	27 ♍ 13	26 ♏ 26	21 ♍ 25	5 ♏	22 ♍	12 ♏	7 ♓	29 ♓
18	27 ♓ 5	5 ♏ 46	19 ♈ 56	18 ♈ 46	0 ♓ 0	2 ♓ 32	22 ♈ 18	27 ♌ 42	13 ♈ 3	27 ♍ 11	26 ♏ 25	21 ♍ 23	5 ♏	21 ♍	12 ♏	8 ♓	29 ♓
19	28 ♓ 4	20 ♏ 23	19 ♈ 52	18 ♈ 47	1 ♓ 12	3 ♓ 46	23 ♈ 3	27 ♌ 36	13 ♈ 10	27 ♍ 8	26 ♏ 25	21 ♍ 22	5 ♏	21 ♍	12 ♏	8 ♓	29 ♓
20	29 ♓ 4	4 ♐ 52	19 ♈ 49	18 ♈ 48	2 ♓ 26	5 ♓ 0	23 ♈ 48	27 ♌ 30	13 ♈ 17	27 ♍ 5	26 ♏ 24	21 ♍ 20	5 ♏	21 ♍	12 ♏	9 ♓	29 ♓
21	0 ♈ 4	19 ♐ 7	19 ♈ 46	18 ♈ 49	3 ♓ 42	6 ♓ 14	24 ♈ 32	27 ♌ 24	13 ♈ 25	27 ♍ 3	26 ♏ 23	21 ♍ 18	5 ♏	20 ♍	12 ♏	9 ♓	29 ♓
22	1 ♈ 3	3 ♑ 8	19 ♈ 43	18 R 50	4 ♓ 59	7 ♓ 28	25 ♈ 17	27 ♌ 19	13 ♈ 32	27 ♍ 0	26 ♏ 23	21 ♍ 17	4 ♏	20 ♍	12 ♏	10 ♓	29 ♓
23	2 ♈ 3	16 ♑ 54	19 ♈ 40	18 ♈ 49	6 ♓ 19	8 ♓ 42	26 ♈ 1	27 ♌ 13	13 ♈ 40	26 ♍ 58	26 ♏ 22	21 ♍ 15	4 ♏	20 ♍	11 ♏	10 ♓	29 ♓
24	3 ♈ 2	0 ♒ 24	19 ♈ 37	18 ♈ 48	7 ♓ 40	9 ♓ 56	26 ♈ 46	27 ♌ 8	13 ♈ 47	26 ♍ 55	26 ♏ 21	21 ♍ 14	4 ♏	20 ♍	11 ♏	11 ♓	29 ♓
25	4 ♈ 2	13 ♒ 38	19 ♈ 33	18 ♈ 46	9 ♓ 3	11 ♓ 10	27 ♈ 30	27 ♌ 3	13 ♈ 55	26 ♍ 52	26 ♏ 20	21 ♍ 12	4 ♏	19 ♍	11 ♏	11 ♓	29 ♓
26	5 ♈ 1	26 ♒ 39	19 ♈ 30	18 ♈ 44	10 ♓ 27	12 ♓ 24	28 ♈ 15	26 ♌ 58	14 ♈ 2	26 ♍ 50	26 ♏ 19	21 ♍ 10	4 ♏	19 ♍	11 ♏	12 ♓	29 ♓
27	6 ♈ 1	9 ♓ 25	19 ♈ 27	18 ♈ 42	11 ♓ 53	13 ♓ 38	28 ♈ 59	26 ♌ 53	14 ♈ 10	26 ♍ 47	26 ♏ 18	21 ♍ 9	4 ♏	19 ♍	11 ♏	12 ♓	29 ♓
28	7 ♈ 0	21 ♓ 58	19 ♈ 24	18 ♈ 41	13 ♓ 21	14 ♓ 51	29 ♈ 43	26 ♌ 48	14 ♈ 17	26 ♍ 45	26 ♏ 18	21 ♍ 7	4 ♏	18 ♍	11 ♏	13 ♓	29 ♓
29	7 ♈ 59	4 ♈ 20	19 ♈ 21	18 ♈ 40	14 ♓ 50	16 ♓ 5	0 ♉ 28	26 ♌ 44	14 ♈ 25	26 ♍ 42	26 ♏ 17	21 ♍ 6	3 ♏	18 ♍	11 ♏	13 ♓	29 ♓
30	8 ♈ 59	16 ♈ 31	19 ♈ 18	18 ♈ 39	16 ♓ 20	17 ♓ 19	1 ♉ 12	26 ♌ 39	14 ♈ 32	26 ♍ 40	26 ♏ 16	21 ♍ 4	3 ♏	18 ♍	10 ♏	14 ♓	29 ♓
31	9 ♈ 58	28 ♈ 32	19 ♈ 14	18 D 39	17 ♓ 52	18 ♓ 33	1 ♉ 56	26 ♌ 35	14 ♈ 40	26 ♍ 37	26 ♏ 15	21 ♍ 3	3 ♏	18 ♍	10 ♏	14 ♓	29 ♓

SUN INGRESS: ☉ → ♈ 20日 22:22

MOON PHASE: ◐ 7日 18:20 ♊　○ 15日 03:52 ♍　◑ 21日 20:07 ♑　● 29日 07:48 ♈

aspects		
3日	08:23	♂☌♄
8日	04:04	☿☌♀
12日	10:24	☉☍♇
13日	01:51	♀□♆
14日	09:11	♀☍♃
14日	20:06	☿□♆
16日	03:43	☿☍♃
17日	08:18	☉△♆
18日	02:15	☉☍♅
24日	10:40	♂△♃

1968年4月

DAY	☉	☽	☊ mean	☊ true	☿	♀	♂	♃	♄	♅	♆	♇	⚳	⚴	⚵	⚶	⚷
	° ′	° ′	° ′	° ′	° ′	° ′	° ′	° ′	° ′	° ′	° ′	° ′	°	°	°	°	°
1	10 ♈ 57	10 ♉ 27	19 ♈ 11	18 D 40	19 D 25	19 D 47	2 D 40	26 R 31	14 D 47	26 R 34	26 R 14	21 R 1	3 R	17 R	10 R	15 D	29 D
2	11 ♈ 56	22 ♉ 17	19 ♈ 8	18 ♈ 41	21 ♓ 0	21 ♓ 1	3 ♉ 24	26 ♌ 28	14 ♈ 55	26 ♍ 32	26 ♏ 13	21 ♍ 0	3 ♏	17 ♍	10 ♏	15 ♓	0 ♈
3	12 ♈ 55	4 ♊ 5	19 ♈ 5	18 ♈ 41	22 ♓ 37	22 ♓ 15	4 ♉ 8	26 ♌ 24	15 ♈ 3	26 ♍ 29	26 ♏ 12	20 ♍ 58	3 ♏	17 ♍	10 ♏	15 ♓	0 ♈
4	13 ♈ 55	15 ♊ 56	19 ♈ 2	18 ♈ 42	24 ♓ 14	23 ♓ 29	4 ♉ 52	26 ♌ 20	15 ♈ 10	26 ♍ 27	26 ♏ 11	20 ♍ 57	2 ♏	17 ♍	10 ♏	16 ♓	0 ♈
5	14 ♈ 54	27 ♊ 53	18 ♈ 58	18 ♈ 42	25 ♓ 54	24 ♓ 43	5 ♉ 36	26 ♌ 17	15 ♈ 18	26 ♍ 25	26 ♏ 9	20 ♍ 55	2 ♏	16 ♍	9 ♏	16 ♓	0 ♈
6	15 ♈ 53	10 ♋ 0	18 ♈ 55	18 ♈ 43	27 ♓ 34	25 ♓ 57	6 ♉ 20	26 ♌ 14	15 ♈ 25	26 ♍ 22	26 ♏ 8	20 ♍ 54	2 ♏	16 ♍	9 ♏	17 ♓	0 ♈
7	16 ♈ 52	22 ♋ 23	18 ♈ 52	18 R 43	29 ♓ 16	27 ♓ 11	7 ♉ 4	26 ♌ 11	15 ♈ 33	26 ♍ 20	26 ♏ 7	20 ♍ 53	2 ♏	16 ♍	9 ♏	17 ♓	0 ♈
8	17 ♈ 51	5 ♌ 5	18 ♈ 49	18 ♈ 42	1 ♈ 0	28 ♓ 25	7 ♉ 48	26 ♌ 8	15 ♈ 40	26 ♍ 17	26 ♏ 6	20 ♍ 51	2 ♏	16 ♍	9 ♏	18 ♓	0 ♈
9	18 ♈ 50	18 ♌ 9	18 ♈ 46	18 D 42	2 ♈ 45	29 ♓ 39	8 ♉ 32	26 ♌ 6	15 ♈ 48	26 ♍ 15	26 ♏ 5	20 ♍ 50	1 ♏	16 ♍	9 ♏	18 ♓	0 ♈
10	19 ♈ 49	1 ♍ 40	18 ♈ 43	18 ♈ 43	4 ♈ 32	0 ♈ 52	9 ♉ 15	26 ♌ 3	15 ♈ 55	26 ♍ 13	26 ♏ 4	20 ♍ 48	1 ♏	15 ♍	8 ♏	19 ♓	0 ♈
11	20 ♈ 48	15 ♍ 37	18 ♈ 39	18 ♈ 43	6 ♈ 20	2 ♈ 6	9 ♉ 59	26 ♌ 1	16 ♈ 3	26 ♍ 10	26 ♏ 2	20 ♍ 47	1 ♏	15 ♍	8 ♏	19 ♓	0 ♈
12	21 ♈ 46	29 ♍ 59	18 ♈ 36	18 ♈ 43	8 ♈ 9	3 ♈ 20	10 ♉ 42	25 ♌ 59	16 ♈ 11	26 ♍ 8	26 ♏ 1	20 ♍ 46	1 ♏	15 ♍	8 ♏	20 ♓	0 ♈
13	22 ♈ 45	14 ♎ 42	18 ♈ 33	18 ♈ 43	10 ♈ 0	4 ♈ 34	11 ♉ 26	25 ♌ 57	16 ♈ 18	26 ♍ 6	26 ♏ 0	20 ♍ 44	0 ♏	15 ♍	8 ♏	20 ♓	0 ♈
14	23 ♈ 44	29 ♎ 40	18 ♈ 30	18 R 43	11 ♈ 53	5 ♈ 48	12 ♉ 9	25 ♌ 56	16 ♈ 26	26 ♍ 4	25 ♏ 59	20 ♍ 43	0 ♏	15 ♍	8 ♏	21 ♓	0 ♈
15	24 ♈ 43	14 ♏ 44	18 ♈ 27	18 ♈ 43	13 ♈ 47	7 ♈ 2	12 ♉ 53	25 ♌ 54	16 ♈ 33	26 ♍ 1	25 ♏ 57	20 ♍ 42	0 ♏	15 ♍	7 ♏	21 ♓	0 ♈
16	25 ♈ 41	29 ♏ 45	18 ♈ 23	18 ♈ 42	15 ♈ 43	8 ♈ 16	13 ♉ 36	25 ♌ 53	16 ♈ 41	25 ♍ 59	25 ♏ 56	20 ♍ 40	0 ♏	14 ♍	7 ♏	22 ♓	0 ♈
17	26 ♈ 40	14 ♐ 36	18 ♈ 20	18 ♈ 41	17 ♈ 40	9 ♈ 29	14 ♉ 20	25 ♌ 52	16 ♈ 48	25 ♍ 57	25 ♏ 55	20 ♍ 39	0 ♏	14 ♍	7 ♏	22 ♓	0 ♈
18	27 ♈ 39	29 ♐ 10	18 ♈ 17	18 ♈ 40	19 ♈ 39	10 ♈ 43	15 ♉ 3	25 ♌ 51	16 ♈ 56	25 ♍ 55	25 ♏ 53	20 ♍ 38	29 ♎	14 ♍	7 ♏	23 ♓	0 ♈
19	28 ♈ 37	13 ♑ 22	18 ♈ 14	18 ♈ 40	21 ♈ 39	11 ♈ 57	15 ♉ 46	25 ♌ 50	17 ♈ 3	25 ♍ 53	25 ♏ 52	20 ♍ 37	29 ♎	14 ♍	7 ♏	23 ♓	0 ♈
20	29 ♈ 36	27 ♑ 11	18 ♈ 11	18 ♈ 39	23 ♈ 40	13 ♈ 11	16 ♉ 29	25 ♌ 50	17 ♈ 11	25 ♍ 51	25 ♏ 50	20 ♍ 36	29 ♎	14 ♍	6 ♏	24 ♓	1 ♈
21	0 ♉ 34	10 ♒ 38	18 ♈ 8	18 D 39	25 ♈ 43	14 ♈ 25	17 ♉ 12	25 ♌ 49	17 ♈ 18	25 ♍ 49	25 ♏ 49	20 ♍ 34	29 ♎	14 ♍	6 ♏	24 ♓	1 ♈
22	1 ♉ 33	23 ♒ 42	18 ♈ 4	18 ♈ 40	27 ♈ 47	15 ♈ 39	17 ♉ 56	25 ♌ 49	17 ♈ 25	25 ♍ 47	25 ♏ 48	20 ♍ 33	28 ♎	14 ♍	6 ♏	24 ♓	1 ♈
23	2 ♉ 31	6 ♓ 28	18 ♈ 1	18 ♈ 41	29 ♈ 53	16 ♈ 52	18 ♉ 39	25 D 49	17 ♈ 33	25 ♍ 45	25 ♏ 46	20 ♍ 32	28 ♎	14 ♍	6 ♏	25 ♓	1 ♈
24	3 ♉ 30	18 ♓ 58	17 ♈ 58	18 ♈ 42	1 ♉ 59	18 ♈ 6	19 ♉ 22	25 ♌ 50	17 ♈ 40	25 ♍ 43	25 ♏ 45	20 ♍ 31	28 ♎	14 ♍	5 ♏	25 ♓	1 ♈
25	4 ♉ 28	1 ♈ 15	17 ♈ 55	18 ♈ 44	4 ♉ 6	19 ♈ 20	20 ♉ 5	25 ♌ 50	17 ♈ 48	25 ♍ 41	25 ♏ 43	20 ♍ 30	28 ♎	14 ♍	5 ♏	26 ♓	1 ♈
26	5 ♉ 27	13 ♈ 21	17 ♈ 52	18 ♈ 44	6 ♉ 14	20 ♈ 34	20 ♉ 47	25 ♌ 51	17 ♈ 55	25 ♍ 39	25 ♏ 42	20 ♍ 29	28 ♎	14 ♍	5 ♏	26 ♓	1 ♈
27	6 ♉ 25	25 ♈ 20	17 ♈ 49	18 R 44	8 ♉ 23	21 ♈ 48	21 ♉ 30	25 ♌ 51	18 ♈ 2	25 ♍ 38	25 ♏ 40	20 ♍ 28	27 ♎	14 ♍	5 ♏	27 ♓	1 ♈
28	7 ♉ 24	7 ♉ 14	17 ♈ 45	18 ♈ 44	10 ♉ 32	23 ♈ 2	22 ♉ 13	25 ♌ 52	18 ♈ 10	25 ♍ 36	25 ♏ 39	20 ♍ 27	27 ♎	14 ♍	4 ♏	27 ♓	1 ♈
29	8 ♉ 22	19 ♉ 4	17 ♈ 42	18 ♈ 41	12 ♉ 41	24 ♈ 15	22 ♉ 56	25 ♌ 53	18 ♈ 17	25 ♍ 34	25 ♏ 37	20 ♍ 26	27 ♎	13 ♍	4 ♏	28 ♓	1 ♈
30	9 ♉ 20	0 ♊ 53	17 ♈ 39	18 ♈ 38	14 ♉ 50	25 ♈ 29	23 ♉ 39	25 ♌ 55	18 ♈ 24	25 ♍ 33	25 ♏ 36	20 ♍ 25	27 ♎	13 ♍	4 ♏	28 ♓	1 ♈

SUN INGRESS: ☉ → ♉ 20日 09:41

MOON PHASE: ◐ 6日 12:27 ♋　○ 13日 13:52 ♎　◑ 20日 04:35 ♑　● 28日 00:21 ♉

aspects		
1日	23:33	♀☍♇
1日	23:52	☿☍♇
2日	00:59	☿☌♀
5日	03:45	☿△♆
5日	07:14	☿☍♅
5日	11:08	☉☌♄
6日	03:39	♀△♆
6日	07:57	♀☍♅
9日	20:32	♃□♆
16日	04:40	☉△♃
16日	12:41	☿☌♄
20日	13:21	♃□♆
20日	22:48	♅⚹♆
21日	01:13	☿△♃
23日	14:33	♀☌♄
25日	07:36	☉☌☿
25日	13:54	♂△♇
30日	08:28	♀△♃

1968年5月

DAY	☉	☽	☊ mean	☊ true	☿	♀	♂	♃	♄	♅	♆	♇	⚳	⚴	⚵	⚶	⚷
	° ′	° ′	° ′	° ′	° ′	° ′	° ′	° ′	° ′	° ′	° ′	° ′	°	°	°	°	°
1	10 ♉ 18	12 ♊ 43	17 ♈ 36	18 R 35	16 D 58	26 D 43	24 D 21	25 D 56	18 D 31	25 R 31	25 R 34	20 R 24	26 R	13 R	4 R	29 D	1 D
2	11 ♉ 17	24 ♊ 36	17 ♈ 33	18 ♈ 31	19 ♉ 6	27 ♈ 57	25 ♉ 4	25 ♌ 58	18 ♈ 38	25 ♍ 29	25 ♏ 32	20 ♍ 23	26 ♎	13 D	4 ♏	29 ♓	1 ♈
3	12 ♉ 15	6 ♋ 35	17 ♈ 29	18 ♈ 28	21 ♉ 12	29 ♈ 11	25 ♉ 46	26 ♌ 0	18 ♈ 46	25 ♍ 28	25 ♏ 31	20 ♍ 22	26 ♎	13 ♍	3 ♏	29 ♓	1 ♈
4	13 ♉ 13	18 ♋ 44	17 ♈ 26	18 ♈ 25	23 ♉ 17	0 ♉ 24	26 ♉ 29	26 ♌ 2	18 ♈ 53	25 ♍ 26	25 ♏ 29	20 ♍ 22	26 ♎	13 ♍	3 ♏	0 ♈	1 ♈
5	14 ♉ 11	1 ♌ 5	17 ♈ 23	18 ♈ 23	25 ♉ 20	1 ♉ 38	27 ♉ 11	26 ♌ 4	19 ♈ 0	25 ♍ 25	25 ♏ 28	20 ♍ 21	26 ♎	14 ♍	3 ♏	0 ♈	1 ♈
6	15 ♉ 9	13 ♌ 43	17 ♈ 20	18 ♈ 22	27 ♉ 22	2 ♉ 52	27 ♉ 54	26 ♌ 6	19 ♈ 7	25 ♍ 23	25 ♏ 26	20 ♍ 20	25 ♎	14 ♍	3 ♏	1 ♈	1 ♈
7	16 ♉ 7	26 ♌ 42	17 ♈ 17	18 D 23	29 ♉ 21	4 ♉ 6	28 ♉ 36	26 ♌ 9	19 ♈ 14	25 ♍ 22	25 ♏ 25	20 ♍ 19	25 ♎	14 ♍	2 ♏	1 ♈	1 ♈
8	17 ♉ 5	10 ♍ 5	17 ♈ 14	18 ♈ 24	1 ♊ 17	5 ♉ 19	29 ♉ 19	26 ♌ 12	19 ♈ 21	25 ♍ 21	25 ♏ 23	20 ♍ 18	25 ♎	14 ♍	2 ♏	2 ♈	1 ♈
9	18 ♉ 3	23 ♍ 54	17 ♈ 10	18 ♈ 25	3 ♊ 11	6 ♉ 33	0 ♊ 1	26 ♌ 15	19 ♈ 28	25 ♍ 19	25 ♏ 21	20 ♍ 18	25 ♎	14 ♍	2 ♏	2 ♈	1 ♈
10	19 ♉ 1	8 ♎ 10	17 ♈ 7	18 ♈ 26	5 ♊ 3	7 ♉ 47	0 ♊ 43	26 ♌ 18	19 ♈ 35	25 ♍ 18	25 ♏ 20	20 ♍ 17	25 ♎	14 ♍	2 ♏	3 ♈	2 ♈
11	19 ♉ 59	22 ♎ 50	17 ♈ 4	18 R 27	6 ♊ 51	9 ♉ 0	1 ♊ 25	26 ♌ 21	19 ♈ 42	25 ♍ 17	25 ♏ 18	20 ♍ 16	25 ♎	14 ♍	2 ♏	3 ♈	2 ♈
12	20 ♉ 57	7 ♏ 51	17 ♈ 1	18 ♈ 26	8 ♊ 36	10 ♉ 14	2 ♊ 7	26 ♌ 24	19 ♈ 49	25 ♍ 16	25 ♏ 16	20 ♍ 16	24 ♎	14 ♍	1 ♏	3 ♈	2 ♈
13	21 ♉ 55	23 ♏ 4	16 ♈ 58	18 ♈ 23	10 ♊ 18	11 ♉ 28	2 ♊ 49	26 ♌ 28	19 ♈ 56	25 ♍ 15	25 ♏ 15	20 ♍ 15	24 ♎	14 ♍	1 ♏	4 ♈	2 ♈
14	22 ♉ 53	8 ♐ 19	16 ♈ 55	18 ♈ 19	11 ♊ 56	12 ♉ 42	3 ♊ 31	26 ♌ 32	20 ♈ 2	25 ♍ 14	25 ♏ 13	20 ♍ 15	24 ♎	14 ♍	1 ♏	4 ♈	2 ♈
15	23 ♉ 51	23 ♐ 27	16 ♈ 51	18 ♈ 14	13 ♊ 31	13 ♉ 55	4 ♊ 13	26 ♌ 36	20 ♈ 9	25 ♍ 13	25 ♏ 12	20 ♍ 14	24 ♎	14 ♍	1 ♏	5 ♈	2 ♈
16	24 ♉ 49	8 ♑ 17	16 ♈ 48	18 ♈ 9	15 ♊ 3	15 ♉ 9	4 ♊ 55	26 ♌ 40	20 ♈ 16	25 ♍ 12	25 ♏ 10	20 ♍ 14	24 ♎	14 ♍	1 ♏	5 ♈	2 ♈
17	25 ♉ 47	22 ♑ 44	16 ♈ 45	18 ♈ 4	16 ♊ 31	16 ♉ 23	5 ♊ 37	26 ♌ 44	20 ♈ 22	25 ♍ 11	25 ♏ 8	20 ♍ 13	24 ♎	14 ♍	0 ♏	6 ♈	2 ♈
18	26 ♉ 44	6 ♒ 43	16 ♈ 42	18 ♈ 1	17 ♊ 55	17 ♉ 36	6 ♊ 19	26 ♌ 49	20 ♈ 29	25 ♍ 10	25 ♏ 7	20 ♍ 13	24 ♎	14 ♍	0 ♏	6 ♈	2 ♈
19	27 ♉ 42	20 ♒ 13	16 ♈ 39	17 ♈ 59	19 ♊ 16	18 ♉ 50	7 ♊ 1	26 ♌ 53	20 ♈ 36	25 ♍ 9	25 ♏ 5	20 ♍ 12	23 ♎	15 ♍	0 ♏	6 ♈	2 ♈
20	28 ♉ 40	3 ♓ 17	16 ♈ 35	17 D 59	20 ♊ 33	20 ♉ 4	7 ♊ 43	26 ♌ 58	20 ♈ 42	25 ♍ 9	25 ♏ 3	20 ♍ 12	23 ♎	15 ♍	0 ♏	7 ♈	2 ♈
21	29 ♉ 38	15 ♓ 58	16 ♈ 32	18 ♈ 0	21 ♊ 46	21 ♉ 17	8 ♊ 24	27 ♌ 3	20 ♈ 49	25 ♍ 8	25 ♏ 2	20 ♍ 12	23 ♎	15 ♍	0 ♏	7 ♈	2 ♈
22	0 ♊ 35	28 ♓ 21	16 ♈ 29	18 ♈ 1	22 ♊ 56	22 ♉ 31	9 ♊ 6	27 ♌ 8	20 ♈ 55	25 ♍ 7	25 ♏ 0	20 ♍ 11	23 ♎	15 ♍	0 ♏	8 ♈	2 ♈
23	1 ♊ 33	10 ♈ 29	16 ♈ 26	18 ♈ 3	24 ♊ 2	23 ♉ 45	9 ♊ 48	27 ♌ 13	21 ♈ 1	25 ♍ 7	24 ♏ 59	20 ♍ 11	23 ♎	15 ♍	29 ♎	8 ♈	2 ♈
24	2 ♊ 31	22 ♈ 27	16 ♈ 23	18 R 3	25 ♊ 4	24 ♉ 58	10 ♊ 29	27 ♌ 18	21 ♈ 8	25 ♍ 6	24 ♏ 57	20 ♍ 11	23 ♎	15 ♍	29 ♎	9 ♈	2 ♈
25	3 ♊ 28	4 ♉ 18	16 ♈ 20	18 ♈ 1	26 ♊ 1	26 ♉ 12	11 ♊ 11	27 ♌ 24	21 ♈ 14	25 ♍ 6	24 ♏ 55	20 ♍ 11	23 ♎	15 ♍	29 ♎	9 ♈	2 ♈
26	4 ♊ 26	16 ♉ 7	16 ♈ 16	17 ♈ 58	26 ♊ 55	27 ♉ 26	11 ♊ 52	27 ♌ 29	21 ♈ 20	25 ♍ 5	24 ♏ 54	20 ♍ 10	23 ♎	16 ♍	29 ♎	9 ♈	2 ♈
27	5 ♊ 24	27 ♉ 55	16 ♈ 13	17 ♈ 52	27 ♊ 45	28 ♉ 40	12 ♊ 34	27 ♌ 35	21 ♈ 27	25 ♍ 5	24 ♏ 52	20 ♍ 10	23 ♎	16 ♍	29 ♎	10 ♈	2 ♈
28	6 ♊ 21	9 ♊ 46	16 ♈ 10	17 ♈ 44	28 ♊ 30	29 ♉ 53	13 ♊ 15	27 ♌ 41	21 ♈ 33	25 ♍ 5	24 ♏ 51	20 ♍ 10	23 ♎	16 ♍	29 ♎	10 ♈	2 ♈
29	7 ♊ 19	21 ♊ 39	16 ♈ 7	17 ♈ 35	29 ♊ 12	1 ♊ 7	13 ♊ 57	27 ♌ 47	21 ♈ 39	25 ♍ 4	24 ♏ 49	20 ♍ 10	23 ♎	16 ♍	29 ♎	11 ♈	2 ♈
30	8 ♊ 16	3 ♋ 39	16 ♈ 4	17 ♈ 26	29 ♊ 49	2 ♊ 21	14 ♊ 38	27 ♌ 54	21 ♈ 45	25 ♍ 4	24 ♏ 47	20 ♍ 10	22 ♎	16 ♍	28 ♎	11 ♈	2 ♈
31	9 ♊ 14	15 ♋ 45	16 ♈ 1	17 ♈ 17	0 ♋ 21	3 ♊ 34	15 ♊ 19	28 ♌ 0	21 ♈ 51	25 ♍ 4	24 ♏ 46	20 ♍ 10	22 ♎	16 ♍	28 ♎	11 ♈	2 ♈

SUN INGRESS	☉ → ♊ 21日 09:06
MOON PHASE	◐ 6日 02:54 ♌　○ 12日 22:05 ♏　◑ 19日 14:44 ♒　● 27日 16:30 ♊

aspects

2日	13:49	♂△♅
2日	14:37	☿△♇
2日	15:30	♂☍♆
3日	07:52	♂□♃
5日	00:53	☿△♅
5日	01:26	☿☍♆
5日	08:47	☿□♃
6日	10:01	☿☌♂
11日	06:58	☉△♇
12日	20:52	♅⚹♆
16日	08:32	☉☍♆
16日	09:28	☉△♅
18日	01:53	☉□♃
19日	17:21	☿□♇
20日	02:40	♀△♇
20日	03:12	☿⚹♄
23日	23:31	♀☍♆
24日	01:05	☿□♅
24日	02:32	♀△♅
26日	01:16	♀□♃
26日	18:31	☿⚹♃

1968年6月

DAY	☉	☽	☊ mean	☊ true	☿	♀	♂	♃	♄	♅	♆	♇	⚳	⚴	⚵	⚶	⚷
	° ′	° ′	° ′	° ′	° ′	° ′	° ′	° ′	° ′	° ′	° ′	° ′	°	°	°	°	°
1	10 ♊ 11	27 ♋ 59	15 ♈ 57	17 R 9	0 D 49	4 D 48	16 D 0	28 D 6	21 D 57	25 R 4	24 R 44	20 D 10	22 R	17 D	28 R	12 D	2 D
2	11 ♊ 9	10 ♌ 25	15 ♈ 54	17 ♈ 3	1 ♋ 12	6 ♊ 2	16 ♊ 42	28 ♌ 13	22 ♈ 2	25 ♍ 4	24 ♏ 43	20 ♍ 10	22 ♎	17 ♍	28 ♎	12 ♈	2 ♈
3	12 ♊ 6	23 ♌ 5	15 ♈ 51	16 ♈ 59	1 ♋ 31	7 ♊ 15	17 ♊ 23	28 ♌ 20	22 ♈ 8	25 D 4	24 ♏ 41	20 ♍ 10	22 ♎	17 ♍	28 ♎	13 ♈	2 ♈
4	13 ♊ 4	6 ♍ 2	15 ♈ 48	16 ♈ 57	1 ♋ 46	8 ♊ 29	18 ♊ 4	28 ♌ 27	22 ♈ 14	25 ♍ 4	24 ♏ 40	20 ♍ 10	22 ♎	17 ♍	28 ♎	13 ♈	2 ♈
5	14 ♊ 1	19 ♍ 19	15 ♈ 45	16 D 57	1 ♋ 55	9 ♊ 43	18 ♊ 45	28 ♌ 34	22 ♈ 20	25 ♍ 4	24 ♏ 38	20 ♍ 10	22 ♎	17 ♍	28 ♎	13 ♈	2 ♈
6	14 ♊ 59	2 ♎ 58	15 ♈ 41	16 ♈ 57	2 ♋ 0	10 ♊ 56	19 ♊ 26	28 ♌ 41	22 ♈ 25	25 ♍ 4	24 ♏ 37	20 ♍ 10	22 ♎	18 ♍	28 ♎	14 ♈	2 ♈
7	15 ♊ 56	17 ♎ 2	15 ♈ 38	16 R 58	2 R 1	12 ♊ 10	20 ♊ 7	28 ♌ 48	22 ♈ 31	25 ♍ 5	24 ♏ 35	20 ♍ 10	22 D	18 ♍	28 ♎	14 ♈	2 ♈
8	16 ♊ 54	1 ♏ 31	15 ♈ 35	16 ♈ 57	1 ♋ 57	13 ♊ 24	20 ♊ 48	28 ♌ 56	22 ♈ 36	25 ♍ 5	24 ♏ 34	20 ♍ 11	22 ♎	18 ♍	28 ♎	15 ♈	3 ♈
9	17 ♊ 51	16 ♏ 21	15 ♈ 32	16 ♈ 54	1 ♋ 48	14 ♊ 37	21 ♊ 29	29 ♌ 3	22 ♈ 42	25 ♍ 5	24 ♏ 32	20 ♍ 11	22 ♎	18 ♍	27 ♎	15 ♈	3 ♈
10	18 ♊ 48	1 ♐ 27	15 ♈ 29	16 ♈ 49	1 ♋ 36	15 ♊ 51	22 ♊ 9	29 ♌ 11	22 ♈ 47	25 ♍ 6	24 ♏ 31	20 ♍ 11	22 ♎	19 ♍	27 ♎	15 ♈	3 ♈
11	19 ♊ 46	16 ♐ 40	15 ♈ 26	16 ♈ 41	1 ♋ 19	17 ♊ 5	22 ♊ 50	29 ♌ 19	22 ♈ 52	25 ♍ 6	24 ♏ 29	20 ♍ 12	22 ♎	19 ♍	27 ♎	16 ♈	3 ♈
12	20 ♊ 43	1 ♑ 49	15 ♈ 22	16 ♈ 32	0 ♋ 59	18 ♊ 18	23 ♊ 31	29 ♌ 27	22 ♈ 57	25 ♍ 6	24 ♏ 28	20 ♍ 12	22 ♎	19 ♍	27 ♎	16 ♈	3 ♈
13	21 ♊ 40	16 ♑ 46	15 ♈ 19	16 ♈ 23	0 ♋ 35	19 ♊ 32	24 ♊ 12	29 ♌ 35	23 ♈ 2	25 ♍ 7	24 ♏ 26	20 ♍ 12	22 ♎	19 ♍	27 ♎	17 ♈	3 ♈
14	22 ♊ 37	1 ♒ 20	15 ♈ 16	16 ♈ 14	0 ♋ 8	20 ♊ 46	24 ♊ 52	29 ♌ 43	23 ♈ 8	25 ♍ 8	24 ♏ 25	20 ♍ 13	22 ♎	20 ♍	27 ♎	17 ♈	3 ♈
15	23 ♊ 35	15 ♒ 26	15 ♈ 13	16 ♈ 7	29 ♊ 39	21 ♊ 59	25 ♊ 33	29 ♌ 51	23 ♈ 13	25 ♍ 8	24 ♏ 24	20 ♍ 13	22 ♎	20 ♍	27 ♎	17 ♈	3 ♈
16	24 ♊ 32	29 ♒ 3	15 ♈ 10	16 ♈ 2	29 ♊ 8	23 ♊ 13	26 ♊ 14	0 ♍ 0	23 ♈ 17	25 ♍ 9	24 ♏ 22	20 ♍ 14	23 ♎	20 ♍	27 ♎	18 ♈	3 ♈
17	25 ♊ 29	12 ♓ 11	15 ♈ 7	16 ♈ 0	28 ♊ 35	24 ♊ 27	26 ♊ 54	0 ♍ 8	23 ♈ 22	25 ♍ 10	24 ♏ 21	20 ♍ 14	23 ♎	20 ♍	27 ♎	18 ♈	3 ♈
18	26 ♊ 27	24 ♓ 54	15 ♈ 3	15 ♈ 59	28 ♊ 1	25 ♊ 40	27 ♊ 35	0 ♍ 17	23 ♈ 27	25 ♍ 10	24 ♏ 20	20 ♍ 15	23 ♎	21 ♍	27 ♎	18 ♈	3 ♈
19	27 ♊ 24	7 ♈ 15	15 ♈ 0	15 D 59	27 ♊ 27	26 ♊ 54	28 ♊ 15	0 ♍ 25	23 ♈ 32	25 ♍ 11	24 ♏ 18	20 ♍ 15	23 ♎	21 ♍	27 ♎	19 ♈	3 ♈
20	28 ♊ 21	19 ♈ 21	14 ♈ 57	15 R 59	26 ♊ 53	28 ♊ 8	28 ♊ 55	0 ♍ 34	23 ♈ 36	25 ♍ 12	24 ♏ 17	20 ♍ 16	23 ♎	21 ♍	27 ♎	19 ♈	3 ♈
21	29 ♊ 18	1 ♉ 16	14 ♈ 54	15 ♈ 58	26 ♊ 19	29 ♊ 22	29 ♊ 36	0 ♍ 43	23 ♈ 41	25 ♍ 13	24 ♏ 16	20 ♍ 16	23 ♎	21 ♍	27 ♎	19 ♈	3 ♈
22	0 ♋ 16	13 ♉ 6	14 ♈ 51	15 ♈ 55	25 ♊ 47	0 ♋ 35	0 ♋ 16	0 ♍ 52	23 ♈ 45	25 ♍ 14	24 ♏ 15	20 ♍ 17	23 ♎	22 ♍	27 D	20 ♈	3 ♈
23	1 ♋ 13	24 ♉ 53	14 ♈ 47	15 ♈ 50	25 ♊ 17	1 ♋ 49	0 ♋ 57	1 ♍ 1	23 ♈ 50	25 ♍ 15	24 ♏ 13	20 ♍ 18	23 ♎	22 ♍	27 ♎	20 ♈	3 ♈
24	2 ♋ 10	6 ♊ 43	14 ♈ 44	15 ♈ 41	24 ♊ 49	3 ♋ 3	1 ♋ 37	1 ♍ 11	23 ♈ 54	25 ♍ 16	24 ♏ 12	20 ♍ 18	23 ♎	22 ♍	27 ♎	21 ♈	3 ♈
25	3 ♋ 7	18 ♊ 37	14 ♈ 41	15 ♈ 31	24 ♊ 24	4 ♋ 17	2 ♋ 17	1 ♍ 20	23 ♈ 58	25 ♍ 18	24 ♏ 11	20 ♍ 19	23 ♎	23 ♍	27 ♎	21 ♈	3 ♈
26	4 ♋ 5	0 ♋ 38	14 ♈ 38	15 ♈ 18	24 ♊ 3	5 ♋ 30	2 ♋ 57	1 ♍ 29	24 ♈ 2	25 ♍ 19	24 ♏ 10	20 ♍ 20	23 ♎	23 ♍	27 ♎	21 ♈	3 ♈
27	5 ♋ 2	12 ♋ 47	14 ♈ 35	15 ♈ 5	23 ♊ 45	6 ♋ 44	3 ♋ 37	1 ♍ 39	24 ♈ 6	25 ♍ 20	24 ♏ 9	20 ♍ 21	24 ♎	23 ♍	27 ♎	22 ♈	3 ♈
28	5 ♋ 59	25 ♋ 5	14 ♈ 32	14 ♈ 52	23 ♊ 31	7 ♋ 58	4 ♋ 18	1 ♍ 49	24 ♈ 10	25 ♍ 21	24 ♏ 8	20 ♍ 22	24 ♎	23 ♍	27 ♎	22 ♈	3 ♈
29	6 ♋ 56	7 ♌ 32	14 ♈ 28	14 ♈ 40	23 ♊ 21	9 ♋ 11	4 ♋ 58	1 ♍ 58	24 ♈ 14	25 ♍ 23	24 ♏ 6	20 ♍ 23	24 ♎	24 ♍	27 ♎	22 ♈	3 ♈
30	7 ♋ 54	20 ♌ 10	14 ♈ 25	14 ♈ 31	23 ♊ 16	10 ♋ 25	5 ♋ 38	2 ♍ 8	24 ♈ 18	25 ♍ 24	24 ♏ 5	20 ♍ 23	24 ♎	24 ♍	27 ♎	23 ♈	3 ♈

SUN INGRESS	☉ → ♋ 21日 17:13
MOON PHASE	◐ 4日 13:47 ♍　○ 11日 05:13 ♐　◑ 18日 03:14 ♓　● 26日 07:24 ♋

aspects

7日	02:11	♂□♇
11日	01:20	♂⚹♄
11日	10:56	☉□♇
13日	13:10	♀□♇
14日	09:09	♂□♅
14日	13:47	☉⚹♄
14日	16:29	☿⚹♃
16日	01:30	♀⚹♄
16日	15:38	☉□♅
17日	14:06	♀□♅
18日	08:34	☿☌♂
19日	00:48	☉☌☿
19日	07:17	☿☌♀
20日	19:21	☉☌♀
21日	10:16	♀☌♂
22日	00:47	☉☌♂
22日	06:17	♀⚹♃
22日	18:14	☉⚹♃
23日	01:32	☿□♅
23日	03:43	♂⚹♃
26日	00:17	☿⚹♄

1968年7月

DAY	☉	☽	☊ mean	☊ true	☿	♀	♂	♃	♄	♅	♆	♇	⚳	⚴	⚵	⚶	⚷
	° ′	° ′	° ′	° ′	° ′	° ′	° ′	° ′	° ′	° ′	° ′	° ′	°	°	°	°	°
1	8♋51	2♍59	14♈22	14 R 25	23 D 15	11 D 39	6 D 18	2 D 18	24 D 22	25 D 26	24 R 4	20 D 24	24 D	24 D	27 D	23 D	3 D
2	9♋48	16♍2	14♈19	14♈21	23♊19	12♋53	6♋58	2♍28	24♈25	25♍27	24♏3	20♍25	24♎	25♍	27♎	23♈	3♈
3	10♋45	29♍20	14♈16	14♈20	23♊28	14♋7	7♋38	2♍38	24♈29	25♍29	24♏2	20♍26	24♎	25♍	27♎	24♈	3♈
4	11♋42	12♎56	14♈13	14 D 19	23♊42	15♋20	8♋18	2♍48	24♈32	25♍30	24♏1	20♍27	25♎	25♍	27♎	24♈	3♈
5	12♋40	26♎51	14♈9	14 R 19	24♊1	16♋34	8♋58	2♍59	24♈36	25♍32	24♏0	20♍28	25♎	26♍	28♎	24♈	3♈
6	13♋37	11♏6	14♈6	14♈18	24♊25	17♋48	9♋37	3♍9	24♈39	25♍34	23♏59	20♍29	25♎	26♍	28♎	24♈	3♈
7	14♋34	25♏39	14♈3	14♈14	24♊54	19♋2	10♋17	3♍19	24♈42	25♍35	23♏59	20♍31	25♎	26♍	28♎	25♈	3 R
8	15♋31	10♐27	14♈0	14♈8	25♊29	20♋15	10♋57	3♍30	24♈45	25♍37	23♏58	20♍32	25♎	27♍	28♎	25♈	3♈
9	16♋28	25♐23	13♈57	13♈59	26♊8	21♋29	11♋37	3♍41	24♈48	25♍39	23♏57	20♍33	25♎	27♍	28♎	25♈	3♈
10	17♋26	10♑19	13♈53	13♈49	26♊52	22♋43	12♋16	3♍51	24♈51	25♍41	23♏56	20♍34	26♎	27♍	28♎	26♈	3♈
11	18♋23	25♑6	13♈50	13♈38	27♊40	23♋57	12♋56	4♍2	24♈54	25♍43	23♏55	20♍35	26♎	27♍	28♎	26♈	3♈
12	19♋20	9♒35	13♈47	13♈27	28♊34	25♋10	13♋36	4♍13	24♈57	25♍45	23♏54	20♍36	26♎	28♍	28♎	26♈	3♈
13	20♋17	23♒40	13♈44	13♈18	29♊32	26♋24	14♋15	4♍24	24♈59	25♍47	23♏54	20♍38	26♎	28♍	28♎	27♈	3♈
14	21♋14	7♓18	13♈41	13♈12	0♋36	27♋38	14♋55	4♍35	25♈2	25♍49	23♏53	20♍39	26♎	28♍	28♎	27♈	3♈
15	22♋12	20♓28	13♈38	13♈8	1♋43	28♋52	15♋34	4♍46	25♈4	25♍51	23♏52	20♍40	27♎	29♍	28♎	27♈	3♈
16	23♋9	3♈13	13♈34	13♈7	2♋56	0♌6	16♋14	4♍57	25♈7	25♍53	23♏52	20♍42	27♎	29♍	29♎	27♈	3♈
17	24♋6	15♈37	13♈31	13 D 7	4♋13	1♌20	16♋53	5♍8	25♈9	25♍55	23♏51	20♍43	27♎	0♎	29♎	28♈	3♈
18	25♋3	27♈44	13♈28	13 R 7	5♋34	2♌33	17♋33	5♍19	25♈11	25♍58	23♏50	20♍44	27♎	0♎	29♎	28♈	3♈
19	26♋1	9♉41	13♈25	13♈6	6♋59	3♌47	18♋12	5♍31	25♈13	26♍0	23♏50	20♍46	27♎	0♎	29♎	28♈	3♈
20	26♋58	21♉31	13♈22	13♈3	8♋29	5♌1	18♋51	5♍42	25♈15	26♍2	23♏49	20♍47	28♎	1♎	29♎	28♈	3♈
21	27♋55	3♊20	13♈19	12♈59	10♋3	6♌15	19♋31	5♍53	25♈17	26♍5	23♏49	20♍49	28♎	1♎	29♎	29♈	3♈
22	28♋52	15♊13	13♈15	12♈51	11♋41	7♌29	20♋10	6♍5	25♈19	26♍7	23♏48	20♍50	28♎	1♎	29♎	29♈	3♈
23	29♋50	27♊13	13♈12	12♈42	13♋22	8♌43	20♋49	6♍16	25♈20	26♍10	23♏48	20♍52	28♎	2♎	29♎	29♈	3♈
24	0♌47	9♋22	13♈9	12♈30	15♋7	9♌56	21♋29	6♍28	25♈22	26♍12	23♏48	20♍53	29♎	2♎	0♏	29♈	3♈
25	1♌44	21♋42	13♈6	12♈18	16♋56	11♌10	22♋8	6♍40	25♈23	26♍15	23♏47	20♍55	29♎	2♎	0♏	0♉	3♈
26	2♌42	4♌14	13♈3	12♈6	18♋48	12♌24	22♋47	6♍51	25♈25	26♍17	23♏47	20♍56	29♎	3♎	0♏	0♉	3♈
27	3♌39	16♌58	12♈59	11♈55	20♋42	13♌38	23♋26	7♍3	25♈26	26♍20	23♏47	20♍58	29♎	3♎	0♏	0♉	3♈
28	4♌36	29♌54	12♈56	11♈47	22♋39	14♌52	24♋5	7♍15	25♈27	26♍22	23♏46	21♍0	29♎	3♎	0♏	0♉	3♈
29	5♌34	13♍2	12♈53	11♈41	24♋38	16♌6	24♋44	7♍27	25♈28	26♍25	23♏46	21♍1	0♏	4♎	0♏	1♉	3♈
30	6♌31	26♍20	12♈50	11♈38	26♋39	17♌20	25♋23	7♍39	25♈29	26♍28	23♏46	21♍3	0♏	4♎	1♏	1♉	3♈
31	7♌28	9♎50	12♈47	11♈37	28♋41	18♌34	26♋3	7♍51	25♈30	26♍31	23♏46	21♍5	0♏	5♎	1♏	1♉	3♈

SUN INGRESS	☉→♌ 23日 04:07
MOON PHASE	◐ 3日 21:42 ♎　○ 10日 12:18 ♑　◑ 17日 18:11 ♈　● 25日 20:49 ♌

aspects		
6日	13:13	☿⚹♄
8日	05:23	♀⚹♇
8日	05:51	☿□♅
10日	23:31	♀△♆
11日	19:21	♀□♄
12日	11:29	♀⚹♅
13日	08:49	☉⚹♇
16日	17:48	☉△♆
17日	19:07	☿⚹♃
18日	03:23	☉□♄
18日	23:45	☉⚹♅
23日	01:30	♂⚹♇
27日	03:23	☿⚹♇
27日	12:22	♂△♆
28日	13:35	☿△♆
29日	01:54	☿☌♂
29日	10:03	☿□♄
29日	21:45	☿⚹♅
30日	03:25	♂□♄
31日	18:36	♂⚹♅

1968年8月

DAY	☉	☽	☊ mean	☊ true	☿	♀	♂	♃	♄	♅	♆	♇	⚳	⚴	⚵	⚶	⚷
	° ′	° ′	° ′	° ′	° ′	° ′	° ′	° ′	° ′	° ′	° ′	° ′	°	°	°	°	°
1	8♌26	23♎32	12♈44	11 D 37	0 D 45	19 D 47	26 D 42	8 D 3	25 D 30	26 D 33	23 R 45	21 D 6	1 D	5 D	1 D	1 D	3 R
2	9♌23	7♏27	12♈40	11♈38	2♌50	21♌1	27♋20	8♍15	25♈31	26♍36	23♏45	21♍8	1♏	5♎	1♏	1♉	3♈
3	10♌21	21♏34	12♈37	11 R 37	4♌55	22♌15	27♋59	8♍27	25♈32	26♍39	23♏45	21♍10	1♏	6♎	1♏	2♉	3♈
4	11♌18	5♐52	12♈34	11♈35	7♌0	23♌29	28♋38	8♍39	25♈32	26♍42	23♏45	21♍12	1♏	6♎	1♏	2♉	3♈
5	12♌16	20♐20	12♈31	11♈30	9♌5	24♌43	29♋17	8♍52	25♈32	26♍45	23♏45	21♍13	2♏	6♎	2♏	2♉	3♈
6	13♌13	4♑52	12♈28	11♈23	11♌10	25♌57	29♋56	9♍4	25♈33	26♍48	23 D 45	21♍15	2♏	7♎	2♏	2♉	2♈
7	14♌11	19♑24	12♈25	11♈15	13♌14	27♌11	0♌35	9♍16	25♈33	26♍51	23♏45	21♍17	2♏	7♎	2♏	2♉	2♈
8	15♌8	3♒48	12♈21	11♈6	15♌18	28♌25	1♌14	9♍28	25 R 33	26♍54	23♏45	21♍19	2♏	8♎	2♏	3♉	2♈
9	16♌5	17♒59	12♈18	10♈58	17♌21	29♌39	1♌52	9♍41	25♈33	26♍57	23♏45	21♍21	3♏	8♎	2♏	3♉	2♈
10	17♌3	1♓51	12♈15	10♈51	19♌22	0♍52	2♌31	9♍53	25♈32	27♍0	23♏45	21♍23	3♏	8♎	3♏	3♉	2♈
11	18♌1	15♓20	12♈12	10♈46	21♌23	2♍6	3♌10	10♍6	25♈32	27♍3	23♏46	21♍24	3♏	9♎	3♏	3♉	2♈
12	18♌58	28♓27	12♈9	10♈43	23♌22	3♍20	3♌49	10♍18	25♈32	27♍6	23♏46	21♍26	4♏	9♎	3♏	3♉	2♈
13	19♌56	11♈11	12♈5	10 D 43	25♌20	4♍34	4♌27	10♍31	25♈31	27♍10	23♏46	21♍28	4♏	9♎	3♏	3♉	2♈
14	20♌53	23♈35	12♈2	10♈43	27♌17	5♍48	5♌6	10♍43	25♈30	27♍13	23♏46	21♍30	4♏	10♎	3♏	3♉	2♈
15	21♌51	5♉44	11♈59	10♈45	29♌12	7♍2	5♌45	10♍56	25♈30	27♍16	23♏47	21♍32	5♏	10♎	4♏	4♉	2♈
16	22♌49	17♉42	11♈56	10♈46	1♍6	8♍16	6♌23	11♍8	25♈29	27♍19	23♏47	21♍34	5♏	11♎	4♏	4♉	2♈
17	23♌46	29♉34	11♈53	10 R 46	2♍59	9♍30	7♌2	11♍21	25♈28	27♍23	23♏47	21♍36	5♏	11♎	4♏	4♉	2♈
18	24♌44	11♊26	11♈50	10♈44	4♍50	10♍43	7♌40	11♍34	25♈27	27♍26	23♏48	21♍38	5♏	11♎	4♏	4♉	2♈
19	25♌42	23♊21	11♈46	10♈40	6♍40	11♍57	8♌19	11♍47	25♈26	27♍29	23♏48	21♍40	6♏	12♎	5♏	4♉	2♈
20	26♌39	5♋25	11♈43	10♈35	8♍28	13♍11	8♌57	11♍59	25♈25	27♍33	23♏48	21♍42	6♏	12♎	5♏	4♉	2♈
21	27♌37	17♋40	11♈40	10♈29	10♍15	14♍25	9♌36	12♍12	25♈23	27♍36	23♏49	21♍44	6♏	13♎	5♏	4♉	2♈
22	28♌35	0♌10	11♈37	10♈21	12♍0	15♍39	10♌14	12♍25	25♈22	27♍39	23♏49	21♍46	7♏	13♎	5♏	4♉	2♈
23	29♌33	12♌56	11♈34	10♈14	13♍45	16♍53	10♌53	12♍38	25♈20	27♍43	23♏50	21♍48	7♏	13♎	5♏	4♉	2♈
24	0♍31	25♌57	11♈31	10♈8	15♍27	18♍7	11♌31	12♍50	25♈19	27♍46	23♏51	21♍50	7♏	14♎	6♏	4♉	2♈
25	1♍29	9♍14	11♈27	10♈3	17♍9	19♍21	12♌9	13♍3	25♈17	27♍50	23♏51	21♍52	8♏	14♎	6♏	5♉	2♈
26	2♍27	22♍47	11♈24	10♈0	18♍49	20♍34	12♌48	13♍16	25♈15	27♍53	23♏52	21♍55	8♏	15♎	6♏	5♉	2♈
27	3♍24	6♎26	11♈21	9♈58	20♍27	21♍48	13♌26	13♍29	25♈13	27♍57	23♏52	21♍57	8♏	15♎	6♏	5♉	2♈
28	4♍22	20♎18	11♈18	9 D 59	22♍5	23♍2	14♌4	13♍42	25♈11	28♍0	23♏53	21♍59	9♏	15♎	7♏	5♉	2♈
29	5♍20	4♏18	11♈15	10♈0	23♍41	24♍16	14♌43	13♍55	25♈9	28♍4	23♏54	22♍1	9♏	16♎	7♏	5♉	2♈
30	6♍18	18♏23	11♈11	10♈1	25♍16	25♍30	15♌21	14♍8	25♈7	28♍7	23♏55	22♍3	9♏	16♎	7♏	5♉	2♈
31	7♍16	2♐33	11♈8	10♈2	26♍49	26♍44	15♌59	14♍21	25♈4	28♍11	23♏56	22♍5	10♏	17♎	7♏	5♉	2♈

SUN INGRESS	☉→♍ 23日 11:03
MOON PHASE	◐ 2日 03:34 ♏　○ 8日 20:32 ♒　◑ 16日 11:13 ♉　● 24日 08:57 ♍　◐ 31日 08:34 ♐

aspects		
4日	05:11	♀□♆
5日	16:04	♀△♄
7日	20:24	☉☌☿
12日	04:46	♀□♆
13日	02:11	☿△♄
17日	00:23	☉□♆
18日	17:30	☉△♄
18日	19:46	♀☌♃
22日	06:22	☿☌♃
27日	02:48	☿☌♇
27日	22:29	♀☌♇
28日	16:45	♀⚹♆
29日	03:20	☿⚹♆
30日	17:19	☿☌♀
31日	22:11	☿☌♅

1968年9月

DAY	☉	☽	☊ mean	☊ true	☿	♀	♂	♃	♄	♅	♆	♇	⚳	⚴	⚵	⚶	⚷
	° ′	° ′	° ′	° ′	° ′	° ′	° ′	° ′	° ′	° ′	° ′	° ′	°	°	°	°	°
1	8 ♍ 14	16 ♐ 45	11 ♈ 5	10 R 2	28 D 21	27 D 58	16 D 37	14 D 34	25 R 2	28 D 15	23 D 56	22 D 7	10 D	17 D	8 D	5 D	2 R
2	9 ♍ 13	0 ♑ 58	11 ♈ 2	10 ♈ 1	29 ♍ 52	29 ♍ 11	17 ♌ 15	14 ♍ 47	24 ♈ 59	28 ♍ 18	23 ♏ 57	22 ♍ 9	10 ♏	17 ♎	8 ♏	5 ♉	2 ♈
3	10 ♍ 11	15 ♑ 8	10 ♈ 59	9 ♈ 58	1 ♎ 22	0 ♎ 25	17 ♌ 53	15 ♍ 0	24 ♈ 57	28 ♍ 22	23 ♏ 58	22 ♍ 12	11 ♏	18 ♎	8 ♏	5 R	2 ♈
4	11 ♍ 9	29 ♑ 13	10 ♈ 56	9 ♈ 54	2 ♎ 50	1 ♎ 39	18 ♌ 32	15 ♍ 13	24 ♈ 54	28 ♍ 25	23 ♏ 59	22 ♍ 14	11 ♏	18 ♎	8 ♏	5 ♉	1 ♈
5	12 ♍ 7	13 ♒ 10	10 ♈ 52	9 ♈ 50	4 ♎ 17	2 ♎ 53	19 ♌ 10	15 ♍ 26	24 ♈ 51	28 ♍ 29	24 ♏ 0	22 ♍ 16	11 ♏	19 ♎	9 ♏	5 ♉	1 ♈
6	13 ♍ 5	26 ♒ 54	10 ♈ 49	9 ♈ 46	5 ♎ 42	4 ♎ 7	19 ♌ 48	15 ♍ 39	24 ♈ 49	28 ♍ 33	24 ♏ 1	22 ♍ 18	12 ♏	19 ♎	9 ♏	5 ♉	1 ♈
7	14 ♍ 3	10 ♓ 24	10 ♈ 46	9 ♈ 43	7 ♎ 7	5 ♎ 20	20 ♌ 26	15 ♍ 52	24 ♈ 46	28 ♍ 36	24 ♏ 2	22 ♍ 20	12 ♏	20 ♎	9 ♏	5 ♉	1 ♈
8	15 ♍ 1	23 ♓ 36	10 ♈ 43	9 ♈ 40	8 ♎ 30	6 ♎ 34	21 ♌ 4	16 ♍ 5	24 ♈ 43	28 ♍ 40	24 ♏ 3	22 ♍ 23	12 ♏	20 ♎	10 ♏	5 ♉	1 ♈
9	16 ♍ 0	6 ♈ 30	10 ♈ 40	9 ♈ 40	9 ♎ 51	7 ♎ 48	21 ♌ 42	16 ♍ 18	24 ♈ 39	28 ♍ 44	24 ♏ 4	22 ♍ 25	13 ♏	20 ♎	10 ♏	5 ♉	1 ♈
10	16 ♍ 58	19 ♈ 7	10 ♈ 36	9 D 40	11 ♎ 11	9 ♎ 2	22 ♌ 20	16 ♍ 31	24 ♈ 36	28 ♍ 48	24 ♏ 5	22 ♍ 27	13 ♏	21 ♎	10 ♏	5 ♉	1 ♈
11	17 ♍ 56	1 ♉ 29	10 ♈ 33	9 ♈ 41	12 ♎ 30	10 ♎ 15	22 ♌ 58	16 ♍ 44	24 ♈ 33	28 ♍ 51	24 ♏ 6	22 ♍ 29	13 ♏	21 ♎	10 ♏	5 ♉	1 ♈
12	18 ♍ 55	13 ♉ 36	10 ♈ 30	9 ♈ 42	13 ♎ 47	11 ♎ 29	23 ♌ 36	16 ♍ 57	24 ♈ 30	28 ♍ 55	24 ♏ 7	22 ♍ 31	14 ♏	22 ♎	11 ♏	4 ♉	1 ♈
13	19 ♍ 53	25 ♉ 35	10 ♈ 27	9 ♈ 44	15 ♎ 2	12 ♎ 43	24 ♌ 14	17 ♍ 10	24 ♈ 26	28 ♍ 59	24 ♏ 9	22 ♍ 33	14 ♏	22 ♎	11 ♏	4 ♉	1 ♈
14	20 ♍ 51	7 ♊ 27	10 ♈ 24	9 ♈ 45	16 ♎ 16	13 ♎ 56	24 ♌ 51	17 ♍ 22	24 ♈ 23	29 ♍ 3	24 ♏ 10	22 ♍ 36	15 ♏	22 ♎	11 ♏	4 ♉	1 ♈
15	21 ♍ 50	19 ♊ 19	10 ♈ 21	9 ♈ 46	17 ♎ 28	15 ♎ 10	25 ♌ 29	17 ♍ 35	24 ♈ 19	29 ♍ 6	24 ♏ 11	22 ♍ 38	15 ♏	23 ♎	11 ♏	4 ♉	1 ♈
16	22 ♍ 48	1 ♋ 15	10 ♈ 17	9 R 46	18 ♎ 39	16 ♎ 24	26 ♌ 7	17 ♍ 48	24 ♈ 16	29 ♍ 10	24 ♏ 12	22 ♍ 40	15 ♏	23 ♎	12 ♏	4 ♉	1 ♈
17	23 ♍ 47	13 ♋ 20	10 ♈ 14	9 ♈ 45	19 ♎ 47	17 ♎ 38	26 ♌ 45	18 ♍ 1	24 ♈ 12	29 ♍ 14	24 ♏ 14	22 ♍ 42	16 ♏	24 ♎	12 ♏	4 ♉	1 ♈
18	24 ♍ 46	25 ♋ 37	10 ♈ 11	9 ♈ 43	20 ♎ 53	18 ♎ 51	27 ♌ 23	18 ♍ 14	24 ♈ 8	29 ♍ 18	24 ♏ 15	22 ♍ 44	16 ♏	24 ♎	12 ♏	4 ♉	1 ♈
19	25 ♍ 44	8 ♌ 11	10 ♈ 8	9 ♈ 41	21 ♎ 57	20 ♎ 5	28 ♌ 1	18 ♍ 27	24 ♈ 4	29 ♍ 21	24 ♏ 16	22 ♍ 47	16 ♏	25 ♎	13 ♏	4 ♉	1 ♈
20	26 ♍ 43	21 ♌ 4	10 ♈ 5	9 ♈ 39	22 ♎ 59	21 ♎ 19	28 ♌ 38	18 ♍ 40	24 ♈ 0	29 ♍ 25	24 ♏ 18	22 ♍ 49	17 ♏	25 ♎	13 ♏	4 ♉	1 ♈
21	27 ♍ 41	4 ♍ 18	10 ♈ 2	9 ♈ 38	23 ♎ 59	22 ♎ 32	29 ♌ 16	18 ♍ 53	23 ♈ 56	29 ♍ 29	24 ♏ 19	22 ♍ 51	17 ♏	25 ♎	13 ♏	3 ♉	1 ♈
22	28 ♍ 40	17 ♍ 52	9 ♈ 58	9 ♈ 36	24 ♎ 56	23 ♎ 46	29 ♌ 54	19 ♍ 6	23 ♈ 52	29 ♍ 33	24 ♏ 21	22 ♍ 53	17 ♏	26 ♎	14 ♏	3 ♉	1 ♈
23	29 ♍ 39	1 ♎ 45	9 ♈ 55	9 ♈ 36	25 ♎ 50	25 ♎ 0	0 ♍ 31	19 ♍ 19	23 ♈ 48	29 ♍ 37	24 ♏ 22	22 ♍ 55	18 ♏	26 ♎	14 ♏	3 ♉	1 ♈
24	0 ♎ 38	15 ♎ 53	9 ♈ 52	9 D 36	26 ♎ 41	26 ♎ 13	1 ♍ 9	19 ♍ 32	23 ♈ 44	29 ♍ 40	24 ♏ 24	22 ♍ 58	18 ♏	27 ♎	14 ♏	3 ♉	1 ♈
25	1 ♎ 36	0 ♏ 12	9 ♈ 49	9 ♈ 36	27 ♎ 28	27 ♎ 27	1 ♍ 47	19 ♍ 45	23 ♈ 40	29 ♍ 44	24 ♏ 25	23 ♍ 0	19 ♏	27 ♎	14 ♏	3 ♉	1 ♈
26	2 ♎ 35	14 ♏ 38	9 ♈ 46	9 ♈ 37	28 ♎ 12	28 ♎ 41	2 ♍ 24	19 ♍ 58	23 ♈ 36	29 ♍ 48	24 ♏ 27	23 ♍ 2	19 ♏	28 ♎	15 ♏	3 ♉	1 ♈
27	3 ♎ 34	29 ♏ 5	9 ♈ 42	9 ♈ 37	28 ♎ 52	29 ♎ 54	3 ♍ 2	20 ♍ 11	23 ♈ 31	29 ♍ 52	24 ♏ 28	23 ♍ 4	19 ♏	28 ♎	15 ♏	3 ♉	0 ♈
28	4 ♎ 33	13 ♐ 29	9 ♈ 39	9 ♈ 38	29 ♎ 28	1 ♏ 8	3 ♍ 40	20 ♍ 23	23 ♈ 27	29 ♍ 56	24 ♏ 30	23 ♍ 6	20 ♏	28 ♎	15 ♏	2 ♉	0 ♈
29	5 ♎ 32	27 ♐ 47	9 ♈ 36	9 ♈ 38	0 ♏ 0	2 ♏ 21	4 ♍ 17	20 ♍ 36	23 ♈ 23	29 ♍ 59	24 ♏ 31	23 ♍ 9	20 ♏	29 ♎	16 ♏	2 ♉	0 ♈
30	6 ♎ 31	11 ♑ 55	9 ♈ 33	9 R 38	0 ♏ 26	3 ♏ 35	4 ♍ 55	20 ♍ 49	23 ♈ 18	0 ♎ 3	24 ♏ 33	23 ♍ 11	21 ♏	29 ♎	16 ♏	2 ♉	0 ♈

SUN INGRESS	☉ → ♎23日 08:26
MOON PHASE	○ 7日 07:07 ♓　◑ 15日 05:31 ♊　● 22日 20:08 ♍　◐ 29日 14:07 ♑

aspects		
1日	05:49	♀ ☌ ♅
9日	09:26	☉ ☌ ♃
12日	20:49	♂ □ ♆
13日	07:22	♂ △ ♄
15日	20:27	☉ ☌ ♇
17日	11:13	☉ ⚹ ♆
20日	23:02	☿ ☍ ♄
22日	01:57	♀ ☍ ♄
22日	23:01	☉ ☌ ♅
25日	01:08	☿ ☌ ♀

1968年10月

DAY	☉	☽	☊ mean	☊ true	☿	♀	♂	♃	♄	♅	♆	♇	⚳	⚴	⚵	⚶	⚷
	° ′	° ′	° ′	° ′	° ′	° ′	° ′	° ′	° ′	° ′	° ′	° ′	°	°	°	°	°
1	7 ♎ 30	25 ♑ 52	9 ♈ 30	9 R 38	0 D 48	4 D 48	5 D 32	21 D 2	23 R 14	0 D 7	24 D 35	23 D 13	21 D	0 D	16 D	2 R	0 R
2	8 ♎ 29	9 ♒ 36	9 ♈ 27	9 ♈ 38	1 ♏ 3	6 ♏ 2	6 ♍ 10	21 ♍ 14	23 ♈ 9	0 ♎ 11	24 ♏ 36	23 ♍ 15	21 ♏	0 ♏	17 ♏	2 ♉	0 ♈
3	9 ♎ 28	23 ♒ 7	9 ♈ 23	9 ♈ 38	1 ♏ 12	7 ♏ 15	6 ♍ 47	21 ♍ 27	23 ♈ 5	0 ♎ 14	24 ♏ 38	23 ♍ 17	22 ♏	1 ♏	17 ♏	1 ♉	0 ♈
4	10 ♎ 27	6 ♓ 25	9 ♈ 20	9 D 38	1 R 15	8 ♏ 29	7 ♍ 25	21 ♍ 40	23 ♈ 0	0 ♎ 18	24 ♏ 40	23 ♍ 19	22 ♏	1 ♏	17 ♏	1 ♉	0 ♈
5	11 ♎ 26	19 ♓ 30	9 ♈ 17	9 ♈ 38	1 ♏ 10	9 ♏ 42	8 ♍ 2	21 ♍ 52	22 ♈ 55	0 ♎ 22	24 ♏ 41	23 ♍ 21	22 ♏	1 ♏	17 ♏	1 ♉	0 ♈
6	12 ♎ 25	2 ♈ 20	9 ♈ 14	9 ♈ 38	0 ♏ 58	10 ♏ 56	8 ♍ 39	22 ♍ 5	22 ♈ 51	0 ♎ 26	24 ♏ 43	23 ♍ 24	23 ♏	2 ♏	18 ♏	1 ♉	0 ♈
7	13 ♎ 24	14 ♈ 58	9 ♈ 11	9 R 38	0 ♏ 38	12 ♏ 9	9 ♍ 17	22 ♍ 17	22 ♈ 46	0 ♎ 29	24 ♏ 45	23 ♍ 26	23 ♏	2 ♏	18 ♏	0 ♉	0 ♈
8	14 ♎ 24	27 ♈ 22	9 ♈ 8	9 ♈ 38	0 ♏ 10	13 ♏ 23	9 ♍ 54	22 ♍ 30	22 ♈ 41	0 ♎ 33	24 ♏ 47	23 ♍ 28	24 ♏	3 ♏	18 ♏	0 ♉	0 ♈
9	15 ♎ 23	9 ♉ 36	9 ♈ 4	9 ♈ 37	29 ♎ 34	14 ♏ 36	10 ♍ 31	22 ♍ 42	22 ♈ 37	0 ♎ 37	24 ♏ 49	23 ♍ 30	24 ♏	3 ♏	19 ♏	0 ♉	0 ♈
10	16 ♎ 22	21 ♉ 40	9 ♈ 1	9 ♈ 37	28 ♎ 50	15 ♏ 50	11 ♍ 9	22 ♍ 55	22 ♈ 32	0 ♎ 40	24 ♏ 50	23 ♍ 32	24 ♏	4 ♏	19 ♏	0 ♉	0 ♈
11	17 ♎ 21	3 ♊ 36	8 ♈ 58	9 ♈ 36	27 ♎ 59	17 ♏ 3	11 ♍ 46	23 ♍ 7	22 ♈ 27	0 ♎ 44	24 ♏ 52	23 ♍ 34	25 ♏	4 ♏	19 ♏	29 ♈	0 ♈
12	18 ♎ 21	15 ♊ 28	8 ♈ 55	9 ♈ 34	27 ♎ 1	18 ♏ 16	12 ♍ 23	23 ♍ 20	22 ♈ 23	0 ♎ 48	24 ♏ 54	23 ♍ 36	25 ♏	5 ♏	20 ♏	29 ♈	0 ♈
13	19 ♎ 20	27 ♊ 20	8 ♈ 52	9 ♈ 33	25 ♎ 56	19 ♏ 30	13 ♍ 0	23 ♍ 32	22 ♈ 18	0 ♎ 51	24 ♏ 56	23 ♍ 38	26 ♏	5 ♏	20 ♏	29 ♈	0 ♈
14	20 ♎ 19	9 ♋ 14	8 ♈ 48	9 ♈ 33	24 ♎ 47	20 ♏ 43	13 ♍ 38	23 ♍ 44	22 ♈ 13	0 ♎ 55	24 ♏ 58	23 ♍ 40	26 ♏	5 ♏	20 ♏	29 ♈	0 ♈
15	21 ♎ 19	21 ♋ 16	8 ♈ 45	9 ♈ 32	23 ♎ 35	21 ♏ 56	14 ♍ 15	23 ♍ 57	22 ♈ 8	0 ♎ 59	25 ♏ 0	23 ♍ 42	26 ♏	6 ♏	21 ♏	28 ♈	0 ♈
16	22 ♎ 18	3 ♌ 31	8 ♈ 42	9 D 33	22 ♎ 22	23 ♏ 10	14 ♍ 52	24 ♍ 9	22 ♈ 3	1 ♎ 2	25 ♏ 2	23 ♍ 44	27 ♏	6 ♏	21 ♏	28 ♈	0 ♈
17	23 ♎ 18	16 ♌ 3	8 ♈ 39	9 ♈ 33	21 ♎ 10	24 ♏ 23	15 ♍ 29	24 ♍ 21	21 ♈ 59	1 ♎ 6	25 ♏ 4	23 ♍ 46	27 ♏	7 ♏	21 ♏	28 ♈	0 ♈
18	24 ♎ 18	28 ♌ 55	8 ♈ 36	9 ♈ 35	20 ♎ 1	25 ♏ 36	16 ♍ 6	24 ♍ 33	21 ♈ 54	1 ♎ 9	25 ♏ 6	23 ♍ 48	27 ♏	7 ♏	22 ♏	28 ♈	0 ♈
19	25 ♎ 17	12 ♍ 11	8 ♈ 33	9 ♈ 36	18 ♎ 56	26 ♏ 49	16 ♍ 43	24 ♍ 45	21 ♈ 49	1 ♎ 13	25 ♏ 8	23 ♍ 50	28 ♏	8 ♏	22 ♏	27 ♈	0 ♈
20	26 ♎ 17	25 ♍ 52	8 ♈ 29	9 ♈ 37	17 ♎ 59	28 ♏ 3	17 ♍ 20	24 ♍ 57	21 ♈ 44	1 ♎ 17	25 ♏ 10	23 ♍ 52	28 ♏	8 ♏	22 ♏	27 ♈	29 ♓
21	27 ♎ 16	9 ♎ 58	8 ♈ 26	9 R 37	17 ♎ 11	29 ♏ 16	17 ♍ 58	25 ♍ 9	21 ♈ 40	1 ♎ 20	25 ♏ 12	23 ♍ 54	29 ♏	8 ♏	23 ♏	27 ♈	29 ♓
22	28 ♎ 16	24 ♎ 26	8 ♈ 23	9 ♈ 37	16 ♎ 32	0 ♐ 29	18 ♍ 35	25 ♍ 21	21 ♈ 35	1 ♎ 24	25 ♏ 14	23 ♍ 56	29 ♏	9 ♏	23 ♏	27 ♈	29 ♓
23	29 ♎ 16	9 ♏ 10	8 ♈ 20	9 ♈ 35	16 ♎ 4	1 ♐ 42	19 ♍ 12	25 ♍ 33	21 ♈ 30	1 ♎ 27	25 ♏ 16	23 ♍ 58	29 ♏	9 ♏	23 ♏	26 ♈	29 ♓
24	0 ♏ 16	24 ♏ 4	8 ♈ 17	9 ♈ 33	15 ♎ 47	2 ♐ 56	19 ♍ 49	25 ♍ 45	21 ♈ 26	1 ♎ 30	25 ♏ 18	24 ♍ 0	0 ♐	10 ♏	24 ♏	26 ♈	29 ♓
25	1 ♏ 16	8 ♐ 58	8 ♈ 14	9 ♈ 30	15 D 42	4 ♐ 9	20 ♍ 26	25 ♍ 56	21 ♈ 21	1 ♎ 34	25 ♏ 20	24 ♍ 1	0 ♐	10 ♏	24 ♏	26 ♈	29 ♓
26	2 ♏ 15	23 ♐ 45	8 ♈ 10	9 ♈ 27	15 ♎ 48	5 ♐ 22	21 ♍ 2	26 ♍ 8	21 ♈ 16	1 ♎ 37	25 ♏ 22	24 ♍ 3	1 ♐	11 ♏	24 ♏	26 ♈	29 ♓
27	3 ♏ 15	8 ♑ 19	8 ♈ 7	9 ♈ 25	16 ♎ 5	6 ♐ 35	21 ♍ 39	26 ♍ 20	21 ♈ 12	1 ♎ 41	25 ♏ 24	24 ♍ 5	1 ♐	11 ♏	25 ♏	25 ♈	29 ♓
28	4 ♏ 15	22 ♑ 35	8 ♈ 4	9 ♈ 23	16 ♎ 31	7 ♐ 48	22 ♍ 16	26 ♍ 31	21 ♈ 7	1 ♎ 44	25 ♏ 27	24 ♍ 7	1 ♐	12 ♏	25 ♏	25 ♈	29 ♓
29	5 ♏ 15	6 ♒ 30	8 ♈ 1	9 D 22	17 ♎ 7	9 ♐ 1	22 ♍ 53	26 ♍ 43	21 ♈ 2	1 ♎ 47	25 ♏ 29	24 ♍ 9	2 ♐	12 ♏	25 ♏	25 ♈	29 ♓
30	6 ♏ 15	20 ♒ 4	7 ♈ 58	9 ♈ 23	17 ♎ 52	10 ♐ 14	23 ♍ 30	26 ♍ 54	20 ♈ 58	1 ♎ 51	25 ♏ 31	24 ♍ 10	2 ♐	12 ♏	26 ♏	25 ♈	29 ♓
31	7 ♏ 15	3 ♓ 20	7 ♈ 54	9 ♈ 25	18 ♎ 44	11 ♐ 27	24 ♍ 7	27 ♍ 5	20 ♈ 53	1 ♎ 54	25 ♏ 33	24 ♍ 12	3 ♐	13 ♏	26 ♏	24 ♈	29 ♓

SUN INGRESS	☉ → ♏23日 17:30
MOON PHASE	○ 6日 20:46 ♈　◑ 15日 00:05 ♋　● 22日 06:44 ♎　◐ 28日 21:40 ♒

aspects		
2日	05:09	♀ ⚹ ♂
13日	14:12	♃ ☌ ♇
15日	18:25	☉ ☍ ♄
16日	00:40	☉ ☌ ☿
16日	06:34	☿ ☍ ♄
16日	11:36	♀ ⚹ ♇
16日	23:12	♀ ⚹ ♃
17日	13:47	♀ ☌ ♆
21日	07:06	♃ ⚹ ♆
22日	18:43	♀ ⚹ ♅
31日	03:45	♂ ☌ ♇

1968年11月

DAY	☉	☽	☊ mean	☊ true	☿	♀	♂	♃	♄	♅	♆	♇	⚳	⚴	⚵	⚶	⚷
	° ′	° ′	° ′	° ′	° ′	° ′	° ′	° ′	° ′	° ′	° ′	° ′	°	°	°	°	°
1	8 ♏ 15	16 ♓ 18	7 ♈ 51	9 D 26	19 D 43	12 D 40	24 D 43	27 D 17	20 R 49	1 D 57	25 D 35	24 D 14	3 D	13 D	26 D	24 R	29 R
2	9 ♏ 15	29 ♓ 1	7 ♈ 48	9 ♈ 28	20 ♎ 49	13 ♐ 53	25 ♍ 20	27 ♍ 28	20 ♈ 45	2 ♎ 0	25 ♏ 37	24 ♍ 16	4 ♐	14 ♏	27 ♏	24 ♈	29 ♓
3	10 ♏ 15	11 ♈ 32	7 ♈ 45	9 R 28	21 ♎ 59	15 ♐ 6	25 ♍ 57	27 ♍ 39	20 ♈ 40	2 ♎ 4	25 ♏ 40	24 ♍ 17	4 ♐	14 ♏	27 ♏	24 ♈	29 ♓
4	11 ♏ 15	23 ♈ 52	7 ♈ 42	9 ♈ 27	23 ♎ 14	16 ♐ 19	26 ♍ 33	27 ♍ 50	20 ♈ 36	2 ♎ 7	25 ♏ 42	24 ♍ 19	4 ♐	15 ♏	27 ♏	23 ♈	29 ♓
5	12 ♏ 15	6 ♉ 4	7 ♈ 39	9 ♈ 24	24 ♎ 32	17 ♐ 32	27 ♍ 10	28 ♍ 1	20 ♈ 32	2 ♎ 10	25 ♏ 44	24 ♍ 20	5 ♐	15 ♏	28 ♏	23 ♈	29 ♓
6	13 ♏ 15	18 ♉ 8	7 ♈ 35	9 ♈ 20	25 ♎ 54	18 ♐ 45	27 ♍ 47	28 ♍ 12	20 ♈ 27	2 ♎ 13	25 ♏ 46	24 ♍ 22	5 ♐	16 ♏	28 ♏	23 ♈	29 ♓
7	14 ♏ 16	0 ♊ 6	7 ♈ 32	9 ♈ 14	27 ♎ 19	19 ♐ 58	28 ♍ 23	28 ♍ 23	20 ♈ 23	2 ♎ 16	25 ♏ 48	24 ♍ 24	6 ♐	16 ♏	28 ♏	23 ♈	29 ♓
8	15 ♏ 16	12 ♊ 0	7 ♈ 29	9 ♈ 7	28 ♎ 46	21 ♐ 10	29 ♍ 0	28 ♍ 33	20 ♈ 19	2 ♎ 19	25 ♏ 51	24 ♍ 25	6 ♐	16 ♏	29 ♏	23 ♈	29 ♓
9	16 ♏ 16	23 ♊ 51	7 ♈ 26	9 ♈ 0	0 ♏ 14	22 ♐ 23	29 ♍ 36	28 ♍ 44	20 ♈ 15	2 ♎ 22	25 ♏ 53	24 ♍ 27	6 ♐	17 ♏	29 ♏	22 ♈	29 ♓
10	17 ♏ 16	5 ♋ 42	7 ♈ 23	8 ♈ 53	1 ♏ 45	23 ♐ 36	0 ♎ 13	28 ♍ 55	20 ♈ 11	2 ♎ 25	25 ♏ 55	24 ♍ 28	7 ♐	17 ♏	29 ♏	22 ♈	29 ♓
11	18 ♏ 17	17 ♋ 36	7 ♈ 19	8 ♈ 48	3 ♏ 16	24 ♐ 49	0 ♎ 49	29 ♍ 5	20 ♈ 7	2 ♎ 28	25 ♏ 57	24 ♍ 30	7 ♐	18 ♏	0 ♐	22 ♈	29 ♓
12	19 ♏ 17	29 ♋ 37	7 ♈ 16	8 ♈ 44	4 ♏ 49	26 ♐ 1	1 ♎ 26	29 ♍ 16	20 ♈ 3	2 ♎ 31	25 ♏ 59	24 ♍ 31	8 ♐	18 ♏	0 ♐	22 ♈	29 ♓
13	20 ♏ 17	11 ♌ 48	7 ♈ 13	8 ♈ 42	6 ♏ 22	27 ♐ 14	2 ♎ 2	29 ♍ 26	20 ♈ 0	2 ♎ 34	26 ♏ 2	24 ♍ 33	8 ♐	19 ♏	0 ♐	22 ♈	29 ♓
14	21 ♏ 18	24 ♌ 14	7 ♈ 10	8 D 41	7 ♏ 56	28 ♐ 26	2 ♎ 39	29 ♍ 36	19 ♈ 56	2 ♎ 37	26 ♏ 4	24 ♍ 34	8 ♐	19 ♏	1 ♐	21 ♈	29 ♓
15	22 ♏ 18	7 ♍ 0	7 ♈ 7	8 ♈ 42	9 ♏ 31	29 ♐ 39	3 ♎ 15	29 ♍ 46	19 ♈ 52	2 ♎ 39	26 ♏ 6	24 ♍ 35	9 ♐	19 ♏	1 ♐	21 ♈	29 ♓
16	23 ♏ 19	20 ♍ 9	7 ♈ 4	8 ♈ 44	11 ♏ 6	0 ♑ 51	3 ♎ 51	29 ♍ 56	19 ♈ 49	2 ♎ 42	26 ♏ 8	24 ♍ 37	9 ♐	20 ♏	1 ♐	21 ♈	29 ♓
17	24 ♏ 19	3 ♎ 46	7 ♈ 0	8 ♈ 45	12 ♏ 41	2 ♑ 4	4 ♎ 28	0 ♎ 6	19 ♈ 45	2 ♎ 45	26 ♏ 11	24 ♍ 38	10 ♐	20 ♏	2 ♐	21 ♈	29 ♓
18	25 ♏ 20	17 ♎ 51	6 ♈ 57	8 R 44	14 ♏ 16	3 ♑ 16	5 ♎ 4	0 ♎ 16	19 ♈ 42	2 ♎ 48	26 ♏ 13	24 ♍ 39	10 ♐	21 ♏	2 ♐	21 ♈	29 ♓
19	26 ♏ 20	2 ♏ 23	6 ♈ 54	8 ♈ 42	15 ♏ 52	4 ♑ 29	5 ♎ 40	0 ♎ 26	19 ♈ 38	2 ♎ 50	26 ♏ 15	24 ♍ 41	10 ♐	21 ♏	2 ♐	21 ♈	29 ♓
20	27 ♏ 21	17 ♏ 19	6 ♈ 51	8 ♈ 38	17 ♏ 27	5 ♑ 41	6 ♎ 16	0 ♎ 35	19 ♈ 35	2 ♎ 53	26 ♏ 17	24 ♍ 42	11 ♐	22 ♏	3 ♐	21 ♈	29 ♓
21	28 ♏ 21	2 ♐ 30	6 ♈ 48	8 ♈ 31	19 ♏ 3	6 ♑ 54	6 ♎ 53	0 ♎ 45	19 ♈ 32	2 ♎ 55	26 ♏ 20	24 ♍ 43	11 ♐	22 ♏	3 ♐	20 ♈	29 ♓
22	29 ♏ 22	17 ♐ 46	6 ♈ 45	8 ♈ 23	20 ♏ 38	8 ♑ 6	7 ♎ 29	0 ♎ 54	19 ♈ 29	2 ♎ 58	26 ♏ 22	24 ♍ 44	12 ♐	23 ♏	3 ♐	20 ♈	29 ♓
23	0 ♐ 23	2 ♑ 56	6 ♈ 41	8 ♈ 15	22 ♏ 13	9 ♑ 18	8 ♎ 5	1 ♎ 4	19 ♈ 26	3 ♎ 0	26 ♏ 24	24 ♍ 46	12 ♐	23 ♏	4 ♐	20 ♈	28 ♓
24	1 ♐ 23	17 ♑ 50	6 ♈ 38	8 ♈ 8	23 ♏ 48	10 ♑ 30	8 ♎ 41	1 ♎ 13	19 ♈ 23	3 ♎ 3	26 ♏ 27	24 ♍ 47	13 ♐	23 ♏	4 ♐	20 ♈	28 ♓
25	2 ♐ 24	2 ♒ 22	6 ♈ 35	8 ♈ 2	25 ♏ 24	11 ♑ 42	9 ♎ 17	1 ♎ 22	19 ♈ 20	3 ♎ 5	26 ♏ 29	24 ♍ 48	13 ♐	24 ♏	4 ♐	20 ♈	28 ♓
26	3 ♐ 25	16 ♒ 26	6 ♈ 32	7 ♈ 58	26 ♏ 59	12 ♑ 55	9 ♎ 53	1 ♎ 31	19 ♈ 17	3 ♎ 7	26 ♏ 31	24 ♍ 49	13 ♐	24 ♏	5 ♐	20 ♈	28 ♓
27	4 ♐ 26	0 ♓ 4	6 ♈ 29	7 ♈ 57	28 ♏ 33	14 ♑ 7	10 ♎ 29	1 ♎ 40	19 ♈ 15	3 ♎ 10	26 ♏ 33	24 ♍ 50	14 ♐	25 ♏	5 ♐	20 ♈	28 ♓
28	5 ♐ 26	13 ♓ 16	6 ♈ 25	7 D 57	0 ♐ 8	15 ♑ 19	11 ♎ 5	1 ♎ 49	19 ♈ 12	3 ♎ 12	26 ♏ 36	24 ♍ 51	14 ♐	25 ♏	5 ♐	20 ♈	28 ♓
29	6 ♐ 27	26 ♓ 5	6 ♈ 22	7 ♈ 58	1 ♐ 43	16 ♑ 30	11 ♎ 41	1 ♎ 57	19 ♈ 10	3 ♎ 14	26 ♏ 38	24 ♍ 52	15 ♐	26 ♏	5 ♐	20 ♈	28 ♓
30	7 ♐ 28	8 ♈ 37	6 ♈ 19	7 R 58	3 ♐ 18	17 ♑ 42	12 ♎ 16	2 ♎ 6	19 ♈ 7	3 ♎ 16	26 ♏ 40	24 ♍ 53	15 ♐	26 ♏	6 ♐	20 ♈	28 ♓

SUN INGRESS ☉ → ♐ 22日 14:49

MOON PHASE ○ 5日 13:25 ♉ ◑ 13日 17:53 ♌ ● 20日 17:02 ♏ ◐ 27日 08:30 ♓

aspects		
1日	22:40	☿☍♄
2日	11:58	♂⚹♆
6日	23:23	♂☌♃
7日	07:59	♀△♄
10日	17:40	♀□♇
13日	22:30	♂☌♅
15日	02:47	♀□♃
17日	07:41	☉⚹♇
17日	14:04	♀□♅
18日	21:56	☉☌♆
20日	23:21	♀□♂
23日	19:09	☉⚹♃
24日	14:51	☉⚹♇
25日	16:51	☉⚹♅
25日	16:52	☿☌♆
29日	04:02	☿⚹♃
29日	23:41	☿⚹♅

1968年12月

DAY	☉	☽	☊ mean	☊ true	☿	♀	♂	♃	♄	♅	♆	♇	⚳	⚴	⚵	⚶	⚷
	° ′	° ′	° ′	° ′	° ′	° ′	° ′	° ′	° ′	° ′	° ′	° ′	°	°	°	°	°
1	8 ♐ 29	20 ♈ 54	6 ♈ 16	7 R 57	4 D 52	18 D 54	12 D 52	2 D 14	19 R 5	3 D 18	26 D 42	24 D 54	15 D	26 D	6 D	20 R	28 R
2	9 ♐ 29	3 ♉ 2	6 ♈ 13	7 ♈ 54	6 ♐ 26	20 ♑ 6	13 ♎ 28	2 ♎ 23	19 ♈ 3	3 ♎ 21	26 ♏ 44	24 ♍ 55	16 ♐	27 ♏	7 ♐	20 ♈	28 ♓
3	10 ♐ 30	15 ♉ 2	6 ♈ 10	7 ♈ 48	8 ♐ 1	21 ♑ 17	14 ♎ 4	2 ♎ 31	19 ♈ 1	3 ♎ 23	26 ♏ 47	24 ♍ 55	16 ♐	27 ♏	7 ♐	20 ♈	28 ♓
4	11 ♐ 31	26 ♉ 58	6 ♈ 6	7 ♈ 39	9 ♐ 35	22 ♑ 29	14 ♎ 39	2 ♎ 39	18 ♈ 59	3 ♎ 24	26 ♏ 49	24 ♍ 56	17 ♐	28 ♏	7 ♐	20 ♈	28 ♓
5	12 ♐ 32	8 ♊ 52	6 ♈ 3	7 ♈ 28	11 ♐ 9	23 ♑ 41	15 ♎ 15	2 ♎ 47	18 ♈ 57	3 ♎ 26	26 ♏ 51	24 ♍ 57	17 ♐	28 ♏	8 ♐	20 ♈	28 ♓
6	13 ♐ 33	20 ♊ 44	6 ♈ 0	7 ♈ 15	12 ♐ 44	24 ♑ 52	15 ♎ 50	2 ♎ 55	18 ♈ 55	3 ♎ 28	26 ♏ 53	24 ♍ 58	17 ♐	29 ♏	8 ♐	20 ♈	28 ♓
7	14 ♐ 34	2 ♋ 36	5 ♈ 57	7 ♈ 2	14 ♐ 18	26 ♑ 3	16 ♎ 26	3 ♎ 2	18 ♈ 53	3 ♎ 30	26 ♏ 55	24 ♍ 59	18 ♐	29 ♏	9 ♐	20 D	28 ♓
8	15 ♐ 35	14 ♋ 30	5 ♈ 54	6 ♈ 49	15 ♐ 52	27 ♑ 15	17 ♎ 1	3 ♎ 10	18 ♈ 52	3 ♎ 32	26 ♏ 58	24 ♍ 59	18 ♐	0 ♐	9 ♐	20 ♈	28 ♓
9	16 ♐ 36	26 ♋ 28	5 ♈ 51	6 ♈ 38	17 ♐ 26	28 ♑ 26	17 ♎ 37	3 ♎ 17	18 ♈ 50	3 ♎ 34	27 ♏ 0	25 ♍ 0	19 ♐	0 ♐	9 ♐	20 ♈	28 ♓
10	17 ♐ 37	8 ♌ 31	5 ♈ 47	6 ♈ 29	19 ♐ 1	29 ♑ 37	18 ♎ 12	3 ♎ 24	18 ♈ 49	3 ♎ 35	27 ♏ 2	25 ♍ 1	19 ♐	0 ♐	10 ♐	20 ♈	28 ♓
11	18 ♐ 38	20 ♌ 43	5 ♈ 44	6 ♈ 22	20 ♐ 35	0 ♒ 48	18 ♎ 48	3 ♎ 31	18 ♈ 48	3 ♎ 37	27 ♏ 4	25 ♍ 1	20 ♐	1 ♐	10 ♐	20 ♈	28 D
12	19 ♐ 39	3 ♍ 7	5 ♈ 41	6 ♈ 19	22 ♐ 9	1 ♒ 59	19 ♎ 23	3 ♎ 38	18 ♈ 47	3 ♎ 38	27 ♏ 6	25 ♍ 2	20 ♐	1 ♐	10 ♐	20 ♈	28 ♓
13	20 ♐ 40	15 ♍ 48	5 ♈ 38	6 ♈ 18	23 ♐ 44	3 ♒ 10	19 ♎ 58	3 ♎ 45	18 ♈ 46	3 ♎ 40	27 ♏ 8	25 ♍ 2	20 ♐	2 ♐	11 ♐	20 ♈	28 ♓
14	21 ♐ 41	28 ♍ 49	5 ♈ 35	6 D 18	25 ♐ 18	4 ♒ 20	20 ♎ 33	3 ♎ 52	18 ♈ 45	3 ♎ 41	27 ♏ 10	25 ♍ 3	21 ♐	2 ♐	11 ♐	20 ♈	28 ♓
15	22 ♐ 42	12 ♎ 15	5 ♈ 31	6 R 18	26 ♐ 53	5 ♒ 31	21 ♎ 9	3 ♎ 58	18 ♈ 44	3 ♎ 43	27 ♏ 12	25 ♍ 3	21 ♐	3 ♐	11 ♐	20 ♈	28 ♓
16	23 ♐ 43	26 ♎ 8	5 ♈ 28	6 ♈ 16	28 ♐ 28	6 ♒ 42	21 ♎ 44	4 ♎ 5	18 ♈ 43	3 ♎ 44	27 ♏ 14	25 ♍ 4	22 ♐	3 ♐	12 ♐	20 ♈	28 ♓
17	24 ♐ 44	10 ♏ 30	5 ♈ 25	6 ♈ 13	0 ♑ 3	7 ♒ 52	22 ♎ 19	4 ♎ 11	18 ♈ 43	3 ♎ 45	27 ♏ 17	25 ♍ 4	22 ♐	3 ♐	12 ♐	20 ♈	28 ♓
18	25 ♐ 45	25 ♏ 19	5 ♈ 22	6 ♈ 6	1 ♑ 38	9 ♒ 2	22 ♎ 54	4 ♎ 17	18 ♈ 42	3 ♎ 47	27 ♏ 19	25 ♍ 4	22 ♐	4 ♐	12 ♐	20 ♈	28 ♓
19	26 ♐ 46	10 ♐ 28	5 ♈ 19	5 ♈ 57	3 ♑ 13	10 ♒ 13	23 ♎ 29	4 ♎ 23	18 ♈ 42	3 ♎ 48	27 ♏ 21	25 ♍ 5	23 ♐	4 ♐	13 ♐	20 ♈	28 ♓
20	27 ♐ 47	25 ♐ 48	5 ♈ 16	5 ♈ 46	4 ♑ 48	11 ♒ 23	24 ♎ 4	4 ♎ 29	18 ♈ 41	3 ♎ 49	27 ♏ 23	25 ♍ 5	23 ♐	5 ♐	13 ♐	20 ♈	28 ♓
21	28 ♐ 48	11 ♑ 8	5 ♈ 12	5 ♈ 34	6 ♑ 24	12 ♒ 33	24 ♎ 39	4 ♎ 35	18 ♈ 41	3 ♎ 50	27 ♏ 25	25 ♍ 5	24 ♐	5 ♐	13 ♐	20 ♈	28 ♓
22	29 ♐ 49	26 ♑ 16	5 ♈ 9	5 ♈ 23	7 ♑ 59	13 ♒ 43	25 ♎ 13	4 ♎ 40	18 D 41	3 ♎ 51	27 ♏ 27	25 ♍ 5	24 ♐	6 ♐	14 ♐	20 ♈	28 ♓
23	0 ♑ 50	11 ♒ 2	5 ♈ 6	5 ♈ 14	9 ♑ 35	14 ♒ 52	25 ♎ 48	4 ♎ 45	18 ♈ 41	3 ♎ 52	27 ♏ 29	25 ♍ 6	24 ♐	6 ♐	14 ♐	20 ♈	28 ♓
24	1 ♑ 52	25 ♒ 20	5 ♈ 3	5 ♈ 8	11 ♑ 11	16 ♒ 2	26 ♎ 23	4 ♎ 50	18 ♈ 41	3 ♎ 53	27 ♏ 31	25 ♍ 6	25 ♐	6 ♐	14 ♐	21 ♈	28 ♓
25	2 ♑ 53	9 ♓ 7	5 ♈ 0	5 ♈ 4	12 ♑ 47	17 ♒ 11	26 ♎ 57	4 ♎ 55	18 ♈ 42	3 ♎ 54	27 ♏ 33	25 ♍ 6	25 ♐	7 ♐	15 ♐	21 ♈	28 ♓
26	3 ♑ 54	22 ♓ 25	4 ♈ 57	5 ♈ 3	14 ♑ 23	18 ♒ 21	27 ♎ 32	5 ♎ 0	18 ♈ 42	3 ♎ 55	27 ♏ 34	25 ♍ 6	26 ♐	7 ♐	15 ♐	21 ♈	28 ♓
27	4 ♑ 55	5 ♈ 17	4 ♈ 53	5 D 3	15 ♑ 59	19 ♒ 30	28 ♎ 6	5 ♎ 5	18 ♈ 43	3 ♎ 55	27 ♏ 36	25 ♍ 6	26 ♐	8 ♐	15 ♐	21 ♈	28 ♓
28	5 ♑ 56	17 ♈ 47	4 ♈ 50	5 R 2	17 ♑ 35	20 ♒ 39	28 ♎ 41	5 ♎ 9	18 ♈ 43	3 ♎ 56	27 ♏ 38	25 ♍ 6	26 ♐	8 ♐	16 ♐	21 ♈	28 ♓
29	6 ♑ 57	0 ♉ 1	4 ♈ 47	5 ♈ 1	19 ♑ 10	21 ♒ 48	29 ♎ 15	5 ♎ 14	18 ♈ 44	3 ♎ 57	27 ♏ 40	25 R 6	27 ♐	9 ♐	16 ♐	21 ♈	29 ♓
30	7 ♑ 58	12 ♉ 3	4 ♈ 44	4 ♈ 57	20 ♑ 46	22 ♒ 57	29 ♎ 49	5 ♎ 18	18 ♈ 45	3 ♎ 57	27 ♏ 42	25 ♍ 6	27 ♐	9 ♐	16 ♐	21 ♈	29 ♓
31	9 ♑ 0	23 ♉ 58	4 ♈ 41	4 ♈ 50	22 ♑ 21	24 ♒ 5	0 ♏ 24	5 ♎ 22	18 ♈ 46	3 ♎ 58	27 ♏ 44	25 ♍ 6	28 ♐	9 ♐	17 ♐	22 ♈	29 ♓

SUN INGRESS ☉ → ♑ 22日 04:00

MOON PHASE ○ 5日 08:07 ♊ ◑ 13日 09:49 ♍ ● 20日 03:19 ♐ ◐ 26日 23:14 ♈

aspects		
1日	03:30	♀□♄
6日	02:00	♀△♇
7日	11:31	☉☌☿
7日	18:05	♀⚹♆
9日	04:19	☿⚹♂
9日	21:06	☿△♄
11日	00:06	♂☍♄
11日	03:57	☉△♄
11日	09:25	☉⚹♂
11日	23:59	♃☌♅
13日	10:31	♀□♅
13日	13:22	♀△♃
13日	20:01	☿□♇
17日	08:00	☉□♇
19日	08:53	☿□♅
19日	18:47	☿□♃
26日	00:19	☉□♅
26日	07:28	☿⚹♄
27日	04:09	☉□♃
28日	17:19	☿□♄

1969年1月

DAY	☉	☽	☊ mean	☊ true	☿	♀	♂	♃	♄	♅	♆	♇	⚳	⚴	⚵	⚶	⚷
	° ′	° ′	° ′	° ′	° ′	° ′	° ′	° ′	° ′	° ′	° ′	° ′	°	°	°	°	°
1	10 ♑ 1	5 ♊ 50	4 ♈ 37	4 R 41	23 D 56	25 D 14	0 D 58	5 D 25	18 D 47	3 D 58	27 D 45	25 R 6	28 D	10 D	17 D	22 D	29 D
2	11 ♑ 2	17 ♊ 41	4 ♈ 34	4 ♈ 28	25 ♑ 31	26 ♒ 22	1 ♏ 32	5 ♎ 29	18 ♈ 48	3 ♎ 59	27 ♏ 47	25 ♍ 6	29 ♐	10 ♐	17 ♐	22 ♈	29 ♓
3	12 ♑ 3	29 ♊ 33	4 ♈ 31	4 ♈ 14	27 ♑ 5	27 ♒ 30	2 ♏ 6	5 ♎ 33	18 ♈ 49	3 ♎ 59	27 ♏ 49	25 ♍ 6	29 ♐	11 ♐	18 ♐	22 ♈	29 ♓
4	13 ♑ 4	11 ♋ 29	4 ♈ 28	3 ♈ 59	28 ♑ 38	28 ♒ 38	2 ♏ 40	5 ♎ 36	18 ♈ 51	3 ♎ 59	27 ♏ 51	25 ♍ 5	29 ♐	11 ♐	18 ♐	22 ♈	29 ♓
5	14 ♑ 5	23 ♋ 30	4 ♈ 25	3 ♈ 44	0 ♒ 10	29 ♒ 45	3 ♏ 14	5 ♎ 39	18 ♈ 52	4 ♎ 0	27 ♏ 52	25 ♍ 5	0 ♑	11 ♐	18 ♐	22 ♈	29 ♓
6	15 ♑ 6	5 ♌ 36	4 ♈ 22	3 ♈ 32	1 ♒ 40	0 ♓ 53	3 ♏ 47	5 ♎ 42	18 ♈ 54	4 ♎ 0	27 ♏ 54	25 ♍ 5	0 ♑	12 ♐	19 ♐	23 ♈	29 ♓
7	16 ♑ 8	17 ♌ 48	4 ♈ 18	3 ♈ 21	3 ♒ 9	2 ♓ 0	4 ♏ 21	5 ♎ 44	18 ♈ 56	4 ♎ 0	27 ♏ 56	25 ♍ 4	1 ♑	12 ♐	19 ♐	23 ♈	29 ♓
8	17 ♑ 9	0 ♍ 9	4 ♈ 15	3 ♈ 14	4 ♒ 36	3 ♓ 7	4 ♏ 55	5 ♎ 47	18 ♈ 57	4 ♎ 0	27 ♏ 57	25 ♍ 4	1 ♑	13 ♐	19 ♐	23 ♈	29 ♓
9	18 ♑ 10	12 ♍ 40	4 ♈ 12	3 ♈ 10	6 ♒ 1	4 ♓ 13	5 ♏ 28	5 ♎ 49	18 ♈ 59	4 R 0	27 ♏ 59	25 ♍ 4	1 ♑	13 ♐	20 ♐	23 ♈	29 ♓
10	19 ♑ 11	25 ♍ 24	4 ♈ 9	3 ♈ 8	7 ♒ 23	5 ♓ 20	6 ♏ 2	5 ♎ 52	19 ♈ 1	4 ♎ 0	28 ♏ 1	25 ♍ 3	2 ♑	13 ♐	20 ♐	23 ♈	29 ♓
11	20 ♑ 12	8 ♎ 24	4 ♈ 6	3 D 8	8 ♒ 41	6 ♓ 26	6 ♏ 35	5 ♎ 54	19 ♈ 4	4 ♎ 0	28 ♏ 2	25 ♍ 3	2 ♑	14 ♐	20 ♐	24 ♈	29 ♓
12	21 ♑ 13	21 ♎ 44	4 ♈ 3	3 R 8	9 ♒ 56	7 ♓ 32	7 ♏ 9	5 ♎ 55	19 ♈ 6	4 ♎ 0	28 ♏ 4	25 ♍ 2	3 ♑	14 ♐	21 ♐	24 ♈	29 ♓
13	22 ♑ 14	5 ♏ 27	3 ♈ 59	3 ♈ 7	11 ♒ 6	8 ♓ 38	7 ♏ 42	5 ♎ 57	19 ♈ 8	3 ♎ 59	28 ♏ 5	25 ♍ 2	3 ♑	15 ♐	21 ♐	24 ♈	29 ♓
14	23 ♑ 16	19 ♏ 34	3 ♈ 56	3 ♈ 5	12 ♒ 10	9 ♓ 44	8 ♏ 15	5 ♎ 58	19 ♈ 11	3 ♎ 59	28 ♏ 7	25 ♍ 1	3 ♑	15 ♐	21 ♐	24 ♈	29 ♓
15	24 ♑ 17	4 ♐ 4	3 ♈ 53	3 ♈ 0	13 ♒ 9	10 ♓ 49	8 ♏ 48	6 ♎ 0	19 ♈ 13	3 ♎ 59	28 ♏ 8	25 ♍ 1	4 ♑	15 ♐	22 ♐	24 ♈	29 ♓
16	25 ♑ 18	18 ♐ 55	3 ♈ 50	2 ♈ 52	14 ♒ 0	11 ♓ 54	9 ♏ 21	6 ♎ 1	19 ♈ 16	3 ♎ 59	28 ♏ 10	25 ♍ 0	4 ♑	16 ♐	22 ♐	25 ♈	29 ♓
17	26 ♑ 19	4 ♑ 0	3 ♈ 47	2 ♈ 42	14 ♒ 44	12 ♓ 59	9 ♏ 54	6 ♎ 1	19 ♈ 19	3 ♎ 58	28 ♏ 11	25 ♍ 0	5 ♑	16 ♐	22 ♐	25 ♈	29 ♓
18	27 ♑ 20	19 ♑ 9	3 ♈ 44	2 ♈ 32	15 ♒ 18	14 ♓ 3	10 ♏ 27	6 ♎ 2	19 ♈ 22	3 ♎ 58	28 ♏ 12	24 ♍ 59	5 ♑	17 ♐	23 ♐	25 ♈	29 ♓
19	28 ♑ 21	4 ♒ 11	3 ♈ 40	2 ♈ 22	15 ♒ 43	15 ♓ 7	11 ♏ 0	6 ♎ 3	19 ♈ 25	3 ♎ 57	28 ♏ 14	24 ♍ 58	5 ♑	17 ♐	23 ♐	25 ♈	29 ♓
20	29 ♑ 22	18 ♒ 58	3 ♈ 37	2 ♈ 13	15 ♒ 58	16 ♓ 11	11 ♏ 32	6 ♎ 3	19 ♈ 28	3 ♎ 56	28 ♏ 15	24 ♍ 58	6 ♑	17 ♐	23 ♐	26 ♈	29 ♓
21	0 ♒ 23	3 ♓ 21	3 ♈ 34	2 ♈ 7	16 R 2	17 ♓ 15	12 ♏ 5	6 R 3	19 ♈ 31	3 ♎ 56	28 ♏ 16	24 ♍ 57	6 ♑	18 ♐	24 ♐	26 ♈	29 ♓
22	1 ♒ 24	17 ♓ 16	3 ♈ 31	2 ♈ 4	15 ♒ 54	18 ♓ 18	12 ♏ 37	6 ♎ 3	19 ♈ 34	3 ♎ 55	28 ♏ 18	24 ♍ 56	7 ♑	18 ♐	24 ♐	26 ♈	29 ♓
23	2 ♒ 25	0 ♈ 42	3 ♈ 28	2 ♈ 3	15 ♒ 35	19 ♓ 20	13 ♏ 10	6 ♎ 2	19 ♈ 37	3 ♎ 54	28 ♏ 19	24 ♍ 55	7 ♑	19 ♐	24 ♐	26 ♈	29 ♓
24	3 ♒ 27	13 ♈ 41	3 ♈ 24	2 D 3	15 ♒ 4	20 ♓ 23	13 ♏ 42	6 ♎ 2	19 ♈ 41	3 ♎ 53	28 ♏ 20	24 ♍ 54	7 ♑	19 ♐	25 ♐	27 ♈	29 ♓
25	4 ♒ 28	26 ♈ 16	3 ♈ 21	2 ♈ 4	14 ♒ 22	21 ♓ 25	14 ♏ 14	6 ♎ 1	19 ♈ 44	3 ♎ 53	28 ♏ 21	24 ♍ 53	8 ♑	19 ♐	25 ♐	27 ♈	29 ♓
26	5 ♒ 29	8 ♉ 33	3 ♈ 18	2 R 4	13 ♒ 31	22 ♓ 27	14 ♏ 46	6 ♎ 0	19 ♈ 48	3 ♎ 52	28 ♏ 22	24 ♍ 53	8 ♑	20 ♐	25 ♐	27 ♈	29 ♓
27	6 ♒ 30	20 ♉ 37	3 ♈ 15	2 ♈ 3	12 ♒ 31	23 ♓ 28	15 ♏ 18	5 ♎ 59	19 ♈ 52	3 ♎ 51	28 ♏ 24	24 ♍ 52	9 ♑	20 ♐	26 ♐	28 ♈	29 ♓
28	7 ♒ 30	2 ♊ 31	3 ♈ 12	2 ♈ 0	11 ♒ 24	24 ♓ 29	15 ♏ 49	5 ♎ 58	19 ♈ 56	3 ♎ 50	28 ♏ 25	24 ♍ 51	9 ♑	21 ♐	26 ♐	28 ♈	29 ♓
29	8 ♒ 31	14 ♊ 22	3 ♈ 9	1 ♈ 54	10 ♒ 12	25 ♓ 29	16 ♏ 21	5 ♎ 57	20 ♈ 0	3 ♎ 49	28 ♏ 26	24 ♍ 50	9 ♑	21 ♐	26 ♐	28 ♈	29 ♓
30	9 ♒ 32	26 ♊ 14	3 ♈ 5	1 ♈ 46	8 ♒ 57	26 ♓ 29	16 ♏ 53	5 ♎ 55	20 ♈ 4	3 ♎ 47	28 ♏ 27	24 ♍ 49	10 ♑	21 ♐	27 ♐	28 ♈	29 ♓
31	10 ♒ 33	8 ♋ 8	3 ♈ 2	1 ♈ 36	7 ♒ 42	27 ♓ 29	17 ♏ 24	5 ♎ 53	20 ♈ 8	3 ♎ 46	28 ♏ 28	24 ♍ 48	10 ♑	22 ♐	27 ♐	29 ♈	0 ♈

SUN INGRESS ☉→♒20日 14:38

MOON PHASE ○ 4日 03:28 ♋ ◑ 11日 23:00 ♎ ● 18日 13:59 ♑ ◐ 25日 17:23 ♉

aspects		
1日	17:35	☿△♇
3日	07:00	♀□♆
3日	11:35	☿⚹♆
7日	13:52	☿△♅
8日	08:30	☿□♂
8日	20:32	☿△♃
9日	20:07	☉□♄
11日	06:40	♀△♂
15日	17:10	☉△♇
18日	21:02	☉⚹♆
24日	10:27	☉△♅
25日	02:37	☿□♂
26日	12:20	☉△♃
28日	08:32	♀☍♇
29日	17:49	☉☌☿

1969年2月

DAY	☉	☽	☊ mean	☊ true	☿	♀	♂	♃	♄	♅	♆	♇	⚳	⚴	⚵	⚶	⚷
	° ′	° ′	° ′	° ′	° ′	° ′	° ′	° ′	° ′	° ′	° ′	° ′	°	°	°	°	°
1	11 ♒ 34	20 ♋ 9	2 ♈ 59	1 R 26	6 R 29	28 D 28	17 D 55	5 R 51	20 D 12	3 R 45	28 D 29	24 R 47	10 D	22 D	27 D	29 D	0 D
2	12 ♒ 35	2 ♌ 17	2 ♈ 56	1 ♈ 16	5 ♒ 20	29 ♓ 26	18 ♏ 26	5 ♎ 49	20 ♈ 16	3 ♎ 44	28 ♏ 30	24 ♍ 46	11 ♑	22 ♐	28 ♐	29 ♈	0 ♈
3	13 ♒ 36	14 ♌ 35	2 ♈ 53	1 ♈ 8	4 ♒ 15	0 ♈ 24	18 ♏ 57	5 ♎ 47	20 ♈ 21	3 ♎ 42	28 ♏ 30	24 ♍ 44	11 ♑	23 ♐	28 ♐	0 ♉	0 ♈
4	14 ♒ 37	27 ♌ 1	2 ♈ 50	1 ♈ 1	3 ♒ 17	1 ♈ 22	19 ♏ 28	5 ♎ 44	20 ♈ 25	3 ♎ 41	28 ♏ 31	24 ♍ 43	12 ♑	23 ♐	28 ♐	0 ♉	0 ♈
5	15 ♒ 38	9 ♍ 38	2 ♈ 46	0 ♈ 56	2 ♒ 27	2 ♈ 19	19 ♏ 59	5 ♎ 41	20 ♈ 30	3 ♎ 40	28 ♏ 32	24 ♍ 42	12 ♑	24 ♐	28 ♐	0 ♉	0 ♈
6	16 ♒ 38	22 ♍ 26	2 ♈ 43	0 ♈ 54	1 ♒ 44	3 ♈ 15	20 ♏ 30	5 ♎ 38	20 ♈ 34	3 ♎ 38	28 ♏ 33	24 ♍ 41	12 ♑	24 ♐	29 ♐	1 ♉	0 ♈
7	17 ♒ 39	5 ♎ 26	2 ♈ 40	0 D 54	1 ♒ 10	4 ♈ 11	21 ♏ 0	5 ♎ 35	20 ♈ 39	3 ♎ 37	28 ♏ 34	24 ♍ 40	13 ♑	24 ♐	29 ♐	1 ♉	0 ♈
8	18 ♒ 40	18 ♎ 38	2 ♈ 37	0 ♈ 55	0 ♒ 44	5 ♈ 6	21 ♏ 31	5 ♎ 32	20 ♈ 44	3 ♎ 35	28 ♏ 34	24 ♍ 39	13 ♑	25 ♐	29 ♐	1 ♉	0 ♈
9	19 ♒ 41	2 ♏ 5	2 ♈ 34	0 ♈ 56	0 ♒ 26	6 ♈ 0	22 ♏ 1	5 ♎ 28	20 ♈ 49	3 ♎ 34	28 ♏ 35	24 ♍ 37	13 ♑	25 ♐	0 ♑	1 ♉	0 ♈
10	20 ♒ 41	15 ♏ 47	2 ♈ 30	0 ♈ 57	0 ♒ 17	6 ♈ 54	22 ♏ 31	5 ♎ 25	20 ♈ 54	3 ♎ 32	28 ♏ 36	24 ♍ 36	14 ♑	25 ♐	0 ♑	2 ♉	0 ♈
11	21 ♒ 42	29 ♏ 46	2 ♈ 27	0 R 57	0 D 15	7 ♈ 47	23 ♏ 1	5 ♎ 21	20 ♈ 59	3 ♎ 30	28 ♏ 36	24 ♍ 35	14 ♑	26 ♐	0 ♑	2 ♉	0 ♈
12	22 ♒ 43	14 ♐ 1	2 ♈ 24	0 ♈ 55	0 ♒ 20	8 ♈ 40	23 ♏ 31	5 ♎ 17	21 ♈ 4	3 ♎ 28	28 ♏ 37	24 ♍ 34	15 ♑	26 ♐	1 ♑	2 ♉	0 ♈
13	23 ♒ 43	28 ♐ 29	2 ♈ 21	0 ♈ 52	0 ♒ 32	9 ♈ 32	24 ♏ 0	5 ♎ 13	21 ♈ 9	3 ♎ 27	28 ♏ 38	24 ♍ 32	15 ♑	26 ♐	1 ♑	3 ♉	0 ♈
14	24 ♒ 44	13 ♑ 8	2 ♈ 18	0 ♈ 47	0 ♒ 50	10 ♈ 22	24 ♏ 30	5 ♎ 8	21 ♈ 14	3 ♎ 25	28 ♏ 38	24 ♍ 31	15 ♑	27 ♐	1 ♑	3 ♉	0 ♈
15	25 ♒ 45	27 ♑ 51	2 ♈ 15	0 ♈ 41	1 ♒ 14	11 ♈ 13	24 ♏ 59	5 ♎ 4	21 ♈ 19	3 ♎ 23	28 ♏ 39	24 ♍ 30	16 ♑	27 ♐	1 ♑	3 ♉	0 ♈
16	26 ♒ 45	12 ♒ 30	2 ♈ 11	0 ♈ 36	1 ♒ 43	12 ♈ 2	25 ♏ 28	4 ♎ 59	21 ♈ 25	3 ♎ 21	28 ♏ 39	24 ♍ 28	16 ♑	27 ♐	2 ♑	4 ♉	0 ♈
17	27 ♒ 46	26 ♒ 59	2 ♈ 8	0 ♈ 32	2 ♒ 17	12 ♈ 51	25 ♏ 57	4 ♎ 54	21 ♈ 30	3 ♎ 19	28 ♏ 40	24 ♍ 27	16 ♑	28 ♐	2 ♑	4 ♉	0 ♈
18	28 ♒ 47	11 ♓ 11	2 ♈ 5	0 ♈ 29	2 ♒ 56	13 ♈ 38	26 ♏ 26	4 ♎ 49	21 ♈ 36	3 ♎ 17	28 ♏ 40	24 ♍ 25	17 ♑	28 ♐	2 ♑	4 ♉	0 ♈
19	29 ♒ 47	25 ♓ 1	2 ♈ 2	0 ♈ 27	3 ♒ 39	14 ♈ 25	26 ♏ 55	4 ♎ 44	21 ♈ 42	3 ♎ 15	28 ♏ 40	24 ♍ 24	17 ♑	28 ♐	3 ♑	5 ♉	0 ♈
20	0 ♓ 48	8 ♈ 27	1 ♈ 59	0 D 27	4 ♒ 26	15 ♈ 11	27 ♏ 23	4 ♎ 39	21 ♈ 47	3 ♎ 13	28 ♏ 41	24 ♍ 22	18 ♑	29 ♐	3 ♑	5 ♉	0 ♈
21	1 ♓ 48	21 ♈ 30	1 ♈ 55	0 ♈ 29	5 ♒ 16	15 ♈ 56	27 ♏ 51	4 ♎ 33	21 ♈ 53	3 ♎ 11	28 ♏ 41	24 ♍ 21	18 ♑	29 ♐	3 ♑	5 ♉	1 ♈
22	2 ♓ 49	4 ♉ 10	1 ♈ 52	0 ♈ 30	6 ♒ 10	16 ♈ 39	28 ♏ 19	4 ♎ 28	21 ♈ 59	3 ♎ 9	28 ♏ 41	24 ♍ 20	18 ♑	29 ♐	3 ♑	6 ♉	1 ♈
23	3 ♓ 49	16 ♉ 32	1 ♈ 49	0 ♈ 32	7 ♒ 6	17 ♈ 22	28 ♏ 47	4 ♎ 22	22 ♈ 5	3 ♎ 7	28 ♏ 41	24 ♍ 18	19 ♑	0 ♑	4 ♑	6 ♉	1 ♈
24	4 ♓ 49	28 ♉ 39	1 ♈ 46	0 ♈ 33	8 ♒ 6	18 ♈ 4	29 ♏ 15	4 ♎ 16	22 ♈ 11	3 ♎ 5	28 ♏ 42	24 ♍ 17	19 ♑	0 ♑	4 ♑	7 ♉	1 ♈
25	5 ♓ 50	10 ♊ 36	1 ♈ 43	0 R 33	9 ♒ 8	18 ♈ 44	29 ♏ 42	4 ♎ 10	22 ♈ 17	3 ♎ 3	28 ♏ 42	24 ♍ 15	19 ♑	0 ♑	4 ♑	7 ♉	1 ♈
26	6 ♓ 50	22 ♊ 29	1 ♈ 40	0 ♈ 32	10 ♒ 13	19 ♈ 23	0 ♐ 9	4 ♎ 4	22 ♈ 23	3 ♎ 0	28 ♏ 42	24 ♍ 14	20 ♑	1 ♑	5 ♑	7 ♉	1 ♈
27	7 ♓ 50	4 ♋ 21	1 ♈ 36	0 ♈ 30	11 ♒ 20	20 ♈ 1	0 ♐ 36	3 ♎ 58	22 ♈ 29	2 ♎ 58	28 ♏ 42	24 ♍ 12	20 ♑	1 ♑	5 ♑	8 ♉	1 ♈
28	8 ♓ 51	16 ♋ 18	1 ♈ 33	0 ♈ 27	12 ♒ 29	20 ♈ 38	1 ♐ 3	3 ♎ 52	22 ♈ 35	2 ♎ 56	28 ♏ 42	24 ♍ 10	20 ♑	1 ♑	5 ♑	8 ♉	1 ♈

SUN INGRESS ☉→♓19日 04:54

MOON PHASE ○ 2日 21:56 ♌ ◑ 10日 09:08 ♏ ● 17日 01:25 ♒ ◐ 24日 13:30 ♊

aspects		
1日	00:23	♀△♆
1日	13:19	☿△♃
3日	13:26	☿△♅
5日	01:51	☿⚹♀
6日	09:44	♀☍♅
8日	10:45	♀☍♃
10日	05:15	☉⚹♄
13日	13:00	☉□♂
14日	00:49	♂⚹♇
17日	21:22	☉□♆
18日	11:41	☿△♅
20日	05:49	☿△♃
22日	19:07	♂☌♆

1969年3月

DAY	☉	☽	☊ mean	☊ true	☿	♀	♂	♃	♄	♅	♆	♇	⚳	⚴	⚵	⚶	⚷
	° ′	° ′	° ′	° ′	° ′	° ′	° ′	° ′	° ′	° ′	° ′	° ′	°	°	°	°	°
1	9 ♓ 51	28 ♋ 22	1 ♈ 30	0 R 24	13 D 40	21 D 13	1 D 30	3 R 45	22 D 41	2 R 54	28 D 42	24 R 9	21 D	2 D	5 D	8 D	1 D
2	10 ♓ 51	10 ♌ 37	1 ♈ 27	0 ♈ 20	14 ♒ 52	21 ♈ 47	1 ♐ 56	3 ♎ 39	22 ♈ 48	2 ♎ 51	28 R 42	24 ♍ 7	21 ♑	2 ♑	6 ♑	9 ♉	1 ♈
3	11 ♓ 51	23 ♌ 5	1 ♈ 24	0 ♈ 17	16 ♒ 7	22 ♈ 19	2 ♐ 22	3 ♎ 32	22 ♈ 54	2 ♎ 49	28 ♏ 42	24 ♍ 6	21 ♑	2 ♑	6 ♑	9 ♉	1 ♈
4	12 ♓ 51	5 ♍ 47	1 ♈ 21	0 ♈ 15	17 ♒ 24	22 ♈ 50	2 ♐ 48	3 ♎ 25	23 ♈ 0	2 ♎ 46	28 ♏ 42	24 ♍ 4	22 ♑	3 ♑	6 ♑	9 ♉	1 ♈
5	13 ♓ 51	18 ♍ 43	1 ♈ 17	0 ♈ 14	18 ♒ 42	23 ♈ 19	3 ♐ 14	3 ♎ 18	23 ♈ 7	2 ♎ 44	28 ♏ 42	24 ♍ 3	22 ♑	3 ♑	6 ♑	10 ♉	1 ♈
6	14 ♓ 52	1 ♎ 54	1 ♈ 14	0 D 14	20 ♒ 1	23 ♈ 47	3 ♐ 39	3 ♎ 11	23 ♈ 13	2 ♎ 42	28 ♏ 42	24 ♍ 1	22 ♑	3 ♑	7 ♑	10 ♉	1 ♈
7	15 ♓ 52	15 ♎ 17	1 ♈ 11	0 ♈ 14	21 ♒ 22	24 ♈ 13	4 ♐ 4	3 ♎ 4	23 ♈ 20	2 ♎ 39	28 ♏ 42	23 ♍ 59	23 ♑	4 ♑	7 ♑	11 ♉	1 ♈
8	16 ♓ 52	28 ♎ 53	1 ♈ 8	0 ♈ 15	22 ♒ 45	24 ♈ 37	4 ♐ 29	2 ♎ 57	23 ♈ 26	2 ♎ 37	28 ♏ 41	23 ♍ 58	23 ♑	4 ♑	7 ♑	11 ♉	1 ♈
9	17 ♓ 52	12 ♏ 40	1 ♈ 5	0 ♈ 16	24 ♒ 9	24 ♈ 59	4 ♐ 54	2 ♎ 50	23 ♈ 33	2 ♎ 34	28 ♏ 41	23 ♍ 56	23 ♑	4 ♑	7 ♑	11 ♉	1 ♈
10	18 ♓ 52	26 ♏ 36	1 ♈ 1	0 ♈ 17	25 ♒ 34	25 ♈ 20	5 ♐ 18	2 ♎ 42	23 ♈ 40	2 ♎ 32	28 ♏ 41	23 ♍ 55	24 ♑	4 ♑	8 ♑	12 ♉	1 ♈
11	19 ♓ 51	10 ♐ 41	0 ♈ 58	0 ♈ 18	27 ♒ 1	25 ♈ 38	5 ♐ 42	2 ♎ 35	23 ♈ 47	2 ♎ 29	28 ♏ 40	23 ♍ 53	24 ♑	5 ♑	8 ♑	12 ♉	2 ♈
12	20 ♓ 51	24 ♐ 51	0 ♈ 55	0 R 18	28 ♒ 29	25 ♈ 55	6 ♐ 6	2 ♎ 28	23 ♈ 53	2 ♎ 27	28 ♏ 40	23 ♍ 51	24 ♑	5 ♑	8 ♑	12 ♉	2 ♈
13	21 ♓ 51	9 ♑ 6	0 ♈ 52	0 ♈ 17	29 ♒ 58	26 ♈ 9	6 ♐ 29	2 ♎ 20	24 ♈ 0	2 ♎ 24	28 ♏ 40	23 ♍ 50	25 ♑	5 ♑	8 ♑	13 ♉	2 ♈
14	22 ♓ 51	23 ♑ 22	0 ♈ 49	0 ♈ 17	1 ♓ 29	26 ♈ 21	6 ♐ 53	2 ♎ 13	24 ♈ 7	2 ♎ 22	28 ♏ 39	23 ♍ 48	25 ♑	5 ♑	9 ♑	13 ♉	2 ♈
15	23 ♓ 51	7 ♒ 37	0 ♈ 46	0 ♈ 16	3 ♓ 1	26 ♈ 32	7 ♐ 16	2 ♎ 5	24 ♈ 14	2 ♎ 19	28 ♏ 39	23 ♍ 47	25 ♑	6 ♑	9 ♑	14 ♉	2 ♈
16	24 ♓ 51	21 ♒ 46	0 ♈ 42	0 ♈ 15	4 ♓ 34	26 ♈ 39	7 ♐ 38	1 ♎ 57	24 ♈ 21	2 ♎ 16	28 ♏ 38	23 ♍ 45	26 ♑	6 ♑	9 ♑	14 ♉	2 ♈
17	25 ♓ 51	5 ♓ 46	0 ♈ 39	0 ♈ 15	6 ♓ 8	26 ♈ 45	8 ♐ 0	1 ♎ 50	24 ♈ 28	2 ♎ 14	28 ♏ 38	23 ♍ 43	26 ♑	6 ♑	9 ♑	14 ♉	2 ♈
18	26 ♓ 50	19 ♓ 34	0 ♈ 36	0 ♈ 14	7 ♓ 44	26 ♈ 48	8 ♐ 22	1 ♎ 42	24 ♈ 35	2 ♎ 11	28 ♏ 37	23 ♍ 42	26 ♑	6 ♑	10 ♑	15 ♉	2 ♈
19	27 ♓ 50	3 ♈ 6	0 ♈ 33	0 D 14	9 ♓ 21	26 R 49	8 ♐ 44	1 ♎ 34	24 ♈ 42	2 ♎ 9	28 ♏ 37	23 ♍ 40	27 ♑	7 ♑	10 ♑	15 ♉	2 ♈
20	28 ♓ 50	16 ♈ 20	0 ♈ 30	0 ♈ 14	10 ♓ 59	26 ♈ 48	9 ♐ 5	1 ♎ 26	24 ♈ 49	2 ♎ 6	28 ♏ 36	23 ♍ 38	27 ♑	7 ♑	10 ♑	16 ♉	2 ♈
21	29 ♓ 49	29 ♈ 17	0 ♈ 27	0 ♈ 15	12 ♓ 38	26 ♈ 44	9 ♐ 26	1 ♎ 19	24 ♈ 56	2 ♎ 3	28 ♏ 36	23 ♍ 37	27 ♑	7 ♑	10 ♑	16 ♉	2 ♈
22	0 ♈ 49	11 ♉ 55	0 ♈ 23	0 R 15	14 ♓ 19	26 ♈ 37	9 ♐ 46	1 ♎ 11	25 ♈ 4	2 ♎ 1	28 ♏ 35	23 ♍ 35	28 ♑	7 ♑	10 ♑	16 ♉	2 ♈
23	1 ♈ 48	24 ♉ 18	0 ♈ 20	0 ♈ 14	16 ♓ 1	26 ♈ 28	10 ♐ 7	1 ♎ 3	25 ♈ 11	1 ♎ 58	28 ♏ 34	23 ♍ 34	28 ♑	8 ♑	11 ♑	17 ♉	2 ♈
24	2 ♈ 48	6 ♊ 27	0 ♈ 17	0 ♈ 14	17 ♓ 44	26 ♈ 17	10 ♐ 26	0 ♎ 55	25 ♈ 18	1 ♎ 56	28 ♏ 34	23 ♍ 32	28 ♑	8 ♑	11 ♑	17 ♉	2 ♈
25	3 ♈ 47	18 ♊ 26	0 ♈ 14	0 ♈ 14	19 ♓ 29	26 ♈ 3	10 ♐ 46	0 ♎ 48	25 ♈ 25	1 ♎ 53	28 ♏ 33	23 ♍ 30	29 ♑	8 ♑	11 ♑	18 ♉	2 ♈
26	4 ♈ 47	0 ♋ 20	0 ♈ 11	0 ♈ 14	21 ♓ 14	25 ♈ 46	11 ♐ 5	0 ♎ 40	25 ♈ 33	1 ♎ 50	28 ♏ 32	23 ♍ 29	29 ♑	8 ♑	11 ♑	18 ♉	2 ♈
27	5 ♈ 46	12 ♋ 13	0 ♈ 7	0 D 14	23 ♓ 1	25 ♈ 27	11 ♐ 23	0 ♎ 32	25 ♈ 40	1 ♎ 48	28 ♏ 31	23 ♍ 27	29 ♑	9 ♑	11 ♑	18 ♉	2 ♈
28	6 ♈ 46	24 ♋ 10	0 ♈ 4	0 ♈ 14	24 ♓ 50	25 ♈ 6	11 ♐ 41	0 ♎ 24	25 ♈ 47	1 ♎ 45	28 ♏ 30	23 ♍ 26	29 ♑	9 ♑	12 ♑	19 ♉	3 ♈
29	7 ♈ 45	6 ♌ 15	0 ♈ 1	0 ♈ 15	26 ♓ 40	24 ♈ 43	11 ♐ 59	0 ♎ 17	25 ♈ 55	1 ♎ 43	28 ♏ 30	23 ♍ 24	0 ♒	9 ♑	12 ♑	19 ♉	3 ♈
30	8 ♈ 44	18 ♌ 33	29 ♓ 58	0 ♈ 15	28 ♓ 31	24 ♈ 17	12 ♐ 17	0 ♎ 9	26 ♈ 2	1 ♎ 40	28 ♏ 29	23 ♍ 23	0 ♒	9 ♑	12 ♑	20 ♉	3 ♈
31	9 ♈ 43	1 ♍ 6	29 ♓ 55	0 ♈ 16	0 ♈ 23	23 ♈ 49	12 ♐ 33	0 ♎ 2	26 ♈ 10	1 ♎ 38	28 ♏ 28	23 ♍ 21	0 ♒	9 ♑	12 ♑	20 ♉	3 ♈

SUN INGRESS: ☉ → ♈ 21日 04:08

MOON PHASE: ○ 4日 14:17 ♍ ◑ 11日 16:44 ♐ ● 18日 13:51 ♓ ◐ 26日 09:48 ♋

aspects	
3日 22:41	♂⚹♅
4日 10:36	♀☌♄
5日 03:23	♂⚹♃
8日 12:58	☿⚹♄
9日 18:43	☿⚹♀
12日 03:00	☿□♆
12日 04:40	♃☌♅
14日 22:16	☉☍♇
18日 12:16	☿□♂
19日 18:41	☉△♆
22日 07:53	☉☍♃
23日 03:49	☉☍♅
26日 12:49	♀☌♄
27日 05:39	☿☍♇
29日 23:34	☿△♆
30日 19:42	☿☍♃
31日 15:22	☿☍♅

1969年4月

DAY	☉	☽	☊ mean	☊ true	☿	♀	♂	♃	♄	♅	♆	♇	⚳	⚴	⚵	⚶	⚷
	° ′	° ′	° ′	° ′	° ′	° ′	° ′	° ′	° ′	° ′	° ′	° ′	°	°	°	°	°
1	10 ♈ 43	13 ♍ 58	29 ♓ 52	0 D 17	2 D 17	23 R 20	12 D 50	29 R 54	26 D 17	1 R 35	28 R 27	23 R 19	1 D	10 D	12 D	20 D	3 D
2	11 ♈ 42	27 ♍ 10	29 ♓ 48	0 ♈ 17	4 ♈ 12	22 ♈ 48	13 ♐ 6	29 ♍ 47	26 ♈ 24	1 ♎ 32	28 ♏ 26	23 ♍ 18	1 ♒	10 ♑	12 ♑	21 ♉	3 ♈
3	12 ♈ 41	10 ♎ 42	29 ♓ 45	0 R 17	6 ♈ 9	22 ♈ 15	13 ♐ 21	29 ♍ 39	26 ♈ 32	1 ♎ 30	28 ♏ 25	23 ♍ 16	1 ♒	10 ♑	13 ♑	21 ♉	3 ♈
4	13 ♈ 40	24 ♎ 31	29 ♓ 42	0 ♈ 16	8 ♈ 6	21 ♈ 41	13 ♐ 36	29 ♍ 32	26 ♈ 39	1 ♎ 27	28 ♏ 24	23 ♍ 15	1 ♒	10 ♑	13 ♑	22 ♉	3 ♈
5	14 ♈ 39	8 ♏ 36	29 ♓ 39	0 ♈ 15	10 ♈ 5	21 ♈ 5	13 ♐ 51	29 ♍ 24	26 ♈ 47	1 ♎ 25	28 ♏ 23	23 ♍ 13	2 ♒	10 ♑	13 ♑	22 ♉	3 ♈
6	15 ♈ 38	22 ♏ 51	29 ♓ 36	0 ♈ 13	12 ♈ 6	20 ♈ 29	14 ♐ 5	29 ♍ 17	26 ♈ 54	1 ♎ 22	28 ♏ 22	23 ♍ 12	2 ♒	11 ♑	13 ♑	22 ♉	3 ♈
7	16 ♈ 37	7 ♐ 12	29 ♓ 32	0 ♈ 11	14 ♈ 7	19 ♈ 51	14 ♐ 19	29 ♍ 10	27 ♈ 2	1 ♎ 20	28 ♏ 21	23 ♍ 10	2 ♒	11 ♑	13 ♑	23 ♉	3 ♈
8	17 ♈ 36	21 ♐ 35	29 ♓ 29	0 ♈ 9	16 ♈ 10	19 ♈ 14	14 ♐ 32	29 ♍ 3	27 ♈ 10	1 ♎ 17	28 ♏ 20	23 ♍ 9	3 ♒	11 ♑	13 ♑	23 ♉	3 ♈
9	18 ♈ 35	5 ♑ 55	29 ♓ 26	0 ♈ 8	18 ♈ 13	18 ♈ 36	14 ♐ 44	28 ♍ 56	27 ♈ 17	1 ♎ 15	28 ♏ 18	23 ♍ 8	3 ♒	11 ♑	14 ♑	24 ♉	3 ♈
10	19 ♈ 34	20 ♑ 8	29 ♓ 23	0 D 8	20 ♈ 18	17 ♈ 58	14 ♐ 56	28 ♍ 49	27 ♈ 25	1 ♎ 12	28 ♏ 17	23 ♍ 6	3 ♒	11 ♑	14 ♑	24 ♉	3 ♈
11	20 ♈ 33	4 ♒ 13	29 ♓ 20	0 ♈ 8	22 ♈ 23	17 ♈ 21	15 ♐ 8	28 ♍ 42	27 ♈ 32	1 ♎ 10	28 ♏ 16	23 ♍ 5	3 ♒	11 ♑	14 ♑	24 ♉	3 ♈
12	21 ♈ 32	18 ♒ 9	29 ♓ 17	0 ♈ 9	24 ♈ 29	16 ♈ 44	15 ♐ 19	28 ♍ 36	27 ♈ 40	1 ♎ 8	28 ♏ 15	23 ♍ 3	4 ♒	11 ♑	14 ♑	25 ♉	3 ♈
13	22 ♈ 31	1 ♓ 53	29 ♓ 13	0 ♈ 11	26 ♈ 35	16 ♈ 7	15 ♐ 29	28 ♍ 29	27 ♈ 47	1 ♎ 5	28 ♏ 14	23 ♍ 2	4 ♒	11 ♑	14 ♑	25 ♉	3 ♈
14	23 ♈ 30	15 ♓ 26	29 ♓ 10	0 ♈ 12	28 ♈ 41	15 ♈ 32	15 ♐ 38	28 ♍ 22	27 ♈ 55	1 ♎ 3	28 ♏ 12	23 ♍ 1	4 ♒	12 ♑	14 ♑	26 ♉	3 ♈
15	24 ♈ 28	28 ♓ 46	29 ♓ 7	0 ♈ 13	0 ♉ 47	14 ♈ 58	15 ♐ 47	28 ♍ 16	28 ♈ 3	1 ♎ 1	28 ♏ 11	22 ♍ 59	4 ♒	12 ♑	14 ♑	26 ♉	4 ♈
16	25 ♈ 27	11 ♈ 54	29 ♓ 4	0 R 12	2 ♉ 53	14 ♈ 26	15 ♐ 56	28 ♍ 10	28 ♈ 10	0 ♎ 58	28 ♏ 10	22 ♍ 58	5 ♒	12 ♑	14 ♑	26 ♉	4 ♈
17	26 ♈ 26	24 ♈ 49	29 ♓ 1	0 ♈ 10	4 ♉ 58	13 ♈ 55	16 ♐ 4	28 ♍ 4	28 ♈ 18	0 ♎ 56	28 ♏ 9	22 ♍ 57	5 ♒	12 ♑	15 ♑	27 ♉	4 ♈
18	27 ♈ 25	7 ♉ 31	28 ♓ 58	0 ♈ 7	7 ♉ 2	13 ♈ 26	16 ♐ 11	27 ♍ 58	28 ♈ 26	0 ♎ 54	28 ♏ 7	22 ♍ 55	5 ♒	12 ♑	15 ♑	27 ♉	4 ♈
19	28 ♈ 23	20 ♉ 1	28 ♓ 54	0 ♈ 3	9 ♉ 4	12 ♈ 59	16 ♐ 17	27 ♍ 52	28 ♈ 33	0 ♎ 51	28 ♏ 6	22 ♍ 54	5 ♒	12 ♑	15 ♑	28 ♉	4 ♈
20	29 ♈ 22	2 ♊ 18	28 ♓ 51	29 ♓ 58	11 ♉ 5	12 ♈ 34	16 ♐ 23	27 ♍ 46	28 ♈ 41	0 ♎ 49	28 ♏ 5	22 ♍ 53	5 ♒	12 ♑	15 ♑	28 ♉	4 ♈
21	0 ♉ 20	14 ♊ 24	28 ♓ 48	29 ♓ 53	13 ♉ 3	12 ♈ 10	16 ♐ 28	27 ♍ 40	28 ♈ 49	0 ♎ 47	28 ♏ 3	22 ♍ 52	6 ♒	12 ♑	15 ♑	29 ♉	4 ♈
22	1 ♉ 19	26 ♊ 23	28 ♓ 45	29 ♓ 48	15 ♉ 0	11 ♈ 50	16 ♐ 33	27 ♍ 35	28 ♈ 56	0 ♎ 45	28 ♏ 2	22 ♍ 50	6 ♒	12 ♑	15 ♑	29 ♉	4 ♈
23	2 ♉ 17	8 ♋ 16	28 ♓ 42	29 ♓ 44	16 ♉ 53	11 ♈ 31	16 ♐ 37	27 ♍ 30	29 ♈ 4	0 ♎ 43	28 ♏ 0	22 ♍ 49	6 ♒	12 ♑	15 ♑	29 ♉	4 ♈
24	3 ♉ 16	20 ♋ 8	28 ♓ 38	29 ♓ 42	18 ♉ 44	11 ♈ 15	16 ♐ 40	27 ♍ 24	29 ♈ 12	0 ♎ 41	27 ♏ 59	22 ♍ 48	6 ♒	12 ♑	15 ♑	0 ♊	4 ♈
25	4 ♉ 14	2 ♌ 4	28 ♓ 35	29 ♓ 41	20 ♉ 32	11 ♈ 1	16 ♐ 42	27 ♍ 19	29 ♈ 19	0 ♎ 39	27 ♏ 57	22 ♍ 47	7 ♒	13 ♑	15 ♑	0 ♊	4 ♈
26	5 ♉ 13	14 ♌ 7	28 ♓ 32	29 D 41	22 ♉ 16	10 ♈ 50	16 ♐ 44	27 ♍ 14	29 ♈ 27	0 ♎ 37	27 ♏ 56	22 ♍ 46	7 ♒	13 ♑	15 ♑	1 ♊	4 ♈
27	6 ♉ 11	26 ♌ 23	28 ♓ 29	29 ♓ 42	23 ♉ 56	10 ♈ 41	16 ♐ 45	27 ♍ 10	29 ♈ 34	0 ♎ 35	27 ♏ 55	22 ♍ 45	7 ♒	13 ♑	15 ♑	1 ♊	4 ♈
28	7 ♉ 9	8 ♍ 57	28 ♓ 26	29 ♓ 44	25 ♉ 33	10 ♈ 35	16 R 45	27 ♍ 5	29 ♈ 42	0 ♎ 33	27 ♏ 53	22 ♍ 44	7 ♒	13 ♑	16 ♑	2 ♊	4 ♈
29	8 ♉ 8	21 ♍ 52	28 ♓ 23	29 ♓ 45	27 ♉ 5	10 ♈ 31	16 ♐ 45	27 ♍ 1	29 ♈ 50	0 ♎ 31	27 ♏ 52	22 ♍ 43	7 ♒	13 ♑	16 ♑	2 ♊	4 ♈
30	9 ♉ 6	5 ♎ 11	28 ♓ 19	29 R 45	28 ♉ 34	10 ♈ 29	16 ♐ 43	26 ♍ 56	29 ♈ 57	0 ♎ 29	27 ♏ 50	22 ♍ 42	8 ♒	13 ♑	16 ♑	2 ♊	4 ♈

SUN INGRESS: ☉ → ♉ 20日 15:27

MOON PHASE: ○ 3日 03:45 ♎ ◑ 9日 22:58 ♑ ● 17日 03:16 ♈ ◐ 25日 04:45 ♌

aspects	
3日 22:01	☉△♂
7日 02:31	☿△♂
9日 00:10	☉☌♀
9日 03:19	☿☌♀
9日 08:00	☉☌☿
13日 14:41	☿☌♄
13日 20:39	♀△♂
15日 23:34	♃⚹♆
19日 04:47	☉☌♄
26日 07:03	☿△♇
28日 22:47	☿△♃
29日 12:08	☿☍♆

1969年5月

DAY	☉	☽	☊ mean	☊ true	☿	♀	♂	♃	♄	♅	♆	♇	⚳	⚴	⚵	⚶	⚷
	° ′	° ′	° ′	° ′	° ′	° ′	° ′	° ′	° ′	° ′	° ′	° ′	°	°	°	°	°
1	10 ♉ 4	18 ♎ 56	28 ♓ 16	29 R 44	29 D 58	10 D 30	16 R 41	26 R 52	0 D 5	0 R 27	27 R 49	22 R 41	8 D	13 D	16 D	3 D	4 D
2	11 ♉ 3	3 ♏ 4	28 ♓ 13	29 ♓ 40	1 ♊ 19	10 ♈ 33	16 ♐ 39	26 ♍ 48	0 ♉ 12	0 ♎ 25	27 ♏ 47	22 ♍ 40	8 ♒	13 R	16 ♑	3 ♊	4 ♈
3	12 ♉ 1	17 ♏ 33	28 ♓ 10	29 ♓ 35	2 ♊ 34	10 ♈ 38	16 ♐ 35	26 ♍ 45	0 ♉ 20	0 ♎ 24	27 ♏ 45	22 ♍ 39	8 ♒	13 ♑	16 ♑	4 ♊	5 ♈
4	12 ♉ 59	2 ♐ 16	28 ♓ 7	29 ♓ 29	3 ♊ 46	10 ♈ 46	16 ♐ 31	26 ♍ 41	0 ♉ 27	0 ♎ 22	27 ♏ 44	22 ♍ 38	8 ♒	13 ♑	16 ♑	4 ♊	5 ♈
5	13 ♉ 57	17 ♐ 5	28 ♓ 4	29 ♓ 22	4 ♊ 52	10 ♈ 56	16 ♐ 26	26 ♍ 37	0 ♉ 35	0 ♎ 20	27 ♏ 42	22 ♍ 37	8 ♒	13 ♑	16 ♑	5 ♊	5 ♈
6	14 ♉ 55	1 ♑ 52	28 ♓ 0	29 ♓ 16	5 ♊ 54	11 ♈ 8	16 ♐ 20	26 ♍ 34	0 ♉ 42	0 ♎ 19	27 ♏ 41	22 ♍ 36	9 ♒	13 ♑	16 ♑	5 ♊	5 ♈
7	15 ♉ 53	16 ♑ 30	27 ♓ 57	29 ♓ 11	6 ♊ 52	11 ♈ 22	16 ♐ 14	26 ♍ 31	0 ♉ 50	0 ♎ 17	27 ♏ 39	22 ♍ 35	9 ♒	13 ♑	16 ♑	5 ♊	5 ♈
8	16 ♉ 51	0 ♒ 54	27 ♓ 54	29 ♓ 8	7 ♊ 44	11 ♈ 38	16 ♐ 7	26 ♍ 28	0 ♉ 57	0 ♎ 16	27 ♏ 38	22 ♍ 35	9 ♒	13 ♑	16 ♑	6 ♊	5 ♈
9	17 ♉ 49	15 ♒ 1	27 ♓ 51	29 ♓ 7	8 ♊ 32	11 ♈ 56	15 ♐ 59	26 ♍ 25	1 ♉ 5	0 ♎ 14	27 ♏ 36	22 ♍ 34	9 ♒	12 ♑	16 R	6 ♊	5 ♈
10	18 ♉ 47	28 ♒ 49	27 ♓ 48	29 D 8	9 ♊ 15	12 ♈ 16	15 ♐ 50	26 ♍ 23	1 ♉ 12	0 ♎ 13	27 ♏ 34	22 ♍ 33	9 ♒	12 ♑	16 ♑	7 ♊	5 ♈
11	19 ♉ 45	12 ♓ 19	27 ♓ 44	29 ♓ 9	9 ♊ 53	12 ♈ 37	15 ♐ 40	26 ♍ 20	1 ♉ 20	0 ♎ 11	27 ♏ 33	22 ♍ 32	9 ♒	12 ♑	16 ♑	7 ♊	5 ♈
12	20 ♉ 43	25 ♓ 33	27 ♓ 41	29 ♓ 9	10 ♊ 27	13 ♈ 1	15 ♐ 30	26 ♍ 18	1 ♉ 27	0 ♎ 10	27 ♏ 31	22 ♍ 32	10 ♒	12 ♑	16 ♑	8 ♊	5 ♈
13	21 ♉ 41	8 ♈ 33	27 ♓ 38	29 R 9	10 ♊ 55	13 ♈ 26	15 ♐ 19	26 ♍ 16	1 ♉ 34	0 ♎ 9	27 ♏ 30	22 ♍ 31	10 ♒	12 ♑	16 ♑	8 ♊	5 ♈
14	22 ♉ 39	21 ♈ 20	27 ♓ 35	29 ♓ 7	11 ♊ 18	13 ♈ 52	15 ♐ 7	26 ♍ 14	1 ♉ 42	0 ♎ 7	27 ♏ 28	22 ♍ 30	10 ♒	12 ♑	16 ♑	8 ♊	5 ♈
15	23 ♉ 37	3 ♉ 55	27 ♓ 32	29 ♓ 2	11 ♊ 36	14 ♈ 21	14 ♐ 55	26 ♍ 13	1 ♉ 49	0 ♎ 6	27 ♏ 26	22 ♍ 30	10 ♒	12 ♑	16 ♑	9 ♊	5 ♈
16	24 ♉ 35	16 ♉ 21	27 ♓ 29	28 ♓ 55	11 ♊ 49	14 ♈ 51	14 ♐ 42	26 ♍ 11	1 ♉ 56	0 ♎ 5	27 ♏ 25	22 ♍ 29	10 ♒	12 ♑	16 ♑	9 ♊	5 ♈
17	25 ♉ 33	28 ♉ 38	27 ♓ 25	28 ♓ 46	11 ♊ 57	15 ♈ 22	14 ♐ 28	26 ♍ 10	2 ♉ 3	0 ♎ 4	27 ♏ 23	22 ♍ 29	10 ♒	12 ♑	16 ♑	10 ♊	5 ♈
18	26 ♉ 30	10 ♊ 46	27 ♓ 22	28 ♓ 35	12 ♊ 0	15 ♈ 54	14 ♐ 14	26 ♍ 9	2 ♉ 11	0 ♎ 3	27 ♏ 22	22 ♍ 28	10 ♒	12 ♑	16 ♑	10 ♊	5 ♈
19	27 ♉ 28	22 ♊ 47	27 ♓ 19	28 ♓ 24	11 R 59	16 ♈ 28	13 ♐ 59	26 ♍ 8	2 ♉ 18	0 ♎ 2	27 ♏ 20	22 ♍ 28	10 ♒	12 ♑	16 ♑	11 ♊	5 ♈
20	28 ♉ 26	4 ♋ 42	27 ♓ 16	28 ♓ 13	11 ♊ 53	17 ♈ 3	13 ♐ 43	26 ♍ 7	2 ♉ 25	0 ♎ 1	27 ♏ 18	22 ♍ 27	10 ♒	11 ♑	15 ♑	11 ♊	5 ♈
21	29 ♉ 24	16 ♋ 34	27 ♓ 13	28 ♓ 4	11 ♊ 42	17 ♈ 40	13 ♐ 27	26 ♍ 6	2 ♉ 32	0 ♎ 0	27 ♏ 17	22 ♍ 27	11 ♒	11 ♑	15 ♑	11 ♊	5 ♈
22	0 ♊ 22	28 ♋ 24	27 ♓ 10	27 ♓ 57	11 ♊ 27	18 ♈ 17	13 ♐ 10	26 ♍ 6	2 ♉ 39	29 ♍ 59	27 ♏ 15	22 ♍ 26	11 ♒	11 ♑	15 ♑	12 ♊	5 ♈
23	1 ♊ 19	10 ♌ 18	27 ♓ 6	27 ♓ 53	11 ♊ 8	18 ♈ 56	12 ♐ 53	26 ♍ 6	2 ♉ 46	29 ♍ 58	27 ♏ 13	22 ♍ 26	11 ♒	11 ♑	15 ♑	12 ♊	5 ♈
24	2 ♊ 17	22 ♌ 20	27 ♓ 3	27 ♓ 51	10 ♊ 46	19 ♈ 36	12 ♐ 35	26 D 6	2 ♉ 53	29 ♍ 57	27 ♏ 12	22 ♍ 26	11 ♒	11 ♑	15 ♑	13 ♊	5 ♈
25	3 ♊ 15	4 ♍ 33	27 ♓ 0	27 D 50	10 ♊ 21	20 ♈ 17	12 ♐ 17	26 ♍ 6	3 ♉ 0	29 ♍ 56	27 ♏ 10	22 ♍ 25	11 ♒	11 ♑	15 ♑	13 ♊	5 ♈
26	4 ♊ 12	17 ♍ 3	26 ♓ 57	27 ♓ 51	9 ♊ 52	20 ♈ 59	11 ♐ 58	26 ♍ 6	3 ♉ 7	29 ♍ 56	27 ♏ 9	22 ♍ 25	11 ♒	11 ♑	15 ♑	14 ♊	6 ♈
27	5 ♊ 10	29 ♍ 55	26 ♓ 54	27 R 51	9 ♊ 22	21 ♈ 42	11 ♐ 39	26 ♍ 7	3 ♉ 14	29 ♍ 55	27 ♏ 7	22 ♍ 25	11 ♒	10 ♑	15 ♑	14 ♊	6 ♈
28	6 ♊ 7	13 ♎ 14	26 ♓ 50	27 ♓ 50	8 ♊ 50	22 ♈ 25	11 ♐ 20	26 ♍ 7	3 ♉ 21	29 ♍ 55	27 ♏ 5	22 ♍ 25	11 ♒	10 ♑	15 ♑	14 ♊	6 ♈
29	7 ♊ 5	27 ♎ 1	26 ♓ 47	27 ♓ 47	8 ♊ 17	23 ♈ 10	11 ♐ 0	26 ♍ 8	3 ♉ 28	29 ♍ 54	27 ♏ 4	22 ♍ 24	11 ♒	10 ♑	15 ♑	15 ♊	6 ♈
30	8 ♊ 2	11 ♏ 16	26 ♓ 44	27 ♓ 41	7 ♊ 43	23 ♈ 56	10 ♐ 40	26 ♍ 9	3 ♉ 35	29 ♍ 54	27 ♏ 2	22 ♍ 24	11 ♒	10 ♑	14 ♑	15 ♊	6 ♈
31	9 ♊ 0	25 ♏ 57	26 ♓ 41	27 ♓ 34	7 ♊ 9	24 ♈ 42	10 ♐ 20	26 ♍ 10	3 ♉ 41	29 ♍ 53	27 ♏ 1	22 ♍ 24	11 ♒	10 ♑	14 ♑	16 ♊	6 ♈

SUN INGRESS	☉ → ♊ 21日 14:50
MOON PHASE	○ 2日 14:13 ♏ ◑ 9日 05:12 ♒ ● 16日 17:26 ♉ ◐ 24日 21:15 ♍ ○ 31日 22:18 ♐

aspects		
1日	08:17	♀△♅
13日	20:24	☉△♇
15日	19:14	♀△♂
17日	15:06	☉△♃
18日	20:36	☉☍♆
21日	14:41	☉△♅
29日	18:49	☉☌♀

1969年6月

DAY	☉	☽	☊ mean	☊ true	☿	♀	♂	♃	♄	♅	♆	♇	⚳	⚴	⚵	⚶	⚷
	° ′	° ′	° ′	° ′	° ′	° ′	° ′	° ′	° ′	° ′	° ′	° ′	°	°	°	°	°
1	9 ♊ 57	10 ♐ 57	26 ♓ 38	27 R 24	6 R 36	25 D 29	10 R 0	26 D 12	3 D 48	29 R 53	26 R 59	22 R 24	11 D	9 R	14 R	16 D	6 D
2	10 ♊ 55	26 ♐ 8	26 ♓ 35	27 ♓ 14	6 ♊ 4	26 ♈ 17	9 ♐ 40	26 ♍ 13	3 ♉ 55	29 ♍ 52	26 ♏ 57	22 ♍ 24	11 ♒	9 ♑	14 ♑	17 ♊	6 ♈
3	11 ♊ 52	11 ♑ 17	26 ♓ 31	27 ♓ 4	5 ♊ 34	27 ♈ 6	9 ♐ 19	26 ♍ 15	4 ♉ 1	29 ♍ 52	26 ♏ 56	22 D 24	11 ♒	9 ♑	14 ♑	17 ♊	6 ♈
4	12 ♊ 50	26 ♑ 15	26 ♓ 28	26 ♓ 56	5 ♊ 6	27 ♈ 55	8 ♐ 59	26 ♍ 17	4 ♉ 8	29 ♍ 52	26 ♏ 54	22 ♍ 24	11 ♒	9 ♑	14 ♑	17 ♊	6 ♈
5	13 ♊ 47	10 ♒ 55	26 ♓ 25	26 ♓ 50	4 ♊ 41	28 ♈ 46	8 ♐ 39	26 ♍ 19	4 ♉ 14	29 ♍ 52	26 ♏ 53	22 ♍ 24	11 ♒	8 ♑	14 ♑	18 ♊	6 ♈
6	14 ♊ 45	25 ♒ 12	26 ♓ 22	26 ♓ 47	4 ♊ 19	29 ♈ 36	8 ♐ 18	26 ♍ 21	4 ♉ 21	29 ♍ 52	26 ♏ 51	22 ♍ 24	11 R	8 ♑	14 ♑	18 ♊	6 ♈
7	15 ♊ 42	9 ♓ 4	26 ♓ 19	26 ♓ 46	4 ♊ 0	0 ♉ 28	7 ♐ 58	26 ♍ 24	4 ♉ 27	29 ♍ 52	26 ♏ 50	22 ♍ 24	11 ♒	8 ♑	13 ♑	19 ♊	6 ♈
8	16 ♊ 39	22 ♓ 31	26 ♓ 16	26 D 46	3 ♊ 45	1 ♉ 20	7 ♐ 38	26 ♍ 27	4 ♉ 34	29 D 52	26 ♏ 48	22 ♍ 24	11 ♒	8 ♑	13 ♑	19 ♊	6 ♈
9	17 ♊ 37	5 ♈ 38	26 ♓ 12	26 R 46	3 ♊ 34	2 ♉ 13	7 ♐ 18	26 ♍ 29	4 ♉ 40	29 ♍ 52	26 ♏ 47	22 ♍ 25	11 ♒	7 ♑	13 ♑	20 ♊	6 ♈
10	18 ♊ 34	18 ♈ 26	26 ♓ 9	26 ♓ 44	3 ♊ 27	3 ♉ 6	6 ♐ 58	26 ♍ 32	4 ♉ 46	29 ♍ 52	26 ♏ 45	22 ♍ 25	11 ♒	7 ♑	13 ♑	20 ♊	6 ♈
11	19 ♊ 32	0 ♉ 59	26 ♓ 6	26 ♓ 41	3 ♊ 25	4 ♉ 0	6 ♐ 39	26 ♍ 35	4 ♉ 52	29 ♍ 52	26 ♏ 44	22 ♍ 25	11 ♒	7 ♑	13 ♑	20 ♊	6 ♈
12	20 ♊ 29	13 ♉ 20	26 ♓ 3	26 ♓ 34	3 D 27	4 ♉ 54	6 ♐ 20	26 ♍ 39	4 ♉ 58	29 ♍ 52	26 ♏ 42	22 ♍ 25	11 ♒	7 ♑	12 ♑	21 ♊	6 ♈
13	21 ♊ 26	25 ♉ 33	26 ♓ 0	26 ♓ 25	3 ♊ 34	5 ♉ 49	6 ♐ 1	26 ♍ 42	5 ♉ 5	29 ♍ 52	26 ♏ 41	22 ♍ 26	11 ♒	6 ♑	12 ♑	21 ♊	6 ♈
14	22 ♊ 24	7 ♊ 38	25 ♓ 56	26 ♓ 13	3 ♊ 45	6 ♉ 44	5 ♐ 42	26 ♍ 46	5 ♉ 11	29 ♍ 53	26 ♏ 39	22 ♍ 26	11 ♒	6 ♑	12 ♑	22 ♊	6 ♈
15	23 ♊ 21	19 ♊ 37	25 ♓ 53	26 ♓ 0	4 ♊ 1	7 ♉ 40	5 ♐ 25	26 ♍ 50	5 ♉ 17	29 ♍ 53	26 ♏ 38	22 ♍ 26	11 ♒	6 ♑	12 ♑	22 ♊	6 ♈
16	24 ♊ 18	1 ♋ 33	25 ♓ 50	25 ♓ 46	4 ♊ 21	8 ♉ 36	5 ♐ 7	26 ♍ 53	5 ♉ 22	29 ♍ 53	26 ♏ 37	22 ♍ 27	11 ♒	6 ♑	12 ♑	23 ♊	6 ♈
17	25 ♊ 16	13 ♋ 25	25 ♓ 47	25 ♓ 33	4 ♊ 46	9 ♉ 33	4 ♐ 50	26 ♍ 58	5 ♉ 28	29 ♍ 54	26 ♏ 35	22 ♍ 27	11 ♒	5 ♑	11 ♑	23 ♊	6 ♈
18	26 ♊ 13	25 ♋ 16	25 ♓ 44	25 ♓ 21	5 ♊ 15	10 ♉ 30	4 ♐ 34	27 ♍ 2	5 ♉ 34	29 ♍ 55	26 ♏ 34	22 ♍ 28	11 ♒	5 ♑	11 ♑	24 ♊	6 ♈
19	27 ♊ 10	7 ♌ 7	25 ♓ 41	25 ♓ 11	5 ♊ 48	11 ♉ 28	4 ♐ 18	27 ♍ 6	5 ♉ 40	29 ♍ 55	26 ♏ 32	22 ♍ 28	11 ♒	5 ♑	11 ♑	24 ♊	6 ♈
20	28 ♊ 8	19 ♌ 2	25 ♓ 37	25 ♓ 5	6 ♊ 26	12 ♉ 26	4 ♐ 3	27 ♍ 11	5 ♉ 46	29 ♍ 56	26 ♏ 31	22 ♍ 29	11 ♒	4 ♑	11 ♑	24 ♊	6 ♈
21	29 ♊ 5	1 ♍ 3	25 ♓ 34	25 ♓ 1	7 ♊ 9	13 ♉ 24	3 ♐ 49	27 ♍ 16	5 ♉ 51	29 ♍ 56	26 ♏ 30	22 ♍ 29	11 ♒	4 ♑	11 ♑	25 ♊	6 ♈
22	0 ♋ 2	13 ♍ 16	25 ♓ 31	24 ♓ 59	7 ♊ 55	14 ♉ 23	3 ♐ 35	27 ♍ 20	5 ♉ 57	29 ♍ 57	26 ♏ 29	22 ♍ 30	10 ♒	4 ♑	10 ♑	25 ♊	6 ♈
23	0 ♋ 59	25 ♍ 44	25 ♓ 28	24 D 59	8 ♊ 46	15 ♉ 22	3 ♐ 22	27 ♍ 26	6 ♉ 2	29 ♍ 58	26 ♏ 27	22 ♍ 30	10 ♒	4 ♑	10 ♑	26 ♊	6 ♈
24	1 ♋ 57	8 ♎ 33	25 ♓ 25	24 R 59	9 ♊ 40	16 ♉ 21	3 ♐ 10	27 ♍ 31	6 ♉ 8	29 ♍ 59	26 ♏ 26	22 ♍ 31	10 ♒	3 ♑	10 ♑	26 ♊	6 ♈
25	2 ♋ 54	21 ♎ 46	25 ♓ 22	24 ♓ 58	10 ♊ 39	17 ♉ 21	2 ♐ 58	27 ♍ 36	6 ♉ 13	0 ♎ 0	26 ♏ 25	22 ♍ 32	10 ♒	3 ♑	10 ♑	27 ♊	6 ♈
26	3 ♋ 51	5 ♏ 28	25 ♓ 18	24 ♓ 55	11 ♊ 41	18 ♉ 21	2 ♐ 47	27 ♍ 42	6 ♉ 18	0 ♎ 1	26 ♏ 24	22 ♍ 32	10 ♒	3 ♑	10 ♑	27 ♊	6 ♈
27	4 ♋ 48	19 ♏ 39	25 ♓ 15	24 ♓ 50	12 ♊ 48	19 ♉ 21	2 ♐ 37	27 ♍ 47	6 ♉ 23	0 ♎ 2	26 ♏ 22	22 ♍ 33	10 ♒	2 ♑	9 ♑	27 ♊	6 ♈
28	5 ♋ 45	4 ♐ 19	25 ♓ 12	24 ♓ 42	13 ♊ 58	20 ♉ 22	2 ♐ 28	27 ♍ 53	6 ♉ 28	0 ♎ 3	26 ♏ 21	22 ♍ 34	10 ♒	2 ♑	9 ♑	28 ♊	6 ♈
29	6 ♋ 43	19 ♐ 21	25 ♓ 9	24 ♓ 33	15 ♊ 12	21 ♉ 23	2 ♐ 20	27 ♍ 59	6 ♉ 34	0 ♎ 4	26 ♏ 20	22 ♍ 35	10 ♒	2 ♑	9 ♑	28 ♊	6 ♈
30	7 ♋ 40	4 ♑ 38	25 ♓ 6	24 ♓ 22	16 ♊ 30	22 ♉ 24	2 ♐ 12	28 ♍ 5	6 ♉ 38	0 ♎ 5	26 ♏ 19	22 ♍ 36	10 ♒	2 ♑	9 ♑	29 ♊	6 ♈

SUN INGRESS	☉ → ♋ 21日 22:55
MOON PHASE	◑ 7日 12:39 ♓ ● 15日 08:09 ♊ ◐ 23日 10:44 ♎ ○ 30日 05:04 ♑

aspects		
1日	00:50	☉☍♂
12日	02:11	♀☌♄
12日	17:35	♃⚹♆
14日	00:55	☉□♇
17日	02:33	☿☍♂
18日	22:11	☉□♃
21日	21:54	☉□♅
28日	19:49	☉⚹♄
30日	04:30	♀△♇

1969年7月

DAY	☉	☽	☊ mean	☊ true	☿	♀	♂	♃	♄	♅	♆	♇	⚳	⚴	⚵	⚶	⚷
	° ′	° ′	° ′	° ′	° ′	° ′	° ′	° ′	° ′	° ′	° ′	° ′	°	°	°	°	°
1	8 ♋ 37	19 ♑ 57	25 ♓ 2	24 R 12	17 D 51	23 D 26	2 R 6	28 D 11	6 D 43	0 D 6	26 R 18	22 D 36	9 R	1 R	8 R	29 D	6 D
2	9 ♋ 34	5 ♒ 9	24 ♓ 59	24 ♓ 4	19 ♊ 17	24 ♉ 28	2 ♐ 0	28 ♍ 18	6 ♉ 48	0 ♎ 7	26 ♏ 17	22 ♍ 37	9 ♒	1 ♑	8 ♑	0 ♋	6 ♈
3	10 ♋ 31	20 ♒ 2	24 ♓ 56	23 ♓ 58	20 ♊ 45	25 ♉ 30	1 ♐ 55	28 ♍ 24	6 ♉ 53	0 ♎ 9	26 ♏ 16	22 ♍ 38	9 ♒	1 ♑	8 ♑	0 ♋	6 ♈
4	11 ♋ 29	4 ♓ 30	24 ♓ 53	23 ♓ 55	22 ♊ 18	26 ♉ 32	1 ♐ 50	28 ♍ 31	6 ♉ 58	0 ♎ 10	26 ♏ 15	22 ♍ 39	9 ♒	0 ♑	8 ♑	0 ♋	6 ♈
5	12 ♋ 26	18 ♓ 31	24 ♓ 50	23 ♓ 53	23 ♊ 53	27 ♉ 35	1 ♐ 47	28 ♍ 37	7 ♉ 2	0 ♎ 11	26 ♏ 14	22 ♍ 40	9 ♒	0 ♑	7 ♑	1 ♋	6 ♈
6	13 ♋ 23	2 ♈ 4	24 ♓ 47	23 D 53	25 ♊ 33	28 ♉ 38	1 ♐ 44	28 ♍ 44	7 ♉ 7	0 ♎ 13	26 ♏ 13	22 ♍ 41	9 ♒	0 ♑	7 ♑	1 ♋	6 ♈
7	14 ♋ 20	15 ♈ 12	24 ♓ 43	23 R 54	27 ♊ 15	29 ♉ 41	1 ♐ 43	28 ♍ 51	7 ♉ 11	0 ♎ 14	26 ♏ 12	22 ♍ 42	8 ♒	0 ♑	7 ♑	2 ♋	6 ♈
8	15 ♋ 17	27 ♈ 57	24 ♓ 40	23 ♓ 53	29 ♊ 1	0 ♊ 44	1 ♐ 42	28 ♍ 58	7 ♉ 16	0 ♎ 16	26 ♏ 11	22 ♍ 43	8 ♒	29 ♐	7 ♑	2 ♋	6 ♈
9	16 ♋ 15	10 ♉ 26	24 ♓ 37	23 ♓ 50	0 ♋ 50	1 ♊ 48	1 D 41	29 ♍ 6	7 ♉ 20	0 ♎ 18	26 ♏ 10	22 ♍ 44	8 ♒	29 ♐	7 ♑	3 ♋	6 ♈
10	17 ♋ 12	22 ♉ 40	24 ♓ 34	23 ♓ 45	2 ♋ 42	2 ♊ 52	1 ♐ 42	29 ♍ 13	7 ♉ 24	0 ♎ 19	26 ♏ 9	22 ♍ 45	8 ♒	29 ♐	6 ♑	3 ♋	6 ♈
11	18 ♋ 9	4 ♊ 45	24 ♓ 31	23 ♓ 38	4 ♋ 37	3 ♊ 56	1 ♐ 44	29 ♍ 21	7 ♉ 28	0 ♎ 21	26 ♏ 8	22 ♍ 47	8 ♒	29 ♐	6 ♑	3 ♋	6 R
12	19 ♋ 6	16 ♊ 43	24 ♓ 28	23 ♓ 28	6 ♋ 34	5 ♊ 0	1 ♐ 46	29 ♍ 28	7 ♉ 32	0 ♎ 23	26 ♏ 7	22 ♍ 48	8 ♒	28 ♐	6 ♑	4 ♋	6 ♈
13	20 ♋ 3	28 ♊ 37	24 ♓ 24	23 ♓ 17	8 ♋ 33	6 ♊ 5	1 ♐ 49	29 ♍ 36	7 ♉ 36	0 ♎ 24	26 ♏ 6	22 ♍ 49	7 ♒	28 ♐	6 ♑	4 ♋	6 ♈
14	21 ♋ 1	10 ♋ 29	24 ♓ 21	23 ♓ 5	10 ♋ 35	7 ♊ 9	1 ♐ 53	29 ♍ 44	7 ♉ 40	0 ♎ 26	26 ♏ 6	22 ♍ 50	7 ♒	28 ♐	5 ♑	5 ♋	6 ♈
15	21 ♋ 58	22 ♋ 20	24 ♓ 18	22 ♓ 54	12 ♋ 39	8 ♊ 14	1 ♐ 58	29 ♍ 52	7 ♉ 44	0 ♎ 28	26 ♏ 5	22 ♍ 52	7 ♒	28 ♐	5 ♑	5 ♋	6 ♈
16	22 ♋ 55	4 ♌ 13	24 ♓ 15	22 ♓ 44	14 ♋ 44	9 ♊ 19	2 ♐ 4	0 ♎ 0	7 ♉ 48	0 ♎ 30	26 ♏ 4	22 ♍ 53	7 ♒	27 ♐	5 ♑	6 ♋	6 ♈
17	23 ♋ 52	16 ♌ 8	24 ♓ 12	22 ♓ 36	16 ♋ 50	10 ♊ 24	2 ♐ 10	0 ♎ 8	7 ♉ 51	0 ♎ 32	26 ♏ 3	22 ♍ 54	7 ♒	27 ♐	5 ♑	6 ♋	6 ♈
18	24 ♋ 50	28 ♌ 8	24 ♓ 8	22 ♓ 31	18 ♋ 58	11 ♊ 30	2 ♐ 17	0 ♎ 17	7 ♉ 55	0 ♎ 34	26 ♏ 3	22 ♍ 55	6 ♒	27 ♐	5 ♑	6 ♋	6 ♈
19	25 ♋ 47	10 ♍ 15	24 ♓ 5	22 ♓ 28	21 ♋ 5	12 ♊ 36	2 ♐ 25	0 ♎ 25	7 ♉ 58	0 ♎ 36	26 ♏ 2	22 ♍ 57	6 ♒	27 ♐	4 ♑	7 ♋	6 ♈
20	26 ♋ 44	22 ♍ 33	24 ♓ 2	22 D 27	23 ♋ 14	13 ♊ 41	2 ♐ 34	0 ♎ 34	8 ♉ 1	0 ♎ 38	26 ♏ 2	22 ♍ 58	6 ♒	27 ♐	4 ♑	7 ♋	6 ♈
21	27 ♋ 42	5 ♎ 4	23 ♓ 59	22 ♓ 28	25 ♋ 22	14 ♊ 47	2 ♐ 44	0 ♎ 42	8 ♉ 5	0 ♎ 40	26 ♏ 1	23 ♍ 0	6 ♒	26 ♐	4 ♑	8 ♋	6 ♈
22	28 ♋ 39	17 ♎ 53	23 ♓ 56	22 ♓ 29	27 ♋ 30	15 ♊ 53	2 ♐ 54	0 ♎ 51	8 ♉ 8	0 ♎ 43	26 ♏ 0	23 ♍ 1	5 ♒	26 ♐	4 ♑	8 ♋	6 ♈
23	29 ♋ 36	1 ♏ 4	23 ♓ 53	22 R 29	29 ♋ 37	17 ♊ 0	3 ♐ 5	1 ♎ 0	8 ♉ 11	0 ♎ 45	26 ♏ 0	23 ♍ 3	5 ♒	26 ♐	4 ♑	9 ♋	6 ♈
24	0 ♌ 33	14 ♏ 40	23 ♓ 49	22 ♓ 28	1 ♌ 44	18 ♊ 6	3 ♐ 17	1 ♎ 9	8 ♉ 14	0 ♎ 47	25 ♏ 59	23 ♍ 4	5 ♒	26 ♐	3 ♑	9 ♋	6 ♈
25	1 ♌ 31	28 ♏ 42	23 ♓ 46	22 ♓ 25	3 ♌ 50	19 ♊ 13	3 ♐ 29	1 ♎ 18	8 ♉ 17	0 ♎ 49	25 ♏ 59	23 ♍ 6	5 ♒	26 ♐	3 ♑	9 ♋	6 ♈
26	2 ♌ 28	13 ♐ 10	23 ♓ 43	22 ♓ 21	5 ♌ 55	20 ♊ 19	3 ♐ 42	1 ♎ 27	8 ♉ 19	0 ♎ 52	25 ♏ 59	23 ♍ 7	5 ♒	26 ♐	3 ♑	10 ♋	6 ♈
27	3 ♌ 25	28 ♐ 1	23 ♓ 40	22 ♓ 15	7 ♌ 59	21 ♊ 26	3 ♐ 56	1 ♎ 37	8 ♉ 22	0 ♎ 54	25 ♏ 58	23 ♍ 9	4 ♒	25 ♐	3 ♑	10 ♋	6 ♈
28	4 ♌ 23	13 ♑ 8	23 ♓ 37	22 ♓ 8	10 ♌ 2	22 ♊ 33	4 ♐ 10	1 ♎ 46	8 ♉ 25	0 ♎ 57	25 ♏ 58	23 ♍ 10	4 ♒	25 ♐	3 ♑	11 ♋	6 ♈
29	5 ♌ 20	28 ♑ 22	23 ♓ 34	22 ♓ 1	12 ♌ 2	23 ♊ 40	4 ♐ 25	1 ♎ 56	8 ♉ 27	0 ♎ 59	25 ♏ 57	23 ♍ 12	4 ♒	25 ♐	2 ♑	11 ♋	6 ♈
30	6 ♌ 17	13 ♒ 31	23 ♓ 30	21 ♓ 55	14 ♌ 1	24 ♊ 48	4 ♐ 41	2 ♎ 5	8 ♉ 30	1 ♎ 2	25 ♏ 57	23 ♍ 13	4 ♒	25 ♐	2 ♑	12 ♋	6 ♈
31	7 ♌ 15	28 ♒ 27	23 ♓ 27	21 ♓ 51	15 ♌ 59	25 ♊ 55	4 ♐ 58	2 ♎ 15	8 ♉ 32	1 ♎ 4	25 ♏ 57	23 ♍ 15	3 ♒	25 ♐	2 ♑	12 ♋	6 ♈

SUN INGRESS	☉ → ♌ 23日 09:48
MOON PHASE	◑ 6日 22:17 ♈　● 14日 23:11 ♋　◐ 22日 21:09 ♎　○ 29日 11:45 ♒

aspects		
3日	17:22	♀☍♆
4日	05:32	☿□♇
6日	02:47	♀△♃
7日	13:01	♀△♅
7日	23:22	☿□♃
8日	16:49	☿□♅
8日	21:34	♀☍♂
12日	12:11	☿⚹♄
15日	22:58	☉⚹♇
19日	06:18	☉△♆
19日	21:04	☿⚹♇
20日	16:56	♃☌♅
21日	07:18	☿△♆
22日	23:34	☉☌☿
23日	12:59	☿⚹♅
23日	16:50	☿⚹♃
24日	06:00	☉⚹♅
24日	17:45	☉⚹♃
24日	19:32	☿△♂
27日	04:43	☿□♄
27日	17:05	☉△♂
28日	13:33	♀□♇

1969年8月

DAY	☉	☽	☊ mean	☊ true	☿	♀	♂	♃	♄	♅	♆	♇	⚳	⚴	⚵	⚶	⚷
	° ′	° ′	° ′	° ′	° ′	° ′	° ′	° ′	° ′	° ′	° ′	° ′	°	°	°	°	°
1	8 ♌ 12	13 ♓ 1	23 ♓ 24	21 R 49	17 D 56	27 D 3	5 D 14	2 D 25	8 D 34	1 D 7	25 R 57	23 D 17	3 R	25 R	2 R	12 D	6 R
2	9 ♌ 9	27 ♓ 10	23 ♓ 21	21 D 49	19 ♌ 51	28 ♊ 11	5 ♐ 32	2 ♎ 35	8 ♉ 36	1 ♎ 10	25 ♏ 56	23 ♍ 18	3 ♒	25 ♐	2 ♑	13 ♋	6 ♈
3	10 ♌ 7	10 ♈ 50	23 ♓ 18	21 ♓ 50	21 ♌ 44	29 ♊ 18	5 ♐ 50	2 ♎ 45	8 ♉ 38	1 ♎ 12	25 ♏ 56	23 ♍ 20	3 ♒	25 ♐	2 ♑	13 ♋	6 ♈
4	11 ♌ 4	24 ♈ 3	23 ♓ 14	21 ♓ 51	23 ♌ 35	0 ♋ 26	6 ♐ 9	2 ♎ 55	8 ♉ 40	1 ♎ 15	25 ♏ 56	23 ♍ 22	3 ♒	24 ♐	2 ♑	14 ♋	6 ♈
5	12 ♌ 2	6 ♉ 53	23 ♓ 11	21 ♓ 52	25 ♌ 25	1 ♋ 35	6 ♐ 28	3 ♎ 5	8 ♉ 42	1 ♎ 18	25 ♏ 56	23 ♍ 24	2 ♒	24 ♐	1 ♑	14 ♋	6 ♈
6	12 ♌ 59	19 ♉ 22	23 ♓ 8	21 R 52	27 ♌ 14	2 ♋ 43	6 ♐ 48	3 ♎ 15	8 ♉ 44	1 ♎ 20	25 ♏ 56	23 ♍ 25	2 ♒	24 ♐	1 ♑	15 ♋	6 ♈
7	13 ♌ 57	1 ♊ 36	23 ♓ 5	21 ♓ 51	29 ♌ 1	3 ♋ 51	7 ♐ 8	3 ♎ 25	8 ♉ 45	1 ♎ 23	25 ♏ 56	23 ♍ 27	2 ♒	24 ♐	1 ♑	15 ♋	6 ♈
8	14 ♌ 54	13 ♊ 38	23 ♓ 2	21 ♓ 47	0 ♍ 46	5 ♋ 0	7 ♐ 29	3 ♎ 36	8 ♉ 47	1 ♎ 26	25 D 56	23 ♍ 29	2 ♒	24 ♐	1 ♑	15 ♋	6 ♈
9	15 ♌ 52	25 ♊ 34	22 ♓ 59	21 ♓ 43	2 ♍ 30	6 ♋ 9	7 ♐ 51	3 ♎ 46	8 ♉ 48	1 ♎ 29	25 ♏ 56	23 ♍ 31	2 ♒	24 ♐	1 ♑	16 ♋	6 ♈
10	16 ♌ 49	7 ♋ 25	22 ♓ 55	21 ♓ 37	4 ♍ 12	7 ♋ 17	8 ♐ 13	3 ♎ 57	8 ♉ 49	1 ♎ 32	25 ♏ 56	23 ♍ 33	1 ♒	24 ♐	1 ♑	16 ♋	6 ♈
11	17 ♌ 47	19 ♋ 17	22 ♓ 52	21 ♓ 31	5 ♍ 53	8 ♋ 26	8 ♐ 35	4 ♎ 7	8 ♉ 50	1 ♎ 35	25 ♏ 56	23 ♍ 35	1 ♒	24 ♐	1 ♑	17 ♋	6 ♈
12	18 ♌ 44	1 ♌ 10	22 ♓ 49	21 ♓ 25	7 ♍ 32	9 ♋ 35	8 ♐ 59	4 ♎ 18	8 ♉ 52	1 ♎ 38	25 ♏ 56	23 ♍ 36	1 ♒	24 ♐	1 ♑	17 ♋	6 ♈
13	19 ♌ 42	13 ♌ 7	22 ♓ 46	21 ♓ 20	9 ♍ 9	10 ♋ 44	9 ♐ 22	4 ♎ 29	8 ♉ 52	1 ♎ 41	25 ♏ 56	23 ♍ 38	1 ♒	24 ♐	1 ♑	17 ♋	6 ♈
14	20 ♌ 40	25 ♌ 10	22 ♓ 43	21 ♓ 16	10 ♍ 45	11 ♋ 54	9 ♐ 46	4 ♎ 40	8 ♉ 53	1 ♎ 44	25 ♏ 56	23 ♍ 40	1 ♒	24 ♐	1 ♑	18 ♋	6 ♈
15	21 ♌ 37	7 ♍ 21	22 ♓ 40	21 ♓ 14	12 ♍ 20	13 ♋ 3	10 ♐ 11	4 ♎ 51	8 ♉ 54	1 ♎ 47	25 ♏ 57	23 ♍ 42	0 ♒	24 ♐	1 ♑	18 ♋	6 ♈
16	22 ♌ 35	19 ♍ 40	22 ♓ 36	21 ♓ 13	13 ♍ 53	14 ♋ 12	10 ♐ 36	5 ♎ 2	8 ♉ 55	1 ♎ 50	25 ♏ 57	23 ♍ 44	0 ♒	24 ♐	0 ♑	19 ♋	6 ♈
17	23 ♌ 33	2 ♎ 10	22 ♓ 33	21 D 13	15 ♍ 24	15 ♋ 22	11 ♐ 1	5 ♎ 13	8 ♉ 55	1 ♎ 53	25 ♏ 57	23 ♍ 46	0 ♒	24 ♐	0 ♑	19 ♋	6 ♈
18	24 ♌ 30	14 ♎ 53	22 ♓ 30	21 ♓ 15	16 ♍ 54	16 ♋ 32	11 ♐ 27	5 ♎ 24	8 ♉ 56	1 ♎ 57	25 ♏ 57	23 ♍ 48	0 ♒	24 D	0 ♑	20 ♋	6 ♈
19	25 ♌ 28	27 ♎ 52	22 ♓ 27	21 ♓ 16	18 ♍ 22	17 ♋ 41	11 ♐ 53	5 ♎ 35	8 ♉ 56	2 ♎ 0	25 ♏ 58	23 ♍ 50	0 ♒	24 ♐	0 ♑	20 ♋	6 ♈
20	26 ♌ 26	11 ♏ 7	22 ♓ 24	21 ♓ 18	19 ♍ 49	18 ♋ 51	12 ♐ 20	5 ♎ 47	8 ♉ 56	2 ♎ 3	25 ♏ 58	23 ♍ 52	0 ♒	24 ♐	0 ♑	20 ♋	6 ♈
21	27 ♌ 24	24 ♏ 42	22 ♓ 20	21 ♓ 18	21 ♍ 14	20 ♋ 1	12 ♐ 47	5 ♎ 58	8 ♉ 56	2 ♎ 6	25 ♏ 59	23 ♍ 54	29 ♑	24 ♐	0 ♑	21 ♋	6 ♈
22	28 ♌ 21	8 ♐ 37	22 ♓ 17	21 R 18	22 ♍ 38	21 ♋ 11	13 ♐ 15	6 ♎ 9	8 R 56	2 ♎ 9	25 ♏ 59	23 ♍ 56	29 ♑	24 ♐	0 ♑	21 ♋	6 ♈
23	29 ♌ 19	22 ♐ 52	22 ♓ 14	21 ♓ 17	24 ♍ 0	22 ♋ 22	13 ♐ 43	6 ♎ 21	8 ♉ 56	2 ♎ 13	26 ♏ 0	23 ♍ 58	29 ♑	24 ♐	0 ♑	22 ♋	6 ♈
24	0 ♍ 17	7 ♑ 25	22 ♓ 11	21 ♓ 14	25 ♍ 20	23 ♋ 32	14 ♐ 11	6 ♎ 32	8 ♉ 56	2 ♎ 16	26 ♏ 0	24 ♍ 0	29 ♑	24 ♐	0 ♑	22 ♋	6 ♈
25	1 ♍ 15	22 ♑ 11	22 ♓ 8	21 ♓ 12	26 ♍ 39	24 ♋ 42	14 ♐ 40	6 ♎ 44	8 ♉ 56	2 ♎ 20	26 ♏ 1	24 ♍ 2	29 ♑	24 ♐	0 ♑	22 ♋	6 ♈
26	2 ♍ 13	7 ♒ 4	22 ♓ 5	21 ♓ 9	27 ♍ 56	25 ♋ 53	15 ♐ 9	6 ♎ 56	8 ♉ 55	2 ♎ 23	26 ♏ 1	24 ♍ 4	29 ♑	24 ♐	0 D	23 ♋	5 ♈
27	3 ♍ 11	21 ♒ 57	22 ♓ 1	21 ♓ 7	29 ♍ 11	27 ♋ 3	15 ♐ 38	7 ♎ 7	8 ♉ 55	2 ♎ 26	26 ♏ 2	24 ♍ 7	28 ♑	24 ♐	0 ♑	23 ♋	5 ♈
28	4 ♍ 9	6 ♓ 41	21 ♓ 58	21 ♓ 6	0 ♎ 24	28 ♋ 14	16 ♐ 8	7 ♎ 19	8 ♉ 54	2 ♎ 30	26 ♏ 2	24 ♍ 9	28 ♑	24 ♐	0 ♑	24 ♋	5 ♈
29	5 ♍ 6	21 ♓ 9	21 ♓ 55	21 D 6	1 ♎ 35	29 ♋ 25	16 ♐ 38	7 ♎ 31	8 ♉ 54	2 ♎ 33	26 ♏ 3	24 ♍ 11	28 ♑	24 ♐	0 ♑	24 ♋	5 ♈
30	6 ♍ 4	5 ♈ 16	21 ♓ 52	21 ♓ 6	2 ♎ 45	0 ♌ 36	17 ♐ 9	7 ♎ 43	8 ♉ 53	2 ♎ 37	26 ♏ 4	24 ♍ 13	28 ♑	24 ♐	0 ♑	24 ♋	5 ♈
31	7 ♍ 2	18 ♈ 59	21 ♓ 49	21 ♓ 7	3 ♎ 52	1 ♌ 46	17 ♐ 40	7 ♎ 55	8 ♉ 52	2 ♎ 40	26 ♏ 4	24 ♍ 15	28 ♑	24 ♐	0 ♑	25 ♋	5 ♈

SUN INGRESS	☉ → ♍ 23日 16:43
MOON PHASE	◑ 5日 10:38 ♉　● 13日 14:16 ♌　◐ 21日 05:03 ♏　○ 27日 19:32 ♓

aspects		
1日	09:35	☉□♄
4日	17:47	♀□♅
5日	06:43	☿□♆
6日	13:15	♀□♃
11日	08:33	♀⚹♄
12日	19:50	☿△♄
13日	04:15	☿□♂
16日	21:45	☿⚹♀
19日	12:26	☉□♆
22日	23:27	☿☌♇
24日	09:59	♀⚹♇
24日	12:07	☿⚹♆
26日	02:53	♀△♆
29日	21:00	☿☌♅
31日	19:04	♀⚹♅

1969年9月

DAY	☉	☽	☊ mean	☊ true	☿	♀	♂	♃	♄	♅	♆	♇	⚳	⚴	⚵	⚶	⚷
	° ′	° ′	° ′	° ′	° ′	° ′	° ′	° ′	° ′	° ′	° ′	° ′	°	°	°	°	°
1	8 ♍ 0	2 ♉ 16	21 ♓ 46	21 D 8	4 D 57	2 D 58	18 D 11	8 D 7	8 R 51	2 D 44	26 D 5	24 D 17	28 R	24 D	0 D	25 D	5 R
2	8 ♍ 59	15 ♉ 10	21 ♓ 42	21 ♓ 9	5 ♎ 59	4 ♌ 9	18 ♐ 43	8 ♎ 19	8 ♉ 50	2 ♎ 47	26 ♏ 6	24 ♍ 19	28 ♑	25 ♐	0 ♑	26 ♋	5 ♈
3	9 ♍ 57	27 ♉ 44	21 ♓ 39	21 ♓ 10	7 ♎ 0	5 ♌ 20	19 ♐ 14	8 ♎ 31	8 ♉ 48	2 ♎ 51	26 ♏ 7	24 ♍ 21	28 ♑	25 ♐	0 ♑	26 ♋	5 ♈
4	10 ♍ 55	10 ♊ 0	21 ♓ 36	21 ♓ 10	7 ♎ 57	6 ♌ 31	19 ♐ 46	8 ♎ 43	8 ♉ 47	2 ♎ 54	26 ♏ 8	24 ♍ 24	28 ♑	25 ♐	0 ♑	26 ♋	5 ♈
5	11 ♍ 53	22 ♊ 3	21 ♓ 33	21 R 10	8 ♎ 52	7 ♌ 43	20 ♐ 19	8 ♎ 55	8 ♉ 46	2 ♎ 58	26 ♏ 8	24 ♍ 26	28 ♑	25 ♐	1 ♑	27 ♋	5 ♈
6	12 ♍ 51	3 ♋ 59	21 ♓ 30	21 ♓ 9	9 ♎ 44	8 ♌ 54	20 ♐ 52	9 ♎ 7	8 ♉ 44	3 ♎ 1	26 ♏ 9	24 ♍ 28	27 ♑	25 ♐	1 ♑	27 ♋	5 ♈
7	13 ♍ 49	15 ♋ 51	21 ♓ 26	21 ♓ 9	10 ♎ 33	10 ♌ 6	21 ♐ 25	9 ♎ 20	8 ♉ 42	3 ♎ 5	26 ♏ 10	24 ♍ 30	27 ♑	25 ♐	1 ♑	28 ♋	5 ♈
8	14 ♍ 48	27 ♋ 43	21 ♓ 23	21 ♓ 8	11 ♎ 18	11 ♌ 17	21 ♐ 58	9 ♎ 32	8 ♉ 41	3 ♎ 9	26 ♏ 11	24 ♍ 32	27 ♑	25 ♐	1 ♑	28 ♋	5 ♈
9	15 ♍ 46	9 ♌ 39	21 ♓ 20	21 ♓ 7	12 ♎ 0	12 ♌ 29	22 ♐ 32	9 ♎ 44	8 ♉ 39	3 ♎ 12	26 ♏ 12	24 ♍ 35	27 ♑	25 ♐	1 ♑	28 ♋	5 ♈
10	16 ♍ 44	21 ♌ 42	21 ♓ 17	21 ♓ 6	12 ♎ 38	13 ♌ 41	23 ♐ 6	9 ♎ 57	8 ♉ 37	3 ♎ 16	26 ♏ 13	24 ♍ 37	27 ♑	25 ♐	1 ♑	29 ♋	5 ♈
11	17 ♍ 42	3 ♍ 55	21 ♓ 14	21 ♓ 6	13 ♎ 12	14 ♌ 53	23 ♐ 40	10 ♎ 9	8 ♉ 35	3 ♎ 20	26 ♏ 14	24 ♍ 39	27 ♑	26 ♐	1 ♑	29 ♋	5 ♈
12	18 ♍ 41	16 ♍ 19	21 ♓ 11	21 ♓ 6	13 ♎ 41	16 ♌ 5	24 ♐ 14	10 ♎ 22	8 ♉ 33	3 ♎ 23	26 ♏ 15	24 ♍ 41	27 ♑	26 ♐	1 ♑	0 ♌	5 ♈
13	19 ♍ 39	28 ♍ 55	21 ♓ 7	21 D 6	14 ♎ 6	17 ♌ 17	24 ♐ 49	10 ♎ 34	8 ♉ 30	3 ♎ 27	26 ♏ 17	24 ♍ 43	27 ♑	26 ♐	1 ♑	0 ♌	5 ♈
14	20 ♍ 38	11 ♎ 45	21 ♓ 4	21 ♓ 6	14 ♎ 26	18 ♌ 29	25 ♐ 24	10 ♎ 47	8 ♉ 28	3 ♎ 31	26 ♏ 18	24 ♍ 46	27 ♑	26 ♐	1 ♑	0 ♌	5 ♈
15	21 ♍ 36	24 ♎ 48	21 ♓ 1	21 R 6	14 ♎ 40	19 ♌ 41	25 ♐ 59	10 ♎ 59	8 ♉ 26	3 ♎ 35	26 ♏ 19	24 ♍ 48	27 ♑	26 ♐	1 ♑	1 ♌	5 ♈
16	22 ♍ 35	8 ♏ 6	20 ♓ 58	21 ♓ 6	14 ♎ 49	20 ♌ 54	26 ♐ 35	11 ♎ 12	8 ♉ 23	3 ♎ 38	26 ♏ 20	24 ♍ 50	27 ♑	26 ♐	2 ♑	1 ♌	5 ♈
17	23 ♍ 33	21 ♏ 36	20 ♓ 55	21 ♓ 6	14 R 51	22 ♌ 6	27 ♐ 10	11 ♎ 24	8 ♉ 20	3 ♎ 42	26 ♏ 21	24 ♍ 52	27 ♑	26 ♐	2 ♑	2 ♌	5 ♈
18	24 ♍ 32	5 ♐ 20	20 ♓ 51	21 ♓ 5	14 ♎ 47	23 ♌ 19	27 ♐ 46	11 ♎ 37	8 ♉ 18	3 ♎ 46	26 ♏ 23	24 ♍ 54	27 D	27 ♐	2 ♑	2 ♌	5 ♈
19	25 ♍ 30	19 ♐ 17	20 ♓ 48	21 ♓ 5	14 ♎ 37	24 ♌ 31	28 ♐ 23	11 ♎ 50	8 ♉ 15	3 ♎ 50	26 ♏ 24	24 ♍ 57	27 ♑	27 ♐	2 ♑	2 ♌	5 ♈
20	26 ♍ 29	3 ♑ 24	20 ♓ 45	21 D 5	14 ♎ 19	25 ♌ 44	28 ♐ 59	12 ♎ 3	8 ♉ 12	3 ♎ 53	26 ♏ 25	24 ♍ 59	27 ♑	27 ♐	2 ♑	3 ♌	4 ♈
21	27 ♍ 28	17 ♑ 41	20 ♓ 42	21 ♓ 5	13 ♎ 55	26 ♌ 56	29 ♐ 36	12 ♎ 15	8 ♉ 9	3 ♎ 57	26 ♏ 27	25 ♍ 1	27 ♑	27 ♐	2 ♑	3 ♌	4 ♈
22	28 ♍ 26	2 ♒ 5	20 ♓ 39	21 ♓ 6	13 ♎ 23	28 ♌ 9	0 ♑ 12	12 ♎ 28	8 ♉ 6	4 ♎ 1	26 ♏ 28	25 ♍ 3	27 ♑	27 ♐	2 ♑	3 ♌	4 ♈
23	29 ♍ 25	16 ♒ 32	20 ♓ 36	21 ♓ 7	12 ♎ 44	29 ♌ 22	0 ♑ 50	12 ♎ 41	8 ♉ 3	4 ♎ 5	26 ♏ 29	25 ♍ 6	27 ♑	28 ♐	3 ♑	4 ♌	4 ♈
24	0 ♎ 24	0 ♓ 58	20 ♓ 32	21 ♓ 7	11 ♎ 59	0 ♍ 35	1 ♑ 27	12 ♎ 54	8 ♉ 0	4 ♎ 8	26 ♏ 31	25 ♍ 8	27 ♑	28 ♐	3 ♑	4 ♌	4 ♈
25	1 ♎ 22	15 ♓ 18	20 ♓ 29	21 ♓ 8	11 ♎ 7	1 ♍ 48	2 ♑ 4	13 ♎ 6	7 ♉ 56	4 ♎ 12	26 ♏ 32	25 ♍ 10	27 ♑	28 ♐	3 ♑	5 ♌	4 ♈
26	2 ♎ 21	29 ♓ 27	20 ♓ 26	21 R 8	10 ♎ 10	3 ♍ 1	2 ♑ 42	13 ♎ 19	7 ♉ 53	4 ♎ 16	26 ♏ 34	25 ♍ 12	27 ♑	28 ♐	3 ♑	5 ♌	4 ♈
27	3 ♎ 20	13 ♈ 21	20 ♓ 23	21 ♓ 7	9 ♎ 8	4 ♍ 14	3 ♑ 20	13 ♎ 32	7 ♉ 49	4 ♎ 20	26 ♏ 35	25 ♍ 14	27 ♑	28 ♐	3 ♑	5 ♌	4 ♈
28	4 ♎ 19	26 ♈ 56	20 ♓ 20	21 ♓ 6	8 ♎ 2	5 ♍ 27	3 ♑ 58	13 ♎ 45	7 ♉ 46	4 ♎ 24	26 ♏ 37	25 ♍ 17	27 ♑	28 ♐	3 ♑	6 ♌	4 ♈
29	5 ♎ 18	10 ♉ 11	20 ♓ 17	21 ♓ 4	6 ♎ 55	6 ♍ 40	4 ♑ 36	13 ♎ 58	7 ♉ 42	4 ♎ 27	26 ♏ 38	25 ♍ 19	27 ♑	29 ♐	4 ♑	6 ♌	4 ♈
30	6 ♎ 17	23 ♉ 5	20 ♓ 13	21 ♓ 2	5 ♎ 48	7 ♍ 53	5 ♑ 14	14 ♎ 11	7 ♉ 39	4 ♎ 31	26 ♏ 40	25 ♍ 21	28 ♑	29 ♐	4 ♑	6 ♌	4 ♈

SUN INGRESS	☉ → ♎ 23日 14:07
MOON PHASE	◑ 4日 01:58 ♊ ● 12日 04:56 ♍ ◐ 19日 11:24 ♐ ○ 26日 05:21 ♈

aspects		
1日	20:22	☉△♄
5日	01:50	☿☌♃
5日	20:39	♀□♄
6日	05:20	♀⚹♃
8日	00:27	☿⚹♀
12日	19:54	♂□♇
18日	09:40	☉☌♇
19日	22:26	☉⚹♆
20日	14:00	♀□♆
23日	01:27	☿☌♃
25日	11:20	♀△♂
26日	23:42	☉□♂
28日	02:01	☉☌♅
28日	17:55	♂□♅
29日	18:29	☉☌☿
29日	19:26	♀△♄
30日	07:34	☿□♂

1969年10月

DAY	☉	☽	☊ mean	☊ true	☿	♀	♂	♃	♄	♅	♆	♇	⚳	⚴	⚵	⚶	⚷
	° ′	° ′	° ′	° ′	° ′	° ′	° ′	° ′	° ′	° ′	° ′	° ′	°	°	°	°	°
1	7 ♎ 16	5 ♊ 40	20 ♓ 10	21 R 0	4 R 42	9 D 6	5 D 53	14 D 24	7 R 35	4 D 35	26 D 41	25 D 23	28 D	29 D	4 D	7 D	4 R
2	8 ♎ 15	17 ♊ 59	20 ♓ 7	20 ♓ 58	3 ♎ 39	10 ♍ 20	6 ♑ 32	14 ♎ 37	7 ♉ 31	4 ♎ 39	26 ♏ 43	25 ♍ 25	28 ♑	29 ♐	4 ♑	7 ♌	4 ♈
3	9 ♎ 14	0 ♋ 4	20 ♓ 4	20 ♓ 57	2 ♎ 41	11 ♍ 33	7 ♑ 11	14 ♎ 50	7 ♉ 27	4 ♎ 42	26 ♏ 45	25 ♍ 28	28 ♑	0 ♑	4 ♑	8 ♌	4 ♈
4	10 ♎ 13	12 ♋ 0	20 ♓ 1	20 D 56	1 ♎ 50	12 ♍ 47	7 ♑ 50	15 ♎ 3	7 ♉ 23	4 ♎ 46	26 ♏ 46	25 ♍ 30	28 ♑	0 ♑	5 ♑	8 ♌	4 ♈
5	11 ♎ 12	23 ♋ 51	19 ♓ 57	20 ♓ 57	1 ♎ 6	14 ♍ 0	8 ♑ 29	15 ♎ 16	7 ♉ 19	4 ♎ 50	26 ♏ 48	25 ♍ 32	28 ♑	0 ♑	5 ♑	8 ♌	4 ♈
6	12 ♎ 11	5 ♌ 44	19 ♓ 54	20 ♓ 58	0 ♎ 32	15 ♍ 14	9 ♑ 9	15 ♎ 29	7 ♉ 15	4 ♎ 54	26 ♏ 50	25 ♍ 34	28 ♑	0 ♑	5 ♑	9 ♌	4 ♈
7	13 ♎ 10	17 ♌ 41	19 ♓ 51	21 ♓ 0	0 ♎ 8	16 ♍ 28	9 ♑ 48	15 ♎ 42	7 ♉ 11	4 ♎ 58	26 ♏ 51	25 ♍ 36	28 ♑	0 ♑	5 ♑	9 ♌	4 ♈
8	14 ♎ 9	29 ♌ 49	19 ♓ 48	21 ♓ 2	29 ♍ 54	17 ♍ 41	10 ♑ 28	15 ♎ 55	7 ♉ 7	5 ♎ 1	26 ♏ 53	25 ♍ 38	28 ♑	1 ♑	5 ♑	9 ♌	4 ♈
9	15 ♎ 9	12 ♍ 9	19 ♓ 45	21 ♓ 3	29 D 51	18 ♍ 55	11 ♑ 8	16 ♎ 8	7 ♉ 2	5 ♎ 5	26 ♏ 55	25 ♍ 41	28 ♑	1 ♑	6 ♑	10 ♌	4 ♈
10	16 ♎ 8	24 ♍ 45	19 ♓ 42	21 R 3	29 ♍ 58	20 ♍ 9	11 ♑ 48	16 ♎ 21	6 ♉ 58	5 ♎ 9	26 ♏ 57	25 ♍ 43	28 ♑	1 ♑	6 ♑	10 ♌	4 ♈
11	17 ♎ 7	7 ♎ 39	19 ♓ 38	21 ♓ 2	0 ♎ 17	21 ♍ 23	12 ♑ 28	16 ♎ 34	6 ♉ 54	5 ♎ 13	26 ♏ 59	25 ♍ 45	29 ♑	1 ♑	6 ♑	10 ♌	4 ♈
12	18 ♎ 7	20 ♎ 51	19 ♓ 35	21 ♓ 0	0 ♎ 45	22 ♍ 37	13 ♑ 8	16 ♎ 47	6 ♉ 49	5 ♎ 16	27 ♏ 0	25 ♍ 47	29 ♑	2 ♑	6 ♑	11 ♌	3 ♈
13	19 ♎ 6	4 ♏ 20	19 ♓ 32	20 ♓ 56	1 ♎ 22	23 ♍ 51	13 ♑ 49	17 ♎ 0	6 ♉ 45	5 ♎ 20	27 ♏ 2	25 ♍ 49	29 ♑	2 ♑	7 ♑	11 ♌	3 ♈
14	20 ♎ 6	18 ♏ 4	19 ♓ 29	20 ♓ 52	2 ♎ 9	25 ♍ 5	14 ♑ 30	17 ♎ 13	6 ♉ 40	5 ♎ 24	27 ♏ 4	25 ♍ 51	29 ♑	2 ♑	7 ♑	11 ♌	3 ♈
15	21 ♎ 5	2 ♐ 0	19 ♓ 26	20 ♓ 47	3 ♎ 3	26 ♍ 19	15 ♑ 10	17 ♎ 26	6 ♉ 36	5 ♎ 27	27 ♏ 6	25 ♍ 53	29 ♑	2 ♑	7 ♑	12 ♌	3 ♈
16	22 ♎ 5	16 ♐ 5	19 ♓ 23	20 ♓ 43	4 ♎ 4	27 ♍ 33	15 ♑ 51	17 ♎ 39	6 ♉ 31	5 ♎ 31	27 ♏ 8	25 ♍ 55	29 ♑	3 ♑	7 ♑	12 ♌	3 ♈
17	23 ♎ 4	0 ♑ 14	19 ♓ 19	20 ♓ 39	5 ♎ 12	28 ♍ 47	16 ♑ 32	17 ♎ 52	6 ♉ 27	5 ♎ 35	27 ♏ 10	25 ♍ 57	29 ♑	3 ♑	7 ♑	12 ♌	3 ♈
18	24 ♎ 4	14 ♑ 25	19 ♓ 16	20 ♓ 38	6 ♎ 26	0 ♎ 2	17 ♑ 13	18 ♎ 5	6 ♉ 22	5 ♎ 38	27 ♏ 12	25 ♍ 59	0 ♒	3 ♑	8 ♑	13 ♌	3 ♈
19	25 ♎ 3	28 ♑ 36	19 ♓ 13	20 D 37	7 ♎ 44	1 ♎ 16	17 ♑ 55	18 ♎ 18	6 ♉ 17	5 ♎ 42	27 ♏ 14	26 ♍ 1	0 ♒	4 ♑	8 ♑	13 ♌	3 ♈
20	26 ♎ 3	12 ♒ 45	19 ♓ 10	20 ♓ 38	9 ♎ 7	2 ♎ 30	18 ♑ 36	18 ♎ 31	6 ♉ 13	5 ♎ 46	27 ♏ 16	26 ♍ 3	0 ♒	4 ♑	8 ♑	13 ♌	3 ♈
21	27 ♎ 2	26 ♒ 49	19 ♓ 7	20 ♓ 40	10 ♎ 33	3 ♎ 45	19 ♑ 18	18 ♎ 44	6 ♉ 8	5 ♎ 49	27 ♏ 18	26 ♍ 5	0 ♒	4 ♑	9 ♑	14 ♌	3 ♈
22	28 ♎ 2	10 ♓ 48	19 ♓ 3	20 ♓ 41	12 ♎ 2	4 ♎ 59	19 ♑ 59	18 ♎ 57	6 ♉ 3	5 ♎ 53	27 ♏ 20	26 ♍ 7	0 ♒	4 ♑	9 ♑	14 ♌	3 ♈
23	29 ♎ 2	24 ♓ 40	19 ♓ 0	20 R 41	13 ♎ 34	6 ♎ 13	20 ♑ 41	19 ♎ 10	5 ♉ 58	5 ♎ 56	27 ♏ 22	26 ♍ 9	0 ♒	5 ♑	9 ♑	14 ♌	3 ♈
24	0 ♏ 2	8 ♈ 23	18 ♓ 57	20 ♓ 40	15 ♎ 7	7 ♎ 28	21 ♑ 23	19 ♎ 23	5 ♉ 54	6 ♎ 0	27 ♏ 24	26 ♍ 11	1 ♒	5 ♑	9 ♑	15 ♌	3 ♈
25	1 ♏ 1	21 ♈ 54	18 ♓ 54	20 ♓ 37	16 ♎ 43	8 ♎ 42	22 ♑ 5	19 ♎ 35	5 ♉ 49	6 ♎ 4	27 ♏ 26	26 ♍ 13	1 ♒	5 ♑	10 ♑	15 ♌	3 ♈
26	2 ♏ 1	5 ♉ 12	18 ♓ 51	20 ♓ 31	18 ♎ 19	9 ♎ 57	22 ♑ 47	19 ♎ 48	5 ♉ 44	6 ♎ 7	27 ♏ 28	26 ♍ 15	1 ♒	5 ♑	10 ♑	15 ♌	3 ♈
27	3 ♏ 1	18 ♉ 16	18 ♓ 48	20 ♓ 24	19 ♎ 57	11 ♎ 12	23 ♑ 29	20 ♎ 1	5 ♉ 39	6 ♎ 11	27 ♏ 30	26 ♍ 17	1 ♒	6 ♑	10 ♑	16 ♌	3 ♈
28	4 ♏ 1	1 ♊ 3	18 ♓ 44	20 ♓ 16	21 ♎ 35	12 ♎ 26	24 ♑ 11	20 ♎ 14	5 ♉ 34	6 ♎ 14	27 ♏ 32	26 ♍ 19	1 ♒	6 ♑	10 ♑	16 ♌	3 ♈
29	5 ♏ 1	13 ♊ 34	18 ♓ 41	20 ♓ 8	23 ♎ 14	13 ♎ 41	24 ♑ 54	20 ♎ 27	5 ♉ 30	6 ♎ 17	27 ♏ 34	26 ♍ 20	2 ♒	6 ♑	11 ♑	16 ♌	3 ♈
30	6 ♏ 1	25 ♊ 51	18 ♓ 38	20 ♓ 1	24 ♎ 53	14 ♎ 55	25 ♑ 36	20 ♎ 40	5 ♉ 25	6 ♎ 21	27 ♏ 36	26 ♍ 22	2 ♒	7 ♑	11 ♑	16 ♌	3 ♈
31	7 ♏ 1	7 ♋ 55	18 ♓ 35	19 ♓ 55	26 ♎ 33	16 ♎ 10	26 ♑ 19	20 ♎ 52	5 ♉ 20	6 ♎ 24	27 ♏ 39	26 ♍ 24	2 ♒	7 ♑	11 ♑	17 ♌	3 ♈

SUN INGRESS	☉ → ♏ 23日 23:11
MOON PHASE	◑ 3日 20:05 ♋ ● 11日 18:39 ♎ ◐ 18日 17:32 ♑ ○ 25日 17:44 ♉

aspects		
1日	02:22	☿☌♅
3日	09:07	♂△♄
10日	06:38	☉☌♃
14日	15:18	♀☌♇
15日	15:36	♀⚹♆
17日	07:57	☿☌♅
19日	19:28	♂□♃
22日	18:15	♀☌♅
27日	01:16	☿☌♃
29日	10:42	☉☍♄
30日	18:08	☿□♂
31日	03:09	♂△♇

1969年11月

DAY	☉	☽	☊ mean	☊ true	☿	♀	♂	♃	♄	♅	♆	♇	⚳	⚴	⚵	⚶	⚷
	° ′	° ′	° ′	° ′	° ′	° ′	° ′	° ′	° ′	° ′	° ′	° ′	°	°	°	°	°
1	8 ♏ 1	19 ♋ 50	18 ♓ 32	19 R 51	28 D 12	17 D 25	27 D 1	21 D 5	5 R 15	6 D 28	27 D 41	26 D 26	2 D	7 D	12 D	17 D	3 R
2	9 ♏ 1	1 ♌ 41	18 ♓ 28	19 ♓ 49	29 ♎ 52	18 ♎ 40	27 ♑ 44	21 ♎ 18	5 ♉ 10	6 ♎ 31	27 ♏ 43	26 ♍ 28	2 ♒	7 ♑	12 ♑	17 ♌	3 ♈
3	10 ♏ 1	13 ♌ 32	18 ♓ 25	19 D 48	1 ♏ 31	19 ♎ 55	28 ♑ 27	21 ♎ 31	5 ♉ 5	6 ♎ 34	27 ♏ 45	26 ♍ 29	3 ♒	8 ♑	12 ♑	18 ♌	3 ♈
4	11 ♏ 1	25 ♌ 28	18 ♓ 22	19 ♓ 49	3 ♏ 10	21 ♎ 9	29 ♑ 10	21 ♎ 43	5 ♉ 1	6 ♎ 38	27 ♏ 47	26 ♍ 31	3 ♒	8 ♑	13 ♑	18 ♌	3 ♈
5	12 ♏ 1	7 ♍ 35	18 ♓ 19	19 ♓ 51	4 ♏ 50	22 ♎ 24	29 ♑ 53	21 ♎ 56	4 ♉ 56	6 ♎ 41	27 ♏ 49	26 ♍ 33	3 ♒	8 ♑	13 ♑	18 ♌	3 ♈
6	13 ♏ 1	19 ♍ 58	18 ♓ 16	19 R 51	6 ♏ 28	23 ♎ 39	0 ♒ 36	22 ♎ 9	4 ♉ 51	6 ♎ 44	27 ♏ 52	26 ♍ 34	3 ♒	9 ♑	13 ♑	18 ♌	3 ♈
7	14 ♏ 1	2 ♎ 41	18 ♓ 13	19 ♓ 50	8 ♏ 7	24 ♎ 54	1 ♒ 19	22 ♎ 21	4 ♉ 46	6 ♎ 47	27 ♏ 54	26 ♍ 36	4 ♒	9 ♑	14 ♑	19 ♌	2 ♈
8	15 ♏ 2	15 ♎ 46	18 ♓ 9	19 ♓ 47	9 ♏ 45	26 ♎ 9	2 ♒ 2	22 ♎ 34	4 ♉ 42	6 ♎ 51	27 ♏ 56	26 ♍ 38	4 ♒	9 ♑	14 ♑	19 ♌	2 ♈
9	16 ♏ 2	29 ♎ 15	18 ♓ 6	19 ♓ 42	11 ♏ 23	27 ♎ 24	2 ♒ 45	22 ♎ 46	4 ♉ 37	6 ♎ 54	27 ♏ 58	26 ♍ 39	4 ♒	10 ♑	14 ♑	19 ♌	2 ♈
10	17 ♏ 2	13 ♏ 7	18 ♓ 3	19 ♓ 34	13 ♏ 1	28 ♎ 39	3 ♒ 29	22 ♎ 59	4 ♉ 32	6 ♎ 57	28 ♏ 0	26 ♍ 41	4 ♒	10 ♑	14 ♑	19 ♌	2 ♈
11	18 ♏ 2	27 ♏ 18	18 ♓ 0	19 ♓ 25	14 ♏ 38	29 ♎ 54	4 ♒ 12	23 ♎ 11	4 ♉ 28	7 ♎ 0	28 ♏ 3	26 ♍ 42	5 ♒	10 ♑	15 ♑	20 ♌	2 ♈
12	19 ♏ 3	11 ♐ 43	17 ♓ 57	19 ♓ 15	16 ♏ 15	1 ♏ 9	4 ♒ 55	23 ♎ 23	4 ♉ 23	7 ♎ 3	28 ♏ 5	26 ♍ 44	5 ♒	11 ♑	15 ♑	20 ♌	2 ♈
13	20 ♏ 3	26 ♐ 16	17 ♓ 54	19 ♓ 5	17 ♏ 52	2 ♏ 24	5 ♒ 39	23 ♎ 36	4 ♉ 18	7 ♎ 6	28 ♏ 7	26 ♍ 46	5 ♒	11 ♑	15 ♑	20 ♌	2 ♈
14	21 ♏ 4	10 ♑ 49	17 ♓ 50	18 ♓ 57	19 ♏ 28	3 ♏ 40	6 ♒ 23	23 ♎ 48	4 ♉ 14	7 ♎ 9	28 ♏ 9	26 ♍ 47	5 ♒	11 ♑	16 ♑	20 ♌	2 ♈
15	22 ♏ 4	25 ♑ 17	17 ♓ 47	18 ♓ 52	21 ♏ 4	4 ♏ 55	7 ♒ 6	24 ♎ 0	4 ♉ 9	7 ♎ 12	28 ♏ 12	26 ♍ 49	6 ♒	11 ♑	16 ♑	21 ♌	2 ♈
16	23 ♏ 5	9 ♒ 35	17 ♓ 44	18 ♓ 49	22 ♏ 40	6 ♏ 10	7 ♒ 50	24 ♎ 13	4 ♉ 5	7 ♎ 15	28 ♏ 14	26 ♍ 50	6 ♒	12 ♑	16 ♑	21 ♌	2 ♈
17	24 ♏ 5	23 ♒ 41	17 ♓ 41	18 ♓ 48	24 ♏ 15	7 ♏ 25	8 ♒ 34	24 ♎ 25	4 ♉ 1	7 ♎ 18	28 ♏ 16	26 ♍ 51	6 ♒	12 ♑	17 ♑	21 ♌	2 ♈
18	25 ♏ 5	7 ♓ 34	17 ♓ 38	18 D 49	25 ♏ 51	8 ♏ 40	9 ♒ 18	24 ♎ 37	3 ♉ 56	7 ♎ 21	28 ♏ 18	26 ♍ 53	6 ♒	12 ♑	17 ♑	21 ♌	2 ♈
19	26 ♏ 6	21 ♓ 15	17 ♓ 34	18 R 49	27 ♏ 26	9 ♏ 55	10 ♒ 2	24 ♎ 49	3 ♉ 52	7 ♎ 24	28 ♏ 21	26 ♍ 54	7 ♒	13 ♑	17 ♑	22 ♌	2 ♈
20	27 ♏ 7	4 ♈ 44	17 ♓ 31	18 ♓ 48	29 ♏ 0	11 ♏ 11	10 ♒ 46	25 ♎ 1	3 ♉ 48	7 ♎ 26	28 ♏ 23	26 ♍ 55	7 ♒	13 ♑	18 ♑	22 ♌	2 ♈
21	28 ♏ 7	18 ♈ 2	17 ♓ 28	18 ♓ 45	0 ♐ 35	12 ♏ 26	11 ♒ 30	25 ♎ 13	3 ♉ 43	7 ♎ 29	28 ♏ 25	26 ♍ 57	7 ♒	13 ♑	18 ♑	22 ♌	2 ♈
22	29 ♏ 8	1 ♉ 9	17 ♓ 25	18 ♓ 38	2 ♐ 9	13 ♏ 41	12 ♒ 14	25 ♎ 25	3 ♉ 39	7 ♎ 32	28 ♏ 27	26 ♍ 58	8 ♒	14 ♑	19 ♑	22 ♌	2 ♈
23	0 ♐ 8	14 ♉ 5	17 ♓ 22	18 ♓ 29	3 ♐ 43	14 ♏ 56	12 ♒ 58	25 ♎ 36	3 ♉ 35	7 ♎ 35	28 ♏ 30	26 ♍ 59	8 ♒	14 ♑	19 ♑	22 ♌	2 ♈
24	1 ♐ 9	26 ♉ 51	17 ♓ 19	18 ♓ 17	5 ♐ 17	16 ♏ 12	13 ♒ 42	25 ♎ 48	3 ♉ 31	7 ♎ 37	28 ♏ 32	27 ♍ 0	8 ♒	14 ♑	19 ♑	23 ♌	2 ♈
25	2 ♐ 10	9 ♊ 24	17 ♓ 15	18 ♓ 4	6 ♐ 51	17 ♏ 27	14 ♒ 26	26 ♎ 0	3 ♉ 27	7 ♎ 40	28 ♏ 34	27 ♍ 2	8 ♒	15 ♑	20 ♑	23 ♌	2 ♈
26	3 ♐ 10	21 ♊ 46	17 ♓ 12	17 ♓ 50	8 ♐ 25	18 ♏ 42	15 ♒ 10	26 ♎ 12	3 ♉ 24	7 ♎ 42	28 ♏ 36	27 ♍ 3	9 ♒	15 ♑	20 ♑	23 ♌	2 ♈
27	4 ♐ 11	3 ♋ 57	17 ♓ 9	17 ♓ 38	9 ♐ 58	19 ♏ 58	15 ♒ 54	26 ♎ 23	3 ♉ 20	7 ♎ 45	28 ♏ 39	27 ♍ 4	9 ♒	15 ♑	20 ♑	23 ♌	2 ♈
28	5 ♐ 12	15 ♋ 57	17 ♓ 6	17 ♓ 26	11 ♐ 32	21 ♏ 13	16 ♒ 39	26 ♎ 35	3 ♉ 16	7 ♎ 47	28 ♏ 41	27 ♍ 5	9 ♒	16 ♑	21 ♑	23 ♌	2 ♈
29	6 ♐ 12	27 ♋ 50	17 ♓ 3	17 ♓ 18	13 ♐ 5	22 ♏ 28	17 ♒ 23	26 ♎ 46	3 ♉ 12	7 ♎ 50	28 ♏ 43	27 ♍ 6	10 ♒	16 ♑	21 ♑	24 ♌	2 ♈
30	7 ♐ 13	9 ♌ 39	17 ♓ 0	17 ♓ 12	14 ♐ 38	23 ♏ 44	18 ♒ 7	26 ♎ 58	3 ♉ 9	7 ♎ 52	28 ♏ 45	27 ♍ 7	10 ♒	16 ♑	21 ♑	24 ♌	2 ♈

SUN INGRESS	☉ → ♐ 22日 20:31
MOON PHASE	◑ 2日 16:14 ♌　● 10日 07:11 ♏　◐ 17日 00:45 ♒　○ 24日 08:54 ♊

aspects		
1日	23:20	♂⚹♆
4日	13:02	♀☌♃
5日	01:27	☿☍♄
11日	07:46	♂□♄
14日	10:20	♀☍♄
15日	03:25	♂△♅
16日	16:47	☉☌☿
18日	15:53	☿⚹♇
19日	04:46	♀□♂
19日	14:15	☿☌♆
19日	19:29	☉⚹♇
21日	07:25	☉☌♆
25日	12:50	☿⚹♅
30日	16:00	☉⚹♅

1969年12月

DAY	☉	☽	☊ mean	☊ true	☿	♀	♂	♃	♄	♅	♆	♇	⚳	⚴	⚵	⚶	⚷
	° ′	° ′	° ′	° ′	° ′	° ′	° ′	° ′	° ′	° ′	° ′	° ′	°	°	°	°	°
1	8 ♐ 14	21 ♌ 28	16 ♓ 56	17 R 9	16 D 11	24 D 59	18 D 52	27 D 9	3 R 5	7 D 54	28 D 48	27 D 8	10 D	17 D	22 D	24 D	2 R
2	9 ♐ 15	3 ♍ 22	16 ♓ 53	17 ♓ 8	17 ♐ 44	26 ♏ 14	19 ♒ 36	27 ♎ 20	3 ♉ 2	7 ♎ 57	28 ♏ 50	27 ♍ 9	10 ♒	17 ♑	22 ♑	24 ♌	2 ♈
3	10 ♐ 16	15 ♍ 26	16 ♓ 50	17 D 8	19 ♐ 17	27 ♏ 30	20 ♒ 21	27 ♎ 31	2 ♉ 58	7 ♎ 59	28 ♏ 52	27 ♍ 10	11 ♒	17 ♑	23 ♑	24 ♌	2 ♈
4	11 ♐ 17	27 ♍ 45	16 ♓ 47	17 R 8	20 ♐ 50	28 ♏ 45	21 ♒ 5	27 ♎ 42	2 ♉ 55	8 ♎ 1	28 ♏ 54	27 ♍ 11	11 ♒	18 ♑	23 ♑	24 ♌	2 ♈
5	12 ♐ 17	10 ♎ 26	16 ♓ 44	17 ♓ 6	22 ♐ 23	0 ♐ 1	21 ♒ 50	27 ♎ 53	2 ♉ 52	8 ♎ 3	28 ♏ 57	27 ♍ 12	11 ♒	18 ♑	23 ♑	24 ♌	2 ♈
6	13 ♐ 18	23 ♎ 33	16 ♓ 40	17 ♓ 2	23 ♐ 56	1 ♐ 16	22 ♒ 34	28 ♎ 4	2 ♉ 49	8 ♎ 6	28 ♏ 59	27 ♍ 13	12 ♒	18 ♑	24 ♑	25 ♌	2 ♈
7	14 ♐ 19	7 ♏ 7	16 ♓ 37	16 ♓ 56	25 ♐ 29	2 ♐ 31	23 ♒ 19	28 ♎ 15	2 ♉ 46	8 ♎ 8	29 ♏ 1	27 ♍ 13	12 ♒	19 ♑	24 ♑	25 ♌	2 ♈
8	15 ♐ 20	21 ♏ 10	16 ♓ 34	16 ♓ 46	27 ♐ 1	3 ♐ 47	24 ♒ 3	28 ♎ 26	2 ♉ 43	8 ♎ 10	29 ♏ 3	27 ♍ 14	12 ♒	19 ♑	24 ♑	25 ♌	2 ♈
9	16 ♐ 21	5 ♐ 38	16 ♓ 31	16 ♓ 35	28 ♐ 34	5 ♐ 2	24 ♒ 48	28 ♎ 37	2 ♉ 40	8 ♎ 12	29 ♏ 5	27 ♍ 15	13 ♒	19 ♑	25 ♑	25 ♌	2 ♈
10	17 ♐ 22	20 ♐ 26	16 ♓ 28	16 ♓ 22	0 ♑ 6	6 ♐ 18	25 ♒ 32	28 ♎ 47	2 ♉ 37	8 ♎ 13	29 ♏ 7	27 ♍ 16	13 ♒	20 ♑	25 ♑	25 ♌	2 ♈
11	18 ♐ 23	5 ♑ 25	16 ♓ 25	16 ♓ 11	1 ♑ 38	7 ♐ 33	26 ♒ 17	28 ♎ 58	2 ♉ 35	8 ♎ 15	29 ♏ 10	27 ♍ 16	13 ♒	20 ♑	26 ♑	25 ♌	2 ♈
12	19 ♐ 24	20 ♑ 24	16 ♓ 21	16 ♓ 1	3 ♑ 10	8 ♐ 49	27 ♒ 2	29 ♎ 8	2 ♉ 32	8 ♎ 17	29 ♏ 12	27 ♍ 17	14 ♒	20 ♑	26 ♑	25 ♌	2 ♈
13	20 ♐ 25	5 ♒ 16	16 ♓ 18	15 ♓ 53	4 ♑ 41	10 ♐ 4	27 ♒ 47	29 ♎ 19	2 ♉ 30	8 ♎ 19	29 ♏ 14	27 ♍ 18	14 ♒	21 ♑	26 ♑	25 ♌	2 ♈
14	21 ♐ 26	19 ♒ 52	16 ♓ 15	15 ♓ 49	6 ♑ 13	11 ♐ 20	28 ♒ 31	29 ♎ 29	2 ♉ 28	8 ♎ 21	29 ♏ 16	27 ♍ 18	14 ♒	21 ♑	27 ♑	25 ♌	2 ♈
15	22 ♐ 27	4 ♓ 10	16 ♓ 12	15 ♓ 47	7 ♑ 43	12 ♐ 35	29 ♒ 16	29 ♎ 39	2 ♉ 25	8 ♎ 22	29 ♏ 18	27 ♍ 19	15 ♒	21 ♑	27 ♑	26 ♌	2 D
16	23 ♐ 28	18 ♓ 6	16 ♓ 9	15 D 47	9 ♑ 14	13 ♐ 51	0 ♓ 1	29 ♎ 49	2 ♉ 23	8 ♎ 24	29 ♏ 20	27 ♍ 19	15 ♒	22 ♑	28 ♑	26 ♌	2 ♈
17	24 ♐ 29	1 ♈ 43	16 ♓ 6	15 R 47	10 ♑ 43	15 ♐ 6	0 ♓ 45	29 ♎ 59	2 ♉ 21	8 ♎ 25	29 ♏ 22	27 ♍ 20	15 ♒	22 ♑	28 ♑	26 ♌	2 ♈
18	25 ♐ 30	15 ♈ 1	16 ♓ 2	15 ♓ 46	12 ♑ 12	16 ♐ 22	1 ♓ 30	0 ♏ 9	2 ♉ 19	8 ♎ 27	29 ♏ 24	27 ♍ 20	16 ♒	23 ♑	28 ♑	26 ♌	2 ♈
19	26 ♐ 32	28 ♈ 4	15 ♓ 59	15 ♓ 42	13 ♑ 40	17 ♐ 37	2 ♓ 15	0 ♏ 19	2 ♉ 17	8 ♎ 28	29 ♏ 27	27 ♍ 21	16 ♒	23 ♑	29 ♑	26 ♌	2 ♈
20	27 ♐ 33	10 ♉ 53	15 ♓ 56	15 ♓ 36	15 ♑ 7	18 ♐ 53	3 ♓ 0	0 ♏ 28	2 ♉ 16	8 ♎ 30	29 ♏ 29	27 ♍ 21	16 ♒	23 ♑	29 ♑	26 ♌	2 ♈
21	28 ♐ 34	23 ♉ 30	15 ♓ 53	15 ♓ 26	16 ♑ 32	20 ♐ 8	3 ♓ 44	0 ♏ 38	2 ♉ 14	8 ♎ 31	29 ♏ 31	27 ♍ 21	17 ♒	24 ♑	0 ♒	26 ♌	2 ♈
22	29 ♐ 35	5 ♊ 58	15 ♓ 50	15 ♓ 14	17 ♑ 56	21 ♐ 23	4 ♓ 29	0 ♏ 47	2 ♉ 13	8 ♎ 32	29 ♏ 33	27 ♍ 22	17 ♒	24 ♑	0 ♒	26 ♌	2 ♈
23	0 ♑ 36	18 ♊ 16	15 ♓ 46	15 ♓ 1	19 ♑ 17	22 ♐ 39	5 ♓ 14	0 ♏ 57	2 ♉ 11	8 ♎ 34	29 ♏ 35	27 ♍ 22	17 ♒	24 ♑	0 ♒	26 ♌	2 ♈
24	1 ♑ 37	0 ♋ 25	15 ♓ 43	14 ♓ 47	20 ♑ 37	23 ♐ 54	5 ♓ 59	1 ♏ 6	2 ♉ 10	8 ♎ 35	29 ♏ 37	27 ♍ 22	18 ♒	25 ♑	1 ♒	26 ♌	2 ♈
25	2 ♑ 38	12 ♋ 28	15 ♓ 40	14 ♓ 33	21 ♑ 54	25 ♐ 10	6 ♓ 44	1 ♏ 15	2 ♉ 9	8 ♎ 36	29 ♏ 39	27 ♍ 23	18 ♒	25 ♑	1 ♒	26 R	2 ♈
26	3 ♑ 39	24 ♋ 23	15 ♓ 37	14 ♓ 22	23 ♑ 7	26 ♐ 25	7 ♓ 28	1 ♏ 24	2 ♉ 8	8 ♎ 37	29 ♏ 41	27 ♍ 23	18 ♒	25 ♑	2 ♒	26 ♌	2 ♈
27	4 ♑ 40	6 ♌ 13	15 ♓ 34	14 ♓ 13	24 ♑ 17	27 ♐ 41	8 ♓ 13	1 ♏ 33	2 ♉ 7	8 ♎ 38	29 ♏ 43	27 ♍ 23	19 ♒	26 ♑	2 ♒	26 ♌	2 ♈
28	5 ♑ 41	18 ♌ 1	15 ♓ 31	14 ♓ 7	25 ♑ 23	28 ♐ 56	8 ♓ 58	1 ♏ 42	2 ♉ 6	8 ♎ 39	29 ♏ 44	27 ♍ 23	19 ♒	26 ♑	2 ♒	26 ♌	2 ♈
29	6 ♑ 43	29 ♌ 50	15 ♓ 27	14 ♓ 3	26 ♑ 23	0 ♑ 12	9 ♓ 43	1 ♏ 51	2 ♉ 5	8 ♎ 40	29 ♏ 46	27 ♍ 23	19 ♒	26 ♑	3 ♒	26 ♌	2 ♈
30	7 ♑ 44	11 ♍ 42	15 ♓ 24	14 ♓ 2	27 ♑ 18	1 ♑ 27	10 ♓ 27	1 ♏ 59	2 ♉ 4	8 ♎ 41	29 ♏ 48	27 ♍ 23	20 ♒	27 ♑	3 ♒	26 ♌	2 ♈
31	8 ♑ 45	23 ♍ 44	15 ♓ 21	14 D 2	28 ♑ 7	2 ♑ 43	11 ♓ 12	2 ♏ 8	2 ♉ 4	8 ♎ 42	29 ♏ 50	27 R 23	20 ♒	27 ♑	4 ♒	26 ♌	2 ♈

SUN INGRESS	☉ → ♑ 22日 09:44
MOON PHASE	◑ 2日 12:50 ♍　● 9日 18:42 ♐　◐ 16日 10:09 ♓　○ 24日 02:35 ♋

aspects		
2日	17:40	♀⚹♇
4日	03:01	♀☌♆
4日	07:20	☿⚹♂
8日	03:26	☿□♇
9日	00:55	☿⚹♃
11日	13:43	♀⚹♅
11日	14:27	☿△♄
15日	01:16	♂□♆
15日	10:31	☿□♅
15日	16:01	♂△♃
19日	01:16	♂⚹♄
19日	19:28	☉□♇
23日	09:43	☉⚹♃
24日	12:40	☉△♄
26日	18:14	♀□♇
30日	02:14	☿△♇
30日	11:22	♀⚹♃
30日	11:39	♀△♄
30日	13:44	♃☍♄
30日	22:46	☉□♅

1970年1月

DAY	☉	☽	☊ mean	☊ true	☿	♀	♂	♃	♄	♅	♆	♇	⚳	⚴	⚵	⚶	⚷
	° ′	° ′	° ′	° ′	° ′	° ′	° ′	° ′	° ′	° ′	° ′	° ′	°	°	°	°	°
1	9 ♑ 46	6 ♎ 1	15 ♓ 18	14 D 3	28 D 48	3 D 58	11 D 57	2 D 16	2 R 3	8 D 42	29 D 52	27 R 23	20 D	27 D	4 D	26 R	2 D
2	10 ♑ 47	18 ♎ 36	15 ♓ 15	14 R 3	29 ♑ 20	5 ♑ 14	12 ♓ 42	2 ♏ 24	2 ♉ 3	8 ♎ 43	29 ♏ 54	27 ♍ 23	21 ♒	28 ♑	4 ♒	26 ♌	2 ♈
3	11 ♑ 48	1 ♏ 37	15 ♓ 12	14 ♓ 1	29 ♑ 44	6 ♑ 29	13 ♓ 26	2 ♏ 32	2 ♉ 3	8 ♎ 44	29 ♏ 56	27 ♍ 23	21 ♒	28 ♑	5 ♒	26 ♌	2 ♈
4	12 ♑ 49	15 ♏ 5	15 ♓ 8	13 ♓ 57	29 ♑ 57	7 ♑ 45	14 ♓ 11	2 ♏ 40	2 ♉ 3	8 ♎ 44	29 ♏ 57	27 ♍ 23	22 ♒	28 ♑	5 ♒	25 ♌	2 ♈
5	13 ♑ 51	29 ♏ 4	15 ♓ 5	13 ♓ 50	29 R 59	9 ♑ 0	14 ♓ 56	2 ♏ 48	2 D 3	8 ♎ 45	29 ♏ 59	27 ♍ 23	22 ♒	29 ♑	6 ♒	25 ♌	2 ♈
6	14 ♑ 52	13 ♐ 33	15 ♓ 2	13 ♓ 41	29 ♑ 50	10 ♑ 16	15 ♓ 41	2 ♏ 56	2 ♉ 3	8 ♎ 45	0 ♐ 1	27 ♍ 22	22 ♒	29 ♑	6 ♒	25 ♌	2 ♈
7	15 ♑ 53	28 ♐ 25	14 ♓ 59	13 ♓ 32	29 ♑ 29	11 ♑ 31	16 ♓ 25	3 ♏ 3	2 ♉ 3	8 ♎ 46	0 ♐ 3	27 ♍ 22	23 ♒	0 ♒	7 ♒	25 ♌	2 ♈
8	16 ♑ 54	13 ♑ 35	14 ♓ 56	13 ♓ 23	28 ♑ 57	12 ♑ 47	17 ♓ 10	3 ♏ 11	2 ♉ 4	8 ♎ 46	0 ♐ 4	27 ♍ 22	23 ♒	0 ♒	7 ♒	25 ♌	2 ♈
9	17 ♑ 55	28 ♑ 51	14 ♓ 53	13 ♓ 15	28 ♑ 12	14 ♑ 2	17 ♓ 55	3 ♏ 18	2 ♉ 4	8 ♎ 46	0 ♐ 6	27 ♍ 22	23 ♒	0 ♒	7 ♒	25 ♌	2 ♈
10	18 ♑ 56	14 ♒ 3	14 ♓ 49	13 ♓ 9	27 ♑ 18	15 ♑ 18	18 ♓ 39	3 ♏ 25	2 ♉ 5	8 ♎ 47	0 ♐ 8	27 ♍ 21	24 ♒	1 ♒	8 ♒	25 ♌	2 ♈
11	19 ♑ 58	29 ♒ 0	14 ♓ 46	13 ♓ 6	26 ♑ 14	16 ♑ 33	19 ♓ 24	3 ♏ 32	2 ♉ 5	8 ♎ 47	0 ♐ 9	27 ♍ 21	24 ♒	1 ♒	8 ♒	25 ♌	2 ♈
12	20 ♑ 59	13 ♓ 36	14 ♓ 43	13 D 5	25 ♑ 3	17 ♑ 49	20 ♓ 9	3 ♏ 39	2 ♉ 6	8 ♎ 47	0 ♐ 11	27 ♍ 21	24 ♒	1 ♒	9 ♒	25 ♌	2 ♈
13	22 ♑ 0	27 ♓ 47	14 ♓ 40	13 ♓ 6	23 ♑ 46	19 ♑ 4	20 ♓ 53	3 ♏ 45	2 ♉ 7	8 ♎ 47	0 ♐ 12	27 ♍ 20	25 ♒	2 ♒	9 ♒	24 ♌	2 ♈
14	23 ♑ 1	11 ♈ 33	14 ♓ 37	13 ♓ 7	22 ♑ 27	20 ♑ 20	21 ♓ 38	3 ♏ 52	2 ♉ 8	8 R 47	0 ♐ 14	27 ♍ 20	25 ♒	2 ♒	10 ♒	24 ♌	2 ♈
15	24 ♑ 2	24 ♈ 54	14 ♓ 33	13 R 8	21 ♑ 8	21 ♑ 35	22 ♓ 23	3 ♏ 58	2 ♉ 9	8 ♎ 47	0 ♐ 15	27 ♍ 19	26 ♒	2 ♒	10 ♒	24 ♌	2 ♈
16	25 ♑ 3	7 ♉ 53	14 ♓ 30	13 ♓ 7	19 ♑ 51	22 ♑ 51	23 ♓ 7	4 ♏ 5	2 ♉ 11	8 ♎ 47	0 ♐ 17	27 ♍ 19	26 ♒	3 ♒	10 ♒	24 ♌	2 ♈
17	26 ♑ 4	20 ♉ 35	14 ♓ 27	13 ♓ 4	18 ♑ 39	24 ♑ 6	23 ♓ 52	4 ♏ 11	2 ♉ 12	8 ♎ 47	0 ♐ 18	27 ♍ 18	26 ♒	3 ♒	11 ♒	24 ♌	2 ♈
18	27 ♑ 5	3 ♊ 1	14 ♓ 24	12 ♓ 58	17 ♑ 33	25 ♑ 22	24 ♓ 36	4 ♏ 17	2 ♉ 13	8 ♎ 47	0 ♐ 20	27 ♍ 18	27 ♒	3 ♒	11 ♒	24 ♌	2 ♈
19	28 ♑ 7	15 ♊ 16	14 ♓ 21	12 ♓ 51	16 ♑ 34	26 ♑ 37	25 ♓ 21	4 ♏ 22	2 ♉ 15	8 ♎ 46	0 ♐ 21	27 ♍ 17	27 ♒	4 ♒	12 ♒	23 ♌	2 ♈
20	29 ♑ 8	27 ♊ 22	14 ♓ 18	12 ♓ 43	15 ♑ 44	27 ♑ 52	26 ♓ 5	4 ♏ 28	2 ♉ 17	8 ♎ 46	0 ♐ 23	27 ♍ 16	27 ♒	4 ♒	12 ♒	23 ♌	2 ♈
21	0 ♒ 9	9 ♋ 22	14 ♓ 14	12 ♓ 34	15 ♑ 3	29 ♑ 8	26 ♓ 50	4 ♏ 34	2 ♉ 19	8 ♎ 46	0 ♐ 24	27 ♍ 16	28 ♒	5 ♒	13 ♒	23 ♌	3 ♈
22	1 ♒ 10	21 ♋ 16	14 ♓ 11	12 ♓ 26	14 ♑ 32	0 ♒ 23	27 ♓ 34	4 ♏ 39	2 ♉ 20	8 ♎ 45	0 ♐ 25	27 ♍ 15	28 ♒	5 ♒	13 ♒	23 ♌	3 ♈
23	2 ♒ 11	3 ♌ 7	14 ♓ 8	12 ♓ 19	14 ♑ 9	1 ♒ 39	28 ♓ 19	4 ♏ 44	2 ♉ 22	8 ♎ 45	0 ♐ 27	27 ♍ 14	29 ♒	5 ♒	13 ♒	23 ♌	3 ♈
24	3 ♒ 12	14 ♌ 56	14 ♓ 5	12 ♓ 14	13 ♑ 56	2 ♒ 54	29 ♓ 3	4 ♏ 49	2 ♉ 25	8 ♎ 44	0 ♐ 28	27 ♍ 13	29 ♒	6 ♒	14 ♒	22 ♌	3 ♈
25	4 ♒ 13	26 ♌ 46	14 ♓ 2	12 ♓ 10	13 ♑ 51	4 ♒ 9	29 ♓ 48	4 ♏ 54	2 ♉ 27	8 ♎ 43	0 ♐ 29	27 ♍ 13	29 ♒	6 ♒	14 ♒	22 ♌	3 ♈
26	5 ♒ 14	8 ♍ 38	13 ♓ 58	12 ♓ 9	13 D 55	5 ♒ 25	0 ♈ 32	4 ♏ 59	2 ♉ 29	8 ♎ 43	0 ♐ 30	27 ♍ 12	0 ♓	6 ♒	15 ♒	22 ♌	3 ♈
27	6 ♒ 15	20 ♍ 35	13 ♓ 55	12 D 9	14 ♑ 6	6 ♒ 40	1 ♈ 16	5 ♏ 3	2 ♉ 32	8 ♎ 42	0 ♐ 32	27 ♍ 11	0 ♓	7 ♒	15 ♒	22 ♌	3 ♈
28	7 ♒ 16	2 ♎ 41	13 ♓ 52	12 ♓ 11	14 ♑ 24	7 ♒ 56	2 ♈ 0	5 ♏ 7	2 ♉ 34	8 ♎ 41	0 ♐ 33	27 ♍ 10	1 ♓	7 ♒	16 ♒	21 ♌	3 ♈
29	8 ♒ 17	14 ♎ 59	13 ♓ 49	12 ♓ 13	14 ♑ 48	9 ♒ 11	2 ♈ 45	5 ♏ 12	2 ♉ 37	8 ♎ 41	0 ♐ 34	27 ♍ 9	1 ♓	7 ♒	16 ♒	21 ♌	3 ♈
30	9 ♒ 18	27 ♎ 34	13 ♓ 46	12 ♓ 14	15 ♑ 18	10 ♒ 26	3 ♈ 29	5 ♏ 16	2 ♉ 40	8 ♎ 40	0 ♐ 35	27 ♍ 8	1 ♓	8 ♒	17 ♒	21 ♌	3 ♈
31	10 ♒ 18	10 ♏ 29	13 ♓ 43	12 R 15	15 ♑ 53	11 ♒ 42	4 ♈ 13	5 ♏ 19	2 ♉ 42	8 ♎ 39	0 ♐ 36	27 ♍ 7	2 ♓	8 ♒	17 ♒	21 ♌	3 ♈

SUN INGRESS	☉ → ♒ 20日 20:24
MOON PHASE	◑ 1日 07:52 ♎ ● 8日 05:35 ♑ ◐ 14日 22:18 ♈ ○ 22日 21:55 ♌ ◑ 30日 23:38 ♏

aspects		
4日	02:34	☿⚹♆
4日	19:02	♀□♅
5日	00:11	☿⚹♆
8日	23:06	☉⚹♂
9日	22:32	☿△♇
13日	18:14	☉☌☿
14日	09:32	☿⚹♂
14日	19:47	☿☌♀
16日	12:49	♀⚹♂
18日	04:40	☉△♇
19日	12:34	♀△♇
21日	06:11	☉⚹♆
21日	13:40	♂☍♇
22日	00:41	♀⚹♆
23日	04:47	☉□♄
23日	14:20	♀□♄
25日	05:27	☉☌♀
25日	15:04	♀□♃
25日	17:32	☉□♃
25日	23:12	♂△♆
28日	14:25	♀△♅
29日	09:17	☉△♅

1970年2月

DAY	☉	☽	☊ mean	☊ true	☿	♀	♂	♃	♄	♅	♆	♇	⚳	⚴	⚵	⚶	⚷
	° ′	° ′	° ′	° ′	° ′	° ′	° ′	° ′	° ′	° ′	° ′	° ′	°	°	°	°	°
1	11 ♒ 19	23 ♏ 50	13 ♓ 39	12 R 14	16 D 33	12 D 57	4 D 57	5 D 23	2 D 45	8 R 38	0 D 37	27 R 6	2 D	8 D	17 D	20 R	3 D
2	12 ♒ 20	7 ♐ 37	13 ♓ 36	12 ♓ 12	17 ♑ 18	14 ♒ 12	5 ♈ 42	5 ♏ 26	2 ♉ 48	8 ♎ 37	0 ♐ 38	27 ♍ 5	2 ♓	9 ♒	18 ♒	20 ♌	3 ♈
3	13 ♒ 21	21 ♐ 52	13 ♓ 33	12 ♓ 9	18 ♑ 7	15 ♒ 28	6 ♈ 26	5 ♏ 30	2 ♉ 52	8 ♎ 36	0 ♐ 39	27 ♍ 4	3 ♓	9 ♒	18 ♒	20 ♌	3 ♈
4	14 ♒ 22	6 ♑ 33	13 ♓ 30	12 ♓ 5	18 ♑ 59	16 ♒ 43	7 ♈ 10	5 ♏ 33	2 ♉ 55	8 ♎ 35	0 ♐ 40	27 ♍ 3	3 ♓	9 ♒	19 ♒	20 ♌	3 ♈
5	15 ♒ 23	21 ♑ 34	13 ♓ 27	12 ♓ 2	19 ♑ 55	17 ♒ 58	7 ♈ 54	5 ♏ 36	2 ♉ 58	8 ♎ 33	0 ♐ 41	27 ♍ 2	4 ♓	10 ♒	19 ♒	19 ♌	3 ♈
6	16 ♒ 24	6 ♒ 46	13 ♓ 24	11 ♓ 57	20 ♑ 53	19 ♒ 14	8 ♈ 38	5 ♏ 39	3 ♉ 2	8 ♎ 32	0 ♐ 42	27 ♍ 1	4 ♓	10 ♒	20 ♒	19 ♌	3 ♈
7	17 ♒ 25	22 ♒ 1	13 ♓ 20	11 ♓ 55	21 ♑ 54	20 ♒ 29	9 ♈ 22	5 ♏ 41	3 ♉ 5	8 ♎ 31	0 ♐ 43	27 ♍ 0	4 ♓	11 ♒	20 ♒	19 ♌	3 ♈
8	18 ♒ 25	7 ♓ 8	13 ♓ 17	11 ♓ 54	22 ♑ 58	21 ♒ 44	10 ♈ 6	5 ♏ 44	3 ♉ 9	8 ♎ 30	0 ♐ 43	26 ♍ 59	5 ♓	11 ♒	21 ♒	19 ♌	3 ♈
9	19 ♒ 26	21 ♓ 57	13 ♓ 14	11 D 54	24 ♑ 5	22 ♒ 59	10 ♈ 50	5 ♏ 46	3 ♉ 13	8 ♎ 28	0 ♐ 44	26 ♍ 57	5 ♓	11 ♒	21 ♒	18 ♌	3 ♈
10	20 ♒ 27	6 ♈ 23	13 ♓ 11	11 ♓ 55	25 ♑ 13	24 ♒ 15	11 ♈ 34	5 ♏ 48	3 ♉ 17	8 ♎ 27	0 ♐ 45	26 ♍ 56	6 ♓	12 ♒	21 ♒	18 ♌	3 ♈
11	21 ♒ 28	20 ♈ 22	13 ♓ 8	11 ♓ 56	26 ♑ 23	25 ♒ 30	12 ♈ 18	5 ♏ 50	3 ♉ 20	8 ♎ 25	0 ♐ 46	26 ♍ 55	6 ♓	12 ♒	22 ♒	18 ♌	3 ♈
12	22 ♒ 28	3 ♉ 54	13 ♓ 4	11 ♓ 58	27 ♑ 36	26 ♒ 45	13 ♈ 2	5 ♏ 51	3 ♉ 24	8 ♎ 24	0 ♐ 46	26 ♍ 54	6 ♓	12 ♒	22 ♒	18 ♌	3 ♈
13	23 ♒ 29	17 ♉ 1	13 ♓ 1	11 ♓ 59	28 ♑ 50	28 ♒ 0	13 ♈ 46	5 ♏ 53	3 ♉ 29	8 ♎ 22	0 ♐ 47	26 ♍ 52	7 ♓	13 ♒	23 ♒	17 ♌	3 ♈
14	24 ♒ 30	29 ♉ 44	12 ♓ 58	11 R 59	0 ♒ 5	29 ♒ 15	14 ♈ 29	5 ♏ 54	3 ♉ 33	8 ♎ 21	0 ♐ 48	26 ♍ 51	7 ♓	13 ♒	23 ♒	17 ♌	3 ♈
15	25 ♒ 30	12 ♊ 9	12 ♓ 55	11 ♓ 58	1 ♒ 23	0 ♓ 31	15 ♈ 13	5 ♏ 55	3 ♉ 37	8 ♎ 19	0 ♐ 48	26 ♍ 50	7 ♓	13 ♒	24 ♒	17 ♌	4 ♈
16	26 ♒ 31	24 ♊ 20	12 ♓ 52	11 ♓ 56	2 ♒ 41	1 ♓ 46	15 ♈ 57	5 ♏ 56	3 ♉ 41	8 ♎ 17	0 ♐ 49	26 ♍ 48	8 ♓	14 ♒	24 ♒	17 ♌	4 ♈
17	27 ♒ 31	6 ♋ 20	12 ♓ 49	11 ♓ 54	4 ♒ 1	3 ♓ 1	16 ♈ 41	5 ♏ 57	3 ♉ 46	8 ♎ 16	0 ♐ 49	26 ♍ 47	8 ♓	14 ♒	25 ♒	16 ♌	4 ♈
18	28 ♒ 32	18 ♋ 13	12 ♓ 45	11 ♓ 52	5 ♒ 23	4 ♓ 16	17 ♈ 24	5 ♏ 57	3 ♉ 51	8 ♎ 14	0 ♐ 50	26 ♍ 46	9 ♓	14 ♒	25 ♒	16 ♌	4 ♈
19	29 ♒ 33	0 ♌ 3	12 ♓ 42	11 ♓ 50	6 ♒ 45	5 ♓ 31	18 ♈ 8	5 ♏ 58	3 ♉ 55	8 ♎ 12	0 ♐ 50	26 ♍ 44	9 ♓	15 ♒	26 ♒	16 ♌	4 ♈
20	0 ♓ 33	11 ♌ 52	12 ♓ 39	11 ♓ 48	8 ♒ 9	6 ♓ 46	18 ♈ 51	5 ♏ 58	4 ♉ 0	8 ♎ 10	0 ♐ 51	26 ♍ 43	9 ♓	15 ♒	26 ♒	16 ♌	4 ♈
21	1 ♓ 33	23 ♌ 42	12 ♓ 36	11 ♓ 47	9 ♒ 34	8 ♓ 1	19 ♈ 35	5 R 58	4 ♉ 5	8 ♎ 8	0 ♐ 51	26 ♍ 41	10 ♓	15 ♒	26 ♒	15 ♌	4 ♈
22	2 ♓ 34	5 ♍ 37	12 ♓ 33	11 ♓ 47	11 ♒ 0	9 ♓ 16	20 ♈ 19	5 ♏ 57	4 ♉ 10	8 ♎ 6	0 ♐ 51	26 ♍ 40	10 ♓	16 ♒	27 ♒	15 ♌	4 ♈
23	3 ♓ 34	17 ♍ 37	12 ♓ 30	11 D 47	12 ♒ 27	10 ♓ 31	21 ♈ 2	5 ♏ 57	4 ♉ 15	8 ♎ 4	0 ♐ 52	26 ♍ 39	11 ♓	16 ♒	27 ♒	15 ♌	4 ♈
24	4 ♓ 35	29 ♍ 44	12 ♓ 26	11 ♓ 47	13 ♒ 56	11 ♓ 46	21 ♈ 45	5 ♏ 56	4 ♉ 20	8 ♎ 2	0 ♐ 52	26 ♍ 37	11 ♓	16 ♒	28 ♒	15 ♌	4 ♈
25	5 ♓ 35	12 ♎ 2	12 ♓ 23	11 ♓ 48	15 ♒ 25	13 ♓ 1	22 ♈ 29	5 ♏ 56	4 ♉ 25	8 ♎ 0	0 ♐ 52	26 ♍ 36	11 ♓	17 ♒	28 ♒	14 ♌	4 ♈
26	6 ♓ 35	24 ♎ 31	12 ♓ 20	11 ♓ 48	16 ♒ 56	14 ♓ 16	23 ♈ 12	5 ♏ 55	4 ♉ 30	7 ♎ 58	0 ♐ 52	26 ♍ 34	12 ♓	17 ♒	29 ♒	14 ♌	4 ♈
27	7 ♓ 36	7 ♏ 14	12 ♓ 17	11 ♓ 49	18 ♒ 27	15 ♓ 31	23 ♈ 55	5 ♏ 53	4 ♉ 35	7 ♎ 56	0 ♐ 53	26 ♍ 33	12 ♓	17 ♒	29 ♒	14 ♌	4 ♈
28	8 ♓ 36	20 ♏ 14	12 ♓ 14	11 ♓ 49	20 ♒ 0	16 ♓ 46	24 ♈ 39	5 ♏ 52	4 ♉ 40	7 ♎ 54	0 ♐ 53	26 ♍ 31	13 ♓	18 ♒	0 ♓	14 ♌	4 ♈

SUN INGRESS	☉ → ♓ 19日 10:42
MOON PHASE	● 6日 16:13 ♒ ◐ 13日 13:10 ♉ ○ 21日 17:19 ♍

aspects		
5日	20:53	♂☍♅
11日	10:19	☿△♇
14日	13:17	☿⚹♆
15日	05:40	♀□♆
16日	19:10	☿□♄
17日	15:19	♀⚹♄
18日	10:09	☿□♃
19日	08:28	♀△♃
20日	00:19	☿△♅
20日	07:02	☉□♆
23日	17:26	☉⚹♄
25日	08:04	☉△♃

1970年3月

DAY	☉	☽	☊ mean	☊ true	☿	♀	♂	♃	♄	♅	♆	♇	⚳	⚴	⚵	⚶	⚷
	° ′	° ′	° ′	° ′	° ′	° ′	° ′	° ′	° ′	° ′	° ′	° ′	°	°	°	°	°
1	9 ♓ 36	3 ♐ 33	12 ♓ 10	11 D 49	21 D 34	18 D 1	25 D 22	5 R 51	4 D 46	7 R 52	0 D 53	26 R 30	13 D	18 D	0 D	13 R	4 D
2	10 ♓ 36	17 ♐ 13	12 ♓ 7	11 R 49	23 ♒ 8	19 ♓ 16	26 ♈ 5	5 ♏ 49	4 ♉ 51	7 ♎ 50	0 ♐ 53	26 ♍ 28	13 ♓	18 ♒	1 ♓	13 ♌	4 ♈
3	11 ♓ 37	1 ♑ 14	12 ♓ 4	11 ♓ 49	24 ♒ 44	20 ♓ 31	26 ♈ 48	5 ♏ 47	4 ♉ 57	7 ♎ 48	0 ♐ 53	26 ♍ 26	14 ♓	19 ♒	1 ♓	13 ♌	4 ♈
4	12 ♓ 37	15 ♑ 36	12 ♓ 1	11 D 49	26 ♒ 21	21 ♓ 46	27 ♈ 32	5 ♏ 45	5 ♉ 3	7 ♎ 45	0 R 53	26 ♍ 25	14 ♓	19 ♒	2 ♓	13 ♌	4 ♈
5	13 ♓ 37	0 ♒ 15	11 ♓ 58	11 ♓ 49	27 ♒ 59	23 ♓ 1	28 ♈ 15	5 ♏ 43	5 ♉ 8	7 ♎ 43	0 ♐ 53	26 ♍ 23	15 ♓	19 ♒	2 ♓	13 ♌	4 ♈
6	14 ♓ 37	15 ♒ 8	11 ♓ 55	11 ♓ 50	29 ♒ 38	24 ♓ 15	28 ♈ 58	5 ♏ 40	5 ♉ 14	7 ♎ 41	0 ♐ 53	26 ♍ 22	15 ♓	20 ♒	2 ♓	13 ♌	5 ♈
7	15 ♓ 37	0 ♓ 7	11 ♓ 51	11 ♓ 50	1 ♓ 18	25 ♓ 30	29 ♈ 41	5 ♏ 37	5 ♉ 20	7 ♎ 38	0 ♐ 53	26 ♍ 20	15 ♓	20 ♒	3 ♓	12 ♌	5 ♈
8	16 ♓ 37	15 ♓ 3	11 ♓ 48	11 R 50	2 ♓ 59	26 ♓ 45	0 ♉ 24	5 ♏ 35	5 ♉ 26	7 ♎ 36	0 ♐ 53	26 ♍ 19	16 ♓	20 ♒	3 ♓	12 ♌	5 ♈
9	17 ♓ 37	29 ♓ 50	11 ♓ 45	11 ♓ 50	4 ♓ 42	28 ♓ 0	1 ♉ 7	5 ♏ 32	5 ♉ 32	7 ♎ 34	0 ♐ 52	26 ♍ 17	16 ♓	21 ♒	4 ♓	12 ♌	5 ♈
10	18 ♓ 37	14 ♈ 19	11 ♓ 42	11 ♓ 49	6 ♓ 25	29 ♓ 15	1 ♉ 50	5 ♏ 28	5 ♉ 38	7 ♎ 31	0 ♐ 52	26 ♍ 15	17 ♓	21 ♒	4 ♓	12 ♌	5 ♈
11	19 ♓ 37	28 ♈ 25	11 ♓ 39	11 ♓ 48	8 ♓ 9	0 ♈ 29	2 ♉ 32	5 ♏ 25	5 ♉ 44	7 ♎ 29	0 ♐ 52	26 ♍ 14	17 ♓	21 ♒	5 ♓	12 ♌	5 ♈
12	20 ♓ 37	12 ♉ 6	11 ♓ 36	11 ♓ 47	9 ♓ 55	1 ♈ 44	3 ♉ 15	5 ♏ 21	5 ♉ 50	7 ♎ 26	0 ♐ 52	26 ♍ 12	17 ♓	22 ♒	5 ♓	12 ♌	5 ♈
13	21 ♓ 37	25 ♉ 21	11 ♓ 32	11 ♓ 46	11 ♓ 42	2 ♈ 59	3 ♉ 58	5 ♏ 18	5 ♉ 56	7 ♎ 24	0 ♐ 52	26 ♍ 10	18 ♓	22 ♒	6 ♓	12 ♌	5 ♈
14	22 ♓ 37	8 ♊ 11	11 ♓ 29	11 ♓ 45	13 ♓ 30	4 ♈ 13	4 ♉ 41	5 ♏ 14	6 ♉ 2	7 ♎ 21	0 ♐ 51	26 ♍ 9	18 ♓	22 ♒	6 ♓	11 ♌	5 ♈
15	23 ♓ 37	20 ♊ 40	11 ♓ 26	11 ♓ 45	15 ♓ 19	5 ♈ 28	5 ♉ 24	5 ♏ 10	6 ♉ 9	7 ♎ 19	0 ♐ 51	26 ♍ 7	18 ♓	23 ♒	7 ♓	11 ♌	5 ♈
16	24 ♓ 36	2 ♋ 52	11 ♓ 23	11 D 45	17 ♓ 9	6 ♈ 43	6 ♉ 6	5 ♏ 6	6 ♉ 15	7 ♎ 16	0 ♐ 50	26 ♍ 6	19 ♓	23 ♒	7 ♓	11 ♌	5 ♈
17	25 ♓ 36	14 ♋ 51	11 ♓ 20	11 ♓ 46	19 ♓ 1	7 ♈ 57	6 ♉ 49	5 ♏ 1	6 ♉ 22	7 ♎ 14	0 ♐ 50	26 ♍ 4	19 ♓	23 ♒	8 ♓	11 ♌	5 ♈
18	26 ♓ 36	26 ♋ 43	11 ♓ 16	11 ♓ 47	20 ♓ 54	9 ♈ 12	7 ♉ 31	4 ♏ 57	6 ♉ 28	7 ♎ 11	0 ♐ 50	26 ♍ 2	20 ♓	24 ♒	8 ♓	11 ♌	5 ♈
19	27 ♓ 36	8 ♌ 31	11 ♓ 13	11 ♓ 48	22 ♓ 47	10 ♈ 26	8 ♉ 14	4 ♏ 52	6 ♉ 35	7 ♎ 9	0 ♐ 49	26 ♍ 1	20 ♓	24 ♒	9 ♓	11 ♌	5 ♈
20	28 ♓ 35	20 ♌ 20	11 ♓ 10	11 ♓ 50	24 ♓ 42	11 ♈ 41	8 ♉ 56	4 ♏ 47	6 ♉ 41	7 ♎ 6	0 ♐ 49	25 ♍ 59	20 ♓	24 ♒	9 ♓	11 ♌	5 ♈
21	29 ♓ 35	2 ♍ 14	11 ♓ 7	11 ♓ 51	26 ♓ 39	12 ♈ 55	9 ♉ 39	4 ♏ 42	6 ♉ 48	7 ♎ 4	0 ♐ 48	25 ♍ 57	21 ♓	25 ♒	9 ♓	11 ♌	5 ♈
22	0 ♈ 34	14 ♍ 15	11 ♓ 4	11 R 51	28 ♓ 36	14 ♈ 10	10 ♉ 21	4 ♏ 37	6 ♉ 55	7 ♎ 1	0 ♐ 47	25 ♍ 56	21 ♓	25 ♒	10 ♓	11 ♌	5 ♈
23	1 ♈ 34	26 ♍ 26	11 ♓ 1	11 ♓ 50	0 ♈ 34	15 ♈ 24	11 ♉ 4	4 ♏ 32	7 ♉ 1	6 ♎ 59	0 ♐ 47	25 ♍ 54	22 ♓	25 ♒	10 ♓	11 ♌	6 ♈
24	2 ♈ 33	8 ♎ 48	10 ♓ 57	11 ♓ 49	2 ♈ 33	16 ♈ 38	11 ♉ 46	4 ♏ 26	7 ♉ 8	6 ♎ 56	0 ♐ 46	25 ♍ 53	22 ♓	25 ♒	11 ♓	11 ♌	6 ♈
25	3 ♈ 33	21 ♎ 24	10 ♓ 54	11 ♓ 46	4 ♈ 34	17 ♈ 53	12 ♉ 28	4 ♏ 21	7 ♉ 15	6 ♎ 53	0 ♐ 45	25 ♍ 51	22 ♓	26 ♒	11 ♓	11 ♌	6 ♈
26	4 ♈ 32	4 ♏ 12	10 ♓ 51	11 ♓ 43	6 ♈ 35	19 ♈ 7	13 ♉ 11	4 ♏ 15	7 ♉ 22	6 ♎ 51	0 ♐ 45	25 ♍ 49	23 ♓	26 ♒	12 ♓	11 ♌	6 ♈
27	5 ♈ 32	17 ♏ 14	10 ♓ 48	11 ♓ 39	8 ♈ 36	20 ♈ 21	13 ♉ 53	4 ♏ 9	7 ♉ 29	6 ♎ 48	0 ♐ 44	25 ♍ 48	23 ♓	26 ♒	12 ♓	11 ♌	6 ♈
28	6 ♈ 31	0 ♐ 29	10 ♓ 45	11 ♓ 35	10 ♈ 39	21 ♈ 36	14 ♉ 35	4 ♏ 3	7 ♉ 36	6 ♎ 46	0 ♐ 43	25 ♍ 46	24 ♓	27 ♒	13 ♓	11 ♌	6 ♈
29	7 ♈ 30	13 ♐ 58	10 ♓ 41	11 ♓ 33	12 ♈ 41	22 ♈ 50	15 ♉ 17	3 ♏ 57	7 ♉ 43	6 ♎ 43	0 ♐ 43	25 ♍ 45	24 ♓	27 ♒	13 ♓	11 D	6 ♈
30	8 ♈ 30	27 ♐ 41	10 ♓ 38	11 ♓ 31	14 ♈ 44	24 ♈ 4	15 ♉ 59	3 ♏ 51	7 ♉ 50	6 ♎ 40	0 ♐ 42	25 ♍ 43	24 ♓	27 ♒	14 ♓	11 ♌	6 ♈
31	9 ♈ 29	11 ♑ 37	10 ♓ 35	11 D 30	16 ♈ 46	25 ♈ 18	16 ♉ 41	3 ♏ 45	7 ♉ 57	6 ♎ 38	0 ♐ 41	25 ♍ 41	25 ♓	28 ♒	14 ♓	11 ♌	6 ♈

SUN INGRESS	☉ → ♈ 21日 09:56
MOON PHASE	◑ 1日 11:33 ♐　● 8日 02:42 ♓　◐ 15日 06:16 ♊　○ 23日 10:52 ♎　◑ 30日 20:05 ♑

aspects		
5日	06:45	☿⚹♂
6日	17:57	☿□♆
7日	15:39	♀☍♇
8日	23:25	♃☍♄
9日	11:18	☿△♃
9日	12:25	☿⚹♄
11日	07:16	♀△♆
14日	16:55	♂☍♃
16日	05:56	♂☌♄
16日	10:32	♀☍♅
17日	10:51	☉☍♇
20日	15:38	☿☍♇
22日	05:12	☉△♆
23日	02:32	☿△♆
23日	23:58	☉☌☿
26日	03:07	☿☍♅
28日	05:38	☉☍♅

1970年4月

DAY	☉	☽	☊ mean	☊ true	☿	♀	♂	♃	♄	♅	♆	♇	⚳	⚴	⚵	⚶	⚷
	° ′	° ′	° ′	° ′	° ′	° ′	° ′	° ′	° ′	° ′	° ′	° ′	°	°	°	°	°
1	10 ♈ 28	25 ♑ 45	10 ♓ 32	11 D 31	18 D 48	26 D 32	17 D 23	3 R 38	8 D 4	6 R 35	0 R 40	25 R 40	25 D	28 D	15 D	11 D	6 D
2	11 ♈ 27	10 ♒ 4	10 ♓ 29	11 ♓ 33	20 ♈ 50	27 ♈ 47	18 ♉ 5	3 ♏ 32	8 ♉ 11	6 ♎ 33	0 ♐ 39	25 ♍ 38	26 ♓	28 ♒	15 ♓	11 ♌	6 ♈
3	12 ♈ 27	24 ♒ 32	10 ♓ 26	11 ♓ 34	22 ♈ 50	29 ♈ 1	18 ♉ 47	3 ♏ 25	8 ♉ 18	6 ♎ 30	0 ♐ 38	25 ♍ 37	26 ♓	28 ♒	16 ♓	11 ♌	6 ♈
4	13 ♈ 26	9 ♓ 5	10 ♓ 22	11 ♓ 35	24 ♈ 49	0 ♉ 15	19 ♉ 29	3 ♏ 18	8 ♉ 25	6 ♎ 27	0 ♐ 37	25 ♍ 35	26 ♓	29 ♒	16 ♓	11 ♌	6 ♈
5	14 ♈ 25	23 ♓ 38	10 ♓ 19	11 R 34	26 ♈ 46	1 ♉ 29	20 ♉ 11	3 ♏ 11	8 ♉ 33	6 ♎ 25	0 ♐ 36	25 ♍ 34	27 ♓	29 ♒	17 ♓	11 ♌	6 ♈
6	15 ♈ 24	8 ♈ 5	10 ♓ 16	11 ♓ 32	28 ♈ 41	2 ♉ 43	20 ♉ 53	3 ♏ 4	8 ♉ 40	6 ♎ 22	0 ♐ 35	25 ♍ 32	27 ♓	29 ♒	17 ♓	11 ♌	6 ♈
7	16 ♈ 23	22 ♈ 21	10 ♓ 13	11 ♓ 28	0 ♉ 34	3 ♉ 57	21 ♉ 34	2 ♏ 57	8 ♉ 47	6 ♎ 20	0 ♐ 34	25 ♍ 31	27 ♓	0 ♓	17 ♓	11 ♌	6 ♈
8	17 ♈ 22	6 ♉ 21	10 ♓ 10	11 ♓ 23	2 ♉ 23	5 ♉ 11	22 ♉ 16	2 ♏ 50	8 ♉ 55	6 ♎ 17	0 ♐ 33	25 ♍ 29	28 ♓	0 ♓	18 ♓	11 ♌	6 ♈
9	18 ♈ 21	19 ♉ 59	10 ♓ 7	11 ♓ 17	4 ♉ 10	6 ♉ 25	22 ♉ 58	2 ♏ 43	9 ♉ 2	6 ♎ 15	0 ♐ 32	25 ♍ 28	28 ♓	0 ♓	18 ♓	11 ♌	7 ♈
10	19 ♈ 20	3 ♊ 15	10 ♓ 3	11 ♓ 11	5 ♉ 52	7 ♉ 39	23 ♉ 40	2 ♏ 36	9 ♉ 9	6 ♎ 12	0 ♐ 31	25 ♍ 26	29 ♓	0 ♓	19 ♓	11 ♌	7 ♈
11	20 ♈ 19	16 ♊ 9	10 ♓ 0	11 ♓ 5	7 ♉ 31	8 ♉ 52	24 ♉ 21	2 ♏ 29	9 ♉ 17	6 ♎ 10	0 ♐ 30	25 ♍ 25	29 ♓	1 ♓	19 ♓	11 ♌	7 ♈
12	21 ♈ 18	28 ♊ 41	9 ♓ 57	11 ♓ 1	9 ♉ 6	10 ♉ 6	25 ♉ 3	2 ♏ 21	9 ♉ 24	6 ♎ 7	0 ♐ 29	25 ♍ 23	29 ♓	1 ♓	20 ♓	11 ♌	7 ♈
13	22 ♈ 17	10 ♋ 55	9 ♓ 54	10 ♓ 59	10 ♉ 36	11 ♉ 20	25 ♉ 44	2 ♏ 14	9 ♉ 32	6 ♎ 5	0 ♐ 28	25 ♍ 22	0 ♈	1 ♓	20 ♓	12 ♌	7 ♈
14	23 ♈ 16	22 ♋ 56	9 ♓ 51	10 ♓ 58	12 ♉ 1	12 ♉ 34	26 ♉ 26	2 ♏ 6	9 ♉ 39	6 ♎ 2	0 ♐ 26	25 ♍ 20	0 ♈	2 ♓	21 ♓	12 ♌	7 ♈
15	24 ♈ 14	4 ♌ 48	9 ♓ 47	10 D 59	13 ♉ 22	13 ♉ 47	27 ♉ 7	1 ♏ 59	9 ♉ 47	6 ♎ 0	0 ♐ 25	25 ♍ 19	1 ♈	2 ♓	21 ♓	12 ♌	7 ♈
16	25 ♈ 13	16 ♌ 37	9 ♓ 44	11 ♓ 0	14 ♉ 37	15 ♉ 1	27 ♉ 49	1 ♏ 51	9 ♉ 54	5 ♎ 57	0 ♐ 24	25 ♍ 18	1 ♈	2 ♓	22 ♓	12 ♌	7 ♈
17	26 ♈ 12	28 ♌ 27	9 ♓ 41	11 ♓ 1	15 ♉ 48	16 ♉ 15	28 ♉ 30	1 ♏ 44	10 ♉ 2	5 ♎ 55	0 ♐ 23	25 ♍ 16	1 ♈	2 ♓	22 ♓	12 ♌	7 ♈
18	27 ♈ 10	10 ♍ 24	9 ♓ 38	11 ♓ 2	16 ♉ 52	17 ♉ 28	29 ♉ 11	1 ♏ 36	10 ♉ 9	5 ♎ 53	0 ♐ 21	25 ♍ 15	2 ♈	3 ♓	23 ♓	12 ♌	7 ♈
19	28 ♈ 9	22 ♍ 31	9 ♓ 35	11 R 1	17 ♉ 52	18 ♉ 42	29 ♉ 53	1 ♏ 28	10 ♉ 17	5 ♎ 50	0 ♐ 20	25 ♍ 14	2 ♈	3 ♓	23 ♓	12 ♌	7 ♈
20	29 ♈ 8	4 ♎ 52	9 ♓ 32	10 ♓ 59	18 ♉ 46	19 ♉ 56	0 ♊ 34	1 ♏ 21	10 ♉ 25	5 ♎ 48	0 ♐ 19	25 ♍ 12	2 ♈	3 ♓	24 ♓	12 ♌	7 ♈
21	0 ♉ 6	17 ♎ 29	9 ♓ 28	10 ♓ 54	19 ♉ 34	21 ♉ 9	1 ♊ 15	1 ♏ 13	10 ♉ 32	5 ♎ 46	0 ♐ 17	25 ♍ 11	3 ♈	3 ♓	24 ♓	13 ♌	7 ♈
22	1 ♉ 5	0 ♏ 24	9 ♓ 25	10 ♓ 47	20 ♉ 16	22 ♉ 23	1 ♊ 56	1 ♏ 5	10 ♉ 40	5 ♎ 43	0 ♐ 16	25 ♍ 10	3 ♈	4 ♓	25 ♓	13 ♌	7 ♈
23	2 ♉ 3	13 ♏ 35	9 ♓ 22	10 ♓ 39	20 ♉ 52	23 ♉ 36	2 ♊ 37	0 ♏ 58	10 ♉ 47	5 ♎ 41	0 ♐ 15	25 ♍ 9	4 ♈	4 ♓	25 ♓	13 ♌	7 ♈
24	3 ♉ 2	27 ♏ 1	9 ♓ 19	10 ♓ 30	21 ♉ 23	24 ♉ 49	3 ♊ 18	0 ♏ 50	10 ♉ 55	5 ♎ 39	0 ♐ 13	25 ♍ 7	4 ♈	4 ♓	26 ♓	13 ♌	7 ♈
25	4 ♉ 0	10 ♐ 41	9 ♓ 16	10 ♓ 21	21 ♉ 47	26 ♉ 3	4 ♊ 0	0 ♏ 42	11 ♉ 3	5 ♎ 37	0 ♐ 12	25 ♍ 6	4 ♈	5 ♓	26 ♓	13 ♌	7 ♈
26	4 ♉ 59	24 ♐ 31	9 ♓ 13	10 ♓ 14	22 ♉ 6	27 ♉ 16	4 ♊ 41	0 ♏ 35	11 ♉ 10	5 ♎ 35	0 ♐ 10	25 ♍ 5	5 ♈	5 ♓	26 ♓	14 ♌	7 ♈
27	5 ♉ 57	8 ♑ 28	9 ♓ 9	10 ♓ 9	22 ♉ 19	28 ♉ 29	5 ♊ 22	0 ♏ 27	11 ♉ 18	5 ♎ 32	0 ♐ 9	25 ♍ 4	5 ♈	5 ♓	27 ♓	14 ♌	8 ♈
28	6 ♉ 55	22 ♑ 31	9 ♓ 6	10 ♓ 6	22 ♉ 27	29 ♉ 43	6 ♊ 2	0 ♏ 20	11 ♉ 26	5 ♎ 30	0 ♐ 8	25 ♍ 3	5 ♈	5 ♓	27 ♓	14 ♌	8 ♈
29	7 ♉ 54	6 ♒ 38	9 ♓ 3	10 ♓ 5	22 R 29	0 ♊ 56	6 ♊ 43	0 ♏ 12	11 ♉ 34	5 ♎ 28	0 ♐ 6	25 ♍ 2	6 ♈	6 ♓	28 ♓	14 ♌	8 ♈
30	8 ♉ 52	20 ♒ 46	9 ♓ 0	10 D 5	22 ♉ 25	2 ♊ 9	7 ♊ 24	0 ♏ 4	11 ♉ 41	5 ♎ 26	0 ♐ 5	25 ♍ 1	6 ♈	6 ♓	28 ♓	14 ♌	8 ♈

SUN INGRESS	☉ → ♉ 20日 21:15
MOON PHASE	● 6日 13:09 ♈　◐ 14日 00:44 ♋　○ 22日 01:21 ♏　◑ 29日 02:18 ♒

aspects		
6日	06:25	♀☍♃
8日	05:39	☿☍♃
11日	08:50	♀☌♄
12日	05:15	☿☌♄
12日	11:27	♂△♇
19日	15:27	♂☍♆
22日	00:14	☉☍♃
24日	05:49	♀△♇
27日	06:03	♂△♅
28日	08:03	♀☍♆

1970年5月

DAY	☉	☽	☊ mean	☊ true	☿	♀	♂	♃	♄	♅	♆	♇	⚳	⚴	⚵	⚶	⚷
	° ′	° ′	° ′	° ′	° ′	° ′	° ′	° ′	° ′	° ′	° ′	° ′	°	°	°	°	°
1	9 ♉ 50	4 ♓ 56	8 ♓ 57	10 D 6	22 R 16	3 D 22	8 D 5	29 R 57	11 D 49	5 R 24	0 R 3	25 R 0	7 D	6 D	29 D	15 D	8 D
2	10 ♉ 48	19 ♓ 5	8 ♓ 53	10 R 6	22 ♉ 2	4 ♊ 35	8 ♊ 46	29 ♎ 49	11 ♉ 57	5 ♎ 22	0 ♐ 2	24 ♍ 58	7 ♈	6 ♓	29 ♓	15 ♌	8 ♈
3	11 ♉ 47	3 ♈ 12	8 ♓ 50	10 ♓ 4	21 ♉ 44	5 ♊ 48	9 ♊ 27	29 ♎ 42	12 ♉ 4	5 ♎ 20	0 ♐ 0	24 ♍ 57	7 ♈	6 ♓	0 ♈	15 ♌	8 ♈
4	12 ♉ 45	17 ♈ 13	8 ♓ 47	9 ♓ 59	21 ♉ 22	7 ♊ 1	10 ♊ 7	29 ♎ 35	12 ♉ 12	5 ♎ 18	29 ♏ 59	24 ♍ 56	8 ♈	7 ♓	0 ♈	15 ♌	8 ♈
5	13 ♉ 43	1 ♉ 6	8 ♓ 44	9 ♓ 52	20 ♉ 55	8 ♊ 14	10 ♊ 48	29 ♎ 27	12 ♉ 20	5 ♎ 17	29 ♏ 57	24 ♍ 56	8 ♈	7 ♓	1 ♈	16 ♌	8 ♈
6	14 ♉ 41	14 ♉ 46	8 ♓ 41	9 ♓ 42	20 ♉ 26	9 ♊ 27	11 ♊ 29	29 ♎ 20	12 ♉ 27	5 ♎ 15	29 ♏ 56	24 ♍ 55	8 ♈	7 ♓	1 ♈	16 ♌	8 ♈
7	15 ♉ 39	28 ♉ 11	8 ♓ 38	9 ♓ 31	19 ♉ 54	10 ♊ 40	12 ♊ 9	29 ♎ 13	12 ♉ 35	5 ♎ 13	29 ♏ 54	24 ♍ 54	9 ♈	7 ♓	2 ♈	16 ♌	8 ♈
8	16 ♉ 37	11 ♊ 17	8 ♓ 34	9 ♓ 20	19 ♉ 20	11 ♊ 53	12 ♊ 50	29 ♎ 6	12 ♉ 43	5 ♎ 11	29 ♏ 52	24 ♍ 53	9 ♈	8 ♓	2 ♈	16 ♌	8 ♈
9	17 ♉ 35	24 ♊ 5	8 ♓ 31	9 ♓ 9	18 ♉ 44	13 ♊ 6	13 ♊ 30	28 ♎ 59	12 ♉ 51	5 ♎ 9	29 ♏ 51	24 ♍ 52	10 ♈	8 ♓	3 ♈	17 ♌	8 ♈
10	18 ♉ 33	6 ♋ 35	8 ♓ 28	9 ♓ 1	18 ♉ 7	14 ♊ 19	14 ♊ 11	28 ♎ 52	12 ♉ 58	5 ♎ 8	29 ♏ 49	24 ♍ 51	10 ♈	8 ♓	3 ♈	17 ♌	8 ♈
11	19 ♉ 32	18 ♋ 48	8 ♓ 25	8 ♓ 54	17 ♉ 31	15 ♊ 32	14 ♊ 51	28 ♎ 45	13 ♉ 6	5 ♎ 6	29 ♏ 48	24 ♍ 50	10 ♈	8 ♓	4 ♈	17 ♌	8 ♈
12	20 ♉ 29	0 ♌ 48	8 ♓ 22	8 ♓ 50	16 ♉ 54	16 ♊ 44	15 ♊ 32	28 ♎ 39	13 ♉ 14	5 ♎ 5	29 ♏ 46	24 ♍ 50	11 ♈	8 ♓	4 ♈	17 ♌	8 ♈
13	21 ♉ 27	12 ♌ 40	8 ♓ 19	8 ♓ 49	16 ♉ 19	17 ♊ 57	16 ♊ 12	28 ♎ 32	13 ♉ 21	5 ♎ 3	29 ♏ 45	24 ♍ 49	11 ♈	9 ♓	5 ♈	18 ♌	8 ♈
14	22 ♉ 25	24 ♌ 29	8 ♓ 15	8 D 48	15 ♉ 46	19 ♊ 10	16 ♊ 53	28 ♎ 25	13 ♉ 29	5 ♎ 2	29 ♏ 43	24 ♍ 48	11 ♈	9 ♓	5 ♈	18 ♌	8 ♈
15	23 ♉ 23	6 ♍ 20	8 ♓ 12	8 ♓ 48	15 ♉ 15	20 ♊ 22	17 ♊ 33	28 ♎ 19	13 ♉ 37	5 ♎ 0	29 ♏ 41	24 ♍ 47	12 ♈	9 ♓	5 ♈	18 ♌	8 ♈
16	24 ♉ 21	18 ♍ 18	8 ♓ 9	8 R 48	14 ♉ 46	21 ♊ 35	18 ♊ 13	28 ♎ 13	13 ♉ 44	4 ♎ 59	29 ♏ 40	24 ♍ 47	12 ♈	9 ♓	6 ♈	18 ♌	8 ♈
17	25 ♉ 19	0 ♎ 29	8 ♓ 6	8 ♓ 46	14 ♉ 21	22 ♊ 47	18 ♊ 54	28 ♎ 7	13 ♉ 52	4 ♎ 57	29 ♏ 38	24 ♍ 46	12 ♈	9 ♓	6 ♈	19 ♌	8 ♈
18	26 ♉ 17	12 ♎ 57	8 ♓ 3	8 ♓ 42	13 ♉ 59	24 ♊ 0	19 ♊ 34	28 ♎ 1	13 ♉ 59	4 ♎ 56	29 ♏ 36	24 ♍ 46	13 ♈	10 ♓	7 ♈	19 ♌	9 ♈
19	27 ♉ 14	25 ♎ 45	7 ♓ 59	8 ♓ 36	13 ♉ 41	25 ♊ 12	20 ♊ 14	27 ♎ 55	14 ♉ 7	4 ♎ 55	29 ♏ 35	24 ♍ 45	13 ♈	10 ♓	7 ♈	19 ♌	9 ♈
20	28 ♉ 12	8 ♏ 54	7 ♓ 56	8 ♓ 26	13 ♉ 27	26 ♊ 25	20 ♊ 54	27 ♎ 49	14 ♉ 15	4 ♎ 53	29 ♏ 33	24 ♍ 45	13 ♈	10 ♓	8 ♈	20 ♌	9 ♈
21	29 ♉ 10	22 ♏ 26	7 ♓ 53	8 ♓ 16	13 ♉ 18	27 ♊ 37	21 ♊ 34	27 ♎ 43	14 ♉ 22	4 ♎ 52	29 ♏ 32	24 ♍ 44	14 ♈	10 ♓	8 ♈	20 ♌	9 ♈
22	0 ♊ 8	6 ♐ 16	7 ♓ 50	8 ♓ 4	13 ♉ 13	28 ♊ 49	22 ♊ 14	27 ♎ 38	14 ♉ 30	4 ♎ 51	29 ♏ 30	24 ♍ 44	14 ♈	10 ♓	9 ♈	20 ♌	9 ♈
23	1 ♊ 5	20 ♐ 22	7 ♓ 47	7 ♓ 52	13 D 12	0 ♋ 2	22 ♊ 54	27 ♎ 32	14 ♉ 37	4 ♎ 50	29 ♏ 28	24 ♍ 43	15 ♈	11 ♓	9 ♈	21 ♌	9 ♈
24	2 ♊ 3	4 ♑ 38	7 ♓ 44	7 ♓ 42	13 ♉ 16	1 ♋ 14	23 ♊ 34	27 ♎ 27	14 ♉ 45	4 ♎ 49	29 ♏ 27	24 ♍ 43	15 ♈	11 ♓	10 ♈	21 ♌	9 ♈
25	3 ♊ 1	18 ♑ 59	7 ♓ 40	7 ♓ 35	13 ♉ 24	2 ♋ 26	24 ♊ 14	27 ♎ 22	14 ♉ 52	4 ♎ 48	29 ♏ 25	24 ♍ 42	15 ♈	11 ♓	10 ♈	21 ♌	9 ♈
26	3 ♊ 58	3 ♒ 19	7 ♓ 37	7 ♓ 30	13 ♉ 37	3 ♋ 38	24 ♊ 54	27 ♎ 17	15 ♉ 0	4 ♎ 47	29 ♏ 23	24 ♍ 42	16 ♈	11 ♓	11 ♈	22 ♌	9 ♈
27	4 ♊ 56	17 ♒ 36	7 ♓ 34	7 ♓ 28	13 ♉ 54	4 ♋ 50	25 ♊ 34	27 ♎ 12	15 ♉ 7	4 ♎ 46	29 ♏ 22	24 ♍ 42	16 ♈	11 ♓	11 ♈	22 ♌	9 ♈
28	5 ♊ 53	1 ♓ 46	7 ♓ 31	7 ♓ 28	14 ♉ 16	6 ♋ 2	26 ♊ 14	27 ♎ 7	15 ♉ 14	4 ♎ 45	29 ♏ 20	24 ♍ 41	16 ♈	11 ♓	12 ♈	22 ♌	9 ♈
29	6 ♊ 51	15 ♓ 49	7 ♓ 28	7 ♓ 28	14 ♉ 42	7 ♋ 14	26 ♊ 54	27 ♎ 3	15 ♉ 22	4 ♎ 45	29 ♏ 19	24 ♍ 41	17 ♈	12 ♓	12 ♈	23 ♌	9 ♈
30	7 ♊ 49	29 ♓ 44	7 ♓ 25	7 ♓ 27	15 ♉ 12	8 ♋ 26	27 ♊ 34	26 ♎ 58	15 ♉ 29	4 ♎ 44	29 ♏ 17	24 ♍ 41	17 ♈	12 ♓	12 ♈	23 ♌	9 ♈
31	8 ♊ 46	13 ♈ 31	7 ♓ 21	7 ♓ 24	15 ♉ 47	9 ♋ 38	28 ♊ 14	26 ♎ 54	15 ♉ 36	4 ♎ 43	29 ♏ 15	24 ♍ 41	17 ♈	12 ♓	13 ♈	23 ♌	9 ♈

SUN INGRESS	☉ → ♊ 21日 20:37
MOON PHASE	● 5日 23:51 ♉ ◐ 13日 19:26 ♌ ○ 21日 12:38 ♏ ◑ 28日 07:32 ♓

aspects		
2日	15:01	♀△♅
3日	08:25	☉☌♄
9日	17:21	☉☌☿
9日	18:07	♀☌♂
16日	10:34	☉△♇
17日	23:43	☿☌♄
18日	15:01	♀□♇
21日	01:51	♀△♃
21日	08:45	☉☍♆
25日	16:35	♂□♇
26日	20:03	☉△♅
26日	22:44	♀□♅
29日	04:37	♂△♃
30日	15:30	☿☌♄

1970年6月

DAY	☉	☽	☊ mean	☊ true	☿	♀	♂	♃	♄	♅	♆	♇	⚳	⚴	⚵	⚶	⚷
	° ′	° ′	° ′	° ′	° ′	° ′	° ′	° ′	° ′	° ′	° ′	° ′	°	°	°	°	°
1	9 ♊ 44	27 ♈ 9	7 ♓ 18	7 R 18	16 D 25	10 D 50	28 D 54	26 R 50	15 D 44	4 R 42	29 R 14	24 R 40	18 D	12 D	13 D	24 D	9 D
2	10 ♊ 41	10 ♉ 37	7 ♓ 15	7 ♓ 10	17 ♉ 7	12 ♋ 1	29 ♊ 33	26 ♎ 46	15 ♉ 51	4 ♎ 42	29 ♏ 12	24 ♍ 40	18 ♈	12 ♓	14 ♈	24 ♌	9 ♈
3	11 ♊ 39	23 ♉ 53	7 ♓ 12	6 ♓ 59	17 ♉ 53	13 ♋ 13	0 ♋ 13	26 ♎ 42	15 ♉ 58	4 ♎ 41	29 ♏ 11	24 ♍ 40	18 ♈	12 ♓	14 ♈	24 ♌	9 ♈
4	12 ♊ 36	6 ♊ 57	7 ♓ 9	6 ♓ 47	18 ♉ 43	14 ♋ 25	0 ♋ 53	26 ♎ 39	16 ♉ 5	4 ♎ 41	29 ♏ 9	24 ♍ 40	19 ♈	12 ♓	15 ♈	25 ♌	9 ♈
5	13 ♊ 34	19 ♊ 47	7 ♓ 5	6 ♓ 34	19 ♉ 36	15 ♋ 36	1 ♋ 32	26 ♎ 35	16 ♉ 13	4 ♎ 40	29 ♏ 7	24 ♍ 40	19 ♈	12 ♓	15 ♈	25 ♌	9 ♈
6	14 ♊ 31	2 ♋ 22	7 ♓ 2	6 ♓ 22	20 ♉ 33	16 ♋ 48	2 ♋ 12	26 ♎ 32	16 ♉ 20	4 ♎ 40	29 ♏ 6	24 D 40	19 ♈	13 ♓	16 ♈	25 ♌	9 ♈
7	15 ♊ 29	14 ♋ 43	6 ♓ 59	6 ♓ 11	21 ♉ 34	17 ♋ 59	2 ♋ 52	26 ♎ 29	16 ♉ 27	4 ♎ 40	29 ♏ 4	24 ♍ 40	20 ♈	13 ♓	16 ♈	26 ♌	9 ♈
8	16 ♊ 26	26 ♋ 51	6 ♓ 56	6 ♓ 3	22 ♉ 37	19 ♋ 11	3 ♋ 31	26 ♎ 26	16 ♉ 34	4 ♎ 39	29 ♏ 3	24 ♍ 40	20 ♈	13 ♓	17 ♈	26 ♌	9 ♈
9	17 ♊ 23	8 ♌ 48	6 ♓ 53	5 ♓ 58	23 ♉ 45	20 ♋ 22	4 ♋ 11	26 ♎ 23	16 ♉ 41	4 ♎ 39	29 ♏ 1	24 ♍ 40	20 ♈	13 ♓	17 ♈	26 ♌	9 ♈
10	18 ♊ 21	20 ♌ 38	6 ♓ 50	5 ♓ 55	24 ♉ 55	21 ♋ 34	4 ♋ 50	26 ♎ 21	16 ♉ 48	4 ♎ 39	29 ♏ 0	24 ♍ 40	21 ♈	13 ♓	18 ♈	27 ♌	9 ♈
11	19 ♊ 18	2 ♍ 26	6 ♓ 46	5 ♓ 54	26 ♉ 8	22 ♋ 45	5 ♋ 30	26 ♎ 18	16 ♉ 55	4 ♎ 39	28 ♏ 58	24 ♍ 41	21 ♈	13 ♓	18 ♈	27 ♌	9 ♈
12	20 ♊ 15	14 ♍ 16	6 ♓ 43	5 D 54	27 ♉ 25	23 ♋ 56	6 ♋ 9	26 ♎ 16	17 ♉ 2	4 ♎ 39	28 ♏ 57	24 ♍ 41	21 ♈	13 ♓	18 ♈	27 ♌	9 ♈
13	21 ♊ 13	26 ♍ 14	6 ♓ 40	5 R 54	28 ♉ 45	25 ♋ 7	6 ♋ 49	26 ♎ 14	17 ♉ 9	4 D 39	28 ♏ 55	24 ♍ 41	22 ♈	13 ♓	19 ♈	28 ♌	9 ♈
14	22 ♊ 10	8 ♎ 25	6 ♓ 37	5 ♓ 53	0 ♊ 7	26 ♋ 18	7 ♋ 28	26 ♎ 12	17 ♉ 15	4 ♎ 39	28 ♏ 54	24 ♍ 41	22 ♈	13 ♓	19 ♈	28 ♌	9 ♈
15	23 ♊ 7	20 ♎ 54	6 ♓ 34	5 ♓ 50	1 ♊ 33	27 ♋ 29	8 ♋ 8	26 ♎ 11	17 ♉ 22	4 ♎ 39	28 ♏ 52	24 ♍ 42	22 ♈	13 ♓	20 ♈	29 ♌	10 ♈
16	24 ♊ 5	3 ♏ 46	6 ♓ 31	5 ♓ 45	3 ♊ 2	28 ♋ 40	8 ♋ 47	26 ♎ 9	17 ♉ 29	4 ♎ 39	28 ♏ 51	24 ♍ 42	22 ♈	14 ♓	20 ♈	29 ♌	10 ♈
17	25 ♊ 2	17 ♏ 3	6 ♓ 27	5 ♓ 37	4 ♊ 34	29 ♋ 51	9 ♋ 26	26 ♎ 8	17 ♉ 36	4 ♎ 39	28 ♏ 50	24 ♍ 42	23 ♈	14 ♓	21 ♈	29 ♌	10 ♈
18	25 ♊ 59	0 ♐ 47	6 ♓ 24	5 ♓ 28	6 ♊ 9	1 ♌ 2	10 ♋ 5	26 ♎ 7	17 ♉ 42	4 ♎ 40	28 ♏ 48	24 ♍ 43	23 ♈	14 ♓	21 ♈	0 ♍	10 ♈
19	26 ♊ 57	14 ♐ 54	6 ♓ 21	5 ♓ 17	7 ♊ 46	2 ♌ 13	10 ♋ 45	26 ♎ 6	17 ♉ 49	4 ♎ 40	28 ♏ 47	24 ♍ 43	23 ♈	14 ♓	22 ♈	0 ♍	10 ♈
20	27 ♊ 54	29 ♐ 20	6 ♓ 18	5 ♓ 7	9 ♊ 27	3 ♌ 23	11 ♋ 24	26 ♎ 5	17 ♉ 55	4 ♎ 40	28 ♏ 45	24 ♍ 44	24 ♈	14 ♓	22 ♈	1 ♍	10 ♈
21	28 ♊ 51	14 ♑ 0	6 ♓ 15	4 ♓ 59	11 ♊ 10	4 ♌ 34	12 ♋ 3	26 ♎ 4	18 ♉ 2	4 ♎ 41	28 ♏ 44	24 ♍ 44	24 ♈	14 ♓	23 ♈	1 ♍	10 ♈
22	29 ♊ 48	28 ♑ 45	6 ♓ 11	4 ♓ 52	12 ♊ 57	5 ♌ 45	12 ♋ 42	26 ♎ 4	18 ♉ 8	4 ♎ 41	28 ♏ 43	24 ♍ 45	24 ♈	14 ♓	23 ♈	1 ♍	10 ♈
23	0 ♋ 45	13 ♒ 29	6 ♓ 8	4 ♓ 48	14 ♊ 46	6 ♌ 55	13 ♋ 22	26 ♎ 4	18 ♉ 15	4 ♎ 42	28 ♏ 41	24 ♍ 45	25 ♈	14 ♓	23 ♈	2 ♍	10 ♈
24	1 ♋ 43	28 ♒ 4	6 ♓ 5	4 ♓ 47	16 ♊ 38	8 ♌ 5	14 ♋ 1	26 D 4	18 ♉ 21	4 ♎ 42	28 ♏ 40	24 ♍ 46	25 ♈	14 ♓	24 ♈	2 ♍	10 ♈
25	2 ♋ 40	12 ♓ 27	6 ♓ 2	4 D 47	18 ♊ 32	9 ♌ 16	14 ♋ 40	26 ♎ 4	18 ♉ 27	4 ♎ 43	28 ♏ 39	24 ♍ 46	25 ♈	14 ♓	24 ♈	3 ♍	10 ♈
26	3 ♋ 37	26 ♓ 35	5 ♓ 59	4 ♓ 47	20 ♊ 29	10 ♌ 26	15 ♋ 19	26 ♎ 4	18 ♉ 34	4 ♎ 43	28 ♏ 38	24 ♍ 47	25 ♈	14 ♓	25 ♈	3 ♍	10 ♈
27	4 ♋ 34	10 ♈ 27	5 ♓ 56	4 R 47	22 ♊ 28	11 ♌ 36	15 ♋ 58	26 ♎ 5	18 ♉ 40	4 ♎ 44	28 ♏ 36	24 ♍ 48	26 ♈	14 ♓	25 ♈	3 ♍	10 ♈
28	5 ♋ 32	24 ♈ 4	5 ♓ 52	4 ♓ 46	24 ♊ 30	12 ♌ 46	16 ♋ 37	26 ♎ 5	18 ♉ 46	4 ♎ 45	28 ♏ 35	24 ♍ 48	26 ♈	14 ♓	26 ♈	4 ♍	10 ♈
29	6 ♋ 29	7 ♉ 27	5 ♓ 49	4 ♓ 42	26 ♊ 33	13 ♌ 56	17 ♋ 16	26 ♎ 6	18 ♉ 52	4 ♎ 46	28 ♏ 34	24 ♍ 49	26 ♈	14 ♓	26 ♈	4 ♍	10 ♈
30	7 ♋ 26	20 ♉ 36	5 ♓ 46	4 ♓ 36	28 ♊ 38	15 ♌ 6	17 ♋ 55	26 ♎ 7	18 ♉ 58	4 ♎ 47	28 ♏ 33	24 ♍ 50	27 ♈	14 ♓	27 ♈	5 ♍	10 ♈

SUN INGRESS	☉ → ♋ 22日 04:43
MOON PHASE	● 4日 11:21 ♊ ◐ 12日 13:06 ♍ ○ 19日 21:27 ♐ ◑ 26日 13:01 ♈

aspects		
5日	13:31	♀⚹♄
9日	17:11	♂□♅
9日	19:11	☿△♇
12日	15:08	♀⚹♇
13日	03:06	☿☍♆
13日	22:01	♀□♃
16日	03:32	♀△♆
16日	15:40	☉□♇
17日	01:26	☿△♅
18日	03:04	☉△♃
21日	02:16	♀⚹♅
27日	04:11	☉□♅
28日	03:39	☿□♇
28日	18:45	☿△♃

1970年7月

DAY	☉	☽	☊ mean	☊ true	☿	♀	♂	♃	♄	♅	♆	♇	⚳	⚴	⚵	⚶	⚷
	° ′	° ′	° ′	° ′	° ′	° ′	° ′	° ′	° ′	° ′	° ′	° ′	°	°	°	°	°
1	8 ♋ 23	3 ♊ 32	5 ♓ 43	4 R 28	0 D 45	16 D 16	18 D 34	26 D 8	19 D 4	4 D 48	28 R 31	24 D 51	27 D	14 R	27 D	5 D	10 D
2	9 ♋ 21	16 ♊ 15	5 ♓ 40	4 ♓ 18	2 ♋ 53	17 ♌ 26	19 ♋ 13	26 ♎ 10	19 ♉ 10	4 ♎ 49	28 ♏ 30	24 ♍ 51	27 ♈	14 ♓	27 ♈	5 ♍	10 ♈
3	10 ♋ 18	28 ♊ 47	5 ♓ 37	4 ♓ 9	5 ♋ 3	18 ♌ 35	19 ♋ 52	26 ♎ 11	19 ♉ 16	4 ♎ 50	28 ♏ 29	24 ♍ 52	27 ♈	14 ♓	28 ♈	6 ♍	10 ♈
4	11 ♋ 15	11 ♋ 7	5 ♓ 33	3 ♓ 59	7 ♋ 12	19 ♌ 45	20 ♋ 31	26 ♎ 13	19 ♉ 21	4 ♎ 51	28 ♏ 28	24 ♍ 53	28 ♈	14 ♓	28 ♈	6 ♍	10 ♈
5	12 ♋ 12	23 ♋ 16	5 ♓ 30	3 ♓ 52	9 ♋ 23	20 ♌ 55	21 ♋ 10	26 ♎ 15	19 ♉ 27	4 ♎ 52	28 ♏ 27	24 ♍ 54	28 ♈	14 ♓	29 ♈	7 ♍	10 ♈
6	13 ♋ 9	5 ♌ 15	5 ♓ 27	3 ♓ 46	11 ♋ 33	22 ♌ 4	21 ♋ 49	26 ♎ 17	19 ♉ 33	4 ♎ 53	28 ♏ 26	24 ♍ 55	28 ♈	14 ♓	29 ♈	7 ♍	10 ♈
7	14 ♋ 7	17 ♌ 8	5 ♓ 24	3 ♓ 42	13 ♋ 43	23 ♌ 13	22 ♋ 28	26 ♎ 19	19 ♉ 38	4 ♎ 54	28 ♏ 25	24 ♍ 56	29 ♈	14 ♓	0 ♉	8 ♍	10 ♈
8	15 ♋ 4	28 ♌ 55	5 ♓ 21	3 ♓ 40	15 ♋ 53	24 ♌ 23	23 ♋ 7	26 ♎ 22	19 ♉ 44	4 ♎ 56	28 ♏ 24	24 ♍ 57	29 ♈	14 ♓	0 ♉	8 ♍	10 ♈
9	16 ♋ 1	10 ♍ 42	5 ♓ 17	3 D 41	18 ♋ 3	25 ♌ 32	23 ♋ 46	26 ♎ 24	19 ♉ 49	4 ♎ 57	28 ♏ 23	24 ♍ 58	29 ♈	14 ♓	0 ♉	8 ♍	10 ♈
10	16 ♋ 58	22 ♍ 31	5 ♓ 14	3 ♓ 42	20 ♋ 11	26 ♌ 41	24 ♋ 24	26 ♎ 27	19 ♉ 55	4 ♎ 58	28 ♏ 22	24 ♍ 59	29 ♈	14 ♓	1 ♉	9 ♍	10 ♈
11	17 ♋ 55	4 ♎ 28	5 ♓ 11	3 ♓ 43	22 ♋ 18	27 ♌ 50	25 ♋ 3	26 ♎ 30	20 ♉ 0	5 ♎ 0	28 ♏ 21	25 ♍ 0	0 ♉	14 ♓	1 ♉	9 ♍	10 ♈
12	18 ♋ 53	16 ♎ 39	5 ♓ 8	3 ♓ 44	24 ♋ 24	28 ♌ 59	25 ♋ 42	26 ♎ 33	20 ♉ 5	5 ♎ 1	28 ♏ 20	25 ♍ 1	0 ♉	14 ♓	2 ♉	10 ♍	10 ♈
13	19 ♋ 50	29 ♎ 6	5 ♓ 5	3 R 43	26 ♋ 29	0 ♍ 7	26 ♋ 21	26 ♎ 37	20 ♉ 10	5 ♎ 3	28 ♏ 19	25 ♍ 2	0 ♉	14 ♓	2 ♉	10 ♍	10 ♈
14	20 ♋ 47	11 ♏ 57	5 ♓ 2	3 ♓ 41	28 ♋ 33	1 ♍ 16	26 ♋ 59	26 ♎ 40	20 ♉ 15	5 ♎ 4	28 ♏ 19	25 ♍ 4	0 ♉	14 ♓	2 ♉	11 ♍	10 ♈
15	21 ♋ 44	25 ♏ 13	4 ♓ 58	3 ♓ 38	0 ♌ 34	2 ♍ 24	27 ♋ 38	26 ♎ 44	20 ♉ 20	5 ♎ 6	28 ♏ 18	25 ♍ 5	1 ♉	14 ♓	3 ♉	11 ♍	10 R
16	22 ♋ 42	8 ♐ 58	4 ♓ 55	3 ♓ 32	2 ♌ 34	3 ♍ 33	28 ♋ 17	26 ♎ 47	20 ♉ 25	5 ♎ 8	28 ♏ 17	25 ♍ 6	1 ♉	13 ♓	3 ♉	12 ♍	10 ♈
17	23 ♋ 39	23 ♐ 9	4 ♓ 52	3 ♓ 27	4 ♌ 33	4 ♍ 41	28 ♋ 56	26 ♎ 51	20 ♉ 30	5 ♎ 10	28 ♏ 16	25 ♍ 7	1 ♉	13 ♓	4 ♉	12 ♍	10 ♈
18	24 ♋ 36	7 ♑ 45	4 ♓ 49	3 ♓ 21	6 ♌ 30	5 ♍ 49	29 ♋ 34	26 ♎ 55	20 ♉ 35	5 ♎ 11	28 ♏ 15	25 ♍ 9	1 ♉	13 ♓	4 ♉	12 ♍	10 ♈
19	25 ♋ 33	22 ♑ 38	4 ♓ 46	3 ♓ 16	8 ♌ 24	6 ♍ 57	0 ♌ 13	27 ♎ 0	20 ♉ 39	5 ♎ 13	28 ♏ 15	25 ♍ 10	1 ♉	13 ♓	5 ♉	13 ♍	10 ♈
20	26 ♋ 30	7 ♒ 41	4 ♓ 43	3 ♓ 12	10 ♌ 18	8 ♍ 5	0 ♌ 51	27 ♎ 4	20 ♉ 44	5 ♎ 15	28 ♏ 14	25 ♍ 11	2 ♉	13 ♓	5 ♉	13 ♍	10 ♈
21	27 ♋ 28	22 ♒ 45	4 ♓ 39	3 ♓ 10	12 ♌ 9	9 ♍ 13	1 ♌ 30	27 ♎ 9	20 ♉ 49	5 ♎ 17	28 ♏ 13	25 ♍ 13	2 ♉	13 ♓	6 ♉	14 ♍	10 ♈
22	28 ♋ 25	7 ♓ 40	4 ♓ 36	3 D 10	13 ♌ 58	10 ♍ 21	2 ♌ 9	27 ♎ 13	20 ♉ 53	5 ♎ 19	28 ♏ 13	25 ♍ 14	2 ♉	13 ♓	6 ♉	14 ♍	10 ♈
23	29 ♋ 22	22 ♓ 21	4 ♓ 33	3 ♓ 11	15 ♌ 46	11 ♍ 28	2 ♌ 47	27 ♎ 18	20 ♉ 57	5 ♎ 21	28 ♏ 12	25 ♍ 15	2 ♉	13 ♓	6 ♉	15 ♍	10 ♈
24	0 ♌ 20	6 ♈ 42	4 ♓ 30	3 ♓ 12	17 ♌ 32	12 ♍ 35	3 ♌ 26	27 ♎ 23	21 ♉ 2	5 ♎ 23	28 ♏ 12	25 ♍ 17	3 ♉	13 ♓	7 ♉	15 ♍	10 ♈
25	1 ♌ 17	20 ♈ 42	4 ♓ 27	3 ♓ 13	19 ♌ 16	13 ♍ 43	4 ♌ 4	27 ♎ 29	21 ♉ 6	5 ♎ 25	28 ♏ 11	25 ♍ 18	3 ♉	12 ♓	7 ♉	16 ♍	10 ♈
26	2 ♌ 14	4 ♉ 20	4 ♓ 23	3 R 14	20 ♌ 59	14 ♍ 50	4 ♌ 43	27 ♎ 34	21 ♉ 10	5 ♎ 27	28 ♏ 11	25 ♍ 20	3 ♉	12 ♓	8 ♉	16 ♍	10 ♈
27	3 ♌ 11	17 ♉ 37	4 ♓ 20	3 ♓ 13	22 ♌ 39	15 ♍ 57	5 ♌ 21	27 ♎ 39	21 ♉ 14	5 ♎ 29	28 ♏ 10	25 ♍ 21	3 ♉	12 ♓	8 ♉	16 ♍	10 ♈
28	4 ♌ 9	0 ♊ 35	4 ♓ 17	3 ♓ 11	24 ♌ 18	17 ♍ 4	6 ♌ 0	27 ♎ 45	21 ♉ 18	5 ♎ 32	28 ♏ 10	25 ♍ 23	3 ♉	12 ♓	8 ♉	17 ♍	10 ♈
29	5 ♌ 6	13 ♊ 18	4 ♓ 14	3 ♓ 7	25 ♌ 55	18 ♍ 10	6 ♌ 38	27 ♎ 51	21 ♉ 22	5 ♎ 34	28 ♏ 9	25 ♍ 24	4 ♉	12 ♓	9 ♉	17 ♍	10 ♈
30	6 ♌ 4	25 ♊ 46	4 ♓ 11	3 ♓ 3	27 ♌ 31	19 ♍ 17	7 ♌ 17	27 ♎ 57	21 ♉ 26	5 ♎ 36	28 ♏ 9	25 ♍ 26	4 ♉	12 ♓	9 ♉	18 ♍	10 ♈
31	7 ♌ 1	8 ♋ 2	4 ♓ 8	2 ♓ 59	29 ♌ 4	20 ♍ 23	7 ♌ 55	28 ♎ 3	21 ♉ 29	5 ♎ 39	28 ♏ 9	25 ♍ 28	4 ♉	11 ♓	10 ♉	18 ♍	10 ♈
SUN INGRESS	☉ → ♌ 23日 15:37																
MOON PHASE	● 4日 00:18 ♋	◐ 12日 04:43 ♎	○ 19日 04:58 ♑	◑ 25日 20:00 ♉													

aspects

1日	21:31	♂⚹♄
2日	21:35	☿□♅
3日	15:05	♀□♄
7日	07:38	☉☌☿
9日	19:03	♀⚹♃
9日	20:46	☿⚹♄
10日	22:05	♂⚹♇
11日	10:48	♀□♆
12日	07:06	☿⚹♇
12日	21:35	☿☌♂
13日	01:26	☿□♃
13日	09:18	☉⚹♄
13日	10:45	♂□♃
13日	21:16	♀△♆
16日	00:02	♂△♆
17日	07:37	☿⚹♅
18日	13:58	☉⚹♇
20日	15:19	☉□♃
21日	18:56	☉△♆
26日	02:46	♀□♄
27日	05:14	♂⚹♅
29日	12:05	☉⚹♅
30日	07:04	☿⚹♃
30日	09:41	☿□♆

1970年8月

DAY	☉	☽	☊ mean	☊ true	☿	♀	♂	♃	♄	♅	♆	♇	⚳	⚴	⚵	⚶	⚷
	° ′	° ′	° ′	° ′	° ′	° ′	° ′	° ′	° ′	° ′	° ′	° ′	°	°	°	°	°
1	7 ♌ 58	20 ♋ 8	4 ♓ 4	2 R 55	0 D 36	21 D 29	8 D 34	28 D 9	21 D 33	5 D 41	28 R 8	25 D 29	4 D	11 R	10 D	19 D	10 R
2	8 ♌ 56	2 ♌ 7	4 ♓ 1	2 ♓ 51	2 ♍ 6	22 ♍ 35	9 ♌ 12	28 ♎ 15	21 ♉ 36	5 ♎ 43	28 ♏ 8	25 ♍ 31	4 ♉	11 ♓	10 ♉	19 ♍	10 ♈
3	9 ♌ 53	13 ♌ 59	3 ♓ 58	2 ♓ 49	3 ♍ 35	23 ♍ 41	9 ♌ 51	28 ♎ 22	21 ♉ 40	5 ♎ 46	28 ♏ 8	25 ♍ 33	4 ♉	11 ♓	11 ♉	20 ♍	10 ♈
4	10 ♌ 51	25 ♌ 47	3 ♓ 55	2 ♓ 48	5 ♍ 1	24 ♍ 47	10 ♌ 29	28 ♎ 29	21 ♉ 43	5 ♎ 48	28 ♏ 7	25 ♍ 34	5 ♉	11 ♓	11 ♉	20 ♍	10 ♈
5	11 ♌ 48	7 ♍ 34	3 ♓ 52	2 D 48	6 ♍ 26	25 ♍ 53	11 ♌ 8	28 ♎ 35	21 ♉ 46	5 ♎ 51	28 ♏ 7	25 ♍ 36	5 ♉	11 ♓	12 ♉	21 ♍	10 ♈
6	12 ♌ 46	19 ♍ 21	3 ♓ 49	2 ♓ 49	7 ♍ 48	26 ♍ 58	11 ♌ 46	28 ♎ 42	21 ♉ 50	5 ♎ 54	28 ♏ 7	25 ♍ 38	5 ♉	10 ♓	12 ♉	21 ♍	10 ♈
7	13 ♌ 43	1 ♎ 13	3 ♓ 45	2 ♓ 50	9 ♍ 9	28 ♍ 3	12 ♌ 24	28 ♎ 49	21 ♉ 53	5 ♎ 56	28 ♏ 7	25 ♍ 39	5 ♉	10 ♓	12 ♉	22 ♍	10 ♈
8	14 ♌ 41	13 ♎ 12	3 ♓ 42	2 ♓ 51	10 ♍ 28	29 ♍ 8	13 ♌ 3	28 ♎ 56	21 ♉ 56	5 ♎ 59	28 ♏ 7	25 ♍ 41	5 ♉	10 ♓	13 ♉	22 ♍	10 ♈
9	15 ♌ 38	25 ♎ 23	3 ♓ 39	2 ♓ 53	11 ♍ 45	0 ♎ 13	13 ♌ 41	29 ♎ 4	21 ♉ 58	6 ♎ 2	28 ♏ 7	25 ♍ 43	5 ♉	10 ♓	13 ♉	23 ♍	10 ♈
10	16 ♌ 36	7 ♏ 50	3 ♓ 36	2 ♓ 54	13 ♍ 0	1 ♎ 18	14 ♌ 20	29 ♎ 11	22 ♉ 1	6 ♎ 4	28 ♏ 7	25 ♍ 45	6 ♉	10 ♓	13 ♉	23 ♍	10 ♈
11	17 ♌ 33	20 ♏ 38	3 ♓ 33	2 R 54	14 ♍ 13	2 ♎ 22	14 ♌ 58	29 ♎ 19	22 ♉ 4	6 ♎ 7	28 D 7	25 ♍ 47	6 ♉	9 ♓	14 ♉	24 ♍	10 ♈
12	18 ♌ 31	3 ♐ 49	3 ♓ 29	2 ♓ 53	15 ♍ 24	3 ♎ 26	15 ♌ 36	29 ♎ 26	22 ♉ 6	6 ♎ 10	28 ♏ 7	25 ♍ 48	6 ♉	9 ♓	14 ♉	24 ♍	10 ♈
13	19 ♌ 28	17 ♐ 27	3 ♓ 26	2 ♓ 52	16 ♍ 32	4 ♎ 30	16 ♌ 15	29 ♎ 34	22 ♉ 9	6 ♎ 13	28 ♏ 7	25 ♍ 50	6 ♉	9 ♓	14 ♉	24 ♍	9 ♈
14	20 ♌ 26	1 ♑ 32	3 ♓ 23	2 ♓ 51	17 ♍ 38	5 ♎ 34	16 ♌ 53	29 ♎ 42	22 ♉ 11	6 ♎ 16	28 ♏ 7	25 ♍ 52	6 ♉	9 ♓	15 ♉	25 ♍	9 ♈
15	21 ♌ 24	16 ♑ 3	3 ♓ 20	2 ♓ 49	18 ♍ 42	6 ♎ 37	17 ♌ 31	29 ♎ 50	22 ♉ 13	6 ♎ 19	28 ♏ 7	25 ♍ 54	6 ♉	8 ♓	15 ♉	25 ♍	9 ♈
16	22 ♌ 21	0 ♒ 55	3 ♓ 17	2 ♓ 48	19 ♍ 43	7 ♎ 41	18 ♌ 9	29 ♎ 58	22 ♉ 16	6 ♎ 22	28 ♏ 7	25 ♍ 56	6 ♉	8 ♓	15 ♉	26 ♍	9 ♈
17	23 ♌ 19	16 ♒ 2	3 ♓ 14	2 ♓ 47	20 ♍ 41	8 ♎ 44	18 ♌ 48	0 ♏ 7	22 ♉ 18	6 ♎ 25	28 ♏ 7	25 ♍ 58	6 ♉	8 ♓	16 ♉	26 ♍	9 ♈
18	24 ♌ 16	1 ♓ 15	3 ♓ 10	2 ♓ 47	21 ♍ 37	9 ♎ 46	19 ♌ 26	0 ♏ 15	22 ♉ 20	6 ♎ 28	28 ♏ 8	26 ♍ 0	6 ♉	8 ♓	16 ♉	27 ♍	9 ♈
19	25 ♌ 14	16 ♓ 24	3 ♓ 7	2 D 47	22 ♍ 29	10 ♎ 49	20 ♌ 4	0 ♏ 24	22 ♉ 21	6 ♎ 31	28 ♏ 8	26 ♍ 2	7 ♉	7 ♓	16 ♉	27 ♍	9 ♈
20	26 ♌ 12	1 ♈ 20	3 ♓ 4	2 ♓ 48	23 ♍ 19	11 ♎ 51	20 ♌ 42	0 ♏ 32	22 ♉ 23	6 ♎ 34	28 ♏ 8	26 ♍ 4	7 ♉	7 ♓	17 ♉	28 ♍	9 ♈
21	27 ♌ 10	15 ♈ 56	3 ♓ 1	2 ♓ 48	24 ♍ 5	12 ♎ 53	21 ♌ 21	0 ♏ 41	22 ♉ 25	6 ♎ 37	28 ♏ 9	26 ♍ 6	7 ♉	7 ♓	17 ♉	28 ♍	9 ♈
22	28 ♌ 7	0 ♉ 8	2 ♓ 58	2 ♓ 49	24 ♍ 48	13 ♎ 54	21 ♌ 59	0 ♏ 50	22 ♉ 26	6 ♎ 40	28 ♏ 9	26 ♍ 8	7 ♉	7 ♓	17 ♉	29 ♍	9 ♈
23	29 ♌ 5	13 ♉ 54	2 ♓ 54	2 ♓ 49	25 ♍ 27	14 ♎ 56	22 ♌ 37	0 ♏ 59	22 ♉ 28	6 ♎ 43	28 ♏ 9	26 ♍ 10	7 ♉	6 ♓	18 ♉	29 ♍	9 ♈
24	0 ♍ 3	27 ♉ 14	2 ♓ 51	2 ♓ 49	26 ♍ 2	15 ♎ 57	23 ♌ 15	1 ♏ 8	22 ♉ 29	6 ♎ 46	28 ♏ 10	26 ♍ 12	7 ♉	6 ♓	18 ♉	0 ♎	9 ♈
25	1 ♍ 1	10 ♊ 11	2 ♓ 48	2 R 49	26 ♍ 34	16 ♎ 58	23 ♌ 54	1 ♏ 17	22 ♉ 30	6 ♎ 49	28 ♏ 10	26 ♍ 14	7 ♉	6 ♓	18 ♉	0 ♎	9 ♈
26	1 ♍ 59	22 ♊ 47	2 ♓ 45	2 ♓ 49	27 ♍ 0	17 ♎ 58	24 ♌ 32	1 ♏ 26	22 ♉ 32	6 ♎ 53	28 ♏ 11	26 ♍ 16	7 ♉	6 ♓	19 ♉	1 ♎	9 ♈
27	2 ♍ 57	5 ♋ 7	2 ♓ 42	2 D 49	27 ♍ 23	18 ♎ 58	25 ♌ 10	1 ♏ 36	22 ♉ 33	6 ♎ 56	28 ♏ 11	26 ♍ 18	7 ♉	5 ♓	19 ♉	1 ♎	9 ♈
28	3 ♍ 55	17 ♋ 14	2 ♓ 39	2 ♓ 49	27 ♍ 40	19 ♎ 58	25 ♌ 48	1 ♏ 45	22 ♉ 33	6 ♎ 59	28 ♏ 12	26 ♍ 20	7 ♉	5 ♓	19 ♉	2 ♎	9 ♈
29	4 ♍ 53	29 ♋ 11	2 ♓ 35	2 ♓ 49	27 ♍ 52	20 ♎ 57	26 ♌ 26	1 ♏ 55	22 ♉ 34	7 ♎ 3	28 ♏ 12	26 ♍ 22	7 ♉	5 ♓	19 ♉	2 ♎	9 ♈
30	5 ♍ 51	11 ♌ 2	2 ♓ 32	2 ♓ 49	27 ♍ 59	21 ♎ 56	27 ♌ 5	2 ♏ 5	22 ♉ 35	7 ♎ 6	28 ♏ 13	26 ♍ 25	7 ♉	5 ♓	20 ♉	3 ♎	9 ♈
31	6 ♍ 49	22 ♌ 50	2 ♓ 29	2 ♓ 50	28 R 0	22 ♎ 55	27 ♌ 43	2 ♏ 14	22 ♉ 36	7 ♎ 9	28 ♏ 14	26 ♍ 27	7 ♉	4 ♓	20 ♉	3 ♎	9 ♈
SUN INGRESS	☉ → ♍ 23日 22:34																
MOON PHASE	● 2日 14:58 ♌	◐ 10日 17:50 ♏	○ 17日 12:15 ♒	◑ 24日 05:34 ♊													

aspects

1日	01:20	♀△♄
2日	21:00	☉☌♂
4日	17:41	♀☌♇
7日	01:23	☿⚹♆
14日	16:34	♀☌♅
15日	21:35	☉□♄
18日	20:08	☿△♄
22日	00:39	☉□♆
22日	17:55	♂□♄
24日	07:28	☿☌♇
25日	08:04	☉⚹♃
31日	19:42	♂□♆

1970年9月

DAY	☉	☽	☊ mean	☊ true	☿	♀	♂	♃	♄	♅	♆	♇	⚳	⚴	⚵	⚶	⚷
	° ′	° ′	° ′	° ′	° ′	° ′	° ′	° ′	° ′	° ′	° ′	° ′	°	°	°	°	°
1	7 ♍ 47	4 ♍ 37	2 ♓ 26	2 R 50	27 R 55	23 D 53	28 D 21	2 D 24	22 D 36	7 D 13	28 D 14	26 D 29	7 D	4 R	20 D	4 D	9 R
2	8 ♍ 45	16 ♍ 25	2 ♓ 23	2 ♓ 50	27 ♍ 44	24 ♎ 51	28 ♌ 59	2 ♏ 34	22 ♉ 36	7 ♎ 16	28 ♏ 15	26 ♍ 31	7 ♉	4 ♓	21 ♉	4 ♎	9 ♈
3	9 ♍ 43	28 ♍ 17	2 ♓ 20	2 ♓ 49	27 ♍ 27	25 ♎ 49	29 ♌ 37	2 ♏ 44	22 ♉ 37	7 ♎ 20	28 ♏ 16	26 ♍ 33	7 ♉	4 ♓	21 ♉	5 ♎	9 ♈
4	10 ♍ 41	10 ♎ 16	2 ♓ 16	2 ♓ 48	27 ♍ 4	26 ♎ 46	0 ♍ 15	2 ♏ 55	22 ♉ 37	7 ♎ 23	28 ♏ 16	26 ♍ 35	7 ♉	3 ♓	21 ♉	5 ♎	9 ♈
5	11 ♍ 39	22 ♎ 23	2 ♓ 13	2 ♓ 47	26 ♍ 34	27 ♎ 42	0 ♍ 54	3 ♏ 5	22 R 37	7 ♎ 27	28 ♏ 17	26 ♍ 37	7 R	3 ♓	21 ♉	6 ♎	9 ♈
6	12 ♍ 37	4 ♏ 41	2 ♓ 10	2 ♓ 46	25 ♍ 58	28 ♎ 39	1 ♍ 32	3 ♏ 15	22 ♉ 37	7 ♎ 30	28 ♏ 18	26 ♍ 40	7 ♉	3 ♓	22 ♉	6 ♎	9 ♈
7	13 ♍ 35	17 ♏ 12	2 ♓ 7	2 ♓ 45	25 ♍ 17	29 ♎ 34	2 ♍ 10	3 ♏ 26	22 ♉ 37	7 ♎ 34	28 ♏ 19	26 ♍ 42	7 ♉	3 ♓	22 ♉	7 ♎	9 ♈
8	14 ♍ 34	0 ♐ 1	2 ♓ 4	2 ♓ 44	24 ♍ 30	0 ♏ 30	2 ♍ 48	3 ♏ 36	22 ♉ 36	7 ♎ 37	28 ♏ 20	26 ♍ 44	7 ♉	2 ♓	22 ♉	7 ♎	9 ♈
9	15 ♍ 32	13 ♐ 8	2 ♓ 0	2 ♓ 43	23 ♍ 38	1 ♏ 24	3 ♍ 26	3 ♏ 47	22 ♉ 36	7 ♎ 41	28 ♏ 21	26 ♍ 46	7 ♉	2 ♓	22 ♉	8 ♎	9 ♈
10	16 ♍ 30	26 ♐ 38	1 ♓ 57	2 D 43	22 ♍ 42	2 ♏ 18	4 ♍ 4	3 ♏ 57	22 ♉ 36	7 ♎ 44	28 ♏ 22	26 ♍ 48	7 ♉	2 ♓	23 ♉	8 ♎	9 ♈
11	17 ♍ 29	10 ♑ 32	1 ♓ 54	2 ♓ 44	21 ♍ 43	3 ♏ 12	4 ♍ 42	4 ♏ 8	22 ♉ 35	7 ♎ 48	28 ♏ 23	26 ♍ 51	7 ♉	2 ♓	23 ♉	9 ♎	9 ♈
12	18 ♍ 27	24 ♑ 49	1 ♓ 51	2 ♓ 45	20 ♍ 43	4 ♏ 5	5 ♍ 21	4 ♏ 19	22 ♉ 34	7 ♎ 52	28 ♏ 24	26 ♍ 53	7 ♉	1 ♓	23 ♉	9 ♎	8 ♈
13	19 ♍ 25	9 ♒ 27	1 ♓ 48	2 ♓ 46	19 ♍ 42	4 ♏ 58	5 ♍ 59	4 ♏ 30	22 ♉ 33	7 ♎ 55	28 ♏ 25	26 ♍ 55	7 ♉	1 ♓	23 ♉	10 ♎	8 ♈
14	20 ♍ 24	24 ♒ 23	1 ♓ 45	2 ♓ 47	18 ♍ 41	5 ♏ 49	6 ♍ 37	4 ♏ 41	22 ♉ 33	7 ♎ 59	28 ♏ 26	26 ♍ 57	7 ♉	1 ♓	23 ♉	10 ♎	8 ♈
15	21 ♍ 22	9 ♓ 28	1 ♓ 41	2 R 47	17 ♍ 43	6 ♏ 41	7 ♍ 15	4 ♏ 52	22 ♉ 31	8 ♎ 3	28 ♏ 27	27 ♍ 0	7 ♉	1 ♓	24 ♉	11 ♎	8 ♈
16	22 ♍ 21	24 ♓ 36	1 ♓ 38	2 ♓ 46	16 ♍ 49	7 ♏ 31	7 ♍ 53	5 ♏ 3	22 ♉ 30	8 ♎ 6	28 ♏ 28	27 ♍ 2	7 ♉	0 ♓	24 ♉	11 ♎	8 ♈
17	23 ♍ 19	9 ♈ 37	1 ♓ 35	2 ♓ 44	15 ♍ 59	8 ♏ 21	8 ♍ 31	5 ♏ 14	22 ♉ 29	8 ♎ 10	28 ♏ 29	27 ♍ 4	7 ♉	0 ♓	24 ♉	12 ♎	8 ♈
18	24 ♍ 17	24 ♈ 21	1 ♓ 32	2 ♓ 42	15 ♍ 16	9 ♏ 10	9 ♍ 9	5 ♏ 26	22 ♉ 28	8 ♎ 14	28 ♏ 30	27 ♍ 6	7 ♉	0 ♓	24 ♉	12 ♎	8 ♈
19	25 ♍ 16	8 ♉ 43	1 ♓ 29	2 ♓ 39	14 ♍ 41	9 ♏ 58	9 ♍ 47	5 ♏ 37	22 ♉ 26	8 ♎ 17	28 ♏ 32	27 ♍ 9	7 ♉	0 ♓	24 ♉	13 ♎	8 ♈
20	26 ♍ 15	22 ♉ 38	1 ♓ 26	2 ♓ 36	14 ♍ 14	10 ♏ 46	10 ♍ 25	5 ♏ 48	22 ♉ 25	8 ♎ 21	28 ♏ 33	27 ♍ 11	7 ♉	0 ♓	24 ♉	13 ♎	8 ♈
21	27 ♍ 13	6 ♊ 5	1 ♓ 22	2 ♓ 33	13 ♍ 55	11 ♏ 33	11 ♍ 3	6 ♏ 0	22 ♉ 23	8 ♎ 25	28 ♏ 34	27 ♍ 13	6 ♉	29 ♒	25 ♉	14 ♎	8 ♈
22	28 ♍ 12	19 ♊ 6	1 ♓ 19	2 ♓ 32	13 ♍ 47	12 ♏ 19	11 ♍ 42	6 ♏ 12	22 ♉ 21	8 ♎ 28	28 ♏ 36	27 ♍ 15	6 ♉	29 ♒	25 ♉	14 ♎	8 ♈
23	29 ♍ 11	1 ♋ 43	1 ♓ 16	2 D 32	13 D 48	13 ♏ 4	12 ♍ 20	6 ♏ 23	22 ♉ 20	8 ♎ 32	28 ♏ 37	27 ♍ 17	6 ♉	29 ♒	25 ♉	15 ♎	8 ♈
24	0 ♎ 9	14 ♋ 1	1 ♓ 13	2 ♓ 32	13 ♍ 59	13 ♏ 48	12 ♍ 58	6 ♏ 35	22 ♉ 18	8 ♎ 36	28 ♏ 38	27 ♍ 20	6 ♉	29 ♒	25 ♉	15 ♎	8 ♈
25	1 ♎ 8	26 ♋ 4	1 ♓ 10	2 ♓ 34	14 ♍ 20	14 ♏ 31	13 ♍ 36	6 ♏ 47	22 ♉ 16	8 ♎ 40	28 ♏ 40	27 ♍ 22	6 ♉	29 ♒	25 ♉	16 ♎	8 ♈
26	2 ♎ 7	7 ♌ 57	1 ♓ 6	2 ♓ 36	14 ♍ 50	15 ♏ 14	14 ♍ 14	6 ♏ 58	22 ♉ 13	8 ♎ 44	28 ♏ 41	27 ♍ 24	6 ♉	28 ♒	25 ♉	16 ♎	8 ♈
27	3 ♎ 6	19 ♌ 45	1 ♓ 3	2 ♓ 37	15 ♍ 29	15 ♏ 55	14 ♍ 52	7 ♏ 10	22 ♉ 11	8 ♎ 47	28 ♏ 42	27 ♍ 26	6 ♉	28 ♒	25 ♉	17 ♎	8 ♈
28	4 ♎ 5	1 ♍ 31	1 ♓ 0	2 ♓ 38	16 ♍ 17	16 ♏ 35	15 ♍ 30	7 ♏ 22	22 ♉ 9	8 ♎ 51	28 ♏ 44	27 ♍ 29	6 ♉	28 ♒	25 ♉	17 ♎	8 ♈
29	5 ♎ 4	13 ♍ 20	0 ♓ 57	2 R 37	17 ♍ 13	17 ♏ 14	16 ♍ 8	7 ♏ 34	22 ♉ 6	8 ♎ 55	28 ♏ 45	27 ♍ 31	5 ♉	28 ♒	25 ♉	18 ♎	8 ♈
30	6 ♎ 2	25 ♍ 14	0 ♓ 54	2 ♓ 35	18 ♍ 17	17 ♏ 52	16 ♍ 46	7 ♏ 46	22 ♉ 4	8 ♎ 59	28 ♏ 47	27 ♍ 33	5 ♉	28 ♒	26 ♉	19 ♎	8 ♈

SUN INGRESS	☉ → ♎23日 19:59
MOON PHASE	● 1日 07:01 ♍ ◐ 9日 04:38 ♐ ○ 15日 20:09 ♓ ◑ 22日 18:42 ♊ ● 30日 23:31 ♎

aspects

4日	21:35	☿☌♇
9日	17:56	♂⚹♃
10日	02:49	☿△♄
12日	07:59	♀☌♃
13日	03:18	☉☌☿
16日	03:58	☉△♄
17日	22:06	♀⚹♂
20日	23:53	☉☌♇
22日	09:53	☉⚹♆
24日	10:02	☿⚹♀
29日	01:24	☿⚹♀

1970年10月

DAY	☉	☽	☊ mean	☊ true	☿	♀	♂	♃	♄	♅	♆	♇	⚳	⚴	⚵	⚶	⚷
	° ′	° ′	° ′	° ′	° ′	° ′	° ′	° ′	° ′	° ′	° ′	° ′	°	°	°	°	°
1	7 ♎ 1	7 ♎ 15	0 ♓ 51	2 R 31	19 D 27	18 D 29	17 D 24	7 D 58	22 R 1	9 D 2	28 D 48	27 D 35	5 R	28 R	26 D	19 D	8 R
2	8 ♎ 0	19 ♎ 25	0 ♓ 47	2 ♓ 26	20 ♍ 43	19 ♏ 5	18 ♍ 2	8 ♏ 11	21 ♉ 59	9 ♎ 6	28 ♏ 50	27 ♍ 38	5 ♉	27 ♒	26 ♉	20 ♎	8 ♈
3	9 ♎ 0	1 ♏ 45	0 ♓ 44	2 ♓ 19	22 ♍ 4	19 ♏ 39	18 ♍ 41	8 ♏ 23	21 ♉ 56	9 ♎ 10	28 ♏ 52	27 ♍ 40	5 ♉	27 ♒	26 ♉	20 ♎	8 ♈
4	9 ♎ 59	14 ♏ 17	0 ♓ 41	2 ♓ 13	23 ♍ 30	20 ♏ 12	19 ♍ 19	8 ♏ 35	21 ♉ 53	9 ♎ 14	28 ♏ 53	27 ♍ 42	5 ♉	27 ♒	26 ♉	21 ♎	7 ♈
5	10 ♎ 58	27 ♏ 2	0 ♓ 38	2 ♓ 6	25 ♍ 0	20 ♏ 44	19 ♍ 57	8 ♏ 47	21 ♉ 50	9 ♎ 18	28 ♏ 55	27 ♍ 44	4 ♉	27 ♒	26 ♉	21 ♎	7 ♈
6	11 ♎ 57	10 ♐ 0	0 ♓ 35	2 ♓ 1	26 ♍ 33	21 ♏ 14	20 ♍ 35	9 ♏ 0	21 ♉ 47	9 ♎ 21	28 ♏ 57	27 ♍ 46	4 ♉	27 ♒	26 ♉	22 ♎	7 ♈
7	12 ♎ 56	23 ♐ 12	0 ♓ 32	1 ♓ 57	28 ♍ 9	21 ♏ 43	21 ♍ 13	9 ♏ 12	21 ♉ 44	9 ♎ 25	28 ♏ 58	27 ♍ 49	4 ♉	27 ♒	26 ♉	22 ♎	7 ♈
8	13 ♎ 55	6 ♑ 40	0 ♓ 28	1 ♓ 56	29 ♍ 47	22 ♏ 10	21 ♍ 51	9 ♏ 25	21 ♉ 40	9 ♎ 29	29 ♏ 0	27 ♍ 51	4 ♉	27 ♒	26 ♉	23 ♎	7 ♈
9	14 ♎ 54	20 ♑ 25	0 ♓ 25	1 D 56	1 ♎ 27	22 ♏ 36	22 ♍ 29	9 ♏ 37	21 ♉ 37	9 ♎ 33	29 ♏ 2	27 ♍ 53	4 ♉	27 ♒	26 R	23 ♎	7 ♈
10	15 ♎ 54	4 ♒ 27	0 ♓ 22	1 ♓ 56	3 ♎ 8	22 ♏ 59	23 ♍ 7	9 ♏ 50	21 ♉ 34	9 ♎ 36	29 ♏ 3	27 ♍ 55	3 ♉	26 ♒	26 ♉	24 ♎	7 ♈
11	16 ♎ 53	18 ♒ 47	0 ♓ 19	1 ♓ 58	4 ♎ 51	23 ♏ 22	23 ♍ 45	10 ♏ 2	21 ♉ 30	9 ♎ 40	29 ♏ 5	27 ♍ 57	3 ♉	26 ♒	26 ♉	24 ♎	7 ♈
12	17 ♎ 52	3 ♓ 21	0 ♓ 16	1 R 58	6 ♎ 34	23 ♏ 42	24 ♍ 23	10 ♏ 15	21 ♉ 26	9 ♎ 44	29 ♏ 7	27 ♍ 59	3 ♉	26 ♒	26 ♉	25 ♎	7 ♈
13	18 ♎ 52	18 ♓ 7	0 ♓ 12	1 ♓ 57	8 ♎ 18	24 ♏ 0	25 ♍ 1	10 ♏ 28	21 ♉ 23	9 ♎ 48	29 ♏ 9	28 ♍ 2	3 ♉	26 ♒	26 ♉	25 ♎	7 ♈
14	19 ♎ 51	2 ♈ 58	0 ♓ 9	1 ♓ 54	10 ♎ 3	24 ♏ 17	25 ♍ 39	10 ♏ 40	21 ♉ 19	9 ♎ 52	29 ♏ 11	28 ♍ 4	3 ♉	26 ♒	26 ♉	26 ♎	7 ♈
15	20 ♎ 51	17 ♈ 47	0 ♓ 6	1 ♓ 49	11 ♎ 47	24 ♏ 31	26 ♍ 17	10 ♏ 53	21 ♉ 15	9 ♎ 55	29 ♏ 12	28 ♍ 6	2 ♉	26 ♒	26 ♉	26 ♎	7 ♈
16	21 ♎ 50	2 ♉ 25	0 ♓ 3	1 ♓ 41	13 ♎ 31	24 ♏ 43	26 ♍ 56	11 ♏ 6	21 ♉ 11	9 ♎ 59	29 ♏ 14	28 ♍ 8	2 ♉	26 ♒	26 ♉	27 ♎	7 ♈
17	22 ♎ 49	16 ♉ 46	0 ♓ 0	1 ♓ 33	15 ♎ 15	24 ♏ 54	27 ♍ 34	11 ♏ 19	21 ♉ 8	10 ♎ 3	29 ♏ 16	28 ♍ 10	2 ♉	26 ♒	26 ♉	27 ♎	7 ♈
18	23 ♎ 49	0 ♊ 44	29 ♒ 57	1 ♓ 25	16 ♎ 59	25 ♏ 2	28 ♍ 12	11 ♏ 31	21 ♉ 4	10 ♎ 6	29 ♏ 18	28 ♍ 12	2 ♉	26 ♒	26 ♉	28 ♎	7 ♈
19	24 ♎ 49	14 ♊ 15	29 ♒ 53	1 ♓ 17	18 ♎ 43	25 ♏ 8	28 ♍ 50	11 ♏ 44	20 ♉ 59	10 ♎ 10	29 ♏ 20	28 ♍ 14	2 ♉	26 ♒	25 ♉	28 ♎	7 ♈
20	25 ♎ 48	27 ♊ 20	29 ♒ 50	1 ♓ 11	20 ♎ 26	25 ♏ 11	29 ♍ 28	11 ♏ 57	20 ♉ 55	10 ♎ 14	29 ♏ 22	28 ♍ 16	1 ♉	26 ♒	25 ♉	29 ♎	7 ♈
21	26 ♎ 48	10 ♋ 0	29 ♒ 47	1 ♓ 7	22 ♎ 9	25 ♏ 12	0 ♎ 6	12 ♏ 10	20 ♉ 51	10 ♎ 18	29 ♏ 24	28 ♍ 18	1 ♉	26 ♒	25 ♉	29 ♎	7 ♈
22	27 ♎ 47	22 ♋ 20	29 ♒ 44	1 ♓ 6	23 ♎ 52	25 R 11	0 ♎ 44	12 ♏ 23	20 ♉ 47	10 ♎ 21	29 ♏ 26	28 ♍ 20	1 ♉	26 ♒	25 ♉	0 ♏	7 ♈
23	28 ♎ 47	4 ♌ 23	29 ♒ 41	1 D 6	25 ♎ 33	25 ♏ 8	1 ♎ 22	12 ♏ 36	20 ♉ 43	10 ♎ 25	29 ♏ 28	28 ♍ 22	1 ♉	26 ♒	25 ♉	1 ♏	7 ♈
24	29 ♎ 47	16 ♌ 16	29 ♒ 37	1 ♓ 7	27 ♎ 15	25 ♏ 2	2 ♎ 0	12 ♏ 49	20 ♉ 38	10 ♎ 29	29 ♏ 30	28 ♍ 24	0 ♉	26 ♒	25 ♉	1 ♏	7 ♈
25	0 ♏ 47	28 ♌ 3	29 ♒ 34	1 ♓ 7	28 ♎ 56	24 ♏ 54	2 ♎ 38	13 ♏ 2	20 ♉ 34	10 ♎ 32	29 ♏ 32	28 ♍ 26	0 ♉	26 ♒	25 ♉	2 ♏	7 ♈
26	1 ♏ 46	9 ♍ 50	29 ♒ 31	1 R 7	0 ♏ 36	24 ♏ 43	3 ♎ 16	13 ♏ 15	20 ♉ 29	10 ♎ 36	29 ♏ 34	28 ♍ 28	0 ♉	26 ♒	25 ♉	2 ♏	7 ♈
27	2 ♏ 46	21 ♍ 42	29 ♒ 28	1 ♓ 5	2 ♏ 16	24 ♏ 30	3 ♎ 54	13 ♏ 28	20 ♉ 25	10 ♎ 39	29 ♏ 36	28 ♍ 30	0 ♉	26 ♒	24 ♉	3 ♏	7 ♈
28	3 ♏ 46	3 ♎ 42	29 ♒ 25	1 ♓ 0	3 ♏ 55	24 ♏ 14	4 ♎ 33	13 ♏ 41	20 ♉ 20	10 ♎ 43	29 ♏ 38	28 ♍ 32	29 ♈	26 D	24 ♉	3 ♏	6 ♈
29	4 ♏ 46	15 ♎ 53	29 ♒ 22	0 ♓ 52	5 ♏ 34	23 ♏ 57	5 ♎ 11	13 ♏ 54	20 ♉ 16	10 ♎ 46	29 ♏ 40	28 ♍ 34	29 ♈	26 ♒	24 ♉	4 ♏	6 ♈
30	5 ♏ 46	28 ♎ 18	29 ♒ 18	0 ♓ 42	7 ♏ 12	23 ♏ 37	5 ♎ 49	14 ♏ 7	20 ♉ 11	10 ♎ 50	29 ♏ 42	28 ♍ 36	29 ♈	26 ♒	24 ♉	4 ♏	6 ♈
31	6 ♏ 46	10 ♏ 56	29 ♒ 15	0 ♓ 31	8 ♏ 49	23 ♏ 14	6 ♎ 27	14 ♏ 21	20 ♉ 6	10 ♎ 54	29 ♏ 44	28 ♍ 38	29 ♈	26 ♒	24 ♉	5 ♏	6 ♈

SUN INGRESS	☉ → ♏24日 05:04
MOON PHASE	◐ 8日 13:43 ♑ ○ 15日 05:21 ♈ ◑ 22日 11:47 ♋ ● 30日 15:28 ♏

aspects

2日	21:44	☿△♄
3日	04:32	☉☌♅
6日	18:55	☿☌♇
7日	00:25	♀☍♄
7日	12:23	☿⚹♆
7日	17:48	♂△♄
9日	11:32	♀⚹♂
13日	21:22	☿☌♅
18日	00:13	♂☌♇
19日	20:04	♂⚹♆
27日	18:40	☉☌☿

1970年11月

DAY	☉	☽	☊ mean	☊ true	☿	♀	♂	♃	♄	♅	♆	♇	⚳	⚴	⚵	⚶	⚷
	° ′	° ′	° ′	° ′	° ′	° ′	° ′	° ′	° ′	° ′	° ′	° ′	°	°	°	°	°
1	7 ♏ 46	23 ♏ 48	29 ♒ 12	0 R 19	10 D 27	22 R 50	7 D 5	14 D 34	20 R 2	10 D 57	29 D 46	28 D 40	29 R	26 D	24 R	5 D	6 R
2	8 ♏ 46	6 ♐ 53	29 ♒ 9	0 ♓ 7	12 ♏ 3	22 ♏ 24	7 ♎ 43	14 ♏ 47	19 ♉ 57	11 ♎ 0	29 ♏ 49	28 ♍ 41	28 ♈	26 ♒	23 ♉	6 ♏	6 ♈
3	9 ♏ 46	20 ♐ 10	29 ♒ 6	29 ♒ 57	13 ♏ 40	21 ♏ 55	8 ♎ 21	15 ♏ 0	19 ♉ 52	11 ♎ 4	29 ♏ 51	28 ♍ 43	28 ♈	26 ♒	23 ♉	6 ♏	6 ♈
4	10 ♏ 46	3 ♑ 38	29 ♒ 3	29 ♒ 49	15 ♏ 15	21 ♏ 25	8 ♎ 59	15 ♏ 13	19 ♉ 48	11 ♎ 7	29 ♏ 53	28 ♍ 45	28 ♈	26 ♒	23 ♉	7 ♏	6 ♈
5	11 ♏ 46	17 ♑ 16	28 ♒ 59	29 ♒ 44	16 ♏ 51	20 ♏ 54	9 ♎ 37	15 ♏ 26	19 ♉ 43	11 ♎ 11	29 ♏ 55	28 ♍ 47	28 ♈	26 ♒	23 ♉	7 ♏	6 ♈
6	12 ♏ 47	1 ♒ 3	28 ♒ 56	29 ♒ 42	18 ♏ 26	20 ♏ 21	10 ♎ 16	15 ♏ 40	19 ♉ 38	11 ♎ 14	29 ♏ 57	28 ♍ 48	27 ♈	26 ♒	23 ♉	8 ♏	6 ♈
7	13 ♏ 47	14 ♒ 59	28 ♒ 53	29 D 41	20 ♏ 0	19 ♏ 47	10 ♎ 54	15 ♏ 53	19 ♉ 33	11 ♎ 18	29 ♏ 59	28 ♍ 50	27 ♈	26 ♒	22 ♉	8 ♏	6 ♈
8	14 ♏ 47	29 ♒ 5	28 ♒ 50	29 ♒ 42	21 ♏ 34	19 ♏ 12	11 ♎ 32	16 ♏ 6	19 ♉ 28	11 ♎ 21	0 ♐ 2	28 ♍ 52	27 ♈	26 ♒	22 ♉	9 ♏	6 ♈
9	15 ♏ 47	13 ♓ 19	28 ♒ 47	29 R 41	23 ♏ 8	18 ♏ 36	12 ♎ 10	16 ♏ 19	19 ♉ 23	11 ♎ 24	0 ♐ 4	28 ♍ 54	27 ♈	26 ♒	22 ♉	10 ♏	6 ♈
10	16 ♏ 48	27 ♓ 41	28 ♒ 43	29 ♒ 39	24 ♏ 42	17 ♏ 59	12 ♎ 48	16 ♏ 33	19 ♉ 18	11 ♎ 27	0 ♐ 6	28 ♍ 55	27 ♈	26 ♒	22 ♉	10 ♏	6 ♈
11	17 ♏ 48	12 ♈ 6	28 ♒ 40	29 ♒ 33	26 ♏ 15	17 ♏ 23	13 ♎ 26	16 ♏ 46	19 ♉ 14	11 ♎ 31	0 ♐ 8	28 ♍ 57	26 ♈	26 ♒	21 ♉	11 ♏	6 ♈
12	18 ♏ 48	26 ♈ 30	28 ♒ 37	29 ♒ 25	27 ♏ 48	16 ♏ 46	14 ♎ 4	16 ♏ 59	19 ♉ 9	11 ♎ 34	0 ♐ 10	28 ♍ 58	26 ♈	26 ♒	21 ♉	11 ♏	6 ♈
13	19 ♏ 48	10 ♉ 48	28 ♒ 34	29 ♒ 15	29 ♏ 20	16 ♏ 10	14 ♎ 42	17 ♏ 12	19 ♉ 4	11 ♎ 37	0 ♐ 13	29 ♍ 0	26 ♈	26 ♒	21 ♉	12 ♏	6 ♈
14	20 ♏ 49	24 ♉ 54	28 ♒ 31	29 ♒ 2	0 ♐ 52	15 ♏ 34	15 ♎ 20	17 ♏ 25	18 ♉ 59	11 ♎ 40	0 ♐ 15	29 ♍ 2	26 ♈	26 ♒	21 ♉	12 ♏	6 ♈
15	21 ♏ 49	8 ♊ 41	28 ♒ 28	28 ♒ 50	2 ♐ 24	14 ♏ 59	15 ♎ 58	17 ♏ 39	18 ♉ 54	11 ♎ 43	0 ♐ 17	29 ♍ 3	26 ♈	27 ♒	21 ♉	13 ♏	6 ♈
16	22 ♏ 50	22 ♊ 7	28 ♒ 24	28 ♒ 38	3 ♐ 56	14 ♏ 25	16 ♎ 37	17 ♏ 52	18 ♉ 49	11 ♎ 47	0 ♐ 19	29 ♍ 5	26 ♈	27 ♒	20 ♉	13 ♏	6 ♈
17	23 ♏ 50	5 ♋ 11	28 ♒ 21	28 ♒ 28	5 ♐ 27	13 ♏ 53	17 ♎ 15	18 ♏ 5	18 ♉ 44	11 ♎ 50	0 ♐ 22	29 ♍ 6	25 ♈	27 ♒	20 ♉	14 ♏	6 ♈
18	24 ♏ 51	17 ♋ 51	28 ♒ 18	28 ♒ 21	6 ♐ 58	13 ♏ 21	17 ♎ 53	18 ♏ 18	18 ♉ 40	11 ♎ 53	0 ♐ 24	29 ♍ 8	25 ♈	27 ♒	20 ♉	14 ♏	6 ♈
19	25 ♏ 51	0 ♌ 12	28 ♒ 15	28 ♒ 17	8 ♐ 29	12 ♏ 52	18 ♎ 31	18 ♏ 31	18 ♉ 35	11 ♎ 56	0 ♐ 26	29 ♍ 9	25 ♈	27 ♒	20 ♉	15 ♏	6 ♈
20	26 ♏ 52	12 ♌ 17	28 ♒ 12	28 ♒ 15	9 ♐ 59	12 ♏ 24	19 ♎ 9	18 ♏ 45	18 ♉ 30	11 ♎ 59	0 ♐ 28	29 ♍ 11	25 ♈	27 ♒	19 ♉	15 ♏	6 ♈
21	27 ♏ 52	24 ♌ 10	28 ♒ 9	28 ♒ 15	11 ♐ 29	11 ♏ 58	19 ♎ 47	18 ♏ 58	18 ♉ 25	12 ♎ 2	0 ♐ 31	29 ♍ 12	25 ♈	27 ♒	19 ♉	16 ♏	6 ♈
22	28 ♏ 53	5 ♍ 58	28 ♒ 5	28 ♒ 15	12 ♐ 59	11 ♏ 34	20 ♎ 25	19 ♏ 11	18 ♉ 20	12 ♎ 4	0 ♐ 33	29 ♍ 13	25 ♈	27 ♒	19 ♉	16 ♏	6 ♈
23	29 ♏ 53	17 ♍ 46	28 ♒ 2	28 ♒ 14	14 ♐ 29	11 ♏ 13	21 ♎ 3	19 ♏ 24	18 ♉ 16	12 ♎ 7	0 ♐ 35	29 ♍ 15	24 ♈	28 ♒	19 ♉	17 ♏	6 ♈
24	0 ♐ 54	29 ♍ 40	27 ♒ 59	28 ♒ 11	15 ♐ 58	10 ♏ 53	21 ♎ 41	19 ♏ 37	18 ♉ 11	12 ♎ 10	0 ♐ 37	29 ♍ 16	24 ♈	28 ♒	19 ♉	18 ♏	6 ♈
25	1 ♐ 55	11 ♎ 44	27 ♒ 56	28 ♒ 6	17 ♐ 26	10 ♏ 36	22 ♎ 20	19 ♏ 50	18 ♉ 6	12 ♎ 13	0 ♐ 40	29 ♍ 17	24 ♈	28 ♒	18 ♉	18 ♏	6 ♈
26	2 ♐ 55	24 ♎ 3	27 ♒ 53	27 ♒ 58	18 ♐ 55	10 ♏ 22	22 ♎ 58	20 ♏ 3	18 ♉ 2	12 ♎ 16	0 ♐ 42	29 ♍ 18	24 ♈	28 ♒	18 ♉	19 ♏	6 ♈
27	3 ♐ 56	6 ♏ 38	27 ♒ 49	27 ♒ 47	20 ♐ 22	10 ♏ 10	23 ♎ 36	20 ♏ 16	17 ♉ 57	12 ♎ 18	0 ♐ 44	29 ♍ 20	24 ♈	28 ♒	18 ♉	19 ♏	6 ♈
28	4 ♐ 57	19 ♏ 32	27 ♒ 46	27 ♒ 35	21 ♐ 50	10 ♏ 0	24 ♎ 14	20 ♏ 30	17 ♉ 52	12 ♎ 21	0 ♐ 46	29 ♍ 21	24 ♈	28 ♒	18 ♉	20 ♏	6 ♈
29	5 ♐ 58	2 ♐ 45	27 ♒ 43	27 ♒ 21	23 ♐ 16	9 ♏ 53	24 ♎ 52	20 ♏ 43	17 ♉ 48	12 ♎ 24	0 ♐ 49	29 ♍ 22	24 ♈	28 ♒	18 ♉	20 ♏	6 ♈
30	6 ♐ 59	16 ♐ 14	27 ♒ 40	27 ♒ 8	24 ♐ 42	9 ♏ 49	25 ♎ 30	20 ♏ 56	17 ♉ 43	12 ♎ 26	0 ♐ 51	29 ♍ 23	24 ♈	29 ♒	17 ♉	21 ♏	6 ♈

SUN INGRESS	☉ → ♐ 23日 02:25
MOON PHASE	◐ 6日 21:47 ♒　○ 13日 16:28 ♉　◑ 21日 08:13 ♌　● 29日 06:14 ♐

aspects		
3日	23:23	☿☌♃
6日	17:26	☿☍♄
6日	21:29	☿☌♀
7日	10:54	♀☍♄
7日	16:30	♂☌♅
9日	16:20	☉☌♃
10日	17:49	☉☌♀
11日	17:52	♀☌♃
12日	07:34	☉☍♄
12日	18:44	☿⚹♇
13日	14:01	☿☌♆
19日	04:20	♃☍♄
21日	08:54	☿⚹♅
22日	08:17	☉⚹♇
23日	17:07	☉☌♆

1970年12月

DAY	☉	☽	☊ mean	☊ true	☿	♀	♂	♃	♄	♅	♆	♇	⚳	⚴	⚵	⚶	⚷
	° ′	° ′	° ′	° ′	° ′	° ′	° ′	° ′	° ′	° ′	° ′	° ′	°	°	°	°	°
1	7 ♐ 59	29 ♐ 56	27 ♒ 37	26 R 57	26 D 7	9 R 47	26 D 8	21 D 9	17 R 39	12 D 29	0 D 53	29 D 24	24 R	29 D	17 R	21 D	6 R
2	9 ♐ 0	13 ♑ 49	27 ♒ 34	26 ♒ 48	27 ♐ 31	9 D 47	26 ♎ 46	21 ♏ 21	17 ♉ 35	12 ♎ 31	0 ♐ 55	29 ♍ 25	24 ♈	29 ♒	17 ♉	22 ♏	5 ♈
3	10 ♐ 1	27 ♑ 48	27 ♒ 30	26 ♒ 42	28 ♐ 54	9 ♏ 49	27 ♎ 25	21 ♏ 34	17 ♉ 30	12 ♎ 34	0 ♐ 58	29 ♍ 26	23 ♈	29 ♒	17 ♉	22 ♏	5 ♈
4	11 ♐ 2	11 ♒ 51	27 ♒ 27	26 ♒ 40	0 ♑ 16	9 ♏ 55	28 ♎ 3	21 ♏ 47	17 ♉ 26	12 ♎ 36	1 ♐ 0	29 ♍ 27	23 ♈	29 ♒	17 ♉	23 ♏	5 ♈
5	12 ♐ 3	25 ♒ 56	27 ♒ 24	26 ♒ 39	1 ♑ 36	10 ♏ 2	28 ♎ 41	22 ♏ 0	17 ♉ 22	12 ♎ 39	1 ♐ 2	29 ♍ 28	23 ♈	29 ♒	17 ♉	23 ♏	5 ♈
6	13 ♐ 4	10 ♓ 1	27 ♒ 21	26 D 39	2 ♑ 54	10 ♏ 12	29 ♎ 19	22 ♏ 13	17 ♉ 18	12 ♎ 41	1 ♐ 4	29 ♍ 29	23 ♈	0 ♓	17 ♉	24 ♏	5 ♈
7	14 ♐ 5	24 ♓ 6	27 ♒ 18	26 R 39	4 ♑ 11	10 ♏ 23	29 ♎ 57	22 ♏ 26	17 ♉ 13	12 ♎ 43	1 ♐ 7	29 ♍ 30	23 ♈	0 ♓	16 ♉	24 ♏	5 ♈
8	15 ♐ 6	8 ♈ 10	27 ♒ 15	26 ♒ 37	5 ♑ 25	10 ♏ 37	0 ♏ 35	22 ♏ 39	17 ♉ 9	12 ♎ 45	1 ♐ 9	29 ♍ 31	23 ♈	0 ♓	16 ♉	25 ♏	5 ♈
9	16 ♐ 6	22 ♈ 11	27 ♒ 11	26 ♒ 32	6 ♑ 37	10 ♏ 54	1 ♏ 13	22 ♏ 51	17 ♉ 5	12 ♎ 48	1 ♐ 11	29 ♍ 32	23 ♈	0 ♓	16 ♉	26 ♏	5 ♈
10	17 ♐ 7	6 ♉ 9	27 ♒ 8	26 ♒ 25	7 ♑ 45	11 ♏ 12	1 ♏ 51	23 ♏ 4	17 ♉ 2	12 ♎ 50	1 ♐ 13	29 ♍ 33	23 ♈	0 ♓	16 ♉	26 ♏	5 ♈
11	18 ♐ 8	19 ♉ 59	27 ♒ 5	26 ♒ 15	8 ♑ 50	11 ♏ 32	2 ♏ 29	23 ♏ 17	16 ♉ 58	12 ♎ 52	1 ♐ 15	29 ♍ 33	23 ♈	1 ♓	16 ♉	27 ♏	5 ♈
12	19 ♐ 9	3 ♊ 39	27 ♒ 2	26 ♒ 4	9 ♑ 51	11 ♏ 54	3 ♏ 7	23 ♏ 29	16 ♉ 54	12 ♎ 54	1 ♐ 17	29 ♍ 34	23 ♈	1 ♓	16 ♉	27 ♏	5 ♈
13	20 ♐ 10	17 ♊ 5	26 ♒ 59	25 ♒ 52	10 ♑ 47	12 ♏ 18	3 ♏ 46	23 ♏ 42	16 ♉ 50	12 ♎ 56	1 ♐ 20	29 ♍ 35	23 ♈	1 ♓	16 ♉	28 ♏	5 ♈
14	21 ♐ 11	0 ♋ 15	26 ♒ 55	25 ♒ 41	11 ♑ 38	12 ♏ 43	4 ♏ 24	23 ♏ 54	16 ♉ 47	12 ♎ 58	1 ♐ 22	29 ♍ 36	23 D	1 ♓	16 ♉	28 ♏	5 ♈
15	22 ♐ 12	13 ♋ 7	26 ♒ 52	25 ♒ 31	12 ♑ 22	13 ♏ 11	5 ♏ 2	24 ♏ 7	16 ♉ 43	13 ♎ 0	1 ♐ 24	29 ♍ 36	23 ♈	1 ♓	16 ♉	29 ♏	5 ♈
16	23 ♐ 13	25 ♋ 41	26 ♒ 49	25 ♒ 25	13 ♑ 0	13 ♏ 40	5 ♏ 40	24 ♏ 19	16 ♉ 40	13 ♎ 2	1 ♐ 26	29 ♍ 37	23 ♈	2 ♓	16 ♉	29 ♏	5 ♈
17	24 ♐ 14	7 ♌ 58	26 ♒ 46	25 ♒ 21	13 ♑ 30	14 ♏ 11	6 ♏ 18	24 ♏ 31	16 ♉ 36	13 ♎ 4	1 ♐ 28	29 ♍ 37	23 ♈	2 ♓	16 ♉	0 ♐	5 ♈
18	25 ♐ 15	20 ♌ 2	26 ♒ 43	25 ♒ 19	13 ♑ 51	14 ♏ 43	6 ♏ 56	24 ♏ 44	16 ♉ 33	13 ♎ 5	1 ♐ 30	29 ♍ 38	23 ♈	2 ♓	16 ♉	0 ♐	5 ♈
19	26 ♐ 17	1 ♍ 56	26 ♒ 40	25 D 19	14 ♑ 3	15 ♏ 17	7 ♏ 34	24 ♏ 56	16 ♉ 30	13 ♎ 7	1 ♐ 32	29 ♍ 38	23 ♈	2 ♓	16 ♉	1 ♐	5 D
20	27 ♐ 18	13 ♍ 44	26 ♒ 36	25 ♒ 20	14 R 4	15 ♏ 52	8 ♏ 12	25 ♏ 8	16 ♉ 27	13 ♎ 9	1 ♐ 35	29 ♍ 39	23 ♈	3 ♓	16 ♉	1 ♐	5 ♈
21	28 ♐ 19	25 ♍ 32	26 ♒ 33	25 ♒ 21	13 ♑ 55	16 ♏ 29	8 ♏ 50	25 ♏ 20	16 ♉ 24	13 ♎ 10	1 ♐ 37	29 ♍ 39	23 ♈	3 ♓	16 D	2 ♐	5 ♈
22	29 ♐ 20	7 ♎ 26	26 ♒ 30	25 R 20	13 ♑ 33	17 ♏ 7	9 ♏ 28	25 ♏ 33	16 ♉ 21	13 ♎ 12	1 ♐ 39	29 ♍ 40	23 ♈	3 ♓	16 ♉	2 ♐	5 ♈
23	0 ♑ 21	19 ♎ 30	26 ♒ 27	25 ♒ 18	13 ♑ 0	17 ♏ 46	10 ♏ 6	25 ♏ 45	16 ♉ 18	13 ♎ 13	1 ♐ 41	29 ♍ 40	23 ♈	3 ♓	16 ♉	3 ♐	5 ♈
24	1 ♑ 22	1 ♏ 50	26 ♒ 24	25 ♒ 14	12 ♑ 16	18 ♏ 27	10 ♏ 44	25 ♏ 57	16 ♉ 16	13 ♎ 15	1 ♐ 43	29 ♍ 40	23 ♈	4 ♓	16 ♉	3 ♐	5 ♈
25	2 ♑ 23	14 ♏ 30	26 ♒ 21	25 ♒ 7	11 ♑ 20	19 ♏ 8	11 ♏ 23	26 ♏ 9	16 ♉ 13	13 ♎ 16	1 ♐ 45	29 ♍ 41	24 ♈	4 ♓	16 ♉	4 ♐	5 ♈
26	3 ♑ 24	27 ♏ 32	26 ♒ 17	24 ♒ 59	10 ♑ 15	19 ♏ 51	12 ♏ 1	26 ♏ 20	16 ♉ 10	13 ♎ 18	1 ♐ 47	29 ♍ 41	24 ♈	4 ♓	16 ♉	5 ♐	5 ♈
27	4 ♑ 25	10 ♐ 57	26 ♒ 14	24 ♒ 50	9 ♑ 2	20 ♏ 35	12 ♏ 39	26 ♏ 32	16 ♉ 8	13 ♎ 19	1 ♐ 49	29 ♍ 41	24 ♈	4 ♓	16 ♉	5 ♐	5 ♈
28	5 ♑ 27	24 ♐ 44	26 ♒ 11	24 ♒ 41	7 ♑ 44	21 ♏ 20	13 ♏ 17	26 ♏ 44	16 ♉ 6	13 ♎ 20	1 ♐ 51	29 ♍ 41	24 ♈	5 ♓	16 ♉	6 ♐	5 ♈
29	6 ♑ 28	8 ♑ 49	26 ♒ 8	24 ♒ 33	6 ♑ 22	22 ♏ 6	13 ♏ 55	26 ♏ 56	16 ♉ 3	13 ♎ 21	1 ♐ 53	29 ♍ 42	24 ♈	5 ♓	16 ♉	6 ♐	5 ♈
30	7 ♑ 29	23 ♑ 8	26 ♒ 5	24 ♒ 27	5 ♑ 0	22 ♏ 52	14 ♏ 33	27 ♏ 7	16 ♉ 1	13 ♎ 22	1 ♐ 55	29 ♍ 42	24 ♈	5 ♓	16 ♉	7 ♐	5 ♈
31	8 ♑ 30	7 ♒ 36	26 ♒ 1	24 ♒ 24	3 ♑ 41	23 ♏ 40	15 ♏ 11	27 ♏ 19	15 ♉ 59	13 ♎ 24	1 ♐ 57	29 ♍ 42	24 ♈	5 ♓	16 ♉	7 ♐	5 ♈

SUN INGRESS	☉ → ♑ 22日 15:36
MOON PHASE	◐ 6日 05:36 ♓　○ 13日 06:03 ♊　◑ 21日 06:09 ♍　● 28日 19:43 ♑

aspects		
1日	00:44	☿⚹♂
3日	09:34	☿□♇
5日	14:40	☉⚹♅
16日	01:11	☿□♅
20日	21:05	♀☍♄
22日	07:53	☉□♇
22日	15:45	☿□♅
24日	23:24	☿⚹♂
28日	23:01	☉☌☿

1971年1月

DAY	☉	☽	☊ mean	☊ true	☿	♀	♂	♃	♄	♅	♆	♇	⚳	⚴	⚵	⚶	⚷
	° ′	° ′	° ′	° ′	° ′	° ′	° ′	° ′	° ′	° ′	° ′	° ′	°	°	°	°	°
1	9 ♑ 31	22 ♒ 5	25 ♒ 58	24 R 22	2 R 26	24 D 29	15 D 49	27 D 30	15 R 57	13 D 25	1 D 58	29 D 42	24 D	6 D	16 D	8 D	5 D
2	10 ♑ 33	6 ♓ 31	25 ♒ 55	24 D 23	1 ♑ 18	25 ♏ 18	16 ♏ 27	27 ♏ 42	15 ♉ 55	13 ♎ 26	2 ♐ 0	29 ♍ 42	24 ♈	6 ♓	16 ♉	8 ♐	5 ♈
3	11 ♑ 34	20 ♓ 51	25 ♒ 52	24 ♒ 24	0 ♑ 19	26 ♏ 9	17 ♏ 5	27 ♏ 53	15 ♉ 54	13 ♎ 26	2 ♐ 2	29 R 42	24 ♈	6 ♓	16 ♉	9 ♐	5 ♈
4	12 ♑ 35	5 ♈ 2	25 ♒ 49	24 ♒ 25	29 ♐ 29	27 ♏ 0	17 ♏ 43	28 ♏ 4	15 ♉ 52	13 ♎ 27	2 ♐ 4	29 ♍ 42	25 ♈	6 ♓	16 ♉	9 ♐	5 ♈
5	13 ♑ 36	19 ♈ 2	25 ♒ 46	24 R 25	28 ♐ 49	27 ♏ 51	18 ♏ 21	28 ♏ 15	15 ♉ 51	13 ♎ 28	2 ♐ 6	29 ♍ 42	25 ♈	7 ♓	17 ♉	10 ♐	6 ♈
6	14 ♑ 37	2 ♉ 51	25 ♒ 42	24 ♒ 24	28 ♐ 19	28 ♏ 44	18 ♏ 59	28 ♏ 26	15 ♉ 49	13 ♎ 29	2 ♐ 8	29 ♍ 42	25 ♈	7 ♓	17 ♉	10 ♐	6 ♈
7	15 ♑ 38	16 ♉ 29	25 ♒ 39	24 ♒ 20	27 ♐ 59	29 ♏ 37	19 ♏ 37	28 ♏ 37	15 ♉ 48	13 ♎ 30	2 ♐ 9	29 ♍ 42	25 ♈	7 ♓	17 ♉	11 ♐	6 ♈
8	16 ♑ 39	29 ♉ 55	25 ♒ 36	24 ♒ 15	27 ♐ 50	0 ♐ 31	20 ♏ 15	28 ♏ 48	15 ♉ 47	13 ♎ 30	2 ♐ 11	29 ♍ 41	25 ♈	7 ♓	17 ♉	11 ♐	6 ♈
9	17 ♑ 41	13 ♊ 9	25 ♒ 33	24 ♒ 9	27 D 49	1 ♐ 26	20 ♏ 53	28 ♏ 59	15 ♉ 46	13 ♎ 31	2 ♐ 13	29 ♍ 41	25 ♈	8 ♓	17 ♉	12 ♐	6 ♈
10	18 ♑ 42	26 ♊ 10	25 ♒ 30	24 ♒ 3	27 ♐ 57	2 ♐ 21	21 ♏ 31	29 ♏ 10	15 ♉ 45	13 ♎ 31	2 ♐ 15	29 ♍ 41	25 ♈	8 ♓	17 ♉	12 ♐	6 ♈
11	19 ♑ 43	8 ♋ 57	25 ♒ 27	23 ♒ 57	28 ♐ 13	3 ♐ 17	22 ♏ 8	29 ♏ 20	15 ♉ 44	13 ♎ 32	2 ♐ 16	29 ♍ 41	26 ♈	8 ♓	18 ♉	13 ♐	6 ♈
12	20 ♑ 44	21 ♋ 32	25 ♒ 23	23 ♒ 52	28 ♐ 36	4 ♐ 13	22 ♏ 46	29 ♏ 31	15 ♉ 43	13 ♎ 32	2 ♐ 18	29 ♍ 40	26 ♈	9 ♓	18 ♉	13 ♐	6 ♈
13	21 ♑ 45	3 ♌ 53	25 ♒ 20	23 ♒ 48	29 ♐ 5	5 ♐ 10	23 ♏ 24	29 ♏ 41	15 ♉ 43	13 ♎ 32	2 ♐ 19	29 ♍ 40	26 ♈	9 ♓	18 ♉	14 ♐	6 ♈
14	22 ♑ 46	16 ♌ 2	25 ♒ 17	23 ♒ 46	29 ♐ 41	6 ♐ 7	24 ♏ 2	29 ♏ 52	15 ♉ 42	13 ♎ 33	2 ♐ 21	29 ♍ 40	26 ♈	9 ♓	18 ♉	14 ♐	6 ♈
15	23 ♑ 47	28 ♌ 2	25 ♒ 14	23 D 46	0 ♑ 22	7 ♐ 5	24 ♏ 40	0 ♐ 2	15 ♉ 42	13 ♎ 33	2 ♐ 23	29 ♍ 39	26 ♈	9 ♓	18 ♉	15 ♐	6 ♈
16	24 ♑ 48	9 ♍ 54	25 ♒ 11	23 ♒ 47	1 ♑ 7	8 ♐ 4	25 ♏ 18	0 ♐ 12	15 ♉ 42	13 ♎ 33	2 ♐ 24	29 ♍ 39	26 ♈	10 ♓	19 ♉	15 ♐	6 ♈
17	25 ♑ 50	21 ♍ 42	25 ♒ 7	23 ♒ 49	1 ♑ 57	9 ♐ 3	25 ♏ 56	0 ♐ 22	15 ♉ 41	13 ♎ 33	2 ♐ 26	29 ♍ 38	27 ♈	10 ♓	19 ♉	16 ♐	6 ♈
18	26 ♑ 51	3 ♎ 30	25 ♒ 4	23 ♒ 51	2 ♑ 51	10 ♐ 2	26 ♏ 34	0 ♐ 32	15 D 41	13 ♎ 33	2 ♐ 27	29 ♍ 38	27 ♈	10 ♓	19 ♉	16 ♐	6 ♈
19	27 ♑ 52	15 ♎ 23	25 ♒ 1	23 ♒ 52	3 ♑ 48	11 ♐ 2	27 ♏ 12	0 ♐ 42	15 ♉ 41	13 R 33	2 ♐ 29	29 ♍ 37	27 ♈	11 ♓	19 ♉	17 ♐	6 ♈
20	28 ♑ 53	27 ♎ 25	24 ♒ 58	23 ♒ 53	4 ♑ 49	12 ♐ 2	27 ♏ 49	0 ♐ 52	15 ♉ 42	13 ♎ 33	2 ♐ 30	29 ♍ 37	27 ♈	11 ♓	20 ♉	18 ♐	6 ♈
21	29 ♑ 54	9 ♏ 43	24 ♒ 55	23 R 52	5 ♑ 52	13 ♐ 3	28 ♏ 27	1 ♐ 2	15 ♉ 42	13 ♎ 33	2 ♐ 32	29 ♍ 36	27 ♈	11 ♓	20 ♉	18 ♐	6 ♈
22	0 ♒ 55	22 ♏ 19	24 ♒ 52	23 ♒ 51	6 ♑ 58	14 ♐ 4	29 ♏ 5	1 ♐ 11	15 ♉ 42	13 ♎ 33	2 ♐ 33	29 ♍ 35	28 ♈	12 ♓	20 ♉	19 ♐	6 ♈
23	1 ♒ 56	5 ♐ 19	24 ♒ 48	23 ♒ 48	8 ♑ 6	15 ♐ 6	29 ♏ 43	1 ♐ 21	15 ♉ 43	13 ♎ 33	2 ♐ 34	29 ♍ 35	28 ♈	12 ♓	20 ♉	19 ♐	6 ♈
24	2 ♒ 57	18 ♐ 44	24 ♒ 45	23 ♒ 45	9 ♑ 16	16 ♐ 8	0 ♐ 21	1 ♐ 30	15 ♉ 43	13 ♎ 33	2 ♐ 36	29 ♍ 34	28 ♈	12 ♓	21 ♉	20 ♐	6 ♈
25	3 ♒ 58	2 ♑ 36	24 ♒ 42	23 ♒ 42	10 ♑ 28	17 ♐ 10	0 ♐ 58	1 ♐ 39	15 ♉ 44	13 ♎ 32	2 ♐ 37	29 ♍ 33	28 ♈	13 ♓	21 ♉	20 ♐	6 ♈
26	4 ♒ 59	16 ♑ 52	24 ♒ 39	23 ♒ 40	11 ♑ 42	18 ♐ 12	1 ♐ 36	1 ♐ 48	15 ♉ 45	13 ♎ 32	2 ♐ 38	29 ♍ 33	29 ♈	13 ♓	21 ♉	21 ♐	6 ♈
27	6 ♒ 0	1 ♒ 28	24 ♒ 36	23 ♒ 38	12 ♑ 58	19 ♐ 15	2 ♐ 14	1 ♐ 58	15 ♉ 46	13 ♎ 31	2 ♐ 40	29 ♍ 32	29 ♈	13 ♓	21 ♉	21 ♐	6 ♈
28	7 ♒ 1	16 ♒ 18	24 ♒ 33	23 ♒ 37	14 ♑ 15	20 ♐ 18	2 ♐ 52	2 ♐ 6	15 ♉ 47	13 ♎ 31	2 ♐ 41	29 ♍ 31	29 ♈	13 ♓	22 ♉	22 ♐	6 ♈
29	8 ♒ 2	1 ♓ 13	24 ♒ 29	23 D 37	15 ♑ 33	21 ♐ 22	3 ♐ 29	2 ♐ 15	15 ♉ 48	13 ♎ 30	2 ♐ 42	29 ♍ 30	29 ♈	14 ♓	22 ♉	22 ♐	6 ♈
30	9 ♒ 3	16 ♓ 7	24 ♒ 26	23 ♒ 38	16 ♑ 53	22 ♐ 26	4 ♐ 7	2 ♐ 24	15 ♉ 50	13 ♎ 30	2 ♐ 43	29 ♍ 29	0 ♉	14 ♓	22 ♉	23 ♐	6 ♈
31	10 ♒ 4	0 ♈ 51	24 ♒ 23	23 ♒ 39	18 ♑ 14	23 ♐ 30	4 ♐ 45	2 ♐ 32	15 ♉ 51	13 ♎ 29	2 ♐ 44	29 ♍ 28	0 ♉	14 ♓	23 ♉	23 ♐	6 ♈

SUN INGRESS	☉ → ♒ 21日 02:13
MOON PHASE	◐ 4日 13:55 ♈　○ 11日 22:20 ♋　◑ 20日 03:08 ♎　● 27日 07:55 ♒

aspects		
1日	05:06	♂☍♄
3日	17:05	☿□♇
4日	20:50	☉□♅
5日	13:54	♀☌♃
7日	01:59	♀⚹♇
7日	03:43	☉△♄
9日	21:13	♀☌♆
12日	20:47	♃⚹♇
13日	23:12	☿□♇
17日	06:30	☉⚹♂
20日	17:05	☉△♇
21日	11:51	♀⚹♅
22日	07:37	☉⚹♃
22日	18:59	♂⚹♇
23日	15:26	☉⚹♆
26日	10:16	♂☌♃
27日	10:29	☿□♅
27日	16:54	♂☌♆
29日	04:41	☿△♄

1971年2月

DAY	☉	☽	☊ mean	☊ true	☿	♀	♂	♃	♄	♅	♆	♇	⚳	⚴	⚵	⚶	⚷
	° ′	° ′	° ′	° ′	° ′	° ′	° ′	° ′	° ′	° ′	° ′	° ′	°	°	°	°	°
1	11 ♒ 5	15 ♈ 20	24 ♒ 20	23 D 40	19 D 36	24 D 34	5 D 22	2 D 41	15 D 53	13 R 28	2 D 45	29 R 28	0 D	15 D	23 D	24 D	6 D
2	12 ♒ 6	29 ♈ 31	24 ♒ 17	23 ♒ 41	20 ♑ 59	25 ♐ 39	6 ♐ 0	2 ♐ 49	15 ♉ 54	13 ♎ 28	2 ♐ 47	29 ♍ 27	0 ♉	15 ♓	23 ♉	24 ♐	6 ♈
3	13 ♒ 7	13 ♉ 22	24 ♒ 13	23 R 41	22 ♑ 23	26 ♐ 44	6 ♐ 38	2 ♐ 57	15 ♉ 56	13 ♎ 27	2 ♐ 48	29 ♍ 26	1 ♉	15 ♓	24 ♉	25 ♐	6 ♈
4	14 ♒ 8	26 ♉ 54	24 ♒ 10	23 ♒ 41	23 ♑ 48	27 ♐ 49	7 ♐ 15	3 ♐ 5	15 ♉ 58	13 ♎ 26	2 ♐ 49	29 ♍ 25	1 ♉	16 ♓	24 ♉	25 ♐	6 ♈
5	15 ♒ 9	10 ♊ 7	24 ♒ 7	23 ♒ 40	25 ♑ 14	28 ♐ 54	7 ♐ 53	3 ♐ 13	16 ♉ 0	13 ♎ 25	2 ♐ 50	29 ♍ 24	1 ♉	16 ♓	24 ♉	26 ♐	6 ♈
6	16 ♒ 9	23 ♊ 2	24 ♒ 4	23 ♒ 39	26 ♑ 41	0 ♑ 0	8 ♐ 30	3 ♐ 21	16 ♉ 2	13 ♎ 24	2 ♐ 51	29 ♍ 22	1 ♉	16 ♓	25 ♉	26 ♐	6 ♈
7	17 ♒ 10	5 ♋ 43	24 ♒ 1	23 ♒ 38	28 ♑ 9	1 ♑ 5	9 ♐ 8	3 ♐ 28	16 ♉ 4	13 ♎ 23	2 ♐ 52	29 ♍ 21	2 ♉	17 ♓	25 ♉	27 ♐	6 ♈
8	18 ♒ 11	18 ♋ 10	23 ♒ 58	23 ♒ 37	29 ♑ 38	2 ♑ 11	9 ♐ 45	3 ♐ 36	16 ♉ 6	13 ♎ 22	2 ♐ 52	29 ♍ 20	2 ♉	17 ♓	25 ♉	27 ♐	7 ♈
9	19 ♒ 12	0 ♌ 27	23 ♒ 54	23 ♒ 37	1 ♒ 7	3 ♑ 18	10 ♐ 23	3 ♐ 43	16 ♉ 9	13 ♎ 21	2 ♐ 53	29 ♍ 19	2 ♉	17 ♓	26 ♉	28 ♐	7 ♈
10	20 ♒ 12	12 ♌ 34	23 ♒ 51	23 ♒ 36	2 ♒ 38	4 ♑ 24	11 ♐ 0	3 ♐ 50	16 ♉ 11	13 ♎ 20	2 ♐ 54	29 ♍ 18	2 ♉	18 ♓	26 ♉	28 ♐	7 ♈
11	21 ♒ 13	24 ♌ 33	23 ♒ 48	23 D 36	4 ♒ 9	5 ♑ 31	11 ♐ 38	3 ♐ 58	16 ♉ 14	13 ♎ 18	2 ♐ 55	29 ♍ 17	3 ♉	18 ♓	26 ♉	29 ♐	7 ♈
12	22 ♒ 14	6 ♍ 26	23 ♒ 45	23 ♒ 36	5 ♒ 41	6 ♑ 38	12 ♐ 15	4 ♐ 4	16 ♉ 17	13 ♎ 17	2 ♐ 56	29 ♍ 16	3 ♉	18 ♓	27 ♉	29 ♐	7 ♈
13	23 ♒ 14	18 ♍ 16	23 ♒ 42	23 ♒ 36	7 ♒ 14	7 ♑ 45	12 ♐ 53	4 ♐ 11	16 ♉ 19	13 ♎ 16	2 ♐ 56	29 ♍ 14	3 ♉	19 ♓	27 ♉	29 ♐	7 ♈
14	24 ♒ 15	0 ♎ 4	23 ♒ 39	23 R 36	8 ♒ 48	8 ♑ 52	13 ♐ 30	4 ♐ 18	16 ♉ 22	13 ♎ 15	2 ♐ 57	29 ♍ 13	4 ♉	19 ♓	28 ♉	0 ♑	7 ♈
15	25 ♒ 16	11 ♎ 54	23 ♒ 35	23 ♒ 36	10 ♒ 23	9 ♑ 59	14 ♐ 7	4 ♐ 24	16 ♉ 25	13 ♎ 13	2 ♐ 58	29 ♍ 12	4 ♉	19 ♓	28 ♉	0 ♑	7 ♈
16	26 ♒ 16	23 ♎ 49	23 ♒ 32	23 ♒ 36	11 ♒ 59	11 ♑ 7	14 ♐ 45	4 ♐ 31	16 ♉ 28	13 ♎ 12	2 ♐ 58	29 ♍ 11	4 ♉	20 ♓	28 ♉	1 ♑	7 ♈
17	27 ♒ 17	5 ♏ 51	23 ♒ 29	23 ♒ 36	13 ♒ 35	12 ♑ 14	15 ♐ 22	4 ♐ 37	16 ♉ 32	13 ♎ 10	2 ♐ 59	29 ♍ 9	4 ♉	20 ♓	29 ♉	1 ♑	7 ♈
18	28 ♒ 17	18 ♏ 7	23 ♒ 26	23 ♒ 35	15 ♒ 13	13 ♑ 22	15 ♐ 59	4 ♐ 43	16 ♉ 35	13 ♎ 9	2 ♐ 59	29 ♍ 8	5 ♉	20 ♓	29 ♉	2 ♑	7 ♈
19	29 ♒ 18	0 ♐ 39	23 ♒ 23	23 D 35	16 ♒ 51	14 ♑ 30	16 ♐ 36	4 ♐ 49	16 ♉ 38	13 ♎ 7	3 ♐ 0	29 ♍ 7	5 ♉	21 ♓	29 ♉	2 ♑	7 ♈
20	0 ♓ 19	13 ♐ 32	23 ♒ 19	23 ♒ 35	18 ♒ 30	15 ♑ 39	17 ♐ 14	4 ♐ 54	16 ♉ 42	13 ♎ 5	3 ♐ 1	29 ♍ 5	5 ♉	21 ♓	0 ♊	3 ♑	7 ♈
21	1 ♓ 19	26 ♐ 49	23 ♒ 16	23 ♒ 36	20 ♒ 10	16 ♑ 47	17 ♐ 51	5 ♐ 0	16 ♉ 46	13 ♎ 4	3 ♐ 1	29 ♍ 4	6 ♉	21 ♓	0 ♊	3 ♑	7 ♈
22	2 ♓ 20	10 ♑ 33	23 ♒ 13	23 ♒ 37	21 ♒ 51	17 ♑ 55	18 ♐ 28	5 ♐ 5	16 ♉ 49	13 ♎ 2	3 ♐ 1	29 ♍ 2	6 ♉	22 ♓	1 ♊	4 ♑	7 ♈
23	3 ♓ 20	24 ♑ 44	23 ♒ 10	23 ♒ 37	23 ♒ 33	19 ♑ 4	19 ♐ 5	5 ♐ 11	16 ♉ 53	13 ♎ 0	3 ♐ 2	29 ♍ 1	6 ♉	22 ♓	1 ♊	4 ♑	7 ♈
24	4 ♓ 20	9 ♒ 20	23 ♒ 7	23 ♒ 38	25 ♒ 16	20 ♑ 13	19 ♐ 42	5 ♐ 16	16 ♉ 57	12 ♎ 58	3 ♐ 2	29 ♍ 0	7 ♉	22 ♓	1 ♊	5 ♑	7 ♈
25	5 ♓ 21	24 ♒ 16	23 ♒ 4	23 R 38	27 ♒ 0	21 ♑ 21	20 ♐ 19	5 ♐ 21	17 ♉ 1	12 ♎ 57	3 ♐ 3	28 ♍ 58	7 ♉	23 ♓	2 ♊	5 ♑	7 ♈
26	6 ♓ 21	9 ♓ 25	23 ♒ 0	23 ♒ 38	28 ♒ 45	22 ♑ 30	20 ♐ 56	5 ♐ 25	17 ♉ 5	12 ♎ 55	3 ♐ 3	28 ♍ 57	7 ♉	23 ♓	2 ♊	6 ♑	7 ♈
27	7 ♓ 22	24 ♓ 38	22 ♒ 57	23 ♒ 37	0 ♓ 31	23 ♑ 40	21 ♐ 33	5 ♐ 30	17 ♉ 9	12 ♎ 53	3 ♐ 3	28 ♍ 55	8 ♉	23 ♓	3 ♊	6 ♑	7 ♈
28	8 ♓ 22	9 ♈ 44	22 ♒ 54	23 ♒ 35	2 ♓ 18	24 ♑ 49	22 ♐ 10	5 ♐ 34	17 ♉ 13	12 ♎ 51	3 ♐ 3	28 ♍ 54	8 ♉	24 ♓	3 ♊	7 ♑	7 ♈

SUN INGRESS	☉ → ♓ 19日 16:27
MOON PHASE	◐ 2日 23:31 ♉　○ 10日 16:41 ♌　◑ 18日 21:14 ♏　● 25日 18:49 ♓

aspects		
1日	15:48	♃☌♆
3日	07:47	☉△♅
5日	10:37	♀□♇
5日	20:57	☉□♄
7日	19:21	☿△♇
10日	04:19	☿⚹♆
10日	20:41	☿⚹♃
13日	14:29	♂⚹♅
16日	17:52	☿△♅
17日	19:15	♀□♅
18日	18:19	☿⚹♂
18日	20:51	☿□♄
20日	23:31	♀△♄
22日	16:45	☉□♆
24日	23:57	☉□♃
28日	10:12	☿□♆

1971年3月

DAY	☉	☽	☊ mean	☊ true	☿	♀	♂	♃	♄	♅	♆	♇	⚳	⚴	⚵	⚶	⚷
	° ′	° ′	° ′	° ′	° ′	° ′	° ′	° ′	° ′	° ′	° ′	° ′	°	°	°	°	°
1	9 ♓ 22	24 ♈ 34	22 ♒ 51	23 R 33	4 D 5	25 D 58	22 D 47	5 D 39	17 D 18	12 R 49	3 D 3	28 R 52	8 D	24 D	4 D	7 D	8 D
2	10 ♓ 22	9 ♉ 3	22 ♒ 48	23 ♒ 31	5 ♓ 54	27 ♑ 7	23 ♐ 24	5 ♐ 43	17 ♉ 22	12 ♎ 47	3 ♐ 4	28 ♍ 51	9 ♉	25 ♓	4 ♊	8 ♑	8 ♈
3	11 ♓ 23	23 ♉ 7	22 ♒ 45	23 ♒ 30	7 ♓ 44	28 ♑ 17	24 ♐ 1	5 ♐ 47	17 ♉ 27	12 ♎ 45	3 ♐ 4	28 ♍ 49	9 ♉	25 ♓	4 ♊	8 ♑	8 ♈
4	12 ♓ 23	6 ♊ 44	22 ♒ 41	23 ♒ 29	9 ♓ 35	29 ♑ 26	24 ♐ 38	5 ♐ 50	17 ♉ 31	12 ♎ 43	3 ♐ 4	28 ♍ 48	9 ♉	25 ♓	5 ♊	8 ♑	8 ♈
5	13 ♓ 23	19 ♊ 56	22 ♒ 38	23 D 29	11 ♓ 27	0 ♒ 36	25 ♐ 14	5 ♐ 54	17 ♉ 36	12 ♎ 41	3 ♐ 4	28 ♍ 46	10 ♉	26 ♓	5 ♊	9 ♑	8 ♈
6	14 ♓ 23	2 ♋ 45	22 ♒ 35	23 ♒ 30	13 ♓ 20	1 ♒ 46	25 ♐ 51	5 ♐ 57	17 ♉ 41	12 ♎ 38	3 ♐ 4	28 ♍ 44	10 ♉	26 ♓	6 ♊	9 ♑	8 ♈
7	15 ♓ 23	15 ♋ 15	22 ♒ 32	23 ♒ 31	15 ♓ 14	2 ♒ 56	26 ♐ 28	6 ♐ 0	17 ♉ 46	12 ♎ 36	3 R 4	28 ♍ 43	10 ♉	26 ♓	6 ♊	10 ♑	8 ♈
8	16 ♓ 23	27 ♋ 30	22 ♒ 29	23 ♒ 33	17 ♓ 9	4 ♒ 6	27 ♐ 4	6 ♐ 3	17 ♉ 51	12 ♎ 34	3 ♐ 4	28 ♍ 41	11 ♉	27 ♓	7 ♊	10 ♑	8 ♈
9	17 ♓ 23	9 ♌ 34	22 ♒ 25	23 ♒ 34	19 ♓ 4	5 ♒ 16	27 ♐ 41	6 ♐ 6	17 ♉ 56	12 ♎ 32	3 ♐ 4	28 ♍ 40	11 ♉	27 ♓	7 ♊	11 ♑	8 ♈
10	18 ♓ 23	21 ♌ 30	22 ♒ 22	23 ♒ 35	21 ♓ 1	6 ♒ 26	28 ♐ 17	6 ♐ 9	18 ♉ 1	12 ♎ 29	3 ♐ 4	28 ♍ 38	11 ♉	27 ♓	7 ♊	11 ♑	8 ♈
11	19 ♓ 23	3 ♍ 22	22 ♒ 19	23 R 35	22 ♓ 58	7 ♒ 36	28 ♐ 54	6 ♐ 11	18 ♉ 6	12 ♎ 27	3 ♐ 3	28 ♍ 36	12 ♉	28 ♓	8 ♊	12 ♑	8 ♈
12	20 ♓ 23	15 ♍ 10	22 ♒ 16	23 ♒ 33	24 ♓ 55	8 ♒ 46	29 ♐ 30	6 ♐ 14	18 ♉ 11	12 ♎ 25	3 ♐ 3	28 ♍ 35	12 ♉	28 ♓	8 ♊	12 ♑	8 ♈
13	21 ♓ 23	26 ♍ 59	22 ♒ 13	23 ♒ 30	26 ♓ 53	9 ♒ 57	0 ♑ 7	6 ♐ 16	18 ♉ 16	12 ♎ 23	3 ♐ 3	28 ♍ 33	12 ♉	28 ♓	9 ♊	12 ♑	8 ♈
14	22 ♓ 23	8 ♎ 50	22 ♒ 10	23 ♒ 25	28 ♓ 52	11 ♒ 7	0 ♑ 43	6 ♐ 18	18 ♉ 22	12 ♎ 20	3 ♐ 3	28 ♍ 32	13 ♉	29 ♓	9 ♊	13 ♑	8 ♈
15	23 ♓ 22	20 ♎ 44	22 ♒ 6	23 ♒ 20	0 ♈ 50	12 ♒ 17	1 ♑ 19	6 ♐ 20	18 ♉ 27	12 ♎ 18	3 ♐ 3	28 ♍ 30	13 ♉	29 ♓	10 ♊	13 ♑	8 ♈
16	24 ♓ 22	2 ♏ 45	22 ♒ 3	23 ♒ 14	2 ♈ 48	13 ♒ 28	1 ♑ 56	6 ♐ 21	18 ♉ 33	12 ♎ 15	3 ♐ 2	28 ♍ 28	13 ♉	0 ♈	10 ♊	14 ♑	8 ♈
17	25 ♓ 22	14 ♏ 53	22 ♒ 0	23 ♒ 9	4 ♈ 46	14 ♒ 39	2 ♑ 32	6 ♐ 22	18 ♉ 38	12 ♎ 13	3 ♐ 2	28 ♍ 27	14 ♉	0 ♈	11 ♊	14 ♑	8 ♈
18	26 ♓ 22	27 ♏ 12	21 ♒ 57	23 ♒ 5	6 ♈ 43	15 ♒ 49	3 ♑ 8	6 ♐ 24	18 ♉ 44	12 ♎ 10	3 ♐ 2	28 ♍ 25	14 ♉	0 ♈	11 ♊	15 ♑	8 ♈
19	27 ♓ 21	9 ♐ 44	21 ♒ 54	23 ♒ 2	8 ♈ 39	17 ♒ 0	3 ♑ 44	6 ♐ 25	18 ♉ 50	12 ♎ 8	3 ♐ 1	28 ♍ 23	15 ♉	1 ♈	12 ♊	15 ♑	9 ♈
20	28 ♓ 21	22 ♐ 34	21 ♒ 50	23 ♒ 0	10 ♈ 33	18 ♒ 11	4 ♑ 20	6 ♐ 26	18 ♉ 56	12 ♎ 6	3 ♐ 1	28 ♍ 22	15 ♉	1 ♈	12 ♊	15 ♑	9 ♈
21	29 ♓ 21	5 ♑ 44	21 ♒ 47	23 D 0	12 ♈ 26	19 ♒ 22	4 ♑ 56	6 ♐ 26	19 ♉ 2	12 ♎ 3	3 ♐ 0	28 ♍ 20	15 ♉	1 ♈	12 ♊	16 ♑	9 ♈
22	0 ♈ 20	19 ♑ 17	21 ♒ 44	23 ♒ 1	14 ♈ 17	20 ♒ 33	5 ♑ 32	6 ♐ 27	19 ♉ 8	12 ♎ 1	3 ♐ 0	28 ♍ 18	16 ♉	2 ♈	13 ♊	16 ♑	9 ♈
23	1 ♈ 20	3 ♒ 15	21 ♒ 41	23 ♒ 3	16 ♈ 4	21 ♒ 44	6 ♑ 8	6 ♐ 27	19 ♉ 14	11 ♎ 58	2 ♐ 59	28 ♍ 17	16 ♉	2 ♈	13 ♊	17 ♑	9 ♈
24	2 ♈ 19	17 ♒ 38	21 ♒ 38	23 ♒ 4	17 ♈ 49	22 ♒ 55	6 ♑ 44	6 R 27	19 ♉ 20	11 ♎ 55	2 ♐ 59	28 ♍ 15	16 ♉	2 ♈	14 ♊	17 ♑	9 ♈
25	3 ♈ 19	2 ♓ 24	21 ♒ 35	23 R 3	19 ♈ 30	24 ♒ 6	7 ♑ 20	6 ♐ 27	19 ♉ 26	11 ♎ 53	2 ♐ 58	28 ♍ 14	17 ♉	3 ♈	14 ♊	17 ♑	9 ♈
26	4 ♈ 18	17 ♓ 28	21 ♒ 31	23 ♒ 1	21 ♈ 7	25 ♒ 17	7 ♑ 55	6 ♐ 26	19 ♉ 32	11 ♎ 50	2 ♐ 57	28 ♍ 12	17 ♉	3 ♈	15 ♊	18 ♑	9 ♈
27	5 ♈ 18	2 ♈ 41	21 ♒ 28	22 ♒ 57	22 ♈ 40	26 ♒ 28	8 ♑ 31	6 ♐ 26	19 ♉ 38	11 ♎ 48	2 ♐ 57	28 ♍ 10	18 ♉	4 ♈	15 ♊	18 ♑	9 ♈
28	6 ♈ 17	17 ♈ 54	21 ♒ 25	22 ♒ 52	24 ♈ 7	27 ♒ 40	9 ♑ 6	6 ♐ 25	19 ♉ 45	11 ♎ 45	2 ♐ 56	28 ♍ 9	18 ♉	4 ♈	16 ♊	19 ♑	9 ♈
29	7 ♈ 17	2 ♉ 56	21 ♒ 22	22 ♒ 45	25 ♈ 30	28 ♒ 51	9 ♑ 42	6 ♐ 24	19 ♉ 51	11 ♎ 43	2 ♐ 55	28 ♍ 7	18 ♉	4 ♈	16 ♊	19 ♑	9 ♈
30	8 ♈ 16	17 ♉ 39	21 ♒ 19	22 ♒ 38	26 ♈ 47	0 ♓ 2	10 ♑ 17	6 ♐ 23	19 ♉ 57	11 ♎ 40	2 ♐ 55	28 ♍ 5	19 ♉	5 ♈	17 ♊	19 ♑	9 ♈
31	9 ♈ 15	1 ♊ 55	21 ♒ 16	22 ♒ 32	27 ♈ 58	1 ♓ 14	10 ♑ 52	6 ♐ 22	20 ♉ 4	11 ♎ 37	2 ♐ 54	28 ♍ 4	19 ♉	5 ♈	17 ♊	20 ♑	9 ♈

SUN INGRESS	☉ → ♈ 21日 15:38
MOON PHASE	◐ 4日 11:01 ♊　○ 12日 11:34 ♍　◑ 20日 11:30 ♐　● 27日 04:23 ♈

aspects		
1日	21:20	☿□♃
3日	10:52	♀△♇
7日	02:48	♀⚹♆
7日	04:03	☉☌☿
8日	09:07	☿⚹♄
9日	14:12	☉⚹♄
9日	18:02	♀⚹♃
10日	12:57	♂□♇
13日	19:59	☿☍♇
15日	00:05	♀△♅
15日	08:37	☿□♂
16日	02:51	☿△♆
17日	19:59	☿△♃
20日	00:17	☉☍♇
20日	16:30	♀□♄
20日	19:08	☿☍♅
24日	15:40	☉△♆
28日	03:12	☉△♃

1971年4月

DAY	☉	☽	☊ mean	☊ true	☿	♀	♂	♃	♄	♅	♆	♇	⚳	⚴	⚵	⚶	⚷
	° ′	° ′	° ′	° ′	° ′	° ′	° ′	° ′	° ′	° ′	° ′	° ′	°	°	°	°	°
1	10 ♈ 15	15 ♊ 42	21 ♒ 12	22 R 27	29 D 3	2 D 25	11 D 28	6 R 21	20 D 10	11 R 35	2 R 53	28 R 2	19 D	5 D	18 D	20 D	9 D
2	11 ♈ 14	28 ♊ 59	21 ♒ 9	22 ♒ 24	0 ♉ 1	3 ♓ 37	12 ♑ 3	6 ♐ 19	20 ♉ 17	11 ♎ 32	2 ♐ 52	28 ♍ 1	20 ♉	6 ♈	18 ♊	21 ♑	9 ♈
3	12 ♈ 13	11 ♋ 51	21 ♒ 6	22 ♒ 24	0 ♉ 53	4 ♓ 48	12 ♑ 38	6 ♐ 17	20 ♉ 24	11 ♎ 30	2 ♐ 51	27 ♍ 59	20 ♉	6 ♈	19 ♊	21 ♑	9 ♈
4	13 ♈ 12	24 ♋ 20	21 ♒ 3	22 D 24	1 ♉ 39	6 ♓ 0	13 ♑ 13	6 ♐ 15	20 ♉ 30	11 ♎ 27	2 ♐ 50	27 ♍ 58	21 ♉	7 ♈	19 ♊	21 ♑	9 ♈
5	14 ♈ 11	6 ♌ 31	21 ♒ 0	22 ♒ 25	2 ♉ 17	7 ♓ 11	13 ♑ 48	6 ♐ 13	20 ♉ 37	11 ♎ 24	2 ♐ 50	27 ♍ 56	21 ♉	7 ♈	20 ♊	22 ♑	10 ♈
6	15 ♈ 10	18 ♌ 30	20 ♒ 56	22 ♒ 26	2 ♉ 49	8 ♓ 23	14 ♑ 23	6 ♐ 11	20 ♉ 44	11 ♎ 22	2 ♐ 49	27 ♍ 54	21 ♉	7 ♈	20 ♊	22 ♑	10 ♈
7	16 ♈ 9	0 ♍ 21	20 ♒ 53	22 R 26	3 ♉ 13	9 ♓ 35	14 ♑ 57	6 ♐ 8	20 ♉ 51	11 ♎ 19	2 ♐ 48	27 ♍ 53	22 ♉	8 ♈	21 ♊	23 ♑	10 ♈
8	17 ♈ 8	12 ♍ 9	20 ♒ 50	22 ♒ 24	3 ♉ 31	10 ♓ 46	15 ♑ 32	6 ♐ 5	20 ♉ 57	11 ♎ 17	2 ♐ 47	27 ♍ 51	22 ♉	8 ♈	21 ♊	23 ♑	10 ♈
9	18 ♈ 7	23 ♍ 56	20 ♒ 47	22 ♒ 19	3 ♉ 41	11 ♓ 58	16 ♑ 6	6 ♐ 3	21 ♉ 4	11 ♎ 14	2 ♐ 46	27 ♍ 50	23 ♉	8 ♈	22 ♊	23 ♑	10 ♈
10	19 ♈ 6	5 ♎ 47	20 ♒ 44	22 ♒ 12	3 ♉ 45	13 ♓ 10	16 ♑ 41	5 ♐ 59	21 ♉ 11	11 ♎ 12	2 ♐ 45	27 ♍ 48	23 ♉	9 ♈	22 ♊	24 ♑	10 ♈
11	20 ♈ 5	17 ♎ 43	20 ♒ 41	22 ♒ 3	3 R 43	14 ♓ 21	17 ♑ 15	5 ♐ 56	21 ♉ 18	11 ♎ 9	2 ♐ 44	27 ♍ 47	23 ♉	9 ♈	22 ♊	24 ♑	10 ♈
12	21 ♈ 4	29 ♎ 46	20 ♒ 37	21 ♒ 52	3 ♉ 34	15 ♓ 33	17 ♑ 49	5 ♐ 53	21 ♉ 25	11 ♎ 6	2 ♐ 42	27 ♍ 45	24 ♉	10 ♈	23 ♊	24 ♑	10 ♈
13	22 ♈ 3	11 ♏ 56	20 ♒ 34	21 ♒ 41	3 ♉ 19	16 ♓ 45	18 ♑ 24	5 ♐ 49	21 ♉ 32	11 ♎ 4	2 ♐ 41	27 ♍ 44	24 ♉	10 ♈	23 ♊	25 ♑	10 ♈
14	23 ♈ 2	24 ♏ 16	20 ♒ 31	21 ♒ 30	2 ♉ 58	17 ♓ 57	18 ♑ 58	5 ♐ 45	21 ♉ 40	11 ♎ 1	2 ♐ 40	27 ♍ 42	24 ♉	10 ♈	24 ♊	25 ♑	10 ♈
15	24 ♈ 0	6 ♐ 45	20 ♒ 28	21 ♒ 20	2 ♉ 33	19 ♓ 9	19 ♑ 32	5 ♐ 42	21 ♉ 47	10 ♎ 59	2 ♐ 39	27 ♍ 41	25 ♉	11 ♈	24 ♊	25 ♑	10 ♈
16	24 ♈ 59	19 ♐ 27	20 ♒ 25	21 ♒ 13	2 ♉ 2	20 ♓ 21	20 ♑ 5	5 ♐ 37	21 ♉ 54	10 ♎ 56	2 ♐ 38	27 ♍ 40	25 ♉	11 ♈	25 ♊	26 ♑	10 ♈
17	25 ♈ 58	2 ♑ 22	20 ♒ 22	21 ♒ 8	1 ♉ 28	21 ♓ 33	20 ♑ 39	5 ♐ 33	22 ♉ 1	10 ♎ 54	2 ♐ 37	27 ♍ 38	26 ♉	11 ♈	25 ♊	26 ♑	10 ♈
18	26 ♈ 57	15 ♑ 32	20 ♒ 18	21 ♒ 5	0 ♉ 51	22 ♓ 45	21 ♑ 13	5 ♐ 29	22 ♉ 8	10 ♎ 51	2 ♐ 35	27 ♍ 37	26 ♉	12 ♈	26 ♊	26 ♑	10 ♈
19	27 ♈ 55	29 ♑ 0	20 ♒ 15	21 D 5	0 ♉ 11	23 ♓ 57	21 ♑ 46	5 ♐ 24	22 ♉ 16	10 ♎ 49	2 ♐ 34	27 ♍ 35	26 ♉	12 ♈	26 ♊	27 ♑	10 ♈
20	28 ♈ 54	12 ♒ 47	20 ♒ 12	21 ♒ 5	29 ♈ 30	25 ♓ 9	22 ♑ 20	5 ♐ 20	22 ♉ 23	10 ♎ 47	2 ♐ 33	27 ♍ 34	27 ♉	13 ♈	27 ♊	27 ♑	10 ♈
21	29 ♈ 52	26 ♒ 56	20 ♒ 9	21 R 5	28 ♈ 47	26 ♓ 21	22 ♑ 53	5 ♐ 15	22 ♉ 30	10 ♎ 44	2 ♐ 32	27 ♍ 33	27 ♉	13 ♈	27 ♊	27 ♑	10 ♈
22	0 ♉ 51	11 ♓ 24	20 ♒ 6	21 ♒ 4	28 ♈ 5	27 ♓ 33	23 ♑ 26	5 ♐ 10	22 ♉ 38	10 ♎ 42	2 ♐ 30	27 ♍ 31	28 ♉	13 ♈	28 ♊	28 ♑	11 ♈
23	1 ♉ 50	26 ♓ 11	20 ♒ 2	21 ♒ 0	27 ♈ 23	28 ♓ 45	23 ♑ 59	5 ♐ 4	22 ♉ 45	10 ♎ 39	2 ♐ 29	27 ♍ 30	28 ♉	14 ♈	28 ♊	28 ♑	11 ♈
24	2 ♉ 48	11 ♈ 9	19 ♒ 59	20 ♒ 54	26 ♈ 43	29 ♓ 57	24 ♑ 32	4 ♐ 59	22 ♉ 53	10 ♎ 37	2 ♐ 28	27 ♍ 29	28 ♉	14 ♈	29 ♊	28 ♑	11 ♈
25	3 ♉ 47	26 ♈ 11	19 ♒ 56	20 ♒ 45	26 ♈ 5	1 ♈ 9	25 ♑ 5	4 ♐ 54	23 ♉ 0	10 ♎ 35	2 ♐ 26	27 ♍ 28	29 ♉	14 ♈	29 ♊	28 ♑	11 ♈
26	4 ♉ 45	11 ♉ 7	19 ♒ 53	20 ♒ 34	25 ♈ 29	2 ♈ 22	25 ♑ 37	4 ♐ 48	23 ♉ 8	10 ♎ 32	2 ♐ 25	27 ♍ 26	29 ♉	15 ♈	0 ♋	29 ♑	11 ♈
27	5 ♉ 43	25 ♉ 48	19 ♒ 50	20 ♒ 23	24 ♈ 57	3 ♈ 34	26 ♑ 10	4 ♐ 42	23 ♉ 15	10 ♎ 30	2 ♐ 24	27 ♍ 25	0 ♊	15 ♈	0 ♋	29 ♑	11 ♈
28	6 ♉ 42	10 ♊ 6	19 ♒ 47	20 ♒ 13	24 ♈ 28	4 ♈ 46	26 ♑ 42	4 ♐ 37	23 ♉ 23	10 ♎ 28	2 ♐ 22	27 ♍ 24	0 ♊	16 ♈	1 ♋	29 ♑	11 ♈
29	7 ♉ 40	23 ♊ 57	19 ♒ 43	20 ♒ 5	24 ♈ 4	5 ♈ 58	27 ♑ 14	4 ♐ 31	23 ♉ 30	10 ♎ 26	2 ♐ 21	27 ♍ 23	0 ♊	16 ♈	1 ♋	0 ♒	11 ♈
30	8 ♉ 38	7 ♋ 20	19 ♒ 40	19 ♒ 59	23 ♈ 43	7 ♈ 11	27 ♑ 46	4 ♐ 24	23 ♉ 38	10 ♎ 23	2 ♐ 19	27 ♍ 22	1 ♊	16 ♈	2 ♋	0 ♒	11 ♈

SUN INGRESS	☉ → ♉ 21日 02:54
MOON PHASE	◐ 3日 00:46 ♋　○ 11日 05:10 ♎　◑ 18日 21:58 ♑　● 25日 13:02 ♉

aspects		
1日	04:31	♂□♅
1日	09:14	♀□♆
2日	07:10	☉☍♅
4日	00:43	☉□♂
4日	05:03	♀□♃
15日	14:20	♀⚹♂
17日	10:31	♀⚹♄
20日	03:06	♂△♄
20日	08:34	☉☌☿
21日	23:27	♀☍♇
25日	21:09	☿□♂
26日	01:03	♀△♆
27日	21:04	♀△♃
29日	06:26	♂△♇

1971年5月

DAY	☉	☽	☊ mean	☊ true	☿	♀	♂	♃	♄	♅	♆	♇	⚳	⚴	⚵	⚶	⚷
	° ′	° ′	° ′	° ′	° ′	° ′	° ′	° ′	° ′	° ′	° ′	° ′	°	°	°	°	°
1	9 ♉ 37	20 ♋ 16	19 ♒ 37	19 R 56	23 R 27	8 D 23	28 D 18	4 R 18	23 D 45	10 R 21	2 R 18	27 R 20	1 D	17 D	2 D	0 D	11 D
2	10 ♉ 35	2 ♌ 48	19 ♒ 34	19 ♒ 54	23 ♈ 16	9 ♈ 35	28 ♑ 49	4 ♐ 12	23 ♉ 53	10 ♎ 19	2 ♐ 16	27 ♍ 19	2 ♊	17 ♈	3 ♋	0 ♒	11 ♈
3	11 ♉ 33	15 ♌ 1	19 ♒ 31	19 D 54	23 ♈ 10	10 ♈ 47	29 ♑ 21	4 ♐ 5	24 ♉ 1	10 ♎ 17	2 ♐ 15	27 ♍ 18	2 ♊	17 ♈	3 ♋	1 ♒	11 ♈
4	12 ♉ 31	27 ♌ 0	19 ♒ 28	19 R 54	23 D 9	12 ♈ 0	29 ♑ 52	3 ♐ 59	24 ♉ 8	10 ♎ 15	2 ♐ 13	27 ♍ 17	3 ♊	18 ♈	4 ♋	1 ♒	11 ♈
5	13 ♉ 30	8 ♍ 51	19 ♒ 24	19 ♒ 53	23 ♈ 12	13 ♈ 12	0 ♒ 23	3 ♐ 52	24 ♉ 16	10 ♎ 13	2 ♐ 12	27 ♍ 16	3 ♊	18 ♈	4 ♋	1 ♒	11 ♈
6	14 ♉ 28	20 ♍ 39	19 ♒ 21	19 ♒ 50	23 ♈ 20	14 ♈ 24	0 ♒ 54	3 ♐ 45	24 ♉ 24	10 ♎ 11	2 ♐ 10	27 ♍ 15	3 ♊	19 ♈	5 ♋	1 ♒	11 ♈
7	15 ♉ 26	2 ♎ 28	19 ♒ 18	19 ♒ 44	23 ♈ 33	15 ♈ 37	1 ♒ 24	3 ♐ 39	24 ♉ 31	10 ♎ 9	2 ♐ 9	27 ♍ 14	4 ♊	19 ♈	5 ♋	2 ♒	11 ♈
8	16 ♉ 24	14 ♎ 23	19 ♒ 15	19 ♒ 36	23 ♈ 50	16 ♈ 49	1 ♒ 55	3 ♐ 32	24 ♉ 39	10 ♎ 7	2 ♐ 7	27 ♍ 13	4 ♊	19 ♈	6 ♋	2 ♒	11 ♈
9	17 ♉ 22	26 ♎ 25	19 ♒ 12	19 ♒ 25	24 ♈ 12	18 ♈ 1	2 ♒ 25	3 ♐ 25	24 ♉ 47	10 ♎ 5	2 ♐ 6	27 ♍ 12	5 ♊	20 ♈	6 ♋	2 ♒	11 ♈
10	18 ♉ 20	8 ♏ 38	19 ♒ 8	19 ♒ 12	24 ♈ 38	19 ♈ 14	2 ♒ 55	3 ♐ 18	24 ♉ 55	10 ♎ 3	2 ♐ 4	27 ♍ 11	5 ♊	20 ♈	7 ♋	2 ♒	11 ♈
11	19 ♉ 18	21 ♏ 2	19 ♒ 5	18 ♒ 59	25 ♈ 8	20 ♈ 26	3 ♒ 25	3 ♐ 11	25 ♉ 2	10 ♎ 1	2 ♐ 3	27 ♍ 11	5 ♊	20 ♈	7 ♋	3 ♒	12 ♈
12	20 ♉ 16	3 ♐ 37	19 ♒ 2	18 ♒ 45	25 ♈ 43	21 ♈ 39	3 ♒ 55	3 ♐ 3	25 ♉ 10	10 ♎ 0	2 ♐ 1	27 ♍ 10	6 ♊	21 ♈	8 ♋	3 ♒	12 ♈
13	21 ♉ 14	16 ♐ 24	18 ♒ 59	18 ♒ 34	26 ♈ 21	22 ♈ 51	4 ♒ 24	2 ♐ 56	25 ♉ 18	9 ♎ 58	1 ♐ 59	27 ♍ 9	6 ♊	21 ♈	8 ♋	3 ♒	12 ♈
14	22 ♉ 12	29 ♐ 22	18 ♒ 56	18 ♒ 25	27 ♈ 3	24 ♈ 4	4 ♒ 54	2 ♐ 49	25 ♉ 25	9 ♎ 56	1 ♐ 58	27 ♍ 8	7 ♊	22 ♈	9 ♋	3 ♒	12 ♈
15	23 ♉ 10	12 ♑ 31	18 ♒ 53	18 ♒ 18	27 ♈ 49	25 ♈ 16	5 ♒ 23	2 ♐ 41	25 ♉ 33	9 ♎ 55	1 ♐ 56	27 ♍ 7	7 ♊	22 ♈	9 ♋	3 ♒	12 ♈
16	24 ♉ 7	25 ♑ 53	18 ♒ 49	18 ♒ 15	28 ♈ 38	26 ♈ 29	5 ♒ 52	2 ♐ 34	25 ♉ 41	9 ♎ 53	1 ♐ 55	27 ♍ 7	8 ♊	22 ♈	10 ♋	4 ♒	12 ♈
17	25 ♉ 5	9 ♒ 26	18 ♒ 46	18 ♒ 14	29 ♈ 31	27 ♈ 41	6 ♒ 20	2 ♐ 26	25 ♉ 49	9 ♎ 51	1 ♐ 53	27 ♍ 6	8 ♊	23 ♈	10 ♋	4 ♒	12 ♈
18	26 ♉ 3	23 ♒ 13	18 ♒ 43	18 D 14	0 ♉ 27	28 ♈ 54	6 ♒ 48	2 ♐ 19	25 ♉ 57	9 ♎ 50	1 ♐ 51	27 ♍ 5	8 ♊	23 ♈	11 ♋	4 ♒	12 ♈
19	27 ♉ 1	7 ♓ 14	18 ♒ 40	18 R 13	1 ♉ 26	0 ♉ 6	7 ♒ 17	2 ♐ 11	26 ♉ 4	9 ♎ 48	1 ♐ 50	27 ♍ 5	9 ♊	23 ♈	11 ♋	4 ♒	12 ♈
20	27 ♉ 59	21 ♓ 29	18 ♒ 37	18 ♒ 12	2 ♉ 28	1 ♉ 19	7 ♒ 44	2 ♐ 4	26 ♉ 12	9 ♎ 47	1 ♐ 48	27 ♍ 4	9 ♊	24 ♈	12 ♋	4 ♒	12 ♈
21	28 ♉ 56	5 ♈ 55	18 ♒ 33	18 ♒ 8	3 ♉ 33	2 ♉ 31	8 ♒ 12	1 ♐ 56	26 ♉ 20	9 ♎ 45	1 ♐ 47	27 ♍ 3	10 ♊	24 ♈	12 ♋	4 ♒	12 ♈
22	29 ♉ 54	20 ♈ 31	18 ♒ 30	18 ♒ 2	4 ♉ 41	3 ♉ 44	8 ♒ 39	1 ♐ 48	26 ♉ 28	9 ♎ 44	1 ♐ 45	27 ♍ 3	10 ♊	25 ♈	13 ♋	4 ♒	12 ♈
23	0 ♊ 52	5 ♉ 10	18 ♒ 27	17 ♒ 53	5 ♉ 52	4 ♉ 56	9 ♒ 6	1 ♐ 41	26 ♉ 35	9 ♎ 43	1 ♐ 43	27 ♍ 2	10 ♊	25 ♈	13 ♋	5 ♒	12 ♈
24	1 ♊ 50	19 ♉ 45	18 ♒ 24	17 ♒ 42	7 ♉ 6	6 ♉ 9	9 ♒ 33	1 ♐ 33	26 ♉ 43	9 ♎ 41	1 ♐ 42	27 ♍ 2	11 ♊	25 ♈	14 ♋	5 ♒	12 ♈
25	2 ♊ 47	4 ♊ 10	18 ♒ 21	17 ♒ 31	8 ♉ 22	7 ♉ 22	9 ♒ 59	1 ♐ 25	26 ♉ 51	9 ♎ 40	1 ♐ 40	27 ♍ 1	11 ♊	26 ♈	14 ♋	5 ♒	12 ♈
26	3 ♊ 45	18 ♊ 16	18 ♒ 18	17 ♒ 21	9 ♉ 41	8 ♉ 34	10 ♒ 25	1 ♐ 18	26 ♉ 59	9 ♎ 39	1 ♐ 38	27 ♍ 1	12 ♊	26 ♈	15 ♋	5 ♒	12 ♈
27	4 ♊ 43	2 ♋ 1	18 ♒ 14	17 ♒ 12	11 ♉ 3	9 ♉ 47	10 ♒ 51	1 ♐ 10	27 ♉ 6	9 ♎ 38	1 ♐ 37	27 ♍ 1	12 ♊	27 ♈	15 ♋	5 ♒	12 ♈
28	5 ♊ 40	15 ♋ 20	18 ♒ 11	17 ♒ 6	12 ♉ 27	11 ♉ 0	11 ♒ 16	1 ♐ 3	27 ♉ 14	9 ♎ 37	1 ♐ 35	27 ♍ 0	13 ♊	27 ♈	16 ♋	5 ♒	12 ♈
29	6 ♊ 38	28 ♋ 16	18 ♒ 8	17 ♒ 2	13 ♉ 54	12 ♉ 12	11 ♒ 41	0 ♐ 55	27 ♉ 22	9 ♎ 36	1 ♐ 34	27 ♍ 0	13 ♊	27 ♈	16 ♋	5 ♒	12 ♈
30	7 ♊ 35	10 ♌ 49	18 ♒ 5	17 ♒ 1	15 ♉ 23	13 ♉ 25	12 ♒ 6	0 ♐ 47	27 ♉ 29	9 ♎ 35	1 ♐ 32	27 ♍ 0	13 ♊	28 ♈	17 ♋	5 ♒	12 ♈
31	8 ♊ 33	23 ♌ 4	18 ♒ 2	17 D 1	16 ♉ 55	14 ♉ 38	12 ♒ 30	0 ♐ 40	27 ♉ 37	9 ♎ 34	1 ♐ 30	26 ♍ 59	14 ♊	28 ♈	17 ♋	5 ♒	12 ♈

SUN INGRESS　☉ → ♊ 22日 02:15

MOON PHASE　◐ 2日 16:34 ♌　○ 10日 20:24 ♏　◑ 18日 05:15 ♒　● 24日 21:32 ♊

aspects		
2日	14:13	♀☍♅
8日	09:14	♂⚹♆
10日	14:25	♂⚹♃
17日	20:53	☉☌♄
19日	01:35	☉△♇
22日	13:57	♃☌♆
23日	17:58	☉☍♃
23日	20:49	☉☍♆
24日	07:39	♂△♅
26日	07:15	♄△♇
26日	18:51	☿□♂
28日	08:12	♀□♂

1971年6月

DAY	☉	☽	☊ mean	☊ true	☿	♀	♂	♃	♄	♅	♆	♇	⚳	⚴	⚵	⚶	⚷
	° ′	° ′	° ′	° ′	° ′	° ′	° ′	° ′	° ′	° ′	° ′	° ′	°	°	°	°	°
1	9 ♊ 30	5 ♍ 5	17 ♒ 59	17 D 1	18 D 29	15 D 50	12 D 54	0 R 32	27 D 45	9 R 33	1 R 29	26 R 59	14 D	28 D	18 D	6 D	12 D
2	10 ♊ 28	16 ♍ 58	17 ♒ 55	17 R 1	20 ♉ 6	17 ♉ 3	13 ♒ 18	0 ♐ 25	27 ♉ 52	9 ♎ 32	1 ♐ 27	26 ♍ 59	15 ♊	29 ♈	18 ♋	6 ♒	12 ♈
3	11 ♊ 25	28 ♍ 47	17 ♒ 52	16 ♒ 59	21 ♉ 45	18 ♉ 16	13 ♒ 41	0 ♐ 18	28 ♉ 0	9 ♎ 31	1 ♐ 26	26 ♍ 59	15 ♊	29 ♈	19 ♋	6 ♒	13 ♈
4	12 ♊ 23	10 ♎ 39	17 ♒ 49	16 ♒ 56	23 ♉ 27	19 ♉ 29	14 ♒ 4	0 ♐ 10	28 ♉ 8	9 ♎ 30	1 ♐ 24	26 ♍ 59	15 ♊	0 ♉	19 ♋	6 ♒	13 ♈
5	13 ♊ 20	22 ♎ 38	17 ♒ 46	16 ♒ 50	25 ♉ 11	20 ♉ 41	14 ♒ 26	0 ♐ 3	28 ♉ 15	9 ♎ 30	1 ♐ 22	26 ♍ 58	16 ♊	0 ♉	20 ♋	6 ♒	13 ♈
6	14 ♊ 18	4 ♏ 46	17 ♒ 43	16 ♒ 41	26 ♉ 58	21 ♉ 54	14 ♒ 48	29 ♏ 56	28 ♉ 23	9 ♎ 29	1 ♐ 21	26 ♍ 58	16 ♊	0 ♉	20 ♋	6 ♒	13 ♈
7	15 ♊ 15	17 ♏ 8	17 ♒ 39	16 ♒ 32	28 ♉ 47	23 ♉ 7	15 ♒ 10	29 ♏ 48	28 ♉ 30	9 ♎ 29	1 ♐ 19	26 ♍ 58	17 ♊	1 ♉	21 ♋	6 ♒	13 ♈
8	16 ♊ 12	29 ♏ 45	17 ♒ 36	16 ♒ 21	0 ♊ 38	24 ♉ 20	15 ♒ 31	29 ♏ 41	28 ♉ 38	9 ♎ 28	1 ♐ 18	26 ♍ 58	17 ♊	1 ♉	21 ♋	6 ♒	13 ♈
9	17 ♊ 10	12 ♐ 36	17 ♒ 33	16 ♒ 11	2 ♊ 32	25 ♉ 33	15 ♒ 52	29 ♏ 34	28 ♉ 45	9 ♎ 28	1 ♐ 16	26 D 58	18 ♊	1 ♉	22 ♋	6 ♒	13 ♈
10	18 ♊ 7	25 ♐ 43	17 ♒ 30	16 ♒ 2	4 ♊ 28	26 ♉ 45	16 ♒ 12	29 ♏ 27	28 ♉ 53	9 ♎ 27	1 ♐ 15	26 ♍ 58	18 ♊	2 ♉	22 ♋	6 R	13 ♈
11	19 ♊ 5	9 ♑ 3	17 ♒ 27	15 ♒ 55	6 ♊ 26	27 ♉ 58	16 ♒ 32	29 ♏ 21	29 ♉ 0	9 ♎ 27	1 ♐ 13	26 ♍ 58	18 ♊	2 ♉	23 ♋	6 ♒	13 ♈
12	20 ♊ 2	22 ♑ 34	17 ♒ 24	15 ♒ 50	8 ♊ 27	29 ♉ 11	16 ♒ 51	29 ♏ 14	29 ♉ 8	9 ♎ 26	1 ♐ 12	26 ♍ 59	19 ♊	2 ♉	23 ♋	6 ♒	13 ♈
13	20 ♊ 59	6 ♒ 16	17 ♒ 20	15 ♒ 48	10 ♊ 29	0 ♊ 24	17 ♒ 10	29 ♏ 7	29 ♉ 15	9 ♎ 26	1 ♐ 10	26 ♍ 59	19 ♊	3 ♉	24 ♋	6 ♒	13 ♈
14	21 ♊ 57	20 ♒ 6	17 ♒ 17	15 D 48	12 ♊ 33	1 ♊ 37	17 ♒ 29	29 ♏ 1	29 ♉ 23	9 ♎ 26	1 ♐ 8	26 ♍ 59	20 ♊	3 ♉	24 ♋	6 ♒	13 ♈
15	22 ♊ 54	4 ♓ 4	17 ♒ 14	15 ♒ 48	14 ♊ 40	2 ♊ 50	17 ♒ 47	28 ♏ 54	29 ♉ 30	9 ♎ 26	1 ♐ 7	26 ♍ 59	20 ♊	4 ♉	25 ♋	6 ♒	13 ♈
16	23 ♊ 51	18 ♓ 8	17 ♒ 11	15 ♒ 49	16 ♊ 47	4 ♊ 3	18 ♒ 4	28 ♏ 48	29 ♉ 37	9 ♎ 26	1 ♐ 6	26 ♍ 59	21 ♊	4 ♉	25 ♋	6 ♒	13 ♈
17	24 ♊ 48	2 ♈ 18	17 ♒ 8	15 R 49	18 ♊ 56	5 ♊ 16	18 ♒ 21	28 ♏ 42	29 ♉ 45	9 ♎ 25	1 ♐ 4	27 ♍ 0	21 ♊	4 ♉	26 ♋	6 ♒	13 ♈
18	25 ♊ 46	16 ♈ 32	17 ♒ 5	15 ♒ 47	21 ♊ 6	6 ♊ 29	18 ♒ 37	28 ♏ 35	29 ♉ 52	9 D 25	1 ♐ 3	27 ♍ 0	21 ♊	5 ♉	26 ♋	5 ♒	13 ♈
19	26 ♊ 43	0 ♉ 48	17 ♒ 1	15 ♒ 43	23 ♊ 17	7 ♊ 42	18 ♒ 53	28 ♏ 29	29 ♉ 59	9 ♎ 25	1 ♐ 1	27 ♍ 0	22 ♊	5 ♉	27 ♋	5 ♒	13 ♈
20	27 ♊ 40	15 ♉ 2	16 ♒ 58	15 ♒ 38	25 ♊ 28	8 ♊ 55	19 ♒ 8	28 ♏ 23	0 ♊ 6	9 ♎ 26	1 ♐ 0	27 ♍ 1	22 ♊	5 ♉	27 ♋	5 ♒	13 ♈
21	28 ♊ 38	29 ♉ 10	16 ♒ 55	15 ♒ 31	27 ♊ 40	10 ♊ 8	19 ♒ 23	28 ♏ 18	0 ♊ 14	9 ♎ 26	0 ♐ 58	27 ♍ 1	23 ♊	6 ♉	28 ♋	5 ♒	13 ♈
22	29 ♊ 35	13 ♊ 9	16 ♒ 52	15 ♒ 23	29 ♊ 52	11 ♊ 21	19 ♒ 37	28 ♏ 12	0 ♊ 21	9 ♎ 26	0 ♐ 57	27 ♍ 1	23 ♊	6 ♉	28 ♋	5 ♒	13 ♈
23	0 ♋ 32	26 ♊ 53	16 ♒ 49	15 ♒ 16	2 ♋ 3	12 ♊ 34	19 ♒ 50	28 ♏ 7	0 ♊ 28	9 ♎ 26	0 ♐ 56	27 ♍ 2	24 ♊	7 ♉	29 ♋	5 ♒	13 ♈
24	1 ♋ 29	10 ♋ 20	16 ♒ 45	15 ♒ 11	4 ♋ 14	13 ♊ 47	20 ♒ 3	28 ♏ 1	0 ♊ 35	9 ♎ 26	0 ♐ 54	27 ♍ 2	24 ♊	7 ♉	29 ♋	5 ♒	13 ♈
25	2 ♋ 27	23 ♋ 27	16 ♒ 42	15 ♒ 7	6 ♋ 24	15 ♊ 0	20 ♒ 15	27 ♏ 56	0 ♊ 42	9 ♎ 27	0 ♐ 53	27 ♍ 3	24 ♊	7 ♉	29 ♋	5 ♒	13 ♈
26	3 ♋ 24	6 ♌ 14	16 ♒ 39	15 ♒ 5	8 ♋ 33	16 ♊ 13	20 ♒ 27	27 ♏ 51	0 ♊ 49	9 ♎ 27	0 ♐ 52	27 ♍ 3	25 ♊	8 ♉	0 ♌	5 ♒	13 ♈
27	4 ♋ 21	18 ♌ 44	16 ♒ 36	15 D 4	10 ♋ 41	17 ♊ 26	20 ♒ 38	27 ♏ 46	0 ♊ 56	9 ♎ 28	0 ♐ 50	27 ♍ 4	25 ♊	8 ♉	0 ♌	4 ♒	13 ♈
28	5 ♋ 18	0 ♍ 57	16 ♒ 33	15 ♒ 5	12 ♋ 48	18 ♊ 39	20 ♒ 48	27 ♏ 41	1 ♊ 3	9 ♎ 28	0 ♐ 49	27 ♍ 5	26 ♊	8 ♉	1 ♌	4 ♒	13 ♈
29	6 ♋ 16	12 ♍ 58	16 ♒ 30	15 ♒ 7	14 ♋ 53	19 ♊ 52	20 ♒ 58	27 ♏ 37	1 ♊ 10	9 ♎ 29	0 ♐ 48	27 ♍ 5	26 ♊	9 ♉	1 ♌	4 ♒	13 ♈
30	7 ♋ 13	24 ♍ 52	16 ♒ 26	15 ♒ 8	16 ♋ 56	21 ♊ 5	21 ♒ 6	27 ♏ 32	1 ♊ 16	9 ♎ 29	0 ♐ 47	27 ♍ 6	27 ♊	9 ♉	2 ♌	4 ♒	13 ♈

SUN INGRESS　☉ → ♋ 22日 10:20

MOON PHASE　◐ 1日 09:42 ♍　○ 9日 09:04 ♐　◑ 16日 10:24 ♓　● 23日 06:57 ♋

aspects		
1日	01:02	☉△♅
6日	00:09	☿△♇
6日	20:11	☿☌♄
6日	20:24	☉△♂
7日	12:34	☿☍♃
8日	08:17	☿☍♆
10日	04:17	♀△♇
11日	22:49	♀☌♄
12日	00:50	♀☍♃
12日	10:13	♃☍♄
12日	11:43	☿△♅
13日	14:52	♀☍♆
16日	16:32	☿△♂
19日	07:15	☉□♇
20日	10:12	♀△♅
20日	16:51	☿□♇
21日	18:32	☉☌☿
26日	08:04	♄☍♆
26日	10:06	☿□♅
30日	00:21	♀△♂

1971年7月

DAY	☉	☽	☊ mean	☊ true	☿	♀	♂	♃	♄	♅	♆	♇	⚳	⚴	⚵	⚶	⚷
	° ′	° ′	° ′	° ′	° ′	° ′	° ′	° ′	° ′	° ′	° ′	° ′	°	°	°	°	°
1	8♋10	6♎43	16♒23	15 D 9	18 D 58	22 D 19	21 D 15	27 R 28	1 D 23	9 D 30	0 R 45	27 D 7	27 D	9 D	2 D	4 R	13 D
2	9♋7	18♎36	16♒20	15 R 9	20♋58	23♊32	21♒22	27♏24	1♊30	9♎31	0♐44	27♍8	27♊	10♉	3♌	4♒	13♈
3	10♋4	0♏37	16♒17	15♒7	22♋55	24♊45	21♒29	27♏20	1♊37	9♎31	0♐43	27♍8	28♊	10♉	3♌	4♒	13♈
4	11♋2	12♏49	16♒14	15♒3	24♋51	25♊58	21♒35	27♏16	1♊43	9♎32	0♐42	27♍9	28♊	11♉	4♌	3♒	13♈
5	11♋59	25♏16	16♒11	14♒59	26♋45	27♊11	21♒40	27♏12	1♊50	9♎33	0♐41	27♍10	29♊	11♉	4♌	3♒	13♈
6	12♋56	8♐0	16♒7	14♒54	28♋37	28♊25	21♒45	27♏9	1♊56	9♎34	0♐40	27♍11	29♊	11♉	5♌	3♒	13♈
7	13♋53	21♐4	16♒4	14♒49	0♌27	29♊38	21♒49	27♏5	2♊3	9♎35	0♐39	27♍12	0♋	12♉	5♌	3♒	13♈
8	14♋50	4♑28	16♒1	14♒44	2♌15	0♋51	21♒52	27♏2	2♊9	9♎36	0♐37	27♍13	0♋	12♉	6♌	3♒	13♈
9	15♋48	18♑8	15♒58	14♒41	4♌1	2♋5	21♒54	26♏59	2♊16	9♎37	0♐36	27♍14	0♋	12♉	6♌	2♒	13♈
10	16♋45	2♒4	15♒55	14♒39	5♌45	3♋18	21♒56	26♏56	2♊22	9♎38	0♐35	27♍15	1♋	13♉	7♌	2♒	13♈
11	17♋42	16♒12	15♒52	14 D 39	7♌27	4♋31	21♒57	26♏54	2♊28	9♎39	0♐34	27♍16	1♋	13♉	7♌	2♒	13♈
12	18♋39	0♓27	15♒48	14♒39	9♌7	5♋45	21 R 57	26♏51	2♊34	9♎41	0♐33	27♍17	2♋	13♉	8♌	2♒	13♈
13	19♋36	14♓46	15♒45	14♒41	10♌45	6♋58	21♒56	26♏49	2♊40	9♎42	0♐33	27♍18	2♋	14♉	8♌	1♒	13♈
14	20♋33	29♓5	15♒42	14♒42	12♌21	8♋12	21♒55	26♏47	2♊47	9♎43	0♐32	27♍19	2♋	14♉	9♌	1♒	13♈
15	21♋31	13♈21	15♒39	14♒43	13♌54	9♋25	21♒53	26♏45	2♊53	9♎45	0♐31	27♍20	3♋	14♉	9♌	1♒	13♈
16	22♋28	27♈32	15♒36	14 R 43	15♌26	10♋39	21♒50	26♏43	2♊59	9♎46	0♐30	27♍21	3♋	15♉	10♌	1♒	13♈
17	23♋25	11♉36	15♒32	14♒42	16♌56	11♋52	21♒46	26♏41	3♊4	9♎48	0♐29	27♍22	4♋	15♉	10♌	1♒	13♈
18	24♋22	25♉31	15♒29	14♒40	18♌24	13♋6	21♒41	26♏40	3♊10	9♎49	0♐28	27♍24	4♋	15♉	11♌	0♒	13♈
19	25♋20	9♊15	15♒26	14♒38	19♌49	14♋19	21♒36	26♏39	3♊16	9♎51	0♐27	27♍25	5♋	16♉	11♌	0♒	13 R
20	26♋17	22♊47	15♒23	14♒35	21♌13	15♋33	21♒30	26♏38	3♊22	9♎52	0♐27	27♍26	5♋	16♉	12♌	0♒	13♈
21	27♋14	6♋6	15♒20	14♒33	22♌34	16♋46	21♒23	26♏37	3♊27	9♎54	0♐26	27♍27	5♋	16♉	12♌	0♒	13♈
22	28♋11	19♋9	15♒17	14♒31	23♌53	18♋0	21♒16	26♏36	3♊33	9♎56	0♐25	27♍29	6♋	17♉	12♌	29♑	13♈
23	29♋9	1♌58	15♒13	14♒30	25♌10	19♋14	21♒7	26♏36	3♊39	9♎57	0♐25	27♍30	6♋	17♉	13♌	29♑	13♈
24	0♌6	14♌32	15♒10	14 D 30	26♌25	20♋27	20♒59	26♏35	3♊44	9♎59	0♐24	27♍32	7♋	17♉	13♌	29♑	13♈
25	1♌3	26♌52	15♒7	14♒30	27♌37	21♋41	20♒49	26♏35	3♊49	10♎1	0♐23	27♍33	7♋	18♉	14♌	29♑	13♈
26	2♌1	9♍0	15♒4	14♒31	28♌47	22♋55	20♒39	26 D 35	3♊55	10♎3	0♐23	27♍34	8♋	18♉	14♌	28♑	13♈
27	2♌58	20♍59	15♒1	14♒32	29♌54	24♋8	20♒28	26♏36	4♊0	10♎5	0♐22	27♍36	8♋	18♉	15♌	28♑	13♈
28	3♌55	2♎52	14♒57	14♒33	0♍59	25♋22	20♒17	26♏36	4♊5	10♎7	0♐22	27♍37	8♋	19♉	15♌	28♑	13♈
29	4♌53	14♎42	14♒54	14♒34	2♍1	26♋36	20♒5	26♏37	4♊10	10♎9	0♐21	27♍39	9♋	19♉	16♌	28♑	13♈
30	5♌50	26♎35	14♒51	14♒34	3♍0	27♋50	19♒52	26♏37	4♊15	10♎11	0♐21	27♍40	9♋	19♉	16♌	27♑	13♈
31	6♌47	8♏35	14♒48	14 R 34	3♍56	29♋3	19♒39	26♏38	4♊20	10♎13	0♐20	27♍42	10♋	20♉	17♌	27♑	13♈

SUN INGRESS	☉→♌ 23日 21:15
MOON PHASE	◐ 1日 03:11 ♎　○ 8日 19:37 ♑　◑ 15日 14:47 ♈　● 22日 18:15 ♋　◐ 30日 20:07 ♏

aspects

2日	09:58	☉□♅
4日	23:30	♀□♇
5日	05:16	☿⚹♇
5日	05:31	☿△♃
5日	11:30	♃⚹♇
7日	02:26	☿△♆
7日	22:32	☿⚹♄
12日	08:19	☿⚹♅
15日	06:32	♀□♅
20日	04:41	☿☍♂
20日	08:36	☉△♃
21日	05:42	☉⚹♇
24日	03:34	☿□♃
24日	07:26	☉△♆
27日	10:20	☿□♆
28日	04:29	☉⚹♄
29日	00:16	♀△♃
29日	20:56	♀⚹♇
31日	11:41	☿□♄

1971年8月

DAY	☉	☽	☊ mean	☊ true	☿	♀	♂	♃	♄	♅	♆	♇	⚳	⚴	⚵	⚶	⚷
	° ′	° ′	° ′	° ′	° ′	° ′	° ′	° ′	° ′	° ′	° ′	° ′	°	°	°	°	°
1	7♌45	20♏46	14♒45	14 R 34	4 D 50	0 D 17	19 R 26	26 D 40	4 D 25	10 D 15	0 R 20	27 D 44	10 D	20 D	17 D	27 R	13 R
2	8♌42	3♐13	14♒42	14♒34	5♍40	1♌31	19♒12	26♏41	4♊30	10♎18	0♐20	27♍45	10♋	20♉	18♌	27♑	13♈
3	9♌40	16♐0	14♒38	14♒33	6♍26	2♌45	18♒58	26♏42	4♊35	10♎20	0♐19	27♍47	11♋	21♉	18♌	26♑	13♈
4	10♌37	29♐8	14♒35	14♒33	7♍10	3♌59	18♒43	26♏44	4♊39	10♎22	0♐19	27♍48	11♋	21♉	19♌	26♑	13♈
5	11♌34	12♑40	14♒32	14♒32	7♍49	5♌13	18♒28	26♏46	4♊44	10♎25	0♐19	27♍50	12♋	21♉	19♌	26♑	13♈
6	12♌32	26♑35	14♒29	14♒32	8♍25	6♌27	18♒13	26♏48	4♊48	10♎27	0♐19	27♍52	12♋	22♉	20♌	26♑	13♈
7	13♌29	10♒51	14♒26	14♒32	8♍57	7♌41	17♒57	26♏50	4♊53	10♎29	0♐18	27♍53	13♋	22♉	20♌	26♑	13♈
8	14♌27	25♒22	14♒23	14 D 32	9♍25	8♌54	17♒42	26♏53	4♊57	10♎32	0♐18	27♍55	13♋	22♉	20♌	25♑	13♈
9	15♌24	10♓4	14♒19	14 R 32	9♍48	10♌8	17♒26	26♏55	5♊1	10♎34	0♐18	27♍57	13♋	23♉	21♌	25♑	13♈
10	16♌22	24♓49	14♒16	14♒32	10♍7	11♌22	17♒10	26♏58	5♊5	10♎37	0♐18	27♍59	14♋	23♉	21♌	25♑	13♈
11	17♌19	9♈30	14♒13	14♒32	10♍20	12♌36	16♒54	27♏1	5♊9	10♎40	0♐18	28♍1	14♋	23♉	22♌	25♑	13♈
12	18♌17	24♈3	14♒10	14♒31	10♍29	13♌51	16♒39	27♏4	5♊13	10♎42	0♐18	28♍2	15♋	24♉	22♌	25♑	13♈
13	19♌14	8♉22	14♒7	14♒31	10♍33	15♌5	16♒23	27♏7	5♊17	10♎45	0♐18	28♍4	15♋	24♉	23♌	25♑	13♈
14	20♌12	22♉24	14♒3	14 D 31	10 R 31	16♌19	16♒7	27♏11	5♊21	10♎48	0 D 18	28♍6	15♋	24♉	23♌	24♑	13♈
15	21♌10	6♊10	14♒0	14♒31	10♍24	17♌33	15♒51	27♏14	5♊25	10♎50	0♐18	28♍8	16♋	24♉	24♌	24♑	13♈
16	22♌7	19♊37	13♒57	14♒32	10♍11	18♌47	15♒36	27♏18	5♊28	10♎53	0♐18	28♍10	16♋	25♉	24♌	24♑	13♈
17	23♌5	2♋49	13♒54	14♒33	9♍53	20♌1	15♒20	27♏22	5♊32	10♎56	0♐18	28♍12	17♋	25♉	25♌	24♑	13♈
18	24♌3	15♋45	13♒51	14♒33	9♍29	21♌15	15♒5	27♏26	5♊35	10♎59	0♐18	28♍14	17♋	25♉	25♌	24♑	13♈
19	25♌0	28♋27	13♒48	14♒34	8♍59	22♌30	14♒50	27♏31	5♊38	11♎2	0♐18	28♍16	17♋	26♉	26♌	24♑	13♈
20	25♌58	10♌56	13♒44	14♒35	8♍25	23♌44	14♒36	27♏35	5♊42	11♎5	0♐19	28♍18	18♋	26♉	26♌	23♑	13♈
21	26♌56	23♌14	13♒41	14 R 34	7♍46	24♌58	14♒22	27♏40	5♊45	11♎7	0♐19	28♍20	18♋	26♉	26♌	23♑	13♈
22	27♌54	5♍23	13♒38	14♒34	7♍2	26♌12	14♒8	27♏44	5♊48	11♎10	0♐19	28♍22	19♋	26♉	27♌	23♑	13♈
23	28♌51	17♍24	13♒35	14♒32	6♍15	27♌27	13♒55	27♏49	5♊51	11♎13	0♐19	28♍24	19♋	27♉	27♌	23♑	13♈
24	29♌49	29♍19	13♒32	14♒30	5♍24	28♌41	13♒43	27♏54	5♊54	11♎16	0♐20	28♍26	20♋	27♉	28♌	23♑	13♈
25	0♍47	11♎10	13♒29	14♒28	4♍31	29♌55	13♒31	28♏0	5♊56	11♎20	0♐20	28♍28	20♋	27♉	28♌	23♑	13♈
26	1♍45	23♎0	13♒25	14♒25	3♍37	1♍9	13♒19	28♏5	5♊59	11♎23	0♐20	28♍30	20♋	27♉	29♌	23♑	13♈
27	2♍43	4♏53	13♒22	14♒23	2♍43	2♍24	13♒8	28♏11	6♊1	11♎26	0♐21	28♍32	21♋	28♉	29♌	23♑	13♈
28	3♍41	16♏51	13♒19	14♒21	1♍50	3♍38	12♒58	28♏16	6♊4	11♎29	0♐21	28♍34	21♋	28♉	0♍	23♑	13♈
29	4♍39	29♏0	13♒16	14♒21	0♍58	4♍52	12♒49	28♏22	6♊6	11♎32	0♐22	28♍36	22♋	28♉	0♍	23♑	13♈
30	5♍37	11♐23	13♒13	14 D 20	0♍10	6♍7	12♒40	28♏28	6♊8	11♎35	0♐22	28♍38	22♋	28♉	1♍	23♑	13♈
31	6♍35	24♐6	13♒9	14♒21	29♌27	7♍21	12♒32	28♏34	6♊11	11♎39	0♐23	28♍40	22♋	29♉	1♍	23♑	13♈

SUN INGRESS	☉→♍ 24日 04:15
MOON PHASE	○ 7日 04:42 ♒　◑ 13日 19:55 ♉　● 21日 07:53 ♌　◐ 29日 11:56 ♐

aspects

1日	00:54	♀△♆
3日	17:35	☉⚹♅
4日	13:58	♀⚹♄
9日	08:43	♀⚹♅
10日	15:53	☉☍♂
13日	20:49	♀☍♂
21日	19:48	☉□♃
23日	07:53	♀□♃
23日	10:50	☿□♄
24日	12:43	☉□♆
25日	08:06	♀□♆
27日	00:01	☉☌☿
27日	03:35	☿☌♀
28日	03:54	☉☌♀
29日	17:50	☿□♆
30日	00:32	♀□♄
30日	13:40	☉□♄

1971年9月

DAY	☉	☽	☊ mean	☊ true	☿	♀	♂	♃	♄	♅	♆	♇	⚳	⚴	⚵	⚶	⚷
	° ′	° ′	° ′	° ′	° ′	° ′	° ′	° ′	° ′	° ′	° ′	° ′	°	°	°	°	°
1	7 ♍ 33	7 ♑ 11	13 ♒ 6	14 D 22	28 R 48	8 D 36	12 R 25	28 D 41	6 D 13	11 D 42	0 D 24	28 D 42	23 D	29 D	1 D	23 R	13 R
2	8 ♍ 31	20 ♑ 42	13 ♒ 3	14 ♒ 24	28 ♌ 16	9 ♍ 50	12 ♒ 18	28 ♏ 47	6 ♊ 15	11 ♎ 45	0 ♐ 24	28 ♍ 44	23 ♋	29 ♉	2 ♍	23 ♑	12 ♈
3	9 ♍ 29	4 ♒ 39	13 ♒ 0	14 ♒ 25	27 ♌ 50	11 ♍ 5	12 ♒ 12	28 ♏ 54	6 ♊ 16	11 ♎ 49	0 ♐ 25	28 ♍ 47	24 ♋	29 ♉	2 ♍	23 ♑	12 ♈
4	10 ♍ 27	19 ♒ 3	12 ♒ 57	14 R 25	27 ♌ 33	12 ♍ 19	12 ♒ 7	29 ♏ 0	6 ♊ 18	11 ♎ 52	0 ♐ 26	28 ♍ 49	24 ♋	0 ♊	3 ♍	23 ♑	12 ♈
5	11 ♍ 25	3 ♓ 48	12 ♒ 54	14 ♒ 24	27 ♌ 23	13 ♍ 33	12 ♒ 3	29 ♏ 7	6 ♊ 20	11 ♎ 55	0 ♐ 26	28 ♍ 51	24 ♋	0 ♊	3 ♍	23 D	12 ♈
6	12 ♍ 23	18 ♓ 49	12 ♒ 50	14 ♒ 22	27 D 22	14 ♍ 48	11 ♒ 59	29 ♏ 14	6 ♊ 21	11 ♎ 59	0 ♐ 27	28 ♍ 53	25 ♋	0 ♊	3 ♍	23 ♑	12 ♈
7	13 ♍ 21	3 ♈ 57	12 ♒ 47	14 ♒ 18	27 ♌ 30	16 ♍ 2	11 ♒ 56	29 ♏ 22	6 ♊ 23	12 ♎ 2	0 ♐ 28	28 ♍ 55	25 ♋	0 ♊	4 ♍	23 ♑	12 ♈
8	14 ♍ 19	19 ♈ 2	12 ♒ 44	14 ♒ 14	27 ♌ 46	17 ♍ 17	11 ♒ 54	29 ♏ 29	6 ♊ 24	12 ♎ 5	0 ♐ 29	28 ♍ 57	25 ♋	1 ♊	5 ♍	23 ♑	12 ♈
9	15 ♍ 18	3 ♉ 55	12 ♒ 41	14 ♒ 10	28 ♌ 11	18 ♍ 31	11 ♒ 53	29 ♏ 36	6 ♊ 25	12 ♎ 9	0 ♐ 30	29 ♍ 0	26 ♋	1 ♊	5 ♍	23 ♑	12 ♈
10	16 ♍ 16	18 ♉ 29	12 ♒ 38	14 ♒ 6	28 ♌ 45	19 ♍ 46	11 D 53	29 ♏ 44	6 ♊ 26	12 ♎ 12	0 ♐ 30	29 ♍ 2	26 ♋	1 ♊	5 ♍	23 ♑	12 ♈
11	17 ♍ 14	2 ♊ 40	12 ♒ 35	14 ♒ 4	29 ♌ 27	21 ♍ 0	11 ♒ 53	29 ♏ 51	6 ♊ 27	12 ♎ 16	0 ♐ 31	29 ♍ 4	27 ♋	1 ♊	6 ♍	23 ♑	12 ♈
12	18 ♍ 13	16 ♊ 26	12 ♒ 31	14 ♒ 3	0 ♍ 18	22 ♍ 15	11 ♒ 55	29 ♏ 59	6 ♊ 28	12 ♎ 19	0 ♐ 32	29 ♍ 6	27 ♋	1 ♊	6 ♍	23 ♑	12 ♈
13	19 ♍ 11	29 ♊ 48	12 ♒ 28	14 D 4	1 ♍ 16	23 ♍ 30	11 ♒ 57	0 ♐ 7	6 ♊ 29	12 ♎ 23	0 ♐ 33	29 ♍ 9	27 ♋	2 ♊	7 ♍	23 ♑	12 ♈
14	20 ♍ 9	12 ♋ 48	12 ♒ 25	14 ♒ 5	2 ♍ 21	24 ♍ 44	11 ♒ 59	0 ♐ 15	6 ♊ 30	12 ♎ 27	0 ♐ 34	29 ♍ 11	28 ♋	2 ♊	7 ♍	23 ♑	12 ♈
15	21 ♍ 8	25 ♋ 30	12 ♒ 22	14 ♒ 7	3 ♍ 33	25 ♍ 59	12 ♒ 3	0 ♐ 24	6 ♊ 30	12 ♎ 30	0 ♐ 35	29 ♍ 13	28 ♋	2 ♊	8 ♍	23 ♑	12 ♈
16	22 ♍ 6	7 ♌ 56	12 ♒ 19	14 ♒ 8	4 ♍ 51	27 ♍ 13	12 ♒ 8	0 ♐ 32	6 ♊ 31	12 ♎ 34	0 ♐ 36	29 ♍ 15	29 ♋	2 ♊	8 ♍	23 ♑	12 ♈
17	23 ♍ 5	20 ♌ 10	12 ♒ 15	14 R 8	6 ♍ 14	28 ♍ 28	12 ♒ 13	0 ♐ 40	6 ♊ 31	12 ♎ 37	0 ♐ 37	29 ♍ 18	29 ♋	2 ♊	8 ♍	23 ♑	12 ♈
18	24 ♍ 3	2 ♍ 16	12 ♒ 12	14 ♒ 6	7 ♍ 42	29 ♍ 43	12 ♒ 19	0 ♐ 49	6 ♊ 31	12 ♎ 41	0 ♐ 39	29 ♍ 20	29 ♋	2 ♊	9 ♍	23 ♑	12 ♈
19	25 ♍ 2	14 ♍ 14	12 ♒ 9	14 ♒ 2	9 ♍ 15	0 ♎ 57	12 ♒ 26	0 ♐ 58	6 ♊ 31	12 ♎ 45	0 ♐ 40	29 ♍ 22	0 ♌	3 ♊	9 ♍	23 ♑	12 ♈
20	26 ♍ 0	26 ♍ 9	12 ♒ 6	13 ♒ 57	10 ♍ 51	2 ♎ 12	12 ♒ 33	1 ♐ 6	6 R 31	12 ♎ 48	0 ♐ 41	29 ♍ 24	0 ♌	3 ♊	10 ♍	23 ♑	12 ♈
21	26 ♍ 59	8 ♎ 0	12 ♒ 3	13 ♒ 49	12 ♍ 31	3 ♎ 27	12 ♒ 41	1 ♐ 15	6 ♊ 31	12 ♎ 52	0 ♐ 42	29 ♍ 27	0 ♌	3 ♊	10 ♍	24 ♑	12 ♈
22	27 ♍ 58	19 ♎ 51	12 ♒ 0	13 ♒ 41	14 ♍ 13	4 ♎ 41	12 ♒ 51	1 ♐ 24	6 ♊ 31	12 ♎ 56	0 ♐ 43	29 ♍ 29	1 ♌	3 ♊	11 ♍	24 ♑	12 ♈
23	28 ♍ 56	1 ♏ 42	11 ♒ 56	13 ♒ 32	15 ♍ 57	5 ♎ 56	13 ♒ 0	1 ♐ 34	6 ♊ 31	12 ♎ 59	0 ♐ 45	29 ♍ 31	1 ♌	3 ♊	11 ♍	24 ♑	12 ♈
24	29 ♍ 55	13 ♏ 36	11 ♒ 53	13 ♒ 24	17 ♍ 43	7 ♎ 11	13 ♒ 11	1 ♐ 43	6 ♊ 30	13 ♎ 3	0 ♐ 46	29 ♍ 33	2 ♌	3 ♊	11 ♍	24 ♑	12 ♈
25	0 ♎ 54	25 ♏ 36	11 ♒ 50	13 ♒ 17	19 ♍ 31	8 ♎ 25	13 ♒ 22	1 ♐ 52	6 ♊ 30	13 ♎ 7	0 ♐ 47	29 ♍ 36	2 ♌	3 ♊	12 ♍	24 ♑	12 ♈
26	1 ♎ 53	7 ♐ 45	11 ♒ 47	13 ♒ 12	21 ♍ 19	9 ♎ 40	13 ♒ 34	2 ♐ 2	6 ♊ 29	13 ♎ 10	0 ♐ 49	29 ♍ 38	2 ♌	3 ♊	12 ♍	24 ♑	12 ♈
27	2 ♎ 52	20 ♐ 5	11 ♒ 44	13 ♒ 9	23 ♍ 8	10 ♎ 55	13 ♒ 47	2 ♐ 11	6 ♊ 28	13 ♎ 14	0 ♐ 50	29 ♍ 40	3 ♌	4 ♊	13 ♍	24 ♑	11 ♈
28	3 ♎ 50	2 ♑ 43	11 ♒ 40	13 ♒ 8	24 ♍ 57	12 ♎ 9	14 ♒ 1	2 ♐ 21	6 ♊ 27	13 ♎ 18	0 ♐ 51	29 ♍ 42	3 ♌	4 ♊	13 ♍	25 ♑	11 ♈
29	4 ♎ 49	15 ♑ 41	11 ♒ 37	13 D 9	26 ♍ 47	13 ♎ 24	14 ♒ 15	2 ♐ 31	6 ♊ 26	13 ♎ 22	0 ♐ 53	29 ♍ 45	3 ♌	4 ♊	14 ♍	25 ♑	11 ♈
30	5 ♎ 48	29 ♑ 4	11 ♒ 34	13 ♒ 10	28 ♍ 36	14 ♎ 39	14 ♒ 29	2 ♐ 41	6 ♊ 25	13 ♎ 25	0 ♐ 54	29 ♍ 47	4 ♌	4 ♊	14 ♍	25 ♑	11 ♈

SUN INGRESS: ☉→♎24日 01:45

MOON PHASE: ○ 5日 13:02 ♓　◑ 12日 03:23 ♊　● 19日 23:42 ♍　◐ 28日 02:17 ♑

aspects

1日 04:14 ☿□♃
1日 09:08 ♃⚹♇
6日 01:47 ♂△♅
11日 14:09 ☿□♃
12日 06:26 ☿□♆
16日 14:28 ♃☌♆
17日 04:41 ☿□♄
17日 16:25 ♀☌♇
18日 18:15 ♀⚹♆
19日 00:08 ♀⚹♃
22日 20:07 ♂△♅
23日 11:04 ♀△♄
23日 14:41 ☉☌♇
24日 21:09 ☉⚹♆
26日 04:23 ☉⚹♃
28日 23:12 ♀☌♅
29日 20:14 ♀△♂
30日 14:45 ☉△♄
30日 15:51 ☿☌♇

1971年10月

DAY	☉	☽	☊ mean	☊ true	☿	♀	♂	♃	♄	♅	♆	♇	⚳	⚴	⚵	⚶	⚷
	° ′	° ′	° ′	° ′	° ′	° ′	° ′	° ′	° ′	° ′	° ′	° ′	°	°	°	°	°
1	6 ♎ 47	12 ♒ 53	11 ♒ 31	13 D 10	0 D 25	15 D 53	14 D 45	2 D 51	6 R 24	13 D 29	0 D 56	29 D 49	4 D	4 D	14 D	25 D	11 R
2	7 ♎ 46	27 ♒ 12	11 ♒ 28	13 R 10	2 ♎ 14	17 ♎ 8	15 ♒ 1	3 ♐ 1	6 ♊ 23	13 ♎ 33	0 ♐ 57	29 ♍ 51	4 ♌	4 ♊	15 ♍	25 ♑	11 ♈
3	8 ♎ 45	11 ♓ 56	11 ♒ 25	13 ♒ 7	4 ♎ 3	18 ♎ 23	15 ♒ 18	3 ♐ 11	6 ♊ 21	13 ♎ 37	0 ♐ 59	29 ♍ 54	5 ♌	4 ♊	15 ♍	25 ♑	11 ♈
4	9 ♎ 44	27 ♓ 1	11 ♒ 21	13 ♒ 1	5 ♎ 51	19 ♎ 38	15 ♒ 35	3 ♐ 21	6 ♊ 20	13 ♎ 41	1 ♐ 0	29 ♍ 56	5 ♌	4 ♊	16 ♍	26 ♑	11 ♈
5	10 ♎ 43	12 ♈ 19	11 ♒ 18	12 ♒ 54	7 ♎ 38	20 ♎ 52	15 ♒ 53	3 ♐ 32	6 ♊ 18	13 ♎ 44	1 ♐ 2	29 ♍ 58	6 ♌	4 ♊	16 ♍	26 ♑	11 ♈
6	11 ♎ 42	27 ♈ 39	11 ♒ 15	12 ♒ 45	9 ♎ 25	22 ♎ 7	16 ♒ 11	3 ♐ 42	6 ♊ 16	13 ♎ 48	1 ♐ 3	0 ♎ 0	6 ♌	4 ♊	17 ♍	26 ♑	11 ♈
7	12 ♎ 41	12 ♉ 48	11 ♒ 12	12 ♒ 36	11 ♎ 10	23 ♎ 22	16 ♒ 30	3 ♐ 53	6 ♊ 15	13 ♎ 52	1 ♐ 5	0 ♎ 3	6 ♌	4 ♊	17 ♍	26 ♑	11 ♈
8	13 ♎ 41	27 ♉ 38	11 ♒ 9	12 ♒ 28	12 ♎ 56	24 ♎ 37	16 ♒ 50	4 ♐ 4	6 ♊ 13	13 ♎ 56	1 ♐ 7	0 ♎ 5	7 ♌	4 ♊	17 ♍	27 ♑	11 ♈
9	14 ♎ 40	12 ♊ 2	11 ♒ 6	12 ♒ 22	14 ♎ 40	25 ♎ 51	17 ♒ 10	4 ♐ 14	6 ♊ 11	14 ♎ 0	1 ♐ 8	0 ♎ 7	7 ♌	4 ♊	18 ♍	27 ♑	11 ♈
10	15 ♎ 39	25 ♊ 56	11 ♒ 2	12 ♒ 18	16 ♎ 24	27 ♎ 6	17 ♒ 31	4 ♐ 25	6 ♊ 9	14 ♎ 3	1 ♐ 10	0 ♎ 9	7 ♌	4 R	18 ♍	27 ♑	11 ♈
11	16 ♎ 38	9 ♋ 21	10 ♒ 59	12 ♒ 16	18 ♎ 7	28 ♎ 21	17 ♒ 52	4 ♐ 36	6 ♊ 6	14 ♎ 7	1 ♐ 12	0 ♎ 11	8 ♌	4 ♊	19 ♍	27 ♑	11 ♈
12	17 ♎ 38	22 ♋ 20	10 ♒ 56	12 D 16	19 ♎ 49	29 ♎ 35	18 ♒ 13	4 ♐ 47	6 ♊ 4	14 ♎ 11	1 ♐ 14	0 ♎ 14	8 ♌	4 ♊	19 ♍	27 ♑	11 ♈
13	18 ♎ 37	4 ♌ 56	10 ♒ 53	12 ♒ 16	21 ♎ 31	0 ♏ 50	18 ♒ 36	4 ♐ 58	6 ♊ 2	14 ♎ 15	1 ♐ 15	0 ♎ 16	8 ♌	4 ♊	19 ♍	28 ♑	11 ♈
14	19 ♎ 36	17 ♌ 15	10 ♒ 50	12 R 17	23 ♎ 12	2 ♏ 5	18 ♒ 58	5 ♐ 10	5 ♊ 59	14 ♎ 18	1 ♐ 17	0 ♎ 18	9 ♌	4 ♊	20 ♍	28 ♑	11 ♈
15	20 ♎ 36	29 ♌ 21	10 ♒ 46	12 ♒ 15	24 ♎ 52	3 ♏ 20	19 ♒ 21	5 ♐ 21	5 ♊ 56	14 ♎ 22	1 ♐ 19	0 ♎ 20	9 ♌	4 ♊	20 ♍	28 ♑	11 ♈
16	21 ♎ 35	11 ♍ 19	10 ♒ 43	12 ♒ 11	26 ♎ 31	4 ♏ 35	19 ♒ 45	5 ♐ 32	5 ♊ 54	14 ♎ 26	1 ♐ 21	0 ♎ 22	9 ♌	4 ♊	21 ♍	28 ♑	11 ♈
17	22 ♎ 35	23 ♍ 11	10 ♒ 40	12 ♒ 5	28 ♎ 10	5 ♏ 49	20 ♒ 9	5 ♐ 44	5 ♊ 51	14 ♎ 30	1 ♐ 23	0 ♎ 24	10 ♌	4 ♊	21 ♍	29 ♑	11 ♈
18	23 ♎ 34	5 ♎ 2	10 ♒ 37	11 ♒ 55	29 ♎ 48	7 ♏ 4	20 ♒ 34	5 ♐ 55	5 ♊ 48	14 ♎ 34	1 ♐ 24	0 ♎ 26	10 ♌	4 ♊	21 ♍	29 ♑	11 ♈
19	24 ♎ 34	16 ♎ 52	10 ♒ 34	11 ♒ 43	1 ♏ 25	8 ♏ 19	20 ♒ 59	6 ♐ 7	5 ♊ 45	14 ♎ 37	1 ♐ 26	0 ♎ 29	10 ♌	4 ♊	22 ♍	29 ♑	10 ♈
20	25 ♎ 34	28 ♎ 45	10 ♒ 31	11 ♒ 30	3 ♏ 2	9 ♏ 34	21 ♒ 24	6 ♐ 18	5 ♊ 42	14 ♎ 41	1 ♐ 28	0 ♎ 31	11 ♌	4 ♊	22 ♍	0 ♒	10 ♈
21	26 ♎ 33	10 ♏ 41	10 ♒ 27	11 ♒ 16	4 ♏ 38	10 ♏ 48	21 ♒ 50	6 ♐ 30	5 ♊ 39	14 ♎ 45	1 ♐ 30	0 ♎ 33	11 ♌	3 ♊	23 ♍	0 ♒	10 ♈
22	27 ♎ 33	22 ♏ 41	10 ♒ 24	11 ♒ 2	6 ♏ 14	12 ♏ 3	22 ♒ 16	6 ♐ 42	5 ♊ 35	14 ♎ 48	1 ♐ 32	0 ♎ 35	11 ♌	3 ♊	23 ♍	0 ♒	10 ♈
23	28 ♎ 33	4 ♐ 47	10 ♒ 21	10 ♒ 50	7 ♏ 49	13 ♏ 18	22 ♒ 43	6 ♐ 54	5 ♊ 32	14 ♎ 52	1 ♐ 34	0 ♎ 37	11 ♌	3 ♊	23 ♍	0 ♒	10 ♈
24	29 ♎ 32	17 ♐ 1	10 ♒ 18	10 ♒ 41	9 ♏ 23	14 ♏ 33	23 ♒ 10	7 ♐ 6	5 ♊ 29	14 ♎ 56	1 ♐ 36	0 ♎ 39	12 ♌	3 ♊	24 ♍	1 ♒	10 ♈
25	0 ♏ 32	29 ♐ 26	10 ♒ 15	10 ♒ 35	10 ♏ 57	15 ♏ 48	23 ♒ 37	7 ♐ 18	5 ♊ 25	15 ♎ 0	1 ♐ 38	0 ♎ 41	12 ♌	3 ♊	24 ♍	1 ♒	10 ♈
26	1 ♏ 32	12 ♑ 3	10 ♒ 12	10 ♒ 32	12 ♏ 30	17 ♏ 2	24 ♒ 5	7 ♐ 30	5 ♊ 22	15 ♎ 3	1 ♐ 40	0 ♎ 43	12 ♌	3 ♊	24 ♍	1 ♒	10 ♈
27	2 ♏ 32	24 ♑ 58	10 ♒ 8	10 ♒ 30	14 ♏ 3	18 ♏ 17	24 ♒ 33	7 ♐ 42	5 ♊ 18	15 ♎ 7	1 ♐ 42	0 ♎ 45	13 ♌	3 ♊	25 ♍	2 ♒	10 ♈
28	3 ♏ 32	8 ♒ 13	10 ♒ 5	10 D 30	15 ♏ 35	19 ♏ 32	25 ♒ 1	7 ♐ 54	5 ♊ 14	15 ♎ 11	1 ♐ 44	0 ♎ 47	13 ♌	2 ♊	25 ♍	2 ♒	10 ♈
29	4 ♏ 32	21 ♒ 52	10 ♒ 2	10 R 30	17 ♏ 7	20 ♏ 47	25 ♒ 30	8 ♐ 7	5 ♊ 10	15 ♎ 14	1 ♐ 46	0 ♎ 49	13 ♌	2 ♊	26 ♍	2 ♒	10 ♈
30	5 ♏ 31	5 ♓ 57	9 ♒ 59	10 ♒ 28	18 ♏ 38	22 ♏ 1	25 ♒ 59	8 ♐ 19	5 ♊ 6	15 ♎ 18	1 ♐ 48	0 ♎ 51	14 ♌	2 ♊	26 ♍	3 ♒	10 ♈
31	6 ♏ 31	20 ♓ 27	9 ♒ 56	10 ♒ 24	20 ♏ 8	23 ♏ 16	26 ♒ 29	8 ♐ 31	5 ♊ 3	15 ♎ 21	1 ♐ 50	0 ♎ 53	14 ♌	2 ♊	26 ♍	3 ♒	10 ♈

SUN INGRESS: ☉→♏24日 10:53

MOON PHASE: ○ 4日 21:19 ♈　◑ 11日 14:29 ♋　● 19日 16:59 ♎　◐ 27日 14:54 ♒

aspects

1日 06:45 ☿⚹♆
2日 11:24 ☿⚹♃
4日 06:25 ☿△♄
8日 06:32 ☉☌♅
8日 14:16 ☿☌♅
8日 23:45 ☉☌☿
10日 19:29 ☿△♂
12日 23:05 ☉△♂
17日 11:58 ♃☍♄

1971年11月

DAY	☉	☽	☊ mean	☊ true	☿	♀	♂	♃	♄	♅	♆	♇	⚳	⚴	⚵	⚶	⚷
	° ′	° ′	° ′	° ′	° ′	° ′	° ′	° ′	° ′	° ′	° ′	° ′	°	°	°	°	°
1	7 ♏ 31	5 ♈ 21	9 ♒ 52	10 R 18	21 D 39	24 D 31	26 D 58	8 D 44	4 R 58	15 D 25	1 D 52	0 D 55	14 D	2 R	27 D	3 D	10 R
2	8 ♏ 31	20 ♈ 30	9 ♒ 49	10 ♒ 8	23 ♏ 8	25 ♏ 46	27 ♒ 28	8 ♐ 56	4 ♊ 54	15 ♎ 29	1 ♐ 54	0 ♎ 57	14 ♌	1 ♊	27 ♍	4 ♒	10 ♈
3	9 ♏ 31	5 ♉ 46	9 ♒ 46	9 ♒ 57	24 ♏ 37	27 ♏ 0	27 ♒ 59	9 ♐ 9	4 ♊ 50	15 ♎ 32	1 ♐ 56	0 ♎ 59	15 ♌	1 ♊	28 ♍	4 ♒	10 ♈
4	10 ♏ 31	20 ♉ 58	9 ♒ 43	9 ♒ 45	26 ♏ 6	28 ♏ 15	28 ♒ 29	9 ♐ 21	4 ♊ 46	15 ♎ 36	1 ♐ 59	1 ♎ 0	15 ♌	1 ♊	28 ♍	4 ♒	10 ♈
5	11 ♏ 32	5 ♊ 54	9 ♒ 40	9 ♒ 35	27 ♏ 34	29 ♏ 30	29 ♒ 0	9 ♐ 34	4 ♊ 42	15 ♎ 39	2 ♐ 1	1 ♎ 2	15 ♌	1 ♊	28 ♍	5 ♒	10 ♈
6	12 ♏ 32	20 ♊ 26	9 ♒ 37	9 ♒ 26	29 ♏ 2	0 ♐ 45	29 ♒ 31	9 ♐ 47	4 ♊ 37	15 ♎ 43	2 ♐ 3	1 ♎ 4	15 ♌	0 ♊	29 ♍	5 ♒	10 ♈
7	13 ♏ 32	4 ♋ 29	9 ♒ 33	9 ♒ 20	0 ♐ 28	1 ♐ 59	0 ♓ 3	9 ♐ 59	4 ♊ 33	15 ♎ 46	2 ♐ 5	1 ♎ 6	16 ♌	0 ♊	29 ♍	5 ♒	10 ♈
8	14 ♏ 32	18 ♋ 2	9 ♒ 30	9 ♒ 17	1 ♐ 55	3 ♐ 14	0 ♓ 34	10 ♐ 12	4 ♊ 29	15 ♎ 50	2 ♐ 7	1 ♎ 8	16 ♌	0 ♊	29 ♍	6 ♒	10 ♈
9	15 ♏ 32	1 ♌ 6	9 ♒ 27	9 ♒ 15	3 ♐ 21	4 ♐ 29	1 ♓ 6	10 ♐ 25	4 ♊ 24	15 ♎ 53	2 ♐ 9	1 ♎ 9	16 ♌	0 ♊	0 ♎	6 ♒	10 ♈
10	16 ♏ 33	13 ♌ 45	9 ♒ 24	9 D 15	4 ♐ 46	5 ♐ 44	1 ♓ 38	10 ♐ 38	4 ♊ 20	15 ♎ 56	2 ♐ 12	1 ♎ 11	16 ♌	29 ♉	0 ♎	6 ♒	10 ♈
11	17 ♏ 33	26 ♌ 5	9 ♒ 21	9 R 15	6 ♐ 10	6 ♐ 58	2 ♓ 11	10 ♐ 51	4 ♊ 15	16 ♎ 0	2 ♐ 14	1 ♎ 13	17 ♌	29 ♉	0 ♎	7 ♒	10 ♈
12	18 ♏ 33	8 ♍ 9	9 ♒ 18	9 ♒ 14	7 ♐ 34	8 ♐ 13	2 ♓ 44	11 ♐ 4	4 ♊ 10	16 ♎ 3	2 ♐ 16	1 ♎ 15	17 ♌	29 ♉	1 ♎	7 ♒	10 ♈
13	19 ♏ 34	20 ♍ 5	9 ♒ 14	9 ♒ 10	8 ♐ 56	9 ♐ 28	3 ♓ 16	11 ♐ 17	4 ♊ 6	16 ♎ 7	2 ♐ 18	1 ♎ 16	17 ♌	28 ♉	1 ♎	7 ♒	10 ♈
14	20 ♏ 34	1 ♎ 55	9 ♒ 11	9 ♒ 4	10 ♐ 18	10 ♐ 43	3 ♓ 49	11 ♐ 30	4 ♊ 1	16 ♎ 10	2 ♐ 20	1 ♎ 18	17 ♌	28 ♉	1 ♎	8 ♒	9 ♈
15	21 ♏ 34	13 ♎ 45	9 ♒ 8	8 ♒ 54	11 ♐ 39	11 ♐ 57	4 ♓ 23	11 ♐ 43	3 ♊ 56	16 ♎ 13	2 ♐ 23	1 ♎ 19	18 ♌	28 ♉	2 ♎	8 ♒	9 ♈
16	22 ♏ 35	25 ♎ 37	9 ♒ 5	8 ♒ 42	12 ♐ 59	13 ♐ 12	4 ♓ 56	11 ♐ 56	3 ♊ 52	16 ♎ 16	2 ♐ 25	1 ♎ 21	18 ♌	27 ♉	2 ♎	8 ♒	9 ♈
17	23 ♏ 35	7 ♏ 33	9 ♒ 2	8 ♒ 29	14 ♐ 17	14 ♐ 27	5 ♓ 30	12 ♐ 9	3 ♊ 47	16 ♎ 20	2 ♐ 27	1 ♎ 23	18 ♌	27 ♉	3 ♎	9 ♒	9 ♈
18	24 ♏ 36	19 ♏ 36	8 ♒ 58	8 ♒ 15	15 ♐ 34	15 ♐ 41	6 ♓ 4	12 ♐ 22	3 ♊ 42	16 ♎ 23	2 ♐ 29	1 ♎ 24	18 ♌	27 ♉	3 ♎	9 ♒	9 ♈
19	25 ♏ 36	1 ♐ 47	8 ♒ 55	8 ♒ 1	16 ♐ 49	16 ♐ 56	6 ♓ 38	12 ♐ 36	3 ♊ 37	16 ♎ 26	2 ♐ 32	1 ♎ 26	18 ♌	26 ♉	3 ♎	10 ♒	9 ♈
20	26 ♏ 37	14 ♐ 5	8 ♒ 52	7 ♒ 49	18 ♐ 3	18 ♐ 11	7 ♓ 12	12 ♐ 49	3 ♊ 32	16 ♎ 29	2 ♐ 34	1 ♎ 27	19 ♌	26 ♉	4 ♎	10 ♒	9 ♈
21	27 ♏ 37	26 ♐ 32	8 ♒ 49	7 ♒ 40	19 ♐ 14	19 ♐ 26	7 ♓ 47	13 ♐ 2	3 ♊ 27	16 ♎ 32	2 ♐ 36	1 ♎ 29	19 ♌	26 ♉	4 ♎	10 ♒	9 ♈
22	28 ♏ 38	9 ♑ 9	8 ♒ 46	7 ♒ 34	20 ♐ 23	20 ♐ 40	8 ♓ 21	13 ♐ 15	3 ♊ 22	16 ♎ 35	2 ♐ 38	1 ♎ 30	19 ♌	25 ♉	4 ♎	11 ♒	9 ♈
23	29 ♏ 39	21 ♑ 57	8 ♒ 43	7 ♒ 30	21 ♐ 29	21 ♐ 55	8 ♓ 56	13 ♐ 29	3 ♊ 18	16 ♎ 38	2 ♐ 41	1 ♎ 31	19 ♌	25 ♉	5 ♎	11 ♒	9 ♈
24	0 ♐ 39	4 ♒ 58	8 ♒ 39	7 ♒ 29	22 ♐ 32	23 ♐ 10	9 ♓ 31	13 ♐ 42	3 ♊ 13	16 ♎ 41	2 ♐ 43	1 ♎ 33	19 ♌	25 ♉	5 ♎	12 ♒	9 ♈
25	1 ♐ 40	18 ♒ 15	8 ♒ 36	7 D 29	23 ♐ 32	24 ♐ 24	10 ♓ 6	13 ♐ 56	3 ♊ 8	16 ♎ 44	2 ♐ 45	1 ♎ 34	20 ♌	24 ♉	5 ♎	12 ♒	9 ♈
26	2 ♐ 41	1 ♓ 49	8 ♒ 33	7 ♒ 30	24 ♐ 28	25 ♐ 39	10 ♓ 42	14 ♐ 9	3 ♊ 3	16 ♎ 47	2 ♐ 47	1 ♎ 36	20 ♌	24 ♉	6 ♎	12 ♒	9 ♈
27	3 ♐ 41	15 ♓ 43	8 ♒ 30	7 R 29	25 ♐ 19	26 ♐ 54	11 ♓ 17	14 ♐ 22	2 ♊ 58	16 ♎ 50	2 ♐ 50	1 ♎ 37	20 ♌	24 ♉	6 ♎	13 ♒	9 ♈
28	4 ♐ 42	29 ♓ 57	8 ♒ 27	7 ♒ 26	26 ♐ 5	28 ♐ 9	11 ♓ 53	14 ♐ 36	2 ♊ 53	16 ♎ 53	2 ♐ 52	1 ♎ 38	20 ♌	23 ♉	6 ♎	13 ♒	9 ♈
29	5 ♐ 43	14 ♈ 30	8 ♒ 24	7 ♒ 21	26 ♐ 46	29 ♐ 23	12 ♓ 29	14 ♐ 49	2 ♊ 48	16 ♎ 56	2 ♐ 54	1 ♎ 39	20 ♌	23 ♉	6 ♎	13 ♒	9 ♈
30	6 ♐ 44	29 ♈ 17	8 ♒ 20	7 ♒ 14	27 ♐ 19	0 ♑ 38	13 ♓ 5	15 ♐ 3	2 ♊ 43	16 ♎ 59	2 ♐ 56	1 ♎ 41	20 ♌	23 ♉	7 ♎	14 ♒	9 ♈

SUN INGRESS	☉ → ♐ 23日 08:14
MOON PHASE	○ 3日 06:19 ♉　◑ 10日 05:51 ♌　● 18日 10:46 ♏　◐ 26日 01:37 ♓

aspects		
4日	07:43	♀□♂
6日	06:23	♀⚹♇
6日	12:50	☿□♂
7日	01:51	♀☌♆
7日	10:34	☿⚹♇
8日	03:31	☿☌♆
8日	22:34	♀☍♄
9日	16:59	☿☍♄
11日	02:15	♂□♆
14日	07:22	♂□♄
14日	18:23	♀☌♃
15日	01:21	☿☌♃
18日	13:51	♀⚹♅
18日	16:11	☿⚹♅
24日	21:39	☉⚹♇
26日	02:42	☉☌♆
26日	08:05	☉☍♄
28日	03:50	♄☍♆
30日	20:31	♀□♇

1971年12月

DAY	☉	☽	☊ mean	☊ true	☿	♀	♂	♃	♄	♅	♆	♇	⚳	⚴	⚵	⚶	⚷
	° ′	° ′	° ′	° ′	° ′	° ′	° ′	° ′	° ′	° ′	° ′	° ′	°	°	°	°	°
1	7 ♐ 44	14 ♉ 12	8 ♒ 17	7 R 5	27 D 46	1 D 52	13 D 41	15 D 16	2 R 38	17 D 1	2 D 59	1 D 42	21 D	22 R	7 D	14 D	9 R
2	8 ♐ 45	29 ♉ 7	8 ♒ 14	6 ♒ 55	28 ♐ 4	3 ♑ 7	14 ♓ 17	15 ♐ 30	2 ♊ 33	17 ♎ 4	3 ♐ 1	1 ♎ 43	21 ♌	22 ♉	7 ♎	15 ♒	9 ♈
3	9 ♐ 46	13 ♊ 52	8 ♒ 11	6 ♒ 46	28 ♐ 14	4 ♑ 22	14 ♓ 53	15 ♐ 43	2 ♊ 28	17 ♎ 7	3 ♐ 3	1 ♎ 44	21 ♌	22 ♉	8 ♎	15 ♒	9 ♈
4	10 ♐ 47	28 ♊ 18	8 ♒ 8	6 ♒ 39	28 R 14	5 ♑ 36	15 ♓ 30	15 ♐ 57	2 ♊ 24	17 ♎ 9	3 ♐ 5	1 ♎ 45	21 ♌	21 ♉	8 ♎	16 ♒	9 ♈
5	11 ♐ 48	12 ♋ 21	8 ♒ 4	6 ♒ 34	28 ♐ 3	6 ♑ 51	16 ♓ 6	16 ♐ 10	2 ♊ 19	17 ♎ 12	3 ♐ 8	1 ♎ 46	21 ♌	21 ♉	8 ♎	16 ♒	9 ♈
6	12 ♐ 49	25 ♋ 57	8 ♒ 1	6 ♒ 31	27 ♐ 41	8 ♑ 5	16 ♓ 43	16 ♐ 24	2 ♊ 14	17 ♎ 14	3 ♐ 10	1 ♎ 47	21 ♌	21 ♉	9 ♎	16 ♒	9 ♈
7	13 ♐ 49	9 ♌ 7	7 ♒ 58	6 D 31	27 ♐ 9	9 ♑ 20	17 ♓ 20	16 ♐ 38	2 ♊ 9	17 ♎ 17	3 ♐ 12	1 ♎ 48	21 ♌	21 ♉	9 ♎	17 ♒	9 ♈
8	14 ♐ 50	21 ♌ 52	7 ♒ 55	6 ♒ 32	26 ♐ 24	10 ♑ 35	17 ♓ 56	16 ♐ 51	2 ♊ 4	17 ♎ 19	3 ♐ 14	1 ♎ 49	21 ♌	20 ♉	9 ♎	17 ♒	9 ♈
9	15 ♐ 51	4 ♍ 16	7 ♒ 52	6 ♒ 33	25 ♐ 30	11 ♑ 49	18 ♓ 33	17 ♐ 5	2 ♊ 0	17 ♎ 22	3 ♐ 17	1 ♎ 50	22 ♌	20 ♉	9 ♎	18 ♒	9 ♈
10	16 ♐ 52	16 ♍ 24	7 ♒ 49	6 ♒ 34	24 ♐ 25	13 ♑ 4	19 ♓ 10	17 ♐ 18	1 ♊ 55	17 ♎ 24	3 ♐ 19	1 ♎ 51	22 ♌	20 ♉	10 ♎	18 ♒	9 ♈
11	17 ♐ 53	28 ♍ 21	7 ♒ 45	6 R 33	23 ♐ 12	14 ♑ 18	19 ♓ 48	17 ♐ 32	1 ♊ 50	17 ♎ 27	3 ♐ 21	1 ♎ 52	22 ♌	19 ♉	10 ♎	18 ♒	9 ♈
12	18 ♐ 54	10 ♎ 13	7 ♒ 42	6 ♒ 30	21 ♐ 54	15 ♑ 33	20 ♓ 25	17 ♐ 45	1 ♊ 46	17 ♎ 29	3 ♐ 23	1 ♎ 53	22 ♌	19 ♉	10 ♎	19 ♒	9 ♈
13	19 ♐ 55	22 ♎ 3	7 ♒ 39	6 ♒ 25	20 ♐ 31	16 ♑ 47	21 ♓ 2	17 ♐ 59	1 ♊ 41	17 ♎ 31	3 ♐ 25	1 ♎ 54	22 ♌	19 ♉	11 ♎	19 ♒	9 ♈
14	20 ♐ 56	3 ♏ 57	7 ♒ 36	6 ♒ 19	19 ♐ 8	18 ♑ 2	21 ♓ 40	18 ♐ 13	1 ♊ 37	17 ♎ 33	3 ♐ 27	1 ♎ 54	22 ♌	19 ♉	11 ♎	20 ♒	9 ♈
15	21 ♐ 57	15 ♏ 58	7 ♒ 33	6 ♒ 11	17 ♐ 48	19 ♑ 16	22 ♓ 17	18 ♐ 26	1 ♊ 32	17 ♎ 35	3 ♐ 30	1 ♎ 55	22 ♌	18 ♉	11 ♎	20 ♒	9 ♈
16	22 ♐ 58	28 ♏ 8	7 ♒ 30	6 ♒ 2	16 ♐ 31	20 ♑ 31	22 ♓ 55	18 ♐ 40	1 ♊ 28	17 ♎ 38	3 ♐ 32	1 ♎ 56	22 ♌	18 ♉	11 ♎	21 ♒	9 ♈
17	23 ♐ 59	10 ♐ 30	7 ♒ 26	5 ♒ 54	15 ♐ 22	21 ♑ 45	23 ♓ 33	18 ♐ 53	1 ♊ 24	17 ♎ 40	3 ♐ 34	1 ♎ 56	22 ♌	18 ♉	12 ♎	21 ♒	9 ♈
18	25 ♐ 1	23 ♐ 3	7 ♒ 23	5 ♒ 47	14 ♐ 22	22 ♑ 59	24 ♓ 11	19 ♐ 7	1 ♊ 19	17 ♎ 42	3 ♐ 36	1 ♎ 57	22 ♌	18 ♉	12 ♎	21 ♒	9 ♈
19	26 ♐ 2	5 ♑ 48	7 ♒ 20	5 ♒ 41	13 ♐ 31	24 ♑ 14	24 ♓ 49	19 ♐ 21	1 ♊ 15	17 ♎ 44	3 ♐ 38	1 ♎ 58	22 ♌	18 ♉	12 ♎	22 ♒	9 ♈
20	27 ♐ 3	18 ♑ 45	7 ♒ 17	5 ♒ 38	12 ♐ 51	25 ♑ 28	25 ♓ 27	19 ♐ 34	1 ♊ 11	17 ♎ 45	3 ♐ 40	1 ♎ 58	22 ♌	17 ♉	12 ♎	22 ♒	9 ♈
21	28 ♐ 4	1 ♒ 54	7 ♒ 14	5 ♒ 36	12 ♐ 23	26 ♑ 43	26 ♓ 5	19 ♐ 48	1 ♊ 7	17 ♎ 47	3 ♐ 43	1 ♎ 59	22 ♌	17 ♉	13 ♎	23 ♒	9 ♈
22	29 ♐ 5	15 ♒ 14	7 ♒ 10	5 D 37	12 ♐ 5	27 ♑ 57	26 ♓ 43	20 ♐ 1	1 ♊ 3	17 ♎ 49	3 ♐ 45	1 ♎ 59	22 ♌	17 ♉	13 ♎	23 ♒	9 D
23	0 ♑ 6	28 ♒ 46	7 ♒ 7	5 ♒ 38	11 ♐ 58	29 ♑ 11	27 ♓ 21	20 ♐ 15	0 ♊ 59	17 ♎ 51	3 ♐ 47	2 ♎ 0	22 R	17 ♉	13 ♎	24 ♒	9 ♈
24	1 ♑ 7	12 ♓ 29	7 ♒ 4	5 ♒ 39	12 D 0	0 ♒ 26	27 ♓ 59	20 ♐ 28	0 ♊ 55	17 ♎ 53	3 ♐ 49	2 ♎ 0	22 ♌	17 ♉	13 ♎	24 ♒	9 ♈
25	2 ♑ 8	26 ♓ 24	7 ♒ 1	5 ♒ 41	12 ♐ 12	1 ♒ 40	28 ♓ 38	20 ♐ 42	0 ♊ 51	17 ♎ 54	3 ♐ 51	2 ♎ 1	22 ♌	17 ♉	14 ♎	24 ♒	9 ♈
26	3 ♑ 10	10 ♈ 30	6 ♒ 58	5 R 40	12 ♐ 31	2 ♒ 54	29 ♓ 16	20 ♐ 55	0 ♊ 47	17 ♎ 56	3 ♐ 53	2 ♎ 1	22 ♌	17 ♉	14 ♎	25 ♒	9 ♈
27	4 ♑ 11	24 ♈ 45	6 ♒ 55	5 ♒ 39	12 ♐ 59	4 ♒ 8	29 ♓ 55	21 ♐ 9	0 ♊ 43	17 ♎ 57	3 ♐ 55	2 ♎ 1	22 ♌	17 ♉	14 ♎	25 ♒	9 ♈
28	5 ♑ 12	9 ♉ 9	6 ♒ 51	5 ♒ 36	13 ♐ 33	5 ♒ 23	0 ♈ 33	21 ♐ 22	0 ♊ 40	17 ♎ 59	3 ♐ 57	2 ♎ 2	22 ♌	16 ♉	14 ♎	26 ♒	9 ♈
29	6 ♑ 13	23 ♉ 36	6 ♒ 48	5 ♒ 32	14 ♐ 14	6 ♒ 37	1 ♈ 12	21 ♐ 35	0 ♊ 36	18 ♎ 0	3 ♐ 59	2 ♎ 2	22 ♌	16 ♉	15 ♎	26 ♒	9 ♈
30	7 ♑ 14	8 ♊ 1	6 ♒ 45	5 ♒ 27	15 ♐ 0	7 ♒ 51	1 ♈ 50	21 ♐ 49	0 ♊ 33	18 ♎ 2	4 ♐ 1	2 ♎ 2	22 ♌	16 ♉	15 ♎	27 ♒	9 ♈
31	8 ♑ 15	22 ♊ 19	6 ♒ 42	5 ♒ 23	15 ♐ 50	9 ♒ 5	2 ♈ 29	22 ♐ 2	0 ♊ 29	18 ♎ 3	4 ♐ 3	2 ♎ 2	22 ♌	16 ♉	15 ♎	27 ♒	9 ♈

SUN INGRESS	☉ → ♑ 22日 21:24
MOON PHASE	○ 2日 16:48 ♊　◑ 10日 01:02 ♍　● 18日 04:03 ♐　◐ 25日 10:35 ♈

aspects		
5日	04:25	♂□♃
10日	12:44	♃⚹♅
10日	13:05	☉⚹♅
10日	13:10	☉☌♃
10日	17:37	♄△♇
12日	17:51	☿□♂
13日	06:02	☉☌☿
13日	14:35	♀□♅
14日	14:04	☿☌♃
15日	03:36	☿⚹♅
15日	20:34	☉□♂
19日	22:50	♀⚹♂
24日	08:54	♀△♄
24日	20:55	☉□♇
25日	06:41	♀△♇
26日	19:28	♀⚹♆
28日	03:48	♂⚹♄
30日	07:18	♂☍♇

1972年1月

DAY	☉	☽	☊ mean	☊ true	☿	♀	♂	♃	♄	♅	♆	♇	⚳	⚴	⚵	⚶	⚷
	° ′	° ′	° ′	° ′	° ′	° ′	° ′	° ′	° ′	° ′	° ′	° ′	°	°	°	°	°
1	9 ♑ 16	6 ♋ 24	6 ♒ 39	5 R 20	16 D 45	10 D 19	3 D 8	22 D 15	0 R 26	18 D 4	4 D 5	2 D 2	22 R	16 R	15 D	28 D	9 D
2	10 ♑ 17	20 ♋ 13	6 ♒ 36	5 ♒ 18	17 ♐ 44	11 ♒ 33	3 ♈ 47	22 ♐ 29	0 ♊ 23	18 ♎ 6	4 ♐ 7	2 ♎ 3	22 ♌	16 ♉	15 ♎	28 ♒	9 ♈
3	11 ♑ 19	3 ♌ 41	6 ♒ 32	5 ♒ 17	18 ♐ 46	12 ♒ 47	4 ♈ 25	22 ♐ 42	0 ♊ 20	18 ♎ 7	4 ♐ 9	2 ♎ 3	22 ♌	16 ♉	16 ♎	28 ♒	9 ♈
4	12 ♑ 20	16 ♌ 47	6 ♒ 29	5 D 17	19 ♐ 52	14 ♒ 1	5 ♈ 4	22 ♐ 55	0 ♊ 17	18 ♎ 8	4 ♐ 10	2 ♎ 3	22 ♌	16 D	16 ♎	29 ♒	9 ♈
5	13 ♑ 21	29 ♌ 33	6 ♒ 26	5 ♒ 19	20 ♐ 59	15 ♒ 15	5 ♈ 43	23 ♐ 9	0 ♊ 14	18 ♎ 9	4 ♐ 12	2 R 3	22 ♌	16 ♉	16 ♎	29 ♒	9 ♈
6	14 ♑ 22	12 ♍ 0	6 ♒ 23	5 ♒ 20	22 ♐ 10	16 ♒ 29	6 ♈ 22	23 ♐ 22	0 ♊ 11	18 ♎ 10	4 ♐ 14	2 ♎ 3	21 ♌	16 ♉	16 ♎	0 ♓	9 ♈
7	15 ♑ 23	24 ♍ 12	6 ♒ 20	5 ♒ 22	23 ♐ 22	17 ♒ 43	7 ♈ 1	23 ♐ 35	0 ♊ 8	18 ♎ 11	4 ♐ 16	2 ♎ 3	21 ♌	16 ♉	16 ♎	0 ♓	9 ♈
8	16 ♑ 24	6 ♎ 12	6 ♒ 16	5 ♒ 23	24 ♐ 36	18 ♒ 57	7 ♈ 40	23 ♐ 48	0 ♊ 6	18 ♎ 12	4 ♐ 18	2 ♎ 3	21 ♌	16 ♉	17 ♎	1 ♓	9 ♈
9	17 ♑ 26	18 ♎ 6	6 ♒ 13	5 R 23	25 ♐ 52	20 ♒ 11	8 ♈ 19	24 ♐ 1	0 ♊ 3	18 ♎ 13	4 ♐ 20	2 ♎ 2	21 ♌	16 ♉	17 ♎	1 ♓	9 ♈
10	18 ♑ 27	29 ♎ 58	6 ♒ 10	5 ♒ 23	27 ♐ 9	21 ♒ 24	8 ♈ 58	24 ♐ 14	0 ♊ 1	18 ♎ 14	4 ♐ 21	2 ♎ 2	21 ♌	16 ♉	17 ♎	2 ♓	9 ♈
11	19 ♑ 28	11 ♏ 53	6 ♒ 7	5 ♒ 22	28 ♐ 28	22 ♒ 38	9 ♈ 37	24 ♐ 27	29 ♉ 58	18 ♎ 14	4 ♐ 23	2 ♎ 2	21 ♌	17 ♉	17 ♎	2 ♓	9 ♈
12	20 ♑ 29	23 ♏ 56	6 ♒ 4	5 ♒ 20	29 ♐ 48	23 ♒ 52	10 ♈ 17	24 ♐ 40	29 ♉ 56	18 ♎ 15	4 ♐ 25	2 ♎ 2	21 ♌	17 ♉	17 ♎	3 ♓	9 ♈
13	21 ♑ 30	6 ♐ 9	6 ♒ 1	5 ♒ 18	1 ♑ 10	25 ♒ 5	10 ♈ 56	24 ♐ 53	29 ♉ 54	18 ♎ 16	4 ♐ 26	2 ♎ 2	21 ♌	17 ♉	17 ♎	3 ♓	9 ♈
14	22 ♑ 31	18 ♐ 38	5 ♒ 57	5 ♒ 16	2 ♑ 32	26 ♒ 19	11 ♈ 35	25 ♐ 6	29 ♉ 52	18 ♎ 16	4 ♐ 28	2 ♎ 1	20 ♌	17 ♉	17 ♎	3 ♓	9 ♈
15	23 ♑ 32	1 ♑ 22	5 ♒ 54	5 ♒ 14	3 ♑ 55	27 ♒ 32	12 ♈ 14	25 ♐ 19	29 ♉ 50	18 ♎ 17	4 ♐ 30	2 ♎ 1	20 ♌	17 ♉	18 ♎	4 ♓	9 ♈
16	24 ♑ 34	14 ♑ 24	5 ♒ 51	5 ♒ 13	5 ♑ 19	28 ♒ 46	12 ♈ 54	25 ♐ 31	29 ♉ 48	18 ♎ 17	4 ♐ 31	2 ♎ 1	20 ♌	17 ♉	18 ♎	4 ♓	9 ♈
17	25 ♑ 35	27 ♑ 43	5 ♒ 48	5 ♒ 12	6 ♑ 45	29 ♒ 59	13 ♈ 33	25 ♐ 44	29 ♉ 47	18 ♎ 18	4 ♐ 33	2 ♎ 0	20 ♌	17 ♉	18 ♎	5 ♓	9 ♈
18	26 ♑ 36	11 ♒ 17	5 ♒ 45	5 D 12	8 ♑ 10	1 ♓ 13	14 ♈ 12	25 ♐ 57	29 ♉ 45	18 ♎ 18	4 ♐ 35	2 ♎ 0	20 ♌	17 ♉	18 ♎	5 ♓	9 ♈
19	27 ♑ 37	25 ♒ 5	5 ♒ 42	5 ♒ 12	9 ♑ 37	2 ♓ 26	14 ♈ 52	26 ♐ 9	29 ♉ 43	18 ♎ 18	4 ♐ 36	1 ♎ 59	20 ♌	18 ♉	18 ♎	6 ♓	9 ♈
20	28 ♑ 38	9 ♓ 3	5 ♒ 38	5 ♒ 13	11 ♑ 4	3 ♓ 39	15 ♈ 31	26 ♐ 22	29 ♉ 42	18 ♎ 19	4 ♐ 38	1 ♎ 59	19 ♌	18 ♉	18 ♎	6 ♓	9 ♈
21	29 ♑ 39	23 ♓ 9	5 ♒ 35	5 ♒ 14	12 ♑ 32	4 ♓ 53	16 ♈ 10	26 ♐ 35	29 ♉ 41	18 ♎ 19	4 ♐ 39	1 ♎ 58	19 ♌	18 ♉	18 ♎	7 ♓	9 ♈
22	0 ♒ 40	7 ♈ 20	5 ♒ 32	5 ♒ 14	14 ♑ 1	6 ♓ 6	16 ♈ 50	26 ♐ 47	29 ♉ 40	18 ♎ 19	4 ♐ 41	1 ♎ 58	19 ♌	18 ♉	18 ♎	7 ♓	9 ♈
23	1 ♒ 41	21 ♈ 32	5 ♒ 29	5 ♒ 14	15 ♑ 31	7 ♓ 19	17 ♈ 29	26 ♐ 59	29 ♉ 39	18 ♎ 19	4 ♐ 42	1 ♎ 57	19 ♌	18 ♉	19 ♎	8 ♓	9 ♈
24	2 ♒ 42	5 ♉ 44	5 ♒ 26	5 R 14	17 ♑ 1	8 ♓ 32	18 ♈ 9	27 ♐ 12	29 ♉ 38	18 R 19	4 ♐ 43	1 ♎ 57	19 ♌	19 ♉	19 ♎	8 ♓	9 ♈
25	3 ♒ 43	19 ♉ 53	5 ♒ 22	5 ♒ 14	18 ♑ 31	9 ♓ 45	18 ♈ 48	27 ♐ 24	29 ♉ 37	18 ♎ 19	4 ♐ 45	1 ♎ 56	18 ♌	19 ♉	19 ♎	9 ♓	9 ♈
26	4 ♒ 44	3 ♊ 57	5 ♒ 19	5 ♒ 14	20 ♑ 3	10 ♓ 58	19 ♈ 28	27 ♐ 36	29 ♉ 36	18 ♎ 19	4 ♐ 46	1 ♎ 55	18 ♌	19 ♉	19 ♎	9 ♓	9 ♈
27	5 ♒ 45	17 ♊ 54	5 ♒ 16	5 D 14	21 ♑ 35	12 ♓ 11	20 ♈ 7	27 ♐ 48	29 ♉ 36	18 ♎ 19	4 ♐ 47	1 ♎ 55	18 ♌	19 ♉	19 ♎	9 ♓	9 ♈
28	6 ♒ 46	1 ♋ 42	5 ♒ 13	5 ♒ 14	23 ♑ 7	13 ♓ 24	20 ♈ 47	28 ♐ 0	29 ♉ 35	18 ♎ 18	4 ♐ 49	1 ♎ 54	18 ♌	19 ♉	19 ♎	10 ♓	9 ♈
29	7 ♒ 47	15 ♋ 18	5 ♒ 10	5 ♒ 15	24 ♑ 41	14 ♓ 36	21 ♈ 26	28 ♐ 12	29 ♉ 35	18 ♎ 18	4 ♐ 50	1 ♎ 53	18 ♌	20 ♉	19 ♎	10 ♓	10 ♈
30	8 ♒ 48	28 ♋ 41	5 ♒ 7	5 ♒ 15	26 ♑ 15	15 ♓ 49	22 ♈ 6	28 ♐ 24	29 ♉ 34	18 ♎ 18	4 ♐ 51	1 ♎ 52	17 ♌	20 ♉	19 ♎	11 ♓	10 ♈
31	9 ♒ 49	11 ♌ 50	5 ♒ 3	5 R 15	27 ♑ 49	17 ♓ 1	22 ♈ 46	28 ♐ 36	29 ♉ 34	18 ♎ 17	4 ♐ 53	1 ♎ 51	17 ♌	20 ♉	19 ♎	11 ♓	10 ♈

SUN INGRESS	☉ → ♒ 21日 07:59
MOON PHASE	○ 1日 05:20 ♋　◑ 8日 22:31 ♎　● 16日 19:52 ♑　◐ 23日 18:29 ♉　○ 30日 19:58 ♌

aspects		
2日	08:36	☿ ⚹ ♅
2日	13:03	♂ △ ♆
7日	05:08	☿ ☌ ♃
7日	09:16	♀ △ ♅
9日	18:49	☉ □ ♅
12日	19:06	♀ ⚹ ♃
13日	15:07	☿ □ ♇
16日	19:53	♀ □ ♄
20日	19:26	♀ □ ♆
21日	00:38	☉ △ ♄
23日	06:10	☉ △ ♇
24日	06:05	♂ ☍ ♅
24日	20:42	☿ □ ♅
25日	07:54	☿ □ ♂
26日	00:42	☉ ⚹ ♆

1972年2月

DAY	☉	☽	☊ mean	☊ true	☿	♀	♂	♃	♄	♅	♆	♇	⚳	⚴	⚵	⚶	⚷
	° ′	° ′	° ′	° ′	° ′	° ′	° ′	° ′	° ′	° ′	° ′	° ′	°	°	°	°	°
1	10 ♒ 50	24 ♌ 44	5 ♒ 0	5 R 14	29 D 25	18 D 14	23 D 25	28 D 48	29 D 34	18 R 17	4 D 54	1 R 51	17 R	21 D	19 D	12 D	10 D
2	11 ♒ 51	7 ♍ 22	4 ♒ 57	5 ♒ 14	1 ♒ 0	19 ♓ 26	24 ♈ 5	29 ♐ 0	29 ♉ 34	18 ♎ 16	4 ♐ 55	1 ♎ 50	17 ♌	21 ♉	19 ♎	12 ♓	10 ♈
3	12 ♒ 52	19 ♍ 46	4 ♒ 54	5 ♒ 13	2 ♒ 37	20 ♓ 39	24 ♈ 44	29 ♐ 11	29 ♉ 35	18 ♎ 16	4 ♐ 56	1 ♎ 49	16 ♌	21 ♉	19 ♎	13 ♓	10 ♈
4	13 ♒ 53	1 ♎ 57	4 ♒ 51	5 ♒ 12	4 ♒ 15	21 ♓ 51	25 ♈ 24	29 ♐ 23	29 ♉ 35	18 ♎ 15	4 ♐ 57	1 ♎ 48	16 ♌	21 ♉	19 ♎	13 ♓	10 ♈
5	14 ♒ 54	13 ♎ 59	4 ♒ 48	5 ♒ 10	5 ♒ 53	23 ♓ 3	26 ♈ 3	29 ♐ 35	29 ♉ 35	18 ♎ 15	4 ♐ 58	1 ♎ 47	16 ♌	22 ♉	19 ♎	14 ♓	10 ♈
6	15 ♒ 54	25 ♎ 53	4 ♒ 44	5 ♒ 9	7 ♒ 31	24 ♓ 15	26 ♈ 43	29 ♐ 46	29 ♉ 36	18 ♎ 14	4 ♐ 59	1 ♎ 46	16 ♌	22 ♉	19 ♎	14 ♓	10 ♈
7	16 ♒ 55	7 ♏ 46	4 ♒ 41	5 ♒ 9	9 ♒ 11	25 ♓ 27	27 ♈ 23	29 ♐ 57	29 ♉ 36	18 ♎ 13	5 ♐ 0	1 ♎ 45	15 ♌	22 ♉	19 ♎	15 ♓	10 ♈
8	17 ♒ 56	19 ♏ 40	4 ♒ 38	5 D 8	10 ♒ 51	26 ♓ 39	28 ♈ 2	0 ♑ 9	29 ♉ 37	18 ♎ 12	5 ♐ 1	1 ♎ 44	15 ♌	23 ♉	19 R	15 ♓	10 ♈
9	18 ♒ 57	1 ♐ 41	4 ♒ 35	5 ♒ 9	12 ♒ 33	27 ♓ 51	28 ♈ 42	0 ♑ 20	29 ♉ 38	18 ♎ 11	5 ♐ 2	1 ♎ 43	15 ♌	23 ♉	19 ♎	16 ♓	10 ♈
10	19 ♒ 58	13 ♐ 54	4 ♒ 32	5 ♒ 10	14 ♒ 14	29 ♓ 2	29 ♈ 21	0 ♑ 31	29 ♉ 39	18 ♎ 11	5 ♐ 3	1 ♎ 42	15 ♌	23 ♉	19 ♎	16 ♓	10 ♈
11	20 ♒ 58	26 ♐ 23	4 ♒ 28	5 ♒ 11	15 ♒ 57	0 ♈ 14	0 ♉ 1	0 ♑ 42	29 ♉ 40	18 ♎ 10	5 ♐ 4	1 ♎ 40	14 ♌	24 ♉	19 ♎	17 ♓	10 ♈
12	21 ♒ 59	9 ♑ 11	4 ♒ 25	5 ♒ 12	17 ♒ 41	1 ♈ 26	0 ♉ 41	0 ♑ 53	29 ♉ 41	18 ♎ 9	5 ♐ 5	1 ♎ 39	14 ♌	24 ♉	19 ♎	17 ♓	10 ♈
13	23 ♒ 0	22 ♑ 21	4 ♒ 22	5 ♒ 14	19 ♒ 25	2 ♈ 37	1 ♉ 20	1 ♑ 4	29 ♉ 43	18 ♎ 7	5 ♐ 5	1 ♎ 38	14 ♌	24 ♉	19 ♎	17 ♓	10 ♈
14	24 ♒ 0	5 ♒ 55	4 ♒ 19	5 R 14	21 ♒ 10	3 ♈ 48	2 ♉ 0	1 ♑ 14	29 ♉ 44	18 ♎ 6	5 ♐ 6	1 ♎ 37	14 ♌	25 ♉	19 ♎	18 ♓	10 ♈
15	25 ♒ 1	19 ♒ 50	4 ♒ 16	5 ♒ 13	22 ♒ 57	4 ♈ 59	2 ♉ 40	1 ♑ 25	29 ♉ 46	18 ♎ 5	5 ♐ 7	1 ♎ 36	14 ♌	25 ♉	19 ♎	18 ♓	10 ♈
16	26 ♒ 2	4 ♓ 4	4 ♒ 13	5 ♒ 12	24 ♒ 43	6 ♈ 11	3 ♉ 19	1 ♑ 36	29 ♉ 47	18 ♎ 4	5 ♐ 8	1 ♎ 34	13 ♌	26 ♉	19 ♎	19 ♓	10 ♈
17	27 ♒ 2	18 ♓ 32	4 ♒ 9	5 ♒ 9	26 ♒ 31	7 ♈ 21	3 ♉ 59	1 ♑ 46	29 ♉ 49	18 ♎ 3	5 ♐ 8	1 ♎ 33	13 ♌	26 ♉	19 ♎	19 ♓	10 ♈
18	28 ♒ 3	3 ♈ 8	4 ♒ 6	5 ♒ 6	28 ♒ 20	8 ♈ 32	4 ♉ 38	1 ♑ 56	29 ♉ 51	18 ♎ 1	5 ♐ 9	1 ♎ 32	13 ♌	26 ♉	19 ♎	20 ♓	10 ♈
19	29 ♒ 4	17 ♈ 45	4 ♒ 3	5 ♒ 3	0 ♓ 9	9 ♈ 43	5 ♉ 18	2 ♑ 7	29 ♉ 53	18 ♎ 0	5 ♐ 10	1 ♎ 31	13 ♌	27 ♉	19 ♎	20 ♓	10 ♈
20	0 ♓ 4	2 ♉ 17	4 ♒ 0	5 ♒ 0	1 ♓ 59	10 ♈ 54	5 ♉ 58	2 ♑ 17	29 ♉ 55	17 ♎ 59	5 ♐ 10	1 ♎ 29	12 ♌	27 ♉	19 ♎	21 ♓	10 ♈
21	1 ♓ 5	16 ♉ 40	3 ♒ 57	4 ♒ 58	3 ♓ 50	12 ♈ 4	6 ♉ 37	2 ♑ 27	29 ♉ 57	17 ♎ 57	5 ♐ 11	1 ♎ 28	12 ♌	28 ♉	19 ♎	21 ♓	10 ♈
22	2 ♓ 5	0 ♊ 49	3 ♒ 53	4 ♒ 57	5 ♓ 42	13 ♈ 15	7 ♉ 17	2 ♑ 37	0 ♊ 0	17 ♎ 56	5 ♐ 11	1 ♎ 27	12 ♌	28 ♉	19 ♎	22 ♓	10 ♈
23	3 ♓ 5	14 ♊ 43	3 ♒ 50	4 D 57	7 ♓ 34	14 ♈ 25	7 ♉ 56	2 ♑ 47	0 ♊ 2	17 ♎ 54	5 ♐ 12	1 ♎ 25	12 ♌	28 ♉	19 ♎	22 ♓	11 ♈
24	4 ♓ 6	28 ♊ 23	3 ♒ 47	4 ♒ 59	9 ♓ 27	15 ♈ 35	8 ♉ 36	2 ♑ 56	0 ♊ 4	17 ♎ 53	5 ♐ 12	1 ♎ 24	12 ♌	29 ♉	18 ♎	23 ♓	11 ♈
25	5 ♓ 6	11 ♋ 47	3 ♒ 44	5 ♒ 0	11 ♓ 20	16 ♈ 45	9 ♉ 16	3 ♑ 6	0 ♊ 7	17 ♎ 51	5 ♐ 13	1 ♎ 22	11 ♌	29 ♉	18 ♎	23 ♓	11 ♈
26	6 ♓ 7	24 ♋ 58	3 ♒ 41	5 ♒ 2	13 ♓ 13	17 ♈ 55	9 ♉ 55	3 ♑ 15	0 ♊ 10	17 ♎ 49	5 ♐ 13	1 ♎ 21	11 ♌	0 ♊	18 ♎	24 ♓	11 ♈
27	7 ♓ 7	7 ♌ 57	3 ♒ 38	5 R 2	15 ♓ 7	19 ♈ 4	10 ♉ 35	3 ♑ 25	0 ♊ 13	17 ♎ 47	5 ♐ 13	1 ♎ 19	11 ♌	0 ♊	18 ♎	24 ♓	11 ♈
28	8 ♓ 7	20 ♌ 43	3 ♒ 34	5 ♒ 1	17 ♓ 0	20 ♈ 14	11 ♉ 14	3 ♑ 34	0 ♊ 16	17 ♎ 46	5 ♐ 14	1 ♎ 18	11 ♌	0 ♊	18 ♎	25 ♓	11 ♈
29	9 ♓ 7	3 ♍ 18	3 ♒ 31	4 ♒ 58	18 ♓ 54	21 ♈ 23	11 ♉ 54	3 ♑ 43	0 ♊ 19	17 ♎ 44	5 ♐ 14	1 ♎ 17	11 ♌	1 ♊	18 ♎	25 ♓	11 ♈

SUN INGRESS	☉ → ♓ 19日 22:11
MOON PHASE	◑ 7日 20:11 ♏　● 15日 09:29 ♒　◐ 22日 02:20 ♊　○ 29日 12:12 ♍

aspects		
1日	02:26	☿ △ ♄
2日	12:07	☿ △ ♇
4日	10:33	☿ ⚹ ♆
8日	06:21	☉ △ ♅
10日	12:27	♀ ⚹ ♄
11日	11:02	♀ □ ♃
12日	04:33	♀ ☍ ♇
12日	06:20	☿ △ ♅
12日	10:08	♂ △ ♃
15日	02:35	♀ △ ♆
15日	21:46	♃ □ ♇
17日	15:38	☉ ☌ ☿
18日	20:22	☿ □ ♄
19日	20:16	☉ □ ♄
20日	04:09	☿ ⚹ ♃
21日	17:25	☿ □ ♆
22日	15:00	☉ ⚹ ♃
23日	07:24	☿ ⚹ ♂
25日	02:32	☉ □ ♆
25日	22:08	♀ ☍ ♅

1972年3月

DAY	☉	☽	☊ mean	☊ true	☿	♀	♂	♃	♄	♅	♆	♇	⚳	⚴	⚵	⚶	⚷
	° ′	° ′	° ′	° ′	° ′	° ′	° ′	° ′	° ′	° ′	° ′	° ′	°	°	°	°	°
1	10 ♓ 8	15 ♍ 43	3 ♒ 28	4 R 53	20 D 47	22 D 33	12 D 33	3 D 52	0 D 22	17 R 42	5 D 14	1 R 15	11 R	1 D	18 R	26 D	11 D
2	11 ♓ 8	27 ♍ 58	3 ♒ 25	4 ♒ 47	22 ♓ 38	23 ♈ 42	13 ♉ 13	4 ♑ 1	0 ♊ 25	17 ♎ 40	5 ♐ 14	1 ♎ 14	10 ♌	2 ♊	18 ♎	26 ♓	11 ♈
3	12 ♓ 8	10 ♎ 4	3 ♒ 22	4 ♒ 40	24 ♓ 29	24 ♈ 50	13 ♉ 52	4 ♑ 10	0 ♊ 28	17 ♎ 38	5 ♐ 15	1 ♎ 12	10 ♌	2 ♊	17 ♎	26 ♓	11 ♈
4	13 ♓ 8	22 ♎ 3	3 ♒ 19	4 ♒ 33	26 ♓ 19	25 ♈ 59	14 ♉ 32	4 ♑ 18	0 ♊ 32	17 ♎ 36	5 ♐ 15	1 ♎ 10	10 ♌	3 ♊	17 ♎	27 ♓	11 ♈
5	14 ♓ 8	3 ♏ 57	3 ♒ 15	4 ♒ 26	28 ♓ 6	27 ♈ 8	15 ♉ 11	4 ♑ 27	0 ♊ 35	17 ♎ 34	5 ♐ 15	1 ♎ 9	10 ♌	3 ♊	17 ♎	27 ♓	11 ♈
6	15 ♓ 8	15 ♏ 49	3 ♒ 12	4 ♒ 21	29 ♓ 51	28 ♈ 16	15 ♉ 51	4 ♑ 35	0 ♊ 39	17 ♎ 32	5 ♐ 15	1 ♎ 7	10 ♌	4 ♊	17 ♎	28 ♓	11 ♈
7	16 ♓ 8	27 ♏ 42	3 ♒ 9	4 ♒ 17	1 ♈ 33	29 ♈ 24	16 ♉ 30	4 ♑ 44	0 ♊ 43	17 ♎ 30	5 ♐ 15	1 ♎ 6	10 ♌	4 ♊	17 ♎	28 ♓	11 ♈
8	17 ♓ 8	9 ♐ 41	3 ♒ 6	4 ♒ 15	3 ♈ 12	0 ♉ 32	17 ♉ 10	4 ♑ 52	0 ♊ 46	17 ♎ 28	5 R 15	1 ♎ 4	10 ♌	5 ♊	17 ♎	29 ♓	11 ♈
9	18 ♓ 8	21 ♐ 50	3 ♒ 3	4 D 15	4 ♈ 47	1 ♉ 40	17 ♉ 49	5 ♑ 0	0 ♊ 50	17 ♎ 26	5 ♐ 15	1 ♎ 3	10 ♌	5 ♊	16 ♎	29 ♓	11 ♈
10	19 ♓ 8	4 ♑ 15	2 ♒ 59	4 ♒ 16	6 ♈ 17	2 ♉ 48	18 ♉ 29	5 ♑ 8	0 ♊ 54	17 ♎ 24	5 ♐ 15	1 ♎ 1	9 ♌	6 ♊	16 ♎	0 ♈	11 ♈
11	20 ♓ 8	17 ♑ 0	2 ♒ 56	4 ♒ 17	7 ♈ 42	3 ♉ 55	19 ♉ 8	5 ♑ 15	0 ♊ 58	17 ♎ 22	5 ♐ 15	0 ♎ 59	9 ♌	6 ♊	16 ♎	0 ♈	11 ♈
12	21 ♓ 8	0 ♒ 9	2 ♒ 53	4 ♒ 18	9 ♈ 2	5 ♉ 2	19 ♉ 48	5 ♑ 23	1 ♊ 3	17 ♎ 20	5 ♐ 15	0 ♎ 58	9 ♌	6 ♊	16 ♎	1 ♈	11 ♈
13	22 ♓ 8	13 ♒ 45	2 ♒ 50	4 R 18	10 ♈ 16	6 ♉ 10	20 ♉ 27	5 ♑ 31	1 ♊ 7	17 ♎ 17	5 ♐ 14	0 ♎ 56	9 ♌	7 ♊	16 ♎	1 ♈	12 ♈
14	23 ♓ 8	27 ♒ 49	2 ♒ 47	4 ♒ 15	11 ♈ 23	7 ♉ 16	21 ♉ 6	5 ♑ 38	1 ♊ 11	17 ♎ 15	5 ♐ 14	0 ♎ 55	9 ♌	7 ♊	15 ♎	2 ♈	12 ♈
15	24 ♓ 8	12 ♓ 18	2 ♒ 44	4 ♒ 11	12 ♈ 24	8 ♉ 23	21 ♉ 46	5 ♑ 45	1 ♊ 16	17 ♎ 13	5 ♐ 14	0 ♎ 53	9 ♌	8 ♊	15 ♎	2 ♈	12 ♈
16	25 ♓ 8	27 ♓ 7	2 ♒ 40	4 ♒ 4	13 ♈ 17	9 ♉ 29	22 ♉ 25	5 ♑ 52	1 ♊ 20	17 ♎ 10	5 ♐ 14	0 ♎ 51	9 ♌	8 ♊	15 ♎	3 ♈	12 ♈
17	26 ♓ 7	12 ♈ 8	2 ♒ 37	3 ♒ 56	14 ♈ 3	10 ♉ 36	23 ♉ 5	5 ♑ 59	1 ♊ 25	17 ♎ 8	5 ♐ 13	0 ♎ 50	9 ♌	9 ♊	15 ♎	3 ♈	12 ♈
18	27 ♓ 7	27 ♈ 12	2 ♒ 34	3 ♒ 48	14 ♈ 40	11 ♉ 42	23 ♉ 44	6 ♑ 6	1 ♊ 29	17 ♎ 6	5 ♐ 13	0 ♎ 48	9 ♌	9 ♊	15 ♎	4 ♈	12 ♈
19	28 ♓ 7	12 ♉ 9	2 ♒ 31	3 ♒ 40	15 ♈ 10	12 ♉ 47	24 ♉ 23	6 ♑ 12	1 ♊ 34	17 ♎ 3	5 ♐ 13	0 ♎ 46	9 ♌	10 ♊	14 ♎	4 ♈	12 ♈
20	29 ♓ 6	26 ♉ 51	2 ♒ 28	3 ♒ 34	15 ♈ 32	13 ♉ 53	25 ♉ 3	6 ♑ 19	1 ♊ 39	17 ♎ 1	5 ♐ 12	0 ♎ 45	9 ♌	10 ♊	14 ♎	4 ♈	12 ♈
21	0 ♈ 6	11 ♊ 12	2 ♒ 25	3 ♒ 31	15 ♈ 45	14 ♉ 58	25 ♉ 42	6 ♑ 25	1 ♊ 44	16 ♎ 59	5 ♐ 12	0 ♎ 43	9 ♌	11 ♊	14 ♎	5 ♈	12 ♈
22	1 ♈ 6	25 ♊ 10	2 ♒ 21	3 ♒ 29	15 ♈ 50	16 ♉ 3	26 ♉ 21	6 ♑ 31	1 ♊ 49	16 ♎ 56	5 ♐ 11	0 ♎ 41	9 ♌	11 ♊	14 ♎	5 ♈	12 ♈
23	2 ♈ 5	8 ♋ 46	2 ♒ 18	3 D 29	15 R 47	17 ♉ 8	27 ♉ 0	6 ♑ 37	1 ♊ 54	16 ♎ 54	5 ♐ 11	0 ♎ 40	9 ♌	12 ♊	13 ♎	6 ♈	12 ♈
24	3 ♈ 5	22 ♋ 0	2 ♒ 15	3 ♒ 30	15 ♈ 37	18 ♉ 12	27 ♉ 40	6 ♑ 43	1 ♊ 59	16 ♎ 51	5 ♐ 10	0 ♎ 38	9 D	12 ♊	13 ♎	6 ♈	12 ♈
25	4 ♈ 4	4 ♌ 56	2 ♒ 12	3 R 30	15 ♈ 19	19 ♉ 16	28 ♉ 19	6 ♑ 49	2 ♊ 5	16 ♎ 49	5 ♐ 10	0 ♎ 36	9 ♌	13 ♊	13 ♎	7 ♈	12 ♈
26	5 ♈ 4	17 ♌ 37	2 ♒ 9	3 ♒ 29	14 ♈ 55	20 ♉ 20	28 ♉ 58	6 ♑ 54	2 ♊ 10	16 ♎ 46	5 ♐ 9	0 ♎ 35	9 ♌	13 ♊	13 ♎	7 ♈	12 ♈
27	6 ♈ 3	0 ♍ 6	2 ♒ 5	3 ♒ 26	14 ♈ 24	21 ♉ 24	29 ♉ 37	7 ♑ 0	2 ♊ 15	16 ♎ 44	5 ♐ 9	0 ♎ 33	9 ♌	14 ♊	13 ♎	8 ♈	12 ♈
28	7 ♈ 2	12 ♍ 25	2 ♒ 2	3 ♒ 20	13 ♈ 48	22 ♉ 27	0 ♊ 17	7 ♑ 5	2 ♊ 21	16 ♎ 41	5 ♐ 8	0 ♎ 32	9 ♌	15 ♊	12 ♎	8 ♈	12 ♈
29	8 ♈ 2	24 ♍ 36	1 ♒ 59	3 ♒ 11	13 ♈ 7	23 ♉ 30	0 ♊ 56	7 ♑ 10	2 ♊ 26	16 ♎ 39	5 ♐ 7	0 ♎ 30	9 ♌	15 ♊	12 ♎	9 ♈	12 ♈
30	9 ♈ 1	6 ♎ 40	1 ♒ 56	3 ♒ 0	12 ♈ 22	24 ♉ 32	1 ♊ 35	7 ♑ 15	2 ♊ 32	16 ♎ 36	5 ♐ 7	0 ♎ 28	9 ♌	16 ♊	12 ♎	9 ♈	13 ♈
31	10 ♈ 0	18 ♎ 40	1 ♒ 53	2 ♒ 48	11 ♈ 35	25 ♉ 35	2 ♊ 14	7 ♑ 19	2 ♊ 38	16 ♎ 33	5 ♐ 6	0 ♎ 27	9 ♌	16 ♊	12 ♎	10 ♈	13 ♈

SUN INGRESS	☉ → ♈ 20日 21:21
MOON PHASE	◑ 8日 16:05 ♐　● 15日 20:35 ♓　◐ 22日 11:12 ♋　○ 30日 05:05 ♎

aspects		
6日	11:36	☿⚹♄
6日	17:37	☿☍♇
8日	01:42	☉⚹♂
9日	03:47	☿□♃
9日	07:23	☿△♆
11日	04:16	♄△♇
12日	08:17	♀△♃
21日	14:30	☉☍♇
22日	19:10	☉⚹♄
26日	02:16	☉△♆
28日	01:04	☉□♃
28日	08:46	♂△♇
31日	16:59	♂☌♄
31日	20:59	☉☌☿

1972年4月

DAY	☉	☽	☊ mean	☊ true	☿	♀	♂	♃	♄	♅	♆	♇	⚳	⚴	⚵	⚶	⚷
	° ′	° ′	° ′	° ′	° ′	° ′	° ′	° ′	° ′	° ′	° ′	° ′	°	°	°	°	°
1	10 ♈ 59	0 ♏ 35	1 ♒ 50	2 R 35	10 R 46	26 D 36	2 D 53	7 D 24	2 D 44	16 R 31	5 R 5	0 R 25	9 D	17 D	11 R	10 D	13 D
2	11 ♈ 59	12 ♏ 28	1 ♒ 46	2 ♒ 23	9 ♈ 56	27 ♉ 38	3 ♊ 32	7 ♑ 28	2 ♊ 49	16 ♎ 28	5 ♐ 4	0 ♎ 23	9 ♌	17 ♊	11 ♎	11 ♈	13 ♈
3	12 ♈ 58	24 ♏ 19	1 ♒ 43	2 ♒ 12	9 ♈ 6	28 ♉ 39	4 ♊ 11	7 ♑ 32	2 ♊ 55	16 ♎ 26	5 ♐ 4	0 ♎ 22	9 ♌	18 ♊	11 ♎	11 ♈	13 ♈
4	13 ♈ 57	6 ♐ 13	1 ♒ 40	2 ♒ 3	8 ♈ 18	29 ♉ 40	4 ♊ 51	7 ♑ 36	3 ♊ 1	16 ♎ 23	5 ♐ 3	0 ♎ 20	9 ♌	18 ♊	11 ♎	12 ♈	13 ♈
5	14 ♈ 56	18 ♐ 12	1 ♒ 37	1 ♒ 58	7 ♈ 32	0 ♊ 40	5 ♊ 30	7 ♑ 40	3 ♊ 7	16 ♎ 21	5 ♐ 2	0 ♎ 19	9 ♌	19 ♊	10 ♎	12 ♈	13 ♈
6	15 ♈ 55	0 ♑ 20	1 ♒ 34	1 ♒ 55	6 ♈ 48	1 ♊ 40	6 ♊ 9	7 ♑ 44	3 ♊ 13	16 ♎ 18	5 ♐ 1	0 ♎ 17	9 ♌	19 ♊	10 ♎	12 ♈	13 ♈
7	16 ♈ 54	12 ♑ 41	1 ♒ 30	1 ♒ 54	6 ♈ 8	2 ♊ 40	6 ♊ 48	7 ♑ 47	3 ♊ 19	16 ♎ 15	5 ♐ 0	0 ♎ 16	10 ♌	20 ♊	10 ♎	13 ♈	13 ♈
8	17 ♈ 53	25 ♑ 21	1 ♒ 27	1 D 54	5 ♈ 32	3 ♊ 39	7 ♊ 27	7 ♑ 51	3 ♊ 26	16 ♎ 13	4 ♐ 59	0 ♎ 14	10 ♌	20 ♊	10 ♎	13 ♈	13 ♈
9	18 ♈ 52	8 ♒ 24	1 ♒ 24	1 R 54	5 ♈ 1	4 ♊ 38	8 ♊ 6	7 ♑ 54	3 ♊ 32	16 ♎ 10	4 ♐ 58	0 ♎ 12	10 ♌	21 ♊	9 ♎	14 ♈	13 ♈
10	19 ♈ 51	21 ♒ 55	1 ♒ 21	1 ♒ 52	4 ♈ 35	5 ♊ 36	8 ♊ 45	7 ♑ 57	3 ♊ 38	16 ♎ 8	4 ♐ 57	0 ♎ 11	10 ♌	21 ♊	9 ♎	14 ♈	13 ♈
11	20 ♈ 50	5 ♓ 54	1 ♒ 18	1 ♒ 49	4 ♈ 13	6 ♊ 34	9 ♊ 24	8 ♑ 0	3 ♊ 45	16 ♎ 5	4 ♐ 56	0 ♎ 9	10 ♌	22 ♊	9 ♎	15 ♈	13 ♈
12	21 ♈ 49	20 ♓ 23	1 ♒ 15	1 ♒ 43	3 ♈ 57	7 ♊ 31	10 ♊ 3	8 ♑ 2	3 ♊ 51	16 ♎ 3	4 ♐ 55	0 ♎ 8	10 ♌	23 ♊	9 ♎	15 ♈	13 ♈
13	22 ♈ 47	5 ♈ 17	1 ♒ 11	1 ♒ 34	3 ♈ 47	8 ♊ 28	10 ♊ 42	8 ♑ 5	3 ♊ 58	16 ♎ 0	4 ♐ 54	0 ♎ 6	10 ♌	23 ♊	9 ♎	16 ♈	13 ♈
14	23 ♈ 46	20 ♈ 29	1 ♒ 8	1 ♒ 24	3 ♈ 41	9 ♊ 24	11 ♊ 20	8 ♑ 7	4 ♊ 4	15 ♎ 57	4 ♐ 53	0 ♎ 5	10 ♌	24 ♊	8 ♎	16 ♈	13 ♈
15	24 ♈ 45	5 ♉ 48	1 ♒ 5	1 ♒ 12	3 D 41	10 ♊ 20	11 ♊ 59	8 ♑ 9	4 ♊ 11	15 ♎ 55	4 ♐ 52	0 ♎ 3	11 ♌	24 ♊	8 ♎	17 ♈	13 ♈
16	25 ♈ 44	21 ♉ 2	1 ♒ 2	1 ♒ 2	3 ♈ 46	11 ♊ 15	12 ♊ 38	8 ♑ 11	4 ♊ 17	15 ♎ 52	4 ♐ 51	0 ♎ 2	11 ♌	25 ♊	8 ♎	17 ♈	14 ♈
17	26 ♈ 43	6 ♊ 2	0 ♒ 59	0 ♒ 53	3 ♈ 56	12 ♊ 10	13 ♊ 17	8 ♑ 12	4 ♊ 24	15 ♎ 50	4 ♐ 49	0 ♎ 0	11 ♌	25 ♊	8 ♎	18 ♈	14 ♈
18	27 ♈ 41	20 ♊ 38	0 ♒ 56	0 ♒ 47	4 ♈ 11	13 ♊ 4	13 ♊ 56	8 ♑ 14	4 ♊ 31	15 ♎ 47	4 ♐ 48	29 ♍ 59	11 ♌	26 ♊	7 ♎	18 ♈	14 ♈
19	28 ♈ 40	4 ♋ 48	0 ♒ 52	0 ♒ 44	4 ♈ 31	13 ♊ 57	14 ♊ 35	8 ♑ 15	4 ♊ 38	15 ♎ 45	4 ♐ 47	29 ♍ 58	11 ♌	26 ♊	7 ♎	19 ♈	14 ♈
20	29 ♈ 38	18 ♋ 30	0 ♒ 49	0 ♒ 43	4 ♈ 55	14 ♊ 50	15 ♊ 14	8 ♑ 16	4 ♊ 44	15 ♎ 42	4 ♐ 46	29 ♍ 56	11 ♌	27 ♊	7 ♎	19 ♈	14 ♈
21	0 ♉ 37	1 ♌ 45	0 ♒ 46	0 ♒ 42	5 ♈ 24	15 ♊ 42	15 ♊ 53	8 ♑ 17	4 ♊ 51	15 ♎ 40	4 ♐ 44	29 ♍ 55	11 ♌	27 ♊	7 ♎	19 ♈	14 ♈
22	1 ♉ 36	14 ♌ 38	0 ♒ 43	0 ♒ 42	5 ♈ 57	16 ♊ 34	16 ♊ 31	8 ♑ 18	4 ♊ 58	15 ♎ 37	4 ♐ 43	29 ♍ 54	12 ♌	28 ♊	7 ♎	20 ♈	14 ♈
23	2 ♉ 34	27 ♌ 12	0 ♒ 40	0 ♒ 41	6 ♈ 34	17 ♊ 25	17 ♊ 10	8 ♑ 18	5 ♊ 5	15 ♎ 35	4 ♐ 42	29 ♍ 52	12 ♌	29 ♊	6 ♎	20 ♈	14 ♈
24	3 ♉ 32	9 ♍ 32	0 ♒ 36	0 ♒ 37	7 ♈ 14	18 ♊ 15	17 ♊ 49	8 ♑ 19	5 ♊ 12	15 ♎ 32	4 ♐ 41	29 ♍ 51	12 ♌	29 ♊	6 ♎	21 ♈	14 ♈
25	4 ♉ 31	21 ♍ 41	0 ♒ 33	0 ♒ 30	7 ♈ 59	19 ♊ 4	18 ♊ 28	8 ♑ 19	5 ♊ 19	15 ♎ 30	4 ♐ 39	29 ♍ 50	12 ♌	0 ♋	6 ♎	21 ♈	14 ♈
26	5 ♉ 29	3 ♎ 42	0 ♒ 30	0 ♒ 21	8 ♈ 47	19 ♊ 52	19 ♊ 6	8 R 19	5 ♊ 26	15 ♎ 28	4 ♐ 38	29 ♍ 48	12 ♌	0 ♋	6 ♎	22 ♈	14 ♈
27	6 ♉ 28	15 ♎ 39	0 ♒ 27	0 ♒ 9	9 ♈ 38	20 ♊ 40	19 ♊ 45	8 ♑ 19	5 ♊ 34	15 ♎ 25	4 ♐ 37	29 ♍ 47	13 ♌	1 ♋	6 ♎	22 ♈	14 ♈
28	7 ♉ 26	27 ♎ 33	0 ♒ 24	29 ♑ 55	10 ♈ 32	21 ♊ 27	20 ♊ 24	8 ♑ 18	5 ♊ 41	15 ♎ 23	4 ♐ 35	29 ♍ 46	13 ♌	1 ♋	6 ♎	23 ♈	14 ♈
29	8 ♉ 24	9 ♏ 26	0 ♒ 21	29 ♑ 41	11 ♈ 30	22 ♊ 13	21 ♊ 2	8 ♑ 18	5 ♊ 48	15 ♎ 21	4 ♐ 34	29 ♍ 45	13 ♌	2 ♋	5 ♎	23 ♈	14 ♈
30	9 ♉ 23	21 ♏ 19	0 ♒ 17	29 ♑ 28	12 ♈ 30	22 ♊ 58	21 ♊ 41	8 ♑ 17	5 ♊ 55	15 ♎ 18	4 ♐ 32	29 ♍ 43	13 ♌	2 ♋	5 ♎	24 ♈	14 ♈

SUN INGRESS	☉ → ♉ 20日 08:37
MOON PHASE	◑ 7日 08:44 ♑　● 14日 05:31 ♈　◐ 20日 21:45 ♌　○ 28日 21:44 ♏

aspects		
4日	07:18	♂☍♆
4日	15:38	♀△♇
4日	19:47	☿□♃
6日	08:59	☉☍♅
6日	11:51	☿⚹♂
7日	17:57	♀☌♄
9日	02:36	☿△♆
9日	06:29	☿⚹♀
9日	08:15	♀☍♆
12日	07:52	☿⚹♄
19日	09:44	☿⚹♄
19日	15:25	☿△♆
20日	03:46	♄☍♆
20日	16:33	♂△♅
20日	22:48	♀△♅
21日	19:03	♀☌♂
25日	10:17	☿□♃
28日	21:19	☉△♃

1972年5月

DAY	☉	☽	☊ mean	☊ true	☿	♀	♂	♃	♄	♅	♆	♇	⚳	⚴	⚵	⚶	⚷
	° ′	° ′	° ′	° ′	° ′	° ′	° ′	° ′	° ′	° ′	° ′	° ′	°	°	°	°	°
1	10 ♉ 21	3 ♐ 13	0 ♒ 14	29 R 16	13 D 34	23 D 42	22 D 20	8 R 16	6 D 2	15 R 16	4 R 31	29 R 42	14 D	3 D	5 R	24 D	14 D
2	11 ♉ 19	15 ♐ 10	0 ♒ 11	29 ♑ 7	14 ♈ 40	24 ♊ 25	22 ♊ 58	8 ♑ 15	6 ♊ 10	15 ♎ 14	4 ♐ 29	29 ♍ 41	14 ♌	3 ♋	5 ♎	24 ♈	14 ♈
3	12 ♉ 17	27 ♐ 13	0 ♒ 8	29 ♑ 0	15 ♈ 48	25 ♊ 7	23 ♊ 37	8 ♑ 13	6 ♊ 17	15 ♎ 12	4 ♐ 28	29 ♍ 40	14 ♌	4 ♋	5 ♎	25 ♈	14 ♈
4	13 ♉ 15	9 ♑ 25	0 ♒ 5	28 ♑ 56	16 ♈ 59	25 ♊ 48	24 ♊ 16	8 ♑ 12	6 ♊ 24	15 ♎ 9	4 ♐ 26	29 ♍ 39	14 ♌	5 ♋	5 ♎	25 ♈	15 ♈
5	14 ♉ 13	21 ♑ 48	0 ♒ 2	28 ♑ 55	18 ♈ 13	26 ♊ 28	24 ♊ 54	8 ♑ 10	6 ♊ 32	15 ♎ 7	4 ♐ 25	29 ♍ 38	14 ♌	5 ♋	5 ♎	26 ♈	15 ♈
6	15 ♉ 12	4 ♒ 28	29 ♑ 58	28 D 55	19 ♈ 29	27 ♊ 6	25 ♊ 33	8 ♑ 8	6 ♊ 39	15 ♎ 5	4 ♐ 24	29 ♍ 37	15 ♌	6 ♋	5 ♎	26 ♈	15 ♈
7	16 ♉ 10	17 ♒ 28	29 ♑ 55	28 R 55	20 ♈ 48	27 ♊ 44	26 ♊ 11	8 ♑ 6	6 ♊ 47	15 ♎ 3	4 ♐ 22	29 ♍ 36	15 ♌	6 ♋	4 ♎	27 ♈	15 ♈
8	17 ♉ 8	0 ♓ 52	29 ♑ 52	28 ♑ 54	22 ♈ 9	28 ♊ 20	26 ♊ 50	8 ♑ 4	6 ♊ 54	15 ♎ 1	4 ♐ 20	29 ♍ 35	15 ♌	7 ♋	4 ♎	27 ♈	15 ♈
9	18 ♉ 6	14 ♓ 43	29 ♑ 49	28 ♑ 52	23 ♈ 32	28 ♊ 55	27 ♊ 28	8 ♑ 2	7 ♊ 2	14 ♎ 59	4 ♐ 19	29 ♍ 34	15 ♌	7 ♋	4 ♎	28 ♈	15 ♈
10	19 ♉ 4	29 ♓ 2	29 ♑ 46	28 ♑ 47	24 ♈ 57	29 ♊ 29	28 ♊ 7	7 ♑ 59	7 ♊ 9	14 ♎ 57	4 ♐ 17	29 ♍ 33	16 ♌	8 ♋	4 ♎	28 ♈	15 ♈
11	20 ♉ 2	13 ♈ 47	29 ♑ 42	28 ♑ 39	26 ♈ 24	0 ♋ 1	28 ♊ 45	7 ♑ 56	7 ♊ 17	14 ♎ 55	4 ♐ 16	29 ♍ 32	16 ♌	8 ♋	4 ♎	29 ♈	15 ♈
12	21 ♉ 0	28 ♈ 51	29 ♑ 39	28 ♑ 30	27 ♈ 54	0 ♋ 32	29 ♊ 24	7 ♑ 53	7 ♊ 24	14 ♎ 53	4 ♐ 14	29 ♍ 31	16 ♌	9 ♋	4 ♎	29 ♈	15 ♈
13	21 ♉ 58	14 ♉ 7	29 ♑ 36	28 ♑ 21	29 ♈ 26	1 ♋ 1	0 ♋ 2	7 ♑ 50	7 ♊ 32	14 ♎ 51	4 ♐ 13	29 ♍ 30	17 ♌	10 ♋	4 ♎	29 ♈	15 ♈
14	22 ♉ 56	29 ♉ 23	29 ♑ 33	28 ♑ 11	0 ♉ 59	1 ♋ 29	0 ♋ 41	7 ♑ 47	7 ♊ 40	14 ♎ 49	4 ♐ 11	29 ♍ 29	17 ♌	10 ♋	4 ♎	0 ♉	15 ♈
15	23 ♉ 53	14 ♊ 29	29 ♑ 30	28 ♑ 4	2 ♉ 35	1 ♋ 55	1 ♋ 19	7 ♑ 43	7 ♊ 47	14 ♎ 47	4 ♐ 10	29 ♍ 29	17 ♌	11 ♋	4 ♎	0 ♉	15 ♈
16	24 ♉ 51	29 ♊ 14	29 ♑ 27	27 ♑ 58	4 ♉ 13	2 ♋ 20	1 ♋ 58	7 ♑ 40	7 ♊ 55	14 ♎ 46	4 ♐ 8	29 ♍ 28	17 ♌	11 ♋	4 ♎	1 ♉	15 ♈
17	25 ♉ 49	13 ♋ 32	29 ♑ 23	27 ♑ 55	5 ♉ 54	2 ♋ 43	2 ♋ 36	7 ♑ 36	8 ♊ 3	14 ♎ 44	4 ♐ 6	29 ♍ 27	18 ♌	12 ♋	4 ♎	1 ♉	15 ♈
18	26 ♉ 47	27 ♋ 23	29 ♑ 20	27 ♑ 55	7 ♉ 36	3 ♋ 4	3 ♋ 15	7 ♑ 32	8 ♊ 10	14 ♎ 42	4 ♐ 5	29 ♍ 26	18 ♌	12 ♋	4 ♎	2 ♉	15 ♈
19	27 ♉ 45	10 ♌ 45	29 ♑ 17	27 D 55	9 ♉ 20	3 ♋ 23	3 ♋ 53	7 ♑ 28	8 ♊ 18	14 ♎ 40	4 ♐ 3	29 ♍ 26	18 ♌	13 ♋	4 ♎	2 ♉	15 ♈
20	28 ♉ 43	23 ♌ 42	29 ♑ 14	27 ♑ 56	11 ♉ 7	3 ♋ 41	4 ♋ 31	7 ♑ 23	8 ♊ 26	14 ♎ 39	4 ♐ 2	29 ♍ 25	19 ♌	14 ♋	4 ♎	3 ♉	15 ♈
21	29 ♉ 40	6 ♍ 17	29 ♑ 11	27 R 56	12 ♉ 55	3 ♋ 56	5 ♋ 10	7 ♑ 19	8 ♊ 34	14 ♎ 37	4 ♐ 0	29 ♍ 24	19 ♌	14 ♋	3 ♎	3 ♉	15 ♈
22	0 ♊ 38	18 ♍ 35	29 ♑ 8	27 ♑ 54	14 ♉ 46	4 ♋ 9	5 ♋ 48	7 ♑ 14	8 ♊ 41	14 ♎ 36	3 ♐ 58	29 ♍ 24	19 ♌	15 ♋	3 ♎	3 ♉	15 ♈
23	1 ♊ 36	0 ♎ 41	29 ♑ 4	27 ♑ 50	16 ♉ 39	4 ♋ 21	6 ♋ 26	7 ♑ 9	8 ♊ 49	14 ♎ 34	3 ♐ 57	29 ♍ 23	19 ♌	15 ♋	3 ♎	4 ♉	15 ♈
24	2 ♊ 33	12 ♎ 39	29 ♑ 1	27 ♑ 44	18 ♉ 33	4 ♋ 30	7 ♋ 5	7 ♑ 4	8 ♊ 57	14 ♎ 33	3 ♐ 55	29 ♍ 23	20 ♌	16 ♋	3 ♎	4 ♉	16 ♈
25	3 ♊ 31	24 ♎ 33	28 ♑ 58	27 ♑ 36	20 ♉ 30	4 ♋ 37	7 ♋ 43	6 ♑ 59	9 ♊ 5	14 ♎ 31	3 ♐ 53	29 ♍ 22	20 ♌	16 ♋	3 ♎	5 ♉	16 ♈
26	4 ♊ 29	6 ♏ 25	28 ♑ 55	27 ♑ 26	22 ♉ 29	4 ♋ 41	8 ♋ 21	6 ♑ 54	9 ♊ 12	14 ♎ 30	3 ♐ 52	29 ♍ 22	20 ♌	17 ♋	3 D	5 ♉	16 ♈
27	5 ♊ 26	18 ♏ 17	28 ♑ 52	27 ♑ 16	24 ♉ 30	4 ♋ 44	9 ♋ 0	6 ♑ 48	9 ♊ 20	14 ♎ 29	3 ♐ 50	29 ♍ 21	21 ♌	17 ♋	3 ♎	6 ♉	16 ♈
28	6 ♊ 24	0 ♐ 13	28 ♑ 48	27 ♑ 7	26 ♉ 33	4 R 44	9 ♋ 38	6 ♑ 43	9 ♊ 28	14 ♎ 27	3 ♐ 49	29 ♍ 21	21 ♌	18 ♋	3 ♎	6 ♉	16 ♈
29	7 ♊ 21	12 ♐ 13	28 ♑ 45	26 ♑ 59	28 ♉ 37	4 ♋ 41	10 ♋ 16	6 ♑ 37	9 ♊ 36	14 ♎ 26	3 ♐ 47	29 ♍ 20	21 ♌	19 ♋	3 ♎	6 ♉	16 ♈
30	8 ♊ 19	24 ♐ 18	28 ♑ 42	26 ♑ 52	0 ♊ 43	4 ♋ 37	10 ♋ 54	6 ♑ 31	9 ♊ 44	14 ♎ 25	3 ♐ 45	29 ♍ 20	22 ♌	19 ♋	3 ♎	7 ♉	16 ♈
31	9 ♊ 16	6 ♑ 31	28 ♑ 39	26 ♑ 48	2 ♊ 50	4 ♋ 30	11 ♋ 33	6 ♑ 26	9 ♊ 51	14 ♎ 24	3 ♐ 44	29 ♍ 20	22 ♌	20 ♋	3 ♎	7 ♉	16 ♈

SUN INGRESS	☉ → ♊ 21日 07:59
MOON PHASE	◑ 6日 21:26 ♒　● 13日 13:08 ♉　◐ 20日 10:16 ♌　○ 28日 13:28 ♐

aspects		
2日	11:41	☿☍♅
10日	02:58	♀□♇
12日	04:25	♂□♇
13日	16:03	☿⚹♂
14日	10:25	☿⚹♀
17日	09:49	♀☌♂
17日	23:04	☿△♃
20日	17:27	☉△♇
23日	23:44	♂☍♃
25日	09:06	☉☍♆
29日	08:17	☿△♇
31日	09:49	☿☍♆
31日	16:55	☉☌♄

1972年6月

DAY	☉	☽	☊ mean	☊ true	☿	♀	♂	♃	♄	♅	♆	♇	⚳	⚴	⚵	⚶	⚷
	° ′	° ′	° ′	° ′	° ′	° ′	° ′	° ′	° ′	° ′	° ′	° ′	°	°	°	°	°
1	10 ♊ 14	18 ♑ 53	28 ♑ 36	26 R 46	4 D 59	4 R 20	12 D 11	6 R 19	9 D 59	14 R 23	3 R 42	29 R 19	22 D	20 D	4 D	8 D	16 D
2	11 ♊ 11	1 ♒ 26	28 ♑ 33	26 D 46	7 ♊ 9	4 ♋ 8	12 ♋ 49	6 ♑ 13	10 ♊ 7	14 ♎ 22	3 ♐ 40	29 ♍ 19	23 ♌	21 ♋	4 ♎	8 ♉	16 ♈
3	12 ♊ 9	14 ♒ 14	28 ♑ 29	26 ♑ 47	9 ♊ 20	3 ♋ 54	13 ♋ 27	6 ♑ 7	10 ♊ 15	14 ♎ 21	3 ♐ 39	29 ♍ 19	23 ♌	21 ♋	4 ♎	9 ♉	16 ♈
4	13 ♊ 6	27 ♒ 18	28 ♑ 26	26 ♑ 48	11 ♊ 32	3 ♋ 37	14 ♋ 5	6 ♑ 1	10 ♊ 22	14 ♎ 20	3 ♐ 37	29 ♍ 19	23 ♌	22 ♋	4 ♎	9 ♉	16 ♈
5	14 ♊ 4	10 ♓ 42	28 ♑ 23	26 ♑ 49	13 ♊ 44	3 ♋ 18	14 ♋ 44	5 ♑ 54	10 ♊ 30	14 ♎ 19	3 ♐ 36	29 ♍ 19	24 ♌	22 ♋	4 ♎	9 ♉	16 ♈
6	15 ♊ 1	24 ♓ 28	28 ♑ 20	26 R 48	15 ♊ 56	2 ♋ 56	15 ♋ 22	5 ♑ 47	10 ♊ 38	14 ♎ 18	3 ♐ 34	29 ♍ 18	24 ♌	23 ♋	4 ♎	10 ♉	16 ♈
7	15 ♊ 58	8 ♈ 36	28 ♑ 17	26 ♑ 47	18 ♊ 8	2 ♋ 33	16 ♋ 0	5 ♑ 41	10 ♊ 46	14 ♎ 17	3 ♐ 33	29 ♍ 18	24 ♌	23 ♋	4 ♎	10 ♉	16 ♈
8	16 ♊ 56	23 ♈ 6	28 ♑ 14	26 ♑ 43	20 ♊ 20	2 ♋ 7	16 ♋ 38	5 ♑ 34	10 ♊ 54	14 ♎ 16	3 ♐ 31	29 ♍ 18	25 ♌	24 ♋	4 ♎	11 ♉	16 ♈
9	17 ♊ 53	7 ♉ 53	28 ♑ 10	26 ♑ 38	22 ♊ 30	1 ♋ 40	17 ♋ 16	5 ♑ 27	11 ♊ 1	14 ♎ 16	3 ♐ 29	29 ♍ 18	25 ♌	25 ♋	4 ♎	11 ♉	16 ♈
10	18 ♊ 51	22 ♉ 51	28 ♑ 7	26 ♑ 33	24 ♊ 40	1 ♋ 10	17 ♋ 54	5 ♑ 20	11 ♊ 9	14 ♎ 15	3 ♐ 28	29 D 18	25 ♌	25 ♋	4 ♎	12 ♉	16 ♈
11	19 ♊ 48	7 ♊ 52	28 ♑ 4	26 ♑ 27	26 ♊ 49	0 ♋ 39	18 ♋ 33	5 ♑ 13	11 ♊ 17	14 ♎ 14	3 ♐ 26	29 ♍ 18	26 ♌	26 ♋	4 ♎	12 ♉	16 ♈
12	20 ♊ 45	22 ♊ 47	28 ♑ 1	26 ♑ 23	28 ♊ 57	0 ♋ 7	19 ♋ 11	5 ♑ 6	11 ♊ 25	14 ♎ 14	3 ♐ 25	29 ♍ 18	26 ♌	26 ♋	4 ♎	12 ♉	16 ♈
13	21 ♊ 43	7 ♋ 26	27 ♑ 58	26 ♑ 20	1 ♋ 3	29 ♊ 33	19 ♋ 49	4 ♑ 59	11 ♊ 32	14 ♎ 13	3 ♐ 23	29 ♍ 18	27 ♌	27 ♋	4 ♎	13 ♉	16 ♈
14	22 ♊ 40	21 ♋ 45	27 ♑ 54	26 ♑ 19	3 ♋ 7	28 ♊ 58	20 ♋ 27	4 ♑ 51	11 ♊ 40	14 ♎ 13	3 ♐ 22	29 ♍ 19	27 ♌	27 ♋	4 ♎	13 ♉	16 ♈
15	23 ♊ 37	5 ♌ 38	27 ♑ 51	26 D 19	5 ♋ 9	28 ♊ 22	21 ♋ 5	4 ♑ 44	11 ♊ 48	14 ♎ 12	3 ♐ 20	29 ♍ 19	27 ♌	28 ♋	4 ♎	14 ♉	16 ♈
16	24 ♊ 35	19 ♌ 5	27 ♑ 48	26 ♑ 20	7 ♋ 10	27 ♊ 45	21 ♋ 43	4 ♑ 37	11 ♊ 55	14 ♎ 12	3 ♐ 19	29 ♍ 19	28 ♌	28 ♋	5 ♎	14 ♉	16 ♈
17	25 ♊ 32	2 ♍ 7	27 ♑ 45	26 ♑ 22	9 ♋ 8	27 ♊ 7	22 ♋ 21	4 ♑ 29	12 ♊ 3	14 ♎ 12	3 ♐ 17	29 ♍ 19	28 ♌	29 ♋	5 ♎	15 ♉	16 ♈
18	26 ♊ 29	14 ♍ 46	27 ♑ 42	26 ♑ 23	11 ♋ 4	26 ♊ 30	22 ♋ 59	4 ♑ 22	12 ♊ 11	14 ♎ 12	3 ♐ 16	29 ♍ 19	28 ♌	0 ♌	5 ♎	15 ♉	16 ♈
19	27 ♊ 27	27 ♍ 7	27 ♑ 39	26 ♑ 24	12 ♋ 58	25 ♊ 52	23 ♋ 37	4 ♑ 14	12 ♊ 18	14 ♎ 11	3 ♐ 14	29 ♍ 20	29 ♌	0 ♌	5 ♎	15 ♉	16 ♈
20	28 ♊ 24	9 ♎ 15	27 ♑ 35	26 R 23	14 ♋ 50	25 ♊ 15	24 ♋ 15	4 ♑ 6	12 ♊ 26	14 ♎ 11	3 ♐ 13	29 ♍ 20	29 ♌	1 ♌	5 ♎	16 ♉	16 ♈
21	29 ♊ 21	21 ♎ 13	27 ♑ 32	26 ♑ 21	16 ♋ 39	24 ♊ 38	24 ♋ 53	3 ♑ 59	12 ♊ 34	14 ♎ 11	3 ♐ 11	29 ♍ 20	29 ♌	1 ♌	5 ♎	16 ♉	16 ♈
22	0 ♋ 18	3 ♏ 6	27 ♑ 29	26 ♑ 19	18 ♋ 27	24 ♊ 2	25 ♋ 32	3 ♑ 51	12 ♊ 41	14 ♎ 11	3 ♐ 10	29 ♍ 21	0 ♍	2 ♌	5 ♎	17 ♉	17 ♈
23	1 ♋ 16	14 ♏ 58	27 ♑ 26	26 ♑ 15	20 ♋ 12	23 ♊ 27	26 ♋ 10	3 ♑ 43	12 ♊ 49	14 D 11	3 ♐ 9	29 ♍ 21	0 ♍	2 ♌	5 ♎	17 ♉	17 ♈
24	2 ♋ 13	26 ♏ 53	27 ♑ 23	26 ♑ 11	21 ♋ 54	22 ♊ 52	26 ♋ 48	3 ♑ 36	12 ♊ 56	14 ♎ 11	3 ♐ 7	29 ♍ 22	1 ♍	3 ♌	6 ♎	17 ♉	17 ♈
25	3 ♋ 10	8 ♐ 53	27 ♑ 20	26 ♑ 7	23 ♋ 35	22 ♊ 20	27 ♋ 26	3 ♑ 28	13 ♊ 4	14 ♎ 11	3 ♐ 6	29 ♍ 22	1 ♍	3 ♌	6 ♎	18 ♉	17 ♈
26	4 ♋ 7	21 ♐ 0	27 ♑ 16	26 ♑ 4	25 ♋ 13	21 ♊ 48	28 ♋ 4	3 ♑ 20	13 ♊ 11	14 ♎ 12	3 ♐ 5	29 ♍ 23	1 ♍	4 ♌	6 ♎	18 ♉	17 ♈
27	5 ♋ 4	3 ♑ 17	27 ♑ 13	26 ♑ 2	26 ♋ 48	21 ♊ 19	28 ♋ 42	3 ♑ 13	13 ♊ 19	14 ♎ 12	3 ♐ 3	29 ♍ 23	2 ♍	4 ♌	6 ♎	19 ♉	17 ♈
28	6 ♋ 2	15 ♑ 44	27 ♑ 10	26 ♑ 0	28 ♋ 22	20 ♊ 51	29 ♋ 20	3 ♑ 5	13 ♊ 26	14 ♎ 12	3 ♐ 2	29 ♍ 24	2 ♍	5 ♌	6 ♎	19 ♉	17 ♈
29	6 ♋ 59	28 ♑ 23	27 ♑ 7	26 D 0	29 ♋ 53	20 ♊ 25	29 ♋ 58	2 ♑ 57	13 ♊ 34	14 ♎ 12	3 ♐ 1	29 ♍ 24	3 ♍	6 ♌	6 ♎	19 ♉	17 ♈
30	7 ♋ 56	11 ♒ 14	27 ♑ 4	26 ♑ 1	1 ♌ 21	20 ♊ 2	0 ♌ 36	2 ♑ 50	13 ♊ 41	14 ♎ 13	2 ♐ 59	29 ♍ 25	3 ♍	6 ♌	6 ♎	20 ♉	17 ♈

SUN INGRESS	☉ → ♋ 21日 16:06
MOON PHASE	◑ 5日 06:22 ♓　● 11日 20:30 ♊　◐ 19日 00:41 ♍　○ 27日 03:46 ♑

aspects		
3日	10:34	☿☌♄
4日	08:43	♂□♅
5日	06:13	☉△♅
5日	06:18	☿△♅
5日	06:21	☉☌☿
12日	04:06	☿□♇
12日	10:29	☿☌♀
13日	09:50	♀□♇
14日	19:18	☿☍♃
18日	00:08	☉☌♀
19日	15:40	☿□♅
20日	23:40	☉□♇
25日	06:43	☉☍♃
28日	02:35	♂⚹♇
28日	16:26	☿⚹♇
29日	02:23	☿☌♂

1972年7月

DAY	☉	☽	☊ mean	☊ true	☿	♀	♂	♃	♄	♅	♆	♇	⚳	⚴	⚵	⚶	⚷
	° ′	° ′	° ′	° ′	° ′	° ′	° ′	° ′	° ′	° ′	° ′	° ′	°	°	°	°	°
1	8 ♋ 53	24 ♒ 18	27 ♑ 0	26 D 2	2 D 47	19 R 40	1 D 14	2 R 42	13 D 48	14 D 13	2 R 58	29 D 26	3 D	7 D	7 D	20 D	17 D
2	9 ♋ 50	7 ♓ 37	26 ♑ 57	26 ♑ 3	4 ♌ 11	19 ♊ 21	1 ♌ 52	2 ♑ 35	13 ♊ 56	14 ♎ 14	2 ♐ 57	29 ♍ 26	4 ♍	7 ♌	7 ♎	21 ♉	17 ♈
3	10 ♋ 48	21 ♓ 11	26 ♑ 54	26 ♑ 4	5 ♌ 32	19 ♊ 4	2 ♌ 30	2 ♑ 27	14 ♊ 3	14 ♎ 14	2 ♐ 56	29 ♍ 27	4 ♍	8 ♌	7 ♎	21 ♉	17 ♈
4	11 ♋ 45	4 ♈ 59	26 ♑ 51	26 ♑ 5	6 ♌ 51	18 ♊ 50	3 ♌ 8	2 ♑ 20	14 ♊ 10	14 ♎ 15	2 ♐ 55	29 ♍ 28	5 ♍	8 ♌	7 ♎	21 ♉	17 ♈
5	12 ♋ 42	19 ♈ 3	26 ♑ 48	26 R 5	8 ♌ 8	18 ♊ 37	3 ♌ 46	2 ♑ 12	14 ♊ 17	14 ♎ 15	2 ♐ 53	29 ♍ 29	5 ♍	9 ♌	7 ♎	22 ♉	17 ♈
6	13 ♋ 39	3 ♉ 20	26 ♑ 45	26 ♑ 4	9 ♌ 21	18 ♊ 28	4 ♌ 24	2 ♑ 5	14 ♊ 24	14 ♎ 16	2 ♐ 52	29 ♍ 29	5 ♍	9 ♌	8 ♎	22 ♉	17 ♈
7	14 ♋ 36	17 ♉ 48	26 ♑ 41	26 ♑ 3	10 ♌ 32	18 ♊ 20	5 ♌ 2	1 ♑ 57	14 ♊ 32	14 ♎ 17	2 ♐ 51	29 ♍ 30	6 ♍	10 ♌	8 ♎	23 ♉	17 ♈
8	15 ♋ 34	2 ♊ 23	26 ♑ 38	26 ♑ 2	11 ♌ 41	18 ♊ 16	5 ♌ 40	1 ♑ 50	14 ♊ 39	14 ♎ 18	2 ♐ 50	29 ♍ 31	6 ♍	10 ♌	8 ♎	23 ♉	17 ♈
9	16 ♋ 31	16 ♊ 59	26 ♑ 35	26 ♑ 1	12 ♌ 46	18 ♊ 13	6 ♌ 18	1 ♑ 43	14 ♊ 46	14 ♎ 19	2 ♐ 49	29 ♍ 32	7 ♍	11 ♌	8 ♎	23 ♉	17 ♈
10	17 ♋ 28	1 ♋ 30	26 ♑ 32	26 ♑ 0	13 ♌ 49	18 D 13	6 ♌ 56	1 ♑ 36	14 ♊ 53	14 ♎ 20	2 ♐ 48	29 ♍ 33	7 ♍	11 ♌	8 ♎	24 ♉	17 ♈
11	18 ♋ 25	15 ♋ 51	26 ♑ 29	25 ♑ 59	14 ♌ 49	18 ♊ 15	7 ♌ 34	1 ♑ 29	15 ♊ 0	14 ♎ 21	2 ♐ 47	29 ♍ 34	7 ♍	12 ♌	8 ♎	24 ♉	17 ♈
12	19 ♋ 22	29 ♋ 57	26 ♑ 26	25 D 59	15 ♌ 45	18 ♊ 19	8 ♌ 12	1 ♑ 22	15 ♊ 7	14 ♎ 22	2 ♐ 46	29 ♍ 35	8 ♍	12 ♌	9 ♎	24 ♉	17 ♈
13	20 ♋ 20	13 ♌ 42	26 ♑ 22	26 ♑ 0	16 ♌ 39	18 ♊ 26	8 ♌ 50	1 ♑ 15	15 ♊ 14	14 ♎ 23	2 ♐ 45	29 ♍ 36	8 ♍	13 ♌	9 ♎	25 ♉	17 ♈
14	21 ♋ 17	27 ♌ 6	26 ♑ 19	26 ♑ 0	17 ♌ 29	18 ♊ 35	9 ♌ 27	1 ♑ 8	15 ♊ 20	14 ♎ 24	2 ♐ 44	29 ♍ 37	9 ♍	14 ♌	9 ♎	25 ♉	17 ♈
15	22 ♋ 14	10 ♍ 8	26 ♑ 16	26 ♑ 0	18 ♌ 15	18 ♊ 45	10 ♌ 5	1 ♑ 1	15 ♊ 27	14 ♎ 25	2 ♐ 43	29 ♍ 38	9 ♍	14 ♌	9 ♎	26 ♉	17 ♈
16	23 ♋ 11	22 ♍ 50	26 ♑ 13	26 ♑ 1	18 ♌ 59	18 ♊ 58	10 ♌ 43	0 ♑ 54	15 ♊ 34	14 ♎ 26	2 ♐ 42	29 ♍ 39	9 ♍	15 ♌	10 ♎	26 ♉	17 ♈
17	24 ♋ 9	5 ♎ 13	26 ♑ 10	26 ♑ 1	19 ♌ 38	19 ♊ 13	11 ♌ 21	0 ♑ 48	15 ♊ 41	14 ♎ 27	2 ♐ 41	29 ♍ 41	10 ♍	15 ♌	10 ♎	26 ♉	17 ♈
18	25 ♋ 6	17 ♎ 23	26 ♑ 6	26 ♑ 1	20 ♌ 13	19 ♊ 30	11 ♌ 59	0 ♑ 41	15 ♊ 47	14 ♎ 29	2 ♐ 40	29 ♍ 42	10 ♍	16 ♌	10 ♎	27 ♉	17 ♈
19	26 ♋ 3	29 ♎ 22	26 ♑ 3	26 ♑ 1	20 ♌ 45	19 ♊ 48	12 ♌ 37	0 ♑ 35	15 ♊ 54	14 ♎ 30	2 ♐ 40	29 ♍ 43	11 ♍	16 ♌	10 ♎	27 ♉	17 ♈
20	27 ♋ 0	11 ♏ 16	26 ♑ 0	26 ♑ 1	21 ♌ 12	20 ♊ 9	13 ♌ 15	0 ♑ 29	16 ♊ 1	14 ♎ 32	2 ♐ 39	29 ♍ 44	11 ♍	17 ♌	10 ♎	27 ♉	17 ♈
21	27 ♋ 58	23 ♏ 9	25 ♑ 57	26 ♑ 1	21 ♌ 35	20 ♊ 31	13 ♌ 53	0 ♑ 23	16 ♊ 7	14 ♎ 33	2 ♐ 38	29 ♍ 46	11 ♍	17 ♌	11 ♎	28 ♉	17 R
22	28 ♋ 55	5 ♐ 6	25 ♑ 54	26 ♑ 1	21 ♌ 54	20 ♊ 55	14 ♌ 31	0 ♑ 17	16 ♊ 13	14 ♎ 34	2 ♐ 37	29 ♍ 47	12 ♍	18 ♌	11 ♎	28 ♉	17 ♈
23	29 ♋ 52	17 ♐ 9	25 ♑ 51	26 ♑ 2	22 ♌ 7	21 ♊ 20	15 ♌ 9	0 ♑ 11	16 ♊ 20	14 ♎ 36	2 ♐ 37	29 ♍ 48	12 ♍	18 ♌	11 ♎	28 ♉	17 ♈
24	0 ♌ 50	29 ♐ 24	25 ♑ 47	26 ♑ 2	22 ♌ 16	21 ♊ 47	15 ♌ 47	0 ♑ 5	16 ♊ 26	14 ♎ 38	2 ♐ 36	29 ♍ 50	13 ♍	19 ♌	11 ♎	29 ♉	17 ♈
25	1 ♌ 47	11 ♑ 51	25 ♑ 44	26 ♑ 3	22 ♌ 21	22 ♊ 16	16 ♌ 25	0 ♑ 0	16 ♊ 33	14 ♎ 39	2 ♐ 35	29 ♍ 51	13 ♍	19 ♌	12 ♎	29 ♉	17 ♈
26	2 ♌ 44	24 ♑ 33	25 ♑ 41	26 ♑ 3	22 R 20	22 ♊ 46	17 ♌ 3	29 ♐ 54	16 ♊ 39	14 ♎ 41	2 ♐ 35	29 ♍ 52	14 ♍	20 ♌	12 ♎	0 ♊	17 ♈
27	3 ♌ 41	7 ♒ 32	25 ♑ 38	26 R 3	22 ♌ 14	23 ♊ 18	17 ♌ 41	29 ♐ 49	16 ♊ 45	14 ♎ 43	2 ♐ 34	29 ♍ 54	14 ♍	20 ♌	12 ♎	0 ♊	17 ♈
28	4 ♌ 39	20 ♒ 46	25 ♑ 35	26 ♑ 2	22 ♌ 3	23 ♊ 50	18 ♌ 19	29 ♐ 44	16 ♊ 51	14 ♎ 45	2 ♐ 34	29 ♍ 55	14 ♍	21 ♌	12 ♎	0 ♊	17 ♈
29	5 ♌ 36	4 ♓ 14	25 ♑ 32	26 ♑ 1	21 ♌ 47	24 ♊ 25	18 ♌ 57	29 ♐ 39	16 ♊ 57	14 ♎ 46	2 ♐ 33	29 ♍ 57	15 ♍	21 ♌	13 ♎	1 ♊	17 ♈
30	6 ♌ 33	17 ♓ 57	25 ♑ 28	26 ♑ 0	21 ♌ 26	25 ♊ 0	19 ♌ 35	29 ♐ 34	17 ♊ 3	14 ♎ 48	2 ♐ 32	29 ♍ 58	15 ♍	22 ♌	13 ♎	1 ♊	17 ♈
31	7 ♌ 31	1 ♈ 50	25 ♑ 25	25 ♑ 59	21 ♌ 0	25 ♊ 37	20 ♌ 13	29 ♐ 30	17 ♊ 9	14 ♎ 50	2 ♐ 32	0 ♎ 0	16 ♍	23 ♌	13 ♎	1 ♊	17 ♈

SUN INGRESS	☉ → ♌ 23日 03:03
MOON PHASE	◑ 4日 12:25 ♈　● 11日 04:39 ♋　◐ 18日 16:46 ♎　○ 26日 16:24 ♒

aspects		
1日	03:00	☿△♆
3日	15:57	♂△♆
4日	17:21	♄△♅
6日	15:45	☉□♅
10日	12:21	☿⚹♅
11日	05:15	☿⚹♄
15日	23:46	☿⚹♀
22日	02:07	♂⚹♅
22日	22:15	☉⚹♇
25日	03:51	☿⚹♀
25日	05:32	♂⚹♄
25日	20:05	☉△♆
26日	07:42	♃□♇
31日	16:50	☿☌♂

1972年8月

DAY	☉	☽	☊ mean	☊ true	☿	♀	♂	♃	♄	♅	♆	♇	⚳	⚴	⚵	⚶	⚷
	° ′	° ′	° ′	° ′	° ′	° ′	° ′	° ′	° ′	° ′	° ′	° ′	°	°	°	°	°
1	8 ♌ 28	15 ♈ 52	25 ♑ 22	25 R 57	20 R 30	26 D 15	20 D 51	29 R 25	17 D 15	14 D 52	2 R 32	0 D 1	16 D	23 D	13 D	2 D	17 R
2	9 ♌ 26	0 ♉ 1	25 ♑ 19	25 ♑ 57	19 ♌ 56	26 ♊ 54	21 ♌ 29	29 ♐ 21	17 ♊ 21	14 ♎ 54	2 ♐ 31	0 ♎ 3	17 ♍	24 ♌	14 ♎	2 ♊	17 ♈
3	10 ♌ 23	14 ♉ 14	25 ♑ 16	25 D 57	19 ♌ 18	27 ♊ 34	22 ♌ 7	29 ♐ 17	17 ♊ 26	14 ♎ 56	2 ♐ 31	0 ♎ 4	17 ♍	24 ♌	14 ♎	2 ♊	17 ♈
4	11 ♌ 20	28 ♉ 29	25 ♑ 12	25 ♑ 57	18 ♌ 37	28 ♊ 15	22 ♌ 45	29 ♐ 12	17 ♊ 32	14 ♎ 59	2 ♐ 30	0 ♎ 6	17 ♍	25 ♌	14 ♎	3 ♊	17 ♈
5	12 ♌ 18	12 ♊ 42	25 ♑ 9	25 ♑ 58	17 ♌ 53	28 ♊ 57	23 ♌ 23	29 ♐ 9	17 ♊ 38	15 ♎ 1	2 ♐ 30	0 ♎ 8	18 ♍	25 ♌	14 ♎	3 ♊	17 ♈
6	13 ♌ 15	26 ♊ 53	25 ♑ 6	25 ♑ 59	17 ♌ 7	29 ♊ 40	24 ♌ 1	29 ♐ 5	17 ♊ 43	15 ♎ 3	2 ♐ 30	0 ♎ 9	18 ♍	26 ♌	15 ♎	3 ♊	17 ♈
7	14 ♌ 13	10 ♋ 57	25 ♑ 3	26 ♑ 0	16 ♌ 20	0 ♋ 25	24 ♌ 39	29 ♐ 1	17 ♊ 49	15 ♎ 5	2 ♐ 30	0 ♎ 11	19 ♍	26 ♌	15 ♎	4 ♊	17 ♈
8	15 ♌ 10	24 ♋ 52	25 ♑ 0	26 ♑ 1	15 ♌ 32	1 ♋ 10	25 ♌ 17	28 ♐ 58	17 ♊ 54	15 ♎ 7	2 ♐ 29	0 ♎ 13	19 ♍	27 ♌	15 ♎	4 ♊	17 ♈
9	16 ♌ 8	8 ♌ 35	24 ♑ 57	26 R 0	14 ♌ 46	1 ♋ 55	25 ♌ 55	28 ♐ 55	18 ♊ 0	15 ♎ 10	2 ♐ 29	0 ♎ 15	20 ♍	27 ♌	15 ♎	4 ♊	17 ♈
10	17 ♌ 5	22 ♌ 3	24 ♑ 53	25 ♑ 59	14 ♌ 0	2 ♋ 42	26 ♌ 33	28 ♐ 52	18 ♊ 5	15 ♎ 12	2 ♐ 29	0 ♎ 16	20 ♍	28 ♌	16 ♎	5 ♊	17 ♈
11	18 ♌ 3	5 ♍ 15	24 ♑ 50	25 ♑ 56	13 ♌ 17	3 ♋ 30	27 ♌ 11	28 ♐ 49	18 ♊ 10	15 ♎ 15	2 ♐ 29	0 ♎ 18	20 ♍	28 ♌	16 ♎	5 ♊	17 ♈
12	19 ♌ 1	18 ♍ 10	24 ♑ 47	25 ♑ 53	12 ♌ 38	4 ♋ 18	27 ♌ 49	28 ♐ 46	18 ♊ 15	15 ♎ 17	2 ♐ 29	0 ♎ 20	21 ♍	29 ♌	16 ♎	5 ♊	17 ♈
13	19 ♌ 58	0 ♎ 48	24 ♑ 44	25 ♑ 49	12 ♌ 2	5 ♋ 7	28 ♌ 28	28 ♐ 44	18 ♊ 20	15 ♎ 20	2 ♐ 29	0 ♎ 22	21 ♍	29 ♌	16 ♎	5 ♊	17 ♈
14	20 ♌ 56	13 ♎ 10	24 ♑ 41	25 ♑ 46	11 ♌ 31	5 ♋ 57	29 ♌ 6	28 ♐ 42	18 ♊ 25	15 ♎ 22	2 ♐ 29	0 ♎ 24	22 ♍	0 ♍	17 ♎	6 ♊	17 ♈
15	21 ♌ 53	25 ♎ 19	24 ♑ 37	25 ♑ 43	11 ♌ 6	6 ♋ 47	29 ♌ 44	28 ♐ 40	18 ♊ 30	15 ♎ 25	2 D 29	0 ♎ 25	22 ♍	0 ♍	17 ♎	6 ♊	17 ♈
16	22 ♌ 51	7 ♏ 18	24 ♑ 34	25 ♑ 40	10 ♌ 46	7 ♋ 38	0 ♍ 22	28 ♐ 38	18 ♊ 35	15 ♎ 27	2 ♐ 29	0 ♎ 27	23 ♍	1 ♍	17 ♎	6 ♊	17 ♈
17	23 ♌ 49	19 ♏ 12	24 ♑ 31	25 ♑ 39	10 ♌ 33	8 ♋ 30	1 ♍ 0	28 ♐ 36	18 ♊ 39	15 ♎ 30	2 ♐ 29	0 ♎ 29	23 ♍	1 ♍	18 ♎	7 ♊	17 ♈
18	24 ♌ 47	1 ♐ 4	24 ♑ 28	25 D 39	10 ♌ 27	9 ♋ 22	1 ♍ 38	28 ♐ 34	18 ♊ 44	15 ♎ 33	2 ♐ 29	0 ♎ 31	23 ♍	2 ♍	18 ♎	7 ♊	17 ♈
19	25 ♌ 44	13 ♐ 1	24 ♑ 25	25 ♑ 40	10 D 29	10 ♋ 15	2 ♍ 16	28 ♐ 33	18 ♊ 49	15 ♎ 35	2 ♐ 29	0 ♎ 33	24 ♍	2 ♍	18 ♎	7 ♊	17 ♈
20	26 ♌ 42	25 ♐ 5	24 ♑ 22	25 ♑ 42	10 ♌ 38	11 ♋ 9	2 ♍ 54	28 ♐ 32	18 ♊ 53	15 ♎ 38	2 ♐ 29	0 ♎ 35	24 ♍	3 ♍	18 ♎	8 ♊	16 ♈
21	27 ♌ 40	7 ♑ 23	24 ♑ 18	25 ♑ 44	10 ♌ 54	12 ♋ 3	3 ♍ 32	28 ♐ 31	18 ♊ 58	15 ♎ 41	2 ♐ 29	0 ♎ 37	25 ♍	3 ♍	19 ♎	8 ♊	16 ♈
22	28 ♌ 38	19 ♑ 58	24 ♑ 15	25 ♑ 45	11 ♌ 18	12 ♋ 58	4 ♍ 10	28 ♐ 30	19 ♊ 2	15 ♎ 44	2 ♐ 30	0 ♎ 39	25 ♍	4 ♍	19 ♎	8 ♊	16 ♈
23	29 ♌ 35	2 ♒ 52	24 ♑ 12	25 R 45	11 ♌ 50	13 ♋ 53	4 ♍ 49	28 ♐ 29	19 ♊ 6	15 ♎ 47	2 ♐ 30	0 ♎ 41	26 ♍	4 ♍	19 ♎	8 ♊	16 ♈
24	0 ♍ 33	16 ♒ 7	24 ♑ 9	25 ♑ 43	12 ♌ 29	14 ♋ 48	5 ♍ 27	28 ♐ 29	19 ♊ 10	15 ♎ 50	2 ♐ 30	0 ♎ 43	26 ♍	5 ♍	20 ♎	9 ♊	16 ♈
25	1 ♍ 31	29 ♒ 43	24 ♑ 6	25 ♑ 40	13 ♌ 16	15 ♋ 45	6 ♍ 5	28 ♐ 29	19 ♊ 14	15 ♎ 53	2 ♐ 30	0 ♎ 45	27 ♍	5 ♍	20 ♎	9 ♊	16 ♈
26	2 ♍ 29	13 ♓ 38	24 ♑ 3	25 ♑ 35	14 ♌ 9	16 ♋ 41	6 ♍ 43	28 D 29	19 ♊ 18	15 ♎ 55	2 ♐ 31	0 ♎ 47	27 ♍	6 ♍	20 ♎	9 ♊	16 ♈
27	3 ♍ 27	27 ♓ 48	23 ♑ 59	25 ♑ 30	15 ♌ 10	17 ♋ 39	7 ♍ 21	28 ♐ 29	19 ♊ 22	15 ♎ 58	2 ♐ 31	0 ♎ 49	27 ♍	6 ♍	20 ♎	9 ♊	16 ♈
28	4 ♍ 25	12 ♈ 9	23 ♑ 56	25 ♑ 24	16 ♌ 18	18 ♋ 36	7 ♍ 59	28 ♐ 29	19 ♊ 26	16 ♎ 2	2 ♐ 32	0 ♎ 51	28 ♍	7 ♍	21 ♎	10 ♊	16 ♈
29	5 ♍ 23	26 ♈ 34	23 ♑ 53	25 ♑ 18	17 ♌ 32	19 ♋ 34	8 ♍ 38	28 ♐ 30	19 ♊ 30	16 ♎ 5	2 ♐ 32	0 ♎ 53	28 ♍	7 ♍	21 ♎	10 ♊	16 ♈
30	6 ♍ 21	10 ♉ 58	23 ♑ 50	25 ♑ 14	18 ♌ 51	20 ♋ 33	9 ♍ 16	28 ♐ 31	19 ♊ 33	16 ♎ 8	2 ♐ 33	0 ♎ 55	29 ♍	8 ♍	21 ♎	10 ♊	16 ♈
31	7 ♍ 19	25 ♉ 17	23 ♑ 47	25 ♑ 12	20 ♌ 16	21 ♋ 32	9 ♍ 54	28 ♐ 31	19 ♊ 37	16 ♎ 11	2 ♐ 33	0 ♎ 57	29 ♍	8 ♍	22 ♎	10 ♊	16 ♈

SUN INGRESS	☉ → ♍ 23日 10:03
MOON PHASE	◑ 2日 17:02 ♉　● 9日 14:26 ♌　◐ 17日 10:09 ♏　○ 25日 03:22 ♓　◑ 31日 21:48 ♊

aspects		
5日	05:51	♀☍♃
5日	06:59	☿⚹♄
6日	16:27	♀□♇
7日	22:45	☉⚹♅
8日	05:03	☉☌☿
8日	12:06	☿⚹♅
11日	03:10	☉⚹♄
13日	09:44	♂△♃
19日	08:10	♂□♆
21日	20:57	☉△♃
25日	03:30	♀□♅
26日	00:51	☉□♆
27日	18:10	☿⚹♅
30日	12:31	☿⚹♄

1972年9月

DAY	☉	☽	☊ mean	☊ true	☿	♀	♂	♃	♄	♅	♆	♇	⚳	⚴	⚵	⚶	⚷
	° ′	° ′	° ′	° ′	° ′	° ′	° ′	° ′	° ′	° ′	° ′	° ′	°	°	°	°	°
1	8 ♍ 17	9 ♊ 29	23 ♑ 43	25 D 11	21 D 46	22 D 31	10 D 32	28 D 32	19 D 40	16 D 14	2 D 34	1 D 0	0 D	9 D	22 D	11 D	16 R
2	9 ♍ 15	23 ♊ 31	23 ♑ 40	25 ♑ 12	23 ♌ 21	23 ♋ 31	11 ♍ 11	28 ♐ 34	19 ♊ 43	16 ♎ 17	2 ♐ 34	1 ♎ 2	0 ♎	9 ♍	22 ♎	11 ♊	16 ♈
3	10 ♍ 13	7 ♋ 22	23 ♑ 37	25 ♑ 13	25 ♌ 0	24 ♋ 31	11 ♍ 49	28 ♐ 35	19 ♊ 47	16 ♎ 20	2 ♐ 35	1 ♎ 4	1 ♎	10 ♍	23 ♎	11 ♊	16 ♈
4	11 ♍ 11	21 ♋ 2	23 ♑ 34	25 ♑ 14	26 ♌ 42	25 ♋ 32	12 ♍ 27	28 ♐ 37	19 ♊ 50	16 ♎ 24	2 ♐ 36	1 ♎ 6	1 ♎	10 ♍	23 ♎	11 ♊	16 ♈
5	12 ♍ 9	4 ♌ 32	23 ♑ 31	25 R 14	28 ♌ 27	26 ♋ 33	13 ♍ 5	28 ♐ 39	19 ♊ 53	16 ♎ 27	2 ♐ 36	1 ♎ 8	1 ♎	11 ♍	23 ♎	12 ♊	16 ♈
6	13 ♍ 7	17 ♌ 50	23 ♑ 28	25 ♑ 12	0 ♍ 15	27 ♋ 34	13 ♍ 44	28 ♐ 41	19 ♊ 56	16 ♎ 30	2 ♐ 37	1 ♎ 10	2 ♎	11 ♍	23 ♎	12 ♊	16 ♈
7	14 ♍ 5	0 ♍ 56	23 ♑ 24	25 ♑ 7	2 ♍ 5	28 ♋ 36	14 ♍ 22	28 ♐ 43	19 ♊ 59	16 ♎ 33	2 ♐ 38	1 ♎ 13	2 ♎	12 ♍	24 ♎	12 ♊	16 ♈
8	15 ♍ 4	13 ♍ 51	23 ♑ 21	25 ♑ 0	3 ♍ 56	29 ♋ 38	15 ♍ 0	28 ♐ 45	20 ♊ 1	16 ♎ 37	2 ♐ 38	1 ♎ 15	3 ♎	12 ♍	24 ♎	12 ♊	16 ♈
9	16 ♍ 2	26 ♍ 32	23 ♑ 18	24 ♑ 52	5 ♍ 49	0 ♌ 40	15 ♍ 39	28 ♐ 48	20 ♊ 4	16 ♎ 40	2 ♐ 39	1 ♎ 17	3 ♎	13 ♍	24 ♎	12 ♊	16 ♈
10	17 ♍ 0	9 ♎ 1	23 ♑ 15	24 ♑ 42	7 ♍ 42	1 ♌ 42	16 ♍ 17	28 ♐ 51	20 ♊ 6	16 ♎ 44	2 ♐ 40	1 ♎ 19	4 ♎	13 ♍	25 ♎	13 ♊	16 ♈
11	17 ♍ 59	21 ♎ 17	23 ♑ 12	24 ♑ 33	9 ♍ 37	2 ♌ 45	16 ♍ 55	28 ♐ 54	20 ♊ 9	16 ♎ 47	2 ♐ 41	1 ♎ 21	4 ♎	14 ♍	25 ♎	13 ♊	16 ♈
12	18 ♍ 57	3 ♏ 22	23 ♑ 9	24 ♑ 24	11 ♍ 31	3 ♌ 48	17 ♍ 34	28 ♐ 57	20 ♊ 11	16 ♎ 50	2 ♐ 42	1 ♎ 24	5 ♎	14 ♍	25 ♎	13 ♊	16 ♈
13	19 ♍ 55	15 ♏ 19	23 ♑ 5	24 ♑ 16	13 ♍ 25	4 ♌ 52	18 ♍ 12	29 ♐ 0	20 ♊ 13	16 ♎ 54	2 ♐ 43	1 ♎ 26	5 ♎	15 ♍	26 ♎	13 ♊	16 ♈
14	20 ♍ 54	27 ♏ 11	23 ♑ 2	24 ♑ 11	15 ♍ 20	5 ♌ 56	18 ♍ 51	29 ♐ 4	20 ♊ 15	16 ♎ 57	2 ♐ 44	1 ♎ 28	5 ♎	15 ♍	26 ♎	13 ♊	16 ♈
15	21 ♍ 52	9 ♐ 1	22 ♑ 59	24 ♑ 8	17 ♍ 14	7 ♌ 0	19 ♍ 29	29 ♐ 7	20 ♊ 18	17 ♎ 1	2 ♐ 45	1 ♎ 30	6 ♎	16 ♍	26 ♎	14 ♊	16 ♈
16	22 ♍ 51	20 ♐ 55	22 ♑ 56	24 ♑ 7	19 ♍ 7	8 ♌ 4	20 ♍ 8	29 ♐ 11	20 ♊ 19	17 ♎ 4	2 ♐ 46	1 ♎ 33	6 ♎	16 ♍	27 ♎	14 ♊	16 ♈
17	23 ♍ 49	2 ♑ 57	22 ♑ 53	24 D 7	21 ♍ 0	9 ♌ 8	20 ♍ 46	29 ♐ 15	20 ♊ 21	17 ♎ 8	2 ♐ 47	1 ♎ 35	7 ♎	17 ♍	27 ♎	14 ♊	16 ♈
18	24 ♍ 48	15 ♑ 14	22 ♑ 49	24 ♑ 8	22 ♍ 52	10 ♌ 13	21 ♍ 24	29 ♐ 19	20 ♊ 23	17 ♎ 12	2 ♐ 48	1 ♎ 37	7 ♎	17 ♍	27 ♎	14 ♊	15 ♈
19	25 ♍ 46	27 ♑ 49	22 ♑ 46	24 R 8	24 ♍ 43	11 ♌ 18	22 ♍ 3	29 ♐ 24	20 ♊ 25	17 ♎ 15	2 ♐ 49	1 ♎ 39	8 ♎	18 ♍	28 ♎	14 ♊	15 ♈
20	26 ♍ 45	10 ♒ 47	22 ♑ 43	24 ♑ 7	26 ♍ 34	12 ♌ 24	22 ♍ 41	29 ♐ 28	20 ♊ 26	17 ♎ 19	2 ♐ 50	1 ♎ 42	8 ♎	18 ♍	28 ♎	14 ♊	15 ♈
21	27 ♍ 44	24 ♒ 11	22 ♑ 40	24 ♑ 4	28 ♍ 23	13 ♌ 29	23 ♍ 20	29 ♐ 33	20 ♊ 27	17 ♎ 22	2 ♐ 51	1 ♎ 44	9 ♎	19 ♍	28 ♎	15 ♊	15 ♈
22	28 ♍ 42	8 ♓ 2	22 ♑ 37	23 ♑ 58	0 ♎ 12	14 ♌ 35	23 ♍ 58	29 ♐ 38	20 ♊ 29	17 ♎ 26	2 ♐ 52	1 ♎ 46	9 ♎	19 ♍	29 ♎	15 ♊	15 ♈
23	29 ♍ 41	22 ♓ 17	22 ♑ 34	23 ♑ 49	2 ♎ 0	15 ♌ 41	24 ♍ 37	29 ♐ 43	20 ♊ 30	17 ♎ 30	2 ♐ 54	1 ♎ 49	9 ♎	20 ♍	29 ♎	15 ♊	15 ♈
24	0 ♎ 40	6 ♈ 52	22 ♑ 30	23 ♑ 40	3 ♎ 47	16 ♌ 47	25 ♍ 16	29 ♐ 48	20 ♊ 31	17 ♎ 33	2 ♐ 55	1 ♎ 51	10 ♎	20 ♍	29 ♎	15 ♊	15 ♈
25	1 ♎ 39	21 ♈ 40	22 ♑ 27	23 ♑ 29	5 ♎ 33	17 ♌ 54	25 ♍ 54	29 ♐ 53	20 ♊ 32	17 ♎ 37	2 ♐ 56	1 ♎ 53	10 ♎	21 ♍	0 ♏	15 ♊	15 ♈
26	2 ♎ 37	6 ♉ 31	22 ♑ 24	23 ♑ 20	7 ♎ 18	19 ♌ 0	26 ♍ 33	29 ♐ 59	20 ♊ 33	17 ♎ 41	2 ♐ 57	1 ♎ 55	11 ♎	21 ♍	0 ♏	15 ♊	15 ♈
27	3 ♎ 36	21 ♉ 18	22 ♑ 21	23 ♑ 12	9 ♎ 2	20 ♌ 7	27 ♍ 11	0 ♑ 4	20 ♊ 33	17 ♎ 44	2 ♐ 59	1 ♎ 58	11 ♎	22 ♍	0 ♏	15 ♊	15 ♈
28	4 ♎ 35	5 ♊ 54	22 ♑ 18	23 ♑ 7	10 ♎ 45	21 ♌ 14	27 ♍ 50	0 ♑ 10	20 ♊ 34	17 ♎ 48	3 ♐ 0	2 ♎ 0	12 ♎	22 ♍	1 ♏	15 ♊	15 ♈
29	5 ♎ 34	20 ♊ 14	22 ♑ 15	23 ♑ 4	12 ♎ 27	22 ♌ 21	28 ♍ 29	0 ♑ 16	20 ♊ 34	17 ♎ 52	3 ♐ 2	2 ♎ 2	12 ♎	23 ♍	1 ♏	15 ♊	15 ♈
30	6 ♎ 33	4 ♋ 16	22 ♑ 11	23 ♑ 3	14 ♎ 8	23 ♌ 29	29 ♍ 7	0 ♑ 22	20 ♊ 35	17 ♎ 55	3 ♐ 3	2 ♎ 4	13 ♎	23 ♍	1 ♏	16 ♊	15 ♈
SUN INGRESS	☉ → ♎ 23日 07:33																
MOON PHASE	● 8日 02:28 ♍	◐ 16日 04:13 ♐	○ 23日 13:07 ♈	◑ 30日 04:16 ♋													

aspects		
5日	02:39	☿△♃
7日	07:10	☿□♆
7日	19:56	☉☌♂
9日	14:47	♀⚹♇
10日	22:18	♀△♆
13日	07:38	☉□♄
16日	07:47	♂□♄
16日	15:37	☿□♄
16日	19:29	☿☌♂
20日	05:14	☉☌☿
21日	15:59	☿□♃
22日	21:24	☿☌♇
23日	00:43	☉□♃
23日	12:11	☿⚹♆
24日	17:38	♀⚹♅
25日	06:12	☉☌♇
26日	08:26	☉⚹♆
27日	09:30	♀⚹♄

1972年10月

DAY	☉	☽	☊ mean	☊ true	☿	♀	♂	♃	♄	♅	♆	♇	⚳	⚴	⚵	⚶	⚷
	° ′	° ′	° ′	° ′	° ′	° ′	° ′	° ′	° ′	° ′	° ′	° ′	°	°	°	°	°
1	7 ♎ 32	17 ♋ 59	22 ♑ 8	23 D 3	15 D 48	24 D 37	29 D 46	0 D 29	20 D 35	17 D 59	3 D 4	2 D 7	13 D	24 D	2 D	16 D	15 R
2	8 ♎ 31	1 ♌ 25	22 ♑ 5	23 R 3	17 ♎ 28	25 ♌ 45	0 ♎ 25	0 ♑ 35	20 ♊ 35	18 ♎ 3	3 ♐ 6	2 ♎ 9	14 ♎	24 ♍	2 ♏	16 ♊	15 ♈
3	9 ♎ 30	14 ♌ 37	22 ♑ 2	23 ♑ 1	19 ♎ 6	26 ♌ 53	1 ♎ 3	0 ♑ 42	20 ♊ 35	18 ♎ 7	3 ♐ 7	2 ♎ 11	14 ♎	24 ♍	2 ♏	16 ♊	15 ♈
4	10 ♎ 29	27 ♌ 35	21 ♑ 59	22 ♑ 57	20 ♎ 44	28 ♌ 1	1 ♎ 42	0 ♑ 49	20 R 35	18 ♎ 10	3 ♐ 9	2 ♎ 14	14 ♎	25 ♍	3 ♏	16 ♊	15 ♈
5	11 ♎ 28	10 ♍ 21	21 ♑ 55	22 ♑ 50	22 ♎ 21	29 ♌ 9	2 ♎ 21	0 ♑ 55	20 ♊ 35	18 ♎ 14	3 ♐ 10	2 ♎ 16	15 ♎	25 ♍	3 ♏	16 ♊	15 ♈
6	12 ♎ 27	22 ♍ 56	21 ♑ 52	22 ♑ 40	23 ♎ 57	0 ♍ 18	3 ♎ 0	1 ♑ 3	20 ♊ 35	18 ♎ 18	3 ♐ 12	2 ♎ 18	15 ♎	26 ♍	3 ♏	16 ♊	15 ♈
7	13 ♎ 26	5 ♎ 22	21 ♑ 49	22 ♑ 28	25 ♎ 33	1 ♍ 27	3 ♎ 39	1 ♑ 10	20 ♊ 35	18 ♎ 22	3 ♐ 14	2 ♎ 20	16 ♎	26 ♍	4 ♏	16 ♊	15 ♈
8	14 ♎ 26	17 ♎ 38	21 ♑ 46	22 ♑ 14	27 ♎ 7	2 ♍ 36	4 ♎ 17	1 ♑ 17	20 ♊ 34	18 ♎ 25	3 ♐ 15	2 ♎ 23	16 ♎	27 ♍	4 ♏	16 ♊	15 ♈
9	15 ♎ 25	29 ♎ 46	21 ♑ 43	22 ♑ 0	28 ♎ 41	3 ♍ 45	4 ♎ 56	1 ♑ 25	20 ♊ 33	18 ♎ 29	3 ♐ 17	2 ♎ 25	17 ♎	27 ♍	4 ♏	16 ♊	15 ♈
10	16 ♎ 24	11 ♏ 46	21 ♑ 40	21 ♑ 46	0 ♏ 14	4 ♍ 54	5 ♎ 35	1 ♑ 32	20 ♊ 33	18 ♎ 33	3 ♐ 19	2 ♎ 27	17 ♎	28 ♍	5 ♏	16 ♊	15 ♈
11	17 ♎ 24	23 ♏ 39	21 ♑ 36	21 ♑ 35	1 ♏ 47	6 ♍ 3	6 ♎ 14	1 ♑ 40	20 ♊ 32	18 ♎ 37	3 ♐ 20	2 ♎ 29	18 ♎	28 ♍	5 ♏	16 ♊	14 ♈
12	18 ♎ 23	5 ♐ 28	21 ♑ 33	21 ♑ 26	3 ♏ 18	7 ♍ 13	6 ♎ 53	1 ♑ 48	20 ♊ 31	18 ♎ 41	3 ♐ 22	2 ♎ 31	18 ♎	29 ♍	5 ♏	16 ♊	14 ♈
13	19 ♎ 22	17 ♐ 16	21 ♑ 30	21 ♑ 20	4 ♏ 49	8 ♍ 23	7 ♎ 32	1 ♑ 56	20 ♊ 30	18 ♎ 44	3 ♐ 24	2 ♎ 34	19 ♎	29 ♍	6 ♏	16 R	14 ♈
14	20 ♎ 22	29 ♐ 8	21 ♑ 27	21 ♑ 17	6 ♏ 19	9 ♍ 33	8 ♎ 11	2 ♑ 4	20 ♊ 29	18 ♎ 48	3 ♐ 25	2 ♎ 36	19 ♎	0 ♎	6 ♏	16 ♊	14 ♈
15	21 ♎ 21	11 ♑ 7	21 ♑ 24	21 ♑ 16	7 ♏ 49	10 ♍ 43	8 ♎ 50	2 ♑ 13	20 ♊ 27	18 ♎ 52	3 ♐ 27	2 ♎ 38	19 ♎	0 ♎	6 ♏	16 ♊	14 ♈
16	22 ♎ 21	23 ♑ 20	21 ♑ 20	21 ♑ 16	9 ♏ 18	11 ♍ 53	9 ♎ 29	2 ♑ 21	20 ♊ 26	18 ♎ 56	3 ♐ 29	2 ♎ 40	20 ♎	1 ♎	7 ♏	16 ♊	14 ♈
17	23 ♎ 20	5 ♒ 51	21 ♑ 17	21 ♑ 16	10 ♏ 46	13 ♍ 3	10 ♎ 8	2 ♑ 30	20 ♊ 25	18 ♎ 59	3 ♐ 31	2 ♎ 42	20 ♎	1 ♎	7 ♏	16 ♊	14 ♈
18	24 ♎ 20	18 ♒ 46	21 ♑ 14	21 ♑ 14	12 ♏ 13	14 ♍ 13	10 ♎ 47	2 ♑ 38	20 ♊ 23	19 ♎ 3	3 ♐ 33	2 ♎ 45	21 ♎	1 ♎	7 ♏	16 ♊	14 ♈
19	25 ♎ 19	2 ♓ 8	21 ♑ 11	21 ♑ 10	13 ♏ 39	15 ♍ 24	11 ♎ 26	2 ♑ 47	20 ♊ 21	19 ♎ 7	3 ♐ 34	2 ♎ 47	21 ♎	2 ♎	8 ♏	16 ♊	14 ♈
20	26 ♎ 19	16 ♓ 1	21 ♑ 8	21 ♑ 4	15 ♏ 5	16 ♍ 34	12 ♎ 5	2 ♑ 56	20 ♊ 20	19 ♎ 11	3 ♐ 36	2 ♎ 49	22 ♎	2 ♎	8 ♏	16 ♊	14 ♈
21	27 ♎ 19	0 ♈ 22	21 ♑ 5	20 ♑ 55	16 ♏ 30	17 ♍ 45	12 ♎ 44	3 ♑ 5	20 ♊ 18	19 ♎ 15	3 ♐ 38	2 ♎ 51	22 ♎	3 ♎	8 ♏	16 ♊	14 ♈
22	28 ♎ 18	15 ♈ 9	21 ♑ 1	20 ♑ 44	17 ♏ 54	18 ♍ 56	13 ♎ 23	3 ♑ 14	20 ♊ 16	19 ♎ 18	3 ♐ 40	2 ♎ 53	23 ♎	3 ♎	9 ♏	16 ♊	14 ♈
23	29 ♎ 18	0 ♉ 14	20 ♑ 58	20 ♑ 33	19 ♏ 18	20 ♍ 7	14 ♎ 2	3 ♑ 24	20 ♊ 14	19 ♎ 22	3 ♐ 42	2 ♎ 55	23 ♎	4 ♎	9 ♏	16 ♊	14 ♈
24	0 ♏ 18	15 ♉ 27	20 ♑ 55	20 ♑ 22	20 ♏ 40	21 ♍ 18	14 ♎ 41	3 ♑ 33	20 ♊ 11	19 ♎ 26	3 ♐ 44	2 ♎ 57	23 ♎	4 ♎	9 ♏	16 ♊	14 ♈
25	1 ♏ 17	0 ♊ 36	20 ♑ 52	20 ♑ 13	22 ♏ 1	22 ♍ 30	15 ♎ 20	3 ♑ 43	20 ♊ 9	19 ♎ 30	3 ♐ 46	2 ♎ 59	24 ♎	5 ♎	10 ♏	16 ♊	14 ♈
26	2 ♏ 17	15 ♊ 32	20 ♑ 49	20 ♑ 7	23 ♏ 22	23 ♍ 41	15 ♎ 59	3 ♑ 52	20 ♊ 7	19 ♎ 33	3 ♐ 48	3 ♎ 1	24 ♎	5 ♎	10 ♏	16 ♊	14 ♈
27	3 ♏ 17	0 ♋ 9	20 ♑ 46	20 ♑ 3	24 ♏ 41	24 ♍ 52	16 ♎ 39	4 ♑ 2	20 ♊ 4	19 ♎ 37	3 ♐ 50	3 ♎ 4	25 ♎	6 ♎	10 ♏	15 ♊	14 ♈
28	4 ♏ 17	14 ♋ 22	20 ♑ 42	20 ♑ 2	25 ♏ 59	26 ♍ 4	17 ♎ 18	4 ♑ 12	20 ♊ 2	19 ♎ 41	3 ♐ 52	3 ♎ 6	25 ♎	6 ♎	11 ♏	15 ♊	14 ♈
29	5 ♏ 17	28 ♋ 10	20 ♑ 39	20 D 2	27 ♏ 16	27 ♍ 16	17 ♎ 57	4 ♑ 22	19 ♊ 59	19 ♎ 44	3 ♐ 54	3 ♎ 8	26 ♎	7 ♎	11 ♏	15 ♊	14 ♈
30	6 ♏ 17	11 ♌ 34	20 ♑ 36	20 R 2	28 ♏ 32	28 ♍ 28	18 ♎ 36	4 ♑ 32	19 ♊ 56	19 ♎ 48	3 ♐ 56	3 ♎ 10	26 ♎	7 ♎	11 ♏	15 ♊	14 ♈
31	7 ♏ 17	24 ♌ 39	20 ♑ 33	20 ♑ 1	29 ♏ 46	29 ♍ 40	19 ♎ 16	4 ♑ 43	19 ♊ 53	19 ♎ 52	3 ♐ 58	3 ♎ 12	27 ♎	7 ♎	12 ♏	15 ♊	14 ♈
SUN INGRESS	☉ → ♏ 23日 16:41																
MOON PHASE	● 7日 17:08 ♎	◐ 15日 21:55 ♑	○ 22日 22:25 ♈	◑ 29日 13:41 ♌													

aspects		
2日	07:49	♂□♃
2日	08:50	☿☌♅
3日	21:49	☿△♄
4日	20:39	♂☌♇
6日	07:56	♂⚹♆
6日	17:23	♀△♃
8日	14:05	♀□♆
10日	22:07	☿⚹♃
12日	07:36	☉☌♅
14日	02:45	☉△♄
18日	22:32	♃□♇
23日	02:07	♀□♄
27日	21:42	☉⚹♃
28日	20:55	☿⚹♀
31日	05:26	♄△♅
31日	21:19	♂△♄

1972年11月

DAY	☉	☽	☊ mean	☊ true	☿	♀	♂	♃	♄	♅	♆	♇	⚳	⚴	⚵	⚶	⚷
	° ′	° ′	° ′	° ′	° ′	° ′	° ′	° ′	° ′	° ′	° ′	° ′	°	°	°	°	°
1	8 ♏ 17	7 ♍ 25	20 ♑ 30	19 R 57	0 D 58	0 D 52	19 D 55	4 D 53	19 R 50	19 D 55	4 D 0	3 D 13	27 D	8 D	12 D	15 R	14 R
2	9 ♏ 17	19 ♍ 58	20 ♑ 26	19 ♑ 51	2 ♐ 9	2 ♎ 4	20 ♎ 34	5 ♑ 3	19 ♊ 47	19 ♎ 59	4 ♐ 2	3 ♎ 15	27 ♎	8 ♎	12 ♏	15 ♊	14 ♈
3	10 ♏ 17	2 ♎ 19	20 ♑ 23	19 ♑ 42	3 ♐ 17	3 ♎ 16	21 ♎ 14	5 ♑ 14	19 ♊ 44	20 ♎ 3	4 ♐ 4	3 ♎ 17	28 ♎	9 ♎	13 ♏	15 ♊	13 ♈
4	11 ♏ 17	14 ♎ 31	20 ♑ 20	19 ♑ 31	4 ♐ 24	4 ♎ 28	21 ♎ 53	5 ♑ 25	19 ♊ 41	20 ♎ 6	4 ♐ 6	3 ♎ 19	28 ♎	9 ♎	13 ♏	14 ♊	13 ♈
5	12 ♏ 17	26 ♎ 36	20 ♑ 17	19 ♑ 18	5 ♐ 28	5 ♎ 41	22 ♎ 32	5 ♑ 35	19 ♊ 37	20 ♎ 10	4 ♐ 9	3 ♎ 21	29 ♎	10 ♎	13 ♏	14 ♊	13 ♈
6	13 ♏ 17	8 ♏ 35	20 ♑ 14	19 ♑ 5	6 ♐ 29	6 ♎ 53	23 ♎ 12	5 ♑ 46	19 ♊ 34	20 ♎ 13	4 ♐ 11	3 ♎ 23	29 ♎	10 ♎	14 ♏	14 ♊	13 ♈
7	14 ♏ 18	20 ♏ 29	20 ♑ 11	18 ♑ 52	7 ♐ 26	8 ♎ 6	23 ♎ 51	5 ♑ 57	19 ♊ 30	20 ♎ 17	4 ♐ 13	3 ♎ 25	0 ♏	11 ♎	14 ♏	14 ♊	13 ♈
8	15 ♏ 18	2 ♐ 19	20 ♑ 7	18 ♑ 42	8 ♐ 21	9 ♎ 18	24 ♎ 31	6 ♑ 8	19 ♊ 27	20 ♎ 20	4 ♐ 15	3 ♎ 27	0 ♏	11 ♎	14 ♏	14 ♊	13 ♈
9	16 ♏ 18	14 ♐ 8	20 ♑ 4	18 ♑ 33	9 ♐ 11	10 ♎ 31	25 ♎ 10	6 ♑ 19	19 ♊ 23	20 ♎ 24	4 ♐ 17	3 ♎ 28	1 ♏	11 ♎	15 ♏	14 ♊	13 ♈
10	17 ♏ 19	25 ♐ 57	20 ♑ 1	18 ♑ 28	9 ♐ 57	11 ♎ 44	25 ♎ 50	6 ♑ 31	19 ♊ 19	20 ♎ 27	4 ♐ 19	3 ♎ 30	1 ♏	12 ♎	15 ♏	13 ♊	13 ♈
11	18 ♏ 19	7 ♑ 50	19 ♑ 58	18 ♑ 25	10 ♐ 38	12 ♎ 57	26 ♎ 29	6 ♑ 42	19 ♊ 16	20 ♎ 31	4 ♐ 22	3 ♎ 32	1 ♏	12 ♎	15 ♏	13 ♊	13 ♈
12	19 ♏ 19	19 ♑ 50	19 ♑ 55	18 D 25	11 ♐ 14	14 ♎ 10	27 ♎ 9	6 ♑ 53	19 ♊ 12	20 ♎ 34	4 ♐ 24	3 ♎ 34	2 ♏	13 ♎	16 ♏	13 ♊	13 ♈
13	20 ♏ 20	2 ♒ 1	19 ♑ 52	18 ♑ 25	11 ♐ 43	15 ♎ 23	27 ♎ 49	7 ♑ 5	19 ♊ 8	20 ♎ 38	4 ♐ 26	3 ♎ 36	2 ♏	13 ♎	16 ♏	13 ♊	13 ♈
14	21 ♏ 20	14 ♒ 29	19 ♑ 48	18 ♑ 26	12 ♐ 5	16 ♎ 36	28 ♎ 28	7 ♑ 16	19 ♊ 4	20 ♎ 41	4 ♐ 28	3 ♎ 37	3 ♏	14 ♎	16 ♏	12 ♊	13 ♈
15	22 ♏ 20	27 ♒ 18	19 ♑ 45	18 R 26	12 ♐ 20	17 ♎ 49	29 ♎ 8	7 ♑ 28	19 ♊ 0	20 ♎ 45	4 ♐ 30	3 ♎ 39	3 ♏	14 ♎	17 ♏	12 ♊	13 ♈
16	23 ♏ 21	10 ♓ 33	19 ♑ 42	18 ♑ 25	12 ♐ 27	19 ♎ 2	29 ♎ 47	7 ♑ 40	18 ♊ 56	20 ♎ 48	4 ♐ 33	3 ♎ 41	4 ♏	14 ♎	17 ♏	12 ♊	13 ♈
17	24 ♏ 21	24 ♓ 17	19 ♑ 39	18 ♑ 21	12 R 24	20 ♎ 16	0 ♏ 27	7 ♑ 52	18 ♊ 51	20 ♎ 51	4 ♐ 35	3 ♎ 42	4 ♏	15 ♎	17 ♏	12 ♊	13 ♈
18	25 ♏ 22	8 ♈ 31	19 ♑ 36	18 ♑ 15	12 ♐ 12	21 ♎ 29	1 ♏ 7	8 ♑ 4	18 ♊ 47	20 ♎ 55	4 ♐ 37	3 ♎ 44	5 ♏	15 ♎	18 ♏	12 ♊	13 ♈
19	26 ♏ 22	23 ♈ 12	19 ♑ 32	18 ♑ 8	11 ♐ 49	22 ♎ 43	1 ♏ 47	8 ♑ 16	18 ♊ 43	20 ♎ 58	4 ♐ 39	3 ♎ 45	5 ♏	16 ♎	18 ♏	11 ♊	13 ♈
20	27 ♏ 23	8 ♉ 16	19 ♑ 29	18 ♑ 0	11 ♐ 16	23 ♎ 56	2 ♏ 26	8 ♑ 28	18 ♊ 38	21 ♎ 1	4 ♐ 41	3 ♎ 47	5 ♏	16 ♎	18 ♏	11 ♊	13 ♈
21	28 ♏ 23	23 ♉ 33	19 ♑ 26	17 ♑ 52	10 ♐ 33	25 ♎ 10	3 ♏ 6	8 ♑ 40	18 ♊ 34	21 ♎ 4	4 ♐ 44	3 ♎ 48	6 ♏	17 ♎	19 ♏	11 ♊	13 ♈
22	29 ♏ 24	8 ♊ 52	19 ♑ 23	17 ♑ 46	9 ♐ 39	26 ♎ 23	3 ♏ 46	8 ♑ 52	18 ♊ 29	21 ♎ 8	4 ♐ 46	3 ♎ 50	6 ♏	17 ♎	19 ♏	11 ♊	13 ♈
23	0 ♐ 25	24 ♊ 3	19 ♑ 20	17 ♑ 41	8 ♐ 36	27 ♎ 37	4 ♏ 26	9 ♑ 4	18 ♊ 25	21 ♎ 11	4 ♐ 48	3 ♎ 51	7 ♏	17 ♎	19 ♏	10 ♊	13 ♈
24	1 ♐ 25	8 ♋ 56	19 ♑ 17	17 ♑ 39	7 ♐ 25	28 ♎ 51	5 ♏ 6	9 ♑ 17	18 ♊ 20	21 ♎ 14	4 ♐ 50	3 ♎ 53	7 ♏	18 ♎	20 ♏	10 ♊	13 ♈
25	2 ♐ 26	23 ♋ 24	19 ♑ 13	17 D 39	6 ♐ 8	0 ♏ 4	5 ♏ 45	9 ♑ 29	18 ♊ 16	21 ♎ 17	4 ♐ 53	3 ♎ 54	8 ♏	18 ♎	20 ♏	10 ♊	13 ♈
26	3 ♐ 27	7 ♌ 25	19 ♑ 10	17 ♑ 40	4 ♐ 47	1 ♏ 18	6 ♏ 25	9 ♑ 41	18 ♊ 11	21 ♎ 20	4 ♐ 55	3 ♎ 56	8 ♏	19 ♎	21 ♏	10 ♊	13 ♈
27	4 ♐ 27	20 ♌ 58	19 ♑ 7	17 ♑ 41	3 ♐ 25	2 ♏ 32	7 ♏ 5	9 ♑ 54	18 ♊ 6	21 ♎ 23	4 ♐ 57	3 ♎ 57	8 ♏	19 ♎	21 ♏	9 ♊	13 ♈
28	5 ♐ 28	4 ♍ 6	19 ♑ 4	17 ♑ 42	2 ♐ 4	3 ♏ 46	7 ♏ 45	10 ♑ 7	18 ♊ 1	21 ♎ 26	5 ♐ 0	3 ♎ 58	9 ♏	20 ♎	21 ♏	9 ♊	13 ♈
29	6 ♐ 29	16 ♍ 53	19 ♑ 1	17 R 41	0 ♐ 47	5 ♏ 0	8 ♏ 25	10 ♑ 19	17 ♊ 57	21 ♎ 29	5 ♐ 2	4 ♎ 0	9 ♏	20 ♎	22 ♏	9 ♊	13 ♈
30	7 ♐ 30	29 ♍ 21	18 ♑ 58	17 ♑ 39	29 ♏ 37	6 ♏ 14	9 ♏ 5	10 ♑ 32	17 ♊ 52	21 ♎ 32	5 ♐ 4	4 ♎ 1	10 ♏	20 ♎	22 ♏	9 ♊	13 ♈

SUN INGRESS	☉ → ♐ 22日 14:03
MOON PHASE	● 6日 10:21 ♏　◐ 14日 14:01 ♒　○ 21日 08:07 ♉　◑ 28日 02:45 ♍

aspects

1日	00:16	♂☌♅
2日	23:58	☿⚹♇
3日	00:29	♀☌♇
3日	07:10	☿⚹♀
3日	16:33	♀⚹♆
3日	17:26	☿☌♆
4日	21:56	♀□♃
15日	21:52	♀△♄
17日	12:11	♀☌♅
25日	21:41	☿☌♆
26日	11:42	☉⚹♇
26日	13:27	☉☌☿
26日	14:42	☿⚹♇
27日	12:16	☉☌♆

1972年12月

DAY	☉	☽	☊ mean	☊ true	☿	♀	♂	♃	♄	♅	♆	♇	⚳	⚴	⚵	⚶	⚷
	° ′	° ′	° ′	° ′	° ′	° ′	° ′	° ′	° ′	° ′	° ′	° ′	°	°	°	°	°
1	8 ♐ 30	11 ♎ 35	18 ♑ 54	17 R 35	28 R 36	7 D 28	9 D 45	10 D 45	17 R 47	21 D 35	5 D 6	4 D 2	10 D	21 D	22 D	8 R	13 R
2	9 ♐ 31	23 ♎ 39	18 ♑ 51	17 ♑ 29	27 ♏ 45	8 ♏ 43	10 ♏ 25	10 ♑ 58	17 ♊ 42	21 ♎ 38	5 ♐ 9	4 ♎ 3	11 ♏	21 ♎	23 ♏	8 ♊	13 ♈
3	10 ♐ 32	5 ♏ 36	18 ♑ 48	17 ♑ 22	27 ♏ 5	9 ♏ 57	11 ♏ 5	11 ♑ 11	17 ♊ 37	21 ♎ 40	5 ♐ 11	4 ♎ 4	11 ♏	22 ♎	23 ♏	8 ♊	13 ♈
4	11 ♐ 33	17 ♏ 29	18 ♑ 45	17 ♑ 15	26 ♏ 37	11 ♏ 11	11 ♏ 45	11 ♑ 24	17 ♊ 32	21 ♎ 43	5 ♐ 13	4 ♎ 6	11 ♏	22 ♎	23 ♏	7 ♊	13 ♈
5	12 ♐ 34	29 ♏ 19	18 ♑ 42	17 ♑ 8	26 ♏ 20	12 ♏ 25	12 ♏ 26	11 ♑ 37	17 ♊ 27	21 ♎ 46	5 ♐ 15	4 ♎ 7	12 ♏	22 ♎	24 ♏	7 ♊	13 ♈
6	13 ♐ 35	11 ♐ 9	18 ♑ 38	17 ♑ 2	26 ♏ 14	13 ♏ 40	13 ♏ 6	11 ♑ 50	17 ♊ 23	21 ♎ 49	5 ♐ 18	4 ♎ 8	12 ♏	23 ♎	24 ♏	7 ♊	13 ♈
7	14 ♐ 36	23 ♐ 0	18 ♑ 35	16 ♑ 58	26 D 18	14 ♏ 54	13 ♏ 46	12 ♑ 3	17 ♊ 18	21 ♎ 51	5 ♐ 20	4 ♎ 9	13 ♏	23 ♎	24 ♏	7 ♊	12 ♈
8	15 ♐ 37	4 ♑ 55	18 ♑ 32	16 ♑ 56	26 ♏ 33	16 ♏ 8	14 ♏ 26	12 ♑ 16	17 ♊ 13	21 ♎ 54	5 ♐ 22	4 ♎ 10	13 ♏	24 ♎	25 ♏	6 ♊	12 ♈
9	16 ♐ 38	16 ♑ 54	18 ♑ 29	16 D 55	26 ♏ 56	17 ♏ 23	15 ♏ 6	12 ♑ 29	17 ♊ 8	21 ♎ 57	5 ♐ 24	4 ♎ 11	14 ♏	24 ♎	25 ♏	6 ♊	12 ♈
10	17 ♐ 39	29 ♑ 2	18 ♑ 26	16 ♑ 55	27 ♏ 27	18 ♏ 37	15 ♏ 47	12 ♑ 42	17 ♊ 3	21 ♎ 59	5 ♐ 26	4 ♎ 12	14 ♏	24 ♎	25 ♏	6 ♊	12 ♈
11	18 ♐ 40	11 ♒ 20	18 ♑ 23	16 ♑ 57	28 ♏ 5	19 ♏ 52	16 ♏ 27	12 ♑ 56	16 ♊ 58	22 ♎ 2	5 ♐ 29	4 ♎ 13	14 ♏	25 ♎	26 ♏	6 ♊	12 ♈
12	19 ♐ 41	23 ♒ 52	18 ♑ 19	16 ♑ 59	28 ♏ 50	21 ♏ 6	17 ♏ 7	13 ♑ 9	16 ♊ 53	22 ♎ 4	5 ♐ 31	4 ♎ 14	15 ♏	25 ♎	26 ♏	5 ♊	12 ♈
13	20 ♐ 42	6 ♓ 41	18 ♑ 16	17 ♑ 0	29 ♏ 41	22 ♏ 21	17 ♏ 47	13 ♑ 22	16 ♊ 48	22 ♎ 6	5 ♐ 33	4 ♎ 15	15 ♏	26 ♎	26 ♏	5 ♊	12 ♈
14	21 ♐ 43	19 ♓ 52	18 ♑ 13	17 ♑ 1	0 ♐ 36	23 ♏ 35	18 ♏ 28	13 ♑ 36	16 ♊ 43	22 ♎ 9	5 ♐ 35	4 ♎ 15	16 ♏	26 ♎	27 ♏	5 ♊	12 ♈
15	22 ♐ 44	3 ♈ 26	18 ♑ 10	17 R 1	1 ♐ 36	24 ♏ 50	19 ♏ 8	13 ♑ 49	16 ♊ 38	22 ♎ 11	5 ♐ 38	4 ♎ 16	16 ♏	26 ♎	27 ♏	5 ♊	12 ♈
16	23 ♐ 45	17 ♈ 25	18 ♑ 7	16 ♑ 59	2 ♐ 40	26 ♏ 4	19 ♏ 49	14 ♑ 3	16 ♊ 33	22 ♎ 13	5 ♐ 40	4 ♎ 17	16 ♏	27 ♎	27 ♏	4 ♊	12 ♈
17	24 ♐ 46	1 ♉ 49	18 ♑ 4	16 ♑ 57	3 ♐ 47	27 ♏ 19	20 ♏ 29	14 ♑ 16	16 ♊ 28	22 ♎ 16	5 ♐ 42	4 ♎ 18	17 ♏	27 ♎	28 ♏	4 ♊	12 ♈
18	25 ♐ 47	16 ♉ 36	18 ♑ 0	16 ♑ 54	4 ♐ 57	28 ♏ 34	21 ♏ 9	14 ♑ 30	16 ♊ 23	22 ♎ 18	5 ♐ 44	4 ♎ 18	17 ♏	27 ♎	28 ♏	4 ♊	12 ♈
19	26 ♐ 48	1 ♊ 38	17 ♑ 57	16 ♑ 51	6 ♐ 9	29 ♏ 48	21 ♏ 50	14 ♑ 44	16 ♊ 19	22 ♎ 20	5 ♐ 46	4 ♎ 19	18 ♏	28 ♎	28 ♏	4 ♊	12 ♈
20	27 ♐ 49	16 ♊ 47	17 ♑ 54	16 ♑ 49	7 ♐ 24	1 ♐ 3	22 ♏ 30	14 ♑ 57	16 ♊ 14	22 ♎ 22	5 ♐ 48	4 ♎ 20	18 ♏	28 ♎	28 ♏	4 ♊	12 ♈
21	28 ♐ 50	1 ♋ 55	17 ♑ 51	16 ♑ 47	8 ♐ 41	2 ♐ 18	23 ♏ 11	15 ♑ 11	16 ♊ 9	22 ♎ 24	5 ♐ 50	4 ♎ 20	19 ♏	29 ♎	29 ♏	3 ♊	12 ♈
22	29 ♐ 51	16 ♋ 51	17 ♑ 48	16 D 47	9 ♐ 59	3 ♐ 33	23 ♏ 51	15 ♑ 25	16 ♊ 4	22 ♎ 26	5 ♐ 53	4 ♎ 21	19 ♏	29 ♎	29 ♏	3 ♊	12 ♈
23	0 ♑ 52	1 ♌ 27	17 ♑ 44	16 ♑ 47	11 ♐ 19	4 ♐ 47	24 ♏ 32	15 ♑ 39	16 ♊ 0	22 ♎ 28	5 ♐ 55	4 ♎ 21	19 ♏	29 ♎	29 ♏	3 ♊	12 ♈
24	1 ♑ 54	15 ♌ 39	17 ♑ 41	16 ♑ 48	12 ♐ 40	6 ♐ 2	25 ♏ 13	15 ♑ 52	15 ♊ 55	22 ♎ 30	5 ♐ 57	4 ♎ 22	20 ♏	0 ♏	0 ♐	3 ♊	12 ♈
25	2 ♑ 55	29 ♌ 24	17 ♑ 38	16 ♑ 49	14 ♐ 3	7 ♐ 17	25 ♏ 53	16 ♑ 6	15 ♊ 50	22 ♎ 32	5 ♐ 59	4 ♎ 22	20 ♏	0 ♏	0 ♐	3 ♊	12 D
26	3 ♑ 56	12 ♍ 42	17 ♑ 35	16 ♑ 50	15 ♐ 26	8 ♐ 32	26 ♏ 34	16 ♑ 20	15 ♊ 46	22 ♎ 34	6 ♐ 1	4 ♎ 23	21 ♏	0 ♏	0 ♐	2 ♊	12 ♈
27	4 ♑ 57	25 ♍ 35	17 ♑ 32	16 ♑ 51	16 ♐ 51	9 ♐ 47	27 ♏ 14	16 ♑ 34	15 ♊ 41	22 ♎ 35	6 ♐ 3	4 ♎ 23	21 ♏	1 ♏	1 ♐	2 ♊	12 ♈
28	5 ♑ 58	8 ♎ 7	17 ♑ 29	16 R 51	18 ♐ 16	11 ♐ 2	27 ♏ 55	16 ♑ 48	15 ♊ 37	22 ♎ 37	6 ♐ 5	4 ♎ 23	21 ♏	1 ♏	1 ♐	2 ♊	12 ♈
29	6 ♑ 59	20 ♎ 22	17 ♑ 25	16 ♑ 51	19 ♐ 42	12 ♐ 16	28 ♏ 36	17 ♑ 1	15 ♊ 32	22 ♎ 39	6 ♐ 7	4 ♎ 24	22 ♏	1 ♏	1 ♐	2 ♊	12 ♈
30	8 ♑ 0	2 ♏ 24	17 ♑ 22	16 ♑ 50	21 ♐ 9	13 ♐ 31	29 ♏ 17	17 ♑ 15	15 ♊ 28	22 ♎ 40	6 ♐ 9	4 ♎ 24	22 ♏	2 ♏	2 ♐	2 ♊	12 ♈
31	9 ♑ 2	14 ♏ 18	17 ♑ 19	16 ♑ 49	22 ♐ 36	14 ♐ 46	29 ♏ 57	17 ♑ 29	15 ♊ 23	22 ♎ 42	6 ♐ 11	4 ♎ 24	23 ♏	2 ♏	2 ♐	2 ♊	12 ♈

SUN INGRESS	☉ → ♑ 22日 03:13
MOON PHASE	● 6日 05:24 ♐　◐ 14日 03:36 ♓　○ 20日 18:45 ♊　◑ 27日 19:27 ♎

aspects

3日	04:36	♂⚹♃
4日	04:54	♀⚹♃
5日	00:13	♀☌♂
9日	10:52	☉☍♄
14日	10:38	☉⚹♅
17日	10:48	☿⚹♇
18日	16:12	☿☌♆
22日	15:35	♀⚹♇
23日	22:12	♀☌♆
26日	05:15	☿☍♄
26日	10:39	☉□♇
31日	01:41	☿⚹♅
31日	11:15	♀☍♄

1973年1月

DAY	☉	☽	☊ mean	☊ true	☿	♀	♂	♃	♄	♅	♆	♇	⚳	⚴	⚵	⚶	⚷
	° ′	° ′	° ′	° ′	° ′	° ′	° ′	° ′	° ′	° ′	° ′	° ′	°	°	°	°	°
1	10 ♑ 3	26 ♏ 8	17 ♑ 16	16 R 48	24 D 4	16 D 1	0 D 38	17 D 43	15 R 19	22 D 43	6 D 13	4 D 25	23 D	2 D	2 D	2 R	12 D
2	11 ♑ 4	7 ♐ 57	17 ♑ 13	16 ♑ 47	25 ♐ 32	17 ♐ 16	1 ♐ 19	17 ♑ 57	15 ♊ 15	22 ♎ 45	6 ♐ 15	4 ♎ 25	23 ♏	3 ♏	3 ♐	1 ♊	12 ♈
3	12 ♑ 5	19 ♐ 48	17 ♑ 10	16 ♑ 46	27 ♐ 1	18 ♐ 31	2 ♐ 0	18 ♑ 11	15 ♊ 11	22 ♎ 46	6 ♐ 17	4 ♎ 25	24 ♏	3 ♏	3 ♐	1 ♊	12 ♈
4	13 ♑ 6	1 ♑ 44	17 ♑ 6	16 ♑ 46	28 ♐ 31	19 ♐ 46	2 ♐ 41	18 ♑ 25	15 ♊ 7	22 ♎ 48	6 ♐ 19	4 ♎ 25	24 ♏	3 ♏	3 ♐	1 ♊	12 ♈
5	14 ♑ 7	13 ♑ 48	17 ♑ 3	16 ♑ 46	0 ♑ 1	21 ♐ 1	3 ♐ 22	18 ♑ 39	15 ♊ 3	22 ♎ 49	6 ♐ 21	4 ♎ 25	24 ♏	4 ♏	4 ♐	1 ♊	12 ♈
6	15 ♑ 9	26 ♑ 0	17 ♑ 0	16 D 46	1 ♑ 31	22 ♐ 16	4 ♐ 3	18 ♑ 53	14 ♊ 59	22 ♎ 50	6 ♐ 22	4 ♎ 25	25 ♏	4 ♏	4 ♐	1 ♊	12 ♈
7	16 ♑ 10	8 ♒ 22	16 ♑ 57	16 ♑ 46	3 ♑ 2	23 ♐ 31	4 ♐ 44	19 ♑ 7	14 ♊ 55	22 ♎ 51	6 ♐ 24	4 R 25	25 ♏	4 ♏	4 ♐	1 ♊	12 ♈
8	17 ♑ 11	20 ♒ 56	16 ♑ 54	16 R 46	4 ♑ 33	24 ♐ 46	5 ♐ 25	19 ♑ 21	14 ♊ 51	22 ♎ 52	6 ♐ 26	4 ♎ 25	26 ♏	5 ♏	4 ♐	1 ♊	12 ♈
9	18 ♑ 12	3 ♓ 43	16 ♑ 50	16 ♑ 46	6 ♑ 5	26 ♐ 1	6 ♐ 6	19 ♑ 35	14 ♊ 47	22 ♎ 54	6 ♐ 28	4 ♎ 25	26 ♏	5 ♏	5 ♐	1 ♊	12 ♈
10	19 ♑ 13	16 ♓ 44	16 ♑ 47	16 ♑ 46	7 ♑ 37	27 ♐ 16	6 ♐ 47	19 ♑ 49	14 ♊ 44	22 ♎ 55	6 ♐ 30	4 ♎ 25	26 ♏	5 ♏	5 ♐	1 ♊	12 ♈
11	20 ♑ 14	0 ♈ 1	16 ♑ 44	16 ♑ 45	9 ♑ 10	28 ♐ 31	7 ♐ 28	20 ♑ 3	14 ♊ 40	22 ♎ 56	6 ♐ 31	4 ♎ 25	27 ♏	6 ♏	5 ♐	1 ♊	12 ♈
12	21 ♑ 16	13 ♈ 34	16 ♑ 41	16 ♑ 45	10 ♑ 43	29 ♐ 46	8 ♐ 9	20 ♑ 17	14 ♊ 37	22 ♎ 56	6 ♐ 33	4 ♎ 25	27 ♏	6 ♏	6 ♐	1 ♊	13 ♈
13	22 ♑ 17	27 ♈ 25	16 ♑ 38	16 D 45	12 ♑ 16	1 ♑ 1	8 ♐ 50	20 ♑ 31	14 ♊ 33	22 ♎ 57	6 ♐ 35	4 ♎ 24	27 ♏	6 ♏	6 ♐	1 ♊	13 ♈
14	23 ♑ 18	11 ♉ 33	16 ♑ 35	16 ♑ 45	13 ♑ 50	2 ♑ 16	9 ♐ 31	20 ♑ 45	14 ♊ 30	22 ♎ 58	6 ♐ 37	4 ♎ 24	28 ♏	7 ♏	6 ♐	1 ♊	13 ♈
15	24 ♑ 19	25 ♉ 57	16 ♑ 31	16 ♑ 46	15 ♑ 25	3 ♑ 31	10 ♐ 12	20 ♑ 59	14 ♊ 27	22 ♎ 59	6 ♐ 38	4 ♎ 24	28 ♏	7 ♏	7 ♐	0 ♊	13 ♈
16	25 ♑ 20	10 ♊ 33	16 ♑ 28	16 ♑ 47	17 ♑ 0	4 ♑ 46	10 ♐ 53	21 ♑ 13	14 ♊ 24	22 ♎ 59	6 ♐ 40	4 ♎ 24	29 ♏	7 ♏	7 ♐	0 ♊	13 ♈
17	26 ♑ 21	25 ♊ 17	16 ♑ 25	16 ♑ 47	18 ♑ 35	6 ♑ 1	11 ♐ 34	21 ♑ 27	14 ♊ 21	23 ♎ 0	6 ♐ 42	4 ♎ 23	29 ♏	7 ♏	7 ♐	0 ♊	13 ♈
18	27 ♑ 22	10 ♋ 3	16 ♑ 22	16 ♑ 48	20 ♑ 11	7 ♑ 16	12 ♐ 16	21 ♑ 41	14 ♊ 18	23 ♎ 1	6 ♐ 43	4 ♎ 23	29 ♏	8 ♏	7 ♐	0 ♊	13 ♈
19	28 ♑ 23	24 ♋ 44	16 ♑ 19	16 R 48	21 ♑ 47	8 ♑ 32	12 ♐ 57	21 ♑ 55	14 ♊ 15	23 ♎ 1	6 ♐ 45	4 ♎ 23	0 ♐	8 ♏	8 ♐	0 D	13 ♈
20	29 ♑ 24	9 ♌ 13	16 ♑ 16	16 ♑ 47	23 ♑ 24	9 ♑ 47	13 ♐ 38	22 ♑ 9	14 ♊ 12	23 ♎ 2	6 ♐ 46	4 ♎ 22	0 ♐	8 ♏	8 ♐	0 ♊	13 ♈
21	0 ♒ 25	23 ♌ 23	16 ♑ 12	16 ♑ 46	25 ♑ 2	11 ♑ 2	14 ♐ 19	22 ♑ 23	14 ♊ 9	23 ♎ 2	6 ♐ 48	4 ♎ 22	0 ♐	9 ♏	8 ♐	0 ♊	13 ♈
22	1 ♒ 26	7 ♍ 12	16 ♑ 9	16 ♑ 44	26 ♑ 40	12 ♑ 17	15 ♐ 1	22 ♑ 37	14 ♊ 7	23 ♎ 2	6 ♐ 49	4 ♎ 21	1 ♐	9 ♏	9 ♐	1 ♊	13 ♈
23	2 ♒ 27	20 ♍ 36	16 ♑ 6	16 ♑ 42	28 ♑ 19	13 ♑ 32	15 ♐ 42	22 ♑ 51	14 ♊ 4	23 ♎ 3	6 ♐ 51	4 ♎ 21	1 ♐	9 ♏	9 ♐	1 ♊	13 ♈
24	3 ♒ 29	3 ♎ 36	16 ♑ 3	16 ♑ 39	29 ♑ 58	14 ♑ 47	16 ♐ 23	23 ♑ 5	14 ♊ 2	23 ♎ 3	6 ♐ 52	4 ♎ 20	1 ♐	9 ♏	9 ♐	1 ♊	13 ♈
25	4 ♒ 30	16 ♎ 14	16 ♑ 0	16 ♑ 38	1 ♒ 38	16 ♑ 2	17 ♐ 5	23 ♑ 19	14 ♊ 0	23 ♎ 3	6 ♐ 54	4 ♎ 19	2 ♐	10 ♏	9 ♐	1 ♊	13 ♈
26	5 ♒ 31	28 ♎ 32	15 ♑ 56	16 ♑ 37	3 ♒ 18	17 ♑ 17	17 ♐ 46	23 ♑ 33	13 ♊ 58	23 ♎ 3	6 ♐ 55	4 ♎ 19	2 ♐	10 ♏	10 ♐	1 ♊	13 ♈
27	6 ♒ 32	10 ♏ 37	15 ♑ 53	16 D 37	5 ♒ 0	18 ♑ 32	18 ♐ 28	23 ♑ 47	13 ♊ 56	23 ♎ 3	6 ♐ 57	4 ♎ 18	2 ♐	10 ♏	10 ♐	1 ♊	13 ♈
28	7 ♒ 33	22 ♏ 31	15 ♑ 50	16 ♑ 37	6 ♒ 41	19 ♑ 47	19 ♐ 9	24 ♑ 1	13 ♊ 54	23 R 3	6 ♐ 58	4 ♎ 17	3 ♐	10 ♏	10 ♐	1 ♊	13 ♈
29	8 ♒ 33	4 ♐ 20	15 ♑ 47	16 ♑ 39	8 ♒ 24	21 ♑ 2	19 ♐ 51	24 ♑ 15	13 ♊ 52	23 ♎ 3	6 ♐ 59	4 ♎ 17	3 ♐	11 ♏	10 ♐	1 ♊	13 ♈
30	9 ♒ 34	16 ♐ 9	15 ♑ 44	16 ♑ 41	10 ♒ 7	22 ♑ 17	20 ♐ 32	24 ♑ 28	13 ♊ 50	23 ♎ 3	7 ♐ 0	4 ♎ 16	3 ♐	11 ♏	11 ♐	1 ♊	13 ♈
31	10 ♒ 35	28 ♐ 3	15 ♑ 41	16 ♑ 42	11 ♒ 51	23 ♑ 32	21 ♐ 14	24 ♑ 42	13 ♊ 48	23 ♎ 3	7 ♐ 2	4 ♎ 15	4 ♐	11 ♏	11 ♐	1 ♊	13 ♈
SUN INGRESS	☉ → ♒ 20日 13:48																
MOON PHASE	● 5日 00:42 ♑	◐ 12日 14:27 ♈	○ 19日 06:28 ♋	◑ 26日 15:05 ♏													

aspects		
6日	11:04	♀⚹♅
6日	13:10	♂⚹♇
7日	21:52	☿□♇
9日	13:41	♂☌♆
10日	18:18	☉☌♃
13日	16:07	☉□♅
15日	16:44	♀□♇
19日	02:21	☿☌♃
19日	18:23	☿□♅
20日	18:35	♂☍♄
23日	19:52	♃□♅
24日	20:03	☉△♇
26日	14:15	☿△♇
27日	10:03	☉⚹♆
28日	03:55	☿⚹♆
29日	05:31	☉☌☿
30日	14:35	♀□♅

1973年2月

DAY	☉	☽	☊ mean	☊ true	☿	♀	♂	♃	♄	♅	♆	♇	⚳	⚴	⚵	⚶	⚷
	° ′	° ′	° ′	° ′	° ′	° ′	° ′	° ′	° ′	° ′	° ′	° ′	°	°	°	°	°
1	11 ♒ 36	10 ♑ 5	15 ♑ 37	16 D 43	13 D 35	24 D 48	21 D 55	24 D 56	13 R 47	23 R 3	7 D 3	4 R 14	4 D	11 D	11 D	1 D	13 D
2	12 ♒ 37	22 ♑ 17	15 ♑ 34	16 R 43	15 ♒ 20	26 ♑ 3	22 ♐ 37	25 ♑ 10	13 ♊ 46	23 ♎ 2	7 ♐ 4	4 ♎ 13	4 ♐	12 ♏	12 ♐	1 ♊	13 ♈
3	13 ♒ 38	4 ♒ 43	15 ♑ 31	16 ♑ 42	17 ♒ 6	27 ♑ 18	23 ♐ 18	25 ♑ 24	13 ♊ 44	23 ♎ 2	7 ♐ 5	4 ♎ 13	5 ♐	12 ♏	12 ♐	1 ♊	13 ♈
4	14 ♒ 39	17 ♒ 24	15 ♑ 28	16 ♑ 39	18 ♒ 52	28 ♑ 33	24 ♐ 0	25 ♑ 37	13 ♊ 43	23 ♎ 2	7 ♐ 6	4 ♎ 12	5 ♐	12 ♏	12 ♐	1 ♊	13 ♈
5	15 ♒ 40	0 ♓ 20	15 ♑ 25	16 ♑ 35	20 ♒ 39	29 ♑ 48	24 ♐ 42	25 ♑ 51	13 ♊ 42	23 ♎ 1	7 ♐ 8	4 ♎ 11	5 ♐	12 ♏	12 ♐	2 ♊	13 ♈
6	16 ♒ 41	13 ♓ 30	15 ♑ 22	16 ♑ 30	22 ♒ 26	1 ♒ 3	25 ♐ 23	26 ♑ 4	13 ♊ 41	23 ♎ 1	7 ♐ 9	4 ♎ 10	6 ♐	12 ♏	13 ♐	2 ♊	13 ♈
7	17 ♒ 42	26 ♓ 54	15 ♑ 18	16 ♑ 25	24 ♒ 14	2 ♒ 18	26 ♐ 5	26 ♑ 18	13 ♊ 40	23 ♎ 0	7 ♐ 10	4 ♎ 9	6 ♐	13 ♏	13 ♐	2 ♊	13 ♈
8	18 ♒ 42	10 ♈ 30	15 ♑ 15	16 ♑ 20	26 ♒ 2	3 ♒ 33	26 ♐ 47	26 ♑ 32	13 ♊ 39	23 ♎ 0	7 ♐ 11	4 ♎ 8	6 ♐	13 ♏	13 ♐	2 ♊	13 ♈
9	19 ♒ 43	24 ♈ 16	15 ♑ 12	16 ♑ 17	27 ♒ 51	4 ♒ 48	27 ♐ 28	26 ♑ 45	13 ♊ 39	22 ♎ 59	7 ♐ 12	4 ♎ 7	7 ♐	13 ♏	13 ♐	2 ♊	13 ♈
10	20 ♒ 44	8 ♉ 12	15 ♑ 9	16 ♑ 14	29 ♒ 39	6 ♒ 3	28 ♐ 10	26 ♑ 59	13 ♊ 38	22 ♎ 58	7 ♐ 13	4 ♎ 6	7 ♐	13 ♏	14 ♐	2 ♊	13 ♈
11	21 ♒ 45	22 ♉ 14	15 ♑ 6	16 D 14	1 ♓ 28	7 ♒ 18	28 ♐ 52	27 ♑ 12	13 ♊ 38	22 ♎ 57	7 ♐ 14	4 ♎ 5	7 ♐	13 ♏	14 ♐	2 ♊	13 ♈
12	22 ♒ 45	6 ♊ 24	15 ♑ 2	16 ♑ 14	3 ♓ 16	8 ♒ 33	29 ♐ 34	27 ♑ 25	13 ♊ 38	22 ♎ 57	7 ♐ 14	4 ♎ 3	7 ♐	13 ♏	14 ♐	3 ♊	13 ♈
13	23 ♒ 46	20 ♊ 38	14 ♑ 59	16 ♑ 16	5 ♓ 4	9 ♒ 48	0 ♑ 15	27 ♑ 39	13 ♊ 38	22 ♎ 56	7 ♐ 15	4 ♎ 2	8 ♐	14 ♏	14 ♐	3 ♊	13 ♈
14	24 ♒ 47	4 ♋ 55	14 ♑ 56	16 ♑ 17	6 ♓ 51	11 ♒ 3	0 ♑ 57	27 ♑ 52	13 D 37	22 ♎ 55	7 ♐ 16	4 ♎ 1	8 ♐	14 ♏	14 ♐	3 ♊	14 ♈
15	25 ♒ 47	19 ♋ 12	14 ♑ 53	16 R 17	8 ♓ 37	12 ♒ 18	1 ♑ 39	28 ♑ 5	13 ♊ 38	22 ♎ 54	7 ♐ 17	4 ♎ 0	8 ♐	14 ♏	15 ♐	3 ♊	14 ♈
16	26 ♒ 48	3 ♌ 25	14 ♑ 50	16 ♑ 16	10 ♓ 22	13 ♒ 33	2 ♑ 21	28 ♑ 19	13 ♊ 38	22 ♎ 53	7 ♐ 18	3 ♎ 59	9 ♐	14 ♏	15 ♐	3 ♊	14 ♈
17	27 ♒ 48	17 ♌ 31	14 ♑ 47	16 ♑ 13	12 ♓ 6	14 ♒ 48	3 ♑ 3	28 ♑ 32	13 ♊ 38	22 ♎ 52	7 ♐ 18	3 ♎ 58	9 ♐	14 ♏	15 ♐	3 ♊	14 ♈
18	28 ♒ 49	1 ♍ 25	14 ♑ 43	16 ♑ 8	13 ♓ 47	16 ♒ 3	3 ♑ 45	28 ♑ 45	13 ♊ 38	22 ♎ 51	7 ♐ 19	3 ♎ 56	9 ♐	14 ♏	15 ♐	4 ♊	14 ♈
19	29 ♒ 49	15 ♍ 3	14 ♑ 40	16 ♑ 1	15 ♓ 26	17 ♒ 18	4 ♑ 27	28 ♑ 58	13 ♊ 39	22 ♎ 50	7 ♐ 20	3 ♎ 55	9 ♐	14 ♏	16 ♐	4 ♊	14 ♈
20	0 ♓ 50	28 ♍ 22	14 ♑ 37	15 ♑ 53	17 ♓ 1	18 ♒ 33	5 ♑ 9	29 ♑ 11	13 ♊ 40	22 ♎ 48	7 ♐ 20	3 ♎ 54	10 ♐	15 ♏	16 ♐	4 ♊	14 ♈
21	1 ♓ 50	11 ♎ 21	14 ♑ 34	15 ♑ 44	18 ♓ 33	19 ♒ 48	5 ♑ 51	29 ♑ 24	13 ♊ 40	22 ♎ 47	7 ♐ 21	3 ♎ 52	10 ♐	15 ♏	16 ♐	4 ♊	14 ♈
22	2 ♓ 51	24 ♎ 0	14 ♑ 31	15 ♑ 37	20 ♓ 1	21 ♒ 3	6 ♑ 33	29 ♑ 37	13 ♊ 41	22 ♎ 46	7 ♐ 21	3 ♎ 51	10 ♐	15 ♏	16 ♐	4 ♊	14 ♈
23	3 ♓ 51	6 ♏ 21	14 ♑ 27	15 ♑ 31	21 ♓ 24	22 ♒ 18	7 ♑ 15	29 ♑ 50	13 ♊ 42	22 ♎ 44	7 ♐ 22	3 ♎ 50	11 ♐	15 ♏	16 ♐	5 ♊	14 ♈
24	4 ♓ 52	18 ♏ 27	14 ♑ 24	15 ♑ 28	22 ♓ 41	23 ♒ 33	7 ♑ 57	0 ♒ 2	13 ♊ 43	22 ♎ 43	7 ♐ 22	3 ♎ 48	11 ♐	15 ♏	17 ♐	5 ♊	14 ♈
25	5 ♓ 52	0 ♐ 22	14 ♑ 21	15 ♑ 26	23 ♓ 53	24 ♒ 48	8 ♑ 39	0 ♒ 15	13 ♊ 44	22 ♎ 42	7 ♐ 23	3 ♎ 47	11 ♐	15 ♏	17 ♐	5 ♊	14 ♈
26	6 ♓ 52	12 ♐ 12	14 ♑ 18	15 D 26	24 ♓ 57	26 ♒ 3	9 ♑ 21	0 ♒ 28	13 ♊ 46	22 ♎ 40	7 ♐ 23	3 ♎ 46	11 ♐	15 ♏	17 ♐	5 ♊	14 ♈
27	7 ♓ 53	24 ♐ 1	14 ♑ 15	15 ♑ 27	25 ♓ 54	27 ♒ 18	10 ♑ 3	0 ♒ 40	13 ♊ 47	22 ♎ 38	7 ♐ 24	3 ♎ 44	12 ♐	15 ♏	17 ♐	5 ♊	14 ♈
28	8 ♓ 53	5 ♑ 56	14 ♑ 12	15 ♑ 28	26 ♓ 43	28 ♒ 33	10 ♑ 45	0 ♒ 53	13 ♊ 49	22 ♎ 37	7 ♐ 24	3 ♎ 43	12 ♐	15 ♏	17 ♐	6 ♊	14 ♈
SUN INGRESS	☉ → ♓ 19日 04:01																
MOON PHASE	● 3日 18:23 ♒	◐ 10日 23:05 ♉	○ 17日 19:07 ♌	◑ 25日 12:10 ♐													

aspects		
1日	02:39	☿△♄
1日	03:20	♀☌♃
2日	14:44	♂⚹♅
3日	02:22	☉△♄
6日	07:37	☿△♅
8日	10:57	♀△♇
8日	15:58	☿⚹♂
10日	22:28	♀⚹♆
12日	04:26	☉△♅
14日	05:39	☿□♆
16日	01:25	♀△♄
17日	21:55	☿□♄
18日	06:23	♂□♇
23日	08:14	♀△♅
26日	12:28	☉□♆

1973年3月

DAY	☉	☽	☊ mean	☊ true	☿	♀	♂	♃	♄	♅	♆	♇	⚳	⚴	⚵	⚶	⚷
	° ′	° ′	° ′	° ′	° ′	° ′	° ′	° ′	° ′	° ′	° ′	° ′	°	°	°	°	°
1	9 ♓ 53	18 ♑ 0	14 ♑ 8	15 R 28	27 D 24	29 D 48	11 D 27	1 D 6	13 D 50	22 R 35	7 D 24	3 R 41	12 D	15 D	18 D	6 D	14 D
2	10 ♓ 53	0 ♒ 19	14 ♑ 5	15 ♑ 27	27 ♓ 55	1 ♓ 3	12 ♑ 10	1 ♒ 18	13 ♊ 52	22 ♎ 34	7 ♐ 25	3 ♎ 40	12 ♐	15 ♏	18 ♐	6 ♊	14 ♈
3	11 ♓ 54	12 ♒ 56	14 ♑ 2	15 ♑ 24	28 ♓ 18	2 ♓ 18	12 ♑ 52	1 ♒ 30	13 ♊ 54	22 ♎ 32	7 ♐ 25	3 ♎ 38	12 ♐	15 ♏	18 ♐	6 ♊	14 ♈
4	12 ♓ 54	25 ♒ 52	13 ♑ 59	15 ♑ 18	28 ♓ 31	3 ♓ 33	13 ♑ 34	1 ♒ 43	13 ♊ 56	22 ♎ 30	7 ♐ 25	3 ♎ 37	13 ♐	15 ♏	18 ♐	7 ♊	14 ♈
5	13 ♓ 54	9 ♓ 9	13 ♑ 56	15 ♑ 9	28 R 35	4 ♓ 47	14 ♑ 16	1 ♒ 55	13 ♊ 58	22 ♎ 28	7 ♐ 25	3 ♎ 35	13 ♐	15 ♏	18 ♐	7 ♊	14 ♈
6	14 ♓ 54	22 ♓ 44	13 ♑ 53	14 ♑ 59	28 ♓ 30	6 ♓ 2	14 ♑ 58	2 ♒ 7	14 ♊ 0	22 ♎ 26	7 ♐ 26	3 ♎ 34	13 ♐	15 ♏	18 ♐	7 ♊	14 ♈
7	15 ♓ 54	6 ♈ 36	13 ♑ 49	14 ♑ 49	28 ♓ 15	7 ♓ 17	15 ♑ 41	2 ♒ 19	14 ♊ 2	22 ♎ 25	7 ♐ 26	3 ♎ 32	13 ♐	15 ♏	19 ♐	7 ♊	15 ♈
8	16 ♓ 54	20 ♈ 39	13 ♑ 46	14 ♑ 39	27 ♓ 52	8 ♓ 32	16 ♑ 23	2 ♒ 31	14 ♊ 5	22 ♎ 23	7 ♐ 26	3 ♎ 31	13 ♐	15 R	19 ♐	8 ♊	15 ♈
9	17 ♓ 54	4 ♉ 49	13 ♑ 43	14 ♑ 31	27 ♓ 21	9 ♓ 47	17 ♑ 5	2 ♒ 43	14 ♊ 7	22 ♎ 21	7 ♐ 26	3 ♎ 29	14 ♐	15 ♏	19 ♐	8 ♊	15 ♈
10	18 ♓ 54	19 ♉ 2	13 ♑ 40	14 ♑ 25	26 ♓ 43	11 ♓ 2	17 ♑ 48	2 ♒ 55	14 ♊ 10	22 ♎ 19	7 R 26	3 ♎ 27	14 ♐	15 ♏	19 ♐	8 ♊	15 ♈
11	19 ♓ 54	3 ♊ 14	13 ♑ 37	14 ♑ 21	25 ♓ 59	12 ♓ 16	18 ♑ 30	3 ♒ 6	14 ♊ 13	22 ♎ 17	7 ♐ 26	3 ♎ 26	14 ♐	15 ♏	19 ♐	9 ♊	15 ♈
12	20 ♓ 54	17 ♊ 23	13 ♑ 33	14 ♑ 20	25 ♓ 9	13 ♓ 31	19 ♑ 12	3 ♒ 18	14 ♊ 15	22 ♎ 15	7 ♐ 26	3 ♎ 24	14 ♐	15 ♏	19 ♐	9 ♊	15 ♈
13	21 ♓ 54	1 ♋ 28	13 ♑ 30	14 D 20	24 ♓ 16	14 ♓ 46	19 ♑ 55	3 ♒ 30	14 ♊ 18	22 ♎ 13	7 ♐ 26	3 ♎ 23	14 ♐	15 ♏	20 ♐	9 ♊	15 ♈
14	22 ♓ 54	15 ♋ 27	13 ♑ 27	14 R 21	23 ♓ 19	16 ♓ 1	20 ♑ 37	3 ♒ 41	14 ♊ 21	22 ♎ 11	7 ♐ 26	3 ♎ 21	15 ♐	15 ♏	20 ♐	9 ♊	15 ♈
15	23 ♓ 54	29 ♋ 21	13 ♑ 24	14 ♑ 20	22 ♓ 22	17 ♓ 16	21 ♑ 19	3 ♒ 53	14 ♊ 24	22 ♎ 8	7 ♐ 25	3 ♎ 19	15 ♐	15 ♏	20 ♐	10 ♊	15 ♈
16	24 ♓ 53	13 ♌ 8	13 ♑ 21	14 ♑ 17	21 ♓ 24	18 ♓ 30	22 ♑ 2	4 ♒ 4	14 ♊ 28	22 ♎ 6	7 ♐ 25	3 ♎ 18	15 ♐	15 ♏	20 ♐	10 ♊	15 ♈
17	25 ♓ 53	26 ♌ 46	13 ♑ 18	14 ♑ 11	20 ♓ 28	19 ♓ 45	22 ♑ 44	4 ♒ 15	14 ♊ 31	22 ♎ 4	7 ♐ 25	3 ♎ 16	15 ♐	15 ♏	20 ♐	10 ♊	15 ♈
18	26 ♓ 53	10 ♍ 16	13 ♑ 14	14 ♑ 2	19 ♓ 34	21 ♓ 0	23 ♑ 26	4 ♒ 26	14 ♊ 34	22 ♎ 2	7 ♐ 25	3 ♎ 14	15 ♐	15 ♏	20 ♐	11 ♊	15 ♈
19	27 ♓ 52	23 ♍ 33	13 ♑ 11	13 ♑ 51	18 ♓ 43	22 ♓ 14	24 ♑ 9	4 ♒ 37	14 ♊ 38	22 ♎ 0	7 ♐ 24	3 ♎ 13	15 ♐	15 ♏	20 ♐	11 ♊	15 ♈
20	28 ♓ 52	6 ♎ 36	13 ♑ 8	13 ♑ 39	17 ♓ 56	23 ♓ 29	24 ♑ 51	4 ♒ 48	14 ♊ 41	21 ♎ 57	7 ♐ 24	3 ♎ 11	16 ♐	15 ♏	20 ♐	11 ♊	15 ♈
21	29 ♓ 52	19 ♎ 24	13 ♑ 5	13 ♑ 26	17 ♓ 14	24 ♓ 44	25 ♑ 34	4 ♒ 59	14 ♊ 45	21 ♎ 55	7 ♐ 24	3 ♎ 10	16 ♐	15 ♏	21 ♐	11 ♊	15 ♈
22	0 ♈ 51	1 ♏ 56	13 ♑ 2	13 ♑ 14	16 ♓ 37	25 ♓ 58	26 ♑ 16	5 ♒ 10	14 ♊ 49	21 ♎ 53	7 ♐ 23	3 ♎ 8	16 ♐	15 ♏	21 ♐	12 ♊	15 ♈
23	1 ♈ 51	14 ♏ 13	12 ♑ 59	13 ♑ 3	16 ♓ 6	27 ♓ 13	26 ♑ 59	5 ♒ 21	14 ♊ 53	21 ♎ 50	7 ♐ 23	3 ♎ 6	16 ♐	15 ♏	21 ♐	12 ♊	15 ♈
24	2 ♈ 50	26 ♏ 17	12 ♑ 55	12 ♑ 56	15 ♓ 41	28 ♓ 28	27 ♑ 41	5 ♒ 31	14 ♊ 57	21 ♎ 48	7 ♐ 23	3 ♎ 5	16 ♐	14 ♏	21 ♐	12 ♊	15 ♈
25	3 ♈ 50	8 ♐ 12	12 ♑ 52	12 ♑ 51	15 ♓ 22	29 ♓ 42	28 ♑ 24	5 ♒ 42	15 ♊ 1	21 ♎ 45	7 ♐ 22	3 ♎ 3	16 ♐	14 ♏	21 ♐	13 ♊	16 ♈
26	4 ♈ 49	20 ♐ 1	12 ♑ 49	12 ♑ 48	15 ♓ 9	0 ♈ 57	29 ♑ 6	5 ♒ 52	15 ♊ 5	21 ♎ 43	7 ♐ 22	3 ♎ 1	16 ♐	14 ♏	21 ♐	13 ♊	16 ♈
27	5 ♈ 48	1 ♑ 50	12 ♑ 46	12 ♑ 48	15 ♓ 2	2 ♈ 11	29 ♑ 49	6 ♒ 2	15 ♊ 9	21 ♎ 41	7 ♐ 21	3 ♎ 0	16 ♐	14 ♏	21 ♐	13 ♊	16 ♈
28	6 ♈ 48	13 ♑ 44	12 ♑ 43	12 ♑ 48	15 D 1	3 ♈ 26	0 ♒ 31	6 ♒ 12	15 ♊ 14	21 ♎ 38	7 ♐ 20	2 ♎ 58	17 ♐	14 ♏	21 ♐	14 ♊	16 ♈
29	7 ♈ 47	25 ♑ 48	12 ♑ 39	12 ♑ 47	15 ♓ 5	4 ♈ 40	1 ♒ 14	6 ♒ 22	15 ♊ 18	21 ♎ 36	7 ♐ 20	2 ♎ 56	17 ♐	14 ♏	21 ♐	14 ♊	16 ♈
30	8 ♈ 46	8 ♒ 9	12 ♑ 36	12 ♑ 45	15 ♓ 15	5 ♈ 55	1 ♒ 57	6 ♒ 32	15 ♊ 23	21 ♎ 33	7 ♐ 19	2 ♎ 55	17 ♐	13 ♏	21 ♐	14 ♊	16 ♈
31	9 ♈ 46	20 ♒ 49	12 ♑ 33	12 ♑ 41	15 ♓ 30	7 ♈ 10	2 ♒ 39	6 ♒ 42	15 ♊ 27	21 ♎ 31	7 ♐ 19	2 ♎ 53	17 ♐	13 ♏	21 ♐	15 ♊	16 ♈

SUN INGRESS	☉ → ♈ 21日 03:12
MOON PHASE	● 5日 09:07 ♓　◐ 12日 06:26 ♊　○ 19日 08:33 ♍　◑ 27日 08:46 ♑

aspects		
5日	01:41	☉□♄
6日	06:01	☉⚹♂
7日	02:44	♀□♆
12日	11:05	♃△♇
12日	14:45	♀□♄
14日	05:16	☉☌☿
15日	15:01	☿⚹♂
16日	02:27	♂□♅
17日	07:56	☿☌♀
22日	13:25	♀⚹♂
24日	05:40	☉☍♇
26日	06:56	☿□♄
27日	06:42	☉⚹♃
27日	15:11	♀☍♇
28日	13:04	☉△♆
30日	13:49	♀⚹♃
30日	18:40	☿□♄
31日	02:52	♀△♆
31日	07:29	♂△♇

1973年4月

DAY	☉	☽	☊ mean	☊ true	☿	♀	♂	♃	♄	♅	♆	♇	⚳	⚴	⚵	⚶	⚷
	° ′	° ′	° ′	° ′	° ′	° ′	° ′	° ′	° ′	° ′	° ′	° ′	°	°	°	°	°
1	10 ♈ 45	3 ♓ 54	12 ♑ 30	12 R 34	15 D 50	8 D 24	3 D 22	6 D 52	15 D 32	21 R 28	7 R 18	2 R 51	17 D	13 R	21 D	15 D	16 D
2	11 ♈ 44	17 ♓ 23	12 ♑ 27	12 ♑ 25	16 ♓ 15	9 ♈ 39	4 ♒ 4	7 ♒ 1	15 ♊ 37	21 ♎ 26	7 ♐ 17	2 ♎ 50	17 ♐	13 ♏	22 ♐	15 ♊	16 ♈
3	12 ♈ 43	1 ♈ 17	12 ♑ 24	12 ♑ 13	16 ♓ 44	10 ♈ 53	4 ♒ 47	7 ♒ 11	15 ♊ 41	21 ♎ 23	7 ♐ 16	2 ♎ 48	17 ♐	13 ♏	22 ♐	16 ♊	16 ♈
4	13 ♈ 43	15 ♈ 31	12 ♑ 20	12 ♑ 1	17 ♓ 18	12 ♈ 8	5 ♒ 30	7 ♒ 20	15 ♊ 46	21 ♎ 21	7 ♐ 16	2 ♎ 46	17 ♐	12 ♏	22 ♐	16 ♊	16 ♈
5	14 ♈ 42	0 ♉ 1	12 ♑ 17	11 ♑ 49	17 ♓ 56	13 ♈ 22	6 ♒ 12	7 ♒ 29	15 ♊ 51	21 ♎ 18	7 ♐ 15	2 ♎ 45	17 ♐	12 ♏	22 ♐	16 ♊	16 ♈
6	15 ♈ 41	14 ♉ 38	12 ♑ 14	11 ♑ 39	18 ♓ 38	14 ♈ 36	6 ♒ 55	7 ♒ 39	15 ♊ 56	21 ♎ 15	7 ♐ 14	2 ♎ 43	17 ♐	12 ♏	22 ♐	17 ♊	16 ♈
7	16 ♈ 40	29 ♉ 16	12 ♑ 11	11 ♑ 32	19 ♓ 23	15 ♈ 51	7 ♒ 37	7 ♒ 48	16 ♊ 2	21 ♎ 13	7 ♐ 13	2 ♎ 42	17 ♐	12 ♏	22 ♐	17 ♊	16 ♈
8	17 ♈ 39	13 ♊ 48	12 ♑ 8	11 ♑ 28	20 ♓ 12	17 ♈ 5	8 ♒ 20	7 ♒ 56	16 ♊ 7	21 ♎ 10	7 ♐ 12	2 ♎ 40	17 ♐	12 ♏	22 ♐	17 ♊	16 ♈
9	18 ♈ 38	28 ♊ 10	12 ♑ 4	11 ♑ 26	21 ♓ 4	18 ♈ 20	9 ♒ 3	8 ♒ 5	16 ♊ 12	21 ♎ 8	7 ♐ 11	2 ♎ 38	17 ♐	11 ♏	22 ♐	18 ♊	16 ♈
10	19 ♈ 37	12 ♋ 19	12 ♑ 1	11 D 25	21 ♓ 59	19 ♈ 34	9 ♒ 45	8 ♒ 14	16 ♊ 18	21 ♎ 5	7 ♐ 10	2 ♎ 37	17 ♐	11 ♏	22 ♐	18 ♊	16 ♈
11	20 ♈ 36	26 ♋ 15	11 ♑ 58	11 R 25	22 ♓ 57	20 ♈ 48	10 ♒ 28	8 ♒ 22	16 ♊ 23	21 ♎ 3	7 ♐ 9	2 ♎ 35	17 ♐	11 ♏	22 ♐	18 ♊	17 ♈
12	21 ♈ 35	9 ♌ 57	11 ♑ 55	11 ♑ 24	23 ♓ 58	22 ♈ 3	11 ♒ 10	8 ♒ 31	16 ♊ 29	21 ♎ 0	7 ♐ 8	2 ♎ 34	17 ♐	10 ♏	22 R	19 ♊	17 ♈
13	22 ♈ 33	23 ♌ 27	11 ♑ 52	11 ♑ 21	25 ♓ 1	23 ♈ 17	11 ♒ 53	8 ♒ 39	16 ♊ 34	20 ♎ 57	7 ♐ 7	2 ♎ 32	17 R	10 ♏	22 ♐	19 ♊	17 ♈
14	23 ♈ 32	6 ♍ 44	11 ♑ 49	11 ♑ 15	26 ♓ 7	24 ♈ 31	12 ♒ 36	8 ♒ 47	16 ♊ 40	20 ♎ 55	7 ♐ 6	2 ♎ 31	17 ♐	10 ♏	22 ♐	20 ♊	17 ♈
15	24 ♈ 31	19 ♍ 51	11 ♑ 45	11 ♑ 7	27 ♓ 16	25 ♈ 46	13 ♒ 18	8 ♒ 55	16 ♊ 46	20 ♎ 52	7 ♐ 5	2 ♎ 29	17 ♐	10 ♏	22 ♐	20 ♊	17 ♈
16	25 ♈ 30	2 ♎ 45	11 ♑ 42	10 ♑ 56	28 ♓ 27	27 ♈ 0	14 ♒ 1	9 ♒ 3	16 ♊ 51	20 ♎ 50	7 ♐ 4	2 ♎ 28	17 ♐	9 ♏	22 ♐	20 ♊	17 ♈
17	26 ♈ 28	15 ♎ 29	11 ♑ 39	10 ♑ 43	29 ♓ 40	28 ♈ 14	14 ♒ 43	9 ♒ 10	16 ♊ 57	20 ♎ 47	7 ♐ 3	2 ♎ 26	17 ♐	9 ♏	22 ♐	21 ♊	17 ♈
18	27 ♈ 27	28 ♎ 0	11 ♑ 36	10 ♑ 31	0 ♈ 55	29 ♈ 28	15 ♒ 26	9 ♒ 18	17 ♊ 3	20 ♎ 45	7 ♐ 2	2 ♎ 25	17 ♐	9 ♏	22 ♐	21 ♊	17 ♈
19	28 ♈ 26	10 ♏ 20	11 ♑ 33	10 ♑ 19	2 ♈ 13	0 ♉ 43	16 ♒ 9	9 ♒ 25	17 ♊ 9	20 ♎ 42	7 ♐ 1	2 ♎ 23	17 ♐	9 ♏	22 ♐	21 ♊	17 ♈
20	29 ♈ 24	22 ♏ 28	11 ♑ 30	10 ♑ 8	3 ♈ 33	1 ♉ 57	16 ♒ 51	9 ♒ 32	17 ♊ 15	20 ♎ 40	7 ♐ 0	2 ♎ 22	17 ♐	8 ♏	22 ♐	22 ♊	17 ♈
21	0 ♉ 23	4 ♐ 27	11 ♑ 26	10 ♑ 0	4 ♈ 54	3 ♉ 11	17 ♒ 34	9 ♒ 40	17 ♊ 21	20 ♎ 37	6 ♐ 58	2 ♎ 20	17 ♐	8 ♏	21 ♐	22 ♊	17 ♈
22	1 ♉ 21	16 ♐ 19	11 ♑ 23	9 ♑ 55	6 ♈ 18	4 ♉ 25	18 ♒ 17	9 ♒ 47	17 ♊ 27	20 ♎ 34	6 ♐ 57	2 ♎ 19	17 ♐	8 ♏	21 ♐	23 ♊	17 ♈
23	2 ♉ 20	28 ♐ 7	11 ♑ 20	9 ♑ 53	7 ♈ 44	5 ♉ 39	18 ♒ 59	9 ♒ 53	17 ♊ 34	20 ♎ 32	6 ♐ 56	2 ♎ 18	17 ♐	7 ♏	21 ♐	23 ♊	17 ♈
24	3 ♉ 18	9 ♑ 55	11 ♑ 17	9 D 52	9 ♈ 11	6 ♉ 53	19 ♒ 42	10 ♒ 0	17 ♊ 40	20 ♎ 29	6 ♐ 55	2 ♎ 16	17 ♐	7 ♏	21 ♐	23 ♊	17 ♈
25	4 ♉ 17	21 ♑ 48	11 ♑ 14	9 ♑ 52	10 ♈ 40	8 ♉ 7	20 ♒ 24	10 ♒ 6	17 ♊ 46	20 ♎ 27	6 ♐ 53	2 ♎ 15	17 ♐	7 ♏	21 ♐	24 ♊	17 ♈
26	5 ♉ 15	3 ♒ 52	11 ♑ 10	9 ♑ 53	12 ♈ 12	9 ♉ 22	21 ♒ 7	10 ♒ 13	17 ♊ 53	20 ♎ 24	6 ♐ 52	2 ♎ 14	17 ♐	6 ♏	21 ♐	24 ♊	17 ♈
27	6 ♉ 13	16 ♒ 10	11 ♑ 7	9 R 52	13 ♈ 45	10 ♉ 36	21 ♒ 49	10 ♒ 19	17 ♊ 59	20 ♎ 22	6 ♐ 51	2 ♎ 12	17 ♐	6 ♏	21 ♐	24 ♊	17 ♈
28	7 ♉ 12	28 ♒ 50	11 ♑ 4	9 ♑ 50	15 ♈ 20	11 ♉ 50	22 ♒ 32	10 ♒ 25	18 ♊ 6	20 ♎ 20	6 ♐ 49	2 ♎ 11	17 ♐	6 ♏	21 ♐	25 ♊	18 ♈
29	8 ♉ 10	11 ♓ 54	11 ♑ 1	9 ♑ 46	16 ♈ 56	13 ♉ 4	23 ♒ 14	10 ♒ 31	18 ♊ 12	20 ♎ 17	6 ♐ 48	2 ♎ 10	16 ♐	5 ♏	21 ♐	25 ♊	18 ♈
30	9 ♉ 8	25 ♓ 26	10 ♑ 58	9 ♑ 39	18 ♈ 35	14 ♉ 18	23 ♒ 57	10 ♒ 37	18 ♊ 19	20 ♎ 15	6 ♐ 47	2 ♎ 8	16 ♐	5 ♏	21 ♐	26 ♊	18 ♈

SUN INGRESS	☉ → ♉ 20日 14:30
MOON PHASE	● 3日 20:45 ♈　◐ 10日 13:28 ♋　○ 17日 22:51 ♎　◑ 26日 02:59 ♒

aspects		
3日	13:00	♃⚹♆
6日	06:57	☉⚹♄
6日	10:36	♂⚹♆
7日	03:42	♀⚹♄
7日	07:15	♂☌♃
10日	04:13	☉☌♀
11日	04:26	♀☍♅
11日	10:31	☉☍♅
19日	03:05	☿☍♇
20日	15:41	♂△♄
22日	10:55	☿△♆
24日	14:14	☿⚹♃
25日	01:26	♂△♅
26日	18:08	♀□♃
29日	19:51	☿⚹♄
30日	23:18	☿☍♅

1973年5月

DAY	☉	☽	☊ mean	☊ true	☿	♀	♂	♃	♄	♅	♆	♇	⚳	⚴	⚵	⚶	⚷
	° ′	° ′	° ′	° ′	° ′	° ′	° ′	° ′	° ′	° ′	° ′	° ′	°	°	°	°	°
1	10 ♉ 7	9 ♈ 26	10 ♑ 55	9 R 31	20 D 15	15 D 32	24 D 39	10 D 42	18 D 26	20 R 12	6 R 45	2 R 7	16 R	5 R	21 R	26 D	18 D
2	11 ♉ 5	23 ♈ 52	10 ♑ 51	9 ♑ 21	21 ♈ 58	16 ♉ 46	25 ♒ 22	10 ♒ 48	18 ♊ 32	20 ♎ 10	6 ♐ 44	2 ♎ 6	16 ♐	5 ♏	21 ♐	26 ♊	18 ♈
3	12 ♉ 3	8 ♉ 37	10 ♑ 48	9 ♑ 13	23 ♈ 42	18 ♉ 0	26 ♒ 4	10 ♒ 53	18 ♊ 39	20 ♎ 8	6 ♐ 42	2 ♎ 5	16 ♐	4 ♏	20 ♐	27 ♊	18 ♈
4	13 ♉ 1	23 ♉ 34	10 ♑ 45	9 ♑ 5	25 ♈ 27	19 ♉ 14	26 ♒ 47	10 ♒ 58	18 ♊ 46	20 ♎ 5	6 ♐ 41	2 ♎ 4	16 ♐	4 ♏	20 ♐	27 ♊	18 ♈
5	13 ♉ 59	8 ♊ 35	10 ♑ 42	8 ♑ 59	27 ♈ 15	20 ♉ 28	27 ♒ 29	11 ♒ 3	18 ♊ 53	20 ♎ 3	6 ♐ 40	2 ♎ 3	16 ♐	4 ♏	20 ♐	28 ♊	18 ♈
6	14 ♉ 58	23 ♊ 29	10 ♑ 39	8 ♑ 56	29 ♈ 4	21 ♉ 42	28 ♒ 12	11 ♒ 7	19 ♊ 0	20 ♎ 1	6 ♐ 38	2 ♎ 1	16 ♐	3 ♏	20 ♐	28 ♊	18 ♈
7	15 ♉ 56	8 ♋ 10	10 ♑ 36	8 ♑ 55	0 ♉ 56	22 ♉ 56	28 ♒ 54	11 ♒ 12	19 ♊ 7	19 ♎ 59	6 ♐ 37	2 ♎ 0	15 ♐	3 ♏	20 ♐	28 ♊	18 ♈
8	16 ♉ 54	22 ♋ 34	10 ♑ 32	8 D 56	2 ♉ 49	24 ♉ 10	29 ♒ 36	11 ♒ 16	19 ♊ 14	19 ♎ 56	6 ♐ 35	1 ♎ 59	15 ♐	3 ♏	20 ♐	29 ♊	18 ♈
9	17 ♉ 52	6 ♌ 38	10 ♑ 29	8 ♑ 57	4 ♉ 44	25 ♉ 23	0 ♓ 19	11 ♒ 21	19 ♊ 21	19 ♎ 54	6 ♐ 34	1 ♎ 58	15 ♐	2 ♏	20 ♐	29 ♊	18 ♈
10	18 ♉ 50	20 ♌ 21	10 ♑ 26	8 R 57	6 ♉ 41	26 ♉ 37	1 ♓ 1	11 ♒ 25	19 ♊ 28	19 ♎ 52	6 ♐ 32	1 ♎ 57	15 ♐	2 ♏	19 ♐	0 ♋	18 ♈
11	19 ♉ 48	3 ♍ 45	10 ♑ 23	8 ♑ 56	8 ♉ 39	27 ♉ 51	1 ♓ 43	11 ♒ 28	19 ♊ 35	19 ♎ 50	6 ♐ 31	1 ♎ 56	15 ♐	2 ♏	19 ♐	0 ♋	18 ♈
12	20 ♉ 46	16 ♍ 52	10 ♑ 20	8 ♑ 53	10 ♉ 40	29 ♉ 5	2 ♓ 25	11 ♒ 32	19 ♊ 42	19 ♎ 48	6 ♐ 29	1 ♎ 55	15 ♐	2 ♏	19 ♐	0 ♋	18 ♈
13	21 ♉ 44	29 ♍ 43	10 ♑ 16	8 ♑ 48	12 ♉ 42	0 ♊ 19	3 ♓ 8	11 ♒ 36	19 ♊ 49	19 ♎ 46	6 ♐ 27	1 ♎ 54	14 ♐	1 ♏	19 ♐	1 ♋	18 ♈
14	22 ♉ 42	12 ♎ 21	10 ♑ 13	8 ♑ 42	14 ♉ 45	1 ♊ 33	3 ♓ 50	11 ♒ 39	19 ♊ 57	19 ♎ 44	6 ♐ 26	1 ♎ 53	14 ♐	1 ♏	19 ♐	1 ♋	18 ♈
15	23 ♉ 39	24 ♎ 47	10 ♑ 10	8 ♑ 34	16 ♉ 51	2 ♊ 46	4 ♓ 32	11 ♒ 42	20 ♊ 4	19 ♎ 42	6 ♐ 24	1 ♎ 53	14 ♐	1 ♏	19 ♐	2 ♋	18 ♈
16	24 ♉ 37	7 ♏ 3	10 ♑ 7	8 ♑ 26	18 ♉ 57	4 ♊ 0	5 ♓ 14	11 ♒ 45	20 ♊ 11	19 ♎ 40	6 ♐ 23	1 ♎ 52	14 ♐	1 ♏	18 ♐	2 ♋	18 ♈
17	25 ♉ 35	19 ♏ 9	10 ♑ 4	8 ♑ 18	21 ♉ 5	5 ♊ 14	5 ♓ 56	11 ♒ 48	20 ♊ 18	19 ♎ 38	6 ♐ 21	1 ♎ 51	14 ♐	0 ♏	18 ♐	2 ♋	19 ♈
18	26 ♉ 33	1 ♐ 8	10 ♑ 1	8 ♑ 12	23 ♉ 14	6 ♊ 28	6 ♓ 38	11 ♒ 50	20 ♊ 26	19 ♎ 36	6 ♐ 20	1 ♎ 50	13 ♐	0 ♏	18 ♐	3 ♋	19 ♈
19	27 ♉ 31	13 ♐ 1	9 ♑ 57	8 ♑ 7	25 ♉ 24	7 ♊ 41	7 ♓ 20	11 ♒ 53	20 ♊ 33	19 ♎ 34	6 ♐ 18	1 ♎ 49	13 ♐	0 ♏	18 ♐	3 ♋	19 ♈
20	28 ♉ 28	24 ♐ 50	9 ♑ 54	8 ♑ 4	27 ♉ 35	8 ♊ 55	8 ♓ 2	11 ♒ 55	20 ♊ 41	19 ♎ 32	6 ♐ 16	1 ♎ 49	13 ♐	0 ♏	18 ♐	4 ♋	19 ♈
21	29 ♉ 26	6 ♑ 37	9 ♑ 51	8 ♑ 3	29 ♉ 46	10 ♊ 9	8 ♓ 44	11 ♒ 57	20 ♊ 48	19 ♎ 30	6 ♐ 15	1 ♎ 48	13 ♐	29 ♎	18 ♐	4 ♋	19 ♈
22	0 ♊ 24	18 ♑ 26	9 ♑ 48	8 D 4	1 ♊ 58	11 ♊ 23	9 ♓ 26	11 ♒ 59	20 ♊ 56	19 ♎ 29	6 ♐ 13	1 ♎ 47	13 ♐	29 ♎	17 ♐	4 ♋	19 ♈
23	1 ♊ 21	0 ♒ 21	9 ♑ 45	8 ♑ 5	4 ♊ 10	12 ♊ 36	10 ♓ 7	12 ♒ 1	21 ♊ 3	19 ♎ 27	6 ♐ 12	1 ♎ 46	12 ♐	29 ♎	17 ♐	5 ♋	19 ♈
24	2 ♊ 19	12 ♒ 25	9 ♑ 42	8 ♑ 7	6 ♊ 21	13 ♊ 50	10 ♓ 49	12 ♒ 2	21 ♊ 11	19 ♎ 25	6 ♐ 10	1 ♎ 46	12 ♐	29 ♎	17 ♐	5 ♋	19 ♈
25	3 ♊ 17	24 ♒ 44	9 ♑ 38	8 ♑ 8	8 ♊ 32	15 ♊ 4	11 ♓ 31	12 ♒ 3	21 ♊ 18	19 ♎ 24	6 ♐ 8	1 ♎ 45	12 ♐	29 ♎	17 ♐	6 ♋	19 ♈
26	4 ♊ 14	7 ♓ 21	9 ♑ 35	8 R 8	10 ♊ 41	16 ♊ 17	12 ♓ 13	12 ♒ 5	21 ♊ 26	19 ♎ 22	6 ♐ 7	1 ♎ 45	12 ♐	28 ♎	16 ♐	6 ♋	19 ♈
27	5 ♊ 12	20 ♓ 22	9 ♑ 32	8 ♑ 7	12 ♊ 50	17 ♊ 31	12 ♓ 54	12 ♒ 6	21 ♊ 33	19 ♎ 20	6 ♐ 5	1 ♎ 44	12 ♐	28 ♎	16 ♐	7 ♋	19 ♈
28	6 ♊ 10	3 ♈ 50	9 ♑ 29	8 ♑ 5	14 ♊ 58	18 ♊ 44	13 ♓ 36	12 ♒ 6	21 ♊ 41	19 ♎ 19	6 ♐ 3	1 ♎ 44	11 ♐	28 ♎	16 ♐	7 ♋	19 ♈
29	7 ♊ 7	17 ♈ 45	9 ♑ 26	8 ♑ 1	17 ♊ 4	19 ♊ 58	14 ♓ 17	12 ♒ 7	21 ♊ 49	19 ♎ 17	6 ♐ 2	1 ♎ 43	11 ♐	28 ♎	16 ♐	7 ♋	19 ♈
30	8 ♊ 5	2 ♉ 8	9 ♑ 22	7 ♑ 57	19 ♊ 8	21 ♊ 12	14 ♓ 59	12 ♒ 7	21 ♊ 56	19 ♎ 16	6 ♐ 0	1 ♎ 43	11 ♐	28 ♎	16 ♐	8 ♋	19 ♈
31	9 ♊ 2	16 ♉ 55	9 ♑ 19	7 ♑ 53	21 ♊ 10	22 ♊ 25	15 ♓ 40	12 ♒ 7	22 ♊ 4	19 ♎ 15	5 ♐ 59	1 ♎ 42	11 ♐	28 ♎	15 ♐	8 ♋	19 ♈
SUN INGRESS	☉ → ♊ 21日 13:54																
MOON PHASE	● 3日 05:55 ♉ ◐ 9日 21:07 ♌ ○ 17日 13:58 ♏ ◑ 25日 17:40 ♓																

aspects

1日	16:09	☉□♃
5日	05:09	☿⚹♂
12日	10:41	☿□♃
12日	14:28	♄△♅
14日	06:40	♀△♇
17日	13:55	♂□♆
17日	21:25	♀☍♆
18日	07:42	♀□♂
20日	17:24	☉☌☿
21日	22:02	☿△♇
22日	12:10	♀△♃
23日	10:18	☉△♇
23日	22:02	☿☍♆
26日	15:35	☿△♃
27日	01:05	☿□♂
27日	21:31	☉☍♆
28日	11:03	♀△♅
30日	01:37	☿△♅
30日	16:18	♀☌♄
31日	11:31	☿☌♄

1973年6月

DAY	☉	☽	☊ mean	☊ true	☿	♀	♂	♃	♄	♅	♆	♇	⚳	⚴	⚵	⚶	⚷
	° ′	° ′	° ′	° ′	° ′	° ′	° ′	° ′	° ′	° ′	° ′	° ′	°	°	°	°	°
1	10 ♊ 0	1 ♊ 58	9 ♑ 16	7 R 50	23 D 10	23 D 39	16 D 21	12 R 7	22 D 12	19 R 13	5 R 57	1 R 42	10 R	28 R	15 R	9 D	19 D
2	10 ♊ 57	17 ♊ 8	9 ♑ 13	7 ♑ 47	25 ♊ 8	24 ♊ 52	17 ♓ 3	12 ♒ 7	22 ♊ 19	19 ♎ 12	5 ♐ 55	1 ♎ 42	10 ♐	27 ♎	15 ♐	9 ♋	19 ♈
3	11 ♊ 55	2 ♋ 17	9 ♑ 10	7 ♑ 46	27 ♊ 3	26 ♊ 6	17 ♓ 44	12 ♒ 7	22 ♊ 27	19 ♎ 11	5 ♐ 54	1 ♎ 41	10 ♐	27 ♎	15 ♐	9 ♋	19 ♈
4	12 ♊ 52	17 ♋ 15	9 ♑ 7	7 D 46	28 ♊ 56	27 ♊ 19	18 ♓ 25	12 ♒ 6	22 ♊ 35	19 ♎ 10	5 ♐ 52	1 ♎ 41	10 ♐	27 ♎	15 ♐	10 ♋	19 ♈
5	13 ♊ 50	1 ♌ 55	9 ♑ 3	7 ♑ 47	0 ♋ 47	28 ♊ 33	19 ♓ 6	12 ♒ 5	22 ♊ 43	19 ♎ 8	5 ♐ 51	1 ♎ 41	10 ♐	27 ♎	14 ♐	10 ♋	19 ♈
6	14 ♊ 47	16 ♌ 12	9 ♑ 0	7 ♑ 49	2 ♋ 35	29 ♊ 46	19 ♓ 47	12 ♒ 4	22 ♊ 50	19 ♎ 7	5 ♐ 49	1 ♎ 41	9 ♐	27 ♎	14 ♐	11 ♋	19 ♈
7	15 ♊ 45	0 ♍ 5	8 ♑ 57	7 ♑ 50	4 ♋ 20	1 ♋ 0	20 ♓ 28	12 ♒ 3	22 ♊ 58	19 ♎ 6	5 ♐ 47	1 ♎ 40	9 ♐	27 ♎	14 ♐	11 ♋	19 ♈
8	16 ♊ 42	13 ♍ 33	8 ♑ 54	7 ♑ 51	6 ♋ 3	2 ♋ 13	21 ♓ 8	12 ♒ 2	23 ♊ 6	19 ♎ 5	5 ♐ 46	1 ♎ 40	9 ♐	27 ♎	14 ♐	12 ♋	19 ♈
9	17 ♊ 39	26 ♍ 38	8 ♑ 51	7 R 50	7 ♋ 43	3 ♋ 27	21 ♓ 49	12 ♒ 0	23 ♊ 14	19 ♎ 4	5 ♐ 44	1 ♎ 40	9 ♐	27 ♎	13 ♐	12 ♋	20 ♈
10	18 ♊ 37	9 ♎ 24	8 ♑ 48	7 ♑ 49	9 ♋ 20	4 ♋ 40	22 ♓ 30	11 ♒ 58	23 ♊ 22	19 ♎ 3	5 ♐ 43	1 ♎ 40	9 ♐	27 ♎	13 ♐	12 ♋	20 ♈
11	19 ♊ 34	21 ♎ 52	8 ♑ 44	7 ♑ 47	10 ♋ 55	5 ♋ 53	23 ♓ 10	11 ♒ 56	23 ♊ 29	19 ♎ 3	5 ♐ 41	1 ♎ 40	8 ♐	27 ♎	13 ♐	13 ♋	20 ♈
12	20 ♊ 32	4 ♏ 8	8 ♑ 41	7 ♑ 45	12 ♋ 27	7 ♋ 7	23 ♓ 50	11 ♒ 54	23 ♊ 37	19 ♎ 2	5 ♐ 39	1 ♎ 40	8 ♐	27 ♎	13 ♐	13 ♋	20 ♈
13	21 ♊ 29	16 ♏ 12	8 ♑ 38	7 ♑ 42	13 ♋ 56	8 ♋ 20	24 ♓ 31	11 ♒ 52	23 ♊ 45	19 ♎ 1	5 ♐ 38	1 D 40	8 ♐	27 ♎	12 ♐	14 ♋	20 ♈
14	22 ♊ 26	28 ♏ 9	8 ♑ 35	7 ♑ 40	15 ♋ 22	9 ♋ 33	25 ♓ 11	11 ♒ 49	23 ♊ 53	19 ♎ 0	5 ♐ 36	1 ♎ 40	8 ♐	27 ♎	12 ♐	14 ♋	20 ♈
15	23 ♊ 23	10 ♐ 1	8 ♑ 32	7 ♑ 38	16 ♋ 46	10 ♋ 47	25 ♓ 51	11 ♒ 47	24 ♊ 1	19 ♎ 0	5 ♐ 35	1 ♎ 40	7 ♐	26 ♎	12 ♐	15 ♋	20 ♈
16	24 ♊ 21	21 ♐ 50	8 ♑ 28	7 ♑ 37	18 ♋ 7	12 ♋ 0	26 ♓ 31	11 ♒ 44	24 ♊ 8	18 ♎ 59	5 ♐ 33	1 ♎ 40	7 ♐	26 ♎	12 ♐	15 ♋	20 ♈
17	25 ♊ 18	3 ♑ 38	8 ♑ 25	7 ♑ 37	19 ♋ 25	13 ♋ 13	27 ♓ 11	11 ♒ 41	24 ♊ 16	18 ♎ 58	5 ♐ 32	1 ♎ 40	7 ♐	26 ♎	12 ♐	16 ♋	20 ♈
18	26 ♊ 15	15 ♑ 27	8 ♑ 22	7 D 37	20 ♋ 40	14 ♋ 27	27 ♓ 51	11 ♒ 38	24 ♊ 24	18 ♎ 58	5 ♐ 30	1 ♎ 40	7 ♐	26 D	11 ♐	16 ♋	20 ♈
19	27 ♊ 13	27 ♑ 21	8 ♑ 19	7 ♑ 37	21 ♋ 52	15 ♋ 40	28 ♓ 31	11 ♒ 34	24 ♊ 32	18 ♎ 57	5 ♐ 29	1 ♎ 41	7 ♐	26 ♎	11 ♐	16 ♋	20 ♈
20	28 ♊ 10	9 ♒ 21	8 ♑ 16	7 ♑ 38	23 ♋ 1	16 ♋ 53	29 ♓ 10	11 ♒ 31	24 ♊ 40	18 ♎ 57	5 ♐ 27	1 ♎ 41	7 ♐	26 ♎	11 ♐	17 ♋	20 ♈
21	29 ♊ 7	21 ♒ 31	8 ♑ 13	7 ♑ 39	24 ♋ 6	18 ♋ 6	29 ♓ 50	11 ♒ 27	24 ♊ 47	18 ♎ 57	5 ♐ 26	1 ♎ 41	6 ♐	27 ♎	11 ♐	17 ♋	20 ♈
22	0 ♋ 4	3 ♓ 54	8 ♑ 9	7 ♑ 40	25 ♋ 9	19 ♋ 20	0 ♈ 29	11 ♒ 23	24 ♊ 55	18 ♎ 56	5 ♐ 24	1 ♎ 41	6 ♐	27 ♎	11 ♐	18 ♋	20 ♈
23	1 ♋ 1	16 ♓ 34	8 ♑ 6	7 ♑ 40	26 ♋ 8	20 ♋ 33	1 ♈ 8	11 ♒ 19	25 ♊ 3	18 ♎ 56	5 ♐ 23	1 ♎ 42	6 ♐	27 ♎	10 ♐	18 ♋	20 ♈
24	1 ♋ 59	29 ♓ 33	8 ♑ 3	7 ♑ 40	27 ♋ 5	21 ♋ 46	1 ♈ 48	11 ♒ 15	25 ♊ 11	18 ♎ 56	5 ♐ 22	1 ♎ 42	6 ♐	27 ♎	10 ♐	19 ♋	20 ♈
25	2 ♋ 56	12 ♈ 55	8 ♑ 0	7 R 40	27 ♋ 57	22 ♋ 59	2 ♈ 27	11 ♒ 10	25 ♊ 19	18 ♎ 56	5 ♐ 20	1 ♎ 43	6 ♐	27 ♎	10 ♐	19 ♋	20 ♈
26	3 ♋ 53	26 ♈ 42	7 ♑ 57	7 ♑ 40	28 ♋ 46	24 ♋ 12	3 ♈ 5	11 ♒ 6	25 ♊ 26	18 ♎ 56	5 ♐ 19	1 ♎ 43	6 ♐	27 ♎	10 ♐	19 ♋	20 ♈
27	4 ♋ 50	10 ♉ 54	7 ♑ 53	7 ♑ 40	29 ♋ 32	25 ♋ 26	3 ♈ 44	11 ♒ 1	25 ♊ 34	18 ♎ 56	5 ♐ 17	1 ♎ 43	5 ♐	27 ♎	10 ♐	20 ♋	20 ♈
28	5 ♋ 48	25 ♉ 29	7 ♑ 50	7 ♑ 40	0 ♌ 13	26 ♋ 39	4 ♈ 23	10 ♒ 56	25 ♊ 42	18 D 56	5 ♐ 16	1 ♎ 44	5 ♐	27 ♎	9 ♐	20 ♋	20 ♈
29	6 ♋ 45	10 ♊ 23	7 ♑ 47	7 ♑ 39	0 ♌ 51	27 ♋ 52	5 ♈ 1	10 ♒ 51	25 ♊ 50	18 ♎ 56	5 ♐ 15	1 ♎ 45	5 ♐	27 ♎	9 ♐	21 ♋	20 ♈
30	7 ♋ 42	25 ♊ 29	7 ♑ 44	7 D 39	1 ♌ 25	29 ♋ 5	5 ♈ 40	10 ♒ 46	25 ♊ 57	18 ♎ 56	5 ♐ 13	1 ♎ 45	5 ♐	27 ♎	9 ♐	21 ♋	20 ♈
SUN INGRESS	☉ → ♋ 21日 22:01																
MOON PHASE	● 1日 13:34 ♊ ◐ 8日 06:11 ♍ ○ 16日 05:35 ♐ ◑ 24日 04:45 ♈ ● 30日 20:39 ♋																

aspects

1日	15:29	☿☌♀
3日	04:50	☉△♃
5日	11:56	☿□♇
7日	13:15	♀□♇
10日	10:57	☉△♅
11日	14:09	♂□♄
15日	18:00	☉☌♄
16日	15:54	☿□♅
21日	16:24	♀□♅
23日	09:17	☉□♂
23日	17:01	☉□♇
23日	20:38	♂☍♇
29日	08:10	♂△♆
30日	16:04	☿⚹♇

1973年7月

DAY	☉	☽	☊ mean	☊ true	☿	♀	♂	♃	♄	♅	♆	♇	⚳	⚴	⚵	⚶	⚷
	° ′	° ′	° ′	° ′	° ′	° ′	° ′	° ′	° ′	° ′	° ′	° ′	°	°	°	°	°
1	8 ♋ 39	10 ♋ 38	7 ♑ 41	7 R 39	1 D 55	0 D 18	6 D 18	10 R 40	26 D 5	18 D 56	5 R 12	1 D 46	5 R	27 D	9 R	22 D	20 D
2	9 ♋ 37	25 ♋ 41	7 ♑ 38	7 ♑ 39	2 ♌ 20	1 ♌ 31	6 ♈ 56	10 ♒ 35	26 ♊ 13	18 ♎ 56	5 ♐ 11	1 ♎ 46	5 ♐	27 ♎	9 ♐	22 ♋	20 ♈
3	10 ♋ 34	10 ♌ 30	7 ♑ 34	7 ♑ 39	2 ♌ 41	2 ♌ 44	7 ♈ 33	10 ♒ 29	26 ♊ 20	18 ♎ 57	5 ♐ 10	1 ♎ 47	5 ♐	27 ♎	9 ♐	23 ♋	20 ♈
4	11 ♋ 31	24 ♌ 58	7 ♑ 31	7 ♑ 39	2 ♌ 58	3 ♌ 57	8 ♈ 11	10 ♒ 23	26 ♊ 28	18 ♎ 57	5 ♐ 8	1 ♎ 48	4 ♐	27 ♎	8 ♐	23 ♋	20 ♈
5	12 ♋ 28	9 ♍ 0	7 ♑ 28	7 ♑ 38	3 ♌ 10	5 ♌ 10	8 ♈ 49	10 ♒ 17	26 ♊ 36	18 ♎ 57	5 ♐ 7	1 ♎ 48	4 ♐	28 ♎	8 ♐	23 ♋	20 ♈
6	13 ♋ 25	22 ♍ 36	7 ♑ 25	7 ♑ 38	3 ♌ 18	6 ♌ 23	9 ♈ 26	10 ♒ 11	26 ♊ 43	18 ♎ 58	5 ♐ 6	1 ♎ 49	4 ♐	28 ♎	8 ♐	24 ♋	20 ♈
7	14 ♋ 23	5 ♎ 46	7 ♑ 22	7 ♑ 38	3 ♌ 20	7 ♌ 36	10 ♈ 3	10 ♒ 5	26 ♊ 51	18 ♎ 58	5 ♐ 5	1 ♎ 50	4 ♐	28 ♎	8 ♐	24 ♋	20 ♈
8	15 ♋ 20	18 ♎ 32	7 ♑ 19	7 D 37	3 R 18	8 ♌ 49	10 ♈ 40	9 ♒ 59	26 ♊ 58	18 ♎ 59	5 ♐ 4	1 ♎ 51	4 ♐	28 ♎	8 ♐	25 ♋	20 ♈
9	16 ♋ 17	0 ♏ 58	7 ♑ 15	7 ♑ 38	3 ♌ 12	10 ♌ 2	11 ♈ 17	9 ♒ 53	27 ♊ 6	18 ♎ 59	5 ♐ 3	1 ♎ 52	4 ♐	28 ♎	8 ♐	25 ♋	20 ♈
10	17 ♋ 14	13 ♏ 9	7 ♑ 12	7 ♑ 38	3 ♌ 0	11 ♌ 15	11 ♈ 53	9 ♒ 46	27 ♊ 14	19 ♎ 0	5 ♐ 1	1 ♎ 52	4 ♐	28 ♎	8 ♐	26 ♋	20 ♈
11	18 ♋ 11	25 ♏ 8	7 ♑ 9	7 ♑ 39	2 ♌ 45	12 ♌ 28	12 ♈ 29	9 ♒ 39	27 ♊ 21	19 ♎ 1	5 ♐ 0	1 ♎ 53	4 ♐	28 ♎	7 ♐	26 ♋	20 ♈
12	19 ♋ 9	7 ♐ 0	7 ♑ 6	7 ♑ 40	2 ♌ 24	13 ♌ 41	13 ♈ 6	9 ♒ 33	27 ♊ 28	19 ♎ 1	4 ♐ 59	1 ♎ 54	4 ♐	28 ♎	7 ♐	27 ♋	20 ♈
13	20 ♋ 6	18 ♐ 48	7 ♑ 3	7 ♑ 41	2 ♌ 0	14 ♌ 54	13 ♈ 42	9 ♒ 26	27 ♊ 36	19 ♎ 2	4 ♐ 58	1 ♎ 55	4 ♐	29 ♎	7 ♐	27 ♋	20 ♈
14	21 ♋ 3	0 ♑ 36	7 ♑ 0	7 ♑ 42	1 ♌ 32	16 ♌ 6	14 ♈ 17	9 ♒ 19	27 ♊ 43	19 ♎ 3	4 ♐ 57	1 ♎ 56	4 ♐	29 ♎	7 ♐	27 ♋	20 ♈
15	22 ♋ 0	12 ♑ 27	6 ♑ 56	7 R 42	1 ♌ 0	17 ♌ 19	14 ♈ 53	9 ♒ 12	27 ♊ 51	19 ♎ 4	4 ♐ 56	1 ♎ 57	4 ♐	29 ♎	7 ♐	28 ♋	20 ♈
16	22 ♋ 57	24 ♑ 22	6 ♑ 53	7 ♑ 41	0 ♌ 26	18 ♌ 32	15 ♈ 28	9 ♒ 5	27 ♊ 58	19 ♎ 5	4 ♐ 55	1 ♎ 58	4 ♐	29 ♎	7 ♐	28 ♋	20 ♈
17	23 ♋ 55	6 ♒ 24	6 ♑ 50	7 ♑ 40	29 ♋ 49	19 ♌ 45	16 ♈ 3	8 ♒ 58	28 ♊ 5	19 ♎ 6	4 ♐ 54	2 ♎ 0	4 ♐	29 ♎	7 ♐	29 ♋	20 ♈
18	24 ♋ 52	18 ♒ 36	6 ♑ 47	7 ♑ 38	29 ♋ 9	20 ♌ 57	16 ♈ 38	8 ♒ 50	28 ♊ 13	19 ♎ 7	4 ♐ 53	2 ♎ 1	4 ♐	0 ♏	7 ♐	29 ♋	20 ♈
19	25 ♋ 49	0 ♓ 58	6 ♑ 44	7 ♑ 35	28 ♋ 29	22 ♌ 10	17 ♈ 13	8 ♒ 43	28 ♊ 20	19 ♎ 8	4 ♐ 53	2 ♎ 2	3 ♐	0 ♏	7 ♐	0 ♌	20 ♈
20	26 ♋ 46	13 ♓ 33	6 ♑ 40	7 ♑ 33	27 ♋ 48	23 ♌ 23	17 ♈ 47	8 ♒ 35	28 ♊ 27	19 ♎ 9	4 ♐ 52	2 ♎ 3	3 ♐	0 ♏	7 ♐	0 ♌	20 ♈
21	27 ♋ 44	26 ♓ 21	6 ♑ 37	7 ♑ 30	27 ♋ 7	24 ♌ 35	18 ♈ 21	8 ♒ 28	28 ♊ 34	19 ♎ 10	4 ♐ 51	2 ♎ 4	3 ♐	0 ♏	6 ♐	1 ♌	20 ♈
22	28 ♋ 41	9 ♈ 26	6 ♑ 34	7 ♑ 28	26 ♋ 27	25 ♌ 48	18 ♈ 55	8 ♒ 20	28 ♊ 42	19 ♎ 12	4 ♐ 50	2 ♎ 5	3 ♐	0 ♏	6 ♐	1 ♌	20 ♈
23	29 ♋ 38	22 ♈ 48	6 ♑ 31	7 ♑ 27	25 ♋ 49	27 ♌ 1	19 ♈ 29	8 ♒ 13	28 ♊ 49	19 ♎ 13	4 ♐ 49	2 ♎ 7	3 D	1 ♏	6 ♐	1 ♌	20 ♈
24	0 ♌ 35	6 ♉ 29	6 ♑ 28	7 D 27	25 ♋ 12	28 ♌ 13	20 ♈ 2	8 ♒ 5	28 ♊ 56	19 ♎ 14	4 ♐ 49	2 ♎ 8	3 ♐	1 ♏	6 ♐	2 ♌	20 ♈
25	1 ♌ 33	20 ♉ 30	6 ♑ 25	7 ♑ 28	24 ♋ 39	29 ♌ 26	20 ♈ 35	7 ♒ 58	29 ♊ 3	19 ♎ 16	4 ♐ 48	2 ♎ 9	3 ♐	1 ♏	6 ♐	2 ♌	20 R
26	2 ♌ 30	4 ♊ 49	6 ♑ 21	7 ♑ 29	24 ♋ 9	0 ♍ 38	21 ♈ 8	7 ♒ 50	29 ♊ 10	19 ♎ 17	4 ♐ 47	2 ♎ 11	4 ♐	1 ♏	6 ♐	3 ♌	20 ♈
27	3 ♌ 27	19 ♊ 25	6 ♑ 18	7 ♑ 30	23 ♋ 43	1 ♍ 51	21 ♈ 40	7 ♒ 42	29 ♊ 17	19 ♎ 19	4 ♐ 46	2 ♎ 12	4 ♐	1 ♏	6 ♐	3 ♌	20 ♈
28	4 ♌ 25	4 ♋ 13	6 ♑ 15	7 ♑ 31	23 ♋ 22	3 ♍ 3	22 ♈ 12	7 ♒ 34	29 ♊ 24	19 ♎ 20	4 ♐ 46	2 ♎ 13	4 ♐	2 ♏	6 ♐	4 ♌	20 ♈
29	5 ♌ 22	19 ♋ 8	6 ♑ 12	7 R 31	23 ♋ 6	4 ♍ 16	22 ♈ 44	7 ♒ 27	29 ♊ 30	19 ♎ 22	4 ♐ 45	2 ♎ 15	4 ♐	2 ♏	6 ♐	4 ♌	20 ♈
30	6 ♌ 20	4 ♌ 2	6 ♑ 9	7 ♑ 29	22 ♋ 56	5 ♍ 28	23 ♈ 16	7 ♒ 19	29 ♊ 37	19 ♎ 24	4 ♐ 45	2 ♎ 16	4 ♐	2 ♏	6 ♐	5 ♌	20 ♈
31	7 ♌ 17	18 ♌ 46	6 ♑ 6	7 ♑ 26	22 ♋ 51	6 ♍ 40	23 ♈ 47	7 ♒ 11	29 ♊ 44	19 ♎ 25	4 ♐ 44	2 ♎ 18	4 ♐	2 ♏	6 ♐	5 ♌	20 ♈

SUN INGRESS	☉ → ♌ 23日 08:56
MOON PHASE	◐ 7日 17:26 ♎ ○ 15日 20:56 ♑ ◑ 23日 12:58 ♉ ● 30日 03:59 ♌

aspects

2日	05:02	♀⚹♇
2日	22:46	☿☌♀
4日	23:01	♀△♆
7日	01:18	♂⚹♃
8日	21:07	♀☍♃
11日	01:03	♀△♂
11日	20:55	☉□♅
13日	04:06	☿⚹♇
16日	11:03	♀⚹♅
20日	15:05	☉☌☿
22日	12:22	♂☍♅
24日	15:37	♀⚹♄
25日	15:37	☉⚹♇
28日	08:42	☉△♆
29日	09:45	♀□♆
29日	12:13	☿□♂
30日	21:49	☉☍♃

1973年8月

DAY	☉	☽	☊ mean	☊ true	☿	♀	♂	♃	♄	♅	♆	♇	⚳	⚴	⚵	⚶	⚷
	° ′	° ′	° ′	° ′	° ′	° ′	° ′	° ′	° ′	° ′	° ′	° ′	°	°	°	°	°
1	8 ♌ 14	3 ♍ 14	6 ♑ 2	7 R 22	22 D 53	7 D 53	24 D 18	7 R 3	29 D 51	19 D 27	4 R 44	2 D 19	4 D	3 D	6 R	5 D	20 R
2	9 ♌ 12	17 ♍ 20	5 ♑ 59	7 ♑ 17	23 ♋ 0	9 ♍ 5	24 ♈ 49	6 ♒ 55	29 ♊ 57	19 ♎ 29	4 ♐ 43	2 ♎ 21	4 ♐	3 ♏	6 D	6 ♌	20 ♈
3	10 ♌ 9	1 ♎ 0	5 ♑ 56	7 ♑ 13	23 ♋ 14	10 ♍ 17	25 ♈ 19	6 ♒ 48	0 ♋ 4	19 ♎ 31	4 ♐ 43	2 ♎ 22	4 ♐	3 ♏	6 ♐	6 ♌	20 ♈
4	11 ♌ 7	14 ♎ 14	5 ♑ 53	7 ♑ 9	23 ♋ 35	11 ♍ 30	25 ♈ 48	6 ♒ 40	0 ♋ 11	19 ♎ 33	4 ♐ 42	2 ♎ 24	4 ♐	3 ♏	6 ♐	7 ♌	20 ♈
5	12 ♌ 4	27 ♎ 4	5 ♑ 50	7 ♑ 6	24 ♋ 1	12 ♍ 42	26 ♈ 18	6 ♒ 32	0 ♋ 17	19 ♎ 35	4 ♐ 42	2 ♎ 25	4 ♐	4 ♏	6 ♐	7 ♌	20 ♈
6	13 ♌ 2	9 ♏ 31	5 ♑ 46	7 ♑ 5	24 ♋ 35	13 ♍ 54	26 ♈ 47	6 ♒ 24	0 ♋ 24	19 ♎ 37	4 ♐ 41	2 ♎ 27	4 ♐	4 ♏	6 ♐	8 ♌	20 ♈
7	13 ♌ 59	21 ♏ 42	5 ♑ 43	7 D 5	25 ♋ 15	15 ♍ 6	27 ♈ 16	6 ♒ 17	0 ♋ 30	19 ♎ 39	4 ♐ 41	2 ♎ 29	4 ♐	4 ♏	6 ♐	8 ♌	20 ♈
8	14 ♌ 57	3 ♐ 39	5 ♑ 40	7 ♑ 7	26 ♋ 1	16 ♍ 18	27 ♈ 44	6 ♒ 9	0 ♋ 36	19 ♎ 41	4 ♐ 41	2 ♎ 30	4 ♐	4 ♏	6 ♐	9 ♌	20 ♈
9	15 ♌ 54	15 ♐ 30	5 ♑ 37	7 ♑ 8	26 ♋ 53	17 ♍ 30	28 ♈ 12	6 ♒ 2	0 ♋ 43	19 ♎ 43	4 ♐ 41	2 ♎ 32	4 ♐	5 ♏	6 ♐	9 ♌	20 ♈
10	16 ♌ 52	27 ♐ 17	5 ♑ 34	7 ♑ 10	27 ♋ 52	18 ♍ 42	28 ♈ 40	5 ♒ 54	0 ♋ 49	19 ♎ 45	4 ♐ 40	2 ♎ 34	5 ♐	5 ♏	6 ♐	10 ♌	20 ♈
11	17 ♌ 49	9 ♑ 7	5 ♑ 31	7 R 10	28 ♋ 57	19 ♍ 54	29 ♈ 7	5 ♒ 47	0 ♋ 55	19 ♎ 47	4 ♐ 40	2 ♎ 36	5 ♐	5 ♏	6 ♐	10 ♌	20 ♈
12	18 ♌ 47	21 ♑ 2	5 ♑ 27	7 ♑ 9	0 ♌ 8	21 ♍ 6	29 ♈ 33	5 ♒ 39	1 ♋ 1	19 ♎ 49	4 ♐ 40	2 ♎ 37	5 ♐	6 ♏	6 ♐	10 ♌	20 ♈
13	19 ♌ 44	3 ♒ 5	5 ♑ 24	7 ♑ 6	1 ♌ 24	22 ♍ 18	0 ♉ 0	5 ♒ 32	1 ♋ 7	19 ♎ 52	4 ♐ 40	2 ♎ 39	5 ♐	6 ♏	6 ♐	11 ♌	20 ♈
14	20 ♌ 42	15 ♒ 20	5 ♑ 21	7 ♑ 1	2 ♌ 46	23 ♍ 30	0 ♉ 25	5 ♒ 25	1 ♋ 13	19 ♎ 54	4 ♐ 40	2 ♎ 41	5 ♐	6 ♏	6 ♐	11 ♌	20 ♈
15	21 ♌ 39	27 ♒ 46	5 ♑ 18	6 ♑ 55	4 ♌ 12	24 ♍ 42	0 ♉ 51	5 ♒ 17	1 ♋ 19	19 ♎ 56	4 ♐ 40	2 ♎ 43	5 ♐	6 ♏	7 ♐	12 ♌	20 ♈
16	22 ♌ 37	10 ♓ 26	5 ♑ 15	6 ♑ 47	5 ♌ 44	25 ♍ 54	1 ♉ 16	5 ♒ 10	1 ♋ 25	19 ♎ 59	4 ♐ 40	2 ♎ 45	5 ♐	7 ♏	7 ♐	12 ♌	20 ♈
17	23 ♌ 35	23 ♓ 20	5 ♑ 11	6 ♑ 39	7 ♌ 20	27 ♍ 6	1 ♉ 40	5 ♒ 3	1 ♋ 31	20 ♎ 1	4 ♐ 40	2 ♎ 46	5 ♐	7 ♏	7 ♐	13 ♌	20 ♈
18	24 ♌ 32	6 ♈ 26	5 ♑ 8	6 ♑ 31	9 ♌ 0	28 ♍ 17	2 ♉ 4	4 ♒ 56	1 ♋ 37	20 ♎ 4	4 D 40	2 ♎ 48	6 ♐	7 ♏	7 ♐	13 ♌	20 ♈
19	25 ♌ 30	19 ♈ 45	5 ♑ 5	6 ♑ 25	10 ♌ 44	29 ♍ 29	2 ♉ 27	4 ♒ 49	1 ♋ 42	20 ♎ 6	4 ♐ 40	2 ♎ 50	6 ♐	8 ♏	7 ♐	14 ♌	20 ♈
20	26 ♌ 28	3 ♉ 16	5 ♑ 2	6 ♑ 21	12 ♌ 32	0 ♎ 41	2 ♉ 50	4 ♒ 43	1 ♋ 48	20 ♎ 9	4 ♐ 40	2 ♎ 52	6 ♐	8 ♏	7 ♐	14 ♌	20 ♈
21	27 ♌ 26	16 ♉ 59	4 ♑ 59	6 ♑ 18	14 ♌ 22	1 ♎ 52	3 ♉ 13	4 ♒ 36	1 ♋ 54	20 ♎ 11	4 ♐ 40	2 ♎ 54	6 ♐	8 ♏	7 ♐	15 ♌	20 ♈
22	28 ♌ 23	0 ♊ 54	4 ♑ 56	6 D 18	16 ♌ 14	3 ♎ 4	3 ♉ 35	4 ♒ 29	1 ♋ 59	20 ♎ 14	4 ♐ 40	2 ♎ 56	6 ♐	9 ♏	7 ♐	15 ♌	20 ♈
23	29 ♌ 21	15 ♊ 1	4 ♑ 52	6 ♑ 19	18 ♌ 9	4 ♎ 15	3 ♉ 56	4 ♒ 23	2 ♋ 5	20 ♎ 17	4 ♐ 40	2 ♎ 58	6 ♐	9 ♏	7 ♐	15 ♌	20 ♈
24	0 ♍ 19	29 ♊ 19	4 ♑ 49	6 ♑ 19	20 ♌ 5	5 ♎ 27	4 ♉ 17	4 ♒ 17	2 ♋ 10	20 ♎ 19	4 ♐ 40	3 ♎ 0	6 ♐	9 ♏	7 ♐	16 ♌	20 ♈
25	1 ♍ 17	13 ♋ 45	4 ♑ 46	6 R 19	22 ♌ 2	6 ♎ 38	4 ♉ 37	4 ♒ 11	2 ♋ 15	20 ♎ 22	4 ♐ 41	3 ♎ 2	7 ♐	9 ♏	7 ♐	16 ♌	20 ♈
26	2 ♍ 15	28 ♋ 17	4 ♑ 43	6 ♑ 17	24 ♌ 1	7 ♎ 50	4 ♉ 56	4 ♒ 4	2 ♋ 20	20 ♎ 25	4 ♐ 41	3 ♎ 4	7 ♐	10 ♏	8 ♐	17 ♌	20 ♈
27	3 ♍ 13	12 ♌ 49	4 ♑ 40	6 ♑ 13	26 ♌ 0	9 ♎ 1	5 ♉ 15	3 ♒ 59	2 ♋ 25	20 ♎ 28	4 ♐ 41	3 ♎ 6	7 ♐	10 ♏	8 ♐	17 ♌	20 ♈
28	4 ♍ 11	27 ♌ 16	4 ♑ 37	6 ♑ 7	27 ♌ 59	10 ♎ 13	5 ♉ 34	3 ♒ 53	2 ♋ 31	20 ♎ 31	4 ♐ 42	3 ♎ 8	7 ♐	10 ♏	8 ♐	18 ♌	20 ♈
29	5 ♍ 9	11 ♍ 31	4 ♑ 33	5 ♑ 58	29 ♌ 58	11 ♎ 24	5 ♉ 51	3 ♒ 47	2 ♋ 35	20 ♎ 34	4 ♐ 42	3 ♎ 10	7 ♐	11 ♏	8 ♐	18 ♌	20 ♈
30	6 ♍ 7	25 ♍ 29	4 ♑ 30	5 ♑ 48	1 ♍ 57	12 ♎ 35	6 ♉ 8	3 ♒ 42	2 ♋ 40	20 ♎ 36	4 ♐ 42	3 ♎ 12	8 ♐	11 ♏	8 ♐	19 ♌	20 ♈
31	7 ♍ 5	9 ♎ 6	4 ♑ 27	5 ♑ 38	3 ♍ 55	13 ♎ 46	6 ♉ 25	3 ♒ 36	2 ♋ 45	20 ♎ 39	4 ♐ 43	3 ♎ 14	8 ♐	11 ♏	8 ♐	19 ♌	20 ♈

SUN INGRESS	☉ → ♍ 23日 15:53
MOON PHASE	◐ 6日 07:27 ♏ ○ 14日 11:16 ♒ ◑ 21日 19:22 ♉ ● 28日 12:25 ♍

aspects

11日	05:35	☿□♂
13日	03:11	☉⚹♅
13日	22:38	☿⚹♇
15日	07:14	☿△♆
15日	15:53	☿☍♃
16日	12:17	♂⚹♄
20日	10:20	♃⚹♆
21日	00:27	♀□♄
21日	21:15	♀☌♇
23日	02:19	♀△♃
23日	08:17	♀⚹♆
24日	00:01	♂□♃
24日	03:02	☿⚹♅
26日	02:31	☉⚹♄
28日	12:50	☉□♆
30日	00:59	☉△♂
30日	09:15	☿⚹♄
31日	09:45	☿□♆

1973年9月

DAY	☉	☽	☊ mean	☊ true	☿	♀	♂	♃	♄	♅	♆	♇	⚳	⚴	⚵	⚶	⚷
	° ′	° ′	° ′	° ′	° ′	° ′	° ′	° ′	° ′	° ′	° ′	° ′	°	°	°	°	°
1	8 ♍ 3	22 ♎ 19	4 ♑ 24	5 R 30	5 D 53	14 D 57	6 D 40	3 R 31	2 D 50	20 D 42	4 D 43	3 D 16	8 D	12 D	8 D	20 D	20 R
2	9 ♍ 1	5 ♏ 8	4 ♑ 21	5 ♑ 23	7 ♍ 50	16 ♎ 8	6 ♉ 55	3 ♒ 26	2 ♋ 55	20 ♎ 45	4 ♐ 44	3 ♎ 19	8 ♐	12 ♏	9 ♐	20 ♌	20 ♈
3	9 ♍ 59	17 ♏ 37	4 ♑ 17	5 ♑ 18	9 ♍ 46	17 ♎ 19	7 ♉ 10	3 ♒ 21	2 ♋ 59	20 ♎ 49	4 ♐ 44	3 ♎ 21	8 ♐	12 ♏	9 ♐	20 ♌	20 ♈
4	10 ♍ 57	29 ♏ 47	4 ♑ 14	5 ♑ 15	11 ♍ 41	18 ♎ 30	7 ♉ 23	3 ♒ 16	3 ♋ 4	20 ♎ 52	4 ♐ 45	3 ♎ 23	9 ♐	13 ♏	9 ♐	21 ♌	20 ♈
5	11 ♍ 55	11 ♐ 45	4 ♑ 11	5 ♑ 15	13 ♍ 36	19 ♎ 41	7 ♉ 36	3 ♒ 12	3 ♋ 8	20 ♎ 55	4 ♐ 45	3 ♎ 25	9 ♐	13 ♏	9 ♐	21 ♌	20 ♈
6	12 ♍ 53	23 ♐ 36	4 ♑ 8	5 D 15	15 ♍ 29	20 ♎ 52	7 ♉ 48	3 ♒ 8	3 ♋ 12	20 ♎ 58	4 ♐ 46	3 ♎ 27	9 ♐	13 ♏	9 ♐	22 ♌	20 ♈
7	13 ♍ 52	5 ♑ 24	4 ♑ 5	5 R 15	17 ♍ 21	22 ♎ 3	8 ♉ 0	3 ♒ 3	3 ♋ 16	21 ♎ 1	4 ♐ 47	3 ♎ 29	9 ♐	14 ♏	9 ♐	22 ♌	20 ♈
8	14 ♍ 50	17 ♑ 15	4 ♑ 2	5 ♑ 15	19 ♍ 12	23 ♎ 14	8 ♉ 11	2 ♒ 59	3 ♋ 21	21 ♎ 4	4 ♐ 47	3 ♎ 32	10 ♐	14 ♏	10 ♐	23 ♌	20 ♈
9	15 ♍ 48	29 ♑ 14	3 ♑ 58	5 ♑ 12	21 ♍ 2	24 ♎ 24	8 ♉ 20	2 ♒ 55	3 ♋ 25	21 ♎ 8	4 ♐ 48	3 ♎ 34	10 ♐	15 ♏	10 ♐	23 ♌	20 ♈
10	16 ♍ 46	11 ♒ 25	3 ♑ 55	5 ♑ 7	22 ♍ 50	25 ♎ 35	8 ♉ 30	2 ♒ 52	3 ♋ 29	21 ♎ 11	4 ♐ 49	3 ♎ 36	10 ♐	15 ♏	10 ♐	24 ♌	19 ♈
11	17 ♍ 45	23 ♒ 51	3 ♑ 52	5 ♑ 0	24 ♍ 38	26 ♎ 46	8 ♉ 38	2 ♒ 48	3 ♋ 32	21 ♎ 14	4 ♐ 50	3 ♎ 38	10 ♐	15 ♏	10 ♐	24 ♌	19 ♈
12	18 ♍ 43	6 ♓ 33	3 ♑ 49	4 ♑ 50	26 ♍ 25	27 ♎ 56	8 ♉ 45	2 ♒ 45	3 ♋ 36	21 ♎ 17	4 ♐ 51	3 ♎ 40	10 ♐	16 ♏	10 ♐	25 ♌	19 ♈
13	19 ♍ 41	19 ♓ 33	3 ♑ 46	4 ♑ 38	28 ♍ 10	29 ♎ 6	8 ♉ 52	2 ♒ 42	3 ♋ 40	21 ♎ 21	4 ♐ 51	3 ♎ 43	11 ♐	16 ♏	10 ♐	25 ♌	19 ♈
14	20 ♍ 40	2 ♈ 49	3 ♑ 43	4 ♑ 26	29 ♍ 54	0 ♏ 17	8 ♉ 58	2 ♒ 39	3 ♋ 44	21 ♎ 24	4 ♐ 52	3 ♎ 45	11 ♐	16 ♏	11 ♐	25 ♌	19 ♈
15	21 ♍ 38	16 ♈ 19	3 ♑ 39	4 ♑ 14	1 ♎ 37	1 ♏ 27	9 ♉ 3	2 ♒ 36	3 ♋ 47	21 ♎ 27	4 ♐ 53	3 ♎ 47	11 ♐	17 ♏	11 ♐	26 ♌	19 ♈
16	22 ♍ 37	0 ♉ 0	3 ♑ 36	4 ♑ 4	3 ♎ 19	2 ♏ 37	9 ♉ 7	2 ♒ 33	3 ♋ 50	21 ♎ 31	4 ♐ 54	3 ♎ 49	11 ♐	17 ♏	11 ♐	26 ♌	19 ♈
17	23 ♍ 35	13 ♉ 50	3 ♑ 33	3 ♑ 57	5 ♎ 0	3 ♏ 47	9 ♉ 11	2 ♒ 31	3 ♋ 54	21 ♎ 34	4 ♐ 55	3 ♎ 52	12 ♐	17 ♏	11 ♐	27 ♌	19 ♈
18	24 ♍ 34	27 ♉ 47	3 ♑ 30	3 ♑ 52	6 ♎ 40	4 ♏ 58	9 ♉ 13	2 ♒ 29	3 ♋ 57	21 ♎ 38	4 ♐ 56	3 ♎ 54	12 ♐	18 ♏	11 ♐	27 ♌	19 ♈
19	25 ♍ 32	11 ♊ 48	3 ♑ 27	3 ♑ 50	8 ♎ 19	6 ♏ 8	9 ♉ 15	2 ♒ 27	4 ♋ 0	21 ♎ 41	4 ♐ 57	3 ♎ 56	12 ♐	18 ♏	12 ♐	28 ♌	19 ♈
20	26 ♍ 31	25 ♊ 52	3 ♑ 23	3 ♑ 50	9 ♎ 57	7 ♏ 18	9 ♉ 16	2 ♒ 25	4 ♋ 3	21 ♎ 45	4 ♐ 58	3 ♎ 58	13 ♐	19 ♏	12 ♐	28 ♌	19 ♈
21	27 ♍ 29	9 ♋ 59	3 ♑ 20	3 ♑ 50	11 ♎ 34	8 ♏ 27	9 R 16	2 ♒ 23	4 ♋ 6	21 ♎ 48	4 ♐ 59	4 ♎ 1	13 ♐	19 ♏	12 ♐	29 ♌	19 ♈
22	28 ♍ 28	24 ♋ 8	3 ♑ 17	3 ♑ 49	13 ♎ 9	9 ♏ 37	9 ♉ 15	2 ♒ 22	4 ♋ 9	21 ♎ 52	5 ♐ 0	4 ♎ 3	13 ♐	19 ♏	12 ♐	29 ♌	19 ♈
23	29 ♍ 27	8 ♌ 17	3 ♑ 14	3 ♑ 46	14 ♎ 44	10 ♏ 47	9 ♉ 13	2 ♒ 20	4 ♋ 11	21 ♎ 55	5 ♐ 2	4 ♎ 5	13 ♐	20 ♏	13 ♐	29 ♌	19 ♈
24	0 ♎ 26	22 ♌ 24	3 ♑ 11	3 ♑ 40	16 ♎ 18	11 ♏ 57	9 ♉ 10	2 ♒ 19	4 ♋ 14	21 ♎ 59	5 ♐ 3	4 ♎ 8	14 ♐	20 ♏	13 ♐	0 ♍	19 ♈
25	1 ♎ 24	6 ♍ 25	3 ♑ 8	3 ♑ 31	17 ♎ 51	13 ♏ 6	9 ♉ 6	2 ♒ 18	4 ♋ 17	22 ♎ 2	5 ♐ 4	4 ♎ 10	14 ♐	20 ♏	13 ♐	0 ♍	19 ♈
26	2 ♎ 23	20 ♍ 18	3 ♑ 4	3 ♑ 20	19 ♎ 23	14 ♏ 16	9 ♉ 1	2 ♒ 18	4 ♋ 19	22 ♎ 6	5 ♐ 5	4 ♎ 12	14 ♐	21 ♏	13 ♐	1 ♍	19 ♈
27	3 ♎ 22	3 ♎ 57	3 ♑ 1	3 ♑ 7	20 ♎ 54	15 ♏ 25	8 ♉ 56	2 ♒ 17	4 ♋ 21	22 ♎ 10	5 ♐ 6	4 ♎ 14	14 ♐	21 ♏	13 ♐	1 ♍	19 ♈
28	4 ♎ 21	17 ♎ 19	2 ♑ 58	2 ♑ 55	22 ♎ 25	16 ♏ 34	8 ♉ 49	2 ♒ 17	4 ♋ 24	22 ♎ 13	5 ♐ 8	4 ♎ 17	15 ♐	22 ♏	14 ♐	2 ♍	19 ♈
29	5 ♎ 20	0 ♏ 22	2 ♑ 55	2 ♑ 43	23 ♎ 54	17 ♏ 44	8 ♉ 42	2 D 17	4 ♋ 26	22 ♎ 17	5 ♐ 9	4 ♎ 19	15 ♐	22 ♏	14 ♐	2 ♍	19 ♈
30	6 ♎ 19	13 ♏ 6	2 ♑ 52	2 ♑ 33	25 ♎ 22	18 ♏ 53	8 ♉ 34	2 ♒ 17	4 ♋ 28	22 ♎ 21	5 ♐ 10	4 ♎ 21	15 ♐	22 ♏	14 ♐	3 ♍	19 ♈

SUN INGRESS: ☉ → ♎ 23日 13:21

MOON PHASE: ◐ 5日 00:22 ♐ ○ 13日 00:16 ♓ ◑ 20日 01:11 ♊ ● 26日 22:54 ♎

aspects		
1日	11:13	☿△♂
3日	01:39	♃△♇
3日	05:24	☉☌☿
6日	02:01	♀☌♅
15日	02:25	♄□♇
15日	13:26	☿△♃
15日	22:39	♀□♃
16日	07:19	☿☌♇
16日	07:39	☿□♄
16日	22:47	☿⚹♆
17日	02:13	♀△♄
21日	16:21	♀☍♂
25日	21:48	☉△♃
27日	20:52	☿☌♅
27日	22:15	☉☌♇
28日	01:06	☉□♄
28日	19:30	☉⚹♆

1973年10月

DAY	☉	☽	☊ mean	☊ true	☿	♀	♂	♃	♄	♅	♆	♇	⚳	⚴	⚵	⚶	⚷
	° ′	° ′	° ′	° ′	° ′	° ′	° ′	° ′	° ′	° ′	° ′	° ′	°	°	°	°	°
1	7 ♎ 18	25 ♏ 31	2 ♑ 48	2 R 26	26 D 49	20 D 2	8 R 25	2 D 17	4 D 29	22 D 24	5 D 12	4 D 24	16 D	23 D	14 D	3 D	19 R
2	8 ♎ 17	7 ♐ 40	2 ♑ 45	2 ♑ 22	28 ♎ 16	21 ♏ 11	8 ♉ 15	2 ♒ 18	4 ♋ 31	22 ♎ 28	5 ♐ 13	4 ♎ 26	16 ♐	23 ♏	15 ♐	4 ♍	19 ♈
3	9 ♎ 16	19 ♐ 37	2 ♑ 42	2 ♑ 20	29 ♎ 41	22 ♏ 20	8 ♉ 4	2 ♒ 19	4 ♋ 33	22 ♎ 32	5 ♐ 15	4 ♎ 28	16 ♐	23 ♏	15 ♐	4 ♍	19 ♈
4	10 ♎ 15	1 ♑ 27	2 ♑ 39	2 ♑ 19	1 ♏ 6	23 ♏ 29	7 ♉ 53	2 ♒ 19	4 ♋ 34	22 ♎ 35	5 ♐ 16	4 ♎ 31	17 ♐	24 ♏	15 ♐	4 ♍	19 ♈
5	11 ♎ 14	13 ♑ 15	2 ♑ 36	2 ♑ 19	2 ♏ 29	24 ♏ 37	7 ♉ 41	2 ♒ 21	4 ♋ 36	22 ♎ 39	5 ♐ 18	4 ♎ 33	17 ♐	24 ♏	15 ♐	5 ♍	18 ♈
6	12 ♎ 13	25 ♑ 6	2 ♑ 33	2 ♑ 19	3 ♏ 51	25 ♏ 46	7 ♉ 28	2 ♒ 22	4 ♋ 37	22 ♎ 43	5 ♐ 19	4 ♎ 35	17 ♐	25 ♏	16 ♐	5 ♍	18 ♈
7	13 ♎ 12	7 ♒ 7	2 ♑ 29	2 ♑ 17	5 ♏ 12	26 ♏ 54	7 ♉ 14	2 ♒ 23	4 ♋ 38	22 ♎ 47	5 ♐ 21	4 ♎ 37	17 ♐	25 ♏	16 ♐	6 ♍	18 ♈
8	14 ♎ 11	19 ♒ 21	2 ♑ 26	2 ♑ 12	6 ♏ 33	28 ♏ 3	7 ♉ 0	2 ♒ 25	4 ♋ 40	22 ♎ 50	5 ♐ 22	4 ♎ 40	18 ♐	25 ♏	16 ♐	6 ♍	18 ♈
9	15 ♎ 11	1 ♓ 54	2 ♑ 23	2 ♑ 5	7 ♏ 51	29 ♏ 11	6 ♉ 45	2 ♒ 27	4 ♋ 41	22 ♎ 54	5 ♐ 24	4 ♎ 42	18 ♐	26 ♏	17 ♐	7 ♍	18 ♈
10	16 ♎ 10	14 ♓ 47	2 ♑ 20	1 ♑ 55	9 ♏ 9	0 ♐ 19	6 ♉ 29	2 ♒ 29	4 ♋ 41	22 ♎ 58	5 ♐ 25	4 ♎ 44	18 ♐	26 ♏	17 ♐	7 ♍	18 ♈
11	17 ♎ 9	28 ♓ 2	2 ♑ 17	1 ♑ 44	10 ♏ 25	1 ♐ 27	6 ♉ 13	2 ♒ 31	4 ♋ 42	23 ♎ 2	5 ♐ 27	4 ♎ 46	19 ♐	27 ♏	17 ♐	8 ♍	18 ♈
12	18 ♎ 9	11 ♈ 38	2 ♑ 14	1 ♑ 32	11 ♏ 40	2 ♐ 35	5 ♉ 56	2 ♒ 34	4 ♋ 43	23 ♎ 5	5 ♐ 29	4 ♎ 49	19 ♐	27 ♏	17 ♐	8 ♍	18 ♈
13	19 ♎ 8	25 ♈ 32	2 ♑ 10	1 ♑ 21	12 ♏ 54	3 ♐ 43	5 ♉ 38	2 ♒ 36	4 ♋ 44	23 ♎ 9	5 ♐ 30	4 ♎ 51	19 ♐	27 ♏	18 ♐	8 ♍	18 ♈
14	20 ♎ 7	9 ♉ 40	2 ♑ 7	1 ♑ 11	14 ♏ 5	4 ♐ 50	5 ♉ 21	2 ♒ 39	4 ♋ 44	23 ♎ 13	5 ♐ 32	4 ♎ 53	20 ♐	28 ♏	18 ♐	9 ♍	18 ♈
15	21 ♎ 7	23 ♉ 56	2 ♑ 4	1 ♑ 4	15 ♏ 15	5 ♐ 58	5 ♉ 2	2 ♒ 42	4 ♋ 44	23 ♎ 17	5 ♐ 34	4 ♎ 55	20 ♐	28 ♏	18 ♐	9 ♍	18 ♈
16	22 ♎ 6	8 ♊ 16	2 ♑ 1	0 ♑ 59	16 ♏ 23	7 ♐ 5	4 ♉ 44	2 ♒ 45	4 ♋ 45	23 ♎ 20	5 ♐ 35	4 ♎ 58	20 ♐	29 ♏	19 ♐	10 ♍	18 ♈
17	23 ♎ 6	22 ♊ 35	1 ♑ 58	0 ♑ 57	17 ♏ 30	8 ♐ 12	4 ♉ 25	2 ♒ 49	4 ♋ 45	23 ♎ 24	5 ♐ 37	5 ♎ 0	21 ♐	29 ♏	19 ♐	10 ♍	18 ♈
18	24 ♎ 5	6 ♋ 49	1 ♑ 54	0 D 57	18 ♏ 33	9 ♐ 19	4 ♉ 5	2 ♒ 52	4 R 45	23 ♎ 28	5 ♐ 39	5 ♎ 2	21 ♐	29 ♏	19 ♐	11 ♍	18 ♈
19	25 ♎ 5	20 ♋ 58	1 ♑ 51	0 ♑ 58	19 ♏ 35	10 ♐ 26	3 ♉ 45	2 ♒ 56	4 ♋ 45	23 ♎ 32	5 ♐ 41	5 ♎ 4	21 ♐	0 ♐	19 ♐	11 ♍	18 ♈
20	26 ♎ 4	5 ♌ 0	1 ♑ 48	0 R 57	20 ♏ 33	11 ♐ 33	3 ♉ 26	3 ♒ 0	4 ♋ 44	23 ♎ 36	5 ♐ 43	5 ♎ 6	22 ♐	0 ♐	20 ♐	11 ♍	18 ♈
21	27 ♎ 4	18 ♌ 54	1 ♑ 45	0 ♑ 55	21 ♏ 29	12 ♐ 39	3 ♉ 5	3 ♒ 4	4 ♋ 44	23 ♎ 39	5 ♐ 44	5 ♎ 9	22 ♐	1 ♐	20 ♐	12 ♍	18 ♈
22	28 ♎ 4	2 ♍ 40	1 ♑ 42	0 ♑ 51	22 ♏ 22	13 ♐ 46	2 ♉ 45	3 ♒ 9	4 ♋ 44	23 ♎ 43	5 ♐ 46	5 ♎ 11	22 ♐	1 ♐	20 ♐	12 ♍	18 ♈
23	29 ♎ 3	16 ♍ 17	1 ♑ 39	0 ♑ 44	23 ♏ 10	14 ♐ 52	2 ♉ 25	3 ♒ 13	4 ♋ 43	23 ♎ 47	5 ♐ 48	5 ♎ 13	23 ♐	1 ♐	21 ♐	13 ♍	18 ♈
24	0 ♏ 3	29 ♍ 44	1 ♑ 35	0 ♑ 35	23 ♏ 55	15 ♐ 58	2 ♉ 5	3 ♒ 18	4 ♋ 42	23 ♎ 51	5 ♐ 50	5 ♎ 15	23 ♐	2 ♐	21 ♐	13 ♍	18 ♈
25	1 ♏ 3	12 ♎ 59	1 ♑ 32	0 ♑ 24	24 ♏ 36	17 ♐ 4	1 ♉ 45	3 ♒ 23	4 ♋ 42	23 ♎ 54	5 ♐ 52	5 ♎ 17	23 ♐	2 ♐	21 ♐	14 ♍	18 ♈
26	2 ♏ 3	26 ♎ 0	1 ♑ 29	0 ♑ 13	25 ♏ 11	18 ♐ 9	1 ♉ 24	3 ♒ 28	4 ♋ 41	23 ♎ 58	5 ♐ 54	5 ♎ 19	24 ♐	3 ♐	22 ♐	14 ♍	18 ♈
27	3 ♏ 3	8 ♏ 46	1 ♑ 26	0 ♑ 3	25 ♏ 41	19 ♐ 15	1 ♉ 4	3 ♒ 33	4 ♋ 40	24 ♎ 2	5 ♐ 56	5 ♎ 21	24 ♐	3 ♐	22 ♐	14 ♍	17 ♈
28	4 ♏ 3	21 ♏ 17	1 ♑ 23	29 ♐ 55	26 ♏ 5	20 ♐ 20	0 ♉ 45	3 ♒ 38	4 ♋ 39	24 ♎ 6	5 ♐ 58	5 ♎ 24	24 ♐	3 ♐	22 ♐	15 ♍	17 ♈
29	5 ♏ 3	3 ♐ 34	1 ♑ 20	29 ♐ 49	26 ♏ 23	21 ♐ 25	0 ♉ 25	3 ♒ 44	4 ♋ 37	24 ♎ 9	6 ♐ 0	5 ♎ 26	25 ♐	4 ♐	22 ♐	15 ♍	17 ♈
30	6 ♏ 3	15 ♐ 39	1 ♑ 16	29 ♐ 46	26 ♏ 33	22 ♐ 30	0 ♉ 6	3 ♒ 50	4 ♋ 36	24 ♎ 13	6 ♐ 2	5 ♎ 28	25 ♐	4 ♐	23 ♐	16 ♍	17 ♈
31	7 ♏ 2	27 ♐ 33	1 ♑ 13	29 ♐ 44	26 R 35	23 ♐ 35	29 ♈ 47	3 ♒ 55	4 ♋ 35	24 ♎ 17	6 ♐ 4	5 ♎ 30	25 ♐	5 ♐	23 ♐	16 ♍	17 ♈

SUN INGRESS: ☉ → ♏ 23日 22:30

MOON PHASE: ◐ 4日 19:32 ♑ ○ 12日 12:09 ♈ ◑ 19日 07:33 ♋ ● 26日 12:16 ♏

aspects		
4日	21:32	☿□♃
6日	13:46	☿△♄
7日	21:48	♄□♇
8日	06:56	☿☍♂
11日	23:35	♀⚹♃
14日	01:08	♀⚹♇
14日	15:16	♀☌♆
15日	22:47	♂⚹♄
17日	08:00	☉☌♅
21日	01:12	♂□♃
25日	12:27	☉☍♂
27日	13:16	☉□♃
28日	14:09	☉△♄
31日	16:34	♀⚹♅

1973年11月

DAY	☉	☽	☊ mean	☊ true	☿	♀	♂	♃	♄	♅	♆	♇	⚳	⚴	⚵	⚶	⚷
	° ′	° ′	° ′	° ′	° ′	° ′	° ′	° ′	° ′	° ′	° ′	° ′	°	°	°	°	°
1	8 ♏ 3	9 ♑ 21	1 ♑ 10	29 D 45	26 R 30	24 D 39	29 R 28	4 D 2	4 R 33	24 D 21	6 D 6	5 D 32	26 D	5 D	23 D	17 D	17 R
2	9 ♏ 3	21 ♑ 8	1 ♑ 7	29 ♐ 46	26 ♏ 15	25 ♐ 44	29 ♈ 10	4 ♒ 8	4 ♋ 31	24 ♎ 24	6 ♐ 8	5 ♎ 34	26 ♐	5 ♐	24 ♐	17 ♍	17 ♈
3	10 ♏ 3	2 ♒ 59	1 ♑ 4	29 ♐ 47	25 ♏ 51	26 ♐ 48	28 ♈ 53	4 ♒ 14	4 ♋ 30	24 ♎ 28	6 ♐ 10	5 ♎ 36	26 ♐	6 ♐	24 ♐	17 ♍	17 ♈
4	11 ♏ 3	14 ♒ 58	1 ♑ 0	29 R 47	25 ♏ 17	27 ♐ 51	28 ♈ 36	4 ♒ 21	4 ♋ 28	24 ♎ 32	6 ♐ 12	5 ♎ 38	27 ♐	6 ♐	24 ♐	18 ♍	17 ♈
5	12 ♏ 3	27 ♒ 11	0 ♑ 57	29 ♐ 46	24 ♏ 34	28 ♐ 55	28 ♈ 19	4 ♒ 27	4 ♋ 26	24 ♎ 35	6 ♐ 14	5 ♎ 40	27 ♐	7 ♐	25 ♐	18 ♍	17 ♈
6	13 ♏ 3	9 ♓ 43	0 ♑ 54	29 ♐ 43	23 ♏ 41	29 ♐ 58	28 ♈ 3	4 ♒ 34	4 ♋ 24	24 ♎ 39	6 ♐ 16	5 ♎ 42	28 ♐	7 ♐	25 ♐	19 ♍	17 ♈
7	14 ♏ 3	22 ♓ 39	0 ♑ 51	29 ♐ 37	22 ♏ 40	1 ♑ 1	27 ♈ 48	4 ♒ 41	4 ♋ 22	24 ♎ 43	6 ♐ 18	5 ♎ 43	28 ♐	8 ♐	25 ♐	19 ♍	17 ♈
8	15 ♏ 3	5 ♈ 59	0 ♑ 48	29 ♐ 31	21 ♏ 31	2 ♑ 3	27 ♈ 33	4 ♒ 49	4 ♋ 19	24 ♎ 46	6 ♐ 21	5 ♎ 45	28 ♐	8 ♐	26 ♐	20 ♍	17 ♈
9	16 ♏ 4	19 ♈ 45	0 ♑ 45	29 ♐ 23	20 ♏ 16	3 ♑ 5	27 ♈ 19	4 ♒ 56	4 ♋ 17	24 ♎ 50	6 ♐ 23	5 ♎ 47	29 ♐	8 ♐	26 ♐	20 ♍	17 ♈
10	17 ♏ 4	3 ♉ 54	0 ♑ 41	29 ♐ 16	18 ♏ 58	4 ♑ 7	27 ♈ 6	5 ♒ 3	4 ♋ 15	24 ♎ 53	6 ♐ 25	5 ♎ 49	29 ♐	9 ♐	26 ♐	20 ♍	17 ♈
11	18 ♏ 4	18 ♉ 23	0 ♑ 38	29 ♐ 10	17 ♏ 38	5 ♑ 9	26 ♈ 53	5 ♒ 11	4 ♋ 12	24 ♎ 57	6 ♐ 27	5 ♎ 51	29 ♐	9 ♐	27 ♐	21 ♍	17 ♈
12	19 ♏ 4	3 ♊ 4	0 ♑ 35	29 ♐ 6	16 ♏ 19	6 ♑ 10	26 ♈ 42	5 ♒ 19	4 ♋ 9	25 ♎ 1	6 ♐ 29	5 ♎ 53	0 ♑	10 ♐	27 ♐	21 ♍	17 ♈
13	20 ♏ 5	17 ♊ 50	0 ♑ 32	29 ♐ 4	15 ♏ 4	7 ♑ 11	26 ♈ 30	5 ♒ 27	4 ♋ 7	25 ♎ 4	6 ♐ 31	5 ♎ 55	0 ♑	10 ♐	27 ♐	22 ♍	17 ♈
14	21 ♏ 5	2 ♋ 35	0 ♑ 29	29 D 3	13 ♏ 55	8 ♑ 12	26 ♈ 20	5 ♒ 35	4 ♋ 4	25 ♎ 8	6 ♐ 34	5 ♎ 56	0 ♑	10 ♐	28 ♐	22 ♍	17 ♈
15	22 ♏ 6	17 ♋ 11	0 ♑ 25	29 ♐ 4	12 ♏ 54	9 ♑ 12	26 ♈ 10	5 ♒ 43	4 ♋ 1	25 ♎ 11	6 ♐ 36	5 ♎ 58	1 ♑	11 ♐	28 ♐	22 ♍	17 ♈
16	23 ♏ 6	1 ♌ 35	0 ♑ 22	29 ♐ 5	12 ♏ 3	10 ♑ 11	26 ♈ 2	5 ♒ 51	3 ♋ 58	25 ♎ 15	6 ♐ 38	6 ♎ 0	1 ♑	11 ♐	28 ♐	23 ♍	17 ♈
17	24 ♏ 6	15 ♌ 44	0 ♑ 19	29 ♐ 7	11 ♏ 23	11 ♑ 11	25 ♈ 54	6 ♒ 0	3 ♋ 55	25 ♎ 18	6 ♐ 40	6 ♎ 1	2 ♑	12 ♐	29 ♐	23 ♍	17 ♈
18	25 ♏ 7	29 ♌ 36	0 ♑ 16	29 R 7	10 ♏ 55	12 ♑ 10	25 ♈ 46	6 ♒ 9	3 ♋ 51	25 ♎ 21	6 ♐ 42	6 ♎ 3	2 ♑	12 ♐	29 ♐	24 ♍	17 ♈
19	26 ♏ 7	13 ♍ 12	0 ♑ 13	29 ♐ 6	10 ♏ 38	13 ♑ 8	25 ♈ 40	6 ♒ 17	3 ♋ 48	25 ♎ 25	6 ♐ 45	6 ♎ 5	2 ♑	12 ♐	29 ♐	24 ♍	17 ♈
20	27 ♏ 8	26 ♍ 33	0 ♑ 10	29 ♐ 3	10 D 33	14 ♑ 6	25 ♈ 34	6 ♒ 26	3 ♋ 45	25 ♎ 28	6 ♐ 47	6 ♎ 6	3 ♑	13 ♐	0 ♑	24 ♍	17 ♈
21	28 ♏ 9	9 ♎ 39	0 ♑ 6	28 ♐ 59	10 ♏ 39	15 ♑ 4	25 ♈ 30	6 ♒ 35	3 ♋ 41	25 ♎ 32	6 ♐ 49	6 ♎ 8	3 ♑	13 ♐	0 ♑	25 ♍	17 ♈
22	29 ♏ 9	22 ♎ 32	0 ♑ 3	28 ♐ 54	10 ♏ 55	16 ♑ 1	25 ♈ 26	6 ♒ 44	3 ♋ 38	25 ♎ 35	6 ♐ 51	6 ♎ 10	3 ♑	14 ♐	1 ♑	25 ♍	16 ♈
23	0 ♐ 10	5 ♏ 11	0 ♑ 0	28 ♐ 48	11 ♏ 20	16 ♑ 57	25 ♈ 22	6 ♒ 54	3 ♋ 34	25 ♎ 38	6 ♐ 54	6 ♎ 11	4 ♑	14 ♐	1 ♑	26 ♍	16 ♈
24	1 ♐ 11	17 ♏ 38	29 ♐ 57	28 ♐ 44	11 ♏ 54	17 ♑ 53	25 ♈ 20	7 ♒ 3	3 ♋ 30	25 ♎ 41	6 ♐ 56	6 ♎ 13	4 ♑	15 ♐	1 ♑	26 ♍	16 ♈
25	2 ♐ 11	29 ♏ 54	29 ♐ 54	28 ♐ 40	12 ♏ 36	18 ♑ 49	25 ♈ 19	7 ♒ 13	3 ♋ 26	25 ♎ 45	6 ♐ 58	6 ♎ 14	5 ♑	15 ♐	2 ♑	26 ♍	16 ♈
26	3 ♐ 12	12 ♐ 0	29 ♐ 51	28 ♐ 37	13 ♏ 25	19 ♑ 43	25 ♈ 18	7 ♒ 22	3 ♋ 22	25 ♎ 48	7 ♐ 0	6 ♎ 16	5 ♑	15 ♐	2 ♑	27 ♍	16 ♈
27	4 ♐ 13	23 ♐ 57	29 ♐ 47	28 ♐ 36	14 ♏ 19	20 ♑ 38	25 D 18	7 ♒ 32	3 ♋ 19	25 ♎ 51	7 ♐ 3	6 ♎ 17	5 ♑	16 ♐	2 ♑	27 ♍	16 ♈
28	5 ♐ 13	5 ♑ 48	29 ♐ 44	28 D 36	15 ♏ 19	21 ♑ 31	25 ♈ 19	7 ♒ 42	3 ♋ 14	25 ♎ 54	7 ♐ 5	6 ♎ 19	6 ♑	16 ♐	3 ♑	28 ♍	16 ♈
29	6 ♐ 14	17 ♑ 35	29 ♐ 41	28 ♐ 37	16 ♏ 24	22 ♑ 24	25 ♈ 21	7 ♒ 52	3 ♋ 10	25 ♎ 57	7 ♐ 7	6 ♎ 20	6 ♑	17 ♐	3 ♑	28 ♍	16 ♈
30	7 ♐ 15	29 ♑ 22	29 ♐ 38	28 ♐ 39	17 ♏ 32	23 ♑ 17	25 ♈ 23	8 ♒ 2	3 ♋ 6	26 ♎ 0	7 ♐ 9	6 ♎ 21	6 ♑	17 ♐	3 ♑	28 ♍	16 ♈

SUN INGRESS	☉ → ♐ 22日 19:54
MOON PHASE	◐ 3日 15:29 ♒　○ 10日 23:27 ♉　◑ 17日 15:34 ♌　● 25日 04:55 ♐

aspects		
4日	13:19	♀△♂
10日	02:41	♀☍♄
10日	19:31	☉☌☿
11日	16:57	♀□♇
17日	03:16	☿⚹♀
17日	05:35	♃△♇
20日	18:00	♂☍♅
22日	23:30	♃⚹♆
29日	02:17	☉⚹♇
29日	21:42	☉☌♆
30日	22:30	☉⚹♃

1973年12月

DAY	☉	☽	☊ mean	☊ true	☿	♀	♂	♃	♄	♅	♆	♇	⚳	⚴	⚵	⚶	⚷
	° ′	° ′	° ′	° ′	° ′	° ′	° ′	° ′	° ′	° ′	° ′	° ′	°	°	°	°	°
1	8 ♐ 16	11 ♒ 12	29 ♐ 35	28 D 41	18 D 44	24 D 8	25 D 26	8 D 13	3 R 2	26 D 3	7 D 12	6 D 23	7 D	17 D	4 D	29 D	16 R
2	9 ♐ 17	23 ♒ 10	29 ♐ 31	28 ♐ 42	19 ♏ 59	24 ♑ 59	25 ♈ 30	8 ♒ 23	2 ♋ 58	26 ♎ 6	7 ♐ 14	6 ♎ 24	7 ♑	18 ♐	4 ♑	29 ♍	16 ♈
3	10 ♐ 17	5 ♓ 20	29 ♐ 28	28 ♐ 43	21 ♏ 16	25 ♑ 49	25 ♈ 35	8 ♒ 34	2 ♋ 53	26 ♎ 9	7 ♐ 16	6 ♎ 25	8 ♑	18 ♐	4 ♑	0 ♎	16 ♈
4	11 ♐ 18	17 ♓ 48	29 ♐ 25	28 R 43	22 ♏ 36	26 ♑ 39	25 ♈ 41	8 ♒ 44	2 ♋ 49	26 ♎ 12	7 ♐ 18	6 ♎ 26	8 ♑	19 ♐	5 ♑	0 ♎	16 ♈
5	12 ♐ 19	0 ♈ 37	29 ♐ 22	28 ♐ 42	23 ♏ 57	27 ♑ 27	25 ♈ 47	8 ♒ 55	2 ♋ 45	26 ♎ 15	7 ♐ 21	6 ♎ 28	8 ♑	19 ♐	5 ♑	0 ♎	16 ♈
6	13 ♐ 20	13 ♈ 52	29 ♐ 19	28 ♐ 41	25 ♏ 20	28 ♑ 15	25 ♈ 54	9 ♒ 6	2 ♋ 40	26 ♎ 18	7 ♐ 23	6 ♎ 29	9 ♑	20 ♐	6 ♑	1 ♎	16 ♈
7	14 ♐ 21	27 ♈ 35	29 ♐ 16	28 ♐ 39	26 ♏ 44	29 ♑ 1	26 ♈ 2	9 ♒ 17	2 ♋ 36	26 ♎ 21	7 ♐ 25	6 ♎ 30	9 ♑	20 ♐	6 ♑	1 ♎	16 ♈
8	15 ♐ 22	11 ♉ 45	29 ♐ 12	28 ♐ 37	28 ♏ 10	29 ♑ 47	26 ♈ 10	9 ♒ 28	2 ♋ 31	26 ♎ 24	7 ♐ 27	6 ♎ 31	10 ♑	20 ♐	6 ♑	1 ♎	16 ♈
9	16 ♐ 23	26 ♉ 19	29 ♐ 9	28 ♐ 35	29 ♏ 36	0 ♒ 32	26 ♈ 19	9 ♒ 39	2 ♋ 26	26 ♎ 27	7 ♐ 30	6 ♎ 32	10 ♑	21 ♐	7 ♑	2 ♎	16 ♈
10	17 ♐ 24	11 ♊ 13	29 ♐ 6	28 ♐ 34	1 ♐ 3	1 ♒ 15	26 ♈ 29	9 ♒ 50	2 ♋ 22	26 ♎ 29	7 ♐ 32	6 ♎ 33	10 ♑	21 ♐	7 ♑	2 ♎	16 ♈
11	18 ♐ 25	26 ♊ 18	29 ♐ 3	28 ♐ 34	2 ♐ 31	1 ♒ 58	26 ♈ 39	10 ♒ 1	2 ♋ 17	26 ♎ 32	7 ♐ 34	6 ♎ 34	11 ♑	22 ♐	7 ♑	2 ♎	16 ♈
12	19 ♐ 26	11 ♋ 25	29 ♐ 0	28 D 34	4 ♐ 0	2 ♒ 40	26 ♈ 50	10 ♒ 13	2 ♋ 12	26 ♎ 35	7 ♐ 36	6 ♎ 35	11 ♑	22 ♐	8 ♑	3 ♎	16 ♈
13	20 ♐ 27	26 ♋ 26	28 ♐ 57	28 ♐ 35	5 ♐ 29	3 ♒ 20	27 ♈ 2	10 ♒ 24	2 ♋ 7	26 ♎ 37	7 ♐ 39	6 ♎ 36	11 ♑	22 ♐	8 ♑	3 ♎	16 ♈
14	21 ♐ 28	11 ♌ 13	28 ♐ 53	28 ♐ 35	6 ♐ 59	3 ♒ 59	27 ♈ 14	10 ♒ 36	2 ♋ 3	26 ♎ 40	7 ♐ 41	6 ♎ 37	12 ♑	23 ♐	9 ♑	4 ♎	16 ♈
15	22 ♐ 29	25 ♌ 39	28 ♐ 50	28 ♐ 36	8 ♐ 29	4 ♒ 37	27 ♈ 27	10 ♒ 48	1 ♋ 58	26 ♎ 42	7 ♐ 43	6 ♎ 38	12 ♑	23 ♐	9 ♑	4 ♎	16 ♈
16	23 ♐ 30	9 ♍ 42	28 ♐ 47	28 ♐ 36	9 ♐ 59	5 ♒ 13	27 ♈ 40	11 ♒ 0	1 ♋ 53	26 ♎ 45	7 ♐ 45	6 ♎ 39	13 ♑	24 ♐	9 ♑	4 ♎	16 ♈
17	24 ♐ 31	23 ♍ 22	28 ♐ 44	28 ♐ 36	11 ♐ 30	5 ♒ 49	27 ♈ 54	11 ♒ 11	1 ♋ 48	26 ♎ 47	7 ♐ 47	6 ♎ 40	13 ♑	24 ♐	10 ♑	5 ♎	16 ♈
18	25 ♐ 32	6 ♎ 39	28 ♐ 41	28 R 36	13 ♐ 1	6 ♒ 22	28 ♈ 8	11 ♒ 23	1 ♋ 43	26 ♎ 50	7 ♐ 50	6 ♎ 40	13 ♑	25 ♐	10 ♑	5 ♎	16 ♈
19	26 ♐ 33	19 ♎ 35	28 ♐ 37	28 ♐ 36	14 ♐ 32	6 ♒ 55	28 ♈ 23	11 ♒ 35	1 ♋ 38	26 ♎ 52	7 ♐ 52	6 ♎ 41	14 ♑	25 ♐	10 ♑	5 ♎	16 ♈
20	27 ♐ 34	2 ♏ 13	28 ♐ 34	28 ♐ 36	16 ♐ 4	7 ♒ 26	28 ♈ 39	11 ♒ 48	1 ♋ 33	26 ♎ 55	7 ♐ 54	6 ♎ 42	14 ♑	25 ♐	11 ♑	6 ♎	16 ♈
21	28 ♐ 35	14 ♏ 37	28 ♐ 31	28 D 36	17 ♐ 36	7 ♒ 55	28 ♈ 55	12 ♒ 0	1 ♋ 28	26 ♎ 57	7 ♐ 56	6 ♎ 43	15 ♑	26 ♐	11 ♑	6 ♎	16 ♈
22	29 ♐ 36	26 ♏ 48	28 ♐ 28	28 ♐ 36	19 ♐ 8	8 ♒ 22	29 ♈ 12	12 ♒ 12	1 ♋ 23	26 ♎ 59	7 ♐ 58	6 ♎ 43	15 ♑	26 ♐	12 ♑	6 ♎	16 ♈
23	0 ♑ 37	8 ♐ 51	28 ♐ 25	28 ♐ 36	20 ♐ 40	8 ♒ 48	29 ♈ 29	12 ♒ 25	1 ♋ 18	27 ♎ 1	8 ♐ 0	6 ♎ 44	15 ♑	27 ♐	12 ♑	7 ♎	16 ♈
24	1 ♑ 39	20 ♐ 46	28 ♐ 22	28 ♐ 36	22 ♐ 12	9 ♒ 12	29 ♈ 47	12 ♒ 37	1 ♋ 13	27 ♎ 3	8 ♐ 2	6 ♎ 45	16 ♑	27 ♐	12 ♑	7 ♎	16 ♈
25	2 ♑ 40	2 ♑ 37	28 ♐ 18	28 R 36	23 ♐ 45	9 ♒ 35	0 ♉ 5	12 ♒ 50	1 ♋ 8	27 ♎ 5	8 ♐ 5	6 ♎ 45	16 ♑	27 ♐	13 ♑	7 ♎	16 ♈
26	3 ♑ 41	14 ♑ 25	28 ♐ 15	28 ♐ 36	25 ♐ 18	9 ♒ 55	0 ♉ 23	13 ♒ 2	1 ♋ 3	27 ♎ 8	8 ♐ 7	6 ♎ 46	17 ♑	28 ♐	13 ♑	7 ♎	16 ♈
27	4 ♑ 42	26 ♑ 12	28 ♐ 12	28 ♐ 36	26 ♐ 51	10 ♒ 13	0 ♉ 42	13 ♒ 15	0 ♋ 58	27 ♎ 9	8 ♐ 9	6 ♎ 46	17 ♑	28 ♐	13 ♑	8 ♎	16 ♈
28	5 ♑ 43	8 ♒ 1	28 ♐ 9	28 ♐ 35	28 ♐ 25	10 ♒ 30	1 ♉ 2	13 ♒ 28	0 ♋ 53	27 ♎ 11	8 ♐ 11	6 ♎ 47	17 ♑	29 ♐	14 ♑	8 ♎	16 ♈
29	6 ♑ 44	19 ♒ 55	28 ♐ 6	28 ♐ 34	29 ♐ 59	10 ♒ 44	1 ♉ 22	13 ♒ 40	0 ♋ 49	27 ♎ 13	8 ♐ 13	6 ♎ 47	18 ♑	29 ♐	14 ♑	8 ♎	16 D
30	7 ♑ 45	1 ♓ 55	28 ♐ 3	28 ♐ 32	1 ♑ 33	10 ♒ 56	1 ♉ 42	13 ♒ 53	0 ♋ 44	27 ♎ 15	8 ♐ 15	6 ♎ 47	18 ♑	0 ♑	15 ♑	9 ♎	16 ♈
31	8 ♑ 47	14 ♓ 7	27 ♐ 59	28 ♐ 31	3 ♑ 7	11 ♒ 6	2 ♉ 3	14 ♒ 6	0 ♋ 39	27 ♎ 17	8 ♐ 17	6 ♎ 48	19 ♑	0 ♑	15 ♑	9 ♎	16 ♈

SUN INGRESS	☉ → ♑ 22日 09:08
MOON PHASE	◐ 3日 10:29 ♓　○ 10日 10:35 ♊　◑ 17日 02:13 ♍　● 25日 00:07 ♑

aspects		
2日	16:21	♀□♂
3日	10:23	♀□♅
10日	02:26	♂☍♅
10日	06:34	☿⚹♀
13日	18:11	☿⚹♇
14日	11:33	☿☌♆
16日	18:25	☿⚹♃
18日	13:32	♀△♇
19日	07:53	☉⚹♅
21日	01:08	♀⚹♆
21日	10:48	☉△♂
23日	14:50	☉☍♄
27日	04:46	☿⚹♅
27日	15:49	♂⚹♄
29日	01:02	☉☌♇
29日	12:08	☿☍♄
30日	03:07	☿△♂

1974年1月

DAY	☉	☽	☊ mean	☊ true	☿	♀	♂	♃	♄	♅	♆	♇	⚳	⚴	⚵	⚶	⚷
	° ′	° ′	° ′	° ′	° ′	° ′	° ′	° ′	° ′	° ′	° ′	° ′	°	°	°	°	°
1	9 ♑ 48	26 ♓ 33	27 ♐ 56	28 R 30	4 D 41	11 D 13	2 D 24	14 D 19	0 R 34	27 D 19	8 D 19	6 D 48	19 D	0 D	15 D	9 D	16 D
2	10 ♑ 49	9 ♈ 17	27 ♐ 53	28 ♐ 30	6 ♑ 16	11 ♒ 19	2 ♉ 46	14 ♒ 32	0 ♋ 29	27 ♎ 20	8 ♐ 21	6 ♎ 48	19 ♑	1 ♑	16 ♑	10 ♎	16 ♈
3	11 ♑ 50	22 ♈ 22	27 ♐ 50	28 D 30	7 ♑ 52	11 ♒ 21	3 ♉ 8	14 ♒ 46	0 ♋ 24	27 ♎ 22	8 ♐ 23	6 ♎ 48	20 ♑	1 ♑	16 ♑	10 ♎	16 ♈
4	12 ♑ 51	5 ♉ 53	27 ♐ 47	28 ♐ 31	9 ♑ 27	11 R 22	3 ♉ 30	14 ♒ 59	0 ♋ 19	27 ♎ 24	8 ♐ 25	6 ♎ 49	20 ♑	2 ♑	17 ♑	10 ♎	16 ♈
5	13 ♑ 52	19 ♉ 50	27 ♐ 43	28 ♐ 32	11 ♑ 3	11 ♒ 20	3 ♉ 53	15 ♒ 12	0 ♋ 15	27 ♎ 25	8 ♐ 27	6 ♎ 49	21 ♑	2 ♑	17 ♑	10 ♎	16 ♈
6	14 ♑ 54	4 ♊ 14	27 ♐ 40	28 ♐ 33	12 ♑ 39	11 ♒ 15	4 ♉ 16	15 ♒ 25	0 ♋ 10	27 ♎ 27	8 ♐ 29	6 ♎ 49	21 ♑	2 ♑	17 ♑	11 ♎	16 ♈
7	15 ♑ 55	19 ♊ 2	27 ♐ 37	28 ♐ 34	14 ♑ 16	11 ♒ 8	4 ♉ 39	15 ♒ 39	0 ♋ 5	27 ♎ 28	8 ♐ 31	6 ♎ 49	21 ♑	3 ♑	18 ♑	11 ♎	16 ♈
8	16 ♑ 56	4 ♋ 7	27 ♐ 34	28 R 34	15 ♑ 53	10 ♒ 58	5 ♉ 3	15 ♒ 52	0 ♋ 1	27 ♎ 30	8 ♐ 32	6 ♎ 49	22 ♑	3 ♑	18 ♑	11 ♎	16 ♈
9	17 ♑ 57	19 ♋ 22	27 ♐ 31	28 ♐ 33	17 ♑ 30	10 ♒ 46	5 ♉ 27	16 ♒ 6	29 ♊ 56	27 ♎ 31	8 ♐ 34	6 ♎ 49	22 ♑	4 ♑	19 ♑	11 ♎	16 ♈
10	18 ♑ 58	4 ♌ 37	27 ♐ 28	28 ♐ 31	19 ♑ 8	10 ♒ 31	5 ♉ 51	16 ♒ 19	29 ♊ 51	27 ♎ 32	8 ♐ 36	6 R 49	23 ♑	4 ♑	19 ♑	12 ♎	16 ♈
11	19 ♑ 59	19 ♌ 41	27 ♐ 24	28 ♐ 29	20 ♑ 47	10 ♒ 14	6 ♉ 16	16 ♒ 33	29 ♊ 47	27 ♎ 33	8 ♐ 38	6 ♎ 49	23 ♑	4 ♑	19 ♑	12 ♎	16 ♈
12	21 ♑ 0	4 ♍ 27	27 ♐ 21	28 ♐ 26	22 ♑ 25	9 ♒ 54	6 ♉ 41	16 ♒ 46	29 ♊ 42	27 ♎ 35	8 ♐ 40	6 ♎ 49	23 ♑	5 ♑	20 ♑	12 ♎	16 ♈
13	22 ♑ 1	18 ♍ 47	27 ♐ 18	28 ♐ 22	24 ♑ 5	9 ♒ 32	7 ♉ 6	17 ♒ 0	29 ♊ 38	27 ♎ 36	8 ♐ 42	6 ♎ 49	24 ♑	5 ♑	20 ♑	12 ♎	16 ♈
14	23 ♑ 3	2 ♎ 38	27 ♐ 15	28 ♐ 20	25 ♑ 44	9 ♒ 8	7 ♉ 32	17 ♒ 14	29 ♊ 34	27 ♎ 37	8 ♐ 43	6 ♎ 49	24 ♑	6 ♑	20 ♑	13 ♎	16 ♈
15	24 ♑ 4	16 ♎ 2	27 ♐ 12	28 ♐ 19	27 ♑ 24	8 ♒ 42	7 ♉ 57	17 ♒ 27	29 ♊ 29	27 ♎ 38	8 ♐ 45	6 ♎ 49	25 ♑	6 ♑	21 ♑	13 ♎	16 ♈
16	25 ♑ 5	28 ♎ 59	27 ♐ 9	28 D 18	29 ♑ 5	8 ♒ 13	8 ♉ 23	17 ♒ 41	29 ♊ 25	27 ♎ 39	8 ♐ 47	6 ♎ 48	25 ♑	6 ♑	21 ♑	13 ♎	16 ♈
17	26 ♑ 6	11 ♏ 34	27 ♐ 5	28 ♐ 19	0 ♒ 46	7 ♒ 43	8 ♉ 50	17 ♒ 55	29 ♊ 21	27 ♎ 40	8 ♐ 48	6 ♎ 48	25 ♑	7 ♑	22 ♑	13 ♎	16 ♈
18	27 ♑ 7	23 ♏ 51	27 ♐ 2	28 ♐ 21	2 ♒ 28	7 ♒ 12	9 ♉ 16	18 ♒ 9	29 ♊ 17	27 ♎ 40	8 ♐ 50	6 ♎ 48	26 ♑	7 ♑	22 ♑	14 ♎	16 ♈
19	28 ♑ 8	5 ♐ 54	26 ♐ 59	28 ♐ 23	4 ♒ 10	6 ♒ 39	9 ♉ 43	18 ♒ 23	29 ♊ 13	27 ♎ 41	8 ♐ 52	6 ♎ 48	26 ♑	8 ♑	22 ♑	14 ♎	16 ♈
20	29 ♑ 9	17 ♐ 48	26 ♐ 56	28 ♐ 24	5 ♒ 52	6 ♒ 4	10 ♉ 10	18 ♒ 37	29 ♊ 9	27 ♎ 42	8 ♐ 53	6 ♎ 47	27 ♑	8 ♑	23 ♑	14 ♎	16 ♈
21	0 ♒ 10	29 ♐ 36	26 ♐ 53	28 R 25	7 ♒ 34	5 ♒ 29	10 ♉ 38	18 ♒ 51	29 ♊ 5	27 ♎ 43	8 ♐ 55	6 ♎ 47	27 ♑	8 ♑	23 ♑	14 ♎	16 ♈
22	1 ♒ 11	11 ♑ 23	26 ♐ 49	28 ♐ 24	9 ♒ 17	4 ♒ 53	11 ♉ 5	19 ♒ 5	29 ♊ 1	27 ♎ 43	8 ♐ 57	6 ♎ 46	27 ♑	9 ♑	24 ♑	14 ♎	16 ♈
23	2 ♒ 12	23 ♑ 11	26 ♐ 46	28 ♐ 21	11 ♒ 1	4 ♒ 16	11 ♉ 33	19 ♒ 19	28 ♊ 57	27 ♎ 44	8 ♐ 58	6 ♎ 46	28 ♑	9 ♑	24 ♑	15 ♎	16 ♈
24	3 ♒ 13	5 ♒ 1	26 ♐ 43	28 ♐ 17	12 ♒ 44	3 ♒ 39	12 ♉ 1	19 ♒ 33	28 ♊ 54	27 ♎ 44	9 ♐ 0	6 ♎ 46	28 ♑	10 ♑	24 ♑	15 ♎	16 ♈
25	4 ♒ 15	16 ♒ 57	26 ♐ 40	28 ♐ 11	14 ♒ 27	3 ♒ 2	12 ♉ 29	19 ♒ 47	28 ♊ 50	27 ♎ 45	9 ♐ 1	6 ♎ 45	28 ♑	10 ♑	25 ♑	15 ♎	16 ♈
26	5 ♒ 16	28 ♒ 59	26 ♐ 37	28 ♐ 4	16 ♒ 10	2 ♒ 26	12 ♉ 58	20 ♒ 1	28 ♊ 47	27 ♎ 45	9 ♐ 3	6 ♎ 44	29 ♑	10 ♑	25 ♑	15 ♎	16 ♈
27	6 ♒ 17	11 ♓ 9	26 ♐ 34	27 ♐ 56	17 ♒ 54	1 ♒ 49	13 ♉ 26	20 ♒ 15	28 ♊ 43	27 ♎ 45	9 ♐ 4	6 ♎ 44	29 ♑	11 ♑	26 ♑	15 ♎	16 ♈
28	7 ♒ 18	23 ♓ 29	26 ♐ 30	27 ♐ 49	19 ♒ 36	1 ♒ 14	13 ♉ 55	20 ♒ 30	28 ♊ 40	27 ♎ 46	9 ♐ 5	6 ♎ 43	0 ♒	11 ♑	26 ♑	15 ♎	16 ♈
29	8 ♒ 19	6 ♈ 0	26 ♐ 27	27 ♐ 43	21 ♒ 18	0 ♒ 39	14 ♉ 24	20 ♒ 44	28 ♊ 37	27 ♎ 46	9 ♐ 7	6 ♎ 43	0 ♒	11 ♑	26 ♑	15 ♎	16 ♈
30	9 ♒ 20	18 ♈ 46	26 ♐ 24	27 ♐ 39	23 ♒ 0	0 ♒ 6	14 ♉ 54	20 ♒ 58	28 ♊ 34	27 ♎ 46	9 ♐ 8	6 ♎ 42	0 ♒	12 ♑	27 ♑	16 ♎	16 ♈
31	10 ♒ 20	1 ♉ 49	26 ♐ 21	27 ♐ 37	24 ♒ 40	29 ♑ 34	15 ♉ 23	21 ♒ 12	28 ♊ 30	27 ♎ 46	9 ♐ 9	6 ♎ 41	1 ♒	12 ♑	27 ♑	16 ♎	16 ♈

SUN INGRESS: ☉ → ♒ 20日 19:46

MOON PHASE: ◐ 2日 03:06 ♈ ○ 8日 21:36 ♋ ◑ 15日 16:04 ♎ ● 23日 20:02 ♒ ◐ 31日 16:39 ♉

aspects		
2日	08:05	☿□♇
9日	17:22	☉☌☿
14日	21:07	♀⚹♆
15日	03:12	☿□♅
15日	19:38	♀□♂
18日	13:18	☉□♅
18日	17:30	♀△♇
20日	02:11	☿☌♀
20日	12:55	☿△♇
21日	19:04	☿⚹♆
23日	10:20	☿□♂
24日	06:19	☉☌♀
27日	10:37	☉△♇
28日	14:31	☿☌♃
29日	19:24	☉⚹♆

1974年2月

DAY	☉	☽	☊ mean	☊ true	☿	♀	♂	♃	♄	♅	♆	♇	⚳	⚴	⚵	⚶	⚷
	° ′	° ′	° ′	° ′	° ′	° ′	° ′	° ′	° ′	° ′	° ′	° ′	°	°	°	°	°
1	11 ♒ 21	15 ♉ 10	26 ♐ 18	27 D 37	26 D 18	29 R 4	15 D 53	21 D 26	28 R 28	27 D 46	9 D 11	6 R 40	1 D	13 D	28 D	16 D	16 D
2	12 ♒ 22	28 ♉ 54	26 ♐ 15	27 ♐ 38	27 ♒ 55	28 ♑ 35	16 ♉ 23	21 ♒ 41	28 ♊ 25	27 R 46	9 ♐ 12	6 ♎ 40	2 ♒	13 ♑	28 ♑	16 ♎	16 ♈
3	13 ♒ 23	13 ♊ 0	26 ♐ 11	27 ♐ 39	29 ♒ 30	28 ♑ 8	16 ♉ 53	21 ♒ 55	28 ♊ 22	27 ♎ 46	9 ♐ 13	6 ♎ 39	2 ♒	13 ♑	28 ♑	16 ♎	16 ♈
4	14 ♒ 24	27 ♊ 29	26 ♐ 8	27 ♐ 40	1 ♓ 2	27 ♑ 44	17 ♉ 23	22 ♒ 9	28 ♊ 19	27 ♎ 46	9 ♐ 14	6 ♎ 38	2 ♒	14 ♑	29 ♑	16 ♎	17 ♈
5	15 ♒ 25	12 ♋ 18	26 ♐ 5	27 R 39	2 ♓ 30	27 ♑ 21	17 ♉ 53	22 ♒ 24	28 ♊ 17	27 ♎ 46	9 ♐ 16	6 ♎ 37	3 ♒	14 ♑	29 ♑	16 ♎	17 ♈
6	16 ♒ 26	27 ♋ 21	26 ♐ 2	27 ♐ 36	3 ♓ 55	27 ♑ 1	18 ♉ 23	22 ♒ 38	28 ♊ 14	27 ♎ 46	9 ♐ 17	6 ♎ 36	3 ♒	15 ♑	0 ♒	16 ♎	17 ♈
7	17 ♒ 26	12 ♌ 30	25 ♐ 59	27 ♐ 31	5 ♓ 14	26 ♑ 43	18 ♉ 54	22 ♒ 52	28 ♊ 12	27 ♎ 45	9 ♐ 18	6 ♎ 35	4 ♒	15 ♑	0 ♒	17 ♎	17 ♈
8	18 ♒ 27	27 ♌ 35	25 ♐ 55	27 ♐ 23	6 ♓ 29	26 ♑ 28	19 ♉ 25	23 ♒ 7	28 ♊ 9	27 ♎ 45	9 ♐ 19	6 ♎ 34	4 ♒	15 ♑	0 ♒	17 ♎	17 ♈
9	19 ♒ 28	12 ♍ 26	25 ♐ 52	27 ♐ 15	7 ♓ 38	26 ♑ 15	19 ♉ 56	23 ♒ 21	28 ♊ 7	27 ♎ 45	9 ♐ 20	6 ♎ 34	4 ♒	16 ♑	1 ♒	17 ♎	17 ♈
10	20 ♒ 29	26 ♍ 56	25 ♐ 49	27 ♐ 6	8 ♓ 40	26 ♑ 5	20 ♉ 27	23 ♒ 36	28 ♊ 5	27 ♎ 44	9 ♐ 21	6 ♎ 33	5 ♒	16 ♑	1 ♒	17 ♎	17 ♈
11	21 ♒ 29	10 ♎ 58	25 ♐ 46	26 ♐ 59	9 ♓ 34	25 ♑ 57	20 ♉ 58	23 ♒ 50	28 ♊ 3	27 ♎ 44	9 ♐ 22	6 ♎ 31	5 ♒	16 ♑	2 ♒	17 ♎	17 ♈
12	22 ♒ 30	24 ♎ 31	25 ♐ 43	26 ♐ 53	10 ♓ 20	25 ♑ 51	21 ♉ 29	24 ♒ 4	28 ♊ 1	27 ♎ 43	9 ♐ 23	6 ♎ 30	6 ♒	17 ♑	2 ♒	17 ♎	17 ♈
13	23 ♒ 31	7 ♏ 35	25 ♐ 40	26 ♐ 49	10 ♓ 57	25 ♑ 48	22 ♉ 1	24 ♒ 19	28 ♊ 0	27 ♎ 43	9 ♐ 24	6 ♎ 29	6 ♒	17 ♑	2 ♒	17 ♎	17 ♈
14	24 ♒ 31	20 ♏ 14	25 ♐ 36	26 ♐ 48	11 ♓ 25	25 D 48	22 ♉ 32	24 ♒ 33	27 ♊ 58	27 ♎ 42	9 ♐ 25	6 ♎ 28	6 ♒	17 ♑	3 ♒	17 ♎	17 ♈
15	25 ♒ 32	2 ♐ 31	25 ♐ 33	26 D 48	11 ♓ 42	25 ♑ 50	23 ♉ 4	24 ♒ 47	27 ♊ 56	27 ♎ 41	9 ♐ 26	6 ♎ 27	7 ♒	18 ♑	3 ♒	17 ♎	17 ♈
16	26 ♒ 33	14 ♐ 33	25 ♐ 30	26 ♐ 49	11 ♓ 50	25 ♑ 54	23 ♉ 36	25 ♒ 2	27 ♊ 55	27 ♎ 41	9 ♐ 27	6 ♎ 26	7 ♒	18 ♑	4 ♒	17 ♎	17 ♈
17	27 ♒ 33	26 ♐ 25	25 ♐ 27	26 ♐ 49	11 R 46	26 ♑ 1	24 ♉ 8	25 ♒ 16	27 ♊ 54	27 ♎ 40	9 ♐ 27	6 ♎ 25	8 ♒	19 ♑	4 ♒	17 ♎	17 ♈
18	28 ♒ 34	8 ♑ 12	25 ♐ 24	26 R 49	11 ♓ 33	26 ♑ 10	24 ♉ 40	25 ♒ 31	27 ♊ 52	27 ♎ 39	9 ♐ 28	6 ♎ 24	8 ♒	19 ♑	4 ♒	17 R	17 ♈
19	29 ♒ 34	19 ♑ 58	25 ♐ 21	26 ♐ 46	11 ♓ 9	26 ♑ 21	25 ♉ 12	25 ♒ 45	27 ♊ 51	27 ♎ 38	9 ♐ 29	6 ♎ 22	8 ♒	19 ♑	5 ♒	17 ♎	17 ♈
20	0 ♓ 35	1 ♒ 48	25 ♐ 17	26 ♐ 40	10 ♓ 36	26 ♑ 34	25 ♉ 44	25 ♒ 59	27 ♊ 50	27 ♎ 37	9 ♐ 30	6 ♎ 21	9 ♒	20 ♑	5 ♒	17 ♎	17 ♈
21	1 ♓ 35	13 ♒ 44	25 ♐ 14	26 ♐ 32	9 ♓ 54	26 ♑ 50	26 ♉ 17	26 ♒ 14	27 ♊ 49	27 ♎ 36	9 ♐ 30	6 ♎ 20	9 ♒	20 ♑	6 ♒	17 ♎	17 ♈
22	2 ♓ 36	25 ♒ 48	25 ♐ 11	26 ♐ 21	9 ♓ 5	27 ♑ 7	26 ♉ 49	26 ♒ 28	27 ♊ 49	27 ♎ 35	9 ♐ 31	6 ♎ 19	9 ♒	20 ♑	6 ♒	17 ♎	17 ♈
23	3 ♓ 36	8 ♓ 2	25 ♐ 8	26 ♐ 9	8 ♓ 10	27 ♑ 27	27 ♉ 22	26 ♒ 43	27 ♊ 48	27 ♎ 34	9 ♐ 31	6 ♎ 17	10 ♒	21 ♑	6 ♒	17 ♎	17 ♈
24	4 ♓ 37	20 ♓ 27	25 ♐ 5	25 ♐ 56	7 ♓ 9	27 ♑ 48	27 ♉ 54	26 ♒ 57	27 ♊ 48	27 ♎ 33	9 ♐ 32	6 ♎ 16	10 ♒	21 ♑	7 ♒	17 ♎	17 ♈
25	5 ♓ 37	3 ♈ 3	25 ♐ 1	25 ♐ 43	6 ♓ 6	28 ♑ 11	28 ♉ 27	27 ♒ 11	27 ♊ 47	27 ♎ 31	9 ♐ 33	6 ♎ 15	11 ♒	21 ♑	7 ♒	17 ♎	17 ♈
26	6 ♓ 37	15 ♈ 50	24 ♐ 58	25 ♐ 33	5 ♓ 1	28 ♑ 36	29 ♉ 0	27 ♒ 26	27 ♊ 47	27 ♎ 30	9 ♐ 33	6 ♎ 13	11 ♒	22 ♑	8 ♒	17 ♎	17 ♈
27	7 ♓ 38	28 ♈ 48	24 ♐ 55	25 ♐ 24	3 ♓ 56	29 ♑ 2	29 ♉ 33	27 ♒ 40	27 ♊ 47	27 ♎ 29	9 ♐ 34	6 ♎ 12	11 ♒	22 ♑	8 ♒	17 ♎	17 ♈
28	8 ♓ 38	11 ♉ 59	24 ♐ 52	25 ♐ 19	2 ♓ 53	29 ♑ 31	0 ♊ 6	27 ♒ 54	27 ♊ 46	27 ♎ 27	9 ♐ 34	6 ♎ 10	12 ♒	22 ♑	8 ♒	16 ♎	18 ♈

SUN INGRESS: ☉ → ♓ 19日 09:59

MOON PHASE: ○ 7日 08:24 ♌ ◑ 14日 09:04 ♏ ● 22日 14:34 ♓

aspects		
1日	21:46	☿△♅
2日	07:11	☿△♄
3日	21:35	♀□♅
9日	22:26	☉□♂
10日	18:20	☿□♆
14日	00:53	☉☌♃
17日	02:33	☉△♅
17日	07:57	☉△♄
20日	20:24	♂□♃
21日	12:03	☿□♆
23日	07:53	♀□♅
23日	09:56	♀△♂
25日	05:30	☉☌☿
26日	07:00	♃△♅
27日	11:13	♃△♄
28日	22:24	☉□♆

1974年3月

DAY	☉	☽	☊ mean	☊ true	☿	♀	♂	♃	♄	♅	♆	♇	⚳	⚴	⚵	⚶	⚷
	° ′	° ′	° ′	° ′	° ′	° ′	° ′	° ′	° ′	° ′	° ′	° ′	°	°	°	°	°
1	9 ♓ 38	25 ♉ 23	24 ♐ 49	25 R 16	1 R 52	0 D 0	0 D 39	28 D 8	27 D 47	27 R 26	9 D 34	6 R 9	12 D	23 D	9 D	16 R	18 D
2	10 ♓ 39	9 ♊ 1	24 ♐ 46	25 ♐ 15	0 ♓ 56	0 ♒ 31	1 ♊ 13	28 ♒ 23	27 ♊ 47	27 ♎ 25	9 ♐ 35	6 ♎ 8	13 ♒	23 ♑	9 ♒	16 ♎	18 ♈
3	11 ♓ 39	22 ♊ 56	24 ♐ 42	25 D 15	0 ♓ 5	1 ♒ 4	1 ♊ 46	28 ♒ 37	27 ♊ 47	27 ♎ 23	9 ♐ 35	6 ♎ 6	13 ♒	23 ♑	9 ♒	16 ♎	18 ♈
4	12 ♓ 39	7 ♋ 8	24 ♐ 39	25 R 15	29 ♒ 20	1 ♒ 38	2 ♊ 19	28 ♒ 51	27 ♊ 47	27 ♎ 22	9 ♐ 35	6 ♎ 5	13 ♒	24 ♑	10 ♒	16 ♎	18 ♈
5	13 ♓ 39	21 ♋ 35	24 ♐ 36	25 ♐ 13	28 ♒ 41	2 ♒ 14	2 ♊ 53	29 ♒ 5	27 ♊ 48	27 ♎ 20	9 ♐ 36	6 ♎ 3	14 ♒	24 ♑	10 ♒	16 ♎	18 ♈
6	14 ♓ 39	6 ♌ 14	24 ♐ 33	25 ♐ 8	28 ♒ 9	2 ♒ 50	3 ♊ 26	29 ♒ 19	27 ♊ 48	27 ♎ 18	9 ♐ 36	6 ♎ 2	14 ♒	24 ♑	11 ♒	16 ♎	18 ♈
7	15 ♓ 39	21 ♌ 1	24 ♐ 30	25 ♐ 1	27 ♒ 44	3 ♒ 28	4 ♊ 0	29 ♒ 34	27 ♊ 49	27 ♎ 17	9 ♐ 36	6 ♎ 0	14 ♒	25 ♑	11 ♒	16 ♎	18 ♈
8	16 ♓ 39	5 ♍ 48	24 ♐ 27	24 ♐ 51	27 ♒ 25	4 ♒ 8	4 ♊ 34	29 ♒ 48	27 ♊ 50	27 ♎ 15	9 ♐ 36	5 ♎ 59	15 ♒	25 ♑	11 ♒	16 ♎	18 ♈
9	17 ♓ 39	20 ♍ 27	24 ♐ 23	24 ♐ 39	27 ♒ 13	4 ♒ 48	5 ♊ 8	0 ♓ 2	27 ♊ 51	27 ♎ 13	9 ♐ 36	5 ♎ 57	15 ♒	25 ♑	12 ♒	15 ♎	18 ♈
10	18 ♓ 39	4 ♎ 50	24 ♐ 20	24 ♐ 27	27 ♒ 8	5 ♒ 29	5 ♊ 42	0 ♓ 16	27 ♊ 52	27 ♎ 11	9 ♐ 36	5 ♎ 55	16 ♒	26 ♑	12 ♒	15 ♎	18 ♈
11	19 ♓ 39	18 ♎ 50	24 ♐ 17	24 ♐ 16	27 D 9	6 ♒ 12	6 ♊ 15	0 ♓ 30	27 ♊ 53	27 ♎ 10	9 ♐ 37	5 ♎ 54	16 ♒	26 ♑	13 ♒	15 ♎	18 ♈
12	20 ♓ 39	2 ♏ 25	24 ♐ 14	24 ♐ 7	27 ♒ 17	6 ♒ 55	6 ♊ 49	0 ♓ 44	27 ♊ 54	27 ♎ 8	9 ♐ 37	5 ♎ 52	16 ♒	26 ♑	13 ♒	15 ♎	18 ♈
13	21 ♓ 39	15 ♏ 33	24 ♐ 11	24 ♐ 0	27 ♒ 30	7 ♒ 40	7 ♊ 23	0 ♓ 58	27 ♊ 56	27 ♎ 6	9 R 37	5 ♎ 51	17 ♒	27 ♑	13 ♒	15 ♎	18 ♈
14	22 ♓ 39	28 ♏ 15	24 ♐ 7	23 ♐ 57	27 ♒ 48	8 ♒ 26	7 ♊ 58	1 ♓ 12	27 ♊ 57	27 ♎ 4	9 ♐ 37	5 ♎ 49	17 ♒	27 ♑	14 ♒	15 ♎	18 ♈
15	23 ♓ 39	10 ♐ 37	24 ♐ 4	23 ♐ 55	28 ♒ 12	9 ♒ 12	8 ♊ 32	1 ♓ 26	27 ♊ 59	27 ♎ 2	9 ♐ 36	5 ♎ 47	17 ♒	27 ♑	14 ♒	14 ♎	18 ♈
16	24 ♓ 38	22 ♐ 42	24 ♐ 1	23 ♐ 55	28 ♒ 41	9 ♒ 59	9 ♊ 6	1 ♓ 39	28 ♊ 0	27 ♎ 0	9 ♐ 36	5 ♎ 46	18 ♒	28 ♑	15 ♒	14 ♎	18 ♈
17	25 ♓ 38	4 ♑ 36	23 ♐ 58	23 ♐ 55	29 ♒ 14	10 ♒ 47	9 ♊ 40	1 ♓ 53	28 ♊ 2	26 ♎ 58	9 ♐ 36	5 ♎ 44	18 ♒	28 ♑	15 ♒	14 ♎	18 ♈
18	26 ♓ 38	16 ♑ 24	23 ♐ 55	23 ♐ 54	29 ♒ 51	11 ♒ 36	10 ♊ 15	2 ♓ 7	28 ♊ 4	26 ♎ 56	9 ♐ 36	5 ♎ 43	18 ♒	28 ♑	15 ♒	14 ♎	18 ♈
19	27 ♓ 38	28 ♑ 12	23 ♐ 52	23 ♐ 51	0 ♓ 32	12 ♒ 26	10 ♊ 49	2 ♓ 21	28 ♊ 6	26 ♎ 54	9 ♐ 36	5 ♎ 41	19 ♒	29 ♑	16 ♒	14 ♎	19 ♈
20	28 ♓ 37	10 ♒ 5	23 ♐ 48	23 ♐ 45	1 ♓ 17	13 ♒ 16	11 ♊ 24	2 ♓ 34	28 ♊ 8	26 ♎ 52	9 ♐ 36	5 ♎ 39	19 ♒	29 ♑	16 ♒	13 ♎	19 ♈
21	29 ♓ 37	22 ♒ 6	23 ♐ 45	23 ♐ 36	2 ♓ 6	14 ♒ 7	11 ♊ 58	2 ♓ 48	28 ♊ 11	26 ♎ 49	9 ♐ 35	5 ♎ 38	20 ♒	29 ♑	16 ♒	13 ♎	19 ♈
22	0 ♈ 36	4 ♓ 19	23 ♐ 42	23 ♐ 25	2 ♓ 58	14 ♒ 59	12 ♊ 33	3 ♓ 2	28 ♊ 13	26 ♎ 47	9 ♐ 35	5 ♎ 36	20 ♒	29 ♑	17 ♒	13 ♎	19 ♈
23	1 ♈ 36	16 ♓ 45	23 ♐ 39	23 ♐ 12	3 ♓ 53	15 ♒ 52	13 ♊ 7	3 ♓ 15	28 ♊ 15	26 ♎ 45	9 ♐ 35	5 ♎ 34	20 ♒	0 ♒	17 ♒	13 ♎	19 ♈
24	2 ♈ 36	29 ♓ 26	23 ♐ 36	22 ♐ 59	4 ♓ 50	16 ♒ 45	13 ♊ 42	3 ♓ 29	28 ♊ 18	26 ♎ 43	9 ♐ 34	5 ♎ 33	21 ♒	0 ♒	18 ♒	12 ♎	19 ♈
25	3 ♈ 35	12 ♈ 21	23 ♐ 32	22 ♐ 46	5 ♓ 51	17 ♒ 38	14 ♊ 17	3 ♓ 42	28 ♊ 21	26 ♎ 40	9 ♐ 34	5 ♎ 31	21 ♒	0 ♒	18 ♒	12 ♎	19 ♈
26	4 ♈ 35	25 ♈ 29	23 ♐ 29	22 ♐ 34	6 ♓ 54	18 ♒ 33	14 ♊ 52	3 ♓ 56	28 ♊ 23	26 ♎ 38	9 ♐ 34	5 ♎ 29	21 ♒	1 ♒	18 ♒	12 ♎	19 ♈
27	5 ♈ 34	8 ♉ 49	23 ♐ 26	22 ♐ 25	8 ♓ 0	19 ♒ 27	15 ♊ 26	4 ♓ 9	28 ♊ 26	26 ♎ 36	9 ♐ 33	5 ♎ 28	22 ♒	1 ♒	19 ♒	12 ♎	19 ♈
28	6 ♈ 33	22 ♉ 18	23 ♐ 23	22 ♐ 20	9 ♓ 8	20 ♒ 23	16 ♊ 1	4 ♓ 22	28 ♊ 29	26 ♎ 33	9 ♐ 33	5 ♎ 26	22 ♒	1 ♒	19 ♒	11 ♎	19 ♈
29	7 ♈ 33	5 ♊ 57	23 ♐ 20	22 ♐ 17	10 ♓ 18	21 ♒ 18	16 ♊ 36	4 ♓ 35	28 ♊ 32	26 ♎ 31	9 ♐ 32	5 ♎ 24	22 ♒	1 ♒	19 ♒	11 ♎	19 ♈
30	8 ♈ 32	19 ♊ 45	23 ♐ 17	22 ♐ 16	11 ♓ 31	22 ♒ 15	17 ♊ 11	4 ♓ 49	28 ♊ 35	26 ♎ 29	9 ♐ 32	5 ♎ 23	23 ♒	2 ♒	20 ♒	11 ♎	19 ♈
31	9 ♈ 31	3 ♋ 41	23 ♐ 13	22 D 16	12 ♓ 45	23 ♒ 12	17 ♊ 46	5 ♓ 2	28 ♊ 39	26 ♎ 26	9 ♐ 31	5 ♎ 21	23 ♒	2 ♒	20 ♒	11 ♎	19 ♈

SUN INGRESS	☉ → ♈ 21日 09:07
MOON PHASE	◐ 2日 03:03 ♊　○ 8日 19:03 ♍　◑ 16日 04:15 ♐　● 24日 06:24 ♈　◐ 31日 10:44 ♋

aspects

1日	19:29	☿□♂
4日	12:40	☿☌♃
6日	18:20	☿△♄
9日	00:32	☿△♅
10日	09:24	♂△♇
10日	14:13	♀△♇
11日	00:33	☿△♅
11日	09:05	♀△♂
14日	10:11	☿△♄
15日	12:30	♀⚹♆
16日	21:09	♂☍♆
19日	11:55	☉□♄
22日	02:22	☿☌♃
26日	21:31	☉☍♇
28日	08:24	☿□♆
30日	23:47	☉△♆

1974年4月

DAY	☉	☽	☊ mean	☊ true	☿	♀	♂	♃	♄	♅	♆	♇	⚳	⚴	⚵	⚶	⚷
	° ′	° ′	° ′	° ′	° ′	° ′	° ′	° ′	° ′	° ′	° ′	° ′	°	°	°	°	°
1	10 ♈ 31	17 ♋ 46	23 ♐ 10	22 R 16	14 D 2	24 D 9	18 D 21	5 D 15	28 D 42	26 R 24	9 R 30	5 R 19	23 D	2 D	21 D	10 R	19 D
2	11 ♈ 30	1 ♌ 58	23 ♐ 7	22 ♐ 14	15 ♓ 20	25 ♒ 7	18 ♊ 56	5 ♓ 28	28 ♊ 45	26 ♎ 21	9 ♐ 30	5 ♎ 18	24 ♒	3 ♒	21 ♒	10 ♎	19 ♈
3	12 ♈ 29	16 ♌ 16	23 ♐ 4	22 ♐ 10	16 ♓ 40	26 ♒ 5	19 ♊ 32	5 ♓ 41	28 ♊ 49	26 ♎ 19	9 ♐ 29	5 ♎ 16	24 ♒	3 ♒	21 ♒	10 ♎	19 ♈
4	13 ♈ 28	0 ♍ 38	23 ♐ 1	22 ♐ 4	18 ♓ 2	27 ♒ 3	20 ♊ 7	5 ♓ 54	28 ♊ 53	26 ♎ 16	9 ♐ 28	5 ♎ 14	24 ♒	3 ♒	22 ♒	10 ♎	19 ♈
5	14 ♈ 27	14 ♍ 58	22 ♐ 58	21 ♐ 55	19 ♓ 26	28 ♒ 2	20 ♊ 42	6 ♓ 7	28 ♊ 56	26 ♎ 14	9 ♐ 28	5 ♎ 13	25 ♒	3 ♒	22 ♒	9 ♎	19 ♈
6	15 ♈ 26	29 ♍ 11	22 ♐ 54	21 ♐ 45	20 ♓ 51	29 ♒ 2	21 ♊ 17	6 ♓ 19	29 ♊ 0	26 ♎ 11	9 ♐ 27	5 ♎ 11	25 ♒	4 ♒	22 ♒	9 ♎	20 ♈
7	16 ♈ 25	13 ♎ 12	22 ♐ 51	21 ♐ 34	22 ♓ 18	0 ♓ 1	21 ♊ 52	6 ♓ 32	29 ♊ 4	26 ♎ 9	9 ♐ 26	5 ♎ 10	25 ♒	4 ♒	23 ♒	9 ♎	20 ♈
8	17 ♈ 24	26 ♎ 56	22 ♐ 48	21 ♐ 24	23 ♓ 47	1 ♓ 1	22 ♊ 28	6 ♓ 45	29 ♊ 8	26 ♎ 6	9 ♐ 25	5 ♎ 8	26 ♒	4 ♒	23 ♒	9 ♎	20 ♈
9	18 ♈ 23	10 ♏ 20	22 ♐ 45	21 ♐ 16	25 ♓ 17	2 ♓ 2	23 ♊ 3	6 ♓ 57	29 ♊ 12	26 ♎ 4	9 ♐ 24	5 ♎ 6	26 ♒	4 ♒	24 ♒	8 ♎	20 ♈
10	19 ♈ 22	23 ♏ 22	22 ♐ 42	21 ♐ 10	26 ♓ 49	3 ♓ 3	23 ♊ 38	7 ♓ 10	29 ♊ 16	26 ♎ 1	9 ♐ 23	5 ♎ 5	26 ♒	5 ♒	24 ♒	8 ♎	20 ♈
11	20 ♈ 21	6 ♐ 3	22 ♐ 38	21 ♐ 7	28 ♓ 23	4 ♓ 4	24 ♊ 14	7 ♓ 22	29 ♊ 21	25 ♎ 59	9 ♐ 23	5 ♎ 3	27 ♒	5 ♒	24 ♒	8 ♎	20 ♈
12	21 ♈ 20	18 ♐ 25	22 ♐ 35	21 ♐ 5	29 ♓ 58	5 ♓ 5	24 ♊ 49	7 ♓ 34	29 ♊ 25	25 ♎ 56	9 ♐ 22	5 ♎ 2	27 ♒	5 ♒	25 ♒	8 ♎	20 ♈
13	22 ♈ 19	0 ♑ 31	22 ♐ 32	21 D 6	1 ♈ 35	6 ♓ 7	25 ♊ 25	7 ♓ 47	29 ♊ 29	25 ♎ 54	9 ♐ 21	5 ♎ 0	27 ♒	5 ♒	25 ♒	7 ♎	20 ♈
14	23 ♈ 18	12 ♑ 27	22 ♐ 29	21 ♐ 7	3 ♈ 13	7 ♓ 9	26 ♊ 0	7 ♓ 59	29 ♊ 34	25 ♎ 51	9 ♐ 20	4 ♎ 58	28 ♒	5 ♒	25 ♒	7 ♎	20 ♈
15	24 ♈ 16	24 ♑ 18	22 ♐ 26	21 ♐ 7	4 ♈ 53	8 ♓ 11	26 ♊ 36	8 ♓ 11	29 ♊ 39	25 ♎ 49	9 ♐ 19	4 ♎ 57	28 ♒	6 ♒	26 ♒	7 ♎	20 ♈
16	25 ♈ 15	6 ♒ 8	22 ♐ 23	21 R 6	6 ♈ 35	9 ♓ 14	27 ♊ 11	8 ♓ 23	29 ♊ 43	25 ♎ 46	9 ♐ 18	4 ♎ 55	28 ♒	6 ♒	26 ♒	7 ♎	20 ♈
17	26 ♈ 14	18 ♒ 3	22 ♐ 19	21 ♐ 4	8 ♈ 18	10 ♓ 17	27 ♊ 47	8 ♓ 35	29 ♊ 48	25 ♎ 43	9 ♐ 17	4 ♎ 54	29 ♒	6 ♒	26 ♒	6 ♎	20 ♈
18	27 ♈ 13	0 ♓ 8	22 ♐ 16	20 ♐ 59	10 ♈ 2	11 ♓ 20	28 ♊ 22	8 ♓ 47	29 ♊ 53	25 ♎ 41	9 ♐ 16	4 ♎ 52	29 ♒	6 ♒	27 ♒	6 ♎	20 ♈
19	28 ♈ 11	12 ♓ 26	22 ♐ 13	20 ♐ 52	11 ♈ 49	12 ♓ 23	28 ♊ 58	8 ♓ 59	29 ♊ 58	25 ♎ 38	9 ♐ 14	4 ♎ 51	29 ♒	6 ♒	27 ♒	6 ♎	20 ♈
20	29 ♈ 10	25 ♓ 1	22 ♐ 10	20 ♐ 44	13 ♈ 36	13 ♓ 27	29 ♊ 34	9 ♓ 10	0 ♋ 3	25 ♎ 36	9 ♐ 13	4 ♎ 49	0 ♓	7 ♒	28 ♒	6 ♎	20 ♈
21	0 ♉ 8	7 ♈ 54	22 ♐ 7	20 ♐ 35	15 ♈ 26	14 ♓ 31	0 ♋ 9	9 ♓ 22	0 ♋ 8	25 ♎ 33	9 ♐ 12	4 ♎ 48	0 ♓	7 ♒	28 ♒	6 ♎	20 ♈
22	1 ♉ 7	21 ♈ 6	22 ♐ 3	20 ♐ 26	17 ♈ 17	15 ♓ 35	0 ♋ 45	9 ♓ 33	0 ♋ 13	25 ♎ 31	9 ♐ 11	4 ♎ 46	0 ♓	7 ♒	28 ♒	5 ♎	21 ♈
23	2 ♉ 6	4 ♉ 35	22 ♐ 0	20 ♐ 19	19 ♈ 10	16 ♓ 39	1 ♋ 21	9 ♓ 45	0 ♋ 18	25 ♎ 28	9 ♐ 10	4 ♎ 45	1 ♓	7 ♒	29 ♒	5 ♎	21 ♈
24	3 ♉ 4	18 ♉ 18	21 ♐ 57	20 ♐ 13	21 ♈ 4	17 ♓ 43	1 ♋ 57	9 ♓ 56	0 ♋ 24	25 ♎ 25	9 ♐ 9	4 ♎ 43	1 ♓	7 ♒	29 ♒	5 ♎	21 ♈
25	4 ♉ 3	2 ♊ 13	21 ♐ 54	20 ♐ 9	23 ♈ 0	18 ♓ 48	2 ♋ 33	10 ♓ 7	0 ♋ 29	25 ♎ 23	9 ♐ 7	4 ♎ 42	1 ♓	8 ♒	29 ♒	5 ♎	21 ♈
26	5 ♉ 1	16 ♊ 16	21 ♐ 51	20 ♐ 8	24 ♈ 58	19 ♓ 53	3 ♋ 8	10 ♓ 19	0 ♋ 35	25 ♎ 20	9 ♐ 6	4 ♎ 41	2 ♓	8 ♒	0 ♓	5 ♎	21 ♈
27	5 ♉ 59	0 ♋ 25	21 ♐ 48	20 D 8	26 ♈ 57	20 ♓ 58	3 ♋ 44	10 ♓ 30	0 ♋ 40	25 ♎ 18	9 ♐ 5	4 ♎ 39	2 ♓	8 ♒	0 ♓	5 ♎	21 ♈
28	6 ♉ 58	14 ♋ 35	21 ♐ 44	20 ♐ 9	28 ♈ 58	22 ♓ 3	4 ♋ 20	10 ♓ 41	0 ♋ 46	25 ♎ 15	9 ♐ 4	4 ♎ 38	2 ♓	8 ♒	0 ♓	4 ♎	21 ♈
29	7 ♉ 56	28 ♋ 47	21 ♐ 41	20 ♐ 11	1 ♉ 0	23 ♓ 9	4 ♋ 56	10 ♓ 51	0 ♋ 52	25 ♎ 13	9 ♐ 2	4 ♎ 37	2 ♓	8 ♒	1 ♓	4 ♎	21 ♈
30	8 ♉ 54	12 ♌ 57	21 ♐ 38	20 R 11	3 ♉ 4	24 ♓ 14	5 ♋ 32	11 ♓ 2	0 ♋ 57	25 ♎ 10	9 ♐ 1	4 ♎ 35	3 ♓	8 ♒	1 ♓	4 ♎	21 ♈

SUN INGRESS	☉ → ♉ 20日 20:19
MOON PHASE	○ 7日 06:00 ♎　◑ 14日 23:57 ♑　● 22日 19:16 ♉　◐ 29日 16:39 ♌

aspects

3日	05:35	♀△♅
5日	23:23	♀△♄
6日	12:04	☿□♂
11日	15:17	☿□♄
13日	18:16	♂△♅
14日	23:51	♀☌♃
15日	00:52	☿☍♇
16日	01:26	♀□♆
16日	12:02	☉☍♅
17日	13:25	☿△♆
20日	05:40	♃□♆
20日	22:53	♂☌♄
20日	23:48	☉⚹♄
21日	01:01	☉⚹♂
26日	04:28	☿☍♅
28日	11:29	♂□♇
28日	22:17	☿⚹♄

1974年5月

DAY	☉	☽	☊ mean	☊ true	☿	♀	♂	♃	♄	♅	♆	♇	⚳	⚴	⚵	⚶	⚷
	° ′	° ′	° ′	° ′	° ′	° ′	° ′	° ′	° ′	° ′	° ′	° ′	°	°	°	°	°
1	9 ♉ 53	27 ♌ 3	21 ♐ 35	20 R 9	5 D 9	25 D 20	6 D 8	11 D 13	1 D 3	25 R 8	9 R 0	4 R 34	3 D	9 D	1 D	4 R	21 D
2	10 ♉ 51	11 ♍ 6	21 ♐ 32	20 ♐ 6	7 ♉ 15	26 ♓ 26	6 ♋ 44	11 ♓ 23	1 ♋ 9	25 ♎ 5	8 ♐ 58	4 ♎ 33	3 ♓	9 ♒	2 ♓	4 ♎	21 ♈
3	11 ♉ 49	25 ♍ 1	21 ♐ 29	20 ♐ 2	9 ♉ 22	27 ♓ 32	7 ♋ 20	11 ♓ 34	1 ♋ 15	25 ♎ 3	8 ♐ 57	4 ♎ 32	4 ♓	9 ♒	2 ♓	4 ♎	21 ♈
4	12 ♉ 47	8 ♎ 47	21 ♐ 25	19 ♐ 56	11 ♉ 31	28 ♓ 38	7 ♋ 56	11 ♓ 44	1 ♋ 21	25 ♎ 1	8 ♐ 55	4 ♎ 30	4 ♓	9 ♒	2 ♓	4 ♎	21 ♈
5	13 ♉ 46	22 ♎ 21	21 ♐ 22	19 ♐ 50	13 ♉ 40	29 ♓ 45	8 ♋ 32	11 ♓ 54	1 ♋ 27	24 ♎ 58	8 ♐ 54	4 ♎ 29	4 ♓	9 ♒	3 ♓	4 ♎	21 ♈
6	14 ♉ 44	5 ♏ 40	21 ♐ 19	19 ♐ 45	15 ♉ 50	0 ♈ 51	9 ♋ 8	12 ♓ 5	1 ♋ 33	24 ♎ 56	8 ♐ 52	4 ♎ 28	4 ♓	9 ♒	3 ♓	3 ♎	21 ♈
7	15 ♉ 42	18 ♏ 44	21 ♐ 16	19 ♐ 40	18 ♉ 0	1 ♈ 58	9 ♋ 44	12 ♓ 15	1 ♋ 39	24 ♎ 53	8 ♐ 51	4 ♎ 27	5 ♓	9 ♒	3 ♓	3 ♎	21 ♈
8	16 ♉ 40	1 ♐ 32	21 ♐ 13	19 ♐ 37	20 ♉ 10	3 ♈ 5	10 ♋ 20	12 ♓ 24	1 ♋ 46	24 ♎ 51	8 ♐ 50	4 ♎ 26	5 ♓	10 ♒	4 ♓	3 ♎	21 ♈
9	17 ♉ 38	14 ♐ 3	21 ♐ 9	19 ♐ 36	22 ♉ 20	4 ♈ 12	10 ♋ 56	12 ♓ 34	1 ♋ 52	24 ♎ 49	8 ♐ 48	4 ♎ 25	5 ♓	10 ♒	4 ♓	3 ♎	21 ♈
10	18 ♉ 36	26 ♐ 20	21 ♐ 6	19 D 36	24 ♉ 29	5 ♈ 19	11 ♋ 32	12 ♓ 44	1 ♋ 58	24 ♎ 47	8 ♐ 47	4 ♎ 23	5 ♓	10 ♒	4 ♓	3 ♎	22 ♈
11	19 ♉ 34	8 ♑ 24	21 ♐ 3	19 ♐ 37	26 ♉ 38	6 ♈ 26	12 ♋ 8	12 ♓ 54	2 ♋ 5	24 ♎ 44	8 ♐ 45	4 ♎ 22	6 ♓	10 ♒	5 ♓	3 ♎	22 ♈
12	20 ♉ 32	20 ♑ 20	21 ♐ 0	19 ♐ 39	28 ♉ 46	7 ♈ 33	12 ♋ 45	13 ♓ 3	2 ♋ 11	24 ♎ 42	8 ♐ 44	4 ♎ 21	6 ♓	10 ♒	5 ♓	3 ♎	22 ♈
13	21 ♉ 30	2 ♒ 11	20 ♐ 57	19 ♐ 41	0 ♊ 52	8 ♈ 41	13 ♋ 21	13 ♓ 12	2 ♋ 18	24 ♎ 40	8 ♐ 42	4 ♎ 20	6 ♓	10 ♒	5 ♓	3 ♎	22 ♈
14	22 ♉ 28	14 ♒ 2	20 ♐ 54	19 ♐ 42	2 ♊ 57	9 ♈ 48	13 ♋ 57	13 ♓ 21	2 ♋ 24	24 ♎ 38	8 ♐ 41	4 ♎ 19	7 ♓	10 ♒	5 ♓	3 ♎	22 ♈
15	23 ♉ 25	25 ♒ 58	20 ♐ 50	19 R 42	5 ♊ 0	10 ♈ 56	14 ♋ 33	13 ♓ 31	2 ♋ 31	24 ♎ 35	8 ♐ 39	4 ♎ 18	7 ♓	10 ♒	6 ♓	3 ♎	22 ♈
16	24 ♉ 23	8 ♓ 3	20 ♐ 47	19 ♐ 41	7 ♊ 1	12 ♈ 4	15 ♋ 9	13 ♓ 39	2 ♋ 38	24 ♎ 33	8 ♐ 37	4 ♎ 17	7 ♓	10 ♒	6 ♓	3 ♎	22 ♈
17	25 ♉ 21	20 ♓ 23	20 ♐ 44	19 ♐ 39	9 ♊ 0	13 ♈ 12	15 ♋ 46	13 ♓ 48	2 ♋ 44	24 ♎ 31	8 ♐ 36	4 ♎ 17	7 ♓	10 ♒	6 ♓	3 D	22 ♈
18	26 ♉ 19	3 ♈ 0	20 ♐ 41	19 ♐ 37	10 ♊ 56	14 ♈ 20	16 ♋ 22	13 ♓ 57	2 ♋ 51	24 ♎ 29	8 ♐ 34	4 ♎ 16	8 ♓	10 ♒	7 ♓	3 ♎	22 ♈
19	27 ♉ 17	15 ♈ 59	20 ♐ 38	19 ♐ 34	12 ♊ 50	15 ♈ 28	16 ♋ 58	14 ♓ 6	2 ♋ 58	24 ♎ 27	8 ♐ 33	4 ♎ 15	8 ♓	10 ♒	7 ♓	3 ♎	22 ♈
20	28 ♉ 15	29 ♈ 20	20 ♐ 35	19 ♐ 30	14 ♊ 41	16 ♈ 36	17 ♋ 35	14 ♓ 14	3 ♋ 5	24 ♎ 25	8 ♐ 31	4 ♎ 14	8 ♓	10 ♒	7 ♓	3 ♎	22 ♈
21	29 ♉ 12	13 ♉ 3	20 ♐ 31	19 ♐ 28	16 ♊ 29	17 ♈ 44	18 ♋ 11	14 ♓ 22	3 ♋ 12	24 ♎ 23	8 ♐ 30	4 ♎ 13	8 ♓	11 ♒	8 ♓	3 ♎	22 ♈
22	0 ♊ 10	27 ♉ 5	20 ♐ 28	19 ♐ 26	18 ♊ 14	18 ♈ 53	18 ♋ 47	14 ♓ 30	3 ♋ 19	24 ♎ 21	8 ♐ 28	4 ♎ 12	8 ♓	11 ♒	8 ♓	3 ♎	22 ♈
23	1 ♊ 8	11 ♊ 24	20 ♐ 25	19 ♐ 25	19 ♊ 56	20 ♈ 1	19 ♋ 24	14 ♓ 38	3 ♋ 26	24 ♎ 19	8 ♐ 26	4 ♎ 12	9 ♓	11 ♒	8 ♓	3 ♎	22 ♈
24	2 ♊ 6	25 ♊ 53	20 ♐ 22	19 D 25	21 ♊ 35	21 ♈ 10	20 ♋ 0	14 ♓ 46	3 ♋ 33	24 ♎ 17	8 ♐ 25	4 ♎ 11	9 ♓	11 ♒	8 ♓	3 ♎	22 ♈
25	3 ♊ 3	10 ♋ 28	20 ♐ 19	19 ♐ 25	23 ♊ 11	22 ♈ 19	20 ♋ 36	14 ♓ 54	3 ♋ 40	24 ♎ 16	8 ♐ 23	4 ♎ 10	9 ♓	11 ♒	9 ♓	3 ♎	22 ♈
26	4 ♊ 1	25 ♋ 2	20 ♐ 15	19 ♐ 26	24 ♊ 44	23 ♈ 27	21 ♋ 13	15 ♓ 2	3 ♋ 47	24 ♎ 14	8 ♐ 22	4 ♎ 10	9 ♓	11 ♒	9 ♓	3 ♎	22 ♈
27	4 ♊ 58	9 ♌ 31	20 ♐ 12	19 ♐ 27	26 ♊ 13	24 ♈ 36	21 ♋ 49	15 ♓ 9	3 ♋ 54	24 ♎ 12	8 ♐ 20	4 ♎ 9	10 ♓	11 ♒	9 ♓	3 ♎	22 ♈
28	5 ♊ 56	23 ♌ 50	20 ♐ 9	19 ♐ 28	27 ♊ 40	25 ♈ 45	22 ♋ 26	15 ♓ 16	4 ♋ 1	24 ♎ 10	8 ♐ 18	4 ♎ 8	10 ♓	11 R	10 ♓	4 ♎	22 ♈
29	6 ♊ 54	7 ♍ 57	20 ♐ 6	19 R 28	29 ♊ 3	26 ♈ 54	23 ♋ 2	15 ♓ 23	4 ♋ 8	24 ♎ 9	8 ♐ 17	4 ♎ 8	10 ♓	11 ♒	10 ♓	4 ♎	22 ♈
30	7 ♊ 51	21 ♍ 51	20 ♐ 3	19 ♐ 28	0 ♋ 22	28 ♈ 3	23 ♋ 39	15 ♓ 30	4 ♋ 16	24 ♎ 7	8 ♐ 15	4 ♎ 7	10 ♓	11 ♒	10 ♓	4 ♎	23 ♈
31	8 ♊ 49	5 ♎ 30	20 ♐ 0	19 ♐ 27	1 ♋ 39	29 ♈ 12	24 ♋ 15	15 ♓ 37	4 ♋ 23	24 ♎ 5	8 ♐ 13	4 ♎ 7	10 ♓	11 ♒	10 ♓	4 ♎	23 ♈

SUN INGRESS	☉ → ♊ 21日 19:36
MOON PHASE	○ 6日 17:55 ♏　◑ 14日 18:29 ♒　● 22日 05:34 ♊　◐ 28日 22:03 ♍

aspects		
1日	15:48	☿⚹♂
2日	16:18	☉⚹♃
4日	02:45	☿⚹♃
5日	01:55	☉☌☿
6日	16:39	♀□♄
9日	04:32	♀☍♇
12日	16:21	♂△♃
13日	00:28	♀△♆
14日	15:49	☿△♇
16日	19:08	☿☍♆
19日	17:38	☿□♃
21日	19:47	♀□♂
23日	04:01	☿⚹♀
25日	16:18	☿△♅
26日	03:38	☉△♇
26日	15:45	♀☍♅
28日	22:16	♄□♇
30日	09:39	☉☍♆
30日	17:50	♂□♅

1974年6月

DAY	☉	☽	☊ mean	☊ true	☿	♀	♂	♃	♄	♅	♆	♇	⚳	⚴	⚵	⚶	⚷
	° ′	° ′	° ′	° ′	° ′	° ′	° ′	° ′	° ′	° ′	° ′	° ′	°	°	°	°	°
1	9 ♊ 46	18 ♎ 55	19 ♐ 56	19 R 26	2 D 51	0 D 22	24 D 52	15 D 44	4 D 30	24 R 4	8 R 12	4 R 6	11 D	11 R	11 D	4 D	23 D
2	10 ♊ 44	2 ♏ 5	19 ♐ 53	19 ♐ 25	4 ♋ 1	1 ♉ 31	25 ♋ 28	15 ♓ 51	4 ♋ 38	24 ♎ 2	8 ♐ 10	4 ♎ 6	11 ♓	11 ♒	11 ♓	4 ♎	23 ♈
3	11 ♊ 41	15 ♏ 0	19 ♐ 50	19 ♐ 24	5 ♋ 7	2 ♉ 40	26 ♋ 5	15 ♓ 57	4 ♋ 45	24 ♎ 1	8 ♐ 9	4 ♎ 6	11 ♓	11 ♒	11 ♓	4 ♎	23 ♈
4	12 ♊ 39	27 ♏ 43	19 ♐ 47	19 ♐ 23	6 ♋ 9	3 ♉ 50	26 ♋ 41	16 ♓ 3	4 ♋ 53	24 ♎ 0	8 ♐ 7	4 ♎ 5	11 ♓	11 ♒	11 ♓	4 ♎	23 ♈
5	13 ♊ 36	10 ♐ 12	19 ♐ 44	19 ♐ 23	7 ♋ 7	4 ♉ 59	27 ♋ 18	16 ♓ 9	5 ♋ 0	23 ♎ 58	8 ♐ 5	4 ♎ 5	11 ♓	10 ♒	12 ♓	5 ♎	23 ♈
6	14 ♊ 34	22 ♐ 30	19 ♐ 41	19 D 23	8 ♋ 2	6 ♉ 9	27 ♋ 55	16 ♓ 15	5 ♋ 7	23 ♎ 57	8 ♐ 4	4 ♎ 5	12 ♓	10 ♒	12 ♓	5 ♎	23 ♈
7	15 ♊ 31	4 ♑ 37	19 ♐ 37	19 ♐ 23	8 ♋ 53	7 ♉ 19	28 ♋ 31	16 ♓ 21	5 ♋ 15	23 ♎ 56	8 ♐ 2	4 ♎ 4	12 ♓	10 ♒	12 ♓	5 ♎	23 ♈
8	16 ♊ 28	16 ♑ 36	19 ♐ 34	19 ♐ 23	9 ♋ 40	8 ♉ 28	29 ♋ 8	16 ♓ 26	5 ♋ 22	23 ♎ 54	8 ♐ 0	4 ♎ 4	12 ♓	10 ♒	12 ♓	5 ♎	23 ♈
9	17 ♊ 26	28 ♑ 30	19 ♐ 31	19 ♐ 24	10 ♋ 23	9 ♉ 38	29 ♋ 44	16 ♓ 32	5 ♋ 30	23 ♎ 53	7 ♐ 59	4 ♎ 4	12 ♓	10 ♒	13 ♓	5 ♎	23 ♈
10	18 ♊ 23	10 ♒ 20	19 ♐ 28	19 ♐ 24	11 ♋ 2	10 ♉ 48	0 ♌ 21	16 ♓ 37	5 ♋ 38	23 ♎ 52	7 ♐ 57	4 ♎ 4	12 ♓	10 ♒	13 ♓	5 ♎	23 ♈
11	19 ♊ 20	22 ♒ 11	19 ♐ 25	19 ♐ 24	11 ♋ 37	11 ♉ 58	0 ♌ 58	16 ♓ 42	5 ♋ 45	23 ♎ 51	7 ♐ 56	4 ♎ 4	12 ♓	10 ♒	13 ♓	6 ♎	23 ♈
12	20 ♊ 18	4 ♓ 7	19 ♐ 21	19 R 24	12 ♋ 8	13 ♉ 8	1 ♌ 34	16 ♓ 47	5 ♋ 53	23 ♎ 50	7 ♐ 54	4 ♎ 3	13 ♓	10 ♒	13 ♓	6 ♎	23 ♈
13	21 ♊ 15	16 ♓ 12	19 ♐ 18	19 ♐ 24	12 ♋ 34	14 ♉ 18	2 ♌ 11	16 ♓ 52	6 ♋ 0	23 ♎ 49	7 ♐ 53	4 ♎ 3	13 ♓	10 ♒	14 ♓	6 ♎	23 ♈
14	22 ♊ 12	28 ♓ 30	19 ♐ 15	19 D 24	12 ♋ 56	15 ♉ 28	2 ♌ 48	16 ♓ 57	6 ♋ 8	23 ♎ 48	7 ♐ 51	4 ♎ 3	13 ♓	10 ♒	14 ♓	6 ♎	23 ♈
15	23 ♊ 10	11 ♈ 6	19 ♐ 12	19 ♐ 24	13 ♋ 13	16 ♉ 38	3 ♌ 25	17 ♓ 1	6 ♋ 16	23 ♎ 47	7 ♐ 49	4 D 3	13 ♓	10 ♒	14 ♓	6 ♎	23 ♈
16	24 ♊ 7	24 ♈ 3	19 ♐ 9	19 ♐ 24	13 ♋ 26	17 ♉ 48	4 ♌ 1	17 ♓ 5	6 ♋ 23	23 ♎ 46	7 ♐ 48	4 ♎ 3	13 ♓	10 ♒	14 ♓	7 ♎	23 ♈
17	25 ♊ 4	7 ♉ 24	19 ♐ 6	19 ♐ 25	13 ♋ 34	18 ♉ 59	4 ♌ 38	17 ♓ 9	6 ♋ 31	23 ♎ 45	7 ♐ 46	4 ♎ 3	13 ♓	9 ♒	14 ♓	7 ♎	23 ♈
18	26 ♊ 2	21 ♉ 11	19 ♐ 2	19 ♐ 25	13 ♋ 38	20 ♉ 9	5 ♌ 15	17 ♓ 13	6 ♋ 39	23 ♎ 44	7 ♐ 45	4 ♎ 3	13 ♓	9 ♒	15 ♓	7 ♎	23 ♈
19	26 ♊ 59	5 ♊ 22	18 ♐ 59	19 ♐ 26	13 R 37	21 ♉ 19	5 ♌ 52	17 ♓ 17	6 ♋ 47	23 ♎ 44	7 ♐ 43	4 ♎ 4	13 ♓	9 ♒	15 ♓	7 ♎	23 ♈
20	27 ♊ 56	19 ♊ 55	18 ♐ 56	19 R 26	13 ♋ 32	22 ♉ 30	6 ♌ 28	17 ♓ 20	6 ♋ 54	23 ♎ 43	7 ♐ 42	4 ♎ 4	14 ♓	9 ♒	15 ♓	8 ♎	23 ♈
21	28 ♊ 54	4 ♋ 44	18 ♐ 53	19 ♐ 26	13 ♋ 22	23 ♉ 40	7 ♌ 5	17 ♓ 24	7 ♋ 2	23 ♎ 42	7 ♐ 40	4 ♎ 4	14 ♓	9 ♒	15 ♓	8 ♎	23 ♈
22	29 ♊ 51	19 ♋ 42	18 ♐ 50	19 ♐ 25	13 ♋ 8	24 ♉ 51	7 ♌ 42	17 ♓ 27	7 ♋ 10	23 ♎ 42	7 ♐ 39	4 ♎ 4	14 ♓	9 ♒	15 ♓	8 ♎	23 ♈
23	0 ♋ 48	4 ♌ 40	18 ♐ 47	19 ♐ 24	12 ♋ 51	26 ♉ 2	8 ♌ 19	17 ♓ 30	7 ♋ 18	23 ♎ 41	7 ♐ 37	4 ♎ 4	14 ♓	8 ♒	16 ♓	8 ♎	23 ♈
24	1 ♋ 45	19 ♌ 30	18 ♐ 43	19 ♐ 22	12 ♋ 29	27 ♉ 12	8 ♌ 56	17 ♓ 33	7 ♋ 25	23 ♎ 41	7 ♐ 36	4 ♎ 5	14 ♓	8 ♒	16 ♓	9 ♎	23 ♈
25	2 ♋ 43	4 ♍ 7	18 ♐ 40	19 ♐ 21	12 ♋ 4	28 ♉ 23	9 ♌ 33	17 ♓ 35	7 ♋ 33	23 ♎ 40	7 ♐ 34	4 ♎ 5	14 ♓	8 ♒	16 ♓	9 ♎	24 ♈
26	3 ♋ 40	18 ♍ 23	18 ♐ 37	19 ♐ 20	11 ♋ 36	29 ♉ 34	10 ♌ 10	17 ♓ 38	7 ♋ 41	23 ♎ 40	7 ♐ 33	4 ♎ 5	14 ♓	8 ♒	16 ♓	9 ♎	24 ♈
27	4 ♋ 37	2 ♎ 19	18 ♐ 34	19 ♐ 20	11 ♋ 5	0 ♊ 45	10 ♌ 47	17 ♓ 40	7 ♋ 49	23 ♎ 40	7 ♐ 32	4 ♎ 6	14 ♓	8 ♒	16 ♓	9 ♎	24 ♈
28	5 ♋ 34	15 ♎ 52	18 ♐ 31	19 D 20	10 ♋ 32	1 ♊ 55	11 ♌ 24	17 ♓ 42	7 ♋ 57	23 ♎ 40	7 ♐ 30	4 ♎ 6	14 ♓	8 ♒	16 ♓	10 ♎	24 ♈
29	6 ♋ 32	29 ♎ 5	18 ♐ 27	19 ♐ 21	9 ♋ 57	3 ♊ 6	12 ♌ 1	17 ♓ 44	8 ♋ 4	23 ♎ 39	7 ♐ 29	4 ♎ 7	14 ♓	7 ♒	16 ♓	10 ♎	24 ♈
30	7 ♋ 29	11 ♏ 59	18 ♐ 24	19 ♐ 22	9 ♋ 22	4 ♊ 17	12 ♌ 38	17 ♓ 45	8 ♋ 12	23 ♎ 39	7 ♐ 28	4 ♎ 7	14 ♓	7 ♒	17 ♓	10 ♎	24 ♈

SUN INGRESS	☉ → ♋ 22日 03:38
MOON PHASE	○ 5日 07:10 ♐　◑ 13日 10:45 ♓　● 20日 13:56 ♊　◐ 27日 04:20 ♎

aspects		
2日	01:52	☿□♇
2日	15:01	☿☌♄
5日	00:16	♀⚹♄
7日	23:09	☉□♃
10日	10:16	☿⚹♀
15日	08:17	♀⚹♃
15日	15:18	☉△♅
16日	01:20	♂⚹♇
21日	21:54	♂△♆
26日	10:46	☉□♇
29日	20:32	♀△♇
30日	21:11	☉☌♄

1974年7月

DAY	☉	☽	☊ mean	☊ true	☿	♀	♂	♃	♄	♅	♆	♇	⚳	⚴	⚵	⚶	⚷
	° ′	° ′	° ′	° ′	° ′	° ′	° ′	° ′	° ′	° ′	° ′	° ′	°	°	°	°	°
1	8 ♋ 26	24 ♏ 37	18 ♐ 21	19 D 23	8 R 46	5 D 28	13 D 15	17 D 47	8 D 20	23 R 39	7 R 26	4 D 8	15 D	7 R	17 D	10 D	24 D
2	9 ♋ 23	7 ♐ 2	18 ♐ 18	19 ♐ 24	8 ♋ 10	6 ♊ 39	13 ♌ 52	17 ♓ 48	8 ♋ 28	23 ♎ 39	7 ♐ 25	4 ♎ 8	15 ♓	7 ♒	17 ♓	11 ♎	24 ♈
3	10 ♋ 20	19 ♐ 15	18 ♐ 15	19 ♐ 25	7 ♋ 35	7 ♊ 50	14 ♌ 29	17 ♓ 49	8 ♋ 36	23 D 39	7 ♐ 24	4 ♎ 9	15 ♓	7 ♒	17 ♓	11 ♎	24 ♈
4	11 ♋ 17	1 ♑ 20	18 ♐ 12	19 R 24	7 ♋ 1	9 ♊ 2	15 ♌ 6	17 ♓ 50	8 ♋ 44	23 ♎ 39	7 ♐ 22	4 ♎ 9	15 ♓	6 ♒	17 ♓	11 ♎	24 ♈
5	12 ♋ 15	13 ♑ 19	18 ♐ 8	19 ♐ 23	6 ♋ 29	10 ♊ 13	15 ♌ 43	17 ♓ 51	8 ♋ 51	23 ♎ 39	7 ♐ 21	4 ♎ 10	15 ♓	6 ♒	17 ♓	12 ♎	24 ♈
6	13 ♋ 12	25 ♑ 12	18 ♐ 5	19 ♐ 20	6 ♋ 0	11 ♊ 24	16 ♌ 20	17 ♓ 51	8 ♋ 59	23 ♎ 39	7 ♐ 20	4 ♎ 11	15 ♓	6 ♒	17 ♓	12 ♎	24 ♈
7	14 ♋ 9	7 ♒ 3	18 ♐ 2	19 ♐ 16	5 ♋ 34	12 ♊ 35	16 ♌ 57	17 ♓ 51	9 ♋ 7	23 ♎ 40	7 ♐ 19	4 ♎ 11	15 ♓	6 ♒	17 ♓	12 ♎	24 ♈
8	15 ♋ 6	18 ♒ 54	17 ♐ 59	19 ♐ 12	5 ♋ 11	13 ♊ 47	17 ♌ 34	17 ♓ 52	9 ♋ 15	23 ♎ 40	7 ♐ 17	4 ♎ 12	15 ♓	5 ♒	18 ♓	13 ♎	24 ♈
9	16 ♋ 3	0 ♓ 46	17 ♐ 56	19 ♐ 8	4 ♋ 53	14 ♊ 58	18 ♌ 11	17 R 51	9 ♋ 22	23 ♎ 40	7 ♐ 16	4 ♎ 13	15 ♓	5 ♒	18 ♓	13 ♎	24 ♈
10	17 ♋ 1	12 ♓ 44	17 ♐ 53	19 ♐ 4	4 ♋ 38	16 ♊ 10	18 ♌ 48	17 ♓ 51	9 ♋ 30	23 ♎ 41	7 ♐ 15	4 ♎ 14	15 ♓	5 ♒	18 ♓	13 ♎	24 ♈
11	17 ♋ 58	24 ♓ 49	17 ♐ 49	19 ♐ 1	4 ♋ 29	17 ♊ 21	19 ♌ 26	17 ♓ 51	9 ♋ 38	23 ♎ 41	7 ♐ 14	4 ♎ 15	15 ♓	5 ♒	18 ♓	14 ♎	24 ♈
12	18 ♋ 55	7 ♈ 6	17 ♐ 46	18 ♐ 59	4 ♋ 24	18 ♊ 33	20 ♌ 3	17 ♓ 50	9 ♋ 46	23 ♎ 41	7 ♐ 13	4 ♎ 15	15 R	4 ♒	18 ♓	14 ♎	24 ♈
13	19 ♋ 52	19 ♈ 39	17 ♐ 43	18 ♐ 58	4 D 24	19 ♊ 44	20 ♌ 40	17 ♓ 49	9 ♋ 54	23 ♎ 42	7 ♐ 12	4 ♎ 16	15 ♓	4 ♒	18 ♓	14 ♎	24 ♈
14	20 ♋ 49	2 ♉ 31	17 ♐ 40	18 D 59	4 ♋ 29	20 ♊ 56	21 ♌ 17	17 ♓ 48	10 ♋ 1	23 ♎ 43	7 ♐ 11	4 ♎ 17	15 ♓	4 ♒	18 ♓	15 ♎	24 ♈
15	21 ♋ 47	15 ♉ 47	17 ♐ 37	19 ♐ 0	4 ♋ 40	22 ♊ 8	21 ♌ 55	17 ♓ 47	10 ♋ 9	23 ♎ 43	7 ♐ 9	4 ♎ 18	15 ♓	4 ♒	18 ♓	15 ♎	24 ♈
16	22 ♋ 44	29 ♉ 28	17 ♐ 33	19 ♐ 1	4 ♋ 57	23 ♊ 19	22 ♌ 32	17 ♓ 45	10 ♋ 17	23 ♎ 44	7 ♐ 8	4 ♎ 19	15 ♓	3 ♒	18 ♓	15 ♎	24 ♈
17	23 ♋ 41	13 ♊ 37	17 ♐ 30	19 ♐ 2	5 ♋ 18	24 ♊ 31	23 ♌ 9	17 ♓ 44	10 ♋ 24	23 ♎ 45	7 ♐ 7	4 ♎ 20	15 ♓	3 ♒	18 ♓	16 ♎	24 ♈
18	24 ♋ 38	28 ♊ 11	17 ♐ 27	19 R 2	5 ♋ 45	25 ♊ 43	23 ♌ 47	17 ♓ 42	10 ♋ 32	23 ♎ 45	7 ♐ 7	4 ♎ 21	15 ♓	3 ♒	18 ♓	16 ♎	24 ♈
19	25 ♋ 36	13 ♋ 7	17 ♐ 24	19 ♐ 0	6 ♋ 18	26 ♊ 55	24 ♌ 24	17 ♓ 40	10 ♋ 40	23 ♎ 46	7 ♐ 6	4 ♎ 22	15 ♓	3 ♒	18 ♓	16 ♎	24 ♈
20	26 ♋ 33	28 ♋ 16	17 ♐ 21	18 ♐ 57	6 ♋ 56	28 ♊ 7	25 ♌ 1	17 ♓ 38	10 ♋ 47	23 ♎ 47	7 ♐ 5	4 ♎ 23	15 ♓	2 ♒	18 ♓	17 ♎	24 ♈
21	27 ♋ 30	13 ♌ 30	17 ♐ 18	18 ♐ 52	7 ♋ 40	29 ♊ 19	25 ♌ 39	17 ♓ 35	10 ♋ 55	23 ♎ 48	7 ♐ 4	4 ♎ 25	15 ♓	2 ♒	18 ♓	17 ♎	24 ♈
22	28 ♋ 28	28 ♌ 38	17 ♐ 14	18 ♐ 46	8 ♋ 29	0 ♋ 31	26 ♌ 16	17 ♓ 33	11 ♋ 3	23 ♎ 49	7 ♐ 3	4 ♎ 26	14 ♓	2 ♒	18 ♓	18 ♎	24 ♈
23	29 ♋ 25	13 ♍ 31	17 ♐ 11	18 ♐ 41	9 ♋ 23	1 ♋ 43	26 ♌ 53	17 ♓ 30	11 ♋ 10	23 ♎ 50	7 ♐ 2	4 ♎ 27	14 ♓	1 ♒	18 R	18 ♎	24 ♈
24	0 ♌ 22	28 ♍ 1	17 ♐ 8	18 ♐ 36	10 ♋ 22	2 ♋ 55	27 ♌ 31	17 ♓ 27	11 ♋ 18	23 ♎ 51	7 ♐ 1	4 ♎ 28	14 ♓	1 ♒	18 ♓	18 ♎	24 ♈
25	1 ♌ 19	12 ♎ 5	17 ♐ 5	18 ♐ 33	11 ♋ 27	4 ♋ 7	28 ♌ 8	17 ♓ 24	11 ♋ 25	23 ♎ 52	7 ♐ 0	4 ♎ 29	14 ♓	1 ♒	18 ♓	19 ♎	24 ♈
26	2 ♌ 17	25 ♎ 41	17 ♐ 2	18 ♐ 31	12 ♋ 37	5 ♋ 19	28 ♌ 46	17 ♓ 20	11 ♋ 33	23 ♎ 54	7 ♐ 0	4 ♎ 31	14 ♓	1 ♒	18 ♓	19 ♎	24 ♈
27	3 ♌ 14	8 ♏ 52	16 ♐ 59	18 D 31	13 ♋ 52	6 ♋ 32	29 ♌ 23	17 ♓ 17	11 ♋ 40	23 ♎ 55	6 ♐ 59	4 ♎ 32	14 ♓	0 ♒	18 ♓	19 ♎	24 ♈
28	4 ♌ 11	21 ♏ 39	16 ♐ 55	18 ♐ 32	15 ♋ 11	7 ♋ 44	0 ♍ 1	17 ♓ 13	11 ♋ 48	23 ♎ 56	6 ♐ 58	4 ♎ 33	14 ♓	0 ♒	18 ♓	20 ♎	24 ♈
29	5 ♌ 9	4 ♐ 7	16 ♐ 52	18 ♐ 33	16 ♋ 35	8 ♋ 56	0 ♍ 39	17 ♓ 9	11 ♋ 55	23 ♎ 57	6 ♐ 58	4 ♎ 35	14 ♓	0 ♒	18 ♓	20 ♎	24 R
30	6 ♌ 6	16 ♐ 21	16 ♐ 49	18 ♐ 34	18 ♋ 4	10 ♋ 9	1 ♍ 16	17 ♓ 5	12 ♋ 2	23 ♎ 59	6 ♐ 57	4 ♎ 36	14 ♓	0 ♒	18 ♓	21 ♎	24 ♈
31	7 ♌ 4	28 ♐ 24	16 ♐ 46	18 R 34	19 ♋ 38	11 ♋ 21	1 ♍ 54	17 ♓ 1	12 ♋ 10	24 ♎ 0	6 ♐ 56	4 ♎ 37	14 ♓	29 ♑	18 ♓	21 ♎	24 ♈

SUN INGRESS	☉ → ♌ 23日 14:30
MOON PHASE	○ 4日 21:40 ♑ ◑ 13日 00:28 ♈ ● 19日 21:06 ♋ ◐ 26日 12:51 ♏

aspects		
1日	05:05	☉☌☿
1日	14:01	☿☌♄
2日	15:05	♀☍♆
10日	21:02	☉△♃
11日	09:51	♀□♃
14日	14:57	♀⚹♂
16日	08:17	♀△♅
17日	01:27	☉□♅
17日	23:16	♂⚹♅
24日	23:13	☿☌♄
25日	07:31	♀□♇
28日	09:22	☉⚹♇
29日	08:50	☿△♃
30日	21:00	☉△♆
31日	17:57	♀☌♄

1974年8月

DAY	☉	☽	☊ mean	☊ true	☿	♀	♂	♃	♄	♅	♆	♇	⚳	⚴	⚵	⚶	⚷
	° ′	° ′	° ′	° ′	° ′	° ′	° ′	° ′	° ′	° ′	° ′	° ′	°	°	°	°	°
1	8 ♌ 1	10 ♑ 21	16 ♐ 43	18 R 31	21 D 15	12 D 33	2 D 31	16 R 56	12 D 17	24 D 2	6 R 56	4 D 39	14 R	29 R	18 R	21 D	24 R
2	8 ♌ 58	22 ♑ 13	16 ♐ 39	18 ♐ 27	22 ♋ 56	13 ♋ 46	3 ♍ 9	16 ♓ 52	12 ♋ 24	24 ♎ 3	6 ♐ 55	4 ♎ 40	13 ♓	29 ♑	18 ♓	22 ♎	24 ♈
3	9 ♌ 56	4 ♒ 3	16 ♐ 36	18 ♐ 20	24 ♋ 41	14 ♋ 59	3 ♍ 47	16 ♓ 47	12 ♋ 32	24 ♎ 5	6 ♐ 55	4 ♎ 42	13 ♓	29 ♑	18 ♓	22 ♎	24 ♈
4	10 ♌ 53	15 ♒ 54	16 ♐ 33	18 ♐ 11	26 ♋ 30	16 ♋ 11	4 ♍ 24	16 ♓ 42	12 ♋ 39	24 ♎ 7	6 ♐ 54	4 ♎ 43	13 ♓	28 ♑	18 ♓	23 ♎	24 ♈
5	11 ♌ 50	27 ♒ 47	16 ♐ 30	18 ♐ 1	28 ♋ 21	17 ♋ 24	5 ♍ 2	16 ♓ 37	12 ♋ 46	24 ♎ 8	6 ♐ 54	4 ♎ 45	13 ♓	28 ♑	18 ♓	23 ♎	24 ♈
6	12 ♌ 48	9 ♓ 44	16 ♐ 27	17 ♐ 51	0 ♌ 15	18 ♋ 36	5 ♍ 40	16 ♓ 32	12 ♋ 53	24 ♎ 10	6 ♐ 53	4 ♎ 47	13 ♓	28 ♑	18 ♓	23 ♎	24 ♈
7	13 ♌ 45	21 ♓ 46	16 ♐ 24	17 ♐ 41	2 ♌ 12	19 ♋ 49	6 ♍ 17	16 ♓ 27	13 ♋ 0	24 ♎ 12	6 ♐ 53	4 ♎ 48	13 ♓	28 ♑	17 ♓	24 ♎	24 ♈
8	14 ♌ 43	3 ♈ 56	16 ♐ 20	17 ♐ 33	4 ♌ 10	21 ♋ 2	6 ♍ 55	16 ♓ 21	13 ♋ 7	24 ♎ 14	6 ♐ 52	4 ♎ 50	13 ♓	27 ♑	17 ♓	24 ♎	24 ♈
9	15 ♌ 40	16 ♈ 16	16 ♐ 17	17 ♐ 27	6 ♌ 11	22 ♋ 15	7 ♍ 33	16 ♓ 15	13 ♋ 14	24 ♎ 16	6 ♐ 52	4 ♎ 51	12 ♓	27 ♑	17 ♓	25 ♎	24 ♈
10	16 ♌ 38	28 ♈ 49	16 ♐ 14	17 ♐ 23	8 ♌ 12	23 ♋ 28	8 ♍ 11	16 ♓ 10	13 ♋ 21	24 ♎ 17	6 ♐ 52	4 ♎ 53	12 ♓	27 ♑	17 ♓	25 ♎	24 ♈
11	17 ♌ 35	11 ♉ 39	16 ♐ 11	17 ♐ 22	10 ♌ 14	24 ♋ 41	8 ♍ 49	16 ♓ 4	13 ♋ 28	24 ♎ 19	6 ♐ 51	4 ♎ 55	12 ♓	27 ♑	17 ♓	26 ♎	24 ♈
12	18 ♌ 33	24 ♉ 49	16 ♐ 8	17 D 22	12 ♌ 17	25 ♋ 54	9 ♍ 27	15 ♓ 57	13 ♋ 35	24 ♎ 21	6 ♐ 51	4 ♎ 56	12 ♓	26 ♑	17 ♓	26 ♎	24 ♈
13	19 ♌ 31	8 ♊ 22	16 ♐ 4	17 ♐ 22	14 ♌ 20	27 ♋ 7	10 ♍ 4	15 ♓ 51	13 ♋ 42	24 ♎ 24	6 ♐ 51	4 ♎ 58	12 ♓	26 ♑	17 ♓	26 ♎	24 ♈
14	20 ♌ 28	22 ♊ 21	16 ♐ 1	17 R 22	16 ♌ 24	28 ♋ 20	10 ♍ 42	15 ♓ 45	13 ♋ 49	24 ♎ 26	6 ♐ 51	5 ♎ 0	12 ♓	26 ♑	17 ♓	27 ♎	24 ♈
15	21 ♌ 26	6 ♋ 46	15 ♐ 58	17 ♐ 21	18 ♌ 26	29 ♋ 33	11 ♍ 20	15 ♓ 38	13 ♋ 56	24 ♎ 28	6 ♐ 51	5 ♎ 2	11 ♓	26 ♑	16 ♓	27 ♎	24 ♈
16	22 ♌ 23	21 ♋ 34	15 ♐ 55	17 ♐ 17	20 ♌ 29	0 ♌ 46	11 ♍ 58	15 ♓ 32	14 ♋ 2	24 ♎ 30	6 ♐ 50	5 ♎ 4	11 ♓	26 ♑	16 ♓	28 ♎	24 ♈
17	23 ♌ 21	6 ♌ 40	15 ♐ 52	17 ♐ 11	22 ♌ 31	1 ♌ 59	12 ♍ 36	15 ♓ 25	14 ♋ 9	24 ♎ 32	6 ♐ 50	5 ♎ 5	11 ♓	25 ♑	16 ♓	28 ♎	24 ♈
18	24 ♌ 19	21 ♌ 55	15 ♐ 49	17 ♐ 3	24 ♌ 32	3 ♌ 12	13 ♍ 14	15 ♓ 18	14 ♋ 16	24 ♎ 35	6 ♐ 50	5 ♎ 7	11 ♓	25 ♑	16 ♓	29 ♎	24 ♈
19	25 ♌ 17	7 ♍ 8	15 ♐ 45	16 ♐ 53	26 ♌ 32	4 ♌ 26	13 ♍ 52	15 ♓ 11	14 ♋ 22	24 ♎ 37	6 ♐ 50	5 ♎ 9	11 ♓	25 ♑	16 ♓	29 ♎	24 ♈
20	26 ♌ 14	22 ♍ 9	15 ♐ 42	16 ♐ 43	28 ♌ 31	5 ♌ 39	14 ♍ 31	15 ♓ 4	14 ♋ 29	24 ♎ 39	6 D 50	5 ♎ 11	10 ♓	25 ♑	16 ♓	29 ♎	24 ♈
21	27 ♌ 12	6 ♎ 49	15 ♐ 39	16 ♐ 34	0 ♍ 29	6 ♌ 52	15 ♍ 9	14 ♓ 57	14 ♋ 35	24 ♎ 42	6 ♐ 50	5 ♎ 13	10 ♓	25 ♑	15 ♓	0 ♏	24 ♈
22	28 ♌ 10	21 ♎ 1	15 ♐ 36	16 ♐ 27	2 ♍ 25	8 ♌ 6	15 ♍ 47	14 ♓ 50	14 ♋ 42	24 ♎ 44	6 ♐ 50	5 ♎ 15	10 ♓	24 ♑	15 ♓	0 ♏	24 ♈
23	29 ♌ 8	4 ♏ 43	15 ♐ 33	16 ♐ 23	4 ♍ 21	9 ♌ 19	16 ♍ 25	14 ♓ 43	14 ♋ 48	24 ♎ 47	6 ♐ 50	5 ♎ 17	10 ♓	24 ♑	15 ♓	1 ♏	24 ♈
24	0 ♍ 6	17 ♏ 57	15 ♐ 30	16 ♐ 21	6 ♍ 15	10 ♌ 33	17 ♍ 3	14 ♓ 35	14 ♋ 54	24 ♎ 49	6 ♐ 51	5 ♎ 19	10 ♓	24 ♑	15 ♓	1 ♏	24 ♈
25	1 ♍ 3	0 ♐ 45	15 ♐ 26	16 ♐ 20	8 ♍ 8	11 ♌ 46	17 ♍ 41	14 ♓ 28	15 ♋ 1	24 ♎ 52	6 ♐ 51	5 ♎ 21	9 ♓	24 ♑	14 ♓	2 ♏	24 ♈
26	2 ♍ 1	13 ♐ 11	15 ♐ 23	16 D 20	9 ♍ 59	13 ♌ 0	18 ♍ 20	14 ♓ 20	15 ♋ 7	24 ♎ 54	6 ♐ 51	5 ♎ 23	9 ♓	24 ♑	14 ♓	2 ♏	24 ♈
27	2 ♍ 59	25 ♐ 21	15 ♐ 20	16 R 20	11 ♍ 49	14 ♌ 13	18 ♍ 58	14 ♓ 12	15 ♋ 13	24 ♎ 57	6 ♐ 51	5 ♎ 25	9 ♓	24 ♑	14 ♓	3 ♏	24 ♈
28	3 ♍ 57	7 ♑ 20	15 ♐ 17	16 ♐ 18	13 ♍ 38	15 ♌ 27	19 ♍ 36	14 ♓ 5	15 ♋ 19	25 ♎ 0	6 ♐ 51	5 ♎ 27	9 ♓	23 ♑	14 ♓	3 ♏	24 ♈
29	4 ♍ 55	19 ♑ 13	15 ♐ 14	16 ♐ 14	15 ♍ 26	16 ♌ 41	20 ♍ 15	13 ♓ 57	15 ♋ 25	25 ♎ 2	6 ♐ 52	5 ♎ 29	8 ♓	23 ♑	14 ♓	4 ♏	24 ♈
30	5 ♍ 53	1 ♒ 2	15 ♐ 10	16 ♐ 8	17 ♍ 12	17 ♌ 54	20 ♍ 53	13 ♓ 49	15 ♋ 31	25 ♎ 5	6 ♐ 52	5 ♎ 31	8 ♓	23 ♑	13 ♓	4 ♏	24 ♈
31	6 ♍ 51	12 ♒ 53	15 ♐ 7	15 ♐ 58	18 ♍ 57	19 ♌ 8	21 ♍ 31	13 ♓ 41	15 ♋ 37	25 ♎ 8	6 ♐ 52	5 ♎ 33	8 ♓	23 ♑	13 ♓	4 ♏	24 ♈

SUN INGRESS	☉ → ♍ 23日 21:29
MOON PHASE	○ 3日 12:57 ♒ ◑ 11日 11:46 ♉ ● 18日 04:02 ♌ ◐ 25日 00:38 ♐

aspects		
2日	15:39	☿□♅
4日	09:37	♀△♃
7日	22:12	♂□♆
8日	07:59	☿⚹♇
9日	08:12	☿△♆
10日	16:51	♀□♅
17日	19:07	☉☌☿
18日	00:34	☿⚹♅
18日	06:46	☉⚹♅
19日	14:35	♀⚹♇
19日	22:40	♂⚹♄
20日	17:51	♂☍♃
20日	23:20	♀△♆
22日	14:19	♃△♄
24日	07:36	☿□♆
28日	05:32	☿☍♃
28日	23:50	☿⚹♄
31日	00:36	☉□♆

1974年9月

DAY	☉	☽	☊ mean	☊ true	☿	♀	♂	♃	♄	♅	♆	♇	⚳	⚴	⚵	⚶	⚷
	° ′	° ′	° ′	° ′	° ′	° ′	° ′	° ′	° ′	° ′	° ′	° ′	°	°	°	°	°
1	7 ♍ 49	24 ♒ 46	15 ♐ 4	15 R 46	20 D 40	20 D 22	22 D 10	13 R 34	15 D 43	25 D 11	6 D 53	5 D 35	8 R	23 R	13 R	5 D	24 R
2	8 ♍ 47	6 ♓ 45	15 ♐ 1	15 ♐ 33	22 ♍ 23	21 ♌ 36	22 ♍ 48	13 ♓ 26	15 ♋ 48	25 ♎ 13	6 ♐ 53	5 ♎ 37	8 ♓	23 ♑	13 ♓	5 ♏	23 ♈
3	9 ♍ 45	18 ♓ 50	14 ♐ 58	15 ♐ 19	24 ♍ 4	22 ♌ 50	23 ♍ 27	13 ♓ 18	15 ♋ 54	25 ♎ 16	6 ♐ 54	5 ♎ 39	7 ♓	23 ♑	12 ♓	6 ♏	23 ♈
4	10 ♍ 43	1 ♈ 2	14 ♐ 55	15 ♐ 6	25 ♍ 44	24 ♌ 3	24 ♍ 5	13 ♓ 10	16 ♋ 0	25 ♎ 19	6 ♐ 54	5 ♎ 41	7 ♓	23 ♑	12 ♓	6 ♏	23 ♈
5	11 ♍ 41	13 ♈ 22	14 ♐ 51	14 ♐ 54	27 ♍ 22	25 ♌ 17	24 ♍ 44	13 ♓ 2	16 ♋ 5	25 ♎ 22	6 ♐ 55	5 ♎ 43	7 ♓	23 ♑	12 ♓	7 ♏	23 ♈
6	12 ♍ 39	25 ♈ 52	14 ♐ 48	14 ♐ 46	29 ♍ 0	26 ♌ 31	25 ♍ 22	12 ♓ 54	16 ♋ 11	25 ♎ 25	6 ♐ 55	5 ♎ 46	7 ♓	23 ♑	12 ♓	7 ♏	23 ♈
7	13 ♍ 38	8 ♉ 33	14 ♐ 45	14 ♐ 40	0 ♎ 36	27 ♌ 45	26 ♍ 1	12 ♓ 46	16 ♋ 16	25 ♎ 28	6 ♐ 56	5 ♎ 48	6 ♓	22 ♑	11 ♓	8 ♏	23 ♈
8	14 ♍ 36	21 ♉ 28	14 ♐ 42	14 ♐ 36	2 ♎ 11	28 ♌ 59	26 ♍ 39	12 ♓ 38	16 ♋ 21	25 ♎ 31	6 ♐ 56	5 ♎ 50	6 ♓	22 ♑	11 ♓	8 ♏	23 ♈
9	15 ♍ 34	4 ♊ 38	14 ♐ 39	14 ♐ 35	3 ♎ 45	0 ♍ 14	27 ♍ 18	12 ♓ 30	16 ♋ 27	25 ♎ 34	6 ♐ 57	5 ♎ 52	6 ♓	22 ♑	11 ♓	9 ♏	23 ♈
10	16 ♍ 32	18 ♊ 7	14 ♐ 36	14 ♐ 35	5 ♎ 18	1 ♍ 28	27 ♍ 57	12 ♓ 22	16 ♋ 32	25 ♎ 37	6 ♐ 58	5 ♎ 54	6 ♓	22 ♑	11 ♓	9 ♏	23 ♈
11	17 ♍ 31	1 ♋ 56	14 ♐ 32	14 ♐ 35	6 ♎ 50	2 ♍ 42	28 ♍ 35	12 ♓ 14	16 ♋ 37	25 ♎ 41	6 ♐ 58	5 ♎ 56	6 ♓	22 ♑	10 ♓	10 ♏	23 ♈
12	18 ♍ 29	16 ♋ 8	14 ♐ 29	14 ♐ 33	8 ♎ 20	3 ♍ 56	29 ♍ 14	12 ♓ 7	16 ♋ 42	25 ♎ 44	6 ♐ 59	5 ♎ 59	5 ♓	22 ♑	10 ♓	10 ♏	23 ♈
13	19 ♍ 27	0 ♌ 40	14 ♐ 26	14 ♐ 29	9 ♎ 49	5 ♍ 10	29 ♍ 53	11 ♓ 59	16 ♋ 47	25 ♎ 47	7 ♐ 0	6 ♎ 1	5 ♓	22 ♑	10 ♓	11 ♏	23 ♈
14	20 ♍ 26	15 ♌ 29	14 ♐ 23	14 ♐ 22	11 ♎ 18	6 ♍ 25	0 ♎ 32	11 ♓ 51	16 ♋ 52	25 ♎ 50	7 ♐ 1	6 ♎ 3	5 ♓	22 ♑	10 ♓	11 ♏	23 ♈
15	21 ♍ 24	0 ♍ 30	14 ♐ 20	14 ♐ 13	12 ♎ 44	7 ♍ 39	1 ♎ 10	11 ♓ 43	16 ♋ 56	25 ♎ 53	7 ♐ 2	6 ♎ 5	5 ♓	22 ♑	9 ♓	12 ♏	23 ♈
16	22 ♍ 23	15 ♍ 32	14 ♐ 16	14 ♐ 2	14 ♎ 10	8 ♍ 53	1 ♎ 49	11 ♓ 35	17 ♋ 1	25 ♎ 57	7 ♐ 3	6 ♎ 8	5 ♓	22 ♑	9 ♓	12 ♏	23 ♈
17	23 ♍ 21	0 ♎ 26	14 ♐ 13	13 ♐ 50	15 ♎ 35	10 ♍ 8	2 ♎ 28	11 ♓ 28	17 ♋ 6	26 ♎ 0	7 ♐ 3	6 ♎ 10	4 ♓	22 ♑	9 ♓	13 ♏	23 ♈
18	24 ♍ 20	15 ♎ 3	14 ♐ 10	13 ♐ 40	16 ♎ 58	11 ♍ 22	3 ♎ 7	11 ♓ 20	17 ♋ 10	26 ♎ 3	7 ♐ 4	6 ♎ 12	4 ♓	22 ♑	9 ♓	13 ♏	23 ♈
19	25 ♍ 18	29 ♎ 17	14 ♐ 7	13 ♐ 32	18 ♎ 20	12 ♍ 36	3 ♎ 46	11 ♓ 13	17 ♋ 15	26 ♎ 7	7 ♐ 5	6 ♎ 14	4 ♓	22 ♑	9 ♓	14 ♏	23 ♈
20	26 ♍ 17	13 ♏ 2	14 ♐ 4	13 ♐ 26	19 ♎ 41	13 ♍ 51	4 ♎ 25	11 ♓ 5	17 ♋ 19	26 ♎ 10	7 ♐ 6	6 ♎ 17	4 ♓	22 D	8 ♓	14 ♏	23 ♈
21	27 ♍ 16	26 ♏ 19	14 ♐ 1	13 ♐ 23	21 ♎ 0	15 ♍ 5	5 ♎ 4	10 ♓ 58	17 ♋ 23	26 ♎ 14	7 ♐ 7	6 ♎ 19	4 ♓	22 ♑	8 ♓	14 ♏	23 ♈
22	28 ♍ 14	9 ♐ 11	13 ♐ 57	13 ♐ 22	22 ♎ 18	16 ♍ 20	5 ♎ 43	10 ♓ 51	17 ♋ 28	26 ♎ 17	7 ♐ 8	6 ♎ 21	3 ♓	22 ♑	8 ♓	15 ♏	23 ♈
23	29 ♍ 13	21 ♐ 39	13 ♐ 54	13 D 22	23 ♎ 35	17 ♍ 34	6 ♎ 22	10 ♓ 44	17 ♋ 32	26 ♎ 20	7 ♐ 9	6 ♎ 24	3 ♓	22 ♑	8 ♓	15 ♏	23 ♈
24	0 ♎ 12	3 ♑ 51	13 ♐ 51	13 R 22	24 ♎ 50	18 ♍ 49	7 ♎ 1	10 ♓ 37	17 ♋ 36	26 ♎ 24	7 ♐ 11	6 ♎ 26	3 ♓	22 ♑	7 ♓	16 ♏	23 ♈
25	1 ♎ 11	15 ♑ 50	13 ♐ 48	13 ♐ 21	26 ♎ 4	20 ♍ 4	7 ♎ 41	10 ♓ 30	17 ♋ 40	26 ♎ 27	7 ♐ 12	6 ♎ 28	3 ♓	22 ♑	7 ♓	16 ♏	23 ♈
26	2 ♎ 9	27 ♑ 42	13 ♐ 45	13 ♐ 18	27 ♎ 15	21 ♍ 18	8 ♎ 20	10 ♓ 23	17 ♋ 44	26 ♎ 31	7 ♐ 13	6 ♎ 31	3 ♓	22 ♑	7 ♓	17 ♏	23 ♈
27	3 ♎ 8	9 ♒ 32	13 ♐ 41	13 ♐ 13	28 ♎ 25	22 ♍ 33	8 ♎ 59	10 ♓ 16	17 ♋ 47	26 ♎ 34	7 ♐ 14	6 ♎ 33	3 ♓	22 ♑	7 ♓	17 ♏	23 ♈
28	4 ♎ 7	21 ♒ 25	13 ♐ 38	13 ♐ 5	29 ♎ 34	23 ♍ 48	9 ♎ 38	10 ♓ 9	17 ♋ 51	26 ♎ 38	7 ♐ 15	6 ♎ 35	2 ♓	22 ♑	7 ♓	18 ♏	23 ♈
29	5 ♎ 6	3 ♓ 22	13 ♐ 35	12 ♐ 54	0 ♏ 40	25 ♍ 2	10 ♎ 18	10 ♓ 3	17 ♋ 54	26 ♎ 42	7 ♐ 17	6 ♎ 37	2 ♓	22 ♑	6 ♓	18 ♏	22 ♈
30	6 ♎ 5	15 ♓ 28	13 ♐ 32	12 ♐ 43	1 ♏ 44	26 ♍ 17	10 ♎ 57	9 ♓ 56	17 ♋ 58	26 ♎ 45	7 ♐ 18	6 ♎ 40	2 ♓	22 ♑	6 ♓	19 ♏	22 ♈

SUN INGRESS	☉ → ♎ 23日 18:58
MOON PHASE	○ 2日 04:25 ♓　◑ 9日 21:01 ♊　● 16日 11:45 ♍　◐ 23日 16:08 ♐

aspects		
2日	09:37	☿☌♂
5日	01:38	♀⚹♅
6日	05:18	☉☍♃
9日	23:43	☉⚹♄
10日	09:41	☿☌♇
11日	02:21	☿⚹♆
14日	11:50	♀□♆
17日	23:29	♀☍♃
18日	03:46	☿□♄
22日	23:05	♀⚹♄
23日	00:51	♂☌♇
24日	05:46	♂⚹♆
25日	08:18	☿☌♅
30日	14:51	☉☌♇

1974年10月

DAY	☉	☽	☊ mean	☊ true	☿	♀	♂	♃	♄	♅	♆	♇	⚳	⚴	⚵	⚶	⚷
	° ′	° ′	° ′	° ′	° ′	° ′	° ′	° ′	° ′	° ′	° ′	° ′	°	°	°	°	°
1	7 ♎ 4	27 ♓ 43	13 ♐ 29	12 R 30	2 D 45	27 D 32	11 D 36	9 R 50	18 D 1	26 D 49	7 D 19	6 D 42	2 R	22 D	6 R	19 D	22 R
2	8 ♎ 3	10 ♈ 8	13 ♐ 26	12 ♐ 19	3 ♏ 45	28 ♍ 46	12 ♎ 16	9 ♓ 44	18 ♋ 5	26 ♎ 52	7 ♐ 20	6 ♎ 44	2 ♓	22 ♑	6 ♓	20 ♏	22 ♈
3	9 ♎ 2	22 ♈ 45	13 ♐ 22	12 ♐ 9	4 ♏ 41	0 ♎ 1	12 ♎ 55	9 ♓ 38	18 ♋ 8	26 ♎ 56	7 ♐ 22	6 ♎ 47	2 ♓	23 ♑	6 ♓	20 ♏	22 ♈
4	10 ♎ 1	5 ♉ 32	13 ♐ 19	12 ♐ 1	5 ♏ 35	1 ♎ 16	13 ♎ 34	9 ♓ 32	18 ♋ 11	27 ♎ 0	7 ♐ 23	6 ♎ 49	2 ♓	23 ♑	6 ♓	21 ♏	22 ♈
5	11 ♎ 0	18 ♉ 29	13 ♐ 16	11 ♐ 56	6 ♏ 25	2 ♎ 31	14 ♎ 14	9 ♓ 27	18 ♋ 14	27 ♎ 3	7 ♐ 25	6 ♎ 51	2 ♓	23 ♑	6 ♓	21 ♏	22 ♈
6	11 ♎ 59	1 ♊ 39	13 ♐ 13	11 ♐ 53	7 ♏ 12	3 ♎ 46	14 ♎ 53	9 ♓ 21	18 ♋ 17	27 ♎ 7	7 ♐ 26	6 ♎ 54	1 ♓	23 ♑	5 ♓	22 ♏	22 ♈
7	12 ♎ 58	15 ♊ 0	13 ♐ 10	11 D 53	7 ♏ 55	5 ♎ 1	15 ♎ 33	9 ♓ 16	18 ♋ 19	27 ♎ 11	7 ♐ 28	6 ♎ 56	1 ♓	23 ♑	5 ♓	23 ♏	22 ♈
8	13 ♎ 57	28 ♊ 34	13 ♐ 7	11 ♐ 54	8 ♏ 34	6 ♎ 16	16 ♎ 13	9 ♓ 10	18 ♋ 22	27 ♎ 14	7 ♐ 29	6 ♎ 58	1 ♓	23 ♑	5 ♓	23 ♏	22 ♈
9	14 ♎ 56	12 ♋ 22	13 ♐ 3	11 ♐ 54	9 ♏ 8	7 ♎ 30	16 ♎ 52	9 ♓ 5	18 ♋ 25	27 ♎ 18	7 ♐ 31	7 ♎ 1	1 ♓	23 ♑	5 ♓	24 ♏	22 ♈
10	15 ♎ 56	26 ♋ 25	13 ♐ 0	11 R 54	9 ♏ 38	8 ♎ 45	17 ♎ 32	9 ♓ 0	18 ♋ 27	27 ♎ 22	7 ♐ 32	7 ♎ 3	1 ♓	23 ♑	5 ♓	24 ♏	22 ♈
11	16 ♎ 55	10 ♌ 42	12 ♐ 57	11 ♐ 51	10 ♏ 2	10 ♎ 0	18 ♎ 12	8 ♓ 56	18 ♋ 30	27 ♎ 25	7 ♐ 34	7 ♎ 5	1 ♓	23 ♑	5 ♓	25 ♏	22 ♈
12	17 ♎ 54	25 ♌ 11	12 ♐ 54	11 ♐ 47	10 ♏ 20	11 ♎ 15	18 ♎ 51	8 ♓ 51	18 ♋ 32	27 ♎ 29	7 ♐ 35	7 ♎ 7	1 ♓	23 ♑	5 ♓	25 ♏	22 ♈
13	18 ♎ 54	9 ♍ 47	12 ♐ 51	11 ♐ 40	10 ♏ 32	12 ♎ 30	19 ♎ 31	8 ♓ 47	18 ♋ 34	27 ♎ 33	7 ♐ 37	7 ♎ 10	1 ♓	24 ♑	5 ♓	26 ♏	22 ♈
14	19 ♎ 53	24 ♍ 25	12 ♐ 47	11 ♐ 32	10 ♏ 37	13 ♎ 45	20 ♎ 11	8 ♓ 43	18 ♋ 36	27 ♎ 37	7 ♐ 39	7 ♎ 12	1 ♓	24 ♑	5 ♓	26 ♏	22 ♈
15	20 ♎ 53	8 ♎ 57	12 ♐ 44	11 ♐ 24	10 R 35	15 ♎ 0	20 ♎ 51	8 ♓ 39	18 ♋ 38	27 ♎ 40	7 ♐ 40	7 ♎ 14	1 ♓	24 ♑	5 ♓	27 ♏	22 ♈
16	21 ♎ 52	23 ♎ 18	12 ♐ 41	11 ♐ 16	10 ♏ 25	16 ♎ 15	21 ♎ 31	8 ♓ 35	18 ♋ 40	27 ♎ 44	7 ♐ 42	7 ♎ 17	1 ♓	24 ♑	5 ♓	27 ♏	22 ♈
17	22 ♎ 52	7 ♏ 19	12 ♐ 38	11 ♐ 10	10 ♏ 6	17 ♎ 31	22 ♎ 11	8 ♓ 31	18 ♋ 41	27 ♎ 48	7 ♐ 44	7 ♎ 19	1 ♓	24 ♑	4 ♓	28 ♏	22 ♈
18	23 ♎ 51	20 ♏ 59	12 ♐ 35	11 ♐ 6	9 ♏ 40	18 ♎ 46	22 ♎ 51	8 ♓ 28	18 ♋ 43	27 ♎ 52	7 ♐ 45	7 ♎ 21	1 ♓	24 ♑	4 ♓	28 ♏	22 ♈
19	24 ♎ 51	4 ♐ 14	12 ♐ 32	11 ♐ 4	9 ♏ 4	20 ♎ 1	23 ♎ 31	8 ♓ 24	18 ♋ 45	27 ♎ 55	7 ♐ 47	7 ♎ 23	1 ♓	24 ♑	4 ♓	29 ♏	22 ♈
20	25 ♎ 50	17 ♐ 6	12 ♐ 28	11 D 4	8 ♏ 20	21 ♎ 16	24 ♎ 11	8 ♓ 21	18 ♋ 46	27 ♎ 59	7 ♐ 49	7 ♎ 25	1 ♓	24 ♑	4 ♓	29 ♏	22 ♈
21	26 ♎ 50	29 ♐ 37	12 ♐ 25	11 ♐ 5	7 ♏ 28	22 ♎ 31	24 ♎ 51	8 ♓ 18	18 ♋ 47	28 ♎ 3	7 ♐ 51	7 ♎ 28	1 ♓	25 ♑	4 ♓	0 ♐	21 ♈
22	27 ♎ 50	11 ♑ 51	12 ♐ 22	11 ♐ 7	6 ♏ 28	23 ♎ 46	25 ♎ 31	8 ♓ 16	18 ♋ 48	28 ♎ 7	7 ♐ 53	7 ♎ 30	1 ♓	25 ♑	4 D	0 ♐	21 ♈
23	28 ♎ 49	23 ♑ 52	12 ♐ 19	11 ♐ 8	5 ♏ 22	25 ♎ 1	26 ♎ 11	8 ♓ 13	18 ♋ 49	28 ♎ 11	7 ♐ 54	7 ♎ 32	1 D	25 ♑	4 ♓	1 ♐	21 ♈
24	29 ♎ 49	5 ♒ 46	12 ♐ 16	11 R 8	4 ♏ 11	26 ♎ 16	26 ♎ 51	8 ♓ 11	18 ♋ 50	28 ♎ 14	7 ♐ 56	7 ♎ 34	1 ♓	25 ♑	4 ♓	1 ♐	21 ♈
25	0 ♏ 49	17 ♒ 37	12 ♐ 13	11 ♐ 6	2 ♏ 56	27 ♎ 32	27 ♎ 32	8 ♓ 9	18 ♋ 51	28 ♎ 18	7 ♐ 58	7 ♎ 36	1 ♓	25 ♑	4 ♓	2 ♐	21 ♈
26	1 ♏ 49	29 ♒ 31	12 ♐ 9	11 ♐ 2	1 ♏ 40	28 ♎ 47	28 ♎ 12	8 ♓ 7	18 ♋ 52	28 ♎ 22	8 ♐ 0	7 ♎ 39	1 ♓	25 ♑	4 ♓	2 ♐	21 ♈
27	2 ♏ 48	11 ♓ 32	12 ♐ 6	10 ♐ 57	0 ♏ 25	0 ♏ 2	28 ♎ 52	8 ♓ 5	18 ♋ 53	28 ♎ 26	8 ♐ 2	7 ♎ 41	1 ♓	26 ♑	4 ♓	3 ♐	21 ♈
28	3 ♏ 48	23 ♓ 43	12 ♐ 3	10 ♐ 51	29 ♎ 13	1 ♏ 17	29 ♎ 32	8 ♓ 4	18 ♋ 53	28 ♎ 29	8 ♐ 4	7 ♎ 43	1 ♓	26 ♑	5 ♓	3 ♐	21 ♈
29	4 ♏ 48	6 ♈ 6	12 ♐ 0	10 ♐ 45	28 ♎ 7	2 ♏ 32	0 ♏ 13	8 ♓ 2	18 ♋ 53	28 ♎ 33	8 ♐ 6	7 ♎ 45	1 ♓	26 ♑	5 ♓	4 ♐	21 ♈
30	5 ♏ 48	18 ♈ 44	11 ♐ 57	10 ♐ 38	27 ♎ 9	3 ♏ 48	0 ♏ 53	8 ♓ 1	18 ♋ 54	28 ♎ 37	8 ♐ 8	7 ♎ 47	1 ♓	26 ♑	5 ♓	4 ♐	21 ♈
31	6 ♏ 48	1 ♉ 37	11 ♐ 53	10 ♐ 33	26 ♎ 19	5 ♏ 3	1 ♏ 34	8 ♓ 0	18 ♋ 54	28 ♎ 41	8 ♐ 10	7 ♎ 49	1 ♓	26 ♑	5 ♓	5 ♐	21 ♈

SUN INGRESS	☉ → ♏ 24日 04:11
MOON PHASE	○ 1日 19:38 ♈　◑ 9日 04:46 ♋　● 15日 21:25 ♎　◐ 23日 10:53 ♑　○ 31日 10:19 ♉

aspects		
1日	06:26	☉⚹♆
8日	14:07	♀☌♇
8日	22:08	☿△♃
9日	00:03	♀⚹♆
11日	11:26	♂□♄
12日	15:42	☉□♄
14日	21:56	☉☌♂
17日	23:09	♀□♄
19日	23:31	☿△♃
22日	07:20	☉☌♅
24日	23:57	♀☌♂
25日	15:37	♀☌♅
25日	22:27	☉☌☿
26日	06:36	♂☌♅
27日	03:42	☿☌♀
27日	19:49	☿☌♂
27日	22:10	♃□♆
28日	14:47	☿☌♅

1974年11月

DAY	☉	☽	☊ mean	☊ true	☿	♀	♂	♃	♄	♅	♆	♇	⚳	⚴	⚵	⚶	⚷
	° ′	° ′	° ′	° ′	° ′	° ′	° ′	° ′	° ′	° ′	° ′	° ′	°	°	°	°	°
1	7 ♏ 48	14 ♉ 45	11 ♐ 50	10 R 29	25 R 40	6 D 18	2 D 14	8 R 0	18 R 54	28 D 44	8 D 12	7 D 51	1 D	27 D	5 D	5 D	21 R
2	8 ♏ 48	28 ♉ 6	11 ♐ 47	10 ♐ 27	25 ♎ 12	7 ♏ 33	2 ♏ 55	7 ♓ 59	18 ♋ 54	28 ♎ 48	8 ♐ 14	7 ♎ 53	1 ♓	27 ♑	5 ♓	6 ♐	21 ♈
3	9 ♏ 48	11 ♊ 39	11 ♐ 44	10 D 26	24 ♎ 56	8 ♏ 49	3 ♏ 35	7 ♓ 59	18 ♋ 54	28 ♎ 52	8 ♐ 16	7 ♎ 55	1 ♓	27 ♑	5 ♓	6 ♐	21 ♈
4	10 ♏ 48	25 ♊ 22	11 ♐ 41	10 ♐ 27	24 D 51	10 ♏ 4	4 ♏ 16	7 D 59	18 ♋ 53	28 ♎ 56	8 ♐ 18	7 ♎ 57	1 ♓	27 ♑	5 ♓	7 ♐	21 ♈
5	11 ♏ 48	9 ♋ 15	11 ♐ 38	10 ♐ 28	24 ♎ 58	11 ♏ 19	4 ♏ 57	7 ♓ 59	18 ♋ 53	28 ♎ 59	8 ♐ 20	7 ♎ 59	1 ♓	27 ♑	5 ♓	8 ♐	21 ♈
6	12 ♏ 48	23 ♋ 15	11 ♐ 34	10 ♐ 30	25 ♎ 15	12 ♏ 34	5 ♏ 37	7 ♓ 59	18 ♋ 53	29 ♎ 3	8 ♐ 22	8 ♎ 1	1 ♓	28 ♑	5 ♓	8 ♐	21 ♈
7	13 ♏ 49	7 ♌ 21	11 ♐ 31	10 ♐ 31	25 ♎ 42	13 ♏ 50	6 ♏ 18	8 ♓ 0	18 ♋ 52	29 ♎ 7	8 ♐ 24	8 ♎ 3	1 ♓	28 ♑	5 ♓	9 ♐	21 ♈
8	14 ♏ 49	21 ♌ 31	11 ♐ 28	10 R 31	26 ♎ 18	15 ♏ 5	6 ♏ 59	8 ♓ 0	18 ♋ 51	29 ♎ 10	8 ♐ 26	8 ♎ 5	1 ♓	28 ♑	6 ♓	9 ♐	21 ♈
9	15 ♏ 49	5 ♍ 45	11 ♐ 25	10 ♐ 30	27 ♎ 3	16 ♏ 20	7 ♏ 40	8 ♓ 1	18 ♋ 50	29 ♎ 14	8 ♐ 28	8 ♎ 7	2 ♓	28 ♑	6 ♓	10 ♐	21 ♈
10	16 ♏ 49	19 ♍ 58	11 ♐ 22	10 ♐ 27	27 ♎ 55	17 ♏ 36	8 ♏ 20	8 ♓ 3	18 ♋ 49	29 ♎ 18	8 ♐ 30	8 ♎ 9	2 ♓	28 ♑	6 ♓	10 ♐	21 ♈
11	17 ♏ 50	4 ♎ 8	11 ♐ 18	10 ♐ 24	28 ♎ 53	18 ♏ 51	9 ♏ 1	8 ♓ 4	18 ♋ 48	29 ♎ 21	8 ♐ 32	8 ♎ 11	2 ♓	29 ♑	6 ♓	11 ♐	21 ♈
12	18 ♏ 50	18 ♎ 11	11 ♐ 15	10 ♐ 21	29 ♎ 56	20 ♏ 6	9 ♏ 42	8 ♓ 5	18 ♋ 47	29 ♎ 25	8 ♐ 35	8 ♎ 13	2 ♓	29 ♑	6 ♓	11 ♐	21 ♈
13	19 ♏ 50	2 ♏ 4	11 ♐ 12	10 ♐ 18	1 ♏ 5	21 ♏ 22	10 ♏ 23	8 ♓ 7	18 ♋ 46	29 ♎ 29	8 ♐ 37	8 ♎ 15	2 ♓	29 ♑	6 ♓	12 ♐	20 ♈
14	20 ♏ 51	15 ♏ 43	11 ♐ 9	10 ♐ 16	2 ♏ 18	22 ♏ 37	11 ♏ 4	8 ♓ 9	18 ♋ 45	29 ♎ 32	8 ♐ 39	8 ♎ 17	2 ♓	29 ♑	7 ♓	12 ♐	20 ♈
15	21 ♏ 51	29 ♏ 5	11 ♐ 6	10 ♐ 14	3 ♏ 35	23 ♏ 52	11 ♏ 45	8 ♓ 11	18 ♋ 43	29 ♎ 36	8 ♐ 41	8 ♎ 19	2 ♓	0 ♒	7 ♓	13 ♐	20 ♈
16	22 ♏ 52	12 ♐ 9	11 ♐ 3	10 D 14	4 ♏ 54	25 ♏ 8	12 ♏ 26	8 ♓ 14	18 ♋ 41	29 ♎ 39	8 ♐ 43	8 ♎ 20	2 ♓	0 ♒	7 ♓	13 ♐	20 ♈
17	23 ♏ 52	24 ♐ 55	10 ♐ 59	10 ♐ 15	6 ♏ 16	26 ♏ 23	13 ♏ 8	8 ♓ 16	18 ♋ 40	29 ♎ 43	8 ♐ 46	8 ♎ 22	3 ♓	0 ♒	7 ♓	14 ♐	20 ♈
18	24 ♏ 53	7 ♑ 24	10 ♐ 56	10 ♐ 16	7 ♏ 41	27 ♏ 38	13 ♏ 49	8 ♓ 19	18 ♋ 38	29 ♎ 46	8 ♐ 48	8 ♎ 24	3 ♓	0 ♒	7 ♓	14 ♐	20 ♈
19	25 ♏ 53	19 ♑ 38	10 ♐ 53	10 ♐ 17	9 ♏ 7	28 ♏ 54	14 ♏ 30	8 ♓ 22	18 ♋ 36	29 ♎ 50	8 ♐ 50	8 ♎ 26	3 ♓	1 ♒	8 ♓	15 ♐	20 ♈
20	26 ♏ 54	1 ♒ 40	10 ♐ 50	10 ♐ 18	10 ♏ 35	0 ♐ 9	15 ♏ 11	8 ♓ 25	18 ♋ 34	29 ♎ 53	8 ♐ 52	8 ♎ 27	3 ♓	1 ♒	8 ♓	16 ♐	20 ♈
21	27 ♏ 54	13 ♒ 35	10 ♐ 47	10 ♐ 19	12 ♏ 4	1 ♐ 24	15 ♏ 53	8 ♓ 28	18 ♋ 32	29 ♎ 57	8 ♐ 54	8 ♎ 29	3 ♓	1 ♒	8 ♓	16 ♐	20 ♈
22	28 ♏ 55	25 ♒ 27	10 ♐ 44	10 ♐ 20	13 ♏ 33	2 ♐ 40	16 ♏ 34	8 ♓ 32	18 ♋ 29	0 ♏ 0	8 ♐ 57	8 ♎ 31	3 ♓	1 ♒	8 ♓	17 ♐	20 ♈
23	29 ♏ 55	7 ♓ 21	10 ♐ 40	10 R 20	15 ♏ 4	3 ♐ 55	17 ♏ 15	8 ♓ 36	18 ♋ 27	0 ♏ 4	8 ♐ 59	8 ♎ 32	3 ♓	2 ♒	8 ♓	17 ♐	20 ♈
24	0 ♐ 56	19 ♓ 21	10 ♐ 37	10 ♐ 19	16 ♏ 36	5 ♐ 11	17 ♏ 57	8 ♓ 40	18 ♋ 25	0 ♏ 7	9 ♐ 1	8 ♎ 34	4 ♓	2 ♒	9 ♓	18 ♐	20 ♈
25	1 ♐ 57	1 ♈ 32	10 ♐ 34	10 ♐ 18	18 ♏ 8	6 ♐ 26	18 ♏ 38	8 ♓ 44	18 ♋ 22	0 ♏ 10	9 ♐ 3	8 ♎ 35	4 ♓	2 ♒	9 ♓	18 ♐	20 ♈
26	2 ♐ 57	13 ♈ 59	10 ♐ 31	10 ♐ 17	19 ♏ 40	7 ♐ 41	19 ♏ 20	8 ♓ 48	18 ♋ 19	0 ♏ 14	9 ♐ 6	8 ♎ 37	4 ♓	2 ♒	9 ♓	19 ♐	20 ♈
27	3 ♐ 58	26 ♈ 43	10 ♐ 28	10 ♐ 16	21 ♏ 13	8 ♐ 57	20 ♏ 1	8 ♓ 53	18 ♋ 17	0 ♏ 17	9 ♐ 8	8 ♎ 39	4 ♓	3 ♒	9 ♓	19 ♐	20 ♈
28	4 ♐ 59	9 ♉ 47	10 ♐ 24	10 ♐ 16	22 ♏ 46	10 ♐ 12	20 ♏ 43	8 ♓ 57	18 ♋ 14	0 ♏ 20	9 ♐ 10	8 ♎ 40	4 ♓	3 ♒	10 ♓	20 ♐	20 ♈
29	5 ♐ 59	23 ♉ 11	10 ♐ 21	10 ♐ 15	24 ♏ 19	11 ♐ 27	21 ♏ 24	9 ♓ 2	18 ♋ 11	0 ♏ 24	9 ♐ 12	8 ♎ 42	5 ♓	3 ♒	10 ♓	20 ♐	20 ♈
30	7 ♐ 0	6 ♊ 55	10 ♐ 18	10 ♐ 15	25 ♏ 53	12 ♐ 43	22 ♏ 6	9 ♓ 7	18 ♋ 8	0 ♏ 27	9 ♐ 15	8 ♎ 43	5 ♓	3 ♒	10 ♓	21 ♐	20 ♈

SUN INGRESS	☉ → ♐ 23日 01:38
MOON PHASE	◑ 7日 11:47 ♌　● 14日 09:53 ♏　◐ 22日 07:39 ♒　○ 30日 00:10 ♊

aspects		
1日	04:35	☉△♃
2日	08:11	♀△♃
6日	22:08	☉☌♀
9日	13:09	♂△♃
10日	23:12	♀△♄
11日	11:42	☿☌♅
11日	22:57	☉△♄
18日	11:05	☿△♃
24日	15:16	♂△♄
25日	03:38	☿△♄
25日	14:20	☿☌♂
26日	18:07	♀⚹♇
26日	22:37	♀□♃
27日	03:40	♀☌♆

1974年12月

DAY	☉	☽	☊ mean	☊ true	☿	♀	♂	♃	♄	♅	♆	♇	⚳	⚴	⚵	⚶	⚷
	° ′	° ′	° ′	° ′	° ′	° ′	° ′	° ′	° ′	° ′	° ′	° ′	°	°	°	°	°
1	8 ♐ 1	20 ♊ 55	10 ♐ 15	10 D 15	27 D 26	13 D 58	22 D 48	9 D 12	18 R 5	0 D 30	9 D 17	8 D 44	5 D	4 D	11 D	21 D	20 R
2	9 ♐ 2	5 ♋ 8	10 ♐ 12	10 ♐ 15	29 ♏ 0	15 ♐ 13	23 ♏ 29	9 ♓ 18	18 ♋ 2	0 ♏ 33	9 ♐ 19	8 ♎ 46	5 ♓	4 ♒	11 ♓	22 ♐	20 ♈
3	10 ♐ 3	19 ♋ 29	10 ♐ 9	10 ♐ 15	0 ♐ 34	16 ♐ 29	24 ♏ 11	9 ♓ 23	17 ♋ 58	0 ♏ 36	9 ♐ 21	8 ♎ 47	5 ♓	4 ♒	11 ♓	22 ♐	20 ♈
4	11 ♐ 3	3 ♌ 53	10 ♐ 5	10 R 15	2 ♐ 7	17 ♐ 44	24 ♏ 53	9 ♓ 29	17 ♋ 55	0 ♏ 40	9 ♐ 24	8 ♎ 48	6 ♓	4 ♒	11 ♓	23 ♐	20 ♈
5	12 ♐ 4	18 ♌ 16	10 ♐ 2	10 ♐ 15	3 ♐ 41	19 ♐ 0	25 ♏ 35	9 ♓ 35	17 ♋ 52	0 ♏ 43	9 ♐ 26	8 ♎ 50	6 ♓	5 ♒	12 ♓	24 ♐	20 ♈
6	13 ♐ 5	2 ♍ 34	9 ♐ 59	10 ♐ 15	5 ♐ 15	20 ♐ 15	26 ♏ 17	9 ♓ 41	17 ♋ 48	0 ♏ 46	9 ♐ 28	8 ♎ 51	6 ♓	5 ♒	12 ♓	24 ♐	20 ♈
7	14 ♐ 6	16 ♍ 44	9 ♐ 56	10 D 15	6 ♐ 48	21 ♐ 30	26 ♏ 59	9 ♓ 47	17 ♋ 44	0 ♏ 49	9 ♐ 30	8 ♎ 52	6 ♓	5 ♒	12 ♓	25 ♐	20 ♈
8	15 ♐ 7	0 ♎ 45	9 ♐ 53	10 ♐ 15	8 ♐ 22	22 ♐ 46	27 ♏ 41	9 ♓ 54	17 ♋ 41	0 ♏ 52	9 ♐ 33	8 ♎ 53	6 ♓	6 ♒	13 ♓	25 ♐	20 ♈
9	16 ♐ 8	14 ♎ 34	9 ♐ 50	10 ♐ 15	9 ♐ 56	24 ♐ 1	28 ♏ 23	10 ♓ 0	17 ♋ 37	0 ♏ 55	9 ♐ 35	8 ♎ 55	7 ♓	6 ♒	13 ♓	26 ♐	20 ♈
10	17 ♐ 9	28 ♎ 11	9 ♐ 46	10 ♐ 16	11 ♐ 30	25 ♐ 17	29 ♏ 5	10 ♓ 7	17 ♋ 33	0 ♏ 57	9 ♐ 37	8 ♎ 56	7 ♓	6 ♒	13 ♓	26 ♐	20 ♈
11	18 ♐ 10	11 ♏ 35	9 ♐ 43	10 ♐ 17	13 ♐ 4	26 ♐ 32	29 ♏ 47	10 ♓ 14	17 ♋ 29	1 ♏ 0	9 ♐ 39	8 ♎ 57	7 ♓	6 ♒	14 ♓	27 ♐	20 ♈
12	19 ♐ 11	24 ♏ 47	9 ♐ 40	10 ♐ 17	14 ♐ 38	27 ♐ 47	0 ♐ 29	10 ♓ 21	17 ♋ 25	1 ♏ 3	9 ♐ 42	8 ♎ 58	7 ♓	7 ♒	14 ♓	27 ♐	20 ♈
13	20 ♐ 12	7 ♐ 46	9 ♐ 37	10 ♐ 18	16 ♐ 12	29 ♐ 3	1 ♐ 11	10 ♓ 29	17 ♋ 21	1 ♏ 6	9 ♐ 44	8 ♎ 59	8 ♓	7 ♒	14 ♓	28 ♐	20 ♈
14	21 ♐ 13	20 ♐ 32	9 ♐ 34	10 R 18	17 ♐ 46	0 ♑ 18	1 ♐ 54	10 ♓ 36	17 ♋ 17	1 ♏ 9	9 ♐ 46	9 ♎ 0	8 ♓	7 ♒	15 ♓	28 ♐	20 ♈
15	22 ♐ 14	3 ♑ 5	9 ♐ 30	10 ♐ 17	19 ♐ 20	1 ♑ 33	2 ♐ 36	10 ♓ 44	17 ♋ 13	1 ♏ 12	9 ♐ 48	9 ♎ 1	8 ♓	8 ♒	15 ♓	29 ♐	20 ♈
16	23 ♐ 15	15 ♑ 25	9 ♐ 27	10 ♐ 15	20 ♐ 54	2 ♑ 49	3 ♐ 18	10 ♓ 51	17 ♋ 8	1 ♏ 14	9 ♐ 51	9 ♎ 2	8 ♓	8 ♒	16 ♓	29 ♐	20 ♈
17	24 ♐ 16	27 ♑ 35	9 ♐ 24	10 ♐ 13	22 ♐ 28	4 ♑ 4	4 ♐ 1	10 ♓ 59	17 ♋ 4	1 ♏ 17	9 ♐ 53	9 ♎ 3	9 ♓	8 ♒	16 ♓	0 ♑	20 ♈
18	25 ♐ 17	9 ♒ 35	9 ♐ 21	10 ♐ 11	24 ♐ 3	5 ♑ 20	4 ♐ 43	11 ♓ 7	17 ♋ 0	1 ♏ 19	9 ♐ 55	9 ♎ 4	9 ♓	8 ♒	16 ♓	1 ♑	20 ♈
19	26 ♐ 18	21 ♒ 30	9 ♐ 18	10 ♐ 8	25 ♐ 37	6 ♑ 35	5 ♐ 26	11 ♓ 15	16 ♋ 55	1 ♏ 22	9 ♐ 57	9 ♎ 5	9 ♓	9 ♒	17 ♓	1 ♑	20 ♈
20	27 ♐ 19	3 ♓ 21	9 ♐ 15	10 ♐ 6	27 ♐ 12	7 ♑ 50	6 ♐ 8	11 ♓ 24	16 ♋ 51	1 ♏ 25	9 ♐ 59	9 ♎ 6	9 ♓	9 ♒	17 ♓	2 ♑	20 ♈
21	28 ♐ 20	15 ♓ 13	9 ♐ 11	10 ♐ 5	28 ♐ 47	9 ♑ 6	6 ♐ 51	11 ♓ 32	16 ♋ 46	1 ♏ 27	10 ♐ 2	9 ♎ 6	10 ♓	9 ♒	17 ♓	2 ♑	20 ♈
22	29 ♐ 21	27 ♓ 11	9 ♐ 8	10 ♐ 4	0 ♑ 22	10 ♑ 21	7 ♐ 33	11 ♓ 41	16 ♋ 42	1 ♏ 29	10 ♐ 4	9 ♎ 7	10 ♓	10 ♒	18 ♓	3 ♑	19 ♈
23	0 ♑ 23	9 ♈ 19	9 ♐ 5	10 D 4	1 ♑ 57	11 ♑ 36	8 ♐ 16	11 ♓ 50	16 ♋ 37	1 ♏ 32	10 ♐ 6	9 ♎ 8	10 ♓	10 ♒	18 ♓	3 ♑	19 ♈
24	1 ♑ 24	21 ♈ 42	9 ♐ 2	10 ♐ 6	3 ♑ 33	12 ♑ 52	8 ♐ 58	11 ♓ 59	16 ♋ 32	1 ♏ 34	10 ♐ 8	9 ♎ 8	11 ♓	10 ♒	19 ♓	4 ♑	19 ♈
25	2 ♑ 25	4 ♉ 24	8 ♐ 59	10 ♐ 7	5 ♑ 9	14 ♑ 7	9 ♐ 41	12 ♓ 8	16 ♋ 28	1 ♏ 37	10 ♐ 10	9 ♎ 9	11 ♓	11 ♒	19 ♓	4 ♑	19 ♈
26	3 ♑ 26	17 ♉ 29	8 ♐ 56	10 ♐ 9	6 ♑ 45	15 ♑ 22	10 ♐ 24	12 ♓ 17	16 ♋ 23	1 ♏ 39	10 ♐ 12	9 ♎ 10	11 ♓	11 ♒	19 ♓	5 ♑	19 ♈
27	4 ♑ 27	0 ♊ 59	8 ♐ 52	10 ♐ 10	8 ♑ 21	16 ♑ 38	11 ♐ 7	12 ♓ 26	16 ♋ 18	1 ♏ 41	10 ♐ 14	9 ♎ 10	11 ♓	11 ♒	20 ♓	5 ♑	19 ♈
28	5 ♑ 28	14 ♊ 55	8 ♐ 49	10 R 10	9 ♑ 57	17 ♑ 53	11 ♐ 49	12 ♓ 36	16 ♋ 13	1 ♏ 43	10 ♐ 16	9 ♎ 11	12 ♓	12 ♒	20 ♓	6 ♑	19 ♈
29	6 ♑ 29	29 ♊ 14	8 ♐ 46	10 ♐ 9	11 ♑ 34	19 ♑ 8	12 ♐ 32	12 ♓ 45	16 ♋ 8	1 ♏ 45	10 ♐ 19	9 ♎ 11	12 ♓	12 ♒	21 ♓	6 ♑	19 ♈
30	7 ♑ 30	13 ♋ 52	8 ♐ 43	10 ♐ 6	13 ♑ 11	20 ♑ 24	13 ♐ 15	12 ♓ 55	16 ♋ 4	1 ♏ 47	10 ♐ 21	9 ♎ 12	12 ♓	12 ♒	21 ♓	7 ♑	19 ♈
31	8 ♑ 32	28 ♋ 42	8 ♐ 40	10 ♐ 3	14 ♑ 48	21 ♑ 39	13 ♐ 58	13 ♓ 5	15 ♋ 59	1 ♏ 49	10 ♐ 23	9 ♎ 12	13 ♓	12 ♒	21 ♓	8 ♑	19 ♈

SUN INGRESS	☉ → ♑ 22日 14:56
MOON PHASE	◑ 6日 19:10 ♍　● 14日 01:25 ♐　◐ 22日 04:43 ♓　○ 29日 12:51 ♋

aspects		
1日	17:33	☉⚹♇
2日	06:59	☉□♃
2日	07:08	☉☌♆
2日	09:34	♃□♆
8日	08:05	☿⚹♇
8日	18:27	☿☌♆
9日	01:13	☿□♃
14日	16:46	♀⚹♅
20日	05:02	☉☌☿
21日	00:12	♀□♇
22日	17:23	☿⚹♅
23日	04:48	♀⚹♃
24日	04:18	☉⚹♅
24日	05:47	♂⚹♇
25日	17:13	♂☌♆
26日	18:08	♀☍♄
27日	12:24	☿□♇
29日	09:23	♂□♃
29日	19:35	☿⚹♃
31日	16:07	☉□♇
31日	16:34	☿☍♄

1975年1月

DAY	☉	☽	☊ mean	☊ true	☿	♀	♂	♃	♄	♅	♆	♇	⚳	⚴	⚵	⚶	⚷
	° ′	° ′	° ′	° ′	° ′	° ′	° ′	° ′	° ′	° ′	° ′	° ′	°	°	°	°	°
1	9♑33	13♌36	8♐36	9 R 58	16 D 26	22 D 54	14 D 41	13 D 15	15 R 54	1 D 51	10 D 25	9 D 13	13 D	13 D	22 D	8 D	19 R
2	10♑34	28♌26	8♐33	9♐54	18♑3	24♑9	15♐24	13♓25	15♋49	1♏53	10♐27	9♎13	13♓	13♒	22♓	9♑	19 D
3	11♑35	13♍4	8♐30	9♐50	19♑41	25♑25	16♐7	13♓35	15♋44	1♏55	10♐29	9♎13	14♓	13♒	23♓	9♑	19♈
4	12♑36	27♍25	8♐27	9♐48	21♑19	26♑40	16♐50	13♓45	15♋39	1♏57	10♐31	9♎14	14♓	14♒	23♓	10♑	19♈
5	13♑37	11♎27	8♐24	9♐47	22♑57	27♑55	17♐33	13♓56	15♋34	1♏59	10♐33	9♎14	14♓	14♒	24♓	10♑	19♈
6	14♑38	25♎8	8♐21	9 D 47	24♑36	29♑10	18♐16	14♓6	15♋29	2♏1	10♐35	9♎14	14♓	14♒	24♓	11♑	19♈
7	15♑40	8♏31	8♐17	9♐49	26♑14	0♒26	19♐0	14♓17	15♋24	2♏2	10♐37	9♎14	15♓	15♒	24♓	11♑	19♈
8	16♑41	21♏36	8♐14	9♐50	27♑53	1♒41	19♐43	14♓28	15♋19	2♏4	10♐39	9♎15	15♓	15♒	25♓	12♑	19♈
9	17♑42	4♐26	8♐11	9♐51	29♑31	2♒56	20♐26	14♓38	15♋14	2♏6	10♐40	9♎15	15♓	15♒	25♓	12♑	19♈
10	18♑43	17♐3	8♐8	9 R 51	1♒9	4♒11	21♐10	14♓49	15♋9	2♏7	10♐42	9♎15	16♓	16♒	26♓	13♑	19♈
11	19♑44	29♐30	8♐5	9♐49	2♒47	5♒27	21♐53	15♓1	15♋4	2♏9	10♐44	9♎15	16♓	16♒	26♓	13♑	19♈
12	20♑45	11♑47	8♐2	9♐45	4♒24	6♒42	22♐36	15♓12	14♋59	2♏10	10♐46	9♎15	16♓	16♒	27♓	14♑	20♈
13	21♑47	23♑56	7♐58	9♐39	6♒1	7♒57	23♐20	15♓23	14♋54	2♏11	10♐48	9 R 15	17♓	17♒	27♓	14♑	20♈
14	22♑48	5♒58	7♐55	9♐31	7♒37	9♒12	24♐3	15♓34	14♋50	2♏13	10♐50	9♎15	17♓	17♒	27♓	15♑	20♈
15	23♑49	17♒55	7♐52	9♐22	9♒12	10♒27	24♐47	15♓46	14♋45	2♏14	10♐52	9♎15	17♓	17♒	28♓	16♑	20♈
16	24♑50	29♒48	7♐49	9♐13	10♒46	11♒42	25♐30	15♓58	14♋40	2♏15	10♐53	9♎15	18♓	18♒	29♓	16♑	20♈
17	25♑51	11♓39	7♐46	9♐4	12♒17	12♒58	26♐14	16♓9	14♋35	2♏16	10♐55	9♎14	18♓	18♒	29♓	17♑	20♈
18	26♑52	23♓31	7♐42	8♐57	13♒47	14♒13	26♐58	16♓21	14♋30	2♏17	10♐57	9♎14	18♓	18♒	29♓	17♑	20♈
19	27♑53	5♈27	7♐39	8♐52	15♒14	15♒28	27♐41	16♓33	14♋25	2♏19	10♐58	9♎14	19♓	19♒	0♈	18♑	20♈
20	28♑54	17♈31	7♐36	8♐49	16♒39	16♒43	28♐25	16♓45	14♋21	2♏19	11♐0	9♎14	19♓	19♒	0♈	18♑	20♈
21	29♑55	29♈49	7♐33	8♐49	17♒59	17♒58	29♐9	16♓57	14♋16	2♏20	11♐2	9♎13	19♓	19♒	1♈	19♑	20♈
22	0♒56	12♉24	7♐30	8 D 49	19♒16	19♒13	29♐53	17♓9	14♋11	2♏21	11♐3	9♎13	20♓	20♒	1♈	19♑	20♈
23	1♒58	25♉22	7♐27	8♐50	20♒27	20♒28	0♑36	17♓21	14♋7	2♏22	11♐5	9♎13	20♓	20♒	2♈	20♑	20♈
24	2♒59	8♊46	7♐23	8♐51	21♒33	21♒43	1♑20	17♓34	14♋2	2♏23	11♐7	9♎12	20♓	20♒	2♈	20♑	20♈
25	4♒0	22♊40	7♐20	8 R 50	22♒32	22♒58	2♑4	17♓46	13♋58	2♏24	11♐8	9♎12	21♓	21♒	3♈	21♑	20♈
26	5♒1	7♋2	7♐17	8♐47	23♒24	24♒13	2♑48	17♓59	13♋53	2♏24	11♐10	9♎12	21♓	21♒	3♈	21♑	20♈
27	6♒2	21♋50	7♐14	8♐41	24♒8	25♒28	3♑32	18♓11	13♋49	2♏25	11♐11	9♎11	21♓	21♒	4♈	22♑	20♈
28	7♒2	6♌57	7♐11	8♐34	24♒43	26♒43	4♑16	18♓24	13♋44	2♏26	11♐13	9♎11	22♓	22♒	4♈	22♑	20♈
29	8♒3	22♌13	7♐8	8♐24	25♒8	27♒58	5♑0	18♓36	13♋40	2♏26	11♐14	9♎10	22♓	22♒	5♈	23♑	20♈
30	9♒4	7♍27	7♐4	8♐15	25♒22	29♒12	5♑44	18♓49	13♋36	2♏26	11♐15	9♎9	23♓	22♒	5♈	24♑	20♈
31	10♒5	22♍28	7♐1	8♐6	25 R 26	0♓27	6♑28	19♓2	13♋32	2♏27	11♐17	9♎9	23♓	23♒	6♈	24♑	20♈

SUN INGRESS: ☉→♒21日 01:36

MOON PHASE: ◑ 5日 04:04 ♎ ● 12日 19:20 ♑ ◐ 21日 00:14 ♈ ○ 28日 00:09 ♌

aspects

5日	08:43	☉⚹♃
6日	18:24	☉☍♄
8日	07:31	♀□♅
10日	14:24	☿□♅
11日	05:34	♃△♄
14日	00:52	♀△♇
15日	00:40	☿△♇
15日	07:56	♀⚹♆
16日	02:01	☿⚹♆
20日	16:11	☿☌♀
22日	20:32	☿☌♀
23日	09:49	☉□♅
25日	10:52	♂⚹♅
30日	01:57	☉△♇

1975年2月

DAY	☉	☽	☊ mean	☊ true	☿	♀	♂	♃	♄	♅	♆	♇	⚳	⚴	⚵	⚶	⚷
	° ′	° ′	° ′	° ′	° ′	° ′	° ′	° ′	° ′	° ′	° ′	° ′	°	°	°	°	°
1	11♒6	7♎9	6♐58	8 R 0	25 R 18	1 D 42	7 D 12	19 D 15	13 R 28	2 D 27	11 D 18	9 R 8	23 D	23 D	6 D	25 D	20 D
2	12♒7	21♎23	6♐55	7♐55	24♒59	2♓57	7♑57	19♓28	13♋24	2♏27	11♐20	9♎7	24♓	23♒	7♈	25♑	20♈
3	13♒8	5♏11	6♐52	7♐53	24♒29	4♓12	8♑41	19♓41	13♋20	2♏28	11♐21	9♎7	24♓	23♒	7♈	26♑	20♈
4	14♒9	18♏32	6♐48	7 D 53	23♒49	5♓26	9♑25	19♓54	13♋16	2♏28	11♐22	9♎6	24♓	24♒	8♈	26♑	20♈
5	15♒10	1♐30	6♐45	7♐54	23♒0	6♓41	10♑9	20♓7	13♋12	2♏28	11♐23	9♎5	25♓	24♒	8♈	27♑	20♈
6	16♒11	14♐10	6♐42	7 R 54	22♒2	7♓56	10♑54	20♓21	13♋8	2♏28	11♐25	9♎4	25♓	24♒	9♈	27♑	20♈
7	17♒11	26♐34	6♐39	7♐52	20♒58	9♓11	11♑38	20♓34	13♋4	2 R 28	11♐26	9♎3	25♓	25♒	9♈	28♑	20♈
8	18♒12	8♑47	6♐36	7♐48	19♒49	10♓25	12♑22	20♓47	13♋1	2♏28	11♐27	9♎3	26♓	25♒	10♈	28♑	20♈
9	19♒13	20♑52	6♐33	7♐41	18♒38	11♓40	13♑7	21♓1	12♋57	2♏28	11♐28	9♎2	26♓	25♒	10♈	29♑	20♈
10	20♒14	2♒51	6♐29	7♐30	17♒27	12♓54	13♑51	21♓14	12♋54	2♏28	11♐29	9♎1	27♓	26♒	11♈	29♑	20♈
11	21♒14	14♒46	6♐26	7♐18	16♒16	14♓9	14♑36	21♓28	12♋51	2♏27	11♐30	9♎0	27♓	26♒	12♈	0♒	20♈
12	22♒15	26♒39	6♐23	7♐4	15♒9	15♓24	15♑20	21♓41	12♋47	2♏27	11♐31	8♎59	27♓	26♒	12♈	1♒	20♈
13	23♒16	8♓31	6♐20	6♐49	14♒6	16♓38	16♑5	21♓55	12♋44	2♏27	11♐32	8♎58	28♓	27♒	13♈	1♒	20♈
14	24♒17	20♓23	6♐17	6♐35	13♒9	17♓53	16♑50	22♓8	12♋41	2♏26	11♐33	8♎57	28♓	27♒	13♈	1♒	20♈
15	25♒17	2♈18	6♐14	6♐23	12♒19	19♓7	17♑34	22♓22	12♋38	2♏26	11♐34	8♎56	28♓	27♒	14♈	2♒	20♈
16	26♒18	14♈16	6♐10	6♐14	11♒36	20♓21	18♑19	22♓36	12♋35	2♏25	11♐35	8♎55	29♓	28♒	14♈	2♒	20♈
17	27♒18	26♈21	6♐7	6♐8	11♒1	21♓36	19♑4	22♓50	12♋32	2♏25	11♐36	8♎54	29♓	28♒	15♈	3♒	20♈
18	28♒19	8♉38	6♐4	6♐4	10♒34	22♓50	19♑48	23♓4	12♋30	2♏24	11♐37	8♎52	29♓	28♒	15♈	3♒	20♈
19	29♒20	21♉9	6♐1	6♐3	10♒14	24♓4	20♑33	23♓18	12♋27	2♏24	11♐38	8♎51	0♈	29♒	16♈	4♒	21♈
20	0♓20	4♊0	5♐58	6 D 3	10♒2	25♓19	21♑18	23♓32	12♋25	2♏23	11♐38	8♎50	0♈	29♒	16♈	4♒	21♈
21	1♓21	17♊16	5♐54	6 R 2	9♒57	26♓33	22♑3	23♓46	12♋22	2♏22	11♐39	8♎49	1♈	29♒	17♈	5♒	21♈
22	2♓21	0♋59	5♐51	6♐1	9 D 59	27♓47	22♑47	24♓0	12♋20	2♏21	11♐40	8♎48	1♈	0♓	17♈	5♒	21♈
23	3♓21	15♋11	5♐48	5♐57	10♒8	29♓1	23♑32	24♓14	12♋18	2♏20	11♐41	8♎46	1♈	0♓	18♈	6♒	21♈
24	4♓22	29♋51	5♐45	5♐50	10♒23	0♈15	24♑17	24♓28	12♋16	2♏20	11♐41	8♎45	2♈	0♓	19♈	7♒	21♈
25	5♓22	14♌55	5♐42	5♐41	10♒44	1♈29	25♑2	24♓42	12♋14	2♏19	11♐42	8♎44	2♈	1♓	19♈	7♒	21♈
26	6♓23	0♍14	5♐39	5♐30	11♒10	2♈43	25♑47	24♓56	12♋12	2♏18	11♐42	8♎42	3♈	1♓	20♈	8♒	21♈
27	7♓23	15♍37	5♐35	5♐18	11♒40	3♈57	26♑32	25♓10	12♋10	2♏16	11♐43	8♎41	3♈	1♓	20♈	8♒	21♈
28	8♓23	0♎51	5♐32	5♐8	12♒16	5♈11	27♑17	25♓24	12♋8	2♏15	11♐44	8♎40	3♈	2♓	21♈	9♒	21♈

SUN INGRESS: ☉→♓19日 15:50

MOON PHASE: ◑ 3日 15:23 ♏ ● 11日 14:17 ♒ ◐ 19日 16:38 ♊ ○ 26日 10:15 ♍

aspects

1日	04:51	☉⚹♆
1日	14:30	♀△♅
3日	13:48	♂□♇
8日	17:43	☉☌☿
8日	19:12	♂☍♄
8日	20:09	♀□♆
9日	23:50	♀△♄
11日	21:29	♀⚹♂
16日	00:48	☿⚹♆
18日	05:23	♀☌♃
22日	00:06	☉△♅
24日	08:11	♂⚹♃
27日	01:50	☿⚹♆

1975年3月

DAY	☉	☽	☊ mean	☊ true	☿	♀	♂	♃	♄	♅	♆	♇	⚳	⚴	⚵	⚶	⚷
	° ′	° ′	° ′	° ′	° ′	° ′	° ′	° ′	° ′	° ′	° ′	° ′	°	°	°	°	°
1	9 ♓ 23	15 ♎ 46	5 ♐ 29	4 R 59	12 D 56	6 D 25	28 D 2	25 D 39	12 R 7	2 R 14	11 D 44	8 R 38	4 D	2 D	21 D	9 D	21 D
2	10 ♓ 24	0 ♏ 15	5 ♐ 26	4 ♐ 53	13 ♒ 40	7 ♈ 39	28 ♑ 47	25 ♓ 53	12 ♋ 5	2 ♏ 13	11 ♐ 44	8 ♎ 37	4 ♈	2 ♓	22 ♈	10 ♒	21 ♈
3	11 ♓ 24	14 ♏ 15	5 ♐ 23	4 ♐ 50	14 ♒ 27	8 ♈ 53	29 ♑ 32	26 ♓ 7	12 ♋ 4	2 ♏ 12	11 ♐ 45	8 ♎ 35	4 ♈	3 ♓	22 ♈	10 ♒	21 ♈
4	12 ♓ 24	27 ♏ 44	5 ♐ 19	4 ♐ 48	15 ♒ 18	10 ♈ 6	0 ♒ 17	26 ♓ 22	12 ♋ 3	2 ♏ 10	11 ♐ 45	8 ♎ 34	5 ♈	3 ♓	23 ♈	11 ♒	21 ♈
5	13 ♓ 24	10 ♐ 47	5 ♐ 16	4 D 48	16 ♒ 13	11 ♈ 20	1 ♒ 2	26 ♓ 36	12 ♋ 1	2 ♏ 9	11 ♐ 46	8 ♎ 33	5 ♈	3 ♓	24 ♈	11 ♒	21 ♈
6	14 ♓ 24	23 ♐ 27	5 ♐ 13	4 R 48	17 ♒ 10	12 ♈ 34	1 ♒ 48	26 ♓ 50	12 ♋ 0	2 ♏ 8	11 ♐ 46	8 ♎ 31	6 ♈	4 ♓	24 ♈	12 ♒	21 ♈
7	15 ♓ 24	5 ♑ 48	5 ♐ 10	4 ♐ 47	18 ♒ 10	13 ♈ 47	2 ♒ 33	27 ♓ 5	11 ♋ 59	2 ♏ 6	11 ♐ 46	8 ♎ 30	6 ♈	4 ♓	25 ♈	12 ♒	21 ♈
8	16 ♓ 24	17 ♑ 56	5 ♐ 7	4 ♐ 43	19 ♒ 12	15 ♈ 1	3 ♒ 18	27 ♓ 19	11 ♋ 59	2 ♏ 5	11 ♐ 46	8 ♎ 28	6 ♈	4 ♓	25 ♈	13 ♒	21 ♈
9	17 ♓ 24	29 ♑ 55	5 ♐ 4	4 ♐ 36	20 ♒ 17	16 ♈ 14	4 ♒ 3	27 ♓ 33	11 ♋ 58	2 ♏ 3	11 ♐ 47	8 ♎ 27	7 ♈	5 ♓	26 ♈	13 ♒	21 ♈
10	18 ♓ 24	11 ♒ 48	5 ♐ 0	4 ♐ 27	21 ♒ 24	17 ♈ 28	4 ♒ 49	27 ♓ 48	11 ♋ 57	2 ♏ 2	11 ♐ 47	8 ♎ 25	7 ♈	5 ♓	26 ♈	14 ♒	21 ♈
11	19 ♓ 24	23 ♒ 40	4 ♐ 57	4 ♐ 15	22 ♒ 34	18 ♈ 41	5 ♒ 34	28 ♓ 2	11 ♋ 57	2 ♏ 0	11 ♐ 47	8 ♎ 24	8 ♈	5 ♓	27 ♈	14 ♒	21 ♈
12	20 ♓ 24	5 ♓ 31	4 ♐ 54	4 ♐ 1	23 ♒ 45	19 ♈ 54	6 ♒ 19	28 ♓ 17	11 ♋ 57	1 ♏ 58	11 ♐ 47	8 ♎ 22	8 ♈	6 ♓	27 ♈	15 ♒	22 ♈
13	21 ♓ 24	17 ♓ 24	4 ♐ 51	3 ♐ 47	24 ♒ 59	21 ♈ 8	7 ♒ 4	28 ♓ 31	11 ♋ 56	1 ♏ 57	11 ♐ 47	8 ♎ 20	8 ♈	6 ♓	28 ♈	15 ♒	22 ♈
14	22 ♓ 24	29 ♓ 20	4 ♐ 48	3 ♐ 34	26 ♒ 14	22 ♈ 21	7 ♒ 50	28 ♓ 46	11 ♋ 56	1 ♏ 55	11 ♐ 47	8 ♎ 19	9 ♈	6 ♓	29 ♈	16 ♒	22 ♈
15	23 ♓ 24	11 ♈ 21	4 ♐ 45	3 ♐ 22	27 ♒ 31	23 ♈ 34	8 ♒ 35	29 ♓ 0	11 D 56	1 ♏ 53	11 R 47	8 ♎ 17	9 ♈	7 ♓	29 ♈	16 ♒	22 ♈
16	24 ♓ 24	23 ♈ 27	4 ♐ 41	3 ♐ 13	28 ♒ 50	24 ♈ 47	9 ♒ 21	29 ♓ 15	11 ♋ 56	1 ♏ 51	11 ♐ 47	8 ♎ 16	10 ♈	7 ♓	0 ♉	17 ♒	22 ♈
17	25 ♓ 24	5 ♉ 41	4 ♐ 38	3 ♐ 7	0 ♓ 10	26 ♈ 0	10 ♒ 6	29 ♓ 29	11 ♋ 56	1 ♏ 49	11 ♐ 47	8 ♎ 14	10 ♈	7 ♓	0 ♉	17 ♒	22 ♈
18	26 ♓ 23	18 ♉ 4	4 ♐ 35	3 ♐ 3	1 ♓ 32	27 ♈ 13	10 ♒ 51	29 ♓ 44	11 ♋ 57	1 ♏ 47	11 ♐ 47	8 ♎ 12	10 ♈	8 ♓	1 ♉	18 ♒	22 ♈
19	27 ♓ 23	0 ♊ 40	4 ♐ 32	3 ♐ 2	2 ♓ 56	28 ♈ 26	11 ♒ 37	29 ♓ 58	11 ♋ 57	1 ♏ 45	11 ♐ 47	8 ♎ 11	11 ♈	8 ♓	1 ♉	18 ♒	22 ♈
20	28 ♓ 23	13 ♊ 33	4 ♐ 29	3 D 3	4 ♓ 21	29 ♈ 39	12 ♒ 22	0 ♈ 13	11 ♋ 58	1 ♏ 44	11 ♐ 47	8 ♎ 9	11 ♈	8 ♓	2 ♉	19 ♒	22 ♈
21	29 ♓ 22	26 ♊ 45	4 ♐ 25	3 ♐ 3	5 ♓ 47	0 ♉ 52	13 ♒ 8	0 ♈ 27	11 ♋ 58	1 ♏ 42	11 ♐ 47	8 ♎ 8	11 ♈	9 ♓	2 ♉	19 ♒	22 ♈
22	0 ♈ 22	10 ♋ 20	4 ♐ 22	3 R 3	7 ♓ 15	2 ♉ 5	13 ♒ 53	0 ♈ 42	11 ♋ 59	1 ♏ 39	11 ♐ 46	8 ♎ 6	12 ♈	9 ♓	3 ♉	20 ♒	22 ♈
23	1 ♈ 22	24 ♋ 19	4 ♐ 19	3 ♐ 0	8 ♓ 44	3 ♉ 17	14 ♒ 39	0 ♈ 57	12 ♋ 0	1 ♏ 37	11 ♐ 46	8 ♎ 4	12 ♈	9 ♓	4 ♉	20 ♒	22 ♈
24	2 ♈ 21	8 ♌ 44	4 ♐ 16	2 ♐ 56	10 ♓ 15	4 ♉ 30	15 ♒ 24	1 ♈ 11	12 ♋ 1	1 ♏ 35	11 ♐ 46	8 ♎ 3	13 ♈	10 ♓	4 ♉	20 ♒	22 ♈
25	3 ♈ 21	23 ♌ 32	4 ♐ 13	2 ♐ 49	11 ♓ 47	5 ♉ 43	16 ♒ 10	1 ♈ 26	12 ♋ 2	1 ♏ 33	11 ♐ 46	8 ♎ 1	13 ♈	10 ♓	5 ♉	21 ♒	22 ♈
26	4 ♈ 20	8 ♍ 35	4 ♐ 10	2 ♐ 41	13 ♓ 21	6 ♉ 55	16 ♒ 55	1 ♈ 40	12 ♋ 3	1 ♏ 31	11 ♐ 45	7 ♎ 59	13 ♈	10 ♓	5 ♉	21 ♒	22 ♈
27	5 ♈ 19	23 ♍ 46	4 ♐ 6	2 ♐ 32	14 ♓ 56	8 ♉ 7	17 ♒ 41	1 ♈ 55	12 ♋ 5	1 ♏ 29	11 ♐ 45	7 ♎ 58	14 ♈	11 ♓	6 ♉	22 ♒	22 ♈
28	6 ♈ 19	8 ♎ 54	4 ♐ 3	2 ♐ 24	16 ♓ 32	9 ♉ 20	18 ♒ 26	2 ♈ 9	12 ♋ 6	1 ♏ 27	11 ♐ 44	7 ♎ 56	14 ♈	11 ♓	7 ♉	22 ♒	22 ♈
29	7 ♈ 18	23 ♎ 48	4 ♐ 0	2 ♐ 17	18 ♓ 9	10 ♉ 32	19 ♒ 12	2 ♈ 24	12 ♋ 7	1 ♏ 24	11 ♐ 44	7 ♎ 54	15 ♈	11 ♓	7 ♉	23 ♒	22 ♈
30	8 ♈ 17	8 ♏ 21	3 ♐ 57	2 ♐ 12	19 ♓ 48	11 ♉ 44	19 ♒ 58	2 ♈ 38	12 ♋ 9	1 ♏ 22	11 ♐ 43	7 ♎ 53	15 ♈	12 ♓	8 ♉	23 ♒	23 ♈
31	9 ♈ 17	22 ♏ 28	3 ♐ 54	2 ♐ 10	21 ♓ 29	12 ♉ 56	20 ♒ 43	2 ♈ 53	12 ♋ 11	1 ♏ 20	11 ♐ 43	7 ♎ 51	15 ♈	12 ♓	8 ♉	24 ♒	23 ♈

SUN INGRESS	☉ → ♈ 21日 14:57
MOON PHASE	◑ 5日 05:20 ♐　● 13日 08:47 ♓　◐ 21日 05:05 ♊　○ 27日 19:36 ♎

aspects		
2日	18:31	♀☍♇
3日	08:29	☉□♆
3日	15:38	☉△♄
5日	08:22	♀△♆
5日	13:17	♀□♄
6日	10:17	♂□♅
14日	14:49	♂△♇
18日	04:19	☿△♅
19日	05:19	♂⚹♆
21日	15:54	♀☍♅
22日	10:41	☉☌♃
24日	23:34	☿□♆
25日	03:53	☿△♄
29日	14:13	☉☍♇
30日	08:31	♀⚹♄

1975年4月

DAY	☉	☽	☊ mean	☊ true	☿	♀	♂	♃	♄	♅	♆	♇	⚳	⚴	⚵	⚶	⚷
	° ′	° ′	° ′	° ′	° ′	° ′	° ′	° ′	° ′	° ′	° ′	° ′	°	°	°	°	°
1	10 ♈ 16	6 ♐ 5	3 ♐ 51	2 D 9	23 D 10	14 D 8	21 D 29	3 D 7	12 D 13	1 R 17	11 R 42	7 R 49	16 D	12 D	9 D	24 D	23 D
2	11 ♈ 15	19 ♐ 16	3 ♐ 47	2 ♐ 10	24 ♓ 53	15 ♉ 20	22 ♒ 15	3 ♈ 22	12 ♋ 15	1 ♏ 15	11 ♐ 42	7 ♎ 48	16 ♈	13 ♓	9 ♉	25 ♒	23 ♈
3	12 ♈ 14	2 ♑ 1	3 ♐ 44	2 ♐ 11	26 ♓ 38	16 ♉ 32	23 ♒ 0	3 ♈ 36	12 ♋ 17	1 ♏ 13	11 ♐ 41	7 ♎ 46	17 ♈	13 ♓	10 ♉	25 ♒	23 ♈
4	13 ♈ 14	14 ♑ 27	3 ♐ 41	2 R 12	28 ♓ 24	17 ♉ 44	23 ♒ 46	3 ♈ 50	12 ♋ 19	1 ♏ 10	11 ♐ 41	7 ♎ 44	17 ♈	13 ♓	11 ♉	26 ♒	23 ♈
5	14 ♈ 13	26 ♑ 36	3 ♐ 38	2 ♐ 11	0 ♈ 11	18 ♉ 56	24 ♒ 32	4 ♈ 5	12 ♋ 21	1 ♏ 8	11 ♐ 40	7 ♎ 43	17 ♈	13 ♓	11 ♉	26 ♒	23 ♈
6	15 ♈ 12	8 ♒ 35	3 ♐ 35	2 ♐ 8	2 ♈ 0	20 ♉ 7	25 ♒ 17	4 ♈ 19	12 ♋ 24	1 ♏ 6	11 ♐ 39	7 ♎ 41	18 ♈	14 ♓	12 ♉	27 ♒	23 ♈
7	16 ♈ 11	20 ♒ 28	3 ♐ 31	2 ♐ 3	3 ♈ 50	21 ♉ 19	26 ♒ 3	4 ♈ 34	12 ♋ 26	1 ♏ 3	11 ♐ 39	7 ♎ 39	18 ♈	14 ♓	12 ♉	27 ♒	23 ♈
8	17 ♈ 10	2 ♓ 19	3 ♐ 28	1 ♐ 57	5 ♈ 41	22 ♉ 30	26 ♒ 49	4 ♈ 48	12 ♋ 29	1 ♏ 1	11 ♐ 38	7 ♎ 38	19 ♈	14 ♓	13 ♉	28 ♒	23 ♈
9	18 ♈ 9	14 ♓ 11	3 ♐ 25	1 ♐ 49	7 ♈ 34	23 ♉ 42	27 ♒ 34	5 ♈ 2	12 ♋ 31	0 ♏ 58	11 ♐ 37	7 ♎ 36	19 ♈	15 ♓	14 ♉	28 ♒	23 ♈
10	19 ♈ 8	26 ♓ 8	3 ♐ 22	1 ♐ 40	9 ♈ 29	24 ♉ 53	28 ♒ 20	5 ♈ 17	12 ♋ 34	0 ♏ 56	11 ♐ 36	7 ♎ 34	19 ♈	15 ♓	14 ♉	29 ♒	23 ♈
11	20 ♈ 7	8 ♈ 10	3 ♐ 19	1 ♐ 32	11 ♈ 25	26 ♉ 4	29 ♒ 6	5 ♈ 31	12 ♋ 37	0 ♏ 53	11 ♐ 35	7 ♎ 33	20 ♈	15 ♓	15 ♉	29 ♒	23 ♈
12	21 ♈ 6	20 ♈ 19	3 ♐ 16	1 ♐ 26	13 ♈ 22	27 ♉ 15	29 ♒ 51	5 ♈ 45	12 ♋ 40	0 ♏ 51	11 ♐ 35	7 ♎ 31	20 ♈	16 ♓	15 ♉	29 ♒	23 ♈
13	22 ♈ 5	2 ♉ 38	3 ♐ 12	1 ♐ 20	15 ♈ 21	28 ♉ 27	0 ♓ 37	6 ♈ 0	12 ♋ 43	0 ♏ 48	11 ♐ 34	7 ♎ 30	21 ♈	16 ♓	16 ♉	0 ♓	23 ♈
14	23 ♈ 3	15 ♉ 6	3 ♐ 9	1 ♐ 17	17 ♈ 21	29 ♉ 38	1 ♓ 23	6 ♈ 14	12 ♋ 46	0 ♏ 46	11 ♐ 33	7 ♎ 28	21 ♈	16 ♓	16 ♉	0 ♓	23 ♈
15	24 ♈ 2	27 ♉ 44	3 ♐ 6	1 ♐ 16	19 ♈ 23	0 ♊ 48	2 ♓ 9	6 ♈ 28	12 ♋ 50	0 ♏ 43	11 ♐ 32	7 ♎ 26	21 ♈	17 ♓	17 ♉	1 ♓	23 ♈
16	25 ♈ 1	10 ♊ 35	3 ♐ 3	1 D 16	21 ♈ 26	1 ♊ 59	2 ♓ 54	6 ♈ 42	12 ♋ 53	0 ♏ 41	11 ♐ 31	7 ♎ 25	22 ♈	17 ♓	18 ♉	1 ♓	24 ♈
17	26 ♈ 0	23 ♊ 40	3 ♐ 0	1 ♐ 17	23 ♈ 29	3 ♊ 10	3 ♓ 40	6 ♈ 56	12 ♋ 56	0 ♏ 38	11 ♐ 30	7 ♎ 23	22 ♈	17 ♓	18 ♉	2 ♓	24 ♈
18	26 ♈ 58	7 ♋ 0	2 ♐ 56	1 ♐ 19	25 ♈ 34	4 ♊ 21	4 ♓ 26	7 ♈ 10	13 ♋ 0	0 ♏ 35	11 ♐ 29	7 ♎ 22	23 ♈	17 ♓	19 ♉	2 ♓	24 ♈
19	27 ♈ 57	20 ♋ 37	2 ♐ 53	1 ♐ 20	27 ♈ 40	5 ♊ 31	5 ♓ 11	7 ♈ 24	13 ♋ 4	0 ♏ 33	11 ♐ 28	7 ♎ 20	23 ♈	18 ♓	19 ♉	3 ♓	24 ♈
20	28 ♈ 56	4 ♌ 31	2 ♐ 50	1 R 20	29 ♈ 47	6 ♊ 41	5 ♓ 57	7 ♈ 38	13 ♋ 7	0 ♏ 30	11 ♐ 27	7 ♎ 19	23 ♈	18 ♓	20 ♉	3 ♓	24 ♈
21	29 ♈ 54	18 ♌ 44	2 ♐ 47	1 ♐ 19	1 ♉ 54	7 ♊ 52	6 ♓ 43	7 ♈ 52	13 ♋ 11	0 ♏ 28	11 ♐ 26	7 ♎ 17	24 ♈	18 ♓	21 ♉	3 ♓	24 ♈
22	0 ♉ 53	3 ♍ 12	2 ♐ 44	1 ♐ 16	4 ♉ 2	9 ♊ 2	7 ♓ 28	8 ♈ 6	13 ♋ 15	0 ♏ 25	11 ♐ 24	7 ♎ 16	24 ♈	19 ♓	21 ♉	4 ♓	24 ♈
23	1 ♉ 51	17 ♍ 52	2 ♐ 41	1 ♐ 13	6 ♉ 10	10 ♊ 12	8 ♓ 14	8 ♈ 20	13 ♋ 19	0 ♏ 23	11 ♐ 23	7 ♎ 14	25 ♈	19 ♓	22 ♉	4 ♓	24 ♈
24	2 ♉ 50	2 ♎ 39	2 ♐ 37	1 ♐ 9	8 ♉ 18	11 ♊ 22	9 ♓ 0	8 ♈ 34	13 ♋ 23	0 ♏ 20	11 ♐ 22	7 ♎ 13	25 ♈	19 ♓	22 ♉	5 ♓	24 ♈
25	3 ♉ 48	17 ♎ 24	2 ♐ 34	1 ♐ 5	10 ♉ 25	12 ♊ 32	9 ♓ 45	8 ♈ 48	13 ♋ 28	0 ♏ 18	11 ♐ 21	7 ♎ 11	25 ♈	20 ♓	23 ♉	5 ♓	24 ♈
26	4 ♉ 47	2 ♏ 1	2 ♐ 31	1 ♐ 2	12 ♉ 32	13 ♊ 42	10 ♓ 31	9 ♈ 2	13 ♋ 32	0 ♏ 15	11 ♐ 20	7 ♎ 10	26 ♈	20 ♓	24 ♉	6 ♓	24 ♈
27	5 ♉ 45	16 ♏ 22	2 ♐ 28	1 ♐ 0	14 ♉ 38	14 ♊ 51	11 ♓ 17	9 ♈ 16	13 ♋ 36	0 ♏ 12	11 ♐ 19	7 ♎ 8	26 ♈	20 ♓	24 ♉	6 ♓	24 ♈
28	6 ♉ 43	0 ♐ 23	2 ♐ 25	0 ♐ 59	16 ♉ 42	16 ♊ 1	12 ♓ 2	9 ♈ 29	13 ♋ 41	0 ♏ 10	11 ♐ 17	7 ♎ 7	27 ♈	20 ♓	25 ♉	7 ♓	24 ♈
29	7 ♉ 42	14 ♐ 0	2 ♐ 22	1 D 0	18 ♉ 45	17 ♊ 10	12 ♓ 48	9 ♈ 43	13 ♋ 45	0 ♏ 7	11 ♐ 16	7 ♎ 5	27 ♈	21 ♓	25 ♉	7 ♓	24 ♈
30	8 ♉ 40	27 ♐ 13	2 ♐ 18	1 ♐ 1	20 ♉ 46	18 ♊ 19	13 ♓ 33	9 ♈ 57	13 ♋ 50	0 ♏ 5	11 ♐ 15	7 ♎ 4	27 ♈	21 ♓	26 ♉	7 ♓	24 ♈

SUN INGRESS	☉ → ♉ 21日 02:07
MOON PHASE	◑ 3日 21:25 ♑　● 12日 01:39 ♈　◐ 19日 13:41 ♋　○ 26日 04:55 ♏

aspects		
2日	10:43	☉△♆
3日	01:00	☉□♄
7日	10:52	☿☌♃
9日	00:19	☿☍♇
11日	02:07	☿△♆
11日	15:08	☿□♄
13日	05:31	♂△♅
18日	04:52	♀□♂
18日	17:20	♃☍♇
19日	05:55	☉☌☿
20日	08:00	☿☍♅
20日	12:23	♀△♇
21日	00:17	♀⚹♃
21日	13:08	☉☍♅
24日	00:04	♀☍♆
24日	12:15	☿⚹♂
26日	11:47	♂⚹♄
27日	01:00	♂□♆
30日	09:34	♂△♄

1975年5月

DAY	☉	☽	☊ mean	☊ true	☿	♀	♂	♃	♄	♅	♆	♇	⚳	⚴	⚵	⚶	⚷
1	9 ♉ 38	10 ♑ 3	2 ♐ 15	1 D 2	22 D 45	19 D 28	14 D 19	10 D 10	13 D 55	0 R 2	11 R 13	7 R 3	28 D	21 D	26 D	8 D	24 D
2	10 ♉ 37	22 ♑ 33	2 ♐ 12	1 ♐ 4	24 ♉ 41	20 ♊ 37	15 ♓ 5	10 ♈ 24	13 ♋ 59	0 ♏ 0	11 ♐ 12	7 ♎ 1	28 ♈	22 ♓	27 ♉	8 ♓	24 ♈
3	11 ♉ 35	4 ♒ 46	2 ♐ 9	1 ♐ 5	26 ♉ 35	21 ♊ 46	15 ♓ 50	10 ♈ 37	14 ♋ 4	29 ♎ 57	11 ♐ 11	7 ♎ 0	29 ♈	22 ♓	28 ♉	9 ♓	25 ♈
4	12 ♉ 33	16 ♒ 48	2 ♐ 6	1 R 5	28 ♉ 26	22 ♊ 55	16 ♓ 36	10 ♈ 51	14 ♋ 9	29 ♎ 55	11 ♐ 9	6 ♎ 59	29 ♈	22 ♓	28 ♉	9 ♓	25 ♈
5	13 ♉ 31	28 ♒ 43	2 ♐ 2	1 ♐ 4	0 ♊ 13	24 ♊ 4	17 ♓ 21	11 ♈ 4	14 ♋ 14	29 ♎ 52	11 ♐ 8	6 ♎ 58	29 ♈	22 ♓	29 ♉	10 ♓	25 ♈
6	14 ♉ 29	10 ♓ 35	1 ♐ 59	1 ♐ 3	1 ♊ 57	25 ♊ 12	18 ♓ 7	11 ♈ 17	14 ♋ 19	29 ♎ 50	11 ♐ 7	6 ♎ 56	0 ♉	23 ♓	29 ♉	10 ♓	25 ♈
7	15 ♉ 27	22 ♓ 29	1 ♐ 56	1 ♐ 1	3 ♊ 38	26 ♊ 21	18 ♓ 52	11 ♈ 30	14 ♋ 24	29 ♎ 47	11 ♐ 5	6 ♎ 55	0 ♉	23 ♓	0 ♊	10 ♓	25 ♈
8	16 ♉ 26	4 ♈ 29	1 ♐ 53	0 ♐ 58	5 ♊ 16	27 ♊ 29	19 ♓ 38	11 ♈ 44	14 ♋ 30	29 ♎ 45	11 ♐ 4	6 ♎ 54	1 ♉	23 ♓	1 ♊	11 ♓	25 ♈
9	17 ♉ 24	16 ♈ 37	1 ♐ 50	0 ♐ 56	6 ♊ 49	28 ♊ 37	20 ♓ 23	11 ♈ 57	14 ♋ 35	29 ♎ 43	11 ♐ 2	6 ♎ 53	1 ♉	23 ♓	1 ♊	11 ♓	25 ♈
10	18 ♉ 22	28 ♈ 56	1 ♐ 47	0 ♐ 55	8 ♊ 19	29 ♊ 45	21 ♓ 9	12 ♈ 10	14 ♋ 40	29 ♎ 40	11 ♐ 1	6 ♎ 52	1 ♉	24 ♓	2 ♊	12 ♓	25 ♈
11	19 ♉ 20	11 ♉ 27	1 ♐ 43	0 ♐ 53	9 ♊ 46	0 ♋ 53	21 ♓ 54	12 ♈ 23	14 ♋ 46	29 ♎ 38	10 ♐ 59	6 ♎ 50	2 ♉	24 ♓	2 ♊	12 ♓	25 ♈
12	20 ♉ 18	24 ♉ 13	1 ♐ 40	0 ♐ 53	11 ♊ 8	2 ♋ 0	22 ♓ 40	12 ♈ 36	14 ♋ 51	29 ♎ 35	10 ♐ 58	6 ♎ 49	2 ♉	24 ♓	3 ♊	12 ♓	25 ♈
13	21 ♉ 16	7 ♊ 12	1 ♐ 37	0 D 53	12 ♊ 26	3 ♋ 8	23 ♓ 25	12 ♈ 49	14 ♋ 57	29 ♎ 33	10 ♐ 56	6 ♎ 48	3 ♉	24 ♓	4 ♊	13 ♓	25 ♈
14	22 ♉ 14	20 ♊ 25	1 ♐ 34	0 ♐ 53	13 ♊ 41	4 ♋ 15	24 ♓ 10	13 ♈ 2	15 ♋ 3	29 ♎ 31	10 ♐ 55	6 ♎ 47	3 ♉	25 ♓	4 ♊	13 ♓	25 ♈
15	23 ♉ 12	3 ♋ 52	1 ♐ 31	0 ♐ 54	14 ♊ 51	5 ♋ 22	24 ♓ 56	13 ♈ 14	15 ♋ 8	29 ♎ 29	10 ♐ 53	6 ♎ 46	3 ♉	25 ♓	5 ♊	14 ♓	25 ♈
16	24 ♉ 9	17 ♋ 31	1 ♐ 28	0 ♐ 55	15 ♊ 57	6 ♋ 29	25 ♓ 41	13 ♈ 27	15 ♋ 14	29 ♎ 26	10 ♐ 52	6 ♎ 45	4 ♉	25 ♓	5 ♊	14 ♓	25 ♈
17	25 ♉ 7	1 ♌ 22	1 ♐ 24	0 ♐ 55	16 ♊ 59	7 ♋ 36	26 ♓ 26	13 ♈ 40	15 ♋ 20	29 ♎ 24	10 ♐ 50	6 ♎ 44	4 ♉	26 ♓	6 ♊	14 ♓	25 ♈
18	26 ♉ 5	15 ♌ 23	1 ♐ 21	0 ♐ 55	17 ♊ 57	8 ♋ 43	27 ♓ 12	13 ♈ 52	15 ♋ 26	29 ♎ 22	10 ♐ 49	6 ♎ 43	5 ♉	26 ♓	7 ♊	15 ♓	25 ♈
19	27 ♉ 3	29 ♌ 33	1 ♐ 18	0 R 55	18 ♊ 50	9 ♋ 49	27 ♓ 57	14 ♈ 5	15 ♋ 32	29 ♎ 20	10 ♐ 47	6 ♎ 42	5 ♉	26 ♓	7 ♊	15 ♓	25 ♈
20	28 ♉ 1	13 ♍ 49	1 ♐ 15	0 ♐ 55	19 ♊ 39	10 ♋ 55	28 ♓ 42	14 ♈ 17	15 ♋ 38	29 ♎ 17	10 ♐ 46	6 ♎ 41	5 ♉	26 ♓	8 ♊	15 ♓	25 ♈
21	28 ♉ 58	28 ♍ 9	1 ♐ 12	0 ♐ 55	20 ♊ 24	12 ♋ 1	29 ♓ 27	14 ♈ 29	15 ♋ 44	29 ♎ 15	10 ♐ 44	6 ♎ 40	6 ♉	27 ♓	8 ♊	16 ♓	26 ♈
22	29 ♉ 56	12 ♎ 30	1 ♐ 8	0 ♐ 55	21 ♊ 4	13 ♋ 7	0 ♈ 12	14 ♈ 42	15 ♋ 50	29 ♎ 13	10 ♐ 43	6 ♎ 40	6 ♉	27 ♓	9 ♊	16 ♓	26 ♈
23	0 ♊ 54	26 ♎ 47	1 ♐ 5	0 ♐ 55	21 ♊ 39	14 ♋ 13	0 ♈ 57	14 ♈ 54	15 ♋ 57	29 ♎ 11	10 ♐ 41	6 ♎ 39	6 ♉	27 ♓	9 ♊	17 ♓	26 ♈
24	1 ♊ 52	10 ♏ 56	1 ♐ 2	0 D 55	22 ♊ 10	15 ♋ 19	1 ♈ 42	15 ♈ 6	16 ♋ 3	29 ♎ 9	10 ♐ 39	6 ♎ 38	7 ♉	27 ♓	10 ♊	17 ♓	26 ♈
25	2 ♊ 49	24 ♏ 54	0 ♐ 59	0 ♐ 55	22 ♊ 36	16 ♋ 24	2 ♈ 27	15 ♈ 18	16 ♋ 9	29 ♎ 7	10 ♐ 38	6 ♎ 37	7 ♉	27 ♓	11 ♊	17 ♓	26 ♈
26	3 ♊ 47	8 ♐ 37	0 ♐ 56	0 R 55	22 ♊ 57	17 ♋ 29	3 ♈ 12	15 ♈ 30	16 ♋ 16	29 ♎ 5	10 ♐ 36	6 ♎ 37	8 ♉	28 ♓	11 ♊	18 ♓	26 ♈
27	4 ♊ 44	22 ♐ 2	0 ♐ 53	0 ♐ 55	23 ♊ 14	18 ♋ 34	3 ♈ 57	15 ♈ 42	16 ♋ 22	29 ♎ 3	10 ♐ 35	6 ♎ 36	8 ♉	28 ♓	12 ♊	18 ♓	26 ♈
28	5 ♊ 42	5 ♑ 8	0 ♐ 49	0 ♐ 54	23 ♊ 26	19 ♋ 38	4 ♈ 42	15 ♈ 53	16 ♋ 29	29 ♎ 1	10 ♐ 33	6 ♎ 35	8 ♉	28 ♓	12 ♊	18 ♓	26 ♈
29	6 ♊ 40	17 ♑ 56	0 ♐ 46	0 ♐ 54	23 ♊ 33	20 ♋ 42	5 ♈ 27	16 ♈ 5	16 ♋ 35	29 ♎ 0	10 ♐ 31	6 ♎ 35	9 ♉	28 ♓	13 ♊	19 ♓	26 ♈
30	7 ♊ 37	0 ♒ 26	0 ♐ 43	0 ♐ 53	23 ♊ 35	21 ♋ 47	6 ♈ 12	16 ♈ 17	16 ♋ 42	28 ♎ 58	10 ♐ 30	6 ♎ 34	9 ♉	29 ♓	14 ♊	19 ♓	26 ♈
31	8 ♊ 35	12 ♒ 41	0 ♐ 40	0 ♐ 52	23 R 33	22 ♋ 50	6 ♈ 57	16 ♈ 28	16 ♋ 48	28 ♎ 56	10 ♐ 28	6 ♎ 33	10 ♉	29 ♓	14 ♊	19 ♓	26 ♈

SUN INGRESS ☉ → ♊ 22日 01:24

MOON PHASE ◑ 3日 14:44 ♒ ● 11日 16:05 ♉ ◐ 18日 19:29 ♌ ○ 25日 14:51 ♐

aspects

5日	06:51	♃△♆
5日	19:25	☉⚹♄
9日	00:50	♀△♇
9日	22:24	♀△♅
11日	21:06	♀☍♆
13日	08:35	☿⚹♃
16日	05:37	♀□♇
23日	06:34	☉⚹♂
23日	18:20	♀□♃
24日	18:04	♀☌♄
28日	21:57	☉△♇
30日	11:43	♂☍♇

1975年6月

DAY	☉	☽	☊ mean	☊ true	☿	♀	♂	♃	♄	♅	♆	♇	⚳	⚴	⚵	⚶	⚷
1	9 ♊ 32	24 ♒ 45	0 ♐ 37	0 R 52	23 R 27	23 D 54	7 D 41	16 D 40	16 D 55	28 R 54	10 R 26	6 R 33	10 D	29 D	15 D	20 D	26 D
2	10 ♊ 30	6 ♓ 41	0 ♐ 34	0 ♐ 51	23 ♊ 16	24 ♋ 57	8 ♈ 26	16 ♈ 51	17 ♋ 2	28 ♎ 52	10 ♐ 25	6 ♎ 32	10 ♉	29 ♓	15 ♊	20 ♓	26 ♈
3	11 ♊ 27	18 ♓ 34	0 ♐ 30	0 D 51	23 ♊ 1	26 ♋ 0	9 ♈ 11	17 ♈ 2	17 ♋ 9	28 ♎ 51	10 ♐ 23	6 ♎ 32	11 ♉	0 ♈	16 ♊	20 ♓	26 ♈
4	12 ♊ 25	0 ♈ 29	0 ♐ 27	0 ♐ 52	22 ♊ 42	27 ♋ 3	9 ♈ 55	17 ♈ 13	17 ♋ 15	28 ♎ 49	10 ♐ 22	6 ♎ 31	11 ♉	0 ♈	17 ♊	21 ♓	26 ♈
5	13 ♊ 22	12 ♈ 30	0 ♐ 24	0 ♐ 53	22 ♊ 20	28 ♋ 6	10 ♈ 40	17 ♈ 24	17 ♋ 22	28 ♎ 48	10 ♐ 20	6 ♎ 31	12 ♉	0 ♈	17 ♊	21 ♓	26 ♈
6	14 ♊ 20	24 ♈ 41	0 ♐ 21	0 ♐ 54	21 ♊ 55	29 ♋ 8	11 ♈ 24	17 ♈ 35	17 ♋ 29	28 ♎ 46	10 ♐ 18	6 ♎ 31	12 ♉	0 ♈	18 ♊	21 ♓	26 ♈
7	15 ♊ 17	7 ♉ 7	0 ♐ 18	0 ♐ 55	21 ♊ 27	0 ♌ 10	12 ♈ 9	17 ♈ 46	17 ♋ 36	28 ♎ 44	10 ♐ 17	6 ♎ 30	12 ♉	0 ♈	18 ♊	22 ♓	26 ♈
8	16 ♊ 14	19 ♉ 49	0 ♐ 14	0 ♐ 56	20 ♊ 57	1 ♌ 12	12 ♈ 53	17 ♈ 57	17 ♋ 43	28 ♎ 43	10 ♐ 15	6 ♎ 30	13 ♉	1 ♈	19 ♊	22 ♓	26 ♈
9	17 ♊ 12	2 ♊ 50	0 ♐ 11	0 R 56	20 ♊ 25	2 ♌ 13	13 ♈ 37	18 ♈ 8	17 ♋ 50	28 ♎ 42	10 ♐ 14	6 ♎ 30	13 ♉	1 ♈	19 ♊	22 ♓	26 ♈
10	18 ♊ 9	16 ♊ 9	0 ♐ 8	0 ♐ 56	19 ♊ 52	3 ♌ 14	14 ♈ 22	18 ♈ 18	17 ♋ 57	28 ♎ 40	10 ♐ 12	6 ♎ 29	13 ♉	1 ♈	20 ♊	23 ♓	26 ♈
11	19 ♊ 7	29 ♊ 47	0 ♐ 5	0 ♐ 54	19 ♊ 19	4 ♌ 15	15 ♈ 6	18 ♈ 29	18 ♋ 5	28 ♎ 39	10 ♐ 10	6 ♎ 29	14 ♉	1 ♈	21 ♊	23 ♓	27 ♈
12	20 ♊ 4	13 ♋ 41	0 ♐ 2	0 ♐ 52	18 ♊ 45	5 ♌ 15	15 ♈ 50	18 ♈ 39	18 ♋ 12	28 ♎ 38	10 ♐ 9	6 ♎ 29	14 ♉	1 ♈	21 ♊	23 ♓	27 ♈
13	21 ♊ 1	27 ♋ 46	29 ♏ 59	0 ♐ 50	18 ♊ 12	6 ♌ 15	16 ♈ 34	18 ♈ 49	18 ♋ 19	28 ♎ 36	10 ♐ 7	6 ♎ 29	15 ♉	2 ♈	22 ♊	24 ♓	27 ♈
14	21 ♊ 59	12 ♌ 0	29 ♏ 55	0 ♐ 47	17 ♊ 40	7 ♌ 15	17 ♈ 18	18 ♈ 59	18 ♋ 26	28 ♎ 35	10 ♐ 6	6 ♎ 29	15 ♉	2 ♈	22 ♊	24 ♓	27 ♈
15	22 ♊ 56	26 ♌ 18	29 ♏ 52	0 ♐ 45	17 ♊ 10	8 ♌ 14	18 ♈ 2	19 ♈ 9	18 ♋ 33	28 ♎ 34	10 ♐ 4	6 ♎ 28	15 ♉	2 ♈	23 ♊	24 ♓	27 ♈
16	23 ♊ 53	10 ♍ 37	29 ♏ 49	0 ♐ 43	16 ♊ 42	9 ♌ 13	18 ♈ 46	19 ♈ 19	18 ♋ 41	28 ♎ 33	10 ♐ 2	6 ♎ 28	16 ♉	2 ♈	23 ♊	25 ♓	27 ♈
17	24 ♊ 51	24 ♍ 52	29 ♏ 46	0 D 43	16 ♊ 17	10 ♌ 11	19 ♈ 30	19 ♈ 29	18 ♋ 48	28 ♎ 32	10 ♐ 1	6 ♎ 28	16 ♉	2 ♈	24 ♊	25 ♓	27 ♈
18	25 ♊ 48	9 ♎ 1	29 ♏ 43	0 ♐ 43	15 ♊ 54	11 ♌ 10	20 ♈ 14	19 ♈ 39	18 ♋ 56	28 ♎ 31	9 ♐ 59	6 D 28	16 ♉	2 ♈	25 ♊	25 ♓	27 ♈
19	26 ♊ 45	23 ♎ 3	29 ♏ 40	0 ♐ 44	15 ♊ 36	12 ♌ 7	20 ♈ 58	19 ♈ 48	19 ♋ 3	28 ♎ 30	9 ♐ 58	6 ♎ 28	17 ♉	3 ♈	25 ♊	25 ♓	27 ♈
20	27 ♊ 43	6 ♏ 55	29 ♏ 36	0 ♐ 46	15 ♊ 21	13 ♌ 4	21 ♈ 41	19 ♈ 57	19 ♋ 10	28 ♎ 29	9 ♐ 56	6 ♎ 28	17 ♉	3 ♈	26 ♊	26 ♓	27 ♈
21	28 ♊ 40	20 ♏ 38	29 ♏ 33	0 ♐ 47	15 ♊ 9	14 ♌ 1	22 ♈ 25	20 ♈ 7	19 ♋ 18	28 ♎ 28	9 ♐ 55	6 ♎ 29	18 ♉	3 ♈	26 ♊	26 ♓	27 ♈
22	29 ♊ 37	4 ♐ 9	29 ♏ 30	0 R 47	15 ♊ 3	14 ♌ 57	23 ♈ 8	20 ♈ 16	19 ♋ 25	28 ♎ 27	9 ♐ 53	6 ♎ 29	18 ♉	3 ♈	27 ♊	26 ♓	27 ♈
23	0 ♋ 34	17 ♐ 28	29 ♏ 27	0 ♐ 46	15 ♊ 0	15 ♌ 53	23 ♈ 52	20 ♈ 25	19 ♋ 33	28 ♎ 26	9 ♐ 52	6 ♎ 29	18 ♉	3 ♈	28 ♊	26 ♓	27 ♈
24	1 ♋ 31	0 ♑ 34	29 ♏ 24	0 ♐ 44	15 D 3	16 ♌ 48	24 ♈ 35	20 ♈ 34	19 ♋ 40	28 ♎ 26	9 ♐ 50	6 ♎ 29	19 ♉	3 ♈	28 ♊	27 ♓	27 ♈
25	2 ♋ 29	13 ♑ 26	29 ♏ 20	0 ♐ 40	15 ♊ 10	17 ♌ 43	25 ♈ 18	20 ♈ 43	19 ♋ 48	28 ♎ 25	9 ♐ 49	6 ♎ 29	19 ♉	4 ♈	29 ♊	27 ♓	27 ♈
26	3 ♋ 26	26 ♑ 4	29 ♏ 17	0 ♐ 35	15 ♊ 21	18 ♌ 37	26 ♈ 2	20 ♈ 51	19 ♋ 55	28 ♎ 24	9 ♐ 47	6 ♎ 30	19 ♉	4 ♈	29 ♊	27 ♓	27 ♈
27	4 ♋ 23	8 ♒ 28	29 ♏ 14	0 ♐ 29	15 ♊ 38	19 ♌ 31	26 ♈ 45	21 ♈ 0	20 ♋ 3	28 ♎ 24	9 ♐ 46	6 ♎ 30	20 ♉	4 ♈	0 ♋	27 ♓	27 ♈
28	5 ♋ 20	20 ♒ 41	29 ♏ 11	0 ♐ 23	15 ♊ 59	20 ♌ 24	27 ♈ 28	21 ♈ 8	20 ♋ 11	28 ♎ 23	9 ♐ 44	6 ♎ 30	20 ♉	4 ♈	0 ♋	28 ♓	27 ♈
29	6 ♋ 17	2 ♓ 43	29 ♏ 8	0 ♐ 18	16 ♊ 25	21 ♌ 16	28 ♈ 11	21 ♈ 16	20 ♋ 18	28 ♎ 23	9 ♐ 43	6 ♎ 31	20 ♉	4 ♈	1 ♋	28 ♓	27 ♈
30	7 ♋ 15	14 ♓ 38	29 ♏ 5	0 ♐ 14	16 ♊ 56	22 ♌ 8	28 ♈ 54	21 ♈ 25	20 ♋ 26	28 ♎ 22	9 ♐ 42	6 ♎ 31	21 ♉	4 ♈	2 ♋	28 ♓	27 ♈

SUN INGRESS ☉ → ♋ 22日 09:26

MOON PHASE ◑ 2日 08:22 ♓ ● 10日 03:49 ♊ ◐ 16日 23:58 ♍ ○ 24日 01:54 ♑

aspects

1日	22:03	☉☍♆
4日	12:01	♃□♄
4日	13:41	♂△♆
5日	15:40	♀□♅
10日	04:34	☉⚹♃
11日	03:13	☉☌☿
12日	03:31	☿⚹♃
13日	05:24	☿⚹♇
14日	07:06	☿⚹♂
15日	20:28	♂□♄
16日	19:43	♀△♆
16日	23:11	♂☌♃
20日	19:10	☉△♅
22日	02:08	☿⚹♀
29日	00:09	♀△♃
29日	05:31	☉□♇
29日	06:42	♂☍♅

1975年7月

DAY	☉	☽	☊ mean	☊ true	☿	♀	♂	♃	♄	♅	♆	♇	⚳	⚴	⚵	⚶	⚷
	° ′	° ′	° ′	° ′	° ′	° ′	° ′	° ′	° ′	° ′	° ′	° ′	°	°	°	°	°
1	8 ♋ 12	26 ♓ 31	29 ♏ 1	0 R 12	17 D 31	22 D 59	29 D 37	21 D 33	20 D 34	28 R 22	9 R 40	6 D 31	21 D	4 D	2 D	28 D	27 D
2	9 ♋ 9	8 ♈ 25	28 ♏ 58	0 ♐ 11	18 ♊ 11	23 ♌ 50	0 ♉ 19	21 ♈ 40	20 ♋ 41	28 ♎ 22	9 ♐ 39	6 ♎ 32	21 ♉	4 ♈	3 ♋	29 ♓	27 ♈
3	10 ♋ 6	20 ♈ 25	28 ♏ 55	0 D 12	18 ♊ 56	24 ♌ 39	1 ♉ 2	21 ♈ 48	20 ♋ 49	28 ♎ 22	9 ♐ 37	6 ♎ 32	22 ♉	5 ♈	3 ♋	29 ♓	27 ♈
4	11 ♋ 3	2 ♉ 36	28 ♏ 52	0 ♐ 13	19 ♊ 45	25 ♌ 28	1 ♉ 45	21 ♈ 56	20 ♋ 57	28 ♎ 21	9 ♐ 36	6 ♎ 33	22 ♉	5 ♈	4 ♋	29 ♓	27 ♈
5	12 ♋ 1	15 ♉ 3	28 ♏ 49	0 ♐ 14	20 ♊ 38	26 ♌ 17	2 ♉ 27	22 ♈ 3	21 ♋ 4	28 ♎ 21	9 ♐ 35	6 ♎ 33	23 ♉	5 ♈	4 ♋	29 ♓	27 ♈
6	12 ♋ 58	27 ♉ 50	28 ♏ 45	0 ♐ 15	21 ♊ 37	27 ♌ 4	3 ♉ 9	22 ♈ 10	21 ♋ 12	28 ♎ 21	9 ♐ 34	6 ♎ 34	23 ♉	5 ♈	5 ♋	29 ♓	27 ♈
7	13 ♋ 55	11 ♊ 0	28 ♏ 42	0 R 15	22 ♊ 39	27 ♌ 51	3 ♉ 52	22 ♈ 17	21 ♋ 20	28 ♎ 21	9 ♐ 32	6 ♎ 35	23 ♉	5 ♈	6 ♋	29 ♓	27 ♈
8	14 ♋ 52	24 ♊ 35	28 ♏ 39	0 ♐ 12	23 ♊ 46	28 ♌ 37	4 ♉ 34	22 ♈ 24	21 ♋ 28	28 D 21	9 ♐ 31	6 ♎ 35	24 ♉	5 ♈	6 ♋	0 ♈	27 ♈
9	15 ♋ 50	8 ♋ 32	28 ♏ 36	0 ♐ 8	24 ♊ 57	29 ♌ 22	5 ♉ 16	22 ♈ 31	21 ♋ 35	28 ♎ 21	9 ♐ 30	6 ♎ 36	24 ♉	5 ♈	7 ♋	0 ♈	27 ♈
10	16 ♋ 47	22 ♋ 50	28 ♏ 33	0 ♐ 2	26 ♊ 12	0 ♍ 7	5 ♉ 58	22 ♈ 38	21 ♋ 43	28 ♎ 21	9 ♐ 29	6 ♎ 37	24 ♉	5 ♈	7 ♋	0 ♈	27 ♈
11	17 ♋ 44	7 ♌ 23	28 ♏ 30	29 ♏ 55	27 ♊ 31	0 ♍ 50	6 ♉ 40	22 ♈ 44	21 ♋ 51	28 ♎ 21	9 ♐ 27	6 ♎ 37	25 ♉	5 ♈	8 ♋	0 ♈	27 ♈
12	18 ♋ 41	22 ♌ 4	28 ♏ 26	29 ♏ 48	28 ♊ 55	1 ♍ 32	7 ♉ 22	22 ♈ 51	21 ♋ 59	28 ♎ 21	9 ♐ 26	6 ♎ 38	25 ♉	5 ♈	8 ♋	0 ♈	27 ♈
13	19 ♋ 39	6 ♍ 46	28 ♏ 23	29 ♏ 41	0 ♋ 22	2 ♍ 14	8 ♉ 4	22 ♈ 57	22 ♋ 6	28 ♎ 22	9 ♐ 25	6 ♎ 39	25 ♉	6 ♈	9 ♋	0 ♈	27 ♈
14	20 ♋ 36	21 ♍ 21	28 ♏ 20	29 ♏ 36	1 ♋ 53	2 ♍ 54	8 ♉ 45	23 ♈ 3	22 ♋ 14	28 ♎ 22	9 ♐ 24	6 ♎ 40	26 ♉	6 ♈	9 ♋	1 ♈	28 ♈
15	21 ♋ 33	5 ♎ 45	28 ♏ 17	29 ♏ 33	3 ♋ 28	3 ♍ 33	9 ♉ 27	23 ♈ 9	22 ♋ 22	28 ♎ 22	9 ♐ 23	6 ♎ 41	26 ♉	6 ♈	10 ♋	1 ♈	28 ♈
16	22 ♋ 30	19 ♎ 54	28 ♏ 14	29 ♏ 32	5 ♋ 7	4 ♍ 11	10 ♉ 8	23 ♈ 14	22 ♋ 30	28 ♎ 23	9 ♐ 22	6 ♎ 42	26 ♉	6 ♈	11 ♋	1 ♈	28 ♈
17	23 ♋ 27	3 ♏ 48	28 ♏ 11	29 D 32	6 ♋ 49	4 ♍ 48	10 ♉ 49	23 ♈ 20	22 ♋ 38	28 ♎ 23	9 ♐ 21	6 ♎ 43	27 ♉	6 ♈	11 ♋	1 ♈	28 ♈
18	24 ♋ 25	17 ♏ 25	28 ♏ 7	29 ♏ 33	8 ♋ 35	5 ♍ 24	11 ♉ 30	23 ♈ 25	22 ♋ 45	28 ♎ 24	9 ♐ 20	6 ♎ 44	27 ♉	6 ♈	12 ♋	1 ♈	28 ♈
19	25 ♋ 22	0 ♐ 48	28 ♏ 4	29 R 34	10 ♋ 24	5 ♍ 59	12 ♉ 12	23 ♈ 30	22 ♋ 53	28 ♎ 24	9 ♐ 19	6 ♎ 45	27 ♉	6 ♈	12 ♋	1 ♈	28 ♈
20	26 ♋ 19	13 ♐ 58	28 ♏ 1	29 ♏ 33	12 ♋ 16	6 ♍ 32	12 ♉ 52	23 ♈ 35	23 ♋ 1	28 ♎ 25	9 ♐ 18	6 ♎ 46	28 ♉	6 ♈	13 ♋	1 ♈	28 ♈
21	27 ♋ 16	26 ♐ 55	27 ♏ 58	29 ♏ 30	14 ♋ 11	7 ♍ 4	13 ♉ 33	23 ♈ 40	23 ♋ 9	28 ♎ 26	9 ♐ 17	6 ♎ 47	28 ♉	6 ♈	13 ♋	1 ♈	28 ♈
22	28 ♋ 14	9 ♑ 40	27 ♏ 55	29 ♏ 24	16 ♋ 9	7 ♍ 34	14 ♉ 14	23 ♈ 45	23 ♋ 16	28 ♎ 26	9 ♐ 16	6 ♎ 48	28 ♉	6 ♈	14 ♋	1 ♈	28 ♈
23	29 ♋ 11	22 ♑ 15	27 ♏ 51	29 ♏ 16	18 ♋ 8	8 ♍ 3	14 ♉ 55	23 ♈ 49	23 ♋ 24	28 ♎ 27	9 ♐ 15	6 ♎ 49	29 ♉	6 ♈	14 ♋	2 ♈	28 ♈
24	0 ♌ 8	4 ♒ 40	27 ♏ 48	29 ♏ 6	20 ♋ 10	8 ♍ 30	15 ♉ 35	23 ♈ 54	23 ♋ 32	28 ♎ 28	9 ♐ 14	6 ♎ 50	29 ♉	6 ♈	15 ♋	2 ♈	28 ♈
25	1 ♌ 5	16 ♒ 54	27 ♏ 45	28 ♏ 55	22 ♋ 13	8 ♍ 56	16 ♉ 15	23 ♈ 58	23 ♋ 40	28 ♎ 29	9 ♐ 13	6 ♎ 51	29 ♉	6 ♈	16 ♋	2 ♈	28 ♈
26	2 ♌ 3	29 ♒ 0	27 ♏ 42	28 ♏ 44	24 ♋ 18	9 ♍ 20	16 ♉ 56	24 ♈ 2	23 ♋ 47	28 ♎ 30	9 ♐ 12	6 ♎ 53	0 ♊	6 ♈	16 ♋	2 ♈	28 ♈
27	3 ♌ 0	10 ♓ 59	27 ♏ 39	28 ♏ 33	26 ♋ 23	9 ♍ 43	17 ♉ 36	24 ♈ 6	23 ♋ 55	28 ♎ 31	9 ♐ 11	6 ♎ 54	0 ♊	6 R	17 ♋	2 ♈	28 ♈
28	3 ♌ 57	22 ♓ 52	27 ♏ 36	28 ♏ 25	28 ♋ 29	10 ♍ 3	18 ♉ 16	24 ♈ 9	24 ♋ 3	28 ♎ 32	9 ♐ 11	6 ♎ 55	0 ♊	6 ♈	17 ♋	2 ♈	28 ♈
29	4 ♌ 55	4 ♈ 42	27 ♏ 32	28 ♏ 18	0 ♌ 36	10 ♍ 22	18 ♉ 56	24 ♈ 13	24 ♋ 11	28 ♎ 33	9 ♐ 10	6 ♎ 56	1 ♊	6 ♈	18 ♋	2 ♈	28 ♈
30	5 ♌ 52	16 ♈ 34	27 ♏ 29	28 ♏ 14	2 ♌ 43	10 ♍ 39	19 ♉ 35	24 ♈ 16	24 ♋ 18	28 ♎ 34	9 ♐ 9	6 ♎ 58	1 ♊	6 ♈	18 ♋	2 ♈	28 ♈
31	6 ♌ 49	28 ♈ 32	27 ♏ 26	28 ♏ 12	4 ♌ 49	10 ♍ 54	20 ♉ 15	24 ♈ 19	24 ♋ 26	28 ♎ 35	9 ♐ 8	6 ♎ 59	1 ♊	6 ♈	19 ♋	2 ♈	28 ♈

SUN INGRESS	☉ → ♌ 23日 20:22
MOON PHASE	◑ 2日 01:37 ♈ ● 9日 13:10 ♋ ◐ 16日 04:47 ♎ ○ 23日 14:28 ♑ ◑ 31日 17:48 ♉

aspects	
6日 14:52	☿⚹♃
7日 15:28	♀⚹♅
11日 14:35	☿△♅
15日 02:02	☿⚹♀
15日 23:46	☉☌♄
16日 20:30	☉□♃
16日 22:25	♀□♇
20日 11:49	☿⚹♂
22日 05:26	☉□♅
25日 16:15	♀□♆
25日 17:47	☿☌♄
25日 20:52	☿□♃
28日 00:28	☿□♅
29日 11:51	♃□♄
31日 04:07	☉⚹♇

1975年8月

DAY	☉	☽	☊ mean	☊ true	☿	♀	♂	♃	♄	♅	♆	♇	⚳	⚴	⚵	⚶	⚷
	° ′	° ′	° ′	° ′	° ′	° ′	° ′	° ′	° ′	° ′	° ′	° ′	°	°	°	°	°
1	7 ♌ 47	10 ♉ 41	27 ♏ 23	28 D 12	6 D 55	11 D 8	20 D 54	24 D 22	24 D 34	28 D 37	9 R 8	7 D 0	2 D	6 R	19 D	2 D	28 D
2	8 ♌ 44	23 ♉ 6	27 ♏ 20	28 ♏ 12	9 ♌ 0	11 ♍ 19	21 ♉ 34	24 ♈ 25	24 ♋ 41	28 ♎ 38	9 ♐ 7	7 ♎ 2	2 ♊	6 ♈	20 ♋	2 ♈	28 ♈
3	9 ♌ 42	5 ♊ 52	27 ♏ 17	28 R 12	11 ♌ 5	11 ♍ 28	22 ♉ 13	24 ♈ 27	24 ♋ 49	28 ♎ 39	9 ♐ 7	7 ♎ 3	2 ♊	6 ♈	20 ♋	2 R	28 R
4	10 ♌ 39	19 ♊ 4	27 ♏ 13	28 ♏ 11	13 ♌ 8	11 ♍ 35	22 ♉ 52	24 ♈ 29	24 ♋ 56	28 ♎ 41	9 ♐ 6	7 ♎ 5	2 ♊	6 ♈	21 ♋	2 ♈	28 ♈
5	11 ♌ 36	2 ♋ 43	27 ♏ 10	28 ♏ 7	15 ♌ 11	11 ♍ 39	23 ♉ 31	24 ♈ 31	25 ♋ 4	28 ♎ 42	9 ♐ 5	7 ♎ 6	3 ♊	6 ♈	22 ♋	2 ♈	28 ♈
6	12 ♌ 34	16 ♋ 50	27 ♏ 7	28 ♏ 0	17 ♌ 12	11 ♍ 42	24 ♉ 9	24 ♈ 33	25 ♋ 12	28 ♎ 44	9 ♐ 5	7 ♎ 8	3 ♊	6 ♈	22 ♋	2 ♈	28 ♈
7	13 ♌ 31	1 ♌ 23	27 ♏ 4	27 ♏ 52	19 ♌ 11	11 R 42	24 ♉ 48	24 ♈ 35	25 ♋ 19	28 ♎ 45	9 ♐ 4	7 ♎ 9	3 ♊	6 ♈	23 ♋	2 ♈	28 ♈
8	14 ♌ 29	16 ♌ 16	27 ♏ 1	27 ♏ 41	21 ♌ 10	11 ♍ 40	25 ♉ 26	24 ♈ 37	25 ♋ 27	28 ♎ 47	9 ♐ 4	7 ♎ 11	4 ♊	5 ♈	23 ♋	2 ♈	28 ♈
9	15 ♌ 26	1 ♍ 19	26 ♏ 57	27 ♏ 31	23 ♌ 7	11 ♍ 36	26 ♉ 5	24 ♈ 38	25 ♋ 34	28 ♎ 48	9 ♐ 4	7 ♎ 12	4 ♊	5 ♈	24 ♋	2 ♈	28 ♈
10	16 ♌ 24	16 ♍ 24	26 ♏ 54	27 ♏ 21	25 ♌ 2	11 ♍ 29	26 ♉ 43	24 ♈ 39	25 ♋ 42	28 ♎ 50	9 ♐ 3	7 ♎ 14	4 ♊	5 ♈	24 ♋	2 ♈	28 ♈
11	17 ♌ 22	1 ♎ 19	26 ♏ 51	27 ♏ 13	26 ♌ 56	11 ♍ 20	27 ♉ 21	24 ♈ 40	25 ♋ 49	28 ♎ 52	9 ♐ 3	7 ♎ 16	4 ♊	5 ♈	25 ♋	2 ♈	28 ♈
12	18 ♌ 19	15 ♎ 59	26 ♏ 48	27 ♏ 8	28 ♌ 49	11 ♍ 8	27 ♉ 58	24 ♈ 41	25 ♋ 57	28 ♎ 54	9 ♐ 2	7 ♎ 17	5 ♊	5 ♈	25 ♋	2 ♈	28 ♈
13	19 ♌ 17	0 ♏ 17	26 ♏ 45	27 ♏ 5	0 ♍ 40	10 ♍ 54	28 ♉ 36	24 ♈ 41	26 ♋ 4	28 ♎ 55	9 ♐ 2	7 ♎ 19	5 ♊	5 ♈	26 ♋	2 ♈	28 ♈
14	20 ♌ 14	14 ♏ 13	26 ♏ 42	27 ♏ 4	2 ♍ 30	10 ♍ 38	29 ♉ 13	24 ♈ 42	26 ♋ 11	28 ♎ 57	9 ♐ 2	7 ♎ 21	5 ♊	5 ♈	26 ♋	1 ♈	28 ♈
15	21 ♌ 12	27 ♏ 46	26 ♏ 38	27 ♏ 4	4 ♍ 18	10 ♍ 19	29 ♉ 51	24 ♈ 42	26 ♋ 19	28 ♎ 59	9 ♐ 2	7 ♎ 22	6 ♊	5 ♈	27 ♋	1 ♈	28 ♈
16	22 ♌ 10	11 ♐ 0	26 ♏ 35	27 ♏ 3	6 ♍ 4	9 ♍ 58	0 ♊ 28	24 R 42	26 ♋ 26	29 ♎ 1	9 ♐ 1	7 ♎ 24	6 ♊	5 ♈	27 ♋	1 ♈	28 ♈
17	23 ♌ 7	23 ♐ 56	26 ♏ 32	27 ♏ 1	7 ♍ 49	9 ♍ 35	1 ♊ 4	24 ♈ 41	26 ♋ 33	29 ♎ 3	9 ♐ 1	7 ♎ 26	6 ♊	5 ♈	28 ♋	1 ♈	28 ♈
18	24 ♌ 5	6 ♑ 37	26 ♏ 29	26 ♏ 57	9 ♍ 33	9 ♍ 10	1 ♊ 41	24 ♈ 41	26 ♋ 40	29 ♎ 5	9 ♐ 1	7 ♎ 28	6 ♊	4 ♈	28 ♋	1 ♈	28 ♈
19	25 ♌ 3	19 ♑ 7	26 ♏ 26	26 ♏ 50	11 ♍ 15	8 ♍ 43	2 ♊ 18	24 ♈ 40	26 ♋ 48	29 ♎ 7	9 ♐ 1	7 ♎ 30	7 ♊	4 ♈	29 ♋	1 ♈	28 ♈
20	26 ♌ 0	1 ♒ 27	26 ♏ 23	26 ♏ 40	12 ♍ 56	8 ♍ 14	2 ♊ 54	24 ♈ 39	26 ♋ 55	29 ♎ 9	9 ♐ 1	7 ♎ 31	7 ♊	4 ♈	0 ♌	1 ♈	28 ♈
21	26 ♌ 58	13 ♒ 39	26 ♏ 19	26 ♏ 28	14 ♍ 35	7 ♍ 43	3 ♊ 30	24 ♈ 38	27 ♋ 2	29 ♎ 12	9 ♐ 1	7 ♎ 33	7 ♊	4 ♈	0 ♌	1 ♈	28 ♈
22	27 ♌ 56	25 ♒ 43	26 ♏ 16	26 ♏ 14	16 ♍ 13	7 ♍ 11	4 ♊ 6	24 ♈ 37	27 ♋ 9	29 ♎ 14	9 D 1	7 ♎ 35	7 ♊	4 ♈	1 ♌	0 ♈	27 ♈
23	28 ♌ 54	7 ♓ 42	26 ♏ 13	26 ♏ 0	17 ♍ 50	6 ♍ 37	4 ♊ 42	24 ♈ 36	27 ♋ 16	29 ♎ 16	9 ♐ 1	7 ♎ 37	8 ♊	4 ♈	1 ♌	0 ♈	27 ♈
24	29 ♌ 51	19 ♓ 36	26 ♏ 10	25 ♏ 47	19 ♍ 25	6 ♍ 2	5 ♊ 17	24 ♈ 34	27 ♋ 23	29 ♎ 18	9 ♐ 1	7 ♎ 39	8 ♊	4 ♈	2 ♌	0 ♈	27 ♈
25	0 ♍ 49	1 ♈ 27	26 ♏ 7	25 ♏ 36	20 ♍ 58	5 ♍ 26	5 ♊ 53	24 ♈ 32	27 ♋ 30	29 ♎ 21	9 ♐ 1	7 ♎ 41	8 ♊	3 ♈	2 ♌	0 ♈	27 ♈
26	1 ♍ 47	13 ♈ 17	26 ♏ 3	25 ♏ 27	22 ♍ 31	4 ♍ 50	6 ♊ 28	24 ♈ 30	27 ♋ 37	29 ♎ 23	9 ♐ 1	7 ♎ 43	8 ♊	3 ♈	3 ♌	0 ♈	27 ♈
27	2 ♍ 45	25 ♈ 9	26 ♏ 0	25 ♏ 22	24 ♍ 2	4 ♍ 13	7 ♊ 3	24 ♈ 28	27 ♋ 44	29 ♎ 26	9 ♐ 1	7 ♎ 45	9 ♊	3 ♈	3 ♌	0 ♈	27 ♈
28	3 ♍ 43	7 ♉ 7	25 ♏ 57	25 ♏ 19	25 ♍ 31	3 ♍ 36	7 ♊ 37	24 ♈ 25	27 ♋ 51	29 ♎ 28	9 ♐ 1	7 ♎ 47	9 ♊	3 ♈	4 ♌	29 ♓	27 ♈
29	4 ♍ 41	19 ♉ 14	25 ♏ 54	25 ♏ 18	26 ♍ 59	2 ♍ 58	8 ♊ 12	24 ♈ 23	27 ♋ 57	29 ♎ 31	9 ♐ 2	7 ♎ 49	9 ♊	3 ♈	4 ♌	29 ♓	27 ♈
30	5 ♍ 39	1 ♊ 37	25 ♏ 51	25 D 17	28 ♍ 26	2 ♍ 21	8 ♊ 46	24 ♈ 20	28 ♋ 4	29 ♎ 33	9 ♐ 2	7 ♎ 51	9 ♊	2 ♈	5 ♌	29 ♓	27 ♈
31	6 ♍ 37	14 ♊ 19	25 ♏ 48	25 R 17	29 ♍ 51	1 ♍ 45	9 ♊ 20	24 ♈ 17	28 ♋ 11	29 ♎ 36	9 ♐ 2	7 ♎ 53	10 ♊	2 ♈	5 ♌	29 ♓	27 ♈

SUN INGRESS	☉ → ♍ 24日 03:24
MOON PHASE	● 7日 20:57 ♌ ◐ 14日 11:23 ♏ ○ 22日 04:48 ♒ ◑ 30日 08:20 ♊

aspects	
1日 01:02	☿⚹♇
1日 18:17	☉☌☿
2日 01:19	☿△♆
2日 09:30	☉△♆
8日 00:13	♂⚹♄
9日 19:05	☿△♃
11日 07:43	☿□♂
12日 00:59	☿⚹♅
17日 16:36	☿□♆
17日 19:43	☿☌♀
18日 08:02	♀□♆
18日 14:50	☉△♃
23日 09:45	☉⚹♅
24日 15:10	♀□♂
27日 22:10	☉☌♀
28日 07:02	♂△♇
29日 17:24	☿⚹♄
30日 11:18	♂☍♆

1975年9月

DAY	☉	☽	☊ mean	☊ true	☿	♀	♂	♃	♄	♅	♆	♇	⚳	⚴	⚵	⚶	⚷
	° ′	° ′	° ′	° ′	° ′	° ′	° ′	° ′	° ′	° ′	° ′	° ′	°	°	°	°	°
1	7♍35	27♊26	25♏44	25 R 16	1 D 15	1 R 9	9 D 54	24 R 14	28 D 17	29 D 38	9 D 2	7 D 55	10 D	2 R	6 D	29 R	27 R
2	8♍33	11♋1	25♏41	25♏13	2♎37	0♍34	10♊27	24♈10	28♋24	29♎41	9♐3	7♎57	10♊	2♈	6♌	28♓	27♈
3	9♍31	25♋6	25♏38	25♏7	3♎58	0♍0	11♊1	24♈7	28♋31	29♎44	9♐3	7♎59	10♊	2♈	7♌	28♓	27♈
4	10♍29	9♌40	25♏35	24♏59	5♎18	29♌28	11♊34	24♈3	28♋37	29♎46	9♐4	8♎1	10♊	1♈	7♌	28♓	27♈
5	11♍27	24♌38	25♏32	24♏49	6♎35	28♌57	12♊6	23♈59	28♋44	29♎49	9♐4	8♎3	11♊	1♈	8♌	28♓	27♈
6	12♍25	9♍51	25♏29	24♏38	7♎51	28♌28	12♊39	23♈55	28♋50	29♎52	9♐5	8♎5	11♊	1♈	8♌	28♓	27♈
7	13♍24	25♍9	25♏25	24♏28	9♎6	28♌0	13♊11	23♈51	28♋56	29♎55	9♐5	8♎8	11♊	1♈	9♌	27♓	27♈
8	14♍22	10♎20	25♏22	24♏21	10♎18	27♌35	13♊43	23♈46	29♋3	29♎58	9♐6	8♎10	11♊	0♈	9♌	27♓	27♈
9	15♍20	25♎15	25♏19	24♏15	11♎29	27♌12	14♊15	23♈42	29♋9	0♏1	9♐6	8♎12	11♊	0♈	10♌	27♓	27♈
10	16♍18	9♏47	25♏16	24♏12	12♎38	26♌51	14♊46	23♈37	29♋15	0♏4	9♐7	8♎14	12♊	0♈	10♌	27♓	27♈
11	17♍17	23♏52	25♏13	24♏12	13♎45	26♌32	15♊17	23♈32	29♋21	0♏7	9♐7	8♎16	12♊	0♈	11♌	26♓	27♈
12	18♍15	7♐31	25♏9	24 D 12	14♎49	26♌15	15♊48	23♈27	29♋27	0♏10	9♐8	8♎19	12♊	29♓	11♌	26♓	27♈
13	19♍13	20♐45	25♏6	24 R 12	15♎52	26♌1	16♊19	23♈21	29♋33	0♏13	9♐9	8♎21	12♊	29♓	12♌	26♓	27♈
14	20♍12	3♑37	25♏3	24♏11	16♎51	25♌49	16♊49	23♈16	29♋39	0♏16	9♐9	8♎23	12♊	29♓	12♌	26♓	27♈
15	21♍10	16♑12	25♏0	24♏8	17♎49	25♌39	17♊19	23♈10	29♋45	0♏19	9♐10	8♎25	12♊	29♓	13♌	25♓	27♈
16	22♍9	28♑32	24♏57	24♏3	18♎43	25♌32	17♊48	23♈4	29♋51	0♏22	9♐11	8♎27	13♊	28♓	13♌	25♓	27♈
17	23♍7	10♒42	24♏54	23♏55	19♎34	25♌28	18♊18	22♈58	29♋56	0♏25	9♐12	8♎30	13♊	28♓	14♌	25♓	27♈
18	24♍6	22♒45	24♏50	23♏46	20♎23	25♌25	18♊47	22♈52	0♌2	0♏28	9♐13	8♎32	13♊	28♓	14♌	25♓	27♈
19	25♍4	4♓42	24♏47	23♏35	21♎7	25 D 26	19♊15	22♈46	0♌7	0♏32	9♐14	8♎34	13♊	28♓	15♌	24♓	27♈
20	26♍3	16♓36	24♏44	23♏23	21♎48	25♌28	19♊44	22♈40	0♌13	0♏35	9♐15	8♎37	13♊	27♓	15♌	24♓	27♈
21	27♍1	28♓27	24♏41	23♏13	22♎26	25♌33	20♊11	22♈33	0♌18	0♏38	9♐15	8♎39	13♊	27♓	15♌	24♓	27♈
22	28♍0	10♈18	24♏38	23♏4	22♎58	25♌40	20♊39	22♈27	0♌24	0♏41	9♐16	8♎41	13♊	27♓	16♌	24♓	27♈
23	28♍59	22♈11	24♏34	22♏57	23♎26	25♌49	21♊6	22♈20	0♌29	0♏45	9♐17	8♎43	14♊	26♓	16♌	23♓	27♈
24	29♍57	4♉7	24♏31	22♏53	23♎49	26♌0	21♊33	22♈13	0♌34	0♏48	9♐18	8♎46	14♊	26♓	17♌	23♓	27♈
25	0♎56	16♉9	24♏28	22♏51	24♎7	26♌14	22♊0	22♈6	0♌39	0♏51	9♐20	8♎48	14♊	26♓	17♌	23♓	26♈
26	1♎55	28♉21	24♏25	22 D 51	24♎19	26♌30	22♊26	21♈59	0♌44	0♏55	9♐21	8♎50	14♊	26♓	18♌	23♓	26♈
27	2♎54	10♊45	24♏22	22♏52	24♎25	26♌47	22♊52	21♈52	0♌49	0♏58	9♐22	8♎53	14♊	25♓	18♌	22♓	26♈
28	3♎52	23♊27	24♏19	22♏53	24 R 24	27♌7	23♊17	21♈44	0♌54	1♏2	9♐23	8♎55	14♊	25♓	19♌	22♓	26♈
29	4♎51	6♋30	24♏15	22 R 53	24♎16	27♌28	23♊42	21♈37	0♌59	1♏5	9♐24	8♎57	14♊	25♓	19♌	22♓	26♈
30	5♎50	19♋59	24♏12	22♏52	24♎1	27♌51	24♊6	21♈30	1♌4	1♏9	9♐25	9♎0	14♊	25♓	20♌	22♓	26♈

SUN INGRESS: ☉→♎24日 00:55

MOON PHASE: ● 6日 04:19 ♍　◐ 12日 20:59 ♐　○ 20日 20:50 ♓　◑ 28日 20:46 ♋

aspects

2日	12:30	☉□♆
3日	11:12	♀⚹♅
6日	04:36	☿☌♇
6日	12:36	☉□♂
6日	23:44	☿⚹♆
13日	21:56	☿△♂
21日	04:26	☿☍♃
24日	16:32	☉⚹♄
25日	04:29	♂⚹♃
29日	20:49	☿△♂

1975年10月

DAY	☉	☽	☊ mean	☊ true	☿	♀	♂	♃	♄	♅	♆	♇	⚳	⚴	⚵	⚶	⚷
	° ′	° ′	° ′	° ′	° ′	° ′	° ′	° ′	° ′	° ′	° ′	° ′	°	°	°	°	°
1	6♎49	3♌54	24♏9	22 R 50	23 R 38	28 D 16	24 D 30	21 R 22	1 D 8	1 D 12	9 D 27	9 D 2	14 D	24 R	20 D	21 R	26 R
2	7♎48	18♌17	24♏6	22♏45	23♎8	28♌43	24♊54	21♈14	1♌13	1♏16	9♐28	9♎4	14♊	24♓	21♌	21♓	26♈
3	8♎47	3♍4	24♏3	22♏39	22♎30	29♌11	25♊17	21♈7	1♌18	1♏19	9♐29	9♎7	15♊	24♓	21♌	21♓	26♈
4	9♎46	18♍9	24♏0	22♏32	21♎45	29♌41	25♊40	20♈59	1♌22	1♏23	9♐30	9♎9	15♊	23♓	22♌	21♓	26♈
5	10♎45	3♎24	23♏56	22♏26	20♎52	0♍12	26♊2	20♈51	1♌26	1♏26	9♐32	9♎11	15♊	23♓	22♌	21♓	26♈
6	11♎45	18♎37	23♏53	22♏21	19♎54	0♍45	26♊24	20♈43	1♌30	1♏30	9♐33	9♎14	15♊	23♓	22♌	20♓	26♈
7	12♎44	3♏38	23♏50	22♏18	18♎50	1♍19	26♊45	20♈35	1♌35	1♏34	9♐35	9♎16	15♊	23♓	23♌	20♓	26♈
8	13♎43	18♏19	23♏47	22♏17	17♎42	1♍55	27♊6	20♈27	1♌39	1♏37	9♐36	9♎18	15♊	22♓	23♌	20♓	26♈
9	14♎42	2♐35	23♏44	22 D 17	16♎32	2♍32	27♊26	20♈19	1♌43	1♏41	9♐37	9♎21	15♊	22♓	24♌	20♓	26♈
10	15♎41	16♐23	23♏40	22♏18	15♎21	3♍10	27♊46	20♈11	1♌47	1♏44	9♐39	9♎23	15♊	22♓	24♌	20♓	26♈
11	16♎41	29♐44	23♏37	22♏20	14♎12	3♍49	28♊5	20♈3	1♌50	1♏48	9♐40	9♎25	15♊	22♓	25♌	19♓	26♈
12	17♎40	12♑40	23♏34	22♏21	13♎5	4♍29	28♊24	19♈55	1♌54	1♏52	9♐42	9♎28	15♊	22♓	25♌	19♓	26♈
13	18♎39	25♑16	23♏31	22 R 21	12♎4	5♍11	28♊42	19♈47	1♌58	1♏55	9♐44	9♎30	15♊	21♓	25♌	19♓	26♈
14	19♎39	7♒35	23♏28	22♏19	11♎10	5♍54	28♊59	19♈39	2♌1	1♏59	9♐45	9♎32	15 R	21♓	26♌	19♓	26♈
15	20♎38	19♒41	23♏25	22♏16	10♎24	6♍37	29♊16	19♈31	2♌4	2♏3	9♐47	9♎34	15♊	21♓	26♌	19♓	26♈
16	21♎38	1♓39	23♏21	22♏12	9♎48	7♍22	29♊32	19♈23	2♌8	2♏7	9♐48	9♎37	15♊	21♓	27♌	19♓	26♈
17	22♎37	13♓32	23♏18	22♏7	9♎23	8♍8	29♊48	19♈14	2♌11	2♏10	9♐50	9♎39	15♊	20♓	27♌	18♓	25♈
18	23♎37	25♓23	23♏15	22♏1	9♎8	8♍54	0♋3	19♈6	2♌14	2♏14	9♐52	9♎41	15♊	20♓	28♌	18♓	25♈
19	24♎36	7♈15	23♏12	21♏56	9 D 5	9♍42	0♋18	18♈58	2♌17	2♏18	9♐53	9♎44	15♊	20♓	28♌	18♓	25♈
20	25♎36	19♈9	23♏9	21♏52	9♎13	10♍30	0♋32	18♈50	2♌20	2♏22	9♐55	9♎46	15♊	20♓	28♌	18♓	25♈
21	26♎35	1♉8	23♏5	21♏49	9♎31	11♍19	0♋45	18♈42	2♌23	2♏25	9♐57	9♎48	15♊	20♓	29♌	18♓	25♈
22	27♎35	13♉13	23♏2	21♏48	9♎59	12♍9	0♋58	18♈34	2♌25	2♏29	9♐59	9♎50	15♊	19♓	29♌	18♓	25♈
23	28♎35	25♉27	22♏59	21 D 48	10♎37	13♍0	1♋10	18♈27	2♌28	2♏33	10♐0	9♎53	15♊	19♓	0♍	18♓	25♈
24	29♎34	7♊50	22♏56	21♏48	11♎23	13♍52	1♋21	18♈19	2♌31	2♏37	10♐2	9♎55	15♊	19♓	0♍	18♓	25♈
25	0♏34	20♊25	22♏53	21♏50	12♎17	14♍44	1♋32	18♈11	2♌33	2♏40	10♐4	9♎57	15♊	19♓	0♍	18♓	25♈
26	1♏34	3♋15	22♏50	21♏51	13♎18	15♍37	1♋41	18♈3	2♌35	2♏44	10♐6	9♎59	14♊	19♓	1♍	18♓	25♈
27	2♏34	16♋22	22♏46	21♏53	14♎25	16♍31	1♋51	17♈56	2♌37	2♏48	10♐8	10♎1	14♊	19♓	1♍	18♓	25♈
28	3♏34	29♋48	22♏43	21♏53	15♎38	17♍25	1♋59	17♈48	2♌40	2♏52	10♐10	10♎4	14♊	19♓	2♍	18♓	25♈
29	4♏33	13♌36	22♏40	21 R 53	16♎55	18♍20	2♋7	17♈41	2♌41	2♏55	10♐12	10♎6	14♊	18♓	2♍	17♓	25♈
30	5♏33	27♌44	22♏37	21♏52	18♎15	19♍16	2♋13	17♈33	2♌43	2♏59	10♐14	10♎8	14♊	18♓	2♍	17♓	25♈
31	6♏33	12♍12	22♏34	21♏51	19♎39	20♍12	2♋20	17♈26	2♌45	3♏3	10♐15	10♎10	14♊	18♓	3♍	17♓	25♈

SUN INGRESS: ☉→♏24日 10:06

MOON PHASE: ● 5日 12:23 ♎　◐ 12日 10:15 ♑　○ 20日 14:06 ♈　◑ 28日 07:07 ♌

aspects

3日	08:13	☉☌♇
3日	17:25	☉⚹♆
5日	00:40	☿☍♃
5日	03:04	♄□♅
7日	10:51	♀⚹♅
9日	20:15	☉☌☿
13日	23:58	☉☍♃
15日	23:56	☿⚹♆
16日	08:54	☿☌♇
17日	23:05	♄□♅
19日	06:02	♀□♆
21日	16:46	☿☌♇
21日	23:33	☿⚹♆
26日	03:35	☉△♂
27日	01:33	☉□♄
27日	06:04	☉☌♅
29日	12:43	☿☍♃

1975年11月

DAY	☉	☽	☊ mean	☊ true	☿	♀	♂	♃	♄	♅	♆	♇	⚳	⚴	⚵	⚶	⚷
	° ′	° ′	° ′	° ′	° ′	° ′	° ′	° ′	° ′	° ′	° ′	° ′	°	°	°	°	°
1	7 ♏ 33	26 ♍ 57	22 ♏ 31	21 R 49	21 D 6	21 D 9	2 D 25	17 R 19	2 D 47	3 D 7	10 D 17	10 D 12	14 R	18 R	3 D	17 R	25 R
2	8 ♏ 33	11 ♎ 51	22 ♏ 27	21 ♏ 47	22 ♎ 36	22 ♍ 6	2 ♋ 29	17 ♈ 12	2 ♌ 48	3 ♏ 10	10 ♐ 19	10 ♎ 14	14 ♊	18 ♓	4 ♍	17 ♓	25 ♈
3	9 ♏ 33	26 ♎ 48	22 ♏ 24	21 ♏ 46	24 ♎ 7	23 ♍ 4	2 ♋ 33	17 ♈ 5	2 ♌ 50	3 ♏ 14	10 ♐ 21	10 ♎ 16	14 ♊	18 ♓	4 ♍	17 D	25 ♈
4	10 ♏ 34	11 ♏ 40	22 ♏ 21	21 ♏ 45	25 ♎ 39	24 ♍ 2	2 ♋ 36	16 ♈ 58	2 ♌ 51	3 ♏ 18	10 ♐ 23	10 ♎ 19	13 ♊	18 ♓	4 ♍	17 ♓	25 ♈
5	11 ♏ 34	26 ♏ 17	22 ♏ 18	21 D 45	27 ♎ 13	25 ♍ 1	2 ♋ 38	16 ♈ 52	2 ♌ 52	3 ♏ 22	10 ♐ 25	10 ♎ 21	13 ♊	18 ♓	5 ♍	17 ♓	25 ♈
6	12 ♏ 34	10 ♐ 35	22 ♏ 15	21 ♏ 45	28 ♎ 48	26 ♍ 1	2 ♋ 39	16 ♈ 45	2 ♌ 53	3 ♏ 26	10 ♐ 27	10 ♎ 23	13 ♊	18 ♓	5 ♍	17 ♓	25 ♈
7	13 ♏ 34	24 ♐ 28	22 ♏ 11	21 ♏ 46	0 ♏ 24	27 ♍ 0	2 R 39	16 ♈ 39	2 ♌ 54	3 ♏ 29	10 ♐ 30	10 ♎ 25	13 ♊	17 ♓	5 ♍	17 ♓	25 ♈
8	14 ♏ 34	7 ♑ 56	22 ♏ 8	21 ♏ 47	2 ♏ 0	28 ♍ 1	2 ♋ 39	16 ♈ 32	2 ♌ 55	3 ♏ 33	10 ♐ 32	10 ♎ 27	13 ♊	17 ♓	6 ♍	17 ♓	24 ♈
9	15 ♏ 35	20 ♑ 59	22 ♏ 5	21 ♏ 47	3 ♏ 36	29 ♍ 1	2 ♋ 37	16 ♈ 26	2 ♌ 56	3 ♏ 37	10 ♐ 34	10 ♎ 29	13 ♊	17 ♓	6 ♍	18 ♓	24 ♈
10	16 ♏ 35	3 ♒ 40	22 ♏ 2	21 ♏ 48	5 ♏ 13	0 ♎ 2	2 ♋ 35	16 ♈ 20	2 ♌ 57	3 ♏ 40	10 ♐ 36	10 ♎ 31	13 ♊	17 ♓	6 ♍	18 ♓	24 ♈
11	17 ♏ 35	16 ♒ 1	21 ♏ 59	21 ♏ 48	6 ♏ 50	1 ♎ 4	2 ♋ 32	16 ♈ 14	2 ♌ 57	3 ♏ 44	10 ♐ 38	10 ♎ 33	12 ♊	17 ♓	7 ♍	18 ♓	24 ♈
12	18 ♏ 35	28 ♒ 9	21 ♏ 56	21 R 48	8 ♏ 27	2 ♎ 6	2 ♋ 28	16 ♈ 9	2 ♌ 57	3 ♏ 48	10 ♐ 40	10 ♎ 35	12 ♊	17 ♓	7 ♍	18 ♓	24 ♈
13	19 ♏ 36	10 ♓ 6	21 ♏ 52	21 ♏ 48	10 ♏ 4	3 ♎ 8	2 ♋ 23	16 ♈ 3	2 ♌ 58	3 ♏ 51	10 ♐ 42	10 ♎ 37	12 ♊	17 ♓	7 ♍	18 ♓	24 ♈
14	20 ♏ 36	21 ♓ 57	21 ♏ 49	21 ♏ 48	11 ♏ 41	4 ♎ 11	2 ♋ 17	15 ♈ 58	2 ♌ 58	3 ♏ 55	10 ♐ 44	10 ♎ 39	12 ♊	17 ♓	8 ♍	18 ♓	24 ♈
15	21 ♏ 37	3 ♈ 48	21 ♏ 46	21 ♏ 48	13 ♏ 18	5 ♎ 14	2 ♋ 11	15 ♈ 53	2 ♌ 58	3 ♏ 59	10 ♐ 46	10 ♎ 40	12 ♊	17 ♓	8 ♍	18 ♓	24 ♈
16	22 ♏ 37	15 ♈ 41	21 ♏ 43	21 D 48	14 ♏ 55	6 ♎ 17	2 ♋ 3	15 ♈ 48	2 R 58	4 ♏ 2	10 ♐ 49	10 ♎ 42	11 ♊	17 ♓	8 ♍	18 ♓	24 ♈
17	23 ♏ 37	27 ♈ 40	21 ♏ 40	21 ♏ 48	16 ♏ 31	7 ♎ 21	1 ♋ 55	15 ♈ 43	2 ♌ 58	4 ♏ 6	10 ♐ 51	10 ♎ 44	11 ♊	17 ♓	9 ♍	18 ♓	24 ♈
18	24 ♏ 38	9 ♉ 47	21 ♏ 37	21 ♏ 48	18 ♏ 8	8 ♎ 25	1 ♋ 46	15 ♈ 38	2 ♌ 58	4 ♏ 10	10 ♐ 53	10 ♎ 46	11 ♊	17 D	9 ♍	18 ♓	24 ♈
19	25 ♏ 38	22 ♉ 5	21 ♏ 33	21 R 48	19 ♏ 44	9 ♎ 29	1 ♋ 36	15 ♈ 34	2 ♌ 57	4 ♏ 13	10 ♐ 55	10 ♎ 48	11 ♊	17 ♓	9 ♍	18 ♓	24 ♈
20	26 ♏ 39	4 ♊ 35	21 ♏ 30	21 ♏ 48	21 ♏ 20	10 ♎ 34	1 ♋ 25	15 ♈ 29	2 ♌ 57	4 ♏ 17	10 ♐ 57	10 ♎ 50	11 ♊	17 ♓	10 ♍	18 ♓	24 ♈
21	27 ♏ 39	17 ♊ 17	21 ♏ 27	21 ♏ 47	22 ♏ 56	11 ♎ 39	1 ♋ 13	15 ♈ 25	2 ♌ 56	4 ♏ 20	11 ♐ 0	10 ♎ 51	10 ♊	17 ♓	10 ♍	19 ♓	24 ♈
22	28 ♏ 40	0 ♋ 12	21 ♏ 24	21 ♏ 47	24 ♏ 31	12 ♎ 44	1 ♋ 0	15 ♈ 21	2 ♌ 55	4 ♏ 24	11 ♐ 2	10 ♎ 53	10 ♊	17 ♓	10 ♍	19 ♓	24 ♈
23	29 ♏ 41	13 ♋ 21	21 ♏ 21	21 ♏ 46	26 ♏ 7	13 ♎ 49	0 ♋ 47	15 ♈ 18	2 ♌ 55	4 ♏ 27	11 ♐ 4	10 ♎ 55	10 ♊	17 ♓	11 ♍	19 ♓	24 ♈
24	0 ♐ 41	26 ♋ 44	21 ♏ 17	21 ♏ 45	27 ♏ 42	14 ♎ 55	0 ♋ 33	15 ♈ 14	2 ♌ 54	4 ♏ 31	11 ♐ 6	10 ♎ 56	10 ♊	17 ♓	11 ♍	19 ♓	24 ♈
25	1 ♐ 42	10 ♌ 19	21 ♏ 14	21 ♏ 44	29 ♏ 17	16 ♎ 1	0 ♋ 18	15 ♈ 11	2 ♌ 53	4 ♏ 34	11 ♐ 8	10 ♎ 58	9 ♊	17 ♓	11 ♍	19 ♓	24 ♈
26	2 ♐ 42	24 ♌ 8	21 ♏ 11	21 ♏ 43	0 ♐ 52	17 ♎ 8	0 ♋ 2	15 ♈ 7	2 ♌ 52	4 ♏ 38	11 ♐ 11	11 ♎ 0	9 ♊	17 ♓	12 ♍	19 ♓	24 ♈
27	3 ♐ 43	8 ♍ 9	21 ♏ 8	21 D 43	2 ♐ 27	18 ♎ 14	29 ♊ 45	15 ♈ 4	2 ♌ 50	4 ♏ 41	11 ♐ 13	11 ♎ 1	9 ♊	17 ♓	12 ♍	19 ♓	24 ♈
28	4 ♐ 44	22 ♍ 21	21 ♏ 5	21 ♏ 43	4 ♐ 1	19 ♎ 21	29 ♊ 28	15 ♈ 2	2 ♌ 49	4 ♏ 45	11 ♐ 15	11 ♎ 3	9 ♊	17 ♓	12 ♍	20 ♓	24 ♈
29	5 ♐ 45	6 ♎ 43	21 ♏ 2	21 ♏ 44	5 ♐ 36	20 ♎ 28	29 ♊ 10	14 ♈ 59	2 ♌ 47	4 ♏ 48	11 ♐ 17	11 ♎ 4	9 ♊	17 ♓	12 ♍	20 ♓	24 ♈
30	6 ♐ 45	21 ♎ 10	20 ♏ 58	21 ♏ 46	7 ♐ 10	21 ♎ 35	28 ♊ 51	14 ♈ 57	2 ♌ 46	4 ♏ 51	11 ♐ 20	11 ♎ 6	8 ♊	18 ♓	13 ♍	20 ♓	24 ♈

SUN INGRESS	☉ → ♐ 23日 07:31
MOON PHASE	● 3日 22:05 ♏　◐ 11日 03:21 ♒　○ 19日 07:28 ♉　◑ 26日 15:52 ♍

aspects		
8日	09:37	☿△♂
8日	13:54	☿□♄
9日	00:06	☿☌♅
12日	08:01	♀□♂
12日	20:03	♀⚹♄
20日	06:02	♀☌♇
20日	09:04	♀⚹♆
24日	06:30	♀☍♃
26日	03:30	☉△♄
27日	05:54	☿△♄
29日	06:20	☉☌☿

1975年12月

DAY	☉	☽	☊ mean	☊ true	☿	♀	♂	♃	♄	♅	♆	♇	⚳	⚴	⚵	⚶	⚷
	° ′	° ′	° ′	° ′	° ′	° ′	° ′	° ′	° ′	° ′	° ′	° ′	°	°	°	°	°
1	7 ♐ 46	5 ♏ 40	20 ♏ 55	21 D 47	8 D 44	22 D 43	28 R 32	14 R 55	2 R 44	4 D 55	11 D 22	11 D 7	8 R	18 D	13 D	20 D	24 R
2	8 ♐ 47	20 ♏ 6	20 ♏ 52	21 ♏ 47	10 ♐ 19	23 ♎ 51	28 ♊ 12	14 ♈ 53	2 ♌ 42	4 ♏ 58	11 ♐ 24	11 ♎ 9	8 ♊	18 ♓	13 ♍	20 ♓	24 ♈
3	9 ♐ 48	4 ♐ 25	20 ♏ 49	21 R 47	11 ♐ 53	24 ♎ 59	27 ♊ 52	14 ♈ 51	2 ♌ 40	5 ♏ 1	11 ♐ 26	11 ♎ 10	8 ♊	18 ♓	13 ♍	20 ♓	24 ♈
4	10 ♐ 49	18 ♐ 30	20 ♏ 46	21 ♏ 45	13 ♐ 27	26 ♎ 7	27 ♊ 31	14 ♈ 49	2 ♌ 38	5 ♏ 5	11 ♐ 29	11 ♎ 12	7 ♊	18 ♓	14 ♍	21 ♓	24 ♈
5	11 ♐ 50	2 ♑ 17	20 ♏ 43	21 ♏ 43	15 ♐ 1	27 ♎ 15	27 ♊ 10	14 ♈ 48	2 ♌ 36	5 ♏ 8	11 ♐ 31	11 ♎ 13	7 ♊	18 ♓	14 ♍	21 ♓	24 ♈
6	12 ♐ 51	15 ♑ 44	20 ♏ 39	21 ♏ 40	16 ♐ 35	28 ♎ 24	26 ♊ 48	14 ♈ 47	2 ♌ 34	5 ♏ 11	11 ♐ 33	11 ♎ 15	7 ♊	18 ♓	14 ♍	21 ♓	23 ♈
7	13 ♐ 52	28 ♑ 49	20 ♏ 36	21 ♏ 36	18 ♐ 9	29 ♎ 32	26 ♊ 26	14 ♈ 46	2 ♌ 32	5 ♏ 14	11 ♐ 36	11 ♎ 16	7 ♊	18 ♓	14 ♍	21 ♓	23 ♈
8	14 ♐ 52	11 ♒ 33	20 ♏ 33	21 ♏ 33	19 ♐ 43	0 ♏ 41	26 ♊ 3	14 ♈ 45	2 ♌ 29	5 ♏ 17	11 ♐ 38	11 ♎ 17	6 ♊	18 ♓	15 ♍	22 ♓	23 ♈
9	15 ♐ 53	23 ♒ 57	20 ♏ 30	21 ♏ 30	21 ♐ 17	1 ♏ 50	25 ♊ 40	14 ♈ 45	2 ♌ 27	5 ♏ 20	11 ♐ 40	11 ♎ 18	6 ♊	18 ♓	15 ♍	22 ♓	23 ♈
10	16 ♐ 54	6 ♓ 7	20 ♏ 27	21 ♏ 29	22 ♐ 51	2 ♏ 59	25 ♊ 17	14 ♈ 44	2 ♌ 24	5 ♏ 23	11 ♐ 42	11 ♎ 20	6 ♊	19 ♓	15 ♍	22 ♓	23 ♈
11	17 ♐ 55	18 ♓ 5	20 ♏ 23	21 D 28	24 ♐ 25	4 ♏ 9	24 ♊ 54	14 D 44	2 ♌ 21	5 ♏ 26	11 ♐ 45	11 ♎ 21	6 ♊	19 ♓	15 ♍	22 ♓	23 ♈
12	18 ♐ 56	29 ♓ 56	20 ♏ 20	21 ♏ 29	25 ♐ 59	5 ♏ 18	24 ♊ 31	14 ♈ 44	2 ♌ 19	5 ♏ 29	11 ♐ 47	11 ♎ 22	6 ♊	19 ♓	15 ♍	22 ♓	23 ♈
13	19 ♐ 57	11 ♈ 47	20 ♏ 17	21 ♏ 30	27 ♐ 34	6 ♏ 28	24 ♊ 7	14 ♈ 45	2 ♌ 16	5 ♏ 32	11 ♐ 49	11 ♎ 23	5 ♊	19 ♓	16 ♍	23 ♓	23 ♈
14	20 ♐ 58	23 ♈ 40	20 ♏ 14	21 ♏ 32	29 ♐ 8	7 ♏ 38	23 ♊ 44	14 ♈ 45	2 ♌ 13	5 ♏ 35	11 ♐ 51	11 ♎ 24	5 ♊	19 ♓	16 ♍	23 ♓	23 ♈
15	21 ♐ 59	5 ♉ 42	20 ♏ 11	21 ♏ 34	0 ♑ 42	8 ♏ 48	23 ♊ 20	14 ♈ 46	2 ♌ 10	5 ♏ 38	11 ♐ 54	11 ♎ 25	5 ♊	19 ♓	16 ♍	23 ♓	23 ♈
16	23 ♐ 0	17 ♉ 56	20 ♏ 8	21 ♏ 35	2 ♑ 16	9 ♏ 58	22 ♊ 57	14 ♈ 47	2 ♌ 6	5 ♏ 41	11 ♐ 56	11 ♎ 26	5 ♊	19 ♓	16 ♍	23 ♓	23 ♈
17	24 ♐ 1	0 ♊ 25	20 ♏ 4	21 R 34	3 ♑ 51	11 ♏ 8	22 ♊ 33	14 ♈ 48	2 ♌ 3	5 ♏ 44	11 ♐ 58	11 ♎ 27	4 ♊	20 ♓	16 ♍	24 ♓	23 ♈
18	25 ♐ 2	13 ♊ 10	20 ♏ 1	21 ♏ 32	5 ♑ 25	12 ♏ 18	22 ♊ 10	14 ♈ 50	2 ♌ 0	5 ♏ 47	12 ♐ 0	11 ♎ 28	4 ♊	20 ♓	17 ♍	24 ♓	23 ♈
19	26 ♐ 3	26 ♊ 14	19 ♏ 58	21 ♏ 29	6 ♑ 59	13 ♏ 29	21 ♊ 47	14 ♈ 51	1 ♌ 56	5 ♏ 49	12 ♐ 2	11 ♎ 29	4 ♊	20 ♓	17 ♍	24 ♓	23 ♈
20	27 ♐ 5	9 ♋ 34	19 ♏ 55	21 ♏ 23	8 ♑ 34	14 ♏ 40	21 ♊ 25	14 ♈ 53	1 ♌ 53	5 ♏ 52	12 ♐ 5	11 ♎ 30	4 ♊	20 ♓	17 ♍	25 ♓	23 ♈
21	28 ♐ 6	23 ♋ 10	19 ♏ 52	21 ♏ 17	10 ♑ 8	15 ♏ 50	21 ♊ 2	14 ♈ 55	1 ♌ 49	5 ♏ 55	12 ♐ 7	11 ♎ 31	4 ♊	20 ♓	17 ♍	25 ♓	23 ♈
22	29 ♐ 7	6 ♌ 59	19 ♏ 49	21 ♏ 11	11 ♑ 42	17 ♏ 1	20 ♊ 40	14 ♈ 57	1 ♌ 45	5 ♏ 58	12 ♐ 9	11 ♎ 32	3 ♊	21 ♓	17 ♍	25 ♓	23 ♈
23	0 ♑ 8	20 ♌ 57	19 ♏ 45	21 ♏ 5	13 ♑ 16	18 ♏ 12	20 ♊ 19	15 ♈ 0	1 ♌ 42	6 ♏ 0	12 ♐ 11	11 ♎ 33	3 ♊	21 ♓	17 ♍	25 ♓	23 ♈
24	1 ♑ 9	5 ♍ 0	19 ♏ 42	21 ♏ 1	14 ♑ 50	19 ♏ 23	19 ♊ 58	15 ♈ 2	1 ♌ 38	6 ♏ 3	12 ♐ 13	11 ♎ 34	3 ♊	21 ♓	18 ♍	26 ♓	23 ♈
25	2 ♑ 10	19 ♍ 7	19 ♏ 39	20 ♏ 58	16 ♑ 23	20 ♏ 35	19 ♊ 37	15 ♈ 5	1 ♌ 34	6 ♏ 5	12 ♐ 16	11 ♎ 34	3 ♊	21 ♓	18 ♍	26 ♓	23 ♈
26	3 ♑ 11	3 ♎ 16	19 ♏ 36	20 D 57	17 ♑ 56	21 ♏ 46	19 ♊ 17	15 ♈ 8	1 ♌ 30	6 ♏ 8	12 ♐ 18	11 ♎ 35	3 ♊	21 ♓	18 ♍	26 ♓	23 ♈
27	4 ♑ 12	17 ♎ 23	19 ♏ 33	20 ♏ 58	19 ♑ 28	22 ♏ 57	18 ♊ 57	15 ♈ 11	1 ♌ 26	6 ♏ 10	12 ♐ 20	11 ♎ 36	3 ♊	22 ♓	18 ♍	26 ♓	23 ♈
28	5 ♑ 13	1 ♏ 29	19 ♏ 29	20 ♏ 59	21 ♑ 0	24 ♏ 9	18 ♊ 38	15 ♈ 14	1 ♌ 22	6 ♏ 12	12 ♐ 22	11 ♎ 36	2 ♊	22 ♓	18 ♍	27 ♓	23 ♈
29	6 ♑ 15	15 ♏ 31	19 ♏ 26	21 ♏ 0	22 ♑ 30	25 ♏ 20	18 ♊ 19	15 ♈ 18	1 ♌ 18	6 ♏ 15	12 ♐ 24	11 ♎ 37	2 ♊	22 ♓	18 ♍	27 ♓	23 ♈
30	7 ♑ 16	29 ♏ 29	19 ♏ 23	21 R 0	24 ♑ 0	26 ♏ 32	18 ♊ 1	15 ♈ 22	1 ♌ 13	6 ♏ 17	12 ♐ 26	11 ♎ 38	2 ♊	22 ♓	18 ♍	27 ♓	23 ♈
31	8 ♑ 17	13 ♐ 20	19 ♏ 20	20 ♏ 58	25 ♑ 28	27 ♏ 44	17 ♊ 44	15 ♈ 26	1 ♌ 9	6 ♏ 19	12 ♐ 28	11 ♎ 38	2 ♊	22 ♓	18 ♍	28 ♓	23 ♈

SUN INGRESS	☉ → ♑ 22日 20:46
MOON PHASE	● 3日 09:50 ♐　◐ 10日 23:39 ♓　○ 18日 23:39 ♊　◑ 25日 23:52 ♎

aspects		
2日	13:01	☿⚹♇
2日	17:07	☿☌♆
4日	09:17	☉⚹♇
4日	16:20	☉☌♆
4日	20:44	☿△♃
4日	22:32	♀△♂
7日	21:09	☉△♃
9日	12:13	♀□♄
11日	05:51	☿☍♂
12日	04:00	♀☌♅
15日	22:58	☉☍♂
18日	05:40	☿⚹♅
21日	21:26	☿□♇
24日	03:19	☿□♃
29日	00:07	☉⚹♅

1976年1月

DAY	☉	☽	☊ mean	☊ true	☿	♀	♂	♃	♄	♅	♆	♇	⚳	⚴	⚵	⚶	⚷
	° ′	° ′	° ′	° ′	° ′	° ′	° ′	° ′	° ′	° ′	° ′	° ′	°	°	°	°	°
1	9 ♑ 18	27 ♐ 1	19 ♏ 17	20 R 53	26 D 55	28 D 56	17 R 28	15 D 30	1 R 5	6 D 22	12 D 30	11 D 39	2 R	23 D	18 D	28 D	23 R
2	10 ♑ 19	10 ♑ 29	19 ♏ 14	20 ♏ 46	28 ♑ 19	0 ♐ 8	17 ♊ 12	15 ♈ 34	1 ♌ 0	6 ♏ 24	12 ♐ 32	11 ♎ 39	2 ♊	23 ♓	18 ♍	28 ♓	23 ♈
3	11 ♑ 20	23 ♑ 43	19 ♏ 10	20 ♏ 37	29 ♑ 41	1 ♐ 20	16 ♊ 57	15 ♈ 39	0 ♌ 56	6 ♏ 26	12 ♐ 34	11 ♎ 40	2 ♊	23 ♓	19 ♍	29 ♓	23 ♈
4	12 ♑ 22	6 ♒ 41	19 ♏ 7	20 ♏ 28	1 ♒ 1	2 ♐ 32	16 ♊ 43	15 ♈ 44	0 ♌ 51	6 ♏ 28	12 ♐ 36	11 ♎ 40	2 ♊	23 ♓	19 ♍	29 ♓	23 ♈
5	13 ♑ 23	19 ♒ 21	19 ♏ 4	20 ♏ 18	2 ♒ 17	3 ♐ 44	16 ♊ 29	15 ♈ 49	0 ♌ 47	6 ♏ 30	12 ♐ 39	11 ♎ 40	1 ♊	24 ♓	19 ♍	29 ♓	23 D
6	14 ♑ 24	1 ♓ 45	19 ♏ 1	20 ♏ 9	3 ♒ 29	4 ♐ 56	16 ♊ 16	15 ♈ 54	0 ♌ 42	6 ♏ 32	12 ♐ 41	11 ♎ 41	1 ♊	24 ♓	19 ♍	0 ♈	23 ♈
7	15 ♑ 25	13 ♓ 54	18 ♏ 58	20 ♏ 2	4 ♒ 37	6 ♐ 9	16 ♊ 5	15 ♈ 59	0 ♌ 38	6 ♏ 34	12 ♐ 42	11 ♎ 41	1 ♊	24 ♓	19 ♍	0 ♈	23 ♈
8	16 ♑ 26	25 ♓ 52	18 ♏ 55	19 ♏ 57	5 ♒ 39	7 ♐ 21	15 ♊ 53	16 ♈ 4	0 ♌ 33	6 ♏ 36	12 ♐ 44	11 ♎ 41	1 ♊	24 ♓	19 ♍	0 ♈	23 ♈
9	17 ♑ 27	7 ♈ 43	18 ♏ 51	19 ♏ 54	6 ♒ 35	8 ♐ 34	15 ♊ 43	16 ♈ 10	0 ♌ 28	6 ♏ 38	12 ♐ 46	11 ♎ 42	1 ♊	25 ♓	19 ♍	1 ♈	23 ♈
10	18 ♑ 29	19 ♈ 32	18 ♏ 48	19 D 54	7 ♒ 25	9 ♐ 46	15 ♊ 34	16 ♈ 16	0 ♌ 23	6 ♏ 39	12 ♐ 48	11 ♎ 42	1 ♊	25 ♓	19 ♍	1 ♈	23 ♈
11	19 ♑ 30	1 ♉ 24	18 ♏ 45	19 ♏ 54	8 ♒ 6	10 ♐ 59	15 ♊ 25	16 ♈ 22	0 ♌ 19	6 ♏ 41	12 ♐ 50	11 ♎ 42	1 ♊	25 ♓	19 ♍	1 ♈	23 ♈
12	20 ♑ 31	13 ♉ 25	18 ♏ 42	19 ♏ 55	8 ♒ 39	12 ♐ 11	15 ♊ 17	16 ♈ 28	0 ♌ 14	6 ♏ 43	12 ♐ 52	11 ♎ 42	1 ♊	25 ♓	19 R	2 ♈	23 ♈
13	21 ♑ 32	25 ♉ 40	18 ♏ 39	19 R 55	9 ♒ 2	13 ♐ 24	15 ♊ 10	16 ♈ 34	0 ♌ 9	6 ♏ 44	12 ♐ 54	11 ♎ 42	1 ♊	26 ♓	19 ♍	2 ♈	23 ♈
14	22 ♑ 33	8 ♊ 14	18 ♏ 35	19 ♏ 53	9 ♒ 15	14 ♐ 37	15 ♊ 4	16 ♈ 41	0 ♌ 4	6 ♏ 46	12 ♐ 56	11 ♎ 42	1 ♊	26 ♓	19 ♍	2 ♈	23 ♈
15	23 ♑ 34	21 ♊ 9	18 ♏ 32	19 ♏ 49	9 R 17	15 ♐ 49	14 ♊ 59	16 ♈ 47	29 ♋ 59	6 ♏ 47	12 ♐ 58	11 R 42	1 ♊	26 ♓	19 ♍	3 ♈	23 ♈
16	24 ♑ 35	4 ♋ 28	18 ♏ 29	19 ♏ 42	9 ♒ 7	17 ♐ 2	14 ♊ 54	16 ♈ 54	29 ♋ 54	6 ♏ 49	13 ♐ 0	11 ♎ 42	1 ♊	27 ♓	19 ♍	3 ♈	23 ♈
17	25 ♑ 36	18 ♋ 10	18 ♏ 26	19 ♏ 33	8 ♒ 45	18 ♐ 15	14 ♊ 50	17 ♈ 1	29 ♋ 49	6 ♏ 50	13 ♐ 1	11 ♎ 42	1 ♊	27 ♓	19 ♍	3 ♈	23 ♈
18	26 ♑ 37	2 ♌ 12	18 ♏ 23	19 ♏ 22	8 ♒ 12	19 ♐ 28	14 ♊ 47	17 ♈ 8	29 ♋ 44	6 ♏ 52	13 ♐ 3	11 ♎ 42	1 ♊	27 ♓	19 ♍	4 ♈	23 ♈
19	27 ♑ 39	16 ♌ 30	18 ♏ 20	19 ♏ 11	7 ♒ 28	20 ♐ 41	14 ♊ 45	17 ♈ 16	29 ♋ 39	6 ♏ 53	13 ♐ 5	11 ♎ 42	1 ♊	27 ♓	19 ♍	4 ♈	23 ♈
20	28 ♑ 40	0 ♍ 57	18 ♏ 16	19 ♏ 0	6 ♒ 33	21 ♐ 54	14 ♊ 44	17 ♈ 23	29 ♋ 35	6 ♏ 54	13 ♐ 7	11 ♎ 42	1 D	28 ♓	19 ♍	4 ♈	23 ♈
21	29 ♑ 41	15 ♍ 27	18 ♏ 13	18 ♏ 52	5 ♒ 30	23 ♐ 7	14 ♊ 43	17 ♈ 31	29 ♋ 30	6 ♏ 56	13 ♐ 8	11 ♎ 41	1 ♊	28 ♓	18 ♍	5 ♈	23 ♈
22	0 ♒ 42	29 ♍ 53	18 ♏ 10	18 ♏ 46	4 ♒ 21	24 ♐ 20	14 D 44	17 ♈ 39	29 ♋ 25	6 ♏ 57	13 ♐ 10	11 ♎ 41	1 ♊	28 ♓	18 ♍	5 ♈	23 ♈
23	1 ♒ 43	14 ♎ 12	18 ♏ 7	18 ♏ 42	3 ♒ 6	25 ♐ 33	14 ♊ 45	17 ♈ 47	29 ♋ 20	6 ♏ 58	13 ♐ 12	11 ♎ 41	1 ♊	29 ♓	18 ♍	6 ♈	23 ♈
24	2 ♒ 44	28 ♎ 21	18 ♏ 4	18 ♏ 41	1 ♒ 49	26 ♐ 47	14 ♊ 46	17 ♈ 55	29 ♋ 15	6 ♏ 59	13 ♐ 13	11 ♎ 41	1 ♊	29 ♓	18 ♍	6 ♈	23 ♈
25	3 ♒ 45	12 ♏ 19	18 ♏ 1	18 D 41	0 ♒ 33	28 ♐ 0	14 ♊ 49	18 ♈ 3	29 ♋ 10	7 ♏ 0	13 ♐ 15	11 ♎ 40	1 ♊	29 ♓	18 ♍	6 ♈	23 ♈
26	4 ♒ 46	26 ♏ 6	17 ♏ 57	18 R 41	29 ♑ 18	29 ♐ 13	14 ♊ 52	18 ♈ 11	29 ♋ 5	7 ♏ 1	13 ♐ 16	11 ♎ 40	1 ♊	0 ♈	18 ♍	7 ♈	23 ♈
27	5 ♒ 47	9 ♐ 41	17 ♏ 54	18 ♏ 40	28 ♑ 8	0 ♑ 27	14 ♊ 56	18 ♈ 20	29 ♋ 0	7 ♏ 2	13 ♐ 18	11 ♎ 40	1 ♊	0 ♈	18 ♍	7 ♈	23 ♈
28	6 ♒ 48	23 ♐ 7	17 ♏ 51	18 ♏ 36	27 ♑ 3	1 ♑ 40	15 ♊ 0	18 ♈ 28	28 ♋ 55	7 ♏ 2	13 ♐ 20	11 ♎ 39	1 ♊	0 ♈	18 ♍	7 ♈	23 ♈
29	7 ♒ 49	6 ♑ 23	17 ♏ 48	18 ♏ 29	26 ♑ 6	2 ♑ 53	15 ♊ 5	18 ♈ 37	28 ♋ 50	7 ♏ 3	13 ♐ 21	11 ♎ 39	1 ♊	1 ♈	18 ♍	8 ♈	23 ♈
30	8 ♒ 50	19 ♑ 28	17 ♏ 45	18 ♏ 18	25 ♑ 17	4 ♑ 7	15 ♊ 11	18 ♈ 46	28 ♋ 45	7 ♏ 4	13 ♐ 23	11 ♎ 38	1 ♊	1 ♈	18 ♍	8 ♈	23 ♈
31	9 ♒ 51	2 ♒ 22	17 ♏ 41	18 ♏ 6	24 ♑ 36	5 ♑ 20	15 ♊ 18	18 ♈ 55	28 ♋ 41	7 ♏ 5	13 ♐ 24	11 ♎ 38	1 ♊	1 ♈	17 ♍	9 ♈	23 ♈

SUN INGRESS	☉ → ♒ 21日 07:25
MOON PHASE	● 1日 23:40 ♑　◐ 9日 21:40 ♈　○ 17日 13:47 ♋　◑ 24日 08:04 ♏　● 31日 15:20 ♒

aspects		
2日	16:29	♀△♄
3日	07:36	☉□♇
3日	21:13	☿☍♄
7日	08:02	♂⚹♃
7日	14:33	☉□♃
9日	01:03	☿□♅
11日	14:20	♀⚹♇
12日	13:53	♀☌♆
14日	08:24	♀☍♂
15日	21:07	♀△♃
19日	15:28	☿□♅
20日	19:59	☉☍♄
23日	14:32	☉☌☿
26日	04:39	☿☍♄
28日	05:50	☉□♅

1976年2月

DAY	☉	☽	☊ mean	☊ true	☿	♀	♂	♃	♄	♅	♆	♇	⚳	⚴	⚵	⚶	⚷
	° ′	° ′	° ′	° ′	° ′	° ′	° ′	° ′	° ′	° ′	° ′	° ′	°	°	°	°	°
1	10 ♒ 52	15 ♒ 3	17 ♏ 38	17 R 52	24 R 4	6 D 34	15 D 25	19 D 4	28 R 36	7 D 5	13 D 25	11 R 37	1 D	2 D	17 R	9 D	23 D
2	11 ♒ 53	27 ♒ 32	17 ♏ 35	17 ♏ 37	23 ♑ 41	7 ♑ 47	15 ♊ 33	19 ♈ 14	28 ♋ 31	7 ♏ 6	13 ♐ 27	11 ♎ 36	1 ♊	2 ♈	17 ♍	9 ♈	23 ♈
3	12 ♒ 54	9 ♓ 48	17 ♏ 32	17 ♏ 24	23 ♑ 26	9 ♑ 1	15 ♊ 42	19 ♈ 23	28 ♋ 26	7 ♏ 6	13 ♐ 28	11 ♎ 36	2 ♊	2 ♈	17 ♍	10 ♈	23 ♈
4	13 ♒ 54	21 ♓ 53	17 ♏ 29	17 ♏ 13	23 ♑ 20	10 ♑ 14	15 ♊ 51	19 ♈ 33	28 ♋ 22	7 ♏ 7	13 ♐ 30	11 ♎ 35	2 ♊	3 ♈	17 ♍	10 ♈	24 ♈
5	14 ♒ 55	3 ♈ 49	17 ♏ 26	17 ♏ 4	23 D 21	11 ♑ 28	16 ♊ 1	19 ♈ 43	28 ♋ 17	7 ♏ 7	13 ♐ 31	11 ♎ 34	2 ♊	3 ♈	17 ♍	11 ♈	24 ♈
6	15 ♒ 56	15 ♈ 38	17 ♏ 22	16 ♏ 59	23 ♑ 30	12 ♑ 42	16 ♊ 11	19 ♈ 52	28 ♋ 13	7 ♏ 7	13 ♐ 32	11 ♎ 34	2 ♊	3 ♈	16 ♍	11 ♈	24 ♈
7	16 ♒ 57	27 ♈ 25	17 ♏ 19	16 ♏ 56	23 ♑ 45	13 ♑ 55	16 ♊ 22	20 ♈ 2	28 ♋ 8	7 ♏ 8	13 ♐ 33	11 ♎ 33	2 ♊	4 ♈	16 ♍	11 ♈	24 ♈
8	17 ♒ 58	9 ♉ 16	17 ♏ 16	16 ♏ 55	24 ♑ 6	15 ♑ 9	16 ♊ 34	20 ♈ 13	28 ♋ 3	7 ♏ 8	13 ♐ 35	11 ♎ 32	2 ♊	4 ♈	16 ♍	12 ♈	24 ♈
9	18 ♒ 59	21 ♉ 14	17 ♏ 13	16 ♏ 55	24 ♑ 34	16 ♑ 22	16 ♊ 46	20 ♈ 23	27 ♋ 59	7 ♏ 8	13 ♐ 36	11 ♎ 31	2 ♊	4 ♈	16 ♍	12 ♈	24 ♈
10	19 ♒ 59	3 ♊ 27	17 ♏ 10	16 ♏ 55	25 ♑ 6	17 ♑ 36	16 ♊ 59	20 ♈ 33	27 ♋ 55	7 ♏ 8	13 ♐ 37	11 ♎ 30	2 ♊	5 ♈	16 ♍	12 ♈	24 ♈
11	21 ♒ 0	15 ♊ 59	17 ♏ 6	16 ♏ 53	25 ♑ 43	18 ♑ 50	17 ♊ 12	20 ♈ 43	27 ♋ 50	7 ♏ 8	13 ♐ 38	11 ♎ 30	2 ♊	5 ♈	15 ♍	13 ♈	24 ♈
12	22 ♒ 1	28 ♊ 54	17 ♏ 3	16 ♏ 49	26 ♑ 25	20 ♑ 4	17 ♊ 26	20 ♈ 54	27 ♋ 46	7 R 8	13 ♐ 39	11 ♎ 29	3 ♊	5 ♈	15 ♍	13 ♈	24 ♈
13	23 ♒ 1	12 ♋ 17	17 ♏ 0	16 ♏ 42	27 ♑ 11	21 ♑ 17	17 ♊ 40	21 ♈ 5	27 ♋ 42	7 ♏ 8	13 ♐ 40	11 ♎ 28	3 ♊	6 ♈	15 ♍	14 ♈	24 ♈
14	24 ♒ 2	26 ♋ 8	16 ♏ 57	16 ♏ 32	28 ♑ 1	22 ♑ 31	17 ♊ 55	21 ♈ 15	27 ♋ 38	7 ♏ 8	13 ♐ 41	11 ♎ 27	3 ♊	6 ♈	15 ♍	14 ♈	24 ♈
15	25 ♒ 3	10 ♌ 26	16 ♏ 54	16 ♏ 21	28 ♑ 54	23 ♑ 45	18 ♊ 10	21 ♈ 26	27 ♋ 33	7 ♏ 8	13 ♐ 42	11 ♎ 26	3 ♊	6 ♈	15 ♍	14 ♈	24 ♈
16	26 ♒ 3	25 ♌ 4	16 ♏ 51	16 ♏ 9	29 ♑ 50	24 ♑ 59	18 ♊ 26	21 ♈ 37	27 ♋ 29	7 ♏ 8	13 ♐ 43	11 ♎ 25	3 ♊	7 ♈	14 ♍	15 ♈	24 ♈
17	27 ♒ 4	9 ♍ 56	16 ♏ 47	15 ♏ 58	0 ♒ 49	26 ♑ 12	18 ♊ 42	21 ♈ 48	27 ♋ 25	7 ♏ 7	13 ♐ 44	11 ♎ 24	3 ♊	7 ♈	14 ♍	15 ♈	24 ♈
18	28 ♒ 4	24 ♍ 53	16 ♏ 44	15 ♏ 48	1 ♒ 50	27 ♑ 26	18 ♊ 58	22 ♈ 0	27 ♋ 22	7 ♏ 7	13 ♐ 45	11 ♎ 23	4 ♊	8 ♈	14 ♍	16 ♈	24 ♈
19	29 ♒ 5	9 ♎ 45	16 ♏ 41	15 ♏ 41	2 ♒ 55	28 ♑ 40	19 ♊ 15	22 ♈ 11	27 ♋ 18	7 ♏ 6	13 ♐ 46	11 ♎ 22	4 ♊	8 ♈	14 ♍	16 ♈	24 ♈
20	0 ♓ 5	24 ♎ 25	16 ♏ 38	15 ♏ 38	4 ♒ 1	29 ♑ 54	19 ♊ 33	22 ♈ 22	27 ♋ 14	7 ♏ 6	13 ♐ 47	11 ♎ 20	4 ♊	8 ♈	13 ♍	17 ♈	24 ♈
21	1 ♓ 6	8 ♏ 49	16 ♏ 35	15 ♏ 36	5 ♒ 10	1 ♒ 8	19 ♊ 51	22 ♈ 34	27 ♋ 10	7 ♏ 6	13 ♐ 48	11 ♎ 19	4 ♊	9 ♈	13 ♍	17 ♈	24 ♈
22	2 ♓ 6	22 ♏ 54	16 ♏ 32	15 D 36	6 ♒ 20	2 ♒ 22	20 ♊ 9	22 ♈ 45	27 ♋ 7	7 ♏ 5	13 ♐ 49	11 ♎ 18	4 ♊	9 ♈	13 ♍	17 ♈	24 ♈
23	3 ♓ 7	6 ♐ 40	16 ♏ 28	15 R 36	7 ♒ 33	3 ♒ 35	20 ♊ 28	22 ♈ 57	27 ♋ 3	7 ♏ 4	13 ♐ 49	11 ♎ 17	5 ♊	10 ♈	13 ♍	18 ♈	24 ♈
24	4 ♓ 7	20 ♐ 7	16 ♏ 25	15 ♏ 35	8 ♒ 47	4 ♒ 49	20 ♊ 47	23 ♈ 9	27 ♋ 0	7 ♏ 4	13 ♐ 50	11 ♎ 16	5 ♊	10 ♈	12 ♍	18 ♈	24 ♈
25	5 ♓ 8	3 ♑ 19	16 ♏ 22	15 ♏ 32	10 ♒ 3	6 ♒ 3	21 ♊ 6	23 ♈ 20	26 ♋ 56	7 ♏ 3	13 ♐ 51	11 ♎ 14	5 ♊	10 ♈	12 ♍	19 ♈	24 ♈
26	6 ♓ 8	16 ♑ 17	16 ♏ 19	15 ♏ 26	11 ♒ 21	7 ♒ 17	21 ♊ 26	23 ♈ 32	26 ♋ 53	7 ♏ 2	13 ♐ 52	11 ♎ 13	5 ♊	11 ♈	12 ♍	19 ♈	24 ♈
27	7 ♓ 8	29 ♑ 2	16 ♏ 16	15 ♏ 17	12 ♒ 40	8 ♒ 31	21 ♊ 46	23 ♈ 44	26 ♋ 50	7 ♏ 1	13 ♐ 52	11 ♎ 12	5 ♊	11 ♈	12 ♍	19 ♈	24 ♈
28	8 ♓ 9	11 ♒ 37	16 ♏ 12	15 ♏ 6	14 ♒ 1	9 ♒ 45	22 ♊ 7	23 ♈ 56	26 ♋ 47	7 ♏ 1	13 ♐ 53	11 ♎ 11	6 ♊	11 ♈	11 ♍	20 ♈	24 ♈
29	9 ♓ 9	24 ♒ 1	16 ♏ 9	14 ♏ 54	15 ♒ 23	10 ♒ 59	22 ♊ 28	24 ♈ 9	26 ♋ 44	7 ♏ 0	13 ♐ 53	11 ♎ 9	6 ♊	12 ♈	11 ♍	20 ♈	24 ♈

SUN INGRESS	☉ → ♓ 19日 21:40
MOON PHASE	◐ 8日 19:05 ♉　○ 16日 01:43 ♌　◑ 22日 17:16 ♐

aspects		
1日	10:21	♀⚹♅
1日	17:41	☉△♇
3日	13:58	☉⚹♆
5日	02:06	♀□♇
6日	07:14	☉△♂
10日	16:06	☉⚹♃
12日	19:12	♀□♃
13日	13:53	☿☍♄
17日	22:35	♀☍♄
22日	14:40	☿□♅
25日	19:10	♀□♅
25日	21:38	☿△♇
26日	21:18	☉△♅
27日	21:40	☿⚹♆
29日	03:13	♀△♇

1976年3月

DAY	☉	☽	☊ mean	☊ true	☿	♀	♂	♃	♄	♅	♆	♇	⚳	⚴	⚵	⚶	⚷
	° ′	° ′	° ′	° ′	° ′	° ′	° ′	° ′	° ′	° ′	° ′	° ′	°	°	°	°	°
1	10 ♓ 9	6 ♓ 15	16 ♏ 6	14 R 41	16 D 46	12 D 13	22 D 49	24 D 21	26 R 41	6 R 59	13 D 54	11 R 8	6 D	12 D	11 R	21 D	24 D
2	11 ♓ 9	18 ♓ 21	16 ♏ 3	14 ♏ 29	18 ♒ 10	13 ♒ 27	23 ♊ 10	24 ♈ 33	26 ♋ 38	6 ♏ 58	13 ♐ 54	11 ♎ 5	6 ♊	13 ♈	11 ♍	21 ♈	25 ♈
3	12 ♓ 10	0 ♈ 18	16 ♏ 0	14 ♏ 19	19 ♒ 36	14 ♒ 41	23 ♊ 32	24 ♈ 46	26 ♋ 35	6 ♏ 57	13 ♐ 55	11 ♎ 5	7 ♊	13 ♈	10 ♍	22 ♈	25 ♈
4	13 ♓ 10	12 ♈ 10	15 ♏ 57	14 ♏ 12	21 ♒ 3	15 ♒ 55	23 ♊ 55	24 ♈ 58	26 ♋ 33	6 ♏ 55	13 ♐ 55	11 ♎ 4	7 ♊	13 ♈	10 ♍	22 ♈	25 ♈
5	14 ♓ 10	23 ♈ 57	15 ♏ 53	14 ♏ 7	22 ♒ 32	17 ♒ 9	24 ♊ 17	25 ♈ 11	26 ♋ 30	6 ♏ 54	13 ♐ 56	11 ♎ 2	7 ♊	14 ♈	10 ♍	22 ♈	25 ♈
6	15 ♓ 10	5 ♉ 44	15 ♏ 50	14 ♏ 5	24 ♒ 1	18 ♒ 23	24 ♊ 40	25 ♈ 23	26 ♋ 28	6 ♏ 53	13 ♐ 56	11 ♎ 1	7 ♊	14 ♈	10 ♍	23 ♈	25 ♈
7	16 ♓ 10	17 ♉ 34	15 ♏ 47	14 D 4	25 ♒ 32	19 ♒ 37	25 ♊ 3	25 ♈ 36	26 ♋ 26	6 ♏ 52	13 ♐ 56	10 ♎ 59	8 ♊	14 ♈	9 ♍	23 ♈	25 ♈
8	17 ♓ 10	29 ♉ 32	15 ♏ 44	14 ♏ 5	27 ♒ 4	20 ♒ 51	25 ♊ 27	25 ♈ 49	26 ♋ 23	6 ♏ 50	13 ♐ 57	10 ♎ 58	8 ♊	15 ♈	9 ♍	24 ♈	25 ♈
9	18 ♓ 10	11 ♊ 42	15 ♏ 41	14 ♏ 6	28 ♒ 37	22 ♒ 5	25 ♊ 50	26 ♈ 2	26 ♋ 21	6 ♏ 49	13 ♐ 57	10 ♎ 56	8 ♊	15 ♈	9 ♍	24 ♈	25 ♈
10	19 ♓ 10	24 ♊ 10	15 ♏ 38	14 R 6	0 ♓ 11	23 ♒ 19	26 ♊ 14	26 ♈ 14	26 ♋ 19	6 ♏ 48	13 ♐ 57	10 ♎ 55	8 ♊	16 ♈	9 ♍	25 ♈	25 ♈
11	20 ♓ 10	7 ♋ 1	15 ♏ 34	14 ♏ 4	1 ♓ 47	24 ♒ 33	26 ♊ 39	26 ♈ 27	26 ♋ 17	6 ♏ 46	13 ♐ 57	10 ♎ 53	9 ♊	16 ♈	8 ♍	25 ♈	25 ♈
12	21 ♓ 10	20 ♋ 19	15 ♏ 31	14 ♏ 1	3 ♓ 23	25 ♒ 47	27 ♊ 3	26 ♈ 40	26 ♋ 15	6 ♏ 45	13 ♐ 57	10 ♎ 52	9 ♊	17 ♈	8 ♍	25 ♈	25 ♈
13	22 ♓ 10	4 ♌ 7	15 ♏ 28	13 ♏ 55	5 ♓ 1	27 ♒ 1	27 ♊ 28	26 ♈ 54	26 ♋ 14	6 ♏ 43	13 ♐ 58	10 ♎ 50	9 ♊	17 ♈	8 ♍	26 ♈	25 ♈
14	23 ♓ 10	18 ♌ 23	15 ♏ 25	13 ♏ 48	6 ♓ 40	28 ♒ 15	27 ♊ 53	27 ♈ 7	26 ♋ 12	6 ♏ 42	13 ♐ 58	10 ♎ 49	9 ♊	18 ♈	8 ♍	26 ♈	25 ♈
15	24 ♓ 9	3 ♍ 6	15 ♏ 22	13 ♏ 40	8 ♓ 20	29 ♒ 29	28 ♊ 18	27 ♈ 20	26 ♋ 11	6 ♏ 40	13 ♐ 58	10 ♎ 47	10 ♊	18 ♈	7 ♍	27 ♈	25 ♈
16	25 ♓ 9	18 ♍ 8	15 ♏ 18	13 ♏ 32	10 ♓ 1	0 ♓ 43	28 ♊ 44	27 ♈ 33	26 ♋ 9	6 ♏ 38	13 ♐ 58	10 ♎ 45	10 ♊	18 ♈	7 ♍	27 ♈	25 ♈
17	26 ♓ 9	3 ♎ 20	15 ♏ 15	13 ♏ 26	11 ♓ 43	1 ♓ 57	29 ♊ 9	27 ♈ 46	26 ♋ 8	6 ♏ 37	13 R 58	10 ♎ 44	10 ♊	19 ♈	7 ♍	28 ♈	25 ♈
18	27 ♓ 9	18 ♎ 31	15 ♏ 12	13 ♏ 22	13 ♓ 27	3 ♓ 11	29 ♊ 35	28 ♈ 0	26 ♋ 7	6 ♏ 35	13 ♐ 58	10 ♎ 42	11 ♊	19 ♈	7 ♍	28 ♈	25 ♈
19	28 ♓ 8	3 ♏ 33	15 ♏ 9	13 ♏ 19	15 ♓ 12	4 ♓ 25	0 ♋ 1	28 ♈ 13	26 ♋ 6	6 ♏ 33	13 ♐ 58	10 ♎ 41	11 ♊	20 ♈	7 ♍	28 ♈	25 ♈
20	29 ♓ 8	18 ♏ 16	15 ♏ 6	13 D 19	16 ♓ 58	5 ♓ 39	0 ♋ 28	28 ♈ 27	26 ♋ 5	6 ♏ 31	13 ♐ 58	10 ♎ 39	11 ♊	20 ♈	6 ♍	29 ♈	25 ♈
21	0 ♈ 7	2 ♐ 37	15 ♏ 3	13 ♏ 20	18 ♓ 45	6 ♓ 53	0 ♋ 54	28 ♈ 40	26 ♋ 4	6 ♏ 29	13 ♐ 57	10 ♎ 37	11 ♊	21 ♈	6 ♍	29 ♈	26 ♈
22	1 ♈ 7	16 ♐ 34	14 ♏ 59	13 ♏ 21	20 ♓ 34	8 ♓ 7	1 ♋ 21	28 ♈ 54	26 ♋ 3	6 ♏ 28	13 ♐ 57	10 ♎ 36	12 ♊	21 ♈	6 ♍	0 ♉	26 ♈
23	2 ♈ 6	0 ♑ 6	14 ♏ 56	13 ♏ 22	22 ♓ 24	9 ♓ 21	1 ♋ 48	29 ♈ 7	26 ♋ 3	6 ♏ 26	13 ♐ 57	10 ♎ 34	12 ♊	21 ♈	6 ♍	0 ♉	26 ♈
24	3 ♈ 6	13 ♑ 17	14 ♏ 53	13 R 22	24 ♓ 15	10 ♓ 35	2 ♋ 15	29 ♈ 21	26 ♋ 2	6 ♏ 24	13 ♐ 57	10 ♎ 32	12 ♊	22 ♈	6 ♍	1 ♉	26 ♈
25	4 ♈ 5	26 ♑ 8	14 ♏ 50	13 ♏ 19	26 ♓ 8	11 ♓ 49	2 ♋ 43	29 ♈ 35	26 ♋ 2	6 ♏ 22	13 ♐ 57	10 ♎ 31	13 ♊	22 ♈	5 ♍	1 ♉	26 ♈
26	5 ♈ 5	8 ♒ 42	14 ♏ 47	13 ♏ 15	28 ♓ 2	13 ♓ 3	3 ♋ 10	29 ♈ 48	26 ♋ 1	6 ♏ 20	13 ♐ 56	10 ♎ 29	13 ♊	23 ♈	5 ♍	1 ♉	26 ♈
27	6 ♈ 4	21 ♒ 4	14 ♏ 43	13 ♏ 10	29 ♓ 57	14 ♓ 17	3 ♋ 38	0 ♉ 2	26 ♋ 1	6 ♏ 18	13 ♐ 56	10 ♎ 27	13 ♊	23 ♈	5 ♍	2 ♉	26 ♈
28	7 ♈ 4	3 ♓ 15	14 ♏ 40	13 ♏ 4	1 ♈ 53	15 ♓ 31	4 ♋ 6	0 ♉ 16	26 ♋ 1	6 ♏ 15	13 ♐ 56	10 ♎ 26	14 ♊	24 ♈	5 ♍	2 ♉	26 ♈
29	8 ♈ 3	15 ♓ 17	14 ♏ 37	12 ♏ 57	3 ♈ 50	16 ♓ 45	4 ♋ 34	0 ♉ 30	26 D 1	6 ♏ 13	13 ♐ 55	10 ♎ 24	14 ♊	24 ♈	5 ♍	3 ♉	26 ♈
30	9 ♈ 2	27 ♓ 13	14 ♏ 34	12 ♏ 51	5 ♈ 49	17 ♓ 59	5 ♋ 2	0 ♉ 44	26 ♋ 1	6 ♏ 11	13 ♐ 55	10 ♎ 22	14 ♊	24 ♈	5 ♍	3 ♉	26 ♈
31	10 ♈ 2	9 ♈ 4	14 ♏ 31	12 ♏ 45	7 ♈ 49	19 ♓ 13	5 ♋ 31	0 ♉ 58	26 ♋ 1	6 ♏ 9	13 ♐ 54	10 ♎ 21	15 ♊	25 ♈	5 ♍	4 ♉	26 ♈

SUN INGRESS: ☉ → ♈ 20日 20:50

MOON PHASE: ● 1日 08:25 ♓　◐ 9日 13:38 ♊　○ 16日 11:53 ♍　◑ 23日 03:54 ♑　● 31日 02:08 ♈

aspects	
2日 08:56	♀⚹♆
4日 18:16	☉□♆
6日 13:47	☿△♂
7日 01:12	☿⚹♃
10日 00:17	♂⚹♃
10日 07:34	♃□♄
12日 21:09	♀⚹♃
13日 13:17	♀△♂
14日 00:27	☿△♆
16日 23:39	☉△♄
18日 07:02	☿□♆
20日 16:40	♀△♅
22日 10:25	☉□♂
24日 22:42	☿△♄
26日 17:19	♀□♆
29日 11:33	☿□♂
31日 07:31	☉☍♇

1976年4月

DAY	☉	☽	☊ mean	☊ true	☿	♀	♂	♃	♄	♅	♆	♇	⚳	⚴	⚵	⚶	⚷
	° ′	° ′	° ′	° ′	° ′	° ′	° ′	° ′	° ′	° ′	° ′	° ′	°	°	°	°	°
1	11 ♈ 1	20 ♈ 52	14 ♏ 28	12 R 42	9 D 50	20 D 27	5 D 59	1 D 12	26 D 2	6 R 7	13 R 54	10 R 19	15 D	25 D	4 R	4 D	26 D
2	12 ♈ 0	2 ♉ 40	14 ♏ 24	12 ♏ 40	11 ♈ 52	21 ♓ 41	6 ♋ 28	1 ♉ 26	26 ♋ 2	6 ♏ 5	13 ♐ 53	10 ♎ 17	15 ♊	26 ♈	4 ♍	4 ♉	26 ♈
3	12 ♈ 59	14 ♉ 29	14 ♏ 21	12 D 39	13 ♈ 55	22 ♓ 55	6 ♋ 57	1 ♉ 40	26 ♋ 3	6 ♏ 2	13 ♐ 53	10 ♎ 16	16 ♊	26 ♈	4 ♍	5 ♉	26 ♈
4	13 ♈ 58	26 ♉ 22	14 ♏ 18	12 ♏ 40	15 ♈ 58	24 ♓ 8	7 ♋ 26	1 ♉ 54	26 ♋ 4	6 ♏ 0	13 ♐ 52	10 ♎ 14	16 ♊	27 ♈	4 ♍	5 ♉	26 ♈
5	14 ♈ 58	8 ♊ 24	14 ♏ 15	12 ♏ 42	18 ♈ 3	25 ♓ 22	7 ♋ 55	2 ♉ 8	26 ♋ 4	5 ♏ 58	13 ♐ 51	10 ♎ 12	16 ♊	27 ♈	4 ♍	6 ♉	26 ♈
6	15 ♈ 57	20 ♊ 36	14 ♏ 12	12 ♏ 43	20 ♈ 7	26 ♓ 36	8 ♋ 25	2 ♉ 22	26 ♋ 5	5 ♏ 55	13 ♐ 51	10 ♎ 11	17 ♊	28 ♈	4 ♍	6 ♉	26 ♈
7	16 ♈ 56	3 ♋ 5	14 ♏ 9	12 ♏ 45	22 ♈ 12	27 ♓ 50	8 ♋ 54	2 ♉ 36	26 ♋ 6	5 ♏ 53	13 ♐ 50	10 ♎ 9	17 ♊	28 ♈	4 ♍	7 ♉	26 ♈
8	17 ♈ 55	15 ♋ 53	14 ♏ 5	12 ♏ 45	24 ♈ 17	29 ♓ 4	9 ♋ 24	2 ♉ 50	26 ♋ 8	5 ♏ 51	13 ♐ 49	10 ♎ 7	17 ♊	29 ♈	4 ♍	7 ♉	27 ♈
9	18 ♈ 54	29 ♋ 6	14 ♏ 2	12 R 45	26 ♈ 21	0 ♈ 18	9 ♋ 54	3 ♉ 4	26 ♋ 9	5 ♏ 48	13 ♐ 49	10 ♎ 6	18 ♊	29 ♈	4 ♍	8 ♉	27 ♈
10	19 ♈ 53	12 ♌ 44	13 ♏ 59	12 ♏ 44	28 ♈ 25	1 ♈ 32	10 ♋ 23	3 ♉ 18	26 ♋ 10	5 ♏ 46	13 ♐ 48	10 ♎ 4	18 ♊	29 ♈	4 ♍	8 ♉	27 ♈
11	20 ♈ 51	26 ♌ 50	13 ♏ 56	12 ♏ 41	0 ♉ 28	2 ♈ 46	10 ♋ 54	3 ♉ 33	26 ♋ 12	5 ♏ 43	13 ♐ 47	10 ♎ 2	18 ♊	0 ♉	4 ♍	8 ♉	27 ♈
12	21 ♈ 50	11 ♍ 23	13 ♏ 53	12 ♏ 39	2 ♉ 29	4 ♈ 0	11 ♋ 24	3 ♉ 47	26 ♋ 13	5 ♏ 41	13 ♐ 46	10 ♎ 1	19 ♊	0 ♉	3 ♍	9 ♉	27 ♈
13	22 ♈ 49	26 ♍ 17	13 ♏ 49	12 ♏ 36	4 ♉ 29	5 ♈ 14	11 ♋ 54	4 ♉ 1	26 ♋ 15	5 ♏ 38	13 ♐ 45	9 ♎ 59	19 ♊	1 ♉	3 ♍	9 ♉	27 ♈
14	23 ♈ 48	11 ♎ 26	13 ♏ 46	12 ♏ 34	6 ♉ 27	6 ♈ 28	12 ♋ 24	4 ♉ 15	26 ♋ 17	5 ♏ 36	13 ♐ 45	9 ♎ 58	19 ♊	1 ♉	3 ♍	10 ♉	27 ♈
15	24 ♈ 47	26 ♎ 40	13 ♏ 43	12 ♏ 32	8 ♉ 22	7 ♈ 42	12 ♋ 55	4 ♉ 30	26 ♋ 19	5 ♏ 34	13 ♐ 44	9 ♎ 56	20 ♊	2 ♉	3 ♍	10 ♉	27 ♈
16	25 ♈ 45	11 ♏ 50	13 ♏ 40	12 ♏ 32	10 ♉ 15	8 ♈ 55	13 ♋ 26	4 ♉ 44	26 ♋ 20	5 ♏ 31	13 ♐ 43	9 ♎ 54	20 ♊	2 ♉	3 ♍	11 ♉	27 ♈
17	26 ♈ 44	26 ♏ 46	13 ♏ 37	12 D 32	12 ♉ 5	10 ♈ 9	13 ♋ 56	4 ♉ 58	26 ♋ 23	5 ♏ 29	13 ♐ 42	9 ♎ 53	21 ♊	3 ♉	3 ♍	11 ♉	27 ♈
18	27 ♈ 43	11 ♐ 22	13 ♏ 34	12 ♏ 33	13 ♉ 52	11 ♈ 23	14 ♋ 27	5 ♉ 12	26 ♋ 25	5 ♏ 26	13 ♐ 41	9 ♎ 51	21 ♊	3 ♉	3 ♍	11 ♉	27 ♈
19	28 ♈ 41	25 ♐ 32	13 ♏ 30	12 ♏ 34	15 ♉ 35	12 ♈ 37	14 ♋ 58	5 ♉ 27	26 ♋ 27	5 ♏ 23	13 ♐ 40	9 ♎ 50	21 ♊	4 ♉	3 ♍	12 ♉	27 ♈
20	29 ♈ 40	9 ♑ 15	13 ♏ 27	12 ♏ 35	17 ♉ 14	13 ♈ 51	15 ♋ 29	5 ♉ 41	26 ♋ 29	5 ♏ 21	13 ♐ 39	9 ♎ 48	22 ♊	4 ♉	3 ♍	12 ♉	27 ♈
21	0 ♉ 38	22 ♑ 32	13 ♏ 24	12 ♏ 36	18 ♉ 50	15 ♈ 5	16 ♋ 0	5 ♉ 55	26 ♋ 32	5 ♏ 18	13 ♐ 38	9 ♎ 47	22 ♊	5 ♉	3 D	13 ♉	27 ♈
22	1 ♉ 37	5 ♒ 26	13 ♏ 21	12 R 36	20 ♉ 21	16 ♈ 19	16 ♋ 32	6 ♉ 10	26 ♋ 35	5 ♏ 16	13 ♐ 37	9 ♎ 45	22 ♊	5 ♉	3 ♍	13 ♉	27 ♈
23	2 ♉ 35	17 ♒ 59	13 ♏ 18	12 ♏ 36	21 ♉ 48	17 ♈ 33	17 ♋ 3	6 ♉ 24	26 ♋ 37	5 ♏ 13	13 ♐ 36	9 ♎ 43	23 ♊	5 ♉	3 ♍	14 ♉	27 ♈
24	3 ♉ 34	0 ♓ 16	13 ♏ 15	12 ♏ 35	23 ♉ 10	18 ♈ 46	17 ♋ 35	6 ♉ 39	26 ♋ 40	5 ♏ 11	13 ♐ 34	9 ♎ 42	23 ♊	6 ♉	3 ♍	14 ♉	28 ♈
25	4 ♉ 32	12 ♓ 20	13 ♏ 11	12 ♏ 34	24 ♉ 28	20 ♈ 0	18 ♋ 7	6 ♉ 53	26 ♋ 43	5 ♏ 8	13 ♐ 33	9 ♎ 40	24 ♊	6 ♉	3 ♍	15 ♉	28 ♈
26	5 ♉ 31	24 ♓ 16	13 ♏ 8	12 ♏ 33	25 ♉ 40	21 ♈ 14	18 ♋ 38	7 ♉ 7	26 ♋ 46	5 ♏ 6	13 ♐ 32	9 ♎ 39	24 ♊	7 ♉	3 ♍	15 ♉	28 ♈
27	6 ♉ 29	6 ♈ 6	13 ♏ 5	12 ♏ 32	26 ♉ 48	22 ♈ 28	19 ♋ 10	7 ♉ 22	26 ♋ 49	5 ♏ 3	13 ♐ 31	9 ♎ 38	24 ♊	7 ♉	3 ♍	15 ♉	28 ♈
28	7 ♉ 28	17 ♈ 53	13 ♏ 2	12 ♏ 31	27 ♉ 52	23 ♈ 42	19 ♋ 42	7 ♉ 36	26 ♋ 52	5 ♏ 1	13 ♐ 30	9 ♎ 36	25 ♊	8 ♉	3 ♍	16 ♉	28 ♈
29	8 ♉ 26	29 ♈ 41	12 ♏ 59	12 ♏ 31	28 ♉ 50	24 ♈ 56	20 ♋ 14	7 ♉ 50	26 ♋ 56	4 ♏ 58	13 ♐ 28	9 ♎ 35	25 ♊	8 ♉	4 ♍	16 ♉	28 ♈
30	9 ♉ 24	11 ♉ 32	12 ♏ 55	12 ♏ 31	29 ♉ 43	26 ♈ 9	20 ♋ 46	8 ♉ 5	26 ♋ 59	4 ♏ 55	13 ♐ 27	9 ♎ 33	25 ♊	9 ♉	4 ♍	17 ♉	28 ♈

SUN INGRESS: ☉ → ♉ 20日 08:03

MOON PHASE: ◐ 8日 04:02 ♋　○ 14日 20:49 ♎　◑ 21日 16:14 ♒　● 29日 19:19 ♉

aspects	
1日 05:39	☿☍♇
1日 05:54	♂△♅
2日 03:06	☉☌☿
2日 23:35	☿△♆
3日 21:25	☉△♆
5日 13:48	☿△♄
8日 21:36	☿□♄
9日 09:17	♂□♇
12日 17:36	☿☌♃
13日 13:48	☿☍♅
16日 14:54	☉□♄
16日 18:43	♀☍♇
18日 11:36	☿⚹♂
18日 19:16	♃☍♅
19日 20:06	♀△♆
22日 07:31	♀□♂
25日 14:05	☉☍♅
27日 00:14	☿⚹♄
28日 04:35	☉☌♃
30日 16:54	♀□♄

1976年5月

DAY	☉	☽	☊		☿	♀	♂	♃	♄	♅	♆	♇	⚳	⚴	⚵	⚶	⚷
			mean	true													
	° ′	° ′	° ′	° ′	° ′	° ′	° ′	° ′	° ′	° ′	° ′	° ′	°	°	°	°	°
1	10 ♉ 23	23 ♉ 27	12 ♏ 52	12 D 31	0 D 30	27 D 23	21 D 18	8 D 19	27 D 2	4 R 53	13 R 26	9 R 32	26 D	9 D	4 D	17 D	28 D
2	11 ♉ 21	5 ♊ 29	12 ♏ 49	12 ♏ 31	1 ♊ 13	28 ♈ 37	21 ♋ 51	8 ♉ 33	27 ♋ 6	4 ♏ 50	13 ♐ 25	9 ♎ 31	26 ♊	10 ♉	4 ♍	18 ♉	28 ♈
3	12 ♉ 19	17 ♊ 40	12 ♏ 46	12 ♏ 31	1 ♊ 50	29 ♈ 51	22 ♋ 23	8 ♉ 48	27 ♋ 10	4 ♏ 48	13 ♐ 23	9 ♎ 29	27 ♊	10 ♉	4 ♍	18 ♉	28 ♈
4	13 ♉ 17	0 ♋ 3	12 ♏ 43	12 R 31	2 ♊ 22	1 ♉ 5	22 ♋ 56	9 ♉ 2	27 ♋ 13	4 ♏ 45	13 ♐ 22	9 ♎ 28	27 ♊	11 ♉	4 ♍	19 ♉	28 ♈
5	14 ♉ 15	12 ♋ 40	12 ♏ 40	12 ♏ 31	2 ♊ 49	2 ♉ 18	23 ♋ 28	9 ♉ 16	27 ♋ 17	4 ♏ 43	13 ♐ 21	9 ♎ 27	27 ♊	11 ♉	4 ♍	19 ♉	28 ♈
6	15 ♉ 13	25 ♋ 33	12 ♏ 36	12 ♏ 31	3 ♊ 10	3 ♉ 32	24 ♋ 1	9 ♉ 31	27 ♋ 21	4 ♏ 40	13 ♐ 19	9 ♎ 25	28 ♊	12 ♉	4 ♍	19 ♉	28 ♈
7	16 ♉ 12	8 ♌ 45	12 ♏ 33	12 ♏ 30	3 ♊ 26	4 ♉ 46	24 ♋ 34	9 ♉ 45	27 ♋ 25	4 ♏ 38	13 ♐ 18	9 ♎ 24	28 ♊	12 ♉	4 ♍	20 ♉	28 ♈
8	17 ♉ 10	22 ♌ 18	12 ♏ 30	12 D 30	3 ♊ 37	6 ♉ 0	25 ♋ 6	9 ♉ 59	27 ♋ 29	4 ♏ 35	13 ♐ 16	9 ♎ 23	29 ♊	13 ♉	4 ♍	20 ♉	28 ♈
9	18 ♉ 8	6 ♍ 13	12 ♏ 27	12 ♏ 31	3 ♊ 43	7 ♉ 14	25 ♋ 39	10 ♉ 14	27 ♋ 34	4 ♏ 33	13 ♐ 15	9 ♎ 22	29 ♊	13 ♉	4 ♍	21 ♉	28 ♈
10	19 ♉ 6	20 ♍ 30	12 ♏ 24	12 ♏ 31	3 R 43	8 ♉ 27	26 ♋ 12	10 ♉ 28	27 ♋ 38	4 ♏ 30	13 ♐ 14	9 ♎ 20	29 ♊	14 ♉	4 ♍	21 ♉	28 ♈
11	20 ♉ 4	5 ♎ 6	12 ♏ 20	12 ♏ 32	3 ♊ 39	9 ♉ 41	26 ♋ 45	10 ♉ 42	27 ♋ 42	4 ♏ 28	13 ♐ 12	9 ♎ 19	0 ♋	14 ♉	5 ♍	22 ♉	29 ♈
12	21 ♉ 2	19 ♎ 58	12 ♏ 17	12 ♏ 32	3 ♊ 29	10 ♉ 55	27 ♋ 18	10 ♉ 56	27 ♋ 47	4 ♏ 25	13 ♐ 11	9 ♎ 18	0 ♋	15 ♉	5 ♍	22 ♉	29 ♈
13	21 ♉ 59	4 ♏ 59	12 ♏ 14	12 ♏ 33	3 ♊ 16	12 ♉ 8	27 ♋ 51	11 ♉ 11	27 ♋ 51	4 ♏ 23	13 ♐ 9	9 ♎ 17	1 ♋	15 ♉	5 ♍	23 ♉	29 ♈
14	22 ♉ 57	20 ♏ 0	12 ♏ 11	12 R 33	2 ♊ 58	13 ♉ 22	28 ♋ 25	11 ♉ 25	27 ♋ 56	4 ♏ 21	13 ♐ 8	9 ♎ 16	1 ♋	16 ♉	5 ♍	23 ♉	29 ♈
15	23 ♉ 55	4 ♐ 54	12 ♏ 8	12 ♏ 32	2 ♊ 36	14 ♉ 36	28 ♋ 58	11 ♉ 39	28 ♋ 1	4 ♏ 18	13 ♐ 6	9 ♎ 15	1 ♋	16 ♉	5 ♍	23 ♉	29 ♈
16	24 ♉ 53	19 ♐ 32	12 ♏ 5	12 ♏ 31	2 ♊ 11	15 ♉ 50	29 ♋ 31	11 ♉ 53	28 ♋ 5	4 ♏ 16	13 ♐ 5	9 ♎ 14	2 ♋	17 ♉	5 ♍	24 ♉	29 ♈
17	25 ♉ 51	3 ♑ 48	12 ♏ 1	12 ♏ 29	1 ♊ 43	17 ♉ 3	0 ♌ 5	12 ♉ 7	28 ♋ 10	4 ♏ 14	13 ♐ 3	9 ♎ 13	2 ♋	17 ♉	5 ♍	24 ♉	29 ♈
18	26 ♉ 49	17 ♑ 40	11 ♏ 58	12 ♏ 28	1 ♊ 12	18 ♉ 17	0 ♌ 38	12 ♉ 21	28 ♋ 15	4 ♏ 11	13 ♐ 2	9 ♎ 12	3 ♋	18 ♉	6 ♍	25 ♉	29 ♈
19	27 ♉ 46	1 ♒ 4	11 ♏ 55	12 ♏ 26	0 ♊ 40	19 ♉ 31	1 ♌ 12	12 ♉ 35	28 ♋ 20	4 ♏ 9	13 ♐ 0	9 ♎ 11	3 ♋	18 ♉	6 ♍	25 ♉	29 ♈
20	28 ♉ 44	14 ♒ 3	11 ♏ 52	12 ♏ 25	0 ♊ 6	20 ♉ 44	1 ♌ 46	12 ♉ 49	28 ♋ 25	4 ♏ 7	12 ♐ 59	9 ♎ 10	3 ♋	19 ♉	6 ♍	26 ♉	29 ♈
21	29 ♉ 42	26 ♒ 40	11 ♏ 49	12 ♏ 24	29 ♉ 31	21 ♉ 58	2 ♌ 19	13 ♉ 4	28 ♋ 30	4 ♏ 5	12 ♐ 57	9 ♎ 9	4 ♋	19 ♉	6 ♍	26 ♉	29 ♈
22	0 ♊ 40	8 ♓ 57	11 ♏ 46	12 D 24	28 ♉ 57	23 ♉ 12	2 ♌ 53	13 ♉ 18	28 ♋ 36	4 ♏ 2	12 ♐ 55	9 ♎ 8	4 ♋	20 ♉	6 ♍	26 ♉	29 ♈
23	1 ♊ 37	21 ♓ 0	11 ♏ 42	12 ♏ 25	28 ♉ 22	24 ♉ 26	3 ♌ 27	13 ♉ 31	28 ♋ 41	4 ♏ 0	12 ♐ 54	9 ♎ 7	5 ♋	20 ♉	6 ♍	27 ♉	29 ♈
24	2 ♊ 35	2 ♈ 54	11 ♏ 39	12 ♏ 27	27 ♉ 49	25 ♉ 39	4 ♌ 1	13 ♉ 45	28 ♋ 46	3 ♏ 58	12 ♐ 52	9 ♎ 6	5 ♋	21 ♉	6 ♍	27 ♉	29 ♈
25	3 ♊ 33	14 ♈ 42	11 ♏ 36	12 ♏ 28	27 ♉ 18	26 ♉ 53	4 ♌ 35	13 ♉ 59	28 ♋ 52	3 ♏ 56	12 ♐ 51	9 ♎ 5	6 ♋	21 ♉	7 ♍	28 ♉	29 ♈
26	4 ♊ 30	26 ♈ 29	11 ♏ 33	12 ♏ 30	26 ♉ 49	28 ♉ 7	5 ♌ 9	14 ♉ 13	28 ♋ 57	3 ♏ 54	12 ♐ 49	9 ♎ 5	6 ♋	22 ♉	7 ♍	28 ♉	29 ♈
27	5 ♊ 28	8 ♉ 20	11 ♏ 30	12 ♏ 31	26 ♉ 22	29 ♉ 20	5 ♌ 43	14 ♉ 27	29 ♋ 3	3 ♏ 52	12 ♐ 47	9 ♎ 4	6 ♋	22 ♉	7 ♍	29 ♉	29 ♈
28	6 ♊ 25	20 ♉ 16	11 ♏ 26	12 R 30	25 ♉ 59	0 ♊ 34	6 ♌ 17	14 ♉ 41	29 ♋ 8	3 ♏ 50	12 ♐ 46	9 ♎ 3	7 ♋	23 ♉	7 ♍	29 ♉	29 ♈
29	7 ♊ 23	2 ♊ 20	11 ♏ 23	12 ♏ 29	25 ♉ 38	1 ♊ 48	6 ♌ 51	14 ♉ 55	29 ♋ 14	3 ♏ 48	12 ♐ 44	9 ♎ 2	7 ♋	23 ♉	7 ♍	0 ♊	0 ♉
30	8 ♊ 21	14 ♊ 35	11 ♏ 20	12 ♏ 26	25 ♉ 22	3 ♊ 2	7 ♌ 26	15 ♉ 8	29 ♋ 20	3 ♏ 46	12 ♐ 43	9 ♎ 2	8 ♋	24 ♉	8 ♍	0 ♊	0 ♉
31	9 ♊ 18	27 ♊ 2	11 ♏ 17	12 ♏ 23	25 ♉ 9	4 ♊ 15	8 ♌ 0	15 ♉ 22	29 ♋ 26	3 ♏ 44	12 ♐ 41	9 ♎ 1	8 ♋	24 ♉	8 ♍	0 ♊	0 ♉

SUN INGRESS	☉ → ♊ 21日 07:21
MOON PHASE	◐ 7日 14:17 ♌　○ 14日 05:04 ♏　◑ 21日 06:22 ♒　● 29日 10:47 ♊

aspects		
6日	21:24	♀☍♅
12日	00:39	♀☌♃
12日	23:47	♂☌♄
18日	12:18	☿⚹♂
19日	15:22	☉⚹♄
20日	21:15	☉☌☿
22日	12:46	☿⚹♄
23日	22:12	♂□♅
25日	05:47	☿☌♀
26日	17:46	♀⚹♄
27日	15:24	☉⚹♂
30日	16:58	☉△♇

1976年6月

DAY	☉	☽	☊		☿	♀	♂	♃	♄	♅	♆	♇	⚳	⚴	⚵	⚶	⚷
			mean	true													
	° ′	° ′	° ′	° ′	° ′	° ′	° ′	° ′	° ′	° ′	° ′	° ′	°	°	°	°	°
1	10 ♊ 16	9 ♋ 41	11 ♏ 14	12 R 18	25 R 1	5 D 29	8 D 34	15 D 36	29 D 32	3 R 42	12 R 39	9 R 0	8 D	25 D	8 D	1 D	0 D
2	11 ♊ 13	22 ♋ 35	11 ♏ 11	12 ♏ 14	24 ♉ 57	6 ♊ 43	9 ♌ 9	15 ♉ 49	29 ♋ 38	3 ♏ 40	12 ♐ 38	9 ♎ 0	9 ♋	25 ♉	8 ♍	1 ♊	0 ♉
3	12 ♊ 11	5 ♌ 41	11 ♏ 7	12 ♏ 10	24 D 57	7 ♊ 56	9 ♌ 43	16 ♉ 3	29 ♋ 44	3 ♏ 38	12 ♐ 36	8 ♎ 59	9 ♋	26 ♉	8 ♍	2 ♊	0 ♉
4	13 ♊ 8	19 ♌ 3	11 ♏ 4	12 ♏ 7	25 ♉ 2	9 ♊ 10	10 ♌ 18	16 ♉ 16	29 ♋ 50	3 ♏ 37	12 ♐ 35	8 ♎ 59	10 ♋	26 ♉	9 ♍	2 ♊	0 ♉
5	14 ♊ 6	2 ♍ 39	11 ♏ 1	12 ♏ 5	25 ♉ 11	10 ♊ 24	10 ♌ 52	16 ♉ 30	29 ♋ 56	3 ♏ 35	12 ♐ 33	8 ♎ 58	10 ♋	27 ♉	9 ♍	3 ♊	0 ♉
6	15 ♊ 3	16 ♍ 30	10 ♏ 58	12 D 4	25 ♉ 25	11 ♊ 37	11 ♌ 27	16 ♉ 43	0 ♌ 2	3 ♏ 33	12 ♐ 31	8 ♎ 58	11 ♋	27 ♉	9 ♍	3 ♊	0 ♉
7	16 ♊ 0	0 ♎ 35	10 ♏ 55	12 ♏ 5	25 ♉ 43	12 ♊ 51	12 ♌ 2	16 ♉ 57	0 ♌ 8	3 ♏ 31	12 ♐ 30	8 ♎ 58	11 ♋	28 ♉	9 ♍	3 ♊	0 ♉
8	16 ♊ 58	14 ♎ 54	10 ♏ 52	12 ♏ 6	26 ♉ 6	14 ♊ 5	12 ♌ 37	17 ♉ 10	0 ♌ 15	3 ♏ 30	12 ♐ 28	8 ♎ 57	11 ♋	28 ♉	10 ♍	4 ♊	0 ♉
9	17 ♊ 55	29 ♎ 24	10 ♏ 48	12 ♏ 7	26 ♉ 33	15 ♊ 18	13 ♌ 11	17 ♉ 23	0 ♌ 21	3 ♏ 28	12 ♐ 26	8 ♎ 57	12 ♋	29 ♉	10 ♍	4 ♊	0 ♉
10	18 ♊ 53	14 ♏ 2	10 ♏ 45	12 R 8	27 ♉ 4	16 ♊ 32	13 ♌ 46	17 ♉ 37	0 ♌ 27	3 ♏ 27	12 ♐ 25	8 ♎ 56	12 ♋	0 ♊	10 ♍	5 ♊	0 ♉
11	19 ♊ 50	28 ♏ 42	10 ♏ 42	12 ♏ 7	27 ♉ 40	17 ♊ 46	14 ♌ 21	17 ♉ 50	0 ♌ 34	3 ♏ 25	12 ♐ 23	8 ♎ 56	13 ♋	0 ♊	10 ♍	5 ♊	0 ♉
12	20 ♊ 47	13 ♐ 19	10 ♏ 39	12 ♏ 4	28 ♉ 19	19 ♊ 0	14 ♌ 56	18 ♉ 3	0 ♌ 40	3 ♏ 24	12 ♐ 22	8 ♎ 56	13 ♋	1 ♊	10 ♍	6 ♊	0 ♉
13	21 ♊ 45	27 ♐ 45	10 ♏ 36	12 ♏ 0	29 ♉ 3	20 ♊ 13	15 ♌ 31	18 ♉ 16	0 ♌ 47	3 ♏ 22	12 ♐ 20	8 ♎ 56	14 ♋	1 ♊	11 ♍	6 ♊	0 ♉
14	22 ♊ 42	11 ♑ 55	10 ♏ 32	11 ♏ 54	29 ♉ 50	21 ♊ 27	16 ♌ 6	18 ♉ 29	0 ♌ 54	3 ♏ 21	12 ♐ 18	8 ♎ 56	14 ♋	2 ♊	11 ♍	6 ♊	0 ♉
15	23 ♊ 39	25 ♑ 45	10 ♏ 29	11 ♏ 47	0 ♊ 42	22 ♊ 41	16 ♌ 42	18 ♉ 42	1 ♌ 0	3 ♏ 20	12 ♐ 17	8 ♎ 55	14 ♋	2 ♊	11 ♍	7 ♊	0 ♉
16	24 ♊ 36	9 ♒ 10	10 ♏ 26	11 ♏ 41	1 ♊ 37	23 ♊ 54	17 ♌ 17	18 ♉ 55	1 ♌ 7	3 ♏ 18	12 ♐ 15	8 ♎ 55	15 ♋	3 ♊	11 ♍	7 ♊	0 ♉
17	25 ♊ 34	22 ♒ 12	10 ♏ 23	11 ♏ 35	2 ♊ 37	25 ♊ 8	17 ♌ 52	19 ♉ 8	1 ♌ 14	3 ♏ 17	12 ♐ 14	8 ♎ 55	15 ♋	3 ♊	12 ♍	8 ♊	0 ♉
18	26 ♊ 31	4 ♓ 50	10 ♏ 20	11 ♏ 31	3 ♊ 39	26 ♊ 22	18 ♌ 27	19 ♉ 21	1 ♌ 21	3 ♏ 16	12 ♐ 12	8 ♎ 55	16 ♋	4 ♊	12 ♍	8 ♊	0 ♉
19	27 ♊ 28	17 ♓ 10	10 ♏ 17	11 ♏ 29	4 ♊ 46	27 ♊ 35	19 ♌ 3	19 ♉ 33	1 ♌ 27	3 ♏ 15	12 ♐ 11	8 ♎ 55	16 ♋	4 ♊	12 ♍	9 ♊	0 ♉
20	28 ♊ 25	29 ♓ 14	10 ♏ 13	11 D 28	5 ♊ 56	28 ♊ 49	19 ♌ 38	19 ♉ 46	1 ♌ 34	3 ♏ 14	12 ♐ 9	8 D 55	17 ♋	5 ♊	12 ♍	9 ♊	0 ♉
21	29 ♊ 23	11 ♈ 7	10 ♏ 10	11 ♏ 29	7 ♊ 9	0 ♋ 3	20 ♌ 13	19 ♉ 59	1 ♌ 41	3 ♏ 12	12 ♐ 7	8 ♎ 55	17 ♋	5 ♊	13 ♍	9 ♊	1 ♉
22	0 ♋ 20	22 ♈ 56	10 ♏ 7	11 ♏ 30	8 ♊ 26	1 ♋ 17	20 ♌ 49	20 ♉ 11	1 ♌ 48	3 ♏ 11	12 ♐ 6	8 ♎ 55	17 ♋	6 ♊	13 ♍	10 ♊	1 ♉
23	1 ♋ 17	4 ♉ 45	10 ♏ 4	11 ♏ 31	9 ♊ 47	2 ♋ 30	21 ♌ 24	20 ♉ 24	1 ♌ 55	3 ♏ 10	12 ♐ 4	8 ♎ 55	18 ♋	6 ♊	13 ♍	10 ♊	1 ♉
24	2 ♋ 15	16 ♉ 38	10 ♏ 1	11 R 31	11 ♊ 11	3 ♋ 44	22 ♌ 0	20 ♉ 36	2 ♌ 2	3 ♏ 10	12 ♐ 3	8 ♎ 55	18 ♋	7 ♊	13 ♍	11 ♊	1 ♉
25	3 ♋ 12	28 ♉ 40	9 ♏ 58	11 ♏ 30	12 ♊ 38	4 ♋ 58	22 ♌ 36	20 ♉ 48	2 ♌ 9	3 ♏ 9	12 ♐ 1	8 ♎ 56	19 ♋	7 ♊	14 ♍	11 ♊	1 ♉
26	4 ♋ 9	10 ♊ 55	9 ♏ 54	11 ♏ 26	14 ♊ 8	6 ♋ 11	23 ♌ 11	21 ♉ 1	2 ♌ 16	3 ♏ 8	12 ♐ 0	8 ♎ 56	19 ♋	8 ♊	14 ♍	12 ♊	1 ♉
27	5 ♋ 6	23 ♊ 24	9 ♏ 51	11 ♏ 20	15 ♊ 42	7 ♋ 25	23 ♌ 47	21 ♉ 13	2 ♌ 24	3 ♏ 7	11 ♐ 58	8 ♎ 56	20 ♋	9 ♊	14 ♍	12 ♊	1 ♉
28	6 ♋ 3	6 ♋ 8	9 ♏ 48	11 ♏ 12	17 ♊ 19	8 ♋ 39	24 ♌ 23	21 ♉ 25	2 ♌ 31	3 ♏ 6	11 ♐ 57	8 ♎ 56	20 ♋	9 ♊	15 ♍	12 ♊	1 ♉
29	7 ♋ 1	19 ♋ 9	9 ♏ 45	11 ♏ 3	18 ♊ 59	9 ♋ 53	24 ♌ 59	21 ♉ 37	2 ♌ 38	3 ♏ 6	11 ♐ 56	8 ♎ 57	21 ♋	10 ♊	15 ♍	13 ♊	1 ♉
30	7 ♋ 58	2 ♌ 24	9 ♏ 42	10 ♏ 53	20 ♊ 43	11 ♋ 6	25 ♌ 34	21 ♉ 49	2 ♌ 45	3 ♏ 5	11 ♐ 54	8 ♎ 57	21 ♋	10 ♊	15 ♍	13 ♊	1 ♉

SUN INGRESS	☉ → ♋ 21日 15:24
MOON PHASE	◐ 5日 21:20 ♍　○ 12日 13:15 ♐　◑ 19日 22:15 ♓　● 27日 23:50 ♋

aspects		
1日	17:57	♂⚹♇
3日	10:20	☉☍♆
3日	20:23	♀△♇
5日	17:40	♀⚹♂
6日	17:09	♀☍♆
7日	18:19	♂△♆
15日	09:12	☿⚹♄
18日	13:36	☉☌♀
20日	08:28	♂□♃
22日	08:45	☿△♇
23日	12:56	♀△♅
24日	14:16	☿☍♆
24日	22:44	☉△♅
28日	05:41	♀□♇

1976年7月

DAY	☉	☽	☊ mean	☊ true	☿	♀	♂	♃	♄	♅	♆	♇	⚳	⚴	⚵	⚶	⚷
	° ′	° ′	° ′	° ′	° ′	° ′	° ′	° ′	° ′	° ′	° ′	° ′	°	°	°	°	°
1	8 ♋ 55	15 ♌ 53	9 ♏ 38	10 R 44	22 D 29	12 D 20	26 D 10	22 D 1	2 D 53	3 R 4	11 R 53	8 D 57	21 D	11 D	15 D	14 D	1 D
2	9 ♋ 52	29 ♌ 33	9 ♏ 35	10 ♏ 37	24 ♊ 18	13 ♋ 34	26 ♌ 46	22 ♉ 12	3 ♌ 0	3 ♏ 4	11 ♐ 51	8 ♎ 58	22 ♋	11 ♊	16 ♍	14 ♊	1 ♉
3	10 ♋ 50	13 ♍ 22	9 ♏ 32	10 ♏ 32	26 ♊ 11	14 ♋ 48	27 ♌ 22	22 ♉ 24	3 ♌ 7	3 ♏ 3	11 ♐ 50	8 ♎ 58	22 ♋	12 ♊	16 ♍	15 ♊	1 ♉
4	11 ♋ 47	27 ♍ 19	9 ♏ 29	10 ♏ 29	28 ♊ 6	16 ♋ 2	27 ♌ 58	22 ♉ 36	3 ♌ 15	3 ♏ 3	11 ♐ 49	8 ♎ 59	23 ♋	12 ♊	16 ♍	15 ♊	1 ♉
5	12 ♋ 44	11 ♎ 23	9 ♏ 26	10 ♏ 28	0 ♋ 3	17 ♋ 15	28 ♌ 34	22 ♉ 47	3 ♌ 22	3 ♏ 3	11 ♐ 47	8 ♎ 59	23 ♋	13 ♊	17 ♍	15 ♊	1 ♉
6	13 ♋ 41	25 ♎ 31	9 ♏ 23	10 D 28	2 ♋ 3	18 ♋ 29	29 ♌ 11	22 ♉ 59	3 ♌ 30	3 ♏ 2	11 ♐ 46	9 ♎ 0	24 ♋	13 ♊	17 ♍	16 ♊	1 ♉
7	14 ♋ 38	9 ♏ 44	9 ♏ 19	10 ♏ 29	4 ♋ 5	19 ♋ 43	29 ♌ 47	23 ♉ 10	3 ♌ 37	3 ♏ 2	11 ♐ 45	9 ♎ 0	24 ♋	14 ♊	17 ♍	16 ♊	1 ♉
8	15 ♋ 36	24 ♏ 0	9 ♏ 16	10 R 28	6 ♋ 9	20 ♋ 57	0 ♍ 23	23 ♉ 21	3 ♌ 44	3 ♏ 2	11 ♐ 43	9 ♎ 1	24 ♋	15 ♊	17 ♍	17 ♊	1 ♉
9	16 ♋ 33	8 ♐ 15	9 ♏ 13	10 ♏ 25	8 ♋ 14	22 ♋ 10	0 ♍ 59	23 ♉ 33	3 ♌ 52	3 ♏ 2	11 ♐ 42	9 ♎ 2	25 ♋	15 ♊	18 ♍	17 ♊	1 ♉
10	17 ♋ 30	22 ♐ 27	9 ♏ 10	10 ♏ 20	10 ♋ 21	23 ♋ 24	1 ♍ 36	23 ♉ 44	4 ♌ 0	3 ♏ 2	11 ♐ 41	9 ♎ 2	25 ♋	16 ♊	18 ♍	17 ♊	1 ♉
11	18 ♋ 27	6 ♑ 32	9 ♏ 7	10 ♏ 12	12 ♋ 29	24 ♋ 38	2 ♍ 12	23 ♉ 55	4 ♌ 7	3 ♏ 2	11 ♐ 40	9 ♎ 3	26 ♋	16 ♊	18 ♍	18 ♊	1 ♉
12	19 ♋ 24	20 ♑ 24	9 ♏ 4	10 ♏ 3	14 ♋ 37	25 ♋ 52	2 ♍ 48	24 ♉ 6	4 ♌ 15	3 D 2	11 ♐ 38	9 ♎ 4	26 ♋	17 ♊	19 ♍	18 ♊	1 ♉
13	20 ♋ 22	3 ♒ 59	9 ♏ 0	9 ♏ 51	16 ♋ 47	27 ♋ 5	3 ♍ 25	24 ♉ 16	4 ♌ 22	3 ♏ 2	11 ♐ 37	9 ♎ 4	27 ♋	17 ♊	19 ♍	19 ♊	1 ♉
14	21 ♋ 19	17 ♒ 16	8 ♏ 57	9 ♏ 40	18 ♋ 56	28 ♋ 19	4 ♍ 1	24 ♉ 27	4 ♌ 30	3 ♏ 2	11 ♐ 36	9 ♎ 5	27 ♋	18 ♊	19 ♍	19 ♊	1 ♉
15	22 ♋ 16	0 ♓ 12	8 ♏ 54	9 ♏ 30	21 ♋ 5	29 ♋ 33	4 ♍ 38	24 ♉ 38	4 ♌ 37	3 ♏ 2	11 ♐ 35	9 ♎ 6	28 ♋	18 ♊	20 ♍	20 ♊	1 ♉
16	23 ♋ 13	12 ♓ 48	8 ♏ 51	9 ♏ 22	23 ♋ 14	0 ♌ 47	5 ♍ 14	24 ♉ 48	4 ♌ 45	3 ♏ 2	11 ♐ 34	9 ♎ 7	28 ♋	19 ♊	20 ♍	20 ♊	1 ♉
17	24 ♋ 10	25 ♓ 7	8 ♏ 48	9 ♏ 17	25 ♋ 22	2 ♌ 1	5 ♍ 51	24 ♉ 59	4 ♌ 53	3 ♏ 2	11 ♐ 33	9 ♎ 8	28 ♋	20 ♊	20 ♍	20 ♊	1 ♉
18	25 ♋ 8	7 ♈ 10	8 ♏ 44	9 ♏ 13	27 ♋ 29	3 ♌ 14	6 ♍ 28	25 ♉ 9	5 ♌ 0	3 ♏ 3	11 ♐ 32	9 ♎ 9	29 ♋	20 ♊	20 ♍	21 ♊	1 ♉
19	26 ♋ 5	19 ♈ 4	8 ♏ 41	9 ♏ 12	29 ♋ 35	4 ♌ 28	7 ♍ 4	25 ♉ 19	5 ♌ 8	3 ♏ 3	11 ♐ 31	9 ♎ 10	29 ♋	21 ♊	21 ♍	21 ♊	1 ♉
20	27 ♋ 2	0 ♉ 53	8 ♏ 38	9 D 12	1 ♌ 41	5 ♌ 42	7 ♍ 41	25 ♉ 29	5 ♌ 16	3 ♏ 3	11 ♐ 30	9 ♎ 11	0 ♌	21 ♊	21 ♍	22 ♊	1 ♉
21	27 ♋ 59	12 ♉ 43	8 ♏ 35	9 R 12	3 ♌ 45	6 ♌ 56	8 ♍ 18	25 ♉ 39	5 ♌ 23	3 ♏ 4	11 ♐ 29	9 ♎ 12	0 ♌	22 ♊	21 ♍	22 ♊	1 ♉
22	28 ♋ 57	24 ♉ 38	8 ♏ 32	9 ♏ 11	5 ♌ 47	8 ♌ 10	8 ♍ 55	25 ♉ 49	5 ♌ 31	3 ♏ 4	11 ♐ 28	9 ♎ 13	1 ♌	22 ♊	22 ♍	22 ♊	1 ♉
23	29 ♋ 54	6 ♊ 45	8 ♏ 29	9 ♏ 9	7 ♌ 48	9 ♌ 24	9 ♍ 32	25 ♉ 59	5 ♌ 39	3 ♏ 5	11 ♐ 27	9 ♎ 14	1 ♌	23 ♊	22 ♍	23 ♊	1 ♉
24	0 ♌ 51	19 ♊ 6	8 ♏ 25	9 ♏ 3	9 ♌ 48	10 ♌ 37	10 ♍ 9	26 ♉ 8	5 ♌ 47	3 ♏ 6	11 ♐ 26	9 ♎ 15	2 ♌	23 ♊	22 ♍	23 ♊	1 ♉
25	1 ♌ 49	1 ♋ 47	8 ♏ 22	8 ♏ 56	11 ♌ 45	11 ♌ 51	10 ♍ 46	26 ♉ 18	5 ♌ 54	3 ♏ 6	11 ♐ 25	9 ♎ 16	2 ♌	24 ♊	23 ♍	24 ♊	1 ♉
26	2 ♌ 46	14 ♋ 47	8 ♏ 19	8 ♏ 46	13 ♌ 42	13 ♌ 5	11 ♍ 23	26 ♉ 27	6 ♌ 2	3 ♏ 7	11 ♐ 24	9 ♎ 17	2 ♌	25 ♊	23 ♍	24 ♊	1 ♉
27	3 ♌ 43	28 ♋ 8	8 ♏ 16	8 ♏ 34	15 ♌ 36	14 ♌ 19	12 ♍ 0	26 ♉ 37	6 ♌ 10	3 ♏ 8	11 ♐ 23	9 ♎ 19	3 ♌	25 ♊	23 ♍	24 ♊	1 ♉
28	4 ♌ 41	11 ♌ 47	8 ♏ 13	8 ♏ 22	17 ♌ 29	15 ♌ 33	12 ♍ 37	26 ♉ 46	6 ♌ 17	3 ♏ 9	11 ♐ 22	9 ♎ 20	3 ♌	26 ♊	24 ♍	25 ♊	1 ♉
29	5 ♌ 38	25 ♌ 40	8 ♏ 10	8 ♏ 11	19 ♌ 20	16 ♌ 47	13 ♍ 14	26 ♉ 55	6 ♌ 25	3 ♏ 9	11 ♐ 21	9 ♎ 21	4 ♌	26 ♊	24 ♍	25 ♊	1 ♉
30	6 ♌ 35	9 ♍ 45	8 ♏ 6	8 ♏ 1	21 ♌ 10	18 ♌ 1	13 ♍ 51	27 ♉ 4	6 ♌ 33	3 ♏ 10	11 ♐ 21	9 ♎ 22	4 ♌	27 ♊	24 ♍	26 ♊	1 ♉
31	7 ♌ 33	23 ♍ 56	8 ♏ 3	7 ♏ 54	22 ♌ 58	19 ♌ 14	14 ♍ 28	27 ♉ 12	6 ♌ 41	3 ♏ 11	11 ♐ 20	9 ♎ 24	5 ♌	27 ♊	25 ♍	26 ♊	1 ♉

SUN INGRESS	☉ → ♌ 23日 02:18
MOON PHASE	◐ 5日 02:28 ♎　○ 11日 22:09 ♑　◑ 19日 15:29 ♈　● 27日 10:39 ♌

aspects		
1日	00:56	☉□♇
2日	12:14	♄□♅
3日	21:51	☿⚹♂
6日	11:45	☿△♅
9日	09:04	☿□♇
10日	07:27	♀⚹♃
12日	08:43	♂⚹♅
15日	23:50	☉☌☿
16日	19:14	☿⚹♃
17日	20:07	♀□♅
18日	00:36	☉⚹♃
19日	14:25	♀☌♄
20日	16:03	☿□♅
21日	20:39	☿☌♄
22日	20:47	♀⚹♇
23日	17:22	☿⚹♇
24日	15:29	♀△♆
24日	19:49	☿△♆
25日	03:18	☿☌♀
26日	00:52	♂□♆
26日	08:53	☉□♅
29日	22:48	☉☌♄

1976年8月

DAY	☉	☽	☊ mean	☊ true	☿	♀	♂	♃	♄	♅	♆	♇	⚳	⚴	⚵	⚶	⚷
	° ′	° ′	° ′	° ′	° ′	° ′	° ′	° ′	° ′	° ′	° ′	° ′	°	°	°	°	°
1	8 ♌ 30	8 ♎ 9	8 ♏ 0	7 R 50	24 D 44	20 D 28	15 D 6	27 D 21	6 D 48	3 D 12	11 R 19	9 D 25	5 D	28 D	25 D	26 D	1 D
2	9 ♌ 28	22 ♎ 22	7 ♏ 57	7 ♏ 48	26 ♌ 28	21 ♌ 42	15 ♍ 43	27 ♉ 30	6 ♌ 56	3 ♏ 13	11 ♐ 19	9 ♎ 26	6 ♌	28 ♊	25 ♍	27 ♊	1 ♉
3	10 ♌ 25	6 ♏ 31	7 ♏ 54	7 ♏ 47	28 ♌ 11	22 ♌ 56	16 ♍ 20	27 ♉ 38	7 ♌ 4	3 ♏ 15	11 ♐ 18	9 ♎ 28	6 ♌	29 ♊	26 ♍	27 ♊	1 ♉
4	11 ♌ 22	20 ♏ 37	7 ♏ 50	7 ♏ 47	29 ♌ 52	24 ♌ 10	16 ♍ 58	27 ♉ 46	7 ♌ 12	3 ♏ 16	11 ♐ 17	9 ♎ 29	7 ♌	0 ♋	26 ♍	28 ♊	1 ♉
5	12 ♌ 20	4 ♐ 37	7 ♏ 47	7 ♏ 46	1 ♍ 32	25 ♌ 24	17 ♍ 35	27 ♉ 54	7 ♌ 19	3 ♏ 17	11 ♐ 17	9 ♎ 31	7 ♌	0 ♋	26 ♍	28 ♊	1 ♉
6	13 ♌ 17	18 ♐ 32	7 ♏ 44	7 ♏ 43	3 ♍ 10	26 ♌ 38	18 ♍ 13	28 ♉ 2	7 ♌ 27	3 ♏ 18	11 ♐ 16	9 ♎ 32	7 ♌	1 ♋	27 ♍	28 ♊	1 R
7	14 ♌ 15	2 ♑ 20	7 ♏ 41	7 ♏ 37	4 ♍ 46	27 ♌ 52	18 ♍ 50	28 ♉ 10	7 ♌ 35	3 ♏ 20	11 ♐ 16	9 ♎ 34	8 ♌	1 ♋	27 ♍	29 ♊	1 ♉
8	15 ♌ 12	15 ♑ 59	7 ♏ 38	7 ♏ 28	6 ♍ 21	29 ♌ 5	19 ♍ 28	28 ♉ 18	7 ♌ 43	3 ♏ 21	11 ♐ 15	9 ♎ 35	8 ♌	2 ♋	27 ♍	29 ♊	1 ♉
9	16 ♌ 10	29 ♑ 28	7 ♏ 35	7 ♏ 17	7 ♍ 54	0 ♍ 19	20 ♍ 6	28 ♉ 25	7 ♌ 50	3 ♏ 22	11 ♐ 15	9 ♎ 37	9 ♌	2 ♋	28 ♍	0 ♋	1 ♉
10	17 ♌ 7	12 ♒ 43	7 ♏ 31	7 ♏ 5	9 ♍ 25	1 ♍ 33	20 ♍ 43	28 ♉ 33	7 ♌ 58	3 ♏ 24	11 ♐ 14	9 ♎ 38	9 ♌	3 ♋	28 ♍	0 ♋	1 ♉
11	18 ♌ 5	25 ♒ 43	7 ♏ 28	6 ♏ 53	10 ♍ 55	2 ♍ 47	21 ♍ 21	28 ♉ 40	8 ♌ 6	3 ♏ 25	11 ♐ 14	9 ♎ 40	10 ♌	3 ♋	28 ♍	0 ♋	1 ♉
12	19 ♌ 2	8 ♓ 27	7 ♏ 25	6 ♏ 42	12 ♍ 23	4 ♍ 1	21 ♍ 59	28 ♉ 47	8 ♌ 13	3 ♏ 27	11 ♐ 13	9 ♎ 41	10 ♌	4 ♋	29 ♍	1 ♋	1 ♉
13	20 ♌ 0	20 ♓ 54	7 ♏ 22	6 ♏ 32	13 ♍ 50	5 ♍ 15	22 ♍ 37	28 ♉ 54	8 ♌ 21	3 ♏ 29	11 ♐ 13	9 ♎ 43	11 ♌	5 ♋	29 ♍	1 ♋	1 ♉
14	20 ♌ 58	3 ♈ 7	7 ♏ 19	6 ♏ 26	15 ♍ 15	6 ♍ 28	23 ♍ 14	29 ♉ 1	8 ♌ 28	3 ♏ 30	11 ♐ 13	9 ♎ 45	11 ♌	5 ♋	29 ♍	2 ♋	1 ♉
15	21 ♌ 55	15 ♈ 8	7 ♏ 15	6 ♏ 21	16 ♍ 38	7 ♍ 42	23 ♍ 52	29 ♉ 8	8 ♌ 36	3 ♏ 32	11 ♐ 12	9 ♎ 46	11 ♌	6 ♋	0 ♎	2 ♋	1 ♉
16	22 ♌ 53	27 ♈ 0	7 ♏ 12	6 ♏ 19	17 ♍ 59	8 ♍ 56	24 ♍ 30	29 ♉ 14	8 ♌ 44	3 ♏ 34	11 ♐ 12	9 ♎ 48	12 ♌	6 ♋	0 ♎	2 ♋	1 ♉
17	23 ♌ 51	8 ♉ 48	7 ♏ 9	6 D 19	19 ♍ 19	10 ♍ 10	25 ♍ 8	29 ♉ 20	8 ♌ 51	3 ♏ 36	11 ♐ 12	9 ♎ 50	12 ♌	7 ♋	0 ♎	3 ♋	1 ♉
18	24 ♌ 48	20 ♉ 37	7 ♏ 6	6 ♏ 19	20 ♍ 36	11 ♍ 24	25 ♍ 46	29 ♉ 27	8 ♌ 59	3 ♏ 38	11 ♐ 12	9 ♎ 52	13 ♌	7 ♋	1 ♎	3 ♋	1 ♉
19	25 ♌ 46	2 ♊ 32	7 ♏ 3	6 R 19	21 ♍ 52	12 ♍ 38	26 ♍ 24	29 ♉ 33	9 ♌ 6	3 ♏ 39	11 ♐ 12	9 ♎ 54	13 ♌	8 ♋	1 ♎	3 ♋	1 ♉
20	26 ♌ 44	14 ♊ 40	7 ♏ 0	6 ♏ 18	23 ♍ 6	13 ♍ 51	27 ♍ 3	29 ♉ 39	9 ♌ 14	3 ♏ 41	11 ♐ 12	9 ♎ 55	14 ♌	9 ♋	1 ♎	4 ♋	1 ♉
21	27 ♌ 41	27 ♊ 4	6 ♏ 56	6 ♏ 14	24 ♍ 18	15 ♍ 5	27 ♍ 41	29 ♉ 44	9 ♌ 21	3 ♏ 43	11 ♐ 11	9 ♎ 57	14 ♌	9 ♋	2 ♎	4 ♋	1 ♉
22	28 ♌ 39	9 ♋ 49	6 ♏ 53	6 ♏ 8	25 ♍ 28	16 ♍ 19	28 ♍ 19	29 ♉ 50	9 ♌ 29	3 ♏ 45	11 ♐ 11	9 ♎ 59	15 ♌	10 ♋	2 ♎	5 ♋	1 ♉
23	29 ♌ 37	22 ♋ 58	6 ♏ 50	6 ♏ 0	26 ♍ 36	17 ♍ 33	28 ♍ 57	29 ♉ 55	9 ♌ 36	3 ♏ 48	11 ♐ 11	10 ♎ 1	15 ♌	10 ♋	2 ♎	5 ♋	1 ♉
24	0 ♍ 35	6 ♌ 32	6 ♏ 47	5 ♏ 50	27 ♍ 41	18 ♍ 47	29 ♍ 36	0 ♊ 0	9 ♌ 44	3 ♏ 50	11 D 11	10 ♎ 3	15 ♌	11 ♋	3 ♎	5 ♋	1 ♉
25	1 ♍ 33	20 ♌ 29	6 ♏ 44	5 ♏ 40	28 ♍ 44	20 ♍ 1	0 ♎ 14	0 ♊ 6	9 ♌ 51	3 ♏ 52	11 ♐ 11	10 ♎ 5	16 ♌	11 ♋	3 ♎	6 ♋	1 ♉
26	2 ♍ 31	4 ♍ 45	6 ♏ 41	5 ♏ 30	29 ♍ 45	21 ♍ 14	0 ♎ 52	0 ♊ 10	9 ♌ 59	3 ♏ 54	11 ♐ 11	10 ♎ 7	16 ♌	12 ♋	3 ♎	6 ♋	1 ♉
27	3 ♍ 29	19 ♍ 14	6 ♏ 37	5 ♏ 22	0 ♎ 43	22 ♍ 28	1 ♎ 31	0 ♊ 15	10 ♌ 6	3 ♏ 56	11 ♐ 12	10 ♎ 9	17 ♌	12 ♋	4 ♎	6 ♋	1 ♉
28	4 ♍ 27	3 ♎ 50	6 ♏ 34	5 ♏ 16	1 ♎ 38	23 ♍ 42	2 ♎ 9	0 ♊ 20	10 ♌ 13	3 ♏ 59	11 ♐ 12	10 ♎ 11	17 ♌	13 ♋	4 ♎	7 ♋	1 ♉
29	5 ♍ 25	18 ♎ 26	6 ♏ 31	5 ♏ 13	2 ♎ 31	24 ♍ 56	2 ♎ 48	0 ♊ 24	10 ♌ 20	4 ♏ 1	11 ♐ 12	10 ♎ 13	18 ♌	14 ♋	4 ♎	7 ♋	1 ♉
30	6 ♍ 23	2 ♏ 57	6 ♏ 28	5 ♏ 12	3 ♎ 20	26 ♍ 10	3 ♎ 27	0 ♊ 28	10 ♌ 28	4 ♏ 3	11 ♐ 12	10 ♎ 15	18 ♌	14 ♋	5 ♎	7 ♋	1 ♉
31	7 ♍ 21	17 ♏ 19	6 ♏ 25	5 D 12	4 ♎ 6	27 ♍ 24	4 ♎ 5	0 ♊ 32	10 ♌ 35	4 ♏ 6	11 ♐ 12	10 ♎ 17	19 ♌	15 ♋	5 ♎	8 ♋	1 ♉

SUN INGRESS	☉ → ♍ 23日 09:18
MOON PHASE	◐ 3日 07:06 ♏　○ 10日 08:43 ♒　◑ 18日 09:13 ♉　● 25日 20:01 ♍

aspects		
1日	23:25	☉⚹♇
2日	15:29	☿□♃
3日	21:52	☉△♆
6日	02:05	☿⚹♅
7日	06:45	♀□♃
11日	05:00	☿□♆
11日	12:48	♀⚹♅
17日	20:07	♀□♆
23日	08:18	☉□♃
24日	17:53	♂△♃
26日	11:15	☿△♃
27日	11:55	☉⚹♅
27日	12:20	♄⚹♇
30日	21:03	☿☌♂

1976年9月

DAY	☉	☽	☊ mean	☊ true	☿	♀	♂	♃	♄	♅	♆	♇	⚳	⚴	⚵	⚶	⚷
	° ′	° ′	° ′	° ′	° ′	° ′	° ′	° ′	° ′	° ′	° ′	° ′	°	°	°	°	°
1	8 ♍ 19	1 ♐ 29	6 ♏ 21	5 D 13	4 D 48	28 D 37	4 D 44	0 D 36	10 D 42	4 D 8	11 D 13	10 D 19	19 D	15 D	5 D	8 D	1 R
2	9 ♍ 17	15 ♐ 25	6 ♏ 18	5 R 13	5 ♎ 27	29 ♍ 51	5 ♎ 23	0 ♊ 39	10 ♌ 49	4 ♏ 11	11 ♐ 13	10 ♎ 21	20 ♌	16 ♋	6 ♎	8 ♋	1 ♉
3	10 ♍ 15	29 ♐ 9	6 ♏ 15	5 ♏ 11	6 ♎ 2	1 ♎ 5	6 ♎ 2	0 ♊ 43	10 ♌ 56	4 ♏ 13	11 ♐ 13	10 ♎ 23	20 ♌	16 ♋	6 ♎	9 ♋	1 ♉
4	11 ♍ 13	12 ♑ 40	6 ♏ 12	5 ♏ 7	6 ♎ 32	2 ♎ 19	6 ♎ 40	0 ♊ 46	11 ♌ 3	4 ♏ 16	11 ♐ 13	10 ♎ 25	20 ♌	17 ♋	7 ♎	9 ♋	1 ♉
5	12 ♍ 11	25 ♑ 58	6 ♏ 9	5 ♏ 1	6 ♎ 58	3 ♎ 32	7 ♎ 19	0 ♊ 49	11 ♌ 10	4 ♏ 19	11 ♐ 14	10 ♎ 27	21 ♌	17 ♋	7 ♎	10 ♋	1 ♉
6	13 ♍ 9	9 ♒ 4	6 ♏ 6	4 ♏ 53	7 ♎ 19	4 ♎ 46	7 ♎ 58	0 ♊ 52	11 ♌ 17	4 ♏ 21	11 ♐ 14	10 ♎ 29	21 ♌	18 ♋	7 ♎	10 ♋	1 ♉
7	14 ♍ 7	21 ♒ 57	6 ♏ 2	4 ♏ 45	7 ♎ 35	6 ♎ 0	8 ♎ 37	0 ♊ 55	11 ♌ 24	4 ♏ 24	11 ♐ 15	10 ♎ 31	22 ♌	19 ♋	8 ♎	10 ♋	1 ♉
8	15 ♍ 6	4 ♓ 37	5 ♏ 59	4 ♏ 36	7 ♎ 46	7 ♎ 14	9 ♎ 16	0 ♊ 57	11 ♌ 31	4 ♏ 27	11 ♐ 15	10 ♎ 33	22 ♌	19 ♋	8 ♎	11 ♋	1 ♉
9	16 ♍ 4	17 ♓ 5	5 ♏ 56	4 ♏ 27	7 ♎ 51	8 ♎ 27	9 ♎ 55	1 ♊ 0	11 ♌ 38	4 ♏ 29	11 ♐ 16	10 ♎ 36	23 ♌	20 ♋	8 ♎	11 ♋	1 ♉
10	17 ♍ 2	29 ♓ 20	5 ♏ 53	4 ♏ 21	7 R 49	9 ♎ 41	10 ♎ 34	1 ♊ 2	11 ♌ 45	4 ♏ 32	11 ♐ 16	10 ♎ 38	23 ♌	20 ♋	9 ♎	11 ♋	1 ♉
11	18 ♍ 0	11 ♈ 24	5 ♏ 50	4 ♏ 16	7 ♎ 42	10 ♎ 55	11 ♎ 14	1 ♊ 4	11 ♌ 52	4 ♏ 35	11 ♐ 17	10 ♎ 40	24 ♌	21 ♋	9 ♎	12 ♋	1 ♉
12	18 ♍ 59	23 ♈ 20	5 ♏ 47	4 ♏ 13	7 ♎ 28	12 ♎ 8	11 ♎ 53	1 ♊ 5	11 ♌ 58	4 ♏ 38	11 ♐ 18	10 ♎ 42	24 ♌	21 ♋	9 ♎	12 ♋	1 ♉
13	19 ♍ 57	5 ♉ 9	5 ♏ 43	4 D 13	7 ♎ 7	13 ♎ 22	12 ♎ 32	1 ♊ 7	12 ♌ 5	4 ♏ 41	11 ♐ 18	10 ♎ 44	24 ♌	22 ♋	10 ♎	12 ♋	1 ♉
14	20 ♍ 56	16 ♉ 56	5 ♏ 40	4 ♏ 13	6 ♎ 39	14 ♎ 36	13 ♎ 11	1 ♊ 8	12 ♌ 12	4 ♏ 44	11 ♐ 19	10 ♎ 47	25 ♌	22 ♋	10 ♎	13 ♋	1 ♉
15	21 ♍ 54	28 ♉ 44	5 ♏ 37	4 ♏ 15	6 ♎ 5	15 ♎ 49	13 ♎ 51	1 ♊ 9	12 ♌ 18	4 ♏ 47	11 ♐ 20	10 ♎ 49	25 ♌	23 ♋	10 ♎	13 ♋	1 ♉
16	22 ♍ 52	10 ♊ 39	5 ♏ 34	4 ♏ 16	5 ♎ 24	17 ♎ 3	14 ♎ 30	1 ♊ 10	12 ♌ 25	4 ♏ 50	11 ♐ 20	10 ♎ 51	26 ♌	24 ♋	11 ♎	13 ♋	1 ♉
17	23 ♍ 51	22 ♊ 45	5 ♏ 31	4 ♏ 17	4 ♎ 38	18 ♎ 17	15 ♎ 10	1 ♊ 11	12 ♌ 31	4 ♏ 53	11 ♐ 21	10 ♎ 53	26 ♌	24 ♋	11 ♎	13 ♋	1 ♉
18	24 ♍ 50	5 ♋ 8	5 ♏ 27	4 R 16	3 ♎ 45	19 ♎ 30	15 ♎ 49	1 ♊ 12	12 ♌ 38	4 ♏ 56	11 ♐ 22	10 ♎ 56	27 ♌	25 ♋	11 ♎	14 ♋	1 ♉
19	25 ♍ 48	17 ♋ 52	5 ♏ 24	4 ♏ 14	2 ♎ 48	20 ♎ 44	16 ♎ 29	1 ♊ 12	12 ♌ 44	4 ♏ 59	11 ♐ 23	10 ♎ 58	27 ♌	25 ♋	12 ♎	14 ♋	1 ♉
20	26 ♍ 47	1 ♌ 0	5 ♏ 21	4 ♏ 10	1 ♎ 47	21 ♎ 57	17 ♎ 8	1 ♊ 12	12 ♌ 51	5 ♏ 2	11 ♐ 24	11 ♎ 0	27 ♌	26 ♋	12 ♎	14 ♋	1 ♉
21	27 ♍ 45	14 ♌ 36	5 ♏ 18	4 ♏ 6	0 ♎ 43	23 ♎ 11	17 ♎ 48	1 R 12	12 ♌ 57	5 ♏ 5	11 ♐ 25	11 ♎ 2	28 ♌	26 ♋	13 ♎	15 ♋	0 ♉
22	28 ♍ 44	28 ♌ 39	5 ♏ 15	4 ♏ 0	29 ♍ 39	24 ♎ 25	18 ♎ 28	1 ♊ 12	13 ♌ 3	5 ♏ 8	11 ♐ 25	11 ♎ 5	28 ♌	27 ♋	13 ♎	15 ♋	0 ♉
23	29 ♍ 43	13 ♍ 5	5 ♏ 12	3 ♏ 55	28 ♍ 34	25 ♎ 38	19 ♎ 7	1 ♊ 11	13 ♌ 9	5 ♏ 12	11 ♐ 26	11 ♎ 7	29 ♌	27 ♋	13 ♎	15 ♋	0 ♉
24	0 ♎ 42	27 ♍ 51	5 ♏ 8	3 ♏ 50	27 ♍ 32	26 ♎ 52	19 ♎ 47	1 ♊ 10	13 ♌ 15	5 ♏ 15	11 ♐ 27	11 ♎ 9	29 ♌	28 ♋	14 ♎	16 ♋	0 ♉
25	1 ♎ 40	12 ♎ 47	5 ♏ 5	3 ♏ 47	26 ♍ 33	28 ♎ 5	20 ♎ 27	1 ♊ 10	13 ♌ 21	5 ♏ 18	11 ♐ 28	11 ♎ 12	0 ♍	28 ♋	14 ♎	16 ♋	0 ♉
26	2 ♎ 39	27 ♎ 46	5 ♏ 2	3 ♏ 46	25 ♍ 39	29 ♎ 19	21 ♎ 7	1 ♊ 9	13 ♌ 27	5 ♏ 21	11 ♐ 29	11 ♎ 14	0 ♍	29 ♋	14 ♎	16 ♋	0 ♉
27	3 ♎ 38	12 ♏ 40	4 ♏ 59	3 D 46	24 ♍ 52	0 ♏ 32	21 ♎ 47	1 ♊ 7	13 ♌ 33	5 ♏ 25	11 ♐ 31	11 ♎ 16	1 ♍	29 ♋	15 ♎	17 ♋	0 ♉
28	4 ♎ 37	27 ♏ 21	4 ♏ 56	3 ♏ 47	24 ♍ 12	1 ♏ 46	22 ♎ 27	1 ♊ 6	13 ♌ 39	5 ♏ 28	11 ♐ 32	11 ♎ 19	1 ♍	0 ♌	15 ♎	17 ♋	0 ♉
29	5 ♎ 36	11 ♐ 45	4 ♏ 52	3 ♏ 49	23 ♍ 42	2 ♏ 59	23 ♎ 7	1 ♊ 4	13 ♌ 45	5 ♏ 31	11 ♐ 33	11 ♎ 21	1 ♍	1 ♌	15 ♎	17 ♋	0 ♉
30	6 ♎ 35	25 ♐ 50	4 ♏ 49	3 ♏ 50	23 ♍ 21	4 ♏ 13	23 ♎ 47	1 ♊ 2	13 ♌ 50	5 ♏ 35	11 ♐ 34	11 ♎ 23	2 ♍	1 ♌	16 ♎	17 ♋	0 ♉

SUN INGRESS	☉ → ♎ 23日 06:48
MOON PHASE	◐ 1日 12:35 ♐ ○ 8日 21:52 ♓ ◑ 17日 02:20 ♊ ● 24日 04:55 ♎ ◐ 30日 20:12 ♑

aspects

2日	16:31	♀△♃
3日	01:21	☿☌♂
4日	00:14	☉□♆
5日	12:31	♄△♆
8日	11:31	☿☌♀
10日	02:10	♂☌♇
10日	19:04	♀☌♇
11日	02:05	♂⚹♆
11日	07:20	♀⚹♆
11日	13:12	♀☌♂
11日	20:29	♀⚹♄
12日	04:13	♂⚹♄
20日	13:17	☿△♃
22日	10:34	☉☌☿
24日	11:37	☉△♃

1976年10月

DAY	☉	☽	☊ mean	☊ true	☿	♀	♂	♃	♄	♅	♆	♇	⚳	⚴	⚵	⚶	⚷
	° ′	° ′	° ′	° ′	° ′	° ′	° ′	° ′	° ′	° ′	° ′	° ′	°	°	°	°	°
1	7 ♎ 34	9 ♑ 33	4 ♏ 46	3 R 50	23 R 10	5 D 26	24 D 27	1 R 0	13 D 56	5 D 38	11 D 35	11 D 26	2 D	2 D	16 D	18 D	0 R
2	8 ♎ 33	22 ♑ 58	4 ♏ 43	3 ♏ 49	23 D 9	6 ♏ 40	25 ♎ 8	0 ♊ 58	14 ♌ 2	5 ♏ 42	11 ♐ 36	11 ♎ 28	3 ♍	2 ♌	16 ♎	18 ♋	0 ♉
3	9 ♎ 32	6 ♒ 3	4 ♏ 40	3 ♏ 48	23 ♍ 19	7 ♏ 53	25 ♎ 48	0 ♊ 55	14 ♌ 7	5 ♏ 45	11 ♐ 38	11 ♎ 30	3 ♍	3 ♌	17 ♎	18 ♋	0 ♉
4	10 ♎ 31	18 ♒ 53	4 ♏ 37	3 ♏ 45	23 ♍ 39	9 ♏ 7	26 ♎ 28	0 ♊ 53	14 ♌ 13	5 ♏ 49	11 ♐ 39	11 ♎ 33	4 ♍	3 ♌	17 ♎	18 ♋	0 ♉
5	11 ♎ 30	1 ♓ 28	4 ♏ 33	3 ♏ 41	24 ♍ 9	10 ♏ 20	27 ♎ 8	0 ♊ 50	14 ♌ 18	5 ♏ 52	11 ♐ 40	11 ♎ 35	4 ♍	4 ♌	18 ♎	19 ♋	0 ♉
6	12 ♎ 29	13 ♓ 51	4 ♏ 30	3 ♏ 38	24 ♍ 49	11 ♏ 33	27 ♎ 49	0 ♊ 47	14 ♌ 23	5 ♏ 56	11 ♐ 42	11 ♎ 37	4 ♍	4 ♌	18 ♎	19 ♋	0 ♉
7	13 ♎ 28	26 ♓ 3	4 ♏ 27	3 ♏ 34	25 ♍ 37	12 ♏ 47	28 ♎ 29	0 ♊ 43	14 ♌ 28	5 ♏ 59	11 ♐ 43	11 ♎ 40	5 ♍	5 ♌	18 ♎	19 ♋	0 ♉
8	14 ♎ 28	8 ♈ 6	4 ♏ 24	3 ♏ 32	26 ♍ 32	14 ♏ 0	29 ♎ 10	0 ♊ 40	14 ♌ 34	6 ♏ 3	11 ♐ 44	11 ♎ 42	5 ♍	5 ♌	19 ♎	20 ♋	0 ♉
9	15 ♎ 27	20 ♈ 2	4 ♏ 21	3 ♏ 30	27 ♍ 35	15 ♏ 14	29 ♎ 50	0 ♊ 36	14 ♌ 39	6 ♏ 6	11 ♐ 46	11 ♎ 44	6 ♍	6 ♌	19 ♎	20 ♋	0 ♉
10	16 ♎ 26	1 ♉ 52	4 ♏ 18	3 ♏ 30	28 ♍ 45	16 ♏ 27	0 ♏ 31	0 ♊ 32	14 ♌ 44	6 ♏ 10	11 ♐ 47	11 ♎ 47	6 ♍	6 ♌	19 ♎	20 ♋	0 ♉
11	17 ♎ 25	13 ♉ 40	4 ♏ 14	3 D 30	0 ♎ 0	17 ♏ 40	1 ♏ 12	0 ♊ 28	14 ♌ 48	6 ♏ 13	11 ♐ 49	11 ♎ 49	7 ♍	7 ♌	20 ♎	20 ♋	0 ♉
12	18 ♎ 25	25 ♉ 27	4 ♏ 11	3 ♏ 31	1 ♎ 20	18 ♏ 53	1 ♏ 52	0 ♊ 24	14 ♌ 53	6 ♏ 17	11 ♐ 50	11 ♎ 51	7 ♍	7 ♌	20 ♎	20 ♋	0 ♉
13	19 ♎ 24	7 ♊ 17	4 ♏ 8	3 ♏ 32	2 ♎ 45	20 ♏ 7	2 ♏ 33	0 ♊ 20	14 ♌ 58	6 ♏ 21	11 ♐ 52	11 ♎ 54	7 ♍	8 ♌	20 ♎	21 ♋	0 ♉
14	20 ♎ 23	19 ♊ 13	4 ♏ 5	3 ♏ 34	4 ♎ 13	21 ♏ 20	3 ♏ 14	0 ♊ 15	15 ♌ 3	6 ♏ 24	11 ♐ 53	11 ♎ 56	8 ♍	8 ♌	21 ♎	21 ♋	0 ♉
15	21 ♎ 23	1 ♋ 19	4 ♏ 2	3 ♏ 35	5 ♎ 44	22 ♏ 33	3 ♏ 55	0 ♊ 11	15 ♌ 7	6 ♏ 28	11 ♐ 55	11 ♎ 58	8 ♍	9 ♌	21 ♎	21 ♋	29 ♈
16	22 ♎ 22	13 ♋ 40	3 ♏ 58	3 ♏ 35	7 ♎ 18	23 ♏ 46	4 ♏ 36	0 ♊ 6	15 ♌ 12	6 ♏ 32	11 ♐ 56	12 ♎ 1	9 ♍	9 ♌	21 ♎	21 ♋	29 ♈
17	23 ♎ 22	26 ♋ 20	3 ♏ 55	3 R 36	8 ♎ 54	25 ♏ 0	5 ♏ 17	0 ♊ 1	15 ♌ 16	6 ♏ 35	11 ♐ 58	12 ♎ 3	9 ♍	10 ♌	22 ♎	22 ♋	29 ♈
18	24 ♎ 21	9 ♌ 22	3 ♏ 52	3 ♏ 35	10 ♎ 32	26 ♏ 13	5 ♏ 58	29 ♉ 55	15 ♌ 20	6 ♏ 39	12 ♐ 0	12 ♎ 5	10 ♍	10 ♌	22 ♎	22 ♋	29 ♈
19	25 ♎ 21	22 ♌ 51	3 ♏ 49	3 ♏ 35	12 ♎ 11	27 ♏ 26	6 ♏ 39	29 ♉ 50	15 ♌ 25	6 ♏ 43	12 ♐ 1	12 ♎ 8	10 ♍	11 ♌	23 ♎	22 ♋	29 ♈
20	26 ♎ 21	6 ♍ 47	3 ♏ 46	3 ♏ 34	13 ♎ 50	28 ♏ 39	7 ♏ 20	29 ♉ 44	15 ♌ 29	6 ♏ 46	12 ♐ 3	12 ♎ 10	10 ♍	11 ♌	23 ♎	22 ♋	29 ♈
21	27 ♎ 20	21 ♍ 9	3 ♏ 43	3 ♏ 33	15 ♎ 31	29 ♏ 52	8 ♏ 1	29 ♉ 39	15 ♌ 33	6 ♏ 50	12 ♐ 5	12 ♎ 12	11 ♍	12 ♌	23 ♎	22 ♋	29 ♈
22	28 ♎ 20	5 ♎ 55	3 ♏ 39	3 ♏ 32	17 ♎ 12	1 ♐ 5	8 ♏ 42	29 ♉ 33	15 ♌ 37	6 ♏ 54	12 ♐ 7	12 ♎ 14	11 ♍	12 ♌	24 ♎	23 ♋	29 ♈
23	29 ♎ 20	20 ♎ 58	3 ♏ 36	3 ♏ 32	18 ♎ 53	2 ♐ 18	9 ♏ 24	29 ♉ 27	15 ♌ 41	6 ♏ 58	12 ♐ 8	12 ♎ 17	12 ♍	13 ♌	24 ♎	23 ♋	29 ♈
24	0 ♏ 20	6 ♏ 9	3 ♏ 33	3 D 32	20 ♎ 35	3 ♐ 32	10 ♏ 5	29 ♉ 21	15 ♌ 44	7 ♏ 1	12 ♐ 10	12 ♎ 19	12 ♍	13 ♌	24 ♎	23 ♋	29 ♈
25	1 ♏ 19	21 ♏ 20	3 ♏ 30	3 ♏ 32	22 ♎ 17	4 ♐ 45	10 ♏ 46	29 ♉ 14	15 ♌ 48	7 ♏ 5	12 ♐ 12	12 ♎ 21	12 ♍	13 ♌	25 ♎	23 ♋	29 ♈
26	2 ♏ 19	6 ♐ 20	3 ♏ 27	3 ♏ 32	23 ♎ 58	5 ♐ 58	11 ♏ 28	29 ♉ 8	15 ♌ 52	7 ♏ 9	12 ♐ 14	12 ♎ 24	13 ♍	14 ♌	25 ♎	23 ♋	29 ♈
27	3 ♏ 19	21 ♐ 2	3 ♏ 23	3 ♏ 32	25 ♎ 39	7 ♐ 11	12 ♏ 9	29 ♉ 1	15 ♌ 55	7 ♏ 13	12 ♐ 16	12 ♎ 26	13 ♍	14 ♌	25 ♎	24 ♋	29 ♈
28	4 ♏ 19	5 ♑ 22	3 ♏ 20	3 R 32	27 ♎ 20	8 ♐ 24	12 ♏ 51	28 ♉ 54	15 ♌ 59	7 ♏ 16	12 ♐ 17	12 ♎ 28	14 ♍	15 ♌	26 ♎	24 ♋	29 ♈
29	5 ♏ 19	19 ♑ 15	3 ♏ 17	3 ♏ 32	29 ♎ 1	9 ♐ 37	13 ♏ 33	28 ♉ 48	16 ♌ 2	7 ♏ 20	12 ♐ 19	12 ♎ 30	14 ♍	15 ♌	26 ♎	24 ♋	29 ♈
30	6 ♏ 19	2 ♒ 43	3 ♏ 14	3 ♏ 32	0 ♏ 42	10 ♐ 50	14 ♏ 14	28 ♉ 41	16 ♌ 5	7 ♏ 24	12 ♐ 21	12 ♎ 32	14 ♍	16 ♌	26 ♎	24 ♋	29 ♈
31	7 ♏ 19	15 ♒ 46	3 ♏ 11	3 D 32	2 ♏ 22	12 ♐ 3	14 ♏ 56	28 ♉ 34	16 ♌ 8	7 ♏ 28	12 ♐ 23	12 ♎ 35	15 ♍	16 ♌	27 ♎	24 ♋	29 ♈

SUN INGRESS	☉ → ♏ 23日 15:58
MOON PHASE	○ 8日 13:55 ♈ ◑ 16日 17:59 ♋ ● 23日 14:10 ♎ ◐ 30日 07:05 ♒

aspects

1日	04:05	♀☌♅
5日	02:06	☉☌♇
5日	04:16	☉⚹♆
8日	02:41	☉⚹♄
8日	11:43	♀□♄
10日	15:48	♆⚹♇
11日	08:11	☿△♃
18日	21:46	☿⚹♆
18日	23:17	☿☌♇
19日	02:32	♂☌♅
20日	19:52	♀☍♃
21日	00:29	☿⚹♄
31日	03:48	☉☌♅
31日	06:57	♀☌♆
31日	10:51	♀⚹♇

1976年11月

DAY	☉	☽	☊		☿	♀	♂	♃	♄	♅	♆	♇	⚳	⚴	⚵	⚶	⚷
			mean	true													
	° ′	° ′	° ′	° ′	° ′	° ′	° ′	° ′	° ′	° ′	° ′	° ′	°	°	°	°	°
1	8 ♏ 19	28 ♒ 29	3 ♏ 8	3 D 32	4 D 1	13 D 15	15 D 38	28 R 26	16 D 11	7 D 31	12 D 25	12 D 37	15 D	17 D	27 D	24 D	29 R
2	9 ♏ 19	10 ♓ 54	3 ♏ 4	3 ♏ 33	5 ♏ 41	14 ♐ 28	16 ♏ 19	28 ♉ 19	16 ♌ 14	7 ♏ 35	12 ♐ 27	12 ♎ 39	16 ♍	17 ♌	27 ♎	24 ♋	29 ♈
3	10 ♏ 19	23 ♓ 5	3 ♏ 1	3 ♏ 34	7 ♏ 20	15 ♐ 41	17 ♏ 1	28 ♉ 12	16 ♌ 17	7 ♏ 39	12 ♐ 29	12 ♎ 41	16 ♍	17 ♌	28 ♎	25 ♋	29 ♈
4	11 ♏ 19	5 ♈ 6	2 ♏ 58	3 ♏ 34	8 ♏ 58	16 ♐ 54	17 ♏ 43	28 ♉ 4	16 ♌ 20	7 ♏ 43	12 ♐ 31	12 ♎ 43	16 ♍	18 ♌	28 ♎	25 ♋	29 ♈
5	12 ♏ 19	17 ♈ 0	2 ♏ 55	3 ♏ 35	10 ♏ 36	18 ♐ 7	18 ♏ 25	27 ♉ 57	16 ♌ 22	7 ♏ 46	12 ♐ 33	12 ♎ 45	17 ♍	18 ♌	29 ♎	25 ♋	28 ♈
6	13 ♏ 19	28 ♈ 49	2 ♏ 52	3 ♏ 35	12 ♏ 14	19 ♐ 19	19 ♏ 7	27 ♉ 49	16 ♌ 25	7 ♏ 50	12 ♐ 35	12 ♎ 47	17 ♍	19 ♌	29 ♎	25 ♋	28 ♈
7	14 ♏ 19	10 ♉ 37	2 ♏ 49	3 R 35	13 ♏ 51	20 ♐ 32	19 ♏ 49	27 ♉ 41	16 ♌ 27	7 ♏ 54	12 ♐ 37	12 ♎ 49	18 ♍	19 ♌	29 ♎	25 ♋	28 ♈
8	15 ♏ 20	22 ♉ 25	2 ♏ 45	3 ♏ 35	15 ♏ 28	21 ♐ 45	20 ♏ 31	27 ♉ 33	16 ♌ 29	7 ♏ 58	12 ♐ 39	12 ♎ 52	18 ♍	19 ♌	0 ♏	25 ♋	28 ♈
9	16 ♏ 20	4 ♊ 16	2 ♏ 42	3 ♏ 33	17 ♏ 4	22 ♐ 57	21 ♏ 13	27 ♉ 26	16 ♌ 32	8 ♏ 1	12 ♐ 41	12 ♎ 54	18 ♍	20 ♌	0 ♏	25 ♋	28 ♈
10	17 ♏ 20	16 ♊ 12	2 ♏ 39	3 ♏ 32	18 ♏ 40	24 ♐ 10	21 ♏ 56	27 ♉ 18	16 ♌ 34	8 ♏ 5	12 ♐ 43	12 ♎ 56	19 ♍	20 ♌	0 ♏	25 ♋	28 ♈
11	18 ♏ 20	28 ♊ 15	2 ♏ 36	3 ♏ 29	20 ♏ 16	25 ♐ 23	22 ♏ 38	27 ♉ 10	16 ♌ 36	8 ♏ 9	12 ♐ 45	12 ♎ 58	19 ♍	21 ♌	1 ♏	25 ♋	28 ♈
12	19 ♏ 21	10 ♋ 27	2 ♏ 33	3 ♏ 27	21 ♏ 51	26 ♐ 35	23 ♏ 20	27 ♉ 2	16 ♌ 37	8 ♏ 13	12 ♐ 47	13 ♎ 0	20 ♍	21 ♌	1 ♏	26 ♋	28 ♈
13	20 ♏ 21	22 ♋ 51	2 ♏ 29	3 ♏ 25	23 ♏ 26	27 ♐ 48	24 ♏ 3	26 ♉ 54	16 ♌ 39	8 ♏ 16	12 ♐ 50	13 ♎ 2	20 ♍	21 ♌	1 ♏	26 ♋	28 ♈
14	21 ♏ 22	5 ♌ 31	2 ♏ 26	3 ♏ 23	25 ♏ 1	29 ♐ 0	24 ♏ 45	26 ♉ 45	16 ♌ 41	8 ♏ 20	12 ♐ 52	13 ♎ 4	20 ♍	22 ♌	2 ♏	26 ♋	28 ♈
15	22 ♏ 22	18 ♌ 29	2 ♏ 23	3 ♏ 22	26 ♏ 36	0 ♑ 12	25 ♏ 28	26 ♉ 37	16 ♌ 42	8 ♏ 24	12 ♐ 54	13 ♎ 5	21 ♍	22 ♌	2 ♏	26 ♋	28 ♈
16	23 ♏ 22	1 ♍ 48	2 ♏ 20	3 D 23	28 ♏ 10	1 ♑ 25	26 ♏ 10	26 ♉ 29	16 ♌ 44	8 ♏ 27	12 ♐ 56	13 ♎ 7	21 ♍	23 ♌	2 ♏	26 ♋	28 ♈
17	24 ♏ 23	15 ♍ 32	2 ♏ 17	3 ♏ 24	29 ♏ 44	2 ♑ 37	26 ♏ 53	26 ♉ 21	16 ♌ 45	8 ♏ 31	12 ♐ 58	13 ♎ 9	22 ♍	23 ♌	3 ♏	26 ♋	28 ♈
18	25 ♏ 23	29 ♍ 39	2 ♏ 14	3 ♏ 25	1 ♐ 17	3 ♑ 49	27 ♏ 35	26 ♉ 13	16 ♌ 46	8 ♏ 35	13 ♐ 0	13 ♎ 11	22 ♍	23 ♌	3 ♏	26 ♋	28 ♈
19	26 ♏ 24	14 ♎ 11	2 ♏ 10	3 ♏ 26	2 ♐ 51	5 ♑ 2	28 ♏ 18	26 ♉ 5	16 ♌ 47	8 ♏ 38	13 ♐ 2	13 ♎ 13	22 ♍	24 ♌	3 ♏	26 ♋	28 ♈
20	27 ♏ 25	29 ♎ 2	2 ♏ 7	3 ♏ 27	4 ♐ 24	6 ♑ 14	29 ♏ 1	25 ♉ 56	16 ♌ 48	8 ♏ 42	13 ♐ 5	13 ♎ 15	23 ♍	24 ♌	4 ♏	26 ♋	28 ♈
21	28 ♏ 25	14 ♏ 8	2 ♏ 4	3 R 27	5 ♐ 57	7 ♑ 26	29 ♏ 44	25 ♉ 48	16 ♌ 49	8 ♏ 46	13 ♐ 7	13 ♎ 17	23 ♍	24 ♌	4 ♏	26 ♋	28 ♈
22	29 ♏ 26	29 ♏ 19	2 ♏ 1	3 ♏ 25	7 ♐ 30	8 ♑ 38	0 ♐ 26	25 ♉ 40	16 ♌ 50	8 ♏ 49	13 ♐ 9	13 ♎ 18	23 ♍	25 ♌	4 ♏	26 ♋	28 ♈
23	0 ♐ 26	14 ♐ 27	1 ♏ 58	3 ♏ 22	9 ♐ 3	9 ♑ 50	1 ♐ 9	25 ♉ 32	16 ♌ 51	8 ♏ 53	13 ♐ 11	13 ♎ 20	24 ♍	25 ♌	5 ♏	26 R	28 ♈
24	1 ♐ 27	29 ♐ 21	1 ♏ 55	3 ♏ 18	10 ♐ 35	11 ♑ 2	1 ♐ 52	25 ♉ 24	16 ♌ 51	8 ♏ 56	13 ♐ 13	13 ♎ 22	24 ♍	25 ♌	5 ♏	26 ♋	28 ♈
25	2 ♐ 28	13 ♑ 53	1 ♏ 51	3 ♏ 14	12 ♐ 8	12 ♑ 14	2 ♐ 35	25 ♉ 16	16 ♌ 52	9 ♏ 0	13 ♐ 16	13 ♎ 24	24 ♍	26 ♌	5 ♏	26 ♋	28 ♈
26	3 ♐ 28	27 ♑ 59	1 ♏ 48	3 ♏ 10	13 ♐ 40	13 ♑ 26	3 ♐ 18	25 ♉ 8	16 ♌ 52	9 ♏ 3	13 ♐ 18	13 ♎ 25	25 ♍	26 ♌	6 ♏	26 ♋	28 ♈
27	4 ♐ 29	11 ♒ 36	1 ♏ 45	3 ♏ 6	15 ♐ 12	14 ♑ 38	4 ♐ 2	25 ♉ 0	16 ♌ 52	9 ♏ 7	13 ♐ 20	13 ♎ 27	25 ♍	26 ♌	6 ♏	26 ♋	28 ♈
28	5 ♐ 30	24 ♒ 45	1 ♏ 42	3 ♏ 4	16 ♐ 44	15 ♑ 50	4 ♐ 45	24 ♉ 52	16 ♌ 52	9 ♏ 10	13 ♐ 22	13 ♎ 29	25 ♍	26 ♌	6 ♏	26 ♋	28 ♈
29	6 ♐ 31	7 ♓ 29	1 ♏ 39	3 D 4	18 ♐ 16	17 ♑ 2	5 ♐ 28	24 ♉ 44	16 R 52	9 ♏ 14	13 ♐ 25	13 ♎ 30	26 ♍	27 ♌	7 ♏	26 ♋	28 ♈
30	7 ♐ 32	19 ♓ 52	1 ♏ 35	3 ♏ 5	19 ♐ 47	18 ♑ 13	6 ♐ 11	24 ♉ 36	16 ♌ 52	9 ♏ 17	13 ♐ 27	13 ♎ 32	26 ♍	27 ♌	7 ♏	26 ♋	27 ♈

SUN INGRESS	☉ → ♐ 22日 13:21
MOON PHASE	○ 7日 08:15 ♉　◑ 15日 07:39 ♌　● 22日 00:11 ♏　◐ 28日 21:59 ♓

aspects		
1日	20:45	♂□♄
3日	04:55	☿☌♅
3日	12:16	♀△♄
7日	18:44	☉☌☿
8日	15:43	☿□♄
9日	04:50	☉□♄
13日	16:39	☿☌♂
15日	00:25	☿☍♃
16日	09:00	♂☍♃
18日	17:16	☉☍♃
22日	03:50	♀⚹♅
25日	10:20	☉☌♂
25日	18:06	☿☌♆
25日	20:06	☿⚹♇
25日	23:41	♀□♇
28日	02:09	☿△♄

1976年12月

DAY	☉	☽	☊		☿	♀	♂	♃	♄	♅	♆	♇	⚳	⚴	⚵	⚶	⚷
			mean	true													
	° ′	° ′	° ′	° ′	° ′	° ′	° ′	° ′	° ′	° ′	° ′	° ′	°	°	°	°	°
1	8 ♐ 32	1 ♈ 59	1 ♏ 32	3 D 6	21 D 18	19 D 25	6 D 54	24 R 28	16 R 52	9 D 21	13 D 29	13 D 33	27 D	27 D	7 D	26 R	27 R
2	9 ♐ 33	13 ♈ 55	1 ♏ 29	3 ♏ 8	22 ♐ 50	20 ♑ 36	7 ♐ 38	24 ♉ 21	16 ♌ 51	9 ♏ 24	13 ♐ 31	13 ♎ 35	27 ♍	27 ♌	8 ♏	26 ♋	27 ♈
3	10 ♐ 34	25 ♈ 44	1 ♏ 26	3 ♏ 9	24 ♐ 20	21 ♑ 48	8 ♐ 21	24 ♉ 13	16 ♌ 51	9 ♏ 27	13 ♐ 34	13 ♎ 36	27 ♍	28 ♌	8 ♏	26 ♋	27 ♈
4	11 ♐ 35	7 ♉ 30	1 ♏ 23	3 R 10	25 ♐ 51	22 ♑ 59	9 ♐ 5	24 ♉ 6	16 ♌ 50	9 ♏ 31	13 ♐ 36	13 ♎ 38	28 ♍	28 ♌	8 ♏	25 ♋	27 ♈
5	12 ♐ 36	19 ♉ 18	1 ♏ 20	3 ♏ 8	27 ♐ 21	24 ♑ 11	9 ♐ 48	23 ♉ 58	16 ♌ 50	9 ♏ 34	13 ♐ 38	13 ♎ 39	28 ♍	28 ♌	9 ♏	25 ♋	27 ♈
6	13 ♐ 37	1 ♊ 10	1 ♏ 16	3 ♏ 4	28 ♐ 51	25 ♑ 22	10 ♐ 32	23 ♉ 51	16 ♌ 49	9 ♏ 37	13 ♐ 40	13 ♎ 41	28 ♍	28 ♌	9 ♏	25 ♋	27 ♈
7	14 ♐ 37	13 ♊ 8	1 ♏ 13	2 ♏ 59	0 ♑ 20	26 ♑ 33	11 ♐ 15	23 ♉ 44	16 ♌ 48	9 ♏ 41	13 ♐ 43	13 ♎ 42	29 ♍	29 ♌	9 ♏	25 ♋	27 ♈
8	15 ♐ 38	25 ♊ 14	1 ♏ 10	2 ♏ 52	1 ♑ 49	27 ♑ 44	11 ♐ 59	23 ♉ 37	16 ♌ 47	9 ♏ 44	13 ♐ 45	13 ♎ 44	29 ♍	29 ♌	10 ♏	25 ♋	27 ♈
9	16 ♐ 39	7 ♋ 30	1 ♏ 7	2 ♏ 43	3 ♑ 17	28 ♑ 55	12 ♐ 43	23 ♉ 30	16 ♌ 46	9 ♏ 47	13 ♐ 47	13 ♎ 45	29 ♍	29 ♌	10 ♏	25 ♋	27 ♈
10	17 ♐ 40	19 ♋ 55	1 ♏ 4	2 ♏ 35	4 ♑ 45	0 ♒ 6	13 ♐ 26	23 ♉ 23	16 ♌ 44	9 ♏ 50	13 ♐ 50	13 ♎ 46	29 ♍	29 ♌	10 ♏	25 ♋	27 ♈
11	18 ♐ 41	2 ♌ 32	1 ♏ 1	2 ♏ 27	6 ♑ 11	1 ♒ 17	14 ♐ 10	23 ♉ 17	16 ♌ 43	9 ♏ 53	13 ♐ 52	13 ♎ 47	0 ♎	29 ♌	11 ♏	25 ♋	27 ♈
12	19 ♐ 42	15 ♌ 21	0 ♏ 57	2 ♏ 20	7 ♑ 37	2 ♒ 27	14 ♐ 54	23 ♉ 10	16 ♌ 42	9 ♏ 57	13 ♐ 54	13 ♎ 49	0 ♎	0 ♍	11 ♏	25 ♋	27 ♈
13	20 ♐ 43	28 ♌ 23	0 ♏ 54	2 ♏ 15	9 ♑ 1	3 ♒ 38	15 ♐ 38	23 ♉ 4	16 ♌ 40	10 ♏ 0	13 ♐ 56	13 ♎ 50	0 ♎	0 ♍	11 ♏	24 ♋	27 ♈
14	21 ♐ 44	11 ♍ 41	0 ♏ 51	2 ♏ 13	10 ♑ 24	4 ♒ 48	16 ♐ 22	22 ♉ 57	16 ♌ 38	10 ♏ 3	13 ♐ 59	13 ♎ 51	1 ♎	0 ♍	12 ♏	24 ♋	27 ♈
15	22 ♐ 45	25 ♍ 16	0 ♏ 48	2 D 12	11 ♑ 46	5 ♒ 59	17 ♐ 6	22 ♉ 51	16 ♌ 36	10 ♏ 6	14 ♐ 1	13 ♎ 52	1 ♎	0 ♍	12 ♏	24 ♋	27 ♈
16	23 ♐ 46	9 ♎ 10	0 ♏ 45	2 ♏ 13	13 ♑ 5	7 ♒ 9	17 ♐ 50	22 ♉ 45	16 ♌ 35	10 ♏ 9	14 ♐ 3	13 ♎ 53	1 ♎	0 ♍	12 ♏	24 ♋	27 ♈
17	24 ♐ 47	23 ♎ 22	0 ♏ 41	2 ♏ 14	14 ♑ 22	8 ♒ 19	18 ♐ 34	22 ♉ 39	16 ♌ 33	10 ♏ 12	14 ♐ 5	13 ♎ 54	2 ♎	0 ♍	12 ♏	24 ♋	27 ♈
18	25 ♐ 48	7 ♏ 52	0 ♏ 38	2 R 14	15 ♑ 36	9 ♒ 29	19 ♐ 18	22 ♉ 34	16 ♌ 30	10 ♏ 15	14 ♐ 8	13 ♎ 55	2 ♎	0 ♍	13 ♏	24 ♋	27 ♈
19	26 ♐ 50	22 ♏ 37	0 ♏ 35	2 ♏ 12	16 ♑ 47	10 ♒ 39	20 ♐ 3	22 ♉ 28	16 ♌ 28	10 ♏ 18	14 ♐ 10	13 ♎ 56	2 ♎	1 ♍	13 ♏	23 ♋	27 ♈
20	27 ♐ 51	7 ♐ 31	0 ♏ 32	2 ♏ 8	17 ♑ 55	11 ♒ 49	20 ♐ 47	22 ♉ 23	16 ♌ 26	10 ♏ 20	14 ♐ 12	13 ♎ 57	2 ♎	1 ♍	13 ♏	23 ♋	27 ♈
21	28 ♐ 52	22 ♐ 27	0 ♏ 29	2 ♏ 1	18 ♑ 58	12 ♒ 58	21 ♐ 31	22 ♉ 18	16 ♌ 23	10 ♏ 23	14 ♐ 14	13 ♎ 58	3 ♎	1 ♍	14 ♏	23 ♋	27 ♈
22	29 ♐ 53	7 ♑ 15	0 ♏ 26	1 ♏ 53	19 ♑ 56	14 ♒ 8	22 ♐ 15	22 ♉ 13	16 ♌ 21	10 ♏ 26	14 ♐ 16	13 ♎ 59	3 ♎	1 ♍	14 ♏	23 ♋	27 ♈
23	0 ♑ 54	21 ♑ 48	0 ♏ 22	1 ♏ 43	20 ♑ 48	15 ♒ 17	23 ♐ 0	22 ♉ 8	16 ♌ 18	10 ♏ 29	14 ♐ 19	14 ♎ 0	3 ♎	1 ♍	14 ♏	23 ♋	27 ♈
24	1 ♑ 55	5 ♒ 58	0 ♏ 19	1 ♏ 33	21 ♑ 35	16 ♒ 27	23 ♐ 44	22 ♉ 3	16 ♌ 16	10 ♏ 31	14 ♐ 21	14 ♎ 1	4 ♎	1 ♍	15 ♏	22 ♋	27 ♈
25	2 ♑ 56	19 ♒ 41	0 ♏ 16	1 ♏ 24	22 ♑ 13	17 ♒ 36	24 ♐ 29	21 ♉ 59	16 ♌ 13	10 ♏ 34	14 ♐ 23	14 ♎ 2	4 ♎	1 ♍	15 ♏	22 ♋	27 ♈
26	3 ♑ 57	2 ♓ 56	0 ♏ 13	1 ♏ 17	22 ♑ 44	18 ♒ 45	25 ♐ 13	21 ♉ 54	16 ♌ 10	10 ♏ 37	14 ♐ 25	14 ♎ 3	4 ♎	1 ♍	15 ♏	22 ♋	27 ♈
27	4 ♑ 59	15 ♓ 45	0 ♏ 10	1 ♏ 13	23 ♑ 6	19 ♒ 54	25 ♐ 58	21 ♉ 50	16 ♌ 7	10 ♏ 39	14 ♐ 27	14 ♎ 3	4 ♎	1 ♍	15 ♏	22 ♋	27 ♈
28	6 ♑ 0	28 ♓ 11	0 ♏ 7	1 ♏ 11	23 ♑ 17	21 ♒ 2	26 ♐ 42	21 ♉ 46	16 ♌ 4	10 ♏ 42	14 ♐ 29	14 ♎ 4	5 ♎	1 ♍	16 ♏	21 ♋	27 ♈
29	7 ♑ 1	10 ♈ 20	0 ♏ 3	1 D 11	23 R 18	22 ♒ 11	27 ♐ 27	21 ♉ 43	16 ♌ 1	10 ♏ 44	14 ♐ 32	14 ♎ 5	5 ♎	1 R	16 ♏	21 ♋	27 ♈
30	8 ♑ 2	22 ♈ 15	0 ♏ 0	1 ♏ 11	23 ♑ 7	23 ♒ 19	28 ♐ 12	21 ♉ 39	15 ♌ 57	10 ♏ 47	14 ♐ 34	14 ♎ 5	5 ♎	1 ♍	16 ♏	21 ♋	27 ♈
31	9 ♑ 3	4 ♉ 3	29 ♎ 57	1 R 12	22 ♑ 44	24 ♒ 27	28 ♐ 57	21 ♉ 36	15 ♌ 54	10 ♏ 49	14 ♐ 36	14 ♎ 6	5 ♎	1 ♍	17 ♏	21 ♋	27 ♈

SUN INGRESS	☉ → ♑ 22日 02:35
MOON PHASE	○ 7日 03:15 ♊　◑ 14日 19:14 ♍　● 21日 11:08 ♐　◐ 28日 16:48 ♈

aspects		
4日	20:18	♀△♃
6日	01:36	☉☌♆
6日	01:41	☉⚹♇
6日	07:20	♆⚹♇
9日	02:26	☉△♄
10日	11:06	♂⚹♇
10日	13:20	♂☌♆
13日	17:30	☿⚹♅
14日	08:31	♂△♄
16日	15:15	☿□♇
18日	16:20	♀□♅
21日	20:57	♀△♇
22日	02:59	♀⚹♆
23日	20:17	♀☍♄
24日	15:16	☿△♃
28日	14:35	♀□♃

1977年1月

DAY	☉	☽	☊		☿	♀	♂	♃	♄	♅	♆	♇	⚳	⚴	⚵	⚶	⚷
			mean	true													
	° ′	° ′	° ′	° ′	° ′	° ′	° ′	° ′	° ′	° ′	° ′	° ′	°	°	°	°	°
1	10 ♑ 4	15 ♉ 50	29 ♎ 54	1 R 10	22 R 10	25 D 35	29 D 41	21 R 33	15 R 51	10 D 52	14 D 38	14 D 7	6 D	1 R	17 D	20 R	27 R
2	11 ♑ 6	27 ♉ 40	29 ♎ 51	1 ♏ 7	21 ♑ 24	26 ♒ 43	0 ♑ 26	21 ♉ 30	15 ♌ 47	10 ♏ 54	14 ♐ 40	14 ♎ 7	6 ♎	1 ♍	17 ♏	20 ♋	27 ♈
3	12 ♑ 7	9 ♊ 36	29 ♎ 47	1 ♏ 1	20 ♑ 28	27 ♒ 51	1 ♑ 11	21 ♉ 27	15 ♌ 43	10 ♏ 56	14 ♐ 42	14 ♎ 8	6 ♎	1 ♍	17 ♏	20 ♋	27 ♈
4	13 ♑ 8	21 ♊ 42	29 ♎ 44	0 ♏ 52	19 ♑ 22	28 ♒ 58	1 ♑ 56	21 ♉ 24	15 ♌ 40	10 ♏ 58	14 ♐ 44	14 ♎ 8	6 ♎	1 ♍	18 ♏	20 ♋	27 ♈
5	14 ♑ 9	4 ♋ 1	29 ♎ 41	0 ♏ 40	18 ♑ 9	0 ♓ 5	2 ♑ 41	21 ♉ 22	15 ♌ 36	11 ♏ 1	14 ♐ 46	14 ♎ 9	6 ♎	1 ♍	18 ♏	19 ♋	27 ♈
6	15 ♑ 10	16 ♋ 32	29 ♎ 38	0 ♏ 27	16 ♑ 51	1 ♓ 12	3 ♑ 26	21 ♉ 20	15 ♌ 32	11 ♏ 3	14 ♐ 48	14 ♎ 9	7 ♎	0 ♍	18 ♏	19 ♋	27 ♈
7	16 ♑ 11	29 ♋ 16	29 ♎ 35	0 ♏ 14	15 ♑ 30	2 ♓ 19	4 ♑ 11	21 ♉ 18	15 ♌ 28	11 ♏ 5	14 ♐ 50	14 ♎ 9	7 ♎	0 ♍	19 ♏	19 ♋	27 ♈
8	17 ♑ 12	12 ♌ 13	29 ♎ 32	0 ♏ 1	14 ♑ 10	3 ♓ 25	4 ♑ 56	21 ♉ 16	15 ♌ 24	11 ♏ 7	14 ♐ 52	14 ♎ 10	7 ♎	0 ♍	19 ♏	19 ♋	27 D
9	18 ♑ 13	25 ♌ 22	29 ♎ 28	29 ♎ 50	12 ♑ 52	4 ♓ 31	5 ♑ 41	21 ♉ 15	15 ♌ 20	11 ♏ 9	14 ♐ 54	14 ♎ 10	7 ♎	0 ♍	19 ♏	18 ♋	27 ♈
10	19 ♑ 15	8 ♍ 41	29 ♎ 25	29 ♎ 42	11 ♑ 39	5 ♓ 37	6 ♑ 26	21 ♉ 13	15 ♌ 16	11 ♏ 11	14 ♐ 56	14 ♎ 10	7 ♎	0 ♍	19 ♏	18 ♋	27 ♈
11	20 ♑ 16	22 ♍ 10	29 ♎ 22	29 ♎ 36	10 ♑ 33	6 ♓ 43	7 ♑ 12	21 ♉ 12	15 ♌ 12	11 ♏ 13	14 ♐ 58	14 ♎ 10	8 ♎	0 ♍	20 ♏	18 ♋	27 ♈
12	21 ♑ 17	5 ♎ 49	29 ♎ 19	29 ♎ 34	9 ♑ 35	7 ♓ 48	7 ♑ 57	21 ♉ 11	15 ♌ 8	11 ♏ 15	15 ♐ 0	14 ♎ 11	8 ♎	0 ♍	20 ♏	18 ♋	27 ♈
13	22 ♑ 18	19 ♎ 39	29 ♎ 16	29 ♎ 33	8 ♑ 47	8 ♓ 54	8 ♑ 42	21 ♉ 11	15 ♌ 4	11 ♏ 17	15 ♐ 2	14 ♎ 11	8 ♎	0 ♍	20 ♏	17 ♋	27 ♈
14	23 ♑ 19	3 ♏ 40	29 ♎ 13	29 ♎ 33	8 ♑ 7	9 ♓ 58	9 ♑ 28	21 ♉ 10	14 ♌ 59	11 ♏ 18	15 ♐ 4	14 ♎ 11	8 ♎	29 ♌	20 ♏	17 ♋	27 ♈
15	24 ♑ 20	17 ♏ 52	29 ♎ 9	29 ♎ 32	7 ♑ 38	11 ♓ 3	10 ♑ 13	21 ♉ 10	14 ♌ 55	11 ♏ 20	15 ♐ 6	14 ♎ 11	8 ♎	29 ♌	21 ♏	17 ♋	27 ♈
16	25 ♑ 21	2 ♐ 13	29 ♎ 6	29 ♎ 29	7 ♑ 18	12 ♓ 7	10 ♑ 58	21 D 10	14 ♌ 50	11 ♏ 22	15 ♐ 7	14 ♎ 11	8 ♎	29 ♌	21 ♏	16 ♋	27 ♈
17	26 ♑ 22	16 ♐ 41	29 ♎ 3	29 ♎ 24	7 ♑ 8	13 ♓ 11	11 ♑ 44	21 ♉ 10	14 ♌ 46	11 ♏ 23	15 ♐ 9	14 R 11	9 ♎	29 ♌	21 ♏	16 ♋	27 ♈
18	27 ♑ 24	1 ♑ 11	29 ♎ 0	29 ♎ 15	7 D 6	14 ♓ 15	12 ♑ 29	21 ♉ 10	14 ♌ 41	11 ♏ 25	15 ♐ 11	14 ♎ 11	9 ♎	28 ♌	21 ♏	16 ♋	27 ♈
19	28 ♑ 25	15 ♑ 37	28 ♎ 57	29 ♎ 4	7 ♑ 12	15 ♓ 19	13 ♑ 15	21 ♉ 11	14 ♌ 37	11 ♏ 26	15 ♐ 13	14 ♎ 11	9 ♎	28 ♌	22 ♏	16 ♋	27 ♈
20	29 ♑ 26	29 ♑ 53	28 ♎ 53	28 ♎ 51	7 ♑ 26	16 ♓ 22	14 ♑ 1	21 ♉ 12	14 ♌ 32	11 ♏ 28	15 ♐ 15	14 ♎ 11	9 ♎	28 ♌	22 ♏	15 ♋	27 ♈
21	0 ♒ 27	13 ♒ 51	28 ♎ 50	28 ♎ 38	7 ♑ 47	17 ♓ 24	14 ♑ 46	21 ♉ 13	14 ♌ 28	11 ♏ 29	15 ♐ 16	14 ♎ 11	9 ♎	28 ♌	22 ♏	15 ♋	27 ♈
22	1 ♒ 28	27 ♒ 29	28 ♎ 47	28 ♎ 27	8 ♑ 14	18 ♓ 27	15 ♑ 32	21 ♉ 14	14 ♌ 23	11 ♏ 31	15 ♐ 18	14 ♎ 10	9 ♎	27 ♌	22 ♏	15 ♋	27 ♈
23	2 ♒ 29	10 ♓ 43	28 ♎ 44	28 ♎ 17	8 ♑ 48	19 ♓ 29	16 ♑ 17	21 ♉ 15	14 ♌ 18	11 ♏ 32	15 ♐ 20	14 ♎ 10	9 ♎	27 ♌	23 ♏	15 ♋	27 ♈
24	3 ♒ 30	23 ♓ 33	28 ♎ 41	28 ♎ 10	9 ♑ 26	20 ♓ 30	17 ♑ 3	21 ♉ 17	14 ♌ 13	11 ♏ 33	15 ♐ 21	14 ♎ 10	9 ♎	27 ♌	23 ♏	15 ♋	27 ♈
25	4 ♒ 31	6 ♈ 1	28 ♎ 38	28 ♎ 6	10 ♑ 9	21 ♓ 31	17 ♑ 49	21 ♉ 19	14 ♌ 9	11 ♏ 34	15 ♐ 23	14 ♎ 10	9 ♎	27 ♌	23 ♏	14 ♋	27 ♈
26	5 ♒ 32	18 ♈ 12	28 ♎ 34	28 ♎ 5	10 ♑ 56	22 ♓ 32	18 ♑ 35	21 ♉ 21	14 ♌ 4	11 ♏ 36	15 ♐ 25	14 ♎ 9	10 ♎	26 ♌	23 ♏	14 ♋	27 ♈
27	6 ♒ 33	0 ♉ 9	28 ♎ 31	28 D 5	11 ♑ 48	23 ♓ 32	19 ♑ 21	21 ♉ 23	13 ♌ 59	11 ♏ 37	15 ♐ 26	14 ♎ 9	10 ♎	26 ♌	23 ♏	14 ♋	27 ♈
28	7 ♒ 34	11 ♉ 59	28 ♎ 28	28 R 5	12 ♑ 42	24 ♓ 32	20 ♑ 6	21 ♉ 25	13 ♌ 54	11 ♏ 38	15 ♐ 28	14 ♎ 9	10 ♎	26 ♌	24 ♏	14 ♋	27 ♈
29	8 ♒ 35	23 ♉ 46	28 ♎ 25	28 ♎ 4	13 ♑ 40	25 ♓ 32	20 ♑ 52	21 ♉ 28	13 ♌ 49	11 ♏ 39	15 ♐ 29	14 ♎ 8	10 ♎	25 ♌	24 ♏	13 ♋	27 ♈
30	9 ♒ 36	5 ♊ 38	28 ♎ 22	28 ♎ 1	14 ♑ 41	26 ♓ 31	21 ♑ 38	21 ♉ 31	13 ♌ 44	11 ♏ 40	15 ♐ 31	14 ♎ 8	10 ♎	25 ♌	24 ♏	13 ♋	27 ♈
31	10 ♒ 37	17 ♊ 37	28 ♎ 19	27 ♎ 55	15 ♑ 45	27 ♓ 29	22 ♑ 24	21 ♉ 34	13 ♌ 39	11 ♏ 40	15 ♐ 32	14 ♎ 7	10 ♎	25 ♌	24 ♏	13 ♋	27 ♈

SUN INGRESS	☉ → ♒ 20日 13:14
MOON PHASE	○ 5日 21:10 ♋ ◑ 13日 04:55 ♎ ● 19日 23:11 ♑ ◐ 27日 14:11 ♉

aspects

1日	19:17	☉⚹♅
1日	21:18	☿△♃
4日	23:50	☉□♇
6日	17:07	☉☌☿
8日	00:08	☿□♇
10日	09:43	☿⚹♅
11日	21:54	☉△♃
12日	10:14	♀⚹♂
12日	22:28	☿⚹♀
13日	01:11	☿☌♂
13日	06:54	♄△♆
15日	06:28	♀△♅
16日	12:46	♂⚹♅
18日	21:46	♀□♆
20日	05:22	♂□♇
24日	18:01	♄⚹♇
24日	18:49	♀⚹♃
26日	18:52	☿⚹♅
29日	11:02	☿□♇
29日	19:42	♂△♃

1977年2月

DAY	☉	☽	☊		☿	♀	♂	♃	♄	♅	♆	♇	⚳	⚴	⚵	⚶	⚷
			mean	true													
	° ′	° ′	° ′	° ′	° ′	° ′	° ′	° ′	° ′	° ′	° ′	° ′	°	°	°	°	°
1	11 ♒ 38	29 ♊ 49	28 ♎ 15	27 R 47	16 D 51	28 D 27	23 D 10	21 D 37	13 R 35	11 D 41	15 D 34	14 R 7	10 D	24 R	25 D	13 R	27 D
2	12 ♒ 39	12 ♋ 17	28 ♎ 12	27 ♎ 37	17 ♑ 59	29 ♓ 24	23 ♑ 56	21 ♉ 40	13 ♌ 30	11 ♏ 42	15 ♐ 35	14 ♎ 6	10 ♎	24 ♌	25 ♏	13 ♋	27 ♈
3	13 ♒ 40	25 ♋ 2	28 ♎ 9	27 ♎ 24	19 ♑ 9	0 ♈ 21	24 ♑ 42	21 ♉ 44	13 ♌ 25	11 ♏ 43	15 ♐ 37	14 ♎ 6	10 ♎	24 ♌	25 ♏	12 ♋	27 ♈
4	14 ♒ 40	8 ♌ 4	28 ♎ 6	27 ♎ 12	20 ♑ 21	1 ♈ 17	25 ♑ 28	21 ♉ 47	13 ♌ 20	11 ♏ 43	15 ♐ 38	14 ♎ 5	10 ♎	23 ♌	25 ♏	12 ♋	27 ♈
5	15 ♒ 41	21 ♌ 23	28 ♎ 3	26 ♎ 59	21 ♑ 35	2 ♈ 13	26 ♑ 14	21 ♉ 51	13 ♌ 15	11 ♏ 44	15 ♐ 39	14 ♎ 4	10 ♎	23 ♌	25 ♏	12 ♋	27 ♈
6	16 ♒ 42	4 ♍ 56	27 ♎ 59	26 ♎ 49	22 ♑ 50	3 ♈ 8	27 ♑ 1	21 ♉ 55	13 ♌ 10	11 ♏ 44	15 ♐ 41	14 ♎ 4	10 ♎	23 ♌	26 ♏	12 ♋	27 ♈
7	17 ♒ 43	18 ♍ 40	27 ♎ 56	26 ♎ 41	24 ♑ 7	4 ♈ 2	27 ♑ 47	22 ♉ 0	13 ♌ 5	11 ♏ 45	15 ♐ 42	14 ♎ 3	10 ♎	22 ♌	26 ♏	12 ♋	27 ♈
8	18 ♒ 43	2 ♎ 33	27 ♎ 53	26 ♎ 36	25 ♑ 26	4 ♈ 56	28 ♑ 33	22 ♉ 4	13 ♌ 0	11 ♏ 45	15 ♐ 43	14 ♎ 2	10 R	22 ♌	26 ♏	12 ♋	27 ♈
9	19 ♒ 44	16 ♎ 31	27 ♎ 50	26 ♎ 33	26 ♑ 45	5 ♈ 49	29 ♑ 19	22 ♉ 9	12 ♌ 55	11 ♏ 46	15 ♐ 45	14 ♎ 2	10 ♎	22 ♌	26 ♏	11 ♋	27 ♈
10	20 ♒ 45	0 ♏ 32	27 ♎ 47	26 D 33	28 ♑ 6	6 ♈ 41	0 ♒ 5	22 ♉ 14	12 ♌ 51	11 ♏ 46	15 ♐ 46	14 ♎ 1	10 ♎	21 ♌	26 ♏	11 ♋	27 ♈
11	21 ♒ 46	14 ♏ 37	27 ♎ 44	26 ♎ 34	29 ♑ 29	7 ♈ 32	0 ♒ 52	22 ♉ 19	12 ♌ 46	11 ♏ 46	15 ♐ 47	14 ♎ 0	10 ♎	21 ♌	26 ♏	11 ♋	27 ♈
12	22 ♒ 46	28 ♏ 43	27 ♎ 40	26 R 34	0 ♒ 52	8 ♈ 23	1 ♒ 38	22 ♉ 24	12 ♌ 41	11 ♏ 47	15 ♐ 48	13 ♎ 59	10 ♎	21 ♌	27 ♏	11 ♋	27 ♈
13	23 ♒ 47	12 ♐ 49	27 ♎ 37	26 ♎ 32	2 ♒ 17	9 ♈ 13	2 ♒ 24	22 ♉ 29	12 ♌ 36	11 ♏ 47	15 ♐ 49	13 ♎ 58	10 ♎	20 ♌	27 ♏	11 ♋	27 ♈
14	24 ♒ 48	26 ♐ 55	27 ♎ 34	26 ♎ 28	3 ♒ 42	10 ♈ 2	3 ♒ 11	22 ♉ 35	12 ♌ 31	11 ♏ 47	15 ♐ 50	13 ♎ 57	10 ♎	20 ♌	27 ♏	11 ♋	27 ♈
15	25 ♒ 48	10 ♑ 59	27 ♎ 31	26 ♎ 22	5 ♒ 9	10 ♈ 50	3 ♒ 57	22 ♉ 41	12 ♌ 27	11 ♏ 47	15 ♐ 51	13 ♎ 56	10 ♎	20 ♌	27 ♏	11 ♋	27 ♈
16	26 ♒ 49	24 ♑ 56	27 ♎ 28	26 ♎ 13	6 ♒ 36	11 ♈ 38	4 ♒ 44	22 ♉ 47	12 ♌ 22	11 R 47	15 ♐ 52	13 ♎ 55	10 ♎	19 ♌	27 ♏	11 ♋	28 ♈
17	27 ♒ 50	8 ♒ 45	27 ♎ 24	26 ♎ 3	8 ♒ 5	12 ♈ 24	5 ♒ 30	22 ♉ 53	12 ♌ 17	11 ♏ 47	15 ♐ 53	13 ♎ 54	10 ♎	19 ♌	27 ♏	11 ♋	28 ♈
18	28 ♒ 50	22 ♒ 20	27 ♎ 21	25 ♎ 52	9 ♒ 35	13 ♈ 10	6 ♒ 16	22 ♉ 59	12 ♌ 13	11 ♏ 47	15 ♐ 54	13 ♎ 53	10 ♎	19 ♌	27 ♏	11 ♋	28 ♈
19	29 ♒ 51	5 ♓ 39	27 ♎ 18	25 ♎ 43	11 ♒ 5	13 ♈ 54	7 ♒ 3	23 ♉ 5	12 ♌ 8	11 ♏ 46	15 ♐ 55	13 ♎ 52	10 ♎	18 ♌	28 ♏	10 ♋	28 ♈
20	0 ♓ 51	18 ♓ 40	27 ♎ 15	25 ♎ 35	12 ♒ 37	14 ♈ 38	7 ♒ 49	23 ♉ 12	12 ♌ 4	11 ♏ 46	15 ♐ 56	13 ♎ 51	10 ♎	18 ♌	28 ♏	10 ♋	28 ♈
21	1 ♓ 52	1 ♈ 22	27 ♎ 12	25 ♎ 30	14 ♒ 10	15 ♈ 20	8 ♒ 36	23 ♉ 18	11 ♌ 59	11 ♏ 46	15 ♐ 57	13 ♎ 50	9 ♎	18 ♌	28 ♏	10 ♋	28 ♈
22	2 ♓ 52	13 ♈ 47	27 ♎ 9	25 ♎ 27	15 ♒ 43	16 ♈ 1	9 ♒ 22	23 ♉ 25	11 ♌ 55	11 ♏ 45	15 ♐ 58	13 ♎ 49	9 ♎	18 ♌	28 ♏	10 ♋	28 ♈
23	3 ♓ 53	25 ♈ 56	27 ♎ 5	25 D 26	17 ♒ 18	16 ♈ 41	10 ♒ 9	23 ♉ 32	11 ♌ 50	11 ♏ 45	15 ♐ 59	13 ♎ 48	9 ♎	17 ♌	28 ♏	10 ♋	28 ♈
24	4 ♓ 53	7 ♉ 54	27 ♎ 2	25 ♎ 27	18 ♒ 53	17 ♈ 20	10 ♒ 56	23 ♉ 40	11 ♌ 46	11 ♏ 45	16 ♐ 0	13 ♎ 46	9 ♎	17 ♌	28 ♏	10 ♋	28 ♈
25	5 ♓ 53	19 ♉ 45	26 ♎ 59	25 ♎ 28	20 ♒ 29	17 ♈ 57	11 ♒ 42	23 ♉ 47	11 ♌ 42	11 ♏ 44	16 ♐ 0	13 ♎ 45	9 ♎	17 ♌	28 ♏	10 ♋	28 ♈
26	6 ♓ 54	1 ♊ 33	26 ♎ 56	25 ♎ 29	22 ♒ 7	18 ♈ 34	12 ♒ 29	23 ♉ 54	11 ♌ 38	11 ♏ 44	16 ♐ 1	13 ♎ 44	9 ♎	16 ♌	28 ♏	10 ♋	28 ♈
27	7 ♓ 54	13 ♊ 25	26 ♎ 53	25 R 29	23 ♒ 45	19 ♈ 9	13 ♒ 15	24 ♉ 2	11 ♌ 33	11 ♏ 43	16 ♐ 2	13 ♎ 43	9 ♎	16 ♌	29 ♏	10 D	28 ♈
28	8 ♓ 54	25 ♊ 25	26 ♎ 50	25 ♎ 27	25 ♒ 25	19 ♈ 42	14 ♒ 2	24 ♉ 10	11 ♌ 29	11 ♏ 42	16 ♐ 2	13 ♎ 42	9 ♎	16 ♌	29 ♏	10 ♋	28 ♈

SUN INGRESS	☉ → ♓ 19日 03:30
MOON PHASE	○ 4日 12:56 ♌ ◑ 11日 13:07 ♏ ● 18日 12:37 ♒ ◐ 26日 11:50 ♊

aspects

1日	01:22	☉□♅
2日	18:36	☉☍♄
3日	10:13	☉△♇
4日	23:19	☉⚹♆
5日	05:33	☿△♃
11日	14:19	☉□♃
13日	04:48	☿☌♂
16日	20:48	♀△♄
18日	23:00	♀☍♇
19日	10:44	☿□♅
19日	15:42	☿☍♄
20日	19:00	☿△♇
21日	22:09	♀△♆
22日	03:50	☿⚹♆
22日	08:01	☿⚹♀
24日	09:03	♄□♅
24日	23:49	♂☍♄
25日	00:59	♂□♅
27日	04:25	☿□♃
27日	13:42	♂△♇

1977年3月

DAY	☉	☽	☊ mean	☊ true	☿	♀	♂	♃	♄	♅	♆	♇	⚳	⚴	⚵	⚶	⚷
	° ′	° ′	° ′	° ′	° ′	° ′	° ′	° ′	° ′	° ′	° ′	° ′	°	°	°	°	°
1	9 ♓ 54	7 ♋ 39	26 ♎ 46	25 R 24	27 D 5	20 D 14	14 D 49	24 D 18	11 R 25	11 R 42	16 D 3	13 R 40	8 R	16 R	29 D	10 D	28 D
2	10 ♓ 55	20 ♋ 10	26 ♎ 43	25 ♎ 18	28 ♒ 46	20 ♈ 44	15 ♒ 35	24 ♉ 26	11 ♌ 21	11 ♏ 41	16 ♐ 4	13 ♎ 39	8 ♎	15 ♌	29 ♏	10 ♋	28 ♈
3	11 ♓ 55	3 ♌ 1	26 ♎ 40	25 ♎ 12	0 ♓ 29	21 ♈ 13	16 ♒ 22	24 ♉ 34	11 ♌ 18	11 ♏ 40	16 ♐ 4	13 ♎ 38	8 ♎	15 ♌	29 ♏	10 ♋	28 ♈
4	12 ♓ 55	16 ♌ 14	26 ♎ 37	25 ♎ 4	2 ♓ 12	21 ♈ 40	17 ♒ 9	24 ♉ 42	11 ♌ 14	11 ♏ 39	16 ♐ 5	13 ♎ 36	8 ♎	15 ♌	29 ♏	10 ♋	28 ♈
5	13 ♓ 55	29 ♌ 49	26 ♎ 34	24 ♎ 57	3 ♓ 57	22 ♈ 5	17 ♒ 55	24 ♉ 51	11 ♌ 10	11 ♏ 38	16 ♐ 5	13 ♎ 35	8 ♎	15 ♌	29 ♏	10 ♋	28 ♈
6	14 ♓ 55	13 ♍ 43	26 ♎ 30	24 ♎ 51	5 ♓ 43	22 ♈ 29	18 ♒ 42	24 ♉ 59	11 ♌ 6	11 ♏ 37	16 ♐ 6	13 ♎ 33	8 ♎	15 ♌	29 ♏	10 ♋	28 ♈
7	15 ♓ 55	27 ♍ 52	26 ♎ 27	24 ♎ 46	7 ♓ 29	22 ♈ 51	19 ♒ 29	25 ♉ 8	11 ♌ 3	11 ♏ 36	16 ♐ 6	13 ♎ 32	7 ♎	14 ♌	29 ♏	10 ♋	28 ♈
8	16 ♓ 55	12 ♎ 12	26 ♎ 24	24 ♎ 44	9 ♓ 17	23 ♈ 10	20 ♒ 16	25 ♉ 17	10 ♌ 59	11 ♏ 35	16 ♐ 6	13 ♎ 31	7 ♎	14 ♌	29 ♏	11 ♋	28 ♈
9	17 ♓ 55	26 ♎ 37	26 ♎ 21	24 D 43	11 ♓ 6	23 ♈ 28	21 ♒ 2	25 ♉ 26	10 ♌ 56	11 ♏ 34	16 ♐ 7	13 ♎ 29	7 ♎	14 ♌	29 ♏	11 ♋	28 ♈
10	18 ♓ 55	11 ♏ 2	26 ♎ 18	24 ♎ 44	12 ♓ 56	23 ♈ 44	21 ♒ 49	25 ♉ 35	10 ♌ 53	11 ♏ 33	16 ♐ 7	13 ♎ 28	7 ♎	14 ♌	29 ♏	11 ♋	28 ♈
11	19 ♓ 55	25 ♏ 24	26 ♎ 15	24 ♎ 46	14 ♓ 47	23 ♈ 58	22 ♒ 36	25 ♉ 44	10 ♌ 49	11 ♏ 32	16 ♐ 7	13 ♎ 26	7 ♎	14 ♌	29 ♏	11 ♋	29 ♈
12	20 ♓ 55	9 ♐ 40	26 ♎ 11	24 ♎ 47	16 ♓ 40	24 ♈ 9	23 ♒ 23	25 ♉ 54	10 ♌ 46	11 ♏ 30	16 ♐ 8	13 ♎ 25	6 ♎	14 ♌	29 ♏	11 ♋	29 ♈
13	21 ♓ 55	23 ♐ 47	26 ♎ 8	24 R 47	18 ♓ 33	24 ♈ 18	24 ♒ 10	26 ♉ 3	10 ♌ 43	11 ♏ 29	16 ♐ 8	13 ♎ 23	6 ♎	14 ♌	29 ♏	11 ♋	29 ♈
14	22 ♓ 55	7 ♑ 43	26 ♎ 5	24 ♎ 46	20 ♓ 28	24 ♈ 26	24 ♒ 56	26 ♉ 13	10 ♌ 40	11 ♏ 28	16 ♐ 8	13 ♎ 22	6 ♎	13 ♌	29 ♏	11 ♋	29 ♈
15	23 ♓ 55	21 ♑ 29	26 ♎ 2	24 ♎ 44	22 ♓ 23	24 ♈ 30	25 ♒ 43	26 ♉ 23	10 ♌ 37	11 ♏ 26	16 ♐ 8	13 ♎ 20	6 ♎	13 ♌	0 ♐	11 ♋	29 ♈
16	24 ♓ 54	5 ♒ 4	25 ♎ 59	24 ♎ 40	24 ♓ 20	24 ♈ 33	26 ♒ 30	26 ♉ 33	10 ♌ 34	11 ♏ 25	16 ♐ 8	13 ♎ 18	6 ♎	13 ♌	0 ♐	11 ♋	29 ♈
17	25 ♓ 54	18 ♒ 26	25 ♎ 56	24 ♎ 36	26 ♓ 17	24 R 33	27 ♒ 17	26 ♉ 43	10 ♌ 32	11 ♏ 23	16 ♐ 8	13 ♎ 17	5 ♎	13 ♌	0 ♐	11 ♋	29 ♈
18	26 ♓ 54	1 ♓ 34	25 ♎ 52	24 ♎ 31	28 ♓ 16	24 ♈ 30	28 ♒ 4	26 ♉ 53	10 ♌ 29	11 ♏ 22	16 ♐ 8	13 ♎ 15	5 ♎	13 ♌	0 ♐	12 ♋	29 ♈
19	27 ♓ 53	14 ♓ 30	25 ♎ 49	24 ♎ 27	0 ♈ 15	24 ♈ 25	28 ♒ 51	27 ♉ 3	10 ♌ 26	11 ♏ 20	16 R 8	13 ♎ 14	5 ♎	13 ♌	0 R	12 ♋	29 ♈
20	28 ♓ 53	27 ♓ 11	25 ♎ 46	24 ♎ 24	2 ♈ 15	24 ♈ 18	29 ♒ 37	27 ♉ 13	10 ♌ 24	11 ♏ 19	16 ♐ 8	13 ♎ 12	5 ♎	13 ♌	0 ♐	12 ♋	29 ♈
21	29 ♓ 53	9 ♈ 38	25 ♎ 43	24 ♎ 21	4 ♈ 15	24 ♈ 8	0 ♓ 24	27 ♉ 23	10 ♌ 22	11 ♏ 17	16 ♐ 8	13 ♎ 10	5 ♎	13 ♌	0 ♐	12 ♋	29 ♈
22	0 ♈ 52	21 ♈ 53	25 ♎ 40	24 ♎ 21	6 ♈ 16	23 ♈ 56	1 ♓ 11	27 ♉ 34	10 ♌ 19	11 ♏ 15	16 ♐ 8	13 ♎ 9	4 ♎	13 ♌	0 ♐	12 ♋	29 ♈
23	1 ♈ 52	3 ♉ 57	25 ♎ 36	24 D 21	8 ♈ 17	23 ♈ 41	1 ♓ 58	27 ♉ 45	10 ♌ 17	11 ♏ 13	16 ♐ 8	13 ♎ 7	4 ♎	13 ♌	29 ♏	12 ♋	29 ♈
24	2 ♈ 51	15 ♉ 52	25 ♎ 33	24 ♎ 22	10 ♈ 17	23 ♈ 24	2 ♓ 45	27 ♉ 55	10 ♌ 15	11 ♏ 12	16 ♐ 8	13 ♎ 6	4 ♎	13 ♌	29 ♏	12 ♋	29 ♈
25	3 ♈ 51	27 ♉ 42	25 ♎ 30	24 ♎ 24	12 ♈ 18	23 ♈ 4	3 ♓ 32	28 ♉ 6	10 ♌ 13	11 ♏ 10	16 ♐ 8	13 ♎ 4	4 ♎	13 ♌	29 ♏	13 ♋	29 ♈
26	4 ♈ 50	9 ♊ 31	25 ♎ 27	24 ♎ 25	14 ♈ 18	22 ♈ 42	4 ♓ 18	28 ♉ 17	10 ♌ 11	11 ♏ 8	16 ♐ 7	13 ♎ 2	3 ♎	13 D	29 ♏	13 ♋	29 ♈
27	5 ♈ 50	21 ♊ 23	25 ♎ 24	24 ♎ 27	16 ♈ 17	22 ♈ 18	5 ♓ 5	28 ♉ 28	10 ♌ 10	11 ♏ 6	16 ♐ 7	13 ♎ 1	3 ♎	13 ♌	29 ♏	13 ♋	29 ♈
28	6 ♈ 49	3 ♋ 22	25 ♎ 21	24 ♎ 27	18 ♈ 14	21 ♈ 51	5 ♓ 52	28 ♉ 39	10 ♌ 8	11 ♏ 4	16 ♐ 7	12 ♎ 59	3 ♎	13 ♌	29 ♏	13 ♋	29 ♈
29	7 ♈ 49	15 ♋ 34	25 ♎ 17	24 R 27	20 ♈ 10	21 ♈ 23	6 ♓ 39	28 ♉ 50	10 ♌ 7	11 ♏ 2	16 ♐ 7	12 ♎ 57	3 ♎	13 ♌	29 ♏	13 ♋	29 ♈
30	8 ♈ 48	28 ♋ 3	25 ♎ 14	24 ♎ 26	22 ♈ 4	20 ♈ 53	7 ♓ 26	29 ♉ 2	10 ♌ 5	11 ♏ 0	16 ♐ 6	12 ♎ 56	2 ♎	13 ♌	29 ♏	13 ♋	0 ♉
31	9 ♈ 47	10 ♌ 53	25 ♎ 11	24 ♎ 25	23 ♈ 56	20 ♈ 21	8 ♓ 13	29 ♉ 13	10 ♌ 4	10 ♏ 58	16 ♐ 6	12 ♎ 54	2 ♎	13 ♌	29 ♏	14 ♋	0 ♉

SUN INGRESS: ☉ → ♈ 21日 02:42

MOON PHASE: ○ 6日 02:13 ♍ ◑ 12日 20:35 ♐ ● 20日 03:33 ♓ ◐ 28日 07:27 ♋

aspects	
2日 14:39	♂⚹♆
2日 18:09	☉△♅
7日 04:20	☉□♆
9日 06:02	☿△♅
11日 17:08	☿□♆
13日 05:28	♀⚹♂
16日 01:38	♂□♃
16日 14:25	☉☌☿
17日 05:37	☿⚹♃
17日 23:25	☉⚹♃
23日 23:34	☿△♄
25日 09:03	☿☍♇
26日 22:03	☿△♆
29日 12:05	☿☌♀
31日 06:40	☉△♄

1977年4月

DAY	☉	☽	☊ mean	☊ true	☿	♀	♂	♃	♄	♅	♆	♇	⚳	⚴	⚵	⚶	⚷
	° ′	° ′	° ′	° ′	° ′	° ′	° ′	° ′	° ′	° ′	° ′	° ′	°	°	°	°	°
1	10 ♈ 46	24 ♌ 7	25 ♎ 8	24 R 23	25 D 44	19 R 47	8 D 59	29 D 24	10 R 3	10 R 56	16 R 5	12 R 52	2 R	13 D	29 R	14 D	0 D
2	11 ♈ 46	7 ♍ 46	25 ♎ 5	24 ♎ 21	27 ♈ 30	19 ♈ 13	9 ♓ 46	29 ♉ 36	10 ♌ 2	10 ♏ 54	16 ♐ 5	12 ♎ 51	2 ♎	13 ♌	29 ♏	14 ♋	0 ♉
3	12 ♈ 45	21 ♍ 50	25 ♎ 1	24 ♎ 20	29 ♈ 11	18 ♈ 37	10 ♓ 33	29 ♉ 47	10 ♌ 1	10 ♏ 52	16 ♐ 4	12 ♎ 49	2 ♎	13 ♌	29 ♏	14 ♋	0 ♉
4	13 ♈ 44	6 ♎ 15	24 ♎ 58	24 ♎ 19	0 ♉ 49	18 ♈ 0	11 ♓ 20	29 ♉ 59	10 ♌ 0	10 ♏ 50	16 ♐ 4	12 ♎ 47	1 ♎	13 ♌	29 ♏	15 ♋	0 ♉
5	14 ♈ 43	20 ♎ 56	24 ♎ 55	24 ♎ 18	2 ♉ 22	17 ♈ 22	12 ♓ 6	0 ♊ 11	9 ♌ 59	10 ♏ 48	16 ♐ 3	12 ♎ 46	1 ♎	13 ♌	29 ♏	15 ♋	0 ♉
6	15 ♈ 42	5 ♏ 47	24 ♎ 52	24 D 18	3 ♉ 50	16 ♈ 44	12 ♓ 53	0 ♊ 23	9 ♌ 58	10 ♏ 45	16 ♐ 3	12 ♎ 44	1 ♎	13 ♌	29 ♏	15 ♋	0 ♉
7	16 ♈ 41	20 ♏ 39	24 ♎ 49	24 ♎ 19	5 ♉ 14	16 ♈ 7	13 ♓ 40	0 ♊ 35	9 ♌ 58	10 ♏ 43	16 ♐ 2	12 ♎ 42	1 ♎	13 ♌	28 ♏	15 ♋	0 ♉
8	17 ♈ 40	5 ♐ 26	24 ♎ 46	24 ♎ 20	6 ♉ 32	15 ♈ 29	14 ♓ 27	0 ♊ 47	9 ♌ 57	10 ♏ 41	16 ♐ 2	12 ♎ 41	1 ♎	14 ♌	28 ♏	15 ♋	0 ♉
9	18 ♈ 39	20 ♐ 1	24 ♎ 42	24 ♎ 20	7 ♉ 45	14 ♈ 51	15 ♓ 13	0 ♊ 59	9 ♌ 57	10 ♏ 39	16 ♐ 1	12 ♎ 39	0 ♎	14 ♌	28 ♏	16 ♋	0 ♉
10	19 ♈ 38	4 ♑ 20	24 ♎ 39	24 ♎ 20	8 ♉ 52	14 ♈ 15	16 ♓ 0	1 ♊ 11	9 ♌ 57	10 ♏ 36	16 ♐ 0	12 ♎ 37	0 ♎	14 ♌	28 ♏	16 ♋	0 ♉
11	20 ♈ 37	18 ♑ 20	24 ♎ 36	24 ♎ 21	9 ♉ 54	13 ♈ 39	16 ♓ 47	1 ♊ 23	9 ♌ 57	10 ♏ 34	16 ♐ 0	12 ♎ 36	0 ♎	14 ♌	28 ♏	16 ♋	0 ♉
12	21 ♈ 36	2 ♒ 2	24 ♎ 33	24 R 21	10 ♉ 49	13 ♈ 4	17 ♓ 34	1 ♊ 35	9 D 57	10 ♏ 32	15 ♐ 59	12 ♎ 34	0 ♎	14 ♌	28 ♏	16 ♋	0 ♉
13	22 ♈ 34	15 ♒ 24	24 ♎ 30	24 ♎ 20	11 ♉ 39	12 ♈ 30	18 ♓ 20	1 ♊ 48	9 ♌ 57	10 ♏ 29	15 ♐ 58	12 ♎ 32	0 ♎	14 ♌	28 ♏	17 ♋	0 ♉
14	23 ♈ 33	28 ♒ 28	24 ♎ 27	24 ♎ 20	12 ♉ 22	11 ♈ 59	19 ♓ 7	2 ♊ 0	9 ♌ 57	10 ♏ 27	15 ♐ 57	12 ♎ 31	29 ♍	14 ♌	28 ♏	17 ♋	0 ♉
15	24 ♈ 32	11 ♓ 17	24 ♎ 23	24 D 20	12 ♉ 59	11 ♈ 28	19 ♓ 54	2 ♊ 13	9 ♌ 57	10 ♏ 25	15 ♐ 56	12 ♎ 29	29 ♍	14 ♌	27 ♏	17 ♋	1 ♉
16	25 ♈ 31	23 ♓ 51	24 ♎ 20	24 ♎ 20	13 ♉ 29	11 ♈ 0	20 ♓ 40	2 ♊ 25	9 ♌ 58	10 ♏ 22	15 ♐ 55	12 ♎ 27	29 ♍	15 ♌	27 ♏	18 ♋	1 ♉
17	26 ♈ 29	6 ♈ 13	24 ♎ 17	24 ♎ 21	13 ♉ 54	10 ♈ 33	21 ♓ 27	2 ♊ 38	9 ♌ 58	10 ♏ 20	15 ♐ 55	12 ♎ 26	29 ♍	15 ♌	27 ♏	18 ♋	1 ♉
18	27 ♈ 28	18 ♈ 25	24 ♎ 14	24 ♎ 21	14 ♉ 12	10 ♈ 9	22 ♓ 13	2 ♊ 50	9 ♌ 59	10 ♏ 17	15 ♐ 54	12 ♎ 24	29 ♍	15 ♌	27 ♏	18 ♋	1 ♉
19	28 ♈ 27	0 ♉ 28	24 ♎ 11	24 R 21	14 ♉ 24	9 ♈ 47	23 ♓ 0	3 ♊ 3	10 ♌ 0	10 ♏ 15	15 ♐ 53	12 ♎ 22	29 ♍	15 ♌	27 ♏	18 ♋	1 ♉
20	29 ♈ 25	12 ♉ 25	24 ♎ 7	24 ♎ 20	14 ♉ 30	9 ♈ 27	23 ♓ 47	3 ♊ 16	10 ♌ 0	10 ♏ 12	15 ♐ 52	12 ♎ 21	28 ♍	15 ♌	27 ♏	19 ♋	1 ♉
21	0 ♉ 24	24 ♉ 16	24 ♎ 4	24 ♎ 20	14 R 29	9 ♈ 10	24 ♓ 33	3 ♊ 29	10 ♌ 1	10 ♏ 10	15 ♐ 51	12 ♎ 19	28 ♍	15 ♌	26 ♏	19 ♋	1 ♉
22	1 ♉ 23	6 ♊ 5	24 ♎ 1	24 ♎ 19	14 ♉ 23	8 ♈ 54	25 ♓ 20	3 ♊ 42	10 ♌ 2	10 ♏ 7	15 ♐ 50	12 ♎ 18	28 ♍	16 ♌	26 ♏	19 ♋	1 ♉
23	2 ♉ 21	17 ♊ 54	23 ♎ 58	24 ♎ 18	14 ♉ 12	8 ♈ 42	26 ♓ 6	3 ♊ 55	10 ♌ 4	10 ♏ 5	15 ♐ 49	12 ♎ 16	28 ♍	16 ♌	26 ♏	20 ♋	1 ♉
24	3 ♉ 20	29 ♊ 47	23 ♎ 55	24 ♎ 17	13 ♉ 55	8 ♈ 31	26 ♓ 52	4 ♊ 8	10 ♌ 5	10 ♏ 2	15 ♐ 48	12 ♎ 15	28 ♍	16 ♌	26 ♏	20 ♋	1 ♉
25	4 ♉ 18	11 ♋ 47	23 ♎ 52	24 ♎ 16	13 ♉ 34	8 ♈ 23	27 ♓ 39	4 ♊ 21	10 ♌ 6	10 ♏ 0	15 ♐ 47	12 ♎ 13	28 ♍	16 ♌	26 ♏	20 ♋	1 ♉
26	5 ♉ 16	23 ♋ 58	23 ♎ 48	24 ♎ 15	13 ♉ 8	8 ♈ 18	28 ♓ 25	4 ♊ 34	10 ♌ 8	9 ♏ 57	15 ♐ 45	12 ♎ 12	28 ♍	16 ♌	26 ♏	20 ♋	1 ♉
27	6 ♉ 15	6 ♌ 23	23 ♎ 45	24 D 15	12 ♉ 39	8 ♈ 15	29 ♓ 12	4 ♊ 47	10 ♌ 9	9 ♏ 55	15 ♐ 44	12 ♎ 10	28 ♍	17 ♌	25 ♏	21 ♋	1 ♉
28	7 ♉ 13	19 ♌ 9	23 ♎ 42	24 ♎ 15	12 ♉ 6	8 D 14	29 ♓ 58	5 ♊ 0	10 ♌ 11	9 ♏ 52	15 ♐ 43	12 ♎ 9	28 ♍	17 ♌	25 ♏	21 ♋	1 ♉
29	8 ♉ 12	2 ♍ 17	23 ♎ 39	24 ♎ 16	11 ♉ 31	8 ♈ 16	0 ♈ 44	5 ♊ 13	10 ♌ 13	9 ♏ 50	15 ♐ 42	12 ♎ 7	27 ♍	17 ♌	25 ♏	21 ♋	1 ♉
30	9 ♉ 10	15 ♍ 51	23 ♎ 36	24 ♎ 17	10 ♉ 53	8 ♈ 20	1 ♈ 31	5 ♊ 26	10 ♌ 15	9 ♏ 47	15 ♐ 41	12 ♎ 6	27 ♍	17 ♌	25 ♏	22 ♋	1 ♉

SUN INGRESS: ☉ → ♉ 20日 13:57

MOON PHASE: ○ 4日 13:09 ♎ ◑ 11日 04:15 ♑ ● 18日 19:35 ♈ ◐ 26日 23:42 ♌

aspects	
3日 01:40	☉☍♇
3日 09:22	♂△♅
6日 08:25	☉△♆
6日 15:29	☉☌♀
7日 02:47	♀△♆
10日 00:03	♂□♆
11日 01:08	☿□♄
11日 16:26	☿☍♅
12日 22:37	♀☍♇
18日 10:29	☿△♄
23日 07:25	♄□♅
30日 14:42	☉☍♅
30日 22:55	☿□♄

1977年5月

DAY	☉	☽	☊ mean	☊ true	☿	♀	♂	♃	♄	♅	♆	♇	⚳	⚴	⚵	⚶	⚷
	° ′	° ′	° ′	° ′	° ′	° ′	° ′	° ′	° ′	° ′	° ′	° ′	°	°	°	°	°
1	10 ♉ 8	29 ♍ 52	23 ♎ 32	24 D 18	10 R 15	8 D 26	2 D 17	5 D 40	10 D 17	9 R 45	15 R 39	12 R 4	27 R	18 D	25 R	22 D	1 D
2	11 ♉ 6	14 ♎ 19	23 ♎ 29	24 ♎ 19	9 ♉ 36	8 ♈ 35	3 ♈ 3	5 ♊ 53	10 ♌ 19	9 ♏ 42	15 ♐ 38	12 ♎ 3	27 ♍	18 ♌	24 ♏	22 ♋	2 ♉
3	12 ♉ 4	29 ♎ 7	23 ♎ 26	24 R 19	8 ♉ 57	8 ♈ 45	3 ♈ 49	6 ♊ 6	10 ♌ 21	9 ♏ 39	15 ♐ 37	12 ♎ 1	27 ♍	18 ♌	24 ♏	23 ♋	2 ♉
4	13 ♉ 3	14 ♏ 12	23 ♎ 23	24 ♎ 18	8 ♉ 19	8 ♈ 58	4 ♈ 35	6 ♊ 20	10 ♌ 24	9 ♏ 37	15 ♐ 36	12 ♎ 0	27 ♍	18 ♌	24 ♏	23 ♋	2 ♉
5	14 ♉ 1	29 ♏ 22	23 ♎ 20	24 ♎ 17	7 ♉ 43	9 ♈ 13	5 ♈ 22	6 ♊ 33	10 ♌ 26	9 ♏ 34	15 ♐ 34	11 ♎ 59	27 ♍	19 ♌	24 ♏	23 ♋	2 ♉
6	14 ♉ 59	14 ♐ 30	23 ♎ 17	24 ♎ 14	7 ♉ 9	9 ♈ 29	6 ♈ 8	6 ♊ 47	10 ♌ 29	9 ♏ 32	15 ♐ 33	11 ♎ 57	27 ♍	19 ♌	23 ♏	24 ♋	2 ♉
7	15 ♉ 57	29 ♐ 26	23 ♎ 13	24 ♎ 11	6 ♉ 37	9 ♈ 48	6 ♈ 54	7 ♊ 0	10 ♌ 31	9 ♏ 29	15 ♐ 32	11 ♎ 56	27 ♍	19 ♌	23 ♏	24 ♋	2 ♉
8	16 ♉ 55	14 ♑ 3	23 ♎ 10	24 ♎ 9	6 ♉ 9	10 ♈ 9	7 ♈ 40	7 ♊ 14	10 ♌ 34	9 ♏ 27	15 ♐ 30	11 ♎ 55	27 ♍	19 ♌	23 ♏	24 ♋	2 ♉
9	17 ♉ 53	28 ♑ 15	23 ♎ 7	24 ♎ 7	5 ♉ 44	10 ♈ 31	8 ♈ 26	7 ♊ 27	10 ♌ 37	9 ♏ 24	15 ♐ 29	11 ♎ 53	27 ♍	20 ♌	23 ♏	25 ♋	2 ♉
10	18 ♉ 51	12 ♒ 1	23 ♎ 4	24 ♎ 6	5 ♉ 23	10 ♈ 55	9 ♈ 12	7 ♊ 41	10 ♌ 40	9 ♏ 22	15 ♐ 28	11 ♎ 52	27 ♍	20 ♌	23 ♏	25 ♋	2 ♉
11	19 ♉ 49	25 ♒ 22	23 ♎ 1	24 D 5	5 ♉ 6	11 ♈ 21	9 ♈ 58	7 ♊ 55	10 ♌ 43	9 ♏ 19	15 ♐ 26	11 ♎ 51	27 D	20 ♌	22 ♏	25 ♋	2 ♉
12	20 ♉ 47	8 ♓ 20	22 ♎ 58	24 ♎ 6	4 ♉ 54	11 ♈ 48	10 ♈ 44	8 ♊ 8	10 ♌ 46	9 ♏ 17	15 ♐ 25	11 ♎ 50	27 ♍	20 ♌	22 ♏	26 ♋	2 ♉
13	21 ♉ 45	20 ♓ 58	22 ♎ 54	24 ♎ 8	4 ♉ 46	12 ♈ 17	11 ♈ 30	8 ♊ 22	10 ♌ 49	9 ♏ 14	15 ♐ 23	11 ♎ 48	27 ♍	21 ♌	22 ♏	26 ♋	2 ♉
14	22 ♉ 43	3 ♈ 19	22 ♎ 51	24 ♎ 10	4 ♉ 42	12 ♈ 47	12 ♈ 15	8 ♊ 36	10 ♌ 52	9 ♏ 12	15 ♐ 22	11 ♎ 47	27 ♍	21 ♌	22 ♏	26 ♋	2 ♉
15	23 ♉ 41	15 ♈ 28	22 ♎ 48	24 ♎ 11	4 D 43	13 ♈ 19	13 ♈ 1	8 ♊ 50	10 ♌ 56	9 ♏ 9	15 ♐ 20	11 ♎ 46	27 ♍	21 ♌	21 ♏	27 ♋	2 ♉
16	24 ♉ 39	27 ♈ 28	22 ♎ 45	24 R 11	4 ♉ 49	13 ♈ 52	13 ♈ 47	9 ♊ 3	10 ♌ 59	9 ♏ 7	15 ♐ 19	11 ♎ 45	27 ♍	22 ♌	21 ♏	27 ♋	2 ♉
17	25 ♉ 36	9 ♉ 22	22 ♎ 42	24 ♎ 10	5 ♉ 0	14 ♈ 27	14 ♈ 33	9 ♊ 17	11 ♌ 3	9 ♏ 5	15 ♐ 17	11 ♎ 44	27 ♍	22 ♌	21 ♏	28 ♋	2 ♉
18	26 ♉ 34	21 ♉ 13	22 ♎ 38	24 ♎ 7	5 ♉ 15	15 ♈ 3	15 ♈ 18	9 ♊ 31	11 ♌ 6	9 ♏ 2	15 ♐ 16	11 ♎ 43	27 ♍	22 ♌	21 ♏	28 ♋	2 ♉
19	27 ♉ 32	3 ♊ 2	22 ♎ 35	24 ♎ 3	5 ♉ 34	15 ♈ 39	16 ♈ 4	9 ♊ 45	11 ♌ 10	9 ♏ 0	15 ♐ 14	11 ♎ 42	27 ♍	23 ♌	21 ♏	28 ♋	3 ♉
20	28 ♉ 30	14 ♊ 51	22 ♎ 32	23 ♎ 57	5 ♉ 58	16 ♈ 18	16 ♈ 50	9 ♊ 59	11 ♌ 14	8 ♏ 57	15 ♐ 13	11 ♎ 41	27 ♍	23 ♌	20 ♏	29 ♋	3 ♉
21	29 ♉ 28	26 ♊ 43	22 ♎ 29	23 ♎ 51	6 ♉ 26	16 ♈ 57	17 ♈ 35	10 ♊ 12	11 ♌ 18	8 ♏ 55	15 ♐ 11	11 ♎ 40	27 ♍	23 ♌	20 ♏	29 ♋	3 ♉
22	0 ♊ 25	8 ♋ 40	22 ♎ 26	23 ♎ 45	6 ♉ 58	17 ♈ 37	18 ♈ 21	10 ♊ 26	11 ♌ 22	8 ♏ 53	15 ♐ 10	11 ♎ 39	27 ♍	23 ♌	20 ♏	29 ♋	3 ♉
23	1 ♊ 23	20 ♋ 44	22 ♎ 23	23 ♎ 39	7 ♉ 34	18 ♈ 18	19 ♈ 6	10 ♊ 40	11 ♌ 26	8 ♏ 50	15 ♐ 8	11 ♎ 38	27 ♍	24 ♌	20 ♏	0 ♌	3 ♉
24	2 ♊ 21	2 ♌ 57	22 ♎ 19	23 ♎ 34	8 ♉ 14	19 ♈ 1	19 ♈ 51	10 ♊ 54	11 ♌ 30	8 ♏ 48	15 ♐ 7	11 ♎ 37	28 ♍	24 ♌	19 ♏	0 ♌	3 ♉
25	3 ♊ 18	15 ♌ 24	22 ♎ 16	23 ♎ 30	8 ♉ 57	19 ♈ 44	20 ♈ 37	11 ♊ 8	11 ♌ 34	8 ♏ 46	15 ♐ 5	11 ♎ 36	28 ♍	24 ♌	19 ♏	1 ♌	3 ♉
26	4 ♊ 16	28 ♌ 6	22 ♎ 13	23 ♎ 29	9 ♉ 45	20 ♈ 28	21 ♈ 22	11 ♊ 22	11 ♌ 39	8 ♏ 44	15 ♐ 3	11 ♎ 35	28 ♍	25 ♌	19 ♏	1 ♌	3 ♉
27	5 ♊ 14	11 ♍ 9	22 ♎ 10	23 D 29	10 ♉ 36	21 ♈ 13	22 ♈ 7	11 ♊ 36	11 ♌ 43	8 ♏ 42	15 ♐ 2	11 ♎ 34	28 ♍	25 ♌	19 ♏	1 ♌	3 ♉
28	6 ♊ 11	24 ♍ 35	22 ♎ 7	23 ♎ 30	11 ♉ 30	21 ♈ 59	22 ♈ 53	11 ♊ 50	11 ♌ 48	8 ♏ 39	15 ♐ 0	11 ♎ 34	28 ♍	25 ♌	19 ♏	2 ♌	3 ♉
29	7 ♊ 9	8 ♎ 26	22 ♎ 4	23 ♎ 31	12 ♉ 28	22 ♈ 46	23 ♈ 38	12 ♊ 4	11 ♌ 52	8 ♏ 37	14 ♐ 59	11 ♎ 33	28 ♍	26 ♌	18 ♏	2 ♌	3 ♉
30	8 ♊ 6	22 ♎ 43	22 ♎ 0	23 ♎ 32	13 ♉ 29	23 ♈ 34	24 ♈ 23	12 ♊ 18	11 ♌ 57	8 ♏ 35	14 ♐ 57	11 ♎ 32	28 ♍	26 ♌	18 ♏	2 ♌	3 ♉
31	9 ♊ 4	7 ♏ 25	21 ♎ 57	23 R 31	14 ♉ 33	24 ♈ 22	25 ♈ 8	12 ♊ 32	12 ♌ 2	8 ♏ 33	14 ♐ 55	11 ♎ 31	28 ♍	26 ♌	18 ♏	3 ♌	3 ♉

SUN INGRESS	☉ → ♊ 21日 13:14
MOON PHASE	○ 3日 22:03 ♏　◑ 10日 13:08 ♒　● 18日 11:51 ♉　◐ 26日 12:20 ♍

aspects		
1日	01:44	☉☌☿
1日	03:46	☉□♄
1日	20:09	☿☍♅
7日	04:50	♂⚹♃
9日	06:40	♀△♄
12日	01:08	♂△♄
12日	01:15	♀☍♇
13日	09:38	♂☍♇
16日	11:04	♀☌♂
17日	22:45	♂△♆
18日	08:26	♀△♆
24日	18:10	☿☍♅
25日	07:11	♄⚹♇
26日	21:28	♃△♇
27日	18:46	♃⚹♄
28日	08:05	☿□♄

1977年6月

DAY	☉	☽	☊ mean	☊ true	☿	♀	♂	♃	♄	♅	♆	♇	⚳	⚴	⚵	⚶	⚷
	° ′	° ′	° ′	° ′	° ′	° ′	° ′	° ′	° ′	° ′	° ′	° ′	°	°	°	°	°
1	10 ♊ 1	22 ♏ 27	21 ♎ 54	23 R 28	15 D 41	25 D 11	25 D 53	12 D 46	12 D 7	8 R 31	14 R 54	11 R 31	28 D	27 D	18 R	3 D	3 D
2	10 ♊ 59	7 ♐ 41	21 ♎ 51	23 ♎ 24	16 ♉ 51	26 ♈ 1	26 ♈ 38	13 ♊ 0	12 ♌ 12	8 ♏ 29	14 ♐ 52	11 ♎ 30	29 ♍	27 ♌	18 ♏	4 ♌	3 ♉
3	11 ♊ 56	22 ♐ 57	21 ♎ 48	23 ♎ 17	18 ♉ 4	26 ♈ 51	27 ♈ 23	13 ♊ 14	12 ♌ 17	8 ♏ 27	14 ♐ 51	11 ♎ 29	29 ♍	27 ♌	17 ♏	4 ♌	3 ♉
4	12 ♊ 54	8 ♑ 5	21 ♎ 44	23 ♎ 10	19 ♉ 21	27 ♈ 42	28 ♈ 8	13 ♊ 27	12 ♌ 22	8 ♏ 25	14 ♐ 49	11 ♎ 29	29 ♍	28 ♌	17 ♏	4 ♌	3 ♉
5	13 ♊ 51	22 ♑ 54	21 ♎ 41	23 ♎ 3	20 ♉ 40	28 ♈ 34	28 ♈ 52	13 ♊ 41	12 ♌ 27	8 ♏ 23	14 ♐ 47	11 ♎ 28	29 ♍	28 ♌	17 ♏	5 ♌	3 ♉
6	14 ♊ 49	7 ♒ 18	21 ♎ 38	22 ♎ 57	22 ♉ 2	29 ♈ 26	29 ♈ 37	13 ♊ 55	12 ♌ 32	8 ♏ 21	14 ♐ 46	11 ♎ 28	29 ♍	28 ♌	17 ♏	5 ♌	4 ♉
7	15 ♊ 46	21 ♒ 13	21 ♎ 35	22 ♎ 52	23 ♉ 27	0 ♉ 19	0 ♉ 22	14 ♊ 9	12 ♌ 37	8 ♏ 19	14 ♐ 44	11 ♎ 27	29 ♍	29 ♌	17 ♏	6 ♌	4 ♉
8	16 ♊ 43	4 ♓ 39	21 ♎ 32	22 ♎ 49	24 ♉ 55	1 ♉ 13	1 ♉ 6	14 ♊ 23	12 ♌ 43	8 ♏ 18	14 ♐ 43	11 ♎ 27	29 ♍	29 ♌	17 ♏	6 ♌	4 ♉
9	17 ♊ 41	17 ♓ 37	21 ♎ 29	22 ♎ 49	26 ♉ 25	2 ♉ 7	1 ♉ 51	14 ♊ 37	12 ♌ 48	8 ♏ 16	14 ♐ 41	11 ♎ 26	0 ♎	29 ♌	16 ♏	6 ♌	4 ♉
10	18 ♊ 38	0 ♈ 13	21 ♎ 25	22 D 49	27 ♉ 59	3 ♉ 1	2 ♉ 36	14 ♊ 51	12 ♌ 53	8 ♏ 14	14 ♐ 39	11 ♎ 26	0 ♎	0 ♍	16 ♏	7 ♌	4 ♉
11	19 ♊ 36	12 ♈ 30	21 ♎ 22	22 ♎ 50	29 ♉ 35	3 ♉ 56	3 ♉ 20	15 ♊ 5	12 ♌ 59	8 ♏ 12	14 ♐ 38	11 ♎ 25	0 ♎	0 ♍	16 ♏	7 ♌	4 ♉
12	20 ♊ 33	24 ♈ 33	21 ♎ 19	22 R 50	1 ♊ 13	4 ♉ 52	4 ♉ 5	15 ♊ 19	13 ♌ 5	8 ♏ 11	14 ♐ 36	11 ♎ 25	0 ♎	1 ♍	16 ♏	8 ♌	4 ♉
13	21 ♊ 30	6 ♉ 27	21 ♎ 16	22 ♎ 49	2 ♊ 55	5 ♉ 48	4 ♉ 49	15 ♊ 33	13 ♌ 10	8 ♏ 9	14 ♐ 34	11 ♎ 25	0 ♎	1 ♍	16 ♏	8 ♌	4 ♉
14	22 ♊ 28	18 ♉ 17	21 ♎ 13	22 ♎ 46	4 ♊ 39	6 ♉ 44	5 ♉ 33	15 ♊ 47	13 ♌ 16	8 ♏ 7	14 ♐ 33	11 ♎ 24	1 ♎	1 ♍	16 ♏	9 ♌	4 ♉
15	23 ♊ 25	0 ♊ 5	21 ♎ 10	22 ♎ 41	6 ♊ 26	7 ♉ 41	6 ♉ 17	16 ♊ 1	13 ♌ 22	8 ♏ 6	14 ♐ 31	11 ♎ 24	1 ♎	2 ♍	16 ♏	9 ♌	4 ♉
16	24 ♊ 22	11 ♊ 54	21 ♎ 6	22 ♎ 33	8 ♊ 15	8 ♉ 38	7 ♉ 2	16 ♊ 15	13 ♌ 28	8 ♏ 4	14 ♐ 30	11 ♎ 24	1 ♎	2 ♍	15 ♏	9 ♌	4 ♉
17	25 ♊ 20	23 ♊ 47	21 ♎ 3	22 ♎ 22	10 ♊ 7	9 ♉ 36	7 ♉ 46	16 ♊ 28	13 ♌ 34	8 ♏ 3	14 ♐ 28	11 ♎ 24	1 ♎	2 ♍	15 ♏	10 ♌	4 ♉
18	26 ♊ 17	5 ♋ 45	21 ♎ 0	22 ♎ 11	12 ♊ 2	10 ♉ 34	8 ♉ 30	16 ♊ 42	13 ♌ 40	8 ♏ 1	14 ♐ 26	11 ♎ 24	1 ♎	3 ♍	15 ♏	10 ♌	4 ♉
19	27 ♊ 14	17 ♋ 50	20 ♎ 57	21 ♎ 59	13 ♊ 59	11 ♉ 33	9 ♉ 14	16 ♊ 56	13 ♌ 46	8 ♏ 0	14 ♐ 25	11 ♎ 24	2 ♎	3 ♍	15 ♏	11 ♌	4 ♉
20	28 ♊ 12	0 ♌ 3	20 ♎ 54	21 ♎ 48	15 ♊ 58	12 ♉ 32	9 ♉ 58	17 ♊ 10	13 ♌ 52	7 ♏ 59	14 ♐ 23	11 ♎ 24	2 ♎	3 ♍	15 ♏	11 ♌	4 ♉
21	29 ♊ 9	12 ♌ 25	20 ♎ 50	21 ♎ 38	17 ♊ 59	13 ♉ 31	10 ♉ 42	17 ♊ 24	13 ♌ 58	7 ♏ 57	14 ♐ 22	11 ♎ 23	2 ♎	4 ♍	15 ♏	11 ♌	4 ♉
22	0 ♋ 6	24 ♌ 58	20 ♎ 47	21 ♎ 31	20 ♊ 3	14 ♉ 31	11 ♉ 25	17 ♊ 38	14 ♌ 4	7 ♏ 56	14 ♐ 20	11 D 23	2 ♎	4 ♍	15 ♏	12 ♌	4 ♉
23	1 ♋ 3	7 ♍ 45	20 ♎ 44	21 ♎ 27	22 ♊ 8	15 ♉ 30	12 ♉ 9	17 ♊ 51	14 ♌ 10	7 ♏ 55	14 ♐ 19	11 ♎ 23	2 ♎	5 ♍	15 ♏	12 ♌	4 ♉
24	2 ♋ 1	20 ♍ 48	20 ♎ 41	21 ♎ 24	24 ♊ 15	16 ♉ 31	12 ♉ 53	18 ♊ 5	14 ♌ 17	7 ♏ 54	14 ♐ 17	11 ♎ 24	3 ♎	5 ♍	15 ♏	13 ♌	4 ♉
25	2 ♋ 58	4 ♎ 9	20 ♎ 38	21 D 24	26 ♊ 23	17 ♉ 31	13 ♉ 36	18 ♊ 19	14 ♌ 23	7 ♏ 53	14 ♐ 16	11 ♎ 24	3 ♎	5 ♍	14 ♏	13 ♌	4 ♉
26	3 ♋ 55	17 ♎ 52	20 ♎ 35	21 ♎ 24	28 ♊ 32	18 ♉ 32	14 ♉ 20	18 ♊ 32	14 ♌ 30	7 ♏ 52	14 ♐ 14	11 ♎ 24	3 ♎	6 ♍	14 ♏	14 ♌	4 ♉
27	4 ♋ 52	1 ♏ 57	20 ♎ 31	21 R 24	0 ♋ 42	19 ♉ 33	15 ♉ 3	18 ♊ 46	14 ♌ 36	7 ♏ 51	14 ♐ 13	11 ♎ 24	3 ♎	6 ♍	14 ♏	14 ♌	4 ♉
28	5 ♋ 50	16 ♏ 25	20 ♎ 28	21 ♎ 22	2 ♋ 53	20 ♉ 35	15 ♉ 47	19 ♊ 0	14 ♌ 43	7 ♏ 50	14 ♐ 11	11 ♎ 24	4 ♎	7 ♍	14 ♏	14 ♌	4 ♉
29	6 ♋ 47	1 ♐ 13	20 ♎ 25	21 ♎ 18	5 ♋ 4	21 ♉ 36	16 ♉ 30	19 ♊ 13	14 ♌ 49	7 ♏ 49	14 ♐ 10	11 ♎ 24	4 ♎	7 ♍	14 ♏	15 ♌	5 ♉
30	7 ♋ 44	16 ♐ 15	20 ♎ 22	21 ♎ 11	7 ♋ 15	22 ♉ 38	17 ♉ 13	19 ♊ 27	14 ♌ 56	7 ♏ 48	14 ♐ 8	11 ♎ 25	4 ♎	7 ♍	14 ♏	15 ♌	5 ♉

SUN INGRESS	☉ → ♋ 21日 21:14
MOON PHASE	○ 2日 05:31 ♐　◑ 9日 00:07 ♓　● 17日 03:23 ♊　◐ 24日 21:44 ♎

aspects		
2日	12:49	☉△♇
3日	09:14	☉⚹♄
4日	18:35	☉☌♃
5日	22:50	☉☍♆
7日	07:51	♀☌♂
9日	05:41	♃☍♆
15日	10:06	♀☍♅
17日	09:02	♂☍♅
17日	16:05	☿△♇
18日	21:12	☿⚹♄
19日	05:15	☿☍♆
20日	16:08	☿☌♃
21日	12:08	♀□♄
24日	01:13	♄△♆
26日	06:17	♂□♄
30日	01:39	☉△♅
30日	05:58	☿△♅
30日	09:22	☉☌☿

1977年7月

DAY	☉	☽	☊ mean	☊ true	☿	♀	♂	♃	♄	♅	♆	♇	⚳	⚴	⚵	⚶	⚷
	° ′	° ′	° ′	° ′	° ′	° ′	° ′	° ′	° ′	° ′	° ′	° ′	°	°	°	°	°
1	8 ♋ 41	1 ♑ 23	20 ♎ 19	21 R 2	9 D 26	23 D 40	17 D 56	19 D 40	15 D 2	7 R 47	14 R 7	11 D 25	4 D	8 D	14 R	16 D	5 D
2	9 ♋ 38	16 ♑ 26	20 ♎ 16	20 ♎ 51	11 ♋ 36	24 ♉ 43	18 ♉ 39	19 ♊ 54	15 ♌ 9	7 ♏ 46	14 ♐ 5	11 ♎ 25	5 ♎	8 ♍	14 ♏	16 ♌	5 ♉
3	10 ♋ 35	1 ♒ 15	20 ♎ 12	20 ♎ 41	13 ♋ 46	25 ♉ 46	19 ♉ 23	20 ♊ 7	15 ♌ 16	7 ♏ 46	14 ♐ 4	11 ♎ 25	5 ♎	8 ♍	14 ♏	17 ♌	5 ♉
4	11 ♋ 33	15 ♒ 42	20 ♎ 9	20 ♎ 31	15 ♋ 54	26 ♉ 49	20 ♉ 5	20 ♊ 21	15 ♌ 23	7 ♏ 45	14 ♐ 2	11 ♎ 26	5 ♎	9 ♍	14 ♏	17 ♌	5 ♉
5	12 ♋ 30	29 ♒ 42	20 ♎ 6	20 ♎ 24	18 ♋ 2	27 ♉ 52	20 ♉ 48	20 ♊ 34	15 ♌ 30	7 ♏ 44	14 ♐ 1	11 ♎ 26	6 ♎	9 ♍	14 ♏	18 ♌	5 ♉
6	13 ♋ 27	13 ♓ 12	20 ♎ 3	20 ♎ 19	20 ♋ 8	28 ♉ 55	21 ♉ 31	20 ♊ 47	15 ♌ 36	7 ♏ 44	14 ♐ 0	11 ♎ 27	6 ♎	10 ♍	14 ♏	18 ♌	5 ♉
7	14 ♋ 24	26 ♓ 15	20 ♎ 0	20 ♎ 16	22 ♋ 12	29 ♉ 59	22 ♉ 14	21 ♊ 1	15 ♌ 43	7 ♏ 43	13 ♐ 58	11 ♎ 27	6 ♎	10 ♍	14 ♏	18 ♌	5 ♉
8	15 ♋ 21	8 ♈ 52	19 ♎ 56	20 ♎ 15	24 ♋ 15	1 ♊ 3	22 ♉ 57	21 ♊ 14	15 ♌ 50	7 ♏ 43	13 ♐ 57	11 ♎ 28	6 ♎	10 ♍	14 ♏	19 ♌	5 ♉
9	16 ♋ 19	21 ♈ 10	19 ♎ 53	20 ♎ 15	26 ♋ 17	2 ♊ 7	23 ♉ 39	21 ♊ 27	15 ♌ 57	7 ♏ 42	13 ♐ 56	11 ♎ 28	7 ♎	11 ♍	14 ♏	19 ♌	5 ♉
10	17 ♋ 16	3 ♉ 13	19 ♎ 50	20 ♎ 15	28 ♋ 16	3 ♊ 12	24 ♉ 22	21 ♊ 41	16 ♌ 4	7 ♏ 42	13 ♐ 54	11 ♎ 29	7 ♎	11 ♍	14 D	20 ♌	5 ♉
11	18 ♋ 13	15 ♉ 6	19 ♎ 47	20 ♎ 13	0 ♌ 14	4 ♊ 16	25 ♉ 4	21 ♊ 54	16 ♌ 11	7 ♏ 42	13 ♐ 53	11 ♎ 30	7 ♎	12 ♍	14 ♏	20 ♌	5 ♉
12	19 ♋ 10	26 ♉ 55	19 ♎ 44	20 ♎ 9	2 ♌ 10	5 ♊ 21	25 ♉ 47	22 ♊ 7	16 ♌ 19	7 ♏ 41	13 ♐ 52	11 ♎ 30	8 ♎	12 ♍	14 ♏	21 ♌	5 ♉
13	20 ♋ 8	8 ♊ 44	19 ♎ 41	20 ♎ 2	4 ♌ 4	6 ♊ 26	26 ♉ 29	22 ♊ 20	16 ♌ 26	7 ♏ 41	13 ♐ 51	11 ♎ 31	8 ♎	12 ♍	14 ♏	21 ♌	5 ♉
14	21 ♋ 5	20 ♊ 36	19 ♎ 37	19 ♎ 53	5 ♌ 57	7 ♊ 31	27 ♉ 11	22 ♊ 33	16 ♌ 33	7 ♏ 41	13 ♐ 49	11 ♎ 31	8 ♎	13 ♍	14 ♏	22 ♌	5 ♉
15	22 ♋ 2	2 ♋ 35	19 ♎ 34	19 ♎ 42	7 ♌ 47	8 ♊ 36	27 ♉ 53	22 ♊ 46	16 ♌ 40	7 ♏ 41	13 ♐ 48	11 ♎ 32	8 ♎	13 ♍	14 ♏	22 ♌	5 ♉
16	22 ♋ 59	14 ♋ 42	19 ♎ 31	19 ♎ 29	9 ♌ 36	9 ♊ 42	28 ♉ 35	22 ♊ 59	16 ♌ 47	7 ♏ 41	13 ♐ 47	11 ♎ 33	9 ♎	14 ♍	14 ♏	22 ♌	5 ♉
17	23 ♋ 57	26 ♋ 58	19 ♎ 28	19 ♎ 15	11 ♌ 22	10 ♊ 47	29 ♉ 17	23 ♊ 12	16 ♌ 55	7 D 41	13 ♐ 46	11 ♎ 34	9 ♎	14 ♍	14 ♏	23 ♌	5 ♉
18	24 ♋ 54	9 ♌ 25	19 ♎ 25	19 ♎ 2	13 ♌ 7	11 ♊ 53	29 ♉ 59	23 ♊ 25	17 ♌ 2	7 ♏ 41	13 ♐ 45	11 ♎ 35	9 ♎	15 ♍	14 ♏	23 ♌	5 ♉
19	25 ♋ 51	22 ♌ 2	19 ♎ 22	18 ♎ 51	14 ♌ 50	12 ♊ 59	0 ♊ 41	23 ♊ 37	17 ♌ 9	7 ♏ 41	13 ♐ 44	11 ♎ 36	10 ♎	15 ♍	14 ♏	24 ♌	5 ♉
20	26 ♋ 48	4 ♍ 50	19 ♎ 18	18 ♎ 43	16 ♌ 31	14 ♊ 6	1 ♊ 23	23 ♊ 50	17 ♌ 17	7 ♏ 41	13 ♐ 43	11 ♎ 37	10 ♎	15 ♍	14 ♏	24 ♌	5 ♉
21	27 ♋ 46	17 ♍ 49	19 ♎ 15	18 ♎ 37	18 ♌ 10	15 ♊ 12	2 ♊ 4	24 ♊ 3	17 ♌ 24	7 ♏ 41	13 ♐ 42	11 ♎ 37	10 ♎	16 ♍	14 ♏	25 ♌	5 ♉
22	28 ♋ 43	1 ♎ 1	19 ♎ 12	18 ♎ 34	19 ♌ 48	16 ♊ 18	2 ♊ 46	24 ♊ 15	17 ♌ 31	7 ♏ 41	13 ♐ 40	11 ♎ 38	11 ♎	16 ♍	14 ♏	25 ♌	5 ♉
23	29 ♋ 40	14 ♎ 27	19 ♎ 9	18 ♎ 33	21 ♌ 23	17 ♊ 25	3 ♊ 27	24 ♊ 28	17 ♌ 39	7 ♏ 42	13 ♐ 39	11 ♎ 39	11 ♎	17 ♍	14 ♏	26 ♌	5 ♉
24	0 ♌ 38	28 ♎ 8	19 ♎ 6	18 D 33	22 ♌ 57	18 ♊ 32	4 ♊ 9	24 ♊ 40	17 ♌ 46	7 ♏ 42	13 ♐ 38	11 ♎ 40	11 ♎	17 ♍	14 ♏	26 ♌	5 ♉
25	1 ♌ 35	12 ♏ 6	19 ♎ 2	18 R 33	24 ♌ 28	19 ♊ 39	4 ♊ 50	24 ♊ 53	17 ♌ 54	7 ♏ 42	13 ♐ 38	11 ♎ 42	12 ♎	17 ♍	14 ♏	27 ♌	5 ♉
26	2 ♌ 32	26 ♏ 21	18 ♎ 59	18 ♎ 31	25 ♌ 58	20 ♊ 46	5 ♊ 31	25 ♊ 5	18 ♌ 1	7 ♏ 43	13 ♐ 37	11 ♎ 43	12 ♎	18 ♍	14 ♏	27 ♌	5 ♉
27	3 ♌ 29	10 ♐ 51	18 ♎ 56	18 ♎ 27	27 ♌ 26	21 ♊ 53	6 ♊ 12	25 ♊ 17	18 ♌ 9	7 ♏ 43	13 ♐ 36	11 ♎ 44	12 ♎	18 ♍	15 ♏	28 ♌	5 ♉
28	4 ♌ 27	25 ♐ 32	18 ♎ 53	18 ♎ 21	28 ♌ 52	23 ♊ 0	6 ♊ 53	25 ♊ 30	18 ♌ 16	7 ♏ 44	13 ♐ 35	11 ♎ 45	13 ♎	19 ♍	15 ♏	28 ♌	5 ♉
29	5 ♌ 24	10 ♑ 19	18 ♎ 50	18 ♎ 12	0 ♍ 16	24 ♊ 8	7 ♊ 34	25 ♊ 42	18 ♌ 24	7 ♏ 45	13 ♐ 34	11 ♎ 46	13 ♎	19 ♍	15 ♏	28 ♌	5 ♉
30	6 ♌ 21	25 ♑ 4	18 ♎ 47	18 ♎ 2	1 ♍ 38	25 ♊ 15	8 ♊ 15	25 ♊ 54	18 ♌ 31	7 ♏ 45	13 ♐ 33	11 ♎ 47	13 ♎	19 ♍	15 ♏	29 ♌	5 ♉
31	7 ♌ 19	9 ♒ 38	18 ♎ 43	17 ♎ 52	2 ♍ 58	26 ♊ 23	8 ♊ 56	26 ♊ 6	18 ♌ 39	7 ♏ 46	13 ♐ 32	11 ♎ 49	14 ♎	20 ♍	15 ♏	29 ♌	5 ♉

SUN INGRESS	☉ → ♌ 23日 08:04
MOON PHASE	○ 1日 12:24 ♑　◑ 8日 13:39 ♈　● 16日 17:36 ♋　◐ 24日 04:38 ♏　○ 30日 19:52 ♒

aspects		
1日	21:57	☿□♇
3日	21:08	☉□♇
7日	00:30	☿⚹♂
14日	22:36	☿□♅
16日	03:28	☿⚹♀
17日	02:38	☿⚹♇
17日	17:09	♀△♇
18日	08:36	☿△♆
19日	15:50	♀☍♆
20日	11:47	☿☌♄
23日	05:36	♀⚹♄
25日	07:30	☿⚹♃
30日	16:38	♀☌♃
31日	11:31	☉□♅

1977年8月

DAY	☉	☽	☊ mean	☊ true	☿	♀	♂	♃	♄	♅	♆	♇	⚳	⚴	⚵	⚶	⚷
	° ′	° ′	° ′	° ′	° ′	° ′	° ′	° ′	° ′	° ′	° ′	° ′	°	°	°	°	°
1	8 ♌ 16	23 ♒ 55	18 ♎ 40	17 R 42	4 D 16	27 D 31	9 D 36	26 D 18	18 D 47	7 D 47	13 R 32	11 D 50	14 D	20 D	15 D	0 D	5 D
2	9 ♌ 14	7 ♓ 49	18 ♎ 37	17 ♎ 35	5 ♍ 32	28 ♊ 39	10 ♊ 17	26 ♊ 30	18 ♌ 54	7 ♏ 48	13 ♐ 31	11 ♎ 51	14 ♎	21 ♍	15 ♏	0 ♍	5 ♉
3	10 ♌ 11	21 ♓ 18	18 ♎ 34	17 ♎ 30	6 ♍ 45	29 ♊ 47	10 ♊ 57	26 ♊ 42	19 ♌ 2	7 ♏ 48	13 ♐ 30	11 ♎ 52	15 ♎	21 ♍	15 ♏	1 ♍	5 ♉
4	11 ♌ 8	4 ♈ 21	18 ♎ 31	17 ♎ 27	7 ♍ 57	0 ♋ 56	11 ♊ 38	26 ♊ 53	19 ♌ 9	7 ♏ 49	13 ♐ 29	11 ♎ 54	15 ♎	22 ♍	15 ♏	1 ♍	5 ♉
5	12 ♌ 6	17 ♈ 0	18 ♎ 27	17 ♎ 26	9 ♍ 6	2 ♋ 4	12 ♊ 18	27 ♊ 5	19 ♌ 17	7 ♏ 50	13 ♐ 29	11 ♎ 55	15 ♎	22 ♍	16 ♏	2 ♍	5 ♉
6	13 ♌ 3	29 ♈ 20	18 ♎ 24	17 D 26	10 ♍ 12	3 ♋ 13	12 ♊ 58	27 ♊ 17	19 ♌ 25	7 ♏ 51	13 ♐ 28	11 ♎ 57	16 ♎	22 ♍	16 ♏	2 ♍	5 ♉
7	14 ♌ 1	11 ♉ 25	18 ♎ 21	17 ♎ 27	11 ♍ 16	4 ♋ 21	13 ♊ 38	27 ♊ 28	19 ♌ 32	7 ♏ 52	13 ♐ 27	11 ♎ 58	16 ♎	23 ♍	16 ♏	3 ♍	5 ♉
8	14 ♌ 58	23 ♉ 20	18 ♎ 18	17 R 27	12 ♍ 18	5 ♋ 30	14 ♊ 18	27 ♊ 40	19 ♌ 40	7 ♏ 54	13 ♐ 27	12 ♎ 0	16 ♎	23 ♍	16 ♏	3 ♍	5 ♉
9	15 ♌ 56	5 ♊ 11	18 ♎ 15	17 ♎ 25	13 ♍ 17	6 ♋ 39	14 ♊ 58	27 ♊ 51	19 ♌ 48	7 ♏ 55	13 ♐ 26	12 ♎ 1	17 ♎	24 ♍	16 ♏	4 ♍	5 ♉
10	16 ♌ 53	17 ♊ 2	18 ♎ 12	17 ♎ 20	14 ♍ 13	7 ♋ 48	15 ♊ 38	28 ♊ 2	19 ♌ 55	7 ♏ 56	13 ♐ 26	12 ♎ 3	17 ♎	24 ♍	16 ♏	4 ♍	5 R
11	17 ♌ 51	28 ♊ 58	18 ♎ 8	17 ♎ 14	15 ♍ 6	8 ♋ 57	16 ♊ 18	28 ♊ 14	20 ♌ 3	7 ♏ 57	13 ♐ 25	12 ♎ 4	18 ♎	25 ♍	16 ♏	5 ♍	5 ♉
12	18 ♌ 49	11 ♋ 2	18 ♎ 5	17 ♎ 6	15 ♍ 56	10 ♋ 6	16 ♊ 57	28 ♊ 25	20 ♌ 11	7 ♏ 59	13 ♐ 25	12 ♎ 6	18 ♎	25 ♍	16 ♏	5 ♍	5 ♉
13	19 ♌ 46	23 ♋ 18	18 ♎ 2	16 ♎ 56	16 ♍ 43	11 ♋ 16	17 ♊ 37	28 ♊ 36	20 ♌ 18	8 ♏ 0	13 ♐ 24	12 ♎ 7	18 ♎	25 ♍	17 ♏	5 ♍	5 ♉
14	20 ♌ 44	5 ♌ 46	17 ♎ 59	16 ♎ 46	17 ♍ 26	12 ♋ 25	18 ♊ 16	28 ♊ 47	20 ♌ 26	8 ♏ 1	13 ♐ 24	12 ♎ 9	19 ♎	26 ♍	17 ♏	6 ♍	5 ♉
15	21 ♌ 41	18 ♌ 28	17 ♎ 56	16 ♎ 36	18 ♍ 6	13 ♋ 35	18 ♊ 55	28 ♊ 57	20 ♌ 34	8 ♏ 3	13 ♐ 24	12 ♎ 11	19 ♎	26 ♍	17 ♏	6 ♍	5 ♉
16	22 ♌ 39	1 ♍ 23	17 ♎ 53	16 ♎ 27	18 ♍ 42	14 ♋ 44	19 ♊ 34	29 ♊ 8	20 ♌ 41	8 ♏ 4	13 ♐ 23	12 ♎ 12	19 ♎	27 ♍	17 ♏	7 ♍	5 ♉
17	23 ♌ 37	14 ♍ 31	17 ♎ 49	16 ♎ 21	19 ♍ 13	15 ♋ 54	20 ♊ 13	29 ♊ 19	20 ♌ 49	8 ♏ 6	13 ♐ 23	12 ♎ 14	20 ♎	27 ♍	17 ♏	7 ♍	5 ♉
18	24 ♌ 34	27 ♍ 51	17 ♎ 46	16 ♎ 17	19 ♍ 41	17 ♋ 4	20 ♊ 52	29 ♊ 29	20 ♌ 57	8 ♏ 8	13 ♐ 23	12 ♎ 16	20 ♎	28 ♍	17 ♏	8 ♍	5 ♉
19	25 ♌ 32	11 ♎ 22	17 ♎ 43	16 ♎ 16	20 ♍ 4	18 ♋ 14	21 ♊ 31	29 ♊ 40	21 ♌ 4	8 ♏ 9	13 ♐ 23	12 ♎ 17	20 ♎	28 ♍	18 ♏	8 ♍	5 ♉
20	26 ♌ 30	25 ♎ 3	17 ♎ 40	16 D 16	20 ♍ 22	19 ♋ 24	22 ♊ 10	29 ♊ 50	21 ♌ 12	8 ♏ 11	13 ♐ 22	12 ♎ 19	21 ♎	28 ♍	18 ♏	9 ♍	5 ♉
21	27 ♌ 28	8 ♏ 54	17 ♎ 37	16 ♎ 17	20 ♍ 35	20 ♋ 34	22 ♊ 49	0 ♋ 0	21 ♌ 20	8 ♏ 13	13 ♐ 22	12 ♎ 21	21 ♎	29 ♍	18 ♏	9 ♍	5 ♉
22	28 ♌ 26	22 ♏ 54	17 ♎ 33	16 ♎ 18	20 ♍ 44	21 ♋ 45	23 ♊ 27	0 ♋ 11	21 ♌ 27	8 ♏ 15	13 ♐ 22	12 ♎ 23	22 ♎	29 ♍	18 ♏	10 ♍	5 ♉
23	29 ♌ 23	7 ♐ 3	17 ♎ 30	16 R 18	20 R 46	22 ♋ 55	24 ♊ 5	0 ♋ 21	21 ♌ 35	8 ♏ 16	13 ♐ 22	12 ♎ 25	22 ♎	0 ♎	18 ♏	10 ♍	5 ♉
24	0 ♍ 21	21 ♐ 20	17 ♎ 27	16 ♎ 16	20 ♍ 43	24 ♋ 5	24 ♊ 44	0 ♋ 31	21 ♌ 43	8 ♏ 18	13 ♐ 22	12 ♎ 26	22 ♎	0 ♎	19 ♏	11 ♍	5 ♉
25	1 ♍ 19	5 ♑ 40	17 ♎ 24	16 ♎ 12	20 ♍ 34	25 ♋ 16	25 ♊ 22	0 ♋ 40	21 ♌ 50	8 ♏ 20	13 ♐ 22	12 ♎ 28	23 ♎	1 ♎	19 ♏	11 ♍	5 ♉
26	2 ♍ 17	20 ♑ 2	17 ♎ 21	16 ♎ 7	20 ♍ 20	26 ♋ 27	26 ♊ 0	0 ♋ 50	21 ♌ 58	8 ♏ 22	13 D 22	12 ♎ 30	23 ♎	1 ♎	19 ♏	12 ♍	5 ♉
27	3 ♍ 15	4 ♒ 21	17 ♎ 18	16 ♎ 1	19 ♍ 59	27 ♋ 37	26 ♊ 38	1 ♋ 0	22 ♌ 5	8 ♏ 24	13 ♐ 22	12 ♎ 32	24 ♎	1 ♎	19 ♏	12 ♍	5 ♉
28	4 ♍ 13	18 ♒ 30	17 ♎ 14	15 ♎ 54	19 ♍ 32	28 ♋ 48	27 ♊ 15	1 ♋ 9	22 ♌ 13	8 ♏ 26	13 ♐ 22	12 ♎ 34	24 ♎	2 ♎	19 ♏	13 ♍	5 ♉
29	5 ♍ 11	2 ♓ 25	17 ♎ 11	15 ♎ 48	19 ♍ 0	29 ♋ 59	27 ♊ 53	1 ♋ 19	22 ♌ 21	8 ♏ 29	13 ♐ 22	12 ♎ 36	24 ♎	2 ♎	20 ♏	13 ♍	5 ♉
30	6 ♍ 9	16 ♓ 3	17 ♎ 8	15 ♎ 43	18 ♍ 22	1 ♌ 10	28 ♊ 30	1 ♋ 28	22 ♌ 28	8 ♏ 31	13 ♐ 22	12 ♎ 38	25 ♎	3 ♎	20 ♏	14 ♍	5 ♉
31	7 ♍ 7	29 ♓ 21	17 ♎ 5	15 ♎ 40	17 ♍ 38	2 ♌ 21	29 ♊ 8	1 ♋ 37	22 ♌ 36	8 ♏ 33	13 ♐ 22	12 ♎ 40	25 ♎	3 ♎	20 ♏	14 ♍	5 ♉

SUN INGRESS	☉ → ♍ 23日 15:00
MOON PHASE	◑ 7日 05:40 ♉　● 15日 06:31 ♌　◐ 22日 10:04 ♏　○ 29日 05:10 ♓

aspects		
3日	21:31	☿⚹♅
4日	09:56	♂△♇
4日	19:26	☉⚹♇
5日	16:51	☉⚹♂
6日	10:13	☉△♆
6日	17:38	♂☍♆
9日	03:53	☿□♆
10日	02:52	♀△♅
13日	15:28	☉☌♄
13日	18:15	♀□♇
18日	03:19	☿⚹♄
21日	00:28	☿⚹♀
24日	04:43	☉⚹♃

1977年9月

DAY	☉	☽	☊ mean	☊ true	☿	♀	♂	♃	♄	♅	♆	♇	⚳	⚴	⚵	⚶	⚷
	° ′	° ′	° ′	° ′	° ′	° ′	° ′	° ′	° ′	° ′	° ′	° ′	°	°	°	°	°
1	8 ♍ 5	12 ♈ 17	17 ♎ 2	15 R 39	16 R 51	3 D 32	29 D 45	1 D 46	22 D 43	8 D 35	13 D 22	12 D 42	25 D	4 D	20 D	15 D	5 R
2	9 ♍ 3	24 ♈ 54	16 ♎ 59	15 D 39	15 ♍ 59	4 ♌ 44	0 ♋ 22	1 ♋ 55	22 ♌ 51	8 ♏ 37	13 ♐ 23	12 ♎ 44	26 ♎	4 ♎	20 ♏	15 ♍	5 ♉
3	10 ♍ 1	7 ♉ 13	16 ♎ 55	15 ♎ 41	15 ♍ 4	5 ♌ 55	0 ♋ 59	2 ♋ 4	22 ♌ 58	8 ♏ 40	13 ♐ 23	12 ♎ 46	26 ♎	4 ♎	21 ♏	16 ♍	5 ♉
4	10 ♍ 59	19 ♉ 19	16 ♎ 52	15 ♎ 42	14 ♍ 6	7 ♌ 6	1 ♋ 36	2 ♋ 13	23 ♌ 6	8 ♏ 42	13 ♐ 23	12 ♎ 48	27 ♎	5 ♎	21 ♏	16 ♍	5 ♉
5	11 ♍ 57	1 ♊ 15	16 ♎ 49	15 ♎ 44	13 ♍ 8	8 ♌ 18	2 ♋ 13	2 ♋ 21	23 ♌ 13	8 ♏ 45	13 ♐ 23	12 ♎ 50	27 ♎	5 ♎	21 ♏	17 ♍	5 ♉
6	12 ♍ 55	13 ♊ 7	16 ♎ 46	15 R 44	12 ♍ 10	9 ♌ 30	2 ♋ 49	2 ♋ 29	23 ♌ 20	8 ♏ 47	13 ♐ 24	12 ♎ 52	27 ♎	6 ♎	21 ♏	17 ♍	5 ♉
7	13 ♍ 53	25 ♊ 0	16 ♎ 43	15 ♎ 44	11 ♍ 14	10 ♌ 41	3 ♋ 26	2 ♋ 38	23 ♌ 28	8 ♏ 50	13 ♐ 24	12 ♎ 54	28 ♎	6 ♎	22 ♏	18 ♍	5 ♉
8	14 ♍ 52	6 ♋ 58	16 ♎ 39	15 ♎ 42	10 ♍ 20	11 ♌ 53	4 ♋ 2	2 ♋ 46	23 ♌ 35	8 ♏ 52	13 ♐ 25	12 ♎ 56	28 ♎	7 ♎	22 ♏	18 ♍	5 ♉
9	15 ♍ 50	19 ♋ 5	16 ♎ 36	15 ♎ 38	9 ♍ 30	13 ♌ 5	4 ♋ 38	2 ♋ 54	23 ♌ 42	8 ♏ 55	13 ♐ 25	12 ♎ 59	29 ♎	7 ♎	22 ♏	19 ♍	5 ♉
10	16 ♍ 48	1 ♌ 26	16 ♎ 33	15 ♎ 34	8 ♍ 46	14 ♌ 17	5 ♋ 14	3 ♋ 2	23 ♌ 50	8 ♏ 57	13 ♐ 25	13 ♎ 1	29 ♎	8 ♎	22 ♏	19 ♍	5 ♉
11	17 ♍ 47	14 ♌ 3	16 ♎ 30	15 ♎ 29	8 ♍ 8	15 ♌ 29	5 ♋ 50	3 ♋ 10	23 ♌ 57	9 ♏ 0	13 ♐ 26	13 ♎ 3	29 ♎	8 ♎	23 ♏	20 ♍	5 ♉
12	18 ♍ 45	26 ♌ 57	16 ♎ 27	15 ♎ 25	7 ♍ 37	16 ♌ 41	6 ♋ 26	3 ♋ 17	24 ♌ 4	9 ♏ 3	13 ♐ 27	13 ♎ 5	0 ♏	8 ♎	23 ♏	20 ♍	5 ♉
13	19 ♍ 43	10 ♍ 10	16 ♎ 24	15 ♎ 21	7 ♍ 15	17 ♌ 53	7 ♋ 2	3 ♋ 25	24 ♌ 11	9 ♏ 5	13 ♐ 27	13 ♎ 7	0 ♏	9 ♎	23 ♏	21 ♍	5 ♉
14	20 ♍ 42	23 ♍ 39	16 ♎ 20	15 ♎ 19	7 ♍ 1	19 ♌ 6	7 ♋ 37	3 ♋ 32	24 ♌ 19	9 ♏ 8	13 ♐ 28	13 ♎ 9	1 ♏	9 ♎	23 ♏	21 ♍	5 ♉
15	21 ♍ 40	7 ♎ 24	16 ♎ 17	15 ♎ 18	6 ♍ 56	20 ♌ 18	8 ♋ 12	3 ♋ 39	24 ♌ 26	9 ♏ 11	13 ♐ 28	13 ♎ 12	1 ♏	10 ♎	24 ♏	22 ♍	5 ♉
16	22 ♍ 39	21 ♎ 20	16 ♎ 14	15 D 17	7 D 1	21 ♌ 30	8 ♋ 47	3 ♋ 46	24 ♌ 33	9 ♏ 14	13 ♐ 29	13 ♎ 14	1 ♏	10 ♎	24 ♏	22 ♍	5 ♉
17	23 ♍ 37	5 ♏ 26	16 ♎ 11	15 ♎ 18	7 ♍ 15	22 ♌ 43	9 ♋ 22	3 ♋ 53	24 ♌ 40	9 ♏ 17	13 ♐ 30	13 ♎ 16	2 ♏	11 ♎	24 ♏	22 ♍	5 ♉
18	24 ♍ 36	19 ♏ 38	16 ♎ 8	15 ♎ 20	7 ♍ 39	23 ♌ 55	9 ♋ 57	4 ♋ 0	24 ♌ 47	9 ♏ 20	13 ♐ 30	13 ♎ 18	2 ♏	11 ♎	24 ♏	23 ♍	5 ♉
19	25 ♍ 34	3 ♐ 52	16 ♎ 4	15 ♎ 21	8 ♍ 11	25 ♌ 8	10 ♋ 32	4 ♋ 6	24 ♌ 54	9 ♏ 23	13 ♐ 31	13 ♎ 21	3 ♏	12 ♎	25 ♏	23 ♍	5 ♉
20	26 ♍ 33	18 ♐ 7	16 ♎ 1	15 ♎ 22	8 ♍ 53	26 ♌ 21	11 ♋ 6	4 ♋ 13	25 ♌ 1	9 ♏ 25	13 ♐ 32	13 ♎ 23	3 ♏	12 ♎	25 ♏	24 ♍	5 ♉
21	27 ♍ 32	2 ♑ 19	15 ♎ 58	15 R 22	9 ♍ 42	27 ♌ 34	11 ♋ 41	4 ♋ 19	25 ♌ 8	9 ♏ 28	13 ♐ 33	13 ♎ 25	3 ♏	12 ♎	25 ♏	24 ♍	4 ♉
22	28 ♍ 30	16 ♑ 26	15 ♎ 55	15 ♎ 21	10 ♍ 40	28 ♌ 46	12 ♋ 15	4 ♋ 25	25 ♌ 15	9 ♏ 32	13 ♐ 34	13 ♎ 28	4 ♏	13 ♎	25 ♏	25 ♍	4 ♉
23	29 ♍ 29	0 ♒ 27	15 ♎ 52	15 ♎ 20	11 ♍ 45	29 ♌ 59	12 ♋ 49	4 ♋ 31	25 ♌ 22	9 ♏ 35	13 ♐ 35	13 ♎ 30	4 ♏	13 ♎	26 ♏	25 ♍	4 ♉
24	0 ♎ 28	14 ♒ 20	15 ♎ 49	15 ♎ 18	12 ♍ 56	1 ♍ 12	13 ♋ 22	4 ♋ 37	25 ♌ 28	9 ♏ 38	13 ♐ 35	13 ♎ 32	5 ♏	14 ♎	26 ♏	26 ♍	4 ♉
25	1 ♎ 26	28 ♒ 1	15 ♎ 45	15 ♎ 16	14 ♍ 14	2 ♍ 25	13 ♋ 56	4 ♋ 43	25 ♌ 35	9 ♏ 41	13 ♐ 36	13 ♎ 34	5 ♏	14 ♎	26 ♏	26 ♍	4 ♉
26	2 ♎ 25	11 ♓ 30	15 ♎ 42	15 ♎ 14	15 ♍ 37	3 ♍ 38	14 ♋ 29	4 ♋ 48	25 ♌ 42	9 ♏ 44	13 ♐ 37	13 ♎ 37	6 ♏	15 ♎	26 ♏	27 ♍	4 ♉
27	3 ♎ 24	24 ♓ 44	15 ♎ 39	15 ♎ 13	17 ♍ 4	4 ♍ 51	15 ♋ 3	4 ♋ 53	25 ♌ 48	9 ♏ 47	13 ♐ 38	13 ♎ 39	6 ♏	15 ♎	27 ♏	27 ♍	4 ♉
28	4 ♎ 23	7 ♈ 43	15 ♎ 36	15 ♎ 12	18 ♍ 36	6 ♍ 5	15 ♋ 36	4 ♋ 58	25 ♌ 55	9 ♏ 50	13 ♐ 39	13 ♎ 41	6 ♏	16 ♎	27 ♏	28 ♍	4 ♉
29	5 ♎ 22	20 ♈ 26	15 ♎ 33	15 D 12	20 ♍ 11	7 ♍ 18	16 ♋ 8	5 ♋ 3	26 ♌ 2	9 ♏ 54	13 ♐ 41	13 ♎ 44	7 ♏	16 ♎	27 ♏	28 ♍	4 ♉
30	6 ♎ 21	2 ♉ 54	15 ♎ 30	15 ♎ 13	21 ♍ 48	8 ♍ 31	16 ♋ 41	5 ♋ 8	26 ♌ 8	9 ♏ 57	13 ♐ 42	13 ♎ 46	7 ♏	16 ♎	28 ♏	29 ♍	4 ♉

SUN INGRESS	☉ → ♎ 23日 12:29
MOON PHASE	◑ 5日 23:33 ♊　● 13日 18:23 ♍　◐ 20日 15:18 ♐　○ 27日 17:17 ♈

aspects

1日	13:10	☉⚹♅
4日	17:46	☿□♆
5日	07:02	♂☌♃
5日	09:14	♀□♅
5日	14:41	☉☌☿
6日	11:52	☉□♆
8日	21:46	♀⚹♇
9日	06:41	♀△♆
9日	17:56	☿⚹♅
13日	06:04	☿⚹♂
16日	19:41	♂△♅
18日	18:51	♀☌♄
20日	17:14	☿⚹♅
24日	07:28	♂□♇
24日	12:29	☿□♆
24日	14:36	☿⚹♂
26日	11:58	♆⚹♇
27日	00:39	♀⚹♃
28日	15:51	☉□♃

1977年10月

DAY	☉	☽	☊ mean	☊ true	☿	♀	♂	♃	♄	♅	♆	♇	⚳	⚴	⚵	⚶	⚷
	° ′	° ′	° ′	° ′	° ′	° ′	° ′	° ′	° ′	° ′	° ′	° ′	°	°	°	°	°
1	7 ♎ 20	15 ♉ 9	15 ♎ 26	15 D 14	23 D 29	9 D 45	17 D 14	5 D 13	26 D 14	10 D 0	13 D 43	13 D 48	8 D	17 D	28 D	29 D	4 R
2	8 ♎ 19	27 ♉ 13	15 ♎ 23	15 ♎ 14	25 ♍ 11	10 ♍ 58	17 ♋ 46	5 ♋ 17	26 ♌ 21	10 ♏ 3	13 ♐ 44	13 ♎ 51	8 ♏	17 ♎	28 ♏	0 ♎	4 ♉
3	9 ♎ 18	9 ♊ 9	15 ♎ 20	15 ♎ 15	26 ♍ 54	12 ♍ 12	18 ♋ 18	5 ♋ 22	26 ♌ 27	10 ♏ 7	13 ♐ 45	13 ♎ 53	8 ♏	18 ♎	28 ♏	0 ♎	4 ♉
4	10 ♎ 17	21 ♊ 1	15 ♎ 17	15 ♎ 16	28 ♍ 39	13 ♍ 25	18 ♋ 50	5 ♋ 26	26 ♌ 34	10 ♏ 10	13 ♐ 46	13 ♎ 55	9 ♏	18 ♎	29 ♏	1 ♎	4 ♉
5	11 ♎ 16	2 ♋ 54	15 ♎ 14	15 ♎ 16	0 ♎ 25	14 ♍ 39	19 ♋ 21	5 ♋ 30	26 ♌ 40	10 ♏ 14	13 ♐ 48	13 ♎ 58	9 ♏	19 ♎	29 ♏	1 ♎	4 ♉
6	12 ♎ 15	14 ♋ 51	15 ♎ 10	15 R 16	2 ♎ 11	15 ♍ 53	19 ♋ 53	5 ♋ 33	26 ♌ 46	10 ♏ 17	13 ♐ 49	14 ♎ 0	10 ♏	19 ♎	29 ♏	2 ♎	4 ♉
7	13 ♎ 14	26 ♋ 57	15 ♎ 7	15 ♎ 16	3 ♎ 57	17 ♍ 6	20 ♋ 24	5 ♋ 37	26 ♌ 52	10 ♏ 20	13 ♐ 50	14 ♎ 3	10 ♏	20 ♎	0 ♐	2 ♎	4 ♉
8	14 ♎ 13	9 ♌ 18	15 ♎ 4	15 ♎ 16	5 ♎ 44	18 ♍ 20	20 ♋ 55	5 ♋ 40	26 ♌ 58	10 ♏ 24	13 ♐ 51	14 ♎ 5	10 ♏	20 ♎	0 ♐	3 ♎	4 ♉
9	15 ♎ 13	21 ♌ 56	15 ♎ 1	15 ♎ 16	7 ♎ 30	19 ♍ 34	21 ♋ 26	5 ♋ 43	27 ♌ 4	10 ♏ 27	13 ♐ 53	14 ♎ 7	11 ♏	20 ♎	0 ♐	3 ♎	4 ♉
10	16 ♎ 12	4 ♍ 55	14 ♎ 58	15 D 16	9 ♎ 17	20 ♍ 48	21 ♋ 56	5 ♋ 46	27 ♌ 10	10 ♏ 31	13 ♐ 54	14 ♎ 10	11 ♏	21 ♎	0 ♐	4 ♎	4 ♉
11	17 ♎ 11	18 ♍ 17	14 ♎ 55	15 ♎ 16	11 ♎ 3	22 ♍ 2	22 ♋ 27	5 ♋ 49	27 ♌ 16	10 ♏ 34	13 ♐ 56	14 ♎ 12	12 ♏	21 ♎	1 ♐	4 ♎	4 ♉
12	18 ♎ 10	2 ♎ 1	14 ♎ 51	15 ♎ 16	12 ♎ 48	23 ♍ 16	22 ♋ 57	5 ♋ 52	27 ♌ 22	10 ♏ 38	13 ♐ 57	14 ♎ 14	12 ♏	22 ♎	1 ♐	5 ♎	4 ♉
13	19 ♎ 10	16 ♎ 7	14 ♎ 48	15 R 16	14 ♎ 34	24 ♍ 30	23 ♋ 27	5 ♋ 54	27 ♌ 27	10 ♏ 41	13 ♐ 59	14 ♎ 17	13 ♏	22 ♎	1 ♐	5 ♎	4 ♉
14	20 ♎ 9	0 ♏ 29	14 ♎ 45	15 ♎ 16	16 ♎ 18	25 ♍ 44	23 ♋ 56	5 ♋ 56	27 ♌ 33	10 ♏ 45	14 ♐ 0	14 ♎ 19	13 ♏	23 ♎	2 ♐	6 ♎	4 ♉
15	21 ♎ 9	15 ♏ 3	14 ♎ 42	15 ♎ 15	18 ♎ 2	26 ♍ 58	24 ♋ 25	5 ♋ 58	27 ♌ 39	10 ♏ 48	14 ♐ 2	14 ♎ 21	13 ♏	23 ♎	2 ♐	6 ♎	4 ♉
16	22 ♎ 8	29 ♏ 43	14 ♎ 39	15 ♎ 15	19 ♎ 46	28 ♍ 12	24 ♋ 54	6 ♋ 0	27 ♌ 44	10 ♏ 52	14 ♐ 3	14 ♎ 24	14 ♏	24 ♎	2 ♐	7 ♎	3 ♉
17	23 ♎ 8	14 ♐ 21	14 ♎ 35	15 ♎ 14	21 ♎ 29	29 ♍ 27	25 ♋ 23	6 ♋ 2	27 ♌ 50	10 ♏ 56	14 ♐ 5	14 ♎ 26	14 ♏	24 ♎	3 ♐	7 ♎	3 ♉
18	24 ♎ 7	28 ♐ 53	14 ♎ 32	15 ♎ 13	23 ♎ 11	0 ♎ 41	25 ♋ 52	6 ♋ 3	27 ♌ 55	10 ♏ 59	14 ♐ 6	14 ♎ 28	15 ♏	24 ♎	3 ♐	8 ♎	3 ♉
19	25 ♎ 7	13 ♑ 13	14 ♎ 29	15 ♎ 12	24 ♎ 53	1 ♎ 55	26 ♋ 20	6 ♋ 5	28 ♌ 0	11 ♏ 3	14 ♐ 8	14 ♎ 31	15 ♏	25 ♎	3 ♐	8 ♎	3 ♉
20	26 ♎ 7	27 ♑ 19	14 ♎ 26	15 D 12	26 ♎ 34	3 ♎ 10	26 ♋ 48	6 ♋ 6	28 ♌ 6	11 ♏ 7	14 ♐ 9	14 ♎ 33	16 ♏	25 ♎	4 ♐	9 ♎	3 ♉
21	27 ♎ 6	11 ♒ 9	14 ♎ 23	15 ♎ 13	28 ♎ 14	4 ♎ 24	27 ♋ 16	6 ♋ 7	28 ♌ 11	11 ♏ 10	14 ♐ 11	14 ♎ 35	16 ♏	26 ♎	4 ♐	9 ♎	3 ♉
22	28 ♎ 6	24 ♒ 44	14 ♎ 20	15 ♎ 13	29 ♎ 54	5 ♎ 38	27 ♋ 43	6 ♋ 7	28 ♌ 16	11 ♏ 14	14 ♐ 13	14 ♎ 38	16 ♏	26 ♎	4 ♐	10 ♎	3 ♉
23	29 ♎ 6	8 ♓ 2	14 ♎ 16	15 ♎ 15	1 ♏ 33	6 ♎ 53	28 ♋ 10	6 ♋ 8	28 ♌ 21	11 ♏ 18	14 ♐ 15	14 ♎ 40	17 ♏	27 ♎	5 ♐	10 ♎	3 ♉
24	0 ♏ 5	21 ♓ 6	14 ♎ 13	15 ♎ 16	3 ♏ 11	8 ♎ 7	28 ♋ 37	6 ♋ 8	28 ♌ 26	11 ♏ 21	14 ♐ 16	14 ♎ 42	17 ♏	27 ♎	5 ♐	11 ♎	3 ♉
25	1 ♏ 5	3 ♈ 57	14 ♎ 10	15 ♎ 17	4 ♏ 49	9 ♎ 22	29 ♋ 3	6 R 8	28 ♌ 31	11 ♏ 25	14 ♐ 18	14 ♎ 45	18 ♏	28 ♎	5 ♐	11 ♎	3 ♉
26	2 ♏ 5	16 ♈ 35	14 ♎ 7	15 R 17	6 ♏ 27	10 ♎ 37	29 ♋ 29	6 ♋ 8	28 ♌ 35	11 ♏ 29	14 ♐ 20	14 ♎ 47	18 ♏	28 ♎	5 ♐	12 ♎	3 ♉
27	3 ♏ 5	29 ♈ 1	14 ♎ 4	15 ♎ 16	8 ♏ 4	11 ♎ 51	29 ♋ 55	6 ♋ 8	28 ♌ 40	11 ♏ 32	14 ♐ 22	14 ♎ 49	19 ♏	28 ♎	6 ♐	12 ♎	3 ♉
28	4 ♏ 4	11 ♉ 18	14 ♎ 1	15 ♎ 15	9 ♏ 40	13 ♎ 6	0 ♌ 21	6 ♋ 7	28 ♌ 45	11 ♏ 36	14 ♐ 23	14 ♎ 51	19 ♏	29 ♎	6 ♐	13 ♎	3 ♉
29	5 ♏ 4	23 ♉ 25	13 ♎ 57	15 ♎ 12	11 ♏ 16	14 ♎ 21	0 ♌ 46	6 ♋ 6	28 ♌ 49	11 ♏ 40	14 ♐ 25	14 ♎ 54	19 ♏	29 ♎	6 ♐	13 ♎	3 ♉
30	6 ♏ 4	5 ♊ 25	13 ♎ 54	15 ♎ 9	12 ♏ 51	15 ♎ 35	1 ♌ 11	6 ♋ 5	28 ♌ 54	11 ♏ 44	14 ♐ 27	14 ♎ 56	20 ♏	0 ♏	7 ♐	14 ♎	3 ♉
31	7 ♏ 4	17 ♊ 19	13 ♎ 51	15 ♎ 5	14 ♏ 26	16 ♎ 50	1 ♌ 35	6 ♋ 4	28 ♌ 58	11 ♏ 47	14 ♐ 29	14 ♎ 58	20 ♏	0 ♏	7 ♐	14 ♎	3 ♉

SUN INGRESS	☉ → ♏ 23日 21:41
MOON PHASE	◑ 5日 18:21 ♋　● 13日 05:31 ♎　◐ 19日 21:46 ♑　○ 27日 08:35 ♉

aspects

1日	05:18	♀⚹♅
4日	07:00	♀□♆
7日	14:58	☉⚹♆
7日	20:28	☉☌♇
7日	23:08	☿□♃
11日	13:35	♀⚹♂
12日	15:53	☿⚹♆
12日	20:04	☿☌♇
19日	08:16	☉☌☿
20日	04:43	☿□♂
20日	23:11	☿⚹♄
21日	06:59	☉□♂
22日	04:23	☉⚹♄
22日	09:21	♀□♃
25日	19:20	☿△♃
29日	01:33	♀⚹♆
29日	06:19	☿☌♅
29日	10:59	♀☌♇
30日	00:24	☉△♃

1977年11月

DAY	☉	☽	☊ mean	☊ true	☿	♀	♂	♃	♄	♅	♆	♇	⚳	⚴	⚵	⚶	⚷
	° ′	° ′	° ′	° ′	° ′	° ′	° ′	° ′	° ′	° ′	° ′	° ′	°	°	°	°	°
1	8 ♏ 4	29 ♊ 10	13 ♎ 48	15 R 2	16 D 0	18 D 5	2 D 0	6 R 3	29 D 2	11 D 51	14 D 31	15 D 0	21 D	1 D	7 D	15 D	3 R
2	9 ♏ 4	11 ♋ 2	13 ♎ 45	14 ♎ 58	17 ♏ 34	19 ♎ 20	2 ♌ 23	6 ♋ 1	29 ♌ 7	11 ♏ 55	14 ♐ 33	15 ♎ 3	21 ♏	1 ♏	8 ♐	16 ♎	3 ♉
3	10 ♏ 4	22 ♋ 57	13 ♎ 41	14 ♎ 56	19 ♏ 8	20 ♎ 34	2 ♌ 47	6 ♋ 0	29 ♌ 11	11 ♏ 59	14 ♐ 35	15 ♎ 5	22 ♏	2 ♏	8 ♐	16 ♎	3 ♉
4	11 ♏ 4	5 ♌ 1	13 ♎ 38	14 ♎ 55	20 ♏ 41	21 ♎ 49	3 ♌ 10	5 ♋ 58	29 ♌ 15	12 ♏ 2	14 ♐ 37	15 ♎ 7	22 ♏	2 ♏	8 ♐	17 ♎	3 ♉
5	12 ♏ 5	17 ♌ 17	13 ♎ 35	14 D 55	22 ♏ 13	23 ♎ 4	3 ♌ 33	5 ♋ 55	29 ♌ 19	12 ♏ 6	14 ♐ 39	15 ♎ 9	22 ♏	2 ♏	9 ♐	17 ♎	3 ♉
6	13 ♏ 5	29 ♌ 51	13 ♎ 32	14 ♎ 56	23 ♏ 46	24 ♎ 19	3 ♌ 55	5 ♋ 53	29 ♌ 22	12 ♏ 10	14 ♐ 41	15 ♎ 11	23 ♏	3 ♏	9 ♐	18 ♎	2 ♉
7	14 ♏ 5	12 ♍ 46	13 ♎ 29	14 ♎ 57	25 ♏ 17	25 ♎ 34	4 ♌ 17	5 ♋ 51	29 ♌ 26	12 ♏ 14	14 ♐ 43	15 ♎ 13	23 ♏	3 ♏	9 ♐	18 ♎	2 ♉
8	15 ♏ 5	26 ♍ 6	13 ♎ 26	14 ♎ 59	26 ♏ 49	26 ♎ 49	4 ♌ 38	5 ♋ 48	29 ♌ 30	12 ♏ 17	14 ♐ 45	15 ♎ 16	24 ♏	4 ♏	10 ♐	19 ♎	2 ♉
9	16 ♏ 5	9 ♎ 53	13 ♎ 22	15 ♎ 0	28 ♏ 20	28 ♎ 4	4 ♌ 59	5 ♋ 45	29 ♌ 33	12 ♏ 21	14 ♐ 47	15 ♎ 18	24 ♏	4 ♏	10 ♐	19 ♎	2 ♉
10	17 ♏ 6	24 ♎ 7	13 ♎ 19	15 R 0	29 ♏ 51	29 ♎ 19	5 ♌ 20	5 ♋ 42	29 ♌ 37	12 ♏ 25	14 ♐ 49	15 ♎ 20	25 ♏	5 ♏	10 ♐	20 ♎	2 ♉
11	18 ♏ 6	8 ♏ 45	13 ♎ 16	14 ♎ 58	1 ♐ 21	0 ♏ 34	5 ♌ 40	5 ♋ 38	29 ♌ 40	12 ♏ 29	14 ♐ 51	15 ♎ 22	25 ♏	5 ♏	11 ♐	20 ♎	2 ♉
12	19 ♏ 6	23 ♏ 41	13 ♎ 13	14 ♎ 54	2 ♐ 51	1 ♏ 49	6 ♌ 0	5 ♋ 35	29 ♌ 43	12 ♏ 32	14 ♐ 53	15 ♎ 24	25 ♏	5 ♏	11 ♐	21 ♎	2 ♉
13	20 ♏ 7	8 ♐ 46	13 ♎ 10	14 ♎ 50	4 ♐ 21	3 ♏ 5	6 ♌ 19	5 ♋ 31	29 ♌ 47	12 ♏ 36	14 ♐ 55	15 ♎ 26	26 ♏	6 ♏	11 ♐	21 ♎	2 ♉
14	21 ♏ 7	23 ♐ 51	13 ♎ 7	14 ♎ 44	5 ♐ 50	4 ♏ 20	6 ♌ 38	5 ♋ 27	29 ♌ 50	12 ♏ 40	14 ♐ 57	15 ♎ 28	26 ♏	6 ♏	12 ♐	22 ♎	2 ♉
15	22 ♏ 8	8 ♑ 46	13 ♎ 3	14 ♎ 39	7 ♐ 19	5 ♏ 35	6 ♌ 56	5 ♋ 23	29 ♌ 53	12 ♏ 44	14 ♐ 59	15 ♎ 30	27 ♏	7 ♏	12 ♐	22 ♎	2 ♉
16	23 ♏ 8	23 ♑ 24	13 ♎ 0	14 ♎ 34	8 ♐ 47	6 ♏ 50	7 ♌ 14	5 ♋ 19	29 ♌ 55	12 ♏ 47	15 ♐ 1	15 ♎ 32	27 ♏	7 ♏	13 ♐	23 ♎	2 ♉
17	24 ♏ 9	7 ♒ 40	12 ♎ 57	14 ♎ 31	10 ♐ 15	8 ♏ 5	7 ♌ 32	5 ♋ 15	29 ♌ 58	12 ♏ 51	15 ♐ 3	15 ♎ 34	27 ♏	8 ♏	13 ♐	23 ♎	2 ♉
18	25 ♏ 9	21 ♒ 32	12 ♎ 54	14 ♎ 30	11 ♐ 42	9 ♏ 20	7 ♌ 48	5 ♋ 10	0 ♍ 1	12 ♏ 55	15 ♐ 5	15 ♎ 36	28 ♏	8 ♏	13 ♐	24 ♎	2 ♉
19	26 ♏ 10	5 ♓ 1	12 ♎ 51	14 D 30	13 ♐ 9	10 ♏ 36	8 ♌ 5	5 ♋ 5	0 ♍ 3	12 ♏ 58	15 ♐ 8	15 ♎ 38	28 ♏	9 ♏	14 ♐	24 ♎	2 ♉
20	27 ♏ 10	18 ♓ 8	12 ♎ 47	14 ♎ 31	14 ♐ 35	11 ♏ 51	8 ♌ 21	5 ♋ 0	0 ♍ 6	13 ♏ 2	15 ♐ 10	15 ♎ 40	29 ♏	9 ♏	14 ♐	25 ♎	2 ♉
21	28 ♏ 11	0 ♈ 56	12 ♎ 44	14 ♎ 33	16 ♐ 1	13 ♏ 6	8 ♌ 36	4 ♋ 55	0 ♍ 8	13 ♏ 6	15 ♐ 12	15 ♎ 42	29 ♏	9 ♏	14 ♐	25 ♎	2 ♉
22	29 ♏ 11	13 ♈ 29	12 ♎ 41	14 ♎ 34	17 ♐ 25	14 ♏ 21	8 ♌ 51	4 ♋ 50	0 ♍ 10	13 ♏ 9	15 ♐ 14	15 ♎ 43	0 ♐	10 ♏	15 ♐	26 ♎	2 ♉
23	0 ♐ 12	25 ♈ 50	12 ♎ 38	14 R 33	18 ♐ 49	15 ♏ 37	9 ♌ 5	4 ♋ 44	0 ♍ 13	13 ♏ 13	15 ♐ 16	15 ♎ 45	0 ♐	10 ♏	15 ♐	26 ♎	2 ♉
24	1 ♐ 12	8 ♉ 2	12 ♎ 35	14 ♎ 30	20 ♐ 12	16 ♏ 52	9 ♌ 18	4 ♋ 39	0 ♍ 15	13 ♏ 17	15 ♐ 19	15 ♎ 47	0 ♐	11 ♏	15 ♐	27 ♎	2 ♉
25	2 ♐ 13	20 ♉ 6	12 ♎ 32	14 ♎ 25	21 ♐ 34	18 ♏ 7	9 ♌ 31	4 ♋ 33	0 ♍ 17	13 ♏ 20	15 ♐ 21	15 ♎ 49	1 ♐	11 ♏	16 ♐	27 ♎	2 ♉
26	3 ♐ 14	2 ♊ 5	12 ♎ 28	14 ♎ 17	22 ♐ 55	19 ♏ 23	9 ♌ 44	4 ♋ 27	0 ♍ 18	13 ♏ 24	15 ♐ 23	15 ♎ 51	1 ♐	12 ♏	16 ♐	28 ♎	2 ♉
27	4 ♐ 14	14 ♊ 0	12 ♎ 25	14 ♎ 8	24 ♐ 14	20 ♏ 38	9 ♌ 56	4 ♋ 21	0 ♍ 20	13 ♏ 27	15 ♐ 25	15 ♎ 52	2 ♐	12 ♏	16 ♐	28 ♎	2 ♉
28	5 ♐ 15	25 ♊ 52	12 ♎ 22	13 ♎ 58	25 ♐ 32	21 ♏ 53	10 ♌ 7	4 ♋ 15	0 ♍ 22	13 ♏ 31	15 ♐ 27	15 ♎ 54	2 ♐	12 ♏	17 ♐	29 ♎	2 ♉
29	6 ♐ 16	7 ♋ 44	12 ♎ 19	13 ♎ 47	26 ♐ 48	23 ♏ 9	10 ♌ 17	4 ♋ 9	0 ♍ 23	13 ♏ 35	15 ♐ 30	15 ♎ 56	3 ♐	13 ♏	17 ♐	29 ♎	1 ♉
30	7 ♐ 17	19 ♋ 37	12 ♎ 16	13 ♎ 38	28 ♐ 2	24 ♏ 24	10 ♌ 27	4 ♋ 2	0 ♍ 25	13 ♏ 38	15 ♐ 32	15 ♎ 57	3 ♐	13 ♏	17 ♐	0 ♏	1 ♉

SUN INGRESS	☉ → ♐ 22日 19:07
MOON PHASE	◑ 4日 12:58 ♌ ● 11日 16:09 ♏ ◐ 18日 06:52 ♒ ○ 26日 02:31 ♊

aspects

5日	00:41	☉☌♅
9日	20:10	☿□♄
10日	05:51	♀⚹♄
14日	16:27	☿△♂
14日	20:30	♀△♃
16日	10:03	♀□♂
20日	10:00	☿☌♆
20日	18:32	☿⚹♇
20日	23:52	♀☌♅
23日	00:18	☉□♄

1977年12月

DAY	☉	☽	☊ mean	☊ true	☿	♀	♂	♃	♄	♅	♆	♇	⚳	⚴	⚵	⚶	⚷
	° ′	° ′	° ′	° ′	° ′	° ′	° ′	° ′	° ′	° ′	° ′	° ′	°	°	°	°	°
1	8 ♐ 17	1 ♌ 33	12 ♎ 13	13 R 30	29 D 14	25 D 39	10 D 37	3 R 55	0 D 26	13 D 42	15 D 34	15 D 59	3 D	14 D	18 D	0 D	1 R
2	9 ♐ 18	13 ♌ 36	12 ♎ 9	13 ♎ 24	0 ♑ 23	26 ♏ 55	10 ♌ 45	3 ♋ 49	0 ♍ 27	13 ♏ 45	15 ♐ 36	16 ♎ 1	4 ♐	14 ♏	18 ♐	0 ♏	1 ♉
3	10 ♐ 19	25 ♌ 49	12 ♎ 6	13 ♎ 20	1 ♑ 29	28 ♏ 10	10 ♌ 53	3 ♋ 42	0 ♍ 28	13 ♏ 49	15 ♐ 39	16 ♎ 2	4 ♐	15 ♏	18 ♐	1 ♏	1 ♉
4	11 ♐ 20	8 ♍ 17	12 ♎ 3	13 ♎ 19	2 ♑ 31	29 ♏ 26	11 ♌ 1	3 ♋ 35	0 ♍ 29	13 ♏ 52	15 ♐ 41	16 ♎ 4	5 ♐	15 ♏	19 ♐	1 ♏	1 ♉
5	12 ♐ 21	21 ♍ 5	12 ♎ 0	13 D 19	3 ♑ 29	0 ♐ 41	11 ♌ 7	3 ♋ 28	0 ♍ 30	13 ♏ 55	15 ♐ 43	16 ♎ 5	5 ♐	15 ♏	19 ♐	2 ♏	1 ♉
6	13 ♐ 22	4 ♎ 16	11 ♎ 57	13 ♎ 20	4 ♑ 23	1 ♐ 56	11 ♌ 13	3 ♋ 21	0 ♍ 30	13 ♏ 59	15 ♐ 45	16 ♎ 7	6 ♐	16 ♏	20 ♐	2 ♏	1 ♉
7	14 ♐ 23	17 ♎ 55	11 ♎ 53	13 R 20	5 ♑ 11	3 ♐ 12	11 ♌ 18	3 ♋ 13	0 ♍ 31	14 ♏ 2	15 ♐ 48	16 ♎ 8	6 ♐	16 ♏	20 ♐	3 ♏	1 ♉
8	15 ♐ 24	2 ♏ 3	11 ♎ 50	13 ♎ 19	5 ♑ 53	4 ♐ 27	11 ♌ 23	3 ♋ 6	0 ♍ 32	14 ♏ 6	15 ♐ 50	16 ♎ 10	6 ♐	17 ♏	20 ♐	3 ♏	1 ♉
9	16 ♐ 25	16 ♏ 39	11 ♎ 47	13 ♎ 15	6 ♑ 29	5 ♐ 43	11 ♌ 26	2 ♋ 58	0 ♍ 32	14 ♏ 9	15 ♐ 52	16 ♎ 11	7 ♐	17 ♏	21 ♐	4 ♏	1 ♉
10	17 ♐ 26	1 ♐ 39	11 ♎ 44	13 ♎ 8	6 ♑ 56	6 ♐ 58	11 ♌ 29	2 ♋ 51	0 ♍ 32	14 ♏ 12	15 ♐ 55	16 ♎ 13	7 ♐	18 ♏	21 ♐	4 ♏	1 ♉
11	18 ♐ 27	16 ♐ 55	11 ♎ 41	12 ♎ 59	7 ♑ 16	8 ♐ 14	11 ♌ 31	2 ♋ 43	0 ♍ 32	14 ♏ 16	15 ♐ 57	16 ♎ 14	8 ♐	18 ♏	21 ♐	5 ♏	1 ♉
12	19 ♐ 28	2 ♑ 16	11 ♎ 38	12 ♎ 49	7 ♑ 25	9 ♐ 29	11 ♌ 33	2 ♋ 35	0 R 32	14 ♏ 19	15 ♐ 59	16 ♎ 15	8 ♐	18 ♏	22 ♐	5 ♏	1 ♉
13	20 ♐ 29	17 ♑ 31	11 ♎ 34	12 ♎ 38	7 R 25	10 ♐ 45	11 ♌ 33	2 ♋ 28	0 ♍ 32	14 ♏ 22	16 ♐ 1	16 ♎ 17	9 ♐	19 ♏	22 ♐	6 ♏	1 ♉
14	21 ♐ 30	2 ♒ 28	11 ♎ 31	12 ♎ 29	7 ♑ 14	12 ♐ 0	11 R 33	2 ♋ 20	0 ♍ 32	14 ♏ 25	16 ♐ 4	16 ♎ 18	9 ♐	19 ♏	22 ♐	6 ♏	1 ♉
15	22 ♐ 31	17 ♒ 0	11 ♎ 28	12 ♎ 22	6 ♑ 51	13 ♐ 16	11 ♌ 32	2 ♋ 12	0 ♍ 32	14 ♏ 28	16 ♐ 6	16 ♎ 19	9 ♐	20 ♏	23 ♐	7 ♏	1 ♉
16	23 ♐ 32	1 ♓ 3	11 ♎ 25	12 ♎ 18	6 ♑ 17	14 ♐ 31	11 ♌ 30	2 ♋ 4	0 ♍ 31	14 ♏ 32	16 ♐ 8	16 ♎ 20	10 ♐	20 ♏	23 ♐	7 ♏	1 ♉
17	24 ♐ 33	14 ♓ 38	11 ♎ 22	12 ♎ 16	5 ♑ 31	15 ♐ 47	11 ♌ 27	1 ♋ 56	0 ♍ 31	14 ♏ 35	16 ♐ 10	16 ♎ 21	10 ♐	21 ♏	23 ♐	8 ♏	1 ♉
18	25 ♐ 34	27 ♓ 45	11 ♎ 19	12 D 15	4 ♑ 35	17 ♐ 2	11 ♌ 24	1 ♋ 48	0 ♍ 30	14 ♏ 38	16 ♐ 13	16 ♎ 23	11 ♐	21 ♏	24 ♐	8 ♏	1 ♉
19	26 ♐ 35	10 ♈ 29	11 ♎ 15	12 ♎ 16	3 ♑ 29	18 ♐ 18	11 ♌ 19	1 ♋ 40	0 ♍ 30	14 ♏ 41	16 ♐ 15	16 ♎ 24	11 ♐	21 ♏	24 ♐	9 ♏	1 ♉
20	27 ♐ 36	22 ♈ 54	11 ♎ 12	12 R 15	2 ♑ 15	19 ♐ 33	11 ♌ 14	1 ♋ 32	0 ♍ 29	14 ♏ 44	16 ♐ 17	16 ♎ 25	11 ♐	22 ♏	25 ♐	9 ♏	1 ♉
21	28 ♐ 37	5 ♉ 6	11 ♎ 9	12 ♎ 13	0 ♑ 55	20 ♐ 49	11 ♌ 8	1 ♋ 23	0 ♍ 28	14 ♏ 47	16 ♐ 19	16 ♎ 26	12 ♐	22 ♏	25 ♐	10 ♏	1 ♉
22	29 ♐ 38	17 ♉ 8	11 ♎ 6	12 ♎ 8	29 ♐ 33	22 ♐ 4	11 ♌ 1	1 ♋ 15	0 ♍ 27	14 ♏ 50	16 ♐ 21	16 ♎ 27	12 ♐	23 ♏	25 ♐	10 ♏	1 ♉
23	0 ♑ 39	29 ♉ 4	11 ♎ 3	12 ♎ 0	28 ♐ 10	23 ♐ 20	10 ♌ 54	1 ♋ 7	0 ♍ 25	14 ♏ 53	16 ♐ 24	16 ♎ 28	13 ♐	23 ♏	26 ♐	11 ♏	1 ♉
24	1 ♑ 40	10 ♊ 57	10 ♎ 59	11 ♎ 49	26 ♐ 50	24 ♐ 35	10 ♌ 45	0 ♋ 59	0 ♍ 24	14 ♏ 55	16 ♐ 26	16 ♎ 29	13 ♐	23 ♏	26 ♐	11 ♏	1 ♉
25	2 ♑ 41	22 ♊ 49	10 ♎ 56	11 ♎ 36	25 ♐ 36	25 ♐ 51	10 ♌ 36	0 ♋ 51	0 ♍ 23	14 ♏ 58	16 ♐ 28	16 ♎ 30	14 ♐	24 ♏	26 ♐	12 ♏	1 ♉
26	3 ♑ 43	4 ♋ 42	10 ♎ 53	11 ♎ 21	24 ♐ 28	27 ♐ 6	10 ♌ 26	0 ♋ 43	0 ♍ 21	15 ♏ 1	16 ♐ 30	16 ♎ 31	14 ♐	24 ♏	27 ♐	12 ♏	1 ♉
27	4 ♑ 44	16 ♋ 36	10 ♎ 50	11 ♎ 6	23 ♐ 29	28 ♐ 22	10 ♌ 15	0 ♋ 35	0 ♍ 20	15 ♏ 4	16 ♐ 32	16 ♎ 31	14 ♐	25 ♏	27 ♐	13 ♏	1 ♉
28	5 ♑ 45	28 ♋ 34	10 ♎ 47	10 ♎ 52	22 ♐ 40	29 ♐ 37	10 ♌ 3	0 ♋ 26	0 ♍ 18	15 ♏ 7	16 ♐ 35	16 ♎ 32	15 ♐	25 ♏	27 ♐	13 ♏	1 ♉
29	6 ♑ 46	10 ♌ 36	10 ♎ 44	10 ♎ 40	22 ♐ 1	0 ♑ 53	9 ♌ 51	0 ♋ 18	0 ♍ 16	15 ♏ 9	16 ♐ 37	16 ♎ 33	15 ♐	26 ♏	28 ♐	14 ♏	1 ♉
30	7 ♑ 47	22 ♌ 44	10 ♎ 40	10 ♎ 31	21 ♐ 34	2 ♑ 8	9 ♌ 37	0 ♋ 10	0 ♍ 14	15 ♏ 12	16 ♐ 39	16 ♎ 34	16 ♐	26 ♏	28 ♐	14 ♏	1 ♉
31	8 ♑ 48	5 ♍ 1	10 ♎ 37	10 ♎ 24	21 ♐ 16	3 ♑ 23	9 ♌ 23	0 ♋ 2	0 ♍ 12	15 ♏ 15	16 ♐ 41	16 ♎ 35	16 ♐	26 ♏	28 ♐	15 ♏	1 ♉

SUN INGRESS	☉ → ♑ 22日 08:23
MOON PHASE	◑ 4日 06:16 ♍ ● 11日 02:33 ♐ ◐ 17日 19:37 ♓ ○ 25日 21:49 ♋

aspects

2日	01:27	☿△♄
3日	15:23	☉△♂
4日	20:24	♀□♄
4日	23:26	☿☍♃
8日	10:48	☉☌♆
8日	18:37	☉⚹♇
13日	15:24	♀△♂
17日	07:47	♀☌♆
17日	11:16	♀⚹♇
20日	14:42	☿☍♃
21日	08:11	☿△♄
21日	23:08	☉☌☿
22日	18:42	☉△♄
23日	09:40	☉☍♃
24日	21:35	☿☌♀
26日	05:43	♆⚹♇
28日	12:43	♀△♄
28日	14:13	♀☍♃
29日	08:53	♃⚹♄

1978年1月

DAY	☉	☽	☊ mean	☊ true	☿	♀	♂	♃	♄	♅	♆	♇	⚳	⚴	⚵	⚶	⚷
	° ′	° ′	° ′	° ′	° ′	° ′	° ′	° ′	° ′	° ′	° ′	° ′	°	°	°	°	°
1	9 ♑ 49	17 ♍ 30	10 ♎ 34	10 R 21	21 R 8	4 D 39	9 R 8	29 R 54	0 R 10	15 D 17	16 D 43	16 D 35	16 D	27 D	29 D	15 D	1 R
2	10 ♑ 50	0 ♎ 15	10 ♎ 31	10 ♎ 20	21 D 10	5 ♑ 54	8 ♌ 53	29 ♊ 47	0 ♍ 8	15 ♏ 20	16 ♐ 45	16 ♎ 36	17 ♐	27 ♏	29 ♐	15 ♏	1 ♉
3	11 ♑ 52	13 ♎ 20	10 ♎ 28	10 ♎ 20	21 ♐ 21	7 ♑ 10	8 ♌ 36	29 ♊ 39	0 ♍ 6	15 ♏ 22	16 ♐ 47	16 ♎ 36	17 ♐	28 ♏	0 ♑	16 ♏	1 ♉
4	12 ♑ 53	26 ♎ 48	10 ♎ 24	10 ♎ 19	21 ♐ 39	8 ♑ 25	8 ♌ 19	29 ♊ 31	0 ♍ 3	15 ♏ 25	16 ♐ 50	16 ♎ 37	18 ♐	28 ♏	0 ♑	16 ♏	1 ♉
5	13 ♑ 54	10 ♏ 42	10 ♎ 21	10 ♎ 17	22 ♐ 5	9 ♑ 41	8 ♌ 1	29 ♊ 23	0 ♍ 1	15 ♏ 27	16 ♐ 52	16 ♎ 38	18 ♐	28 ♏	0 ♑	17 ♏	1 ♉
6	14 ♑ 55	25 ♏ 4	10 ♎ 18	10 ♎ 13	22 ♐ 38	10 ♑ 56	7 ♌ 43	29 ♊ 16	29 ♌ 58	15 ♏ 29	16 ♐ 54	16 ♎ 38	18 ♐	29 ♏	1 ♑	17 ♏	1 ♉
7	15 ♑ 56	9 ♐ 51	10 ♎ 15	10 ♎ 6	23 ♐ 16	12 ♑ 12	7 ♌ 24	29 ♊ 8	29 ♌ 55	15 ♏ 32	16 ♐ 56	16 ♎ 38	19 ♐	29 ♏	1 ♑	18 ♏	1 ♉
8	16 ♑ 57	24 ♐ 58	10 ♎ 12	9 ♎ 56	24 ♐ 0	13 ♑ 28	7 ♌ 4	29 ♊ 1	29 ♌ 52	15 ♏ 34	16 ♐ 58	16 ♎ 39	19 ♐	29 ♏	1 ♑	18 ♏	1 ♉
9	17 ♑ 59	10 ♑ 15	10 ♎ 9	9 ♎ 45	24 ♐ 48	14 ♑ 43	6 ♌ 44	28 ♊ 53	29 ♌ 49	15 ♏ 36	17 ♐ 0	16 ♎ 39	20 ♐	0 ♐	2 ♑	19 ♏	1 ♉
10	19 ♑ 0	25 ♑ 31	10 ♎ 5	9 ♎ 33	25 ♐ 41	15 ♑ 59	6 ♌ 23	28 ♊ 46	29 ♌ 46	15 ♏ 38	17 ♐ 2	16 ♎ 40	20 ♐	0 ♐	2 ♑	19 ♏	1 ♉
11	20 ♑ 1	10 ♒ 35	10 ♎ 2	9 ♎ 22	26 ♐ 37	17 ♑ 14	6 ♌ 2	28 ♊ 39	29 ♌ 43	15 ♏ 41	17 ♐ 4	16 ♎ 40	20 ♐	1 ♐	2 ♑	20 ♏	1 ♉
12	21 ♑ 2	25 ♒ 17	9 ♎ 59	9 ♎ 14	27 ♐ 37	18 ♑ 29	5 ♌ 40	28 ♊ 32	29 ♌ 40	15 ♏ 43	17 ♐ 6	16 ♎ 40	21 ♐	1 ♐	3 ♑	20 ♏	1 D
13	22 ♑ 3	9 ♓ 32	9 ♎ 56	9 ♎ 8	28 ♐ 40	19 ♑ 45	5 ♌ 18	28 ♊ 25	29 ♌ 37	15 ♏ 45	17 ♐ 8	16 ♎ 41	21 ♐	1 ♐	3 ♑	21 ♏	1 ♉
14	23 ♑ 4	23 ♓ 16	9 ♎ 53	9 ♎ 5	29 ♐ 45	21 ♑ 0	4 ♌ 55	28 ♊ 18	29 ♌ 34	15 ♏ 47	17 ♐ 10	16 ♎ 41	22 ♐	2 ♐	3 ♑	21 ♏	1 ♉
15	24 ♑ 6	6 ♈ 31	9 ♎ 50	9 ♎ 4	0 ♑ 53	22 ♑ 16	4 ♌ 32	28 ♊ 12	29 ♌ 30	15 ♏ 49	17 ♐ 12	16 ♎ 41	22 ♐	2 ♐	4 ♑	21 ♏	1 ♉
16	25 ♑ 7	19 ♈ 20	9 ♎ 46	9 D 4	2 ♑ 3	23 ♑ 31	4 ♌ 9	28 ♊ 5	29 ♌ 27	15 ♏ 50	17 ♐ 13	16 ♎ 41	22 ♐	3 ♐	4 ♑	22 ♏	1 ♉
17	26 ♑ 8	1 ♉ 47	9 ♎ 43	9 R 4	3 ♑ 15	24 ♑ 47	3 ♌ 45	27 ♊ 59	29 ♌ 23	15 ♏ 52	17 ♐ 15	16 ♎ 41	23 ♐	3 ♐	5 ♑	22 ♏	1 ♉
18	27 ♑ 9	13 ♉ 58	9 ♎ 40	9 ♎ 3	4 ♑ 29	26 ♑ 2	3 ♌ 22	27 ♊ 53	29 ♌ 19	15 ♏ 54	17 ♐ 17	16 ♎ 41	23 ♐	3 ♐	5 ♑	23 ♏	1 ♉
19	28 ♑ 10	25 ♉ 58	9 ♎ 37	8 ♎ 59	5 ♑ 45	27 ♑ 18	2 ♌ 58	27 ♊ 46	29 ♌ 16	15 ♏ 56	17 ♐ 19	16 ♎ 41	24 ♐	4 ♐	5 ♑	23 ♏	1 ♉
20	29 ♑ 11	7 ♊ 51	9 ♎ 34	8 ♎ 53	7 ♑ 2	28 ♑ 33	2 ♌ 34	27 ♊ 40	29 ♌ 12	15 ♏ 58	17 ♐ 21	16 R 41	24 ♐	4 ♐	6 ♑	24 ♏	1 ♉
21	0 ♒ 12	19 ♊ 42	9 ♎ 30	8 ♎ 44	8 ♑ 20	29 ♑ 49	2 ♌ 10	27 ♊ 35	29 ♌ 8	15 ♏ 59	17 ♐ 23	16 ♎ 41	24 ♐	4 ♐	6 ♑	24 ♏	1 ♉
22	1 ♒ 13	1 ♋ 33	9 ♎ 27	8 ♎ 32	9 ♑ 40	1 ♒ 4	1 ♌ 46	27 ♊ 29	29 ♌ 4	16 ♏ 1	17 ♐ 24	16 ♎ 41	25 ♐	5 ♐	6 ♑	25 ♏	1 ♉
23	2 ♒ 14	13 ♋ 28	9 ♎ 24	8 ♎ 20	11 ♑ 1	2 ♒ 19	1 ♌ 22	27 ♊ 24	29 ♌ 0	16 ♏ 2	17 ♐ 26	16 ♎ 41	25 ♐	5 ♐	7 ♑	25 ♏	1 ♉
24	3 ♒ 15	25 ♋ 27	9 ♎ 21	8 ♎ 7	12 ♑ 23	3 ♒ 35	0 ♌ 58	27 ♊ 18	28 ♌ 56	16 ♏ 4	17 ♐ 28	16 ♎ 41	26 ♐	6 ♐	7 ♑	25 ♏	1 ♉
25	4 ♒ 16	7 ♌ 33	9 ♎ 18	7 ♎ 54	13 ♑ 46	4 ♒ 50	0 ♌ 34	27 ♊ 13	28 ♌ 52	16 ♏ 5	17 ♐ 29	16 ♎ 41	26 ♐	6 ♐	7 ♑	26 ♏	1 ♉
26	5 ♒ 17	19 ♌ 45	9 ♎ 15	7 ♎ 43	15 ♑ 10	6 ♒ 6	0 ♌ 10	27 ♊ 8	28 ♌ 48	16 ♏ 7	17 ♐ 31	16 ♎ 40	26 ♐	6 ♐	8 ♑	26 ♏	1 ♉
27	6 ♒ 18	2 ♍ 6	9 ♎ 11	7 ♎ 35	16 ♑ 34	7 ♒ 21	29 ♋ 47	27 ♊ 3	28 ♌ 43	16 ♏ 8	17 ♐ 33	16 ♎ 40	27 ♐	7 ♐	8 ♑	27 ♏	1 ♉
28	7 ♒ 19	14 ♍ 35	9 ♎ 8	7 ♎ 30	18 ♑ 0	8 ♒ 36	29 ♋ 24	26 ♊ 59	28 ♌ 39	16 ♏ 9	17 ♐ 34	16 ♎ 40	27 ♐	7 ♐	8 ♑	27 ♏	1 ♉
29	8 ♒ 20	27 ♍ 16	9 ♎ 5	7 ♎ 27	19 ♑ 27	9 ♒ 52	29 ♋ 1	26 ♊ 54	28 ♌ 35	16 ♏ 11	17 ♐ 36	16 ♎ 40	28 ♐	7 ♐	9 ♑	28 ♏	1 ♉
30	9 ♒ 21	10 ♎ 9	9 ♎ 2	7 D 27	20 ♑ 54	11 ♒ 7	28 ♋ 38	26 ♊ 50	28 ♌ 30	16 ♏ 12	17 ♐ 38	16 ♎ 39	28 ♐	8 ♐	9 ♑	28 ♏	1 ♉
31	10 ♒ 22	23 ♎ 17	8 ♎ 59	7 ♎ 28	22 ♑ 23	12 ♒ 22	28 ♋ 16	26 ♊ 46	28 ♌ 26	16 ♏ 13	17 ♐ 39	16 ♎ 39	28 ♐	8 ♐	10 ♑	28 ♏	1 ♉

SUN INGRESS: ☉ → ♒ 20日 19:04

MOON PHASE: ◑ 2日 21:07 ♎　● 9日 13:00 ♑　◐ 16日 12:03 ♈　○ 24日 16:56 ♌

aspects

6日	13:58	☉⚹♅
7日	16:41	☉□♇
9日	17:25	♀⚹♅
10日	13:09	♀□♇
12日	19:03	☿☍♃
13日	20:01	☿△♄
22日	09:11	☉☍♂
22日	10:04	♀☍♂
22日	15:15	☉☌♀
26日	16:26	☿⚹♅
27日	01:37	☿□♇

1978年2月

DAY	☉	☽	☊ mean	☊ true	☿	♀	♂	♃	♄	♅	♆	♇	⚳	⚴	⚵	⚶	⚷
	° ′	° ′	° ′	° ′	° ′	° ′	° ′	° ′	° ′	° ′	° ′	° ′	°	°	°	°	°
1	11 ♒ 23	6 ♏ 43	8 ♎ 56	7 D 28	23 D 52	13 D 38	27 R 54	26 R 42	28 R 21	16 D 14	17 D 41	16 R 38	29 D	8 D	10 D	29 D	1 D
2	12 ♒ 24	20 ♏ 29	8 ♎ 52	7 R 28	25 ♑ 22	14 ♒ 53	27 ♋ 33	26 ♊ 38	28 ♌ 17	16 ♏ 15	17 ♐ 42	16 ♎ 38	29 ♐	9 ♐	10 ♑	29 ♏	1 ♉
3	13 ♒ 25	4 ♐ 36	8 ♎ 49	7 ♎ 26	26 ♑ 52	16 ♒ 8	27 ♋ 12	26 ♊ 34	28 ♌ 12	16 ♏ 16	17 ♐ 44	16 ♎ 38	29 ♐	9 ♐	11 ♑	0 ♐	1 ♉
4	14 ♒ 25	19 ♐ 4	8 ♎ 46	7 ♎ 22	28 ♑ 24	17 ♒ 24	26 ♋ 52	26 ♊ 31	28 ♌ 8	16 ♏ 17	17 ♐ 45	16 ♎ 37	0 ♑	9 ♐	11 ♑	0 ♐	1 ♉
5	15 ♒ 26	3 ♑ 48	8 ♎ 43	7 ♎ 16	29 ♑ 56	18 ♒ 39	26 ♋ 32	26 ♊ 28	28 ♌ 3	16 ♏ 18	17 ♐ 47	16 ♎ 36	0 ♑	10 ♐	11 ♑	1 ♐	1 ♉
6	16 ♒ 27	18 ♑ 43	8 ♎ 40	7 ♎ 8	1 ♒ 29	19 ♒ 54	26 ♋ 13	26 ♊ 25	27 ♌ 58	16 ♏ 19	17 ♐ 48	16 ♎ 36	0 ♑	10 ♐	12 ♑	1 ♐	1 ♉
7	17 ♒ 28	3 ♒ 41	8 ♎ 36	7 ♎ 0	3 ♒ 3	21 ♒ 9	25 ♋ 55	26 ♊ 22	27 ♌ 53	16 ♏ 19	17 ♐ 49	16 ♎ 35	1 ♑	10 ♐	12 ♑	1 ♐	1 ♉
8	18 ♒ 29	18 ♒ 32	8 ♎ 33	6 ♎ 52	4 ♒ 37	22 ♒ 25	25 ♋ 37	26 ♊ 19	27 ♌ 49	16 ♏ 20	17 ♐ 51	16 ♎ 35	1 ♑	11 ♐	12 ♑	2 ♐	1 ♉
9	19 ♒ 30	3 ♓ 8	8 ♎ 30	6 ♎ 46	6 ♒ 12	23 ♒ 40	25 ♋ 20	26 ♊ 17	27 ♌ 44	16 ♏ 21	17 ♐ 52	16 ♎ 34	2 ♑	11 ♐	13 ♑	2 ♐	1 ♉
10	20 ♒ 30	17 ♓ 22	8 ♎ 27	6 ♎ 42	7 ♒ 49	24 ♒ 55	25 ♋ 3	26 ♊ 15	27 ♌ 39	16 ♏ 21	17 ♐ 53	16 ♎ 33	2 ♑	11 ♐	13 ♑	3 ♐	1 ♉
11	21 ♒ 31	1 ♈ 10	8 ♎ 24	6 ♎ 40	9 ♒ 25	26 ♒ 10	24 ♋ 48	26 ♊ 13	27 ♌ 34	16 ♏ 22	17 ♐ 55	16 ♎ 32	2 ♑	12 ♐	13 ♑	3 ♐	1 ♉
12	22 ♒ 32	14 ♈ 31	8 ♎ 21	6 D 40	11 ♒ 3	27 ♒ 26	24 ♋ 33	26 ♊ 11	27 ♌ 30	16 ♏ 22	17 ♐ 56	16 ♎ 32	3 ♑	12 ♐	14 ♑	3 ♐	1 ♉
13	23 ♒ 32	27 ♈ 26	8 ♎ 17	6 ♎ 42	12 ♒ 41	28 ♒ 41	24 ♋ 18	26 ♊ 9	27 ♌ 25	16 ♏ 23	17 ♐ 57	16 ♎ 31	3 ♑	12 ♐	14 ♑	4 ♐	1 ♉
14	24 ♒ 33	9 ♉ 59	8 ♎ 14	6 ♎ 43	14 ♒ 21	29 ♒ 56	24 ♋ 5	26 ♊ 8	27 ♌ 20	16 ♏ 23	17 ♐ 58	16 ♎ 30	3 ♑	13 ♐	14 ♑	4 ♐	1 ♉
15	25 ♒ 34	22 ♉ 15	8 ♎ 11	6 ♎ 44	16 ♒ 1	1 ♓ 11	23 ♋ 52	26 ♊ 7	27 ♌ 15	16 ♏ 23	17 ♐ 59	16 ♎ 29	4 ♑	13 ♐	15 ♑	5 ♐	1 ♉
16	26 ♒ 34	4 ♊ 17	8 ♎ 8	6 R 44	17 ♒ 42	2 ♓ 26	23 ♋ 40	26 ♊ 6	27 ♌ 10	16 ♏ 23	18 ♐ 0	16 ♎ 28	4 ♑	13 ♐	15 ♑	5 ♐	1 ♉
17	27 ♒ 35	16 ♊ 12	8 ♎ 5	6 ♎ 42	19 ♒ 24	3 ♓ 41	23 ♋ 29	26 ♊ 5	27 ♌ 5	16 ♏ 24	18 ♐ 1	16 ♎ 27	4 ♑	14 ♐	15 ♑	5 ♐	1 ♉
18	28 ♒ 35	28 ♊ 3	8 ♎ 2	6 ♎ 38	21 ♒ 7	4 ♓ 57	23 ♋ 19	26 ♊ 4	27 ♌ 0	16 ♏ 24	18 ♐ 3	16 ♎ 26	5 ♑	14 ♐	16 ♑	6 ♐	1 ♉
19	29 ♒ 36	9 ♋ 56	7 ♎ 58	6 ♎ 33	22 ♒ 50	6 ♓ 12	23 ♋ 9	26 ♊ 4	26 ♌ 56	16 ♏ 24	18 ♐ 4	16 ♎ 25	5 ♑	14 ♐	16 ♑	6 ♐	1 ♉
20	0 ♓ 36	21 ♋ 53	7 ♎ 55	6 ♎ 26	24 ♒ 35	7 ♓ 27	23 ♋ 0	26 ♊ 4	26 ♌ 51	16 ♏ 24	18 ♐ 4	16 ♎ 24	5 ♑	14 ♐	16 ♑	6 ♐	1 ♉
21	1 ♓ 37	3 ♌ 57	7 ♎ 52	6 ♎ 20	26 ♒ 20	8 ♓ 42	22 ♋ 53	26 D 4	26 ♌ 46	16 R 24	18 ♐ 5	16 ♎ 23	6 ♑	15 ♐	17 ♑	7 ♐	1 ♉
22	2 ♓ 37	16 ♌ 11	7 ♎ 49	6 ♎ 13	28 ♒ 7	9 ♓ 57	22 ♋ 45	26 ♊ 4	26 ♌ 41	16 ♏ 24	18 ♐ 6	16 ♎ 22	6 ♑	15 ♐	17 ♑	7 ♐	1 ♉
23	3 ♓ 38	28 ♌ 36	7 ♎ 46	6 ♎ 8	29 ♒ 54	11 ♓ 12	22 ♋ 39	26 ♊ 5	26 ♌ 36	16 ♏ 24	18 ♐ 7	16 ♎ 21	7 ♑	15 ♐	17 ♑	7 ♐	1 ♉
24	4 ♓ 38	11 ♍ 13	7 ♎ 42	6 ♎ 4	1 ♓ 43	12 ♓ 27	22 ♋ 33	26 ♊ 5	26 ♌ 31	16 ♏ 23	18 ♐ 8	16 ♎ 20	7 ♑	16 ♐	18 ♑	8 ♐	1 ♉
25	5 ♓ 38	24 ♍ 1	7 ♎ 39	6 ♎ 2	3 ♓ 32	13 ♓ 42	22 ♋ 29	26 ♊ 6	26 ♌ 27	16 ♏ 23	18 ♐ 9	16 ♎ 19	7 ♑	16 ♐	18 ♑	8 ♐	2 ♉
26	6 ♓ 39	7 ♎ 2	7 ♎ 36	6 D 1	5 ♓ 22	14 ♓ 57	22 ♋ 25	26 ♊ 7	26 ♌ 22	16 ♏ 23	18 ♐ 10	16 ♎ 18	8 ♑	16 ♐	18 ♑	9 ♐	2 ♉
27	7 ♓ 39	20 ♎ 15	7 ♎ 33	6 ♎ 2	7 ♓ 13	16 ♓ 12	22 ♋ 21	26 ♊ 8	26 ♌ 17	16 ♏ 23	18 ♐ 10	16 ♎ 17	8 ♑	16 ♐	19 ♑	9 ♐	2 ♉
28	8 ♓ 39	3 ♏ 40	7 ♎ 30	6 ♎ 4	9 ♓ 5	17 ♓ 27	22 ♋ 19	26 ♊ 10	26 ♌ 12	16 ♏ 22	18 ♐ 11	16 ♎ 15	8 ♑	17 ♐	19 ♑	9 ♐	2 ♉

SUN INGRESS: ☉ → ♓ 19日 09:21

MOON PHASE: ◑ 1日 08:51 ♏　● 7日 23:54 ♒　◐ 15日 07:11 ♉　○ 23日 10:26 ♍

aspects

3日	02:29	♀□♅
3日	04:17	☿☍♂
3日	09:16	♀△♇
4日	07:01	♀⚹♆
5日	20:34	☉□♅
6日	03:25	☉△♇
7日	08:39	☉⚹♆
11日	00:45	♀△♃
12日	01:09	♀☍♄
15日	05:20	☿□♅
15日	06:40	☿△♇
15日	12:54	☉△♃
16日	04:24	☿⚹♆
16日	13:08	☉☍♄
20日	20:16	☿△♃
21日	05:31	☿☍♄
27日	03:28	♀△♅
27日	12:03	☉☌☿
28日	11:10	♃⚹♄
28日	14:24	♀□♆

1978年3月

DAY	☉	☽	☊ mean	☊ true	☿	♀	♂	♃	♄	♅	♆	♇	⚳	⚴	⚵	⚶	⚷
	° ′	° ′	° ′	° ′	° ′	° ′	° ′	° ′	° ′	° ′	° ′	° ′	°	°	°	°	°
1	9 ♓ 40	17 ♏ 18	7 ♎ 27	6 D 5	10 D 58	18 D 42	22 R 17	26 D 11	26 R 8	16 R 22	18 D 12	16 R 14	9 D	17 D	19 D	10 D	2 D
2	10 ♓ 40	1 ♐ 8	7 ♎ 23	6 ♎ 6	12 ♓ 52	19 ♓ 56	22 ♋ 16	26 ♊ 13	26 ♌ 3	16 ♏ 21	18 ♐ 13	16 ♎ 13	9 ♑	17 ♐	20 ♑	10 ♐	2 ♉
3	11 ♓ 40	15 ♐ 11	7 ♎ 20	6 R 7	14 ♓ 46	21 ♓ 11	22 D 16	26 ♊ 15	25 ♌ 59	16 ♏ 21	18 ♐ 13	16 ♎ 11	9 ♑	17 ♐	20 ♑	10 ♐	2 ♉
4	12 ♓ 40	29 ♐ 25	7 ♎ 17	6 ♎ 6	16 ♓ 41	22 ♓ 26	22 ♋ 17	26 ♊ 17	25 ♌ 54	16 ♏ 20	18 ♐ 14	16 ♎ 10	9 ♑	18 ♐	20 ♑	11 ♐	2 ♉
5	13 ♓ 40	13 ♑ 48	7 ♎ 14	6 ♎ 4	18 ♓ 37	23 ♓ 41	22 ♋ 18	26 ♊ 19	25 ♌ 49	16 ♏ 19	18 ♐ 14	16 ♎ 9	10 ♑	18 ♐	21 ♑	11 ♐	2 ♉
6	14 ♓ 40	28 ♑ 17	7 ♎ 11	6 ♎ 1	20 ♓ 33	24 ♓ 56	22 ♋ 20	26 ♊ 22	25 ♌ 45	16 ♏ 19	18 ♐ 15	16 ♎ 8	10 ♑	18 ♐	21 ♑	11 ♐	2 ♉
7	15 ♓ 40	12 ♒ 45	7 ♎ 8	5 ♎ 58	22 ♓ 29	26 ♓ 11	22 ♋ 22	26 ♊ 25	25 ♌ 41	16 ♏ 18	18 ♐ 15	16 ♎ 6	10 ♑	18 ♐	21 ♑	11 ♐	2 ♉
8	16 ♓ 41	27 ♒ 9	7 ♎ 4	5 ♎ 55	24 ♓ 26	27 ♓ 25	22 ♋ 26	26 ♊ 28	25 ♌ 36	16 ♏ 17	18 ♐ 16	16 ♎ 5	11 ♑	19 ♐	22 ♑	12 ♐	2 ♉
9	17 ♓ 41	11 ♓ 22	7 ♎ 1	5 ♎ 53	26 ♓ 22	28 ♓ 40	22 ♋ 30	26 ♊ 31	25 ♌ 32	16 ♏ 16	18 ♐ 16	16 ♎ 3	11 ♑	19 ♐	22 ♑	12 ♐	2 ♉
10	18 ♓ 41	25 ♓ 20	6 ♎ 58	5 ♎ 52	28 ♓ 18	29 ♓ 55	22 ♋ 35	26 ♊ 34	25 ♌ 28	16 ♏ 15	18 ♐ 17	16 ♎ 2	11 ♑	19 ♐	22 ♑	12 ♐	2 ♉
11	19 ♓ 41	8 ♈ 58	6 ♎ 55	5 D 52	0 ♈ 13	1 ♈ 10	22 ♋ 40	26 ♊ 38	25 ♌ 23	16 ♏ 14	18 ♐ 17	16 ♎ 0	12 ♑	19 ♐	22 ♑	13 ♐	2 ♉
12	20 ♓ 40	22 ♈ 15	6 ♎ 52	5 ♎ 53	2 ♈ 7	2 ♈ 24	22 ♋ 46	26 ♊ 41	25 ♌ 19	16 ♏ 13	18 ♐ 17	15 ♎ 59	12 ♑	19 ♐	23 ♑	13 ♐	2 ♉
13	21 ♓ 40	5 ♉ 11	6 ♎ 48	5 ♎ 54	4 ♈ 0	3 ♈ 39	22 ♋ 53	26 ♊ 45	25 ♌ 15	16 ♏ 12	18 ♐ 18	15 ♎ 58	12 ♑	20 ♐	23 ♑	13 ♐	2 ♉
14	22 ♓ 40	17 ♉ 47	6 ♎ 45	5 ♎ 55	5 ♈ 51	4 ♈ 54	23 ♋ 0	26 ♊ 49	25 ♌ 11	16 ♏ 11	18 ♐ 18	15 ♎ 56	13 ♑	20 ♐	23 ♑	14 ♐	2 ♉
15	23 ♓ 40	0 ♊ 5	6 ♎ 42	5 ♎ 56	7 ♈ 40	6 ♈ 8	23 ♋ 8	26 ♊ 53	25 ♌ 7	16 ♏ 10	18 ♐ 18	15 ♎ 54	13 ♑	20 ♐	24 ♑	14 ♐	2 ♉
16	24 ♓ 40	12 ♊ 11	6 ♎ 39	5 ♎ 57	9 ♈ 27	7 ♈ 23	23 ♋ 17	26 ♊ 58	25 ♌ 3	16 ♏ 9	18 ♐ 18	15 ♎ 53	13 ♑	20 ♐	24 ♑	14 ♐	2 ♉
17	25 ♓ 40	24 ♊ 8	6 ♎ 36	5 ♎ 57	11 ♈ 10	8 ♈ 37	23 ♋ 26	27 ♊ 2	24 ♌ 59	16 ♏ 7	18 ♐ 18	15 ♎ 51	13 ♑	20 ♐	24 ♑	14 ♐	2 ♉
18	26 ♓ 39	6 ♋ 1	6 ♎ 33	5 R 57	12 ♈ 50	9 ♈ 52	23 ♋ 36	27 ♊ 7	24 ♌ 56	16 ♏ 6	18 ♐ 19	15 ♎ 50	14 ♑	21 ♐	25 ♑	15 ♐	3 ♉
19	27 ♓ 39	17 ♋ 55	6 ♎ 29	5 ♎ 56	14 ♈ 25	11 ♈ 6	23 ♋ 46	27 ♊ 12	24 ♌ 52	16 ♏ 5	18 ♐ 19	15 ♎ 48	14 ♑	21 ♐	25 ♑	15 ♐	3 ♉
20	28 ♓ 39	29 ♋ 53	6 ♎ 26	5 ♎ 56	15 ♈ 56	12 ♈ 21	23 ♋ 57	27 ♊ 17	24 ♌ 48	16 ♏ 3	18 ♐ 19	15 ♎ 47	14 ♑	21 ♐	25 ♑	15 ♐	3 ♉
21	29 ♓ 38	12 ♌ 1	6 ♎ 23	5 ♎ 55	17 ♈ 22	13 ♈ 35	24 ♋ 9	27 ♊ 22	24 ♌ 45	16 ♏ 2	18 ♐ 19	15 ♎ 45	15 ♑	21 ♐	25 ♑	15 ♐	3 ♉
22	0 ♈ 38	24 ♌ 21	6 ♎ 20	5 ♎ 54	18 ♈ 43	14 ♈ 50	24 ♋ 21	27 ♊ 28	24 ♌ 41	16 ♏ 0	18 R 19	15 ♎ 44	15 ♑	21 ♐	26 ♑	16 ♐	3 ♉
23	1 ♈ 37	6 ♍ 56	6 ♎ 17	5 ♎ 53	19 ♈ 58	16 ♈ 4	24 ♋ 33	27 ♊ 33	24 ♌ 38	15 ♏ 59	18 ♐ 19	15 ♎ 42	15 ♑	21 ♐	26 ♑	16 ♐	3 ♉
24	2 ♈ 37	19 ♍ 47	6 ♎ 13	5 ♎ 53	21 ♈ 7	17 ♈ 18	24 ♋ 46	27 ♊ 39	24 ♌ 35	15 ♏ 57	18 ♐ 19	15 ♎ 40	15 ♑	21 ♐	26 ♑	16 ♐	3 ♉
25	3 ♈ 36	2 ♎ 55	6 ♎ 10	5 ♎ 53	22 ♈ 9	18 ♈ 33	25 ♋ 0	27 ♊ 45	24 ♌ 31	15 ♏ 56	18 ♐ 19	15 ♎ 39	16 ♑	22 ♐	27 ♑	16 ♐	3 ♉
26	4 ♈ 36	16 ♎ 20	6 ♎ 7	5 D 53	23 ♈ 4	19 ♈ 47	25 ♋ 14	27 ♊ 51	24 ♌ 28	15 ♏ 54	18 ♐ 18	15 ♎ 37	16 ♑	22 ♐	27 ♑	17 ♐	3 ♉
27	5 ♈ 35	29 ♎ 59	6 ♎ 4	5 ♎ 53	23 ♈ 52	21 ♈ 1	25 ♋ 28	27 ♊ 57	24 ♌ 25	15 ♏ 52	18 ♐ 18	15 ♎ 35	16 ♑	22 ♐	27 ♑	17 ♐	3 ♉
28	6 ♈ 34	13 ♏ 51	6 ♎ 1	5 R 53	24 ♈ 33	22 ♈ 15	25 ♋ 43	28 ♊ 4	24 ♌ 22	15 ♏ 51	18 ♐ 18	15 ♎ 34	16 ♑	22 ♐	27 ♑	17 ♐	3 ♉
29	7 ♈ 34	27 ♏ 52	5 ♎ 58	5 ♎ 53	25 ♈ 7	23 ♈ 30	25 ♋ 58	28 ♊ 10	24 ♌ 19	15 ♏ 49	18 ♐ 18	15 ♎ 32	17 ♑	22 ♐	28 ♑	17 ♐	3 ♉
30	8 ♈ 33	12 ♐ 0	5 ♎ 54	5 ♎ 53	25 ♈ 33	24 ♈ 44	26 ♋ 14	28 ♊ 17	24 ♌ 16	15 ♏ 47	18 ♐ 17	15 ♎ 30	17 ♑	22 ♐	28 ♑	17 ♐	3 ♉
31	9 ♈ 32	26 ♐ 12	5 ♎ 51	5 ♎ 52	25 ♈ 52	25 ♈ 58	26 ♋ 31	28 ♊ 24	24 ♌ 14	15 ♏ 45	18 ♐ 17	15 ♎ 29	17 ♑	22 ♐	28 ♑	18 ♐	3 ♉

SUN INGRESS	☉ → ♈ 21日 08:34
MOON PHASE	◑ 2日 17:34 ♐　● 9日 11:36 ♓　◐ 17日 03:21 ♊　○ 25日 01:20 ♎

aspects		
3日	19:37	☿△♅
3日	20:54	♀△♂
4日	19:19	☿□♆
6日	22:35	☿△♂
7日	04:43	♀□♃
7日	14:45	☉△♅
9日	01:54	☿□♃
9日	14:22	☉□♆
12日	10:33	☿☌♀
14日	09:15	☉△♂
18日	12:10	☉□♃
19日	21:27	☿☍♇
21日	16:34	☿△♆
22日	17:01	♀☍♇
24日	19:25	♀△♆
27日	17:32	☿△♄
29日	15:27	♀△♄
30日	21:29	☿☌♀
31日	13:35	♀□♂

1978年4月

DAY	☉	☽	☊ mean	☊ true	☿	♀	♂	♃	♄	♅	♆	♇	⚳	⚴	⚵	⚶	⚷
	° ′	° ′	° ′	° ′	° ′	° ′	° ′	° ′	° ′	° ′	° ′	° ′	°	°	°	°	°
1	10 ♈ 32	10 ♑ 26	5 ♎ 48	5 R 52	26 D 3	27 D 12	26 D 47	28 D 31	24 R 11	15 R 43	18 R 17	15 R 27	17 D	22 D	28 D	18 D	3 D
2	11 ♈ 31	24 ♑ 38	5 ♎ 45	5 D 52	26 ♈ 7	28 ♈ 26	27 ♋ 4	28 ♊ 38	24 ♌ 9	15 ♏ 41	18 ♐ 16	15 ♎ 25	18 ♑	23 ♐	29 ♑	18 ♐	3 ♉
3	12 ♈ 30	8 ♒ 46	5 ♎ 42	5 ♎ 53	26 R 4	29 ♈ 40	27 ♋ 22	28 ♊ 45	24 ♌ 6	15 ♏ 39	18 ♐ 16	15 ♎ 24	18 ♑	23 ♐	29 ♑	18 ♐	3 ♉
4	13 ♈ 29	22 ♒ 49	5 ♎ 39	5 ♎ 53	25 ♈ 54	0 ♉ 54	27 ♋ 40	28 ♊ 52	24 ♌ 4	15 ♏ 37	18 ♐ 16	15 ♎ 22	18 ♑	23 ♐	29 ♑	18 ♐	3 ♉
5	14 ♈ 28	6 ♓ 44	5 ♎ 35	5 ♎ 54	25 ♈ 38	2 ♉ 8	27 ♋ 58	29 ♊ 0	24 ♌ 2	15 ♏ 35	18 ♐ 15	15 ♎ 20	18 ♑	23 ♐	29 ♑	18 ♐	4 ♉
6	15 ♈ 27	20 ♓ 28	5 ♎ 32	5 ♎ 55	25 ♈ 15	3 ♉ 22	28 ♋ 17	29 ♊ 7	24 ♌ 0	15 ♏ 33	18 ♐ 15	15 ♎ 19	18 ♑	23 ♐	0 ♒	18 ♐	4 ♉
7	16 ♈ 26	4 ♈ 0	5 ♎ 29	5 ♎ 55	24 ♈ 47	4 ♉ 36	28 ♋ 36	29 ♊ 15	23 ♌ 58	15 ♏ 31	18 ♐ 14	15 ♎ 17	19 ♑	23 ♐	0 ♒	19 ♐	4 ♉
8	17 ♈ 26	17 ♈ 18	5 ♎ 26	5 R 55	24 ♈ 14	5 ♉ 50	28 ♋ 56	29 ♊ 23	23 ♌ 56	15 ♏ 29	18 ♐ 14	15 ♎ 15	19 ♑	23 ♐	0 ♒	19 ♐	4 ♉
9	18 ♈ 25	0 ♉ 20	5 ♎ 23	5 ♎ 54	23 ♈ 37	7 ♉ 4	29 ♋ 15	29 ♊ 31	23 ♌ 54	15 ♏ 27	18 ♐ 13	15 ♎ 14	19 ♑	23 ♐	0 ♒	19 ♐	4 ♉
10	19 ♈ 23	13 ♉ 7	5 ♎ 19	5 ♎ 53	22 ♈ 57	8 ♉ 18	29 ♋ 36	29 ♊ 39	23 ♌ 52	15 ♏ 25	18 ♐ 12	15 ♎ 12	19 ♑	23 ♐	1 ♒	19 ♐	4 ♉
11	20 ♈ 22	25 ♉ 38	5 ♎ 16	5 ♎ 51	22 ♈ 14	9 ♉ 32	29 ♋ 56	29 ♊ 48	23 ♌ 50	15 ♏ 23	18 ♐ 12	15 ♎ 10	19 ♑	23 ♐	1 ♒	19 ♐	4 ♉
12	21 ♈ 21	7 ♊ 56	5 ♎ 13	5 ♎ 48	21 ♈ 29	10 ♉ 46	0 ♌ 17	29 ♊ 56	23 ♌ 49	15 ♏ 20	18 ♐ 11	15 ♎ 9	20 ♑	23 ♐	1 ♒	19 ♐	4 ♉
13	22 ♈ 20	20 ♊ 2	5 ♎ 10	5 ♎ 46	20 ♈ 44	11 ♉ 59	0 ♌ 38	0 ♋ 5	23 ♌ 47	15 ♏ 18	18 ♐ 10	15 ♎ 7	20 ♑	23 ♐	1 ♒	19 ♐	4 ♉
14	23 ♈ 19	1 ♋ 59	5 ♎ 7	5 ♎ 44	19 ♈ 58	13 ♉ 13	1 ♌ 0	0 ♋ 14	23 ♌ 46	15 ♏ 16	18 ♐ 10	15 ♎ 5	20 ♑	23 R	2 ♒	19 ♐	4 ♉
15	24 ♈ 18	13 ♋ 53	5 ♎ 4	5 ♎ 43	19 ♈ 14	14 ♉ 27	1 ♌ 22	0 ♋ 22	23 ♌ 45	15 ♏ 14	18 ♐ 9	15 ♎ 4	20 ♑	23 ♐	2 ♒	19 ♐	4 ♉
16	25 ♈ 17	25 ♋ 46	5 ♎ 0	5 D 43	18 ♈ 31	15 ♉ 40	1 ♌ 44	0 ♋ 31	23 ♌ 44	15 ♏ 11	18 ♐ 8	15 ♎ 2	20 ♑	23 ♐	2 ♒	20 ♐	4 ♉
17	26 ♈ 15	7 ♌ 44	4 ♎ 57	5 ♎ 43	17 ♈ 51	16 ♉ 54	2 ♌ 6	0 ♋ 40	23 ♌ 43	15 ♏ 9	18 ♐ 7	15 ♎ 0	21 ♑	23 ♐	2 ♒	20 ♐	4 ♉
18	27 ♈ 14	19 ♌ 51	4 ♎ 54	5 ♎ 44	17 ♈ 14	18 ♉ 8	2 ♌ 29	0 ♋ 50	23 ♌ 42	15 ♏ 7	18 ♐ 6	14 ♎ 59	21 ♑	23 ♐	3 ♒	20 ♐	4 ♉
19	28 ♈ 13	2 ♍ 13	4 ♎ 51	5 ♎ 46	16 ♈ 40	19 ♉ 21	2 ♌ 52	0 ♋ 59	23 ♌ 41	15 ♏ 4	18 ♐ 5	14 ♎ 57	21 ♑	23 ♐	3 ♒	20 ♐	4 ♉
20	29 ♈ 11	14 ♍ 52	4 ♎ 48	5 ♎ 47	16 ♈ 10	20 ♉ 35	3 ♌ 16	1 ♋ 8	23 ♌ 40	15 ♏ 2	18 ♐ 5	14 ♎ 55	21 ♑	23 ♐	3 ♒	20 ♐	4 ♉
21	0 ♉ 10	27 ♍ 51	4 ♎ 44	5 ♎ 48	15 ♈ 45	21 ♉ 48	3 ♌ 39	1 ♋ 18	23 ♌ 40	14 ♏ 59	18 ♐ 4	14 ♎ 54	21 ♑	23 ♐	3 ♒	20 ♐	5 ♉
22	1 ♉ 8	11 ♎ 13	4 ♎ 41	5 R 48	15 ♈ 24	23 ♉ 1	4 ♌ 3	1 ♋ 27	23 ♌ 39	14 ♏ 57	18 ♐ 3	14 ♎ 52	21 ♑	23 ♐	3 ♒	20 ♐	5 ♉
23	2 ♉ 7	24 ♎ 57	4 ♎ 38	5 ♎ 47	15 ♈ 9	24 ♉ 15	4 ♌ 27	1 ♋ 37	23 ♌ 39	14 ♏ 55	18 ♐ 2	14 ♎ 51	22 ♑	23 ♐	4 ♒	20 ♐	5 ♉
24	3 ♉ 5	9 ♏ 2	4 ♎ 35	5 ♎ 45	14 ♈ 58	25 ♉ 28	4 ♌ 52	1 ♋ 47	23 ♌ 39	14 ♏ 52	18 ♐ 1	14 ♎ 49	22 ♑	23 ♐	4 ♒	20 ♐	5 ♉
25	4 ♉ 4	23 ♏ 21	4 ♎ 32	5 ♎ 41	14 ♈ 52	26 ♉ 41	5 ♌ 16	1 ♋ 57	23 ♌ 39	14 ♏ 50	18 ♐ 0	14 ♎ 47	22 ♑	23 ♐	4 ♒	20 R	5 ♉
26	5 ♉ 2	7 ♐ 52	4 ♎ 29	5 ♎ 37	14 D 51	27 ♉ 55	5 ♌ 41	2 ♋ 7	23 D 39	14 ♏ 47	17 ♐ 59	14 ♎ 46	22 ♑	22 ♐	4 ♒	20 ♐	5 ♉
27	6 ♉ 0	22 ♐ 26	4 ♎ 25	5 ♎ 33	14 ♈ 55	29 ♉ 8	6 ♌ 6	2 ♋ 17	23 ♌ 39	14 ♏ 45	17 ♐ 58	14 ♎ 44	22 ♑	22 ♐	4 ♒	20 ♐	5 ♉
28	6 ♉ 59	6 ♑ 58	4 ♎ 22	5 ♎ 29	15 ♈ 4	0 ♊ 21	6 ♌ 32	2 ♋ 27	23 ♌ 39	14 ♏ 42	17 ♐ 56	14 ♎ 43	22 ♑	22 ♐	5 ♒	20 ♐	5 ♉
29	7 ♉ 57	21 ♑ 23	4 ♎ 19	5 ♎ 27	15 ♈ 18	1 ♊ 34	6 ♌ 57	2 ♋ 38	23 ♌ 39	14 ♏ 40	17 ♐ 55	14 ♎ 41	22 ♑	22 ♐	5 ♒	20 ♐	5 ♉
30	8 ♉ 55	5 ♒ 37	4 ♎ 16	5 ♎ 26	15 ♈ 37	2 ♊ 47	7 ♌ 23	2 ♋ 48	23 ♌ 40	14 ♏ 37	17 ♐ 54	14 ♎ 40	22 ♑	22 ♐	5 ♒	20 ♐	5 ♉

SUN INGRESS	☉ → ♉ 20日 19:50
MOON PHASE	◑ 1日 00:11 ♑　● 8日 00:15 ♈　◐ 15日 22:56 ♋　○ 23日 13:11 ♏　◑ 30日 06:02 ♒

aspects		
2日	04:05	♀⚹♃
5日	20:33	☉☍♇
8日	12:59	☿△♄
8日	19:21	☉△♆
12日	01:49	☉☌☿
14日	10:51	☉△♄
15日	14:49	♀☍♅
16日	13:57	☿△♆
22日	09:24	☉⚹♃
22日	12:21	♀□♄
27日	04:12	☉□♂

1978年5月

DAY	☉	☽	☊ mean	☊ true	☿	♀	♂	♃	♄	♅	♆	♇	⚳	⚴	⚵	⚶	⚷
	° ′	° ′	° ′	° ′	° ′	° ′	° ′	° ′	° ′	° ′	° ′	° ′	°	°	°	°	°
1	9 ♉ 54	19 ♒ 38	4 ♎ 13	5 D 26	16 D 0	4 D 1	7 D 49	2 D 58	23 D 40	14 R 35	17 R 53	14 R 38	23 D	22 R	5 D	20 R	5 D
2	10 ♉ 52	3 ♓ 25	4 ♎ 10	5 ♎ 27	16 ♈ 27	5 ♊ 14	8 ♌ 15	3 ♋ 9	23 ♌ 41	14 ♏ 32	17 ♐ 52	14 ♎ 37	23 ♑	22 ♐	5 ♒	20 ♐	5 ♉
3	11 ♉ 50	16 ♓ 58	4 ♎ 6	5 ♎ 29	16 ♈ 59	6 ♊ 27	8 ♌ 42	3 ♋ 20	23 ♌ 41	14 ♏ 30	17 ♐ 51	14 ♎ 35	23 ♑	22 ♐	5 ♒	20 ♐	5 ♉
4	12 ♉ 48	0 ♈ 18	4 ♎ 3	5 ♎ 30	17 ♈ 34	7 ♊ 40	9 ♌ 8	3 ♋ 31	23 ♌ 42	14 ♏ 27	17 ♐ 49	14 ♎ 34	23 ♑	21 ♐	6 ♒	19 ♐	5 ♉
5	13 ♉ 46	13 ♈ 25	4 ♎ 0	5 R 30	18 ♈ 14	8 ♊ 53	9 ♌ 35	3 ♋ 41	23 ♌ 43	14 ♏ 24	17 ♐ 48	14 ♎ 32	23 ♑	21 ♐	6 ♒	19 ♐	5 ♉
6	14 ♉ 45	26 ♈ 20	3 ♎ 57	5 ♎ 28	18 ♈ 57	10 ♊ 5	10 ♌ 2	3 ♋ 52	23 ♌ 44	14 ♏ 22	17 ♐ 47	14 ♎ 31	23 ♑	21 ♐	6 ♒	19 ♐	5 ♉
7	15 ♉ 43	9 ♉ 3	3 ♎ 54	5 ♎ 24	19 ♈ 44	11 ♊ 18	10 ♌ 30	4 ♋ 3	23 ♌ 45	14 ♏ 19	17 ♐ 45	14 ♎ 30	23 ♑	21 ♐	6 ♒	19 ♐	6 ♉
8	16 ♉ 41	21 ♉ 35	3 ♎ 50	5 ♎ 18	20 ♈ 34	12 ♊ 31	10 ♌ 57	4 ♋ 14	23 ♌ 46	14 ♏ 17	17 ♐ 44	14 ♎ 28	23 ♑	21 ♐	6 ♒	19 ♐	6 ♉
9	17 ♉ 39	3 ♊ 56	3 ♎ 47	5 ♎ 11	21 ♈ 27	13 ♊ 44	11 ♌ 25	4 ♋ 26	23 ♌ 48	14 ♏ 14	17 ♐ 43	14 ♎ 27	23 ♑	21 ♐	6 ♒	19 ♐	6 ♉
10	18 ♉ 37	16 ♊ 7	3 ♎ 44	5 ♎ 3	22 ♈ 24	14 ♊ 57	11 ♌ 53	4 ♋ 37	23 ♌ 49	14 ♏ 12	17 ♐ 41	14 ♎ 26	23 ♑	20 ♐	6 ♒	19 ♐	6 ♉
11	19 ♉ 35	28 ♊ 9	3 ♎ 41	4 ♎ 55	23 ♈ 24	16 ♊ 9	12 ♌ 21	4 ♋ 48	23 ♌ 51	14 ♏ 9	17 ♐ 40	14 ♎ 24	23 ♑	20 ♐	7 ♒	19 ♐	6 ♉
12	20 ♉ 33	10 ♋ 5	3 ♎ 38	4 ♎ 48	24 ♈ 26	17 ♊ 22	12 ♌ 49	5 ♋ 0	23 ♌ 52	14 ♏ 7	17 ♐ 39	14 ♎ 23	23 ♑	20 ♐	7 ♒	19 ♐	6 ♉
13	21 ♉ 31	21 ♋ 57	3 ♎ 35	4 ♎ 42	25 ♈ 32	18 ♊ 35	13 ♌ 17	5 ♋ 11	23 ♌ 54	14 ♏ 4	17 ♐ 37	14 ♎ 22	23 ♑	20 ♐	7 ♒	18 ♐	6 ♉
14	22 ♉ 29	3 ♌ 49	3 ♎ 31	4 ♎ 38	26 ♈ 40	19 ♊ 47	13 ♌ 46	5 ♋ 23	23 ♌ 56	14 ♏ 2	17 ♐ 36	14 ♎ 21	23 ♑	20 ♐	7 ♒	18 ♐	6 ♉
15	23 ♉ 27	15 ♌ 45	3 ♎ 28	4 ♎ 36	27 ♈ 51	21 ♊ 0	14 ♌ 15	5 ♋ 34	23 ♌ 58	13 ♏ 59	17 ♐ 34	14 ♎ 19	23 ♑	19 ♐	7 ♒	18 ♐	6 ♉
16	24 ♉ 25	27 ♌ 50	3 ♎ 25	4 D 36	29 ♈ 5	22 ♊ 12	14 ♌ 44	5 ♋ 46	24 ♌ 0	13 ♏ 57	17 ♐ 33	14 ♎ 18	23 ♑	19 ♐	7 ♒	18 ♐	6 ♉
17	25 ♉ 22	10 ♍ 9	3 ♎ 22	4 ♎ 37	0 ♉ 21	23 ♊ 25	15 ♌ 13	5 ♋ 58	24 ♌ 2	13 ♏ 54	17 ♐ 32	14 ♎ 17	23 ♑	19 ♐	7 ♒	18 ♐	6 ♉
18	26 ♉ 20	22 ♍ 47	3 ♎ 19	4 ♎ 38	1 ♉ 40	24 ♊ 37	15 ♌ 42	6 ♋ 10	24 ♌ 4	13 ♏ 52	17 ♐ 30	14 ♎ 16	23 ♑	19 ♐	7 ♒	18 ♐	6 ♉
19	27 ♉ 18	5 ♎ 47	3 ♎ 16	4 R 38	3 ♉ 1	25 ♊ 50	16 ♌ 11	6 ♋ 22	24 ♌ 7	13 ♏ 49	17 ♐ 29	14 ♎ 15	23 ♑	18 ♐	7 ♒	17 ♐	6 ♉
20	28 ♉ 16	19 ♎ 14	3 ♎ 12	4 ♎ 37	4 ♉ 24	27 ♊ 2	16 ♌ 41	6 ♋ 34	24 ♌ 9	13 ♏ 47	17 ♐ 27	14 ♎ 14	23 R	18 ♐	8 ♒	17 ♐	6 ♉
21	29 ♉ 13	3 ♏ 8	3 ♎ 9	4 ♎ 34	5 ♉ 50	28 ♊ 14	17 ♌ 11	6 ♋ 46	24 ♌ 12	13 ♏ 44	17 ♐ 26	14 ♎ 13	23 ♑	18 ♐	8 ♒	17 ♐	6 ♉
22	0 ♊ 11	17 ♏ 28	3 ♎ 6	4 ♎ 29	7 ♉ 19	29 ♊ 26	17 ♌ 41	6 ♋ 58	24 ♌ 14	13 ♏ 42	17 ♐ 24	14 ♎ 12	23 ♑	18 ♐	8 ♒	17 ♐	6 ♉
23	1 ♊ 9	2 ♐ 8	3 ♎ 3	4 ♎ 22	8 ♉ 49	0 ♋ 38	18 ♌ 11	7 ♋ 10	24 ♌ 17	13 ♏ 40	17 ♐ 23	14 ♎ 10	23 ♑	17 ♐	8 ♒	17 ♐	6 ♉
24	2 ♊ 7	17 ♐ 4	3 ♎ 0	4 ♎ 13	10 ♉ 22	1 ♋ 51	18 ♌ 41	7 ♋ 22	24 ♌ 20	13 ♏ 37	17 ♐ 21	14 ♎ 9	23 ♑	17 ♐	8 ♒	16 ♐	7 ♉
25	3 ♊ 4	2 ♑ 4	2 ♎ 56	4 ♎ 5	11 ♉ 58	3 ♋ 3	19 ♌ 11	7 ♋ 34	24 ♌ 23	13 ♏ 35	17 ♐ 19	14 ♎ 9	23 ♑	17 ♐	8 ♒	16 ♐	7 ♉
26	4 ♊ 2	17 ♑ 0	2 ♎ 53	3 ♎ 57	13 ♉ 36	4 ♋ 15	19 ♌ 41	7 ♋ 47	24 ♌ 26	13 ♏ 33	17 ♐ 18	14 ♎ 8	23 ♑	16 ♐	8 ♒	16 ♐	7 ♉
27	4 ♊ 59	1 ♒ 43	2 ♎ 50	3 ♎ 51	15 ♉ 15	5 ♋ 27	20 ♌ 12	7 ♋ 59	24 ♌ 29	13 ♏ 30	17 ♐ 16	14 ♎ 7	23 ♑	16 ♐	8 ♒	16 ♐	7 ♉
28	5 ♊ 57	16 ♒ 9	2 ♎ 47	3 ♎ 47	16 ♉ 58	6 ♋ 38	20 ♌ 43	8 ♋ 12	24 ♌ 32	13 ♏ 28	17 ♐ 15	14 ♎ 6	23 ♑	16 ♐	8 ♒	15 ♐	7 ♉
29	6 ♊ 55	0 ♓ 13	2 ♎ 44	3 ♎ 46	18 ♉ 42	7 ♋ 50	21 ♌ 14	8 ♋ 24	24 ♌ 36	13 ♏ 26	17 ♐ 13	14 ♎ 5	23 ♑	16 ♐	8 ♒	15 ♐	7 ♉
30	7 ♊ 52	13 ♓ 56	2 ♎ 41	3 D 46	20 ♉ 29	9 ♋ 2	21 ♌ 44	8 ♋ 37	24 ♌ 39	13 ♏ 24	17 ♐ 12	14 ♎ 4	23 ♑	15 ♐	8 ♒	15 ♐	7 ♉
31	8 ♊ 50	27 ♓ 19	2 ♎ 37	3 ♎ 46	22 ♉ 18	10 ♋ 14	22 ♌ 16	8 ♋ 49	24 ♌ 43	13 ♏ 21	17 ♐ 10	14 ♎ 3	23 ♑	15 ♐	8 ♒	15 ♐	7 ♉

SUN INGRESS	☉ → ♊ 21日 19:08
MOON PHASE	● 7日 13:47 ♉ ◐ 15日 16:39 ♌ ○ 22日 22:17 ♐ ◑ 29日 12:30 ♓

aspects		
4日	09:13	☿△♆
5日	15:01	☉☍♅
5日	22:21	♀⚹♂
9日	13:56	♀△♇
11日	10:49	☿△♄
12日	05:23	♀☍♆
14日	12:03	♂□♅
15日	03:39	♂⚹♇
15日	13:26	☉□♄
17日	12:48	♀⚹♄
21日	11:23	♂△♆
21日	17:30	☿⚹♃
25日	23:19	☿☍♅
29日	13:42	♀☌♃
30日	23:08	☿□♂

1978年6月

DAY	☉	☽	☊ mean	☊ true	☿	♀	♂	♃	♄	♅	♆	♇	⚳	⚴	⚵	⚶	⚷
	° ′	° ′	° ′	° ′	° ′	° ′	° ′	° ′	° ′	° ′	° ′	° ′	°	°	°	°	°
1	9 ♊ 47	10 ♈ 24	2 ♎ 34	3 R 46	24 D 10	11 D 26	22 D 47	9 D 2	24 D 46	13 R 19	17 R 8	14 R 3	23 R	15 R	8 D	15 R	7 D
2	10 ♊ 45	23 ♈ 13	2 ♎ 31	3 ♎ 44	26 ♉ 3	12 ♋ 37	23 ♌ 18	9 ♋ 15	24 ♌ 50	13 ♏ 17	17 ♐ 7	14 ♎ 2	23 ♑	14 ♐	8 ♒	14 ♐	7 ♉
3	11 ♊ 42	5 ♉ 50	2 ♎ 28	3 ♎ 40	27 ♉ 59	13 ♋ 49	23 ♌ 50	9 ♋ 27	24 ♌ 54	13 ♏ 15	17 ♐ 5	14 ♎ 1	23 ♑	14 ♐	8 ♒	14 ♐	7 ♉
4	12 ♊ 40	18 ♉ 16	2 ♎ 25	3 ♎ 34	29 ♉ 57	15 ♋ 0	24 ♌ 21	9 ♋ 40	24 ♌ 57	13 ♏ 13	17 ♐ 4	14 ♎ 0	23 ♑	14 ♐	8 ♒	14 ♐	7 ♉
5	13 ♊ 37	0 ♊ 33	2 ♎ 21	3 ♎ 24	1 ♊ 57	16 ♋ 12	24 ♌ 53	9 ♋ 53	25 ♌ 1	13 ♏ 11	17 ♐ 2	14 ♎ 0	23 ♑	14 ♐	8 R	14 ♐	7 ♉
6	14 ♊ 35	12 ♊ 43	2 ♎ 18	3 ♎ 13	4 ♊ 0	17 ♋ 23	25 ♌ 25	10 ♋ 6	25 ♌ 5	13 ♏ 9	17 ♐ 0	13 ♎ 59	23 ♑	13 ♐	8 ♒	13 ♐	7 ♉
7	15 ♊ 32	24 ♊ 45	2 ♎ 15	3 ♎ 0	6 ♊ 3	18 ♋ 35	25 ♌ 57	10 ♋ 19	25 ♌ 9	13 ♏ 7	16 ♐ 59	13 ♎ 59	22 ♑	13 ♐	8 ♒	13 ♐	7 ♉
8	16 ♊ 30	6 ♋ 42	2 ♎ 12	2 ♎ 47	8 ♊ 9	19 ♋ 46	26 ♌ 29	10 ♋ 31	25 ♌ 14	13 ♏ 5	16 ♐ 57	13 ♎ 58	22 ♑	13 ♐	8 ♒	13 ♐	7 ♉
9	17 ♊ 27	18 ♋ 35	2 ♎ 9	2 ♎ 35	10 ♊ 16	20 ♋ 57	27 ♌ 1	10 ♋ 44	25 ♌ 18	13 ♏ 3	16 ♐ 55	13 ♎ 57	22 ♑	12 ♐	8 ♒	13 ♐	7 ♉
10	18 ♊ 24	0 ♌ 26	2 ♎ 6	2 ♎ 25	12 ♊ 25	22 ♋ 8	27 ♌ 33	10 ♋ 57	25 ♌ 22	13 ♏ 1	16 ♐ 54	13 ♎ 57	22 ♑	12 ♐	8 ♒	12 ♐	7 ♉
11	19 ♊ 22	12 ♌ 17	2 ♎ 2	2 ♎ 17	14 ♊ 35	23 ♋ 20	28 ♌ 6	11 ♋ 10	25 ♌ 27	12 ♏ 59	16 ♐ 52	13 ♎ 56	22 ♑	12 ♐	8 ♒	12 ♐	8 ♉
12	20 ♊ 19	24 ♌ 12	1 ♎ 59	2 ♎ 12	16 ♊ 46	24 ♋ 31	28 ♌ 38	11 ♋ 24	25 ♌ 31	12 ♏ 57	16 ♐ 51	13 ♎ 56	22 ♑	11 ♐	8 ♒	12 ♐	8 ♉
13	21 ♊ 16	6 ♍ 15	1 ♎ 56	2 ♎ 9	18 ♊ 57	25 ♋ 42	29 ♌ 11	11 ♋ 37	25 ♌ 36	12 ♏ 55	16 ♐ 49	13 ♎ 56	22 ♑	11 ♐	8 ♒	12 ♐	8 ♉
14	22 ♊ 14	18 ♍ 31	1 ♎ 53	2 ♎ 9	21 ♊ 9	26 ♋ 53	29 ♌ 44	11 ♋ 50	25 ♌ 40	12 ♏ 53	16 ♐ 47	13 ♎ 55	21 ♑	11 ♐	8 ♒	11 ♐	8 ♉
15	23 ♊ 11	1 ♎ 6	1 ♎ 50	2 D 9	23 ♊ 21	28 ♋ 4	0 ♍ 16	12 ♋ 3	25 ♌ 45	12 ♏ 52	16 ♐ 46	13 ♎ 55	21 ♑	11 ♐	8 ♒	11 ♐	8 ♉
16	24 ♊ 8	14 ♎ 3	1 ♎ 47	2 R 8	25 ♊ 33	29 ♋ 14	0 ♍ 49	12 ♋ 16	25 ♌ 50	12 ♏ 50	16 ♐ 44	13 ♎ 55	21 ♑	10 ♐	8 ♒	11 ♐	8 ♉
17	25 ♊ 6	27 ♎ 26	1 ♎ 43	2 ♎ 7	27 ♊ 44	0 ♌ 25	1 ♍ 22	12 ♋ 29	25 ♌ 55	12 ♏ 48	16 ♐ 42	13 ♎ 54	21 ♑	10 ♐	8 ♒	11 ♐	8 ♉
18	26 ♊ 3	11 ♏ 20	1 ♎ 40	2 ♎ 3	29 ♊ 55	1 ♌ 36	1 ♍ 56	12 ♋ 42	26 ♌ 0	12 ♏ 47	16 ♐ 41	13 ♎ 54	21 ♑	10 ♐	8 ♒	11 ♐	8 ♉
19	27 ♊ 0	25 ♏ 42	1 ♎ 37	1 ♎ 56	2 ♋ 5	2 ♌ 46	2 ♍ 29	12 ♋ 56	26 ♌ 5	12 ♏ 45	16 ♐ 39	13 ♎ 54	21 ♑	10 ♐	8 ♒	10 ♐	8 ♉
20	27 ♊ 57	10 ♐ 31	1 ♎ 34	1 ♎ 47	4 ♋ 14	3 ♌ 57	3 ♍ 2	13 ♋ 9	26 ♌ 10	12 ♏ 44	16 ♐ 38	13 ♎ 54	20 ♑	9 ♐	7 ♒	10 ♐	8 ♉
21	28 ♊ 55	25 ♐ 38	1 ♎ 31	1 ♎ 37	6 ♋ 21	5 ♌ 7	3 ♍ 36	13 ♋ 22	26 ♌ 15	12 ♏ 42	16 ♐ 36	13 ♎ 54	20 ♑	9 ♐	7 ♒	10 ♐	8 ♉
22	29 ♊ 52	10 ♑ 54	1 ♎ 27	1 ♎ 26	8 ♋ 27	6 ♌ 18	4 ♍ 9	13 ♋ 36	26 ♌ 20	12 ♏ 41	16 ♐ 35	13 ♎ 54	20 ♑	9 ♐	7 ♒	10 ♐	8 ♉
23	0 ♋ 49	26 ♑ 8	1 ♎ 24	1 ♎ 16	10 ♋ 32	7 ♌ 28	4 ♍ 43	13 ♋ 49	26 ♌ 26	12 ♏ 39	16 ♐ 33	13 ♎ 53	20 ♑	9 ♐	7 ♒	10 ♐	8 ♉
24	1 ♋ 46	11 ♒ 9	1 ♎ 21	1 ♎ 8	12 ♋ 34	8 ♌ 38	5 ♍ 16	14 ♋ 2	26 ♌ 31	12 ♏ 38	16 ♐ 31	13 ♎ 53	20 ♑	8 ♐	7 ♒	9 ♐	8 ♉
25	2 ♋ 44	25 ♒ 49	1 ♎ 18	1 ♎ 3	14 ♋ 35	9 ♌ 48	5 ♍ 50	14 ♋ 16	26 ♌ 37	12 ♏ 36	16 ♐ 30	13 D 53	20 ♑	8 ♐	7 ♒	9 ♐	8 ♉
26	3 ♋ 41	10 ♓ 4	1 ♎ 15	1 ♎ 0	16 ♋ 34	10 ♌ 58	6 ♍ 24	14 ♋ 29	26 ♌ 42	12 ♏ 35	16 ♐ 28	13 ♎ 53	19 ♑	8 ♐	7 ♒	9 ♐	8 ♉
27	4 ♋ 38	23 ♓ 53	1 ♎ 12	0 ♎ 59	18 ♋ 30	12 ♌ 8	6 ♍ 58	14 ♋ 43	26 ♌ 48	12 ♏ 34	16 ♐ 27	13 ♎ 53	19 ♑	8 ♐	7 ♒	9 ♐	8 ♉
28	5 ♋ 35	7 ♈ 15	1 ♎ 8	0 ♎ 59	20 ♋ 25	13 ♌ 18	7 ♍ 32	14 ♋ 56	26 ♌ 53	12 ♏ 33	16 ♐ 25	13 ♎ 54	19 ♑	7 ♐	6 ♒	9 ♐	8 ♉
29	6 ♋ 33	20 ♈ 16	1 ♎ 5	0 ♎ 59	22 ♋ 18	14 ♌ 28	8 ♍ 6	15 ♋ 9	26 ♌ 59	12 ♏ 32	16 ♐ 24	13 ♎ 54	19 ♑	7 ♐	6 ♒	9 ♐	8 ♉
30	7 ♋ 30	2 ♉ 57	1 ♎ 2	0 ♎ 57	24 ♋ 8	15 ♌ 38	8 ♍ 41	15 ♋ 23	27 ♌ 5	12 ♏ 30	16 ♐ 22	13 ♎ 54	19 ♑	7 ♐	6 ♒	8 ♐	8 ♉

SUN INGRESS	☉ → ♋ 22日 03:10
MOON PHASE	● 6日 04:01 ♊ ◐ 14日 07:44 ♍ ○ 21日 05:31 ♐ ◑ 27日 20:44 ♈

aspects		
1日	07:58	☿□♄
2日	12:57	♀△♅
3日	04:05	♀□♇
5日	07:17	♂☌♄
5日	09:19	☉△♇
8日	11:11	☉☍♆
10日	16:57	☿△♇
12日	00:54	☿☍♆
14日	20:50	☉☌☿
16日	03:15	☿⚹♄
17日	22:34	☉⚹♄
18日	06:49	♃△♅
19日	05:57	☿⚹♂
23日	07:59	♃□♇
24日	00:43	☿△♅
24日	15:43	☿□♇
24日	19:41	☿☌♃
27日	08:38	♀□♅
28日	12:10	♀⚹♇
30日	15:01	♀△♆

1978年7月

DAY	☉	☽	☊ mean	☊ true	☿	♀	♂	♃	♄	♅	♆	♇	⚳	⚴	⚵	⚶	⚷
	° ′	° ′	° ′	° ′	° ′	° ′	° ′	° ′	° ′	° ′	° ′	° ′	°	°	°	°	°
1	8 ♋ 27	15 ♉ 24	0 ♎ 59	0 R 53	25 D 57	16 D 47	9 D 15	15 D 36	27 D 11	12 R 29	16 R 21	13 D 54	18 R	7 R	6 R	8 R	8 D
2	9 ♋ 24	27 ♉ 39	0 ♎ 56	0 ♎ 46	27 ♋ 43	17 ♌ 57	9 ♍ 49	15 ♋ 50	27 ♌ 17	12 ♏ 28	16 ♐ 19	13 ♎ 54	18 ♑	7 ♐	6 ♒	8 ♐	8 ♉
3	10 ♋ 21	9 ♊ 45	0 ♎ 53	0 ♎ 36	29 ♋ 28	19 ♌ 6	10 ♍ 24	16 ♋ 3	27 ♌ 23	12 ♏ 27	16 ♐ 18	13 ♎ 55	18 ♑	6 ♐	6 ♒	8 ♐	8 ♉
4	11 ♋ 19	21 ♊ 45	0 ♎ 49	0 ♎ 24	1 ♌ 10	20 ♌ 16	10 ♍ 59	16 ♋ 17	27 ♌ 29	12 ♏ 27	16 ♐ 16	13 ♎ 55	18 ♑	6 ♐	6 ♒	8 ♐	9 ♉
5	12 ♋ 16	3 ♋ 41	0 ♎ 46	0 ♎ 11	2 ♌ 50	21 ♌ 25	11 ♍ 33	16 ♋ 30	27 ♌ 35	12 ♏ 26	16 ♐ 15	13 ♎ 55	17 ♑	6 ♐	5 ♒	8 ♐	9 ♉
6	13 ♋ 13	15 ♋ 34	0 ♎ 43	29 ♍ 57	4 ♌ 27	22 ♌ 34	12 ♍ 8	16 ♋ 44	27 ♌ 41	12 ♏ 25	16 ♐ 14	13 ♎ 56	17 ♑	6 ♐	5 ♒	8 ♐	9 ♉
7	14 ♋ 10	27 ♋ 25	0 ♎ 40	29 ♍ 45	6 ♌ 3	23 ♌ 43	12 ♍ 43	16 ♋ 57	27 ♌ 47	12 ♏ 24	16 ♐ 12	13 ♎ 56	17 ♑	6 ♐	5 ♒	8 ♐	9 ♉
8	15 ♋ 8	9 ♌ 16	0 ♎ 37	29 ♍ 34	7 ♌ 37	24 ♌ 52	13 ♍ 18	17 ♋ 11	27 ♌ 53	12 ♏ 23	16 ♐ 11	13 ♎ 56	17 ♑	6 ♐	5 ♒	8 ♐	9 ♉
9	16 ♋ 5	21 ♌ 10	0 ♎ 33	29 ♍ 26	9 ♌ 8	26 ♌ 1	13 ♍ 53	17 ♋ 24	27 ♌ 59	12 ♏ 23	16 ♐ 10	13 ♎ 57	17 ♑	5 ♐	5 ♒	7 ♐	9 ♉
10	17 ♋ 2	3 ♍ 7	0 ♎ 30	29 ♍ 20	10 ♌ 37	27 ♌ 10	14 ♍ 28	17 ♋ 38	28 ♌ 6	12 ♏ 22	16 ♐ 8	13 ♎ 57	16 ♑	5 ♐	4 ♒	7 ♐	9 ♉
11	17 ♋ 59	15 ♍ 13	0 ♎ 27	29 ♍ 17	12 ♌ 4	28 ♌ 19	15 ♍ 3	17 ♋ 51	28 ♌ 12	12 ♏ 21	16 ♐ 7	13 ♎ 58	16 ♑	5 ♐	4 ♒	7 ♐	9 ♉
12	18 ♋ 56	27 ♍ 30	0 ♎ 24	29 ♍ 17	13 ♌ 29	29 ♌ 27	15 ♍ 39	18 ♋ 5	28 ♌ 19	12 ♏ 21	16 ♐ 6	13 ♎ 58	16 ♑	5 ♐	4 ♒	7 ♐	9 ♉
13	19 ♋ 54	10 ♎ 4	0 ♎ 21	29 D 17	14 ♌ 51	0 ♍ 36	16 ♍ 14	18 ♋ 18	28 ♌ 25	12 ♏ 20	16 ♐ 4	13 ♎ 59	16 ♑	5 ♐	4 ♒	7 ♐	9 ♉
14	20 ♋ 51	22 ♎ 58	0 ♎ 18	29 R 17	16 ♌ 11	1 ♍ 44	16 ♍ 50	18 ♋ 32	28 ♌ 32	12 ♏ 20	16 ♐ 3	14 ♎ 0	15 ♑	5 ♐	4 ♒	7 ♐	9 ♉
15	21 ♋ 48	6 ♏ 16	0 ♎ 14	29 ♍ 16	17 ♌ 29	2 ♍ 52	17 ♍ 25	18 ♋ 45	28 ♌ 38	12 ♏ 20	16 ♐ 2	14 ♎ 0	15 ♑	5 ♐	3 ♒	7 ♐	9 ♉
16	22 ♋ 45	20 ♏ 3	0 ♎ 11	29 ♍ 13	18 ♌ 45	4 ♍ 1	18 ♍ 1	18 ♋ 59	28 ♌ 45	12 ♏ 19	16 ♐ 1	14 ♎ 1	15 ♑	5 ♐	3 ♒	7 ♐	9 ♉
17	23 ♋ 43	4 ♐ 18	0 ♎ 8	29 ♍ 8	19 ♌ 58	5 ♍ 9	18 ♍ 36	19 ♋ 12	28 ♌ 51	12 ♏ 19	15 ♐ 59	14 ♎ 2	15 ♑	5 ♐	3 ♒	7 ♐	9 ♉
18	24 ♋ 40	19 ♐ 0	0 ♎ 5	29 ♍ 1	21 ♌ 8	6 ♍ 16	19 ♍ 12	19 ♋ 26	28 ♌ 58	12 ♏ 19	15 ♐ 58	14 ♎ 2	15 ♑	5 ♐	3 ♒	7 D	9 ♉
19	25 ♋ 37	4 ♑ 4	0 ♎ 2	28 ♍ 53	22 ♌ 16	7 ♍ 24	19 ♍ 48	19 ♋ 39	29 ♌ 5	12 ♏ 19	15 ♐ 57	14 ♎ 3	14 ♑	5 ♐	2 ♒	7 ♐	9 ♉
20	26 ♋ 34	19 ♑ 20	29 ♍ 59	28 ♍ 43	23 ♌ 21	8 ♍ 32	20 ♍ 24	19 ♋ 53	29 ♌ 12	12 ♏ 19	15 ♐ 56	14 ♎ 4	14 ♑	4 ♐	2 ♒	7 ♐	9 ♉
21	27 ♋ 32	4 ♒ 39	29 ♍ 55	28 ♍ 35	24 ♌ 24	9 ♍ 39	21 ♍ 0	20 ♋ 6	29 ♌ 19	12 ♏ 18	15 ♐ 55	14 ♎ 5	14 ♑	4 ♐	2 ♒	7 ♐	9 ♉
22	28 ♋ 29	19 ♒ 48	29 ♍ 52	28 ♍ 29	25 ♌ 23	10 ♍ 47	21 ♍ 36	20 ♋ 20	29 ♌ 25	12 D 18	15 ♐ 54	14 ♎ 6	14 ♑	4 ♐	2 ♒	7 ♐	9 ♉
23	29 ♋ 26	4 ♓ 38	29 ♍ 49	28 ♍ 24	26 ♌ 20	11 ♍ 54	22 ♍ 12	20 ♋ 33	29 ♌ 32	12 ♏ 18	15 ♐ 53	14 ♎ 7	14 ♑	4 ♐	1 ♒	7 ♐	9 ♉
24	0 ♌ 23	19 ♓ 3	29 ♍ 46	28 ♍ 22	27 ♌ 13	13 ♍ 1	22 ♍ 48	20 ♋ 46	29 ♌ 39	12 ♏ 19	15 ♐ 52	14 ♎ 8	13 ♑	4 ♐	1 ♒	7 ♐	9 ♉
25	1 ♌ 21	3 ♈ 0	29 ♍ 43	28 D 22	28 ♌ 4	14 ♍ 8	23 ♍ 25	21 ♋ 0	29 ♌ 46	12 ♏ 19	15 ♐ 50	14 ♎ 9	13 ♑	4 ♐	1 ♒	7 ♐	9 ♉
26	2 ♌ 18	16 ♈ 29	29 ♍ 39	28 ♍ 22	28 ♌ 50	15 ♍ 14	24 ♍ 1	21 ♋ 13	29 ♌ 53	12 ♏ 19	15 ♐ 49	14 ♎ 10	13 ♑	4 ♐	1 ♒	7 ♐	9 ♉
27	3 ♌ 15	29 ♈ 33	29 ♍ 36	28 ♍ 23	29 ♌ 34	16 ♍ 21	24 ♍ 37	21 ♋ 26	0 ♍ 0	12 ♏ 19	15 ♐ 48	14 ♎ 11	13 ♑	4 ♐	0 ♒	7 ♐	9 ♉
28	4 ♌ 13	12 ♉ 14	29 ♍ 33	28 R 23	0 ♍ 14	17 ♍ 27	25 ♍ 14	21 ♋ 40	0 ♍ 7	12 ♏ 19	15 ♐ 48	14 ♎ 12	13 ♑	4 D	0 ♒	7 ♐	9 ♉
29	5 ♌ 10	24 ♉ 38	29 ♍ 30	28 ♍ 21	0 ♍ 50	18 ♍ 34	25 ♍ 50	21 ♋ 53	0 ♍ 15	12 ♏ 20	15 ♐ 47	14 ♎ 13	12 ♑	4 ♐	0 ♒	8 ♐	9 ♉
30	6 ♌ 7	6 ♊ 49	29 ♍ 27	28 ♍ 17	1 ♍ 22	19 ♍ 40	26 ♍ 27	22 ♋ 6	0 ♍ 22	12 ♏ 20	15 ♐ 46	14 ♎ 14	12 ♑	4 ♐	0 ♒	8 ♐	9 ♉
31	7 ♌ 5	18 ♊ 50	29 ♍ 24	28 ♍ 11	1 ♍ 50	20 ♍ 46	27 ♍ 4	22 ♋ 20	0 ♍ 29	12 ♏ 21	15 ♐ 45	14 ♎ 15	12 ♑	4 ♐	0 ♒	8 ♐	9 ♉

SUN INGRESS	☉ → ♌ 23日 14:00
MOON PHASE	● 5日 18:50 ♋ ◐ 13日 19:49 ♎ ○ 20日 12:05 ♑ ◑ 27日 07:31 ♉

aspects

3日	02:44	☉⚹♂
5日	04:02	☉△♅
6日	11:14	♂⚹♅
6日	17:55	☉□♇
10日	19:38	☉☌♃
10日	21:24	♀☌♄
11日	04:51	☿□♅
12日	08:37	☿⚹♇
12日	17:35	♂□♆
13日	21:30	☿△♆
18日	14:36	♂⚹♃
23日	08:52	♀⚹♅
26日	12:28	♀□♆
27日	19:12	☿☌♄

1978年8月

DAY	☉	☽	☊ mean	☊ true	☿	♀	♂	♃	♄	♅	♆	♇	⚳	⚴	⚵	⚶	⚷
	° ′	° ′	° ′	° ′	° ′	° ′	° ′	° ′	° ′	° ′	° ′	° ′	°	°	°	°	°
1	8 ♌ 2	0 ♋ 45	29 ♍ 20	28 R 3	2 D 13	21 D 52	27 D 41	22 D 33	0 D 36	12 D 21	15 R 44	14 D 16	12 R	4 D	29 R	8 D	9 D
2	9 ♌ 0	12 ♋ 37	29 ♍ 17	27 ♍ 54	2 ♍ 32	22 ♍ 57	28 ♍ 18	22 ♋ 46	0 ♍ 43	12 ♏ 22	15 ♐ 43	14 ♎ 18	12 ♑	4 ♐	29 ♑	8 ♐	9 ♉
3	9 ♌ 57	24 ♋ 28	29 ♍ 14	27 ♍ 44	2 ♍ 46	24 ♍ 3	28 ♍ 54	22 ♋ 59	0 ♍ 51	12 ♏ 22	15 ♐ 42	14 ♎ 19	12 ♑	4 ♐	29 ♑	8 ♐	9 ♉
4	10 ♌ 54	6 ♌ 21	29 ♍ 11	27 ♍ 36	2 ♍ 56	25 ♍ 8	29 ♍ 32	23 ♋ 12	0 ♍ 58	12 ♏ 23	15 ♐ 42	14 ♎ 20	11 ♑	4 ♐	29 ♑	8 ♐	9 ♉
5	11 ♌ 52	18 ♌ 16	29 ♍ 8	27 ♍ 29	3 ♍ 0	26 ♍ 13	0 ♎ 9	23 ♋ 26	1 ♍ 5	12 ♏ 24	15 ♐ 41	14 ♎ 22	11 ♑	4 ♐	28 ♑	8 ♐	9 ♉
6	12 ♌ 49	0 ♍ 15	29 ♍ 5	27 ♍ 23	2 R 59	27 ♍ 18	0 ♎ 46	23 ♋ 39	1 ♍ 13	12 ♏ 24	15 ♐ 40	14 ♎ 23	11 ♑	5 ♐	28 ♑	8 ♐	9 ♉
7	13 ♌ 47	12 ♍ 21	29 ♍ 1	27 ♍ 20	2 ♍ 53	28 ♍ 22	1 ♎ 23	23 ♋ 52	1 ♍ 20	12 ♏ 25	15 ♐ 40	14 ♎ 24	11 ♑	5 ♐	28 ♑	9 ♐	9 ♉
8	14 ♌ 44	24 ♍ 35	28 ♍ 58	27 ♍ 19	2 ♍ 41	29 ♍ 27	2 ♎ 0	24 ♋ 5	1 ♍ 27	12 ♏ 26	15 ♐ 39	14 ♎ 26	11 ♑	5 ♐	28 ♑	9 ♐	9 ♉
9	15 ♌ 42	7 ♎ 0	28 ♍ 55	27 D 19	2 ♍ 25	0 ♎ 31	2 ♎ 38	24 ♋ 18	1 ♍ 35	12 ♏ 27	15 ♐ 38	14 ♎ 27	11 ♑	5 ♐	27 ♑	9 ♐	9 ♉
10	16 ♌ 39	19 ♎ 40	28 ♍ 52	27 ♍ 21	2 ♍ 3	1 ♎ 35	3 ♎ 15	24 ♋ 31	1 ♍ 42	12 ♏ 28	15 ♐ 38	14 ♎ 29	11 ♑	5 ♐	27 ♑	9 ♐	9 ♉
11	17 ♌ 37	2 ♏ 37	28 ♍ 49	27 ♍ 22	1 ♍ 35	2 ♎ 39	3 ♎ 53	24 ♋ 44	1 ♍ 50	12 ♏ 29	15 ♐ 37	14 ♎ 30	11 ♑	5 ♐	27 ♑	9 ♐	9 ♉
12	18 ♌ 35	15 ♏ 54	28 ♍ 45	27 ♍ 23	1 ♍ 3	3 ♎ 43	4 ♎ 30	24 ♋ 56	1 ♍ 57	12 ♏ 30	15 ♐ 37	14 ♎ 32	10 ♑	5 ♐	27 ♑	9 ♐	9 ♉
13	19 ♌ 32	29 ♏ 35	28 ♍ 42	27 R 22	0 ♍ 26	4 ♎ 46	5 ♎ 8	25 ♋ 9	2 ♍ 5	12 ♏ 31	15 ♐ 36	14 ♎ 33	10 ♑	5 ♐	27 ♑	10 ♐	9 ♉
14	20 ♌ 30	13 ♐ 40	28 ♍ 39	27 ♍ 20	29 ♌ 46	5 ♎ 49	5 ♎ 46	25 ♋ 22	2 ♍ 12	12 ♏ 32	15 ♐ 36	14 ♎ 35	10 ♑	5 ♐	26 ♑	10 ♐	9 ♉
15	21 ♌ 27	28 ♐ 8	28 ♍ 36	27 ♍ 17	29 ♌ 1	6 ♎ 52	6 ♎ 24	25 ♋ 35	2 ♍ 20	12 ♏ 34	15 ♐ 35	14 ♎ 36	10 ♑	5 ♐	26 ♑	10 ♐	9 R
16	22 ♌ 25	12 ♑ 56	28 ♍ 33	27 ♍ 13	28 ♌ 14	7 ♎ 55	7 ♎ 1	25 ♋ 48	2 ♍ 27	12 ♏ 35	15 ♐ 35	14 ♎ 38	10 ♑	5 ♐	26 ♑	10 ♐	9 ♉
17	23 ♌ 23	27 ♑ 57	28 ♍ 30	27 ♍ 8	27 ♌ 24	8 ♎ 57	7 ♎ 39	26 ♋ 0	2 ♍ 35	12 ♏ 36	15 ♐ 34	14 ♎ 39	10 ♑	6 ♐	26 ♑	10 ♐	9 ♉
18	24 ♌ 20	13 ♒ 3	28 ♍ 26	27 ♍ 3	26 ♌ 33	9 ♎ 59	8 ♎ 17	26 ♋ 13	2 ♍ 42	12 ♏ 38	15 ♐ 34	14 ♎ 41	10 ♑	6 ♐	26 ♑	11 ♐	9 ♉
19	25 ♌ 18	28 ♒ 5	28 ♍ 23	27 ♍ 0	25 ♌ 42	11 ♎ 1	8 ♎ 55	26 ♋ 26	2 ♍ 50	12 ♏ 39	15 ♐ 34	14 ♎ 43	10 ♑	6 ♐	25 ♑	11 ♐	9 ♉
20	26 ♌ 16	12 ♓ 53	28 ♍ 20	26 ♍ 58	24 ♌ 51	12 ♎ 2	9 ♎ 34	26 ♋ 38	2 ♍ 57	12 ♏ 41	15 ♐ 33	14 ♎ 44	10 ♑	6 ♐	25 ♑	11 ♐	9 ♉
21	27 ♌ 13	27 ♓ 20	28 ♍ 17	26 D 57	24 ♌ 2	13 ♎ 3	10 ♎ 12	26 ♋ 51	3 ♍ 5	12 ♏ 42	15 ♐ 33	14 ♎ 46	10 ♑	6 ♐	25 ♑	11 ♐	9 ♉
22	28 ♌ 11	11 ♈ 22	28 ♍ 14	26 ♍ 58	23 ♌ 15	14 ♎ 4	10 ♎ 50	27 ♋ 3	3 ♍ 13	12 ♏ 44	15 ♐ 33	14 ♎ 48	10 ♑	6 ♐	25 ♑	12 ♐	9 ♉
23	29 ♌ 9	24 ♈ 58	28 ♍ 11	26 ♍ 59	22 ♌ 33	15 ♎ 5	11 ♎ 28	27 ♋ 15	3 ♍ 20	12 ♏ 45	15 ♐ 33	14 ♎ 50	10 ♑	6 ♐	25 ♑	12 ♐	9 ♉
24	0 ♍ 7	8 ♉ 7	28 ♍ 7	27 ♍ 1	21 ♌ 55	16 ♎ 5	12 ♎ 7	27 ♋ 28	3 ♍ 28	12 ♏ 47	15 ♐ 33	14 ♎ 52	10 ♑	7 ♐	25 ♑	12 ♐	9 ♉
25	1 ♍ 5	20 ♉ 53	28 ♍ 4	27 ♍ 2	21 ♌ 22	17 ♎ 5	12 ♎ 45	27 ♋ 40	3 ♍ 35	12 ♏ 49	15 ♐ 32	14 ♎ 53	10 ♑	7 ♐	24 ♑	12 ♐	9 ♉
26	2 ♍ 3	3 ♊ 19	28 ♍ 1	27 R 2	20 ♌ 56	18 ♎ 4	13 ♎ 24	27 ♋ 52	3 ♍ 43	12 ♏ 50	15 ♐ 32	14 ♎ 55	9 ♑	7 ♐	24 ♑	13 ♐	9 ♉
27	3 ♍ 0	15 ♊ 31	27 ♍ 58	27 ♍ 1	20 ♌ 36	19 ♎ 4	14 ♎ 2	28 ♋ 4	3 ♍ 51	12 ♏ 52	15 ♐ 32	14 ♎ 57	9 ♑	7 ♐	24 ♑	13 ♐	9 ♉
28	3 ♍ 58	27 ♊ 31	27 ♍ 55	27 ♍ 0	20 ♌ 24	20 ♎ 2	14 ♎ 41	28 ♋ 16	3 ♍ 58	12 ♏ 54	15 ♐ 32	14 ♎ 59	9 ♑	7 ♐	24 ♑	13 ♐	9 ♉
29	4 ♍ 56	9 ♋ 25	27 ♍ 51	26 ♍ 57	20 ♌ 20	21 ♎ 1	15 ♎ 20	28 ♋ 29	4 ♍ 6	12 ♏ 56	15 D 32	15 ♎ 1	9 ♑	7 ♐	24 ♑	13 ♐	9 ♉
30	5 ♍ 54	21 ♋ 16	27 ♍ 48	26 ♍ 54	20 D 24	21 ♎ 59	15 ♎ 59	28 ♋ 41	4 ♍ 13	12 ♏ 58	15 ♐ 32	15 ♎ 3	9 ♑	8 ♐	24 ♑	14 ♐	9 ♉
31	6 ♍ 52	3 ♌ 8	27 ♍ 45	26 ♍ 51	20 ♌ 36	22 ♎ 57	16 ♎ 38	28 ♋ 52	4 ♍ 21	13 ♏ 0	15 ♐ 32	15 ♎ 5	9 D	8 ♐	24 ♑	14 ♐	9 ♉

SUN INGRESS	☉ → ♍ 23日 20:57
MOON PHASE	● 4日 10:01 ♌ ◐ 12日 05:06 ♏ ○ 18日 19:14 ♒ ◑ 25日 21:18 ♊

aspects

1日	18:55	♀⚹♃
5日	13:26	☉□♅
7日	15:58	☉⚹♇
8日	22:28	☉△♆
10日	14:31	☿☌♄
13日	20:42	♀☌♂
19日	05:11	☉☌☿
22日	17:49	♀☌♇
23日	11:04	♀⚹♆
27日	23:52	☉☌♄
28日	07:59	☿⚹♀
28日	11:39	♂☌♇
29日	07:41	♂⚹♆

1978年9月

DAY	☉	☽	☊ mean	☊ true	☿	♀	♂	♃	♄	♅	♆	♇	⚳	⚴	⚵	⚶	⚷
	° ′	° ′	° ′	° ′	° ′	° ′	° ′	° ′	° ′	° ′	° ′	° ′	°	°	°	°	°
1	7 ♍ 50	15 ♌ 3	27 ♍ 42	26 R 48	20 D 56	23 D 54	17 D 17	29 D 4	4 D 29	13 D 2	15 D 32	15 D 7	9 D	8 D	24 R	14 D	9 R
2	8 ♍ 49	27 ♌ 5	27 ♍ 39	26 ♍ 45	21 ♌ 25	24 ♎ 51	17 ♎ 56	29 ♋ 16	4 ♍ 36	13 ♏ 4	15 ♐ 33	15 ♎ 9	9 ♑	8 ♐	24 ♑	15 ♐	9 ♉
3	9 ♍ 47	9 ♍ 14	27 ♍ 36	26 ♍ 43	22 ♌ 2	25 ♎ 47	18 ♎ 35	29 ♋ 28	4 ♍ 44	13 ♏ 6	15 ♐ 33	15 ♎ 11	9 ♑	8 ♐	23 ♑	15 ♐	9 ♉
4	10 ♍ 45	21 ♍ 33	27 ♍ 32	26 ♍ 43	22 ♌ 47	26 ♎ 43	19 ♎ 14	29 ♋ 40	4 ♍ 51	13 ♏ 8	15 ♐ 33	15 ♎ 13	10 ♑	9 ♐	23 ♑	15 ♐	9 ♉
5	11 ♍ 43	4 ♎ 3	27 ♍ 29	26 D 43	23 ♌ 39	27 ♎ 38	19 ♎ 53	29 ♋ 51	4 ♍ 59	13 ♏ 10	15 ♐ 33	15 ♎ 15	10 ♑	9 ♐	23 ♑	15 ♐	9 ♉
6	12 ♍ 41	16 ♎ 44	27 ♍ 26	26 ♍ 43	24 ♌ 39	28 ♎ 33	20 ♎ 32	0 ♌ 3	5 ♍ 7	13 ♏ 13	15 ♐ 33	15 ♎ 17	10 ♑	9 ♐	23 ♑	16 ♐	9 ♉
7	13 ♍ 39	29 ♎ 39	27 ♍ 23	26 ♍ 44	25 ♌ 46	29 ♎ 28	21 ♎ 12	0 ♌ 14	5 ♍ 14	13 ♏ 15	15 ♐ 34	15 ♎ 19	10 ♑	9 ♐	23 ♑	16 ♐	9 ♉
8	14 ♍ 38	12 ♏ 48	27 ♍ 20	26 ♍ 45	26 ♌ 59	0 ♏ 22	21 ♎ 51	0 ♌ 25	5 ♍ 22	13 ♏ 17	15 ♐ 34	15 ♎ 21	10 ♑	10 ♐	23 ♑	16 ♐	9 ♉
9	15 ♍ 36	26 ♏ 13	27 ♍ 16	26 ♍ 46	28 ♌ 19	1 ♏ 15	22 ♎ 31	0 ♌ 37	5 ♍ 29	13 ♏ 20	15 ♐ 34	15 ♎ 23	10 ♑	10 ♐	23 ♑	17 ♐	9 ♉
10	16 ♍ 34	9 ♐ 55	27 ♍ 13	26 ♍ 47	29 ♌ 43	2 ♏ 8	23 ♎ 10	0 ♌ 48	5 ♍ 37	13 ♏ 22	15 ♐ 35	15 ♎ 25	10 ♑	10 ♐	23 ♑	17 ♐	9 ♉
11	17 ♍ 32	23 ♐ 54	27 ♍ 10	26 R 47	1 ♍ 13	3 ♏ 0	23 ♎ 50	0 ♌ 59	5 ♍ 44	13 ♏ 25	15 ♐ 35	15 ♎ 27	10 ♑	10 ♐	23 ♑	17 ♐	9 ♉
12	18 ♍ 31	8 ♑ 8	27 ♍ 7	26 ♍ 46	2 ♍ 47	3 ♏ 51	24 ♎ 30	1 ♌ 10	5 ♍ 52	13 ♏ 27	15 ♐ 36	15 ♎ 30	10 ♑	10 ♐	23 ♑	18 ♐	9 ♉
13	19 ♍ 29	22 ♑ 36	27 ♍ 4	26 ♍ 46	4 ♍ 25	4 ♏ 42	25 ♎ 9	1 ♌ 21	5 ♍ 59	13 ♏ 30	15 ♐ 36	15 ♎ 32	10 ♑	11 ♐	23 ♑	18 ♐	9 ♉
14	20 ♍ 28	7 ♒ 14	27 ♍ 1	26 ♍ 45	6 ♍ 6	5 ♏ 32	25 ♎ 49	1 ♌ 32	6 ♍ 7	13 ♏ 32	15 ♐ 37	15 ♎ 34	10 ♑	11 ♐	23 ♑	18 ♐	9 ♉
15	21 ♍ 26	21 ♒ 56	26 ♍ 57	26 ♍ 44	7 ♍ 50	6 ♏ 22	26 ♎ 29	1 ♌ 43	6 ♍ 14	13 ♏ 35	15 ♐ 37	15 ♎ 36	10 ♑	11 ♐	23 ♑	19 ♐	9 ♉
16	22 ♍ 24	6 ♓ 37	26 ♍ 54	26 ♍ 44	9 ♍ 36	7 ♏ 10	27 ♎ 9	1 ♌ 53	6 ♍ 22	13 ♏ 37	15 ♐ 38	15 ♎ 38	10 ♑	11 ♐	23 D	19 ♐	9 ♉
17	23 ♍ 23	21 ♓ 8	26 ♍ 51	26 ♍ 44	11 ♍ 24	7 ♏ 58	27 ♎ 49	2 ♌ 4	6 ♍ 29	13 ♏ 40	15 ♐ 39	15 ♎ 41	10 ♑	12 ♐	23 ♑	19 ♐	9 ♉
18	24 ♍ 21	5 ♈ 25	26 ♍ 48	26 D 44	13 ♍ 13	8 ♏ 46	28 ♎ 29	2 ♌ 15	6 ♍ 36	13 ♏ 43	15 ♐ 39	15 ♎ 43	10 ♑	12 ♐	23 ♑	20 ♐	9 ♉
19	25 ♍ 20	19 ♈ 22	26 ♍ 45	26 ♍ 44	15 ♍ 3	9 ♏ 32	29 ♎ 9	2 ♌ 25	6 ♍ 44	13 ♏ 46	15 ♐ 40	15 ♎ 45	11 ♑	12 ♐	23 ♑	20 ♐	9 ♉
20	26 ♍ 18	2 ♉ 57	26 ♍ 42	26 ♍ 44	16 ♍ 55	10 ♏ 17	29 ♎ 50	2 ♌ 35	6 ♍ 51	13 ♏ 48	15 ♐ 41	15 ♎ 47	11 ♑	12 ♐	23 ♑	20 ♐	9 ♉
21	27 ♍ 17	16 ♉ 9	26 ♍ 38	26 R 44	18 ♍ 46	11 ♏ 2	0 ♏ 30	2 ♌ 46	6 ♍ 58	13 ♏ 51	15 ♐ 41	15 ♎ 50	11 ♑	13 ♐	23 ♑	21 ♐	9 ♉
22	28 ♍ 16	28 ♉ 58	26 ♍ 35	26 ♍ 44	20 ♍ 38	11 ♏ 46	1 ♏ 10	2 ♌ 56	7 ♍ 6	13 ♏ 54	15 ♐ 42	15 ♎ 52	11 ♑	13 ♐	23 ♑	21 ♐	9 ♉
23	29 ♍ 14	11 ♊ 28	26 ♍ 32	26 ♍ 44	22 ♍ 29	12 ♏ 28	1 ♏ 51	3 ♌ 6	7 ♍ 13	13 ♏ 57	15 ♐ 43	15 ♎ 54	11 ♑	13 ♐	23 ♑	22 ♐	9 ♉
24	0 ♎ 13	23 ♊ 42	26 ♍ 29	26 ♍ 44	24 ♍ 20	13 ♏ 10	2 ♏ 31	3 ♌ 16	7 ♍ 20	14 ♏ 0	15 ♐ 44	15 ♎ 56	11 ♑	14 ♐	23 ♑	22 ♐	9 ♉
25	1 ♎ 12	5 ♋ 43	26 ♍ 26	26 D 44	26 ♍ 11	13 ♏ 51	3 ♏ 12	3 ♌ 26	7 ♍ 27	14 ♏ 3	15 ♐ 45	15 ♎ 59	11 ♑	14 ♐	23 ♑	22 ♐	8 ♉
26	2 ♎ 11	17 ♋ 38	26 ♍ 22	26 ♍ 44	28 ♍ 2	14 ♏ 31	3 ♏ 52	3 ♌ 35	7 ♍ 34	14 ♏ 6	15 ♐ 46	16 ♎ 1	11 ♑	14 ♐	23 ♑	23 ♐	8 ♉
27	3 ♎ 10	29 ♋ 29	26 ♍ 19	26 ♍ 44	29 ♍ 52	15 ♏ 9	4 ♏ 33	3 ♌ 45	7 ♍ 42	14 ♏ 9	15 ♐ 46	16 ♎ 3	12 ♑	14 ♐	23 ♑	23 ♐	8 ♉
28	4 ♎ 8	11 ♌ 22	26 ♍ 16	26 ♍ 45	1 ♎ 41	15 ♏ 46	5 ♏ 14	3 ♌ 55	7 ♍ 49	14 ♏ 12	15 ♐ 47	16 ♎ 6	12 ♑	15 ♐	23 ♑	23 ♐	8 ♉
29	5 ♎ 7	23 ♌ 21	26 ♍ 13	26 ♍ 46	3 ♎ 30	16 ♏ 23	5 ♏ 55	4 ♌ 4	7 ♍ 56	14 ♏ 15	15 ♐ 48	16 ♎ 8	12 ♑	15 ♐	23 ♑	24 ♐	8 ♉
30	6 ♎ 6	5 ♍ 29	26 ♍ 10	26 ♍ 47	5 ♎ 18	16 ♏ 58	6 ♏ 35	4 ♌ 13	8 ♍ 3	14 ♏ 18	15 ♐ 49	16 ♎ 10	12 ♑	15 ♐	24 ♑	24 ♐	8 ♉

SUN INGRESS	☉ → ♎ 23日 18:25
MOON PHASE	● 3日 01:09 ♍ ◐ 10日 12:20 ♐ ○ 17日 04:01 ♓ ◑ 24日 14:07 ♋

aspects		
6日	13:33	☉⚹♅
8日	02:10	♀□♃
8日	23:26	☉□♆
13日	08:17	☿⚹♀
14日	00:09	☿☌♄
14日	19:36	♀⚹♄
15日	18:09	♆⚹♇
18日	06:38	☿⚹♅
19日	07:55	☿□♆
25日	07:46	♀☌♅
25日	10:55	♂□♃
27日	17:17	☉⚹♃
29日	08:20	☿⚹♃

1978年10月

DAY	☉	☽	☊ mean	☊ true	☿	♀	♂	♃	♄	♅	♆	♇	⚳	⚴	⚵	⚶	⚷
	° ′	° ′	° ′	° ′	° ′	° ′	° ′	° ′	° ′	° ′	° ′	° ′	°	°	°	°	°
1	7 ♎ 5	17 ♍ 49	26 ♍ 7	26 D 47	7 D 5	17 D 31	7 D 16	4 D 23	8 D 10	14 D 21	15 D 51	16 D 13	12 D	16 D	24 D	25 D	8 R
2	8 ♎ 4	0 ♎ 22	26 ♍ 3	26 R 47	8 ♎ 51	18 ♏ 4	7 ♏ 57	4 ♌ 32	8 ♍ 17	14 ♏ 24	15 ♐ 52	16 ♎ 15	12 ♑	16 ♐	24 ♑	25 ♐	8 ♉
3	9 ♎ 3	13 ♎ 11	26 ♍ 0	26 ♍ 47	10 ♎ 36	18 ♏ 34	8 ♏ 38	4 ♌ 41	8 ♍ 24	14 ♏ 28	15 ♐ 53	16 ♎ 17	13 ♑	16 ♐	24 ♑	25 ♐	8 ♉
4	10 ♎ 2	26 ♎ 15	25 ♍ 57	26 ♍ 46	12 ♎ 21	19 ♏ 4	9 ♏ 20	4 ♌ 49	8 ♍ 31	14 ♏ 31	15 ♐ 54	16 ♎ 20	13 ♑	16 ♐	24 ♑	26 ♐	8 ♉
5	11 ♎ 1	9 ♏ 33	25 ♍ 54	26 ♍ 44	14 ♎ 4	19 ♏ 32	10 ♏ 1	4 ♌ 58	8 ♍ 37	14 ♏ 34	15 ♐ 55	16 ♎ 22	13 ♑	17 ♐	24 ♑	26 ♐	8 ♉
6	12 ♎ 1	23 ♏ 5	25 ♍ 51	26 ♍ 42	15 ♎ 47	19 ♏ 58	10 ♏ 42	5 ♌ 7	8 ♍ 44	14 ♏ 37	15 ♐ 56	16 ♎ 24	13 ♑	17 ♐	24 ♑	27 ♐	8 ♉
7	13 ♎ 0	6 ♐ 49	25 ♍ 47	26 ♍ 40	17 ♎ 29	20 ♏ 23	11 ♏ 23	5 ♌ 15	8 ♍ 51	14 ♏ 41	15 ♐ 57	16 ♎ 27	13 ♑	17 ♐	24 ♑	27 ♐	8 ♉
8	13 ♎ 59	20 ♐ 43	25 ♍ 44	26 ♍ 38	19 ♎ 10	20 ♏ 46	12 ♏ 5	5 ♌ 24	8 ♍ 58	14 ♏ 44	15 ♐ 59	16 ♎ 29	14 ♑	18 ♐	25 ♑	27 ♐	8 ♉
9	14 ♎ 58	4 ♑ 46	25 ♍ 41	26 ♍ 37	20 ♎ 51	21 ♏ 7	12 ♏ 46	5 ♌ 32	9 ♍ 4	14 ♏ 47	16 ♐ 0	16 ♎ 32	14 ♑	18 ♐	25 ♑	28 ♐	8 ♉
10	15 ♎ 57	18 ♑ 55	25 ♍ 38	26 D 37	22 ♎ 30	21 ♏ 26	13 ♏ 28	5 ♌ 40	9 ♍ 11	14 ♏ 51	16 ♐ 1	16 ♎ 34	14 ♑	18 ♐	25 ♑	28 ♐	8 ♉
11	16 ♎ 57	3 ♒ 8	25 ♍ 35	26 ♍ 37	24 ♎ 9	21 ♏ 44	14 ♏ 10	5 ♌ 48	9 ♍ 18	14 ♏ 54	16 ♐ 3	16 ♎ 36	14 ♑	19 ♐	25 ♑	29 ♐	8 ♉
12	17 ♎ 56	17 ♒ 24	25 ♍ 32	26 ♍ 39	25 ♎ 47	21 ♏ 59	14 ♏ 51	5 ♌ 56	9 ♍ 24	14 ♏ 58	16 ♐ 4	16 ♎ 39	14 ♑	19 ♐	25 ♑	29 ♐	8 ♉
13	18 ♎ 55	1 ♓ 39	25 ♍ 28	26 ♍ 40	27 ♎ 25	22 ♏ 13	15 ♏ 33	6 ♌ 4	9 ♍ 31	15 ♏ 1	16 ♐ 5	16 ♎ 41	15 ♑	19 ♐	25 ♑	29 ♐	8 ♉
14	19 ♎ 55	15 ♓ 51	25 ♍ 25	26 ♍ 41	29 ♎ 1	22 ♏ 24	16 ♏ 15	6 ♌ 11	9 ♍ 37	15 ♏ 5	16 ♐ 7	16 ♎ 43	15 ♑	20 ♐	25 ♑	0 ♑	8 ♉
15	20 ♎ 54	29 ♓ 56	25 ♍ 22	26 R 41	0 ♏ 37	22 ♏ 33	16 ♏ 57	6 ♌ 18	9 ♍ 43	15 ♏ 8	16 ♐ 8	16 ♎ 46	15 ♑	20 ♐	26 ♑	0 ♑	8 ♉
16	21 ♎ 54	13 ♈ 51	25 ♍ 19	26 ♍ 41	2 ♏ 13	22 ♏ 40	17 ♏ 39	6 ♌ 26	9 ♍ 50	15 ♏ 12	16 ♐ 10	16 ♎ 48	15 ♑	20 ♐	26 ♑	1 ♑	8 ♉
17	22 ♎ 53	27 ♈ 32	25 ♍ 16	26 ♍ 38	3 ♏ 47	22 ♏ 45	18 ♏ 20	6 ♌ 33	9 ♍ 56	15 ♏ 15	16 ♐ 11	16 ♎ 51	15 ♑	20 ♐	26 ♑	1 ♑	8 ♉
18	23 ♎ 53	10 ♉ 56	25 ♍ 13	26 ♍ 35	5 ♏ 21	22 ♏ 47	19 ♏ 3	6 ♌ 40	10 ♍ 2	15 ♏ 19	16 ♐ 13	16 ♎ 53	16 ♑	21 ♐	26 ♑	2 ♑	8 ♉
19	24 ♎ 52	24 ♉ 3	25 ♍ 9	26 ♍ 30	6 ♏ 55	22 R 48	19 ♏ 45	6 ♌ 47	10 ♍ 8	15 ♏ 22	16 ♐ 14	16 ♎ 55	16 ♑	21 ♐	26 ♑	2 ♑	7 ♉
20	25 ♎ 52	6 ♊ 50	25 ♍ 6	26 ♍ 25	8 ♏ 27	22 ♏ 45	20 ♏ 27	6 ♌ 54	10 ♍ 14	15 ♏ 26	16 ♐ 16	16 ♎ 58	16 ♑	21 ♐	27 ♑	2 ♑	7 ♉
21	26 ♎ 51	19 ♊ 20	25 ♍ 3	26 ♍ 21	9 ♏ 59	22 ♏ 41	21 ♏ 9	7 ♌ 0	10 ♍ 20	15 ♏ 29	16 ♐ 18	17 ♎ 0	16 ♑	22 ♐	27 ♑	3 ♑	7 ♉
22	27 ♎ 51	1 ♋ 34	25 ♍ 0	26 ♍ 17	11 ♏ 31	22 ♏ 34	21 ♏ 51	7 ♌ 7	10 ♍ 26	15 ♏ 33	16 ♐ 19	17 ♎ 2	17 ♑	22 ♐	27 ♑	3 ♑	7 ♉
23	28 ♎ 51	13 ♋ 37	24 ♍ 57	26 ♍ 14	13 ♏ 2	22 ♏ 24	22 ♏ 34	7 ♌ 13	10 ♍ 32	15 ♏ 37	16 ♐ 21	17 ♎ 5	17 ♑	22 ♐	27 ♑	4 ♑	7 ♉
24	29 ♎ 50	25 ♋ 31	24 ♍ 53	26 ♍ 13	14 ♏ 32	22 ♏ 12	23 ♏ 16	7 ♌ 19	10 ♍ 38	15 ♏ 40	16 ♐ 23	17 ♎ 7	17 ♑	23 ♐	27 ♑	4 ♑	7 ♉
25	0 ♏ 50	7 ♌ 22	24 ♍ 50	26 D 13	16 ♏ 2	21 ♏ 58	23 ♏ 59	7 ♌ 25	10 ♍ 44	15 ♏ 44	16 ♐ 24	17 ♎ 9	17 ♑	23 ♐	28 ♑	5 ♑	7 ♉
26	1 ♏ 50	19 ♌ 15	24 ♍ 47	26 ♍ 14	17 ♏ 31	21 ♏ 41	24 ♏ 41	7 ♌ 31	10 ♍ 50	15 ♏ 47	16 ♐ 26	17 ♎ 12	18 ♑	23 ♐	28 ♑	5 ♑	7 ♉
27	2 ♏ 50	1 ♍ 14	24 ♍ 44	26 ♍ 16	19 ♏ 0	21 ♏ 22	25 ♏ 24	7 ♌ 36	10 ♍ 55	15 ♏ 51	16 ♐ 28	17 ♎ 14	18 ♑	24 ♐	28 ♑	6 ♑	7 ♉
28	3 ♏ 50	13 ♍ 25	24 ♍ 41	26 ♍ 17	20 ♏ 28	21 ♏ 1	26 ♏ 7	7 ♌ 42	11 ♍ 1	15 ♏ 55	16 ♐ 29	17 ♎ 16	18 ♑	24 ♐	28 ♑	6 ♑	7 ♉
29	4 ♏ 50	25 ♍ 52	24 ♍ 38	26 ♍ 18	21 ♏ 55	20 ♏ 38	26 ♏ 49	7 ♌ 47	11 ♍ 7	15 ♏ 59	16 ♐ 31	17 ♎ 18	18 ♑	24 ♐	29 ♑	6 ♑	7 ♉
30	5 ♏ 50	8 ♎ 37	24 ♍ 34	26 R 17	23 ♏ 22	20 ♏ 12	27 ♏ 32	7 ♌ 52	11 ♍ 12	16 ♏ 2	16 ♐ 33	17 ♎ 21	19 ♑	25 ♐	29 ♑	7 ♑	7 ♉
31	6 ♏ 50	21 ♎ 42	24 ♍ 31	26 ♍ 15	24 ♏ 48	19 ♏ 45	28 ♏ 15	7 ♌ 57	11 ♍ 17	16 ♏ 6	16 ♐ 35	17 ♎ 23	19 ♑	25 ♐	29 ♑	7 ♑	7 ♉

SUN INGRESS	☉ → ♏ 24日 03:37
MOON PHASE	● 2日 15:41 ♎ ◐ 9日 18:38 ♑ ○ 16日 15:10 ♈ ◑ 24日 09:34 ♌

aspects		
1日	00:21	☉☌☿
2日	13:38	♂⚹♄
6日	02:10	☿⚹♆
6日	08:58	☿☌♇
10日	01:36	☉⚹♆
10日	15:21	☉☌♇
12日	04:02	♂☌♅
18日	21:49	☿□♃
21日	05:53	☿⚹♄
22日	19:36	♀☌♂
24日	18:56	☿☌♅
28日	07:19	☿☌♀

1978年11月

DAY	☉	☽	☊ mean	☊ true	☿	♀	♂	♃	♄	♅	♆	♇	⚳	⚴	⚵	⚶	⚷
	° ′	° ′	° ′	° ′	° ′	° ′	° ′	° ′	° ′	° ′	° ′	° ′	°	°	°	°	°
1	7 ♏ 50	5 ♏ 8	24 ♍ 28	26 R 10	26 D 13	19 R 16	28 D 58	8 D 2	11 D 23	16 D 10	16 D 37	17 D 25	19 D	26 D	29 D	8 D	7 R
2	8 ♏ 50	18 ♏ 53	24 ♍ 25	26 ♍ 4	27 ♏ 37	18 ♏ 45	29 ♏ 41	8 ♌ 7	11 ♍ 28	16 ♏ 13	16 ♐ 39	17 ♎ 28	19 ♑	26 ♐	0 ♒	8 ♑	7 ♉
3	9 ♏ 50	2 ♐ 54	24 ♍ 22	25 ♍ 57	29 ♏ 1	18 ♏ 13	0 ♐ 24	8 ♌ 11	11 ♍ 33	16 ♏ 17	16 ♐ 41	17 ♎ 30	20 ♑	26 ♐	0 ♒	9 ♑	7 ♉
4	10 ♏ 50	17 ♐ 5	24 ♍ 19	25 ♍ 49	0 ♐ 24	17 ♏ 39	1 ♐ 7	8 ♌ 15	11 ♍ 38	16 ♏ 21	16 ♐ 42	17 ♎ 32	20 ♑	27 ♐	0 ♒	9 ♑	7 ♉
5	11 ♏ 50	1 ♑ 23	24 ♍ 15	25 ♍ 43	1 ♐ 46	17 ♏ 5	1 ♐ 50	8 ♌ 20	11 ♍ 43	16 ♏ 25	16 ♐ 44	17 ♎ 34	20 ♑	27 ♐	0 ♒	10 ♑	7 ♉
6	12 ♏ 50	15 ♑ 41	24 ♍ 12	25 ♍ 38	3 ♐ 8	16 ♏ 29	2 ♐ 34	8 ♌ 23	11 ♍ 48	16 ♏ 28	16 ♐ 46	17 ♎ 36	21 ♑	27 ♐	1 ♒	10 ♑	7 ♉
7	13 ♏ 50	29 ♑ 57	24 ♍ 9	25 ♍ 35	4 ♐ 28	15 ♏ 53	3 ♐ 17	8 ♌ 27	11 ♍ 53	16 ♏ 32	16 ♐ 48	17 ♎ 39	21 ♑	28 ♐	1 ♒	11 ♑	7 ♉
8	14 ♏ 51	14 ♒ 8	24 ♍ 6	25 ♍ 34	5 ♐ 47	15 ♏ 17	4 ♐ 0	8 ♌ 31	11 ♍ 58	16 ♏ 36	16 ♐ 50	17 ♎ 41	21 ♑	28 ♐	1 ♒	11 ♑	7 ♉
9	15 ♏ 51	28 ♒ 11	24 ♍ 3	25 D 34	7 ♐ 4	14 ♏ 40	4 ♐ 44	8 ♌ 34	12 ♍ 3	16 ♏ 40	16 ♐ 52	17 ♎ 43	21 ♑	28 ♐	2 ♒	11 ♑	6 ♉
10	16 ♏ 51	12 ♓ 7	23 ♍ 59	25 ♍ 36	8 ♐ 21	14 ♏ 4	5 ♐ 27	8 ♌ 37	12 ♍ 7	16 ♏ 43	16 ♐ 54	17 ♎ 45	22 ♑	29 ♐	2 ♒	12 ♑	6 ♉
11	17 ♏ 51	25 ♓ 53	23 ♍ 56	25 R 36	9 ♐ 35	13 ♏ 28	6 ♐ 11	8 ♌ 40	12 ♍ 12	16 ♏ 47	16 ♐ 56	17 ♎ 47	22 ♑	29 ♐	2 ♒	12 ♑	6 ♉
12	18 ♏ 52	9 ♈ 32	23 ♍ 53	25 ♍ 35	10 ♐ 48	12 ♏ 53	6 ♐ 54	8 ♌ 43	12 ♍ 16	16 ♏ 51	16 ♐ 58	17 ♎ 49	22 ♑	29 ♐	3 ♒	13 ♑	6 ♉
13	19 ♏ 52	23 ♈ 0	23 ♍ 50	25 ♍ 32	12 ♐ 0	12 ♏ 18	7 ♐ 38	8 ♌ 46	12 ♍ 20	16 ♏ 54	17 ♐ 0	17 ♎ 51	23 ♑	0 ♑	3 ♒	13 ♑	6 ♉
14	20 ♏ 52	6 ♉ 18	23 ♍ 47	25 ♍ 26	13 ♐ 8	11 ♏ 45	8 ♐ 22	8 ♌ 48	12 ♍ 25	16 ♏ 58	17 ♐ 2	17 ♎ 54	23 ♑	0 ♑	3 ♒	14 ♑	6 ♉
15	21 ♏ 53	19 ♉ 23	23 ♍ 44	25 ♍ 18	14 ♐ 15	11 ♏ 12	9 ♐ 6	8 ♌ 51	12 ♍ 29	17 ♏ 2	17 ♐ 4	17 ♎ 56	23 ♑	0 ♑	3 ♒	14 ♑	6 ♉
16	22 ♏ 53	2 ♊ 16	23 ♍ 40	25 ♍ 8	15 ♐ 18	10 ♏ 42	9 ♐ 49	8 ♌ 53	12 ♍ 33	17 ♏ 6	17 ♐ 7	17 ♎ 58	24 ♑	1 ♑	4 ♒	15 ♑	6 ♉
17	23 ♏ 54	14 ♊ 54	23 ♍ 37	24 ♍ 57	16 ♐ 19	10 ♏ 13	10 ♐ 33	8 ♌ 55	12 ♍ 37	17 ♏ 9	17 ♐ 9	18 ♎ 0	24 ♑	1 ♑	4 ♒	15 ♑	6 ♉
18	24 ♏ 54	27 ♊ 18	23 ♍ 34	24 ♍ 45	17 ♐ 16	9 ♏ 46	11 ♐ 17	8 ♌ 56	12 ♍ 41	17 ♏ 13	17 ♐ 11	18 ♎ 2	24 ♑	2 ♑	4 ♒	16 ♑	6 ♉
19	25 ♏ 55	9 ♋ 29	23 ♍ 31	24 ♍ 35	18 ♐ 9	9 ♏ 21	12 ♐ 1	8 ♌ 58	12 ♍ 45	17 ♏ 17	17 ♐ 13	18 ♎ 4	25 ♑	2 ♑	5 ♒	16 ♑	6 ♉
20	26 ♏ 55	21 ♋ 30	23 ♍ 28	24 ♍ 27	18 ♐ 57	8 ♏ 58	12 ♐ 45	8 ♌ 59	12 ♍ 49	17 ♏ 21	17 ♐ 15	18 ♎ 6	25 ♑	2 ♑	5 ♒	17 ♑	6 ♉
21	27 ♏ 56	3 ♌ 23	23 ♍ 24	24 ♍ 22	19 ♐ 41	8 ♏ 37	13 ♐ 29	9 ♌ 0	12 ♍ 52	17 ♏ 24	17 ♐ 17	18 ♎ 8	25 ♑	3 ♑	5 ♒	17 ♑	6 ♉
22	28 ♏ 56	15 ♌ 12	23 ♍ 21	24 ♍ 18	20 ♐ 18	8 ♏ 19	14 ♐ 14	9 ♌ 1	12 ♍ 56	17 ♏ 28	17 ♐ 19	18 ♎ 10	25 ♑	3 ♑	6 ♒	18 ♑	6 ♉
23	29 ♏ 57	27 ♌ 2	23 ♍ 18	24 ♍ 17	20 ♐ 50	8 ♏ 3	14 ♐ 58	9 ♌ 2	12 ♍ 59	17 ♏ 32	17 ♐ 22	18 ♎ 11	26 ♑	3 ♑	6 ♒	18 ♑	6 ♉
24	0 ♐ 57	9 ♍ 0	23 ♍ 15	24 D 17	21 ♐ 14	7 ♏ 50	15 ♐ 42	9 ♌ 3	13 ♍ 3	17 ♏ 35	17 ♐ 24	18 ♎ 13	26 ♑	4 ♑	6 ♒	19 ♑	6 ♉
25	1 ♐ 58	21 ♍ 9	23 ♍ 12	24 ♍ 18	21 ♐ 30	7 ♏ 39	16 ♐ 27	9 ♌ 3	13 ♍ 6	17 ♏ 39	17 ♐ 26	18 ♎ 15	26 ♑	4 ♑	7 ♒	19 ♑	6 ♉
26	2 ♐ 59	3 ♎ 36	23 ♍ 9	24 R 18	21 ♐ 37	7 ♏ 30	17 ♐ 11	9 ♌ 3	13 ♍ 9	17 ♏ 43	17 ♐ 28	18 ♎ 17	27 ♑	4 ♑	7 ♒	20 ♑	6 ♉
27	3 ♐ 59	16 ♎ 24	23 ♍ 5	24 ♍ 15	21 R 35	7 ♏ 24	17 ♐ 55	9 R 3	13 ♍ 12	17 ♏ 46	17 ♐ 30	18 ♎ 19	27 ♑	5 ♑	7 ♒	20 ♑	6 ♉
28	5 ♐ 0	29 ♎ 38	23 ♍ 2	24 ♍ 11	21 ♐ 22	7 ♏ 21	18 ♐ 40	9 ♌ 3	13 ♍ 15	17 ♏ 50	17 ♐ 33	18 ♎ 21	27 ♑	5 ♑	8 ♒	20 ♑	6 ♉
29	6 ♐ 1	13 ♏ 18	22 ♍ 59	24 ♍ 3	20 ♐ 59	7 D 20	19 ♐ 25	9 ♌ 2	13 ♍ 18	17 ♏ 54	17 ♐ 35	18 ♎ 22	28 ♑	6 ♑	8 ♒	21 ♑	6 ♉
30	7 ♐ 2	27 ♏ 23	22 ♍ 56	23 ♍ 53	20 ♐ 25	7 ♏ 21	20 ♐ 9	9 ♌ 2	13 ♍ 21	17 ♏ 57	17 ♐ 37	18 ♎ 24	28 ♑	6 ♑	9 ♒	21 ♑	6 ♉

SUN INGRESS: ☉ → ♐ 23日 01:05

MOON PHASE: ● 1日 05:07 ♏　◐ 8日 01:18 ♒　○ 15日 05:00 ♉　◑ 23日 06:24 ♍　● 30日 17:19 ♐

aspects		
1日	05:22	☉□♃
4日	21:03	☉⚹♄
5日	02:27	☿☌♂
6日	00:43	♀☌♅
8日	06:34	☉☌♀
9日	20:42	☉☌♅
10日	05:32	☿△♃
12日	22:29	♀⚹♄
13日	07:41	☿□♄
14日	15:25	♂△♃
17日	21:39	☿☌♆
18日	21:26	♀⚹♇
19日	22:39	♀□♃
20日	01:56	♂□♄
26日	09:44	♂☌♆
27日	13:08	♂⚹♇
30日	04:31	☿☌♂

1978年12月

DAY	☉	☽	☊ mean	☊ true	☿	♀	♂	♃	♄	♅	♆	♇	⚳	⚴	⚵	⚶	⚷
	° ′	° ′	° ′	° ′	° ′	° ′	° ′	° ′	° ′	° ′	° ′	° ′	°	°	°	°	°
1	8 ♐ 3	11 ♐ 48	22 ♍ 53	23 R 42	19 R 40	7 D 25	20 D 54	9 R 1	13 D 24	18 D 1	17 D 39	18 D 26	28 D	6 D	9 D	22 D	6 R
2	9 ♐ 3	26 ♐ 28	22 ♍ 50	23 ♍ 30	18 ♐ 45	7 ♏ 31	21 ♐ 39	9 ♌ 0	13 ♍ 26	18 ♏ 4	17 ♐ 42	18 ♎ 28	29 ♑	7 ♑	9 ♒	22 ♑	5 ♉
3	10 ♐ 4	11 ♑ 14	22 ♍ 46	23 ♍ 19	17 ♐ 40	7 ♏ 39	22 ♐ 24	8 ♌ 59	13 ♍ 29	18 ♏ 8	17 ♐ 44	18 ♎ 29	29 ♑	7 ♑	10 ♒	23 ♑	5 ♉
4	11 ♐ 5	25 ♑ 58	22 ♍ 43	23 ♍ 11	16 ♐ 27	7 ♏ 50	23 ♐ 8	8 ♌ 57	13 ♍ 31	18 ♏ 11	17 ♐ 46	18 ♎ 31	29 ♑	7 ♑	10 ♒	23 ♑	5 ♉
5	12 ♐ 6	10 ♒ 33	22 ♍ 40	23 ♍ 5	15 ♐ 8	8 ♏ 3	23 ♐ 53	8 ♌ 55	13 ♍ 33	18 ♏ 15	17 ♐ 48	18 ♎ 33	0 ♒	8 ♑	10 ♒	24 ♑	5 ♉
6	13 ♐ 7	24 ♒ 55	22 ♍ 37	23 ♍ 2	13 ♐ 46	8 ♏ 18	24 ♐ 38	8 ♌ 54	13 ♍ 35	18 ♏ 18	17 ♐ 51	18 ♎ 34	0 ♒	8 ♑	11 ♒	24 ♑	5 ♉
7	14 ♐ 8	9 ♓ 0	22 ♍ 34	23 ♍ 1	12 ♐ 23	8 ♏ 35	25 ♐ 23	8 ♌ 52	13 ♍ 37	18 ♏ 22	17 ♐ 53	18 ♎ 36	1 ♒	9 ♑	11 ♒	25 ♑	5 ♉
8	15 ♐ 9	22 ♓ 49	22 ♍ 30	23 D 1	11 ♐ 3	8 ♏ 54	26 ♐ 8	8 ♌ 49	13 ♍ 39	18 ♏ 25	17 ♐ 55	18 ♎ 37	1 ♒	9 ♑	12 ♒	25 ♑	5 ♉
9	16 ♐ 10	6 ♈ 22	22 ♍ 27	23 R 1	9 ♐ 47	9 ♏ 15	26 ♐ 54	8 ♌ 47	13 ♍ 41	18 ♏ 29	17 ♐ 57	18 ♎ 39	1 ♒	9 ♑	12 ♒	26 ♑	5 ♉
10	17 ♐ 11	19 ♈ 41	22 ♍ 24	22 ♍ 58	8 ♐ 38	9 ♏ 38	27 ♐ 39	8 ♌ 44	13 ♍ 43	18 ♏ 32	18 ♐ 0	18 ♎ 40	2 ♒	10 ♑	12 ♒	26 ♑	5 ♉
11	18 ♐ 12	2 ♉ 48	22 ♍ 21	22 ♍ 54	7 ♐ 38	10 ♏ 3	28 ♐ 24	8 ♌ 41	13 ♍ 45	18 ♏ 36	18 ♐ 2	18 ♎ 42	2 ♒	10 ♑	13 ♒	27 ♑	5 ♉
12	19 ♐ 13	15 ♉ 43	22 ♍ 18	22 ♍ 46	6 ♐ 49	10 ♏ 29	29 ♐ 9	8 ♌ 38	13 ♍ 46	18 ♏ 39	18 ♐ 4	18 ♎ 43	2 ♒	10 ♑	13 ♒	27 ♑	5 ♉
13	20 ♐ 14	28 ♉ 28	22 ♍ 15	22 ♍ 35	6 ♐ 10	10 ♏ 57	29 ♐ 55	8 ♌ 35	13 ♍ 47	18 ♏ 42	18 ♐ 6	18 ♎ 44	3 ♒	11 ♑	13 ♒	28 ♑	5 ♉
14	21 ♐ 15	11 ♊ 2	22 ♍ 11	22 ♍ 22	5 ♐ 43	11 ♏ 27	0 ♑ 40	8 ♌ 32	13 ♍ 49	18 ♏ 46	18 ♐ 9	18 ♎ 46	3 ♒	11 ♑	14 ♒	28 ♑	5 ♉
15	22 ♐ 16	23 ♊ 26	22 ♍ 8	22 ♍ 7	5 ♐ 26	11 ♏ 58	1 ♑ 25	8 ♌ 28	13 ♍ 50	18 ♏ 49	18 ♐ 11	18 ♎ 47	3 ♒	11 ♑	14 ♒	29 ♑	5 ♉
16	23 ♐ 17	5 ♋ 40	22 ♍ 5	21 ♍ 53	5 ♐ 21	12 ♏ 31	2 ♑ 11	8 ♌ 25	13 ♍ 51	18 ♏ 52	18 ♐ 13	18 ♎ 48	4 ♒	12 ♑	15 ♒	29 ♑	5 ♉
17	24 ♐ 18	17 ♋ 45	22 ♍ 2	21 ♍ 39	5 D 25	13 ♏ 6	2 ♑ 56	8 ♌ 21	13 ♍ 52	18 ♏ 55	18 ♐ 15	18 ♎ 50	4 ♒	12 ♑	15 ♒	0 ♒	5 ♉
18	25 ♐ 19	29 ♋ 41	21 ♍ 59	21 ♍ 28	5 ♐ 39	13 ♏ 42	3 ♑ 42	8 ♌ 17	13 ♍ 53	18 ♏ 59	18 ♐ 18	18 ♎ 51	4 ♒	13 ♑	15 ♒	0 ♒	5 ♉
19	26 ♐ 20	11 ♌ 32	21 ♍ 56	21 ♍ 19	6 ♐ 2	14 ♏ 19	4 ♑ 27	8 ♌ 12	13 ♍ 54	19 ♏ 2	18 ♐ 20	18 ♎ 52	5 ♒	13 ♑	16 ♒	1 ♒	5 ♉
20	27 ♐ 21	23 ♌ 19	21 ♍ 52	21 ♍ 14	6 ♐ 32	14 ♏ 57	5 ♑ 13	8 ♌ 8	13 ♍ 54	19 ♏ 5	18 ♐ 22	18 ♎ 53	5 ♒	13 ♑	16 ♒	1 ♒	5 ♉
21	28 ♐ 22	5 ♍ 8	21 ♍ 49	21 ♍ 11	7 ♐ 9	15 ♏ 37	5 ♑ 59	8 ♌ 3	13 ♍ 55	19 ♏ 8	18 ♐ 24	18 ♎ 55	6 ♒	14 ♑	17 ♒	2 ♒	5 ♉
22	29 ♐ 23	17 ♍ 3	21 ♍ 46	21 ♍ 10	7 ♐ 52	16 ♏ 18	6 ♑ 45	7 ♌ 58	13 ♍ 55	19 ♏ 11	18 ♐ 27	18 ♎ 56	6 ♒	14 ♑	17 ♒	2 ♒	5 ♉
23	0 ♑ 24	29 ♍ 9	21 ♍ 43	21 D 10	8 ♐ 40	17 ♏ 0	7 ♑ 30	7 ♌ 53	13 ♍ 56	19 ♏ 14	18 ♐ 29	18 ♎ 57	6 ♒	15 ♑	18 ♒	3 ♒	5 ♉
24	1 ♑ 25	11 ♎ 31	21 ♍ 40	21 R 10	9 ♐ 33	17 ♏ 43	8 ♑ 16	7 ♌ 48	13 ♍ 56	19 ♏ 17	18 ♐ 31	18 ♎ 58	7 ♒	15 ♑	18 ♒	3 ♒	5 ♉
25	2 ♑ 26	24 ♎ 16	21 ♍ 36	21 ♍ 8	10 ♐ 31	18 ♏ 28	9 ♑ 2	7 ♌ 43	13 ♍ 56	19 ♏ 20	18 ♐ 33	18 ♎ 59	7 ♒	15 ♑	18 ♒	4 ♒	5 ♉
26	3 ♑ 27	7 ♏ 27	21 ♍ 33	21 ♍ 4	11 ♐ 32	19 ♏ 13	9 ♑ 48	7 ♌ 37	13 R 56	19 ♏ 23	18 ♐ 36	19 ♎ 0	7 ♒	16 ♑	19 ♒	4 ♒	5 ♉
27	4 ♑ 29	21 ♏ 7	21 ♍ 30	20 ♍ 57	12 ♐ 37	19 ♏ 59	10 ♑ 34	7 ♌ 32	13 ♍ 56	19 ♏ 26	18 ♐ 38	19 ♎ 1	8 ♒	16 ♑	19 ♒	5 ♒	5 ♉
28	5 ♑ 30	5 ♐ 17	21 ♍ 27	20 ♍ 48	13 ♐ 44	20 ♏ 47	11 ♑ 20	7 ♌ 26	13 ♍ 55	19 ♏ 29	18 ♐ 40	19 ♎ 2	8 ♒	16 ♑	20 ♒	5 ♒	5 ♉
29	6 ♑ 31	19 ♐ 54	21 ♍ 24	20 ♍ 37	14 ♐ 55	21 ♏ 35	12 ♑ 6	7 ♌ 20	13 ♍ 55	19 ♏ 32	18 ♐ 42	19 ♎ 2	8 ♒	17 ♑	20 ♒	6 ♒	5 ♉
30	7 ♑ 32	4 ♑ 50	21 ♍ 21	20 ♍ 25	16 ♐ 7	22 ♏ 24	12 ♑ 52	7 ♌ 14	13 ♍ 55	19 ♏ 35	18 ♐ 44	19 ♎ 3	9 ♒	17 ♑	20 ♒	6 ♒	5 ♉
31	8 ♑ 33	19 ♑ 58	21 ♍ 17	20 ♍ 15	17 ♐ 21	23 ♏ 14	13 ♑ 38	7 ♌ 8	13 ♍ 54	19 ♏ 38	18 ♐ 46	19 ♎ 4	9 ♒	18 ♑	21 ♒	7 ♒	5 ♉

SUN INGRESS: ☉ → ♑ 22日 14:21

MOON PHASE: ◐ 7日 09:34 ♓　○ 14日 21:31 ♊　◑ 23日 02:42 ♎　● 30日 04:36 ♑

aspects		
1日	22:34	☉△♃
2日	06:34	☿⚹♇
2日	22:45	☿☌♆
6日	03:05	☿□♄
6日	06:33	☉☌☿
6日	11:34	☉□♄
7日	18:54	♀□♃
9日	21:37	☿△♃
10日	19:59	☉☌♆
11日	12:06	☉⚹♇
18日	07:34	♀⚹♄
22日	03:11	♀△♃
26日	05:45	♀☌♅
28日	03:46	♀□♄
31日	08:04	♂△♄

1979年1月

DAY	☉	☽	☊ mean	☊ true	☿	♀	♂	♃	♄	♅	♆	♇	⚳	⚴	⚵	⚶	⚷
	° ′	° ′	° ′	° ′	° ′	° ′	° ′	° ′	° ′	° ′	° ′	° ′	°	°	°	°	°
1	9 ♑ 34	5 ♒ 6	21 ♍ 14	20 R 6	18 D 38	24 D 4	14 D 24	7 R 2	13 R 53	19 D 40	18 D 49	19 D 5	10 D	18 D	21 D	7 D	5 R
2	10 ♑ 36	20 ♒ 5	21 ♍ 11	20 ♍ 0	19 ♐ 55	24 ♏ 56	15 ♑ 11	6 ♌ 55	13 ♍ 52	19 ♏ 43	18 ♐ 51	19 ♎ 6	10 ♒	18 ♑	22 ♒	8 ♒	5 ♉
3	11 ♑ 37	4 ♓ 46	21 ♍ 8	19 ♍ 57	21 ♐ 15	25 ♏ 48	15 ♑ 57	6 ♌ 49	13 ♍ 52	19 ♏ 46	18 ♐ 53	19 ♎ 6	10 ♒	19 ♑	22 ♒	8 ♒	5 ♉
4	12 ♑ 38	19 ♓ 6	21 ♍ 5	19 ♍ 56	22 ♐ 35	26 ♏ 41	16 ♑ 43	6 ♌ 42	13 ♍ 51	19 ♏ 48	18 ♐ 55	19 ♎ 7	11 ♒	19 ♑	23 ♒	9 ♒	5 ♉
5	13 ♑ 39	3 ♈ 3	21 ♍ 2	19 D 57	23 ♐ 57	27 ♏ 34	17 ♑ 30	6 ♌ 35	13 ♍ 49	19 ♏ 51	18 ♐ 57	19 ♎ 8	11 ♒	19 ♑	23 ♒	9 ♒	5 ♉
6	14 ♑ 40	16 ♈ 37	20 ♍ 58	19 R 57	25 ♐ 19	28 ♏ 29	18 ♑ 16	6 ♌ 28	13 ♍ 48	19 ♏ 54	18 ♐ 59	19 ♎ 8	11 ♒	20 ♑	24 ♒	10 ♒	5 ♉
7	15 ♑ 41	29 ♈ 50	20 ♍ 55	19 ♍ 56	26 ♐ 43	29 ♏ 23	19 ♑ 2	6 ♌ 21	13 ♍ 47	19 ♏ 56	19 ♐ 1	19 ♎ 9	12 ♒	20 ♑	24 ♒	10 ♒	5 ♉
8	16 ♑ 43	12 ♉ 46	20 ♍ 52	19 ♍ 53	28 ♐ 7	0 ♐ 19	19 ♑ 49	6 ♌ 14	13 ♍ 45	19 ♏ 58	19 ♐ 3	19 ♎ 9	12 ♒	21 ♑	24 ♒	11 ♒	5 ♉
9	17 ♑ 44	25 ♉ 27	20 ♍ 49	19 ♍ 47	29 ♐ 33	1 ♐ 15	20 ♑ 35	6 ♌ 7	13 ♍ 44	20 ♏ 1	19 ♐ 5	19 ♎ 10	13 ♒	21 ♑	25 ♒	11 ♒	5 ♉
10	18 ♑ 45	7 ♊ 55	20 ♍ 46	19 ♍ 38	0 ♑ 59	2 ♐ 12	21 ♑ 22	5 ♌ 59	13 ♍ 42	20 ♏ 3	19 ♐ 7	19 ♎ 10	13 ♒	21 ♑	25 ♒	12 ♒	5 ♉
11	19 ♑ 46	20 ♊ 14	20 ♍ 42	19 ♍ 28	2 ♑ 25	3 ♐ 9	22 ♑ 8	5 ♌ 52	13 ♍ 40	20 ♏ 6	19 ♐ 9	19 ♎ 11	13 ♒	22 ♑	26 ♒	12 ♒	5 ♉
12	20 ♑ 47	2 ♋ 24	20 ♍ 39	19 ♍ 16	3 ♑ 53	4 ♐ 6	22 ♑ 55	5 ♌ 44	13 ♍ 39	20 ♏ 8	19 ♐ 11	19 ♎ 11	14 ♒	22 ♑	26 ♒	13 ♒	5 ♉
13	21 ♑ 48	14 ♋ 27	20 ♍ 36	19 ♍ 4	5 ♑ 21	5 ♐ 5	23 ♑ 41	5 ♌ 37	13 ♍ 37	20 ♏ 10	19 ♐ 13	19 ♎ 11	14 ♒	22 ♑	27 ♒	13 ♒	5 ♉
14	22 ♑ 49	26 ♋ 23	20 ♍ 33	18 ♍ 54	6 ♑ 49	6 ♐ 3	24 ♑ 28	5 ♌ 29	13 ♍ 34	20 ♏ 12	19 ♐ 15	19 ♎ 12	15 ♒	23 ♑	27 ♒	14 ♒	5 ♉
15	23 ♑ 50	8 ♌ 15	20 ♍ 30	18 ♍ 44	8 ♑ 19	7 ♐ 3	25 ♑ 15	5 ♌ 21	13 ♍ 32	20 ♏ 15	19 ♐ 17	19 ♎ 12	15 ♒	23 ♑	28 ♒	14 ♒	5 ♉
16	24 ♑ 52	20 ♌ 4	20 ♍ 27	18 ♍ 38	9 ♑ 48	8 ♐ 2	26 ♑ 1	5 ♌ 14	13 ♍ 30	20 ♏ 17	19 ♐ 19	19 ♎ 12	15 ♒	24 ♑	28 ♒	15 ♒	5 D
17	25 ♑ 53	1 ♍ 53	20 ♍ 23	18 ♍ 34	11 ♑ 19	9 ♐ 2	26 ♑ 48	5 ♌ 6	13 ♍ 28	20 ♏ 19	19 ♐ 21	19 ♎ 13	16 ♒	24 ♑	29 ♒	15 ♒	5 ♉
18	26 ♑ 54	13 ♍ 43	20 ♍ 20	18 ♍ 32	12 ♑ 50	10 ♐ 3	27 ♑ 35	4 ♌ 58	13 ♍ 25	20 ♏ 21	19 ♐ 23	19 ♎ 13	16 ♒	24 ♑	29 ♒	16 ♒	5 ♉
19	27 ♑ 55	25 ♍ 39	20 ♍ 17	18 D 32	14 ♑ 21	11 ♐ 4	28 ♑ 22	4 ♌ 50	13 ♍ 23	20 ♏ 23	19 ♐ 25	19 ♎ 13	16 ♒	25 ♑	29 ♒	16 ♒	5 ♉
20	28 ♑ 56	7 ♎ 44	20 ♍ 14	18 ♍ 33	15 ♑ 53	12 ♐ 5	29 ♑ 9	4 ♌ 42	13 ♍ 20	20 ♏ 25	19 ♐ 27	19 ♎ 13	17 ♒	25 ♑	0 ♓	17 ♒	5 ♉
21	29 ♑ 57	20 ♎ 5	20 ♍ 11	18 ♍ 34	17 ♑ 26	13 ♐ 7	29 ♑ 55	4 ♌ 34	13 ♍ 17	20 ♏ 27	19 ♐ 29	19 ♎ 13	17 ♒	25 ♑	0 ♓	17 ♒	5 ♉
22	0 ♒ 58	2 ♏ 45	20 ♍ 8	18 R 35	18 ♑ 59	14 ♐ 9	0 ♒ 42	4 ♌ 26	13 ♍ 14	20 ♏ 28	19 ♐ 31	19 ♎ 13	18 ♒	26 ♑	1 ♓	18 ♒	5 ♉
23	1 ♒ 59	15 ♏ 49	20 ♍ 4	18 ♍ 34	20 ♑ 33	15 ♐ 11	1 ♒ 29	4 ♌ 18	13 ♍ 11	20 ♏ 30	19 ♐ 32	19 R 13	18 ♒	26 ♑	1 ♓	18 ♒	5 ♉
24	3 ♒ 0	29 ♏ 21	20 ♍ 1	18 ♍ 31	22 ♑ 7	16 ♐ 14	2 ♒ 16	4 ♌ 10	13 ♍ 8	20 ♏ 32	19 ♐ 34	19 ♎ 13	18 ♒	27 ♑	2 ♓	19 ♒	5 ♉
25	4 ♒ 1	13 ♐ 22	19 ♍ 58	18 ♍ 26	23 ♑ 42	17 ♐ 17	3 ♒ 3	4 ♌ 2	13 ♍ 5	20 ♏ 34	19 ♐ 36	19 ♎ 13	19 ♒	27 ♑	2 ♓	19 ♒	5 ♉
26	5 ♒ 2	27 ♐ 52	19 ♍ 55	18 ♍ 20	25 ♑ 18	18 ♐ 20	3 ♒ 50	3 ♌ 54	13 ♍ 2	20 ♏ 35	19 ♐ 38	19 ♎ 13	19 ♒	27 ♑	3 ♓	20 ♒	5 ♉
27	6 ♒ 3	12 ♑ 46	19 ♍ 52	18 ♍ 13	26 ♑ 54	19 ♐ 24	4 ♒ 37	3 ♌ 46	12 ♍ 59	20 ♏ 37	19 ♐ 39	19 ♎ 13	20 ♒	28 ♑	3 ♓	20 ♒	5 ♉
28	7 ♒ 4	27 ♑ 57	19 ♍ 48	18 ♍ 6	28 ♑ 31	20 ♐ 28	5 ♒ 24	3 ♌ 38	12 ♍ 56	20 ♏ 38	19 ♐ 41	19 ♎ 12	20 ♒	28 ♑	4 ♓	21 ♒	5 ♉
29	8 ♒ 5	13 ♒ 15	19 ♍ 45	18 ♍ 1	0 ♒ 8	21 ♐ 32	6 ♒ 11	3 ♌ 30	12 ♍ 52	20 ♏ 40	19 ♐ 43	19 ♎ 12	20 ♒	28 ♑	4 ♓	21 ♒	5 ♉
30	9 ♒ 6	28 ♒ 28	19 ♍ 42	17 ♍ 58	1 ♒ 46	22 ♐ 37	6 ♒ 58	3 ♌ 22	12 ♍ 49	20 ♏ 41	19 ♐ 44	19 ♎ 12	21 ♒	29 ♑	5 ♓	22 ♒	5 ♉
31	10 ♒ 7	13 ♓ 27	19 ♍ 39	17 ♍ 56	3 ♒ 25	23 ♐ 42	7 ♒ 45	3 ♌ 14	12 ♍ 45	20 ♏ 43	19 ♐ 46	19 ♎ 12	21 ♒	29 ♑	5 ♓	22 ♒	5 ♉

SUN INGRESS	☉ → ♒ 21日 01:00
MOON PHASE	◐ 5日 20:15 ♈ ○ 13日 16:09 ♋ ◑ 21日 20:23 ♏ ● 28日 15:20 ♒

aspects

1日	03:32	☿☌♆
1日	08:35	☿⚹♇
5日	03:57	☉△♄
7日	03:24	♂□♇
8日	05:18	♂⚹♅
10日	10:03	☉□♇
11日	08:00	☉⚹♅
11日	18:43	♆⚹♇
13日	11:40	♀△♃
18日	09:03	☿△♄
20日	21:17	☉☌♂
21日	03:56	♀□♄
22日	03:31	☿□♇
22日	23:15	☿⚹♅
25日	00:18	☉☍♃
26日	01:44	♂☍♃
26日	19:42	♀⚹♇
27日	05:53	♀☌♆
30日	21:28	☿☍♃

1979年2月

DAY	☉	☽	☊ mean	☊ true	☿	♀	♂	♃	♄	♅	♆	♇	⚳	⚴	⚵	⚶	⚷
	° ′	° ′	° ′	° ′	° ′	° ′	° ′	° ′	° ′	° ′	° ′	° ′	°	°	°	°	°
1	11 ♒ 8	28 ♓ 5	19 ♍ 36	17 D 57	5 D 5	24 D 47	8 D 32	3 R 6	12 R 41	20 D 44	19 D 48	19 R 11	22 D	29 D	6 D	23 D	5 D
2	12 ♒ 9	12 ♈ 17	19 ♍ 33	17 ♍ 58	6 ♒ 45	25 ♐ 52	9 ♒ 20	2 ♌ 58	12 ♍ 38	20 ♏ 45	19 ♐ 49	19 ♎ 11	22 ♒	0 ♒	6 ♓	23 ♒	5 ♉
3	13 ♒ 10	26 ♈ 2	19 ♍ 29	17 ♍ 59	8 ♒ 26	26 ♐ 57	10 ♒ 7	2 ♌ 50	12 ♍ 34	20 ♏ 46	19 ♐ 51	19 ♎ 11	22 ♒	0 ♒	7 ♓	24 ♒	5 ♉
4	14 ♒ 11	9 ♉ 22	19 ♍ 26	18 ♍ 0	10 ♒ 7	28 ♐ 3	10 ♒ 54	2 ♌ 43	12 ♍ 30	20 ♏ 48	19 ♐ 52	19 ♎ 10	23 ♒	1 ♒	7 ♓	24 ♒	5 ♉
5	15 ♒ 12	22 ♉ 18	19 ♍ 23	18 R 0	11 ♒ 50	29 ♐ 9	11 ♒ 41	2 ♌ 35	12 ♍ 26	20 ♏ 49	19 ♐ 54	19 ♎ 10	23 ♒	1 ♒	8 ♓	25 ♒	5 ♉
6	16 ♒ 12	4 ♊ 56	19 ♍ 20	17 ♍ 59	13 ♒ 33	0 ♑ 15	12 ♒ 28	2 ♌ 27	12 ♍ 22	20 ♏ 50	19 ♐ 55	19 ♎ 9	23 ♒	1 ♒	8 ♓	25 ♒	5 ♉
7	17 ♒ 13	17 ♊ 17	19 ♍ 17	17 ♍ 56	15 ♒ 16	1 ♑ 22	13 ♒ 15	2 ♌ 20	12 ♍ 18	20 ♏ 51	19 ♐ 57	19 ♎ 9	24 ♒	2 ♒	9 ♓	26 ♒	5 ♉
8	18 ♒ 14	29 ♊ 27	19 ♍ 14	17 ♍ 51	17 ♒ 1	2 ♑ 28	14 ♒ 3	2 ♌ 12	12 ♍ 14	20 ♏ 52	19 ♐ 58	19 ♎ 8	24 ♒	2 ♒	9 ♓	26 ♒	5 ♉
9	19 ♒ 15	11 ♋ 27	19 ♍ 10	17 ♍ 46	18 ♒ 46	3 ♑ 35	14 ♒ 50	2 ♌ 5	12 ♍ 10	20 ♏ 53	19 ♐ 59	19 ♎ 7	25 ♒	2 ♒	10 ♓	27 ♒	5 ♉
10	20 ♒ 16	23 ♋ 22	19 ♍ 7	17 ♍ 41	20 ♒ 32	4 ♑ 42	15 ♒ 37	1 ♌ 58	12 ♍ 5	20 ♏ 54	20 ♐ 1	19 ♎ 7	25 ♒	3 ♒	10 ♓	28 ♒	5 ♉
11	21 ♒ 16	5 ♌ 13	19 ♍ 4	17 ♍ 36	22 ♒ 19	5 ♑ 49	16 ♒ 24	1 ♌ 50	12 ♍ 1	20 ♏ 54	20 ♐ 2	19 ♎ 6	25 ♒	3 ♒	10 ♓	28 ♒	5 ♉
12	22 ♒ 17	17 ♌ 2	19 ♍ 1	17 ♍ 32	24 ♒ 7	6 ♑ 56	17 ♒ 12	1 ♌ 43	11 ♍ 57	20 ♏ 55	20 ♐ 3	19 ♎ 5	26 ♒	3 ♒	11 ♓	29 ♒	5 ♉
13	23 ♒ 18	28 ♌ 52	18 ♍ 58	17 ♍ 30	25 ♒ 55	8 ♑ 4	17 ♒ 59	1 ♌ 36	11 ♍ 52	20 ♏ 56	20 ♐ 5	19 ♎ 5	26 ♒	4 ♒	11 ♓	29 ♒	5 ♉
14	24 ♒ 18	10 ♍ 44	18 ♍ 54	17 ♍ 28	27 ♒ 44	9 ♑ 12	18 ♒ 46	1 ♌ 29	11 ♍ 48	20 ♏ 56	20 ♐ 6	19 ♎ 4	27 ♒	4 ♒	12 ♓	0 ♓	5 ♉
15	25 ♒ 19	22 ♍ 40	18 ♍ 51	17 D 28	29 ♒ 34	10 ♑ 19	19 ♒ 33	1 ♌ 22	11 ♍ 43	20 ♏ 57	20 ♐ 7	19 ♎ 3	27 ♒	5 ♒	12 ♓	0 ♓	5 ♉
16	26 ♒ 19	4 ♎ 43	18 ♍ 48	17 ♍ 29	1 ♓ 24	11 ♑ 27	20 ♒ 21	1 ♌ 16	11 ♍ 39	20 ♏ 57	20 ♐ 8	19 ♎ 2	27 ♒	5 ♒	13 ♓	1 ♓	5 ♉
17	27 ♒ 20	16 ♎ 56	18 ♍ 45	17 ♍ 31	3 ♓ 14	12 ♑ 36	21 ♒ 8	1 ♌ 9	11 ♍ 34	20 ♏ 58	20 ♐ 9	19 ♎ 2	28 ♒	5 ♒	13 ♓	1 ♓	5 ♉
18	28 ♒ 21	29 ♎ 22	18 ♍ 42	17 ♍ 32	5 ♓ 6	13 ♑ 44	21 ♒ 55	1 ♌ 3	11 ♍ 30	20 ♏ 58	20 ♐ 10	19 ♎ 1	28 ♒	6 ♒	14 ♓	2 ♓	5 ♉
19	29 ♒ 21	12 ♏ 4	18 ♍ 39	17 ♍ 33	6 ♓ 57	14 ♑ 52	22 ♒ 43	0 ♌ 56	11 ♍ 25	20 ♏ 59	20 ♐ 12	19 ♎ 0	29 ♒	6 ♒	14 ♓	2 ♓	5 ♉
20	0 ♓ 22	25 ♏ 6	18 ♍ 35	17 ♍ 34	8 ♓ 48	16 ♑ 1	23 ♒ 30	0 ♌ 50	11 ♍ 20	20 ♏ 59	20 ♐ 13	18 ♎ 59	29 ♒	6 ♒	15 ♓	3 ♓	5 ♉
21	1 ♓ 22	8 ♐ 30	18 ♍ 32	17 R 34	10 ♓ 40	17 ♑ 10	24 ♒ 17	0 ♌ 44	11 ♍ 16	20 ♏ 59	20 ♐ 14	18 ♎ 58	29 ♒	7 ♒	15 ♓	3 ♓	5 ♉
22	2 ♓ 23	22 ♐ 20	18 ♍ 29	17 ♍ 33	12 ♓ 31	18 ♑ 18	25 ♒ 5	0 ♌ 38	11 ♍ 11	20 ♏ 59	20 ♐ 15	18 ♎ 57	0 ♓	7 ♒	16 ♓	4 ♓	5 ♉
23	3 ♓ 23	6 ♑ 34	18 ♍ 26	17 ♍ 32	14 ♓ 22	19 ♑ 27	25 ♒ 52	0 ♌ 33	11 ♍ 6	20 ♏ 59	20 ♐ 16	18 ♎ 56	0 ♓	7 ♒	17 ♓	4 ♓	5 ♉
24	4 ♓ 23	21 ♑ 11	18 ♍ 23	17 ♍ 30	16 ♓ 12	20 ♑ 36	26 ♒ 39	0 ♌ 27	11 ♍ 2	21 ♏ 0	20 ♐ 17	18 ♎ 55	1 ♓	8 ♒	17 ♓	5 ♓	5 ♉
25	5 ♓ 24	6 ♒ 7	18 ♍ 19	17 ♍ 29	18 ♓ 0	21 ♑ 46	27 ♒ 27	0 ♌ 21	10 ♍ 57	21 R 0	20 ♐ 17	18 ♎ 54	1 ♓	8 ♒	18 ♓	5 ♓	5 ♉
26	6 ♓ 24	21 ♒ 14	18 ♍ 16	17 ♍ 28	19 ♓ 48	22 ♑ 55	28 ♒ 14	0 ♌ 16	10 ♍ 52	21 ♏ 0	20 ♐ 18	18 ♎ 53	1 ♓	8 ♒	18 ♓	6 ♓	5 ♉
27	7 ♓ 25	6 ♓ 23	18 ♍ 13	17 ♍ 27	21 ♓ 33	24 ♑ 4	29 ♒ 1	0 ♌ 11	10 ♍ 47	20 ♏ 59	20 ♐ 19	18 ♎ 52	2 ♓	9 ♒	19 ♓	6 ♓	5 ♉
28	8 ♓ 25	21 ♓ 24	18 ♍ 10	17 D 27	23 ♓ 17	25 ♑ 14	29 ♒ 49	0 ♌ 6	10 ♍ 42	20 ♏ 59	20 ♐ 20	18 ♎ 50	2 ♓	9 ♒	19 ♓	7 ♓	5 ♉

SUN INGRESS	☉ → ♓ 19日 15:13
MOON PHASE	◐ 4日 09:36 ♉ ○ 12日 11:39 ♌ ◑ 20日 10:17 ♐ ● 27日 01:45 ♓

aspects

4日	20:16	☿☌♂
8日	21:07	☉△♇
9日	04:45	☿△♇
9日	15:06	☉☌☿
9日	16:44	☿⚹♆
9日	17:59	☉⚹♆
10日	04:46	☿□♅
10日	15:12	☉□♅
14日	08:56	♂△♇
15日	17:29	♂⚹♆
16日	03:46	♀△♄
16日	18:49	♂□♅
21日	07:27	☿☍♄
22日	13:13	♀□♇
24日	08:02	♀⚹♅
26日	06:57	☿□♆
26日	16:15	☿△♅

1979年3月

DAY	☉	☽	☊ mean	☊ true	☿	♀	♂	♃	♄	♅	♆	♇	⚳	⚴	⚵	⚶	⚷
	° ′	° ′	° ′	° ′	° ′	° ′	° ′	° ′	° ′	° ′	° ′	° ′	°	°	°	°	°
1	9 ♓ 25	6 ♈ 10	18 ♍ 7	17 D 27	24 D 57	26 D 23	0 D 36	0 R 1	10 R 38	20 R 59	20 D 21	18 R 49	3 D	9 D	20 D	7 D	5 D
2	10 ♓ 25	20 ♈ 33	18 ♍ 4	17 ♍ 28	26 ♓ 34	27 ♑ 33	1 ♓ 24	29 ♋ 57	10 ♍ 33	20 ♏ 59	20 ♐ 21	18 ♎ 48	3 ♓	10 ♒	20 ♓	8 ♓	6 ♉
3	11 ♓ 26	4 ♉ 30	18 ♍ 0	17 ♍ 28	28 ♓ 7	28 ♑ 43	2 ♓ 11	29 ♋ 52	10 ♍ 28	20 ♏ 59	20 ♐ 22	18 ♎ 47	3 ♓	10 ♒	21 ♓	8 ♓	6 ♉
4	12 ♓ 26	18 ♉ 1	17 ♍ 57	17 ♍ 29	29 ♓ 36	29 ♑ 53	2 ♓ 58	29 ♋ 48	10 ♍ 23	20 ♏ 58	20 ♐ 23	18 ♎ 45	4 ♓	10 ♒	21 ♓	9 ♓	6 ♉
5	13 ♓ 26	1 ♊ 5	17 ♍ 54	17 ♍ 29	1 ♈ 0	1 ♒ 3	3 ♓ 46	29 ♋ 44	10 ♍ 18	20 ♏ 58	20 ♐ 23	18 ♎ 44	4 ♓	11 ♒	22 ♓	9 ♓	6 ♉
6	14 ♓ 26	13 ♊ 46	17 ♍ 51	17 ♍ 29	2 ♈ 18	2 ♒ 13	4 ♓ 33	29 ♋ 40	10 ♍ 14	20 ♏ 57	20 ♐ 24	18 ♎ 43	4 ♓	11 ♒	22 ♓	10 ♓	6 ♉
7	15 ♓ 26	26 ♊ 9	17 ♍ 48	17 R 29	3 ♈ 30	3 ♒ 23	5 ♓ 20	29 ♋ 36	10 ♍ 9	20 ♏ 57	20 ♐ 25	18 ♎ 42	5 ♓	11 ♒	23 ♓	10 ♓	6 ♉
8	16 ♓ 26	8 ♋ 16	17 ♍ 45	17 ♍ 29	4 ♈ 35	4 ♒ 33	6 ♓ 7	29 ♋ 32	10 ♍ 4	20 ♏ 56	20 ♐ 25	18 ♎ 40	5 ♓	12 ♒	23 ♓	11 ♓	6 ♉
9	17 ♓ 26	20 ♋ 13	17 ♍ 41	17 ♍ 29	5 ♈ 33	5 ♒ 43	6 ♓ 55	29 ♋ 29	9 ♍ 59	20 ♏ 56	20 ♐ 26	18 ♎ 39	6 ♓	12 ♒	24 ♓	11 ♓	6 ♉
10	18 ♓ 26	2 ♌ 4	17 ♍ 38	17 D 29	6 ♈ 24	6 ♒ 54	7 ♓ 42	29 ♋ 26	9 ♍ 55	20 ♏ 55	20 ♐ 26	18 ♎ 38	6 ♓	12 ♒	24 ♓	12 ♓	6 ♉
11	19 ♓ 26	13 ♌ 52	17 ♍ 35	17 ♍ 29	7 ♈ 6	8 ♒ 4	8 ♓ 29	29 ♋ 23	9 ♍ 50	20 ♏ 54	20 ♐ 27	18 ♎ 36	6 ♓	13 ♒	25 ♓	12 ♓	6 ♉
12	20 ♓ 26	25 ♌ 41	17 ♍ 32	17 ♍ 29	7 ♈ 40	9 ♒ 15	9 ♓ 17	29 ♋ 20	9 ♍ 45	20 ♏ 53	20 ♐ 27	18 ♎ 35	7 ♓	13 ♒	25 ♓	13 ♓	6 ♉
13	21 ♓ 26	7 ♍ 34	17 ♍ 29	17 ♍ 30	8 ♈ 5	10 ♒ 25	10 ♓ 4	29 ♋ 17	9 ♍ 40	20 ♏ 53	20 ♐ 27	18 ♎ 33	7 ♓	13 ♒	26 ♓	13 ♓	6 ♉
14	22 ♓ 26	19 ♍ 33	17 ♍ 25	17 R 30	8 ♈ 22	11 ♒ 36	10 ♓ 51	29 ♋ 15	9 ♍ 36	20 ♏ 52	20 ♐ 28	18 ♎ 32	8 ♓	14 ♒	26 ♓	13 ♓	6 ♉
15	23 ♓ 26	1 ♎ 40	17 ♍ 22	17 ♍ 30	8 ♈ 30	12 ♒ 47	11 ♓ 38	29 ♋ 12	9 ♍ 31	20 ♏ 51	20 ♐ 28	18 ♎ 30	8 ♓	14 ♒	27 ♓	14 ♓	6 ♉
16	24 ♓ 25	13 ♎ 57	17 ♍ 19	17 ♍ 29	8 R 29	13 ♒ 57	12 ♓ 26	29 ♋ 10	9 ♍ 27	20 ♏ 50	20 ♐ 28	18 ♎ 29	8 ♓	14 ♒	27 ♓	14 ♓	6 ♉
17	25 ♓ 25	26 ♎ 25	17 ♍ 16	17 ♍ 28	8 ♈ 20	15 ♒ 8	13 ♓ 13	29 ♋ 8	9 ♍ 22	20 ♏ 49	20 ♐ 29	18 ♎ 27	9 ♓	15 ♒	28 ♓	15 ♓	6 ♉
18	26 ♓ 25	9 ♏ 5	17 ♍ 13	17 ♍ 27	8 ♈ 3	16 ♒ 19	14 ♓ 0	29 ♋ 7	9 ♍ 18	20 ♏ 48	20 ♐ 29	18 ♎ 26	9 ♓	15 ♒	28 ♓	15 ♓	6 ♉
19	27 ♓ 25	22 ♏ 0	17 ♍ 10	17 ♍ 26	7 ♈ 39	17 ♒ 30	14 ♓ 47	29 ♋ 5	9 ♍ 13	20 ♏ 47	20 ♐ 29	18 ♎ 24	10 ♓	15 ♒	29 ♓	16 ♓	6 ♉
20	28 ♓ 24	5 ♐ 10	17 ♍ 6	17 ♍ 25	7 ♈ 7	18 ♒ 41	15 ♓ 34	29 ♋ 4	9 ♍ 9	20 ♏ 45	20 ♐ 29	18 ♎ 23	10 ♓	15 ♒	29 ♓	16 ♓	6 ♉
21	29 ♓ 24	18 ♐ 36	17 ♍ 3	17 ♍ 24	6 ♈ 30	19 ♒ 52	16 ♓ 21	29 ♋ 3	9 ♍ 4	20 ♏ 44	20 ♐ 29	18 ♎ 21	10 ♓	16 ♒	0 ♈	17 ♓	6 ♉
22	0 ♈ 23	2 ♑ 20	17 ♍ 0	17 D 24	5 ♈ 47	21 ♒ 3	17 ♓ 9	29 ♋ 2	9 ♍ 0	20 ♏ 43	20 ♐ 29	18 ♎ 20	11 ♓	16 ♒	1 ♈	17 ♓	6 ♉
23	1 ♈ 23	16 ♑ 22	16 ♍ 57	17 ♍ 24	5 ♈ 0	22 ♒ 15	17 ♓ 56	29 ♋ 1	8 ♍ 56	20 ♏ 42	20 ♐ 29	18 ♎ 18	11 ♓	16 ♒	1 ♈	18 ♓	7 ♉
24	2 ♈ 23	0 ♒ 40	16 ♍ 54	17 ♍ 25	4 ♈ 10	23 ♒ 26	18 ♓ 43	29 ♋ 0	8 ♍ 52	20 ♏ 40	20 R 29	18 ♎ 16	11 ♓	17 ♒	2 ♈	18 ♓	7 ♉
25	3 ♈ 22	15 ♒ 13	16 ♍ 51	17 ♍ 26	3 ♈ 18	24 ♒ 37	19 ♓ 30	29 ♋ 0	8 ♍ 47	20 ♏ 39	20 ♐ 29	18 ♎ 15	12 ♓	17 ♒	2 ♈	19 ♓	7 ♉
26	4 ♈ 22	29 ♒ 57	16 ♍ 47	17 ♍ 27	2 ♈ 25	25 ♒ 49	20 ♓ 17	29 ♋ 0	8 ♍ 43	20 ♏ 37	20 ♐ 29	18 ♎ 13	12 ♓	17 ♒	3 ♈	19 ♓	7 ♉
27	5 ♈ 21	14 ♓ 45	16 ♍ 44	17 ♍ 28	1 ♈ 32	27 ♒ 0	21 ♓ 4	29 D 0	8 ♍ 39	20 ♏ 36	20 ♐ 29	18 ♎ 12	13 ♓	18 ♒	3 ♈	20 ♓	7 ♉
28	6 ♈ 20	29 ♓ 31	16 ♍ 41	17 R 27	0 ♈ 40	28 ♒ 11	21 ♓ 51	29 ♋ 0	8 ♍ 35	20 ♏ 34	20 ♐ 29	18 ♎ 10	13 ♓	18 ♒	4 ♈	20 ♓	7 ♉
29	7 ♈ 20	14 ♈ 7	16 ♍ 38	17 ♍ 26	29 ♓ 51	29 ♒ 23	22 ♓ 38	29 ♋ 0	8 ♍ 31	20 ♏ 33	20 ♐ 29	18 ♎ 8	13 ♓	18 ♒	4 ♈	21 ♓	7 ♉
30	8 ♈ 19	28 ♈ 27	16 ♍ 35	17 ♍ 24	29 ♓ 4	0 ♓ 34	23 ♓ 25	29 ♋ 1	8 ♍ 28	20 ♏ 31	20 ♐ 29	18 ♎ 7	14 ♓	19 ♒	5 ♈	21 ♓	7 ♉
31	9 ♈ 18	12 ♉ 27	16 ♍ 31	17 ♍ 21	28 ♓ 22	1 ♓ 46	24 ♓ 12	29 ♋ 2	8 ♍ 24	20 ♏ 30	20 ♐ 28	18 ♎ 5	14 ♓	19 ♒	5 ♈	22 ♓	7 ♉

SUN INGRESS	☉ → ♈ 21日 14:22
MOON PHASE	◐ 6日 01:23 ♊ ○ 14日 06:14 ♍ ◑ 21日 20:22 ♑ ● 28日 11:59 ♈

aspects		
2日	02:42	☉☍♄
3日	22:22	♀☍♃
4日	03:04	☿△♃
5日	06:33	☿⚹♀
8日	05:27	☿⚹♀
12日	00:23	☉□♆
12日	10:47	☉△♅
12日	13:11	♂☍♄
19日	17:55	♀△♇
20日	15:38	☉△♃
21日	12:28	♀⚹♆
21日	17:12	♀□♅
24日	23:05	☉☌☿
26日	06:16	♂□♆
26日	10:07	♂△♅
30日	01:45	♀△♃

1979年4月

DAY	☉	☽	☊ mean	☊ true	☿	♀	♂	♃	♄	♅	♆	♇	⚳	⚴	⚵	⚶	⚷
	° ′	° ′	° ′	° ′	° ′	° ′	° ′	° ′	° ′	° ′	° ′	° ′	°	°	°	°	°
1	10 ♈ 18	26 ♉ 2	16 ♍ 28	17 R 17	27 R 44	2 D 58	24 D 59	29 D 3	8 R 20	20 R 28	20 R 28	18 R 3	15 D	19 D	6 D	22 D	7 D
2	11 ♈ 17	9 ♊ 12	16 ♍ 25	17 ♍ 14	27 ♓ 10	4 ♓ 9	25 ♓ 46	29 ♋ 4	8 ♍ 16	20 ♏ 26	20 ♐ 28	18 ♎ 2	15 ♓	19 ♒	6 ♈	23 ♓	7 ♉
3	12 ♈ 16	21 ♊ 59	16 ♍ 22	17 ♍ 12	26 ♓ 42	5 ♓ 21	26 ♓ 33	29 ♋ 5	8 ♍ 13	20 ♏ 24	20 ♐ 28	18 ♎ 0	15 ♓	20 ♒	7 ♈	23 ♓	7 ♉
4	13 ♈ 15	4 ♋ 25	16 ♍ 19	17 ♍ 10	26 ♓ 19	6 ♓ 33	27 ♓ 19	29 ♋ 7	8 ♍ 9	20 ♏ 23	20 ♐ 27	17 ♎ 58	16 ♓	20 ♒	7 ♈	24 ♓	7 ♉
5	14 ♈ 14	16 ♋ 34	16 ♍ 16	17 D 10	26 ♓ 2	7 ♓ 44	28 ♓ 6	29 ♋ 9	8 ♍ 6	20 ♏ 21	20 ♐ 27	17 ♎ 57	16 ♓	20 ♒	8 ♈	24 ♓	7 ♉
6	15 ♈ 14	28 ♋ 32	16 ♍ 12	17 ♍ 11	25 ♓ 50	8 ♓ 56	28 ♓ 53	29 ♋ 11	8 ♍ 3	20 ♏ 19	20 ♐ 26	17 ♎ 55	16 ♓	21 ♒	9 ♈	25 ♓	7 ♉
7	16 ♈ 13	10 ♌ 22	16 ♍ 9	17 ♍ 12	25 ♓ 44	10 ♓ 8	29 ♓ 40	29 ♋ 13	7 ♍ 59	20 ♏ 17	20 ♐ 26	17 ♎ 53	17 ♓	21 ♒	9 ♈	25 ♓	7 ♉
8	17 ♈ 12	22 ♌ 10	16 ♍ 6	17 ♍ 14	25 D 44	11 ♓ 20	0 ♈ 26	29 ♋ 15	7 ♍ 56	20 ♏ 15	20 ♐ 25	17 ♎ 52	17 ♓	21 ♒	10 ♈	26 ♓	7 ♉
9	18 ♈ 11	4 ♍ 1	16 ♍ 3	17 ♍ 16	25 ♓ 49	12 ♓ 31	1 ♈ 13	29 ♋ 17	7 ♍ 53	20 ♏ 13	20 ♐ 25	17 ♎ 50	18 ♓	21 ♒	10 ♈	26 ♓	8 ♉
10	19 ♈ 9	15 ♍ 58	16 ♍ 0	17 ♍ 16	25 ♓ 59	13 ♓ 43	2 ♈ 0	29 ♋ 20	7 ♍ 50	20 ♏ 11	20 ♐ 24	17 ♎ 48	18 ♓	22 ♒	11 ♈	27 ♓	8 ♉
11	20 ♈ 8	28 ♍ 5	15 ♍ 56	17 R 16	26 ♓ 14	14 ♓ 55	2 ♈ 46	29 ♋ 23	7 ♍ 47	20 ♏ 9	20 ♐ 24	17 ♎ 47	18 ♓	22 ♒	11 ♈	27 ♓	8 ♉
12	21 ♈ 7	10 ♎ 24	15 ♍ 53	17 ♍ 14	26 ♓ 34	16 ♓ 7	3 ♈ 33	29 ♋ 26	7 ♍ 44	20 ♏ 7	20 ♐ 23	17 ♎ 45	19 ♓	22 ♒	12 ♈	28 ♓	8 ♉
13	22 ♈ 6	22 ♎ 57	15 ♍ 50	17 ♍ 10	26 ♓ 58	17 ♓ 19	4 ♈ 20	29 ♋ 29	7 ♍ 42	20 ♏ 5	20 ♐ 23	17 ♎ 43	19 ♓	23 ♒	12 ♈	28 ♓	8 ♉
14	23 ♈ 5	5 ♏ 45	15 ♍ 47	17 ♍ 5	27 ♓ 27	18 ♓ 31	5 ♈ 6	29 ♋ 32	7 ♍ 39	20 ♏ 3	20 ♐ 22	17 ♎ 41	19 ♓	23 ♒	13 ♈	28 ♓	8 ♉
15	24 ♈ 4	18 ♏ 47	15 ♍ 44	16 ♍ 58	28 ♓ 1	19 ♓ 43	5 ♈ 53	29 ♋ 36	7 ♍ 36	20 ♏ 0	20 ♐ 21	17 ♎ 40	20 ♓	23 ♒	13 ♈	29 ♓	8 ♉
16	25 ♈ 2	2 ♐ 3	15 ♍ 41	16 ♍ 52	28 ♓ 38	20 ♓ 55	6 ♈ 39	29 ♋ 40	7 ♍ 34	19 ♏ 58	20 ♐ 20	17 ♎ 38	20 ♓	23 ♒	14 ♈	29 ♓	8 ♉
17	26 ♈ 1	15 ♐ 32	15 ♍ 37	16 ♍ 46	29 ♓ 19	22 ♓ 7	7 ♈ 25	29 ♋ 44	7 ♍ 31	19 ♏ 56	20 ♐ 20	17 ♎ 36	20 ♓	24 ♒	15 ♈	0 ♈	8 ♉
18	27 ♈ 0	29 ♐ 12	15 ♍ 34	16 ♍ 42	0 ♈ 4	23 ♓ 19	8 ♈ 12	29 ♋ 48	7 ♍ 29	19 ♏ 54	20 ♐ 19	17 ♎ 35	21 ♓	24 ♒	15 ♈	0 ♈	8 ♉
19	27 ♈ 58	13 ♑ 3	15 ♍ 31	16 ♍ 39	0 ♈ 52	24 ♓ 31	8 ♈ 58	29 ♋ 52	7 ♍ 27	19 ♏ 52	20 ♐ 18	17 ♎ 33	21 ♓	24 ♒	16 ♈	1 ♈	8 ♉
20	28 ♈ 57	27 ♑ 2	15 ♍ 28	16 ♍ 38	1 ♈ 44	25 ♓ 44	9 ♈ 45	29 ♋ 56	7 ♍ 25	19 ♏ 49	20 ♐ 17	17 ♎ 32	22 ♓	24 ♒	16 ♈	1 ♈	8 ♉
21	29 ♈ 56	11 ♒ 10	15 ♍ 25	16 D 39	2 ♈ 38	26 ♓ 56	10 ♈ 31	0 ♌ 1	7 ♍ 23	19 ♏ 47	20 ♐ 16	17 ♎ 30	22 ♓	25 ♒	17 ♈	2 ♈	8 ♉
22	0 ♉ 54	25 ♒ 25	15 ♍ 22	16 ♍ 40	3 ♈ 36	28 ♓ 8	11 ♈ 17	0 ♌ 5	7 ♍ 21	19 ♏ 45	20 ♐ 16	17 ♎ 28	22 ♓	25 ♒	17 ♈	2 ♈	8 ♉
23	1 ♉ 53	9 ♓ 44	15 ♍ 18	16 ♍ 41	4 ♈ 37	29 ♓ 20	12 ♈ 3	0 ♌ 10	7 ♍ 19	19 ♏ 42	20 ♐ 15	17 ♎ 27	23 ♓	25 ♒	18 ♈	3 ♈	8 ♉
24	2 ♉ 51	24 ♓ 6	15 ♍ 15	16 R 41	5 ♈ 40	0 ♈ 32	12 ♈ 49	0 ♌ 15	7 ♍ 17	19 ♏ 40	20 ♐ 14	17 ♎ 25	23 ♓	25 ♒	18 ♈	3 ♈	8 ♉
25	3 ♉ 50	8 ♈ 26	15 ♍ 12	16 ♍ 39	6 ♈ 46	1 ♈ 45	13 ♈ 36	0 ♌ 21	7 ♍ 16	19 ♏ 37	20 ♐ 13	17 ♎ 23	23 ♓	25 ♒	19 ♈	4 ♈	9 ♉
26	4 ♉ 48	22 ♈ 40	15 ♍ 9	16 ♍ 35	7 ♈ 55	2 ♈ 57	14 ♈ 22	0 ♌ 26	7 ♍ 14	19 ♏ 35	20 ♐ 12	17 ♎ 22	24 ♓	26 ♒	19 ♈	4 ♈	9 ♉
27	5 ♉ 47	6 ♉ 43	15 ♍ 6	16 ♍ 28	9 ♈ 6	4 ♈ 9	15 ♈ 8	0 ♌ 31	7 ♍ 13	19 ♏ 33	20 ♐ 11	17 ♎ 20	24 ♓	26 ♒	20 ♈	5 ♈	9 ♉
28	6 ♉ 45	20 ♉ 31	15 ♍ 2	16 ♍ 20	10 ♈ 20	5 ♈ 22	15 ♈ 54	0 ♌ 37	7 ♍ 12	19 ♏ 30	20 ♐ 10	17 ♎ 19	24 ♓	26 ♒	21 ♈	5 ♈	9 ♉
29	7 ♉ 43	4 ♊ 0	14 ♍ 59	16 ♍ 12	11 ♈ 36	6 ♈ 34	16 ♈ 40	0 ♌ 43	7 ♍ 10	19 ♏ 28	20 ♐ 9	17 ♎ 17	25 ♓	26 ♒	21 ♈	5 ♈	9 ♉
30	8 ♉ 42	17 ♊ 7	14 ♍ 56	16 ♍ 3	12 ♈ 54	7 ♈ 46	17 ♈ 26	0 ♌ 49	7 ♍ 9	19 ♏ 25	20 ♐ 8	17 ♎ 16	25 ♓	27 ♒	22 ♈	6 ♈	9 ♉

SUN INGRESS	☉ → ♉ 21日 01:35
MOON PHASE	◐ 4日 18:57 ♋ ○ 12日 22:15 ♎ ◑ 20日 03:30 ♑ ● 26日 22:15 ♉

aspects		
3日	03:06	♀☌♂
5日	06:55	♀☍♄
6日	09:26	♂△♃
8日	15:50	☉☍♇
11日	06:13	☉△♆
15日	05:35	♀△♅
15日	12:34	♀□♆
17日	14:44	☿△♃
21日	02:17	☉□♃
23日	17:52	♀△♃
28日	10:42	☉△♄
29日	18:51	♂☍♇

1979年5月

DAY	☉	☽	☊ mean	☊ true	☿	♀	♂	♃	♄	♅	♆	♇	⚳	⚴	⚵	⚶	⚷
	° ′	° ′	° ′	° ′	° ′	° ′	° ′	° ′	° ′	° ′	° ′	° ′	°	°	°	°	°
1	9 ♉ 40	29 ♊ 54	14 ♍ 53	15 R 56	14 D 14	8 D 59	18 D 12	0 D 55	7 R 8	19 R 23	20 R 6	17 R 14	26 D	27 D	22 D	6 D	9 D
2	10 ♉ 38	12 ♋ 20	14 ♍ 50	15 ♍ 50	15 ♈ 36	10 ♈ 11	18 ♈ 57	1 ♌ 1	7 ♍ 7	19 ♏ 20	20 ♐ 5	17 ♎ 12	26 ♓	27 ♒	23 ♈	7 ♈	9 ♉
3	11 ♉ 36	24 ♋ 31	14 ♍ 47	15 ♍ 46	17 ♈ 1	11 ♈ 23	19 ♈ 43	1 ♌ 8	7 ♍ 7	19 ♏ 18	20 ♐ 4	17 ♎ 11	26 ♓	27 ♒	23 ♈	7 ♈	9 ♉
4	12 ♉ 35	6 ♌ 29	14 ♍ 43	15 ♍ 44	18 ♈ 27	12 ♈ 36	20 ♈ 29	1 ♌ 14	7 ♍ 6	19 ♏ 15	20 ♐ 3	17 ♎ 9	27 ♓	27 ♒	24 ♈	8 ♈	9 ♉
5	13 ♉ 33	18 ♌ 20	14 ♍ 40	15 D 44	19 ♈ 56	13 ♈ 48	21 ♈ 15	1 ♌ 21	7 ♍ 5	19 ♏ 13	20 ♐ 2	17 ♎ 8	27 ♓	28 ♒	24 ♈	8 ♈	9 ♉
6	14 ♉ 31	0 ♍ 9	14 ♍ 37	15 ♍ 45	21 ♈ 27	15 ♈ 1	22 ♈ 0	1 ♌ 28	7 ♍ 5	19 ♏ 10	20 ♐ 0	17 ♎ 7	27 ♓	28 ♒	25 ♈	9 ♈	9 ♉
7	15 ♉ 29	12 ♍ 1	14 ♍ 34	15 ♍ 46	22 ♈ 59	16 ♈ 13	22 ♈ 46	1 ♌ 35	7 ♍ 5	19 ♏ 8	19 ♐ 59	17 ♎ 5	28 ♓	28 ♒	26 ♈	9 ♈	9 ♉
8	16 ♉ 27	24 ♍ 1	14 ♍ 31	15 R 45	24 ♈ 34	17 ♈ 26	23 ♈ 31	1 ♌ 42	7 ♍ 4	19 ♏ 5	19 ♐ 58	17 ♎ 4	28 ♓	28 ♒	26 ♈	10 ♈	9 ♉
9	17 ♉ 25	6 ♎ 14	14 ♍ 27	15 ♍ 43	26 ♈ 10	18 ♈ 38	24 ♈ 17	1 ♌ 49	7 ♍ 4	19 ♏ 3	19 ♐ 57	17 ♎ 2	28 ♓	28 ♒	27 ♈	10 ♈	9 ♉
10	18 ♉ 23	18 ♎ 43	14 ♍ 24	15 ♍ 39	27 ♈ 49	19 ♈ 51	25 ♈ 2	1 ♌ 56	7 D 4	19 ♏ 0	19 ♐ 55	17 ♎ 1	29 ♓	29 ♒	27 ♈	10 ♈	9 ♉
11	19 ♉ 21	1 ♏ 31	14 ♍ 21	15 ♍ 32	29 ♈ 30	21 ♈ 3	25 ♈ 48	2 ♌ 4	7 ♍ 4	18 ♏ 58	19 ♐ 54	17 ♎ 0	29 ♓	29 ♒	28 ♈	11 ♈	10 ♉
12	20 ♉ 19	14 ♏ 38	14 ♍ 18	15 ♍ 23	1 ♉ 12	22 ♈ 15	26 ♈ 33	2 ♌ 11	7 ♍ 4	18 ♏ 55	19 ♐ 53	16 ♎ 58	29 ♓	29 ♒	28 ♈	11 ♈	10 ♉
13	21 ♉ 17	28 ♏ 4	14 ♍ 15	15 ♍ 13	2 ♉ 57	23 ♈ 28	27 ♈ 19	2 ♌ 19	7 ♍ 5	18 ♏ 53	19 ♐ 51	16 ♎ 57	0 ♈	29 ♒	29 ♈	12 ♈	10 ♉
14	22 ♉ 15	11 ♐ 45	14 ♍ 12	15 ♍ 2	4 ♉ 43	24 ♈ 41	28 ♈ 4	2 ♌ 27	7 ♍ 5	18 ♏ 50	19 ♐ 50	16 ♎ 56	0 ♈	29 ♒	29 ♈	12 ♈	10 ♉
15	23 ♉ 13	25 ♐ 39	14 ♍ 8	14 ♍ 52	6 ♉ 32	25 ♈ 53	28 ♈ 49	2 ♌ 35	7 ♍ 5	18 ♏ 48	19 ♐ 49	16 ♎ 54	0 ♈	29 ♒	0 ♉	13 ♈	10 ♉
16	24 ♉ 11	9 ♑ 42	14 ♍ 5	14 ♍ 43	8 ♉ 22	27 ♈ 6	29 ♈ 34	2 ♌ 43	7 ♍ 6	18 ♏ 45	19 ♐ 47	16 ♎ 53	1 ♈	0 ♓	1 ♉	13 ♈	10 ♉
17	25 ♉ 8	23 ♑ 50	14 ♍ 2	14 ♍ 38	10 ♉ 14	28 ♈ 18	0 ♉ 19	2 ♌ 51	7 ♍ 7	18 ♏ 43	19 ♐ 46	16 ♎ 52	1 ♈	0 ♓	1 ♉	14 ♈	10 ♉
18	26 ♉ 6	8 ♒ 0	13 ♍ 59	14 ♍ 34	12 ♉ 9	29 ♈ 31	1 ♉ 4	3 ♌ 0	7 ♍ 7	18 ♏ 40	19 ♐ 44	16 ♎ 51	1 ♈	0 ♓	2 ♉	14 ♈	10 ♉
19	27 ♉ 4	22 ♒ 9	13 ♍ 56	14 ♍ 33	14 ♉ 5	0 ♉ 43	1 ♉ 50	3 ♌ 8	7 ♍ 8	18 ♏ 38	19 ♐ 43	16 ♎ 49	2 ♈	0 ♓	2 ♉	14 ♈	10 ♉
20	28 ♉ 2	6 ♓ 17	13 ♍ 53	14 D 33	16 ♉ 3	1 ♉ 56	2 ♉ 34	3 ♌ 17	7 ♍ 9	18 ♏ 35	19 ♐ 41	16 ♎ 48	2 ♈	0 ♓	3 ♉	15 ♈	10 ♉
21	29 ♉ 0	20 ♓ 21	13 ♍ 49	14 R 33	18 ♉ 3	3 ♉ 9	3 ♉ 19	3 ♌ 26	7 ♍ 10	18 ♏ 33	19 ♐ 40	16 ♎ 47	2 ♈	0 ♓	3 ♉	15 ♈	10 ♉
22	29 ♉ 57	4 ♈ 22	13 ♍ 46	14 ♍ 32	20 ♉ 5	4 ♉ 21	4 ♉ 4	3 ♌ 34	7 ♍ 12	18 ♏ 30	19 ♐ 38	16 ♎ 46	3 ♈	1 ♓	4 ♉	16 ♈	10 ♉
23	0 ♊ 55	18 ♈ 17	13 ♍ 43	14 ♍ 29	22 ♉ 9	5 ♉ 34	4 ♉ 49	3 ♌ 43	7 ♍ 13	18 ♏ 28	19 ♐ 37	16 ♎ 45	3 ♈	1 ♓	4 ♉	16 ♈	10 ♉
24	1 ♊ 53	2 ♉ 5	13 ♍ 40	14 ♍ 22	24 ♉ 14	6 ♉ 47	5 ♉ 34	3 ♌ 52	7 ♍ 14	18 ♏ 25	19 ♐ 35	16 ♎ 44	3 ♈	1 ♓	5 ♉	17 ♈	10 ♉
25	2 ♊ 50	15 ♉ 44	13 ♍ 37	14 ♍ 13	26 ♉ 21	7 ♉ 59	6 ♉ 19	4 ♌ 2	7 ♍ 16	18 ♏ 23	19 ♐ 34	16 ♎ 43	4 ♈	1 ♓	6 ♉	17 ♈	10 ♉
26	3 ♊ 48	29 ♉ 11	13 ♍ 33	14 ♍ 3	28 ♉ 29	9 ♉ 12	7 ♉ 3	4 ♌ 11	7 ♍ 17	18 ♏ 20	19 ♐ 32	16 ♎ 42	4 ♈	1 ♓	6 ♉	17 ♈	10 ♉
27	4 ♊ 46	12 ♊ 23	13 ♍ 30	13 ♍ 50	0 ♊ 39	10 ♉ 25	7 ♉ 48	4 ♌ 20	7 ♍ 19	18 ♏ 18	19 ♐ 31	16 ♎ 41	4 ♈	1 ♓	7 ♉	18 ♈	11 ♉
28	5 ♊ 43	25 ♊ 18	13 ♍ 27	13 ♍ 37	2 ♊ 49	11 ♉ 38	8 ♉ 33	4 ♌ 30	7 ♍ 21	18 ♏ 16	19 ♐ 29	16 ♎ 40	4 ♈	1 ♓	7 ♉	18 ♈	11 ♉
29	6 ♊ 41	7 ♋ 56	13 ♍ 24	13 ♍ 26	5 ♊ 0	12 ♉ 50	9 ♉ 17	4 ♌ 39	7 ♍ 23	18 ♏ 13	19 ♐ 28	16 ♎ 39	5 ♈	1 ♓	8 ♉	19 ♈	11 ♉
30	7 ♊ 39	20 ♋ 18	13 ♍ 21	13 ♍ 16	7 ♊ 12	14 ♉ 3	10 ♉ 2	4 ♌ 49	7 ♍ 25	18 ♏ 11	19 ♐ 26	16 ♎ 38	5 ♈	1 ♓	8 ♉	19 ♈	11 ♉
31	8 ♊ 36	2 ♌ 26	13 ♍ 18	13 ♍ 10	9 ♊ 24	15 ♉ 16	10 ♉ 46	4 ♌ 59	7 ♍ 27	18 ♏ 9	19 ♐ 25	16 ♎ 37	5 ♈	2 ♓	9 ♉	20 ♈	11 ♉

SUN INGRESS: ☉ → ♊ 22日 00:54

MOON PHASE: ◐ 4日 13:25 ♌ ○ 12日 11:01 ♏ ◑ 19日 08:57 ♒ ● 26日 09:00 ♊

aspects

3日	02:47	☿☍♇
3日	10:41	♂△♆
5日	01:30	☿△♆
6日	17:17	☿☌♂
7日	16:54	♀☍♇
10日	01:35	♀△♆
10日	14:43	☉☍♅
12日	14:47	☿□♃
15日	07:26	☿△♄
21日	04:08	♂□♃
21日	05:41	☿☍♅
21日	06:22	♀□♃
21日	09:17	♀☌♂
24日	09:18	♀△♄
26日	07:51	♂△♄
26日	11:19	☉⚹♃
28日	19:50	☿⚹♃
29日	18:05	☉□♄
30日	02:21	☿□♄
30日	08:31	☉☌☿

1979年6月

DAY	☉	☽	☊ mean	☊ true	☿	♀	♂	♃	♄	♅	♆	♇	⚳	⚴	⚵	⚶	⚷
	° ′	° ′	° ′	° ′	° ′	° ′	° ′	° ′	° ′	° ′	° ′	° ′	°	°	°	°	°
1	9 ♊ 34	14 ♌ 23	13 ♍ 14	13 R 6	11 D 36	16 D 29	11 D 30	5 D 9	7 D 29	18 R 6	19 R 23	16 R 36	6 D	2 D	9 D	20 D	11 D
2	10 ♊ 31	26 ♌ 13	13 ♍ 11	13 ♍ 4	13 ♊ 48	17 ♉ 41	12 ♉ 15	5 ♌ 19	7 ♍ 31	18 ♏ 4	19 ♐ 21	16 ♎ 35	6 ♈	2 ♓	10 ♉	20 ♈	11 ♉
3	11 ♊ 29	8 ♍ 1	13 ♍ 8	13 ♍ 3	15 ♊ 59	18 ♉ 54	12 ♉ 59	5 ♌ 29	7 ♍ 34	18 ♏ 2	19 ♐ 20	16 ♎ 35	6 ♈	2 ♓	11 ♉	21 ♈	11 ♉
4	12 ♊ 26	19 ♍ 53	13 ♍ 5	13 ♍ 3	18 ♊ 9	20 ♉ 7	13 ♉ 43	5 ♌ 39	7 ♍ 36	18 ♏ 0	19 ♐ 18	16 ♎ 34	7 ♈	2 ♓	11 ♉	21 ♈	11 ♉
5	13 ♊ 24	1 ♎ 55	13 ♍ 2	13 ♍ 3	20 ♊ 19	21 ♉ 20	14 ♉ 27	5 ♌ 49	7 ♍ 39	17 ♏ 57	19 ♐ 17	16 ♎ 33	7 ♈	2 ♓	12 ♉	22 ♈	11 ♉
6	14 ♊ 21	14 ♎ 10	12 ♍ 59	13 ♍ 0	22 ♊ 27	22 ♉ 33	15 ♉ 11	5 ♌ 59	7 ♍ 42	17 ♏ 55	19 ♐ 15	16 ♎ 32	7 ♈	2 ♓	12 ♉	22 ♈	11 ♉
7	15 ♊ 18	26 ♎ 45	12 ♍ 55	12 ♍ 55	24 ♊ 33	23 ♉ 45	15 ♉ 55	6 ♌ 10	7 ♍ 44	17 ♏ 53	19 ♐ 13	16 ♎ 32	7 ♈	2 ♓	13 ♉	22 ♈	11 ♉
8	16 ♊ 16	9 ♏ 42	12 ♍ 52	12 ♍ 48	26 ♊ 38	24 ♉ 58	16 ♉ 39	6 ♌ 20	7 ♍ 47	17 ♏ 51	19 ♐ 12	16 ♎ 31	8 ♈	2 ♓	13 ♉	23 ♈	11 ♉
9	17 ♊ 13	23 ♏ 2	12 ♍ 49	12 ♍ 39	28 ♊ 41	26 ♉ 11	17 ♉ 23	6 ♌ 31	7 ♍ 50	17 ♏ 49	19 ♐ 10	16 ♎ 30	8 ♈	2 ♓	14 ♉	23 ♈	11 ♉
10	18 ♊ 11	6 ♐ 46	12 ♍ 46	12 ♍ 27	0 ♋ 42	27 ♉ 24	18 ♉ 7	6 ♌ 41	7 ♍ 53	17 ♏ 47	19 ♐ 8	16 ♎ 30	8 ♈	2 ♓	15 ♉	24 ♈	11 ♉
11	19 ♊ 8	20 ♐ 50	12 ♍ 43	12 ♍ 16	2 ♋ 41	28 ♉ 37	18 ♉ 50	6 ♌ 52	7 ♍ 57	17 ♏ 45	19 ♐ 7	16 ♎ 29	9 ♈	2 ♓	15 ♉	24 ♈	11 ♉
12	20 ♊ 5	5 ♑ 9	12 ♍ 39	12 ♍ 5	4 ♋ 37	29 ♉ 50	19 ♉ 34	7 ♌ 3	8 ♍ 0	17 ♏ 43	19 ♐ 5	16 ♎ 29	9 ♈	2 ♓	16 ♉	24 ♈	11 ♉
13	21 ♊ 3	19 ♑ 38	12 ♍ 36	11 ♍ 56	6 ♋ 32	1 ♊ 3	20 ♉ 18	7 ♌ 14	8 ♍ 3	17 ♏ 41	19 ♐ 4	16 ♎ 28	9 ♈	2 ♓	16 ♉	25 ♈	11 ♉
14	22 ♊ 0	4 ♒ 10	12 ♍ 33	11 ♍ 49	8 ♋ 24	2 ♊ 16	21 ♉ 1	7 ♌ 25	8 ♍ 7	17 ♏ 39	19 ♐ 2	16 ♎ 28	9 ♈	2 ♓	17 ♉	25 ♈	12 ♉
15	22 ♊ 57	18 ♒ 39	12 ♍ 30	11 ♍ 46	10 ♋ 14	3 ♊ 29	21 ♉ 45	7 ♌ 36	8 ♍ 10	17 ♏ 37	19 ♐ 0	16 ♎ 27	10 ♈	2 ♓	17 ♉	26 ♈	12 ♉
16	23 ♊ 54	3 ♓ 1	12 ♍ 27	11 ♍ 44	12 ♋ 1	4 ♊ 41	22 ♉ 28	7 ♌ 47	8 ♍ 14	17 ♏ 35	18 ♐ 59	16 ♎ 27	10 ♈	2 ♓	18 ♉	26 ♈	12 ♉
17	24 ♊ 52	17 ♓ 13	12 ♍ 24	11 D 44	13 ♋ 46	5 ♊ 54	23 ♉ 12	7 ♌ 58	8 ♍ 17	17 ♏ 33	18 ♐ 57	16 ♎ 27	10 ♈	2 ♓	18 ♉	26 ♈	12 ♉
18	25 ♊ 49	1 ♈ 14	12 ♍ 20	11 R 44	15 ♋ 28	7 ♊ 7	23 ♉ 55	8 ♌ 9	8 ♍ 21	17 ♏ 31	18 ♐ 56	16 ♎ 26	10 ♈	3 ♓	19 ♉	27 ♈	12 ♉
19	26 ♊ 46	15 ♈ 3	12 ♍ 17	11 ♍ 43	17 ♋ 8	8 ♊ 20	24 ♉ 39	8 ♌ 21	8 ♍ 25	17 ♏ 30	18 ♐ 54	16 ♎ 26	11 ♈	3 R	20 ♉	27 ♈	12 ♉
20	27 ♊ 44	28 ♈ 42	12 ♍ 14	11 ♍ 40	18 ♋ 46	9 ♊ 34	25 ♉ 22	8 ♌ 32	8 ♍ 29	17 ♏ 28	18 ♐ 52	16 ♎ 26	11 ♈	2 ♓	20 ♉	28 ♈	12 ♉
21	28 ♊ 41	12 ♉ 9	12 ♍ 11	11 ♍ 34	20 ♋ 21	10 ♊ 47	26 ♉ 5	8 ♌ 44	8 ♍ 33	17 ♏ 26	18 ♐ 51	16 ♎ 26	11 ♈	2 ♓	21 ♉	28 ♈	12 ♉
22	29 ♊ 38	25 ♉ 25	12 ♍ 8	11 ♍ 26	21 ♋ 54	12 ♊ 0	26 ♉ 48	8 ♌ 55	8 ♍ 37	17 ♏ 25	18 ♐ 49	16 ♎ 25	11 ♈	2 ♓	21 ♉	28 ♈	12 ♉
23	0 ♋ 35	8 ♊ 28	12 ♍ 5	11 ♍ 15	23 ♋ 24	13 ♊ 13	27 ♉ 31	9 ♌ 7	8 ♍ 41	17 ♏ 23	18 ♐ 48	16 ♎ 25	12 ♈	2 ♓	22 ♉	29 ♈	12 ♉
24	1 ♋ 33	21 ♊ 20	12 ♍ 1	11 ♍ 3	24 ♋ 51	14 ♊ 26	28 ♉ 14	9 ♌ 18	8 ♍ 46	17 ♏ 21	18 ♐ 46	16 ♎ 25	12 ♈	2 ♓	22 ♉	29 ♈	12 ♉
25	2 ♋ 30	3 ♋ 58	11 ♍ 58	10 ♍ 52	26 ♋ 16	15 ♊ 39	28 ♉ 57	9 ♌ 30	8 ♍ 50	17 ♏ 20	18 ♐ 44	16 ♎ 25	12 ♈	2 ♓	23 ♉	29 ♈	12 ♉
26	3 ♋ 27	16 ♋ 23	11 ♍ 55	10 ♍ 41	27 ♋ 39	16 ♊ 52	29 ♉ 40	9 ♌ 42	8 ♍ 54	17 ♏ 18	18 ♐ 43	16 ♎ 25	12 ♈	2 ♓	24 ♉	0 ♉	12 ♉
27	4 ♋ 24	28 ♋ 35	11 ♍ 52	10 ♍ 32	28 ♋ 59	18 ♊ 5	0 ♊ 23	9 ♌ 54	8 ♍ 59	17 ♏ 17	18 ♐ 41	16 ♎ 25	13 ♈	2 ♓	24 ♉	0 ♉	12 ♉
28	5 ♋ 22	10 ♌ 37	11 ♍ 49	10 ♍ 26	0 ♌ 16	19 ♊ 18	1 ♊ 6	10 ♌ 5	9 ♍ 3	17 ♏ 15	18 ♐ 40	16 D 25	13 ♈	2 ♓	25 ♉	1 ♉	12 ♉
29	6 ♋ 19	22 ♌ 30	11 ♍ 45	10 ♍ 22	1 ♌ 30	20 ♊ 32	1 ♊ 48	10 ♌ 17	9 ♍ 8	17 ♏ 14	18 ♐ 38	16 ♎ 25	13 ♈	2 ♓	25 ♉	1 ♉	12 ♉
30	7 ♋ 16	4 ♍ 18	11 ♍ 42	10 ♍ 20	2 ♌ 42	21 ♊ 45	2 ♊ 31	10 ♌ 29	9 ♍ 13	17 ♏ 13	18 ♐ 37	16 ♎ 25	13 ♈	2 ♓	26 ♉	1 ♉	12 ♉

SUN INGRESS: ☉ → ♋ 22日 08:56

MOON PHASE: ◐ 3日 07:37 ♍ ○ 10日 20:55 ♐ ◑ 17日 14:01 ♓ ● 24日 20:58 ♋

aspects

2日	07:17	♀☍♅
3日	06:29	☿△♇
4日	12:34	☿☍♆
8日	06:18	☉△♇
9日	13:34	♂☍♅
10日	23:33	☉☍♆
13日	20:07	☿⚹♄
18日	13:46	☿□♇
19日	00:04	♀⚹♃
19日	01:34	♀□♄
19日	05:04	♀△♅
25日	15:03	♀△♇
27日	11:33	♀☍♆
29日	14:41	☿⚹♂

1979年7月

DAY	☉	☽	☊ mean	☊ true	☿	♀	♂	♃	♄	♅	♆	♇	⚳	⚴	⚵	⚶	⚷
	° ′	° ′	° ′	° ′	° ′	° ′	° ′	° ′	° ′	° ′	° ′	° ′	°	°	°	°	°
1	8 ♋ 13	16 ♍ 5	11 ♍ 39	10 D 20	3 D 51	22 D 58	3 D 13	10 D 41	9 D 18	17 R 11	18 R 35	16 D 25	14 D	2 R	26 D	2 D	12 D
2	9 ♋ 11	27 ♍ 56	11 ♍ 36	10 ♍ 21	4 ♌ 56	24 ♊ 11	3 ♊ 56	10 ♌ 54	9 ♍ 23	17 ♏ 10	18 ♐ 34	16 ♎ 25	14 ♈	2 ♓	27 ♉	2 ♉	12 ♉
3	10 ♋ 8	9 ♎ 57	11 ♍ 33	10 ♍ 21	5 ♌ 59	25 ♊ 25	4 ♊ 38	11 ♌ 6	9 ♍ 28	17 ♏ 9	18 ♐ 32	16 ♎ 25	14 ♈	2 ♓	27 ♉	2 ♉	12 ♉
4	11 ♋ 5	22 ♎ 12	11 ♍ 30	10 R 20	6 ♌ 59	26 ♊ 38	5 ♊ 21	11 ♌ 18	9 ♍ 33	17 ♏ 8	18 ♐ 31	16 ♎ 26	14 ♈	2 ♓	28 ♉	3 ♉	12 ♉
5	12 ♋ 2	4 ♏ 47	11 ♍ 26	10 ♍ 18	7 ♌ 56	27 ♊ 51	6 ♊ 3	11 ♌ 30	9 ♍ 38	17 ♏ 7	18 ♐ 29	16 ♎ 26	14 ♈	2 ♓	29 ♉	3 ♉	13 ♉
6	12 ♋ 59	17 ♏ 45	11 ♍ 23	10 ♍ 13	8 ♌ 49	29 ♊ 4	6 ♊ 45	11 ♌ 42	9 ♍ 43	17 ♏ 6	18 ♐ 28	16 ♎ 26	15 ♈	2 ♓	29 ♉	3 ♉	13 ♉
7	13 ♋ 57	1 ♐ 10	11 ♍ 20	10 ♍ 7	9 ♌ 39	0 ♋ 18	7 ♊ 27	11 ♌ 55	9 ♍ 48	17 ♏ 5	18 ♐ 26	16 ♎ 26	15 ♈	2 ♓	0 ♊	4 ♉	13 ♉
8	14 ♋ 54	15 ♐ 2	11 ♍ 17	9 ♍ 59	10 ♌ 25	1 ♋ 31	8 ♊ 10	12 ♌ 7	9 ♍ 53	17 ♏ 4	18 ♐ 25	16 ♎ 27	15 ♈	1 ♓	0 ♊	4 ♉	13 ♉
9	15 ♋ 51	29 ♐ 19	11 ♍ 14	9 ♍ 51	11 ♌ 8	2 ♋ 44	8 ♊ 52	12 ♌ 20	9 ♍ 59	17 ♏ 3	18 ♐ 24	16 ♎ 27	15 ♈	1 ♓	1 ♊	4 ♉	13 ♉
10	16 ♋ 48	13 ♑ 56	11 ♍ 11	9 ♍ 43	11 ♌ 47	3 ♋ 58	9 ♊ 34	12 ♌ 32	10 ♍ 4	17 ♏ 2	18 ♐ 22	16 ♎ 27	15 ♈	1 ♓	1 ♊	5 ♉	13 ♉
11	17 ♋ 45	28 ♑ 46	11 ♍ 7	9 ♍ 36	12 ♌ 22	5 ♋ 11	10 ♊ 15	12 ♌ 44	10 ♍ 10	17 ♏ 1	18 ♐ 21	16 ♎ 28	16 ♈	1 ♓	2 ♊	5 ♉	13 ♉
12	18 ♋ 43	13 ♒ 40	11 ♍ 4	9 ♍ 32	12 ♌ 53	6 ♋ 25	10 ♊ 57	12 ♌ 57	10 ♍ 15	17 ♏ 0	18 ♐ 19	16 ♎ 28	16 ♈	1 ♓	2 ♊	5 ♉	13 ♉
13	19 ♋ 40	28 ♒ 32	11 ♍ 1	9 ♍ 29	13 ♌ 20	7 ♋ 38	11 ♊ 39	13 ♌ 10	10 ♍ 21	17 ♏ 0	18 ♐ 18	16 ♎ 29	16 ♈	1 ♓	3 ♊	6 ♉	13 ♉
14	20 ♋ 37	13 ♓ 13	10 ♍ 58	9 D 29	13 ♌ 42	8 ♋ 52	12 ♊ 21	13 ♌ 22	10 ♍ 27	16 ♏ 59	18 ♐ 17	16 ♎ 29	16 ♈	1 ♓	4 ♊	6 ♉	13 ♉
15	21 ♋ 34	27 ♓ 39	10 ♍ 55	9 ♍ 30	14 ♌ 0	10 ♋ 5	13 ♊ 3	13 ♌ 35	10 ♍ 32	16 ♏ 58	18 ♐ 16	16 ♎ 30	16 ♈	0 ♓	4 ♊	6 ♉	13 ♉
16	22 ♋ 31	11 ♈ 47	10 ♍ 51	9 ♍ 31	14 ♌ 14	11 ♋ 18	13 ♊ 44	13 ♌ 47	10 ♍ 38	16 ♏ 58	18 ♐ 14	16 ♎ 31	16 ♈	0 ♓	5 ♊	7 ♉	13 ♉
17	23 ♋ 29	25 ♈ 37	10 ♍ 48	9 R 31	14 ♌ 23	12 ♋ 32	14 ♊ 26	14 ♌ 0	10 ♍ 44	16 ♏ 57	18 ♐ 13	16 ♎ 31	17 ♈	0 ♓	5 ♊	7 ♉	13 ♉
18	24 ♋ 26	9 ♉ 8	10 ♍ 45	9 ♍ 30	14 ♌ 27	13 ♋ 46	15 ♊ 7	14 ♌ 13	10 ♍ 50	16 ♏ 57	18 ♐ 12	16 ♎ 32	17 ♈	0 ♓	6 ♊	7 ♉	13 ♉
19	25 ♋ 23	22 ♉ 23	10 ♍ 42	9 ♍ 27	14 R 26	14 ♋ 59	15 ♊ 49	14 ♌ 26	10 ♍ 56	16 ♏ 56	18 ♐ 11	16 ♎ 33	17 ♈	0 ♓	6 ♊	8 ♉	13 ♉
20	26 ♋ 20	5 ♊ 23	10 ♍ 39	9 ♍ 22	14 ♌ 20	16 ♋ 13	16 ♊ 30	14 ♌ 39	11 ♍ 2	16 ♏ 56	18 ♐ 9	16 ♎ 33	17 ♈	0 ♓	7 ♊	8 ♉	13 ♉
21	27 ♋ 18	18 ♊ 8	10 ♍ 36	9 ♍ 16	14 ♌ 9	17 ♋ 26	17 ♊ 11	14 ♌ 51	11 ♍ 8	16 ♏ 56	18 ♐ 8	16 ♎ 34	17 ♈	29 ♒	7 ♊	8 ♉	13 ♉
22	28 ♋ 15	0 ♋ 41	10 ♍ 32	9 ♍ 9	13 ♌ 54	18 ♋ 40	17 ♊ 52	15 ♌ 4	11 ♍ 14	16 ♏ 55	18 ♐ 7	16 ♎ 35	17 ♈	29 ♒	8 ♊	9 ♉	13 ♉
23	29 ♋ 12	13 ♋ 2	10 ♍ 29	9 ♍ 2	13 ♌ 34	19 ♋ 54	18 ♊ 33	15 ♌ 17	11 ♍ 20	16 ♏ 55	18 ♐ 6	16 ♎ 36	17 ♈	29 ♒	9 ♊	9 ♉	13 ♉
24	0 ♌ 10	25 ♋ 13	10 ♍ 26	8 ♍ 55	13 ♌ 9	21 ♋ 7	19 ♊ 15	15 ♌ 30	11 ♍ 27	16 ♏ 55	18 ♐ 5	16 ♎ 37	18 ♈	29 ♒	9 ♊	9 ♉	13 ♉
25	1 ♌ 7	7 ♌ 15	10 ♍ 23	8 ♍ 50	12 ♌ 40	22 ♋ 21	19 ♊ 56	15 ♌ 43	11 ♍ 33	16 ♏ 55	18 ♐ 4	16 ♎ 38	18 ♈	29 ♒	10 ♊	9 ♉	13 ♉
26	2 ♌ 4	19 ♌ 9	10 ♍ 20	8 ♍ 47	12 ♌ 8	23 ♋ 35	20 ♊ 36	15 ♌ 56	11 ♍ 39	16 ♏ 55	18 ♐ 3	16 ♎ 38	18 ♈	28 ♒	10 ♊	10 ♉	13 ♉
27	3 ♌ 1	0 ♍ 58	10 ♍ 17	8 ♍ 45	11 ♌ 32	24 ♋ 49	21 ♊ 17	16 ♌ 9	11 ♍ 46	16 D 55	18 ♐ 2	16 ♎ 39	18 ♈	28 ♒	11 ♊	10 ♉	13 ♉
28	3 ♌ 59	12 ♍ 44	10 ♍ 13	8 D 45	10 ♌ 52	26 ♋ 2	21 ♊ 58	16 ♌ 22	11 ♍ 52	16 ♏ 55	18 ♐ 1	16 ♎ 40	18 ♈	28 ♒	11 ♊	10 ♉	13 ♉
29	4 ♌ 56	24 ♍ 31	10 ♍ 10	8 ♍ 46	10 ♌ 11	27 ♋ 16	22 ♊ 39	16 ♌ 35	11 ♍ 59	16 ♏ 55	18 ♐ 0	16 ♎ 41	18 ♈	28 ♒	12 ♊	11 ♉	13 ♉
30	5 ♌ 54	6 ♎ 23	10 ♍ 7	8 ♍ 47	9 ♌ 28	28 ♋ 30	23 ♊ 19	16 ♌ 48	12 ♍ 5	16 ♏ 55	17 ♐ 59	16 ♎ 43	18 ♈	28 ♒	12 ♊	11 ♉	13 ♉
31	6 ♌ 51	18 ♎ 23	10 ♍ 4	8 ♍ 49	8 ♌ 43	29 ♋ 44	24 ♊ 0	17 ♌ 1	12 ♍ 12	16 ♏ 55	17 ♐ 58	16 ♎ 44	18 ♈	27 ♒	13 ♊	11 ♉	13 ♉
SUN INGRESS	☉ → ♌ 23日 19:49																
MOON PHASE	◐ 3日 00:24 ♎ ○ 10日 04:59 ♑ ◑ 16日 19:59 ♈ ● 24日 10:41 ♌																

aspects		
2日	05:29	☉⚹♄
9日	15:16	☉□♇
10日	05:42	☉△♅
10日	20:09	♂□♄
12日	05:50	☿☌♃
15日	09:41	♀⚹♄
16日	02:49	♂⚹♃
16日	21:56	☿⚹♂
19日	00:00	☿☌♃
20日	02:04	♂△♇
20日	06:47	♀□♇
20日	14:00	♀△♅
22日	08:19	♂☍♆
29日	13:04	♃⚹♇
30日	13:03	♃□♅

1979年8月

DAY	☉	☽	☊ mean	☊ true	☿	♀	♂	♃	♄	♅	♆	♇	⚳	⚴	⚵	⚶	⚷
	° ′	° ′	° ′	° ′	° ′	° ′	° ′	° ′	° ′	° ′	° ′	° ′	°	°	°	°	°
1	7 ♌ 48	0 ♏ 38	10 ♍ 1	8 D 50	7 R 59	0 D 58	24 D 41	17 D 14	12 D 18	16 D 55	17 R 57	16 D 45	18 D	27 R	13 D	11 D	13 D
2	8 ♌ 46	13 ♏ 10	9 ♍ 57	8 R 50	7 ♌ 15	2 ♌ 11	25 ♊ 21	17 ♌ 27	12 ♍ 25	16 ♏ 56	17 ♐ 56	16 ♎ 46	19 ♈	27 ♒	14 ♊	12 ♉	13 ♉
3	9 ♌ 43	26 ♏ 6	9 ♍ 54	8 ♍ 49	6 ♌ 32	3 ♌ 25	26 ♊ 1	17 ♌ 40	12 ♍ 32	16 ♏ 56	17 ♐ 55	16 ♎ 47	19 ♈	27 ♒	15 ♊	12 ♉	13 ♉
4	10 ♌ 41	9 ♐ 27	9 ♍ 51	8 ♍ 47	5 ♌ 52	4 ♌ 39	26 ♊ 42	17 ♌ 53	12 ♍ 39	16 ♏ 56	17 ♐ 54	16 ♎ 48	19 ♈	26 ♒	15 ♊	12 ♉	13 ♉
5	11 ♌ 38	23 ♐ 17	9 ♍ 48	8 ♍ 44	5 ♌ 14	5 ♌ 53	27 ♊ 22	18 ♌ 6	12 ♍ 45	16 ♏ 57	17 ♐ 53	16 ♎ 49	19 ♈	26 ♒	16 ♊	12 ♉	13 ♉
6	12 ♌ 35	7 ♑ 33	9 ♍ 45	8 ♍ 40	4 ♌ 41	7 ♌ 7	28 ♊ 2	18 ♌ 20	12 ♍ 52	16 ♏ 57	17 ♐ 53	16 ♎ 51	19 ♈	26 ♒	16 ♊	13 ♉	13 ♉
7	13 ♌ 33	22 ♑ 14	9 ♍ 42	8 ♍ 36	4 ♌ 12	8 ♌ 21	28 ♊ 42	18 ♌ 33	12 ♍ 59	16 ♏ 58	17 ♐ 52	16 ♎ 52	19 ♈	26 ♒	17 ♊	13 ♉	13 ♉
8	14 ♌ 30	7 ♒ 13	9 ♍ 38	8 ♍ 34	3 ♌ 47	9 ♌ 35	29 ♊ 22	18 ♌ 46	13 ♍ 6	16 ♏ 59	17 ♐ 51	16 ♎ 53	19 ♈	25 ♒	17 ♊	13 ♉	13 ♉
9	15 ♌ 28	22 ♒ 21	9 ♍ 35	8 ♍ 32	3 ♌ 29	10 ♌ 49	0 ♋ 2	18 ♌ 59	13 ♍ 13	16 ♏ 59	17 ♐ 50	16 ♎ 55	19 ♈	25 ♒	18 ♊	13 ♉	13 ♉
10	16 ♌ 25	7 ♓ 30	9 ♍ 32	8 ♍ 31	3 ♌ 16	12 ♌ 3	0 ♋ 42	19 ♌ 12	13 ♍ 20	17 ♏ 0	17 ♐ 50	16 ♎ 56	19 ♈	25 ♒	18 ♊	14 ♉	13 ♉
11	17 ♌ 23	22 ♓ 29	9 ♍ 29	8 D 32	3 ♌ 10	13 ♌ 17	1 ♋ 22	19 ♌ 25	13 ♍ 27	17 ♏ 1	17 ♐ 49	16 ♎ 58	19 ♈	25 ♒	19 ♊	14 ♉	13 ♉
12	18 ♌ 20	7 ♈ 13	9 ♍ 26	8 ♍ 33	3 D 10	14 ♌ 31	2 ♋ 1	19 ♌ 38	13 ♍ 34	17 ♏ 2	17 ♐ 49	16 ♎ 59	19 ♈	24 ♒	19 ♊	14 ♉	13 ♉
13	19 ♌ 18	21 ♈ 35	9 ♍ 22	8 ♍ 34	3 ♌ 17	15 ♌ 45	2 ♋ 41	19 ♌ 52	13 ♍ 41	17 ♏ 2	17 ♐ 48	17 ♎ 0	19 ♈	24 ♒	20 ♊	14 ♉	13 ♉
14	20 ♌ 16	5 ♉ 34	9 ♍ 19	8 ♍ 35	3 ♌ 32	16 ♌ 59	3 ♋ 21	20 ♌ 5	13 ♍ 48	17 ♏ 3	17 ♐ 47	17 ♎ 2	19 ♈	24 ♒	20 ♊	14 ♉	13 ♉
15	21 ♌ 13	19 ♉ 8	9 ♍ 16	8 ♍ 36	3 ♌ 53	18 ♌ 13	4 ♋ 0	20 ♌ 18	13 ♍ 55	17 ♏ 4	17 ♐ 47	17 ♎ 3	19 ♈	24 ♒	21 ♊	15 ♉	13 ♉
16	22 ♌ 11	2 ♊ 20	9 ♍ 13	8 R 35	4 ♌ 22	19 ♌ 28	4 ♋ 40	20 ♌ 31	14 ♍ 2	17 ♏ 5	17 ♐ 46	17 ♎ 5	19 ♈	23 ♒	21 ♊	15 ♉	13 ♉
17	23 ♌ 8	15 ♊ 12	9 ♍ 10	8 ♍ 34	4 ♌ 58	20 ♌ 42	5 ♋ 19	20 ♌ 44	14 ♍ 10	17 ♏ 6	17 ♐ 46	17 ♎ 7	19 R	23 ♒	22 ♊	15 ♉	13 ♉
18	24 ♌ 6	27 ♊ 46	9 ♍ 7	8 ♍ 33	5 ♌ 41	21 ♌ 56	5 ♋ 58	20 ♌ 57	14 ♍ 17	17 ♏ 7	17 ♐ 46	17 ♎ 8	19 ♈	23 ♒	22 ♊	15 ♉	13 ♉
19	25 ♌ 4	10 ♋ 6	9 ♍ 3	8 ♍ 31	6 ♌ 31	23 ♌ 10	6 ♋ 37	21 ♌ 11	14 ♍ 24	17 ♏ 9	17 ♐ 45	17 ♎ 10	19 ♈	23 ♒	23 ♊	15 ♉	13 ♉
20	26 ♌ 2	22 ♋ 15	9 ♍ 0	8 ♍ 29	7 ♌ 27	24 ♌ 24	7 ♋ 17	21 ♌ 24	14 ♍ 31	17 ♏ 10	17 ♐ 45	17 ♎ 11	19 ♈	22 ♒	24 ♊	16 ♉	13 R
21	26 ♌ 59	4 ♌ 14	8 ♍ 57	8 ♍ 27	8 ♌ 30	25 ♌ 39	7 ♋ 56	21 ♌ 37	14 ♍ 39	17 ♏ 11	17 ♐ 44	17 ♎ 13	19 ♈	22 ♒	24 ♊	16 ♉	13 ♉
22	27 ♌ 57	16 ♌ 7	8 ♍ 54	8 ♍ 26	9 ♌ 40	26 ♌ 53	8 ♋ 35	21 ♌ 50	14 ♍ 46	17 ♏ 12	17 ♐ 44	17 ♎ 15	19 ♈	22 ♒	25 ♊	16 ♉	13 ♉
23	28 ♌ 55	27 ♌ 56	8 ♍ 51	8 ♍ 25	10 ♌ 55	28 ♌ 7	9 ♋ 14	22 ♌ 3	14 ♍ 53	17 ♏ 14	17 ♐ 44	17 ♎ 17	19 ♈	22 ♒	25 ♊	16 ♉	13 ♉
24	29 ♌ 53	9 ♍ 43	8 ♍ 48	8 D 25	12 ♌ 16	29 ♌ 22	9 ♋ 52	22 ♌ 16	15 ♍ 1	17 ♏ 15	17 ♐ 44	17 ♎ 18	19 ♈	21 ♒	26 ♊	16 ♉	13 ♉
25	0 ♍ 51	21 ♍ 30	8 ♍ 44	8 ♍ 25	13 ♌ 43	0 ♍ 36	10 ♋ 31	22 ♌ 29	15 ♍ 8	17 ♏ 17	17 ♐ 43	17 ♎ 20	19 ♈	21 ♒	26 ♊	16 ♉	13 ♉
26	1 ♍ 49	3 ♎ 20	8 ♍ 41	8 ♍ 26	15 ♌ 14	1 ♍ 50	11 ♋ 10	22 ♌ 42	15 ♍ 15	17 ♏ 18	17 ♐ 43	17 ♎ 22	19 ♈	21 ♒	27 ♊	16 ♉	13 ♉
27	2 ♍ 46	15 ♎ 16	8 ♍ 38	8 ♍ 27	16 ♌ 50	3 ♍ 5	11 ♋ 48	22 ♌ 55	15 ♍ 23	17 ♏ 20	17 ♐ 43	17 ♎ 24	19 ♈	21 ♒	27 ♊	17 ♉	13 ♉
28	3 ♍ 44	27 ♎ 21	8 ♍ 35	8 ♍ 27	18 ♌ 30	4 ♍ 19	12 ♋ 27	23 ♌ 8	15 ♍ 30	17 ♏ 21	17 ♐ 43	17 ♎ 25	19 ♈	20 ♒	28 ♊	17 ♉	13 ♉
29	4 ♍ 42	9 ♏ 38	8 ♍ 32	8 ♍ 28	20 ♌ 13	5 ♍ 33	13 ♋ 5	23 ♌ 21	15 ♍ 38	17 ♏ 23	17 ♐ 43	17 ♎ 27	19 ♈	20 ♒	28 ♊	17 ♉	13 ♉
30	5 ♍ 40	22 ♏ 10	8 ♍ 28	8 ♍ 28	22 ♌ 0	6 ♍ 48	13 ♋ 44	23 ♌ 34	15 ♍ 45	17 ♏ 25	17 ♐ 43	17 ♎ 29	19 ♈	20 ♒	29 ♊	17 ♉	13 ♉
31	6 ♍ 38	5 ♐ 3	8 ♍ 25	8 ♍ 28	23 ♌ 49	8 ♍ 2	14 ♋ 22	23 ♌ 47	15 ♍ 52	17 ♏ 27	17 D 43	17 ♎ 31	18 ♈	20 ♒	29 ♊	17 ♉	13 ♉
SUN INGRESS	☉ → ♍ 24日 02:47																
MOON PHASE	◐ 1日 14:57 ♏ ○ 8日 12:21 ♒ ◑ 15日 04:02 ♉ ● 23日 02:10 ♌ ◐ 31日 03:09 ♐																

aspects		
1日	02:27	☉☌☿
4日	01:27	♃△♆
4日	15:34	☿☌♀
10日	13:10	☉⚹♇
10日	14:38	☉□♅
11日	10:52	☉△♆
13日	18:11	☉☌♃
14日	00:51	♀⚹♇
14日	01:18	♀□♅
14日	15:28	♀△♆
17日	00:58	♀☌♃
25日	21:38	☉☌♀
27日	07:23	☿□♅
27日	08:21	☿⚹♇
27日	12:52	☿△♆
30日	23:39	☿☌♃

1979年9月

DAY	☉	☽	☊ mean	☊ true	☿	♀	♂	♃	♄	♅	♆	♇	⚳	⚴	⚵	⚶	⚷
	° ′	° ′	° ′	° ′	° ′	° ′	° ′	° ′	° ′	° ′	° ′	° ′	°	°	°	°	°
1	7 ♍ 36	18 ♐ 18	8 ♍ 22	8 R 28	25 D 40	9 D 16	15 D 0	24 D 0	16 D 0	17 D 28	17 D 43	17 D 33	18 R	19 R	0 D	17 D	13 R
2	8 ♍ 34	1 ♑ 59	8 ♍ 19	8 D 28	27 ♌ 33	10 ♍ 31	15 ♋ 38	24 ♌ 13	16 ♍ 7	17 ♏ 30	17 ♐ 43	17 ♎ 35	18 ♈	19 ♒	0 ♋	17 ♉	13 ♉
3	9 ♍ 32	16 ♑ 5	8 ♍ 16	8 ♍ 28	29 ♌ 28	11 ♍ 45	16 ♋ 16	24 ♌ 26	16 ♍ 15	17 ♏ 32	17 ♐ 43	17 ♎ 37	18 ♈	19 ♒	1 ♋	17 ♉	13 ♉
4	10 ♍ 31	0 ♒ 37	8 ♍ 13	8 ♍ 28	1 ♍ 23	13 ♍ 0	16 ♋ 54	24 ♌ 39	16 ♍ 22	17 ♏ 34	17 ♐ 43	17 ♎ 39	18 ♈	19 ♒	1 ♋	17 ♉	13 ♉
5	11 ♍ 29	15 ♒ 29	8 ♍ 9	8 ♍ 28	3 ♍ 19	14 ♍ 14	17 ♋ 32	24 ♌ 52	16 ♍ 30	17 ♏ 36	17 ♐ 43	17 ♎ 41	18 ♈	19 ♒	2 ♋	18 ♉	13 ♉
6	12 ♍ 27	0 ♓ 36	8 ♍ 6	8 ♍ 29	5 ♍ 15	15 ♍ 29	18 ♋ 10	25 ♌ 5	16 ♍ 37	17 ♏ 38	17 ♐ 43	17 ♎ 43	18 ♈	18 ♒	2 ♋	18 ♉	13 ♉
7	13 ♍ 25	15 ♓ 48	8 ♍ 3	8 R 29	7 ♍ 12	16 ♍ 43	18 ♋ 47	25 ♌ 18	16 ♍ 45	17 ♏ 40	17 ♐ 44	17 ♎ 45	18 ♈	18 ♒	3 ♋	18 ♉	13 ♉
8	14 ♍ 23	0 ♈ 57	8 ♍ 0	8 ♍ 28	9 ♍ 8	17 ♍ 58	19 ♋ 25	25 ♌ 30	16 ♍ 52	17 ♏ 42	17 ♐ 44	17 ♎ 47	18 ♈	18 ♒	3 ♋	18 ♉	13 ♉
9	15 ♍ 21	15 ♈ 53	7 ♍ 57	8 ♍ 28	11 ♍ 4	19 ♍ 12	20 ♋ 2	25 ♌ 43	17 ♍ 0	17 ♏ 44	17 ♐ 44	17 ♎ 49	17 ♈	18 ♒	4 ♋	18 ♉	13 ♉
10	16 ♍ 20	0 ♉ 28	7 ♍ 54	8 ♍ 27	13 ♍ 0	20 ♍ 27	20 ♋ 40	25 ♌ 56	17 ♍ 8	17 ♏ 47	17 ♐ 45	17 ♎ 51	17 ♈	17 ♒	4 ♋	18 ♉	13 ♉
11	17 ♍ 18	14 ♉ 39	7 ♍ 50	8 ♍ 26	14 ♍ 55	21 ♍ 41	21 ♋ 17	26 ♌ 9	17 ♍ 15	17 ♏ 49	17 ♐ 45	17 ♎ 53	17 ♈	17 ♒	5 ♋	18 ♉	13 ♉
12	18 ♍ 16	28 ♉ 22	7 ♍ 47	8 ♍ 25	16 ♍ 49	22 ♍ 56	21 ♋ 54	26 ♌ 21	17 ♍ 23	17 ♏ 51	17 ♐ 45	17 ♎ 55	17 ♈	17 ♒	5 ♋	18 ♉	13 ♉
13	19 ♍ 15	11 ♊ 38	7 ♍ 44	8 ♍ 24	18 ♍ 42	24 ♍ 10	22 ♋ 32	26 ♌ 34	17 ♍ 30	17 ♏ 53	17 ♐ 46	17 ♎ 58	17 ♈	17 ♒	5 ♋	18 ♉	13 ♉
14	20 ♍ 13	24 ♊ 30	7 ♍ 41	8 D 24	20 ♍ 34	25 ♍ 25	23 ♋ 9	26 ♌ 47	17 ♍ 38	17 ♏ 56	17 ♐ 46	18 ♎ 0	17 ♈	17 ♒	6 ♋	18 ♉	13 ♉
15	21 ♍ 11	7 ♋ 1	7 ♍ 38	8 ♍ 25	22 ♍ 26	26 ♍ 39	23 ♋ 46	26 ♌ 59	17 ♍ 45	17 ♏ 58	17 ♐ 47	18 ♎ 2	16 ♈	17 ♒	6 ♋	18 ♉	13 ♉
16	22 ♍ 10	19 ♋ 15	7 ♍ 34	8 ♍ 26	24 ♍ 16	27 ♍ 54	24 ♋ 22	27 ♌ 12	17 ♍ 53	18 ♏ 1	17 ♐ 47	18 ♎ 4	16 ♈	16 ♒	7 ♋	18 R	13 ♉
17	23 ♍ 8	1 ♌ 17	7 ♍ 31	8 ♍ 27	26 ♍ 6	29 ♍ 9	24 ♋ 59	27 ♌ 24	18 ♍ 0	18 ♏ 3	17 ♐ 48	18 ♎ 6	16 ♈	16 ♒	7 ♋	18 ♉	13 ♉
18	24 ♍ 7	13 ♌ 9	7 ♍ 28	8 ♍ 29	27 ♍ 54	0 ♎ 23	25 ♋ 36	27 ♌ 36	18 ♍ 8	18 ♏ 6	17 ♐ 48	18 ♎ 8	16 ♈	16 ♒	8 ♋	18 ♉	13 ♉
19	25 ♍ 5	24 ♌ 58	7 ♍ 25	8 ♍ 30	29 ♍ 42	1 ♎ 38	26 ♋ 13	27 ♌ 49	18 ♍ 15	18 ♏ 8	17 ♐ 49	18 ♎ 11	16 ♈	16 ♒	8 ♋	18 ♉	13 ♉
20	26 ♍ 4	6 ♍ 44	7 ♍ 22	8 ♍ 30	1 ♎ 28	2 ♎ 53	26 ♋ 49	28 ♌ 1	18 ♍ 23	18 ♏ 11	17 ♐ 49	18 ♎ 13	16 ♈	16 ♒	9 ♋	18 ♉	13 ♉
21	27 ♍ 3	18 ♍ 32	7 ♍ 19	8 R 30	3 ♎ 14	4 ♎ 7	27 ♋ 25	28 ♌ 13	18 ♍ 30	18 ♏ 13	17 ♐ 50	18 ♎ 15	15 ♈	16 ♒	9 ♋	18 ♉	13 ♉
22	28 ♍ 1	0 ♎ 24	7 ♍ 15	8 ♍ 28	4 ♎ 58	5 ♎ 22	28 ♋ 2	28 ♌ 26	18 ♍ 38	18 ♏ 16	17 ♐ 51	18 ♎ 17	15 ♈	16 ♒	10 ♋	18 ♉	13 ♉
23	29 ♍ 0	12 ♎ 22	7 ♍ 12	8 ♍ 26	6 ♎ 41	6 ♎ 36	28 ♋ 38	28 ♌ 38	18 ♍ 45	18 ♏ 19	17 ♐ 52	18 ♎ 20	15 ♈	16 ♒	10 ♋	18 ♉	13 ♉
24	29 ♍ 59	24 ♎ 27	7 ♍ 9	8 ♍ 23	8 ♎ 24	7 ♎ 51	29 ♋ 14	28 ♌ 50	18 ♍ 53	18 ♏ 22	17 ♐ 52	18 ♎ 22	15 ♈	15 ♒	11 ♋	18 ♉	13 ♉
25	0 ♎ 58	6 ♏ 42	7 ♍ 6	8 ♍ 19	10 ♎ 5	9 ♎ 6	29 ♋ 50	29 ♌ 2	19 ♍ 0	18 ♏ 24	17 ♐ 53	18 ♎ 24	14 ♈	15 ♒	11 ♋	18 ♉	13 ♉
26	1 ♎ 56	19 ♏ 8	7 ♍ 3	8 ♍ 16	11 ♎ 45	10 ♎ 21	0 ♌ 26	29 ♌ 14	19 ♍ 7	18 ♏ 27	17 ♐ 54	18 ♎ 27	14 ♈	15 ♒	12 ♋	18 ♉	13 ♉
27	2 ♎ 55	1 ♐ 48	6 ♍ 59	8 ♍ 12	13 ♎ 25	11 ♎ 35	1 ♌ 2	29 ♌ 26	19 ♍ 15	18 ♏ 30	17 ♐ 55	18 ♎ 29	14 ♈	15 ♒	12 ♋	17 ♉	13 ♉
28	3 ♎ 54	14 ♐ 44	6 ♍ 56	8 ♍ 10	15 ♎ 3	12 ♎ 50	1 ♌ 37	29 ♌ 38	19 ♍ 22	18 ♏ 33	17 ♐ 56	18 ♎ 31	14 ♈	15 ♒	12 ♋	17 ♉	13 ♉
29	4 ♎ 53	27 ♐ 57	6 ♍ 53	8 ♍ 9	16 ♎ 41	14 ♎ 5	2 ♌ 13	29 ♌ 50	19 ♍ 30	18 ♏ 36	17 ♐ 57	18 ♎ 34	14 ♈	15 ♒	13 ♋	17 ♉	13 ♉
30	5 ♎ 52	11 ♑ 30	6 ♍ 50	8 D 9	18 ♎ 18	15 ♎ 19	2 ♌ 48	0 ♍ 2	19 ♍ 37	18 ♏ 39	17 ♐ 58	18 ♎ 36	13 ♈	15 ♒	13 ♋	17 ♉	13 ♉

SUN INGRESS ☉→♎24日 00:16

MOON PHASE ○ 6日 19:59 ♓ ◑ 13日 15:15 ♊ ● 21日 18:47 ♍ ◐ 29日 13:20 ♑

aspects		
2日	23:03	☿⚹♄
5日	02:45	♂△♅
5日	06:03	♂□♇
6日	07:25	♆⚹♇
7日	00:39	♀☌♄
7日	18:52	♀⚹♅
7日	19:34	♀□♆
10日	08:28	♀⚹♂
10日	22:39	☉☌♄
11日	11:11	☉□♆
11日	13:14	☉⚹♅
12日	07:40	☿☌♄
12日	12:00	☿□♆
12日	13:28	☿⚹♅
13日	14:25	☉☌☿
15日	04:58	♄□♆
16日	01:59	☿⚹♂
17日	14:12	♄⚹♅
22日	00:20	☉⚹♂
22日	19:56	☿☌♀
29日	18:55	☿⚹♆
30日	04:36	☿☌♇

1979年10月

DAY	☉	☽	☊ mean	☊ true	☿	♀	♂	♃	♄	♅	♆	♇	⚳	⚴	⚵	⚶	⚷
	° ′	° ′	° ′	° ′	° ′	° ′	° ′	° ′	° ′	° ′	° ′	° ′	°	°	°	°	°
1	6 ♎ 51	25 ♑ 23	6 ♍ 47	8 D 10	19 D 54	16 D 34	3 D 24	0 D 14	19 D 44	18 D 42	17 D 59	18 D 38	13 R	15 R	14 D	17 R	13 R
2	7 ♎ 50	9 ♒ 38	6 ♍ 44	8 ♍ 11	21 ♎ 29	17 ♎ 49	3 ♌ 59	0 ♍ 25	19 ♍ 52	18 ♏ 45	18 ♐ 0	18 ♎ 41	13 ♈	14 ♒	14 ♋	17 ♉	13 ♉
3	8 ♎ 49	24 ♒ 13	6 ♍ 40	8 ♍ 12	23 ♎ 3	19 ♎ 3	4 ♌ 34	0 ♍ 37	19 ♍ 59	18 ♏ 48	18 ♐ 1	18 ♎ 43	13 ♈	14 ♒	14 ♋	17 ♉	13 ♉
4	9 ♎ 48	9 ♓ 3	6 ♍ 37	8 R 13	24 ♎ 36	20 ♎ 18	5 ♌ 9	0 ♍ 48	20 ♍ 6	18 ♏ 51	18 ♐ 2	18 ♎ 45	13 ♈	14 ♒	15 ♋	17 ♉	12 ♉
5	10 ♎ 47	24 ♓ 3	6 ♍ 34	8 ♍ 12	26 ♎ 9	21 ♎ 33	5 ♌ 44	1 ♍ 0	20 ♍ 13	18 ♏ 54	18 ♐ 3	18 ♎ 48	12 ♈	14 ♒	15 ♋	17 ♉	12 ♉
6	11 ♎ 46	9 ♈ 5	6 ♍ 31	8 ♍ 10	27 ♎ 40	22 ♎ 47	6 ♌ 19	1 ♍ 11	20 ♍ 20	18 ♏ 57	18 ♐ 4	18 ♎ 50	12 ♈	14 ♒	16 ♋	16 ♉	12 ♉
7	12 ♎ 45	24 ♈ 0	6 ♍ 28	8 ♍ 6	29 ♎ 11	24 ♎ 2	6 ♌ 53	1 ♍ 23	20 ♍ 28	19 ♏ 0	18 ♐ 5	18 ♎ 52	12 ♈	14 ♒	16 ♋	16 ♉	12 ♉
8	13 ♎ 44	8 ♉ 40	6 ♍ 25	8 ♍ 0	0 ♏ 41	25 ♎ 17	7 ♌ 28	1 ♍ 34	20 ♍ 35	19 ♏ 4	18 ♐ 6	18 ♎ 55	12 ♈	14 ♒	16 ♋	16 ♉	12 ♉
9	14 ♎ 43	22 ♉ 57	6 ♍ 21	7 ♍ 55	2 ♏ 10	26 ♎ 32	8 ♌ 2	1 ♍ 45	20 ♍ 42	19 ♏ 7	18 ♐ 8	18 ♎ 57	11 ♈	14 ♒	17 ♋	16 ♉	12 ♉
10	15 ♎ 43	6 ♊ 47	6 ♍ 18	7 ♍ 49	3 ♏ 39	27 ♎ 46	8 ♌ 37	1 ♍ 56	20 ♍ 49	19 ♏ 10	18 ♐ 9	18 ♎ 59	11 ♈	14 ♒	17 ♋	16 ♉	12 ♉
11	16 ♎ 42	20 ♊ 10	6 ♍ 15	7 ♍ 45	5 ♏ 6	29 ♎ 1	9 ♌ 11	2 ♍ 7	20 ♍ 56	19 ♏ 13	18 ♐ 10	19 ♎ 2	11 ♈	14 ♒	17 ♋	16 ♉	12 ♉
12	17 ♎ 41	3 ♋ 6	6 ♍ 12	7 ♍ 42	6 ♏ 33	0 ♏ 16	9 ♌ 45	2 ♍ 18	21 ♍ 3	19 ♏ 17	18 ♐ 11	19 ♎ 4	11 ♈	14 ♒	18 ♋	15 ♉	12 ♉
13	18 ♎ 41	15 ♋ 39	6 ♍ 9	7 ♍ 41	7 ♏ 59	1 ♏ 30	10 ♌ 19	2 ♍ 29	21 ♍ 10	19 ♏ 20	18 ♐ 13	19 ♎ 7	10 ♈	14 ♒	18 ♋	15 ♉	12 ♉
14	19 ♎ 40	27 ♋ 53	6 ♍ 5	7 D 41	9 ♏ 24	2 ♏ 45	10 ♌ 53	2 ♍ 40	21 ♍ 17	19 ♏ 23	18 ♐ 14	19 ♎ 9	10 ♈	14 ♒	19 ♋	15 ♉	12 ♉
15	20 ♎ 39	9 ♌ 53	6 ♍ 2	7 ♍ 43	10 ♏ 48	4 ♏ 0	11 ♌ 27	2 ♍ 51	21 ♍ 24	19 ♏ 27	18 ♐ 15	19 ♎ 11	10 ♈	14 D	19 ♋	15 ♉	12 ♉
16	21 ♎ 39	21 ♌ 43	5 ♍ 59	7 ♍ 44	12 ♏ 11	5 ♏ 15	12 ♌ 0	3 ♍ 1	21 ♍ 31	19 ♏ 30	18 ♐ 17	19 ♎ 14	10 ♈	14 ♒	19 ♋	15 ♉	12 ♉
17	22 ♎ 38	3 ♍ 30	5 ♍ 56	7 ♍ 45	13 ♏ 33	6 ♏ 29	12 ♌ 34	3 ♍ 12	21 ♍ 38	19 ♏ 34	18 ♐ 18	19 ♎ 16	10 ♈	14 ♒	20 ♋	14 ♉	12 ♉
18	23 ♎ 38	15 ♍ 17	5 ♍ 53	7 R 45	14 ♏ 55	7 ♏ 44	13 ♌ 7	3 ♍ 22	21 ♍ 44	19 ♏ 37	18 ♐ 20	19 ♎ 19	9 ♈	14 ♒	20 ♋	14 ♉	12 ♉
19	24 ♎ 38	27 ♍ 8	5 ♍ 50	7 ♍ 43	16 ♏ 15	8 ♏ 59	13 ♌ 40	3 ♍ 33	21 ♍ 51	19 ♏ 40	18 ♐ 21	19 ♎ 21	9 ♈	14 ♒	20 ♋	14 ♉	12 ♉
20	25 ♎ 37	9 ♎ 7	5 ♍ 46	7 ♍ 38	17 ♏ 34	10 ♏ 14	14 ♌ 13	3 ♍ 43	21 ♍ 58	19 ♏ 44	18 ♐ 23	19 ♎ 23	9 ♈	14 ♒	20 ♋	14 ♉	12 ♉
21	26 ♎ 37	21 ♎ 16	5 ♍ 43	7 ♍ 32	18 ♏ 52	11 ♏ 28	14 ♌ 46	3 ♍ 53	22 ♍ 5	19 ♏ 47	18 ♐ 24	19 ♎ 26	9 ♈	14 ♒	21 ♋	14 ♉	12 ♉
22	27 ♎ 36	3 ♏ 35	5 ♍ 40	7 ♍ 23	20 ♏ 9	12 ♏ 43	15 ♌ 19	4 ♍ 3	22 ♍ 11	19 ♏ 51	18 ♐ 26	19 ♎ 28	9 ♈	14 ♒	21 ♋	13 ♉	12 ♉
23	28 ♎ 36	16 ♏ 7	5 ♍ 37	7 ♍ 14	21 ♏ 24	13 ♏ 58	15 ♌ 51	4 ♍ 13	22 ♍ 18	19 ♏ 54	18 ♐ 28	19 ♎ 30	8 ♈	14 ♒	22 ♋	13 ♉	12 ♉
24	29 ♎ 36	28 ♏ 50	5 ♍ 34	7 ♍ 4	22 ♏ 38	15 ♏ 13	16 ♌ 24	4 ♍ 23	22 ♍ 24	19 ♏ 58	18 ♐ 29	19 ♎ 33	8 ♈	14 ♒	22 ♋	13 ♉	12 ♉
25	0 ♏ 36	11 ♐ 46	5 ♍ 30	6 ♍ 55	23 ♏ 50	16 ♏ 27	16 ♌ 56	4 ♍ 33	22 ♍ 31	20 ♏ 2	18 ♐ 31	19 ♎ 35	8 ♈	14 ♒	22 ♋	13 ♉	12 ♉
26	1 ♏ 36	24 ♐ 55	5 ♍ 27	6 ♍ 48	25 ♏ 0	17 ♏ 42	17 ♌ 28	4 ♍ 43	22 ♍ 37	20 ♏ 5	18 ♐ 32	19 ♎ 37	8 ♈	14 ♒	23 ♋	12 ♉	11 ♉
27	2 ♏ 35	8 ♑ 15	5 ♍ 24	6 ♍ 43	26 ♏ 8	18 ♏ 57	18 ♌ 0	4 ♍ 52	22 ♍ 44	20 ♏ 9	18 ♐ 34	19 ♎ 40	8 ♈	14 ♒	23 ♋	12 ♉	11 ♉
28	3 ♏ 35	21 ♑ 49	5 ♍ 21	6 ♍ 40	27 ♏ 15	20 ♏ 12	18 ♌ 32	5 ♍ 2	22 ♍ 50	20 ♏ 12	18 ♐ 36	19 ♎ 42	7 ♈	15 ♒	23 ♋	12 ♉	11 ♉
29	4 ♏ 35	5 ♒ 36	5 ♍ 18	6 D 39	28 ♏ 19	21 ♏ 26	19 ♌ 3	5 ♍ 11	22 ♍ 56	20 ♏ 16	18 ♐ 38	19 ♎ 44	7 ♈	15 ♒	23 ♋	12 ♉	11 ♉
30	5 ♏ 35	19 ♒ 38	5 ♍ 15	6 ♍ 40	29 ♏ 20	22 ♏ 41	19 ♌ 35	5 ♍ 21	23 ♍ 2	20 ♏ 20	18 ♐ 39	19 ♎ 47	7 ♈	15 ♒	24 ♋	11 ♉	11 ♉
31	6 ♏ 35	3 ♓ 53	5 ♍ 11	6 ♍ 41	0 ♐ 18	23 ♏ 56	20 ♌ 6	5 ♍ 30	23 ♍ 9	20 ♏ 23	18 ♐ 41	19 ♎ 49	7 ♈	15 ♒	24 ♋	11 ♉	11 ♉

SUN INGRESS ☉→♏24日 09:28

MOON PHASE ○ 6日 04:35 ♈ ◑ 13日 06:24 ♋ ● 21日 11:23 ♎ ◐ 28日 22:06 ♒

aspects		
2日	03:35	♀⚹♆
2日	17:13	♀☌♇
8日	16:15	☿⚹♃
12日	12:28	☉⚹♆
13日	10:56	☉☌♇
13日	22:03	♀⚹♃
15日	18:38	☿□♂
21日	18:12	☿☌♅
23日	19:14	☿⚹♄
25日	16:04	♀□♂
28日	00:17	♀☌♅
28日	03:20	♂△♆
29日	17:12	☉⚹♃
30日	07:29	♀⚹♄
30日	09:56	♂⚹♇
31日	15:03	♂□♅

1979年11月

DAY	☉	☽	☊ mean	☊ true	☿	♀	♂	♃	♄	♅	♆	♇	⚳	⚴	⚵	⚶	⚷
	° ′	° ′	° ′	° ′	° ′	° ′	° ′	° ′	° ′	° ′	° ′	° ′	°	°	°	°	°
1	7 ♏ 35	18 ♓ 21	5 ♍ 8	6 R 40	1 D 14	25 D 11	20 D 37	5 D 39	23 D 15	20 D 27	18 D 43	19 D 51	7 R	15 D	24 D	11 R	11 R
2	8 ♏ 35	2 ♈ 57	5 ♍ 5	6 ♍ 38	2 ♐ 5	26 ♏ 25	21 ♌ 8	5 ♍ 48	23 ♍ 21	20 ♏ 31	18 ♐ 45	19 ♎ 54	7 ♈	15 ♒	25 ♋	10 ♉	11 ♉
3	9 ♏ 35	17 ♈ 38	5 ♍ 2	6 ♍ 32	2 ♐ 53	27 ♏ 40	21 ♌ 39	5 ♍ 57	23 ♍ 27	20 ♏ 34	18 ♐ 47	19 ♎ 56	6 ♈	15 ♒	25 ♋	10 ♉	11 ♉
4	10 ♏ 35	2 ♉ 16	4 ♍ 59	6 ♍ 24	3 ♐ 36	28 ♏ 55	22 ♌ 10	6 ♍ 5	23 ♍ 33	20 ♏ 38	18 ♐ 48	19 ♎ 58	6 ♈	15 ♒	25 ♋	10 ♉	11 ♉
5	11 ♏ 35	16 ♉ 44	4 ♍ 56	6 ♍ 15	4 ♐ 14	0 ♐ 9	22 ♌ 40	6 ♍ 14	23 ♍ 39	20 ♏ 42	18 ♐ 50	20 ♎ 1	6 ♈	15 ♒	25 ♋	10 ♉	11 ♉
6	12 ♏ 35	0 ♊ 55	4 ♍ 52	6 ♍ 4	4 ♐ 46	1 ♐ 24	23 ♌ 10	6 ♍ 23	23 ♍ 44	20 ♏ 45	18 ♐ 52	20 ♎ 3	6 ♈	15 ♒	25 ♋	9 ♉	11 ♉
7	13 ♏ 35	14 ♊ 44	4 ♍ 49	5 ♍ 53	5 ♐ 13	2 ♐ 39	23 ♌ 40	6 ♍ 31	23 ♍ 50	20 ♏ 49	18 ♐ 54	20 ♎ 5	6 ♈	15 ♒	26 ♋	9 ♉	11 ♉
8	14 ♏ 36	28 ♊ 8	4 ♍ 46	5 ♍ 43	5 ♐ 32	3 ♐ 53	24 ♌ 10	6 ♍ 39	23 ♍ 56	20 ♏ 53	18 ♐ 56	20 ♎ 7	6 ♈	16 ♒	26 ♋	9 ♉	11 ♉
9	15 ♏ 36	11 ♋ 7	4 ♍ 43	5 ♍ 36	5 ♐ 44	5 ♐ 8	24 ♌ 40	6 ♍ 47	24 ♍ 1	20 ♏ 57	18 ♐ 58	20 ♎ 9	6 ♈	16 ♒	26 ♋	9 ♉	11 ♉
10	16 ♏ 36	23 ♋ 42	4 ♍ 40	5 ♍ 31	5 R 48	6 ♐ 23	25 ♌ 9	6 ♍ 55	24 ♍ 7	21 ♏ 0	19 ♐ 0	20 ♎ 12	6 ♈	16 ♒	26 ♋	8 ♉	11 ♉
11	17 ♏ 36	5 ♌ 58	4 ♍ 36	5 ♍ 29	5 ♐ 43	7 ♐ 38	25 ♌ 38	7 ♍ 3	24 ♍ 13	21 ♏ 4	19 ♐ 2	20 ♎ 14	6 ♈	16 ♒	27 ♋	8 ♉	11 ♉
12	18 ♏ 37	17 ♌ 58	4 ♍ 33	5 ♍ 28	5 ♐ 29	8 ♐ 52	26 ♌ 8	7 ♍ 11	24 ♍ 18	21 ♏ 8	19 ♐ 4	20 ♎ 16	5 ♈	16 ♒	27 ♋	8 ♉	11 ♉
13	19 ♏ 37	29 ♌ 50	4 ♍ 30	5 D 28	5 ♐ 5	10 ♐ 7	26 ♌ 36	7 ♍ 18	24 ♍ 23	21 ♏ 11	19 ♐ 6	20 ♎ 18	5 ♈	16 ♒	27 ♋	8 ♉	11 ♉
14	20 ♏ 37	11 ♍ 37	4 ♍ 27	5 R 28	4 ♐ 30	11 ♐ 22	27 ♌ 5	7 ♍ 26	24 ♍ 29	21 ♏ 15	19 ♐ 8	20 ♎ 20	5 ♈	16 ♒	27 ♋	7 ♉	11 ♉
15	21 ♏ 38	23 ♍ 25	4 ♍ 24	5 ♍ 27	3 ♐ 46	12 ♐ 36	27 ♌ 33	7 ♍ 33	24 ♍ 34	21 ♏ 19	19 ♐ 10	20 ♎ 22	5 ♈	17 ♒	27 ♋	7 ♉	11 ♉
16	22 ♏ 38	5 ♎ 20	4 ♍ 21	5 ♍ 23	2 ♐ 52	13 ♐ 51	28 ♌ 2	7 ♍ 40	24 ♍ 39	21 ♏ 23	19 ♐ 12	20 ♎ 25	5 ♈	17 ♒	27 ♋	7 ♉	10 ♉
17	23 ♏ 39	17 ♎ 25	4 ♍ 17	5 ♍ 17	1 ♐ 49	15 ♐ 6	28 ♌ 30	7 ♍ 47	24 ♍ 44	21 ♏ 26	19 ♐ 14	20 ♎ 27	5 ♈	17 ♒	27 ♋	7 ♉	10 ♉
18	24 ♏ 39	29 ♎ 44	4 ♍ 14	5 ♍ 8	0 ♐ 38	16 ♐ 20	28 ♌ 57	7 ♍ 54	24 ♍ 49	21 ♏ 30	19 ♐ 16	20 ♎ 29	5 ♈	17 ♒	28 ♋	6 ♉	10 ♉
19	25 ♏ 40	12 ♏ 18	4 ♍ 11	4 ♍ 56	29 ♏ 21	17 ♐ 35	29 ♌ 25	8 ♍ 1	24 ♍ 54	21 ♏ 34	19 ♐ 18	20 ♎ 31	5 ♈	17 ♒	28 ♋	6 ♉	10 ♉
20	26 ♏ 40	25 ♏ 9	4 ♍ 8	4 ♍ 43	28 ♏ 1	18 ♐ 50	29 ♌ 52	8 ♍ 8	24 ♍ 59	21 ♏ 38	19 ♐ 21	20 ♎ 33	5 ♈	17 ♒	28 ♋	6 ♉	10 ♉
21	27 ♏ 41	8 ♐ 14	4 ♍ 5	4 ♍ 29	26 ♏ 39	20 ♐ 4	0 ♍ 19	8 ♍ 14	25 ♍ 3	21 ♏ 41	19 ♐ 23	20 ♎ 35	5 ♈	18 ♒	28 ♋	6 ♉	10 ♉
22	28 ♏ 41	21 ♐ 33	4 ♍ 2	4 ♍ 16	25 ♏ 20	21 ♐ 19	0 ♍ 46	8 ♍ 20	25 ♍ 8	21 ♏ 45	19 ♐ 25	20 ♎ 37	5 ♈	18 ♒	28 ♋	6 ♉	10 ♉
23	29 ♏ 42	5 ♑ 4	3 ♍ 58	4 ♍ 5	24 ♏ 4	22 ♐ 34	1 ♍ 12	8 ♍ 27	25 ♍ 13	21 ♏ 49	19 ♐ 27	20 ♎ 39	5 ♈	18 ♒	28 ♋	5 ♉	10 ♉
24	0 ♐ 43	18 ♑ 44	3 ♍ 55	3 ♍ 58	22 ♏ 55	23 ♐ 48	1 ♍ 38	8 ♍ 33	25 ♍ 17	21 ♏ 52	19 ♐ 29	20 ♎ 41	5 ♈	18 ♒	28 ♋	5 ♉	10 ♉
25	1 ♐ 43	2 ♒ 31	3 ♍ 52	3 ♍ 53	21 ♏ 55	25 ♐ 3	2 ♍ 4	8 ♍ 38	25 ♍ 22	21 ♏ 56	19 ♐ 31	20 ♎ 43	5 ♈	18 ♒	28 ♋	5 ♉	10 ♉
26	2 ♐ 44	16 ♒ 25	3 ♍ 49	3 ♍ 51	21 ♏ 5	26 ♐ 18	2 ♍ 30	8 ♍ 44	25 ♍ 26	22 ♏ 0	19 ♐ 33	20 ♎ 45	5 D	18 ♒	28 ♋	5 ♉	10 ♉
27	3 ♐ 45	0 ♓ 25	3 ♍ 46	3 ♍ 50	20 ♏ 26	27 ♐ 32	2 ♍ 55	8 ♍ 50	25 ♍ 30	22 ♏ 4	19 ♐ 36	20 ♎ 46	5 ♈	19 ♒	28 ♋	5 ♉	10 ♉
28	4 ♐ 45	14 ♓ 29	3 ♍ 42	3 ♍ 50	19 ♏ 59	28 ♐ 47	3 ♍ 21	8 ♍ 55	25 ♍ 34	22 ♏ 7	19 ♐ 38	20 ♎ 48	5 ♈	19 ♒	28 ♋	4 ♉	10 ♉
29	5 ♐ 46	28 ♓ 39	3 ♍ 39	3 ♍ 49	19 ♏ 44	0 ♑ 2	3 ♍ 45	9 ♍ 0	25 ♍ 38	22 ♏ 11	19 ♐ 40	20 ♎ 50	5 ♈	19 ♒	29 ♋	4 ♉	10 ♉
30	6 ♐ 47	12 ♈ 51	3 ♍ 36	3 ♍ 46	19 D 39	1 ♑ 16	4 ♍ 10	9 ♍ 5	25 ♍ 42	22 ♏ 15	19 ♐ 42	20 ♎ 52	5 ♈	19 ♒	29 ♋	4 ♉	10 ♉

SUN INGRESS	☉ → ♐ 23日 06:54
MOON PHASE	○ 4日 14:47 ♉　◑ 12日 01:24 ♌　● 20日 03:04 ♏　◐ 27日 06:09 ♓

aspects		
9日	12:35	☿☌♀
10日	11:38	♀□♃
14日	16:02	☉☌♅
18日	04:14	☉⚹♄
18日	23:08	☿□♂
20日	10:11	♀☌♆
20日	13:36	☉☌☿
21日	10:01	♀⚹♇
22日	03:21	☿⚹♄
24日	23:35	☿☌♅
25日	06:20	♀□♄
25日	14:26	☉□♂

1979年12月

DAY	☉	☽	☊ mean	☊ true	☿	♀	♂	♃	♄	♅	♆	♇	⚳	⚴	⚵	⚶	⚷
	° ′	° ′	° ′	° ′	° ′	° ′	° ′	° ′	° ′	° ′	° ′	° ′	°	°	°	°	°
1	7 ♐ 48	27 ♈ 5	3 ♍ 33	3 R 39	19 D 45	2 D 31	4 D 34	9 D 10	25 D 46	22 D 18	19 D 45	20 D 54	5 D	19 D	29 D	4 R	10 R
2	8 ♐ 49	11 ♉ 16	3 ♍ 30	3 ♍ 30	20 ♏ 2	3 ♑ 45	4 ♍ 58	9 ♍ 15	25 ♍ 50	22 ♏ 22	19 ♐ 47	20 ♎ 56	5 ♈	20 ♒	29 ♋	4 ♉	10 ♉
3	9 ♐ 49	25 ♉ 20	3 ♍ 27	3 ♍ 19	20 ♏ 27	5 ♑ 0	5 ♍ 22	9 ♍ 19	25 ♍ 54	22 ♏ 25	19 ♐ 49	20 ♎ 57	5 ♈	20 ♒	29 R	4 ♉	10 ♉
4	10 ♐ 50	9 ♊ 11	3 ♍ 23	3 ♍ 6	21 ♏ 0	6 ♑ 14	5 ♍ 45	9 ♍ 24	25 ♍ 57	22 ♏ 29	19 ♐ 51	20 ♎ 59	5 ♈	20 ♒	29 ♋	4 ♉	10 ♉
5	11 ♐ 51	22 ♊ 46	3 ♍ 20	2 ♍ 53	21 ♏ 41	7 ♑ 29	6 ♍ 8	9 ♍ 28	26 ♍ 1	22 ♏ 33	19 ♐ 53	21 ♎ 1	5 ♈	20 ♒	29 ♋	3 ♉	10 ♉
6	12 ♐ 52	6 ♋ 1	3 ♍ 17	2 ♍ 42	22 ♏ 28	8 ♑ 44	6 ♍ 31	9 ♍ 32	26 ♍ 4	22 ♏ 36	19 ♐ 56	21 ♎ 2	5 ♈	21 ♒	29 ♋	3 ♉	10 ♉
7	13 ♐ 53	18 ♋ 54	3 ♍ 14	2 ♍ 32	23 ♏ 21	9 ♑ 58	6 ♍ 53	9 ♍ 36	26 ♍ 8	22 ♏ 40	19 ♐ 58	21 ♎ 4	5 ♈	21 ♒	28 ♋	3 ♉	10 ♉
8	14 ♐ 54	1 ♌ 28	3 ♍ 11	2 ♍ 26	24 ♏ 19	11 ♑ 13	7 ♍ 15	9 ♍ 40	26 ♍ 11	22 ♏ 43	20 ♐ 0	21 ♎ 6	5 ♈	21 ♒	28 ♋	3 ♉	10 ♉
9	15 ♐ 55	13 ♌ 44	3 ♍ 8	2 ♍ 22	25 ♏ 21	12 ♑ 27	7 ♍ 36	9 ♍ 43	26 ♍ 14	22 ♏ 47	20 ♐ 2	21 ♎ 7	5 ♈	21 ♒	28 ♋	3 ♉	9 ♉
10	16 ♐ 56	25 ♌ 45	3 ♍ 4	2 ♍ 21	26 ♏ 27	13 ♑ 42	7 ♍ 58	9 ♍ 46	26 ♍ 17	22 ♏ 50	20 ♐ 5	21 ♎ 9	5 ♈	21 ♒	28 ♋	3 ♉	9 ♉
11	17 ♐ 56	7 ♍ 37	3 ♍ 1	2 D 20	27 ♏ 37	14 ♑ 56	8 ♍ 18	9 ♍ 50	26 ♍ 20	22 ♏ 54	20 ♐ 7	21 ♎ 10	6 ♈	22 ♒	28 ♋	3 ♉	9 ♉
12	18 ♐ 57	19 ♍ 25	2 ♍ 58	2 R 21	28 ♏ 49	16 ♑ 10	8 ♍ 39	9 ♍ 52	26 ♍ 23	22 ♏ 57	20 ♐ 9	21 ♎ 12	6 ♈	22 ♒	28 ♋	3 ♉	9 ♉
13	19 ♐ 58	1 ♎ 14	2 ♍ 55	2 ♍ 20	0 ♐ 4	17 ♑ 25	8 ♍ 59	9 ♍ 55	26 ♍ 26	23 ♏ 1	20 ♐ 12	21 ♎ 13	6 ♈	22 ♒	28 ♋	3 ♉	9 ♉
14	20 ♐ 59	13 ♎ 10	2 ♍ 52	2 ♍ 18	1 ♐ 21	18 ♑ 39	9 ♍ 19	9 ♍ 58	26 ♍ 29	23 ♏ 4	20 ♐ 14	21 ♎ 15	6 ♈	22 ♒	28 ♋	3 ♉	9 ♉
15	22 ♐ 1	25 ♎ 18	2 ♍ 48	2 ♍ 13	2 ♐ 40	19 ♑ 54	9 ♍ 38	10 ♍ 0	26 ♍ 31	23 ♏ 8	20 ♐ 16	21 ♎ 16	6 ♈	23 ♒	28 ♋	3 ♉	9 ♉
16	23 ♐ 2	7 ♏ 43	2 ♍ 45	2 ♍ 5	4 ♐ 0	21 ♑ 8	9 ♍ 57	10 ♍ 2	26 ♍ 34	23 ♏ 11	20 ♐ 18	21 ♎ 18	6 ♈	23 ♒	28 ♋	3 ♉	9 ♉
17	24 ♐ 3	20 ♏ 26	2 ♍ 42	1 ♍ 55	5 ♐ 22	22 ♑ 22	10 ♍ 15	10 ♍ 4	26 ♍ 36	23 ♏ 14	20 ♐ 21	21 ♎ 19	6 ♈	23 ♒	28 ♋	3 ♉	9 ♉
18	25 ♐ 4	3 ♐ 30	2 ♍ 39	1 ♍ 44	6 ♐ 45	23 ♑ 37	10 ♍ 33	10 ♍ 6	26 ♍ 38	23 ♏ 18	20 ♐ 23	21 ♎ 20	6 ♈	23 ♒	27 ♋	3 ♉	9 ♉
19	26 ♐ 5	16 ♐ 55	2 ♍ 36	1 ♍ 32	8 ♐ 10	24 ♑ 51	10 ♍ 51	10 ♍ 8	26 ♍ 40	23 ♏ 21	20 ♐ 25	21 ♎ 22	6 ♈	24 ♒	27 ♋	3 ♉	9 ♉
20	27 ♐ 6	0 ♑ 37	2 ♍ 33	1 ♍ 21	9 ♐ 35	26 ♑ 6	11 ♍ 8	10 ♍ 9	26 ♍ 42	23 ♏ 24	20 ♐ 27	21 ♎ 23	7 ♈	24 ♒	27 ♋	2 ♉	9 ♉
21	28 ♐ 7	14 ♑ 34	2 ♍ 29	1 ♍ 12	11 ♐ 1	27 ♑ 20	11 ♍ 24	10 ♍ 11	26 ♍ 44	23 ♏ 27	20 ♐ 30	21 ♎ 24	7 ♈	24 ♒	27 ♋	2 ♉	9 ♉
22	29 ♐ 8	28 ♑ 41	2 ♍ 26	1 ♍ 5	12 ♐ 27	28 ♑ 34	11 ♍ 41	10 ♍ 12	26 ♍ 46	23 ♏ 31	20 ♐ 32	21 ♎ 25	7 ♈	24 ♒	27 ♋	2 D	9 ♉
23	0 ♑ 9	12 ♒ 54	2 ♍ 23	1 ♍ 1	13 ♐ 55	29 ♑ 48	11 ♍ 56	10 ♍ 13	26 ♍ 48	23 ♏ 34	20 ♐ 34	21 ♎ 27	7 ♈	25 ♒	27 ♋	3 ♉	9 ♉
24	1 ♑ 10	27 ♒ 8	2 ♍ 20	0 ♍ 59	15 ♐ 23	1 ♒ 3	12 ♍ 11	10 ♍ 13	26 ♍ 49	23 ♏ 37	20 ♐ 36	21 ♎ 28	7 ♈	25 ♒	26 ♋	3 ♉	9 ♉
25	2 ♑ 12	11 ♓ 20	2 ♍ 17	1 D 0	16 ♐ 51	2 ♒ 17	12 ♍ 26	10 ♍ 14	26 ♍ 51	23 ♏ 40	20 ♐ 39	21 ♎ 29	7 ♈	25 ♒	26 ♋	3 ♉	9 ♉
26	3 ♑ 13	25 ♓ 29	2 ♍ 14	1 ♍ 0	18 ♐ 20	3 ♒ 31	12 ♍ 40	10 ♍ 14	26 ♍ 52	23 ♏ 43	20 ♐ 41	21 ♎ 30	7 ♈	25 ♒	26 ♋	3 ♉	9 ♉
27	4 ♑ 14	9 ♈ 34	2 ♍ 10	1 R 0	19 ♐ 50	4 ♒ 45	12 ♍ 54	10 R 14	26 ♍ 54	23 ♏ 46	20 ♐ 43	21 ♎ 31	8 ♈	26 ♒	26 ♋	3 ♉	9 ♉
28	5 ♑ 15	23 ♈ 33	2 ♍ 7	0 ♍ 59	21 ♐ 19	5 ♒ 59	13 ♍ 7	10 ♍ 14	26 ♍ 55	23 ♏ 49	20 ♐ 45	21 ♎ 32	8 ♈	26 ♒	25 ♋	3 ♉	9 ♉
29	6 ♑ 16	7 ♉ 25	2 ♍ 4	0 ♍ 55	22 ♐ 50	7 ♒ 13	13 ♍ 20	10 ♍ 14	26 ♍ 56	23 ♏ 52	20 ♐ 47	21 ♎ 33	8 ♈	26 ♒	25 ♋	3 ♉	9 ♉
30	7 ♑ 17	21 ♉ 10	2 ♍ 1	0 ♍ 49	24 ♐ 20	8 ♒ 28	13 ♍ 32	10 ♍ 13	26 ♍ 57	23 ♏ 55	20 ♐ 50	21 ♎ 34	8 ♈	26 ♒	25 ♋	3 ♉	9 ♉
31	8 ♑ 18	4 ♊ 46	1 ♍ 58	0 ♍ 40	25 ♐ 51	9 ♒ 42	13 ♍ 43	10 ♍ 13	26 ♍ 58	23 ♏ 58	20 ♐ 52	21 ♎ 35	8 ♈	27 ♒	25 ♋	3 ♉	9 ♉

SUN INGRESS	☉ → ♑ 22日 20:10
MOON PHASE	○ 4日 03:08 ♊　◑ 11日 22:59 ♍　● 19日 17:23 ♐　◐ 26日 14:11 ♈

aspects		
2日	11:15	☉□♃
3日	10:11	♀△♂
6日	04:09	☿☌♅
6日	16:29	♀△♃
9日	20:14	☿⚹♄
13日	05:20	☉☌♆
14日	06:11	☉⚹♇
16日	03:08	♀□♇
16日	08:15	♂☌♃
17日	17:30	♀⚹♅
19日	14:26	☉□♄
20日	09:51	☿□♃
20日	12:12	♀△♄
21日	08:07	☿□♂
27日	14:39	☿☌♆
28日	03:21	☿⚹♇
31日	17:38	☿□♄

1980年1月

DAY	☉	☽	☊ mean	☊ true	☿	♀	♂	♃	♄	♅	♆	♇	⚳	⚴	⚵	⚶	⚷
	° ′	° ′	° ′	° ′	° ′	° ′	° ′	° ′	° ′	° ′	° ′	° ′	°	°	°	°	°
1	9 ♑ 19	18 ♊ 11	1 ♍ 54	0 R 31	27 D 23	10 D 56	13 D 54	10 R 12	26 D 58	24 D 1	20 D 54	21 D 36	9 D	27 D	25 R	3 D	9 R
2	10 ♑ 21	1 ♋ 22	1 ♍ 51	0 ♍ 22	28 ♐ 54	12 ♒ 10	14 ♍ 4	10 ♍ 11	26 ♍ 59	24 ♏ 4	20 ♐ 56	21 ♎ 36	9 ♈	27 ♒	25 ♋	3 ♉	9 ♉
3	11 ♑ 22	14 ♋ 18	1 ♍ 48	0 ♍ 13	0 ♑ 26	13 ♒ 24	14 ♍ 14	10 ♍ 9	27 ♍ 0	24 ♏ 7	20 ♐ 58	21 ♎ 37	9 ♈	28 ♒	24 ♋	3 ♉	9 ♉
4	12 ♑ 23	26 ♋ 59	1 ♍ 45	0 ♍ 7	1 ♑ 59	14 ♒ 37	14 ♍ 23	10 ♍ 8	27 ♍ 0	24 ♏ 10	21 ♐ 1	21 ♎ 38	9 ♈	28 ♒	24 ♋	3 ♉	9 ♉
5	13 ♑ 24	9 ♌ 24	1 ♍ 42	0 ♍ 2	3 ♑ 31	15 ♒ 51	14 ♍ 31	10 ♍ 6	27 ♍ 0	24 ♏ 13	21 ♐ 3	21 ♎ 39	9 ♈	28 ♒	24 ♋	3 ♉	9 ♉
6	14 ♑ 25	21 ♌ 35	1 ♍ 39	0 ♍ 0	5 ♑ 4	17 ♒ 5	14 ♍ 39	10 ♍ 5	27 ♍ 1	24 ♏ 15	21 ♐ 5	21 ♎ 39	10 ♈	29 ♒	24 ♋	3 ♉	9 ♉
7	15 ♑ 26	3 ♍ 34	1 ♍ 35	29 D 59	6 ♑ 38	18 ♒ 19	14 ♍ 46	10 ♍ 2	27 ♍ 1	24 ♏ 18	21 ♐ 7	21 ♎ 40	10 ♈	29 ♒	23 ♋	3 ♉	9 ♉
8	16 ♑ 27	15 ♍ 26	1 ♍ 32	0 ♍ 0	8 ♑ 12	19 ♒ 33	14 ♍ 53	10 ♍ 0	27 R 1	24 ♏ 21	21 ♐ 9	21 ♎ 41	10 ♈	29 ♒	23 ♋	4 ♉	9 ♉
9	17 ♑ 29	27 ♍ 14	1 ♍ 29	0 ♍ 2	9 ♑ 46	20 ♒ 46	14 ♍ 59	9 ♍ 58	27 ♍ 1	24 ♏ 23	21 ♐ 11	21 ♎ 41	10 ♈	29 ♒	23 ♋	4 ♉	9 ♉
10	18 ♑ 30	9 ♎ 3	1 ♍ 26	0 ♍ 3	11 ♑ 21	22 ♒ 0	15 ♍ 4	9 ♍ 55	27 ♍ 0	24 ♏ 26	21 ♐ 13	21 ♎ 42	11 ♈	0 ♓	23 ♋	4 ♉	9 ♉
11	19 ♑ 31	20 ♎ 58	1 ♍ 23	0 R 4	12 ♑ 56	23 ♒ 14	15 ♍ 8	9 ♍ 52	27 ♍ 0	24 ♏ 28	21 ♐ 15	21 ♎ 42	11 ♈	0 ♓	22 ♋	4 ♉	9 ♉
12	20 ♑ 32	3 ♏ 5	1 ♍ 20	0 ♍ 3	14 ♑ 31	24 ♒ 27	15 ♍ 12	9 ♍ 49	26 ♍ 59	24 ♏ 31	21 ♐ 17	21 ♎ 43	11 ♈	0 ♓	22 ♋	4 ♉	9 ♉
13	21 ♑ 33	15 ♏ 29	1 ♍ 16	0 ♍ 0	16 ♑ 7	25 ♒ 41	15 ♍ 15	9 ♍ 46	26 ♍ 59	24 ♏ 33	21 ♐ 19	21 ♎ 43	11 ♈	1 ♓	22 ♋	4 ♉	9 ♉
14	22 ♑ 34	28 ♏ 13	1 ♍ 13	29 ♌ 56	17 ♑ 43	26 ♒ 54	15 ♍ 18	9 ♍ 43	26 ♍ 58	24 ♏ 36	21 ♐ 21	21 ♎ 44	11 ♈	1 ♓	22 ♋	4 ♉	9 ♉
15	23 ♑ 35	11 ♐ 21	1 ♍ 10	29 ♌ 50	19 ♑ 20	28 ♒ 8	15 ♍ 19	9 ♍ 39	26 ♍ 57	24 ♏ 38	21 ♐ 23	21 ♎ 44	12 ♈	1 ♓	21 ♋	5 ♉	9 ♉
16	24 ♑ 37	24 ♐ 54	1 ♍ 7	29 ♌ 44	20 ♑ 58	29 ♒ 21	15 ♍ 20	9 ♍ 36	26 ♍ 57	24 ♏ 40	21 ♐ 25	21 ♎ 45	12 ♈	1 ♓	21 ♋	5 ♉	9 ♉
17	25 ♑ 38	8 ♑ 50	1 ♍ 4	29 ♌ 38	22 ♑ 35	0 ♓ 34	15 R 20	9 ♍ 32	26 ♍ 56	24 ♏ 43	21 ♐ 27	21 ♎ 45	12 ♈	2 ♓	21 ♋	5 ♉	9 ♉
18	26 ♑ 39	23 ♑ 7	1 ♍ 0	29 ♌ 34	24 ♑ 14	1 ♓ 48	15 ♍ 20	9 ♍ 28	26 ♍ 54	24 ♏ 45	21 ♐ 29	21 ♎ 45	12 ♈	2 ♓	21 ♋	5 ♉	9 ♉
19	27 ♑ 40	7 ♒ 38	0 ♍ 57	29 ♌ 30	25 ♑ 53	3 ♓ 1	15 ♍ 18	9 ♍ 24	26 ♍ 53	24 ♏ 47	21 ♐ 31	21 ♎ 45	13 ♈	2 ♓	20 ♋	5 ♉	9 ♉
20	28 ♑ 41	22 ♒ 18	0 ♍ 54	29 ♌ 29	27 ♑ 32	4 ♓ 14	15 ♍ 16	9 ♍ 19	26 ♍ 52	24 ♏ 49	21 ♐ 33	21 ♎ 46	13 ♈	3 ♓	20 ♋	5 ♉	9 D
21	29 ♑ 42	7 ♓ 0	0 ♍ 51	29 D 29	29 ♑ 12	5 ♓ 27	15 ♍ 13	9 ♍ 15	26 ♍ 50	24 ♏ 51	21 ♐ 35	21 ♎ 46	13 ♈	3 ♓	20 ♋	6 ♉	9 ♉
22	0 ♒ 43	21 ♓ 37	0 ♍ 48	29 ♌ 30	0 ♒ 53	6 ♓ 40	15 ♍ 9	9 ♍ 10	26 ♍ 49	24 ♏ 53	21 ♐ 37	21 ♎ 46	14 ♈	3 ♓	20 ♋	6 ♉	9 ♉
23	1 ♒ 44	6 ♈ 5	0 ♍ 45	29 ♌ 31	2 ♒ 34	7 ♓ 53	15 ♍ 5	9 ♍ 5	26 ♍ 47	24 ♏ 55	21 ♐ 39	21 ♎ 46	14 ♈	4 ♓	19 ♋	6 ♉	9 ♉
24	2 ♒ 45	20 ♈ 19	0 ♍ 41	29 ♌ 33	4 ♒ 16	9 ♓ 6	14 ♍ 59	9 ♍ 0	26 ♍ 46	24 ♏ 57	21 ♐ 40	21 ♎ 46	14 ♈	4 ♓	19 ♋	6 ♉	9 ♉
25	3 ♒ 46	4 ♉ 20	0 ♍ 38	29 R 33	5 ♒ 58	10 ♓ 19	14 ♍ 53	8 ♍ 55	26 ♍ 44	24 ♏ 59	21 ♐ 42	21 ♎ 46	14 ♈	4 ♓	19 ♋	6 ♉	9 ♉
26	4 ♒ 47	18 ♉ 4	0 ♍ 35	29 ♌ 33	7 ♒ 41	11 ♓ 32	14 ♍ 46	8 ♍ 49	26 ♍ 42	25 ♏ 1	21 ♐ 44	21 R 46	15 ♈	5 ♓	19 ♋	7 ♉	9 ♉
27	5 ♒ 48	1 ♊ 34	0 ♍ 32	29 ♌ 31	9 ♒ 24	12 ♓ 44	14 ♍ 38	8 ♍ 44	26 ♍ 40	25 ♏ 3	21 ♐ 46	21 ♎ 46	15 ♈	5 ♓	18 ♋	7 ♉	9 ♉
28	6 ♒ 49	14 ♊ 49	0 ♍ 29	29 ♌ 28	11 ♒ 8	13 ♓ 57	14 ♍ 30	8 ♍ 38	26 ♍ 38	25 ♏ 5	21 ♐ 48	21 ♎ 46	15 ♈	5 ♓	18 ♋	7 ♉	9 ♉
29	7 ♒ 50	27 ♊ 49	0 ♍ 26	29 ♌ 24	12 ♒ 52	15 ♓ 10	14 ♍ 20	8 ♍ 32	26 ♍ 35	25 ♏ 6	21 ♐ 49	21 ♎ 46	16 ♈	6 ♓	18 ♋	7 ♉	9 ♉
30	8 ♒ 51	10 ♋ 37	0 ♍ 22	29 ♌ 21	14 ♒ 37	16 ♓ 22	14 ♍ 10	8 ♍ 26	26 ♍ 33	25 ♏ 8	21 ♐ 51	21 ♎ 46	16 ♈	6 ♓	18 ♋	8 ♉	9 ♉
31	9 ♒ 52	23 ♋ 11	0 ♍ 19	29 ♌ 18	16 ♒ 23	17 ♓ 35	13 ♍ 59	8 ♍ 20	26 ♍ 31	25 ♏ 10	21 ♐ 53	21 ♎ 45	16 ♈	6 ♓	18 ♋	8 ♉	9 ♉

SUN INGRESS	☉ → ♒ 21日 06:49
MOON PHASE	○ 2日 18:02 ♋ ◑ 10日 20:50 ♎ ● 18日 06:19 ♑ ◐ 24日 22:58 ♉

aspects		
1日	20:11	☉△♃
6日	06:17	☉△♂
9日	02:57	☿△♃
9日	08:19	♀⚹♆
9日	18:06	♀△♇
12日	01:16	♀□♅
12日	10:41	☿△♂
13日	04:03	☉□♇
16日	01:34	☉⚹♅
16日	11:34	☿□♇
18日	06:00	☉△♄
18日	07:44	☿⚹♅
19日	14:25	☿△♄
21日	18:15	☉☌☿
23日	22:04	♀☍♃
27日	01:49	♆⚹♇
28日	09:36	♀☍♂

1980年2月

DAY	☉	☽	☊ mean	☊ true	☿	♀	♂	♃	♄	♅	♆	♇	⚳	⚴	⚵	⚶	⚷
	° ′	° ′	° ′	° ′	° ′	° ′	° ′	° ′	° ′	° ′	° ′	° ′	°	°	°	°	°
1	10 ♒ 53	5 ♌ 34	0 ♍ 16	29 R 16	18 D 8	18 D 47	13 R 48	8 R 14	26 R 28	25 D 11	21 D 54	21 R 45	16 D	6 D	18 R	8 D	9 D
2	11 ♒ 54	17 ♌ 46	0 ♍ 13	29 ♌ 14	19 ♒ 54	19 ♓ 59	13 ♍ 35	8 ♍ 8	26 ♍ 25	25 ♏ 13	21 ♐ 56	21 ♎ 45	17 ♈	7 ♓	17 ♋	8 ♉	9 ♉
3	12 ♒ 55	29 ♌ 49	0 ♍ 10	29 D 14	21 ♒ 40	21 ♓ 11	13 ♍ 22	8 ♍ 1	26 ♍ 23	25 ♏ 14	21 ♐ 58	21 ♎ 45	17 ♈	7 ♓	17 ♋	9 ♉	9 ♉
4	13 ♒ 56	11 ♍ 44	0 ♍ 6	29 ♌ 14	23 ♒ 27	22 ♓ 23	13 ♍ 8	7 ♍ 55	26 ♍ 20	25 ♏ 16	21 ♐ 59	21 ♎ 44	17 ♈	7 ♓	17 ♋	9 ♉	9 ♉
5	14 ♒ 57	23 ♍ 34	0 ♍ 3	29 ♌ 15	25 ♒ 13	23 ♓ 35	12 ♍ 53	7 ♍ 48	26 ♍ 17	25 ♏ 17	22 ♐ 1	21 ♎ 44	18 ♈	8 ♓	17 ♋	9 ♉	9 ♉
6	15 ♒ 57	5 ♎ 22	0 ♍ 0	29 ♌ 17	26 ♒ 59	24 ♓ 47	12 ♍ 38	7 ♍ 41	26 ♍ 14	25 ♏ 18	22 ♐ 2	21 ♎ 44	18 ♈	8 ♓	17 ♋	9 ♉	9 ♉
7	16 ♒ 58	17 ♎ 11	29 ♌ 57	29 ♌ 18	28 ♒ 45	25 ♓ 59	12 ♍ 22	7 ♍ 34	26 ♍ 11	25 ♏ 20	22 ♐ 4	21 ♎ 43	18 ♈	8 ♓	17 ♋	10 ♉	9 ♉
8	17 ♒ 59	29 ♎ 7	29 ♌ 54	29 ♌ 19	0 ♓ 30	27 ♓ 11	12 ♍ 5	7 ♍ 27	26 ♍ 8	25 ♏ 21	22 ♐ 5	21 ♎ 43	19 ♈	9 ♓	17 ♋	10 ♉	9 ♉
9	19 ♒ 0	11 ♏ 12	29 ♌ 51	29 ♌ 20	2 ♓ 14	28 ♓ 22	11 ♍ 48	7 ♍ 20	26 ♍ 5	25 ♏ 22	22 ♐ 7	21 ♎ 42	19 ♈	9 ♓	16 ♋	10 ♉	9 ♉
10	20 ♒ 1	23 ♏ 32	29 ♌ 47	29 R 20	3 ♓ 56	29 ♓ 34	11 ♍ 29	7 ♍ 13	26 ♍ 1	25 ♏ 23	22 ♐ 8	21 ♎ 42	19 ♈	9 ♓	16 ♋	10 ♉	9 ♉
11	21 ♒ 1	6 ♐ 12	29 ♌ 44	29 ♌ 19	5 ♓ 38	0 ♈ 45	11 ♍ 11	7 ♍ 6	25 ♍ 58	25 ♏ 24	22 ♐ 9	21 ♎ 41	20 ♈	10 ♓	16 ♋	11 ♉	9 ♉
12	22 ♒ 2	19 ♐ 15	29 ♌ 41	29 ♌ 19	7 ♓ 17	1 ♈ 56	10 ♍ 51	6 ♍ 58	25 ♍ 55	25 ♏ 25	22 ♐ 11	21 ♎ 40	20 ♈	10 ♓	16 ♋	11 ♉	9 ♉
13	23 ♒ 3	2 ♑ 44	29 ♌ 38	29 ♌ 18	8 ♓ 54	3 ♈ 8	10 ♍ 31	6 ♍ 51	25 ♍ 51	25 ♏ 26	22 ♐ 12	21 ♎ 40	20 ♈	10 ♓	16 ♋	11 ♉	9 ♉
14	24 ♒ 3	16 ♑ 39	29 ♌ 35	29 ♌ 17	10 ♓ 27	4 ♈ 19	10 ♍ 11	6 ♍ 43	25 ♍ 47	25 ♏ 27	22 ♐ 13	21 ♎ 39	21 ♈	11 ♓	16 ♋	12 ♉	9 ♉
15	25 ♒ 4	1 ♒ 0	29 ♌ 31	29 ♌ 17	11 ♓ 58	5 ♈ 30	9 ♍ 50	6 ♍ 36	25 ♍ 44	25 ♏ 28	22 ♐ 15	21 ♎ 38	21 ♈	11 ♓	16 ♋	12 ♉	9 ♉
16	26 ♒ 5	15 ♒ 43	29 ♌ 28	29 ♌ 16	13 ♓ 24	6 ♈ 41	9 ♍ 28	6 ♍ 28	25 ♍ 40	25 ♏ 29	22 ♐ 16	21 ♎ 38	21 ♈	11 ♓	16 ♋	12 ♉	9 ♉
17	27 ♒ 5	0 ♓ 41	29 ♌ 25	29 D 16	14 ♓ 45	7 ♈ 51	9 ♍ 6	6 ♍ 20	25 ♍ 36	25 ♏ 29	22 ♐ 17	21 ♎ 37	22 ♈	12 ♓	16 ♋	12 ♉	9 ♉
18	28 ♒ 6	15 ♓ 45	29 ♌ 22	29 ♌ 16	16 ♓ 0	9 ♈ 2	8 ♍ 44	6 ♍ 13	25 ♍ 32	25 ♏ 30	22 ♐ 18	21 ♎ 36	22 ♈	12 ♓	16 ♋	13 ♉	9 ♉
19	29 ♒ 6	0 ♈ 48	29 ♌ 19	29 ♌ 16	17 ♓ 10	10 ♈ 12	8 ♍ 22	6 ♍ 5	25 ♍ 28	25 ♏ 31	22 ♐ 20	21 ♎ 35	22 ♈	12 ♓	16 ♋	13 ♉	9 ♉
20	0 ♓ 7	15 ♈ 40	29 ♌ 16	29 R 16	18 ♓ 12	11 ♈ 23	7 ♍ 59	5 ♍ 57	25 ♍ 24	25 ♏ 31	22 ♐ 21	21 ♎ 34	23 ♈	13 ♓	16 ♋	13 ♉	9 ♉
21	1 ♓ 8	0 ♉ 15	29 ♌ 12	29 ♌ 16	19 ♓ 7	12 ♈ 33	7 ♍ 35	5 ♍ 49	25 ♍ 20	25 ♏ 32	22 ♐ 22	21 ♎ 34	23 ♈	13 ♓	16 ♋	14 ♉	9 ♉
22	2 ♓ 8	14 ♉ 28	29 ♌ 9	29 ♌ 16	19 ♓ 54	13 ♈ 43	7 ♍ 12	5 ♍ 41	25 ♍ 16	25 ♏ 32	22 ♐ 23	21 ♎ 33	23 ♈	13 ♓	16 ♋	14 ♉	9 ♉
23	3 ♓ 8	28 ♉ 18	29 ♌ 6	29 ♌ 16	20 ♓ 32	14 ♈ 53	6 ♍ 48	5 ♍ 34	25 ♍ 12	25 ♏ 32	22 ♐ 24	21 ♎ 32	24 ♈	14 ♓	16 D	14 ♉	9 ♉
24	4 ♓ 9	11 ♊ 46	29 ♌ 3	29 D 16	21 ♓ 0	16 ♈ 3	6 ♍ 25	5 ♍ 26	25 ♍ 8	25 ♏ 33	22 ♐ 25	21 ♎ 31	24 ♈	14 ♓	16 ♋	15 ♉	9 ♉
25	5 ♓ 9	24 ♊ 52	29 ♌ 0	29 ♌ 16	21 ♓ 20	17 ♈ 13	6 ♍ 1	5 ♍ 18	25 ♍ 3	25 ♏ 33	22 ♐ 26	21 ♎ 30	24 ♈	14 ♓	16 ♋	15 ♉	9 ♉
26	6 ♓ 10	7 ♋ 38	28 ♌ 57	29 ♌ 17	21 ♓ 29	18 ♈ 22	5 ♍ 37	5 ♍ 10	24 ♍ 59	25 ♏ 33	22 ♐ 27	21 ♎ 29	25 ♈	15 ♓	16 ♋	15 ♉	9 ♉
27	7 ♓ 10	20 ♋ 9	28 ♌ 53	29 ♌ 18	21 R 28	19 ♈ 32	5 ♍ 13	5 ♍ 2	24 ♍ 55	25 ♏ 33	22 ♐ 28	21 ♎ 28	25 ♈	15 ♓	16 ♋	16 ♉	9 ♉
28	8 ♓ 10	2 ♌ 27	28 ♌ 50	29 ♌ 19	21 ♓ 18	20 ♈ 41	4 ♍ 49	4 ♍ 54	24 ♍ 50	25 ♏ 34	22 ♐ 29	21 ♎ 27	25 ♈	15 ♓	16 ♋	16 ♉	9 ♉
29	9 ♓ 10	14 ♌ 35	28 ♌ 47	29 ♌ 19	20 ♓ 58	21 ♈ 50	4 ♍ 26	4 ♍ 46	24 ♍ 46	25 ♏ 34	22 ♐ 30	21 ♎ 25	26 ♈	16 ♓	16 ♋	16 ♉	9 ♉

SUN INGRESS	☉ → ♓ 19日 21:02
MOON PHASE	○ 1日 11:21 ♌ ◑ 9日 16:35 ♏ ● 16日 17:51 ♒ ◐ 23日 09:14 ♊

aspects		
3日	00:57	☿△♇
3日	03:56	☿⚹♆
3日	15:46	♀□♆
5日	00:58	☿□♅
6日	10:38	♀△♅
7日	03:53	♀☍♄
11日	15:34	☉△♇
11日	19:47	☿☍♃
12日	03:34	☉⚹♆
13日	20:29	☿☍♂
15日	09:32	☉□♅
18日	11:55	♄⚹♅
25日	03:01	☉☍♃
25日	14:43	☉☍♂
27日	16:44	♂☌♃
28日	15:37	♀☍♇
29日	13:57	♀△♆

1980年3月

DAY	☉	☽	☊ mean	☊ true	☿	♀	♂	♃	♄	♅	♆	♇	⚳	⚴	⚵	⚶	⚷
	° ′	° ′	° ′	° ′	° ′	° ′	° ′	° ′	° ′	° ′	° ′	° ′	°	°	°	°	°
1	10 ♓ 11	26 ♌ 34	28 ♌ 44	29 D 20	20 R 29	22 D 59	4 R 2	4 R 39	24 R 41	25 R 34	22 D 30	21 R 24	26 D	16 D	16 D	17 D	9 D
2	11 ♓ 11	8 ♍ 28	28 ♌ 41	29 R 19	19 ♓ 53	24 ♈ 8	3 ♍ 39	4 ♍ 31	24 ♍ 37	25 ♏ 34	22 ♐ 31	21 ♎ 23	26 ♈	16 ♓	16 ♋	17 ♉	10 ♉
3	12 ♓ 11	20 ♍ 19	28 ♌ 37	29 ♌ 19	19 ♓ 8	25 ♈ 16	3 ♍ 16	4 ♍ 23	24 ♍ 32	25 ♏ 34	22 ♐ 32	21 ♎ 22	27 ♈	17 ♓	16 ♋	17 ♉	10 ♉
4	13 ♓ 11	2 ♎ 8	28 ♌ 34	29 ♌ 17	18 ♓ 18	26 ♈ 24	2 ♍ 53	4 ♍ 15	24 ♍ 28	25 ♏ 33	22 ♐ 33	21 ♎ 21	27 ♈	17 ♓	16 ♋	18 ♉	10 ♉
5	14 ♓ 11	13 ♎ 57	28 ♌ 31	29 ♌ 15	17 ♓ 23	27 ♈ 33	2 ♍ 30	4 ♍ 8	24 ♍ 23	25 ♏ 33	22 ♐ 33	21 ♎ 20	27 ♈	17 ♓	16 ♋	18 ♉	10 ♉
6	15 ♓ 11	25 ♎ 50	28 ♌ 28	29 ♌ 12	16 ♓ 25	28 ♈ 41	2 ♍ 8	4 ♍ 0	24 ♍ 18	25 ♏ 33	22 ♐ 34	21 ♎ 18	28 ♈	18 ♓	16 ♋	18 ♉	10 ♉
7	16 ♓ 11	7 ♏ 48	28 ♌ 25	29 ♌ 10	15 ♓ 24	29 ♈ 48	1 ♍ 46	3 ♍ 52	24 ♍ 14	25 ♏ 33	22 ♐ 35	21 ♎ 17	28 ♈	18 ♓	16 ♋	19 ♉	10 ♉
8	17 ♓ 11	19 ♏ 55	28 ♌ 22	29 ♌ 8	14 ♓ 23	0 ♉ 56	1 ♍ 25	3 ♍ 45	24 ♍ 9	25 ♏ 32	22 ♐ 35	21 ♎ 16	29 ♈	19 ♓	16 ♋	19 ♉	10 ♉
9	18 ♓ 11	2 ♐ 15	28 ♌ 18	29 ♌ 6	13 ♓ 23	2 ♉ 4	1 ♍ 4	3 ♍ 37	24 ♍ 4	25 ♏ 32	22 ♐ 36	21 ♎ 14	29 ♈	19 ♓	17 ♋	19 ♉	10 ♉
10	19 ♓ 11	14 ♐ 51	28 ♌ 15	29 ♌ 5	12 ♓ 25	3 ♉ 11	0 ♍ 43	3 ♍ 30	24 ♍ 0	25 ♏ 31	22 ♐ 36	21 ♎ 13	29 ♈	19 ♓	17 ♋	20 ♉	10 ♉
11	20 ♓ 11	27 ♐ 47	28 ♌ 12	29 D 5	11 ♓ 30	4 ♉ 18	0 ♍ 23	3 ♍ 23	23 ♍ 55	25 ♏ 31	22 ♐ 37	21 ♎ 12	0 ♉	20 ♓	17 ♋	20 ♉	10 ♉
12	21 ♓ 11	11 ♑ 6	28 ♌ 9	29 ♌ 6	10 ♓ 40	5 ♉ 25	0 ♍ 4	3 ♍ 15	23 ♍ 50	25 ♏ 30	22 ♐ 37	21 ♎ 10	0 ♉	20 ♓	17 ♋	20 ♉	10 ♉
13	22 ♓ 11	24 ♑ 52	28 ♌ 6	29 ♌ 8	9 ♓ 54	6 ♉ 31	29 ♌ 45	3 ♍ 8	23 ♍ 45	25 ♏ 30	22 ♐ 38	21 ♎ 9	0 ♉	20 ♓	17 ♋	21 ♉	10 ♉
14	23 ♓ 11	9 ♒ 4	28 ♌ 3	29 ♌ 9	9 ♓ 14	7 ♉ 38	29 ♌ 27	3 ♍ 1	23 ♍ 41	25 ♏ 29	22 ♐ 38	21 ♎ 7	1 ♉	21 ♓	17 ♋	21 ♉	10 ♉
15	24 ♓ 11	23 ♒ 41	27 ♌ 59	29 ♌ 10	8 ♓ 40	8 ♉ 44	29 ♌ 10	2 ♍ 54	23 ♍ 36	25 ♏ 28	22 ♐ 38	21 ♎ 6	1 ♉	21 ♓	17 ♋	21 ♉	10 ♉
16	25 ♓ 11	8 ♓ 39	27 ♌ 56	29 R 10	8 ♓ 12	9 ♉ 50	28 ♌ 53	2 ♍ 47	23 ♍ 31	25 ♏ 27	22 ♐ 39	21 ♎ 5	2 ♉	21 ♓	18 ♋	22 ♉	10 ♉
17	26 ♓ 10	23 ♓ 50	27 ♌ 53	29 ♌ 8	7 ♓ 51	10 ♉ 55	28 ♌ 36	2 ♍ 41	23 ♍ 26	25 ♏ 27	22 ♐ 39	21 ♎ 3	2 ♉	22 ♓	18 ♋	22 ♉	10 ♉
18	27 ♓ 10	9 ♈ 5	27 ♌ 50	29 ♌ 5	7 ♓ 36	12 ♉ 1	28 ♌ 21	2 ♍ 34	23 ♍ 22	25 ♏ 26	22 ♐ 39	21 ♎ 2	2 ♉	22 ♓	18 ♋	22 ♉	10 ♉
19	28 ♓ 10	24 ♈ 14	27 ♌ 47	29 ♌ 1	7 ♓ 27	13 ♉ 6	28 ♌ 6	2 ♍ 27	23 ♍ 17	25 ♏ 25	22 ♐ 39	21 ♎ 0	3 ♉	22 ♓	18 ♋	23 ♉	10 ♉
20	29 ♓ 9	9 ♉ 7	27 ♌ 43	28 ♌ 57	7 D 24	14 ♉ 11	27 ♌ 52	2 ♍ 21	23 ♍ 12	25 ♏ 24	22 ♐ 40	20 ♎ 59	3 ♉	23 ♓	18 ♋	23 ♉	10 ♉
21	0 ♈ 9	23 ♉ 37	27 ♌ 40	28 ♌ 53	7 ♓ 27	15 ♉ 16	27 ♌ 39	2 ♍ 15	23 ♍ 7	25 ♏ 23	22 ♐ 40	20 ♎ 57	3 ♉	23 ♓	18 ♋	24 ♉	10 ♉
22	1 ♈ 9	7 ♊ 40	27 ♌ 37	28 ♌ 50	7 ♓ 36	16 ♉ 20	27 ♌ 26	2 ♍ 9	23 ♍ 3	25 ♏ 22	22 ♐ 40	20 ♎ 55	4 ♉	23 ♓	19 ♋	24 ♉	10 ♉
23	2 ♈ 8	21 ♊ 14	27 ♌ 34	28 ♌ 48	7 ♓ 50	17 ♉ 24	27 ♌ 14	2 ♍ 3	22 ♍ 58	25 ♏ 21	22 ♐ 40	20 ♎ 54	4 ♉	24 ♓	19 ♋	24 ♉	10 ♉
24	3 ♈ 8	4 ♋ 22	27 ♌ 31	28 D 47	8 ♓ 10	18 ♉ 28	27 ♌ 4	1 ♍ 57	22 ♍ 53	25 ♏ 19	22 ♐ 40	20 ♎ 52	5 ♉	24 ♓	19 ♋	25 ♉	11 ♉
25	4 ♈ 7	17 ♋ 5	27 ♌ 28	28 ♌ 48	8 ♓ 34	19 ♉ 32	26 ♌ 53	1 ♍ 51	22 ♍ 49	25 ♏ 18	22 ♐ 40	20 ♎ 51	5 ♉	24 ♓	19 ♋	25 ♉	11 ♉
26	5 ♈ 7	29 ♋ 30	27 ♌ 24	28 ♌ 49	9 ♓ 3	20 ♉ 35	26 ♌ 44	1 ♍ 45	22 ♍ 44	25 ♏ 17	22 R 40	20 ♎ 49	5 ♉	25 ♓	19 ♋	25 ♉	11 ♉
27	6 ♈ 6	11 ♌ 39	27 ♌ 21	28 ♌ 51	9 ♓ 37	21 ♉ 38	26 ♌ 35	1 ♍ 40	22 ♍ 40	25 ♏ 16	22 ♐ 40	20 ♎ 48	6 ♉	25 ♓	20 ♋	26 ♉	11 ♉
28	7 ♈ 5	23 ♌ 37	27 ♌ 18	28 ♌ 52	10 ♓ 14	22 ♉ 40	26 ♌ 27	1 ♍ 35	22 ♍ 35	25 ♏ 14	22 ♐ 40	20 ♎ 46	6 ♉	25 ♓	20 ♋	26 ♉	11 ♉
29	8 ♈ 5	5 ♍ 29	27 ♌ 15	28 R 52	10 ♓ 56	23 ♉ 42	26 ♌ 20	1 ♍ 29	22 ♍ 31	25 ♏ 13	22 ♐ 40	20 ♎ 44	7 ♉	26 ♓	20 ♋	27 ♉	11 ♉
30	9 ♈ 4	17 ♍ 18	27 ♌ 12	28 ♌ 50	11 ♓ 41	24 ♉ 44	26 ♌ 14	1 ♍ 24	22 ♍ 26	25 ♏ 11	22 ♐ 40	20 ♎ 43	7 ♉	26 ♓	20 ♋	27 ♉	11 ♉
31	10 ♈ 3	29 ♍ 6	27 ♌ 8	28 ♌ 46	12 ♓ 29	25 ♉ 46	26 ♌ 9	1 ♍ 19	22 ♍ 22	25 ♏ 10	22 ♐ 39	20 ♎ 41	7 ♉	26 ♓	20 ♋	27 ♉	11 ♉

SUN INGRESS: ☉ → ♈ 20日 20:10

MOON PHASE: ○ 2日 06:00 ♍　◑ 10日 08:49 ♐　● 17日 03:56 ♓　◐ 23日 21:31 ♋

aspects		
6日	14:39	☉☌☿
8日	07:46	♀△♂
10日	06:10	♀△♃
13日	10:42	☉□♆
14日	11:02	☉☍♄
14日	23:06	☿⚹♀
16日	06:40	☉△♅
26日	22:32	♄□♆
27日	22:14	♀△♄
30日	10:21	♀☍♅
31日	08:22	♀□♂

1980年4月

DAY	☉	☽	☊ mean	☊ true	☿	♀	♂	♃	♄	♅	♆	♇	⚳	⚴	⚵	⚶	⚷
	° ′	° ′	° ′	° ′	° ′	° ′	° ′	° ′	° ′	° ′	° ′	° ′	°	°	°	°	°
1	11 ♈ 2	10 ♎ 56	27 ♌ 5	28 R 41	13 D 21	26 D 47	26 R 4	1 R 15	22 R 17	25 R 8	22 R 39	20 R 39	8 D	27 D	21 D	28 D	11 D
2	12 ♈ 2	22 ♎ 50	27 ♌ 2	28 ♌ 33	14 ♓ 16	27 ♉ 47	26 ♌ 0	1 ♍ 10	22 ♍ 13	25 ♏ 7	22 ♐ 39	20 ♎ 38	8 ♉	27 ♓	21 ♋	28 ♉	11 ♉
3	13 ♈ 1	4 ♏ 49	26 ♌ 59	28 ♌ 25	15 ♓ 14	28 ♉ 48	25 ♌ 57	1 ♍ 6	22 ♍ 9	25 ♏ 5	22 ♐ 39	20 ♎ 36	8 ♉	27 ♓	21 ♋	29 ♉	11 ♉
4	14 ♈ 0	16 ♏ 36	26 ♌ 56	28 ♌ 16	16 ♓ 15	29 ♉ 48	25 ♌ 54	1 ♍ 2	22 ♍ 5	25 ♏ 4	22 ♐ 38	20 ♎ 34	9 ♉	28 ♓	21 ♋	29 ♉	11 ♉
5	14 ♈ 59	29 ♏ 11	26 ♌ 53	28 ♌ 8	17 ♓ 18	0 ♊ 47	25 ♌ 53	0 ♍ 58	22 ♍ 0	25 ♏ 2	22 ♐ 38	20 ♎ 33	9 ♉	28 ♓	22 ♋	29 ♉	11 ♉
6	15 ♈ 58	11 ♐ 37	26 ♌ 49	28 ♌ 2	18 ♓ 24	1 ♊ 46	25 ♌ 52	0 ♍ 54	21 ♍ 56	25 ♏ 0	22 ♐ 38	20 ♎ 31	10 ♉	28 ♓	22 ♋	0 ♊	11 ♉
7	16 ♈ 57	24 ♐ 16	26 ♌ 46	27 ♌ 57	19 ♓ 33	2 ♊ 45	25 D 52	0 ♍ 50	21 ♍ 52	24 ♏ 58	22 ♐ 37	20 ♎ 29	10 ♉	29 ♓	22 ♋	0 ♊	11 ♉
8	17 ♈ 56	7 ♑ 11	26 ♌ 43	27 ♌ 54	20 ♓ 43	3 ♊ 43	25 ♌ 52	0 ♍ 47	21 ♍ 48	24 ♏ 57	22 ♐ 37	20 ♎ 28	10 ♉	29 ♓	22 ♋	0 ♊	11 ♉
9	18 ♈ 55	20 ♑ 25	26 ♌ 40	27 D 54	21 ♓ 56	4 ♊ 41	25 ♌ 54	0 ♍ 43	21 ♍ 44	24 ♏ 55	22 ♐ 36	20 ♎ 26	11 ♉	0 ♈	23 ♋	1 ♊	11 ♉
10	19 ♈ 54	4 ♒ 0	26 ♌ 37	27 ♌ 55	23 ♓ 11	5 ♊ 38	25 ♌ 56	0 ♍ 40	21 ♍ 40	24 ♏ 53	22 ♐ 36	20 ♎ 24	11 ♉	0 ♈	23 ♋	1 ♊	12 ♉
11	20 ♈ 53	17 ♒ 58	26 ♌ 34	27 ♌ 55	24 ♓ 28	6 ♊ 35	25 ♌ 58	0 ♍ 37	21 ♍ 36	24 ♏ 51	22 ♐ 35	20 ♎ 23	12 ♉	0 ♈	23 ♋	2 ♊	12 ♉
12	21 ♈ 52	2 ♓ 21	26 ♌ 30	27 R 56	25 ♓ 47	7 ♊ 31	26 ♌ 2	0 ♍ 34	21 ♍ 33	24 ♏ 49	22 ♐ 35	20 ♎ 21	12 ♉	1 ♈	24 ♋	2 ♊	12 ♉
13	22 ♈ 50	17 ♓ 5	26 ♌ 27	27 ♌ 54	27 ♓ 8	8 ♊ 26	26 ♌ 6	0 ♍ 32	21 ♍ 29	24 ♏ 47	22 ♐ 34	20 ♎ 19	12 ♉	1 ♈	24 ♋	2 ♊	12 ♉
14	23 ♈ 49	2 ♈ 5	26 ♌ 24	27 ♌ 50	28 ♓ 31	9 ♊ 21	26 ♌ 11	0 ♍ 29	21 ♍ 25	24 ♏ 45	22 ♐ 34	20 ♎ 17	13 ♉	1 ♈	24 ♋	3 ♊	12 ♉
15	24 ♈ 48	17 ♈ 15	26 ♌ 21	27 ♌ 44	29 ♓ 56	10 ♊ 16	26 ♌ 16	0 ♍ 27	21 ♍ 22	24 ♏ 43	22 ♐ 33	20 ♎ 16	13 ♉	2 ♈	24 ♋	3 ♊	12 ♉
16	25 ♈ 47	2 ♉ 24	26 ♌ 18	27 ♌ 36	1 ♈ 23	11 ♊ 10	26 ♌ 22	0 ♍ 25	21 ♍ 18	24 ♏ 41	22 ♐ 32	20 ♎ 14	14 ♉	2 ♈	25 ♋	4 ♊	12 ♉
17	26 ♈ 46	17 ♉ 22	26 ♌ 14	27 ♌ 27	2 ♈ 51	12 ♊ 3	26 ♌ 29	0 ♍ 23	21 ♍ 15	24 ♏ 39	22 ♐ 32	20 ♎ 12	14 ♉	2 ♈	25 ♋	4 ♊	12 ♉
18	27 ♈ 44	1 ♊ 59	26 ♌ 11	27 ♌ 18	4 ♈ 21	12 ♊ 56	26 ♌ 36	0 ♍ 21	21 ♍ 11	24 ♏ 37	22 ♐ 31	20 ♎ 11	14 ♉	3 ♈	25 ♋	5 ♊	12 ♉
19	28 ♈ 43	16 ♊ 11	26 ♌ 8	27 ♌ 10	5 ♈ 53	13 ♊ 48	26 ♌ 44	0 ♍ 20	21 ♍ 8	24 ♏ 34	22 ♐ 30	20 ♎ 9	15 ♉	3 ♈	26 ♋	5 ♊	12 ♉
20	29 ♈ 41	29 ♊ 53	26 ♌ 5	27 ♌ 4	7 ♈ 27	14 ♊ 39	26 ♌ 53	0 ♍ 18	21 ♍ 5	24 ♏ 32	22 ♐ 29	20 ♎ 7	15 ♉	3 ♈	26 ♋	5 ♊	12 ♉
21	0 ♉ 40	13 ♋ 6	26 ♌ 2	27 ♌ 1	9 ♈ 2	15 ♊ 30	27 ♌ 2	0 ♍ 17	21 ♍ 2	24 ♏ 30	22 ♐ 28	20 ♎ 6	16 ♉	4 ♈	26 ♋	6 ♊	12 ♉
22	1 ♉ 39	25 ♋ 53	25 ♌ 59	26 ♌ 59	10 ♈ 39	16 ♊ 20	27 ♌ 12	0 ♍ 16	20 ♍ 59	24 ♏ 28	22 ♐ 28	20 ♎ 4	16 ♉	4 ♈	27 ♋	6 ♊	12 ♉
23	2 ♉ 37	8 ♌ 18	25 ♌ 55	26 D 59	12 ♈ 18	17 ♊ 9	27 ♌ 22	0 ♍ 15	20 ♍ 56	24 ♏ 26	22 ♐ 27	20 ♎ 2	16 ♉	4 ♈	27 ♋	7 ♊	12 ♉
24	3 ♉ 36	20 ♌ 26	25 ♌ 52	27 ♌ 0	13 ♈ 58	17 ♊ 57	27 ♌ 33	0 ♍ 15	20 ♍ 53	24 ♏ 23	22 ♐ 26	20 ♎ 1	17 ♉	5 ♈	27 ♋	7 ♊	12 ♉
25	4 ♉ 34	2 ♍ 22	25 ♌ 49	27 R 0	15 ♈ 40	18 ♊ 44	27 ♌ 45	0 ♍ 14	20 ♍ 50	24 ♏ 21	22 ♐ 25	19 ♎ 59	17 ♉	5 ♈	27 ♋	7 ♊	12 ♉
26	5 ♉ 32	14 ♍ 12	25 ♌ 46	26 ♌ 58	17 ♈ 24	19 ♊ 31	27 ♌ 57	0 ♍ 14	20 ♍ 48	24 ♏ 19	22 ♐ 24	19 ♎ 58	18 ♉	5 ♈	28 ♋	8 ♊	13 ♉
27	6 ♉ 31	25 ♍ 59	25 ♌ 43	26 ♌ 55	19 ♈ 10	20 ♊ 17	28 ♌ 10	0 D 14	20 ♍ 45	24 ♏ 16	22 ♐ 23	19 ♎ 56	18 ♉	6 ♈	28 ♋	8 ♊	13 ♉
28	7 ♉ 29	7 ♎ 48	25 ♌ 39	26 ♌ 48	20 ♈ 57	21 ♊ 1	28 ♌ 23	0 ♍ 14	20 ♍ 42	24 ♏ 14	22 ♐ 22	19 ♎ 54	18 ♉	6 ♈	28 ♋	9 ♊	13 ♉
29	8 ♉ 27	19 ♎ 42	25 ♌ 36	26 ♌ 39	22 ♈ 46	21 ♊ 45	28 ♌ 36	0 ♍ 14	20 ♍ 40	24 ♏ 12	22 ♐ 21	19 ♎ 53	19 ♉	6 ♈	29 ♋	9 ♊	13 ♉
30	9 ♉ 26	1 ♏ 43	25 ♌ 33	26 ♌ 28	24 ♈ 37	22 ♊ 28	28 ♌ 50	0 ♍ 15	20 ♍ 38	24 ♏ 9	22 ♐ 20	19 ♎ 51	19 ♉	7 ♈	29 ♋	9 ♊	13 ♉

SUN INGRESS: ☉ → ♉ 20日 07:23

MOON PHASE: ○ 1日 00:14 ♎　◑ 8日 21:06 ♑　● 15日 12:46 ♈　◐ 22日 11:59 ♌　○ 30日 16:35 ♏

aspects		
5日	03:59	♀□♃
8日	20:18	☿☍♄
9日	12:53	☿□♆
10日	12:02	☉☍♇
11日	06:46	☿△♅
12日	17:27	☉△♆
16日	16:15	☉△♂
20日	14:44	☉△♃
26日	13:25	☿△♇
27日	10:17	☿☍♇
27日	14:17	♀□♄
28日	01:45	☿⚹♀
28日	18:36	☿△♆
29日	19:30	♀☍♆

1900～1910
1911～1920
1921～1930
1931～1940
1941～1950
1951～1960
1961～1970
1971～1980
1981～1990
1991～2000
2001～2010
2011～2020
2021～2030
2031～2040
2041～2050

1980年5月

DAY	☉	☽	☊ mean	☊ true	☿	♀	♂	♃	♄	♅	♆	♇	⚳	⚴	⚵	⚶	⚷
	° ′	° ′	° ′	° ′	° ′	° ′	° ′	° ′	° ′	° ′	° ′	° ′	°	°	°	°	°
1	10 ♉ 24	13 ♏ 52	25 ♌ 30	26 R 15	26 D 29	23 D 10	29 D 5	0 D 16	20 R 35	24 R 7	22 R 19	19 R 50	20 D	7 D	29 D	10 D	13 D
2	11 ♉ 22	26 ♏ 11	25 ♌ 27	26 ♌ 2	28 ♈ 23	23 ♊ 50	29 ♌ 20	0 ♍ 17	20 ♍ 33	24 ♏ 4	22 ♐ 18	19 ♎ 48	20 ♉	7 ♈	0 ♌	10 ♊	13 ♉
3	12 ♉ 20	8 ♐ 40	25 ♌ 24	25 ♌ 50	0 ♉ 19	24 ♊ 30	29 ♌ 36	0 ♍ 18	20 ♍ 31	24 ♏ 2	22 ♐ 17	19 ♎ 47	21 ♉	8 ♈	0 ♌	11 ♊	13 ♉
4	13 ♉ 18	21 ♐ 19	25 ♌ 20	25 ♌ 39	2 ♉ 17	25 ♊ 8	29 ♌ 52	0 ♍ 19	20 ♍ 29	24 ♏ 0	22 ♐ 15	19 ♎ 45	21 ♉	8 ♈	0 ♌	11 ♊	13 ♉
5	14 ♉ 17	4 ♑ 10	25 ♌ 17	25 ♌ 32	4 ♉ 16	25 ♊ 45	0 ♍ 8	0 ♍ 20	20 ♍ 27	23 ♏ 57	22 ♐ 14	19 ♎ 44	21 ♉	8 ♈	1 ♌	12 ♊	13 ♉
6	15 ♉ 15	17 ♑ 14	25 ♌ 14	25 ♌ 27	6 ♉ 17	26 ♊ 21	0 ♍ 25	0 ♍ 22	20 ♍ 26	23 ♏ 55	22 ♐ 13	19 ♎ 42	22 ♉	9 ♈	1 ♌	12 ♊	13 ♉
7	16 ♉ 13	0 ♒ 31	25 ♌ 11	25 ♌ 24	8 ♉ 20	26 ♊ 56	0 ♍ 42	0 ♍ 24	20 ♍ 24	23 ♏ 52	22 ♐ 12	19 ♎ 41	22 ♉	9 ♈	1 ♌	12 ♊	13 ♉
8	17 ♉ 11	14 ♒ 4	25 ♌ 8	25 ♌ 23	10 ♉ 24	27 ♊ 29	1 ♍ 0	0 ♍ 26	20 ♍ 22	23 ♏ 50	22 ♐ 11	19 ♎ 39	23 ♉	9 ♈	2 ♌	13 ♊	13 ♉
9	18 ♉ 9	27 ♒ 55	25 ♌ 5	25 ♌ 23	12 ♉ 30	28 ♊ 1	1 ♍ 18	0 ♍ 28	20 ♍ 21	23 ♏ 47	22 ♐ 9	19 ♎ 38	23 ♉	10 ♈	2 ♌	13 ♊	13 ♉
10	19 ♉ 7	12 ♓ 4	25 ♌ 1	25 ♌ 23	14 ♉ 37	28 ♊ 31	1 ♍ 37	0 ♍ 30	20 ♍ 20	23 ♏ 45	22 ♐ 8	19 ♎ 36	23 ♉	10 ♈	2 ♌	14 ♊	13 ♉
11	20 ♉ 5	26 ♓ 30	24 ♌ 58	25 ♌ 20	16 ♉ 45	29 ♊ 0	1 ♍ 56	0 ♍ 32	20 ♍ 18	23 ♏ 42	22 ♐ 7	19 ♎ 35	24 ♉	10 ♈	3 ♌	14 ♊	14 ♉
12	21 ♉ 3	11 ♈ 11	24 ♌ 55	25 ♌ 15	18 ♉ 54	29 ♊ 28	2 ♍ 15	0 ♍ 35	20 ♍ 17	23 ♏ 40	22 ♐ 5	19 ♎ 34	24 ♉	11 ♈	3 ♌	14 ♊	14 ♉
13	22 ♉ 1	26 ♈ 1	24 ♌ 52	25 ♌ 8	21 ♉ 4	29 ♊ 53	2 ♍ 35	0 ♍ 38	20 ♍ 16	23 ♏ 37	22 ♐ 4	19 ♎ 32	25 ♉	11 ♈	4 ♌	15 ♊	14 ♉
14	22 ♉ 59	10 ♉ 54	24 ♌ 49	24 ♌ 58	23 ♉ 15	0 ♋ 18	2 ♍ 55	0 ♍ 41	20 ♍ 15	23 ♏ 35	22 ♐ 3	19 ♎ 31	25 ♉	11 ♈	4 ♌	15 ♊	14 ♉
15	23 ♉ 57	25 ♉ 39	24 ♌ 45	24 ♌ 46	25 ♉ 26	0 ♋ 40	3 ♍ 16	0 ♍ 44	20 ♍ 14	23 ♏ 32	22 ♐ 1	19 ♎ 29	25 ♉	12 ♈	4 ♌	16 ♊	14 ♉
16	24 ♉ 54	10 ♊ 10	24 ♌ 42	24 ♌ 35	27 ♉ 37	1 ♋ 0	3 ♍ 37	0 ♍ 47	20 ♍ 14	23 ♏ 30	22 ♐ 0	19 ♎ 28	26 ♉	12 ♈	5 ♌	16 ♊	14 ♉
17	25 ♉ 52	24 ♊ 18	24 ♌ 39	24 ♌ 25	29 ♉ 48	1 ♋ 19	3 ♍ 58	0 ♍ 51	20 ♍ 13	23 ♏ 27	21 ♐ 59	19 ♎ 27	26 ♉	12 ♈	5 ♌	17 ♊	14 ♉
18	26 ♉ 50	8 ♋ 1	24 ♌ 36	24 ♌ 17	1 ♊ 59	1 ♋ 36	4 ♍ 19	0 ♍ 55	20 ♍ 12	23 ♏ 25	21 ♐ 57	19 ♎ 26	27 ♉	13 ♈	5 ♌	17 ♊	14 ♉
19	27 ♉ 48	21 ♋ 16	24 ♌ 33	24 ♌ 11	4 ♊ 8	1 ♋ 51	4 ♍ 41	0 ♍ 59	20 ♍ 12	23 ♏ 22	21 ♐ 56	19 ♎ 24	27 ♉	13 ♈	6 ♌	17 ♊	14 ♉
20	28 ♉ 46	4 ♌ 6	24 ♌ 30	24 ♌ 8	6 ♊ 17	2 ♋ 4	5 ♍ 4	1 ♍ 3	20 ♍ 12	23 ♏ 19	21 ♐ 54	19 ♎ 23	28 ♉	13 ♈	6 ♌	18 ♊	14 ♉
21	29 ♉ 43	16 ♌ 33	24 ♌ 26	24 ♌ 7	8 ♊ 25	2 ♋ 14	5 ♍ 26	1 ♍ 7	20 ♍ 11	23 ♏ 17	21 ♐ 53	19 ♎ 22	28 ♉	14 ♈	6 ♌	18 ♊	14 ♉
22	0 ♊ 41	28 ♌ 43	24 ♌ 23	24 D 7	10 ♊ 31	2 ♋ 23	5 ♍ 49	1 ♍ 11	20 ♍ 11	23 ♏ 14	21 ♐ 51	19 ♎ 21	28 ♉	14 ♈	7 ♌	19 ♊	14 ♉
23	1 ♊ 39	10 ♍ 41	24 ♌ 20	24 R 7	12 ♊ 35	2 ♋ 29	6 ♍ 12	1 ♍ 16	20 D 11	23 ♏ 12	21 ♐ 50	19 ♎ 20	29 ♉	14 ♈	7 ♌	19 ♊	14 ♉
24	2 ♊ 36	22 ♍ 31	24 ♌ 17	24 ♌ 5	14 ♊ 38	2 ♋ 33	6 ♍ 36	1 ♍ 20	20 ♍ 11	23 ♏ 10	21 ♐ 48	19 ♎ 19	29 ♉	14 ♈	8 ♌	20 ♊	14 ♉
25	3 ♊ 34	4 ♎ 20	24 ♌ 14	24 ♌ 2	16 ♊ 38	2 ♋ 35	7 ♍ 0	1 ♍ 25	20 ♍ 11	23 ♏ 7	21 ♐ 47	19 ♎ 17	0 ♊	15 ♈	8 ♌	20 ♊	14 ♉
26	4 ♊ 32	16 ♎ 12	24 ♌ 11	23 ♌ 56	18 ♊ 36	2 R 34	7 ♍ 24	1 ♍ 30	20 ♍ 12	23 ♏ 5	21 ♐ 45	19 ♎ 16	0 ♊	15 ♈	8 ♌	20 ♊	14 ♉
27	5 ♊ 29	28 ♎ 11	24 ♌ 7	23 ♌ 48	20 ♊ 32	2 ♋ 31	7 ♍ 48	1 ♍ 35	20 ♍ 12	23 ♏ 2	21 ♐ 44	19 ♎ 15	0 ♊	15 ♈	9 ♌	21 ♊	15 ♉
28	6 ♊ 27	10 ♏ 19	24 ♌ 4	23 ♌ 37	22 ♊ 25	2 ♋ 25	8 ♍ 13	1 ♍ 40	20 ♍ 12	23 ♏ 0	21 ♐ 42	19 ♎ 14	1 ♊	16 ♈	9 ♌	21 ♊	15 ♉
29	7 ♊ 24	22 ♏ 39	24 ♌ 1	23 ♌ 25	24 ♊ 15	2 ♋ 17	8 ♍ 38	1 ♍ 46	20 ♍ 13	22 ♏ 57	21 ♐ 41	19 ♎ 13	1 ♊	16 ♈	9 ♌	22 ♊	15 ♉
30	8 ♊ 22	5 ♐ 12	23 ♌ 58	23 ♌ 12	26 ♊ 3	2 ♋ 7	9 ♍ 3	1 ♍ 51	20 ♍ 14	22 ♏ 55	21 ♐ 39	19 ♎ 12	2 ♊	16 ♈	10 ♌	22 ♊	15 ♉
31	9 ♊ 19	17 ♐ 58	23 ♌ 55	23 ♌ 0	27 ♊ 48	1 ♋ 54	9 ♍ 29	1 ♍ 57	20 ♍ 15	22 ♏ 53	21 ♐ 38	19 ♎ 11	2 ♊	17 ♈	10 ♌	23 ♊	15 ♉

SUN INGRESS	☉ → ♊ 21日 06:42
MOON PHASE	◑ 8日 05:51 ♒　● 14日 21:00 ♉　◐ 22日 04:16 ♍　○ 30日 06:28 ♐

aspects		
2日	13:37	☿△♂
2日	23:38	☿△♃
5日	18:55	♂☌♃
11日	05:30	☉△♄
12日	15:12	☿△♄
13日	18:40	☉☌☿
14日	03:33	☿☍♅
14日	14:16	☉☍♅
15日	05:41	♀⚹♃
17日	11:54	☿□♃
19日	07:23	☿□♂
22日	13:31	☉□♃
26日	08:16	☿△♇
26日	19:53	☿□♄
27日	15:05	☿☍♆
30日	20:37	♀⚹♃
31日	06:59	☉□♂

1980年6月

DAY	☉	☽	☊ mean	☊ true	☿	♀	♂	♃	♄	♅	♆	♇	⚳	⚴	⚵	⚶	⚷
	° ′	° ′	° ′	° ′	° ′	° ′	° ′	° ′	° ′	° ′	° ′	° ′	°	°	°	°	°
1	10 ♊ 17	0 ♑ 57	23 ♌ 51	22 R 50	29 D 30	1 R 39	9 D 54	2 D 3	20 D 15	22 R 50	21 R 36	19 R 11	2 D	17 D	11 D	23 D	15 D
2	11 ♊ 14	14 ♑ 7	23 ♌ 48	22 ♌ 42	1 ♋ 9	1 ♋ 22	10 ♍ 20	2 ♍ 9	20 ♍ 16	22 ♏ 48	21 ♐ 34	19 ♎ 10	3 ♊	17 ♈	11 ♌	23 ♊	15 ♉
3	12 ♊ 12	27 ♑ 28	23 ♌ 45	22 ♌ 37	2 ♋ 46	1 ♋ 2	10 ♍ 47	2 ♍ 15	20 ♍ 17	22 ♏ 46	21 ♐ 33	19 ♎ 9	3 ♊	18 ♈	11 ♌	24 ♊	15 ♉
4	13 ♊ 9	11 ♒ 0	23 ♌ 42	22 ♌ 35	4 ♋ 19	0 ♋ 40	11 ♍ 13	2 ♍ 21	20 ♍ 19	22 ♏ 43	21 ♐ 31	19 ♎ 8	4 ♊	18 ♈	12 ♌	24 ♊	15 ♉
5	14 ♊ 7	24 ♒ 43	23 ♌ 39	22 D 35	5 ♋ 50	0 ♋ 15	11 ♍ 40	2 ♍ 28	20 ♍ 20	22 ♏ 41	21 ♐ 30	19 ♎ 7	4 ♊	18 ♈	12 ♌	25 ♊	15 ♉
6	15 ♊ 4	8 ♓ 36	23 ♌ 36	22 ♌ 35	7 ♋ 18	29 ♊ 49	12 ♍ 7	2 ♍ 34	20 ♍ 21	22 ♏ 39	21 ♐ 28	19 ♎ 6	5 ♊	19 ♈	12 ♌	25 ♊	15 ♉
7	16 ♊ 2	22 ♓ 40	23 ♌ 32	22 R 35	8 ♋ 42	29 ♊ 21	12 ♍ 34	2 ♍ 41	20 ♍ 23	22 ♏ 36	21 ♐ 26	19 ♎ 6	5 ♊	19 ♈	13 ♌	26 ♊	15 ♉
8	16 ♊ 59	6 ♈ 54	23 ♌ 29	22 ♌ 34	10 ♋ 4	28 ♊ 51	13 ♍ 2	2 ♍ 48	20 ♍ 24	22 ♏ 34	21 ♐ 25	19 ♎ 5	5 ♊	19 ♈	13 ♌	26 ♊	15 ♉
9	17 ♊ 56	21 ♈ 16	23 ♌ 26	22 ♌ 30	11 ♋ 23	28 ♊ 19	13 ♍ 29	2 ♍ 55	20 ♍ 26	22 ♏ 32	21 ♐ 23	19 ♎ 4	6 ♊	19 ♈	14 ♌	26 ♊	15 ♉
10	18 ♊ 54	5 ♉ 43	23 ♌ 23	22 ♌ 24	12 ♋ 38	27 ♊ 46	13 ♍ 57	3 ♍ 2	20 ♍ 28	22 ♏ 30	21 ♐ 22	19 ♎ 4	6 ♊	20 ♈	14 ♌	27 ♊	15 ♉
11	19 ♊ 51	20 ♉ 11	23 ♌ 20	22 ♌ 16	13 ♋ 51	27 ♊ 12	14 ♍ 25	3 ♍ 9	20 ♍ 30	22 ♏ 28	21 ♐ 20	19 ♎ 3	7 ♊	20 ♈	14 ♌	27 ♊	15 ♉
12	20 ♊ 48	4 ♊ 32	23 ♌ 17	22 ♌ 6	15 ♋ 0	26 ♊ 36	14 ♍ 54	3 ♍ 17	20 ♍ 32	22 ♏ 26	21 ♐ 18	19 ♎ 3	7 ♊	20 ♈	15 ♌	28 ♊	16 ♉
13	21 ♊ 46	18 ♊ 42	23 ♌ 13	21 ♌ 57	16 ♋ 6	26 ♊ 0	15 ♍ 22	3 ♍ 24	20 ♍ 34	22 ♏ 23	21 ♐ 17	19 ♎ 2	7 ♊	21 ♈	15 ♌	28 ♊	16 ♉
14	22 ♊ 43	2 ♋ 35	23 ♌ 10	21 ♌ 48	17 ♋ 9	25 ♊ 23	15 ♍ 51	3 ♍ 32	20 ♍ 36	22 ♏ 21	21 ♐ 15	19 ♎ 1	8 ♊	21 ♈	16 ♌	29 ♊	16 ♉
15	23 ♊ 41	16 ♋ 6	23 ♌ 7	21 ♌ 41	18 ♋ 8	24 ♊ 46	16 ♍ 20	3 ♍ 39	20 ♍ 38	22 ♏ 19	21 ♐ 14	19 ♎ 1	8 ♊	21 ♈	16 ♌	29 ♊	16 ♉
16	24 ♊ 38	29 ♋ 15	23 ♌ 4	21 ♌ 37	19 ♋ 4	24 ♊ 8	16 ♍ 49	3 ♍ 47	20 ♍ 41	22 ♏ 17	21 ♐ 12	19 ♎ 1	9 ♊	21 ♈	16 ♌	29 ♊	16 ♉
17	25 ♊ 35	12 ♌ 2	23 ♌ 1	21 ♌ 34	19 ♋ 56	23 ♊ 30	17 ♍ 18	3 ♍ 55	20 ♍ 43	22 ♏ 15	21 ♐ 10	19 ♎ 0	9 ♊	22 ♈	17 ♌	0 ♋	16 ♉
18	26 ♊ 32	24 ♌ 29	22 ♌ 57	21 D 34	20 ♋ 45	22 ♊ 53	17 ♍ 48	4 ♍ 3	20 ♍ 46	22 ♏ 13	21 ♐ 9	19 ♎ 0	9 ♊	22 ♈	17 ♌	0 ♋	16 ♉
19	27 ♊ 30	6 ♍ 40	22 ♌ 54	21 ♌ 35	21 ♋ 29	22 ♊ 17	18 ♍ 18	4 ♍ 12	20 ♍ 48	22 ♏ 12	21 ♐ 7	18 ♎ 59	10 ♊	22 ♈	17 ♌	1 ♋	16 ♉
20	28 ♊ 27	18 ♍ 39	22 ♌ 51	21 ♌ 36	22 ♋ 10	21 ♊ 41	18 ♍ 48	4 ♍ 20	20 ♍ 51	22 ♏ 10	21 ♐ 5	18 ♎ 59	10 ♊	23 ♈	18 ♌	1 ♋	16 ♉
21	29 ♊ 24	0 ♎ 32	22 ♌ 48	21 R 36	22 ♋ 47	21 ♊ 6	19 ♍ 18	4 ♍ 28	20 ♍ 54	22 ♏ 8	21 ♐ 4	18 ♎ 59	11 ♊	23 ♈	18 ♌	2 ♋	16 ♉
22	0 ♋ 21	12 ♎ 22	22 ♌ 45	21 ♌ 35	23 ♋ 20	20 ♊ 32	19 ♍ 48	4 ♍ 37	20 ♍ 57	22 ♏ 6	21 ♐ 2	18 ♎ 58	11 ♊	23 ♈	19 ♌	2 ♋	16 ♉
23	1 ♋ 19	24 ♎ 17	22 ♌ 42	21 ♌ 33	23 ♋ 49	20 ♊ 0	20 ♍ 19	4 ♍ 45	21 ♍ 0	22 ♏ 4	21 ♐ 1	18 ♎ 58	11 ♊	23 ♈	19 ♌	3 ♋	16 ♉
24	2 ♋ 16	6 ♏ 19	22 ♌ 38	21 ♌ 28	24 ♋ 13	19 ♊ 29	20 ♍ 49	4 ♍ 54	21 ♍ 3	22 ♏ 3	20 ♐ 59	18 ♎ 58	12 ♊	24 ♈	19 ♌	3 ♋	16 ♉
25	3 ♋ 13	18 ♏ 33	22 ♌ 35	21 ♌ 21	24 ♋ 33	19 ♊ 0	21 ♍ 20	5 ♍ 3	21 ♍ 6	22 ♏ 1	20 ♐ 58	18 ♎ 58	12 ♊	24 ♈	20 ♌	3 ♋	16 ♉
26	4 ♋ 10	1 ♐ 2	22 ♌ 32	21 ♌ 14	24 ♋ 48	18 ♊ 33	21 ♍ 51	5 ♍ 12	21 ♍ 10	21 ♏ 59	20 ♐ 56	18 ♎ 58	13 ♊	24 ♈	20 ♌	4 ♋	16 ♉
27	5 ♋ 8	13 ♐ 47	22 ♌ 29	21 ♌ 6	24 ♋ 59	18 ♊ 8	22 ♍ 22	5 ♍ 21	21 ♍ 13	21 ♏ 58	20 ♐ 54	18 ♎ 58	13 ♊	25 ♈	21 ♌	4 ♋	16 ♉
28	6 ♋ 5	26 ♐ 49	22 ♌ 26	20 ♌ 58	25 ♋ 5	17 ♊ 45	22 ♍ 54	5 ♍ 30	21 ♍ 17	21 ♏ 56	20 ♐ 53	18 ♎ 58	14 ♊	25 ♈	21 ♌	5 ♋	16 ♉
29	7 ♋ 2	10 ♑ 8	22 ♌ 23	20 ♌ 52	25 R 7	17 ♊ 24	23 ♍ 25	5 ♍ 40	21 ♍ 20	21 ♏ 54	20 ♐ 51	18 ♎ 58	14 ♊	25 ♈	21 ♌	5 ♋	16 ♉
30	7 ♋ 59	23 ♑ 41	22 ♌ 19	20 ♌ 47	25 ♋ 4	17 ♊ 6	23 ♍ 57	5 ♍ 49	21 ♍ 24	21 ♏ 53	20 ♐ 50	18 D 58	14 ♊	25 ♈	22 ♌	6 ♋	16 ♉

SUN INGRESS	☉ → ♋ 21日 14:47
MOON PHASE	◑ 6日 11:53 ♓　● 13日 05:38 ♊　◐ 20日 21:32 ♍　○ 28日 18:02 ♑

aspects		
2日	02:33	☿☌♀
2日	15:47	☿⚹♃
10日	04:08	☉△♇
11日	16:46	☉□♄
11日	19:58	☿⚹♂
12日	12:11	☉☍♆
15日	16:27	☉☌♀
15日	22:28	☿□♇
18日	00:35	☿⚹♄
19日	23:36	☿△♅
21日	01:29	♀☍♆
21日	07:40	♀□♄
22日	16:46	♀□♂
23日	03:21	♄□♆
24日	07:12	♂□♆
24日	11:58	♂☌♄
25日	01:58	♀△♇
26日	05:51	♂⚹♅
27日	06:48	☉⚹♃

1980年7月

DAY	☉	☽	☊		☿	♀	♂	♃	♄	♅	♆	♇	⚳	⚴	⚵	⚶	⚷
			mean	true													
	° ′	° ′	° ′	° ′	° ′	° ′	° ′	° ′	° ′	° ′	° ′	° ′	°	°	°	°	°
1	8 ♋ 56	7 ♒ 26	22 ♌ 16	20 R 45	24 R 56	16 R 50	24 D 29	5 D 59	21 D 27	21 R 52	20 R 48	18 D 58	15 D	26 D	22 D	6 D	16 D
2	9 ♋ 54	21 ♒ 21	22 ♌ 13	20 D 44	24 ♋ 44	16 ♊ 36	25 ♍ 1	6 ♍ 8	21 ♍ 31	21 ♏ 50	20 ♐ 47	18 ♎ 58	15 ♊	26 ♈	23 ♌	6 ♋	17 ♉
3	10 ♋ 51	5 ♓ 23	22 ♌ 10	20 ♌ 45	24 ♋ 28	16 ♊ 24	25 ♍ 33	6 ♍ 18	21 ♍ 35	21 ♏ 49	20 ♐ 45	18 ♎ 58	16 ♊	26 ♈	23 ♌	7 ♋	17 ♉
4	11 ♋ 48	19 ♓ 30	22 ♌ 7	20 ♌ 46	24 ♋ 7	16 ♊ 15	26 ♍ 5	6 ♍ 28	21 ♍ 39	21 ♏ 47	20 ♐ 44	18 ♎ 58	16 ♊	26 ♈	23 ♌	7 ♋	17 ♉
5	12 ♋ 45	3 ♈ 40	22 ♌ 3	20 ♌ 47	23 ♋ 43	16 ♊ 9	26 ♍ 38	6 ♍ 37	21 ♍ 43	21 ♏ 46	20 ♐ 42	18 ♎ 58	16 ♊	27 ♈	24 ♌	8 ♋	17 ♉
6	13 ♋ 42	17 ♈ 52	22 ♌ 0	20 R 47	23 ♋ 15	16 ♊ 5	27 ♍ 10	6 ♍ 47	21 ♍ 47	21 ♏ 45	20 ♐ 41	18 ♎ 58	17 ♊	27 ♈	24 ♌	8 ♋	17 ♉
7	14 ♋ 39	2 ♉ 3	21 ♌ 57	20 ♌ 46	22 ♋ 44	16 ♊ 3	27 ♍ 43	6 ♍ 57	21 ♍ 52	21 ♏ 44	20 ♐ 39	18 ♎ 59	17 ♊	27 ♈	25 ♌	9 ♋	17 ♉
8	15 ♋ 37	16 ♉ 12	21 ♌ 54	20 ♌ 43	22 ♋ 11	16 D 3	28 ♍ 16	7 ♍ 7	21 ♍ 56	21 ♏ 43	20 ♐ 38	18 ♎ 59	18 ♊	27 ♈	25 ♌	9 ♋	17 ♉
9	16 ♋ 34	0 ♊ 15	21 ♌ 51	20 ♌ 39	21 ♋ 35	16 ♊ 6	28 ♍ 49	7 ♍ 18	22 ♍ 0	21 ♏ 41	20 ♐ 36	18 ♎ 59	18 ♊	28 ♈	25 ♌	9 ♋	17 ♉
10	17 ♋ 31	14 ♊ 10	21 ♌ 48	20 ♌ 34	20 ♋ 57	16 ♊ 11	29 ♍ 22	7 ♍ 28	22 ♍ 5	21 ♏ 40	20 ♐ 35	19 ♎ 0	18 ♊	28 ♈	26 ♌	10 ♋	17 ♉
11	18 ♋ 28	27 ♊ 52	21 ♌ 44	20 ♌ 29	20 ♋ 19	16 ♊ 19	29 ♍ 55	7 ♍ 38	22 ♍ 9	21 ♏ 39	20 ♐ 34	19 ♎ 0	19 ♊	28 ♈	26 ♌	10 ♋	17 ♉
12	19 ♋ 26	11 ♋ 21	21 ♌ 41	20 ♌ 25	19 ♋ 41	16 ♊ 28	0 ♎ 29	7 ♍ 49	22 ♍ 14	21 ♏ 38	20 ♐ 32	19 ♎ 0	19 ♊	28 ♈	27 ♌	11 ♋	17 ♉
13	20 ♋ 23	24 ♋ 33	21 ♌ 38	20 ♌ 22	19 ♋ 2	16 ♊ 40	1 ♎ 2	7 ♍ 59	22 ♍ 19	21 ♏ 38	20 ♐ 31	19 ♎ 1	20 ♊	29 ♈	27 ♌	11 ♋	17 ♉
14	21 ♋ 20	7 ♌ 28	21 ♌ 35	20 ♌ 20	18 ♋ 25	16 ♊ 53	1 ♎ 36	8 ♍ 10	22 ♍ 23	21 ♏ 37	20 ♐ 30	19 ♎ 1	20 ♊	29 ♈	27 ♌	12 ♋	17 ♉
15	22 ♋ 17	20 ♌ 5	21 ♌ 32	20 ♌ 19	17 ♋ 49	17 ♊ 9	2 ♎ 10	8 ♍ 21	22 ♍ 28	21 ♏ 36	20 ♐ 28	19 ♎ 2	20 ♊	29 ♈	28 ♌	12 ♋	17 ♉
16	23 ♋ 15	2 ♍ 27	21 ♌ 29	20 D 19	17 ♋ 16	17 ♊ 26	2 ♎ 44	8 ♍ 31	22 ♍ 33	21 ♏ 35	20 ♐ 27	19 ♎ 2	21 ♊	29 ♈	28 ♌	13 ♋	17 ♉
17	24 ♋ 12	14 ♍ 35	21 ♌ 25	20 ♌ 21	16 ♋ 46	17 ♊ 45	3 ♎ 18	8 ♍ 42	22 ♍ 38	21 ♏ 34	20 ♐ 26	19 ♎ 3	21 ♊	29 ♈	29 ♌	13 ♋	17 ♉
18	25 ♋ 9	26 ♍ 34	21 ♌ 22	20 ♌ 22	16 ♋ 19	18 ♊ 6	3 ♎ 53	8 ♍ 53	22 ♍ 43	21 ♏ 34	20 ♐ 24	19 ♎ 4	22 ♊	0 ♉	29 ♌	13 ♋	17 ♉
19	26 ♋ 6	8 ♎ 26	21 ♌ 19	20 ♌ 24	15 ♋ 56	18 ♊ 29	4 ♎ 27	9 ♍ 4	22 ♍ 48	21 ♏ 33	20 ♐ 23	19 ♎ 4	22 ♊	0 ♉	29 ♌	14 ♋	17 ♉
20	27 ♋ 4	20 ♎ 18	21 ♌ 16	20 ♌ 25	15 ♋ 37	18 ♊ 54	5 ♎ 1	9 ♍ 15	22 ♍ 53	21 ♏ 32	20 ♐ 22	19 ♎ 5	22 ♊	0 ♉	0 ♍	14 ♋	17 ♉
21	28 ♋ 1	2 ♏ 12	21 ♌ 13	20 R 25	15 ♋ 23	19 ♊ 20	5 ♎ 36	9 ♍ 26	22 ♍ 59	21 ♏ 32	20 ♐ 21	19 ♎ 6	23 ♊	0 ♉	0 ♍	15 ♋	17 ♉
22	28 ♋ 58	14 ♏ 16	21 ♌ 9	20 ♌ 24	15 ♋ 15	19 ♊ 47	6 ♎ 11	9 ♍ 38	23 ♍ 4	21 ♏ 31	20 ♐ 20	19 ♎ 6	23 ♊	0 ♉	1 ♍	15 ♋	17 ♉
23	29 ♋ 55	26 ♏ 31	21 ♌ 6	20 ♌ 22	15 ♋ 12	20 ♊ 16	6 ♎ 46	9 ♍ 49	23 ♍ 9	21 ♏ 31	20 ♐ 18	19 ♎ 7	24 ♊	1 ♉	1 ♍	16 ♋	17 ♉
24	0 ♌ 53	9 ♐ 4	21 ♌ 3	20 ♌ 20	15 D 14	20 ♊ 47	7 ♎ 21	10 ♍ 0	23 ♍ 15	21 ♏ 31	20 ♐ 17	19 ♎ 8	24 ♊	1 ♉	2 ♍	16 ♋	17 ♉
25	1 ♌ 50	21 ♐ 55	21 ♌ 0	20 ♌ 17	15 ♋ 22	21 ♊ 19	7 ♎ 56	10 ♍ 12	23 ♍ 20	21 ♏ 30	20 ♐ 16	19 ♎ 9	24 ♊	1 ♉	2 ♍	16 ♋	17 ♉
26	2 ♌ 47	5 ♑ 8	20 ♌ 57	20 ♌ 15	15 ♋ 37	21 ♊ 52	8 ♎ 31	10 ♍ 23	23 ♍ 26	21 ♏ 30	20 ♐ 15	19 ♎ 10	25 ♊	1 ♉	2 ♍	17 ♋	17 ♉
27	3 ♌ 45	18 ♑ 41	20 ♌ 54	20 ♌ 13	15 ♋ 57	22 ♊ 27	9 ♎ 7	10 ♍ 35	23 ♍ 31	21 ♏ 30	20 ♐ 14	19 ♎ 11	25 ♊	1 ♉	3 ♍	17 ♋	17 ♉
28	4 ♌ 42	2 ♒ 34	20 ♌ 50	20 ♌ 12	16 ♋ 23	23 ♊ 2	9 ♎ 42	10 ♍ 46	23 ♍ 37	21 ♏ 30	20 ♐ 13	19 ♎ 11	25 ♊	2 ♉	3 ♍	18 ♋	17 ♉
29	5 ♌ 39	16 ♒ 44	20 ♌ 47	20 ♌ 11	16 ♋ 55	23 ♊ 40	10 ♎ 18	10 ♍ 58	23 ♍ 43	21 ♏ 30	20 ♐ 12	19 ♎ 12	26 ♊	2 ♉	4 ♍	18 ♋	17 ♉
30	6 ♌ 37	1 ♓ 5	20 ♌ 44	20 D 11	17 ♋ 34	24 ♊ 18	10 ♎ 54	11 ♍ 9	23 ♍ 49	21 ♏ 29	20 ♐ 11	19 ♎ 13	26 ♊	2 ♉	4 ♍	19 ♋	17 ♉
31	7 ♌ 34	15 ♓ 34	20 ♌ 41	20 ♌ 12	18 ♋ 18	24 ♊ 57	11 ♎ 29	11 ♍ 21	23 ♍ 55	21 D 29	20 ♐ 10	19 ♎ 14	27 ♊	2 ♉	4 ♍	19 ♋	18 ♉
SUN INGRESS	☉ → ♌ 23日 01:42																
MOON PHASE	◑ 5日 16:27 ♈	● 12日 15:46 ♋	◐ 20日 14:51 ♎	○ 28日 03:54 ♒													

aspects		
1日	15:07	☿⚹♂
5日	13:16	♄⚹♅
8日	08:55	☿⚹♄
8日	19:29	☿△♅
11日	13:19	☉□♇
12日	03:45	☉☌☿
13日	00:58	☿□♇
14日	06:51	☉△♅
15日	04:56	☉⚹♄
20日	10:51	♀△♇
23日	01:36	♀☍♆
29日	02:30	♀□♄

1980年8月

DAY	☉	☽	☊		☿	♀	♂	♃	♄	♅	♆	♇	⚳	⚴	⚵	⚶	⚷
			mean	true													
	° ′	° ′	° ′	° ′	° ′	° ′	° ′	° ′	° ′	° ′	° ′	° ′	°	°	°	°	°
1	8 ♌ 31	0 ♈ 4	20 ♌ 38	20 D 13	19 D 8	25 D 37	12 D 5	11 D 33	24 D 0	21 D 29	20 R 9	19 D 16	27 D	2 D	5 D	19 D	18 D
2	9 ♌ 29	14 ♈ 31	20 ♌ 34	20 ♌ 14	20 ♋ 4	26 ♊ 19	12 ♎ 41	11 ♍ 45	24 ♍ 6	21 ♏ 30	20 ♐ 8	19 ♎ 17	27 ♊	2 ♉	5 ♍	20 ♋	18 ♉
3	10 ♌ 26	28 ♈ 51	20 ♌ 31	20 ♌ 14	21 ♋ 6	27 ♊ 1	13 ♎ 18	11 ♍ 57	24 ♍ 12	21 ♏ 30	20 ♐ 7	19 ♎ 18	28 ♊	3 ♉	6 ♍	20 ♋	18 ♉
4	11 ♌ 24	13 ♉ 2	20 ♌ 28	20 R 14	22 ♋ 14	27 ♊ 45	13 ♎ 54	12 ♍ 9	24 ♍ 18	21 ♏ 30	20 ♐ 6	19 ♎ 19	28 ♊	3 ♉	6 ♍	21 ♋	18 ♉
5	12 ♌ 21	27 ♉ 1	20 ♌ 25	20 ♌ 14	23 ♋ 27	28 ♊ 29	14 ♎ 30	12 ♍ 21	24 ♍ 25	21 ♏ 30	20 ♐ 5	19 ♎ 20	29 ♊	3 ♉	6 ♍	21 ♋	18 ♉
6	13 ♌ 19	10 ♊ 47	20 ♌ 22	20 ♌ 14	24 ♋ 45	29 ♊ 15	15 ♎ 7	12 ♍ 33	24 ♍ 31	21 ♏ 30	20 ♐ 5	19 ♎ 21	29 ♊	3 ♉	7 ♍	22 ♋	18 ♉
7	14 ♌ 16	24 ♊ 19	20 ♌ 19	20 ♌ 13	26 ♋ 8	0 ♋ 1	15 ♎ 43	12 ♍ 45	24 ♍ 37	21 ♏ 31	20 ♐ 4	19 ♎ 23	29 ♊	3 ♉	7 ♍	22 ♋	18 ♉
8	15 ♌ 14	7 ♋ 37	20 ♌ 15	20 ♌ 12	27 ♋ 36	0 ♋ 48	16 ♎ 20	12 ♍ 57	24 ♍ 43	21 ♏ 31	20 ♐ 3	19 ♎ 24	0 ♋	3 ♉	8 ♍	22 ♋	18 ♉
9	16 ♌ 11	20 ♋ 40	20 ♌ 12	20 ♌ 12	29 ♋ 9	1 ♋ 35	16 ♎ 57	13 ♍ 9	24 ♍ 50	21 ♏ 32	20 ♐ 2	19 ♎ 25	0 ♋	4 ♉	8 ♍	23 ♋	18 ♉
10	17 ♌ 9	3 ♌ 30	20 ♌ 9	20 ♌ 11	0 ♌ 47	2 ♋ 24	17 ♎ 34	13 ♍ 21	24 ♍ 56	21 ♏ 32	20 ♐ 2	19 ♎ 27	0 ♋	4 ♉	8 ♍	23 ♋	18 ♉
11	18 ♌ 6	16 ♌ 7	20 ♌ 6	20 ♌ 11	2 ♌ 28	3 ♋ 13	18 ♎ 11	13 ♍ 34	25 ♍ 2	21 ♏ 33	20 ♐ 1	19 ♎ 28	1 ♋	4 ♉	9 ♍	24 ♋	18 ♉
12	19 ♌ 4	28 ♌ 30	20 ♌ 3	20 D 11	4 ♌ 13	4 ♋ 3	18 ♎ 48	13 ♍ 46	25 ♍ 9	21 ♏ 33	20 ♐ 0	19 ♎ 29	1 ♋	4 ♉	9 ♍	24 ♋	18 ♉
13	20 ♌ 1	10 ♍ 43	20 ♌ 0	20 ♌ 11	6 ♌ 1	4 ♋ 54	19 ♎ 25	13 ♍ 58	25 ♍ 15	21 ♏ 34	20 ♐ 0	19 ♎ 31	2 ♋	4 ♉	10 ♍	25 ♋	18 ♉
14	20 ♌ 59	22 ♍ 45	19 ♌ 56	20 R 11	7 ♌ 52	5 ♋ 45	20 ♎ 3	14 ♍ 11	25 ♍ 22	21 ♏ 35	19 ♐ 59	19 ♎ 32	2 ♋	4 ♉	10 ♍	25 ♋	18 ♉
15	21 ♌ 57	4 ♎ 41	19 ♌ 53	20 ♌ 11	9 ♌ 46	6 ♋ 37	20 ♎ 40	14 ♍ 23	25 ♍ 29	21 ♏ 35	19 ♐ 58	19 ♎ 34	2 ♋	4 ♉	10 ♍	25 ♋	18 ♉
16	22 ♌ 54	16 ♎ 33	19 ♌ 50	20 ♌ 11	11 ♌ 41	7 ♋ 29	21 ♎ 18	14 ♍ 36	25 ♍ 35	21 ♏ 36	19 ♐ 58	19 ♎ 35	3 ♋	4 ♉	11 ♍	26 ♋	18 ♉
17	23 ♌ 52	28 ♎ 23	19 ♌ 47	20 ♌ 11	13 ♌ 39	8 ♋ 23	21 ♎ 56	14 ♍ 48	25 ♍ 42	21 ♏ 37	19 ♐ 57	19 ♎ 37	3 ♋	4 ♉	11 ♍	26 ♋	18 ♉
18	24 ♌ 50	10 ♏ 17	19 ♌ 44	20 ♌ 10	15 ♌ 38	9 ♋ 16	22 ♎ 33	15 ♍ 1	25 ♍ 49	21 ♏ 38	19 ♐ 57	19 ♎ 38	3 ♋	5 ♉	12 ♍	27 ♋	18 ♉
19	25 ♌ 48	22 ♏ 19	19 ♌ 40	20 ♌ 10	17 ♌ 38	10 ♋ 11	23 ♎ 11	15 ♍ 13	25 ♍ 55	21 ♏ 39	19 ♐ 57	19 ♎ 40	4 ♋	5 ♉	12 ♍	27 ♋	18 ♉
20	26 ♌ 45	4 ♐ 32	19 ♌ 37	20 D 10	19 ♌ 38	11 ♋ 5	23 ♎ 49	15 ♍ 26	26 ♍ 2	21 ♏ 40	19 ♐ 56	19 ♎ 41	4 ♋	5 ♉	12 ♍	28 ♋	18 ♉
21	27 ♌ 43	17 ♐ 3	19 ♌ 34	20 ♌ 10	21 ♌ 39	12 ♋ 1	24 ♎ 27	15 ♍ 39	26 ♍ 9	21 ♏ 41	19 ♐ 56	19 ♎ 43	5 ♋	5 ♉	13 ♍	28 ♋	18 ♉
22	28 ♌ 41	29 ♐ 53	19 ♌ 31	20 ♌ 11	23 ♌ 40	12 ♋ 57	25 ♎ 6	15 ♍ 51	26 ♍ 16	21 ♏ 42	19 ♐ 55	19 ♎ 45	5 ♋	5 ♉	13 ♍	28 ♋	18 ♉
23	29 ♌ 39	13 ♑ 8	19 ♌ 28	20 ♌ 12	25 ♌ 41	13 ♋ 53	25 ♎ 44	16 ♍ 4	26 ♍ 23	21 ♏ 43	19 ♐ 55	19 ♎ 46	5 ♋	5 ♉	14 ♍	29 ♋	18 ♉
24	0 ♍ 36	26 ♑ 47	19 ♌ 25	20 ♌ 13	27 ♌ 41	14 ♋ 50	26 ♎ 22	16 ♍ 17	26 ♍ 30	21 ♏ 45	19 ♐ 55	19 ♎ 48	6 ♋	5 ♉	14 ♍	29 ♋	18 R
25	1 ♍ 34	10 ♒ 51	19 ♌ 21	20 ♌ 13	29 ♌ 41	15 ♋ 47	27 ♎ 1	16 ♍ 29	26 ♍ 37	21 ♏ 46	19 ♐ 55	19 ♎ 50	6 ♋	5 ♉	14 ♍	0 ♌	18 ♉
26	2 ♍ 32	25 ♒ 17	19 ♌ 18	20 R 13	1 ♍ 40	16 ♋ 45	27 ♎ 39	16 ♍ 42	26 ♍ 44	21 ♏ 47	19 ♐ 54	19 ♎ 52	6 ♋	5 ♉	15 ♍	0 ♌	18 ♉
27	3 ♍ 30	10 ♓ 0	19 ♌ 15	20 ♌ 13	3 ♍ 38	17 ♋ 43	28 ♎ 18	16 ♍ 55	26 ♍ 51	21 ♏ 49	19 ♐ 54	19 ♎ 53	7 ♋	5 ♉	15 ♍	1 ♌	18 ♉
28	4 ♍ 28	24 ♓ 54	19 ♌ 12	20 ♌ 12	5 ♍ 35	18 ♋ 42	28 ♎ 57	17 ♍ 8	26 ♍ 58	21 ♏ 50	19 ♐ 54	19 ♎ 55	7 ♋	5 ♉	16 ♍	1 ♌	18 ♉
29	5 ♍ 26	9 ♈ 50	19 ♌ 9	20 ♌ 10	7 ♍ 31	19 ♋ 41	29 ♎ 35	17 ♍ 21	27 ♍ 5	21 ♏ 51	19 ♐ 54	19 ♎ 57	7 ♋	5 ♉	16 ♍	1 ♌	18 ♉
30	6 ♍ 24	24 ♈ 40	19 ♌ 6	20 ♌ 8	9 ♍ 26	20 ♋ 40	0 ♏ 14	17 ♍ 33	27 ♍ 12	21 ♏ 53	19 ♐ 54	19 ♎ 59	8 ♋	5 ♉	16 ♍	2 ♌	18 ♉
31	7 ♍ 22	9 ♉ 18	19 ♌ 2	20 ♌ 6	11 ♍ 20	21 ♋ 40	0 ♏ 53	17 ♍ 46	27 ♍ 19	21 ♏ 54	19 ♐ 54	20 ♎ 1	8 ♋	5 ♉	17 ♍	2 ♌	18 ♉
SUN INGRESS	☉ → ♍ 23日 08:41																
MOON PHASE	◑ 3日 21:00 ♉	● 11日 04:09 ♌	◐ 19日 07:28 ♏	○ 26日 12:42 ♓													

aspects		
1日	03:20	☿□♇
3日	08:37	☿△♅
5日	19:27	☿⚹♄
11日	05:35	☉⚹♂
12日	10:52	☉⚹♇
12日	23:16	☉△♆
13日	03:30	♂☌♇
13日	21:37	♂⚹♆
14日	15:01	☉□♅
20日	00:39	☿⚹♇
20日	03:34	☿△♆
21日	00:25	☿□♅
23日	00:56	☿⚹♂
25日	22:32	♀⚹♃
26日	20:52	☉☌☿
27日	10:00	♆⚹♇
29日	06:46	♀□♇
31日	05:55	♀△♅

1980年9月

DAY	☉	☽	☊		☿	♀	♂	♃	♄	♅	♆	♇	⚳	⚴	⚵	⚶	⚷
			mean	true													
	° ′	° ′	° ′	° ′	° ′	° ′	° ′	° ′	° ′	° ′	° ′	° ′	°	°	°	°	°
1	8 ♍ 20	23 ♉ 38	18 ♌ 59	20 R 5	13 D 13	22 D 40	1 D 33	17 D 59	27 D 26	21 D 56	19 R 54	20 D 3	8 D	5 R	17 D	3 D	18 R
2	9 ♍ 18	7 ♊ 38	18 ♌ 56	20 ♌ 4	15 ♍ 4	23 ♋ 41	2 ♏ 12	18 ♍ 12	27 ♍ 34	21 ♏ 58	19 D 54	20 ♎ 4	9 ♋	5 ♉	18 ♍	3 ♌	18 ♉
3	10 ♍ 16	21 ♊ 16	18 ♌ 53	20 D 5	16 ♍ 55	24 ♋ 42	2 ♏ 51	18 ♍ 25	27 ♍ 41	21 ♏ 59	19 ♐ 54	20 ♎ 6	9 ♋	5 ♉	18 ♍	4 ♌	18 ♉
4	11 ♍ 14	4 ♋ 35	18 ♌ 50	20 ♌ 6	18 ♍ 44	25 ♋ 43	3 ♏ 30	18 ♍ 38	27 ♍ 48	22 ♏ 1	19 ♐ 54	20 ♎ 8	9 ♋	5 ♉	19 ♍	4 ♌	18 ♉
5	12 ♍ 12	17 ♋ 35	18 ♌ 46	20 ♌ 7	20 ♍ 32	26 ♋ 45	4 ♏ 10	18 ♍ 51	27 ♍ 55	22 ♏ 3	19 ♐ 54	20 ♎ 10	10 ♋	5 ♉	19 ♍	4 ♌	18 ♉
6	13 ♍ 11	0 ♌ 19	18 ♌ 43	20 ♌ 9	22 ♍ 18	27 ♋ 47	4 ♏ 50	19 ♍ 4	28 ♍ 3	22 ♏ 5	19 ♐ 54	20 ♎ 12	10 ♋	5 ♉	19 ♍	5 ♌	18 ♉
7	14 ♍ 9	12 ♌ 50	18 ♌ 40	20 ♌ 10	24 ♍ 4	28 ♋ 49	5 ♏ 29	19 ♍ 17	28 ♍ 10	22 ♏ 7	19 ♐ 54	20 ♎ 14	11 ♋	5 ♉	20 ♍	5 ♌	18 ♉
8	15 ♍ 7	25 ♌ 9	18 ♌ 37	20 R 10	25 ♍ 48	29 ♋ 52	6 ♏ 9	19 ♍ 30	28 ♍ 17	22 ♏ 9	19 ♐ 54	20 ♎ 16	11 ♋	5 ♉	20 ♍	6 ♌	18 ♉
9	16 ♍ 5	7 ♍ 19	18 ♌ 34	20 ♌ 9	27 ♍ 31	0 ♌ 55	6 ♏ 49	19 ♍ 43	28 ♍ 25	22 ♏ 11	19 ♐ 55	20 ♎ 18	11 ♋	5 ♉	21 ♍	6 ♌	18 ♉
10	17 ♍ 4	19 ♍ 21	18 ♌ 31	20 ♌ 6	29 ♍ 13	1 ♌ 58	7 ♏ 29	19 ♍ 56	28 ♍ 32	22 ♏ 13	19 ♐ 55	20 ♎ 21	12 ♋	5 ♉	21 ♍	6 ♌	18 ♉
11	18 ♍ 2	1 ♎ 18	18 ♌ 27	20 ♌ 2	0 ♎ 54	3 ♌ 1	8 ♏ 9	20 ♍ 9	28 ♍ 39	22 ♏ 15	19 ♐ 55	20 ♎ 23	12 ♋	5 ♉	21 ♍	7 ♌	18 ♉
12	19 ♍ 0	13 ♎ 10	18 ♌ 24	19 ♌ 58	2 ♎ 34	4 ♌ 5	8 ♏ 49	20 ♍ 22	28 ♍ 47	22 ♏ 17	19 ♐ 56	20 ♎ 25	12 ♋	5 ♉	22 ♍	7 ♌	18 ♉
13	19 ♍ 59	25 ♎ 1	18 ♌ 21	19 ♌ 52	4 ♎ 12	5 ♌ 9	9 ♏ 29	20 ♍ 35	28 ♍ 54	22 ♏ 19	19 ♐ 56	20 ♎ 27	12 ♋	5 ♉	22 ♍	8 ♌	18 ♉
14	20 ♍ 57	6 ♏ 51	18 ♌ 18	19 ♌ 47	5 ♎ 50	6 ♌ 14	10 ♏ 10	20 ♍ 48	29 ♍ 1	22 ♏ 21	19 ♐ 56	20 ♎ 29	13 ♋	5 ♉	22 ♍	8 ♌	18 ♉
15	21 ♍ 56	18 ♏ 45	18 ♌ 15	19 ♌ 42	7 ♎ 26	7 ♌ 18	10 ♏ 50	21 ♍ 1	29 ♍ 9	22 ♏ 23	19 ♐ 57	20 ♎ 31	13 ♋	4 ♉	23 ♍	8 ♌	18 ♉
16	22 ♍ 54	0 ♐ 46	18 ♌ 11	19 ♌ 39	9 ♎ 1	8 ♌ 23	11 ♏ 30	21 ♍ 14	29 ♍ 16	22 ♏ 26	19 ♐ 57	20 ♎ 33	13 ♋	4 ♉	23 ♍	9 ♌	17 ♉
17	23 ♍ 53	12 ♐ 57	18 ♌ 8	19 ♌ 37	10 ♎ 36	9 ♌ 28	12 ♏ 11	21 ♍ 27	29 ♍ 24	22 ♏ 28	19 ♐ 58	20 ♎ 35	14 ♋	4 ♉	24 ♍	9 ♌	17 ♉
18	24 ♍ 51	25 ♐ 23	18 ♌ 5	19 D 36	12 ♎ 9	10 ♌ 33	12 ♏ 52	21 ♍ 40	29 ♍ 31	22 ♏ 30	19 ♐ 58	20 ♎ 38	14 ♋	4 ♉	24 ♍	10 ♌	17 ♉
19	25 ♍ 50	8 ♑ 8	18 ♌ 2	19 ♌ 37	13 ♎ 41	11 ♌ 39	13 ♏ 32	21 ♍ 53	29 ♍ 38	22 ♏ 33	19 ♐ 59	20 ♎ 40	14 ♋	4 ♉	24 ♍	10 ♌	17 ♉
20	26 ♍ 48	21 ♑ 16	17 ♌ 59	19 ♌ 38	15 ♎ 12	12 ♌ 45	14 ♏ 13	22 ♍ 6	29 ♍ 46	22 ♏ 35	19 ♐ 59	20 ♎ 42	15 ♋	4 ♉	25 ♍	11 ♌	17 ♉
21	27 ♍ 47	4 ♒ 51	17 ♌ 56	19 ♌ 39	16 ♎ 43	13 ♌ 51	14 ♏ 54	22 ♍ 19	29 ♍ 53	22 ♏ 38	20 ♐ 0	20 ♎ 44	15 ♋	4 ♉	25 ♍	11 ♌	17 ♉
22	28 ♍ 46	18 ♒ 53	17 ♌ 52	19 ♌ 40	18 ♎ 12	14 ♌ 57	15 ♏ 35	22 ♍ 32	0 ♎ 1	22 ♏ 40	20 ♐ 1	20 ♎ 47	15 ♋	3 ♉	26 ♍	11 ♌	17 ♉
23	29 ♍ 44	3 ♓ 23	17 ♌ 49	19 R 39	19 ♎ 40	16 ♌ 3	16 ♏ 16	22 ♍ 44	0 ♎ 8	22 ♏ 43	20 ♐ 1	20 ♎ 49	16 ♋	3 ♉	26 ♍	12 ♌	17 ♉
24	0 ♎ 43	18 ♓ 15	17 ♌ 46	19 ♌ 37	21 ♎ 7	17 ♌ 10	16 ♏ 57	22 ♍ 57	0 ♎ 16	22 ♏ 45	20 ♐ 2	20 ♎ 51	16 ♋	3 ♉	26 ♍	12 ♌	17 ♉
25	1 ♎ 42	3 ♈ 24	17 ♌ 43	19 ♌ 32	22 ♎ 33	18 ♌ 17	17 ♏ 39	23 ♍ 10	0 ♎ 23	22 ♏ 48	20 ♐ 3	20 ♎ 53	16 ♋	3 ♉	27 ♍	13 ♌	17 ♉
26	2 ♎ 41	18 ♈ 40	17 ♌ 40	19 ♌ 26	23 ♎ 57	19 ♌ 24	18 ♏ 20	23 ♍ 23	0 ♎ 31	22 ♏ 51	20 ♐ 4	20 ♎ 56	17 ♋	3 ♉	27 ♍	13 ♌	17 ♉
27	3 ♎ 40	3 ♉ 51	17 ♌ 37	19 ♌ 20	25 ♎ 21	20 ♌ 31	19 ♏ 1	23 ♍ 36	0 ♎ 38	22 ♏ 54	20 ♐ 4	20 ♎ 58	17 ♋	3 ♉	28 ♍	13 ♌	17 ♉
28	4 ♎ 38	18 ♉ 48	17 ♌ 33	19 ♌ 13	26 ♎ 44	21 ♌ 39	19 ♏ 43	23 ♍ 49	0 ♎ 45	22 ♏ 56	20 ♐ 5	21 ♎ 0	17 ♋	2 ♉	28 ♍	14 ♌	17 ♉
29	5 ♎ 37	3 ♊ 24	17 ♌ 30	19 ♌ 8	28 ♎ 5	22 ♌ 46	20 ♏ 24	24 ♍ 2	0 ♎ 53	22 ♏ 59	20 ♐ 6	21 ♎ 3	17 ♋	2 ♉	28 ♍	14 ♌	17 ♉
30	6 ♎ 36	17 ♊ 33	17 ♌ 27	19 ♌ 4	29 ♎ 26	23 ♌ 54	21 ♏ 6	24 ♍ 15	1 ♎ 0	23 ♏ 2	20 ♐ 7	21 ♎ 5	18 ♋	2 ♉	29 ♍	15 ♌	17 ♉
SUN INGRESS	☉ → ♎ 23日 06:09																
MOON PHASE	◑ 2日 03:08 ♊	● 9日 19:00 ♍	◐ 17日 22:54 ♐	○ 24日 21:08 ♈													

aspects		
3日	22:32	☿☌♃
4日	15:34	☿□♆
5日	20:54	☿⚹♅
6日	06:52	♀⚹♄
9日	13:29	☿☌♄
9日	22:34	♃□♆
12日	22:48	☉□♆
13日	18:55	☉☌♃
14日	17:50	☿⚹♀
15日	11:51	☉⚹♅
22日	20:22	♃⚹♅
23日	06:01	☿⚹♆
23日	11:08	☉☌♄
23日	12:13	♀□♂
23日	19:34	☿☌♇
26日	14:22	♀△♆
27日	09:53	♀⚹♇
29日	04:43	♀□♅

1980年10月

DAY	☉	☽	☊		☿	♀	♂	♃	♄	♅	♆	♇	⚳	⚴	⚵	⚶	⚷
			mean	true													
	° ′	° ′	° ′	° ′	° ′	° ′	° ′	° ′	° ′	° ′	° ′	° ′	°	°	°	°	°
1	7 ♎ 35	1 ♋ 15	17 ♌ 24	19 R 3	0 D 45	25 D 2	21 D 48	24 D 28	1 D 8	23 D 5	20 D 8	21 D 7	18 D	2 R	29 D	15 D	17 R
2	8 ♎ 34	14 ♋ 30	17 ♌ 21	19 D 3	2 ♏ 2	26 ♌ 10	22 ♏ 30	24 ♍ 40	1 ♎ 15	23 ♏ 8	20 ♐ 9	21 ♎ 10	18 ♋	2 ♉	0 ♎	15 ♌	17 ♉
3	9 ♎ 33	27 ♋ 23	17 ♌ 17	19 ♌ 4	3 ♏ 19	27 ♌ 19	23 ♏ 11	24 ♍ 53	1 ♎ 23	23 ♏ 11	20 ♐ 10	21 ♎ 12	19 ♋	1 ♉	0 ♎	16 ♌	17 ♉
4	10 ♎ 32	9 ♌ 56	17 ♌ 14	19 ♌ 5	4 ♏ 34	28 ♌ 27	23 ♏ 53	25 ♍ 6	1 ♎ 30	23 ♏ 13	20 ♐ 11	21 ♎ 14	19 ♋	1 ♉	0 ♎	16 ♌	17 ♉
5	11 ♎ 31	22 ♌ 14	17 ♌ 11	19 R 5	5 ♏ 47	29 ♌ 36	24 ♏ 35	25 ♍ 19	1 ♎ 37	23 ♏ 16	20 ♐ 12	21 ♎ 17	19 ♋	1 ♉	1 ♎	16 ♌	17 ♉
6	12 ♎ 31	4 ♍ 22	17 ♌ 8	19 ♌ 4	6 ♏ 59	0 ♍ 45	25 ♏ 18	25 ♍ 31	1 ♎ 45	23 ♏ 19	20 ♐ 13	21 ♎ 19	19 ♋	1 ♉	1 ♎	17 ♌	17 ♉
7	13 ♎ 30	16 ♍ 21	17 ♌ 5	19 ♌ 0	8 ♏ 9	1 ♍ 54	26 ♏ 0	25 ♍ 44	1 ♎ 52	23 ♏ 23	20 ♐ 14	21 ♎ 21	20 ♋	0 ♉	2 ♎	17 ♌	17 ♉
8	14 ♎ 29	28 ♍ 15	17 ♌ 2	18 ♌ 54	9 ♏ 17	3 ♍ 3	26 ♏ 42	25 ♍ 57	1 ♎ 59	23 ♏ 26	20 ♐ 15	21 ♎ 24	20 ♋	0 ♉	2 ♎	18 ♌	17 ♉
9	15 ♎ 28	10 ♎ 7	16 ♌ 58	18 ♌ 45	10 ♏ 23	4 ♍ 13	27 ♏ 24	26 ♍ 9	2 ♎ 7	23 ♏ 29	20 ♐ 17	21 ♎ 26	20 ♋	0 ♉	2 ♎	18 ♌	17 ♉
10	16 ♎ 28	21 ♎ 58	16 ♌ 55	18 ♌ 35	11 ♏ 27	5 ♍ 22	28 ♏ 7	26 ♍ 22	2 ♎ 14	23 ♏ 32	20 ♐ 18	21 ♎ 29	20 ♋	0 ♉	3 ♎	18 ♌	17 ♉
11	17 ♎ 27	3 ♏ 50	16 ♌ 52	18 ♌ 23	12 ♏ 29	6 ♍ 32	28 ♏ 49	26 ♍ 35	2 ♎ 21	23 ♏ 35	20 ♐ 19	21 ♎ 31	21 ♋	29 ♈	3 ♎	19 ♌	17 ♉
12	18 ♎ 26	15 ♏ 43	16 ♌ 49	18 ♌ 11	13 ♏ 28	7 ♍ 42	29 ♏ 32	26 ♍ 47	2 ♎ 29	23 ♏ 38	20 ♐ 20	21 ♎ 33	21 ♋	29 ♈	3 ♎	19 ♌	17 ♉
13	19 ♎ 26	27 ♏ 41	16 ♌ 46	18 ♌ 1	14 ♏ 24	8 ♍ 52	0 ♐ 15	27 ♍ 0	2 ♎ 36	23 ♏ 41	20 ♐ 22	21 ♎ 36	21 ♋	29 ♈	4 ♎	19 ♌	17 ♉
14	20 ♎ 25	9 ♐ 44	16 ♌ 43	17 ♌ 52	15 ♏ 17	10 ♍ 2	0 ♐ 57	27 ♍ 12	2 ♎ 43	23 ♏ 45	20 ♐ 23	21 ♎ 38	21 ♋	28 ♈	4 ♎	20 ♌	17 ♉
15	21 ♎ 25	21 ♐ 57	16 ♌ 39	17 ♌ 45	16 ♏ 7	11 ♍ 12	1 ♐ 40	27 ♍ 24	2 ♎ 50	23 ♏ 48	20 ♐ 24	21 ♎ 41	22 ♋	28 ♈	5 ♎	20 ♌	17 ♉
16	22 ♎ 24	4 ♑ 21	16 ♌ 36	17 ♌ 41	16 ♏ 53	12 ♍ 23	2 ♐ 23	27 ♍ 37	2 ♎ 57	23 ♏ 51	20 ♐ 26	21 ♎ 43	22 ♋	28 ♈	5 ♎	21 ♌	16 ♉
17	23 ♎ 24	17 ♑ 2	16 ♌ 33	17 ♌ 40	17 ♏ 35	13 ♍ 33	3 ♐ 6	27 ♍ 49	3 ♎ 5	23 ♏ 55	20 ♐ 27	21 ♎ 45	22 ♋	27 ♈	5 ♎	21 ♌	16 ♉
18	24 ♎ 23	0 ♒ 3	16 ♌ 30	17 D 39	18 ♏ 12	14 ♍ 44	3 ♐ 49	28 ♍ 2	3 ♎ 12	23 ♏ 58	20 ♐ 29	21 ♎ 48	22 ♋	27 ♈	6 ♎	21 ♌	16 ♉
19	25 ♎ 23	13 ♒ 28	16 ♌ 27	17 ♌ 40	18 ♏ 44	15 ♍ 55	4 ♐ 32	28 ♍ 14	3 ♎ 19	24 ♏ 1	20 ♐ 30	21 ♎ 50	22 ♋	27 ♈	6 ♎	22 ♌	16 ♉
20	26 ♎ 22	27 ♒ 20	16 ♌ 23	17 R 40	19 ♏ 11	17 ♍ 5	5 ♐ 16	28 ♍ 26	3 ♎ 26	24 ♏ 5	20 ♐ 31	21 ♎ 53	23 ♋	27 ♈	6 ♎	22 ♌	16 ♉
21	27 ♎ 22	11 ♓ 39	16 ♌ 20	17 ♌ 38	19 ♏ 32	18 ♍ 16	5 ♐ 59	28 ♍ 38	3 ♎ 33	24 ♏ 8	20 ♐ 33	21 ♎ 55	23 ♋	26 ♈	7 ♎	22 ♌	16 ♉
22	28 ♎ 22	26 ♓ 25	16 ♌ 17	17 ♌ 33	19 ♏ 47	19 ♍ 28	6 ♐ 42	28 ♍ 50	3 ♎ 40	24 ♏ 12	20 ♐ 35	21 ♎ 57	23 ♋	26 ♈	7 ♎	23 ♌	16 ♉
23	29 ♎ 21	11 ♈ 32	16 ♌ 14	17 ♌ 26	19 ♏ 54	20 ♍ 39	7 ♐ 26	29 ♍ 2	3 ♎ 47	24 ♏ 15	20 ♐ 36	22 ♎ 0	23 ♋	26 ♈	8 ♎	23 ♌	16 ♉
24	0 ♏ 21	26 ♈ 51	16 ♌ 11	17 ♌ 16	19 R 54	21 ♍ 50	8 ♐ 9	29 ♍ 14	3 ♎ 54	24 ♏ 18	20 ♐ 38	22 ♎ 2	23 ♋	25 ♈	8 ♎	23 ♌	16 ♉
25	1 ♏ 21	12 ♉ 10	16 ♌ 8	17 ♌ 6	19 ♏ 45	23 ♍ 2	8 ♐ 53	29 ♍ 26	4 ♎ 1	24 ♏ 22	20 ♐ 39	22 ♎ 4	24 ♋	25 ♈	8 ♎	24 ♌	16 ♉
26	2 ♏ 21	27 ♉ 19	16 ♌ 4	16 ♌ 55	19 ♏ 28	24 ♍ 13	9 ♐ 36	29 ♍ 38	4 ♎ 8	24 ♏ 25	20 ♐ 41	22 ♎ 7	24 ♋	25 ♈	9 ♎	24 ♌	16 ♉
27	3 ♏ 21	12 ♊ 8	16 ♌ 1	16 ♌ 46	19 ♏ 2	25 ♍ 25	10 ♐ 20	29 ♍ 50	4 ♎ 15	24 ♏ 29	20 ♐ 43	22 ♎ 9	24 ♋	24 ♈	9 ♎	25 ♌	16 ♉
28	4 ♏ 20	26 ♊ 29	15 ♌ 58	16 ♌ 38	18 ♏ 26	26 ♍ 37	11 ♐ 4	0 ♎ 2	4 ♎ 21	24 ♏ 32	20 ♐ 44	22 ♎ 12	24 ♋	24 ♈	9 ♎	25 ♌	16 ♉
29	5 ♏ 20	10 ♋ 20	15 ♌ 55	16 ♌ 34	17 ♏ 42	27 ♍ 49	11 ♐ 48	0 ♎ 14	4 ♎ 28	24 ♏ 36	20 ♐ 46	22 ♎ 14	24 ♋	24 ♈	10 ♎	25 ♌	16 ♉
30	6 ♏ 20	23 ♋ 41	15 ♌ 52	16 ♌ 32	16 ♏ 48	29 ♍ 1	12 ♐ 31	0 ♎ 25	4 ♎ 35	24 ♏ 40	20 ♐ 48	22 ♎ 16	25 ♋	23 ♈	10 ♎	26 ♌	16 ♉
31	7 ♏ 20	6 ♌ 35	15 ♌ 48	16 ♌ 31	15 ♏ 47	0 ♎ 13	13 ♐ 15	0 ♎ 37	4 ♎ 42	24 ♏ 43	20 ♐ 49	22 ♎ 19	25 ♋	23 ♈	11 ♎	26 ♌	16 ♉
SUN INGRESS	☉ → ♏ 23日 15:18																
MOON PHASE	◑ 1日 12:18 ♋	● 9日 11:50 ♎	◐ 17日 12:47 ♑	○ 24日 05:52 ♉	◑ 31日 01:33 ♌												

aspects		
2日	23:27	♂☌♅
6日	11:15	♂⚹♃
13日	23:05	☉⚹♆
15日	06:40	☉☌♇
16日	22:57	♂⚹♄
22日	07:31	☿⚹♀
22日	23:04	♀□♆
26日	04:19	♀⚹♅
31日	09:37	♀☌♃

1980年11月

DAY	☉	☽	☊ mean	☊ true	☿	♀	♂	♃	♄	♅	♆	♇	⚳	⚴	⚵	⚶	⚷
	° ′	° ′	° ′	° ′	° ′	° ′	° ′	° ′	° ′	° ′	° ′	° ′	°	°	°	°	°
1	8 ♏ 20	19 ♌ 7	15 ♌ 45	16 R 31	14 R 38	1 D 25	13 D 59	0 D 48	4 D 48	24 D 47	20 D 51	22 D 21	25 D	23 R	11 D	26 D	16 R
2	9 ♏ 20	1 ♍ 21	15 ♌ 42	16 ♌ 31	13 ♏ 25	2 ♎ 37	14 ♐ 44	1 ♎ 0	4 ♎ 55	24 ♏ 50	20 ♐ 53	22 ♎ 23	25 ♋	23 ♈	11 ♎	27 ♌	16 ♉
3	10 ♏ 20	13 ♍ 23	15 ♌ 39	16 ♌ 28	12 ♏ 7	3 ♎ 50	15 ♐ 28	1 ♎ 11	5 ♎ 1	24 ♏ 54	20 ♐ 55	22 ♎ 26	25 ♋	22 ♈	12 ♎	27 ♌	16 ♉
4	11 ♏ 21	25 ♍ 17	15 ♌ 36	16 ♌ 23	10 ♏ 49	5 ♎ 2	16 ♐ 12	1 ♎ 23	5 ♎ 8	24 ♏ 58	20 ♐ 57	22 ♎ 28	25 ♋	22 ♈	12 ♎	27 ♌	16 ♉
5	12 ♏ 21	7 ♎ 8	15 ♌ 33	16 ♌ 15	9 ♏ 32	6 ♎ 15	16 ♐ 56	1 ♎ 34	5 ♎ 14	25 ♏ 1	20 ♐ 58	22 ♎ 30	25 ♋	22 ♈	12 ♎	28 ♌	15 ♉
6	13 ♏ 21	18 ♎ 58	15 ♌ 29	16 ♌ 4	8 ♏ 19	7 ♎ 27	17 ♐ 41	1 ♎ 45	5 ♎ 21	25 ♏ 5	21 ♐ 0	22 ♎ 32	26 ♋	21 ♈	13 ♎	28 ♌	15 ♉
7	14 ♏ 21	0 ♏ 50	15 ♌ 26	15 ♌ 51	7 ♏ 12	8 ♎ 40	18 ♐ 25	1 ♎ 56	5 ♎ 27	25 ♏ 9	21 ♐ 2	22 ♎ 35	26 ♋	21 ♈	13 ♎	28 ♌	15 ♉
8	15 ♏ 21	12 ♏ 45	15 ♌ 23	15 ♌ 36	6 ♏ 13	9 ♎ 53	19 ♐ 10	2 ♎ 8	5 ♎ 33	25 ♏ 12	21 ♐ 4	22 ♎ 37	26 ♋	21 ♈	13 ♎	29 ♌	15 ♉
9	16 ♏ 22	24 ♏ 45	15 ♌ 20	15 ♌ 21	5 ♏ 23	11 ♎ 6	19 ♐ 54	2 ♎ 19	5 ♎ 40	25 ♏ 16	21 ♐ 6	22 ♎ 39	26 ♋	20 ♈	14 ♎	29 ♌	15 ♉
10	17 ♏ 22	6 ♐ 51	15 ♌ 17	15 ♌ 7	4 ♏ 45	12 ♎ 19	20 ♐ 39	2 ♎ 29	5 ♎ 46	25 ♏ 20	21 ♐ 8	22 ♎ 41	26 ♋	20 ♈	14 ♎	29 ♌	15 ♉
11	18 ♏ 22	19 ♐ 4	15 ♌ 14	14 ♌ 55	4 ♏ 18	13 ♎ 32	21 ♐ 24	2 ♎ 40	5 ♎ 52	25 ♏ 23	21 ♐ 10	22 ♎ 44	26 ♋	20 ♈	14 ♎	29 ♌	15 ♉
12	19 ♏ 23	1 ♑ 25	15 ♌ 10	14 ♌ 46	4 ♏ 2	14 ♎ 45	22 ♐ 8	2 ♎ 51	5 ♎ 58	25 ♏ 27	21 ♐ 12	22 ♎ 46	26 ♋	20 ♈	15 ♎	0 ♍	15 ♉
13	20 ♏ 23	13 ♑ 56	15 ♌ 7	14 ♌ 40	3 D 59	15 ♎ 58	22 ♐ 53	3 ♎ 2	6 ♎ 4	25 ♏ 31	21 ♐ 14	22 ♎ 48	26 ♋	19 ♈	15 ♎	0 ♍	15 ♉
14	21 ♏ 23	26 ♑ 41	15 ♌ 4	14 ♌ 37	4 ♏ 6	17 ♎ 11	23 ♐ 38	3 ♎ 12	6 ♎ 10	25 ♏ 35	21 ♐ 16	22 ♎ 50	26 ♋	19 ♈	15 ♎	0 ♍	15 ♉
15	22 ♏ 24	9 ♒ 41	15 ♌ 1	14 ♌ 36	4 ♏ 24	18 ♎ 24	24 ♐ 23	3 ♎ 23	6 ♎ 16	25 ♏ 38	21 ♐ 18	22 ♎ 52	26 ♋	19 ♈	16 ♎	1 ♍	15 ♉
16	23 ♏ 24	23 ♒ 0	14 ♌ 58	14 D 36	4 ♏ 51	19 ♎ 38	25 ♐ 8	3 ♎ 33	6 ♎ 22	25 ♏ 42	21 ♐ 20	22 ♎ 55	26 ♋	19 ♈	16 ♎	1 ♍	15 ♉
17	24 ♏ 25	6 ♓ 41	14 ♌ 54	14 R 36	5 ♏ 27	20 ♎ 51	25 ♐ 53	3 ♎ 44	6 ♎ 28	25 ♏ 46	21 ♐ 22	22 ♎ 57	27 ♋	19 ♈	17 ♎	1 ♍	15 ♉
18	25 ♏ 25	20 ♓ 46	14 ♌ 51	14 ♌ 34	6 ♏ 11	22 ♎ 5	26 ♐ 38	3 ♎ 54	6 ♎ 34	25 ♏ 50	21 ♐ 24	22 ♎ 59	27 ♋	18 ♈	17 ♎	2 ♍	15 ♉
19	26 ♏ 26	5 ♈ 15	14 ♌ 48	14 ♌ 30	7 ♏ 2	23 ♎ 18	27 ♐ 23	4 ♎ 4	6 ♎ 39	25 ♏ 53	21 ♐ 26	23 ♎ 1	27 ♋	18 ♈	17 ♎	2 ♍	15 ♉
20	27 ♏ 26	20 ♈ 4	14 ♌ 45	14 ♌ 22	7 ♏ 58	24 ♎ 32	28 ♐ 9	4 ♎ 14	6 ♎ 45	25 ♏ 57	21 ♐ 28	23 ♎ 3	27 ♋	18 ♈	18 ♎	2 ♍	15 ♉
21	28 ♏ 27	5 ♉ 8	14 ♌ 42	14 ♌ 13	9 ♏ 1	25 ♎ 46	28 ♐ 54	4 ♎ 24	6 ♎ 51	26 ♏ 1	21 ♐ 30	23 ♎ 5	27 ♋	18 ♈	18 ♎	2 ♍	15 ♉
22	29 ♏ 27	20 ♉ 17	14 ♌ 39	14 ♌ 2	10 ♏ 7	26 ♎ 59	29 ♐ 39	4 ♎ 34	6 ♎ 56	26 ♏ 4	21 ♐ 33	23 ♎ 7	27 ♋	18 ♈	18 ♎	3 ♍	15 ♉
23	0 ♐ 28	5 ♊ 20	14 ♌ 35	13 ♌ 51	11 ♏ 18	28 ♎ 13	0 ♑ 25	4 ♎ 44	7 ♎ 1	26 ♏ 8	21 ♐ 35	23 ♎ 9	27 ♋	17 ♈	19 ♎	3 ♍	15 ♉
24	1 ♐ 29	20 ♊ 9	14 ♌ 32	13 ♌ 41	12 ♏ 32	29 ♎ 27	1 ♑ 10	4 ♎ 53	7 ♎ 7	26 ♏ 12	21 ♐ 37	23 ♎ 11	27 ♋	17 ♈	19 ♎	3 ♍	15 ♉
25	2 ♐ 29	4 ♋ 34	14 ♌ 29	13 ♌ 33	13 ♏ 50	0 ♏ 41	1 ♑ 56	5 ♎ 3	7 ♎ 12	26 ♏ 16	21 ♐ 39	23 ♎ 13	27 ♋	17 ♈	19 ♎	3 ♍	15 ♉
26	3 ♐ 30	18 ♋ 31	14 ♌ 26	13 ♌ 28	15 ♏ 9	1 ♏ 55	2 ♑ 41	5 ♎ 12	7 ♎ 17	26 ♏ 19	21 ♐ 41	23 ♎ 15	27 R	17 ♈	20 ♎	4 ♍	14 ♉
27	4 ♐ 31	1 ♌ 59	14 ♌ 23	13 ♌ 25	16 ♏ 31	3 ♏ 9	3 ♑ 27	5 ♎ 22	7 ♎ 22	26 ♏ 23	21 ♐ 43	23 ♎ 17	27 ♋	17 ♈	20 ♎	4 ♍	14 ♉
28	5 ♐ 31	15 ♌ 0	14 ♌ 20	13 D 25	17 ♏ 54	4 ♏ 23	4 ♑ 12	5 ♎ 31	7 ♎ 27	26 ♏ 27	21 ♐ 46	23 ♎ 19	27 ♋	17 ♈	20 ♎	4 ♍	14 ♉
29	6 ♐ 32	27 ♌ 36	14 ♌ 16	13 ♌ 25	19 ♏ 20	5 ♏ 37	4 ♑ 58	5 ♎ 40	7 ♎ 32	26 ♏ 30	21 ♐ 48	23 ♎ 21	27 ♋	16 ♈	21 ♎	4 ♍	14 ♉
30	7 ♐ 33	9 ♍ 53	14 ♌ 13	13 R 26	20 ♏ 46	6 ♏ 51	5 ♑ 44	5 ♎ 49	7 ♎ 37	26 ♏ 34	21 ♐ 50	23 ♎ 23	27 ♋	16 ♈	21 ♎	5 ♍	14 ♉

SUN INGRESS	☉ → ♐ 22日 12:41
MOON PHASE	● 8日 05:43 ♏　◐ 16日 00:47 ♒　○ 22日 15:39 ♊　◑ 29日 18:59 ♍

aspects		
3日	18:32	☉☌☿
4日	02:09	♀☌♄
10日	16:22	♂☌♆
12日	21:06	♂⚹♇
17日	10:22	♀⚹♆
18日	10:14	☉☌♅
18日	18:08	♀☌♇
27日	15:15	♀⚹♂
27日	23:45	☉⚹♃
30日	01:53	☉⚹♄
30日	03:21	♂□♃

1980年12月

DAY	☉	☽	☊ mean	☊ true	☿	♀	♂	♃	♄	♅	♆	♇	⚳	⚴	⚵	⚶	⚷
	° ′	° ′	° ′	° ′	° ′	° ′	° ′	° ′	° ′	° ′	° ′	° ′	°	°	°	°	°
1	8 ♐ 34	21 ♍ 56	14 ♌ 10	13 R 24	22 D 13	8 D 5	6 D 30	5 D 58	7 D 42	26 D 38	21 D 52	23 D 24	27 R	16 R	21 D	5 D	14 R
2	9 ♐ 35	3 ♎ 50	14 ♌ 7	13 ♌ 21	23 ♏ 42	9 ♏ 19	7 ♑ 16	6 ♎ 7	7 ♎ 47	26 ♏ 41	21 ♐ 54	23 ♎ 26	27 ♋	16 ♈	21 ♎	5 ♍	14 ♉
3	10 ♐ 35	15 ♎ 41	14 ♌ 4	13 ♌ 16	25 ♏ 11	10 ♏ 34	8 ♑ 2	6 ♎ 16	7 ♎ 52	26 ♏ 45	21 ♐ 57	23 ♎ 28	27 ♋	16 ♈	22 ♎	5 ♍	14 ♉
4	11 ♐ 36	27 ♎ 31	14 ♌ 0	13 ♌ 7	26 ♏ 41	11 ♏ 48	8 ♑ 48	6 ♎ 24	7 ♎ 56	26 ♏ 49	21 ♐ 59	23 ♎ 30	27 ♋	16 ♈	22 ♎	6 ♍	14 ♉
5	12 ♐ 37	9 ♏ 25	13 ♌ 57	12 ♌ 57	28 ♏ 11	13 ♏ 2	9 ♑ 34	6 ♎ 33	8 ♎ 1	26 ♏ 52	22 ♐ 1	23 ♎ 32	27 ♋	16 ♈	22 ♎	6 ♍	14 ♉
6	13 ♐ 38	21 ♏ 26	13 ♌ 54	12 ♌ 45	29 ♏ 41	14 ♏ 17	10 ♑ 20	6 ♎ 41	8 ♎ 5	26 ♏ 56	22 ♐ 3	23 ♎ 33	26 ♋	16 ♈	23 ♎	6 ♍	14 ♉
7	14 ♐ 39	3 ♐ 34	13 ♌ 51	12 ♌ 34	1 ♐ 13	15 ♏ 31	11 ♑ 6	6 ♎ 49	8 ♎ 10	26 ♏ 59	22 ♐ 6	23 ♎ 35	26 ♋	16 ♈	23 ♎	6 ♍	14 ♉
8	15 ♐ 40	15 ♐ 52	13 ♌ 48	12 ♌ 22	2 ♐ 44	16 ♏ 46	11 ♑ 52	6 ♎ 57	8 ♎ 14	27 ♏ 3	22 ♐ 8	23 ♎ 37	26 ♋	16 ♈	23 ♎	6 ♍	14 ♉
9	16 ♐ 41	28 ♐ 19	13 ♌ 45	12 ♌ 13	4 ♐ 16	18 ♏ 0	12 ♑ 38	7 ♎ 5	8 ♎ 18	27 ♏ 7	22 ♐ 10	23 ♎ 38	26 ♋	16 ♈	24 ♎	7 ♍	14 ♉
10	17 ♐ 42	10 ♑ 57	13 ♌ 41	12 ♌ 6	5 ♐ 48	19 ♏ 15	13 ♑ 24	7 ♎ 13	8 ♎ 22	27 ♏ 10	22 ♐ 12	23 ♎ 40	26 ♋	16 ♈	24 ♎	7 ♍	14 ♉
11	18 ♐ 43	23 ♑ 45	13 ♌ 38	12 ♌ 2	7 ♐ 20	20 ♏ 29	14 ♑ 11	7 ♎ 21	8 ♎ 26	27 ♏ 14	22 ♐ 15	23 ♎ 42	26 ♋	16 ♈	24 ♎	7 ♍	14 ♉
12	19 ♐ 44	6 ♒ 44	13 ♌ 35	12 ♌ 0	8 ♐ 52	21 ♏ 44	14 ♑ 57	7 ♎ 28	8 ♎ 30	27 ♏ 17	22 ♐ 17	23 ♎ 43	26 ♋	16 D	25 ♎	7 ♍	14 ♉
13	20 ♐ 45	19 ♒ 55	13 ♌ 32	12 D 0	10 ♐ 24	22 ♏ 58	15 ♑ 44	7 ♎ 35	8 ♎ 34	27 ♏ 21	22 ♐ 19	23 ♎ 45	26 ♋	16 ♈	25 ♎	7 ♍	14 ♉
14	21 ♐ 46	3 ♓ 20	13 ♌ 29	12 ♌ 1	11 ♐ 57	24 ♏ 13	16 ♑ 30	7 ♎ 43	8 ♎ 38	27 ♏ 24	22 ♐ 21	23 ♎ 46	26 ♋	16 ♈	25 ♎	8 ♍	14 ♉
15	22 ♐ 47	17 ♓ 1	13 ♌ 26	12 ♌ 2	13 ♐ 30	25 ♏ 28	17 ♑ 16	7 ♎ 50	8 ♎ 41	27 ♏ 28	22 ♐ 24	23 ♎ 48	26 ♋	16 ♈	25 ♎	8 ♍	14 ♉
16	23 ♐ 48	0 ♈ 57	13 ♌ 22	12 R 2	15 ♐ 3	26 ♏ 42	18 ♑ 3	7 ♎ 57	8 ♎ 45	27 ♏ 31	22 ♐ 26	23 ♎ 49	25 ♋	16 ♈	26 ♎	8 ♍	14 ♉
17	24 ♐ 49	15 ♈ 10	13 ♌ 19	12 ♌ 0	16 ♐ 36	27 ♏ 57	18 ♑ 50	8 ♎ 4	8 ♎ 48	27 ♏ 35	22 ♐ 28	23 ♎ 51	25 ♋	16 ♈	26 ♎	8 ♍	14 ♉
18	25 ♐ 50	29 ♈ 38	13 ♌ 16	11 ♌ 56	18 ♐ 9	29 ♏ 12	19 ♑ 36	8 ♎ 10	8 ♎ 52	27 ♏ 38	22 ♐ 31	23 ♎ 52	25 ♋	16 ♈	26 ♎	8 ♍	14 ♉
19	26 ♐ 51	14 ♉ 16	13 ♌ 13	11 ♌ 51	19 ♐ 42	0 ♐ 26	20 ♑ 23	8 ♎ 17	8 ♎ 55	27 ♏ 41	22 ♐ 33	23 ♎ 53	25 ♋	16 ♈	27 ♎	8 ♍	14 ♉
20	27 ♐ 52	28 ♉ 59	13 ♌ 10	11 ♌ 44	21 ♐ 15	1 ♐ 41	21 ♑ 9	8 ♎ 23	8 ♎ 58	27 ♏ 45	22 ♐ 35	23 ♎ 55	25 ♋	16 ♈	27 ♎	9 ♍	13 ♉
21	28 ♐ 53	13 ♊ 39	13 ♌ 6	11 ♌ 37	22 ♐ 49	2 ♐ 56	21 ♑ 56	8 ♎ 30	9 ♎ 1	27 ♏ 48	22 ♐ 37	23 ♎ 56	25 ♋	16 ♈	27 ♎	9 ♍	13 ♉
22	29 ♐ 55	28 ♊ 10	13 ♌ 3	11 ♌ 30	24 ♐ 23	4 ♐ 11	22 ♑ 43	8 ♎ 36	9 ♎ 4	27 ♏ 51	22 ♐ 40	23 ♎ 57	24 ♋	16 ♈	27 ♎	9 ♍	13 ♉
23	0 ♑ 56	12 ♋ 24	13 ♌ 0	11 ♌ 25	25 ♐ 57	5 ♐ 26	23 ♑ 30	8 ♎ 42	9 ♎ 7	27 ♏ 55	22 ♐ 42	23 ♎ 58	24 ♋	16 ♈	28 ♎	9 ♍	13 ♉
24	1 ♑ 57	26 ♋ 16	12 ♌ 57	11 ♌ 22	27 ♐ 31	6 ♐ 40	24 ♑ 16	8 ♎ 48	9 ♎ 10	27 ♏ 58	22 ♐ 44	24 ♎ 0	24 ♋	16 ♈	28 ♎	9 ♍	13 ♉
25	2 ♑ 58	9 ♌ 44	12 ♌ 54	11 ♌ 21	29 ♐ 5	7 ♐ 55	25 ♑ 3	8 ♎ 53	9 ♎ 13	28 ♏ 1	22 ♐ 46	24 ♎ 1	24 ♋	17 ♈	28 ♎	9 ♍	13 ♉
26	3 ♑ 59	22 ♌ 48	12 ♌ 51	11 D 22	0 ♑ 40	9 ♐ 10	25 ♑ 50	8 ♎ 59	9 ♎ 15	28 ♏ 4	22 ♐ 49	24 ♎ 2	24 ♋	17 ♈	28 ♎	9 ♍	13 ♉
27	5 ♑ 0	5 ♍ 29	12 ♌ 47	11 ♌ 23	2 ♑ 15	10 ♐ 25	26 ♑ 37	9 ♎ 4	9 ♎ 18	28 ♏ 8	22 ♐ 51	24 ♎ 3	24 ♋	17 ♈	29 ♎	9 ♍	13 ♉
28	6 ♑ 1	17 ♍ 50	12 ♌ 44	11 ♌ 25	3 ♑ 50	11 ♐ 40	27 ♑ 24	9 ♎ 9	9 ♎ 20	28 ♏ 11	22 ♐ 53	24 ♎ 4	23 ♋	17 ♈	29 ♎	9 ♍	13 ♉
29	7 ♑ 2	29 ♍ 57	12 ♌ 41	11 ♌ 26	5 ♑ 25	12 ♐ 55	28 ♑ 11	9 ♎ 14	9 ♎ 23	28 ♏ 14	22 ♐ 55	24 ♎ 5	23 ♋	17 ♈	29 ♎	9 ♍	13 ♉
30	8 ♑ 4	11 ♎ 54	12 ♌ 38	11 R 26	7 ♑ 1	14 ♐ 10	28 ♑ 58	9 ♎ 19	9 ♎ 25	28 ♏ 17	22 ♐ 57	24 ♎ 6	23 ♋	17 ♈	0 ♏	10 ♍	13 ♉
31	9 ♑ 5	23 ♎ 46	12 ♌ 35	11 ♌ 25	8 ♑ 37	15 ♐ 25	29 ♑ 45	9 ♎ 24	9 ♎ 27	28 ♏ 20	23 ♐ 0	24 ♎ 7	23 ♋	17 ♈	0 ♏	10 ♍	13 ♉

SUN INGRESS	☉ → ♑ 22日 01:56
MOON PHASE	● 7日 23:35 ♐　◐ 15日 10:47 ♓　○ 22日 03:08 ♋　◑ 29日 15:32 ♎

aspects		
2日	18:15	♂□♄
4日	02:15	☿☌♅
11日	00:15	☿⚹♃
11日	18:05	☿⚹♄
14日	14:26	☉☌♆
16日	00:23	☉⚹♇
16日	16:28	♀☌♅
20日	20:56	☿☌♆
21日	17:23	☿⚹♇
23日	15:13	♂□♇
25日	20:03	♀⚹♃
26日	01:45	♀⚹♄
29日	01:41	♂⚹♅
31日	08:05	☉□♃
31日	09:02	☉□♄
31日	12:18	☿□♃
31日	12:46	☿□♄
31日	19:04	☉☌☿

1981年1月

DAY	☉	☽	☊ mean	☊ true	☿	♀	♂	♃	♄	♅	♆	♇	⚳	⚴	⚵	⚶	⚷
	° ′	° ′	° ′	° ′	° ′	° ′	° ′	° ′	° ′	° ′	° ′	° ′	°	°	°	°	°
1	10 ♑ 6	5 ♏ 38	12 ♌ 32	11 R 22	10 D 13	16 D 40	0 D 32	9 D 28	9 D 29	28 D 23	23 D 2	24 D 8	22 R	18 D	0 D	10 D	13 R
2	11 ♑ 7	17 ♏ 34	12 ♌ 28	11 ♌ 18	11 ♑ 50	17 ♐ 55	1 ♒ 19	9 ♎ 33	9 ♎ 31	28 ♏ 26	23 ♐ 4	24 ♎ 9	22 ♋	18 ♈	0 ♏	10 ♍	13 ♉
3	12 ♑ 8	29 ♏ 38	12 ♌ 25	11 ♌ 14	13 ♑ 27	19 ♐ 10	2 ♒ 6	9 ♎ 37	9 ♎ 33	28 ♏ 29	23 ♐ 6	24 ♎ 10	22 ♋	18 ♈	0 ♏	10 ♍	13 ♉
4	13 ♑ 9	11 ♐ 54	12 ♌ 22	11 ♌ 8	15 ♑ 4	20 ♐ 25	2 ♒ 53	9 ♎ 41	9 ♎ 34	28 ♏ 32	23 ♐ 8	24 ♎ 11	22 ♋	18 ♈	1 ♏	10 ♍	13 ♉
5	14 ♑ 11	24 ♐ 22	12 ♌ 19	11 ♌ 3	16 ♑ 42	21 ♐ 40	3 ♒ 40	9 ♎ 45	9 ♎ 36	28 ♏ 35	23 ♐ 11	24 ♎ 12	22 ♋	18 ♈	1 ♏	10 ♍	13 ♉
6	15 ♑ 12	7 ♑ 4	12 ♌ 16	10 ♌ 59	18 ♑ 20	22 ♐ 55	4 ♒ 27	9 ♎ 48	9 ♎ 37	28 ♏ 38	23 ♐ 13	24 ♎ 12	21 ♋	18 ♈	1 ♏	10 ♍	13 ♉
7	16 ♑ 13	20 ♑ 1	12 ♌ 12	10 ♌ 57	19 ♑ 58	24 ♐ 10	5 ♒ 15	9 ♎ 52	9 ♎ 39	28 ♏ 41	23 ♐ 15	24 ♎ 13	21 ♋	19 ♈	1 ♏	10 ♍	13 ♉
8	17 ♑ 14	3 ♒ 12	12 ♌ 9	10 ♌ 55	21 ♑ 37	25 ♐ 25	6 ♒ 2	9 ♎ 55	9 ♎ 40	28 ♏ 43	23 ♐ 17	24 ♎ 14	21 ♋	19 ♈	2 ♏	10 ♍	13 ♉
9	18 ♑ 15	16 ♒ 35	12 ♌ 6	10 D 55	23 ♑ 16	26 ♐ 40	6 ♒ 49	9 ♎ 58	9 ♎ 41	28 ♏ 46	23 ♐ 19	24 ♎ 14	21 ♋	19 ♈	2 ♏	10 R	13 ♉
10	19 ♑ 16	0 ♓ 10	12 ♌ 3	10 ♌ 56	24 ♑ 56	27 ♐ 55	7 ♒ 36	10 ♎ 1	9 ♎ 42	28 ♏ 49	23 ♐ 21	24 ♎ 15	20 ♋	19 ♈	2 ♏	10 ♍	13 ♉
11	20 ♑ 18	13 ♓ 55	12 ♌ 0	10 ♌ 57	26 ♑ 36	29 ♐ 10	8 ♒ 24	10 ♎ 4	9 ♎ 43	28 ♏ 51	23 ♐ 23	24 ♎ 16	20 ♋	20 ♈	2 ♏	10 ♍	13 ♉
12	21 ♑ 19	27 ♓ 49	11 ♌ 57	10 ♌ 59	28 ♑ 16	0 ♑ 25	9 ♒ 11	10 ♎ 6	9 ♎ 44	28 ♏ 54	23 ♐ 25	24 ♎ 16	20 ♋	20 ♈	2 ♏	10 ♍	13 ♉
13	22 ♑ 20	11 ♈ 51	11 ♌ 53	11 ♌ 0	29 ♑ 56	1 ♑ 40	9 ♒ 58	10 ♎ 9	9 ♎ 45	28 ♏ 57	23 ♐ 27	24 ♎ 17	20 ♋	20 ♈	3 ♏	10 ♍	13 ♉
14	23 ♑ 21	26 ♈ 0	11 ♌ 50	11 R 0	1 ♒ 37	2 ♑ 55	10 ♒ 46	10 ♎ 11	9 ♎ 45	28 ♏ 59	23 ♐ 29	24 ♎ 17	19 ♋	20 ♈	3 ♏	10 ♍	13 ♉
15	24 ♑ 22	10 ♉ 13	11 ♌ 47	10 ♌ 59	3 ♒ 18	4 ♑ 10	11 ♒ 33	10 ♎ 13	9 ♎ 46	29 ♏ 2	23 ♐ 31	24 ♎ 18	19 ♋	21 ♈	3 ♏	10 ♍	13 ♉
16	25 ♑ 23	24 ♉ 29	11 ♌ 44	10 ♌ 58	4 ♒ 59	5 ♑ 25	12 ♒ 20	10 ♎ 15	9 ♎ 46	29 ♏ 4	23 ♐ 33	24 ♎ 18	19 ♋	21 ♈	3 ♏	10 ♍	13 ♉
17	26 ♑ 24	8 ♊ 43	11 ♌ 41	10 ♌ 56	6 ♒ 40	6 ♑ 40	13 ♒ 8	10 ♎ 16	9 ♎ 46	29 ♏ 7	23 ♐ 35	24 ♎ 18	19 ♋	21 ♈	3 ♏	10 ♍	13 ♉
18	27 ♑ 25	22 ♊ 53	11 ♌ 38	10 ♌ 54	8 ♒ 21	7 ♑ 56	13 ♒ 55	10 ♎ 18	9 ♎ 46	29 ♏ 9	23 ♐ 37	24 ♎ 19	19 ♋	21 ♈	4 ♏	10 ♍	13 ♉
19	28 ♑ 26	6 ♋ 54	11 ♌ 34	10 ♌ 53	10 ♒ 2	9 ♑ 11	14 ♒ 42	10 ♎ 19	9 ♎ 47	29 ♏ 11	23 ♐ 39	24 ♎ 19	18 ♋	22 ♈	4 ♏	9 ♍	13 ♉
20	29 ♑ 27	20 ♋ 44	11 ♌ 31	10 ♌ 52	11 ♒ 43	10 ♑ 26	15 ♒ 30	10 ♎ 20	9 R 47	29 ♏ 14	23 ♐ 41	24 ♎ 19	18 ♋	22 ♈	4 ♏	9 ♍	13 ♉
21	0 ♒ 28	4 ♌ 17	11 ♌ 28	10 ♌ 51	13 ♒ 24	11 ♑ 41	16 ♒ 17	10 ♎ 21	9 ♎ 46	29 ♏ 16	23 ♐ 43	24 ♎ 20	18 ♋	22 ♈	4 ♏	9 ♍	13 ♉
22	1 ♒ 30	17 ♌ 33	11 ♌ 25	10 D 51	15 ♒ 3	12 ♑ 56	17 ♒ 5	10 ♎ 22	9 ♎ 46	29 ♏ 18	23 ♐ 45	24 ♎ 20	18 ♋	23 ♈	4 ♏	9 ♍	13 ♉
23	2 ♒ 31	0 ♍ 30	11 ♌ 22	10 ♌ 51	16 ♒ 42	14 ♑ 11	17 ♒ 52	10 ♎ 22	9 ♎ 46	29 ♏ 20	23 ♐ 47	24 ♎ 20	17 ♋	23 ♈	5 ♏	9 ♍	13 D
24	3 ♒ 32	13 ♍ 9	11 ♌ 18	10 ♌ 52	18 ♒ 20	15 ♑ 26	18 ♒ 40	10 ♎ 23	9 ♎ 45	29 ♏ 22	23 ♐ 49	24 ♎ 20	17 ♋	23 ♈	5 ♏	9 ♍	13 ♉
25	4 ♒ 33	25 ♍ 32	11 ♌ 15	10 ♌ 53	19 ♒ 56	16 ♑ 41	19 ♒ 27	10 ♎ 23	9 ♎ 45	29 ♏ 25	23 ♐ 51	24 ♎ 20	17 ♋	23 ♈	5 ♏	9 ♍	13 ♉
26	5 ♒ 34	7 ♎ 41	11 ♌ 12	10 ♌ 54	21 ♒ 31	17 ♑ 56	20 ♒ 14	10 R 23	9 ♎ 44	29 ♏ 27	23 ♐ 52	24 ♎ 20	17 ♋	24 ♈	5 ♏	9 ♍	13 ♉
27	6 ♒ 35	19 ♎ 41	11 ♌ 9	10 ♌ 54	23 ♒ 3	19 ♑ 11	21 ♒ 2	10 ♎ 23	9 ♎ 43	29 ♏ 29	23 ♐ 54	24 R 20	17 ♋	24 ♈	5 ♏	9 ♍	13 ♉
28	7 ♒ 35	1 ♏ 34	11 ♌ 6	10 ♌ 54	24 ♒ 33	20 ♑ 26	21 ♒ 49	10 ♎ 22	9 ♎ 42	29 ♏ 31	23 ♐ 56	24 ♎ 20	16 ♋	24 ♈	5 ♏	8 ♍	13 ♉
29	8 ♒ 36	13 ♏ 27	11 ♌ 3	10 R 54	25 ♒ 59	21 ♑ 42	22 ♒ 37	10 ♎ 21	9 ♎ 41	29 ♏ 32	23 ♐ 58	24 ♎ 20	16 ♋	25 ♈	5 ♏	8 ♍	13 ♉
30	9 ♒ 37	25 ♏ 23	10 ♌ 59	10 ♌ 54	27 ♒ 21	22 ♑ 57	23 ♒ 24	10 ♎ 21	9 ♎ 40	29 ♏ 34	23 ♐ 59	24 ♎ 20	16 ♋	25 ♈	6 ♏	8 ♍	13 ♉
31	10 ♒ 38	7 ♐ 28	10 ♌ 56	10 ♌ 54	28 ♒ 39	24 ♑ 12	24 ♒ 12	10 ♎ 20	9 ♎ 39	29 ♏ 36	24 ♐ 1	24 ♎ 20	16 ♋	25 ♈	6 ♏	8 ♍	13 ♉

SUN INGRESS ☉ → ♒ 20日 12:36

MOON PHASE ● 6日 16:24 ♑ ◐ 13日 19:10 ♈ ○ 20日 16:39 ♌ ◑ 28日 13:19 ♏

aspects

1日	06:23	♃☌♄
6日	05:53	♀☌♆
7日	01:03	♀⚹♇
9日	14:10	☿□♇
12日	09:25	☿⚹♅
12日	16:56	♂△♄
13日	05:35	♂△♃
14日	22:16	☉□♇
18日	20:14	☿△♄
19日	04:03	☿△♃
19日	11:29	♀□♄
19日	18:23	☉⚹♅
19日	22:15	♀□♃
24日	09:33	☿☌♂
27日	13:55	☿⚹♆
27日	20:40	☿△♇
30日	01:03	☉△♄
30日	16:45	☉△♃
30日	18:28	♂⚹♆
31日	02:37	♀□♇
31日	04:09	♂△♇
31日	19:03	☿□♅

1981年2月

DAY	☉	☽	☊ mean	☊ true	☿	♀	♂	♃	♄	♅	♆	♇	⚳	⚴	⚵	⚶	⚷
	° ′	° ′	° ′	° ′	° ′	° ′	° ′	° ′	° ′	° ′	° ′	° ′	°	°	°	°	°
1	11 ♒ 39	19 ♐ 45	10 ♌ 53	10 D 54	29 D 52	25 D 27	24 D 59	10 R 18	9 R 38	29 D 38	24 D 3	24 R 20	16 R	26 D	6 D	8 R	13 D
2	12 ♒ 40	2 ♑ 18	10 ♌ 50	10 ♌ 54	0 ♓ 59	26 ♑ 42	25 ♒ 47	10 ♎ 17	9 ♎ 36	29 ♏ 40	24 ♐ 5	24 ♎ 20	15 ♋	26 ♈	6 ♏	8 ♍	13 ♉
3	13 ♒ 41	15 ♑ 10	10 ♌ 47	10 ♌ 55	1 ♓ 59	27 ♑ 57	26 ♒ 34	10 ♎ 15	9 ♎ 35	29 ♏ 41	24 ♐ 6	24 ♎ 19	15 ♋	27 ♈	6 ♏	7 ♍	13 ♉
4	14 ♒ 42	28 ♑ 22	10 ♌ 44	10 ♌ 55	2 ♓ 51	29 ♑ 12	27 ♒ 22	10 ♎ 14	9 ♎ 33	29 ♏ 43	24 ♐ 8	24 ♎ 19	15 ♋	27 ♈	6 ♏	7 ♍	13 ♉
5	15 ♒ 43	11 ♒ 53	10 ♌ 40	10 R 55	3 ♓ 35	0 ♒ 27	28 ♒ 9	10 ♎ 12	9 ♎ 31	29 ♏ 44	24 ♐ 9	24 ♎ 19	15 ♋	27 ♈	6 ♏	7 ♍	13 ♉
6	16 ♒ 44	25 ♒ 42	10 ♌ 37	10 ♌ 55	4 ♓ 10	1 ♒ 42	28 ♒ 57	10 ♎ 9	9 ♎ 29	29 ♏ 46	24 ♐ 11	24 ♎ 18	15 ♋	28 ♈	6 ♏	7 ♍	13 ♉
7	17 ♒ 44	9 ♓ 46	10 ♌ 34	10 ♌ 54	4 ♓ 36	2 ♒ 57	29 ♒ 44	10 ♎ 7	9 ♎ 27	29 ♏ 47	24 ♐ 12	24 ♎ 18	15 ♋	28 ♈	6 ♏	7 ♍	13 ♉
8	18 ♒ 45	24 ♓ 1	10 ♌ 31	10 ♌ 53	4 ♓ 51	4 ♒ 13	0 ♓ 32	10 ♎ 5	9 ♎ 25	29 ♏ 49	24 ♐ 14	24 ♎ 18	14 ♋	28 ♈	7 ♏	6 ♍	13 ♉
9	19 ♒ 46	8 ♈ 21	10 ♌ 28	10 ♌ 52	4 R 55	5 ♒ 28	1 ♓ 19	10 ♎ 2	9 ♎ 23	29 ♏ 50	24 ♐ 15	24 ♎ 17	14 ♋	29 ♈	7 ♏	6 ♍	13 ♉
10	20 ♒ 47	22 ♈ 43	10 ♌ 24	10 ♌ 51	4 ♓ 48	6 ♒ 43	2 ♓ 6	9 ♎ 59	9 ♎ 21	29 ♏ 51	24 ♐ 17	24 ♎ 17	14 ♋	29 ♈	7 ♏	6 ♍	13 ♉
11	21 ♒ 48	7 ♉ 2	10 ♌ 21	10 ♌ 50	4 ♓ 31	7 ♒ 58	2 ♓ 54	9 ♎ 56	9 ♎ 19	29 ♏ 53	24 ♐ 18	24 ♎ 16	14 ♋	0 ♉	7 ♏	6 ♍	13 ♉
12	22 ♒ 48	21 ♉ 16	10 ♌ 18	10 ♌ 50	4 ♓ 3	9 ♒ 13	3 ♓ 41	9 ♎ 53	9 ♎ 16	29 ♏ 54	24 ♐ 20	24 ♎ 16	14 ♋	0 ♉	7 ♏	5 ♍	13 ♉
13	23 ♒ 49	5 ♊ 21	10 ♌ 15	10 D 50	3 ♓ 26	10 ♒ 28	4 ♓ 29	9 ♎ 49	9 ♎ 14	29 ♏ 55	24 ♐ 21	24 ♎ 15	14 ♋	0 ♉	7 ♏	5 ♍	13 ♉
14	24 ♒ 50	19 ♊ 16	10 ♌ 12	10 ♌ 51	2 ♓ 39	11 ♒ 43	5 ♓ 16	9 ♎ 46	9 ♎ 11	29 ♏ 56	24 ♐ 22	24 ♎ 14	14 ♋	1 ♉	7 ♏	5 ♍	13 ♉
15	25 ♒ 50	3 ♋ 0	10 ♌ 9	10 ♌ 52	1 ♓ 45	12 ♒ 58	6 ♓ 4	9 ♎ 42	9 ♎ 9	29 ♏ 57	24 ♐ 24	24 ♎ 14	14 ♋	1 ♉	7 ♏	5 ♍	13 ♉
16	26 ♒ 51	16 ♋ 33	10 ♌ 5	10 ♌ 54	0 ♓ 45	14 ♒ 13	6 ♓ 51	9 ♎ 38	9 ♎ 6	29 ♏ 58	24 ♐ 25	24 ♎ 13	14 ♋	2 ♉	7 ♏	4 ♍	13 ♉
17	27 ♒ 51	29 ♋ 54	10 ♌ 2	10 ♌ 54	29 ♒ 40	15 ♒ 28	7 ♓ 38	9 ♎ 34	9 ♎ 3	29 ♏ 59	24 ♐ 26	24 ♎ 12	13 ♋	2 ♉	7 ♏	4 ♍	13 ♉
18	28 ♒ 52	13 ♌ 2	9 ♌ 59	10 R 55	28 ♒ 33	16 ♒ 43	8 ♓ 26	9 ♎ 29	9 ♎ 0	0 ♐ 0	24 ♐ 28	24 ♎ 12	13 ♋	2 ♉	7 ♏	4 ♍	13 ♉
19	29 ♒ 52	25 ♌ 58	9 ♌ 56	10 ♌ 54	27 ♒ 25	17 ♒ 58	9 ♓ 13	9 ♎ 25	8 ♎ 57	0 ♐ 1	24 ♐ 29	24 ♎ 11	13 ♋	3 ♉	7 ♏	4 ♍	13 ♉
20	0 ♓ 53	8 ♍ 40	9 ♌ 53	10 ♌ 52	26 ♒ 18	19 ♒ 13	10 ♓ 0	9 ♎ 20	8 ♎ 54	0 ♐ 1	24 ♐ 30	24 ♎ 10	13 ♋	3 ♉	7 ♏	3 ♍	13 ♉
21	1 ♓ 53	21 ♍ 10	9 ♌ 49	10 ♌ 50	25 ♒ 13	20 ♒ 28	10 ♓ 48	9 ♎ 16	8 ♎ 51	0 ♐ 2	24 ♐ 31	24 ♎ 9	13 ♋	4 ♉	7 ♏	3 ♍	13 ♉
22	2 ♓ 54	3 ♎ 27	9 ♌ 46	10 ♌ 46	24 ♒ 12	21 ♒ 43	11 ♓ 35	9 ♎ 11	8 ♎ 47	0 ♐ 3	24 ♐ 32	24 ♎ 8	13 ♋	4 ♉	7 ♏	3 ♍	13 ♉
23	3 ♓ 54	15 ♎ 34	9 ♌ 43	10 ♌ 42	23 ♒ 16	22 ♒ 58	12 ♓ 22	9 ♎ 6	8 ♎ 44	0 ♐ 3	24 ♐ 33	24 ♎ 8	13 ♋	5 ♉	7 ♏	3 ♍	13 ♉
24	4 ♓ 54	27 ♎ 33	9 ♌ 40	10 ♌ 38	22 ♒ 26	24 ♒ 13	13 ♓ 9	9 ♎ 0	8 ♎ 41	0 ♐ 4	24 ♐ 34	24 ♎ 7	13 ♋	5 ♉	7 ♏	2 ♍	13 ♉
25	5 ♓ 55	9 ♏ 27	9 ♌ 37	10 ♌ 35	21 ♒ 42	25 ♒ 28	13 ♓ 57	8 ♎ 55	8 ♎ 37	0 ♐ 4	24 ♐ 35	24 ♎ 6	13 ♋	6 ♉	7 R	2 ♍	13 ♉
26	6 ♓ 55	21 ♏ 19	9 ♌ 34	10 ♌ 33	21 ♒ 6	26 ♒ 43	14 ♓ 44	8 ♎ 49	8 ♎ 34	0 ♐ 5	24 ♐ 36	24 ♎ 5	13 ♋	6 ♉	7 ♏	2 ♍	13 ♉
27	7 ♓ 55	3 ♐ 14	9 ♌ 30	10 ♌ 31	20 ♒ 37	27 ♒ 58	15 ♓ 31	8 ♎ 44	8 ♎ 30	0 ♐ 5	24 ♐ 37	24 ♎ 4	13 ♋	6 ♉	7 ♏	1 ♍	14 ♉
28	8 ♓ 56	15 ♐ 17	9 ♌ 27	10 D 32	20 ♒ 15	29 ♒ 13	16 ♓ 18	8 ♎ 38	8 ♎ 26	0 ♐ 5	24 ♐ 38	24 ♎ 3	13 D	7 ♉	7 ♏	1 ♍	14 ♉

SUN INGRESS ☉ → ♓ 19日 02:52

MOON PHASE ● 5日 07:14 ♒ ◐ 12日 02:49 ♉ ○ 19日 07:58 ♍ ◑ 27日 10:14 ♐

aspects

4日	09:59	♀⚹♅
7日	01:40	♂□♅
9日	21:39	♆⚹♇
12日	01:06	♀△♄
12日	06:26	☿☌♂
12日	12:12	♀△♃
13日	10:17	☉△♇
13日	13:04	☉⚹♆
16日	17:22	☿□♅
17日	20:31	☉☌☿
19日	03:19	☉□♅
21日	15:55	☿⚹♆
22日	01:23	☿△♇
23日	03:23	☿☌♀
23日	22:03	♀△♇
24日	07:00	♀⚹♆
28日	16:59	♀□♅

1981年3月

DAY	☉	☽	☊		☿	♀	♂	♃	♄	♅	♆	♇	⚳	⚴	⚵	⚶	⚷
			mean	true													
	° ′	° ′	° ′	° ′	° ′	° ′	° ′	° ′	° ′	° ′	° ′	° ′	°	°	°	°	°
1	9 ♓ 56	27 ♐ 32	9 ♌ 24	10 D 33	20 R 0	0 D 28	17 D 5	8 R 32	8 R 22	0 D 6	24 D 39	24 R 2	13 D	7 D	7 R	1 R	14 D
2	10 ♓ 56	10 ♑ 3	9 ♌ 21	10 ♌ 34	19 ♒ 52	1 ♓ 42	17 ♓ 53	8 ♎ 26	8 ♎ 19	0 ♐ 6	24 ♐ 40	24 ♎ 1	13 ♋	8 ♉	7 ♏	1 ♍	14 ♉
3	11 ♓ 56	22 ♑ 56	9 ♌ 18	10 ♌ 36	19 D 51	2 ♓ 57	18 ♓ 40	8 ♎ 20	8 ♎ 15	0 ♐ 6	24 ♐ 41	23 ♎ 59	13 ♋	8 ♉	7 ♏	0 ♍	14 ♉
4	12 ♓ 57	6 ♒ 13	9 ♌ 15	10 ♌ 37	19 ♒ 56	4 ♓ 12	19 ♓ 27	8 ♎ 14	8 ♎ 11	0 ♐ 6	24 ♐ 42	23 ♎ 58	13 ♋	9 ♉	7 ♏	0 ♍	14 ♉
5	13 ♓ 57	19 ♒ 55	9 ♌ 11	10 R 37	20 ♒ 7	5 ♓ 27	20 ♓ 14	8 ♎ 7	8 ♎ 7	0 ♐ 6	24 ♐ 42	23 ♎ 57	13 ♋	9 ♉	7 ♏	0 ♍	14 ♉
6	14 ♓ 57	4 ♓ 2	9 ♌ 8	10 ♌ 35	20 ♒ 24	6 ♓ 42	21 ♓ 1	8 ♎ 1	8 ♎ 3	0 R 6	24 ♐ 43	23 ♎ 56	13 ♋	10 ♉	7 ♏	0 ♍	14 ♉
7	15 ♓ 57	18 ♓ 29	9 ♌ 5	10 ♌ 31	20 ♒ 47	7 ♓ 57	21 ♓ 48	7 ♎ 54	7 ♎ 58	0 ♐ 6	24 ♐ 44	23 ♎ 55	13 ♋	10 ♉	7 ♏	29 ♌	14 ♉
8	16 ♓ 57	3 ♈ 12	9 ♌ 2	10 ♌ 26	21 ♒ 14	9 ♓ 12	22 ♓ 35	7 ♎ 47	7 ♎ 54	0 ♐ 6	24 ♐ 45	23 ♎ 53	13 ♋	11 ♉	7 ♏	29 ♌	14 ♉
9	17 ♓ 57	18 ♈ 1	8 ♌ 59	10 ♌ 20	21 ♒ 47	10 ♓ 27	23 ♓ 22	7 ♎ 40	7 ♎ 50	0 ♐ 6	24 ♐ 45	23 ♎ 52	13 ♋	11 ♉	7 ♏	29 ♌	14 ♉
10	18 ♓ 57	2 ♉ 50	8 ♌ 55	10 ♌ 15	22 ♒ 23	11 ♓ 41	24 ♓ 9	7 ♎ 33	7 ♎ 46	0 ♐ 6	24 ♐ 46	23 ♎ 51	13 ♋	12 ♉	7 ♏	29 ♌	14 ♉
11	19 ♓ 57	17 ♉ 31	8 ♌ 52	10 ♌ 10	23 ♒ 4	12 ♓ 56	24 ♓ 56	7 ♎ 26	7 ♎ 41	0 ♐ 5	24 ♐ 46	23 ♎ 50	14 ♋	12 ♉	7 ♏	29 ♌	14 ♉
12	20 ♓ 57	1 ♊ 58	8 ♌ 49	10 ♌ 6	23 ♒ 48	14 ♓ 11	25 ♓ 43	7 ♎ 19	7 ♎ 37	0 ♐ 5	24 ♐ 47	23 ♎ 48	14 ♋	13 ♉	7 ♏	28 ♌	14 ♉
13	21 ♓ 57	16 ♊ 6	8 ♌ 46	10 ♌ 5	24 ♒ 37	15 ♓ 26	26 ♓ 30	7 ♎ 12	7 ♎ 33	0 ♐ 5	24 ♐ 47	23 ♎ 47	14 ♋	13 ♉	6 ♏	28 ♌	14 ♉
14	22 ♓ 57	29 ♊ 56	8 ♌ 43	10 D 5	25 ♒ 28	16 ♓ 41	27 ♓ 17	7 ♎ 5	7 ♎ 28	0 ♐ 4	24 ♐ 48	23 ♎ 46	14 ♋	14 ♉	6 ♏	28 ♌	14 ♉
15	23 ♓ 56	13 ♋ 28	8 ♌ 40	10 ♌ 6	26 ♒ 22	17 ♓ 55	28 ♓ 3	6 ♎ 57	7 ♎ 24	0 ♐ 4	24 ♐ 48	23 ♎ 44	14 ♋	14 ♉	6 ♏	28 ♌	14 ♉
16	24 ♓ 56	26 ♋ 42	8 ♌ 36	10 ♌ 7	27 ♒ 20	19 ♓ 10	28 ♓ 50	6 ♎ 50	7 ♎ 19	0 ♐ 3	24 ♐ 49	23 ♎ 43	14 ♋	15 ♉	6 ♏	27 ♌	14 ♉
17	25 ♓ 56	9 ♌ 41	8 ♌ 33	10 ♌ 8	28 ♒ 20	20 ♓ 25	29 ♓ 37	6 ♎ 42	7 ♎ 15	0 ♐ 3	24 ♐ 49	23 ♎ 41	14 ♋	15 ♉	6 ♏	27 ♌	14 ♉
18	26 ♓ 56	22 ♌ 28	8 ♌ 30	10 R 7	29 ♒ 23	21 ♓ 40	0 ♈ 24	6 ♎ 35	7 ♎ 10	0 ♐ 2	24 ♐ 49	23 ♎ 40	14 ♋	16 ♉	6 ♏	27 ♌	14 ♉
19	27 ♓ 55	5 ♍ 3	8 ♌ 27	10 ♌ 4	0 ♓ 28	22 ♓ 54	1 ♈ 10	6 ♎ 27	7 ♎ 6	0 ♐ 1	24 ♐ 50	23 ♎ 38	14 ♋	16 ♉	6 ♏	27 ♌	14 ♉
20	28 ♓ 55	17 ♍ 28	8 ♌ 24	9 ♌ 59	1 ♓ 36	24 ♓ 9	1 ♈ 57	6 ♎ 20	7 ♎ 1	0 ♐ 1	24 ♐ 50	23 ♎ 37	15 ♋	17 ♉	6 ♏	27 ♌	14 ♉
21	29 ♓ 54	29 ♍ 44	8 ♌ 21	9 ♌ 52	2 ♓ 46	25 ♓ 24	2 ♈ 43	6 ♎ 12	6 ♎ 56	0 ♐ 0	24 ♐ 50	23 ♎ 35	15 ♋	17 ♉	5 ♏	27 ♌	14 ♉
22	0 ♈ 54	11 ♎ 52	8 ♌ 17	9 ♌ 42	3 ♓ 58	26 ♓ 38	3 ♈ 30	6 ♎ 4	6 ♎ 52	29 ♏ 59	24 ♐ 50	23 ♎ 34	15 ♋	18 ♉	5 ♏	26 ♌	15 ♉
23	1 ♈ 53	23 ♎ 54	8 ♌ 14	9 ♌ 32	5 ♓ 11	27 ♓ 53	4 ♈ 16	5 ♎ 57	6 ♎ 47	29 ♏ 58	24 ♐ 51	23 ♎ 32	15 ♋	18 ♉	5 ♏	26 ♌	15 ♉
24	2 ♈ 53	5 ♏ 50	8 ♌ 11	9 ♌ 22	6 ♓ 27	29 ♓ 8	5 ♈ 3	5 ♎ 49	6 ♎ 42	29 ♏ 57	24 ♐ 51	23 ♎ 31	15 ♋	19 ♉	5 ♏	26 ♌	15 ♉
25	3 ♈ 52	17 ♏ 43	8 ♌ 8	9 ♌ 13	7 ♓ 45	0 ♈ 22	5 ♈ 49	5 ♎ 41	6 ♎ 38	29 ♏ 56	24 ♐ 51	23 ♎ 29	15 ♋	19 ♉	5 ♏	26 ♌	15 ♉
26	4 ♈ 52	29 ♏ 34	8 ♌ 5	9 ♌ 5	9 ♓ 4	1 ♈ 37	6 ♈ 36	5 ♎ 34	6 ♎ 33	29 ♏ 55	24 ♐ 51	23 ♎ 28	15 ♋	20 ♉	5 ♏	26 ♌	15 ♉
27	5 ♈ 51	11 ♐ 28	8 ♌ 1	9 ♌ 0	10 ♓ 26	2 ♈ 51	7 ♈ 22	5 ♎ 26	6 ♎ 28	29 ♏ 54	24 ♐ 51	23 ♎ 26	16 ♋	20 ♉	5 ♏	26 ♌	15 ♉
28	6 ♈ 51	23 ♐ 29	7 ♌ 58	8 ♌ 56	11 ♓ 49	4 ♈ 6	8 ♈ 9	5 ♎ 18	6 ♎ 24	29 ♏ 53	24 R 51	23 ♎ 25	16 ♋	21 ♉	4 ♏	26 ♌	15 ♉
29	7 ♈ 50	5 ♑ 40	7 ♌ 55	8 ♌ 55	13 ♓ 13	5 ♈ 20	8 ♈ 55	5 ♎ 10	6 ♎ 19	29 ♏ 52	24 ♐ 51	23 ♎ 23	16 ♋	21 ♉	4 ♏	26 ♌	15 ♉
30	8 ♈ 49	18 ♑ 8	7 ♌ 52	8 D 56	14 ♓ 39	6 ♈ 35	9 ♈ 41	5 ♎ 3	6 ♎ 14	29 ♏ 50	24 ♐ 51	23 ♎ 21	16 ♋	22 ♉	4 ♏	25 ♌	15 ♉
31	9 ♈ 49	0 ♒ 56	7 ♌ 49	8 ♌ 56	16 ♓ 7	7 ♈ 50	10 ♈ 27	4 ♎ 55	6 ♎ 10	29 ♏ 49	24 ♐ 51	23 ♎ 20	16 ♋	22 ♉	4 ♏	25 ♌	15 ♉

SUN INGRESS: ☉ → ♈ 21日 02:03

MOON PHASE: ● 6日 19:31 ♓　◐ 13日 10:51 ♊　○ 21日 00:22 ♍　◑ 29日 04:34 ♑

aspects		
5日	04:07	♃☌♄
10日	19:03	♂□♆
11日	23:56	☿△♇
13日	05:16	☿⚹♆
15日	21:01	☉□♆
17日	13:06	♂△♅
18日	14:19	☿□♅
20日	13:14	♀□♆
21日	02:08	☉△♅
24日	15:44	♀△♅
24日	20:25	♂☍♃
25日	22:41	♂☍♄
26日	14:54	☉☍♃
27日	13:53	☉☍♄
28日	21:02	♀☍♃
29日	17:43	♀☍♄

1981年4月

DAY	☉	☽	☊		☿	♀	♂	♃	♄	♅	♆	♇	⚳	⚴	⚵	⚶	⚷
			mean	true													
	° ′	° ′	° ′	° ′	° ′	° ′	° ′	° ′	° ′	° ′	° ′	° ′	°	°	°	°	°
1	10 ♈ 48	14 ♒ 9	7 ♌ 46	8 R 56	17 D 36	9 D 4	11 D 14	4 R 47	6 R 5	29 R 48	24 R 51	23 R 18	17 D	23 D	4 R	25 R	15 D
2	11 ♈ 47	27 ♒ 51	7 ♌ 42	8 ♌ 55	19 ♓ 7	10 ♈ 19	12 ♈ 0	4 ♎ 39	6 ♎ 0	29 ♏ 47	24 ♐ 51	23 ♎ 16	17 ♋	23 ♉	3 ♏	25 ♌	15 ♉
3	12 ♈ 46	12 ♓ 1	7 ♌ 39	8 ♌ 51	20 ♓ 39	11 ♈ 33	12 ♈ 46	4 ♎ 32	5 ♎ 56	29 ♏ 45	24 ♐ 50	23 ♎ 15	17 ♋	24 ♉	3 ♏	25 ♌	15 ♉
4	13 ♈ 45	26 ♓ 38	7 ♌ 36	8 ♌ 45	22 ♓ 13	12 ♈ 48	13 ♈ 32	4 ♎ 24	5 ♎ 51	29 ♏ 44	24 ♐ 50	23 ♎ 13	17 ♋	24 ♉	3 ♏	25 ♌	15 ♉
5	14 ♈ 45	11 ♈ 36	7 ♌ 33	8 ♌ 36	23 ♓ 48	14 ♈ 2	14 ♈ 18	4 ♎ 17	5 ♎ 46	29 ♏ 42	24 ♐ 50	23 ♎ 12	17 ♋	25 ♉	3 ♏	25 ♌	15 ♉
6	15 ♈ 44	26 ♈ 47	7 ♌ 30	8 ♌ 26	25 ♓ 25	15 ♈ 16	15 ♈ 4	4 ♎ 9	5 ♎ 42	29 ♏ 41	24 ♐ 50	23 ♎ 10	18 ♋	26 ♉	3 ♏	25 ♌	15 ♉
7	16 ♈ 43	11 ♉ 59	7 ♌ 26	8 ♌ 16	27 ♓ 3	16 ♈ 31	15 ♈ 50	4 ♎ 2	5 ♎ 37	29 ♏ 39	24 ♐ 49	23 ♎ 8	18 ♋	26 ♉	2 ♏	25 ♌	15 ♉
8	17 ♈ 42	27 ♉ 1	7 ♌ 23	8 ♌ 7	28 ♓ 43	17 ♈ 45	16 ♈ 36	3 ♎ 54	5 ♎ 33	29 ♏ 38	24 ♐ 49	23 ♎ 6	18 ♋	27 ♉	2 ♏	25 ♌	15 ♉
9	18 ♈ 41	11 ♊ 47	7 ♌ 20	8 ♌ 0	0 ♈ 24	19 ♈ 0	17 ♈ 22	3 ♎ 47	5 ♎ 28	29 ♏ 36	24 ♐ 48	23 ♎ 5	18 ♋	27 ♉	2 ♏	25 ♌	16 ♉
10	19 ♈ 40	26 ♊ 8	7 ♌ 17	7 ♌ 56	2 ♈ 7	20 ♈ 14	18 ♈ 7	3 ♎ 40	5 ♎ 24	29 ♏ 34	24 ♐ 48	23 ♎ 3	19 ♋	28 ♉	2 ♏	25 ♌	16 ♉
11	20 ♈ 39	10 ♋ 5	7 ♌ 14	7 ♌ 54	3 ♈ 51	21 ♈ 28	18 ♈ 53	3 ♎ 33	5 ♎ 19	29 ♏ 32	24 ♐ 48	23 ♎ 1	19 ♋	28 ♉	1 ♏	25 D	16 ♉
12	21 ♈ 37	23 ♋ 36	7 ♌ 11	7 D 53	5 ♈ 37	22 ♈ 43	19 ♈ 39	3 ♎ 26	5 ♎ 15	29 ♏ 31	24 ♐ 47	23 ♎ 0	19 ♋	29 ♉	1 ♏	25 ♌	16 ♉
13	22 ♈ 36	6 ♌ 44	7 ♌ 7	7 ♌ 54	7 ♈ 24	23 ♈ 57	20 ♈ 25	3 ♎ 19	5 ♎ 10	29 ♏ 29	24 ♐ 47	22 ♎ 58	19 ♋	29 ♉	1 ♏	25 ♌	16 ♉
14	23 ♈ 35	19 ♌ 33	7 ♌ 4	7 R 53	9 ♈ 13	25 ♈ 11	21 ♈ 10	3 ♎ 12	5 ♎ 6	29 ♏ 27	24 ♐ 46	22 ♎ 56	20 ♋	0 ♊	1 ♏	25 ♌	16 ♉
15	24 ♈ 34	2 ♍ 6	7 ♌ 1	7 ♌ 51	11 ♈ 3	26 ♈ 26	21 ♈ 56	3 ♎ 5	5 ♎ 2	29 ♏ 25	24 ♐ 45	22 ♎ 55	20 ♋	1 ♊	1 ♏	25 ♌	16 ♉
16	25 ♈ 33	14 ♍ 27	6 ♌ 58	7 ♌ 46	12 ♈ 55	27 ♈ 40	22 ♈ 41	2 ♎ 58	4 ♎ 58	29 ♏ 23	24 ♐ 45	22 ♎ 53	20 ♋	1 ♊	0 ♏	25 ♌	16 ♉
17	26 ♈ 31	26 ♍ 39	6 ♌ 55	7 ♌ 39	14 ♈ 48	28 ♈ 54	23 ♈ 27	2 ♎ 51	4 ♎ 53	29 ♏ 21	24 ♐ 44	22 ♎ 51	20 ♋	2 ♊	0 ♏	25 ♌	16 ♉
18	27 ♈ 30	8 ♎ 43	6 ♌ 52	7 ♌ 28	16 ♈ 43	0 ♉ 8	24 ♈ 12	2 ♎ 45	4 ♎ 49	29 ♏ 19	24 ♐ 44	22 ♎ 50	21 ♋	2 ♊	0 ♏	25 ♌	16 ♉
19	28 ♈ 28	20 ♎ 43	6 ♌ 48	7 ♌ 15	18 ♈ 40	1 ♉ 23	24 ♈ 58	2 ♎ 39	4 ♎ 45	29 ♏ 17	24 ♐ 43	22 ♎ 48	21 ♋	3 ♊	0 ♏	25 ♌	16 ♉
20	29 ♈ 27	2 ♏ 39	6 ♌ 45	7 ♌ 2	20 ♈ 38	2 ♉ 37	25 ♈ 43	2 ♎ 32	4 ♎ 41	29 ♏ 15	24 ♐ 42	22 ♎ 46	21 ♋	3 ♊	29 ♎	25 ♌	16 ♉
21	0 ♉ 26	14 ♏ 32	6 ♌ 42	6 ♌ 47	22 ♈ 37	3 ♉ 51	26 ♈ 28	2 ♎ 26	4 ♎ 37	29 ♏ 13	24 ♐ 41	22 ♎ 45	21 ♋	4 ♊	29 ♎	25 ♌	16 ♉
22	1 ♉ 24	26 ♏ 24	6 ♌ 39	6 ♌ 34	24 ♈ 38	5 ♉ 5	27 ♈ 13	2 ♎ 20	4 ♎ 33	29 ♏ 11	24 ♐ 41	22 ♎ 43	22 ♋	4 ♊	29 ♎	25 ♌	16 ♉
23	2 ♉ 23	8 ♐ 17	6 ♌ 36	6 ♌ 23	26 ♈ 40	6 ♉ 19	27 ♈ 59	2 ♎ 14	4 ♎ 29	29 ♏ 9	24 ♐ 40	22 ♎ 41	22 ♋	5 ♊	29 ♎	26 ♌	16 ♉
24	3 ♉ 21	20 ♐ 13	6 ♌ 32	6 ♌ 15	28 ♈ 44	7 ♉ 33	28 ♈ 44	2 ♎ 8	4 ♎ 25	29 ♏ 7	24 ♐ 39	22 ♎ 40	22 ♋	6 ♊	29 ♎	26 ♌	17 ♉
25	4 ♉ 19	2 ♑ 15	6 ♌ 29	6 ♌ 9	0 ♉ 49	8 ♉ 47	29 ♈ 29	2 ♎ 3	4 ♎ 22	29 ♏ 5	24 ♐ 38	22 ♎ 38	23 ♋	6 ♊	28 ♎	26 ♌	17 ♉
26	5 ♉ 18	14 ♑ 26	6 ♌ 26	6 ♌ 6	2 ♉ 55	10 ♉ 2	0 ♉ 14	1 ♎ 57	4 ♎ 18	29 ♏ 3	24 ♐ 37	22 ♎ 36	23 ♋	7 ♊	28 ♎	26 ♌	17 ♉
27	6 ♉ 16	26 ♑ 52	6 ♌ 23	6 ♌ 5	5 ♉ 2	11 ♉ 16	0 ♉ 59	1 ♎ 52	4 ♎ 14	29 ♏ 0	24 ♐ 36	22 ♎ 35	23 ♋	7 ♊	28 ♎	26 ♌	17 ♉
28	7 ♉ 15	9 ♒ 36	6 ♌ 20	6 ♌ 5	7 ♉ 10	12 ♉ 30	1 ♉ 44	1 ♎ 47	4 ♎ 11	28 ♏ 58	24 ♐ 35	22 ♎ 33	24 ♋	8 ♊	28 ♎	26 ♌	17 ♉
29	8 ♉ 13	22 ♒ 44	6 ♌ 17	6 ♌ 5	9 ♉ 19	13 ♉ 44	2 ♉ 29	1 ♎ 41	4 ♎ 7	28 ♏ 56	24 ♐ 34	22 ♎ 31	24 ♋	9 ♊	27 ♎	26 ♌	17 ♉
30	9 ♉ 11	6 ♓ 19	6 ♌ 13	6 ♌ 3	11 ♉ 28	14 ♉ 58	3 ♉ 14	1 ♎ 37	4 ♎ 4	28 ♏ 53	24 ♐ 33	22 ♎ 30	24 ♋	9 ♊	27 ♎	26 ♌	17 ♉

SUN INGRESS: ☉ → ♉ 20日 13:19

MOON PHASE: ● 5日 05:19 ♈　◐ 11日 20:11 ♋　○ 19日 16:59 ♎　◑ 27日 19:14 ♒

aspects		
2日	23:13	☉☌♂
5日	13:25	♀☌♂
5日	15:15	☿□♆
7日	18:22	☉☌♀
8日	12:46	☿△♅
10日	20:03	☿☍♃
11日	19:14	☿☍♄
12日	05:22	♀☍♇
13日	08:39	☉☍♇
13日	15:52	♀△♆
15日	04:43	☉△♆
16日	05:56	♂☍♇
18日	16:19	♂△♆
21日	01:29	☿☍♇
22日	00:31	☿△♆
23日	23:56	☿☌♂
28日	01:30	☉☌☿

1981年5月

DAY	☉	☽	☊ mean	☊ true	☿	♀	♂	♃	♄	♅	♆	♇	⚳	⚴	⚵	⚶	⚷
	° ′	° ′	° ′	° ′	° ′	° ′	° ′	° ′	° ′	° ′	° ′	° ′	°	°	°	°	°
1	10 ♉ 10	20 ♓ 23	6 ♌ 10	5 R 59	13 D 37	16 D 12	3 D 59	1 R 32	4 R 1	28 R 51	24 R 32	22 R 28	24 D	10 D	27 R	27 D	17 D
2	11 ♉ 8	4 ♈ 55	6 ♌ 7	5 ♌ 52	15 ♉ 47	17 ♉ 26	4 ♉ 43	1 ♎ 27	3 ♎ 57	28 ♏ 49	24 ♐ 31	22 ♎ 27	25 ♋	10 ♊	27 ♎	27 ♌	17 ♉
3	12 ♉ 6	19 ♈ 52	6 ♌ 4	5 ♌ 43	17 ♉ 56	18 ♉ 40	5 ♉ 28	1 ♎ 23	3 ♎ 54	28 ♏ 46	24 ♐ 30	22 ♎ 25	25 ♋	11 ♊	27 ♎	27 ♌	17 ♉
4	13 ♉ 4	5 ♉ 6	6 ♌ 1	5 ♌ 32	20 ♉ 4	19 ♉ 54	6 ♉ 13	1 ♎ 18	3 ♎ 51	28 ♏ 44	24 ♐ 29	22 ♎ 23	25 ♋	11 ♊	26 ♎	27 ♌	17 ♉
5	14 ♉ 2	20 ♉ 26	5 ♌ 57	5 ♌ 21	22 ♉ 11	21 ♉ 8	6 ♉ 57	1 ♎ 14	3 ♎ 48	28 ♏ 42	24 ♐ 28	22 ♎ 22	26 ♋	12 ♊	26 ♎	27 ♌	17 ♉
6	15 ♉ 1	5 ♊ 41	5 ♌ 54	5 ♌ 12	24 ♉ 18	22 ♉ 22	7 ♉ 42	1 ♎ 10	3 ♎ 45	28 ♏ 39	24 ♐ 27	22 ♎ 20	26 ♋	13 ♊	26 ♎	27 ♌	17 ♉
7	15 ♉ 59	20 ♊ 39	5 ♌ 51	5 ♌ 4	26 ♉ 22	23 ♉ 36	8 ♉ 26	1 ♎ 6	3 ♎ 42	28 ♏ 37	24 ♐ 26	22 ♎ 19	26 ♋	13 ♊	26 ♎	28 ♌	17 ♉
8	16 ♉ 57	5 ♋ 14	5 ♌ 48	4 ♌ 59	28 ♉ 25	24 ♉ 49	9 ♉ 11	1 ♎ 3	3 ♎ 39	28 ♏ 34	24 ♐ 25	22 ♎ 17	27 ♋	14 ♊	25 ♎	28 ♌	17 ♉
9	17 ♉ 55	19 ♋ 21	5 ♌ 45	4 ♌ 56	0 ♊ 26	26 ♉ 3	9 ♉ 55	0 ♎ 59	3 ♎ 37	28 ♏ 32	24 ♐ 23	22 ♎ 16	27 ♋	14 ♊	25 ♎	28 ♌	18 ♉
10	18 ♉ 53	2 ♌ 59	5 ♌ 42	4 ♌ 55	2 ♊ 25	27 ♉ 17	10 ♉ 40	0 ♎ 56	3 ♎ 34	28 ♏ 30	24 ♐ 22	22 ♎ 14	27 ♋	15 ♊	25 ♎	28 ♌	18 ♉
11	19 ♉ 51	16 ♌ 11	5 ♌ 38	4 D 55	4 ♊ 21	28 ♉ 31	11 ♉ 24	0 ♎ 53	3 ♎ 32	28 ♏ 27	24 ♐ 21	22 ♎ 13	28 ♋	15 ♊	25 ♎	28 ♌	18 ♉
12	20 ♉ 49	28 ♌ 59	5 ♌ 35	4 R 55	6 ♊ 14	29 ♉ 45	12 ♉ 8	0 ♎ 50	3 ♎ 29	28 ♏ 25	24 ♐ 20	22 ♎ 12	28 ♋	16 ♊	25 ♎	29 ♌	18 ♉
13	21 ♉ 47	11 ♍ 29	5 ♌ 32	4 ♌ 54	8 ♊ 5	0 ♊ 59	12 ♉ 52	0 ♎ 47	3 ♎ 27	28 ♏ 22	24 ♐ 18	22 ♎ 10	28 ♋	17 ♊	25 ♎	29 ♌	18 ♉
14	22 ♉ 45	23 ♍ 44	5 ♌ 29	4 ♌ 50	9 ♊ 52	2 ♊ 13	13 ♉ 36	0 ♎ 44	3 ♎ 25	28 ♏ 20	24 ♐ 17	22 ♎ 9	29 ♋	17 ♊	24 ♎	29 ♌	18 ♉
15	23 ♉ 42	5 ♎ 49	5 ♌ 26	4 ♌ 43	11 ♊ 37	3 ♊ 26	14 ♉ 20	0 ♎ 42	3 ♎ 22	28 ♏ 17	24 ♐ 16	22 ♎ 7	29 ♋	18 ♊	24 ♎	29 ♌	18 ♉
16	24 ♉ 40	17 ♎ 47	5 ♌ 23	4 ♌ 34	13 ♊ 18	4 ♊ 40	15 ♉ 4	0 ♎ 39	3 ♎ 20	28 ♏ 15	24 ♐ 14	22 ♎ 6	29 ♋	18 ♊	24 ♎	29 ♌	18 ♉
17	25 ♉ 38	29 ♎ 41	5 ♌ 19	4 ♌ 23	14 ♊ 56	5 ♊ 54	15 ♉ 48	0 ♎ 37	3 ♎ 18	28 ♏ 12	24 ♐ 13	22 ♎ 5	0 ♌	19 ♊	24 ♎	0 ♍	18 ♉
18	26 ♉ 36	11 ♏ 34	5 ♌ 16	4 ♌ 11	16 ♊ 30	7 ♊ 8	16 ♉ 32	0 ♎ 35	3 ♎ 16	28 ♏ 10	24 ♐ 12	22 ♎ 3	0 ♌	20 ♊	24 ♎	0 ♍	18 ♉
19	27 ♉ 34	23 ♏ 26	5 ♌ 13	3 ♌ 58	18 ♊ 2	8 ♊ 21	17 ♉ 16	0 ♎ 34	3 ♎ 15	28 ♏ 7	24 ♐ 10	22 ♎ 2	1 ♌	20 ♊	24 ♎	0 ♍	18 ♉
20	28 ♉ 31	5 ♐ 20	5 ♌ 10	3 ♌ 47	19 ♊ 29	9 ♊ 35	18 ♉ 0	0 ♎ 32	3 ♎ 13	28 ♏ 5	24 ♐ 9	22 ♎ 1	1 ♌	21 ♊	23 ♎	0 ♍	18 ♉
21	29 ♉ 29	17 ♐ 17	5 ♌ 7	3 ♌ 37	20 ♊ 54	10 ♊ 49	18 ♉ 44	0 ♎ 31	3 ♎ 11	28 ♏ 2	24 ♐ 7	21 ♎ 59	1 ♌	21 ♊	23 ♎	1 ♍	18 ♉
22	0 ♊ 27	29 ♐ 19	5 ♌ 3	3 ♌ 30	22 ♊ 14	12 ♊ 2	19 ♉ 27	0 ♎ 30	3 ♎ 10	28 ♏ 0	24 ♐ 6	21 ♎ 58	2 ♌	22 ♊	23 ♎	1 ♍	18 ♉
23	1 ♊ 24	11 ♑ 28	5 ♌ 0	3 ♌ 25	23 ♊ 31	13 ♊ 16	20 ♉ 11	0 ♎ 29	3 ♎ 8	27 ♏ 57	24 ♐ 5	21 ♎ 57	2 ♌	23 ♊	23 ♎	1 ♍	18 ♉
24	2 ♊ 22	23 ♑ 46	4 ♌ 57	3 ♌ 23	24 ♊ 45	14 ♊ 30	20 ♉ 55	0 ♎ 28	3 ♎ 7	27 ♏ 55	24 ♐ 3	21 ♎ 56	2 ♌	23 ♊	23 ♎	1 ♍	19 ♉
25	3 ♊ 20	6 ♒ 16	4 ♌ 54	3 D 22	25 ♊ 54	15 ♊ 43	21 ♉ 38	0 ♎ 27	3 ♎ 6	27 ♏ 52	24 ♐ 2	21 ♎ 55	3 ♌	24 ♊	23 ♎	2 ♍	19 ♉
26	4 ♊ 17	19 ♒ 3	4 ♌ 51	3 ♌ 23	27 ♊ 0	16 ♊ 57	22 ♉ 22	0 ♎ 27	3 ♎ 5	27 ♏ 50	24 ♐ 0	21 ♎ 54	3 ♌	24 ♊	23 ♎	2 ♍	19 ♉
27	5 ♊ 15	2 ♓ 9	4 ♌ 48	3 ♌ 23	28 ♊ 2	18 ♊ 10	23 ♉ 5	0 ♎ 26	3 ♎ 4	27 ♏ 47	23 ♐ 59	21 ♎ 52	3 ♌	25 ♊	23 ♎	2 ♍	19 ♉
28	6 ♊ 13	15 ♓ 39	4 ♌ 44	3 R 23	29 ♊ 1	19 ♊ 24	23 ♉ 49	0 ♎ 26	3 ♎ 3	27 ♏ 45	23 ♐ 57	21 ♎ 51	4 ♌	26 ♊	22 ♎	3 ♍	19 ♉
29	7 ♊ 10	29 ♓ 34	4 ♌ 41	3 ♌ 21	29 ♊ 55	20 ♊ 37	24 ♉ 32	0 D 26	3 ♎ 2	27 ♏ 42	23 ♐ 56	21 ♎ 50	4 ♌	26 ♊	22 ♎	3 ♍	19 ♉
30	8 ♊ 8	13 ♈ 55	4 ♌ 38	3 ♌ 17	0 ♋ 45	21 ♊ 51	25 ♉ 15	0 ♎ 27	3 ♎ 1	27 ♏ 40	23 ♐ 54	21 ♎ 49	5 ♌	27 ♊	22 ♎	3 ♍	19 ♉
31	9 ♊ 5	28 ♈ 39	4 ♌ 35	3 ♌ 11	1 ♋ 31	23 ♊ 5	25 ♉ 58	0 ♎ 27	3 ♎ 1	27 ♏ 37	23 ♐ 53	21 ♎ 48	5 ♌	27 ♊	22 ♎	3 ♍	19 ♉

SUN INGRESS: ☉ → ♊ 21日 12:39

MOON PHASE: ● 4日 13:19 ♉ ◐ 11日 07:22 ♌ ○ 19日 09:04 ♏ ◑ 27日 06:00 ♓

aspects		
3日	19:29	☿☌♀
8日	01:48	☿☍♅
9日	06:28	☿△♃
10日	14:01	☿△♄
10日	22:45	♀☍♅
12日	20:16	♀△♃
14日	22:46	♀△♄
19日	13:22	☉☍♅
21日	19:14	☿△♇
22日	01:09	☉△♃
23日	10:32	☿☍♆
24日	18:23	☉△♄
29日	14:45	☿□♃
29日	23:24	☿△♇
31日	15:19	♀☍♆

1981年6月

DAY	☉	☽	☊ mean	☊ true	☿	♀	♂	♃	♄	♅	♆	♇	⚳	⚴	⚵	⚶	⚷
	° ′	° ′	° ′	° ′	° ′	° ′	° ′	° ′	° ′	° ′	° ′	° ′	°	°	°	°	°
1	10 ♊ 3	13 ♉ 40	4 ♌ 32	3 R 3	2 D 13	24 D 18	26 D 42	0 D 28	3 R 0	27 R 35	23 R 51	21 R 47	5 D	28 D	22 R	4 D	19 D
2	11 ♊ 0	28 ♉ 51	4 ♌ 29	2 ♌ 55	2 ♋ 51	25 ♊ 32	27 ♉ 25	0 ♎ 28	3 ♎ 0	27 ♏ 33	23 ♐ 49	21 ♎ 46	6 ♌	29 ♊	22 ♎	4 ♍	19 ♉
3	11 ♊ 58	14 ♊ 1	4 ♌ 25	2 ♌ 48	3 ♋ 25	26 ♊ 45	28 ♉ 8	0 ♎ 29	3 ♎ 0	27 ♏ 30	23 ♐ 48	21 ♎ 45	6 ♌	29 ♊	22 ♎	4 ♍	19 ♉
4	12 ♊ 55	28 ♊ 59	4 ♌ 22	2 ♌ 43	3 ♋ 54	27 ♊ 59	28 ♉ 51	0 ♎ 30	2 ♎ 59	27 ♏ 28	23 ♐ 46	21 ♎ 44	7 ♌	0 ♋	22 ♎	5 ♍	19 ♉
5	13 ♊ 53	13 ♋ 37	4 ♌ 19	2 ♌ 39	4 ♋ 18	29 ♊ 12	29 ♉ 34	0 ♎ 32	2 ♎ 59	27 ♏ 25	23 ♐ 45	21 ♎ 44	7 ♌	0 ♋	22 ♎	5 ♍	19 ♉
6	14 ♊ 50	27 ♋ 50	4 ♌ 16	2 ♌ 38	4 ♋ 38	0 ♋ 26	0 ♊ 17	0 ♎ 33	2 D 59	27 ♏ 23	23 ♐ 43	21 ♎ 43	7 ♌	1 ♋	22 ♎	5 ♍	19 ♉
7	15 ♊ 48	11 ♌ 35	4 ♌ 13	2 D 38	4 ♋ 53	1 ♋ 39	0 ♊ 59	0 ♎ 35	2 ♎ 59	27 ♏ 21	23 ♐ 41	21 ♎ 42	8 ♌	2 ♋	22 ♎	6 ♍	19 ♉
8	16 ♊ 45	24 ♌ 53	4 ♌ 9	2 ♌ 39	5 ♋ 4	2 ♋ 52	1 ♊ 42	0 ♎ 37	3 ♎ 0	27 ♏ 18	23 ♐ 40	21 ♎ 41	8 ♌	2 ♋	22 ♎	6 ♍	19 ♉
9	17 ♊ 42	7 ♍ 46	4 ♌ 6	2 ♌ 40	5 ♋ 10	4 ♋ 6	2 ♊ 25	0 ♎ 39	3 ♎ 0	27 ♏ 16	23 ♐ 38	21 ♎ 40	9 ♌	3 ♋	22 ♎	6 ♍	20 ♉
10	18 ♊ 40	20 ♍ 18	4 ♌ 3	2 R 41	5 R 12	5 ♋ 19	3 ♊ 8	0 ♎ 41	3 ♎ 0	27 ♏ 14	23 ♐ 37	21 ♎ 40	9 ♌	3 ♋	22 ♎	7 ♍	20 ♉
11	19 ♊ 37	2 ♎ 34	4 ♌ 0	2 ♌ 40	5 ♋ 9	6 ♋ 33	3 ♊ 50	0 ♎ 43	3 ♎ 1	27 ♏ 12	23 ♐ 35	21 ♎ 39	9 ♌	4 ♋	22 ♎	7 ♍	20 ♉
12	20 ♊ 35	14 ♎ 38	3 ♌ 57	2 ♌ 37	5 ♋ 2	7 ♋ 46	4 ♊ 33	0 ♎ 46	3 ♎ 1	27 ♏ 9	23 ♐ 33	21 ♎ 38	10 ♌	5 ♋	22 ♎	7 ♍	20 ♉
13	21 ♊ 32	26 ♎ 34	3 ♌ 54	2 ♌ 32	4 ♋ 50	8 ♋ 59	5 ♊ 15	0 ♎ 49	3 ♎ 2	27 ♏ 7	23 ♐ 32	21 ♎ 38	10 ♌	5 ♋	22 ♎	8 ♍	20 ♉
14	22 ♊ 29	8 ♏ 27	3 ♌ 50	2 ♌ 26	4 ♋ 35	10 ♋ 13	5 ♊ 58	0 ♎ 52	3 ♎ 3	27 ♏ 5	23 ♐ 30	21 ♎ 37	11 ♌	6 ♋	22 ♎	8 ♍	20 ♉
15	23 ♊ 26	20 ♏ 19	3 ♌ 47	2 ♌ 20	4 ♋ 15	11 ♋ 26	6 ♊ 40	0 ♎ 55	3 ♎ 4	27 ♏ 3	23 ♐ 29	21 ♎ 36	11 ♌	6 ♋	22 ♎	8 ♍	20 ♉
16	24 ♊ 24	2 ♐ 13	3 ♌ 44	2 ♌ 13	3 ♋ 52	12 ♋ 39	7 ♊ 22	0 ♎ 58	3 ♎ 5	27 ♏ 1	23 ♐ 27	21 ♎ 36	11 ♌	7 ♋	22 D	9 ♍	20 ♉
17	25 ♊ 21	14 ♐ 12	3 ♌ 41	2 ♌ 6	3 ♋ 26	13 ♋ 52	8 ♊ 5	1 ♎ 1	3 ♎ 6	26 ♏ 58	23 ♐ 25	21 ♎ 35	12 ♌	8 ♋	22 ♎	9 ♍	20 ♉
18	26 ♊ 18	26 ♐ 16	3 ♌ 38	2 ♌ 1	2 ♋ 58	15 ♋ 6	8 ♊ 47	1 ♎ 5	3 ♎ 7	26 ♏ 56	23 ♐ 24	21 ♎ 35	12 ♌	8 ♋	22 ♎	10 ♍	20 ♉
19	27 ♊ 16	8 ♑ 28	3 ♌ 35	1 ♌ 57	2 ♋ 27	16 ♋ 19	9 ♊ 29	1 ♎ 9	3 ♎ 9	26 ♏ 54	23 ♐ 22	21 ♎ 34	13 ♌	9 ♋	22 ♎	10 ♍	20 ♉
20	28 ♊ 13	20 ♑ 49	3 ♌ 31	1 ♌ 55	1 ♋ 54	17 ♋ 32	10 ♊ 11	1 ♎ 12	3 ♎ 10	26 ♏ 52	23 ♐ 20	21 ♎ 34	13 ♌	9 ♋	22 ♎	10 ♍	20 ♉
21	29 ♊ 10	3 ♒ 21	3 ♌ 28	1 D 54	1 ♋ 20	18 ♋ 45	10 ♊ 53	1 ♎ 16	3 ♎ 11	26 ♏ 50	23 ♐ 19	21 ♎ 34	13 ♌	10 ♋	22 ♎	11 ♍	20 ♉
22	0 ♋ 7	16 ♒ 5	3 ♌ 25	1 ♌ 55	0 ♋ 45	19 ♋ 58	11 ♊ 35	1 ♎ 21	3 ♎ 13	26 ♏ 48	23 ♐ 17	21 ♎ 33	14 ♌	10 ♋	22 ♎	11 ♍	20 ♉
23	1 ♋ 4	29 ♒ 3	3 ♌ 22	1 ♌ 56	0 ♋ 11	21 ♋ 12	12 ♊ 17	1 ♎ 25	3 ♎ 15	26 ♏ 46	23 ♐ 16	21 ♎ 33	14 ♌	11 ♋	22 ♎	11 ♍	20 ♉
24	2 ♋ 2	12 ♓ 17	3 ♌ 19	1 ♌ 58	29 ♊ 37	22 ♋ 25	12 ♊ 59	1 ♎ 30	3 ♎ 17	26 ♏ 45	23 ♐ 14	21 ♎ 33	15 ♌	12 ♋	22 ♎	12 ♍	20 ♉
25	2 ♋ 59	25 ♓ 49	3 ♌ 15	1 ♌ 59	29 ♊ 4	23 ♋ 38	13 ♊ 41	1 ♎ 34	3 ♎ 18	26 ♏ 43	23 ♐ 12	21 ♎ 32	15 ♌	12 ♋	22 ♎	12 ♍	20 ♉
26	3 ♋ 56	9 ♈ 40	3 ♌ 12	1 R 59	28 ♊ 33	24 ♋ 51	14 ♊ 23	1 ♎ 39	3 ♎ 20	26 ♏ 41	23 ♐ 11	21 ♎ 32	15 ♌	13 ♋	22 ♎	13 ♍	21 ♉
27	4 ♋ 53	23 ♈ 50	3 ♌ 9	1 ♌ 58	28 ♊ 4	26 ♋ 4	15 ♊ 5	1 ♎ 44	3 ♎ 23	26 ♏ 39	23 ♐ 9	21 ♎ 32	16 ♌	13 ♋	22 ♎	13 ♍	21 ♉
28	5 ♋ 51	8 ♉ 18	3 ♌ 6	1 ♌ 56	27 ♊ 37	27 ♋ 17	15 ♊ 46	1 ♎ 49	3 ♎ 25	26 ♏ 37	23 ♐ 8	21 ♎ 32	16 ♌	14 ♋	22 ♎	13 ♍	21 ♉
29	6 ♋ 48	22 ♉ 59	3 ♌ 3	1 ♌ 53	27 ♊ 14	28 ♋ 30	16 ♊ 28	1 ♎ 54	3 ♎ 27	26 ♏ 36	23 ♐ 6	21 ♎ 32	17 ♌	15 ♋	22 ♎	14 ♍	21 ♉
30	7 ♋ 45	7 ♊ 49	3 ♌ 0	1 ♌ 49	26 ♊ 55	29 ♋ 43	17 ♊ 10	2 ♎ 0	3 ♎ 29	26 ♏ 34	23 ♐ 5	21 ♎ 32	17 ♌	15 ♋	22 ♎	14 ♍	21 ♉

SUN INGRESS: ☉ → ♋ 21日 20:45

MOON PHASE: ● 2日 20:32 ♊ ◐ 9日 20:33 ♍ ○ 18日 00:04 ♐ ◑ 25日 13:25 ♈

aspects		
2日	04:09	♂☍♅
2日	05:55	☿□♄
6日	02:35	♀□♃
6日	09:43	♂△♃
8日	02:21	♀□♄
9日	19:51	♂△♄
9日	21:40	☿☌♀
13日	02:22	☉△♇
15日	00:51	☉☍♆
17日	16:36	☿□♄
21日	02:10	☿□♃
22日	09:57	☉☌☿
23日	06:58	♀□♇
23日	09:21	☉□♃
25日	08:29	☉□♄
27日	11:12	♀△♅

1981年7月

DAY	☉	☽	☊ mean	☊ true	☿	♀	♂	♃	♄	♅	♆	♇	⚳	⚴	⚵	⚶	⚷
	° ′	° ′	° ′	° ′	° ′	° ′	° ′	° ′	° ′	° ′	° ′	° ′	°	°	°	°	°
1	8 ♋ 42	22 ♊ 39	2 ♌ 56	1 R 47	26 R 39	0 D 56	17 D 51	2 D 5	3 D 32	26 R 32	23 R 3	21 R 32	18 D	16 D	22 D	14 D	21 D
2	9 ♋ 40	7 ♋ 21	2 ♌ 53	1 ♌ 44	26 ♊ 28	2 ♌ 9	18 ♊ 33	2 ♎ 11	3 ♎ 34	26 ♏ 31	23 ♐ 1	21 ♎ 32	18 ♌	16 ♋	22 ♎	15 ♍	21 ♉
3	10 ♋ 37	21 ♋ 50	2 ♌ 50	1 ♌ 43	26 ♊ 22	3 ♌ 22	19 ♊ 14	2 ♎ 17	3 ♎ 37	26 ♏ 29	23 ♐ 0	21 D 32	18 ♌	17 ♋	22 ♎	15 ♍	21 ♉
4	11 ♋ 34	5 ♌ 58	2 ♌ 47	1 D 43	26 D 20	4 ♌ 35	19 ♊ 56	2 ♎ 23	3 ♎ 40	26 ♏ 28	22 ♐ 58	21 ♎ 32	19 ♌	18 ♋	22 ♎	16 ♍	21 ♉
5	12 ♋ 31	19 ♌ 43	2 ♌ 44	1 ♌ 43	26 ♊ 22	5 ♌ 48	20 ♊ 37	2 ♎ 29	3 ♎ 43	26 ♏ 26	22 ♐ 57	21 ♎ 32	19 ♌	18 ♋	22 ♎	16 ♍	21 ♉
6	13 ♋ 28	3 ♍ 3	2 ♌ 41	1 ♌ 45	26 ♊ 30	7 ♌ 1	21 ♊ 18	2 ♎ 35	3 ♎ 46	26 ♏ 25	22 ♐ 55	21 ♎ 32	20 ♌	19 ♋	23 ♎	17 ♍	21 ♉
7	14 ♋ 26	16 ♍ 0	2 ♌ 37	1 ♌ 46	26 ♊ 43	8 ♌ 14	21 ♊ 59	2 ♎ 42	3 ♎ 49	26 ♏ 23	22 ♐ 54	21 ♎ 32	20 ♌	19 ♋	23 ♎	17 ♍	21 ♉
8	15 ♋ 23	28 ♍ 36	2 ♌ 34	1 ♌ 47	27 ♊ 1	9 ♌ 27	22 ♊ 41	2 ♎ 48	3 ♎ 52	26 ♏ 22	22 ♐ 52	21 ♎ 32	21 ♌	20 ♋	23 ♎	17 ♍	21 ♉
9	16 ♋ 20	10 ♎ 54	2 ♌ 31	1 ♌ 48	27 ♊ 24	10 ♌ 40	23 ♊ 22	2 ♎ 55	3 ♎ 55	26 ♏ 21	22 ♐ 51	21 ♎ 32	21 ♌	21 ♋	23 ♎	18 ♍	21 ♉
10	17 ♋ 17	23 ♎ 0	2 ♌ 28	1 R 48	27 ♊ 52	11 ♌ 53	24 ♊ 3	3 ♎ 2	3 ♎ 58	26 ♏ 19	22 ♐ 50	21 ♎ 33	21 ♌	21 ♋	23 ♎	18 ♍	21 ♉
11	18 ♋ 14	4 ♏ 57	2 ♌ 25	1 ♌ 47	28 ♊ 26	13 ♌ 6	24 ♊ 44	3 ♎ 9	4 ♎ 2	26 ♏ 18	22 ♐ 48	21 ♎ 33	22 ♌	22 ♋	23 ♎	19 ♍	21 ♉
12	19 ♋ 12	16 ♏ 50	2 ♌ 21	1 ♌ 46	29 ♊ 4	14 ♌ 18	25 ♊ 25	3 ♎ 16	4 ♎ 5	26 ♏ 17	22 ♐ 47	21 ♎ 33	22 ♌	22 ♋	23 ♎	19 ♍	21 ♉
13	20 ♋ 9	28 ♏ 43	2 ♌ 18	1 ♌ 44	29 ♊ 48	15 ♌ 31	26 ♊ 6	3 ♎ 23	4 ♎ 9	26 ♏ 16	22 ♐ 45	21 ♎ 34	23 ♌	23 ♋	23 ♎	19 ♍	21 ♉
14	21 ♋ 6	10 ♐ 39	2 ♌ 15	1 ♌ 43	0 ♋ 36	16 ♌ 44	26 ♊ 46	3 ♎ 31	4 ♎ 12	26 ♏ 15	22 ♐ 44	21 ♎ 34	23 ♌	24 ♋	23 ♎	20 ♍	21 ♉
15	22 ♋ 3	22 ♐ 43	2 ♌ 12	1 ♌ 42	1 ♋ 29	17 ♌ 57	27 ♊ 27	3 ♎ 38	4 ♎ 16	26 ♏ 14	22 ♐ 43	21 ♎ 34	24 ♌	24 ♋	24 ♎	20 ♍	21 ♉
16	23 ♋ 1	4 ♑ 57	2 ♌ 9	1 ♌ 40	2 ♋ 28	19 ♌ 9	28 ♊ 8	3 ♎ 46	4 ♎ 20	26 ♏ 13	22 ♐ 41	21 ♎ 35	24 ♌	25 ♋	24 ♎	21 ♍	21 ♉
17	23 ♋ 58	17 ♑ 21	2 ♌ 6	1 ♌ 40	3 ♋ 31	20 ♌ 22	28 ♊ 49	3 ♎ 53	4 ♎ 24	26 ♏ 12	22 ♐ 40	21 ♎ 35	25 ♌	25 ♋	24 ♎	21 ♍	21 ♉
18	24 ♋ 55	29 ♑ 59	2 ♌ 2	1 ♌ 40	4 ♋ 39	21 ♌ 35	29 ♊ 29	4 ♎ 1	4 ♎ 28	26 ♏ 11	22 ♐ 39	21 ♎ 36	25 ♌	26 ♋	24 ♎	22 ♍	22 ♉
19	25 ♋ 52	12 ♒ 49	1 ♌ 59	1 D 40	5 ♋ 51	22 ♌ 47	0 ♋ 10	4 ♎ 9	4 ♎ 32	26 ♏ 10	22 ♐ 37	21 ♎ 36	25 ♌	26 ♋	24 ♎	22 ♍	22 ♉
20	26 ♋ 49	25 ♒ 54	1 ♌ 56	1 ♌ 40	7 ♋ 8	24 ♌ 0	0 ♋ 50	4 ♎ 17	4 ♎ 36	26 ♏ 9	22 ♐ 36	21 ♎ 37	26 ♌	27 ♋	24 ♎	22 ♍	22 ♉
21	27 ♋ 47	9 ♓ 12	1 ♌ 53	1 ♌ 40	8 ♋ 30	25 ♌ 12	1 ♋ 31	4 ♎ 26	4 ♎ 40	26 ♏ 8	22 ♐ 35	21 ♎ 38	26 ♌	28 ♋	25 ♎	23 ♍	22 ♉
22	28 ♋ 44	22 ♓ 44	1 ♌ 50	1 ♌ 41	9 ♋ 56	26 ♌ 25	2 ♋ 11	4 ♎ 34	4 ♎ 44	26 ♏ 7	22 ♐ 34	21 ♎ 38	27 ♌	28 ♋	25 ♎	23 ♍	22 ♉
23	29 ♋ 41	6 ♈ 28	1 ♌ 47	1 ♌ 41	11 ♋ 27	27 ♌ 37	2 ♋ 52	4 ♎ 42	4 ♎ 49	26 ♏ 7	22 ♐ 32	21 ♎ 39	27 ♌	29 ♋	25 ♎	24 ♍	22 ♉
24	0 ♌ 38	20 ♈ 25	1 ♌ 43	1 ♌ 41	13 ♋ 1	28 ♌ 50	3 ♋ 32	4 ♎ 51	4 ♎ 53	26 ♏ 6	22 ♐ 31	21 ♎ 40	28 ♌	29 ♋	25 ♎	24 ♍	22 ♉
25	1 ♌ 36	4 ♉ 32	1 ♌ 40	1 ♌ 41	14 ♋ 40	0 ♍ 2	4 ♋ 12	4 ♎ 59	4 ♎ 58	26 ♏ 6	22 ♐ 30	21 ♎ 40	28 ♌	0 ♌	25 ♎	25 ♍	22 ♉
26	2 ♌ 33	18 ♉ 48	1 ♌ 37	1 ♌ 41	16 ♋ 22	1 ♍ 15	4 ♋ 52	5 ♎ 8	5 ♎ 2	26 ♏ 5	22 ♐ 29	21 ♎ 41	28 ♌	1 ♌	25 ♎	25 ♍	22 ♉
27	3 ♌ 30	3 ♊ 10	1 ♌ 34	1 ♌ 41	18 ♋ 8	2 ♍ 27	5 ♋ 33	5 ♎ 17	5 ♎ 7	26 ♏ 5	22 ♐ 28	21 ♎ 42	29 ♌	1 ♌	26 ♎	26 ♍	22 ♉
28	4 ♌ 28	17 ♊ 35	1 ♌ 31	1 ♌ 41	19 ♋ 57	3 ♍ 40	6 ♋ 13	5 ♎ 26	5 ♎ 12	26 ♏ 4	22 ♐ 27	21 ♎ 43	29 ♌	2 ♌	26 ♎	26 ♍	22 ♉
29	5 ♌ 25	1 ♋ 59	1 ♌ 27	1 ♌ 42	21 ♋ 49	4 ♍ 52	6 ♋ 53	5 ♎ 35	5 ♎ 16	26 ♏ 4	22 ♐ 25	21 ♎ 44	0 ♍	2 ♌	26 ♎	26 ♍	22 ♉
30	6 ♌ 23	16 ♋ 16	1 ♌ 24	1 ♌ 42	23 ♋ 44	6 ♍ 4	7 ♋ 33	5 ♎ 44	5 ♎ 21	26 ♏ 3	22 ♐ 24	21 ♎ 45	0 ♍	3 ♌	26 ♎	27 ♍	22 ♉
31	7 ♌ 20	0 ♌ 23	1 ♌ 21	1 ♌ 42	25 ♋ 41	7 ♍ 17	8 ♋ 13	5 ♎ 54	5 ♎ 26	26 ♏ 3	22 ♐ 23	21 ♎ 46	1 ♍	3 ♌	26 ♎	27 ♍	22 ♉

SUN INGRESS	☉ → ♌ 23日 07:40
MOON PHASE	● 2日 04:03 ♋　◐ 9日 11:39 ♎　○ 17日 13:39 ♑　◑ 24日 18:40 ♉　● 31日 12:52 ♌

aspects		
2日	00:39	♀⚹♃
3日	05:02	♀⚹♄
6日	07:58	♂△♇
8日	06:44	♂☍♆
14日	11:46	☉□♇
17日	09:15	☿□♃
17日	19:57	☿□♄
18日	00:24	♀⚹♇
18日	20:47	♀△♆
19日	07:16	☉△♅
21日	18:18	♀□♅
24日	13:15	♃☌♄
26日	06:33	♂□♄
26日	12:02	♂□♃
28日	19:57	☉⚹♄
28日	22:54	☿□♇
29日	04:55	☉⚹♃
31日	04:27	☿△♅

1981年8月

DAY	☉	☽	☊ mean	☊ true	☿	♀	♂	♃	♄	♅	♆	♇	⚳	⚴	⚵	⚶	⚷
	° ′	° ′	° ′	° ′	° ′	° ′	° ′	° ′	° ′	° ′	° ′	° ′	°	°	°	°	°
1	8 ♌ 17	14 ♌ 15	1 ♌ 18	1 R 42	27 D 41	8 D 29	8 D 53	6 D 3	5 D 31	26 R 3	22 R 22	21 D 47	1 D	4 D	26 D	28 D	22 D
2	9 ♌ 15	27 ♌ 49	1 ♌ 15	1 ♌ 42	29 ♋ 42	9 ♍ 41	9 ♋ 33	6 ♎ 12	5 ♎ 36	26 ♏ 3	22 ♐ 21	21 ♎ 48	2 ♍	5 ♌	27 ♎	28 ♍	22 ♉
3	10 ♌ 12	11 ♍ 3	1 ♌ 12	1 ♌ 41	1 ♌ 44	10 ♍ 53	10 ♋ 12	6 ♎ 22	5 ♎ 41	26 ♏ 3	22 ♐ 20	21 ♎ 49	2 ♍	5 ♌	27 ♎	29 ♍	22 ♉
4	11 ♌ 10	23 ♍ 58	1 ♌ 8	1 ♌ 40	3 ♌ 48	12 ♍ 5	10 ♋ 52	6 ♎ 32	5 ♎ 47	26 ♏ 3	22 ♐ 19	21 ♎ 50	2 ♍	6 ♌	27 ♎	29 ♍	22 ♉
5	12 ♌ 7	6 ♎ 34	1 ♌ 5	1 ♌ 38	5 ♌ 52	13 ♍ 18	11 ♋ 32	6 ♎ 41	5 ♎ 52	26 D 3	22 ♐ 19	21 ♎ 51	3 ♍	6 ♌	27 ♎	0 ♎	22 ♉
6	13 ♌ 5	18 ♎ 54	1 ♌ 2	1 ♌ 37	7 ♌ 57	14 ♍ 30	12 ♋ 11	6 ♎ 51	5 ♎ 57	26 ♏ 3	22 ♐ 18	21 ♎ 52	3 ♍	7 ♌	27 ♎	0 ♎	22 ♉
7	14 ♌ 2	1 ♏ 1	0 ♌ 59	1 ♌ 36	10 ♌ 1	15 ♍ 42	12 ♋ 51	7 ♎ 1	6 ♎ 3	26 ♏ 3	22 ♐ 17	21 ♎ 53	4 ♍	7 ♌	28 ♎	1 ♎	22 ♉
8	15 ♌ 0	12 ♏ 58	0 ♌ 56	1 ♌ 36	12 ♌ 6	16 ♍ 54	13 ♋ 31	7 ♎ 11	6 ♎ 8	26 ♏ 3	22 ♐ 16	21 ♎ 54	4 ♍	8 ♌	28 ♎	1 ♎	22 ♉
9	15 ♌ 57	24 ♏ 51	0 ♌ 53	1 D 36	14 ♌ 10	18 ♍ 6	14 ♋ 10	7 ♎ 21	6 ♎ 14	26 ♏ 3	22 ♐ 15	21 ♎ 56	5 ♍	9 ♌	28 ♎	2 ♎	22 ♉
10	16 ♌ 55	6 ♐ 45	0 ♌ 49	1 ♌ 37	16 ♌ 14	19 ♍ 18	14 ♋ 50	7 ♎ 32	6 ♎ 19	26 ♏ 3	22 ♐ 14	21 ♎ 57	5 ♍	9 ♌	28 ♎	2 ♎	22 ♉
11	17 ♌ 52	18 ♐ 43	0 ♌ 46	1 ♌ 38	18 ♌ 17	20 ♍ 30	15 ♋ 29	7 ♎ 42	6 ♎ 25	26 ♏ 4	22 ♐ 14	21 ♎ 58	6 ♍	10 ♌	29 ♎	2 ♎	22 ♉
12	18 ♌ 50	0 ♑ 50	0 ♌ 43	1 ♌ 39	20 ♌ 18	21 ♍ 41	16 ♋ 8	7 ♎ 52	6 ♎ 31	26 ♏ 4	22 ♐ 13	21 ♎ 59	6 ♍	10 ♌	29 ♎	3 ♎	22 ♉
13	19 ♌ 47	13 ♑ 10	0 ♌ 40	1 ♌ 41	22 ♌ 19	22 ♍ 53	16 ♋ 48	8 ♎ 3	6 ♎ 36	26 ♏ 4	22 ♐ 12	22 ♎ 1	7 ♍	11 ♌	29 ♎	3 ♎	22 ♉
14	20 ♌ 45	25 ♑ 46	0 ♌ 37	1 ♌ 41	24 ♌ 19	24 ♍ 5	17 ♋ 27	8 ♎ 13	6 ♎ 42	26 ♏ 5	22 ♐ 12	22 ♎ 2	7 ♍	11 ♌	29 ♎	4 ♎	22 ♉
15	21 ♌ 43	8 ♒ 39	0 ♌ 33	1 R 41	26 ♌ 17	25 ♍ 17	18 ♋ 6	8 ♎ 24	6 ♎ 48	26 ♏ 5	22 ♐ 11	22 ♎ 4	7 ♍	12 ♌	29 ♎	4 ♎	22 ♉
16	22 ♌ 40	21 ♒ 50	0 ♌ 30	1 ♌ 40	28 ♌ 14	26 ♍ 28	18 ♋ 45	8 ♎ 35	6 ♎ 54	26 ♏ 6	22 ♐ 10	22 ♎ 5	8 ♍	13 ♌	0 ♏	5 ♎	22 ♉
17	23 ♌ 38	5 ♓ 19	0 ♌ 27	1 ♌ 38	0 ♍ 10	27 ♍ 40	19 ♋ 24	8 ♎ 45	7 ♎ 0	26 ♏ 6	22 ♐ 10	22 ♎ 6	8 ♍	13 ♌	0 ♏	5 ♎	22 ♉
18	24 ♌ 35	19 ♓ 4	0 ♌ 24	1 ♌ 35	2 ♍ 5	28 ♍ 52	20 ♋ 3	8 ♎ 56	7 ♎ 6	26 ♏ 7	22 ♐ 9	22 ♎ 8	9 ♍	14 ♌	0 ♏	6 ♎	22 ♉
19	25 ♌ 33	3 ♈ 1	0 ♌ 21	1 ♌ 32	3 ♍ 58	0 ♎ 3	20 ♋ 42	9 ♎ 7	7 ♎ 12	26 ♏ 8	22 ♐ 9	22 ♎ 9	9 ♍	14 ♌	0 ♏	6 ♎	22 ♉
20	26 ♌ 31	17 ♈ 8	0 ♌ 18	1 ♌ 29	5 ♍ 49	1 ♎ 15	21 ♋ 21	9 ♎ 18	7 ♎ 18	26 ♏ 9	22 ♐ 8	22 ♎ 11	10 ♍	15 ♌	1 ♏	7 ♎	22 ♉
21	27 ♌ 29	1 ♉ 20	0 ♌ 14	1 ♌ 26	7 ♍ 39	2 ♎ 26	22 ♋ 0	9 ♎ 29	7 ♎ 24	26 ♏ 9	22 ♐ 8	22 ♎ 13	10 ♍	15 ♌	1 ♏	7 ♎	22 ♉
22	28 ♌ 26	15 ♉ 35	0 ♌ 11	1 ♌ 24	9 ♍ 28	3 ♎ 38	22 ♋ 39	9 ♎ 40	7 ♎ 31	26 ♏ 10	22 ♐ 7	22 ♎ 14	11 ♍	16 ♌	1 ♏	8 ♎	22 ♉
23	29 ♌ 24	29 ♉ 49	0 ♌ 8	1 D 24	11 ♍ 16	4 ♎ 49	23 ♋ 17	9 ♎ 51	7 ♎ 37	26 ♏ 11	22 ♐ 7	22 ♎ 16	11 ♍	16 ♌	1 ♏	8 ♎	22 ♉
24	0 ♍ 22	13 ♊ 59	0 ♌ 5	1 ♌ 24	13 ♍ 2	6 ♎ 0	23 ♋ 56	10 ♎ 3	7 ♎ 43	26 ♏ 12	22 ♐ 7	22 ♎ 17	12 ♍	17 ♌	2 ♏	9 ♎	22 ♉
25	1 ♍ 20	28 ♊ 5	0 ♌ 2	1 ♌ 26	14 ♍ 47	7 ♎ 12	24 ♋ 35	10 ♎ 14	7 ♎ 50	26 ♏ 13	22 ♐ 6	22 ♎ 19	12 ♍	18 ♌	2 ♏	9 ♎	22 ♉
26	2 ♍ 18	12 ♋ 3	29 ♋ 58	1 ♌ 27	16 ♍ 30	8 ♎ 23	25 ♋ 13	10 ♎ 25	7 ♎ 56	26 ♏ 14	22 ♐ 6	22 ♎ 21	12 ♍	18 ♌	2 ♏	10 ♎	22 ♉
27	3 ♍ 16	25 ♋ 53	29 ♋ 55	1 ♌ 28	18 ♍ 12	9 ♎ 34	25 ♋ 52	10 ♎ 37	8 ♎ 3	26 ♏ 15	22 ♐ 6	22 ♎ 22	13 ♍	19 ♌	2 ♏	10 ♎	22 ♉
28	4 ♍ 14	9 ♌ 34	29 ♋ 52	1 R 28	19 ♍ 53	10 ♎ 45	26 ♋ 30	10 ♎ 48	8 ♎ 9	26 ♏ 17	22 ♐ 5	22 ♎ 24	13 ♍	19 ♌	3 ♏	11 ♎	22 ♉
29	5 ♍ 12	23 ♌ 3	29 ♋ 49	1 ♌ 26	21 ♍ 32	11 ♎ 56	27 ♋ 9	11 ♎ 0	8 ♎ 16	26 ♏ 18	22 ♐ 5	22 ♎ 26	14 ♍	20 ♌	3 ♏	11 ♎	22 R
30	6 ♍ 10	6 ♍ 18	29 ♋ 46	1 ♌ 23	23 ♍ 10	13 ♎ 8	27 ♋ 47	11 ♎ 12	8 ♎ 22	26 ♏ 19	22 ♐ 5	22 ♎ 28	14 ♍	20 ♌	3 ♏	12 ♎	22 ♉
31	7 ♍ 8	19 ♍ 19	29 ♋ 43	1 ♌ 18	24 ♍ 47	14 ♎ 19	28 ♋ 26	11 ♎ 23	8 ♎ 29	26 ♏ 20	22 ♐ 5	22 ♎ 30	15 ♍	21 ♌	3 ♏	12 ♎	22 ♉

SUN INGRESS	☉ → ♍ 23日 14:38
MOON PHASE	◐ 8日 04:26 ♏　○ 16日 01:37 ♒　◑ 22日 23:16 ♉　● 29日 23:43 ♍

aspects		
1日	17:45	♀⚹♂
4日	23:58	☿⚹♄
5日	10:19	☿⚹♃
10日	15:01	☉☌☿
12日	10:26	♀□♆
12日	20:17	☿⚹♇
12日	22:38	☿△♆
14日	21:34	☿□♅
15日	08:58	☉⚹♇
15日	11:43	☉△♆
15日	16:23	♀⚹♅
18日	15:43	♆⚹♇
19日	14:36	☉□♅
21日	08:10	♂□♇
25日	14:02	♀☌♄
27日	15:00	♂△♅
28日	01:15	♀☌♃
29日	08:02	☿□♆
31日	23:44	☿⚹♅

1981年9月

DAY	☉	☽	☊ mean	☊ true	☿	♀	♂	♃	♄	♅	♆	♇	⚳	⚴	⚵	⚶	⚷
	° ′	° ′	° ′	° ′	° ′	° ′	° ′	° ′	° ′	° ′	° ′	° ′	°	°	°	°	°
1	8 ♍ 6	2 ♎ 5	29 ♋ 39	1 R 12	26 D 23	15 D 30	29 D 4	11 D 35	8 D 36	26 D 22	22 R 5	22 D 31	15 D	21 D	4 D	13 D	22 R
2	9 ♍ 4	14 ♎ 35	29 ♋ 36	1 ♌ 5	27 ♍ 57	16 ♎ 40	29 ♋ 42	11 ♎ 47	8 ♎ 42	26 ♏ 23	22 ♐ 5	22 ♎ 33	16 ♍	22 ♌	4 ♏	13 ♎	22 ♉
3	10 ♍ 2	26 ♎ 52	29 ♋ 33	0 ♌ 59	29 ♍ 30	17 ♎ 51	0 ♌ 20	11 ♎ 59	8 ♎ 49	26 ♏ 25	22 ♐ 5	22 ♎ 35	16 ♍	23 ♌	4 ♏	14 ♎	22 ♉
4	11 ♍ 0	8 ♏ 57	29 ♋ 30	0 ♌ 53	1 ♎ 2	19 ♎ 2	0 ♌ 59	12 ♎ 11	8 ♎ 56	26 ♏ 26	22 D 5	22 ♎ 37	17 ♍	23 ♌	5 ♏	14 ♎	22 ♉
5	11 ♍ 58	20 ♏ 54	29 ♋ 27	0 ♌ 49	2 ♎ 32	20 ♎ 13	1 ♌ 37	12 ♎ 23	9 ♎ 3	26 ♏ 28	22 ♐ 5	22 ♎ 39	17 ♍	24 ♌	5 ♏	15 ♎	22 ♉
6	12 ♍ 56	2 ♐ 46	29 ♋ 24	0 ♌ 47	4 ♎ 2	21 ♎ 24	2 ♌ 15	12 ♎ 35	9 ♎ 9	26 ♏ 29	22 ♐ 5	22 ♎ 41	18 ♍	24 ♌	5 ♏	15 ♎	22 ♉
7	13 ♍ 55	14 ♐ 38	29 ♋ 20	0 D 46	5 ♎ 30	22 ♎ 34	2 ♌ 53	12 ♎ 47	9 ♎ 16	26 ♏ 31	22 ♐ 5	22 ♎ 43	18 ♍	25 ♌	5 ♏	16 ♎	22 ♉
8	14 ♍ 53	26 ♐ 35	29 ♋ 17	0 ♌ 47	6 ♎ 56	23 ♎ 45	3 ♌ 30	12 ♎ 59	9 ♎ 23	26 ♏ 33	22 ♐ 5	22 ♎ 45	18 ♍	25 ♌	6 ♏	16 ♎	22 ♉
9	15 ♍ 51	8 ♑ 42	29 ♋ 14	0 ♌ 48	8 ♎ 22	24 ♎ 55	4 ♌ 8	13 ♎ 11	9 ♎ 30	26 ♏ 34	22 ♐ 5	22 ♎ 47	19 ♍	26 ♌	6 ♏	17 ♎	22 ♉
10	16 ♍ 49	21 ♑ 3	29 ♋ 11	0 ♌ 50	9 ♎ 46	26 ♎ 6	4 ♌ 46	13 ♎ 23	9 ♎ 37	26 ♏ 36	22 ♐ 5	22 ♎ 49	19 ♍	26 ♌	6 ♏	17 ♎	22 ♉
11	17 ♍ 48	3 ♒ 44	29 ♋ 8	0 R 50	11 ♎ 9	27 ♎ 16	5 ♌ 24	13 ♎ 36	9 ♎ 44	26 ♏ 38	22 ♐ 6	22 ♎ 51	20 ♍	27 ♌	7 ♏	18 ♎	22 ♉
12	18 ♍ 46	16 ♒ 48	29 ♋ 4	0 ♌ 49	12 ♎ 30	28 ♎ 26	6 ♌ 1	13 ♎ 48	9 ♎ 51	26 ♏ 40	22 ♐ 6	22 ♎ 53	20 ♍	27 ♌	7 ♏	18 ♎	22 ♉
13	19 ♍ 44	0 ♓ 14	29 ♋ 1	0 ♌ 45	13 ♎ 50	29 ♎ 37	6 ♌ 39	14 ♎ 0	9 ♎ 58	26 ♏ 42	22 ♐ 6	22 ♎ 55	21 ♍	28 ♌	7 ♏	19 ♎	22 ♉
14	20 ♍ 43	14 ♓ 4	28 ♋ 58	0 ♌ 40	15 ♎ 8	0 ♏ 47	7 ♌ 17	14 ♎ 13	10 ♎ 5	26 ♏ 44	22 ♐ 6	22 ♎ 57	21 ♍	28 ♌	7 ♏	19 ♎	22 ♉
15	21 ♍ 41	28 ♓ 15	28 ♋ 55	0 ♌ 33	16 ♎ 25	1 ♏ 57	7 ♌ 54	14 ♎ 25	10 ♎ 12	26 ♏ 46	22 ♐ 7	22 ♎ 59	22 ♍	29 ♌	8 ♏	20 ♎	22 ♉
16	22 ♍ 40	12 ♈ 40	28 ♋ 52	0 ♌ 25	17 ♎ 41	3 ♏ 7	8 ♌ 32	14 ♎ 38	10 ♎ 20	26 ♏ 48	22 ♐ 7	23 ♎ 1	22 ♍	29 ♌	8 ♏	20 ♎	22 ♉
17	23 ♍ 38	27 ♈ 15	28 ♋ 49	0 ♌ 16	18 ♎ 55	4 ♏ 17	9 ♌ 9	14 ♎ 50	10 ♎ 27	26 ♏ 50	22 ♐ 8	23 ♎ 4	23 ♍	0 ♍	8 ♏	21 ♎	22 ♉
18	24 ♍ 37	11 ♉ 52	28 ♋ 45	0 ♌ 9	20 ♎ 7	5 ♏ 27	9 ♌ 46	15 ♎ 3	10 ♎ 34	26 ♏ 52	22 ♐ 8	23 ♎ 6	23 ♍	1 ♍	9 ♏	21 ♎	22 ♉
19	25 ♍ 35	26 ♉ 24	28 ♋ 42	0 ♌ 4	21 ♎ 17	6 ♏ 36	10 ♌ 24	15 ♎ 15	10 ♎ 41	26 ♏ 54	22 ♐ 8	23 ♎ 8	23 ♍	1 ♍	9 ♏	22 ♎	22 ♉
20	26 ♍ 34	10 ♊ 46	28 ♋ 39	0 ♌ 1	22 ♎ 25	7 ♏ 46	11 ♌ 1	15 ♎ 28	10 ♎ 48	26 ♏ 57	22 ♐ 9	23 ♎ 10	24 ♍	2 ♍	9 ♏	22 ♎	22 ♉
21	27 ♍ 33	24 ♊ 56	28 ♋ 36	0 ♌ 0	23 ♎ 32	8 ♏ 56	11 ♌ 38	15 ♎ 41	10 ♎ 56	26 ♏ 59	22 ♐ 10	23 ♎ 12	24 ♍	2 ♍	9 ♏	23 ♎	22 ♉
22	28 ♍ 31	8 ♋ 52	28 ♋ 33	0 D 0	24 ♎ 36	10 ♏ 5	12 ♌ 15	15 ♎ 53	11 ♎ 3	27 ♏ 1	22 ♐ 10	23 ♎ 15	25 ♍	3 ♍	10 ♏	23 ♎	22 ♉
23	29 ♍ 30	22 ♋ 35	28 ♋ 30	0 ♌ 1	25 ♎ 38	11 ♏ 15	12 ♌ 52	16 ♎ 6	11 ♎ 10	27 ♏ 4	22 ♐ 11	23 ♎ 17	25 ♍	3 ♍	10 ♏	24 ♎	22 ♉
24	0 ♎ 29	6 ♌ 4	28 ♋ 26	0 R 1	26 ♎ 38	12 ♏ 24	13 ♌ 29	16 ♎ 19	11 ♎ 17	27 ♏ 6	22 ♐ 11	23 ♎ 19	26 ♍	4 ♍	10 ♏	24 ♎	22 ♉
25	1 ♎ 27	19 ♌ 21	28 ♋ 23	29 ♋ 59	27 ♎ 34	13 ♏ 33	14 ♌ 6	16 ♎ 31	11 ♎ 25	27 ♏ 8	22 ♐ 12	23 ♎ 21	26 ♍	4 ♍	11 ♏	25 ♎	22 ♉
26	2 ♎ 26	2 ♍ 27	28 ♋ 20	29 ♋ 55	28 ♎ 28	14 ♏ 43	14 ♌ 43	16 ♎ 44	11 ♎ 32	27 ♏ 11	22 ♐ 13	23 ♎ 24	27 ♍	5 ♍	11 ♏	25 ♎	22 ♉
27	3 ♎ 25	15 ♍ 21	28 ♋ 17	29 ♋ 48	29 ♎ 19	15 ♏ 52	15 ♌ 20	16 ♎ 57	11 ♎ 39	27 ♏ 13	22 ♐ 13	23 ♎ 26	27 ♍	5 ♍	11 ♏	26 ♎	22 ♉
28	4 ♎ 24	28 ♍ 4	28 ♋ 14	29 ♋ 38	0 ♏ 7	17 ♏ 1	15 ♌ 57	17 ♎ 10	11 ♎ 47	27 ♏ 16	22 ♐ 14	23 ♎ 28	28 ♍	6 ♍	12 ♏	26 ♎	22 ♉
29	5 ♎ 23	10 ♎ 36	28 ♋ 10	29 ♋ 27	0 ♏ 51	18 ♏ 10	16 ♌ 33	17 ♎ 23	11 ♎ 54	27 ♏ 19	22 ♐ 15	23 ♎ 30	28 ♍	6 ♍	12 ♏	27 ♎	22 ♉
30	6 ♎ 22	22 ♎ 56	28 ♋ 7	29 ♋ 14	1 ♏ 31	19 ♏ 19	17 ♌ 10	17 ♎ 35	12 ♎ 1	27 ♏ 21	22 ♐ 16	23 ♎ 33	29 ♍	7 ♍	12 ♏	27 ♎	22 ♉

SUN INGRESS ☉ → ♎23日 12:05

MOON PHASE ◐ 6日 22:26 ♐　○ 14日 12:09 ♓　◑ 21日 04:47 ♊　● 28日 13:07 ♎

aspects		
3日	22:30	☿⚹♂
6日	14:01	♀⚹♆
7日	03:03	♀☌♇
9日	21:18	☿☌♄
13日	03:48	☿☌♃
15日	10:32	☉□♆
19日	13:57	♂⚹♄
19日	18:09	☿⚹♆
20日	09:39	☉⚹♅
20日	16:38	☿☌♇
26日	00:14	♀□♂

1981年10月

DAY	☉	☽	☊ mean	☊ true	☿	♀	♂	♃	♄	♅	♆	♇	⚳	⚴	⚵	⚶	⚷
	° ′	° ′	° ′	° ′	° ′	° ′	° ′	° ′	° ′	° ′	° ′	° ′	°	°	°	°	°
1	7 ♎ 21	5 ♏ 6	28 ♋ 4	29 R 2	2 D 7	20 D 28	17 D 46	17 D 48	12 D 9	27 D 24	22 D 17	23 D 35	29 D	7 D	13 D	28 D	22 R
2	8 ♎ 20	17 ♏ 7	28 ♋ 1	28 ♋ 51	2 ♏ 39	21 ♏ 36	18 ♌ 23	18 ♎ 1	12 ♎ 16	27 ♏ 27	22 ♐ 18	23 ♎ 37	29 ♍	8 ♍	13 ♏	28 ♎	22 ♉
3	9 ♎ 19	29 ♏ 1	27 ♋ 58	28 ♋ 42	3 ♏ 5	22 ♏ 45	18 ♌ 59	18 ♎ 14	12 ♎ 23	27 ♏ 29	22 ♐ 19	23 ♎ 40	0 ♎	8 ♍	13 ♏	29 ♎	22 ♉
4	10 ♎ 18	10 ♐ 50	27 ♋ 55	28 ♋ 36	3 ♏ 26	23 ♏ 53	19 ♌ 36	18 ♎ 27	12 ♎ 31	27 ♏ 32	22 ♐ 20	23 ♎ 42	0 ♎	9 ♍	13 ♏	0 ♏	22 ♉
5	11 ♎ 17	22 ♐ 40	27 ♋ 51	28 ♋ 32	3 ♏ 41	25 ♏ 2	20 ♌ 12	18 ♎ 40	12 ♎ 38	27 ♏ 35	22 ♐ 21	23 ♎ 44	1 ♎	9 ♍	14 ♏	0 ♏	22 ♉
6	12 ♎ 16	4 ♑ 34	27 ♋ 48	28 ♋ 30	3 ♏ 49	26 ♏ 10	20 ♌ 48	18 ♎ 53	12 ♎ 45	27 ♏ 38	22 ♐ 22	23 ♎ 47	1 ♎	10 ♍	14 ♏	1 ♏	22 ♉
7	13 ♎ 15	16 ♑ 38	27 ♋ 45	28 D 30	3 R 51	27 ♏ 18	21 ♌ 24	19 ♎ 6	12 ♎ 53	27 ♏ 41	22 ♐ 23	23 ♎ 49	2 ♎	10 ♍	14 ♏	1 ♏	22 ♉
8	14 ♎ 15	28 ♑ 57	27 ♋ 42	28 R 30	3 ♏ 46	28 ♏ 26	22 ♌ 1	19 ♎ 19	13 ♎ 0	27 ♏ 44	22 ♐ 24	23 ♎ 52	2 ♎	11 ♍	15 ♏	2 ♏	22 ♉
9	15 ♎ 14	11 ♒ 36	27 ♋ 39	28 ♋ 30	3 ♏ 33	29 ♏ 34	22 ♌ 37	19 ♎ 32	13 ♎ 8	27 ♏ 47	22 ♐ 25	23 ♎ 54	3 ♎	11 ♍	15 ♏	2 ♏	22 ♉
10	16 ♎ 13	24 ♒ 40	27 ♋ 35	28 ♋ 27	3 ♏ 12	0 ♐ 42	23 ♌ 13	19 ♎ 45	13 ♎ 15	27 ♏ 50	22 ♐ 26	23 ♎ 56	3 ♎	12 ♍	15 ♏	3 ♏	21 ♉
11	17 ♎ 12	8 ♓ 12	27 ♋ 32	28 ♋ 22	2 ♏ 43	1 ♐ 49	23 ♌ 48	19 ♎ 58	13 ♎ 22	27 ♏ 53	22 ♐ 27	23 ♎ 59	4 ♎	12 ♍	16 ♏	3 ♏	21 ♉
12	18 ♎ 12	22 ♓ 13	27 ♋ 29	28 ♋ 15	2 ♏ 5	2 ♐ 57	24 ♌ 24	20 ♎ 11	13 ♎ 30	27 ♏ 56	22 ♐ 28	24 ♎ 1	4 ♎	13 ♍	16 ♏	4 ♏	21 ♉
13	19 ♎ 11	6 ♈ 39	27 ♋ 26	28 ♋ 5	1 ♏ 20	4 ♐ 4	25 ♌ 0	20 ♎ 24	13 ♎ 37	27 ♏ 59	22 ♐ 30	24 ♎ 3	4 ♎	13 ♍	16 ♏	4 ♏	21 ♉
14	20 ♎ 11	21 ♈ 26	27 ♋ 23	27 ♋ 54	0 ♏ 27	5 ♐ 11	25 ♌ 36	20 ♎ 37	13 ♎ 44	28 ♏ 2	22 ♐ 31	24 ♎ 6	5 ♎	14 ♍	17 ♏	5 ♏	21 ♉
15	21 ♎ 10	6 ♉ 26	27 ♋ 20	27 ♋ 42	29 ♎ 27	6 ♐ 18	26 ♌ 11	20 ♎ 50	13 ♎ 52	28 ♏ 5	22 ♐ 32	24 ♎ 8	5 ♎	14 ♍	17 ♏	5 ♏	21 ♉
16	22 ♎ 9	21 ♉ 28	27 ♋ 16	27 ♋ 32	28 ♎ 21	7 ♐ 25	26 ♌ 47	21 ♎ 3	13 ♎ 59	28 ♏ 8	22 ♐ 33	24 ♎ 11	6 ♎	15 ♍	17 ♏	6 ♏	21 ♉
17	23 ♎ 9	6 ♊ 23	27 ♋ 13	27 ♋ 24	27 ♎ 10	8 ♐ 32	27 ♌ 22	21 ♎ 16	14 ♎ 6	28 ♏ 11	22 ♐ 35	24 ♎ 13	6 ♎	15 ♍	18 ♏	6 ♏	21 ♉
18	24 ♎ 8	21 ♊ 3	27 ♋ 10	27 ♋ 19	25 ♎ 57	9 ♐ 38	27 ♌ 58	21 ♎ 29	14 ♎ 14	28 ♏ 14	22 ♐ 36	24 ♎ 15	7 ♎	16 ♍	18 ♏	7 ♏	21 ♉
19	25 ♎ 8	5 ♋ 25	27 ♋ 7	27 ♋ 16	24 ♎ 43	10 ♐ 45	28 ♌ 33	21 ♎ 42	14 ♎ 21	28 ♏ 18	22 ♐ 37	24 ♎ 18	7 ♎	16 ♍	18 ♏	7 ♏	21 ♉
20	26 ♎ 8	19 ♋ 24	27 ♋ 4	27 ♋ 15	23 ♎ 30	11 ♐ 51	29 ♌ 8	21 ♎ 55	14 ♎ 28	28 ♏ 21	22 ♐ 39	24 ♎ 20	8 ♎	17 ♍	19 ♏	8 ♏	21 ♉
21	27 ♎ 7	3 ♌ 3	27 ♋ 1	27 ♋ 15	22 ♎ 21	12 ♐ 57	29 ♌ 43	22 ♎ 8	14 ♎ 35	28 ♏ 24	22 ♐ 40	24 ♎ 23	8 ♎	17 ♍	19 ♏	8 ♏	21 ♉
22	28 ♎ 7	16 ♌ 22	26 ♋ 57	27 ♋ 14	21 ♎ 18	14 ♐ 3	0 ♍ 19	22 ♎ 21	14 ♎ 43	28 ♏ 28	22 ♐ 42	24 ♎ 25	9 ♎	18 ♍	19 ♏	9 ♏	21 ♉
23	29 ♎ 7	29 ♌ 25	26 ♋ 54	27 ♋ 12	20 ♎ 22	15 ♐ 9	0 ♍ 54	22 ♎ 34	14 ♎ 50	28 ♏ 31	22 ♐ 43	24 ♎ 27	9 ♎	18 ♍	20 ♏	10 ♏	21 ♉
24	0 ♏ 6	12 ♍ 13	26 ♋ 51	27 ♋ 7	19 ♎ 35	16 ♐ 14	1 ♍ 29	22 ♎ 47	14 ♎ 57	28 ♏ 34	22 ♐ 45	24 ♎ 30	9 ♎	18 ♍	20 ♏	10 ♏	21 ♉
25	1 ♏ 6	24 ♍ 49	26 ♋ 48	26 ♋ 59	18 ♎ 58	17 ♐ 20	2 ♍ 3	23 ♎ 0	15 ♎ 4	28 ♏ 38	22 ♐ 46	24 ♎ 32	10 ♎	19 ♍	20 ♏	11 ♏	21 ♉
26	2 ♏ 6	7 ♎ 15	26 ♋ 45	26 ♋ 48	18 ♎ 32	18 ♐ 25	2 ♍ 38	23 ♎ 13	15 ♎ 12	28 ♏ 41	22 ♐ 48	24 ♎ 35	10 ♎	19 ♍	21 ♏	11 ♏	21 ♉
27	3 ♏ 6	19 ♎ 32	26 ♋ 41	26 ♋ 34	18 ♎ 18	19 ♐ 30	3 ♍ 13	23 ♎ 26	15 ♎ 19	28 ♏ 44	22 ♐ 50	24 ♎ 37	11 ♎	20 ♍	21 ♏	12 ♏	21 ♉
28	4 ♏ 6	1 ♏ 41	26 ♋ 38	26 ♋ 20	18 D 15	20 ♐ 34	3 ♍ 48	23 ♎ 39	15 ♎ 26	28 ♏ 48	22 ♐ 51	24 ♎ 39	11 ♎	20 ♍	21 ♏	12 ♏	21 ♉
29	5 ♏ 6	13 ♏ 43	26 ♋ 35	26 ♋ 6	18 ♎ 23	21 ♐ 39	4 ♍ 22	23 ♎ 52	15 ♎ 33	28 ♏ 51	22 ♐ 53	24 ♎ 42	12 ♎	21 ♍	22 ♏	13 ♏	21 ♉
30	6 ♏ 6	25 ♏ 38	26 ♋ 32	25 ♋ 52	18 ♎ 42	22 ♐ 43	4 ♍ 57	24 ♎ 5	15 ♎ 40	28 ♏ 55	22 ♐ 55	24 ♎ 44	12 ♎	21 ♍	22 ♏	13 ♏	21 ♉
31	7 ♏ 6	7 ♐ 29	26 ♋ 29	25 ♋ 41	19 ♎ 11	23 ♐ 47	5 ♍ 31	24 ♎ 18	15 ♎ 47	28 ♏ 58	22 ♐ 56	24 ♎ 47	13 ♎	22 ♍	22 ♏	14 ♏	21 ♉

SUN INGRESS ☉ → ♏23日 21:13

MOON PHASE ◐ 6日 16:45 ♑　○ 13日 21:49 ♈　◑ 20日 12:40 ♋　● 28日 05:13 ♏

aspects		
1日	01:57	♂⚹♃
6日	13:29	☉☌♄
7日	08:21	♀☌♅
8日	15:54	♂△♆
11日	07:20	♂⚹♇
14日	13:46	☉☌♃
16日	09:54	☉⚹♆
16日	21:18	☿⚹♂
18日	02:57	☉☌♇
18日	12:29	♂□♅
18日	19:31	☉☌☿
19日	07:59	☿☌♇
20日	17:23	☿⚹♆
21日	03:57	☿☌♃
22日	16:16	♀⚹♄
23日	18:49	♃⚹♆
26日	02:12	☿⚹♀
27日	06:39	☉⚹♂
30日	04:24	♀☌♆
31日	14:32	♀⚹♃
31日	23:15	♀⚹♇

1981年11月

DAY	☉	☽	☊ mean	☊ true	☿	♀	♂	♃	♄	♅	♆	♇	⚳	⚴	⚵	⚶	⚷
	° ′	° ′	° ′	° ′	° ′	° ′	° ′	° ′	° ′	° ′	° ′	° ′	°	°	°	°	°
1	8 ♏ 6	19 ♐ 17	26 ♋ 26	25 R 33	19 D 49	24 D 51	6 D 5	24 D 31	15 D 54	29 D 2	22 D 58	24 D 49	13 D	22 D	23 D	14 D	20 R
2	9 ♏ 6	1 ♑ 6	26 ♋ 22	25 ♋ 28	20 ♎ 35	25 ♐ 54	6 ♍ 39	24 ♎ 44	16 ♎ 1	29 ♏ 5	23 ♐ 0	24 ♎ 51	13 ♎	23 ♍	23 ♏	15 ♏	20 ♉
3	10 ♏ 6	12 ♑ 58	26 ♋ 19	25 ♋ 26	21 ♎ 29	26 ♐ 58	7 ♍ 13	24 ♎ 56	16 ♎ 8	29 ♏ 9	23 ♐ 1	24 ♎ 54	14 ♎	23 ♍	23 ♏	15 ♏	20 ♉
4	11 ♏ 6	25 ♑ 0	26 ♋ 16	25 ♋ 25	22 ♎ 29	28 ♐ 1	7 ♍ 47	25 ♎ 9	16 ♎ 15	29 ♏ 13	23 ♐ 3	24 ♎ 56	14 ♎	24 ♍	24 ♏	16 ♏	20 ♉
5	12 ♏ 6	7 ♒ 15	26 ♋ 13	25 D 25	23 ♎ 35	29 ♐ 3	8 ♍ 21	25 ♎ 22	16 ♎ 22	29 ♏ 16	23 ♐ 5	24 ♎ 58	15 ♎	24 ♍	24 ♏	16 ♏	20 ♉
6	13 ♏ 6	19 ♒ 50	26 ♋ 10	25 R 25	24 ♎ 46	0 ♑ 6	8 ♍ 55	25 ♎ 35	16 ♎ 29	29 ♏ 20	23 ♐ 7	25 ♎ 1	15 ♎	24 ♍	24 ♏	17 ♏	20 ♉
7	14 ♏ 6	2 ♓ 48	26 ♋ 7	25 ♋ 24	26 ♎ 1	1 ♑ 8	9 ♍ 29	25 ♎ 48	16 ♎ 36	29 ♏ 23	23 ♐ 9	25 ♎ 3	16 ♎	25 ♍	25 ♏	18 ♏	20 ♉
8	15 ♏ 7	16 ♓ 15	26 ♋ 3	25 ♋ 20	27 ♎ 19	2 ♑ 9	10 ♍ 2	26 ♎ 0	16 ♎ 42	29 ♏ 27	23 ♐ 11	25 ♎ 5	16 ♎	25 ♍	25 ♏	18 ♏	20 ♉
9	16 ♏ 7	0 ♈ 12	26 ♋ 0	25 ♋ 14	28 ♎ 41	3 ♑ 11	10 ♍ 36	26 ♎ 13	16 ♎ 49	29 ♏ 31	23 ♐ 12	25 ♎ 8	17 ♎	26 ♍	25 ♏	19 ♏	20 ♉
10	17 ♏ 7	14 ♈ 39	25 ♋ 57	25 ♋ 5	0 ♏ 6	4 ♑ 12	11 ♍ 9	26 ♎ 26	16 ♎ 56	29 ♏ 34	23 ♐ 14	25 ♎ 10	17 ♎	26 ♍	26 ♏	19 ♏	20 ♉
11	18 ♏ 7	29 ♈ 32	25 ♋ 54	24 ♋ 55	1 ♏ 32	5 ♑ 12	11 ♍ 43	26 ♎ 38	17 ♎ 3	29 ♏ 38	23 ♐ 16	25 ♎ 12	17 ♎	27 ♍	26 ♏	20 ♏	20 ♉
12	19 ♏ 8	14 ♉ 42	25 ♋ 51	24 ♋ 45	3 ♏ 1	6 ♑ 13	12 ♍ 16	26 ♎ 51	17 ♎ 9	29 ♏ 42	23 ♐ 18	25 ♎ 14	18 ♎	27 ♍	26 ♏	20 ♏	20 ♉
13	20 ♏ 8	0 ♊ 0	25 ♋ 47	24 ♋ 36	4 ♏ 31	7 ♑ 13	12 ♍ 49	27 ♎ 3	17 ♎ 16	29 ♏ 45	23 ♐ 20	25 ♎ 17	18 ♎	27 ♍	27 ♏	21 ♏	20 ♉
14	21 ♏ 8	15 ♊ 14	25 ♋ 44	24 ♋ 28	6 ♏ 2	8 ♑ 12	13 ♍ 22	27 ♎ 16	17 ♎ 22	29 ♏ 49	23 ♐ 22	25 ♎ 19	19 ♎	28 ♍	27 ♏	21 ♏	20 ♉
15	22 ♏ 9	0 ♋ 14	25 ♋ 41	24 ♋ 23	7 ♏ 34	9 ♑ 11	13 ♍ 55	27 ♎ 28	17 ♎ 29	29 ♏ 53	23 ♐ 24	25 ♎ 21	19 ♎	28 ♍	27 ♏	22 ♏	20 ♉
16	23 ♏ 9	14 ♋ 53	25 ♋ 38	24 ♋ 21	9 ♏ 7	10 ♑ 10	14 ♍ 27	27 ♎ 41	17 ♎ 35	29 ♏ 56	23 ♐ 26	25 ♎ 23	20 ♎	29 ♍	28 ♏	22 ♏	20 ♉
17	24 ♏ 10	29 ♋ 6	25 ♋ 35	24 D 21	10 ♏ 40	11 ♑ 8	15 ♍ 0	27 ♎ 53	17 ♎ 42	0 ♐ 0	23 ♐ 28	25 ♎ 25	20 ♎	29 ♍	28 ♏	23 ♏	20 ♉
18	25 ♏ 10	12 ♌ 52	25 ♋ 32	24 ♋ 22	12 ♏ 14	12 ♑ 6	15 ♍ 33	28 ♎ 5	17 ♎ 48	0 ♐ 4	23 ♐ 30	25 ♎ 28	21 ♎	0 ♎	28 ♏	23 ♏	20 ♉
19	26 ♏ 11	26 ♌ 14	25 ♋ 28	24 ♋ 22	13 ♏ 49	13 ♑ 3	16 ♍ 5	28 ♎ 17	17 ♎ 55	0 ♐ 7	23 ♐ 32	25 ♎ 30	21 ♎	0 ♎	29 ♏	24 ♏	20 ♉
20	27 ♏ 11	9 ♍ 14	25 ♋ 25	24 R 21	15 ♏ 23	14 ♑ 0	16 ♍ 37	28 ♎ 30	18 ♎ 1	0 ♐ 11	23 ♐ 34	25 ♎ 32	21 ♎	0 ♎	29 ♏	25 ♏	20 ♉
21	28 ♏ 12	21 ♍ 55	25 ♋ 22	24 ♋ 18	16 ♏ 58	14 ♑ 56	17 ♍ 10	28 ♎ 42	18 ♎ 7	0 ♐ 15	23 ♐ 36	25 ♎ 34	22 ♎	1 ♎	29 ♏	25 ♏	19 ♉
22	29 ♏ 13	4 ♎ 21	25 ♋ 19	24 ♋ 13	18 ♏ 33	15 ♑ 51	17 ♍ 42	28 ♎ 54	18 ♎ 13	0 ♐ 18	23 ♐ 39	25 ♎ 36	22 ♎	1 ♎	0 ♐	26 ♏	19 ♉
23	0 ♐ 13	16 ♎ 35	25 ♋ 16	24 ♋ 6	20 ♏ 8	16 ♑ 47	18 ♍ 14	29 ♎ 6	18 ♎ 19	0 ♐ 22	23 ♐ 41	25 ♎ 38	23 ♎	2 ♎	0 ♐	26 ♏	19 ♉
24	1 ♐ 14	28 ♎ 41	25 ♋ 12	23 ♋ 56	21 ♏ 42	17 ♑ 41	18 ♍ 46	29 ♎ 18	18 ♎ 25	0 ♐ 26	23 ♐ 43	25 ♎ 40	23 ♎	2 ♎	0 ♐	27 ♏	19 ♉
25	2 ♐ 15	10 ♏ 40	25 ♋ 9	23 ♋ 46	23 ♏ 17	18 ♑ 35	19 ♍ 17	29 ♎ 30	18 ♎ 31	0 ♐ 30	23 ♐ 45	25 ♎ 42	24 ♎	2 ♎	1 ♐	27 ♏	19 ♉
26	3 ♐ 15	22 ♏ 35	25 ♋ 6	23 ♋ 35	24 ♏ 52	19 ♑ 28	19 ♍ 49	29 ♎ 42	18 ♎ 37	0 ♐ 33	23 ♐ 47	25 ♎ 44	24 ♎	3 ♎	1 ♐	28 ♏	19 ♉
27	4 ♐ 16	4 ♐ 26	25 ♋ 3	23 ♋ 26	26 ♏ 27	20 ♑ 21	20 ♍ 20	29 ♎ 54	18 ♎ 43	0 ♐ 37	23 ♐ 49	25 ♎ 46	24 ♎	3 ♎	1 ♐	28 ♏	19 ♉
28	5 ♐ 17	16 ♐ 15	25 ♋ 0	23 ♋ 18	28 ♏ 2	21 ♑ 13	20 ♍ 52	0 ♏ 6	18 ♎ 49	0 ♐ 41	23 ♐ 51	25 ♎ 48	25 ♎	4 ♎	2 ♐	29 ♏	19 ♉
29	6 ♐ 17	28 ♐ 5	24 ♋ 57	23 ♋ 12	29 ♏ 36	22 ♑ 4	21 ♍ 23	0 ♏ 17	18 ♎ 55	0 ♐ 44	23 ♐ 54	25 ♎ 50	25 ♎	4 ♎	2 ♐	29 ♏	19 ♉
30	7 ♐ 18	9 ♑ 56	24 ♋ 53	23 ♋ 9	1 ♐ 11	22 ♑ 55	21 ♍ 54	0 ♏ 29	19 ♎ 1	0 ♐ 48	23 ♐ 56	25 ♎ 52	26 ♎	4 ♎	2 ♐	0 ♐	19 ♉

SUN INGRESS: ☉ → ♐ 22日 18:36

MOON PHASE: ◐ 5日 10:09 ♒　○ 12日 07:26 ♉　◑ 18日 23:54 ♌　● 26日 23:38 ♐

aspects		
2日	17:27	♃☌♇
4日	13:07	☿⚹♆
6日	05:04	☿☌♇
6日	19:03	☿☌♃
17日	18:20	☿⚹♀
21日	04:33	☿⚹♂
23日	03:49	☉☌♅
24日	22:15	♀□♄
26日	23:19	♀△♂
29日	17:59	☿☌♅

1981年12月

DAY	☉	☽	☊ mean	☊ true	☿	♀	♂	♃	♄	♅	♆	♇	⚳	⚴	⚵	⚶	⚷
	° ′	° ′	° ′	° ′	° ′	° ′	° ′	° ′	° ′	° ′	° ′	° ′	°	°	°	°	°
1	8 ♐ 19	21 ♑ 53	24 ♋ 50	23 R 8	2 D 45	23 D 44	22 D 25	0 D 41	19 D 6	0 D 52	23 D 58	25 D 54	26 D	5 D	3 D	0 D	19 R
2	9 ♐ 20	3 ♒ 58	24 ♋ 47	23 D 8	4 ♐ 20	24 ♑ 33	22 ♍ 55	0 ♏ 52	19 ♎ 12	0 ♐ 56	24 ♐ 0	25 ♎ 56	26 ♎	5 ♎	3 ♐	1 ♐	19 ♉
3	10 ♐ 21	16 ♒ 14	24 ♋ 44	23 ♋ 10	5 ♐ 54	25 ♑ 21	23 ♍ 26	1 ♏ 4	19 ♎ 18	0 ♐ 59	24 ♐ 2	25 ♎ 58	27 ♎	6 ♎	4 ♐	2 ♐	19 ♉
4	11 ♐ 22	28 ♒ 47	24 ♋ 41	23 ♋ 11	7 ♐ 29	26 ♑ 8	23 ♍ 56	1 ♏ 15	19 ♎ 23	1 ♐ 3	24 ♐ 5	26 ♎ 0	27 ♎	6 ♎	4 ♐	2 ♐	19 ♉
5	12 ♐ 23	11 ♓ 41	24 ♋ 38	23 ♋ 12	9 ♐ 3	26 ♑ 55	24 ♍ 27	1 ♏ 27	19 ♎ 28	1 ♐ 7	24 ♐ 7	26 ♎ 2	28 ♎	6 ♎	4 ♐	3 ♐	19 ♉
6	13 ♐ 23	25 ♓ 0	24 ♋ 34	23 R 11	10 ♐ 37	27 ♑ 40	24 ♍ 57	1 ♏ 38	19 ♎ 34	1 ♐ 10	24 ♐ 9	26 ♎ 3	28 ♎	7 ♎	5 ♐	3 ♐	19 ♉
7	14 ♐ 24	8 ♈ 45	24 ♋ 31	23 ♋ 9	12 ♐ 11	28 ♑ 24	25 ♍ 27	1 ♏ 49	19 ♎ 39	1 ♐ 14	24 ♐ 11	26 ♎ 5	29 ♎	7 ♎	5 ♐	4 ♐	19 ♉
8	15 ♐ 25	23 ♈ 0	24 ♋ 28	23 ♋ 5	13 ♐ 46	29 ♑ 7	25 ♍ 56	2 ♏ 0	19 ♎ 44	1 ♐ 18	24 ♐ 13	26 ♎ 7	29 ♎	7 ♎	5 ♐	4 ♐	19 ♉
9	16 ♐ 26	7 ♉ 40	24 ♋ 25	23 ♋ 0	15 ♐ 20	29 ♑ 49	26 ♍ 26	2 ♏ 11	19 ♎ 49	1 ♐ 21	24 ♐ 16	26 ♎ 9	29 ♎	8 ♎	6 ♐	5 ♐	19 ♉
10	17 ♐ 27	22 ♉ 42	24 ♋ 22	22 ♋ 54	16 ♐ 54	0 ♒ 30	26 ♍ 56	2 ♏ 22	19 ♎ 54	1 ♐ 25	24 ♐ 18	26 ♎ 10	0 ♏	8 ♎	6 ♐	5 ♐	19 ♉
11	18 ♐ 28	7 ♊ 57	24 ♋ 18	22 ♋ 49	18 ♐ 28	1 ♒ 10	27 ♍ 25	2 ♏ 33	19 ♎ 59	1 ♐ 28	24 ♐ 20	26 ♎ 12	0 ♏	8 ♎	6 ♐	6 ♐	19 ♉
12	19 ♐ 29	23 ♊ 14	24 ♋ 15	22 ♋ 45	20 ♐ 3	1 ♒ 49	27 ♍ 54	2 ♏ 44	20 ♎ 4	1 ♐ 32	24 ♐ 22	26 ♎ 14	1 ♏	9 ♎	7 ♐	6 ♐	18 ♉
13	20 ♐ 30	8 ♋ 22	24 ♋ 12	22 ♋ 42	21 ♐ 37	2 ♒ 26	28 ♍ 23	2 ♏ 55	20 ♎ 9	1 ♐ 36	24 ♐ 25	26 ♎ 15	1 ♏	9 ♎	7 ♐	7 ♐	18 ♉
14	21 ♐ 31	23 ♋ 14	24 ♋ 9	22 D 42	23 ♐ 11	3 ♒ 2	28 ♍ 52	3 ♏ 5	20 ♎ 14	1 ♐ 39	24 ♐ 27	26 ♎ 17	1 ♏	10 ♎	7 ♐	7 ♐	18 ♉
15	22 ♐ 32	7 ♌ 41	24 ♋ 6	22 ♋ 42	24 ♐ 46	3 ♒ 36	29 ♍ 20	3 ♏ 16	20 ♎ 19	1 ♐ 43	24 ♐ 29	26 ♎ 18	2 ♏	10 ♎	8 ♐	8 ♐	18 ♉
16	23 ♐ 33	21 ♌ 41	24 ♋ 3	22 ♋ 44	26 ♐ 21	4 ♒ 9	29 ♍ 49	3 ♏ 26	20 ♎ 23	1 ♐ 46	24 ♐ 32	26 ♎ 20	2 ♏	10 ♎	8 ♐	9 ♐	18 ♉
17	24 ♐ 34	5 ♍ 13	23 ♋ 59	22 ♋ 46	27 ♐ 55	4 ♒ 41	0 ♎ 17	3 ♏ 37	20 ♎ 28	1 ♐ 50	24 ♐ 34	26 ♎ 21	3 ♏	11 ♎	8 ♐	9 ♐	18 ♉
18	25 ♐ 35	18 ♍ 20	23 ♋ 56	22 ♋ 47	29 ♐ 30	5 ♒ 11	0 ♎ 45	3 ♏ 47	20 ♎ 32	1 ♐ 53	24 ♐ 36	26 ♎ 23	3 ♏	11 ♎	9 ♐	10 ♐	18 ♉
19	26 ♐ 36	1 ♎ 3	23 ♋ 53	22 R 47	1 ♑ 6	5 ♒ 40	1 ♎ 13	3 ♏ 57	20 ♎ 36	1 ♐ 57	24 ♐ 38	26 ♎ 24	3 ♏	11 ♎	9 ♐	10 ♐	18 ♉
20	27 ♐ 37	13 ♎ 29	23 ♋ 50	22 ♋ 46	2 ♑ 41	6 ♒ 6	1 ♎ 40	4 ♏ 7	20 ♎ 41	2 ♐ 0	24 ♐ 41	26 ♎ 26	4 ♏	11 ♎	9 ♐	11 ♐	18 ♉
21	28 ♐ 38	25 ♎ 39	23 ♋ 47	22 ♋ 43	4 ♑ 16	6 ♒ 31	2 ♎ 8	4 ♏ 17	20 ♎ 45	2 ♐ 4	24 ♐ 43	26 ♎ 27	4 ♏	12 ♎	10 ♐	11 ♐	18 ♉
22	29 ♐ 40	7 ♏ 39	23 ♋ 44	22 ♋ 40	5 ♑ 52	6 ♒ 55	2 ♎ 35	4 ♏ 27	20 ♎ 49	2 ♐ 7	24 ♐ 45	26 ♎ 29	5 ♏	12 ♎	10 ♐	12 ♐	18 ♉
23	0 ♑ 41	19 ♏ 33	23 ♋ 40	22 ♋ 36	7 ♑ 28	7 ♒ 16	3 ♎ 2	4 ♏ 37	20 ♎ 53	2 ♐ 10	24 ♐ 47	26 ♎ 30	5 ♏	12 ♎	10 ♐	12 ♐	18 ♉
24	1 ♑ 42	1 ♐ 23	23 ♋ 37	22 ♋ 33	9 ♑ 4	7 ♒ 35	3 ♎ 29	4 ♏ 47	20 ♎ 57	2 ♐ 14	24 ♐ 50	26 ♎ 31	5 ♏	13 ♎	11 ♐	13 ♐	18 ♉
25	2 ♑ 43	13 ♐ 12	23 ♋ 34	22 ♋ 29	10 ♑ 40	7 ♒ 53	3 ♎ 55	4 ♏ 56	21 ♎ 1	2 ♐ 17	24 ♐ 52	26 ♎ 32	6 ♏	13 ♎	11 ♐	13 ♐	18 ♉
26	3 ♑ 44	25 ♐ 3	23 ♋ 31	22 ♋ 26	12 ♑ 16	8 ♒ 8	4 ♎ 21	5 ♏ 6	21 ♎ 5	2 ♐ 20	24 ♐ 54	26 ♎ 34	6 ♏	13 ♎	11 ♐	14 ♐	18 ♉
27	4 ♑ 45	6 ♑ 57	23 ♋ 28	22 ♋ 25	13 ♑ 52	8 ♒ 21	4 ♎ 47	5 ♏ 15	21 ♎ 8	2 ♐ 24	24 ♐ 56	26 ♎ 35	6 ♏	14 ♎	12 ♐	14 ♐	18 ♉
28	5 ♑ 46	18 ♑ 57	23 ♋ 24	22 ♋ 24	15 ♑ 29	8 ♒ 32	5 ♎ 13	5 ♏ 25	21 ♎ 12	2 ♐ 27	24 ♐ 59	26 ♎ 36	7 ♏	14 ♎	12 ♐	15 ♐	18 ♉
29	6 ♑ 48	1 ♒ 4	23 ♋ 21	22 D 24	17 ♑ 5	8 ♒ 41	5 ♎ 39	5 ♏ 34	21 ♎ 15	2 ♐ 30	25 ♐ 1	26 ♎ 37	7 ♏	14 ♎	12 ♐	16 ♐	18 ♉
30	7 ♑ 49	13 ♒ 20	23 ♋ 18	22 ♋ 25	18 ♑ 42	8 ♒ 48	6 ♎ 4	5 ♏ 43	21 ♎ 19	2 ♐ 33	25 ♐ 3	26 ♎ 38	8 ♏	14 ♎	13 ♐	16 ♐	18 ♉
31	8 ♑ 50	25 ♒ 47	23 ♋ 15	22 ♋ 26	20 ♑ 18	8 ♒ 52	6 ♎ 29	5 ♏ 52	21 ♎ 22	2 ♐ 37	25 ♐ 5	26 ♎ 39	8 ♏	15 ♎	13 ♐	17 ♐	18 ♉

SUN INGRESS: ☉ → ♑ 22日 07:51

MOON PHASE: ◐ 5日 01:22 ♓　○ 11日 17:41 ♊　◑ 18日 14:47 ♍　● 26日 19:10 ♑

aspects		
3日	19:25	♀□♇
4日	07:00	♂□♆
10日	23:54	☉☌☿
11日	12:26	♀⚹♅
12日	00:28	☿⚹♄
12日	15:03	☉⚹♄
14日	03:24	♀□♃
14日	19:40	☿☌♆
15日	23:49	☿⚹♇
16日	23:53	☉☌♆
18日	19:14	☉⚹♇
19日	02:32	☿□♂
20日	19:52	♂⚹♅
21日	00:19	☿⚹♃
27日	01:26	☉□♂
27日	13:55	☉⚹♃
31日	16:22	☿□♄

1982年1月

DAY	☉	☽	☊ mean	☊ true	☿	♀	♂	♃	♄	♅	♆	♇	⚳	⚴	⚵	⚶	⚷
	° ′	° ′	° ′	° ′	° ′	° ′	° ′	° ′	° ′	° ′	° ′	° ′	°	°	°	°	°
1	9 ♑ 51	8 ♓ 28	23 ♋ 12	22 D 27	21 D 55	8 D 54	6 D 54	6 D 1	21 D 25	2 D 40	25 D 8	26 D 40	8 D	15 D	13 D	17 D	18 R
2	10 ♑ 52	21 ♓ 26	23 ♋ 9	22 ♋ 28	23 ♑ 31	8 R 53	7 ♎ 18	6 ♏ 9	21 ♎ 28	2 ♐ 43	25 ♐ 10	26 ♎ 41	9 ♏	15 ♎	14 ♐	18 ♐	18 ♉
3	11 ♑ 53	4 ♈ 42	23 ♋ 5	22 ♋ 29	25 ♑ 7	8 ♒ 50	7 ♎ 42	6 ♏ 18	21 ♎ 31	2 ♐ 46	25 ♐ 12	26 ♎ 42	9 ♏	16 ♎	14 ♐	18 ♐	18 ♉
4	12 ♑ 55	18 ♈ 20	23 ♋ 2	22 R 29	26 ♑ 43	8 ♒ 44	8 ♎ 6	6 ♏ 26	21 ♎ 34	2 ♐ 49	25 ♐ 14	26 ♎ 43	9 ♏	16 ♎	14 ♐	19 ♐	18 ♉
5	13 ♑ 56	2 ♉ 20	22 ♋ 59	22 ♋ 29	28 ♑ 18	8 ♒ 35	8 ♎ 30	6 ♏ 35	21 ♎ 37	2 ♐ 52	25 ♐ 16	26 ♎ 44	10 ♏	16 ♎	15 ♐	19 ♐	18 ♉
6	14 ♑ 57	16 ♉ 41	22 ♋ 56	22 ♋ 28	29 ♑ 52	8 ♒ 25	8 ♎ 53	6 ♏ 43	21 ♎ 40	2 ♐ 55	25 ♐ 19	26 ♎ 45	10 ♏	16 ♎	15 ♐	20 ♐	18 ♉
7	15 ♑ 58	1 ♊ 20	22 ♋ 53	22 ♋ 27	1 ♒ 26	8 ♒ 11	9 ♎ 16	6 ♏ 51	21 ♎ 42	2 ♐ 58	25 ♐ 21	26 ♎ 46	10 ♏	17 ♎	15 ♐	20 ♐	18 ♉
8	16 ♑ 59	16 ♊ 14	22 ♋ 50	22 ♋ 26	2 ♒ 58	7 ♒ 55	9 ♎ 39	6 ♏ 59	21 ♎ 45	3 ♐ 1	25 ♐ 23	26 ♎ 47	11 ♏	17 ♎	16 ♐	21 ♐	18 ♉
9	18 ♑ 0	1 ♋ 14	22 ♋ 46	22 ♋ 26	4 ♒ 29	7 ♒ 37	10 ♎ 2	7 ♏ 7	21 ♎ 47	3 ♐ 4	25 ♐ 25	26 ♎ 48	11 ♏	17 ♎	16 ♐	21 ♐	18 ♉
10	19 ♑ 1	16 ♋ 12	22 ♋ 43	22 ♋ 26	5 ♒ 59	7 ♒ 16	10 ♎ 24	7 ♏ 15	21 ♎ 50	3 ♐ 7	25 ♐ 27	26 ♎ 48	11 ♏	17 ♎	16 ♐	22 ♐	18 ♉
11	20 ♑ 2	1 ♌ 0	22 ♋ 40	22 D 26	7 ♒ 26	6 ♒ 54	10 ♎ 46	7 ♏ 22	21 ♎ 52	3 ♐ 10	25 ♐ 29	26 ♎ 49	12 ♏	17 ♎	17 ♐	22 ♐	18 ♉
12	21 ♑ 4	15 ♌ 31	22 ♋ 37	22 ♋ 26	8 ♒ 51	6 ♒ 28	11 ♎ 7	7 ♏ 30	21 ♎ 54	3 ♐ 12	25 ♐ 31	26 ♎ 50	12 ♏	18 ♎	17 ♐	23 ♐	18 ♉
13	22 ♑ 5	29 ♌ 38	22 ♋ 34	22 ♋ 26	10 ♒ 13	6 ♒ 1	11 ♎ 28	7 ♏ 37	21 ♎ 56	3 ♐ 15	25 ♐ 33	26 ♎ 50	12 ♏	18 ♎	17 ♐	24 ♐	18 ♉
14	23 ♑ 6	13 ♍ 20	22 ♋ 30	22 R 26	11 ♒ 31	5 ♒ 32	11 ♎ 49	7 ♏ 44	21 ♎ 58	3 ♐ 18	25 ♐ 35	26 ♎ 51	13 ♏	18 ♎	18 ♐	24 ♐	17 ♉
15	24 ♑ 7	26 ♍ 35	22 ♋ 27	22 ♋ 26	12 ♒ 45	5 ♒ 1	12 ♎ 9	7 ♏ 51	22 ♎ 0	3 ♐ 21	25 ♐ 38	26 ♎ 51	13 ♏	18 ♎	18 ♐	25 ♐	17 ♉
16	25 ♑ 8	9 ♎ 27	22 ♋ 24	22 ♋ 26	13 ♒ 54	4 ♒ 29	12 ♎ 29	7 ♏ 58	22 ♎ 1	3 ♐ 23	25 ♐ 40	26 ♎ 52	13 ♏	18 ♎	18 ♐	25 ♐	17 ♉
17	26 ♑ 9	21 ♎ 56	22 ♋ 21	22 ♋ 25	14 ♒ 58	3 ♒ 55	12 ♎ 49	8 ♏ 5	22 ♎ 3	3 ♐ 26	25 ♐ 42	26 ♎ 52	14 ♏	19 ♎	19 ♐	26 ♐	17 ♉
18	27 ♑ 10	4 ♏ 9	22 ♋ 18	22 D 25	15 ♒ 55	3 ♒ 20	13 ♎ 8	8 ♏ 11	22 ♎ 5	3 ♐ 28	25 ♐ 44	26 ♎ 53	14 ♏	19 ♎	19 ♐	26 ♐	17 ♉
19	28 ♑ 11	16 ♏ 9	22 ♋ 15	22 ♋ 26	16 ♒ 45	2 ♒ 45	13 ♎ 27	8 ♏ 18	22 ♎ 6	3 ♐ 31	25 ♐ 46	26 ♎ 53	14 ♏	19 ♎	19 ♐	27 ♐	17 ♉
20	29 ♑ 12	28 ♏ 1	22 ♋ 11	22 ♋ 26	17 ♒ 27	2 ♒ 8	13 ♎ 46	8 ♏ 24	22 ♎ 7	3 ♐ 33	25 ♐ 48	26 ♎ 54	15 ♏	19 ♎	20 ♐	27 ♐	17 ♉
21	0 ♒ 13	9 ♐ 50	22 ♋ 8	22 ♋ 27	18 ♒ 0	1 ♒ 31	14 ♎ 4	8 ♏ 30	22 ♎ 8	3 ♐ 36	25 ♐ 50	26 ♎ 54	15 ♏	19 ♎	20 ♐	28 ♐	17 ♉
22	1 ♒ 15	21 ♐ 39	22 ♋ 5	22 ♋ 28	18 ♒ 23	0 ♒ 55	14 ♎ 22	8 ♏ 36	22 ♎ 9	3 ♐ 38	25 ♐ 51	26 ♎ 54	15 ♏	19 ♎	20 ♐	28 ♐	17 ♉
23	2 ♒ 16	3 ♑ 33	22 ♋ 2	22 ♋ 29	18 ♒ 36	0 ♒ 18	14 ♎ 39	8 ♏ 42	22 ♎ 10	3 ♐ 41	25 ♐ 53	26 ♎ 55	16 ♏	20 ♎	20 ♐	29 ♐	17 ♉
24	3 ♒ 17	15 ♑ 34	21 ♋ 59	22 ♋ 30	18 R 37	29 ♑ 41	14 ♎ 56	8 ♏ 48	22 ♎ 11	3 ♐ 43	25 ♐ 55	26 ♎ 55	16 ♏	20 ♎	21 ♐	29 ♐	17 ♉
25	4 ♒ 18	27 ♑ 44	21 ♋ 56	22 R 30	18 ♒ 27	29 ♑ 5	15 ♎ 12	8 ♏ 53	22 ♎ 12	3 ♐ 45	25 ♐ 57	26 ♎ 55	16 ♏	20 ♎	21 ♐	0 ♑	17 ♉
26	5 ♒ 19	10 ♒ 6	21 ♋ 52	22 ♋ 29	18 ♒ 6	28 ♑ 30	15 ♎ 28	8 ♏ 59	22 ♎ 13	3 ♐ 48	25 ♐ 59	26 ♎ 55	17 ♏	20 ♎	21 ♐	0 ♑	17 ♉
27	6 ♒ 20	22 ♒ 39	21 ♋ 49	22 ♋ 28	17 ♒ 33	27 ♑ 56	15 ♎ 44	9 ♏ 4	22 ♎ 13	3 ♐ 50	26 ♐ 1	26 ♎ 55	17 ♏	20 ♎	22 ♐	1 ♑	17 ♉
28	7 ♒ 21	5 ♓ 26	21 ♋ 46	22 ♋ 26	16 ♒ 50	27 ♑ 24	15 ♎ 59	9 ♏ 9	22 ♎ 14	3 ♐ 52	26 ♐ 3	26 ♎ 55	17 ♏	20 ♎	22 ♐	1 ♑	17 D
29	8 ♒ 22	18 ♓ 27	21 ♋ 43	22 ♋ 23	15 ♒ 57	26 ♑ 53	16 ♎ 13	9 ♏ 14	22 ♎ 14	3 ♐ 54	26 ♐ 5	26 ♎ 55	17 ♏	20 ♎	22 ♐	2 ♑	17 ♉
30	9 ♒ 23	1 ♈ 40	21 ♋ 40	22 ♋ 21	14 ♒ 56	26 ♑ 23	16 ♎ 27	9 ♏ 19	22 ♎ 14	3 ♐ 56	26 ♐ 6	26 R 55	18 ♏	20 ♎	23 ♐	2 ♑	17 ♉
31	10 ♒ 24	15 ♈ 8	21 ♋ 36	22 ♋ 19	13 ♒ 48	25 ♑ 56	16 ♎ 41	9 ♏ 23	22 ♎ 14	3 ♐ 58	26 ♐ 8	26 ♎ 55	18 ♏	21 ♎	23 ♐	3 ♑	17 ♉

SUN INGRESS	☉ → ♒ 20日 18:31
MOON PHASE	◐ 3日 13:45 ♈ ○ 10日 04:53 ♋ ◑ 17日 08:58 ♎ ● 25日 13:56 ♒

aspects

4日	00:09	☿□♇
5日	03:59	♀△♂
8日	00:42	☿⚹♅
10日	01:32	♀□♃
10日	16:54	☿☌♀
10日	22:47	☿□♃
12日	20:27	☉□♄
14日	07:47	☿△♂
17日	17:08	☉□♇
17日	18:52	♀⚹♅
21日	19:06	☉☌♀
24日	10:48	☉⚹♅
28日	18:19	☿△♂
28日	21:51	♀□♇
29日	22:16	☉□♃

1982年2月

DAY	☉	☽	☊ mean	☊ true	☿	♀	♂	♃	♄	♅	♆	♇	⚳	⚴	⚵	⚶	⚷
	° ′	° ′	° ′	° ′	° ′	° ′	° ′	° ′	° ′	° ′	° ′	° ′	°	°	°	°	°
1	11 ♒ 25	28 ♈ 49	21 ♋ 33	22 R 17	12 R 36	25 R 30	16 D 54	9 D 28	22 R 14	4 D 0	26 D 10	26 R 55	18 D	21 D	23 D	3 D	17 D
2	12 ♒ 25	12 ♉ 43	21 ♋ 30	22 D 17	11 ♒ 22	25 ♑ 6	17 ♎ 6	9 ♏ 32	22 ♎ 14	4 ♐ 2	26 ♐ 12	26 ♎ 55	19 ♏	21 ♎	24 ♐	4 ♑	17 ♉
3	13 ♒ 26	26 ♉ 50	21 ♋ 27	22 ♋ 17	10 ♒ 8	24 ♑ 45	17 ♎ 18	9 ♏ 36	22 ♎ 14	4 ♐ 4	26 ♐ 13	26 ♎ 55	19 ♏	21 ♎	24 ♐	4 ♑	17 ♉
4	14 ♒ 27	11 ♊ 8	21 ♋ 24	22 ♋ 19	8 ♒ 57	24 ♑ 26	17 ♎ 30	9 ♏ 40	22 ♎ 14	4 ♐ 6	26 ♐ 15	26 ♎ 55	19 ♏	21 ♎	24 ♐	5 ♑	17 ♉
5	15 ♒ 28	25 ♊ 35	21 ♋ 21	22 ♋ 20	7 ♒ 48	24 ♑ 9	17 ♎ 41	9 ♏ 43	22 ♎ 13	4 ♐ 7	26 ♐ 17	26 ♎ 55	19 ♏	21 ♎	24 ♐	5 ♑	17 ♉
6	16 ♒ 29	10 ♋ 7	21 ♋ 17	22 ♋ 21	6 ♒ 46	23 ♑ 55	17 ♎ 51	9 ♏ 47	22 ♎ 13	4 ♐ 9	26 ♐ 18	26 ♎ 54	20 ♏	21 ♎	25 ♐	6 ♑	17 ♉
7	17 ♒ 30	24 ♋ 39	21 ♋ 14	22 R 22	5 ♒ 49	23 ♑ 43	18 ♎ 1	9 ♏ 50	22 ♎ 12	4 ♐ 11	26 ♐ 20	26 ♎ 54	20 ♏	21 ♎	25 ♐	7 ♑	17 ♉
8	18 ♒ 30	9 ♌ 7	21 ♋ 11	22 ♋ 21	5 ♒ 0	23 ♑ 34	18 ♎ 10	9 ♏ 53	22 ♎ 11	4 ♐ 13	26 ♐ 21	26 ♎ 54	20 ♏	21 ♎	25 ♐	7 ♑	17 ♉
9	19 ♒ 31	23 ♌ 23	21 ♋ 8	22 ♋ 19	4 ♒ 19	23 ♑ 27	18 ♎ 18	9 ♏ 56	22 ♎ 11	4 ♐ 14	26 ♐ 23	26 ♎ 54	20 ♏	21 ♎	26 ♐	8 ♑	17 ♉
10	20 ♒ 32	7 ♍ 24	21 ♋ 5	22 ♋ 15	3 ♒ 46	23 ♑ 23	18 ♎ 26	9 ♏ 59	22 ♎ 10	4 ♐ 16	26 ♐ 24	26 ♎ 53	21 ♏	21 ♎	26 ♐	8 ♑	17 ♉
11	21 ♒ 32	21 ♍ 4	21 ♋ 2	22 ♋ 10	3 ♒ 22	23 ♑ 21	18 ♎ 34	10 ♏ 2	22 ♎ 9	4 ♐ 17	26 ♐ 26	26 ♎ 53	21 ♏	21 ♎	26 ♐	9 ♑	18 ♉
12	22 ♒ 33	4 ♎ 22	20 ♋ 58	22 ♋ 5	3 ♒ 5	23 D 22	18 ♎ 40	10 ♏ 4	22 ♎ 7	4 ♐ 19	26 ♐ 27	26 ♎ 52	21 ♏	21 R	26 ♐	9 ♑	18 ♉
13	23 ♒ 34	17 ♎ 17	20 ♋ 55	22 ♋ 1	2 ♒ 56	23 ♑ 25	18 ♎ 46	10 ♏ 7	22 ♎ 6	4 ♐ 20	26 ♐ 29	26 ♎ 52	21 ♏	21 ♎	27 ♐	10 ♑	18 ♉
14	24 ♒ 34	29 ♎ 51	20 ♋ 52	21 ♋ 57	2 D 55	23 ♑ 30	18 ♎ 52	10 ♏ 9	22 ♎ 5	4 ♐ 21	26 ♐ 30	26 ♎ 51	22 ♏	21 ♎	27 ♐	10 ♑	18 ♉
15	25 ♒ 35	12 ♏ 8	20 ♋ 49	21 ♋ 54	3 ♒ 1	23 ♑ 38	18 ♎ 57	10 ♏ 11	22 ♎ 3	4 ♐ 22	26 ♐ 32	26 ♎ 51	22 ♏	21 ♎	27 ♐	11 ♑	18 ♉
16	26 ♒ 36	24 ♏ 10	20 ♋ 46	21 ♋ 53	3 ♒ 13	23 ♑ 48	19 ♎ 1	10 ♏ 12	22 ♎ 2	4 ♐ 24	26 ♐ 33	26 ♎ 50	22 ♏	21 ♎	28 ♐	11 ♑	18 ♉
17	27 ♒ 36	6 ♐ 3	20 ♋ 42	21 D 53	3 ♒ 32	24 ♑ 0	19 ♎ 4	10 ♏ 14	22 ♎ 0	4 ♐ 25	26 ♐ 34	26 ♎ 50	22 ♏	21 ♎	28 ♐	12 ♑	18 ♉
18	28 ♒ 37	17 ♐ 52	20 ♋ 39	21 ♋ 55	3 ♒ 56	24 ♑ 15	19 ♎ 7	10 ♏ 15	21 ♎ 58	4 ♐ 26	26 ♐ 36	26 ♎ 49	22 ♏	21 ♎	28 ♐	12 ♑	18 ♉
19	29 ♒ 37	29 ♐ 42	20 ♋ 36	21 ♋ 57	4 ♒ 25	24 ♑ 31	19 ♎ 9	10 ♏ 16	21 ♎ 57	4 ♐ 27	26 ♐ 37	26 ♎ 48	23 ♏	21 ♎	28 ♐	13 ♑	18 ♉
20	0 ♓ 38	11 ♑ 38	20 ♋ 33	21 ♋ 58	5 ♒ 0	24 ♑ 49	19 ♎ 10	10 ♏ 17	21 ♎ 55	4 ♐ 28	26 ♐ 38	26 ♎ 48	23 ♏	21 ♎	29 ♐	13 ♑	18 ♉
21	1 ♓ 38	23 ♑ 44	20 ♋ 30	21 R 59	5 ♒ 38	25 ♑ 10	19 ♎ 10	10 ♏ 18	21 ♎ 53	4 ♐ 29	26 ♐ 39	26 ♎ 47	23 ♏	21 ♎	29 ♐	14 ♑	18 ♉
22	2 ♓ 39	6 ♒ 4	20 ♋ 27	21 ♋ 57	6 ♒ 21	25 ♑ 32	19 R 10	10 ♏ 19	21 ♎ 50	4 ♐ 30	26 ♐ 41	26 ♎ 46	23 ♏	21 ♎	29 ♐	14 ♑	18 ♉
23	3 ♓ 39	18 ♒ 39	20 ♋ 23	21 ♋ 54	7 ♒ 8	25 ♑ 56	19 ♎ 9	10 ♏ 19	21 ♎ 48	4 ♐ 31	26 ♐ 42	26 ♎ 45	23 ♏	20 ♎	29 ♐	15 ♑	18 ♉
24	4 ♓ 40	1 ♓ 32	20 ♋ 20	21 ♋ 49	7 ♒ 59	26 ♑ 22	19 ♎ 7	10 ♏ 19	21 ♎ 46	4 ♐ 32	26 ♐ 43	26 ♎ 44	23 ♏	20 ♎	0 ♑	15 ♑	18 ♉
25	5 ♓ 40	14 ♓ 42	20 ♋ 17	21 ♋ 42	8 ♒ 52	26 ♑ 49	19 ♎ 5	10 R 19	21 ♎ 43	4 ♐ 32	26 ♐ 44	26 ♎ 43	24 ♏	20 ♎	0 ♑	16 ♑	18 ♉
26	6 ♓ 40	28 ♓ 8	20 ♋ 14	21 ♋ 35	9 ♒ 49	27 ♑ 18	19 ♎ 2	10 ♏ 19	21 ♎ 41	4 ♐ 33	26 ♐ 45	26 ♎ 43	24 ♏	20 ♎	0 ♑	16 ♑	18 ♉
27	7 ♓ 41	11 ♈ 47	20 ♋ 11	21 ♋ 27	10 ♒ 48	27 ♑ 49	18 ♎ 57	10 ♏ 19	21 ♎ 38	4 ♐ 34	26 ♐ 46	26 ♎ 42	24 ♏	20 ♎	0 ♑	17 ♑	18 ♉
28	8 ♓ 41	25 ♈ 37	20 ♋ 8	21 ♋ 19	11 ♒ 51	28 ♑ 21	18 ♎ 53	10 ♏ 18	21 ♎ 36	4 ♐ 34	26 ♐ 47	26 ♎ 41	24 ♏	20 ♎	1 ♑	17 ♑	18 ♉

SUN INGRESS	☉ → ♓ 19日 08:47
MOON PHASE	◐ 1日 23:28 ♉ ○ 8日 16:57 ♌ ◑ 16日 05:21 ♏ ● 24日 06:13 ♓

aspects

1日	12:49	☉☌☿
3日	10:14	☿□♃
7日	14:29	☉△♂
9日	03:14	☿⚹♅
11日	14:01	☉△♄
15日	22:55	☉⚹♆
16日	05:41	☉△♇
19日	01:23	☿⚹♅
23日	20:44	☉□♅
24日	18:05	♆⚹♇
24日	19:23	♀□♇
26日	12:13	☿□♃

1982年3月

DAY	☉	☽	☊ mean	☊ true	☿	♀	♂	♃	♄	♅	♆	♇	⚳	⚴	⚵	⚶	⚷
	° ′	° ′	° ′	° ′	° ′	° ′	° ′	° ′	° ′	° ′	° ′	° ′	°	°	°	°	°
1	9 ♓ 41	9 ♉ 35	20 ♋ 4	21 R 14	12 D 55	28 D 54	18 R 47	10 R 17	21 R 33	4 D 35	26 D 48	26 R 40	24 D	20 R	1 D	17 D	18 D
2	10 ♓ 42	23 ♉ 38	20 ♋ 1	21 ♋ 10	14 ♒ 2	29 ♑ 29	18 ♎ 41	10 ♏ 17	21 ♎ 30	4 ♐ 35	26 ♐ 49	26 ♎ 39	24 ♏	20 ♎	1 ♑	18 ♑	18 ♉
3	11 ♓ 42	7 ♊ 44	19 ♋ 58	21 ♋ 9	15 ♒ 11	0 ♒ 5	18 ♎ 34	10 ♏ 15	21 ♎ 27	4 ♐ 36	26 ♐ 50	26 ♎ 38	25 ♏	19 ♎	1 ♑	18 ♑	18 ♉
4	12 ♓ 42	21 ♊ 52	19 ♋ 55	21 D 9	16 ♒ 22	0 ♒ 42	18 ♎ 26	10 ♏ 14	21 ♎ 24	4 ♐ 36	26 ♐ 51	26 ♎ 37	25 ♏	19 ♎	2 ♑	19 ♑	18 ♉
5	13 ♓ 42	6 ♋ 0	19 ♋ 52	21 ♋ 10	17 ♒ 35	1 ♒ 21	18 ♎ 17	10 ♏ 13	21 ♎ 21	4 ♐ 36	26 ♐ 52	26 ♎ 36	25 ♏	19 ♎	2 ♑	19 ♑	18 ♉
6	14 ♓ 42	20 ♋ 7	19 ♋ 48	21 ♋ 11	18 ♒ 49	2 ♒ 1	18 ♎ 7	10 ♏ 11	21 ♎ 18	4 ♐ 37	26 ♐ 52	26 ♎ 34	25 ♏	19 ♎	2 ♑	20 ♑	18 ♉
7	15 ♓ 42	4 ♌ 11	19 ♋ 45	21 R 10	20 ♒ 6	2 ♒ 42	17 ♎ 57	10 ♏ 9	21 ♎ 14	4 ♐ 37	26 ♐ 53	26 ♎ 33	25 ♏	19 ♎	2 ♑	20 ♑	18 ♉
8	16 ♓ 42	18 ♌ 11	19 ♋ 42	21 ♋ 7	21 ♒ 24	3 ♒ 24	17 ♎ 46	10 ♏ 7	21 ♎ 11	4 ♐ 37	26 ♐ 54	26 ♎ 32	25 ♏	18 ♎	3 ♑	21 ♑	18 ♉
9	17 ♓ 42	2 ♍ 2	19 ♋ 39	21 ♋ 2	22 ♒ 44	4 ♒ 7	17 ♎ 35	10 ♏ 5	21 ♎ 8	4 ♐ 37	26 ♐ 55	26 ♎ 31	25 ♏	18 ♎	3 ♑	21 ♑	18 ♉
10	18 ♓ 42	15 ♍ 42	19 ♋ 36	20 ♋ 54	24 ♒ 5	4 ♒ 51	17 ♎ 22	10 ♏ 2	21 ♎ 4	4 ♐ 37	26 ♐ 55	26 ♎ 30	25 ♏	18 ♎	3 ♑	22 ♑	18 ♉
11	19 ♓ 42	29 ♍ 8	19 ♋ 33	20 ♋ 44	25 ♒ 28	5 ♒ 36	17 ♎ 9	10 ♏ 0	21 ♎ 1	4 R 37	26 ♐ 56	26 ♎ 28	25 ♏	18 ♎	3 ♑	22 ♑	18 ♉
12	20 ♓ 42	12 ♎ 16	19 ♋ 29	20 ♋ 33	26 ♒ 52	6 ♒ 22	16 ♎ 55	9 ♏ 57	20 ♎ 57	4 ♐ 37	26 ♐ 57	26 ♎ 27	25 ♏	18 ♎	3 ♑	23 ♑	18 ♉
13	21 ♓ 42	25 ♎ 7	19 ♋ 26	20 ♋ 22	28 ♒ 17	7 ♒ 8	16 ♎ 40	9 ♏ 54	20 ♎ 53	4 ♐ 37	26 ♐ 57	26 ♎ 26	26 ♏	17 ♎	4 ♑	23 ♑	18 ♉
14	22 ♓ 42	7 ♏ 39	19 ♋ 23	20 ♋ 13	29 ♒ 44	7 ♒ 56	16 ♎ 25	9 ♏ 51	20 ♎ 50	4 ♐ 37	26 ♐ 58	26 ♎ 25	26 ♏	17 ♎	4 ♑	24 ♑	18 ♉
15	23 ♓ 42	19 ♏ 55	19 ♋ 20	20 ♋ 5	1 ♓ 12	8 ♒ 45	16 ♎ 9	9 ♏ 48	20 ♎ 46	4 ♐ 36	26 ♐ 58	26 ♎ 23	26 ♏	17 ♎	4 ♑	24 ♑	19 ♉
16	24 ♓ 41	1 ♐ 58	19 ♋ 17	20 ♋ 0	2 ♓ 42	9 ♒ 34	15 ♎ 52	9 ♏ 44	20 ♎ 42	4 ♐ 36	26 ♐ 59	26 ♎ 22	26 ♏	16 ♎	4 ♑	25 ♑	19 ♉
17	25 ♓ 41	13 ♐ 51	19 ♋ 13	19 ♋ 58	4 ♓ 13	10 ♒ 24	15 ♎ 35	9 ♏ 41	20 ♎ 38	4 ♐ 36	26 ♐ 59	26 ♎ 20	26 ♏	16 ♎	4 ♑	25 ♑	19 ♉
18	26 ♓ 41	25 ♐ 40	19 ♋ 10	19 ♋ 57	5 ♓ 45	11 ♒ 15	15 ♎ 17	9 ♏ 37	20 ♎ 34	4 ♐ 35	27 ♐ 0	26 ♎ 19	26 ♏	16 ♎	5 ♑	25 ♑	19 ♉
19	27 ♓ 41	7 ♑ 30	19 ♋ 7	19 D 57	7 ♓ 19	12 ♒ 6	14 ♎ 58	9 ♏ 33	20 ♎ 30	4 ♐ 35	27 ♐ 0	26 ♎ 18	26 ♏	16 ♎	5 ♑	26 ♑	19 ♉
20	28 ♓ 40	19 ♑ 27	19 ♋ 4	19 ♋ 57	8 ♓ 53	12 ♒ 58	14 ♎ 39	9 ♏ 29	20 ♎ 26	4 ♐ 34	27 ♐ 0	26 ♎ 16	26 ♏	15 ♎	5 ♑	26 ♑	19 ♉
21	29 ♓ 40	1 ♒ 35	19 ♋ 1	19 R 57	10 ♓ 29	13 ♒ 51	14 ♎ 19	9 ♏ 24	20 ♎ 22	4 ♐ 34	27 ♐ 1	26 ♎ 15	26 ♏	15 ♎	5 ♑	27 ♑	19 ♉
22	0 ♈ 39	14 ♒ 0	18 ♋ 58	19 ♋ 54	12 ♓ 7	14 ♒ 45	13 ♎ 59	9 ♏ 20	20 ♎ 18	4 ♐ 33	27 ♐ 1	26 ♎ 13	26 ♏	15 ♎	5 ♑	27 ♑	19 ♉
23	1 ♈ 39	26 ♒ 44	18 ♋ 54	19 ♋ 49	13 ♓ 45	15 ♒ 39	13 ♎ 38	9 ♏ 15	20 ♎ 13	4 ♐ 33	27 ♐ 1	26 ♎ 12	26 ♏	15 ♎	6 ♑	28 ♑	19 ♉
24	2 ♈ 39	9 ♓ 51	18 ♋ 51	19 ♋ 41	15 ♓ 25	16 ♒ 33	13 ♎ 17	9 ♏ 10	20 ♎ 9	4 ♐ 32	27 ♐ 2	26 ♎ 10	26 R	14 ♎	6 ♑	28 ♑	19 ♉
25	3 ♈ 38	23 ♓ 20	18 ♋ 48	19 ♋ 31	17 ♓ 6	17 ♒ 28	12 ♎ 56	9 ♏ 6	20 ♎ 5	4 ♐ 31	27 ♐ 2	26 ♎ 9	26 ♏	14 ♎	6 ♑	29 ♑	19 ♉
26	4 ♈ 38	7 ♈ 10	18 ♋ 45	19 ♋ 20	18 ♓ 49	18 ♒ 24	12 ♎ 34	9 ♏ 0	20 ♎ 0	4 ♐ 30	27 ♐ 2	26 ♎ 7	26 ♏	14 ♎	6 ♑	29 ♑	19 ♉
27	5 ♈ 37	21 ♈ 17	18 ♋ 42	19 ♋ 8	20 ♓ 33	19 ♒ 20	12 ♎ 12	8 ♏ 55	19 ♎ 56	4 ♐ 30	27 ♐ 2	26 ♎ 6	26 ♏	13 ♎	6 ♑	0 ♒	19 ♉
28	6 ♈ 36	5 ♉ 34	18 ♋ 39	18 ♋ 57	22 ♓ 18	20 ♒ 17	11 ♎ 49	8 ♏ 50	19 ♎ 52	4 ♐ 29	27 ♐ 2	26 ♎ 4	26 ♏	13 ♎	6 ♑	0 ♒	19 ♉
29	7 ♈ 36	19 ♉ 58	18 ♋ 35	18 ♋ 48	24 ♓ 4	21 ♒ 14	11 ♎ 26	8 ♏ 44	19 ♎ 47	4 ♐ 28	27 ♐ 2	26 ♎ 3	26 ♏	13 ♎	7 ♑	0 ♒	19 ♉
30	8 ♈ 35	4 ♊ 21	18 ♋ 32	18 ♋ 42	25 ♓ 52	22 ♒ 11	11 ♎ 3	8 ♏ 39	19 ♎ 43	4 ♐ 27	27 ♐ 2	26 ♎ 1	26 ♏	12 ♎	7 ♑	1 ♒	19 ♉
31	9 ♈ 34	18 ♊ 39	18 ♋ 29	18 ♋ 38	27 ♓ 41	23 ♒ 9	10 ♎ 40	8 ♏ 33	19 ♎ 38	4 ♐ 26	27 R 2	25 ♎ 59	26 ♏	12 ♎	7 ♑	1 ♒	19 ♉

SUN INGRESS	☉ → ♈ 21日 07:56
MOON PHASE	◐ 3日 07:15 ♊　○ 10日 05:45 ♍　◑ 18日 02:15 ♐　● 25日 19:17 ♈

aspects		
1日	14:10	☉△♃
5日	12:07	☿△♂
7日	20:14	☿△♄
9日	16:37	♀⚹♅
11日	17:08	☿△♇
12日	01:24	☿⚹♆
16日	04:40	♀□♃
17日	05:57	☿□♅
18日	07:38	☉□♆
20日	08:29	☿△♃
21日	09:15	♀△♂
25日	21:12	☉△♅
27日	14:08	♀△♄
30日	15:27	☿□♆
31日	19:13	☉☍♂

1982年4月

DAY	☉	☽	☊ mean	☊ true	☿	♀	♂	♃	♄	♅	♆	♇	⚳	⚴	⚵	⚶	⚷
	° ′	° ′	° ′	° ′	° ′	° ′	° ′	° ′	° ′	° ′	° ′	° ′	°	°	°	°	°
1	10 ♈ 34	2 ♋ 51	18 ♋ 26	18 R 37	29 D 32	24 D 8	10 R 17	8 R 27	19 R 34	4 R 25	27 R 2	25 R 58	26 R	12 R	7 D	2 D	19 D
2	11 ♈ 33	16 ♋ 54	18 ♋ 23	18 D 37	1 ♈ 24	25 ♒ 7	9 ♎ 54	8 ♏ 21	19 ♎ 29	4 ♐ 24	27 ♐ 2	25 ♎ 56	26 ♏	11 ♎	7 ♑	2 ♒	19 ♉
3	12 ♈ 32	0 ♌ 48	18 ♋ 19	18 R 37	3 ♈ 17	26 ♒ 6	9 ♎ 31	8 ♏ 15	19 ♎ 24	4 ♐ 22	27 ♐ 2	25 ♎ 55	25 ♏	11 ♎	7 ♑	3 ♒	19 ♉
4	13 ♈ 31	14 ♌ 32	18 ♋ 16	18 ♋ 35	5 ♈ 12	27 ♒ 5	9 ♎ 7	8 ♏ 8	19 ♎ 20	4 ♐ 21	27 ♐ 2	25 ♎ 53	25 ♏	11 ♎	8 ♑	3 ♒	20 ♉
5	14 ♈ 30	28 ♌ 8	18 ♋ 13	18 ♋ 31	7 ♈ 8	28 ♒ 5	8 ♎ 44	8 ♏ 2	19 ♎ 15	4 ♐ 20	27 ♐ 2	25 ♎ 51	25 ♏	10 ♎	8 ♑	3 ♒	20 ♉
6	15 ♈ 29	11 ♍ 34	18 ♋ 10	18 ♋ 24	9 ♈ 5	29 ♒ 6	8 ♎ 21	7 ♏ 56	19 ♎ 11	4 ♐ 19	27 ♐ 1	25 ♎ 50	25 ♏	10 ♎	8 ♑	4 ♒	20 ♉
7	16 ♈ 28	24 ♍ 50	18 ♋ 7	18 ♋ 14	11 ♈ 4	0 ♓ 6	7 ♎ 58	7 ♏ 49	19 ♎ 6	4 ♐ 17	27 ♐ 1	25 ♎ 48	25 ♏	10 ♎	8 ♑	4 ♒	20 ♉
8	17 ♈ 27	7 ♎ 54	18 ♋ 4	18 ♋ 2	13 ♈ 3	1 ♓ 7	7 ♎ 36	7 ♏ 42	19 ♎ 1	4 ♐ 16	27 ♐ 1	25 ♎ 46	25 ♏	10 ♎	8 ♑	5 ♒	20 ♉
9	18 ♈ 26	20 ♎ 45	18 ♋ 0	17 ♋ 48	15 ♈ 5	2 ♓ 9	7 ♎ 13	7 ♏ 35	18 ♎ 57	4 ♐ 14	27 ♐ 0	25 ♎ 45	25 ♏	9 ♎	8 ♑	5 ♒	20 ♉
10	19 ♈ 25	3 ♏ 22	17 ♋ 57	17 ♋ 35	17 ♈ 7	3 ♓ 10	6 ♎ 51	7 ♏ 29	18 ♎ 52	4 ♐ 13	27 ♐ 0	25 ♎ 43	25 ♏	9 ♎	8 ♑	5 ♒	20 ♉
11	20 ♈ 24	15 ♏ 45	17 ♋ 54	17 ♋ 23	19 ♈ 10	4 ♓ 12	6 ♎ 29	7 ♏ 22	18 ♎ 48	4 ♐ 11	27 ♐ 0	25 ♎ 41	25 ♏	9 ♎	8 ♑	6 ♒	20 ♉
12	21 ♈ 23	27 ♏ 56	17 ♋ 51	17 ♋ 13	21 ♈ 15	5 ♓ 14	6 ♎ 8	7 ♏ 15	18 ♎ 43	4 ♐ 10	26 ♐ 59	25 ♎ 40	25 ♏	8 ♎	8 ♑	6 ♒	20 ♉
13	22 ♈ 22	9 ♐ 55	17 ♋ 48	17 ♋ 5	23 ♈ 20	6 ♓ 17	5 ♎ 47	7 ♏ 7	18 ♎ 38	4 ♐ 8	26 ♐ 59	25 ♎ 38	24 ♏	8 ♎	9 ♑	7 ♒	20 ♉
14	23 ♈ 21	21 ♐ 47	17 ♋ 44	17 ♋ 1	25 ♈ 26	7 ♓ 19	5 ♎ 26	7 ♏ 0	18 ♎ 34	4 ♐ 6	26 ♐ 58	25 ♎ 36	24 ♏	8 ♎	9 ♑	7 ♒	20 ♉
15	24 ♈ 19	3 ♑ 35	17 ♋ 41	16 ♋ 59	27 ♈ 32	8 ♓ 23	5 ♎ 6	6 ♏ 53	18 ♎ 29	4 ♐ 5	26 ♐ 58	25 ♎ 35	24 ♏	7 ♎	9 ♑	7 ♒	20 ♉
16	25 ♈ 18	15 ♑ 24	17 ♋ 38	16 ♋ 58	29 ♈ 39	9 ♓ 26	4 ♎ 47	6 ♏ 46	18 ♎ 24	4 ♐ 3	26 ♐ 57	25 ♎ 33	24 ♏	7 ♎	9 ♑	8 ♒	20 ♉
17	26 ♈ 17	27 ♑ 20	17 ♋ 35	16 ♋ 58	1 ♉ 46	10 ♓ 29	4 ♎ 28	6 ♏ 38	18 ♎ 20	4 ♐ 1	26 ♐ 57	25 ♎ 31	24 ♏	7 ♎	9 ♑	8 ♒	20 ♉
18	27 ♈ 16	9 ♒ 28	17 ♋ 32	16 ♋ 58	3 ♉ 52	11 ♓ 33	4 ♎ 9	6 ♏ 31	18 ♎ 15	4 ♐ 0	26 ♐ 56	25 ♎ 29	24 ♏	7 ♎	9 ♑	9 ♒	20 ♉
19	28 ♈ 14	21 ♒ 53	17 ♋ 29	16 ♋ 56	5 ♉ 58	12 ♓ 37	3 ♎ 51	6 ♏ 23	18 ♎ 11	3 ♐ 58	26 ♐ 56	25 ♎ 28	24 ♏	6 ♎	9 ♑	9 ♒	20 ♉
20	29 ♈ 13	4 ♓ 39	17 ♋ 25	16 ♋ 51	8 ♉ 3	13 ♓ 41	3 ♎ 34	6 ♏ 16	18 ♎ 6	3 ♐ 56	26 ♐ 55	25 ♎ 26	23 ♏	6 ♎	9 ♑	9 ♒	21 ♉
21	0 ♉ 11	17 ♓ 51	17 ♋ 22	16 ♋ 44	10 ♉ 7	14 ♓ 46	3 ♎ 17	6 ♏ 8	18 ♎ 2	3 ♐ 54	26 ♐ 54	25 ♎ 24	23 ♏	6 ♎	9 ♑	10 ♒	21 ♉
22	1 ♉ 10	1 ♈ 30	17 ♋ 19	16 ♋ 35	12 ♉ 9	15 ♓ 50	3 ♎ 1	6 ♏ 1	17 ♎ 57	3 ♐ 52	26 ♐ 54	25 ♎ 23	23 ♏	6 ♎	9 ♑	10 ♒	21 ♉
23	2 ♉ 9	15 ♈ 34	17 ♋ 16	16 ♋ 25	14 ♉ 9	16 ♓ 55	2 ♎ 46	5 ♏ 53	17 ♎ 53	3 ♐ 50	26 ♐ 53	25 ♎ 21	23 ♏	5 ♎	9 ♑	10 ♒	21 ♉
24	3 ♉ 7	0 ♉ 0	17 ♋ 13	16 ♋ 13	16 ♉ 8	18 ♓ 0	2 ♎ 31	5 ♏ 45	17 ♎ 48	3 ♐ 48	26 ♐ 52	25 ♎ 19	23 ♏	5 ♎	9 ♑	11 ♒	21 ♉
25	4 ♉ 6	14 ♉ 41	17 ♋ 10	16 ♋ 3	18 ♉ 3	19 ♓ 6	2 ♎ 18	5 ♏ 38	17 ♎ 44	3 ♐ 46	26 ♐ 51	25 ♎ 18	22 ♏	5 ♎	9 ♑	11 ♒	21 ♉
26	5 ♉ 4	29 ♉ 30	17 ♋ 6	15 ♋ 54	19 ♉ 57	20 ♓ 11	2 ♎ 4	5 ♏ 30	17 ♎ 40	3 ♐ 44	26 ♐ 51	25 ♎ 16	22 ♏	5 ♎	9 ♑	12 ♒	21 ♉
27	6 ♉ 2	14 ♊ 17	17 ♋ 3	15 ♋ 49	21 ♉ 47	21 ♓ 16	1 ♎ 52	5 ♏ 22	17 ♎ 36	3 ♐ 42	26 ♐ 50	25 ♎ 14	22 ♏	5 ♎	9 ♑	12 ♒	21 ♉
28	7 ♉ 1	28 ♊ 57	17 ♋ 0	15 ♋ 45	23 ♉ 34	22 ♓ 22	1 ♎ 41	5 ♏ 15	17 ♎ 31	3 ♐ 40	26 ♐ 49	25 ♎ 13	22 ♏	4 ♎	9 ♑	12 ♒	21 ♉
29	7 ♉ 59	13 ♋ 23	16 ♋ 57	15 ♋ 44	25 ♉ 17	23 ♓ 28	1 ♎ 30	5 ♏ 7	17 ♎ 27	3 ♐ 38	26 ♐ 48	25 ♎ 11	22 ♏	4 ♎	9 ♑	13 ♒	21 ♉
30	8 ♉ 57	27 ♋ 34	16 ♋ 54	15 D 45	26 ♉ 57	24 ♓ 34	1 ♎ 20	4 ♏ 59	17 ♎ 23	3 ♐ 35	26 ♐ 47	25 ♎ 9	21 ♏	4 ♎	9 ♑	13 ♒	21 ♉

SUN INGRESS	☉ → ♉ 20日 19:07
MOON PHASE	◐ 1日 14:08 ♋　○ 8日 19:18 ♎　◑ 16日 21:42 ♑　● 24日 05:29 ♉　◐ 30日 21:07 ♌

aspects		
2日	19:36	♀△♇
3日	13:36	☿△♅
3日	22:32	♀⚹♆
5日	16:35	☿☍♂
9日	11:30	☉☍♄
10日	19:43	☿☍♄
10日	23:44	♀□♅
12日	02:58	☉☌☿
13日	17:25	♀△♃
14日	01:56	☿☍♇
14日	17:31	☿△♆
16日	05:52	☉☍♇
17日	16:13	☉△♆
18日	14:08	♂⚹♅
19日	04:37	☿☍♃
26日	07:32	☿⚹♀
26日	09:28	☉☍♃

1982年5月

DAY	☉	☽	☊ mean	☊ true	☿	♀	♂	♃	♄	♅	♆	♇	⚳	⚴	⚵	⚶	⚷
	° ′	° ′	° ′	° ′	° ′	° ′	° ′	° ′	° ′	° ′	° ′	° ′	°	°	°	°	°
1	9 ♉ 56	11 ♌ 28	16 ♋ 50	15 R 45	28 D 33	25 D 40	1 R 11	4 R 52	17 R 19	3 R 33	26 R 46	25 R 8	21 R	4 R	9 D	13 D	21 D
2	10 ♉ 54	25 ♌ 5	16 ♋ 47	15 ♋ 44	0 ♊ 5	26 ♓ 47	1 ♎ 2	4 ♏ 44	17 ♎ 15	3 ♐ 31	26 ♐ 45	25 ♎ 6	21 ♏	4 ♎	9 R	14 ♒	21 ♉
3	11 ♉ 52	8 ♍ 28	16 ♋ 44	15 ♋ 41	1 ♊ 33	27 ♓ 53	0 ♎ 55	4 ♏ 37	17 ♎ 11	3 ♐ 29	26 ♐ 44	25 ♎ 5	21 ♏	3 ♎	9 ♑	14 ♒	21 ♉
4	12 ♉ 50	21 ♍ 36	16 ♋ 41	15 ♋ 36	2 ♊ 57	29 ♓ 0	0 ♎ 48	4 ♏ 29	17 ♎ 7	3 ♐ 26	26 ♐ 43	25 ♎ 3	21 ♏	3 ♎	9 ♑	14 ♒	21 ♉
5	13 ♉ 48	4 ♎ 31	16 ♋ 38	15 ♋ 28	4 ♊ 17	0 ♈ 7	0 ♎ 42	4 ♏ 22	17 ♎ 3	3 ♐ 24	26 ♐ 42	25 ♎ 1	20 ♏	3 ♎	9 ♑	15 ♒	22 ♉
6	14 ♉ 47	17 ♎ 15	16 ♋ 35	15 ♋ 18	5 ♊ 33	1 ♈ 14	0 ♎ 37	4 ♏ 14	16 ♎ 59	3 ♐ 22	26 ♐ 41	25 ♎ 0	20 ♏	3 ♎	9 ♑	15 ♒	22 ♉
7	15 ♉ 45	29 ♎ 47	16 ♋ 31	15 ♋ 8	6 ♊ 44	2 ♈ 21	0 ♎ 32	4 ♏ 7	16 ♎ 55	3 ♐ 20	26 ♐ 40	24 ♎ 58	20 ♏	3 ♎	9 ♑	15 ♒	22 ♉
8	16 ♉ 43	12 ♏ 8	16 ♋ 28	14 ♋ 57	7 ♊ 51	3 ♈ 28	0 ♎ 29	3 ♏ 59	16 ♎ 52	3 ♐ 17	26 ♐ 39	24 ♎ 57	20 ♏	3 ♎	9 ♑	16 ♒	22 ♉
9	17 ♉ 41	24 ♏ 19	16 ♋ 25	14 ♋ 47	8 ♊ 53	4 ♈ 35	0 ♎ 26	3 ♏ 52	16 ♎ 48	3 ♐ 15	26 ♐ 37	24 ♎ 55	19 ♏	3 ♎	9 ♑	16 ♒	22 ♉
10	18 ♉ 39	6 ♐ 21	16 ♋ 22	14 ♋ 39	9 ♊ 51	5 ♈ 42	0 ♎ 24	3 ♏ 45	16 ♎ 44	3 ♐ 12	26 ♐ 36	24 ♎ 54	19 ♏	3 ♎	9 ♑	16 ♒	22 ♉
11	19 ♉ 37	18 ♐ 15	16 ♋ 19	14 ♋ 33	10 ♊ 44	6 ♈ 50	0 ♎ 23	3 ♏ 38	16 ♎ 41	3 ♐ 10	26 ♐ 35	24 ♎ 52	19 ♏	2 ♎	9 ♑	16 ♒	22 ♉
12	20 ♉ 35	0 ♑ 5	16 ♋ 16	14 ♋ 30	11 ♊ 32	7 ♈ 58	0 ♎ 22	3 ♏ 31	16 ♎ 37	3 ♐ 8	26 ♐ 34	24 ♎ 51	19 ♏	2 ♎	9 ♑	17 ♒	22 ♉
13	21 ♉ 33	11 ♑ 52	16 ♋ 12	14 ♋ 29	12 ♊ 16	9 ♈ 6	0 D 23	3 ♏ 24	16 ♎ 34	3 ♐ 5	26 ♐ 33	24 ♎ 49	19 ♏	2 ♎	9 ♑	17 ♒	22 ♉
14	22 ♉ 31	23 ♑ 41	16 ♋ 9	14 D 29	12 ♊ 55	10 ♈ 13	0 ♎ 24	3 ♏ 17	16 ♎ 31	3 ♐ 3	26 ♐ 31	24 ♎ 48	18 ♏	2 ♎	9 ♑	17 ♒	22 ♉
15	23 ♉ 28	5 ♒ 36	16 ♋ 6	14 ♋ 30	13 ♊ 29	11 ♈ 21	0 ♎ 25	3 ♏ 10	16 ♎ 28	3 ♐ 0	26 ♐ 30	24 ♎ 46	18 ♏	2 ♎	9 ♑	18 ♒	22 ♉
16	24 ♉ 26	17 ♒ 43	16 ♋ 3	14 ♋ 31	13 ♊ 58	12 ♈ 30	0 ♎ 28	3 ♏ 3	16 ♎ 24	2 ♐ 58	26 ♐ 29	24 ♎ 45	18 ♏	2 ♎	9 ♑	18 ♒	22 ♉
17	25 ♉ 24	0 ♓ 7	16 ♋ 0	14 R 31	14 ♊ 22	13 ♈ 38	0 ♎ 31	2 ♏ 56	16 ♎ 21	2 ♐ 55	26 ♐ 28	24 ♎ 43	18 ♏	2 ♎	9 ♑	18 ♒	22 ♉
18	26 ♉ 22	12 ♓ 51	15 ♋ 56	14 ♋ 30	14 ♊ 41	14 ♈ 46	0 ♎ 35	2 ♏ 50	16 ♎ 18	2 ♐ 53	26 ♐ 26	24 ♎ 42	17 ♏	2 ♎	9 ♑	18 ♒	22 ♉
19	27 ♉ 20	26 ♓ 2	15 ♋ 53	14 ♋ 27	14 ♊ 56	15 ♈ 55	0 ♎ 40	2 ♏ 43	16 ♎ 15	2 ♐ 51	26 ♐ 25	24 ♎ 41	17 ♏	2 ♎	9 ♑	19 ♒	23 ♉
20	28 ♉ 18	9 ♈ 40	15 ♋ 50	14 ♋ 22	15 ♊ 5	17 ♈ 3	0 ♎ 45	2 ♏ 37	16 ♎ 12	2 ♐ 48	26 ♐ 24	24 ♎ 39	17 ♏	2 ♎	8 ♑	19 ♒	23 ♉
21	29 ♉ 15	23 ♈ 46	15 ♋ 47	14 ♋ 15	15 ♊ 10	18 ♈ 12	0 ♎ 51	2 ♏ 31	16 ♎ 10	2 ♐ 46	26 ♐ 22	24 ♎ 38	17 ♏	2 ♎	8 ♑	19 ♒	23 ♉
22	0 ♊ 13	8 ♉ 18	15 ♋ 44	14 ♋ 8	15 R 9	19 ♈ 20	0 ♎ 58	2 ♏ 25	16 ♎ 7	2 ♐ 43	26 ♐ 21	24 ♎ 37	17 ♏	2 ♎	8 ♑	19 ♒	23 ♉
23	1 ♊ 11	23 ♉ 10	15 ♋ 41	14 ♋ 2	15 ♊ 5	20 ♈ 29	1 ♎ 5	2 ♏ 19	16 ♎ 4	2 ♐ 41	26 ♐ 19	24 ♎ 35	16 ♏	2 D	8 ♑	20 ♒	23 ♉
24	2 ♊ 8	8 ♊ 13	15 ♋ 37	13 ♋ 57	14 ♊ 55	21 ♈ 38	1 ♎ 13	2 ♏ 13	16 ♎ 2	2 ♐ 38	26 ♐ 18	24 ♎ 34	16 ♏	2 ♎	8 ♑	20 ♒	23 ♉
25	3 ♊ 6	23 ♊ 20	15 ♋ 34	13 ♋ 54	14 ♊ 42	22 ♈ 47	1 ♎ 22	2 ♏ 7	16 ♎ 0	2 ♐ 36	26 ♐ 16	24 ♎ 33	16 ♏	2 ♎	8 ♑	20 ♒	23 ♉
26	4 ♊ 4	8 ♋ 19	15 ♋ 31	13 ♋ 52	14 ♊ 24	23 ♈ 56	1 ♎ 31	2 ♏ 2	15 ♎ 57	2 ♐ 33	26 ♐ 15	24 ♎ 32	16 ♏	2 ♎	8 ♑	20 ♒	23 ♉
27	5 ♊ 1	23 ♋ 4	15 ♋ 28	13 D 52	14 ♊ 3	25 ♈ 5	1 ♎ 41	1 ♏ 56	15 ♎ 55	2 ♐ 31	26 ♐ 14	24 ♎ 31	16 ♏	2 ♎	8 ♑	21 ♒	23 ♉
28	5 ♊ 59	7 ♌ 30	15 ♋ 25	13 ♋ 53	13 ♊ 39	26 ♈ 14	1 ♎ 52	1 ♏ 51	15 ♎ 53	2 ♐ 28	26 ♐ 12	24 ♎ 29	15 ♏	2 ♎	7 ♑	21 ♒	23 ♉
29	6 ♊ 57	21 ♌ 33	15 ♋ 22	13 ♋ 55	13 ♊ 12	27 ♈ 23	2 ♎ 3	1 ♏ 46	15 ♎ 51	2 ♐ 26	26 ♐ 11	24 ♎ 28	15 ♏	2 ♎	7 ♑	21 ♒	23 ♉
30	7 ♊ 54	5 ♍ 14	15 ♋ 18	13 ♋ 55	12 ♊ 42	28 ♈ 33	2 ♎ 15	1 ♏ 41	15 ♎ 49	2 ♐ 23	26 ♐ 9	24 ♎ 27	15 ♏	2 ♎	7 ♑	21 ♒	23 ♉
31	8 ♊ 52	18 ♍ 34	15 ♋ 15	13 R 55	12 ♊ 11	29 ♈ 42	2 ♎ 27	1 ♏ 36	15 ♎ 47	2 ♐ 21	26 ♐ 8	24 ♎ 26	15 ♏	2 ♎	7 ♑	21 ♒	23 ♉

SUN INGRESS	☉ → ♊ 21日 18:23
MOON PHASE	○ 8日 09:45 ♏　◑ 16日 14:11 ♒　● 23日 13:40 ♊　◐ 30日 05:07 ♍

aspects		
1日	23:24	♀□♆
2日	14:10	☿△♂
4日	08:20	☿☍♅
5日	11:46	♀☍♂
7日	20:21	♀△♅
17日	21:45	☿⚹♀
19日	07:01	♀☍♄
22日	21:18	☉△♂
24日	11:48	☉☍♅
26日	12:16	♀☍♇
27日	23:17	♀△♆
30日	13:18	♂⚹♅

1982年6月

DAY	☉	☽	☊ mean	☊ true	☿	♀	♂	♃	♄	♅	♆	♇	⚳	⚴	⚵	⚶	⚷
	° ′	° ′	° ′	° ′	° ′	° ′	° ′	° ′	° ′	° ′	° ′	° ′	°	°	°	°	°
1	9 ♊ 49	1 ♎ 35	15 ♋ 12	13 R 53	11 R 38	0 D 51	2 D 40	1 R 31	15 R 45	2 R 18	26 R 6	24 R 25	15 R	2 D	7 R	22 D	23 D
2	10 ♊ 47	14 ♎ 19	15 ♋ 9	13 ♋ 50	11 ♊ 5	2 ♉ 1	2 ♎ 54	1 ♏ 26	15 ♎ 43	2 ♐ 16	26 ♐ 4	24 ♎ 24	15 ♏	2 ♎	7 ♑	22 ♒	23 ♉
3	11 ♊ 44	26 ♎ 48	15 ♋ 6	13 ♋ 45	10 ♊ 31	3 ♉ 11	3 ♎ 8	1 ♏ 22	15 ♎ 42	2 ♐ 13	26 ♐ 3	24 ♎ 23	14 ♏	2 ♎	6 ♑	22 ♒	24 ♉
4	12 ♊ 42	9 ♏ 6	15 ♋ 2	13 ♋ 40	9 ♊ 58	4 ♉ 20	3 ♎ 23	1 ♏ 18	15 ♎ 40	2 ♐ 11	26 ♐ 1	24 ♎ 22	14 ♏	2 ♎	6 ♑	22 ♒	24 ♉
5	13 ♊ 39	21 ♏ 13	14 ♋ 59	13 ♋ 35	9 ♊ 25	5 ♉ 30	3 ♎ 38	1 ♏ 13	15 ♎ 39	2 ♐ 8	26 ♐ 0	24 ♎ 21	14 ♏	3 ♎	6 ♑	22 ♒	24 ♉
6	14 ♊ 37	3 ♐ 13	14 ♋ 56	13 ♋ 30	8 ♊ 55	6 ♉ 40	3 ♎ 53	1 ♏ 9	15 ♎ 38	2 ♐ 6	25 ♐ 58	24 ♎ 20	14 ♏	3 ♎	6 ♑	22 ♒	24 ♉
7	15 ♊ 34	15 ♐ 7	14 ♋ 53	13 ♋ 27	8 ♊ 26	7 ♉ 50	4 ♎ 10	1 ♏ 6	15 ♎ 36	2 ♐ 4	25 ♐ 57	24 ♎ 19	14 ♏	3 ♎	6 ♑	23 ♒	24 ♉
8	16 ♊ 31	26 ♐ 57	14 ♋ 50	13 ♋ 24	8 ♊ 0	8 ♉ 59	4 ♎ 26	1 ♏ 2	15 ♎ 35	2 ♐ 1	25 ♐ 55	24 ♎ 18	14 ♏	3 ♎	6 ♑	23 ♒	24 ♉
9	17 ♊ 29	8 ♑ 44	14 ♋ 47	13 ♋ 23	7 ♊ 37	10 ♉ 9	4 ♎ 43	0 ♏ 59	15 ♎ 34	1 ♐ 59	25 ♐ 53	24 ♎ 18	14 ♏	3 ♎	5 ♑	23 ♒	24 ♉
10	18 ♊ 26	20 ♑ 33	14 ♋ 43	13 D 23	7 ♊ 17	11 ♉ 19	5 ♎ 1	0 ♏ 55	15 ♎ 33	1 ♐ 56	25 ♐ 52	24 ♎ 17	13 ♏	3 ♎	5 ♑	23 ♒	24 ♉
11	19 ♊ 23	2 ♒ 24	14 ♋ 40	13 ♋ 24	7 ♊ 1	12 ♉ 30	5 ♎ 19	0 ♏ 52	15 ♎ 32	1 ♐ 54	25 ♐ 50	24 ♎ 16	13 ♏	3 ♎	5 ♑	23 ♒	24 ♉
12	20 ♊ 21	14 ♒ 23	14 ♋ 37	13 ♋ 26	6 ♊ 49	13 ♉ 40	5 ♎ 38	0 ♏ 49	15 ♎ 32	1 ♐ 52	25 ♐ 49	24 ♎ 15	13 ♏	3 ♎	5 ♑	23 ♒	24 ♉
13	21 ♊ 18	26 ♒ 32	14 ♋ 34	13 ♋ 27	6 ♊ 41	14 ♉ 50	5 ♎ 57	0 ♏ 46	15 ♎ 31	1 ♐ 49	25 ♐ 47	24 ♎ 14	13 ♏	3 ♎	4 ♑	23 ♒	24 ♉
14	22 ♊ 15	8 ♓ 57	14 ♋ 31	13 ♋ 28	6 ♊ 37	16 ♉ 0	6 ♎ 16	0 ♏ 44	15 ♎ 31	1 ♐ 47	25 ♐ 45	24 ♎ 14	13 ♏	4 ♎	4 ♑	23 ♒	24 ♉
15	23 ♊ 13	21 ♓ 40	14 ♋ 28	13 ♋ 29	6 D 37	17 ♉ 11	6 ♎ 36	0 ♏ 41	15 ♎ 30	1 ♐ 45	25 ♐ 44	24 ♎ 13	13 ♏	4 ♎	4 ♑	24 ♒	24 ♉
16	24 ♊ 10	4 ♈ 46	14 ♋ 24	13 R 29	6 ♊ 43	18 ♉ 21	6 ♎ 56	0 ♏ 39	15 ♎ 30	1 ♐ 43	25 ♐ 42	24 ♎ 12	13 ♏	4 ♎	4 ♑	24 ♒	24 ♉
17	25 ♊ 7	18 ♈ 18	14 ♋ 21	13 ♋ 28	6 ♊ 53	19 ♉ 31	7 ♎ 17	0 ♏ 37	15 ♎ 30	1 ♐ 40	25 ♐ 41	24 ♎ 12	13 ♏	4 ♎	4 ♑	24 ♒	24 ♉
18	26 ♊ 5	2 ♉ 17	14 ♋ 18	13 ♋ 26	7 ♊ 7	20 ♉ 42	7 ♎ 38	0 ♏ 35	15 ♎ 29	1 ♐ 38	25 ♐ 39	24 ♎ 11	13 ♏	4 ♎	3 ♑	24 ♒	25 ♉
19	27 ♊ 2	16 ♉ 43	14 ♋ 15	13 ♋ 24	7 ♊ 26	21 ♉ 52	8 ♎ 0	0 ♏ 33	15 D 29	1 ♐ 36	25 ♐ 37	24 ♎ 11	13 ♏	4 ♎	3 ♑	24 ♒	25 ♉
20	27 ♊ 59	1 ♊ 30	14 ♋ 12	13 ♋ 22	7 ♊ 50	23 ♉ 3	8 ♎ 22	0 ♏ 32	15 ♎ 29	1 ♐ 34	25 ♐ 36	24 ♎ 10	13 ♏	5 ♎	3 ♑	24 ♒	25 ♉
21	28 ♊ 57	16 ♊ 34	14 ♋ 8	13 ♋ 20	8 ♊ 18	24 ♉ 14	8 ♎ 44	0 ♏ 30	15 ♎ 30	1 ♐ 32	25 ♐ 34	24 ♎ 10	12 ♏	5 ♎	3 ♑	24 ♒	25 ♉
22	29 ♊ 54	1 ♋ 46	14 ♋ 5	13 ♋ 19	8 ♊ 50	25 ♉ 24	9 ♎ 7	0 ♏ 29	15 ♎ 30	1 ♐ 30	25 ♐ 32	24 ♎ 9	12 ♏	5 ♎	2 ♑	24 ♒	25 ♉
23	0 ♋ 51	16 ♋ 55	14 ♋ 2	13 D 19	9 ♊ 27	26 ♉ 35	9 ♎ 30	0 ♏ 28	15 ♎ 30	1 ♐ 28	25 ♐ 31	24 ♎ 9	12 ♏	5 ♎	2 ♑	24 ♒	25 ♉
24	1 ♋ 48	1 ♌ 53	13 ♋ 59	13 ♋ 20	10 ♊ 9	27 ♉ 46	9 ♎ 54	0 ♏ 27	15 ♎ 31	1 ♐ 25	25 ♐ 29	24 ♎ 8	12 ♏	5 ♎	2 ♑	24 ♒	25 ♉
25	2 ♋ 46	16 ♌ 33	13 ♋ 56	13 ♋ 20	10 ♊ 54	28 ♉ 57	10 ♎ 17	0 ♏ 27	15 ♎ 31	1 ♐ 23	25 ♐ 28	24 ♎ 8	12 ♏	6 ♎	2 ♑	24 ♒	25 ♉
26	3 ♋ 43	0 ♍ 49	13 ♋ 53	13 ♋ 21	11 ♊ 44	0 ♊ 8	10 ♎ 42	0 ♏ 26	15 ♎ 32	1 ♐ 22	25 ♐ 26	24 ♎ 8	12 ♏	6 ♎	2 ♑	24 ♒	25 ♉
27	4 ♋ 40	14 ♍ 39	13 ♋ 49	13 ♋ 22	12 ♊ 38	1 ♊ 19	11 ♎ 6	0 ♏ 26	15 ♎ 33	1 ♐ 20	25 ♐ 24	24 ♎ 8	12 ♏	6 ♎	1 ♑	24 R	25 ♉
28	5 ♋ 37	28 ♍ 4	13 ♋ 46	13 ♋ 22	13 ♊ 36	2 ♊ 30	11 ♎ 31	0 ♏ 26	15 ♎ 34	1 ♐ 18	25 ♐ 23	24 ♎ 7	12 ♏	6 ♎	1 ♑	24 ♒	25 ♉
29	6 ♋ 35	11 ♎ 5	13 ♋ 43	13 R 22	14 ♊ 39	3 ♊ 41	11 ♎ 56	0 D 26	15 ♎ 35	1 ♐ 16	25 ♐ 21	24 ♎ 7	12 D	6 ♎	1 ♑	24 ♒	25 ♉
30	7 ♋ 32	23 ♎ 45	13 ♋ 40	13 ♋ 22	15 ♊ 45	4 ♊ 52	12 ♎ 22	0 ♏ 26	15 ♎ 36	1 ♐ 14	25 ♐ 20	24 ♎ 7	12 ♏	7 ♎	1 ♑	24 ♒	25 ♉

SUN INGRESS	☉ → ♋ 22日 02:23
MOON PHASE	○ 7日 00:59 ♐　◑ 15日 03:06 ♓　● 21日 20:52 ♊　◐ 28日 14:56 ♎

aspects		
1日	12:45	♀☍♃
2日	04:42	☉☌☿
7日	00:58	☉△♄
15日	01:53	☿△♂
16日	00:59	☉△♇
17日	13:31	☉☍♆
22日	14:31	☉△♃
23日	04:12	☿△♂
27日	00:17	♀☍♅
29日	20:42	☿△♄

1982年7月

DAY	☉	☽	☊ mean	☊ true	☿	♀	♂	♃	♄	♅	♆	♇	⚳	⚴	⚵	⚶	⚷
	° ′	° ′	° ′	° ′	° ′	° ′	° ′	° ′	° ′	° ′	° ′	° ′	°	°	°	°	°
1	8 ♋ 29	6 ♏ 8	13 ♋ 37	13 R 22	16 D 55	6 D 3	12 D 48	0 D 26	15 D 37	1 R 12	25 R 18	24 R 7	12 D	7 D	0 R	24 R	25 D
2	9 ♋ 26	18 ♏ 17	13 ♋ 34	13 ♋ 21	18 ♊ 9	7 ♊ 14	13 ♎ 14	0 ♏ 27	15 ♎ 38	1 ♐ 10	25 ♐ 17	24 ♎ 7	12 ♏	7 ♎	0 ♑	24 ♒	25 ♉
3	10 ♋ 23	0 ♐ 17	13 ♋ 30	13 ♋ 21	19 ♊ 27	8 ♊ 25	13 ♎ 40	0 ♏ 28	15 ♎ 39	1 ♐ 9	25 ♐ 15	24 ♎ 7	12 ♏	7 ♎	0 ♑	24 ♒	25 ♉
4	11 ♋ 21	12 ♐ 9	13 ♋ 27	13 ♋ 20	20 ♊ 49	9 ♊ 37	14 ♎ 7	0 ♏ 29	15 ♎ 41	1 ♐ 7	25 ♐ 13	24 ♎ 6	12 ♏	8 ♎	0 ♑	24 ♒	25 ♉
5	12 ♋ 18	23 ♐ 58	13 ♋ 24	13 ♋ 20	22 ♊ 14	10 ♊ 48	14 ♎ 34	0 ♏ 30	15 ♎ 42	1 ♐ 5	25 ♐ 12	24 D 6	12 ♏	8 ♎	0 ♑	24 ♒	26 ♉
6	13 ♋ 15	5 ♑ 46	13 ♋ 21	13 D 20	23 ♊ 43	11 ♊ 59	15 ♎ 2	0 ♏ 31	15 ♎ 44	1 ♐ 4	25 ♐ 10	24 ♎ 6	12 ♏	8 ♎	29 ♐	24 ♒	26 ♉
7	14 ♋ 12	17 ♑ 35	13 ♋ 18	13 R 20	25 ♊ 16	13 ♊ 11	15 ♎ 29	0 ♏ 33	15 ♎ 46	1 ♐ 2	25 ♐ 9	24 ♎ 7	12 ♏	8 ♎	29 ♐	24 ♒	26 ♉
8	15 ♋ 9	29 ♑ 28	13 ♋ 14	13 ♋ 20	26 ♊ 52	14 ♊ 22	15 ♎ 57	0 ♏ 34	15 ♎ 48	1 ♐ 0	25 ♐ 7	24 ♎ 7	13 ♏	9 ♎	29 ♐	24 ♒	26 ♉
9	16 ♋ 6	11 ♒ 27	13 ♋ 11	13 ♋ 20	28 ♊ 32	15 ♊ 34	16 ♎ 26	0 ♏ 36	15 ♎ 50	0 ♐ 59	25 ♐ 6	24 ♎ 7	13 ♏	9 ♎	29 ♐	23 ♒	26 ♉
10	17 ♋ 4	23 ♒ 34	13 ♋ 8	13 ♋ 20	0 ♋ 15	16 ♊ 45	16 ♎ 54	0 ♏ 38	15 ♎ 52	0 ♐ 57	25 ♐ 4	24 ♎ 7	13 ♏	9 ♎	28 ♐	23 ♒	26 ♉
11	18 ♋ 1	5 ♓ 52	13 ♋ 5	13 ♋ 19	2 ♋ 1	17 ♊ 57	17 ♎ 23	0 ♏ 40	15 ♎ 54	0 ♐ 56	25 ♐ 3	24 ♎ 7	13 ♏	9 ♎	28 ♐	23 ♒	26 ♉
12	18 ♋ 58	18 ♓ 23	13 ♋ 2	13 ♋ 19	3 ♋ 51	19 ♊ 8	17 ♎ 52	0 ♏ 43	15 ♎ 56	0 ♐ 55	25 ♐ 1	24 ♎ 7	13 ♏	10 ♎	28 ♐	23 ♒	26 ♉
13	19 ♋ 55	1 ♈ 10	12 ♋ 59	13 ♋ 18	5 ♋ 44	20 ♊ 20	18 ♎ 21	0 ♏ 45	15 ♎ 58	0 ♐ 53	25 ♐ 0	24 ♎ 8	13 ♏	10 ♎	28 ♐	23 ♒	26 ♉
14	20 ♋ 52	14 ♈ 16	12 ♋ 55	13 ♋ 18	7 ♋ 39	21 ♊ 32	18 ♎ 51	0 ♏ 48	16 ♎ 1	0 ♐ 52	24 ♐ 59	24 ♎ 8	13 ♏	10 ♎	28 ♐	23 ♒	26 ♉
15	21 ♋ 50	27 ♈ 43	12 ♋ 52	13 D 18	9 ♋ 37	22 ♊ 44	19 ♎ 21	0 ♏ 51	16 ♎ 3	0 ♐ 51	24 ♐ 57	24 ♎ 8	13 ♏	10 ♎	27 ♐	23 ♒	26 ♉
16	22 ♋ 47	11 ♉ 33	12 ♋ 49	13 ♋ 18	11 ♋ 37	23 ♊ 56	19 ♎ 51	0 ♏ 54	16 ♎ 6	0 ♐ 49	24 ♐ 56	24 ♎ 9	13 ♏	11 ♎	27 ♐	23 ♒	26 ♉
17	23 ♋ 44	25 ♉ 45	12 ♋ 46	13 ♋ 19	13 ♋ 39	25 ♊ 7	20 ♎ 21	0 ♏ 57	16 ♎ 9	0 ♐ 48	24 ♐ 54	24 ♎ 9	13 ♏	11 ♎	27 ♐	22 ♒	26 ♉
18	24 ♋ 41	10 ♊ 18	12 ♋ 43	13 ♋ 20	15 ♋ 43	26 ♊ 19	20 ♎ 51	1 ♏ 1	16 ♎ 11	0 ♐ 47	24 ♐ 53	24 ♎ 9	13 ♏	11 ♎	27 ♐	22 ♒	26 ♉
19	25 ♋ 39	25 ♊ 9	12 ♋ 40	13 ♋ 20	17 ♋ 48	27 ♊ 31	21 ♎ 22	1 ♏ 4	16 ♎ 14	0 ♐ 46	24 ♐ 52	24 ♎ 10	13 ♏	12 ♎	27 ♐	22 ♒	26 ♉
20	26 ♋ 36	10 ♋ 10	12 ♋ 36	13 ♋ 21	19 ♋ 54	28 ♊ 43	21 ♎ 53	1 ♏ 8	16 ♎ 17	0 ♐ 45	24 ♐ 50	24 ♎ 10	14 ♏	12 ♎	27 ♐	22 ♒	26 ♉
21	27 ♋ 33	25 ♋ 14	12 ♋ 33	13 R 21	22 ♋ 2	29 ♊ 55	22 ♎ 24	1 ♏ 12	16 ♎ 20	0 ♐ 44	24 ♐ 49	24 ♎ 11	14 ♏	12 ♎	26 ♐	22 ♒	26 ♉
22	28 ♋ 31	10 ♌ 13	12 ♋ 30	13 ♋ 20	24 ♋ 9	1 ♋ 8	22 ♎ 56	1 ♏ 16	16 ♎ 23	0 ♐ 43	24 ♐ 48	24 ♎ 11	14 ♏	12 ♎	26 ♐	22 ♒	26 ♉
23	29 ♋ 28	24 ♌ 57	12 ♋ 27	13 ♋ 18	26 ♋ 17	2 ♋ 20	23 ♎ 28	1 ♏ 20	16 ♎ 27	0 ♐ 42	24 ♐ 47	24 ♎ 12	14 ♏	13 ♎	26 ♐	21 ♒	26 ♉
24	0 ♌ 25	9 ♍ 21	12 ♋ 24	13 ♋ 16	28 ♋ 25	3 ♋ 32	23 ♎ 59	1 ♏ 24	16 ♎ 30	0 ♐ 41	24 ♐ 45	24 ♎ 13	14 ♏	13 ♎	26 ♐	21 ♒	26 ♉
25	1 ♌ 22	23 ♍ 19	12 ♋ 20	13 ♋ 14	0 ♌ 32	4 ♋ 44	24 ♎ 32	1 ♏ 29	16 ♎ 33	0 ♐ 40	24 ♐ 44	24 ♎ 13	14 ♏	13 ♎	26 ♐	21 ♒	26 ♉
26	2 ♌ 20	6 ♎ 50	12 ♋ 17	13 ♋ 12	2 ♌ 39	5 ♋ 56	25 ♎ 4	1 ♏ 34	16 ♎ 37	0 ♐ 40	24 ♐ 43	24 ♎ 14	14 ♏	14 ♎	26 ♐	21 ♒	26 ♉
27	3 ♌ 17	19 ♎ 56	12 ♋ 14	13 ♋ 10	4 ♌ 45	7 ♋ 9	25 ♎ 37	1 ♏ 38	16 ♎ 40	0 ♐ 39	24 ♐ 42	24 ♎ 15	15 ♏	14 ♎	25 ♐	21 ♒	27 ♉
28	4 ♌ 14	2 ♏ 37	12 ♋ 11	13 ♋ 10	6 ♌ 50	8 ♋ 21	26 ♎ 9	1 ♏ 43	16 ♎ 44	0 ♐ 38	24 ♐ 41	24 ♎ 15	15 ♏	14 ♎	25 ♐	20 ♒	27 ♉
29	5 ♌ 12	14 ♏ 59	12 ♋ 8	13 D 10	8 ♌ 54	9 ♋ 34	26 ♎ 42	1 ♏ 49	16 ♎ 48	0 ♐ 38	24 ♐ 39	24 ♎ 16	15 ♏	15 ♎	25 ♐	20 ♒	27 ♉
30	6 ♌ 9	27 ♏ 6	12 ♋ 5	13 ♋ 11	10 ♌ 57	10 ♋ 46	27 ♎ 15	1 ♏ 54	16 ♎ 51	0 ♐ 37	24 ♐ 38	24 ♎ 17	15 ♏	15 ♎	25 ♐	20 ♒	27 ♉
31	7 ♌ 7	9 ♐ 2	12 ♋ 1	13 ♋ 13	12 ♌ 58	11 ♋ 59	27 ♎ 49	1 ♏ 59	16 ♎ 55	0 ♐ 36	24 ♐ 37	24 ♎ 18	15 ♏	15 ♎	25 ♐	20 ♒	27 ♉

SUN INGRESS: ☉ → ♌ 23日 13:15

MOON PHASE: ○ 6日 16:32 ♑ ◑ 14日 12:47 ♈ ● 21日 03:57 ♋ ◐ 28日 03:22 ♏

aspects		
6日	06:09	☿△♇
6日	22:16	☿☍♆
7日	15:04	♂☌♄
8日	16:42	☉□♄
9日	05:32	♀△♄
9日	16:03	☉□♂
10日	05:01	♀△♂
10日	05:25	☿△♃
16日	04:22	♀△♇
16日	19:45	♀☍♆
17日	10:27	☉□♇
18日	05:37	☿□♄
21日	05:41	☿□♂
22日	00:24	☿□♇
22日	02:54	♀△♃
24日	06:36	☉△♅
24日	10:01	♂☌♇
25日	01:30	☿△♅
25日	02:56	☉□♃
25日	08:57	♂⚹♆
25日	11:06	☿□♃
25日	17:17	☉☌☿

1982年8月

DAY	☉	☽	☊ mean	☊ true	☿	♀	♂	♃	♄	♅	♆	♇	⚳	⚴	⚵	⚶	⚷
	° ′	° ′	° ′	° ′	° ′	° ′	° ′	° ′	° ′	° ′	° ′	° ′	°	°	°	°	°
1	8 ♌ 4	20 ♐ 51	11 ♋ 58	13 D 14	14 D 58	13 D 11	28 D 22	2 D 5	16 D 59	0 R 36	24 R 36	24 D 19	15 D	16 D	25 R	19 R	27 D
2	9 ♌ 1	2 ♑ 39	11 ♋ 55	13 ♋ 16	16 ♌ 57	14 ♋ 24	28 ♎ 56	2 ♏ 11	17 ♎ 3	0 ♐ 36	24 ♐ 35	24 ♎ 20	16 ♏	16 ♎	25 ♐	19 ♒	27 ♉
3	9 ♌ 59	14 ♑ 28	11 ♋ 52	13 R 16	18 ♌ 54	15 ♋ 36	29 ♎ 30	2 ♏ 17	17 ♎ 8	0 ♐ 35	24 ♐ 34	24 ♎ 21	16 ♏	16 ♎	25 ♐	19 ♒	27 ♉
4	10 ♌ 56	26 ♑ 22	11 ♋ 49	13 ♋ 15	20 ♌ 50	16 ♋ 49	0 ♏ 4	2 ♏ 23	17 ♎ 12	0 ♐ 35	24 ♐ 33	24 ♎ 22	16 ♏	17 ♎	24 ♐	19 ♒	27 ♉
5	11 ♌ 53	8 ♒ 23	11 ♋ 45	13 ♋ 13	22 ♌ 43	18 ♋ 2	0 ♏ 38	2 ♏ 29	17 ♎ 16	0 ♐ 35	24 ♐ 32	24 ♎ 23	16 ♏	17 ♎	24 ♐	18 ♒	27 ♉
6	12 ♌ 51	20 ♒ 33	11 ♋ 42	13 ♋ 10	24 ♌ 36	19 ♋ 14	1 ♏ 13	2 ♏ 35	17 ♎ 20	0 ♐ 34	24 ♐ 31	24 ♎ 24	16 ♏	17 ♎	24 ♐	18 ♒	27 ♉
7	13 ♌ 48	2 ♓ 54	11 ♋ 39	13 ♋ 5	26 ♌ 27	20 ♋ 27	1 ♏ 48	2 ♏ 42	17 ♎ 25	0 ♐ 34	24 ♐ 30	24 ♎ 25	17 ♏	18 ♎	24 ♐	18 ♒	27 ♉
8	14 ♌ 46	15 ♓ 26	11 ♋ 36	13 ♋ 0	28 ♌ 16	21 ♋ 40	2 ♏ 22	2 ♏ 48	17 ♎ 29	0 ♐ 34	24 ♐ 29	24 ♎ 26	17 ♏	18 ♎	24 ♐	18 ♒	27 ♉
9	15 ♌ 43	28 ♓ 12	11 ♋ 33	12 ♋ 55	0 ♍ 3	22 ♋ 53	2 ♏ 57	2 ♏ 55	17 ♎ 34	0 ♐ 34	24 ♐ 28	24 ♎ 27	17 ♏	18 ♎	24 ♐	17 ♒	27 ♉
10	16 ♌ 41	11 ♈ 11	11 ♋ 30	12 ♋ 50	1 ♍ 50	24 ♋ 6	3 ♏ 33	3 ♏ 2	17 ♎ 39	0 D 34	24 ♐ 28	24 ♎ 28	17 ♏	19 ♎	24 ♐	17 ♒	27 ♉
11	17 ♌ 38	24 ♈ 24	11 ♋ 26	12 ♋ 47	3 ♍ 34	25 ♋ 19	4 ♏ 8	3 ♏ 9	17 ♎ 43	0 ♐ 34	24 ♐ 27	24 ♎ 29	17 ♏	19 ♎	24 ♐	17 ♒	27 ♉
12	18 ♌ 36	7 ♉ 53	11 ♋ 23	12 ♋ 45	5 ♍ 17	26 ♋ 32	4 ♏ 43	3 ♏ 16	17 ♎ 48	0 ♐ 34	24 ♐ 26	24 ♎ 31	18 ♏	19 ♎	24 ♐	17 ♒	27 ♉
13	19 ♌ 34	21 ♉ 38	11 ♋ 20	12 D 44	6 ♍ 59	27 ♋ 45	5 ♏ 19	3 ♏ 23	17 ♎ 53	0 ♐ 34	24 ♐ 25	24 ♎ 32	18 ♏	20 ♎	24 ♐	16 ♒	27 ♉
14	20 ♌ 31	5 ♊ 39	11 ♋ 17	12 ♋ 45	8 ♍ 39	28 ♋ 58	5 ♏ 55	3 ♏ 31	17 ♎ 58	0 ♐ 35	24 ♐ 24	24 ♎ 33	18 ♏	20 ♎	24 ♐	16 ♒	27 ♉
15	21 ♌ 29	19 ♊ 56	11 ♋ 14	12 ♋ 46	10 ♍ 17	0 ♌ 11	6 ♏ 31	3 ♏ 38	18 ♎ 3	0 ♐ 35	24 ♐ 24	24 ♎ 35	18 ♏	20 ♎	24 ♐	16 ♒	27 ♉
16	22 ♌ 26	4 ♋ 27	11 ♋ 11	12 ♋ 47	11 ♍ 54	1 ♌ 24	7 ♏ 7	3 ♏ 46	18 ♎ 8	0 ♐ 35	24 ♐ 23	24 ♎ 36	19 ♏	21 ♎	24 ♐	16 ♒	27 ♉
17	23 ♌ 24	19 ♋ 7	11 ♋ 7	12 R 47	13 ♍ 29	2 ♌ 38	7 ♏ 43	3 ♏ 54	18 ♎ 13	0 ♐ 35	24 ♐ 22	24 ♎ 37	19 ♏	21 ♎	24 ♐	15 ♒	27 ♉
18	24 ♌ 22	3 ♌ 53	11 ♋ 4	12 ♋ 46	15 ♍ 3	3 ♌ 51	8 ♏ 20	4 ♏ 1	18 ♎ 18	0 ♐ 36	24 ♐ 22	24 ♎ 39	19 ♏	21 ♎	24 ♐	15 ♒	27 ♉
19	25 ♌ 20	18 ♌ 38	11 ♋ 1	12 ♋ 42	16 ♍ 36	5 ♌ 4	8 ♏ 56	4 ♏ 9	18 ♎ 24	0 ♐ 36	24 ♐ 21	24 ♎ 40	19 ♏	22 ♎	24 ♐	15 ♒	27 ♉
20	26 ♌ 17	3 ♍ 13	10 ♋ 58	12 ♋ 37	18 ♍ 7	6 ♌ 18	9 ♏ 33	4 ♏ 18	18 ♎ 29	0 ♐ 37	24 ♐ 21	24 ♎ 42	20 ♏	22 ♎	24 D	15 ♒	27 ♉
21	27 ♌ 15	17 ♍ 32	10 ♋ 55	12 ♋ 30	19 ♍ 36	7 ♌ 31	10 ♏ 10	4 ♏ 26	18 ♎ 34	0 ♐ 37	24 ♐ 20	24 ♎ 43	20 ♏	23 ♎	24 ♐	15 ♒	27 ♉
22	28 ♌ 13	1 ♎ 30	10 ♋ 51	12 ♋ 23	21 ♍ 4	8 ♌ 45	10 ♏ 47	4 ♏ 34	18 ♎ 40	0 ♐ 38	24 ♐ 20	24 ♎ 45	20 ♏	23 ♎	24 ♐	14 ♒	27 ♉
23	29 ♌ 11	15 ♎ 4	10 ♋ 48	12 ♋ 16	22 ♍ 31	9 ♌ 58	11 ♏ 25	4 ♏ 43	18 ♎ 45	0 ♐ 39	24 ♐ 19	24 ♎ 46	20 ♏	23 ♎	24 ♐	14 ♒	27 ♉
24	0 ♍ 9	28 ♎ 12	10 ♋ 45	12 ♋ 10	23 ♍ 56	11 ♌ 12	12 ♏ 2	4 ♏ 51	18 ♎ 51	0 ♐ 39	24 ♐ 19	24 ♎ 48	21 ♏	24 ♎	24 ♐	14 ♒	27 ♉
25	1 ♍ 6	10 ♏ 56	10 ♋ 42	12 ♋ 6	25 ♍ 19	12 ♌ 25	12 ♏ 40	5 ♏ 0	18 ♎ 57	0 ♐ 40	24 ♐ 18	24 ♎ 49	21 ♏	24 ♎	24 ♐	14 ♒	27 ♉
26	2 ♍ 4	23 ♏ 19	10 ♋ 39	12 ♋ 4	26 ♍ 41	13 ♌ 39	13 ♏ 17	5 ♏ 9	19 ♎ 2	0 ♐ 41	24 ♐ 18	24 ♎ 51	21 ♏	24 ♎	24 ♐	13 ♒	27 ♉
27	3 ♍ 2	5 ♐ 25	10 ♋ 36	12 D 4	28 ♍ 1	14 ♌ 52	13 ♏ 55	5 ♏ 18	19 ♎ 8	0 ♐ 42	24 ♐ 18	24 ♎ 53	21 ♏	25 ♎	24 ♐	13 ♒	27 ♉
28	4 ♍ 0	17 ♐ 21	10 ♋ 32	12 ♋ 4	29 ♍ 20	16 ♌ 6	14 ♏ 33	5 ♏ 27	19 ♎ 14	0 ♐ 43	24 ♐ 17	24 ♎ 54	22 ♏	25 ♎	24 ♐	13 ♒	27 ♉
29	4 ♍ 58	29 ♐ 10	10 ♋ 29	12 ♋ 5	0 ♎ 37	17 ♌ 20	15 ♏ 11	5 ♏ 36	19 ♎ 20	0 ♐ 44	24 ♐ 17	24 ♎ 56	22 ♏	26 ♎	24 ♐	13 ♒	27 ♉
30	5 ♍ 56	10 ♑ 58	10 ♋ 26	12 ♋ 6	1 ♎ 52	18 ♌ 34	15 ♏ 49	5 ♏ 45	19 ♎ 26	0 ♐ 45	24 ♐ 17	24 ♎ 58	22 ♏	26 ♎	24 ♐	13 ♒	27 ♉
31	6 ♍ 54	22 ♑ 49	10 ♋ 23	12 R 5	3 ♎ 5	19 ♌ 47	16 ♏ 28	5 ♏ 55	19 ♎ 32	0 ♐ 46	24 ♐ 17	25 ♎ 0	23 ♏	26 ♎	24 ♐	13 ♒	27 ♉

SUN INGRESS: ☉ → ♍ 23日 20:15

MOON PHASE: ○ 5日 07:34 ♒ ◑ 12日 20:08 ♉ ● 19日 11:45 ♌ ◐ 26日 18:49 ♐

aspects		
2日	01:21	☿⚹♄
4日	08:01	♀□♄
5日	21:23	☿⚹♇
5日	23:00	☿△♆
8日	21:55	♂☌♃
9日	06:53	☿□♅
9日	16:02	♆⚹♇
10日	07:30	♀□♇
10日	17:44	☿⚹♃
11日	02:14	☉⚹♄
11日	11:56	☿⚹♂
15日	07:45	♀△♅
18日	00:00	☉△♆
18日	03:50	♀□♃
18日	07:12	☉⚹♇
24日	06:30	☿□♆
24日	12:56	☉□♅
25日	09:37	♀□♂
29日	02:17	☿⚹♅
29日	18:46	☉⚹♃
30日	18:24	♀⚹♄

1982年9月

DAY	☉	☽	☊ mean	☊ true	☿	♀	♂	♃	♄	♅	♆	♇	⚳	⚴	⚵	⚶	⚷
	° ′	° ′	° ′	° ′	° ′	° ′	° ′	° ′	° ′	° ′	° ′	° ′	°	°	°	°	°
1	7 ♍ 52	4 ♒ 49	10 ♋ 20	12 R 3	4 D 16	21 D 1	17 D 6	6 D 4	19 D 38	0 D 47	24 R 16	25 D 1	23 D	27 D	24 D	12 R	27 D
2	8 ♍ 50	16 ♒ 59	10 ♋ 17	11 ♋ 58	5 ♎ 25	22 ♌ 15	17 ♏ 45	6 ♏ 14	19 ♎ 44	0 ♐ 48	24 ♐ 16	25 ♎ 3	23 ♏	27 ♎	24 ♐	12 ♒	27 ♉
3	9 ♍ 48	29 ♒ 23	10 ♋ 13	11 ♋ 51	6 ♎ 32	23 ♌ 29	18 ♏ 24	6 ♏ 23	19 ♎ 50	0 ♐ 49	24 ♐ 16	25 ♎ 5	23 ♏	28 ♎	24 ♐	12 ♒	27 R
4	10 ♍ 46	12 ♓ 1	10 ♋ 10	11 ♋ 41	7 ♎ 37	24 ♌ 43	19 ♏ 3	6 ♏ 33	19 ♎ 56	0 ♐ 50	24 ♐ 16	25 ♎ 7	24 ♏	28 ♎	24 ♐	12 ♒	27 ♉
5	11 ♍ 44	24 ♓ 53	10 ♋ 7	11 ♋ 31	8 ♎ 40	25 ♌ 57	19 ♏ 42	6 ♏ 43	20 ♎ 2	0 ♐ 52	24 ♐ 16	25 ♎ 9	24 ♏	28 ♎	25 ♐	12 ♒	27 ♉
6	12 ♍ 42	8 ♈ 0	10 ♋ 4	11 ♋ 21	9 ♎ 40	27 ♌ 11	20 ♏ 21	6 ♏ 53	20 ♎ 8	0 ♐ 53	24 ♐ 16	25 ♎ 11	24 ♏	29 ♎	25 ♐	12 ♒	27 ♉
7	13 ♍ 41	21 ♈ 19	10 ♋ 1	11 ♋ 11	10 ♎ 38	28 ♌ 25	21 ♏ 0	7 ♏ 3	20 ♎ 15	0 ♐ 55	24 D 16	25 ♎ 12	25 ♏	29 ♎	25 ♐	11 ♒	27 ♉
8	14 ♍ 39	4 ♉ 50	9 ♋ 57	11 ♋ 3	11 ♎ 33	29 ♌ 39	21 ♏ 40	7 ♏ 13	20 ♎ 21	0 ♐ 56	24 ♐ 16	25 ♎ 14	25 ♏	29 ♎	25 ♐	11 ♒	27 ♉
9	15 ♍ 37	18 ♉ 30	9 ♋ 54	10 ♋ 58	12 ♎ 25	0 ♍ 53	22 ♏ 19	7 ♏ 24	20 ♎ 28	0 ♐ 58	24 ♐ 16	25 ♎ 16	25 ♏	0 ♏	25 ♐	11 ♒	27 ♉
10	16 ♍ 35	2 ♊ 20	9 ♋ 51	10 ♋ 55	13 ♎ 13	2 ♍ 7	22 ♏ 59	7 ♏ 34	20 ♎ 34	0 ♐ 59	24 ♐ 16	25 ♎ 18	25 ♏	0 ♏	25 ♐	11 ♒	27 ♉
11	17 ♍ 34	16 ♊ 18	9 ♋ 48	10 ♋ 54	13 ♎ 59	3 ♍ 22	23 ♏ 39	7 ♏ 44	20 ♎ 40	1 ♐ 1	24 ♐ 16	25 ♎ 20	26 ♏	1 ♏	25 ♐	11 ♒	27 ♉
12	18 ♍ 32	0 ♋ 24	9 ♋ 45	10 D 54	14 ♎ 41	4 ♍ 36	24 ♏ 18	7 ♏ 55	20 ♎ 47	1 ♐ 2	24 ♐ 16	25 ♎ 22	26 ♏	1 ♏	25 ♐	11 ♒	27 ♉
13	19 ♍ 30	14 ♋ 37	9 ♋ 42	10 R 55	15 ♎ 19	5 ♍ 50	24 ♏ 58	8 ♏ 5	20 ♎ 54	1 ♐ 4	24 ♐ 17	25 ♎ 24	26 ♏	1 ♏	25 ♐	11 ♒	27 ♉
14	20 ♍ 29	28 ♋ 56	9 ♋ 38	10 ♋ 54	15 ♎ 52	7 ♍ 4	25 ♏ 39	8 ♏ 16	21 ♎ 0	1 ♐ 6	24 ♐ 17	25 ♎ 26	27 ♏	2 ♏	26 ♐	11 ♒	27 ♉
15	21 ♍ 27	13 ♌ 18	9 ♋ 35	10 ♋ 50	16 ♎ 22	8 ♍ 19	26 ♏ 19	8 ♏ 27	21 ♎ 7	1 ♐ 8	24 ♐ 17	25 ♎ 28	27 ♏	2 ♏	26 ♐	11 ♒	27 ♉
16	22 ♍ 26	27 ♌ 38	9 ♋ 32	10 ♋ 44	16 ♎ 47	9 ♍ 33	26 ♏ 59	8 ♏ 38	21 ♎ 13	1 ♐ 9	24 ♐ 17	25 ♎ 31	27 ♏	3 ♏	26 ♐	11 ♒	27 ♉
17	23 ♍ 24	11 ♍ 52	9 ♋ 29	10 ♋ 35	17 ♎ 6	10 ♍ 47	27 ♏ 40	8 ♏ 49	21 ♎ 20	1 ♐ 11	24 ♐ 18	25 ♎ 33	28 ♏	3 ♏	26 ♐	11 ♒	27 ♉
18	24 ♍ 23	25 ♍ 55	9 ♋ 26	10 ♋ 24	17 ♎ 20	12 ♍ 2	28 ♏ 20	9 ♏ 0	21 ♎ 27	1 ♐ 13	24 ♐ 18	25 ♎ 35	28 ♏	3 ♏	26 ♐	11 ♒	27 ♉
19	25 ♍ 21	9 ♎ 41	9 ♋ 22	10 ♋ 12	17 ♎ 29	13 ♍ 16	29 ♏ 1	9 ♏ 11	21 ♎ 34	1 ♐ 15	24 ♐ 19	25 ♎ 37	28 ♏	4 ♏	26 ♐	10 ♒	27 ♉
20	26 ♍ 20	23 ♎ 7	9 ♋ 19	10 ♋ 1	17 R 31	14 ♍ 31	29 ♏ 42	9 ♏ 22	21 ♎ 41	1 ♐ 17	24 ♐ 19	25 ♎ 39	29 ♏	4 ♏	26 ♐	10 ♒	27 ♉
21	27 ♍ 19	6 ♏ 11	9 ♋ 16	9 ♋ 51	17 ♎ 26	15 ♍ 45	0 ♐ 23	9 ♏ 33	21 ♎ 47	1 ♐ 19	24 ♐ 19	25 ♎ 41	29 ♏	5 ♏	27 ♐	10 ♒	27 ♉
22	28 ♍ 17	18 ♏ 53	9 ♋ 13	9 ♋ 43	17 ♎ 15	17 ♍ 0	1 ♐ 4	9 ♏ 44	21 ♎ 54	1 ♐ 21	24 ♐ 20	25 ♎ 43	29 ♏	5 ♏	27 ♐	10 ♒	27 ♉
23	29 ♍ 16	1 ♐ 16	9 ♋ 10	9 ♋ 37	16 ♎ 57	18 ♍ 14	1 ♐ 45	9 ♏ 56	22 ♎ 1	1 ♐ 24	24 ♐ 20	25 ♎ 46	0 ♐	5 ♏	27 ♐	10 ♒	27 ♉
24	0 ♎ 15	13 ♐ 23	9 ♋ 7	9 ♋ 34	16 ♎ 31	19 ♍ 29	2 ♐ 26	10 ♏ 7	22 ♎ 8	1 ♐ 26	24 ♐ 21	25 ♎ 48	0 ♐	6 ♏	27 ♐	10 D	27 ♉
25	1 ♎ 14	25 ♐ 18	9 ♋ 3	9 ♋ 33	15 ♎ 59	20 ♍ 44	3 ♐ 8	10 ♏ 19	22 ♎ 15	1 ♐ 28	24 ♐ 22	25 ♎ 50	0 ♐	6 ♏	27 ♐	10 ♒	27 ♉
26	2 ♎ 12	7 ♑ 7	9 ♋ 0	9 D 33	15 ♎ 19	21 ♍ 58	3 ♐ 49	10 ♏ 30	22 ♎ 22	1 ♐ 30	24 ♐ 22	25 ♎ 52	1 ♐	7 ♏	28 ♐	10 ♒	27 ♉
27	3 ♎ 11	18 ♑ 55	8 ♋ 57	9 R 33	14 ♎ 32	23 ♍ 13	4 ♐ 31	10 ♏ 42	22 ♎ 29	1 ♐ 33	24 ♐ 23	25 ♎ 55	1 ♐	7 ♏	28 ♐	10 ♒	27 ♉
28	4 ♎ 10	0 ♒ 49	8 ♋ 54	9 ♋ 32	13 ♎ 39	24 ♍ 28	5 ♐ 13	10 ♏ 54	22 ♎ 36	1 ♐ 35	24 ♐ 24	25 ♎ 57	1 ♐	8 ♏	28 ♐	10 ♒	27 ♉
29	5 ♎ 9	12 ♒ 52	8 ♋ 51	9 ♋ 28	12 ♎ 40	25 ♍ 42	5 ♐ 54	11 ♏ 5	22 ♎ 43	1 ♐ 37	24 ♐ 24	25 ♎ 59	2 ♐	8 ♏	28 ♐	11 ♒	27 ♉
30	6 ♎ 8	25 ♒ 9	8 ♋ 48	9 ♋ 22	11 ♎ 37	26 ♍ 57	6 ♐ 36	11 ♏ 17	22 ♎ 50	1 ♐ 40	24 ♐ 25	26 ♎ 1	2 ♐	8 ♏	28 ♐	11 ♒	27 ♉

SUN INGRESS	☉ → ♎ 23日 17:46
MOON PHASE	○ 3日 21:28 ♓　◑ 11日 02:19 ♊　● 17日 21:09 ♍　◐ 25日 13:07 ♑

aspects

3日	15:16	♀△♆
4日	07:56	♀⚹♇
9日	01:27	♀□♅
15日	03:05	♀⚹♃
17日	22:05	☉□♆
22日	10:48	♂☌♅
25日	06:10	☉⚹♅
27日	22:41	♀□♆

1982年10月

DAY	☉	☽	☊ mean	☊ true	☿	♀	♂	♃	♄	♅	♆	♇	⚳	⚴	⚵	⚶	⚷
	° ′	° ′	° ′	° ′	° ′	° ′	° ′	° ′	° ′	° ′	° ′	° ′	°	°	°	°	°
1	7 ♎ 7	7 ♓ 44	8 ♋ 44	9 R 13	10 R 31	28 D 12	7 D 18	11 D 29	22 D 57	1 D 42	24 D 26	26 D 4	2 D	9 D	29 D	11 D	27 R
2	8 ♎ 6	20 ♓ 37	8 ♋ 41	9 ♋ 2	9 ♎ 22	29 ♍ 27	8 ♐ 0	11 ♏ 41	23 ♎ 5	1 ♐ 45	24 ♐ 27	26 ♎ 6	3 ♐	9 ♏	29 ♐	11 ♒	27 ♉
3	9 ♎ 5	3 ♈ 49	8 ♋ 38	8 ♋ 49	8 ♎ 14	0 ♎ 41	8 ♐ 42	11 ♏ 53	23 ♎ 12	1 ♐ 47	24 ♐ 28	26 ♎ 8	3 ♐	10 ♏	29 ♐	11 ♒	27 ♉
4	10 ♎ 4	17 ♈ 19	8 ♋ 35	8 ♋ 37	7 ♎ 8	1 ♎ 56	9 ♐ 25	12 ♏ 5	23 ♎ 19	1 ♐ 50	24 ♐ 28	26 ♎ 11	3 ♐	10 ♏	29 ♐	11 ♒	27 ♉
5	11 ♎ 3	1 ♉ 4	8 ♋ 32	8 ♋ 25	6 ♎ 5	3 ♎ 11	10 ♐ 7	12 ♏ 17	23 ♎ 26	1 ♐ 53	24 ♐ 29	26 ♎ 13	4 ♐	10 ♏	29 ♐	11 ♒	27 ♉
6	12 ♎ 2	14 ♉ 59	8 ♋ 28	8 ♋ 15	5 ♎ 7	4 ♎ 26	10 ♐ 50	12 ♏ 29	23 ♎ 33	1 ♐ 55	24 ♐ 30	26 ♎ 15	4 ♐	11 ♏	0 ♑	11 ♒	27 ♉
7	13 ♎ 1	29 ♉ 2	8 ♋ 25	8 ♋ 8	4 ♎ 16	5 ♎ 41	11 ♐ 32	12 ♏ 42	23 ♎ 40	1 ♐ 58	24 ♐ 31	26 ♎ 18	4 ♐	11 ♏	0 ♑	11 ♒	27 ♉
8	14 ♎ 0	13 ♊ 8	8 ♋ 22	8 ♋ 4	3 ♎ 34	6 ♎ 56	12 ♐ 15	12 ♏ 54	23 ♎ 48	2 ♐ 1	24 ♐ 32	26 ♎ 20	5 ♐	12 ♏	0 ♑	11 ♒	27 ♉
9	14 ♎ 59	27 ♊ 15	8 ♋ 19	8 ♋ 3	3 ♎ 1	8 ♎ 11	12 ♐ 58	13 ♏ 6	23 ♎ 55	2 ♐ 4	24 ♐ 33	26 ♎ 22	5 ♐	12 ♏	0 ♑	11 ♒	27 ♉
10	15 ♎ 59	11 ♋ 22	8 ♋ 16	8 D 3	2 ♎ 39	9 ♎ 26	13 ♐ 40	13 ♏ 19	24 ♎ 2	2 ♐ 6	24 ♐ 34	26 ♎ 25	6 ♐	13 ♏	1 ♑	11 ♒	27 ♉
11	16 ♎ 58	25 ♋ 27	8 ♋ 13	8 R 2	2 ♎ 27	10 ♎ 41	14 ♐ 23	13 ♏ 31	24 ♎ 9	2 ♐ 9	24 ♐ 36	26 ♎ 27	6 ♐	13 ♏	1 ♑	12 ♒	27 ♉
12	17 ♎ 57	9 ♌ 31	8 ♋ 9	8 ♋ 1	2 D 26	11 ♎ 56	15 ♐ 6	13 ♏ 44	24 ♎ 17	2 ♐ 12	24 ♐ 37	26 ♎ 30	6 ♐	13 ♏	1 ♑	12 ♒	26 ♉
13	18 ♎ 57	23 ♌ 31	8 ♋ 6	7 ♋ 57	2 ♎ 35	13 ♎ 11	15 ♐ 49	13 ♏ 56	24 ♎ 24	2 ♐ 15	24 ♐ 38	26 ♎ 32	7 ♐	14 ♏	1 ♑	12 ♒	26 ♉
14	19 ♎ 56	7 ♍ 26	8 ♋ 3	7 ♋ 51	2 ♎ 55	14 ♎ 26	16 ♐ 33	14 ♏ 9	24 ♎ 31	2 ♐ 18	24 ♐ 39	26 ♎ 34	7 ♐	14 ♏	2 ♑	12 ♒	26 ♉
15	20 ♎ 56	21 ♍ 14	8 ♋ 0	7 ♋ 42	3 ♎ 25	15 ♎ 41	17 ♐ 16	14 ♏ 21	24 ♎ 38	2 ♐ 21	24 ♐ 40	26 ♎ 37	7 ♐	15 ♏	2 ♑	12 ♒	26 ♉
16	21 ♎ 55	4 ♎ 52	7 ♋ 57	7 ♋ 30	4 ♎ 5	16 ♎ 56	17 ♐ 59	14 ♏ 34	24 ♎ 46	2 ♐ 24	24 ♐ 41	26 ♎ 39	8 ♐	15 ♏	2 ♑	12 ♒	26 ♉
17	22 ♎ 55	18 ♎ 17	7 ♋ 54	7 ♋ 18	4 ♎ 53	18 ♎ 11	18 ♐ 43	14 ♏ 47	24 ♎ 53	2 ♐ 27	24 ♐ 43	26 ♎ 42	8 ♐	16 ♏	2 ♑	12 ♒	26 ♉
18	23 ♎ 54	1 ♏ 26	7 ♋ 50	7 ♋ 6	5 ♎ 49	19 ♎ 26	19 ♐ 26	14 ♏ 59	25 ♎ 0	2 ♐ 30	24 ♐ 44	26 ♎ 44	8 ♐	16 ♏	3 ♑	13 ♒	26 ♉
19	24 ♎ 54	14 ♏ 18	7 ♋ 47	6 ♋ 55	6 ♎ 51	20 ♎ 41	20 ♐ 10	15 ♏ 12	25 ♎ 8	2 ♐ 33	24 ♐ 45	26 ♎ 46	9 ♐	16 ♏	3 ♑	13 ♒	26 ♉
20	25 ♎ 53	26 ♏ 52	7 ♋ 44	6 ♋ 46	8 ♎ 0	21 ♎ 56	20 ♐ 54	15 ♏ 25	25 ♎ 15	2 ♐ 36	24 ♐ 47	26 ♎ 49	9 ♐	17 ♏	3 ♑	13 ♒	26 ♉
21	26 ♎ 53	9 ♐ 10	7 ♋ 41	6 ♋ 40	9 ♎ 14	23 ♎ 11	21 ♐ 38	15 ♏ 38	25 ♎ 22	2 ♐ 39	24 ♐ 48	26 ♎ 51	10 ♐	17 ♏	3 ♑	13 ♒	26 ♉
22	27 ♎ 53	21 ♐ 14	7 ♋ 38	6 ♋ 36	10 ♎ 33	24 ♎ 26	22 ♐ 21	15 ♏ 50	25 ♎ 30	2 ♐ 43	24 ♐ 49	26 ♎ 54	10 ♐	18 ♏	4 ♑	13 ♒	26 ♉
23	28 ♎ 52	3 ♑ 8	7 ♋ 34	6 ♋ 35	11 ♎ 56	25 ♎ 42	23 ♐ 5	16 ♏ 3	25 ♎ 37	2 ♐ 46	24 ♐ 51	26 ♎ 56	10 ♐	18 ♏	4 ♑	14 ♒	26 ♉
24	29 ♎ 52	14 ♑ 57	7 ♋ 31	6 D 35	13 ♎ 22	26 ♎ 57	23 ♐ 49	16 ♏ 16	25 ♎ 44	2 ♐ 49	24 ♐ 52	26 ♎ 58	11 ♐	19 ♏	4 ♑	14 ♒	26 ♉
25	0 ♏ 52	26 ♑ 44	7 ♋ 28	6 ♋ 36	14 ♎ 52	28 ♎ 12	24 ♐ 34	16 ♏ 29	25 ♎ 51	2 ♐ 52	24 ♐ 54	27 ♎ 1	11 ♐	19 ♏	5 ♑	14 ♒	26 ♉
26	1 ♏ 52	8 ♒ 37	7 ♋ 25	6 R 36	16 ♎ 23	29 ♎ 27	25 ♐ 18	16 ♏ 42	25 ♎ 59	2 ♐ 56	24 ♐ 55	27 ♎ 3	11 ♐	19 ♏	5 ♑	14 ♒	26 ♉
27	2 ♏ 52	20 ♒ 41	7 ♋ 22	6 ♋ 34	17 ♎ 56	0 ♏ 42	26 ♐ 2	16 ♏ 55	26 ♎ 6	2 ♐ 59	24 ♐ 57	27 ♎ 6	12 ♐	20 ♏	5 ♑	14 ♒	26 ♉
28	3 ♏ 51	3 ♓ 0	7 ♋ 19	6 ♋ 30	19 ♎ 31	1 ♏ 58	26 ♐ 46	17 ♏ 8	26 ♎ 13	3 ♐ 2	24 ♐ 59	27 ♎ 8	12 ♐	20 ♏	5 ♑	15 ♒	26 ♉
29	4 ♏ 51	15 ♓ 38	7 ♋ 15	6 ♋ 24	21 ♎ 7	3 ♏ 13	27 ♐ 31	17 ♏ 21	26 ♎ 21	3 ♐ 6	25 ♐ 0	27 ♎ 11	13 ♐	21 ♏	6 ♑	15 ♒	26 ♉
30	5 ♏ 51	28 ♓ 40	7 ♋ 12	6 ♋ 15	22 ♎ 44	4 ♏ 28	28 ♐ 15	17 ♏ 34	26 ♎ 28	3 ♐ 9	25 ♐ 2	27 ♎ 13	13 ♐	21 ♏	6 ♑	15 ♒	26 ♉
31	6 ♏ 51	12 ♈ 5	7 ♋ 9	6 ♋ 6	24 ♎ 22	5 ♏ 43	29 ♐ 0	17 ♏ 47	26 ♎ 35	3 ♐ 12	25 ♐ 3	27 ♎ 15	13 ♐	22 ♏	6 ♑	15 ♒	26 ♉

SUN INGRESS	☉ → ♏ 24日 02:58
MOON PHASE	○ 3日 10:09 ♈　◑ 10日 08:26 ♋　● 17日 09:04 ♎　◐ 25日 09:08 ♒

aspects

1日	16:22	☉⚹♂
2日	14:28	☉☌☿
2日	17:50	☿⚹♂
3日	21:55	☿⚹♅
6日	07:41	☿☌♀
15日	06:50	♄⚹♆
18日	00:18	♀⚹♂
18日	20:33	☉⚹♆
19日	06:24	☉☌♄
20日	23:16	☉☌♇
22日	07:29	♀⚹♆
22日	22:18	♀☌♄
24日	00:33	♀☌♇
25日	11:25	♂☌♆
27日	02:33	♂⚹♄
28日	12:24	♂⚹♇
31日	10:17	☿⚹♆

1982年11月

DAY	☉	☽	☊ mean	☊ true	☿	♀	♂	♃	♄	♅	♆	♇	⚳	⚴	⚵	⚶	⚷
	° ′	° ′	° ′	° ′	° ′	° ′	° ′	° ′	° ′	° ′	° ′	° ′	°	°	°	°	°
1	7 ♏ 51	25 ♈ 52	7 ♋ 6	5 R 55	26 D 0	6 D 58	29 D 44	18 D 1	26 D 42	3 D 16	25 D 5	27 D 18	14 D	22 D	7 D	16 D	26 R
2	8 ♏ 51	9 ♉ 59	7 ♋ 3	5 ♋ 46	27 ♎ 39	8 ♏ 14	0 ♑ 29	18 ♏ 14	26 ♎ 49	3 ♐ 19	25 ♐ 7	27 ♎ 20	14 ♐	22 ♏	7 ♑	16 ♒	26 ♉
3	9 ♏ 51	24 ♉ 20	6 ♋ 59	5 ♋ 38	29 ♎ 18	9 ♏ 29	1 ♑ 14	18 ♏ 27	26 ♎ 57	3 ♐ 23	25 ♐ 8	27 ♎ 22	14 ♐	23 ♏	7 ♑	16 ♒	25 ♉
4	10 ♏ 51	8 ♊ 50	6 ♋ 56	5 ♋ 33	0 ♏ 56	10 ♏ 44	1 ♑ 59	18 ♏ 40	27 ♎ 4	3 ♐ 26	25 ♐ 10	27 ♎ 25	15 ♐	23 ♏	8 ♑	16 ♒	25 ♉
5	11 ♏ 51	23 ♊ 22	6 ♋ 53	5 ♋ 30	2 ♏ 35	11 ♏ 59	2 ♑ 44	18 ♏ 53	27 ♎ 11	3 ♐ 30	25 ♐ 12	27 ♎ 27	15 ♐	24 ♏	8 ♑	17 ♒	25 ♉
6	12 ♏ 51	7 ♋ 50	6 ♋ 50	5 D 30	4 ♏ 14	13 ♏ 15	3 ♑ 29	19 ♏ 6	27 ♎ 18	3 ♐ 33	25 ♐ 14	27 ♎ 30	16 ♐	24 ♏	8 ♑	17 ♒	25 ♉
7	13 ♏ 52	22 ♋ 11	6 ♋ 47	5 ♋ 30	5 ♏ 53	14 ♏ 30	4 ♑ 14	19 ♏ 20	27 ♎ 25	3 ♐ 37	25 ♐ 15	27 ♎ 32	16 ♐	25 ♏	9 ♑	17 ♒	25 ♉
8	14 ♏ 52	6 ♌ 22	6 ♋ 44	5 ♋ 31	7 ♏ 31	15 ♏ 45	4 ♑ 59	19 ♏ 33	27 ♎ 32	3 ♐ 40	25 ♐ 17	27 ♎ 34	16 ♐	25 ♏	9 ♑	17 ♒	25 ♉
9	15 ♏ 52	20 ♌ 23	6 ♋ 40	5 R 32	9 ♏ 9	17 ♏ 1	5 ♑ 44	19 ♏ 46	27 ♎ 39	3 ♐ 44	25 ♐ 19	27 ♎ 37	17 ♐	25 ♏	9 ♑	18 ♒	25 ♉
10	16 ♏ 52	4 ♍ 12	6 ♋ 37	5 ♋ 30	10 ♏ 47	18 ♏ 16	6 ♑ 29	19 ♏ 59	27 ♎ 46	3 ♐ 47	25 ♐ 21	27 ♎ 39	17 ♐	26 ♏	10 ♑	18 ♒	25 ♉
11	17 ♏ 53	17 ♍ 49	6 ♋ 34	5 ♋ 27	12 ♏ 25	19 ♏ 31	7 ♑ 14	20 ♏ 12	27 ♎ 53	3 ♐ 51	25 ♐ 23	27 ♎ 41	18 ♐	26 ♏	10 ♑	18 ♒	25 ♉
12	18 ♏ 53	1 ♎ 14	6 ♋ 31	5 ♋ 21	14 ♏ 3	20 ♏ 47	8 ♑ 0	20 ♏ 26	28 ♎ 0	3 ♐ 55	25 ♐ 25	27 ♎ 43	18 ♐	27 ♏	10 ♑	18 ♒	25 ♉
13	19 ♏ 53	14 ♎ 27	6 ♋ 28	5 ♋ 14	15 ♏ 40	22 ♏ 2	8 ♑ 45	20 ♏ 39	28 ♎ 7	3 ♐ 58	25 ♐ 27	27 ♎ 46	18 ♐	27 ♏	11 ♑	19 ♒	25 ♉
14	20 ♏ 54	27 ♎ 28	6 ♋ 25	5 ♋ 5	17 ♏ 17	23 ♏ 17	9 ♑ 31	20 ♏ 52	28 ♎ 14	4 ♐ 2	25 ♐ 29	27 ♎ 48	19 ♐	28 ♏	11 ♑	19 ♒	25 ♉
15	21 ♏ 54	10 ♏ 16	6 ♋ 21	4 ♋ 57	18 ♏ 53	24 ♏ 33	10 ♑ 16	21 ♏ 5	28 ♎ 21	4 ♐ 5	25 ♐ 31	27 ♎ 50	19 ♐	28 ♏	11 ♑	19 ♒	25 ♉
16	22 ♏ 55	22 ♏ 50	6 ♋ 18	4 ♋ 50	20 ♏ 29	25 ♏ 48	11 ♑ 2	21 ♏ 19	28 ♎ 28	4 ♐ 9	25 ♐ 33	27 ♎ 52	20 ♐	28 ♏	12 ♑	20 ♒	25 ♉
17	23 ♏ 55	5 ♐ 11	6 ♋ 15	4 ♋ 44	22 ♏ 5	27 ♏ 3	11 ♑ 47	21 ♏ 32	28 ♎ 35	4 ♐ 13	25 ♐ 34	27 ♎ 55	20 ♐	29 ♏	12 ♑	20 ♒	25 ♉
18	24 ♏ 56	17 ♐ 20	6 ♋ 12	4 ♋ 41	23 ♏ 41	28 ♏ 19	12 ♑ 33	21 ♏ 45	28 ♎ 42	4 ♐ 16	25 ♐ 36	27 ♎ 57	20 ♐	29 ♏	12 ♑	20 ♒	25 ♉
19	25 ♏ 56	29 ♐ 19	6 ♋ 9	4 ♋ 39	25 ♏ 17	29 ♏ 34	13 ♑ 19	21 ♏ 59	28 ♎ 49	4 ♐ 20	25 ♐ 39	27 ♎ 59	21 ♐	0 ♐	13 ♑	21 ♒	25 ♉
20	26 ♏ 57	11 ♑ 10	6 ♋ 5	4 D 39	26 ♏ 52	0 ♐ 49	14 ♑ 5	22 ♏ 12	28 ♎ 55	4 ♐ 24	25 ♐ 41	28 ♎ 1	21 ♐	0 ♐	13 ♑	21 ♒	25 ♉
21	27 ♏ 57	22 ♑ 57	6 ♋ 2	4 ♋ 40	28 ♏ 27	2 ♐ 5	14 ♑ 50	22 ♏ 25	29 ♎ 2	4 ♐ 27	25 ♐ 43	28 ♎ 4	22 ♐	1 ♐	13 ♑	21 ♒	25 ♉
22	28 ♏ 58	4 ♒ 44	5 ♋ 59	4 ♋ 42	0 ♐ 2	3 ♐ 20	15 ♑ 36	22 ♏ 38	29 ♎ 9	4 ♐ 31	25 ♐ 45	28 ♎ 6	22 ♐	1 ♐	14 ♑	22 ♒	24 ♉
23	29 ♏ 59	16 ♒ 36	5 ♋ 56	4 ♋ 44	1 ♐ 36	4 ♐ 35	16 ♑ 22	22 ♏ 51	29 ♎ 15	4 ♐ 35	25 ♐ 47	28 ♎ 8	22 ♐	2 ♐	14 ♑	22 ♒	24 ♉
24	0 ♐ 59	28 ♒ 37	5 ♋ 53	4 ♋ 45	3 ♐ 11	5 ♐ 51	17 ♑ 8	23 ♏ 5	29 ♎ 22	4 ♐ 39	25 ♐ 49	28 ♎ 10	23 ♐	2 ♐	14 ♑	22 ♒	24 ♉
25	2 ♐ 0	10 ♓ 53	5 ♋ 50	4 R 44	4 ♐ 45	7 ♐ 6	17 ♑ 54	23 ♏ 18	29 ♎ 29	4 ♐ 42	25 ♐ 51	28 ♎ 12	23 ♐	2 ♐	15 ♑	23 ♒	24 ♉
26	3 ♐ 1	23 ♓ 29	5 ♋ 46	4 ♋ 42	6 ♐ 19	8 ♐ 22	18 ♑ 40	23 ♏ 31	29 ♎ 35	4 ♐ 46	25 ♐ 53	28 ♎ 14	24 ♐	3 ♐	15 ♑	23 ♒	24 ♉
27	4 ♐ 1	6 ♈ 29	5 ♋ 43	4 ♋ 39	7 ♐ 53	9 ♐ 37	19 ♑ 27	23 ♏ 44	29 ♎ 42	4 ♐ 50	25 ♐ 55	28 ♎ 16	24 ♐	3 ♐	15 ♑	23 ♒	24 ♉
28	5 ♐ 2	19 ♈ 54	5 ♋ 40	4 ♋ 35	9 ♐ 27	10 ♐ 52	20 ♑ 13	23 ♏ 57	29 ♎ 48	4 ♐ 53	25 ♐ 57	28 ♎ 18	24 ♐	4 ♐	16 ♑	24 ♒	24 ♉
29	6 ♐ 3	3 ♉ 47	5 ♋ 37	4 ♋ 31	11 ♐ 0	12 ♐ 8	20 ♑ 59	24 ♏ 11	29 ♎ 54	4 ♐ 57	25 ♐ 59	28 ♎ 20	25 ♐	4 ♐	16 ♑	24 ♒	24 ♉
30	7 ♐ 3	18 ♉ 4	5 ♋ 34	4 ♋ 26	12 ♐ 34	13 ♐ 23	21 ♑ 45	24 ♏ 24	0 ♏ 1	5 ♐ 1	26 ♐ 2	28 ♎ 22	25 ♐	5 ♐	17 ♑	24 ♒	24 ♉

SUN INGRESS	☉ → ♐ 23日 00:23
MOON PHASE	○ 1日 21:57 ♉ ◑ 8日 15:38 ♌ ● 16日 00:10 ♏ ◐ 24日 05:06 ♓

aspects		
1日	11:01	☿☌♄
1日	19:19	☿☌♇
4日	11:02	☉☌♀
5日	03:42	☿⚹♂
8日	09:44	♄☌♇
11日	15:56	♀☌♃
13日	23:15	☉☌♃
16日	14:19	☿☌♃
20日	03:23	☉☌☿
22日	23:47	♀☌♅
24日	23:18	☿☌♅
27日	20:23	☉☌♅

1982年12月

DAY	☉	☽	☊ mean	☊ true	☿	♀	♂	♃	♄	♅	♆	♇	⚳	⚴	⚵	⚶	⚷
	° ′	° ′	° ′	° ′	° ′	° ′	° ′	° ′	° ′	° ′	° ′	° ′	°	°	°	°	°
1	8 ♐ 4	2 ♊ 42	5 ♋ 31	4 R 23	14 D 8	14 D 38	22 D 31	24 D 37	0 D 7	5 D 4	26 D 4	28 D 24	26 D	5 D	17 D	25 D	24 R
2	9 ♐ 5	17 ♊ 33	5 ♋ 27	4 ♋ 21	15 ♐ 41	15 ♐ 54	23 ♑ 18	24 ♏ 50	0 ♏ 13	5 ♐ 8	26 ♐ 6	28 ♎ 26	26 ♐	5 ♐	17 ♑	25 ♒	24 ♉
3	10 ♐ 6	2 ♋ 31	5 ♋ 24	4 ♋ 20	17 ♐ 14	17 ♐ 9	24 ♑ 4	25 ♏ 3	0 ♏ 19	5 ♐ 12	26 ♐ 8	28 ♎ 28	26 ♐	6 ♐	18 ♑	25 ♒	24 ♉
4	11 ♐ 7	17 ♋ 25	5 ♋ 21	4 D 20	18 ♐ 48	18 ♐ 24	24 ♑ 51	25 ♏ 16	0 ♏ 26	5 ♐ 16	26 ♐ 10	28 ♎ 30	27 ♐	6 ♐	18 ♑	26 ♒	24 ♉
5	12 ♐ 7	2 ♌ 10	5 ♋ 18	4 ♋ 21	20 ♐ 21	19 ♐ 40	25 ♑ 37	25 ♏ 29	0 ♏ 32	5 ♐ 19	26 ♐ 13	28 ♎ 32	27 ♐	7 ♐	18 ♑	26 ♒	24 ♉
6	13 ♐ 8	16 ♌ 40	5 ♋ 15	4 ♋ 23	21 ♐ 54	20 ♐ 55	26 ♑ 24	25 ♏ 42	0 ♏ 38	5 ♐ 23	26 ♐ 15	28 ♎ 34	28 ♐	7 ♐	19 ♑	26 ♒	24 ♉
7	14 ♐ 9	0 ♍ 51	5 ♋ 11	4 ♋ 24	23 ♐ 28	22 ♐ 11	27 ♑ 10	25 ♏ 55	0 ♏ 44	5 ♐ 27	26 ♐ 17	28 ♎ 36	28 ♐	8 ♐	19 ♑	27 ♒	24 ♉
8	15 ♐ 10	14 ♍ 42	5 ♋ 8	4 ♋ 25	25 ♐ 1	23 ♐ 26	27 ♑ 57	26 ♏ 8	0 ♏ 50	5 ♐ 30	26 ♐ 19	28 ♎ 38	28 ♐	8 ♐	19 ♑	27 ♒	24 ♉
9	16 ♐ 11	28 ♍ 14	5 ♋ 5	4 R 24	26 ♐ 34	24 ♐ 41	28 ♑ 43	26 ♏ 21	0 ♏ 55	5 ♐ 34	26 ♐ 22	28 ♎ 39	29 ♐	8 ♐	20 ♑	28 ♒	24 ♉
10	17 ♐ 12	11 ♎ 26	5 ♋ 2	4 ♋ 23	28 ♐ 7	25 ♐ 57	29 ♑ 30	26 ♏ 34	1 ♏ 1	5 ♐ 38	26 ♐ 24	28 ♎ 41	29 ♐	9 ♐	20 ♑	28 ♒	24 ♉
11	18 ♐ 13	24 ♎ 22	4 ♋ 59	4 ♋ 21	29 ♐ 40	27 ♐ 12	0 ♒ 16	26 ♏ 46	1 ♏ 7	5 ♐ 41	26 ♐ 26	28 ♎ 43	0 ♑	9 ♐	21 ♑	28 ♒	24 ♉
12	19 ♐ 14	7 ♏ 3	4 ♋ 56	4 ♋ 19	1 ♑ 13	28 ♐ 27	1 ♒ 3	26 ♏ 59	1 ♏ 13	5 ♐ 45	26 ♐ 28	28 ♎ 45	0 ♑	10 ♐	21 ♑	29 ♒	23 ♉
13	20 ♐ 15	19 ♏ 31	4 ♋ 52	4 ♋ 16	2 ♑ 46	29 ♐ 43	1 ♒ 50	27 ♏ 12	1 ♏ 18	5 ♐ 48	26 ♐ 31	28 ♎ 46	0 ♑	10 ♐	21 ♑	29 ♒	23 ♉
14	21 ♐ 16	1 ♐ 48	4 ♋ 49	4 ♋ 14	4 ♑ 18	0 ♑ 58	2 ♒ 37	27 ♏ 25	1 ♏ 24	5 ♐ 52	26 ♐ 33	28 ♎ 48	1 ♑	11 ♐	22 ♑	29 ♒	23 ♉
15	22 ♐ 17	13 ♐ 55	4 ♋ 46	4 ♋ 13	5 ♑ 51	2 ♑ 14	3 ♒ 23	27 ♏ 37	1 ♏ 29	5 ♐ 56	26 ♐ 35	28 ♎ 50	1 ♑	11 ♐	22 ♑	0 ♓	23 ♉
16	23 ♐ 18	25 ♐ 54	4 ♋ 43	4 ♋ 12	7 ♑ 23	3 ♑ 29	4 ♒ 10	27 ♏ 50	1 ♏ 35	5 ♐ 59	26 ♐ 37	28 ♎ 51	2 ♑	11 ♐	23 ♑	0 ♓	23 ♉
17	24 ♐ 19	7 ♑ 46	4 ♋ 40	4 D 12	8 ♑ 54	4 ♑ 44	4 ♒ 57	28 ♏ 3	1 ♏ 40	6 ♐ 3	26 ♐ 40	28 ♎ 53	2 ♑	12 ♐	23 ♑	1 ♓	23 ♉
18	25 ♐ 20	19 ♑ 35	4 ♋ 37	4 ♋ 12	10 ♑ 26	6 ♑ 0	5 ♒ 44	28 ♏ 15	1 ♏ 46	6 ♐ 6	26 ♐ 42	28 ♎ 54	2 ♑	12 ♐	23 ♑	1 ♓	23 ♉
19	26 ♐ 21	1 ♒ 22	4 ♋ 33	4 ♋ 13	11 ♑ 57	7 ♑ 15	6 ♒ 31	28 ♏ 28	1 ♏ 51	6 ♐ 10	26 ♐ 44	28 ♎ 56	3 ♑	13 ♐	24 ♑	1 ♓	23 ♉
20	27 ♐ 23	13 ♒ 10	4 ♋ 30	4 ♋ 14	13 ♑ 27	8 ♑ 30	7 ♒ 18	28 ♏ 40	1 ♏ 56	6 ♐ 13	26 ♐ 46	28 ♎ 57	3 ♑	13 ♐	24 ♑	2 ♓	23 ♉
21	28 ♐ 24	25 ♒ 2	4 ♋ 27	4 ♋ 15	14 ♑ 56	9 ♑ 46	8 ♒ 5	28 ♏ 53	2 ♏ 1	6 ♐ 17	26 ♐ 49	28 ♎ 59	4 ♑	14 ♐	25 ♑	2 ♓	23 ♉
22	29 ♐ 25	7 ♓ 3	4 ♋ 24	4 ♋ 15	16 ♑ 24	11 ♑ 1	8 ♒ 52	29 ♏ 5	2 ♏ 6	6 ♐ 20	26 ♐ 51	29 ♎ 0	4 ♑	14 ♐	25 ♑	3 ♓	23 ♉
23	0 ♑ 26	19 ♓ 17	4 ♋ 21	4 ♋ 16	17 ♑ 52	12 ♑ 16	9 ♒ 39	29 ♏ 17	2 ♏ 11	6 ♐ 24	26 ♐ 53	29 ♎ 2	4 ♑	14 ♐	25 ♑	3 ♓	23 ♉
24	1 ♑ 27	1 ♈ 48	4 ♋ 17	4 R 16	19 ♑ 17	13 ♑ 32	10 ♒ 26	29 ♏ 30	2 ♏ 16	6 ♐ 27	26 ♐ 55	29 ♎ 3	5 ♑	15 ♐	26 ♑	3 ♓	23 ♉
25	2 ♑ 28	14 ♈ 40	4 ♋ 14	4 ♋ 16	20 ♑ 41	14 ♑ 47	11 ♒ 13	29 ♏ 42	2 ♏ 21	6 ♐ 31	26 ♐ 58	29 ♎ 5	5 ♑	15 ♐	26 ♑	4 ♓	23 ♉
26	3 ♑ 29	27 ♈ 57	4 ♋ 11	4 ♋ 16	22 ♑ 4	16 ♑ 2	12 ♒ 0	29 ♏ 54	2 ♏ 25	6 ♐ 34	27 ♐ 0	29 ♎ 6	6 ♑	16 ♐	27 ♑	4 ♓	23 ♉
27	4 ♑ 30	11 ♉ 41	4 ♋ 8	4 D 15	23 ♑ 23	17 ♑ 18	12 ♒ 47	0 ♐ 6	2 ♏ 30	6 ♐ 38	27 ♐ 2	29 ♎ 7	6 ♑	16 ♐	27 ♑	5 ♓	23 ♉
28	5 ♑ 31	25 ♉ 53	4 ♋ 5	4 ♋ 16	24 ♑ 40	18 ♑ 33	13 ♒ 34	0 ♐ 18	2 ♏ 35	6 ♐ 41	27 ♐ 4	29 ♎ 8	6 ♑	17 ♐	27 ♑	5 ♓	23 ♉
29	6 ♑ 33	10 ♊ 30	4 ♋ 2	4 ♋ 16	25 ♑ 54	19 ♑ 48	14 ♒ 21	0 ♐ 30	2 ♏ 39	6 ♐ 44	27 ♐ 7	29 ♎ 10	7 ♑	17 ♐	28 ♑	5 ♓	23 ♉
30	7 ♑ 34	25 ♊ 27	3 ♋ 58	4 ♋ 16	27 ♑ 3	21 ♑ 3	15 ♒ 8	0 ♐ 42	2 ♏ 43	6 ♐ 48	27 ♐ 9	29 ♎ 11	7 ♑	17 ♐	28 ♑	6 ♓	23 ♉
31	8 ♑ 35	10 ♋ 38	3 ♋ 55	4 R 16	28 ♑ 9	22 ♑ 19	15 ♒ 55	0 ♐ 54	2 ♏ 48	6 ♐ 51	27 ♐ 11	29 ♎ 12	8 ♑	18 ♐	29 ♑	6 ♓	23 ♉

SUN INGRESS	☉ → ♑ 22日 13:38
MOON PHASE	○ 1日 09:21 ♊ ◑ 8日 00:53 ♍ ● 15日 18:18 ♐ ◐ 23日 23:17 ♈ ○ 30日 20:33 ♋

aspects		
2日	16:58	☿☌♀
4日	18:15	♂⚹♃
8日	20:45	☿☌♆
8日	21:57	♂□♇
10日	08:54	♀☌♆
10日	09:00	☿⚹♇
11日	23:59	☿⚹♄
12日	05:35	♂□♄
12日	05:37	♀⚹♇
14日	08:51	♀⚹♄
18日	12:26	♂⚹♅
19日	09:14	☉☌♆
21日	14:12	☉⚹♇
24日	20:49	☉⚹♄

1983年1月

DAY	☉	☽	☊ mean	☊ true	☿	♀	♂	♃	♄	♅	♆	♇	⚳	⚴	⚵	⚶	⚷
	° ′	° ′	° ′	° ′	° ′	° ′	° ′	° ′	° ′	° ′	° ′	° ′	°	°	°	°	°
1	9 ♑ 36	25 ♋ 51	3 ♋ 52	4 R 16	29 D 9	23 D 34	16 D 42	1 D 6	2 D 52	6 D 54	27 D 13	29 D 13	8 D	18 D	29 D	7 D	23 R
2	10 ♑ 37	10 ♌ 58	3 ♋ 49	4 ♋ 15	0 ♒ 3	24 ♑ 49	17 ♒ 29	1 ♐ 17	2 ♏ 56	6 ♐ 57	27 ♐ 16	29 ♎ 14	8 ♑	19 ♐	29 ♑	7 ♓	23 ♉
3	11 ♑ 38	25 ♌ 50	3 ♋ 46	4 ♋ 14	0 ♒ 50	26 ♑ 5	18 ♒ 16	1 ♐ 29	3 ♏ 0	7 ♐ 1	27 ♐ 18	29 ♎ 15	9 ♑	19 ♐	0 ♒	8 ♓	23 ♉
4	12 ♑ 39	10 ♍ 20	3 ♋ 43	4 ♋ 13	1 ♒ 29	27 ♑ 20	19 ♒ 3	1 ♐ 41	3 ♏ 4	7 ♐ 4	27 ♐ 20	29 ♎ 16	9 ♑	19 ♐	0 ♒	8 ♓	23 ♉
5	13 ♑ 41	24 ♍ 24	3 ♋ 39	4 ♋ 13	2 ♒ 0	28 ♑ 35	19 ♒ 50	1 ♐ 52	3 ♏ 8	7 ♐ 7	27 ♐ 22	29 ♎ 17	10 ♑	20 ♐	1 ♒	8 ♓	23 ♉
6	14 ♑ 42	8 ♎ 2	3 ♋ 36	4 ♋ 12	2 ♒ 22	29 ♑ 50	20 ♒ 37	2 ♐ 4	3 ♏ 12	7 ♐ 10	27 ♐ 25	29 ♎ 18	10 ♑	20 ♐	1 ♒	9 ♓	23 ♉
7	15 ♑ 43	21 ♎ 15	3 ♋ 33	4 D 12	2 ♒ 33	1 ♒ 5	21 ♒ 25	2 ♐ 15	3 ♏ 16	7 ♐ 13	27 ♐ 27	29 ♎ 19	11 ♑	21 ♐	1 ♒	9 ♓	23 ♉
8	16 ♑ 44	4 ♏ 5	3 ♋ 30	4 ♋ 13	2 R 33	2 ♒ 21	22 ♒ 12	2 ♐ 26	3 ♏ 19	7 ♐ 16	27 ♐ 29	29 ♎ 20	11 ♑	21 ♐	2 ♒	10 ♓	22 ♉
9	17 ♑ 45	16 ♏ 36	3 ♋ 27	4 ♋ 14	2 ♒ 21	3 ♒ 36	22 ♒ 59	2 ♐ 37	3 ♏ 23	7 ♐ 19	27 ♐ 31	29 ♎ 21	11 ♑	21 ♐	2 ♒	10 ♓	22 ♉
10	18 ♑ 46	28 ♏ 52	3 ♋ 23	4 ♋ 15	1 ♒ 58	4 ♒ 51	23 ♒ 46	2 ♐ 49	3 ♏ 26	7 ♐ 22	27 ♐ 33	29 ♎ 22	12 ♑	22 ♐	3 ♒	11 ♓	22 ♉
11	19 ♑ 48	10 ♐ 56	3 ♋ 20	4 ♋ 16	1 ♒ 22	6 ♒ 6	24 ♒ 33	3 ♐ 0	3 ♏ 30	7 ♐ 25	27 ♐ 35	29 ♎ 23	12 ♑	22 ♐	3 ♒	11 ♓	22 ♉
12	20 ♑ 49	22 ♐ 52	3 ♋ 17	4 ♋ 17	0 ♒ 36	7 ♒ 21	25 ♒ 20	3 ♐ 11	3 ♏ 33	7 ♐ 28	27 ♐ 37	29 ♎ 24	13 ♑	23 ♐	4 ♒	11 ♓	22 ♉
13	21 ♑ 50	4 ♑ 42	3 ♋ 14	4 R 18	29 ♑ 39	8 ♒ 37	26 ♒ 7	3 ♐ 21	3 ♏ 36	7 ♐ 31	27 ♐ 40	29 ♎ 24	13 ♑	23 ♐	4 ♒	12 ♓	22 ♉
14	22 ♑ 51	16 ♑ 30	3 ♋ 11	4 ♋ 17	28 ♑ 34	9 ♒ 52	26 ♒ 55	3 ♐ 32	3 ♏ 39	7 ♐ 34	27 ♐ 42	29 ♎ 25	13 ♑	24 ♐	4 ♒	12 ♓	22 ♉
15	23 ♑ 52	28 ♑ 18	3 ♋ 8	4 ♋ 16	27 ♑ 22	11 ♒ 7	27 ♒ 42	3 ♐ 43	3 ♏ 42	7 ♐ 37	27 ♐ 44	29 ♎ 26	14 ♑	24 ♐	5 ♒	13 ♓	22 ♉
16	24 ♑ 53	10 ♒ 7	3 ♋ 4	4 ♋ 13	26 ♑ 5	12 ♒ 22	28 ♒ 29	3 ♐ 54	3 ♏ 45	7 ♐ 40	27 ♐ 46	29 ♎ 26	14 ♑	24 ♐	5 ♒	13 ♓	22 ♉
17	25 ♑ 54	22 ♒ 0	3 ♋ 1	4 ♋ 10	24 ♑ 47	13 ♒ 37	29 ♒ 16	4 ♐ 4	3 ♏ 48	7 ♐ 43	27 ♐ 48	29 ♎ 27	15 ♑	25 ♐	6 ♒	14 ♓	22 ♉
18	26 ♑ 56	3 ♓ 59	2 ♋ 58	4 ♋ 6	23 ♑ 28	14 ♒ 52	0 ♓ 3	4 ♐ 14	3 ♏ 51	7 ♐ 45	27 ♐ 50	29 ♎ 27	15 ♑	25 ♐	6 ♒	14 ♓	22 ♉
19	27 ♑ 57	16 ♓ 5	2 ♋ 55	4 ♋ 2	22 ♑ 13	16 ♒ 7	0 ♓ 50	4 ♐ 25	3 ♏ 53	7 ♐ 48	27 ♐ 52	29 ♎ 28	15 ♑	26 ♐	6 ♒	14 ♓	22 ♉
20	28 ♑ 58	28 ♓ 22	2 ♋ 52	3 ♋ 58	21 ♑ 2	17 ♒ 22	1 ♓ 37	4 ♐ 35	3 ♏ 56	7 ♐ 51	27 ♐ 54	29 ♎ 28	16 ♑	26 ♐	7 ♒	15 ♓	22 ♉
21	29 ♑ 59	10 ♈ 53	2 ♋ 49	3 ♋ 55	19 ♑ 58	18 ♒ 37	2 ♓ 24	4 ♐ 45	3 ♏ 58	7 ♐ 53	27 ♐ 56	29 ♎ 29	16 ♑	26 ♐	7 ♒	15 ♓	22 ♉
22	1 ♒ 0	23 ♈ 41	2 ♋ 45	3 ♋ 54	19 ♑ 1	19 ♒ 52	3 ♓ 12	4 ♐ 55	4 ♏ 1	7 ♐ 56	27 ♐ 58	29 ♎ 29	17 ♑	27 ♐	8 ♒	16 ♓	22 ♉
23	2 ♒ 1	6 ♉ 50	2 ♋ 42	3 D 54	18 ♑ 13	21 ♒ 7	3 ♓ 59	5 ♐ 5	4 ♏ 3	7 ♐ 59	28 ♐ 0	29 ♎ 30	17 ♑	27 ♐	8 ♒	16 ♓	22 ♉
24	3 ♒ 2	20 ♉ 21	2 ♋ 39	3 ♋ 55	17 ♑ 34	22 ♒ 22	4 ♓ 46	5 ♐ 15	4 ♏ 5	8 ♐ 1	28 ♐ 2	29 ♎ 30	17 ♑	28 ♐	9 ♒	17 ♓	22 ♉
25	4 ♒ 3	4 ♊ 18	2 ♋ 36	3 ♋ 56	17 ♑ 4	23 ♒ 37	5 ♓ 33	5 ♐ 25	4 ♏ 7	8 ♐ 4	28 ♐ 4	29 ♎ 30	18 ♑	28 ♐	9 ♒	17 ♓	22 ♉
26	5 ♒ 4	18 ♊ 40	2 ♋ 33	3 ♋ 58	16 ♑ 44	24 ♒ 52	6 ♓ 20	5 ♐ 34	4 ♏ 9	8 ♐ 6	28 ♐ 6	29 ♎ 30	18 ♑	28 ♐	9 ♒	17 ♓	22 ♉
27	6 ♒ 5	3 ♋ 25	2 ♋ 29	3 ♋ 58	16 ♑ 32	26 ♒ 7	7 ♓ 7	5 ♐ 44	4 ♏ 11	8 ♐ 8	28 ♐ 8	29 ♎ 31	19 ♑	29 ♐	10 ♒	18 ♓	22 ♉
28	7 ♒ 6	18 ♋ 28	2 ♋ 26	3 R 58	16 D 28	27 ♒ 22	7 ♓ 54	5 ♐ 53	4 ♏ 12	8 ♐ 11	28 ♐ 10	29 ♎ 31	19 ♑	29 ♐	10 ♒	18 ♓	22 ♉
29	8 ♒ 7	3 ♌ 42	2 ♋ 23	3 ♋ 55	16 ♑ 33	28 ♒ 37	8 ♓ 41	6 ♐ 3	4 ♏ 14	8 ♐ 13	28 ♐ 11	29 ♎ 31	19 ♑	29 ♐	11 ♒	19 ♓	22 ♉
30	9 ♒ 8	18 ♌ 56	2 ♋ 20	3 ♋ 51	16 ♑ 44	29 ♒ 52	9 ♓ 28	6 ♐ 12	4 ♏ 16	8 ♐ 15	28 ♐ 13	29 ♎ 31	20 ♑	0 ♑	11 ♒	19 ♓	22 ♉
31	10 ♒ 9	4 ♍ 0	2 ♋ 17	3 ♋ 46	17 ♑ 3	1 ♓ 6	10 ♓ 15	6 ♐ 21	4 ♏ 17	8 ♐ 18	28 ♐ 15	29 ♎ 31	20 ♑	0 ♑	12 ♒	20 ♓	22 ♉

SUN INGRESS	☉ → ♒ 21日 00:17
MOON PHASE	◑ 6日 13:00 ♎　● 14日 14:08 ♑　◐ 22日 14:33 ♉　○ 29日 07:26 ♌

aspects		
1日	02:00	☿□♇
4日	12:31	☿⚹♃
5日	13:44	♀□♇
8日	02:05	♀⚹♃
8日	03:32	☿☌♀
8日	08:11	☿⚹♃
8日	19:42	♀□♄
12日	02:20	♀⚹♅
13日	05:45	☿□♇
15日	01:07	♂⚹♆
16日	12:24	☉☌☿
17日	05:36	♂△♇
20日	12:08	☉□♇
23日	02:17	♂△♄
24日	18:52	♂□♃
25日	01:40	☉□♄
26日	14:12	☉⚹♃
28日	09:04	♂□♅
28日	15:39	♀⚹♆
29日	02:32	☉⚹♅
29日	17:25	♀△♇

1983年2月

DAY	☉	☽	☊ mean	☊ true	☿	♀	♂	♃	♄	♅	♆	♇	⚳	⚴	⚵	⚶	⚷
	° ′	° ′	° ′	° ′	° ′	° ′	° ′	° ′	° ′	° ′	° ′	° ′	°	°	°	°	°
1	11 ♒ 10	18 ♍ 45	2 ♋ 14	3 R 40	17 D 27	2 D 21	11 D 2	6 D 30	4 D 18	8 D 20	28 D 17	29 D 31	20 D	1 D	12 D	20 D	22 R
2	12 ♒ 10	3 ♎ 4	2 ♋ 10	3 ♋ 34	17 ♑ 58	3 ♓ 36	11 ♓ 49	6 ♐ 39	4 ♏ 19	8 ♐ 22	28 ♐ 19	29 R 31	21 ♑	1 ♑	12 ♒	21 ♓	22 D
3	13 ♒ 11	16 ♎ 54	2 ♋ 7	3 ♋ 30	18 ♑ 34	4 ♓ 51	12 ♓ 36	6 ♐ 47	4 ♏ 21	8 ♐ 24	28 ♐ 20	29 ♎ 31	21 ♑	1 ♑	13 ♒	21 ♓	22 ♉
4	14 ♒ 12	0 ♏ 15	2 ♋ 4	3 ♋ 27	19 ♑ 14	6 ♓ 5	13 ♓ 22	6 ♐ 56	4 ♏ 22	8 ♐ 26	28 ♐ 22	29 ♎ 31	22 ♑	2 ♑	13 ♒	22 ♓	22 ♉
5	15 ♒ 13	13 ♏ 8	2 ♋ 1	3 ♋ 26	19 ♑ 59	7 ♓ 20	14 ♓ 9	7 ♐ 4	4 ♏ 22	8 ♐ 28	28 ♐ 24	29 ♎ 31	22 ♑	2 ♑	14 ♒	22 ♓	22 ♉
6	16 ♒ 14	25 ♏ 39	1 ♋ 58	3 D 26	20 ♑ 47	8 ♓ 35	14 ♓ 56	7 ♐ 13	4 ♏ 23	8 ♐ 30	28 ♐ 25	29 ♎ 31	22 ♑	3 ♑	14 ♒	22 ♓	22 ♉
7	17 ♒ 15	7 ♐ 51	1 ♋ 55	3 ♋ 28	21 ♑ 40	9 ♓ 49	15 ♓ 43	7 ♐ 21	4 ♏ 24	8 ♐ 32	28 ♐ 27	29 ♎ 31	23 ♑	3 ♑	15 ♒	23 ♓	22 ♉
8	18 ♒ 15	19 ♐ 50	1 ♋ 51	3 ♋ 29	22 ♑ 35	11 ♓ 4	16 ♓ 30	7 ♐ 29	4 ♏ 24	8 ♐ 34	28 ♐ 29	29 ♎ 31	23 ♑	3 ♑	15 ♒	23 ♓	22 ♉
9	19 ♒ 16	1 ♑ 41	1 ♋ 48	3 ♋ 30	23 ♑ 34	12 ♓ 19	17 ♓ 17	7 ♐ 37	4 ♏ 25	8 ♐ 35	28 ♐ 30	29 ♎ 30	24 ♑	4 ♑	16 ♒	24 ♓	22 ♉
10	20 ♒ 17	13 ♑ 28	1 ♋ 45	3 R 29	24 ♑ 35	13 ♓ 33	18 ♓ 3	7 ♐ 45	4 ♏ 25	8 ♐ 37	28 ♐ 32	29 ♎ 30	24 ♑	4 ♑	16 ♒	24 ♓	22 ♉
11	21 ♒ 18	25 ♑ 14	1 ♋ 42	3 ♋ 27	25 ♑ 39	14 ♓ 48	18 ♓ 50	7 ♐ 53	4 ♏ 26	8 ♐ 39	28 ♐ 34	29 ♎ 30	24 ♑	4 ♑	16 ♒	25 ♓	22 ♉
12	22 ♒ 19	7 ♒ 3	1 ♋ 39	3 ♋ 26	26 ♑ 45	16 ♓ 2	19 ♓ 37	8 ♐ 0	4 ♏ 26	8 ♐ 41	28 ♐ 35	29 ♎ 29	25 ♑	5 ♑	17 ♒	25 ♓	22 ♉
13	23 ♒ 19	18 ♒ 58	1 ♋ 35	3 ♋ 14	27 ♑ 53	17 ♓ 17	20 ♓ 24	8 ♐ 8	4 R 26	8 ♐ 42	28 ♐ 37	29 ♎ 29	25 ♑	5 ♑	17 ♒	26 ♓	22 ♉
14	24 ♒ 20	0 ♓ 59	1 ♋ 32	3 ♋ 5	29 ♑ 4	18 ♓ 31	21 ♓ 10	8 ♐ 15	4 ♏ 26	8 ♐ 44	28 ♐ 38	29 ♎ 29	26 ♑	5 ♑	18 ♒	26 ♓	22 ♉
15	25 ♒ 21	13 ♓ 9	1 ♋ 29	2 ♋ 55	0 ♒ 16	19 ♓ 45	21 ♓ 57	8 ♐ 22	4 ♏ 25	8 ♐ 45	28 ♐ 40	29 ♎ 28	26 ♑	6 ♑	18 ♒	27 ♓	22 ♉
16	26 ♒ 21	25 ♓ 27	1 ♋ 26	2 ♋ 44	1 ♒ 30	21 ♓ 0	22 ♓ 43	8 ♐ 29	4 ♏ 25	8 ♐ 47	28 ♐ 41	29 ♎ 28	26 ♑	6 ♑	19 ♒	27 ♓	22 ♉
17	27 ♒ 22	7 ♈ 56	1 ♋ 23	2 ♋ 35	2 ♒ 46	22 ♓ 14	23 ♓ 30	8 ♐ 36	4 ♏ 25	8 ♐ 48	28 ♐ 42	29 ♎ 27	27 ♑	7 ♑	19 ♒	27 ♓	22 ♉
18	28 ♒ 22	20 ♈ 37	1 ♋ 20	2 ♋ 27	4 ♒ 3	23 ♓ 28	24 ♓ 17	8 ♐ 43	4 ♏ 24	8 ♐ 49	28 ♐ 44	29 ♎ 27	27 ♑	7 ♑	19 ♒	28 ♓	22 ♉
19	29 ♒ 23	3 ♉ 30	1 ♋ 16	2 ♋ 21	5 ♒ 21	24 ♓ 43	25 ♓ 3	8 ♐ 49	4 ♏ 24	8 ♐ 51	28 ♐ 45	29 ♎ 26	27 ♑	7 ♑	20 ♒	28 ♓	22 ♉
20	0 ♓ 23	16 ♉ 39	1 ♋ 13	2 ♋ 18	6 ♒ 41	25 ♓ 57	25 ♓ 50	8 ♐ 55	4 ♏ 23	8 ♐ 52	28 ♐ 46	29 ♎ 25	28 ♑	8 ♑	20 ♒	29 ♓	22 ♉
21	1 ♓ 24	0 ♊ 4	1 ♋ 10	2 ♋ 17	8 ♒ 3	27 ♓ 11	26 ♓ 36	9 ♐ 2	4 ♏ 22	8 ♐ 53	28 ♐ 48	29 ♎ 25	28 ♑	8 ♑	21 ♒	29 ♓	22 ♉
22	2 ♓ 24	13 ♊ 49	1 ♋ 7	2 D 17	9 ♒ 25	28 ♓ 25	27 ♓ 22	9 ♐ 8	4 ♏ 21	8 ♐ 54	28 ♐ 49	29 ♎ 24	29 ♑	8 ♑	21 ♒	0 ♈	22 ♉
23	3 ♓ 25	27 ♊ 54	1 ♋ 4	2 ♋ 18	10 ♒ 49	29 ♓ 39	28 ♓ 9	9 ♐ 14	4 ♏ 20	8 ♐ 55	28 ♐ 50	29 ♎ 23	29 ♑	9 ♑	22 ♒	0 ♈	22 ♉
24	4 ♓ 25	12 ♋ 19	1 ♋ 1	2 R 18	12 ♒ 15	0 ♈ 53	28 ♓ 55	9 ♐ 20	4 ♏ 19	8 ♐ 56	28 ♐ 51	29 ♎ 23	29 ♑	9 ♑	22 ♒	1 ♈	22 ♉
25	5 ♓ 26	27 ♋ 2	0 ♋ 57	2 ♋ 15	13 ♒ 41	2 ♈ 7	29 ♓ 42	9 ♐ 25	4 ♏ 18	8 ♐ 57	28 ♐ 53	29 ♎ 22	0 ♒	9 ♑	23 ♒	1 ♈	22 ♉
26	6 ♓ 26	11 ♌ 58	0 ♋ 54	2 ♋ 11	15 ♒ 8	3 ♈ 21	0 ♈ 28	9 ♐ 31	4 ♏ 17	8 ♐ 58	28 ♐ 54	29 ♎ 21	0 ♒	10 ♑	23 ♒	2 ♈	23 ♉
27	7 ♓ 26	26 ♌ 59	0 ♋ 51	2 ♋ 3	16 ♒ 37	4 ♈ 35	1 ♈ 14	9 ♐ 36	4 ♏ 15	8 ♐ 59	28 ♐ 55	29 ♎ 20	0 ♒	10 ♑	23 ♒	2 ♈	23 ♉
28	8 ♓ 26	11 ♍ 56	0 ♋ 48	1 ♋ 53	18 ♒ 7	5 ♈ 49	2 ♈ 0	9 ♐ 41	4 ♏ 14	9 ♐ 0	28 ♐ 56	29 ♎ 19	1 ♒	10 ♑	24 ♒	2 ♈	23 ♉

SUN INGRESS	☉ → ♓ 19日 14:31
MOON PHASE	◑ 5日 04:17 ♏　● 13日 09:32 ♒　◐ 21日 02:32 ♊　○ 27日 17:58 ♍

aspects		
2日	14:11	♀△♄
4日	18:19	♀□♃
5日	22:23	♀□♅
14日	08:17	☿□♇
18日	06:36	☿□♄
18日	08:40	☉⚹♆
19日	01:12	☉△♇
19日	07:41	♃☌♅
19日	17:42	♀☌♂
21日	14:52	☿⚹♅
21日	18:30	☿⚹♃
22日	07:50	♀□♆
23日	21:40	☉△♄
23日	21:58	♂□♆
28日	13:35	☉□♅

1983年3月

DAY	☉	☽	☊ mean	☊ true	☿	♀	♂	♃	♄	♅	♆	♇	⚳	⚴	⚵	⚶	⚷
	° ′	° ′	° ′	° ′	° ′	° ′	° ′	° ′	° ′	° ′	° ′	° ′	°	°	°	°	°
1	9 ♓ 27	26 ♍ 40	0 ♋ 45	1 R 43	19 D 37	7 D 3	2 D 46	9 D 46	4 R 12	9 D 1	28 D 57	29 R 18	1 D	11 D	24 D	3 D	23 D
2	10 ♓ 27	11 ♎ 2	0 ♋ 41	1 ♋ 32	21 ♒ 9	8 ♈ 16	3 ♈ 33	9 ♐ 51	4 ♏ 10	9 ♐ 2	28 ♐ 58	29 ♎ 17	2 ♒	11 ♑	25 ♒	3 ♈	23 ♉
3	11 ♓ 27	24 ♎ 59	0 ♋ 38	1 ♋ 23	22 ♒ 42	9 ♈ 30	4 ♈ 19	9 ♐ 56	4 ♏ 9	9 ♐ 2	28 ♐ 59	29 ♎ 16	2 ♒	11 ♑	25 ♒	4 ♈	23 ♉
4	12 ♓ 27	8 ♏ 26	0 ♋ 35	1 ♋ 16	24 ♒ 16	10 ♈ 44	5 ♈ 5	10 ♐ 0	4 ♏ 7	9 ♐ 3	29 ♐ 0	29 ♎ 15	2 ♒	12 ♑	26 ♒	4 ♈	23 ♉
5	13 ♓ 27	21 ♏ 26	0 ♋ 32	1 ♋ 12	25 ♒ 51	11 ♈ 57	5 ♈ 51	10 ♐ 4	4 ♏ 5	9 ♐ 3	29 ♐ 1	29 ♎ 14	3 ♒	12 ♑	26 ♒	5 ♈	23 ♉
6	14 ♓ 27	4 ♐ 1	0 ♋ 29	1 ♋ 9	27 ♒ 27	13 ♈ 11	6 ♈ 37	10 ♐ 9	4 ♏ 3	9 ♐ 4	29 ♐ 2	29 ♎ 13	3 ♒	12 ♑	27 ♒	5 ♈	23 ♉
7	15 ♓ 28	16 ♐ 16	0 ♋ 26	1 D 9	29 ♒ 5	14 ♈ 24	7 ♈ 23	10 ♐ 13	4 ♏ 1	9 ♐ 4	29 ♐ 3	29 ♎ 12	3 ♒	13 ♑	27 ♒	6 ♈	23 ♉
8	16 ♓ 28	28 ♐ 16	0 ♋ 22	1 ♋ 9	0 ♓ 43	15 ♈ 38	8 ♈ 9	10 ♐ 16	3 ♏ 58	9 ♐ 5	29 ♐ 3	29 ♎ 11	4 ♒	13 ♑	27 ♒	6 ♈	23 ♉
9	17 ♓ 28	10 ♑ 7	0 ♋ 19	1 R 9	2 ♓ 23	16 ♈ 51	8 ♈ 54	10 ♐ 20	3 ♏ 56	9 ♐ 5	29 ♐ 4	29 ♎ 10	4 ♒	13 ♑	28 ♒	7 ♈	23 ♉
10	18 ♓ 28	21 ♑ 53	0 ♋ 16	1 ♋ 7	4 ♓ 3	18 ♈ 5	9 ♈ 40	10 ♐ 24	3 ♏ 53	9 ♐ 5	29 ♐ 5	29 ♎ 9	4 ♒	14 ♑	28 ♒	7 ♈	23 ♉
11	19 ♓ 28	3 ♒ 41	0 ♋ 13	1 ♋ 3	5 ♓ 45	19 ♈ 18	10 ♈ 26	10 ♐ 27	3 ♏ 51	9 ♐ 6	29 ♐ 6	29 ♎ 8	5 ♒	14 ♑	29 ♒	8 ♈	23 ♉
12	20 ♓ 28	15 ♒ 34	0 ♋ 10	0 ♋ 56	7 ♓ 28	20 ♈ 31	11 ♈ 12	10 ♐ 30	3 ♏ 48	9 ♐ 6	29 ♐ 6	29 ♎ 7	5 ♒	14 ♑	29 ♒	8 ♈	23 ♉
13	21 ♓ 27	27 ♒ 35	0 ♋ 6	0 ♋ 46	9 ♓ 12	21 ♈ 44	11 ♈ 58	10 ♐ 33	3 ♏ 46	9 ♐ 6	29 ♐ 7	29 ♎ 5	5 ♒	14 ♑	0 ♓	8 ♈	23 ♉
14	22 ♓ 27	9 ♓ 46	0 ♋ 3	0 ♋ 34	10 ♓ 57	22 ♈ 58	12 ♈ 43	10 ♐ 36	3 ♏ 43	9 ♐ 6	29 ♐ 8	29 ♎ 4	6 ♒	15 ♑	0 ♓	9 ♈	23 ♉
15	23 ♓ 27	22 ♓ 9	0 ♋ 0	0 ♋ 20	12 ♓ 43	24 ♈ 11	13 ♈ 29	10 ♐ 38	3 ♏ 40	9 R 6	29 ♐ 8	29 ♎ 3	6 ♒	15 ♑	1 ♓	9 ♈	23 ♉
16	24 ♓ 27	4 ♈ 44	29 ♊ 57	0 ♋ 6	14 ♓ 31	25 ♈ 24	14 ♈ 14	10 ♐ 41	3 ♏ 37	9 ♐ 6	29 ♐ 9	29 ♎ 2	7 ♒	15 ♑	1 ♓	10 ♈	23 ♉
17	25 ♓ 27	17 ♈ 31	29 ♊ 54	29 ♊ 53	16 ♓ 20	26 ♈ 37	15 ♈ 0	10 ♐ 43	3 ♏ 34	9 ♐ 6	29 ♐ 9	29 ♎ 0	7 ♒	16 ♑	2 ♓	10 ♈	23 ♉
18	26 ♓ 27	0 ♉ 30	29 ♊ 51	29 ♊ 42	18 ♓ 9	27 ♈ 49	15 ♈ 46	10 ♐ 45	3 ♏ 31	9 ♐ 6	29 ♐ 10	28 ♎ 59	7 ♒	16 ♑	2 ♓	11 ♈	23 ♉
19	27 ♓ 26	13 ♉ 39	29 ♊ 47	29 ♊ 34	20 ♓ 1	29 ♈ 2	16 ♈ 31	10 ♐ 47	3 ♏ 28	9 ♐ 6	29 ♐ 10	28 ♎ 58	8 ♒	16 ♑	2 ♓	11 ♈	23 ♉
20	28 ♓ 26	27 ♉ 0	29 ♊ 44	29 ♊ 29	21 ♓ 53	0 ♉ 15	17 ♈ 16	10 ♐ 48	3 ♏ 24	9 ♐ 5	29 ♐ 11	28 ♎ 56	8 ♒	16 ♑	3 ♓	12 ♈	23 ♉
21	29 ♓ 26	10 ♊ 32	29 ♊ 41	29 ♊ 26	23 ♓ 46	1 ♉ 28	18 ♈ 2	10 ♐ 50	3 ♏ 21	9 ♐ 5	29 ♐ 11	28 ♎ 55	8 ♒	17 ♑	3 ♓	12 ♈	23 ♉
22	0 ♈ 25	24 ♊ 17	29 ♊ 38	29 ♊ 26	25 ♓ 41	2 ♉ 40	18 ♈ 47	10 ♐ 51	3 ♏ 18	9 ♐ 5	29 ♐ 12	28 ♎ 53	9 ♒	17 ♑	4 ♓	13 ♈	23 ♉
23	1 ♈ 25	8 ♋ 14	29 ♊ 35	29 ♊ 25	27 ♓ 37	3 ♉ 53	19 ♈ 32	10 ♐ 52	3 ♏ 14	9 ♐ 4	29 ♐ 12	28 ♎ 52	9 ♒	17 ♑	4 ♓	13 ♈	23 ♉
24	2 ♈ 24	22 ♋ 24	29 ♊ 32	29 ♊ 25	29 ♓ 34	5 ♉ 6	20 ♈ 18	10 ♐ 53	3 ♏ 11	9 ♐ 4	29 ♐ 12	28 ♎ 50	9 ♒	17 ♑	5 ♓	14 ♈	24 ♉
25	3 ♈ 24	6 ♌ 46	29 ♊ 28	29 ♊ 22	1 ♈ 32	6 ♉ 18	21 ♈ 3	10 ♐ 54	3 ♏ 7	9 ♐ 3	29 ♐ 13	28 ♎ 49	10 ♒	18 ♑	5 ♓	14 ♈	24 ♉
26	4 ♈ 23	21 ♌ 18	29 ♊ 25	29 ♊ 16	3 ♈ 32	7 ♉ 30	21 ♈ 48	10 ♐ 54	3 ♏ 3	9 ♐ 3	29 ♐ 13	28 ♎ 48	10 ♒	18 ♑	6 ♓	14 ♈	24 ♉
27	5 ♈ 23	5 ♍ 54	29 ♊ 22	29 ♊ 8	5 ♈ 32	8 ♉ 43	22 ♈ 33	10 ♐ 55	3 ♏ 0	9 ♐ 2	29 ♐ 13	28 ♎ 46	10 ♒	18 ♑	6 ♓	15 ♈	24 ♉
28	6 ♈ 22	20 ♍ 28	29 ♊ 19	28 ♊ 58	7 ♈ 33	9 ♉ 55	23 ♈ 18	10 ♐ 55	2 ♏ 56	9 ♐ 2	29 ♐ 13	28 ♎ 44	11 ♒	19 ♑	6 ♓	15 ♈	24 ♉
29	7 ♈ 21	4 ♎ 54	29 ♊ 16	28 ♊ 46	9 ♈ 35	11 ♉ 7	24 ♈ 3	10 R 55	2 ♏ 52	9 ♐ 1	29 ♐ 13	28 ♎ 43	11 ♒	19 ♑	7 ♓	16 ♈	24 ♉
30	8 ♈ 21	19 ♎ 3	29 ♊ 12	28 ♊ 34	11 ♈ 37	12 ♉ 19	24 ♈ 48	10 ♐ 55	2 ♏ 48	9 ♐ 0	29 ♐ 13	28 ♎ 41	11 ♒	19 ♑	7 ♓	16 ♈	24 ♉
31	9 ♈ 20	2 ♏ 52	29 ♊ 9	28 ♊ 23	13 ♈ 40	13 ♉ 31	25 ♈ 33	10 ♐ 54	2 ♏ 44	8 ♐ 59	29 ♐ 13	28 ♎ 40	12 ♒	19 ♑	8 ♓	17 ♈	24 ♉

SUN INGRESS	☉ → ♈ 21日 13:39
MOON PHASE	◑ 6日 22:16 ♐ ● 15日 02:43 ♓ ◐ 22日 11:25 ♋ ○ 29日 04:27 ♎

aspects		
1日	08:26	☉□♃
2日	14:51	♀△♅
3日	08:52	♀△♃
6日	23:28	☿⚹♆
7日	01:50	☿△♇
9日	05:39	♂△♅
9日	21:45	☿△♄
11日	00:27	♂△♃
12日	02:16	♆⚹♇
12日	22:41	☿□♅
13日	19:03	☿□♃
18日	22:27	♀☍♇
19日	02:41	♀△♆
20日	18:10	☉□♆
22日	11:44	♀☍♄
23日	19:30	☿□♆
26日	20:26	☉☌☿
28日	17:25	☿△♅
29日	15:43	☿△♃
30日	15:47	☉△♅

1983年4月

DAY	☉	☽	☊ mean	☊ true	☿	♀	♂	♃	♄	♅	♆	♇	⚳	⚴	⚵	⚶	⚷
	° ′	° ′	° ′	° ′	° ′	° ′	° ′	° ′	° ′	° ′	° ′	° ′	°	°	°	°	°
1	10 ♈ 19	16 ♏ 17	29 ♊ 6	28 R 15	15 D 43	14 D 43	26 D 18	10 R 54	2 R 40	8 R 59	29 D 13	28 R 38	12 D	19 D	8 D	17 D	24 D
2	11 ♈ 18	29 ♏ 17	29 ♊ 3	28 ♊ 10	17 ♈ 46	15 ♉ 55	27 ♈ 3	10 ♐ 53	2 ♏ 36	8 ♐ 58	29 R 13	28 ♎ 37	12 ♒	20 ♑	9 ♓	18 ♈	24 ♉
3	12 ♈ 18	11 ♐ 54	29 ♊ 0	28 ♊ 6	19 ♈ 49	17 ♉ 6	27 ♈ 47	10 ♐ 52	2 ♏ 32	8 ♐ 57	29 ♐ 13	28 ♎ 35	13 ♒	20 ♑	9 ♓	18 ♈	24 ♉
4	13 ♈ 17	24 ♐ 12	28 ♊ 57	28 ♊ 5	21 ♈ 52	18 ♉ 18	28 ♈ 32	10 ♐ 51	2 ♏ 28	8 ♐ 56	29 ♐ 13	28 ♎ 33	13 ♒	20 ♑	10 ♓	19 ♈	24 ♉
5	14 ♈ 16	6 ♑ 15	28 ♊ 53	28 D 5	23 ♈ 53	19 ♉ 30	29 ♈ 17	10 ♐ 49	2 ♏ 24	8 ♐ 55	29 ♐ 13	28 ♎ 32	13 ♒	20 ♑	10 ♓	19 ♈	24 ♉
6	15 ♈ 15	18 ♑ 8	28 ♊ 50	28 R 6	25 ♈ 54	20 ♉ 41	0 ♉ 1	10 ♐ 48	2 ♏ 19	8 ♐ 54	29 ♐ 13	28 ♎ 30	13 ♒	21 ♑	10 ♓	20 ♈	24 ♉
7	16 ♈ 14	29 ♑ 56	28 ♊ 47	28 ♊ 5	27 ♈ 53	21 ♉ 53	0 ♉ 46	10 ♐ 46	2 ♏ 15	8 ♐ 52	29 ♐ 13	28 ♎ 29	14 ♒	21 ♑	11 ♓	20 ♈	24 ♉
8	17 ♈ 13	11 ♒ 46	28 ♊ 44	28 ♊ 2	29 ♈ 50	23 ♉ 4	1 ♉ 30	10 ♐ 44	2 ♏ 11	8 ♐ 51	29 ♐ 13	28 ♎ 27	14 ♒	21 ♑	11 ♓	20 ♈	24 ♉
9	18 ♈ 12	23 ♒ 43	28 ♊ 41	27 ♊ 57	1 ♉ 44	24 ♉ 15	2 ♉ 15	10 ♐ 42	2 ♏ 6	8 ♐ 50	29 ♐ 13	28 ♎ 25	14 ♒	21 ♑	12 ♓	21 ♈	24 ♉
10	19 ♈ 11	5 ♓ 49	28 ♊ 38	27 ♊ 49	3 ♉ 36	25 ♉ 26	2 ♉ 59	10 ♐ 40	2 ♏ 2	8 ♐ 49	29 ♐ 12	28 ♎ 24	15 ♒	21 ♑	12 ♓	21 ♈	24 ♉
11	20 ♈ 10	18 ♓ 8	28 ♊ 34	27 ♊ 39	5 ♉ 25	26 ♉ 37	3 ♉ 44	10 ♐ 38	1 ♏ 58	8 ♐ 47	29 ♐ 12	28 ♎ 22	15 ♒	22 ♑	13 ♓	22 ♈	25 ♉
12	21 ♈ 9	0 ♈ 43	28 ♊ 31	27 ♊ 27	7 ♉ 11	27 ♉ 48	4 ♉ 28	10 ♐ 35	1 ♏ 53	8 ♐ 46	29 ♐ 12	28 ♎ 20	15 ♒	22 ♑	13 ♓	22 ♈	25 ♉
13	22 ♈ 8	13 ♈ 35	28 ♊ 28	27 ♊ 16	8 ♉ 53	28 ♉ 59	5 ♉ 12	10 ♐ 32	1 ♏ 49	8 ♐ 45	29 ♐ 11	28 ♎ 19	16 ♒	22 ♑	14 ♓	23 ♈	25 ♉
14	23 ♈ 7	26 ♈ 41	28 ♊ 25	27 ♊ 5	10 ♉ 32	0 ♊ 10	5 ♉ 56	10 ♐ 29	1 ♏ 44	8 ♐ 43	29 ♐ 11	28 ♎ 17	16 ♒	22 ♑	14 ♓	23 ♈	25 ♉
15	24 ♈ 5	10 ♉ 2	28 ♊ 22	26 ♊ 55	12 ♉ 6	1 ♊ 21	6 ♉ 41	10 ♐ 26	1 ♏ 40	8 ♐ 42	29 ♐ 10	28 ♎ 15	16 ♒	22 ♑	14 ♓	24 ♈	25 ♉
16	25 ♈ 4	23 ♉ 35	28 ♊ 18	26 ♊ 49	13 ♉ 35	2 ♊ 31	7 ♉ 25	10 ♐ 23	1 ♏ 35	8 ♐ 40	29 ♐ 10	28 ♎ 14	16 ♒	22 ♑	15 ♓	24 ♈	25 ♉
17	26 ♈ 3	7 ♊ 18	28 ♊ 15	26 ♊ 45	15 ♉ 0	3 ♊ 42	8 ♉ 9	10 ♐ 19	1 ♏ 31	8 ♐ 39	29 ♐ 10	28 ♎ 12	17 ♒	23 ♑	15 ♓	25 ♈	25 ♉
18	27 ♈ 2	21 ♊ 9	28 ♊ 12	26 ♊ 43	16 ♉ 20	4 ♊ 52	8 ♉ 53	10 ♐ 16	1 ♏ 26	8 ♐ 37	29 ♐ 9	28 ♎ 10	17 ♒	23 ♑	16 ♓	25 ♈	25 ♉
19	28 ♈ 0	5 ♋ 6	28 ♊ 9	26 D 43	17 ♉ 35	6 ♊ 3	9 ♉ 37	10 ♐ 12	1 ♏ 21	8 ♐ 35	29 ♐ 8	28 ♎ 8	17 ♒	23 ♑	16 ♓	26 ♈	25 ♉
20	28 ♈ 59	19 ♋ 9	28 ♊ 6	26 ♊ 44	18 ♉ 45	7 ♊ 13	10 ♉ 21	10 ♐ 8	1 ♏ 17	8 ♐ 34	29 ♐ 8	28 ♎ 7	18 ♒	23 ♑	17 ♓	26 ♈	25 ♉
21	29 ♈ 57	3 ♌ 16	28 ♊ 3	26 R 44	19 ♉ 50	8 ♊ 23	11 ♉ 5	10 ♐ 4	1 ♏ 12	8 ♐ 32	29 ♐ 7	28 ♎ 5	18 ♒	23 ♑	17 ♓	26 ♈	25 ♉
22	0 ♉ 56	17 ♌ 27	27 ♊ 59	26 ♊ 43	20 ♉ 49	9 ♊ 33	11 ♉ 48	9 ♐ 59	1 ♏ 8	8 ♐ 30	29 ♐ 7	28 ♎ 3	18 ♒	23 ♑	18 ♓	27 ♈	25 ♉
23	1 ♉ 55	1 ♍ 39	27 ♊ 56	26 ♊ 40	21 ♉ 43	10 ♊ 43	12 ♉ 32	9 ♐ 55	1 ♏ 3	8 ♐ 28	29 ♐ 6	28 ♎ 2	18 ♒	23 ♑	18 ♓	27 ♈	25 ♉
24	2 ♉ 53	15 ♍ 51	27 ♊ 53	26 ♊ 34	22 ♉ 31	11 ♊ 52	13 ♉ 16	9 ♐ 50	0 ♏ 59	8 ♐ 26	29 ♐ 5	28 ♎ 0	19 ♒	24 ♑	18 ♓	28 ♈	25 ♉
25	3 ♉ 51	29 ♍ 57	27 ♊ 50	26 ♊ 27	23 ♉ 13	13 ♊ 2	14 ♉ 0	9 ♐ 45	0 ♏ 54	8 ♐ 25	29 ♐ 5	27 ♎ 58	19 ♒	24 ♑	19 ♓	28 ♈	25 ♉
26	4 ♉ 50	13 ♎ 56	27 ♊ 47	26 ♊ 18	23 ♉ 50	14 ♊ 12	14 ♉ 43	9 ♐ 40	0 ♏ 49	8 ♐ 23	29 ♐ 4	27 ♎ 57	19 ♒	24 ♑	19 ♓	29 ♈	26 ♉
27	5 ♉ 48	27 ♎ 41	27 ♊ 43	26 ♊ 10	24 ♉ 21	15 ♊ 21	15 ♉ 27	9 ♐ 35	0 ♏ 45	8 ♐ 21	29 ♐ 3	27 ♎ 55	19 ♒	24 ♑	20 ♓	29 ♈	26 ♉
28	6 ♉ 47	11 ♏ 10	27 ♊ 40	26 ♊ 2	24 ♉ 47	16 ♊ 30	16 ♉ 10	9 ♐ 30	0 ♏ 40	8 ♐ 19	29 ♐ 2	27 ♎ 53	20 ♒	24 ♑	20 ♓	0 ♉	26 ♉
29	7 ♉ 45	24 ♏ 21	27 ♊ 37	25 ♊ 56	25 ♉ 7	17 ♊ 39	16 ♉ 54	9 ♐ 25	0 ♏ 36	8 ♐ 17	29 ♐ 1	27 ♎ 52	20 ♒	24 ♑	21 ♓	0 ♉	26 ♉
30	8 ♉ 43	7 ♐ 12	27 ♊ 34	25 ♊ 53	25 ♉ 21	18 ♊ 48	17 ♉ 37	9 ♐ 19	0 ♏ 31	8 ♐ 15	29 ♐ 1	27 ♎ 50	20 ♒	24 ♑	21 ♓	1 ♉	26 ♉

SUN INGRESS	☉ → ♉ 21日 00:50
MOON PHASE	◑ 5日 17:38 ♑ ● 13日 16:58 ♈ ◐ 20日 17:58 ♋ ○ 27日 15:31 ♏

aspects		
1日	13:49	☉△♃
4日	00:46	♂☍♇
4日	22:11	♂△♆
7日	07:15	☿☍♇
7日	16:25	☿△♆
8日	19:50	♂☍♄
9日	04:30	☿☍♄
9日	10:42	☿☌♂
19日	03:16	☉☍♇
20日	03:40	☉△♆
21日	03:00	♀☍♅
22日	04:27	☉☍♄
22日	08:31	♀☍♃

1983年5月

DAY	☉	☽	☊ mean	☊ true	☿	♀	♂	♃	♄	♅	♆	♇	⚳	⚴	⚵	⚶	⚷
	° ′	° ′	° ′	° ′	° ′	° ′	° ′	° ′	° ′	° ′	° ′	° ′	°	°	°	°	°
1	9 ♉ 41	19 ♐ 44	27 ♊ 31	25 R 51	25 D 29	19 D 57	18 D 21	9 R 14	0 R 27	8 R 13	29 R 0	27 R 48	20 D	24 D	22 D	1 D	26 D
2	10 ♉ 40	2 ♑ 1	27 ♊ 28	25 D 51	25 ♉ 33	21 ♊ 6	19 ♉ 4	9 ♐ 8	0 ♏ 22	8 ♐ 11	28 ♐ 59	27 ♎ 47	21 ♒	24 ♑	22 ♓	1 ♉	26 ♉
3	11 ♉ 38	14 ♑ 4	27 ♊ 24	25 ♊ 52	25 R 30	22 ♊ 15	19 ♉ 47	9 ♐ 2	0 ♏ 18	8 ♐ 9	28 ♐ 58	27 ♎ 45	21 ♒	24 ♑	22 ♓	2 ♉	26 ♉
4	12 ♉ 36	25 ♑ 58	27 ♊ 21	25 ♊ 53	25 ♉ 23	23 ♊ 23	20 ♉ 30	8 ♐ 56	0 ♏ 13	8 ♐ 6	28 ♐ 57	27 ♎ 43	21 ♒	25 ♑	23 ♓	2 ♉	26 ♉
5	13 ♉ 34	7 ♒ 49	27 ♊ 18	25 ♊ 55	25 ♉ 11	24 ♊ 31	21 ♉ 13	8 ♐ 50	0 ♏ 9	8 ♐ 4	28 ♐ 56	27 ♎ 42	21 ♒	25 ♑	23 ♓	3 ♉	26 ♉
6	14 ♉ 32	19 ♒ 40	27 ♊ 15	25 R 55	24 ♉ 54	25 ♊ 40	21 ♉ 57	8 ♐ 43	0 ♏ 5	8 ♐ 2	28 ♐ 55	27 ♎ 40	22 ♒	25 ♑	24 ♓	3 ♉	26 ♉
7	15 ♉ 31	1 ♓ 38	27 ♊ 12	25 ♊ 53	24 ♉ 33	26 ♊ 48	22 ♉ 40	8 ♐ 37	0 ♏ 0	8 ♐ 0	28 ♐ 54	27 ♎ 39	22 ♒	25 ♑	24 ♓	4 ♉	26 ♉
8	16 ♉ 29	13 ♓ 47	27 ♊ 9	25 ♊ 50	24 ♉ 8	27 ♊ 56	23 ♉ 23	8 ♐ 31	29 ♎ 56	7 ♐ 58	28 ♐ 53	27 ♎ 37	22 ♒	25 ♑	25 ♓	4 ♉	26 ♉
9	17 ♉ 27	26 ♓ 11	27 ♊ 5	25 ♊ 45	23 ♉ 40	29 ♊ 3	24 ♉ 6	8 ♐ 24	29 ♎ 52	7 ♐ 55	28 ♐ 52	27 ♎ 35	22 ♒	25 ♑	25 ♓	5 ♉	26 ♉
10	18 ♉ 25	8 ♈ 52	27 ♊ 2	25 ♊ 40	23 ♉ 9	0 ♋ 11	24 ♉ 49	8 ♐ 17	29 ♎ 48	7 ♐ 53	28 ♐ 51	27 ♎ 34	22 ♒	25 ♑	26 ♓	5 ♉	26 ♉
11	19 ♉ 23	21 ♈ 54	26 ♊ 59	25 ♊ 34	22 ♉ 35	1 ♋ 18	25 ♉ 31	8 ♐ 10	29 ♎ 43	7 ♐ 51	28 ♐ 49	27 ♎ 32	23 ♒	25 ♑	26 ♓	5 ♉	27 ♉
12	20 ♉ 21	5 ♉ 16	26 ♊ 56	25 ♊ 28	22 ♉ 1	2 ♋ 26	26 ♉ 14	8 ♐ 4	29 ♎ 39	7 ♐ 48	28 ♐ 48	27 ♎ 31	23 ♒	25 ♑	26 ♓	6 ♉	27 ♉
13	21 ♉ 19	18 ♉ 56	26 ♊ 53	25 ♊ 23	21 ♉ 25	3 ♋ 33	26 ♉ 57	7 ♐ 57	29 ♎ 35	7 ♐ 46	28 ♐ 47	27 ♎ 29	23 ♒	25 ♑	27 ♓	6 ♉	27 ♉
14	22 ♉ 17	2 ♊ 53	26 ♊ 49	25 ♊ 20	20 ♉ 49	4 ♋ 40	27 ♉ 40	7 ♐ 50	29 ♎ 31	7 ♐ 44	28 ♐ 46	27 ♎ 28	23 ♒	25 R	27 ♓	7 ♉	27 ♉
15	23 ♉ 15	17 ♊ 2	26 ♊ 46	25 ♊ 18	20 ♉ 13	5 ♋ 47	28 ♉ 22	7 ♐ 42	29 ♎ 27	7 ♐ 41	28 ♐ 45	27 ♎ 26	23 ♒	25 ♑	28 ♓	7 ♉	27 ♉
16	24 ♉ 12	1 ♋ 18	26 ♊ 43	25 D 18	19 ♉ 38	6 ♋ 53	29 ♉ 5	7 ♐ 35	29 ♎ 23	7 ♐ 39	28 ♐ 43	27 ♎ 25	24 ♒	25 ♑	28 ♓	8 ♉	27 ♉
17	25 ♉ 10	15 ♋ 39	26 ♊ 40	25 ♊ 19	19 ♉ 5	8 ♋ 0	29 ♉ 48	7 ♐ 28	29 ♎ 19	7 ♐ 37	28 ♐ 42	27 ♎ 23	24 ♒	25 ♑	29 ♓	8 ♉	27 ♉
18	26 ♉ 8	29 ♋ 59	26 ♊ 37	25 ♊ 20	18 ♉ 34	9 ♋ 6	0 ♊ 30	7 ♐ 21	29 ♎ 15	7 ♐ 34	28 ♐ 41	27 ♎ 22	24 ♒	25 ♑	29 ♓	9 ♉	27 ♉
19	27 ♉ 6	14 ♌ 16	26 ♊ 34	25 ♊ 22	18 ♉ 5	10 ♋ 12	1 ♊ 13	7 ♐ 13	29 ♎ 12	7 ♐ 32	28 ♐ 40	27 ♎ 20	24 ♒	25 ♑	29 ♓	9 ♉	27 ♉
20	28 ♉ 4	28 ♌ 27	26 ♊ 30	25 R 22	17 ♉ 39	11 ♋ 18	1 ♊ 55	7 ♐ 6	29 ♎ 8	7 ♐ 29	28 ♐ 38	27 ♎ 19	24 ♒	25 ♑	0 ♈	9 ♉	27 ♉
21	29 ♉ 2	12 ♍ 31	26 ♊ 27	25 ♊ 21	17 ♉ 17	12 ♋ 23	2 ♊ 37	6 ♐ 58	29 ♎ 4	7 ♐ 27	28 ♐ 37	27 ♎ 18	25 ♒	25 ♑	0 ♈	10 ♉	27 ♉
22	29 ♉ 59	26 ♍ 26	26 ♊ 24	25 ♊ 20	16 ♉ 58	13 ♋ 29	3 ♊ 20	6 ♐ 51	29 ♎ 1	7 ♐ 24	28 ♐ 36	27 ♎ 16	25 ♒	25 ♑	1 ♈	10 ♉	27 ♉
23	0 ♊ 57	10 ♎ 10	26 ♊ 21	25 ♊ 17	16 ♉ 43	14 ♋ 34	4 ♊ 2	6 ♐ 43	28 ♎ 57	7 ♐ 22	28 ♐ 34	27 ♎ 15	25 ♒	25 ♑	1 ♈	11 ♉	27 ♉
24	1 ♊ 55	23 ♎ 42	26 ♊ 18	25 ♊ 14	16 ♉ 33	15 ♋ 39	4 ♊ 44	6 ♐ 36	28 ♎ 54	7 ♐ 19	28 ♐ 33	27 ♎ 14	25 ♒	24 ♑	2 ♈	11 ♉	27 ♉
25	2 ♊ 52	7 ♏ 1	26 ♊ 15	25 ♊ 10	16 ♉ 26	16 ♋ 44	5 ♊ 26	6 ♐ 28	28 ♎ 50	7 ♐ 17	28 ♐ 31	27 ♎ 12	25 ♒	24 ♑	2 ♈	12 ♉	28 ♉
26	3 ♊ 50	20 ♏ 6	26 ♊ 11	25 ♊ 7	16 D 25	17 ♋ 48	6 ♊ 8	6 ♐ 21	28 ♎ 47	7 ♐ 15	28 ♐ 30	27 ♎ 11	25 ♒	24 ♑	2 ♈	12 ♉	28 ♉
27	4 ♊ 47	2 ♐ 56	26 ♊ 8	25 ♊ 5	16 ♉ 27	18 ♋ 53	6 ♊ 50	6 ♐ 13	28 ♎ 44	7 ♐ 12	28 ♐ 29	27 ♎ 10	26 ♒	24 ♑	3 ♈	13 ♉	28 ♉
28	5 ♊ 45	15 ♐ 32	26 ♊ 5	25 ♊ 4	16 ♉ 34	19 ♋ 57	7 ♊ 32	6 ♐ 5	28 ♎ 40	7 ♐ 10	28 ♐ 27	27 ♎ 9	26 ♒	24 ♑	3 ♈	13 ♉	28 ♉
29	6 ♊ 43	27 ♐ 54	26 ♊ 2	25 D 4	16 ♉ 46	21 ♋ 0	8 ♊ 14	5 ♐ 58	28 ♎ 37	7 ♐ 7	28 ♐ 26	27 ♎ 7	26 ♒	24 ♑	4 ♈	13 ♉	28 ♉
30	7 ♊ 40	10 ♑ 4	25 ♊ 59	25 ♊ 4	17 ♉ 2	22 ♋ 4	8 ♊ 56	5 ♐ 50	28 ♎ 34	7 ♐ 5	28 ♐ 24	27 ♎ 6	26 ♒	24 ♑	4 ♈	14 ♉	28 ♉
31	8 ♊ 38	22 ♑ 4	25 ♊ 55	25 ♊ 5	17 ♉ 23	23 ♋ 7	9 ♊ 38	5 ♐ 42	28 ♎ 31	7 ♐ 2	28 ♐ 23	27 ♎ 5	26 ♒	24 ♑	5 ♈	14 ♉	28 ♉

SUN INGRESS	☉ → ♊ 22日 00:06
MOON PHASE	◑ 5日 12:43 ♒　● 13日 04:25 ♉　◐ 19日 23:17 ♌　○ 27日 03:48 ♐

aspects		
7日	17:34	♀△♇
8日	15:20	☿☌♂
8日	19:56	♀☍♆
9日	16:10	♀△♄
13日	01:37	☉☌☿
15日	05:36	♃☍♅
24日	18:01	☿⚹♀
26日	05:55	♂☍♃
27日	11:39	♂☍♅
28日	07:29	☉☍♃
29日	09:47	☉☍♅

1983年6月

DAY	☉	☽	☊ mean	☊ true	☿	♀	♂	♃	♄	♅	♆	♇	⚳	⚴	⚵	⚶	⚷
	° ′	° ′	° ′	° ′	° ′	° ′	° ′	° ′	° ′	° ′	° ′	° ′	°	°	°	°	°
1	9 ♊ 35	3 ♒ 57	25 ♊ 52	25 D 7	17 D 48	24 D 10	10 D 20	5 R 35	28 R 28	7 R 0	28 R 21	27 R 4	26 D	24 R	5 D	15 D	28 D
2	10 ♊ 33	15 ♒ 48	25 ♊ 49	25 ♊ 8	18 ♉ 17	25 ♋ 13	11 ♊ 2	5 ♐ 27	28 ♎ 26	6 ♐ 57	28 ♐ 20	27 ♎ 3	26 ♒	23 ♑	5 ♈	15 ♉	28 ♉
3	11 ♊ 30	27 ♒ 40	25 ♊ 46	25 ♊ 9	18 ♉ 50	26 ♋ 15	11 ♊ 44	5 ♐ 20	28 ♎ 23	6 ♐ 55	28 ♐ 18	27 ♎ 2	26 ♒	23 ♑	6 ♈	16 ♉	28 ♉
4	12 ♊ 28	9 ♓ 38	25 ♊ 43	25 ♊ 9	19 ♉ 28	27 ♋ 18	12 ♊ 25	5 ♐ 12	28 ♎ 20	6 ♐ 52	28 ♐ 17	27 ♎ 1	27 ♒	23 ♑	6 ♈	16 ♉	28 ♉
5	13 ♊ 25	21 ♓ 46	25 ♊ 40	25 R 9	20 ♉ 9	28 ♋ 19	13 ♊ 7	5 ♐ 5	28 ♎ 18	6 ♐ 50	28 ♐ 15	27 ♎ 0	27 ♒	23 ♑	7 ♈	16 ♉	28 ♉
6	14 ♊ 23	4 ♈ 10	25 ♊ 36	25 ♊ 9	20 ♉ 54	29 ♋ 21	13 ♊ 48	4 ♐ 57	28 ♎ 15	6 ♐ 47	28 ♐ 13	26 ♎ 59	27 ♒	23 ♑	7 ♈	17 ♉	28 ♉
7	15 ♊ 20	16 ♈ 52	25 ♊ 33	25 ♊ 8	21 ♉ 43	0 ♌ 22	14 ♊ 30	4 ♐ 50	28 ♎ 13	6 ♐ 45	28 ♐ 12	26 ♎ 58	27 ♒	23 ♑	7 ♈	17 ♉	28 ♉
8	16 ♊ 17	29 ♈ 57	25 ♊ 30	25 ♊ 7	22 ♉ 36	1 ♌ 23	15 ♊ 12	4 ♐ 42	28 ♎ 10	6 ♐ 42	28 ♐ 10	26 ♎ 57	27 ♒	23 ♑	8 ♈	18 ♉	29 ♉
9	17 ♊ 15	13 ♉ 25	25 ♊ 27	25 ♊ 6	23 ♉ 32	2 ♌ 24	15 ♊ 53	4 ♐ 35	28 ♎ 8	6 ♐ 40	28 ♐ 9	26 ♎ 56	27 ♒	22 ♑	8 ♈	18 ♉	29 ♉
10	18 ♊ 12	27 ♉ 17	25 ♊ 24	25 ♊ 5	24 ♉ 32	3 ♌ 24	16 ♊ 34	4 ♐ 28	28 ♎ 6	6 ♐ 38	28 ♐ 7	26 ♎ 55	27 ♒	22 ♑	9 ♈	19 ♉	29 ♉
11	19 ♊ 10	11 ♊ 30	25 ♊ 21	25 ♊ 4	25 ♉ 35	4 ♌ 24	17 ♊ 16	4 ♐ 21	28 ♎ 4	6 ♐ 35	28 ♐ 6	26 ♎ 54	27 ♒	22 ♑	9 ♈	19 ♉	29 ♉
12	20 ♊ 7	26 ♊ 0	25 ♊ 17	25 D 4	26 ♉ 42	5 ♌ 23	17 ♊ 57	4 ♐ 13	28 ♎ 2	6 ♐ 33	28 ♐ 4	26 ♎ 53	27 ♒	22 ♑	10 ♈	19 ♉	29 ♉
13	21 ♊ 4	10 ♋ 42	25 ♊ 14	25 ♊ 4	27 ♉ 52	6 ♌ 23	18 ♊ 38	4 ♐ 6	28 ♎ 0	6 ♐ 30	28 ♐ 2	26 ♎ 52	27 ♒	22 ♑	10 ♈	20 ♉	29 ♉
14	22 ♊ 2	25 ♋ 28	25 ♊ 11	25 ♊ 5	29 ♉ 5	7 ♌ 21	19 ♊ 20	3 ♐ 59	27 ♎ 58	6 ♐ 28	28 ♐ 1	26 ♎ 52	27 ♒	21 ♑	10 ♈	20 ♉	29 ♉
15	22 ♊ 59	10 ♌ 12	25 ♊ 8	25 ♊ 5	0 ♊ 22	8 ♌ 20	20 ♊ 1	3 ♐ 52	27 ♎ 57	6 ♐ 26	27 ♐ 59	26 ♎ 51	27 ♒	21 ♑	11 ♈	21 ♉	29 ♉
16	23 ♊ 56	24 ♌ 48	25 ♊ 5	25 ♊ 5	1 ♊ 41	9 ♌ 18	20 ♊ 42	3 ♐ 46	27 ♎ 55	6 ♐ 23	27 ♐ 58	26 ♎ 50	27 ♒	21 ♑	11 ♈	21 ♉	29 ♉
17	24 ♊ 54	9 ♍ 10	25 ♊ 1	25 ♊ 5	3 ♊ 4	10 ♌ 15	21 ♊ 23	3 ♐ 39	27 ♎ 54	6 ♐ 21	27 ♐ 56	26 ♎ 49	27 ♒	21 ♑	12 ♈	22 ♉	29 ♉
18	25 ♊ 51	23 ♍ 16	24 ♊ 58	25 R 5	4 ♊ 30	11 ♌ 12	22 ♊ 4	3 ♐ 32	27 ♎ 52	6 ♐ 19	27 ♐ 54	26 ♎ 49	27 ♒	20 ♑	12 ♈	22 ♉	29 ♉
19	26 ♊ 48	7 ♎ 5	24 ♊ 55	25 D 5	5 ♊ 59	12 ♌ 9	22 ♊ 45	3 ♐ 26	27 ♎ 51	6 ♐ 16	27 ♐ 53	26 ♎ 48	27 ♒	20 ♑	12 ♈	22 ♉	29 ♉
20	27 ♊ 46	20 ♎ 36	24 ♊ 52	25 ♊ 5	7 ♊ 31	13 ♌ 5	23 ♊ 26	3 ♐ 19	27 ♎ 50	6 ♐ 14	27 ♐ 51	26 ♎ 47	28 ♒	20 ♑	13 ♈	23 ♉	29 ♉
21	28 ♊ 43	3 ♏ 50	24 ♊ 49	25 ♊ 5	9 ♊ 6	14 ♌ 0	24 ♊ 7	3 ♐ 13	27 ♎ 49	6 ♐ 12	27 ♐ 49	26 ♎ 47	28 ♒	20 ♑	13 ♈	23 ♉	29 ♉
22	29 ♊ 40	16 ♏ 47	24 ♊ 46	25 ♊ 6	10 ♊ 45	14 ♌ 56	24 ♊ 48	3 ♐ 7	27 ♎ 48	6 ♐ 10	27 ♐ 48	26 ♎ 46	28 ♒	20 ♑	14 ♈	24 ♉	0 ♊
23	0 ♋ 37	29 ♏ 31	24 ♊ 42	25 ♊ 6	12 ♊ 26	15 ♌ 50	25 ♊ 29	3 ♐ 1	27 ♎ 47	6 ♐ 7	27 ♐ 46	26 ♎ 46	28 ♒	19 ♑	14 ♈	24 ♉	0 ♊
24	1 ♋ 35	12 ♐ 1	24 ♊ 39	25 ♊ 7	14 ♊ 10	16 ♌ 44	26 ♊ 9	2 ♐ 55	27 ♎ 46	6 ♐ 5	27 ♐ 45	26 ♎ 45	28 R	19 ♑	14 ♈	25 ♉	0 ♊
25	2 ♋ 32	24 ♐ 20	24 ♊ 36	25 ♊ 7	15 ♊ 57	17 ♌ 38	26 ♊ 50	2 ♐ 49	27 ♎ 46	6 ♐ 3	27 ♐ 43	26 ♎ 45	28 ♒	19 ♑	15 ♈	25 ♉	0 ♊
26	3 ♋ 29	6 ♑ 29	24 ♊ 33	25 R 7	17 ♊ 46	18 ♌ 30	27 ♊ 31	2 ♐ 43	27 ♎ 45	6 ♐ 1	27 ♐ 41	26 ♎ 45	28 ♒	18 ♑	15 ♈	25 ♉	0 ♊
27	4 ♋ 26	18 ♑ 31	24 ♊ 30	25 ♊ 6	19 ♊ 39	19 ♌ 23	28 ♊ 11	2 ♐ 38	27 ♎ 44	5 ♐ 59	27 ♐ 40	26 ♎ 44	27 ♒	18 ♑	15 ♈	26 ♉	0 ♊
28	5 ♋ 23	0 ♒ 26	24 ♊ 27	25 ♊ 5	21 ♊ 34	20 ♌ 14	28 ♊ 52	2 ♐ 32	27 ♎ 44	5 ♐ 57	27 ♐ 38	26 ♎ 44	27 ♒	18 ♑	16 ♈	26 ♉	0 ♊
29	6 ♋ 21	12 ♒ 18	24 ♊ 23	25 ♊ 4	23 ♊ 31	21 ♌ 5	29 ♊ 33	2 ♐ 27	27 ♎ 43	5 ♐ 55	27 ♐ 37	26 ♎ 43	27 ♒	18 ♑	16 ♈	27 ♉	0 ♊
30	7 ♋ 18	24 ♒ 8	24 ♊ 20	25 ♊ 2	25 ♊ 31	21 ♌ 55	0 ♋ 13	2 ♐ 22	27 ♎ 43	5 ♐ 53	27 ♐ 35	26 ♎ 43	27 ♒	17 ♑	17 ♈	27 ♉	0 ♊

SUN INGRESS	☉ → ♋ 22日 08:09
MOON PHASE	◑ 4日 06:07 ♓　● 11日 13:38 ♊　◐ 18日 04:46 ♍　○ 25日 17:32 ♑

aspects		
3日	17:33	♀□♇
3日	20:21	☉☌♂
4日	23:18	♀□♄
8日	02:33	♄⚹♆
10日	22:47	♀△♃
13日	03:02	♀△♅
17日	09:04	☿☍♃
18日	23:53	☉△♇
19日	04:25	☿☍♅
20日	01:43	☉△♄
20日	02:15	☉☍♆
22日	07:59	♄⚹♆
24日	20:56	♂△♇
26日	06:00	♂☍♆
26日	07:59	♂△♄
26日	17:43	☿⚹♀
30日	14:12	☿△♇

1983年7月

DAY	☉	☽	☊ mean	☊ true	☿	♀	♂	♃	♄	♅	♆	♇	⚳	⚴	⚵	⚶	⚷
	° ′	° ′	° ′	° ′	° ′	° ′	° ′	° ′	° ′	° ′	° ′	° ′	°	°	°	°	°
1	8 ♋ 15	6 ♓ 0	24 ♊ 17	25 R 0	27 D 33	22 D 45	0 D 54	2 R 17	27 R 43	5 R 51	27 R 33	26 R 43	27 R	17 R	17 D	27 D	0 D
2	9 ♋ 12	17 ♓ 58	24 ♊ 14	24 ♊ 59	29 ♊ 37	23 ♌ 34	1 ♋ 34	2 ♐ 12	27 D 43	5 ♐ 49	27 ♐ 32	26 ♎ 43	27 ♒	17 ♑	17 ♈	28 ♉	0 ♊
3	10 ♋ 9	0 ♈ 6	24 ♊ 11	24 ♊ 58	1 ♋ 43	24 ♌ 22	2 ♋ 14	2 ♐ 7	27 ♎ 43	5 ♐ 47	27 ♐ 30	26 ♎ 43	27 ♒	17 ♑	18 ♈	28 ♉	0 ♊
4	11 ♋ 7	12 ♈ 27	24 ♊ 7	24 D 57	3 ♋ 50	25 ♌ 9	2 ♋ 55	2 ♐ 3	27 ♎ 43	5 ♐ 45	27 ♐ 29	26 ♎ 42	27 ♒	16 ♑	18 ♈	29 ♉	0 ♊
5	12 ♋ 4	25 ♈ 7	24 ♊ 4	24 ♊ 58	5 ♋ 58	25 ♌ 55	3 ♋ 35	1 ♐ 58	27 ♎ 43	5 ♐ 43	27 ♐ 27	26 ♎ 42	27 ♒	16 ♑	18 ♈	29 ♉	0 ♊
6	13 ♋ 1	8 ♉ 8	24 ♊ 1	24 ♊ 59	8 ♋ 7	26 ♌ 41	4 ♋ 15	1 ♐ 54	27 ♎ 44	5 ♐ 41	27 ♐ 26	26 ♎ 42	27 ♒	16 ♑	19 ♈	29 ♉	0 ♊
7	13 ♋ 58	21 ♉ 33	23 ♊ 58	25 ♊ 0	10 ♋ 17	27 ♌ 26	4 ♋ 56	1 ♐ 50	27 ♎ 44	5 ♐ 40	27 ♐ 24	26 ♎ 42	27 ♒	15 ♑	19 ♈	0 ♊	0 ♊
8	14 ♋ 55	5 ♊ 26	23 ♊ 55	25 ♊ 1	12 ♋ 27	28 ♌ 10	5 ♋ 36	1 ♐ 46	27 ♎ 45	5 ♐ 38	27 ♐ 23	26 D 42	27 ♒	15 ♑	20 ♈	0 ♊	0 ♊
9	15 ♋ 53	19 ♊ 44	23 ♊ 52	25 ♊ 2	14 ♋ 38	28 ♌ 53	6 ♋ 16	1 ♐ 42	27 ♎ 45	5 ♐ 36	27 ♐ 21	26 ♎ 42	27 ♒	15 ♑	20 ♈	1 ♊	1 ♊
10	16 ♋ 50	4 ♋ 24	23 ♊ 48	25 R 2	16 ♋ 47	29 ♌ 35	6 ♋ 56	1 ♐ 39	27 ♎ 46	5 ♐ 35	27 ♐ 19	26 ♎ 42	27 ♒	15 ♑	20 ♈	1 ♊	1 ♊
11	17 ♋ 47	19 ♋ 22	23 ♊ 45	25 ♊ 1	18 ♋ 57	0 ♍ 16	7 ♋ 36	1 ♐ 35	27 ♎ 47	5 ♐ 33	27 ♐ 18	26 ♎ 42	27 ♒	14 ♑	21 ♈	1 ♊	1 ♊
12	18 ♋ 44	4 ♌ 28	23 ♊ 42	24 ♊ 59	21 ♋ 5	0 ♍ 56	8 ♋ 16	1 ♐ 32	27 ♎ 48	5 ♐ 31	27 ♐ 17	26 ♎ 42	26 ♒	14 ♑	21 ♈	2 ♊	1 ♊
13	19 ♋ 42	19 ♌ 34	23 ♊ 39	24 ♊ 56	23 ♋ 13	1 ♍ 35	8 ♋ 56	1 ♐ 29	27 ♎ 49	5 ♐ 30	27 ♐ 15	26 ♎ 43	26 ♒	14 ♑	21 ♈	2 ♊	1 ♊
14	20 ♋ 39	4 ♍ 30	23 ♊ 36	24 ♊ 52	25 ♋ 20	2 ♍ 12	9 ♋ 36	1 ♐ 26	27 ♎ 50	5 ♐ 28	27 ♐ 14	26 ♎ 43	26 ♒	14 ♑	22 ♈	3 ♊	1 ♊
15	21 ♋ 36	19 ♍ 9	23 ♊ 33	24 ♊ 49	27 ♋ 25	2 ♍ 49	10 ♋ 16	1 ♐ 23	27 ♎ 51	5 ♐ 27	27 ♐ 12	26 ♎ 43	26 ♒	13 ♑	22 ♈	3 ♊	1 ♊
16	22 ♋ 33	3 ♎ 25	23 ♊ 29	24 ♊ 47	29 ♋ 29	3 ♍ 24	10 ♋ 56	1 ♐ 21	27 ♎ 53	5 ♐ 25	27 ♐ 11	26 ♎ 43	26 ♒	13 ♑	22 ♈	3 ♊	1 ♊
17	23 ♋ 31	17 ♎ 17	23 ♊ 26	24 ♊ 46	1 ♌ 31	3 ♍ 58	11 ♋ 36	1 ♐ 18	27 ♎ 54	5 ♐ 24	27 ♐ 9	26 ♎ 44	26 ♒	13 ♑	23 ♈	4 ♊	1 ♊
18	24 ♋ 28	0 ♏ 45	23 ♊ 23	24 D 46	3 ♌ 32	4 ♍ 31	12 ♋ 16	1 ♐ 16	27 ♎ 56	5 ♐ 23	27 ♐ 8	26 ♎ 44	26 ♒	12 ♑	23 ♈	4 ♊	1 ♊
19	25 ♋ 25	13 ♏ 50	23 ♊ 20	24 ♊ 47	5 ♌ 32	5 ♍ 2	12 ♋ 55	1 ♐ 14	27 ♎ 57	5 ♐ 21	27 ♐ 7	26 ♎ 44	26 ♒	12 ♑	23 ♈	4 ♊	1 ♊
20	26 ♋ 22	26 ♏ 35	23 ♊ 17	24 ♊ 48	7 ♌ 29	5 ♍ 32	13 ♋ 35	1 ♐ 12	27 ♎ 59	5 ♐ 20	27 ♐ 5	26 ♎ 45	25 ♒	12 ♑	24 ♈	5 ♊	1 ♊
21	27 ♋ 19	9 ♐ 3	23 ♊ 13	24 ♊ 50	9 ♌ 25	6 ♍ 0	14 ♋ 15	1 ♐ 10	28 ♎ 1	5 ♐ 19	27 ♐ 4	26 ♎ 45	25 ♒	12 ♑	24 ♈	5 ♊	1 ♊
22	28 ♋ 17	21 ♐ 19	23 ♊ 10	24 ♊ 51	11 ♌ 19	6 ♍ 27	14 ♋ 54	1 ♐ 9	28 ♎ 3	5 ♐ 18	27 ♐ 2	26 ♎ 46	25 ♒	11 ♑	24 ♈	6 ♊	1 ♊
23	29 ♋ 14	3 ♑ 25	23 ♊ 7	24 R 50	13 ♌ 11	6 ♍ 52	15 ♋ 34	1 ♐ 8	28 ♎ 5	5 ♐ 17	27 ♐ 1	26 ♎ 46	25 ♒	11 ♑	25 ♈	6 ♊	1 ♊
24	0 ♌ 11	15 ♑ 24	23 ♊ 4	24 ♊ 48	15 ♌ 2	7 ♍ 16	16 ♋ 14	1 ♐ 7	28 ♎ 7	5 ♐ 15	27 ♐ 0	26 ♎ 47	25 ♒	11 ♑	25 ♈	6 ♊	1 ♊
25	1 ♌ 9	27 ♑ 18	23 ♊ 1	24 ♊ 45	16 ♌ 50	7 ♍ 38	16 ♋ 53	1 ♐ 6	28 ♎ 9	5 ♐ 14	26 ♐ 59	26 ♎ 47	25 ♒	11 ♑	25 ♈	7 ♊	1 ♊
26	2 ♌ 6	9 ♒ 10	22 ♊ 58	24 ♊ 40	18 ♌ 37	7 ♍ 58	17 ♋ 33	1 ♐ 5	28 ♎ 11	5 ♐ 13	26 ♐ 57	26 ♎ 48	24 ♒	10 ♑	26 ♈	7 ♊	1 ♊
27	3 ♌ 3	21 ♒ 0	22 ♊ 54	24 ♊ 33	20 ♌ 23	8 ♍ 16	18 ♋ 12	1 ♐ 4	28 ♎ 14	5 ♐ 12	26 ♐ 56	26 ♎ 48	24 ♒	10 ♑	26 ♈	8 ♊	1 ♊
28	4 ♌ 0	2 ♓ 52	22 ♊ 51	24 ♊ 26	22 ♌ 6	8 ♍ 32	18 ♋ 52	1 ♐ 4	28 ♎ 16	5 ♐ 12	26 ♐ 55	26 ♎ 49	24 ♒	10 ♑	26 ♈	8 ♊	1 ♊
29	4 ♌ 58	14 ♓ 47	22 ♊ 48	24 ♊ 19	23 ♌ 48	8 ♍ 47	19 ♋ 31	1 ♐ 4	28 ♎ 19	5 ♐ 11	26 ♐ 54	26 ♎ 50	24 ♒	10 ♑	27 ♈	8 ♊	2 ♊
30	5 ♌ 55	26 ♓ 48	22 ♊ 45	24 ♊ 12	25 ♌ 28	8 ♍ 59	20 ♋ 10	1 D 4	28 ♎ 21	5 ♐ 10	26 ♐ 53	26 ♎ 50	24 ♒	10 ♑	27 ♈	9 ♊	2 ♊
31	6 ♌ 52	8 ♈ 57	22 ♊ 42	24 ♊ 7	27 ♌ 6	9 ♍ 10	20 ♋ 50	1 ♐ 4	28 ♎ 24	5 ♐ 9	26 ♐ 51	26 ♎ 51	23 ♒	9 ♑	27 ♈	9 ♊	2 ♊
SUN INGRESS	☉ → ♌ 23日 19:04																
MOON PHASE	◑ 3日 21:12 ♈	● 10日 21:18 ♋	◐ 17日 11:50 ♎	○ 25日 08:27 ♒													

aspects		
1日	00:03	☿☍♆
1日	01:54	☿△♄
3日	08:49	☿☌♂
6日	00:33	♀⚹♇
6日	23:01	♀△♆
7日	10:01	♀⚹♄
10日	00:49	☉☌☿
12日	20:42	♀□♃
14日	15:54	☿□♇
15日	05:07	☿□♄
16日	21:26	☿△♃
18日	21:57	☿△♅
19日	14:41	♀□♅
20日	09:28	☉□♇
21日	17:57	☉□♄
24日	22:48	☉△♃
29日	05:21	☉△♅
30日	20:16	☿⚹♇
30日	20:22	☿△♆
31日	01:25	♆⚹♇
31日	19:56	☿⚹♄

1983年8月

DAY	☉	☽	☊ mean	☊ true	☿	♀	♂	♃	♄	♅	♆	♇	⚳	⚴	⚵	⚶	⚷
	° ′	° ′	° ′	° ′	° ′	° ′	° ′	° ′	° ′	° ′	° ′	° ′	°	°	°	°	°
1	7 ♌ 50	21 ♈ 18	22 ♊ 39	24 R 4	28 D 43	9 D 18	21 D 29	1 D 4	28 D 27	5 R 8	26 R 50	26 D 52	23 R	9 R	27 D	9 D	2 D
2	8 ♌ 47	3 ♉ 54	22 ♊ 35	24 ♊ 3	0 ♍ 18	9 ♍ 24	22 ♋ 8	1 ♐ 5	28 ♎ 30	5 ♐ 8	26 ♐ 49	26 ♎ 53	23 ♒	9 ♑	28 ♈	10 ♊	2 ♊
3	9 ♌ 45	16 ♉ 50	22 ♊ 32	24 D 3	1 ♍ 51	9 ♍ 28	22 ♋ 47	1 ♐ 5	28 ♎ 33	5 ♐ 7	26 ♐ 48	26 ♎ 54	23 ♒	9 ♑	28 ♈	10 ♊	2 ♊
4	10 ♌ 42	0 ♊ 9	22 ♊ 29	24 ♊ 4	3 ♍ 22	9 ♍ 29	23 ♋ 27	1 ♐ 6	28 ♎ 36	5 ♐ 7	26 ♐ 47	26 ♎ 55	23 ♒	9 ♑	28 ♈	10 ♊	2 ♊
5	11 ♌ 39	13 ♊ 54	22 ♊ 26	24 ♊ 5	4 ♍ 52	9 R 29	24 ♋ 6	1 ♐ 7	28 ♎ 39	5 ♐ 6	26 ♐ 46	26 ♎ 56	22 ♒	8 ♑	29 ♈	11 ♊	2 ♊
6	12 ♌ 37	28 ♊ 6	22 ♊ 23	24 R 5	6 ♍ 20	9 ♍ 26	24 ♋ 45	1 ♐ 9	28 ♎ 43	5 ♐ 6	26 ♐ 45	26 ♎ 57	22 ♒	8 ♑	29 ♈	11 ♊	2 ♊
7	13 ♌ 34	12 ♋ 44	22 ♊ 19	24 ♊ 4	7 ♍ 46	9 ♍ 20	25 ♋ 24	1 ♐ 10	28 ♎ 46	5 ♐ 5	26 ♐ 44	26 ♎ 58	22 ♒	8 ♑	29 ♈	11 ♊	2 ♊
8	14 ♌ 32	27 ♋ 43	22 ♊ 16	24 ♊ 0	9 ♍ 10	9 ♍ 12	26 ♋ 3	1 ♐ 12	28 ♎ 49	5 ♐ 5	26 ♐ 43	26 ♎ 59	22 ♒	8 ♑	29 ♈	12 ♊	2 ♊
9	15 ♌ 29	12 ♌ 56	22 ♊ 13	23 ♊ 55	10 ♍ 33	9 ♍ 2	26 ♋ 42	1 ♐ 13	28 ♎ 53	5 ♐ 5	26 ♐ 42	27 ♎ 0	22 ♒	8 ♑	0 ♉	12 ♊	2 ♊
10	16 ♌ 27	28 ♌ 12	22 ♊ 10	23 ♊ 48	11 ♍ 53	8 ♍ 50	27 ♋ 21	1 ♐ 15	28 ♎ 57	5 ♐ 4	26 ♐ 41	27 ♎ 1	21 ♒	8 ♑	0 ♉	12 ♊	2 ♊
11	17 ♌ 25	13 ♍ 22	22 ♊ 7	23 ♊ 40	13 ♍ 12	8 ♍ 35	28 ♋ 0	1 ♐ 18	29 ♎ 0	5 ♐ 4	26 ♐ 40	27 ♎ 2	21 ♒	7 ♑	0 ♉	13 ♊	2 ♊
12	18 ♌ 22	28 ♍ 15	22 ♊ 4	23 ♊ 32	14 ♍ 29	8 ♍ 18	28 ♋ 39	1 ♐ 20	29 ♎ 4	5 ♐ 4	26 ♐ 39	27 ♎ 3	21 ♒	7 ♑	0 ♉	13 ♊	2 ♊
13	19 ♌ 20	12 ♎ 43	22 ♊ 0	23 ♊ 25	15 ♍ 44	7 ♍ 58	29 ♋ 18	1 ♐ 22	29 ♎ 8	5 ♐ 4	26 ♐ 39	27 ♎ 4	21 ♒	7 ♑	1 ♉	14 ♊	2 ♊
14	20 ♌ 17	26 ♎ 43	21 ♊ 57	23 ♊ 21	16 ♍ 56	7 ♍ 37	29 ♋ 56	1 ♐ 25	29 ♎ 12	5 ♐ 4	26 ♐ 38	27 ♎ 5	20 ♒	7 ♑	1 ♉	14 ♊	2 ♊
15	21 ♌ 15	10 ♏ 14	21 ♊ 54	23 ♊ 19	18 ♍ 7	7 ♍ 13	0 ♌ 35	1 ♐ 28	29 ♎ 16	5 D 4	26 ♐ 37	27 ♎ 7	20 ♒	7 ♑	1 ♉	14 ♊	2 ♊
16	22 ♌ 13	23 ♏ 19	21 ♊ 51	23 D 18	19 ♍ 15	6 ♍ 47	1 ♌ 14	1 ♐ 31	29 ♎ 20	5 ♐ 4	26 ♐ 36	27 ♎ 8	20 ♒	7 ♑	1 ♉	15 ♊	2 ♊
17	23 ♌ 10	6 ♐ 0	21 ♊ 48	23 ♊ 19	20 ♍ 21	6 ♍ 19	1 ♌ 53	1 ♐ 34	29 ♎ 24	5 ♐ 4	26 ♐ 35	27 ♎ 9	20 ♒	7 ♑	2 ♉	15 ♊	2 ♊
18	24 ♌ 8	18 ♐ 22	21 ♊ 45	23 ♊ 19	21 ♍ 25	5 ♍ 50	2 ♌ 31	1 ♐ 38	29 ♎ 28	5 ♐ 4	26 ♐ 35	27 ♎ 10	20 ♒	7 ♑	2 ♉	15 ♊	2 ♊
19	25 ♌ 6	0 ♑ 30	21 ♊ 41	23 R 19	22 ♍ 26	5 ♍ 18	3 ♌ 10	1 ♐ 41	29 ♎ 33	5 ♐ 4	26 ♐ 34	27 ♎ 12	19 ♒	7 ♑	2 ♉	15 ♊	2 ♊
20	26 ♌ 3	12 ♑ 28	21 ♊ 38	23 ♊ 17	23 ♍ 25	4 ♍ 45	3 ♌ 49	1 ♐ 45	29 ♎ 37	5 ♐ 4	26 ♐ 34	27 ♎ 13	19 ♒	7 ♑	2 ♉	16 ♊	2 ♊
21	27 ♌ 1	24 ♑ 21	21 ♊ 35	23 ♊ 13	24 ♍ 20	4 ♍ 11	4 ♌ 27	1 ♐ 49	29 ♎ 42	5 ♐ 5	26 ♐ 33	27 ♎ 15	19 ♒	6 ♑	2 ♉	16 ♊	2 ♊
22	27 ♌ 59	6 ♒ 12	21 ♊ 32	23 ♊ 6	25 ♍ 13	3 ♍ 36	5 ♌ 6	1 ♐ 53	29 ♎ 46	5 ♐ 5	26 ♐ 32	27 ♎ 16	19 ♒	6 ♑	3 ♉	16 ♊	2 ♊
23	28 ♌ 57	18 ♒ 2	21 ♊ 29	22 ♊ 57	26 ♍ 3	3 ♍ 0	5 ♌ 44	1 ♐ 57	29 ♎ 51	5 ♐ 5	26 ♐ 32	27 ♎ 18	19 ♒	6 ♑	3 ♉	17 ♊	2 ♊
24	29 ♌ 54	29 ♒ 55	21 ♊ 25	22 ♊ 45	26 ♍ 49	2 ♍ 23	6 ♌ 23	2 ♐ 1	29 ♎ 55	5 ♐ 6	26 ♐ 31	27 ♎ 19	18 ♒	6 ♑	3 ♉	17 ♊	2 ♊
25	0 ♍ 52	11 ♓ 51	21 ♊ 22	22 ♊ 33	27 ♍ 32	1 ♍ 46	7 ♌ 1	2 ♐ 6	0 ♏ 0	5 ♐ 6	26 ♐ 31	27 ♎ 21	18 ♒	6 ♑	3 ♉	17 ♊	2 ♊
26	1 ♍ 50	23 ♓ 52	21 ♊ 19	22 ♊ 21	28 ♍ 11	1 ♍ 9	7 ♌ 40	2 ♐ 11	0 ♏ 5	5 ♐ 7	26 ♐ 30	27 ♎ 22	18 ♒	6 ♑	3 ♉	18 ♊	2 ♊
27	2 ♍ 48	6 ♈ 0	21 ♊ 16	22 ♊ 9	28 ♍ 47	0 ♍ 31	8 ♌ 18	2 ♐ 15	0 ♏ 10	5 ♐ 8	26 ♐ 30	27 ♎ 24	18 ♒	6 ♑	3 ♉	18 ♊	2 ♊
28	3 ♍ 46	18 ♈ 16	21 ♊ 13	22 ♊ 0	29 ♍ 18	29 ♌ 54	8 ♌ 57	2 ♐ 20	0 ♏ 15	5 ♐ 8	26 ♐ 30	27 ♎ 25	18 ♒	6 ♑	4 ♉	18 ♊	2 ♊
29	4 ♍ 44	0 ♉ 42	21 ♊ 10	21 ♊ 53	29 ♍ 45	29 ♌ 18	9 ♌ 35	2 ♐ 26	0 ♏ 20	5 ♐ 9	26 ♐ 29	27 ♎ 27	17 ♒	6 ♑	4 ♉	19 ♊	2 ♊
30	5 ♍ 42	13 ♉ 21	21 ♊ 6	21 ♊ 48	0 ♎ 7	28 ♌ 42	10 ♌ 13	2 ♐ 31	0 ♏ 25	5 ♐ 10	26 ♐ 29	27 ♎ 29	17 ♒	6 ♑	4 ♉	19 ♊	2 ♊
31	6 ♍ 40	26 ♉ 16	21 ♊ 3	21 ♊ 46	0 ♎ 24	28 ♌ 8	10 ♌ 51	2 ♐ 37	0 ♏ 30	5 ♐ 11	26 ♐ 29	27 ♎ 30	17 ♒	6 ♑	4 ♉	19 ♊	2 ♊
SUN INGRESS	☉ → ♍ 24日 02:07																
MOON PHASE	◑ 2日 09:52 ♉	● 9日 04:18 ♌	◐ 15日 21:47 ♏	○ 23日 23:59 ♒	◑ 31日 20:22 ♊												

aspects		
2日	12:09	☿□♃
5日	03:51	☿□♅
8日	00:36	☿☌♀
9日	11:12	♂□♇
12日	17:18	♂□♄
16日	11:26	♂△♃
19日	10:20	♀□♅
20日	12:25	☉△♆
21日	05:47	☉⚹♇
21日	23:32	♂△♅
23日	14:36	☿□♆
24日	00:27	☉⚹♄
24日	12:38	♀□♃
25日	13:35	☉☌♀
26日	09:18	☉□♃
27日	12:20	♀⚹♄
29日	10:36	☉□♅

1983年9月

DAY	☉	☽	☊ mean	☊ true	☿	♀	♂	♃	♄	♅	♆	♇	⚳	⚴	⚵	⚶	⚷
	° ′	° ′	° ′	° ′	° ′	° ′	° ′	° ′	° ′	° ′	° ′	° ′	°	°	°	°	°
1	7 ♍ 38	9 ♊ 30	21 ♊ 0	21 D 46	0 D 37	27 R 35	11 D 30	2 D 42	0 D 35	5 D 11	26 R 28	27 D 32	17 R	6 R	4 D	19 D	2 D
2	8 ♍ 36	23 ♊ 7	20 ♊ 57	21 R 46	0 ♎ 43	27 ♌ 3	12 ♌ 8	2 ♐ 48	0 ♏ 41	5 ♐ 12	26 ♐ 28	27 ♎ 34	17 ♒	6 D	4 ♉	20 ♊	2 ♊
3	9 ♍ 34	7 ♋ 7	20 ♊ 54	21 ♊ 46	0 R 44	26 ♌ 32	12 ♌ 46	2 ♐ 54	0 ♏ 46	5 ♐ 13	26 ♐ 28	27 ♎ 36	16 ♒	6 ♑	4 ♉	20 ♊	2 ♊
4	10 ♍ 32	21 ♋ 32	20 ♊ 50	21 ♊ 43	0 ♎ 39	26 ♌ 4	13 ♌ 24	3 ♐ 0	0 ♏ 51	5 ♐ 14	26 ♐ 28	27 ♎ 37	16 ♒	6 ♑	4 ♉	20 ♊	2 ♊
5	11 ♍ 30	6 ♌ 20	20 ♊ 47	21 ♊ 38	0 ♎ 28	25 ♌ 37	14 ♌ 2	3 ♐ 6	0 ♏ 57	5 ♐ 15	26 ♐ 28	27 ♎ 39	16 ♒	6 ♑	5 ♉	21 ♊	2 ♊
6	12 ♍ 28	21 ♌ 23	20 ♊ 44	21 ♊ 30	0 ♎ 10	25 ♌ 12	14 ♌ 40	3 ♐ 13	1 ♏ 2	5 ♐ 17	26 ♐ 27	27 ♎ 41	16 ♒	6 ♑	5 ♉	21 ♊	2 ♊
7	13 ♍ 26	6 ♍ 35	20 ♊ 41	21 ♊ 20	29 ♍ 46	24 ♌ 50	15 ♌ 19	3 ♐ 19	1 ♏ 8	5 ♐ 18	26 ♐ 27	27 ♎ 43	16 ♒	6 ♑	5 ♉	21 ♊	2 ♊
8	14 ♍ 25	21 ♍ 44	20 ♊ 38	21 ♊ 9	29 ♍ 16	24 ♌ 29	15 ♌ 57	3 ♐ 26	1 ♏ 14	5 ♐ 19	26 ♐ 27	27 ♎ 45	16 ♒	6 ♑	5 ♉	21 ♊	2 ♊
9	15 ♍ 23	6 ♎ 40	20 ♊ 35	20 ♊ 58	28 ♍ 39	24 ♌ 11	16 ♌ 35	3 ♐ 33	1 ♏ 19	5 ♐ 20	26 D 27	27 ♎ 47	15 ♒	6 ♑	5 ♉	22 ♊	2 R
10	16 ♍ 21	21 ♎ 14	20 ♊ 31	20 ♊ 49	27 ♍ 57	23 ♌ 56	17 ♌ 13	3 ♐ 40	1 ♏ 25	5 ♐ 22	26 ♐ 27	27 ♎ 48	15 ♒	6 ♑	5 ♉	22 ♊	2 ♊
11	17 ♍ 20	5 ♏ 20	20 ♊ 28	20 ♊ 41	27 ♍ 9	23 ♌ 42	17 ♌ 50	3 ♐ 47	1 ♏ 31	5 ♐ 23	26 ♐ 27	27 ♎ 50	15 ♒	6 ♑	5 ♉	22 ♊	2 ♊
12	18 ♍ 18	18 ♏ 57	20 ♊ 25	20 ♊ 37	26 ♍ 16	23 ♌ 31	18 ♌ 28	3 ♐ 54	1 ♏ 37	5 ♐ 24	26 ♐ 27	27 ♎ 52	15 ♒	6 ♑	5 ♉	22 ♊	2 ♊
13	19 ♍ 16	2 ♐ 5	20 ♊ 22	20 ♊ 35	25 ♍ 19	23 ♌ 23	19 ♌ 6	4 ♐ 2	1 ♏ 43	5 ♐ 26	26 ♐ 28	27 ♎ 54	15 ♒	6 ♑	5 ♉	23 ♊	2 ♊
14	20 ♍ 15	14 ♐ 48	20 ♊ 19	20 ♊ 34	24 ♍ 20	23 ♌ 17	19 ♌ 44	4 ♐ 9	1 ♏ 49	5 ♐ 27	26 ♐ 28	27 ♎ 56	15 ♒	7 ♑	5 ♉	23 ♊	2 ♊
15	21 ♍ 13	27 ♐ 10	20 ♊ 16	20 ♊ 34	23 ♍ 18	23 ♌ 13	20 ♌ 22	4 ♐ 17	1 ♏ 55	5 ♐ 29	26 ♐ 28	27 ♎ 58	15 ♒	7 ♑	5 ♉	23 ♊	2 ♊
16	22 ♍ 12	9 ♑ 17	20 ♊ 12	20 ♊ 33	22 ♍ 16	23 ♌ 11	21 ♌ 0	4 ♐ 25	2 ♏ 1	5 ♐ 30	26 ♐ 28	28 ♎ 0	14 ♒	7 ♑	5 ♉	23 ♊	2 ♊
17	23 ♍ 10	21 ♑ 13	20 ♊ 9	20 ♊ 31	21 ♍ 15	23 D 12	21 ♌ 37	4 ♐ 32	2 ♏ 7	5 ♐ 32	26 ♐ 28	28 ♎ 2	14 ♒	7 ♑	5 R	23 ♊	2 ♊
18	24 ♍ 9	3 ♒ 4	20 ♊ 6	20 ♊ 26	20 ♍ 16	23 ♌ 16	22 ♌ 15	4 ♐ 41	2 ♏ 13	5 ♐ 34	26 ♐ 29	28 ♎ 5	14 ♒	7 ♑	5 ♉	24 ♊	2 ♊
19	25 ♍ 7	14 ♒ 54	20 ♊ 3	20 ♊ 19	19 ♍ 21	23 ♌ 21	22 ♌ 53	4 ♐ 49	2 ♏ 19	5 ♐ 36	26 ♐ 29	28 ♎ 7	14 ♒	7 ♑	5 ♉	24 ♊	2 ♊
20	26 ♍ 6	26 ♒ 46	20 ♊ 0	20 ♊ 8	18 ♍ 32	23 ♌ 29	23 ♌ 30	4 ♐ 57	2 ♏ 26	5 ♐ 37	26 ♐ 29	28 ♎ 9	14 ♒	7 ♑	5 ♉	24 ♊	2 ♊
21	27 ♍ 4	8 ♓ 43	19 ♊ 56	19 ♊ 56	17 ♍ 49	23 ♌ 39	24 ♌ 8	5 ♐ 5	2 ♏ 32	5 ♐ 39	26 ♐ 30	28 ♎ 11	14 ♒	7 ♑	5 ♉	24 ♊	2 ♊
22	28 ♍ 3	20 ♓ 46	19 ♊ 53	19 ♊ 42	17 ♍ 14	23 ♌ 51	24 ♌ 46	5 ♐ 14	2 ♏ 38	5 ♐ 41	26 ♐ 30	28 ♎ 13	14 ♒	7 ♑	5 ♉	25 ♊	2 ♊
23	29 ♍ 2	2 ♈ 58	19 ♊ 50	19 ♊ 29	16 ♍ 47	24 ♌ 5	25 ♌ 23	5 ♐ 23	2 ♏ 45	5 ♐ 43	26 ♐ 31	28 ♎ 15	14 ♒	7 ♑	5 ♉	25 ♊	2 ♊
24	0 ♎ 0	15 ♈ 18	19 ♊ 47	19 ♊ 16	16 ♍ 30	24 ♌ 21	26 ♌ 1	5 ♐ 31	2 ♏ 51	5 ♐ 45	26 ♐ 31	28 ♎ 17	14 ♒	8 ♑	5 ♉	25 ♊	2 ♊
25	0 ♎ 59	27 ♈ 47	19 ♊ 44	19 ♊ 5	16 ♍ 23	24 ♌ 39	26 ♌ 38	5 ♐ 40	2 ♏ 58	5 ♐ 47	26 ♐ 32	28 ♎ 20	14 ♒	8 ♑	5 ♉	25 ♊	2 ♊
26	1 ♎ 58	10 ♉ 26	19 ♊ 41	18 ♊ 57	16 D 25	25 ♌ 0	27 ♌ 16	5 ♐ 49	3 ♏ 4	5 ♐ 49	26 ♐ 32	28 ♎ 22	14 ♒	8 ♑	5 ♉	25 ♊	2 ♊
27	2 ♎ 57	23 ♉ 17	19 ♊ 37	18 ♊ 52	16 ♍ 38	25 ♌ 21	27 ♌ 53	5 ♐ 59	3 ♏ 11	5 ♐ 51	26 ♐ 33	28 ♎ 24	14 ♒	8 ♑	5 ♉	26 ♊	2 ♊
28	3 ♎ 55	6 ♊ 19	19 ♊ 34	18 ♊ 50	17 ♍ 0	25 ♌ 45	28 ♌ 30	6 ♐ 8	3 ♏ 17	5 ♐ 53	26 ♐ 33	28 ♎ 26	13 ♒	8 ♑	4 ♉	26 ♊	2 ♊
29	4 ♎ 54	19 ♊ 37	19 ♊ 31	18 D 49	17 ♍ 32	26 ♌ 11	29 ♌ 8	6 ♐ 17	3 ♏ 24	5 ♐ 56	26 ♐ 34	28 ♎ 28	13 ♒	8 ♑	4 ♉	26 ♊	2 ♊
30	5 ♎ 53	3 ♋ 11	19 ♊ 28	18 ♊ 50	18 ♍ 13	26 ♌ 38	29 ♌ 45	6 ♐ 27	3 ♏ 31	5 ♐ 58	26 ♐ 35	28 ♎ 31	13 ♒	8 ♑	4 ♉	26 ♊	2 ♊

SUN INGRESS	☉ → ♎ 23日 23:42
MOON PHASE	● 7日 11:35 ♍　◐ 14日 11:24 ♐　○ 22日 15:36 ♓　◑ 30日 05:05 ♋

aspects

1日	01:46	♀⚹♇
3日	03:39	♀△♆
11日	19:03	☿□♆
16日	00:49	☉☌☿
19日	22:39	♀☌♂
20日	09:46	☉□♆
24日	19:43	♂△♆
25日	22:54	♃☌♅
27日	21:06	♂⚹♇
29日	21:15	♀△♆
30日	01:57	☉⚹♅
30日	16:16	☉⚹♃

1983年10月

DAY	☉	☽	☊ mean	☊ true	☿	♀	♂	♃	♄	♅	♆	♇	⚳	⚴	⚵	⚶	⚷
	° ′	° ′	° ′	° ′	° ′	° ′	° ′	° ′	° ′	° ′	° ′	° ′	°	°	°	°	°
1	6 ♎ 52	17 ♋ 3	19 ♊ 25	18 R 49	19 D 3	27 D 7	0 D 23	6 D 36	3 D 37	6 D 0	26 D 35	28 D 33	13 R	9 D	4 R	26 D	2 R
2	7 ♎ 51	1 ♌ 14	19 ♊ 22	18 ♊ 47	20 ♍ 0	27 ♌ 37	1 ♍ 0	6 ♐ 46	3 ♏ 44	6 ♐ 2	26 ♐ 36	28 ♎ 35	13 ♒	9 ♑	4 ♉	26 ♊	2 ♊
3	8 ♎ 50	15 ♌ 44	19 ♊ 18	18 ♊ 43	21 ♍ 5	28 ♌ 9	1 ♍ 37	6 ♐ 56	3 ♏ 51	6 ♐ 5	26 ♐ 37	28 ♎ 38	13 ♒	9 ♑	4 ♉	26 ♊	2 ♊
4	9 ♎ 49	0 ♍ 27	19 ♊ 15	18 ♊ 36	22 ♍ 16	28 ♌ 42	2 ♍ 14	7 ♐ 6	3 ♏ 58	6 ♐ 7	26 ♐ 38	28 ♎ 40	13 ♒	9 ♑	4 ♉	27 ♊	2 ♊
5	10 ♎ 48	15 ♍ 19	19 ♊ 12	18 ♊ 27	23 ♍ 33	29 ♌ 17	2 ♍ 51	7 ♐ 16	4 ♏ 4	6 ♐ 10	26 ♐ 39	28 ♎ 42	13 ♒	9 ♑	4 ♉	27 ♊	2 ♊
6	11 ♎ 47	0 ♎ 11	19 ♊ 9	18 ♊ 17	24 ♍ 55	29 ♌ 52	3 ♍ 29	7 ♐ 26	4 ♏ 11	6 ♐ 12	26 ♐ 39	28 ♎ 45	13 D	9 ♑	3 ♉	27 ♊	2 ♊
7	12 ♎ 47	14 ♎ 54	19 ♊ 6	18 ♊ 7	26 ♍ 21	0 ♍ 30	4 ♍ 6	7 ♐ 36	4 ♏ 18	6 ♐ 15	26 ♐ 40	28 ♎ 47	13 ♒	10 ♑	3 ♉	27 ♊	2 ♊
8	13 ♎ 46	29 ♎ 20	19 ♊ 2	17 ♊ 58	27 ♍ 52	1 ♍ 8	4 ♍ 43	7 ♐ 46	4 ♏ 25	6 ♐ 17	26 ♐ 41	28 ♎ 49	13 ♒	10 ♑	3 ♉	27 ♊	2 ♊
9	14 ♎ 45	13 ♏ 24	18 ♊ 59	17 ♊ 51	29 ♍ 25	1 ♍ 48	5 ♍ 20	7 ♐ 57	4 ♏ 32	6 ♐ 20	26 ♐ 42	28 ♎ 52	13 ♒	10 ♑	3 ♉	27 ♊	2 ♊
10	15 ♎ 44	27 ♏ 1	18 ♊ 56	17 ♊ 46	1 ♎ 1	2 ♍ 29	5 ♍ 57	8 ♐ 7	4 ♏ 39	6 ♐ 22	26 ♐ 43	28 ♎ 54	13 ♒	10 ♑	3 ♉	27 ♊	2 ♊
11	16 ♎ 44	10 ♐ 12	18 ♊ 53	17 ♊ 44	2 ♎ 39	3 ♍ 11	6 ♍ 34	8 ♐ 18	4 ♏ 46	6 ♐ 25	26 ♐ 44	28 ♎ 56	13 ♒	10 ♑	3 ♉	27 ♊	2 ♊
12	17 ♎ 43	22 ♐ 58	18 ♊ 50	17 D 44	4 ♎ 19	3 ♍ 54	7 ♍ 11	8 ♐ 28	4 ♏ 53	6 ♐ 28	26 ♐ 45	28 ♎ 59	13 ♒	10 ♑	2 ♉	28 ♊	2 ♊
13	18 ♎ 42	5 ♑ 23	18 ♊ 47	17 ♊ 45	6 ♎ 0	4 ♍ 38	7 ♍ 48	8 ♐ 39	5 ♏ 0	6 ♐ 30	26 ♐ 46	29 ♎ 1	14 ♒	11 ♑	2 ♉	28 ♊	2 ♊
14	19 ♎ 42	17 ♑ 32	18 ♊ 43	17 ♊ 46	7 ♎ 42	5 ♍ 23	8 ♍ 25	8 ♐ 50	5 ♏ 7	6 ♐ 33	26 ♐ 47	29 ♎ 4	14 ♒	11 ♑	2 ♉	28 ♊	2 ♊
15	20 ♎ 41	29 ♑ 30	18 ♊ 40	17 R 45	9 ♎ 24	6 ♍ 8	9 ♍ 1	9 ♐ 1	5 ♏ 14	6 ♐ 36	26 ♐ 49	29 ♎ 6	14 ♒	11 ♑	2 ♉	28 ♊	2 ♊
16	21 ♎ 41	11 ♒ 22	18 ♊ 37	17 ♊ 43	11 ♎ 8	6 ♍ 55	9 ♍ 38	9 ♐ 12	5 ♏ 21	6 ♐ 39	26 ♐ 50	29 ♎ 8	14 ♒	11 ♑	2 ♉	28 ♊	2 ♊
17	22 ♎ 40	23 ♒ 13	18 ♊ 34	17 ♊ 38	12 ♎ 51	7 ♍ 43	10 ♍ 15	9 ♐ 23	5 ♏ 28	6 ♐ 42	26 ♐ 51	29 ♎ 11	14 ♒	12 ♑	1 ♉	28 ♊	2 ♊
18	23 ♎ 40	5 ♓ 7	18 ♊ 31	17 ♊ 32	14 ♎ 35	8 ♍ 32	10 ♍ 52	9 ♐ 34	5 ♏ 36	6 ♐ 45	26 ♐ 52	29 ♎ 13	14 ♒	12 ♑	1 ♉	28 ♊	2 ♊
19	24 ♎ 39	17 ♓ 8	18 ♊ 27	17 ♊ 23	16 ♎ 18	9 ♍ 21	11 ♍ 28	9 ♐ 46	5 ♏ 43	6 ♐ 48	26 ♐ 54	29 ♎ 16	14 ♒	12 ♑	1 ♉	28 ♊	2 ♊
20	25 ♎ 39	29 ♓ 19	18 ♊ 24	17 ♊ 14	18 ♎ 2	10 ♍ 11	12 ♍ 5	9 ♐ 57	5 ♏ 50	6 ♐ 51	26 ♐ 55	29 ♎ 18	14 ♒	12 ♑	1 ♉	28 ♊	2 ♊
21	26 ♎ 38	11 ♈ 42	18 ♊ 21	17 ♊ 4	19 ♎ 45	11 ♍ 2	12 ♍ 42	10 ♐ 8	5 ♏ 57	6 ♐ 54	26 ♐ 56	29 ♎ 20	14 ♒	12 ♑	1 ♉	28 ♊	2 ♊
22	27 ♎ 38	24 ♈ 16	18 ♊ 18	16 ♊ 55	21 ♎ 28	11 ♍ 54	13 ♍ 18	10 ♐ 20	6 ♏ 4	6 ♐ 57	26 ♐ 57	29 ♎ 23	14 ♒	13 ♑	0 ♉	28 ♊	1 ♊
23	28 ♎ 38	7 ♉ 3	18 ♊ 15	16 ♊ 47	23 ♎ 11	12 ♍ 46	13 ♍ 55	10 ♐ 32	6 ♏ 11	7 ♐ 0	26 ♐ 59	29 ♎ 25	14 ♒	13 ♑	0 ♉	28 ♊	1 ♊
24	29 ♎ 37	20 ♉ 2	18 ♊ 12	16 ♊ 42	24 ♎ 53	13 ♍ 40	14 ♍ 31	10 ♐ 43	6 ♏ 19	7 ♐ 3	27 ♐ 0	29 ♎ 28	14 ♒	13 ♑	0 ♉	28 ♊	1 ♊
25	0 ♏ 37	3 ♊ 13	18 ♊ 8	16 ♊ 39	26 ♎ 34	14 ♍ 33	15 ♍ 8	10 ♐ 55	6 ♏ 26	7 ♐ 6	27 ♐ 2	29 ♎ 30	14 ♒	13 ♑	0 ♉	28 ♊	1 ♊
26	1 ♏ 37	16 ♊ 34	18 ♊ 5	16 ♊ 38	28 ♎ 16	15 ♍ 28	15 ♍ 44	11 ♐ 7	6 ♏ 33	7 ♐ 9	27 ♐ 3	29 ♎ 32	15 ♒	14 ♑	29 ♈	28 R	1 ♊
27	2 ♏ 37	0 ♋ 7	18 ♊ 2	16 D 39	29 ♎ 56	16 ♍ 23	16 ♍ 21	11 ♐ 19	6 ♏ 40	7 ♐ 12	27 ♐ 5	29 ♎ 35	15 ♒	14 ♑	29 ♈	28 ♊	1 ♊
28	3 ♏ 37	13 ♋ 50	17 ♊ 59	16 ♊ 40	1 ♏ 36	17 ♍ 19	16 ♍ 57	11 ♐ 31	6 ♏ 47	7 ♐ 16	27 ♐ 6	29 ♎ 37	15 ♒	14 ♑	29 ♈	28 ♊	1 ♊
29	4 ♏ 36	27 ♋ 45	17 ♊ 56	16 ♊ 41	3 ♏ 16	18 ♍ 15	17 ♍ 33	11 ♐ 43	6 ♏ 55	7 ♐ 19	27 ♐ 8	29 ♎ 40	15 ♒	14 ♑	29 ♈	28 ♊	1 ♊
30	5 ♏ 36	11 ♌ 50	17 ♊ 53	16 R 41	4 ♏ 55	19 ♍ 12	18 ♍ 10	11 ♐ 55	7 ♏ 2	7 ♐ 22	27 ♐ 9	29 ♎ 42	15 ♒	15 ♑	28 ♈	28 ♊	1 ♊
31	6 ♏ 36	26 ♌ 5	17 ♊ 49	16 ♊ 40	6 ♏ 34	20 ♍ 10	18 ♍ 46	12 ♐ 7	7 ♏ 9	7 ♐ 25	27 ♐ 11	29 ♎ 45	15 ♒	15 ♑	28 ♈	28 ♊	1 ♊

SUN INGRESS	☉ → ♏ 24日 08:54
MOON PHASE	● 6日 20:16 ♎　◐ 14日 04:42 ♑　○ 22日 06:53 ♈　◑ 29日 12:37 ♌

aspects

3日	22:30	♀⚹♇
7日	05:09	☿□♆
7日	09:56	♂⚹♄
10日	17:51	♂□♅
13日	07:29	☿⚹♅
13日	14:20	♀⚹♄
14日	17:53	☿⚹♃
14日	23:40	♂□♃
15日	15:08	♀□♅
19日	15:16	♀□♃
21日	07:20	☉⚹♆
23日	19:56	☉☌♇
25日	06:34	☿⚹♆
26日	18:47	☿☌♇
26日	20:47	♀☌♂
31日	01:29	☉☌☿
31日	09:16	☿☌♄
31日	14:57	☉☌♄

1983年11月

DAY	☉	☽	☊ mean	☊ true	☿	♀	♂	♃	♄	♅	♆	♇	⚳	⚴	⚵	⚶	⚷
	° ′	° ′	° ′	° ′	° ′	° ′	° ′	° ′	° ′	° ′	° ′	° ′	°	°	°	°	°
1	7♏36	10♍27	17♊46	16R36	8D12	21D8	19D22	12D19	7D16	7D29	27D12	29D47	15D	15D	28R	28R	1R
2	8♏36	24♍53	17♊43	16♊31	9♏50	22♍6	19♍58	12♐31	7♏24	7♐32	27♐14	29♎49	16♒	15♑	28♈	28♊	1♊
3	9♏36	9♎17	17♊40	16♊26	11♏27	23♍5	20♍34	12♐44	7♏31	7♐35	27♐16	29♎52	16♒	16♑	28♈	28♊	1♊
4	10♏37	23♎34	17♊37	16♊20	13♏4	24♍4	21♍10	12♐56	7♏38	7♐39	27♐17	29♎54	16♒	16♑	27♈	28♊	1♊
5	11♏37	7♏39	17♊33	16♊15	14♏40	25♍4	21♍46	13♐9	7♏45	7♐42	27♐19	29♎57	16♒	16♑	27♈	28♊	1♊
6	12♏37	21♏27	17♊30	16♊11	16♏16	26♍5	22♍22	13♐21	7♏53	7♐45	27♐21	29♎59	16♒	16♑	27♈	28♊	1♊
7	13♏37	4♐55	17♊27	16♊9	17♏52	27♍5	22♍58	13♐34	8♏0	7♐49	27♐22	0♏1	16♒	17♑	27♈	28♊	1♊
8	14♏37	18♐1	17♊24	16D8	19♏27	28♍7	23♍34	13♐46	8♏7	7♐52	27♐24	0♏4	17♒	17♑	27♈	28♊	1♊
9	15♏37	0♑46	17♊21	16♊9	21♏2	29♍8	24♍10	13♐59	8♏14	7♐56	27♐26	0♏6	17♒	17♑	26♈	28♊	1♊
10	16♏38	13♑12	17♊18	16♊10	22♏36	0♎10	24♍46	14♐12	8♏21	7♐59	27♐28	0♏8	17♒	17♑	26♈	27♊	1♊
11	17♏38	25♑23	17♊14	16♊12	24♏10	1♎13	25♍22	14♐24	8♏29	8♐3	27♐30	0♏11	17♒	18♑	26♈	27♊	1♊
12	18♏38	7♒33	17♊11	16♊14	25♏44	2♎15	25♍58	14♐37	8♏36	8♐6	27♐32	0♏13	17♒	18♑	26♈	27♊	0♊
13	19♏39	19♒17	17♊8	16♊14	27♏17	3♎18	26♍33	14♐50	8♏43	8♐10	27♐33	0♏15	17♒	18♑	26♈	27♊	0♊
14	20♏39	1♓8	17♊5	16R14	28♏50	4♎22	27♍9	15♐3	8♏50	8♐13	27♐35	0♏18	18♒	19♑	25♈	27♊	0♊
15	21♏40	13♓4	17♊2	16♊12	0♐23	5♎25	27♍44	15♐16	8♏57	8♐17	27♐37	0♏20	18♒	19♑	25♈	27♊	0♊
16	22♏40	25♓7	16♊59	16♊9	1♐55	6♎30	28♍20	15♐29	9♏4	8♐21	27♐39	0♏22	18♒	19♑	25♈	27♊	0♊
17	23♏40	7♈22	16♊55	16♊6	3♐28	7♎34	28♍55	15♐42	9♏11	8♐24	27♐41	0♏25	18♒	19♑	25♈	26♊	0♊
18	24♏41	19♈51	16♊52	16♊2	5♐0	8♎39	29♍31	15♐55	9♏18	8♐28	27♐43	0♏27	19♒	20♑	25♈	26♊	0♊
19	25♏41	2♉37	16♊49	15♊59	6♐31	9♎44	0♎6	16♐8	9♏26	8♐31	27♐45	0♏29	19♒	20♑	25♈	26♊	0♊
20	26♏42	15♉40	16♊46	15♊56	8♐3	10♎49	0♎42	16♐21	9♏33	8♐35	27♐47	0♏31	19♒	20♑	25♈	26♊	0♊
21	27♏42	29♉1	16♊43	15♊54	9♐34	11♎54	1♎17	16♐35	9♏40	8♐39	27♐49	0♏33	19♒	21♑	25♈	26♊	0♊
22	28♏43	12♊36	16♊39	15♊54	11♐5	13♎0	1♎52	16♐48	9♏47	8♐42	27♐51	0♏36	19♒	21♑	24♈	26♊	0♊
23	29♏44	26♊25	16♊36	15D54	12♐36	14♎6	2♎27	17♐1	9♏54	8♐46	27♐53	0♏38	20♒	21♑	24♈	25♊	0♊
24	0♐44	10♋23	16♊33	15♊55	14♐6	15♎13	3♎2	17♐14	10♏1	8♐50	27♐55	0♏40	20♒	21♑	24♈	25♊	0♊
25	1♐45	24♋29	16♊30	15♊56	15♐36	16♎19	3♎37	17♐28	10♏7	8♐53	27♐57	0♏42	20♒	22♑	24♈	25♊	0♊
26	2♐46	8♌40	16♊27	15♊57	17♐6	17♎26	4♎12	17♐41	10♏14	8♐57	27♐59	0♏44	20♒	22♑	24♈	25♊	0♊
27	3♐46	22♌52	16♊24	15♊58	18♐35	18♎33	4♎47	17♐54	10♏21	9♐1	28♐1	0♏46	21♒	22♑	24♈	25♊	0♊
28	4♐47	7♍4	16♊20	15R58	20♐4	19♎41	5♎22	18♐8	10♏28	9♐4	28♐4	0♏49	21♒	23♑	24♈	24♊	0♊
29	5♐48	21♍13	16♊17	15♊58	21♐33	20♎48	5♎57	18♐21	10♏35	9♐8	28♐6	0♏51	21♒	23♑	24♈	24♊	0♊
30	6♐48	5♎17	16♊14	15♊57	23♐1	21♎56	6♎32	18♐35	10♏42	9♐12	28♐8	0♏53	21♒	23♑	24♈	24♊	29♉

SUN INGRESS	☉→♐ 23日 06:18
MOON PHASE	● 5日 07:21 ♏　◐ 13日 00:49 ♒　○ 20日 21:29 ♉　◑ 27日 19:50 ♍

aspects	
7日 06:54	♀□♆
12日 05:46	☿⚹♂
14日 18:52	♂□♆
17日 19:45	♀⚹♅
20日 08:49	☿☌♅
26日 06:35	♀⚹♃
26日 11:02	☿☌♃
26日 21:46	☿⚹♀
29日 08:49	☉⚹♂

1983年12月

DAY	☉	☽	☊ mean	☊ true	☿	♀	♂	♃	♄	♅	♆	♇	⚳	⚴	⚵	⚶	⚷
	° ′	° ′	° ′	° ′	° ′	° ′	° ′	° ′	° ′	° ′	° ′	° ′	°	°	°	°	°
1	7♐49	19♎14	16♊11	15R56	24D29	23D4	7D7	18D48	10D48	9D15	28D10	0D55	22D	24D	24R	24R	29R
2	8♐50	3♏2	16♊8	15♊55	25♐56	24♎12	7♎41	19♐2	10♏55	9♐19	28♐12	0♏57	22♒	24♑	24♈	23♊	29♉
3	9♐51	16♏39	16♊5	15♊54	27♐22	25♎21	8♎16	19♐15	11♏2	9♐23	28♐14	0♏59	22♒	24♑	24D	23♊	29♉
4	10♐52	0♐2	16♊1	15♊54	28♐48	26♎29	8♎51	19♐29	11♏8	9♐26	28♐16	1♏1	22♒	25♑	24♈	23♊	29♉
5	11♐53	13♐10	15♊58	15♊53	0♑12	27♎38	9♎25	19♐42	11♏15	9♐30	28♐19	1♏3	23♒	25♑	24♈	23♊	29♉
6	12♐54	26♐2	15♊55	15D54	1♑36	28♎47	10♎0	19♐56	11♏21	9♐34	28♐21	1♏5	23♒	25♑	24♈	22♊	29♉
7	13♐55	8♑39	15♊52	15♊54	2♑58	29♎56	10♎34	20♐9	11♏28	9♐37	28♐23	1♏7	23♒	25♑	24♈	22♊	29♉
8	14♐56	21♑2	15♊49	15♊54	4♑18	1♏5	11♎8	20♐23	11♏34	9♐41	28♐25	1♏9	24♒	26♑	24♈	22♊	29♉
9	15♐56	3♒11	15♊45	15R54	5♑37	2♏15	11♎42	20♐36	11♏41	9♐45	28♐27	1♏10	24♒	26♑	24♈	22♊	29♉
10	16♐57	15♒11	15♊42	15♊54	6♑54	3♏24	12♎16	20♐50	11♏47	9♐49	28♐30	1♏12	24♒	26♑	24♈	21♊	29♉
11	17♐58	27♒5	15♊39	15♊54	8♑8	4♏34	12♎51	21♐4	11♏54	9♐52	28♐32	1♏14	24♒	27♑	24♈	21♊	29♉
12	18♐59	8♓57	15♊36	15♊53	9♑20	5♏44	13♎25	21♐17	12♏0	9♐56	28♐34	1♏16	25♒	27♑	24♈	21♊	29♉
13	20♐0	20♓51	15♊33	15D53	10♑29	6♏54	13♎58	21♐31	12♏6	10♐0	28♐36	1♏18	25♒	27♑	25♈	21♊	29♉
14	21♐1	2♈52	15♊30	15♊54	11♑33	8♏4	14♎32	21♐45	12♏12	10♐3	28♐39	1♏19	25♒	28♑	25♈	20♊	29♉
15	22♐2	15♈6	15♊26	15♊54	12♑34	9♏14	15♎6	21♐58	12♏18	10♐7	28♐41	1♏21	26♒	28♑	25♈	20♊	29♉
16	23♐4	27♈35	15♊23	15♊55	13♑30	10♏25	15♎40	22♐12	12♏24	10♐10	28♐43	1♏23	26♒	28♑	25♈	20♊	29♉
17	24♐5	10♉25	15♊20	15♊55	14♑20	11♏35	16♎13	22♐25	12♏31	10♐14	28♐45	1♏25	26♒	29♑	25♈	19♊	29♉
18	25♐6	23♉36	15♊17	15♊56	15♑4	12♏46	16♎47	22♐39	12♏37	10♐18	28♐48	1♏26	26♒	29♑	25♈	19♊	29♉
19	26♐7	7♊10	15♊14	15♊57	15♑40	13♏57	17♎20	22♐53	12♏42	10♐21	28♐50	1♏28	27♒	29♑	25♈	19♊	29♉
20	27♐8	21♊6	15♊11	15R57	16♑9	15♏7	17♎54	23♐6	12♏48	10♐25	28♐52	1♏29	27♒	0♒	25♈	19♊	28♉
21	28♐9	5♋21	15♊7	15♊56	16♑28	16♏18	18♎27	23♐20	12♏54	10♐28	28♐55	1♏31	27♒	0♒	26♈	18♊	28♉
22	29♐10	19♋49	15♊4	15♊55	16♑38	17♏30	19♎0	23♐34	13♏0	10♐32	28♐57	1♏33	28♒	0♒	26♈	18♊	28♉
23	0♑11	4♌26	15♊1	15♊53	16R37	18♏41	19♎33	23♐47	13♏6	10♐35	28♐59	1♏34	28♒	1♒	26♈	18♊	28♉
24	1♑12	19♌3	14♊58	15♊51	16♑25	19♏52	20♎6	24♐1	13♏11	10♐39	29♐1	1♏36	28♒	1♒	26♈	18♊	28♉
25	2♑13	3♍36	14♊55	15♊50	16♑1	21♏4	20♎39	24♐14	13♏17	10♐43	29♐4	1♏37	29♒	1♒	26♈	17♊	28♉
26	3♑14	17♍59	14♊51	15♊48	15♑25	22♏15	21♎12	24♐28	13♏22	10♐46	29♐6	1♏38	29♒	2♒	27♈	17♊	28♉
27	4♑15	2♎9	14♊48	15♊48	14♑38	23♏27	21♎45	24♐41	13♏28	10♐49	29♐8	1♏40	29♒	2♒	27♈	17♊	28♉
28	5♑17	16♎5	14♊45	15D48	13♑40	24♏39	22♎17	24♐55	13♏33	10♐53	29♐10	1♏41	0♓	2♒	27♈	17♊	28♉
29	6♑18	29♎45	14♊42	15♊49	12♑33	25♏50	22♎50	25♐9	13♏38	10♐56	29♐13	1♏42	0♓	3♒	27♈	17♊	28♉
30	7♑19	13♏9	14♊39	15♊50	11♑18	27♏2	23♎23	25♐22	13♏44	11♐0	29♐15	1♏44	0♓	3♒	27♈	16♊	28♉
31	8♑20	26♏20	14♊36	15♊52	9♑59	28♏14	23♎55	25♐36	13♏49	11♐3	29♐17	1♏45	1♓	3♒	28♈	16♊	28♉

SUN INGRESS	☉→♑ 22日 19:30
MOON PHASE	● 4日 21:26 ♐　◐ 12日 22:09 ♓　○ 20日 11:00 ♊　◑ 27日 03:52 ♎

aspects	
2日 12:09	☉☌♅
3日 14:58	☿☌♆
5日 03:56	♂⚹♅
5日 14:40	☿⚹♆
5日 14:52	☿⚹♇
8日 01:12	♀☌♇
14日 16:54	☿⚹♄
14日 21:48	☉☌♃
17日 20:34	♀☌♄
21日 04:05	☿⚹♀
21日 18:41	☉☌♆
24日 09:27	☉⚹♇
28日 02:19	☿⚹♄
31日 16:41	☉☌☿

1984年1月

DAY	☉	☽	☊ mean	☊ true	☿	♀	♂	♃	♄	♅	♆	♇	⚳	⚴	⚵	⚶	⚷
	° ′	° ′	° ′	° ′	° ′	° ′	° ′	° ′	° ′	° ′	° ′	° ′	°	°	°	°	°
1	9♑21	9♐18	14♊32	15 D 53	8 R 38	29 D 26	24 D 27	25 D 49	13 D 54	11 D 7	29 D 19	1 D 46	1 D	4 D	28 D	16 R	28 R
2	10♑22	22♐3	14♊29	15 R 53	7♑16	0♐39	24♎59	26♐2	13♏59	11♐10	29♐22	1♏47	1♓	4♒	28♈	16♊	28♉
3	11♑24	4♑37	14♊26	15♊52	5♑58	1♐51	25♎31	26♐16	14♏4	11♐13	29♐24	1♏49	2♓	4♒	29♈	15♊	28♉
4	12♑25	17♑0	14♊23	15♊49	4♑45	3♐3	26♎3	26♐29	14♏9	11♐17	29♐26	1♏50	2♓	5♒	29♈	15♊	28♉
5	13♑26	29♑14	14♊20	15♊45	3♑39	4♐16	26♎35	26♐43	14♏14	11♐20	29♐28	1♏51	2♓	5♒	29♈	15♊	28♉
6	14♑27	11♒18	14♊17	15♊40	2♑42	5♐28	27♎7	26♐56	14♏19	11♐23	29♐31	1♏52	3♓	5♒	29♈	15♊	28♉
7	15♑28	23♒16	14♊13	15♊34	1♑54	6♐40	27♎38	27♐9	14♏23	11♐26	29♐33	1♏53	3♓	6♒	0♉	15♊	28♉
8	16♑30	5♓9	14♊10	15♊29	1♑17	7♐53	28♎10	27♐23	14♏28	11♐30	29♐35	1♏54	3♓	6♒	0♉	15♊	28♉
9	17♑31	17♓0	14♊7	15♊24	0♑49	9♐6	28♎41	27♐36	14♏32	11♐33	29♐37	1♏55	4♓	6♒	0♉	14♊	28♉
10	18♑32	28♓52	14♊4	15♊20	0♑31	10♐18	29♎12	27♐49	14♏37	11♐36	29♐39	1♏56	4♓	7♒	1♉	14♊	28♉
11	19♑33	10♈51	14♊1	15♊18	0♑23	11♐31	29♎44	28♐2	14♏41	11♐39	29♐42	1♏57	4♓	7♒	1♉	14♊	28♉
12	20♑34	23♈0	13♊57	15 D 18	0 D 24	12♐44	0♏15	28♐16	14♏45	11♐42	29♐44	1♏58	5♓	7♒	1♉	14♊	28♉
13	21♑35	5♉24	13♊54	15♊19	0♑33	13♐57	0♏45	28♐29	14♏50	11♐45	29♐46	1♏58	5♓	8♒	2♉	14♊	28♉
14	22♑36	18♉9	13♊51	15♊20	0♑50	15♐10	1♏16	28♐42	14♏54	11♐48	29♐48	1♏59	5♓	8♒	2♉	14♊	28♉
15	23♑38	1♊17	13♊48	15♊22	1♑14	16♐22	1♏47	28♐55	14♏58	11♐51	29♐50	2♏0	6♓	8♒	2♉	13♊	28♉
16	24♑39	14♊52	13♊45	15♊23	1♑44	17♐35	2♏17	29♐8	15♏2	11♐54	29♐52	2♏1	6♓	9♒	3♉	13♊	28♉
17	25♑40	28♊55	13♊42	15 R 22	2♑20	18♐49	2♏47	29♐21	15♏6	11♐57	29♐54	2♏1	7♓	9♒	3♉	13♊	27♉
18	26♑41	13♋24	13♊38	15♊19	3♑1	20♐2	3♏18	29♐34	15♏9	12♐0	29♐56	2♏2	7♓	9♒	3♉	13♊	27♉
19	27♑42	28♋14	13♊35	15♊14	3♑47	21♐15	3♏48	29♐47	15♏13	12♐3	29♐58	2♏3	7♓	10♒	4♉	13♊	27♉
20	28♑43	13♌16	13♊32	15♊8	4♑37	22♐28	4♏17	29♐59	15♏17	12♐6	0♑1	2♏3	8♓	10♒	4♉	13♊	27♉
21	29♑44	28♌22	13♊29	15♊1	5♑31	23♐41	4♏47	0♑12	15♏20	12♐8	0♑3	2♏4	8♓	11♒	4♉	13♊	27♉
22	0♒45	13♍22	13♊26	14♊54	6♑28	24♐54	5♏17	0♑25	15♏24	12♐11	0♑5	2♏4	8♓	11♒	5♉	13♊	27♉
23	1♒46	28♍6	13♊23	14♊48	7♑29	26♐8	5♏46	0♑38	15♏27	12♐14	0♑7	2♏5	9♓	11♒	5♉	13♊	27♉
24	2♒47	12♎30	13♊19	14♊44	8♑32	27♐21	6♏15	0♑50	15♏30	12♐17	0♑9	2♏5	9♓	12♒	5♉	13♊	27♉
25	3♒48	26♎31	13♊16	14♊42	9♑38	28♐34	6♏44	1♑3	15♏33	12♐19	0♑11	2♏6	9♓	12♒	6♉	13♊	27♉
26	4♒49	10♏8	13♊13	14 D 42	10♑46	29♐48	7♏13	1♑15	15♏37	12♐22	0♑13	2♏6	10♓	12♒	6♉	13♊	27♉
27	5♒50	23♏23	13♊10	14♊43	11♑56	1♑1	7♏42	1♑28	15♏40	12♐24	0♑14	2♏6	10♓	13♒	7♉	13♊	27♉
28	6♒51	6♐19	13♊7	14♊44	13♑8	2♑15	8♏11	1♑40	15♏42	12♐27	0♑16	2♏7	11♓	13♒	7♉	13♊	27♉
29	7♒52	18♐59	13♊3	14 R 45	14♑21	3♑28	8♏39	1♑53	15♏45	12♐29	0♑18	2♏7	11♓	13♒	7♉	13♊	27♉
30	8♒53	1♑26	13♊0	14♊43	15♑37	4♑42	9♏7	2♑5	15♏48	12♐32	0♑20	2♏7	11♓	14♒	8♉	12♊	27♉
31	9♒54	13♑43	12♊57	14♊39	16♑54	5♑55	9♏35	2♑17	15♏50	12♐34	0♑22	2♏7	12♓	14♒	8♉	12♊	27♉

SUN INGRESS ☉→♒ 21日 06:05

MOON PHASE ● 3日 14:16 ♑ ◐ 11日 18:48 ♈ ○ 18日 23:05 ♋ ◑ 25日 13:48 ♏

aspects		
5日	09:55	♂⚹♃
5日	20:20	☉⚹♄
7日	00:40	☿⚹♇
10日	22:19	♂⚹♆
11日	02:43	♀☌♅
12日	09:27	☿⚹♂
15日	10:49	♂☌♇
16日	11:47	☿⚹♇
19日	00:33	☿⚹♂
20日	02:23	♃☌♆
23日	07:25	☉□♇
26日	08:20	♀☌♆
27日	10:29	♀☌♃
27日	21:23	♀⚹♇
30日	03:38	☿⚹♄
30日	04:31	♃⚹♇
30日	10:20	☉□♂

1984年2月

DAY	☉	☽	☊ mean	☊ true	☿	♀	♂	♃	♄	♅	♆	♇	⚳	⚴	⚵	⚶	⚷
	° ′	° ′	° ′	° ′	° ′	° ′	° ′	° ′	° ′	° ′	° ′	° ′	°	°	°	°	°
1	10♒55	25♑52	12♊54	14 R 32	18 D 12	7 D 9	10 D 3	2 D 29	15 D 53	12 D 37	0 D 24	2 D 7	12 D	14 D	9 D	12 D	27 R
2	11♒56	7♒55	12♊51	14♊23	19♑31	8♑22	10♏31	2♑41	15♏55	12♐39	0♑26	2♏8	12♓	15♒	9♉	13♊	27♉
3	12♒57	19♒53	12♊48	14♊12	20♑52	9♑36	10♏58	2♑53	15♏58	12♐41	0♑28	2♏8	13♓	15♒	10♉	13♊	27♉
4	13♒58	1♓48	12♊44	13♊59	22♑14	10♑50	11♏25	3♑5	16♏0	12♐43	0♑29	2♏8	13♓	15♒	10♉	13♊	27♉
5	14♒59	13♓39	12♊41	13♊47	23♑37	12♑3	11♏52	3♑17	16♏2	12♐46	0♑31	2 R 8	14♓	16♒	10♉	13♊	27♉
6	16♒0	25♓31	12♊38	13♊36	25♑2	13♑17	12♏19	3♑29	16♏4	12♐48	0♑33	2♏8	14♓	16♒	11♉	13♊	27 D
7	17♒0	7♈24	12♊35	13♊27	26♑27	14♑31	12♏46	3♑41	16♏6	12♐50	0♑35	2♏8	14♓	16♒	11♉	13♊	27♉
8	18♒1	19♈22	12♊32	13♊20	27♑53	15♑45	13♏12	3♑52	16♏8	12♐52	0♑36	2♏7	15♓	17♒	12♉	13♊	27♉
9	19♒2	1♉28	12♊28	13♊16	29♑20	16♑58	13♏38	4♑4	16♏9	12♐54	0♑38	2♏7	15♓	17♒	12♉	13♊	27♉
10	20♒3	13♉48	12♊25	13♊14	0♒48	18♑12	14♏4	4♑15	16♏11	12♐56	0♑40	2♏7	15♓	17♒	13♉	13♊	27♉
11	21♒3	26♉26	12♊22	13 D 14	2♒17	19♑26	14♏30	4♑27	16♏12	12♐58	0♑41	2♏7	16♓	18♒	13♉	13♊	27♉
12	22♒4	9♊26	12♊19	13♊15	3♒47	20♑40	14♏55	4♑38	16♏14	13♐0	0♑43	2♏7	16♓	18♒	13♉	13♊	27♉
13	23♒5	22♊53	12♊16	13 R 14	5♒17	21♑54	15♏20	4♑49	16♏15	13♐2	0♑44	2♏6	17♓	18♒	14♉	13♊	27♉
14	24♒6	6♋50	12♊13	13♊12	6♒49	23♑7	15♏45	5♑1	16♏16	13♐3	0♑46	2♏6	17♓	19♒	14♉	13♊	27♉
15	25♒6	21♋16	12♊9	13♊8	8♒21	24♑21	16♏10	5♑12	16♏17	13♐5	0♑47	2♏6	17♓	19♒	15♉	13♊	27♉
16	26♒7	6♌9	12♊6	13♊0	9♒55	25♑35	16♏34	5♑23	16♏18	13♐7	0♑49	2♏5	18♓	19♒	15♉	13♊	27♉
17	27♒7	21♌21	12♊3	12♊51	11♒29	26♑49	16♏58	5♑34	16♏19	13♐8	0♑50	2♏5	18♓	20♒	16♉	13♊	27♉
18	28♒8	6♍42	12♊0	12♊40	13♒4	28♑3	17♏22	5♑44	16♏20	13♐10	0♑52	2♏4	18♓	20♒	16♉	14♊	27♉
19	29♒8	22♍0	11♊57	12♊29	14♒40	29♑17	17♏46	5♑55	16♏21	13♐12	0♑53	2♏4	19♓	20♒	17♉	14♊	27♉
20	0♓9	7♎5	11♊54	12♊19	16♒17	0♒31	18♏9	6♑6	16♏21	13♐13	0♑55	2♏3	19♓	21♒	17♉	14♊	27♉
21	1♓9	21♎47	11♊50	12♊12	17♒55	1♒45	18♏32	6♑16	16♏22	13♐14	0♑56	2♏3	20♓	21♒	18♉	14♊	27♉
22	2♓10	6♏1	11♊47	12♊7	19♒33	2♒59	18♏55	6♑27	16♏22	13♐16	0♑57	2♏2	20♓	21♒	18♉	14♊	27♉
23	3♓10	19♏47	11♊44	12♊5	21♒13	4♒13	19♏17	6♑37	16♏22	13♐17	0♑59	2♏2	20♓	22♒	19♉	14♊	27♉
24	4♓11	3♐4	11♊41	12♊5	22♒54	5♒26	19♏39	6♑47	16♏23	13♐18	1♑0	2♏1	21♓	22♒	19♉	14♊	27♉
25	5♓11	15♐58	11♊38	12♊5	24♒35	6♒40	20♏1	6♑57	16 R 23	13♐20	1♑1	2♏0	21♓	22♒	20♉	15♊	27♉
26	6♓11	28♐32	11♊34	12♊4	26♒18	7♒54	20♏22	7♑7	16♏23	13♐21	1♑2	2♏0	22♓	23♒	20♉	15♊	27♉
27	7♓12	10♑50	11♊31	12♊1	28♒1	9♒8	20♏43	7♑17	16♏22	13♐22	1♑3	1♏59	22♓	23♒	21♉	15♊	28♉
28	8♓12	22♑58	11♊28	11♊56	29♒46	10♒22	21♏4	7♑27	16♏22	13♐23	1♑5	1♏58	22♓	23♒	21♉	15♊	28♉
29	9♓12	4♒58	11♊25	11♊47	1♓31	11♒36	21♏24	7♑37	16♏22	13♐24	1♑6	1♏57	23♓	24♒	21♉	15♊	28♉

SUN INGRESS ☉→♓ 19日 20:16

MOON PHASE ● 2日 08:46 ♒ ◐ 10日 13:00 ♉ ○ 17日 09:41 ♌ ◑ 24日 02:12 ♐

aspects		
2日	17:34	☉⚹♅
4日	18:19	♀⚹♂
6日	01:48	☉□♄
8日	07:40	♀⚹♄
10日	21:21	☿□♇
15日	07:47	♂☌♄
18日	01:32	☿⚹♅
20日	01:06	☿□♄
20日	18:33	☉⚹♆
21日	05:53	♀□♇
21日	11:50	☿□♂
21日	21:02	☉△♇
27日	02:37	☉⚹♃
28日	18:08	☿⚹♆
29日	05:48	☿△♇

1984年3月

DAY	☉	☽	☊ mean	☊ true	☿	♀	♂	♃	♄	♅	♆	♇	⚳	⚴	⚵	⚶	⚷
	° ′	° ′	° ′	° ′	° ′	° ′	° ′	° ′	° ′	° ′	° ′	° ′	°	°	°	°	°
1	10 ♓ 13	16 ♒ 53	11 ♊ 22	11 R 36	3 D 18	12 D 50	21 D 44	7 D 46	16 R 21	13 D 25	1 D 7	1 R 56	23 D	24 D	22 D	15 D	28 D
2	11 ♓ 13	28 ♒ 46	11 ♊ 19	11 ♊ 22	5 ♓ 6	14 ♒ 5	22 ♏ 4	7 ♑ 56	16 ♏ 21	13 ♐ 26	1 ♑ 8	1 ♏ 56	24 ♓	24 ♒	22 ♉	16 ♊	28 ♉
3	12 ♓ 13	10 ♓ 38	11 ♊ 15	11 ♊ 7	6 ♓ 54	15 ♒ 19	22 ♏ 23	8 ♑ 5	16 ♏ 20	13 ♐ 27	1 ♑ 9	1 ♏ 55	24 ♓	25 ♒	23 ♉	16 ♊	28 ♉
4	13 ♓ 13	22 ♓ 30	11 ♊ 12	10 ♊ 52	8 ♓ 44	16 ♒ 33	22 ♏ 42	8 ♑ 14	16 ♏ 19	13 ♐ 28	1 ♑ 10	1 ♏ 54	24 ♓	25 ♒	23 ♉	16 ♊	28 ♉
5	14 ♓ 13	4 ♈ 24	11 ♊ 9	10 ♊ 38	10 ♓ 35	17 ♒ 47	23 ♏ 0	8 ♑ 24	16 ♏ 18	13 ♐ 28	1 ♑ 11	1 ♏ 53	25 ♓	25 ♒	24 ♉	16 ♊	28 ♉
6	15 ♓ 13	16 ♈ 22	11 ♊ 6	10 ♊ 27	12 ♓ 26	19 ♒ 1	23 ♏ 18	8 ♑ 33	16 ♏ 17	13 ♐ 29	1 ♑ 12	1 ♏ 52	25 ♓	26 ♒	24 ♉	16 ♊	28 ♉
7	16 ♓ 14	28 ♈ 24	11 ♊ 3	10 ♊ 18	14 ♓ 19	20 ♒ 15	23 ♏ 36	8 ♑ 41	16 ♏ 16	13 ♐ 30	1 ♑ 13	1 ♏ 51	25 ♓	26 ♒	25 ♉	17 ♊	28 ♉
8	17 ♓ 14	10 ♉ 35	11 ♊ 0	10 ♊ 12	16 ♓ 13	21 ♒ 29	23 ♏ 53	8 ♑ 50	16 ♏ 15	13 ♐ 30	1 ♑ 14	1 ♏ 50	26 ♓	26 ♒	25 ♉	17 ♊	28 ♉
9	18 ♓ 14	22 ♉ 56	10 ♊ 56	10 ♊ 9	18 ♓ 8	22 ♒ 43	24 ♏ 10	8 ♑ 59	16 ♏ 14	13 ♐ 31	1 ♑ 15	1 ♏ 49	26 ♓	27 ♒	26 ♉	17 ♊	28 ♉
10	19 ♓ 14	5 ♊ 33	10 ♊ 53	10 ♊ 8	20 ♓ 3	23 ♒ 57	24 ♏ 26	9 ♑ 7	16 ♏ 12	13 ♐ 31	1 ♑ 15	1 ♏ 47	27 ♓	27 ♒	26 ♉	17 ♊	28 ♉
11	20 ♓ 14	18 ♊ 29	10 ♊ 50	10 D 8	22 ♓ 0	25 ♒ 11	24 ♏ 42	9 ♑ 16	16 ♏ 11	13 ♐ 32	1 ♑ 16	1 ♏ 46	27 ♓	27 ♒	27 ♉	18 ♊	28 ♉
12	21 ♓ 13	1 ♋ 48	10 ♊ 47	10 R 8	23 ♓ 57	26 ♒ 25	24 ♏ 57	9 ♑ 24	16 ♏ 9	13 ♐ 32	1 ♑ 17	1 ♏ 45	27 ♓	28 ♒	27 ♉	18 ♊	28 ♉
13	22 ♓ 13	15 ♋ 33	10 ♊ 44	10 ♊ 6	25 ♓ 55	27 ♒ 39	25 ♏ 12	9 ♑ 32	16 ♏ 8	13 ♐ 32	1 ♑ 18	1 ♏ 44	28 ♓	28 ♒	28 ♉	18 ♊	28 ♉
14	23 ♓ 13	29 ♋ 47	10 ♊ 40	10 ♊ 2	27 ♓ 54	28 ♒ 53	25 ♏ 27	9 ♑ 40	16 ♏ 6	13 ♐ 33	1 ♑ 18	1 ♏ 43	28 ♓	28 ♒	29 ♉	18 ♊	28 ♉
15	24 ♓ 13	14 ♌ 27	10 ♊ 37	9 ♊ 55	29 ♓ 52	0 ♓ 7	25 ♏ 41	9 ♑ 48	16 ♏ 4	13 ♐ 33	1 ♑ 19	1 ♏ 42	29 ♓	29 ♒	29 ♉	18 ♊	28 ♉
16	25 ♓ 13	29 ♌ 30	10 ♊ 34	9 ♊ 46	1 ♈ 51	1 ♓ 21	25 ♏ 54	9 ♑ 56	16 ♏ 2	13 ♐ 33	1 ♑ 20	1 ♏ 40	29 ♓	29 ♒	0 ♊	19 ♊	28 ♉
17	26 ♓ 12	14 ♍ 46	10 ♊ 31	9 ♊ 36	3 ♈ 50	2 ♓ 35	26 ♏ 7	10 ♑ 3	16 ♏ 0	13 ♐ 33	1 ♑ 20	1 ♏ 39	29 ♓	29 ♒	0 ♊	19 ♊	28 ♉
18	27 ♓ 12	0 ♎ 5	10 ♊ 28	9 ♊ 25	5 ♈ 49	3 ♓ 49	26 ♏ 19	10 ♑ 11	15 ♏ 58	13 ♐ 33	1 ♑ 21	1 ♏ 38	0 ♈	0 ♓	1 ♊	19 ♊	28 ♉
19	28 ♓ 12	15 ♎ 15	10 ♊ 25	9 ♊ 15	7 ♈ 47	5 ♓ 3	26 ♏ 31	10 ♑ 18	15 ♏ 56	13 R 33	1 ♑ 21	1 ♏ 36	0 ♈	0 ♓	1 ♊	20 ♊	28 ♉
20	29 ♓ 11	0 ♏ 6	10 ♊ 21	9 ♊ 8	9 ♈ 45	6 ♓ 17	26 ♏ 43	10 ♑ 25	15 ♏ 53	13 ♐ 33	1 ♑ 22	1 ♏ 35	1 ♈	0 ♓	2 ♊	20 ♊	28 ♉
21	0 ♈ 11	14 ♏ 32	10 ♊ 18	9 ♊ 3	11 ♈ 41	7 ♓ 31	26 ♏ 53	10 ♑ 32	15 ♏ 51	13 ♐ 33	1 ♑ 22	1 ♏ 34	1 ♈	1 ♓	2 ♊	20 ♊	28 ♉
22	1 ♈ 10	28 ♏ 28	10 ♊ 15	9 ♊ 1	13 ♈ 35	8 ♓ 45	27 ♏ 4	10 ♑ 39	15 ♏ 49	13 ♐ 33	1 ♑ 23	1 ♏ 32	1 ♈	1 ♓	3 ♊	20 ♊	28 ♉
23	2 ♈ 10	11 ♐ 55	10 ♊ 12	9 D 1	15 ♈ 28	9 ♓ 59	27 ♏ 13	10 ♑ 46	15 ♏ 46	13 ♐ 33	1 ♑ 23	1 ♏ 31	2 ♈	1 ♓	3 ♊	21 ♊	28 ♉
24	3 ♈ 9	24 ♐ 54	10 ♊ 9	9 ♊ 1	17 ♈ 18	11 ♓ 13	27 ♏ 22	10 ♑ 52	15 ♏ 43	13 ♐ 33	1 ♑ 23	1 ♏ 30	2 ♈	2 ♓	4 ♊	21 ♊	28 ♉
25	4 ♈ 9	7 ♑ 31	10 ♊ 6	9 R 1	19 ♈ 6	12 ♓ 27	27 ♏ 31	10 ♑ 59	15 ♏ 41	13 ♐ 32	1 ♑ 24	1 ♏ 28	3 ♈	2 ♓	4 ♊	21 ♊	29 ♉
26	5 ♈ 8	19 ♑ 50	10 ♊ 2	9 ♊ 0	20 ♈ 50	13 ♓ 41	27 ♏ 39	11 ♑ 5	15 ♏ 38	13 ♐ 32	1 ♑ 24	1 ♏ 27	3 ♈	2 ♓	5 ♊	21 ♊	29 ♉
27	6 ♈ 8	1 ♒ 55	9 ♊ 59	8 ♊ 57	22 ♈ 30	14 ♓ 55	27 ♏ 46	11 ♑ 11	15 ♏ 35	13 ♐ 32	1 ♑ 24	1 ♏ 25	3 ♈	2 ♓	5 ♊	22 ♊	29 ♉
28	7 ♈ 7	13 ♒ 52	9 ♊ 56	8 ♊ 51	24 ♈ 6	16 ♓ 9	27 ♏ 52	11 ♑ 17	15 ♏ 32	13 ♐ 31	1 ♑ 24	1 ♏ 24	4 ♈	3 ♓	6 ♊	22 ♊	29 ♉
29	8 ♈ 7	25 ♒ 44	9 ♊ 53	8 ♊ 43	25 ♈ 38	17 ♓ 23	27 ♏ 58	11 ♑ 23	15 ♏ 29	13 ♐ 31	1 ♑ 25	1 ♏ 22	4 ♈	3 ♓	6 ♊	22 ♊	29 ♉
30	9 ♈ 6	7 ♓ 35	9 ♊ 50	8 ♊ 33	27 ♈ 5	18 ♓ 37	28 ♏ 3	11 ♑ 28	15 ♏ 26	13 ♐ 30	1 ♑ 25	1 ♏ 21	5 ♈	3 ♓	7 ♊	23 ♊	29 ♉
31	10 ♈ 5	19 ♓ 27	9 ♊ 46	8 ♊ 21	28 ♈ 27	19 ♓ 51	28 ♏ 8	11 ♑ 34	15 ♏ 22	13 ♐ 29	1 ♑ 25	1 ♏ 19	5 ♈	4 ♓	7 ♊	23 ♊	29 ♉

SUN INGRESS	☉ → ♈ 20日 19:24
MOON PHASE	● 3日 03:31 ♓　◐ 11日 03:27 ♊　○ 17日 19:10 ♍　◑ 24日 16:58 ♑

aspects		
1日	11:20	♀⚹♅
3日	16:59	☿⚹♃
3日	19:43	♀□♄
4日	05:49	☉□♅
6日	13:25	☿□♅
7日	01:04	☉△♄
8日	00:25	☿△♄
9日	02:32	☉☌☿
10日	12:08	♀□♂
12日	14:03	☿△♂
15日	17:33	☿□♆
15日	23:31	♀⚹♆
16日	06:10	♀△♇
16日	21:15	☉△♂
20日	08:51	☿□♃
21日	23:30	☿△♅
22日	04:54	☉□♆
23日	16:30	♀⚹♃
25日	20:59	♀□♅
27日	12:19	♀△♄
27日	14:55	♆⚹♇

1984年4月

DAY	☉	☽	☊ mean	☊ true	☿	♀	♂	♃	♄	♅	♆	♇	⚳	⚴	⚵	⚶	⚷
	° ′	° ′	° ′	° ′	° ′	° ′	° ′	° ′	° ′	° ′	° ′	° ′	°	°	°	°	°
1	11 ♈ 4	1 ♈ 22	9 ♊ 43	8 R 10	29 D 43	21 D 5	28 D 12	11 D 39	15 R 19	13 R 29	1 D 25	1 R 18	5 D	4 D	8 D	23 D	29 D
2	12 ♈ 4	13 ♈ 22	9 ♊ 40	7 ♊ 59	0 ♉ 53	22 ♓ 19	28 ♏ 15	11 ♑ 44	15 ♏ 16	13 ♐ 28	1 ♑ 25	1 ♏ 16	6 ♈	4 ♓	8 ♊	24 ♊	29 ♉
3	13 ♈ 3	25 ♈ 28	9 ♊ 37	7 ♊ 50	1 ♉ 58	23 ♓ 33	28 ♏ 17	11 ♑ 49	15 ♏ 12	13 ♐ 27	1 R 25	1 ♏ 14	6 ♈	5 ♓	9 ♊	24 ♊	29 ♉
4	14 ♈ 2	7 ♉ 41	9 ♊ 34	7 ♊ 44	2 ♉ 56	24 ♓ 47	28 ♏ 19	11 ♑ 54	15 ♏ 9	13 ♐ 26	1 ♑ 25	1 ♏ 13	7 ♈	5 ♓	9 ♊	24 ♊	29 ♉
5	15 ♈ 1	20 ♉ 3	9 ♊ 31	7 ♊ 40	3 ♉ 47	26 ♓ 1	28 ♏ 20	11 ♑ 59	15 ♏ 5	13 ♐ 26	1 ♑ 25	1 ♏ 11	7 ♈	5 ♓	10 ♊	25 ♊	29 ♉
6	16 ♈ 0	2 ♊ 35	9 ♊ 27	7 ♊ 38	4 ♉ 32	27 ♓ 15	28 R 20	12 ♑ 3	15 ♏ 2	13 ♐ 25	1 ♑ 25	1 ♏ 10	7 ♈	6 ♓	10 ♊	25 ♊	29 ♉
7	16 ♈ 59	15 ♊ 20	9 ♊ 24	7 D 38	5 ♉ 11	28 ♓ 29	28 ♏ 20	12 ♑ 7	14 ♏ 58	13 ♐ 24	1 ♑ 25	1 ♏ 8	8 ♈	6 ♓	11 ♊	25 ♊	29 ♉
8	17 ♈ 58	28 ♊ 21	9 ♊ 21	7 ♊ 39	5 ♉ 42	29 ♓ 43	28 ♏ 19	12 ♑ 12	14 ♏ 54	13 ♐ 23	1 ♑ 25	1 ♏ 6	8 ♈	6 ♓	12 ♊	25 ♊	29 ♉
9	18 ♈ 57	11 ♋ 40	9 ♊ 18	7 ♊ 40	6 ♉ 7	0 ♈ 57	28 ♏ 17	12 ♑ 16	14 ♏ 51	13 ♐ 22	1 ♑ 24	1 ♏ 5	9 ♈	6 ♓	12 ♊	26 ♊	29 ♉
10	19 ♈ 56	25 ♋ 20	9 ♊ 15	7 R 40	6 ♉ 25	2 ♈ 11	28 ♏ 14	12 ♑ 19	14 ♏ 47	13 ♐ 20	1 ♑ 24	1 ♏ 3	9 ♈	7 ♓	13 ♊	26 ♊	29 ♉
11	20 ♈ 55	9 ♌ 23	9 ♊ 11	7 ♊ 39	6 ♉ 36	3 ♈ 25	28 ♏ 11	12 ♑ 23	14 ♏ 43	13 ♐ 19	1 ♑ 24	1 ♏ 1	9 ♈	7 ♓	13 ♊	26 ♊	29 ♉
12	21 ♈ 54	23 ♌ 47	9 ♊ 8	7 ♊ 35	6 ♉ 41	4 ♈ 39	28 ♏ 6	12 ♑ 26	14 ♏ 39	13 ♐ 18	1 ♑ 24	1 ♏ 0	10 ♈	7 ♓	14 ♊	27 ♊	0 ♊
13	22 ♈ 53	8 ♍ 30	9 ♊ 5	7 ♊ 30	6 R 39	5 ♈ 53	28 ♏ 2	12 ♑ 30	14 ♏ 35	13 ♐ 17	1 ♑ 23	0 ♏ 58	10 ♈	8 ♓	14 ♊	27 ♊	0 ♊
14	23 ♈ 51	23 ♍ 26	9 ♊ 2	7 ♊ 24	6 ♉ 32	7 ♈ 7	27 ♏ 56	12 ♑ 33	14 ♏ 31	13 ♐ 16	1 ♑ 23	0 ♏ 56	10 ♈	8 ♓	15 ♊	27 ♊	0 ♊
15	24 ♈ 50	8 ♎ 27	8 ♊ 59	7 ♊ 17	6 ♉ 18	8 ♈ 21	27 ♏ 49	12 ♑ 36	14 ♏ 27	13 ♐ 14	1 ♑ 23	0 ♏ 55	11 ♈	8 ♓	15 ♊	28 ♊	0 ♊
16	25 ♈ 49	23 ♎ 24	8 ♊ 56	7 ♊ 11	5 ♉ 58	9 ♈ 35	27 ♏ 42	12 ♑ 38	14 ♏ 23	13 ♐ 13	1 ♑ 22	0 ♏ 53	11 ♈	8 ♓	16 ♊	28 ♊	0 ♊
17	26 ♈ 47	8 ♏ 8	8 ♊ 52	7 ♊ 7	5 ♉ 34	10 ♈ 49	27 ♏ 34	12 ♑ 41	14 ♏ 18	13 ♐ 12	1 ♑ 22	0 ♏ 51	12 ♈	9 ♓	16 ♊	29 ♊	0 ♊
18	27 ♈ 46	22 ♏ 31	8 ♊ 49	7 ♊ 4	5 ♉ 5	12 ♈ 3	27 ♏ 25	12 ♑ 43	14 ♏ 14	13 ♐ 10	1 ♑ 21	0 ♏ 50	12 ♈	9 ♓	17 ♊	29 ♊	0 ♊
19	28 ♈ 45	6 ♐ 30	8 ♊ 46	7 ♊ 3	4 ♉ 32	13 ♈ 17	27 ♏ 16	12 ♑ 45	14 ♏ 10	13 ♐ 9	1 ♑ 21	0 ♏ 48	12 ♈	9 ♓	17 ♊	29 ♊	0 ♊
20	29 ♈ 43	20 ♐ 2	8 ♊ 43	7 D 4	3 ♉ 57	14 ♈ 30	27 ♏ 6	12 ♑ 47	14 ♏ 6	13 ♐ 7	1 ♑ 20	0 ♏ 46	13 ♈	10 ♓	18 ♊	0 ♋	0 ♊
21	0 ♉ 42	3 ♑ 8	8 ♊ 40	7 ♊ 5	3 ♉ 18	15 ♈ 44	26 ♏ 55	12 ♑ 49	14 ♏ 1	13 ♐ 5	1 ♑ 20	0 ♏ 45	13 ♈	10 ♓	18 ♊	0 ♋	0 ♊
22	1 ♉ 40	15 ♑ 51	8 ♊ 37	7 ♊ 7	2 ♉ 38	16 ♈ 58	26 ♏ 43	12 ♑ 51	13 ♏ 57	13 ♐ 4	1 ♑ 19	0 ♏ 43	14 ♈	10 ♓	19 ♊	0 ♋	0 ♊
23	2 ♉ 39	28 ♑ 14	8 ♊ 33	7 ♊ 8	1 ♉ 57	18 ♈ 12	26 ♏ 31	12 ♑ 52	13 ♏ 53	13 ♐ 2	1 ♑ 18	0 ♏ 41	14 ♈	10 ♓	20 ♊	1 ♋	0 ♊
24	3 ♉ 37	10 ♒ 22	8 ♊ 30	7 R 8	1 ♉ 15	19 ♈ 26	26 ♏ 17	12 ♑ 54	13 ♏ 48	13 ♐ 1	1 ♑ 18	0 ♏ 40	14 ♈	11 ♓	20 ♊	1 ♋	0 ♊
25	4 ♉ 36	22 ♒ 21	8 ♊ 27	7 ♊ 6	0 ♉ 34	20 ♈ 40	26 ♏ 3	12 ♑ 55	13 ♏ 44	12 ♐ 59	1 ♑ 17	0 ♏ 38	15 ♈	11 ♓	21 ♊	1 ♋	0 ♊
26	5 ♉ 34	4 ♓ 13	8 ♊ 24	7 ♊ 3	29 ♈ 54	21 ♈ 54	25 ♏ 49	12 ♑ 56	13 ♏ 39	12 ♐ 57	1 ♑ 16	0 ♏ 36	15 ♈	11 ♓	21 ♊	2 ♋	0 ♊
27	6 ♉ 33	16 ♓ 5	8 ♊ 21	6 ♊ 59	29 ♈ 16	23 ♈ 8	25 ♏ 34	12 ♑ 56	13 ♏ 35	12 ♐ 55	1 ♑ 16	0 ♏ 34	16 ♈	11 ♓	22 ♊	2 ♋	1 ♊
28	7 ♉ 31	27 ♓ 59	8 ♊ 17	6 ♊ 54	28 ♈ 41	24 ♈ 21	25 ♏ 18	12 ♑ 57	13 ♏ 30	12 ♐ 53	1 ♑ 15	0 ♏ 33	16 ♈	12 ♓	22 ♊	2 ♋	1 ♊
29	8 ♉ 29	9 ♈ 58	8 ♊ 14	6 ♊ 49	28 ♈ 9	25 ♈ 35	25 ♏ 1	12 ♑ 57	13 ♏ 26	12 ♐ 52	1 ♑ 14	0 ♏ 31	16 ♈	12 ♓	23 ♊	3 ♋	1 ♊
30	9 ♉ 28	22 ♈ 5	8 ♊ 11	6 ♊ 44	27 ♈ 40	26 ♈ 49	24 ♏ 44	12 ♑ 57	13 ♏ 21	12 ♐ 50	1 ♑ 13	0 ♏ 29	17 ♈	12 ♓	23 ♊	3 ♋	1 ♊

SUN INGRESS	☉ → ♉ 20日 06:38
MOON PHASE	● 1日 21:10 ♈　◐ 9日 13:51 ♋　○ 16日 04:11 ♎　◑ 23日 09:26 ♒

aspects		
1日	15:25	☉□♃
2日	07:58	☿☍♇
2日	11:27	☿△♆
3日	09:47	☉△♅
6日	20:56	♀△♂
9日	08:44	♀□♆
18日	13:37	♀□♃
18日	21:28	♀△♅
21日	01:06	☉☍♇
21日	15:22	☉△♆
22日	13:50	☉☌☿
23日	22:21	☿△♆
24日	21:40	☿☍♇
30日	12:17	☿☌♀

1984年5月

DAY	☉	☽	☊ mean	☊ true	☿	♀	♂	♃	♄	♅	♆	♇	⚳	⚴	⚵	⚶	⚷
	° ′	° ′	° ′	° ′	° ′	° ′	° ′	° ′	° ′	° ′	° ′	° ′	°	°	°	°	°
1	10 ♉ 26	4 ♉ 21	8 ♊ 8	6 R 41	27 R 15	28 D 3	24 R 26	12 R 57	13 R 17	12 R 48	1 R 12	0 R 28	17 D	12 D	24 D	4 D	1 D
2	11 ♉ 24	16 ♉ 48	8 ♊ 5	6 ♊ 38	26 ♈ 55	29 ♈ 17	24 ♏ 8	12 ♑ 57	13 ♏ 12	12 ♐ 46	1 ♑ 12	0 ♏ 26	17 ♈	13 ♓	24 ♊	4 ♋	1 ♊
3	12 ♉ 22	29 ♉ 27	8 ♊ 2	6 ♊ 37	26 ♈ 38	0 ♉ 31	23 ♏ 50	12 ♑ 56	13 ♏ 8	12 ♐ 44	1 ♑ 11	0 ♏ 24	18 ♈	13 ♓	25 ♊	4 ♋	1 ♊
4	13 ♉ 21	12 ♊ 17	7 ♊ 58	6 D 37	26 ♈ 27	1 ♉ 44	23 ♏ 30	12 ♑ 56	13 ♏ 3	12 ♐ 42	1 ♑ 10	0 ♏ 23	18 ♈	13 ♓	25 ♊	5 ♋	1 ♊
5	14 ♉ 19	25 ♊ 21	7 ♊ 55	6 ♊ 37	26 ♈ 20	2 ♉ 58	23 ♏ 11	12 ♑ 55	12 ♏ 59	12 ♐ 40	1 ♑ 9	0 ♏ 21	19 ♈	13 ♓	26 ♊	5 ♋	1 ♊
6	15 ♉ 17	8 ♋ 38	7 ♊ 52	6 ♊ 39	26 D 18	4 ♉ 12	22 ♏ 51	12 ♑ 54	12 ♏ 54	12 ♐ 38	1 ♑ 8	0 ♏ 20	19 ♈	14 ♓	26 ♊	5 ♋	1 ♊
7	16 ♉ 15	22 ♋ 9	7 ♊ 49	6 ♊ 40	26 ♈ 20	5 ♉ 26	22 ♏ 30	12 ♑ 53	12 ♏ 50	12 ♐ 35	1 ♑ 7	0 ♏ 18	19 ♈	14 ♓	27 ♊	6 ♋	1 ♊
8	17 ♉ 13	5 ♌ 55	7 ♊ 46	6 ♊ 41	26 ♈ 27	6 ♉ 40	22 ♏ 10	12 ♑ 51	12 ♏ 45	12 ♐ 33	1 ♑ 6	0 ♏ 16	20 ♈	14 ♓	28 ♊	6 ♋	1 ♊
9	18 ♉ 11	19 ♌ 55	7 ♊ 43	6 R 42	26 ♈ 39	7 ♉ 53	21 ♏ 49	12 ♑ 50	12 ♏ 41	12 ♐ 31	1 ♑ 5	0 ♏ 15	20 ♈	14 ♓	28 ♊	7 ♋	1 ♊
10	19 ♉ 9	4 ♍ 9	7 ♊ 39	6 ♊ 41	26 ♈ 56	9 ♉ 7	21 ♏ 28	12 ♑ 48	12 ♏ 36	12 ♐ 29	1 ♑ 4	0 ♏ 13	21 ♈	15 ♓	29 ♊	7 ♋	1 ♊
11	20 ♉ 7	18 ♍ 33	7 ♊ 36	6 ♊ 40	27 ♈ 17	10 ♉ 21	21 ♏ 6	12 ♑ 46	12 ♏ 32	12 ♐ 27	1 ♑ 3	0 ♏ 12	21 ♈	15 ♓	29 ♊	7 ♋	2 ♊
12	21 ♉ 5	3 ♎ 5	7 ♊ 33	6 ♊ 38	27 ♈ 42	11 ♉ 35	20 ♏ 45	12 ♑ 44	12 ♏ 27	12 ♐ 25	1 ♑ 1	0 ♏ 10	21 ♈	15 ♓	0 ♋	8 ♋	2 ♊
13	22 ♉ 3	17 ♎ 40	7 ♊ 30	6 ♊ 36	28 ♈ 11	12 ♉ 48	20 ♏ 23	12 ♑ 42	12 ♏ 23	12 ♐ 22	1 ♑ 0	0 ♏ 8	22 ♈	15 ♓	0 ♋	8 ♋	2 ♊
14	23 ♉ 1	2 ♏ 11	7 ♊ 27	6 ♊ 35	28 ♈ 45	14 ♉ 2	20 ♏ 1	12 ♑ 39	12 ♏ 18	12 ♐ 20	0 ♑ 59	0 ♏ 7	22 ♈	16 ♓	1 ♋	9 ♋	2 ♊
15	23 ♉ 59	16 ♏ 33	7 ♊ 23	6 ♊ 33	29 ♈ 23	15 ♉ 16	19 ♏ 40	12 ♑ 37	12 ♏ 14	12 ♐ 18	0 ♑ 58	0 ♏ 5	22 ♈	16 ♓	1 ♋	9 ♋	2 ♊
16	24 ♉ 56	0 ♐ 40	7 ♊ 20	6 ♊ 33	0 ♉ 4	16 ♉ 30	19 ♏ 18	12 ♑ 34	12 ♏ 9	12 ♐ 15	0 ♑ 57	0 ♏ 4	23 ♈	16 ♓	2 ♋	9 ♋	2 ♊
17	25 ♉ 54	14 ♐ 29	7 ♊ 17	6 D 33	0 ♉ 49	17 ♉ 43	18 ♏ 56	12 ♑ 31	12 ♏ 5	12 ♐ 13	0 ♑ 56	0 ♏ 2	23 ♈	16 ♓	2 ♋	10 ♋	2 ♊
18	26 ♉ 52	27 ♐ 56	7 ♊ 14	6 ♊ 33	1 ♉ 37	18 ♉ 57	18 ♏ 35	12 ♑ 28	12 ♏ 1	12 ♐ 11	0 ♑ 54	0 ♏ 1	24 ♈	16 ♓	3 ♋	10 ♋	2 ♊
19	27 ♉ 50	11 ♑ 2	7 ♊ 11	6 ♊ 34	2 ♉ 29	20 ♉ 11	18 ♏ 14	12 ♑ 24	11 ♏ 57	12 ♐ 8	0 ♑ 53	29 ♎ 59	24 ♈	17 ♓	3 ♋	11 ♋	2 ♊
20	28 ♉ 47	23 ♑ 47	7 ♊ 8	6 ♊ 35	3 ♉ 25	21 ♉ 25	17 ♏ 53	12 ♑ 21	11 ♏ 52	12 ♐ 6	0 ♑ 52	29 ♎ 58	24 ♈	17 ♓	4 ♋	11 ♋	2 ♊
21	29 ♉ 45	6 ♒ 13	7 ♊ 4	6 ♊ 36	4 ♉ 23	22 ♉ 38	17 ♏ 32	12 ♑ 17	11 ♏ 48	12 ♐ 4	0 ♑ 50	29 ♎ 57	25 ♈	17 ♓	4 ♋	11 ♋	2 ♊
22	0 ♊ 43	18 ♒ 24	7 ♊ 1	6 ♊ 36	5 ♉ 25	23 ♉ 52	17 ♏ 11	12 ♑ 13	11 ♏ 44	12 ♐ 1	0 ♑ 49	29 ♎ 55	25 ♈	17 ♓	5 ♋	12 ♋	2 ♊
23	1 ♊ 41	0 ♓ 25	6 ♊ 58	6 ♊ 36	6 ♉ 30	25 ♉ 6	16 ♏ 51	12 ♑ 9	11 ♏ 40	11 ♐ 59	0 ♑ 48	29 ♎ 54	25 ♈	17 ♓	6 ♋	12 ♋	2 ♊
24	2 ♊ 38	12 ♓ 20	6 ♊ 55	6 R 36	7 ♉ 38	26 ♉ 19	16 ♏ 31	12 ♑ 5	11 ♏ 36	11 ♐ 56	0 ♑ 46	29 ♎ 52	26 ♈	18 ♓	6 ♋	13 ♋	2 ♊
25	3 ♊ 36	24 ♓ 13	6 ♊ 52	6 ♊ 36	8 ♉ 48	27 ♉ 33	16 ♏ 12	12 ♑ 0	11 ♏ 32	11 ♐ 54	0 ♑ 45	29 ♎ 51	26 ♈	18 ♓	7 ♋	13 ♋	3 ♊
26	4 ♊ 34	6 ♈ 8	6 ♊ 49	6 ♊ 36	10 ♉ 2	28 ♉ 47	15 ♏ 53	11 ♑ 56	11 ♏ 28	11 ♐ 51	0 ♑ 44	29 ♎ 50	27 ♈	18 ♓	7 ♋	13 ♋	3 ♊
27	5 ♊ 31	18 ♈ 11	6 ♊ 45	6 ♊ 35	11 ♉ 18	0 ♊ 1	15 ♏ 34	11 ♑ 51	11 ♏ 24	11 ♐ 49	0 ♑ 42	29 ♎ 49	27 ♈	18 ♓	8 ♋	14 ♋	3 ♊
28	6 ♊ 29	0 ♉ 23	6 ♊ 42	6 ♊ 35	12 ♉ 37	1 ♊ 14	15 ♏ 16	11 ♑ 46	11 ♏ 20	11 ♐ 47	0 ♑ 41	29 ♎ 47	27 ♈	18 ♓	8 ♋	14 ♋	3 ♊
29	7 ♊ 26	12 ♉ 49	6 ♊ 39	6 D 35	13 ♉ 58	2 ♊ 28	14 ♏ 59	11 ♑ 41	11 ♏ 16	11 ♐ 44	0 ♑ 39	29 ♎ 46	28 ♈	19 ♓	9 ♋	15 ♋	3 ♊
30	8 ♊ 24	25 ♉ 30	6 ♊ 36	6 ♊ 36	15 ♉ 23	3 ♊ 42	14 ♏ 42	11 ♑ 36	11 ♏ 12	11 ♐ 42	0 ♑ 38	29 ♎ 45	28 ♈	19 ♓	9 ♋	15 ♋	3 ♊
31	9 ♊ 21	8 ♊ 27	6 ♊ 33	6 R 36	16 ♉ 49	4 ♊ 55	14 ♏ 26	11 ♑ 31	11 ♏ 8	11 ♐ 39	0 ♑ 36	29 ♎ 44	28 ♈	19 ♓	10 ♋	16 ♋	3 ♊

SUN INGRESS	☉ → ♊ 21日 05:58
MOON PHASE	● 1日 12:45 ♉　◐ 8日 20:50 ♌　○ 15日 13:29 ♏　◑ 23日 02:45 ♓　● 31日 01:48 ♊

aspects		
2日	22:02	♀☍♇
3日	12:53	♀△♆
3日	13:56	☉△♃
3日	17:21	☉☍♄
6日	00:38	♃⚹♄
11日	17:52	☉☍♂
12日	16:06	♀☍♄
12日	21:54	♀△♃
16日	00:00	☿☍♇
17日	03:18	☿△♆
17日	18:26	♀☍♂
27日	01:44	☿☍♄
27日	09:38	☿△♃
29日	14:23	☿☍♂

1984年6月

DAY	☉	☽	☊ mean	☊ true	☿	♀	♂	♃	♄	♅	♆	♇	⚳	⚴	⚵	⚶	⚷
	° ′	° ′	° ′	° ′	° ′	° ′	° ′	° ′	° ′	° ′	° ′	° ′	°	°	°	°	°
1	10 ♊ 19	21 ♊ 40	6 ♊ 29	6 R 35	18 D 19	6 D 9	14 R 10	11 R 25	11 R 5	11 R 37	0 R 35	29 R 42	29 D	19 D	10 D	16 D	3 D
2	11 ♊ 16	5 ♋ 8	6 ♊ 26	6 ♊ 35	19 ♉ 51	7 ♊ 23	13 ♏ 55	11 ♑ 20	11 ♏ 1	11 ♐ 34	0 ♑ 33	29 ♎ 41	29 ♈	19 ♓	11 ♋	16 ♋	3 ♊
3	12 ♊ 14	18 ♋ 50	6 ♊ 23	6 ♊ 35	21 ♉ 25	8 ♊ 37	13 ♏ 41	11 ♑ 14	10 ♏ 58	11 ♐ 32	0 ♑ 32	29 ♎ 40	29 ♈	19 ♓	11 ♋	17 ♋	3 ♊
4	13 ♊ 11	2 ♌ 43	6 ♊ 20	6 ♊ 34	23 ♉ 3	9 ♊ 50	13 ♏ 28	11 ♑ 8	10 ♏ 54	11 ♐ 29	0 ♑ 30	29 ♎ 39	0 ♉	20 ♓	12 ♋	17 ♋	3 ♊
5	14 ♊ 9	16 ♌ 45	6 ♊ 17	6 ♊ 33	24 ♉ 42	11 ♊ 4	13 ♏ 15	11 ♑ 2	10 ♏ 51	11 ♐ 27	0 ♑ 29	29 ♎ 38	0 ♉	20 ♓	12 ♋	18 ♋	3 ♊
6	15 ♊ 6	0 ♍ 54	6 ♊ 14	6 ♊ 33	26 ♉ 24	12 ♊ 18	13 ♏ 3	10 ♑ 56	10 ♏ 47	11 ♐ 24	0 ♑ 27	29 ♎ 37	0 ♉	20 ♓	13 ♋	18 ♋	3 ♊
7	16 ♊ 4	15 ♍ 7	6 ♊ 10	6 ♊ 32	28 ♉ 9	13 ♊ 31	12 ♏ 52	10 ♑ 50	10 ♏ 44	11 ♐ 22	0 ♑ 26	29 ♎ 36	1 ♉	20 ♓	13 ♋	18 ♋	4 ♊
8	17 ♊ 1	29 ♍ 22	6 ♊ 7	6 D 33	29 ♉ 56	14 ♊ 45	12 ♏ 42	10 ♑ 44	10 ♏ 41	11 ♐ 19	0 ♑ 24	29 ♎ 35	1 ♉	20 ♓	14 ♋	19 ♋	4 ♊
9	17 ♊ 59	13 ♎ 36	6 ♊ 4	6 ♊ 33	1 ♊ 46	15 ♊ 59	12 ♏ 32	10 ♑ 37	10 ♏ 38	11 ♐ 17	0 ♑ 23	29 ♎ 34	2 ♉	20 ♓	14 ♋	19 ♋	4 ♊
10	18 ♊ 56	27 ♎ 45	6 ♊ 1	6 ♊ 34	3 ♊ 38	17 ♊ 12	12 ♏ 23	10 ♑ 31	10 ♏ 35	11 ♐ 14	0 ♑ 21	29 ♎ 33	2 ♉	21 ♓	15 ♋	20 ♋	4 ♊
11	19 ♊ 53	11 ♏ 49	5 ♊ 58	6 ♊ 35	5 ♊ 32	18 ♊ 26	12 ♏ 16	10 ♑ 24	10 ♏ 32	11 ♐ 12	0 ♑ 19	29 ♎ 32	2 ♉	21 ♓	16 ♋	20 ♋	4 ♊
12	20 ♊ 51	25 ♏ 43	5 ♊ 55	6 ♊ 36	7 ♊ 29	19 ♊ 40	12 ♏ 8	10 ♑ 17	10 ♏ 29	11 ♐ 10	0 ♑ 18	29 ♎ 31	3 ♉	21 ♓	16 ♋	21 ♋	4 ♊
13	21 ♊ 48	9 ♐ 26	5 ♊ 51	6 R 36	9 ♊ 28	20 ♊ 53	12 ♏ 2	10 ♑ 10	10 ♏ 26	11 ♐ 7	0 ♑ 16	29 ♎ 30	3 ♉	21 ♓	17 ♋	21 ♋	4 ♊
14	22 ♊ 45	22 ♐ 55	5 ♊ 48	6 ♊ 35	11 ♊ 29	22 ♊ 7	11 ♏ 57	10 ♑ 4	10 ♏ 23	11 ♐ 5	0 ♑ 15	29 ♎ 29	3 ♉	21 ♓	17 ♋	21 ♋	4 ♊
15	23 ♊ 42	6 ♑ 8	5 ♊ 45	6 ♊ 34	13 ♊ 32	23 ♊ 21	11 ♏ 52	9 ♑ 57	10 ♏ 21	11 ♐ 2	0 ♑ 13	29 ♎ 28	4 ♉	21 ♓	18 ♋	22 ♋	4 ♊
16	24 ♊ 40	19 ♑ 4	5 ♊ 42	6 ♊ 32	15 ♊ 37	24 ♊ 35	11 ♏ 48	9 ♑ 49	10 ♏ 18	11 ♐ 0	0 ♑ 12	29 ♎ 28	4 ♉	21 ♓	18 ♋	22 ♋	4 ♊
17	25 ♊ 37	1 ♒ 44	5 ♊ 39	6 ♊ 29	17 ♊ 44	25 ♊ 48	11 ♏ 45	9 ♑ 42	10 ♏ 15	10 ♐ 58	0 ♑ 10	29 ♎ 27	4 ♉	21 ♓	19 ♋	23 ♋	4 ♊
18	26 ♊ 34	14 ♒ 8	5 ♊ 35	6 ♊ 26	19 ♊ 52	27 ♊ 2	11 ♏ 43	9 ♑ 35	10 ♏ 13	10 ♐ 55	0 ♑ 8	29 ♎ 26	5 ♉	21 ♓	19 ♋	23 ♋	4 ♊
19	27 ♊ 32	26 ♒ 19	5 ♊ 32	6 ♊ 23	22 ♊ 1	28 ♊ 16	11 ♏ 42	9 ♑ 28	10 ♏ 11	10 ♐ 53	0 ♑ 7	29 ♎ 26	5 ♉	22 ♓	20 ♋	24 ♋	4 ♊
20	28 ♊ 29	8 ♓ 20	5 ♊ 29	6 ♊ 21	24 ♊ 11	29 ♊ 29	11 ♏ 41	9 ♑ 20	10 ♏ 8	10 ♐ 51	0 ♑ 5	29 ♎ 25	5 ♉	22 ♓	20 ♋	24 ♋	4 ♊
21	29 ♊ 26	20 ♓ 15	5 ♊ 26	6 ♊ 20	26 ♊ 22	0 ♋ 43	11 D 42	9 ♑ 13	10 ♏ 6	10 ♐ 48	0 ♑ 3	29 ♎ 24	6 ♉	22 ♓	21 ♋	24 ♋	5 ♊
22	0 ♋ 23	2 ♈ 8	5 ♊ 23	6 D 20	28 ♊ 34	1 ♋ 57	11 ♏ 43	9 ♑ 5	10 ♏ 4	10 ♐ 46	0 ♑ 2	29 ♎ 24	6 ♉	22 ♓	21 ♋	25 ♋	5 ♊
23	1 ♋ 21	14 ♈ 4	5 ♊ 20	6 ♊ 20	0 ♋ 45	3 ♋ 11	11 ♏ 45	8 ♑ 58	10 ♏ 2	10 ♐ 44	0 ♑ 0	29 ♎ 23	6 ♉	22 ♓	22 ♋	25 ♋	5 ♊
24	2 ♋ 18	26 ♈ 7	5 ♊ 16	6 ♊ 22	2 ♋ 57	4 ♋ 24	11 ♏ 47	8 ♑ 50	10 ♏ 0	10 ♐ 41	29 ♐ 59	29 ♎ 23	7 ♉	22 ♓	22 ♋	26 ♋	5 ♊
25	3 ♋ 15	8 ♉ 22	5 ♊ 13	6 ♊ 23	5 ♋ 8	5 ♋ 38	11 ♏ 51	8 ♑ 43	9 ♏ 58	10 ♐ 39	29 ♐ 57	29 ♎ 22	7 ♉	22 ♓	23 ♋	26 ♋	5 ♊
26	4 ♋ 12	20 ♉ 54	5 ♊ 10	6 ♊ 25	7 ♋ 18	6 ♋ 52	11 ♏ 55	8 ♑ 35	9 ♏ 57	10 ♐ 37	29 ♐ 55	29 ♎ 22	7 ♉	22 ♓	23 ♋	27 ♋	5 ♊
27	5 ♋ 9	3 ♊ 44	5 ♊ 7	6 ♊ 25	9 ♋ 28	8 ♋ 5	12 ♏ 0	8 ♑ 27	9 ♏ 55	10 ♐ 35	29 ♐ 54	29 ♎ 21	8 ♉	22 ♓	24 ♋	27 ♋	5 ♊
28	6 ♋ 7	16 ♊ 56	5 ♊ 4	6 R 25	11 ♋ 36	9 ♋ 19	12 ♏ 6	8 ♑ 20	9 ♏ 53	10 ♐ 33	29 ♐ 52	29 ♎ 21	8 ♉	22 ♓	24 ♋	28 ♋	5 ♊
29	7 ♋ 4	0 ♋ 29	5 ♊ 1	6 ♊ 23	13 ♋ 43	10 ♋ 33	12 ♏ 13	8 ♑ 12	9 ♏ 52	10 ♐ 31	29 ♐ 51	29 ♎ 20	8 ♉	22 ♓	25 ♋	28 ♋	5 ♊
30	8 ♋ 1	14 ♋ 21	4 ♊ 57	6 ♊ 20	15 ♋ 49	11 ♋ 47	12 ♏ 20	8 ♑ 4	9 ♏ 51	10 ♐ 28	29 ♐ 49	29 ♎ 20	9 ♉	22 ♓	25 ♋	28 ♋	5 ♊

SUN INGRESS	☉ → ♋ 21日 14:02
MOON PHASE	◐ 7日 01:42 ♍　○ 13日 23:42 ♐　◑ 21日 20:10 ♈　● 29日 12:18 ♋

aspects		
2日	07:06	☉☍♅
5日	07:12	♀☍♅
8日	20:04	♃⚹♄
13日	19:20	☿☍♅
16日	07:32	☉☌♀
19日	22:33	♀△♇
20日	11:22	♀☍♆
20日	23:16	☉△♇
21日	15:15	☉☍♆
22日	09:05	☿△♇
22日	15:53	☿☍♆
23日	11:24	☉☌☿
25日	12:45	☿☌♀
26日	13:26	☿☍♃
27日	05:00	☿△♄
27日	06:29	♀☍♃
28日	05:53	☿△♂
28日	10:55	♀△♄
30日	01:12	☉☍♃
30日	12:05	♀△♂

1984年7月

DAY	☉	☽	☊ mean	☊ true	☿	♀	♂	♃	♄	♅	♆	♇	⚳	⚴	⚵	⚶	⚷
	° ′	° ′	° ′	° ′	° ′	° ′	° ′	° ′	° ′	° ′	° ′	° ′	°	°	°	°	°
1	8 ♋ 58	28 ♋ 30	4 ♊ 54	6 R 16	17 D 53	13 D 1	12 D 28	7 R 57	9 R 49	10 R 26	29 R 47	29 R 20	9 D	22 D	26 D	29 D	5 D
2	9 ♋ 56	12 ♌ 51	4 ♊ 51	6 ♊ 11	19 ♋ 56	14 ♋ 14	12 ♏ 37	7 ♑ 49	9 ♏ 48	10 ♐ 24	29 ♐ 46	29 ♎ 19	9 ♉	23 ♓	26 ♋	29 ♋	5 ♊
3	10 ♋ 53	27 ♌ 18	4 ♊ 48	6 ♊ 6	21 ♋ 57	15 ♋ 28	12 ♏ 46	7 ♑ 41	9 ♏ 47	10 ♐ 22	29 ♐ 44	29 ♎ 19	10 ♉	23 ♓	27 ♋	0 ♌	5 ♊
4	11 ♋ 50	11 ♍ 46	4 ♊ 45	6 ♊ 2	23 ♋ 56	16 ♋ 42	12 ♏ 56	7 ♑ 34	9 ♏ 46	10 ♐ 20	29 ♐ 43	29 ♎ 19	10 ♉	23 ♓	27 ♋	0 ♌	5 ♊
5	12 ♋ 47	26 ♍ 9	4 ♊ 41	5 ♊ 59	25 ♋ 53	17 ♋ 56	13 ♏ 7	7 ♑ 26	9 ♏ 45	10 ♐ 18	29 ♐ 41	29 ♎ 19	10 ♉	23 ♓	28 ♋	1 ♌	5 ♊
6	13 ♋ 44	10 ♎ 24	4 ♊ 38	5 ♊ 58	27 ♋ 48	19 ♋ 9	13 ♏ 19	7 ♑ 18	9 ♏ 44	10 ♐ 16	29 ♐ 39	29 ♎ 19	11 ♉	23 ♓	28 ♋	1 ♌	6 ♊
7	14 ♋ 42	24 ♎ 29	4 ♊ 35	5 D 59	29 ♋ 41	20 ♋ 23	13 ♏ 31	7 ♑ 11	9 ♏ 44	10 ♐ 14	29 ♐ 38	29 ♎ 19	11 ♉	23 ♓	29 ♋	1 ♌	6 ♊
8	15 ♋ 39	8 ♏ 23	4 ♊ 32	6 ♊ 0	1 ♌ 32	21 ♋ 37	13 ♏ 44	7 ♑ 3	9 ♏ 43	10 ♐ 13	29 ♐ 36	29 ♎ 18	11 ♉	23 ♓	29 ♋	2 ♌	6 ♊
9	16 ♋ 36	22 ♏ 4	4 ♊ 29	6 ♊ 1	3 ♌ 22	22 ♋ 51	13 ♏ 58	6 ♑ 56	9 ♏ 43	10 ♐ 11	29 ♐ 35	29 ♎ 18	11 ♉	23 ♓	0 ♌	2 ♌	6 ♊
10	17 ♋ 33	5 ♐ 34	4 ♊ 26	6 ♊ 2	5 ♌ 9	24 ♋ 4	14 ♏ 12	6 ♑ 48	9 ♏ 42	10 ♐ 9	29 ♐ 33	29 D 18	12 ♉	23 R	0 ♌	3 ♌	6 ♊
11	18 ♋ 30	18 ♐ 51	4 ♊ 22	6 R 1	6 ♌ 54	25 ♋ 18	14 ♏ 27	6 ♑ 41	9 ♏ 42	10 ♐ 7	29 ♐ 32	29 ♎ 18	12 ♉	23 ♓	1 ♌	3 ♌	6 ♊
12	19 ♋ 28	1 ♑ 57	4 ♊ 19	5 ♊ 58	8 ♌ 37	26 ♋ 32	14 ♏ 42	6 ♑ 34	9 ♏ 42	10 ♐ 5	29 ♐ 30	29 ♎ 18	12 ♉	23 ♓	1 ♌	4 ♌	6 ♊
13	20 ♋ 25	14 ♑ 51	4 ♊ 16	5 ♊ 54	10 ♌ 19	27 ♋ 46	14 ♏ 58	6 ♑ 26	9 ♏ 42	10 ♐ 4	29 ♐ 29	29 ♎ 19	13 ♉	23 ♓	2 ♌	4 ♌	6 ♊
14	21 ♋ 22	27 ♑ 32	4 ♊ 13	5 ♊ 47	11 ♌ 58	29 ♋ 0	15 ♏ 15	6 ♑ 19	9 D 42	10 ♐ 2	29 ♐ 27	29 ♎ 19	13 ♉	23 ♓	2 ♌	5 ♌	6 ♊
15	22 ♋ 19	10 ♒ 1	4 ♊ 10	5 ♊ 39	13 ♌ 35	0 ♌ 13	15 ♏ 32	6 ♑ 12	9 ♏ 42	10 ♐ 0	29 ♐ 26	29 ♎ 19	13 ♉	23 ♓	3 ♌	5 ♌	6 ♊
16	23 ♋ 16	22 ♒ 19	4 ♊ 7	5 ♊ 31	15 ♌ 11	1 ♌ 27	15 ♏ 50	6 ♑ 5	9 ♏ 42	9 ♐ 59	29 ♐ 24	29 ♎ 19	14 ♉	23 ♓	3 ♌	6 ♌	6 ♊
17	24 ♋ 14	4 ♓ 26	4 ♊ 3	5 ♊ 22	16 ♌ 44	2 ♌ 41	16 ♏ 8	5 ♑ 58	9 ♏ 42	9 ♐ 57	29 ♐ 23	29 ♎ 19	14 ♉	23 ♓	4 ♌	6 ♌	6 ♊
18	25 ♋ 11	16 ♓ 25	4 ♊ 0	5 ♊ 15	18 ♌ 15	3 ♌ 55	16 ♏ 27	5 ♑ 51	9 ♏ 42	9 ♐ 56	29 ♐ 22	29 ♎ 20	14 ♉	22 ♓	4 ♌	6 ♌	6 ♊
19	26 ♋ 8	28 ♓ 18	3 ♊ 57	5 ♊ 9	19 ♌ 45	5 ♌ 8	16 ♏ 46	5 ♑ 44	9 ♏ 43	9 ♐ 54	29 ♐ 20	29 ♎ 20	14 ♉	22 ♓	5 ♌	7 ♌	6 ♊
20	27 ♋ 5	10 ♈ 9	3 ♊ 54	5 ♊ 6	21 ♌ 12	6 ♌ 22	17 ♏ 6	5 ♑ 37	9 ♏ 44	9 ♐ 53	29 ♐ 19	29 ♎ 20	15 ♉	22 ♓	5 ♌	7 ♌	6 ♊
21	28 ♋ 3	22 ♈ 3	3 ♊ 51	5 ♊ 4	22 ♌ 37	7 ♌ 36	17 ♏ 27	5 ♑ 31	9 ♏ 44	9 ♐ 52	29 ♐ 17	29 ♎ 21	15 ♉	22 ♓	6 ♌	8 ♌	6 ♊
22	29 ♋ 0	4 ♉ 5	3 ♊ 47	5 D 4	24 ♌ 0	8 ♌ 50	17 ♏ 48	5 ♑ 24	9 ♏ 45	9 ♐ 50	29 ♐ 16	29 ♎ 21	15 ♉	22 ♓	6 ♌	8 ♌	6 ♊
23	29 ♋ 57	16 ♉ 19	3 ♊ 44	5 ♊ 5	25 ♌ 22	10 ♌ 4	18 ♏ 9	5 ♑ 18	9 ♏ 46	9 ♐ 49	29 ♐ 15	29 ♎ 21	15 ♉	22 ♓	7 ♌	9 ♌	7 ♊
24	0 ♌ 54	28 ♉ 51	3 ♊ 41	5 ♊ 6	26 ♌ 40	11 ♌ 18	18 ♏ 31	5 ♑ 12	9 ♏ 47	9 ♐ 48	29 ♐ 13	29 ♎ 22	16 ♉	22 ♓	7 ♌	9 ♌	7 ♊
25	1 ♌ 52	11 ♊ 44	3 ♊ 38	5 R 6	27 ♌ 57	12 ♌ 31	18 ♏ 53	5 ♑ 5	9 ♏ 48	9 ♐ 46	29 ♐ 12	29 ♎ 22	16 ♉	22 ♓	8 ♌	10 ♌	7 ♊
26	2 ♌ 49	25 ♊ 2	3 ♊ 35	5 ♊ 4	29 ♌ 12	13 ♌ 45	19 ♏ 16	4 ♑ 59	9 ♏ 49	9 ♐ 45	29 ♐ 11	29 ♎ 23	16 ♉	22 ♓	8 ♌	10 ♌	7 ♊
27	3 ♌ 46	8 ♋ 47	3 ♊ 32	5 ♊ 0	0 ♍ 24	14 ♌ 59	19 ♏ 40	4 ♑ 53	9 ♏ 50	9 ♐ 44	29 ♐ 9	29 ♎ 23	17 ♉	22 ♓	9 ♌	10 ♌	7 ♊
28	4 ♌ 44	22 ♋ 57	3 ♊ 28	4 ♊ 54	1 ♍ 34	16 ♌ 13	20 ♏ 3	4 ♑ 48	9 ♏ 52	9 ♐ 43	29 ♐ 8	29 ♎ 24	17 ♉	22 ♓	9 ♌	11 ♌	7 ♊
29	5 ♌ 41	7 ♌ 29	3 ♊ 25	4 ♊ 45	2 ♍ 41	17 ♌ 27	20 ♏ 28	4 ♑ 42	9 ♏ 53	9 ♐ 42	29 ♐ 7	29 ♎ 25	17 ♉	22 ♓	10 ♌	11 ♌	7 ♊
30	6 ♌ 39	22 ♌ 15	3 ♊ 22	4 ♊ 36	3 ♍ 46	18 ♌ 41	20 ♏ 52	4 ♑ 36	9 ♏ 55	9 ♐ 41	29 ♐ 6	29 ♎ 25	17 ♉	21 ♓	10 ♌	12 ♌	7 ♊
31	7 ♌ 36	7 ♍ 8	3 ♊ 19	4 ♊ 27	4 ♍ 48	19 ♌ 54	21 ♏ 17	4 ♑ 31	9 ♏ 56	9 ♐ 40	29 ♐ 5	29 ♎ 26	18 ♉	21 ♓	11 ♌	12 ♌	7 ♊

SUN INGRESS	☉ → ♌ 23日 00:58
MOON PHASE	◐ 6日 06:04 ♎　○ 13日 11:20 ♑　◑ 21日 13:01 ♈　● 28日 20:51 ♌

aspects		
1日	20:56	☉△♄
5日	10:34	☉△♂
6日	19:11	♀□♇
12日	15:10	☿□♄
12日	20:30	☿△♅
14日	06:15	♀□♇
16日	12:27	☿□♂
19日	03:49	♆⚹♇
22日	08:53	☉□♇
22日	18:06	♀□♄
22日	19:16	♀△♅
25日	23:42	☿△♆
26日	03:42	☿⚹♇
30日	17:58	☿△♃

1984年8月

DAY	☉	☽	☊ mean	☊ true	☿	♀	♂	♃	♄	♅	♆	♇	⚳	⚴	⚵	⚶	⚷
	° ′	° ′	° ′	° ′	° ′	° ′	° ′	° ′	° ′	° ′	° ′	° ′	°	°	°	°	°
1	8 ♌ 33	21 ♍ 59	3 ♊ 16	4 R 19	5 D 47	21 D 8	21 D 43	4 R 26	9 D 58	9 R 39	29 R 3	29 D 27	18 D	21 R	11 D	13 D	7 D
2	9 ♌ 31	6 ♎ 40	3 ♊ 13	4 ♊ 13	6 ♍ 44	22 ♌ 22	22 ♏ 9	4 ♑ 21	10 ♏ 0	9 ♐ 38	29 ♐ 2	29 ♎ 28	18 ♉	21 ♓	12 ♌	13 ♌	7 ♊
3	10 ♌ 28	21 ♎ 5	3 ♊ 9	4 ♊ 10	7 ♍ 37	23 ♌ 36	22 ♏ 35	4 ♑ 16	10 ♏ 2	9 ♐ 38	29 ♐ 1	29 ♎ 28	18 ♉	21 ♓	12 ♌	14 ♌	7 ♊
4	11 ♌ 26	5 ♏ 13	3 ♊ 6	4 ♊ 8	8 ♍ 27	24 ♌ 50	23 ♏ 2	4 ♑ 11	10 ♏ 4	9 ♐ 37	29 ♐ 0	29 ♎ 29	19 ♉	21 ♓	13 ♌	14 ♌	7 ♊
5	12 ♌ 23	19 ♏ 1	3 ♊ 3	4 D 8	9 ♍ 14	26 ♌ 4	23 ♏ 29	4 ♑ 6	10 ♏ 6	9 ♐ 36	28 ♐ 59	29 ♎ 30	19 ♉	21 ♓	13 ♌	15 ♌	7 ♊
6	13 ♌ 21	2 ♐ 30	3 ♊ 0	4 ♊ 8	9 ♍ 58	27 ♌ 17	23 ♏ 56	4 ♑ 2	10 ♏ 8	9 ♐ 35	28 ♐ 58	29 ♎ 31	19 ♉	21 ♓	14 ♌	15 ♌	7 ♊
7	14 ♌ 18	15 ♐ 43	2 ♊ 57	4 R 8	10 ♍ 38	28 ♌ 31	24 ♏ 24	3 ♑ 58	10 ♏ 10	9 ♐ 35	28 ♐ 57	29 ♎ 32	19 ♉	20 ♓	14 ♌	16 ♌	7 ♊
8	15 ♌ 16	28 ♐ 42	2 ♊ 53	4 ♊ 6	11 ♍ 14	29 ♌ 45	24 ♏ 53	3 ♑ 54	10 ♏ 13	9 ♐ 34	28 ♐ 56	29 ♎ 33	19 ♉	20 ♓	15 ♌	16 ♌	7 ♊
9	16 ♌ 13	11 ♑ 28	2 ♊ 50	4 ♊ 1	11 ♍ 46	0 ♍ 59	25 ♏ 21	3 ♑ 50	10 ♏ 15	9 ♐ 34	28 ♐ 55	29 ♎ 34	20 ♉	20 ♓	15 ♌	16 ♌	7 ♊
10	17 ♌ 11	24 ♑ 4	2 ♊ 47	3 ♊ 53	12 ♍ 14	2 ♍ 13	25 ♏ 50	3 ♑ 46	10 ♏ 18	9 ♐ 33	28 ♐ 54	29 ♎ 35	20 ♉	20 ♓	16 ♌	17 ♌	7 ♊
11	18 ♌ 8	6 ♒ 29	2 ♊ 44	3 ♊ 43	12 ♍ 38	3 ♍ 27	26 ♏ 19	3 ♑ 42	10 ♏ 20	9 ♐ 33	28 ♐ 53	29 ♎ 36	20 ♉	20 ♓	16 ♌	17 ♌	7 ♊
12	19 ♌ 6	18 ♒ 45	2 ♊ 41	3 ♊ 31	12 ♍ 56	4 ♍ 40	26 ♏ 49	3 ♑ 39	10 ♏ 23	9 ♐ 33	28 ♐ 52	29 ♎ 37	20 ♉	19 ♓	17 ♌	18 ♌	7 ♊
13	20 ♌ 3	0 ♓ 54	2 ♊ 38	3 ♊ 17	13 ♍ 10	5 ♍ 54	27 ♏ 19	3 ♑ 35	10 ♏ 26	9 ♐ 32	28 ♐ 51	29 ♎ 38	20 ♉	19 ♓	17 ♌	18 ♌	7 ♊
14	21 ♌ 1	12 ♓ 54	2 ♊ 34	3 ♊ 4	13 ♍ 19	7 ♍ 8	27 ♏ 49	3 ♑ 32	10 ♏ 29	9 ♐ 32	28 ♐ 50	29 ♎ 39	21 ♉	19 ♓	18 ♌	19 ♌	8 ♊
15	21 ♌ 58	24 ♓ 49	2 ♊ 31	2 ♊ 53	13 ♍ 23	8 ♍ 22	28 ♏ 20	3 ♑ 29	10 ♏ 32	9 ♐ 32	28 ♐ 50	29 ♎ 41	21 ♉	19 ♓	18 ♌	19 ♌	8 ♊
16	22 ♌ 56	6 ♈ 40	2 ♊ 28	2 ♊ 43	13 R 21	9 ♍ 36	28 ♏ 50	3 ♑ 26	10 ♏ 35	9 ♐ 32	28 ♐ 49	29 ♎ 42	21 ♉	19 ♓	19 ♌	20 ♌	8 ♊
17	23 ♌ 54	18 ♈ 30	2 ♊ 25	2 ♊ 36	13 ♍ 14	10 ♍ 49	29 ♏ 22	3 ♑ 24	10 ♏ 38	9 ♐ 32	28 ♐ 48	29 ♎ 43	21 ♉	18 ♓	19 ♌	20 ♌	8 ♊
18	24 ♌ 51	0 ♉ 23	2 ♊ 22	2 ♊ 32	13 ♍ 1	12 ♍ 3	29 ♏ 53	3 ♑ 21	10 ♏ 42	9 ♐ 31	28 ♐ 47	29 ♎ 44	21 ♉	18 ♓	20 ♌	21 ♌	8 ♊
19	25 ♌ 49	12 ♉ 22	2 ♊ 18	2 ♊ 30	12 ♍ 43	13 ♍ 17	0 ♐ 25	3 ♑ 19	10 ♏ 45	9 D 31	28 ♐ 47	29 ♎ 46	22 ♉	18 ♓	20 ♌	21 ♌	8 ♊
20	26 ♌ 47	24 ♉ 34	2 ♊ 15	2 ♊ 29	12 ♍ 18	14 ♍ 31	0 ♐ 57	3 ♑ 17	10 ♏ 48	9 ♐ 32	28 ♐ 46	29 ♎ 47	22 ♉	18 ♓	21 ♌	22 ♌	8 ♊
21	27 ♌ 45	7 ♊ 2	2 ♊ 12	2 ♊ 29	11 ♍ 49	15 ♍ 45	1 ♐ 29	3 ♑ 15	10 ♏ 52	9 ♐ 32	28 ♐ 45	29 ♎ 48	22 ♉	18 ♓	21 ♌	22 ♌	8 ♊
22	28 ♌ 42	19 ♊ 53	2 ♊ 9	2 ♊ 28	11 ♍ 14	16 ♍ 58	2 ♐ 2	3 ♑ 14	10 ♏ 55	9 ♐ 32	28 ♐ 45	29 ♎ 50	22 ♉	17 ♓	21 ♌	22 ♌	8 ♊
23	29 ♌ 40	3 ♋ 10	2 ♊ 6	2 ♊ 26	10 ♍ 34	18 ♍ 12	2 ♐ 35	3 ♑ 12	10 ♏ 59	9 ♐ 32	28 ♐ 44	29 ♎ 51	22 ♉	17 ♓	22 ♌	23 ♌	8 ♊
24	0 ♍ 38	16 ♋ 56	2 ♊ 3	2 ♊ 21	9 ♍ 49	19 ♍ 26	3 ♐ 8	3 ♑ 11	11 ♏ 3	9 ♐ 32	28 ♐ 44	29 ♎ 53	22 ♉	17 ♓	22 ♌	23 ♌	8 ♊
25	1 ♍ 36	1 ♌ 12	1 ♊ 59	2 ♊ 14	9 ♍ 1	20 ♍ 40	3 ♐ 41	3 ♑ 10	11 ♏ 7	9 ♐ 33	28 ♐ 43	29 ♎ 54	23 ♉	17 ♓	23 ♌	24 ♌	8 ♊
26	2 ♍ 34	15 ♌ 54	1 ♊ 56	2 ♊ 4	8 ♍ 10	21 ♍ 54	4 ♐ 15	3 ♑ 9	11 ♏ 11	9 ♐ 33	28 ♐ 43	29 ♎ 56	23 ♉	16 ♓	23 ♌	24 ♌	8 ♊
27	3 ♍ 32	0 ♍ 55	1 ♊ 53	1 ♊ 53	7 ♍ 16	23 ♍ 7	4 ♐ 49	3 ♑ 8	11 ♏ 15	9 ♐ 33	28 ♐ 42	29 ♎ 57	23 ♉	16 ♓	24 ♌	25 ♌	8 ♊
28	4 ♍ 30	16 ♍ 6	1 ♊ 50	1 ♊ 42	6 ♍ 21	24 ♍ 21	5 ♐ 23	3 ♑ 8	11 ♏ 19	9 ♐ 34	28 ♐ 42	29 ♎ 59	23 ♉	16 ♓	24 ♌	25 ♌	8 ♊
29	5 ♍ 28	1 ♎ 17	1 ♊ 47	1 ♊ 32	5 ♍ 26	25 ♍ 35	5 ♐ 58	3 ♑ 7	11 ♏ 23	9 ♐ 34	28 ♐ 41	0 ♏ 0	23 ♉	16 ♓	25 ♌	26 ♌	8 ♊
30	6 ♍ 26	16 ♎ 17	1 ♊ 44	1 ♊ 25	4 ♍ 31	26 ♍ 49	6 ♐ 32	3 ♑ 7	11 ♏ 27	9 ♐ 35	28 ♐ 41	0 ♏ 2	23 ♉	15 ♓	25 ♌	26 ♌	8 ♊
31	7 ♍ 24	0 ♏ 58	1 ♊ 40	1 ♊ 20	3 ♍ 39	28 ♍ 2	7 ♐ 7	3 D 7	11 ♏ 31	9 ♐ 35	28 ♐ 40	0 ♏ 3	23 ♉	15 ♓	26 ♌	27 ♌	8 ♊

SUN INGRESS	☉ → ♍ 23日 08:00
MOON PHASE	◐ 4日 11:33 ♏　○ 12日 00:43 ♒　◑ 20日 04:41 ♉　● 27日 04:26 ♍

aspects		
1日	17:16	♀□♂
2日	03:07	☉△♅
2日	12:32	☉□♄
5日	11:31	☿□♅
6日	06:10	☿⚹♄
7日	08:13	♀△♆
7日	19:57	♀⚹♇
11日	04:48	♀△♃
15日	22:42	♀□♅
16日	20:11	♀⚹♄
18日	15:14	☿☌♀
22日	00:57	☉△♆
22日	10:24	☿⚹♄
23日	04:37	☉⚹♇
24日	08:39	☿□♅
26日	14:19	☉△♃
28日	15:22	☿□♂
28日	23:32	☉☌☿
30日	07:02	☉□♂
31日	12:20	♀□♆
31日	15:27	☿△♃

1984年9月

DAY	☉	☽	☊ mean	☊ true	☿	♀	♂	♃	♄	♅	♆	♇	⚳	⚴	⚵	⚶	⚷
	° ′	° ′	° ′	° ′	° ′	° ′	° ′	° ′	° ′	° ′	° ′	° ′	°	°	°	°	°
1	8 ♍ 22	15 ♏ 16	1 ♊ 37	1 R 18	2 R 50	29 D 16	7 D 43	3 D 7	11 D 36	9 D 36	28 R 40	0 D 5	24 D	15 R	26 D	27 D	8 D
2	9 ♍ 20	29 ♏ 9	1 ♊ 34	1 ♊ 17	2 ♍ 6	0 ♎ 30	8 ♐ 18	3 ♑ 8	11 ♏ 40	9 ♐ 37	28 ♐ 40	0 ♏ 7	24 ♉	15 ♓	27 ♌	28 ♌	8 ♊
3	10 ♍ 18	12 ♐ 37	1 ♊ 31	1 ♊ 17	1 ♍ 27	1 ♎ 44	8 ♐ 54	3 ♑ 8	11 ♏ 45	9 ♐ 38	28 ♐ 40	0 ♏ 9	24 ♉	14 ♓	27 ♌	28 ♌	8 ♊
4	11 ♍ 16	25 ♐ 44	1 ♊ 28	1 ♊ 16	0 ♍ 54	2 ♎ 57	9 ♐ 30	3 ♑ 9	11 ♏ 49	9 ♐ 38	28 ♐ 39	0 ♏ 10	24 ♉	14 ♓	27 ♌	28 ♌	8 ♊
5	12 ♍ 14	8 ♑ 33	1 ♊ 24	1 ♊ 14	0 ♍ 29	4 ♎ 11	10 ♐ 6	3 ♑ 10	11 ♏ 54	9 ♐ 39	28 ♐ 39	0 ♏ 12	24 ♉	14 ♓	28 ♌	29 ♌	8 ♊
6	13 ♍ 12	21 ♑ 7	1 ♊ 21	1 ♊ 9	0 ♍ 12	5 ♎ 25	10 ♐ 42	3 ♑ 11	11 ♏ 59	9 ♐ 40	28 ♐ 39	0 ♏ 14	24 ♉	14 ♓	28 ♌	29 ♌	8 ♊
7	14 ♍ 11	3 ♒ 29	1 ♊ 18	1 ♊ 1	0 ♍ 3	6 ♎ 38	11 ♐ 19	3 ♑ 13	12 ♏ 4	9 ♐ 41	28 ♐ 39	0 ♏ 16	24 ♉	13 ♓	29 ♌	0 ♍	8 ♊
8	15 ♍ 9	15 ♒ 42	1 ♊ 15	0 ♊ 51	0 D 2	7 ♎ 52	11 ♐ 55	3 ♑ 14	12 ♏ 9	9 ♐ 42	28 ♐ 39	0 ♏ 17	24 ♉	13 ♓	29 ♌	0 ♍	8 ♊
9	16 ♍ 7	27 ♒ 47	1 ♊ 12	0 ♊ 39	0 ♍ 11	9 ♎ 6	12 ♐ 32	3 ♑ 16	12 ♏ 14	9 ♐ 43	28 ♐ 39	0 ♏ 19	24 ♉	13 ♓	0 ♍	1 ♍	8 ♊
10	17 ♍ 5	9 ♓ 47	1 ♊ 9	0 ♊ 26	0 ♍ 28	10 ♎ 19	13 ♐ 9	3 ♑ 18	12 ♏ 19	9 ♐ 44	28 ♐ 39	0 ♏ 21	24 ♉	13 ♓	0 ♍	1 ♍	8 ♊
11	18 ♍ 4	21 ♓ 42	1 ♊ 5	0 ♊ 13	0 ♍ 55	11 ♎ 33	13 ♐ 47	3 ♑ 20	12 ♏ 24	9 ♐ 46	28 D 39	0 ♏ 23	25 ♉	12 ♓	1 ♍	2 ♍	8 ♊
12	19 ♍ 2	3 ♈ 34	1 ♊ 2	0 ♊ 1	1 ♍ 30	12 ♎ 47	14 ♐ 24	3 ♑ 22	12 ♏ 29	9 ♐ 47	28 ♐ 39	0 ♏ 25	25 ♉	12 ♓	1 ♍	2 ♍	8 ♊
13	20 ♍ 0	15 ♈ 24	0 ♊ 59	29 ♉ 51	2 ♍ 13	14 ♎ 0	15 ♐ 2	3 ♑ 25	12 ♏ 34	9 ♐ 48	28 ♐ 39	0 ♏ 27	25 ♉	12 ♓	2 ♍	3 ♍	8 ♊
14	20 ♍ 59	27 ♈ 15	0 ♊ 56	29 ♉ 44	3 ♍ 5	15 ♎ 14	15 ♐ 40	3 ♑ 27	12 ♏ 39	9 ♐ 49	28 ♐ 39	0 ♏ 29	25 ♉	12 ♓	2 ♍	3 ♍	8 ♊
15	21 ♍ 57	9 ♉ 9	0 ♊ 53	29 ♉ 39	4 ♍ 4	16 ♎ 27	16 ♐ 18	3 ♑ 30	12 ♏ 45	9 ♐ 51	28 ♐ 39	0 ♏ 31	25 ♉	11 ♓	2 ♍	4 ♍	8 R
16	22 ♍ 56	21 ♉ 10	0 ♊ 50	29 ♉ 37	5 ♍ 11	17 ♎ 41	16 ♐ 56	3 ♑ 33	12 ♏ 50	9 ♐ 52	28 ♐ 39	0 ♏ 33	25 ♉	11 ♓	3 ♍	4 ♍	8 ♊
17	23 ♍ 54	3 ♊ 21	0 ♊ 46	29 D 37	6 ♍ 24	18 ♎ 55	17 ♐ 35	3 ♑ 36	12 ♏ 56	9 ♐ 54	28 ♐ 40	0 ♏ 35	25 ♉	11 ♓	3 ♍	5 ♍	8 ♊
18	24 ♍ 53	15 ♊ 48	0 ♊ 43	29 ♉ 37	7 ♍ 43	20 ♎ 8	18 ♐ 13	3 ♑ 40	13 ♏ 1	9 ♐ 55	28 ♐ 40	0 ♏ 37	25 ♉	11 ♓	4 ♍	5 ♍	8 ♊
19	25 ♍ 51	28 ♊ 35	0 ♊ 40	29 R 38	9 ♍ 7	21 ♎ 22	18 ♐ 52	3 ♑ 43	13 ♏ 7	9 ♐ 57	28 ♐ 40	0 ♏ 39	25 ♉	10 ♓	4 ♍	5 ♍	8 ♊
20	26 ♍ 50	11 ♋ 47	0 ♊ 37	29 ♉ 37	10 ♍ 36	22 ♎ 35	19 ♐ 31	3 ♑ 47	13 ♏ 12	9 ♐ 58	28 ♐ 40	0 ♏ 41	25 ♉	10 ♓	5 ♍	6 ♍	8 ♊
21	27 ♍ 49	25 ♋ 26	0 ♊ 34	29 ♉ 33	12 ♍ 9	23 ♎ 49	20 ♐ 10	3 ♑ 51	13 ♏ 18	10 ♐ 0	28 ♐ 41	0 ♏ 43	25 ♉	10 ♓	5 ♍	6 ♍	8 ♊
22	28 ♍ 47	9 ♌ 35	0 ♊ 30	29 ♉ 28	13 ♍ 46	25 ♎ 2	20 ♐ 49	3 ♑ 55	13 ♏ 24	10 ♐ 2	28 ♐ 41	0 ♏ 45	25 R	10 ♓	6 ♍	7 ♍	8 ♊
23	29 ♍ 46	24 ♌ 12	0 ♊ 27	29 ♉ 21	15 ♍ 26	26 ♎ 16	21 ♐ 29	3 ♑ 59	13 ♏ 30	10 ♐ 3	28 ♐ 41	0 ♏ 48	25 ♉	9 ♓	6 ♍	7 ♍	8 ♊
24	0 ♎ 45	9 ♍ 12	0 ♊ 24	29 ♉ 12	17 ♍ 8	27 ♎ 29	22 ♐ 8	4 ♑ 4	13 ♏ 35	10 ♐ 5	28 ♐ 42	0 ♏ 50	25 ♉	9 ♓	6 ♍	8 ♍	8 ♊
25	1 ♎ 43	24 ♍ 27	0 ♊ 21	29 ♉ 3	18 ♍ 52	28 ♎ 43	22 ♐ 48	4 ♑ 8	13 ♏ 41	10 ♐ 7	28 ♐ 42	0 ♏ 52	25 ♉	9 ♓	7 ♍	8 ♍	8 ♊
26	2 ♎ 42	9 ♎ 46	0 ♊ 18	28 ♉ 55	20 ♍ 38	29 ♎ 56	23 ♐ 28	4 ♑ 13	13 ♏ 47	10 ♐ 9	28 ♐ 43	0 ♏ 54	25 ♉	9 ♓	7 ♍	9 ♍	8 ♊
27	3 ♎ 41	24 ♎ 57	0 ♊ 15	28 ♉ 49	22 ♍ 25	1 ♏ 10	24 ♐ 8	4 ♑ 18	13 ♏ 53	10 ♐ 11	28 ♐ 43	0 ♏ 56	25 ♉	8 ♓	8 ♍	9 ♍	8 ♊
28	4 ♎ 40	9 ♏ 51	0 ♊ 11	28 ♉ 45	24 ♍ 12	2 ♏ 23	24 ♐ 48	4 ♑ 23	13 ♏ 59	10 ♐ 13	28 ♐ 44	0 ♏ 58	25 ♉	8 ♓	8 ♍	10 ♍	8 ♊
29	5 ♎ 39	24 ♏ 21	0 ♊ 8	28 ♉ 44	26 ♍ 1	3 ♏ 37	25 ♐ 28	4 ♑ 29	14 ♏ 5	10 ♐ 15	28 ♐ 45	1 ♏ 1	25 ♉	8 ♓	9 ♍	10 ♍	8 ♊
30	6 ♎ 38	8 ♐ 25	0 ♊ 5	28 D 44	27 ♍ 49	4 ♏ 50	26 ♐ 9	4 ♑ 34	14 ♏ 12	10 ♐ 17	28 ♐ 45	1 ♏ 3	25 ♉	8 ♓	9 ♍	11 ♍	8 ♊

SUN INGRESS ☉→♎23日 05:33

MOON PHASE ◐ 2日 19:30 ♐ ○ 10日 16:01 ♓ ◑ 18日 18:31 ♊ ● 25日 12:11 ♎

aspects

2日	07:06	☉□♅
4日	03:54	♀□♃
4日	05:58	♂☌♅
4日	15:00	☉⚹♄
5日	20:43	☿⚹♇
9日	12:26	☿⚹♅
9日	14:47	☿⚹♇
14日	09:49	☿△♃
14日	17:34	♀⚹♂
19日	13:46	☿□♅
21日	18:12	♀⚹♄
21日	21:28	☉□♆
24日	23:53	♀⚹♆
26日	19:29	♀☌♇
27日	16:30	☉□♃
28日	12:38	☿□♂
29日	18:21	♀⚹♃
30日	12:24	☿□♆

1984年10月

DAY	☉	☽	☊ mean	☊ true	☿	♀	♂	♃	♄	♅	♆	♇	⚳	⚴	⚵	⚶	⚷
	° ′	° ′	° ′	° ′	° ′	° ′	° ′	° ′	° ′	° ′	° ′	° ′	°	°	°	°	°
1	7 ♎ 37	22 ♐ 0	0 ♊ 2	28 D 45	29 D 38	6 D 3	26 D 50	4 D 40	14 D 18	10 D 19	28 D 46	1 D 5	25 R	8 R	9 D	11 D	8 R
2	8 ♎ 36	5 ♑ 11	29 ♉ 59	28 ♉ 46	1 ♎ 27	7 ♏ 17	27 ♐ 30	4 ♑ 45	14 ♏ 24	10 ♐ 21	28 ♐ 47	1 ♏ 7	25 ♉	7 ♓	10 ♍	12 ♍	8 ♊
3	9 ♎ 35	17 ♑ 59	29 ♉ 55	28 R 46	3 ♎ 15	8 ♏ 30	28 ♐ 11	4 ♑ 51	14 ♏ 30	10 ♐ 23	28 ♐ 47	1 ♏ 10	24 ♉	7 ♓	10 ♍	12 ♍	8 ♊
4	10 ♎ 34	0 ♒ 29	29 ♉ 52	28 ♉ 44	5 ♎ 3	9 ♏ 43	28 ♐ 52	4 ♑ 57	14 ♏ 37	10 ♐ 26	28 ♐ 48	1 ♏ 12	24 ♉	7 ♓	11 ♍	12 ♍	8 ♊
5	11 ♎ 33	12 ♒ 45	29 ♉ 49	28 ♉ 39	6 ♎ 51	10 ♏ 57	29 ♐ 34	5 ♑ 4	14 ♏ 43	10 ♐ 28	28 ♐ 49	1 ♏ 14	24 ♉	7 ♓	11 ♍	13 ♍	8 ♊
6	12 ♎ 32	24 ♒ 50	29 ♉ 46	28 ♉ 33	8 ♎ 38	12 ♏ 10	0 ♑ 15	5 ♑ 10	14 ♏ 49	10 ♐ 30	28 ♐ 50	1 ♏ 17	24 ♉	7 ♓	12 ♍	13 ♍	8 ♊
7	13 ♎ 31	6 ♓ 48	29 ♉ 43	28 ♉ 26	10 ♎ 24	13 ♏ 23	0 ♑ 56	5 ♑ 17	14 ♏ 56	10 ♐ 33	28 ♐ 51	1 ♏ 19	24 ♉	7 ♓	12 ♍	14 ♍	8 ♊
8	14 ♎ 31	18 ♓ 42	29 ♉ 40	28 ♉ 17	12 ♎ 10	14 ♏ 37	1 ♑ 38	5 ♑ 23	15 ♏ 2	10 ♐ 35	28 ♐ 51	1 ♏ 21	24 ♉	6 ♓	12 ♍	14 ♍	8 ♊
9	15 ♎ 30	0 ♈ 34	29 ♉ 36	28 ♉ 9	13 ♎ 55	15 ♏ 50	2 ♑ 20	5 ♑ 30	15 ♏ 9	10 ♐ 38	28 ♐ 52	1 ♏ 24	24 ♉	6 ♓	13 ♍	15 ♍	8 ♊
10	16 ♎ 29	12 ♈ 25	29 ♉ 33	28 ♉ 1	15 ♎ 40	17 ♏ 3	3 ♑ 1	5 ♑ 37	15 ♏ 16	10 ♐ 40	28 ♐ 53	1 ♏ 26	24 ♉	6 ♓	13 ♍	15 ♍	8 ♊
11	17 ♎ 28	24 ♈ 18	29 ♉ 30	27 ♉ 55	17 ♎ 24	18 ♏ 16	3 ♑ 43	5 ♑ 44	15 ♏ 22	10 ♐ 43	28 ♐ 54	1 ♏ 28	24 ♉	6 ♓	14 ♍	16 ♍	8 ♊
12	18 ♎ 28	6 ♉ 14	29 ♉ 27	27 ♉ 51	19 ♎ 7	19 ♏ 30	4 ♑ 25	5 ♑ 52	15 ♏ 29	10 ♐ 45	28 ♐ 55	1 ♏ 31	24 ♉	6 ♓	14 ♍	16 ♍	8 ♊
13	19 ♎ 27	18 ♉ 15	29 ♉ 24	27 ♉ 48	20 ♎ 49	20 ♏ 43	5 ♑ 7	5 ♑ 59	15 ♏ 35	10 ♐ 48	28 ♐ 56	1 ♏ 33	23 ♉	6 ♓	15 ♍	17 ♍	8 ♊
14	20 ♎ 26	0 ♊ 23	29 ♉ 21	27 D 48	22 ♎ 31	21 ♏ 56	5 ♑ 50	6 ♑ 7	15 ♏ 42	10 ♐ 50	28 ♐ 57	1 ♏ 35	23 ♉	5 ♓	15 ♍	17 ♍	8 ♊
15	21 ♎ 26	12 ♊ 41	29 ♉ 17	27 ♉ 49	24 ♎ 12	23 ♏ 9	6 ♑ 32	6 ♑ 14	15 ♏ 49	10 ♐ 53	28 ♐ 58	1 ♏ 38	23 ♉	5 ♓	15 ♍	18 ♍	8 ♊
16	22 ♎ 25	25 ♊ 13	29 ♉ 14	27 ♉ 50	25 ♎ 52	24 ♏ 22	7 ♑ 14	6 ♑ 22	15 ♏ 56	10 ♐ 56	29 ♐ 0	1 ♏ 40	23 ♉	5 ♓	16 ♍	18 ♍	8 ♊
17	23 ♎ 25	8 ♋ 2	29 ♉ 11	27 ♉ 52	27 ♎ 31	25 ♏ 35	7 ♑ 57	6 ♑ 30	16 ♏ 2	10 ♐ 58	29 ♐ 1	1 ♏ 43	23 ♉	5 ♓	16 ♍	18 ♍	7 ♊
18	24 ♎ 24	21 ♋ 11	29 ♉ 8	27 ♉ 53	29 ♎ 10	26 ♏ 48	8 ♑ 40	6 ♑ 38	16 ♏ 9	11 ♐ 1	29 ♐ 2	1 ♏ 45	23 ♉	5 ♓	17 ♍	19 ♍	7 ♊
19	25 ♎ 24	4 ♌ 44	29 ♉ 5	27 R 53	0 ♏ 48	28 ♏ 2	9 ♑ 22	6 ♑ 47	16 ♏ 16	11 ♐ 4	29 ♐ 3	1 ♏ 47	23 ♉	5 ♓	17 ♍	19 ♍	7 ♊
20	26 ♎ 24	18 ♌ 41	29 ♉ 1	27 ♉ 51	2 ♏ 26	29 ♏ 15	10 ♑ 5	6 ♑ 55	16 ♏ 23	11 ♐ 7	29 ♐ 4	1 ♏ 50	22 ♉	5 ♓	17 ♍	20 ♍	7 ♊
21	27 ♎ 23	3 ♍ 4	28 ♉ 58	27 ♉ 48	4 ♏ 3	0 ♐ 28	10 ♑ 48	7 ♑ 4	16 ♏ 30	11 ♐ 10	29 ♐ 6	1 ♏ 52	22 ♉	5 ♓	18 ♍	20 ♍	7 ♊
22	28 ♎ 23	17 ♍ 48	28 ♉ 55	27 ♉ 44	5 ♏ 39	1 ♐ 41	11 ♑ 31	7 ♑ 12	16 ♏ 37	11 ♐ 13	29 ♐ 7	1 ♏ 55	22 ♉	5 ♓	18 ♍	21 ♍	7 ♊
23	29 ♎ 23	2 ♎ 48	28 ♉ 52	27 ♉ 40	7 ♏ 15	2 ♐ 54	12 ♑ 14	7 ♑ 21	16 ♏ 44	11 ♐ 16	29 ♐ 8	1 ♏ 57	22 ♉	5 ♓	19 ♍	21 ♍	7 ♊
24	0 ♏ 23	17 ♎ 56	28 ♉ 49	27 ♉ 36	8 ♏ 50	4 ♐ 7	12 ♑ 58	7 ♑ 30	16 ♏ 51	11 ♐ 19	29 ♐ 10	2 ♏ 0	22 ♉	4 ♓	19 ♍	22 ♍	7 ♊
25	1 ♏ 22	3 ♏ 3	28 ♉ 46	27 ♉ 33	10 ♏ 25	5 ♐ 20	13 ♑ 41	7 ♑ 39	16 ♏ 58	11 ♐ 22	29 ♐ 11	2 ♏ 2	21 ♉	4 ♓	19 ♍	22 ♍	7 ♊
26	2 ♏ 22	17 ♏ 58	28 ♉ 42	27 ♉ 32	11 ♏ 59	6 ♐ 33	14 ♑ 24	7 ♑ 48	17 ♏ 5	11 ♐ 25	29 ♐ 12	2 ♏ 4	21 ♉	4 ♓	20 ♍	23 ♍	7 ♊
27	3 ♏ 22	2 ♐ 34	28 ♉ 39	27 D 31	13 ♏ 33	7 ♐ 45	15 ♑ 8	7 ♑ 58	17 ♏ 12	11 ♐ 28	29 ♐ 14	2 ♏ 7	21 ♉	4 ♓	20 ♍	23 ♍	7 ♊
28	4 ♏ 22	16 ♐ 46	28 ♉ 36	27 ♉ 32	15 ♏ 6	8 ♐ 58	15 ♑ 52	8 ♑ 7	17 ♏ 19	11 ♐ 31	29 ♐ 15	2 ♏ 9	21 ♉	4 ♓	20 ♍	24 ♍	7 ♊
29	5 ♏ 22	0 ♑ 31	28 ♉ 33	27 ♉ 34	16 ♏ 38	10 ♐ 11	16 ♑ 35	8 ♑ 17	17 ♏ 26	11 ♐ 34	29 ♐ 17	2 ♏ 12	21 ♉	4 ♓	21 ♍	24 ♍	7 ♊
30	6 ♏ 22	13 ♑ 49	28 ♉ 30	27 ♉ 35	18 ♏ 10	11 ♐ 24	17 ♑ 19	8 ♑ 26	17 ♏ 33	11 ♐ 37	29 ♐ 18	2 ♏ 14	20 ♉	4 ♓	21 ♍	24 ♍	7 ♊
31	7 ♏ 22	26 ♑ 43	28 ♉ 27	27 ♉ 36	19 ♏ 42	12 ♐ 37	18 ♑ 3	8 ♑ 36	17 ♏ 40	11 ♐ 40	29 ♐ 20	2 ♏ 17	20 ♉	4 ♓	22 ♍	25 ♍	7 ♊

SUN INGRESS ☉→♏23日 14:46

MOON PHASE ◐ 2日 06:52 ♑ ○ 10日 08:58 ♈ ◑ 18日 06:14 ♋ ● 24日 21:08 ♏ ◐ 31日 22:07 ♒

aspects

3日	20:29	☉⚹♅
3日	21:23	♂☌♆
3日	22:38	☿□♃
7日	01:56	☿⚹♅
7日	13:49	♂⚹♇
8日	09:15	♀☌♄
11日	02:36	☉☌☿
14日	11:47	♂☌♃
17日	21:58	☿⚹♆
19日	14:52	☿☌♇
22日	18:05	☉⚹♆
23日	01:39	☿⚹♃
25日	16:35	☉☌♇
28日	22:29	☿⚹♂
29日	13:26	☿☌♄
30日	04:28	♀☌♅
30日	09:10	♂⚹♄

1984年11月

DAY	☉	☽	☊		☿	♀	♂	♃	♄	♅	♆	♇	⚳	⚴	⚵	⚶	⚷
			mean	true													
	° ′	° ′	° ′	° ′	° ′	° ′	° ′	° ′	° ′	° ′	° ′	° ′	°	°	°	°	°
1	8 ♏ 22	9 ♒ 15	28 ♉ 23	27 R 37	21 D 13	13 D 50	18 D 47	8 D 46	17 D 47	11 D 43	29 D 22	2 D 19	20 R	4 R	22 D	25 D	7 R
2	9 ♏ 22	21 ♒ 31	28 ♉ 20	27 ♉ 36	22 ♏ 44	15 ♐ 2	19 ♑ 31	8 ♑ 56	17 ♏ 54	11 ♐ 47	29 ♐ 23	2 ♏ 21	20 ♉	4 ♓	22 ♍	26 ♍	7 ♊
3	10 ♏ 22	3 ♓ 35	28 ♉ 17	27 ♉ 35	24 ♏ 14	16 ♐ 15	20 ♑ 15	9 ♑ 6	18 ♏ 2	11 ♐ 50	29 ♐ 25	2 ♏ 24	20 ♉	4 ♓	23 ♍	26 ♍	7 ♊
4	11 ♏ 22	15 ♓ 30	28 ♉ 14	27 ♉ 33	25 ♏ 44	17 ♐ 28	20 ♑ 59	9 ♑ 16	18 ♏ 9	11 ♐ 53	29 ♐ 26	2 ♏ 26	19 ♉	4 ♓	23 ♍	27 ♍	7 ♊
5	12 ♏ 22	27 ♓ 21	28 ♉ 11	27 ♉ 30	27 ♏ 13	18 ♐ 40	21 ♑ 43	9 ♑ 27	18 ♏ 16	11 ♐ 56	29 ♐ 28	2 ♏ 29	19 ♉	4 D	23 ♍	27 ♍	7 ♊
6	13 ♏ 22	9 ♈ 12	28 ♉ 7	27 ♉ 28	28 ♏ 42	19 ♐ 53	22 ♑ 28	9 ♑ 37	18 ♏ 23	12 ♐ 0	29 ♐ 30	2 ♏ 31	19 ♉	4 ♓	24 ♍	28 ♍	7 ♊
7	14 ♏ 22	21 ♈ 5	28 ♉ 4	27 ♉ 26	0 ♐ 10	21 ♐ 6	23 ♑ 12	9 ♑ 48	18 ♏ 30	12 ♐ 3	29 ♐ 31	2 ♏ 33	19 ♉	4 ♓	24 ♍	28 ♍	7 ♊
8	15 ♏ 23	3 ♉ 3	28 ♉ 1	27 ♉ 24	1 ♐ 38	22 ♐ 18	23 ♑ 56	9 ♑ 58	18 ♏ 37	12 ♐ 7	29 ♐ 33	2 ♏ 36	18 ♉	4 ♓	25 ♍	28 ♍	7 ♊
9	16 ♏ 23	15 ♉ 7	27 ♉ 58	27 ♉ 23	3 ♐ 5	23 ♐ 31	24 ♑ 41	10 ♑ 9	18 ♏ 45	12 ♐ 10	29 ♐ 35	2 ♏ 38	18 ♉	4 ♓	25 ♍	29 ♍	6 ♊
10	17 ♏ 23	27 ♉ 20	27 ♉ 55	27 D 23	4 ♐ 32	24 ♐ 43	25 ♑ 25	10 ♑ 20	18 ♏ 52	12 ♐ 13	29 ♐ 37	2 ♏ 41	18 ♉	4 ♓	25 ♍	29 ♍	6 ♊
11	18 ♏ 23	9 ♊ 43	27 ♉ 52	27 ♉ 23	5 ♐ 58	25 ♐ 56	26 ♑ 10	10 ♑ 31	18 ♏ 59	12 ♐ 17	29 ♐ 39	2 ♏ 43	18 ♉	4 ♓	26 ♍	0 ♎	6 ♊
12	19 ♏ 24	22 ♊ 17	27 ♉ 48	27 ♉ 24	7 ♐ 23	27 ♐ 8	26 ♑ 55	10 ♑ 42	19 ♏ 6	12 ♐ 20	29 ♐ 40	2 ♏ 45	18 ♉	4 ♓	26 ♍	0 ♎	6 ♊
13	20 ♏ 24	5 ♋ 4	27 ♉ 45	27 ♉ 25	8 ♐ 48	28 ♐ 20	27 ♑ 39	10 ♑ 53	19 ♏ 13	12 ♐ 24	29 ♐ 42	2 ♏ 48	17 ♉	4 ♓	26 ♍	1 ♎	6 ♊
14	21 ♏ 25	18 ♋ 5	27 ♉ 42	27 ♉ 25	10 ♐ 12	29 ♐ 33	28 ♑ 24	11 ♑ 4	19 ♏ 20	12 ♐ 27	29 ♐ 44	2 ♏ 50	17 ♉	4 ♓	27 ♍	1 ♎	6 ♊
15	22 ♏ 25	1 ♌ 21	27 ♉ 39	27 ♉ 26	11 ♐ 35	0 ♑ 45	29 ♑ 9	11 ♑ 15	19 ♏ 28	12 ♐ 31	29 ♐ 46	2 ♏ 52	17 ♉	4 ♓	27 ♍	2 ♎	6 ♊
16	23 ♏ 25	14 ♌ 54	27 ♉ 36	27 ♉ 26	12 ♐ 57	1 ♑ 57	29 ♑ 54	11 ♑ 27	19 ♏ 35	12 ♐ 34	29 ♐ 48	2 ♏ 55	17 ♉	4 ♓	27 ♍	2 ♎	6 ♊
17	24 ♏ 26	28 ♌ 45	27 ♉ 33	27 R 26	14 ♐ 18	3 ♑ 9	0 ♒ 39	11 ♑ 38	19 ♏ 42	12 ♐ 38	29 ♐ 50	2 ♏ 57	16 ♉	5 ♓	28 ♍	2 ♎	6 ♊
18	25 ♏ 26	12 ♍ 53	27 ♉ 29	27 ♉ 26	15 ♐ 38	4 ♑ 22	1 ♒ 23	11 ♑ 50	19 ♏ 49	12 ♐ 41	29 ♐ 52	2 ♏ 59	16 ♉	5 ♓	28 ♍	3 ♎	6 ♊
19	26 ♏ 27	27 ♍ 16	27 ♉ 26	27 ♉ 26	16 ♐ 57	5 ♑ 34	2 ♒ 8	12 ♑ 1	19 ♏ 56	12 ♐ 45	29 ♐ 54	3 ♏ 1	16 ♉	5 ♓	28 ♍	3 ♎	6 ♊
20	27 ♏ 28	11 ♎ 53	27 ♉ 23	27 D 26	18 ♐ 14	6 ♑ 46	2 ♒ 54	12 ♑ 13	20 ♏ 4	12 ♐ 48	29 ♐ 56	3 ♏ 4	16 ♉	5 ♓	29 ♍	4 ♎	6 ♊
21	28 ♏ 28	26 ♎ 36	27 ♉ 20	27 ♉ 26	19 ♐ 29	7 ♑ 58	3 ♒ 39	12 ♑ 25	20 ♏ 11	12 ♐ 52	29 ♐ 58	3 ♏ 6	15 ♉	5 ♓	29 ♍	4 ♎	6 ♊
22	29 ♏ 29	11 ♏ 21	27 ♉ 17	27 ♉ 26	20 ♐ 43	9 ♑ 10	4 ♒ 24	12 ♑ 37	20 ♏ 18	12 ♐ 56	0 ♑ 0	3 ♏ 8	15 ♉	5 ♓	29 ♍	5 ♎	6 ♊
23	0 ♐ 29	26 ♏ 1	27 ♉ 13	27 ♉ 26	21 ♐ 55	10 ♑ 22	5 ♒ 9	12 ♑ 49	20 ♏ 25	12 ♐ 59	0 ♑ 2	3 ♏ 10	15 ♉	5 ♓	0 ♎	5 ♎	6 ♊
24	1 ♐ 30	10 ♐ 28	27 ♉ 10	27 R 26	23 ♐ 4	11 ♑ 33	5 ♒ 54	13 ♑ 1	20 ♏ 32	13 ♐ 3	0 ♑ 4	3 ♏ 13	15 ♉	5 ♓	0 ♎	6 ♎	6 ♊
25	2 ♐ 31	24 ♐ 37	27 ♉ 7	27 ♉ 26	24 ♐ 10	12 ♑ 45	6 ♒ 40	13 ♑ 13	20 ♏ 39	13 ♐ 6	0 ♑ 6	3 ♏ 15	15 ♉	5 ♓	0 ♎	6 ♎	6 ♊
26	3 ♐ 31	8 ♑ 24	27 ♉ 4	27 ♉ 25	25 ♐ 13	13 ♑ 57	7 ♒ 25	13 ♑ 25	20 ♏ 46	13 ♐ 10	0 ♑ 8	3 ♏ 17	14 ♉	5 ♓	1 ♎	6 ♎	6 ♊
27	4 ♐ 32	21 ♑ 47	27 ♉ 1	27 ♉ 24	26 ♐ 13	15 ♑ 9	8 ♒ 10	13 ♑ 38	20 ♏ 53	13 ♐ 14	0 ♑ 10	3 ♏ 19	14 ♉	6 ♓	1 ♎	7 ♎	5 ♊
28	5 ♐ 33	4 ♒ 46	26 ♉ 58	27 ♉ 23	27 ♐ 9	16 ♑ 20	8 ♒ 56	13 ♑ 50	21 ♏ 0	13 ♐ 17	0 ♑ 12	3 ♏ 21	14 ♉	6 ♓	1 ♎	7 ♎	5 ♊
29	6 ♐ 34	17 ♒ 23	26 ♉ 54	27 ♉ 22	28 ♐ 0	17 ♑ 32	9 ♒ 41	14 ♑ 2	21 ♏ 7	13 ♐ 21	0 ♑ 14	3 ♏ 23	14 ♉	6 ♓	2 ♎	8 ♎	5 ♊
30	7 ♐ 35	29 ♒ 43	26 ♉ 51	27 ♉ 22	28 ♐ 45	18 ♑ 43	10 ♒ 27	14 ♑ 15	21 ♏ 14	13 ♐ 25	0 ♑ 16	3 ♏ 26	14 ♉	6 ♓	2 ♎	8 ♎	5 ♊

SUN INGRESS	☉ → ♐ 22日 12:11
MOON PHASE	○ 9日 02:43 ♉　◑ 16日 15:59 ♌　● 23日 07:57 ♐　◐ 30日 17:01 ♓

aspects		
1日	11:33	☉⚹♃
11日	16:01	☉☌♄
14日	03:53	♀☌♆
15日	17:04	☿☌♅
16日	19:42	♀⚹♇
20日	05:40	♂□♇
25日	11:15	♀☌♃

1984年12月

DAY	☉	☽	☊		☿	♀	♂	♃	♄	♅	♆	♇	⚳	⚴	⚵	⚶	⚷
			mean	true													
	° ′	° ′	° ′	° ′	° ′	° ′	° ′	° ′	° ′	° ′	° ′	° ′	°	°	°	°	°
1	8 ♐ 35	11 ♓ 48	26 ♉ 48	27 D 22	29 D 25	19 D 55	11 D 12	14 D 27	21 D 21	13 D 28	0 D 18	3 D 28	13 R	6 D	2 D	9 D	5 R
2	9 ♐ 36	23 ♓ 43	26 ♉ 45	27 ♉ 22	29 ♐ 58	21 ♑ 6	11 ♒ 58	14 ♑ 40	21 ♏ 28	13 ♐ 32	0 ♑ 21	3 ♏ 30	13 ♉	6 ♓	3 ♎	9 ♎	5 ♊
3	10 ♐ 37	5 ♈ 34	26 ♉ 42	27 ♉ 23	0 ♑ 23	22 ♑ 17	12 ♒ 43	14 ♑ 53	21 ♏ 35	13 ♐ 36	0 ♑ 23	3 ♏ 32	13 ♉	6 ♓	3 ♎	9 ♎	5 ♊
4	11 ♐ 38	17 ♈ 25	26 ♉ 39	27 ♉ 24	0 ♑ 40	23 ♑ 28	13 ♒ 29	15 ♑ 6	21 ♏ 42	13 ♐ 39	0 ♑ 25	3 ♏ 34	13 ♉	6 ♓	3 ♎	10 ♎	5 ♊
5	12 ♐ 39	29 ♈ 19	26 ♉ 35	27 ♉ 26	0 ♑ 48	24 ♑ 39	14 ♒ 14	15 ♑ 18	21 ♏ 49	13 ♐ 43	0 ♑ 27	3 ♏ 36	13 ♉	7 ♓	3 ♎	10 ♎	5 ♊
6	13 ♐ 40	11 ♉ 22	26 ♉ 32	27 ♉ 27	0 R 45	25 ♑ 50	15 ♒ 0	15 ♑ 31	21 ♏ 56	13 ♐ 47	0 ♑ 29	3 ♏ 38	13 ♉	7 ♓	4 ♎	11 ♎	5 ♊
7	14 ♐ 41	23 ♉ 36	26 ♉ 29	27 ♉ 28	0 ♑ 32	27 ♑ 1	15 ♒ 46	15 ♑ 44	22 ♏ 3	13 ♐ 50	0 ♑ 31	3 ♏ 40	12 ♉	7 ♓	4 ♎	11 ♎	5 ♊
8	15 ♐ 41	6 ♊ 2	26 ♉ 26	27 R 28	0 ♑ 8	28 ♑ 12	16 ♒ 31	15 ♑ 57	22 ♏ 10	13 ♐ 54	0 ♑ 34	3 ♏ 42	12 ♉	7 ♓	4 ♎	11 ♎	5 ♊
9	16 ♐ 42	18 ♊ 43	26 ♉ 23	27 ♉ 26	29 ♐ 33	29 ♑ 23	17 ♒ 17	16 ♑ 10	22 ♏ 16	13 ♐ 58	0 ♑ 36	3 ♏ 44	12 ♉	7 ♓	5 ♎	12 ♎	5 ♊
10	17 ♐ 43	1 ♋ 39	26 ♉ 19	27 ♉ 24	28 ♐ 46	0 ♒ 34	18 ♒ 3	16 ♑ 23	22 ♏ 23	14 ♐ 1	0 ♑ 38	3 ♏ 45	12 ♉	7 ♓	5 ♎	12 ♎	5 ♊
11	18 ♐ 44	14 ♋ 50	26 ♉ 16	27 ♉ 21	27 ♐ 49	1 ♒ 44	18 ♒ 48	16 ♑ 36	22 ♏ 30	14 ♐ 5	0 ♑ 40	3 ♏ 47	12 ♉	8 ♓	5 ♎	13 ♎	5 ♊
12	19 ♐ 45	28 ♋ 13	26 ♉ 13	27 ♉ 18	26 ♐ 42	2 ♒ 54	19 ♒ 34	16 ♑ 50	22 ♏ 36	14 ♐ 9	0 ♑ 43	3 ♏ 49	12 ♉	8 ♓	5 ♎	13 ♎	5 ♊
13	20 ♐ 46	11 ♌ 50	26 ♉ 10	27 ♉ 14	25 ♐ 28	4 ♒ 5	20 ♒ 20	17 ♑ 3	22 ♏ 43	14 ♐ 12	0 ♑ 45	3 ♏ 51	12 ♉	8 ♓	6 ♎	13 ♎	5 ♊
14	21 ♐ 47	25 ♌ 36	26 ♉ 7	27 ♉ 11	24 ♐ 8	5 ♒ 15	21 ♒ 6	17 ♑ 16	22 ♏ 50	14 ♐ 16	0 ♑ 47	3 ♏ 53	12 ♉	8 ♓	6 ♎	14 ♎	5 ♊
15	22 ♐ 48	9 ♍ 32	26 ♉ 4	27 ♉ 10	22 ♐ 45	6 ♒ 25	21 ♒ 51	17 ♑ 29	22 ♏ 56	14 ♐ 20	0 ♑ 49	3 ♏ 55	11 ♉	8 ♓	6 ♎	14 ♎	4 ♊
16	23 ♐ 49	23 ♍ 36	26 ♉ 0	27 ♉ 9	21 ♐ 22	7 ♒ 35	22 ♒ 37	17 ♑ 43	23 ♏ 3	14 ♐ 23	0 ♑ 51	3 ♏ 56	11 ♉	9 ♓	6 ♎	15 ♎	4 ♊
17	24 ♐ 50	7 ♎ 45	25 ♉ 57	27 D 9	20 ♐ 2	8 ♒ 45	23 ♒ 23	17 ♑ 56	23 ♏ 9	14 ♐ 27	0 ♑ 54	3 ♏ 58	11 ♉	9 ♓	7 ♎	15 ♎	4 ♊
18	25 ♐ 52	21 ♎ 59	25 ♉ 54	27 ♉ 11	18 ♐ 48	9 ♒ 55	24 ♒ 9	18 ♑ 10	23 ♏ 16	14 ♐ 31	0 ♑ 56	4 ♏ 0	11 ♉	9 ♓	7 ♎	15 ♎	4 ♊
19	26 ♐ 53	6 ♏ 16	25 ♉ 51	27 ♉ 12	17 ♐ 40	11 ♒ 4	24 ♒ 55	18 ♑ 23	23 ♏ 22	14 ♐ 34	0 ♑ 58	4 ♏ 1	11 ♉	9 ♓	7 ♎	16 ♎	4 ♊
20	27 ♐ 54	20 ♏ 32	25 ♉ 48	27 ♉ 13	16 ♐ 42	12 ♒ 14	25 ♒ 40	18 ♑ 37	23 ♏ 29	14 ♐ 38	1 ♑ 1	4 ♏ 3	11 ♉	9 ♓	7 ♎	16 ♎	4 ♊
21	28 ♐ 55	4 ♐ 44	25 ♉ 45	27 R 13	15 ♐ 54	13 ♒ 23	26 ♒ 26	18 ♑ 50	23 ♏ 35	14 ♐ 41	1 ♑ 3	4 ♏ 5	11 ♉	10 ♓	8 ♎	17 ♎	4 ♊
22	29 ♐ 56	18 ♐ 48	25 ♉ 41	27 ♉ 12	15 ♐ 17	14 ♒ 32	27 ♒ 12	19 ♑ 4	23 ♏ 41	14 ♐ 45	1 ♑ 5	4 ♏ 6	11 ♉	10 ♓	8 ♎	17 ♎	4 ♊
23	0 ♑ 57	2 ♑ 40	25 ♉ 38	27 ♉ 8	14 ♐ 51	15 ♒ 41	27 ♒ 58	19 ♑ 18	23 ♏ 47	14 ♐ 49	1 ♑ 7	4 ♏ 8	11 ♉	10 ♓	8 ♎	17 ♎	4 ♊
24	1 ♑ 58	16 ♑ 16	25 ♉ 35	27 ♉ 3	14 ♐ 35	16 ♒ 50	28 ♒ 44	19 ♑ 31	23 ♏ 54	14 ♐ 52	1 ♑ 10	4 ♏ 9	11 ♉	10 ♓	8 ♎	18 ♎	4 ♊
25	2 ♑ 59	29 ♑ 34	25 ♉ 32	26 ♉ 57	14 ♐ 30	17 ♒ 59	29 ♒ 30	19 ♑ 45	24 ♏ 0	14 ♐ 56	1 ♑ 12	4 ♏ 11	11 ♉	11 ♓	8 ♎	18 ♎	4 ♊
26	4 ♑ 1	12 ♒ 32	25 ♉ 29	26 ♉ 50	14 D 34	19 ♒ 8	0 ♓ 16	19 ♑ 59	24 ♏ 6	14 ♐ 59	1 ♑ 14	4 ♏ 12	11 ♉	11 ♓	9 ♎	19 ♎	4 ♊
27	5 ♑ 2	25 ♒ 10	25 ♉ 25	26 ♉ 44	14 ♐ 47	20 ♒ 16	1 ♓ 1	20 ♑ 12	24 ♏ 12	15 ♐ 3	1 ♑ 16	4 ♏ 14	11 ♉	11 ♓	9 ♎	19 ♎	4 ♊
28	6 ♑ 3	7 ♓ 31	25 ♉ 22	26 ♉ 39	15 ♐ 8	21 ♒ 24	1 ♓ 47	20 ♑ 26	24 ♏ 18	15 ♐ 6	1 ♑ 19	4 ♏ 15	11 ♉	11 ♓	9 ♎	19 ♎	4 ♊
29	7 ♑ 4	19 ♓ 38	25 ♉ 19	26 ♉ 35	15 ♐ 37	22 ♒ 32	2 ♓ 33	20 ♑ 40	24 ♏ 24	15 ♐ 10	1 ♑ 21	4 ♏ 17	11 ♉	12 ♓	9 ♎	20 ♎	4 ♊
30	8 ♑ 5	1 ♈ 34	25 ♉ 16	26 ♉ 33	16 ♐ 12	23 ♒ 40	3 ♓ 19	20 ♑ 54	24 ♏ 30	15 ♐ 13	1 ♑ 23	4 ♏ 18	11 ♉	12 ♓	9 ♎	20 ♎	4 ♊
31	9 ♑ 6	13 ♈ 24	25 ♉ 13	26 D 33	16 ♐ 53	24 ♒ 48	4 ♓ 5	21 ♑ 8	24 ♏ 35	15 ♐ 17	1 ♑ 26	4 ♏ 19	11 D	12 ♓	10 ♎	20 ♎	4 ♊

SUN INGRESS	☉ → ♑ 22日 01:23
MOON PHASE	○ 8日 19:53 ♊　◑ 16日 00:25 ♍　● 22日 20:47 ♑　◐ 30日 14:27 ♈

aspects		
2日	08:20	♀⚹♄
2日	23:34	☿☌♆
4日	06:05	♂⚹♅
6日	02:57	☉☌♅
7日	01:14	☿☌♆
11日	06:18	☉⚹♂
12日	19:12	♀□♇
14日	23:28	☉☌☿
15日	10:01	☿⚹♂
16日	15:43	♂□♄
22日	04:42	♀⚹♅
22日	10:58	☿⚹♀
23日	02:13	☿☌♅
23日	04:11	☉☌♆
26日	04:46	☉⚹♇
27日	08:18	♂⚹♆
27日	21:43	☿☌♅
30日	19:07	♀□♄
31日	07:51	♂△♇

1985年1月

DAY	☉	☽	☊ mean	☊ true	☿	♀	♂	♃	♄	♅	♆	♇	⚳	⚴	⚵	⚶	⚷
	° ′	° ′	° ′	° ′	° ′	° ′	° ′	° ′	° ′	° ′	° ′	° ′	°	°	°	°	°
1	10 ♑ 8	25 ♈ 14	25 ♉ 10	26 D 34	17 D 39	25 D 56	4 D 51	21 D 22	24 D 41	15 D 20	1 D 28	4 D 21	11 D	12 D	10 D	21 D	4 R
2	11 ♑ 9	7 ♉ 9	25 ♉ 6	26 ♉ 36	18 ♐ 30	27 ♒ 3	5 ♓ 37	21 ♑ 36	24 ♏ 47	15 ♐ 24	1 ♑ 30	4 ♏ 22	11 ♉	13 ♓	10 ♎	21 ♎	4 ♊
3	12 ♑ 10	19 ♉ 14	25 ♉ 3	26 ♉ 37	19 ♐ 25	28 ♒ 10	6 ♓ 22	21 ♑ 50	24 ♏ 53	15 ♐ 27	1 ♑ 32	4 ♏ 23	11 ♉	13 ♓	10 ♎	21 ♎	4 ♊
4	13 ♑ 11	1 ♊ 33	25 ♉ 0	26 R 37	20 ♐ 24	29 ♒ 17	7 ♓ 8	22 ♑ 4	24 ♏ 58	15 ♐ 30	1 ♑ 34	4 ♏ 24	11 ♉	13 ♓	10 ♎	22 ♎	4 ♊
5	14 ♑ 12	14 ♊ 9	24 ♉ 57	26 ♉ 36	21 ♐ 27	0 ♓ 23	7 ♓ 54	22 ♑ 18	25 ♏ 4	15 ♐ 34	1 ♑ 37	4 ♏ 26	11 ♉	13 ♓	11 ♎	22 ♎	4 ♊
6	15 ♑ 13	27 ♊ 6	24 ♉ 54	26 ♉ 32	22 ♐ 32	1 ♓ 30	8 ♓ 40	22 ♑ 31	25 ♏ 9	15 ♐ 37	1 ♑ 39	4 ♏ 27	11 ♉	14 ♓	11 ♎	23 ♎	3 ♊
7	16 ♑ 14	10 ♋ 22	24 ♉ 51	26 ♉ 25	23 ♐ 39	2 ♓ 36	9 ♓ 26	22 ♑ 45	25 ♏ 14	15 ♐ 40	1 ♑ 41	4 ♏ 28	11 ♉	14 ♓	11 ♎	23 ♎	3 ♊
8	17 ♑ 16	23 ♋ 58	24 ♉ 47	26 ♉ 17	24 ♐ 49	3 ♓ 42	10 ♓ 11	23 ♑ 0	25 ♏ 20	15 ♐ 44	1 ♑ 43	4 ♏ 29	11 ♉	14 ♓	11 ♎	23 ♎	3 ♊
9	18 ♑ 17	7 ♌ 51	24 ♉ 44	26 ♉ 8	26 ♐ 2	4 ♓ 48	10 ♓ 57	23 ♑ 14	25 ♏ 25	15 ♐ 47	1 ♑ 46	4 ♏ 30	11 ♉	14 ♓	11 ♎	24 ♎	3 ♊
10	19 ♑ 18	21 ♌ 55	24 ♉ 41	25 ♉ 59	27 ♐ 16	5 ♓ 53	11 ♓ 43	23 ♑ 28	25 ♏ 30	15 ♐ 50	1 ♑ 48	4 ♏ 31	11 ♉	15 ♓	11 ♎	24 ♎	3 ♊
11	20 ♑ 19	6 ♍ 7	24 ♉ 38	25 ♉ 51	28 ♐ 31	6 ♓ 58	12 ♓ 29	23 ♑ 42	25 ♏ 35	15 ♐ 53	1 ♑ 50	4 ♏ 32	11 ♉	15 ♓	11 ♎	24 ♎	3 ♊
12	21 ♑ 20	20 ♍ 22	24 ♉ 35	25 ♉ 45	29 ♐ 48	8 ♓ 3	13 ♓ 14	23 ♑ 56	25 ♏ 40	15 ♐ 56	1 ♑ 52	4 ♏ 33	11 ♉	15 ♓	12 ♎	25 ♎	3 ♊
13	22 ♑ 21	4 ♎ 36	24 ♉ 31	25 ♉ 41	1 ♑ 7	9 ♓ 7	14 ♓ 0	24 ♑ 10	25 ♏ 45	16 ♐ 0	1 ♑ 54	4 ♏ 34	11 ♉	16 ♓	12 ♎	25 ♎	3 ♊
14	23 ♑ 22	18 ♎ 46	24 ♉ 28	25 ♉ 40	2 ♑ 27	10 ♓ 12	14 ♓ 46	24 ♑ 24	25 ♏ 50	16 ♐ 3	1 ♑ 56	4 ♏ 35	11 ♉	16 ♓	12 ♎	25 ♎	3 ♊
15	24 ♑ 23	2 ♏ 51	24 ♉ 25	25 D 40	3 ♑ 48	11 ♓ 15	15 ♓ 31	24 ♑ 38	25 ♏ 55	16 ♐ 6	1 ♑ 59	4 ♏ 35	11 ♉	16 ♓	12 ♎	25 ♎	3 ♊
16	25 ♑ 25	16 ♏ 49	24 ♉ 22	25 ♉ 41	5 ♑ 10	12 ♓ 19	16 ♓ 17	24 ♑ 52	26 ♏ 0	16 ♐ 9	2 ♑ 1	4 ♏ 36	12 ♉	16 ♓	12 ♎	26 ♎	3 ♊
17	26 ♑ 26	0 ♐ 41	24 ♉ 19	25 R 41	6 ♑ 33	13 ♓ 22	17 ♓ 3	25 ♑ 6	26 ♏ 5	16 ♐ 12	2 ♑ 3	4 ♏ 37	12 ♉	17 ♓	12 ♎	26 ♎	3 ♊
18	27 ♑ 27	14 ♐ 25	24 ♉ 16	25 ♉ 39	7 ♑ 57	14 ♓ 25	17 ♓ 48	25 ♑ 20	26 ♏ 9	16 ♐ 15	2 ♑ 5	4 ♏ 38	12 ♉	17 ♓	12 ♎	26 ♎	3 ♊
19	28 ♑ 28	28 ♐ 2	24 ♉ 12	25 ♉ 35	9 ♑ 22	15 ♓ 28	18 ♓ 34	25 ♑ 34	26 ♏ 14	16 ♐ 18	2 ♑ 7	4 ♏ 38	12 ♉	17 ♓	12 ♎	27 ♎	3 ♊
20	29 ♑ 29	11 ♑ 29	24 ♉ 9	25 ♉ 28	10 ♑ 48	16 ♓ 30	19 ♓ 19	25 ♑ 48	26 ♏ 18	16 ♐ 21	2 ♑ 9	4 ♏ 39	12 ♉	18 ♓	12 ♎	27 ♎	3 ♊
21	0 ♒ 30	24 ♑ 44	24 ♉ 6	25 ♉ 18	12 ♑ 15	17 ♓ 32	20 ♓ 5	26 ♑ 2	26 ♏ 23	16 ♐ 24	2 ♑ 11	4 ♏ 40	12 ♉	18 ♓	12 ♎	27 ♎	3 ♊
22	1 ♒ 31	7 ♒ 46	24 ♉ 3	25 ♉ 7	13 ♑ 42	18 ♓ 33	20 ♓ 51	26 ♑ 16	26 ♏ 27	16 ♐ 27	2 ♑ 13	4 ♏ 40	12 ♉	18 ♓	12 ♎	28 ♎	3 ♊
23	2 ♒ 32	20 ♒ 33	24 ♉ 0	24 ♉ 54	15 ♑ 10	19 ♓ 34	21 ♓ 36	26 ♑ 30	26 ♏ 31	16 ♐ 29	2 ♑ 15	4 ♏ 41	12 ♉	19 ♓	12 ♎	28 ♎	3 ♊
24	3 ♒ 33	3 ♓ 5	23 ♉ 57	24 ♉ 41	16 ♑ 39	20 ♓ 35	22 ♓ 22	26 ♑ 44	26 ♏ 36	16 ♐ 32	2 ♑ 17	4 ♏ 41	13 ♉	19 ♓	13 ♎	28 ♎	3 ♊
25	4 ♒ 34	15 ♓ 23	23 ♉ 53	24 ♉ 30	18 ♑ 8	21 ♓ 35	23 ♓ 7	26 ♑ 58	26 ♏ 40	16 ♐ 35	2 ♑ 19	4 ♏ 42	13 ♉	19 ♓	13 ♎	28 ♎	3 ♊
26	5 ♒ 35	27 ♓ 27	23 ♉ 50	24 ♉ 22	19 ♑ 38	22 ♓ 35	23 ♓ 53	27 ♑ 12	26 ♏ 44	16 ♐ 38	2 ♑ 21	4 ♏ 42	13 ♉	19 ♓	13 ♎	29 ♎	3 ♊
27	6 ♒ 36	9 ♈ 22	23 ♉ 47	24 ♉ 15	21 ♑ 9	23 ♓ 34	24 ♓ 38	27 ♑ 26	26 ♏ 47	16 ♐ 40	2 ♑ 23	4 ♏ 42	13 ♉	20 ♓	13 ♎	29 ♎	3 ♊
28	7 ♒ 37	21 ♈ 12	23 ♉ 44	24 ♉ 12	22 ♑ 41	24 ♓ 33	25 ♓ 23	27 ♑ 40	26 ♏ 51	16 ♐ 43	2 ♑ 25	4 ♏ 43	13 ♉	20 ♓	13 ♎	29 ♎	3 ♊
29	8 ♒ 38	3 ♉ 0	23 ♉ 41	24 ♉ 11	24 ♑ 13	25 ♓ 31	26 ♓ 9	27 ♑ 54	26 ♏ 55	16 ♐ 46	2 ♑ 27	4 ♏ 43	13 ♉	20 ♓	13 ♎	29 ♎	3 ♊
30	9 ♒ 39	14 ♉ 53	23 ♉ 37	24 D 11	25 ♑ 46	26 ♓ 29	26 ♓ 54	28 ♑ 8	26 ♏ 59	16 ♐ 48	2 ♑ 29	4 ♏ 43	14 ♉	21 ♓	13 ♎	0 ♏	3 ♊
31	10 ♒ 40	26 ♉ 56	23 ♉ 34	24 R 11	27 ♑ 19	27 ♓ 26	27 ♓ 39	28 ♑ 22	27 ♏ 2	16 ♐ 51	2 ♑ 31	4 ♏ 44	14 ♉	21 ♓	13 ♎	0 ♏	3 ♊

SUN INGRESS	☉ → ♒ 20日 11:58
MOON PHASE	○ 7日 11:16 ♋ ◑ 14日 08:27 ♎ ● 21日 11:28 ♒ ◐ 29日 12:29 ♉

aspects		
6日	03:26	♀⚹♆
8日	17:27	♀△♇
13日	14:39	☿☌♆
15日	07:20	☉☌♃
15日	14:01	☿⚹♇
15日	19:26	♂□♅
16日	15:04	☉⚹♄
19日	20:15	♀□♅
23日	02:26	♃⚹♄
25日	02:52	☉□♇
30日	02:39	♂△♄
30日	13:11	♀△♄
30日	19:29	☿⚹♄
31日	04:37	☿⚹♀
31日	09:56	☿⚹♂
31日	18:52	☿☌♃

1985年2月

DAY	☉	☽	☊ mean	☊ true	☿	♀	♂	♃	♄	♅	♆	♇	⚳	⚴	⚵	⚶	⚷
	° ′	° ′	° ′	° ′	° ′	° ′	° ′	° ′	° ′	° ′	° ′	° ′	°	°	°	°	°
1	11 ♒ 41	9 ♊ 15	23 ♉ 31	24 R 10	28 D 53	28 D 23	28 D 25	28 D 36	27 D 6	16 D 53	2 D 33	4 D 44	14 D	21 D	13 R	0 D	3 R
2	12 ♒ 42	21 ♊ 54	23 ♉ 28	24 ♉ 7	0 ♒ 28	29 ♓ 19	29 ♓ 10	28 ♑ 50	27 ♏ 9	16 ♐ 56	2 ♑ 35	4 ♏ 44	14 ♉	22 ♓	13 ♎	0 ♏	3 ♊
3	13 ♒ 43	4 ♋ 57	23 ♉ 25	24 ♉ 1	2 ♒ 4	0 ♈ 15	29 ♓ 55	29 ♑ 4	27 ♏ 12	16 ♐ 58	2 ♑ 36	4 ♏ 44	14 ♉	22 ♓	13 ♎	1 ♏	3 ♊
4	14 ♒ 44	18 ♋ 25	23 ♉ 22	23 ♉ 53	3 ♒ 40	1 ♈ 9	0 ♈ 40	29 ♑ 18	27 ♏ 16	17 ♐ 1	2 ♑ 38	4 ♏ 44	15 ♉	22 ♓	13 ♎	1 ♏	3 ♊
5	15 ♒ 45	2 ♌ 19	23 ♉ 18	23 ♉ 43	5 ♒ 17	2 ♈ 3	1 ♈ 25	29 ♑ 32	27 ♏ 19	17 ♐ 3	2 ♑ 40	4 ♏ 44	15 ♉	23 ♓	13 ♎	1 ♏	3 ♊
6	16 ♒ 45	16 ♌ 35	23 ♉ 15	23 ♉ 30	6 ♒ 55	2 ♈ 57	2 ♈ 11	29 ♑ 45	27 ♏ 22	17 ♐ 5	2 ♑ 42	4 ♏ 44	15 ♉	23 ♓	13 ♎	1 ♏	3 ♊
7	17 ♒ 46	1 ♍ 7	23 ♉ 12	23 ♉ 18	8 ♒ 34	3 ♈ 50	2 ♈ 56	29 ♑ 59	27 ♏ 25	17 ♐ 8	2 ♑ 44	4 R 44	15 ♉	23 ♓	13 ♎	2 ♏	3 ♊
8	18 ♒ 47	15 ♍ 48	23 ♉ 9	23 ♉ 7	10 ♒ 13	4 ♈ 42	3 ♈ 41	0 ♒ 13	27 ♏ 28	17 ♐ 10	2 ♑ 45	4 ♏ 44	15 ♉	24 ♓	13 ♎	2 ♏	3 ♊
9	19 ♒ 48	0 ♎ 30	23 ♉ 6	22 ♉ 58	11 ♒ 53	5 ♈ 33	4 ♈ 26	0 ♒ 27	27 ♏ 30	17 ♐ 12	2 ♑ 47	4 ♏ 44	16 ♉	24 ♓	13 ♎	2 ♏	3 ♊
10	20 ♒ 48	15 ♎ 6	23 ♉ 3	22 ♉ 52	13 ♒ 34	6 ♈ 24	5 ♈ 11	0 ♒ 40	27 ♏ 33	17 ♐ 14	2 ♑ 49	4 ♏ 44	16 ♉	24 ♓	12 ♎	2 ♏	3 ♊
11	21 ♒ 49	29 ♎ 30	22 ♉ 59	22 ♉ 49	15 ♒ 16	7 ♈ 13	5 ♈ 56	0 ♒ 54	27 ♏ 35	17 ♐ 16	2 ♑ 50	4 ♏ 44	16 ♉	25 ♓	12 ♎	2 ♏	3 D
12	22 ♒ 50	13 ♏ 41	22 ♉ 56	22 ♉ 48	16 ♒ 58	8 ♈ 2	6 ♈ 41	1 ♒ 8	27 ♏ 38	17 ♐ 18	2 ♑ 52	4 ♏ 44	16 ♉	25 ♓	12 ♎	2 ♏	3 ♊
13	23 ♒ 51	27 ♏ 37	22 ♉ 53	22 ♉ 48	18 ♒ 42	8 ♈ 50	7 ♈ 25	1 ♒ 21	27 ♏ 40	17 ♐ 20	2 ♑ 54	4 ♏ 44	17 ♉	25 ♓	12 ♎	3 ♏	3 ♊
14	24 ♒ 51	11 ♐ 18	22 ♉ 50	22 ♉ 48	20 ♒ 26	9 ♈ 37	8 ♈ 10	1 ♒ 35	27 ♏ 43	17 ♐ 22	2 ♑ 55	4 ♏ 43	17 ♉	26 ♓	12 ♎	3 ♏	3 ♊
15	25 ♒ 52	24 ♐ 45	22 ♉ 47	22 ♉ 45	22 ♒ 11	10 ♈ 23	8 ♈ 55	1 ♒ 48	27 ♏ 45	17 ♐ 24	2 ♑ 57	4 ♏ 43	17 ♉	26 ♓	12 ♎	3 ♏	3 ♊
16	26 ♒ 52	8 ♑ 0	22 ♉ 43	22 ♉ 40	23 ♒ 57	11 ♈ 8	9 ♈ 40	2 ♒ 2	27 ♏ 47	17 ♐ 26	2 ♑ 58	4 ♏ 43	17 ♉	26 ♓	12 ♎	3 ♏	3 ♊
17	27 ♒ 53	21 ♑ 4	22 ♉ 40	22 ♉ 32	25 ♒ 44	11 ♈ 52	10 ♈ 25	2 ♒ 15	27 ♏ 49	17 ♐ 28	3 ♑ 0	4 ♏ 42	18 ♉	27 ♓	12 ♎	3 ♏	3 ♊
18	28 ♒ 54	3 ♒ 57	22 ♉ 37	22 ♉ 22	27 ♒ 31	12 ♈ 36	11 ♈ 9	2 ♒ 28	27 ♏ 51	17 ♐ 29	3 ♑ 1	4 ♏ 42	18 ♉	27 ♓	12 ♎	3 ♏	3 ♊
19	29 ♒ 54	16 ♒ 38	22 ♉ 34	22 ♉ 8	29 ♒ 20	13 ♈ 18	11 ♈ 54	2 ♒ 42	27 ♏ 52	17 ♐ 31	3 ♑ 3	4 ♏ 42	18 ♉	28 ♓	12 ♎	4 ♏	3 ♊
20	0 ♓ 55	29 ♒ 9	22 ♉ 31	21 ♉ 54	1 ♓ 9	13 ♈ 58	12 ♈ 39	2 ♒ 55	27 ♏ 54	17 ♐ 33	3 ♑ 4	4 ♏ 41	18 ♉	28 ♓	12 ♎	4 ♏	3 ♊
21	1 ♓ 55	11 ♓ 29	22 ♉ 28	21 ♉ 40	3 ♓ 0	14 ♈ 38	13 ♈ 23	3 ♒ 8	27 ♏ 56	17 ♐ 34	3 ♑ 6	4 ♏ 41	19 ♉	28 ♓	11 ♎	4 ♏	3 ♊
22	2 ♓ 56	23 ♓ 37	22 ♉ 24	21 ♉ 27	4 ♓ 51	15 ♈ 16	14 ♈ 8	3 ♒ 21	27 ♏ 57	17 ♐ 36	3 ♑ 7	4 ♏ 40	19 ♉	29 ♓	11 ♎	4 ♏	3 ♊
23	3 ♓ 56	5 ♈ 37	22 ♉ 21	21 ♉ 17	6 ♓ 42	15 ♈ 54	14 ♈ 52	3 ♒ 35	27 ♏ 59	17 ♐ 37	3 ♑ 8	4 ♏ 40	19 ♉	29 ♓	11 ♎	4 ♏	3 ♊
24	4 ♓ 56	17 ♈ 29	22 ♉ 18	21 ♉ 9	8 ♓ 35	16 ♈ 29	15 ♈ 37	3 ♒ 48	28 ♏ 0	17 ♐ 39	3 ♑ 10	4 ♏ 39	19 ♉	29 ♓	11 ♎	4 ♏	3 ♊
25	5 ♓ 57	29 ♈ 17	22 ♉ 15	21 ♉ 5	10 ♓ 28	17 ♈ 4	16 ♈ 21	4 ♒ 1	28 ♏ 1	17 ♐ 40	3 ♑ 11	4 ♏ 38	20 ♉	0 ♈	11 ♎	4 ♏	3 ♊
26	6 ♓ 57	11 ♉ 4	22 ♉ 12	21 ♉ 3	12 ♓ 21	17 ♈ 37	17 ♈ 6	4 ♒ 14	28 ♏ 2	17 ♐ 42	3 ♑ 12	4 ♏ 38	20 ♉	0 ♈	11 ♎	4 ♏	3 ♊
27	7 ♓ 58	22 ♉ 55	22 ♉ 8	21 D 2	14 ♓ 15	18 ♈ 8	17 ♈ 50	4 ♒ 27	28 ♏ 3	17 ♐ 43	3 ♑ 13	4 ♏ 37	20 ♉	0 ♈	10 ♎	4 ♏	3 ♊
28	8 ♓ 58	4 ♊ 56	22 ♉ 5	21 ♉ 3	16 ♓ 10	18 ♈ 38	18 ♈ 34	4 ♒ 39	28 ♏ 4	17 ♐ 44	3 ♑ 15	4 ♏ 36	21 ♉	1 ♈	10 ♎	4 ♏	3 ♊

SUN INGRESS	☉ → ♓ 19日 02:07
MOON PHASE	○ 6日 00:19 ♌ ◑ 12日 16:57 ♏ ● 20日 03:43 ♓ ◐ 28日 08:41 ♊

aspects		
1日	03:36	♀☌♂
1日	07:28	♀⚹♃
1日	08:49	♂⚹♃
4日	15:52	☿□♇
5日	16:58	♀□♆
6日	08:09	☉⚹♅
6日	17:20	♂□♆
12日	04:44	☿⚹♅
16日	22:17	☉□♄
18日	04:21	☿□♄
19日	16:49	☉☌☿
21日	01:18	☿⚹♆
21日	21:44	☿△♇
22日	04:35	☉⚹♆
23日	17:06	☉△♇
26日	03:49	♀△♅
26日	20:05	♂△♅
27日	18:16	♃□♇
28日	05:56	♀☌♂
28日	20:03	☿□♅

1985年3月

DAY	☉	☽	☊ mean	☊ true	☿	♀	♂	♃	♄	♅	♆	♇	⚳	⚴	⚵	⚶	⚷
	° ′	° ′	° ′	° ′	° ′	° ′	° ′	° ′	° ′	° ′	° ′	° ′	°	°	°	°	°
1	9 ♓ 58	17 ♊ 11	22 ♉ 2	21 R 2	18 D 4	19 D 6	19 D 19	4 D 52	28 D 5	17 D 45	3 D 16	4 R 35	21 D	1 D	10 R	5 D	3 D
2	10 ♓ 58	29 ♊ 47	21 ♉ 59	21 ♉ 1	19 ♓ 58	19 ♈ 33	20 ♈ 3	5 ♒ 5	28 ♏ 5	17 ♐ 47	3 ♑ 17	4 ♏ 35	21 ♉	1 ♈	10 ♎	5 ♏	3 ♊
3	11 ♓ 58	12 ♋ 48	21 ♉ 56	20 ♉ 57	21 ♓ 52	19 ♈ 58	20 ♈ 47	5 ♒ 18	28 ♏ 6	17 ♐ 48	3 ♑ 18	4 ♏ 34	21 ♉	2 ♈	10 ♎	5 ♏	3 ♊
4	12 ♓ 59	26 ♋ 17	21 ♉ 53	20 ♉ 51	23 ♓ 46	20 ♈ 21	21 ♈ 31	5 ♒ 30	28 ♏ 6	17 ♐ 49	3 ♑ 19	4 ♏ 33	22 ♉	2 ♈	10 ♎	5 ♏	3 ♊
5	13 ♓ 59	10 ♌ 15	21 ♉ 49	20 ♉ 42	25 ♓ 38	20 ♈ 42	22 ♈ 15	5 ♒ 43	28 ♏ 7	17 ♐ 50	3 ♑ 20	4 ♏ 32	22 ♉	3 ♈	9 ♎	5 ♏	3 ♊
6	14 ♓ 59	24 ♌ 40	21 ♉ 46	20 ♉ 32	27 ♓ 29	21 ♈ 1	22 ♈ 59	5 ♒ 55	28 ♏ 7	17 ♐ 51	3 ♑ 21	4 ♏ 31	22 ♉	3 ♈	9 ♎	5 ♏	3 ♊
7	15 ♓ 59	9 ♍ 27	21 ♉ 43	20 ♉ 22	29 ♓ 18	21 ♈ 18	23 ♈ 43	6 ♒ 8	28 ♏ 7	17 ♐ 52	3 ♑ 22	4 ♏ 30	23 ♉	3 ♈	9 ♎	5 ♏	3 ♊
8	16 ♓ 59	24 ♍ 28	21 ♉ 40	20 ♉ 12	1 ♈ 6	21 ♈ 33	24 ♈ 27	6 ♒ 20	28 R 7	17 ♐ 52	3 ♑ 23	4 ♏ 29	23 ♉	4 ♈	9 ♎	5 ♏	3 ♊
9	17 ♓ 59	9 ♎ 33	21 ♉ 37	20 ♉ 5	2 ♈ 51	21 ♈ 46	25 ♈ 11	6 ♒ 32	28 ♏ 7	17 ♐ 53	3 ♑ 24	4 ♏ 28	23 ♉	4 ♈	9 ♎	5 R	3 ♊
10	18 ♓ 59	24 ♎ 33	21 ♉ 34	20 ♉ 0	4 ♈ 32	21 ♈ 57	25 ♈ 55	6 ♒ 45	28 ♏ 7	17 ♐ 54	3 ♑ 25	4 ♏ 27	24 ♉	4 ♈	8 ♎	5 ♏	3 ♊
11	19 ♓ 59	9 ♏ 20	21 ♉ 30	19 ♉ 57	6 ♈ 11	22 ♈ 6	26 ♈ 39	6 ♒ 57	28 ♏ 7	17 ♐ 55	3 ♑ 26	4 ♏ 26	24 ♉	5 ♈	8 ♎	5 ♏	3 ♊
12	20 ♓ 59	23 ♏ 47	21 ♉ 27	19 D 57	7 ♈ 45	22 ♈ 12	27 ♈ 23	7 ♒ 9	28 ♏ 6	17 ♐ 55	3 ♑ 27	4 ♏ 25	24 ♉	5 ♈	8 ♎	5 ♏	3 ♊
13	21 ♓ 59	7 ♐ 53	21 ♉ 24	19 ♉ 58	9 ♈ 14	22 ♈ 16	28 ♈ 6	7 ♒ 21	28 ♏ 6	17 ♐ 56	3 ♑ 27	4 ♏ 24	25 ♉	6 ♈	8 ♎	5 ♏	3 ♊
14	22 ♓ 58	21 ♐ 38	21 ♉ 21	19 ♉ 58	10 ♈ 39	22 ♈ 17	28 ♈ 50	7 ♒ 33	28 ♏ 5	17 ♐ 56	3 ♑ 28	4 ♏ 23	25 ♉	6 ♈	7 ♎	5 ♏	3 ♊
15	23 ♓ 58	5 ♑ 2	21 ♉ 18	19 R 58	11 ♈ 58	22 R 16	29 ♈ 34	7 ♒ 45	28 ♏ 5	17 ♐ 57	3 ♑ 29	4 ♏ 22	25 ♉	6 ♈	7 ♎	5 ♏	3 ♊
16	24 ♓ 58	18 ♑ 7	21 ♉ 14	19 ♉ 55	13 ♈ 11	22 ♈ 13	0 ♉ 17	7 ♒ 56	28 ♏ 4	17 ♐ 57	3 ♑ 30	4 ♏ 21	26 ♉	7 ♈	7 ♎	4 ♏	3 ♊
17	25 ♓ 58	0 ♒ 57	21 ♉ 11	19 ♉ 50	14 ♈ 17	22 ♈ 7	1 ♉ 1	8 ♒ 8	28 ♏ 3	17 ♐ 58	3 ♑ 30	4 ♏ 19	26 ♉	7 ♈	7 ♎	4 ♏	3 ♊
18	26 ♓ 57	13 ♒ 34	21 ♉ 8	19 ♉ 43	15 ♈ 16	21 ♈ 59	1 ♉ 45	8 ♒ 20	28 ♏ 2	17 ♐ 58	3 ♑ 31	4 ♏ 18	26 ♉	8 ♈	7 ♎	4 ♏	3 ♊
19	27 ♓ 57	25 ♒ 59	21 ♉ 5	19 ♉ 34	16 ♈ 9	21 ♈ 48	2 ♉ 28	8 ♒ 31	28 ♏ 1	17 ♐ 58	3 ♑ 31	4 ♏ 17	27 ♉	8 ♈	6 ♎	4 ♏	4 ♊
20	28 ♓ 57	8 ♓ 13	21 ♉ 2	19 ♉ 24	16 ♈ 53	21 ♈ 35	3 ♉ 12	8 ♒ 43	28 ♏ 0	17 ♐ 58	3 ♑ 32	4 ♏ 16	27 ♉	8 ♈	6 ♎	4 ♏	4 ♊
21	29 ♓ 56	20 ♓ 20	20 ♉ 59	19 ♉ 14	17 ♈ 30	21 ♈ 19	3 ♉ 55	8 ♒ 54	27 ♏ 58	17 ♐ 59	3 ♑ 33	4 ♏ 14	27 ♉	9 ♈	6 ♎	4 ♏	4 ♊
22	0 ♈ 56	2 ♈ 19	20 ♉ 55	19 ♉ 5	17 ♈ 59	21 ♈ 1	4 ♉ 38	9 ♒ 5	27 ♏ 57	17 ♐ 59	3 ♑ 33	4 ♏ 13	28 ♉	9 ♈	6 ♎	4 ♏	4 ♊
23	1 ♈ 56	14 ♈ 12	20 ♉ 52	18 ♉ 58	18 ♈ 21	20 ♈ 41	5 ♉ 22	9 ♒ 16	27 ♏ 56	17 ♐ 59	3 ♑ 33	4 ♏ 12	28 ♉	9 ♈	5 ♎	4 ♏	4 ♊
24	2 ♈ 55	26 ♈ 1	20 ♉ 49	18 ♉ 53	18 ♈ 34	20 ♈ 18	6 ♉ 5	9 ♒ 27	27 ♏ 54	17 R 59	3 ♑ 34	4 ♏ 10	28 ♉	10 ♈	5 ♎	4 ♏	4 ♊
25	3 ♈ 55	7 ♉ 48	20 ♉ 46	18 ♉ 50	18 ♈ 39	19 ♈ 53	6 ♉ 48	9 ♒ 38	27 ♏ 52	17 ♐ 59	3 ♑ 34	4 ♏ 9	29 ♉	10 ♈	5 ♎	4 ♏	4 ♊
26	4 ♈ 54	19 ♉ 36	20 ♉ 43	18 D 50	18 R 36	19 ♈ 26	7 ♉ 31	9 ♒ 49	27 ♏ 51	17 ♐ 58	3 ♑ 35	4 ♏ 7	29 ♉	11 ♈	5 ♎	3 ♏	4 ♊
27	5 ♈ 54	1 ♊ 28	20 ♉ 40	18 ♉ 50	18 ♈ 26	18 ♈ 57	8 ♉ 15	10 ♒ 0	27 ♏ 49	17 ♐ 58	3 ♑ 35	4 ♏ 6	29 ♉	11 ♈	4 ♎	3 ♏	4 ♊
28	6 ♈ 53	13 ♊ 29	20 ♉ 36	18 ♉ 52	18 ♈ 9	18 ♈ 26	8 ♉ 58	10 ♒ 11	27 ♏ 47	17 ♐ 58	3 ♑ 35	4 ♏ 5	0 ♊	11 ♈	4 ♎	3 ♏	4 ♊
29	7 ♈ 52	25 ♊ 44	20 ♉ 33	18 ♉ 53	17 ♈ 45	17 ♈ 54	9 ♉ 41	10 ♒ 21	27 ♏ 45	17 ♐ 58	3 ♑ 36	4 ♏ 3	0 ♊	12 ♈	4 ♎	3 ♏	4 ♊
30	8 ♈ 52	8 ♋ 17	20 ♉ 30	18 ♉ 54	17 ♈ 16	17 ♈ 20	10 ♉ 24	10 ♒ 32	27 ♏ 43	17 ♐ 57	3 ♑ 36	4 ♏ 2	0 ♊	12 ♈	4 ♎	3 ♏	4 ♊
31	9 ♈ 51	21 ♋ 13	20 ♉ 27	18 R 53	16 ♈ 41	16 ♈ 45	11 ♉ 7	10 ♒ 42	27 ♏ 41	17 ♐ 57	3 ♑ 36	4 ♏ 0	1 ♊	13 ♈	3 ♎	3 ♏	4 ♊

SUN INGRESS ☉→♈ 21日 01:14

MOON PHASE ○ 7日 11:13 ♍ ◑ 14日 02:34 ♐ ● 21日 20:59 ♈ ◐ 30日 01:11 ♋

aspects		
6日	08:16	☿△♄
8日	21:42	☉□♅
9日	07:51	☿□♆
11日	13:20	☿⚹♃
19日	01:28	☉△♄
20日	11:26	♂△♆
21日	10:23	♂☍♇
21日	23:11	☿△♅
24日	15:45	☉□♆
28日	12:10	☿△♅
28日	20:59	♀△♅
30日	05:50	♂□♃

1985年4月

DAY	☉	☽	☊ mean	☊ true	☿	♀	♂	♃	♄	♅	♆	♇	⚳	⚴	⚵	⚶	⚷
	° ′	° ′	° ′	° ′	° ′	° ′	° ′	° ′	° ′	° ′	° ′	° ′	°	°	°	°	°
1	10 ♈ 50	4 ♌ 35	20 ♉ 24	18 R 51	16 R 1	16 R 8	11 D 50	10 D 52	27 R 38	17 R 57	3 D 36	3 R 59	1 D	13 D	3 R	2 R	4 D
2	11 ♈ 49	18 ♌ 26	20 ♉ 20	18 ♉ 47	15 ♈ 17	15 ♈ 31	12 ♉ 32	11 ♒ 2	27 ♏ 36	17 ♐ 56	3 ♑ 36	3 ♏ 57	2 ♊	13 ♈	3 ♎	2 ♏	4 ♊
3	12 ♈ 48	2 ♍ 46	20 ♉ 17	18 ♉ 42	14 ♈ 31	14 ♈ 54	13 ♉ 15	11 ♒ 12	27 ♏ 33	17 ♐ 56	3 ♑ 36	3 ♏ 56	2 ♊	14 ♈	3 ♎	2 ♏	4 ♊
4	13 ♈ 48	17 ♍ 31	20 ♉ 14	18 ♉ 37	13 ♈ 43	14 ♈ 16	13 ♉ 58	11 ♒ 22	27 ♏ 31	17 ♐ 55	3 ♑ 36	3 ♏ 54	2 ♊	14 ♈	2 ♎	2 ♏	4 ♊
5	14 ♈ 47	2 ♎ 35	20 ♉ 11	18 ♉ 32	12 ♈ 55	13 ♈ 38	14 ♉ 41	11 ♒ 32	27 ♏ 28	17 ♐ 54	3 ♑ 37	3 ♏ 53	3 ♊	15 ♈	2 ♎	2 ♏	4 ♊
6	15 ♈ 46	17 ♎ 49	20 ♉ 8	18 ♉ 28	12 ♈ 6	13 ♈ 0	15 ♉ 23	11 ♒ 42	27 ♏ 26	17 ♐ 54	3 R 37	3 ♏ 51	3 ♊	15 ♈	2 ♎	1 ♏	4 ♊
7	16 ♈ 45	3 ♏ 3	20 ♉ 5	18 ♉ 26	11 ♈ 19	12 ♈ 23	16 ♉ 6	11 ♒ 51	27 ♏ 23	17 ♐ 53	3 ♑ 36	3 ♏ 49	3 ♊	15 ♈	2 ♎	1 ♏	4 ♊
8	17 ♈ 44	18 ♏ 6	20 ♉ 1	18 ♉ 25	10 ♈ 33	11 ♈ 46	16 ♉ 49	12 ♒ 1	27 ♏ 20	17 ♐ 52	3 ♑ 36	3 ♏ 48	4 ♊	16 ♈	2 ♎	1 ♏	5 ♊
9	18 ♈ 43	2 ♐ 52	19 ♉ 58	18 D 26	9 ♈ 51	11 ♈ 11	17 ♉ 31	12 ♒ 10	27 ♏ 17	17 ♐ 51	3 ♑ 36	3 ♏ 46	4 ♊	16 ♈	1 ♎	1 ♏	5 ♊
10	19 ♈ 42	17 ♐ 14	19 ♉ 55	18 ♉ 27	9 ♈ 11	10 ♈ 36	18 ♉ 14	12 ♒ 20	27 ♏ 14	17 ♐ 51	3 ♑ 36	3 ♏ 45	4 ♊	17 ♈	1 ♎	1 ♏	5 ♊
11	20 ♈ 40	1 ♑ 10	19 ♉ 52	18 ♉ 29	8 ♈ 36	10 ♈ 4	18 ♉ 56	12 ♒ 29	27 ♏ 11	17 ♐ 50	3 ♑ 36	3 ♏ 43	5 ♊	17 ♈	1 ♎	0 ♏	5 ♊
12	21 ♈ 39	14 ♑ 41	19 ♉ 49	18 ♉ 30	8 ♈ 5	9 ♈ 32	19 ♉ 39	12 ♒ 38	27 ♏ 8	17 ♐ 49	3 ♑ 36	3 ♏ 41	5 ♊	17 ♈	1 ♎	0 ♏	5 ♊
13	22 ♈ 38	27 ♑ 48	19 ♉ 45	18 R 30	7 ♈ 38	9 ♈ 2	20 ♉ 21	12 ♒ 47	27 ♏ 4	17 ♐ 48	3 ♑ 36	3 ♏ 40	6 ♊	18 ♈	1 ♎	0 ♏	5 ♊
14	23 ♈ 37	10 ♒ 35	19 ♉ 42	18 ♉ 29	7 ♈ 17	8 ♈ 35	21 ♉ 3	12 ♒ 55	27 ♏ 1	17 ♐ 47	3 ♑ 35	3 ♏ 38	6 ♊	18 ♈	0 ♎	0 ♏	5 ♊
15	24 ♈ 36	23 ♒ 4	19 ♉ 39	18 ♉ 26	7 ♈ 1	8 ♈ 9	21 ♉ 46	13 ♒ 4	26 ♏ 58	17 ♐ 46	3 ♑ 35	3 ♏ 36	6 ♊	19 ♈	0 ♎	29 ♎	5 ♊
16	25 ♈ 34	5 ♓ 19	19 ♉ 36	18 ♉ 23	6 ♈ 50	7 ♈ 45	22 ♉ 28	13 ♒ 12	26 ♏ 54	17 ♐ 44	3 ♑ 35	3 ♏ 35	7 ♊	19 ♈	0 ♎	29 ♎	5 ♊
17	26 ♈ 33	17 ♓ 24	19 ♉ 33	18 ♉ 20	6 ♈ 44	7 ♈ 24	23 ♉ 10	13 ♒ 21	26 ♏ 51	17 ♐ 43	3 ♑ 34	3 ♏ 33	7 ♊	19 ♈	0 ♎	29 ♎	5 ♊
18	27 ♈ 32	29 ♓ 21	19 ♉ 30	18 ♉ 16	6 D 43	7 ♈ 5	23 ♉ 52	13 ♒ 29	26 ♏ 47	17 ♐ 42	3 ♑ 34	3 ♏ 31	8 ♊	20 ♈	0 ♎	29 ♎	5 ♊
19	28 ♈ 31	11 ♈ 12	19 ♉ 26	18 ♉ 13	6 ♈ 48	6 ♈ 49	24 ♉ 34	13 ♒ 37	26 ♏ 44	17 ♐ 41	3 ♑ 34	3 ♏ 30	8 ♊	20 ♈	29 ♍	28 ♎	5 ♊
20	29 ♈ 29	23 ♈ 1	19 ♉ 23	18 ♉ 11	6 ♈ 58	6 ♈ 35	25 ♉ 16	13 ♒ 45	26 ♏ 40	17 ♐ 39	3 ♑ 33	3 ♏ 28	8 ♊	21 ♈	29 ♍	28 ♎	5 ♊
21	0 ♉ 28	4 ♉ 48	19 ♉ 20	18 ♉ 9	7 ♈ 12	6 ♈ 23	25 ♉ 58	13 ♒ 53	26 ♏ 36	17 ♐ 38	3 ♑ 33	3 ♏ 26	9 ♊	21 ♈	29 ♍	28 ♎	5 ♊
22	1 ♉ 26	16 ♉ 37	19 ♉ 17	18 ♉ 9	7 ♈ 31	6 ♈ 13	26 ♉ 40	14 ♒ 0	26 ♏ 32	17 ♐ 37	3 ♑ 32	3 ♏ 24	9 ♊	21 ♈	29 ♍	28 ♎	5 ♊
23	2 ♉ 25	28 ♉ 30	19 ♉ 14	18 D 9	7 ♈ 55	6 ♈ 6	27 ♉ 22	14 ♒ 8	26 ♏ 29	17 ♐ 35	3 ♑ 32	3 ♏ 23	9 ♊	22 ♈	29 ♍	27 ♎	5 ♊
24	3 ♉ 23	10 ♊ 28	19 ♉ 11	18 ♉ 10	8 ♈ 23	6 ♈ 2	28 ♉ 4	14 ♒ 15	26 ♏ 25	17 ♐ 34	3 ♑ 31	3 ♏ 21	10 ♊	22 ♈	29 ♍	27 ♎	6 ♊
25	4 ♉ 22	22 ♊ 36	19 ♉ 7	18 ♉ 11	8 ♈ 56	6 ♈ 0	28 ♉ 46	14 ♒ 23	26 ♏ 21	17 ♐ 32	3 ♑ 30	3 ♏ 19	10 ♊	23 ♈	28 ♍	27 ♎	6 ♊
26	5 ♉ 20	4 ♋ 56	19 ♉ 4	18 ♉ 12	9 ♈ 32	6 D 0	29 ♉ 28	14 ♒ 30	26 ♏ 17	17 ♐ 30	3 ♑ 30	3 ♏ 18	11 ♊	23 ♈	28 ♍	27 ♎	6 ♊
27	6 ♉ 19	17 ♋ 32	19 ♉ 1	18 ♉ 13	10 ♈ 12	6 ♈ 3	0 ♊ 10	14 ♒ 37	26 ♏ 13	17 ♐ 29	3 ♑ 29	3 ♏ 16	11 ♊	24 ♈	28 ♍	26 ♎	6 ♊
28	7 ♉ 17	0 ♌ 27	18 ♉ 58	18 ♉ 14	10 ♈ 56	6 ♈ 8	0 ♊ 51	14 ♒ 43	26 ♏ 9	17 ♐ 27	3 ♑ 28	3 ♏ 14	11 ♊	24 ♈	28 ♍	26 ♎	6 ♊
29	8 ♉ 15	13 ♌ 44	18 ♉ 55	18 R 14	11 ♈ 43	6 ♈ 15	1 ♊ 33	14 ♒ 50	26 ♏ 4	17 ♐ 25	3 ♑ 28	3 ♏ 13	12 ♊	24 ♈	28 ♍	26 ♎	6 ♊
30	9 ♉ 14	27 ♌ 26	18 ♉ 51	18 ♉ 13	12 ♈ 34	6 ♈ 24	2 ♊ 15	14 ♒ 57	26 ♏ 0	17 ♐ 24	3 ♑ 27	3 ♏ 11	12 ♊	25 ♈	28 ♍	26 ♎	6 ♊

SUN INGRESS ☉→♉ 20日 12:26

MOON PHASE ○ 5日 20:32 ♎ ◑ 12日 13:41 ♑ ● 20日 14:22 ♉ ◐ 28日 13:25 ♌

aspects		
1日	01:03	☉⚹♃
3日	23:05	☉☌☿
4日	07:00	☉☌♀
6日	10:11	☿⚹♃
7日	16:23	♀⚹♃
8日	03:28	☉△♅
15日	22:00	♆⚹♇
19日	00:40	☿☌♀
21日	19:52	♂☍♄
23日	23:06	☉☍♇
24日	03:06	☉△♆

1985年5月

DAY	☉	☽	☊ mean	☊ true	☿	♀	♂	♃	♄	♅	♆	♇	⚳	⚴	⚵	⚶	⚷
	° ′	° ′	° ′	° ′	° ′	° ′	° ′	° ′	° ′	° ′	° ′	° ′	°	°	°	°	°
1	10 ♉ 12	11 ♍ 33	18 ♉ 48	18 R 13	13 D 28	6 D 35	2 D 56	15 D 3	25 R 56	17 R 22	3 R 26	3 R 9	13 D	25 D	28 R	25 R	6 D
2	11 ♉ 10	26 ♍ 5	18 ♉ 45	18 ♉ 12	14 ♈ 25	6 ♈ 49	3 ♊ 38	15 ♒ 9	25 ♏ 52	17 ♐ 20	3 ♑ 25	3 ♏ 8	13 ♊	26 ♈	28 ♍	25 ♎	6 ♊
3	12 ♉ 8	10 ♎ 56	18 ♉ 42	18 ♉ 11	15 ♈ 25	7 ♈ 4	4 ♊ 19	15 ♒ 15	25 ♏ 47	17 ♐ 18	3 ♑ 24	3 ♏ 6	13 ♊	26 ♈	28 ♍	25 ♎	6 ♊
4	13 ♉ 6	26 ♎ 1	18 ♉ 39	18 ♉ 11	16 ♈ 28	7 ♈ 22	5 ♊ 1	15 ♒ 21	25 ♏ 43	17 ♐ 16	3 ♑ 24	3 ♏ 4	14 ♊	26 ♈	27 ♍	25 ♎	6 ♊
5	14 ♉ 5	11 ♏ 11	18 ♉ 36	18 ♉ 10	17 ♈ 34	7 ♈ 41	5 ♊ 42	15 ♒ 27	25 ♏ 39	17 ♐ 15	3 ♑ 23	3 ♏ 3	14 ♊	27 ♈	27 ♍	24 ♎	6 ♊
6	15 ♉ 3	26 ♏ 17	18 ♉ 32	18 D 10	18 ♈ 42	8 ♈ 2	6 ♊ 23	15 ♒ 32	25 ♏ 34	17 ♐ 13	3 ♑ 22	3 ♏ 1	15 ♊	27 ♈	27 ♍	24 ♎	6 ♊
7	16 ♉ 1	11 ♐ 10	18 ♉ 29	18 ♉ 11	19 ♈ 54	8 ♈ 25	7 ♊ 5	15 ♒ 38	25 ♏ 30	17 ♐ 11	3 ♑ 21	2 ♏ 59	15 ♊	28 ♈	27 ♍	24 ♎	6 ♊
8	16 ♉ 59	25 ♐ 43	18 ♉ 26	18 ♉ 11	21 ♈ 7	8 ♈ 50	7 ♊ 46	15 ♒ 43	25 ♏ 26	17 ♐ 9	3 ♑ 20	2 ♏ 58	16 ♊	28 ♈	27 ♍	24 ♎	7 ♊
9	17 ♉ 57	9 ♑ 51	18 ♉ 23	18 ♉ 11	22 ♈ 23	9 ♈ 16	8 ♊ 27	15 ♒ 48	25 ♏ 21	17 ♐ 7	3 ♑ 19	2 ♏ 56	16 ♊	29 ♈	27 ♍	24 ♎	7 ♊
10	18 ♉ 55	23 ♑ 31	18 ♉ 20	18 R 11	23 ♈ 41	9 ♈ 44	9 ♊ 8	15 ♒ 53	25 ♏ 17	17 ♐ 5	3 ♑ 18	2 ♏ 54	16 ♊	29 ♈	27 ♍	24 ♎	7 ♊
11	19 ♉ 53	6 ♒ 46	18 ♉ 17	18 ♉ 11	25 ♈ 2	10 ♈ 14	9 ♊ 50	15 ♒ 58	25 ♏ 12	17 ♐ 3	3 ♑ 17	2 ♏ 53	17 ♊	29 ♈	27 ♍	23 ♎	7 ♊
12	20 ♉ 51	19 ♒ 36	18 ♉ 13	18 ♉ 11	26 ♈ 25	10 ♈ 45	10 ♊ 31	16 ♒ 2	25 ♏ 8	17 ♐ 0	3 ♑ 16	2 ♏ 51	17 ♊	0 ♉	27 ♍	23 ♎	7 ♊
13	21 ♉ 49	2 ♓ 5	18 ♉ 10	18 D 11	27 ♈ 50	11 ♈ 17	11 ♊ 12	16 ♒ 7	25 ♏ 3	16 ♐ 58	3 ♑ 15	2 ♏ 50	18 ♊	0 ♉	27 ♍	23 ♎	7 ♊
14	22 ♉ 47	14 ♓ 18	18 ♉ 7	18 ♉ 11	29 ♈ 18	11 ♈ 51	11 ♊ 53	16 ♒ 11	24 ♏ 59	16 ♐ 56	3 ♑ 14	2 ♏ 48	18 ♊	1 ♉	27 ♍	23 ♎	7 ♊
15	23 ♉ 44	26 ♓ 19	18 ♉ 4	18 ♉ 11	0 ♉ 48	12 ♈ 26	12 ♊ 34	16 ♒ 15	24 ♏ 54	16 ♐ 54	3 ♑ 12	2 ♏ 46	18 ♊	1 ♉	27 ♍	23 ♎	7 ♊
16	24 ♉ 42	8 ♈ 11	18 ♉ 1	18 ♉ 12	2 ♉ 20	13 ♈ 2	13 ♊ 15	16 ♒ 19	24 ♏ 50	16 ♐ 52	3 ♑ 11	2 ♏ 45	19 ♊	2 ♉	27 ♍	23 ♎	7 ♊
17	25 ♉ 40	19 ♈ 59	17 ♉ 57	18 ♉ 13	3 ♉ 54	13 ♈ 39	13 ♊ 56	16 ♒ 22	24 ♏ 45	16 ♐ 50	3 ♑ 10	2 ♏ 43	19 ♊	2 ♉	27 ♍	22 ♎	7 ♊
18	26 ♉ 38	1 ♉ 46	17 ♉ 54	18 ♉ 13	5 ♉ 30	14 ♈ 18	14 ♊ 37	16 ♒ 26	24 ♏ 41	16 ♐ 47	3 ♑ 9	2 ♏ 42	20 ♊	2 ♉	27 ♍	22 ♎	7 ♊
19	27 ♉ 36	13 ♉ 35	17 ♉ 51	18 ♉ 14	7 ♉ 8	14 ♈ 58	15 ♊ 18	16 ♒ 29	24 ♏ 36	16 ♐ 45	3 ♑ 8	2 ♏ 40	20 ♊	3 ♉	27 D	22 ♎	7 ♊
20	28 ♉ 34	25 ♉ 30	17 ♉ 48	18 R 14	8 ♉ 49	15 ♈ 38	15 ♊ 58	16 ♒ 32	24 ♏ 32	16 ♐ 43	3 ♑ 6	2 ♏ 39	20 ♊	3 ♉	27 ♍	22 ♎	7 ♊
21	29 ♉ 31	7 ♊ 31	17 ♉ 45	18 ♉ 13	10 ♉ 32	16 ♈ 20	16 ♊ 39	16 ♒ 35	24 ♏ 28	16 ♐ 40	3 ♑ 5	2 ♏ 37	21 ♊	4 ♉	27 ♍	22 ♎	8 ♊
22	0 ♊ 29	19 ♊ 41	17 ♉ 42	18 ♉ 12	12 ♉ 17	17 ♈ 3	17 ♊ 20	16 ♒ 38	24 ♏ 23	16 ♐ 38	3 ♑ 4	2 ♏ 36	21 ♊	4 ♉	27 ♍	22 ♎	8 ♊
23	1 ♊ 27	2 ♋ 1	17 ♉ 38	18 ♉ 10	14 ♉ 4	17 ♈ 47	18 ♊ 1	16 ♒ 41	24 ♏ 19	16 ♐ 36	3 ♑ 3	2 ♏ 35	22 ♊	4 ♉	27 ♍	22 ♎	8 ♊
24	2 ♊ 24	14 ♋ 34	17 ♉ 35	18 ♉ 8	15 ♉ 53	18 ♈ 31	18 ♊ 41	16 ♒ 43	24 ♏ 14	16 ♐ 33	3 ♑ 1	2 ♏ 33	22 ♊	5 ♉	27 ♍	22 ♎	8 ♊
25	3 ♊ 22	27 ♋ 21	17 ♉ 32	18 ♉ 6	17 ♉ 44	19 ♈ 17	19 ♊ 22	16 ♒ 45	24 ♏ 10	16 ♐ 31	3 ♑ 0	2 ♏ 32	23 ♊	5 ♉	27 ♍	22 ♎	8 ♊
26	4 ♊ 20	10 ♌ 24	17 ♉ 29	18 ♉ 5	19 ♉ 38	20 ♈ 3	20 ♊ 2	16 ♒ 47	24 ♏ 5	16 ♐ 29	2 ♑ 59	2 ♏ 30	23 ♊	6 ♉	27 ♍	22 ♎	8 ♊
27	5 ♊ 17	23 ♌ 43	17 ♉ 26	18 ♉ 4	21 ♉ 33	20 ♈ 50	20 ♊ 43	16 ♒ 49	24 ♏ 1	16 ♐ 26	2 ♑ 57	2 ♏ 29	23 ♊	6 ♉	27 ♍	21 ♎	8 ♊
28	6 ♊ 15	7 ♍ 21	17 ♉ 23	18 D 3	23 ♉ 31	21 ♈ 38	21 ♊ 23	16 ♒ 51	23 ♏ 57	16 ♐ 24	2 ♑ 56	2 ♏ 28	24 ♊	7 ♉	27 ♍	21 ♎	8 ♊
29	7 ♊ 13	21 ♍ 18	17 ♉ 19	18 ♉ 3	25 ♉ 30	22 ♈ 26	22 ♊ 4	16 ♒ 52	23 ♏ 52	16 ♐ 21	2 ♑ 54	2 ♏ 26	24 ♊	7 ♉	27 ♍	21 ♎	8 ♊
30	8 ♊ 10	5 ♎ 34	17 ♉ 16	18 ♉ 5	27 ♉ 32	23 ♈ 16	22 ♊ 44	16 ♒ 54	23 ♏ 48	16 ♐ 19	2 ♑ 53	2 ♏ 25	25 ♊	7 ♉	27 ♍	21 ♎	8 ♊
31	9 ♊ 8	20 ♎ 6	17 ♉ 13	18 ♉ 6	29 ♉ 35	24 ♈ 6	23 ♊ 25	16 ♒ 55	23 ♏ 44	16 ♐ 17	2 ♑ 52	2 ♏ 24	25 ♊	8 ♉	27 ♍	21 ♎	8 ♊

SUN INGRESS	☉ → ♊ 21日 11:43
MOON PHASE	○ 5日 04:53 ♏ ◑ 12日 02:34 ♒ ● 20日 06:41 ♉ ◐ 27日 21:56 ♍

aspects		
2日	19:34	☿⚹♃
4日	17:11	☿△♅
6日	13:31	☉□♃
13日	16:12	♀⚹♂
16日	02:57	☉☍♄
16日	06:23	☿☍♇
16日	13:05	☿△♆
20日	21:33	♂△♃
21日	00:43	♂☍♅
21日	09:09	♀⚹♃
21日	10:51	♀△♅
22日	00:10	♃⚹♅
24日	11:07	☿□♃
25日	22:01	♀⚹♂
28日	05:05	☿☍♄

1985年6月

DAY	☉	☽	☊ mean	☊ true	☿	♀	♂	♃	♄	♅	♆	♇	⚳	⚴	⚵	⚶	⚷
	° ′	° ′	° ′	° ′	° ′	° ′	° ′	° ′	° ′	° ′	° ′	° ′	°	°	°	°	°
1	10 ♊ 5	4 ♏ 51	17 ♉ 10	18 D 7	1 D 40	24 D 57	24 D 5	16 D 56	23 R 40	16 R 14	2 R 50	2 R 22	26 D	8 D	27 D	21 R	8 D
2	11 ♊ 3	19 ♏ 43	17 ♉ 7	18 R 7	3 ♊ 47	25 ♈ 48	24 ♊ 45	16 ♒ 56	23 ♏ 35	16 ♐ 12	2 ♑ 49	2 ♏ 21	26 ♊	9 ♉	27 ♍	21 ♎	9 ♊
3	12 ♊ 0	4 ♐ 36	17 ♉ 3	18 ♉ 7	5 ♊ 55	26 ♈ 40	25 ♊ 26	16 ♒ 57	23 ♏ 31	16 ♐ 9	2 ♑ 47	2 ♏ 20	26 ♊	9 ♉	28 ♍	21 D	9 ♊
4	12 ♊ 57	19 ♐ 21	17 ♉ 0	18 ♉ 5	8 ♊ 4	27 ♈ 32	26 ♊ 6	16 ♒ 57	23 ♏ 27	16 ♐ 7	2 ♑ 46	2 ♏ 19	27 ♊	10 ♉	28 ♍	21 ♎	9 ♊
5	13 ♊ 55	3 ♑ 51	16 ♉ 57	18 ♉ 2	10 ♊ 15	28 ♈ 25	26 ♊ 46	16 ♒ 57	23 ♏ 23	16 ♐ 4	2 ♑ 44	2 ♏ 18	27 ♊	10 ♉	28 ♍	21 ♎	9 ♊
6	14 ♊ 52	18 ♑ 1	16 ♉ 54	17 ♉ 58	12 ♊ 26	29 ♈ 17	27 ♊ 26	16 R 57	23 ♏ 19	16 ♐ 2	2 ♑ 43	2 ♏ 17	28 ♊	10 ♉	28 ♍	21 ♎	9 ♊
7	15 ♊ 50	1 ♒ 46	16 ♉ 51	17 ♉ 54	14 ♊ 38	0 ♉ 13	28 ♊ 6	16 ♒ 57	23 ♏ 15	15 ♐ 59	2 ♑ 41	2 ♏ 15	28 ♊	11 ♉	28 ♍	21 ♎	9 ♊
8	16 ♊ 47	15 ♒ 5	16 ♉ 48	17 ♉ 51	16 ♊ 50	1 ♉ 8	28 ♊ 47	16 ♒ 57	23 ♏ 11	15 ♐ 57	2 ♑ 40	2 ♏ 14	29 ♊	11 ♉	28 ♍	21 ♎	9 ♊
9	17 ♊ 44	28 ♒ 0	16 ♉ 44	17 ♉ 48	19 ♊ 2	2 ♉ 3	29 ♊ 27	16 ♒ 56	23 ♏ 7	15 ♐ 54	2 ♑ 38	2 ♏ 13	29 ♊	12 ♉	28 ♍	21 ♎	9 ♊
10	18 ♊ 42	10 ♓ 32	16 ♉ 41	17 ♉ 46	21 ♊ 14	2 ♉ 59	0 ♋ 7	16 ♒ 55	23 ♏ 3	15 ♐ 52	2 ♑ 37	2 ♏ 12	29 ♊	12 ♉	28 ♍	22 ♎	9 ♊
11	19 ♊ 39	22 ♓ 46	16 ♉ 38	17 D 46	23 ♊ 25	3 ♉ 55	0 ♋ 47	16 ♒ 54	23 ♏ 0	15 ♐ 49	2 ♑ 35	2 ♏ 11	0 ♋	13 ♉	28 ♍	22 ♎	9 ♊
12	20 ♊ 37	4 ♈ 46	16 ♉ 35	17 ♉ 47	25 ♊ 35	4 ♉ 52	1 ♋ 27	16 ♒ 53	22 ♏ 56	15 ♐ 47	2 ♑ 33	2 ♏ 10	0 ♋	13 ♉	28 ♍	22 ♎	9 ♊
13	21 ♊ 34	16 ♈ 38	16 ♉ 32	17 ♉ 48	27 ♊ 45	5 ♉ 49	2 ♋ 7	16 ♒ 52	22 ♏ 52	15 ♐ 45	2 ♑ 32	2 ♏ 9	1 ♋	14 ♉	29 ♍	22 ♎	9 ♊
14	22 ♊ 31	28 ♈ 25	16 ♉ 29	17 ♉ 50	29 ♊ 53	6 ♉ 47	2 ♋ 47	16 ♒ 50	22 ♏ 49	15 ♐ 42	2 ♑ 30	2 ♏ 8	1 ♋	14 ♉	29 ♍	22 ♎	9 ♊
15	23 ♊ 29	10 ♉ 14	16 ♉ 25	17 ♉ 51	2 ♋ 0	7 ♉ 45	3 ♋ 26	16 ♒ 48	22 ♏ 45	15 ♐ 40	2 ♑ 29	2 ♏ 8	2 ♋	14 ♉	29 ♍	22 ♎	10 ♊
16	24 ♊ 26	22 ♉ 7	16 ♉ 22	17 R 52	4 ♋ 5	8 ♉ 43	4 ♋ 6	16 ♒ 46	22 ♏ 42	15 ♐ 37	2 ♑ 27	2 ♏ 7	2 ♋	15 ♉	29 ♍	22 ♎	10 ♊
17	25 ♊ 23	4 ♊ 8	16 ♉ 19	17 ♉ 50	6 ♋ 9	9 ♉ 42	4 ♋ 46	16 ♒ 44	22 ♏ 38	15 ♐ 35	2 ♑ 25	2 ♏ 6	2 ♋	15 ♉	29 ♍	22 ♎	10 ♊
18	26 ♊ 21	16 ♊ 21	16 ♉ 16	17 ♉ 47	8 ♋ 10	10 ♉ 41	5 ♋ 26	16 ♒ 42	22 ♏ 35	15 ♐ 32	2 ♑ 24	2 ♏ 5	3 ♋	16 ♉	29 ♍	22 ♎	10 ♊
19	27 ♊ 18	28 ♊ 45	16 ♉ 13	17 ♉ 42	10 ♋ 10	11 ♉ 40	6 ♋ 6	16 ♒ 39	22 ♏ 31	15 ♐ 30	2 ♑ 22	2 ♏ 4	3 ♋	16 ♉	29 ♍	22 ♎	10 ♊
20	28 ♊ 15	11 ♋ 24	16 ♉ 9	17 ♉ 36	12 ♋ 7	12 ♉ 40	6 ♋ 45	16 ♒ 37	22 ♏ 28	15 ♐ 28	2 ♑ 21	2 ♏ 3	4 ♋	17 ♉	0 ♎	23 ♎	10 ♊
21	29 ♊ 12	24 ♋ 16	16 ♉ 6	17 ♉ 29	14 ♋ 3	13 ♉ 40	7 ♋ 25	16 ♒ 34	22 ♏ 25	15 ♐ 25	2 ♑ 19	2 ♏ 3	4 ♋	17 ♉	0 ♎	23 ♎	10 ♊
22	0 ♋ 10	7 ♌ 22	16 ♉ 3	17 ♉ 22	15 ♋ 56	14 ♉ 40	8 ♋ 5	16 ♒ 31	22 ♏ 22	15 ♐ 23	2 ♑ 17	2 ♏ 2	5 ♋	17 ♉	0 ♎	23 ♎	10 ♊
23	1 ♋ 7	20 ♌ 41	16 ♉ 0	17 ♉ 16	17 ♋ 47	15 ♉ 41	8 ♋ 44	16 ♒ 28	22 ♏ 19	15 ♐ 20	2 ♑ 16	2 ♏ 1	5 ♋	18 ♉	0 ♎	23 ♎	10 ♊
24	2 ♋ 4	4 ♍ 13	15 ♉ 57	17 ♉ 11	19 ♋ 36	16 ♉ 42	9 ♋ 24	16 ♒ 24	22 ♏ 16	15 ♐ 18	2 ♑ 14	2 ♏ 1	5 ♋	18 ♉	0 ♎	23 ♎	10 ♊
25	3 ♋ 1	17 ♍ 57	15 ♉ 54	17 ♉ 8	21 ♋ 23	17 ♉ 43	10 ♋ 4	16 ♒ 21	22 ♏ 13	15 ♐ 16	2 ♑ 13	2 ♏ 0	6 ♋	19 ♉	0 ♎	23 ♎	10 ♊
26	3 ♋ 59	1 ♎ 52	15 ♉ 50	17 ♉ 7	23 ♋ 7	18 ♉ 45	10 ♋ 43	16 ♒ 17	22 ♏ 10	15 ♐ 13	2 ♑ 11	2 ♏ 0	6 ♋	19 ♉	1 ♎	23 ♎	10 ♊
27	4 ♋ 56	15 ♎ 58	15 ♉ 47	17 D 8	24 ♋ 49	19 ♉ 46	11 ♋ 23	16 ♒ 13	22 ♏ 8	15 ♐ 11	2 ♑ 9	1 ♏ 59	7 ♋	20 ♉	1 ♎	24 ♎	10 ♊
28	5 ♋ 53	0 ♏ 13	15 ♉ 44	17 ♉ 9	26 ♋ 29	20 ♉ 48	12 ♋ 2	16 ♒ 9	22 ♏ 5	15 ♐ 9	2 ♑ 8	1 ♏ 59	7 ♋	20 ♉	1 ♎	24 ♎	10 ♊
29	6 ♋ 50	14 ♏ 37	15 ♉ 41	17 ♉ 9	28 ♋ 6	21 ♉ 51	12 ♋ 42	16 ♒ 4	22 ♏ 3	15 ♐ 7	2 ♑ 6	1 ♏ 58	8 ♋	20 ♉	1 ♎	24 ♎	11 ♊
30	7 ♋ 47	29 ♏ 5	15 ♉ 38	17 R 9	29 ♋ 42	22 ♉ 53	13 ♋ 21	16 ♒ 0	22 ♏ 0	15 ♐ 4	2 ♑ 4	1 ♏ 58	8 ♋	21 ♉	1 ♎	24 ♎	11 ♊

SUN INGRESS	☉ → ♋ 21日 19:44
MOON PHASE	○ 3日 12:50 ♐ ◑ 10日 17:19 ♓ ● 18日 20:58 ♊ ◐ 26日 03:53 ♎

aspects		
7日	03:50	☉☍♅
7日	14:34	☿☍♅
7日	23:10	☉☌☿
8日	01:15	☿△♃
8日	03:57	☉△♃
9日	04:13	♀☍♇
9日	14:34	♀△♆
13日	01:36	♂△♇
13日	14:35	♂☍♆
15日	01:25	☿△♇
15日	05:24	☿☍♆
16日	00:18	☿☌♂
20日	13:53	☿⚹♀
23日	17:26	♀□♃
23日	22:36	☉△♇
24日	04:05	☉☍♆
25日	11:17	☿△♄
29日	04:20	♀☍♄

1985年7月

DAY	☉	☽	☊ mean	☊ true	☿	♀	♂	♃	♄	♅	♆	♇	⚳	⚴	⚵	⚶	⚷
	° ′	° ′	° ′	° ′	° ′	° ′	° ′	° ′	° ′	° ′	° ′	° ′	°	°	°	°	°
1	8 ♋ 45	13 ♐ 34	15 ♉ 35	17 R 6	1 D 15	23 D 56	14 D 0	15 R 55	21 R 58	15 R 2	2 R 3	1 R 57	8 D	21 D	2 D	24 D	11 D
2	9 ♋ 42	27 ♐ 59	15 ♉ 31	17 ♉ 2	2 ♌ 45	24 ♉ 59	14 ♋ 40	15 ♒ 51	21 ♏ 55	15 ♐ 0	2 ♑ 1	1 ♏ 57	9 ♋	22 ♉	2 ♎	25 ♎	11 ♊
3	10 ♋ 39	12 ♑ 13	15 ♉ 28	16 ♉ 55	4 ♌ 14	26 ♉ 3	15 ♋ 19	15 ♒ 46	21 ♏ 53	14 ♐ 58	2 ♑ 0	1 ♏ 57	9 ♋	22 ♉	2 ♎	25 ♎	11 ♊
4	11 ♋ 36	26 ♑ 12	15 ♉ 25	16 ♉ 46	5 ♌ 40	27 ♉ 6	15 ♋ 58	15 ♒ 41	21 ♏ 51	14 ♐ 56	1 ♑ 58	1 ♏ 56	10 ♋	23 ♉	2 ♎	25 ♎	11 ♊
5	12 ♋ 33	9 ♒ 51	15 ♉ 22	16 ♉ 37	7 ♌ 3	28 ♉ 10	16 ♋ 38	15 ♒ 36	21 ♏ 49	14 ♐ 54	1 ♑ 57	1 ♏ 56	10 ♋	23 ♉	2 ♎	25 ♎	11 ♊
6	13 ♋ 31	23 ♒ 8	15 ♉ 19	16 ♉ 29	8 ♌ 24	29 ♉ 14	17 ♋ 17	15 ♒ 30	21 ♏ 47	14 ♐ 52	1 ♑ 55	1 ♏ 56	11 ♋	24 ♉	3 ♎	26 ♎	11 ♊
7	14 ♋ 28	6 ♓ 2	15 ♉ 15	16 ♉ 21	9 ♌ 43	0 ♊ 18	17 ♋ 56	15 ♒ 25	21 ♏ 45	14 ♐ 50	1 ♑ 53	1 ♏ 56	11 ♋	24 ♉	3 ♎	26 ♎	11 ♊
8	15 ♋ 25	18 ♓ 35	15 ♉ 12	16 ♉ 16	10 ♌ 59	1 ♊ 23	18 ♋ 35	15 ♒ 19	21 ♏ 43	14 ♐ 48	1 ♑ 52	1 ♏ 55	11 ♋	24 ♉	3 ♎	26 ♎	11 ♊
9	16 ♋ 22	0 ♈ 50	15 ♉ 9	16 ♉ 12	12 ♌ 13	2 ♊ 27	19 ♋ 15	15 ♒ 13	21 ♏ 42	14 ♐ 46	1 ♑ 50	1 ♏ 55	12 ♋	25 ♉	3 ♎	26 ♎	11 ♊
10	17 ♋ 19	12 ♈ 51	15 ♉ 6	16 ♉ 11	13 ♌ 24	3 ♊ 32	19 ♋ 54	15 ♒ 7	21 ♏ 40	14 ♐ 44	1 ♑ 49	1 ♏ 55	12 ♋	25 ♉	3 ♎	27 ♎	11 ♊
11	18 ♋ 17	24 ♈ 43	15 ♉ 3	16 D 11	14 ♌ 32	4 ♊ 37	20 ♋ 33	15 ♒ 1	21 ♏ 39	14 ♐ 42	1 ♑ 47	1 ♏ 55	13 ♋	26 ♉	4 ♎	27 ♎	11 ♊
12	19 ♋ 14	6 ♉ 31	15 ♉ 0	16 ♉ 12	15 ♌ 38	5 ♊ 42	21 ♋ 12	14 ♒ 55	21 ♏ 37	14 ♐ 40	1 ♑ 46	1 ♏ 55	13 ♋	26 ♉	4 ♎	27 ♎	11 ♊
13	20 ♋ 11	18 ♉ 21	14 ♉ 56	16 R 12	16 ♌ 41	6 ♊ 48	21 ♋ 51	14 ♒ 49	21 ♏ 36	14 ♐ 38	1 ♑ 44	1 D 55	14 ♋	27 ♉	4 ♎	27 ♎	12 ♊
14	21 ♋ 8	0 ♊ 18	14 ♉ 53	16 ♉ 11	17 ♌ 41	7 ♊ 53	22 ♋ 30	14 ♒ 42	21 ♏ 35	14 ♐ 36	1 ♑ 43	1 ♏ 55	14 ♋	27 ♉	4 ♎	28 ♎	12 ♊
15	22 ♋ 6	12 ♊ 26	14 ♉ 50	16 ♉ 8	18 ♌ 37	8 ♊ 59	23 ♋ 9	14 ♒ 36	21 ♏ 34	14 ♐ 34	1 ♑ 41	1 ♏ 55	15 ♋	27 ♉	5 ♎	28 ♎	12 ♊
16	23 ♋ 3	24 ♊ 48	14 ♉ 47	16 ♉ 3	19 ♌ 31	10 ♊ 5	23 ♋ 48	14 ♒ 29	21 ♏ 33	14 ♐ 33	1 ♑ 40	1 ♏ 55	15 ♋	28 ♉	5 ♎	28 ♎	12 ♊
17	24 ♋ 0	7 ♋ 28	14 ♉ 44	15 ♉ 55	20 ♌ 21	11 ♊ 11	24 ♋ 27	14 ♒ 22	21 ♏ 32	14 ♐ 31	1 ♑ 38	1 ♏ 55	15 ♋	28 ♉	5 ♎	28 ♎	12 ♊
18	24 ♋ 57	20 ♋ 25	14 ♉ 41	15 ♉ 45	21 ♌ 8	12 ♊ 17	25 ♋ 6	14 ♒ 15	21 ♏ 31	14 ♐ 29	1 ♑ 37	1 ♏ 55	16 ♋	29 ♉	5 ♎	29 ♎	12 ♊
19	25 ♋ 55	3 ♌ 39	14 ♉ 37	15 ♉ 33	21 ♌ 52	13 ♊ 24	25 ♋ 45	14 ♒ 8	21 ♏ 30	14 ♐ 28	1 ♑ 35	1 ♏ 56	16 ♋	29 ♉	5 ♎	29 ♎	12 ♊
20	26 ♋ 52	17 ♌ 9	14 ♉ 34	15 ♉ 22	22 ♌ 32	14 ♊ 30	26 ♋ 24	14 ♒ 1	21 ♏ 29	14 ♐ 26	1 ♑ 34	1 ♏ 56	17 ♋	0 ♊	6 ♎	29 ♎	12 ♊
21	27 ♋ 49	0 ♍ 52	14 ♉ 31	15 ♉ 12	23 ♌ 8	15 ♊ 37	27 ♋ 3	13 ♒ 54	21 ♏ 29	14 ♐ 24	1 ♑ 32	1 ♏ 56	17 ♋	0 ♊	6 ♎	0 ♏	12 ♊
22	28 ♋ 46	14 ♍ 44	14 ♉ 28	15 ♉ 4	23 ♌ 40	16 ♊ 44	27 ♋ 42	13 ♒ 47	21 ♏ 28	14 ♐ 23	1 ♑ 31	1 ♏ 56	18 ♋	1 ♊	6 ♎	0 ♏	12 ♊
23	29 ♋ 44	28 ♍ 44	14 ♉ 25	14 ♉ 58	24 ♌ 7	17 ♊ 51	28 ♋ 21	13 ♒ 40	21 ♏ 28	14 ♐ 21	1 ♑ 30	1 ♏ 57	18 ♋	1 ♊	6 ♎	0 ♏	12 ♊
24	0 ♌ 41	12 ♎ 47	14 ♉ 21	14 ♉ 55	24 ♌ 31	18 ♊ 58	29 ♋ 0	13 ♒ 32	21 ♏ 28	14 ♐ 20	1 ♑ 28	1 ♏ 57	18 ♋	1 ♊	7 ♎	1 ♏	12 ♊
25	1 ♌ 38	26 ♎ 54	14 ♉ 18	14 ♉ 54	24 ♌ 50	20 ♊ 5	29 ♋ 38	13 ♒ 25	21 ♏ 28	14 ♐ 18	1 ♑ 27	1 ♏ 58	19 ♋	2 ♊	7 ♎	1 ♏	12 ♊
26	2 ♌ 36	11 ♏ 1	14 ♉ 15	14 D 54	25 ♌ 4	21 ♊ 12	0 ♌ 17	13 ♒ 17	21 ♏ 28	14 ♐ 17	1 ♑ 26	1 ♏ 58	19 ♋	2 ♊	7 ♎	1 ♏	12 ♊
27	3 ♌ 33	25 ♏ 10	14 ♉ 12	14 R 54	25 ♌ 13	22 ♊ 20	0 ♌ 56	13 ♒ 10	21 D 28	14 ♐ 16	1 ♑ 24	1 ♏ 58	20 ♋	3 ♊	8 ♎	2 ♏	12 ♊
28	4 ♌ 30	9 ♐ 17	14 ♉ 9	14 ♉ 52	25 ♌ 18	23 ♊ 28	1 ♌ 35	13 ♒ 2	21 ♏ 28	14 ♐ 14	1 ♑ 23	1 ♏ 59	20 ♋	3 ♊	8 ♎	2 ♏	12 ♊
29	5 ♌ 28	23 ♐ 22	14 ♉ 6	14 ♉ 48	25 R 18	24 ♊ 35	2 ♌ 13	12 ♒ 55	21 ♏ 28	14 ♐ 13	1 ♑ 22	2 ♏ 0	21 ♋	4 ♊	8 ♎	2 ♏	13 ♊
30	6 ♌ 25	7 ♑ 21	14 ♉ 2	14 ♉ 41	25 ♌ 12	25 ♊ 43	2 ♌ 52	12 ♒ 47	21 ♏ 28	14 ♐ 12	1 ♑ 20	2 ♏ 0	21 ♋	4 ♊	8 ♎	3 ♏	13 ♊
31	7 ♌ 22	21 ♑ 12	13 ♉ 59	14 ♉ 32	25 ♌ 1	26 ♊ 51	3 ♌ 31	12 ♒ 39	21 ♏ 29	14 ♐ 11	1 ♑ 19	2 ♏ 1	22 ♋	4 ♊	9 ♎	3 ♏	13 ♊

SUN INGRESS	☉ → ♌ 23日 06:36
MOON PHASE	○ 2日 21:08 ♑　◑ 10日 09:49 ♈　● 18日 08:56 ♋　◐ 25日 08:39 ♏

aspects		
1日	11:11	☿□♇
5日	09:45	♆⚹♇
11日	03:18	☿△♅
11日	09:33	☿☍♃
12日	15:01	♂△♄
14日	10:54	☉△♄
15日	06:33	♃⚹♅
18日	11:41	☉☌♂
18日	11:53	☿□♄
19日	14:39	♀△♃
19日	22:32	♀☍♅
25日	08:06	☉□♇
28日	15:15	♂□♇
29日	14:02	☿⚹♀

1985年8月

DAY	☉	☽	☊ mean	☊ true	☿	♀	♂	♃	♄	♅	♆	♇	⚳	⚴	⚵	⚶	⚷
	° ′	° ′	° ′	° ′	° ′	° ′	° ′	° ′	° ′	° ′	° ′	° ′	°	°	°	°	°
1	8 ♌ 20	4 ♒ 50	13 ♉ 56	14 R 20	24 R 46	27 D 59	4 D 9	12 R 31	21 D 29	14 R 10	1 R 18	2 D 1	22 D	5 D	9 D	3 D	13 D
2	9 ♌ 17	18 ♒ 13	13 ♉ 53	14 ♉ 8	24 ♌ 25	29 ♊ 8	4 ♌ 48	12 ♒ 24	21 ♏ 30	14 ♐ 9	1 ♑ 17	2 ♏ 2	22 ♋	5 ♊	9 ♎	4 ♏	13 ♊
3	10 ♌ 14	1 ♓ 19	13 ♉ 50	13 ♉ 56	23 ♌ 59	0 ♋ 16	5 ♌ 27	12 ♒ 16	21 ♏ 31	14 ♐ 8	1 ♑ 16	2 ♏ 3	23 ♋	6 ♊	9 ♎	4 ♏	13 ♊
4	11 ♌ 12	14 ♓ 5	13 ♉ 47	13 ♉ 46	23 ♌ 29	1 ♋ 25	6 ♌ 5	12 ♒ 8	21 ♏ 31	14 ♐ 7	1 ♑ 14	2 ♏ 3	23 ♋	6 ♊	10 ♎	4 ♏	13 ♊
5	12 ♌ 9	26 ♓ 33	13 ♉ 43	13 ♉ 37	22 ♌ 54	2 ♋ 33	6 ♌ 44	12 ♒ 0	21 ♏ 32	14 ♐ 6	1 ♑ 13	2 ♏ 4	24 ♋	7 ♊	10 ♎	5 ♏	13 ♊
6	13 ♌ 7	8 ♈ 46	13 ♉ 40	13 ♉ 31	22 ♌ 15	3 ♋ 42	7 ♌ 22	11 ♒ 53	21 ♏ 33	14 ♐ 5	1 ♑ 12	2 ♏ 5	24 ♋	7 ♊	10 ♎	5 ♏	13 ♊
7	14 ♌ 4	20 ♈ 45	13 ♉ 37	13 ♉ 28	21 ♌ 34	4 ♋ 51	8 ♌ 1	11 ♒ 45	21 ♏ 34	14 ♐ 4	1 ♑ 11	2 ♏ 6	25 ♋	8 ♊	10 ♎	5 ♏	13 ♊
8	15 ♌ 2	2 ♉ 37	13 ♉ 34	13 ♉ 27	20 ♌ 49	6 ♋ 0	8 ♌ 40	11 ♒ 37	21 ♏ 36	14 ♐ 3	1 ♑ 10	2 ♏ 7	25 ♋	8 ♊	11 ♎	6 ♏	13 ♊
9	15 ♌ 59	14 ♉ 25	13 ♉ 31	13 D 27	20 ♌ 2	7 ♋ 9	9 ♌ 18	11 ♒ 29	21 ♏ 37	14 ♐ 2	1 ♑ 9	2 ♏ 8	25 ♋	8 ♊	11 ♎	6 ♏	13 ♊
10	16 ♌ 57	26 ♉ 15	13 ♉ 27	13 R 27	19 ♌ 14	8 ♋ 18	9 ♌ 57	11 ♒ 21	21 ♏ 38	14 ♐ 2	1 ♑ 8	2 ♏ 9	26 ♋	9 ♊	11 ♎	7 ♏	13 ♊
11	17 ♌ 54	8 ♊ 14	13 ♉ 24	13 ♉ 25	18 ♌ 26	9 ♋ 28	10 ♌ 35	11 ♒ 14	21 ♏ 40	14 ♐ 1	1 ♑ 7	2 ♏ 10	26 ♋	9 ♊	12 ♎	7 ♏	13 ♊
12	18 ♌ 52	20 ♊ 25	13 ♉ 21	13 ♉ 22	17 ♌ 38	10 ♋ 37	11 ♌ 14	11 ♒ 6	21 ♏ 41	14 ♐ 1	1 ♑ 6	2 ♏ 11	27 ♋	10 ♊	12 ♎	7 ♏	13 ♊
13	19 ♌ 50	2 ♋ 54	13 ♉ 18	13 ♉ 17	16 ♌ 51	11 ♋ 47	11 ♌ 52	10 ♒ 58	21 ♏ 43	14 ♐ 0	1 ♑ 5	2 ♏ 12	27 ♋	10 ♊	12 ♎	8 ♏	13 ♊
14	20 ♌ 47	15 ♋ 43	13 ♉ 15	13 ♉ 9	16 ♌ 7	12 ♋ 57	12 ♌ 30	10 ♒ 51	21 ♏ 45	13 ♐ 59	1 ♑ 4	2 ♏ 13	28 ♋	11 ♊	13 ♎	8 ♏	13 ♊
15	21 ♌ 45	28 ♋ 54	13 ♉ 12	12 ♉ 58	15 ♌ 27	14 ♋ 6	13 ♌ 9	10 ♒ 43	21 ♏ 47	13 ♐ 59	1 ♑ 3	2 ♏ 14	28 ♋	11 ♊	13 ♎	9 ♏	13 ♊
16	22 ♌ 42	12 ♌ 27	13 ♉ 8	12 ♉ 47	14 ♌ 50	15 ♋ 16	13 ♌ 47	10 ♒ 36	21 ♏ 49	13 ♐ 59	1 ♑ 2	2 ♏ 15	28 ♋	11 ♊	13 ♎	9 ♏	13 ♊
17	23 ♌ 40	26 ♌ 20	13 ♉ 5	12 ♉ 35	14 ♌ 18	16 ♋ 26	14 ♌ 26	10 ♒ 28	21 ♏ 51	13 ♐ 58	1 ♑ 2	2 ♏ 16	29 ♋	12 ♊	13 ♎	9 ♏	13 ♊
18	24 ♌ 38	10 ♍ 28	13 ♉ 2	12 ♉ 24	13 ♌ 52	17 ♋ 36	15 ♌ 4	10 ♒ 21	21 ♏ 53	13 ♐ 58	1 ♑ 1	2 ♏ 17	29 ♋	12 ♊	14 ♎	10 ♏	13 ♊
19	25 ♌ 36	24 ♍ 46	12 ♉ 59	12 ♉ 15	13 ♌ 32	18 ♋ 46	15 ♌ 42	10 ♒ 14	21 ♏ 55	13 ♐ 58	1 ♑ 0	2 ♏ 18	0 ♌	13 ♊	14 ♎	10 ♏	14 ♊
20	26 ♌ 33	9 ♎ 9	12 ♉ 56	12 ♉ 9	13 ♌ 19	19 ♋ 57	16 ♌ 21	10 ♒ 6	21 ♏ 57	13 ♐ 58	0 ♑ 59	2 ♏ 20	0 ♌	13 ♊	14 ♎	11 ♏	14 ♊
21	27 ♌ 31	23 ♎ 31	12 ♉ 53	12 ♉ 6	13 ♌ 13	21 ♋ 7	16 ♌ 59	9 ♒ 59	22 ♏ 0	13 ♐ 57	0 ♑ 59	2 ♏ 21	1 ♌	13 ♊	15 ♎	11 ♏	14 ♊
22	28 ♌ 29	7 ♏ 49	12 ♉ 49	12 ♉ 5	13 D 14	22 ♋ 17	17 ♌ 37	9 ♒ 52	22 ♏ 2	13 ♐ 57	0 ♑ 58	2 ♏ 22	1 ♌	14 ♊	15 ♎	11 ♏	14 ♊
23	29 ♌ 27	22 ♏ 0	12 ♉ 46	12 D 5	13 ♌ 23	23 ♋ 28	18 ♌ 16	9 ♒ 45	22 ♏ 5	13 ♐ 57	0 ♑ 57	2 ♏ 24	1 ♌	14 ♊	15 ♎	12 ♏	14 ♊
24	0 ♍ 25	6 ♐ 4	12 ♉ 43	12 R 5	13 ♌ 40	24 ♋ 39	18 ♌ 54	9 ♒ 38	22 ♏ 7	13 D 57	0 ♑ 57	2 ♏ 25	2 ♌	15 ♊	15 ♎	12 ♏	14 ♊
25	1 ♍ 22	19 ♐ 59	12 ♉ 40	12 ♉ 4	14 ♌ 4	25 ♋ 49	19 ♌ 32	9 ♒ 32	22 ♏ 10	13 ♐ 57	0 ♑ 56	2 ♏ 26	2 ♌	15 ♊	16 ♎	13 ♏	14 ♊
26	2 ♍ 20	3 ♑ 46	12 ♉ 37	12 ♉ 0	14 ♌ 37	27 ♋ 0	20 ♌ 11	9 ♒ 25	22 ♏ 13	13 ♐ 57	0 ♑ 55	2 ♏ 28	3 ♌	16 ♊	16 ♎	13 ♏	14 ♊
27	3 ♍ 18	17 ♑ 23	12 ♉ 33	11 ♉ 54	15 ♌ 17	28 ♋ 11	20 ♌ 49	9 ♒ 18	22 ♏ 16	13 ♐ 58	0 ♑ 55	2 ♏ 29	3 ♌	16 ♊	16 ♎	13 ♏	14 ♊
28	4 ♍ 16	0 ♒ 49	12 ♉ 30	11 ♉ 46	16 ♌ 4	29 ♋ 22	21 ♌ 27	9 ♒ 12	22 ♏ 19	13 ♐ 58	0 ♑ 54	2 ♏ 31	4 ♌	16 ♊	17 ♎	14 ♏	14 ♊
29	5 ♍ 14	14 ♒ 4	12 ♉ 27	11 ♉ 35	16 ♌ 59	0 ♌ 33	22 ♌ 5	9 ♒ 6	22 ♏ 22	13 ♐ 58	0 ♑ 54	2 ♏ 32	4 ♌	17 ♊	17 ♎	14 ♏	14 ♊
30	6 ♍ 12	27 ♒ 5	12 ♉ 24	11 ♉ 24	18 ♌ 1	1 ♌ 44	22 ♌ 43	9 ♒ 0	22 ♏ 25	13 ♐ 58	0 ♑ 53	2 ♏ 34	4 ♌	17 ♊	17 ♎	15 ♏	14 ♊
31	7 ♍ 10	9 ♓ 53	12 ♉ 21	11 ♉ 13	19 ♌ 10	2 ♌ 56	23 ♌ 22	8 ♒ 54	22 ♏ 29	13 ♐ 59	0 ♑ 53	2 ♏ 35	5 ♌	18 ♊	18 ♎	15 ♏	14 ♊

SUN INGRESS	☉ → ♍ 23日 13:36
MOON PHASE	○ 1日 06:41 ♒　◑ 9日 03:29 ♉　● 16日 19:06 ♌　◐ 23日 13:36 ♐　○ 30日 18:27 ♓

aspects		
3日	20:28	♀☍♆
4日	13:43	♀△♇
4日	20:42	☉☍♃
6日	23:35	☿□♄
6日	23:55	☉△♅
11日	07:08	☉☌☿
11日	20:04	♂☍♃
15日	00:45	☉□♄
16日	07:01	♂△♅
16日	21:20	☿☌♂
17日	17:57	☿△♅
21日	18:36	♀△♄
24日	13:08	☉△♆
24日	17:47	☿△♅
26日	03:12	☉⚹♇
29日	11:40	♂□♄
30日	17:03	♀□♇

1985年9月

DAY	☉	☽	☊ mean	☊ true	☿	♀	♂	♃	♄	♅	♆	♇	⚳	⚴	⚵	⚶	⚷
	° ′	° ′	° ′	° ′	° ′	° ′	° ′	° ′	° ′	° ′	° ′	° ′	°	°	°	°	°
1	8 ♍ 8	22 ♓ 26	12 ♉ 18	11 R 3	20 D 25	4 D 7	24 D 0	8 R 48	22 D 32	13 D 59	0 R 53	2 D 37	5 D	18 D	18 D	16 D	14 D
2	9 ♍ 6	4 ♈ 44	12 ♉ 14	10 ♉ 56	21 ♌ 45	5 ♌ 18	24 ♌ 38	8 ♒ 42	22 ♏ 36	14 ♐ 0	0 ♑ 52	2 ♏ 39	6 ♌	18 ♊	18 ♎	16 ♏	14 ♊
3	10 ♍ 4	16 ♈ 50	12 ♉ 11	10 ♉ 50	23 ♌ 11	6 ♌ 30	25 ♌ 16	8 ♒ 36	22 ♏ 39	14 ♐ 0	0 ♑ 52	2 ♏ 40	6 ♌	19 ♊	19 ♎	17 ♏	14 ♊
4	11 ♍ 2	28 ♈ 47	12 ♉ 8	10 ♉ 48	24 ♌ 42	7 ♌ 41	25 ♌ 54	8 ♒ 31	22 ♏ 43	14 ♐ 1	0 ♑ 52	2 ♏ 42	7 ♌	19 ♊	19 ♎	17 ♏	14 ♊
5	12 ♍ 0	10 ♉ 36	12 ♉ 5	10 ♉ 47	26 ♌ 18	8 ♌ 53	26 ♌ 32	8 ♒ 25	22 ♏ 46	14 ♐ 1	0 ♑ 51	2 ♏ 44	7 ♌	20 ♊	19 ♎	17 ♏	14 ♊
6	12 ♍ 58	22 ♉ 23	12 ♉ 2	10 D 47	27 ♌ 57	10 ♌ 5	27 ♌ 10	8 ♒ 20	22 ♏ 50	14 ♐ 2	0 ♑ 51	2 ♏ 45	7 ♌	20 ♊	20 ♎	18 ♏	14 ♊
7	13 ♍ 57	4 ♊ 13	11 ♉ 58	10 ♉ 48	29 ♌ 39	11 ♌ 17	27 ♌ 49	8 ♒ 15	22 ♏ 54	14 ♐ 3	0 ♑ 51	2 ♏ 47	8 ♌	20 ♊	20 ♎	18 ♏	14 ♊
8	14 ♍ 55	16 ♊ 11	11 ♉ 55	10 R 49	1 ♍ 25	12 ♌ 29	28 ♌ 27	8 ♒ 10	22 ♏ 58	14 ♐ 3	0 ♑ 51	2 ♏ 49	8 ♌	21 ♊	20 ♎	19 ♏	14 ♊
9	15 ♍ 53	28 ♊ 22	11 ♉ 52	10 ♉ 48	3 ♍ 12	13 ♌ 41	29 ♌ 5	8 ♒ 6	23 ♏ 2	14 ♐ 4	0 ♑ 51	2 ♏ 51	9 ♌	21 ♊	21 ♎	19 ♏	14 ♊
10	16 ♍ 51	10 ♋ 51	11 ♉ 49	10 ♉ 45	5 ♍ 2	14 ♌ 53	29 ♌ 43	8 ♒ 1	23 ♏ 6	14 ♐ 5	0 ♑ 50	2 ♏ 52	9 ♌	22 ♊	21 ♎	20 ♏	14 ♊
11	17 ♍ 50	23 ♋ 42	11 ♉ 46	10 ♉ 40	6 ♍ 53	16 ♌ 5	0 ♍ 21	7 ♒ 57	23 ♏ 10	14 ♐ 6	0 ♑ 50	2 ♏ 54	10 ♌	22 ♊	21 ♎	20 ♏	14 ♊
12	18 ♍ 48	6 ♌ 59	11 ♉ 43	10 ♉ 33	8 ♍ 46	17 ♌ 17	0 ♍ 59	7 ♒ 52	23 ♏ 15	14 ♐ 7	0 ♑ 50	2 ♏ 56	10 ♌	22 ♊	21 ♎	21 ♏	14 ♊
13	19 ♍ 47	20 ♌ 42	11 ♉ 39	10 ♉ 25	10 ♍ 39	18 ♌ 29	1 ♍ 37	7 ♒ 48	23 ♏ 19	14 ♐ 8	0 D 50	2 ♏ 58	10 ♌	23 ♊	22 ♎	21 ♏	14 ♊
14	20 ♍ 45	4 ♍ 49	11 ♉ 36	10 ♉ 17	12 ♍ 32	19 ♌ 42	2 ♍ 15	7 ♒ 45	23 ♏ 23	14 ♐ 9	0 ♑ 50	3 ♏ 0	11 ♌	23 ♊	22 ♎	21 ♏	14 ♊
15	21 ♍ 43	19 ♍ 16	11 ♉ 33	10 ♉ 10	14 ♍ 26	20 ♌ 54	2 ♍ 53	7 ♒ 41	23 ♏ 28	14 ♐ 10	0 ♑ 50	3 ♏ 2	11 ♌	24 ♊	22 ♎	22 ♏	14 ♊
16	22 ♍ 42	3 ♎ 57	11 ♉ 30	10 ♉ 4	16 ♍ 20	22 ♌ 7	3 ♍ 31	7 ♒ 37	23 ♏ 32	14 ♐ 11	0 ♑ 50	3 ♏ 4	12 ♌	24 ♊	23 ♎	22 ♏	14 ♊
17	23 ♍ 41	18 ♎ 44	11 ♉ 27	10 ♉ 0	18 ♍ 13	23 ♌ 19	4 ♍ 9	7 ♒ 34	23 ♏ 37	14 ♐ 13	0 ♑ 51	3 ♏ 6	12 ♌	24 ♊	23 ♎	23 ♏	14 ♊
18	24 ♍ 39	3 ♏ 30	11 ♉ 24	9 ♉ 58	20 ♍ 6	24 ♌ 32	4 ♍ 47	7 ♒ 31	23 ♏ 42	14 ♐ 14	0 ♑ 51	3 ♏ 8	12 ♌	25 ♊	23 ♎	23 ♏	14 ♊
19	25 ♍ 38	18 ♏ 9	11 ♉ 20	9 D 58	21 ♍ 59	25 ♌ 45	5 ♍ 25	7 ♒ 28	23 ♏ 47	14 ♐ 15	0 ♑ 51	3 ♏ 10	13 ♌	25 ♊	24 ♎	24 ♏	14 ♊
20	26 ♍ 36	2 ♐ 35	11 ♉ 17	9 ♉ 59	23 ♍ 51	26 ♌ 58	6 ♍ 3	7 ♒ 25	23 ♏ 51	14 ♐ 17	0 ♑ 51	3 ♏ 12	13 ♌	25 ♊	24 ♎	24 ♏	14 ♊
21	27 ♍ 35	16 ♐ 46	11 ♉ 14	10 ♉ 0	25 ♍ 42	28 ♌ 10	6 ♍ 41	7 ♒ 23	23 ♏ 56	14 ♐ 18	0 ♑ 51	3 ♏ 14	14 ♌	26 ♊	24 ♎	25 ♏	14 ♊
22	28 ♍ 34	0 ♑ 40	11 ♉ 11	10 R 1	27 ♍ 33	29 ♌ 23	7 ♍ 19	7 ♒ 20	24 ♏ 1	14 ♐ 20	0 ♑ 52	3 ♏ 16	14 ♌	26 ♊	25 ♎	25 ♏	14 R
23	29 ♍ 32	14 ♑ 18	11 ♉ 8	10 ♉ 0	29 ♍ 22	0 ♍ 36	7 ♍ 57	7 ♒ 18	24 ♏ 6	14 ♐ 21	0 ♑ 52	3 ♏ 18	15 ♌	27 ♊	25 ♎	26 ♏	14 ♊
24	0 ♎ 31	27 ♑ 41	11 ♉ 4	9 ♉ 57	1 ♎ 11	1 ♍ 49	8 ♍ 35	7 ♒ 16	24 ♏ 11	14 ♐ 23	0 ♑ 52	3 ♏ 20	15 ♌	27 ♊	25 ♎	26 ♏	14 ♊
25	1 ♎ 30	10 ♒ 49	11 ♉ 1	9 ♉ 52	2 ♎ 59	3 ♍ 3	9 ♍ 13	7 ♒ 14	24 ♏ 17	14 ♐ 24	0 ♑ 53	3 ♏ 22	15 ♌	27 ♊	26 ♎	27 ♏	14 ♊
26	2 ♎ 29	23 ♒ 43	10 ♉ 58	9 ♉ 47	4 ♎ 46	4 ♍ 16	9 ♍ 51	7 ♒ 13	24 ♏ 22	14 ♐ 26	0 ♑ 53	3 ♏ 24	16 ♌	28 ♊	26 ♎	27 ♏	14 ♊
27	3 ♎ 27	6 ♓ 23	10 ♉ 55	9 ♉ 40	6 ♎ 32	5 ♍ 29	10 ♍ 28	7 ♒ 11	24 ♏ 27	14 ♐ 28	0 ♑ 54	3 ♏ 27	16 ♌	28 ♊	26 ♎	28 ♏	14 ♊
28	4 ♎ 26	18 ♓ 52	10 ♉ 52	9 ♉ 34	8 ♎ 17	6 ♍ 42	11 ♍ 6	7 ♒ 10	24 ♏ 32	14 ♐ 29	0 ♑ 54	3 ♏ 29	17 ♌	28 ♊	27 ♎	28 ♏	14 ♊
29	5 ♎ 25	1 ♈ 9	10 ♉ 49	9 ♉ 28	10 ♎ 1	7 ♍ 56	11 ♍ 44	7 ♒ 9	24 ♏ 38	14 ♐ 31	0 ♑ 55	3 ♏ 31	17 ♌	29 ♊	27 ♎	29 ♏	14 ♊
30	6 ♎ 24	13 ♈ 17	10 ♉ 45	9 ♉ 24	11 ♎ 44	9 ♍ 9	12 ♍ 22	7 ♒ 8	24 ♏ 43	14 ♐ 33	0 ♑ 55	3 ♏ 33	17 ♌	29 ♊	27 ♎	29 ♏	14 ♊

SUN INGRESS	☉ → ♎ 23日 11:07
MOON PHASE	◑ 7日 21:16 ♊ ● 15日 04:20 ♍ ◐ 21日 20:03 ♐ ○ 29日 09:08 ♈

aspects		
2日	14:50	☿□♄
4日	15:23	♀☍♃
5日	05:57	☿☌♂
7日	02:31	☉□♅
7日	16:20	☿△♆
8日	19:05	☿⚹♇
9日	07:59	♀△♅
11日	18:35	♂△♆
14日	20:39	☿□♅
15日	05:52	♂⚹♇
16日	22:28	☉⚹♄
17日	06:14	♀□♄
20日	00:07	☿⚹♄
23日	04:50	☉☌☿
23日	05:11	♀△♆
23日	19:54	☿□♆
24日	08:48	☉□♆
25日	06:40	♀⚹♇
27日	08:53	☿△♃
30日	17:47	☉△♃

1985年10月

DAY	☉	☽	☊ mean	☊ true	☿	♀	♂	♃	♄	♅	♆	♇	⚳	⚴	⚵	⚶	⚷
	° ′	° ′	° ′	° ′	° ′	° ′	° ′	° ′	° ′	° ′	° ′	° ′	°	°	°	°	°
1	7 ♎ 23	25 ♈ 15	10 ♉ 42	9 R 22	13 D 27	10 D 22	13 D 0	7 R 8	24 D 49	14 D 35	0 D 56	3 D 35	18 D	29 D	28 D	0 D	14 R
2	8 ♎ 22	7 ♉ 6	10 ♉ 39	9 ♉ 21	15 ♎ 8	11 ♍ 36	13 ♍ 38	7 ♒ 7	24 ♏ 54	14 ♐ 37	0 ♑ 56	3 ♏ 38	18 ♌	0 ♋	28 ♎	0 ♐	14 ♊
3	9 ♎ 21	18 ♉ 54	10 ♉ 36	9 D 21	16 ♎ 49	12 ♍ 50	14 ♍ 16	7 ♒ 7	25 ♏ 0	14 ♐ 39	0 ♑ 57	3 ♏ 40	19 ♌	0 ♋	28 ♎	0 ♐	14 ♊
4	10 ♎ 20	0 ♊ 41	10 ♉ 33	9 ♉ 22	18 ♎ 29	14 ♍ 3	14 ♍ 53	7 D 7	25 ♏ 6	14 ♐ 41	0 ♑ 58	3 ♏ 42	19 ♌	0 ♋	29 ♎	1 ♐	14 ♊
5	11 ♎ 19	12 ♊ 30	10 ♉ 30	9 ♉ 24	20 ♎ 7	15 ♍ 17	15 ♍ 31	7 ♒ 7	25 ♏ 12	14 ♐ 43	0 ♑ 58	3 ♏ 44	19 ♌	1 ♋	29 ♎	1 ♐	14 ♊
6	12 ♎ 18	24 ♊ 27	10 ♉ 26	9 ♉ 26	21 ♎ 46	16 ♍ 31	16 ♍ 9	7 ♒ 7	25 ♏ 17	14 ♐ 45	0 ♑ 59	3 ♏ 47	20 ♌	1 ♋	29 ♎	2 ♐	14 ♊
7	13 ♎ 17	6 ♋ 37	10 ♉ 23	9 ♉ 27	23 ♎ 23	17 ♍ 45	16 ♍ 47	7 ♒ 8	25 ♏ 23	14 ♐ 47	1 ♑ 0	3 ♏ 49	20 ♌	1 ♋	0 ♏	2 ♐	14 ♊
8	14 ♎ 17	19 ♋ 3	10 ♉ 20	9 R 27	24 ♎ 59	18 ♍ 58	17 ♍ 25	7 ♒ 9	25 ♏ 29	14 ♐ 49	1 ♑ 1	3 ♏ 51	21 ♌	1 ♋	0 ♏	3 ♐	14 ♊
9	15 ♎ 16	1 ♌ 51	10 ♉ 17	9 ♉ 26	26 ♎ 35	20 ♍ 12	18 ♍ 3	7 ♒ 10	25 ♏ 35	14 ♐ 52	1 ♑ 2	3 ♏ 54	21 ♌	2 ♋	0 ♏	3 ♐	14 ♊
10	16 ♎ 15	15 ♌ 4	10 ♉ 14	9 ♉ 24	28 ♎ 10	21 ♍ 26	18 ♍ 40	7 ♒ 11	25 ♏ 41	14 ♐ 54	1 ♑ 3	3 ♏ 56	21 ♌	2 ♋	1 ♏	4 ♐	14 ♊
11	17 ♎ 14	28 ♌ 44	10 ♉ 10	9 ♉ 21	29 ♎ 45	22 ♍ 40	19 ♍ 18	7 ♒ 12	25 ♏ 47	14 ♐ 56	1 ♑ 3	3 ♏ 58	22 ♌	2 ♋	1 ♏	4 ♐	14 ♊
12	18 ♎ 14	12 ♍ 52	10 ♉ 7	9 ♉ 18	1 ♏ 18	23 ♍ 54	19 ♍ 56	7 ♒ 14	25 ♏ 53	14 ♐ 59	1 ♑ 4	4 ♏ 1	22 ♌	3 ♋	2 ♏	5 ♐	14 ♊
13	19 ♎ 13	27 ♍ 25	10 ♉ 4	9 ♉ 15	2 ♏ 51	25 ♍ 9	20 ♍ 34	7 ♒ 15	25 ♏ 59	15 ♐ 1	1 ♑ 5	4 ♏ 3	22 ♌	3 ♋	2 ♏	5 ♐	14 ♊
14	20 ♎ 13	12 ♎ 17	10 ♉ 1	9 ♉ 13	4 ♏ 23	26 ♍ 23	21 ♍ 11	7 ♒ 17	26 ♏ 6	15 ♐ 4	1 ♑ 6	4 ♏ 5	23 ♌	3 ♋	2 ♏	6 ♐	14 ♊
15	21 ♎ 12	27 ♎ 20	9 ♉ 58	9 ♉ 12	5 ♏ 55	27 ♍ 37	21 ♍ 49	7 ♒ 19	26 ♏ 12	15 ♐ 6	1 ♑ 7	4 ♏ 8	23 ♌	3 ♋	3 ♏	6 ♐	14 ♊
16	22 ♎ 11	12 ♏ 27	9 ♉ 55	9 D 12	7 ♏ 25	28 ♍ 51	22 ♍ 27	7 ♒ 22	26 ♏ 18	15 ♐ 9	1 ♑ 8	4 ♏ 10	24 ♌	4 ♋	3 ♏	7 ♐	14 ♊
17	23 ♎ 11	27 ♏ 27	9 ♉ 51	9 ♉ 12	8 ♏ 55	0 ♎ 6	23 ♍ 5	7 ♒ 24	26 ♏ 25	15 ♐ 11	1 ♑ 10	4 ♏ 12	24 ♌	4 ♋	3 ♏	7 ♐	14 ♊
18	24 ♎ 11	12 ♐ 14	9 ♉ 48	9 ♉ 13	10 ♏ 25	1 ♎ 20	23 ♍ 42	7 ♒ 27	26 ♏ 31	15 ♐ 14	1 ♑ 11	4 ♏ 15	24 ♌	4 ♋	4 ♏	8 ♐	14 ♊
19	25 ♎ 10	26 ♐ 41	9 ♉ 45	9 ♉ 14	11 ♏ 53	2 ♎ 34	24 ♍ 20	7 ♒ 30	26 ♏ 37	15 ♐ 16	1 ♑ 12	4 ♏ 17	25 ♌	4 ♋	4 ♏	8 ♐	14 ♊
20	26 ♎ 10	10 ♑ 46	9 ♉ 42	9 ♉ 15	13 ♏ 21	3 ♎ 49	24 ♍ 58	7 ♒ 33	26 ♏ 44	15 ♐ 19	1 ♑ 13	4 ♏ 20	25 ♌	5 ♋	4 ♏	9 ♐	14 ♊
21	27 ♎ 9	24 ♑ 27	9 ♉ 39	9 ♉ 16	14 ♏ 49	5 ♎ 3	25 ♍ 36	7 ♒ 36	26 ♏ 50	15 ♐ 22	1 ♑ 14	4 ♏ 22	25 ♌	5 ♋	5 ♏	9 ♐	14 ♊
22	28 ♎ 9	7 ♒ 46	9 ♉ 35	9 R 16	16 ♏ 15	6 ♎ 18	26 ♍ 13	7 ♒ 40	26 ♏ 57	15 ♐ 24	1 ♑ 15	4 ♏ 25	26 ♌	5 ♋	5 ♏	10 ♐	14 ♊
23	29 ♎ 9	20 ♒ 45	9 ♉ 32	9 ♉ 15	17 ♏ 41	7 ♎ 32	26 ♍ 51	7 ♒ 43	27 ♏ 3	15 ♐ 27	1 ♑ 17	4 ♏ 27	26 ♌	5 ♋	5 ♏	10 ♐	14 ♊
24	0 ♏ 9	3 ♓ 25	9 ♉ 29	9 ♉ 14	19 ♏ 6	8 ♎ 47	27 ♍ 29	7 ♒ 47	27 ♏ 10	15 ♐ 30	1 ♑ 18	4 ♏ 29	27 ♌	6 ♋	6 ♏	11 ♐	14 ♊
25	1 ♏ 8	15 ♓ 51	9 ♉ 26	9 ♉ 13	20 ♏ 31	10 ♎ 1	28 ♍ 6	7 ♒ 51	27 ♏ 17	15 ♐ 33	1 ♑ 19	4 ♏ 32	27 ♌	6 ♋	6 ♏	11 ♐	14 ♊
26	2 ♏ 8	28 ♓ 5	9 ♉ 23	9 ♉ 12	21 ♏ 54	11 ♎ 16	28 ♍ 44	7 ♒ 55	27 ♏ 23	15 ♐ 36	1 ♑ 21	4 ♏ 34	27 ♌	6 ♋	6 ♏	12 ♐	13 ♊
27	3 ♏ 8	10 ♈ 9	9 ♉ 20	9 ♉ 11	23 ♏ 17	12 ♎ 31	29 ♍ 21	8 ♒ 0	27 ♏ 30	15 ♐ 39	1 ♑ 22	4 ♏ 37	28 ♌	6 ♋	7 ♏	12 ♐	13 ♊
28	4 ♏ 8	22 ♈ 5	9 ♉ 16	9 ♉ 10	24 ♏ 38	13 ♎ 45	29 ♍ 59	8 ♒ 4	27 ♏ 37	15 ♐ 42	1 ♑ 23	4 ♏ 39	28 ♌	6 ♋	7 ♏	13 ♐	13 ♊
29	5 ♏ 8	3 ♉ 57	9 ♉ 13	9 ♉ 10	25 ♏ 59	15 ♎ 0	0 ♎ 37	8 ♒ 9	27 ♏ 44	15 ♐ 45	1 ♑ 25	4 ♏ 41	28 ♌	6 ♋	7 ♏	13 ♐	13 ♊
30	6 ♏ 8	15 ♉ 45	9 ♉ 10	9 D 10	27 ♏ 18	16 ♎ 15	1 ♎ 14	8 ♒ 14	27 ♏ 50	15 ♐ 48	1 ♑ 26	4 ♏ 44	29 ♌	7 ♋	8 ♏	14 ♐	13 ♊
31	7 ♏ 8	27 ♉ 32	9 ♉ 7	9 ♉ 10	28 ♏ 37	17 ♎ 30	1 ♎ 52	8 ♒ 19	27 ♏ 57	15 ♐ 51	1 ♑ 28	4 ♏ 46	29 ♌	7 ♋	8 ♏	15 ♐	13 ♊

SUN INGRESS	☉ → ♏ 23日 20:22
MOON PHASE	◑ 7日 14:04 ♋ ● 14日 13:33 ♎ ◐ 21日 05:13 ♑ ○ 29日 02:38 ♉

aspects		
1日	16:27	☿⚹♅
3日	15:37	♂□♅
4日	12:38	♀□♅
5日	09:35	♀☌♂
8日	13:53	☉⚹♅
11日	20:26	☿⚹♆
13日	17:59	♀⚹♄
13日	19:15	☿☌♇
15日	23:01	☿□♃
17日	20:59	♀□♆
23日	03:47	♀△♃
23日	09:42	♂⚹♄
25日	04:31	☉⚹♆
28日	13:04	☉☌♇
29日	14:56	♀⚹♅
30日	07:57	♂□♆
30日	10:39	☿☌♄

1985年11月

DAY	☉	☽	☊ mean	☊ true	☿	♀	♂	♃	♄	♅	♆	♇	⚳	⚴	⚵	⚶	⚷
	° ′	° ′	° ′	° ′	° ′	° ′	° ′	° ′	° ′	° ′	° ′	° ′	°	°	°	°	°
1	8 ♏ 7	9 ♊ 21	9 ♉ 4	9 D 10	29 D 54	18 D 44	2 D 30	8 D 24	28 D 4	15 D 54	1 D 29	4 D 49	29 D	7 D	8 D	15 D	13 R
2	9 ♏ 7	21 ♊ 15	9 ♉ 1	9 ♉ 10	1 ♐ 10	19 ♎ 59	3 ♎ 7	8 ♒ 30	28 ♏ 11	15 ♐ 57	1 ♑ 31	4 ♏ 51	0 ♍	7 ♋	9 ♏	16 ♐	13 ♊
3	10 ♏ 8	3 ♋ 15	8 ♉ 57	9 R 10	2 ♐ 24	21 ♎ 14	3 ♎ 45	8 ♒ 35	28 ♏ 18	16 ♐ 0	1 ♑ 32	4 ♏ 54	0 ♍	7 ♋	9 ♏	16 ♐	13 ♊
4	11 ♏ 8	15 ♋ 26	8 ♉ 54	9 ♉ 10	3 ♐ 37	22 ♎ 29	4 ♎ 22	8 ♒ 41	28 ♏ 25	16 ♐ 3	1 ♑ 34	4 ♏ 56	0 ♍	7 ♋	9 ♏	17 ♐	13 ♊
5	12 ♏ 8	27 ♋ 52	8 ♉ 51	9 ♉ 10	4 ♐ 48	23 ♎ 44	5 ♎ 0	8 ♒ 47	28 ♏ 32	16 ♐ 6	1 ♑ 36	4 ♏ 58	1 ♍	7 ♋	10 ♏	17 ♐	13 ♊
6	13 ♏ 8	10 ♌ 35	8 ♉ 48	9 ♉ 10	5 ♐ 56	24 ♎ 59	5 ♎ 37	8 ♒ 53	28 ♏ 39	16 ♐ 9	1 ♑ 37	5 ♏ 1	1 ♍	8 ♋	10 ♏	18 ♐	13 ♊
7	14 ♏ 8	23 ♌ 41	8 ♉ 45	9 D 10	7 ♐ 3	26 ♎ 14	6 ♎ 15	9 ♒ 0	28 ♏ 46	16 ♐ 13	1 ♑ 39	5 ♏ 3	2 ♍	8 ♋	10 ♏	18 ♐	13 ♊
8	15 ♏ 8	7 ♍ 11	8 ♉ 41	9 ♉ 10	8 ♐ 7	27 ♎ 29	6 ♎ 53	9 ♒ 6	28 ♏ 53	16 ♐ 16	1 ♑ 41	5 ♏ 6	2 ♍	8 ♋	11 ♏	19 ♐	13 ♊
9	16 ♏ 9	21 ♍ 8	8 ♉ 38	9 ♉ 11	9 ♐ 8	28 ♎ 44	7 ♎ 30	9 ♒ 13	29 ♏ 0	16 ♐ 19	1 ♑ 42	5 ♏ 8	2 ♍	8 ♋	11 ♏	19 ♐	13 ♊
10	17 ♏ 9	5 ♎ 31	8 ♉ 35	9 ♉ 11	10 ♐ 6	29 ♎ 59	8 ♎ 8	9 ♒ 19	29 ♏ 7	16 ♐ 22	1 ♑ 44	5 ♏ 10	2 ♍	8 ♋	11 ♏	20 ♐	13 ♊
11	18 ♏ 9	20 ♎ 17	8 ♉ 32	9 ♉ 12	11 ♐ 0	1 ♏ 14	8 ♎ 45	9 ♒ 26	29 ♏ 14	16 ♐ 26	1 ♑ 46	5 ♏ 13	3 ♍	8 ♋	12 ♏	20 ♐	13 ♊
12	19 ♏ 10	5 ♏ 21	8 ♉ 29	9 ♉ 13	11 ♐ 50	2 ♏ 29	9 ♎ 23	9 ♒ 33	29 ♏ 21	16 ♐ 29	1 ♑ 47	5 ♏ 15	3 ♍	8 ♋	12 ♏	21 ♐	13 ♊
13	20 ♏ 10	20 ♏ 33	8 ♉ 26	9 R 12	12 ♐ 36	3 ♏ 44	10 ♎ 0	9 ♒ 41	29 ♏ 28	16 ♐ 33	1 ♑ 49	5 ♏ 18	3 ♍	8 ♋	12 ♏	21 ♐	13 ♊
14	21 ♏ 10	5 ♐ 46	8 ♉ 22	9 ♉ 12	13 ♐ 16	5 ♏ 0	10 ♎ 38	9 ♒ 48	29 ♏ 35	16 ♐ 36	1 ♑ 51	5 ♏ 20	4 ♍	8 ♋	13 ♏	22 ♐	13 ♊
15	22 ♏ 11	20 ♐ 49	8 ♉ 19	9 ♉ 10	13 ♐ 51	6 ♏ 15	11 ♎ 15	9 ♒ 56	29 ♏ 42	16 ♐ 39	1 ♑ 53	5 ♏ 22	4 ♍	8 R	13 ♏	22 ♐	13 ♊
16	23 ♏ 11	5 ♑ 33	8 ♉ 16	9 ♉ 8	14 ♐ 20	7 ♏ 30	11 ♎ 53	10 ♒ 3	29 ♏ 49	16 ♐ 43	1 ♑ 55	5 ♏ 25	4 ♍	8 ♋	14 ♏	23 ♐	13 ♊
17	24 ♏ 12	19 ♑ 52	8 ♉ 13	9 ♉ 7	14 ♐ 41	8 ♏ 45	12 ♎ 30	10 ♒ 11	29 ♏ 56	16 ♐ 46	1 ♑ 57	5 ♏ 27	5 ♍	8 ♋	14 ♏	23 ♐	12 ♊
18	25 ♏ 12	3 ♒ 45	8 ♉ 10	9 ♉ 5	14 ♐ 55	10 ♏ 0	13 ♎ 7	10 ♒ 19	0 ♐ 3	16 ♐ 50	1 ♑ 59	5 ♏ 29	5 ♍	8 ♋	14 ♏	24 ♐	12 ♊
19	26 ♏ 13	17 ♒ 10	8 ♉ 7	9 ♉ 4	15 ♐ 0	11 ♏ 16	13 ♎ 45	10 ♒ 27	0 ♐ 10	16 ♐ 53	2 ♑ 0	5 ♏ 32	5 ♍	8 ♋	15 ♏	24 ♐	12 ♊
20	27 ♏ 13	0 ♓ 9	8 ♉ 3	9 D 4	14 R 55	12 ♏ 31	14 ♎ 22	10 ♒ 36	0 ♐ 18	16 ♐ 57	2 ♑ 2	5 ♏ 34	6 ♍	8 ♋	15 ♏	25 ♐	12 ♊
21	28 ♏ 14	12 ♓ 46	8 ♉ 0	9 ♉ 4	14 ♐ 41	13 ♏ 46	15 ♎ 0	10 ♒ 44	0 ♐ 25	17 ♐ 0	2 ♑ 4	5 ♏ 36	6 ♍	8 ♋	15 ♏	25 ♐	12 ♊
22	29 ♏ 14	25 ♓ 5	7 ♉ 57	9 ♉ 6	14 ♐ 17	15 ♏ 2	15 ♎ 37	10 ♒ 53	0 ♐ 32	17 ♐ 4	2 ♑ 6	5 ♏ 39	6 ♍	8 ♋	16 ♏	26 ♐	12 ♊
23	0 ♐ 15	7 ♈ 10	7 ♉ 54	9 ♉ 7	13 ♐ 41	16 ♏ 17	16 ♎ 14	11 ♒ 1	0 ♐ 39	17 ♐ 7	2 ♑ 8	5 ♏ 41	6 ♍	8 ♋	16 ♏	26 ♐	12 ♊
24	1 ♐ 16	19 ♈ 5	7 ♉ 51	9 ♉ 9	12 ♐ 55	17 ♏ 32	16 ♎ 52	11 ♒ 10	0 ♐ 46	17 ♐ 11	2 ♑ 10	5 ♏ 43	7 ♍	7 ♋	16 ♏	27 ♐	12 ♊
25	2 ♐ 16	0 ♉ 55	7 ♉ 47	9 ♉ 10	11 ♐ 59	18 ♏ 47	17 ♎ 29	11 ♒ 19	0 ♐ 53	17 ♐ 14	2 ♑ 12	5 ♏ 45	7 ♍	7 ♋	17 ♏	28 ♐	12 ♊
26	3 ♐ 17	12 ♉ 42	7 ♉ 44	9 R 10	10 ♐ 54	20 ♏ 3	18 ♎ 6	11 ♒ 28	1 ♐ 0	17 ♐ 18	2 ♑ 14	5 ♏ 47	7 ♍	7 ♋	17 ♏	28 ♐	12 ♊
27	4 ♐ 18	24 ♉ 30	7 ♉ 41	9 ♉ 9	9 ♐ 41	21 ♏ 18	18 ♎ 44	11 ♒ 38	1 ♐ 8	17 ♐ 21	2 ♑ 16	5 ♏ 50	8 ♍	7 ♋	17 ♏	29 ♐	12 ♊
28	5 ♐ 18	6 ♊ 21	7 ♉ 38	9 ♉ 7	8 ♐ 22	22 ♏ 33	19 ♎ 21	11 ♒ 47	1 ♐ 15	17 ♐ 25	2 ♑ 18	5 ♏ 52	8 ♍	7 ♋	18 ♏	29 ♐	12 ♊
29	6 ♐ 19	18 ♊ 16	7 ♉ 35	9 ♉ 3	7 ♐ 1	23 ♏ 49	19 ♎ 58	11 ♒ 56	1 ♐ 22	17 ♐ 29	2 ♑ 21	5 ♏ 54	8 ♍	7 ♋	18 ♏	0 ♑	12 ♊
30	7 ♐ 20	0 ♋ 18	7 ♉ 32	8 ♉ 59	5 ♐ 38	25 ♏ 4	20 ♎ 36	12 ♒ 6	1 ♐ 29	17 ♐ 32	2 ♑ 23	5 ♏ 56	8 ♍	7 ♋	18 ♏	0 ♑	12 ♊

SUN INGRESS: ☉ → ♐ 22日 17:51

MOON PHASE: ◑ 6日 05:07 ♌　● 12日 23:20 ♏　◐ 19日 18:04 ♒　○ 27日 21:42 ♊

aspects		
1日	07:24	☉□♃
5日	09:17	☿⚹♂
9日	02:11	☿⚹♃
11日	10:19	♀⚹♆
12日	08:31	♂△♃
14日	06:42	♀☌♇
18日	06:41	♀□♃
20日	15:56	☿⚹♂
23日	10:45	☉☌♄
24日	13:28	♂⚹♅
25日	13:16	☿⚹♃
29日	06:56	☉☌☿

1985年12月

DAY	☉	☽	☊ mean	☊ true	☿	♀	♂	♃	♄	♅	♆	♇	⚳	⚴	⚵	⚶	⚷
	° ′	° ′	° ′	° ′	° ′	° ′	° ′	° ′	° ′	° ′	° ′	° ′	°	°	°	°	°
1	8 ♐ 21	12 ♋ 28	7 ♉ 28	8 R 53	4 R 18	26 D 20	21 D 13	12 D 16	1 D 36	17 D 36	2 D 25	5 D 58	9 D	6 R	19 D	1 D	12 R
2	9 ♐ 21	24 ♋ 48	7 ♉ 25	8 ♉ 48	3 ♐ 3	27 ♏ 35	21 ♎ 50	12 ♒ 26	1 ♐ 43	17 ♐ 40	2 ♑ 27	6 ♏ 0	9 ♍	6 ♋	19 ♏	1 ♑	12 ♊
3	10 ♐ 22	7 ♌ 20	7 ♉ 22	8 ♉ 43	1 ♐ 55	28 ♏ 50	22 ♎ 27	12 ♒ 36	1 ♐ 50	17 ♐ 43	2 ♑ 29	6 ♏ 3	9 ♍	6 ♋	19 ♏	2 ♑	12 ♊
4	11 ♐ 23	20 ♌ 6	7 ♉ 19	8 ♉ 40	0 ♐ 56	0 ♐ 6	23 ♎ 5	12 ♒ 46	1 ♐ 57	17 ♐ 47	2 ♑ 31	6 ♏ 5	10 ♍	6 ♋	20 ♏	2 ♑	11 ♊
5	12 ♐ 24	3 ♍ 25	7 ♉ 16	8 ♉ 38	0 ♐ 7	1 ♐ 21	23 ♎ 42	12 ♒ 56	2 ♐ 4	17 ♐ 50	2 ♑ 33	6 ♏ 7	10 ♍	6 ♋	20 ♏	3 ♑	11 ♊
6	13 ♐ 25	16 ♍ 31	7 ♉ 13	8 D 38	29 ♏ 30	2 ♐ 37	24 ♎ 19	13 ♒ 6	2 ♐ 12	17 ♐ 54	2 ♑ 35	6 ♏ 9	10 ♍	5 ♋	20 ♏	3 ♑	11 ♊
7	14 ♐ 26	0 ♎ 15	7 ♉ 9	8 ♉ 38	29 ♏ 4	3 ♐ 52	24 ♎ 56	13 ♒ 17	2 ♐ 19	17 ♐ 58	2 ♑ 38	6 ♏ 11	10 ♍	5 ♋	21 ♏	4 ♑	11 ♊
8	15 ♐ 27	14 ♎ 21	7 ♉ 6	8 ♉ 40	28 ♏ 49	5 ♐ 8	25 ♎ 34	13 ♒ 27	2 ♐ 26	18 ♐ 1	2 ♑ 40	6 ♏ 13	10 ♍	5 ♋	21 ♏	4 ♑	11 ♊
9	16 ♐ 28	28 ♎ 48	7 ♉ 3	8 ♉ 41	28 D 46	6 ♐ 23	26 ♎ 11	13 ♒ 38	2 ♐ 33	18 ♐ 5	2 ♑ 42	6 ♏ 15	11 ♍	5 ♋	21 ♏	5 ♑	11 ♊
10	17 ♐ 29	13 ♏ 35	7 ♉ 0	8 R 41	28 ♏ 52	7 ♐ 39	26 ♎ 48	13 ♒ 49	2 ♐ 40	18 ♐ 9	2 ♑ 44	6 ♏ 17	11 ♍	4 ♋	22 ♏	5 ♑	11 ♊
11	18 ♐ 30	28 ♏ 36	6 ♉ 57	8 ♉ 40	29 ♏ 8	8 ♐ 54	27 ♎ 25	14 ♒ 0	2 ♐ 47	18 ♐ 12	2 ♑ 46	6 ♏ 19	11 ♍	4 ♋	22 ♏	6 ♑	11 ♊
12	19 ♐ 31	13 ♐ 42	6 ♉ 53	8 ♉ 36	29 ♏ 33	10 ♐ 9	28 ♎ 2	14 ♒ 11	2 ♐ 54	18 ♐ 16	2 ♑ 49	6 ♏ 21	11 ♍	4 ♋	22 ♏	7 ♑	11 ♊
13	20 ♐ 32	28 ♐ 45	6 ♉ 50	8 ♉ 31	0 ♐ 5	11 ♐ 25	28 ♎ 39	14 ♒ 22	3 ♐ 1	18 ♐ 20	2 ♑ 51	6 ♏ 23	11 ♍	3 ♋	23 ♏	7 ♑	11 ♊
14	21 ♐ 33	13 ♑ 35	6 ♉ 47	8 ♉ 24	0 ♐ 45	12 ♐ 40	29 ♎ 16	14 ♒ 33	3 ♐ 7	18 ♐ 23	2 ♑ 53	6 ♏ 24	12 ♍	3 ♋	23 ♏	8 ♑	11 ♊
15	22 ♐ 34	28 ♑ 4	6 ♉ 44	8 ♉ 17	1 ♐ 30	13 ♐ 56	29 ♎ 53	14 ♒ 44	3 ♐ 14	18 ♐ 27	2 ♑ 55	6 ♏ 26	12 ♍	3 ♋	23 ♏	8 ♑	11 ♊
16	23 ♐ 35	12 ♒ 6	6 ♉ 41	8 ♉ 10	2 ♐ 21	15 ♐ 11	0 ♏ 30	14 ♒ 56	3 ♐ 21	18 ♐ 31	2 ♑ 58	6 ♏ 28	12 ♍	3 ♋	24 ♏	9 ♑	11 ♊
17	24 ♐ 36	25 ♒ 40	6 ♉ 38	8 ♉ 5	3 ♐ 17	16 ♐ 27	1 ♏ 7	15 ♒ 7	3 ♐ 28	18 ♐ 34	3 ♑ 0	6 ♏ 30	12 ♍	2 ♋	24 ♏	9 ♑	11 ♊
18	25 ♐ 37	8 ♓ 46	6 ♉ 34	8 ♉ 1	4 ♐ 17	17 ♐ 42	1 ♏ 44	15 ♒ 19	3 ♐ 35	18 ♐ 38	3 ♑ 2	6 ♏ 32	12 ♍	2 ♋	24 ♏	10 ♑	11 ♊
19	26 ♐ 38	21 ♓ 26	6 ♉ 31	7 ♉ 59	5 ♐ 21	18 ♐ 58	2 ♏ 21	15 ♒ 30	3 ♐ 42	18 ♐ 42	3 ♑ 4	6 ♏ 33	13 ♍	2 ♋	24 ♏	10 ♑	11 ♊
20	27 ♐ 39	3 ♈ 45	6 ♉ 28	7 D 59	6 ♐ 28	20 ♐ 13	2 ♏ 58	15 ♒ 42	3 ♐ 48	18 ♐ 45	3 ♑ 7	6 ♏ 35	13 ♍	1 ♋	25 ♏	11 ♑	11 ♊
21	28 ♐ 40	15 ♈ 49	6 ♉ 25	8 ♉ 0	7 ♐ 38	21 ♐ 29	3 ♏ 35	15 ♒ 54	3 ♐ 55	18 ♐ 49	3 ♑ 9	6 ♏ 37	13 ♍	1 ♋	25 ♏	11 ♑	11 ♊
22	29 ♐ 41	27 ♈ 41	6 ♉ 22	8 ♉ 2	8 ♐ 50	22 ♐ 44	4 ♏ 12	16 ♒ 6	4 ♐ 2	18 ♐ 53	3 ♑ 11	6 ♏ 39	13 ♍	1 ♋	25 ♏	12 ♑	10 ♊
23	0 ♑ 42	9 ♉ 29	6 ♉ 19	8 R 2	10 ♐ 5	24 ♐ 0	4 ♏ 49	16 ♒ 18	4 ♐ 8	18 ♐ 56	3 ♑ 13	6 ♏ 40	13 ♍	0 ♋	26 ♏	12 ♑	10 ♊
24	1 ♑ 44	21 ♉ 15	6 ♉ 15	8 ♉ 1	11 ♐ 21	25 ♐ 15	5 ♏ 26	16 ♒ 30	4 ♐ 15	19 ♐ 0	3 ♑ 16	6 ♏ 42	13 ♍	0 ♋	26 ♏	13 ♑	10 ♊
25	2 ♑ 45	3 ♊ 5	6 ♉ 12	7 ♉ 58	12 ♐ 39	26 ♐ 31	6 ♏ 3	16 ♒ 42	4 ♐ 22	19 ♐ 3	3 ♑ 18	6 ♏ 43	13 ♍	0 ♋	26 ♏	13 ♑	10 ♊
26	3 ♑ 46	15 ♊ 1	6 ♉ 9	7 ♉ 52	13 ♐ 59	27 ♐ 46	6 ♏ 40	16 ♒ 55	4 ♐ 28	19 ♐ 7	3 ♑ 20	6 ♏ 45	14 ♍	29 ♊	27 ♏	14 ♑	10 ♊
27	4 ♑ 47	27 ♊ 5	6 ♉ 6	7 ♉ 43	15 ♐ 20	29 ♐ 2	7 ♏ 16	17 ♒ 7	4 ♐ 35	19 ♐ 11	3 ♑ 22	6 ♏ 47	14 ♍	29 ♊	27 ♏	14 ♑	10 ♊
28	5 ♑ 48	9 ♋ 19	6 ♉ 3	7 ♉ 33	16 ♐ 42	0 ♑ 17	7 ♏ 53	17 ♒ 19	4 ♐ 41	19 ♐ 14	3 ♑ 25	6 ♏ 48	14 ♍	29 ♊	27 ♏	15 ♑	10 ♊
29	6 ♑ 49	21 ♋ 45	5 ♉ 59	7 ♉ 21	18 ♐ 5	1 ♑ 33	8 ♏ 30	17 ♒ 32	4 ♐ 48	19 ♐ 18	3 ♑ 27	6 ♏ 49	14 ♍	28 ♊	28 ♏	16 ♑	10 ♊
30	7 ♑ 50	4 ♌ 21	5 ♉ 56	7 ♉ 10	19 ♐ 29	2 ♑ 48	9 ♏ 7	17 ♒ 45	4 ♐ 54	19 ♐ 21	3 ♑ 29	6 ♏ 51	14 ♍	28 ♊	28 ♏	16 ♑	10 ♊
31	8 ♑ 51	17 ♌ 9	5 ♉ 53	6 ♉ 59	20 ♐ 54	4 ♑ 4	9 ♏ 43	17 ♒ 57	5 ♐ 0	19 ♐ 25	3 ♑ 32	6 ♏ 52	14 ♍	28 ♊	28 ♏	17 ♑	10 ♊

SUN INGRESS: ☉ → ♑ 22日 07:08

MOON PHASE: ◑ 5日 18:01 ♍　● 12日 09:54 ♐　◐ 19日 10:58 ♓　○ 27日 16:30 ♋

aspects		
3日	01:30	☿☌♄
4日	09:25	☿☌♀
5日	15:11	☉⚹♃
5日	15:11	♀☌♄
10日	16:48	☉☌♅
15日	18:06	♀⚹♃
17日	05:02	☿☌♄
18日	18:34	♀☌♅
20日	05:45	♂⚹♆
25日	13:35	☉☌♆
26日	03:42	♂☌♇
28日	12:46	☿⚹♃
29日	00:09	☉⚹♇
29日	21:36	☿☌♅
30日	13:23	♀☌♆

1986年1月

DAY	☉	☽	☊ mean	☊ true	☿	♀	♂	♃	♄	♅	♆	♇	⚳	⚴	⚵	⚶	⚷
	° ′	° ′	° ′	° ′	° ′	° ′	° ′	° ′	° ′	° ′	° ′	° ′	°	°	°	°	°
1	9 ♑ 53	0 ♍ 9	5 ♉ 50	6 R 51	22 D 20	5 D 19	10 D 20	18 D 10	5 D 7	19 D 28	3 D 34	6 D 54	14 D	27 R	29 D	17 D	10 R
2	10 ♑ 54	13 ♍ 20	5 ♉ 47	6 ♉ 45	23 ♐ 46	6 ♑ 35	10 ♏ 57	18 ♒ 23	5 ♐ 13	19 ♐ 32	3 ♑ 36	6 ♏ 55	14 ♍	27 ♊	29 ♏	18 ♑	10 ♊
3	11 ♑ 55	26 ♍ 45	5 ♉ 44	6 ♉ 41	25 ♐ 14	7 ♑ 50	11 ♏ 33	18 ♒ 36	5 ♐ 19	19 ♐ 35	3 ♑ 38	6 ♏ 56	14 ♍	27 ♊	29 ♏	18 ♑	10 ♊
4	12 ♑ 56	10 ♎ 23	5 ♉ 40	6 ♉ 40	26 ♐ 41	9 ♑ 6	12 ♏ 10	18 ♒ 49	5 ♐ 25	19 ♐ 39	3 ♑ 41	6 ♏ 58	14 ♍	26 ♊	29 ♏	19 ♑	10 ♊
5	13 ♑ 57	24 ♎ 17	5 ♉ 37	6 D 41	28 ♐ 10	10 ♑ 21	12 ♏ 46	19 ♒ 2	5 ♐ 32	19 ♐ 42	3 ♑ 43	6 ♏ 59	15 ♍	26 ♊	0 ♐	19 ♑	10 ♊
6	14 ♑ 58	8 ♏ 26	5 ♉ 34	6 R 41	29 ♐ 38	11 ♑ 37	13 ♏ 23	19 ♒ 15	5 ♐ 38	19 ♐ 45	3 ♑ 45	7 ♏ 0	15 ♍	26 ♊	0 ♐	20 ♑	10 ♊
7	15 ♑ 59	22 ♏ 51	5 ♉ 31	6 ♉ 40	1 ♑ 8	12 ♑ 52	14 ♏ 0	19 ♒ 28	5 ♐ 44	19 ♐ 49	3 ♑ 47	7 ♏ 1	15 ♍	26 ♊	0 ♐	20 ♑	10 ♊
8	17 ♑ 1	7 ♐ 27	5 ♉ 28	6 ♉ 37	2 ♑ 38	14 ♑ 8	14 ♏ 36	19 ♒ 41	5 ♐ 50	19 ♐ 52	3 ♑ 50	7 ♏ 3	15 ♍	25 ♊	1 ♐	21 ♑	10 ♊
9	18 ♑ 2	22 ♐ 11	5 ♉ 25	6 ♉ 30	4 ♑ 8	15 ♑ 23	15 ♏ 13	19 ♒ 54	5 ♐ 56	19 ♐ 56	3 ♑ 52	7 ♏ 4	15 ♍	25 ♊	1 ♐	21 ♑	10 ♊
10	19 ♑ 3	6 ♑ 56	5 ♉ 21	6 ♉ 21	5 ♑ 39	16 ♑ 39	15 ♏ 49	20 ♒ 8	6 ♐ 1	19 ♐ 59	3 ♑ 54	7 ♏ 5	15 ♍	25 ♊	1 ♐	22 ♑	10 ♊
11	20 ♑ 4	21 ♑ 33	5 ♉ 18	6 ♉ 10	7 ♑ 10	17 ♑ 54	16 ♏ 25	20 ♒ 21	6 ♐ 7	20 ♐ 2	3 ♑ 56	7 ♏ 6	15 ♍	25 ♊	2 ♐	22 ♑	9 ♊
12	21 ♑ 5	5 ♒ 56	5 ♉ 15	5 ♉ 58	8 ♑ 42	19 ♑ 10	17 ♏ 2	20 ♒ 34	6 ♐ 13	20 ♐ 6	3 ♑ 58	7 ♏ 7	15 ♍	24 ♊	2 ♐	23 ♑	9 ♊
13	22 ♑ 6	19 ♒ 57	5 ♉ 12	5 ♉ 47	10 ♑ 14	20 ♑ 25	17 ♏ 38	20 ♒ 48	6 ♐ 19	20 ♐ 9	4 ♑ 1	7 ♏ 8	15 ♍	24 ♊	2 ♐	24 ♑	9 ♊
14	23 ♑ 8	3 ♓ 33	5 ♉ 9	5 ♉ 36	11 ♑ 47	21 ♑ 41	18 ♏ 14	21 ♒ 1	6 ♐ 24	20 ♐ 12	4 ♑ 3	7 ♏ 9	15 R	24 ♊	2 ♐	24 ♑	9 ♊
15	24 ♑ 9	16 ♓ 42	5 ♉ 5	5 ♉ 29	13 ♑ 20	22 ♑ 56	18 ♏ 51	21 ♒ 15	6 ♐ 30	20 ♐ 15	4 ♑ 5	7 ♏ 10	15 ♍	24 ♊	3 ♐	25 ♑	9 ♊
16	25 ♑ 10	29 ♓ 27	5 ♉ 2	5 ♉ 24	14 ♑ 54	24 ♑ 12	19 ♏ 27	21 ♒ 28	6 ♐ 35	20 ♐ 18	4 ♑ 7	7 ♏ 11	15 ♍	23 ♊	3 ♐	25 ♑	9 ♊
17	26 ♑ 11	11 ♈ 49	4 ♉ 59	5 ♉ 21	16 ♑ 28	25 ♑ 27	20 ♏ 3	21 ♒ 42	6 ♐ 41	20 ♐ 22	4 ♑ 9	7 ♏ 11	15 ♍	23 ♊	3 ♐	26 ♑	9 ♊
18	27 ♑ 12	23 ♈ 55	4 ♉ 56	5 ♉ 20	18 ♑ 2	26 ♑ 43	20 ♏ 39	21 ♒ 56	6 ♐ 46	20 ♐ 25	4 ♑ 11	7 ♏ 12	15 ♍	23 ♊	4 ♐	26 ♑	9 ♊
19	28 ♑ 13	5 ♉ 49	4 ♉ 53	5 ♉ 20	19 ♑ 37	27 ♑ 58	21 ♏ 15	22 ♒ 10	6 ♐ 52	20 ♐ 28	4 ♑ 14	7 ♏ 13	15 ♍	23 ♊	4 ♐	27 ♑	9 ♊
20	29 ♑ 14	17 ♉ 37	4 ♉ 50	5 ♉ 20	21 ♑ 13	29 ♑ 14	21 ♏ 51	22 ♒ 23	6 ♐ 57	20 ♐ 31	4 ♑ 16	7 ♏ 14	15 ♍	23 ♊	4 ♐	27 ♑	9 ♊
21	0 ♒ 15	29 ♉ 24	4 ♉ 46	5 ♉ 18	22 ♑ 49	0 ♒ 29	22 ♏ 27	22 ♒ 37	7 ♐ 2	20 ♐ 34	4 ♑ 18	7 ♏ 15	15 ♍	23 ♊	4 ♐	28 ♑	9 ♊
22	1 ♒ 16	11 ♊ 16	4 ♉ 43	5 ♉ 14	24 ♑ 26	1 ♒ 44	23 ♏ 3	22 ♒ 51	7 ♐ 7	20 ♐ 37	4 ♑ 20	7 ♏ 15	15 ♍	23 ♊	5 ♐	28 ♑	9 ♊
23	2 ♒ 17	23 ♊ 17	4 ♉ 40	5 ♉ 6	26 ♑ 4	3 ♒ 0	23 ♏ 39	23 ♒ 5	7 ♐ 12	20 ♐ 40	4 ♑ 22	7 ♏ 16	15 ♍	23 ♊	5 ♐	29 ♑	9 ♊
24	3 ♒ 18	5 ♋ 30	4 ♉ 37	4 ♉ 56	27 ♑ 42	4 ♒ 15	24 ♏ 15	23 ♒ 19	7 ♐ 17	20 ♐ 43	4 ♑ 24	7 ♏ 16	14 ♍	22 ♊	5 ♐	29 ♑	9 ♊
25	4 ♒ 19	17 ♋ 56	4 ♉ 34	4 ♉ 44	29 ♑ 20	5 ♒ 31	24 ♏ 51	23 ♒ 33	7 ♐ 22	20 ♐ 46	4 ♑ 26	7 ♏ 17	14 ♍	22 ♊	5 ♐	0 ♒	9 ♊
26	5 ♒ 20	0 ♌ 38	4 ♉ 31	4 ♉ 30	0 ♒ 59	6 ♒ 46	25 ♏ 27	23 ♒ 47	7 ♐ 27	20 ♐ 49	4 ♑ 28	7 ♏ 18	14 ♍	22 ♊	6 ♐	0 ♒	9 ♊
27	6 ♒ 21	13 ♌ 35	4 ♉ 27	4 ♉ 16	2 ♒ 39	8 ♒ 1	26 ♏ 3	24 ♒ 1	7 ♐ 32	20 ♐ 51	4 ♑ 30	7 ♏ 18	14 ♍	22 ♊	6 ♐	1 ♒	9 ♊
28	7 ♒ 22	26 ♌ 45	4 ♉ 24	4 ♉ 3	4 ♒ 20	9 ♒ 17	26 ♏ 39	24 ♒ 15	7 ♐ 37	20 ♐ 54	4 ♑ 32	7 ♏ 19	14 ♍	22 ♊	6 ♐	1 ♒	9 ♊
29	8 ♒ 23	10 ♍ 7	4 ♉ 21	3 ♉ 52	6 ♒ 1	10 ♒ 32	27 ♏ 14	24 ♒ 29	7 ♐ 41	20 ♐ 57	4 ♑ 34	7 ♏ 19	14 ♍	22 ♊	6 ♐	2 ♒	9 ♊
30	9 ♒ 24	23 ♍ 39	4 ♉ 18	3 ♉ 45	7 ♒ 42	11 ♒ 47	27 ♏ 50	24 ♒ 43	7 ♐ 46	21 ♐ 0	4 ♑ 36	7 ♏ 19	14 ♍	22 ♊	7 ♐	2 ♒	9 ♊
31	10 ♒ 25	7 ♎ 19	4 ♉ 15	3 ♉ 40	9 ♒ 25	13 ♒ 3	28 ♏ 26	24 ♒ 58	7 ♐ 50	21 ♐ 2	4 ♑ 38	7 ♏ 20	14 ♍	22 D	7 ♐	3 ♒	9 ♊

SUN INGRESS: ☉ → ♒ 20日 17:46

MOON PHASE: ◑ 4日 04:47 ♎　● 10日 21:22 ♑　◐ 18日 07:13 ♈　○ 26日 09:31 ♌

aspects

2日	02:55	☉⚹♂
2日	06:31	♀⚹♇
8日	17:17	♀⚹♂
8日	19:38	☿☌♆
9日	03:17	♃⚹♅
10日	22:54	☿⚹♇
20日	01:05	☉☌♀
20日	15:16	☿⚹♂
21日	10:39	♂□♃
26日	10:07	♀□♇
26日	14:00	♀⚹♄
27日	22:29	☉□♇
28日	06:07	☉⚹♄
29日	18:34	☿□♇
30日	00:52	☿⚹♄

1986年2月

DAY	☉	☽	☊ mean	☊ true	☿	♀	♂	♃	♄	♅	♆	♇	⚳	⚴	⚵	⚶	⚷
	° ′	° ′	° ′	° ′	° ′	° ′	° ′	° ′	° ′	° ′	° ′	° ′	°	°	°	°	°
1	11 ♒ 26	21 ♎ 7	4 ♉ 11	3 R 38	11 D 8	14 D 18	29 D 1	25 D 12	7 D 55	21 D 5	4 D 40	7 D 20	14 R	22 D	7 D	4 D	9 R
2	12 ♒ 27	5 ♏ 2	4 ♉ 8	3 D 38	12 ♒ 52	15 ♒ 33	29 ♏ 37	25 ♒ 26	7 ♐ 59	21 ♐ 8	4 ♑ 42	7 ♏ 20	14 ♍	22 ♊	7 ♐	4 ♒	9 ♊
3	13 ♒ 28	19 ♏ 5	4 ♉ 5	3 R 38	14 ♒ 36	16 ♒ 49	0 ♐ 12	25 ♒ 40	8 ♐ 3	21 ♐ 10	4 ♑ 44	7 ♏ 21	13 ♍	22 ♊	8 ♐	5 ♒	9 ♊
4	14 ♒ 29	3 ♐ 14	4 ♉ 2	3 ♉ 37	16 ♒ 21	18 ♒ 4	0 ♐ 48	25 ♒ 54	8 ♐ 8	21 ♐ 13	4 ♑ 45	7 ♏ 21	13 ♍	22 ♊	8 ♐	5 ♒	9 ♊
5	15 ♒ 30	17 ♐ 28	3 ♉ 59	3 ♉ 33	18 ♒ 7	19 ♒ 19	1 ♐ 23	26 ♒ 9	8 ♐ 12	21 ♐ 15	4 ♑ 47	7 ♏ 21	13 ♍	22 ♊	8 ♐	6 ♒	9 ♊
6	16 ♒ 30	1 ♑ 46	3 ♉ 56	3 ♉ 27	19 ♒ 54	20 ♒ 35	1 ♐ 58	26 ♒ 23	8 ♐ 16	21 ♐ 18	4 ♑ 49	7 ♏ 21	13 ♍	22 ♊	8 ♐	6 ♒	9 ♊
7	17 ♒ 31	16 ♑ 3	3 ♉ 52	3 ♉ 18	21 ♒ 41	21 ♒ 50	2 ♐ 34	26 ♒ 37	8 ♐ 20	21 ♐ 20	4 ♑ 51	7 ♏ 21	13 ♍	22 ♊	9 ♐	7 ♒	9 ♊
8	18 ♒ 32	0 ♒ 14	3 ♉ 49	3 ♉ 7	23 ♒ 29	23 ♒ 5	3 ♐ 9	26 ♒ 52	8 ♐ 24	21 ♐ 23	4 ♑ 53	7 ♏ 21	13 ♍	23 ♊	9 ♐	7 ♒	9 ♊
9	19 ♒ 33	14 ♒ 15	3 ♉ 46	2 ♉ 55	25 ♒ 17	24 ♒ 20	3 ♐ 44	27 ♒ 6	8 ♐ 27	21 ♐ 25	4 ♑ 54	7 ♏ 21	12 ♍	23 ♊	9 ♐	8 ♒	9 ♊
10	20 ♒ 34	28 ♒ 0	3 ♉ 43	2 ♉ 43	27 ♒ 5	25 ♒ 36	4 ♐ 19	27 ♒ 20	8 ♐ 31	21 ♐ 27	4 ♑ 56	7 R 21	12 ♍	23 ♊	9 ♐	8 ♒	9 ♊
11	21 ♒ 34	11 ♓ 25	3 ♉ 40	2 ♉ 32	28 ♒ 54	26 ♒ 51	4 ♐ 54	27 ♒ 35	8 ♐ 35	21 ♐ 30	4 ♑ 58	7 ♏ 21	12 ♍	23 ♊	10 ♐	9 ♒	9 ♊
12	22 ♒ 35	24 ♓ 28	3 ♉ 37	2 ♉ 24	0 ♓ 43	28 ♒ 6	5 ♐ 29	27 ♒ 49	8 ♐ 38	21 ♐ 32	5 ♑ 0	7 ♏ 21	12 ♍	23 ♊	10 ♐	9 ♒	9 ♊
13	23 ♒ 36	7 ♈ 11	3 ♉ 33	2 ♉ 19	2 ♓ 33	29 ♒ 21	6 ♐ 4	28 ♒ 4	8 ♐ 42	21 ♐ 34	5 ♑ 1	7 ♏ 21	12 ♍	23 ♊	10 ♐	10 ♒	9 ♊
14	24 ♒ 36	19 ♈ 34	3 ♉ 30	2 ♉ 16	4 ♓ 22	0 ♓ 37	6 ♐ 39	28 ♒ 18	8 ♐ 45	21 ♐ 36	5 ♑ 3	7 ♏ 21	11 ♍	23 ♊	10 ♐	10 ♒	9 ♊
15	25 ♒ 37	1 ♉ 41	3 ♉ 27	2 ♉ 15	6 ♓ 11	1 ♓ 52	7 ♐ 14	28 ♒ 32	8 ♐ 48	21 ♐ 38	5 ♑ 4	7 ♏ 21	11 ♍	23 ♊	10 ♐	11 ♒	9 ♊
16	26 ♒ 38	13 ♉ 36	3 ♉ 24	2 D 15	7 ♓ 59	3 ♓ 7	7 ♐ 48	28 ♒ 47	8 ♐ 51	21 ♐ 40	5 ♑ 6	7 ♏ 20	11 ♍	24 ♊	11 ♐	11 ♒	9 D
17	27 ♒ 38	25 ♉ 26	3 ♉ 21	2 ♉ 16	9 ♓ 47	4 ♓ 22	8 ♐ 23	29 ♒ 1	8 ♐ 54	21 ♐ 42	5 ♑ 8	7 ♏ 20	11 ♍	24 ♊	11 ♐	12 ♒	9 ♊
18	28 ♒ 39	7 ♊ 14	3 ♉ 17	2 R 15	11 ♓ 34	5 ♓ 37	8 ♐ 57	29 ♒ 16	8 ♐ 57	21 ♐ 44	5 ♑ 9	7 ♏ 20	11 ♍	24 ♊	11 ♐	12 ♒	9 ♊
19	29 ♒ 39	19 ♊ 8	3 ♉ 14	2 ♉ 13	13 ♓ 19	6 ♓ 52	9 ♐ 32	29 ♒ 30	9 ♐ 0	21 ♐ 46	5 ♑ 11	7 ♏ 20	10 ♍	24 ♊	11 ♐	13 ♒	9 ♊
20	0 ♓ 40	1 ♋ 11	3 ♉ 11	2 ♉ 9	15 ♓ 3	8 ♓ 7	10 ♐ 6	29 ♒ 44	9 ♐ 3	21 ♐ 48	5 ♑ 12	7 ♏ 19	10 ♍	24 ♊	11 ♐	13 ♒	9 ♊
21	1 ♓ 40	13 ♋ 28	3 ♉ 8	2 ♉ 2	16 ♓ 44	9 ♓ 22	10 ♐ 41	29 ♒ 59	9 ♐ 6	21 ♐ 50	5 ♑ 14	7 ♏ 19	10 ♍	25 ♊	12 ♐	14 ♒	9 ♊
22	2 ♓ 41	26 ♋ 3	3 ♉ 5	1 ♉ 53	18 ♓ 23	10 ♓ 37	11 ♐ 15	0 ♓ 13	9 ♐ 8	21 ♐ 52	5 ♑ 15	7 ♏ 18	10 ♍	25 ♊	12 ♐	14 ♒	9 ♊
23	3 ♓ 41	8 ♌ 56	3 ♉ 2	1 ♉ 43	19 ♓ 58	11 ♓ 52	11 ♐ 49	0 ♓ 28	9 ♐ 11	21 ♐ 53	5 ♑ 17	7 ♏ 18	10 ♍	25 ♊	12 ♐	15 ♒	9 ♊
24	4 ♓ 42	22 ♌ 10	2 ♉ 58	1 ♉ 32	21 ♓ 30	13 ♓ 7	12 ♐ 23	0 ♓ 42	9 ♐ 13	21 ♐ 55	5 ♑ 18	7 ♏ 17	9 ♍	25 ♊	12 ♐	15 ♒	9 ♊
25	5 ♓ 42	5 ♍ 41	2 ♉ 55	1 ♉ 23	22 ♓ 57	14 ♓ 22	12 ♐ 57	0 ♓ 56	9 ♐ 16	21 ♐ 57	5 ♑ 19	7 ♏ 17	9 ♍	25 ♊	12 ♐	16 ♒	9 ♊
26	6 ♓ 42	19 ♍ 27	2 ♉ 52	1 ♉ 15	24 ♓ 19	15 ♓ 37	13 ♐ 31	1 ♓ 11	9 ♐ 18	21 ♐ 58	5 ♑ 21	7 ♏ 16	9 ♍	26 ♊	13 ♐	17 ♒	9 ♊
27	7 ♓ 43	3 ♎ 26	2 ♉ 49	1 ♉ 9	25 ♓ 35	16 ♓ 52	14 ♐ 5	1 ♓ 25	9 ♐ 20	22 ♐ 0	5 ♑ 22	7 ♏ 16	9 ♍	26 ♊	13 ♐	17 ♒	9 ♊
28	8 ♓ 43	17 ♎ 32	2 ♉ 46	1 ♉ 6	26 ♓ 45	18 ♓ 7	14 ♐ 39	1 ♓ 40	9 ♐ 22	22 ♐ 1	5 ♑ 23	7 ♏ 15	8 ♍	26 ♊	13 ♐	18 ♒	9 ♊

SUN INGRESS: ☉ → ♓ 19日 07:58

MOON PHASE: ◑ 2日 13:41 ♏　● 9日 09:55 ♒　◐ 17日 04:55 ♉　○ 25日 00:02 ♍

aspects

1日	10:11	☉☌☿
6日	14:15	♀⚹♅
6日	19:19	☿⚹♅
7日	06:47	☿☌♀
10日	03:51	☿☌♃
10日	22:04	☉⚹♅
11日	17:17	♀☌♃
14日	09:09	☿⚹♆
15日	15:23	☿△♇
15日	20:21	☿□♂
16日	11:52	☿□♄
17日	14:54	♀⚹♆
17日	23:57	♂☌♄
18日	19:06	☉☌♃
19日	08:43	♀△♇
20日	18:31	♀□♄
22日	22:10	♀□♂
24日	07:00	☿□♅
24日	14:45	☉⚹♆
26日	13:23	☉△♇
28日	16:07	☉□♄

1986年3月

DAY	☉	☽	☊ mean	☊ true	☿	♀	♂	♃	♄	♅	♆	♇	⚳	⚴	⚵	⚶	⚷
	° ′	° ′	° ′	° ′	° ′	° ′	° ′	° ′	° ′	° ′	° ′	° ′	°	°	°	°	°
1	9♓43	1♏42	2♉43	1 D 5	27 D 48	19 D 22	15 D 13	1 D 54	9 D 24	22 D 3	5 D 24	7 R 14	8 R	27 D	13 D	18 D	9 D
2	10♓43	15♏54	2♉39	1♉6	28♓44	20♓37	15♐47	2♓8	9♐26	22♐4	5♑26	7♏14	8♍	27♊	13♐	19♒	9♊
3	11♓44	0♐5	2♉36	1♉7	29♓32	21♓52	16♐20	2♓23	9♐28	22♐6	5♑27	7♏13	8♍	27♊	13♐	19♒	9♊
4	12♓44	14♐13	2♉33	1 R 7	0♈11	23♓7	16♐54	2♓37	9♐29	22♐7	5♑28	7♏12	7♍	27♊	14♐	20♒	9♊
5	13♓44	28♐17	2♉30	1♉6	0♈42	24♓21	17♐27	2♓51	9♐31	22♐8	5♑29	7♏11	7♍	28♊	14♐	20♒	9♊
6	14♓44	12♑16	2♉27	1♉3	1♈3	25♓36	18♐0	3♓6	9♐32	22♐9	5♑30	7♏11	7♍	28♊	14♐	21♒	9♊
7	15♓44	26♑8	2♉23	0♉58	1♈15	26♓51	18♐33	3♓20	9♐33	22♐10	5♑31	7♏10	7♍	28♊	14♐	21♒	9♊
8	16♓44	9♒52	2♉20	0♉52	1 R 18	28♓6	19♐7	3♓34	9♐35	22♐11	5♑32	7♏9	7♍	29♊	14♐	22♒	9♊
9	17♓44	23♒25	2♉17	0♉44	1♈12	29♓21	19♐40	3♓48	9♐36	22♐12	5♑33	7♏8	6♍	29♊	14♐	22♒	9♊
10	18♓44	6♓44	2♉14	0♉37	0♈57	0♈35	20♐12	4♓3	9♐37	22♐13	5♑34	7♏7	6♍	29♊	14♐	23♒	9♊
11	19♓44	19♓48	2♉11	0♉30	0♈34	1♈50	20♐45	4♓17	9♐38	22♐14	5♑35	7♏6	6♍	0♋	14♐	23♒	9♊
12	20♓44	2♈37	2♉8	0♉25	0♈3	3♈5	21♐18	4♓31	9♐39	22♐15	5♑36	7♏5	6♍	0♋	15♐	24♒	9♊
13	21♓44	15♈9	2♉4	0♉22	29♓25	4♈19	21♐50	4♓45	9♐39	22♐16	5♑37	7♏4	5♍	0♋	15♐	24♒	9♊
14	22♓44	27♈26	2♉1	0♉21	28♓42	5♈34	22♐23	4♓59	9♐40	22♐17	5♑38	7♏3	5♍	1♋	15♐	25♒	9♊
15	23♓44	9♉30	1♉58	0 D 21	27♓53	6♈48	22♐55	5♓13	9♐41	22♐18	5♑39	7♏2	5♍	1♋	15♐	25♒	9♊
16	24♓44	21♉25	1♉55	0♉22	27♓0	8♈3	23♐27	5♓27	9♐41	22♐18	5♑39	7♏1	5♍	1♋	15♐	26♒	9♊
17	25♓43	3♊15	1♉52	0♉24	26♓5	9♈18	23♐59	5♓41	9♐41	22♐19	5♑40	7♏0	5♍	2♋	15♐	26♒	9♊
18	26♓43	15♊4	1♉48	0♉26	25♓9	10♈32	24♐31	5♓55	9♐42	22♐19	5♑41	6♏58	4♍	2♋	15♐	27♒	9♊
19	27♓43	26♊58	1♉45	0♉26	24♓13	11♈47	25♐3	6♓9	9♐42	22♐20	5♑41	6♏57	4♍	2♋	15♐	27♒	9♊
20	28♓42	9♋1	1♉42	0 R 26	23♓17	13♈1	25♐35	6♓23	9 R 42	22♐20	5♑42	6♏56	4♍	3♋	15♐	28♒	9♊
21	29♓42	21♋18	1♉39	0♉24	22♓24	14♈15	26♐6	6♓37	9♐42	22♐21	5♑43	6♏55	4♍	3♋	16♐	28♒	9♊
22	0♈42	3♌53	1♉36	0♉21	21♓34	15♈30	26♐38	6♓51	9♐41	22♐21	5♑43	6♏54	4♍	3♋	16♐	29♒	9♊
23	1♈41	16♌51	1♉33	0♉16	20♓49	16♈44	27♐9	7♓4	9♐41	22♐21	5♑44	6♏52	4♍	4♋	16♐	29♒	9♊
24	2♈41	0♍11	1♉29	0♉12	20♓7	17♈58	27♐40	7♓18	9♐41	22♐22	5♑44	6♏51	3♍	4♋	16♐	0♓	10♊
25	3♈40	13♍55	1♉26	0♉8	19♓31	19♈13	28♐11	7♓32	9♐40	22♐22	5♑45	6♏50	3♍	5♋	16♐	0♓	10♊
26	4♈40	27♍59	1♉23	0♉5	19♓1	20♈27	28♐42	7♓45	9♐40	22♐22	5♑45	6♏48	3♍	5♋	16♐	1♓	10♊
27	5♈39	12♎21	1♉20	0♉2	18♓36	21♈41	29♐13	7♓59	9♐39	22♐22	5♑46	6♏47	3♍	5♋	16♐	1♓	10♊
28	6♈38	26♎54	1♉17	0♉2	18♓17	22♈55	29♐43	8♓13	9♐38	22 R 22	5♑46	6♏46	3♍	6♋	16♐	2♓	10♊
29	7♈38	11♏32	1♉14	0 D 2	18♓4	24♈10	0♑14	8♓26	9♐37	22♐22	5♑46	6♏44	3♍	6♋	16♐	2♓	10♊
30	8♈37	26♏9	1♉10	0♉3	17♓57	25♈24	0♑44	8♓40	9♐36	22♐22	5♑47	6♏43	3♍	7♋	16♐	2♓	10♊
31	9♈36	10♐40	1♉7	0♉4	17 D 55	26♈38	1♑14	8♓53	9♐35	22♐22	5♑47	6♏41	2♍	7♋	16♐	3♓	10♊

SUN INGRESS	☉ → ♈ 21日 07:03
MOON PHASE	◑ 3日 21:17 ♐ ● 10日 23:52 ♓ ◐ 19日 01:39 ♊ ○ 26日 12:02 ♎

aspects

3日	04:30	♀□♅
10日	05:36	☿☌♀
13日	05:37	☉□♂
13日	13:00	☉□♅
13日	19:25	♂☌♅
14日	01:16	♀□♆
16日	22:02	♃⚹♆
17日	04:34	☉☌☿
17日	07:42	♀△♄
18日	10:14	☿□♂
21日	01:42	☿□♅
22日	04:38	♃△♇
27日	02:46	☉□♆
27日	13:09	♀△♅
30日	23:41	☉△♄

1986年4月

DAY	☉	☽	☊ mean	☊ true	☿	♀	♂	♃	♄	♅	♆	♇	⚳	⚴	⚵	⚶	⚷
	° ′	° ′	° ′	° ′	° ′	° ′	° ′	° ′	° ′	° ′	° ′	° ′	°	°	°	°	°
1	10♈35	25♐0	1♉4	0 D 5	18 D 0	27 D 52	1 D 44	9 D 6	9 R 34	22 R 22	5 D 47	6 R 40	2 R	7 D	16 D	3 D	10 D
2	11♈35	9♑8	1♉1	0♉6	18♓9	29♈6	2♑14	9♓20	9♐33	22♐21	5♑48	6♏38	2♍	8♋	16♐	4♓	10♊
3	12♈34	23♑2	0♉58	0 R 6	18♓24	0♉20	2♑43	9♓33	9♐32	22♐21	5♑48	6♏37	2♍	8♋	16♐	4♓	10♊
4	13♈33	6♒41	0♉54	0♉5	18♓44	1♉34	3♑13	9♓46	9♐30	22♐21	5♑48	6♏35	2♍	9♋	16♐	5♓	10♊
5	14♈32	20♒4	0♉51	0♉3	19♓9	2♉48	3♑42	9♓59	9♐29	22♐20	5♑48	6♏34	2♍	9♋	16♐	5♓	10♊
6	15♈31	3♓14	0♉48	0♉1	19♓38	4♉2	4♑11	10♓12	9♐27	22♐20	5♑48	6♏32	2♍	9♋	16 R	6♓	10♊
7	16♈30	16♓9	0♉45	29♈59	20♓11	5♉16	4♑40	10♓25	9♐25	22♐19	5♑48	6♏31	2♍	10♋	16♐	6♓	10♊
8	17♈29	28♓50	0♉42	29♈57	20♓49	6♉30	5♑8	10♓38	9♐23	22♐19	5 R 48	6♏29	2♍	10♋	16♐	7♓	10♊
9	18♈28	11♈19	0♉39	29♈56	21♓30	7♉44	5♑36	10♓51	9♐22	22♐18	5♑48	6♏28	2♍	11♋	16♐	7♓	10♊
10	19♈27	23♈37	0♉35	29♈55	22♓15	8♉57	6♑5	11♓4	9♐20	22♐18	5♑48	6♏26	2♍	11♋	16♐	8♓	10♊
11	20♈26	5♉44	0♉32	29 D 55	23♓4	10♉11	6♑33	11♓17	9♐17	22♐17	5♑48	6♏24	2♍	12♋	16♐	8♓	10♊
12	21♈25	17♉42	0♉29	29♈56	23♓55	11♉25	7♑0	11♓30	9♐15	22♐16	5♑48	6♏23	2♍	12♋	16♐	9♓	11♊
13	22♈24	29♉35	0♉26	29♈57	24♓50	12♉39	7♑28	11♓42	9♐13	22♐15	5♑48	6♏21	2♍	12♋	16♐	9♓	11♊
14	23♈23	11♊24	0♉23	29♈57	25♓48	13♉52	7♑55	11♓55	9♐11	22♐15	5♑48	6♏20	2♍	13♋	16♐	10♓	11♊
15	24♈22	23♊13	0♉20	29♈58	26♓49	15♉6	8♑22	12♓7	9♐8	22♐14	5♑47	6♏18	2♍	13♋	16♐	10♓	11♊
16	25♈20	5♋7	0♉16	29♈58	27♓52	16♉20	8♑49	12♓20	9♐6	22♐13	5♑47	6♏16	2 D	14♋	16♐	11♓	11♊
17	26♈19	17♋9	0♉13	29♈59	28♓58	17♉33	9♑15	12♓32	9♐3	22♐12	5♑47	6♏15	2♍	14♋	16♐	11♓	11♊
18	27♈18	29♋24	0♉10	29 R 59	0♈7	18♉47	9♑41	12♓44	9♐0	22♐11	5♑46	6♏13	2♍	15♋	16♐	11♓	11♊
19	28♈16	11♌56	0♉7	29♈59	1♈17	20♉0	10♑7	12♓57	8♐58	22♐10	5♑46	6♏11	2♍	15♋	16♐	12♓	11♊
20	29♈15	24♌50	0♉4	29♈59	2♈31	21♉14	10♑33	13♓9	8♐55	22♐8	5♑46	6♏10	2♍	15♋	16♐	12♓	11♊
21	0♉14	8♍8	0♉0	29 D 59	3♈46	22♉27	10♑59	13♓21	8♐52	22♐7	5♑45	6♏8	2♍	16♋	15♐	13♓	11♊
22	1♉12	21♍53	29♈57	29♈59	5♈4	23♉41	11♑24	13♓33	8♐49	22♐6	5♑45	6♏6	2♍	16♋	15♐	13♓	11♊
23	2♉11	6♎3	29♈54	29♈59	6♈23	24♉54	11♑49	13♓45	8♐46	22♐5	5♑44	6♏4	2♍	17♋	15♐	14♓	11♊
24	3♉9	20♎35	29♈51	29♈59	7♈45	26♉7	12♑13	13♓56	8♐43	22♐4	5♑44	6♏3	2♍	17♋	15♐	14♓	11♊
25	4♉8	5♏35	29♈48	29 R 59	9♈9	27♉20	12♑37	14♓8	8♐39	22♐2	5♑43	6♏1	2♍	18♋	15♐	15♓	11♊
26	5♉6	20♏25	29♈45	29♈59	10♈35	28♉34	13♑1	14♓20	8♐36	22♐1	5♑43	5♏59	2♍	18♋	15♐	15♓	11♊
27	6♉4	5♐27	29♈41	29♈58	12♈2	29♉47	13♑25	14♓31	8♐33	21♐59	5♑42	5♏58	2♍	19♋	15♐	16♓	11♊
28	7♉3	20♐22	29♈38	29♈58	13♈32	1♊0	13♑49	14♓43	8♐29	21♐58	5♑42	5♏56	2♍	19♋	15♐	16♓	12♊
29	8♉1	5♑3	29♈35	29♈57	15♈3	2♊13	14♑12	14♓54	8♐26	21♐56	5♑41	5♏54	2♍	20♋	15♐	16♓	12♊
30	8♉59	19♑24	29♈32	29♈56	16♈37	3♊26	14♑34	15♓5	8♐22	21♐55	5♑40	5♏53	2♍	20♋	14♐	17♓	12♊

SUN INGRESS	☉ → ♉ 20日 18:12
MOON PHASE	◑ 2日 04:30 ♑ ● 9日 15:08 ♈ ◐ 17日 19:35 ♋ ○ 24日 21:46 ♏

aspects

2日	21:49	♃□♄
6日	04:39	♀△♂
7日	10:27	♀△♆
7日	23:47	♀☍♇
9日	09:53	♂☌♆
10日	01:15	☿□♅
10日	17:21	♂⚹♇
12日	01:49	♀⚹♃
12日	20:30	☉△♅
22日	12:26	☿□♆
24日	15:57	☿△♄
26日	15:00	☉△♆
26日	21:21	☉☍♇
28日	05:55	☿□♂

1986年5月

DAY	☉	☽	☊ mean	☊ true	☿	♀	♂	♃	♄	♅	♆	♇	⚳	⚴	⚵	⚶	⚷
	° ′	° ′	° ′	° ′	° ′	° ′	° ′	° ′	° ′	° ′	° ′	° ′	°	°	°	°	°
1	9 ♉ 58	3 ♒ 24	29 ♈ 29	29 R 56	18 D 12	4 D 39	14 D 57	15 D 17	8 R 19	21 R 53	5 R 40	5 R 51	2 D	20 D	14 R	17 D	12 D
2	10 ♉ 56	17 ♒ 1	29 ♈ 26	29 D 56	19 ♈ 49	5 ♊ 52	15 ♑ 19	15 ♓ 28	8 ♐ 15	21 ♐ 52	5 ♑ 39	5 ♏ 49	3 ♍	21 ♋	14 ♐	18 ♓	12 ♊
3	11 ♉ 54	0 ♓ 16	29 ♈ 22	29 ♈ 56	21 ♈ 28	7 ♊ 5	15 ♑ 40	15 ♓ 39	8 ♐ 11	21 ♐ 50	5 ♑ 38	5 ♏ 48	3 ♍	21 ♋	14 ♐	18 ♓	12 ♊
4	12 ♉ 52	13 ♓ 11	29 ♈ 19	29 ♈ 57	23 ♈ 9	8 ♊ 18	16 ♑ 1	15 ♓ 49	8 ♐ 8	21 ♐ 48	5 ♑ 37	5 ♏ 46	3 ♍	22 ♋	14 ♐	19 ♓	12 ♊
5	13 ♉ 50	25 ♓ 50	29 ♈ 16	29 ♈ 58	24 ♈ 51	9 ♊ 31	16 ♑ 22	16 ♓ 0	8 ♐ 4	21 ♐ 47	5 ♑ 37	5 ♏ 44	3 ♍	22 ♋	14 ♐	19 ♓	12 ♊
6	14 ♉ 49	8 ♈ 14	29 ♈ 13	29 ♈ 59	26 ♈ 36	10 ♊ 44	16 ♑ 43	16 ♓ 11	8 ♐ 0	21 ♐ 45	5 ♑ 36	5 ♏ 43	3 ♍	23 ♋	14 ♐	20 ♓	12 ♊
7	15 ♉ 47	20 ♈ 27	29 ♈ 10	0 ♉ 0	28 ♈ 22	11 ♊ 57	17 ♑ 3	16 ♓ 21	7 ♐ 56	21 ♐ 43	5 ♑ 35	5 ♏ 41	3 ♍	23 ♋	13 ♐	20 ♓	12 ♊
8	16 ♉ 45	2 ♉ 30	29 ♈ 6	0 R 0	0 ♉ 11	13 ♊ 9	17 ♑ 22	16 ♓ 32	7 ♐ 52	21 ♐ 41	5 ♑ 34	5 ♏ 39	3 ♍	24 ♋	13 ♐	20 ♓	12 ♊
9	17 ♉ 43	14 ♉ 27	29 ♈ 3	0 ♉ 0	2 ♉ 1	14 ♊ 22	17 ♑ 41	16 ♓ 42	7 ♐ 48	21 ♐ 39	5 ♑ 33	5 ♏ 38	4 ♍	24 ♋	13 ♐	21 ♓	12 ♊
10	18 ♉ 41	26 ♉ 20	29 ♈ 0	29 ♈ 58	3 ♉ 53	15 ♊ 35	18 ♑ 0	16 ♓ 53	7 ♐ 44	21 ♐ 37	5 ♑ 32	5 ♏ 36	4 ♍	25 ♋	13 ♐	21 ♓	12 ♊
11	19 ♉ 39	8 ♊ 9	28 ♈ 57	29 ♈ 56	5 ♉ 47	16 ♊ 47	18 ♑ 18	17 ♓ 3	7 ♐ 40	21 ♐ 35	5 ♑ 31	5 ♏ 34	4 ♍	25 ♋	13 ♐	22 ♓	13 ♊
12	20 ♉ 37	19 ♊ 58	28 ♈ 54	29 ♈ 53	7 ♉ 42	18 ♊ 0	18 ♑ 36	17 ♓ 13	7 ♐ 36	21 ♐ 34	5 ♑ 30	5 ♏ 33	4 ♍	26 ♋	13 ♐	22 ♓	13 ♊
13	21 ♉ 35	1 ♋ 49	28 ♈ 51	29 ♈ 49	9 ♉ 40	19 ♊ 12	18 ♑ 54	17 ♓ 23	7 ♐ 32	21 ♐ 32	5 ♑ 29	5 ♏ 31	4 ♍	26 ♋	12 ♐	22 ♓	13 ♊
14	22 ♉ 33	13 ♋ 45	28 ♈ 47	29 ♈ 46	11 ♉ 39	20 ♊ 25	19 ♑ 10	17 ♓ 32	7 ♐ 27	21 ♐ 30	5 ♑ 28	5 ♏ 29	4 ♍	27 ♋	12 ♐	23 ♓	13 ♊
15	23 ♉ 31	25 ♋ 48	28 ♈ 44	29 ♈ 43	13 ♉ 40	21 ♊ 37	19 ♑ 27	17 ♓ 42	7 ♐ 23	21 ♐ 27	5 ♑ 27	5 ♏ 28	5 ♍	27 ♋	12 ♐	23 ♓	13 ♊
16	24 ♉ 29	8 ♌ 3	28 ♈ 41	29 ♈ 40	15 ♉ 43	22 ♊ 50	19 ♑ 43	17 ♓ 52	7 ♐ 19	21 ♐ 25	5 ♑ 26	5 ♏ 26	5 ♍	27 ♋	12 ♐	24 ♓	13 ♊
17	25 ♉ 26	20 ♌ 33	28 ♈ 38	29 ♈ 39	17 ♉ 48	24 ♊ 2	19 ♑ 58	18 ♓ 1	7 ♐ 15	21 ♐ 23	5 ♑ 25	5 ♏ 25	5 ♍	28 ♋	12 ♐	24 ♓	13 ♊
18	26 ♉ 24	3 ♍ 22	28 ♈ 35	29 D 40	19 ♉ 54	25 ♊ 14	20 ♑ 13	18 ♓ 10	7 ♐ 10	21 ♐ 21	5 ♑ 23	5 ♏ 23	5 ♍	28 ♋	11 ♐	25 ♓	13 ♊
19	27 ♉ 22	16 ♍ 33	28 ♈ 32	29 ♈ 41	22 ♉ 1	26 ♊ 27	20 ♑ 27	18 ♓ 20	7 ♐ 6	21 ♐ 19	5 ♑ 22	5 ♏ 22	5 ♍	29 ♋	11 ♐	25 ♓	13 ♊
20	28 ♉ 20	0 ♎ 10	28 ♈ 28	29 ♈ 42	24 ♉ 9	27 ♊ 39	20 ♑ 41	18 ♓ 29	7 ♐ 2	21 ♐ 17	5 ♑ 21	5 ♏ 20	5 ♍	29 ♋	11 ♐	25 ♓	13 ♊
21	29 ♉ 18	14 ♎ 14	28 ♈ 25	29 ♈ 43	26 ♉ 19	28 ♊ 51	20 ♑ 54	18 ♓ 38	6 ♐ 57	21 ♐ 15	5 ♑ 20	5 ♏ 19	6 ♍	0 ♌	11 ♐	26 ♓	13 ♊
22	0 ♊ 15	28 ♎ 45	28 ♈ 22	29 ♈ 44	28 ♉ 30	0 ♋ 3	21 ♑ 7	18 ♓ 47	6 ♐ 53	21 ♐ 12	5 ♑ 19	5 ♏ 17	6 ♍	0 ♌	10 ♐	26 ♓	13 ♊
23	1 ♊ 13	13 ♏ 37	28 ♈ 19	29 R 43	0 ♊ 41	1 ♋ 15	21 ♑ 19	18 ♓ 55	6 ♐ 48	21 ♐ 10	5 ♑ 17	5 ♏ 16	6 ♍	1 ♌	10 ♐	27 ♓	13 ♊
24	2 ♊ 11	28 ♏ 45	28 ♈ 16	29 ♈ 41	2 ♊ 52	2 ♋ 27	21 ♑ 31	19 ♓ 4	6 ♐ 44	21 ♐ 8	5 ♑ 16	5 ♏ 14	6 ♍	1 ♌	10 ♐	27 ♓	14 ♊
25	3 ♊ 8	14 ♐ 1	28 ♈ 12	29 ♈ 38	5 ♊ 4	3 ♋ 39	21 ♑ 42	19 ♓ 12	6 ♐ 39	21 ♐ 6	5 ♑ 15	5 ♏ 13	7 ♍	2 ♌	10 ♐	27 ♓	14 ♊
26	4 ♊ 6	29 ♐ 12	28 ♈ 9	29 ♈ 33	7 ♊ 16	4 ♋ 51	21 ♑ 52	19 ♓ 21	6 ♐ 35	21 ♐ 3	5 ♑ 14	5 ♏ 11	7 ♍	2 ♌	10 ♐	28 ♓	14 ♊
27	5 ♊ 3	14 ♑ 11	28 ♈ 6	29 ♈ 28	9 ♊ 27	6 ♋ 3	22 ♑ 2	19 ♓ 29	6 ♐ 31	21 ♐ 1	5 ♑ 12	5 ♏ 10	7 ♍	3 ♌	9 ♐	28 ♓	14 ♊
28	6 ♊ 1	28 ♑ 48	28 ♈ 3	29 ♈ 24	11 ♊ 38	7 ♋ 15	22 ♑ 11	19 ♓ 37	6 ♐ 26	20 ♐ 59	5 ♑ 11	5 ♏ 8	7 ♍	3 ♌	9 ♐	29 ♓	14 ♊
29	6 ♊ 59	12 ♒ 59	28 ♈ 0	29 ♈ 20	13 ♊ 47	8 ♋ 26	22 ♑ 19	19 ♓ 45	6 ♐ 22	20 ♐ 56	5 ♑ 10	5 ♏ 7	8 ♍	4 ♌	9 ♐	29 ♓	14 ♊
30	7 ♊ 56	26 ♒ 41	27 ♈ 57	29 ♈ 18	15 ♊ 56	9 ♋ 38	22 ♑ 27	19 ♓ 52	6 ♐ 17	20 ♐ 54	5 ♑ 8	5 ♏ 6	8 ♍	4 ♌	9 ♐	29 ♓	14 ♊
31	8 ♊ 54	9 ♓ 57	27 ♈ 53	29 D 17	18 ♊ 2	10 ♋ 50	22 ♑ 34	20 ♓ 0	6 ♐ 13	20 ♐ 52	5 ♑ 7	5 ♏ 4	8 ♍	5 ♌	8 ♐	0 ♈	14 ♊

SUN INGRESS	☉ → ♊ 21日 17:28
MOON PHASE	◑ 1日 12:22 ♒ ● 9日 07:10 ♉ ◐ 17日 10:00 ♌ ○ 24日 05:45 ♐ ◑ 30日 21:55 ♓

aspects

2日	20:22	♂⚹♃
3日	05:13	☿△♅
3日	20:47	♀☍♄
7日	17:32	☉⚹♃
8日	23:06	☉△♂
10日	20:46	♀△♆
10日	21:28	♀☍♇
11日	05:55	♀□♃
14日	20:48	♀☍♅
17日	02:11	♆⚹♇
17日	02:49	☿⚹♃
18日	04:08	☿△♂
23日	10:24	☉☌☿
25日	16:47	☿☍♄
26日	06:35	♀△♇
26日	07:22	☿☍♆
28日	09:42	☉☍♄
31日	23:57	☿□♃

1986年6月

DAY	☉	☽	☊ mean	☊ true	☿	♀	♂	♃	♄	♅	♆	♇	⚳	⚴	⚵	⚶	⚷
	° ′	° ′	° ′	° ′	° ′	° ′	° ′	° ′	° ′	° ′	° ′	° ′	°	°	°	°	°
1	9 ♊ 51	22 ♓ 48	27 ♈ 50	29 D 18	20 D 8	12 D 1	22 D 40	20 D 7	6 R 8	20 R 49	5 R 5	5 R 3	8 D	5 D	8 R	0 D	14 D
2	10 ♊ 49	5 ♈ 19	27 ♈ 47	29 ♈ 19	22 ♊ 11	13 ♋ 13	22 ♑ 46	20 ♓ 15	6 ♐ 4	20 ♐ 47	5 ♑ 4	5 ♏ 2	9 ♍	6 ♌	8 ♐	0 ♈	14 ♊
3	11 ♊ 46	17 ♈ 34	27 ♈ 44	29 ♈ 21	24 ♊ 13	14 ♋ 24	22 ♑ 51	20 ♓ 22	5 ♐ 59	20 ♐ 44	5 ♑ 2	5 ♏ 0	9 ♍	6 ♌	8 ♐	1 ♈	14 ♊
4	12 ♊ 44	29 ♈ 37	27 ♈ 41	29 R 21	26 ♊ 12	15 ♋ 36	22 ♑ 56	20 ♓ 29	5 ♐ 55	20 ♐ 42	5 ♑ 1	4 ♏ 59	9 ♍	7 ♌	8 ♐	1 ♈	14 ♊
5	13 ♊ 41	11 ♉ 32	27 ♈ 37	29 ♈ 20	28 ♊ 9	16 ♋ 47	22 ♑ 59	20 ♓ 36	5 ♐ 50	20 ♐ 39	5 ♑ 0	4 ♏ 58	9 ♍	7 ♌	7 ♐	2 ♈	15 ♊
6	14 ♊ 39	23 ♉ 23	27 ♈ 34	29 ♈ 18	0 ♋ 4	17 ♋ 58	23 ♑ 2	20 ♓ 43	5 ♐ 46	20 ♐ 37	4 ♑ 58	4 ♏ 57	10 ♍	8 ♌	7 ♐	2 ♈	15 ♊
7	15 ♊ 36	5 ♊ 11	27 ♈ 31	29 ♈ 13	1 ♋ 56	19 ♋ 10	23 ♑ 4	20 ♓ 49	5 ♐ 42	20 ♐ 35	4 ♑ 57	4 ♏ 56	10 ♍	8 ♌	7 ♐	2 ♈	15 ♊
8	16 ♊ 33	17 ♊ 0	27 ♈ 28	29 ♈ 6	3 ♋ 46	20 ♋ 21	23 ♑ 6	20 ♓ 56	5 ♐ 37	20 ♐ 32	4 ♑ 55	4 ♏ 54	10 ♍	8 ♌	7 ♐	3 ♈	15 ♊
9	17 ♊ 31	28 ♊ 52	27 ♈ 25	28 ♈ 57	5 ♋ 33	21 ♋ 32	23 ♑ 6	21 ♓ 2	5 ♐ 33	20 ♐ 30	4 ♑ 54	4 ♏ 53	10 ♍	9 ♌	6 ♐	3 ♈	15 ♊
10	18 ♊ 28	10 ♋ 48	27 ♈ 22	28 ♈ 48	7 ♋ 18	22 ♋ 43	23 R 6	21 ♓ 8	5 ♐ 29	20 ♐ 27	4 ♑ 52	4 ♏ 52	11 ♍	9 ♌	6 ♐	3 ♈	15 ♊
11	19 ♊ 26	22 ♋ 49	27 ♈ 18	28 ♈ 39	9 ♋ 0	23 ♋ 54	23 ♑ 5	21 ♓ 14	5 ♐ 24	20 ♐ 25	4 ♑ 50	4 ♏ 51	11 ♍	10 ♌	6 ♐	4 ♈	15 ♊
12	20 ♊ 23	4 ♌ 59	27 ♈ 15	28 ♈ 30	10 ♋ 40	25 ♋ 5	23 ♑ 4	21 ♓ 20	5 ♐ 20	20 ♐ 22	4 ♑ 49	4 ♏ 50	11 ♍	10 ♌	6 ♐	4 ♈	15 ♊
13	21 ♊ 20	17 ♌ 18	27 ♈ 12	28 ♈ 24	12 ♋ 17	26 ♋ 16	23 ♑ 1	21 ♓ 25	5 ♐ 16	20 ♐ 20	4 ♑ 47	4 ♏ 49	12 ♍	11 ♌	6 ♐	4 ♈	15 ♊
14	22 ♊ 18	29 ♌ 50	27 ♈ 9	28 ♈ 19	13 ♋ 51	27 ♋ 27	22 ♑ 58	21 ♓ 31	5 ♐ 12	20 ♐ 17	4 ♑ 46	4 ♏ 48	12 ♍	11 ♌	5 ♐	5 ♈	15 ♊
15	23 ♊ 15	12 ♍ 38	27 ♈ 6	28 ♈ 17	15 ♋ 23	28 ♋ 37	22 ♑ 54	21 ♓ 36	5 ♐ 8	20 ♐ 15	4 ♑ 44	4 ♏ 47	12 ♍	12 ♌	5 ♐	5 ♈	15 ♊
16	24 ♊ 12	25 ♍ 45	27 ♈ 3	28 D 16	16 ♋ 52	29 ♋ 48	22 ♑ 50	21 ♓ 41	5 ♐ 4	20 ♐ 12	4 ♑ 43	4 ♏ 46	13 ♍	12 ♌	5 ♐	5 ♈	15 ♊
17	25 ♊ 10	9 ♎ 14	26 ♈ 59	28 ♈ 17	18 ♋ 18	0 ♌ 59	22 ♑ 44	21 ♓ 46	5 ♐ 0	20 ♐ 10	4 ♑ 41	4 ♏ 45	13 ♍	13 ♌	5 ♐	6 ♈	16 ♊
18	26 ♊ 7	23 ♎ 7	26 ♈ 56	28 ♈ 17	19 ♋ 41	2 ♌ 9	22 ♑ 38	21 ♓ 51	4 ♐ 56	20 ♐ 8	4 ♑ 39	4 ♏ 44	13 ♍	13 ♌	5 ♐	6 ♈	16 ♊
19	27 ♊ 4	7 ♏ 26	26 ♈ 53	28 R 17	21 ♋ 2	3 ♌ 20	22 ♑ 31	21 ♓ 55	4 ♐ 52	20 ♐ 5	4 ♑ 38	4 ♏ 43	13 ♍	14 ♌	4 ♐	6 ♈	16 ♊
20	28 ♊ 1	22 ♏ 8	26 ♈ 50	28 ♈ 15	22 ♋ 20	4 ♌ 30	22 ♑ 24	22 ♓ 0	4 ♐ 48	20 ♐ 3	4 ♑ 36	4 ♏ 43	14 ♍	14 ♌	4 ♐	7 ♈	16 ♊
21	28 ♊ 59	7 ♐ 10	26 ♈ 47	28 ♈ 11	23 ♋ 35	5 ♌ 40	22 ♑ 16	22 ♓ 4	4 ♐ 44	20 ♐ 0	4 ♑ 35	4 ♏ 42	14 ♍	15 ♌	4 ♐	7 ♈	16 ♊
22	29 ♊ 56	22 ♐ 22	26 ♈ 44	28 ♈ 4	24 ♋ 47	6 ♌ 50	22 ♑ 7	22 ♓ 8	4 ♐ 40	19 ♐ 58	4 ♑ 33	4 ♏ 41	14 ♍	15 ♌	4 ♐	7 ♈	16 ♊
23	0 ♋ 53	7 ♑ 36	26 ♈ 40	27 ♈ 56	25 ♋ 56	8 ♌ 1	21 ♑ 57	22 ♓ 12	4 ♐ 36	19 ♐ 55	4 ♑ 31	4 ♏ 40	15 ♍	16 ♌	4 ♐	8 ♈	16 ♊
24	1 ♋ 50	22 ♑ 40	26 ♈ 37	27 ♈ 46	27 ♋ 0	9 ♌ 11	21 ♑ 47	22 ♓ 16	4 ♐ 32	19 ♐ 53	4 ♑ 30	4 ♏ 39	15 ♍	16 ♌	3 ♐	8 ♈	16 ♊
25	2 ♋ 48	7 ♒ 25	26 ♈ 34	27 ♈ 38	28 ♋ 5	10 ♌ 21	21 ♑ 36	22 ♓ 19	4 ♐ 29	19 ♐ 51	4 ♑ 28	4 ♏ 39	15 ♍	17 ♌	3 ♐	8 ♈	16 ♊
26	3 ♋ 45	21 ♒ 45	26 ♈ 31	27 ♈ 30	29 ♋ 5	11 ♌ 30	21 ♑ 24	22 ♓ 23	4 ♐ 25	19 ♐ 48	4 ♑ 27	4 ♏ 38	16 ♍	17 ♌	3 ♐	9 ♈	16 ♊
27	4 ♋ 42	5 ♓ 34	26 ♈ 28	27 ♈ 24	0 ♌ 1	12 ♌ 40	21 ♑ 12	22 ♓ 26	4 ♐ 22	19 ♐ 46	4 ♑ 25	4 ♏ 37	16 ♍	18 ♌	3 ♐	9 ♈	16 ♊
28	5 ♋ 39	18 ♓ 55	26 ♈ 24	27 ♈ 21	0 ♌ 54	13 ♌ 50	20 ♑ 59	22 ♓ 29	4 ♐ 18	19 ♐ 44	4 ♑ 23	4 ♏ 37	16 ♍	18 ♌	3 ♐	9 ♈	16 ♊
29	6 ♋ 36	1 ♈ 48	26 ♈ 21	27 ♈ 20	1 ♌ 44	14 ♌ 59	20 ♑ 46	22 ♓ 32	4 ♐ 15	19 ♐ 41	4 ♑ 22	4 ♏ 36	17 ♍	19 ♌	3 ♐	9 ♈	16 ♊
30	7 ♋ 34	14 ♈ 19	26 ♈ 18	27 D 20	2 ♌ 30	16 ♌ 9	20 ♑ 32	22 ♓ 34	4 ♐ 11	19 ♐ 39	4 ♑ 20	4 ♏ 36	17 ♍	19 ♌	2 ♐	10 ♈	17 ♊

SUN INGRESS	☉ → ♋ 22日 01:30
MOON PHASE	● 7日 23:00 ♊ ◐ 15日 21:00 ♍ ○ 22日 12:42 ♑ ◑ 29日 09:53 ♈

aspects

1日	07:51	☿☍♅
5日	09:13	♃□♅
8日	12:50	♀△♃
8日	15:05	☿△♇
8日	15:11	☿☍♆
9日	17:02	♆⚹♇
10日	07:41	♀☍♂
11日	23:41	☉☍♅
13日	02:16	☉□♃
19日	17:22	☿△♃
20日	01:08	☿☍♂
20日	04:13	♀□♇
20日	05:42	♀△♄
21日	21:27	♂⚹♃
26日	17:03	☉☍♆
26日	22:08	☉△♇

1986年7月

DAY	☉	☽	☊ mean	☊ true	☿	♀	♂	♃	♄	♅	♆	♇	⚳	⚴	⚵	⚶	⚷
	° ′	° ′	° ′	° ′	° ′	° ′	° ′	° ′	° ′	° ′	° ′	° ′	°	°	°	°	°
1	8 ♋ 31	26 ♈ 31	26 ♈ 15	27 D 20	3 D 12	17 D 18	20 R 18	22 D 37	4 R 8	19 R 37	4 R 18	4 R 35	17 D	20 D	2 R	10 D	17 D
2	9 ♋ 28	8 ♉ 31	26 ♈ 12	27 R 20	3 ♌ 50	18 ♌ 28	20 ♑ 3	22 ♓ 39	4 ♐ 5	19 ♐ 34	4 ♑ 17	4 ♏ 35	18 ♍	20 ♌	2 ♐	10 ♈	17 ♊
3	10 ♋ 25	20 ♉ 23	26 ♈ 9	27 ♈ 18	4 ♌ 25	19 ♌ 37	19 ♑ 48	22 ♓ 41	4 ♐ 2	19 ♐ 32	4 ♑ 15	4 ♏ 34	18 ♍	20 ♌	2 ♐	10 ♈	17 ♊
4	11 ♋ 22	2 ♊ 11	26 ♈ 5	27 ♈ 13	4 ♌ 55	20 ♌ 46	19 ♑ 32	22 ♓ 43	3 ♐ 59	19 ♐ 30	4 ♑ 14	4 ♏ 34	18 ♍	21 ♌	2 ♐	11 ♈	17 ♊
5	12 ♋ 20	14 ♊ 0	26 ♈ 2	27 ♈ 5	5 ♌ 21	21 ♌ 55	19 ♑ 16	22 ♓ 45	3 ♐ 56	19 ♐ 28	4 ♑ 12	4 ♏ 34	19 ♍	21 ♌	2 ♐	11 ♈	17 ♊
6	13 ♋ 17	25 ♊ 52	25 ♈ 59	26 ♈ 55	5 ♌ 43	23 ♌ 4	18 ♑ 59	22 ♓ 46	3 ♐ 53	19 ♐ 25	4 ♑ 10	4 ♏ 33	19 ♍	21 ♌	2 ♐	11 ♈	17 ♊
7	14 ♋ 14	7 ♋ 49	25 ♈ 56	26 ♈ 43	6 ♌ 0	24 ♌ 13	18 ♑ 42	22 ♓ 47	3 ♐ 50	19 ♐ 23	4 ♑ 9	4 ♏ 33	20 ♍	22 ♌	2 ♐	12 ♈	17 ♊
8	15 ♋ 11	19 ♋ 52	25 ♈ 53	26 ♈ 30	6 ♌ 13	25 ♌ 22	18 ♑ 25	22 ♓ 48	3 ♐ 47	19 ♐ 21	4 ♑ 7	4 ♏ 33	20 ♍	23 ♌	1 ♐	12 ♈	17 ♊
9	16 ♋ 9	2 ♌ 4	25 ♈ 50	26 ♈ 17	6 ♌ 21	26 ♌ 30	18 ♑ 8	22 ♓ 49	3 ♐ 44	19 ♐ 19	4 ♑ 6	4 ♏ 32	20 ♍	23 ♌	1 ♐	12 ♈	17 ♊
10	17 ♋ 6	14 ♌ 25	25 ♈ 46	26 ♈ 5	6 ♌ 25	27 ♌ 39	17 ♑ 51	22 ♓ 50	3 ♐ 42	19 ♐ 17	4 ♑ 4	4 ♏ 32	21 ♍	24 ♌	1 ♐	12 ♈	17 ♊
11	18 ♋ 3	26 ♌ 56	25 ♈ 43	25 ♈ 55	6 R 23	28 ♌ 47	17 ♑ 33	22 ♓ 51	3 ♐ 39	19 ♐ 15	4 ♑ 3	4 ♏ 32	21 ♍	24 ♌	1 ♐	12 ♈	17 ♊
12	19 ♋ 0	9 ♍ 37	25 ♈ 40	25 ♈ 48	6 ♌ 17	29 ♌ 56	17 ♑ 16	22 ♓ 51	3 ♐ 37	19 ♐ 13	4 ♑ 1	4 ♏ 32	21 ♍	25 ♌	1 ♐	13 ♈	17 ♊
13	19 ♋ 58	22 ♍ 32	25 ♈ 37	25 ♈ 43	6 ♌ 7	1 ♍ 4	16 ♑ 58	22 ♓ 51	3 ♐ 34	19 ♐ 11	3 ♑ 59	4 ♏ 32	22 ♍	25 ♌	1 ♐	13 ♈	17 ♊
14	20 ♋ 55	5 ♎ 41	25 ♈ 34	25 ♈ 41	5 ♌ 51	2 ♍ 12	16 ♑ 41	22 R 51	3 ♐ 32	19 ♐ 9	3 ♑ 58	4 ♏ 32	22 ♍	26 ♌	1 ♐	13 ♈	18 ♊
15	21 ♋ 52	19 ♎ 8	25 ♈ 30	25 ♈ 40	5 ♌ 32	3 ♍ 20	16 ♑ 23	22 ♓ 51	3 ♐ 30	19 ♐ 7	3 ♑ 56	4 ♏ 32	22 ♍	26 ♌	1 ♐	13 ♈	18 ♊
16	22 ♋ 49	2 ♏ 54	25 ♈ 27	25 ♈ 40	5 ♌ 8	4 ♍ 28	16 ♑ 6	22 ♓ 50	3 ♐ 27	19 ♐ 5	3 ♑ 55	4 D 32	23 ♍	27 ♌	1 ♐	14 ♈	18 ♊
17	23 ♋ 46	17 ♏ 1	25 ♈ 24	25 ♈ 40	4 ♌ 40	5 ♍ 35	15 ♑ 49	22 ♓ 49	3 ♐ 25	19 ♐ 3	3 ♑ 53	4 ♏ 32	23 ♍	27 ♌	1 ♐	14 ♈	18 ♊
18	24 ♋ 44	1 ♐ 28	25 ♈ 21	25 ♈ 37	4 ♌ 8	6 ♍ 43	15 ♑ 32	22 ♓ 49	3 ♐ 23	19 ♐ 1	3 ♑ 52	4 ♏ 32	24 ♍	28 ♌	1 ♐	14 ♈	18 ♊
19	25 ♋ 41	16 ♐ 12	25 ♈ 18	25 ♈ 31	3 ♌ 33	7 ♍ 50	15 ♑ 16	22 ♓ 48	3 ♐ 22	18 ♐ 59	3 ♑ 50	4 ♏ 32	24 ♍	28 ♌	1 ♐	14 ♈	18 ♊
20	26 ♋ 38	1 ♑ 8	25 ♈ 15	25 ♈ 23	2 ♌ 56	8 ♍ 57	14 ♑ 59	22 ♓ 46	3 ♐ 20	18 ♐ 58	3 ♑ 49	4 ♏ 32	24 ♍	29 ♌	1 ♐	14 ♈	18 ♊
21	27 ♋ 35	16 ♑ 8	25 ♈ 11	25 ♈ 13	2 ♌ 16	10 ♍ 5	14 ♑ 44	22 ♓ 45	3 ♐ 18	18 ♐ 56	3 ♑ 48	4 ♏ 32	25 ♍	29 ♌	1 ♐	15 ♈	18 ♊
22	28 ♋ 33	1 ♒ 3	25 ♈ 8	25 ♈ 2	1 ♌ 35	11 ♍ 12	14 ♑ 28	22 ♓ 43	3 ♐ 16	18 ♐ 54	3 ♑ 46	4 ♏ 32	25 ♍	0 ♍	0 ♐	15 ♈	18 ♊
23	29 ♋ 30	15 ♒ 43	25 ♈ 5	24 ♈ 52	0 ♌ 53	12 ♍ 18	14 ♑ 13	22 ♓ 41	3 ♐ 15	18 ♐ 53	3 ♑ 45	4 ♏ 33	25 ♍	0 ♍	0 ♐	15 ♈	18 ♊
24	0 ♌ 27	0 ♓ 0	25 ♈ 2	24 ♈ 42	0 ♌ 11	13 ♍ 25	13 ♑ 58	22 ♓ 39	3 ♐ 14	18 ♐ 51	3 ♑ 43	4 ♏ 33	26 ♍	1 ♍	0 ♐	15 ♈	18 ♊
25	1 ♌ 24	13 ♓ 51	24 ♈ 59	24 ♈ 35	29 ♋ 30	14 ♍ 31	13 ♑ 44	22 ♓ 37	3 ♐ 12	18 ♐ 49	3 ♑ 42	4 ♏ 33	26 ♍	1 ♍	0 ♐	15 ♈	18 ♊
26	2 ♌ 22	27 ♓ 14	24 ♈ 56	24 ♈ 31	28 ♋ 50	15 ♍ 38	13 ♑ 30	22 ♓ 35	3 ♐ 11	18 ♐ 48	3 ♑ 40	4 ♏ 34	27 ♍	1 ♍	0 ♐	15 ♈	18 ♊
27	3 ♌ 19	10 ♈ 11	24 ♈ 52	24 ♈ 28	28 ♋ 13	16 ♍ 44	13 ♑ 17	22 ♓ 32	3 ♐ 10	18 ♐ 46	3 ♑ 39	4 ♏ 34	27 ♍	2 ♍	0 ♐	16 ♈	19 ♊
28	4 ♌ 16	22 ♈ 44	24 ♈ 49	24 ♈ 28	27 ♋ 38	17 ♍ 50	13 ♑ 5	22 ♓ 29	3 ♐ 9	18 ♐ 45	3 ♑ 38	4 ♏ 34	27 ♍	2 ♍	0 D	16 ♈	19 ♊
29	5 ♌ 14	4 ♉ 58	24 ♈ 46	24 D 28	27 ♋ 7	18 ♍ 56	12 ♑ 53	22 ♓ 26	3 ♐ 8	18 ♐ 43	3 ♑ 36	4 ♏ 35	28 ♍	3 ♍	0 ♐	16 ♈	19 ♊
30	6 ♌ 11	16 ♉ 58	24 ♈ 43	24 R 28	26 ♋ 40	20 ♍ 2	12 ♑ 42	22 ♓ 23	3 ♐ 7	18 ♐ 42	3 ♑ 35	4 ♏ 35	28 ♍	3 ♍	0 ♐	16 ♈	19 ♊
31	7 ♌ 8	28 ♉ 51	24 ♈ 40	24 ♈ 26	26 ♋ 18	21 ♍ 7	12 ♑ 31	22 ♓ 20	3 ♐ 6	18 ♐ 41	3 ♑ 34	4 ♏ 36	29 ♍	4 ♍	0 ♐	16 ♈	19 ♊

SUN INGRESS	☉ → ♌ 23日 12:24
MOON PHASE	● 7日 13:55 ♋ ◐ 15日 05:10 ♎ ○ 21日 19:40 ♑ ◑ 29日 00:34 ♉

aspects		
2日	08:54	☿△♄
2日	22:23	♀△♅
3日	07:07	☿□♇
10日	14:28	☉☍♂
15日	03:23	♀□♄
15日	12:41	♀△♆
16日	00:22	☉△♃
16日	01:28	♀⚹♇
17日	06:09	☿□♇
19日	07:56	☿△♄
23日	20:10	☉☌☿
24日	09:53	♀△♂
26日	20:11	☉△♄
28日	07:34	☉□♇
28日	19:31	♀□♅

1986年8月

DAY	☉	☽	☊ mean	☊ true	☿	♀	♂	♃	♄	♅	♆	♇	⚳	⚴	⚵	⚶	⚷
	° ′	° ′	° ′	° ′	° ′	° ′	° ′	° ′	° ′	° ′	° ′	° ′	°	°	°	°	°
1	8 ♌ 6	10 ♊ 40	24 ♈ 36	24 R 22	26 R 1	22 D 12	12 R 21	22 R 16	3 R 5	18 R 39	3 R 33	4 D 36	29 D	4 D	0 D	16 D	19 D
2	9 ♌ 3	22 ♊ 31	24 ♈ 33	24 ♈ 15	25 ♋ 49	23 ♍ 18	12 ♑ 12	22 ♓ 13	3 ♐ 5	18 ♐ 38	3 ♑ 31	4 ♏ 37	29 ♍	5 ♍	0 ♐	16 ♈	19 ♊
3	10 ♌ 1	4 ♋ 27	24 ♈ 30	24 ♈ 6	25 ♋ 44	24 ♍ 22	12 ♑ 4	22 ♓ 9	3 ♐ 4	18 ♐ 37	3 ♑ 30	4 ♏ 37	0 ♎	5 ♍	1 ♐	16 ♈	19 ♊
4	10 ♌ 58	16 ♋ 31	24 ♈ 27	23 ♈ 55	25 D 44	25 ♍ 27	11 ♑ 56	22 ♓ 5	3 ♐ 4	18 ♐ 36	3 ♑ 29	4 ♏ 38	0 ♎	6 ♍	1 ♐	16 ♈	19 ♊
5	11 ♌ 56	28 ♋ 44	24 ♈ 24	23 ♈ 42	25 ♋ 51	26 ♍ 32	11 ♑ 50	22 ♓ 1	3 ♐ 4	18 ♐ 34	3 ♑ 28	4 ♏ 39	1 ♎	6 ♍	1 ♐	17 ♈	19 ♊
6	12 ♌ 53	11 ♌ 9	24 ♈ 21	23 ♈ 30	26 ♋ 5	27 ♍ 36	11 ♑ 43	21 ♓ 56	3 ♐ 3	18 ♐ 33	3 ♑ 27	4 ♏ 39	1 ♎	7 ♍	1 ♐	17 ♈	19 ♊
7	13 ♌ 51	23 ♌ 45	24 ♈ 17	23 ♈ 18	26 ♋ 25	28 ♍ 40	11 ♑ 38	21 ♓ 52	3 ♐ 3	18 ♐ 32	3 ♑ 25	4 ♏ 40	1 ♎	7 ♍	1 ♐	17 ♈	19 ♊
8	14 ♌ 48	6 ♍ 33	24 ♈ 14	23 ♈ 9	26 ♋ 52	29 ♍ 44	11 ♑ 34	21 ♓ 47	3 D 3	18 ♐ 31	3 ♑ 24	4 ♏ 41	2 ♎	8 ♍	1 ♐	17 ♈	19 ♊
9	15 ♌ 46	19 ♍ 32	24 ♈ 11	23 ♈ 2	27 ♋ 25	0 ♎ 48	11 ♑ 30	21 ♓ 42	3 ♐ 3	18 ♐ 30	3 ♑ 23	4 ♏ 42	2 ♎	8 ♍	1 ♐	17 ♈	19 ♊
10	16 ♌ 43	2 ♎ 43	24 ♈ 8	22 ♈ 58	28 ♋ 5	1 ♎ 51	11 ♑ 28	21 ♓ 37	3 ♐ 4	18 ♐ 29	3 ♑ 22	4 ♏ 43	3 ♎	9 ♍	1 ♐	17 ♈	19 ♊
11	17 ♌ 41	16 ♎ 5	24 ♈ 5	22 ♈ 56	28 ♋ 52	2 ♎ 55	11 ♑ 26	21 ♓ 32	3 ♐ 4	18 ♐ 28	3 ♑ 21	4 ♏ 44	3 ♎	9 ♍	1 ♐	17 ♈	19 ♊
12	18 ♌ 38	29 ♎ 39	24 ♈ 1	22 D 56	29 ♋ 45	3 ♎ 58	11 ♑ 25	21 ♓ 26	3 ♐ 4	18 ♐ 28	3 ♑ 20	4 ♏ 44	3 ♎	10 ♍	1 ♐	17 ♈	20 ♊
13	19 ♌ 36	13 ♏ 27	23 ♈ 58	22 ♈ 57	0 ♌ 44	5 ♎ 0	11 D 25	21 ♓ 21	3 ♐ 5	18 ♐ 27	3 ♑ 19	4 ♏ 45	4 ♎	10 ♍	1 ♐	17 ♈	20 ♊
14	20 ♌ 33	27 ♏ 28	23 ♈ 55	22 R 57	1 ♌ 50	6 ♎ 3	11 ♑ 25	21 ♓ 15	3 ♐ 5	18 ♐ 26	3 ♑ 18	4 ♏ 46	4 ♎	11 ♍	1 ♐	17 ♈	20 ♊
15	21 ♌ 31	11 ♐ 42	23 ♈ 52	22 ♈ 55	3 ♌ 1	7 ♎ 5	11 ♑ 27	21 ♓ 9	3 ♐ 6	18 ♐ 25	3 ♑ 17	4 ♏ 47	5 ♎	11 ♍	1 ♐	17 ♈	20 ♊
16	22 ♌ 29	26 ♐ 8	23 ♈ 49	22 ♈ 51	4 ♌ 18	8 ♎ 7	11 ♑ 29	21 ♓ 3	3 ♐ 7	18 ♐ 25	3 ♑ 16	4 ♏ 48	5 ♎	11 ♍	1 ♐	17 ♈	20 ♊
17	23 ♌ 26	10 ♑ 42	23 ♈ 46	22 ♈ 45	5 ♌ 41	9 ♎ 8	11 ♑ 32	20 ♓ 57	3 ♐ 8	18 ♐ 24	3 ♑ 15	4 ♏ 49	5 ♎	12 ♍	2 ♐	17 R	20 ♊
18	24 ♌ 24	25 ♑ 18	23 ♈ 42	22 ♈ 37	7 ♌ 9	10 ♎ 10	11 ♑ 36	20 ♓ 51	3 ♐ 9	18 ♐ 24	3 ♑ 14	4 ♏ 51	6 ♎	12 ♍	2 ♐	17 ♈	20 ♊
19	25 ♌ 22	9 ♒ 50	23 ♈ 39	22 ♈ 28	8 ♌ 41	11 ♎ 11	11 ♑ 41	20 ♓ 44	3 ♐ 10	18 ♐ 23	3 ♑ 14	4 ♏ 52	6 ♎	13 ♍	2 ♐	17 ♈	20 ♊
20	26 ♌ 19	24 ♒ 10	23 ♈ 36	22 ♈ 20	10 ♌ 18	12 ♎ 12	11 ♑ 47	20 ♓ 38	3 ♐ 11	18 ♐ 23	3 ♑ 13	4 ♏ 53	7 ♎	13 ♍	2 ♐	17 ♈	20 ♊
21	27 ♌ 17	8 ♓ 14	23 ♈ 33	22 ♈ 12	11 ♌ 59	13 ♎ 12	11 ♑ 53	20 ♓ 31	3 ♐ 12	18 ♐ 22	3 ♑ 12	4 ♏ 54	7 ♎	14 ♍	2 ♐	17 ♈	20 ♊
22	28 ♌ 15	21 ♓ 56	23 ♈ 30	22 ♈ 6	13 ♌ 43	14 ♎ 12	12 ♑ 0	20 ♓ 25	3 ♐ 13	18 ♐ 22	3 ♑ 11	4 ♏ 55	8 ♎	14 ♍	2 ♐	17 ♈	20 ♊
23	29 ♌ 13	5 ♈ 14	23 ♈ 27	22 ♈ 3	15 ♌ 31	15 ♎ 12	12 ♑ 9	20 ♓ 18	3 ♐ 15	18 ♐ 22	3 ♑ 10	4 ♏ 57	8 ♎	15 ♍	2 ♐	17 ♈	20 ♊
24	0 ♍ 11	18 ♈ 9	23 ♈ 23	22 ♈ 1	17 ♌ 21	16 ♎ 11	12 ♑ 17	20 ♓ 11	3 ♐ 16	18 ♐ 21	3 ♑ 10	4 ♏ 58	8 ♎	15 ♍	2 ♐	17 ♈	20 ♊
25	1 ♍ 8	0 ♉ 43	23 ♈ 20	22 D 2	19 ♌ 14	17 ♎ 10	12 ♑ 27	20 ♓ 4	3 ♐ 18	18 ♐ 21	3 ♑ 9	4 ♏ 59	9 ♎	16 ♍	2 ♐	17 ♈	20 ♊
26	2 ♍ 6	12 ♉ 59	23 ♈ 17	22 ♈ 3	21 ♌ 9	18 ♎ 8	12 ♑ 37	19 ♓ 57	3 ♐ 20	18 ♐ 21	3 ♑ 8	5 ♏ 0	9 ♎	16 ♍	2 ♐	17 ♈	20 ♊
27	3 ♍ 4	25 ♉ 1	23 ♈ 14	22 ♈ 4	23 ♌ 5	19 ♎ 7	12 ♑ 48	19 ♓ 49	3 ♐ 22	18 ♐ 21	3 ♑ 8	5 ♏ 2	10 ♎	17 ♍	3 ♐	17 ♈	20 ♊
28	4 ♍ 2	6 ♊ 55	23 ♈ 11	22 R 4	25 ♌ 2	20 ♎ 4	13 ♑ 0	19 ♓ 42	3 ♐ 24	18 ♐ 21	3 ♑ 7	5 ♏ 3	10 ♎	17 ♍	3 ♐	17 ♈	20 ♊
29	5 ♍ 0	18 ♊ 46	23 ♈ 7	22 ♈ 3	27 ♌ 0	21 ♎ 2	13 ♑ 12	19 ♓ 35	3 ♐ 26	18 D 21	3 ♑ 7	5 ♏ 5	10 ♎	18 ♍	3 ♐	16 ♈	20 ♊
30	5 ♍ 58	0 ♋ 39	23 ♈ 4	22 ♈ 0	28 ♌ 58	21 ♎ 59	13 ♑ 26	19 ♓ 27	3 ♐ 28	18 ♐ 21	3 ♑ 6	5 ♏ 6	11 ♎	18 ♍	3 ♐	16 ♈	20 ♊
31	6 ♍ 56	12 ♋ 39	23 ♈ 1	21 ♈ 55	0 ♍ 56	22 ♎ 55	13 ♑ 39	19 ♓ 20	3 ♐ 30	18 ♐ 21	3 ♑ 6	5 ♏ 8	11 ♎	19 ♍	3 ♐	16 ♈	20 ♊

SUN INGRESS	☉ → ♍ 23日 19:26
MOON PHASE	● 6日 03:36 ♌ ◐ 13日 11:21 ♏ ○ 20日 03:54 ♒ ◑ 27日 17:39 ♊

aspects		
1日	01:25	♀☍♃
4日	06:51	☿⚹♀
11日	03:33	♀⚹♄
11日	09:54	♀□♆
11日	19:36	☉△♅
15日	01:33	☿△♄
16日	09:01	☿□♇
19日	13:11	♀□♂
22日	14:28	☿⚹♀
24日	12:49	☿△♅
26日	05:11	♀⚹♅
27日	01:31	☉△♆
27日	07:30	☉□♄
29日	02:00	☉⚹♇

1986年9月

DAY	☉	☽	☊ mean	☊ true	☿	♀	♂	♃	♄	♅	♆	♇	⚳	⚴	⚵	⚶	⚷
	° ′	° ′	° ′	° ′	° ′	° ′	° ′	° ′	° ′	° ′	° ′	° ′	°	°	°	°	°
1	7 ♍ 54	24 ♋ 48	22 ♈ 58	21 R 49	2 D 55	23 D 51	13 D 54	19 R 12	3 D 32	18 D 21	3 R 5	5 D 9	12 D	19 D	4 D	16 R	20 D
2	8 ♍ 52	7 ♌ 10	22 ♈ 55	21 ♈ 41	4 ♍ 53	24 ♎ 47	14 ♑ 9	19 ♓ 4	3 ♐ 35	18 ♐ 22	3 ♑ 5	5 ♏ 11	12 ♎	20 ♍	4 ♐	16 ♈	20 ♊
3	9 ♍ 50	19 ♌ 46	22 ♈ 52	21 ♈ 34	6 ♍ 50	25 ♎ 42	14 ♑ 25	18 ♓ 57	3 ♐ 37	18 ♐ 22	3 ♑ 4	5 ♏ 12	13 ♎	20 ♍	4 ♐	16 ♈	20 ♊
4	10 ♍ 48	2 ♍ 39	22 ♈ 48	21 ♈ 27	8 ♍ 47	26 ♎ 37	14 ♑ 42	18 ♓ 49	3 ♐ 40	18 ♐ 22	3 ♑ 4	5 ♏ 14	13 ♎	20 ♍	4 ♐	16 ♈	20 ♊
5	11 ♍ 46	15 ♍ 46	22 ♈ 45	21 ♈ 21	10 ♍ 43	27 ♎ 31	14 ♑ 59	18 ♓ 41	3 ♐ 42	18 ♐ 22	3 ♑ 4	5 ♏ 15	13 ♎	21 ♍	4 ♐	16 ♈	21 ♊
6	12 ♍ 45	29 ♍ 7	22 ♈ 42	21 ♈ 17	12 ♍ 39	28 ♎ 24	15 ♑ 17	18 ♓ 33	3 ♐ 45	18 ♐ 23	3 ♑ 3	5 ♏ 17	14 ♎	21 ♍	4 ♐	15 ♈	21 ♊
7	13 ♍ 43	12 ♎ 41	22 ♈ 39	21 ♈ 15	14 ♍ 33	29 ♎ 17	15 ♑ 35	18 ♓ 25	3 ♐ 48	18 ♐ 23	3 ♑ 3	5 ♏ 19	14 ♎	22 ♍	5 ♐	15 ♈	21 ♊
8	14 ♍ 41	26 ♎ 25	22 ♈ 36	21 D 15	16 ♍ 26	0 ♏ 10	15 ♑ 55	18 ♓ 17	3 ♐ 51	18 ♐ 24	3 ♑ 3	5 ♏ 20	15 ♎	22 ♍	5 ♐	15 ♈	21 ♊
9	15 ♍ 39	10 ♏ 18	22 ♈ 33	21 ♈ 16	18 ♍ 19	1 ♏ 2	16 ♑ 14	18 ♓ 9	3 ♐ 54	18 ♐ 24	3 ♑ 2	5 ♏ 22	15 ♎	23 ♍	5 ♐	15 ♈	21 ♊
10	16 ♍ 38	24 ♏ 19	22 ♈ 29	21 ♈ 18	20 ♍ 10	1 ♏ 53	16 ♑ 35	18 ♓ 1	3 ♐ 57	18 ♐ 25	3 ♑ 2	5 ♏ 24	16 ♎	23 ♍	5 ♐	15 ♈	21 ♊
11	17 ♍ 36	8 ♐ 26	22 ♈ 26	21 ♈ 19	22 ♍ 0	2 ♏ 43	16 ♑ 55	17 ♓ 53	4 ♐ 0	18 ♐ 26	3 ♑ 2	5 ♏ 26	16 ♎	24 ♍	5 ♐	15 ♈	21 ♊
12	18 ♍ 34	22 ♐ 36	22 ♈ 23	21 R 19	23 ♍ 49	3 ♏ 33	17 ♑ 17	17 ♓ 45	4 ♐ 3	18 ♐ 27	3 ♑ 2	5 ♏ 28	16 ♎	24 ♍	6 ♐	14 ♈	21 ♊
13	19 ♍ 33	6 ♑ 50	22 ♈ 20	21 ♈ 18	25 ♍ 37	4 ♏ 22	17 ♑ 39	17 ♓ 37	4 ♐ 7	18 ♐ 27	3 ♑ 2	5 ♏ 29	17 ♎	25 ♍	6 ♐	14 ♈	21 ♊
14	20 ♍ 31	21 ♑ 3	22 ♈ 17	21 ♈ 15	27 ♍ 24	5 ♏ 10	18 ♑ 1	17 ♓ 29	4 ♐ 10	18 ♐ 28	3 ♑ 2	5 ♏ 31	17 ♎	25 ♍	6 ♐	14 ♈	21 ♊
15	21 ♍ 30	5 ♒ 14	22 ♈ 13	21 ♈ 12	29 ♍ 9	5 ♏ 58	18 ♑ 25	17 ♓ 21	4 ♐ 14	18 ♐ 29	3 ♑ 2	5 ♏ 33	18 ♎	26 ♍	6 ♐	14 ♈	21 ♊
16	22 ♍ 28	19 ♒ 18	22 ♈ 10	21 ♈ 7	0 ♎ 54	6 ♏ 45	18 ♑ 48	17 ♓ 14	4 ♐ 17	18 ♐ 30	3 D 2	5 ♏ 35	18 ♎	26 ♍	6 ♐	14 ♈	21 ♊
17	23 ♍ 26	3 ♓ 11	22 ♈ 7	21 ♈ 3	2 ♎ 37	7 ♏ 31	19 ♑ 12	17 ♓ 6	4 ♐ 21	18 ♐ 31	3 ♑ 2	5 ♏ 37	19 ♎	27 ♍	7 ♐	13 ♈	21 ♊
18	24 ♍ 25	16 ♓ 51	22 ♈ 4	21 ♈ 0	4 ♎ 20	8 ♏ 16	19 ♑ 37	16 ♓ 58	4 ♐ 25	18 ♐ 32	3 ♑ 2	5 ♏ 39	19 ♎	27 ♍	7 ♐	13 ♈	21 ♊
19	25 ♍ 23	0 ♈ 14	22 ♈ 1	20 ♈ 57	6 ♎ 1	9 ♏ 0	20 ♑ 2	16 ♓ 50	4 ♐ 28	18 ♐ 33	3 ♑ 2	5 ♏ 41	20 ♎	27 ♍	7 ♐	13 ♈	21 ♊
20	26 ♍ 22	13 ♈ 19	21 ♈ 58	20 ♈ 56	7 ♎ 42	9 ♏ 43	20 ♑ 27	16 ♓ 42	4 ♐ 32	18 ♐ 34	3 ♑ 2	5 ♏ 43	20 ♎	28 ♍	7 ♐	13 ♈	21 ♊
21	27 ♍ 21	26 ♈ 6	21 ♈ 54	20 D 56	9 ♎ 21	10 ♏ 25	20 ♑ 53	16 ♓ 35	4 ♐ 36	18 ♐ 35	3 ♑ 2	5 ♏ 45	20 ♎	28 ♍	8 ♐	12 ♈	21 ♊
22	28 ♍ 19	8 ♉ 35	21 ♈ 51	20 ♈ 56	10 ♎ 59	11 ♏ 6	21 ♑ 19	16 ♓ 27	4 ♐ 40	18 ♐ 37	3 ♑ 3	5 ♏ 47	21 ♎	29 ♍	8 ♐	12 ♈	21 ♊
23	29 ♍ 18	20 ♉ 50	21 ♈ 48	20 ♈ 58	12 ♎ 37	11 ♏ 47	21 ♑ 46	16 ♓ 19	4 ♐ 45	18 ♐ 38	3 ♑ 3	5 ♏ 49	21 ♎	29 ♍	8 ♐	12 ♈	21 ♊
24	0 ♎ 17	2 ♊ 53	21 ♈ 45	21 ♈ 0	14 ♎ 13	12 ♏ 26	22 ♑ 13	16 ♓ 12	4 ♐ 49	18 ♐ 39	3 ♑ 3	5 ♏ 51	22 ♎	0 ♎	8 ♐	12 ♈	21 ♊
25	1 ♎ 15	14 ♊ 48	21 ♈ 42	21 ♈ 1	15 ♎ 48	13 ♏ 4	22 ♑ 41	16 ♓ 4	4 ♐ 53	18 ♐ 41	3 ♑ 3	5 ♏ 53	22 ♎	0 ♎	9 ♐	11 ♈	21 ♊
26	2 ♎ 14	26 ♊ 39	21 ♈ 39	21 ♈ 2	17 ♎ 23	13 ♏ 40	23 ♑ 9	15 ♓ 57	4 ♐ 57	18 ♐ 42	3 ♑ 4	5 ♏ 55	23 ♎	1 ♎	9 ♐	11 ♈	21 ♊
27	3 ♎ 13	8 ♋ 33	21 ♈ 35	21 R 2	18 ♎ 56	14 ♏ 16	23 ♑ 37	15 ♓ 50	5 ♐ 2	18 ♐ 44	3 ♑ 4	5 ♏ 57	23 ♎	1 ♎	9 ♐	11 ♈	21 ♊
28	4 ♎ 12	20 ♋ 33	21 ♈ 32	21 ♈ 1	20 ♎ 29	14 ♏ 50	24 ♑ 6	15 ♓ 43	5 ♐ 6	18 ♐ 45	3 ♑ 5	5 ♏ 59	23 ♎	2 ♎	9 ♐	11 ♈	21 ♊
29	5 ♎ 11	2 ♌ 43	21 ♈ 29	20 ♈ 59	22 ♎ 1	15 ♏ 23	24 ♑ 35	15 ♓ 35	5 ♐ 11	18 ♐ 47	3 ♑ 5	6 ♏ 1	24 ♎	2 ♎	10 ♐	10 ♈	21 ♊
30	6 ♎ 10	15 ♌ 9	21 ♈ 26	20 ♈ 58	23 ♎ 32	15 ♏ 54	25 ♑ 5	15 ♓ 28	5 ♐ 16	18 ♐ 48	3 ♑ 5	6 ♏ 4	24 ♎	3 ♎	10 ♐	10 ♈	21 R

SUN INGRESS	☉ → ♎ 23日 16:59
MOON PHASE	● 4日 16:10 ♍　◐ 11日 16:41 ♐　○ 18日 14:34 ♓　◑ 26日 12:17 ♋

aspects		
1日	02:06	☿△♆
1日	07:45	☿□♄
2日	03:41	☿⚹♇
6日	02:32	☉☌☿
7日	04:52	♃□♅
7日	15:51	☿△♂
8日	22:06	☿☍♃
9日	01:15	☿□♅
9日	22:03	☉△♂
11日	06:15	☉☍♃
11日	09:03	♀⚹♆
11日	20:45	☉□♅
12日	22:44	♂⚹♃
14日	10:50	♀☌♇
17日	05:43	☿□♆
18日	01:09	☿⚹♄
26日	20:21	☉□♆
26日	20:38	☿⚹♅
29日	00:08	☉⚹♄
29日	07:42	♀△♃

1986年10月

DAY	☉	☽	☊ mean	☊ true	☿	♀	♂	♃	♄	♅	♆	♇	⚳	⚴	⚵	⚶	⚷
	° ′	° ′	° ′	° ′	° ′	° ′	° ′	° ′	° ′	° ′	° ′	° ′	°	°	°	°	°
1	7 ♎ 9	27 ♌ 52	21 ♈ 23	20 R 56	25 D 2	16 D 25	25 D 35	15 R 22	5 D 20	18 D 50	3 D 6	6 D 6	25 D	3 D	10 D	10 R	21 R
2	8 ♎ 8	10 ♍ 55	21 ♈ 19	20 ♈ 54	26 ♎ 31	16 ♏ 53	26 ♑ 5	15 ♓ 15	5 ♐ 25	18 ♐ 52	3 ♑ 6	6 ♏ 8	25 ♎	3 ♎	10 ♐	10 ♈	21 ♊
3	9 ♎ 7	24 ♍ 18	21 ♈ 16	20 ♈ 52	27 ♎ 59	17 ♏ 20	26 ♑ 35	15 ♓ 8	5 ♐ 30	18 ♐ 53	3 ♑ 7	6 ♏ 10	26 ♎	4 ♎	11 ♐	9 ♈	21 ♊
4	10 ♎ 6	8 ♎ 0	21 ♈ 13	20 ♈ 51	29 ♎ 26	17 ♏ 46	27 ♑ 6	15 ♓ 2	5 ♐ 35	18 ♐ 55	3 ♑ 8	6 ♏ 12	26 ♎	4 ♎	11 ♐	9 ♈	21 ♊
5	11 ♎ 5	21 ♎ 59	21 ♈ 10	20 D 51	0 ♏ 52	18 ♏ 10	27 ♑ 38	14 ♓ 55	5 ♐ 40	18 ♐ 57	3 ♑ 8	6 ♏ 15	27 ♎	5 ♎	11 ♐	9 ♈	21 ♊
6	12 ♎ 4	6 ♏ 10	21 ♈ 7	20 ♈ 51	2 ♏ 18	18 ♏ 32	28 ♑ 9	14 ♓ 49	5 ♐ 45	18 ♐ 59	3 ♑ 9	6 ♏ 17	27 ♎	5 ♎	11 ♐	9 ♈	21 ♊
7	13 ♎ 3	20 ♏ 31	21 ♈ 4	20 ♈ 52	3 ♏ 42	18 ♏ 52	28 ♑ 41	14 ♓ 43	5 ♐ 50	19 ♐ 1	3 ♑ 10	6 ♏ 19	27 ♎	6 ♎	12 ♐	8 ♈	21 ♊
8	14 ♎ 2	4 ♐ 55	21 ♈ 0	20 ♈ 53	5 ♏ 5	19 ♏ 10	29 ♑ 13	14 ♓ 37	5 ♐ 56	19 ♐ 3	3 ♑ 10	6 ♏ 21	28 ♎	6 ♎	12 ♐	8 ♈	21 ♊
9	15 ♎ 2	19 ♐ 19	20 ♈ 57	20 ♈ 53	6 ♏ 28	19 ♏ 27	29 ♑ 46	14 ♓ 31	6 ♐ 1	19 ♐ 5	3 ♑ 11	6 ♏ 24	28 ♎	7 ♎	12 ♐	8 ♈	21 ♊
10	16 ♎ 1	3 ♑ 38	20 ♈ 54	20 ♈ 54	7 ♏ 49	19 ♏ 41	0 ♒ 19	14 ♓ 25	6 ♐ 6	19 ♐ 7	3 ♑ 12	6 ♏ 26	29 ♎	7 ♎	13 ♐	8 ♈	21 ♊
11	17 ♎ 0	17 ♑ 50	20 ♈ 51	20 R 54	9 ♏ 9	19 ♏ 54	0 ♒ 52	14 ♓ 20	6 ♐ 12	19 ♐ 9	3 ♑ 13	6 ♏ 28	29 ♎	8 ♎	13 ♐	7 ♈	21 ♊
12	18 ♎ 0	1 ♒ 53	20 ♈ 48	20 ♈ 54	10 ♏ 28	20 ♏ 4	1 ♒ 25	14 ♓ 14	6 ♐ 17	19 ♐ 11	3 ♑ 14	6 ♏ 31	0 ♏	8 ♎	13 ♐	7 ♈	21 ♊
13	18 ♎ 59	15 ♒ 44	20 ♈ 44	20 ♈ 53	11 ♏ 46	20 ♏ 12	1 ♒ 59	14 ♓ 9	6 ♐ 23	19 ♐ 14	3 ♑ 15	6 ♏ 33	0 ♏	9 ♎	13 ♐	7 ♈	21 ♊
14	19 ♎ 58	29 ♒ 24	20 ♈ 41	20 ♈ 53	13 ♏ 2	20 ♏ 18	2 ♒ 33	14 ♓ 4	6 ♐ 28	19 ♐ 16	3 ♑ 15	6 ♏ 35	0 ♏	9 ♎	14 ♐	7 ♈	21 ♊
15	20 ♎ 58	12 ♓ 50	20 ♈ 38	20 D 53	14 ♏ 17	20 ♏ 22	3 ♒ 7	13 ♓ 59	6 ♐ 34	19 ♐ 18	3 ♑ 16	6 ♏ 38	1 ♏	9 ♎	14 ♐	6 ♈	21 ♊
16	21 ♎ 57	26 ♓ 4	20 ♈ 35	20 ♈ 53	15 ♏ 31	20 ♏ 23	3 ♒ 41	13 ♓ 54	6 ♐ 39	19 ♐ 20	3 ♑ 17	6 ♏ 40	1 ♏	10 ♎	14 ♐	6 ♈	21 ♊
17	22 ♎ 57	9 ♈ 3	20 ♈ 32	20 ♈ 53	16 ♏ 43	20 R 22	4 ♒ 16	13 ♓ 50	6 ♐ 45	19 ♐ 23	3 ♑ 18	6 ♏ 42	2 ♏	10 ♎	15 ♐	6 ♈	21 ♊
18	23 ♎ 56	21 ♈ 49	20 ♈ 29	20 R 53	17 ♏ 53	20 ♏ 19	4 ♒ 51	13 ♓ 46	6 ♐ 51	19 ♐ 25	3 ♑ 19	6 ♏ 45	2 ♏	11 ♎	15 ♐	6 ♈	21 ♊
19	24 ♎ 56	4 ♉ 22	20 ♈ 25	20 ♈ 53	19 ♏ 1	20 ♏ 13	5 ♒ 26	13 ♓ 41	6 ♐ 57	19 ♐ 28	3 ♑ 21	6 ♏ 47	3 ♏	11 ♎	15 ♐	6 ♈	21 ♊
20	25 ♎ 55	16 ♉ 42	20 ♈ 22	20 ♈ 53	20 ♏ 7	20 ♏ 5	6 ♒ 1	13 ♓ 37	7 ♐ 3	19 ♐ 30	3 ♑ 22	6 ♏ 50	3 ♏	12 ♎	15 ♐	5 ♈	21 ♊
21	26 ♎ 55	28 ♉ 52	20 ♈ 19	20 ♈ 52	21 ♏ 11	19 ♏ 54	6 ♒ 36	13 ♓ 33	7 ♐ 9	19 ♐ 33	3 ♑ 23	6 ♏ 52	4 ♏	12 ♎	16 ♐	5 ♈	21 ♊
22	27 ♎ 55	10 ♊ 52	20 ♈ 16	20 ♈ 51	22 ♏ 13	19 ♏ 41	7 ♒ 12	13 ♓ 30	7 ♐ 15	19 ♐ 35	3 ♑ 24	6 ♏ 54	4 ♏	13 ♎	16 ♐	5 ♈	21 ♊
23	28 ♎ 54	22 ♊ 46	20 ♈ 13	20 ♈ 50	23 ♏ 12	19 ♏ 25	7 ♒ 48	13 ♓ 26	7 ♐ 21	19 ♐ 38	3 ♑ 25	6 ♏ 57	4 ♏	13 ♎	16 ♐	5 ♈	21 ♊
24	29 ♎ 54	4 ♋ 37	20 ♈ 10	20 ♈ 49	24 ♏ 7	19 ♏ 8	8 ♒ 24	13 ♓ 23	7 ♐ 27	19 ♐ 40	3 ♑ 26	6 ♏ 59	5 ♏	14 ♎	17 ♐	5 ♈	21 ♊
25	0 ♏ 54	16 ♋ 30	20 ♈ 6	20 ♈ 48	25 ♏ 0	18 ♏ 48	9 ♒ 0	13 ♓ 20	7 ♐ 33	19 ♐ 43	3 ♑ 28	7 ♏ 2	5 ♏	14 ♎	17 ♐	4 ♈	20 ♊
26	1 ♏ 53	28 ♋ 28	20 ♈ 3	20 ♈ 48	25 ♏ 49	18 ♏ 25	9 ♒ 37	13 ♓ 17	7 ♐ 39	19 ♐ 46	3 ♑ 29	7 ♏ 4	6 ♏	14 ♎	17 ♐	4 ♈	20 ♊
27	2 ♏ 53	10 ♌ 36	20 ♈ 0	20 D 48	26 ♏ 33	18 ♏ 1	10 ♒ 14	13 ♓ 14	7 ♐ 45	19 ♐ 49	3 ♑ 30	7 ♏ 6	6 ♏	15 ♎	18 ♐	4 ♈	20 ♊
28	3 ♏ 53	22 ♌ 59	19 ♈ 57	20 ♈ 49	27 ♏ 13	17 ♏ 34	10 ♒ 50	13 ♓ 12	7 ♐ 52	19 ♐ 51	3 ♑ 32	7 ♏ 9	7 ♏	15 ♎	18 ♐	4 ♈	20 ♊
29	4 ♏ 53	5 ♍ 41	19 ♈ 54	20 ♈ 50	27 ♏ 49	17 ♏ 6	11 ♒ 27	13 ♓ 10	7 ♐ 58	19 ♐ 54	3 ♑ 33	7 ♏ 11	7 ♏	16 ♎	18 ♐	4 ♈	20 ♊
30	5 ♏ 53	18 ♍ 45	19 ♈ 50	20 ♈ 51	28 ♏ 18	16 ♏ 36	12 ♒ 5	13 ♓ 7	8 ♐ 4	19 ♐ 57	3 ♑ 34	7 ♏ 14	8 ♏	16 ♎	19 ♐	4 ♈	20 ♊
31	6 ♏ 53	2 ♎ 13	19 ♈ 47	20 ♈ 52	28 ♏ 41	16 ♏ 5	12 ♒ 42	13 ♓ 6	8 ♐ 11	20 ♐ 0	3 ♑ 36	7 ♏ 16	8 ♏	17 ♎	19 ♐	3 ♈	20 ♊

SUN INGRESS	☉ → ♏ 24日 02:14
MOON PHASE	● 4日 03:55 ♎　◐ 10日 22:28 ♑　○ 18日 04:22 ♈　◑ 26日 07:26 ♌

aspects		
1日	13:27	☿□♂
6日	14:44	☿⚹♆
8日	22:49	☿☌♇
13日	06:08	☉⚹♅
14日	18:32	☿△♃
19日	23:08	☿☌♀
21日	11:13	♂□♇
22日	02:03	♂⚹♄
27日	15:07	☉⚹♆
31日	09:38	☉☌♇

1986年11月

DAY	☉	☽	☊ mean	☊ true	☿	♀	♂	♃	♄	♅	♆	♇	⚳	⚴	⚵	⚶	⚷
	° ′	° ′	° ′	° ′	° ′	° ′	° ′	° ′	° ′	° ′	° ′	° ′	°	°	°	°	°
1	7 ♏ 53	16 ♎ 7	19 ♈ 44	20 D 53	28 D 58	15 R 32	13 D 19	13 R 4	8 D 17	20 D 3	3 D 37	7 D 19	8 D	17 D	19 D	3 R	20 R
2	8 ♏ 53	0 ♏ 24	19 ♈ 41	20 R 53	29 ♏ 7	14 ♏ 58	13 ♒ 57	13 ♓ 2	8 ♐ 24	20 ♐ 6	3 ♑ 39	7 ♏ 21	9 ♏	18 ♎	20 ♐	3 ♈	20 ♊
3	9 ♏ 53	15 ♏ 0	19 ♈ 38	20 ♈ 52	29 R 9	14 ♏ 23	14 ♒ 35	13 ♓ 1	8 ♐ 30	20 ♐ 9	3 ♑ 40	7 ♏ 23	9 ♏	18 ♎	20 ♐	3 ♈	20 ♊
4	10 ♏ 53	29 ♏ 48	19 ♈ 35	20 ♈ 50	29 ♏ 1	13 ♏ 47	15 ♒ 13	13 ♓ 0	8 ♐ 37	20 ♐ 12	3 ♑ 42	7 ♏ 26	10 ♏	18 ♎	20 ♐	3 ♈	20 ♊
5	11 ♏ 53	14 ♐ 40	19 ♈ 31	20 ♈ 47	28 ♏ 45	13 ♏ 11	15 ♒ 51	12 ♓ 59	8 ♐ 43	20 ♐ 15	3 ♑ 43	7 ♏ 28	10 ♏	19 ♎	20 ♐	3 ♈	20 ♊
6	12 ♏ 54	29 ♐ 30	19 ♈ 28	20 ♈ 44	28 ♏ 19	12 ♏ 34	16 ♒ 30	12 ♓ 58	8 ♐ 50	20 ♐ 18	3 ♑ 45	7 ♏ 31	11 ♏	19 ♎	21 ♐	3 ♈	20 ♊
7	13 ♏ 54	14 ♑ 9	19 ♈ 25	20 ♈ 41	27 ♏ 43	11 ♏ 58	17 ♒ 8	12 ♓ 58	8 ♐ 56	20 ♐ 21	3 ♑ 46	7 ♏ 33	11 ♏	19 ♎	21 ♐	3 ♈	20 ♊
8	14 ♏ 54	28 ♑ 32	19 ♈ 22	20 ♈ 39	26 ♏ 58	11 ♏ 22	17 ♒ 47	12 ♓ 58	9 ♐ 3	20 ♐ 24	3 ♑ 48	7 ♏ 36	11 ♏	20 ♎	21 ♐	3 ♈	20 ♊
9	15 ♏ 54	12 ♒ 36	19 ♈ 19	20 ♈ 38	26 ♏ 3	10 ♏ 46	18 ♒ 25	12 D 58	9 ♐ 10	20 ♐ 27	3 ♑ 50	7 ♏ 38	12 ♏	21 ♎	22 ♐	2 ♈	20 ♊
10	16 ♏ 54	26 ♒ 20	19 ♈ 16	20 D 39	25 ♏ 0	10 ♏ 11	19 ♒ 4	12 ♓ 58	9 ♐ 17	20 ♐ 30	3 ♑ 51	7 ♏ 40	12 ♏	21 ♎	22 ♐	2 ♈	20 ♊
11	17 ♏ 55	9 ♓ 45	19 ♈ 12	20 ♈ 40	23 ♏ 49	9 ♏ 37	19 ♒ 43	12 ♓ 58	9 ♐ 23	20 ♐ 34	3 ♑ 53	7 ♏ 43	13 ♏	22 ♎	22 ♐	2 ♈	20 ♊
12	18 ♏ 55	22 ♓ 52	19 ♈ 9	20 ♈ 41	22 ♏ 33	9 ♏ 4	20 ♒ 22	12 ♓ 59	9 ♐ 30	20 ♐ 37	3 ♑ 55	7 ♏ 45	13 ♏	22 ♎	23 ♐	2 ♈	20 ♊
13	19 ♏ 55	5 ♈ 44	19 ♈ 6	20 ♈ 43	21 ♏ 13	8 ♏ 33	21 ♒ 1	12 ♓ 59	9 ♐ 37	20 ♐ 40	3 ♑ 56	7 ♏ 48	14 ♏	22 ♎	23 ♐	2 ♈	20 ♊
14	20 ♏ 56	18 ♈ 22	19 ♈ 3	20 ♈ 44	19 ♏ 53	8 ♏ 3	21 ♒ 41	13 ♓ 0	9 ♐ 44	20 ♐ 43	3 ♑ 58	7 ♏ 50	14 ♏	23 ♎	24 ♐	2 ♈	20 ♊
15	21 ♏ 56	0 ♉ 49	19 ♈ 0	20 R 43	18 ♏ 35	7 ♏ 35	22 ♒ 20	13 ♓ 2	9 ♐ 51	20 ♐ 47	4 ♑ 0	7 ♏ 52	15 ♏	23 ♎	24 ♐	2 ♈	20 ♊
16	22 ♏ 57	13 ♉ 6	18 ♈ 56	20 ♈ 41	17 ♏ 20	7 ♏ 9	23 ♒ 0	13 ♓ 3	9 ♐ 58	20 ♐ 50	4 ♑ 2	7 ♏ 55	15 ♏	24 ♎	24 ♐	2 ♈	20 ♊
17	23 ♏ 57	25 ♉ 15	18 ♈ 53	20 ♈ 37	16 ♏ 13	6 ♏ 44	23 ♒ 39	13 ♓ 5	10 ♐ 5	20 ♐ 53	4 ♑ 4	7 ♏ 57	15 ♏	24 ♎	25 ♐	2 ♈	20 ♊
18	24 ♏ 57	7 ♊ 17	18 ♈ 50	20 ♈ 32	15 ♏ 14	6 ♏ 22	24 ♒ 19	13 ♓ 6	10 ♐ 11	20 ♐ 57	4 ♑ 5	7 ♏ 59	16 ♏	25 ♎	25 ♐	2 ♈	19 ♊
19	25 ♏ 58	19 ♊ 13	18 ♈ 47	20 ♈ 25	14 ♏ 25	6 ♏ 3	24 ♒ 59	13 ♓ 8	10 ♐ 18	21 ♐ 0	4 ♑ 7	8 ♏ 2	16 ♏	25 ♎	25 ♐	2 D	19 ♊
20	26 ♏ 58	1 ♋ 6	18 ♈ 44	20 ♈ 18	13 ♏ 48	5 ♏ 45	25 ♒ 39	13 ♓ 11	10 ♐ 25	21 ♐ 3	4 ♑ 9	8 ♏ 4	17 ♏	25 ♎	26 ♐	2 ♈	19 ♊
21	27 ♏ 59	12 ♋ 57	18 ♈ 41	20 ♈ 11	13 ♏ 19	5 ♏ 31	26 ♒ 19	13 ♓ 13	10 ♐ 32	21 ♐ 7	4 ♑ 11	8 ♏ 6	17 ♏	26 ♎	26 ♐	2 ♈	19 ♊
22	29 ♏ 0	24 ♋ 49	18 ♈ 37	20 ♈ 5	13 ♏ 8	5 ♏ 18	26 ♒ 59	13 ♓ 15	10 ♐ 39	21 ♐ 10	4 ♑ 13	8 ♏ 9	18 ♏	26 ♎	26 ♐	2 ♈	19 ♊
23	0 ♐ 0	6 ♌ 46	18 ♈ 34	20 ♈ 1	13 D 5	5 ♏ 8	27 ♒ 39	13 ♓ 18	10 ♐ 46	21 ♐ 14	4 ♑ 15	8 ♏ 11	18 ♏	27 ♎	27 ♐	2 ♈	19 ♊
24	1 ♐ 1	18 ♌ 51	18 ♈ 31	19 ♈ 58	13 ♏ 13	5 ♏ 1	28 ♒ 19	13 ♓ 21	10 ♐ 53	21 ♐ 17	4 ♑ 17	8 ♏ 13	18 ♏	27 ♎	27 ♐	2 ♈	19 ♊
25	2 ♐ 1	1 ♍ 9	18 ♈ 28	19 ♈ 57	13 ♏ 31	4 ♏ 56	29 ♒ 0	13 ♓ 24	11 ♐ 1	21 ♐ 21	4 ♑ 19	8 ♏ 16	19 ♏	28 ♎	27 ♐	2 ♈	19 ♊
26	3 ♐ 2	13 ♍ 44	18 ♈ 25	19 D 58	13 ♏ 58	4 ♏ 53	29 ♒ 40	13 ♓ 28	11 ♐ 8	21 ♐ 24	4 ♑ 21	8 ♏ 18	19 ♏	28 ♎	28 ♐	2 ♈	19 ♊
27	4 ♐ 3	26 ♍ 42	18 ♈ 22	19 ♈ 59	14 ♏ 34	4 D 53	0 ♓ 20	13 ♓ 31	11 ♐ 15	21 ♐ 28	4 ♑ 23	8 ♏ 20	20 ♏	28 ♎	28 ♐	2 ♈	19 ♊
28	5 ♐ 4	10 ♎ 5	18 ♈ 18	20 ♈ 0	15 ♏ 17	4 ♏ 56	1 ♓ 1	13 ♓ 35	11 ♐ 22	21 ♐ 31	4 ♑ 25	8 ♏ 22	20 ♏	29 ♎	28 ♐	2 ♈	19 ♊
29	6 ♐ 4	23 ♎ 57	18 ♈ 15	20 R 1	16 ♏ 6	5 ♏ 1	1 ♓ 42	13 ♓ 39	11 ♐ 29	21 ♐ 35	4 ♑ 27	8 ♏ 25	21 ♏	29 ♎	29 ♐	2 ♈	19 ♊
30	7 ♐ 5	8 ♏ 17	18 ♈ 12	19 ♈ 59	17 ♏ 2	5 ♏ 8	2 ♓ 22	13 ♓ 43	11 ♐ 36	21 ♐ 38	4 ♑ 29	8 ♏ 27	21 ♏	0 ♏	29 ♐	3 ♈	19 ♊

SUN INGRESS: ☉ → ♐ 22日 23:44

MOON PHASE: ● 2日 15:02 ♏　◐ 9日 06:11 ♒　○ 16日 21:12 ♉　◑ 25日 01:50 ♍

aspects

2日	20:00	♀□♂
5日	08:00	♀△♃
5日	19:17	☉☌♀
6日	01:55	☉△♃
12日	09:41	♂⚹♅
13日	02:24	☿□♂
13日	13:19	☉☌☿
14日	09:58	♀☌♇
16日	03:42	☉□♂
21日	10:55	☿△♃
24日	15:11	☿△♃

1986年12月

DAY	☉	☽	☊ mean	☊ true	☿	♀	♂	♃	♄	♅	♆	♇	⚳	⚴	⚵	⚶	⚷
	° ′	° ′	° ′	° ′	° ′	° ′	° ′	° ′	° ′	° ′	° ′	° ′	°	°	°	°	°
1	8 ♐ 6	23 ♏ 2	18 ♈ 9	19 R 56	18 D 2	5 D 17	3 D 3	13 D 48	11 D 43	21 D 42	4 D 31	8 D 29	21 D	0 D	29 D	3 D	19 R
2	9 ♐ 7	8 ♐ 6	18 ♈ 6	19 ♈ 50	19 ♏ 7	5 ♏ 29	3 ♓ 44	13 ♓ 52	11 ♐ 50	21 ♐ 45	4 ♑ 33	8 ♏ 31	22 ♏	1 ♏	0 ♑	3 ♈	19 ♊
3	10 ♐ 8	23 ♐ 20	18 ♈ 2	19 ♈ 42	20 ♏ 15	5 ♏ 43	4 ♓ 25	13 ♓ 57	11 ♐ 57	21 ♐ 49	4 ♑ 35	8 ♏ 33	22 ♏	1 ♏	0 ♑	3 ♈	19 ♊
4	11 ♐ 9	8 ♑ 34	17 ♈ 59	19 ♈ 34	21 ♏ 27	5 ♏ 59	5 ♓ 6	14 ♓ 2	12 ♐ 4	21 ♐ 53	4 ♑ 37	8 ♏ 35	23 ♏	1 ♏	1 ♑	3 ♈	19 ♊
5	12 ♐ 9	23 ♑ 35	17 ♈ 56	19 ♈ 26	22 ♏ 42	6 ♏ 17	5 ♓ 47	14 ♓ 7	12 ♐ 12	21 ♐ 56	4 ♑ 40	8 ♏ 38	23 ♏	2 ♏	1 ♑	3 ♈	18 ♊
6	13 ♐ 10	8 ♒ 17	17 ♈ 53	19 ♈ 20	23 ♏ 59	6 ♏ 37	6 ♓ 28	14 ♓ 12	12 ♐ 19	22 ♐ 0	4 ♑ 42	8 ♏ 40	24 ♏	2 ♏	1 ♑	3 ♈	18 ♊
7	14 ♐ 11	22 ♒ 34	17 ♈ 50	19 ♈ 15	25 ♏ 18	6 ♏ 59	7 ♓ 9	14 ♓ 17	12 ♐ 26	22 ♐ 3	4 ♑ 44	8 ♏ 42	24 ♏	3 ♏	2 ♑	3 ♈	18 ♊
8	15 ♐ 12	6 ♓ 23	17 ♈ 47	19 ♈ 13	26 ♏ 39	7 ♏ 22	7 ♓ 50	14 ♓ 23	12 ♐ 33	22 ♐ 7	4 ♑ 46	8 ♏ 44	24 ♏	3 ♏	2 ♑	3 ♈	18 ♊
9	16 ♐ 13	19 ♓ 46	17 ♈ 43	19 D 13	28 ♏ 2	7 ♏ 48	8 ♓ 31	14 ♓ 29	12 ♐ 40	22 ♐ 11	4 ♑ 48	8 ♏ 46	25 ♏	3 ♏	2 ♑	4 ♈	18 ♊
10	17 ♐ 14	2 ♈ 46	17 ♈ 40	19 ♈ 13	29 ♏ 26	8 ♏ 15	9 ♓ 13	14 ♓ 35	12 ♐ 47	22 ♐ 14	4 ♑ 50	8 ♏ 48	25 ♏	4 ♏	3 ♑	4 ♈	18 ♊
11	18 ♐ 15	15 ♈ 27	17 ♈ 37	19 ♈ 14	0 ♐ 51	8 ♏ 44	9 ♓ 54	14 ♓ 41	12 ♐ 54	22 ♐ 18	4 ♑ 53	8 ♏ 50	26 ♏	4 ♏	3 ♑	4 ♈	18 ♊
12	19 ♐ 16	27 ♈ 51	17 ♈ 34	19 R 14	2 ♐ 17	9 ♏ 14	10 ♓ 35	14 ♓ 47	13 ♐ 1	22 ♐ 22	4 ♑ 55	8 ♏ 52	26 ♏	5 ♏	3 ♑	4 ♈	18 ♊
13	20 ♐ 17	10 ♉ 4	17 ♈ 31	19 ♈ 11	3 ♐ 44	9 ♏ 47	11 ♓ 17	14 ♓ 54	13 ♐ 8	22 ♐ 25	4 ♑ 57	8 ♏ 54	27 ♏	5 ♏	4 ♑	4 ♈	18 ♊
14	21 ♐ 18	22 ♉ 9	17 ♈ 28	19 ♈ 6	5 ♐ 11	10 ♏ 20	11 ♓ 58	15 ♓ 0	13 ♐ 15	22 ♐ 29	4 ♑ 59	8 ♏ 56	27 ♏	5 ♏	4 ♑	4 ♈	18 ♊
15	22 ♐ 19	4 ♊ 8	17 ♈ 24	18 ♈ 59	6 ♐ 39	10 ♏ 55	12 ♓ 40	15 ♓ 7	13 ♐ 22	22 ♐ 33	5 ♑ 1	8 ♏ 58	27 ♏	6 ♏	5 ♑	5 ♈	18 ♊
16	23 ♐ 20	16 ♊ 3	17 ♈ 21	18 ♈ 48	8 ♐ 8	11 ♏ 31	13 ♓ 21	15 ♓ 14	13 ♐ 30	22 ♐ 36	5 ♑ 4	9 ♏ 0	28 ♏	6 ♏	5 ♑	5 ♈	18 ♊
17	24 ♐ 21	27 ♊ 56	17 ♈ 18	18 ♈ 36	9 ♐ 37	12 ♏ 9	14 ♓ 3	15 ♓ 21	13 ♐ 37	22 ♐ 40	5 ♑ 6	9 ♏ 1	28 ♏	7 ♏	5 ♑	5 ♈	18 ♊
18	25 ♐ 22	9 ♋ 49	17 ♈ 15	18 ♈ 22	11 ♐ 7	12 ♏ 48	14 ♓ 44	15 ♓ 29	13 ♐ 44	22 ♐ 44	5 ♑ 8	9 ♏ 3	29 ♏	7 ♏	6 ♑	5 ♈	18 ♊
19	26 ♐ 23	21 ♋ 41	17 ♈ 12	18 ♈ 9	12 ♐ 37	13 ♏ 28	15 ♓ 26	15 ♓ 36	13 ♐ 51	22 ♐ 47	5 ♑ 10	9 ♏ 5	29 ♏	7 ♏	6 ♑	5 ♈	18 ♊
20	27 ♐ 24	3 ♌ 36	17 ♈ 8	17 ♈ 57	14 ♐ 8	14 ♏ 10	16 ♓ 8	15 ♓ 44	13 ♐ 58	22 ♐ 51	5 ♑ 13	9 ♏ 7	0 ♐	8 ♏	6 ♑	5 ♈	18 ♊
21	28 ♐ 25	15 ♌ 36	17 ♈ 5	17 ♈ 47	15 ♐ 38	14 ♏ 52	16 ♓ 49	15 ♓ 51	14 ♐ 5	22 ♐ 55	5 ♑ 15	9 ♏ 9	0 ♐	8 ♏	7 ♑	6 ♈	18 ♊
22	29 ♐ 26	27 ♌ 42	17 ♈ 2	17 ♈ 40	17 ♐ 9	15 ♏ 36	17 ♓ 31	15 ♓ 59	14 ♐ 12	22 ♐ 58	5 ♑ 17	9 ♏ 10	0 ♐	9 ♏	7 ♑	6 ♈	17 ♊
23	0 ♑ 27	9 ♍ 59	16 ♈ 59	17 ♈ 36	18 ♐ 41	16 ♏ 21	18 ♓ 13	16 ♓ 7	14 ♐ 18	23 ♐ 2	5 ♑ 19	9 ♏ 12	1 ♐	9 ♏	8 ♑	6 ♈	17 ♊
24	1 ♑ 29	22 ♍ 30	16 ♈ 56	17 ♈ 34	20 ♐ 12	17 ♏ 7	18 ♓ 54	16 ♓ 16	14 ♐ 25	23 ♐ 5	5 ♑ 22	9 ♏ 14	1 ♐	9 ♏	8 ♑	6 ♈	17 ♊
25	2 ♑ 30	5 ♎ 20	16 ♈ 53	17 D 33	21 ♐ 44	17 ♏ 53	19 ♓ 36	16 ♓ 24	14 ♐ 32	23 ♐ 9	5 ♑ 24	9 ♏ 16	2 ♐	10 ♏	8 ♑	7 ♈	17 ♊
26	3 ♑ 31	18 ♎ 34	16 ♈ 49	17 R 33	23 ♐ 16	18 ♏ 41	20 ♓ 18	16 ♓ 33	14 ♐ 39	23 ♐ 13	5 ♑ 26	9 ♏ 17	2 ♐	10 ♏	9 ♑	7 ♈	17 ♊
27	4 ♑ 32	2 ♏ 15	16 ♈ 46	17 ♈ 33	24 ♐ 49	19 ♏ 30	21 ♓ 0	16 ♓ 41	14 ♐ 46	23 ♐ 16	5 ♑ 29	9 ♏ 19	2 ♐	11 ♏	9 ♑	7 ♈	17 ♊
28	5 ♑ 33	16 ♏ 24	16 ♈ 43	17 ♈ 30	26 ♐ 22	20 ♏ 19	21 ♓ 41	16 ♓ 50	14 ♐ 53	23 ♐ 20	5 ♑ 31	9 ♏ 20	3 ♐	11 ♏	9 ♑	7 ♈	17 ♊
29	6 ♑ 34	1 ♐ 2	16 ♈ 40	17 ♈ 25	27 ♐ 55	21 ♏ 9	22 ♓ 23	16 ♓ 59	15 ♐ 0	23 ♐ 23	5 ♑ 33	9 ♏ 22	3 ♐	11 ♏	10 ♑	7 ♈	17 ♊
30	7 ♑ 35	16 ♐ 3	16 ♈ 37	17 ♈ 16	29 ♐ 28	22 ♏ 0	23 ♓ 5	17 ♓ 8	15 ♐ 6	23 ♐ 27	5 ♑ 35	9 ♏ 24	4 ♐	12 ♏	10 ♑	8 ♈	17 ♊
31	8 ♑ 37	1 ♑ 20	16 ♈ 34	17 ♈ 6	1 ♑ 1	22 ♏ 52	23 ♓ 47	17 ♓ 17	15 ♐ 13	23 ♐ 31	5 ♑ 38	9 ♏ 25	4 ♐	12 ♏	11 ♑	8 ♈	17 ♊

SUN INGRESS: ☉ → ♑ 22日 13:02

MOON PHASE: ● 2日 01:43 ♐　◐ 8日 17:01 ♓　○ 16日 16:04 ♊　◑ 24日 18:17 ♎　● 31日 12:10 ♑

aspects

3日	06:31	♂⚹♆
5日	00:56	☉☌♄
6日	10:49	♀△♂
7日	02:42	☉□♃
9日	08:51	♂△♇
11日	05:07	♀☌♇
15日	05:43	☉☌♅
16日	05:47	♂□♄
19日	07:11	♂☌♃
19日	21:08	☿☌♄
21日	03:47	☿□♃
22日	10:22	☿□♂
22日	15:15	♀△♃
25日	22:58	☿☌♅
27日	23:04	☉☌♆
30日	13:48	♂□♃
31日	19:28	☉⚹♇

1987年1月

DAY	☉	☽	☊ mean	☊ true	☿	♀	♂	♃	♄	♅	♆	♇	⚳	⚴	⚵	⚶	⚷
	° ′	° ′	° ′	° ′	° ′	° ′	° ′	° ′	° ′	° ′	° ′	° ′	°	°	°	°	°
1	9 ♑ 38	16 ♑ 42	16 ♈ 30	16 R 54	2 D 35	23 D 45	24 D 29	17 D 27	15 D 20	23 D 34	5 D 40	9 D 26	4 D	12 D	11 D	8 D	17 R
2	10 ♑ 39	1 ♒ 57	16 ♈ 27	16 ♈ 43	4 ♑ 9	24 ♏ 38	25 ♓ 11	17 ♓ 36	15 ♐ 27	23 ♐ 38	5 ♑ 42	9 ♏ 28	5 ♐	13 ♏	11 ♑	8 ♈	17 ♊
3	11 ♑ 40	16 ♒ 54	16 ♈ 24	16 ♈ 33	5 ♑ 44	25 ♏ 32	25 ♓ 53	17 ♓ 46	15 ♐ 33	23 ♐ 41	5 ♑ 44	9 ♏ 29	5 ♐	13 ♏	12 ♑	9 ♈	17 ♊
4	12 ♑ 41	1 ♓ 25	16 ♈ 21	16 ♈ 25	7 ♑ 18	26 ♏ 26	26 ♓ 34	17 ♓ 55	15 ♐ 40	23 ♐ 45	5 ♑ 47	9 ♏ 31	6 ♐	13 ♏	12 ♑	9 ♈	17 ♊
5	13 ♑ 42	15 ♓ 27	16 ♈ 18	16 ♈ 21	8 ♑ 53	27 ♏ 22	27 ♓ 16	18 ♓ 5	15 ♐ 46	23 ♐ 48	5 ♑ 49	9 ♏ 32	6 ♐	14 ♏	13 ♑	9 ♈	17 ♊
6	14 ♑ 44	28 ♓ 58	16 ♈ 14	16 ♈ 19	10 ♑ 29	28 ♏ 17	27 ♓ 58	18 ♓ 15	15 ♐ 53	23 ♐ 52	5 ♑ 51	9 ♏ 33	6 ♐	14 ♏	13 ♑	10 ♈	17 ♊
7	15 ♑ 45	12 ♈ 2	16 ♈ 11	16 ♈ 18	12 ♑ 5	29 ♏ 14	28 ♓ 40	18 ♓ 25	16 ♐ 0	23 ♐ 55	5 ♑ 53	9 ♏ 35	7 ♐	15 ♏	13 ♑	10 ♈	17 ♊
8	16 ♑ 46	24 ♈ 42	16 ♈ 8	16 ♈ 18	13 ♑ 41	0 ♐ 11	29 ♓ 22	18 ♓ 36	16 ♐ 6	23 ♐ 59	5 ♑ 56	9 ♏ 36	7 ♐	15 ♏	14 ♑	10 ♈	17 ♊
9	17 ♑ 47	7 ♉ 3	16 ♈ 5	16 ♈ 17	15 ♑ 18	1 ♐ 8	0 ♈ 4	18 ♓ 46	16 ♐ 12	24 ♐ 2	5 ♑ 58	9 ♏ 37	8 ♐	15 ♏	14 ♑	10 ♈	16 ♊
10	18 ♑ 48	19 ♉ 11	16 ♈ 2	16 ♈ 14	16 ♑ 55	2 ♐ 6	0 ♈ 46	18 ♓ 56	16 ♐ 19	24 ♐ 5	6 ♑ 0	9 ♏ 38	8 ♐	16 ♏	14 ♑	11 ♈	16 ♊
11	19 ♑ 49	1 ♊ 9	15 ♈ 59	16 ♈ 9	18 ♑ 32	3 ♐ 4	1 ♈ 28	19 ♓ 7	16 ♐ 25	24 ♐ 9	6 ♑ 2	9 ♏ 39	8 ♐	16 ♏	15 ♑	11 ♈	16 ♊
12	20 ♑ 51	13 ♊ 3	15 ♈ 55	16 ♈ 0	20 ♑ 10	4 ♐ 3	2 ♈ 10	19 ♓ 18	16 ♐ 31	24 ♐ 12	6 ♑ 5	9 ♏ 41	9 ♐	16 ♏	15 ♑	11 ♈	16 ♊
13	21 ♑ 52	24 ♊ 54	15 ♈ 52	15 ♈ 48	21 ♑ 48	5 ♐ 3	2 ♈ 52	19 ♓ 28	16 ♐ 38	24 ♐ 16	6 ♑ 7	9 ♏ 42	9 ♐	17 ♏	16 ♑	12 ♈	16 ♊
14	22 ♑ 53	6 ♋ 46	15 ♈ 49	15 ♈ 35	23 ♑ 27	6 ♐ 3	3 ♈ 34	19 ♓ 39	16 ♐ 44	24 ♐ 19	6 ♑ 9	9 ♏ 43	10 ♐	17 ♏	16 ♑	12 ♈	16 ♊
15	23 ♑ 54	18 ♋ 40	15 ♈ 46	15 ♈ 20	25 ♑ 7	7 ♐ 3	4 ♈ 16	19 ♓ 50	16 ♐ 50	24 ♐ 22	6 ♑ 11	9 ♏ 44	10 ♐	17 ♏	16 ♑	12 ♈	16 ♊
16	24 ♑ 55	0 ♌ 37	15 ♈ 43	15 ♈ 5	26 ♑ 46	8 ♐ 4	4 ♈ 58	20 ♓ 1	16 ♐ 56	24 ♐ 25	6 ♑ 13	9 ♏ 45	10 ♐	18 ♏	17 ♑	12 ♈	16 ♊
17	25 ♑ 56	12 ♌ 39	15 ♈ 40	14 ♈ 51	28 ♑ 27	9 ♐ 5	5 ♈ 40	20 ♓ 13	17 ♐ 2	24 ♐ 29	6 ♑ 16	9 ♏ 46	11 ♐	18 ♏	17 ♑	13 ♈	16 ♊
18	26 ♑ 57	24 ♌ 47	15 ♈ 36	14 ♈ 40	0 ♒ 7	10 ♐ 6	6 ♈ 22	20 ♓ 24	17 ♐ 8	24 ♐ 32	6 ♑ 18	9 ♏ 47	11 ♐	18 ♏	17 ♑	13 ♈	16 ♊
19	27 ♑ 58	7 ♍ 2	15 ♈ 33	14 ♈ 32	1 ♒ 49	11 ♐ 8	7 ♈ 4	20 ♓ 35	17 ♐ 14	24 ♐ 35	6 ♑ 20	9 ♏ 48	12 ♐	19 ♏	18 ♑	13 ♈	16 ♊
20	28 ♑ 59	19 ♍ 26	15 ♈ 30	14 ♈ 26	3 ♒ 30	12 ♐ 10	7 ♈ 45	20 ♓ 47	17 ♐ 20	24 ♐ 38	6 ♑ 22	9 ♏ 48	12 ♐	19 ♏	18 ♑	14 ♈	16 ♊
21	0 ♒ 0	2 ♎ 2	15 ♈ 27	14 ♈ 24	5 ♒ 13	13 ♐ 13	8 ♈ 27	20 ♓ 59	17 ♐ 26	24 ♐ 41	6 ♑ 24	9 ♏ 49	12 ♐	19 ♏	19 ♑	14 ♈	16 ♊
22	1 ♒ 1	14 ♎ 53	15 ♈ 24	14 D 23	6 ♒ 55	14 ♐ 16	9 ♈ 9	21 ♓ 10	17 ♐ 32	24 ♐ 45	6 ♑ 26	9 ♏ 50	13 ♐	20 ♏	19 ♑	14 ♈	16 ♊
23	2 ♒ 2	28 ♎ 2	15 ♈ 20	14 ♈ 23	8 ♒ 38	15 ♐ 19	9 ♈ 51	21 ♓ 22	17 ♐ 38	24 ♐ 48	6 ♑ 28	9 ♏ 51	13 ♐	20 ♏	19 ♑	15 ♈	16 ♊
24	3 ♒ 3	11 ♏ 34	15 ♈ 17	14 R 23	10 ♒ 22	16 ♐ 23	10 ♈ 33	21 ♓ 34	17 ♐ 43	24 ♐ 51	6 ♑ 30	9 ♏ 51	13 ♐	20 ♏	20 ♑	15 ♈	16 ♊
25	4 ♒ 5	25 ♏ 30	15 ♈ 14	14 ♈ 21	12 ♒ 5	17 ♐ 26	11 ♈ 15	21 ♓ 46	17 ♐ 49	24 ♐ 54	6 ♑ 33	9 ♏ 52	14 ♐	21 ♏	20 ♑	15 ♈	16 ♊
26	5 ♒ 6	9 ♐ 51	15 ♈ 11	14 ♈ 17	13 ♒ 49	18 ♐ 31	11 ♈ 57	21 ♓ 58	17 ♐ 55	24 ♐ 57	6 ♑ 35	9 ♏ 53	14 ♐	21 ♏	21 ♑	16 ♈	16 ♊
27	6 ♒ 7	24 ♐ 34	15 ♈ 8	14 ♈ 10	15 ♒ 33	19 ♐ 35	12 ♈ 39	22 ♓ 10	18 ♐ 0	25 ♐ 0	6 ♑ 37	9 ♏ 53	15 ♐	21 ♏	21 ♑	16 ♈	16 ♊
28	7 ♒ 8	9 ♑ 35	15 ♈ 5	14 ♈ 1	17 ♒ 17	20 ♐ 40	13 ♈ 20	22 ♓ 22	18 ♐ 6	25 ♐ 3	6 ♑ 39	9 ♏ 54	15 ♐	21 ♏	21 ♑	16 ♈	16 ♊
29	8 ♒ 9	24 ♑ 45	15 ♈ 1	13 ♈ 51	19 ♒ 1	21 ♐ 45	14 ♈ 2	22 ♓ 35	18 ♐ 11	25 ♐ 6	6 ♑ 41	9 ♏ 54	15 ♐	22 ♏	22 ♑	17 ♈	16 ♊
30	9 ♒ 10	9 ♒ 54	14 ♈ 58	13 ♈ 41	20 ♒ 45	22 ♐ 50	14 ♈ 44	22 ♓ 47	18 ♐ 16	25 ♐ 9	6 ♑ 43	9 ♏ 55	16 ♐	22 ♏	22 ♑	17 ♈	16 ♊
31	10 ♒ 11	24 ♒ 50	14 ♈ 55	13 ♈ 32	22 ♒ 29	23 ♐ 55	15 ♈ 26	23 ♓ 0	18 ♐ 22	25 ♐ 11	6 ♑ 45	9 ♏ 55	16 ♐	22 ♏	22 ♑	17 ♈	16 ♊

SUN INGRESS	☉ → ♒ 20日 23:40
MOON PHASE	◐ 7日 07:34 ♈　○ 15日 11:30 ♋　◑ 23日 07:45 ♏　● 29日 22:45 ♒

aspects		
3日	00:12	☿☌♆
4日	14:38	♀△♂
5日	09:51	☿⚹♇
10日	03:50	☉⚹♃
11日	09:36	☿⚹♃
13日	02:06	☉☌☿
17日	21:39	♂□♆
23日	16:59	☿□♇
24日	04:27	☿⚹♂
25日	09:17	♀☌♄
28日	11:46	☿⚹♄
29日	22:43	♀□♃
30日	18:00	☉□♇

1987年2月

DAY	☉	☽	☊ mean	☊ true	☿	♀	♂	♃	♄	♅	♆	♇	⚳	⚴	⚵	⚶	⚷
	° ′	° ′	° ′	° ′	° ′	° ′	° ′	° ′	° ′	° ′	° ′	° ′	°	°	°	°	°
1	11 ♒ 11	9 ♓ 26	14 ♈ 52	13 R 25	24 D 11	25 D 1	16 D 8	23 D 12	18 D 27	25 D 14	6 D 47	9 D 56	16 D	23 D	23 D	18 D	16 R
2	12 ♒ 12	23 ♓ 35	14 ♈ 49	13 ♈ 21	25 ♒ 53	26 ♐ 7	16 ♈ 49	23 ♓ 25	18 ♐ 32	25 ♐ 17	6 ♑ 49	9 ♏ 56	17 ♐	23 ♏	23 ♑	18 ♈	16 ♊
3	13 ♒ 13	7 ♈ 15	14 ♈ 46	13 ♈ 19	27 ♒ 34	27 ♐ 13	17 ♈ 31	23 ♓ 38	18 ♐ 37	25 ♐ 20	6 ♑ 50	9 ♏ 57	17 ♐	23 ♏	24 ♑	18 ♈	16 ♊
4	14 ♒ 14	20 ♈ 26	14 ♈ 42	13 D 19	29 ♒ 13	28 ♐ 19	18 ♈ 13	23 ♓ 50	18 ♐ 42	25 ♐ 23	6 ♑ 52	9 ♏ 57	17 ♐	24 ♏	24 ♑	19 ♈	16 ♊
5	15 ♒ 15	3 ♉ 13	14 ♈ 39	13 ♈ 20	0 ♓ 50	29 ♐ 26	18 ♈ 55	24 ♓ 3	18 ♐ 47	25 ♐ 25	6 ♑ 54	9 ♏ 57	18 ♐	24 ♏	24 ♑	19 ♈	15 ♊
6	16 ♒ 16	15 ♉ 38	14 ♈ 36	13 ♈ 20	2 ♓ 24	0 ♑ 33	19 ♈ 37	24 ♓ 16	18 ♐ 52	25 ♐ 28	6 ♑ 56	9 ♏ 57	18 ♐	24 ♏	25 ♑	19 ♈	15 ♊
7	17 ♒ 17	27 ♉ 47	14 ♈ 33	13 R 19	3 ♓ 56	1 ♑ 40	20 ♈ 18	24 ♓ 29	18 ♐ 57	25 ♐ 30	6 ♑ 58	9 ♏ 58	18 ♐	24 ♏	25 ♑	20 ♈	15 ♊
8	18 ♒ 18	9 ♊ 46	14 ♈ 30	13 ♈ 17	5 ♓ 24	2 ♑ 47	21 ♈ 0	24 ♓ 42	19 ♐ 2	25 ♐ 33	7 ♑ 0	9 ♏ 58	19 ♐	25 ♏	26 ♑	20 ♈	15 ♊
9	19 ♒ 18	21 ♊ 39	14 ♈ 26	13 ♈ 12	6 ♓ 48	3 ♑ 54	21 ♈ 42	24 ♓ 55	19 ♐ 6	25 ♐ 36	7 ♑ 2	9 ♏ 58	19 ♐	25 ♏	26 ♑	21 ♈	15 ♊
10	20 ♒ 19	3 ♋ 29	14 ♈ 23	13 ♈ 4	8 ♓ 8	5 ♑ 1	22 ♈ 23	25 ♓ 9	19 ♐ 11	25 ♐ 38	7 ♑ 3	9 ♏ 58	19 ♐	25 ♏	26 ♑	21 ♈	15 ♊
11	21 ♒ 20	15 ♋ 22	14 ♈ 20	12 ♈ 55	9 ♓ 21	6 ♑ 9	23 ♈ 5	25 ♓ 22	19 ♐ 15	25 ♐ 40	7 ♑ 5	9 ♏ 58	20 ♐	25 ♏	27 ♑	21 ♈	15 ♊
12	22 ♒ 20	27 ♋ 19	14 ♈ 17	12 ♈ 45	10 ♓ 29	7 ♑ 17	23 ♈ 46	25 ♓ 35	19 ♐ 20	25 ♐ 43	7 ♑ 7	9 ♏ 58	20 ♐	26 ♏	27 ♑	22 ♈	15 ♊
13	23 ♒ 21	9 ♌ 22	14 ♈ 14	12 ♈ 35	11 ♓ 29	8 ♑ 25	24 ♈ 28	25 ♓ 48	19 ♐ 24	25 ♐ 45	7 ♑ 9	9 R 58	20 ♐	26 ♏	27 ♑	22 ♈	15 ♊
14	24 ♒ 22	21 ♌ 34	14 ♈ 11	12 ♈ 26	12 ♓ 22	9 ♑ 33	25 ♈ 10	26 ♓ 2	19 ♐ 29	25 ♐ 48	7 ♑ 10	9 ♏ 58	21 ♐	26 ♏	28 ♑	22 ♈	15 ♊
15	25 ♒ 22	3 ♍ 54	14 ♈ 7	12 ♈ 19	13 ♓ 7	10 ♑ 41	25 ♈ 51	26 ♓ 15	19 ♐ 33	25 ♐ 50	7 ♑ 12	9 ♏ 58	21 ♐	26 ♏	28 ♑	23 ♈	15 ♊
16	26 ♒ 23	16 ♍ 24	14 ♈ 4	12 ♈ 13	13 ♓ 42	11 ♑ 50	26 ♈ 33	26 ♓ 29	19 ♐ 37	25 ♐ 52	7 ♑ 14	9 ♏ 58	21 ♐	26 ♏	29 ♑	23 ♈	15 ♊
17	27 ♒ 24	29 ♍ 4	14 ♈ 1	12 ♈ 10	14 ♓ 8	12 ♑ 58	27 ♈ 14	26 ♓ 42	19 ♐ 41	25 ♐ 54	7 ♑ 15	9 ♏ 58	22 ♐	27 ♏	29 ♑	24 ♈	15 ♊
18	28 ♒ 24	11 ♎ 55	13 ♈ 58	12 ♈ 9	14 ♓ 24	14 ♑ 7	27 ♈ 56	26 ♓ 56	19 ♐ 45	25 ♐ 56	7 ♑ 17	9 ♏ 57	22 ♐	27 ♏	29 ♑	24 ♈	15 ♊
19	29 ♒ 25	25 ♎ 0	13 ♈ 55	12 D 10	14 ♓ 30	15 ♑ 16	28 ♈ 37	27 ♓ 10	19 ♐ 49	25 ♐ 59	7 ♑ 18	9 ♏ 57	22 ♐	27 ♏	0 ♒	24 ♈	15 ♊
20	0 ♓ 25	8 ♏ 18	13 ♈ 52	12 ♈ 11	14 R 25	16 ♑ 24	29 ♈ 19	27 ♓ 24	19 ♐ 53	26 ♐ 1	7 ♑ 20	9 ♏ 57	23 ♐	27 ♏	0 ♒	25 ♈	15 ♊
21	1 ♓ 26	21 ♏ 52	13 ♈ 48	12 ♈ 13	14 ♓ 10	17 ♑ 33	0 ♉ 0	27 ♓ 37	19 ♐ 56	26 ♐ 3	7 ♑ 22	9 ♏ 57	23 ♐	28 ♏	1 ♒	25 ♈	15 ♊
22	2 ♓ 26	5 ♐ 43	13 ♈ 45	12 R 13	13 ♓ 45	18 ♑ 43	0 ♉ 41	27 ♓ 51	20 ♐ 0	26 ♐ 5	7 ♑ 23	9 ♏ 56	23 ♐	28 ♏	1 ♒	25 ♈	15 D
23	3 ♓ 27	19 ♐ 51	13 ♈ 42	12 ♈ 12	13 ♓ 12	19 ♑ 52	1 ♉ 23	28 ♓ 5	20 ♐ 3	26 ♐ 7	7 ♑ 25	9 ♏ 56	24 ♐	28 ♏	1 ♒	26 ♈	15 ♊
24	4 ♓ 27	4 ♑ 15	13 ♈ 39	12 ♈ 9	12 ♓ 29	21 ♑ 1	2 ♉ 4	28 ♓ 19	20 ♐ 7	26 ♐ 8	7 ♑ 26	9 ♏ 55	24 ♐	28 ♏	2 ♒	26 ♈	15 ♊
25	5 ♓ 27	18 ♑ 52	13 ♈ 36	12 ♈ 4	11 ♓ 40	22 ♑ 11	2 ♉ 45	28 ♓ 33	20 ♐ 10	26 ♐ 10	7 ♑ 27	9 ♏ 55	24 ♐	28 ♏	2 ♒	27 ♈	15 ♊
26	6 ♓ 28	3 ♒ 36	13 ♈ 32	11 ♈ 59	10 ♓ 45	23 ♑ 21	3 ♉ 27	28 ♓ 47	20 ♐ 14	26 ♐ 12	7 ♑ 29	9 ♏ 55	25 ♐	28 ♏	2 ♒	27 ♈	15 ♊
27	7 ♓ 28	18 ♒ 20	13 ♈ 29	11 ♈ 54	9 ♓ 45	24 ♑ 30	4 ♉ 8	29 ♓ 1	20 ♐ 17	26 ♐ 14	7 ♑ 30	9 ♏ 54	25 ♐	29 ♏	3 ♒	27 ♈	15 ♊
28	8 ♓ 28	2 ♓ 57	13 ♈ 26	11 ♈ 49	8 ♓ 42	25 ♑ 40	4 ♉ 49	29 ♓ 15	20 ♐ 20	26 ♐ 16	7 ♑ 32	9 ♏ 54	25 ♐	29 ♏	3 ♒	28 ♈	15 ♊

SUN INGRESS	☉ → ♓ 19日 13:50
MOON PHASE	◐ 6日 01:21 ♉　○ 14日 05:58 ♌　◑ 21日 17:56 ♐　● 28日 09:51 ♓

aspects		
1日	05:00	♀☌♅
1日	15:15	☿⚹♅
2日	09:38	☿⚹♀
4日	19:04	♂△♄
8日	18:53	☉⚹♄
9日	04:02	☿⚹♆
11日	12:45	☿△♇
11日	20:25	♀☌♆
12日	16:56	♃□♅
14日	08:49	♀⚹♇
14日	23:10	♂△♅
15日	11:18	☉⚹♅
16日	12:15	☉⚹♂
18日	06:58	☿⚹♀
26日	20:22	☿△♇
27日	00:51	☉⚹♆
28日	02:40	☉☌☿

1987年3月

DAY	☉	☽	☊ mean	☊ true	☿	♀	♂	♃	♄	♅	♆	♇	⚳	⚴	⚵	⚶	⚷
	° ′	° ′	° ′	° ′	° ′	° ′	° ′	° ′	° ′	° ′	° ′	° ′	°	°	°	°	°
1	9 ♓ 29	17 ♓ 20	13 ♈ 23	11 R 45	7 R 38	26 D 50	5 D 30	29 D 29	20 D 23	26 D 17	7 D 33	9 R 53	25 D	29 D	4 D	28 D	15 D
2	10 ♓ 29	1 ♈ 22	13 ♈ 20	11 ♈ 43	6 ♓ 35	28 ♑ 0	6 ♉ 12	29 ♓ 43	20 ♐ 26	26 ♐ 19	7 ♑ 34	9 ♏ 52	26 ♐	29 ♏	4 ♒	29 ♈	15 ♊
3	11 ♓ 29	15 ♈ 1	13 ♈ 17	11 D 43	5 ♓ 32	29 ♑ 10	6 ♉ 53	29 ♓ 57	20 ♐ 29	26 ♐ 20	7 ♑ 35	9 ♏ 52	26 ♐	29 ♏	4 ♒	29 ♈	15 ♊
4	12 ♓ 29	28 ♈ 16	13 ♈ 13	11 ♈ 44	4 ♓ 33	0 ♒ 20	7 ♉ 34	0 ♈ 12	20 ♐ 31	26 ♐ 22	7 ♑ 37	9 ♏ 51	26 ♐	29 ♏	5 ♒	29 ♈	15 ♊
5	13 ♓ 30	11 ♉ 7	13 ♈ 10	11 ♈ 45	3 ♓ 39	1 ♒ 30	8 ♉ 15	0 ♈ 26	20 ♐ 34	26 ♐ 23	7 ♑ 38	9 ♏ 50	27 ♐	0 ♐	5 ♒	0 ♉	15 ♊
6	14 ♓ 30	23 ♉ 37	13 ♈ 7	11 ♈ 47	2 ♓ 49	2 ♒ 41	8 ♉ 56	0 ♈ 40	20 ♐ 37	26 ♐ 25	7 ♑ 39	9 ♏ 50	27 ♐	0 ♐	5 ♒	0 ♉	15 ♊
7	15 ♓ 30	5 ♊ 51	13 ♈ 4	11 ♈ 48	2 ♓ 5	3 ♒ 51	9 ♉ 37	0 ♈ 54	20 ♐ 39	26 ♐ 26	7 ♑ 40	9 ♏ 49	27 ♐	0 ♐	6 ♒	0 ♉	15 ♊
8	16 ♓ 30	17 ♊ 53	13 ♈ 1	11 R 49	1 ♓ 27	5 ♒ 2	10 ♉ 18	1 ♈ 9	20 ♐ 42	26 ♐ 27	7 ♑ 41	9 ♏ 48	27 ♐	0 ♐	6 ♒	1 ♉	15 ♊
9	17 ♓ 30	29 ♊ 47	12 ♈ 57	11 ♈ 48	0 ♓ 55	6 ♒ 12	10 ♉ 59	1 ♈ 23	20 ♐ 44	26 ♐ 29	7 ♑ 42	9 ♏ 47	28 ♐	0 ♐	7 ♒	1 ♉	15 ♊
10	18 ♓ 30	11 ♋ 40	12 ♈ 54	11 ♈ 46	0 ♓ 31	7 ♒ 23	11 ♉ 40	1 ♈ 37	20 ♐ 46	26 ♐ 30	7 ♑ 43	9 ♏ 46	28 ♐	0 ♐	7 ♒	2 ♉	15 ♊
11	19 ♓ 30	23 ♋ 33	12 ♈ 51	11 ♈ 43	0 ♓ 13	8 ♒ 33	12 ♉ 21	1 ♈ 52	20 ♐ 48	26 ♐ 31	7 ♑ 44	9 ♏ 45	28 ♐	0 ♐	7 ♒	2 ♉	16 ♊
12	20 ♓ 30	5 ♌ 33	12 ♈ 48	11 ♈ 40	0 ♓ 2	9 ♒ 44	13 ♉ 2	2 ♈ 6	20 ♐ 50	26 ♐ 32	7 ♑ 45	9 ♏ 45	28 ♐	0 ♐	8 ♒	3 ♉	16 ♊
13	21 ♓ 30	17 ♌ 42	12 ♈ 45	11 ♈ 37	29 ♒ 57	10 ♒ 55	13 ♉ 43	2 ♈ 20	20 ♐ 52	26 ♐ 33	7 ♑ 46	9 ♏ 44	29 ♐	0 ♐	8 ♒	3 ♉	16 ♊
14	22 ♓ 30	0 ♍ 2	12 ♈ 42	11 ♈ 34	29 D 58	12 ♒ 6	14 ♉ 24	2 ♈ 35	20 ♐ 54	26 ♐ 34	7 ♑ 47	9 ♏ 43	29 ♐	0 ♐	8 ♒	3 ♉	16 ♊
15	23 ♓ 29	12 ♍ 35	12 ♈ 38	11 ♈ 31	0 ♓ 6	13 ♒ 17	15 ♉ 5	2 ♈ 49	20 ♐ 55	26 ♐ 35	7 ♑ 48	9 ♏ 42	29 ♐	1 ♐	9 ♒	4 ♉	16 ♊
16	24 ♓ 29	25 ♍ 22	12 ♈ 35	11 ♈ 29	0 ♓ 19	14 ♒ 28	15 ♉ 46	3 ♈ 4	20 ♐ 57	26 ♐ 36	7 ♑ 49	9 ♏ 41	29 ♐	1 ♐	9 ♒	4 ♉	16 ♊
17	25 ♓ 29	8 ♎ 23	12 ♈ 32	11 ♈ 29	0 ♓ 37	15 ♒ 39	16 ♉ 27	3 ♈ 18	20 ♐ 59	26 ♐ 37	7 ♑ 50	9 ♏ 40	0 ♑	1 ♐	9 ♒	5 ♉	16 ♊
18	26 ♓ 29	21 ♎ 38	12 ♈ 29	11 D 29	1 ♓ 1	16 ♒ 50	17 ♉ 7	3 ♈ 33	21 ♐ 0	26 ♐ 38	7 ♑ 51	9 ♏ 38	0 ♑	1 ♐	10 ♒	5 ♉	16 ♊
19	27 ♓ 28	5 ♏ 5	12 ♈ 26	11 ♈ 30	1 ♓ 29	18 ♒ 1	17 ♉ 48	3 ♈ 47	21 ♐ 1	26 ♐ 38	7 ♑ 51	9 ♏ 37	0 ♑	1 ♐	10 ♒	6 ♉	16 ♊
20	28 ♓ 28	18 ♏ 45	12 ♈ 23	11 ♈ 31	2 ♓ 2	19 ♒ 12	18 ♉ 29	4 ♈ 2	21 ♐ 3	26 ♐ 39	7 ♑ 52	9 ♏ 36	0 ♑	1 ♐	11 ♒	6 ♉	16 ♊
21	29 ♓ 28	2 ♐ 35	12 ♈ 19	11 ♈ 32	2 ♓ 39	20 ♒ 24	19 ♉ 9	4 ♈ 16	21 ♐ 4	26 ♐ 40	7 ♑ 53	9 ♏ 35	0 ♑	1 ♐	11 ♒	6 ♉	16 ♊
22	0 ♈ 27	16 ♐ 34	12 ♈ 16	11 ♈ 33	3 ♓ 20	21 ♒ 35	19 ♉ 50	4 ♈ 31	21 ♐ 5	26 ♐ 40	7 ♑ 53	9 ♏ 34	1 ♑	1 ♐	11 ♒	7 ♉	16 ♊
23	1 ♈ 27	0 ♑ 42	12 ♈ 13	11 ♈ 33	4 ♓ 5	22 ♒ 46	20 ♉ 31	4 ♈ 45	21 ♐ 6	26 ♐ 41	7 ♑ 54	9 ♏ 33	1 ♑	1 ♐	12 ♒	7 ♉	16 ♊
24	2 ♈ 26	14 ♑ 56	12 ♈ 10	11 R 33	4 ♓ 54	23 ♒ 58	21 ♉ 11	5 ♈ 0	21 ♐ 6	26 ♐ 41	7 ♑ 55	9 ♏ 31	1 ♑	1 R	12 ♒	8 ♉	16 ♊
25	3 ♈ 26	29 ♑ 13	12 ♈ 7	11 ♈ 32	5 ♓ 45	25 ♒ 9	21 ♉ 52	5 ♈ 14	21 ♐ 7	26 ♐ 42	7 ♑ 55	9 ♏ 30	1 ♑	1 ♐	12 ♒	8 ♉	16 ♊
26	4 ♈ 25	13 ♒ 31	12 ♈ 3	11 ♈ 31	6 ♓ 40	26 ♒ 21	22 ♉ 33	5 ♈ 29	21 ♐ 8	26 ♐ 42	7 ♑ 56	9 ♏ 29	1 ♑	1 ♐	13 ♒	8 ♉	16 ♊
27	5 ♈ 25	27 ♒ 46	12 ♈ 0	11 ♈ 31	7 ♓ 38	27 ♒ 32	23 ♉ 13	5 ♈ 43	21 ♐ 8	26 ♐ 42	7 ♑ 56	9 ♏ 28	2 ♑	1 ♐	13 ♒	9 ♉	16 ♊
28	6 ♈ 24	11 ♓ 54	11 ♈ 57	11 ♈ 30	8 ♓ 39	28 ♒ 44	23 ♉ 54	5 ♈ 58	21 ♐ 9	26 ♐ 43	7 ♑ 57	9 ♏ 26	2 ♑	1 ♐	13 ♒	9 ♉	16 ♊
29	7 ♈ 24	25 ♓ 51	11 ♈ 54	11 ♈ 30	9 ♓ 42	29 ♒ 56	24 ♉ 34	6 ♈ 12	21 ♐ 9	26 ♐ 43	7 ♑ 57	9 ♏ 25	2 ♑	1 ♐	14 ♒	10 ♉	16 ♊
30	8 ♈ 23	9 ♈ 33	11 ♈ 51	11 ♈ 29	10 ♓ 47	1 ♓ 7	25 ♉ 14	6 ♈ 27	21 ♐ 9	26 ♐ 43	7 ♑ 57	9 ♏ 24	2 ♑	1 ♐	14 ♒	10 ♉	16 ♊
31	9 ♈ 22	22 ♈ 59	11 ♈ 48	11 D 30	11 ♓ 55	2 ♓ 19	25 ♉ 55	6 ♈ 41	21 ♐ 9	26 ♐ 43	7 ♑ 58	9 ♏ 22	2 ♑	1 ♐	14 ♒	11 ♉	16 ♊

SUN INGRESS: ☉ → ♈ 21日 12:52

MOON PHASE: ◐ 7日 20:58 ♊　○ 15日 22:13 ♍　◑ 23日 01:22 ♑　● 29日 21:46 ♈

aspects

1日	01:59	☿⚹♆
1日	09:34	☉△♇
2日	05:16	♀⚹♂
3日	20:17	♀⚹♃
4日	01:34	♂△♆
7日	06:35	♂☍♇
12日	00:08	♀□♇
12日	08:25	☉□♄
18日	03:40	☉□♅
18日	13:48	♀□♂
21日	13:42	♀⚹♄
26日	07:12	☿⚹♅
27日	07:23	☿⚹♆
27日	09:55	☉☌♃
28日	17:51	☿△♇
29日	13:40	☉□♆

1987年4月

DAY	☉	☽	☊ mean	☊ true	☿	♀	♂	♃	♄	♅	♆	♇	⚳	⚴	⚵	⚶	⚷
	° ′	° ′	° ′	° ′	° ′	° ′	° ′	° ′	° ′	° ′	° ′	° ′	°	°	°	°	°
1	10 ♈ 21	6 ♉ 5	11 ♈ 44	11 D 30	13 D 6	3 D 31	26 D 35	6 D 56	21 R 9	26 D 43	7 D 58	9 R 21	3 D	0 R	15 D	11 D	16 D
2	11 ♈ 21	18 ♉ 53	11 ♈ 41	11 ♈ 30	14 ♓ 18	4 ♓ 42	27 ♉ 16	7 ♈ 10	21 ♐ 9	26 R 43	7 ♑ 58	9 ♏ 19	3 ♑	0 ♐	15 ♒	11 ♉	16 ♊
3	12 ♈ 20	1 ♊ 24	11 ♈ 38	11 R 30	15 ♓ 32	5 ♓ 54	27 ♉ 56	7 ♈ 25	21 ♐ 9	26 ♐ 43	7 ♑ 59	9 ♏ 18	3 ♑	0 ♐	15 ♒	12 ♉	16 ♊
4	13 ♈ 19	13 ♊ 40	11 ♈ 35	11 ♈ 30	16 ♓ 49	7 ♓ 6	28 ♉ 36	7 ♈ 39	21 ♐ 9	26 ♐ 43	7 ♑ 59	9 ♏ 16	3 ♑	0 ♐	16 ♒	12 ♉	16 ♊
5	14 ♈ 18	25 ♊ 43	11 ♈ 32	11 ♈ 29	18 ♓ 7	8 ♓ 18	29 ♉ 17	7 ♈ 54	21 ♐ 8	26 ♐ 43	7 ♑ 59	9 ♏ 15	3 ♑	0 ♐	16 ♒	13 ♉	16 ♊
6	15 ♈ 17	7 ♋ 40	11 ♈ 29	11 ♈ 29	19 ♓ 28	9 ♓ 30	29 ♉ 57	8 ♈ 8	21 ♐ 8	26 ♐ 43	7 ♑ 59	9 ♏ 13	3 ♑	0 ♐	17 ♒	13 ♉	16 ♊
7	16 ♈ 16	19 ♋ 33	11 ♈ 25	11 D 29	20 ♓ 50	10 ♓ 42	0 ♊ 37	8 ♈ 23	21 ♐ 7	26 ♐ 42	7 ♑ 59	9 ♏ 12	3 ♑	0 ♐	17 ♒	14 ♉	17 ♊
8	17 ♈ 15	1 ♌ 27	11 ♈ 22	11 ♈ 29	22 ♓ 14	11 ♓ 54	1 ♊ 17	8 ♈ 37	21 ♐ 7	26 ♐ 42	8 ♑ 0	9 ♏ 10	4 ♑	0 ♐	17 ♒	14 ♉	17 ♊
9	18 ♈ 14	13 ♌ 28	11 ♈ 19	11 ♈ 30	23 ♓ 39	13 ♓ 6	1 ♊ 57	8 ♈ 52	21 ♐ 6	26 ♐ 42	8 ♑ 0	9 ♏ 9	4 ♑	0 ♐	18 ♒	14 ♉	17 ♊
10	19 ♈ 13	25 ♌ 39	11 ♈ 16	11 ♈ 30	25 ♓ 7	14 ♓ 18	2 ♊ 37	9 ♈ 6	21 ♐ 5	26 ♐ 41	8 ♑ 0	9 ♏ 7	4 ♑	0 ♐	18 ♒	15 ♉	17 ♊
11	20 ♈ 12	8 ♍ 3	11 ♈ 13	11 ♈ 31	26 ♓ 36	15 ♓ 30	3 ♊ 18	9 ♈ 20	21 ♐ 4	26 ♐ 41	8 R 0	9 ♏ 6	4 ♑	29 ♏	18 ♒	15 ♉	17 ♊
12	21 ♈ 11	20 ♍ 45	11 ♈ 9	11 ♈ 32	28 ♓ 6	16 ♓ 42	3 ♊ 58	9 ♈ 35	21 ♐ 3	26 ♐ 40	8 ♑ 0	9 ♏ 4	4 ♑	29 ♏	19 ♒	16 ♉	17 ♊
13	22 ♈ 10	3 ♎ 46	11 ♈ 6	11 ♈ 33	29 ♓ 39	17 ♓ 54	4 ♊ 38	9 ♈ 49	21 ♐ 2	26 ♐ 40	8 ♑ 0	9 ♏ 3	4 ♑	29 ♏	19 ♒	16 ♉	17 ♊
14	23 ♈ 9	17 ♎ 6	11 ♈ 3	11 R 33	1 ♈ 12	19 ♓ 6	5 ♊ 18	10 ♈ 4	21 ♐ 0	26 ♐ 39	7 ♑ 59	9 ♏ 1	4 ♑	29 ♏	19 ♒	16 ♉	17 ♊
15	24 ♈ 8	0 ♏ 45	11 ♈ 0	11 ♈ 32	2 ♈ 48	20 ♓ 18	5 ♊ 58	10 ♈ 18	20 ♐ 59	26 ♐ 39	7 ♑ 59	8 ♏ 59	4 ♑	29 ♏	20 ♒	17 ♉	17 ♊
16	25 ♈ 6	14 ♏ 40	10 ♈ 57	11 ♈ 31	4 ♈ 25	21 ♓ 30	6 ♊ 38	10 ♈ 32	20 ♐ 58	26 ♐ 38	7 ♑ 59	8 ♏ 58	5 ♑	29 ♏	20 ♒	17 ♉	17 ♊
17	26 ♈ 5	28 ♏ 48	10 ♈ 54	11 ♈ 29	6 ♈ 4	22 ♓ 43	7 ♊ 18	10 ♈ 46	20 ♐ 56	26 ♐ 37	7 ♑ 59	8 ♏ 56	5 ♑	28 ♏	20 ♒	18 ♉	17 ♊
18	27 ♈ 4	13 ♐ 4	10 ♈ 50	11 ♈ 27	7 ♈ 44	23 ♓ 55	7 ♊ 57	11 ♈ 1	20 ♐ 54	26 ♐ 36	7 ♑ 59	8 ♏ 54	5 ♑	28 ♏	20 ♒	18 ♉	17 ♊
19	28 ♈ 2	27 ♐ 24	10 ♈ 47	11 ♈ 25	9 ♈ 26	25 ♓ 7	8 ♊ 37	11 ♈ 15	20 ♐ 53	26 ♐ 35	7 ♑ 58	8 ♏ 53	5 ♑	28 ♏	21 ♒	19 ♉	17 ♊
20	29 ♈ 1	11 ♑ 44	10 ♈ 44	11 ♈ 24	11 ♈ 10	26 ♓ 19	9 ♊ 17	11 ♈ 29	20 ♐ 51	26 ♐ 35	7 ♑ 58	8 ♏ 51	5 ♑	28 ♏	21 ♒	19 ♉	17 ♊
21	0 ♉ 0	26 ♑ 0	10 ♈ 41	11 ♈ 23	12 ♈ 55	27 ♓ 31	9 ♊ 57	11 ♈ 43	20 ♐ 49	26 ♐ 34	7 ♑ 58	8 ♏ 49	5 ♑	28 ♏	21 ♒	20 ♉	17 ♊
22	0 ♉ 58	10 ♒ 9	10 ♈ 38	11 D 23	14 ♈ 42	28 ♓ 44	10 ♊ 37	11 ♈ 57	20 ♐ 47	26 ♐ 33	7 ♑ 57	8 ♏ 48	5 ♑	27 ♏	22 ♒	20 ♉	17 ♊
23	1 ♉ 57	24 ♒ 11	10 ♈ 35	11 ♈ 24	16 ♈ 30	29 ♓ 56	11 ♊ 17	12 ♈ 11	20 ♐ 45	26 ♐ 32	7 ♑ 57	8 ♏ 46	5 ♑	27 ♏	22 ♒	20 ♉	17 ♊
24	2 ♉ 55	8 ♓ 2	10 ♈ 31	11 ♈ 26	18 ♈ 21	1 ♈ 8	11 ♊ 56	12 ♈ 25	20 ♐ 43	26 ♐ 30	7 ♑ 57	8 ♏ 44	5 ♑	27 ♏	22 ♒	21 ♉	18 ♊
25	3 ♉ 54	21 ♓ 43	10 ♈ 28	11 ♈ 27	20 ♈ 12	2 ♈ 21	12 ♊ 36	12 ♈ 39	20 ♐ 40	26 ♐ 29	7 ♑ 56	8 ♏ 43	5 ♑	27 ♏	23 ♒	21 ♉	18 ♊
26	4 ♉ 52	5 ♈ 12	10 ♈ 25	11 ♈ 28	22 ♈ 6	3 ♈ 33	13 ♊ 16	12 ♈ 53	20 ♐ 38	26 ♐ 28	7 ♑ 56	8 ♏ 41	5 ♑	26 ♏	23 ♒	22 ♉	18 ♊
27	5 ♉ 51	18 ♈ 30	10 ♈ 22	11 R 28	24 ♈ 1	4 ♈ 46	13 ♊ 55	13 ♈ 7	20 ♐ 36	26 ♐ 27	7 ♑ 55	8 ♏ 39	5 ♑	26 ♏	23 ♒	22 ♉	18 ♊
28	6 ♉ 49	1 ♉ 34	10 ♈ 19	11 ♈ 27	25 ♈ 58	5 ♈ 58	14 ♊ 35	13 ♈ 21	20 ♐ 33	26 ♐ 26	7 ♑ 55	8 ♏ 38	5 ♑	26 ♏	24 ♒	23 ♉	18 ♊
29	7 ♉ 47	14 ♉ 24	10 ♈ 15	11 ♈ 24	27 ♈ 56	7 ♈ 10	15 ♊ 15	13 ♈ 35	20 ♐ 31	26 ♐ 24	7 ♑ 54	8 ♏ 36	5 ♑	26 ♏	24 ♒	23 ♉	18 ♊
30	8 ♉ 46	27 ♉ 1	10 ♈ 12	11 ♈ 20	29 ♈ 56	8 ♈ 23	15 ♊ 54	13 ♈ 49	20 ♐ 28	26 ♐ 23	7 ♑ 53	8 ♏ 34	5 ♑	25 ♏	24 ♒	23 ♉	18 ♊

SUN INGRESS: ☉ → ♉ 20日 23:58

MOON PHASE: ◐ 6日 16:48 ♋　○ 14日 11:31 ♎　◑ 21日 07:15 ♒　● 28日 10:34 ♉

aspects

4日	17:42	♀⚹♆
5日	08:53	♃□♆
5日	18:37	♀△♇
7日	04:59	☿□♄
11日	01:23	☿□♅
11日	20:39	☉△♄
15日	13:20	♀□♄
17日	12:56	☉△♅
18日	03:25	☿□♆
18日	05:09	☿⚹♂
20日	05:02	♀□♅
20日	05:05	☿☌♃
25日	03:13	♂⚹♃
25日	05:51	☿△♄
28日	05:37	☿△♅
29日	02:45	☉△♆
29日	14:21	♀□♆
29日	19:27	☉☍♇

1987年5月

DAY	☉	☽	☊ mean	☊ true	☿	♀	♂	♃	♄	♅	♆	♇	⚳	⚴	⚵	⚸	⚷
	° ′	° ′	° ′	° ′	° ′	° ′	° ′	° ′	° ′	° ′	° ′	° ′	°	°	°	°	°
1	9 ♉ 44	9 ♊ 25	10 ♈ 9	11 R 16	1 D 58	9 D 35	16 D 34	14 D 3	20 R 25	26 R 22	7 R 53	8 R 33	5 R	25 R	24 D	24 D	18 D
2	10 ♉ 42	21 ♊ 37	10 ♈ 6	11 ♈ 11	4 ♉ 1	10 ♈ 48	17 ♊ 13	14 ♈ 17	20 ♐ 22	26 ♐ 20	7 ♑ 52	8 ♏ 31	5 ♑	25 ♏	25 ♒	24 ♉	18 ♊
3	11 ♉ 41	3 ♋ 40	10 ♈ 3	11 ♈ 6	6 ♉ 5	12 ♈ 0	17 ♊ 53	14 ♈ 30	20 ♐ 19	26 ♐ 19	7 ♑ 52	8 ♏ 29	5 ♑	24 ♏	25 ♒	25 ♉	18 ♊
4	12 ♉ 39	15 ♋ 36	10 ♈ 0	11 ♈ 2	8 ♉ 11	13 ♈ 13	18 ♊ 32	14 ♈ 44	20 ♐ 16	26 ♐ 17	7 ♑ 51	8 ♏ 28	5 ♑	24 ♏	25 ♒	25 ♉	18 ♊
5	13 ♉ 37	27 ♋ 28	9 ♈ 56	10 ♈ 59	10 ♉ 18	14 ♈ 25	19 ♊ 12	14 ♈ 58	20 ♐ 13	26 ♐ 16	7 ♑ 50	8 ♏ 26	5 ♑	24 ♏	26 ♒	26 ♉	18 ♊
6	14 ♉ 35	9 ♌ 21	9 ♈ 53	10 ♈ 58	12 ♉ 26	15 ♈ 38	19 ♊ 51	15 ♈ 11	20 ♐ 10	26 ♐ 14	7 ♑ 49	8 ♏ 24	5 ♑	24 ♏	26 ♒	26 ♉	18 ♊
7	15 ♉ 33	21 ♌ 20	9 ♈ 50	10 D 58	14 ♉ 35	16 ♈ 50	20 ♊ 31	15 ♈ 25	20 ♐ 7	26 ♐ 12	7 ♑ 48	8 ♏ 22	5 ♑	23 ♏	26 ♒	26 ♉	18 ♊
8	16 ♉ 31	3 ♍ 30	9 ♈ 47	10 ♈ 59	16 ♉ 45	18 ♈ 3	21 ♊ 10	15 ♈ 38	20 ♐ 4	26 ♐ 11	7 ♑ 48	8 ♏ 21	5 ♑	23 ♏	27 ♒	27 ♉	19 ♊
9	17 ♉ 29	15 ♍ 55	9 ♈ 44	11 ♈ 0	18 ♉ 55	19 ♈ 15	21 ♊ 49	15 ♈ 51	20 ♐ 0	26 ♐ 9	7 ♑ 47	8 ♏ 19	5 ♑	23 ♏	27 ♒	27 ♉	19 ♊
10	18 ♉ 27	28 ♍ 39	9 ♈ 40	11 ♈ 2	21 ♉ 6	20 ♈ 28	22 ♊ 29	16 ♈ 5	19 ♐ 57	26 ♐ 7	7 ♑ 46	8 ♏ 17	5 ♑	22 ♏	27 ♒	28 ♉	19 ♊
11	19 ♉ 25	11 ♎ 46	9 ♈ 37	11 R 2	23 ♉ 16	21 ♈ 40	23 ♊ 8	16 ♈ 18	19 ♐ 54	26 ♐ 6	7 ♑ 45	8 ♏ 16	5 ♑	22 ♏	27 ♒	28 ♉	19 ♊
12	20 ♉ 23	25 ♎ 18	9 ♈ 34	11 ♈ 2	25 ♉ 26	22 ♈ 53	23 ♊ 47	16 ♈ 31	19 ♐ 50	26 ♐ 4	7 ♑ 44	8 ♏ 14	5 ♑	22 ♏	28 ♒	29 ♉	19 ♊
13	21 ♉ 21	9 ♏ 14	9 ♈ 31	10 ♈ 59	27 ♉ 36	24 ♈ 6	24 ♊ 27	16 ♈ 45	19 ♐ 47	26 ♐ 2	7 ♑ 43	8 ♏ 13	5 ♑	21 ♏	28 ♒	29 ♉	19 ♊
14	22 ♉ 19	23 ♏ 32	9 ♈ 28	10 ♈ 54	29 ♉ 44	25 ♈ 18	25 ♊ 6	16 ♈ 58	19 ♐ 43	26 ♐ 0	7 ♑ 42	8 ♏ 11	5 ♑	21 ♏	28 ♒	29 ♉	19 ♊
15	23 ♉ 17	8 ♐ 6	9 ♈ 25	10 ♈ 49	1 ♊ 52	26 ♈ 31	25 ♊ 45	17 ♈ 11	19 ♐ 39	25 ♐ 58	7 ♑ 41	8 ♏ 9	5 ♑	21 ♏	28 ♒	0 ♊	19 ♊
16	24 ♉ 15	22 ♐ 51	9 ♈ 21	10 ♈ 42	3 ♊ 58	27 ♈ 44	26 ♊ 24	17 ♈ 24	19 ♐ 35	25 ♐ 56	7 ♑ 40	8 ♏ 8	4 ♑	21 ♏	29 ♒	0 ♊	19 ♊
17	25 ♉ 13	7 ♑ 37	9 ♈ 18	10 ♈ 36	6 ♊ 2	28 ♈ 56	27 ♊ 3	17 ♈ 37	19 ♐ 32	25 ♐ 54	7 ♑ 39	8 ♏ 6	4 ♑	20 ♏	29 ♒	1 ♊	19 ♊
18	26 ♉ 10	22 ♑ 18	9 ♈ 15	10 ♈ 31	8 ♊ 5	0 ♉ 9	27 ♊ 43	17 ♈ 50	19 ♐ 28	25 ♐ 52	7 ♑ 38	8 ♏ 4	4 ♑	20 ♏	29 ♒	1 ♊	19 ♊
19	27 ♉ 8	6 ♒ 47	9 ♈ 12	10 ♈ 27	10 ♊ 5	1 ♉ 21	28 ♊ 22	18 ♈ 2	19 ♐ 24	25 ♐ 50	7 ♑ 37	8 ♏ 3	4 ♑	20 ♏	29 ♒	2 ♊	19 ♊
20	28 ♉ 6	21 ♒ 1	9 ♈ 9	10 ♈ 25	12 ♊ 3	2 ♉ 34	29 ♊ 1	18 ♈ 15	19 ♐ 20	25 ♐ 48	7 ♑ 36	8 ♏ 1	4 ♑	19 ♏	0 ♓	2 ♊	20 ♊
21	29 ♉ 4	4 ♓ 57	9 ♈ 6	10 D 25	13 ♊ 59	3 ♉ 47	29 ♊ 40	18 ♈ 28	19 ♐ 16	25 ♐ 46	7 ♑ 34	8 ♏ 0	4 ♑	19 ♏	0 ♓	3 ♊	20 ♊
22	0 ♊ 2	18 ♓ 37	9 ♈ 2	10 ♈ 26	15 ♊ 52	5 ♉ 0	0 ♋ 19	18 ♈ 41	19 ♐ 12	25 ♐ 44	7 ♑ 33	7 ♏ 58	4 ♑	19 ♏	0 ♓	3 ♊	20 ♊
23	0 ♊ 59	2 ♈ 0	8 ♈ 59	10 ♈ 27	17 ♊ 42	6 ♉ 12	0 ♋ 58	18 ♈ 53	19 ♐ 8	25 ♐ 42	7 ♑ 32	7 ♏ 57	4 ♑	19 ♏	0 ♓	3 ♊	20 ♊
24	1 ♊ 57	15 ♈ 8	8 ♈ 56	10 R 27	19 ♊ 30	7 ♉ 25	1 ♋ 37	19 ♈ 6	19 ♐ 4	25 ♐ 40	7 ♑ 31	7 ♏ 55	4 ♑	18 ♏	1 ♓	4 ♊	20 ♊
25	2 ♊ 55	28 ♈ 3	8 ♈ 53	10 ♈ 26	21 ♊ 14	8 ♉ 38	2 ♋ 16	19 ♈ 18	19 ♐ 0	25 ♐ 37	7 ♑ 30	7 ♏ 54	3 ♑	18 ♏	1 ♓	4 ♊	20 ♊
26	3 ♊ 52	10 ♉ 46	8 ♈ 50	10 ♈ 22	22 ♊ 56	9 ♉ 51	2 ♋ 55	19 ♈ 30	18 ♐ 55	25 ♐ 35	7 ♑ 28	7 ♏ 52	3 ♑	18 ♏	1 ♓	5 ♊	20 ♊
27	4 ♊ 50	23 ♉ 19	8 ♈ 46	10 ♈ 16	24 ♊ 34	11 ♉ 3	3 ♋ 34	19 ♈ 43	18 ♐ 51	25 ♐ 33	7 ♑ 27	7 ♏ 51	3 ♑	17 ♏	1 ♓	5 ♊	20 ♊
28	5 ♊ 48	5 ♊ 41	8 ♈ 43	10 ♈ 7	26 ♊ 10	12 ♉ 16	4 ♋ 13	19 ♈ 55	18 ♐ 47	25 ♐ 31	7 ♑ 26	7 ♏ 49	3 ♑	17 ♏	1 ♓	6 ♊	20 ♊
29	6 ♊ 45	17 ♊ 55	8 ♈ 40	9 ♈ 57	27 ♊ 42	13 ♉ 29	4 ♋ 52	20 ♈ 7	18 ♐ 43	25 ♐ 29	7 ♑ 24	7 ♏ 48	3 ♑	17 ♏	2 ♓	6 ♊	20 ♊
30	7 ♊ 43	0 ♋ 0	8 ♈ 37	9 ♈ 46	29 ♊ 11	14 ♉ 42	5 ♋ 31	20 ♈ 19	18 ♐ 38	25 ♐ 26	7 ♑ 23	7 ♏ 46	3 ♑	17 ♏	2 ♓	6 ♊	20 ♊
31	8 ♊ 40	11 ♋ 58	8 ♈ 34	9 ♈ 36	0 ♋ 37	15 ♉ 55	6 ♋ 10	20 ♈ 31	18 ♐ 34	25 ♐ 24	7 ♑ 22	7 ♏ 45	2 ♑	16 ♏	2 ♓	7 ♊	20 ♊

SUN INGRESS	☉ → ♊ 21日 23:10
MOON PHASE	◐ 6日 11:26 ♌　○ 13日 21:50 ♏　◑ 20日 13:02 ♒　● 28日 00:13 ♊

aspects		
3日	20:09	☿△♆
4日	03:04	☿☍♇
5日	13:08	♀☌♃
6日	10:41	♂☍♄
7日	19:25	☉☌☿
9日	14:15	♀△♄
13日	15:08	♀⚹♂
14日	13:28	♀△♅
15日	07:36	♂☍♅
23日	17:52	☿⚹♃
23日	18:24	☿☍♄
23日	21:26	♃△♄
24日	01:53	♀△♆
24日	09:44	♀☍♇
27日	14:23	☿☍♅

1987年6月

DAY	☉	☽	☊ mean	☊ true	☿	♀	♂	♃	♄	♅	♆	♇	⚳	⚴	⚵	⚸	⚷
	° ′	° ′	° ′	° ′	° ′	° ′	° ′	° ′	° ′	° ′	° ′	° ′	°	°	°	°	°
1	9 ♊ 38	23 ♋ 51	8 ♈ 31	9 R 26	2 D 0	17 D 7	6 D 49	20 D 43	18 R 30	25 R 22	7 R 20	7 R 44	2 R	16 R	2 D	7 D	21 D
2	10 ♊ 35	5 ♌ 42	8 ♈ 27	9 ♈ 19	3 ♋ 20	18 ♉ 20	7 ♋ 27	20 ♈ 54	18 ♐ 25	25 ♐ 19	7 ♑ 19	7 ♏ 42	2 ♑	16 ♏	3 ♓	8 ♊	21 ♊
3	11 ♊ 33	17 ♌ 34	8 ♈ 24	9 ♈ 14	4 ♋ 36	19 ♉ 33	8 ♋ 6	21 ♈ 6	18 ♐ 21	25 ♐ 17	7 ♑ 18	7 ♏ 41	2 ♑	16 ♏	3 ♓	8 ♊	21 ♊
4	12 ♊ 30	29 ♌ 31	8 ♈ 21	9 ♈ 11	5 ♋ 49	20 ♉ 46	8 ♋ 45	21 ♈ 18	18 ♐ 17	25 ♐ 15	7 ♑ 16	7 ♏ 40	2 ♑	15 ♏	3 ♓	9 ♊	21 ♊
5	13 ♊ 28	11 ♍ 38	8 ♈ 18	9 ♈ 10	6 ♋ 59	21 ♉ 59	9 ♋ 24	21 ♈ 29	18 ♐ 12	25 ♐ 12	7 ♑ 15	7 ♏ 38	1 ♑	15 ♏	3 ♓	9 ♊	21 ♊
6	14 ♊ 25	24 ♍ 0	8 ♈ 15	9 D 10	8 ♋ 5	23 ♉ 12	10 ♋ 3	21 ♈ 41	18 ♐ 8	25 ♐ 10	7 ♑ 13	7 ♏ 37	1 ♑	15 ♏	3 ♓	10 ♊	21 ♊
7	15 ♊ 23	6 ♎ 42	8 ♈ 12	9 ♈ 11	9 ♋ 7	24 ♉ 25	10 ♋ 41	21 ♈ 52	18 ♐ 3	25 ♐ 7	7 ♑ 12	7 ♏ 36	1 ♑	15 ♏	3 ♓	10 ♊	21 ♊
8	16 ♊ 20	19 ♎ 48	8 ♈ 8	9 R 10	10 ♋ 6	25 ♉ 37	11 ♋ 20	22 ♈ 3	17 ♐ 59	25 ♐ 5	7 ♑ 10	7 ♏ 35	1 ♑	15 ♏	4 ♓	10 ♊	21 ♊
9	17 ♊ 17	3 ♏ 22	8 ♈ 5	9 ♈ 8	11 ♋ 2	26 ♉ 50	11 ♋ 59	22 ♈ 14	17 ♐ 54	25 ♐ 3	7 ♑ 9	7 ♏ 33	1 ♑	14 ♏	4 ♓	11 ♊	21 ♊
10	18 ♊ 15	17 ♏ 24	8 ♈ 2	9 ♈ 4	11 ♋ 53	28 ♉ 3	12 ♋ 37	22 ♈ 25	17 ♐ 50	25 ♐ 0	7 ♑ 7	7 ♏ 32	0 ♑	14 ♏	4 ♓	11 ♊	21 ♊
11	19 ♊ 12	1 ♐ 54	7 ♈ 59	8 ♈ 57	12 ♋ 41	29 ♉ 16	13 ♋ 16	22 ♈ 36	17 ♐ 45	24 ♐ 58	7 ♑ 6	7 ♏ 31	0 ♑	14 ♏	4 ♓	12 ♊	21 ♊
12	20 ♊ 9	16 ♐ 45	7 ♈ 56	8 ♈ 48	13 ♋ 25	0 ♊ 29	13 ♋ 55	22 ♈ 47	17 ♐ 41	24 ♐ 55	7 ♑ 4	7 ♏ 30	0 ♑	14 ♏	4 ♓	12 ♊	21 ♊
13	21 ♊ 7	1 ♑ 50	7 ♈ 52	8 ♈ 37	14 ♋ 4	1 ♊ 42	14 ♋ 33	22 ♈ 58	17 ♐ 37	24 ♐ 53	7 ♑ 3	7 ♏ 29	0 ♑	14 ♏	4 ♓	13 ♊	22 ♊
14	22 ♊ 4	16 ♑ 59	7 ♈ 49	8 ♈ 28	14 ♋ 40	2 ♊ 55	15 ♋ 12	23 ♈ 9	17 ♐ 32	24 ♐ 50	7 ♑ 1	7 ♏ 28	0 ♑	13 ♏	5 ♓	13 ♊	22 ♊
15	23 ♊ 1	2 ♒ 1	7 ♈ 46	8 ♈ 19	15 ♋ 12	4 ♊ 8	15 ♋ 51	23 ♈ 19	17 ♐ 28	24 ♐ 48	7 ♑ 0	7 ♏ 27	29 ♐	13 ♏	5 ♓	13 ♊	22 ♊
16	23 ♊ 59	16 ♒ 48	7 ♈ 43	8 ♈ 12	15 ♋ 39	5 ♊ 21	16 ♋ 29	23 ♈ 30	17 ♐ 23	24 ♐ 46	6 ♑ 58	7 ♏ 26	29 ♐	13 ♏	5 ♓	14 ♊	22 ♊
17	24 ♊ 56	1 ♓ 14	7 ♈ 40	8 ♈ 8	16 ♋ 1	6 ♊ 34	17 ♋ 8	23 ♈ 40	17 ♐ 19	24 ♐ 43	6 ♑ 57	7 ♏ 25	29 ♐	13 ♏	5 ♓	14 ♊	22 ♊
18	25 ♊ 53	15 ♓ 16	7 ♈ 37	8 ♈ 7	16 ♋ 20	7 ♊ 47	17 ♋ 46	23 ♈ 50	17 ♐ 15	24 ♐ 41	6 ♑ 55	7 ♏ 24	29 ♐	13 ♏	5 ♓	15 ♊	22 ♊
19	26 ♊ 51	28 ♓ 54	7 ♈ 33	8 D 6	16 ♋ 34	9 ♊ 0	18 ♋ 25	24 ♈ 0	17 ♐ 10	24 ♐ 38	6 ♑ 53	7 ♏ 23	29 ♐	13 ♏	5 ♓	15 ♊	22 ♊
20	27 ♊ 48	12 ♈ 11	7 ♈ 30	8 R 6	16 ♋ 43	10 ♊ 13	19 ♋ 3	24 ♈ 10	17 ♐ 6	24 ♐ 36	6 ♑ 52	7 ♏ 22	28 ♐	13 ♏	5 ♓	16 ♊	22 ♊
21	28 ♊ 45	25 ♈ 8	7 ♈ 27	8 ♈ 6	16 ♋ 48	11 ♊ 26	19 ♋ 42	24 ♈ 20	17 ♐ 2	24 ♐ 33	6 ♑ 50	7 ♏ 21	28 ♐	13 ♏	5 ♓	16 ♊	22 ♊
22	29 ♊ 42	7 ♉ 49	7 ♈ 24	8 ♈ 3	16 R 48	12 ♊ 39	20 ♋ 20	24 ♈ 30	16 ♐ 57	24 ♐ 31	6 ♑ 49	7 ♏ 20	28 ♐	12 ♏	6 ♓	16 ♊	22 ♊
23	0 ♋ 40	20 ♉ 17	7 ♈ 21	7 ♈ 57	16 ♋ 43	13 ♊ 53	20 ♋ 59	24 ♈ 40	16 ♐ 53	24 ♐ 28	6 ♑ 47	7 ♏ 19	28 ♐	12 ♏	6 ♓	17 ♊	22 ♊
24	1 ♋ 37	2 ♊ 35	7 ♈ 18	7 ♈ 49	16 ♋ 35	15 ♊ 6	21 ♋ 37	24 ♈ 49	16 ♐ 49	24 ♐ 26	6 ♑ 45	7 ♏ 18	27 ♐	12 ♏	6 ♓	17 ♊	23 ♊
25	2 ♋ 34	14 ♊ 45	7 ♈ 14	7 ♈ 38	16 ♋ 21	16 ♊ 19	22 ♋ 16	24 ♈ 58	16 ♐ 45	24 ♐ 24	6 ♑ 44	7 ♏ 18	27 ♐	12 ♏	6 ♓	18 ♊	23 ♊
26	3 ♋ 31	26 ♊ 49	7 ♈ 11	7 ♈ 25	16 ♋ 4	17 ♊ 32	22 ♋ 54	25 ♈ 8	16 ♐ 40	24 ♐ 21	6 ♑ 42	7 ♏ 17	27 ♐	12 ♏	6 ♓	18 ♊	23 ♊
27	4 ♋ 29	8 ♋ 46	7 ♈ 8	7 ♈ 11	15 ♋ 43	18 ♊ 45	23 ♋ 33	25 ♈ 17	16 ♐ 36	24 ♐ 19	6 ♑ 41	7 ♏ 16	27 ♐	12 ♏	6 ♓	19 ♊	23 ♊
28	5 ♋ 26	20 ♋ 40	7 ♈ 5	6 ♈ 58	15 ♋ 19	19 ♊ 59	24 ♋ 11	25 ♈ 26	16 ♐ 32	24 ♐ 16	6 ♑ 39	7 ♏ 15	27 ♐	12 ♏	6 ♓	19 ♊	23 ♊
29	6 ♋ 23	2 ♌ 31	7 ♈ 2	6 ♈ 45	14 ♋ 51	21 ♊ 12	24 ♋ 50	25 ♈ 35	16 ♐ 28	24 ♐ 14	6 ♑ 37	7 ♏ 15	26 ♐	12 ♏	6 ♓	19 ♊	23 ♊
30	7 ♋ 20	14 ♌ 22	6 ♈ 58	6 ♈ 35	14 ♋ 20	22 ♊ 25	25 ♋ 28	25 ♈ 44	16 ♐ 24	24 ♐ 12	6 ♑ 36	7 ♏ 14	26 ♐	12 ♏	6 ♓	20 ♊	23 ♊

SUN INGRESS	☉ → ♋ 22日 07:11
MOON PHASE	◐ 5日 03:53 ♍　○ 12日 05:49 ♐　◑ 18日 20:02 ♓　● 26日 14:37 ♋

aspects		
1日	18:59	♂☍♆
2日	08:53	♂△♇
5日	05:37	☿☍♆
5日	14:00	☿△♇
9日	14:20	☉☍♄
15日	09:03	☉⚹♃
16日	18:48	☉☍♅
22日	01:52	♃△♅
25日	07:59	♀☍♄
29日	05:47	☉☍♆
29日	21:27	☉△♇
30日	12:35	♂□♃

1987年7月

DAY	☉	☽	☊ mean	☊ true	☿	♀	♂	♃	♄	♅	♆	♇	⚳	⚴	⚵	⚶	⚷
	° ′	° ′	° ′	° ′	° ′	° ′	° ′	° ′	° ′	° ′	° ′	° ′	°	°	°	°	°
1	8 ♋ 18	26 ♌ 14	6 ♈ 55	6 R 28	13 R 47	23 D 38	26 D 7	25 D 52	16 R 20	24 R 9	6 R 34	7 R 14	26 R	12 R	6 D	20 D	23 D
2	9 ♋ 15	8 ♍ 11	6 ♈ 52	6 ♈ 23	13 ♋ 13	24 ♊ 52	26 ♋ 45	26 ♈ 1	16 ♐ 16	24 ♐ 7	6 ♑ 32	7 ♏ 13	26 ♐	12 ♏	6 ♓	21 ♊	23 ♊
3	10 ♋ 12	20 ♍ 18	6 ♈ 49	6 ♈ 21	12 ♋ 37	26 ♊ 5	27 ♋ 23	26 ♈ 9	16 ♐ 12	24 ♐ 4	6 ♑ 31	7 ♏ 12	26 ♐	12 ♏	6 ♓	21 ♊	23 ♊
4	11 ♋ 9	2 ♎ 38	6 ♈ 46	6 ♈ 20	12 ♋ 0	27 ♊ 18	28 ♋ 2	26 ♈ 18	16 ♐ 9	24 ♐ 2	6 ♑ 29	7 ♏ 12	25 ♐	12 ♏	6 ♓	22 ♊	23 ♊
5	12 ♋ 6	15 ♎ 16	6 ♈ 43	6 ♈ 20	11 ♋ 24	28 ♊ 31	28 ♋ 40	26 ♈ 26	16 ♐ 5	24 ♐ 0	6 ♑ 28	7 ♏ 12	25 ♐	12 D	6 ♓	22 ♊	23 ♊
6	13 ♋ 4	28 ♎ 18	6 ♈ 39	6 ♈ 19	10 ♋ 48	29 ♊ 45	29 ♋ 18	26 ♈ 34	16 ♐ 1	23 ♐ 58	6 ♑ 26	7 ♏ 11	25 ♐	12 ♏	6 ♓	22 ♊	24 ♊
7	14 ♋ 1	11 ♏ 47	6 ♈ 36	6 ♈ 17	10 ♋ 13	0 ♋ 58	29 ♋ 57	26 ♈ 41	15 ♐ 57	23 ♐ 55	6 ♑ 24	7 ♏ 11	25 ♐	12 ♏	6 ♓	23 ♊	24 ♊
8	14 ♋ 58	25 ♏ 46	6 ♈ 33	6 ♈ 13	9 ♋ 40	2 ♋ 11	0 ♌ 35	26 ♈ 49	15 ♐ 54	23 ♐ 53	6 ♑ 23	7 ♏ 10	25 ♐	12 ♏	6 ♓	23 ♊	24 ♊
9	15 ♋ 55	10 ♐ 14	6 ♈ 30	6 ♈ 6	9 ♋ 10	3 ♋ 25	1 ♌ 13	26 ♈ 57	15 ♐ 50	23 ♐ 51	6 ♑ 21	7 ♏ 10	24 ♐	12 ♏	6 R	24 ♊	24 ♊
10	16 ♋ 52	25 ♐ 8	6 ♈ 27	5 ♈ 57	8 ♋ 42	4 ♋ 38	1 ♌ 52	27 ♈ 4	15 ♐ 47	23 ♐ 49	6 ♑ 20	7 ♏ 10	24 ♐	12 ♏	6 ♓	24 ♊	24 ♊
11	17 ♋ 50	10 ♑ 19	6 ♈ 24	5 ♈ 47	8 ♋ 18	5 ♋ 52	2 ♌ 30	27 ♈ 11	15 ♐ 43	23 ♐ 46	6 ♑ 18	7 ♏ 9	24 ♐	12 ♏	6 ♓	25 ♊	24 ♊
12	18 ♋ 47	25 ♑ 38	6 ♈ 20	5 ♈ 36	7 ♋ 58	7 ♋ 5	3 ♌ 8	27 ♈ 19	15 ♐ 40	23 ♐ 44	6 ♑ 16	7 ♏ 9	24 ♐	12 ♏	6 ♓	25 ♊	24 ♊
13	19 ♋ 44	10 ♒ 54	6 ♈ 17	5 ♈ 27	7 ♋ 42	8 ♋ 19	3 ♌ 46	27 ♈ 26	15 ♐ 37	23 ♐ 42	6 ♑ 15	7 ♏ 9	24 ♐	12 ♏	6 ♓	25 ♊	24 ♊
14	20 ♋ 41	25 ♒ 55	6 ♈ 14	5 ♈ 20	7 ♋ 31	9 ♋ 32	4 ♌ 25	27 ♈ 32	15 ♐ 33	23 ♐ 40	6 ♑ 13	7 ♏ 9	24 ♐	12 ♏	6 ♓	26 ♊	24 ♊
15	21 ♋ 38	10 ♓ 34	6 ♈ 11	5 ♈ 16	7 ♋ 25	10 ♋ 46	5 ♌ 3	27 ♈ 39	15 ♐ 30	23 ♐ 38	6 ♑ 12	7 ♏ 9	23 ♐	12 ♏	6 ♓	26 ♊	24 ♊
16	22 ♋ 35	24 ♓ 47	6 ♈ 8	5 ♈ 14	7 D 24	11 ♋ 59	5 ♌ 41	27 ♈ 46	15 ♐ 27	23 ♐ 36	6 ♑ 10	7 ♏ 9	23 ♐	12 ♏	6 ♓	27 ♊	24 ♊
17	23 ♋ 33	8 ♈ 32	6 ♈ 4	5 D 14	7 ♋ 28	13 ♋ 13	6 ♌ 19	27 ♈ 52	15 ♐ 24	23 ♐ 34	6 ♑ 9	7 ♏ 8	23 ♐	13 ♏	6 ♓	27 ♊	24 ♊
18	24 ♋ 30	21 ♈ 50	6 ♈ 1	5 ♈ 14	7 ♋ 38	14 ♋ 26	6 ♌ 58	27 ♈ 58	15 ♐ 21	23 ♐ 32	6 ♑ 7	7 ♏ 8	23 ♐	13 ♏	6 ♓	27 ♊	25 ♊
19	25 ♋ 27	4 ♉ 46	5 ♈ 58	5 R 14	7 ♋ 53	15 ♋ 40	7 ♌ 36	28 ♈ 4	15 ♐ 18	23 ♐ 30	6 ♑ 6	7 D 8	23 ♐	13 ♏	6 ♓	28 ♊	25 ♊
20	26 ♋ 24	17 ♉ 22	5 ♈ 55	5 ♈ 12	8 ♋ 14	16 ♋ 53	8 ♌ 14	28 ♈ 10	15 ♐ 16	23 ♐ 28	6 ♑ 4	7 ♏ 8	23 ♐	13 ♏	6 ♓	28 ♊	25 ♊
21	27 ♋ 22	29 ♉ 43	5 ♈ 52	5 ♈ 8	8 ♋ 40	18 ♋ 7	8 ♌ 52	28 ♈ 16	15 ♐ 13	23 ♐ 26	6 ♑ 3	7 ♏ 9	23 ♐	13 ♏	6 ♓	29 ♊	25 ♊
22	28 ♋ 19	11 ♊ 53	5 ♈ 49	5 ♈ 1	9 ♋ 13	19 ♋ 21	9 ♌ 31	28 ♈ 21	15 ♐ 10	23 ♐ 24	6 ♑ 1	7 ♏ 9	22 ♐	13 ♏	6 ♓	29 ♊	25 ♊
23	29 ♋ 16	23 ♊ 54	5 ♈ 45	4 ♈ 52	9 ♋ 50	20 ♋ 34	10 ♌ 9	28 ♈ 27	15 ♐ 8	23 ♐ 22	6 ♑ 0	7 ♏ 9	22 ♐	13 ♏	6 ♓	0 ♋	25 ♊
24	0 ♌ 14	5 ♋ 51	5 ♈ 42	4 ♈ 41	10 ♋ 34	21 ♋ 48	10 ♌ 47	28 ♈ 32	15 ♐ 5	23 ♐ 21	5 ♑ 58	7 ♏ 9	22 ♐	13 ♏	6 ♓	0 ♋	25 ♊
25	1 ♌ 11	17 ♋ 44	5 ♈ 39	4 ♈ 29	11 ♋ 22	23 ♋ 2	11 ♌ 25	28 ♈ 37	15 ♐ 3	23 ♐ 19	5 ♑ 57	7 ♏ 9	22 ♐	13 ♏	5 ♓	0 ♋	25 ♊
26	2 ♌ 8	29 ♋ 35	5 ♈ 36	4 ♈ 17	12 ♋ 17	24 ♋ 16	12 ♌ 3	28 ♈ 42	15 ♐ 0	23 ♐ 17	5 ♑ 55	7 ♏ 9	22 ♐	14 ♏	5 ♓	1 ♋	25 ♊
27	3 ♌ 6	11 ♌ 26	5 ♈ 33	4 ♈ 7	13 ♋ 16	25 ♋ 29	12 ♌ 42	28 ♈ 46	14 ♐ 58	23 ♐ 15	5 ♑ 54	7 ♏ 10	22 ♐	14 ♏	5 ♓	1 ♋	25 ♊
28	4 ♌ 3	23 ♌ 19	5 ♈ 30	3 ♈ 58	14 ♋ 21	26 ♋ 43	13 ♌ 20	28 ♈ 51	14 ♐ 56	23 ♐ 14	5 ♑ 53	7 ♏ 10	22 ♐	14 ♏	5 ♓	2 ♋	25 ♊
29	5 ♌ 0	5 ♍ 16	5 ♈ 26	3 ♈ 52	15 ♋ 31	27 ♋ 57	13 ♌ 58	28 ♈ 55	14 ♐ 54	23 ♐ 12	5 ♑ 51	7 ♏ 10	22 ♐	14 ♏	5 ♓	2 ♋	25 ♊
30	5 ♌ 58	17 ♍ 18	5 ♈ 23	3 ♈ 48	16 ♋ 47	29 ♋ 11	14 ♌ 36	28 ♈ 59	14 ♐ 52	23 ♐ 11	5 ♑ 50	7 ♏ 11	22 ♐	14 ♏	5 ♓	2 ♋	25 ♊
31	6 ♌ 55	29 ♍ 29	5 ♈ 20	3 ♈ 47	18 ♋ 7	0 ♌ 25	15 ♌ 14	29 ♈ 3	14 ♐ 50	23 ♐ 9	5 ♑ 49	7 ♏ 11	22 ♐	14 ♏	5 ♓	3 ♋	26 ♊

SUN INGRESS	☉ → ♌ 23日 18:06
MOON PHASE	◐ 4日 17:34 ♎　○ 11日 12:33 ♑　◑ 18日 05:17 ♈　● 26日 05:38 ♌

aspects		
1日	09:49	♀☍♅
3日	01:40	♀⚹♃
4日	13:03	☉☌☿
11日	08:25	♀☍♆
12日	01:19	♀△♇
12日	14:06	☿☌♀
18日	06:47	♂□♇
22日	01:02	☉□♃
29日	20:04	♀□♃
30日	09:31	♂△♄
31日	06:46	☉□♇

1987年8月

DAY	☉	☽	☊ mean	☊ true	☿	♀	♂	♃	♄	♅	♆	♇	⚳	⚴	⚵	⚶	⚷
	° ′	° ′	° ′	° ′	° ′	° ′	° ′	° ′	° ′	° ′	° ′	° ′	°	°	°	°	°
1	7 ♌ 52	11 ♎ 53	5 ♈ 17	3 D 47	19 D 32	1 D 39	15 D 52	29 D 7	14 R 48	23 R 7	5 R 47	7 D 12	22 R	15 D	5 R	3 D	26 D
2	8 ♌ 50	24 ♎ 32	5 ♈ 14	3 ♈ 48	21 ♋ 1	2 ♌ 52	16 ♌ 31	29 ♈ 11	14 ♐ 47	23 ♐ 6	5 ♑ 46	7 ♏ 12	21 ♐	15 ♏	4 ♓	4 ♋	26 ♊
3	9 ♌ 47	7 ♏ 32	5 ♈ 10	3 ♈ 48	22 ♋ 35	4 ♌ 6	17 ♌ 9	29 ♈ 14	14 ♐ 45	23 ♐ 5	5 ♑ 45	7 ♏ 12	21 ♐	15 ♏	4 ♓	4 ♋	26 ♊
4	10 ♌ 45	20 ♏ 56	5 ♈ 7	3 R 48	24 ♋ 14	5 ♌ 20	17 ♌ 47	29 ♈ 17	14 ♐ 43	23 ♐ 3	5 ♑ 43	7 ♏ 13	21 ♐	15 ♏	4 ♓	4 ♋	26 ♊
5	11 ♌ 42	4 ♐ 47	5 ♈ 4	3 ♈ 46	25 ♋ 56	6 ♌ 34	18 ♌ 25	29 ♈ 20	14 ♐ 42	23 ♐ 2	5 ♑ 42	7 ♏ 14	21 ♐	15 ♏	4 ♓	5 ♋	26 ♊
6	12 ♌ 39	19 ♐ 5	5 ♈ 1	3 ♈ 41	27 ♋ 41	7 ♌ 48	19 ♌ 3	29 ♈ 23	14 ♐ 41	23 ♐ 1	5 ♑ 41	7 ♏ 14	21 ♐	15 ♏	4 ♓	5 ♋	26 ♊
7	13 ♌ 37	3 ♑ 48	4 ♈ 58	3 ♈ 36	29 ♋ 30	9 ♌ 2	19 ♌ 41	29 ♈ 26	14 ♐ 39	22 ♐ 59	5 ♑ 40	7 ♏ 15	21 ♐	16 ♏	3 ♓	6 ♋	26 ♊
8	14 ♌ 34	18 ♑ 50	4 ♈ 55	3 ♈ 29	1 ♌ 22	10 ♌ 16	20 ♌ 20	29 ♈ 29	14 ♐ 38	22 ♐ 58	5 ♑ 39	7 ♏ 16	21 ♐	16 ♏	3 ♓	6 ♋	26 ♊
9	15 ♌ 32	4 ♒ 3	4 ♈ 51	3 ♈ 21	3 ♌ 17	11 ♌ 30	20 ♌ 58	29 ♈ 31	14 ♐ 37	22 ♐ 57	5 ♑ 37	7 ♏ 16	21 ♐	16 ♏	3 ♓	7 ♋	26 ♊
10	16 ♌ 29	19 ♒ 17	4 ♈ 48	3 ♈ 15	5 ♌ 14	12 ♌ 44	21 ♌ 36	29 ♈ 33	14 ♐ 36	22 ♐ 56	5 ♑ 36	7 ♏ 17	21 ♐	16 ♏	3 ♓	7 ♋	26 ♊
11	17 ♌ 27	4 ♓ 21	4 ♈ 45	3 ♈ 11	7 ♌ 12	13 ♌ 58	22 ♌ 14	29 ♈ 35	14 ♐ 35	22 ♐ 55	5 ♑ 35	7 ♏ 18	21 D	16 ♏	3 ♓	7 ♋	26 ♊
12	18 ♌ 24	19 ♓ 6	4 ♈ 42	3 ♈ 8	9 ♌ 12	15 ♌ 12	22 ♌ 52	29 ♈ 37	14 ♐ 34	22 ♐ 54	5 ♑ 34	7 ♏ 19	21 ♐	17 ♏	2 ♓	8 ♋	26 ♊
13	19 ♌ 22	3 ♈ 27	4 ♈ 39	3 D 7	11 ♌ 13	16 ♌ 26	23 ♌ 30	29 ♈ 38	14 ♐ 34	22 ♐ 53	5 ♑ 33	7 ♏ 19	21 ♐	17 ♏	2 ♓	8 ♋	26 ♊
14	20 ♌ 20	17 ♈ 19	4 ♈ 36	3 ♈ 8	13 ♌ 15	17 ♌ 40	24 ♌ 8	29 ♈ 39	14 ♐ 33	22 ♐ 52	5 ♑ 32	7 ♏ 20	21 ♐	17 ♏	2 ♓	9 ♋	26 ♊
15	21 ♌ 17	0 ♉ 45	4 ♈ 32	3 ♈ 9	15 ♌ 18	18 ♌ 55	24 ♌ 47	29 ♈ 41	14 ♐ 33	22 ♐ 51	5 ♑ 31	7 ♏ 21	21 ♐	17 ♏	2 ♓	9 ♋	27 ♊
16	22 ♌ 15	13 ♉ 44	4 ♈ 29	3 ♈ 10	17 ♌ 21	20 ♌ 9	25 ♌ 25	29 ♈ 42	14 ♐ 32	22 ♐ 50	5 ♑ 30	7 ♏ 22	21 ♐	18 ♏	2 ♓	9 ♋	27 ♊
17	23 ♌ 12	26 ♉ 23	4 ♈ 26	3 R 10	19 ♌ 23	21 ♌ 23	26 ♌ 3	29 ♈ 42	14 ♐ 32	22 ♐ 49	5 ♑ 29	7 ♏ 23	21 ♐	18 ♏	1 ♓	10 ♋	27 ♊
18	24 ♌ 10	8 ♊ 43	4 ♈ 23	3 ♈ 9	21 ♌ 25	22 ♌ 37	26 ♌ 41	29 ♈ 43	14 ♐ 32	22 ♐ 48	5 ♑ 28	7 ♏ 24	21 ♐	18 ♏	1 ♓	10 ♋	27 ♊
19	25 ♌ 8	20 ♊ 51	4 ♈ 20	3 ♈ 6	23 ♌ 27	23 ♌ 51	27 ♌ 19	29 ♈ 43	14 ♐ 32	22 ♐ 48	5 ♑ 27	7 ♏ 25	21 ♐	18 ♏	1 ♓	10 ♋	27 ♊
20	26 ♌ 6	2 ♋ 49	4 ♈ 16	3 ♈ 2	25 ♌ 28	25 ♌ 5	27 ♌ 57	29 ♈ 43	14 D 32	22 ♐ 47	5 ♑ 26	7 ♏ 26	21 ♐	19 ♏	1 ♓	11 ♋	27 ♊
21	27 ♌ 3	14 ♋ 42	4 ♈ 13	2 ♈ 56	27 ♌ 28	26 ♌ 20	28 ♌ 35	29 R 43	14 ♐ 32	22 ♐ 46	5 ♑ 25	7 ♏ 27	22 ♐	19 ♏	0 ♓	11 ♋	27 ♊
22	28 ♌ 1	26 ♋ 33	4 ♈ 10	2 ♈ 50	29 ♌ 27	27 ♌ 34	29 ♌ 14	29 ♈ 43	14 ♐ 32	22 ♐ 46	5 ♑ 25	7 ♏ 29	22 ♐	19 ♏	0 ♓	12 ♋	27 ♊
23	28 ♌ 59	8 ♌ 25	4 ♈ 7	2 ♈ 44	1 ♍ 25	28 ♌ 48	29 ♌ 52	29 ♈ 43	14 ♐ 32	22 ♐ 45	5 ♑ 24	7 ♏ 30	22 ♐	19 ♏	0 ♓	12 ♋	27 ♊
24	29 ♌ 57	20 ♌ 19	4 ♈ 4	2 ♈ 38	3 ♍ 22	0 ♍ 3	0 ♍ 30	29 ♈ 42	14 ♐ 32	22 ♐ 45	5 ♑ 23	7 ♏ 31	22 ♐	20 ♏	0 ♓	12 ♋	27 ♊
25	0 ♍ 55	2 ♍ 18	4 ♈ 1	2 ♈ 34	5 ♍ 18	1 ♍ 17	1 ♍ 8	29 ♈ 41	14 ♐ 33	22 ♐ 44	5 ♑ 22	7 ♏ 32	22 ♐	20 ♏	29 ♒	13 ♋	27 ♊
26	1 ♍ 52	14 ♍ 23	3 ♈ 57	2 ♈ 31	7 ♍ 12	2 ♍ 31	1 ♍ 46	29 ♈ 40	14 ♐ 33	22 ♐ 44	5 ♑ 22	7 ♏ 33	22 ♐	20 ♏	29 ♒	13 ♋	27 ♊
27	2 ♍ 50	26 ♍ 37	3 ♈ 54	2 ♈ 30	9 ♍ 5	3 ♍ 46	2 ♍ 24	29 ♈ 39	14 ♐ 34	22 ♐ 43	5 ♑ 21	7 ♏ 35	22 ♐	20 ♏	29 ♒	14 ♋	27 ♊
28	3 ♍ 48	8 ♎ 59	3 ♈ 51	2 D 30	10 ♍ 57	5 ♍ 0	3 ♍ 3	29 ♈ 37	14 ♐ 35	22 ♐ 43	5 ♑ 20	7 ♏ 36	22 ♐	21 ♏	29 ♒	14 ♋	27 ♊
29	4 ♍ 46	21 ♎ 34	3 ♈ 48	2 ♈ 31	12 ♍ 48	6 ♍ 14	3 ♍ 41	29 ♈ 36	14 ♐ 36	22 ♐ 43	5 ♑ 20	7 ♏ 37	22 ♐	21 ♏	28 ♒	14 ♋	27 ♊
30	5 ♍ 44	4 ♏ 23	3 ♈ 45	2 ♈ 32	14 ♍ 37	7 ♍ 29	4 ♍ 19	29 ♈ 34	14 ♐ 37	22 ♐ 43	5 ♑ 19	7 ♏ 39	22 ♐	21 ♏	28 ♒	15 ♋	27 ♊
31	6 ♍ 42	17 ♏ 29	3 ♈ 42	2 ♈ 34	16 ♍ 25	8 ♍ 43	4 ♍ 57	29 ♈ 32	14 ♐ 38	22 ♐ 43	5 ♑ 18	7 ♏ 40	22 ♐	22 ♏	28 ♒	15 ♋	27 ♊

SUN INGRESS	☉ → ♍ 24日 01:10
MOON PHASE	◐ 3日 04:24 ♏　○ 9日 19:17 ♒　◑ 16日 17:25 ♉　● 24日 20:59 ♍

aspects		
5日	12:55	♀□♇
6日	23:04	☿□♃
8日	01:33	☉△♄
11日	01:09	☿□♇
11日	11:53	♀△♄
12日	00:56	♂△♅
14日	15:10	☿△♄
16日	14:24	☉△♅
18日	03:36	♀△♅
18日	16:16	☿△♅
19日	12:29	☿☌♀
20日	14:29	☉☌☿
21日	20:01	☿☌♂
22日	03:15	☿△♃
22日	18:18	♂△♃
23日	15:25	☉☌♀
23日	17:24	♀△♃
23日	17:57	☉△♃
24日	18:10	♀☌♂
25日	00:58	☿△♆
25日	16:33	☉☌♂
26日	04:33	☿⚹♇
28日	06:28	♀△♆
29日	13:39	☉△♆
29日	23:54	☿□♄
30日	03:17	♀⚹♇
31日	13:05	♂△♆

1987年9月

DAY	☉	☽	☊ mean	☊ true	☿	♀	♂	♃	♄	♅	♆	♇	⚳	⚴	⚵	⚶	⚷
	° ′	° ′	° ′	° ′	° ′	° ′	° ′	° ′	° ′	° ′	° ′	° ′	°	°	°	°	°
1	7 ♍ 40	0 ♐ 54	3 ♈ 38	2 D 35	18 D 12	9 D 58	5 D 35	29 R 30	14 D 39	22 R 43	5 R 18	7 D 42	23 D	22 D	28 R	15 D	27 D
2	8 ♍ 38	14 ♐ 39	3 ♈ 35	2 R 35	19 ♍ 57	11 ♍ 12	6 ♍ 14	29 ♈ 27	14 ♐ 40	22 D 43	5 ♑ 17	7 ♏ 43	23 ♐	22 ♏	27 ♒	16 ♋	28 ♊
3	9 ♍ 36	28 ♐ 46	3 ♈ 32	2 ♈ 34	21 ♍ 42	12 ♍ 26	6 ♍ 52	29 ♈ 24	14 ♐ 41	22 ♐ 43	5 ♑ 17	7 ♏ 44	23 ♐	22 ♏	27 ♒	16 ♋	28 ♊
4	10 ♍ 34	13 ♑ 12	3 ♈ 29	2 ♈ 32	23 ♍ 24	13 ♍ 41	7 ♍ 30	29 ♈ 22	14 ♐ 43	22 ♐ 43	5 ♑ 16	7 ♏ 46	23 ♐	23 ♏	27 ♒	17 ♋	28 ♊
5	11 ♍ 33	27 ♑ 55	3 ♈ 26	2 ♈ 29	25 ♍ 6	14 ♍ 55	8 ♍ 8	29 ♈ 19	14 ♐ 44	22 ♐ 43	5 ♑ 16	7 ♏ 48	23 ♐	23 ♏	27 ♒	17 ♋	28 ♊
6	12 ♍ 31	12 ♒ 48	3 ♈ 22	2 ♈ 26	26 ♍ 47	16 ♍ 10	8 ♍ 46	29 ♈ 15	14 ♐ 46	22 ♐ 43	5 ♑ 16	7 ♏ 49	23 ♐	23 ♏	26 ♒	17 ♋	28 ♊
7	13 ♍ 29	27 ♒ 45	3 ♈ 19	2 ♈ 24	28 ♍ 26	17 ♍ 24	9 ♍ 25	29 ♈ 12	14 ♐ 48	22 ♐ 43	5 ♑ 15	7 ♏ 51	23 ♐	24 ♏	26 ♒	18 ♋	28 ♊
8	14 ♍ 27	12 ♓ 36	3 ♈ 16	2 ♈ 22	0 ♎ 4	18 ♍ 39	10 ♍ 3	29 ♈ 8	14 ♐ 50	22 ♐ 43	5 ♑ 15	7 ♏ 52	23 ♐	24 ♏	26 ♒	18 ♋	28 ♊
9	15 ♍ 25	27 ♓ 14	3 ♈ 13	2 ♈ 22	1 ♎ 41	19 ♍ 53	10 ♍ 41	29 ♈ 5	14 ♐ 51	22 ♐ 44	5 ♑ 15	7 ♏ 54	24 ♐	24 ♏	26 ♒	18 ♋	28 ♊
10	16 ♍ 23	11 ♈ 33	3 ♈ 10	2 D 22	3 ♎ 17	21 ♍ 8	11 ♍ 19	29 ♈ 1	14 ♐ 53	22 ♐ 44	5 ♑ 14	7 ♏ 56	24 ♐	25 ♏	26 ♒	19 ♋	28 ♊
11	17 ♍ 22	25 ♈ 28	3 ♈ 7	2 ♈ 23	4 ♎ 51	22 ♍ 22	11 ♍ 58	28 ♈ 57	14 ♐ 56	22 ♐ 45	5 ♑ 14	7 ♏ 57	24 ♐	25 ♏	25 ♒	19 ♋	28 ♊
12	18 ♍ 20	8 ♉ 58	3 ♈ 3	2 ♈ 24	6 ♎ 25	23 ♍ 37	12 ♍ 36	28 ♈ 52	14 ♐ 58	22 ♐ 45	5 ♑ 14	7 ♏ 59	24 ♐	25 ♏	25 ♒	20 ♋	28 ♊
13	19 ♍ 18	22 ♉ 3	3 ♈ 0	2 ♈ 25	7 ♎ 57	24 ♍ 51	13 ♍ 14	28 ♈ 48	15 ♐ 0	22 ♐ 46	5 ♑ 14	8 ♏ 1	24 ♐	25 ♏	25 ♒	20 ♋	28 ♊
14	20 ♍ 17	4 ♊ 46	2 ♈ 57	2 ♈ 26	9 ♎ 29	26 ♍ 6	13 ♍ 52	28 ♈ 43	15 ♐ 2	22 ♐ 46	5 ♑ 14	8 ♏ 3	24 ♐	26 ♏	25 ♒	20 ♋	28 ♊
15	21 ♍ 15	17 ♊ 10	2 ♈ 54	2 ♈ 26	10 ♎ 59	27 ♍ 20	14 ♍ 31	28 ♈ 38	15 ♐ 5	22 ♐ 47	5 ♑ 13	8 ♏ 4	25 ♐	26 ♏	25 ♒	21 ♋	28 ♊
16	22 ♍ 14	29 ♊ 18	2 ♈ 51	2 R 26	12 ♎ 28	28 ♍ 35	15 ♍ 9	28 ♈ 33	15 ♐ 7	22 ♐ 48	5 ♑ 13	8 ♏ 6	25 ♐	26 ♏	24 ♒	21 ♋	28 ♊
17	23 ♍ 12	11 ♋ 17	2 ♈ 48	2 ♈ 26	13 ♎ 56	29 ♍ 50	15 ♍ 47	28 ♈ 28	15 ♐ 10	22 ♐ 48	5 ♑ 13	8 ♏ 8	25 ♐	27 ♏	24 ♒	21 ♋	28 ♊
18	24 ♍ 11	23 ♋ 10	2 ♈ 44	2 ♈ 25	15 ♎ 22	1 ♎ 4	16 ♍ 26	28 ♈ 23	15 ♐ 13	22 ♐ 49	5 D 13	8 ♏ 10	25 ♐	27 ♏	24 ♒	22 ♋	28 ♊
19	25 ♍ 9	5 ♌ 1	2 ♈ 41	2 ♈ 24	16 ♎ 48	2 ♎ 19	17 ♍ 4	28 ♈ 17	15 ♐ 16	22 ♐ 50	5 ♑ 13	8 ♏ 12	25 ♐	27 ♏	24 ♒	22 ♋	28 ♊
20	26 ♍ 8	16 ♌ 54	2 ♈ 38	2 ♈ 23	18 ♎ 12	3 ♎ 33	17 ♍ 42	28 ♈ 12	15 ♐ 18	22 ♐ 51	5 ♑ 13	8 ♏ 14	26 ♐	28 ♏	24 ♒	22 ♋	28 ♊
21	27 ♍ 6	28 ♌ 53	2 ♈ 35	2 ♈ 22	19 ♎ 35	4 ♎ 48	18 ♍ 21	28 ♈ 6	15 ♐ 21	22 ♐ 52	5 ♑ 13	8 ♏ 16	26 ♐	28 ♏	23 ♒	23 ♋	28 ♊
22	28 ♍ 5	11 ♍ 0	2 ♈ 32	2 ♈ 22	20 ♎ 57	6 ♎ 3	18 ♍ 59	28 ♈ 0	15 ♐ 25	22 ♐ 53	5 ♑ 14	8 ♏ 18	26 ♐	28 ♏	23 ♒	23 ♋	28 ♊
23	29 ♍ 4	23 ♍ 16	2 ♈ 28	2 ♈ 21	22 ♎ 18	7 ♎ 17	19 ♍ 37	27 ♈ 54	15 ♐ 28	22 ♐ 54	5 ♑ 14	8 ♏ 20	26 ♐	29 ♏	23 ♒	23 ♋	28 ♊
24	0 ♎ 3	5 ♎ 45	2 ♈ 25	2 D 21	23 ♎ 37	8 ♎ 32	20 ♍ 16	27 ♈ 47	15 ♐ 31	22 ♐ 55	5 ♑ 14	8 ♏ 22	26 ♐	29 ♏	23 ♒	24 ♋	28 ♊
25	1 ♎ 1	18 ♎ 26	2 ♈ 22	2 ♈ 21	24 ♎ 55	9 ♎ 47	20 ♍ 54	27 ♈ 41	15 ♐ 34	22 ♐ 56	5 ♑ 14	8 ♏ 24	27 ♐	29 ♏	23 ♒	24 ♋	28 ♊
26	2 ♎ 0	1 ♏ 21	2 ♈ 19	2 ♈ 21	26 ♎ 12	11 ♎ 1	21 ♍ 32	27 ♈ 35	15 ♐ 38	22 ♐ 57	5 ♑ 14	8 ♏ 26	27 ♐	0 ♐	23 ♒	24 ♋	28 ♊
27	2 ♎ 59	14 ♏ 29	2 ♈ 16	2 R 21	27 ♎ 27	12 ♎ 16	22 ♍ 11	27 ♈ 28	15 ♐ 41	22 ♐ 59	5 ♑ 15	8 ♏ 28	27 ♐	0 ♐	23 ♒	25 ♋	28 ♊
28	3 ♎ 58	27 ♏ 51	2 ♈ 13	2 ♈ 21	28 ♎ 41	13 ♎ 31	22 ♍ 49	27 ♈ 21	15 ♐ 45	23 ♐ 0	5 ♑ 15	8 ♏ 30	27 ♐	1 ♐	23 ♒	25 ♋	28 ♊
29	4 ♎ 57	11 ♐ 26	2 ♈ 9	2 ♈ 21	29 ♎ 53	14 ♎ 45	23 ♍ 28	27 ♈ 14	15 ♐ 49	23 ♐ 1	5 ♑ 15	8 ♏ 32	28 ♐	1 ♐	22 ♒	25 ♋	28 ♊
30	5 ♎ 56	25 ♐ 16	2 ♈ 6	2 ♈ 21	1 ♏ 3	16 ♎ 0	24 ♍ 6	27 ♈ 7	15 ♐ 52	23 ♐ 3	5 ♑ 16	8 ♏ 34	28 ♐	1 ♐	22 ♒	26 ♋	28 ♊

SUN INGRESS	☉ → ♎ 23日 22:45
MOON PHASE	◐ 1日 12:48 ♐ ○ 8日 03:13 ♓ ◑ 15日 08:44 ♊ ● 23日 12:08 ♍ ◐ 30日 19:39 ♑

aspects		
1日	00:33	☉⚹♇
3日	14:13	☿□♅
4日	10:25	♂⚹♇
4日	20:25	♀□♄
8日	09:37	☉□♄
11日	05:45	☿□♆
11日	07:16	♀□♅
15日	22:54	♂□♄
16日	14:06	☉□♅
17日	21:16	☿⚹♄
21日	08:12	♀□♆
23日	10:56	☿⚹♅
27日	00:15	☿☍♃
28日	06:49	♂□♅
29日	07:41	☉□♆
29日	21:25	♀⚹♄

1987年10月

DAY	☉	☽	☊ mean	☊ true	☿	♀	♂	♃	♄	♅	♆	♇	⚳	⚴	⚵	⚶	⚷
	° ′	° ′	° ′	° ′	° ′	° ′	° ′	° ′	° ′	° ′	° ′	° ′	°	°	°	°	°
1	6 ♎ 55	9 ♑ 17	2 ♈ 3	2 D 21	2 D 11	17 D 15	24 D 45	27 R 0	15 D 56	23 D 4	5 D 16	8 D 36	28 D	2 D	22 R	26 D	28 D
2	7 ♎ 54	23 ♑ 30	2 ♈ 0	2 ♈ 21	3 ♏ 17	18 ♎ 29	25 ♍ 23	26 ♈ 53	16 ♐ 0	23 ♐ 5	5 ♑ 17	8 ♏ 38	28 ♐	2 ♐	22 ♒	26 ♋	28 ♊
3	8 ♎ 53	7 ♒ 53	1 ♈ 57	2 ♈ 21	4 ♏ 21	19 ♎ 44	26 ♍ 1	26 ♈ 46	16 ♐ 4	23 ♐ 7	5 ♑ 17	8 ♏ 40	28 ♐	2 ♐	22 ♒	27 ♋	28 ♊
4	9 ♎ 52	22 ♒ 21	1 ♈ 53	2 ♈ 22	5 ♏ 23	20 ♎ 59	26 ♍ 40	26 ♈ 38	16 ♐ 8	23 ♐ 9	5 ♑ 18	8 ♏ 43	29 ♐	3 ♐	22 ♒	27 ♋	28 ♊
5	10 ♎ 51	6 ♓ 51	1 ♈ 50	2 ♈ 23	6 ♏ 22	22 ♎ 13	27 ♍ 18	26 ♈ 31	16 ♐ 12	23 ♐ 10	5 ♑ 18	8 ♏ 45	29 ♐	3 ♐	22 ♒	27 ♋	28 ♊
6	11 ♎ 50	21 ♓ 17	1 ♈ 47	2 ♈ 23	7 ♏ 19	23 ♎ 28	27 ♍ 57	26 ♈ 23	16 ♐ 17	23 ♐ 12	5 ♑ 19	8 ♏ 47	29 ♐	3 ♐	22 ♒	28 ♋	28 ♊
7	12 ♎ 49	5 ♈ 35	1 ♈ 44	2 R 23	8 ♏ 13	24 ♎ 43	28 ♍ 35	26 ♈ 16	16 ♐ 21	23 ♐ 14	5 ♑ 19	8 ♏ 49	29 ♐	4 ♐	22 ♒	28 ♋	28 ♊
8	13 ♎ 48	19 ♈ 39	1 ♈ 41	2 ♈ 23	9 ♏ 3	25 ♎ 57	29 ♍ 14	26 ♈ 8	16 ♐ 25	23 ♐ 15	5 ♑ 20	8 ♏ 52	0 ♑	4 ♐	22 ♒	28 ♋	28 R
9	14 ♎ 47	3 ♉ 26	1 ♈ 38	2 ♈ 22	9 ♏ 50	27 ♎ 12	29 ♍ 52	26 ♈ 0	16 ♐ 30	23 ♐ 17	5 ♑ 21	8 ♏ 54	0 ♑	4 ♐	22 ♒	28 ♋	28 ♊
10	15 ♎ 46	16 ♉ 52	1 ♈ 34	2 ♈ 20	10 ♏ 33	28 ♎ 27	0 ♎ 31	25 ♈ 52	16 ♐ 34	23 ♐ 19	5 ♑ 21	8 ♏ 56	0 ♑	5 ♐	22 ♒	29 ♋	28 ♊
11	16 ♎ 46	29 ♉ 58	1 ♈ 31	2 ♈ 18	11 ♏ 12	29 ♎ 41	1 ♎ 9	25 ♈ 44	16 ♐ 39	23 ♐ 21	5 ♑ 22	8 ♏ 58	1 ♑	5 ♐	22 ♒	29 ♋	28 ♊
12	17 ♎ 45	12 ♊ 42	1 ♈ 28	2 ♈ 16	11 ♏ 46	0 ♏ 56	1 ♎ 48	25 ♈ 36	16 ♐ 43	23 ♐ 23	5 ♑ 23	9 ♏ 1	1 ♑	6 ♐	22 D	29 ♋	28 ♊
13	18 ♎ 44	25 ♊ 8	1 ♈ 25	2 ♈ 14	12 ♏ 15	2 ♏ 11	2 ♎ 27	25 ♈ 28	16 ♐ 48	23 ♐ 25	5 ♑ 24	9 ♏ 3	1 ♑	6 ♐	22 ♒	0 ♌	28 ♊
14	19 ♎ 44	7 ♋ 19	1 ♈ 22	2 ♈ 13	12 ♏ 39	3 ♏ 26	3 ♎ 5	25 ♈ 20	16 ♐ 53	23 ♐ 27	5 ♑ 25	9 ♏ 5	1 ♑	6 ♐	22 ♒	0 ♌	28 ♊
15	20 ♎ 43	19 ♋ 19	1 ♈ 19	2 ♈ 13	12 ♏ 57	4 ♏ 40	3 ♎ 44	25 ♈ 12	16 ♐ 58	23 ♐ 29	5 ♑ 26	9 ♏ 8	2 ♑	7 ♐	22 ♒	0 ♌	28 ♊
16	21 ♎ 43	1 ♌ 12	1 ♈ 15	2 D 13	13 ♏ 8	5 ♏ 55	4 ♎ 22	25 ♈ 4	17 ♐ 3	23 ♐ 31	5 ♑ 26	9 ♏ 10	2 ♑	7 ♐	22 ♒	0 ♌	28 ♊
17	22 ♎ 42	13 ♌ 3	1 ♈ 12	2 ♈ 14	13 ♏ 12	7 ♏ 10	5 ♎ 1	24 ♈ 56	17 ♐ 8	23 ♐ 33	5 ♑ 27	9 ♏ 12	2 ♑	7 ♐	22 ♒	1 ♌	28 ♊
18	23 ♎ 42	24 ♌ 57	1 ♈ 9	2 ♈ 16	13 R 9	8 ♏ 24	5 ♎ 40	24 ♈ 48	17 ♐ 13	23 ♐ 36	5 ♑ 28	9 ♏ 15	2 ♑	8 ♐	22 ♒	1 ♌	28 ♊
19	24 ♎ 41	6 ♍ 59	1 ♈ 6	2 ♈ 17	12 ♏ 58	9 ♏ 39	6 ♎ 18	24 ♈ 40	17 ♐ 18	23 ♐ 38	5 ♑ 29	9 ♏ 17	3 ♑	8 ♐	22 ♒	1 ♌	28 ♊
20	25 ♎ 41	19 ♍ 12	1 ♈ 3	2 ♈ 19	12 ♏ 38	10 ♏ 54	6 ♎ 57	24 ♈ 32	17 ♐ 23	23 ♐ 40	5 ♑ 30	9 ♏ 19	3 ♑	9 ♐	22 ♒	2 ♌	28 ♊
21	26 ♎ 40	1 ♎ 39	0 ♈ 59	2 ♈ 19	12 ♏ 10	12 ♏ 8	7 ♎ 36	24 ♈ 24	17 ♐ 29	23 ♐ 42	5 ♑ 31	9 ♏ 22	3 ♑	9 ♐	22 ♒	2 ♌	28 ♊
22	27 ♎ 40	14 ♎ 23	0 ♈ 56	2 R 19	11 ♏ 33	13 ♏ 23	8 ♎ 14	24 ♈ 15	17 ♐ 34	23 ♐ 45	5 ♑ 33	9 ♏ 24	4 ♑	9 ♐	22 ♒	2 ♌	28 ♊
23	28 ♎ 40	27 ♎ 25	0 ♈ 53	2 ♈ 17	10 ♏ 47	14 ♏ 38	8 ♎ 53	24 ♈ 7	17 ♐ 39	23 ♐ 47	5 ♑ 34	9 ♏ 26	4 ♑	10 ♐	22 ♒	2 ♌	28 ♊
24	29 ♎ 40	10 ♏ 43	0 ♈ 50	2 ♈ 14	9 ♏ 53	15 ♏ 53	9 ♎ 32	23 ♈ 59	17 ♐ 45	23 ♐ 50	5 ♑ 35	9 ♏ 29	4 ♑	10 ♐	23 ♒	3 ♌	28 ♊
25	0 ♏ 39	24 ♏ 18	0 ♈ 47	2 ♈ 9	8 ♏ 51	17 ♏ 7	10 ♎ 11	23 ♈ 51	17 ♐ 50	23 ♐ 52	5 ♑ 36	9 ♏ 31	5 ♑	10 ♐	23 ♒	3 ♌	28 ♊
26	1 ♏ 39	8 ♐ 5	0 ♈ 44	2 ♈ 5	7 ♏ 43	18 ♏ 22	10 ♎ 49	23 ♈ 43	17 ♐ 56	23 ♐ 55	5 ♑ 37	9 ♏ 34	5 ♑	11 ♐	23 ♒	3 ♌	28 ♊
27	2 ♏ 39	22 ♐ 3	0 ♈ 40	2 ♈ 0	6 ♏ 30	19 ♏ 37	11 ♎ 28	23 ♈ 35	18 ♐ 1	23 ♐ 57	5 ♑ 38	9 ♏ 36	5 ♑	11 ♐	23 ♒	3 ♌	28 ♊
28	3 ♏ 39	6 ♑ 8	0 ♈ 37	1 ♈ 57	5 ♏ 15	20 ♏ 52	12 ♎ 7	23 ♈ 28	18 ♐ 7	24 ♐ 0	5 ♑ 40	9 ♏ 39	5 ♑	12 ♐	23 ♒	4 ♌	28 ♊
29	4 ♏ 39	20 ♑ 17	0 ♈ 34	1 ♈ 54	3 ♏ 58	22 ♏ 6	12 ♎ 46	23 ♈ 20	18 ♐ 13	24 ♐ 3	5 ♑ 41	9 ♏ 41	6 ♑	12 ♐	23 ♒	4 ♌	28 ♊
30	5 ♏ 39	4 ♒ 27	0 ♈ 31	1 ♈ 53	2 ♏ 43	23 ♏ 21	13 ♎ 24	23 ♈ 12	18 ♐ 19	24 ♐ 5	5 ♑ 42	9 ♏ 43	6 ♑	12 ♐	23 ♒	4 ♌	28 ♊
31	6 ♏ 39	18 ♒ 37	0 ♈ 28	1 D 54	1 ♏ 32	24 ♏ 36	14 ♎ 3	23 ♈ 4	18 ♐ 24	24 ♐ 8	5 ♑ 44	9 ♏ 46	6 ♑	13 ♐	23 ♒	4 ♌	28 ♊

SUN INGRESS	☉ → ♏ 24日 08:01
MOON PHASE	○ 7日 13:12 ♈ ◑ 15日 03:06 ♋ ● 23日 02:28 ♎ ◐ 30日 02:10 ♒

aspects		
3日	21:48	☿⚹♆
5日	18:43	♀⚹♅
7日	18:05	☿☌♇
8日	03:03	♀☍♃
10日	20:58	☉⚹♄
15日	14:45	♀⚹♆
17日	16:50	♂□♆
17日	21:29	☉⚹♅
18日	16:40	♀☌♇
18日	23:32	☉☍♃
21日	00:16	☿☌♀
24日	09:16	☿☌♇
24日	22:04	♃△♅
27日	16:14	☿⚹♆
28日	16:50	☉☌☿
30日	01:31	☉⚹♆

1987年11月

DAY	☉	☽	☊ mean	☊ true	☿	♀	♂	♃	♄	♅	♆	♇	⚳	⚴	⚵	⚶	⚷
	° ′	° ′	° ′	° ′	° ′	° ′	° ′	° ′	° ′	° ′	° ′	° ′	°	°	°	°	°
1	7 ♏ 39	2 ♓ 44	0 ♈ 25	1 D 55	0 R 27	25 D 50	14 D 42	22 R 57	18 D 30	24 D 11	5 D 45	9 D 48	7 D	13 D	24 D	4 D	28 R
2	8 ♏ 39	16 ♓ 48	0 ♈ 21	1 ♈ 57	29 ♎ 30	27 ♏ 5	15 ♎ 21	22 ♈ 49	18 ♐ 36	24 ♐ 13	5 ♑ 47	9 ♏ 51	7 ♑	14 ♐	24 ♒	5 ♌	28 ♊
3	9 ♏ 39	0 ♈ 46	0 ♈ 18	1 ♈ 57	28 ♎ 42	28 ♏ 20	16 ♎ 0	22 ♈ 42	18 ♐ 42	24 ♐ 16	5 ♑ 48	9 ♏ 53	7 ♑	14 ♐	24 ♒	5 ♌	28 ♊
4	10 ♏ 39	14 ♈ 36	0 ♈ 15	1 R 57	28 ♎ 5	29 ♏ 34	16 ♎ 39	22 ♈ 34	18 ♐ 48	24 ♐ 19	5 ♑ 49	9 ♏ 56	8 ♑	14 ♐	24 ♒	5 ♌	28 ♊
5	11 ♏ 39	28 ♈ 17	0 ♈ 12	1 ♈ 54	27 ♎ 40	0 ♐ 49	17 ♎ 17	22 ♈ 27	18 ♐ 54	24 ♐ 22	5 ♑ 51	9 ♏ 58	8 ♑	15 ♐	24 ♒	5 ♌	28 ♊
6	12 ♏ 39	11 ♉ 44	0 ♈ 9	1 ♈ 50	27 ♎ 26	2 ♐ 4	17 ♎ 56	22 ♈ 20	19 ♐ 1	24 ♐ 25	5 ♑ 52	10 ♏ 0	8 ♑	15 ♐	24 ♒	5 ♌	28 ♊
7	13 ♏ 39	24 ♉ 58	0 ♈ 5	1 ♈ 43	27 D 24	3 ♐ 18	18 ♎ 35	22 ♈ 13	19 ♐ 7	24 ♐ 28	5 ♑ 54	10 ♏ 3	9 ♑	15 ♐	25 ♒	6 ♌	28 ♊
8	14 ♏ 39	7 ♊ 55	0 ♈ 2	1 ♈ 35	27 ♎ 33	4 ♐ 33	19 ♎ 14	22 ♈ 6	19 ♐ 13	24 ♐ 31	5 ♑ 56	10 ♏ 5	9 ♑	16 ♐	25 ♒	6 ♌	28 ♊
9	15 ♏ 39	20 ♊ 35	29 ♓ 59	1 ♈ 27	27 ♎ 52	5 ♐ 48	19 ♎ 53	21 ♈ 59	19 ♐ 19	24 ♐ 34	5 ♑ 57	10 ♏ 8	9 ♑	16 ♐	25 ♒	6 ♌	28 ♊
10	16 ♏ 40	2 ♋ 59	29 ♓ 56	1 ♈ 20	28 ♎ 21	7 ♐ 2	20 ♎ 32	21 ♈ 53	19 ♐ 26	24 ♐ 37	5 ♑ 59	10 ♏ 10	10 ♑	17 ♐	25 ♒	6 ♌	28 ♊
11	17 ♏ 40	15 ♋ 9	29 ♓ 53	1 ♈ 13	28 ♎ 59	8 ♐ 17	21 ♎ 11	21 ♈ 46	19 ♐ 32	24 ♐ 40	6 ♑ 0	10 ♏ 13	10 ♑	17 ♐	25 ♒	6 ♌	28 ♊
12	18 ♏ 40	27 ♋ 8	29 ♓ 50	1 ♈ 9	29 ♎ 45	9 ♐ 32	21 ♎ 50	21 ♈ 40	19 ♐ 38	24 ♐ 43	6 ♑ 2	10 ♏ 15	10 ♑	17 ♐	26 ♒	6 ♌	28 ♊
13	19 ♏ 41	9 ♌ 1	29 ♓ 46	1 ♈ 6	0 ♏ 38	10 ♐ 46	22 ♎ 29	21 ♈ 33	19 ♐ 45	24 ♐ 46	6 ♑ 4	10 ♏ 17	11 ♑	18 ♐	26 ♒	7 ♌	28 ♊
14	20 ♏ 41	20 ♌ 51	29 ♓ 43	1 D 5	1 ♏ 37	12 ♐ 1	23 ♎ 8	21 ♈ 27	19 ♐ 51	24 ♐ 49	6 ♑ 5	10 ♏ 20	11 ♑	18 ♐	26 ♒	7 ♌	27 ♊
15	21 ♏ 41	2 ♍ 44	29 ♓ 40	1 ♈ 6	2 ♏ 41	13 ♐ 16	23 ♎ 47	21 ♈ 21	19 ♐ 58	24 ♐ 52	6 ♑ 7	10 ♏ 22	11 ♑	19 ♐	26 ♒	7 ♌	27 ♊
16	22 ♏ 42	14 ♍ 45	29 ♓ 37	1 ♈ 7	3 ♏ 50	14 ♐ 30	24 ♎ 26	21 ♈ 15	20 ♐ 4	24 ♐ 56	6 ♑ 9	10 ♏ 25	12 ♑	19 ♐	27 ♒	7 ♌	27 ♊
17	23 ♏ 42	26 ♍ 59	29 ♓ 34	1 ♈ 8	5 ♏ 3	15 ♐ 45	25 ♎ 5	21 ♈ 10	20 ♐ 11	24 ♐ 59	6 ♑ 11	10 ♏ 27	12 ♑	19 ♐	27 ♒	7 ♌	27 ♊
18	24 ♏ 43	9 ♎ 32	29 ♓ 31	1 R 8	6 ♏ 20	17 ♐ 0	25 ♎ 44	21 ♈ 4	20 ♐ 17	25 ♐ 2	6 ♑ 12	10 ♏ 29	12 ♑	20 ♐	27 ♒	7 ♌	27 ♊
19	25 ♏ 43	22 ♎ 25	29 ♓ 27	1 ♈ 5	7 ♏ 39	18 ♐ 14	26 ♎ 24	20 ♈ 59	20 ♐ 24	25 ♐ 5	6 ♑ 14	10 ♏ 32	13 ♑	20 ♐	27 ♒	7 ♌	27 ♊
20	26 ♏ 44	5 ♏ 42	29 ♓ 24	1 ♈ 1	9 ♏ 1	19 ♐ 29	27 ♎ 3	20 ♈ 54	20 ♐ 31	25 ♐ 9	6 ♑ 16	10 ♏ 34	13 ♑	21 ♐	28 ♒	8 ♌	27 ♊
21	27 ♏ 44	19 ♏ 21	29 ♓ 21	0 ♈ 53	10 ♏ 26	20 ♐ 44	27 ♎ 42	20 ♈ 48	20 ♐ 38	25 ♐ 12	6 ♑ 18	10 ♏ 36	13 ♑	21 ♐	28 ♒	8 ♌	27 ♊
22	28 ♏ 45	3 ♐ 22	29 ♓ 18	0 ♈ 44	11 ♏ 51	21 ♐ 58	28 ♎ 21	20 ♈ 44	20 ♐ 44	25 ♐ 15	6 ♑ 20	10 ♏ 39	14 ♑	21 ♐	28 ♒	8 ♌	27 ♊
23	29 ♏ 46	17 ♐ 38	29 ♓ 15	0 ♈ 35	13 ♏ 19	23 ♐ 13	29 ♎ 0	20 ♈ 39	20 ♐ 51	25 ♐ 19	6 ♑ 22	10 ♏ 41	14 ♑	22 ♐	28 ♒	8 ♌	27 ♊
24	0 ♐ 46	2 ♑ 5	29 ♓ 11	0 ♈ 25	14 ♏ 47	24 ♐ 27	29 ♎ 39	20 ♈ 34	20 ♐ 58	25 ♐ 22	6 ♑ 24	10 ♏ 43	15 ♑	22 ♐	29 ♒	8 ♌	27 ♊
25	1 ♐ 47	16 ♑ 36	29 ♓ 8	0 ♈ 16	16 ♏ 17	25 ♐ 42	0 ♏ 19	20 ♈ 30	21 ♐ 5	25 ♐ 25	6 ♑ 26	10 ♏ 46	15 ♑	23 ♐	29 ♒	8 ♌	27 ♊
26	2 ♐ 48	1 ♒ 4	29 ♓ 5	0 ♈ 10	17 ♏ 47	26 ♐ 57	0 ♏ 58	20 ♈ 26	21 ♐ 12	25 ♐ 29	6 ♑ 28	10 ♏ 48	15 ♑	23 ♐	29 ♒	8 ♌	27 ♊
27	3 ♐ 48	15 ♒ 25	29 ♓ 2	0 ♈ 6	19 ♏ 18	28 ♐ 11	1 ♏ 37	20 ♈ 22	21 ♐ 18	25 ♐ 32	6 ♑ 30	10 ♏ 50	16 ♑	23 ♐	0 ♓	8 ♌	27 ♊
28	4 ♐ 49	29 ♒ 36	28 ♓ 59	0 ♈ 5	20 ♏ 49	29 ♐ 26	2 ♏ 16	20 ♈ 18	21 ♐ 25	25 ♐ 36	6 ♑ 32	10 ♏ 53	16 ♑	24 ♐	0 ♓	8 ♌	27 ♊
29	5 ♐ 50	13 ♓ 35	28 ♓ 56	0 D 5	22 ♏ 21	0 ♑ 40	2 ♏ 56	20 ♈ 15	21 ♐ 32	25 ♐ 39	6 ♑ 34	10 ♏ 55	16 ♑	24 ♐	0 ♓	8 ♌	27 ♊
30	6 ♐ 51	27 ♓ 22	28 ♓ 52	0 ♈ 5	23 ♏ 54	1 ♑ 55	3 ♏ 35	20 ♈ 11	21 ♐ 39	25 ♐ 43	6 ♑ 36	10 ♏ 57	17 ♑	25 ♐	1 ♓	8 ♌	27 ♊

SUN INGRESS	☉ → ♐ 23日 05:29
MOON PHASE	○ 6日 01:46 ♉　◑ 13日 23:38 ♌　● 21日 15:33 ♏　◐ 28日 09:37 ♓

aspects		
3日	06:02	☉☌♇
7日	23:06	♂⚹♄
11日	18:25	♂☍♃
16日	19:40	♂⚹♅
17日	21:38	☿⚹♆
20日	21:53	♀☌♄
21日	01:30	♀△♃
21日	03:08	☿☌♇
21日	22:39	♃△♄
24日	18:26	♀☌♅

1987年12月

DAY	☉	☽	☊ mean	☊ true	☿	♀	♂	♃	♄	♅	♆	♇	⚳	⚴	⚵	⚶	⚷
	° ′	° ′	° ′	° ′	° ′	° ′	° ′	° ′	° ′	° ′	° ′	° ′	°	°	°	°	°
1	7 ♐ 51	10 ♈ 58	28 ♓ 49	0 R 5	25 D 26	3 D 9	4 D 14	20 R 8	21 D 46	25 D 46	6 D 38	10 D 59	17 D	25 D	1 D	8 D	27 R
2	8 ♐ 52	24 ♈ 24	28 ♓ 46	0 ♈ 2	26 ♏ 59	4 ♑ 24	4 ♏ 53	20 ♈ 5	21 ♐ 53	25 ♐ 50	6 ♑ 40	11 ♏ 2	17 ♑	25 ♐	1 ♓	8 ♌	27 ♊
3	9 ♐ 53	7 ♉ 39	28 ♓ 43	29 ♓ 57	28 ♏ 32	5 ♑ 38	5 ♏ 33	20 ♈ 3	22 ♐ 0	25 ♐ 53	6 ♑ 42	11 ♏ 4	18 ♑	26 ♐	2 ♓	8 ♌	26 ♊
4	10 ♐ 54	20 ♉ 43	28 ♓ 40	29 ♓ 49	0 ♐ 5	6 ♑ 53	6 ♏ 12	20 ♈ 0	22 ♐ 7	25 ♐ 57	6 ♑ 44	11 ♏ 6	18 ♑	26 ♐	2 ♓	8 ♌	26 ♊
5	11 ♐ 55	3 ♊ 37	28 ♓ 37	29 ♓ 38	1 ♐ 38	8 ♑ 7	6 ♏ 51	19 ♈ 58	22 ♐ 14	26 ♐ 0	6 ♑ 46	11 ♏ 8	19 ♑	27 ♐	2 ♓	8 ♌	26 ♊
6	12 ♐ 56	16 ♊ 18	28 ♓ 33	29 ♓ 25	3 ♐ 12	9 ♑ 22	7 ♏ 31	19 ♈ 56	22 ♐ 21	26 ♐ 4	6 ♑ 48	11 ♏ 10	19 ♑	27 ♐	3 ♓	8 ♌	26 ♊
7	13 ♐ 56	28 ♊ 47	28 ♓ 30	29 ♓ 11	4 ♐ 45	10 ♑ 36	8 ♏ 10	19 ♈ 54	22 ♐ 28	26 ♐ 7	6 ♑ 50	11 ♏ 12	19 ♑	27 ♐	3 ♓	8 R	26 ♊
8	14 ♐ 57	11 ♋ 4	28 ♓ 27	28 ♓ 58	6 ♐ 18	11 ♑ 51	8 ♏ 50	19 ♈ 52	22 ♐ 35	26 ♐ 11	6 ♑ 52	11 ♏ 15	20 ♑	28 ♐	3 ♓	8 ♌	26 ♊
9	15 ♐ 58	23 ♋ 10	28 ♓ 24	28 ♓ 46	7 ♐ 52	13 ♑ 5	9 ♏ 29	19 ♈ 50	22 ♐ 42	26 ♐ 15	6 ♑ 54	11 ♏ 17	20 ♑	28 ♐	4 ♓	8 ♌	26 ♊
10	16 ♐ 59	5 ♌ 7	28 ♓ 21	28 ♓ 37	9 ♐ 25	14 ♑ 20	10 ♏ 8	19 ♈ 49	22 ♐ 49	26 ♐ 18	6 ♑ 57	11 ♏ 19	20 ♑	29 ♐	4 ♓	8 ♌	26 ♊
11	18 ♐ 0	16 ♌ 58	28 ♓ 17	28 ♓ 30	10 ♐ 59	15 ♑ 34	10 ♏ 48	19 ♈ 48	22 ♐ 56	26 ♐ 22	6 ♑ 59	11 ♏ 21	21 ♑	29 ♐	4 ♓	8 ♌	26 ♊
12	19 ♐ 1	28 ♌ 46	28 ♓ 14	28 ♓ 26	12 ♐ 33	16 ♑ 49	11 ♏ 27	19 ♈ 47	23 ♐ 3	26 ♐ 25	7 ♑ 1	11 ♏ 23	21 ♑	29 ♐	5 ♓	8 ♌	26 ♊
13	20 ♐ 2	10 ♍ 36	28 ♓ 11	28 ♓ 25	14 ♐ 6	18 ♑ 3	12 ♏ 7	19 ♈ 46	23 ♐ 11	26 ♐ 29	7 ♑ 3	11 ♏ 25	21 ♑	0 ♑	5 ♓	8 ♌	26 ♊
14	21 ♐ 3	22 ♍ 34	28 ♓ 8	28 D 24	15 ♐ 40	19 ♑ 17	12 ♏ 46	19 ♈ 46	23 ♐ 18	26 ♐ 33	7 ♑ 5	11 ♏ 27	22 ♑	0 ♑	5 ♓	8 ♌	26 ♊
15	22 ♐ 4	4 ♎ 46	28 ♓ 5	28 R 24	17 ♐ 14	20 ♑ 32	13 ♏ 26	19 ♈ 45	23 ♐ 25	26 ♐ 36	7 ♑ 7	11 ♏ 29	22 ♑	1 ♑	6 ♓	8 ♌	26 ♊
16	23 ♐ 5	17 ♎ 16	28 ♓ 2	28 ♓ 23	18 ♐ 48	21 ♑ 46	14 ♏ 5	19 D 45	23 ♐ 32	26 ♐ 40	7 ♑ 10	11 ♏ 31	23 ♑	1 ♑	6 ♓	8 ♌	26 ♊
17	24 ♐ 6	0 ♏ 10	27 ♓ 58	28 ♓ 20	20 ♐ 22	23 ♑ 0	14 ♏ 45	19 ♈ 45	23 ♐ 39	26 ♐ 44	7 ♑ 12	11 ♏ 33	23 ♑	1 ♑	7 ♓	8 ♌	26 ♊
18	25 ♐ 7	13 ♏ 30	27 ♓ 55	28 ♓ 15	21 ♐ 56	24 ♑ 15	15 ♏ 25	19 ♈ 46	23 ♐ 46	26 ♐ 47	7 ♑ 14	11 ♏ 35	23 ♑	2 ♑	7 ♓	8 ♌	26 ♊
19	26 ♐ 8	27 ♏ 19	27 ♓ 52	28 ♓ 6	23 ♐ 30	25 ♑ 29	16 ♏ 4	19 ♈ 46	23 ♐ 53	26 ♐ 51	7 ♑ 16	11 ♏ 37	24 ♑	2 ♑	7 ♓	8 ♌	25 ♊
20	27 ♐ 9	11 ♐ 35	27 ♓ 49	27 ♓ 55	25 ♐ 5	26 ♑ 43	16 ♏ 44	19 ♈ 47	24 ♐ 0	26 ♐ 54	7 ♑ 19	11 ♏ 38	24 ♑	3 ♑	8 ♓	8 ♌	25 ♊
21	28 ♐ 11	26 ♐ 13	27 ♓ 46	27 ♓ 43	26 ♐ 39	27 ♑ 57	17 ♏ 23	19 ♈ 48	24 ♐ 7	26 ♐ 58	7 ♑ 21	11 ♏ 40	25 ♑	3 ♑	8 ♓	8 ♌	25 ♊
22	29 ♐ 12	11 ♑ 5	27 ♓ 43	27 ♓ 31	28 ♐ 14	29 ♑ 12	18 ♏ 3	19 ♈ 49	24 ♐ 14	27 ♐ 2	7 ♑ 23	11 ♏ 42	25 ♑	3 ♑	9 ♓	8 ♌	25 ♊
23	0 ♑ 13	26 ♑ 3	27 ♓ 39	27 ♓ 20	29 ♐ 49	0 ♒ 26	18 ♏ 43	19 ♈ 51	24 ♐ 22	27 ♐ 5	7 ♑ 25	11 ♏ 44	25 ♑	4 ♑	9 ♓	7 ♌	25 ♊
24	1 ♑ 14	10 ♒ 57	27 ♓ 36	27 ♓ 11	1 ♑ 24	1 ♒ 40	19 ♏ 22	19 ♈ 52	24 ♐ 29	27 ♐ 9	7 ♑ 28	11 ♏ 46	26 ♑	4 ♑	9 ♓	7 ♌	25 ♊
25	2 ♑ 15	25 ♒ 39	27 ♓ 33	27 ♓ 6	2 ♑ 59	2 ♒ 54	20 ♏ 2	19 ♈ 54	24 ♐ 36	27 ♐ 13	7 ♑ 30	11 ♏ 47	26 ♑	5 ♑	10 ♓	7 ♌	25 ♊
26	3 ♑ 16	10 ♓ 4	27 ♓ 30	27 ♓ 3	4 ♑ 35	4 ♒ 8	20 ♏ 42	19 ♈ 56	24 ♐ 43	27 ♐ 16	7 ♑ 32	11 ♏ 49	26 ♑	5 ♑	10 ♓	7 ♌	25 ♊
27	4 ♑ 17	24 ♓ 10	27 ♓ 27	27 ♓ 3	6 ♑ 11	5 ♒ 22	21 ♏ 21	19 ♈ 58	24 ♐ 50	27 ♐ 20	7 ♑ 34	11 ♏ 51	27 ♑	5 ♑	11 ♓	7 ♌	25 ♊
28	5 ♑ 19	7 ♈ 56	27 ♓ 23	27 ♓ 3	7 ♑ 47	6 ♒ 36	22 ♏ 1	20 ♈ 1	24 ♐ 57	27 ♐ 24	7 ♑ 37	11 ♏ 52	27 ♑	6 ♑	11 ♓	7 ♌	25 ♊
29	6 ♑ 20	21 ♈ 23	27 ♓ 20	27 ♓ 2	9 ♑ 23	7 ♒ 50	22 ♏ 41	20 ♈ 3	25 ♐ 4	27 ♐ 27	7 ♑ 39	11 ♏ 54	28 ♑	6 ♑	12 ♓	7 ♌	25 ♊
30	7 ♑ 21	4 ♉ 34	27 ♓ 17	26 ♓ 59	11 ♑ 0	9 ♒ 4	23 ♏ 21	20 ♈ 6	25 ♐ 11	27 ♐ 31	7 ♑ 41	11 ♏ 56	28 ♑	7 ♑	12 ♓	6 ♌	25 ♊
31	8 ♑ 22	17 ♉ 31	27 ♓ 14	26 ♓ 54	12 ♑ 37	10 ♒ 18	24 ♏ 0	20 ♈ 9	25 ♐ 18	27 ♐ 34	7 ♑ 44	11 ♏ 57	28 ♑	7 ♑	12 ♓	6 ♌	25 ♊

SUN INGRESS	☉ → ♑ 22日 18:46
MOON PHASE	○ 5日 17:01 ♊　◑ 13日 20:41 ♍　● 21日 03:25 ♐　◐ 27日 19:01 ♈

aspects		
2日	20:04	♀⚹♂
3日	20:57	♀☌♆
4日	20:27	♂⚹♆
7日	11:56	♀⚹♇
11日	21:06	♂☌♇
12日	17:50	☉△♃
14日	09:08	♀□♃
16日	11:53	☉☌♄
16日	14:42	☿△♃
19日	06:18	☿☌♄
19日	17:45	☉☌♅
21日	04:59	☿☌♅
23日	16:52	☉☌☿
27日	21:23	☿☌♆
30日	08:21	☉☌♆
30日	14:04	☿⚹♇

1988年1月

DAY	☉	☽	☊ mean	☊ true	☿	♀	♂	♃	♄	♅	♆	♇	⚳	⚴	⚵	⚶	⚷
	° ′	° ′	° ′	° ′	° ′	° ′	° ′	° ′	° ′	° ′	° ′	° ′	°	°	°	°	°
1	9 ♑ 23	0 ♊ 16	27 ♓ 11	26 R 46	14 D 14	11 D 32	24 D 40	20 D 12	25 D 25	27 D 38	7 D 46	11 D 59	29 D	7 D	13 D	6 R	25 R
2	10 ♑ 24	12 ♊ 50	27 ♓ 8	26 ♓ 35	15 ♑ 51	12 ♒ 46	25 ♏ 20	20 ♈ 16	25 ♐ 32	27 ♐ 42	7 ♑ 48	12 ♏ 0	29 ♑	8 ♑	13 ♓	6 ♌	25 ♊
3	11 ♑ 25	25 ♊ 14	27 ♓ 4	26 ♓ 22	17 ♑ 29	14 ♒ 0	26 ♏ 0	20 ♈ 19	25 ♐ 39	27 ♐ 45	7 ♑ 50	12 ♏ 2	0 ♒	8 ♑	14 ♓	6 ♌	25 ♊
4	12 ♑ 27	7 ♋ 30	27 ♓ 1	26 ♓ 8	19 ♑ 7	15 ♒ 14	26 ♏ 39	20 ♈ 23	25 ♐ 46	27 ♐ 49	7 ♑ 53	12 ♏ 3	0 ♒	9 ♑	14 ♓	5 ♌	24 ♊
5	13 ♑ 28	19 ♋ 36	26 ♓ 58	25 ♓ 54	20 ♑ 45	16 ♒ 28	27 ♏ 19	20 ♈ 27	25 ♐ 52	27 ♐ 52	7 ♑ 55	12 ♏ 5	0 ♒	9 ♑	15 ♓	5 ♌	24 ♊
6	14 ♑ 29	1 ♌ 35	26 ♓ 55	25 ♓ 42	22 ♑ 24	17 ♒ 41	27 ♏ 59	20 ♈ 31	25 ♐ 59	27 ♐ 56	7 ♑ 57	12 ♏ 6	1 ♒	9 ♑	15 ♓	5 ♌	24 ♊
7	15 ♑ 30	13 ♌ 28	26 ♓ 52	25 ♓ 32	24 ♑ 3	18 ♒ 55	28 ♏ 39	20 ♈ 36	26 ♐ 6	27 ♐ 59	7 ♑ 59	12 ♏ 8	1 ♒	10 ♑	16 ♓	5 ♌	24 ♊
8	16 ♑ 31	25 ♌ 17	26 ♓ 49	25 ♓ 24	25 ♑ 42	20 ♒ 9	29 ♏ 19	20 ♈ 40	26 ♐ 13	28 ♐ 3	8 ♑ 2	12 ♏ 9	1 ♒	10 ♑	16 ♓	5 ♌	24 ♊
9	17 ♑ 32	7 ♍ 4	26 ♓ 45	25 ♓ 20	27 ♑ 21	21 ♒ 22	29 ♏ 59	20 ♈ 45	26 ♐ 20	28 ♐ 6	8 ♑ 4	12 ♏ 10	2 ♒	11 ♑	16 ♓	4 ♌	24 ♊
10	18 ♑ 33	18 ♍ 54	26 ♓ 42	25 ♓ 18	29 ♑ 0	22 ♒ 36	0 ♐ 39	20 ♈ 50	26 ♐ 27	28 ♐ 10	8 ♑ 6	12 ♏ 11	2 ♒	11 ♑	17 ♓	4 ♌	24 ♊
11	19 ♑ 34	0 ♎ 51	26 ♓ 39	25 D 18	0 ♒ 39	23 ♒ 49	1 ♐ 19	20 ♈ 55	26 ♐ 33	28 ♐ 13	8 ♑ 8	12 ♏ 13	3 ♒	11 ♑	17 ♓	4 ♌	24 ♊
12	20 ♑ 36	13 ♎ 0	26 ♓ 36	25 ♓ 19	2 ♒ 18	25 ♒ 3	1 ♐ 59	21 ♈ 0	26 ♐ 40	28 ♐ 17	8 ♑ 11	12 ♏ 14	3 ♒	12 ♑	18 ♓	4 ♌	24 ♊
13	21 ♑ 37	25 ♎ 25	26 ♓ 33	25 R 19	3 ♒ 57	26 ♒ 16	2 ♐ 39	21 ♈ 6	26 ♐ 47	28 ♐ 20	8 ♑ 13	12 ♏ 15	3 ♒	12 ♑	18 ♓	3 ♌	24 ♊
14	22 ♑ 38	8 ♏ 14	26 ♓ 29	25 ♓ 18	5 ♒ 35	27 ♒ 30	3 ♐ 19	21 ♈ 11	26 ♐ 53	28 ♐ 23	8 ♑ 15	12 ♏ 16	4 ♒	13 ♑	19 ♓	3 ♌	24 ♊
15	23 ♑ 39	21 ♏ 29	26 ♓ 26	25 ♓ 14	7 ♒ 13	28 ♒ 43	3 ♐ 59	21 ♈ 17	27 ♐ 0	28 ♐ 27	8 ♑ 17	12 ♏ 17	4 ♒	13 ♑	19 ♓	3 ♌	24 ♊
16	24 ♑ 40	5 ♐ 13	26 ♓ 23	25 ♓ 8	8 ♒ 51	29 ♒ 56	4 ♐ 39	21 ♈ 23	27 ♐ 7	28 ♐ 30	8 ♑ 20	12 ♏ 18	5 ♒	13 ♑	20 ♓	3 ♌	24 ♊
17	25 ♑ 41	19 ♐ 28	26 ♓ 20	25 ♓ 1	10 ♒ 27	1 ♓ 9	5 ♐ 19	21 ♈ 29	27 ♐ 13	28 ♐ 34	8 ♑ 22	12 ♏ 20	5 ♒	14 ♑	20 ♓	2 ♌	24 ♊
18	26 ♑ 42	4 ♑ 10	26 ♓ 17	24 ♓ 51	12 ♒ 3	2 ♓ 23	5 ♐ 59	21 ♈ 36	27 ♐ 20	28 ♐ 37	8 ♑ 24	12 ♏ 21	5 ♒	14 ♑	21 ♓	2 ♌	24 ♊
19	27 ♑ 44	19 ♑ 12	26 ♓ 14	24 ♓ 42	13 ♒ 37	3 ♓ 36	6 ♐ 39	21 ♈ 42	27 ♐ 26	28 ♐ 40	8 ♑ 26	12 ♏ 22	6 ♒	14 ♑	21 ♓	2 ♌	24 ♊
20	28 ♑ 45	4 ♒ 25	26 ♓ 10	24 ♓ 33	15 ♒ 9	4 ♓ 49	7 ♐ 19	21 ♈ 49	27 ♐ 33	28 ♐ 43	8 ♑ 28	12 ♏ 22	6 ♒	15 ♑	22 ♓	2 ♌	24 ♊
21	29 ♑ 46	19 ♒ 39	26 ♓ 7	24 ♓ 27	16 ♒ 39	6 ♓ 2	7 ♐ 59	21 ♈ 56	27 ♐ 39	28 ♐ 47	8 ♑ 30	12 ♏ 23	7 ♒	15 ♑	22 ♓	1 ♌	24 ♊
22	0 ♒ 47	4 ♓ 42	26 ♓ 4	24 ♓ 23	18 ♒ 6	7 ♓ 15	8 ♐ 39	22 ♈ 3	27 ♐ 45	28 ♐ 50	8 ♑ 33	12 ♏ 24	7 ♒	16 ♑	23 ♓	1 ♌	24 ♊
23	1 ♒ 48	19 ♓ 28	26 ♓ 1	24 ♓ 21	19 ♒ 30	8 ♓ 28	9 ♐ 19	22 ♈ 10	27 ♐ 52	28 ♐ 53	8 ♑ 35	12 ♏ 25	7 ♒	16 ♑	23 ♓	1 ♌	23 ♊
24	2 ♒ 49	3 ♈ 50	25 ♓ 58	24 D 21	20 ♒ 51	9 ♓ 40	9 ♐ 59	22 ♈ 17	27 ♐ 58	28 ♐ 56	8 ♑ 37	12 ♏ 26	8 ♒	16 ♑	24 ♓	1 ♌	23 ♊
25	3 ♒ 50	17 ♈ 47	25 ♓ 55	24 ♓ 22	22 ♒ 6	10 ♓ 53	10 ♐ 39	22 ♈ 25	28 ♐ 4	28 ♐ 59	8 ♑ 39	12 ♏ 27	8 ♒	17 ♑	24 ♓	0 ♌	23 ♊
26	4 ♒ 51	1 ♉ 20	25 ♓ 51	24 ♓ 23	23 ♒ 17	12 ♓ 6	11 ♐ 19	22 ♈ 32	28 ♐ 10	29 ♐ 3	8 ♑ 41	12 ♏ 27	9 ♒	17 ♑	25 ♓	0 ♌	23 ♊
27	5 ♒ 52	14 ♉ 29	25 ♓ 48	24 R 23	24 ♒ 22	13 ♓ 18	11 ♐ 59	22 ♈ 40	28 ♐ 16	29 ♐ 6	8 ♑ 43	12 ♏ 28	9 ♒	18 ♑	25 ♓	0 ♌	23 ♊
28	6 ♒ 53	27 ♉ 20	25 ♓ 45	24 ♓ 21	25 ♒ 20	14 ♓ 31	12 ♐ 40	22 ♈ 48	28 ♐ 23	29 ♐ 9	8 ♑ 45	12 ♏ 29	9 ♒	18 ♑	26 ♓	29 ♋	23 ♊
29	7 ♒ 54	9 ♊ 54	25 ♓ 42	24 ♓ 16	26 ♒ 11	15 ♓ 43	13 ♐ 20	22 ♈ 56	28 ♐ 29	29 ♐ 12	8 ♑ 47	12 ♏ 29	10 ♒	18 ♑	26 ♓	29 ♋	23 ♊
30	8 ♒ 55	22 ♊ 16	25 ♓ 39	24 ♓ 10	26 ♒ 53	16 ♓ 56	14 ♐ 0	23 ♈ 4	28 ♐ 35	29 ♐ 15	8 ♑ 49	12 ♏ 30	10 ♒	19 ♑	27 ♓	29 ♋	23 ♊
31	9 ♒ 56	4 ♋ 27	25 ♓ 35	24 ♓ 2	27 ♒ 26	18 ♓ 8	14 ♐ 40	23 ♈ 13	28 ♐ 40	29 ♐ 18	8 ♑ 51	12 ♏ 31	11 ♒	19 ♑	27 ♓	29 ♋	23 ♊

SUN INGRESS: ☉ → ♒ 21日 05:24

MOON PHASE: ○ 4日 10:40 ♋　◑ 12日 16:04 ♎　● 19日 14:26 ♑　◐ 26日 06:54 ♉

aspects

1日	08:47	♀□♇
3日	14:41	☉⚹♇
4日	19:20	☿□♃
8日	10:58	♀⚹♃
11日	16:10	☿⚹♂
12日	10:38	☉□♃
13日	10:57	♀⚹♄
14日	18:27	♀⚹♅
18日	04:34	☿□♇
23日	02:24	♀⚹♆
24日	13:44	♀□♂
25日	06:43	☿⚹♃
26日	07:13	♀△♇

1988年2月

DAY	☉	☽	☊ mean	☊ true	☿	♀	♂	♃	♄	♅	♆	♇	⚳	⚴	⚵	⚶	⚷
	° ′	° ′	° ′	° ′	° ′	° ′	° ′	° ′	° ′	° ′	° ′	° ′	°	°	°	°	°
1	10 ♒ 57	16 ♋ 30	25 ♓ 32	23 R 53	27 D 49	19 D 20	15 D 20	23 D 21	28 D 46	29 D 21	8 D 53	12 D 31	11 D	19 D	28 D	28 R	23 R
2	11 ♒ 58	28 ♋ 27	25 ♓ 29	23 ♓ 45	28 ♒ 1	20 ♓ 32	16 ♐ 1	23 ♈ 30	28 ♐ 52	29 ♐ 24	8 ♑ 55	12 ♏ 32	11 ♒	20 ♑	28 ♓	28 ♋	23 ♊
3	12 ♒ 59	10 ♌ 20	25 ♓ 26	23 ♓ 37	28 R 3	21 ♓ 44	16 ♐ 41	23 ♈ 39	28 ♐ 58	29 ♐ 27	8 ♑ 57	12 ♏ 32	12 ♒	20 ♑	29 ♓	28 ♋	23 ♊
4	13 ♒ 59	22 ♌ 10	25 ♓ 23	23 ♓ 31	27 ♒ 53	22 ♓ 56	17 ♐ 21	23 ♈ 48	29 ♐ 4	29 ♐ 29	8 ♑ 59	12 ♏ 32	12 ♒	21 ♑	29 ♓	28 ♋	23 ♊
5	15 ♒ 0	3 ♍ 59	25 ♓ 20	23 ♓ 27	27 ♒ 32	24 ♓ 8	18 ♐ 1	23 ♈ 57	29 ♐ 9	29 ♐ 32	9 ♑ 1	12 ♏ 33	13 ♒	21 ♑	0 ♈	27 ♋	23 ♊
6	16 ♒ 1	15 ♍ 48	25 ♓ 16	23 ♓ 25	27 ♒ 1	25 ♓ 19	18 ♐ 41	24 ♈ 6	29 ♐ 15	29 ♐ 35	9 ♑ 3	12 ♏ 33	13 ♒	21 ♑	0 ♈	27 ♋	23 ♊
7	17 ♒ 2	27 ♍ 42	25 ♓ 13	23 D 25	26 ♒ 19	26 ♓ 31	19 ♐ 22	24 ♈ 15	29 ♐ 21	29 ♐ 38	9 ♑ 5	12 ♏ 33	13 ♒	22 ♑	1 ♈	27 ♋	23 ♊
8	18 ♒ 3	9 ♎ 43	25 ♓ 10	23 ♓ 26	25 ♒ 29	27 ♓ 43	20 ♐ 2	24 ♈ 25	29 ♐ 26	29 ♐ 41	9 ♑ 7	12 ♏ 34	14 ♒	22 ♑	1 ♈	27 ♋	23 ♊
9	19 ♒ 3	21 ♎ 54	25 ♓ 7	23 ♓ 28	24 ♒ 30	28 ♓ 54	20 ♐ 42	24 ♈ 34	29 ♐ 31	29 ♐ 43	9 ♑ 9	12 ♏ 34	14 ♒	22 ♑	2 ♈	27 ♋	23 ♊
10	20 ♒ 4	4 ♏ 20	25 ♓ 4	23 ♓ 29	23 ♒ 26	0 ♈ 5	21 ♐ 23	24 ♈ 44	29 ♐ 37	29 ♐ 46	9 ♑ 11	12 ♏ 34	14 ♒	23 ♑	2 ♈	26 ♋	23 ♊
11	21 ♒ 5	17 ♏ 5	25 ♓ 1	23 ♓ 30	22 ♒ 18	1 ♈ 16	22 ♐ 3	24 ♈ 54	29 ♐ 42	29 ♐ 48	9 ♑ 12	12 ♏ 34	15 ♒	23 ♑	3 ♈	26 ♋	23 ♊
12	22 ♒ 6	0 ♐ 13	24 ♓ 57	23 R 30	21 ♒ 7	2 ♈ 28	22 ♐ 43	25 ♈ 4	29 ♐ 47	29 ♐ 51	9 ♑ 14	12 ♏ 34	15 ♒	24 ♑	3 ♈	26 ♋	23 ♊
13	23 ♒ 6	13 ♐ 48	24 ♓ 54	23 ♓ 29	19 ♒ 57	3 ♈ 38	23 ♐ 24	25 ♈ 14	29 ♐ 53	29 ♐ 54	9 ♑ 16	12 ♏ 35	16 ♒	24 ♑	4 ♈	26 ♋	23 ♊
14	24 ♒ 7	27 ♐ 51	24 ♓ 51	23 ♓ 26	18 ♒ 48	4 ♈ 49	24 ♐ 4	25 ♈ 24	29 ♐ 58	29 ♐ 56	9 ♑ 18	12 ♏ 35	16 ♒	24 ♑	4 ♈	26 ♋	23 ♊
15	25 ♒ 8	12 ♑ 20	24 ♓ 48	23 ♓ 22	17 ♒ 42	6 ♈ 0	24 ♐ 44	25 ♈ 34	0 ♑ 3	29 ♐ 59	9 ♑ 19	12 R 35	16 ♒	25 ♑	5 ♈	25 ♋	23 ♊
16	26 ♒ 8	27 ♑ 13	24 ♓ 45	23 ♓ 18	16 ♒ 41	7 ♈ 11	25 ♐ 25	25 ♈ 45	0 ♑ 8	0 ♑ 1	9 ♑ 21	12 ♏ 35	17 ♒	25 ♑	5 ♈	25 ♋	23 ♊
17	27 ♒ 9	12 ♒ 22	24 ♓ 41	23 ♓ 14	15 ♒ 45	8 ♈ 21	26 ♐ 5	25 ♈ 55	0 ♑ 13	0 ♑ 3	9 ♑ 23	12 ♏ 35	17 ♒	25 ♑	6 ♈	25 ♋	23 ♊
18	28 ♒ 10	27 ♒ 37	24 ♓ 38	23 ♓ 11	14 ♒ 56	9 ♈ 32	26 ♐ 45	26 ♈ 6	0 ♑ 17	0 ♑ 6	9 ♑ 24	12 ♏ 34	18 ♒	26 ♑	7 ♈	25 ♋	23 ♊
19	29 ♒ 10	12 ♓ 49	24 ♓ 35	23 ♓ 10	14 ♒ 15	10 ♈ 42	27 ♐ 26	26 ♈ 17	0 ♑ 22	0 ♑ 8	9 ♑ 26	12 ♏ 34	18 ♒	26 ♑	7 ♈	25 ♋	23 ♊
20	0 ♓ 11	27 ♓ 47	24 ♓ 32	23 D 10	13 ♒ 41	11 ♈ 52	28 ♐ 6	26 ♈ 28	0 ♑ 27	0 ♑ 10	9 ♑ 28	12 ♏ 34	18 ♒	26 ♑	8 ♈	24 ♋	23 ♊
21	1 ♓ 11	12 ♈ 24	24 ♓ 29	23 ♓ 10	13 ♒ 15	13 ♈ 2	28 ♐ 47	26 ♈ 39	0 ♑ 31	0 ♑ 12	9 ♑ 29	12 ♏ 34	19 ♒	27 ♑	8 ♈	24 ♋	23 ♊
22	2 ♓ 12	26 ♈ 36	24 ♓ 26	23 ♓ 12	12 ♒ 56	14 ♈ 12	29 ♐ 27	26 ♈ 50	0 ♑ 36	0 ♑ 15	9 ♑ 31	12 ♏ 34	19 ♒	27 ♑	9 ♈	24 ♋	23 ♊
23	3 ♓ 12	10 ♉ 21	24 ♓ 22	23 ♓ 13	12 ♒ 45	15 ♈ 22	0 ♑ 8	27 ♈ 1	0 ♑ 41	0 ♑ 17	9 ♑ 32	12 ♏ 33	20 ♒	27 ♑	9 ♈	24 ♋	23 ♊
24	4 ♓ 13	23 ♉ 39	24 ♓ 19	23 ♓ 14	12 ♒ 40	16 ♈ 31	0 ♑ 48	27 ♈ 12	0 ♑ 45	0 ♑ 19	9 ♑ 34	12 ♏ 33	20 ♒	28 ♑	10 ♈	24 ♋	23 ♊
25	5 ♓ 13	6 ♊ 34	24 ♓ 16	23 R 14	12 D 43	17 ♈ 41	1 ♑ 28	27 ♈ 23	0 ♑ 49	0 ♑ 21	9 ♑ 35	12 ♏ 33	20 ♒	28 ♑	10 ♈	24 ♋	23 ♊
26	6 ♓ 13	19 ♊ 7	24 ♓ 13	23 ♓ 14	12 ♒ 52	18 ♈ 50	2 ♑ 9	27 ♈ 35	0 ♑ 53	0 ♑ 23	9 ♑ 37	12 ♏ 32	21 ♒	29 ♑	11 ♈	24 ♋	23 ♊
27	7 ♓ 14	1 ♋ 25	24 ♓ 10	23 ♓ 13	13 ♒ 7	19 ♈ 59	2 ♑ 49	27 ♈ 46	0 ♑ 58	0 ♑ 25	9 ♑ 38	12 ♏ 32	21 ♒	29 ♑	11 ♈	24 ♋	23 ♊
28	8 ♓ 14	13 ♋ 30	24 ♓ 7	23 ♓ 11	13 ♒ 28	21 ♈ 8	3 ♑ 30	27 ♈ 58	1 ♑ 2	0 ♑ 27	9 ♑ 40	12 ♏ 32	22 ♒	29 ♑	12 ♈	23 ♋	23 ♊
29	9 ♓ 14	25 ♋ 26	24 ♓ 3	23 ♓ 9	13 ♒ 54	22 ♈ 17	4 ♑ 10	28 ♈ 10	1 ♑ 6	0 ♑ 29	9 ♑ 41	12 ♏ 31	22 ♒	0 ♒	13 ♈	23 ♋	23 D

SUN INGRESS: ☉ → ♓ 19日 19:35

MOON PHASE: ○ 3日 05:51 ♌　◑ 11日 08:01 ♏　● 18日 00:54 ♒　◐ 24日 21:15 ♊

aspects

2日	13:28	☉□♇
8日	22:41	☿⚹♃
9日	13:38	♀□♄
9日	17:14	♀□♅
11日	03:16	☿⚹♂
11日	13:23	☉☌☿
13日	09:58	♄☌♅
13日	20:27	☉⚹♂
15日	12:46	☉⚹♃
16日	16:09	♂△♃
17日	21:30	♀□♆
19日	23:51	☉⚹♅
20日	06:59	☉⚹♄
21日	03:18	☿⚹♀
23日	05:48	♂☌♅
23日	22:00	♂☌♄
29日	10:58	☉⚹♆

1988年3月

DAY	☉	☽	☊ mean	☊ true	☿	♀	♂	♃	♄	♅	♆	♇	⚳	⚴	⚵	⚶	⚷
	° ′	° ′	° ′	° ′	° ′	° ′	° ′	° ′	° ′	° ′	° ′	° ′	°	°	°	°	°
1	10 ♓ 14	7 ♌ 18	24 ♓ 0	23 R 6	14 D 25	23 D 25	4 D 51	28 D 22	1 D 10	0 D 30	9 D 42	12 R 31	22 D	0 D	13 D	23 R	23 D
2	11 ♓ 15	19 ♌ 6	23 ♓ 57	23 ♓ 5	15 ♒ 1	24 ♈ 33	5 ♑ 31	28 ♈ 34	1 ♑ 13	0 ♑ 32	9 ♑ 44	12 ♏ 30	23 ♒	0 ♒	14 ♈	23 ♋	23 ♊
3	12 ♓ 15	0 ♍ 56	23 ♓ 54	23 ♓ 3	15 ♒ 41	25 ♈ 42	6 ♑ 11	28 ♈ 46	1 ♑ 17	0 ♑ 34	9 ♑ 45	12 ♏ 29	23 ♒	1 ♒	14 ♈	23 ♋	23 ♊
4	13 ♓ 15	12 ♍ 47	23 ♓ 51	23 ♓ 3	16 ♒ 25	26 ♈ 50	6 ♑ 52	28 ♈ 58	1 ♑ 21	0 ♑ 36	9 ♑ 46	12 ♏ 29	23 ♒	1 ♒	15 ♈	23 ♋	23 ♊
5	14 ♓ 15	24 ♍ 43	23 ♓ 47	23 D 2	17 ♒ 12	27 ♈ 58	7 ♑ 32	29 ♈ 10	1 ♑ 25	0 ♑ 37	9 ♑ 48	12 ♏ 28	24 ♒	1 ♒	15 ♈	23 ♋	23 ♊
6	15 ♓ 15	6 ♎ 46	23 ♓ 44	23 ♓ 3	18 ♒ 3	29 ♈ 5	8 ♑ 13	29 ♈ 22	1 ♑ 28	0 ♑ 39	9 ♑ 49	12 ♏ 28	24 ♒	2 ♒	16 ♈	23 ♋	23 ♊
7	16 ♓ 15	18 ♎ 57	23 ♓ 41	23 ♓ 3	18 ♒ 57	0 ♉ 13	8 ♑ 53	29 ♈ 34	1 ♑ 31	0 ♑ 40	9 ♑ 50	12 ♏ 27	25 ♒	2 ♒	16 ♈	23 ♋	23 ♊
8	17 ♓ 15	1 ♏ 19	23 ♓ 38	23 ♓ 4	19 ♒ 54	1 ♉ 20	9 ♑ 34	29 ♈ 47	1 ♑ 35	0 ♑ 42	9 ♑ 51	12 ♏ 26	25 ♒	2 ♒	17 ♈	23 ♋	23 ♊
9	18 ♓ 15	13 ♏ 54	23 ♓ 35	23 ♓ 4	20 ♒ 54	2 ♉ 27	10 ♑ 14	29 ♈ 59	1 ♑ 38	0 ♑ 43	9 ♑ 52	12 ♏ 25	25 ♒	3 ♒	18 ♈	23 ♋	23 ♊
10	19 ♓ 15	26 ♏ 45	23 ♓ 32	23 ♓ 5	21 ♒ 56	3 ♉ 34	10 ♑ 55	0 ♉ 12	1 ♑ 41	0 ♑ 45	9 ♑ 53	12 ♏ 24	26 ♒	3 ♒	18 ♈	23 ♋	23 ♊
11	20 ♓ 15	9 ♐ 54	23 ♓ 28	23 ♓ 5	23 ♒ 1	4 ♉ 40	11 ♑ 35	0 ♉ 24	1 ♑ 44	0 ♑ 46	9 ♑ 54	12 ♏ 24	26 ♒	3 ♒	19 ♈	23 D	23 ♊
12	21 ♓ 15	23 ♐ 23	23 ♓ 25	23 R 5	24 ♒ 8	5 ♉ 47	12 ♑ 16	0 ♉ 37	1 ♑ 47	0 ♑ 47	9 ♑ 55	12 ♏ 23	27 ♒	4 ♒	19 ♈	23 ♋	23 ♊
13	22 ♓ 15	7 ♑ 15	23 ♓ 22	23 ♓ 5	25 ♒ 18	6 ♉ 53	12 ♑ 57	0 ♉ 50	1 ♑ 50	0 ♑ 48	9 ♑ 56	12 ♏ 22	27 ♒	4 ♒	20 ♈	23 ♋	23 ♊
14	23 ♓ 15	21 ♑ 28	23 ♓ 19	23 D 5	26 ♒ 29	7 ♉ 59	13 ♑ 37	1 ♉ 2	1 ♑ 53	0 ♑ 50	9 ♑ 57	12 ♏ 21	27 ♒	4 ♒	20 ♈	23 ♋	23 ♊
15	24 ♓ 15	6 ♒ 1	23 ♓ 16	23 ♓ 5	27 ♒ 43	9 ♉ 4	14 ♑ 18	1 ♉ 15	1 ♑ 56	0 ♑ 51	9 ♑ 58	12 ♏ 20	28 ♒	5 ♒	21 ♈	23 ♋	23 ♊
16	25 ♓ 14	20 ♒ 50	23 ♓ 12	23 ♓ 5	28 ♒ 58	10 ♉ 10	14 ♑ 58	1 ♉ 28	1 ♑ 58	0 ♑ 52	9 ♑ 59	12 ♏ 19	28 ♒	5 ♒	22 ♈	23 ♋	23 ♊
17	26 ♓ 14	5 ♓ 48	23 ♓ 9	23 ♓ 5	0 ♓ 15	11 ♉ 15	15 ♑ 39	1 ♉ 41	2 ♑ 1	0 ♑ 53	10 ♑ 0	12 ♏ 18	28 ♒	5 ♒	22 ♈	23 ♋	23 ♊
18	27 ♓ 14	20 ♓ 49	23 ♓ 6	23 ♓ 6	1 ♓ 34	12 ♉ 20	16 ♑ 19	1 ♉ 54	2 ♑ 3	0 ♑ 54	10 ♑ 1	12 ♏ 17	29 ♒	5 ♒	23 ♈	23 ♋	23 ♊
19	28 ♓ 14	5 ♈ 43	23 ♓ 3	23 R 5	2 ♓ 55	13 ♉ 24	17 ♑ 0	2 ♉ 7	2 ♑ 6	0 ♑ 55	10 ♑ 2	12 ♏ 16	29 ♒	6 ♒	23 ♈	23 ♋	23 ♊
20	29 ♓ 13	20 ♈ 22	23 ♓ 0	23 ♓ 5	4 ♓ 17	14 ♉ 29	17 ♑ 40	2 ♉ 21	2 ♑ 8	0 ♑ 56	10 ♑ 2	12 ♏ 15	0 ♓	6 ♒	24 ♈	23 ♋	23 ♊
21	0 ♈ 13	4 ♉ 40	22 ♓ 57	23 ♓ 4	5 ♓ 40	15 ♉ 33	18 ♑ 21	2 ♉ 34	2 ♑ 10	0 ♑ 56	10 ♑ 3	12 ♏ 14	0 ♓	6 ♒	24 ♈	23 ♋	23 ♊
22	1 ♈ 12	18 ♉ 33	22 ♓ 53	23 ♓ 3	7 ♓ 6	16 ♉ 37	19 ♑ 1	2 ♉ 47	2 ♑ 12	0 ♑ 57	10 ♑ 4	12 ♏ 13	0 ♓	7 ♒	25 ♈	23 ♋	23 ♊
23	2 ♈ 12	2 ♊ 1	22 ♓ 50	23 ♓ 2	8 ♓ 32	17 ♉ 40	19 ♑ 42	3 ♉ 0	2 ♑ 14	0 ♑ 58	10 ♑ 5	12 ♏ 11	1 ♓	7 ♒	26 ♈	23 ♋	23 ♊
24	3 ♈ 11	15 ♊ 2	22 ♓ 47	23 ♓ 1	10 ♓ 0	18 ♉ 43	20 ♑ 22	3 ♉ 14	2 ♑ 16	0 ♑ 58	10 ♑ 5	12 ♏ 10	1 ♓	7 ♒	26 ♈	24 ♋	23 ♊
25	4 ♈ 11	27 ♊ 41	22 ♓ 44	23 ♓ 1	11 ♓ 30	19 ♉ 46	21 ♑ 3	3 ♉ 27	2 ♑ 18	0 ♑ 59	10 ♑ 6	12 ♏ 9	1 ♓	8 ♒	27 ♈	24 ♋	23 ♊
26	5 ♈ 10	10 ♋ 0	22 ♓ 41	23 D 1	13 ♓ 1	20 ♉ 49	21 ♑ 43	3 ♉ 41	2 ♑ 19	1 ♑ 0	10 ♑ 6	12 ♏ 8	2 ♓	8 ♒	27 ♈	24 ♋	23 ♊
27	6 ♈ 10	22 ♋ 5	22 ♓ 38	23 ♓ 1	14 ♓ 33	21 ♉ 51	22 ♑ 24	3 ♉ 54	2 ♑ 21	1 ♑ 0	10 ♑ 7	12 ♏ 7	2 ♓	8 ♒	28 ♈	24 ♋	23 ♊
28	7 ♈ 9	4 ♌ 0	22 ♓ 34	23 ♓ 2	16 ♓ 7	22 ♉ 53	23 ♑ 4	4 ♉ 8	2 ♑ 22	1 ♑ 1	10 ♑ 7	12 ♏ 5	3 ♓	8 ♒	28 ♈	24 ♋	23 ♊
29	8 ♈ 9	15 ♌ 49	22 ♓ 31	23 ♓ 4	17 ♓ 43	23 ♉ 54	23 ♑ 44	4 ♉ 21	2 ♑ 24	1 ♑ 1	10 ♑ 8	12 ♏ 4	3 ♓	9 ♒	29 ♈	24 ♋	23 ♊
30	9 ♈ 8	27 ♌ 37	22 ♓ 28	23 ♓ 5	19 ♓ 19	24 ♉ 55	24 ♑ 25	4 ♉ 35	2 ♑ 25	1 ♑ 1	10 ♑ 8	12 ♏ 3	3 ♓	9 ♒	0 ♉	24 ♋	23 ♊
31	10 ♈ 7	9 ♍ 28	22 ♓ 25	23 ♓ 6	20 ♓ 57	25 ♉ 56	25 ♑ 5	4 ♉ 49	2 ♑ 26	1 ♑ 2	10 ♑ 9	12 ♏ 1	4 ♓	9 ♒	0 ♉	24 ♋	23 ♊

SUN INGRESS	☉ → ♈ 20日 18:39
MOON PHASE	○ 4日 01:01 ♍　◑ 11日 19:56 ♐　● 18日 11:02 ♓　◐ 25日 13:42 ♋

aspects		
3日	05:48	☉△♇
6日	07:20	♀☌♃
7日	10:06	♀△♅
8日	05:39	♀△♄
8日	10:27	♂☌♆
12日	03:58	♂⚹♇
12日	21:19	♃△♅
15日	20:05	♀△♆
17日	11:39	☿⚹♅
17日	23:01	♀☍♇
18日	07:17	☿⚹♃
18日	09:02	☿⚹♄
18日	19:58	♃△♄
21日	17:46	☉□♅
23日	00:52	☉□♄
24日	01:18	☿⚹♆
25日	10:12	☿△♇
28日	12:59	♀△♂
31日	00:42	☉□♆

1988年4月

DAY	☉	☽	☊ mean	☊ true	☿	♀	♂	♃	♄	♅	♆	♇	⚳	⚴	⚵	⚶	⚷
	° ′	° ′	° ′	° ′	° ′	° ′	° ′	° ′	° ′	° ′	° ′	° ′	°	°	°	°	°
1	11 ♈ 6	21 ♍ 25	22 ♓ 22	23 D 7	22 D 37	26 D 56	25 D 46	5 D 3	2 D 27	1 D 2	10 D 9	12 R 0	4 D	10 D	1 D	25 D	23 D
2	12 ♈ 5	3 ♎ 29	22 ♓ 18	23 R 7	24 ♓ 17	27 ♉ 56	26 ♑ 26	5 ♉ 16	2 ♑ 28	1 ♑ 2	10 ♑ 10	11 ♏ 59	4 ♓	10 ♒	1 ♉	25 ♋	23 ♊
3	13 ♈ 5	15 ♎ 45	22 ♓ 15	23 ♓ 5	26 ♓ 0	28 ♉ 55	27 ♑ 7	5 ♉ 30	2 ♑ 29	1 ♑ 2	10 ♑ 10	11 ♏ 57	5 ♓	10 ♒	2 ♉	25 ♋	23 ♊
4	14 ♈ 4	28 ♎ 12	22 ♓ 12	23 ♓ 3	27 ♓ 43	29 ♉ 54	27 ♑ 47	5 ♉ 44	2 ♑ 30	1 ♑ 2	10 ♑ 10	11 ♏ 56	5 ♓	10 ♒	2 ♉	25 ♋	23 ♊
5	15 ♈ 3	10 ♏ 52	22 ♓ 9	23 ♓ 0	29 ♓ 28	0 ♊ 53	28 ♑ 27	5 ♉ 58	2 ♑ 31	1 ♑ 2	10 ♑ 10	11 ♏ 54	5 ♓	11 ♒	3 ♉	25 ♋	23 ♊
6	16 ♈ 2	23 ♏ 45	22 ♓ 6	22 ♓ 56	1 ♈ 15	1 ♊ 51	29 ♑ 8	6 ♉ 12	2 ♑ 31	1 R 2	10 ♑ 11	11 ♏ 53	6 ♓	11 ♒	4 ♉	25 ♋	24 ♊
7	17 ♈ 1	6 ♐ 52	22 ♓ 3	22 ♓ 53	3 ♈ 3	2 ♊ 48	29 ♑ 48	6 ♉ 26	2 ♑ 32	1 ♑ 2	10 ♑ 11	11 ♏ 51	6 ♓	11 ♒	4 ♉	25 ♋	24 ♊
8	18 ♈ 0	20 ♐ 13	21 ♓ 59	22 ♓ 50	4 ♈ 52	3 ♊ 46	0 ♒ 29	6 ♉ 40	2 ♑ 32	1 ♑ 2	10 ♑ 11	11 ♏ 50	6 ♓	11 ♒	5 ♉	26 ♋	24 ♊
9	18 ♈ 59	3 ♑ 48	21 ♓ 56	22 ♓ 48	6 ♈ 43	4 ♊ 42	1 ♒ 9	6 ♉ 54	2 ♑ 32	1 ♑ 2	10 ♑ 11	11 ♏ 48	7 ♓	12 ♒	5 ♉	26 ♋	24 ♊
10	19 ♈ 58	17 ♑ 37	21 ♓ 53	22 ♓ 47	8 ♈ 35	5 ♊ 38	1 ♒ 49	7 ♉ 8	2 ♑ 33	1 ♑ 2	10 ♑ 11	11 ♏ 47	7 ♓	12 ♒	6 ♉	26 ♋	24 ♊
11	20 ♈ 57	1 ♒ 40	21 ♓ 50	22 D 47	10 ♈ 29	6 ♊ 34	2 ♒ 30	7 ♉ 22	2 ♑ 33	1 ♑ 1	10 ♑ 11	11 ♏ 45	8 ♓	12 ♒	7 ♉	26 ♋	24 ♊
12	21 ♈ 56	15 ♒ 55	21 ♓ 47	22 ♓ 48	12 ♈ 25	7 ♊ 29	3 ♒ 10	7 ♉ 36	2 R 33	1 ♑ 1	10 R 11	11 ♏ 44	8 ♓	12 ♒	7 ♉	26 ♋	24 ♊
13	22 ♈ 54	0 ♓ 21	21 ♓ 44	22 ♓ 50	14 ♈ 21	8 ♊ 23	3 ♒ 50	7 ♉ 50	2 ♑ 33	1 ♑ 1	10 ♑ 11	11 ♏ 42	8 ♓	13 ♒	8 ♉	27 ♋	24 ♊
14	23 ♈ 53	14 ♓ 55	21 ♓ 40	22 ♓ 51	16 ♈ 20	9 ♊ 17	4 ♒ 30	8 ♉ 4	2 ♑ 32	1 ♑ 0	10 ♑ 11	11 ♏ 41	9 ♓	13 ♒	8 ♉	27 ♋	24 ♊
15	24 ♈ 52	29 ♓ 31	21 ♓ 37	22 R 51	18 ♈ 19	10 ♊ 10	5 ♒ 11	8 ♉ 18	2 ♑ 32	1 ♑ 0	10 ♑ 11	11 ♏ 39	9 ♓	13 ♒	9 ♉	27 ♋	24 ♊
16	25 ♈ 51	14 ♈ 5	21 ♓ 34	22 ♓ 49	20 ♈ 20	11 ♊ 2	5 ♒ 51	8 ♉ 32	2 ♑ 32	0 ♑ 59	10 ♑ 11	11 ♏ 37	9 ♓	13 ♒	10 ♉	27 ♋	24 ♊
17	26 ♈ 49	28 ♈ 30	21 ♓ 31	22 ♓ 46	22 ♈ 23	11 ♊ 54	6 ♒ 31	8 ♉ 47	2 ♑ 31	0 ♑ 59	10 ♑ 11	11 ♏ 36	10 ♓	14 ♒	10 ♉	28 ♋	24 ♊
18	27 ♈ 48	12 ♉ 39	21 ♓ 28	22 ♓ 42	24 ♈ 26	12 ♊ 45	7 ♒ 11	9 ♉ 1	2 ♑ 31	0 ♑ 58	10 ♑ 11	11 ♏ 34	10 ♓	14 ♒	11 ♉	28 ♋	24 ♊
19	28 ♈ 47	26 ♉ 30	21 ♓ 24	22 ♓ 36	26 ♈ 31	13 ♊ 36	7 ♒ 51	9 ♉ 15	2 ♑ 30	0 ♑ 57	10 ♑ 10	11 ♏ 33	10 ♓	14 ♒	11 ♉	28 ♋	24 ♊
20	29 ♈ 45	9 ♊ 58	21 ♓ 21	22 ♓ 30	28 ♈ 37	14 ♊ 26	8 ♒ 32	9 ♉ 29	2 ♑ 29	0 ♑ 57	10 ♑ 10	11 ♏ 31	11 ♓	14 ♒	12 ♉	28 ♋	24 ♊
21	0 ♉ 44	23 ♊ 2	21 ♓ 18	22 ♓ 24	0 ♉ 43	15 ♊ 14	9 ♒ 12	9 ♉ 44	2 ♑ 28	0 ♑ 56	10 ♑ 10	11 ♏ 29	11 ♓	14 ♒	12 ♉	29 ♋	24 ♊
22	1 ♉ 43	5 ♋ 44	21 ♓ 15	22 ♓ 20	2 ♉ 51	16 ♊ 3	9 ♒ 52	9 ♉ 58	2 ♑ 27	0 ♑ 55	10 ♑ 9	11 ♏ 28	11 ♓	15 ♒	13 ♉	29 ♋	24 ♊
23	2 ♉ 41	18 ♋ 6	21 ♓ 12	22 ♓ 17	4 ♉ 59	16 ♊ 50	10 ♒ 32	10 ♉ 12	2 ♑ 26	0 ♑ 54	10 ♑ 9	11 ♏ 26	12 ♓	15 ♒	14 ♉	29 ♋	25 ♊
24	3 ♉ 40	0 ♌ 12	21 ♓ 9	22 ♓ 16	7 ♉ 7	17 ♊ 36	11 ♒ 12	10 ♉ 26	2 ♑ 25	0 ♑ 53	10 ♑ 9	11 ♏ 24	12 ♓	15 ♒	14 ♉	29 ♋	25 ♊
25	4 ♉ 38	12 ♌ 8	21 ♓ 5	22 D 16	9 ♉ 15	18 ♊ 22	11 ♒ 52	10 ♉ 41	2 ♑ 24	0 ♑ 52	10 ♑ 8	11 ♏ 23	12 ♓	15 ♒	15 ♉	0 ♌	25 ♊
26	5 ♉ 36	23 ♌ 58	21 ♓ 2	22 ♓ 17	11 ♉ 23	19 ♊ 6	12 ♒ 32	10 ♉ 55	2 ♑ 22	0 ♑ 51	10 ♑ 8	11 ♏ 21	13 ♓	15 ♒	15 ♉	0 ♌	25 ♊
27	6 ♉ 35	5 ♍ 46	20 ♓ 59	22 ♓ 19	13 ♉ 31	19 ♊ 50	13 ♒ 11	11 ♉ 9	2 ♑ 21	0 ♑ 50	10 ♑ 7	11 ♏ 19	13 ♓	16 ♒	16 ♉	0 ♌	25 ♊
28	7 ♉ 33	17 ♍ 39	20 ♓ 56	22 ♓ 20	15 ♉ 38	20 ♊ 32	13 ♒ 51	11 ♉ 24	2 ♑ 19	0 ♑ 49	10 ♑ 7	11 ♏ 18	13 ♓	16 ♒	17 ♉	0 ♌	25 ♊
29	8 ♉ 31	29 ♍ 41	20 ♓ 53	22 R 20	17 ♉ 43	21 ♊ 14	14 ♒ 31	11 ♉ 38	2 ♑ 18	0 ♑ 48	10 ♑ 6	11 ♏ 16	14 ♓	16 ♒	17 ♉	1 ♌	25 ♊
30	9 ♉ 30	11 ♎ 54	20 ♓ 49	22 ♓ 18	19 ♉ 48	21 ♊ 54	15 ♒ 11	11 ♉ 52	2 ♑ 16	0 ♑ 47	10 ♑ 6	11 ♏ 14	14 ♓	16 ♒	18 ♉	1 ♌	25 ♊

SUN INGRESS	☉ → ♉ 20日 05:45
MOON PHASE	○ 2日 18:21 ♎　◑ 10日 04:21 ♑　● 16日 21:00 ♈　◐ 24日 07:32 ♌

aspects		
4日	01:24	☿⚹♂
5日	21:12	☿□♅
6日	17:06	☿□♄
6日	17:17	☿⚹♀
10日	20:12	☿□♆
21日	00:14	☉☌☿
21日	02:22	☿△♅
21日	04:49	☉△♅
21日	19:36	☿△♄
22日	05:51	♂□♃
22日	17:58	☉△♄
22日	18:59	♃△♆
24日	07:15	♂□♇
25日	09:54	☿△♆
25日	18:02	☿☌♃
25日	23:32	☿☍♇
26日	18:38	☿□♂
27日	14:40	♃☍♇
30日	14:43	☉△♆

1988年5月

DAY	☉	☽	☊ mean	☊ true	☿	♀	♂	♃	♄	♅	♆	♇	⚳	⚴	⚵	⚶	⚷
	° ′	° ′	° ′	° ′	° ′	° ′	° ′	° ′	° ′	° ′	° ′	° ′	°	°	°	°	°
1	10 ♉ 28	24 ♎ 22	20 ♓ 46	22 R 14	21 D 50	22 D 33	15 D 51	12 D 7	2 R 14	0 R 46	10 R 5	11 R 12	14 D	16 D	18 D	1 D	25 D
2	11 ♉ 26	7 ♏ 7	20 ♓ 43	22 ♓ 7	23 ♉ 51	23 ♊ 11	16 ♒ 30	12 ♉ 21	2 ♑ 12	0 ♑ 44	10 ♑ 5	11 ♏ 11	15 ♓	17 ♒	19 ♉	2 ♌	25 ♊
3	12 ♉ 24	20 ♏ 8	20 ♓ 40	22 ♓ 0	25 ♉ 49	23 ♊ 48	17 ♒ 10	12 ♉ 35	2 ♑ 10	0 ♑ 43	10 ♑ 4	11 ♏ 9	15 ♓	17 ♒	20 ♉	2 ♌	25 ♊
4	13 ♉ 23	3 ♐ 24	20 ♓ 37	21 ♓ 51	27 ♉ 45	24 ♊ 24	17 ♒ 50	12 ♉ 50	2 ♑ 8	0 ♑ 42	10 ♑ 3	11 ♏ 7	15 ♓	17 ♒	20 ♉	2 ♌	25 ♊
5	14 ♉ 21	16 ♐ 55	20 ♓ 34	21 ♓ 42	29 ♉ 38	24 ♊ 58	18 ♒ 29	13 ♉ 4	2 ♑ 6	0 ♑ 40	10 ♑ 3	11 ♏ 6	16 ♓	17 ♒	21 ♉	2 ♌	25 ♊
6	15 ♉ 19	0 ♑ 38	20 ♓ 30	21 ♓ 35	1 ♊ 28	25 ♊ 31	19 ♒ 9	13 ♉ 18	2 ♑ 4	0 ♑ 39	10 ♑ 2	11 ♏ 4	16 ♓	17 ♒	21 ♉	3 ♌	25 ♊
7	16 ♉ 17	14 ♑ 29	20 ♓ 27	21 ♓ 29	3 ♊ 15	26 ♊ 2	19 ♒ 48	13 ♉ 33	2 ♑ 1	0 ♑ 37	10 ♑ 1	11 ♏ 2	16 ♓	17 ♒	22 ♉	3 ♌	25 ♊
8	17 ♉ 15	28 ♑ 28	20 ♓ 24	21 ♓ 25	4 ♊ 59	26 ♊ 32	20 ♒ 28	13 ♉ 47	1 ♑ 59	0 ♑ 36	10 ♑ 0	11 ♏ 1	17 ♓	18 ♒	23 ♉	3 ♌	26 ♊
9	18 ♉ 13	12 ♒ 32	20 ♓ 21	21 ♓ 23	6 ♊ 39	27 ♊ 1	21 ♒ 7	14 ♉ 1	1 ♑ 56	0 ♑ 34	10 ♑ 0	10 ♏ 59	17 ♓	18 ♒	23 ♉	4 ♌	26 ♊
10	19 ♉ 11	26 ♒ 40	20 ♓ 18	21 D 24	8 ♊ 16	27 ♊ 28	21 ♒ 46	14 ♉ 16	1 ♑ 54	0 ♑ 33	9 ♑ 59	10 ♏ 57	17 ♓	18 ♒	24 ♉	4 ♌	26 ♊
11	20 ♉ 9	10 ♓ 50	20 ♓ 15	21 ♓ 24	9 ♊ 49	27 ♊ 53	22 ♒ 26	14 ♉ 30	1 ♑ 51	0 ♑ 31	9 ♑ 58	10 ♏ 56	17 ♓	18 ♒	24 ♉	4 ♌	26 ♊
12	21 ♉ 7	25 ♓ 2	20 ♓ 11	21 R 24	11 ♊ 18	28 ♊ 16	23 ♒ 5	14 ♉ 44	1 ♑ 49	0 ♑ 29	9 ♑ 57	10 ♏ 54	18 ♓	18 ♒	25 ♉	5 ♌	26 ♊
13	22 ♉ 5	9 ♈ 13	20 ♓ 8	21 ♓ 23	12 ♊ 44	28 ♊ 38	23 ♒ 44	14 ♉ 58	1 ♑ 46	0 ♑ 28	9 ♑ 56	10 ♏ 52	18 ♓	18 ♒	26 ♉	5 ♌	26 ♊
14	23 ♉ 3	23 ♈ 20	20 ♓ 5	21 ♓ 20	14 ♊ 6	28 ♊ 58	24 ♒ 23	15 ♉ 13	1 ♑ 43	0 ♑ 26	9 ♑ 55	10 ♏ 51	18 ♓	18 ♒	26 ♉	5 ♌	26 ♊
15	24 ♉ 1	7 ♉ 21	20 ♓ 2	21 ♓ 13	15 ♊ 25	29 ♊ 16	25 ♒ 2	15 ♉ 27	1 ♑ 40	0 ♑ 24	9 ♑ 54	10 ♏ 49	19 ♓	18 ♒	27 ♉	6 ♌	26 ♊
16	24 ♉ 59	21 ♉ 11	19 ♓ 59	21 ♓ 5	16 ♊ 39	29 ♊ 32	25 ♒ 41	15 ♉ 41	1 ♑ 37	0 ♑ 22	9 ♑ 53	10 ♏ 47	19 ♓	19 ♒	27 ♉	6 ♌	26 ♊
17	25 ♉ 56	4 ♊ 45	19 ♓ 55	20 ♓ 54	17 ♊ 49	29 ♊ 47	26 ♒ 20	15 ♉ 55	1 ♑ 34	0 ♑ 21	9 ♑ 52	10 ♏ 46	19 ♓	19 ♒	28 ♉	6 ♌	26 ♊
18	26 ♉ 54	18 ♊ 3	19 ♓ 52	20 ♓ 43	18 ♊ 56	29 ♊ 59	26 ♒ 59	16 ♉ 9	1 ♑ 30	0 ♑ 19	9 ♑ 51	10 ♏ 44	19 ♓	19 ♒	29 ♉	7 ♌	26 ♊
19	27 ♉ 52	1 ♋ 1	19 ♓ 49	20 ♓ 33	19 ♊ 58	0 ♋ 9	27 ♒ 37	16 ♉ 24	1 ♑ 27	0 ♑ 17	9 ♑ 50	10 ♏ 43	20 ♓	19 ♒	29 ♉	7 ♌	26 ♊
20	28 ♉ 50	13 ♋ 39	19 ♓ 46	20 ♓ 24	20 ♊ 56	0 ♋ 17	28 ♒ 16	16 ♉ 38	1 ♑ 24	0 ♑ 15	9 ♑ 49	10 ♏ 41	20 ♓	19 ♒	0 ♊	7 ♌	27 ♊
21	29 ♉ 48	26 ♋ 0	19 ♓ 43	20 ♓ 16	21 ♊ 50	0 ♋ 22	28 ♒ 54	16 ♉ 52	1 ♑ 21	0 ♑ 13	9 ♑ 48	10 ♏ 39	20 ♓	19 ♒	0 ♊	8 ♌	27 ♊
22	0 ♊ 45	8 ♌ 6	19 ♓ 40	20 ♓ 12	22 ♊ 39	0 ♋ 26	29 ♒ 33	17 ♉ 6	1 ♑ 17	0 ♑ 11	9 ♑ 46	10 ♏ 38	21 ♓	19 ♒	1 ♊	8 ♌	27 ♊
23	1 ♊ 43	20 ♌ 2	19 ♓ 36	20 ♓ 10	23 ♊ 25	0 R 27	0 ♓ 11	17 ♉ 20	1 ♑ 14	0 ♑ 9	9 ♑ 45	10 ♏ 36	21 ♓	19 ♒	2 ♊	8 ♌	27 ♊
24	2 ♊ 41	1 ♍ 52	19 ♓ 33	20 ♓ 9	24 ♊ 5	0 ♋ 25	0 ♓ 49	17 ♉ 34	1 ♑ 10	0 ♑ 7	9 ♑ 44	10 ♏ 35	21 ♓	19 ♒	2 ♊	9 ♌	27 ♊
25	3 ♊ 38	13 ♍ 41	19 ♓ 30	20 D 9	24 ♊ 42	0 ♋ 22	1 ♓ 28	17 ♉ 48	1 ♑ 6	0 ♑ 5	9 ♑ 43	10 ♏ 33	21 ♓	19 ♒	3 ♊	9 ♌	27 ♊
26	4 ♊ 36	25 ♍ 35	19 ♓ 27	20 R 9	25 ♊ 13	0 ♋ 15	2 ♓ 6	18 ♉ 2	1 ♑ 3	0 ♑ 3	9 ♑ 42	10 ♏ 32	22 ♓	19 ♒	3 ♊	9 ♌	27 ♊
27	5 ♊ 34	7 ♎ 39	19 ♓ 24	20 ♓ 8	25 ♊ 41	0 ♋ 7	2 ♓ 44	18 ♉ 16	0 ♑ 59	0 ♑ 0	9 ♑ 40	10 ♏ 30	22 ♓	19 ♒	4 ♊	10 ♌	27 ♊
28	6 ♊ 31	19 ♎ 58	19 ♓ 21	20 ♓ 5	26 ♊ 3	29 ♊ 56	3 ♓ 22	18 ♉ 30	0 ♑ 55	29 ♐ 58	9 ♑ 39	10 ♏ 29	22 ♓	20 ♒	5 ♊	10 ♌	27 ♊
29	7 ♊ 29	2 ♏ 36	19 ♓ 17	19 ♓ 59	26 ♊ 21	29 ♊ 42	3 ♓ 59	18 ♉ 44	0 ♑ 51	29 ♐ 56	9 ♑ 38	10 ♏ 27	22 ♓	20 ♒	5 ♊	11 ♌	27 ♊
30	8 ♊ 26	15 ♏ 34	19 ♓ 14	19 ♓ 50	26 ♊ 34	29 ♊ 26	4 ♓ 37	18 ♉ 58	0 ♑ 47	29 ♐ 54	9 ♑ 37	10 ♏ 26	23 ♓	20 ♒	6 ♊	11 ♌	27 ♊
31	9 ♊ 24	28 ♏ 54	19 ♓ 11	19 ♓ 40	26 ♊ 43	29 ♊ 8	5 ♓ 15	19 ♉ 12	0 ♑ 44	29 ♐ 52	9 ♑ 35	10 ♏ 24	23 ♓	20 ♒	6 ♊	11 ♌	28 ♊
SUN INGRESS	☉ → ♊ 21日 04:57																
MOON PHASE	○ 2日 08:41 ♏	◑ 9日 10:23 ♒	● 16日 07:11 ♉	◐ 24日 01:49 ♍	○ 31日 19:53 ♐												

aspects		
1日	17:48	☉☍♇
3日	05:59	☉☌♃
18日	05:21	☉□♂
19日	18:52	♀☍♅
22日	22:36	♂⚹♅
23日	09:36	♀△♂
24日	11:49	♂⚹♄
27日	18:03	♀☍♅

1988年6月

DAY	☉	☽	☊ mean	☊ true	☿	♀	♂	♃	♄	♅	♆	♇	⚳	⚴	⚵	⚶	⚷
	° ′	° ′	° ′	° ′	° ′	° ′	° ′	° ′	° ′	° ′	° ′	° ′	°	°	°	°	°
1	10 ♊ 21	12 ♐ 33	19 ♓ 8	19 R 28	26 D 46	28 R 48	5 D 52	19 D 25	0 R 40	29 R 49	9 R 34	10 R 23	23 D	20 D	7 D	12 D	28 D
2	11 ♊ 19	26 ♐ 29	19 ♓ 5	19 ♓ 17	26 R 45	28 ♊ 25	6 ♓ 29	19 ♉ 39	0 ♑ 36	29 ♐ 47	9 ♑ 33	10 ♏ 22	24 ♓	20 ♒	7 ♊	12 ♌	28 ♊
3	12 ♊ 16	10 ♑ 38	19 ♓ 1	19 ♓ 6	26 ♊ 40	28 ♊ 0	7 ♓ 7	19 ♉ 53	0 ♑ 31	29 ♐ 45	9 ♑ 31	10 ♏ 20	24 ♓	20 ♒	8 ♊	12 ♌	28 ♊
4	13 ♊ 14	24 ♑ 53	18 ♓ 58	18 ♓ 58	26 ♊ 31	27 ♊ 33	7 ♓ 44	20 ♉ 7	0 ♑ 27	29 ♐ 43	9 ♑ 30	10 ♏ 19	24 ♓	20 ♒	9 ♊	13 ♌	28 ♊
5	14 ♊ 11	9 ♒ 12	18 ♓ 55	18 ♓ 52	26 ♊ 17	27 ♊ 4	8 ♓ 21	20 ♉ 20	0 ♑ 23	29 ♐ 40	9 ♑ 28	10 ♏ 17	24 ♓	20 R	9 ♊	13 ♌	28 ♊
6	15 ♊ 8	23 ♒ 28	18 ♓ 52	18 ♓ 49	25 ♊ 59	26 ♊ 33	8 ♓ 58	20 ♉ 34	0 ♑ 19	29 ♐ 38	9 ♑ 27	10 ♏ 16	24 ♓	20 ♒	10 ♊	14 ♌	28 ♊
7	16 ♊ 6	7 ♓ 40	18 ♓ 49	18 ♓ 48	25 ♊ 38	26 ♊ 1	9 ♓ 35	20 ♉ 48	0 ♑ 15	29 ♐ 36	9 ♑ 25	10 ♏ 15	25 ♓	20 ♒	10 ♊	14 ♌	28 ♊
8	17 ♊ 3	21 ♓ 47	18 ♓ 46	18 ♓ 48	25 ♊ 14	25 ♊ 28	10 ♓ 11	21 ♉ 1	0 ♑ 11	29 ♐ 33	9 ♑ 24	10 ♏ 14	25 ♓	20 ♒	11 ♊	14 ♌	28 ♊
9	18 ♊ 1	5 ♈ 46	18 ♓ 42	18 ♓ 48	24 ♊ 47	24 ♊ 53	10 ♓ 48	21 ♉ 15	0 ♑ 6	29 ♐ 31	9 ♑ 23	10 ♏ 12	25 ♓	20 ♒	12 ♊	15 ♌	28 ♊
10	18 ♊ 58	19 ♈ 39	18 ♓ 39	18 ♓ 46	24 ♊ 17	24 ♊ 17	11 ♓ 24	21 ♉ 28	0 ♑ 2	29 ♐ 28	9 ♑ 21	10 ♏ 11	25 ♓	20 ♒	12 ♊	15 ♌	28 ♊
11	19 ♊ 55	3 ♉ 24	18 ♓ 36	18 ♓ 41	23 ♊ 46	23 ♊ 40	12 ♓ 0	21 ♉ 41	29 ♐ 58	29 ♐ 26	9 ♑ 20	10 ♏ 10	26 ♓	20 ♒	13 ♊	16 ♌	28 ♊
12	20 ♊ 53	16 ♉ 59	18 ♓ 33	18 ♓ 34	23 ♊ 13	23 ♊ 3	12 ♓ 36	21 ♉ 55	29 ♐ 53	29 ♐ 24	9 ♑ 18	10 ♏ 9	26 ♓	20 ♒	13 ♊	16 ♌	29 ♊
13	21 ♊ 50	0 ♊ 25	18 ♓ 30	18 ♓ 24	22 ♊ 39	22 ♊ 26	13 ♓ 12	22 ♉ 8	29 ♐ 49	29 ♐ 21	9 ♑ 17	10 ♏ 8	26 ♓	20 ♒	14 ♊	16 ♌	29 ♊
14	22 ♊ 48	13 ♊ 38	18 ♓ 27	18 ♓ 12	22 ♊ 5	21 ♊ 48	13 ♓ 48	22 ♉ 21	29 ♐ 45	29 ♐ 19	9 ♑ 15	10 ♏ 6	26 ♓	19 ♒	15 ♊	17 ♌	29 ♊
15	23 ♊ 45	26 ♊ 37	18 ♓ 23	17 ♓ 59	21 ♊ 32	21 ♊ 11	14 ♓ 23	22 ♉ 35	29 ♐ 40	29 ♐ 16	9 ♑ 13	10 ♏ 5	26 ♓	19 ♒	15 ♊	17 ♌	29 ♊
16	24 ♊ 42	9 ♋ 21	18 ♓ 20	17 ♓ 47	21 ♊ 0	20 ♊ 34	14 ♓ 59	22 ♉ 48	29 ♐ 36	29 ♐ 14	9 ♑ 12	10 ♏ 4	27 ♓	19 ♒	16 ♊	18 ♌	29 ♊
17	25 ♊ 39	21 ♋ 50	18 ♓ 17	17 ♓ 36	20 ♊ 29	19 ♊ 57	15 ♓ 34	23 ♉ 1	29 ♐ 31	29 ♐ 12	9 ♑ 10	10 ♏ 3	27 ♓	19 ♒	16 ♊	18 ♌	29 ♊
18	26 ♊ 37	4 ♌ 4	18 ♓ 14	17 ♓ 27	20 ♊ 0	19 ♊ 22	16 ♓ 9	23 ♉ 14	29 ♐ 27	29 ♐ 9	9 ♑ 9	10 ♏ 2	27 ♓	19 ♒	17 ♊	18 ♌	29 ♊
19	27 ♊ 34	16 ♌ 6	18 ♓ 11	17 ♓ 21	19 ♊ 33	18 ♊ 47	16 ♓ 43	23 ♉ 27	29 ♐ 23	29 ♐ 7	9 ♑ 7	10 ♏ 1	27 ♓	19 ♒	18 ♊	19 ♌	29 ♊
20	28 ♊ 31	28 ♌ 0	18 ♓ 7	17 ♓ 17	19 ♊ 10	18 ♊ 14	17 ♓ 18	23 ♉ 40	29 ♐ 18	29 ♐ 4	9 ♑ 6	10 ♏ 0	27 ♓	19 ♒	18 ♊	19 ♌	29 ♊
21	29 ♊ 29	9 ♍ 48	18 ♓ 4	17 ♓ 16	18 ♊ 50	17 ♊ 42	17 ♓ 52	23 ♉ 53	29 ♐ 14	29 ♐ 2	9 ♑ 4	9 ♏ 59	28 ♓	19 ♒	19 ♊	20 ♌	29 ♊
22	0 ♋ 26	21 ♍ 36	18 ♓ 1	17 D 16	18 ♊ 33	17 ♊ 12	18 ♓ 26	24 ♉ 6	29 ♐ 9	28 ♐ 59	9 ♑ 2	9 ♏ 58	28 ♓	19 ♒	19 ♊	20 ♌	0 ♋
23	1 ♋ 23	3 ♎ 30	17 ♓ 58	17 R 16	18 ♊ 21	16 ♊ 44	19 ♓ 0	24 ♉ 18	29 ♐ 5	28 ♐ 57	9 ♑ 1	9 ♏ 57	28 ♓	19 ♒	20 ♊	21 ♌	0 ♋
24	2 ♋ 20	15 ♎ 35	17 ♓ 55	17 ♓ 15	18 ♊ 13	16 ♊ 17	19 ♓ 34	24 ♉ 31	29 ♐ 0	28 ♐ 54	8 ♑ 59	9 ♏ 57	28 ♓	19 ♒	20 ♊	21 ♌	0 ♋
25	3 ♋ 18	27 ♎ 55	17 ♓ 52	17 ♓ 13	18 ♊ 9	15 ♊ 53	20 ♓ 8	24 ♉ 44	28 ♐ 56	28 ♐ 52	8 ♑ 58	9 ♏ 56	28 ♓	18 ♒	21 ♊	21 ♌	0 ♋
26	4 ♋ 15	10 ♏ 36	17 ♓ 48	17 ♓ 8	18 D 10	15 ♊ 31	20 ♓ 41	24 ♉ 56	28 ♐ 52	28 ♐ 50	8 ♑ 56	9 ♏ 55	28 ♓	18 ♒	22 ♊	22 ♌	0 ♋
27	5 ♋ 12	23 ♏ 41	17 ♓ 45	17 ♓ 1	18 ♊ 15	15 ♊ 11	21 ♓ 14	25 ♉ 9	28 ♐ 47	28 ♐ 47	8 ♑ 54	9 ♏ 54	29 ♓	18 ♒	22 ♊	22 ♌	0 ♋
28	6 ♋ 9	7 ♐ 12	17 ♓ 42	16 ♓ 52	18 ♊ 26	14 ♊ 53	21 ♓ 47	25 ♉ 21	28 ♐ 43	28 ♐ 45	8 ♑ 53	9 ♏ 53	29 ♓	18 ♒	23 ♊	23 ♌	0 ♋
29	7 ♋ 6	21 ♐ 7	17 ♓ 39	16 ♓ 42	18 ♊ 41	14 ♊ 37	22 ♓ 19	25 ♉ 34	28 ♐ 39	28 ♐ 42	8 ♑ 51	9 ♏ 53	29 ♓	18 ♒	23 ♊	23 ♌	0 ♋
30	8 ♋ 4	5 ♑ 23	17 ♓ 36	16 ♓ 31	19 ♊ 1	14 ♊ 24	22 ♓ 52	25 ♉ 46	28 ♐ 34	28 ♐ 40	8 ♑ 50	9 ♏ 52	29 ♓	18 ♒	24 ♊	24 ♌	0 ♋
SUN INGRESS	☉ → ♋ 21日 12:57																
MOON PHASE	◑ 7日 15:22 ♓	● 14日 18:14 ♊	◐ 22日 19:23 ♎	○ 30日 04:46 ♑													

aspects		
6日	18:18	♂⚹♆
8日	01:33	♂△♇
10日	00:10	☿☌♀
13日	09:00	☉☌♀
13日	12:55	☉☌☿
20日	13:12	☉☍♅
20日	18:13	☉☍♄
20日	20:22	♀□♂
22日	03:22	☿□♂
27日	02:06	♄☌♅
30日	18:46	☉☍♆

1988年7月

DAY	☉	☽	☊ mean	☊ true	☿	♀	♂	♃	♄	♅	♆	♇	⚳	⚴	⚵	⚶	⚷
	° ′	° ′	° ′	° ′	° ′	° ′	° ′	° ′	° ′	° ′	° ′	° ′	°	°	°	°	°
1	9 ♋ 1	19 ♑ 55	17 ♓ 33	16 R 22	19 D 26	14 R 14	23 D 24	25 D 58	28 R 30	28 R 37	8 R 48	9 R 51	29 D	18 R	25 D	24 D	0 D
2	9 ♋ 58	4 ♒ 35	17 ♓ 29	16 ♓ 15	19 ♊ 55	14 ♊ 5	23 ♓ 56	26 ♉ 10	28 ♐ 26	28 ♐ 35	8 ♑ 46	9 ♏ 51	29 ♓	17 ♒	25 ♊	24 ♌	0 ♋
3	10 ♋ 55	19 ♒ 17	17 ♓ 26	16 ♓ 10	20 ♊ 30	14 ♊ 0	24 ♓ 27	26 ♉ 22	28 ♐ 21	28 ♐ 33	8 ♑ 45	9 ♏ 50	0 ♈	17 ♒	26 ♊	25 ♌	1 ♋
4	11 ♋ 52	3 ♓ 54	17 ♓ 23	16 ♓ 7	21 ♊ 9	13 ♊ 56	24 ♓ 58	26 ♉ 34	28 ♐ 17	28 ♐ 30	8 ♑ 43	9 ♏ 50	0 ♈	17 ♒	26 ♊	25 ♌	1 ♋
5	12 ♋ 50	18 ♓ 21	17 ♓ 20	16 D 7	21 ♊ 53	13 D 55	25 ♓ 29	26 ♉ 46	28 ♐ 13	28 ♐ 28	8 ♑ 41	9 ♏ 49	0 ♈	17 ♒	27 ♊	26 ♌	1 ♋
6	13 ♋ 47	2 ♈ 34	17 ♓ 17	16 ♓ 7	22 ♊ 42	13 ♊ 56	26 ♓ 0	26 ♉ 58	28 ♐ 9	28 ♐ 26	8 ♑ 40	9 ♏ 49	0 ♈	17 ♒	27 ♊	26 ♌	1 ♋
7	14 ♋ 44	16 ♈ 34	17 ♓ 13	16 R 7	23 ♊ 35	14 ♊ 0	26 ♓ 30	27 ♉ 10	28 ♐ 4	28 ♐ 23	8 ♑ 38	9 ♏ 48	0 ♈	17 ♒	28 ♊	27 ♌	1 ♋
8	15 ♋ 41	0 ♉ 18	17 ♓ 10	16 ♓ 7	24 ♊ 33	14 ♊ 6	27 ♓ 1	27 ♉ 22	28 ♐ 0	28 ♐ 21	8 ♑ 37	9 ♏ 48	0 ♈	16 ♒	29 ♊	27 ♌	1 ♋
9	16 ♋ 38	13 ♉ 49	17 ♓ 7	16 ♓ 4	25 ♊ 35	14 ♊ 14	27 ♓ 30	27 ♉ 33	27 ♐ 56	28 ♐ 19	8 ♑ 35	9 ♏ 47	0 ♈	16 ♒	29 ♊	27 ♌	1 ♋
10	17 ♋ 36	27 ♉ 6	17 ♓ 4	15 ♓ 58	26 ♊ 42	14 ♊ 24	28 ♓ 0	27 ♉ 45	27 ♐ 52	28 ♐ 16	8 ♑ 33	9 ♏ 47	0 ♈	16 ♒	0 ♋	28 ♌	1 ♋
11	18 ♋ 33	10 ♊ 11	17 ♓ 1	15 ♓ 51	27 ♊ 53	14 ♊ 36	28 ♓ 29	27 ♉ 56	27 ♐ 48	28 ♐ 14	8 ♑ 32	9 ♏ 47	0 ♈	16 ♒	0 ♋	28 ♌	1 ♋
12	19 ♋ 30	23 ♊ 2	16 ♓ 58	15 ♓ 42	29 ♊ 8	14 ♊ 50	28 ♓ 57	28 ♉ 7	27 ♐ 44	28 ♐ 12	8 ♑ 30	9 ♏ 46	0 ♈	16 ♒	1 ♋	29 ♌	1 ♋
13	20 ♋ 27	5 ♋ 42	16 ♓ 54	15 ♓ 32	0 ♋ 28	15 ♊ 6	29 ♓ 26	28 ♉ 19	27 ♐ 40	28 ♐ 10	8 ♑ 29	9 ♏ 46	1 ♈	15 ♒	2 ♋	29 ♌	1 ♋
14	21 ♋ 24	18 ♋ 9	16 ♓ 51	15 ♓ 22	1 ♋ 51	15 ♊ 24	29 ♓ 54	28 ♉ 30	27 ♐ 36	28 ♐ 8	8 ♑ 27	9 ♏ 46	1 ♈	15 ♒	2 ♋	0 ♍	2 ♋
15	22 ♋ 22	0 ♌ 24	16 ♓ 48	15 ♓ 14	3 ♋ 19	15 ♊ 44	0 ♈ 21	28 ♉ 41	27 ♐ 33	28 ♐ 5	8 ♑ 26	9 ♏ 46	1 ♈	15 ♒	3 ♋	0 ♍	2 ♋
16	23 ♋ 19	12 ♌ 29	16 ♓ 45	15 ♓ 7	4 ♋ 51	16 ♊ 6	0 ♈ 48	28 ♉ 52	27 ♐ 29	28 ♐ 3	8 ♑ 24	9 ♏ 45	1 ♈	15 ♒	3 ♋	1 ♍	2 ♋
17	24 ♋ 16	24 ♌ 25	16 ♓ 42	15 ♓ 3	6 ♋ 27	16 ♊ 29	1 ♈ 15	29 ♉ 3	27 ♐ 25	28 ♐ 1	8 ♑ 22	9 ♏ 45	1 ♈	14 ♒	4 ♋	1 ♍	2 ♋
18	25 ♋ 13	6 ♍ 15	16 ♓ 39	15 ♓ 0	8 ♋ 6	16 ♊ 54	1 ♈ 42	29 ♉ 14	27 ♐ 21	27 ♐ 59	8 ♑ 21	9 ♏ 45	1 ♈	14 ♒	4 ♋	2 ♍	2 ♋
19	26 ♋ 11	18 ♍ 1	16 ♓ 35	15 D 0	9 ♋ 49	17 ♊ 21	2 ♈ 8	29 ♉ 24	27 ♐ 18	27 ♐ 57	8 ♑ 19	9 ♏ 45	1 ♈	14 ♒	5 ♋	2 ♍	2 ♋
20	27 ♋ 8	29 ♍ 49	16 ♓ 32	15 ♓ 1	11 ♋ 36	17 ♊ 49	2 ♈ 33	29 ♉ 35	27 ♐ 14	27 ♐ 55	8 ♑ 18	9 ♏ 45	1 ♈	14 ♒	6 ♋	2 ♍	2 ♋
21	28 ♋ 5	11 ♎ 42	16 ♓ 29	15 ♓ 2	13 ♋ 25	18 ♊ 18	2 ♈ 58	29 ♉ 45	27 ♐ 11	27 ♐ 53	8 ♑ 16	9 D 45	1 ♈	13 ♒	6 ♋	3 ♍	2 ♋
22	29 ♋ 3	23 ♎ 45	16 ♓ 26	15 ♓ 3	15 ♋ 18	18 ♊ 49	3 ♈ 23	29 ♉ 56	27 ♐ 7	27 ♐ 51	8 ♑ 15	9 ♏ 45	1 ♈	13 ♒	7 ♋	3 ♍	2 ♋
23	0 ♌ 0	6 ♏ 5	16 ♓ 23	15 R 3	17 ♋ 13	19 ♊ 22	3 ♈ 47	0 ♊ 6	27 ♐ 4	27 ♐ 49	8 ♑ 13	9 ♏ 45	1 ♈	13 ♒	7 ♋	4 ♍	2 ♋
24	0 ♌ 57	18 ♏ 45	16 ♓ 19	15 ♓ 1	19 ♋ 11	19 ♊ 55	4 ♈ 11	0 ♊ 16	27 ♐ 1	27 ♐ 47	8 ♑ 12	9 ♏ 45	1 ♈	13 ♒	8 ♋	4 ♍	2 ♋
25	1 ♌ 54	1 ♐ 49	16 ♓ 16	14 ♓ 58	21 ♋ 11	20 ♊ 30	4 ♈ 34	0 ♊ 26	26 ♐ 57	27 ♐ 45	8 ♑ 10	9 ♏ 45	1 ♈	12 ♒	8 ♋	5 ♍	3 ♋
26	2 ♌ 52	15 ♐ 21	16 ♓ 13	14 ♓ 53	23 ♋ 13	21 ♊ 7	4 ♈ 57	0 ♊ 36	26 ♐ 54	27 ♐ 43	8 ♑ 9	9 ♏ 46	1 ♈	12 ♒	9 ♋	5 ♍	3 ♋
27	3 ♌ 49	29 ♐ 20	16 ♓ 10	14 ♓ 47	25 ♋ 16	21 ♊ 44	5 ♈ 19	0 ♊ 46	26 ♐ 51	27 ♐ 41	8 ♑ 8	9 ♏ 46	1 ♈	12 ♒	9 ♋	6 ♍	3 ♋
28	4 ♌ 46	13 ♑ 45	16 ♓ 7	14 ♓ 41	27 ♋ 21	22 ♊ 22	5 ♈ 41	0 ♊ 56	26 ♐ 48	27 ♐ 40	8 ♑ 6	9 ♏ 46	1 R	12 ♒	10 ♋	6 ♍	3 ♋
29	5 ♌ 44	28 ♑ 30	16 ♓ 4	14 ♓ 36	29 ♋ 26	23 ♊ 2	6 ♈ 2	1 ♊ 5	26 ♐ 45	27 ♐ 38	8 ♑ 5	9 ♏ 46	1 ♈	11 ♒	11 ♋	7 ♍	3 ♋
30	6 ♌ 41	13 ♒ 28	16 ♓ 0	14 ♓ 31	1 ♌ 32	23 ♊ 43	6 ♈ 22	1 ♊ 15	26 ♐ 42	27 ♐ 36	8 ♑ 3	9 ♏ 47	1 ♈	11 ♒	11 ♋	7 ♍	3 ♋
31	7 ♌ 38	28 ♒ 30	15 ♓ 57	14 ♓ 29	3 ♌ 38	24 ♊ 25	6 ♈ 42	1 ♊ 24	26 ♐ 40	27 ♐ 35	8 ♑ 2	9 ♏ 47	1 ♈	11 ♒	12 ♋	8 ♍	3 ♋

SUN INGRESS	☉ → ♌ 22日 23:51
MOON PHASE	◑ 6日 20:36 ♈　● 14日 06:53 ♋　◐ 22日 11:14 ♎　○ 29日 12:25 ♒

aspects		
1日	21:02	☉△♇
9日	03:48	♂⚹♃
9日	18:34	♂□♄
10日	12:49	♂□♅
10日	22:37	☿☍♄
11日	06:49	☿☍♅
11日	18:48	☿□♂
18日	03:28	☿☍♆
18日	23:06	☿△♇
23日	03:05	☉⚹♃
29日	11:51	☉△♂
29日	20:23	☿⚹♃

1988年8月

DAY	☉	☽	☊ mean	☊ true	☿	♀	♂	♃	♄	♅	♆	♇	⚳	⚴	⚵	⚶	⚷
	° ′	° ′	° ′	° ′	° ′	° ′	° ′	° ′	° ′	° ′	° ′	° ′	°	°	°	°	°
1	8 ♌ 36	13 ♓ 28	15 ♓ 54	14 R 28	5 D 45	25 D 7	7 D 2	1 D 33	26 R 37	27 R 33	8 R 1	9 D 47	1 R	11 R	12 D	8 D	3 D
2	9 ♌ 33	28 ♓ 14	15 ♓ 51	14 D 28	7 ♌ 50	25 ♊ 51	7 ♈ 21	1 ♊ 42	26 ♐ 34	27 ♐ 31	7 ♑ 59	9 ♏ 48	1 ♈	10 ♒	13 ♋	8 ♍	3 ♋
3	10 ♌ 31	12 ♈ 43	15 ♓ 48	14 ♓ 30	9 ♌ 56	26 ♊ 36	7 ♈ 39	1 ♊ 51	26 ♐ 32	27 ♐ 30	7 ♑ 58	9 ♏ 48	1 ♈	10 ♒	13 ♋	9 ♍	3 ♋
4	11 ♌ 28	26 ♈ 52	15 ♓ 45	14 ♓ 31	12 ♌ 0	27 ♊ 21	7 ♈ 57	2 ♊ 0	26 ♐ 29	27 ♐ 28	7 ♑ 57	9 ♏ 49	1 ♈	10 ♒	14 ♋	9 ♍	3 ♋
5	12 ♌ 25	10 ♉ 39	15 ♓ 41	14 ♓ 32	14 ♌ 4	28 ♊ 7	8 ♈ 14	2 ♊ 9	26 ♐ 27	27 ♐ 27	7 ♑ 55	9 ♏ 49	1 ♈	10 ♒	14 ♋	10 ♍	3 ♋
6	13 ♌ 23	24 ♉ 6	15 ♓ 38	14 R 31	16 ♌ 6	28 ♊ 55	8 ♈ 31	2 ♊ 18	26 ♐ 24	27 ♐ 25	7 ♑ 54	9 ♏ 50	1 ♈	9 ♒	15 ♋	10 ♍	4 ♋
7	14 ♌ 20	7 ♊ 13	15 ♓ 35	14 ♓ 29	18 ♌ 8	29 ♊ 43	8 ♈ 47	2 ♊ 26	26 ♐ 22	27 ♐ 24	7 ♑ 53	9 ♏ 50	1 ♈	9 ♒	16 ♋	11 ♍	4 ♋
8	15 ♌ 18	20 ♊ 4	15 ♓ 32	14 ♓ 26	20 ♌ 8	0 ♋ 31	9 ♈ 2	2 ♊ 35	26 ♐ 20	27 ♐ 22	7 ♑ 52	9 ♏ 51	1 ♈	9 ♒	16 ♋	11 ♍	4 ♋
9	16 ♌ 15	2 ♋ 40	15 ♓ 29	14 ♓ 22	22 ♌ 7	1 ♋ 21	9 ♈ 16	2 ♊ 43	26 ♐ 18	27 ♐ 21	7 ♑ 51	9 ♏ 52	1 ♈	8 ♒	17 ♋	12 ♍	4 ♋
10	17 ♌ 13	15 ♋ 3	15 ♓ 25	14 ♓ 18	24 ♌ 4	2 ♋ 11	9 ♈ 30	2 ♊ 51	26 ♐ 16	27 ♐ 20	7 ♑ 49	9 ♏ 52	1 ♈	8 ♒	17 ♋	12 ♍	4 ♋
11	18 ♌ 11	27 ♋ 15	15 ♓ 22	14 ♓ 13	26 ♌ 0	3 ♋ 2	9 ♈ 43	2 ♊ 59	26 ♐ 14	27 ♐ 18	7 ♑ 48	9 ♏ 53	1 ♈	8 ♒	18 ♋	13 ♍	4 ♋
12	19 ♌ 8	9 ♌ 18	15 ♓ 19	14 ♓ 10	27 ♌ 55	3 ♋ 53	9 ♈ 56	3 ♊ 7	26 ♐ 12	27 ♐ 17	7 ♑ 47	9 ♏ 54	0 ♈	8 ♒	18 ♋	13 ♍	4 ♋
13	20 ♌ 6	21 ♌ 14	15 ♓ 16	14 ♓ 7	29 ♌ 48	4 ♋ 45	10 ♈ 7	3 ♊ 14	26 ♐ 10	27 ♐ 16	7 ♑ 46	9 ♏ 54	0 ♈	7 ♒	19 ♋	14 ♍	4 ♋
14	21 ♌ 3	3 ♍ 4	15 ♓ 13	14 ♓ 5	1 ♍ 40	5 ♋ 38	10 ♈ 18	3 ♊ 22	26 ♐ 9	27 ♐ 15	7 ♑ 45	9 ♏ 55	0 ♈	7 ♒	19 ♋	14 ♍	4 ♋
15	22 ♌ 1	14 ♍ 51	15 ♓ 10	14 D 5	3 ♍ 30	6 ♋ 31	10 ♈ 28	3 ♊ 29	26 ♐ 7	27 ♐ 14	7 ♑ 44	9 ♏ 56	0 ♈	7 ♒	20 ♋	15 ♍	4 ♋
16	22 ♌ 59	26 ♍ 37	15 ♓ 6	14 ♓ 5	5 ♍ 19	7 ♋ 25	10 ♈ 38	3 ♊ 37	26 ♐ 6	27 ♐ 13	7 ♑ 43	9 ♏ 57	0 ♈	7 ♒	20 ♋	15 ♍	4 ♋
17	23 ♌ 56	8 ♎ 26	15 ♓ 3	14 ♓ 6	7 ♍ 6	8 ♋ 20	10 ♈ 46	3 ♊ 44	26 ♐ 4	27 ♐ 12	7 ♑ 42	9 ♏ 58	0 ♈	7 ♒	21 ♋	16 ♍	4 ♋
18	24 ♌ 54	20 ♎ 21	15 ♓ 0	14 ♓ 8	8 ♍ 52	9 ♋ 15	10 ♈ 54	3 ♊ 51	26 ♐ 3	27 ♐ 11	7 ♑ 41	9 ♏ 59	0 ♈	6 ♒	22 ♋	16 ♍	4 ♋
19	25 ♌ 52	2 ♏ 26	14 ♓ 57	14 ♓ 9	10 ♍ 36	10 ♋ 10	11 ♈ 1	3 ♊ 57	26 ♐ 2	27 ♐ 10	7 ♑ 40	10 ♏ 0	0 ♈	6 ♒	22 ♋	17 ♍	4 ♋
20	26 ♌ 50	14 ♏ 44	14 ♓ 54	14 ♓ 10	12 ♍ 19	11 ♋ 6	11 ♈ 7	4 ♊ 4	26 ♐ 1	27 ♐ 9	7 ♑ 39	10 ♏ 1	0 ♈	6 ♒	23 ♋	17 ♍	5 ♋
21	27 ♌ 47	27 ♏ 22	14 ♓ 51	14 ♓ 11	14 ♍ 0	12 ♋ 3	11 ♈ 12	4 ♊ 11	26 ♐ 0	27 ♐ 8	7 ♑ 38	10 ♏ 2	29 ♓	6 ♒	23 ♋	18 ♍	5 ♋
22	28 ♌ 45	10 ♐ 22	14 ♓ 47	14 R 10	15 ♍ 41	13 ♋ 0	11 ♈ 17	4 ♊ 17	25 ♐ 59	27 ♐ 8	7 ♑ 37	10 ♏ 3	29 ♓	5 ♒	24 ♋	18 ♍	5 ♋
23	29 ♌ 43	23 ♐ 47	14 ♓ 44	14 ♓ 10	17 ♍ 19	13 ♋ 57	11 ♈ 21	4 ♊ 23	25 ♐ 58	27 ♐ 7	7 ♑ 36	10 ♏ 4	29 ♓	5 ♒	24 ♋	19 ♍	5 ♋
24	0 ♍ 41	7 ♑ 41	14 ♓ 41	14 ♓ 8	18 ♍ 57	14 ♋ 55	11 ♈ 24	4 ♊ 29	25 ♐ 57	27 ♐ 6	7 ♑ 36	10 ♏ 5	29 ♓	5 ♒	25 ♋	19 ♍	5 ♋
25	1 ♍ 39	22 ♑ 1	14 ♓ 38	14 ♓ 7	20 ♍ 33	15 ♋ 53	11 ♈ 26	4 ♊ 35	25 ♐ 57	27 ♐ 6	7 ♑ 35	10 ♏ 6	29 ♓	5 ♒	25 ♋	20 ♍	5 ♋
26	2 ♍ 36	6 ♒ 44	14 ♓ 35	14 ♓ 5	22 ♍ 7	16 ♋ 52	11 ♈ 27	4 ♊ 41	25 ♐ 56	27 ♐ 5	7 ♑ 34	10 ♏ 8	29 ♓	5 ♒	26 ♋	20 ♍	5 ♋
27	3 ♍ 34	21 ♒ 46	14 ♓ 31	14 ♓ 4	23 ♍ 40	17 ♋ 51	11 R 27	4 ♊ 46	25 ♐ 56	27 ♐ 5	7 ♑ 33	10 ♏ 9	28 ♓	4 ♒	26 ♋	20 ♍	5 ♋
28	4 ♍ 32	6 ♓ 57	14 ♓ 28	14 ♓ 4	25 ♍ 12	18 ♋ 50	11 ♈ 27	4 ♊ 51	25 ♐ 56	27 ♐ 4	7 ♑ 33	10 ♏ 10	28 ♓	4 ♒	27 ♋	21 ♍	5 ♋
29	5 ♍ 30	22 ♓ 9	14 ♓ 25	14 D 4	26 ♍ 43	19 ♋ 50	11 ♈ 26	4 ♊ 57	25 ♐ 55	27 ♐ 4	7 ♑ 32	10 ♏ 11	28 ♓	4 ♒	27 ♋	21 ♍	5 ♋
30	6 ♍ 28	7 ♈ 11	14 ♓ 22	14 ♓ 4	28 ♍ 12	20 ♋ 51	11 ♈ 23	5 ♊ 2	25 ♐ 55	27 ♐ 3	7 ♑ 31	10 ♏ 13	28 ♓	4 ♒	28 ♋	22 ♍	5 ♋
31	7 ♍ 26	21 ♈ 56	14 ♓ 19	14 ♓ 5	29 ♍ 40	21 ♋ 51	11 ♈ 21	5 ♊ 7	25 D 55	27 ♐ 3	7 ♑ 31	10 ♏ 14	28 ♓	4 ♒	28 ♋	22 ♍	5 ♋

SUN INGRESS	☉ → ♍ 23日 06:54
MOON PHASE	◑ 5日 03:22 ♉　● 12日 21:31 ♌　◐ 21日 00:51 ♏　○ 27日 19:56 ♓

aspects		
1日	17:26	☿△♂
2日	06:09	☉□♇
2日	21:58	♀☍♄
2日	22:35	☿□♇
3日	12:29	☉☌☿
3日	23:27	♂□♆
4日	03:35	♀☍♅
11日	02:50	☿△♄
11日	16:12	☿△♅
14日	23:55	☿□♃
16日	07:38	♀☍♆
17日	08:05	☿△♆
18日	11:14	☿⚹♀
18日	15:35	☿⚹♇
18日	19:28	♀△♇
19日	04:08	☉△♄
20日	00:24	♀□♂
20日	08:03	☉△♅
28日	08:47	☉□♃
28日	11:24	☿□♄
29日	05:32	☿□♅
31日	01:52	☉△♆

1900 ～1910
1911 ～1920
1921 ～1930
1931 ～1940
1941 ～1950
1951 ～1960
1961 ～1970
1971 ～1980
1981 ～1990
1991 ～2000
2001 ～2010
2011 ～2020
2021 ～2030
2031 ～2040
2041 ～2050

1988年9月

DAY	☉	☽	☊ mean	☊ true	☿	♀	♂	♃	♄	♅	♆	♇	⚳	⚴	⚵	⚶	⚷
	° ′	° ′	° ′	° ′	° ′	° ′	° ′	° ′	° ′	° ′	° ′	° ′	°	°	°	°	°
1	8 ♍ 24	6 ♉ 19	14 ♓ 16	14 D 5	1 D 6	22 D 52	11 R 17	5 D 11	25 D 55	27 R 3	7 R 30	10 D 15	28 R	3 R	29 D	23 D	5 D
2	9 ♍ 22	20 ♉ 16	14 ♓ 12	14 ♓ 6	2 ♎ 31	23 ♋ 54	11 ♈ 12	5 ♊ 16	25 ♐ 55	27 ♐ 3	7 ♑ 29	10 ♏ 17	27 ♓	3 ♒	29 ♋	23 ♍	5 ♋
3	10 ♍ 20	3 ♊ 47	14 ♓ 9	14 ♓ 6	3 ♎ 55	24 ♋ 55	11 ♈ 7	5 ♊ 20	25 ♐ 56	27 ♐ 2	7 ♑ 29	10 ♏ 18	27 ♓	3 ♒	0 ♌	24 ♍	5 ♋
4	11 ♍ 18	16 ♊ 55	14 ♓ 6	14 R 6	5 ♎ 17	25 ♋ 57	11 ♈ 0	5 ♊ 24	25 ♐ 56	27 ♐ 2	7 ♑ 28	10 ♏ 20	27 ♓	3 ♒	1 ♌	24 ♍	5 ♋
5	12 ♍ 17	29 ♊ 40	14 ♓ 3	14 ♓ 6	6 ♎ 38	27 ♋ 0	10 ♈ 53	5 ♊ 28	25 ♐ 57	27 ♐ 2	7 ♑ 28	10 ♏ 21	27 ♓	3 ♒	1 ♌	25 ♍	6 ♋
6	13 ♍ 15	12 ♋ 8	14 ♓ 0	14 ♓ 6	7 ♎ 57	28 ♋ 2	10 ♈ 45	5 ♊ 32	25 ♐ 57	27 D 2	7 ♑ 28	10 ♏ 23	27 ♓	3 ♒	2 ♌	25 ♍	6 ♋
7	14 ♍ 13	24 ♋ 20	13 ♓ 57	14 D 6	9 ♎ 15	29 ♋ 5	10 ♈ 36	5 ♊ 35	25 ♐ 58	27 ♐ 2	7 ♑ 27	10 ♏ 24	26 ♓	3 ♒	2 ♌	26 ♍	6 ♋
8	15 ♍ 11	6 ♌ 22	13 ♓ 53	14 ♓ 6	10 ♎ 31	0 ♌ 8	10 ♈ 27	5 ♊ 39	25 ♐ 59	27 ♐ 2	7 ♑ 27	10 ♏ 26	26 ♓	2 ♒	3 ♌	26 ♍	6 ♋
9	16 ♍ 9	18 ♌ 16	13 ♓ 50	14 ♓ 6	11 ♎ 45	1 ♌ 12	10 ♈ 16	5 ♊ 42	25 ♐ 59	27 ♐ 2	7 ♑ 26	10 ♏ 27	26 ♓	2 ♒	3 ♌	27 ♍	6 ♋
10	17 ♍ 8	0 ♍ 6	13 ♓ 47	14 ♓ 6	12 ♎ 57	2 ♌ 16	10 ♈ 5	5 ♊ 45	26 ♐ 0	27 ♐ 3	7 ♑ 26	10 ♏ 29	26 ♓	2 ♒	4 ♌	27 ♍	6 ♋
11	18 ♍ 6	11 ♍ 53	13 ♓ 44	14 ♓ 6	14 ♎ 8	3 ♌ 20	9 ♈ 54	5 ♊ 48	26 ♐ 1	27 ♐ 3	7 ♑ 26	10 ♏ 31	25 ♓	2 ♒	4 ♌	28 ♍	6 ♋
12	19 ♍ 4	23 ♍ 40	13 ♓ 41	14 R 6	15 ♎ 17	4 ♌ 24	9 ♈ 41	5 ♊ 51	26 ♐ 3	27 ♐ 3	7 ♑ 26	10 ♏ 32	25 ♓	2 ♒	5 ♌	28 ♍	6 ♋
13	20 ♍ 3	5 ♎ 30	13 ♓ 37	14 ♓ 6	16 ♎ 24	5 ♌ 29	9 ♈ 28	5 ♊ 53	26 ♐ 4	27 ♐ 3	7 ♑ 26	10 ♏ 34	25 ♓	2 ♒	5 ♌	29 ♍	6 ♋
14	21 ♍ 1	17 ♎ 24	13 ♓ 34	14 ♓ 5	17 ♎ 28	6 ♌ 34	9 ♈ 14	5 ♊ 55	26 ♐ 5	27 ♐ 4	7 ♑ 25	10 ♏ 36	25 ♓	2 ♒	6 ♌	29 ♍	6 ♋
15	22 ♍ 0	29 ♎ 26	13 ♓ 31	14 ♓ 4	18 ♎ 31	7 ♌ 39	9 ♈ 0	5 ♊ 57	26 ♐ 7	27 ♐ 4	7 ♑ 25	10 ♏ 38	25 ♓	2 ♒	6 ♌	0 ♎	6 ♋
16	22 ♍ 58	11 ♏ 37	13 ♓ 28	14 ♓ 3	19 ♎ 31	8 ♌ 44	8 ♈ 45	5 ♊ 59	26 ♐ 8	27 ♐ 5	7 ♑ 25	10 ♏ 39	24 ♓	2 ♒	7 ♌	0 ♎	6 ♋
17	23 ♍ 57	24 ♏ 0	13 ♓ 25	14 ♓ 2	20 ♎ 28	9 ♌ 50	8 ♈ 30	6 ♊ 1	26 ♐ 10	27 ♐ 5	7 ♑ 25	10 ♏ 41	24 ♓	2 ♒	7 ♌	1 ♎	6 ♋
18	24 ♍ 55	6 ♐ 40	13 ♓ 22	14 ♓ 1	21 ♎ 22	10 ♌ 55	8 ♈ 14	6 ♊ 2	26 ♐ 11	27 ♐ 6	7 ♑ 25	10 ♏ 43	24 ♓	1 ♒	8 ♌	1 ♎	6 ♋
19	25 ♍ 54	19 ♐ 37	13 ♓ 18	14 ♓ 0	22 ♎ 14	12 ♌ 1	7 ♈ 58	6 ♊ 4	26 ♐ 13	27 ♐ 7	7 ♑ 25	10 ♏ 45	24 ♓	1 ♒	8 ♌	2 ♎	6 ♋
20	26 ♍ 53	2 ♑ 56	13 ♓ 15	14 D 0	23 ♎ 2	13 ♌ 8	7 ♈ 42	6 ♊ 5	26 ♐ 15	27 ♐ 7	7 D 25	10 ♏ 47	23 ♓	1 ♒	8 ♌	2 ♎	6 ♋
21	27 ♍ 51	16 ♑ 39	13 ♓ 12	14 ♓ 1	23 ♎ 47	14 ♌ 14	7 ♈ 25	6 ♊ 6	26 ♐ 17	27 ♐ 8	7 ♑ 25	10 ♏ 49	23 ♓	1 ♒	9 ♌	3 ♎	6 ♋
22	28 ♍ 50	0 ♒ 45	13 ♓ 9	14 ♓ 2	24 ♎ 28	15 ♌ 21	7 ♈ 8	6 ♊ 6	26 ♐ 19	27 ♐ 9	7 ♑ 25	10 ♏ 51	23 ♓	1 ♒	9 ♌	3 ♎	6 ♋
23	29 ♍ 49	15 ♒ 15	13 ♓ 6	14 ♓ 3	25 ♎ 5	16 ♌ 28	6 ♈ 51	6 ♊ 7	26 ♐ 21	27 ♐ 10	7 ♑ 25	10 ♏ 52	23 ♓	1 ♒	10 ♌	4 ♎	6 ♋
24	0 ♎ 47	0 ♓ 5	13 ♓ 2	14 ♓ 4	25 ♎ 38	17 ♌ 35	6 ♈ 33	6 ♊ 7	26 ♐ 24	27 ♐ 11	7 ♑ 25	10 ♏ 54	23 ♓	1 ♒	10 ♌	4 ♎	6 ♋
25	1 ♎ 46	15 ♓ 9	12 ♓ 59	14 R 4	26 ♎ 6	18 ♌ 42	6 ♈ 16	6 R 7	26 ♐ 26	27 ♐ 12	7 ♑ 25	10 ♏ 56	22 ♓	1 ♒	11 ♌	5 ♎	6 ♋
26	2 ♎ 45	0 ♈ 19	12 ♓ 56	14 ♓ 3	26 ♎ 29	19 ♌ 49	5 ♈ 58	6 ♊ 7	26 ♐ 29	27 ♐ 13	7 ♑ 25	10 ♏ 58	22 ♓	1 ♒	11 ♌	5 ♎	6 ♋
27	3 ♎ 44	15 ♈ 25	12 ♓ 53	14 ♓ 2	26 ♎ 46	20 ♌ 57	5 ♈ 40	6 ♊ 7	26 ♐ 31	27 ♐ 14	7 ♑ 25	11 ♏ 0	22 ♓	1 ♒	12 ♌	6 ♎	6 ♋
28	4 ♎ 42	0 ♉ 19	12 ♓ 50	14 ♓ 0	26 ♎ 58	22 ♌ 5	5 ♈ 22	6 ♊ 6	26 ♐ 34	27 ♐ 15	7 ♑ 26	11 ♏ 2	22 ♓	1 ♒	12 ♌	7 ♎	6 ♋
29	5 ♎ 41	14 ♉ 52	12 ♓ 47	13 ♓ 57	27 ♎ 3	23 ♌ 13	5 ♈ 5	6 ♊ 6	26 ♐ 37	27 ♐ 16	7 ♑ 26	11 ♏ 4	21 ♓	1 ♒	13 ♌	7 ♎	6 ♋
30	6 ♎ 40	29 ♉ 0	12 ♓ 43	13 ♓ 54	27 R 1	24 ♌ 21	4 ♈ 47	6 ♊ 5	26 ♐ 39	27 ♐ 17	7 ♑ 27	11 ♏ 7	21 ♓	1 D	13 ♌	8 ♎	6 ♋

SUN INGRESS	☉ → ♎ 23日 04:29
MOON PHASE	◑ 3日 12:50 ♊　● 11日 13:49 ♍　◐ 19日 12:18 ♐　○ 26日 04:07 ♈

aspects

2日	23:09	☉⚹♇
4日	02:11	☿△♃
5日	15:04	☿□♆
7日	22:55	☿☍♂
13日	09:21	♀⚹♃
16日	00:25	♀△♂
17日	19:22	♀□♇
19日	08:10	☉□♄
20日	06:08	☉□♅
21日	00:22	♂□♆
25日	11:12	♂⚹♃
25日	23:46	♀⚹♄
28日	12:31	☉☍♂
29日	09:47	☉△♃
30日	19:00	☉□♆

1988年10月

DAY	☉	☽	☊ mean	☊ true	☿	♀	♂	♃	♄	♅	♆	♇	⚳	⚴	⚵	⚶	⚷
	° ′	° ′	° ′	° ′	° ′	° ′	° ′	° ′	° ′	° ′	° ′	° ′	°	°	°	°	°
1	7 ♎ 39	12 ♊ 40	12 ♓ 40	13 R 51	26 R 53	25 D 29	4 R 30	6 R 4	26 D 42	27 D 18	7 D 27	11 D 9	21 R	1 D	14 D	8 D	7 D
2	8 ♎ 38	25 ♊ 53	12 ♓ 37	13 ♓ 49	26 ♎ 37	26 ♌ 38	4 ♈ 12	6 ♊ 2	26 ♐ 45	27 ♐ 20	7 ♑ 27	11 ♏ 11	21 ♓	1 ♒	14 ♌	9 ♎	7 ♋
3	9 ♎ 37	8 ♋ 40	12 ♓ 34	13 ♓ 49	26 ♎ 13	27 ♌ 47	3 ♈ 55	6 ♊ 1	26 ♐ 48	27 ♐ 21	7 ♑ 28	11 ♏ 13	21 ♓	1 ♒	15 ♌	9 ♎	7 ♋
4	10 ♎ 36	21 ♋ 6	12 ♓ 31	13 D 49	25 ♎ 41	28 ♌ 56	3 ♈ 39	5 ♊ 59	26 ♐ 52	27 ♐ 22	7 ♑ 28	11 ♏ 15	20 ♓	1 ♒	15 ♌	10 ♎	7 ♋
5	11 ♎ 35	3 ♌ 15	12 ♓ 28	13 ♓ 50	25 ♎ 2	0 ♍ 5	3 ♈ 22	5 ♊ 57	26 ♐ 55	27 ♐ 24	7 ♑ 29	11 ♏ 17	20 ♓	1 ♒	16 ♌	10 ♎	7 ♋
6	12 ♎ 35	15 ♌ 12	12 ♓ 24	13 ♓ 52	24 ♎ 15	1 ♍ 14	3 ♈ 6	5 ♊ 55	26 ♐ 58	27 ♐ 25	7 ♑ 29	11 ♏ 19	20 ♓	1 ♒	16 ♌	11 ♎	7 ♋
7	13 ♎ 34	27 ♌ 2	12 ♓ 21	13 ♓ 54	23 ♎ 22	2 ♍ 23	2 ♈ 51	5 ♊ 53	27 ♐ 2	27 ♐ 27	7 ♑ 30	11 ♏ 22	20 ♓	1 ♒	16 ♌	11 ♎	7 ♋
8	14 ♎ 33	8 ♍ 49	12 ♓ 18	13 ♓ 55	22 ♎ 21	3 ♍ 33	2 ♈ 35	5 ♊ 50	27 ♐ 5	27 ♐ 29	7 ♑ 31	11 ♏ 24	20 ♓	1 ♒	17 ♌	12 ♎	7 ♋
9	15 ♎ 32	20 ♍ 36	12 ♓ 15	13 R 55	21 ♎ 16	4 ♍ 42	2 ♈ 21	5 ♊ 48	27 ♐ 9	27 ♐ 30	7 ♑ 31	11 ♏ 26	20 ♓	1 ♒	17 ♌	12 ♎	7 ♋
10	16 ♎ 32	2 ♎ 26	12 ♓ 12	13 ♓ 53	20 ♎ 7	5 ♍ 52	2 ♈ 7	5 ♊ 45	27 ♐ 12	27 ♐ 32	7 ♑ 32	11 ♏ 28	19 ♓	1 ♒	18 ♌	13 ♎	7 ♋
11	17 ♎ 31	14 ♎ 23	12 ♓ 8	13 ♓ 50	18 ♎ 56	7 ♍ 2	1 ♈ 53	5 ♊ 41	27 ♐ 16	27 ♐ 34	7 ♑ 33	11 ♏ 31	19 ♓	2 ♒	18 ♌	13 ♎	7 ♋
12	18 ♎ 30	26 ♎ 28	12 ♓ 5	13 ♓ 45	17 ♎ 44	8 ♍ 12	1 ♈ 40	5 ♊ 38	27 ♐ 20	27 ♐ 35	7 ♑ 33	11 ♏ 33	19 ♓	2 ♒	19 ♌	14 ♎	7 ♋
13	19 ♎ 30	8 ♏ 42	12 ♓ 2	13 ♓ 39	16 ♎ 34	9 ♍ 22	1 ♈ 28	5 ♊ 35	27 ♐ 24	27 ♐ 37	7 ♑ 34	11 ♏ 35	19 ♓	2 ♒	19 ♌	14 ♎	7 ♋
14	20 ♎ 29	21 ♏ 6	11 ♓ 59	13 ♓ 32	15 ♎ 28	10 ♍ 33	1 ♈ 16	5 ♊ 31	27 ♐ 28	27 ♐ 39	7 ♑ 35	11 ♏ 37	19 ♓	2 ♒	19 ♌	15 ♎	7 ♋
15	21 ♎ 29	3 ♐ 43	11 ♓ 56	13 ♓ 26	14 ♎ 28	11 ♍ 43	1 ♈ 5	5 ♊ 27	27 ♐ 32	27 ♐ 41	7 ♑ 36	11 ♏ 40	19 ♓	2 ♒	20 ♌	15 ♎	7 ♋
16	22 ♎ 28	16 ♐ 32	11 ♓ 53	13 ♓ 20	13 ♎ 35	12 ♍ 54	0 ♈ 55	5 ♊ 23	27 ♐ 36	27 ♐ 43	7 ♑ 37	11 ♏ 42	18 ♓	2 ♒	20 ♌	16 ♎	7 ♋
17	23 ♎ 28	29 ♐ 35	11 ♓ 49	13 ♓ 16	12 ♎ 50	14 ♍ 5	0 ♈ 45	5 ♊ 19	27 ♐ 41	27 ♐ 45	7 ♑ 37	11 ♏ 44	18 ♓	2 ♒	21 ♌	16 ♎	7 R
18	24 ♈ 27	12 ♑ 54	11 ♓ 46	13 ♓ 13	12 ♎ 16	15 ♍ 16	0 ♈ 37	5 ♊ 14	27 ♐ 45	27 ♐ 47	7 ♑ 38	11 ♏ 47	18 ♓	2 ♒	21 ♌	17 ♎	7 ♋
19	25 ♎ 27	26 ♑ 30	11 ♓ 43	13 D 13	11 ♎ 53	16 ♍ 26	0 ♈ 29	5 ♊ 10	27 ♐ 49	27 ♐ 49	7 ♑ 39	11 ♏ 49	18 ♓	2 ♒	22 ♌	17 ♎	7 ♋
20	26 ♎ 26	10 ♒ 24	11 ♓ 40	13 ♓ 13	11 ♎ 40	17 ♍ 38	0 ♈ 22	5 ♊ 5	27 ♐ 54	27 ♐ 51	7 ♑ 40	11 ♏ 51	18 ♓	2 ♒	22 ♌	18 ♎	7 ♋
21	27 ♎ 26	24 ♒ 36	11 ♓ 37	13 ♓ 15	11 D 39	18 ♍ 49	0 ♈ 15	5 ♊ 0	27 ♐ 58	27 ♐ 53	7 ♑ 41	11 ♏ 54	18 ♓	2 ♒	22 ♌	18 ♎	7 ♋
22	28 ♎ 26	9 ♓ 6	11 ♓ 34	13 ♓ 16	11 ♎ 49	20 ♍ 0	0 ♈ 9	4 ♊ 55	28 ♐ 3	27 ♐ 56	7 ♑ 42	11 ♏ 56	18 ♓	3 ♒	23 ♌	19 ♎	7 ♋
23	29 ♎ 25	23 ♓ 49	11 ♓ 30	13 R 15	12 ♎ 10	21 ♍ 11	0 ♈ 5	4 ♊ 50	28 ♐ 8	27 ♐ 58	7 ♑ 43	11 ♏ 58	18 ♓	3 ♒	23 ♌	19 ♎	7 ♋
24	0 ♏ 25	8 ♈ 41	11 ♓ 27	13 ♓ 13	12 ♎ 40	22 ♍ 23	0 ♈ 1	4 ♊ 44	28 ♐ 12	28 ♐ 0	7 ♑ 45	12 ♏ 1	18 ♓	3 ♒	24 ♌	20 ♎	7 ♋
25	1 ♏ 25	23 ♈ 35	11 ♓ 24	13 ♓ 8	13 ♎ 19	23 ♍ 35	29 ♓ 57	4 ♊ 39	28 ♐ 17	28 ♐ 3	7 ♑ 46	12 ♏ 3	17 ♓	3 ♒	24 ♌	20 ♎	7 ♋
26	2 ♏ 25	8 ♉ 22	11 ♓ 21	13 ♓ 2	14 ♎ 7	24 ♍ 46	29 ♓ 55	4 ♊ 33	28 ♐ 22	28 ♐ 5	7 ♑ 47	12 ♏ 6	17 ♓	3 ♒	24 ♌	21 ♎	7 ♋
27	3 ♏ 24	22 ♉ 54	11 ♓ 18	12 ♓ 53	15 ♎ 3	25 ♍ 58	29 ♓ 53	4 ♊ 27	28 ♐ 27	28 ♐ 7	7 ♑ 48	12 ♏ 8	17 ♓	3 ♒	25 ♌	21 ♎	7 ♋
28	4 ♏ 24	7 ♊ 4	11 ♓ 14	12 ♓ 45	16 ♎ 5	27 ♍ 10	29 ♓ 52	4 ♊ 21	28 ♐ 32	28 ♐ 10	7 ♑ 49	12 ♏ 10	17 ♓	3 ♒	25 ♌	22 ♎	7 ♋
29	5 ♏ 24	20 ♊ 49	11 ♓ 11	12 ♓ 37	17 ♎ 12	28 ♍ 22	29 D 52	4 ♊ 15	28 ♐ 37	28 ♐ 12	7 ♑ 51	12 ♏ 13	17 ♓	3 ♒	26 ♌	22 ♎	7 ♋
30	6 ♏ 24	4 ♋ 7	11 ♓ 8	12 ♓ 31	18 ♎ 25	29 ♍ 34	29 ♓ 53	4 ♊ 8	28 ♐ 42	28 ♐ 15	7 ♑ 52	12 ♏ 15	17 ♓	4 ♒	26 ♌	23 ♎	7 ♋
31	7 ♏ 24	16 ♋ 58	11 ♓ 5	12 ♓ 26	19 ♎ 43	0 ♎ 47	29 ♓ 54	4 ♊ 2	28 ♐ 48	28 ♐ 17	7 ♑ 53	12 ♏ 18	17 ♓	4 ♒	26 ♌	23 ♎	7 ♋

SUN INGRESS	☉ → ♏ 23日 13:44
MOON PHASE	◑ 3日 01:58 ♋　● 11日 06:49 ♎　◐ 18日 22:01 ♑　○ 25日 13:36 ♉

aspects

1日	14:05	☿⚹♄
1日	23:38	☿⚹♀
2日	02:44	♀△♄
2日	14:54	♀△♅
9日	21:31	♀□♃
11日	10:32	♀△♆
11日	15:34	☉☌☿
14日	22:44	♀⚹♇
18日	22:27	♄☌♅
21日	11:29	☉⚹♅
21日	14:06	☉⚹♄
28日	20:34	♀□♅
29日	05:20	♀□♄
30日	06:16	♀☍♂
31日	11:54	☉⚹♆

1988年11月

DAY	☉	☽	☊ mean	☊ true	☿	♀	♂	♃	♄	♅	♆	♇	⚳	⚴	⚵	⚶	⚷
	° ′	° ′	° ′	° ′	° ′	° ′	° ′	° ′	° ′	° ′	° ′	° ′	°	°	°	°	°
1	8 ♏ 24	29 ♋ 27	11 ♓ 2	12 R 24	21 D 4	1 D 59	29 D 57	3 R 55	28 D 53	28 D 20	7 D 54	12 D 20	17 R	4 D	27 D	24 D	7 R
2	9 ♏ 24	11 ♌ 37	10 ♓ 59	12 D 24	22 ♎ 28	3 ♎ 11	0 ♈ 0	3 ♊ 49	28 ♐ 58	28 ♐ 23	7 ♑ 56	12 ♏ 23	17 ♓	4 ♒	27 ♌	25 ♎	6 ♋
3	10 ♏ 24	23 ♌ 34	10 ♓ 55	12 ♓ 24	23 ♎ 54	4 ♎ 24	0 ♈ 4	3 ♊ 42	29 ♐ 4	28 ♐ 25	7 ♑ 57	12 ♏ 25	17 ♓	4 ♒	27 ♌	25 ♎	6 ♋
4	11 ♏ 24	5 ♍ 23	10 ♓ 52	12 ♓ 25	25 ♎ 23	5 ♎ 37	0 ♈ 8	3 ♊ 35	29 ♐ 9	28 ♐ 28	7 ♑ 59	12 ♏ 27	17 ♓	4 ♒	28 ♌	26 ♎	6 ♋
5	12 ♏ 24	17 ♍ 10	10 ♓ 49	12 R 25	26 ♎ 54	6 ♎ 49	0 ♈ 14	3 ♊ 28	29 ♐ 15	28 ♐ 31	8 ♑ 0	12 ♏ 30	17 ♓	5 ♒	28 ♌	26 ♎	6 ♋
6	13 ♏ 25	28 ♍ 58	10 ♓ 46	12 ♓ 24	28 ♎ 26	8 ♎ 2	0 ♈ 20	3 ♊ 20	29 ♐ 20	28 ♐ 34	8 ♑ 2	12 ♏ 32	17 ♓	5 ♒	28 ♌	27 ♎	6 ♋
7	14 ♏ 25	10 ♎ 53	10 ♓ 43	12 ♓ 20	0 ♏ 0	9 ♎ 15	0 ♈ 26	3 ♊ 13	29 ♐ 26	28 ♐ 36	8 ♑ 3	12 ♏ 35	17 ♓	5 ♒	29 ♌	27 ♎	6 ♋
8	15 ♏ 25	22 ♎ 58	10 ♓ 40	12 ♓ 13	1 ♏ 34	10 ♎ 28	0 ♈ 34	3 ♊ 6	29 ♐ 32	28 ♐ 39	8 ♑ 5	12 ♏ 37	17 D	5 ♒	29 ♌	28 ♎	6 ♋
9	16 ♏ 25	5 ♏ 15	10 ♓ 36	12 ♓ 4	3 ♏ 9	11 ♎ 41	0 ♈ 42	2 ♊ 58	29 ♐ 37	28 ♐ 42	8 ♑ 6	12 ♏ 40	17 ♓	5 ♒	0 ♍	28 ♎	6 ♋
10	17 ♏ 26	17 ♏ 45	10 ♓ 33	11 ♓ 53	4 ♏ 45	12 ♎ 54	0 ♈ 51	2 ♊ 50	29 ♐ 43	28 ♐ 45	8 ♑ 8	12 ♏ 42	17 ♓	5 ♒	0 ♍	29 ♎	6 ♋
11	18 ♏ 26	0 ♐ 29	10 ♓ 30	11 ♓ 40	6 ♏ 20	14 ♎ 7	1 ♈ 1	2 ♊ 43	29 ♐ 49	28 ♐ 48	8 ♑ 9	12 ♏ 44	17 ♓	6 ♒	0 ♍	29 ♎	6 ♋
12	19 ♏ 26	13 ♐ 25	10 ♓ 27	11 ♓ 28	7 ♏ 57	15 ♎ 20	1 ♈ 11	2 ♊ 35	29 ♐ 55	28 ♐ 51	8 ♑ 11	12 ♏ 47	17 ♓	6 ♒	1 ♍	0 ♏	6 ♋
13	20 ♏ 27	26 ♐ 34	10 ♓ 24	11 ♓ 17	9 ♏ 33	16 ♎ 34	1 ♈ 22	2 ♊ 27	0 ♑ 1	28 ♐ 54	8 ♑ 13	12 ♏ 49	17 ♓	6 ♒	1 ♍	0 ♏	6 ♋
14	21 ♏ 27	9 ♑ 54	10 ♓ 20	11 ♓ 8	11 ♏ 9	17 ♎ 47	1 ♈ 34	2 ♊ 19	0 ♑ 7	28 ♐ 57	8 ♑ 14	12 ♏ 52	17 ♓	6 ♒	1 ♍	1 ♏	6 ♋
15	22 ♏ 28	23 ♑ 24	10 ♓ 17	11 ♓ 2	12 ♏ 46	19 ♎ 1	1 ♈ 46	2 ♊ 11	0 ♑ 13	29 ♐ 0	8 ♑ 16	12 ♏ 54	17 ♓	6 ♒	1 ♍	1 ♏	6 ♋
16	23 ♏ 28	7 ♒ 5	10 ♓ 14	10 ♓ 59	14 ♏ 22	20 ♎ 14	1 ♈ 59	2 ♊ 3	0 ♑ 19	29 ♐ 3	8 ♑ 18	12 ♏ 57	17 ♓	7 ♒	2 ♍	2 ♏	6 ♋
17	24 ♏ 29	20 ♒ 55	10 ♓ 11	10 ♓ 58	15 ♏ 59	21 ♎ 28	2 ♈ 13	1 ♊ 55	0 ♑ 25	29 ♐ 6	8 ♑ 20	12 ♏ 59	17 ♓	7 ♒	2 ♍	2 ♏	6 ♋
18	25 ♏ 29	4 ♓ 56	10 ♓ 8	10 D 58	17 ♏ 35	22 ♎ 41	2 ♈ 27	1 ♊ 47	0 ♑ 31	29 ♐ 10	8 ♑ 21	13 ♏ 1	17 ♓	7 ♒	2 ♍	3 ♏	6 ♋
19	26 ♏ 30	19 ♓ 8	10 ♓ 5	10 R 58	19 ♏ 11	23 ♎ 55	2 ♈ 42	1 ♊ 39	0 ♑ 38	29 ♐ 13	8 ♑ 23	13 ♏ 4	17 ♓	7 ♒	3 ♍	3 ♏	6 ♋
20	27 ♏ 30	3 ♈ 28	10 ♓ 1	10 ♓ 57	20 ♏ 47	25 ♎ 9	2 ♈ 57	1 ♊ 31	0 ♑ 44	29 ♐ 16	8 ♑ 25	13 ♏ 6	17 ♓	7 ♒	3 ♍	4 ♏	6 ♋
21	28 ♏ 31	17 ♈ 54	9 ♓ 58	10 ♓ 52	22 ♏ 23	26 ♎ 22	3 ♈ 13	1 ♊ 23	0 ♑ 50	29 ♐ 19	8 ♑ 27	13 ♏ 8	17 ♓	8 ♒	3 ♍	4 ♏	6 ♋
22	29 ♏ 31	2 ♉ 23	9 ♓ 55	10 ♓ 45	23 ♏ 58	27 ♎ 36	3 ♈ 30	1 ♊ 15	0 ♑ 57	29 ♐ 22	8 ♑ 29	13 ♏ 11	18 ♓	8 ♒	4 ♍	5 ♏	6 ♋
23	0 ♐ 32	16 ♉ 48	9 ♓ 52	10 ♓ 36	25 ♏ 34	28 ♎ 50	3 ♈ 47	1 ♊ 6	1 ♑ 3	29 ♐ 26	8 ♑ 30	13 ♏ 13	18 ♓	8 ♒	4 ♍	5 ♏	6 ♋
24	1 ♐ 32	1 ♊ 3	9 ♓ 49	10 ♓ 24	27 ♏ 9	0 ♏ 4	4 ♈ 4	0 ♊ 58	1 ♑ 10	29 ♐ 29	8 ♑ 32	13 ♏ 15	18 ♓	8 ♒	4 ♍	6 ♏	6 ♋
25	2 ♐ 33	15 ♊ 3	9 ♓ 46	10 ♓ 11	28 ♏ 44	1 ♏ 18	4 ♈ 23	0 ♊ 50	1 ♑ 16	29 ♐ 32	8 ♑ 34	13 ♏ 18	18 ♓	9 ♒	4 ♍	6 ♏	6 ♋
26	3 ♐ 34	28 ♊ 41	9 ♓ 42	9 ♓ 59	0 ♐ 19	2 ♏ 32	4 ♈ 41	0 ♊ 42	1 ♑ 23	29 ♐ 36	8 ♑ 36	13 ♏ 20	18 ♓	9 ♒	5 ♍	7 ♏	6 ♋
27	4 ♐ 34	11 ♋ 57	9 ♓ 39	9 ♓ 48	1 ♐ 54	3 ♏ 46	5 ♈ 0	0 ♊ 34	1 ♑ 29	29 ♐ 39	8 ♑ 38	13 ♏ 22	18 ♓	9 ♒	5 ♍	7 ♏	6 ♋
28	5 ♐ 35	24 ♋ 49	9 ♓ 36	9 ♓ 40	3 ♐ 28	5 ♏ 0	5 ♈ 20	0 ♊ 26	1 ♑ 36	29 ♐ 42	8 ♑ 40	13 ♏ 25	18 ♓	9 ♒	5 ♍	8 ♏	5 ♋
29	6 ♐ 36	7 ♌ 19	9 ♓ 33	9 ♓ 35	5 ♐ 3	6 ♏ 14	5 ♈ 40	0 ♊ 18	1 ♑ 42	29 ♐ 46	8 ♑ 42	13 ♏ 27	18 ♓	10 ♒	5 ♍	8 ♏	5 ♋
30	7 ♐ 37	19 ♌ 31	9 ♓ 30	9 ♓ 33	6 ♐ 38	7 ♏ 29	6 ♈ 0	0 ♊ 9	1 ♑ 49	29 ♐ 49	8 ♑ 44	13 ♏ 29	18 ♓	10 ♒	6 ♍	9 ♏	5 ♋

SUN INGRESS	☉ → ♐ 22日 11:12
MOON PHASE	◑ 1日 19:11 ♌　● 9日 23:20 ♏　◐ 17日 06:35 ♒　○ 24日 00:53 ♊

aspects

2日	11:12	♀△♃
5日	02:16	☉☌♇
5日	23:49	♀□♆
6日	01:57	☿⚹♅
6日	14:46	☿⚹♄
12日	03:39	☿⚹♆
15日	02:07	☿☌♇
16日	04:35	♂⚹♃
23日	12:04	☉☍♃
23日	12:06	♀⚹♅
24日	23:21	♀⚹♄
26日	05:21	☿☍♃
27日	14:56	☉△♂
29日	11:52	☿△♂

1988年12月

DAY	☉	☽	☊ mean	☊ true	☿	♀	♂	♃	♄	♅	♆	♇	⚳	⚴	⚵	⚶	⚷
	° ′	° ′	° ′	° ′	° ′	° ′	° ′	° ′	° ′	° ′	° ′	° ′	°	°	°	°	°
1	8 ♐ 38	1 ♍ 29	9 ♓ 26	9 R 32	8 D 12	8 D 43	6 D 21	0 R 1	1 D 56	29 D 53	8 D 46	13 D 32	19 D	10 D	6 D	10 D	5 R
2	9 ♐ 38	13 ♍ 19	9 ♓ 23	9 ♓ 32	9 ♐ 46	9 ♏ 57	6 ♈ 42	29 ♉ 53	2 ♑ 2	29 ♐ 56	8 ♑ 48	13 ♏ 34	19 ♓	10 ♒	6 ♍	10 ♏	5 ♋
3	10 ♐ 39	25 ♍ 6	9 ♓ 20	9 ♓ 31	11 ♐ 20	11 ♏ 11	7 ♈ 4	29 ♉ 46	2 ♑ 9	29 ♐ 59	8 ♑ 50	13 ♏ 36	19 ♓	11 ♒	6 ♍	11 ♏	5 ♋
4	11 ♐ 40	6 ♎ 56	9 ♓ 17	9 ♓ 29	12 ♐ 55	12 ♏ 26	7 ♈ 26	29 ♉ 38	2 ♑ 16	0 ♑ 3	8 ♑ 52	13 ♏ 38	19 ♓	11 ♒	7 ♍	11 ♏	5 ♋
5	12 ♐ 41	18 ♎ 55	9 ♓ 14	9 ♓ 25	14 ♐ 29	13 ♏ 40	7 ♈ 49	29 ♉ 30	2 ♑ 23	0 ♑ 6	8 ♑ 54	13 ♏ 40	19 ♓	11 ♒	7 ♍	12 ♏	5 ♋
6	13 ♐ 42	1 ♏ 5	9 ♓ 11	9 ♓ 18	16 ♐ 3	14 ♏ 55	8 ♈ 12	29 ♉ 22	2 ♑ 30	0 ♑ 10	8 ♑ 56	13 ♏ 43	19 ♓	11 ♒	7 ♍	12 ♏	5 ♋
7	14 ♐ 43	13 ♏ 32	9 ♓ 7	9 ♓ 8	17 ♐ 37	16 ♏ 9	8 ♈ 35	29 ♉ 15	2 ♑ 36	0 ♑ 13	8 ♑ 58	13 ♏ 45	19 ♓	12 ♒	7 ♍	13 ♏	5 ♋
8	15 ♐ 44	26 ♏ 16	9 ♓ 4	8 ♓ 56	19 ♐ 11	17 ♏ 24	8 ♈ 59	29 ♉ 7	2 ♑ 43	0 ♑ 17	9 ♑ 1	13 ♏ 47	20 ♓	12 ♒	7 ♍	13 ♏	5 ♋
9	16 ♐ 45	9 ♐ 18	9 ♓ 1	8 ♓ 42	20 ♐ 45	18 ♏ 38	9 ♈ 23	29 ♉ 0	2 ♑ 50	0 ♑ 20	9 ♑ 3	13 ♏ 49	20 ♓	12 ♒	8 ♍	14 ♏	5 ♋
10	17 ♐ 46	22 ♐ 37	8 ♓ 58	8 ♓ 29	22 ♐ 20	19 ♏ 53	9 ♈ 48	28 ♉ 52	2 ♑ 57	0 ♑ 24	9 ♑ 5	13 ♏ 51	20 ♓	12 ♒	8 ♍	14 ♏	5 ♋
11	18 ♐ 47	6 ♑ 10	8 ♓ 55	8 ♓ 16	23 ♐ 54	21 ♏ 7	10 ♈ 12	28 ♉ 45	3 ♑ 4	0 ♑ 28	9 ♑ 7	13 ♏ 53	20 ♓	13 ♒	8 ♍	15 ♏	5 ♋
12	19 ♐ 48	19 ♑ 55	8 ♓ 52	8 ♓ 7	25 ♐ 28	22 ♏ 22	10 ♈ 38	28 ♉ 38	3 ♑ 11	0 ♑ 31	9 ♑ 9	13 ♏ 55	20 ♓	13 ♒	8 ♍	15 ♏	5 ♋
13	20 ♐ 49	3 ♒ 48	8 ♓ 48	8 ♓ 0	27 ♐ 3	23 ♏ 37	11 ♈ 3	28 ♉ 31	3 ♑ 18	0 ♑ 35	9 ♑ 11	13 ♏ 57	21 ♓	13 ♒	8 ♍	16 ♏	5 ♋
14	21 ♐ 50	17 ♒ 47	8 ♓ 45	7 ♓ 56	28 ♐ 37	24 ♏ 51	11 ♈ 29	28 ♉ 24	3 ♑ 25	0 ♑ 38	9 ♑ 14	14 ♏ 0	21 ♓	13 ♒	8 ♍	16 ♏	5 ♋
15	22 ♐ 51	1 ♓ 49	8 ♓ 42	7 ♓ 55	0 ♑ 12	26 ♏ 6	11 ♈ 55	28 ♉ 17	3 ♑ 32	0 ♑ 42	9 ♑ 16	14 ♏ 2	21 ♓	14 ♒	9 ♍	17 ♏	4 ♋
16	23 ♐ 52	15 ♓ 53	8 ♓ 39	7 D 55	1 ♑ 46	27 ♏ 21	12 ♈ 22	28 ♉ 10	3 ♑ 39	0 ♑ 46	9 ♑ 18	14 ♏ 4	21 ♓	14 ♒	9 ♍	17 ♏	4 ♋
17	24 ♐ 53	29 ♓ 58	8 ♓ 36	7 R 55	3 ♑ 21	28 ♏ 36	12 ♈ 48	28 ♉ 4	3 ♑ 46	0 ♑ 49	9 ♑ 20	14 ♏ 6	21 ♓	14 ♒	9 ♍	18 ♏	4 ♋
18	25 ♐ 54	14 ♈ 3	8 ♓ 32	7 ♓ 53	4 ♑ 56	29 ♏ 50	13 ♈ 15	27 ♉ 57	3 ♑ 53	0 ♑ 53	9 ♑ 22	14 ♏ 7	22 ♓	15 ♒	9 ♍	18 ♏	4 ♋
19	26 ♐ 55	28 ♈ 8	8 ♓ 29	7 ♓ 50	6 ♑ 31	1 ♐ 5	13 ♈ 43	27 ♉ 51	4 ♑ 0	0 ♑ 56	9 ♑ 25	14 ♏ 9	22 ♓	15 ♒	9 ♍	19 ♏	4 ♋
20	27 ♐ 56	12 ♉ 10	8 ♓ 26	7 ♓ 43	8 ♑ 6	2 ♐ 20	14 ♈ 10	27 ♉ 45	4 ♑ 7	1 ♑ 0	9 ♑ 27	14 ♏ 11	22 ♓	15 ♒	9 ♍	19 ♏	4 ♋
21	28 ♐ 57	26 ♉ 7	8 ♓ 23	7 ♓ 35	9 ♑ 40	3 ♐ 35	14 ♈ 38	27 ♉ 39	4 ♑ 14	1 ♑ 4	9 ♑ 29	14 ♏ 13	22 ♓	15 ♒	9 ♍	20 ♏	4 ♋
22	29 ♐ 58	9 ♊ 55	8 ♓ 20	7 ♓ 24	11 ♑ 15	4 ♐ 50	15 ♈ 6	27 ♉ 33	4 ♑ 22	1 ♑ 7	9 ♑ 31	14 ♏ 15	22 ♓	16 ♒	9 ♍	20 ♏	4 ♋
23	0 ♑ 59	23 ♊ 31	8 ♓ 17	7 ♓ 12	12 ♑ 50	6 ♐ 5	15 ♈ 35	27 ♉ 28	4 ♑ 29	1 ♑ 11	9 ♑ 34	14 ♏ 17	23 ♓	16 ♒	10 ♍	21 ♏	4 ♋
24	2 ♑ 1	6 ♋ 52	8 ♓ 13	7 ♓ 0	14 ♑ 25	7 ♐ 19	16 ♈ 3	27 ♉ 22	4 ♑ 36	1 ♑ 14	9 ♑ 36	14 ♏ 19	23 ♓	16 ♒	10 ♍	21 ♏	4 ♋
25	3 ♑ 2	19 ♋ 54	8 ♓ 10	6 ♓ 50	15 ♑ 59	8 ♐ 34	16 ♈ 32	27 ♉ 17	4 ♑ 43	1 ♑ 18	9 ♑ 38	14 ♏ 20	23 ♓	17 ♒	10 ♍	22 ♏	4 ♋
26	4 ♑ 3	2 ♌ 39	8 ♓ 7	6 ♓ 43	17 ♑ 34	9 ♐ 49	17 ♈ 1	27 ♉ 12	4 ♑ 50	1 ♑ 22	9 ♑ 40	14 ♏ 22	23 ♓	17 ♒	10 ♍	22 ♏	4 ♋
27	5 ♑ 4	15 ♌ 5	8 ♓ 4	6 ♓ 38	19 ♑ 7	11 ♐ 4	17 ♈ 31	27 ♉ 7	4 ♑ 57	1 ♑ 25	9 ♑ 43	14 ♏ 24	24 ♓	17 ♒	10 ♍	23 ♏	4 ♋
28	6 ♑ 5	27 ♌ 15	8 ♓ 1	6 ♓ 35	20 ♑ 41	12 ♐ 19	18 ♈ 0	27 ♉ 2	5 ♑ 4	1 ♑ 29	9 ♑ 45	14 ♏ 26	24 ♓	17 ♒	10 ♍	23 ♏	4 ♋
29	7 ♑ 6	9 ♍ 14	7 ♓ 58	6 D 35	22 ♑ 14	13 ♐ 34	18 ♈ 30	26 ♉ 57	5 ♑ 11	1 ♑ 33	9 ♑ 47	14 ♏ 27	24 ♓	18 ♒	10 ♍	24 ♏	4 ♋
30	8 ♑ 7	21 ♍ 4	7 ♓ 54	6 ♓ 36	23 ♑ 46	14 ♐ 49	19 ♈ 0	26 ♉ 53	5 ♑ 18	1 ♑ 36	9 ♑ 49	14 ♏ 29	24 ♓	18 ♒	10 ♍	24 ♏	4 ♋
31	9 ♑ 8	2 ♎ 52	7 ♓ 51	6 ♓ 36	25 ♑ 17	16 ♐ 4	19 ♈ 30	26 ♉ 49	5 ♑ 25	1 ♑ 40	9 ♑ 52	14 ♏ 31	25 ♓	18 ♒	10 ♍	25 ♏	3 ♋

SUN INGRESS	☉ → ♑ 22日 00:28
MOON PHASE	◑ 1日 15:49 ♍　● 9日 14:36 ♐　◐ 16日 14:40 ♓　○ 23日 14:29 ♋　◑ 31日 13:57 ♎

aspects

1日	01:06	♀⚹♆
1日	18:23	☉☌☿
5日	00:05	♀☌♇
8日	01:46	♂□♆
15日	07:58	☿☌♅
16日	14:37	♀☍♃
17日	06:52	☿☌♄
20日	21:04	☿☌♆
23日	04:47	☉☌♅
23日	22:27	☿⚹♇
25日	12:06	☿□♂
26日	20:57	☉☌♄
31日	17:39	☉☌♆
31日	23:20	☿△♃

1989年1月

DAY	☉	☽	☊ mean	☊ true	☿	♀	♂	♃	♄	♅	♆	♇	⚳	⚴	⚵	⚶	⚷
	° ′	° ′	° ′	° ′	° ′	° ′	° ′	° ′	° ′	° ′	° ′	° ′	°	°	°	°	°
1	10 ♑ 10	14 ♎ 42	7 ♓ 48	6 R 37	26 D 47	17 D 19	20 D 0	26 R 45	5 D 32	1 D 43	9 D 54	14 D 32	25 D	19 D	10 D	25 D	3 R
2	11 ♑ 11	26 ♎ 41	7 ♓ 45	6 ♓ 35	28 ♑ 16	18 ♐ 34	20 ♈ 31	26 ♉ 41	5 ♑ 40	1 ♑ 47	9 ♑ 56	14 ♏ 34	25 ♓	19 ♒	10 ♍	26 ♏	3 ♋
3	12 ♑ 12	8 ♏ 53	7 ♓ 42	6 ♓ 31	29 ♑ 43	19 ♐ 49	21 ♈ 2	26 ♉ 37	5 ♑ 47	1 ♑ 51	9 ♑ 58	14 ♏ 35	25 ♓	19 ♒	10 ♍	26 ♏	3 ♋
4	13 ♑ 13	21 ♏ 22	7 ♓ 38	6 ♓ 25	1 ♒ 8	21 ♐ 4	21 ♈ 32	26 ♉ 34	5 ♑ 54	1 ♑ 54	10 ♑ 1	14 ♏ 37	26 ♓	20 ♒	10 R	27 ♏	3 ♋
5	14 ♑ 14	4 ♐ 13	7 ♓ 35	6 ♓ 18	2 ♒ 30	22 ♐ 19	22 ♈ 4	26 ♉ 30	6 ♑ 1	1 ♑ 58	10 ♑ 3	14 ♏ 38	26 ♓	20 ♒	10 ♍	27 ♏	3 ♋
6	15 ♑ 15	17 ♐ 25	7 ♓ 32	6 ♓ 9	3 ♒ 49	23 ♐ 34	22 ♈ 35	26 ♉ 27	6 ♑ 8	2 ♑ 1	10 ♑ 5	14 ♏ 40	26 ♓	20 ♒	10 ♍	28 ♏	3 ♋
7	16 ♑ 17	1 ♑ 0	7 ♓ 29	5 ♓ 59	5 ♒ 5	24 ♐ 49	23 ♈ 6	26 ♉ 24	6 ♑ 15	2 ♑ 5	10 ♑ 8	14 ♏ 41	27 ♓	20 ♒	10 ♍	28 ♏	3 ♋
8	17 ♑ 18	14 ♑ 55	7 ♓ 26	5 ♓ 51	6 ♒ 17	26 ♐ 4	23 ♈ 38	26 ♉ 21	6 ♑ 22	2 ♑ 8	10 ♑ 10	14 ♏ 43	27 ♓	21 ♒	10 ♍	29 ♏	3 ♋
9	18 ♑ 19	29 ♑ 6	7 ♓ 23	5 ♓ 44	7 ♒ 24	27 ♐ 20	24 ♈ 10	26 ♉ 19	6 ♑ 29	2 ♑ 12	10 ♑ 12	14 ♏ 44	27 ♓	21 ♒	10 ♍	29 ♏	3 ♋
10	19 ♑ 20	13 ♒ 27	7 ♓ 19	5 ♓ 40	8 ♒ 26	28 ♐ 35	24 ♈ 42	26 ♉ 17	6 ♑ 36	2 ♑ 15	10 ♑ 14	14 ♏ 45	27 ♓	21 ♒	10 ♍	0 ♐	3 ♋
11	20 ♑ 21	27 ♒ 53	7 ♓ 16	5 ♓ 38	9 ♒ 21	29 ♐ 50	25 ♈ 14	26 ♉ 15	6 ♑ 43	2 ♑ 19	10 ♑ 17	14 ♏ 47	28 ♓	22 ♒	10 ♍	0 ♐	3 ♋
12	21 ♑ 22	12 ♓ 18	7 ♓ 13	5 D 38	10 ♒ 9	1 ♑ 5	25 ♈ 46	26 ♉ 13	6 ♑ 50	2 ♑ 22	10 ♑ 19	14 ♏ 48	28 ♓	22 ♒	10 ♍	1 ♐	3 ♋
13	22 ♑ 24	26 ♓ 40	7 ♓ 10	5 ♓ 39	10 ♒ 49	2 ♑ 20	26 ♈ 18	26 ♉ 11	6 ♑ 57	2 ♑ 26	10 ♑ 21	14 ♏ 49	28 ♓	22 ♒	10 ♍	1 ♐	3 ♋
14	23 ♑ 25	10 ♈ 54	7 ♓ 7	5 ♓ 40	11 ♒ 20	3 ♑ 35	26 ♈ 51	26 ♉ 10	7 ♑ 4	2 ♑ 29	10 ♑ 23	14 ♏ 50	29 ♓	23 ♒	10 ♍	2 ♐	3 ♋
15	24 ♑ 26	24 ♈ 59	7 ♓ 4	5 R 41	11 ♒ 41	4 ♑ 50	27 ♈ 24	26 ♉ 8	7 ♑ 11	2 ♑ 33	10 ♑ 26	14 ♏ 52	29 ♓	23 ♒	10 ♍	2 ♐	3 ♋
16	25 ♑ 27	8 ♉ 54	7 ♓ 0	5 ♓ 40	11 ♒ 52	6 ♑ 5	27 ♈ 56	26 ♉ 7	7 ♑ 17	2 ♑ 36	10 ♑ 28	14 ♏ 53	29 ♓	23 ♒	9 ♍	3 ♐	2 ♋
17	26 ♑ 28	22 ♉ 39	6 ♓ 57	5 ♓ 37	11 R 51	7 ♑ 20	28 ♈ 29	26 ♉ 6	7 ♑ 24	2 ♑ 40	10 ♑ 30	14 ♏ 54	29 ♓	24 ♒	9 ♍	3 ♐	2 ♋
18	27 ♑ 29	6 ♊ 13	6 ♓ 54	5 ♓ 33	11 ♒ 39	8 ♑ 35	29 ♈ 2	26 ♉ 6	7 ♑ 31	2 ♑ 43	10 ♑ 32	14 ♏ 55	0 ♈	24 ♒	9 ♍	4 ♐	2 ♋
19	28 ♑ 30	19 ♊ 35	6 ♓ 51	5 ♓ 27	11 ♒ 15	9 ♑ 51	29 ♈ 36	26 ♉ 5	7 ♑ 38	2 ♑ 46	10 ♑ 34	14 ♏ 56	0 ♈	24 ♒	9 ♍	4 ♐	2 ♋
20	29 ♑ 31	2 ♋ 45	6 ♓ 48	5 ♓ 20	10 ♒ 40	11 ♑ 6	0 ♉ 9	26 ♉ 5	7 ♑ 45	2 ♑ 50	10 ♑ 37	14 ♏ 57	0 ♈	25 ♒	9 ♍	5 ♐	2 ♋
21	0 ♒ 32	15 ♋ 41	6 ♓ 44	5 ♓ 14	9 ♒ 54	12 ♑ 21	0 ♉ 42	26 D 5	7 ♑ 51	2 ♑ 53	10 ♑ 39	14 ♏ 58	1 ♈	25 ♒	9 ♍	5 ♐	2 ♋
22	1 ♒ 33	28 ♋ 24	6 ♓ 41	5 ♓ 9	8 ♒ 58	13 ♑ 36	1 ♉ 16	26 ♉ 5	7 ♑ 58	2 ♑ 56	10 ♑ 41	14 ♏ 59	1 ♈	25 ♒	9 ♍	6 ♐	2 ♋
23	2 ♒ 34	10 ♌ 53	6 ♓ 38	5 ♓ 5	7 ♒ 54	14 ♑ 51	1 ♉ 50	26 ♉ 6	8 ♑ 5	3 ♑ 0	10 ♑ 43	15 ♏ 0	1 ♈	25 ♒	9 ♍	6 ♐	2 ♋
24	3 ♒ 35	23 ♌ 9	6 ♓ 35	5 ♓ 2	6 ♒ 43	16 ♑ 6	2 ♉ 23	26 ♉ 6	8 ♑ 12	3 ♑ 3	10 ♑ 45	15 ♏ 1	2 ♈	26 ♒	8 ♍	7 ♐	2 ♋
25	4 ♒ 36	5 ♍ 14	6 ♓ 32	5 D 2	5 ♒ 29	17 ♑ 21	2 ♉ 57	26 ♉ 7	8 ♑ 18	3 ♑ 6	10 ♑ 47	15 ♏ 2	2 ♈	26 ♒	8 ♍	7 ♐	2 ♋
26	5 ♒ 37	17 ♍ 10	6 ♓ 29	5 ♓ 2	4 ♒ 12	18 ♑ 36	3 ♉ 31	26 ♉ 8	8 ♑ 25	3 ♑ 9	10 ♑ 49	15 ♏ 2	2 ♈	26 ♒	8 ♍	8 ♐	2 ♋
27	6 ♒ 38	29 ♍ 0	6 ♓ 25	5 ♓ 4	2 ♒ 57	19 ♑ 51	4 ♉ 5	26 ♉ 9	8 ♑ 31	3 ♑ 12	10 ♑ 52	15 ♏ 3	3 ♈	27 ♒	8 ♍	8 ♐	2 ♋
28	7 ♒ 39	10 ♎ 48	6 ♓ 22	5 ♓ 6	1 ♒ 43	21 ♑ 7	4 ♉ 39	26 ♉ 11	8 ♑ 38	3 ♑ 16	10 ♑ 54	15 ♏ 4	3 ♈	27 ♒	8 ♍	8 ♐	2 ♋
29	8 ♒ 40	22 ♎ 38	6 ♓ 19	5 ♓ 7	0 ♒ 35	22 ♑ 22	5 ♉ 13	26 ♉ 12	8 ♑ 44	3 ♑ 19	10 ♑ 56	15 ♏ 4	3 ♈	27 ♒	8 ♍	9 ♐	2 ♋
30	9 ♒ 41	4 ♏ 35	6 ♓ 16	5 ♓ 8	29 ♑ 32	23 ♑ 37	5 ♉ 48	26 ♉ 14	8 ♑ 51	3 ♑ 22	10 ♑ 58	15 ♏ 5	4 ♈	28 ♒	7 ♍	9 ♐	2 ♋
31	10 ♒ 42	16 ♏ 45	6 ♓ 13	5 R 8	28 ♑ 36	24 ♑ 52	6 ♉ 22	26 ♉ 16	8 ♑ 57	3 ♑ 25	11 ♑ 0	15 ♏ 6	4 ♈	28 ♒	7 ♍	10 ♐	2 ♋

SUN INGRESS	☉ → ♒ 20日 11:07
MOON PHASE	● 8日 04:22 ♑　◐ 14日 22:58 ♈　○ 22日 06:34 ♌　◑ 30日 11:02 ♏

aspects		
4日	15:27	♀△♂
5日	09:44	☉⚹♇
13日	01:59	♀☌♅
16日	15:36	☉△♃
17日	01:24	♀☌♄
19日	14:25	♀☌♆
21日	08:50	☉□♂
23日	02:51	♀⚹♇
25日	06:58	♂△♅
25日	09:11	☉☌☿
26日	09:00	☿□♂

1989年2月

DAY	☉	☽	☊ mean	☊ true	☿	♀	♂	♃	♄	♅	♆	♇	⚳	⚴	⚵	⚶	⚷
	° ′	° ′	° ′	° ′	° ′	° ′	° ′	° ′	° ′	° ′	° ′	° ′	°	°	°	°	°
1	11 ♒ 43	29 ♏ 12	6 ♓ 10	5 R 7	27 R 49	26 D 7	6 D 57	26 D 18	9 D 4	3 D 28	11 D 2	15 D 6	4 D	28 D	7 R	10 D	2 R
2	12 ♒ 44	12 ♐ 0	6 ♓ 6	5 ♓ 5	27 ♑ 10	27 ♑ 22	7 ♉ 31	26 ♉ 21	9 ♑ 10	3 ♑ 31	11 ♑ 4	15 ♏ 7	5 ♈	29 ♒	7 ♍	11 ♐	2 ♋
3	13 ♒ 45	25 ♐ 13	6 ♓ 3	5 ♓ 2	26 ♑ 39	28 ♑ 37	8 ♉ 6	26 ♉ 23	9 ♑ 16	3 ♑ 34	11 ♑ 6	15 ♏ 7	5 ♈	29 ♒	6 ♍	11 ♐	2 ♋
4	14 ♒ 46	8 ♑ 51	6 ♓ 0	4 ♓ 59	26 ♑ 18	29 ♑ 52	8 ♉ 41	26 ♉ 26	9 ♑ 22	3 ♑ 37	11 ♑ 8	15 ♏ 8	5 ♈	29 ♒	6 ♍	12 ♐	1 ♋
5	15 ♒ 47	22 ♑ 55	5 ♓ 57	4 ♓ 56	26 ♑ 4	1 ♒ 8	9 ♉ 15	26 ♉ 29	9 ♑ 29	3 ♑ 40	11 ♑ 10	15 ♏ 8	6 ♈	0 ♓	6 ♍	12 ♐	1 ♋
6	16 ♒ 47	7 ♒ 20	5 ♓ 54	4 ♓ 54	25 ♑ 59	2 ♒ 23	9 ♉ 50	26 ♉ 32	9 ♑ 35	3 ♑ 43	11 ♑ 12	15 ♏ 9	6 ♈	0 ♓	6 ♍	13 ♐	1 ♋
7	17 ♒ 48	22 ♒ 2	5 ♓ 50	4 ♓ 53	26 D 1	3 ♒ 38	10 ♉ 25	26 ♉ 36	9 ♑ 41	3 ♑ 46	11 ♑ 14	15 ♏ 9	6 ♈	0 ♓	6 ♍	13 ♐	1 ♋
8	18 ♒ 49	6 ♓ 54	5 ♓ 47	4 D 52	26 ♑ 10	4 ♒ 53	11 ♉ 0	26 ♉ 39	9 ♑ 47	3 ♑ 48	11 ♑ 16	15 ♏ 9	7 ♈	1 ♓	5 ♍	14 ♐	1 ♋
9	19 ♒ 50	21 ♓ 47	5 ♓ 44	4 ♓ 53	26 ♑ 26	6 ♒ 8	11 ♉ 35	26 ♉ 43	9 ♑ 53	3 ♑ 51	11 ♑ 17	15 ♏ 10	7 ♈	1 ♓	5 ♍	14 ♐	1 ♋
10	20 ♒ 51	6 ♈ 34	5 ♓ 41	4 ♓ 54	26 ♑ 48	7 ♒ 23	12 ♉ 11	26 ♉ 47	9 ♑ 59	3 ♑ 54	11 ♑ 19	15 ♏ 10	7 ♈	1 ♓	5 ♍	14 ♐	1 ♋
11	21 ♒ 51	21 ♈ 10	5 ♓ 38	4 ♓ 55	27 ♑ 15	8 ♒ 38	12 ♉ 46	26 ♉ 51	10 ♑ 5	3 ♑ 57	11 ♑ 21	15 ♏ 10	8 ♈	2 ♓	5 ♍	15 ♐	1 ♋
12	22 ♒ 52	5 ♉ 29	5 ♓ 35	4 ♓ 56	27 ♑ 48	9 ♒ 53	13 ♉ 21	26 ♉ 55	10 ♑ 11	3 ♑ 59	11 ♑ 23	15 ♏ 10	8 ♈	2 ♓	4 ♍	15 ♐	1 ♋
13	23 ♒ 53	19 ♉ 29	5 ♓ 31	4 ♓ 56	28 ♑ 25	11 ♒ 8	13 ♉ 57	27 ♉ 0	10 ♑ 16	4 ♑ 2	11 ♑ 25	15 ♏ 11	8 ♈	2 ♓	4 ♍	16 ♐	1 ♋
14	24 ♒ 53	3 ♊ 10	5 ♓ 28	4 R 56	29 ♑ 7	12 ♒ 23	14 ♉ 32	27 ♉ 4	10 ♑ 22	4 ♑ 5	11 ♑ 27	15 ♏ 11	9 ♈	3 ♓	4 ♍	16 ♐	1 ♋
15	25 ♒ 54	16 ♊ 33	5 ♓ 25	4 ♓ 56	29 ♑ 53	13 ♒ 38	15 ♉ 7	27 ♉ 9	10 ♑ 28	4 ♑ 7	11 ♑ 28	15 ♏ 11	9 ♈	3 ♓	4 ♍	17 ♐	1 ♋
16	26 ♒ 55	29 ♊ 38	5 ♓ 22	4 ♓ 55	0 ♒ 43	14 ♒ 53	15 ♉ 43	27 ♉ 14	10 ♑ 34	4 ♑ 10	11 ♑ 30	15 ♏ 11	9 ♈	3 ♓	3 ♍	17 ♐	1 ♋
17	27 ♒ 55	12 ♋ 27	5 ♓ 19	4 ♓ 54	1 ♒ 36	16 ♒ 9	16 ♉ 19	27 ♉ 20	10 ♑ 39	4 ♑ 12	11 ♑ 32	15 R 11	10 ♈	4 ♓	3 ♍	18 ♐	1 ♋
18	28 ♒ 56	25 ♋ 3	5 ♓ 16	4 ♓ 53	2 ♒ 32	17 ♒ 24	16 ♉ 54	27 ♉ 25	10 ♑ 45	4 ♑ 15	11 ♑ 33	15 ♏ 11	10 ♈	4 ♓	3 ♍	18 ♐	1 ♋
19	29 ♒ 56	7 ♌ 26	5 ♓ 12	4 ♓ 52	3 ♒ 31	18 ♒ 39	17 ♉ 30	27 ♉ 31	10 ♑ 50	4 ♑ 17	11 ♑ 35	15 ♏ 11	11 ♈	4 ♓	3 ♍	18 ♐	1 ♋
20	0 ♓ 57	19 ♌ 39	5 ♓ 9	4 ♓ 52	4 ♒ 32	19 ♒ 54	18 ♉ 6	27 ♉ 36	10 ♑ 55	4 ♑ 20	11 ♑ 37	15 ♏ 11	11 ♈	5 ♓	2 ♍	19 ♐	1 ♋
21	1 ♓ 57	1 ♍ 42	5 ♓ 6	4 ♓ 52	5 ♒ 36	21 ♒ 9	18 ♉ 41	27 ♉ 42	11 ♑ 1	4 ♑ 22	11 ♑ 38	15 ♏ 11	11 ♈	5 ♓	2 ♍	19 ♐	1 ♋
22	2 ♓ 57	13 ♍ 39	5 ♓ 3	4 D 52	6 ♒ 43	22 ♒ 24	19 ♉ 17	27 ♉ 48	11 ♑ 6	4 ♑ 24	11 ♑ 40	15 ♏ 10	12 ♈	5 ♓	2 ♍	20 ♐	1 ♋
23	3 ♓ 58	25 ♍ 31	5 ♓ 0	4 ♓ 52	7 ♒ 51	23 ♒ 39	19 ♉ 53	27 ♉ 54	11 ♑ 11	4 ♑ 26	11 ♑ 42	15 ♏ 10	12 ♈	6 ♓	2 ♍	20 ♐	1 ♋
24	4 ♓ 58	7 ♎ 20	4 ♓ 56	4 R 52	9 ♒ 2	24 ♒ 53	20 ♉ 29	28 ♉ 1	11 ♑ 16	4 ♑ 29	11 ♑ 43	15 ♏ 10	12 ♈	6 ♓	1 ♍	21 ♐	1 ♋
25	5 ♓ 59	19 ♎ 9	4 ♓ 53	4 ♓ 52	10 ♒ 15	26 ♒ 8	21 ♉ 5	28 ♉ 7	11 ♑ 22	4 ♑ 31	11 ♑ 45	15 ♏ 10	13 ♈	6 ♓	1 ♍	21 ♐	1 ♋
26	6 ♓ 59	1 ♏ 1	4 ♓ 50	4 ♓ 52	11 ♒ 29	27 ♒ 23	21 ♉ 41	28 ♉ 14	11 ♑ 27	4 ♑ 33	11 ♑ 46	15 ♏ 9	13 ♈	7 ♓	1 ♍	21 ♐	1 ♋
27	7 ♓ 59	12 ♏ 59	4 ♓ 47	4 ♓ 51	12 ♒ 45	28 ♒ 38	22 ♉ 17	28 ♉ 21	11 ♑ 31	4 ♑ 35	11 ♑ 48	15 ♏ 9	14 ♈	7 ♓	1 ♍	22 ♐	1 ♋
28	8 ♓ 59	25 ♏ 8	4 ♓ 44	4 ♓ 51	14 ♒ 2	29 ♒ 53	22 ♉ 53	28 ♉ 28	11 ♑ 36	4 ♑ 37	11 ♑ 49	15 ♏ 9	14 ♈	7 ♓	0 ♍	22 ♐	1 ♋

SUN INGRESS	☉ → ♓ 19日 01:21
MOON PHASE	● 6日 16:37 ♒　◐ 13日 08:15 ♉　○ 21日 00:32 ♍

aspects		
1日	03:39	♀△♃
1日	21:18	☿☌♀
3日	14:51	☿△♃
4日	08:51	☉□♇
5日	11:04	♂△♄
8日	11:01	♂△♆
9日	23:05	☿△♃
15日	02:16	♂☍♇
16日	05:34	♀□♇
16日	08:36	☉□♃
17日	06:10	♀□♂
23日	11:49	☉⚹♅
26日	17:53	♀□♃
28日	20:01	☿□♇

1989年3月

DAY	☉	☽	☊ mean	☊ true	☿	♀	♂	♃	♄	♅	♆	♇	⚳	⚴	⚵	⚶	⚷
	° ′	° ′	° ′	° ′	° ′	° ′	° ′	° ′	° ′	° ′	° ′	° ′	°	°	°	°	°
1	10 ♓ 0	7 ♐ 31	4 ♓ 41	4 R 51	15 D 22	1 D 8	23 D 29	28 D 35	11 D 41	4 D 39	11 D 50	15 R 8	14 D	8 D	0 R	23 D	1 R
2	11 ♓ 0	20 ♐ 14	4 ♓ 37	4 D 51	16 ♒ 42	2 ♓ 23	24 ♉ 5	28 ♉ 43	11 ♑ 46	4 ♑ 41	11 ♑ 52	15 ♏ 8	15 ♈	8 ♓	0 ♍	23 ♐	1 ♋
3	12 ♓ 0	3 ♑ 19	4 ♓ 34	4 ♓ 51	18 ♒ 4	3 ♓ 38	24 ♉ 42	28 ♉ 50	11 ♑ 51	4 ♑ 43	11 ♑ 53	15 ♏ 7	15 ♈	8 ♓	0 ♍	23 ♐	1 ♋
4	13 ♓ 0	16 ♑ 51	4 ♓ 31	4 ♓ 52	19 ♒ 28	4 ♓ 53	25 ♉ 18	28 ♉ 58	11 ♑ 55	4 ♑ 45	11 ♑ 55	15 ♏ 7	15 ♈	9 ♓	29 ♌	24 ♐	1 ♋
5	14 ♓ 0	0 ♒ 49	4 ♓ 28	4 ♓ 53	20 ♒ 52	6 ♓ 8	25 ♉ 54	29 ♉ 5	12 ♑ 0	4 ♑ 47	11 ♑ 56	15 ♏ 6	16 ♈	9 ♓	29 ♌	24 ♐	1 ♋
6	15 ♓ 1	15 ♒ 13	4 ♓ 25	4 ♓ 53	22 ♒ 18	7 ♓ 23	26 ♉ 30	29 ♉ 13	12 ♑ 4	4 ♑ 49	11 ♑ 57	15 ♏ 6	16 ♈	9 ♓	29 ♌	25 ♐	1 ♋
7	16 ♓ 1	0 ♓ 0	4 ♓ 21	4 ♓ 54	23 ♒ 46	8 ♓ 38	27 ♉ 7	29 ♉ 21	12 ♑ 8	4 ♑ 50	11 ♑ 58	15 ♏ 5	17 ♈	10 ♓	29 ♌	25 ♐	1 ♋
8	17 ♓ 1	15 ♓ 4	4 ♓ 18	4 R 54	25 ♒ 14	9 ♓ 53	27 ♉ 43	29 ♉ 30	12 ♑ 13	4 ♑ 52	12 ♑ 0	15 ♏ 4	17 ♈	10 ♓	28 ♌	25 ♐	1 D
9	18 ♓ 1	0 ♈ 15	4 ♓ 15	4 ♓ 53	26 ♒ 44	11 ♓ 7	28 ♉ 19	29 ♉ 38	12 ♑ 17	4 ♑ 54	12 ♑ 1	15 ♏ 4	17 ♈	10 ♓	28 ♌	26 ♐	1 ♋
10	19 ♓ 1	15 ♈ 23	4 ♓ 12	4 ♓ 52	28 ♒ 15	12 ♓ 22	28 ♉ 56	29 ♉ 46	12 ♑ 21	4 ♑ 55	12 ♑ 2	15 ♏ 3	18 ♈	11 ♓	28 ♌	26 ♐	1 ♋
11	20 ♓ 1	0 ♉ 21	4 ♓ 9	4 ♓ 50	29 ♒ 47	13 ♓ 37	29 ♉ 32	29 ♉ 55	12 ♑ 25	4 ♑ 57	12 ♑ 3	15 ♏ 2	18 ♈	11 ♓	28 ♌	26 ♐	1 ♋
12	21 ♓ 1	15 ♉ 0	4 ♓ 6	4 ♓ 48	1 ♓ 21	14 ♓ 52	0 ♊ 9	0 ♊ 4	12 ♑ 29	4 ♑ 58	12 ♑ 4	15 ♏ 1	18 ♈	11 ♓	28 ♌	27 ♐	1 ♋
13	22 ♓ 1	29 ♉ 15	4 ♓ 2	4 ♓ 46	2 ♓ 55	16 ♓ 7	0 ♊ 45	0 ♊ 13	12 ♑ 33	5 ♑ 0	12 ♑ 5	15 ♏ 1	19 ♈	12 ♓	27 ♌	27 ♐	1 ♋
14	23 ♓ 0	13 ♊ 4	3 ♓ 59	4 ♓ 45	4 ♓ 31	17 ♓ 22	1 ♊ 22	0 ♊ 22	12 ♑ 37	5 ♑ 1	12 ♑ 6	15 ♏ 0	19 ♈	12 ♓	27 ♌	28 ♐	1 ♋
15	24 ♓ 0	26 ♊ 28	3 ♓ 56	4 D 45	6 ♓ 8	18 ♓ 36	1 ♊ 58	0 ♊ 31	12 ♑ 41	5 ♑ 2	12 ♑ 7	14 ♏ 59	20 ♈	12 ♓	27 ♌	28 ♐	1 ♋
16	25 ♓ 0	9 ♋ 27	3 ♓ 53	4 ♓ 45	7 ♓ 46	19 ♓ 51	2 ♊ 35	0 ♊ 40	12 ♑ 44	5 ♑ 4	12 ♑ 8	14 ♏ 58	20 ♈	13 ♓	27 ♌	28 ♐	1 ♋
17	26 ♓ 0	22 ♋ 7	3 ♓ 50	4 ♓ 47	9 ♓ 26	21 ♓ 6	3 ♊ 12	0 ♊ 49	12 ♑ 48	5 ♑ 5	12 ♑ 9	14 ♏ 57	20 ♈	13 ♓	27 ♌	29 ♐	1 ♋
18	26 ♓ 59	4 ♌ 30	3 ♓ 47	4 ♓ 48	11 ♓ 6	22 ♓ 21	3 ♊ 48	0 ♊ 59	12 ♑ 51	5 ♑ 6	12 ♑ 10	14 ♏ 56	21 ♈	13 ♓	27 ♌	29 ♐	1 ♋
19	27 ♓ 59	16 ♌ 40	3 ♓ 43	4 ♓ 50	12 ♓ 48	23 ♓ 35	4 ♊ 25	1 ♊ 8	12 ♑ 55	5 ♑ 7	12 ♑ 11	14 ♏ 55	21 ♈	14 ♓	26 ♌	29 ♐	1 ♋
20	28 ♓ 59	28 ♌ 40	3 ♓ 40	4 ♓ 51	14 ♓ 31	24 ♓ 50	5 ♊ 2	1 ♊ 18	12 ♑ 58	5 ♑ 8	12 ♑ 12	14 ♏ 54	22 ♈	14 ♓	26 ♌	0 ♑	1 ♋
21	29 ♓ 58	10 ♍ 34	3 ♓ 37	4 R 51	16 ♓ 15	26 ♓ 5	5 ♊ 38	1 ♊ 28	13 ♑ 1	5 ♑ 9	12 ♑ 13	14 ♏ 53	22 ♈	14 ♓	26 ♌	0 ♑	1 ♋
22	0 ♈ 58	22 ♍ 25	3 ♓ 34	4 ♓ 49	18 ♓ 1	27 ♓ 19	6 ♊ 15	1 ♊ 38	13 ♑ 4	5 ♑ 10	12 ♑ 14	14 ♏ 52	22 ♈	15 ♓	26 ♌	0 ♑	1 ♋
23	1 ♈ 57	4 ♎ 14	3 ♓ 31	4 ♓ 47	19 ♓ 48	28 ♓ 34	6 ♊ 52	1 ♊ 48	13 ♑ 7	5 ♑ 11	12 ♑ 14	14 ♏ 51	23 ♈	15 ♓	26 ♌	1 ♑	1 ♋
24	2 ♈ 57	16 ♎ 3	3 ♓ 27	4 ♓ 43	21 ♓ 36	29 ♓ 49	7 ♊ 28	1 ♊ 58	13 ♑ 10	5 ♑ 12	12 ♑ 15	14 ♏ 50	23 ♈	15 ♓	26 ♌	1 ♑	1 ♋
25	3 ♈ 56	27 ♎ 55	3 ♓ 24	4 ♓ 38	23 ♓ 25	1 ♈ 3	8 ♊ 5	2 ♊ 8	13 ♑ 13	5 ♑ 13	12 ♑ 16	14 ♏ 49	24 ♈	16 ♓	26 ♌	1 ♑	1 ♋
26	4 ♈ 56	9 ♏ 52	3 ♓ 21	4 ♓ 32	25 ♓ 16	2 ♈ 18	8 ♊ 42	2 ♊ 19	13 ♑ 16	5 ♑ 14	12 ♑ 16	14 ♏ 48	24 ♈	16 ♓	26 ♌	2 ♑	1 ♋
27	5 ♈ 55	21 ♏ 55	3 ♓ 18	4 ♓ 27	27 ♓ 8	3 ♈ 32	9 ♊ 19	2 ♊ 29	13 ♑ 19	5 ♑ 15	12 ♑ 17	14 ♏ 46	24 ♈	16 ♓	25 ♌	2 ♑	1 ♋
28	6 ♈ 55	4 ♐ 8	3 ♓ 15	4 ♓ 22	29 ♓ 1	4 ♈ 47	9 ♊ 55	2 ♊ 40	13 ♑ 21	5 ♑ 15	12 ♑ 18	14 ♏ 45	25 ♈	17 ♓	25 ♌	2 ♑	1 ♋
29	7 ♈ 54	16 ♐ 33	3 ♓ 12	4 ♓ 19	0 ♈ 56	6 ♈ 1	10 ♊ 32	2 ♊ 50	13 ♑ 24	5 ♑ 16	12 ♑ 18	14 ♏ 44	25 ♈	17 ♓	25 ♌	3 ♑	1 ♋
30	8 ♈ 53	29 ♐ 14	3 ♓ 8	4 ♓ 17	2 ♈ 52	7 ♈ 16	11 ♊ 9	3 ♊ 1	13 ♑ 26	5 ♑ 17	12 ♑ 19	14 ♏ 43	26 ♈	17 ♓	25 ♌	3 ♑	1 ♋
31	9 ♈ 52	12 ♑ 13	3 ♓ 5	4 D 17	4 ♈ 49	8 ♈ 31	11 ♊ 46	3 ♊ 12	13 ♑ 28	5 ♑ 17	12 ♑ 19	14 ♏ 41	26 ♈	18 ♓	25 ♌	3 ♑	1 ♋

SUN INGRESS: ☉ → ♈ 21日 00:28

MOON PHASE: ◑ 1日 05:08 ♐ ● 8日 03:19 ♓ ◐ 14日 19:11 ♊ ○ 22日 18:58 ♎ ◑ 30日 19:21 ♑

aspects

2日	19:52	☉⚹♄
2日	21:11	☉⚹♆
3日	19:44	♄☌♆
3日	21:21	♀⚹♅
6日	02:00	☉△♇
9日	17:23	♀⚹♆
9日	23:36	♀⚹♄
10日	17:35	☿□♂
11日	02:10	☿□♃
11日	19:34	♂☌♃
12日	03:02	♀△♇
14日	07:32	☿⚹♅
18日	15:14	☿⚹♆
19日	01:36	☿⚹♄
20日	05:18	☿△♇
22日	19:24	☉⚹♃
26日	00:23	♀⚹♃
26日	07:25	☉□♅
28日	09:14	♀□♅
30日	02:11	☿⚹♃
31日	05:47	☿□♅

1989年4月

DAY	☉	☽	☊ mean	☊ true	☿	♀	♂	♃	♄	♅	♆	♇	⚳	⚴	⚵	⚶	⚷
	° ′	° ′	° ′	° ′	° ′	° ′	° ′	° ′	° ′	° ′	° ′	° ′	°	°	°	°	°
1	10 ♈ 52	25 ♑ 35	3 ♓ 2	4 D 17	6 D 47	9 D 45	12 D 23	3 D 23	13 D 31	5 D 18	12 D 20	14 R 40	26 D	18 D	25 R	4 D	1 D
2	11 ♈ 51	9 ♒ 22	2 ♓ 59	4 ♓ 19	8 ♈ 47	11 ♈ 0	13 ♊ 0	3 ♊ 34	13 ♑ 33	5 ♑ 18	12 ♑ 20	14 ♏ 39	27 ♈	18 ♓	25 ♌	4 ♑	1 ♋
3	12 ♈ 50	23 ♒ 35	2 ♓ 56	4 ♓ 20	10 ♈ 48	12 ♈ 14	13 ♊ 36	3 ♊ 45	13 ♑ 35	5 ♑ 18	12 ♑ 20	14 ♏ 37	27 ♈	19 ♓	25 ♌	4 ♑	1 ♋
4	13 ♈ 49	8 ♓ 11	2 ♓ 53	4 R 20	12 ♈ 49	13 ♈ 29	14 ♊ 13	3 ♊ 56	13 ♑ 37	5 ♑ 19	12 ♑ 21	14 ♏ 36	28 ♈	19 ♓	25 ♌	4 ♑	1 ♋
5	14 ♈ 48	23 ♓ 9	2 ♓ 49	4 ♓ 19	14 ♈ 52	14 ♈ 43	14 ♊ 50	4 ♊ 8	13 ♑ 39	5 ♑ 19	12 ♑ 21	14 ♏ 35	28 ♈	19 ♓	25 ♌	5 ♑	1 ♋
6	15 ♈ 48	8 ♈ 20	2 ♓ 46	4 ♓ 16	16 ♈ 56	15 ♈ 57	15 ♊ 27	4 ♊ 19	13 ♑ 40	5 ♑ 19	12 ♑ 21	14 ♏ 33	28 ♈	20 ♓	25 ♌	5 ♑	1 ♋
7	16 ♈ 47	23 ♈ 35	2 ♓ 43	4 ♓ 11	19 ♈ 0	17 ♈ 12	16 ♊ 4	4 ♊ 31	13 ♑ 42	5 ♑ 19	12 ♑ 22	14 ♏ 32	29 ♈	20 ♓	25 ♌	5 ♑	1 ♋
8	17 ♈ 46	8 ♉ 44	2 ♓ 40	4 ♓ 4	21 ♈ 5	18 ♈ 26	16 ♊ 41	4 ♊ 42	13 ♑ 44	5 ♑ 19	12 ♑ 22	14 ♏ 30	29 ♈	20 ♓	25 ♌	5 ♑	2 ♋
9	18 ♈ 45	23 ♉ 36	2 ♓ 37	3 ♓ 57	23 ♈ 10	19 ♈ 41	17 ♊ 18	4 ♊ 54	13 ♑ 45	5 ♑ 20	12 ♑ 22	14 ♏ 29	0 ♉	20 ♓	25 ♌	6 ♑	2 ♋
10	19 ♈ 44	8 ♊ 4	2 ♓ 33	3 ♓ 51	25 ♈ 15	20 ♈ 55	17 ♊ 55	5 ♊ 6	13 ♑ 46	5 R 20	12 ♑ 22	14 ♏ 27	0 ♉	21 ♓	25 D	6 ♑	2 ♋
11	20 ♈ 42	22 ♊ 4	2 ♓ 30	3 ♓ 46	27 ♈ 21	22 ♈ 9	18 ♊ 32	5 ♊ 18	13 ♑ 48	5 ♑ 20	12 ♑ 22	14 ♏ 26	0 ♉	21 ♓	25 ♌	6 ♑	2 ♋
12	21 ♈ 41	5 ♋ 35	2 ♓ 27	3 ♓ 43	29 ♈ 25	23 ♈ 24	19 ♊ 9	5 ♊ 29	13 ♑ 49	5 ♑ 19	12 ♑ 22	14 ♏ 24	1 ♉	21 ♓	25 ♌	6 ♑	2 ♋
13	22 ♈ 40	18 ♋ 38	2 ♓ 24	3 ♓ 41	1 ♉ 29	24 ♈ 38	19 ♊ 46	5 ♊ 41	13 ♑ 50	5 ♑ 19	12 ♑ 23	14 ♏ 23	1 ♉	22 ♓	25 ♌	7 ♑	2 ♋
14	23 ♈ 39	1 ♌ 17	2 ♓ 21	3 D 42	3 ♉ 32	25 ♈ 52	20 ♊ 23	5 ♊ 53	13 ♑ 51	5 ♑ 19	12 ♑ 23	14 ♏ 21	2 ♉	22 ♓	25 ♌	7 ♑	2 ♋
15	24 ♈ 38	13 ♌ 36	2 ♓ 18	3 ♓ 43	5 ♉ 34	27 ♈ 7	21 ♊ 0	6 ♊ 6	13 ♑ 52	5 ♑ 19	12 R 23	14 ♏ 20	2 ♉	22 ♓	25 ♌	7 ♑	2 ♋
16	25 ♈ 37	25 ♌ 41	2 ♓ 14	3 ♓ 44	7 ♉ 33	28 ♈ 21	21 ♊ 37	6 ♊ 18	13 ♑ 53	5 ♑ 19	12 ♑ 23	14 ♏ 18	2 ♉	23 ♓	25 ♌	7 ♑	2 ♋
17	26 ♈ 35	7 ♍ 36	2 ♓ 11	3 R 44	9 ♉ 31	29 ♈ 35	22 ♊ 14	6 ♊ 30	13 ♑ 53	5 ♑ 18	12 ♑ 22	14 ♏ 17	3 ♉	23 ♓	25 ♌	8 ♑	2 ♋
18	27 ♈ 34	19 ♍ 25	2 ♓ 8	3 ♓ 42	11 ♉ 26	0 ♉ 49	22 ♊ 51	6 ♊ 42	13 ♑ 54	5 ♑ 18	12 ♑ 22	14 ♏ 15	3 ♉	23 ♓	25 ♌	8 ♑	2 ♋
19	28 ♈ 32	1 ♎ 13	2 ♓ 5	3 ♓ 39	13 ♉ 19	2 ♉ 4	23 ♊ 28	6 ♊ 55	13 ♑ 54	5 ♑ 17	12 ♑ 22	14 ♏ 14	4 ♉	24 ♓	25 ♌	8 ♑	2 ♋
20	29 ♈ 31	13 ♎ 2	2 ♓ 2	3 ♓ 33	15 ♉ 8	3 ♉ 18	24 ♊ 5	7 ♊ 7	13 ♑ 55	5 ♑ 17	12 ♑ 22	14 ♏ 12	4 ♉	24 ♓	25 ♌	8 ♑	2 ♋
21	0 ♉ 30	24 ♎ 54	1 ♓ 58	3 ♓ 24	16 ♉ 54	4 ♉ 32	24 ♊ 42	7 ♊ 20	13 ♑ 55	5 ♑ 16	12 ♑ 22	14 ♏ 10	4 ♉	24 ♓	25 ♌	8 ♑	2 ♋
22	1 ♉ 28	6 ♏ 53	1 ♓ 55	3 ♓ 14	18 ♉ 36	5 ♉ 46	25 ♊ 19	7 ♊ 32	13 ♑ 55	5 ♑ 16	12 ♑ 22	14 ♏ 9	5 ♉	25 ♓	25 ♌	8 ♑	2 ♋
23	2 ♉ 27	18 ♏ 58	1 ♓ 52	3 ♓ 3	20 ♉ 15	7 ♉ 0	25 ♊ 56	7 ♊ 45	13 ♑ 55	5 ♑ 15	12 ♑ 21	14 ♏ 7	5 ♉	25 ♓	25 ♌	9 ♑	2 ♋
24	3 ♉ 25	1 ♐ 12	1 ♓ 49	2 ♓ 52	21 ♉ 50	8 ♉ 14	26 ♊ 33	7 ♊ 57	13 R 55	5 ♑ 14	12 ♑ 21	14 ♏ 5	6 ♉	25 ♓	25 ♌	9 ♑	2 ♋
25	4 ♉ 24	13 ♐ 35	1 ♓ 46	2 ♓ 42	23 ♉ 20	9 ♉ 28	27 ♊ 10	8 ♊ 10	13 ♑ 55	5 ♑ 14	12 ♑ 21	14 ♏ 4	6 ♉	26 ♓	26 ♌	9 ♑	2 ♋
26	5 ♉ 22	26 ♐ 9	1 ♓ 43	2 ♓ 34	24 ♉ 47	10 ♉ 42	27 ♊ 47	8 ♊ 23	13 ♑ 55	5 ♑ 13	12 ♑ 20	14 ♏ 2	6 ♉	26 ♓	26 ♌	9 ♑	2 ♋
27	6 ♉ 20	8 ♑ 56	1 ♓ 39	2 ♓ 28	26 ♉ 8	11 ♉ 57	28 ♊ 24	8 ♊ 36	13 ♑ 55	5 ♑ 12	12 ♑ 20	14 ♏ 0	7 ♉	26 ♓	26 ♌	9 ♑	3 ♋
28	7 ♉ 19	21 ♑ 57	1 ♓ 36	2 ♓ 25	27 ♉ 26	13 ♉ 11	29 ♊ 1	8 ♊ 49	13 ♑ 54	5 ♑ 11	12 ♑ 20	13 ♏ 59	7 ♉	26 ♓	26 ♌	9 ♑	3 ♋
29	8 ♉ 17	5 ♒ 16	1 ♓ 33	2 ♓ 24	28 ♉ 38	14 ♉ 25	29 ♊ 38	9 ♊ 2	13 ♑ 54	5 ♑ 10	12 ♑ 19	13 ♏ 57	8 ♉	27 ♓	26 ♌	9 ♑	3 ♋
30	9 ♉ 15	18 ♒ 55	1 ♓ 30	2 D 24	29 ♉ 46	15 ♉ 39	0 ♋ 16	9 ♊ 15	13 ♑ 53	5 ♑ 9	12 ♑ 19	13 ♏ 55	8 ♉	27 ♓	26 ♌	10 ♑	3 ♋

SUN INGRESS: ☉ → ♉ 20日 11:39

MOON PHASE: ● 6日 12:33 ♈ ◐ 13日 08:13 ♋ ○ 21日 12:13 ♏ ◑ 29日 05:46 ♒

aspects

2日	11:53	☉□♆
3日	02:04	♀□♆
3日	18:22	☿□♆
3日	18:46	☉□♄
4日	02:44	♀□♄
4日	09:26	☿□♄
4日	19:29	☿☌♀
4日	22:36	☉☌☿
4日	23:28	☿⚹♂
5日	01:56	☉⚹♂
5日	04:37	♀⚹♂
5日	08:30	☉☌♀
14日	21:04	☿△♅
18日	11:55	☿△♆
19日	07:47	☿△♄
19日	11:48	☿☍♇
21日	14:15	♀△♅
25日	20:19	☉△♅
27日	07:33	♀△♆
28日	14:01	♀△♄
28日	15:15	♀☍♇

1989年5月

DAY	☉	☽	☊ mean	☊ true	☿	♀	♂	♃	♄	♅	♆	♇	⚳	⚴	⚵	⚶	⚷
	° ′	° ′	° ′	° ′	° ′	° ′	° ′	° ′	° ′	° ′	° ′	° ′	°	°	°	°	°
1	10 ♉ 14	2 ♓ 54	1 ♓ 27	2 R 24	0 D 49	16 D 53	0 D 53	9 D 28	13 R 52	5 R 8	12 R 18	13 R 54	8 D	27 D	26 D	10 D	3 D
2	11 ♉ 12	17 ♓ 16	1 ♓ 24	2 ♓ 23	1 ♊ 48	18 ♉ 7	1 ♋ 30	9 ♊ 41	13 ♑ 52	5 ♑ 7	12 ♑ 18	13 ♏ 52	9 ♉	28 ♓	26 ♌	10 ♑	3 ♋
3	12 ♉ 10	1 ♈ 56	1 ♓ 20	2 ♓ 21	2 ♊ 41	19 ♉ 21	2 ♋ 7	9 ♊ 54	13 ♑ 51	5 ♑ 6	12 ♑ 17	13 ♏ 50	9 ♉	28 ♓	26 ♌	10 ♑	3 ♋
4	13 ♉ 8	16 ♈ 52	1 ♓ 17	2 ♓ 15	3 ♊ 29	20 ♉ 35	2 ♋ 44	10 ♊ 7	13 ♑ 50	5 ♑ 5	12 ♑ 16	13 ♏ 49	10 ♉	28 ♓	27 ♌	10 ♑	3 ♋
5	14 ♉ 6	1 ♉ 56	1 ♓ 14	2 ♓ 7	4 ♊ 12	21 ♉ 49	3 ♋ 21	10 ♊ 20	13 ♑ 49	5 ♑ 4	12 ♑ 16	13 ♏ 48	10 ♉	28 ♓	27 ♌	10 ♑	3 ♋
6	15 ♉ 5	16 ♉ 58	1 ♓ 11	1 ♓ 57	4 ♊ 50	23 ♉ 2	3 ♋ 58	10 ♊ 33	13 ♑ 47	5 ♑ 2	12 ♑ 15	13 ♏ 45	10 ♉	29 ♓	27 ♌	10 ♑	3 ♋
7	16 ♉ 3	1 ♊ 48	1 ♓ 8	1 ♓ 46	5 ♊ 23	24 ♉ 16	4 ♋ 35	10 ♊ 47	13 ♑ 46	5 ♑ 1	12 ♑ 14	13 ♏ 44	11 ♉	29 ♓	27 ♌	10 ♑	3 ♋
8	17 ♉ 1	16 ♊ 18	1 ♓ 4	1 ♓ 36	5 ♊ 51	25 ♉ 30	5 ♋ 12	11 ♊ 0	13 ♑ 45	5 ♑ 0	12 ♑ 14	13 ♏ 42	11 ♉	29 ♓	27 ♌	10 ♑	3 ♋
9	17 ♉ 59	0 ♋ 23	1 ♓ 1	1 ♓ 27	6 ♊ 13	26 ♉ 44	5 ♋ 50	11 ♊ 14	13 ♑ 43	4 ♑ 58	12 ♑ 13	13 ♏ 40	12 ♉	0 ♈	27 ♌	10 ♑	3 ♋
10	18 ♉ 57	13 ♋ 59	0 ♓ 58	1 ♓ 21	6 ♊ 30	27 ♉ 58	6 ♋ 27	11 ♊ 27	13 ♑ 42	4 ♑ 57	12 ♑ 12	13 ♏ 38	12 ♉	0 ♈	27 ♌	10 ♑	3 ♋
11	19 ♉ 55	27 ♋ 7	0 ♓ 55	1 ♓ 17	6 ♊ 42	29 ♉ 12	7 ♋ 4	11 ♊ 40	13 ♑ 40	4 ♑ 56	12 ♑ 11	13 ♏ 37	12 ♉	0 ♈	28 ♌	10 ♑	4 ♋
12	20 ♉ 53	9 ♌ 49	0 ♓ 52	1 ♓ 15	6 ♊ 49	0 ♊ 26	7 ♋ 41	11 ♊ 54	13 ♑ 38	4 ♑ 54	12 ♑ 10	13 ♏ 35	13 ♉	1 ♈	28 ♌	10 ♑	4 ♋
13	21 ♉ 51	22 ♌ 10	0 ♓ 49	1 D 15	6 R 51	1 ♊ 40	8 ♋ 18	12 ♊ 7	13 ♑ 37	4 ♑ 53	12 ♑ 10	13 ♏ 33	13 ♉	1 ♈	28 ♌	10 ♑	4 ♋
14	22 ♉ 49	4 ♍ 15	0 ♓ 45	1 R 15	6 ♊ 48	2 ♊ 53	8 ♋ 55	12 ♊ 21	13 ♑ 35	4 ♑ 51	12 ♑ 9	13 ♏ 32	14 ♉	1 ♈	28 ♌	10 ♑	4 ♋
15	23 ♉ 47	16 ♍ 9	0 ♓ 42	1 ♓ 14	6 ♊ 40	4 ♊ 7	9 ♋ 32	12 ♊ 34	13 ♑ 33	4 ♑ 49	12 ♑ 8	13 ♏ 30	14 ♉	1 ♈	28 ♌	10 R	4 ♋
16	24 ♉ 44	27 ♍ 58	0 ♓ 39	1 ♓ 12	6 ♊ 28	5 ♊ 21	10 ♋ 10	12 ♊ 48	13 ♑ 31	4 ♑ 48	12 ♑ 7	13 ♏ 28	14 ♉	2 ♈	29 ♌	10 ♑	4 ♋
17	25 ♉ 42	9 ♎ 46	0 ♓ 36	1 ♓ 7	6 ♊ 11	6 ♊ 35	10 ♋ 47	13 ♊ 2	13 ♑ 28	4 ♑ 46	12 ♑ 6	13 ♏ 27	15 ♉	2 ♈	29 ♌	10 ♑	4 ♋
18	26 ♉ 40	21 ♎ 38	0 ♓ 33	0 ♓ 59	5 ♊ 51	7 ♊ 48	11 ♋ 24	13 ♊ 15	13 ♑ 26	4 ♑ 44	12 ♑ 5	13 ♏ 25	15 ♉	2 ♈	29 ♌	10 ♑	4 ♋
19	27 ♉ 38	3 ♏ 36	0 ♓ 30	0 ♓ 49	5 ♊ 27	9 ♊ 2	12 ♋ 1	13 ♊ 29	13 ♑ 24	4 ♑ 43	12 ♑ 4	13 ♏ 24	16 ♉	3 ♈	29 ♌	10 ♑	4 ♋
20	28 ♉ 36	15 ♏ 43	0 ♓ 26	0 ♓ 37	5 ♊ 0	10 ♊ 16	12 ♋ 38	13 ♊ 43	13 ♑ 21	4 ♑ 41	12 ♑ 3	13 ♏ 22	16 ♉	3 ♈	29 ♌	10 ♑	4 ♋
21	29 ♉ 33	28 ♏ 0	0 ♓ 23	0 ♓ 23	4 ♊ 30	11 ♊ 29	13 ♋ 15	13 ♊ 56	13 ♑ 19	4 ♑ 39	12 ♑ 2	13 ♏ 20	16 ♉	3 ♈	0 ♍	10 ♑	4 ♋
22	0 ♊ 31	10 ♐ 28	0 ♓ 20	0 ♓ 10	3 ♊ 59	12 ♊ 43	13 ♋ 53	14 ♊ 10	13 ♑ 16	4 ♑ 37	12 ♑ 1	13 ♏ 19	17 ♉	3 ♈	0 ♍	10 ♑	4 ♋
23	1 ♊ 29	23 ♐ 7	0 ♓ 17	29 ♒ 58	3 ♊ 26	13 ♊ 57	14 ♋ 30	14 ♊ 24	13 ♑ 14	4 ♑ 35	12 ♑ 0	13 ♏ 17	17 ♉	4 ♈	0 ♍	10 ♑	5 ♋
24	2 ♊ 26	5 ♑ 57	0 ♓ 14	29 ♒ 48	2 ♊ 52	15 ♊ 10	15 ♋ 7	14 ♊ 38	13 ♑ 11	4 ♑ 33	11 ♑ 58	13 ♏ 16	18 ♉	4 ♈	0 ♍	10 ♑	5 ♋
25	3 ♊ 24	18 ♑ 59	0 ♓ 10	29 ♒ 41	2 ♊ 17	16 ♊ 24	15 ♋ 44	14 ♊ 51	13 ♑ 8	4 ♑ 31	11 ♑ 57	13 ♏ 14	18 ♉	4 ♈	0 ♍	10 ♑	5 ♋
26	4 ♊ 22	2 ♒ 12	0 ♓ 7	29 ♒ 36	1 ♊ 43	17 ♊ 37	16 ♋ 21	15 ♊ 5	13 ♑ 5	4 ♑ 29	11 ♑ 56	13 ♏ 12	18 ♉	4 ♈	0 ♍	10 ♑	5 ♋
27	5 ♊ 19	15 ♒ 38	0 ♓ 4	29 ♒ 34	1 ♊ 10	18 ♊ 51	16 ♋ 59	15 ♊ 19	13 ♑ 2	4 ♑ 27	11 ♑ 55	13 ♏ 11	19 ♉	4 ♈	1 ♍	10 ♑	5 ♋
28	6 ♊ 17	29 ♒ 18	0 ♓ 1	29 ♒ 34	0 ♊ 38	20 ♊ 5	17 ♋ 36	15 ♊ 33	12 ♑ 59	4 ♑ 25	11 ♑ 54	13 ♏ 9	19 ♉	5 ♈	1 ♍	10 ♑	5 ♋
29	7 ♊ 14	13 ♓ 12	29 ♒ 58	29 ♒ 34	0 ♊ 9	21 ♊ 18	18 ♋ 13	15 ♊ 47	12 ♑ 56	4 ♑ 23	11 ♑ 52	13 ♏ 8	20 ♉	5 ♈	1 ♍	10 ♑	5 ♋
30	8 ♊ 12	27 ♓ 21	29 ♒ 55	29 ♒ 33	29 ♉ 41	22 ♊ 32	18 ♋ 50	16 ♊ 1	12 ♑ 53	4 ♑ 21	11 ♑ 51	13 ♏ 6	20 ♉	5 ♈	2 ♍	10 ♑	5 ♋
31	9 ♊ 9	11 ♈ 45	29 ♒ 51	29 ♒ 30	29 ♉ 17	23 ♊ 45	19 ♋ 27	16 ♊ 15	12 ♑ 50	4 ♑ 19	11 ♑ 50	13 ♏ 5	20 ♉	6 ♈	2 ♍	9 ♑	5 ♋

SUN INGRESS	☉→♊21日 10:54
MOON PHASE	● 5日 20:46 ♉　◐ 12日 23:20 ♌　○ 21日 03:16 ♏　◑ 28日 13:01 ♓

aspects		
2日	14:27	♄⚹♇
3日	02:49	☉△♆
4日	16:11	☉☍♇
4日	16:46	☉△♄
7日	16:08	♂☍♅
16日	17:52	☿☌♀
19日	01:45	♂☍♆
19日	06:51	♄⚹♇
21日	02:05	♂☍♄
21日	03:02	♂△♇
23日	10:57	♀☌♃
24日	06:36	☉☌☿

1989年6月

DAY	☉	☽	☊ mean	☊ true	☿	♀	♂	♃	♄	♅	♆	♇	⚳	⚴	⚵	⚶	⚷
	° ′	° ′	° ′	° ′	° ′	° ′	° ′	° ′	° ′	° ′	° ′	° ′	°	°	°	°	°
1	10 ♊ 7	26 ♈ 20	29 ♒ 48	29 R 24	28 R 56	24 D 59	20 D 5	16 D 28	12 R 46	4 R 17	11 R 49	13 R 3	21 D	6 D	2 D	9 R	5 D
2	11 ♊ 5	11 ♉ 1	29 ♒ 45	29 ♒ 16	28 ♉ 38	26 ♊ 12	20 ♋ 42	16 ♊ 42	12 ♑ 43	4 ♑ 15	11 ♑ 47	13 ♏ 2	21 ♉	6 ♈	2 ♍	9 ♑	5 ♋
3	12 ♊ 2	25 ♉ 42	29 ♒ 42	29 ♒ 6	28 ♉ 25	27 ♊ 26	21 ♋ 19	16 ♊ 56	12 ♑ 40	4 ♑ 13	11 ♑ 46	13 ♏ 1	22 ♉	6 ♈	3 ♍	9 ♑	6 ♋
4	13 ♊ 0	10 ♊ 15	29 ♒ 39	28 ♒ 55	28 ♉ 15	28 ♊ 39	21 ♋ 56	17 ♊ 10	12 ♑ 36	4 ♑ 10	11 ♑ 45	12 ♏ 59	22 ♉	7 ♈	3 ♍	9 ♑	6 ♋
5	13 ♊ 57	24 ♊ 33	29 ♒ 36	28 ♒ 45	28 ♉ 10	29 ♊ 52	22 ♋ 33	17 ♊ 24	12 ♑ 33	4 ♑ 8	11 ♑ 43	12 ♏ 58	22 ♉	7 ♈	3 ♍	9 ♑	6 ♋
6	14 ♊ 55	8 ♋ 30	29 ♒ 32	28 ♒ 35	28 D 9	1 ♋ 6	23 ♋ 11	17 ♊ 38	12 ♑ 29	4 ♑ 6	11 ♑ 42	12 ♏ 56	23 ♉	7 ♈	3 ♍	9 ♑	6 ♋
7	15 ♊ 52	22 ♋ 2	29 ♒ 29	28 ♒ 28	28 ♉ 13	2 ♋ 19	23 ♋ 48	17 ♊ 52	12 ♑ 25	4 ♑ 4	11 ♑ 40	12 ♏ 55	23 ♉	7 ♈	4 ♍	8 ♑	6 ♋
8	16 ♊ 49	5 ♌ 9	29 ♒ 26	28 ♒ 24	28 ♉ 21	3 ♋ 33	24 ♋ 25	18 ♊ 6	12 ♑ 22	4 ♑ 1	11 ♑ 39	12 ♏ 54	24 ♉	8 ♈	4 ♍	8 ♑	6 ♋
9	17 ♊ 47	17 ♌ 52	29 ♒ 23	28 ♒ 22	28 ♉ 33	4 ♋ 46	25 ♋ 3	18 ♊ 20	12 ♑ 18	3 ♑ 59	11 ♑ 38	12 ♏ 52	24 ♉	8 ♈	4 ♍	8 ♑	6 ♋
10	18 ♊ 44	0 ♍ 15	29 ♒ 20	28 D 21	28 ♉ 50	5 ♋ 59	25 ♋ 40	18 ♊ 34	12 ♑ 14	3 ♑ 57	11 ♑ 36	12 ♏ 51	24 ♉	8 ♈	4 ♍	8 ♑	6 ♋
11	19 ♊ 42	12 ♍ 22	29 ♒ 16	28 ♒ 21	29 ♉ 11	7 ♋ 13	26 ♋ 17	18 ♊ 47	12 ♑ 10	3 ♑ 54	11 ♑ 35	12 ♏ 50	25 ♉	8 ♈	5 ♍	8 ♑	6 ♋
12	20 ♊ 39	24 ♍ 18	29 ♒ 13	28 R 22	29 ♉ 37	8 ♋ 26	26 ♋ 54	19 ♊ 1	12 ♑ 6	3 ♑ 52	11 ♑ 33	12 ♏ 49	25 ♉	9 ♈	5 ♍	7 ♑	6 ♋
13	21 ♊ 36	6 ♎ 9	29 ♒ 10	28 ♒ 21	0 ♊ 8	9 ♋ 39	27 ♋ 32	19 ♊ 15	12 ♑ 2	3 ♑ 50	11 ♑ 32	12 ♏ 47	26 ♉	9 ♈	5 ♍	7 ♑	7 ♋
14	22 ♊ 34	17 ♎ 59	29 ♒ 7	28 ♒ 18	0 ♊ 42	10 ♋ 53	28 ♋ 9	19 ♊ 29	11 ♑ 58	3 ♑ 47	11 ♑ 30	12 ♏ 46	26 ♉	9 ♈	5 ♍	7 ♑	7 ♋
15	23 ♊ 31	29 ♎ 54	29 ♒ 4	28 ♒ 12	1 ♊ 21	12 ♋ 6	28 ♋ 46	19 ♊ 43	11 ♑ 54	3 ♑ 45	11 ♑ 29	12 ♏ 45	26 ♉	9 ♈	6 ♍	7 ♑	7 ♋
16	24 ♊ 28	11 ♏ 57	29 ♒ 1	28 ♒ 4	2 ♊ 4	13 ♋ 19	29 ♋ 23	19 ♊ 57	11 ♑ 50	3 ♑ 43	11 ♑ 27	12 ♏ 44	27 ♉	9 ♈	6 ♍	7 ♑	7 ♋
17	25 ♊ 25	24 ♏ 12	28 ♒ 57	27 ♒ 55	2 ♊ 50	14 ♋ 32	0 ♌ 1	20 ♊ 11	11 ♑ 46	3 ♑ 40	11 ♑ 26	12 ♏ 43	27 ♉	10 ♈	6 ♍	6 ♑	7 ♋
18	26 ♊ 23	6 ♐ 40	28 ♒ 54	27 ♒ 44	3 ♊ 41	15 ♋ 46	0 ♌ 38	20 ♊ 25	11 ♑ 42	3 ♑ 38	11 ♑ 24	12 ♏ 42	28 ♉	10 ♈	7 ♍	6 ♑	7 ♋
19	27 ♊ 20	19 ♐ 23	28 ♒ 51	27 ♒ 34	4 ♊ 36	16 ♋ 59	1 ♌ 15	20 ♊ 39	11 ♑ 37	3 ♑ 35	11 ♑ 23	12 ♏ 41	28 ♉	10 ♈	7 ♍	6 ♑	7 ♋
20	28 ♊ 17	2 ♑ 20	28 ♒ 48	27 ♒ 24	5 ♊ 35	18 ♋ 12	1 ♌ 53	20 ♊ 52	11 ♑ 33	3 ♑ 33	11 ♑ 21	12 ♏ 40	28 ♉	10 ♈	7 ♍	6 ♑	7 ♋
21	29 ♊ 14	15 ♑ 31	28 ♒ 45	27 ♒ 16	6 ♊ 37	19 ♋ 25	2 ♌ 30	21 ♊ 6	11 ♑ 29	3 ♑ 31	11 ♑ 19	12 ♏ 39	29 ♉	11 ♈	7 ♍	5 ♑	7 ♋
22	0 ♋ 12	28 ♑ 54	28 ♒ 42	27 ♒ 11	7 ♊ 43	20 ♋ 38	3 ♌ 7	21 ♊ 20	11 ♑ 25	3 ♑ 28	11 ♑ 18	12 ♏ 38	29 ♉	11 ♈	8 ♍	5 ♑	7 ♋
23	1 ♋ 9	12 ♒ 28	28 ♒ 38	27 ♒ 8	8 ♊ 53	21 ♋ 51	3 ♌ 45	21 ♊ 34	11 ♑ 20	3 ♑ 26	11 ♑ 16	12 ♏ 37	0 ♊	11 ♈	8 ♍	5 ♑	7 ♋
24	2 ♋ 6	26 ♒ 11	28 ♒ 35	27 ♒ 7	10 ♊ 6	23 ♋ 5	4 ♌ 22	21 ♊ 48	11 ♑ 16	3 ♑ 23	11 ♑ 15	12 ♏ 36	0 ♊	11 ♈	8 ♍	5 ♑	8 ♋
25	3 ♋ 3	10 ♓ 4	28 ♒ 32	27 D 7	11 ♊ 23	24 ♋ 18	4 ♌ 59	22 ♊ 1	11 ♑ 12	3 ♑ 21	11 ♑ 13	12 ♏ 35	0 ♊	11 ♈	9 ♍	4 ♑	8 ♋
26	4 ♋ 1	24 ♓ 4	28 ♒ 29	27 ♒ 8	12 ♊ 44	25 ♋ 31	5 ♌ 37	22 ♊ 15	11 ♑ 7	3 ♑ 18	11 ♑ 11	12 ♏ 34	1 ♊	11 ♈	9 ♍	4 ♑	8 ♋
27	4 ♋ 58	8 ♈ 11	28 ♒ 26	27 R 8	14 ♊ 8	26 ♋ 44	6 ♌ 14	22 ♊ 29	11 ♑ 3	3 ♑ 16	11 ♑ 10	12 ♏ 33	1 ♊	12 ♈	9 ♍	4 ♑	8 ♋
28	5 ♋ 55	22 ♈ 24	28 ♒ 22	27 ♒ 7	15 ♊ 35	27 ♋ 57	6 ♌ 51	22 ♊ 43	10 ♑ 59	3 ♑ 13	11 ♑ 8	12 ♏ 32	2 ♊	12 ♈	10 ♍	4 ♑	8 ♋
29	6 ♋ 52	6 ♉ 42	28 ♒ 19	27 ♒ 4	17 ♊ 6	29 ♋ 10	7 ♌ 29	22 ♊ 56	10 ♑ 54	3 ♑ 11	11 ♑ 7	12 ♏ 31	2 ♊	12 ♈	10 ♍	3 ♑	8 ♋
30	7 ♋ 50	21 ♉ 0	28 ♒ 16	26 ♒ 59	18 ♊ 40	0 ♌ 23	8 ♌ 6	23 ♊ 10	10 ♑ 50	3 ♑ 9	11 ♑ 5	12 ♏ 31	2 ♊	12 ♈	10 ♍	3 ♑	8 ♋

SUN INGRESS	☉→♋21日 18:53
MOON PHASE	● 4日 04:53 ♊　◐ 11日 15:59 ♍　○ 19日 15:57 ♐　◑ 26日 18:09 ♈

aspects		
8日	09:06	♀☍♅
9日	18:10	☉☌♃
14日	12:02	♀☍♆
14日	20:17	♀☍♄
15日	12:36	♀△♇
24日	12:12	♄☌♆
25日	07:01	☉☍♅

1989年7月

DAY	☉	☽	☊ mean	☊ true	☿	♀	♂	♃	♄	♅	♆	♇	⚳	⚴	⚵	⚶	⚷
	° ′	° ′	° ′	° ′	° ′	° ′	° ′	° ′	° ′	° ′	° ′	° ′	°	°	°	°	°
1	8♋47	5♊15	28♒13	26 R 52	20 D 17	1 D 36	8 D 44	23 D 23	10 R 45	3 R 6	11 R 3	12 R 30	3 D	12 D	10 D	3 R	8 D
2	9♋44	19♊22	28♒10	26♒45	21♊58	2♌49	9♌21	23♊37	10♑41	3♑4	11♑2	12♏29	3♊	13♈	11♍	3♑	8♋
3	10♋41	3♋16	28♒7	26♒37	23♊42	4♌2	9♌58	23♊51	10♑36	3♑1	11♑0	12♏28	3♊	13♈	11♍	2♑	8♋
4	11♋38	16♋54	28♒3	26♒31	25♊29	5♌15	10♌36	24♊4	10♑32	2♑59	10♑59	12♏28	4♊	13♈	11♍	2♑	9♋
5	12♋36	0♌12	28♒0	26♒26	27♊19	6♌27	11♌13	24♊18	10♑28	2♑57	10♑57	12♏27	4♊	13♈	12♍	2♑	9♋
6	13♋33	13♌10	27♒57	26♒24	29♊12	7♌40	11♌51	24♊31	10♑23	2♑54	10♑55	12♏27	5♊	13♈	12♍	2♑	9♋
7	14♋30	25♌49	27♒54	26♒23	1♋8	8♌53	12♌28	24♊45	10♑19	2♑52	10♑54	12♏26	5♊	13♈	12♍	2♑	9♋
8	15♋27	8♍9	27♒51	26 D 23	3♋6	10♌6	13♌6	24♊58	10♑14	2♑49	10♑52	12♏25	5♊	14♈	13♍	1♑	9♋
9	16♋25	20♍16	27♒48	26♒25	5♋6	11♌19	13♌43	25♊12	10♑10	2♑47	10♑50	12♏25	6♊	14♈	13♍	1♑	9♋
10	17♋22	2♎13	27♒44	26♒26	7♋8	12♌32	14♌21	25♊25	10♑5	2♑45	10♑49	12♏25	6♊	14♈	13♍	1♑	9♋
11	18♋19	14♎5	27♒41	26♒27	9♋13	13♌44	14♌58	25♊38	10♑1	2♑42	10♑47	12♏24	6♊	14♈	14♍	1♑	9♋
12	19♋16	25♎57	27♒38	26 R 27	11♋18	14♌57	15♌36	25♊51	9♑57	2♑40	10♑46	12♏24	7♊	14♈	14♍	1♑	9♋
13	20♋13	7♏54	27♒35	26♒26	13♋25	16♌10	16♌13	26♊5	9♑52	2♑38	10♑44	12♏23	7♊	14♈	14♍	0♑	9♋
14	21♋11	19♏59	27♒32	26♒22	15♋33	17♌23	16♌51	26♊18	9♑48	2♑35	10♑42	12♏23	8♊	14♈	15♍	0♑	10♋
15	22♋8	2♐19	27♒28	26♒18	17♋42	18♌35	17♌28	26♊31	9♑44	2♑33	10♑41	12♏23	8♊	14♈	15♍	0♑	10♋
16	23♋5	14♐54	27♒25	26♒13	19♋51	19♌48	18♌6	26♊44	9♑40	2♑31	10♑39	12♏22	8♊	15♈	15♍	0♑	10♋
17	24♋2	27♐48	27♒22	26♒8	22♋0	21♌0	18♌43	26♊57	9♑35	2♑29	10♑38	12♏22	9♊	15♈	16♍	0♑	10♋
18	25♋0	11♑1	27♒19	26♒3	24♋8	22♌13	19♌21	27♊10	9♑31	2♑27	10♑36	12♏22	9♊	15♈	16♍	29♐	10♋
19	25♋57	24♑31	27♒16	25♒59	26♋17	23♌26	19♌59	27♊23	9♑27	2♑24	10♑35	12♏22	9♊	15♈	16♍	29♐	10♋
20	26♋54	8♒18	27♒13	25♒55	28♋24	24♌38	20♌36	27♊36	9♑23	2♑22	10♑33	12♏22	10♊	15♈	17♍	29♐	10♋
21	27♋51	22♒17	27♒9	25♒56	0♌31	25♌51	21♌14	27♊49	9♑19	2♑20	10♑31	12♏22	10♊	15♈	17♍	29♐	10♋
22	28♋48	6♓25	27♒6	25 D 56	2♌36	27♌3	21♌51	28♊2	9♑15	2♑18	10♑30	12♏22	11♊	15♈	17♍	29♐	10♋
23	29♋46	20♓40	27♒3	25♒57	4♌41	28♌15	22♌29	28♊15	9♑11	2♑16	10♑28	12♏22	11♊	15♈	18♍	29♐	10♋
24	0♌43	4♈57	27♒0	25♒58	6♌43	29♌28	23♌7	28♊27	9♑7	2♑14	10♑27	12 D 21	11♊	15♈	18♍	29♐	11♋
25	1♌40	19♈13	26♒57	26♒0	8♌45	0♍40	23♌44	28♊40	9♑3	2♑12	10♑25	12♏22	12♊	15♈	18♍	28♐	11♋
26	2♌38	3♉27	26♒54	26 R 0	10♌45	1♍52	24♌22	28♊53	8♑59	2♑10	10♑24	12♏22	12♊	15♈	19♍	28♐	11♋
27	3♌35	17♉35	26♒50	25♒59	12♌44	3♍5	25♌0	29♊5	8♑55	2♑8	10♑23	12♏22	12♊	16♈	19♍	28♐	11♋
28	4♌32	1♊36	26♒47	25♒58	14♌41	4♍17	25♌37	29♊18	8♑51	2♑6	10♑21	12♏22	13♊	16♈	19♍	28♐	11♋
29	5♌30	15♊27	26♒44	25♒56	16♌36	5♍29	26♌15	29♊30	8♑48	2♑4	10♑20	12♏22	13♊	16♈	20♍	28♐	11♋
30	6♌27	29♊8	26♒41	25♒53	18♌30	6♍42	26♌53	29♊43	8♑44	2♑2	10♑18	12♏22	13♊	16♈	20♍	28♐	11♋
31	7♌24	12♋35	26♒38	25♒50	20♌22	7♍54	27♌31	29♊55	8♑40	2♑0	10♑17	12♏22	14♊	16♈	20♍	28♐	11♋

SUN INGRESS ☉ → ♌ 23日 05:45

MOON PHASE ● 3日 13:59 ♋ ◐ 11日 09:19 ♎ ○ 19日 02:42 ♑ ◑ 25日 22:31 ♉

aspects		
2日	22:08	☉☍♄
3日	02:13	☿☌♃
3日	07:43	☉☍♆
4日	20:29	☉△♇
6日	22:34	♂□♇
7日	20:47	☿☍♅
9日	21:40	♀□♇
11日	08:57	☿☍♄
11日	17:50	☿☍♆
12日	12:19	☿△♇
13日	02:20	♀☌☿
18日	17:16	☉☌☿
22日	23:44	♀⚹♃
26日	05:37	♀△♅
26日	19:32	♀□♇
31日	14:45	♀△♄

1989年8月

DAY	☉	☽	☊ mean	☊ true	☿	♀	♂	♃	♄	♅	♆	♇	⚳	⚴	⚵	⚶	⚷
	° ′	° ′	° ′	° ′	° ′	° ′	° ′	° ′	° ′	° ′	° ′	° ′	°	°	°	°	°
1	8♌22	25♋49	26♒34	25 R 48	22 D 12	9 D 6	28 D 8	0 D 7	8 R 37	1 R 59	10 R 15	12 D 23	14 D	16 D	21 D	28 R	11 D
2	9♌19	8♌47	26♒31	25♒47	24♌1	10♍18	28♌46	0♋19	8♑33	1♑57	10♑14	12♏23	14♊	16♈	21♍	28♐	11♋
3	10♌17	21♌30	26♒28	25♒46	25♌48	11♍30	29♌24	0♋32	8♑30	1♑55	10♑13	12♏23	15♊	16♈	21♍	28♐	11♋
4	11♌14	3♍58	26♒25	25 D 46	27♌33	12♍42	0♍2	0♋44	8♑26	1♑53	10♑11	12♏24	15♊	16♈	22♍	28♐	12♋
5	12♌12	16♍12	26♒22	25♒47	29♌17	13♍54	0♍40	0♋56	8♑23	1♑52	10♑10	12♏24	16♊	16♈	22♍	28♐	12♋
6	13♌9	28♍16	26♒19	25♒48	0♍59	15♍6	1♍17	1♋8	8♑20	1♑50	10♑9	12♏25	16♊	16♈	22♍	28♐	12♋
7	14♌7	10♎11	26♒15	25♒49	2♍40	16♍18	1♍55	1♋19	8♑17	1♑48	10♑7	12♏25	16♊	16 R	23♍	28♐	12♋
8	15♌4	22♎3	26♒12	25♒50	4♍19	17♍30	2♍33	1♋31	8♑14	1♑47	10♑6	12♏26	17♊	16♈	23♍	28♐	12♋
9	16♌2	3♏55	26♒9	25♒51	5♍56	18♍42	3♍11	1♋43	8♑11	1♑45	10♑5	12♏26	17♊	16♈	23♍	28 D	12♋
10	16♌59	15♏51	26♒6	25♒51	7♍32	19♍54	3♍49	1♋55	8♑8	1♑44	10♑4	12♏27	17♊	16♈	24♍	28♐	12♋
11	17♌57	27♏56	26♒3	25 R 51	9♍6	21♍6	4♍27	2♋6	8♑5	1♑42	10♑3	12♏27	18♊	16♈	24♍	28♐	12♋
12	18♌54	10♐15	26♒0	25♒50	10♍39	22♍17	5♍5	2♋18	8♑2	1♑41	10♑1	12♏28	18♊	16♈	24♍	28♐	12♋
13	19♌52	22♐57	25♒56	25♒50	12♍10	23♍29	5♍43	2♋29	7♑59	1♑40	10♑0	12♏29	18♊	16♈	25♍	28♐	12♋
14	20♌49	5♑50	25♒53	25♒49	13♍39	24♍41	6♍21	2♋40	7♑56	1♑38	9♑59	12♏29	19♊	16♈	25♍	28♐	12♋
15	21♌47	19♑10	25♒50	25♒49	15♍7	25♍52	6♍59	2♋51	7♑54	1♑37	9♑58	12♏30	19♊	16♈	25♍	28♐	13♋
16	22♌45	2♒54	25♒47	25♒48	16♍33	27♍4	7♍37	3♋3	7♑51	1♑36	9♑57	12♏31	19♊	16♈	26♍	28♐	13♋
17	23♌42	16♒58	25♒44	25♒48	17♍58	28♍15	8♍15	3♋14	7♑49	1♑35	9♑56	12♏32	20♊	16♈	26♍	28♐	13♋
18	24♌40	1♓21	25♒40	25 D 48	19♍21	29♍27	8♍53	3♋25	7♑47	1♑33	9♑55	12♏33	20♊	15♈	27♍	28♐	13♋
19	25♌38	15♓56	25♒37	25♒48	20♍42	0♎38	9♍31	3♋36	7♑44	1♑32	9♑54	12♏33	20♊	15♈	27♍	28♐	13♋
20	26♌35	0♈37	25♒34	25 R 48	22♍1	1♎50	10♍9	3♋46	7♑42	1♑31	9♑53	12♏34	20♊	15♈	27♍	28♐	13♋
21	27♌33	15♈18	25♒31	25♒48	23♍19	3♎1	10♍47	3♋57	7♑40	1♑30	9♑52	12♏35	21♊	15♈	28♍	28♐	13♋
22	28♌31	29♈53	25♒28	25♒48	24♍34	4♎12	11♍25	4♋8	7♑38	1♑29	9♑51	12♏36	21♊	15♈	28♍	28♐	13♋
23	29♌29	14♉17	25♒25	25♒47	25♍48	5♎24	12♍3	4♋18	7♑36	1♑28	9♑50	12♏37	21♊	15♈	28♍	29♐	13♋
24	0♍27	28♉27	25♒21	25♒47	27♍0	6♎35	12♍41	4♋28	7♑34	1♑27	9♑49	12♏38	22♊	15♈	29♍	29♐	13♋
25	1♍24	12♊20	25♒18	25 D 47	28♍10	7♎46	13♍20	4♋39	7♑33	1♑27	9♑48	12♏39	22♊	15♈	29♍	29♐	13♋
26	2♍22	25♊57	25♒15	25♒48	29♍18	8♎57	13♍58	4♋49	7♑31	1♑26	9♑47	12♏41	22♊	15♈	29♍	29♐	13♋
27	3♍20	9♋17	25♒12	25♒48	0♎23	10♎8	14♍36	4♋59	7♑30	1♑25	9♑47	12♏42	23♊	15♈	0♎	29♐	14♋
28	4♍18	22♋22	25♒9	25♒49	1♎26	11♎19	15♍14	5♋9	7♑28	1♑24	9♑46	12♏43	23♊	14♈	0♎	29♐	14♋
29	5♍16	5♌13	25♒6	25♒50	2♎27	12♎30	15♍53	5♋19	7♑27	1♑24	9♑45	12♏44	23♊	14♈	0♎	29♐	14♋
30	6♍14	17♌50	25♒2	25♒50	3♎25	13♎41	16♍31	5♋29	7♑25	1♑23	9♑44	12♏45	24♊	14♈	1♎	0♑	14♋
31	7♍12	0♍15	24♒59	25 R 51	4♎20	14♎52	17♍9	5♋38	7♑24	1♑23	9♑44	12♏47	24♊	14♈	1♎	0♑	14♋

SUN INGRESS ☉ → ♍ 23日 12:46

MOON PHASE ● 2日 01:06 ♌ ◐ 10日 02:29 ♏ ○ 17日 12:07 ♒ ◑ 24日 03:40 ♊ ● 31日 14:45 ♍

aspects		
1日	22:42	♀△♆
3日	17:50	♀⚹♇
5日	05:16	☉□♇
5日	14:55	♂⚹♃
6日	02:13	☿⚹♃
6日	06:52	☿☌♂
6日	11:51	☿△♅
6日	19:48	♂△♅
9日	04:18	♃☍♅
10日	08:44	☿△♄
11日	14:21	☿△♆
13日	05:04	☿⚹♇
16日	08:45	♂△♄
19日	14:05	♂△♆
19日	17:53	♀□♅
21日	22:09	♀□♃
23日	22:04	♂⚹♇
24日	19:41	♀□♄
25日	00:53	☉△♅
26日	16:50	♀□♆
27日	23:15	☿□♅
29日	01:27	☉⚹♃
31日	04:54	☉△♄

1989年9月

DAY	☉	☽	☊ mean	☊ true	☿	♀	♂	♃	♄	♅	♆	♇	⚳	⚴	⚵	⚶	⚷
	° ′	° ′	° ′	° ′	° ′	° ′	° ′	° ′	° ′	° ′	° ′	° ′	°	°	°	°	°
1	8 ♍ 10	12 ♍ 30	24 ♒ 56	25 R 50	5 D 13	16 D 2	17 D 47	5 D 48	7 R 23	1 R 22	9 R 43	12 D 48	24 D	14 R	2 D	0 D	14 D
2	9 ♍ 8	24 ♍ 36	24 ♒ 53	25 ♒ 49	6 ♎ 2	17 ♎ 13	18 ♍ 26	5 ♋ 57	7 ♑ 22	1 ♑ 22	9 ♑ 42	12 ♏ 49	24 ♊	14 ♈	2 ♎	0 ♑	14 ♋
3	10 ♍ 6	6 ♎ 34	24 ♒ 50	25 ♒ 47	6 ♎ 48	18 ♎ 24	19 ♍ 4	6 ♋ 7	7 ♑ 21	1 ♑ 21	9 ♑ 42	12 ♏ 51	25 ♊	14 ♈	2 ♎	0 ♑	14 ♋
4	11 ♍ 5	18 ♎ 27	24 ♒ 46	25 ♒ 45	7 ♎ 31	19 ♎ 35	19 ♍ 43	6 ♋ 16	7 ♑ 20	1 ♑ 21	9 ♑ 41	12 ♏ 52	25 ♊	13 ♈	3 ♎	0 ♑	14 ♋
5	12 ♍ 3	0 ♏ 18	24 ♒ 43	25 ♒ 42	8 ♎ 10	20 ♎ 45	20 ♍ 21	6 ♋ 25	7 ♑ 20	1 ♑ 21	9 ♑ 41	12 ♏ 53	25 ♊	13 ♈	3 ♎	1 ♑	14 ♋
6	13 ♍ 1	12 ♏ 9	24 ♒ 40	25 ♒ 40	8 ♎ 45	21 ♎ 56	20 ♍ 59	6 ♋ 34	7 ♑ 19	1 ♑ 20	9 ♑ 40	12 ♏ 55	26 ♊	13 ♈	3 ♎	1 ♑	14 ♋
7	13 ♍ 59	24 ♏ 4	24 ♒ 37	25 ♒ 38	9 ♎ 15	23 ♎ 6	21 ♍ 38	6 ♋ 43	7 ♑ 19	1 ♑ 20	9 ♑ 40	12 ♏ 56	26 ♊	13 ♈	4 ♎	1 ♑	14 ♋
8	14 ♍ 57	6 ♐ 7	24 ♒ 34	25 ♒ 37	9 ♎ 41	24 ♎ 16	22 ♍ 16	6 ♋ 52	7 ♑ 18	1 ♑ 20	9 ♑ 39	12 ♏ 58	26 ♊	13 ♈	4 ♎	1 ♑	14 ♋
9	15 ♍ 56	18 ♐ 23	24 ♒ 31	25 D 37	10 ♎ 2	25 ♎ 27	22 ♍ 55	7 ♋ 0	7 ♑ 18	1 ♑ 20	9 ♑ 39	12 ♏ 59	26 ♊	12 ♈	4 ♎	1 ♑	14 ♋
10	16 ♍ 54	0 ♑ 56	24 ♒ 27	25 ♒ 37	10 ♎ 18	26 ♎ 37	23 ♍ 33	7 ♋ 9	7 ♑ 18	1 ♑ 20	9 ♑ 38	13 ♏ 1	27 ♊	12 ♈	5 ♎	2 ♑	15 ♋
11	17 ♍ 52	13 ♑ 50	24 ♒ 24	25 ♒ 39	10 ♎ 28	27 ♎ 47	24 ♍ 12	7 ♋ 17	7 ♑ 18	1 D 20	9 ♑ 38	13 ♏ 2	27 ♊	12 ♈	5 ♎	2 ♑	15 ♋
12	18 ♍ 51	27 ♑ 9	24 ♒ 21	25 ♒ 40	10 ♎ 33	28 ♎ 57	24 ♍ 51	7 ♋ 25	7 D 18	1 ♑ 20	9 ♑ 38	13 ♏ 4	27 ♊	12 ♈	6 ♎	2 ♑	15 ♋
13	19 ♍ 49	10 ♒ 54	24 ♒ 18	25 ♒ 41	10 R 31	0 ♏ 7	25 ♍ 29	7 ♋ 33	7 ♑ 18	1 ♑ 20	9 ♑ 37	13 ♏ 6	27 ♊	12 ♈	6 ♎	2 ♑	15 ♋
14	20 ♍ 47	25 ♒ 6	24 ♒ 15	25 ♒ 42	10 ♎ 23	1 ♏ 17	26 ♍ 8	7 ♋ 41	7 ♑ 18	1 ♑ 20	9 ♑ 37	13 ♏ 7	28 ♊	11 ♈	6 ♎	3 ♑	15 ♋
15	21 ♍ 46	9 ♓ 41	24 ♒ 11	25 R 41	10 ♎ 9	2 ♏ 27	26 ♍ 46	7 ♋ 49	7 ♑ 18	1 ♑ 20	9 ♑ 37	13 ♏ 9	28 ♊	11 ♈	7 ♎	3 ♑	15 ♋
16	22 ♍ 44	24 ♓ 35	24 ♒ 8	25 ♒ 39	9 ♎ 47	3 ♏ 37	27 ♍ 25	7 ♋ 57	7 ♑ 18	1 ♑ 21	9 ♑ 37	13 ♏ 11	28 ♊	11 ♈	7 ♎	3 ♑	15 ♋
17	23 ♍ 43	9 ♈ 39	24 ♒ 5	25 ♒ 36	9 ♎ 19	4 ♏ 46	28 ♍ 4	8 ♋ 4	7 ♑ 19	1 ♑ 21	9 ♑ 36	13 ♏ 12	28 ♊	11 ♈	7 ♎	3 ♑	15 ♋
18	24 ♍ 41	24 ♈ 45	24 ♒ 2	25 ♒ 32	8 ♎ 44	5 ♏ 56	28 ♍ 43	8 ♋ 12	7 ♑ 20	1 ♑ 21	9 ♑ 36	13 ♏ 14	29 ♊	10 ♈	8 ♎	4 ♑	15 ♋
19	25 ♍ 40	9 ♉ 43	23 ♒ 59	25 ♒ 28	8 ♎ 2	7 ♏ 6	29 ♍ 21	8 ♋ 19	7 ♑ 20	1 ♑ 22	9 ♑ 36	13 ♏ 16	29 ♊	10 ♈	8 ♎	4 ♑	15 ♋
20	26 ♍ 38	24 ♉ 25	23 ♒ 56	25 ♒ 25	7 ♎ 14	8 ♏ 15	0 ♎ 0	8 ♋ 26	7 ♑ 21	1 ♑ 22	9 ♑ 36	13 ♏ 18	29 ♊	10 ♈	8 ♎	4 ♑	15 ♋
21	27 ♍ 37	8 ♊ 45	23 ♒ 52	25 ♒ 22	6 ♎ 20	9 ♏ 24	0 ♎ 39	8 ♋ 33	7 ♑ 22	1 ♑ 23	9 ♑ 36	13 ♏ 19	29 ♊	10 ♈	9 ♎	4 ♑	15 ♋
22	28 ♍ 36	22 ♊ 42	23 ♒ 49	25 ♒ 21	5 ♎ 22	10 ♏ 34	1 ♎ 18	8 ♋ 40	7 ♑ 23	1 ♑ 23	9 D 36	13 ♏ 21	0 ♋	9 ♈	9 ♎	5 ♑	15 ♋
23	29 ♍ 34	6 ♋ 15	23 ♒ 46	25 D 21	4 ♎ 20	11 ♏ 43	1 ♎ 57	8 ♋ 47	7 ♑ 24	1 ♑ 24	9 ♑ 36	13 ♏ 23	0 ♋	9 ♈	10 ♎	5 ♑	15 ♋
24	0 ♎ 33	19 ♋ 25	23 ♒ 43	25 ♒ 22	3 ♎ 15	12 ♏ 52	2 ♎ 36	8 ♋ 53	7 ♑ 25	1 ♑ 24	9 ♑ 36	13 ♏ 25	0 ♋	9 ♈	10 ♎	5 ♑	15 ♋
25	1 ♎ 32	2 ♌ 15	23 ♒ 40	25 ♒ 23	2 ♎ 9	14 ♏ 1	3 ♎ 14	9 ♋ 0	7 ♑ 26	1 ♑ 25	9 ♑ 36	13 ♏ 27	0 ♋	9 ♈	10 ♎	6 ♑	15 ♋
26	2 ♎ 31	14 ♌ 49	23 ♒ 37	25 ♒ 25	1 ♎ 4	15 ♏ 10	3 ♎ 53	9 ♋ 6	7 ♑ 28	1 ♑ 26	9 ♑ 36	13 ♏ 29	0 ♋	8 ♈	11 ♎	6 ♑	15 ♋
27	3 ♎ 29	27 ♌ 10	23 ♒ 33	25 R 25	0 ♎ 1	16 ♏ 19	4 ♎ 32	9 ♋ 12	7 ♑ 29	1 ♑ 27	9 ♑ 36	13 ♏ 31	1 ♋	8 ♈	11 ♎	6 ♑	15 ♋
28	4 ♎ 28	9 ♍ 21	23 ♒ 30	25 ♒ 24	29 ♍ 2	17 ♏ 28	5 ♎ 11	9 ♋ 18	7 ♑ 31	1 ♑ 28	9 ♑ 37	13 ♏ 33	1 ♋	8 ♈	11 ♎	6 ♑	15 ♋
29	5 ♎ 27	21 ♍ 24	23 ♒ 27	25 ♒ 21	28 ♍ 8	18 ♏ 36	5 ♎ 50	9 ♋ 23	7 ♑ 32	1 ♑ 29	9 ♑ 37	13 ♏ 35	1 ♋	7 ♈	12 ♎	7 ♑	16 ♋
30	6 ♎ 26	3 ♎ 21	23 ♒ 24	25 ♒ 16	27 ♍ 21	19 ♏ 45	6 ♎ 29	9 ♋ 29	7 ♑ 34	1 ♑ 29	9 ♑ 37	13 ♏ 37	1 ♋	7 ♈	12 ♎	7 ♑	16 ♋

SUN INGRESS ☉ → ♎23日 10:20

MOON PHASE ◐ 8日 18:49 ♐ ○ 15日 20:51 ♓ ◑ 22日 11:10 ♊ ● 30日 06:47 ♎

aspects		
1日	21:02	☿□♃
2日	13:53	☉△♆
3日	18:02	☿□♄
5日	21:24	☉⚹♇
7日	22:04	☿□♆
11日	01:19	♃☍♄
14日	01:02	♀⚹♅
16日	09:50	☿□♆
18日	15:58	☿□♃
19日	05:07	♀⚹♄
19日	20:44	☿□♄
20日	04:19	♀△♃
21日	04:02	♀⚹♆
22日	03:23	♂□♅
24日	09:01	☿☌♂
24日	11:50	♀☌♇
24日	21:17	☉□♅
25日	07:11	☉☌☿
25日	15:53	☿□♅
30日	04:01	☉☌♂

1989年10月

DAY	☉	☽	☊ mean	☊ true	☿	♀	♂	♃	♄	♅	♆	♇	⚳	⚴	⚵	⚶	⚷
	° ′	° ′	° ′	° ′	° ′	° ′	° ′	° ′	° ′	° ′	° ′	° ′	°	°	°	°	°
1	7 ♎ 25	15 ♎ 14	23 ♒ 21	25 R 9	26 R 43	20 D 53	7 D 9	9 D 34	7 D 36	1 D 31	9 D 37	13 D 39	1 D	7 R	12 D	7 D	16 D
2	8 ♎ 24	27 ♎ 5	23 ♒ 17	25 ♒ 1	26 ♍ 13	22 ♏ 2	7 ♎ 48	9 ♋ 40	7 ♑ 38	1 ♑ 32	9 ♑ 38	13 ♏ 41	2 ♋	7 ♈	13 ♎	8 ♑	16 ♋
3	9 ♎ 23	8 ♏ 56	23 ♒ 14	24 ♒ 53	25 ♍ 54	23 ♏ 10	8 ♎ 27	9 ♋ 45	7 ♑ 40	1 ♑ 33	9 ♑ 38	13 ♏ 43	2 ♋	6 ♈	13 ♎	8 ♑	16 ♋
4	10 ♎ 22	20 ♏ 48	23 ♒ 11	24 ♒ 44	25 ♍ 45	24 ♏ 18	9 ♎ 6	9 ♋ 50	7 ♑ 42	1 ♑ 34	9 ♑ 39	13 ♏ 45	2 ♋	6 ♈	14 ♎	8 ♑	16 ♋
5	11 ♎ 21	2 ♐ 45	23 ♒ 8	24 ♒ 37	25 D 46	25 ♏ 26	9 ♎ 45	9 ♋ 54	7 ♑ 44	1 ♑ 35	9 ♑ 39	13 ♏ 47	2 ♋	6 ♈	14 ♎	9 ♑	16 ♋
6	12 ♎ 21	14 ♐ 48	23 ♒ 5	24 ♒ 31	25 ♍ 58	26 ♏ 34	10 ♎ 24	9 ♋ 59	7 ♑ 46	1 ♑ 36	9 ♑ 39	13 ♏ 49	2 ♋	5 ♈	14 ♎	9 ♑	16 ♋
7	13 ♎ 20	27 ♐ 2	23 ♒ 2	24 ♒ 28	26 ♍ 20	27 ♏ 42	11 ♎ 4	10 ♋ 3	7 ♑ 49	1 ♑ 38	9 ♑ 40	13 ♏ 52	2 ♋	5 ♈	15 ♎	9 ♑	16 ♋
8	14 ♎ 19	9 ♑ 30	22 ♒ 58	24 ♒ 26	26 ♍ 52	28 ♏ 49	11 ♎ 43	10 ♋ 7	7 ♑ 51	1 ♑ 39	9 ♑ 40	13 ♏ 54	3 ♋	5 ♈	15 ♎	10 ♑	16 ♋
9	15 ♎ 18	22 ♑ 18	22 ♒ 55	24 D 26	27 ♍ 33	29 ♏ 57	12 ♎ 22	10 ♋ 11	7 ♑ 54	1 ♑ 40	9 ♑ 41	13 ♏ 56	3 ♋	5 ♈	15 ♎	10 ♑	16 ♋
10	16 ♎ 17	5 ♒ 28	22 ♒ 52	24 ♒ 27	28 ♍ 22	1 ♐ 4	13 ♎ 2	10 ♋ 15	7 ♑ 57	1 ♑ 42	9 ♑ 42	13 ♏ 58	3 ♋	4 ♈	16 ♎	10 ♑	16 ♋
11	17 ♎ 17	19 ♒ 6	22 ♒ 49	24 ♒ 28	29 ♍ 20	2 ♐ 11	13 ♎ 41	10 ♋ 19	7 ♑ 59	1 ♑ 43	9 ♑ 42	14 ♏ 0	3 ♋	4 ♈	16 ♎	11 ♑	16 ♋
12	18 ♎ 16	3 ♓ 11	22 ♒ 46	24 R 28	0 ♎ 24	3 ♐ 18	14 ♎ 20	10 ♋ 22	8 ♑ 2	1 ♑ 45	9 ♑ 43	14 ♏ 3	3 ♋	4 ♈	16 ♎	11 ♑	16 ♋
13	19 ♎ 15	17 ♓ 45	22 ♒ 43	24 ♒ 26	1 ♎ 34	4 ♐ 25	15 ♎ 0	10 ♋ 26	8 ♑ 5	1 ♑ 47	9 ♑ 44	14 ♏ 5	3 ♋	3 ♈	17 ♎	12 ♑	16 ♋
14	20 ♎ 15	2 ♈ 42	22 ♒ 39	24 ♒ 21	2 ♎ 50	5 ♐ 32	15 ♎ 39	10 ♋ 29	8 ♑ 8	1 ♑ 48	9 ♑ 44	14 ♏ 7	3 ♋	3 ♈	17 ♎	12 ♑	16 ♋
15	21 ♎ 14	17 ♈ 56	22 ♒ 36	24 ♒ 14	4 ♎ 11	6 ♐ 39	16 ♎ 19	10 ♋ 32	8 ♑ 11	1 ♑ 50	9 ♑ 45	14 ♏ 9	4 ♋	3 ♈	18 ♎	12 ♑	16 ♋
16	22 ♎ 14	3 ♉ 16	22 ♒ 33	24 ♒ 6	5 ♎ 36	7 ♐ 45	16 ♎ 58	10 ♋ 34	8 ♑ 15	1 ♑ 52	9 ♑ 46	14 ♏ 12	4 ♋	3 ♈	18 ♎	13 ♑	16 ♋
17	23 ♎ 13	18 ♉ 31	22 ♒ 30	23 ♒ 57	7 ♎ 4	8 ♐ 51	17 ♎ 38	10 ♋ 37	8 ♑ 18	1 ♑ 54	9 ♑ 47	14 ♏ 14	4 ♋	2 ♈	18 ♎	13 ♑	16 ♋
18	24 ♎ 13	3 ♊ 31	22 ♒ 27	23 ♒ 48	8 ♎ 36	9 ♐ 57	18 ♎ 17	10 ♋ 39	8 ♑ 21	1 ♑ 55	9 ♑ 47	14 ♏ 16	4 ♋	2 ♈	19 ♎	13 ♑	16 ♋
19	25 ♎ 12	18 ♊ 6	22 ♒ 23	23 ♒ 42	10 ♎ 9	11 ♐ 3	18 ♎ 57	10 ♋ 41	8 ♑ 25	1 ♑ 57	9 ♑ 48	14 ♏ 19	4 ♋	2 ♈	19 ♎	14 ♑	16 ♋
20	26 ♎ 12	2 ♋ 13	22 ♒ 20	23 ♒ 37	11 ♎ 45	12 ♐ 9	19 ♎ 37	10 ♋ 43	8 ♑ 28	1 ♑ 59	9 ♑ 49	14 ♏ 21	4 ♋	2 ♈	19 ♎	14 ♑	16 ♋
21	27 ♎ 11	15 ♋ 51	22 ♒ 17	23 ♒ 34	13 ♎ 22	13 ♐ 14	20 ♎ 16	10 ♋ 45	8 ♑ 32	2 ♑ 1	9 ♑ 50	14 ♏ 23	4 ♋	1 ♈	20 ♎	15 ♑	16 ♋
22	28 ♎ 11	29 ♋ 2	22 ♒ 14	23 D 34	15 ♎ 0	14 ♐ 20	20 ♎ 56	10 ♋ 47	8 ♑ 36	2 ♑ 3	9 ♑ 51	14 ♏ 26	4 ♋	1 ♈	20 ♎	15 ♑	16 ♋
23	29 ♎ 11	11 ♌ 48	22 ♒ 11	23 ♒ 34	16 ♎ 40	15 ♐ 25	21 ♎ 36	10 ♋ 48	8 ♑ 39	2 ♑ 5	9 ♑ 52	14 ♏ 28	4 ♋	1 ♈	20 ♎	15 ♑	16 ♋
24	0 ♏ 10	24 ♌ 15	22 ♒ 8	23 R 34	18 ♎ 20	16 ♐ 30	22 ♎ 16	10 ♋ 49	8 ♑ 43	2 ♑ 7	9 ♑ 53	14 ♏ 30	4 ♋	1 ♈	21 ♎	16 ♑	16 ♋
25	1 ♏ 10	6 ♍ 27	22 ♒ 4	23 ♒ 34	20 ♎ 0	17 ♐ 35	22 ♎ 55	10 ♋ 50	8 ♑ 47	2 ♑ 9	9 ♑ 54	14 ♏ 33	4 ♋	0 ♈	21 ♎	16 ♑	16 ♋
26	2 ♏ 10	18 ♍ 29	22 ♒ 1	23 ♒ 31	21 ♎ 41	18 ♐ 39	23 ♎ 35	10 ♋ 51	8 ♑ 51	2 ♑ 12	9 ♑ 55	14 ♏ 35	5 ♋	0 ♈	21 ♎	16 ♑	16 ♋
27	3 ♏ 10	0 ♎ 24	21 ♒ 58	23 ♒ 25	23 ♎ 22	19 ♐ 43	24 ♎ 15	10 ♋ 52	8 ♑ 55	2 ♑ 14	9 ♑ 56	14 ♏ 37	5 ♋	0 ♈	22 ♎	17 ♑	16 ♋
28	4 ♏ 10	12 ♎ 15	21 ♒ 55	23 ♒ 16	25 ♎ 2	20 ♐ 47	24 ♎ 55	10 ♋ 52	9 ♑ 0	2 ♑ 16	9 ♑ 58	14 ♏ 40	5 ♋	0 ♈	22 ♎	17 ♑	16 R
29	5 ♏ 10	24 ♎ 6	21 ♒ 52	23 ♒ 5	26 ♎ 43	21 ♐ 51	25 ♎ 35	10 ♋ 52	9 ♑ 4	2 ♑ 18	9 ♑ 59	14 ♏ 42	5 ♋	0 ♈	23 ♎	18 ♑	16 ♋
30	6 ♏ 10	5 ♏ 57	21 ♒ 48	22 ♒ 52	28 ♎ 24	22 ♐ 55	26 ♎ 15	10 R 52	9 ♑ 8	2 ♑ 21	10 ♑ 0	14 ♏ 45	5 ♋	29 ♓	23 ♎	18 ♑	16 ♋
31	7 ♏ 10	17 ♏ 51	21 ♒ 45	22 ♒ 38	0 ♏ 4	23 ♐ 58	26 ♎ 55	10 ♋ 52	9 ♑ 13	2 ♑ 23	10 ♑ 1	14 ♏ 47	5 ♋	29 ♓	23 ♎	18 ♑	16 ♋

SUN INGRESS ☉ → ♏23日 19:35

MOON PHASE ◐ 8日 09:52 ♑ ○ 15日 05:32 ♈ ◑ 21日 22:19 ♋ ● 30日 00:27 ♏

aspects		
1日	04:30	☉□♄
1日	14:52	♃☍♆
1日	17:36	♂□♄
3日	06:07	☉□♆
3日	09:32	☉□♃
4日	20:09	♂□♆
5日	06:18	♂□♃
5日	08:08	☿⚹♀
13日	04:03	☿□♅
17日	20:06	☿□♄
18日	18:38	☿□♆
19日	08:17	☿□♃
20日	18:22	☿⚹♀
26日	00:39	☉⚹♅
27日	21:05	☿☌♂

1989年11月

DAY	☉	☽	☊ mean	☊ true	☿	♀	♂	♃	♄	♅	♆	♇	⚳	⚴	⚵	⚶	⚷
	° ′	° ′	° ′	° ′	° ′	° ′	° ′	° ′	° ′	° ′	° ′	° ′	°	°	°	°	°
1	8 ♏ 10	29 ♏ 48	21 ♒ 42	22 R 24	1 D 44	25 D 1	27 D 35	10 R 51	9 D 17	2 D 26	10 D 3	14 D 49	5 D	29 R	24 D	19 D	16 R
2	9 ♏ 10	11 ♐ 50	21 ♒ 39	22 ♒ 11	3 ♏ 24	26 ♐ 4	28 ♎ 15	10 ♋ 51	9 ♑ 22	2 ♑ 28	10 ♑ 4	14 ♏ 52	5 ♋	29 ♓	24 ♎	19 ♑	16 ♋
3	10 ♏ 10	23 ♐ 59	21 ♒ 36	22 ♒ 1	5 ♏ 4	27 ♐ 6	28 ♎ 55	10 ♋ 50	9 ♑ 26	2 ♑ 31	10 ♑ 5	14 ♏ 54	5 ♋	29 ♓	24 ♎	20 ♑	16 ♋
4	11 ♏ 10	6 ♑ 17	21 ♒ 33	21 ♒ 54	6 ♏ 43	28 ♐ 8	29 ♎ 35	10 ♋ 49	9 ♑ 31	2 ♑ 33	10 ♑ 7	14 ♏ 57	5 R	28 ♓	25 ♎	20 ♑	16 ♋
5	12 ♏ 10	18 ♑ 46	21 ♒ 29	21 ♒ 49	8 ♏ 21	29 ♐ 10	0 ♏ 15	10 ♋ 48	9 ♑ 36	2 ♑ 36	10 ♑ 8	14 ♏ 59	5 ♋	28 ♓	25 ♎	21 ♑	16 ♋
6	13 ♏ 10	1 ♒ 31	21 ♒ 26	21 ♒ 48	10 ♏ 0	0 ♑ 12	0 ♏ 56	10 ♋ 46	9 ♑ 41	2 ♑ 38	10 ♑ 9	15 ♏ 2	5 ♋	28 ♓	25 ♎	21 ♑	16 ♋
7	14 ♏ 10	14 ♒ 35	21 ♒ 23	21 D 47	11 ♏ 38	1 ♑ 13	1 ♏ 36	10 ♋ 45	9 ♑ 46	2 ♑ 41	10 ♑ 11	15 ♏ 4	5 ♋	28 ♓	26 ♎	21 ♑	16 ♋
8	15 ♏ 11	28 ♒ 3	21 ♒ 20	21 R 47	13 ♏ 15	2 ♑ 14	2 ♏ 16	10 ♋ 43	9 ♑ 51	2 ♑ 44	10 ♑ 12	15 ♏ 6	5 ♋	28 ♓	26 ♎	22 ♑	16 ♋
9	16 ♏ 11	11 ♓ 56	21 ♒ 17	21 ♒ 46	14 ♏ 52	3 ♑ 14	2 ♏ 56	10 ♋ 41	9 ♑ 56	2 ♑ 46	10 ♑ 14	15 ♏ 9	5 ♋	28 ♓	26 ♎	22 ♑	16 ♋
10	17 ♏ 11	26 ♓ 16	21 ♒ 14	21 ♒ 43	16 ♏ 29	4 ♑ 14	3 ♏ 37	10 ♋ 39	10 ♑ 1	2 ♑ 49	10 ♑ 15	15 ♏ 11	5 ♋	28 ♓	27 ♎	23 ♑	16 ♋
11	18 ♏ 11	11 ♈ 1	21 ♒ 10	21 ♒ 37	18 ♏ 6	5 ♑ 14	4 ♏ 17	10 ♋ 36	10 ♑ 6	2 ♑ 52	10 ♑ 17	15 ♏ 14	5 ♋	27 ♓	27 ♎	23 ♑	16 ♋
12	19 ♏ 12	26 ♈ 5	21 ♒ 7	21 ♒ 29	19 ♏ 42	6 ♑ 13	4 ♏ 57	10 ♋ 33	10 ♑ 11	2 ♑ 55	10 ♑ 18	15 ♏ 16	4 ♋	27 ♓	27 ♎	23 ♑	16 ♋
13	20 ♏ 12	11 ♉ 21	21 ♒ 4	21 ♒ 18	21 ♏ 17	7 ♑ 12	5 ♏ 38	10 ♋ 31	10 ♑ 17	2 ♑ 58	10 ♑ 20	15 ♏ 19	4 ♋	27 ♓	28 ♎	24 ♑	16 ♋
14	21 ♏ 12	26 ♉ 38	21 ♒ 1	21 ♒ 6	22 ♏ 53	8 ♑ 10	6 ♏ 18	10 ♋ 28	10 ♑ 22	3 ♑ 1	10 ♑ 22	15 ♏ 21	4 ♋	27 ♓	28 ♎	24 ♑	16 ♋
15	22 ♏ 13	11 ♊ 43	20 ♒ 58	20 ♒ 55	24 ♏ 28	9 ♑ 8	6 ♏ 59	10 ♋ 24	10 ♑ 28	3 ♑ 3	10 ♑ 23	15 ♏ 23	4 ♋	27 ♓	28 ♎	25 ♑	16 ♋
16	23 ♏ 13	26 ♊ 28	20 ♒ 54	20 ♒ 45	26 ♏ 3	10 ♑ 6	7 ♏ 39	10 ♋ 21	10 ♑ 33	3 ♑ 6	10 ♑ 25	15 ♏ 26	4 ♋	27 ♓	29 ♎	25 ♑	16 ♋
17	24 ♏ 14	10 ♋ 45	20 ♒ 51	20 ♒ 38	27 ♏ 37	11 ♑ 2	8 ♏ 20	10 ♋ 18	10 ♑ 39	3 ♑ 9	10 ♑ 27	15 ♏ 28	4 ♋	27 ♓	29 ♎	26 ♑	16 ♋
18	25 ♏ 14	24 ♋ 32	20 ♒ 48	20 ♒ 34	29 ♏ 12	11 ♑ 59	9 ♏ 1	10 ♋ 14	10 ♑ 44	3 ♑ 12	10 ♑ 28	15 ♏ 31	4 ♋	27 ♓	0 ♏	26 ♑	16 ♋
19	26 ♏ 15	7 ♌ 49	20 ♒ 45	20 ♒ 32	0 ♐ 46	12 ♑ 55	9 ♏ 41	10 ♋ 10	10 ♑ 50	3 ♑ 15	10 ♑ 30	15 ♏ 33	4 ♋	27 ♓	0 ♏	27 ♑	16 ♋
20	27 ♏ 15	20 ♌ 40	20 ♒ 42	20 D 32	2 ♐ 20	13 ♑ 50	10 ♏ 22	10 ♋ 6	10 ♑ 56	3 ♑ 19	10 ♑ 32	15 ♏ 35	4 ♋	27 ♓	0 ♏	27 ♑	16 ♋
21	28 ♏ 16	3 ♍ 8	20 ♒ 39	20 R 32	3 ♐ 53	14 ♑ 45	11 ♏ 3	10 ♋ 1	11 ♑ 2	3 ♑ 22	10 ♑ 34	15 ♏ 38	4 ♋	27 ♓	1 ♏	27 ♑	16 ♋
22	29 ♏ 16	15 ♍ 19	20 ♒ 35	20 ♒ 31	5 ♐ 27	15 ♑ 39	11 ♏ 43	9 ♋ 57	11 ♑ 7	3 ♑ 25	10 ♑ 35	15 ♏ 40	4 ♋	27 ♓	1 ♏	28 ♑	16 ♋
23	0 ♐ 17	27 ♍ 18	20 ♒ 32	20 ♒ 28	7 ♐ 0	16 ♑ 32	12 ♏ 24	9 ♋ 52	11 ♑ 13	3 ♑ 28	10 ♑ 37	15 ♏ 43	3 ♋	27 ♓	1 ♏	28 ♑	16 ♋
24	1 ♐ 18	9 ♎ 11	20 ♒ 29	20 ♒ 23	8 ♐ 33	17 ♑ 25	13 ♏ 5	9 ♋ 47	11 ♑ 19	3 ♑ 31	10 ♑ 39	15 ♏ 45	3 ♋	27 ♓	2 ♏	29 ♑	16 ♋
25	2 ♐ 18	21 ♎ 0	20 ♒ 26	20 ♒ 14	10 ♐ 6	18 ♑ 18	13 ♏ 46	9 ♋ 42	11 ♑ 25	3 ♑ 34	10 ♑ 41	15 ♏ 47	3 ♋	27 ♓	2 ♏	29 ♑	16 ♋
26	3 ♐ 19	2 ♏ 51	20 ♒ 23	20 ♒ 3	11 ♐ 39	19 ♑ 9	14 ♏ 27	9 ♋ 37	11 ♑ 31	3 ♑ 37	10 ♑ 43	15 ♏ 50	3 ♋	27 ♓	2 ♏	0 ♒	15 ♋
27	4 ♐ 20	14 ♏ 45	20 ♒ 20	19 ♒ 50	13 ♐ 12	20 ♑ 0	15 ♏ 8	9 ♋ 32	11 ♑ 37	3 ♑ 41	10 ♑ 45	15 ♏ 52	3 ♋	27 D	3 ♏	0 ♒	15 ♋
28	5 ♐ 21	26 ♏ 44	20 ♒ 16	19 ♒ 35	14 ♐ 44	20 ♑ 50	15 ♏ 49	9 ♋ 26	11 ♑ 44	3 ♑ 44	10 ♑ 47	15 ♏ 54	3 ♋	27 ♓	3 ♏	1 ♒	15 ♋
29	6 ♐ 21	8 ♐ 49	20 ♒ 13	19 ♒ 21	16 ♐ 17	21 ♑ 39	16 ♏ 30	9 ♋ 21	11 ♑ 50	3 ♑ 47	10 ♑ 49	15 ♏ 57	2 ♋	27 ♓	3 ♏	1 ♒	15 ♋
30	7 ♐ 22	21 ♐ 2	20 ♒ 10	19 ♒ 9	17 ♐ 49	22 ♑ 28	17 ♏ 11	9 ♋ 15	11 ♑ 56	3 ♑ 51	10 ♑ 51	15 ♏ 59	2 ♋	27 ♓	4 ♏	1 ♒	15 ♋

SUN INGRESS	☉ → ♐ 22日 17:05
MOON PHASE	◐ 6日 23:11 ♒　○ 13日 14:51 ♉　◑ 20日 13:44 ♌　● 28日 18:41 ♐

aspects		
1日	10:12	☿⚹♅
2日	05:12	☉⚹♄
2日	22:06	☉⚹♆
3日	15:46	☉△♃
5日	19:10	☿⚹♄
6日	02:25	☿⚹♆
6日	11:15	☿△♃
7日	22:14	☉☌♇
8日	02:52	♀⚹♂
8日	12:28	♀☌♅
8日	17:38	♂⚹♅
9日	04:12	☿☌♇
11日	03:56	☉☌☿
13日	20:39	♄☌♆
14日	15:27	♃☍♄
15日	05:55	♃☍♆
16日	06:10	♀☍♃
16日	08:24	♀☌♆
16日	12:51	♀☌♄
19日	15:19	♂△♃
20日	06:07	♂⚹♆
20日	23:14	♂⚹♄
22日	00:34	♀⚹♇
28日	03:30	♂☌♇

1989年12月

DAY	☉	☽	☊ mean	☊ true	☿	♀	♂	♃	♄	♅	♆	♇	⚳	⚴	⚵	⚶	⚷
	° ′	° ′	° ′	° ′	° ′	° ′	° ′	° ′	° ′	° ′	° ′	° ′	°	°	°	°	°
1	8 ♐ 23	3 ♑ 23	20 ♒ 7	18 R 58	19 D 21	23 D 15	17 D 52	9 R 9	12 D 2	3 D 54	10 D 53	16 D 1	2 R	27 D	4 D	2 D	15 R
2	9 ♐ 24	15 ♑ 53	20 ♒ 4	18 ♒ 51	20 ♐ 53	24 ♑ 2	18 ♏ 33	9 ♋ 3	12 ♑ 9	3 ♑ 57	10 ♑ 55	16 ♏ 3	2 ♋	27 ♓	4 ♏	2 ♒	15 ♋
3	10 ♐ 25	28 ♑ 33	20 ♒ 0	18 ♒ 46	22 ♐ 25	24 ♑ 48	19 ♏ 14	8 ♋ 56	12 ♑ 15	4 ♑ 1	10 ♑ 57	16 ♏ 6	2 ♋	27 ♓	5 ♏	3 ♒	15 ♋
4	11 ♐ 25	11 ♒ 26	19 ♒ 57	18 ♒ 44	23 ♐ 57	25 ♑ 32	19 ♏ 55	8 ♋ 50	12 ♑ 21	4 ♑ 4	10 ♑ 59	16 ♏ 8	2 ♋	27 ♓	5 ♏	3 ♒	15 ♋
5	12 ♐ 26	24 ♒ 33	19 ♒ 54	18 D 44	25 ♐ 28	26 ♑ 16	20 ♏ 36	8 ♋ 43	12 ♑ 28	4 ♑ 7	11 ♑ 1	16 ♏ 10	1 ♋	27 ♓	5 ♏	4 ♒	15 ♋
6	13 ♐ 27	7 ♓ 58	19 ♒ 51	18 ♒ 45	27 ♐ 0	26 ♑ 59	21 ♏ 18	8 ♋ 37	12 ♑ 34	4 ♑ 11	11 ♑ 3	16 ♏ 12	1 ♋	27 ♓	5 ♏	4 ♒	15 ♋
7	14 ♐ 28	21 ♓ 42	19 ♒ 48	18 R 45	28 ♐ 31	27 ♑ 40	21 ♏ 59	8 ♋ 30	12 ♑ 41	4 ♑ 14	11 ♑ 5	16 ♏ 15	1 ♋	27 ♓	6 ♏	5 ♒	15 ♋
8	15 ♐ 29	5 ♈ 48	19 ♒ 45	18 ♒ 43	0 ♑ 1	28 ♑ 21	22 ♏ 40	8 ♋ 23	12 ♑ 47	4 ♑ 18	11 ♑ 7	16 ♏ 17	1 ♋	27 ♓	6 ♏	5 ♒	15 ♋
9	16 ♐ 30	20 ♈ 13	19 ♒ 41	18 ♒ 39	1 ♑ 32	29 ♑ 0	23 ♏ 22	8 ♋ 16	12 ♑ 54	4 ♑ 21	11 ♑ 9	16 ♏ 19	1 ♋	27 ♓	6 ♏	6 ♒	15 ♋
10	17 ♐ 31	4 ♉ 56	19 ♒ 38	18 ♒ 32	3 ♑ 2	29 ♑ 38	24 ♏ 3	8 ♋ 9	13 ♑ 1	4 ♑ 25	11 ♑ 11	16 ♏ 21	0 ♋	27 ♓	7 ♏	6 ♒	15 ♋
11	18 ♐ 32	19 ♉ 51	19 ♒ 35	18 ♒ 24	4 ♑ 31	0 ♒ 15	24 ♏ 44	8 ♋ 2	13 ♑ 7	4 ♑ 28	11 ♑ 13	16 ♏ 23	0 ♋	27 ♓	7 ♏	7 ♒	15 ♋
12	19 ♐ 33	4 ♊ 50	19 ♒ 32	18 ♒ 14	6 ♑ 0	0 ♒ 50	25 ♏ 26	7 ♋ 54	13 ♑ 14	4 ♑ 32	11 ♑ 15	16 ♏ 25	0 ♋	28 ♓	7 ♏	7 ♒	15 ♋
13	20 ♐ 34	19 ♊ 42	19 ♒ 29	18 ♒ 5	7 ♑ 28	1 ♒ 24	26 ♏ 7	7 ♋ 47	13 ♑ 21	4 ♑ 35	11 ♑ 17	16 ♏ 28	0 ♋	28 ♓	8 ♏	7 ♒	15 ♋
14	21 ♐ 35	4 ♋ 20	19 ♒ 26	17 ♒ 57	8 ♑ 55	1 ♒ 56	26 ♏ 49	7 ♋ 39	13 ♑ 27	4 ♑ 39	11 ♑ 20	16 ♏ 30	29 ♊	28 ♓	8 ♏	8 ♒	15 ♋
15	22 ♐ 36	18 ♋ 37	19 ♒ 22	17 ♒ 51	10 ♑ 21	2 ♒ 27	27 ♏ 30	7 ♋ 32	13 ♑ 34	4 ♑ 42	11 ♑ 22	16 ♏ 32	29 ♊	28 ♓	8 ♏	8 ♒	14 ♋
16	23 ♐ 37	2 ♌ 27	19 ♒ 19	17 ♒ 47	11 ♑ 46	2 ♒ 56	28 ♏ 12	7 ♋ 24	13 ♑ 41	4 ♑ 46	11 ♑ 24	16 ♏ 34	29 ♊	28 ♓	9 ♏	9 ♒	14 ♋
17	24 ♐ 38	15 ♌ 49	19 ♒ 16	17 ♒ 46	13 ♑ 9	3 ♒ 24	28 ♏ 54	7 ♋ 16	13 ♑ 48	4 ♑ 49	11 ♑ 26	16 ♏ 36	29 ♊	28 ♓	9 ♏	9 ♒	14 ♋
18	25 ♐ 39	28 ♌ 46	19 ♒ 13	17 D 47	14 ♑ 31	3 ♒ 50	29 ♏ 35	7 ♋ 9	13 ♑ 55	4 ♑ 53	11 ♑ 28	16 ♏ 38	29 ♊	28 ♓	9 ♏	10 ♒	14 ♋
19	26 ♐ 40	11 ♍ 19	19 ♒ 10	17 ♒ 48	15 ♑ 50	4 ♒ 14	0 ♐ 17	7 ♋ 1	14 ♑ 2	4 ♑ 57	11 ♑ 31	16 ♏ 40	28 ♊	28 ♓	10 ♏	10 ♒	14 ♋
20	27 ♐ 41	23 ♍ 35	19 ♒ 6	17 ♒ 49	17 ♑ 7	4 ♒ 36	0 ♐ 59	6 ♋ 53	14 ♑ 9	5 ♑ 0	11 ♑ 33	16 ♏ 42	28 ♊	29 ♓	10 ♏	11 ♒	14 ♋
21	28 ♐ 42	5 ♎ 36	19 ♒ 3	17 R 49	18 ♑ 22	4 ♒ 57	1 ♐ 41	6 ♋ 45	14 ♑ 15	5 ♑ 4	11 ♑ 35	16 ♏ 44	28 ♊	29 ♓	10 ♏	11 ♒	14 ♋
22	29 ♐ 43	17 ♎ 30	19 ♒ 0	17 ♒ 47	19 ♑ 33	5 ♒ 15	2 ♐ 22	6 ♋ 37	14 ♑ 22	5 ♑ 7	11 ♑ 37	16 ♏ 46	28 ♊	29 ♓	10 ♏	12 ♒	14 ♋
23	0 ♑ 44	29 ♎ 21	18 ♒ 57	17 ♒ 42	20 ♑ 40	5 ♒ 32	3 ♐ 4	6 ♋ 29	14 ♑ 29	5 ♑ 11	11 ♑ 39	16 ♏ 48	27 ♊	29 ♓	11 ♏	12 ♒	14 ♋
24	1 ♑ 46	11 ♏ 13	18 ♒ 54	17 ♒ 36	21 ♑ 43	5 ♒ 46	3 ♐ 46	6 ♋ 21	14 ♑ 36	5 ♑ 15	11 ♑ 42	16 ♏ 49	27 ♊	29 ♓	11 ♏	13 ♒	14 ♋
25	2 ♑ 47	23 ♏ 9	18 ♒ 51	17 ♒ 29	22 ♑ 40	5 ♒ 58	4 ♐ 28	6 ♋ 12	14 ♑ 43	5 ♑ 18	11 ♑ 44	16 ♏ 51	27 ♊	29 ♓	11 ♏	13 ♒	14 ♋
26	3 ♑ 48	5 ♐ 14	18 ♒ 47	17 ♒ 20	23 ♑ 32	6 ♒ 8	5 ♐ 10	6 ♋ 4	14 ♑ 50	5 ♑ 22	11 ♑ 46	16 ♏ 53	27 ♊	0 ♈	12 ♏	14 ♒	14 ♋
27	4 ♑ 49	17 ♐ 29	18 ♒ 44	17 ♒ 11	24 ♑ 17	6 ♒ 16	5 ♐ 52	5 ♋ 56	14 ♑ 57	5 ♑ 25	11 ♑ 48	16 ♏ 55	26 ♊	0 ♈	12 ♏	14 ♒	14 ♋
28	5 ♑ 50	29 ♐ 54	18 ♒ 41	17 ♒ 4	24 ♑ 55	6 ♒ 21	6 ♐ 34	5 ♋ 48	15 ♑ 4	5 ♑ 29	11 ♑ 51	16 ♏ 57	26 ♊	0 ♈	12 ♏	15 ♒	14 ♋
29	6 ♑ 51	12 ♑ 31	18 ♒ 38	16 ♒ 57	25 ♑ 24	6 ♒ 24	7 ♐ 16	5 ♋ 40	15 ♑ 12	5 ♑ 33	11 ♑ 53	16 ♏ 59	26 ♊	0 ♈	12 ♏	15 ♒	14 ♋
30	7 ♑ 52	25 ♑ 20	18 ♒ 35	16 ♒ 53	25 ♑ 43	6 R 25	7 ♐ 58	5 ♋ 32	15 ♑ 19	5 ♑ 36	11 ♑ 55	17 ♏ 0	26 ♊	0 ♈	13 ♏	16 ♒	14 ♋
31	8 ♑ 54	8 ♒ 21	18 ♒ 32	16 ♒ 51	25 ♑ 52	6 ♒ 23	8 ♐ 40	5 ♋ 24	15 ♑ 26	5 ♑ 40	11 ♑ 58	17 ♏ 2	25 ♊	1 ♈	13 ♏	16 ♒	13 ♋

SUN INGRESS	☉ → ♑ 22日 06:22
MOON PHASE	◐ 6日 10:26 ♓　○ 13日 01:30 ♊　◑ 20日 08:55 ♍　● 28日 12:20 ♑

aspects		
10日	23:15	☿☌♅
13日	04:52	☿☍♃
15日	17:40	☿☌♆
17日	12:25	☿☌♄
19日	15:46	☿⚹♇
27日	15:12	☉☌♅
27日	15:50	♀⚹♂
27日	23:16	☉☍♃
29日	14:46	♃☍♅

1990年1月

DAY	☉	☽	☊ mean	☊ true	☿	♀	♂	♃	♄	♅	♆	♇	⚳	⚴	⚵	⚶	⚷
	° ′	° ′	° ′	° ′	° ′	° ′	° ′	° ′	° ′	° ′	° ′	° ′	°	°	°	°	°
1	9♑55	21♒33	18♒28	16 D 51	25 R 51	6 R 19	9 D 23	5 R 15	15 D 33	5 D 43	12 D 0	17 D 4	25 R	1 D	13 D	17 D	13 R
2	10♑56	4♓57	18♒25	16♒52	25♑38	6♒12	10♐5	5♋7	15♑40	5♑47	12♑2	17♏5	25♊	1♈	14♏	17♒	13♋
3	11♑57	18♓32	18♒22	16♒53	25♑12	6♒2	10♐47	4♋59	15♑47	5♑51	12♑4	17♏7	25♊	1♈	14♏	17♒	13♋
4	12♑58	2♈21	18♒19	16♒55	24♑36	5♒51	11♐29	4♋51	15♑54	5♑54	12♑7	17♏9	25♊	2♈	14♏	18♒	13♋
5	13♑59	16♈21	18♒16	16 R 55	23♑47	5♒36	12♐12	4♋43	16♑1	5♑58	12♑9	17♏10	24♊	2♈	14♏	18♒	13♋
6	15♑1	0♉33	18♒12	16♒54	22♑49	5♒19	12♐54	4♋35	16♑8	6♑1	12♑11	17♏12	24♊	2♈	15♏	19♒	13♋
7	16♑2	14♉54	18♒9	16♒52	21♑42	5♒0	13♐36	4♋28	16♑15	6♑5	12♑13	17♏13	24♊	2♈	15♏	19♒	13♋
8	17♑3	29♉22	18♒6	16♒48	20♑28	4♒38	14♐19	4♋20	16♑22	6♑9	12♑16	17♏15	24♊	3♈	15♏	20♒	13♋
9	18♑4	13♊52	18♒3	16♒44	19♑9	4♒14	15♐1	4♋12	16♑30	6♑12	12♑18	17♏16	24♊	3♈	15♏	20♒	13♋
10	19♑5	28♊17	18♒0	16♒39	17♑49	3♒48	15♐44	4♋5	16♑37	6♑16	12♑20	17♏17	23♊	3♈	16♏	21♒	13♋
11	20♑6	12♋32	17♒57	16♒36	16♑29	3♒20	16♐26	3♋57	16♑44	6♑19	12♑22	17♏19	23♊	3♈	16♏	21♒	13♋
12	21♑7	26♋31	17♒53	16♒33	15♑13	2♒50	17♐9	3♋50	16♑51	6♑23	12♑25	17♏20	23♊	3♈	16♏	22♒	13♋
13	22♑9	10♌11	17♒50	16♒32	14♑2	2♒19	17♐51	3♋42	16♑58	6♑26	12♑27	17♏22	23♊	4♈	16♏	22♒	13♋
14	23♑10	23♌30	17♒47	16 D 32	12♑57	1♒46	18♐34	3♋35	17♑5	6♑30	12♑29	17♏23	23♊	4♈	17♏	23♒	12♋
15	24♑11	6♍27	17♒44	16♒33	12♑2	1♒11	19♐17	3♋28	17♑12	6♑33	12♑31	17♏24	23♊	4♈	17♏	23♒	12♋
16	25♑12	19♍3	17♒41	16♒34	11♑15	0♒36	19♐59	3♋21	17♑19	6♑37	12♑34	17♏25	22♊	5♈	17♏	24♒	12♋
17	26♑13	1♎22	17♒38	16♒36	10♑38	0♒0	20♐42	3♋14	17♑26	6♑40	12♑36	17♏27	22♊	5♈	17♏	24♒	12♋
18	27♑14	13♎28	17♒34	16♒37	10♑10	29♑23	21♐25	3♋7	17♑33	6♑44	12♑38	17♏28	22♊	5♈	18♏	25♒	12♋
19	28♑15	25♎24	17♒31	16♒38	9♑52	28♑47	22♐8	3♋0	17♑40	6♑47	12♑40	17♏29	22♊	6♈	18♏	25♒	12♋
20	29♑16	7♏17	17♒28	16 R 38	9♑43	28♑10	22♐51	2♋53	17♑47	6♑50	12♑43	17♏30	22♊	6♈	18♏	26♒	12♋
21	0♒17	19♏10	17♒25	16♒37	9 D 42	27♑33	23♐33	2♋47	17♑54	6♑54	12♑45	17♏31	22♊	6♈	18♏	26♒	12♋
22	1♒18	1♐8	17♒22	16♒35	9♑50	26♑57	24♐16	2♋41	18♑1	6♑57	12♑47	17♏32	22♊	6♈	18♏	27♒	12♋
23	2♒19	13♐15	17♒18	16♒33	10♑4	26♑21	24♐59	2♋34	18♑8	7♑1	12♑49	17♏33	22♊	7♈	19♏	27♒	12♋
24	3♒20	25♐35	17♒15	16♒31	10♑26	25♑47	25♐42	2♋28	18♑15	7♑4	12♑51	17♏34	21♊	7♈	19♏	28♒	12♋
25	4♒21	8♑10	17♒12	16♒29	10♑54	25♑13	26♐25	2♋22	18♑22	7♑7	12♑53	17♏35	21♊	7♈	19♏	28♒	12♋
26	5♒23	21♑2	17♒9	16♒28	11♑27	24♑42	27♐8	2♋17	18♑29	7♑11	12♑56	17♏36	21♊	8♈	19♏	29♒	12♋
27	6♒24	4♒10	17♒6	16♒27	12♑6	24♑11	27♐52	2♋11	18♑36	7♑14	12♑58	17♏37	21♊	8♈	20♏	29♒	12♋
28	7♒25	17♒35	17♒3	16 D 27	12♑49	23♑43	28♐35	2♋6	18♑43	7♑17	13♑0	17♏38	21♊	8♈	20♏	0♓	12♋
29	8♒26	1♓14	16♒59	16♒27	13♑37	23♑16	29♐18	2♋0	18♑50	7♑20	13♑2	17♏38	21♊	9♈	20♏	0♓	12♋
30	9♒26	15♓4	16♒56	16♒27	14♑28	22♑51	0♑1	1♋55	18♑57	7♑24	13♑4	17♏39	21♊	9♈	20♏	1♓	11♋
31	10♒27	29♓4	16♒53	16♒28	15♑23	22♑29	0♑44	1♋50	19♑4	7♑27	13♑6	17♏40	21♊	9♈	20♏	1♓	11♋

SUN INGRESS: ☉→♒20日 17:02

MOON PHASE: ◐ 4日 19:40 ♈ ○ 11日 13:57 ♋ ◑ 19日 06:17 ♎ ● 27日 04:20 ♒

aspects

3日	02:56	☉☌♆
7日	06:02	☉☌♄
8日	04:42	☉⚹♇
9日	11:04	☉☌☿
10日	09:14	☿⚹♇
10日	19:56	☿☌♄
14日	11:12	☿☌♆
17日	00:56	♄⚹♇
19日	07:42	☉☌♀
28日	05:44	☿☌♆

1990年2月

DAY	☉	☽	☊ mean	☊ true	☿	♀	♂	♃	♄	♅	♆	♇	⚳	⚴	⚵	⚶	⚷
	° ′	° ′	° ′	° ′	° ′	° ′	° ′	° ′	° ′	° ′	° ′	° ′	°	°	°	°	°
1	11♒28	13♈11	16♒50	16 D 29	16 D 21	22 R 9	1 D 27	1 R 46	19 D 10	7 D 30	13 D 8	17 D 41	21 R	10 D	21 D	2 D	11 R
2	12♒29	27♈22	16♒47	16♒29	17♑22	21♑51	2♑11	1♋41	19♑17	7♑33	13♑10	17♏41	21♊	10♈	21♏	2♓	11♋
3	13♒30	11♉33	16♒44	16♒29	18♑25	21♑36	2♑54	1♋37	19♑24	7♑36	13♑12	17♏42	21♊	10♈	21♏	3♓	11♋
4	14♒31	25♉45	16♒40	16 R 29	19♑31	21♑23	3♑37	1♋32	19♑30	7♑39	13♑14	17♏42	21♊	11♈	21♏	3♓	11♋
5	15♒32	9♊52	16♒37	16♒29	20♑39	21♑12	4♑21	1♋28	19♑37	7♑42	13♑16	17♏43	21♊	11♈	21♏	4♓	11♋
6	16♒33	23♊55	16♒34	16 D 29	21♑49	21♑4	5♑4	1♋25	19♑44	7♑45	13♑18	17♏43	21♊	12♈	21♏	4♓	11♋
7	17♒33	7♋50	16♒31	16♒29	23♑1	20♑59	5♑48	1♋21	19♑50	7♑48	13♑20	17♏44	21 D	12♈	22♏	5♓	11♋
8	18♒34	21♋35	16♒28	16♒29	24♑15	20♑55	6♑31	1♋17	19♑57	7♑51	13♑22	17♏44	21♊	12♈	22♏	5♓	11♋
9	19♒35	5♌8	16♒24	16♒29	25♑30	20 D 55	7♑15	1♋14	20♑3	7♑54	13♑24	17♏45	21♊	13♈	22♏	6♓	11♋
10	20♒36	18♌26	16♒21	16 R 29	26♑47	20♑57	7♑58	1♋11	20♑10	7♑57	13♑26	17♏45	21♊	13♈	22♏	6♓	11♋
11	21♒36	1♍30	16♒18	16♒29	28♑6	21♑1	8♑42	1♋8	20♑16	8♑0	13♑28	17♏45	21♊	13♈	22♏	7♓	11♋
12	22♒37	14♍17	16♒15	16♒29	29♑25	21♑7	9♑25	1♋5	20♑23	8♑3	13♑30	17♏46	21♊	14♈	22♏	7♓	11♋
13	23♒38	26♍49	16♒12	16♒28	0♒46	21♑16	10♑9	1♋3	20♑29	8♑6	13♑32	17♏46	21♊	14♈	23♏	8♓	11♋
14	24♒38	9♎7	16♒9	16♒27	2♒8	21♑27	10♑53	1♋0	20♑35	8♑8	13♑34	17♏46	21♊	15♈	23♏	8♓	11♋
15	25♒39	21♎13	16♒5	16♒25	3♒32	21♑40	11♑36	0♋58	20♑42	8♑11	13♑35	17♏46	21♊	15♈	23♏	9♓	11♋
16	26♒40	3♏11	16♒2	16♒24	4♒56	21♑56	12♑20	0♋56	20♑48	8♑14	13♑37	17♏47	21♊	15♈	23♏	9♓	11♋
17	27♒40	15♏4	15♒59	16♒23	6♒22	22♑13	13♑4	0♋55	20♑54	8♑16	13♑39	17♏47	21♊	16♈	23♏	10♓	11♋
18	28♒41	26♏57	15♒56	16♒23	7♒49	22♑32	13♑48	0♋53	21♑0	8♑19	13♑41	17♏47	21♊	16♈	23♏	10♓	11♋
19	29♒41	8♐55	15♒53	16 D 23	9♒17	22♑54	14♑31	0♋52	21♑6	8♑22	13♑42	17♏47	21♊	16♈	23♏	10♓	11♋
20	0♓42	21♐1	15♒50	16♒24	10♒46	23♑17	15♑15	0♋51	21♑12	8♑24	13♑44	17 R 47	21♊	17♈	23♏	11♓	10♋
21	1♓42	3♑22	15♒46	16♒25	12♒15	23♑42	15♑59	0♋50	21♑18	8♑27	13♑46	17♏47	22♊	17♈	23♏	11♓	10♋
22	2♓43	15♑59	15♒43	16♒27	13♒46	24♑8	16♑43	0♋49	21♑24	8♑29	13♑47	17♏47	22♊	18♈	24♏	12♓	10♋
23	3♓43	28♑58	15♒40	16♒28	15♒18	24♑36	17♑27	0♋48	21♑30	8♑32	13♑49	17♏47	22♊	18♈	24♏	12♓	10♋
24	4♓44	12♒19	15♒37	16♒29	16♒51	25♑6	18♑11	0♋48	21♑36	8♑34	13♑51	17♏46	22♊	19♈	24♏	13♓	10♋
25	5♓44	26♒2	15♒34	16 R 28	18♒25	25♑38	18♑55	0♋48	21♑42	8♑36	13♑52	17♏46	22♊	19♈	24♏	13♓	10♋
26	6♓44	10♓5	15♒30	16♒27	20♒0	26♑10	19♑39	0 D 48	21♑48	8♑39	13♑54	17♏46	22♊	19♈	24♏	14♓	10♋
27	7♓45	24♓24	15♒27	16♒25	21♒36	26♑45	20♑23	0♋48	21♑53	8♑41	13♑55	17♏46	22♊	20♈	24♏	14♓	10♋
28	8♓45	8♈55	15♒24	16♒22	23♒12	27♑20	21♑7	0♋49	21♑59	8♑43	13♑57	17♏45	22♊	20♈	24♏	15♓	10♋

SUN INGRESS: ☉→♓19日 07:14

MOON PHASE: ◐ 3日 03:32 ♉ ○ 10日 04:16 ♌ ◑ 18日 03:48 ♏ ● 25日 17:54 ♓

aspects

1日	09:07	♂☍♃
2日	07:29	☿⚹♇
3日	23:44	☿☌♄
5日	10:06	☿☌♀
7日	04:09	☉□♇
9日	23:22	♂☌♅
17日	20:05	♂☌♆
20日	03:28	☉△♃
23日	10:40	♂⚹♇
24日	14:10	☿□♇
27日	23:14	☉⚹♅

1990年3月

DAY	☉	☽	☊		☿	♀	♂	♃	♄	♅	♆	♇	⚳	⚴	⚵	⚶	⚷
			mean	true													
	° ′	° ′	° ′	° ′	° ′	° ′	° ′	° ′	° ′	° ′	° ′	° ′	°	°	°	°	°
1	9 ♓ 45	23 ♈ 29	15 ♒ 21	16 R 19	24 D 50	27 D 57	21 D 51	0 D 49	22 D 4	8 D 45	13 D 58	17 R 45	22 D	21 D	24 D	15 D	10 R
2	10 ♓ 46	8 ♉ 2	15 ♒ 18	16 ♒ 16	26 ♒ 29	28 ♑ 35	22 ♑ 35	0 ♋ 50	22 ♑ 10	8 ♑ 47	14 ♑ 0	17 ♏ 45	23 ♊	21 ♈	24 ♏	16 ♓	10 ♋
3	11 ♓ 46	22 ♉ 28	15 ♒ 15	16 ♒ 13	28 ♒ 9	29 ♑ 14	23 ♑ 19	0 ♋ 51	22 ♑ 15	8 ♑ 50	14 ♑ 1	17 ♏ 44	23 ♊	21 ♈	24 ♏	16 ♓	10 ♋
4	12 ♓ 46	6 ♊ 43	15 ♒ 11	16 ♒ 12	29 ♒ 50	29 ♑ 55	24 ♑ 4	0 ♋ 53	22 ♑ 21	8 ♑ 52	14 ♑ 3	17 ♏ 44	23 ♊	22 ♈	24 ♏	17 ♓	10 ♋
5	13 ♓ 46	20 ♊ 45	15 ♒ 8	16 D 12	1 ♓ 32	0 ♒ 36	24 ♑ 48	0 ♋ 54	22 ♑ 26	8 ♑ 54	14 ♑ 4	17 ♏ 44	23 ♊	22 ♈	24 ♏	17 ♓	10 ♋
6	14 ♓ 46	4 ♋ 32	15 ♒ 5	16 ♒ 13	3 ♓ 15	1 ♒ 19	25 ♑ 32	0 ♋ 56	22 ♑ 31	8 ♑ 56	14 ♑ 5	17 ♏ 43	23 ♊	23 ♈	24 ♏	18 ♓	10 ♋
7	15 ♓ 46	18 ♋ 6	15 ♒ 2	16 ♒ 15	4 ♓ 59	2 ♒ 2	26 ♑ 16	0 ♋ 58	22 ♑ 37	8 ♑ 58	14 ♑ 7	17 ♏ 43	23 ♊	23 ♈	24 ♏	18 ♓	10 ♋
8	16 ♓ 46	1 ♌ 25	14 ♒ 59	16 ♒ 16	6 ♓ 44	2 ♒ 47	27 ♑ 1	1 ♋ 0	22 ♑ 42	8 ♑ 59	14 ♑ 8	17 ♏ 42	24 ♊	24 ♈	25 ♏	19 ♓	10 ♋
9	17 ♓ 46	14 ♌ 32	14 ♒ 56	16 ♒ 17	8 ♓ 31	3 ♒ 32	27 ♑ 45	1 ♋ 2	22 ♑ 47	9 ♑ 1	14 ♑ 9	17 ♏ 41	24 ♊	24 ♈	25 ♏	19 ♓	10 ♋
10	18 ♓ 46	27 ♌ 27	14 ♒ 52	16 R 16	10 ♓ 18	4 ♒ 19	28 ♑ 29	1 ♋ 4	22 ♑ 52	9 ♑ 3	14 ♑ 10	17 ♏ 41	24 ♊	24 ♈	25 ♏	20 ♓	10 ♋
11	19 ♓ 46	10 ♍ 10	14 ♒ 49	16 ♒ 14	12 ♓ 7	5 ♒ 6	29 ♑ 13	1 ♋ 7	22 ♑ 57	9 ♑ 5	14 ♑ 12	17 ♏ 40	24 ♊	25 ♈	25 ♏	20 ♓	10 ♋
12	20 ♓ 46	22 ♍ 41	14 ♒ 46	16 ♒ 10	13 ♓ 57	5 ♒ 54	29 ♑ 58	1 ♋ 10	23 ♑ 1	9 ♑ 7	14 ♑ 13	17 ♏ 39	24 ♊	25 ♈	25 ♏	21 ♓	10 ♋
13	21 ♓ 46	5 ♎ 3	14 ♒ 43	16 ♒ 5	15 ♓ 47	6 ♒ 43	0 ♒ 42	1 ♋ 13	23 ♑ 6	9 ♑ 8	14 ♑ 14	17 ♏ 39	25 ♊	26 ♈	25 ♏	21 ♓	10 ♋
14	22 ♓ 46	17 ♎ 14	14 ♒ 40	15 ♒ 58	17 ♓ 39	7 ♒ 33	1 ♒ 27	1 ♋ 16	23 ♑ 11	9 ♑ 10	14 ♑ 15	17 ♏ 38	25 ♊	26 ♈	25 R	22 ♓	10 ♋
15	23 ♓ 46	29 ♎ 17	14 ♒ 36	15 ♒ 51	19 ♓ 33	8 ♒ 23	2 ♒ 11	1 ♋ 19	23 ♑ 16	9 ♑ 11	14 ♑ 16	17 ♏ 37	25 ♊	27 ♈	25 ♏	22 ♓	10 ♋
16	24 ♓ 45	11 ♏ 14	14 ♒ 33	15 ♒ 44	21 ♓ 27	9 ♒ 14	2 ♒ 56	1 ♋ 23	23 ♑ 20	9 ♑ 13	14 ♑ 17	17 ♏ 36	25 ♊	27 ♈	25 ♏	23 ♓	10 D
17	25 ♓ 45	23 ♏ 6	14 ♒ 30	15 ♒ 38	23 ♓ 22	10 ♒ 6	3 ♒ 40	1 ♋ 26	23 ♑ 25	9 ♑ 14	14 ♑ 18	17 ♏ 36	25 ♊	28 ♈	25 ♏	23 ♓	10 ♋
18	26 ♓ 45	4 ♐ 58	14 ♒ 27	15 ♒ 34	25 ♓ 19	10 ♒ 59	4 ♒ 25	1 ♋ 30	23 ♑ 29	9 ♑ 16	14 ♑ 19	17 ♏ 35	26 ♊	28 ♈	25 ♏	24 ♓	10 ♋
19	27 ♓ 45	16 ♐ 54	14 ♒ 24	15 ♒ 31	27 ♓ 16	11 ♒ 52	5 ♒ 9	1 ♋ 34	23 ♑ 33	9 ♑ 17	14 ♑ 20	17 ♏ 34	26 ♊	29 ♈	25 ♏	24 ♓	10 ♋
20	28 ♓ 44	28 ♐ 58	14 ♒ 21	15 D 31	29 ♓ 15	12 ♒ 45	5 ♒ 54	1 ♋ 39	23 ♑ 38	9 ♑ 18	14 ♑ 21	17 ♏ 33	26 ♊	29 ♈	24 ♏	25 ♓	10 ♋
21	29 ♓ 44	11 ♑ 15	14 ♒ 17	15 ♒ 31	1 ♈ 14	13 ♒ 40	6 ♒ 38	1 ♋ 43	23 ♑ 42	9 ♑ 20	14 ♑ 22	17 ♏ 32	26 ♊	29 ♈	24 ♏	25 ♓	10 ♋
22	0 ♈ 43	23 ♑ 50	14 ♒ 14	15 ♒ 33	3 ♈ 14	14 ♒ 35	7 ♒ 23	1 ♋ 48	23 ♑ 46	9 ♑ 21	14 ♑ 23	17 ♏ 31	27 ♊	0 ♉	24 ♏	26 ♓	10 ♋
23	1 ♈ 43	6 ♒ 47	14 ♒ 11	15 ♒ 34	5 ♈ 14	15 ♒ 30	8 ♒ 7	1 ♋ 52	23 ♑ 50	9 ♑ 22	14 ♑ 24	17 ♏ 30	27 ♊	0 ♉	24 ♏	26 ♓	10 ♋
24	2 ♈ 43	20 ♒ 9	14 ♒ 8	15 R 34	7 ♈ 16	16 ♒ 26	8 ♒ 52	1 ♋ 57	23 ♑ 54	9 ♑ 23	14 ♑ 25	17 ♏ 29	27 ♊	1 ♉	24 ♏	27 ♓	10 ♋
25	3 ♈ 42	3 ♓ 59	14 ♒ 5	15 ♒ 33	9 ♈ 17	17 ♒ 23	9 ♒ 37	2 ♋ 2	23 ♑ 58	9 ♑ 24	14 ♑ 25	17 ♏ 28	27 ♊	1 ♉	24 ♏	27 ♓	10 ♋
26	4 ♈ 42	18 ♓ 16	14 ♒ 1	15 ♒ 29	11 ♈ 19	18 ♒ 19	10 ♒ 21	2 ♋ 8	24 ♑ 2	9 ♑ 25	14 ♑ 26	17 ♏ 27	28 ♊	2 ♉	24 ♏	28 ♓	10 ♋
27	5 ♈ 41	2 ♈ 55	13 ♒ 58	15 ♒ 23	13 ♈ 20	19 ♒ 17	11 ♒ 6	2 ♋ 13	24 ♑ 5	9 ♑ 26	14 ♑ 27	17 ♏ 26	28 ♊	2 ♉	24 ♏	28 ♓	10 ♋
28	6 ♈ 40	17 ♈ 49	13 ♒ 55	15 ♒ 16	15 ♈ 21	20 ♒ 15	11 ♒ 51	2 ♋ 19	24 ♑ 9	9 ♑ 27	14 ♑ 27	17 ♏ 25	28 ♊	3 ♉	24 ♏	28 ♓	10 ♋
29	7 ♈ 40	2 ♉ 51	13 ♒ 52	15 ♒ 7	17 ♈ 21	21 ♒ 13	12 ♒ 35	2 ♋ 24	24 ♑ 13	9 ♑ 28	14 ♑ 28	17 ♏ 23	28 ♊	3 ♉	24 ♏	29 ♓	10 ♋
30	8 ♈ 39	17 ♉ 50	13 ♒ 49	14 ♒ 59	19 ♈ 20	22 ♒ 12	13 ♒ 20	2 ♋ 30	24 ♑ 16	9 ♑ 29	14 ♑ 29	17 ♏ 22	29 ♊	4 ♉	24 ♏	29 ♓	10 ♋
31	9 ♈ 38	2 ♊ 37	13 ♒ 46	14 ♒ 53	21 ♈ 18	23 ♒ 11	14 ♒ 5	2 ♋ 36	24 ♑ 20	9 ♑ 30	14 ♑ 29	17 ♏ 21	29 ♊	4 ♉	24 ♏	0 ♈	10 ♋
SUN INGRESS	☉ → ♈ 21日 06:19																
MOON PHASE	◐ 4日 11:05 ♊ ○ 11日 19:59 ♍ ◑ 19日 23:30 ♐ ● 27日 04:48 ♈																

aspects		
1日	08:15	♂☌♄
4日	14:59	☿△♃
5日	07:20	☉⚹♆
8日	22:05	☉△♇
9日	06:57	☿⚹♅
12日	03:34	☿⚹♆
13日	23:42	☿△♇
14日	10:59	☉⚹♄
17日	00:32	☿⚹♄
19日	11:39	☉☌☿
21日	06:06	☿□♃
23日	04:08	☉□♃
25日	01:27	☿□♅
25日	02:13	♀□♇
25日	06:09	☿⚹♂
27日	13:20	☿□♆
30日	20:24	☉□♅

1990年4月

DAY	☉	☽	☊		☿	♀	♂	♃	♄	♅	♆	♇	⚳	⚴	⚵	⚶	⚷
			mean	true													
	° ′	° ′	° ′	° ′	° ′	° ′	° ′	° ′	° ′	° ′	° ′	° ′	°	°	°	°	°
1	10 ♈ 38	17 ♊ 7	13 ♒ 42	14 R 48	23 D 14	24 D 10	14 D 50	2 D 43	24 D 23	9 D 30	14 D 30	17 R 20	29 D	5 D	24 R	0 D	10 D
2	11 ♈ 37	1 ♋ 15	13 ♒ 39	14 ♒ 46	25 ♈ 8	25 ♒ 10	15 ♒ 34	2 ♋ 49	24 ♑ 26	9 ♑ 31	14 ♑ 30	17 ♏ 18	0 ♋	5 ♉	24 ♏	1 ♈	10 ♋
3	12 ♈ 36	15 ♋ 1	13 ♒ 36	14 D 46	26 ♈ 59	26 ♒ 10	16 ♒ 19	2 ♋ 56	24 ♑ 29	9 ♑ 32	14 ♑ 31	17 ♏ 17	0 ♋	6 ♉	23 ♏	1 ♈	10 ♋
4	13 ♈ 35	28 ♋ 26	13 ♒ 33	14 ♒ 46	28 ♈ 47	27 ♒ 11	17 ♒ 4	3 ♋ 2	24 ♑ 32	9 ♑ 32	14 ♑ 31	17 ♏ 16	0 ♋	6 ♉	23 ♏	2 ♈	10 ♋
5	14 ♈ 34	11 ♌ 32	13 ♒ 30	14 ♒ 47	0 ♉ 31	28 ♒ 12	17 ♒ 49	3 ♋ 9	24 ♑ 35	9 ♑ 33	14 ♑ 32	17 ♏ 15	0 ♋	7 ♉	23 ♏	2 ♈	10 ♋
6	15 ♈ 33	24 ♌ 21	13 ♒ 27	14 R 46	2 ♉ 12	29 ♒ 13	18 ♒ 33	3 ♋ 16	24 ♑ 38	9 ♑ 33	14 ♑ 32	17 ♏ 13	1 ♋	7 ♉	23 ♏	3 ♈	10 ♋
7	16 ♈ 32	6 ♍ 57	13 ♒ 23	14 ♒ 44	3 ♉ 49	0 ♓ 14	19 ♒ 18	3 ♋ 23	24 ♑ 41	9 ♑ 33	14 ♑ 32	17 ♏ 12	1 ♋	8 ♉	23 ♏	3 ♈	10 ♋
8	17 ♈ 31	19 ♍ 23	13 ♒ 20	14 ♒ 39	5 ♉ 22	1 ♓ 16	20 ♒ 3	3 ♋ 30	24 ♑ 43	9 ♑ 34	14 ♑ 33	17 ♏ 10	1 ♋	8 ♉	23 ♏	4 ♈	10 ♋
9	18 ♈ 30	1 ♎ 39	13 ♒ 17	14 ♒ 32	6 ♉ 50	2 ♓ 18	20 ♒ 48	3 ♋ 38	24 ♑ 46	9 ♑ 34	14 ♑ 33	17 ♏ 9	2 ♋	9 ♉	23 ♏	4 ♈	11 ♋
10	19 ♈ 29	13 ♎ 48	13 ♒ 14	14 ♒ 21	8 ♉ 13	3 ♓ 21	21 ♒ 33	3 ♋ 45	24 ♑ 48	9 ♑ 34	14 ♑ 33	17 ♏ 8	2 ♋	9 ♉	22 ♏	5 ♈	11 ♋
11	20 ♈ 28	25 ♎ 51	13 ♒ 11	14 ♒ 10	9 ♉ 30	4 ♓ 23	22 ♒ 17	3 ♋ 53	24 ♑ 51	9 ♑ 35	14 ♑ 33	17 ♏ 6	2 ♋	10 ♉	22 ♏	5 ♈	11 ♋
12	21 ♈ 27	7 ♏ 49	13 ♒ 7	13 ♒ 57	10 ♉ 43	5 ♓ 26	23 ♒ 2	4 ♋ 1	24 ♑ 53	9 ♑ 35	14 ♑ 34	17 ♏ 5	3 ♋	10 ♉	22 ♏	6 ♈	11 ♋
13	22 ♈ 26	19 ♏ 43	13 ♒ 4	13 ♒ 44	11 ♉ 49	6 ♓ 29	23 ♒ 47	4 ♋ 9	24 ♑ 55	9 ♑ 35	14 ♑ 34	17 ♏ 3	3 ♋	11 ♉	22 ♏	6 ♈	11 ♋
14	23 ♈ 25	1 ♐ 35	13 ♒ 1	13 ♒ 33	12 ♉ 51	7 ♓ 33	24 ♒ 32	4 ♋ 17	24 ♑ 58	9 ♑ 35	14 ♑ 34	17 ♏ 2	3 ♋	11 ♉	22 ♏	7 ♈	11 ♋
15	24 ♈ 23	13 ♐ 27	12 ♒ 58	13 ♒ 24	13 ♉ 46	8 ♓ 37	25 ♒ 17	4 ♋ 25	25 ♑ 0	9 R 35	14 ♑ 34	17 ♏ 0	4 ♋	12 ♉	22 ♏	7 ♈	11 ♋
16	25 ♈ 22	25 ♐ 22	12 ♒ 55	13 ♒ 18	14 ♉ 35	9 ♓ 40	26 ♒ 2	4 ♋ 33	25 ♑ 1	9 ♑ 35	14 ♑ 34	16 ♏ 59	4 ♋	12 ♉	22 ♏	8 ♈	11 ♋
17	26 ♈ 21	7 ♑ 25	12 ♒ 52	13 ♒ 14	15 ♉ 18	10 ♓ 45	26 ♒ 47	4 ♋ 42	25 ♑ 3	9 ♑ 35	14 R 34	16 ♏ 57	4 ♋	13 ♉	21 ♏	8 ♈	11 ♋
18	27 ♈ 20	19 ♑ 39	12 ♒ 48	13 ♒ 12	15 ♉ 56	11 ♓ 49	27 ♒ 31	4 ♋ 50	25 ♑ 5	9 ♑ 35	14 ♑ 34	16 ♏ 56	5 ♋	13 ♉	21 ♏	8 ♈	11 ♋
19	28 ♈ 18	2 ♒ 10	12 ♒ 45	13 D 12	16 ♉ 27	12 ♓ 54	28 ♒ 16	4 ♋ 59	25 ♑ 7	9 ♑ 34	14 ♑ 34	16 ♏ 54	5 ♋	14 ♉	21 ♏	9 ♈	11 ♋
20	29 ♈ 17	15 ♒ 2	12 ♒ 42	13 R 12	16 ♉ 51	13 ♓ 58	29 ♒ 1	5 ♋ 8	25 ♑ 8	9 ♑ 34	14 ♑ 34	16 ♏ 53	5 ♋	14 ♉	21 ♏	9 ♈	11 ♋
21	0 ♉ 16	28 ♒ 20	12 ♒ 39	13 ♒ 12	17 ♉ 10	15 ♓ 3	29 ♒ 46	5 ♋ 17	25 ♑ 10	9 ♑ 34	14 ♑ 34	16 ♏ 51	6 ♋	15 ♉	21 ♏	10 ♈	11 ♋
22	1 ♉ 14	12 ♓ 6	12 ♒ 36	13 ♒ 9	17 ♉ 23	16 ♓ 9	0 ♓ 31	5 ♋ 26	25 ♑ 11	9 ♑ 33	14 ♑ 34	16 ♏ 49	6 ♋	15 ♉	20 ♏	10 ♈	11 ♋
23	2 ♉ 13	26 ♓ 22	12 ♒ 33	13 ♒ 4	17 ♉ 30	17 ♓ 14	1 ♓ 16	5 ♋ 35	25 ♑ 12	9 ♑ 33	14 ♑ 33	16 ♏ 48	6 ♋	16 ♉	20 ♏	11 ♈	11 ♋
24	3 ♉ 11	11 ♈ 5	12 ♒ 29	12 ♒ 56	17 R 31	18 ♓ 19	2 ♓ 1	5 ♋ 44	25 ♑ 14	9 ♑ 32	14 ♑ 33	16 ♏ 46	7 ♋	16 ♉	20 ♏	11 ♈	11 ♋
25	4 ♉ 10	26 ♈ 10	12 ♒ 26	12 ♒ 46	17 ♉ 26	19 ♓ 25	2 ♓ 46	5 ♋ 54	25 ♑ 15	9 ♑ 32	14 ♑ 33	16 ♏ 44	7 ♋	17 ♉	20 ♏	12 ♈	11 ♋
26	5 ♉ 8	11 ♉ 26	12 ♒ 23	12 ♒ 35	17 ♉ 16	20 ♓ 31	3 ♓ 31	6 ♋ 3	25 ♑ 16	9 ♑ 31	14 ♑ 33	16 ♏ 43	7 ♋	17 ♉	20 ♏	12 ♈	11 ♋
27	6 ♉ 6	26 ♉ 42	12 ♒ 20	12 ♒ 24	17 ♉ 1	21 ♓ 37	4 ♓ 15	6 ♋ 13	25 ♑ 16	9 ♑ 31	14 ♑ 32	16 ♏ 41	8 ♋	18 ♉	19 ♏	13 ♈	11 ♋
28	7 ♉ 5	11 ♊ 48	12 ♒ 17	12 ♒ 15	16 ♉ 41	22 ♓ 43	5 ♓ 0	6 ♋ 22	25 ♑ 17	9 ♑ 30	14 ♑ 32	16 ♏ 40	8 ♋	18 ♉	19 ♏	13 ♈	11 ♋
29	8 ♉ 3	26 ♊ 34	12 ♒ 13	12 ♒ 8	16 ♉ 17	23 ♓ 50	5 ♓ 45	6 ♋ 32	25 ♑ 18	9 ♑ 29	14 ♑ 32	16 ♏ 38	8 ♋	19 ♉	19 ♏	14 ♈	12 ♋
30	9 ♉ 2	10 ♋ 55	12 ♒ 10	12 ♒ 4	15 ♉ 49	24 ♓ 56	6 ♓ 30	6 ♋ 42	25 ♑ 18	9 ♑ 29	14 ♑ 31	16 ♏ 36	9 ♋	19 ♉	19 ♏	14 ♈	12 ♋
SUN INGRESS	☉ → ♉ 20日 17:27																
MOON PHASE	◐ 2日 19:24 ♋ ○ 10日 12:18 ♎ ◑ 18日 16:03 ♑ ● 25日 13:27 ♉																

aspects		
1日	14:56	☿□♄
2日	01:11	☿⚹♀
4日	06:17	♂□♇
4日	22:54	☉□♆
6日	16:52	☿⚹♃
10日	10:49	♀△♃
11日	01:22	☿△♅
15日	15:15	☉□♄
15日	21:53	♀⚹♅
15日	23:26	☿△♆
18日	20:40	☉⚹♂
20日	01:02	☿☍♇
20日	13:05	♀⚹♆
22日	14:37	♀△♇
23日	06:07	☿⚹♀
27日	03:06	☉⚹♃
28日	01:32	☿☍♇
30日	08:06	♀⚹♄
30日	08:31	♂△♃
30日	10:59	☉△♅

1990年5月

DAY	☉	☽	☊ mean	☊ true	☿	♀	♂	♃	♄	♅	♆	♇	⚳	⚴	⚵	⚶	⚷
	° ′	° ′	° ′	° ′	° ′	° ′	° ′	° ′	° ′	° ′	° ′	° ′	°	°	°	°	°
1	10 ♉ 0	24 ♋ 49	12 ♒ 7	12 R 2	15 R 17	26 D 3	7 D 15	6 D 52	25 D 19	9 R 28	14 R 31	16 R 35	9 D	20 D	18 R	14 D	12 D
2	10 ♉ 58	8 ♌ 16	12 ♒ 4	12 ♒ 2	14 ♉ 43	27 ♓ 10	7 ♓ 59	7 ♋ 2	25 ♑ 19	9 ♑ 27	14 ♑ 30	16 ♏ 33	9 ♋	20 ♉	18 ♏	15 ♈	12 ♋
3	11 ♉ 56	21 ♌ 19	12 ♒ 1	12 ♒ 2	14 ♉ 7	28 ♓ 16	8 ♓ 44	7 ♋ 13	25 ♑ 20	9 ♑ 26	14 ♑ 30	16 ♏ 31	10 ♋	21 ♉	18 ♏	15 ♈	12 ♋
4	12 ♉ 55	4 ♍ 2	11 ♒ 58	12 ♒ 1	13 ♉ 30	29 ♓ 24	9 ♓ 29	7 ♋ 23	25 ♑ 20	9 ♑ 25	14 ♑ 29	16 ♏ 29	10 ♋	22 ♉	18 ♏	16 ♈	12 ♋
5	13 ♉ 53	16 ♍ 29	11 ♒ 54	11 ♒ 58	12 ♉ 52	0 ♈ 31	10 ♓ 14	7 ♋ 33	25 ♑ 20	9 ♑ 24	14 ♑ 29	16 ♏ 28	11 ♋	22 ♉	18 ♏	16 ♈	12 ♋
6	14 ♉ 51	28 ♍ 44	11 ♒ 51	11 ♒ 52	12 ♉ 14	1 ♈ 38	10 ♓ 59	7 ♋ 44	25 R 20	9 ♑ 23	14 ♑ 28	16 ♏ 26	11 ♋	23 ♉	17 ♏	17 ♈	12 ♋
7	15 ♉ 49	10 ♎ 50	11 ♒ 48	11 ♒ 43	11 ♉ 36	2 ♈ 45	11 ♓ 43	7 ♋ 54	25 ♑ 20	9 ♑ 22	14 ♑ 27	16 ♏ 24	11 ♋	23 ♉	17 ♏	17 ♈	12 ♋
8	16 ♉ 47	22 ♎ 50	11 ♒ 45	11 ♒ 32	11 ♉ 0	3 ♈ 53	12 ♓ 28	8 ♋ 5	25 ♑ 19	9 ♑ 21	14 ♑ 27	16 ♏ 23	12 ♋	24 ♉	17 ♏	18 ♈	12 ♋
9	17 ♉ 45	4 ♏ 46	11 ♒ 42	11 ♒ 19	10 ♉ 26	5 ♈ 1	13 ♓ 13	8 ♋ 16	25 ♑ 19	9 ♑ 20	14 ♑ 26	16 ♏ 21	12 ♋	24 ♉	17 ♏	18 ♈	12 ♋
10	18 ♉ 43	16 ♏ 40	11 ♒ 39	11 ♒ 5	9 ♉ 55	6 ♈ 8	13 ♓ 57	8 ♋ 27	25 ♑ 19	9 ♑ 18	14 ♑ 25	16 ♏ 19	12 ♋	25 ♉	16 ♏	19 ♈	12 ♋
11	19 ♉ 41	28 ♏ 32	11 ♒ 35	10 ♒ 52	9 ♉ 26	7 ♈ 16	14 ♓ 42	8 ♋ 38	25 ♑ 18	9 ♑ 17	14 ♑ 25	16 ♏ 18	13 ♋	25 ♉	16 ♏	19 ♈	12 ♋
12	20 ♉ 39	10 ♐ 25	11 ♒ 32	10 ♒ 39	9 ♉ 1	8 ♈ 24	15 ♓ 27	8 ♋ 49	25 ♑ 18	9 ♑ 16	14 ♑ 24	16 ♏ 16	13 ♋	26 ♉	16 ♏	19 ♈	12 ♋
13	21 ♉ 37	22 ♐ 20	11 ♒ 29	10 ♒ 29	8 ♉ 39	9 ♈ 32	16 ♓ 11	9 ♋ 0	25 ♑ 17	9 ♑ 15	14 ♑ 23	16 ♏ 14	14 ♋	26 ♉	16 ♏	20 ♈	12 ♋
14	22 ♉ 35	4 ♑ 19	11 ♒ 26	10 ♒ 22	8 ♉ 22	10 ♈ 40	16 ♓ 56	9 ♋ 11	25 ♑ 16	9 ♑ 13	14 ♑ 22	16 ♏ 13	14 ♋	27 ♉	16 ♏	20 ♈	13 ♋
15	23 ♉ 33	16 ♑ 25	11 ♒ 23	10 ♒ 17	8 ♉ 8	11 ♈ 49	17 ♓ 41	9 ♋ 22	25 ♑ 15	9 ♑ 12	14 ♑ 21	16 ♏ 11	14 ♋	27 ♉	15 ♏	21 ♈	13 ♋
16	24 ♉ 30	28 ♑ 42	11 ♒ 19	10 ♒ 15	7 ♉ 59	12 ♈ 57	18 ♓ 25	9 ♋ 33	25 ♑ 14	9 ♑ 10	14 ♑ 21	16 ♏ 9	15 ♋	28 ♉	15 ♏	21 ♈	13 ♋
17	25 ♉ 28	11 ♒ 13	11 ♒ 16	10 D 14	7 ♉ 55	14 ♈ 6	19 ♓ 10	9 ♋ 45	25 ♑ 13	9 ♑ 9	14 ♑ 20	16 ♏ 8	15 ♋	29 ♉	15 ♏	22 ♈	13 ♋
18	26 ♉ 26	24 ♒ 3	11 ♒ 13	10 ♒ 15	7 D 55	15 ♈ 14	19 ♓ 54	9 ♋ 56	25 ♑ 12	9 ♑ 7	14 ♑ 19	16 ♏ 6	16 ♋	29 ♉	15 ♏	22 ♈	13 ♋
19	27 ♉ 24	7 ♓ 15	11 ♒ 10	10 R 14	8 ♉ 0	16 ♈ 23	20 ♓ 39	10 ♋ 8	25 ♑ 11	9 ♑ 6	14 ♑ 18	16 ♏ 4	16 ♋	0 ♊	14 ♏	23 ♈	13 ♋
20	28 ♉ 22	20 ♓ 55	11 ♒ 7	10 ♒ 12	8 ♉ 9	17 ♈ 32	21 ♓ 23	10 ♋ 19	25 ♑ 9	9 ♑ 4	14 ♑ 17	16 ♏ 3	16 ♋	0 ♊	14 ♏	23 ♈	13 ♋
21	29 ♉ 20	5 ♈ 2	11 ♒ 4	10 ♒ 8	8 ♉ 23	18 ♈ 41	22 ♓ 8	10 ♋ 31	25 ♑ 8	9 ♑ 2	14 ♑ 16	16 ♏ 1	17 ♋	1 ♊	14 ♏	23 ♈	13 ♋
22	0 ♊ 17	19 ♈ 37	11 ♒ 0	10 ♒ 2	8 ♉ 42	19 ♈ 50	22 ♓ 52	10 ♋ 43	25 ♑ 6	9 ♑ 1	14 ♑ 15	15 ♏ 59	17 ♋	1 ♊	14 ♏	24 ♈	13 ♋
23	1 ♊ 15	4 ♉ 35	10 ♒ 57	9 ♒ 53	9 ♉ 4	20 ♈ 59	23 ♓ 36	10 ♋ 55	25 ♑ 5	8 ♑ 59	14 ♑ 14	15 ♏ 58	17 ♋	2 ♊	14 ♏	24 ♈	13 ♋
24	2 ♊ 13	19 ♉ 48	10 ♒ 54	9 ♒ 44	9 ♉ 31	22 ♈ 8	24 ♓ 21	11 ♋ 7	25 ♑ 3	8 ♑ 57	14 ♑ 13	15 ♏ 56	18 ♋	2 ♊	13 ♏	25 ♈	13 ♋
25	3 ♊ 10	5 ♊ 5	10 ♒ 51	9 ♒ 34	10 ♉ 2	23 ♈ 17	25 ♓ 5	11 ♋ 19	25 ♑ 1	8 ♑ 55	14 ♑ 12	15 ♏ 55	18 ♋	3 ♊	13 ♏	25 ♈	13 ♋
26	4 ♊ 8	20 ♊ 17	10 ♒ 48	9 ♒ 26	10 ♉ 38	24 ♈ 26	25 ♓ 49	11 ♋ 31	24 ♑ 59	8 ♑ 54	14 ♑ 10	15 ♏ 53	19 ♋	4 ♊	13 ♏	26 ♈	14 ♋
27	5 ♊ 6	5 ♋ 12	10 ♒ 45	9 ♒ 19	11 ♉ 17	25 ♈ 35	26 ♓ 33	11 ♋ 43	24 ♑ 57	8 ♑ 52	14 ♑ 9	15 ♏ 52	19 ♋	4 ♊	13 ♏	26 ♈	14 ♋
28	6 ♊ 3	19 ♋ 43	10 ♒ 41	9 ♒ 16	12 ♉ 0	26 ♈ 45	27 ♓ 18	11 ♋ 55	24 ♑ 55	8 ♑ 50	14 ♑ 8	15 ♏ 50	20 ♋	5 ♊	13 ♏	26 ♈	14 ♋
29	7 ♊ 1	3 ♌ 46	10 ♒ 38	9 ♒ 14	12 ♉ 46	27 ♈ 54	28 ♓ 2	12 ♋ 7	24 ♑ 53	8 ♑ 48	14 ♑ 7	15 ♏ 48	20 ♋	5 ♊	12 ♏	27 ♈	14 ♋
30	7 ♊ 58	17 ♌ 20	10 ♒ 35	9 D 14	13 ♉ 37	29 ♈ 4	28 ♓ 46	12 ♋ 19	24 ♑ 51	8 ♑ 46	14 ♑ 6	15 ♏ 47	20 ♋	6 ♊	12 ♏	27 ♈	14 ♋
31	8 ♊ 56	0 ♍ 28	10 ♒ 32	9 ♒ 15	14 ♉ 30	0 ♉ 13	29 ♓ 30	12 ♋ 31	24 ♑ 49	8 ♑ 44	14 ♑ 4	15 ♏ 45	21 ♋	6 ♊	12 ♏	28 ♈	14 ♋

SUN INGRESS: ☉ → ♊ 21日 16:37

MOON PHASE: ◐ 2日 05:18 ♌　○ 10日 04:31 ♏　◑ 18日 04:45 ♒　● 24日 20:47 ♊　◐ 31日 17:11 ♍

aspects

2日	08:55	☿△♆
3日	21:57	♂⚹♅
4日	08:50	☉☌☿
5日	14:42	☉△♆
6日	21:59	☿⚹♂
7日	14:17	☉☍♇
10日	14:49	♂⚹♆
11日	08:20	☿△♅
12日	08:34	☿⚹♃
12日	10:18	♀□♃
12日	17:55	♀□♅
13日	01:34	♂△♇
14日	04:31	♃☍♅
16日	17:52	☉△♄
17日	04:51	♀□♆
22日	19:16	☿△♅
24日	22:06	♂⚹♄
26日	11:14	♀□♄
27日	20:25	☿⚹♃
30日	12:55	☿△♆

1990年6月

DAY	☉	☽	☊ mean	☊ true	☿	♀	♂	♃	♄	♅	♆	♇	⚳	⚴	⚵	⚶	⚷
	° ′	° ′	° ′	° ′	° ′	° ′	° ′	° ′	° ′	° ′	° ′	° ′	°	°	°	°	°
1	9 ♊ 54	13 ♍ 12	10 ♒ 29	9 R 15	15 D 28	1 D 23	0 D 14	12 D 44	24 R 46	8 R 42	14 R 3	15 R 44	21 D	7 D	12 R	28 D	14 D
2	10 ♊ 51	25 ♍ 39	10 ♒ 25	9 ♒ 14	16 ♉ 28	2 ♉ 33	0 ♈ 58	12 ♋ 56	24 ♑ 44	8 ♑ 40	14 ♑ 2	15 ♏ 42	22 ♋	8 ♊	12 ♏	29 ♈	14 ♋
3	11 ♊ 49	7 ♎ 50	10 ♒ 22	9 ♒ 11	17 ♉ 32	3 ♉ 42	1 ♈ 42	13 ♋ 9	24 ♑ 41	8 ♑ 38	14 ♑ 1	15 ♏ 41	22 ♋	8 ♊	12 ♏	29 ♈	14 ♋
4	12 ♊ 46	19 ♎ 52	10 ♒ 19	9 ♒ 5	18 ♉ 39	4 ♉ 52	2 ♈ 25	13 ♋ 21	24 ♑ 38	8 ♑ 36	13 ♑ 59	15 ♏ 39	22 ♋	9 ♊	11 ♏	29 ♈	14 ♋
5	13 ♊ 43	1 ♏ 48	10 ♒ 16	8 ♒ 58	19 ♉ 49	6 ♉ 2	3 ♈ 9	13 ♋ 34	24 ♑ 36	8 ♑ 34	13 ♑ 58	15 ♏ 38	23 ♋	9 ♊	11 ♏	0 ♉	14 ♋
6	14 ♊ 41	13 ♏ 40	10 ♒ 13	8 ♒ 48	21 ♉ 2	7 ♉ 12	3 ♈ 53	13 ♋ 46	24 ♑ 33	8 ♑ 32	13 ♑ 57	15 ♏ 37	23 ♋	10 ♊	11 ♏	0 ♉	15 ♋
7	15 ♊ 38	25 ♏ 32	10 ♒ 10	8 ♒ 38	22 ♉ 18	8 ♉ 22	4 ♈ 37	13 ♋ 59	24 ♑ 30	8 ♑ 29	13 ♑ 55	15 ♏ 35	24 ♋	10 ♊	11 ♏	1 ♉	15 ♋
8	16 ♊ 36	7 ♐ 26	10 ♒ 6	8 ♒ 29	23 ♉ 37	9 ♉ 32	5 ♈ 20	14 ♋ 12	24 ♑ 27	8 ♑ 27	13 ♑ 54	15 ♏ 34	24 ♋	11 ♊	11 ♏	1 ♉	15 ♋
9	17 ♊ 33	19 ♐ 23	10 ♒ 3	8 ♒ 20	24 ♉ 59	10 ♉ 42	6 ♈ 4	14 ♋ 24	24 ♑ 24	8 ♑ 25	13 ♑ 53	15 ♏ 32	24 ♋	12 ♊	11 ♏	1 ♉	15 ♋
10	18 ♊ 30	1 ♑ 24	10 ♒ 0	8 ♒ 13	26 ♉ 24	11 ♉ 53	6 ♈ 47	14 ♋ 37	24 ♑ 21	8 ♑ 23	13 ♑ 51	15 ♏ 31	25 ♋	12 ♊	11 ♏	2 ♉	15 ♋
11	19 ♊ 28	13 ♑ 32	9 ♒ 57	8 ♒ 8	27 ♉ 52	13 ♉ 3	7 ♈ 31	14 ♋ 50	24 ♑ 18	8 ♑ 21	13 ♑ 50	15 ♏ 30	25 ♋	13 ♊	10 ♏	2 ♉	15 ♋
12	20 ♊ 25	25 ♑ 47	9 ♒ 54	8 ♒ 5	29 ♉ 23	14 ♉ 13	8 ♈ 14	15 ♋ 3	24 ♑ 15	8 ♑ 18	13 ♑ 48	15 ♏ 28	26 ♋	13 ♊	10 ♏	3 ♉	15 ♋
13	21 ♊ 22	8 ♒ 13	9 ♒ 51	8 D 4	0 ♊ 56	15 ♉ 24	8 ♈ 58	15 ♋ 16	24 ♑ 11	8 ♑ 16	13 ♑ 47	15 ♏ 27	26 ♋	14 ♊	10 ♏	3 ♉	15 ♋
14	22 ♊ 20	20 ♒ 52	9 ♒ 47	8 ♒ 5	2 ♊ 33	16 ♉ 34	9 ♈ 41	15 ♋ 29	24 ♑ 8	8 ♑ 14	13 ♑ 45	15 ♏ 26	27 ♋	14 ♊	10 ♏	4 ♉	15 ♋
15	23 ♊ 17	3 ♓ 47	9 ♒ 44	8 ♒ 6	4 ♊ 12	17 ♉ 44	10 ♈ 24	15 ♋ 42	24 ♑ 4	8 ♑ 11	13 ♑ 44	15 ♏ 25	27 ♋	15 ♊	10 ♏	4 ♉	15 ♋
16	24 ♊ 14	17 ♓ 1	9 ♒ 41	8 ♒ 7	5 ♊ 54	18 ♉ 55	11 ♈ 7	15 ♋ 54	24 ♑ 1	8 ♑ 9	13 ♑ 42	15 ♏ 23	27 ♋	16 ♊	10 ♏	4 ♉	16 ♋
17	25 ♊ 12	0 ♈ 37	9 ♒ 38	8 R 7	7 ♊ 39	20 ♉ 6	11 ♈ 50	16 ♋ 8	23 ♑ 57	8 ♑ 7	13 ♑ 41	15 ♏ 22	28 ♋	16 ♊	10 ♏	5 ♉	16 ♋
18	26 ♊ 9	14 ♈ 36	9 ♒ 35	8 ♒ 6	9 ♊ 26	21 ♉ 16	12 ♈ 33	16 ♋ 21	23 ♑ 54	8 ♑ 4	13 ♑ 39	15 ♏ 21	28 ♋	17 ♊	10 ♏	5 ♉	16 ♋
19	27 ♊ 6	28 ♈ 57	9 ♒ 31	8 ♒ 2	11 ♊ 16	22 ♉ 27	13 ♈ 16	16 ♋ 34	23 ♑ 50	8 ♑ 2	13 ♑ 38	15 ♏ 20	29 ♋	17 ♊	10 ♏	6 ♉	16 ♋
20	28 ♊ 4	13 ♉ 39	9 ♒ 28	7 ♒ 58	13 ♊ 9	23 ♉ 38	13 ♈ 59	16 ♋ 47	23 ♑ 46	8 ♑ 0	13 ♑ 36	15 ♏ 19	29 ♋	18 ♊	9 ♏	6 ♉	16 ♋
21	29 ♊ 1	28 ♉ 35	9 ♒ 25	7 ♒ 52	15 ♊ 4	24 ♉ 48	14 ♈ 42	17 ♋ 0	23 ♑ 43	7 ♑ 57	13 ♑ 35	15 ♏ 18	0 ♌	18 ♊	9 ♏	6 ♉	16 ♋
22	29 ♊ 58	13 ♊ 38	9 ♒ 22	7 ♒ 47	17 ♊ 1	25 ♉ 59	15 ♈ 25	17 ♋ 13	23 ♑ 39	7 ♑ 55	13 ♑ 33	15 ♏ 17	0 ♌	19 ♊	9 ♏	7 ♉	16 ♋
23	0 ♋ 55	28 ♊ 39	9 ♒ 19	7 ♒ 42	19 ♊ 1	27 ♉ 10	16 ♈ 7	17 ♋ 26	23 ♑ 35	7 ♑ 52	13 ♑ 32	15 ♏ 16	0 ♌	20 ♊	9 ♏	7 ♉	16 ♋
24	1 ♋ 53	13 ♋ 28	9 ♒ 16	7 ♒ 39	21 ♊ 3	28 ♉ 21	16 ♈ 50	17 ♋ 40	23 ♑ 31	7 ♑ 50	13 ♑ 30	15 ♏ 15	1 ♌	20 ♊	9 ♏	8 ♉	16 ♋
25	2 ♋ 50	27 ♋ 58	9 ♒ 12	7 ♒ 37	23 ♊ 7	29 ♉ 32	17 ♈ 32	17 ♋ 53	23 ♑ 27	7 ♑ 48	13 ♑ 28	15 ♏ 14	1 ♌	21 ♊	9 ♏	8 ♉	17 ♋
26	3 ♋ 47	12 ♌ 3	9 ♒ 9	7 D 37	25 ♊ 13	0 ♊ 43	18 ♈ 15	18 ♋ 6	23 ♑ 23	7 ♑ 45	13 ♑ 27	15 ♏ 13	2 ♌	21 ♊	9 ♏	8 ♉	17 ♋
27	4 ♋ 45	25 ♌ 42	9 ♒ 6	7 ♒ 37	27 ♊ 20	1 ♊ 54	18 ♈ 57	18 ♋ 19	23 ♑ 19	7 ♑ 43	13 ♑ 25	15 ♏ 12	2 ♌	22 ♊	9 ♏	9 ♉	17 ♋
28	5 ♋ 42	8 ♍ 55	9 ♒ 3	7 ♒ 39	29 ♊ 28	3 ♊ 5	19 ♈ 39	18 ♋ 33	23 ♑ 15	7 ♑ 40	13 ♑ 24	15 ♏ 11	3 ♌	23 ♊	9 ♏	9 ♉	17 ♋
29	6 ♋ 39	21 ♍ 45	9 ♒ 0	7 ♒ 40	1 ♋ 38	4 ♊ 17	20 ♈ 21	18 ♋ 46	23 ♑ 11	7 ♑ 38	13 ♑ 22	15 ♏ 10	3 ♌	23 ♊	9 ♏	9 ♉	17 ♋
30	7 ♋ 36	4 ♎ 14	8 ♒ 57	7 ♒ 41	3 ♋ 48	5 ♊ 28	21 ♈ 3	18 ♋ 59	23 ♑ 7	7 ♑ 35	13 ♑ 20	15 ♏ 9	3 ♌	24 ♊	9 ♏	10 ♉	17 ♋

SUN INGRESS: ☉ → ♋ 22日 00:33

MOON PHASE: ○ 8日 20:01 ♐　◑ 16日 13:48 ♓　● 23日 03:55 ♋　◐ 30日 07:07 ♎

aspects

1日	06:27	☿☍♇
6日	17:45	♃☍♆
7日	02:25	♀△♅
8日	14:09	☿△♄
11日	15:40	♀△♆
12日	02:07	♂□♅
12日	20:43	♀⚹♃
13日	01:13	♀☍♇
13日	19:31	♃△♇
19日	11:32	♂□♆
20日	02:49	♀△♄
20日	16:56	☿⚹♂
25日	16:43	♂□♃
29日	23:43	☉☍♅

1990年7月

DAY	☉	☽	☊ mean	☊ true	☿	♀	♂	♃	♄	♅	♆	♇	⚳	⚴	⚵	⚶	⚷
	° ′	° ′	° ′	° ′	° ′	° ′	° ′	° ′	° ′	° ′	° ′	° ′	°	°	°	°	°
1	8 ♋ 33	16 ♎ 27	8 ♒ 53	7 R 41	5 D 59	6 D 39	21 D 45	19 D 13	23 R 2	7 R 33	13 R 19	15 R 8	4 D	24 D	9 R	10 D	17 D
2	9 ♋ 31	28 ♎ 29	8 ♒ 50	7 ♒ 39	8 ♋ 10	7 ♊ 50	22 ♈ 27	19 ♋ 26	22 ♑ 58	7 ♑ 31	13 ♑ 17	15 ♏ 7	4 ♌	25 ♊	9 ♏	11 ♉	17 ♋
3	10 ♋ 28	10 ♏ 24	8 ♒ 47	7 ♒ 37	10 ♋ 21	9 ♊ 2	23 ♈ 9	19 ♋ 39	22 ♑ 54	7 ♑ 28	13 ♑ 16	15 ♏ 7	5 ♌	26 ♊	9 ♏	11 ♉	17 ♋
4	11 ♋ 25	22 ♏ 17	8 ♒ 44	7 ♒ 33	12 ♋ 31	10 ♊ 13	23 ♈ 50	19 ♋ 53	22 ♑ 50	7 ♑ 26	13 ♑ 14	15 ♏ 6	5 ♌	26 ♊	9 ♏	11 ♉	17 ♋
5	12 ♋ 22	4 ♐ 10	8 ♒ 41	7 ♒ 29	14 ♋ 41	11 ♊ 24	24 ♈ 32	20 ♋ 6	22 ♑ 45	7 ♑ 23	13 ♑ 12	15 ♏ 5	6 ♌	27 ♊	9 D	12 ♉	18 ♋
6	13 ♋ 19	16 ♐ 6	8 ♒ 37	7 ♒ 25	16 ♋ 50	12 ♊ 36	25 ♈ 13	20 ♋ 20	22 ♑ 41	7 ♑ 21	13 ♑ 11	15 ♏ 5	6 ♌	27 ♊	9 ♏	12 ♉	18 ♋
7	14 ♋ 17	28 ♐ 9	8 ♒ 34	7 ♒ 21	18 ♋ 57	13 ♊ 47	25 ♈ 55	20 ♋ 33	22 ♑ 37	7 ♑ 19	13 ♑ 9	15 ♏ 4	7 ♌	28 ♊	9 ♏	12 ♉	18 ♋
8	15 ♋ 14	10 ♑ 19	8 ♒ 31	7 ♒ 19	21 ♋ 4	14 ♊ 59	26 ♈ 36	20 ♋ 46	22 ♑ 32	7 ♑ 16	13 ♑ 7	15 ♏ 3	7 ♌	28 ♊	9 ♏	13 ♉	18 ♋
9	16 ♋ 11	22 ♑ 39	8 ♒ 28	7 ♒ 17	23 ♋ 9	16 ♊ 11	27 ♈ 17	21 ♋ 0	22 ♑ 28	7 ♑ 14	13 ♑ 6	15 ♏ 3	7 ♌	29 ♊	9 ♏	13 ♉	18 ♋
10	17 ♋ 8	5 ♒ 10	8 ♒ 25	7 ♒ 16	25 ♋ 13	17 ♊ 22	27 ♈ 58	21 ♋ 13	22 ♑ 23	7 ♑ 11	13 ♑ 4	15 ♏ 2	8 ♌	0 ♋	9 ♏	14 ♉	18 ♋
11	18 ♋ 5	17 ♒ 53	8 ♒ 22	7 D 17	27 ♋ 15	18 ♊ 34	28 ♈ 39	21 ♋ 27	22 ♑ 19	7 ♑ 9	13 ♑ 3	15 ♏ 2	8 ♌	0 ♋	9 ♏	14 ♉	18 ♋
12	19 ♋ 3	0 ♓ 49	8 ♒ 18	7 ♒ 17	29 ♋ 16	19 ♊ 46	29 ♈ 19	21 ♋ 40	22 ♑ 15	7 ♑ 7	13 ♑ 1	15 ♏ 1	9 ♌	1 ♋	9 ♏	14 ♉	18 ♋
13	20 ♋ 0	13 ♓ 59	8 ♒ 15	7 ♒ 19	1 ♌ 14	20 ♊ 58	0 ♉ 0	21 ♋ 54	22 ♑ 10	7 ♑ 4	12 ♑ 59	15 ♏ 1	9 ♌	1 ♋	9 ♏	15 ♉	18 ♋
14	20 ♋ 57	27 ♓ 23	8 ♒ 12	7 ♒ 20	3 ♌ 11	22 ♊ 9	0 ♉ 40	22 ♋ 7	22 ♑ 6	7 ♑ 2	12 ♑ 58	15 ♏ 0	10 ♌	2 ♋	9 ♏	15 ♉	19 ♋
15	21 ♋ 54	11 ♈ 4	8 ♒ 9	7 ♒ 21	5 ♌ 7	23 ♊ 21	1 ♉ 21	22 ♋ 21	22 ♑ 1	7 ♑ 0	12 ♑ 56	15 ♏ 0	10 ♌	3 ♋	9 ♏	15 ♉	19 ♋
16	22 ♋ 51	25 ♈ 0	8 ♒ 6	7 R 21	7 ♌ 0	24 ♊ 33	2 ♉ 1	22 ♋ 34	21 ♑ 57	6 ♑ 57	12 ♑ 55	14 ♏ 59	11 ♌	3 ♋	9 ♏	16 ♉	19 ♋
17	23 ♋ 49	9 ♉ 12	8 ♒ 3	7 ♒ 21	8 ♌ 51	25 ♊ 45	2 ♉ 41	22 ♋ 48	21 ♑ 52	6 ♑ 55	12 ♑ 53	14 ♏ 59	11 ♌	4 ♋	9 ♏	16 ♉	19 ♋
18	24 ♋ 46	23 ♉ 37	7 ♒ 59	7 ♒ 20	10 ♌ 41	26 ♊ 57	3 ♉ 21	23 ♋ 1	21 ♑ 48	6 ♑ 53	12 ♑ 51	14 ♏ 59	11 ♌	4 ♋	9 ♏	16 ♉	19 ♋
19	25 ♋ 43	8 ♊ 11	7 ♒ 56	7 ♒ 18	12 ♌ 29	28 ♊ 9	4 ♉ 1	23 ♋ 15	21 ♑ 43	6 ♑ 50	12 ♑ 50	14 ♏ 59	12 ♌	5 ♋	9 ♏	17 ♉	19 ♋
20	26 ♋ 40	22 ♊ 50	7 ♒ 53	7 ♒ 17	14 ♌ 15	29 ♊ 21	4 ♉ 41	23 ♋ 28	21 ♑ 39	6 ♑ 48	12 ♑ 48	14 ♏ 58	12 ♌	6 ♋	9 ♏	17 ♉	19 ♋
21	27 ♋ 38	7 ♋ 28	7 ♒ 50	7 ♒ 16	15 ♌ 59	0 ♋ 34	5 ♉ 20	23 ♋ 41	21 ♑ 35	6 ♑ 46	12 ♑ 47	14 ♏ 58	13 ♌	6 ♋	10 ♏	17 ♉	19 ♋
22	28 ♋ 35	21 ♋ 57	7 ♒ 47	7 ♒ 15	17 ♌ 41	1 ♋ 46	6 ♉ 0	23 ♋ 55	21 ♑ 30	6 ♑ 44	12 ♑ 45	14 ♏ 58	13 ♌	7 ♋	10 ♏	18 ♉	19 ♋
23	29 ♋ 32	6 ♌ 13	7 ♒ 43	7 ♒ 15	19 ♌ 22	2 ♋ 58	6 ♉ 39	24 ♋ 8	21 ♑ 26	6 ♑ 41	12 ♑ 44	14 ♏ 58	14 ♌	7 ♋	10 ♏	18 ♉	19 ♋
24	0 ♌ 30	20 ♌ 10	7 ♒ 40	7 D 15	21 ♌ 0	4 ♋ 10	7 ♉ 18	24 ♋ 22	21 ♑ 21	6 ♑ 39	12 ♑ 42	14 ♏ 58	14 ♌	8 ♋	10 ♏	18 ♉	20 ♋
25	1 ♌ 27	3 ♍ 45	7 ♒ 37	7 ♒ 16	22 ♌ 37	5 ♋ 23	7 ♉ 57	24 ♋ 35	21 ♑ 17	6 ♑ 37	12 ♑ 41	14 ♏ 58	15 ♌	9 ♋	10 ♏	19 ♉	20 ♋
26	2 ♌ 24	16 ♍ 58	7 ♒ 34	7 ♒ 16	24 ♌ 12	6 ♋ 35	8 ♉ 36	24 ♋ 49	21 ♑ 13	6 ♑ 35	12 ♑ 39	14 ♏ 58	15 ♌	9 ♋	10 ♏	19 ♉	20 ♋
27	3 ♌ 22	29 ♍ 50	7 ♒ 31	7 ♒ 17	25 ♌ 45	7 ♋ 47	9 ♉ 14	25 ♋ 2	21 ♑ 8	6 ♑ 33	12 ♑ 38	14 D 58	15 ♌	10 ♋	10 ♏	19 ♉	20 ♋
28	4 ♌ 19	12 ♎ 22	7 ♒ 28	7 ♒ 17	27 ♌ 16	9 ♋ 0	9 ♉ 53	25 ♋ 15	21 ♑ 4	6 ♑ 31	12 ♑ 36	14 ♏ 58	16 ♌	10 ♋	10 ♏	20 ♉	20 ♋
29	5 ♌ 16	24 ♎ 37	7 ♒ 24	7 ♒ 17	28 ♌ 46	10 ♋ 12	10 ♉ 31	25 ♋ 29	21 ♑ 0	6 ♑ 29	12 ♑ 35	14 ♏ 58	16 ♌	11 ♋	10 ♏	20 ♉	20 ♋
30	6 ♌ 14	6 ♏ 41	7 ♒ 21	7 R 17	0 ♍ 13	11 ♋ 25	11 ♉ 9	25 ♋ 42	20 ♑ 56	6 ♑ 27	12 ♑ 33	14 ♏ 58	17 ♌	12 ♋	10 ♏	20 ♉	20 ♋
31	7 ♌ 11	18 ♏ 37	7 ♒ 18	7 ♒ 17	1 ♍ 39	12 ♋ 37	11 ♉ 47	25 ♋ 55	20 ♑ 52	6 ♑ 25	12 ♑ 32	14 ♏ 58	17 ♌	12 ♋	11 ♏	21 ♉	20 ♋

SUN INGRESS	☉ → ♌ 23日 11:22
MOON PHASE	○ 8日 10:23 ♑　◑ 15日 20:04 ♈　● 22日 11:54 ♋　◐ 29日 23:01 ♏

aspects		
1日	16:56	☿☍♅
2日	16:11	♂□♄
3日	02:22	☉☌☿
4日	07:50	☿☍♆
5日	04:31	☿△♇
5日	20:27	☉☍♆
7日	19:38	☉△♇
7日	20:15	☿☌♃
8日	16:17	☿☍♄
12日	01:07	☿□♂
13日	21:54	♃☍♄
15日	02:44	☉☍♄
15日	14:32	☉☌♃
20日	09:57	☿□♇
23日	01:34	♂△♅
26日	00:02	♀☍♅
29日	12:54	♀⚹♂
30日	22:09	♀☍♆

1990年8月

DAY	☉	☽	☊ mean	☊ true	☿	♀	♂	♃	♄	♅	♆	♇	⚳	⚴	⚵	⚶	⚷
	° ′	° ′	° ′	° ′	° ′	° ′	° ′	° ′	° ′	° ′	° ′	° ′	°	°	°	°	°
1	8 ♌ 8	0 ♐ 29	7 ♒ 15	7 D 17	3 D 3	13 D 50	12 D 25	26 D 9	20 R 47	6 R 23	12 R 30	14 D 58	18 D	13 D	11 D	21 D	20 D
2	9 ♌ 6	12 ♐ 23	7 ♒ 12	7 ♒ 17	4 ♍ 24	15 ♋ 3	13 ♉ 2	26 ♋ 22	20 ♑ 43	6 ♑ 21	12 ♑ 29	14 ♏ 58	18 ♌	13 ♋	11 ♏	21 ♉	21 ♋
3	10 ♌ 3	24 ♐ 23	7 ♒ 8	7 ♒ 18	5 ♍ 44	16 ♋ 15	13 ♉ 39	26 ♋ 35	20 ♑ 39	6 ♑ 19	12 ♑ 27	14 ♏ 59	19 ♌	14 ♋	11 ♏	21 ♉	21 ♋
4	11 ♌ 1	6 ♑ 31	7 ♒ 5	7 ♒ 18	7 ♍ 2	17 ♋ 28	14 ♉ 17	26 ♋ 48	20 ♑ 35	6 ♑ 17	12 ♑ 26	14 ♏ 59	19 ♌	15 ♋	11 ♏	22 ♉	21 ♋
5	11 ♌ 58	18 ♑ 51	7 ♒ 2	7 ♒ 18	8 ♍ 18	18 ♋ 41	14 ♉ 54	27 ♋ 2	20 ♑ 31	6 ♑ 15	12 ♑ 25	14 ♏ 59	20 ♌	15 ♋	11 ♏	22 ♉	21 ♋
6	12 ♌ 56	1 ♒ 25	6 ♒ 59	7 ♒ 19	9 ♍ 31	19 ♋ 54	15 ♉ 30	27 ♋ 15	20 ♑ 27	6 ♑ 14	12 ♑ 23	15 ♏ 0	20 ♌	16 ♋	11 ♏	22 ♉	21 ♋
7	13 ♌ 53	14 ♒ 13	6 ♒ 56	7 R 18	10 ♍ 42	21 ♋ 7	16 ♉ 7	27 ♋ 28	20 ♑ 23	6 ♑ 12	12 ♑ 22	15 ♏ 0	20 ♌	16 ♋	12 ♏	23 ♉	21 ♋
8	14 ♌ 50	27 ♒ 17	6 ♒ 53	7 ♒ 18	11 ♍ 51	22 ♋ 20	16 ♉ 43	27 ♋ 41	20 ♑ 20	6 ♑ 10	12 ♑ 21	15 ♏ 0	21 ♌	17 ♋	12 ♏	23 ♉	21 ♋
9	15 ♌ 48	10 ♓ 37	6 ♒ 49	7 ♒ 17	12 ♍ 58	23 ♋ 32	17 ♉ 20	27 ♋ 54	20 ♑ 16	6 ♑ 8	12 ♑ 19	15 ♏ 1	21 ♌	17 ♋	12 ♏	23 ♉	21 ♋
10	16 ♌ 45	24 ♓ 10	6 ♒ 46	7 ♒ 16	14 ♍ 2	24 ♋ 45	17 ♉ 56	28 ♋ 7	20 ♑ 12	6 ♑ 7	12 ♑ 18	15 ♏ 1	22 ♌	18 ♋	12 ♏	23 ♉	21 ♋
11	17 ♌ 43	7 ♈ 55	6 ♒ 43	7 ♒ 15	15 ♍ 4	25 ♋ 59	18 ♉ 31	28 ♋ 20	20 ♑ 8	6 ♑ 5	12 ♑ 17	15 ♏ 2	22 ♌	19 ♋	12 ♏	24 ♉	21 ♋
12	18 ♌ 41	21 ♈ 51	6 ♒ 40	7 ♒ 14	16 ♍ 3	27 ♋ 12	19 ♉ 7	28 ♋ 33	20 ♑ 5	6 ♑ 4	12 ♑ 16	15 ♏ 2	23 ♌	19 ♋	12 ♏	24 ♉	22 ♋
13	19 ♌ 38	5 ♉ 55	6 ♒ 37	7 ♒ 13	16 ♍ 59	28 ♋ 25	19 ♉ 42	28 ♋ 46	20 ♑ 1	6 ♑ 2	12 ♑ 14	15 ♏ 3	23 ♌	20 ♋	12 ♏	24 ♉	22 ♋
14	20 ♌ 36	20 ♉ 6	6 ♒ 34	7 ♒ 13	17 ♍ 52	29 ♋ 38	20 ♉ 17	28 ♋ 59	19 ♑ 58	6 ♑ 0	12 ♑ 13	15 ♏ 4	24 ♌	20 ♋	13 ♏	24 ♉	22 ♋
15	21 ♌ 33	4 ♊ 20	6 ♒ 30	7 D 13	18 ♍ 42	0 ♌ 51	20 ♉ 52	29 ♋ 12	19 ♑ 54	5 ♑ 59	12 ♑ 12	15 ♏ 4	24 ♌	21 ♋	13 ♏	25 ♉	22 ♋
16	22 ♌ 31	18 ♊ 36	6 ♒ 27	7 ♒ 14	19 ♍ 29	2 ♌ 4	21 ♉ 27	29 ♋ 25	19 ♑ 51	5 ♑ 58	12 ♑ 11	15 ♏ 5	25 ♌	22 ♋	13 ♏	25 ♉	22 ♋
17	23 ♌ 29	2 ♋ 50	6 ♒ 24	7 ♒ 15	20 ♍ 13	3 ♌ 18	22 ♉ 1	29 ♋ 38	19 ♑ 47	5 ♑ 56	12 ♑ 10	15 ♏ 6	25 ♌	22 ♋	13 ♏	25 ♉	22 ♋
18	24 ♌ 26	17 ♋ 0	6 ♒ 21	7 ♒ 16	20 ♍ 52	4 ♌ 31	22 ♉ 35	29 ♋ 51	19 ♑ 44	5 ♑ 55	12 ♑ 9	15 ♏ 6	25 ♌	23 ♋	13 ♏	25 ♉	22 ♋
19	25 ♌ 24	1 ♌ 3	6 ♒ 18	7 ♒ 17	21 ♍ 28	5 ♌ 44	23 ♉ 9	0 ♌ 3	19 ♑ 41	5 ♑ 54	12 ♑ 8	15 ♏ 7	26 ♌	23 ♋	14 ♏	26 ♉	22 ♋
20	26 ♌ 22	14 ♌ 55	6 ♒ 14	7 R 17	22 ♍ 0	6 ♌ 58	23 ♉ 43	0 ♌ 16	19 ♑ 38	5 ♑ 52	12 ♑ 7	15 ♏ 8	26 ♌	24 ♋	14 ♏	26 ♉	22 ♋
21	27 ♌ 20	28 ♌ 33	6 ♒ 11	7 ♒ 16	22 ♍ 28	8 ♌ 11	24 ♉ 16	0 ♌ 29	19 ♑ 35	5 ♑ 51	12 ♑ 6	15 ♏ 9	27 ♌	25 ♋	14 ♏	26 ♉	22 ♋
22	28 ♌ 17	11 ♍ 56	6 ♒ 8	7 ♒ 14	22 ♍ 51	9 ♌ 25	24 ♉ 49	0 ♌ 42	19 ♑ 32	5 ♑ 50	12 ♑ 5	15 ♏ 10	27 ♌	25 ♋	14 ♏	26 ♉	23 ♋
23	29 ♌ 15	25 ♍ 1	6 ♒ 5	7 ♒ 11	23 ♍ 9	10 ♌ 38	25 ♉ 22	0 ♌ 54	19 ♑ 29	5 ♑ 49	12 ♑ 4	15 ♏ 11	28 ♌	26 ♋	14 ♏	27 ♉	23 ♋
24	0 ♍ 13	7 ♎ 48	6 ♒ 2	7 ♒ 7	23 ♍ 23	11 ♌ 52	25 ♉ 55	1 ♌ 7	19 ♑ 26	5 ♑ 48	12 ♑ 3	15 ♏ 12	28 ♌	26 ♋	15 ♏	27 ♉	23 ♋
25	1 ♍ 11	20 ♎ 18	5 ♒ 59	7 ♒ 4	23 ♍ 31	13 ♌ 6	26 ♉ 27	1 ♌ 19	19 ♑ 23	5 ♑ 47	12 ♑ 2	15 ♏ 12	29 ♌	27 ♋	15 ♏	27 ♉	23 ♋
26	2 ♍ 9	2 ♏ 34	5 ♒ 55	7 ♒ 0	23 R 34	14 ♌ 19	26 ♉ 59	1 ♌ 32	19 ♑ 21	5 ♑ 46	12 ♑ 1	15 ♏ 14	29 ♌	28 ♋	15 ♏	27 ♉	23 ♋
27	3 ♍ 7	14 ♏ 37	5 ♒ 52	6 ♒ 58	23 ♍ 30	15 ♌ 33	27 ♉ 30	1 ♌ 44	19 ♑ 18	5 ♑ 45	12 ♑ 0	15 ♏ 15	0 ♍	28 ♋	15 ♏	27 ♉	23 ♋
28	4 ♍ 5	26 ♏ 33	5 ♒ 49	6 ♒ 57	23 ♍ 22	16 ♌ 47	28 ♉ 2	1 ♌ 56	19 ♑ 16	5 ♑ 44	11 ♑ 59	15 ♏ 16	0 ♍	29 ♋	15 ♏	28 ♉	23 ♋
29	5 ♍ 3	8 ♐ 25	5 ♒ 46	6 D 56	23 ♍ 7	18 ♌ 0	28 ♉ 33	2 ♌ 9	19 ♑ 13	5 ♑ 43	11 ♑ 58	15 ♏ 17	1 ♍	29 ♋	16 ♏	28 ♉	23 ♋
30	6 ♍ 1	20 ♐ 19	5 ♒ 43	6 ♒ 57	22 ♍ 45	19 ♌ 14	29 ♉ 3	2 ♌ 21	19 ♑ 11	5 ♑ 42	11 ♑ 57	15 ♏ 18	1 ♍	0 ♌	16 ♏	28 ♉	23 ♋
31	6 ♍ 59	2 ♑ 19	5 ♒ 40	6 ♒ 59	22 ♍ 18	20 ♌ 28	29 ♉ 34	2 ♌ 33	19 ♑ 9	5 ♑ 41	11 ♑ 57	15 ♏ 19	1 ♍	0 ♌	16 ♏	28 ♉	23 ♋

SUN INGRESS	☉ → ♍ 23日 18:21
MOON PHASE	○ 6日 23:19 ♒　◑ 14日 00:54 ♉　● 20日 21:39 ♌　◐ 28日 16:34 ♐

aspects		
1日	03:31	♂△♆
1日	22:34	♀△♇
3日	10:27	☿△♅
5日	03:40	♂☍♇
6日	10:30	♀☍♄
8日	04:09	☉□♇
8日	10:15	☿△♆
10日	23:09	☿⚹♇
13日	04:27	☉□♂
13日	08:37	♀☌♃
13日	11:41	♂△♄
16日	10:52	☿△♄
26日	17:55	♀□♇
29日	16:25	☉△♅

1990年9月

DAY	☉	☽	☊ mean	☊ true	☿	♀	♂	♃	♄	♅	♆	♇	⚳	⚴	⚵	⚶	⚷
	° ′	° ′	° ′	° ′	° ′	° ′	° ′	° ′	° ′	° ′	° ′	° ′	°	°	°	°	°
1	7 ♍ 57	14 ♑ 29	5 ♒ 36	7 D 0	21 R 45	21 D 42	0 D 4	2 D 45	19 R 6	5 R 41	11 R 56	15 D 20	2 D	1 D	16 D	28 D	23 D
2	8 ♍ 55	26 ♑ 55	5 ♒ 33	7 ♒ 2	21 ♍ 7	22 ♌ 56	0 ♊ 33	2 ♌ 57	19 ♑ 4	5 ♑ 40	11 ♑ 55	15 ♏ 21	2 ♍	2 ♌	17 ♏	28 ♉	24 ♋
3	9 ♍ 53	9 ♒ 39	5 ♒ 30	7 R 2	20 ♍ 22	24 ♌ 10	1 ♊ 3	3 ♌ 9	19 ♑ 2	5 ♑ 39	11 ♑ 55	15 ♏ 23	3 ♍	2 ♌	17 ♏	29 ♉	24 ♋
4	10 ♍ 51	22 ♒ 43	5 ♒ 27	7 ♒ 1	19 ♍ 34	25 ♌ 24	1 ♊ 32	3 ♌ 21	19 ♑ 0	5 ♑ 39	11 ♑ 54	15 ♏ 24	3 ♍	3 ♌	17 ♏	29 ♉	24 ♋
5	11 ♍ 49	6 ♓ 8	5 ♒ 24	6 ♒ 58	18 ♍ 41	26 ♌ 38	2 ♊ 0	3 ♌ 33	18 ♑ 59	5 ♑ 38	11 ♑ 53	15 ♏ 25	4 ♍	3 ♌	17 ♏	29 ♉	24 ♋
6	12 ♍ 47	19 ♓ 52	5 ♒ 20	6 ♒ 54	17 ♍ 45	27 ♌ 52	2 ♊ 29	3 ♌ 45	18 ♑ 57	5 ♑ 38	11 ♑ 53	15 ♏ 27	4 ♍	4 ♌	17 ♏	29 ♉	24 ♋
7	13 ♍ 45	3 ♈ 53	5 ♒ 17	6 ♒ 49	16 ♍ 46	29 ♌ 6	2 ♊ 56	3 ♌ 56	18 ♑ 55	5 ♑ 37	11 ♑ 52	15 ♏ 28	5 ♍	4 ♌	18 ♏	29 ♉	24 ♋
8	14 ♍ 43	18 ♈ 6	5 ♒ 14	6 ♒ 43	15 ♍ 47	0 ♍ 20	3 ♊ 24	4 ♌ 8	18 ♑ 54	5 ♑ 37	11 ♑ 52	15 ♏ 29	5 ♍	5 ♌	18 ♏	29 ♉	24 ♋
9	15 ♍ 42	2 ♉ 26	5 ♒ 11	6 ♒ 38	14 ♍ 48	1 ♍ 34	3 ♊ 51	4 ♌ 20	18 ♑ 52	5 ♑ 36	11 ♑ 51	15 ♏ 31	6 ♍	6 ♌	18 ♏	29 ♉	24 ♋
10	16 ♍ 40	16 ♉ 48	5 ♒ 8	6 ♒ 33	13 ♍ 51	2 ♍ 48	4 ♊ 18	4 ♌ 31	18 ♑ 51	5 ♑ 36	11 ♑ 51	15 ♏ 32	6 ♍	6 ♌	18 ♏	0 ♊	24 ♋
11	17 ♍ 38	1 ♊ 8	5 ♒ 5	6 ♒ 30	12 ♍ 56	4 ♍ 3	4 ♊ 44	4 ♌ 43	18 ♑ 50	5 ♑ 36	11 ♑ 50	15 ♏ 34	6 ♍	7 ♌	19 ♏	0 ♊	24 ♋
12	18 ♍ 37	15 ♊ 23	5 ♒ 1	6 ♒ 29	12 ♍ 6	5 ♍ 17	5 ♊ 10	4 ♌ 54	18 ♑ 48	5 ♑ 36	11 ♑ 50	15 ♏ 35	7 ♍	7 ♌	19 ♏	0 ♊	24 ♋
13	19 ♍ 35	29 ♊ 29	4 ♒ 58	6 D 29	11 ♍ 22	6 ♍ 31	5 ♊ 35	5 ♌ 5	18 ♑ 47	5 ♑ 36	11 ♑ 49	15 ♏ 37	7 ♍	8 ♌	19 ♏	0 ♊	24 ♋
14	20 ♍ 33	13 ♋ 26	4 ♒ 55	6 ♒ 30	10 ♍ 44	7 ♍ 46	6 ♊ 0	5 ♌ 17	18 ♑ 46	5 ♑ 36	11 ♑ 49	15 ♏ 39	8 ♍	8 ♌	19 ♏	0 ♊	25 ♋
15	21 ♍ 32	27 ♋ 13	4 ♒ 52	6 ♒ 32	10 ♍ 13	9 ♍ 0	6 ♊ 25	5 ♌ 28	18 ♑ 45	5 ♑ 36	11 ♑ 49	15 ♏ 40	8 ♍	9 ♌	20 ♏	0 ♊	25 ♋
16	22 ♍ 30	10 ♌ 50	4 ♒ 49	6 R 32	9 ♍ 52	10 ♍ 14	6 ♊ 49	5 ♌ 39	18 ♑ 45	5 D 36	11 ♑ 48	15 ♏ 42	9 ♍	10 ♌	20 ♏	0 ♊	25 ♋
17	23 ♍ 29	24 ♌ 17	4 ♒ 46	6 ♒ 30	9 ♍ 39	11 ♍ 29	7 ♊ 13	5 ♌ 50	18 ♑ 44	5 ♑ 36	11 ♑ 48	15 ♏ 43	9 ♍	10 ♌	20 ♏	0 ♊	25 ♋
18	24 ♍ 27	7 ♍ 32	4 ♒ 42	6 ♒ 27	9 D 35	12 ♍ 43	7 ♊ 36	6 ♌ 1	18 ♑ 43	5 ♑ 36	11 ♑ 48	15 ♏ 45	10 ♍	11 ♌	21 ♏	0 ♊	25 ♋
19	25 ♍ 26	20 ♍ 35	4 ♒ 39	6 ♒ 21	9 ♍ 41	13 ♍ 58	7 ♊ 59	6 ♌ 12	18 ♑ 43	5 ♑ 36	11 ♑ 48	15 ♏ 47	10 ♍	11 ♌	21 ♏	0 ♊	25 ♋
20	26 ♍ 25	3 ♎ 25	4 ♒ 36	6 ♒ 13	9 ♍ 56	15 ♍ 12	8 ♊ 21	6 ♌ 22	18 ♑ 42	5 ♑ 36	11 ♑ 48	15 ♏ 49	11 ♍	12 ♌	21 ♏	0 ♊	25 ♋
21	27 ♍ 23	16 ♎ 1	4 ♒ 33	6 ♒ 3	10 ♍ 21	16 ♍ 27	8 ♊ 42	6 ♌ 33	18 ♑ 42	5 ♑ 36	11 ♑ 48	15 ♏ 50	11 ♍	12 ♌	21 ♏	1 ♊	25 ♋
22	28 ♍ 22	28 ♎ 25	4 ♒ 30	5 ♒ 54	10 ♍ 56	17 ♍ 41	9 ♊ 3	6 ♌ 43	18 ♑ 42	5 ♑ 37	11 ♑ 47	15 ♏ 52	11 ♍	13 ♌	22 ♏	1 ♊	25 ♋
23	29 ♍ 21	10 ♏ 36	4 ♒ 26	5 ♒ 45	11 ♍ 39	18 ♍ 56	9 ♊ 24	6 ♌ 54	18 ♑ 42	5 ♑ 37	11 ♑ 47	15 ♏ 54	12 ♍	13 ♌	22 ♏	1 ♊	25 ♋
24	0 ♎ 19	22 ♏ 37	4 ♒ 23	5 ♒ 37	12 ♍ 30	20 ♍ 10	9 ♊ 44	7 ♌ 4	18 D 42	5 ♑ 38	11 ♑ 47	15 ♏ 56	12 ♍	14 ♌	22 ♏	1 ♊	25 ♋
25	1 ♎ 18	4 ♐ 30	4 ♒ 20	5 ♒ 31	13 ♍ 29	21 ♍ 25	10 ♊ 3	7 ♌ 15	18 ♑ 42	5 ♑ 38	11 D 47	15 ♏ 58	13 ♍	15 ♌	22 ♏	1 ♊	25 ♋
26	2 ♎ 17	16 ♐ 21	4 ♒ 17	5 ♒ 27	14 ♍ 35	22 ♍ 40	10 ♊ 22	7 ♌ 25	18 ♑ 42	5 ♑ 39	11 ♑ 47	15 ♏ 59	13 ♍	15 ♌	23 ♏	1 ♊	25 ♋
27	3 ♎ 16	28 ♐ 12	4 ♒ 14	5 ♒ 26	15 ♍ 48	23 ♍ 54	10 ♊ 40	7 ♌ 35	18 ♑ 42	5 ♑ 39	11 ♑ 47	16 ♏ 1	14 ♍	16 ♌	23 ♏	1 ♊	25 ♋
28	4 ♎ 14	10 ♑ 10	4 ♒ 11	5 D 26	17 ♍ 6	25 ♍ 9	10 ♊ 58	7 ♌ 45	18 ♑ 43	5 ♑ 40	11 ♑ 48	16 ♏ 3	14 ♍	16 ♌	23 ♏	1 R	26 ♋
29	5 ♎ 13	22 ♑ 19	4 ♒ 7	5 ♒ 26	18 ♍ 30	26 ♍ 24	11 ♊ 15	7 ♌ 55	18 ♑ 43	5 ♑ 40	11 ♑ 48	16 ♏ 5	15 ♍	17 ♌	24 ♏	1 ♊	26 ♋
30	6 ♎ 12	4 ♒ 45	4 ♒ 4	5 ♒ 27	19 ♍ 58	27 ♍ 39	11 ♊ 32	8 ♌ 4	18 ♑ 44	5 ♑ 41	11 ♑ 48	16 ♏ 7	15 ♍	17 ♌	24 ♏	1 ♊	26 ♋

SUN INGRESS	☉ → ♎ 23日 15:56
MOON PHASE	○ 5日 10:46 ♓ ◑ 12日 05:53 ♊ ● 19日 09:46 ♍ ◐ 27日 11:06 ♑

aspects

4日	15:48	☿△♄
5日	01:47	☉△♆
8日	06:56	☿⚹♇
8日	13:00	☉☌☿
8日	19:28	☉⚹♇
10日	21:40	♂⚹♃
11日	20:36	♀□♂
12日	04:46	☉△♄
12日	06:06	♀△♅
12日	08:33	☿△♆
15日	18:08	☿☌♀
17日	06:17	♀△♆
20日	12:00	♀⚹♇
22日	19:29	♀△♄
23日	04:23	☿△♆
27日	04:24	☿⚹♇
29日	03:48	☿△♄
29日	11:10	☉□♅

1990年10月

DAY	☉	☽	☊ mean	☊ true	☿	♀	♂	♃	♄	♅	♆	♇	⚳	⚴	⚵	⚶	⚷
	° ′	° ′	° ′	° ′	° ′	° ′	° ′	° ′	° ′	° ′	° ′	° ′	°	°	°	°	°
1	7 ♎ 11	17 ♒ 31	4 ♒ 1	5 R 26	21 D 30	28 D 53	11 D 48	8 D 14	18 D 44	5 D 42	11 D 48	16 D 9	16 D	18 D	24 D	1 R	26 D
2	8 ♎ 10	0 ♓ 43	3 ♒ 58	5 ♒ 24	23 ♍ 5	0 ♎ 8	12 ♊ 3	8 ♌ 24	18 ♑ 45	5 ♑ 43	11 ♑ 48	16 ♏ 11	16 ♍	18 ♌	24 ♏	1 ♊	26 ♋
3	9 ♎ 9	14 ♓ 20	3 ♒ 55	5 ♒ 18	24 ♍ 43	1 ♎ 23	12 ♊ 17	8 ♌ 33	18 ♑ 46	5 ♑ 44	11 ♑ 49	16 ♏ 13	16 ♍	19 ♌	25 ♏	1 ♊	26 ♋
4	10 ♎ 8	28 ♓ 23	3 ♒ 51	5 ♒ 11	26 ♍ 23	2 ♎ 38	12 ♊ 31	8 ♌ 42	18 ♑ 47	5 ♑ 45	11 ♑ 49	16 ♏ 15	17 ♍	19 ♌	25 ♏	1 ♊	26 ♋
5	11 ♎ 7	12 ♈ 48	3 ♒ 48	5 ♒ 1	28 ♍ 4	3 ♎ 53	12 ♊ 45	8 ♌ 52	18 ♑ 48	5 ♑ 46	11 ♑ 49	16 ♏ 17	17 ♍	20 ♌	25 ♏	0 ♊	26 ♋
6	12 ♎ 6	27 ♈ 28	3 ♒ 45	4 ♒ 51	29 ♍ 48	5 ♎ 8	12 ♊ 57	9 ♌ 1	18 ♑ 49	5 ♑ 47	11 ♑ 50	16 ♏ 19	18 ♍	21 ♌	26 ♏	0 ♊	26 ♋
7	13 ♎ 5	12 ♉ 16	3 ♒ 42	4 ♒ 41	1 ♎ 32	6 ♎ 22	13 ♊ 9	9 ♌ 10	18 ♑ 51	5 ♑ 48	11 ♑ 50	16 ♏ 21	18 ♍	21 ♌	26 ♏	0 ♊	26 ♋
8	14 ♎ 5	27 ♉ 3	3 ♒ 39	4 ♒ 32	3 ♎ 17	7 ♎ 37	13 ♊ 20	9 ♌ 19	18 ♑ 52	5 ♑ 49	11 ♑ 51	16 ♏ 24	19 ♍	22 ♌	26 ♏	0 ♊	26 ♋
9	15 ♎ 4	11 ♊ 43	3 ♒ 36	4 ♒ 26	5 ♎ 2	8 ♎ 52	13 ♊ 30	9 ♌ 27	18 ♑ 54	5 ♑ 50	11 ♑ 51	16 ♏ 26	19 ♍	22 ♌	27 ♏	0 ♊	26 ♋
10	16 ♎ 3	26 ♊ 8	3 ♒ 32	4 ♒ 22	6 ♎ 48	10 ♎ 7	13 ♊ 40	9 ♌ 36	18 ♑ 55	5 ♑ 51	11 ♑ 52	16 ♏ 28	20 ♍	23 ♌	27 ♏	0 ♊	26 ♋
11	17 ♎ 2	10 ♋ 17	3 ♒ 29	4 ♒ 21	8 ♎ 34	11 ♎ 22	13 ♊ 49	9 ♌ 45	18 ♑ 57	5 ♑ 53	11 ♑ 52	16 ♏ 30	20 ♍	23 ♌	27 ♏	0 ♊	26 ♋
12	18 ♎ 2	24 ♋ 9	3 ♒ 26	4 D 21	10 ♎ 20	12 ♎ 37	13 ♊ 57	9 ♌ 53	18 ♑ 59	5 ♑ 54	11 ♑ 53	16 ♏ 32	20 ♍	24 ♌	28 ♏	0 ♊	26 ♋
13	19 ♎ 1	7 ♌ 44	3 ♒ 23	4 R 21	12 ♎ 5	13 ♎ 52	14 ♊ 4	10 ♌ 1	19 ♑ 0	5 ♑ 55	11 ♑ 53	16 ♏ 34	21 ♍	24 ♌	28 ♏	0 ♊	26 ♋
14	20 ♎ 0	21 ♌ 3	3 ♒ 20	4 ♒ 20	13 ♎ 50	15 ♎ 7	14 ♊ 11	10 ♌ 9	19 ♑ 2	5 ♑ 57	11 ♑ 54	16 ♏ 37	21 ♍	25 ♌	28 ♏	0 ♊	26 ♋
15	21 ♎ 0	4 ♍ 9	3 ♒ 17	4 ♒ 17	15 ♎ 35	16 ♎ 22	14 ♊ 17	10 ♌ 18	19 ♑ 4	5 ♑ 58	11 ♑ 55	16 ♏ 39	22 ♍	25 ♌	28 ♏	0 ♊	26 ♋
16	21 ♎ 59	17 ♍ 3	3 ♒ 13	4 ♒ 11	17 ♎ 19	17 ♎ 37	14 ♊ 22	10 ♌ 25	19 ♑ 7	6 ♑ 0	11 ♑ 55	16 ♏ 41	22 ♍	26 ♌	29 ♏	29 ♉	26 ♋
17	22 ♎ 59	29 ♍ 46	3 ♒ 10	4 ♒ 2	19 ♎ 3	18 ♎ 52	14 ♊ 26	10 ♌ 33	19 ♑ 9	6 ♑ 1	11 ♑ 56	16 ♏ 43	23 ♍	26 ♌	29 ♏	29 ♉	26 ♋
18	23 ♎ 58	12 ♎ 18	3 ♒ 7	3 ♒ 50	20 ♎ 47	20 ♎ 8	14 ♊ 29	10 ♌ 41	19 ♑ 11	6 ♑ 3	11 ♑ 57	16 ♏ 46	23 ♍	27 ♌	29 ♏	29 ♉	26 ♋
19	24 ♎ 58	24 ♎ 41	3 ♒ 4	3 ♒ 37	22 ♎ 29	21 ♎ 23	14 ♊ 31	10 ♌ 48	19 ♑ 14	6 ♑ 5	11 ♑ 58	16 ♏ 48	24 ♍	27 ♌	0 ♐	29 ♉	26 ♋
20	25 ♎ 58	6 ♏ 54	3 ♒ 1	3 ♒ 22	24 ♎ 12	22 ♎ 38	14 ♊ 33	10 ♌ 56	19 ♑ 16	6 ♑ 6	11 ♑ 58	16 ♏ 50	24 ♍	28 ♌	0 ♐	29 ♉	27 ♋
21	26 ♎ 57	18 ♏ 58	2 ♒ 57	3 ♒ 9	25 ♎ 53	23 ♎ 53	14 ♊ 33	11 ♌ 3	19 ♑ 19	6 ♑ 8	11 ♑ 59	16 ♏ 52	24 ♍	28 ♌	0 ♐	29 ♉	27 ♋
22	27 ♎ 57	0 ♐ 54	2 ♒ 54	2 ♒ 56	27 ♎ 34	25 ♎ 8	14 R 33	11 ♌ 10	19 ♑ 21	6 ♑ 10	12 ♑ 0	16 ♏ 55	25 ♍	29 ♌	1 ♐	29 ♉	27 ♋
23	28 ♎ 57	12 ♐ 45	2 ♒ 51	2 ♒ 47	29 ♎ 15	26 ♎ 23	14 ♊ 32	11 ♌ 17	19 ♑ 24	6 ♑ 12	12 ♑ 1	16 ♏ 57	25 ♍	29 ♌	1 ♐	28 ♉	27 ♋
24	29 ♎ 56	24 ♐ 33	2 ♒ 48	2 ♒ 40	0 ♏ 54	27 ♎ 38	14 ♊ 30	11 ♌ 24	19 ♑ 27	6 ♑ 14	12 ♑ 2	16 ♏ 59	26 ♍	0 ♍	1 ♐	28 ♉	27 ♋
25	0 ♏ 56	6 ♑ 23	2 ♒ 45	2 ♒ 36	2 ♏ 34	28 ♎ 54	14 ♊ 27	11 ♌ 30	19 ♑ 30	6 ♑ 16	12 ♑ 3	17 ♏ 2	26 ♍	0 ♍	2 ♐	28 ♉	27 ♋
26	1 ♏ 56	18 ♑ 17	2 ♒ 42	2 ♒ 34	4 ♏ 12	0 ♏ 9	14 ♊ 23	11 ♌ 37	19 ♑ 33	6 ♑ 18	12 ♑ 4	17 ♏ 4	27 ♍	1 ♍	2 ♐	28 ♉	27 ♋
27	2 ♏ 56	0 ♒ 23	2 ♒ 38	2 ♒ 34	5 ♏ 50	1 ♏ 24	14 ♊ 18	11 ♌ 43	19 ♑ 36	6 ♑ 20	12 ♑ 5	17 ♏ 6	27 ♍	1 ♍	2 ♐	28 ♉	27 ♋
28	3 ♏ 56	12 ♒ 45	2 ♒ 35	2 ♒ 34	7 ♏ 28	2 ♏ 39	14 ♊ 13	11 ♌ 49	19 ♑ 40	6 ♑ 22	12 ♑ 6	17 ♏ 9	28 ♍	2 ♍	3 ♐	27 ♉	27 ♋
29	4 ♏ 56	25 ♒ 28	2 ♒ 32	2 ♒ 33	9 ♏ 5	3 ♏ 54	14 ♊ 6	11 ♌ 55	19 ♑ 43	6 ♑ 24	12 ♑ 7	17 ♏ 11	28 ♍	2 ♍	3 ♐	27 ♉	27 ♋
30	5 ♏ 55	8 ♓ 37	2 ♒ 29	2 ♒ 30	10 ♏ 41	5 ♏ 10	13 ♊ 59	12 ♌ 1	19 ♑ 46	6 ♑ 26	12 ♑ 8	17 ♏ 14	28 ♍	3 ♍	3 ♐	27 ♉	27 ♋
31	6 ♏ 55	22 ♓ 15	2 ♒ 26	2 ♒ 24	12 ♏ 17	6 ♏ 25	13 ♊ 51	12 ♌ 7	19 ♑ 50	6 ♑ 28	12 ♑ 10	17 ♏ 16	29 ♍	3 ♍	4 ♐	27 ♉	27 ♋

SUN INGRESS	☉ → ♏ 24日 01:14
MOON PHASE	○ 4日 21:02 ♈ ◑ 11日 12:31 ♋ ● 19日 00:37 ♎ ◐ 27日 05:26 ♒

aspects

2日	06:33	☉⚹♃
5日	17:11	☉□♆
6日	12:43	♀□♅
7日	01:45	☉△♂
9日	10:58	☿□♅
9日	12:45	♀⚹♃
11日	09:38	♀□♆
11日	17:28	☿⚹♃
12日	21:18	☿□♆
12日	23:43	☉□♄
13日	04:20	♀△♂
14日	05:02	☿△♂
16日	14:51	☿☌♀
17日	01:18	☿□♄
17日	05:24	♀□♄
22日	13:22	☉☌☿
27日	07:19	☿⚹♅
30日	12:40	☉⚹♅
30日	21:07	☿□♃
30日	22:02	☿⚹♆
31日	01:07	♀⚹♅

1990年11月

DAY	☉	☽	☊ mean	☊ true	☿	♀	♂	♃	♄	♅	♆	♇	⚳	⚴	⚵	⚶	⚷
	° ′	° ′	° ′	° ′	° ′	° ′	° ′	° ′	° ′	° ′	° ′	° ′	°	°	°	°	°
1	7 ♏ 55	6 ♈ 23	2 ♒ 23	2 R 16	13 D 53	7 D 40	13 R 42	12 D 12	19 D 54	6 D 30	12 D 11	17 D 18	29 D	3 D	4 D	26 R	27 D
2	8 ♏ 55	20 ♈ 59	2 ♒ 19	2 ♒ 5	15 ♏ 28	8 ♏ 55	13 ♊ 32	12 ♌ 17	19 ♑ 57	6 ♑ 33	12 ♑ 12	17 ♏ 21	0 ♎	4 ♍	4 ♐	26 ♉	27 ♋
3	9 ♏ 55	5 ♉ 56	2 ♒ 16	1 ♒ 54	17 ♏ 3	10 ♏ 10	13 ♊ 21	12 ♌ 23	20 ♑ 1	6 ♑ 35	12 ♑ 13	17 ♏ 23	0 ♎	4 ♍	5 ♐	26 ♉	27 ♋
4	10 ♏ 55	21 ♉ 4	2 ♒ 13	1 ♒ 42	18 ♏ 37	11 ♏ 26	13 ♊ 9	12 ♌ 28	20 ♑ 5	6 ♑ 37	12 ♑ 15	17 ♏ 26	1 ♎	5 ♍	5 ♐	26 ♉	27 ♋
5	11 ♏ 56	6 ♊ 15	2 ♒ 10	1 ♒ 33	20 ♏ 10	12 ♏ 41	12 ♊ 57	12 ♌ 33	20 ♑ 9	6 ♑ 40	12 ♑ 16	17 ♏ 28	1 ♎	5 ♍	5 ♐	26 ♉	27 ♋
6	12 ♏ 56	21 ♊ 16	2 ♒ 7	1 ♒ 25	21 ♏ 44	13 ♏ 56	12 ♊ 43	12 ♌ 37	20 ♑ 13	6 ♑ 42	12 ♑ 17	17 ♏ 30	1 ♎	6 ♍	6 ♐	25 ♉	27 ♋
7	13 ♏ 56	6 ♋ 1	2 ♒ 3	1 ♒ 21	23 ♏ 17	15 ♏ 11	12 ♊ 29	12 ♌ 42	20 ♑ 17	6 ♑ 45	12 ♑ 19	17 ♏ 33	2 ♎	6 ♍	6 ♐	25 ♉	27 ♋
8	14 ♏ 56	20 ♋ 24	2 ♒ 0	1 ♒ 19	24 ♏ 49	16 ♏ 27	12 ♊ 14	12 ♌ 46	20 ♑ 21	6 ♑ 47	12 ♑ 20	17 ♏ 35	2 ♎	7 ♍	6 ♐	25 ♉	27 ♋
9	15 ♏ 56	4 ♌ 22	1 ♒ 57	1 D 18	26 ♏ 22	17 ♏ 42	11 ♊ 59	12 ♌ 50	20 ♑ 25	6 ♑ 50	12 ♑ 22	17 ♏ 38	3 ♎	7 ♍	7 ♐	25 ♉	27 R
10	16 ♏ 56	17 ♌ 58	1 ♒ 54	1 R 19	27 ♏ 53	18 ♏ 57	11 ♊ 42	12 ♌ 54	20 ♑ 30	6 ♑ 52	12 ♑ 23	17 ♏ 40	3 ♎	8 ♍	7 ♐	24 ♉	27 ♋
11	17 ♏ 57	1 ♍ 11	1 ♒ 51	1 ♒ 18	29 ♏ 25	20 ♏ 13	11 ♊ 25	12 ♌ 58	20 ♑ 34	6 ♑ 55	12 ♑ 24	17 ♏ 43	4 ♎	8 ♍	7 ♐	24 ♉	27 ♋
12	18 ♏ 57	14 ♍ 7	1 ♒ 48	1 ♒ 15	0 ♐ 56	21 ♏ 28	11 ♊ 7	13 ♌ 2	20 ♑ 38	6 ♑ 58	12 ♑ 26	17 ♏ 45	4 ♎	8 ♍	8 ♐	24 ♉	27 ♋
13	19 ♏ 57	26 ♍ 47	1 ♒ 44	1 ♒ 10	2 ♐ 27	22 ♏ 43	10 ♊ 49	13 ♌ 5	20 ♑ 43	7 ♑ 0	12 ♑ 27	17 ♏ 47	4 ♎	9 ♍	8 ♐	24 ♉	27 ♋
14	20 ♏ 58	9 ♎ 15	1 ♒ 41	1 ♒ 2	3 ♐ 57	23 ♏ 59	10 ♊ 30	13 ♌ 9	20 ♑ 48	7 ♑ 3	12 ♑ 29	17 ♏ 50	5 ♎	9 ♍	8 ♐	23 ♉	27 ♋
15	21 ♏ 58	21 ♎ 33	1 ♒ 38	0 ♒ 51	5 ♐ 27	25 ♏ 14	10 ♊ 10	13 ♌ 12	20 ♑ 52	7 ♑ 6	12 ♑ 31	17 ♏ 52	5 ♎	10 ♍	9 ♐	23 ♉	27 ♋
16	22 ♏ 59	3 ♏ 42	1 ♒ 35	0 ♒ 39	6 ♐ 57	26 ♏ 29	9 ♊ 50	13 ♌ 15	20 ♑ 57	7 ♑ 9	12 ♑ 32	17 ♏ 55	6 ♎	10 ♍	9 ♐	23 ♉	27 ♋
17	23 ♏ 59	15 ♏ 44	1 ♒ 32	0 ♒ 25	8 ♐ 27	27 ♏ 45	9 ♊ 30	13 ♌ 17	21 ♑ 2	7 ♑ 11	12 ♑ 34	17 ♏ 57	6 ♎	10 ♍	9 ♐	22 ♉	27 ♋
18	25 ♏ 0	27 ♏ 41	1 ♒ 29	0 ♒ 13	9 ♐ 56	29 ♏ 0	9 ♊ 9	13 ♌ 20	21 ♑ 7	7 ♑ 14	12 ♑ 36	17 ♏ 59	6 ♎	11 ♍	10 ♐	22 ♉	27 ♋
19	26 ♏ 0	9 ♐ 33	1 ♒ 25	0 ♒ 1	11 ♐ 24	0 ♐ 15	8 ♊ 47	13 ♌ 22	21 ♑ 12	7 ♑ 17	12 ♑ 37	18 ♏ 2	7 ♎	11 ♍	10 ♐	22 ♉	27 ♋
20	27 ♏ 1	21 ♐ 22	1 ♒ 22	29 ♑ 52	12 ♐ 52	1 ♐ 31	8 ♊ 25	13 ♌ 24	21 ♑ 17	7 ♑ 20	12 ♑ 39	18 ♏ 4	7 ♎	12 ♍	10 ♐	22 ♉	27 ♋
21	28 ♏ 1	3 ♑ 11	1 ♒ 19	29 ♑ 46	14 ♐ 20	2 ♐ 46	8 ♊ 3	13 ♌ 26	21 ♑ 22	7 ♑ 23	12 ♑ 41	18 ♏ 7	8 ♎	12 ♍	11 ♐	21 ♉	27 ♋
22	29 ♏ 2	15 ♑ 1	1 ♒ 16	29 ♑ 42	15 ♐ 47	4 ♐ 1	7 ♊ 41	13 ♌ 28	21 ♑ 27	7 ♑ 26	12 ♑ 42	18 ♏ 9	8 ♎	12 ♍	11 ♐	21 ♉	27 ♋
23	0 ♐ 3	26 ♑ 56	1 ♒ 13	29 ♑ 41	17 ♐ 14	5 ♐ 17	7 ♊ 19	13 ♌ 30	21 ♑ 32	7 ♑ 29	12 ♑ 44	18 ♏ 11	8 ♎	13 ♍	11 ♐	21 ♉	27 ♋
24	1 ♐ 3	9 ♒ 1	1 ♒ 9	29 D 41	18 ♐ 40	6 ♐ 32	6 ♊ 56	13 ♌ 31	21 ♑ 38	7 ♑ 32	12 ♑ 46	18 ♏ 14	9 ♎	13 ♍	12 ♐	21 ♉	27 ♋
25	2 ♐ 4	21 ♒ 20	1 ♒ 6	29 ♑ 42	20 ♐ 5	7 ♐ 47	6 ♊ 33	13 ♌ 32	21 ♑ 43	7 ♑ 35	12 ♑ 48	18 ♏ 16	9 ♎	14 ♍	12 ♐	20 ♉	27 ♋
26	3 ♐ 5	3 ♓ 58	1 ♒ 3	29 R 42	21 ♐ 29	9 ♐ 3	6 ♊ 11	13 ♌ 33	21 ♑ 49	7 ♑ 38	12 ♑ 50	18 ♏ 19	10 ♎	14 ♍	12 ♐	20 ♉	27 ♋
27	4 ♐ 5	17 ♓ 0	1 ♒ 0	29 ♑ 41	22 ♐ 53	10 ♐ 18	5 ♊ 48	13 ♌ 34	21 ♑ 54	7 ♑ 41	12 ♑ 51	18 ♏ 21	10 ♎	14 ♍	13 ♐	20 ♉	27 ♋
28	5 ♐ 6	0 ♈ 30	0 ♒ 57	29 ♑ 39	24 ♐ 15	11 ♐ 33	5 ♊ 25	13 ♌ 35	22 ♑ 0	7 ♑ 45	12 ♑ 53	18 ♏ 23	10 ♎	15 ♍	13 ♐	20 ♉	27 ♋
29	6 ♐ 7	14 ♈ 30	0 ♒ 54	29 ♑ 33	25 ♐ 36	12 ♐ 49	5 ♊ 3	13 ♌ 35	22 ♑ 5	7 ♑ 48	12 ♑ 55	18 ♏ 26	11 ♎	15 ♍	13 ♐	19 ♉	27 ♋
30	7 ♐ 7	29 ♈ 0	0 ♒ 50	29 ♑ 26	26 ♐ 56	14 ♐ 4	4 ♊ 40	13 ♌ 35	22 ♑ 11	7 ♑ 51	12 ♑ 57	18 ♏ 28	11 ♎	15 ♍	14 ♐	19 ♉	26 ♋

SUN INGRESS	☉ → ♐ 22日 22:47
MOON PHASE	○ 3日 06:48 ♉ ◑ 9日 22:02 ♌ ● 17日 18:05 ♏ ◐ 25日 22:12 ♓

aspects		
2日	00:15	☉☌♀
3日	05:23	☿☌♇
4日	15:53	♀⚹♆
4日	21:08	♀□♃
4日	23:33	☿⚹♄
5日	08:21	☉⚹♆
5日	16:02	☉□♃
6日	07:52	♂⚹♃
8日	22:33	♀☌♇
10日	18:05	☉☌♇
11日	07:13	♀⚹♄
13日	19:36	☉⚹♄
17日	13:46	☿☍♂
20日	08:56	☿△♃
24日	05:52	♀☍♂
28日	05:34	☉☍♂
29日	14:46	♀△♃

1990年12月

DAY	☉	☽	☊ mean	☊ true	☿	♀	♂	♃	♄	♅	♆	♇	⚳	⚴	⚵	⚶	⚷
	° ′	° ′	° ′	° ′	° ′	° ′	° ′	° ′	° ′	° ′	° ′	° ′	°	°	°	°	°
1	8 ♐ 8	13 ♉ 55	0 ♒ 47	29 R 18	28 D 14	15 D 19	4 R 18	13 R 35	22 D 17	7 D 54	12 D 59	18 D 30	12 D	16 D	14 D	19 R	26 R
2	9 ♐ 9	29 ♉ 7	0 ♒ 44	29 ♑ 10	29 ♐ 31	16 ♐ 35	3 ♊ 56	13 ♌ 35	22 ♑ 22	7 ♑ 57	13 ♑ 1	18 ♏ 33	12 ♎	16 ♍	15 ♐	19 ♉	26 ♋
3	10 ♐ 10	14 ♊ 27	0 ♒ 41	29 ♑ 3	0 ♑ 45	17 ♐ 50	3 ♊ 35	13 ♌ 35	22 ♑ 28	8 ♑ 1	13 ♑ 3	18 ♏ 35	12 ♎	16 ♍	15 ♐	19 ♉	26 ♋
4	11 ♐ 11	29 ♊ 42	0 ♒ 38	28 ♑ 58	1 ♑ 57	19 ♐ 6	3 ♊ 14	13 ♌ 34	22 ♑ 34	8 ♑ 4	13 ♑ 5	18 ♏ 37	13 ♎	17 ♍	15 ♐	18 ♉	26 ♋
5	12 ♐ 11	14 ♋ 44	0 ♒ 35	28 ♑ 55	3 ♑ 6	20 ♐ 21	2 ♊ 53	13 ♌ 33	22 ♑ 40	8 ♑ 7	13 ♑ 7	18 ♏ 39	13 ♎	17 ♍	16 ♐	18 ♉	26 ♋
6	13 ♐ 12	29 ♋ 23	0 ♒ 31	28 D 54	4 ♑ 12	21 ♐ 36	2 ♊ 33	13 ♌ 32	22 ♑ 46	8 ♑ 11	13 ♑ 9	18 ♏ 42	14 ♎	17 ♍	16 ♐	18 ♉	26 ♋
7	14 ♐ 13	13 ♌ 37	0 ♒ 28	28 ♑ 55	5 ♑ 14	22 ♐ 52	2 ♊ 13	13 ♌ 31	22 ♑ 52	8 ♑ 14	13 ♑ 11	18 ♏ 44	14 ♎	18 ♍	16 ♐	18 ♉	26 ♋
8	15 ♐ 14	27 ♌ 23	0 ♒ 25	28 ♑ 56	6 ♑ 12	24 ♐ 7	1 ♊ 53	13 ♌ 30	22 ♑ 58	8 ♑ 17	13 ♑ 13	18 ♏ 46	14 ♎	18 ♍	17 ♐	18 ♉	26 ♋
9	16 ♐ 15	10 ♍ 42	0 ♒ 22	28 ♑ 57	7 ♑ 5	25 ♐ 22	1 ♊ 35	13 ♌ 28	23 ♑ 4	8 ♑ 21	13 ♑ 15	18 ♏ 48	15 ♎	18 ♍	17 ♐	17 ♉	26 ♋
10	17 ♐ 16	23 ♍ 39	0 ♒ 19	28 R 57	7 ♑ 53	26 ♐ 38	1 ♊ 16	13 ♌ 27	23 ♑ 11	8 ♑ 24	13 ♑ 17	18 ♏ 51	15 ♎	19 ♍	17 ♐	17 ♉	26 ♋
11	18 ♐ 17	6 ♎ 16	0 ♒ 15	28 ♑ 55	8 ♑ 34	27 ♐ 53	0 ♊ 59	13 ♌ 25	23 ♑ 17	8 ♑ 28	13 ♑ 19	18 ♏ 53	15 ♎	19 ♍	18 ♐	17 ♉	26 ♋
12	19 ♐ 18	18 ♎ 37	0 ♒ 12	28 ♑ 52	9 ♑ 8	29 ♐ 8	0 ♊ 42	13 ♌ 22	23 ♑ 23	8 ♑ 31	13 ♑ 21	18 ♏ 55	16 ♎	19 ♍	18 ♐	17 ♉	26 ♋
13	20 ♐ 19	0 ♏ 46	0 ♒ 9	28 ♑ 46	9 ♑ 34	0 ♑ 24	0 ♊ 26	13 ♌ 20	23 ♑ 30	8 ♑ 34	13 ♑ 24	18 ♏ 57	16 ♎	20 ♍	18 ♐	17 ♉	26 ♋
14	21 ♐ 20	12 ♏ 47	0 ♒ 6	28 ♑ 40	9 ♑ 52	1 ♑ 39	0 ♊ 10	13 ♌ 18	23 ♑ 36	8 ♑ 38	13 ♑ 26	18 ♏ 59	17 ♎	20 ♍	19 ♐	17 ♉	26 ♋
15	22 ♐ 21	24 ♏ 41	0 ♒ 3	28 ♑ 32	10 ♑ 0	2 ♑ 54	29 ♉ 55	13 ♌ 15	23 ♑ 42	8 ♑ 41	13 ♑ 28	19 ♏ 1	17 ♎	20 ♍	19 ♐	16 ♉	26 ♋
16	23 ♐ 22	6 ♐ 32	0 ♒ 0	28 ♑ 25	9 R 57	4 ♑ 10	29 ♉ 41	13 ♌ 12	23 ♑ 49	8 ♑ 45	13 ♑ 30	19 ♏ 4	17 ♎	20 ♍	19 ♐	16 ♉	26 ♋
17	24 ♐ 23	18 ♐ 22	29 ♑ 56	28 ♑ 19	9 ♑ 43	5 ♑ 25	29 ♉ 28	13 ♌ 9	23 ♑ 55	8 ♑ 48	13 ♑ 32	19 ♏ 6	18 ♎	21 ♍	20 ♐	16 ♉	26 ♋
18	25 ♐ 24	0 ♑ 12	29 ♑ 53	28 ♑ 14	9 ♑ 18	6 ♑ 40	29 ♉ 15	13 ♌ 5	24 ♑ 2	8 ♑ 52	13 ♑ 34	19 ♏ 8	18 ♎	21 ♍	20 ♐	16 ♉	26 ♋
19	26 ♐ 25	12 ♑ 4	29 ♑ 50	28 ♑ 11	8 ♑ 41	7 ♑ 56	29 ♉ 3	13 ♌ 2	24 ♑ 8	8 ♑ 55	13 ♑ 37	19 ♏ 10	18 ♎	21 ♍	21 ♐	16 ♉	26 ♋
20	27 ♐ 26	24 ♑ 0	29 ♑ 47	28 ♑ 10	7 ♑ 53	9 ♑ 11	28 ♉ 52	12 ♌ 58	24 ♑ 15	8 ♑ 59	13 ♑ 39	19 ♏ 12	19 ♎	21 ♍	21 ♐	16 ♉	26 ♋
21	28 ♐ 28	6 ♒ 2	29 ♑ 44	28 D 10	6 ♑ 54	10 ♑ 26	28 ♉ 42	12 ♌ 54	24 ♑ 22	9 ♑ 3	13 ♑ 41	19 ♏ 14	19 ♎	22 ♍	21 ♐	16 ♉	25 ♋
22	29 ♐ 29	18 ♒ 13	29 ♑ 41	28 ♑ 12	5 ♑ 46	11 ♑ 42	28 ♉ 33	12 ♌ 50	24 ♑ 28	9 ♑ 6	13 ♑ 43	19 ♏ 16	19 ♎	22 ♍	22 ♐	16 ♉	25 ♋
23	0 ♑ 30	0 ♓ 37	29 ♑ 37	28 ♑ 13	4 ♑ 31	12 ♑ 57	28 ♉ 24	12 ♌ 46	24 ♑ 35	9 ♑ 10	13 ♑ 45	19 ♏ 18	20 ♎	22 ♍	22 ♐	16 ♉	25 ♋
24	1 ♑ 31	13 ♓ 17	29 ♑ 34	28 ♑ 15	3 ♑ 10	14 ♑ 12	28 ♉ 17	12 ♌ 42	24 ♑ 42	9 ♑ 13	13 ♑ 48	19 ♏ 20	20 ♎	22 ♍	22 ♐	15 ♉	25 ♋
25	2 ♑ 32	26 ♓ 16	29 ♑ 31	28 ♑ 16	1 ♑ 48	15 ♑ 28	28 ♉ 10	12 ♌ 37	24 ♑ 49	9 ♑ 17	13 ♑ 50	19 ♏ 22	20 ♎	22 ♍	23 ♐	15 ♉	25 ♋
26	3 ♑ 33	9 ♈ 39	29 ♑ 28	28 R 16	0 ♑ 26	16 ♑ 43	28 ♉ 4	12 ♌ 32	24 ♑ 55	9 ♑ 20	13 ♑ 52	19 ♏ 23	21 ♎	23 ♍	23 ♐	15 ♉	25 ♋
27	4 ♑ 34	23 ♈ 26	29 ♑ 25	28 ♑ 15	29 ♐ 7	17 ♑ 58	27 ♉ 59	12 ♌ 28	25 ♑ 2	9 ♑ 24	13 ♑ 54	19 ♏ 25	21 ♎	23 ♍	23 ♐	15 ♉	25 ♋
28	5 ♑ 35	7 ♉ 40	29 ♑ 21	28 ♑ 13	27 ♐ 54	19 ♑ 14	27 ♉ 54	12 ♌ 22	25 ♑ 9	9 ♑ 28	13 ♑ 57	19 ♏ 27	21 ♎	23 ♍	24 ♐	15 ♉	25 ♋
29	6 ♑ 37	22 ♉ 17	29 ♑ 18	28 ♑ 10	26 ♐ 49	20 ♑ 29	27 ♉ 51	12 ♌ 17	25 ♑ 16	9 ♑ 31	13 ♑ 59	19 ♏ 29	22 ♎	23 ♍	24 ♐	15 ♉	25 ♋
30	7 ♑ 38	7 ♊ 14	29 ♑ 15	28 ♑ 7	25 ♐ 52	21 ♑ 44	27 ♉ 48	12 ♌ 12	25 ♑ 23	9 ♑ 35	14 ♑ 1	19 ♏ 31	22 ♎	23 ♍	24 ♐	15 ♉	25 ♋
31	8 ♑ 39	22 ♊ 22	29 ♑ 12	28 ♑ 4	25 ♐ 5	22 ♑ 59	27 ♉ 46	12 ♌ 6	25 ♑ 30	9 ♑ 38	14 ♑ 3	19 ♏ 33	22 ♎	24 ♍	25 ♐	15 ♉	25 ♋

SUN INGRESS	☉ → ♑ 22日 12:07
MOON PHASE	○ 2日 16:50 ♊ ◑ 9日 11:04 ♍ ● 17日 13:22 ♐ ◐ 25日 12:16 ♈

aspects		
6日	07:46	☉△♃
10日	19:42	☿☌♅
18日	16:12	☿☌♅
19日	09:02	☿☌♀
19日	19:58	♀☌♅
23日	15:52	♀☌♆
24日	16:40	☉☌☿
28日	04:27	♀⚹♇

1991年1月

DAY	☉	☽	☊ mean	☊ true	☿	♀	♂	♃	♄	♅	♆	♇	⚳	⚴	⚵	⚶	⚷
	° ′	° ′	° ′	° ′	° ′	° ′	° ′	° ′	° ′	° ′	° ′	° ′	°	°	°	°	°
1	9 ♑ 40	7 ♋ 33	29 ♑ 9	28 R 3	24 R 29	24 D 15	27 R 45	12 R 1	25 D 37	9 D 42	14 D 6	19 D 34	23 D	24 D	25 D	15 R	25 R
2	10 ♑ 41	22 ♋ 37	29 ♑ 6	28 ♑ 2	24 ♐ 3	25 ♑ 30	27 D 45	11 ♌ 55	25 ♑ 44	9 ♑ 46	14 ♑ 8	19 ♏ 36	23 ♎	24 ♍	25 ♐	15 ♉	25 ♋
3	11 ♑ 42	7 ♌ 24	29 ♑ 2	28 D 2	23 ♐ 48	26 ♑ 45	27 ♉ 45	11 ♌ 49	25 ♑ 51	9 ♑ 49	14 ♑ 10	19 ♏ 38	23 ♎	24 ♍	26 ♐	15 D	25 ♋
4	12 ♑ 43	21 ♌ 49	28 ♑ 59	28 ♑ 3	23 ♐ 42	28 ♑ 0	27 ♉ 46	11 ♌ 43	25 ♑ 58	9 ♑ 53	14 ♑ 12	19 ♏ 39	24 ♎	24 ♍	26 ♐	15 ♉	25 ♋
5	13 ♑ 44	5 ♍ 47	28 ♑ 56	28 ♑ 4	23 D 45	29 ♑ 15	27 ♉ 48	11 ♌ 36	26 ♑ 5	9 ♑ 56	14 ♑ 15	19 ♏ 41	24 ♎	24 ♍	27 ♐	15 ♉	25 ♋
6	14 ♑ 46	19 ♍ 18	28 ♑ 53	28 ♑ 5	23 ♐ 57	0 ♒ 31	27 ♉ 51	11 ♌ 30	26 ♑ 12	10 ♑ 0	14 ♑ 17	19 ♏ 43	24 ♎	24 ♍	27 ♐	15 ♉	24 ♋
7	15 ♑ 47	2 ♎ 23	28 ♑ 50	28 ♑ 6	24 ♐ 17	1 ♒ 46	27 ♉ 55	11 ♌ 23	26 ♑ 19	10 ♑ 3	14 ♑ 19	19 ♏ 44	25 ♎	24 ♍	27 ♐	15 ♉	24 ♋
8	16 ♑ 48	15 ♎ 5	28 ♑ 47	28 ♑ 6	24 ♐ 44	3 ♒ 1	27 ♉ 59	11 ♌ 17	26 ♑ 26	10 ♑ 7	14 ♑ 22	19 ♏ 46	25 ♎	24 ♍	28 ♐	15 ♉	24 ♋
9	17 ♑ 49	27 ♎ 27	28 ♑ 43	28 R 6	25 ♐ 17	4 ♒ 16	28 ♉ 4	11 ♌ 10	26 ♑ 33	10 ♑ 11	14 ♑ 24	19 ♏ 47	25 ♎	25 ♍	28 ♐	15 ♉	24 ♋
10	18 ♑ 50	9 ♏ 35	28 ♑ 40	28 ♑ 5	25 ♐ 56	5 ♒ 31	28 ♉ 9	11 ♌ 3	26 ♑ 40	10 ♑ 14	14 ♑ 26	19 ♏ 49	25 ♎	25 ♍	28 ♐	15 ♉	24 ♋
11	19 ♑ 51	21 ♏ 32	28 ♑ 37	28 ♑ 4	26 ♐ 40	6 ♒ 47	28 ♉ 15	10 ♌ 56	26 ♑ 47	10 ♑ 18	14 ♑ 28	19 ♏ 50	26 ♎	25 ♍	29 ♐	15 ♉	24 ♋
12	20 ♑ 52	3 ♐ 23	28 ♑ 34	28 ♑ 3	27 ♐ 28	8 ♒ 2	28 ♉ 22	10 ♌ 49	26 ♑ 54	10 ♑ 21	14 ♑ 31	19 ♏ 52	26 ♎	25 ♍	29 ♐	15 ♉	24 ♋
13	21 ♑ 54	15 ♐ 12	28 ♑ 31	28 ♑ 2	28 ♐ 21	9 ♒ 17	28 ♉ 30	10 ♌ 42	27 ♑ 1	10 ♑ 25	14 ♑ 33	19 ♏ 53	26 ♎	25 ♍	29 ♐	15 ♉	24 ♋
14	22 ♑ 55	27 ♐ 2	28 ♑ 27	28 ♑ 2	29 ♐ 17	10 ♒ 32	28 ♉ 38	10 ♌ 35	27 ♑ 8	10 ♑ 28	14 ♑ 35	19 ♏ 55	26 ♎	25 ♍	0 ♑	15 ♉	24 ♋
15	23 ♑ 56	8 ♑ 55	28 ♑ 24	28 ♑ 1	0 ♑ 17	11 ♒ 47	28 ♉ 47	10 ♌ 27	27 ♑ 16	10 ♑ 32	14 ♑ 37	19 ♏ 56	27 ♎	25 ♍	0 ♑	16 ♉	24 ♋
16	24 ♑ 57	20 ♑ 53	28 ♑ 21	28 ♑ 1	1 ♑ 20	13 ♒ 2	28 ♉ 57	10 ♌ 20	27 ♑ 23	10 ♑ 35	14 ♑ 40	19 ♏ 57	27 ♎	25 ♍	0 ♑	16 ♉	24 ♋
17	25 ♑ 58	3 ♒ 0	28 ♑ 18	28 D 1	2 ♑ 25	14 ♒ 17	29 ♉ 7	10 ♌ 12	27 ♑ 30	10 ♑ 39	14 ♑ 42	19 ♏ 59	27 ♎	25 ♍	1 ♑	16 ♉	24 ♋
18	26 ♑ 59	15 ♒ 15	28 ♑ 15	28 ♑ 1	3 ♑ 33	15 ♒ 32	29 ♉ 18	10 ♌ 5	27 ♑ 37	10 ♑ 42	14 ♑ 44	20 ♏ 0	28 ♎	25 R	1 ♑	16 ♉	24 ♋
19	28 ♑ 0	27 ♒ 42	28 ♑ 12	28 ♑ 1	4 ♑ 43	16 ♒ 47	29 ♉ 29	9 ♌ 57	27 ♑ 44	10 ♑ 46	14 ♑ 46	20 ♏ 1	28 ♎	25 ♍	1 ♑	16 ♉	24 ♋
20	29 ♑ 2	10 ♓ 20	28 ♑ 8	28 R 1	5 ♑ 55	18 ♒ 2	29 ♉ 41	9 ♌ 49	27 ♑ 51	10 ♑ 49	14 ♑ 49	20 ♏ 2	28 ♎	25 ♍	2 ♑	16 ♉	23 ♋
21	0 ♒ 3	23 ♓ 13	28 ♑ 5	28 ♑ 1	7 ♑ 9	19 ♒ 17	29 ♉ 54	9 ♌ 41	27 ♑ 58	10 ♑ 53	14 ♑ 51	20 ♏ 3	28 ♎	25 ♍	2 ♑	16 ♉	23 ♋
22	1 ♒ 4	6 ♈ 20	28 ♑ 2	28 ♑ 0	8 ♑ 24	20 ♒ 32	0 ♊ 7	9 ♌ 34	28 ♑ 6	10 ♑ 56	14 ♑ 53	20 ♏ 4	28 ♎	25 ♍	2 ♑	16 ♉	23 ♋
23	2 ♒ 5	19 ♈ 44	27 ♑ 59	28 ♑ 0	9 ♑ 41	21 ♒ 47	0 ♊ 21	9 ♌ 26	28 ♑ 13	11 ♑ 0	14 ♑ 55	20 ♏ 6	29 ♎	25 ♍	3 ♑	16 ♉	23 ♋
24	3 ♒ 6	3 ♉ 26	27 ♑ 56	28 D 0	10 ♑ 59	23 ♒ 2	0 ♊ 35	9 ♌ 18	28 ♑ 20	11 ♑ 3	14 ♑ 57	20 ♏ 7	29 ♎	25 ♍	3 ♑	17 ♉	23 ♋
25	4 ♒ 7	17 ♉ 26	27 ♑ 53	28 ♑ 0	12 ♑ 19	24 ♒ 17	0 ♊ 50	9 ♌ 10	28 ♑ 27	11 ♑ 7	15 ♑ 0	20 ♏ 8	29 ♎	25 ♍	3 ♑	17 ♉	23 ♋
26	5 ♒ 8	1 ♊ 44	27 ♑ 49	28 ♑ 1	13 ♑ 40	25 ♒ 32	1 ♊ 5	9 ♌ 2	28 ♑ 34	11 ♑ 10	15 ♑ 2	20 ♏ 9	29 ♎	25 ♍	4 ♑	17 ♉	23 ♋
27	6 ♒ 9	16 ♊ 16	27 ♑ 46	28 ♑ 1	15 ♑ 1	26 ♒ 47	1 ♊ 21	8 ♌ 54	28 ♑ 41	11 ♑ 13	15 ♑ 4	20 ♏ 10	0 ♏	24 ♍	4 ♑	17 ♉	23 ♋
28	7 ♒ 10	0 ♋ 59	27 ♑ 43	28 ♑ 2	16 ♑ 24	28 ♒ 2	1 ♊ 37	8 ♌ 46	28 ♑ 48	11 ♑ 17	15 ♑ 6	20 ♏ 11	0 ♏	24 ♍	4 ♑	17 ♉	23 ♋
29	8 ♒ 11	15 ♋ 48	27 ♑ 40	28 ♑ 3	17 ♑ 48	29 ♒ 17	1 ♊ 54	8 ♌ 38	28 ♑ 55	11 ♑ 20	15 ♑ 8	20 ♏ 11	0 ♏	24 ♍	5 ♑	17 ♉	23 ♋
30	9 ♒ 12	0 ♌ 34	27 ♑ 37	28 R 3	19 ♑ 13	0 ♓ 31	2 ♊ 11	8 ♌ 30	29 ♑ 2	11 ♑ 23	15 ♑ 10	20 ♏ 12	0 ♏	24 ♍	5 ♑	18 ♉	23 ♋
31	10 ♒ 13	15 ♌ 12	27 ♑ 33	28 ♑ 2	20 ♑ 39	1 ♓ 46	2 ♊ 28	8 ♌ 22	29 ♑ 9	11 ♑ 26	15 ♑ 12	20 ♏ 13	0 ♏	24 ♍	6 ♑	18 ♉	23 ♋

SUN INGRESS	☉ → ♒ 20日 22:47
MOON PHASE	○ 1日 03:35 ♋ ◑ 8日 03:35 ♎ ● 16日 08:50 ♑ ◐ 23日 23:22 ♉ ○ 30日 15:10 ♌

aspects		
1日	00:52	☉☌♅
2日	04:51	♀☌♄
3日	19:29	♀△♂
5日	12:22	☉☌♆
10日	23:37	☉⚹♇
14日	00:48	♀☍♃
18日	16:45	☉☌♄
20日	19:43	☉△♂
21日	14:57	♀□♇
24日	01:14	☿☌♅
27日	00:45	☿☌♆
29日	09:26	☉☍♃
30日	16:44	☿⚹♇
31日	17:46	♀□♂

1991年2月

DAY	☉	☽	☊ mean	☊ true	☿	♀	♂	♃	♄	♅	♆	♇	⚳	⚴	⚵	⚶	⚷
	° ′	° ′	° ′	° ′	° ′	° ′	° ′	° ′	° ′	° ′	° ′	° ′	°	°	°	°	°
1	11 ♒ 13	29 ♌ 34	27 ♑ 30	28 R 1	22 D 6	3 D 1	2 D 46	8 R 14	29 D 16	11 D 30	15 D 15	20 D 14	1 D	24 R	6 D	18 D	23 R
2	12 ♒ 14	13 ♍ 34	27 ♑ 27	28 ♑ 0	23 ♑ 33	4 ♓ 16	3 ♊ 5	8 ♌ 6	29 ♑ 24	11 ♑ 33	15 ♑ 17	20 ♏ 15	1 ♏	24 ♍	6 ♑	18 ♉	23 ♋
3	13 ♒ 15	27 ♍ 11	27 ♑ 24	27 ♑ 58	25 ♑ 2	5 ♓ 30	3 ♊ 24	7 ♌ 58	29 ♑ 31	11 ♑ 36	15 ♑ 19	20 ♏ 15	1 ♏	24 ♍	7 ♑	18 ♉	22 ♋
4	14 ♒ 16	10 ♎ 23	27 ♑ 21	27 ♑ 55	26 ♑ 31	6 ♓ 45	3 ♊ 43	7 ♌ 50	29 ♑ 38	11 ♑ 39	15 ♑ 21	20 ♏ 16	1 ♏	23 ♍	7 ♑	18 ♉	22 ♋
5	15 ♒ 17	23 ♎ 12	27 ♑ 18	27 ♑ 53	28 ♑ 1	8 ♓ 0	4 ♊ 2	7 ♌ 42	29 ♑ 44	11 ♑ 42	15 ♑ 23	20 ♏ 17	1 ♏	23 ♍	7 ♑	19 ♉	22 ♋
6	16 ♒ 18	5 ♏ 39	27 ♑ 14	27 ♑ 52	29 ♑ 32	9 ♓ 14	4 ♊ 22	7 ♌ 34	29 ♑ 51	11 ♑ 46	15 ♑ 25	20 ♏ 17	1 ♏	23 ♍	8 ♑	19 ♉	22 ♋
7	17 ♒ 19	17 ♏ 50	27 ♑ 11	27 D 52	1 ♒ 3	10 ♓ 29	4 ♊ 43	7 ♌ 26	29 ♑ 58	11 ♑ 49	15 ♑ 27	20 ♏ 18	2 ♏	23 ♍	8 ♑	19 ♉	22 ♋
8	18 ♒ 19	29 ♏ 48	27 ♑ 8	27 ♑ 52	2 ♒ 36	11 ♓ 43	5 ♊ 4	7 ♌ 19	0 ♒ 5	11 ♑ 52	15 ♑ 29	20 ♏ 18	2 ♏	23 ♍	8 ♑	19 ♉	22 ♋
9	19 ♒ 20	11 ♐ 39	27 ♑ 5	27 ♑ 53	4 ♒ 9	12 ♓ 58	5 ♊ 25	7 ♌ 11	0 ♒ 12	11 ♑ 55	15 ♑ 31	20 ♏ 19	2 ♏	22 ♍	9 ♑	19 ♉	22 ♋
10	20 ♒ 21	23 ♐ 27	27 ♑ 2	27 ♑ 55	5 ♒ 43	14 ♓ 13	5 ♊ 46	7 ♌ 3	0 ♒ 19	11 ♑ 58	15 ♑ 33	20 ♏ 19	2 ♏	22 ♍	9 ♑	20 ♉	22 ♋
11	21 ♒ 22	5 ♑ 18	26 ♑ 59	27 ♑ 57	7 ♒ 18	15 ♓ 27	6 ♊ 8	6 ♌ 56	0 ♒ 26	12 ♑ 1	15 ♑ 35	20 ♏ 20	2 ♏	22 ♍	9 ♑	20 ♉	22 ♋
12	22 ♒ 22	17 ♑ 15	26 ♑ 55	27 ♑ 58	8 ♒ 53	16 ♓ 41	6 ♊ 30	6 ♌ 48	0 ♒ 33	12 ♑ 4	15 ♑ 37	20 ♏ 20	2 ♏	22 ♍	10 ♑	20 ♉	22 ♋
13	23 ♒ 23	29 ♑ 21	26 ♑ 52	27 R 59	10 ♒ 30	17 ♓ 56	6 ♊ 53	6 ♌ 41	0 ♒ 40	12 ♑ 7	15 ♑ 39	20 ♏ 21	2 ♏	21 ♍	10 ♑	20 ♉	22 ♋
14	24 ♒ 24	11 ♒ 39	26 ♑ 49	27 ♑ 58	12 ♒ 7	19 ♓ 10	7 ♊ 15	6 ♌ 33	0 ♒ 46	12 ♑ 10	15 ♑ 40	20 ♏ 21	2 ♏	21 ♍	10 ♑	21 ♉	22 ♋
15	25 ♒ 24	24 ♒ 11	26 ♑ 46	27 ♑ 56	13 ♒ 45	20 ♓ 25	7 ♊ 38	6 ♌ 26	0 ♒ 53	12 ♑ 13	15 ♑ 42	20 ♏ 21	3 ♏	21 ♍	10 ♑	21 ♉	22 ♋
16	26 ♒ 25	6 ♓ 57	26 ♑ 43	27 ♑ 52	15 ♒ 24	21 ♓ 39	8 ♊ 2	6 ♌ 19	1 ♒ 0	12 ♑ 15	15 ♑ 44	20 ♏ 21	3 ♏	21 ♍	11 ♑	21 ♉	22 ♋
17	27 ♒ 26	19 ♓ 58	26 ♑ 39	27 ♑ 47	17 ♒ 4	22 ♓ 53	8 ♊ 26	6 ♌ 12	1 ♒ 6	12 ♑ 18	15 ♑ 46	20 ♏ 22	3 ♏	20 ♍	11 ♑	21 ♉	22 ♋
18	28 ♒ 26	3 ♈ 13	26 ♑ 36	27 ♑ 42	18 ♒ 44	24 ♓ 7	8 ♊ 50	6 ♌ 5	1 ♒ 13	12 ♑ 21	15 ♑ 48	20 ♏ 22	3 ♏	20 ♍	11 ♑	22 ♉	22 ♋
19	29 ♒ 27	16 ♈ 41	26 ♑ 33	27 ♑ 37	20 ♒ 26	25 ♓ 22	9 ♊ 14	5 ♌ 58	1 ♒ 20	12 ♑ 24	15 ♑ 50	20 ♏ 22	3 ♏	20 ♍	12 ♑	22 ♉	22 ♋
20	0 ♓ 27	0 ♉ 20	26 ♑ 30	27 ♑ 33	22 ♒ 9	26 ♓ 36	9 ♊ 38	5 ♌ 51	1 ♒ 26	12 ♑ 26	15 ♑ 51	20 ♏ 22	3 ♏	19 ♍	12 ♑	22 ♉	22 ♋
21	1 ♓ 28	14 ♉ 10	26 ♑ 27	27 ♑ 30	23 ♒ 52	27 ♓ 50	10 ♊ 3	5 ♌ 45	1 ♒ 33	12 ♑ 29	15 ♑ 53	20 ♏ 22	3 ♏	19 ♍	12 ♑	22 ♉	21 ♋
22	2 ♓ 28	28 ♉ 8	26 ♑ 24	27 ♑ 29	25 ♒ 36	29 ♓ 4	10 ♊ 28	5 ♌ 38	1 ♒ 39	12 ♑ 32	15 ♑ 55	20 ♏ 22	3 ♏	19 ♍	13 ♑	23 ♉	21 ♋
23	3 ♓ 29	12 ♊ 15	26 ♑ 20	27 D 29	27 ♒ 22	0 ♈ 18	10 ♊ 54	5 ♌ 32	1 ♒ 46	12 ♑ 34	15 ♑ 56	20 R 22	3 ♏	19 ♍	13 ♑	23 ♉	21 ♋
24	4 ♓ 29	26 ♊ 28	26 ♑ 17	27 ♑ 30	29 ♒ 8	1 ♈ 32	11 ♊ 19	5 ♌ 26	1 ♒ 52	12 ♑ 37	15 ♑ 58	20 ♏ 22	3 ♏	18 ♍	13 ♑	23 ♉	21 ♋
25	5 ♓ 29	10 ♋ 45	26 ♑ 14	27 ♑ 32	0 ♓ 55	2 ♈ 46	11 ♊ 45	5 ♌ 19	1 ♒ 58	12 ♑ 39	16 ♑ 0	20 ♏ 22	3 ♏	18 ♍	14 ♑	24 ♉	21 ♋
26	6 ♓ 30	25 ♋ 5	26 ♑ 11	27 ♑ 33	2 ♓ 43	4 ♈ 0	12 ♊ 11	5 ♌ 14	2 ♒ 5	12 ♑ 42	16 ♑ 1	20 ♏ 22	3 ♏	18 ♍	14 ♑	24 ♉	21 ♋
27	7 ♓ 30	9 ♌ 24	26 ♑ 8	27 R 32	4 ♓ 32	5 ♈ 14	12 ♊ 37	5 ♌ 8	2 ♒ 11	12 ♑ 44	16 ♑ 3	20 ♏ 22	3 ♏	17 ♍	14 ♑	24 ♉	21 ♋
28	8 ♓ 30	23 ♌ 37	26 ♑ 4	27 ♑ 30	6 ♓ 22	6 ♈ 27	13 ♊ 4	5 ♌ 2	2 ♒ 17	12 ♑ 47	16 ♑ 5	20 ♏ 22	3 ♏	17 ♍	15 ♑	24 ♉	21 ♋

SUN INGRESS	☉ → ♓ 19日 12:58
MOON PHASE	◑ 6日 22:52 ♏ ● 15日 02:32 ♒ ◐ 22日 07:58 ♊

aspects		
6日	05:39	☿☌♄
8日	02:48	♀⚹♅
9日	23:25	☉□♇
10日	01:06	☿△♂
10日	18:51	☿☍♃
11日	02:34	♀⚹♆
12日	14:26	♂⚹♃
14日	22:54	♀△♇
18日	23:02	☿□♇
24日	07:11	♀⚹♄
26日	22:16	♀△♃

1991年3月

DAY	☉	☽	☊ mean	☊ true	☿	♀	♂	♃	♄	♅	♆	♇	⚳	⚴	⚵	⚶	⚷
	° ′	° ′	° ′	° ′	° ′	° ′	° ′	° ′	° ′	° ′	° ′	° ′	°	°	°	°	°
1	9 ♓ 31	7 ♍ 41	26 ♑ 1	27 R 25	8 D 14	7 D 41	13 D 31	4 R 57	2 D 23	12 D 49	16 D 6	20 R 21	3 D	17 R	15 D	25 D	21 R
2	10 ♓ 31	21 ♍ 29	25 ♑ 58	27 ♑ 19	10 ♓ 6	8 ♈ 55	13 ♊ 58	4 ♌ 51	2 ♒ 30	12 ♑ 51	16 ♑ 8	20 ♏ 21	3 ♏	16 ♍	15 ♑	25 ♉	21 ♋
3	11 ♓ 31	4 ♎ 59	25 ♑ 55	27 ♑ 11	11 ♓ 58	10 ♈ 8	14 ♊ 25	4 ♌ 46	2 ♒ 36	12 ♑ 54	16 ♑ 9	20 ♏ 21	3 R	16 ♍	15 ♑	25 ♉	21 ♋
4	12 ♓ 31	18 ♎ 9	25 ♑ 52	27 ♑ 3	13 ♓ 52	11 ♈ 22	14 ♊ 52	4 ♌ 41	2 ♒ 42	12 ♑ 56	16 ♑ 11	20 ♏ 21	3 ♏	16 ♍	16 ♑	26 ♉	21 ♋
5	13 ♓ 31	0 ♏ 58	25 ♑ 49	26 ♑ 56	15 ♓ 47	12 ♈ 35	15 ♊ 20	4 ♌ 36	2 ♒ 48	12 ♑ 58	16 ♑ 12	20 ♏ 20	3 ♏	15 ♍	16 ♑	26 ♉	21 ♋
6	14 ♓ 31	13 ♏ 28	25 ♑ 45	26 ♑ 49	17 ♓ 42	13 ♈ 49	15 ♊ 47	4 ♌ 31	2 ♒ 54	13 ♑ 0	16 ♑ 13	20 ♏ 20	3 ♏	15 ♍	16 ♑	26 ♉	21 ♋
7	15 ♓ 32	25 ♏ 41	25 ♑ 42	26 ♑ 45	19 ♓ 38	15 ♈ 2	16 ♊ 15	4 ♌ 27	3 ♒ 0	13 ♑ 2	16 ♑ 15	20 ♏ 19	3 ♏	15 ♍	17 ♑	26 ♉	21 ♋
8	16 ♓ 32	7 ♐ 41	25 ♑ 39	26 ♑ 43	21 ♓ 34	16 ♈ 16	16 ♊ 43	4 ♌ 22	3 ♒ 5	13 ♑ 4	16 ♑ 16	20 ♏ 19	3 ♏	14 ♍	17 ♑	27 ♉	21 ♋
9	17 ♓ 32	19 ♐ 33	25 ♑ 36	26 D 42	23 ♓ 31	17 ♈ 29	17 ♊ 12	4 ♌ 18	3 ♒ 11	13 ♑ 6	16 ♑ 18	20 ♏ 18	3 ♏	14 ♍	17 ♑	27 ♉	21 ♋
10	18 ♓ 32	1 ♑ 21	25 ♑ 33	26 ♑ 43	25 ♓ 28	18 ♈ 42	17 ♊ 40	4 ♌ 14	3 ♒ 17	13 ♑ 8	16 ♑ 19	20 ♏ 18	3 ♏	14 ♍	18 ♑	27 ♉	21 ♋
11	19 ♓ 32	13 ♑ 13	25 ♑ 30	26 ♑ 44	27 ♓ 25	19 ♈ 55	18 ♊ 9	4 ♌ 10	3 ♒ 23	13 ♑ 10	16 ♑ 20	20 ♏ 17	3 ♏	13 ♍	18 ♑	28 ♉	21 ♋
12	20 ♓ 32	25 ♑ 11	25 ♑ 26	26 ♑ 45	29 ♓ 22	21 ♈ 9	18 ♊ 37	4 ♌ 7	3 ♒ 28	13 ♑ 12	16 ♑ 21	20 ♏ 17	3 ♏	13 ♍	18 ♑	28 ♉	21 ♋
13	21 ♓ 31	7 ♒ 22	25 ♑ 23	26 R 44	1 ♈ 19	22 ♈ 22	19 ♊ 6	4 ♌ 3	3 ♒ 34	13 ♑ 14	16 ♑ 23	20 ♏ 16	3 ♏	13 ♍	18 ♑	28 ♉	21 ♋
14	22 ♓ 31	19 ♒ 49	25 ♑ 20	26 ♑ 42	3 ♈ 14	23 ♈ 35	19 ♊ 36	4 ♌ 0	3 ♒ 39	13 ♑ 16	16 ♑ 24	20 ♏ 15	3 ♏	12 ♍	19 ♑	29 ♉	21 ♋
15	23 ♓ 31	2 ♓ 35	25 ♑ 17	26 ♑ 37	5 ♈ 9	24 ♈ 48	20 ♊ 5	3 ♌ 57	3 ♒ 45	13 ♑ 18	16 ♑ 25	20 ♏ 15	3 ♏	12 ♍	19 ♑	29 ♉	21 ♋
16	24 ♓ 31	15 ♓ 40	25 ♑ 14	26 ♑ 29	7 ♈ 2	26 ♈ 1	20 ♊ 34	3 ♌ 54	3 ♒ 50	13 ♑ 19	16 ♑ 26	20 ♏ 14	3 ♏	12 ♍	19 ♑	29 ♉	21 ♋
17	25 ♓ 31	29 ♓ 4	25 ♑ 10	26 ♑ 20	8 ♈ 53	27 ♈ 14	21 ♊ 4	3 ♌ 51	3 ♒ 56	13 ♑ 21	16 ♑ 27	20 ♏ 13	3 ♏	12 ♍	20 ♑	0 ♊	21 ♋
18	26 ♓ 31	12 ♈ 46	25 ♑ 7	26 ♑ 9	10 ♈ 42	28 ♈ 26	21 ♊ 34	3 ♌ 48	4 ♒ 1	13 ♑ 23	16 ♑ 28	20 ♏ 13	2 ♏	11 ♍	20 ♑	0 ♊	21 ♋
19	27 ♓ 30	26 ♈ 41	25 ♑ 4	25 ♑ 59	12 ♈ 28	29 ♈ 39	22 ♊ 3	3 ♌ 46	4 ♒ 6	13 ♑ 24	16 ♑ 29	20 ♏ 12	2 ♏	11 ♍	20 ♑	0 ♊	21 ♋
20	28 ♓ 30	10 ♉ 45	25 ♑ 1	25 ♑ 50	14 ♈ 11	0 ♉ 52	22 ♊ 33	3 ♌ 44	4 ♒ 11	13 ♑ 26	16 ♑ 30	20 ♏ 11	2 ♏	11 ♍	20 ♑	1 ♊	21 ♋
21	29 ♓ 30	24 ♉ 54	24 ♑ 58	25 ♑ 43	15 ♈ 50	2 ♉ 4	23 ♊ 4	3 ♌ 42	4 ♒ 16	13 ♑ 27	16 ♑ 31	20 ♏ 10	2 ♏	10 ♍	21 ♑	1 ♊	21 ♋
22	0 ♈ 29	9 ♊ 5	24 ♑ 55	25 ♑ 39	17 ♈ 25	3 ♉ 17	23 ♊ 34	3 ♌ 40	4 ♒ 21	13 ♑ 29	16 ♑ 32	20 ♏ 9	2 ♏	10 ♍	21 ♑	1 ♊	21 ♋
23	1 ♈ 29	23 ♊ 15	24 ♑ 51	25 ♑ 37	18 ♈ 55	4 ♉ 29	24 ♊ 4	3 ♌ 38	4 ♒ 26	13 ♑ 30	16 ♑ 33	20 ♏ 8	2 ♏	10 ♍	21 ♑	2 ♊	21 ♋
24	2 ♈ 28	7 ♋ 22	24 ♑ 48	25 D 37	20 ♈ 21	5 ♉ 42	24 ♊ 35	3 ♌ 37	4 ♒ 31	13 ♑ 31	16 ♑ 34	20 ♏ 7	2 ♏	10 ♍	21 ♑	2 ♊	21 ♋
25	3 ♈ 28	21 ♋ 25	24 ♑ 45	25 ♑ 37	21 ♈ 41	6 ♉ 54	25 ♊ 6	3 ♌ 36	4 ♒ 36	13 ♑ 33	16 ♑ 35	20 ♏ 6	2 ♏	9 ♍	22 ♑	2 ♊	21 ♋
26	4 ♈ 27	5 ♌ 23	24 ♑ 42	25 R 37	22 ♈ 55	8 ♉ 6	25 ♊ 36	3 ♌ 35	4 ♒ 41	13 ♑ 34	16 ♑ 36	20 ♏ 5	1 ♏	9 ♍	22 ♑	3 ♊	21 D
27	5 ♈ 27	19 ♌ 16	24 ♑ 39	25 ♑ 35	24 ♈ 2	9 ♉ 18	26 ♊ 7	3 ♌ 34	4 ♒ 45	13 ♑ 35	16 ♑ 36	20 ♏ 4	1 ♏	9 ♍	22 ♑	3 ♊	21 ♋
28	6 ♈ 26	3 ♍ 2	24 ♑ 36	25 ♑ 30	25 ♈ 4	10 ♉ 31	26 ♊ 38	3 ♌ 33	4 ♒ 50	13 ♑ 36	16 ♑ 37	20 ♏ 3	1 ♏	9 ♍	22 ♑	4 ♊	21 ♋
29	7 ♈ 25	16 ♍ 39	24 ♑ 32	25 ♑ 23	25 ♈ 58	11 ♉ 43	27 ♊ 9	3 ♌ 33	4 ♒ 54	13 ♑ 37	16 ♑ 38	20 ♏ 2	1 ♏	8 ♍	23 ♑	4 ♊	21 ♋
30	8 ♈ 25	0 ♎ 5	24 ♑ 29	25 ♑ 13	26 ♈ 46	12 ♉ 54	27 ♊ 41	3 ♌ 33	4 ♒ 59	13 ♑ 38	16 ♑ 39	20 ♏ 1	1 ♏	8 ♍	23 ♑	4 ♊	21 ♋
31	9 ♈ 24	13 ♎ 18	24 ♑ 26	25 ♑ 1	27 ♈ 27	14 ♉ 6	28 ♊ 12	3 D 32	5 ♒ 3	13 ♑ 39	16 ♑ 39	20 ♏ 0	1 ♏	8 ♍	23 ♑	5 ♊	21 ♋

SUN INGRESS	☉ → ♈ 21日 12:02
MOON PHASE	○ 1日 03:25 ♍　◑ 8日 19:32 ♐　● 16日 17:10 ♓　◐ 23日 15:03 ♋　○ 30日 16:17 ♎

aspects		
2日	11:36	☉☌☿
3日	11:55	☿⚹♅
4日	10:13	☉⚹♅
4日	16:33	☿□♂
5日	05:21	☿⚹♆
5日	07:38	♀□♅
7日	08:31	☿△♇
7日	17:42	☉⚹♆
8日	00:10	♀□♆
8日	08:53	☉□♂
8日	14:44	♀⚹♂
11日	18:09	☉△♇
14日	05:30	☿⚹♄
14日	09:15	☿△♃
16日	10:27	♃☍♄
19日	13:13	☿□♅
21日	10:22	☿□♆
22日	07:30	♀□♃
22日	22:52	♀□♄
25日	03:09	☉△♃
26日	05:48	☉⚹♄
30日	14:54	♀△♅

1991年4月

DAY	☉	☽	☊ mean	☊ true	☿	♀	♂	♃	♄	♅	♆	♇	⚳	⚴	⚵	⚶	⚷
	° ′	° ′	° ′	° ′	° ′	° ′	° ′	° ′	° ′	° ′	° ′	° ′	°	°	°	°	°
1	10 ♈ 23	26 ♎ 15	24 ♑ 23	24 R 48	28 D 0	15 D 18	28 D 43	3 D 33	5 D 7	13 D 40	16 D 40	19 R 59	0 R	8 R	23 D	5 D	21 D
2	11 ♈ 22	8 ♏ 56	24 ♑ 20	24 ♑ 36	28 ♈ 26	16 ♉ 30	29 ♊ 15	3 ♌ 33	5 ♒ 12	13 ♑ 41	16 ♑ 40	19 ♏ 57	0 ♏	8 ♍	24 ♑	5 ♊	21 ♋
3	12 ♈ 22	21 ♏ 21	24 ♑ 16	24 ♑ 25	28 ♈ 45	17 ♉ 41	29 ♊ 47	3 ♌ 33	5 ♒ 16	13 ♑ 42	16 ♑ 41	19 ♏ 56	0 ♏	7 ♍	24 ♑	6 ♊	21 ♋
4	13 ♈ 21	3 ♐ 32	24 ♑ 13	24 ♑ 17	28 ♈ 56	18 ♉ 53	0 ♋ 18	3 ♌ 34	5 ♒ 20	13 ♑ 43	16 ♑ 42	19 ♏ 55	0 ♏	7 ♍	24 ♑	6 ♊	21 ♋
5	14 ♈ 20	15 ♐ 31	24 ♑ 10	24 ♑ 11	29 ♈ 1	20 ♉ 4	0 ♋ 50	3 ♌ 35	5 ♒ 24	13 ♑ 44	16 ♑ 42	19 ♏ 54	0 ♏	7 ♍	24 ♑	6 ♊	21 ♋
6	15 ♈ 19	27 ♐ 22	24 ♑ 7	24 ♑ 8	28 R 58	21 ♉ 16	1 ♋ 22	3 ♌ 36	5 ♒ 28	13 ♑ 44	16 ♑ 42	19 ♏ 52	29 ♎	7 ♍	25 ♑	7 ♊	21 ♋
7	16 ♈ 18	9 ♑ 11	24 ♑ 4	24 ♑ 7	28 ♈ 49	22 ♉ 27	1 ♋ 54	3 ♌ 37	5 ♒ 31	13 ♑ 45	16 ♑ 43	19 ♏ 51	29 ♎	7 ♍	25 ♑	7 ♊	21 ♋
8	17 ♈ 17	21 ♑ 2	24 ♑ 1	24 D 6	28 ♈ 34	23 ♉ 38	2 ♋ 26	3 ♌ 39	5 ♒ 35	13 ♑ 45	16 ♑ 43	19 ♏ 50	29 ♎	7 ♍	25 ♑	8 ♊	21 ♋
9	18 ♈ 16	3 ♒ 0	23 ♑ 57	24 R 6	28 ♈ 12	24 ♉ 49	2 ♋ 58	3 ♌ 40	5 ♒ 39	13 ♑ 46	16 ♑ 44	19 ♏ 48	29 ♎	7 ♍	25 ♑	8 ♊	21 ♋
10	19 ♈ 15	15 ♒ 13	23 ♑ 54	24 ♑ 5	27 ♈ 45	26 ♉ 0	3 ♋ 31	3 ♌ 42	5 ♒ 42	13 ♑ 46	16 ♑ 44	19 ♏ 47	28 ♎	6 ♍	25 ♑	8 ♊	21 ♋
11	20 ♈ 14	27 ♒ 43	23 ♑ 51	24 ♑ 2	27 ♈ 14	27 ♉ 11	4 ♋ 3	3 ♌ 44	5 ♒ 46	13 ♑ 47	16 ♑ 44	19 ♏ 46	28 ♎	6 ♍	26 ♑	9 ♊	21 ♋
12	21 ♈ 13	10 ♓ 35	23 ♑ 48	23 ♑ 56	26 ♈ 38	28 ♉ 22	4 ♋ 36	3 ♌ 46	5 ♒ 49	13 ♑ 47	16 ♑ 45	19 ♏ 44	28 ♎	6 ♍	26 ♑	9 ♊	21 ♋
13	22 ♈ 12	23 ♓ 52	23 ♑ 45	23 ♑ 47	25 ♈ 59	29 ♉ 32	5 ♋ 8	3 ♌ 49	5 ♒ 52	13 ♑ 48	16 ♑ 45	19 ♏ 43	28 ♎	6 ♍	26 ♑	10 ♊	21 ♋
14	23 ♈ 11	7 ♈ 33	23 ♑ 41	23 ♑ 36	25 ♈ 17	0 ♊ 43	5 ♋ 41	3 ♌ 51	5 ♒ 56	13 ♑ 48	16 ♑ 45	19 ♏ 41	28 ♎	6 ♍	26 ♑	10 ♊	21 ♋
15	24 ♈ 9	21 ♈ 36	23 ♑ 38	23 ♑ 24	24 ♈ 34	1 ♊ 54	6 ♋ 13	3 ♌ 54	5 ♒ 59	13 ♑ 48	16 ♑ 45	19 ♏ 40	27 ♎	6 ♍	26 ♑	10 ♊	21 ♋
16	25 ♈ 8	5 ♉ 56	23 ♑ 35	23 ♑ 12	23 ♈ 50	3 ♊ 4	6 ♋ 46	3 ♌ 57	6 ♒ 2	13 ♑ 48	16 ♑ 45	19 ♏ 39	27 ♎	6 ♍	27 ♑	11 ♊	21 ♋
17	26 ♈ 7	20 ♉ 28	23 ♑ 32	23 ♑ 2	23 ♈ 5	4 ♊ 14	7 ♋ 19	4 ♌ 0	6 ♒ 5	13 ♑ 48	16 ♑ 45	19 ♏ 37	27 ♎	6 ♍	27 ♑	11 ♊	21 ♋
18	27 ♈ 6	5 ♊ 3	23 ♑ 29	22 ♑ 53	22 ♈ 22	5 ♊ 25	7 ♋ 52	4 ♌ 3	6 ♒ 8	13 ♑ 48	16 ♑ 45	19 ♏ 36	27 ♎	6 ♍	27 ♑	11 ♊	21 ♋
19	28 ♈ 4	19 ♊ 35	23 ♑ 26	22 ♑ 48	21 ♈ 40	6 ♊ 35	8 ♋ 25	4 ♌ 6	6 ♒ 10	13 R 48	16 ♑ 45	19 ♏ 34	26 ♎	6 ♍	27 ♑	12 ♊	21 ♋
20	29 ♈ 3	4 ♋ 0	23 ♑ 22	22 ♑ 45	21 ♈ 0	7 ♊ 45	8 ♋ 58	4 ♌ 10	6 ♒ 13	13 ♑ 48	16 R 45	19 ♏ 32	26 ♎	6 ♍	27 ♑	12 ♊	21 ♋
21	0 ♉ 2	18 ♋ 15	23 ♑ 19	22 ♑ 44	20 ♈ 23	8 ♊ 55	9 ♋ 31	4 ♌ 14	6 ♒ 16	13 ♑ 48	16 ♑ 45	19 ♏ 31	26 ♎	6 ♍	28 ♑	13 ♊	21 ♋
22	1 ♉ 0	2 ♌ 16	23 ♑ 16	22 ♑ 44	19 ♈ 50	10 ♊ 4	10 ♋ 5	4 ♌ 18	6 ♒ 18	13 ♑ 48	16 ♑ 45	19 ♏ 29	26 ♎	6 ♍	28 ♑	13 ♊	21 ♋
23	1 ♉ 59	16 ♌ 6	23 ♑ 13	22 ♑ 44	19 ♈ 20	11 ♊ 14	10 ♋ 38	4 ♌ 22	6 ♒ 21	13 ♑ 48	16 ♑ 45	19 ♏ 28	26 ♎	6 D	28 ♑	13 ♊	21 ♋
24	2 ♉ 57	29 ♌ 43	23 ♑ 10	22 ♑ 41	18 ♈ 55	12 ♊ 24	11 ♋ 11	4 ♌ 26	6 ♒ 23	13 ♑ 48	16 ♑ 45	19 ♏ 26	25 ♎	6 ♍	28 ♑	14 ♊	21 ♋
25	3 ♉ 56	13 ♍ 9	23 ♑ 7	22 ♑ 37	18 ♈ 34	13 ♊ 33	11 ♋ 45	4 ♌ 31	6 ♒ 25	13 ♑ 47	16 ♑ 45	19 ♏ 25	25 ♎	6 ♍	28 ♑	14 ♊	21 ♋
26	4 ♉ 54	26 ♍ 23	23 ♑ 3	22 ♑ 29	18 ♈ 18	14 ♊ 42	12 ♋ 18	4 ♌ 35	6 ♒ 27	13 ♑ 47	16 ♑ 45	19 ♏ 23	25 ♎	6 ♍	28 ♑	15 ♊	21 ♋
27	5 ♉ 52	9 ♎ 26	23 ♑ 0	22 ♑ 19	18 ♈ 6	15 ♊ 51	12 ♋ 52	4 ♌ 40	6 ♒ 29	13 ♑ 47	16 ♑ 44	19 ♏ 21	25 ♎	6 ♍	28 ♑	15 ♊	21 ♋
28	6 ♉ 51	22 ♎ 17	22 ♑ 57	22 ♑ 7	18 ♈ 0	17 ♊ 0	13 ♋ 25	4 ♌ 45	6 ♒ 31	13 ♑ 46	16 ♑ 44	19 ♏ 20	24 ♎	6 ♍	29 ♑	15 ♊	22 ♋
29	7 ♉ 49	4 ♏ 57	22 ♑ 54	21 ♑ 54	17 D 59	18 ♊ 9	13 ♋ 59	4 ♌ 50	6 ♒ 33	13 ♑ 46	16 ♑ 44	19 ♏ 18	24 ♎	6 ♍	29 ♑	16 ♊	22 ♋
30	8 ♉ 47	17 ♏ 23	22 ♑ 51	21 ♑ 42	18 ♈ 2	19 ♊ 18	14 ♋ 33	4 ♌ 55	6 ♒ 35	13 ♑ 45	16 ♑ 44	19 ♏ 16	24 ♎	6 ♍	29 ♑	16 ♊	22 ♋

SUN INGRESS	☉ → ♉ 20日 23:08
MOON PHASE	◑ 7日 15:45 ♑　● 15日 04:38 ♈　◐ 21日 21:39 ♌　○ 29日 05:58 ♏

aspects		
2日	03:37	♀△♆
4日	09:04	☉□♅
4日	20:32	♀☍♇
7日	10:10	☉□♆
15日	05:42	☉☌☿
16日	18:47	♀⚹♃
18日	15:22	♀△♄
25日	15:34	☉□♃
27日	15:43	☉□♄
28日	14:41	♂☍♄
28日	20:17	☿⚹♀

1991年5月

DAY	☉	☽	☊ mean	☊ true	☿	♀	♂	♃	♄	♅	♆	♇	⚳	⚴	⚵	⚶	⚷
	° ′	° ′	° ′	° ′	° ′	° ′	° ′	° ′	° ′	° ′	° ′	° ′	°	°	°	°	°
1	9 ♉ 46	29 ♏ 38	22 ♑ 47	21 R 31	18 D 11	20 D 27	15 D 7	5 D 1	6 D 37	13 R 45	16 R 43	19 R 15	24 R	6 D	29 D	17 D	22 D
2	10 ♉ 44	11 ♐ 42	22 ♑ 44	21 ♑ 22	18 ♈ 24	21 ♊ 35	15 ♋ 40	5 ♌ 6	6 ♒ 38	13 ♑ 44	16 ♑ 43	19 ♏ 13	24 ♎	6 ♍	29 ♑	17 ♊	22 ♋
3	11 ♉ 42	23 ♐ 37	22 ♑ 41	21 ♑ 16	18 ♈ 41	22 ♊ 43	16 ♋ 14	5 ♌ 12	6 ♒ 40	13 ♑ 43	16 ♑ 42	19 ♏ 12	23 ♎	6 ♍	29 ♑	17 ♊	22 ♋
4	12 ♉ 40	5 ♑ 27	22 ♑ 38	21 ♑ 13	19 ♈ 4	23 ♊ 52	16 ♋ 48	5 ♌ 18	6 ♒ 41	13 ♑ 43	16 ♑ 42	19 ♏ 10	23 ♎	6 ♍	29 ♑	18 ♊	22 ♋
5	13 ♉ 38	17 ♑ 14	22 ♑ 35	21 ♑ 12	19 ♈ 30	25 ♊ 0	17 ♋ 22	5 ♌ 24	6 ♒ 42	13 ♑ 42	16 ♑ 41	19 ♏ 8	23 ♎	6 ♍	0 ♒	18 ♊	22 ♋
6	14 ♉ 37	29 ♑ 5	22 ♑ 32	21 D 12	20 ♈ 1	26 ♊ 7	17 ♋ 56	5 ♌ 30	6 ♒ 43	13 ♑ 41	16 ♑ 41	19 ♏ 7	23 ♎	6 ♍	0 ♒	19 ♊	22 ♋
7	15 ♉ 35	11 ♒ 3	22 ♑ 28	21 ♑ 12	20 ♈ 36	27 ♊ 15	18 ♋ 31	5 ♌ 36	6 ♒ 45	13 ♑ 40	16 ♑ 40	19 ♏ 5	23 ♎	6 ♍	0 ♒	19 ♊	22 ♋
8	16 ♉ 33	23 ♒ 14	22 ♑ 25	21 R 12	21 ♈ 15	28 ♊ 23	19 ♋ 5	5 ♌ 43	6 ♒ 46	13 ♑ 39	16 ♑ 40	19 ♏ 3	22 ♎	7 ♍	0 ♒	19 ♊	22 ♋
9	17 ♉ 31	5 ♓ 43	22 ♑ 22	21 ♑ 11	21 ♈ 57	29 ♊ 30	19 ♋ 39	5 ♌ 49	6 ♒ 46	13 ♑ 38	16 ♑ 39	19 ♏ 1	22 ♎	7 ♍	0 ♒	20 ♊	22 ♋
10	18 ♉ 29	18 ♓ 36	22 ♑ 19	21 ♑ 7	22 ♈ 43	0 ♋ 37	20 ♋ 13	5 ♌ 56	6 ♒ 47	13 ♑ 37	16 ♑ 39	19 ♏ 0	22 ♎	7 ♍	0 ♒	20 ♊	22 ♋
11	19 ♉ 27	1 ♈ 55	22 ♑ 16	21 ♑ 1	23 ♈ 33	1 ♋ 44	20 ♋ 48	6 ♌ 3	6 ♒ 48	13 ♑ 36	16 ♑ 38	18 ♏ 58	22 ♎	7 ♍	0 ♒	21 ♊	22 ♋
12	20 ♉ 25	15 ♈ 42	22 ♑ 13	20 ♑ 53	24 ♈ 26	2 ♋ 51	21 ♋ 22	6 ♌ 10	6 ♒ 49	13 ♑ 35	16 ♑ 37	18 ♏ 56	22 ♎	7 ♍	0 ♒	21 ♊	22 ♋
13	21 ♉ 23	29 ♈ 55	22 ♑ 9	20 ♑ 44	25 ♈ 22	3 ♋ 58	21 ♋ 56	6 ♌ 17	6 ♒ 49	13 ♑ 34	16 ♑ 36	18 ♏ 55	22 ♎	7 ♍	0 ♒	22 ♊	22 ♋
14	22 ♉ 21	14 ♉ 30	22 ♑ 6	20 ♑ 35	26 ♈ 21	5 ♋ 5	22 ♋ 31	6 ♌ 24	6 ♒ 49	13 ♑ 33	16 ♑ 36	18 ♏ 53	22 ♎	7 ♍	0 ♒	22 ♊	23 ♋
15	23 ♉ 19	29 ♉ 21	22 ♑ 3	20 ♑ 27	27 ♈ 24	6 ♋ 11	23 ♋ 5	6 ♌ 31	6 ♒ 50	13 ♑ 32	16 ♑ 35	18 ♏ 51	21 ♎	8 ♍	0 ♒	22 ♊	23 ♋
16	24 ♉ 17	14 ♊ 19	22 ♑ 0	20 ♑ 20	28 ♈ 29	7 ♋ 17	23 ♋ 40	6 ♌ 39	6 ♒ 50	13 ♑ 30	16 ♑ 34	18 ♏ 50	21 ♎	8 ♍	0 ♒	23 ♊	23 ♋
17	25 ♉ 15	29 ♊ 14	21 ♑ 57	20 ♑ 16	29 ♈ 37	8 ♋ 23	24 ♋ 15	6 ♌ 47	6 ♒ 50	13 ♑ 29	16 ♑ 33	18 ♏ 48	21 ♎	8 ♍	1 ♒	23 ♊	23 ♋
18	26 ♉ 12	14 ♋ 0	21 ♑ 53	20 ♑ 15	0 ♉ 48	9 ♋ 29	24 ♋ 49	6 ♌ 54	6 R 50	13 ♑ 28	16 ♑ 32	18 ♏ 46	21 ♎	8 ♍	1 ♒	24 ♊	23 ♋
19	27 ♉ 10	28 ♋ 30	21 ♑ 50	20 D 15	2 ♉ 1	10 ♋ 35	25 ♋ 24	7 ♌ 2	6 ♒ 50	13 ♑ 26	16 ♑ 32	18 ♏ 45	21 ♎	8 ♍	1 ♒	24 ♊	23 ♋
20	28 ♉ 8	12 ♌ 42	21 ♑ 47	20 ♑ 15	3 ♉ 17	11 ♋ 40	25 ♋ 59	7 ♌ 10	6 ♒ 50	13 ♑ 25	16 ♑ 31	18 ♏ 43	21 ♎	8 ♍	1 ♒	24 ♊	23 ♋
21	29 ♉ 6	26 ♌ 34	21 ♑ 44	20 ♑ 16	4 ♉ 36	12 ♋ 45	26 ♋ 34	7 ♌ 19	6 ♒ 49	13 ♑ 23	16 ♑ 30	18 ♏ 41	21 ♎	9 ♍	1 ♒	25 ♊	23 ♋
22	0 ♊ 3	10 ♍ 8	21 ♑ 41	20 R 16	5 ♉ 57	13 ♋ 50	27 ♋ 9	7 ♌ 27	6 ♒ 49	13 ♑ 22	16 ♑ 29	18 ♏ 40	21 ♎	9 ♍	1 ♒	25 ♊	23 ♋
23	1 ♊ 1	23 ♍ 24	21 ♑ 38	20 ♑ 13	7 ♉ 21	14 ♋ 55	27 ♋ 43	7 ♌ 35	6 ♒ 49	13 ♑ 20	16 ♑ 28	18 ♏ 38	21 ♎	9 ♍	1 ♒	26 ♊	23 ♋
24	1 ♊ 59	6 ♎ 24	21 ♑ 34	20 ♑ 9	8 ♉ 47	16 ♋ 0	28 ♋ 18	7 ♌ 44	6 ♒ 48	13 ♑ 19	16 ♑ 27	18 ♏ 37	20 ♎	9 ♍	1 ♒	26 ♊	23 ♋
25	2 ♊ 57	19 ♎ 9	21 ♑ 31	20 ♑ 3	10 ♉ 15	17 ♋ 4	28 ♋ 53	7 ♌ 52	6 ♒ 47	13 ♑ 17	16 ♑ 26	18 ♏ 35	20 ♎	9 ♍	1 ♒	27 ♊	23 ♋
26	3 ♊ 54	1 ♏ 43	21 ♑ 28	19 ♑ 55	11 ♉ 46	18 ♋ 8	29 ♋ 28	8 ♌ 1	6 ♒ 47	13 ♑ 15	16 ♑ 25	18 ♏ 33	20 ♎	10 ♍	1 ♒	27 ♊	24 ♋
27	4 ♊ 52	14 ♏ 5	21 ♑ 25	19 ♑ 47	13 ♉ 19	19 ♋ 12	0 ♌ 3	8 ♌ 10	6 ♒ 46	13 ♑ 14	16 ♑ 24	18 ♏ 32	20 ♎	10 ♍	1 R	27 ♊	24 ♋
28	5 ♊ 49	26 ♏ 17	21 ♑ 22	19 ♑ 39	14 ♉ 55	20 ♋ 15	0 ♌ 39	8 ♌ 19	6 ♒ 45	13 ♑ 12	16 ♑ 22	18 ♏ 30	20 ♎	10 ♍	1 ♒	28 ♊	24 ♋
29	6 ♊ 47	8 ♐ 21	21 ♑ 19	19 ♑ 32	16 ♉ 33	21 ♋ 18	1 ♌ 14	8 ♌ 28	6 ♒ 44	13 ♑ 10	16 ♑ 21	18 ♏ 29	20 ♎	10 ♍	1 ♒	28 ♊	24 ♋
30	7 ♊ 44	20 ♐ 17	21 ♑ 15	19 ♑ 27	18 ♉ 13	22 ♋ 21	1 ♌ 49	8 ♌ 37	6 ♒ 42	13 ♑ 8	16 ♑ 20	18 ♏ 27	20 ♎	10 ♍	1 ♒	29 ♊	24 ♋
31	8 ♊ 42	2 ♑ 7	21 ♑ 12	19 ♑ 23	19 ♉ 56	23 ♋ 24	2 ♌ 24	8 ♌ 46	6 ♒ 41	13 ♑ 7	16 ♑ 19	18 ♏ 25	20 ♎	11 ♍	1 ♒	29 ♊	24 ♋

SUN INGRESS	☉ → ♊ 21日 22:20
MOON PHASE	◑ 7日 09:46 ♒　● 14日 13:36 ♉　◐ 21日 04:46 ♌　○ 28日 20:37 ♐

aspects		
3日	19:32	♂☍♆
5日	01:23	☉△♅
7日	22:58	♂△♇
8日	02:52	☉△♆
10日	12:25	☉☍♇
14日	10:17	☉⚹♂
17日	10:24	♃☍♄
21日	13:43	♀☍♅
22日	14:58	☿□♄
23日	04:37	☿□♃
24日	09:58	♀☍♆
26日	09:20	♀△♇
26日	22:39	☿△♅
28日	21:15	☿△♆
28日	22:40	☉△♄
30日	03:13	☿☍♇
31日	02:11	☉⚹♃

1991年6月

DAY	☉	☽	☊ mean	☊ true	☿	♀	♂	♃	♄	♅	♆	♇	⚳	⚴	⚵	⚶	⚷
	° ′	° ′	° ′	° ′	° ′	° ′	° ′	° ′	° ′	° ′	° ′	° ′	°	°	°	°	°
1	9 ♊ 40	13 ♑ 55	21 ♑ 9	19 R 22	21 D 41	24 D 26	2 D 59	8 D 56	6 R 40	13 R 5	16 R 18	18 R 24	20 R	11 D	1 R	0 D	24 D
2	10 ♊ 37	25 ♑ 43	21 ♑ 6	19 D 22	23 ♉ 28	25 ♋ 28	3 ♌ 35	9 ♌ 5	6 ♒ 38	13 ♑ 3	16 ♑ 17	18 ♏ 22	20 ♎	11 ♍	1 ♒	0 ♋	24 ♋
3	11 ♊ 34	7 ♒ 34	21 ♑ 3	19 ♑ 23	25 ♉ 18	26 ♋ 30	4 ♌ 10	9 ♌ 15	6 ♒ 37	13 ♑ 1	16 ♑ 15	18 ♏ 21	20 ♎	11 ♍	1 ♒	0 ♋	24 ♋
4	12 ♊ 32	19 ♒ 33	20 ♑ 59	19 ♑ 25	27 ♉ 10	27 ♋ 32	4 ♌ 45	9 ♌ 24	6 ♒ 35	12 ♑ 59	16 ♑ 14	18 ♏ 19	20 ♎	12 ♍	1 ♒	1 ♋	24 ♋
5	13 ♊ 29	1 ♓ 44	20 ♑ 56	19 ♑ 26	29 ♉ 4	28 ♋ 33	5 ♌ 21	9 ♌ 34	6 ♒ 34	12 ♑ 57	16 ♑ 13	18 ♏ 18	20 D	12 ♍	1 ♒	1 ♋	24 ♋
6	14 ♊ 27	14 ♓ 12	20 ♑ 53	19 ♑ 27	1 ♊ 1	29 ♋ 34	5 ♌ 56	9 ♌ 44	6 ♒ 32	12 ♑ 55	16 ♑ 11	18 ♏ 16	20 ♎	12 ♍	0 ♒	2 ♋	24 ♋
7	15 ♊ 24	27 ♓ 2	20 ♑ 50	19 R 26	3 ♊ 0	0 ♌ 34	6 ♌ 32	9 ♌ 54	6 ♒ 30	12 ♑ 53	16 ♑ 10	18 ♏ 15	20 ♎	12 ♍	0 ♒	2 ♋	25 ♋
8	16 ♊ 22	10 ♈ 18	20 ♑ 47	19 ♑ 24	5 ♊ 0	1 ♌ 34	7 ♌ 7	10 ♌ 4	6 ♒ 28	12 ♑ 51	16 ♑ 9	18 ♏ 13	20 ♎	13 ♍	0 ♒	3 ♋	25 ♋
9	17 ♊ 19	24 ♈ 1	20 ♑ 44	19 ♑ 21	7 ♊ 3	2 ♌ 34	7 ♌ 43	10 ♌ 14	6 ♒ 26	12 ♑ 49	16 ♑ 7	18 ♏ 12	20 ♎	13 ♍	0 ♒	3 ♋	25 ♋
10	18 ♊ 17	8 ♉ 12	20 ♑ 40	19 ♑ 17	9 ♊ 8	3 ♌ 33	8 ♌ 18	10 ♌ 24	6 ♒ 24	12 ♑ 47	16 ♑ 6	18 ♏ 11	20 ♎	13 ♍	0 ♒	3 ♋	25 ♋
11	19 ♊ 14	22 ♉ 48	20 ♑ 37	19 ♑ 12	11 ♊ 14	4 ♌ 32	8 ♌ 54	10 ♌ 35	6 ♒ 22	12 ♑ 44	16 ♑ 5	18 ♏ 9	20 ♎	13 ♍	0 ♒	4 ♋	25 ♋
12	20 ♊ 11	7 ♊ 44	20 ♑ 34	19 ♑ 8	13 ♊ 22	5 ♌ 31	9 ♌ 30	10 ♌ 45	6 ♒ 19	12 ♑ 42	16 ♑ 3	18 ♏ 8	20 ♎	14 ♍	0 ♒	4 ♋	25 ♋
13	21 ♊ 9	22 ♊ 52	20 ♑ 31	19 ♑ 5	15 ♊ 31	6 ♌ 29	10 ♌ 5	10 ♌ 56	6 ♒ 17	12 ♑ 40	16 ♑ 2	18 ♏ 7	20 ♎	14 ♍	0 ♒	5 ♋	25 ♋
14	22 ♊ 6	8 ♋ 2	20 ♑ 28	19 ♑ 4	17 ♊ 41	7 ♌ 27	10 ♌ 41	11 ♌ 6	6 ♒ 14	12 ♑ 38	16 ♑ 0	18 ♏ 5	20 ♎	14 ♍	0 ♒	5 ♋	25 ♋
15	23 ♊ 3	23 ♋ 4	20 ♑ 25	19 D 4	19 ♊ 52	8 ♌ 24	11 ♌ 17	11 ♌ 17	6 ♒ 12	12 ♑ 36	15 ♑ 59	18 ♏ 4	20 ♎	14 ♍	0 ♒	6 ♋	25 ♋
16	24 ♊ 1	7 ♌ 51	20 ♑ 21	19 ♑ 4	22 ♊ 4	9 ♌ 21	11 ♌ 53	11 ♌ 28	6 ♒ 9	12 ♑ 33	15 ♑ 58	18 ♏ 3	20 ♎	15 ♍	0 ♒	6 ♋	25 ♋
17	24 ♊ 58	22 ♌ 18	20 ♑ 18	19 ♑ 6	24 ♊ 16	10 ♌ 18	12 ♌ 29	11 ♌ 38	6 ♒ 6	12 ♑ 31	15 ♑ 56	18 ♏ 1	20 ♎	15 ♍	29 ♑	6 ♋	26 ♋
18	25 ♊ 55	6 ♍ 21	20 ♑ 15	19 ♑ 7	26 ♊ 28	11 ♌ 14	13 ♌ 4	11 ♌ 49	6 ♒ 4	12 ♑ 29	15 ♑ 55	18 ♏ 0	21 ♎	15 ♍	29 ♑	7 ♋	26 ♋
19	26 ♊ 53	20 ♍ 0	20 ♑ 12	19 ♑ 8	28 ♊ 39	12 ♌ 9	13 ♌ 40	12 ♌ 0	6 ♒ 1	12 ♑ 27	15 ♑ 53	17 ♏ 59	21 ♎	16 ♍	29 ♑	7 ♋	26 ♋
20	27 ♊ 50	3 ♎ 16	20 ♑ 9	19 R 8	0 ♋ 50	13 ♌ 4	14 ♌ 16	12 ♌ 11	5 ♒ 58	12 ♑ 24	15 ♑ 52	17 ♏ 58	21 ♎	16 ♍	29 ♑	8 ♋	26 ♋
21	28 ♊ 47	16 ♎ 11	20 ♑ 5	19 ♑ 7	3 ♋ 1	13 ♌ 59	14 ♌ 52	12 ♌ 22	5 ♒ 55	12 ♑ 22	15 ♑ 50	17 ♏ 57	21 ♎	16 ♍	29 ♑	8 ♋	26 ♋
22	29 ♊ 44	28 ♎ 48	20 ♑ 2	19 ♑ 5	5 ♋ 10	14 ♌ 52	15 ♌ 28	12 ♌ 34	5 ♒ 52	12 ♑ 20	15 ♑ 48	17 ♏ 55	21 ♎	17 ♍	29 ♑	9 ♋	26 ♋
23	0 ♋ 42	11 ♏ 10	19 ♑ 59	19 ♑ 3	7 ♋ 18	15 ♌ 46	16 ♌ 4	12 ♌ 45	5 ♒ 49	12 ♑ 17	15 ♑ 47	17 ♏ 54	21 ♎	17 ♍	29 ♑	9 ♋	26 ♋
24	1 ♋ 39	23 ♏ 20	19 ♑ 56	19 ♑ 0	9 ♋ 25	16 ♌ 38	16 ♌ 41	12 ♌ 56	5 ♒ 45	12 ♑ 15	15 ♑ 45	17 ♏ 53	21 ♎	17 ♍	28 ♑	9 ♋	26 ♋
25	2 ♋ 36	5 ♐ 21	19 ♑ 53	18 ♑ 58	11 ♋ 30	17 ♌ 30	17 ♌ 17	13 ♌ 8	5 ♒ 42	12 ♑ 13	15 ♑ 44	17 ♏ 52	21 ♎	17 ♍	28 ♑	10 ♋	26 ♋
26	3 ♋ 33	17 ♐ 16	19 ♑ 50	18 ♑ 56	13 ♋ 34	18 ♌ 22	17 ♌ 53	13 ♌ 19	5 ♒ 39	12 ♑ 10	15 ♑ 42	17 ♏ 51	21 ♎	18 ♍	28 ♑	10 ♋	27 ♋
27	4 ♋ 31	29 ♐ 6	19 ♑ 46	18 ♑ 54	15 ♋ 36	19 ♌ 12	18 ♌ 29	13 ♌ 31	5 ♒ 35	12 ♑ 8	15 ♑ 41	17 ♏ 50	22 ♎	18 ♍	28 ♑	11 ♋	27 ♋
28	5 ♋ 28	10 ♑ 54	19 ♑ 43	18 ♑ 53	17 ♋ 36	20 ♌ 2	19 ♌ 5	13 ♌ 42	5 ♒ 32	12 ♑ 5	15 ♑ 39	17 ♏ 49	22 ♎	18 ♍	28 ♑	11 ♋	27 ♋
29	6 ♋ 25	22 ♑ 42	19 ♑ 40	18 D 53	19 ♋ 33	20 ♌ 52	19 ♌ 42	13 ♌ 54	5 ♒ 28	12 ♑ 3	15 ♑ 37	17 ♏ 48	22 ♎	19 ♍	27 ♑	12 ♋	27 ♋
30	7 ♋ 22	4 ♒ 33	19 ♑ 37	18 ♑ 54	21 ♋ 29	21 ♌ 40	20 ♌ 18	14 ♌ 5	5 ♒ 25	12 ♑ 1	15 ♑ 36	17 ♏ 47	22 ♎	19 ♍	27 ♑	12 ♋	27 ♋

SUN INGRESS	☉ → ♋ 22日 06:19
MOON PHASE	◑ 6日 00:30 ♓　● 12日 21:06 ♊　◐ 19日 13:19 ♍　○ 27日 11:58 ♑

aspects		
4日	09:51	☿⚹♀
6日	22:57	♂☍♄
8日	16:53	☿△♄
9日	10:43	☿⚹♂
10日	15:55	☿⚹♃
12日	19:06	♀☍♄
15日	00:02	♂☌♃
17日	13:38	☉☌☿
18日	19:12	♀☌♃
24日	03:23	♀☌♂
25日	08:01	☿☍♅
25日	10:00	♀□♇
25日	22:56	♂□♇
27日	01:00	☿☍♆
28日	02:45	☿△♇

1991年7月

DAY	☉	☽	☊ mean	☊ true	☿	♀	♂	♃	♄	♅	♆	♇	⚳	⚴	⚵	⚶	⚷
	° ′	° ′	° ′	° ′	° ′	° ′	° ′	° ′	° ′	° ′	° ′	° ′	°	°	°	°	°
1	8 ♋ 19	16 ♒ 29	19 ♑ 34	18 D 54	23 D 23	22 D 28	20 D 54	14 D 17	5 R 21	11 R 58	15 R 34	17 R 46	22 D	19 D	27 R	13 D	27 D
2	9 ♋ 17	28 ♒ 33	19 ♑ 31	18 ♑ 55	25 ♋ 15	23 ♌ 15	21 ♌ 30	14 ♌ 29	5 ♒ 17	11 ♑ 56	15 ♑ 33	17 ♏ 45	22 ♎	20 ♍	27 ♑	13 ♋	27 ♋
3	10 ♋ 14	10 ♓ 49	19 ♑ 27	18 ♑ 56	27 ♋ 5	24 ♌ 1	22 ♌ 7	14 ♌ 41	5 ♒ 13	11 ♑ 53	15 ♑ 31	17 ♏ 45	22 ♎	20 ♍	27 ♑	13 ♋	27 ♋
4	11 ♋ 11	23 ♓ 19	19 ♑ 24	18 ♑ 57	28 ♋ 53	24 ♌ 47	22 ♌ 43	14 ♌ 53	5 ♒ 10	11 ♑ 51	15 ♑ 29	17 ♏ 44	23 ♎	20 ♍	26 ♑	14 ♋	27 ♋
5	12 ♋ 8	6 ♈ 9	19 ♑ 21	18 ♑ 57	0 ♌ 39	25 ♌ 31	23 ♌ 20	15 ♌ 5	5 ♒ 6	11 ♑ 48	15 ♑ 28	17 ♏ 43	23 ♎	21 ♍	26 ♑	14 ♋	28 ♋
6	13 ♋ 5	19 ♈ 20	19 ♑ 18	18 R 57	2 ♌ 22	26 ♌ 15	23 ♌ 56	15 ♌ 17	5 ♒ 2	11 ♑ 46	15 ♑ 26	17 ♏ 42	23 ♎	21 ♍	26 ♑	15 ♋	28 ♋
7	14 ♋ 3	2 ♉ 56	19 ♑ 15	18 ♑ 57	4 ♌ 4	26 ♌ 57	24 ♌ 33	15 ♌ 29	4 ♒ 58	11 ♑ 44	15 ♑ 25	17 ♏ 42	23 ♎	21 ♍	26 ♑	15 ♋	28 ♋
8	15 ♋ 0	16 ♉ 58	19 ♑ 11	18 ♑ 57	5 ♌ 43	27 ♌ 39	25 ♌ 9	15 ♌ 41	4 ♒ 54	11 ♑ 41	15 ♑ 23	17 ♏ 41	23 ♎	22 ♍	26 ♑	16 ♋	28 ♋
9	15 ♋ 57	1 ♊ 24	19 ♑ 8	18 ♑ 56	7 ♌ 20	28 ♌ 19	25 ♌ 46	15 ♌ 53	4 ♒ 50	11 ♑ 39	15 ♑ 21	17 ♏ 40	23 ♎	22 ♍	25 ♑	16 ♋	28 ♋
10	16 ♋ 54	16 ♊ 11	19 ♑ 5	18 ♑ 56	8 ♌ 55	28 ♌ 59	26 ♌ 23	16 ♌ 5	4 ♒ 46	11 ♑ 36	15 ♑ 20	17 ♏ 39	24 ♎	22 ♍	25 ♑	17 ♋	28 ♋
11	17 ♋ 51	1 ♋ 13	19 ♑ 2	18 ♑ 56	10 ♌ 28	29 ♌ 37	26 ♌ 59	16 ♌ 18	4 ♒ 41	11 ♑ 34	15 ♑ 18	17 ♏ 39	24 ♎	23 ♍	25 ♑	17 ♋	28 ♋
12	18 ♋ 49	16 ♋ 23	18 ♑ 59	18 D 56	11 ♌ 59	0 ♍ 15	27 ♌ 36	16 ♌ 30	4 ♒ 37	11 ♑ 32	15 ♑ 16	17 ♏ 38	24 ♎	23 ♍	25 ♑	17 ♋	28 ♋
13	19 ♋ 46	1 ♌ 31	18 ♑ 56	18 R 56	13 ♌ 28	0 ♍ 51	28 ♌ 13	16 ♌ 42	4 ♒ 33	11 ♑ 29	15 ♑ 15	17 ♏ 38	24 ♎	24 ♍	24 ♑	18 ♋	28 ♋
14	20 ♋ 43	16 ♌ 27	18 ♑ 52	18 ♑ 56	14 ♌ 55	1 ♍ 26	28 ♌ 50	16 ♌ 55	4 ♒ 29	11 ♑ 27	15 ♑ 13	17 ♏ 37	24 ♎	24 ♍	24 ♑	18 ♋	29 ♋
15	21 ♋ 40	1 ♍ 5	18 ♑ 49	18 ♑ 56	16 ♌ 19	1 ♍ 59	29 ♌ 26	17 ♌ 7	4 ♒ 25	11 ♑ 24	15 ♑ 12	17 ♏ 37	25 ♎	24 ♍	24 ♑	19 ♋	29 ♋
16	22 ♋ 38	15 ♍ 19	18 ♑ 46	18 ♑ 55	17 ♌ 42	2 ♍ 31	0 ♍ 3	17 ♌ 20	4 ♒ 20	11 ♑ 22	15 ♑ 10	17 ♏ 36	25 ♎	25 ♍	24 ♑	19 ♋	29 ♋
17	23 ♋ 35	29 ♍ 6	18 ♑ 43	18 ♑ 55	19 ♌ 2	3 ♍ 2	0 ♍ 40	17 ♌ 32	4 ♒ 16	11 ♑ 20	15 ♑ 8	17 ♏ 36	25 ♎	25 ♍	24 ♑	20 ♋	29 ♋
18	24 ♋ 32	12 ♎ 28	18 ♑ 40	18 ♑ 54	20 ♌ 19	3 ♍ 32	1 ♍ 17	17 ♌ 45	4 ♒ 12	11 ♑ 17	15 ♑ 7	17 ♏ 35	25 ♎	25 ♍	23 ♑	20 ♋	29 ♋
19	25 ♋ 29	25 ♎ 24	18 ♑ 37	18 ♑ 54	21 ♌ 35	4 ♍ 0	1 ♍ 54	17 ♌ 57	4 ♒ 7	11 ♑ 15	15 ♑ 5	17 ♏ 35	26 ♎	26 ♍	23 ♑	20 ♋	29 ♋
20	26 ♋ 27	7 ♏ 59	18 ♑ 33	18 D 54	22 ♌ 48	4 ♍ 26	2 ♍ 31	18 ♌ 10	4 ♒ 3	11 ♑ 13	15 ♑ 4	17 ♏ 35	26 ♎	26 ♍	23 ♑	21 ♋	29 ♋
21	27 ♋ 24	20 ♏ 17	18 ♑ 30	18 ♑ 55	23 ♌ 58	4 ♍ 51	3 ♍ 8	18 ♌ 23	3 ♒ 58	11 ♑ 10	15 ♑ 2	17 ♏ 34	26 ♎	26 ♍	23 ♑	21 ♋	29 ♋
22	28 ♋ 21	2 ♐ 21	18 ♑ 27	18 ♑ 56	25 ♌ 6	5 ♍ 14	3 ♍ 45	18 ♌ 35	3 ♒ 54	11 ♑ 8	15 ♑ 0	17 ♏ 34	26 ♎	27 ♍	22 ♑	22 ♋	29 ♋
23	29 ♋ 18	14 ♐ 16	18 ♑ 24	18 ♑ 57	26 ♌ 11	5 ♍ 35	4 ♍ 22	18 ♌ 48	3 ♒ 50	11 ♑ 6	14 ♑ 59	17 ♏ 34	26 ♎	27 ♍	22 ♑	22 ♋	0 ♌
24	0 ♌ 16	26 ♐ 6	18 ♑ 21	18 ♑ 58	27 ♌ 14	5 ♍ 54	4 ♍ 59	19 ♌ 1	3 ♒ 45	11 ♑ 3	14 ♑ 57	17 ♏ 34	27 ♎	28 ♍	22 ♑	23 ♋	0 ♌
25	1 ♌ 13	7 ♑ 54	18 ♑ 17	18 ♑ 58	28 ♌ 13	6 ♍ 12	5 ♍ 36	19 ♌ 14	3 ♒ 41	11 ♑ 1	14 ♑ 56	17 ♏ 34	27 ♎	28 ♍	22 ♑	23 ♋	0 ♌
26	2 ♌ 10	19 ♑ 42	18 ♑ 14	18 R 59	29 ♌ 10	6 ♍ 28	6 ♍ 13	19 ♌ 27	3 ♒ 36	10 ♑ 59	14 ♑ 54	17 ♏ 33	27 ♎	28 ♍	21 ♑	24 ♋	0 ♌
27	3 ♌ 8	1 ♒ 34	18 ♑ 11	18 ♑ 58	0 ♍ 4	6 ♍ 41	6 ♍ 51	19 ♌ 39	3 ♒ 32	10 ♑ 57	14 ♑ 53	17 ♏ 33	27 ♎	29 ♍	21 ♑	24 ♋	0 ♌
28	4 ♌ 5	13 ♒ 32	18 ♑ 8	18 ♑ 57	0 ♍ 54	6 ♍ 53	7 ♍ 28	19 ♌ 52	3 ♒ 27	10 ♑ 55	14 ♑ 51	17 ♏ 33	28 ♎	29 ♍	21 ♑	24 ♋	0 ♌
29	5 ♌ 2	25 ♒ 38	18 ♑ 5	18 ♑ 55	1 ♍ 42	7 ♍ 3	8 ♍ 5	20 ♌ 5	3 ♒ 23	10 ♑ 53	14 ♑ 50	17 ♏ 33	28 ♎	29 ♍	21 ♑	25 ♋	0 ♌
30	6 ♌ 0	7 ♓ 53	18 ♑ 2	18 ♑ 53	2 ♍ 25	7 ♍ 10	8 ♍ 43	20 ♌ 18	3 ♒ 18	10 ♑ 50	14 ♑ 48	17 D 33	28 ♎	0 ♎	20 ♑	25 ♋	0 ♌
31	6 ♌ 57	20 ♓ 20	17 ♑ 58	18 ♑ 50	3 ♍ 5	7 ♍ 15	9 ♍ 20	20 ♌ 31	3 ♒ 14	10 ♑ 48	14 ♑ 47	17 ♏ 33	29 ♎	0 ♎	20 ♑	26 ♋	1 ♌

SUN INGRESS	☉ → ♌ 23日 17:11
MOON PHASE	◑ 5日 11:50 ♈ ● 12日 04:06 ♋ ◐ 19日 00:11 ♎ ○ 27日 03:24 ♒

aspects		
4日	16:04	☉☍♅
7日	12:32	☿☍♄
8日	09:28	☉☍♆
10日	18:47	☉△♇
15日	16:23	☿☌♃
15日	22:26	☿□♇
17日	06:37	♃□♇
26日	14:39	♀☌♂
27日	09:22	☉☍♄

1991年8月

DAY	☉	☽	☊ mean	☊ true	☿	♀	♂	♃	♄	♅	♆	♇	⚳	⚴	⚵	⚶	⚷
	° ′	° ′	° ′	° ′	° ′	° ′	° ′	° ′	° ′	° ′	° ′	° ′	°	°	°	°	°
1	7 ♌ 54	3 ♈ 0	17 ♑ 55	18 R 48	3 D 42	7 D 18	9 D 57	20 D 44	3 R 9	10 R 46	14 R 45	17 D 33	29 D	1 D	20 R	26 D	1 D
2	8 ♌ 52	15 ♈ 56	17 ♑ 52	18 ♑ 46	4 ♍ 14	7 R 19	10 ♍ 35	20 ♌ 57	3 ♒ 5	10 ♑ 44	14 ♑ 44	17 ♏ 34	29 ♎	1 ♎	20 ♑	27 ♋	1 ♌
3	9 ♌ 49	29 ♈ 8	17 ♑ 49	18 ♑ 45	4 ♍ 42	7 ♍ 17	11 ♍ 12	21 ♌ 10	3 ♒ 1	10 ♑ 42	14 ♑ 42	17 ♏ 34	29 ♎	1 ♎	20 ♑	27 ♋	1 ♌
4	10 ♌ 47	12 ♉ 40	17 ♑ 46	18 D 44	5 ♍ 6	7 ♍ 13	11 ♍ 50	21 ♌ 23	2 ♒ 56	10 ♑ 40	14 ♑ 41	17 ♏ 34	0 ♏	2 ♎	19 ♑	28 ♋	1 ♌
5	11 ♌ 44	26 ♉ 32	17 ♑ 42	18 ♑ 45	5 ♍ 25	7 ♍ 7	12 ♍ 27	21 ♌ 36	2 ♒ 52	10 ♑ 38	14 ♑ 40	17 ♏ 34	0 ♏	2 ♎	19 ♑	28 ♋	1 ♌
6	12 ♌ 41	10 ♊ 44	17 ♑ 39	18 ♑ 46	5 ♍ 40	6 ♍ 58	13 ♍ 5	21 ♌ 49	2 ♒ 47	10 ♑ 36	14 ♑ 38	17 ♏ 34	0 ♏	2 ♎	19 ♑	28 ♋	1 ♌
7	13 ♌ 39	25 ♊ 14	17 ♑ 36	18 ♑ 47	5 ♍ 49	6 ♍ 47	13 ♍ 42	22 ♌ 2	2 ♒ 43	10 ♑ 34	14 ♑ 37	17 ♏ 35	0 ♏	3 ♎	19 ♑	29 ♋	1 ♌
8	14 ♌ 36	9 ♋ 59	17 ♑ 33	18 ♑ 48	5 ♍ 54	6 ♍ 34	14 ♍ 20	22 ♌ 15	2 ♒ 39	10 ♑ 32	14 ♑ 35	17 ♏ 35	1 ♏	3 ♎	19 ♑	29 ♋	1 ♌
9	15 ♌ 34	24 ♋ 54	17 ♑ 30	18 R 48	5 R 53	6 ♍ 18	14 ♍ 58	22 ♌ 28	2 ♒ 34	10 ♑ 31	14 ♑ 34	17 ♏ 35	1 ♏	4 ♎	18 ♑	0 ♌	2 ♌
10	16 ♌ 32	9 ♌ 52	17 ♑ 27	18 ♑ 47	5 ♍ 47	6 ♍ 0	15 ♍ 35	22 ♌ 41	2 ♒ 30	10 ♑ 29	14 ♑ 33	17 ♏ 36	1 ♏	4 ♎	18 ♑	0 ♌	2 ♌
11	17 ♌ 29	24 ♌ 44	17 ♑ 23	18 ♑ 45	5 ♍ 36	5 ♍ 40	16 ♍ 13	22 ♌ 54	2 ♒ 26	10 ♑ 27	14 ♑ 32	17 ♏ 36	2 ♏	4 ♎	18 ♑	1 ♌	2 ♌
12	18 ♌ 27	9 ♍ 22	17 ♑ 20	18 ♑ 41	5 ♍ 19	5 ♍ 18	16 ♍ 51	23 ♌ 7	2 ♒ 22	10 ♑ 25	14 ♑ 30	17 ♏ 36	2 ♏	5 ♎	18 ♑	1 ♌	2 ♌
13	19 ♌ 24	23 ♍ 39	17 ♑ 17	18 ♑ 37	4 ♍ 57	4 ♍ 53	17 ♍ 29	23 ♌ 21	2 ♒ 18	10 ♑ 24	14 ♑ 29	17 ♏ 37	2 ♏	5 ♎	18 ♑	1 ♌	2 ♌
14	20 ♌ 22	7 ♎ 32	17 ♑ 14	18 ♑ 32	4 ♍ 29	4 ♍ 27	18 ♍ 7	23 ♌ 34	2 ♒ 13	10 ♑ 22	14 ♑ 28	17 ♏ 37	3 ♏	6 ♎	17 ♑	2 ♌	2 ♌
15	21 ♌ 20	20 ♎ 58	17 ♑ 11	18 ♑ 28	3 ♍ 57	3 ♍ 58	18 ♍ 44	23 ♌ 47	2 ♒ 9	10 ♑ 20	14 ♑ 26	17 ♏ 38	3 ♏	6 ♎	17 ♑	2 ♌	2 ♌
16	22 ♌ 17	3 ♏ 59	17 ♑ 8	18 ♑ 25	3 ♍ 19	3 ♍ 28	19 ♍ 22	24 ♌ 0	2 ♒ 5	10 ♑ 19	14 ♑ 25	17 ♏ 39	3 ♏	6 ♎	17 ♑	3 ♌	2 ♌
17	23 ♌ 15	16 ♏ 36	17 ♑ 4	18 ♑ 24	2 ♍ 38	2 ♍ 56	20 ♍ 0	24 ♌ 13	2 ♒ 1	10 ♑ 17	14 ♑ 24	17 ♏ 39	4 ♏	7 ♎	17 ♑	3 ♌	2 ♌
18	24 ♌ 13	28 ♏ 53	17 ♑ 1	18 D 24	1 ♍ 53	2 ♍ 23	20 ♍ 38	24 ♌ 26	1 ♒ 57	10 ♑ 15	14 ♑ 23	17 ♏ 40	4 ♏	7 ♎	17 ♑	4 ♌	3 ♌
19	25 ♌ 10	10 ♐ 56	16 ♑ 58	18 ♑ 25	1 ♍ 4	1 ♍ 48	21 ♍ 16	24 ♌ 39	1 ♒ 53	10 ♑ 14	14 ♑ 22	17 ♏ 41	4 ♏	8 ♎	17 ♑	4 ♌	3 ♌
20	26 ♌ 8	22 ♐ 49	16 ♑ 55	18 ♑ 26	0 ♍ 14	1 ♍ 13	21 ♍ 55	24 ♌ 53	1 ♒ 49	10 ♑ 13	14 ♑ 21	17 ♏ 41	4 ♏	8 ♎	17 ♑	5 ♌	3 ♌
21	27 ♌ 6	4 ♑ 37	16 ♑ 52	18 ♑ 28	29 ♌ 22	0 ♍ 37	22 ♍ 33	25 ♌ 6	1 ♒ 46	10 ♑ 11	14 ♑ 20	17 ♏ 42	5 ♏	8 ♎	16 ♑	5 ♌	3 ♌
22	28 ♌ 3	16 ♑ 25	16 ♑ 48	18 ♑ 29	28 ♌ 29	0 ♍ 0	23 ♍ 11	25 ♌ 19	1 ♒ 42	10 ♑ 10	14 ♑ 19	17 ♏ 43	5 ♏	9 ♎	16 ♑	5 ♌	3 ♌
23	29 ♌ 1	28 ♑ 17	16 ♑ 45	18 R 28	27 ♌ 38	29 ♌ 22	23 ♍ 49	25 ♌ 32	1 ♒ 38	10 ♑ 8	14 ♑ 18	17 ♏ 44	5 ♏	9 ♎	16 ♑	6 ♌	3 ♌
24	29 ♌ 59	10 ♒ 15	16 ♑ 42	18 ♑ 26	26 ♌ 48	28 ♌ 45	24 ♍ 27	25 ♌ 45	1 ♒ 35	10 ♑ 7	14 ♑ 16	17 ♏ 45	6 ♏	10 ♎	16 ♑	6 ♌	3 ♌
25	0 ♍ 57	22 ♒ 23	16 ♑ 39	18 ♑ 22	26 ♌ 0	28 ♌ 8	25 ♍ 5	25 ♌ 58	1 ♒ 31	10 ♑ 6	14 ♑ 16	17 ♏ 45	6 ♏	10 ♎	16 ♑	7 ♌	3 ♌
26	1 ♍ 55	4 ♓ 43	16 ♑ 36	18 ♑ 16	25 ♌ 17	27 ♌ 31	25 ♍ 44	26 ♌ 11	1 ♒ 27	10 ♑ 5	14 ♑ 15	17 ♏ 46	6 ♏	11 ♎	16 ♑	7 ♌	3 ♌
27	2 ♍ 53	17 ♓ 14	16 ♑ 33	18 ♑ 8	24 ♌ 38	26 ♌ 55	26 ♍ 22	26 ♌ 24	1 ♒ 24	10 ♑ 4	14 ♑ 14	17 ♏ 47	7 ♏	11 ♎	16 ♑	8 ♌	4 ♌
28	3 ♍ 50	29 ♓ 59	16 ♑ 29	18 ♑ 0	24 ♌ 5	26 ♌ 19	27 ♍ 0	26 ♌ 37	1 ♒ 21	10 ♑ 2	14 ♑ 13	17 ♏ 48	7 ♏	11 ♎	16 ♑	8 ♌	4 ♌
29	4 ♍ 48	12 ♈ 57	16 ♑ 26	17 ♑ 52	23 ♌ 38	25 ♌ 45	27 ♍ 39	26 ♌ 50	1 ♒ 17	10 ♑ 1	14 ♑ 12	17 ♏ 49	7 ♏	12 ♎	16 ♑	8 ♌	4 ♌
30	5 ♍ 46	26 ♈ 7	16 ♑ 23	17 ♑ 46	23 ♌ 19	25 ♌ 12	28 ♍ 17	27 ♌ 3	1 ♒ 14	10 ♑ 0	14 ♑ 11	17 ♏ 50	8 ♏	12 ♎	16 ♑	9 ♌	4 ♌
31	6 ♍ 44	9 ♉ 30	16 ♑ 20	17 ♑ 41	23 ♌ 7	24 ♌ 41	28 ♍ 56	27 ♌ 17	1 ♒ 11	9 ♑ 59	14 ♑ 10	17 ♏ 51	8 ♏	13 ♎	16 ♑	9 ♌	4 ♌

SUN INGRESS	☉ → ♍ 24日 00:13
MOON PHASE	◑ 3日 20:25 ♉ ● 10日 11:28 ♌ ◐ 17日 14:01 ♏ ○ 25日 18:07 ♓

aspects		
2日	05:47	♂△♅
8日	09:34	♂△♆
11日	02:56	☉□♇
11日	18:24	☿☌♀
13日	05:19	♂⚹♇
14日	16:51	☿☌♀
18日	07:24	☉☌♃
22日	05:42	☉☌☿
23日	05:21	☉☌♀
25日	00:55	☿☌♃
27日	15:04	♀☌♃

1991年9月

DAY	☉	☽	☊ mean	☊ true	☿	♀	♂	♃	♄	♅	♆	♇	⚳	⚴	⚵	⚶	⚷
	° ′	° ′	° ′	° ′	° ′	° ′	° ′	° ′	° ′	° ′	° ′	° ′	°	°	°	°	°
1	7♍42	23♉6	16♑17	17R38	23D3	24R11	29D34	27D30	1R8	9R58	14R9	17D52	8D	13D	16R	10D	4D
2	8♍40	6♊54	16♑14	17♑37	23♌7	23♌43	0♎13	27♌43	1♒4	9♑57	14♑8	17♏54	9♏	13♎	15♑	10♌	4♌
3	9♍38	20♊56	16♑10	17D37	23♌20	23♌17	0♎52	27♌56	1♒1	9♑57	14♑8	17♏55	9♏	14♎	15♑	11♌	4♌
4	10♍37	5♋10	16♑7	17♑38	23♌41	22♌53	1♎30	28♌9	0♒59	9♑56	14♑7	17♏56	10♏	14♎	15♑	11♌	4♌
5	11♍35	19♋34	16♑4	17R38	24♌11	22♌31	2♎9	28♌21	0♒56	9♑55	14♑6	17♏57	10♏	15♎	15♑	12♌	5♌
6	12♍33	4♌7	16♑1	17♑37	24♌49	22♌11	2♎48	28♌34	0♒53	9♑54	14♑6	17♏58	10♏	15♎	15♑	12♌	5♌
7	13♍31	18♌43	15♑58	17♑34	25♌35	21♌54	3♎26	28♌47	0♒50	9♑54	14♑5	18♏0	11♏	16♎	15♑	12♌	5♌
8	14♍29	3♍16	15♑54	17♑28	26♌29	21♌39	4♎5	29♌0	0♒48	9♑53	14♑4	18♏1	11♏	16♎	15♑	13♌	5♌
9	15♍28	17♍41	15♑51	17♑20	27♌30	21♌27	4♎44	29♌13	0♒45	9♑53	14♑4	18♏2	11♏	16♎	15D	13♌	5♌
10	16♍26	1♎50	15♑48	17♑11	28♌38	21♌17	5♎23	29♌26	0♒43	9♑52	14♑3	18♏4	12♏	17♎	15♑	14♌	5♌
11	17♍24	15♎38	15♑45	17♑1	29♌52	21♌9	6♎2	29♌39	0♒40	9♑52	14♑3	18♏5	12♏	17♎	15♑	14♌	5♌
12	18♍23	29♎3	15♑42	16♑52	1♍13	21♌4	6♎41	29♌52	0♒38	9♑51	14♑2	18♏7	12♏	18♎	15♑	15♌	5♌
13	19♍21	12♏4	15♑39	16♑44	2♍38	21♌1	7♎20	0♍4	0♒36	9♑51	14♑2	18♏8	13♏	18♎	15♑	15♌	5♌
14	20♍19	24♏42	15♑35	16♑39	4♍9	21D0	7♎59	0♍17	0♒34	9♑50	14♑1	18♏10	13♏	18♎	15♑	15♌	5♌
15	21♍18	7♐1	15♑32	16♑36	5♍43	21♌2	8♎38	0♍30	0♒32	9♑50	14♑1	18♏11	13♏	19♎	15♑	16♌	6♌
16	22♍16	19♐4	15♑29	16♑35	7♍22	21♌6	9♎17	0♍42	0♒30	9♑50	14♑1	18♏13	14♏	19♎	15♑	16♌	6♌
17	23♍15	0♑57	15♑26	16D35	9♍3	21♌12	9♎57	0♍55	0♒28	9♑50	14♑0	18♏14	14♏	20♎	16♑	17♌	6♌
18	24♍13	12♑45	15♑23	16♑35	10♍47	21♌21	10♎36	1♍8	0♒26	9♑50	14♑0	18♏16	15♏	20♎	16♑	17♌	6♌
19	25♍12	24♑34	15♑20	16R35	12♍33	21♌31	11♎15	1♍20	0♒25	9♑50	14♑0	18♏17	15♏	21♎	16♑	18♌	6♌
20	26♍10	6♒29	15♑16	16♑33	14♍20	21♌44	11♎54	1♍33	0♒23	9D50	14♑0	18♏19	15♏	21♎	16♑	18♌	6♌
21	27♍9	18♒33	15♑13	16♑29	16♍9	21♌59	12♎34	1♍45	0♒22	9♑50	13♑59	18♏21	16♏	21♎	16♑	18♌	6♌
22	28♍8	0♓51	15♑10	16♑22	17♍59	22♌16	13♎13	1♍57	0♒20	9♑50	13♑59	18♏23	16♏	22♎	16♑	19♌	6♌
23	29♍6	13♓24	15♑7	16♑13	19♍50	22♌34	13♎53	2♍10	0♒19	9♑50	13♑59	18♏24	16♏	22♎	16♑	19♌	6♌
24	0♎5	26♓14	15♑4	16♑1	21♍40	22♌55	14♎32	2♍22	0♒18	9♑50	13♑59	18♏26	17♏	23♎	16♑	20♌	6♌
25	1♎4	9♈20	15♑0	15♑49	23♍31	23♌18	15♎12	2♍34	0♒17	9♑50	13♑59	18♏28	17♏	23♎	16♑	20♌	6♌
26	2♎2	22♈41	14♑57	15♑37	25♍22	23♌42	15♎51	2♍47	0♒16	9♑51	13♑59	18♏30	18♏	24♎	16♑	21♌	7♌
27	3♎1	6♉14	14♑54	15♑26	27♍13	24♌8	16♎31	2♍59	0♒15	9♑51	13D59	18♏31	18♏	24♎	16♑	21♌	7♌
28	4♎0	19♉57	14♑51	15♑18	29♍3	24♌35	17♎10	3♍11	0♒14	9♑51	13♑59	18♏33	18♏	25♎	16♑	21♌	7♌
29	4♎59	3♊48	14♑48	15♑12	0♎52	25♌4	17♎50	3♍23	0♒13	9♑52	13♑59	18♏35	19♏	25♎	17♑	22♌	7♌
30	5♎58	17♊45	14♑45	15♑9	2♎41	25♌35	18♎30	3♍35	0♒13	9♑52	13♑59	18♏37	19♏	25♎	17♑	22♌	7♌
SUN INGRESS	☉→♎23日 21:48																
MOON PHASE	◑ 2日 03:16 ♊　● 8日 20:01 ♍　◐ 16日 07:01 ♐　○ 24日 07:40 ♈																

aspects		
2日	22:19	☿☌♀
3日	05:42	♂△♄
3日	07:26	☉△♅
7日	13:52	☉△♆
10日	18:56	☿☌♃
11日	17:19	☉⚹♇
16日	19:52	♂□♅
17日	10:54	☿△♅
19日	19:23	☿△♆
22日	05:10	☿⚹♇
23日	03:53	♂□♆
24日	05:08	☉△♄
28日	15:30	☿△♄

1991年10月

DAY	☉	☽	☊ mean	☊ true	☿	♀	♂	♃	♄	♅	♆	♇	⚳	⚴	⚵	⚶	⚷
	° ′	° ′	° ′	° ′	° ′	° ′	° ′	° ′	° ′	° ′	° ′	° ′	°	°	°	°	°
1	6♎57	1♋46	14♑41	15R8	4D30	26D7	19D10	3D47	0R12	9D53	13D59	18D39	19D	26D	17D	23D	7D
2	7♎56	15♋52	14♑38	15♑8	6♎17	26♌41	19♎50	3♍59	0♒12	9♑53	13♑59	18♏41	20♏	26♎	17♑	23♌	7♌
3	8♎55	0♌0	14♑35	15♑8	8♎4	27♌16	20♎29	4♍11	0♒11	9♑54	13♑59	18♏43	20♏	27♎	17♑	23♌	7♌
4	9♎54	14♌11	14♑32	15♑6	9♎51	27♌52	21♎9	4♍23	0♒11	9♑55	14♑0	18♏45	21♏	27♎	17♑	24♌	7♌
5	10♎53	28♌22	14♑29	15♑1	11♎36	28♌30	21♎49	4♍34	0♒11	9♑56	14♑0	18♏47	21♏	28♎	17♑	24♌	7♌
6	11♎52	12♍30	14♑25	14♑53	13♎20	29♌9	22♎29	4♍46	0D11	9♑56	14♑0	18♏49	21♏	28♎	18♑	25♌	7♌
7	12♎51	26♍31	14♑22	14♑43	15♎4	29♌49	23♎9	4♍58	0♒11	9♑57	14♑1	18♏51	22♏	28♎	18♑	25♌	7♌
8	13♎50	10♎20	14♑19	14♑31	16♎47	0♍30	23♎50	5♍9	0♒11	9♑58	14♑1	18♏53	22♏	29♎	18♑	26♌	7♌
9	14♎50	23♎53	14♑16	14♑18	18♎29	1♍12	24♎30	5♍21	0♒12	9♑59	14♑1	18♏55	23♏	29♎	18♑	26♌	8♌
10	15♎49	7♏8	14♑13	14♑5	20♎11	1♍56	25♎10	5♍32	0♒12	10♑0	14♑2	18♏57	23♏	0♏	18♑	26♌	8♌
11	16♎48	20♏2	14♑10	13♑55	21♎51	2♍40	25♎50	5♍44	0♒13	10♑1	14♑2	18♏59	23♏	0♏	18♑	27♌	8♌
12	17♎47	2♐36	14♑6	13♑47	23♎31	3♍25	26♎30	5♍55	0♒13	10♑2	14♑3	19♏1	24♏	1♏	19♑	27♌	8♌
13	18♎47	14♐53	14♑3	13♑42	25♎10	4♍11	27♎11	6♍6	0♒14	10♑3	14♑3	19♏4	24♏	1♏	19♑	28♌	8♌
14	19♎46	26♐56	14♑0	13♑39	26♎49	4♍58	27♎51	6♍17	0♒15	10♑5	14♑4	19♏6	25♏	1♏	19♑	28♌	8♌
15	20♎46	8♑48	13♑57	13♑38	28♎26	5♍46	28♎32	6♍28	0♒16	10♑6	14♑4	19♏8	25♏	2♏	19♑	28♌	8♌
16	21♎45	20♑36	13♑54	13D38	0♏3	6♍35	29♎12	6♍39	0♒17	10♑7	14♑5	19♏10	25♏	2♏	19♑	29♌	8♌
17	22♎45	2♒25	13♑51	13R38	1♏40	7♍25	29♎53	6♍50	0♒18	10♑9	14♑6	19♏12	26♏	3♏	20♑	29♌	8♌
18	23♎44	14♒21	13♑47	13♑36	3♏15	8♍15	0♏33	7♍1	0♒19	10♑10	14♑6	19♏14	26♏	3♏	20♑	0♍	8♌
19	24♎44	26♒28	13♑44	13♑32	4♏50	9♍6	1♏14	7♍12	0♒20	10♑11	14♑7	19♏17	27♏	4♏	20♑	0♍	8♌
20	25♎43	8♓52	13♑41	13♑26	6♏25	9♍58	1♏54	7♍22	0♒22	10♑13	14♑8	19♏19	27♏	4♏	20♑	0♍	8♌
21	26♎43	21♓34	13♑38	13♑17	7♏58	10♍51	2♏35	7♍33	0♒23	10♑14	14♑9	19♏21	27♏	5♏	21♑	1♍	8♌
22	27♎43	4♈38	13♑35	13♑6	9♏32	11♍44	3♏16	7♍43	0♒25	10♑16	14♑9	19♏24	28♏	5♏	21♑	1♍	8♌
23	28♎42	18♈2	13♑31	12♑54	11♏4	12♍38	3♏57	7♍54	0♒26	10♑18	14♑10	19♏26	28♏	5♏	21♑	2♍	8♌
24	29♎42	1♉46	13♑28	12♑42	12♏36	13♍33	4♏37	8♍4	0♒28	10♑19	14♑11	19♏28	29♏	6♏	21♑	2♍	8♌
25	0♏42	15♉45	13♑25	12♑31	14♏7	14♍28	5♏18	8♍14	0♒30	10♑21	14♑12	19♏30	29♏	6♏	22♑	2♍	8♌
26	1♏41	29♉54	13♑22	12♑23	15♏38	15♍24	5♏59	8♍25	0♒32	10♑23	14♑13	19♏33	29♏	7♏	22♑	3♍	8♌
27	2♏41	14♊10	13♑19	12♑17	17♏9	16♍20	6♏40	8♍35	0♒34	10♑25	14♑14	19♏35	0♐	7♏	22♑	3♍	9♌
28	3♏41	28♊26	13♑16	12♑15	18♏38	17♍17	7♏21	8♍44	0♒36	10♑27	14♑15	19♏37	0♐	8♏	22♑	4♍	9♌
29	4♏41	12♋41	13♑12	12D14	20♏7	18♍15	8♏2	8♍54	0♒39	10♑28	14♑16	19♏40	1♐	8♏	23♑	4♍	9♌
30	5♏41	26♋51	13♑9	12♑14	21♏36	19♍13	8♏43	9♍4	0♒41	10♑30	14♑17	19♏42	1♐	9♏	23♑	4♍	9♌
31	6♏41	10♌56	13♑6	12R14	23♏4	20♍11	9♏25	9♍14	0♒44	10♑32	14♑18	19♏44	1♐	9♏	23♑	5♍	9♌
SUN INGRESS	☉→♏24日 07:05																
MOON PHASE	◑ 1日 09:30 ♋　● 8日 06:39 ♎　◐ 16日 02:33 ♑　○ 23日 20:08 ♈　◑ 30日 16:11 ♌																

aspects		
4日	00:27	☉□♅
4日	00:59	☿□♅
4日	01:40	☉☌☿
6日	09:13	☿□♆
8日	04:20	☉□♆
15日	02:10	☿☌♂
16日	02:34	♀☌♃
16日	03:19	☿□♄
17日	15:20	♂□♄
20日	06:53	♀△♅
20日	16:39	☿⚹♃
22日	11:43	☿⚹♅
24日	17:01	♀△♆
24日	19:15	☉□♄
25日	01:15	☿⚹♆
25日	14:00	☿⚹♀
28日	16:20	☿☌♇
30日	12:32	♀⚹♇
30日	15:40	♂⚹♃

1991年11月

DAY	☉	☽	☊ mean	☊ true	☿	♀	♂	♃	♄	♅	♆	♇	⚳	⚴	⚵	⚶	⚷
	° ′	° ′	° ′	° ′	° ′	° ′	° ′	° ′	° ′	° ′	° ′	° ′	°	°	°	°	°
1	7 ♏ 41	24 ♌ 55	13 ♑ 3	12 R 13	24 D 31	21 D 10	10 D 6	9 D 23	0 D 46	10 D 34	14 D 19	19 D 47	2 D	9 D	23 D	5 D	9 D
2	8 ♏ 41	8 ♍ 46	13 ♑ 0	12 ♑ 9	25 ♏ 58	22 ♍ 10	10 ♏ 47	9 ♍ 33	0 ♒ 49	10 ♑ 37	14 ♑ 21	19 ♏ 49	2 ♐	10 ♏	24 ♑	5 ♍	9 ♌
3	9 ♏ 41	22 ♍ 30	12 ♑ 57	12 ♑ 3	27 ♏ 24	23 ♍ 10	11 ♏ 28	9 ♍ 42	0 ♒ 52	10 ♑ 39	14 ♑ 22	19 ♏ 52	3 ♐	10 ♏	24 ♑	6 ♍	9 ♌
4	10 ♏ 41	6 ♎ 4	12 ♑ 53	11 ♑ 55	28 ♏ 50	24 ♍ 10	12 ♏ 10	9 ♍ 51	0 ♒ 54	10 ♑ 41	14 ♑ 23	19 ♏ 54	3 ♐	11 ♏	24 ♑	6 ♍	9 ♌
5	11 ♏ 41	19 ♎ 28	12 ♑ 50	11 ♑ 44	0 ♐ 15	25 ♍ 11	12 ♏ 51	10 ♍ 0	0 ♒ 57	10 ♑ 43	14 ♑ 24	19 ♏ 56	3 ♐	11 ♏	25 ♑	7 ♍	9 ♌
6	12 ♏ 41	2 ♏ 38	12 ♑ 47	11 ♑ 34	1 ♐ 39	26 ♍ 13	13 ♏ 33	10 ♍ 9	1 ♒ 0	10 ♑ 45	14 ♑ 25	19 ♏ 59	4 ♐	11 ♏	25 ♑	7 ♍	9 ♌
7	13 ♏ 41	15 ♏ 34	12 ♑ 44	11 ♑ 23	3 ♐ 2	27 ♍ 14	14 ♏ 14	10 ♍ 18	1 ♒ 3	10 ♑ 48	14 ♑ 27	20 ♏ 1	4 ♐	12 ♏	25 ♑	7 ♍	9 ♌
8	14 ♏ 42	28 ♏ 15	12 ♑ 41	11 ♑ 14	4 ♐ 24	28 ♍ 16	14 ♏ 56	10 ♍ 27	1 ♒ 7	10 ♑ 50	14 ♑ 28	20 ♏ 4	5 ♐	13 ♏	25 ♑	8 ♍	9 ♌
9	15 ♏ 42	10 ♐ 40	12 ♑ 37	11 ♑ 7	5 ♐ 46	29 ♍ 19	15 ♏ 37	10 ♍ 35	1 ♒ 10	10 ♑ 52	14 ♑ 30	20 ♏ 6	5 ♐	13 ♏	26 ♑	8 ♍	9 ♌
10	16 ♏ 42	22 ♐ 51	12 ♑ 34	11 ♑ 3	7 ♐ 6	0 ♎ 21	16 ♏ 19	10 ♍ 44	1 ♒ 13	10 ♑ 55	14 ♑ 31	20 ♏ 8	5 ♐	13 ♏	26 ♑	8 ♍	9 ♌
11	17 ♏ 42	4 ♑ 50	12 ♑ 31	11 ♑ 1	8 ♐ 26	1 ♎ 25	17 ♏ 1	10 ♍ 52	1 ♒ 17	10 ♑ 57	14 ♑ 32	20 ♏ 11	6 ♐	14 ♏	26 ♑	9 ♍	9 ♌
12	18 ♏ 43	16 ♑ 41	12 ♑ 28	11 D 1	9 ♐ 44	2 ♎ 28	17 ♏ 43	11 ♍ 1	1 ♒ 20	11 ♑ 0	14 ♑ 34	20 ♏ 13	6 ♐	14 ♏	27 ♑	9 ♍	9 ♌
13	19 ♏ 43	28 ♑ 28	12 ♑ 25	11 ♑ 2	11 ♐ 0	3 ♎ 32	18 ♏ 24	11 ♍ 9	1 ♒ 24	11 ♑ 2	14 ♑ 35	20 ♏ 16	7 ♐	15 ♏	27 ♑	9 ♍	9 ♌
14	20 ♏ 43	10 ♒ 16	12 ♑ 22	11 ♑ 3	12 ♐ 15	4 ♎ 36	19 ♏ 6	11 ♍ 17	1 ♒ 28	11 ♑ 5	14 ♑ 37	20 ♏ 18	7 ♐	15 ♏	27 ♑	10 ♍	9 ♌
15	21 ♏ 44	22 ♒ 11	12 ♑ 18	11 R 4	13 ♐ 29	5 ♎ 40	19 ♏ 48	11 ♍ 25	1 ♒ 32	11 ♑ 7	14 ♑ 38	20 ♏ 21	7 ♐	16 ♏	28 ♑	10 ♍	9 ♌
16	22 ♏ 44	4 ♓ 17	12 ♑ 15	11 ♑ 3	14 ♐ 40	6 ♎ 45	20 ♏ 30	11 ♍ 32	1 ♒ 35	11 ♑ 10	14 ♑ 40	20 ♏ 23	8 ♐	16 ♏	28 ♑	11 ♍	9 ♌
17	23 ♏ 45	16 ♓ 39	12 ♑ 12	11 ♑ 0	15 ♐ 49	7 ♎ 50	21 ♏ 12	11 ♍ 40	1 ♒ 39	11 ♑ 13	14 ♑ 41	20 ♏ 25	8 ♐	16 ♏	28 ♑	11 ♍	9 ♌
18	24 ♏ 45	29 ♓ 23	12 ♑ 9	10 ♑ 56	16 ♐ 56	8 ♎ 56	21 ♏ 54	11 ♍ 47	1 ♒ 44	11 ♑ 15	14 ♑ 43	20 ♏ 28	9 ♐	17 ♏	29 ♑	11 ♍	9 ♌
19	25 ♏ 46	12 ♈ 31	12 ♑ 6	10 ♑ 49	18 ♐ 0	10 ♎ 1	22 ♏ 36	11 ♍ 55	1 ♒ 48	11 ♑ 18	14 ♑ 45	20 ♏ 30	9 ♐	17 ♏	29 ♑	12 ♍	9 ♌
20	26 ♏ 46	26 ♈ 4	12 ♑ 3	10 ♑ 42	19 ♐ 0	11 ♎ 7	23 ♏ 18	12 ♍ 2	1 ♒ 52	11 ♑ 21	14 ♑ 46	20 ♏ 33	10 ♐	18 ♏	29 ♑	12 ♍	9 ♌
21	27 ♏ 47	10 ♉ 1	11 ♑ 59	10 ♑ 34	19 ♐ 57	12 ♎ 13	24 ♏ 0	12 ♍ 9	1 ♒ 56	11 ♑ 24	14 ♑ 48	20 ♏ 35	10 ♐	18 ♏	0 ♒	12 ♍	9 ♌
22	28 ♏ 47	24 ♉ 20	11 ♑ 56	10 ♑ 28	20 ♐ 50	13 ♎ 19	24 ♏ 43	12 ♍ 16	2 ♒ 1	11 ♑ 27	14 ♑ 50	20 ♏ 37	10 ♐	19 ♏	0 ♒	13 ♍	9 ♌
23	29 ♏ 48	8 ♊ 53	11 ♑ 53	10 ♑ 23	21 ♐ 38	14 ♎ 26	25 ♏ 25	12 ♍ 23	2 ♒ 5	11 ♑ 29	14 ♑ 51	20 ♏ 40	11 ♐	19 ♏	0 ♒	13 ♍	9 R
24	0 ♐ 49	23 ♊ 36	11 ♑ 50	10 ♑ 20	22 ♐ 21	15 ♎ 33	26 ♏ 7	12 ♍ 29	2 ♒ 10	11 ♑ 32	14 ♑ 53	20 ♏ 42	11 ♐	20 ♏	1 ♒	13 ♍	9 ♌
25	1 ♐ 49	8 ♋ 19	11 ♑ 47	10 ♑ 19	22 ♐ 58	16 ♎ 40	26 ♏ 49	12 ♍ 36	2 ♒ 14	11 ♑ 35	14 ♑ 55	20 ♏ 45	12 ♐	20 ♏	1 ♒	14 ♍	9 ♌
26	2 ♐ 50	22 ♋ 57	11 ♑ 43	10 D 19	23 ♐ 28	17 ♎ 47	27 ♏ 32	12 ♍ 42	2 ♒ 19	11 ♑ 38	14 ♑ 57	20 ♏ 47	12 ♐	20 ♏	1 ♒	14 ♍	9 ♌
27	3 ♐ 50	7 ♌ 26	11 ♑ 40	10 ♑ 20	23 ♐ 51	18 ♎ 55	28 ♏ 14	12 ♍ 48	2 ♒ 24	11 ♑ 41	14 ♑ 58	20 ♏ 49	12 ♐	21 ♏	2 ♒	14 ♍	9 ♌
28	4 ♐ 51	21 ♌ 41	11 ♑ 37	10 ♑ 22	24 ♐ 5	20 ♎ 3	28 ♏ 57	12 ♍ 54	2 ♒ 28	11 ♑ 44	15 ♑ 0	20 ♏ 52	13 ♐	21 ♏	2 ♒	15 ♍	9 ♌
29	5 ♐ 52	5 ♍ 41	11 ♑ 34	10 ♑ 22	24 ♐ 11	21 ♎ 11	29 ♏ 39	13 ♍ 0	2 ♒ 33	11 ♑ 47	15 ♑ 2	20 ♏ 54	13 ♐	22 ♏	2 ♒	15 ♍	9 ♌
30	6 ♐ 53	19 ♍ 25	11 ♑ 31	10 R 22	24 R 7	22 ♎ 19	0 ♐ 22	13 ♍ 6	2 ♒ 38	11 ♑ 50	15 ♑ 4	20 ♏ 56	14 ♐	22 ♏	3 ♒	15 ♍	9 ♌

SUN INGRESS	☉ → ♐ 23日 04:36
MOON PHASE	● 6日 20:11 ♏ ◐ 14日 23:02 ♒ ○ 22日 07:56 ♉ ◑ 29日 00:21 ♍

aspects

1日	17:30	♂⚹♅
3日	00:33	☉⚹♃
3日	23:58	☉⚹♅
5日	12:35	☿⚹♄
7日	07:30	♂⚹♆
7日	18:31	☉⚹♆
8日	18:16	☉☌♂
10日	20:52	♀△♄
11日	19:52	♃△♅
13日	03:00	☿□♃
13日	13:30	☉☌♇
15日	19:46	♂☌♇
20日	05:17	♀□♅
23日	09:19	♀□♆
25日	10:45	☉⚹♄

1991年12月

DAY	☉	☽	☊ mean	☊ true	☿	♀	♂	♃	♄	♅	♆	♇	⚳	⚴	⚵	⚶	⚷
	° ′	° ′	° ′	° ′	° ′	° ′	° ′	° ′	° ′	° ′	° ′	° ′	°	°	°	°	°
1	7 ♐ 53	2 ♎ 54	11 ♑ 28	10 R 19	23 R 52	23 D 27	1 D 5	13 D 12	2 D 43	11 D 53	15 D 6	20 D 59	14 D	23 D	3 D	15 D	9 R
2	8 ♐ 54	16 ♎ 9	11 ♑ 24	10 ♑ 16	23 ♐ 27	24 ♎ 36	1 ♐ 47	13 ♍ 17	2 ♒ 48	11 ♑ 57	15 ♑ 8	21 ♏ 1	15 ♐	23 ♏	3 ♒	16 ♍	9 ♌
3	9 ♐ 55	29 ♎ 10	11 ♑ 21	10 ♑ 11	22 ♐ 50	25 ♎ 45	2 ♐ 30	13 ♍ 22	2 ♒ 54	12 ♑ 0	15 ♑ 10	21 ♏ 3	15 ♐	23 ♏	4 ♒	16 ♍	9 ♌
4	10 ♐ 56	11 ♏ 57	11 ♑ 18	10 ♑ 6	22 ♐ 3	26 ♎ 54	3 ♐ 13	13 ♍ 27	2 ♒ 59	12 ♑ 3	15 ♑ 12	21 ♏ 6	15 ♐	24 ♏	4 ♒	16 ♍	9 ♌
5	11 ♐ 57	24 ♏ 32	11 ♑ 15	10 ♑ 1	21 ♐ 5	28 ♎ 3	3 ♐ 56	13 ♍ 32	3 ♒ 4	12 ♑ 6	15 ♑ 14	21 ♏ 8	16 ♐	24 ♏	5 ♒	17 ♍	9 ♌
6	12 ♐ 58	6 ♐ 55	11 ♑ 12	9 ♑ 56	19 ♐ 58	29 ♎ 12	4 ♐ 39	13 ♍ 37	3 ♒ 10	12 ♑ 9	15 ♑ 16	21 ♏ 10	16 ♐	25 ♏	5 ♒	17 ♍	9 ♌
7	13 ♐ 59	19 ♐ 7	11 ♑ 9	9 ♑ 53	18 ♐ 43	0 ♏ 22	5 ♐ 22	13 ♍ 42	3 ♒ 15	12 ♑ 13	15 ♑ 18	21 ♏ 13	17 ♐	25 ♏	5 ♒	17 ♍	9 ♌
8	15 ♐ 0	1 ♑ 9	11 ♑ 5	9 ♑ 52	17 ♐ 23	1 ♏ 31	6 ♐ 5	13 ♍ 46	3 ♒ 21	12 ♑ 16	15 ♑ 20	21 ♏ 15	17 ♐	26 ♏	6 ♒	18 ♍	9 ♌
9	16 ♐ 1	13 ♑ 3	11 ♑ 2	9 D 51	16 ♐ 0	2 ♏ 41	6 ♐ 48	13 ♍ 50	3 ♒ 26	12 ♑ 19	15 ♑ 22	21 ♏ 17	17 ♐	26 ♏	6 ♒	18 ♍	9 ♌
10	17 ♐ 2	24 ♑ 52	10 ♑ 59	9 ♑ 52	14 ♐ 38	3 ♏ 51	7 ♐ 31	13 ♍ 54	3 ♒ 32	12 ♑ 22	15 ♑ 24	21 ♏ 19	18 ♐	27 ♏	7 ♒	18 ♍	9 ♌
11	18 ♐ 3	6 ♒ 39	10 ♑ 56	9 ♑ 54	13 ♐ 18	5 ♏ 1	8 ♐ 14	13 ♍ 58	3 ♒ 37	12 ♑ 26	15 ♑ 26	21 ♏ 22	18 ♐	27 ♏	7 ♒	18 ♍	9 ♌
12	19 ♐ 4	18 ♒ 26	10 ♑ 53	9 ♑ 56	12 ♐ 4	6 ♏ 11	8 ♐ 57	14 ♍ 2	3 ♒ 43	12 ♑ 29	15 ♑ 28	21 ♏ 24	19 ♐	27 ♏	7 ♒	19 ♍	9 ♌
13	20 ♐ 5	0 ♓ 20	10 ♑ 49	9 ♑ 57	10 ♐ 57	7 ♏ 21	9 ♐ 40	14 ♍ 5	3 ♒ 49	12 ♑ 33	15 ♑ 30	21 ♏ 26	19 ♐	28 ♏	8 ♒	19 ♍	9 ♌
14	21 ♐ 6	12 ♓ 24	10 ♑ 46	9 ♑ 58	9 ♐ 59	8 ♏ 32	10 ♐ 24	14 ♍ 9	3 ♒ 55	12 ♑ 36	15 ♑ 32	21 ♏ 28	19 ♐	28 ♏	8 ♒	19 ♍	9 ♌
15	22 ♐ 7	24 ♓ 43	10 ♑ 43	9 R 58	9 ♐ 12	9 ♏ 42	11 ♐ 7	14 ♍ 12	4 ♒ 1	12 ♑ 39	15 ♑ 34	21 ♏ 30	20 ♐	29 ♏	9 ♒	19 ♍	9 ♌
16	23 ♐ 8	7 ♈ 21	10 ♑ 40	9 ♑ 58	8 ♐ 36	10 ♏ 53	11 ♐ 50	14 ♍ 15	4 ♒ 7	12 ♑ 43	15 ♑ 36	21 ♏ 33	20 ♐	29 ♏	9 ♒	20 ♍	9 ♌
17	24 ♐ 9	20 ♈ 24	10 ♑ 37	9 ♑ 56	8 ♐ 12	12 ♏ 4	12 ♐ 34	14 ♍ 18	4 ♒ 13	12 ♑ 46	15 ♑ 38	21 ♏ 35	21 ♐	0 ♐	9 ♒	20 ♍	9 ♌
18	25 ♐ 10	3 ♉ 53	10 ♑ 34	9 ♑ 55	7 ♐ 58	13 ♏ 15	13 ♐ 17	14 ♍ 20	4 ♒ 19	12 ♑ 50	15 ♑ 41	21 ♏ 37	21 ♐	0 ♐	10 ♒	20 ♍	9 ♌
19	26 ♐ 11	17 ♉ 50	10 ♑ 30	9 ♑ 53	7 D 54	14 ♏ 26	14 ♐ 1	14 ♍ 23	4 ♒ 25	12 ♑ 53	15 ♑ 43	21 ♏ 39	22 ♐	0 ♐	10 ♒	20 ♍	9 ♌
20	27 ♐ 12	2 ♊ 12	10 ♑ 27	9 ♑ 51	8 ♐ 0	15 ♏ 37	14 ♐ 44	14 ♍ 25	4 ♒ 31	12 ♑ 57	15 ♑ 45	21 ♏ 41	22 ♐	1 ♐	11 ♒	21 ♍	8 ♌
21	28 ♐ 13	16 ♊ 56	10 ♑ 24	9 ♑ 50	8 ♐ 16	16 ♏ 48	15 ♐ 28	14 ♍ 27	4 ♒ 37	13 ♑ 0	15 ♑ 47	21 ♏ 43	22 ♐	1 ♐	11 ♒	21 ♍	8 ♌
22	29 ♐ 14	1 ♋ 56	10 ♑ 21	9 ♑ 49	8 ♐ 40	18 ♏ 0	16 ♐ 11	14 ♍ 29	4 ♒ 43	13 ♑ 4	15 ♑ 49	21 ♏ 45	23 ♐	2 ♐	11 ♒	21 ♍	8 ♌
23	0 ♑ 15	17 ♋ 2	10 ♑ 18	9 D 49	9 ♐ 11	19 ♏ 11	16 ♐ 55	14 ♍ 31	4 ♒ 50	13 ♑ 7	15 ♑ 51	21 ♏ 47	23 ♐	2 ♐	12 ♒	21 ♍	8 ♌
24	1 ♑ 16	2 ♌ 6	10 ♑ 15	9 ♑ 50	9 ♐ 48	20 ♏ 23	17 ♐ 39	14 ♍ 32	4 ♒ 56	13 ♑ 11	15 ♑ 54	21 ♏ 49	24 ♐	2 ♐	12 ♒	22 ♍	8 ♌
25	2 ♑ 17	16 ♌ 58	10 ♑ 11	9 ♑ 50	10 ♐ 32	21 ♏ 34	18 ♐ 23	14 ♍ 33	5 ♒ 2	13 ♑ 14	15 ♑ 56	21 ♏ 51	24 ♐	3 ♐	13 ♒	22 ♍	8 ♌
26	3 ♑ 18	1 ♍ 34	10 ♑ 8	9 ♑ 51	11 ♐ 21	22 ♏ 46	19 ♐ 6	14 ♍ 35	5 ♒ 9	13 ♑ 18	15 ♑ 58	21 ♏ 53	24 ♐	3 ♐	13 ♒	22 ♍	8 ♌
27	4 ♑ 19	15 ♍ 48	10 ♑ 5	9 ♑ 51	12 ♐ 14	23 ♏ 58	19 ♐ 50	14 ♍ 35	5 ♒ 15	13 ♑ 21	16 ♑ 0	21 ♏ 55	25 ♐	4 ♐	13 ♒	22 ♍	8 ♌
28	5 ♑ 21	29 ♍ 38	10 ♑ 2	9 ♑ 52	13 ♐ 12	25 ♏ 10	20 ♐ 34	14 ♍ 36	5 ♒ 22	13 ♑ 25	16 ♑ 3	21 ♏ 57	25 ♐	4 ♐	14 ♒	22 ♍	8 ♌
29	6 ♑ 22	13 ♎ 6	9 ♑ 59	9 R 52	14 ♐ 14	26 ♏ 22	21 ♐ 18	14 ♍ 37	5 ♒ 28	13 ♑ 28	16 ♑ 5	21 ♏ 59	26 ♐	5 ♐	14 ♒	23 ♍	8 ♌
30	7 ♑ 23	26 ♎ 12	9 ♑ 55	9 ♑ 51	15 ♐ 18	27 ♏ 34	22 ♐ 2	14 ♍ 37	5 ♒ 35	13 ♑ 32	16 ♑ 7	22 ♏ 1	26 ♐	5 ♐	15 ♒	23 ♍	8 ♌
31	8 ♑ 24	9 ♏ 0	9 ♑ 52	9 ♑ 51	16 ♐ 26	28 ♏ 46	22 ♐ 46	14 ♍ 37	5 ♒ 42	13 ♑ 35	16 ♑ 9	22 ♏ 2	26 ♐	5 ♐	15 ♒	23 ♍	8 ♌

SUN INGRESS	☉ → ♑ 22日 17:54
MOON PHASE	● 6日 12:56 ♐ ◐ 14日 18:32 ♓ ○ 21日 19:23 ♊ ◑ 28日 10:55 ♎

aspects

1日	06:36	☿⚹♀
3日	15:01	♂⚹♄
6日	16:43	☉□♃
8日	23:58	☉☌☿
9日	16:50	♀□♄
10日	12:19	☿□♃
13日	18:01	☿☌♂
17日	15:01	♀⚹♅
18日	22:54	♀⚹♃
19日	12:51	♂□♃
20日	02:44	♀⚹♆
25日	05:45	♀☌♇
29日	08:48	☿□♃

1992年1月

DAY	☉	☽	☊ mean	☊ true	☿	♀	♂	♃	♄	♅	♆	♇	⚳	⚴	⚵	⚶	⚷
	° ′	° ′	° ′	° ′	° ′	° ′	° ′	° ′	° ′	° ′	° ′	° ′	°	°	°	°	°
1	9 ♑ 25	21 ♏ 31	9 ♑ 49	9 R 51	17 D 36	29 D 59	23 D 30	14 R 37	5 D 48	13 D 39	16 D 12	22 D 4	27 D	6 D	16 D	23 D	8 R
2	10 ♑ 26	3 ♐ 49	9 ♑ 46	9 D 51	18 ♐ 48	1 ♐ 11	24 ♐ 14	14 ♍ 37	5 ♒ 55	13 ♑ 43	16 ♑ 14	22 ♏ 6	27 ♐	6 ♐	16 ♒	23 ♍	8 ♌
3	11 ♑ 28	15 ♐ 56	9 ♑ 43	9 ♑ 51	20 ♐ 2	2 ♐ 23	24 ♐ 59	14 ♍ 37	6 ♒ 2	13 ♑ 46	16 ♑ 16	22 ♏ 8	28 ♐	7 ♐	16 ♒	23 ♍	8 ♌
4	12 ♑ 29	27 ♐ 56	9 ♑ 40	9 ♑ 51	21 ♐ 18	3 ♐ 36	25 ♐ 43	14 ♍ 36	6 ♒ 9	13 ♑ 50	16 ♑ 18	22 ♏ 10	28 ♐	7 ♐	17 ♒	24 ♍	8 ♌
5	13 ♑ 30	9 ♑ 49	9 ♑ 36	9 ♑ 52	22 ♐ 35	4 ♐ 48	26 ♐ 27	14 ♍ 35	6 ♒ 15	13 ♑ 53	16 ♑ 21	22 ♏ 11	29 ♐	7 ♐	17 ♒	24 ♍	8 ♌
6	14 ♑ 31	21 ♑ 39	9 ♑ 33	9 R 51	23 ♐ 54	6 ♐ 1	27 ♐ 11	14 ♍ 34	6 ♒ 22	13 ♑ 57	16 ♑ 23	22 ♏ 13	29 ♐	8 ♐	18 ♒	24 ♍	8 ♌
7	15 ♑ 32	3 ♒ 26	9 ♑ 30	9 ♑ 51	25 ♐ 15	7 ♐ 14	27 ♐ 56	14 ♍ 33	6 ♒ 29	14 ♑ 0	16 ♑ 25	22 ♏ 15	29 ♐	8 ♐	18 ♒	24 ♍	7 ♌
8	16 ♑ 33	15 ♒ 14	9 ♑ 27	9 ♑ 50	26 ♐ 36	8 ♐ 26	28 ♐ 40	14 ♍ 31	6 ♒ 36	14 ♑ 4	16 ♑ 28	22 ♏ 16	0 ♑	9 ♐	19 ♒	24 ♍	7 ♌
9	17 ♑ 35	27 ♒ 5	9 ♑ 24	9 ♑ 49	27 ♐ 58	9 ♐ 39	29 ♐ 25	14 ♍ 30	6 ♒ 43	14 ♑ 8	16 ♑ 30	22 ♏ 18	0 ♑	9 ♐	19 ♒	24 ♍	7 ♌
10	18 ♑ 36	9 ♓ 1	9 ♑ 21	9 ♑ 48	29 ♐ 22	10 ♐ 52	0 ♑ 9	14 ♍ 28	6 ♒ 50	14 ♑ 11	16 ♑ 32	22 ♏ 19	1 ♑	9 ♐	19 ♒	24 ♍	7 ♌
11	19 ♑ 37	21 ♓ 7	9 ♑ 17	9 ♑ 47	0 ♑ 46	12 ♐ 5	0 ♑ 54	14 ♍ 26	6 ♒ 57	14 ♑ 15	16 ♑ 34	22 ♏ 21	1 ♑	10 ♐	20 ♒	24 ♍	7 ♌
12	20 ♑ 38	3 ♈ 25	9 ♑ 14	9 ♑ 46	2 ♑ 11	13 ♐ 18	1 ♑ 38	14 ♍ 24	7 ♒ 4	14 ♑ 18	16 ♑ 37	22 ♏ 23	1 ♑	10 ♐	20 ♒	25 ♍	7 ♌
13	21 ♑ 39	15 ♈ 59	9 ♑ 11	9 ♑ 45	3 ♑ 37	14 ♐ 31	2 ♑ 23	14 ♍ 21	7 ♒ 11	14 ♑ 22	16 ♑ 39	22 ♏ 24	2 ♑	11 ♐	21 ♒	25 ♍	7 ♌
14	22 ♑ 40	28 ♈ 54	9 ♑ 8	9 D 45	5 ♑ 4	15 ♐ 44	3 ♑ 8	14 ♍ 19	7 ♒ 18	14 ♑ 26	16 ♑ 41	22 ♏ 25	2 ♑	11 ♐	21 ♒	25 ♍	7 ♌
15	23 ♑ 41	12 ♉ 12	9 ♑ 5	9 ♑ 46	6 ♑ 31	16 ♐ 57	3 ♑ 52	14 ♍ 16	7 ♒ 25	14 ♑ 29	16 ♑ 43	22 ♏ 27	3 ♑	11 ♐	22 ♒	25 ♍	7 ♌
16	24 ♑ 43	25 ♉ 57	9 ♑ 1	9 ♑ 47	7 ♑ 59	18 ♐ 10	4 ♑ 37	14 ♍ 13	7 ♒ 32	14 ♑ 33	16 ♑ 46	22 ♏ 28	3 ♑	12 ♐	22 ♒	25 ♍	7 ♌
17	25 ♑ 44	10 ♊ 9	8 ♑ 58	9 ♑ 48	9 ♑ 28	19 ♐ 23	5 ♑ 22	14 ♍ 10	7 ♒ 39	14 ♑ 36	16 ♑ 48	22 ♏ 30	3 ♑	12 ♐	23 ♒	25 ♍	7 ♌
18	26 ♑ 45	24 ♊ 46	8 ♑ 55	9 ♑ 49	10 ♑ 57	20 ♐ 36	6 ♑ 6	14 ♍ 7	7 ♒ 46	14 ♑ 40	16 ♑ 50	22 ♏ 31	4 ♑	13 ♐	23 ♒	25 ♍	7 ♌
19	27 ♑ 46	9 ♋ 44	8 ♑ 52	9 ♑ 50	12 ♑ 27	21 ♐ 50	6 ♑ 51	14 ♍ 3	7 ♒ 53	14 ♑ 43	16 ♑ 52	22 ♏ 32	4 ♑	13 ♐	24 ♒	25 ♍	7 ♌
20	28 ♑ 47	24 ♋ 56	8 ♑ 49	9 R 49	13 ♑ 57	23 ♐ 3	7 ♑ 36	14 ♍ 0	8 ♒ 0	14 ♑ 47	16 ♑ 55	22 ♏ 34	5 ♑	13 ♐	24 ♒	25 ♍	7 ♌
21	29 ♑ 48	10 ♌ 12	8 ♑ 46	9 ♑ 48	15 ♑ 28	24 ♐ 16	8 ♑ 21	13 ♍ 56	8 ♒ 7	14 ♑ 50	16 ♑ 57	22 ♏ 35	5 ♑	14 ♐	24 ♒	25 ♍	6 ♌
22	0 ♒ 49	25 ♌ 23	8 ♑ 42	9 ♑ 45	17 ♑ 0	25 ♐ 29	9 ♑ 6	13 ♍ 52	8 ♒ 14	14 ♑ 54	16 ♑ 59	22 ♏ 36	5 ♑	14 ♐	25 ♒	25 ♍	6 ♌
23	1 ♒ 50	10 ♍ 18	8 ♑ 39	9 ♑ 42	18 ♑ 32	26 ♐ 43	9 ♑ 51	13 ♍ 48	8 ♒ 21	14 ♑ 57	17 ♑ 1	22 ♏ 37	6 ♑	15 ♐	25 ♒	25 ♍	6 ♌
24	2 ♒ 51	24 ♍ 50	8 ♑ 36	9 ♑ 39	20 ♑ 5	27 ♐ 56	10 ♑ 36	13 ♍ 43	8 ♒ 29	15 ♑ 1	17 ♑ 4	22 ♏ 38	6 ♑	15 ♐	26 ♒	25 ♍	6 ♌
25	3 ♒ 52	8 ♎ 55	8 ♑ 33	9 ♑ 36	21 ♑ 38	29 ♐ 10	11 ♑ 21	13 ♍ 39	8 ♒ 36	15 ♑ 4	17 ♑ 6	22 ♏ 40	7 ♑	15 ♐	26 ♒	25 ♍	6 ♌
26	4 ♒ 53	22 ♎ 31	8 ♑ 30	9 ♑ 34	23 ♑ 12	0 ♑ 23	12 ♑ 6	13 ♍ 34	8 ♒ 43	15 ♑ 7	17 ♑ 8	22 ♏ 41	7 ♑	16 ♐	27 ♒	25 R	6 ♌
27	5 ♒ 54	5 ♏ 41	8 ♑ 27	9 ♑ 34	24 ♑ 47	1 ♑ 37	12 ♑ 51	13 ♍ 29	8 ♒ 50	15 ♑ 11	17 ♑ 10	22 ♏ 42	7 ♑	16 ♐	27 ♒	25 ♍	6 ♌
28	6 ♒ 55	18 ♏ 26	8 ♑ 23	9 D 34	26 ♑ 22	2 ♑ 50	13 ♑ 37	13 ♍ 24	8 ♒ 57	15 ♑ 14	17 ♑ 12	22 ♏ 43	8 ♑	17 ♐	28 ♒	25 ♍	6 ♌
29	7 ♒ 56	0 ♐ 51	8 ♑ 20	9 ♑ 36	27 ♑ 58	4 ♑ 4	14 ♑ 22	13 ♍ 19	9 ♒ 4	15 ♑ 18	17 ♑ 15	22 ♏ 44	8 ♑	17 ♐	28 ♒	25 ♍	6 ♌
30	8 ♒ 57	13 ♐ 0	8 ♑ 17	9 ♑ 38	29 ♑ 34	5 ♑ 18	15 ♑ 7	13 ♍ 14	9 ♒ 12	15 ♑ 21	17 ♑ 17	22 ♏ 45	8 ♑	17 ♐	29 ♒	25 ♍	6 ♌
31	9 ♒ 58	24 ♐ 59	8 ♑ 14	9 ♑ 39	1 ♒ 11	6 ♑ 31	15 ♑ 52	13 ♍ 8	9 ♒ 19	15 ♑ 24	17 ♑ 19	22 ♏ 46	9 ♑	18 ♐	29 ♒	25 ♍	6 ♌

SUN INGRESS	☉ → ♒ 21日 04 : 32
MOON PHASE	● 5日 08 : 10 ♑　◐ 13日 11 : 32 ♈　○ 20日 06 : 28 ♋　◑ 27日 00 : 27 ♏

aspects		
5日	09 : 46	☉ ☌ ♅
6日	01 : 09	☉ △ ♃
6日	07 : 44	♀ ⚹ ♄
7日	21 : 36	☉ ☌ ♆
11日	04 : 33	☿ ☌ ♂
12日	21 : 04	♀ □ ♃
12日	22 : 08	♃ △ ♅
13日	18 : 01	☉ ⚹ ♇
20日	00 : 41	☿ △ ♃
20日	13 : 39	☿ ☌ ♅
21日	23 : 52	☿ ☌ ♆
25日	15 : 54	☿ ⚹ ♇
27日	18 : 07	♂ △ ♃
30日	06 : 33	☉ ☌ ♄
30日	07 : 58	♂ ☌ ♅

1992年2月

DAY	☉	☽	☊ mean	☊ true	☿	♀	♂	♃	♄	♅	♆	♇	⚳	⚴	⚵	⚶	⚷
	° ′	° ′	° ′	° ′	° ′	° ′	° ′	° ′	° ′	° ′	° ′	° ′	°	°	°	°	°
1	10 ♒ 59	6 ♑ 50	8 ♑ 11	9 D 40	2 D 49	7 D 45	16 D 38	13 R 3	9 D 26	15 D 28	17 D 21	22 D 46	9 D	18 D	0 D	25 R	6 R
2	12 ♒ 0	18 ♑ 38	8 ♑ 7	9 R 40	4 ♒ 28	8 ♑ 59	17 ♑ 23	12 ♍ 57	9 ♒ 33	15 ♑ 31	17 ♑ 23	22 ♏ 47	10 ♑	18 ♐	0 ♓	25 ♍	6 ♌
3	13 ♒ 1	0 ♒ 25	8 ♑ 4	9 ♑ 38	6 ♒ 7	10 ♑ 12	18 ♑ 9	12 ♍ 51	9 ♒ 40	15 ♑ 34	17 ♑ 25	22 ♏ 48	10 ♑	19 ♐	1 ♓	25 ♍	6 ♌
4	14 ♒ 2	12 ♒ 14	8 ♑ 1	9 ♑ 34	7 ♒ 47	11 ♑ 26	18 ♑ 54	12 ♍ 45	9 ♒ 48	15 ♑ 38	17 ♑ 27	22 ♏ 49	10 ♑	19 ♐	1 ♓	25 ♍	5 ♌
5	15 ♒ 3	24 ♒ 6	7 ♑ 58	9 ♑ 28	9 ♒ 28	12 ♑ 40	19 ♑ 40	12 ♍ 39	9 ♒ 55	15 ♑ 41	17 ♑ 29	22 ♏ 50	11 ♑	19 ♐	1 ♓	25 ♍	5 ♌
6	16 ♒ 3	6 ♓ 4	7 ♑ 55	9 ♑ 22	11 ♒ 9	13 ♑ 54	20 ♑ 25	12 ♍ 33	10 ♒ 2	15 ♑ 44	17 ♑ 31	22 ♏ 50	11 ♑	20 ♐	2 ♓	25 ♍	5 ♌
7	17 ♒ 4	18 ♓ 9	7 ♑ 52	9 ♑ 14	12 ♒ 51	15 ♑ 8	21 ♑ 11	12 ♍ 26	10 ♒ 9	15 ♑ 47	17 ♑ 33	22 ♏ 51	12 ♑	20 ♐	2 ♓	25 ♍	5 ♌
8	18 ♒ 5	0 ♈ 23	7 ♑ 48	9 ♑ 7	14 ♒ 34	16 ♑ 21	21 ♑ 56	12 ♍ 20	10 ♒ 16	15 ♑ 50	17 ♑ 35	22 ♏ 52	12 ♑	21 ♐	3 ♓	25 ♍	5 ♌
9	19 ♒ 6	12 ♈ 47	7 ♑ 45	9 ♑ 1	16 ♒ 18	17 ♑ 35	22 ♑ 42	12 ♍ 13	10 ♒ 23	15 ♑ 54	17 ♑ 37	22 ♏ 52	12 ♑	21 ♐	3 ♓	24 ♍	5 ♌
10	20 ♒ 7	25 ♈ 25	7 ♑ 42	8 ♑ 56	18 ♒ 3	18 ♑ 49	23 ♑ 27	12 ♍ 6	10 ♒ 30	15 ♑ 57	17 ♑ 39	22 ♏ 53	13 ♑	21 ♐	4 ♓	24 ♍	5 ♌
11	21 ♒ 7	8 ♉ 18	7 ♑ 39	8 ♑ 53	19 ♒ 48	20 ♑ 3	24 ♑ 13	11 ♍ 59	10 ♒ 38	16 ♑ 0	17 ♑ 41	22 ♏ 53	13 ♑	22 ♐	4 ♓	24 ♍	5 ♌
12	22 ♒ 8	21 ♉ 30	7 ♑ 36	8 ♑ 52	21 ♒ 34	21 ♑ 17	24 ♑ 59	11 ♍ 52	10 ♒ 45	16 ♑ 3	17 ♑ 43	22 ♏ 54	13 ♑	22 ♐	5 ♓	24 ♍	5 ♌
13	23 ♒ 9	5 ♊ 3	7 ♑ 32	8 D 53	23 ♒ 21	22 ♑ 31	25 ♑ 44	11 ♍ 45	10 ♒ 52	16 ♑ 6	17 ♑ 45	22 ♏ 54	14 ♑	22 ♐	5 ♓	24 ♍	5 ♌
14	24 ♒ 9	18 ♊ 59	7 ♑ 29	8 ♑ 54	25 ♒ 9	23 ♑ 45	26 ♑ 30	11 ♍ 38	10 ♒ 59	16 ♑ 9	17 ♑ 47	22 ♏ 55	14 ♑	23 ♐	6 ♓	24 ♍	5 ♌
15	25 ♒ 10	3 ♋ 18	7 ♑ 26	8 ♑ 55	26 ♒ 57	24 ♑ 59	27 ♑ 16	11 ♍ 31	11 ♒ 6	16 ♑ 12	17 ♑ 49	22 ♏ 55	15 ♑	23 ♐	6 ♓	24 ♍	5 ♌
16	26 ♒ 11	18 ♋ 0	7 ♑ 23	8 R 55	28 ♒ 46	26 ♑ 13	28 ♑ 2	11 ♍ 24	11 ♒ 13	16 ♑ 15	17 ♑ 51	22 ♏ 55	15 ♑	23 ♐	7 ♓	23 ♍	5 ♌
17	27 ♒ 11	2 ♌ 58	7 ♑ 20	8 ♑ 53	0 ♓ 36	27 ♑ 26	28 ♑ 48	11 ♍ 16	11 ♒ 20	16 ♑ 18	17 ♑ 53	22 ♏ 56	15 ♑	24 ♐	7 ♓	23 ♍	5 ♌
18	28 ♒ 12	18 ♌ 7	7 ♑ 17	8 ♑ 48	2 ♓ 26	28 ♑ 40	29 ♑ 33	11 ♍ 9	11 ♒ 27	16 ♑ 21	17 ♑ 55	22 ♏ 56	16 ♑	24 ♐	8 ♓	23 ♍	4 ♌
19	29 ♒ 12	3 ♍ 17	7 ♑ 13	8 ♑ 42	4 ♓ 17	29 ♑ 54	0 ♒ 19	11 ♍ 1	11 ♒ 34	16 ♑ 24	17 ♑ 57	22 ♏ 56	16 ♑	24 ♐	8 ♓	23 ♍	4 ♌
20	0 ♓ 13	18 ♍ 17	7 ♑ 10	8 ♑ 34	6 ♓ 9	1 ♒ 8	1 ♒ 5	10 ♍ 54	11 ♒ 41	16 ♑ 26	17 ♑ 58	22 ♏ 56	16 ♑	25 ♐	9 ♓	23 ♍	4 ♌
21	1 ♓ 13	2 ♎ 58	7 ♑ 7	8 ♑ 25	8 ♓ 1	2 ♒ 22	1 ♒ 51	10 ♍ 46	11 ♒ 48	16 ♑ 29	18 ♑ 0	22 ♏ 57	17 ♑	25 ♐	9 ♓	23 ♍	4 ♌
22	2 ♓ 14	17 ♎ 14	7 ♑ 4	8 ♑ 17	9 ♓ 53	3 ♒ 36	2 ♒ 37	10 ♍ 38	11 ♒ 55	16 ♑ 32	18 ♑ 2	22 ♏ 57	17 ♑	25 ♐	10 ♓	22 ♍	4 ♌
23	3 ♓ 14	1 ♏ 1	7 ♑ 1	8 ♑ 11	11 ♓ 45	4 ♒ 50	3 ♒ 23	10 ♍ 30	12 ♒ 1	16 ♑ 35	18 ♑ 4	22 ♏ 57	17 ♑	26 ♐	10 ♓	22 ♍	4 ♌
24	4 ♓ 15	14 ♏ 18	6 ♑ 58	8 ♑ 7	13 ♓ 37	6 ♒ 4	4 ♒ 9	10 ♍ 23	12 ♒ 8	16 ♑ 37	18 ♑ 6	22 ♏ 57	18 ♑	26 ♐	11 ♓	22 ♍	4 ♌
25	5 ♓ 15	27 ♏ 8	6 ♑ 54	8 ♑ 5	15 ♓ 29	7 ♒ 18	4 ♒ 55	10 ♍ 15	12 ♒ 15	16 ♑ 40	18 ♑ 7	22 ♏ 57	18 ♑	26 ♐	11 ♓	22 ♍	4 ♌
26	6 ♓ 15	9 ♐ 35	6 ♑ 51	8 D 4	17 ♓ 20	8 ♒ 32	5 ♒ 41	10 ♍ 7	12 ♒ 22	16 ♑ 43	18 ♑ 9	22 R 57	19 ♑	27 ♐	12 ♓	21 ♍	4 ♌
27	7 ♓ 16	21 ♐ 44	6 ♑ 48	8 ♑ 5	19 ♓ 11	9 ♒ 47	6 ♒ 27	9 ♍ 59	12 ♒ 29	16 ♑ 45	18 ♑ 11	22 ♏ 57	19 ♑	27 ♐	12 ♓	21 ♍	4 ♌
28	8 ♓ 16	3 ♑ 41	6 ♑ 45	8 ♑ 6	21 ♓ 0	11 ♒ 1	7 ♒ 14	9 ♍ 51	12 ♒ 35	16 ♑ 48	18 ♑ 12	22 ♏ 57	19 ♑	27 ♐	13 ♓	21 ♍	4 ♌
29	9 ♓ 16	15 ♑ 30	6 ♑ 42	8 R 5	22 ♓ 47	12 ♒ 15	8 ♒ 0	9 ♍ 44	12 ♒ 42	16 ♑ 50	18 ♑ 14	22 ♏ 57	20 ♑	27 ♐	13 ♓	21 ♍	4 ♌

SUN INGRESS	☉ → ♓ 19日 18 : 43
MOON PHASE	● 4日 04 : 00 ♒　◐ 12日 01 : 15 ♉　○ 18日 17 : 04 ♌　◑ 25日 16 : 56 ♐

aspects		
1日	23 : 57	♂ ☌ ♆
4日	23 : 40	♀ △ ♃
5日	06 : 54	☿ ☌ ♄
7日	13 : 30	♀ ☌ ♅
9日	00 : 45	♀ ☌ ♆
9日	05 : 34	♂ ⚹ ♇
12日	17 : 44	☉ ☌ ☿
12日	18 : 00	☿ □ ♇
12日	18 : 13	☉ □ ♇
13日	07 : 40	♀ ⚹ ♇
19日	21 : 22	♀ ☌ ♂
22日	09 : 06	☿ ☍ ♃
25日	15 : 44	☿ ⚹ ♅
26日	10 : 45	☿ ⚹ ♆
29日	02 : 06	☿ △ ♇
29日	09 : 37	☉ ☍ ♃
29日	09 : 48	♀ ☌ ♄

1992年3月

DAY	☉	☽	☊ mean	☊ true	☿	♀	♂	♃	♄	♅	♆	♇	⚳	⚴	⚵	⚶	⚷
	° ′	° ′	° ′	° ′	° ′	° ′	° ′	° ′	° ′	° ′	° ′	° ′	°	°	°	°	°
1	10 ♓ 16	27 ♑ 16	6 ♑ 38	8 R 3	24 D 33	13 D 29	8 D 46	9 R 36	12 D 49	16 D 53	18 D 15	22 R 56	20 D	28 D	14 D	21 R	4 R
2	11 ♓ 17	9 ♒ 3	6 ♑ 35	7 ♑ 59	26 ♓ 16	14 ♒ 43	9 ♒ 32	9 ♍ 28	12 ♒ 55	16 ♑ 55	18 ♑ 17	22 ♏ 56	20 ♑	28 ♐	14 ♓	20 ♍	4 ♌
3	12 ♓ 17	20 ♒ 55	6 ♑ 32	7 ♑ 51	27 ♓ 56	15 ♒ 57	10 ♒ 18	9 ♍ 20	13 ♒ 2	16 ♑ 58	18 ♑ 18	22 ♏ 56	21 ♑	28 ♐	15 ♓	20 ♍	4 ♌
4	13 ♓ 17	2 ♓ 55	6 ♑ 29	7 ♑ 42	29 ♓ 33	17 ♒ 11	11 ♒ 4	9 ♍ 12	13 ♒ 9	17 ♑ 0	18 ♑ 20	22 ♏ 56	21 ♑	29 ♐	15 ♓	20 ♍	4 ♌
5	14 ♓ 17	15 ♓ 3	6 ♑ 26	7 ♑ 30	1 ♈ 6	18 ♒ 25	11 ♒ 51	9 ♍ 4	13 ♒ 15	17 ♑ 3	18 ♑ 21	22 ♏ 56	21 ♑	29 ♐	16 ♓	20 ♍	4 ♌
6	15 ♓ 17	27 ♓ 21	6 ♑ 23	7 ♑ 17	2 ♈ 34	19 ♒ 39	12 ♒ 37	8 ♍ 56	13 ♒ 22	17 ♑ 5	18 ♑ 23	22 ♏ 55	22 ♑	29 ♐	16 ♓	19 ♍	4 ♌
7	16 ♓ 17	9 ♈ 49	6 ♑ 19	7 ♑ 4	3 ♈ 57	20 ♒ 53	13 ♒ 23	8 ♍ 49	13 ♒ 28	17 ♑ 7	18 ♑ 24	22 ♏ 55	22 ♑	29 ♐	17 ♓	19 ♍	4 ♌
8	17 ♓ 17	22 ♈ 29	6 ♑ 16	6 ♑ 53	5 ♈ 14	22 ♒ 7	14 ♒ 10	8 ♍ 41	13 ♒ 34	17 ♑ 9	18 ♑ 26	22 ♏ 54	22 ♑	0 ♑	17 ♓	19 ♍	3 ♌
9	18 ♓ 18	5 ♉ 19	6 ♑ 13	6 ♑ 44	6 ♈ 25	23 ♒ 21	14 ♒ 56	8 ♍ 33	13 ♒ 41	17 ♑ 11	18 ♑ 27	22 ♏ 54	23 ♑	0 ♑	18 ♓	19 ♍	3 ♌
10	19 ♓ 17	18 ♉ 22	6 ♑ 10	6 ♑ 37	7 ♈ 29	24 ♒ 36	15 ♒ 42	8 ♍ 26	13 ♒ 47	17 ♑ 14	18 ♑ 28	22 ♏ 54	23 ♑	0 ♑	18 ♓	18 ♍	3 ♌
11	20 ♓ 17	1 ♊ 38	6 ♑ 7	6 ♑ 34	8 ♈ 26	25 ♒ 50	16 ♒ 29	8 ♍ 18	13 ♒ 53	17 ♑ 16	18 ♑ 30	22 ♏ 53	23 ♑	0 ♑	19 ♓	18 ♍	3 ♌
12	21 ♓ 17	15 ♊ 9	6 ♑ 4	6 ♑ 32	9 ♈ 15	27 ♒ 4	17 ♒ 15	8 ♍ 10	14 ♒ 0	17 ♑ 18	18 ♑ 31	22 ♏ 53	24 ♑	1 ♑	19 ♓	18 ♍	3 ♌
13	22 ♓ 17	28 ♊ 56	6 ♑ 0	6 D 32	9 ♈ 56	28 ♒ 18	18 ♒ 1	8 ♍ 3	14 ♒ 6	17 ♑ 20	18 ♑ 32	22 ♏ 52	24 ♑	1 ♑	20 ♓	17 ♍	3 ♌
14	23 ♓ 17	13 ♋ 0	5 ♑ 57	6 R 32	10 ♈ 29	29 ♒ 32	18 ♒ 48	7 ♍ 56	14 ♒ 12	17 ♑ 22	18 ♑ 34	22 ♏ 51	24 ♑	1 ♑	20 ♓	17 ♍	3 ♌
15	24 ♓ 17	27 ♋ 22	5 ♑ 54	6 ♑ 31	10 ♈ 54	0 ♓ 46	19 ♒ 34	7 ♍ 48	14 ♒ 18	17 ♑ 24	18 ♑ 35	22 ♏ 51	25 ♑	1 ♑	21 ♓	17 ♍	3 ♌
16	25 ♓ 17	11 ♌ 59	5 ♑ 51	6 ♑ 27	11 ♈ 10	2 ♓ 0	20 ♒ 20	7 ♍ 41	14 ♒ 24	17 ♑ 25	18 ♑ 36	22 ♏ 50	25 ♑	2 ♑	21 ♓	17 ♍	3 ♌
17	26 ♓ 16	26 ♌ 46	5 ♑ 48	6 ♑ 21	11 ♈ 18	3 ♓ 14	21 ♒ 7	7 ♍ 34	14 ♒ 30	17 ♑ 27	18 ♑ 37	22 ♏ 49	25 ♑	2 ♑	22 ♓	16 ♍	3 ♌
18	27 ♓ 16	11 ♍ 37	5 ♑ 44	6 ♑ 12	11 R 17	4 ♓ 28	21 ♒ 53	7 ♍ 27	14 ♒ 36	17 ♑ 29	18 ♑ 38	22 ♏ 49	26 ♑	2 ♑	22 ♓	16 ♍	3 ♌
19	28 ♓ 16	26 ♍ 23	5 ♑ 41	6 ♑ 1	11 ♈ 8	5 ♓ 42	22 ♒ 40	7 ♍ 20	14 ♒ 42	17 ♑ 31	18 ♑ 39	22 ♏ 48	26 ♑	2 ♑	23 ♓	16 ♍	3 ♌
20	29 ♓ 15	10 ♎ 56	5 ♑ 38	5 ♑ 49	10 ♈ 51	6 ♓ 56	23 ♒ 26	7 ♍ 13	14 ♒ 48	17 ♑ 32	18 ♑ 40	22 ♏ 47	26 ♑	3 ♑	23 ♓	16 ♍	3 ♌
21	0 ♈ 15	25 ♎ 9	5 ♑ 35	5 ♑ 37	10 ♈ 27	8 ♓ 10	24 ♒ 13	7 ♍ 6	14 ♒ 53	17 ♑ 34	18 ♑ 41	22 ♏ 46	26 ♑	3 ♑	24 ♓	15 ♍	3 ♌
22	1 ♈ 14	8 ♏ 57	5 ♑ 32	5 ♑ 28	9 ♈ 56	9 ♓ 24	24 ♒ 59	7 ♍ 0	14 ♒ 59	17 ♑ 36	18 ♑ 42	22 ♏ 46	27 ♑	3 ♑	24 ♓	15 ♍	3 ♌
23	2 ♈ 14	22 ♏ 18	5 ♑ 29	5 ♑ 20	9 ♈ 19	10 ♓ 39	25 ♒ 46	6 ♍ 53	15 ♒ 5	17 ♑ 37	18 ♑ 43	22 ♏ 45	27 ♑	3 ♑	25 ♓	15 ♍	3 ♌
24	3 ♈ 13	5 ♐ 12	5 ♑ 25	5 ♑ 16	8 ♈ 37	11 ♓ 53	26 ♒ 32	6 ♍ 47	15 ♒ 10	17 ♑ 39	18 ♑ 44	22 ♏ 44	27 ♑	4 ♑	25 ♓	15 ♍	3 ♌
25	4 ♈ 13	17 ♐ 43	5 ♑ 22	5 ♑ 14	7 ♈ 51	13 ♓ 7	27 ♒ 19	6 ♍ 40	15 ♒ 16	17 ♑ 40	18 ♑ 45	22 ♏ 43	28 ♑	4 ♑	26 ♓	14 ♍	3 ♌
26	5 ♈ 12	29 ♐ 55	5 ♑ 19	5 ♑ 13	7 ♈ 2	14 ♓ 21	28 ♒ 5	6 ♍ 34	15 ♒ 21	17 ♑ 42	18 ♑ 46	22 ♏ 42	28 ♑	4 ♑	26 ♓	14 ♍	3 ♌
27	6 ♈ 12	11 ♑ 54	5 ♑ 16	5 ♑ 13	6 ♈ 11	15 ♓ 35	28 ♒ 52	6 ♍ 28	15 ♒ 27	17 ♑ 43	18 ♑ 47	22 ♏ 41	28 ♑	4 ♑	27 ♓	14 ♍	3 ♌
28	7 ♈ 11	23 ♑ 44	5 ♑ 13	5 ♑ 12	5 ♈ 19	16 ♓ 49	29 ♒ 38	6 ♍ 22	15 ♒ 32	17 ♑ 44	18 ♑ 48	22 ♏ 40	29 ♑	4 ♑	27 ♓	14 ♍	3 ♌
29	8 ♈ 10	5 ♒ 31	5 ♑ 9	5 ♑ 10	4 ♈ 28	18 ♓ 3	0 ♓ 25	6 ♍ 16	15 ♒ 37	17 ♑ 45	18 ♑ 48	22 ♏ 39	29 ♑	4 ♑	28 ♓	14 ♍	3 ♌
30	9 ♈ 10	17 ♒ 21	5 ♑ 6	5 ♑ 5	3 ♈ 37	19 ♓ 17	1 ♓ 11	6 ♍ 11	15 ♒ 43	17 ♑ 47	18 ♑ 49	22 ♏ 38	29 ♑	5 ♑	29 ♓	13 ♍	3 ♌
31	10 ♈ 9	29 ♒ 18	5 ♑ 3	4 ♑ 58	2 ♈ 49	20 ♓ 31	1 ♓ 58	6 ♍ 5	15 ♒ 48	17 ♑ 48	18 ♑ 50	22 ♏ 37	29 ♑	5 ♑	29 ♓	13 ♍	3 ♌

SUN INGRESS	☉ → ♈ 20日 17:48
MOON PHASE	● 4日 22:22 ♓ ◐ 12日 11:36 ♊ ○ 19日 03:18 ♍ ◑ 26日 11:30 ♑

aspects		
7日	02:52	♂☌♄
7日	20:36	☉⚹♅
8日	15:11	♀□♇
9日	03:56	☉⚹♆
13日	13:49	☉△♇
19日	04:12	♂□♇
20日	04:57	♀☍♃
26日	23:56	☉☌☿
28日	18:14	♀⚹♅
29日	14:52	♀⚹♆

1992年4月

DAY	☉	☽	☊ mean	☊ true	☿	♀	♂	♃	♄	♅	♆	♇	⚳	⚴	⚵	⚶	⚷
	° ′	° ′	° ′	° ′	° ′	° ′	° ′	° ′	° ′	° ′	° ′	° ′	°	°	°	°	°
1	11 ♈ 8	11 ♓ 24	5 ♑ 0	4 R 47	2 R 3	21 D 45	2 D 44	6 R 0	15 D 53	17 D 49	18 D 50	22 R 36	0 D	5 D	0 D	13 R	3 R
2	12 ♈ 8	23 ♓ 43	4 ♑ 57	4 ♑ 35	1 ♈ 21	22 ♓ 59	3 ♓ 31	5 ♍ 55	15 ♒ 58	17 ♑ 50	18 ♑ 51	22 ♏ 34	0 ♒	5 ♑	0 ♈	13 ♍	3 ♌
3	13 ♈ 7	6 ♈ 15	4 ♑ 54	4 ♑ 22	0 ♈ 43	24 ♓ 13	4 ♓ 17	5 ♍ 50	16 ♒ 3	17 ♑ 51	18 ♑ 52	22 ♏ 33	0 ♒	5 ♑	1 ♈	13 ♍	3 ♌
4	14 ♈ 6	19 ♈ 1	4 ♑ 50	4 ♑ 8	0 ♈ 10	25 ♓ 27	5 ♓ 4	5 ♍ 45	16 ♒ 8	17 ♑ 52	18 ♑ 52	22 ♏ 32	1 ♒	5 ♑	1 ♈	13 ♍	3 ♌
5	15 ♈ 5	2 ♉ 1	4 ♑ 47	3 ♑ 56	29 ♓ 42	26 ♓ 41	5 ♓ 50	5 ♍ 40	16 ♒ 13	17 ♑ 53	18 ♑ 53	22 ♏ 31	1 ♒	6 ♑	2 ♈	12 ♍	3 D
6	16 ♈ 4	15 ♉ 12	4 ♑ 44	3 ♑ 46	29 ♓ 20	27 ♓ 55	6 ♓ 37	5 ♍ 35	16 ♒ 17	17 ♑ 54	18 ♑ 53	22 ♏ 30	1 ♒	6 ♑	2 ♈	12 ♍	3 ♌
7	17 ♈ 3	28 ♉ 34	4 ♑ 41	3 ♑ 39	29 ♓ 3	29 ♓ 9	7 ♓ 23	5 ♍ 31	16 ♒ 22	17 ♑ 55	18 ♑ 54	22 ♏ 28	1 ♒	6 ♑	3 ♈	12 ♍	3 ♌
8	18 ♈ 2	12 ♊ 6	4 ♑ 38	3 ♑ 35	28 ♓ 51	0 ♈ 23	8 ♓ 10	5 ♍ 27	16 ♒ 27	17 ♑ 55	18 ♑ 54	22 ♏ 27	2 ♒	6 ♑	3 ♈	12 ♍	3 ♌
9	19 ♈ 1	25 ♊ 48	4 ♑ 35	3 ♑ 34	28 ♓ 45	1 ♈ 37	8 ♓ 56	5 ♍ 23	16 ♒ 31	17 ♑ 56	18 ♑ 55	22 ♏ 26	2 ♒	6 ♑	4 ♈	12 ♍	3 ♌
10	20 ♈ 0	9 ♋ 39	4 ♑ 31	3 D 34	28 D 44	2 ♈ 51	9 ♓ 43	5 ♍ 19	16 ♒ 36	17 ♑ 57	18 ♑ 55	22 ♏ 24	2 ♒	6 ♑	4 ♈	12 ♍	3 ♌
11	20 ♈ 59	23 ♋ 39	4 ♑ 28	3 R 34	28 ♓ 49	4 ♈ 5	10 ♓ 29	5 ♍ 15	16 ♒ 40	17 ♑ 57	18 ♑ 55	22 ♏ 23	2 ♒	6 ♑	5 ♈	12 ♍	3 ♌
12	21 ♈ 58	7 ♌ 49	4 ♑ 25	3 ♑ 33	28 ♓ 58	5 ♈ 19	11 ♓ 16	5 ♍ 11	16 ♒ 44	17 ♑ 58	18 ♑ 56	22 ♏ 22	3 ♒	6 ♑	5 ♈	11 ♍	3 ♌
13	22 ♈ 57	22 ♌ 7	4 ♑ 22	3 ♑ 30	29 ♓ 13	6 ♈ 33	12 ♓ 2	5 ♍ 8	16 ♒ 49	17 ♑ 58	18 ♑ 56	22 ♏ 20	3 ♒	7 ♑	6 ♈	11 ♍	3 ♌
14	23 ♈ 55	6 ♍ 30	4 ♑ 19	3 ♑ 25	29 ♓ 32	7 ♈ 47	12 ♓ 49	5 ♍ 5	16 ♒ 53	17 ♑ 59	18 ♑ 56	22 ♏ 19	3 ♒	7 ♑	6 ♈	11 ♍	3 ♌
15	24 ♈ 54	20 ♍ 55	4 ♑ 15	3 ♑ 17	29 ♓ 57	9 ♈ 1	13 ♓ 35	5 ♍ 2	16 ♒ 57	17 ♑ 59	18 ♑ 56	22 ♏ 18	3 ♒	7 ♑	7 ♈	11 ♍	3 ♌
16	25 ♈ 53	5 ♎ 15	4 ♑ 12	3 ♑ 7	0 ♈ 25	10 ♈ 15	14 ♓ 21	4 ♍ 59	17 ♒ 1	17 ♑ 59	18 ♑ 57	22 ♏ 16	4 ♒	7 ♑	7 ♈	11 ♍	3 ♌
17	26 ♈ 52	19 ♎ 26	4 ♑ 9	2 ♑ 56	0 ♈ 58	11 ♈ 29	15 ♓ 8	4 ♍ 56	17 ♒ 5	18 ♑ 0	18 ♑ 57	22 ♏ 15	4 ♒	7 ♑	8 ♈	11 ♍	3 ♌
18	27 ♈ 50	3 ♏ 21	4 ♑ 6	2 ♑ 46	1 ♈ 35	12 ♈ 43	15 ♓ 54	4 ♍ 53	17 ♒ 9	18 ♑ 0	18 ♑ 57	22 ♏ 13	4 ♒	7 ♑	8 ♈	11 ♍	3 ♌
19	28 ♈ 49	16 ♏ 57	4 ♑ 3	2 ♑ 37	2 ♈ 16	13 ♈ 57	16 ♓ 41	4 ♍ 51	17 ♒ 12	18 ♑ 0	18 ♑ 57	22 ♏ 12	4 ♒	7 ♑	9 ♈	11 ♍	3 ♌
20	29 ♈ 47	0 ♐ 10	4 ♑ 0	2 ♑ 30	3 ♈ 0	15 ♈ 11	17 ♓ 27	4 ♍ 49	17 ♒ 16	18 ♑ 0	18 ♑ 57	22 ♏ 10	4 ♒	7 ♑	10 ♈	11 ♍	3 ♌
21	0 ♉ 46	13 ♐ 2	3 ♑ 56	2 ♑ 26	3 ♈ 48	16 ♈ 25	18 ♓ 13	4 ♍ 47	17 ♒ 20	18 ♑ 0	18 R 57	22 ♏ 9	5 ♒	7 ♑	10 ♈	11 ♍	3 ♌
22	1 ♉ 45	25 ♐ 33	3 ♑ 53	2 ♑ 24	4 ♈ 39	17 ♈ 39	19 ♓ 0	4 ♍ 45	17 ♒ 23	18 ♑ 0	18 ♑ 57	22 ♏ 7	5 ♒	7 ♑	11 ♈	11 ♍	3 ♌
23	2 ♉ 43	7 ♑ 46	3 ♑ 50	2 D 24	5 ♈ 33	18 ♈ 53	19 ♓ 46	4 ♍ 44	17 ♒ 27	18 R 0	18 ♑ 57	22 ♏ 6	5 ♒	7 ♑	11 ♈	11 ♍	3 ♌
24	3 ♉ 41	19 ♑ 47	3 ♑ 47	2 ♑ 25	6 ♈ 31	20 ♈ 6	20 ♓ 32	4 ♍ 42	17 ♒ 30	18 ♑ 0	18 ♑ 57	22 ♏ 4	5 ♒	7 ♑	12 ♈	11 ♍	3 ♌
25	4 ♉ 40	1 ♒ 39	3 ♑ 44	2 ♑ 26	7 ♈ 31	21 ♈ 20	21 ♓ 19	4 ♍ 41	17 ♒ 33	18 ♑ 0	18 ♑ 57	22 ♏ 2	6 ♒	7 ♑	12 ♈	11 D	3 ♌
26	5 ♉ 38	13 ♒ 29	3 ♑ 41	2 R 25	8 ♈ 34	22 ♈ 34	22 ♓ 5	4 ♍ 40	17 ♒ 36	18 ♑ 0	18 ♑ 57	22 ♏ 1	6 ♒	7 ♑	13 ♈	11 ♍	3 ♌
27	6 ♉ 37	25 ♒ 21	3 ♑ 37	2 ♑ 23	9 ♈ 40	23 ♈ 48	22 ♓ 51	4 ♍ 39	17 ♒ 39	18 ♑ 0	18 ♑ 56	21 ♏ 59	6 ♒	7 R	13 ♈	11 ♍	3 ♌
28	7 ♉ 35	7 ♓ 21	3 ♑ 34	2 ♑ 19	10 ♈ 49	25 ♈ 2	23 ♓ 38	4 ♍ 38	17 ♒ 42	18 ♑ 0	18 ♑ 56	21 ♏ 58	6 ♒	7 ♑	14 ♈	11 ♍	3 ♌
29	8 ♉ 33	19 ♓ 32	3 ♑ 31	2 ♑ 13	12 ♈ 0	26 ♈ 16	24 ♓ 24	4 ♍ 38	17 ♒ 45	17 ♑ 59	18 ♑ 56	21 ♏ 56	6 ♒	7 ♑	14 ♈	11 ♍	3 ♌
30	9 ♉ 32	1 ♈ 58	3 ♑ 28	2 ♑ 5	13 ♈ 13	27 ♈ 30	25 ♓ 10	4 ♍ 38	17 ♒ 48	17 ♑ 59	18 ♑ 56	21 ♏ 54	6 ♒	7 ♑	15 ♈	11 ♍	3 ♌

SUN INGRESS	☉ → ♉ 20日 04:57
MOON PHASE	● 3日 14:01 ♈ ◐ 10日 19:06 ♋ ○ 17日 13:42 ♎ ◑ 25日 06:40 ♒

aspects		
1日	16:06	♀△♇
4日	19:10	♂☍♃
6日	05:51	☉⚹♄
6日	22:12	☿☌♀
7日	21:09	☉□♅
8日	21:20	☉□♆
20日	17:17	♂⚹♅
21日	18:44	♀⚹♄
21日	22:33	♂⚹♆
22日	07:06	♀□♅
23日	01:26	♀□♆
25日	00:26	☉△♃
25日	21:55	♂△♇

1992年5月

DAY	☉	☽	☊ mean	☊ true	☿	♀	♂	♃	♄	♅	♆	♇	⚳	⚴	⚵	⚶	⚷
	° ′	° ′	° ′	° ′	° ′	° ′	° ′	° ′	° ′	° ′	° ′	° ′	°	°	°	°	°
1	10♉30	14♈41	3♑25	1 R 56	14 D 29	28 D 44	25 D 56	4 R 37	17 D 51	17 R 59	18 R 55	21 R 53	7 D	7 R	15 D	11 D	3 D
2	11♉28	27♈42	3♑21	1♑47	15♈47	29♈57	26♓42	4 D 37	17♒53	17♑58	18♑55	21♏51	7♒	7♑	16♈	11♍	3♌
3	12♉26	11♉1	3♑18	1♑39	17♈7	1♉11	27♓29	4♍38	17♒56	17♑58	18♑55	21♏50	7♒	7♑	16♈	11♍	3♌
4	13♉25	24♉35	3♑15	1♑32	18♈30	2♉25	28♓15	4♍38	17♒58	17♑57	18♑54	21♏48	7♒	7♑	17♈	11♍	4♌
5	14♉23	8♊21	3♑12	1♑28	19♈54	3♉39	29♓1	4♍39	18♒1	17♑56	18♑54	21♏46	7♒	7♑	17♈	11♍	4♌
6	15♉21	22♊18	3♑9	1♑26	21♈21	4♉53	29♓47	4♍40	18♒3	17♑56	18♑53	21♏45	7♒	7♑	18♈	11♍	4♌
7	16♉19	6♋21	3♑6	1 D 26	22♈50	6♉7	0♈33	4♍41	18♒5	17♑55	18♑53	21♏43	8♒	7♑	19♈	11♍	4♌
8	17♉17	20♋29	3♑2	1♑27	24♈21	7♉20	1♈19	4♍42	18♒7	17♑54	18♑52	21♏41	8♒	7♑	19♈	11♍	4♌
9	18♉15	4♌39	2♑59	1♑28	25♈54	8♉34	2♈5	4♍43	18♒9	17♑54	18♑52	21♏40	8♒	7♑	20♈	12♍	4♌
10	19♉13	18♌49	2♑56	1♑28	27♈29	9♉48	2♈51	4♍45	18♒11	17♑53	18♑51	21♏38	8♒	6♑	20♈	12♍	4♌
11	20♉11	2♍59	2♑53	1 R 28	29♈5	11♉2	3♈37	4♍46	18♒13	17♑52	18♑50	21♏36	8♒	6♑	21♈	12♍	4♌
12	21♉9	17♍5	2♑50	1♑25	0♉44	12♉16	4♈23	4♍48	18♒15	17♑51	18♑50	21♏35	8♒	6♑	22♈	12♍	4♌
13	22♉7	1♎6	2♑47	1♑21	2♉25	13♉29	5♈8	4♍50	18♒16	17♑50	18♑49	21♏33	8♒	6♑	22♈	12♍	4♌
14	23♉5	15♎0	2♑43	1♑16	4♉8	14♉43	5♈54	4♍52	18♒18	17♑49	18♑48	21♏31	9♒	6♑	22♈	12♍	4♌
15	24♉3	28♎43	2♑40	1♑10	5♉53	15♉57	6♈40	4♍55	18♒19	17♑48	18♑48	21♏30	9♒	6♑	23♈	12♍	4♌
16	25♉1	12♏13	2♑37	1♑4	7♉40	17♉11	7♈26	4♍57	18♒21	17♑47	18♑47	21♏28	9♒	6♑	23♈	12♍	4♌
17	25♉58	25♏27	2♑34	0♑59	9♉29	18♉24	8♈11	5♍0	18♒22	17♑46	18♑46	21♏26	9♒	6♑	24♈	13♍	4♌
18	26♉56	8♐24	2♑31	0♑56	11♉20	19♉38	8♈57	5♍3	18♒23	17♑44	18♑45	21♏24	9♒	5♑	24♈	13♍	4♌
19	27♉54	21♐4	2♑27	0♑54	13♉13	20♉52	9♈43	5♍6	18♒24	17♑43	18♑44	21♏23	9♒	5♑	25♈	13♍	4♌
20	28♉52	3♑29	2♑24	0 D 53	15♉9	22♉6	10♈28	5♍9	18♒25	17♑42	18♑44	21♏21	9♒	5♑	26♈	13♍	5♌
21	29♉49	15♑39	2♑21	0♑54	17♉6	23♉19	11♈14	5♍13	18♒26	17♑40	18♑43	21♏20	9♒	5♑	26♈	13♍	5♌
22	0♊47	27♑39	2♑18	0♑56	19♉5	24♉33	11♈59	5♍17	18♒26	17♑39	18♑42	21♏18	9♒	5♑	27♈	14♍	5♌
23	1♊45	9♒32	2♑15	0♑57	21♉5	25♉47	12♈45	5♍20	18♒27	17♑38	18♑41	21♏16	9♒	5♑	27♈	14♍	5♌
24	2♊42	21♒22	2♑12	0♑59	23♉8	27♉0	13♈30	5♍24	18♒28	17♑36	18♑40	21♏15	9♒	4♑	28♈	14♍	5♌
25	3♊40	3♓16	2♑8	0♑59	25♉12	28♉14	14♈16	5♍28	18♒28	17♑35	18♑39	21♏13	10♒	4♑	28♈	14♍	5♌
26	4♊38	15♓16	2♑5	0 R 59	27♉18	29♉28	15♈1	5♍33	18♒28	17♑33	18♑38	21♏11	10♒	4♑	29♈	14♍	5♌
27	5♊35	27♓29	2♑2	0♑57	29♉26	0♊42	15♈46	5♍37	18♒29	17♑32	18♑37	21♏10	10♒	4♑	29♈	15♍	5♌
28	6♊33	9♈58	1♑59	0♑55	1♊35	1♊55	16♈32	5♍42	18♒29	17♑30	18♑36	21♏8	10♒	3♑	0♉	15♍	5♌
29	7♊31	22♈46	1♑56	0♑51	3♊45	3♊9	17♈17	5♍46	18 R 29	17♑28	18♑35	21♏7	10♒	3♑	0♉	15♍	5♌
30	8♊28	5♉55	1♑52	0♑48	5♊56	4♊23	18♈2	5♍51	18♒29	17♑27	18♑33	21♏5	10♒	3♑	1♉	15♍	5♌
31	9♊26	19♉27	1♑49	0♑45	8♊7	5♊36	18♈47	5♍56	18♒29	17♑25	18♑32	21♏3	10♒	3♑	1♉	15♍	5♌

SUN INGRESS: ☉→♊21日 04:12

MOON PHASE: ● 3日 02:44 ♉　◐ 10日 00:44 ♌　○ 17日 01:03 ♏　◑ 25日 00:53 ♓

aspects

3日	14:37	☿□♅
3日	14:42	☿⚹♄
4日	06:57	☿□♆
5日	19:40	♀△♃
8日	15:11	☉△♅
8日	21:31	☉□♄
9日	14:57	☉△♆
12日	10:15	☉☍♇
14日	10:23	☿△♃
16日	11:35	♀△♅
16日	23:11	♀□♄
17日	07:02	♀△♆
19日	09:54	♀☍♇
21日	07:00	☿△♅
21日	16:19	☿□♄
21日	19:28	☿△♆
23日	02:06	☿☍♇
27日	00:45	☉□♃
28日	08:51	☿☌♀
29日	05:54	♂□♅
29日	23:10	☿□♃
30日	14:08	♂⚹♄
30日	16:14	♂□♆
31日	06:53	♀□♃

1992年6月

DAY	☉	☽	☊ mean	☊ true	☿	♀	♂	♃	♄	♅	♆	♇	⚳	⚴	⚵	⚶	⚷
	° ′	° ′	° ′	° ′	° ′	° ′	° ′	° ′	° ′	° ′	° ′	° ′	°	°	°	°	°
1	10♊23	3♊18	1♑46	0 R 43	10 D 19	6 D 50	19 D 32	6 D 1	18 R 28	17 R 23	18 R 31	21 R 2	10 D	3 R	2 D	16 D	5 D
2	11♊21	17♊27	1♑43	0♑41	12♊31	8♊4	20♈17	6♍7	18♒28	17♑22	18♑30	21♏0	10♒	2♑	3♉	16♍	6♌
3	12♊18	1♋49	1♑40	0 D 41	14♊43	9♊18	21♈2	6♍12	18♒28	17♑20	18♑29	20♏59	10♒	2♑	3♉	16♍	6♌
4	13♊16	16♋19	1♑37	0♑41	16♊55	10♊31	21♈47	6♍18	18♒27	17♑18	18♑27	20♏57	10♒	2♑	4♉	17♍	6♌
5	14♊13	0♌51	1♑33	0♑42	19♊6	11♊45	22♈32	6♍24	18♒26	17♑16	18♑26	20♏56	10 R	1♑	4♉	17♍	6♌
6	15♊11	15♌20	1♑30	0♑43	21♊16	12♊59	23♈17	6♍30	18♒26	17♑14	18♑25	20♏54	10♒	1♑	5♉	17♍	6♌
7	16♊8	29♌43	1♑27	0♑44	23♊24	14♊13	24♈2	6♍36	18♒25	17♑12	18♑24	20♏53	10♒	1♑	5♉	17♍	6♌
8	17♊5	13♍56	1♑24	0♑45	25♊32	15♊26	24♈46	6♍42	18♒24	17♑10	18♑22	20♏51	10♒	1♑	6♉	18♍	6♌
9	18♊3	27♍56	1♑21	0 R 45	27♊38	16♊40	25♈31	6♍48	18♒23	17♑8	18♑21	20♏50	10♒	0♑	6♉	18♍	6♌
10	19♊0	11♎43	1♑18	0♑44	29♊42	17♊54	26♈16	6♍55	18♒22	17♑6	18♑20	20♏48	10♒	0♑	7♉	18♍	6♌
11	19♊58	25♎17	1♑14	0♑43	1♋44	19♊7	27♈0	7♍1	18♒21	17♑4	18♑18	20♏47	10♒	0♑	7♉	18♍	6♌
12	20♊55	8♏36	1♑11	0♑42	3♋44	20♊21	27♈45	7♍8	18♒19	17♑2	18♑17	20♏46	10♒	0♑	8♉	19♍	6♌
13	21♊52	21♏41	1♑8	0♑40	5♋42	21♊35	28♈29	7♍15	18♒18	17♑0	18♑16	20♏44	10♒	29♐	8♉	19♍	7♌
14	22♊49	4♐32	1♑5	0♑39	7♋38	22♊48	29♈13	7♍22	18♒16	16♑58	18♑14	20♏43	10♒	29♐	9♉	19♍	7♌
15	23♊47	17♐9	1♑2	0♑39	9♋32	24♊2	29♈58	7♍29	18♒15	16♑56	18♑13	20♏42	9♒	29♐	10♉	20♍	7♌
16	24♊44	29♐34	0♑58	0♑39	11♋23	25♊16	0♉42	7♍36	18♒13	16♑54	18♑11	20♏40	9♒	28♐	10♉	20♍	7♌
17	25♊41	11♑47	0♑55	0 D 39	13♋12	26♊30	1♉26	7♍44	18♒11	16♑51	18♑10	20♏39	9♒	28♐	11♉	20♍	7♌
18	26♊39	23♑51	0♑52	0♑39	14♋59	27♊43	2♉10	7♍51	18♒9	16♑49	18♑8	20♏38	9♒	28♐	11♉	21♍	7♌
19	27♊36	5♒48	0♑49	0♑39	16♋43	28♊57	2♉54	7♍59	18♒8	16♑47	18♑7	20♏36	9♒	28♐	12♉	21♍	7♌
20	28♊33	17♒39	0♑46	0♑40	18♋25	0♋11	3♉38	8♍7	18♒5	16♑45	18♑5	20♏35	9♒	27♐	12♉	21♍	7♌
21	29♊30	29♒30	0♑43	0♑40	20♋5	1♋24	4♉22	8♍15	18♒3	16♑42	18♑4	20♏34	9♒	27♐	13♉	22♍	7♌
22	0♋28	11♓23	0♑39	0♑40	21♋42	2♋38	5♉6	8♍23	18♒1	16♑40	18♑2	20♏33	9♒	27♐	13♉	22♍	7♌
23	1♋25	23♓23	0♑36	0 R 40	23♋17	3♋52	5♉50	8♍31	17♒59	16♑38	18♑1	20♏32	9♒	26♐	14♉	22♍	8♌
24	2♋22	5♈35	0♑33	0 D 40	24♋49	5♋6	6♉34	8♍39	17♒56	16♑36	17♑59	20♏30	9♒	26♐	14♉	23♍	8♌
25	3♋19	18♈2	0♑30	0♑40	26♋19	6♋19	7♉17	8♍47	17♒54	16♑33	17♑58	20♏29	9♒	26♐	15♉	23♍	8♌
26	4♋16	0♉49	0♑27	0♑40	27♋46	7♋33	8♉1	8♍56	17♒51	16♑31	17♑56	20♏28	8♒	26♐	16♉	23♍	8♌
27	5♋14	13♉59	0♑24	0♑41	29♋11	8♋47	8♉45	9♍5	17♒49	16♑29	17♑55	20♏27	8♒	25♐	16♉	24♍	8♌
28	6♋11	27♉33	0♑20	0♑41	0♌33	10♋0	9♉28	9♍13	17♒46	16♑26	17♑53	20♏26	8♒	25♐	17♉	24♍	8♌
29	7♋8	11♊33	0♑17	0♑42	1♌53	11♋14	10♉11	9♍22	17♒43	16♑24	17♑51	20♏25	8♒	25♐	17♉	24♍	8♌
30	8♋5	25♊55	0♑14	0♑42	3♌10	12♋28	10♉55	9♍31	17♒41	16♑21	17♑50	20♏24	8♒	24♐	18♉	25♍	8♌

SUN INGRESS: ☉→♋21日 12:14

MOON PHASE: ● 1日 12:57 ♊　◐ 8日 05:47 ♍　○ 15日 13:50 ♐　◑ 23日 17:11 ♈　● 30日 21:18 ♋

aspects

1日	01:21	☉☌☿
4日	16:51	☿△♄
7日	10:48	☿⚹♂
9日	08:15	☉△♄
10日	09:01	♀△♄
13日	20:23	☿⚹♃
14日	01:31	☉☌♀
19日	00:49	☿☍♅
19日	19:20	☿☍♆
21日	07:04	☿△♇
26日	22:17	♀⚹♂
27日	06:35	♀⚹♃
27日	13:48	♂△♃

1992年7月

DAY	☉	☽	☊ mean	☊ true	☿	♀	♂	♃	♄	♅	♆	♇	⚳	⚴	⚵	⚶	⚷
	° ′	° ′	° ′	° ′	° ′	° ′	° ′	° ′	° ′	° ′	° ′	° ′	°	°	°	°	°
1	9 ♋ 3	10 ♋ 36	0 ♑ 11	0 R 42	4 D 24	13 D 42	11 D 38	9 D 40	17 R 38	16 R 19	17 R 48	20 R 23	8 R	24 R	18 D	25 D	8 D
2	10 ♋ 0	25 ♋ 29	0 ♑ 8	0 ♑ 41	5 ♌ 36	14 ♋ 55	12 ♉ 21	9 ♍ 49	17 ♒ 35	16 ♑ 17	17 ♑ 47	20 ♏ 22	8 ♒	24 ♐	19 ♉	26 ♍	9 ♌
3	10 ♋ 57	10 ♌ 25	0 ♑ 4	0 ♑ 40	6 ♌ 45	16 ♋ 9	13 ♉ 4	9 ♍ 58	17 ♒ 32	16 ♑ 14	17 ♑ 45	20 ♏ 21	7 ♒	24 ♐	19 ♉	26 ♍	9 ♌
4	11 ♋ 54	25 ♌ 18	0 ♑ 1	0 ♑ 39	7 ♌ 51	17 ♋ 23	13 ♉ 47	10 ♍ 8	17 ♒ 28	16 ♑ 12	17 ♑ 43	20 ♏ 20	7 ♒	23 ♐	20 ♉	26 ♍	9 ♌
5	12 ♋ 52	10 ♍ 0	29 ♐ 58	0 ♑ 38	8 ♌ 54	18 ♋ 37	14 ♉ 30	10 ♍ 17	17 ♒ 25	16 ♑ 9	17 ♑ 42	20 ♏ 20	7 ♒	23 ♐	20 ♉	27 ♍	9 ♌
6	13 ♋ 49	24 ♍ 24	29 ♐ 55	0 ♑ 37	9 ♌ 54	19 ♋ 51	15 ♉ 13	10 ♍ 27	17 ♒ 22	16 ♑ 7	17 ♑ 40	20 ♏ 19	7 ♒	23 ♐	21 ♉	27 ♍	9 ♌
7	14 ♋ 46	8 ♎ 29	29 ♐ 52	0 ♑ 36	10 ♌ 51	21 ♋ 4	15 ♉ 56	10 ♍ 36	17 ♒ 18	16 ♑ 5	17 ♑ 39	20 ♏ 18	7 ♒	23 ♐	21 ♉	27 ♍	9 ♌
8	15 ♋ 43	22 ♎ 12	29 ♐ 49	0 D 36	11 ♌ 44	22 ♋ 18	16 ♉ 38	10 ♍ 46	17 ♒ 15	16 ♑ 2	17 ♑ 37	20 ♏ 17	7 ♒	22 ♐	22 ♉	28 ♍	9 ♌
9	16 ♋ 40	5 ♏ 35	29 ♐ 45	0 ♑ 37	12 ♌ 34	23 ♋ 32	17 ♉ 21	10 ♍ 56	17 ♒ 12	16 ♑ 0	17 ♑ 35	20 ♏ 17	6 ♒	22 ♐	22 ♉	28 ♍	9 ♌
10	17 ♋ 38	18 ♏ 39	29 ♐ 42	0 ♑ 38	13 ♌ 21	24 ♋ 46	18 ♉ 3	11 ♍ 6	17 ♒ 8	15 ♑ 57	17 ♑ 34	20 ♏ 16	6 ♒	22 ♐	23 ♉	29 ♍	10 ♌
11	18 ♋ 35	1 ♐ 25	29 ♐ 39	0 ♑ 39	14 ♌ 4	25 ♋ 59	18 ♉ 46	11 ♍ 16	17 ♒ 4	15 ♑ 55	17 ♑ 32	20 ♏ 15	6 ♒	22 ♐	24 ♉	29 ♍	10 ♌
12	19 ♋ 32	13 ♐ 58	29 ♐ 36	0 ♑ 41	14 ♌ 44	27 ♋ 13	19 ♉ 28	11 ♍ 26	17 ♒ 1	15 ♑ 52	17 ♑ 30	20 ♏ 15	6 ♒	22 ♐	24 ♉	29 ♍	10 ♌
13	20 ♋ 29	26 ♐ 18	29 ♐ 33	0 ♑ 41	15 ♌ 19	28 ♋ 27	20 ♉ 10	11 ♍ 36	16 ♒ 57	15 ♑ 50	17 ♑ 29	20 ♏ 14	6 ♒	21 ♐	25 ♉	0 ♎	10 ♌
14	21 ♋ 26	8 ♑ 28	29 ♐ 30	0 R 41	15 ♌ 51	29 ♋ 41	20 ♉ 53	11 ♍ 46	16 ♒ 53	15 ♑ 48	17 ♑ 27	20 ♏ 13	5 ♒	21 ♐	25 ♉	0 ♎	10 ♌
15	22 ♋ 24	20 ♑ 30	29 ♐ 26	0 ♑ 40	16 ♌ 18	0 ♌ 54	21 ♉ 35	11 ♍ 56	16 ♒ 49	15 ♑ 45	17 ♑ 26	20 ♏ 13	5 ♒	21 ♐	26 ♉	1 ♎	10 ♌
16	23 ♋ 21	2 ♒ 27	29 ♐ 23	0 ♑ 38	16 ♌ 41	2 ♌ 8	22 ♉ 17	12 ♍ 7	16 ♒ 46	15 ♑ 43	17 ♑ 24	20 ♏ 12	5 ♒	21 ♐	26 ♉	1 ♎	10 ♌
17	24 ♋ 18	14 ♒ 20	29 ♐ 20	0 ♑ 34	17 ♌ 0	3 ♌ 22	22 ♉ 59	12 ♍ 17	16 ♒ 42	15 ♑ 40	17 ♑ 22	20 ♏ 12	5 ♒	21 ♐	27 ♉	1 ♎	10 ♌
18	25 ♋ 15	26 ♒ 10	29 ♐ 17	0 ♑ 30	17 ♌ 14	4 ♌ 36	23 ♉ 40	12 ♍ 28	16 ♒ 38	15 ♑ 38	17 ♑ 21	20 ♏ 11	5 ♒	20 ♐	27 ♉	2 ♎	10 ♌
19	26 ♋ 12	8 ♓ 2	29 ♐ 14	0 ♑ 26	17 ♌ 23	5 ♌ 50	24 ♉ 22	12 ♍ 39	16 ♒ 34	15 ♑ 36	17 ♑ 19	20 ♏ 11	4 ♒	20 ♐	28 ♉	2 ♎	11 ♌
20	27 ♋ 10	19 ♓ 56	29 ♐ 10	0 ♑ 22	17 ♌ 28	7 ♌ 3	25 ♉ 4	12 ♍ 49	16 ♒ 30	15 ♑ 33	17 ♑ 18	20 ♏ 11	4 ♒	20 ♐	28 ♉	3 ♎	11 ♌
21	28 ♋ 7	1 ♈ 57	29 ♐ 7	0 ♑ 19	17 R 27	8 ♌ 17	25 ♉ 45	13 ♍ 0	16 ♒ 25	15 ♑ 31	17 ♑ 16	20 ♏ 10	4 ♒	20 ♐	29 ♉	3 ♎	11 ♌
22	29 ♋ 4	14 ♈ 7	29 ♐ 4	0 ♑ 17	17 ♌ 22	9 ♌ 31	26 ♉ 27	13 ♍ 11	16 ♒ 21	15 ♑ 29	17 ♑ 14	20 ♏ 10	4 ♒	20 ♐	29 ♉	3 ♎	11 ♌
23	0 ♌ 2	26 ♈ 32	29 ♐ 1	0 ♑ 16	17 ♌ 12	10 ♌ 45	27 ♉ 8	13 ♍ 22	16 ♒ 17	15 ♑ 26	17 ♑ 13	20 ♏ 10	3 ♒	20 ♐	0 ♊	4 ♎	11 ♌
24	0 ♌ 59	9 ♉ 15	28 ♐ 58	0 D 16	16 ♌ 56	11 ♌ 59	27 ♉ 49	13 ♍ 33	16 ♒ 13	15 ♑ 24	17 ♑ 11	20 ♏ 9	3 ♒	19 ♐	0 ♊	4 ♎	11 ♌
25	1 ♌ 56	22 ♉ 19	28 ♐ 55	0 ♑ 17	16 ♌ 36	13 ♌ 12	28 ♉ 31	13 ♍ 44	16 ♒ 9	15 ♑ 22	17 ♑ 10	20 ♏ 9	3 ♒	19 ♐	1 ♊	5 ♎	11 ♌
26	2 ♌ 53	5 ♊ 49	28 ♐ 51	0 ♑ 19	16 ♌ 12	14 ♌ 26	29 ♉ 12	13 ♍ 55	16 ♒ 4	15 ♑ 19	17 ♑ 8	20 ♏ 9	3 ♒	19 ♐	1 ♊	5 ♎	11 ♌
27	3 ♌ 51	19 ♊ 46	28 ♐ 48	0 ♑ 20	15 ♌ 43	15 ♌ 40	29 ♉ 53	14 ♍ 6	16 ♒ 0	15 ♑ 17	17 ♑ 7	20 ♏ 9	3 ♒	19 ♐	2 ♊	6 ♎	12 ♌
28	4 ♌ 48	4 ♋ 9	28 ♐ 45	0 R 20	15 ♌ 10	16 ♌ 54	0 ♊ 34	14 ♍ 18	15 ♒ 56	15 ♑ 15	17 ♑ 5	20 ♏ 9	2 ♒	19 ♐	2 ♊	6 ♎	12 ♌
29	5 ♌ 46	18 ♋ 56	28 ♐ 42	0 ♑ 19	14 ♌ 34	18 ♌ 8	1 ♊ 14	14 ♍ 29	15 ♒ 51	15 ♑ 13	17 ♑ 4	20 ♏ 8	2 ♒	19 ♐	3 ♊	7 ♎	12 ♌
30	6 ♌ 43	4 ♌ 0	28 ♐ 39	0 ♑ 16	13 ♌ 54	19 ♌ 22	1 ♊ 55	14 ♍ 40	15 ♒ 47	15 ♑ 11	17 ♑ 2	20 ♏ 8	2 ♒	19 ♐	4 ♊	7 ♎	12 ♌
31	7 ♌ 40	19 ♌ 13	28 ♐ 36	0 ♑ 12	13 ♌ 12	20 ♌ 35	2 ♊ 36	14 ♍ 52	15 ♒ 43	15 ♑ 8	17 ♑ 1	20 ♏ 8	2 ♒	19 ♐	4 ♊	7 ♎	12 ♌

SUN INGRESS: ☉ → ♌ 22日 23:09

MOON PHASE: ◐ 7日 11:43 ♎ ○ 15日 04:06 ♑ ◑ 23日 07:12 ♉ ● 30日 04:35 ♌

aspects

1日	18:38	☉⚹♃
3日	01:34	♀☍♅
4日	06:30	♀☍♆
6日	09:06	♀△♇
7日	04:43	♂△♅
8日	07:38	☉☍♅
8日	19:07	♂□♄
9日	07:49	♂△♆
9日	22:26	☉☍♆
11日	17:58	☉⚹♂
12日	17:40	☉△♇
13日	01:56	♂☍♇
16日	04:09	☿☍♄
26日	07:50	☿☍♄
27日	00:41	☿☌♀
27日	06:09	♀☍♄
30日	15:15	♀□♇

1992年8月

DAY	☉	☽	☊ mean	☊ true	☿	♀	♂	♃	♄	♅	♆	♇	⚳	⚴	⚵	⚶	⚷
	° ′	° ′	° ′	° ′	° ′	° ′	° ′	° ′	° ′	° ′	° ′	° ′	°	°	°	°	°
1	8 ♌ 38	4 ♍ 24	28 ♐ 32	0 R 6	12 R 28	21 D 49	3 D 16	15 D 3	15 R 38	15 R 6	16 R 59	20 D 8	1 R	19 R	5 D	8 D	12 D
2	9 ♌ 35	19 ♍ 24	28 ♐ 29	0 ♑ 1	11 ♌ 43	23 ♌ 3	3 ♊ 56	15 ♍ 15	15 ♒ 34	15 ♑ 4	16 ♑ 58	20 ♏ 8	1 ♒	19 ♐	5 ♊	8 ♎	12 ♌
3	10 ♌ 33	4 ♎ 4	28 ♐ 26	29 ♐ 56	10 ♌ 57	24 ♌ 17	4 ♊ 37	15 ♍ 27	15 ♒ 29	15 ♑ 2	16 ♑ 56	20 ♏ 9	1 ♒	19 ♐	6 ♊	9 ♎	12 ♌
4	11 ♌ 30	18 ♎ 19	28 ♐ 23	29 ♐ 52	10 ♌ 12	25 ♌ 31	5 ♊ 17	15 ♍ 38	15 ♒ 25	15 ♑ 0	16 ♑ 55	20 ♏ 9	1 ♒	19 ♐	6 ♊	9 ♎	13 ♌
5	12 ♌ 28	2 ♏ 7	28 ♐ 20	29 ♐ 50	9 ♌ 28	26 ♌ 44	5 ♊ 57	15 ♍ 50	15 ♒ 20	14 ♑ 58	16 ♑ 53	20 ♏ 9	1 ♒	18 ♐	7 ♊	10 ♎	13 ♌
6	13 ♌ 25	15 ♏ 28	28 ♐ 16	29 D 49	8 ♌ 47	27 ♌ 58	6 ♊ 37	16 ♍ 2	15 ♒ 16	14 ♑ 56	16 ♑ 52	20 ♏ 9	0 ♒	18 ♐	7 ♊	10 ♎	13 ♌
7	14 ♌ 22	28 ♏ 25	28 ♐ 13	29 ♐ 50	8 ♌ 8	29 ♌ 12	7 ♊ 16	16 ♍ 14	15 ♒ 11	14 ♑ 54	16 ♑ 50	20 ♏ 9	0 ♒	18 ♐	8 ♊	11 ♎	13 ♌
8	15 ♌ 20	11 ♐ 3	28 ♐ 10	29 ♐ 51	7 ♌ 34	0 ♍ 26	7 ♊ 56	16 ♍ 26	15 ♒ 7	14 ♑ 52	16 ♑ 49	20 ♏ 9	0 ♒	18 ♐	8 ♊	11 ♎	13 ♌
9	16 ♌ 17	23 ♐ 23	28 ♐ 7	29 ♐ 53	7 ♌ 3	1 ♍ 40	8 ♊ 35	16 ♍ 38	15 ♒ 2	14 ♑ 50	16 ♑ 48	20 ♏ 10	0 ♒	18 ♐	9 ♊	11 ♎	13 ♌
10	17 ♌ 15	5 ♑ 32	28 ♐ 4	29 R 53	6 ♌ 38	2 ♍ 53	9 ♊ 15	16 ♍ 50	14 ♒ 58	14 ♑ 48	16 ♑ 46	20 ♏ 10	0 ♒	18 ♐	9 ♊	12 ♎	13 ♌
11	18 ♌ 13	17 ♑ 32	28 ♐ 1	29 ♐ 51	6 ♌ 19	4 ♍ 7	9 ♊ 54	17 ♍ 2	14 ♒ 53	14 ♑ 46	16 ♑ 45	20 ♏ 10	29 ♑	18 ♐	10 ♊	12 ♎	13 ♌
12	19 ♌ 10	29 ♑ 27	27 ♐ 57	29 ♐ 47	6 ♌ 5	5 ♍ 21	10 ♊ 33	17 ♍ 14	14 ♒ 49	14 ♑ 44	16 ♑ 44	20 ♏ 11	29 ♑	18 D	10 ♊	13 ♎	14 ♌
13	20 ♌ 8	11 ♒ 18	27 ♐ 54	29 ♐ 41	5 ♌ 58	6 ♍ 35	11 ♊ 12	17 ♍ 26	14 ♒ 44	14 ♑ 42	16 ♑ 42	20 ♏ 11	29 ♑	18 ♐	11 ♊	13 ♎	14 ♌
14	21 ♌ 5	23 ♒ 9	27 ♐ 51	29 ♐ 33	5 D 58	7 ♍ 49	11 ♊ 51	17 ♍ 38	14 ♒ 40	14 ♑ 41	16 ♑ 41	20 ♏ 12	29 ♑	18 ♐	11 ♊	14 ♎	14 ♌
15	22 ♌ 3	5 ♓ 1	27 ♐ 48	29 ♐ 23	6 ♌ 6	9 ♍ 2	12 ♊ 30	17 ♍ 51	14 ♒ 35	14 ♑ 39	16 ♑ 40	20 ♏ 12	29 ♑	18 ♐	12 ♊	14 ♎	14 ♌
16	23 ♌ 1	16 ♓ 55	27 ♐ 45	29 ♐ 13	6 ♌ 20	10 ♍ 16	13 ♊ 9	18 ♍ 3	14 ♒ 31	14 ♑ 37	16 ♑ 39	20 ♏ 13	28 ♑	18 ♐	12 ♊	15 ♎	14 ♌
17	23 ♌ 58	28 ♓ 54	27 ♐ 42	29 ♐ 3	6 ♌ 42	11 ♍ 30	13 ♊ 47	18 ♍ 15	14 ♒ 27	14 ♑ 35	16 ♑ 37	20 ♏ 13	28 ♑	18 ♐	13 ♊	15 ♎	14 ♌
18	24 ♌ 56	10 ♈ 59	27 ♐ 38	28 ♐ 55	7 ♌ 11	12 ♍ 44	14 ♊ 26	18 ♍ 28	14 ♒ 22	14 ♑ 34	16 ♑ 36	20 ♏ 14	28 ♑	18 ♐	13 ♊	16 ♎	14 ♌
19	25 ♌ 54	23 ♈ 12	27 ♐ 35	28 ♐ 48	7 ♌ 47	13 ♍ 57	15 ♊ 4	18 ♍ 40	14 ♒ 18	14 ♑ 32	16 ♑ 35	20 ♏ 14	28 ♑	19 ♐	14 ♊	16 ♎	14 ♌
20	26 ♌ 51	5 ♉ 38	27 ♐ 32	28 ♐ 44	8 ♌ 30	15 ♍ 11	15 ♊ 42	18 ♍ 52	14 ♒ 14	14 ♑ 30	16 ♑ 34	20 ♏ 15	28 ♑	19 ♐	14 ♊	17 ♎	15 ♌
21	27 ♌ 49	18 ♉ 19	27 ♐ 29	28 ♐ 41	9 ♌ 21	16 ♍ 25	16 ♊ 20	19 ♍ 5	14 ♒ 9	14 ♑ 29	16 ♑ 33	20 ♏ 16	28 ♑	19 ♐	15 ♊	17 ♎	15 ♌
22	28 ♌ 47	1 ♊ 18	27 ♐ 26	28 D 41	10 ♌ 19	17 ♍ 39	16 ♊ 58	19 ♍ 17	14 ♒ 5	14 ♑ 27	16 ♑ 32	20 ♏ 16	28 ♑	19 ♐	15 ♊	17 ♎	15 ♌
23	29 ♌ 45	14 ♊ 41	27 ♐ 22	28 ♐ 42	11 ♌ 23	18 ♍ 52	17 ♊ 36	19 ♍ 30	14 ♒ 1	14 ♑ 26	16 ♑ 31	20 ♏ 17	27 ♑	19 ♐	16 ♊	18 ♎	15 ♌
24	0 ♍ 42	28 ♊ 28	27 ♐ 19	28 ♐ 42	12 ♌ 33	20 ♍ 6	18 ♊ 14	19 ♍ 43	13 ♒ 56	14 ♑ 24	16 ♑ 30	20 ♏ 18	27 ♑	19 ♐	16 ♊	18 ♎	15 ♌
25	1 ♍ 40	12 ♋ 42	27 ♐ 16	28 R 41	13 ♌ 49	21 ♍ 20	18 ♊ 51	19 ♍ 55	13 ♒ 52	14 ♑ 23	16 ♑ 29	20 ♏ 19	27 ♑	19 ♐	17 ♊	19 ♎	15 ♌
26	2 ♍ 38	27 ♋ 21	27 ♐ 13	28 ♐ 38	15 ♌ 12	22 ♍ 34	19 ♊ 28	20 ♍ 8	13 ♒ 48	14 ♑ 22	16 ♑ 28	20 ♏ 20	27 ♑	19 ♐	17 ♊	19 ♎	15 ♌
27	3 ♍ 36	12 ♌ 22	27 ♐ 10	28 ♐ 33	16 ♌ 39	23 ♍ 47	20 ♊ 5	20 ♍ 20	13 ♒ 44	14 ♑ 20	16 ♑ 27	20 ♏ 21	27 ♑	19 ♐	18 ♊	20 ♎	15 ♌
28	4 ♍ 34	27 ♌ 35	27 ♐ 7	28 ♐ 25	18 ♌ 11	25 ♍ 1	20 ♊ 42	20 ♍ 33	13 ♒ 40	14 ♑ 19	16 ♑ 26	20 ♏ 21	27 ♑	19 ♐	18 ♊	20 ♎	16 ♌
29	5 ♍ 32	12 ♍ 52	27 ♐ 3	28 ♐ 16	19 ♌ 48	26 ♍ 15	21 ♊ 19	20 ♍ 46	13 ♒ 36	14 ♑ 18	16 ♑ 25	20 ♏ 22	27 ♑	19 ♐	18 ♊	21 ♎	16 ♌
30	6 ♍ 30	28 ♍ 0	27 ♐ 0	28 ♐ 6	21 ♌ 28	27 ♍ 29	21 ♊ 56	20 ♍ 59	13 ♒ 32	14 ♑ 17	16 ♑ 24	20 ♏ 23	27 ♑	19 ♐	19 ♊	21 ♎	16 ♌
31	7 ♍ 28	12 ♎ 51	26 ♐ 57	27 ♐ 57	23 ♌ 12	28 ♍ 42	22 ♊ 33	21 ♍ 11	13 ♒ 28	14 ♑ 16	16 ♑ 23	20 ♏ 24	26 ♑	20 ♐	19 ♊	22 ♎	16 ♌

SUN INGRESS: ☉ → ♍ 23日 06:10

MOON PHASE: ◐ 5日 19:59 ♏ ○ 13日 19:27 ♒ ◑ 21日 19:01 ♉ ● 28日 11:42 ♍

aspects

1日	04:49	♃△♅
3日	05:43	☉☌☿
7日	16:40	☿⚹♂
7日	18:53	☉☍♄
9日	17:51	♃△♆
13日	01:29	☉□♇
17日	22:02	♂△♄
19日	11:01	♀△♅
20日	20:51	♀□♂
21日	02:32	♀△♆
23日	14:43	♀☌♃
24日	03:53	♀⚹♇
25日	00:49	☿☍♄
27日	00:08	♃⚹♇
27日	14:47	♂□♃
29日	08:28	☿□♇
30日	10:06	☿⚹♂

1992年9月

DAY	☉	☽	☊ mean	☊ true	☿	♀	♂	♃	♄	♅	♆	♇	⚳	⚴	⚵	⚶	⚷
	° ′	° ′	° ′	° ′	° ′	° ′	° ′	° ′	° ′	° ′	° ′	° ′	°	°	°	°	°
1	8 ♍ 26	27 ♎ 16	26 ♐ 54	27 R 49	24 D 59	29 D 56	23 D 9	21 D 24	13 R 24	14 R 14	16 R 22	20 D 25	26 R	20 D	20 D	22 D	16 D
2	9 ♍ 24	11 ♏ 11	26 ♐ 51	27 ♐ 44	26 ♌ 48	1 ♎ 10	23 ♊ 45	21 ♍ 37	13 ♒ 20	14 ♑ 13	16 ♑ 21	20 ♏ 26	26 ♑	20 ♐	20 ♊	23 ♎	16 ♌
3	10 ♍ 22	24 ♏ 37	26 ♐ 48	27 ♐ 41	28 ♌ 39	2 ♎ 23	24 ♊ 21	21 ♍ 50	13 ♒ 17	14 ♑ 12	16 ♑ 20	20 ♏ 28	26 ♑	20 ♐	21 ♊	23 ♎	16 ♌
4	11 ♍ 21	7 ♐ 36	26 ♐ 44	27 ♐ 40	0 ♍ 32	3 ♎ 37	24 ♊ 57	22 ♍ 3	13 ♒ 13	14 ♑ 11	16 ♑ 20	20 ♏ 29	26 ♑	20 ♐	21 ♊	24 ♎	16 ♌
5	12 ♍ 19	20 ♐ 12	26 ♐ 41	27 D 40	2 ♍ 26	4 ♎ 51	25 ♊ 33	22 ♍ 16	13 ♒ 9	14 ♑ 11	16 ♑ 19	20 ♏ 30	26 ♑	20 ♐	22 ♊	24 ♎	17 ♌
6	13 ♍ 17	2 ♑ 29	26 ♐ 38	27 R 40	4 ♍ 21	6 ♎ 4	26 ♊ 8	22 ♍ 28	13 ♒ 6	14 ♑ 10	16 ♑ 18	20 ♏ 31	26 ♑	20 ♐	22 ♊	25 ♎	17 ♌
7	14 ♍ 15	14 ♑ 33	26 ♐ 35	27 ♐ 39	6 ♍ 17	7 ♎ 18	26 ♊ 44	22 ♍ 41	13 ♒ 2	14 ♑ 9	16 ♑ 18	20 ♏ 32	26 ♑	20 ♐	23 ♊	25 ♎	17 ♌
8	15 ♍ 13	26 ♑ 28	26 ♐ 32	27 ♐ 36	8 ♍ 13	8 ♎ 32	27 ♊ 19	22 ♍ 54	12 ♒ 59	14 ♑ 8	16 ♑ 17	20 ♏ 34	26 ♑	21 ♐	23 ♊	26 ♎	17 ♌
9	16 ♍ 12	8 ♒ 19	26 ♐ 28	27 ♐ 30	10 ♍ 8	9 ♎ 45	27 ♊ 54	23 ♍ 7	12 ♒ 55	14 ♑ 7	16 ♑ 16	20 ♏ 35	26 ♑	21 ♐	24 ♊	26 ♎	17 ♌
10	17 ♍ 10	20 ♒ 9	26 ♐ 25	27 ♐ 21	12 ♍ 4	10 ♎ 59	28 ♊ 29	23 ♍ 20	12 ♒ 52	14 ♑ 7	16 ♑ 16	20 ♏ 36	26 ♑	21 ♐	24 ♊	27 ♎	17 ♌
11	18 ♍ 8	2 ♓ 0	26 ♐ 22	27 ♐ 10	13 ♍ 59	12 ♎ 12	29 ♊ 3	23 ♍ 33	12 ♒ 49	14 ♑ 6	16 ♑ 15	20 ♏ 38	26 ♑	21 ♐	24 ♊	27 ♎	17 ♌
12	19 ♍ 6	13 ♓ 56	26 ♐ 19	26 ♐ 57	15 ♍ 54	13 ♎ 26	29 ♊ 38	23 ♍ 46	12 ♒ 46	14 ♑ 5	16 ♑ 15	20 ♏ 39	26 ♑	21 ♐	25 ♊	28 ♎	17 ♌
13	20 ♍ 5	25 ♓ 57	26 ♐ 16	26 ♐ 43	17 ♍ 48	14 ♎ 39	0 ♋ 12	23 ♍ 59	12 ♒ 43	14 ♑ 5	16 ♑ 14	20 ♏ 40	26 ♑	21 ♐	25 ♊	28 ♎	17 ♌
14	21 ♍ 3	8 ♈ 4	26 ♐ 13	26 ♐ 29	19 ♍ 41	15 ♎ 53	0 ♋ 46	24 ♍ 12	12 ♒ 40	14 ♑ 4	16 ♑ 14	20 ♏ 42	26 ♑	22 ♐	26 ♊	29 ♎	18 ♌
15	22 ♍ 2	20 ♈ 19	26 ♐ 9	26 ♐ 17	21 ♍ 33	17 ♎ 7	1 ♋ 20	24 ♍ 25	12 ♒ 37	14 ♑ 4	16 ♑ 13	20 ♏ 43	26 ♑	22 ♐	26 ♊	29 ♎	18 ♌
16	23 ♍ 0	2 ♉ 42	26 ♐ 6	26 ♐ 7	23 ♍ 25	18 ♎ 20	1 ♋ 54	24 ♍ 38	12 ♒ 34	14 ♑ 4	16 ♑ 13	20 ♏ 45	26 D	22 ♐	27 ♊	0 ♏	18 ♌
17	23 ♍ 59	15 ♉ 15	26 ♐ 3	26 ♐ 0	25 ♍ 15	19 ♎ 34	2 ♋ 27	24 ♍ 51	12 ♒ 31	14 ♑ 3	16 ♑ 12	20 ♏ 46	26 ♑	22 ♐	27 ♊	0 ♏	18 ♌
18	24 ♍ 57	28 ♉ 1	26 ♐ 0	25 ♐ 56	27 ♍ 5	20 ♎ 47	3 ♋ 1	25 ♍ 4	12 ♒ 28	14 ♑ 3	16 ♑ 12	20 ♏ 48	26 ♑	22 ♐	27 ♊	1 ♏	18 ♌
19	25 ♍ 56	11 ♊ 2	25 ♐ 57	25 ♐ 54	28 ♍ 54	22 ♎ 1	3 ♋ 34	25 ♍ 17	12 ♒ 26	14 ♑ 3	16 ♑ 12	20 ♏ 49	26 ♑	23 ♐	28 ♊	1 ♏	18 ♌
20	26 ♍ 54	24 ♊ 21	25 ♐ 53	25 ♐ 54	0 ♎ 41	23 ♎ 14	4 ♋ 7	25 ♍ 30	12 ♒ 23	14 ♑ 2	16 ♑ 11	20 ♏ 51	26 ♑	23 ♐	28 ♊	2 ♏	18 ♌
21	27 ♍ 53	8 ♋ 1	25 ♐ 50	25 ♐ 54	2 ♎ 28	24 ♎ 27	4 ♋ 39	25 ♍ 43	12 ♒ 21	14 ♑ 2	16 ♑ 11	20 ♏ 53	26 ♑	23 ♐	29 ♊	2 ♏	18 ♌
22	28 ♍ 52	22 ♋ 3	25 ♐ 47	25 ♐ 53	4 ♎ 13	25 ♎ 41	5 ♋ 12	25 ♍ 56	12 ♒ 18	14 ♑ 2	16 ♑ 11	20 ♏ 54	26 ♑	23 ♐	29 ♊	3 ♏	18 ♌
23	29 ♍ 50	6 ♌ 27	25 ♐ 44	25 ♐ 49	5 ♎ 58	26 ♎ 54	5 ♋ 44	26 ♍ 9	12 ♒ 16	14 ♑ 2	16 ♑ 11	20 ♏ 56	26 ♑	23 ♐	29 ♊	3 ♏	19 ♌
24	0 ♎ 49	21 ♌ 11	25 ♐ 41	25 ♐ 43	7 ♎ 42	28 ♎ 8	6 ♋ 16	26 ♍ 22	12 ♒ 14	14 D 2	16 ♑ 11	20 ♏ 58	26 ♑	24 ♐	0 ♋	4 ♏	19 ♌
25	1 ♎ 48	6 ♍ 10	25 ♐ 38	25 ♐ 35	9 ♎ 24	29 ♎ 21	6 ♋ 48	26 ♍ 35	12 ♒ 12	14 ♑ 2	16 ♑ 11	20 ♏ 59	26 ♑	24 ♐	0 ♋	4 ♏	19 ♌
26	2 ♎ 47	21 ♍ 15	25 ♐ 34	25 ♐ 24	11 ♎ 6	0 ♏ 35	7 ♋ 19	26 ♍ 48	12 ♒ 9	14 ♑ 2	16 ♑ 10	21 ♏ 1	26 ♑	24 ♐	1 ♋	5 ♏	19 ♌
27	3 ♎ 46	6 ♎ 17	25 ♐ 31	25 ♐ 13	12 ♎ 47	1 ♏ 48	7 ♋ 51	27 ♍ 1	12 ♒ 8	14 ♑ 2	16 ♑ 10	21 ♏ 3	26 ♑	24 ♐	1 ♋	5 ♏	19 ♌
28	4 ♎ 45	21 ♎ 5	25 ♐ 28	25 ♐ 2	14 ♎ 27	3 ♏ 1	8 ♋ 22	27 ♍ 14	12 ♒ 6	14 ♑ 3	16 ♑ 10	21 ♏ 5	26 ♑	25 ♐	1 ♋	6 ♏	19 ♌
29	5 ♎ 43	5 ♏ 31	25 ♐ 25	24 ♐ 53	16 ♎ 6	4 ♏ 15	8 ♋ 52	27 ♍ 27	12 ♒ 4	14 ♑ 3	16 D 10	21 ♏ 7	26 ♑	25 ♐	2 ♋	6 ♏	19 ♌
30	6 ♎ 42	19 ♏ 30	25 ♐ 22	24 ♐ 46	17 ♎ 44	5 ♏ 28	9 ♋ 23	27 ♍ 39	12 ♒ 2	14 ♑ 3	16 ♑ 10	21 ♏ 8	26 ♑	25 ♐	2 ♋	7 ♏	19 ♌

SUN INGRESS	☉ → ♎23日 03:43
MOON PHASE	◐ 4日 07:39 ♐　○ 12日 11:17 ♓　◑ 20日 04:53 ♊　● 26日 19:40 ♎

aspects		
6日	21:27	☉△♅
9日	01:55	☉△♆
11日	01:26	☿△♅
11日	11:26	♀△♄
12日	04:22	☿△♆
12日	12:48	♀□♅
13日	14:58	☉⚹♇
14日	06:42	♀□♆
14日	13:09	☿⚹♇
15日	12:48	☉☌☿
16日	17:58	☿☌♃
18日	03:31	☉☌♃
22日	19:21	☿□♂
26日	14:48	☿△♄
27日	18:13	☿□♅
29日	01:10	☿□♆

1992年10月

DAY	☉	☽	☊ mean	☊ true	☿	♀	♂	♃	♄	♅	♆	♇	⚳	⚴	⚵	⚶	⚷
	° ′	° ′	° ′	° ′	° ′	° ′	° ′	° ′	° ′	° ′	° ′	° ′	°	°	°	°	°
1	7 ♎ 41	3 ♐ 1	25 ♐ 19	24 R 42	19 D 21	6 D 41	9 D 53	27 D 52	12 R 1	14 D 4	16 D 10	21 D 10	26 D	25 D	2 D	7 D	19 D
2	8 ♎ 40	16 ♐ 4	25 ♐ 15	24 ♐ 41	20 ♎ 57	7 ♏ 55	10 ♋ 23	28 ♍ 5	11 ♒ 59	14 ♑ 4	16 ♑ 11	21 ♏ 12	26 ♑	25 ♐	3 ♋	8 ♏	20 ♌
3	9 ♎ 39	28 ♐ 42	25 ♐ 12	24 D 40	22 ♎ 33	9 ♏ 8	10 ♋ 53	28 ♍ 18	11 ♒ 58	14 ♑ 5	16 ♑ 11	21 ♏ 14	27 ♑	26 ♐	3 ♋	8 ♏	20 ♌
4	10 ♎ 39	11 ♑ 1	25 ♐ 9	24 R 41	24 ♎ 7	10 ♏ 21	11 ♋ 22	28 ♍ 31	11 ♒ 57	14 ♑ 5	16 ♑ 11	21 ♏ 16	27 ♑	26 ♐	4 ♋	9 ♏	20 ♌
5	11 ♎ 38	23 ♑ 5	25 ♐ 6	24 ♐ 40	25 ♎ 41	11 ♏ 35	11 ♋ 51	28 ♍ 44	11 ♒ 55	14 ♑ 6	16 ♑ 11	21 ♏ 18	27 ♑	26 ♐	4 ♋	10 ♏	20 ♌
6	12 ♎ 37	5 ♒ 0	25 ♐ 3	24 ♐ 38	27 ♎ 14	12 ♏ 48	12 ♋ 20	28 ♍ 57	11 ♒ 54	14 ♑ 6	16 ♑ 11	21 ♏ 20	27 ♑	26 ♐	4 ♋	10 ♏	20 ♌
7	13 ♎ 36	16 ♒ 51	24 ♐ 59	24 ♐ 33	28 ♎ 46	14 ♏ 1	12 ♋ 49	29 ♍ 9	11 ♒ 53	14 ♑ 7	16 ♑ 12	21 ♏ 22	27 ♑	27 ♐	5 ♋	11 ♏	20 ♌
8	14 ♎ 35	28 ♒ 42	24 ♐ 56	24 ♐ 26	0 ♏ 18	15 ♏ 14	13 ♋ 17	29 ♍ 22	11 ♒ 52	14 ♑ 8	16 ♑ 12	21 ♏ 24	27 ♑	27 ♐	5 ♋	11 ♏	20 ♌
9	15 ♎ 34	10 ♓ 36	24 ♐ 53	24 ♐ 16	1 ♏ 48	16 ♏ 27	13 ♋ 45	29 ♍ 35	11 ♒ 52	14 ♑ 8	16 ♑ 12	21 ♏ 26	27 ♑	27 ♐	5 ♋	12 ♏	20 ♌
10	16 ♎ 34	22 ♓ 37	24 ♐ 50	24 ♐ 4	3 ♏ 18	17 ♏ 41	14 ♋ 13	29 ♍ 48	11 ♒ 51	14 ♑ 9	16 ♑ 13	21 ♏ 28	27 ♑	28 ♐	6 ♋	12 ♏	20 ♌
11	17 ♎ 33	4 ♈ 46	24 ♐ 47	23 ♐ 52	4 ♏ 47	18 ♏ 54	14 ♋ 40	0 ♎ 0	11 ♒ 50	14 ♑ 10	16 ♑ 13	21 ♏ 30	27 ♑	28 ♐	6 ♋	13 ♏	20 ♌
12	18 ♎ 32	17 ♈ 5	24 ♐ 44	23 ♐ 39	6 ♏ 16	20 ♏ 7	15 ♋ 7	0 ♎ 13	11 ♒ 50	14 ♑ 11	16 ♑ 14	21 ♏ 32	28 ♑	28 ♐	6 ♋	13 ♏	20 ♌
13	19 ♎ 32	29 ♈ 34	24 ♐ 40	23 ♐ 29	7 ♏ 43	21 ♏ 20	15 ♋ 34	0 ♎ 26	11 ♒ 49	14 ♑ 12	16 ♑ 14	21 ♏ 34	28 ♑	28 ♐	6 ♋	14 ♏	21 ♌
14	20 ♎ 31	12 ♉ 14	24 ♐ 37	23 ♐ 20	9 ♏ 10	22 ♏ 33	16 ♋ 0	0 ♎ 38	11 ♒ 49	14 ♑ 13	16 ♑ 15	21 ♏ 36	28 ♑	29 ♐	7 ♋	14 ♏	21 ♌
15	21 ♎ 30	25 ♉ 4	24 ♐ 34	23 ♐ 14	10 ♏ 36	23 ♏ 46	16 ♋ 26	0 ♎ 51	11 ♒ 49	14 ♑ 14	16 ♑ 15	21 ♏ 39	28 ♑	29 ♐	7 ♋	15 ♏	21 ♌
16	22 ♎ 30	8 ♊ 5	24 ♐ 31	23 ♐ 10	12 ♏ 1	24 ♏ 59	16 ♋ 52	1 ♎ 3	11 ♒ 49	14 ♑ 15	16 ♑ 16	21 ♏ 41	28 ♑	29 ♐	7 ♋	15 ♏	21 ♌
17	23 ♎ 29	21 ♊ 17	24 ♐ 28	23 ♐ 9	13 ♏ 25	26 ♏ 12	17 ♋ 17	1 ♎ 16	11 D 49	14 ♑ 16	16 ♑ 16	21 ♏ 43	28 ♑	29 ♐	8 ♋	16 ♏	21 ♌
18	24 ♎ 29	4 ♋ 43	24 ♐ 25	23 D 10	14 ♏ 48	27 ♏ 25	17 ♋ 42	1 ♎ 28	11 ♒ 49	14 ♑ 18	16 ♑ 17	21 ♏ 45	29 ♑	0 ♑	8 ♋	16 ♏	21 ♌
19	25 ♎ 29	18 ♋ 24	24 ♐ 21	23 ♐ 10	16 ♏ 10	28 ♏ 38	18 ♋ 7	1 ♎ 41	11 ♒ 49	14 ♑ 19	16 ♑ 18	21 ♏ 47	29 ♑	0 ♑	8 ♋	17 ♏	21 ♌
20	26 ♎ 28	2 ♌ 19	24 ♐ 18	23 R 10	17 ♏ 32	29 ♏ 51	18 ♋ 31	1 ♎ 53	11 ♒ 49	14 ♑ 20	16 ♑ 18	21 ♏ 50	29 ♑	0 ♑	8 ♋	17 ♏	21 ♌
21	27 ♎ 28	16 ♌ 30	24 ♐ 15	23 ♐ 9	18 ♏ 52	1 ♐ 4	18 ♋ 55	2 ♎ 5	11 ♒ 50	14 ♑ 22	16 ♑ 19	21 ♏ 52	29 ♑	1 ♑	9 ♋	18 ♏	21 ♌
22	28 ♎ 28	0 ♍ 55	24 ♐ 12	23 ♐ 5	20 ♏ 11	2 ♐ 17	19 ♋ 18	2 ♎ 18	11 ♒ 50	14 ♑ 23	16 ♑ 20	21 ♏ 54	29 ♑	1 ♑	9 ♋	18 ♏	21 ♌
23	29 ♎ 27	15 ♍ 31	24 ♐ 9	22 ♐ 59	21 ♏ 30	3 ♐ 30	19 ♋ 41	2 ♎ 30	11 ♒ 51	14 ♑ 24	16 ♑ 21	21 ♏ 56	29 ♑	1 ♑	9 ♋	19 ♏	21 ♌
24	0 ♏ 27	0 ♎ 12	24 ♐ 5	22 ♐ 51	22 ♏ 46	4 ♐ 43	20 ♋ 4	2 ♎ 42	11 ♒ 52	14 ♑ 26	16 ♑ 21	21 ♏ 59	0 ♒	1 ♑	9 ♋	20 ♏	21 ♌
25	1 ♏ 27	14 ♎ 51	24 ♐ 2	22 ♐ 43	24 ♏ 2	5 ♐ 56	20 ♋ 26	2 ♎ 54	11 ♒ 52	14 ♑ 28	16 ♑ 22	22 ♏ 1	0 ♒	2 ♑	10 ♋	20 ♏	21 ♌
26	2 ♏ 27	29 ♎ 21	23 ♐ 59	22 ♐ 35	25 ♏ 16	7 ♐ 8	20 ♋ 48	3 ♎ 7	11 ♒ 53	14 ♑ 29	16 ♑ 23	22 ♏ 3	0 ♒	2 ♑	10 ♋	21 ♏	22 ♌
27	3 ♏ 27	13 ♏ 35	23 ♐ 56	22 ♐ 28	26 ♏ 28	8 ♐ 21	21 ♋ 9	3 ♎ 19	11 ♒ 54	14 ♑ 31	16 ♑ 24	22 ♏ 5	0 ♒	2 ♑	10 ♋	21 ♏	22 ♌
28	4 ♏ 26	27 ♏ 27	23 ♐ 53	22 ♐ 23	27 ♏ 39	9 ♐ 34	21 ♋ 30	3 ♎ 31	11 ♒ 55	14 ♑ 33	16 ♑ 25	22 ♏ 8	0 ♒	3 ♑	10 ♋	22 ♏	22 ♌
29	5 ♏ 26	10 ♐ 55	23 ♐ 50	22 ♐ 20	28 ♏ 47	10 ♐ 47	21 ♋ 50	3 ♎ 43	11 ♒ 57	14 ♑ 34	16 ♑ 26	22 ♏ 10	1 ♒	3 ♑	10 ♋	22 ♏	22 ♌
30	6 ♏ 26	23 ♐ 59	23 ♐ 46	22 D 20	29 ♏ 54	11 ♐ 59	22 ♋ 10	3 ♎ 55	11 ♒ 58	14 ♑ 36	16 ♑ 27	22 ♏ 12	1 ♒	3 ♑	11 ♋	23 ♏	22 ♌
31	7 ♏ 26	6 ♑ 40	23 ♐ 43	22 ♐ 20	0 ♐ 58	13 ♐ 12	22 ♋ 30	4 ♎ 6	11 ♒ 59	14 ♑ 38	16 ♑ 28	22 ♏ 15	1 ♒	4 ♑	11 ♋	23 ♏	22 ♌

SUN INGRESS	☉ → ♏23日 12:57
MOON PHASE	◐ 3日 23:12 ♑　○ 12日 03:03 ♈　◑ 19日 13:12 ♋　● 26日 05:34 ♏

aspects		
5日	06:41	♀□♄
5日	07:02	☉△♄
5日	09:01	♀△♂
5日	10:46	☉□♂
7日	01:57	♀⚹♅
7日	12:42	☉□♅
8日	19:01	♀⚹♆
9日	15:28	☉□♆
9日	21:04	♂☍♅
13日	04:52	♀☌♇
14日	13:43	♂☍♆
15日	20:37	☿□♄
17日	15:04	☿⚹♅
19日	02:07	☿⚹♆
21日	01:03	☿△♂
22日	00:21	♀⚹♃
23日	08:34	☿☌♇
29日	23:31	♀⚹♄
30日	03:05	♂△♇

1992年11月

DAY	☉	☽	☊ mean	☊ true	☿	♀	♂	♃	♄	♅	♆	♇	⚳	⚴	⚵	⚶	⚷
	° ′	° ′	° ′	° ′	° ′	° ′	° ′	° ′	° ′	° ′	° ′	° ′	°	°	°	°	°
1	8 ♏ 26	19 ♑ 1	23 ♐ 40	22 D 22	2 D 0	14 D 25	22 D 49	4 D 18	12 D 1	14 D 40	16 D 29	22 D 17	1 D	4 D	11 D	24 D	22 D
2	9 ♏ 26	1 ♒ 8	23 ♐ 37	22 ♐ 23	2 ♐ 58	15 ♐ 37	23 ♋ 7	4 ♎ 30	12 ♒ 3	14 ♑ 42	16 ♑ 30	22 ♏ 20	2 ♒	4 ♑	11 ♋	24 ♏	22 ♌
3	10 ♏ 26	13 ♒ 5	23 ♐ 34	22 R 24	3 ♐ 53	16 ♐ 50	23 ♋ 25	4 ♎ 42	12 ♒ 4	14 ♑ 44	16 ♑ 32	22 ♏ 22	2 ♒	5 ♑	11 ♋	25 ♏	22 ♌
4	11 ♏ 27	24 ♒ 57	23 ♐ 30	22 ♐ 22	4 ♐ 45	18 ♐ 3	23 ♋ 42	4 ♎ 53	12 ♒ 6	14 ♑ 46	16 ♑ 33	22 ♏ 24	2 ♒	5 ♑	11 ♋	25 ♏	22 ♌
5	12 ♏ 27	6 ♓ 49	23 ♐ 27	22 ♐ 19	5 ♐ 32	19 ♐ 15	23 ♋ 59	5 ♎ 5	12 ♒ 8	14 ♑ 48	16 ♑ 34	22 ♏ 27	2 ♒	5 ♑	11 ♋	26 ♏	22 ♌
6	13 ♏ 27	18 ♓ 46	23 ♐ 24	22 ♐ 15	6 ♐ 15	20 ♐ 28	24 ♋ 16	5 ♎ 16	12 ♒ 10	14 ♑ 50	16 ♑ 35	22 ♏ 29	2 ♒	6 ♑	12 ♋	26 ♏	22 ♌
7	14 ♏ 27	0 ♈ 51	23 ♐ 21	22 ♐ 9	6 ♐ 53	21 ♐ 40	24 ♋ 32	5 ♎ 28	12 ♒ 12	14 ♑ 52	16 ♑ 36	22 ♏ 31	3 ♒	6 ♑	12 ♋	27 ♏	22 ♌
8	15 ♏ 27	13 ♈ 7	23 ♐ 18	22 ♐ 2	7 ♐ 25	22 ♐ 53	24 ♋ 47	5 ♎ 39	12 ♒ 14	14 ♑ 54	16 ♑ 38	22 ♏ 34	3 ♒	6 ♑	12 ♋	28 ♏	22 ♌
9	16 ♏ 27	25 ♈ 36	23 ♐ 15	21 ♐ 55	7 ♐ 50	24 ♐ 5	25 ♋ 2	5 ♎ 51	12 ♒ 17	14 ♑ 56	16 ♑ 39	22 ♏ 36	3 ♒	6 ♑	12 ♋	28 ♏	22 ♌
10	17 ♏ 28	8 ♉ 20	23 ♐ 11	21 ♐ 49	8 ♐ 9	25 ♐ 17	25 ♋ 16	6 ♎ 2	12 ♒ 19	14 ♑ 59	16 ♑ 40	22 ♏ 39	3 ♒	7 ♑	12 ♋	29 ♏	22 ♌
11	18 ♏ 28	21 ♉ 19	23 ♐ 8	21 ♐ 45	8 ♐ 20	26 ♐ 30	25 ♋ 29	6 ♎ 13	12 ♒ 22	15 ♑ 1	16 ♑ 42	22 ♏ 41	4 ♒	7 ♑	12 ♋	29 ♏	22 ♌
12	19 ♏ 28	4 ♊ 31	23 ♐ 5	21 ♐ 42	8 R 22	27 ♐ 42	25 ♋ 42	6 ♎ 24	12 ♒ 24	15 ♑ 3	16 ♑ 43	22 ♏ 43	4 ♒	7 ♑	12 ♋	0 ♐	23 ♌
13	20 ♏ 29	17 ♊ 55	23 ♐ 2	21 ♐ 41	8 ♐ 16	28 ♐ 54	25 ♋ 54	6 ♎ 35	12 ♒ 27	15 ♑ 6	16 ♑ 45	22 ♏ 46	4 ♒	7 ♑	12 ♋	0 ♐	23 ♌
14	21 ♏ 29	1 ♋ 31	22 ♐ 59	21 D 41	7 ♐ 59	0 ♑ 6	26 ♋ 6	6 ♎ 46	12 ♒ 30	15 ♑ 8	16 ♑ 46	22 ♏ 48	5 ♒	8 ♑	12 ♋	1 ♐	23 ♌
15	22 ♏ 29	15 ♋ 17	22 ♐ 56	21 ♐ 42	7 ♐ 33	1 ♑ 18	26 ♋ 17	6 ♎ 57	12 ♒ 33	15 ♑ 11	16 ♑ 48	22 ♏ 51	5 ♒	8 ♑	12 ♋	1 ♐	23 ♌
16	23 ♏ 30	29 ♋ 11	22 ♐ 52	21 ♐ 44	6 ♐ 56	2 ♑ 30	26 ♋ 28	7 ♎ 8	12 ♒ 36	15 ♑ 13	16 ♑ 49	22 ♏ 53	5 ♒	9 ♑	12 ♋	2 ♐	23 ♌
17	24 ♏ 30	13 ♌ 13	22 ♐ 49	21 ♐ 45	6 ♐ 10	3 ♑ 42	26 ♋ 37	7 ♎ 18	12 ♒ 39	15 ♑ 16	16 ♑ 51	22 ♏ 55	5 ♒	9 ♑	12 ♋	2 ♐	23 ♌
18	25 ♏ 31	27 ♌ 21	22 ♐ 46	21 R 46	5 ♐ 13	4 ♑ 54	26 ♋ 46	7 ♎ 29	12 ♒ 42	15 ♑ 18	16 ♑ 52	22 ♏ 58	6 ♒	9 ♑	12 ♋	3 ♐	23 ♌
19	26 ♏ 31	11 ♍ 34	22 ♐ 43	21 ♐ 45	4 ♐ 8	6 ♑ 6	26 ♋ 55	7 ♎ 39	12 ♒ 45	15 ♑ 21	16 ♑ 54	23 ♏ 0	6 ♒	10 ♑	12 R	3 ♐	23 ♌
20	27 ♏ 32	25 ♍ 49	22 ♐ 40	21 ♐ 43	2 ♐ 55	7 ♑ 18	27 ♋ 2	7 ♎ 50	12 ♒ 48	15 ♑ 24	16 ♑ 55	23 ♏ 3	6 ♒	10 ♑	12 ♋	4 ♐	23 ♌
21	28 ♏ 33	10 ♎ 3	22 ♐ 36	21 ♐ 40	1 ♐ 37	8 ♑ 30	27 ♋ 9	8 ♎ 0	12 ♒ 52	15 ♑ 26	16 ♑ 57	23 ♏ 5	6 ♒	10 ♑	12 ♋	5 ♐	23 ♌
22	29 ♏ 33	24 ♎ 13	22 ♐ 33	21 ♐ 37	0 ♐ 16	9 ♑ 42	27 ♋ 15	8 ♎ 10	12 ♒ 55	15 ♑ 29	16 ♑ 59	23 ♏ 8	7 ♒	11 ♑	12 ♋	5 ♐	23 ♌
23	0 ♐ 34	8 ♏ 14	22 ♐ 30	21 ♐ 34	28 ♏ 54	10 ♑ 53	27 ♋ 21	8 ♎ 21	12 ♒ 59	15 ♑ 32	17 ♑ 0	23 ♏ 10	7 ♒	11 ♑	12 ♋	6 ♐	23 ♌
24	1 ♐ 34	22 ♏ 3	22 ♐ 27	21 ♐ 31	27 ♏ 35	12 ♑ 5	27 ♋ 25	8 ♎ 31	13 ♒ 3	15 ♑ 34	17 ♑ 2	23 ♏ 12	7 ♒	11 ♑	12 ♋	6 ♐	23 ♌
25	2 ♐ 35	5 ♐ 36	22 ♐ 24	21 ♐ 29	26 ♏ 21	13 ♑ 17	27 ♋ 29	8 ♎ 41	13 ♒ 7	15 ♑ 37	17 ♑ 4	23 ♏ 15	8 ♒	12 ♑	12 ♋	7 ♐	23 ♌
26	3 ♐ 36	18 ♐ 51	22 ♐ 21	21 ♐ 28	25 ♏ 14	14 ♑ 28	27 ♋ 32	8 ♎ 51	13 ♒ 10	15 ♑ 40	17 ♑ 6	23 ♏ 17	8 ♒	12 ♑	12 ♋	7 ♐	23 ♌
27	4 ♐ 37	1 ♑ 47	22 ♐ 17	21 D 29	24 ♏ 16	15 ♑ 40	27 ♋ 35	9 ♎ 0	13 ♒ 14	15 ♑ 43	17 ♑ 7	23 ♏ 20	8 ♒	12 ♑	12 ♋	8 ♐	23 ♌
28	5 ♐ 37	14 ♑ 25	22 ♐ 14	21 ♐ 30	23 ♏ 28	16 ♑ 51	27 ♋ 36	9 ♎ 10	13 ♒ 18	15 ♑ 46	17 ♑ 9	23 ♏ 22	8 ♒	13 ♑	12 ♋	8 ♐	23 ♌
29	6 ♐ 38	26 ♑ 47	22 ♐ 11	21 ♐ 31	22 ♏ 52	18 ♑ 2	27 ♋ 37	9 ♎ 20	13 ♒ 23	15 ♑ 49	17 ♑ 11	23 ♏ 24	9 ♒	13 ♑	12 ♋	9 ♐	23 ♌
30	7 ♐ 39	8 ♒ 55	22 ♐ 8	21 ♐ 32	22 ♏ 27	19 ♑ 14	27 R 37	9 ♎ 29	13 ♒ 27	15 ♑ 52	17 ♑ 13	23 ♏ 27	9 ♒	14 ♑	12 ♋	9 ♐	23 ♌

SUN INGRESS	☉ → ♐ 22日 10:26
MOON PHASE	◐ 2日 18:11 ♒ ○ 10日 18:20 ♉ ◑ 17日 20:39 ♌ ● 24日 18:11 ♐

aspects

4日	05:33	☿⚹♃
4日	16:20	☉□♄
7日	10:21	☉⚹♅
9日	04:45	☉⚹♆
15日	08:47	☉☌♇
15日	18:46	☿⚹♃
19日	10:35	☉△♂
20日	12:25	♀□♃
22日	07:10	☉☌☿
24日	02:49	☿△♂
27日	01:10	♀☌♅
28日	03:29	☿☌♇
28日	06:16	♀☌♆

1992年12月

DAY	☉	☽	☊ mean	☊ true	☿	♀	♂	♃	♄	♅	♆	♇	⚳	⚴	⚵	⚶	⚷
	° ′	° ′	° ′	° ′	° ′	° ′	° ′	° ′	° ′	° ′	° ′	° ′	°	°	°	°	°
1	8 ♐ 40	20 ♒ 53	22 ♐ 5	21 D 34	22 R 14	20 D 25	27 R 36	9 D 39	13 D 31	15 D 55	17 D 15	23 D 29	9 D	14 D	12 R	10 D	23 D
2	9 ♐ 41	2 ♓ 46	22 ♐ 2	21 ♐ 34	22 D 12	21 ♑ 36	27 ♋ 34	9 ♎ 48	13 ♒ 35	15 ♑ 58	17 ♑ 17	23 ♏ 31	10 ♒	14 ♑	12 ♋	11 ♐	23 ♌
3	10 ♐ 41	14 ♓ 38	21 ♐ 58	21 R 34	22 ♏ 21	22 ♑ 47	27 ♋ 31	9 ♎ 57	13 ♒ 40	16 ♑ 1	17 ♑ 19	23 ♏ 34	10 ♒	15 ♑	11 ♋	11 ♐	23 ♌
4	11 ♐ 42	26 ♓ 35	21 ♐ 55	21 ♐ 34	22 ♏ 39	23 ♑ 58	27 ♋ 28	10 ♎ 6	13 ♒ 44	16 ♑ 4	17 ♑ 20	23 ♏ 36	10 ♒	15 ♑	11 ♋	12 ♐	23 ♌
5	12 ♐ 43	8 ♈ 40	21 ♐ 52	21 ♐ 33	23 ♏ 5	25 ♑ 9	27 ♋ 24	10 ♎ 15	13 ♒ 49	16 ♑ 7	17 ♑ 22	23 ♏ 38	11 ♒	15 ♑	11 ♋	12 ♐	23 ♌
6	13 ♐ 44	20 ♈ 58	21 ♐ 49	21 ♐ 32	23 ♏ 40	26 ♑ 20	27 ♋ 19	10 ♎ 24	13 ♒ 54	16 ♑ 10	17 ♑ 24	23 ♏ 41	11 ♒	16 ♑	11 ♋	13 ♐	23 ♌
7	14 ♐ 45	3 ♉ 33	21 ♐ 46	21 ♐ 31	24 ♏ 22	27 ♑ 30	27 ♋ 13	10 ♎ 32	13 ♒ 58	16 ♑ 13	17 ♑ 26	23 ♏ 43	11 ♒	16 ♑	11 ♋	13 ♐	23 R
8	15 ♐ 46	16 ♉ 26	21 ♐ 42	21 ♐ 30	25 ♏ 10	28 ♑ 41	27 ♋ 6	10 ♎ 41	14 ♒ 3	16 ♑ 17	17 ♑ 28	23 ♏ 45	12 ♒	16 ♑	11 ♋	14 ♐	23 ♌
9	16 ♐ 47	29 ♉ 39	21 ♐ 39	21 ♐ 30	26 ♏ 3	29 ♑ 51	26 ♋ 58	10 ♎ 49	14 ♒ 8	16 ♑ 20	17 ♑ 30	23 ♏ 47	12 ♒	17 ♑	10 ♋	14 ♐	23 ♌
10	17 ♐ 48	13 ♊ 12	21 ♐ 36	21 ♐ 29	27 ♏ 2	1 ♒ 2	26 ♋ 50	10 ♎ 58	14 ♒ 13	16 ♑ 23	17 ♑ 32	23 ♏ 50	12 ♒	17 ♑	10 ♋	15 ♐	23 ♌
11	18 ♐ 49	27 ♊ 2	21 ♐ 33	21 D 29	28 ♏ 4	2 ♒ 12	26 ♋ 40	11 ♎ 6	14 ♒ 18	16 ♑ 26	17 ♑ 34	23 ♏ 52	13 ♒	17 ♑	10 ♋	15 ♐	23 ♌
12	19 ♐ 50	11 ♋ 6	21 ♐ 30	21 ♐ 29	29 ♏ 10	3 ♒ 22	26 ♋ 30	11 ♎ 14	14 ♒ 23	16 ♑ 30	17 ♑ 36	23 ♏ 54	13 ♒	18 ♑	10 ♋	16 ♐	23 ♌
13	20 ♐ 51	25 ♋ 21	21 ♐ 27	21 ♐ 30	0 ♐ 20	4 ♒ 32	26 ♋ 19	11 ♎ 22	14 ♒ 28	16 ♑ 33	17 ♑ 39	23 ♏ 56	13 ♒	18 ♑	10 ♋	16 ♐	23 ♌
14	21 ♐ 52	9 ♌ 41	21 ♐ 23	21 R 30	1 ♐ 32	5 ♒ 42	26 ♋ 7	11 ♎ 30	14 ♒ 34	16 ♑ 36	17 ♑ 41	23 ♏ 59	14 ♒	18 ♑	9 ♋	17 ♐	23 ♌
15	22 ♐ 53	24 ♌ 3	21 ♐ 20	21 ♐ 29	2 ♐ 47	6 ♒ 52	25 ♋ 55	11 ♎ 38	14 ♒ 39	16 ♑ 39	17 ♑ 43	24 ♏ 1	14 ♒	19 ♑	9 ♋	18 ♐	23 ♌
16	23 ♐ 54	8 ♍ 23	21 ♐ 17	21 ♐ 29	4 ♐ 3	8 ♒ 1	25 ♋ 41	11 ♎ 45	14 ♒ 44	16 ♑ 43	17 ♑ 45	24 ♏ 3	14 ♒	19 ♑	9 ♋	18 ♐	23 ♌
17	24 ♐ 55	22 ♍ 36	21 ♐ 14	21 ♐ 29	5 ♐ 22	9 ♒ 11	25 ♋ 27	11 ♎ 53	14 ♒ 50	16 ♑ 46	17 ♑ 47	24 ♏ 5	15 ♒	20 ♑	9 ♋	19 ♐	23 ♌
18	25 ♐ 56	6 ♎ 42	21 ♐ 11	21 D 29	6 ♐ 42	10 ♒ 20	25 ♋ 12	12 ♎ 0	14 ♒ 55	16 ♑ 50	17 ♑ 49	24 ♏ 7	15 ♒	20 ♑	9 ♋	19 ♐	23 ♌
19	26 ♐ 57	20 ♎ 37	21 ♐ 8	21 ♐ 30	8 ♐ 4	11 ♒ 29	24 ♋ 56	12 ♎ 7	15 ♒ 1	16 ♑ 53	17 ♑ 51	24 ♏ 9	15 ♒	20 ♑	8 ♋	20 ♐	23 ♌
20	27 ♐ 58	4 ♏ 22	21 ♐ 4	21 ♐ 30	9 ♐ 26	12 ♒ 39	24 ♋ 39	12 ♎ 14	15 ♒ 6	16 ♑ 56	17 ♑ 53	24 ♏ 11	16 ♒	21 ♑	8 ♋	20 ♐	23 ♌
21	28 ♐ 59	17 ♏ 55	21 ♐ 1	21 ♐ 31	10 ♐ 50	13 ♒ 48	24 ♋ 22	12 ♎ 21	15 ♒ 12	17 ♑ 0	17 ♑ 56	24 ♏ 14	16 ♒	21 ♑	8 ♋	21 ♐	23 ♌
22	0 ♑ 0	1 ♐ 15	20 ♐ 58	21 ♐ 32	12 ♐ 15	14 ♒ 56	24 ♋ 4	12 ♎ 28	15 ♒ 18	17 ♑ 3	17 ♑ 58	24 ♏ 16	16 ♒	21 ♑	8 ♋	21 ♐	23 ♌
23	1 ♑ 1	14 ♐ 23	20 ♐ 55	21 ♐ 32	13 ♐ 41	16 ♒ 5	23 ♋ 46	12 ♎ 34	15 ♒ 24	17 ♑ 7	18 ♑ 0	24 ♏ 18	17 ♒	22 ♑	7 ♋	22 ♐	23 ♌
24	2 ♑ 2	27 ♐ 18	20 ♐ 52	21 R 32	15 ♐ 7	17 ♒ 14	23 ♋ 26	12 ♎ 41	15 ♒ 29	17 ♑ 10	18 ♑ 2	24 ♏ 20	17 ♒	22 ♑	7 ♋	22 ♐	23 ♌
25	3 ♑ 4	9 ♑ 59	20 ♐ 48	21 ♐ 32	16 ♐ 34	18 ♒ 22	23 ♋ 6	12 ♎ 47	15 ♒ 35	17 ♑ 14	18 ♑ 4	24 ♏ 22	17 ♒	22 ♑	7 ♋	23 ♐	23 ♌
26	4 ♑ 5	22 ♑ 27	20 ♐ 45	21 ♐ 30	18 ♐ 2	19 ♒ 30	22 ♋ 46	12 ♎ 53	15 ♒ 41	17 ♑ 17	18 ♑ 7	24 ♏ 24	18 ♒	23 ♑	7 ♋	24 ♐	23 ♌
27	5 ♑ 6	4 ♒ 43	20 ♐ 42	21 ♐ 28	19 ♐ 30	20 ♒ 38	22 ♋ 25	12 ♎ 59	15 ♒ 47	17 ♑ 21	18 ♑ 9	24 ♏ 26	18 ♒	23 ♑	6 ♋	24 ♐	23 ♌
28	6 ♑ 7	16 ♒ 49	20 ♐ 39	21 ♐ 26	20 ♐ 59	21 ♒ 46	22 ♋ 3	13 ♎ 5	15 ♒ 53	17 ♑ 24	18 ♑ 11	24 ♏ 28	18 ♒	23 ♑	6 ♋	25 ♐	23 ♌
29	7 ♑ 8	28 ♒ 46	20 ♐ 36	21 ♐ 24	22 ♐ 28	22 ♒ 54	21 ♋ 41	13 ♎ 11	16 ♒ 0	17 ♑ 28	18 ♑ 13	24 ♏ 30	19 ♒	24 ♑	6 ♋	25 ♐	23 ♌
30	8 ♑ 9	10 ♓ 39	20 ♐ 33	21 ♐ 21	23 ♐ 58	24 ♒ 1	21 ♋ 19	13 ♎ 16	16 ♒ 6	17 ♑ 31	18 ♑ 15	24 ♏ 31	19 ♒	24 ♑	6 ♋	26 ♐	23 ♌
31	9 ♑ 11	22 ♓ 30	20 ♐ 29	21 ♐ 20	25 ♐ 28	25 ♒ 8	20 ♋ 56	13 ♎ 21	16 ♒ 12	17 ♑ 35	18 ♑ 18	24 ♏ 33	19 ♒	25 ♑	5 ♋	26 ♐	23 ♌

SUN INGRESS	☉ → ♑ 21日 23:43
MOON PHASE	◐ 2日 15:17 ♓ ○ 10日 08:41 ♊ ◑ 17日 04:13 ♍ ● 24日 09:43 ♑

aspects

2日	03:21	☉⚹♃
2日	13:26	☿⚹♀
3日	16:19	♀⚹♇
6日	00:18	☿☌♇
6日	04:04	☉⚹♄
6日	18:30	♀☍♂
9日	19:49	☿△♂
19日	14:32	♀△♃
21日	10:24	♂△♇
22日	03:50	☿⚹♃
22日	08:10	♀☌♄
24日	06:36	☿⚹♄
30日	03:34	☿⚹♀
30日	11:10	♀□♇

1993年1月

DAY	☉	☽	☊ mean	☊ true	☿	♀	♂	♃	♄	♅	♆	♇	⚳	⚴	⚵	⚶	⚷
	° ′	° ′	° ′	° ′	° ′	° ′	° ′	° ′	° ′	° ′	° ′	° ′	°	°	°	°	°
1	10 ♑ 12	4 ♈ 25	20 ♐ 26	21 R 19	26 D 58	26 D 15	20 R 33	13 D 27	16 D 18	17 D 38	18 D 20	24 D 35	20 D	25 D	5 R	27 D	23 R
2	11 ♑ 13	16 ♈ 27	20 ♐ 23	21 D 19	28 ♐ 29	27 ♒ 22	20 ♋ 10	13 ♎ 32	16 ♒ 25	17 ♑ 42	18 ♑ 22	24 ♏ 37	20 ♒	25 ♑	5 ♋	27 ♐	22 ♌
3	12 ♑ 14	28 ♈ 42	20 ♐ 20	21 ♐ 20	0 ♑ 0	28 ♒ 29	19 ♋ 46	13 ♎ 37	16 ♒ 31	17 ♑ 45	18 ♑ 25	24 ♏ 39	21 ♒	26 ♑	5 ♋	28 ♐	22 ♌
4	13 ♑ 15	11 ♉ 14	20 ♐ 17	21 ♐ 21	1 ♑ 32	29 ♒ 35	19 ♋ 23	13 ♎ 41	16 ♒ 37	17 ♑ 49	18 ♑ 27	24 ♏ 41	21 ♒	26 ♑	5 ♋	28 ♐	22 ♌
5	14 ♑ 16	24 ♉ 7	20 ♐ 14	21 ♐ 23	3 ♑ 4	0 ♓ 41	18 ♋ 59	13 ♎ 46	16 ♒ 44	17 ♑ 53	18 ♑ 29	24 ♏ 42	21 ♒	26 ♑	4 ♋	29 ♐	22 ♌
6	15 ♑ 17	7 ♊ 24	20 ♐ 10	21 ♐ 24	4 ♑ 36	1 ♓ 47	18 ♋ 35	13 ♎ 50	16 ♒ 50	17 ♑ 56	18 ♑ 31	24 ♏ 44	22 ♒	27 ♑	4 ♋	29 ♐	22 ♌
7	16 ♑ 19	21 ♊ 7	20 ♐ 7	21 ♐ 25	6 ♑ 9	2 ♓ 52	18 ♋ 11	13 ♎ 54	16 ♒ 57	18 ♑ 0	18 ♑ 34	24 ♏ 46	22 ♒	27 ♑	4 ♋	0 ♑	22 ♌
8	17 ♑ 20	5 ♋ 14	20 ♐ 4	21 R 24	7 ♑ 42	3 ♓ 58	17 ♋ 47	13 ♎ 58	17 ♒ 3	18 ♑ 3	18 ♑ 36	24 ♏ 47	22 ♒	27 ♑	4 ♋	1 ♑	22 ♌
9	18 ♑ 21	19 ♋ 42	20 ♐ 1	21 ♐ 22	9 ♑ 16	5 ♓ 3	17 ♋ 23	14 ♎ 2	17 ♒ 10	18 ♑ 7	18 ♑ 38	24 ♏ 49	23 ♒	28 ♑	3 ♋	1 ♑	22 ♌
10	19 ♑ 22	4 ♌ 25	19 ♐ 58	21 ♐ 19	10 ♑ 50	6 ♓ 8	16 ♋ 59	14 ♎ 6	17 ♒ 17	18 ♑ 10	18 ♑ 40	24 ♏ 51	23 ♒	28 ♑	3 ♋	2 ♑	22 ♌
11	20 ♑ 23	19 ♌ 16	19 ♐ 54	21 ♐ 15	12 ♑ 24	7 ♓ 12	16 ♋ 36	14 ♎ 9	17 ♒ 23	18 ♑ 14	18 ♑ 43	24 ♏ 52	23 ♒	28 ♑	3 ♋	2 ♑	22 ♌
12	21 ♑ 24	4 ♍ 6	19 ♐ 51	21 ♐ 10	13 ♑ 59	8 ♓ 16	16 ♋ 12	14 ♎ 13	17 ♒ 30	18 ♑ 18	18 ♑ 45	24 ♏ 54	24 ♒	29 ♑	3 ♋	3 ♑	22 ♌
13	22 ♑ 25	18 ♍ 49	19 ♐ 48	21 ♐ 6	15 ♑ 34	9 ♓ 20	15 ♋ 49	14 ♎ 16	17 ♒ 37	18 ♑ 21	18 ♑ 47	24 ♏ 55	24 ♒	29 ♑	3 ♋	3 ♑	22 ♌
14	23 ♑ 26	3 ♎ 17	19 ♐ 45	21 ♐ 3	17 ♑ 10	10 ♓ 23	15 ♋ 26	14 ♎ 19	17 ♒ 44	18 ♑ 25	18 ♑ 50	24 ♏ 57	25 ♒	0 ♒	2 ♋	4 ♑	22 ♌
15	24 ♑ 28	17 ♎ 27	19 ♐ 42	21 ♐ 1	18 ♑ 46	11 ♓ 27	15 ♋ 4	14 ♎ 22	17 ♒ 50	18 ♑ 28	18 ♑ 52	24 ♏ 58	25 ♒	0 ♒	2 ♋	4 ♑	22 ♌
16	25 ♑ 29	1 ♏ 18	19 ♐ 39	21 D 1	20 ♑ 23	12 ♓ 29	14 ♋ 41	14 ♎ 24	17 ♒ 57	18 ♑ 32	18 ♑ 54	25 ♏ 0	25 ♒	0 ♒	2 ♋	5 ♑	22 ♌
17	26 ♑ 30	14 ♏ 50	19 ♐ 35	21 ♐ 2	22 ♑ 0	13 ♓ 32	14 ♋ 20	14 ♎ 27	18 ♒ 4	18 ♑ 35	18 ♑ 56	25 ♏ 1	26 ♒	1 ♒	2 ♋	5 ♑	22 ♌
18	27 ♑ 31	28 ♏ 5	19 ♐ 32	21 ♐ 4	23 ♑ 38	14 ♓ 34	13 ♋ 58	14 ♎ 29	18 ♒ 11	18 ♑ 39	18 ♑ 59	25 ♏ 3	26 ♒	1 ♒	2 ♋	6 ♑	22 ♌
19	28 ♑ 32	11 ♐ 3	19 ♐ 29	21 ♐ 5	25 ♑ 16	15 ♓ 36	13 ♋ 37	14 ♎ 31	18 ♒ 18	18 ♑ 42	19 ♑ 1	25 ♏ 4	26 ♒	1 ♒	2 ♋	6 ♑	22 ♌
20	29 ♑ 33	23 ♐ 49	19 ♐ 26	21 R 6	26 ♑ 55	16 ♓ 37	13 ♋ 17	14 ♎ 33	18 ♒ 25	18 ♑ 46	19 ♑ 3	25 ♏ 5	27 ♒	2 ♒	2 ♋	7 ♑	21 ♌
21	0 ♒ 34	6 ♑ 22	19 ♐ 23	21 ♐ 5	28 ♑ 34	17 ♓ 38	12 ♋ 57	14 ♎ 35	18 ♒ 32	18 ♑ 49	19 ♑ 5	25 ♏ 7	27 ♒	2 ♒	1 ♋	7 ♑	21 ♌
22	1 ♒ 35	18 ♑ 46	19 ♐ 20	21 ♐ 1	0 ♒ 14	18 ♓ 38	12 ♋ 38	14 ♎ 36	18 ♒ 39	18 ♑ 53	19 ♑ 8	25 ♏ 8	28 ♒	2 ♒	1 ♋	8 ♑	21 ♌
23	2 ♒ 36	1 ♒ 0	19 ♐ 16	20 ♐ 56	1 ♒ 55	19 ♓ 38	12 ♋ 19	14 ♎ 37	18 ♒ 46	18 ♑ 56	19 ♑ 10	25 ♏ 9	28 ♒	3 ♒	1 ♋	9 ♑	21 ♌
24	3 ♒ 37	13 ♒ 7	19 ♐ 13	20 ♐ 48	3 ♒ 36	20 ♓ 38	12 ♋ 1	14 ♎ 39	18 ♒ 53	19 ♑ 0	19 ♑ 12	25 ♏ 10	28 ♒	3 ♒	1 ♋	9 ♑	21 ♌
25	4 ♒ 38	25 ♒ 7	19 ♐ 10	20 ♐ 40	5 ♒ 18	21 ♓ 37	11 ♋ 44	14 ♎ 39	19 ♒ 0	19 ♑ 3	19 ♑ 14	25 ♏ 12	29 ♒	4 ♒	1 ♋	10 ♑	21 ♌
26	5 ♒ 39	7 ♓ 2	19 ♐ 7	20 ♐ 31	7 ♒ 0	22 ♓ 36	11 ♋ 28	14 ♎ 40	19 ♒ 7	19 ♑ 7	19 ♑ 16	25 ♏ 13	29 ♒	4 ♒	1 ♋	10 ♑	21 ♌
27	6 ♒ 40	18 ♓ 54	19 ♐ 4	20 ♐ 22	8 ♒ 43	23 ♓ 34	11 ♋ 12	14 ♎ 41	19 ♒ 14	19 ♑ 10	19 ♑ 19	25 ♏ 14	0 ♓	4 ♒	1 ♋	11 ♑	21 ♌
28	7 ♒ 41	0 ♈ 45	19 ♐ 0	20 ♐ 14	10 ♒ 27	24 ♓ 31	10 ♋ 57	14 ♎ 41	19 ♒ 21	19 ♑ 14	19 ♑ 21	25 ♏ 15	0 ♓	5 ♒	1 ♋	11 ♑	21 ♌
29	8 ♒ 42	12 ♈ 38	18 ♐ 57	20 ♐ 9	12 ♒ 11	25 ♓ 29	10 ♋ 42	14 ♎ 41	19 ♒ 29	19 ♑ 17	19 ♑ 23	25 ♏ 16	0 ♓	5 ♒	1 ♋	12 ♑	21 ♌
30	9 ♒ 43	24 ♈ 38	18 ♐ 54	20 ♐ 5	13 ♒ 56	26 ♓ 25	10 ♋ 29	14 R 41	19 ♒ 36	19 ♑ 21	19 ♑ 25	25 ♏ 17	1 ♓	5 ♒	1 ♋	12 ♑	21 ♌
31	10 ♒ 44	6 ♉ 48	18 ♐ 51	20 ♐ 4	15 ♒ 41	27 ♓ 21	10 ♋ 16	14 ♎ 41	19 ♒ 43	19 ♑ 24	19 ♑ 27	25 ♏ 18	1 ♓	6 ♒	1 ♋	13 ♑	21 ♌

SUN INGRESS ☉ → ♒ 20日 10:23

MOON PHASE ◐ 1日 12:38 ♈ ○ 8日 21:37 ♋ ◑ 15日 13:01 ♎ ● 23日 03:27 ♒ ◐ 31日 08:20 ♉

aspects

4日	11:04	☉□♃
6日	03:20	♂☍♆
7日	09:52	♂☍♅
8日	07:43	☉☍♂
8日	18:09	☉☌♅
9日	07:03	☉☌♆
12日	03:36	☿□♃
13日	03:00	☿☍♂
14日	19:21	☿☌♅
15日	01:25	☿☌♆
15日	12:25	☉⚹♇
16日	16:47	♂□♃
17日	13:42	♀△♂
18日	20:59	☿⚹♇
22日	06:13	♀⚹♅
22日	12:08	♀⚹♆
24日	00:42	☉☌☿
28日	18:34	♀△♇
30日	10:25	♀△♃

1993年2月

DAY	☉	☽	☊ mean	☊ true	☿	♀	♂	♃	♄	♅	♆	♇	⚳	⚴	⚵	⚶	⚷
	° ′	° ′	° ′	° ′	° ′	° ′	° ′	° ′	° ′	° ′	° ′	° ′	°	°	°	°	°
1	11 ♒ 45	19 ♉ 15	18 ♐ 48	20 D 4	17 D 26	28 D 16	10 R 4	14 R 41	19 D 50	19 D 27	19 D 30	25 D 19	1 D	6 D	1 R	13 D	21 R
2	12 ♒ 46	2 ♊ 11	18 ♐ 45	20 ♐ 5	19 ♒ 13	29 ♓ 11	9 ♋ 53	14 ♎ 40	19 ♒ 57	19 ♑ 31	19 ♑ 32	25 ♏ 20	2 ♓	6 ♒	1 ♋	14 ♑	21 ♌
3	13 ♒ 47	15 ♊ 12	18 ♐ 41	20 ♐ 6	20 ♒ 59	0 ♈ 5	9 ♋ 43	14 ♎ 39	20 ♒ 4	19 ♑ 34	19 ♑ 34	25 ♏ 21	2 ♓	7 ♒	1 ♋	14 ♑	20 ♌
4	14 ♒ 48	28 ♊ 52	18 ♐ 38	20 R 5	22 ♒ 46	0 ♈ 58	9 ♋ 33	14 ♎ 38	20 ♒ 12	19 ♑ 37	19 ♑ 36	25 ♏ 21	3 ♓	7 ♒	1 ♋	15 ♑	20 ♌
5	15 ♒ 49	13 ♋ 1	18 ♐ 35	20 ♐ 3	24 ♒ 33	1 ♈ 51	9 ♋ 24	14 ♎ 37	20 ♒ 19	19 ♑ 41	19 ♑ 38	25 ♏ 22	3 ♓	7 ♒	1 D	15 ♑	20 ♌
6	16 ♒ 49	27 ♋ 37	18 ♐ 32	19 ♐ 59	26 ♒ 20	2 ♈ 43	9 ♋ 16	14 ♎ 36	20 ♒ 26	19 ♑ 44	19 ♑ 40	25 ♏ 23	3 ♓	8 ♒	1 ♋	16 ♑	20 ♌
7	17 ♒ 50	12 ♌ 35	18 ♐ 29	19 ♐ 52	28 ♒ 7	3 ♈ 34	9 ♋ 9	14 ♎ 34	20 ♒ 33	19 ♑ 47	19 ♑ 42	25 ♏ 24	4 ♓	8 ♒	1 ♋	16 ♑	20 ♌
8	18 ♒ 51	27 ♌ 47	18 ♐ 26	19 ♐ 43	29 ♒ 54	4 ♈ 24	9 ♋ 3	14 ♎ 32	20 ♒ 41	19 ♑ 51	19 ♑ 44	25 ♏ 24	4 ♓	8 ♒	1 ♋	17 ♑	20 ♌
9	19 ♒ 52	13 ♍ 1	18 ♐ 22	19 ♐ 33	1 ♓ 40	5 ♈ 13	8 ♋ 57	14 ♎ 30	20 ♒ 48	19 ♑ 54	19 ♑ 46	25 ♏ 25	5 ♓	9 ♒	1 ♋	17 ♑	20 ♌
10	20 ♒ 52	28 ♍ 8	18 ♐ 19	19 ♐ 24	3 ♓ 25	6 ♈ 2	8 ♋ 52	14 ♎ 28	20 ♒ 55	19 ♑ 57	19 ♑ 48	25 ♏ 26	5 ♓	9 ♒	1 ♋	18 ♑	20 ♌
11	21 ♒ 53	12 ♎ 58	18 ♐ 16	19 ♐ 17	5 ♓ 10	6 ♈ 50	8 ♋ 48	14 ♎ 26	21 ♒ 2	20 ♑ 0	19 ♑ 50	25 ♏ 26	5 ♓	10 ♒	1 ♋	18 ♑	20 ♌
12	22 ♒ 54	27 ♎ 24	18 ♐ 13	19 ♐ 12	6 ♓ 53	7 ♈ 36	8 ♋ 45	14 ♎ 24	21 ♒ 9	20 ♑ 3	19 ♑ 52	25 ♏ 27	6 ♓	10 ♒	1 ♋	19 ♑	20 ♌
13	23 ♒ 54	11 ♏ 23	18 ♐ 10	19 ♐ 9	8 ♓ 35	8 ♈ 22	8 ♋ 43	14 ♎ 21	21 ♒ 17	20 ♑ 6	19 ♑ 54	25 ♏ 27	6 ♓	10 ♒	1 ♋	19 ♑	20 ♌
14	24 ♒ 55	24 ♏ 57	18 ♐ 6	19 ♐ 8	10 ♓ 14	9 ♈ 7	8 ♋ 41	14 ♎ 18	21 ♒ 24	20 ♑ 9	19 ♑ 56	25 ♏ 28	6 ♓	11 ♒	1 ♋	20 ♑	20 ♌
15	25 ♒ 56	8 ♐ 6	18 ♐ 3	19 D 9	11 ♓ 51	9 ♈ 51	8 ♋ 40	14 ♎ 15	21 ♒ 31	20 ♑ 13	19 ♑ 58	25 ♏ 28	7 ♓	11 ♒	1 ♋	21 ♑	20 ♌
16	26 ♒ 56	20 ♐ 55	18 ♐ 0	19 R 9	13 ♓ 24	10 ♈ 33	8 D 40	14 ♎ 12	21 ♒ 38	20 ♑ 16	20 ♑ 0	25 ♏ 29	7 ♓	11 ♒	1 ♋	21 ♑	19 ♌
17	27 ♒ 57	3 ♑ 27	17 ♐ 57	19 ♐ 8	14 ♓ 54	11 ♈ 15	8 ♋ 41	14 ♎ 8	21 ♒ 46	20 ♑ 19	20 ♑ 2	25 ♏ 29	8 ♓	12 ♒	1 ♋	22 ♑	19 ♌
18	28 ♒ 57	15 ♑ 46	17 ♐ 54	19 ♐ 5	16 ♓ 19	11 ♈ 55	8 ♋ 42	14 ♎ 5	21 ♒ 53	20 ♑ 22	20 ♑ 4	25 ♏ 29	8 ♓	12 ♒	1 ♋	22 ♑	19 ♌
19	29 ♒ 58	27 ♑ 56	17 ♐ 51	18 ♐ 59	17 ♓ 40	12 ♈ 35	8 ♋ 44	14 ♎ 1	22 ♒ 0	20 ♑ 25	20 ♑ 6	25 ♏ 30	8 ♓	12 ♒	1 ♋	23 ♑	19 ♌
20	0 ♓ 59	9 ♒ 59	17 ♐ 47	18 ♐ 50	18 ♓ 54	13 ♈ 13	8 ♋ 47	13 ♎ 57	22 ♒ 7	20 ♑ 28	20 ♑ 8	25 ♏ 30	9 ♓	12 ♒	2 ♋	23 ♑	19 ♌
21	1 ♓ 59	21 ♒ 57	17 ♐ 44	18 ♐ 38	20 ♓ 2	13 ♈ 49	8 ♋ 50	13 ♎ 53	22 ♒ 14	20 ♑ 30	20 ♑ 9	25 ♏ 30	9 ♓	13 ♒	2 ♋	24 ♑	19 ♌
22	3 ♓ 0	3 ♓ 52	17 ♐ 41	18 ♐ 24	21 ♓ 4	14 ♈ 25	8 ♋ 55	13 ♎ 49	22 ♒ 22	20 ♑ 33	20 ♑ 11	25 ♏ 30	10 ♓	13 ♒	2 ♋	24 ♑	19 ♌
23	4 ♓ 0	15 ♓ 44	17 ♐ 38	18 ♐ 10	21 ♓ 57	14 ♈ 59	8 ♋ 59	13 ♎ 44	22 ♒ 29	20 ♑ 36	20 ♑ 13	25 ♏ 31	10 ♓	14 ♒	2 ♋	25 ♑	19 ♌
24	5 ♓ 0	27 ♓ 36	17 ♐ 35	17 ♐ 56	22 ♓ 42	15 ♈ 31	9 ♋ 5	13 ♎ 40	22 ♒ 36	20 ♑ 39	20 ♑ 15	25 ♏ 31	10 ♓	14 ♒	2 ♋	25 ♑	19 ♌
25	6 ♓ 1	9 ♈ 29	17 ♐ 31	17 ♐ 43	23 ♓ 19	16 ♈ 2	9 ♋ 11	13 ♎ 35	22 ♒ 43	20 ♑ 42	20 ♑ 16	25 ♏ 31	11 ♓	14 ♒	2 ♋	26 ♑	19 ♌
26	7 ♓ 1	21 ♈ 24	17 ♐ 28	17 ♐ 33	23 ♓ 46	16 ♈ 31	9 ♋ 18	13 ♎ 30	22 ♒ 50	20 ♑ 44	20 ♑ 18	25 ♏ 31	11 ♓	15 ♒	2 ♋	26 ♑	19 ♌
27	8 ♓ 1	3 ♉ 25	17 ♐ 25	17 ♐ 25	24 ♓ 4	16 ♈ 59	9 ♋ 26	13 ♎ 25	22 ♒ 57	20 ♑ 47	20 ♑ 20	25 R 31	12 ♓	15 ♒	3 ♋	27 ♑	19 ♌
28	9 ♓ 2	15 ♉ 35	17 ♐ 22	17 ♐ 21	24 ♓ 12	17 ♈ 25	9 ♋ 34	13 ♎ 20	23 ♒ 4	20 ♑ 50	20 ♑ 21	25 ♏ 31	12 ♓	15 ♒	3 ♋	27 ♑	19 ♌

SUN INGRESS ☉ → ♓ 19日 00:35

MOON PHASE ○ 7日 08:55 ♌ ◑ 13日 23:57 ♏ ● 21日 22:05 ♓

aspects

2日	10:49	☿☌♄
2日	17:06	♅☌♆
3日	20:17	☉△♃
5日	11:09	☿□♇
10日	01:11	☉☌♄
13日	01:55	☿△♂
13日	10:35	♀□♂
14日	13:04	☉□♇
21日	02:21	♀☍♃
21日	02:39	☿⚹♆
21日	11:08	☿⚹♅
28日	14:51	☉△♂

1993年3月

DAY	☉	☽	☊ mean	☊ true	☿	♀	♂	♃	♄	♅	♆	♇	⚳	⚴	⚵	⚶	⚷
	° ′	° ′	° ′	° ′	° ′	° ′	° ′	° ′	° ′	° ′	° ′	° ′	°	°	°	°	°
1	10 ♓ 2	27 ♉ 58	17 ♐ 19	17 R 19	24 R 10	17 D 49	9 D 42	13 R 15	23 D 11	20 D 52	20 D 23	25 R 31	12 D	16 D	3 D	28 D	19 R
2	11 ♓ 2	10 ♊ 39	17 ♐ 16	17 ♐ 19	23 ♓ 59	18 ♈ 12	9 ♋ 52	13 ♎ 9	23 ♒ 18	20 ♑ 55	20 ♑ 25	25 ♏ 31	13 ♓	16 ♒	3 ♋	28 ♑	18 ♌
3	12 ♓ 2	23 ♊ 43	17 ♐ 12	17 ♐ 19	23 ♓ 39	18 ♈ 32	10 ♋ 2	13 ♎ 4	23 ♒ 25	20 ♑ 58	20 ♑ 26	25 ♏ 31	13 ♓	16 ♒	3 ♋	29 ♑	18 ♌
4	13 ♓ 3	7 ♋ 13	17 ♐ 9	17 ♐ 18	23 ♓ 10	18 ♈ 51	10 ♋ 12	12 ♎ 58	23 ♒ 32	21 ♑ 0	20 ♑ 28	25 ♏ 30	14 ♓	17 ♒	4 ♋	29 ♑	18 ♌
5	14 ♓ 3	21 ♋ 12	17 ♐ 6	17 ♐ 15	22 ♓ 33	19 ♈ 7	10 ♋ 23	12 ♎ 52	23 ♒ 39	21 ♑ 3	20 ♑ 29	25 ♏ 30	14 ♓	17 ♒	4 ♋	0 ♒	18 ♌
6	15 ♓ 3	5 ♌ 40	17 ♐ 3	17 ♐ 9	21 ♓ 49	19 ♈ 22	10 ♋ 35	12 ♎ 46	23 ♒ 46	21 ♑ 5	20 ♑ 31	25 ♏ 30	14 ♓	17 ♒	4 ♋	0 ♒	18 ♌
7	16 ♓ 3	20 ♌ 35	17 ♐ 0	17 ♐ 1	20 ♓ 59	19 ♈ 34	10 ♋ 47	12 ♎ 40	23 ♒ 53	21 ♑ 8	20 ♑ 32	25 ♏ 30	15 ♓	18 ♒	4 ♋	1 ♒	18 ♌
8	17 ♓ 3	5 ♍ 49	16 ♐ 57	16 ♐ 50	20 ♓ 5	19 ♈ 44	11 ♋ 0	12 ♎ 33	24 ♒ 0	21 ♑ 10	20 ♑ 34	25 ♏ 29	15 ♓	18 ♒	4 ♋	1 ♒	18 ♌
9	18 ♓ 3	21 ♍ 11	16 ♐ 53	16 ♐ 39	19 ♓ 7	19 ♈ 52	11 ♋ 13	12 ♎ 27	24 ♒ 7	21 ♑ 12	20 ♑ 35	25 ♏ 29	16 ♓	18 ♒	5 ♋	2 ♒	18 ♌
10	19 ♓ 3	6 ♎ 30	16 ♐ 50	16 ♐ 28	18 ♓ 8	19 ♈ 57	11 ♋ 27	12 ♎ 21	24 ♒ 13	21 ♑ 15	20 ♑ 37	25 ♏ 29	16 ♓	19 ♒	5 ♋	2 ♒	18 ♌
11	20 ♓ 3	21 ♎ 35	16 ♐ 47	16 ♐ 18	17 ♓ 8	20 ♈ 0	11 ♋ 41	12 ♎ 14	24 ♒ 20	21 ♑ 17	20 ♑ 38	25 ♏ 28	16 ♓	19 ♒	5 ♋	3 ♒	18 ♌
12	21 ♓ 3	6 ♏ 16	16 ♐ 44	16 ♐ 11	16 ♓ 9	20 R 1	11 ♋ 55	12 ♎ 7	24 ♒ 27	21 ♑ 19	20 ♑ 39	25 ♏ 28	17 ♓	19 ♒	5 ♋	3 ♒	18 ♌
13	22 ♓ 2	20 ♏ 29	16 ♐ 41	16 ♐ 7	15 ♓ 12	19 ♈ 59	12 ♋ 10	12 ♎ 0	24 ♒ 34	21 ♑ 21	20 ♑ 41	25 ♏ 27	17 ♓	20 ♒	6 ♋	4 ♒	18 ♌
14	23 ♓ 2	4 ♐ 12	16 ♐ 37	16 ♐ 6	14 ♓ 19	19 ♈ 55	12 ♋ 26	11 ♎ 54	24 ♒ 40	21 ♑ 23	20 ♑ 42	25 ♏ 27	18 ♓	20 ♒	6 ♋	4 ♒	18 ♌
15	24 ♓ 2	17 ♐ 26	16 ♐ 34	16 D 5	13 ♓ 29	19 ♈ 48	12 ♋ 42	11 ♎ 47	24 ♒ 47	21 ♑ 25	20 ♑ 43	25 ♏ 26	18 ♓	20 ♒	6 ♋	4 ♒	18 ♌
16	25 ♓ 2	0 ♑ 16	16 ♐ 31	16 R 5	12 ♓ 44	19 ♈ 39	12 ♋ 58	11 ♎ 40	24 ♒ 54	21 ♑ 27	20 ♑ 45	25 ♏ 26	18 ♓	21 ♒	6 ♋	5 ♒	18 ♌
17	26 ♓ 2	12 ♑ 46	16 ♐ 28	16 ♐ 4	12 ♓ 5	19 ♈ 27	13 ♋ 15	11 ♎ 32	25 ♒ 0	21 ♑ 29	20 ♑ 46	25 ♏ 25	19 ♓	21 ♒	7 ♋	5 ♒	18 ♌
18	27 ♓ 1	25 ♑ 1	16 ♐ 25	16 ♐ 1	11 ♓ 32	19 ♈ 13	13 ♋ 33	11 ♎ 25	25 ♒ 7	21 ♑ 31	20 ♑ 47	25 ♏ 25	19 ♓	21 ♒	7 ♋	6 ♒	17 ♌
19	28 ♓ 1	7 ♒ 4	16 ♐ 22	15 ♐ 56	11 ♓ 4	18 ♈ 56	13 ♋ 50	11 ♎ 18	25 ♒ 13	21 ♑ 33	20 ♑ 48	25 ♏ 24	19 ♓	22 ♒	7 ♋	6 ♒	17 ♌
20	29 ♓ 1	19 ♒ 1	16 ♐ 18	15 ♐ 47	10 ♓ 43	18 ♈ 37	14 ♋ 8	11 ♎ 10	25 ♒ 20	21 ♑ 35	20 ♑ 49	25 ♏ 23	20 ♓	22 ♒	7 ♋	7 ♒	17 ♌
21	0 ♈ 0	0 ♓ 54	16 ♐ 15	15 ♐ 36	10 ♓ 28	18 ♈ 16	14 ♋ 27	11 ♎ 3	25 ♒ 26	21 ♑ 37	20 ♑ 50	25 ♏ 23	20 ♓	22 ♒	8 ♋	7 ♒	17 ♌
22	1 ♈ 0	12 ♓ 45	16 ♐ 12	15 ♐ 23	10 ♓ 20	17 ♈ 52	14 ♋ 46	10 ♎ 55	25 ♒ 32	21 ♑ 39	20 ♑ 51	25 ♏ 22	21 ♓	23 ♒	8 ♋	8 ♒	17 ♌
23	1 ♈ 59	24 ♓ 37	16 ♐ 9	15 ♐ 9	10 D 17	17 ♈ 27	15 ♋ 5	10 ♎ 48	25 ♒ 39	21 ♑ 41	20 ♑ 53	25 ♏ 21	21 ♓	23 ♒	8 ♋	8 ♒	17 ♌
24	2 ♈ 59	6 ♈ 31	16 ♐ 6	14 ♐ 55	10 ♓ 20	16 ♈ 59	15 ♋ 25	10 ♎ 40	25 ♒ 45	21 ♑ 42	20 ♑ 54	25 ♏ 20	21 ♓	23 ♒	9 ♋	9 ♒	17 ♌
25	3 ♈ 59	18 ♈ 28	16 ♐ 3	14 ♐ 43	10 ♓ 29	16 ♈ 29	15 ♋ 45	10 ♎ 33	25 ♒ 51	21 ♑ 44	20 ♑ 54	25 ♏ 19	22 ♓	23 ♒	9 ♋	9 ♒	17 ♌
26	4 ♈ 58	0 ♉ 30	15 ♐ 59	14 ♐ 33	10 ♓ 43	15 ♈ 58	16 ♋ 5	10 ♎ 25	25 ♒ 57	21 ♑ 46	20 ♑ 55	25 ♏ 18	22 ♓	24 ♒	9 ♋	10 ♒	17 ♌
27	5 ♈ 57	12 ♉ 39	15 ♐ 56	14 ♐ 26	11 ♓ 3	15 ♈ 25	16 ♋ 26	10 ♎ 17	26 ♒ 4	21 ♑ 47	20 ♑ 56	25 ♏ 18	23 ♓	24 ♒	9 ♋	10 ♒	17 ♌
28	6 ♈ 57	24 ♉ 56	15 ♐ 53	14 ♐ 22	11 ♓ 27	14 ♈ 51	16 ♋ 47	10 ♎ 10	26 ♒ 10	21 ♑ 49	20 ♑ 57	25 ♏ 17	23 ♓	24 ♒	10 ♋	11 ♒	17 ♌
29	7 ♈ 56	7 ♊ 24	15 ♐ 50	14 ♐ 20	11 ♓ 56	14 ♈ 15	17 ♋ 8	10 ♎ 2	26 ♒ 16	21 ♑ 50	20 ♑ 58	25 ♏ 16	23 ♓	25 ♒	10 ♋	11 ♒	17 ♌
30	8 ♈ 55	20 ♊ 7	15 ♐ 47	14 D 20	12 ♓ 29	13 ♈ 39	17 ♋ 30	9 ♎ 54	26 ♒ 22	21 ♑ 52	20 ♑ 59	25 ♏ 15	24 ♓	25 ♒	10 ♋	12 ♒	17 ♌
31	9 ♈ 55	3 ♋ 9	15 ♐ 43	14 ♐ 20	13 ♓ 6	13 ♈ 1	17 ♋ 52	9 ♎ 46	26 ♒ 28	21 ♑ 53	21 ♑ 0	25 ♏ 14	24 ♓	25 ♒	11 ♋	12 ♒	17 ♌

SUN INGRESS: ☉ → ♈ 20日 23:41

MOON PHASE: ◐ 2日 00:47 ♊ ○ 8日 18:46 ♍ ◑ 15日 13:17 ♐ ● 23日 16:14 ♈ ◐ 31日 13:10 ♋

aspects	
6日 20:20	☿⚹♅
7日 11:44	☿⚹♆
9日 13:01	☉☌☿
11日 14:33	☉⚹♆
12日 06:51	☉⚹♅
12日 13:09	♂□♃
15日 18:18	☿△♂
16日 09:34	☉△♇
20日 12:09	♄□♇
25日 20:40	♀□♂
30日 21:01	☉☍♃

1993年4月

DAY	☉	☽	☊ mean	☊ true	☿	♀	♂	♃	♄	♅	♆	♇	⚳	⚴	⚵	⚶	⚷
	° ′	° ′	° ′	° ′	° ′	° ′	° ′	° ′	° ′	° ′	° ′	° ′	°	°	°	°	°
1	10 ♈ 54	16 ♋ 33	15 ♐ 40	14 R 20	13 D 47	12 R 24	18 D 14	9 R 39	26 D 33	21 D 54	21 D 0	25 R 13	25 D	26 D	11 D	12 D	17 R
2	11 ♈ 53	0 ♌ 22	15 ♐ 37	14 ♐ 19	14 ♓ 32	11 ♈ 46	18 ♋ 37	9 ♎ 31	26 ♒ 39	21 ♑ 55	21 ♑ 1	25 ♏ 12	25 ♓	26 ♒	11 ♋	13 ♒	17 ♌
3	12 ♈ 52	14 ♌ 37	15 ♐ 34	14 ♐ 15	15 ♓ 21	11 ♈ 8	19 ♋ 0	9 ♎ 23	26 ♒ 45	21 ♑ 57	21 ♑ 2	25 ♏ 11	25 ♓	26 ♒	12 ♋	13 ♒	17 ♌
4	13 ♈ 52	29 ♌ 16	15 ♐ 31	14 ♐ 9	16 ♓ 12	10 ♈ 31	19 ♋ 23	9 ♎ 16	26 ♒ 51	21 ♑ 58	21 ♑ 2	25 ♏ 9	26 ♓	26 ♒	12 ♋	14 ♒	17 ♌
5	14 ♈ 51	14 ♍ 15	15 ♐ 28	14 ♐ 1	17 ♓ 7	9 ♈ 54	19 ♋ 46	9 ♎ 8	26 ♒ 56	21 ♑ 59	21 ♑ 3	25 ♏ 8	26 ♓	27 ♒	12 ♋	14 ♒	17 ♌
6	15 ♈ 50	29 ♍ 25	15 ♐ 24	13 ♐ 52	18 ♓ 5	9 ♈ 17	20 ♋ 10	9 ♎ 0	27 ♒ 2	22 ♑ 0	21 ♑ 4	25 ♏ 7	27 ♓	27 ♒	13 ♋	15 ♒	17 ♌
7	16 ♈ 49	14 ♎ 37	15 ♐ 21	13 ♐ 44	19 ♓ 6	8 ♈ 42	20 ♋ 34	8 ♎ 53	27 ♒ 8	22 ♑ 1	21 ♑ 4	25 ♏ 6	27 ♓	27 ♒	13 ♋	15 ♒	17 ♌
8	17 ♈ 48	29 ♎ 40	15 ♐ 18	13 ♐ 36	20 ♓ 9	8 ♈ 8	20 ♋ 58	8 ♎ 45	27 ♒ 13	22 ♑ 2	21 ♑ 5	25 ♏ 5	27 ♓	28 ♒	13 ♋	16 ♒	17 ♌
9	18 ♈ 47	14 ♏ 24	15 ♐ 15	13 ♐ 31	21 ♓ 15	7 ♈ 36	21 ♋ 23	8 ♎ 37	27 ♒ 18	22 ♑ 3	21 ♑ 5	25 ♏ 3	28 ♓	28 ♒	14 ♋	16 ♒	17 ♌
10	19 ♈ 46	28 ♏ 44	15 ♐ 12	13 ♐ 28	22 ♓ 23	7 ♈ 5	21 ♋ 47	8 ♎ 30	27 ♒ 24	22 ♑ 4	21 ♑ 6	25 ♏ 2	28 ♓	28 ♒	14 ♋	16 ♒	17 ♌
11	20 ♈ 44	12 ♐ 35	15 ♐ 8	13 ♐ 27	23 ♓ 33	6 ♈ 36	22 ♋ 12	8 ♎ 23	27 ♒ 29	22 ♑ 5	21 ♑ 6	25 ♏ 1	28 ♓	28 ♒	14 ♋	17 ♒	17 ♌
12	21 ♈ 43	25 ♐ 57	15 ♐ 5	13 D 27	24 ♓ 46	6 ♈ 9	22 ♋ 38	8 ♎ 15	27 ♒ 34	22 ♑ 5	21 ♑ 7	25 ♏ 0	29 ♓	29 ♒	15 ♋	17 ♒	17 ♌
13	22 ♈ 42	8 ♑ 54	15 ♐ 2	13 ♐ 28	26 ♓ 1	5 ♈ 44	23 ♋ 3	8 ♎ 8	27 ♒ 39	22 ♑ 6	21 ♑ 7	24 ♏ 58	29 ♓	29 ♒	15 ♋	18 ♒	17 ♌
14	23 ♈ 41	21 ♑ 28	14 ♐ 59	13 ♐ 29	27 ♓ 18	5 ♈ 21	23 ♋ 29	8 ♎ 1	27 ♒ 45	22 ♑ 7	21 ♑ 7	24 ♏ 57	0 ♈	29 ♒	15 ♋	18 ♒	17 ♌
15	24 ♈ 40	3 ♒ 45	14 ♐ 56	13 R 29	28 ♓ 37	5 ♈ 1	23 ♋ 55	7 ♎ 53	27 ♒ 50	22 ♑ 7	21 ♑ 8	24 ♏ 56	0 ♈	0 ♓	16 ♋	19 ♒	17 ♌
16	25 ♈ 38	15 ♒ 49	14 ♐ 53	13 ♐ 26	29 ♓ 58	4 ♈ 43	24 ♋ 21	7 ♎ 46	27 ♒ 54	22 ♑ 8	21 ♑ 8	24 ♏ 54	0 ♈	0 ♓	16 ♋	19 ♒	17 ♌
17	26 ♈ 37	27 ♒ 45	14 ♐ 49	13 ♐ 22	1 ♈ 22	4 ♈ 27	24 ♋ 47	7 ♎ 39	27 ♒ 59	22 ♑ 9	21 ♑ 8	24 ♏ 53	1 ♈	0 ♓	16 ♋	19 ♒	17 ♌
18	27 ♈ 36	9 ♓ 36	14 ♐ 46	13 ♐ 16	2 ♈ 46	4 ♈ 14	25 ♋ 13	7 ♎ 32	28 ♒ 4	22 ♑ 9	21 ♑ 8	24 ♏ 51	1 ♈	0 ♓	17 ♋	20 ♒	17 D
19	28 ♈ 34	21 ♓ 27	14 ♐ 43	13 ♐ 9	4 ♈ 13	4 ♈ 3	25 ♋ 40	7 ♎ 25	28 ♒ 9	22 ♑ 9	21 ♑ 8	24 ♏ 50	1 ♈	1 ♓	17 ♋	20 ♒	17 ♌
20	29 ♈ 33	3 ♈ 21	14 ♐ 40	13 ♐ 0	5 ♈ 42	3 ♈ 54	26 ♋ 7	7 ♎ 19	28 ♒ 14	22 ♑ 10	21 ♑ 8	24 ♏ 48	2 ♈	1 ♓	18 ♋	21 ♒	17 ♌
21	0 ♉ 32	15 ♈ 19	14 ♐ 37	12 ♐ 52	7 ♈ 12	3 ♈ 49	26 ♋ 34	7 ♎ 12	28 ♒ 18	22 ♑ 10	21 ♑ 9	24 ♏ 47	2 ♈	1 ♓	18 ♋	21 ♒	17 ♌
22	1 ♉ 30	27 ♈ 24	14 ♐ 34	12 ♐ 44	8 ♈ 44	3 ♈ 45	27 ♋ 1	7 ♎ 6	28 ♒ 23	22 ♑ 10	21 ♑ 9	24 ♏ 46	3 ♈	1 ♓	18 ♋	22 ♒	17 ♌
23	2 ♉ 29	9 ♉ 36	14 ♐ 30	12 ♐ 39	10 ♈ 18	3 D 44	27 ♋ 29	6 ♎ 59	28 ♒ 27	22 ♑ 11	21 ♑ 9	24 ♏ 44	3 ♈	2 ♓	19 ♋	22 ♒	17 ♌
24	3 ♉ 27	21 ♉ 57	14 ♐ 27	12 ♐ 35	11 ♈ 54	3 ♈ 45	27 ♋ 57	6 ♎ 53	28 ♒ 32	22 ♑ 11	21 R 9	24 ♏ 43	3 ♈	2 ♓	19 ♋	22 ♒	17 ♌
25	4 ♉ 26	4 ♊ 29	14 ♐ 24	12 ♐ 33	13 ♈ 31	3 ♈ 49	28 ♋ 25	6 ♎ 47	28 ♒ 36	22 ♑ 11	21 ♑ 9	24 ♏ 41	4 ♈	2 ♓	19 ♋	23 ♒	17 ♌
26	5 ♉ 24	17 ♊ 11	14 ♐ 21	12 D 33	15 ♈ 10	3 ♈ 55	28 ♋ 53	6 ♎ 41	28 ♒ 40	22 ♑ 11	21 ♑ 9	24 ♏ 39	4 ♈	2 ♓	20 ♋	23 ♒	17 ♌
27	6 ♉ 23	0 ♋ 7	14 ♐ 18	12 ♐ 34	16 ♈ 51	4 ♈ 3	29 ♋ 21	6 ♎ 35	28 ♒ 44	22 R 11	21 ♑ 8	24 ♏ 38	5 ♈	3 ♓	20 ♋	24 ♒	17 ♌
28	7 ♉ 21	13 ♋ 19	14 ♐ 14	12 ♐ 35	18 ♈ 34	4 ♈ 13	29 ♋ 49	6 ♎ 29	28 ♒ 48	22 ♑ 11	21 ♑ 8	24 ♏ 36	5 ♈	3 ♓	21 ♋	24 ♒	17 ♌
29	8 ♉ 19	26 ♋ 47	14 ♐ 11	12 ♐ 36	20 ♈ 18	4 ♈ 25	0 ♌ 18	6 ♎ 23	28 ♒ 52	22 ♑ 11	21 ♑ 8	24 ♏ 35	5 ♈	3 ♓	21 ♋	24 ♒	17 ♌
30	9 ♉ 18	10 ♌ 33	14 ♐ 8	12 R 37	22 ♈ 4	4 ♈ 39	0 ♌ 46	6 ♎ 18	28 ♒ 56	22 ♑ 11	21 ♑ 8	24 ♏ 33	6 ♈	3 ♓	21 ♋	25 ♒	17 ♌

SUN INGRESS: ☉ → ♉ 20日 10:49

MOON PHASE: ○ 7日 03:43 ♎ ◑ 14日 04:39 ♑ ● 22日 08:49 ♉ ◐ 29日 21:41 ♌

aspects	
1日 22:12	☉☌♀
6日 14:49	♀☍♃
8日 06:34	♂☍♆
8日 20:39	☿⚹♆
9日 04:36	☿△♂
9日 17:21	☿⚹♅
10日 16:22	♂☍♅
11日 08:56	☉□♆
12日 04:17	☿△♇
12日 09:11	☉□♅
13日 15:07	☉□♂
17日 05:06	♂△♇
18日 12:39	☉⚹♄
18日 21:28	☿☌♀
21日 00:00	☿☍♃
29日 11:18	☿□♆
30日 01:25	☿□♅

1993年5月

DAY	☉	☽	☊ mean	☊ true	☿	♀	♂	♃	♄	♅	♆	♇	⚳	⚴	⚵	⚶	⚷
	° ′	° ′	° ′	° ′	° ′	° ′	° ′	° ′	° ′	° ′	° ′	° ′	°	°	°	°	°
1	10 ♉ 16	24 ♌ 38	14 ♐ 5	12 R 36	23 D 52	4 D 56	1 D 15	6 R 12	29 D 0	22 R 11	21 R 8	24 R 32	6 D	3 D	22 D	25 D	17 D
2	11 ♉ 14	9 ♍ 1	14 ♐ 2	12 ♐ 34	25 ♈ 42	5 ♈ 14	1 ♌ 44	6 ♎ 7	29 ♒ 4	22 ♑ 10	21 ♑ 7	24 ♏ 30	6 ♈	4 ♓	22 ♋	26 ♒	17 ♌
3	12 ♉ 12	23 ♍ 38	13 ♐ 59	12 ♐ 31	27 ♈ 33	5 ♈ 34	2 ♌ 14	6 ♎ 2	29 ♒ 7	22 ♑ 10	21 ♑ 7	24 ♏ 28	7 ♈	4 ♓	23 ♋	26 ♒	17 ♌
4	13 ♉ 10	8 ♎ 25	13 ♐ 55	12 ♐ 26	29 ♈ 27	5 ♈ 56	2 ♌ 43	5 ♎ 57	29 ♒ 11	22 ♑ 10	21 ♑ 7	24 ♏ 27	7 ♈	4 ♓	23 ♋	26 ♒	17 ♌
5	14 ♉ 9	23 ♎ 15	13 ♐ 52	12 ♐ 22	1 ♉ 22	6 ♈ 20	3 ♌ 12	5 ♎ 52	29 ♒ 14	22 ♑ 9	21 ♑ 6	24 ♏ 25	7 ♈	4 ♓	23 ♋	27 ♒	17 ♌
6	15 ♉ 7	7 ♏ 59	13 ♐ 49	12 ♐ 19	3 ♉ 18	6 ♈ 45	3 ♌ 42	5 ♎ 47	29 ♒ 18	22 ♑ 9	21 ♑ 6	24 ♏ 23	8 ♈	5 ♓	24 ♋	27 ♒	17 ♌
7	16 ♉ 5	22 ♏ 30	13 ♐ 46	12 ♐ 17	5 ♉ 17	7 ♈ 12	4 ♌ 12	5 ♎ 43	29 ♒ 21	22 ♑ 8	21 ♑ 6	24 ♏ 22	8 ♈	5 ♓	24 ♋	27 ♒	17 ♌
8	17 ♉ 3	6 ♐ 43	13 ♐ 43	12 ♐ 16	7 ♉ 17	7 ♈ 40	4 ♌ 42	5 ♎ 38	29 ♒ 24	22 ♑ 8	21 ♑ 5	24 ♏ 20	9 ♈	5 ♓	24 ♋	28 ♒	17 ♌
9	18 ♉ 1	20 ♐ 32	13 ♐ 40	12 D 16	9 ♉ 19	8 ♈ 10	5 ♌ 12	5 ♎ 34	29 ♒ 28	22 ♑ 7	21 ♑ 5	24 ♏ 18	9 ♈	5 ♓	25 ♋	28 ♒	17 ♌
10	18 ♉ 59	3 ♑ 57	13 ♐ 36	12 ♐ 17	11 ♉ 22	8 ♈ 42	5 ♌ 42	5 ♎ 30	29 ♒ 31	22 ♑ 7	21 ♑ 4	24 ♏ 17	9 ♈	5 ♓	25 ♋	28 ♒	17 ♌
11	19 ♉ 57	16 ♑ 58	13 ♐ 33	12 ♐ 18	13 ♉ 27	9 ♈ 15	6 ♌ 12	5 ♎ 26	29 ♒ 34	22 ♑ 6	21 ♑ 4	24 ♏ 15	10 ♈	6 ♓	26 ♋	29 ♒	17 ♌
12	20 ♉ 55	29 ♑ 37	13 ♐ 30	12 ♐ 20	15 ♉ 34	9 ♈ 49	6 ♌ 43	5 ♎ 23	29 ♒ 36	22 ♑ 5	21 ♑ 3	24 ♏ 14	10 ♈	6 ♓	26 ♋	29 ♒	17 ♌
13	21 ♉ 53	11 ♒ 58	13 ♐ 27	12 ♐ 21	17 ♉ 41	10 ♈ 24	7 ♌ 13	5 ♎ 19	29 ♒ 39	22 ♑ 4	21 ♑ 2	24 ♏ 12	10 ♈	6 ♓	26 ♋	0 ♓	17 ♌
14	22 ♉ 51	24 ♒ 5	13 ♐ 24	12 R 21	19 ♉ 50	11 ♈ 1	7 ♌ 44	5 ♎ 16	29 ♒ 42	22 ♑ 4	21 ♑ 2	24 ♏ 10	11 ♈	6 ♓	27 ♋	0 ♓	17 ♌
15	23 ♉ 48	6 ♓ 2	13 ♐ 20	12 ♐ 21	22 ♉ 0	11 ♈ 39	8 ♌ 15	5 ♎ 12	29 ♒ 45	22 ♑ 3	21 ♑ 1	24 ♏ 8	11 ♈	6 ♓	27 ♋	0 ♓	17 ♌
16	24 ♉ 46	17 ♓ 55	13 ♐ 17	12 ♐ 19	24 ♉ 10	12 ♈ 18	8 ♌ 46	5 ♎ 9	29 ♒ 47	22 ♑ 2	21 ♑ 0	24 ♏ 7	11 ♈	7 ♓	28 ♋	1 ♓	17 ♌
17	25 ♉ 44	29 ♓ 48	13 ♐ 14	12 ♐ 17	26 ♉ 21	12 ♈ 58	9 ♌ 17	5 ♎ 6	29 ♒ 50	22 ♑ 1	21 ♑ 0	24 ♏ 5	12 ♈	7 ♓	28 ♋	1 ♓	17 ♌
18	26 ♉ 42	11 ♈ 44	13 ♐ 11	12 ♐ 15	28 ♉ 33	13 ♈ 40	9 ♌ 48	5 ♎ 4	29 ♒ 52	22 ♑ 0	20 ♑ 59	24 ♏ 3	12 ♈	7 ♓	28 ♋	1 ♓	18 ♌
19	27 ♉ 40	23 ♈ 46	13 ♐ 8	12 ♐ 13	0 ♊ 44	14 ♈ 22	10 ♌ 19	5 ♎ 1	29 ♒ 54	21 ♑ 59	20 ♑ 58	24 ♏ 2	12 ♈	7 ♓	29 ♋	2 ♓	18 ♌
20	28 ♉ 38	5 ♉ 59	13 ♐ 5	12 ♐ 11	2 ♊ 55	15 ♈ 5	10 ♌ 50	4 ♎ 59	29 ♒ 56	21 ♑ 58	20 ♑ 57	24 ♏ 0	13 ♈	7 ♓	29 ♋	2 ♓	18 ♌
21	29 ♉ 35	18 ♉ 23	13 ♐ 1	12 ♐ 9	5 ♊ 5	15 ♈ 49	11 ♌ 22	4 ♎ 57	29 ♒ 58	21 ♑ 57	20 ♑ 57	23 ♏ 58	13 ♈	8 ♓	0 ♌	2 ♓	18 ♌
22	0 ♊ 33	0 ♊ 59	12 ♐ 58	12 ♐ 8	7 ♊ 15	16 ♈ 34	11 ♌ 54	4 ♎ 55	0 ♓ 0	21 ♑ 56	20 ♑ 56	23 ♏ 57	14 ♈	8 ♓	0 ♌	3 ♓	18 ♌
23	1 ♊ 31	13 ♊ 50	12 ♐ 55	12 D 8	9 ♊ 24	17 ♈ 20	12 ♌ 25	4 ♎ 53	0 ♓ 2	21 ♑ 54	20 ♑ 55	23 ♏ 55	14 ♈	8 ♓	1 ♌	3 ♓	18 ♌
24	2 ♊ 29	26 ♊ 54	12 ♐ 52	12 ♐ 8	11 ♊ 31	18 ♈ 7	12 ♌ 57	4 ♎ 51	0 ♓ 4	21 ♑ 53	20 ♑ 54	23 ♏ 54	14 ♈	8 ♓	1 ♌	3 ♓	18 ♌
25	3 ♊ 26	10 ♋ 11	12 ♐ 49	12 ♐ 9	13 ♊ 36	18 ♈ 54	13 ♌ 29	4 ♎ 50	0 ♓ 6	21 ♑ 52	20 ♑ 53	23 ♏ 52	15 ♈	8 ♓	1 ♌	3 ♓	18 ♌
26	4 ♊ 24	23 ♋ 42	12 ♐ 46	12 ♐ 10	15 ♊ 40	19 ♈ 42	14 ♌ 1	4 ♎ 49	0 ♓ 7	21 ♑ 50	20 ♑ 52	23 ♏ 50	15 ♈	8 ♓	2 ♌	4 ♓	18 ♌
27	5 ♊ 21	7 ♌ 25	12 ♐ 42	12 ♐ 10	17 ♊ 42	20 ♈ 31	14 ♌ 33	4 ♎ 48	0 ♓ 9	21 ♑ 49	20 ♑ 51	23 ♏ 49	15 ♈	8 ♓	2 ♌	4 ♓	18 ♌
28	6 ♊ 19	21 ♌ 20	12 ♐ 39	12 ♐ 11	19 ♊ 42	21 ♈ 21	15 ♌ 6	4 ♎ 47	0 ♓ 10	21 ♑ 48	20 ♑ 50	23 ♏ 47	16 ♈	9 ♓	3 ♌	4 ♓	18 ♌
29	7 ♊ 17	5 ♍ 26	12 ♐ 36	12 ♐ 11	21 ♊ 39	22 ♈ 11	15 ♌ 38	4 ♎ 46	0 ♓ 11	21 ♑ 46	20 ♑ 49	23 ♏ 45	16 ♈	9 ♓	3 ♌	5 ♓	18 ♌
30	8 ♊ 14	19 ♍ 40	12 ♐ 33	12 R 11	23 ♊ 34	23 ♈ 2	16 ♌ 10	4 ♎ 45	0 ♓ 13	21 ♑ 45	20 ♑ 48	23 ♏ 44	16 ♈	9 ♓	3 ♌	5 ♓	18 ♌
31	9 ♊ 12	4 ♎ 0	12 ♐ 30	12 ♐ 11	25 ♊ 26	23 ♈ 54	16 ♌ 43	4 ♎ 45	0 ♓ 14	21 ♑ 43	20 ♑ 47	23 ♏ 42	17 ♈	9 ♓	4 ♌	5 ♓	18 ♌

SUN INGRESS	☉ → ♊ 21日 10:02
MOON PHASE	○ 6日 12:34 ♏　◑ 13日 21:20 ♒　● 21日 23:07 ♊　◐ 29日 03:21 ♍

aspects		
3日	20:36	☿⚹♄
4日	00:39	♀☍♃
6日	06:27	☿□♂
9日	15:45	♂⚹♃
12日	03:24	☉△♆
13日	04:50	☉△♅
14日	13:14	☿△♆
15日	00:34	☿△♅
15日	08:04	☉☍♇
15日	23:23	☿☍♇
16日	11:51	☉☌☿
18日	14:45	☿□♄
20日	22:26	☿△♃
21日	09:54	☉□♄
24日	22:07	☿⚹♂
26日	10:09	☉△♃
27日	09:24	♀□♆
28日	12:25	♀□♅
29日	11:59	☿⚹♀

1993年6月

DAY	☉	☽	☊ mean	☊ true	☿	♀	♂	♃	♄	♅	♆	♇	⚳	⚴	⚵	⚶	⚷
	° ′	° ′	° ′	° ′	° ′	° ′	° ′	° ′	° ′	° ′	° ′	° ′	°	°	°	°	°
1	10 ♊ 9	18 ♎ 23	12 ♐ 26	12 R 11	27 D 16	24 D 46	17 D 16	4 R 45	0 D 15	21 R 42	20 R 46	23 R 41	17 D	9 D	4 D	5 D	18 D
2	11 ♊ 7	2 ♏ 45	12 ♐ 23	12 ♐ 10	29 ♊ 3	25 ♈ 39	17 ♌ 48	4 D 45	0 ♓ 16	21 ♑ 40	20 ♑ 45	23 ♏ 39	17 ♈	9 ♓	5 ♌	6 ♓	18 ♌
3	12 ♊ 4	17 ♏ 2	12 ♐ 20	12 ♐ 10	0 ♋ 47	26 ♈ 32	18 ♌ 21	4 ♎ 45	0 ♓ 16	21 ♑ 38	20 ♑ 43	23 ♏ 37	18 ♈	9 ♓	5 ♌	6 ♓	19 ♌
4	13 ♊ 2	1 ♐ 9	12 ♐ 17	12 D 10	2 ♋ 29	27 ♈ 26	18 ♌ 54	4 ♎ 46	0 ♓ 17	21 ♑ 37	20 ♑ 42	23 ♏ 36	18 ♈	9 ♓	5 ♌	6 ♓	19 ♌
5	13 ♊ 59	15 ♐ 2	12 ♐ 14	12 R 10	4 ♋ 8	28 ♈ 21	19 ♌ 27	4 ♎ 46	0 ♓ 18	21 ♑ 35	20 ♑ 41	23 ♏ 34	18 ♈	10 ♓	6 ♌	7 ♓	19 ♌
6	14 ♊ 57	28 ♐ 38	12 ♐ 11	12 ♐ 10	5 ♋ 44	29 ♈ 16	20 ♌ 0	4 ♎ 47	0 ♓ 18	21 ♑ 33	20 ♑ 40	23 ♏ 33	19 ♈	10 ♓	6 ♌	7 ♓	19 ♌
7	15 ♊ 54	11 ♑ 55	12 ♐ 7	12 ♐ 10	7 ♋ 17	0 ♉ 11	20 ♌ 33	4 ♎ 48	0 ♓ 19	21 ♑ 31	20 ♑ 39	23 ♏ 31	19 ♈	10 ♓	7 ♌	7 ♓	19 ♌
8	16 ♊ 51	24 ♑ 52	12 ♐ 4	12 ♐ 10	8 ♋ 48	1 ♉ 7	21 ♌ 7	4 ♎ 49	0 ♓ 19	21 ♑ 30	20 ♑ 37	23 ♏ 30	19 ♈	10 ♓	7 ♌	7 ♓	19 ♌
9	17 ♊ 49	7 ♒ 31	12 ♐ 1	12 ♐ 9	10 ♋ 15	2 ♉ 3	21 ♌ 40	4 ♎ 50	0 ♓ 19	21 ♑ 28	20 ♑ 36	23 ♏ 28	20 ♈	10 ♓	8 ♌	7 ♓	19 ♌
10	18 ♊ 46	19 ♒ 53	11 ♐ 58	12 ♐ 8	11 ♋ 40	3 ♉ 0	22 ♌ 13	4 ♎ 52	0 ♓ 19	21 ♑ 26	20 ♑ 35	23 ♏ 27	20 ♈	10 ♓	8 ♌	8 ♓	19 ♌
11	19 ♊ 43	2 ♓ 2	11 ♐ 55	12 ♐ 8	13 ♋ 1	3 ♉ 57	22 ♌ 47	4 ♎ 53	0 R 19	21 ♑ 24	20 ♑ 33	23 ♏ 25	20 ♈	10 ♓	8 ♌	8 ♓	19 ♌
12	20 ♊ 41	14 ♓ 1	11 ♐ 52	12 ♐ 7	14 ♋ 20	4 ♉ 55	23 ♌ 21	4 ♎ 55	0 ♓ 19	21 ♑ 22	20 ♑ 32	23 ♏ 24	21 ♈	10 ♓	9 ♌	8 ♓	19 ♌
13	21 ♊ 38	25 ♓ 55	11 ♐ 48	12 D 7	15 ♋ 36	5 ♉ 53	23 ♌ 54	4 ♎ 57	0 ♓ 19	21 ♑ 20	20 ♑ 31	23 ♏ 23	21 ♈	10 ♓	9 ♌	8 ♓	19 ♌
14	22 ♊ 35	7 ♈ 48	11 ♐ 45	12 ♐ 8	16 ♋ 48	6 ♉ 52	24 ♌ 28	4 ♎ 59	0 ♓ 19	21 ♑ 18	20 ♑ 29	23 ♏ 21	21 ♈	10 ♓	10 ♌	9 ♓	19 ♌
15	23 ♊ 33	19 ♈ 46	11 ♐ 42	12 ♐ 8	17 ♋ 58	7 ♉ 51	25 ♌ 2	5 ♎ 1	0 ♓ 18	21 ♑ 16	20 ♑ 28	23 ♏ 20	21 ♈	10 ♓	10 ♌	9 ♓	20 ♌
16	24 ♊ 30	1 ♉ 51	11 ♐ 39	12 ♐ 9	19 ♋ 4	8 ♉ 50	25 ♌ 36	5 ♎ 4	0 ♓ 18	21 ♑ 14	20 ♑ 27	23 ♏ 18	22 ♈	10 ♓	10 ♌	9 ♓	20 ♌
17	25 ♊ 27	14 ♉ 9	11 ♐ 36	12 ♐ 11	20 ♋ 7	9 ♉ 49	26 ♌ 10	5 ♎ 6	0 ♓ 17	21 ♑ 12	20 ♑ 25	23 ♏ 17	22 ♈	11 ♓	11 ♌	9 ♓	20 ♌
18	26 ♊ 25	26 ♉ 42	11 ♐ 32	12 ♐ 12	21 ♋ 6	10 ♉ 49	26 ♌ 44	5 ♎ 9	0 ♓ 16	21 ♑ 10	20 ♑ 24	23 ♏ 16	22 ♈	11 ♓	11 ♌	9 ♓	20 ♌
19	27 ♊ 22	9 ♊ 33	11 ♐ 29	12 ♐ 12	22 ♋ 3	11 ♉ 49	27 ♌ 18	5 ♎ 12	0 ♓ 16	21 ♑ 8	20 ♑ 22	23 ♏ 14	23 ♈	11 ♓	12 ♌	10 ♓	20 ♌
20	28 ♊ 19	22 ♊ 42	11 ♐ 26	12 R 12	22 ♋ 55	12 ♉ 50	27 ♌ 52	5 ♎ 15	0 ♓ 15	21 ♑ 5	20 ♑ 21	23 ♏ 13	23 ♈	11 ♓	12 ♌	10 ♓	20 ♌
21	29 ♊ 17	6 ♋ 9	11 ♐ 23	12 ♐ 11	23 ♋ 44	13 ♉ 51	28 ♌ 27	5 ♎ 19	0 ♓ 14	21 ♑ 3	20 ♑ 19	23 ♏ 12	23 ♈	11 ♓	13 ♌	10 ♓	20 ♌
22	0 ♋ 14	19 ♋ 52	11 ♐ 20	12 ♐ 9	24 ♋ 30	14 ♉ 52	29 ♌ 1	5 ♎ 22	0 ♓ 13	21 ♑ 1	20 ♑ 18	23 ♏ 11	24 ♈	11 ♓	13 ♌	10 ♓	20 ♌
23	1 ♋ 11	3 ♌ 50	11 ♐ 17	12 ♐ 7	25 ♋ 11	15 ♉ 53	29 ♌ 35	5 ♎ 26	0 ♓ 12	20 ♑ 59	20 ♑ 16	23 ♏ 9	24 ♈	11 ♓	13 ♌	10 ♓	20 ♌
24	2 ♋ 8	17 ♌ 57	11 ♐ 13	12 ♐ 4	25 ♋ 49	16 ♉ 55	0 ♍ 10	5 ♎ 30	0 ♓ 10	20 ♑ 57	20 ♑ 15	23 ♏ 8	24 ♈	11 ♓	14 ♌	10 ♓	20 ♌
25	3 ♋ 6	2 ♍ 11	11 ♐ 10	12 ♐ 2	26 ♋ 22	17 ♉ 57	0 ♍ 45	5 ♎ 34	0 ♓ 9	20 ♑ 54	20 ♑ 13	23 ♏ 7	24 ♈	11 ♓	14 ♌	10 ♓	21 ♌
26	4 ♋ 3	16 ♍ 28	11 ♐ 7	12 ♐ 0	26 ♋ 52	18 ♉ 59	1 ♍ 19	5 ♎ 38	0 ♓ 8	20 ♑ 52	20 ♑ 12	23 ♏ 6	25 ♈	11 ♓	15 ♌	11 ♓	21 ♌
27	5 ♋ 0	0 ♎ 44	11 ♐ 4	11 ♐ 59	27 ♋ 17	20 ♉ 2	1 ♍ 54	5 ♎ 42	0 ♓ 6	20 ♑ 50	20 ♑ 10	23 ♏ 5	25 ♈	11 R	15 ♌	11 ♓	21 ♌
28	5 ♋ 57	14 ♎ 56	11 ♐ 1	11 D 59	27 ♋ 38	21 ♉ 4	2 ♍ 29	5 ♎ 47	0 ♓ 4	20 ♑ 48	20 ♑ 9	23 ♏ 4	25 ♈	11 ♓	16 ♌	11 ♓	21 ♌
29	6 ♋ 54	29 ♎ 3	10 ♐ 57	12 ♐ 0	27 ♋ 54	22 ♉ 7	3 ♍ 4	5 ♎ 51	0 ♓ 3	20 ♑ 45	20 ♑ 7	23 ♏ 2	26 ♈	11 ♓	16 ♌	11 ♓	21 ♌
30	7 ♋ 52	13 ♏ 2	10 ♐ 54	12 ♐ 2	28 ♋ 5	23 ♉ 11	3 ♍ 39	5 ♎ 56	0 ♓ 1	20 ♑ 43	20 ♑ 6	23 ♏ 1	26 ♈	11 ♓	16 ♌	11 ♓	21 ♌

SUN INGRESS	☉ → ♋ 21日 18:00
MOON PHASE	○ 4日 22:02 ♐　◑ 12日 14:36 ♓　● 20日 10:52 ♊　◐ 27日 07:43 ♎

aspects		
2日	16:43	☿△♄
5日	09:31	☿□♃
7日	03:17	♀⚹♄
12日	02:20	♂□♇
17日	07:04	☿☍♆
18日	01:19	☿☍♅
18日	19:53	☉⚹♂
20日	08:15	☿△♇
21日	23:35	☉△♄
24日	00:15	♂☍♄
27日	03:11	♀△♆
27日	17:47	♀△♅
27日	19:11	☉□♃
29日	20:35	♀☍♇

1993年7月

DAY	☉	☽	☊ mean	☊ true	☿	♀	♂	♃	♄	♅	♆	♇	⚳	⚴	⚵	⚶	⚷
	° ′	° ′	° ′	° ′	° ′	° ′	° ′	° ′	° ′	° ′	° ′	° ′	°	°	°	°	°
1	8 ♋ 49	26 ♏ 52	10 ♐ 51	12 D 3	28 D 13	24 D 14	4 D 14	6 D 1	29 R 59	20 R 41	20 R 4	23 R 0	26 D	11 R	17 D	11 D	21 D
2	9 ♋ 46	10 ♐ 32	10 ♐ 48	12 ♐ 3	28 ♋ 15	25 ♉ 18	4 ♍ 49	6 ♎ 6	29 ♒ 57	20 ♑ 38	20 ♑ 2	22 ♏ 59	26 ♈	11 ♓	17 ♌	11 ♓	21 ♌
3	10 ♋ 43	24 ♐ 0	10 ♐ 45	12 R 3	28 R 13	26 ♉ 21	5 ♍ 24	6 ♎ 11	29 ♒ 55	20 ♑ 36	20 ♑ 1	22 ♏ 58	27 ♈	11 ♓	18 ♌	11 ♓	21 ♌
4	11 ♋ 40	7 ♑ 15	10 ♐ 42	12 ♐ 1	28 ♋ 6	27 ♉ 26	5 ♍ 59	6 ♎ 17	29 ♒ 53	20 ♑ 34	19 ♑ 59	22 ♏ 57	27 ♈	11 ♓	18 ♌	11 ♓	22 ♌
5	12 ♋ 38	20 ♑ 16	10 ♐ 38	11 ♐ 58	27 ♋ 55	28 ♉ 30	6 ♍ 35	6 ♎ 22	29 ♒ 51	20 ♑ 31	19 ♑ 58	22 ♏ 57	27 ♈	11 ♓	19 ♌	11 ♓	22 ♌
6	13 ♋ 35	3 ♒ 2	10 ♐ 35	11 ♐ 53	27 ♋ 39	29 ♉ 34	7 ♍ 10	6 ♎ 28	29 ♒ 48	20 ♑ 29	19 ♑ 56	22 ♏ 56	27 ♈	11 ♓	19 ♌	11 ♓	22 ♌
7	14 ♋ 32	15 ♒ 34	10 ♐ 32	11 ♐ 48	27 ♋ 19	0 ♊ 39	7 ♍ 45	6 ♎ 34	29 ♒ 46	20 ♑ 26	19 ♑ 54	22 ♏ 55	28 ♈	10 ♓	19 ♌	12 ♓	22 ♌
8	15 ♋ 29	27 ♒ 53	10 ♐ 29	11 ♐ 42	26 ♋ 55	1 ♊ 44	8 ♍ 21	6 ♎ 40	29 ♒ 43	20 ♑ 24	19 ♑ 53	22 ♏ 54	28 ♈	10 ♓	20 ♌	12 ♓	22 ♌
9	16 ♋ 26	10 ♓ 0	10 ♐ 26	11 ♐ 37	26 ♋ 27	2 ♊ 49	8 ♍ 57	6 ♎ 46	29 ♒ 41	20 ♑ 22	19 ♑ 51	22 ♏ 53	28 ♈	10 ♓	20 ♌	12 ♓	22 ♌
10	17 ♋ 24	21 ♓ 58	10 ♐ 23	11 ♐ 33	25 ♋ 56	3 ♊ 54	9 ♍ 32	6 ♎ 52	29 ♒ 38	20 ♑ 19	19 ♑ 50	22 ♏ 52	28 ♈	10 ♓	21 ♌	12 ♓	22 ♌
11	18 ♋ 21	3 ♈ 52	10 ♐ 19	11 ♐ 30	25 ♋ 23	5 ♊ 0	10 ♍ 8	6 ♎ 58	29 ♒ 35	20 ♑ 17	19 ♑ 48	22 ♏ 52	29 ♈	10 ♓	21 ♌	12 ♓	22 ♌
12	19 ♋ 18	15 ♈ 44	10 ♐ 16	11 ♐ 29	24 ♋ 47	6 ♊ 5	10 ♍ 44	7 ♎ 5	29 ♒ 32	20 ♑ 14	19 ♑ 46	22 ♏ 51	29 ♈	10 ♓	22 ♌	12 ♓	22 ♌
13	20 ♋ 15	27 ♈ 41	10 ♐ 13	11 D 29	24 ♋ 9	7 ♊ 11	11 ♍ 19	7 ♎ 12	29 ♒ 30	20 ♑ 12	19 ♑ 45	22 ♏ 50	29 ♈	10 ♓	22 ♌	12 ♓	23 ♌
14	21 ♋ 12	9 ♉ 46	10 ♐ 10	11 ♐ 31	23 ♋ 30	8 ♊ 17	11 ♍ 55	7 ♎ 18	29 ♒ 27	20 ♑ 9	19 ♑ 43	22 ♏ 49	29 ♈	10 ♓	22 ♌	12 R	23 ♌
15	22 ♋ 10	22 ♉ 5	10 ♐ 7	11 ♐ 32	22 ♋ 50	9 ♊ 23	12 ♍ 31	7 ♎ 25	29 ♒ 23	20 ♑ 7	19 ♑ 41	22 ♏ 49	0 ♉	10 ♓	23 ♌	12 ♓	23 ♌
16	23 ♋ 7	4 ♊ 42	10 ♐ 3	11 ♐ 33	22 ♋ 11	10 ♊ 29	13 ♍ 7	7 ♎ 32	29 ♒ 20	20 ♑ 5	19 ♑ 40	22 ♏ 48	0 ♉	10 ♓	23 ♌	12 ♓	23 ♌
17	24 ♋ 4	17 ♊ 41	10 ♐ 0	11 R 33	21 ♋ 33	11 ♊ 36	13 ♍ 43	7 ♎ 39	29 ♒ 17	20 ♑ 2	19 ♑ 38	22 ♏ 48	0 ♉	10 ♓	24 ♌	12 ♓	23 ♌
18	25 ♋ 1	1 ♋ 3	9 ♐ 57	11 ♐ 32	20 ♋ 56	12 ♊ 43	14 ♍ 20	7 ♎ 47	29 ♒ 14	20 ♑ 0	19 ♑ 37	22 ♏ 47	0 ♉	9 ♓	24 ♌	12 ♓	23 ♌
19	25 ♋ 59	14 ♋ 49	9 ♐ 54	11 ♐ 28	20 ♋ 22	13 ♊ 49	14 ♍ 56	7 ♎ 54	29 ♒ 11	19 ♑ 57	19 ♑ 35	22 ♏ 47	1 ♉	9 ♓	25 ♌	12 ♓	23 ♌
20	26 ♋ 56	28 ♋ 56	9 ♐ 51	11 ♐ 23	19 ♋ 50	14 ♊ 56	15 ♍ 32	8 ♎ 2	29 ♒ 7	19 ♑ 55	19 ♑ 33	22 ♏ 46	1 ♉	9 ♓	25 ♌	12 ♓	23 ♌
21	27 ♋ 53	13 ♌ 20	9 ♐ 48	11 ♐ 16	19 ♋ 22	16 ♊ 3	16 ♍ 9	8 ♎ 9	29 ♒ 4	19 ♑ 53	19 ♑ 32	22 ♏ 46	1 ♉	9 ♓	25 ♌	11 ♓	24 ♌
22	28 ♋ 51	27 ♌ 55	9 ♐ 44	11 ♐ 9	18 ♋ 57	17 ♊ 10	16 ♍ 45	8 ♎ 17	29 ♒ 0	19 ♑ 50	19 ♑ 30	22 ♏ 45	1 ♉	9 ♓	26 ♌	11 ♓	24 ♌
23	29 ♋ 48	12 ♍ 34	9 ♐ 41	11 ♐ 2	18 ♋ 38	18 ♊ 18	17 ♍ 21	8 ♎ 25	28 ♒ 57	19 ♑ 48	19 ♑ 29	22 ♏ 45	1 ♉	9 ♓	26 ♌	11 ♓	24 ♌
24	0 ♌ 45	27 ♍ 10	9 ♐ 38	10 ♐ 56	18 ♋ 23	19 ♊ 25	17 ♍ 58	8 ♎ 33	28 ♒ 53	19 ♑ 46	19 ♑ 27	22 ♏ 44	2 ♉	9 ♓	27 ♌	11 ♓	24 ♌
25	1 ♌ 43	11 ♎ 38	9 ♐ 35	10 ♐ 53	18 ♋ 13	20 ♊ 33	18 ♍ 35	8 ♎ 41	28 ♒ 49	19 ♑ 43	19 ♑ 25	22 ♏ 44	2 ♉	8 ♓	27 ♌	11 ♓	24 ♌
26	2 ♌ 40	25 ♎ 53	9 ♐ 32	10 ♐ 51	18 ♋ 9	21 ♊ 40	19 ♍ 11	8 ♎ 50	28 ♒ 45	19 ♑ 41	19 ♑ 24	22 ♏ 44	2 ♉	8 ♓	27 ♌	11 ♓	24 ♌
27	3 ♌ 37	9 ♏ 53	9 ♐ 29	10 D 51	18 D 10	22 ♊ 48	19 ♍ 48	8 ♎ 58	28 ♒ 42	19 ♑ 39	19 ♑ 22	22 ♏ 44	2 ♉	8 ♓	28 ♌	11 ♓	24 ♌
28	4 ♌ 35	23 ♏ 39	9 ♐ 25	10 ♐ 52	18 ♋ 17	23 ♊ 56	20 ♍ 25	9 ♎ 6	28 ♒ 38	19 ♑ 36	19 ♑ 21	22 ♏ 43	2 ♉	8 ♓	28 ♌	11 ♓	24 ♌
29	5 ♌ 32	7 ♐ 10	9 ♐ 22	10 ♐ 52	18 ♋ 31	25 ♊ 4	21 ♍ 2	9 ♎ 15	28 ♒ 34	19 ♑ 34	19 ♑ 19	22 ♏ 43	3 ♉	8 ♓	29 ♌	11 ♓	25 ♌
30	6 ♌ 29	20 ♐ 28	9 ♐ 19	10 R 52	18 ♋ 51	26 ♊ 12	21 ♍ 38	9 ♎ 24	28 ♒ 30	19 ♑ 32	19 ♑ 18	22 ♏ 43	3 ♉	8 ♓	29 ♌	11 ♓	25 ♌
31	7 ♌ 27	3 ♑ 33	9 ♐ 16	10 ♐ 50	19 ♋ 16	27 ♊ 21	22 ♍ 15	9 ♎ 33	28 ♒ 26	19 ♑ 29	19 ♑ 16	22 ♏ 43	3 ♉	7 ♓	0 ♍	10 ♓	25 ♌

SUN INGRESS　☉ → ♌ 23日 04:51

MOON PHASE　○ 4日 08:45 ♑　◑ 12日 07:49 ♈　● 19日 20:24 ♋　◐ 26日 12:25 ♏

aspects		
4日	12:59	☿⚹♀
6日	04:58	♀□♄
12日	11:32	☉☍♆
12日	22:40	☉☍♅
13日	00:11	♀△♃
15日	01:02	☿△♇
15日	10:08	☉☌☿
15日	16:14	☉△♇
19日	19:36	☿☍♆
20日	14:32	☿☍♅
21日	04:10	♀□♂
24日	12:24	☿⚹♂
26日	07:53	♂△♆
26日	18:13	♂△♅
30日	23:43	☿☍♆
31日	09:35	☿☍♅
31日	17:48	♂⚹♇
31日	21:32	♀△♄

1993年8月

DAY	☉	☽	☊ mean	☊ true	☿	♀	♂	♃	♄	♅	♆	♇	⚳	⚴	⚵	⚶	⚷
	° ′	° ′	° ′	° ′	° ′	° ′	° ′	° ′	° ′	° ′	° ′	° ′	°	°	°	°	°
1	8 ♌ 24	16 ♑ 26	9 ♐ 13	10 R 45	19 D 48	28 D 29	22 D 52	9 D 42	28 R 22	19 R 27	19 R 15	22 R 43	3 D	7 R	0 D	10 R	25 D
2	9 ♌ 21	29 ♑ 9	9 ♐ 9	10 ♐ 38	20 ♋ 27	29 ♊ 38	23 ♍ 30	9 ♎ 51	28 ♒ 18	19 ♑ 25	19 ♑ 13	22 ♏ 43	3 ♉	7 ♓	0 ♍	10 ♓	25 ♌
3	10 ♌ 19	11 ♒ 40	9 ♐ 6	10 ♐ 29	21 ♋ 11	0 ♋ 46	24 ♍ 7	10 ♎ 0	28 ♒ 13	19 ♑ 23	19 ♑ 12	22 ♏ 43	3 ♉	7 ♓	1 ♍	10 ♓	25 ♌
4	11 ♌ 16	24 ♒ 1	9 ♐ 3	10 ♐ 18	22 ♋ 1	1 ♋ 55	24 ♍ 44	10 ♎ 9	28 ♒ 9	19 ♑ 21	19 ♑ 10	22 D 43	4 ♉	7 ♓	1 ♍	10 ♓	25 ♌
5	12 ♌ 14	6 ♓ 12	9 ♐ 0	10 ♐ 7	22 ♋ 58	3 ♋ 4	25 ♍ 21	10 ♎ 18	28 ♒ 5	19 ♑ 18	19 ♑ 9	22 ♏ 43	4 ♉	6 ♓	2 ♍	10 ♓	25 ♌
6	13 ♌ 11	18 ♓ 14	8 ♐ 57	9 ♐ 56	24 ♋ 0	4 ♋ 13	25 ♍ 58	10 ♎ 28	28 ♒ 1	19 ♑ 16	19 ♑ 7	22 ♏ 43	4 ♉	6 ♓	2 ♍	10 ♓	26 ♌
7	14 ♌ 8	0 ♈ 10	8 ♐ 54	9 ♐ 47	25 ♋ 8	5 ♋ 22	26 ♍ 36	10 ♎ 37	27 ♒ 56	19 ♑ 14	19 ♑ 6	22 ♏ 43	4 ♉	6 ♓	3 ♍	9 ♓	26 ♌
8	15 ♌ 6	12 ♈ 1	8 ♐ 50	9 ♐ 40	26 ♋ 22	6 ♋ 31	27 ♍ 13	10 ♎ 47	27 ♒ 52	19 ♑ 12	19 ♑ 4	22 ♏ 43	4 ♉	6 ♓	3 ♍	9 ♓	26 ♌
9	16 ♌ 3	23 ♈ 52	8 ♐ 47	9 ♐ 35	27 ♋ 41	7 ♋ 41	27 ♍ 51	10 ♎ 57	27 ♒ 48	19 ♑ 10	19 ♑ 3	22 ♏ 43	4 ♉	5 ♓	3 ♍	9 ♓	26 ♌
10	17 ♌ 1	5 ♉ 46	8 ♐ 44	9 ♐ 33	29 ♋ 5	8 ♋ 50	28 ♍ 28	11 ♎ 7	27 ♒ 43	19 ♑ 8	19 ♑ 1	22 ♏ 44	4 ♉	5 ♓	4 ♍	9 ♓	26 ♌
11	17 ♌ 59	17 ♉ 50	8 ♐ 41	9 ♐ 32	0 ♌ 34	10 ♋ 0	29 ♍ 6	11 ♎ 16	27 ♒ 39	19 ♑ 6	19 ♑ 0	22 ♏ 44	5 ♉	5 ♓	4 ♍	9 ♓	26 ♌
12	18 ♌ 56	0 ♊ 6	8 ♐ 38	9 D 32	2 ♌ 8	11 ♋ 9	29 ♍ 44	11 ♎ 26	27 ♒ 34	19 ♑ 4	18 ♑ 59	22 ♏ 44	5 ♉	5 ♓	5 ♍	8 ♓	26 ♌
13	19 ♌ 54	12 ♊ 42	8 ♐ 35	9 R 32	3 ♌ 46	12 ♋ 19	0 ♎ 21	11 ♎ 37	27 ♒ 30	19 ♑ 2	18 ♑ 57	22 ♏ 44	5 ♉	5 ♓	5 ♍	8 ♓	27 ♌
14	20 ♌ 51	25 ♊ 42	8 ♐ 31	9 ♐ 31	5 ♌ 28	13 ♋ 29	0 ♎ 59	11 ♎ 47	27 ♒ 25	19 ♑ 0	18 ♑ 56	22 ♏ 45	5 ♉	4 ♓	6 ♍	8 ♓	27 ♌
15	21 ♌ 49	9 ♋ 8	8 ♐ 28	9 ♐ 28	7 ♌ 13	14 ♋ 39	1 ♎ 37	11 ♎ 57	27 ♒ 21	18 ♑ 58	18 ♑ 55	22 ♏ 45	5 ♉	4 ♓	6 ♍	8 ♓	27 ♌
16	22 ♌ 47	23 ♋ 2	8 ♐ 25	9 ♐ 23	9 ♌ 2	15 ♋ 49	2 ♎ 15	12 ♎ 7	27 ♒ 16	18 ♑ 56	18 ♑ 53	22 ♏ 46	5 ♉	4 ♓	6 ♍	7 ♓	27 ♌
17	23 ♌ 44	7 ♌ 23	8 ♐ 22	9 ♐ 15	10 ♌ 53	16 ♋ 59	2 ♎ 53	12 ♎ 18	27 ♒ 12	18 ♑ 54	18 ♑ 52	22 ♏ 46	5 ♉	4 ♓	7 ♍	7 ♓	27 ♌
18	24 ♌ 42	22 ♌ 6	8 ♐ 19	9 ♐ 5	12 ♌ 47	18 ♋ 10	3 ♎ 31	12 ♎ 28	27 ♒ 7	18 ♑ 52	18 ♑ 51	22 ♏ 46	5 ♉	3 ♓	7 ♍	7 ♓	27 ♌
19	25 ♌ 40	7 ♍ 4	8 ♐ 15	8 ♐ 54	14 ♌ 43	19 ♋ 20	4 ♎ 9	12 ♎ 39	27 ♒ 3	18 ♑ 51	18 ♑ 50	22 ♏ 47	5 ♉	3 ♓	8 ♍	7 ♓	27 ♌
20	26 ♌ 38	22 ♍ 7	8 ♐ 12	8 ♐ 44	16 ♌ 41	20 ♋ 30	4 ♎ 47	12 ♎ 50	26 ♒ 58	18 ♑ 49	18 ♑ 49	22 ♏ 48	6 ♉	3 ♓	8 ♍	6 ♓	27 ♌
21	27 ♌ 35	7 ♎ 6	8 ♐ 9	8 ♐ 35	18 ♌ 39	21 ♋ 41	5 ♎ 25	13 ♎ 0	26 ♒ 54	18 ♑ 47	18 ♑ 47	22 ♏ 48	6 ♉	3 ♓	8 ♍	6 ♓	28 ♌
22	28 ♌ 33	21 ♎ 51	8 ♐ 6	8 ♐ 29	20 ♌ 39	22 ♋ 52	6 ♎ 4	13 ♎ 11	26 ♒ 49	18 ♑ 46	18 ♑ 46	22 ♏ 49	6 ♉	2 ♓	9 ♍	6 ♓	28 ♌
23	29 ♌ 31	6 ♏ 18	8 ♐ 3	8 ♐ 25	22 ♌ 39	24 ♋ 2	6 ♎ 42	13 ♎ 22	26 ♒ 45	18 ♑ 44	18 ♑ 45	22 ♏ 49	6 ♉	2 ♓	9 ♍	6 ♓	28 ♌
24	0 ♍ 29	20 ♏ 23	8 ♐ 0	8 ♐ 24	24 ♌ 39	25 ♋ 13	7 ♎ 20	13 ♎ 33	26 ♒ 40	18 ♑ 42	18 ♑ 44	22 ♏ 50	6 ♉	2 ♓	10 ♍	6 ♓	28 ♌
25	1 ♍ 27	4 ♐ 6	7 ♐ 56	8 D 24	26 ♌ 39	26 ♋ 24	7 ♎ 59	13 ♎ 44	26 ♒ 36	18 ♑ 41	18 ♑ 43	22 ♏ 51	6 ♉	2 ♓	10 ♍	5 ♓	28 ♌
26	2 ♍ 25	17 ♐ 28	7 ♐ 53	8 R 23	28 ♌ 39	27 ♋ 35	8 ♎ 37	13 ♎ 55	26 ♒ 31	18 ♑ 39	18 ♑ 42	22 ♏ 52	6 ♉	1 ♓	11 ♍	5 ♓	28 ♌
27	3 ♍ 22	0 ♑ 33	7 ♐ 50	8 ♐ 22	0 ♍ 39	28 ♋ 46	9 ♎ 16	14 ♎ 6	26 ♒ 27	18 ♑ 38	18 ♑ 41	22 ♏ 52	6 ♉	1 ♓	11 ♍	5 ♓	28 ♌
28	4 ♍ 20	13 ♑ 23	7 ♐ 47	8 ♐ 19	2 ♍ 38	29 ♋ 57	9 ♎ 54	14 ♎ 18	26 ♒ 22	18 ♑ 36	18 ♑ 40	22 ♏ 53	6 ♉	1 ♓	11 ♍	4 ♓	29 ♌
29	5 ♍ 18	25 ♑ 59	7 ♐ 44	8 ♐ 12	4 ♍ 36	1 ♌ 8	10 ♎ 33	14 ♎ 29	26 ♒ 18	18 ♑ 35	18 ♑ 39	22 ♏ 54	6 ♉	1 ♓	12 ♍	4 ♓	29 ♌
30	6 ♍ 16	8 ♒ 25	7 ♐ 41	8 ♐ 3	6 ♍ 33	2 ♌ 20	11 ♎ 12	14 ♎ 40	26 ♒ 13	18 ♑ 33	18 ♑ 38	22 ♏ 55	6 ♉	0 ♓	12 ♍	4 ♓	29 ♌
31	7 ♍ 14	20 ♒ 43	7 ♐ 37	7 ♐ 52	8 ♍ 29	3 ♌ 31	11 ♎ 51	14 ♎ 52	26 ♒ 9	18 ♑ 32	18 ♑ 37	22 ♏ 56	6 ♉	0 ♓	13 ♍	4 ♓	29 ♌

SUN INGRESS　☉ → ♍ 23日 11:50

MOON PHASE　○ 2日 21:10 ♒　◑ 11日 00:19 ♉　● 18日 04:28 ♌　◐ 24日 18:57 ♐

aspects		
2日	14:34	☉⚹♃
4日	17:49	☿△♇
9日	05:17	☿⚹♂
12日	06:50	♀□♃
15日	23:32	☉□♇
17日	19:40	☿⚹♃
18日	13:53	♀☍♆
18日	14:16	♀☍♅
20日	08:01	☉☍♄
20日	16:56	♅☌♆
21日	23:02	♀△♇
23日	02:09	☿□♇
24日	23:20	☿☍♄
29日	17:12	☉☌☿

1993年9月

DAY	☉	☽	☊ mean	☊ true	☿	♀	♂	♃	♄	♅	♆	♇	⚳	⚴	⚵	⚶	⚷
	° ′	° ′	° ′	° ′	° ′	° ′	° ′	° ′	° ′	° ′	° ′	° ′	°	°	°	°	°
1	8♍12	2♓52	7♐34	7 R 38	10 D 24	4 D 43	12 D 30	15 D 3	26 R 5	18 R 31	18 R 36	22 D 57	6 D	0 R	13 D	3 R	29 D
2	9♍10	14♓54	7♐31	7♐24	12♍19	5♌54	13♎8	15♎15	26♒0	18♑30	18♑35	22♏58	6♉	29♒	13♍	3♓	29♌
3	10♍8	26♓51	7♐28	7♐11	14♍11	7♌6	13♎47	15♎27	25♒56	18♑28	18♑34	22♏59	6 R	29♒	14♍	3♓	29♌
4	11♍6	8♈43	7♐25	6♐59	16♍3	8♌17	14♎26	15♎38	25♒52	18♑27	18♑33	23♏0	6♉	29♒	14♍	3♓	29♌
5	12♍5	20♈33	7♐21	6♐49	17♍54	9♌29	15♎6	15♎50	25♒47	18♑26	18♑33	23♏1	6♉	29♒	15♍	3♓	0♍
6	13♍3	2♉23	7♐18	6♐43	19♍43	10♌41	15♎45	16♎2	25♒43	18♑25	18♑32	23♏2	6♉	29♒	15♍	3♓	0♍
7	14♍1	14♉17	7♐15	6♐39	21♍32	11♌53	16♎24	16♎14	25♒39	18♑24	18♑31	23♏3	6♉	28♒	16♍	2♓	0♍
8	14♍59	26♉19	7♐12	6♐37	23♍19	13♌5	17♎3	16♎26	25♒35	18♑23	18♑30	23♏4	6♉	28♒	16♍	2♓	0♍
9	15♍57	8♊33	7♐9	6 D 37	25♍4	14♌17	17♎42	16♎38	25♒31	18♑22	18♑30	23♏6	6♉	28♒	16♍	2♓	0♍
10	16♍56	21♊6	7♐6	6 R 37	26♍49	15♌29	18♎22	16♎50	25♒27	18♑21	18♑29	23♏7	6♉	28♒	17♍	1♓	0♍
11	17♍54	4♋1	7♐2	6♐36	28♍33	16♌42	19♎1	17♎2	25♒23	18♑20	18♑28	23♏8	6♉	27♒	17♍	1♓	0♍
12	18♍52	17♋23	6♐59	6♐33	0♎15	17♌54	19♎41	17♎14	25♒19	18♑19	18♑28	23♏9	6♉	27♒	18♍	1♓	1♍
13	19♍51	1♌15	6♐56	6♐28	1♎57	19♌7	20♎20	17♎26	25♒15	18♑19	18♑27	23♏11	6♉	27♒	18♍	1♓	1♍
14	20♍49	15♌37	6♐53	6♐21	3♎37	20♌19	21♎0	17♎38	25♒11	18♑18	18♑27	23♏12	6♉	27♒	18♍	1♓	1♍
15	21♍48	0♍24	6♐50	6♐11	5♎16	21♌32	21♎40	17♎51	25♒7	18♑17	18♑26	23♏13	6♉	26♒	19♍	0♓	1♍
16	22♍46	15♍32	6♐46	6♐0	6♎54	22♌44	22♎19	18♎3	25♒3	18♑17	18♑26	23♏15	5♉	26♒	19♍	0♓	1♍
17	23♍45	0♎48	6♐43	5♐50	8♎31	23♌57	22♎59	18♎15	25♒0	18♑16	18♑25	23♏16	5♉	26♒	20♍	0♓	1♍
18	24♍43	16♎3	6♐40	5♐41	10♎7	25♌10	23♎39	18♎28	24♒56	18♑16	18♑25	23♏18	5♉	26♒	20♍	0♓	1♍
19	25♍42	1♏5	6♐37	5♐35	11♎42	26♌23	24♎19	18♎40	24♒52	18♑15	18♑24	23♏19	5♉	26♒	20♍	0♓	1♍
20	26♍41	15♏47	6♐34	5♐31	13♎16	27♌35	24♎59	18♎52	24♒49	18♑15	18♑24	23♏21	5♉	25♒	20♍	29♒	2♍
21	27♍39	0♐3	6♐31	5♐30	14♎49	28♌48	25♎39	19♎5	24♒45	18♑14	18♑24	23♏22	5♉	25♒	21♍	29♒	2♍
22	28♍38	13♐54	6♐27	5 D 30	16♎20	0♍1	26♎19	19♎18	24♒42	18♑14	18♑23	23♏24	5♉	25♒	22♍	29♒	2♍
23	29♍37	27♐18	6♐24	5♐30	17♎51	1♍14	26♎59	19♎30	24♒39	18♑14	18♑23	23♏25	5♉	25♒	22♍	29♒	2♍
24	0♎35	10♑20	6♐21	5 R 30	19♎21	2♍28	27♎40	19♎43	24♒36	18♑14	18♑23	23♏27	5♉	25♒	22♍	29♒	2♍
25	1♎34	23♑3	6♐18	5♐28	20♎50	3♍41	28♎20	19♎55	24♒32	18♑13	18♑23	23♏29	4♉	25♒	23♍	29♒	2♍
26	2♎33	5♒31	6♐15	5♐23	22♎18	4♍54	29♎0	20♎8	24♒29	18♑13	18♑22	23♏30	4♉	24♒	23♍	29♒	2♍
27	3♎32	17♒46	6♐12	5♐16	23♎45	6♍7	29♎41	20♎21	24♒26	18♑13	18♑22	23♏32	4♉	24♒	24♍	28♒	2♍
28	4♎31	29♒53	6♐8	5♐7	25♎10	7♍21	0♏21	20♎33	24♒23	18 D 13	18♑22	23♏34	4♉	24♒	24♍	28♒	3♍
29	5♎29	11♓53	6♐5	4♐56	26♎35	8♍34	1♏2	20♎46	24♒21	18♑13	18♑22	23♏36	4♉	24♒	24♍	28♒	3♍
30	6♎28	23♓49	6♐2	4♐44	27♎59	9♍48	1♏42	20♎59	24♒18	18♑13	18♑22	23♏37	4♉	24♒	25♍	28♒	3♍

SUN INGRESS　☉→♎23日 09:22

MOON PHASE　○ 1日 11:33 ♓　◑ 9日 15:26 ♊　● 16日 12:10 ♍　◐ 23日 04:32 ♐

aspects

5日	06:58	☿△♅
5日	08:23	☿△♆
6日	15:08	♂☌♃
7日	20:45	☿⚹♇
9日	23:36	♂□♅
10日	04:15	♂□♆
11日	07:59	☿⚹♃
11日	10:38	☉△♅
11日	13:56	☉△♆
15日	05:54	♀⚹♂
16日	10:17	♀□♇
16日	12:00	☉⚹♇
17日	01:47	♃□♅
17日	18:30	♃□♆
17日	19:42	♀☍♄
19日	18:27	♂△♄
23日	05:59	☿□♅
23日	08:26	☿□♆
24日	06:47	☿☌♃
27日	11:15	☿△♄

1993年10月

DAY	☉	☽	☊ mean	☊ true	☿	♀	♂	♃	♄	♅	♆	♇	⚳	⚴	⚵	⚶	⚷
	° ′	° ′	° ′	° ′	° ′	° ′	° ′	° ′	° ′	° ′	° ′	° ′	°	°	°	°	°
1	7♎27	5♈41	5♐59	4 R 33	29 D 21	11 D 1	2 D 23	21 D 12	24 R 15	18 D 13	18 D 22	23 D 39	4 R	24 R	25 D	28 R	3 D
2	8♎26	17♈32	5♐56	4♐24	0♏43	12♍15	3♏3	21♎25	24♒13	18♑14	18♑22	23♏41	3♉	24♒	26♍	28♒	3♍
3	9♎25	29♈23	5♐52	4♐16	2♏3	13♍29	3♏44	21♎38	24♒10	18♑14	18♑22	23♏43	3♉	23♒	26♍	28♒	3♍
4	10♎24	11♉17	5♐49	4♐11	3♏22	14♍42	4♏25	21♎50	24♒8	18♑14	18♑22	23♏45	3♉	23♒	26♍	28♒	3♍
5	11♎23	23♉14	5♐46	4♐8	4♏40	15♍56	5♏6	22♎3	24♒5	18♑14	18♑22	23♏47	3♉	23♒	27♍	28♒	3♍
6	12♎22	5♊20	5♐43	4 D 7	5♏56	17♍10	5♏47	22♎16	24♒3	18♑15	18♑23	23♏48	3♉	23♒	27♍	28♒	4♍
7	13♎22	17♊36	5♐40	4♐8	7♏11	18♍24	6♏28	22♎29	24♒1	18♑15	18♑23	23♏50	2♉	23♒	28♍	28♒	4♍
8	14♎21	0♋9	5♐37	4♐9	8♏25	19♍38	7♏9	22♎42	23♒59	18♑16	18♑23	23♏52	2♉	23♒	28♍	28♒	4♍
9	15♎20	13♋1	5♐33	4♐10	9♏37	20♍52	7♏50	22♎55	23♒57	18♑16	18♑23	23♏54	2♉	23♒	28♍	28♒	4♍
10	16♎19	26♋17	5♐30	4 R 10	10♏47	22♍6	8♏31	23♎8	23♒55	18♑17	18♑24	23♏56	2♉	23♒	29♍	28♒	4♍
11	17♎19	10♌0	5♐27	4♐7	11♏55	23♍20	9♏12	23♎21	23♒53	18♑18	18♑24	23♏58	2♉	23♒	29♍	28♒	4♍
12	18♎18	24♌12	5♐24	4♐3	13♏2	24♍34	9♏54	23♎34	23♒51	18♑18	18♑24	24♏0	1♉	23♒	0♎	28 D	4♍
13	19♎17	8♍49	5♐21	3♐57	14♏6	25♍48	10♏35	23♎47	23♒50	18♑19	18♑25	24♏2	1♉	23♒	0♎	28♒	4♍
14	20♎17	23♍48	5♐18	3♐51	15♏7	27♍2	11♏16	24♎0	23♒48	18♑20	18♑25	24♏4	1♉	23♒	0♎	28♒	4♍
15	21♎16	9♎1	5♐14	3♐44	16♏7	28♍17	11♏58	24♎13	23♒47	18♑21	18♑26	24♏7	1♉	22♒	1♎	28♒	5♍
16	22♎16	24♎17	5♐11	3♐39	17♏3	29♍31	12♏39	24♎26	23♒46	18♑22	18♑26	24♏9	1♉	22♒	1♎	28♒	5♍
17	23♎15	9♏25	5♐8	3♐35	17♏56	0♎45	13♏21	24♎39	23♒44	18♑22	18♑27	24♏11	0♉	22♒	1♎	28♒	5♍
18	24♎15	24♏17	5♐5	3♐33	18♏46	2♎0	14♏3	24♎52	23♒43	18♑23	18♑27	24♏13	0♉	22♒	2♎	28♒	5♍
19	25♎14	8♐45	5♐2	3 D 32	19♏32	3♎14	14♏44	25♎5	23♒42	18♑25	18♑28	24♏15	0♉	22♒	2♎	28♒	5♍
20	26♎14	22♐46	4♐58	3♐33	20♏14	4♎29	15♏26	25♎18	23♒41	18♑26	18♑28	24♏17	0♉	22♒	3♎	28♒	5♍
21	27♎14	6♑19	4♐55	3♐35	20♏51	5♎43	16♏8	25♎31	23♒40	18♑27	18♑29	24♏19	29♈	22♒	3♎	28♒	5♍
22	28♎13	19♑27	4♐52	3♐36	21♏23	6♎58	16♏50	25♎44	23♒40	18♑28	18♑30	24♏22	29♈	22♒	3♎	28♒	5♍
23	29♎13	2♒11	4♐49	3 R 36	21♏49	8♎12	17♏32	25♎57	23♒39	18♑29	18♑30	24♏24	29♈	22 D	4♎	28♒	5♍
24	0♏13	14♒38	4♐46	3♐35	22♏10	9♎27	18♏14	26♎11	23♒39	18♑31	18♑31	24♏26	29♈	22♒	4♎	28♒	6♍
25	1♏13	26♒50	4♐43	3♐33	22♏23	10♎41	18♏56	26♎24	23♒38	18♑32	18♑32	24♏28	28♈	22♒	4♎	28♒	6♍
26	2♏12	8♓51	4♐39	3♐29	22♏30	11♎56	19♏38	26♎37	23♒38	18♑33	18♑33	24♏31	28♈	22♒	5♎	28♒	6♍
27	3♏12	20♓46	4♐36	3♐24	22 R 28	13♎11	20♏20	26♎50	23♒38	18♑35	18♑34	24♏33	28♈	22♒	5♎	28♒	6♍
28	4♏12	2♈38	4♐33	3♐18	22♏18	14♎26	21♏2	27♎3	23♒38	18♑36	18♑35	24♏35	28♈	22♒	6♎	29♒	6♍
29	5♏12	14♈29	4♐30	3♐13	22♏0	15♎40	21♏45	27♎16	23 D 38	18♑38	18♑35	24♏37	28♈	22♒	6♎	29♒	6♍
30	6♏12	26♈21	4♐27	3♐9	21♏32	16♎55	22♏27	27♎29	23♒38	18♑39	18♑36	24♏40	27♈	22♒	6♎	29♒	6♍
31	7♏12	8♉17	4♐23	3♐5	20♏54	18♎10	23♏9	27♎42	23♒38	18♑41	18♑37	24♏42	27♈	22♒	7♎	29♒	6♍

SUN INGRESS　☉→♏23日 18:37

MOON PHASE　○ 1日 03:54 ♈　◑ 9日 04:35 ♋　● 15日 20:36 ♎　◐ 22日 17:52 ♑　○ 30日 21:38 ♉

aspects

5日	17:18	☿☌♂
6日	21:15	♀△♅
6日	23:41	♀△♆
9日	15:23	♄□♇
11日	12:49	☿⚹♇
12日	00:06	☉□♅
12日	02:32	☉□♆
13日	04:28	♃△♄
17日	11:28	☉△♄
17日	12:46	☿⚹♅
17日	14:39	☿⚹♆
18日	19:16	☉☌♃
24日	09:57	♂⚹♅
24日	10:12	♂⚹♆
25日	05:07	♅☌♆
29日	05:26	☿☌♂
31日	08:55	♀□♆
31日	10:09	♀□♅
31日	16:15	♂□♄

1993年11月

DAY	☉	☽	☊ mean	☊ true	☿	♀	♂	♃	♄	♅	♆	♇	⚳	⚴	⚵	⚶	⚷
	° ′	° ′	° ′	° ′	° ′	° ′	° ′	° ′	° ′	° ′	° ′	° ′	°	°	°	°	°
1	8 ♏ 12	20 ♉ 18	4 ♐ 20	3 R 3	20 R 8	19 D 25	23 D 52	27 D 55	23 D 38	18 D 43	18 D 38	24 D 44	27 R	23 D	7 D	29 D	6 D
2	9 ♏ 12	2 ♊ 25	4 ♐ 17	3 ♐ 3	19 ♏ 12	20 ♎ 40	24 ♏ 34	28 ♎ 7	23 ♒ 39	18 ♑ 44	18 ♑ 39	24 ♏ 47	27 ♈	23 ♒	7 ♎	29 ♒	6 ♍
3	10 ♏ 12	14 ♊ 42	4 ♐ 14	3 D 3	18 ♏ 9	21 ♎ 55	25 ♏ 17	28 ♎ 20	23 ♒ 39	18 ♑ 46	18 ♑ 41	24 ♏ 49	26 ♈	23 ♒	8 ♎	29 ♒	6 ♍
4	11 ♏ 12	27 ♊ 9	4 ♐ 11	3 ♐ 4	16 ♏ 59	23 ♎ 10	25 ♏ 59	28 ♎ 33	23 ♒ 40	18 ♑ 48	18 ♑ 42	24 ♏ 51	26 ♈	23 ♒	8 ♎	0 ♓	7 ♍
5	12 ♏ 12	9 ♋ 50	4 ♐ 8	3 ♐ 6	15 ♏ 43	24 ♎ 25	26 ♏ 42	28 ♎ 46	23 ♒ 40	18 ♑ 50	18 ♑ 43	24 ♏ 54	26 ♈	23 ♒	9 ♎	0 ♓	7 ♍
6	13 ♏ 12	22 ♋ 47	4 ♐ 4	3 ♐ 7	14 ♏ 25	25 ♎ 40	27 ♏ 25	28 ♎ 59	23 ♒ 41	18 ♑ 52	18 ♑ 44	24 ♏ 56	26 ♈	23 ♒	9 ♎	0 ♓	7 ♍
7	14 ♏ 12	6 ♌ 3	4 ♐ 1	3 ♐ 8	13 ♏ 6	26 ♎ 55	28 ♏ 8	29 ♎ 12	23 ♒ 42	18 ♑ 54	18 ♑ 45	24 ♏ 58	26 ♈	23 ♒	9 ♎	0 ♓	7 ♍
8	15 ♏ 13	19 ♌ 40	3 ♐ 58	3 R 8	11 ♏ 49	28 ♎ 10	28 ♏ 51	29 ♎ 25	23 ♒ 43	18 ♑ 56	18 ♑ 46	25 ♏ 1	25 ♈	23 ♒	10 ♎	0 ♓	7 ♍
9	16 ♏ 13	3 ♍ 39	3 ♐ 55	3 ♐ 8	10 ♏ 37	29 ♎ 25	29 ♏ 34	29 ♎ 38	23 ♒ 44	18 ♑ 58	18 ♑ 48	25 ♏ 3	25 ♈	23 ♒	10 ♎	0 ♓	7 ♍
10	17 ♏ 13	17 ♍ 59	3 ♐ 52	3 ♐ 6	9 ♏ 31	0 ♏ 40	0 ♐ 17	29 ♎ 50	23 ♒ 46	19 ♑ 0	18 ♑ 49	25 ♏ 6	25 ♈	23 ♒	10 ♎	1 ♓	7 ♍
11	18 ♏ 13	2 ♎ 38	3 ♐ 49	3 ♐ 4	8 ♏ 34	1 ♏ 55	1 ♐ 0	0 ♏ 3	23 ♒ 47	19 ♑ 2	18 ♑ 50	25 ♏ 8	25 ♈	23 ♒	11 ♎	1 ♓	7 ♍
12	19 ♏ 14	17 ♎ 31	3 ♐ 45	3 ♐ 3	7 ♏ 47	3 ♏ 10	1 ♐ 43	0 ♏ 16	23 ♒ 48	19 ♑ 4	18 ♑ 52	25 ♏ 10	25 ♈	23 ♒	11 ♎	1 ♓	7 ♍
13	20 ♏ 14	2 ♏ 30	3 ♐ 42	3 ♐ 1	7 ♏ 11	4 ♏ 25	2 ♐ 26	0 ♏ 28	23 ♒ 50	19 ♑ 6	18 ♑ 53	25 ♏ 13	24 ♈	23 ♒	11 ♎	1 ♓	7 ♍
14	21 ♏ 15	17 ♏ 27	3 ♐ 39	3 ♐ 0	6 ♏ 46	5 ♏ 40	3 ♐ 9	0 ♏ 41	23 ♒ 52	19 ♑ 8	18 ♑ 54	25 ♏ 15	24 ♈	24 ♒	12 ♎	1 ♓	7 ♍
15	22 ♏ 15	2 ♐ 14	3 ♐ 36	3 ♐ 0	6 ♏ 33	6 ♏ 56	3 ♐ 52	0 ♏ 54	23 ♒ 53	19 ♑ 11	18 ♑ 56	25 ♏ 18	24 ♈	24 ♒	12 ♎	2 ♓	7 ♍
16	23 ♏ 16	16 ♐ 43	3 ♐ 33	3 D 0	6 D 32	8 ♏ 11	4 ♐ 36	1 ♏ 6	23 ♒ 55	19 ♑ 13	18 ♑ 57	25 ♏ 20	24 ♈	24 ♒	12 ♎	2 ♓	7 ♍
17	24 ♏ 16	0 ♑ 49	3 ♐ 29	3 ♐ 1	6 ♏ 42	9 ♏ 26	5 ♐ 19	1 ♏ 19	23 ♒ 57	19 ♑ 15	18 ♑ 59	25 ♏ 22	24 ♈	24 ♒	13 ♎	2 ♓	8 ♍
18	25 ♏ 17	14 ♑ 30	3 ♐ 26	3 ♐ 1	7 ♏ 2	10 ♏ 41	6 ♐ 3	1 ♏ 31	23 ♒ 59	19 ♑ 18	19 ♑ 0	25 ♏ 25	24 ♈	24 ♒	13 ♎	2 ♓	8 ♍
19	26 ♏ 17	27 ♑ 45	3 ♐ 23	3 ♐ 2	7 ♏ 31	11 ♏ 57	6 ♐ 46	1 ♏ 44	24 ♒ 1	19 ♑ 20	19 ♑ 2	25 ♏ 27	24 ♈	24 ♒	13 ♎	3 ♓	8 ♍
20	27 ♏ 18	10 ♒ 36	3 ♐ 20	3 ♐ 3	8 ♏ 8	13 ♏ 12	7 ♐ 30	1 ♏ 56	24 ♒ 4	19 ♑ 23	19 ♑ 3	25 ♏ 30	24 ♈	24 ♒	14 ♎	3 ♓	8 ♍
21	28 ♏ 18	23 ♒ 6	3 ♐ 17	3 ♐ 3	8 ♏ 53	14 ♏ 27	8 ♐ 13	2 ♏ 9	24 ♒ 6	19 ♑ 25	19 ♑ 5	25 ♏ 32	23 ♈	24 ♒	14 ♎	3 ♓	8 ♍
22	29 ♏ 19	5 ♓ 20	3 ♐ 14	3 R 3	9 ♏ 45	15 ♏ 43	8 ♐ 57	2 ♏ 21	24 ♒ 8	19 ♑ 28	19 ♑ 6	25 ♏ 34	23 ♈	25 ♒	14 ♎	3 ♓	8 ♍
23	0 ♐ 19	17 ♓ 21	3 ♐ 10	3 ♐ 3	10 ♏ 43	16 ♏ 58	9 ♐ 41	2 ♏ 33	24 ♒ 11	19 ♑ 30	19 ♑ 8	25 ♏ 37	23 ♈	25 ♒	15 ♎	4 ♓	8 ♍
24	1 ♐ 20	29 ♓ 15	3 ♐ 7	3 ♐ 3	11 ♏ 45	18 ♏ 13	10 ♐ 25	2 ♏ 46	24 ♒ 13	19 ♑ 33	19 ♑ 10	25 ♏ 39	23 ♈	25 ♒	15 ♎	4 ♓	8 ♍
25	2 ♐ 21	11 ♈ 5	3 ♐ 4	3 ♐ 3	12 ♏ 52	19 ♏ 29	11 ♐ 8	2 ♏ 58	24 ♒ 16	19 ♑ 36	19 ♑ 11	25 ♏ 42	23 ♈	25 ♒	15 ♎	4 ♓	8 ♍
26	3 ♐ 21	22 ♈ 56	3 ♐ 1	3 D 2	14 ♏ 3	20 ♏ 44	11 ♐ 52	3 ♏ 10	24 ♒ 19	19 ♑ 38	19 ♑ 13	25 ♏ 44	23 ♈	25 ♒	16 ♎	4 ♓	8 ♍
27	4 ♐ 22	4 ♉ 51	2 ♐ 58	3 ♐ 2	15 ♏ 17	21 ♏ 59	12 ♐ 36	3 ♏ 22	24 ♒ 22	19 ♑ 41	19 ♑ 15	25 ♏ 46	23 ♈	25 ♒	16 ♎	5 ♓	8 ♍
28	5 ♐ 23	16 ♉ 53	2 ♐ 55	3 ♐ 3	16 ♏ 34	23 ♏ 15	13 ♐ 20	3 ♏ 34	24 ♒ 25	19 ♑ 44	19 ♑ 17	25 ♏ 49	22 ♈	26 ♒	16 ♎	5 ♓	8 ♍
29	6 ♐ 24	29 ♉ 4	2 ♐ 51	3 ♐ 3	17 ♏ 54	24 ♏ 30	14 ♐ 4	3 ♏ 46	24 ♒ 28	19 ♑ 47	19 ♑ 18	25 ♏ 51	22 ♈	26 ♒	17 ♎	5 ♓	8 ♍
30	7 ♐ 24	11 ♊ 27	2 ♐ 48	3 R 3	19 ♏ 15	25 ♏ 45	14 ♐ 48	3 ♏ 58	24 ♒ 31	19 ♑ 49	19 ♑ 20	25 ♏ 54	22 ♈	26 ♒	17 ♎	5 ♓	8 ♍

SUN INGRESS: ☉ → ♐ 22日 16:07

MOON PHASE: ◑ 7日 15:36 ♌ ● 14日 06:34 ♏ ◐ 21日 11:03 ♒ ○ 29日 15:31 ♊

aspects		
2日	07:25	♂☌♇
2日	10:36	☿⚹♅
2日	12:31	☿⚹♆
4日	09:43	♀△♄
6日	12:33	☉☌☿
9日	04:57	♀☌♃
11日	14:57	☉⚹♆
11日	19:57	☉⚹♅
14日	17:38	☿☌♀
16日	16:14	☉□♄
18日	03:25	☉☌♇
24日	18:27	♀⚹♆
25日	02:23	♀⚹♅
28日	23:23	♀□♄
30日	01:26	☿⚹♆
30日	02:42	♀☌♇
30日	10:16	☿⚹♅

1993年12月

DAY	☉	☽	☊ mean	☊ true	☿	♀	♂	♃	♄	♅	♆	♇	⚳	⚴	⚵	⚶	⚷
	° ′	° ′	° ′	° ′	° ′	° ′	° ′	° ′	° ′	° ′	° ′	° ′	°	°	°	°	°
1	8 ♐ 25	24 ♊ 1	2 ♐ 45	3 R 2	20 D 39	27 D 1	15 D 32	4 D 10	24 D 35	19 D 52	19 D 22	25 D 56	22 R	26 D	17 D	6 D	8 D
2	9 ♐ 26	6 ♋ 47	2 ♐ 42	3 ♐ 2	22 ♏ 3	28 ♏ 16	16 ♐ 17	4 ♏ 22	24 ♒ 38	19 ♑ 55	19 ♑ 24	25 ♏ 58	22 ♈	26 ♒	18 ♎	6 ♓	8 ♍
3	10 ♐ 27	19 ♋ 47	2 ♐ 39	3 ♐ 1	23 ♏ 29	29 ♏ 32	17 ♐ 1	4 ♏ 34	24 ♒ 41	19 ♑ 58	19 ♑ 26	26 ♏ 1	22 ♈	26 ♒	18 ♎	6 ♓	8 ♍
4	11 ♐ 27	3 ♌ 1	2 ♐ 35	3 ♐ 0	24 ♏ 56	0 ♐ 47	17 ♐ 45	4 ♏ 45	24 ♒ 45	20 ♑ 1	19 ♑ 28	26 ♏ 3	22 ♈	27 ♒	18 ♎	7 ♓	8 ♍
5	12 ♐ 28	16 ♌ 28	2 ♐ 32	2 ♐ 59	26 ♏ 24	2 ♐ 2	18 ♐ 30	4 ♏ 57	24 ♒ 49	20 ♑ 4	19 ♑ 29	26 ♏ 5	22 ♈	27 ♒	19 ♎	7 ♓	8 ♍
6	13 ♐ 29	0 ♍ 9	2 ♐ 29	2 ♐ 58	27 ♏ 53	3 ♐ 18	19 ♐ 14	5 ♏ 9	24 ♒ 52	20 ♑ 7	19 ♑ 31	26 ♏ 8	22 ♈	27 ♒	19 ♎	7 ♓	8 ♍
7	14 ♐ 30	14 ♍ 4	2 ♐ 26	2 ♐ 58	29 ♏ 22	4 ♐ 33	19 ♐ 59	5 ♏ 20	24 ♒ 56	20 ♑ 10	19 ♑ 33	26 ♏ 10	22 ♈	27 ♒	19 ♎	8 ♓	9 ♍
8	15 ♐ 31	28 ♍ 11	2 ♐ 23	2 D 58	0 ♐ 52	5 ♐ 49	20 ♐ 43	5 ♏ 31	25 ♒ 0	20 ♑ 13	19 ♑ 35	26 ♏ 12	22 ♈	27 ♒	20 ♎	8 ♓	9 ♍
9	16 ♐ 32	12 ♎ 29	2 ♐ 20	2 ♐ 59	2 ♐ 22	7 ♐ 4	21 ♐ 28	5 ♏ 43	25 ♒ 4	20 ♑ 16	19 ♑ 37	26 ♏ 15	22 ♈	28 ♒	20 ♎	8 ♓	9 ♍
10	17 ♐ 33	26 ♎ 56	2 ♐ 16	3 ♐ 0	3 ♐ 53	8 ♐ 20	22 ♐ 12	5 ♏ 54	25 ♒ 8	20 ♑ 19	19 ♑ 39	26 ♏ 17	22 ♈	28 ♒	20 ♎	8 ♓	9 ♍
11	18 ♐ 34	11 ♏ 27	2 ♐ 13	3 ♐ 1	5 ♐ 24	9 ♐ 35	22 ♐ 57	6 ♏ 5	25 ♒ 12	20 ♑ 23	19 ♑ 41	26 ♏ 19	22 ♈	28 ♒	20 ♎	9 ♓	9 ♍
12	19 ♐ 35	25 ♏ 59	2 ♐ 10	3 ♐ 2	6 ♐ 55	10 ♐ 51	23 ♐ 42	6 ♏ 17	25 ♒ 17	20 ♑ 26	19 ♑ 43	26 ♏ 21	22 D	28 ♒	21 ♎	9 ♓	9 ♍
13	20 ♐ 36	10 ♐ 25	2 ♐ 7	3 R 2	8 ♐ 27	12 ♐ 6	24 ♐ 27	6 ♏ 28	25 ♒ 21	20 ♑ 29	19 ♑ 45	26 ♏ 24	22 ♈	29 ♒	21 ♎	9 ♓	9 ♍
14	21 ♐ 37	24 ♐ 39	2 ♐ 4	3 ♐ 1	9 ♐ 58	13 ♐ 22	25 ♐ 11	6 ♏ 39	25 ♒ 25	20 ♑ 32	19 ♑ 47	26 ♏ 26	22 ♈	29 ♒	21 ♎	10 ♓	9 ♍
15	22 ♐ 38	8 ♑ 38	2 ♐ 1	2 ♐ 59	11 ♐ 30	14 ♐ 37	25 ♐ 56	6 ♏ 50	25 ♒ 30	20 ♑ 35	19 ♑ 49	26 ♏ 28	22 ♈	29 ♒	22 ♎	10 ♓	9 ♍
16	23 ♐ 39	22 ♑ 17	1 ♐ 57	2 ♐ 56	13 ♐ 2	15 ♐ 53	26 ♐ 41	7 ♏ 0	25 ♒ 34	20 ♑ 39	19 ♑ 51	26 ♏ 30	22 ♈	29 ♒	22 ♎	10 ♓	9 ♍
17	24 ♐ 40	5 ♒ 34	1 ♐ 54	2 ♐ 52	14 ♐ 35	17 ♐ 8	27 ♐ 26	7 ♏ 11	25 ♒ 39	20 ♑ 42	19 ♑ 54	26 ♏ 32	22 ♈	29 ♒	22 ♎	11 ♓	9 ♍
18	25 ♐ 41	18 ♒ 28	1 ♐ 51	2 ♐ 49	16 ♐ 7	18 ♐ 24	28 ♐ 11	7 ♏ 22	25 ♒ 44	20 ♑ 45	19 ♑ 56	26 ♏ 35	22 ♈	0 ♓	22 ♎	11 ♓	9 ♍
19	26 ♐ 42	1 ♓ 2	1 ♐ 48	2 ♐ 46	17 ♐ 40	19 ♐ 39	28 ♐ 56	7 ♏ 32	25 ♒ 49	20 ♑ 48	19 ♑ 58	26 ♏ 37	22 ♈	0 ♓	23 ♎	11 ♓	9 ♍
20	27 ♐ 43	13 ♓ 19	1 ♐ 45	2 ♐ 44	19 ♐ 13	20 ♐ 55	29 ♐ 42	7 ♏ 43	25 ♒ 53	20 ♑ 52	20 ♑ 0	26 ♏ 39	22 ♈	0 ♓	23 ♎	12 ♓	9 ♍
21	28 ♐ 45	25 ♓ 22	1 ♐ 41	2 ♐ 43	20 ♐ 46	22 ♐ 10	0 ♑ 27	7 ♏ 53	25 ♒ 58	20 ♑ 55	20 ♑ 2	26 ♏ 41	22 ♈	0 ♓	23 ♎	12 ♓	9 ♍
22	29 ♐ 46	7 ♈ 16	1 ♐ 38	2 D 43	22 ♐ 19	23 ♐ 26	1 ♑ 12	8 ♏ 4	26 ♒ 3	20 ♑ 59	20 ♑ 4	26 ♏ 43	22 ♈	1 ♓	24 ♎	13 ♓	9 ♍
23	0 ♑ 47	19 ♈ 6	1 ♐ 35	2 ♐ 44	23 ♐ 53	24 ♐ 41	1 ♑ 57	8 ♏ 14	26 ♒ 9	21 ♑ 2	20 ♑ 6	26 ♏ 45	22 ♈	1 ♓	24 ♎	13 ♓	9 ♍
24	1 ♑ 48	0 ♉ 57	1 ♐ 32	2 ♐ 46	25 ♐ 26	25 ♐ 57	2 ♑ 42	8 ♏ 24	26 ♒ 14	21 ♑ 5	20 ♑ 9	26 ♏ 47	22 ♈	1 ♓	24 ♎	13 ♓	9 R
25	2 ♑ 49	12 ♉ 53	1 ♐ 29	2 ♐ 48	27 ♐ 0	27 ♐ 12	3 ♑ 28	8 ♏ 34	26 ♒ 19	21 ♑ 9	20 ♑ 11	26 ♏ 49	22 ♈	1 ♓	24 ♎	14 ♓	9 ♍
26	3 ♑ 50	25 ♉ 0	1 ♐ 26	2 ♐ 49	28 ♐ 34	28 ♐ 28	4 ♑ 13	8 ♏ 44	26 ♒ 24	21 ♑ 12	20 ♑ 13	26 ♏ 51	22 ♈	2 ♓	25 ♎	14 ♓	9 ♍
27	4 ♑ 51	7 ♊ 20	1 ♐ 22	2 R 50	0 ♑ 8	29 ♐ 43	4 ♑ 59	8 ♏ 54	26 ♒ 30	21 ♑ 16	20 ♑ 15	26 ♏ 53	22 ♈	2 ♓	25 ♎	14 ♓	9 ♍
28	5 ♑ 52	19 ♊ 56	1 ♐ 19	2 ♐ 48	1 ♑ 43	0 ♑ 59	5 ♑ 44	9 ♏ 4	26 ♒ 35	21 ♑ 19	20 ♑ 17	26 ♏ 55	23 ♈	2 ♓	25 ♎	15 ♓	9 ♍
29	6 ♑ 53	2 ♋ 50	1 ♐ 16	2 ♐ 45	3 ♑ 17	2 ♑ 14	6 ♑ 30	9 ♏ 13	26 ♒ 41	21 ♑ 22	20 ♑ 20	26 ♏ 57	23 ♈	2 ♓	25 ♎	15 ♓	9 ♍
30	7 ♑ 55	16 ♋ 0	1 ♐ 13	2 ♐ 40	4 ♑ 52	3 ♑ 30	7 ♑ 15	9 ♏ 23	26 ♒ 46	21 ♑ 26	20 ♑ 22	26 ♏ 59	23 ♈	3 ♓	26 ♎	15 ♓	9 ♍
31	8 ♑ 56	29 ♋ 26	1 ♐ 10	2 ♐ 35	6 ♑ 28	4 ♑ 45	8 ♑ 1	9 ♏ 32	26 ♒ 52	21 ♑ 29	20 ♑ 24	27 ♏ 1	23 ♈	3 ♓	26 ♎	16 ♓	9 ♍

SUN INGRESS: ☉ → ♑ 22日 05:26

MOON PHASE: ◑ 7日 00:49 ♍ ● 13日 18:27 ♐ ◐ 21日 07:26 ♓ ○ 29日 08:05 ♋

aspects		
3日	20:50	☿□♄
4日	18:47	☿☌♇
14日	08:18	♂⚹♄
18日	01:04	☉⚹♄
24日	05:47	♀⚹♄
24日	12:54	☿⚹♄
25日	16:02	☿☌♀
27日	11:29	☉☌♂
31日	16:56	☉⚹♃

1994年1月

DAY	☉	☽	☊ mean	☊ true	☿	♀	♂	♃	♄	♅	♆	♇	⚳	⚴	⚵	⚶	⚷
	° ′	° ′	° ′	° ′	° ′	° ′	° ′	° ′	° ′	° ′	° ′	° ′	°	°	°	°	°
1	9 ♑ 57	13 ♌ 6	1 ♐ 7	2 R 28	8 D 3	6 D 1	8 D 47	9 D 42	26 D 57	21 D 33	20 D 26	27 D 3	23 D	3 D	26 D	16 D	9 R
2	10 ♑ 58	26 ♌ 57	1 ♐ 3	2 ♐ 22	9 ♑ 39	7 ♑ 16	9 ♑ 32	9 ♏ 51	27 ♒ 3	21 ♑ 36	20 ♑ 29	27 ♏ 5	23 ♈	4 ♓	26 ♎	17 ♓	9 ♍
3	11 ♑ 59	10 ♍ 56	1 ♐ 0	2 ♐ 17	11 ♑ 16	8 ♑ 32	10 ♑ 18	10 ♏ 0	27 ♒ 9	21 ♑ 40	20 ♑ 31	27 ♏ 7	23 ♈	4 ♓	26 ♎	17 ♓	9 ♍
4	13 ♑ 0	24 ♍ 59	0 ♐ 57	2 ♐ 14	12 ♑ 52	9 ♑ 47	11 ♑ 4	10 ♏ 9	27 ♒ 15	21 ♑ 43	20 ♑ 33	27 ♏ 9	23 ♈	4 ♓	27 ♎	17 ♓	9 ♍
5	14 ♑ 1	9 ♎ 6	0 ♐ 54	2 ♐ 12	14 ♑ 29	11 ♑ 3	11 ♑ 50	10 ♏ 18	27 ♒ 21	21 ♑ 47	20 ♑ 35	27 ♏ 11	24 ♈	4 ♓	27 ♎	18 ♓	9 ♍
6	15 ♑ 3	23 ♎ 14	0 ♐ 51	2 D 12	16 ♑ 7	12 ♑ 18	12 ♑ 36	10 ♏ 26	27 ♒ 27	21 ♑ 51	20 ♑ 38	27 ♏ 12	24 ♈	5 ♓	27 ♎	18 ♓	9 ♍
7	16 ♑ 4	7 ♏ 22	0 ♐ 47	2 ♐ 13	17 ♑ 44	13 ♑ 34	13 ♑ 21	10 ♏ 35	27 ♒ 33	21 ♑ 54	20 ♑ 40	27 ♏ 14	24 ♈	5 ♓	27 ♎	19 ♓	9 ♍
8	17 ♑ 5	21 ♏ 28	0 ♐ 44	2 ♐ 15	19 ♑ 23	14 ♑ 49	14 ♑ 7	10 ♏ 44	27 ♒ 39	21 ♑ 58	20 ♑ 42	27 ♏ 16	24 ♈	5 ♓	28 ♎	19 ♓	9 ♍
9	18 ♑ 6	5 ♐ 30	0 ♐ 41	2 R 15	21 ♑ 1	16 ♑ 5	14 ♑ 53	10 ♏ 52	27 ♒ 45	22 ♑ 1	20 ♑ 44	27 ♏ 18	24 ♈	5 ♓	28 ♎	19 ♓	9 ♍
10	19 ♑ 7	19 ♐ 28	0 ♐ 38	2 ♐ 14	22 ♑ 40	17 ♑ 20	15 ♑ 39	11 ♏ 0	27 ♒ 51	22 ♑ 5	20 ♑ 47	27 ♏ 19	24 ♈	6 ♓	28 ♎	20 ♓	9 ♍
11	20 ♑ 8	3 ♑ 17	0 ♐ 35	2 ♐ 10	24 ♑ 20	18 ♑ 36	16 ♑ 26	11 ♏ 8	27 ♒ 57	22 ♑ 8	20 ♑ 49	27 ♏ 21	25 ♈	6 ♓	28 ♎	20 ♓	8 ♍
12	21 ♑ 10	16 ♑ 55	0 ♐ 32	2 ♐ 4	25 ♑ 59	19 ♑ 51	17 ♑ 12	11 ♏ 16	28 ♒ 4	22 ♑ 12	20 ♑ 51	27 ♏ 23	25 ♈	6 ♓	28 ♎	20 ♓	8 ♍
13	22 ♑ 11	0 ♒ 19	0 ♐ 28	1 ♐ 56	27 ♑ 39	21 ♑ 7	17 ♑ 58	11 ♏ 24	28 ♒ 10	22 ♑ 15	20 ♑ 53	27 ♏ 24	25 ♈	7 ♓	29 ♎	21 ♓	8 ♍
14	23 ♑ 12	13 ♒ 26	0 ♐ 25	1 ♐ 46	29 ♑ 20	22 ♑ 22	18 ♑ 44	11 ♏ 32	28 ♒ 16	22 ♑ 19	20 ♑ 56	27 ♏ 26	25 ♈	7 ♓	29 ♎	21 ♓	8 ♍
15	24 ♑ 13	26 ♒ 16	0 ♐ 22	1 ♐ 36	1 ♒ 1	23 ♑ 38	19 ♑ 30	11 ♏ 40	28 ♒ 23	22 ♑ 23	20 ♑ 58	27 ♏ 27	25 ♈	7 ♓	29 ♎	22 ♓	8 ♍
16	25 ♑ 14	8 ♓ 49	0 ♐ 19	1 ♐ 27	2 ♒ 42	24 ♑ 53	20 ♑ 17	11 ♏ 47	28 ♒ 29	22 ♑ 26	21 ♑ 0	27 ♏ 29	25 ♈	7 ♓	29 ♎	22 ♓	8 ♍
17	26 ♑ 15	21 ♓ 5	0 ♐ 16	1 ♐ 19	4 ♒ 24	26 ♑ 9	21 ♑ 3	11 ♏ 55	28 ♒ 36	22 ♑ 30	21 ♑ 3	27 ♏ 30	26 ♈	8 ♓	29 ♎	22 ♓	8 ♍
18	27 ♑ 16	3 ♈ 8	0 ♐ 13	1 ♐ 14	6 ♒ 5	27 ♑ 24	21 ♑ 49	12 ♏ 2	28 ♒ 42	22 ♑ 33	21 ♑ 5	27 ♏ 32	26 ♈	8 ♓	29 ♎	23 ♓	8 ♍
19	28 ♑ 17	15 ♈ 2	0 ♐ 9	1 ♐ 10	7 ♒ 47	28 ♑ 39	22 ♑ 35	12 ♏ 9	28 ♒ 49	22 ♑ 37	21 ♑ 7	27 ♏ 33	26 ♈	8 ♓	0 ♏	23 ♓	8 ♍
20	29 ♑ 18	26 ♈ 52	0 ♐ 6	1 ♐ 9	9 ♒ 29	29 ♑ 55	23 ♑ 22	12 ♏ 16	28 ♒ 56	22 ♑ 40	21 ♑ 9	27 ♏ 35	26 ♈	9 ♓	0 ♏	24 ♓	8 ♍
21	0 ♒ 20	8 ♉ 42	0 ♐ 3	1 D 9	11 ♒ 11	1 ♒ 10	24 ♑ 8	12 ♏ 23	29 ♒ 2	22 ♑ 44	21 ♑ 12	27 ♏ 36	26 ♈	9 ♓	0 ♏	24 ♓	8 ♍
22	1 ♒ 21	20 ♉ 38	0 ♐ 0	1 ♐ 10	12 ♒ 53	2 ♒ 26	24 ♑ 55	12 ♏ 29	29 ♒ 9	22 ♑ 47	21 ♑ 14	27 ♏ 37	27 ♈	9 ♓	0 ♏	25 ♓	8 ♍
23	2 ♒ 22	2 ♊ 45	29 ♏ 57	1 R 11	14 ♒ 34	3 ♒ 41	25 ♑ 41	12 ♏ 36	29 ♒ 16	22 ♑ 51	21 ♑ 16	27 ♏ 39	27 ♈	10 ♓	0 ♏	25 ♓	8 ♍
24	3 ♒ 23	15 ♊ 9	29 ♏ 53	1 ♐ 10	16 ♒ 15	4 ♒ 57	26 ♑ 28	12 ♏ 42	29 ♒ 23	22 ♑ 54	21 ♑ 18	27 ♏ 40	27 ♈	10 ♓	0 ♏	25 ♓	8 ♍
25	4 ♒ 24	27 ♊ 53	29 ♏ 50	1 ♐ 6	17 ♒ 56	6 ♒ 12	27 ♑ 14	12 ♏ 48	29 ♒ 29	22 ♑ 58	21 ♑ 21	27 ♏ 41	27 ♈	10 ♓	1 ♏	26 ♓	8 ♍
26	5 ♒ 25	10 ♋ 59	29 ♏ 47	1 ♐ 0	19 ♒ 35	7 ♒ 27	28 ♑ 1	12 ♏ 54	29 ♒ 36	23 ♑ 1	21 ♑ 23	27 ♏ 43	28 ♈	11 ♓	1 ♏	26 ♓	8 ♍
27	6 ♒ 26	24 ♋ 28	29 ♏ 44	0 ♐ 52	21 ♒ 13	8 ♒ 43	28 ♑ 47	13 ♏ 0	29 ♒ 43	23 ♑ 5	21 ♑ 25	27 ♏ 44	28 ♈	11 ♓	1 ♏	27 ♓	8 ♍
28	7 ♒ 27	8 ♌ 19	29 ♏ 41	0 ♐ 42	22 ♒ 50	9 ♒ 58	29 ♑ 34	13 ♏ 6	29 ♒ 50	23 ♑ 8	21 ♑ 27	27 ♏ 45	28 ♈	11 ♓	1 ♏	27 ♓	8 ♍
29	8 ♒ 27	22 ♌ 27	29 ♏ 38	0 ♐ 30	24 ♒ 25	11 ♒ 13	0 ♒ 21	13 ♏ 11	29 ♒ 57	23 ♑ 12	21 ♑ 29	27 ♏ 46	28 ♈	12 ♓	1 ♏	27 ♓	8 ♍
30	9 ♒ 28	6 ♍ 48	29 ♏ 34	0 ♐ 19	25 ♒ 57	12 ♒ 29	1 ♒ 7	13 ♏ 17	0 ♓ 4	23 ♑ 15	21 ♑ 32	27 ♏ 47	29 ♈	12 ♓	1 ♏	28 ♓	8 ♍
31	10 ♒ 29	21 ♍ 14	29 ♏ 31	0 ♐ 10	27 ♒ 27	13 ♒ 44	1 ♒ 54	13 ♏ 22	0 ♓ 11	23 ♑ 19	21 ♑ 34	27 ♏ 48	29 ♈	12 ♓	1 ♏	28 ♓	7 ♍

SUN INGRESS	☉ → ♒ 20日 16:07
MOON PHASE	◑ 5日 09:01 ♎ ● 12日 08:10 ♑ ◐ 20日 05:27 ♈ ○ 27日 22:23 ♌

aspects

1日	20:37	☿ ☌ ♂
2日	03:09	☿ ⚹ ♃
2日	12:08	♂ ⚹ ♃
2日	12:12	♄ □ ♇
4日	05:21	☉ ☌ ☿
4日	07:47	♀ ⚹ ♃
6日	14:01	♀ ☌ ♂
8日	19:50	☿ ☌ ♆
9日	15:07	☿ ☌ ♅
11日	16:33	☉ ☌ ♆
12日	19:40	♀ ☌ ♆
12日	20:19	☿ ⚹ ♇
13日	01:59	☉ ☌ ♅
13日	22:56	♀ ☌ ♅
16日	23:53	♂ ☌ ♆
17日	11:04	☉ ☌ ♀
18日	02:33	♀ ⚹ ♇
18日	06:17	☉ ⚹ ♇
19日	00:43	♂ ☌ ♅
21日	18:04	☿ □ ♃
25日	14:20	♂ ⚹ ♇
30日	16:29	♀ □ ♃
31日	06:01	☿ □ ♇

1994年2月

DAY	☉	☽	☊ mean	☊ true	☿	♀	♂	♃	♄	♅	♆	♇	⚳	⚴	⚵	⚶	⚷
	° ′	° ′	° ′	° ′	° ′	° ′	° ′	° ′	° ′	° ′	° ′	° ′	°	°	°	°	°
1	11 ♒ 30	5 ♎ 40	29 ♏ 28	0 R 3	28 D 53	14 D 59	2 D 41	13 D 27	0 D 18	23 D 22	21 D 36	27 D 49	29 D	12 D	1 D	29 D	7 R
2	12 ♒ 31	20 ♎ 1	29 ♏ 25	29 ♏ 58	0 ♓ 15	16 ♒ 15	3 ♒ 28	13 ♏ 32	0 ♓ 25	23 ♑ 26	21 ♑ 38	27 ♏ 50	29 ♈	13 ♓	1 ♏	29 ♓	7 ♍
3	13 ♒ 32	4 ♏ 14	29 ♏ 22	29 ♏ 57	1 ♓ 32	17 ♒ 30	4 ♒ 14	13 ♏ 37	0 ♓ 32	23 ♑ 29	21 ♑ 40	27 ♏ 51	0 ♉	13 ♓	2 ♏	0 ♈	7 ♍
4	14 ♒ 33	18 ♏ 17	29 ♏ 18	29 D 56	2 ♓ 44	18 ♒ 45	5 ♒ 1	13 ♏ 41	0 ♓ 39	23 ♑ 32	21 ♑ 42	27 ♏ 52	0 ♉	13 ♓	2 ♏	0 ♈	7 ♍
5	15 ♒ 34	2 ♐ 9	29 ♏ 15	29 R 56	3 ♓ 50	20 ♒ 1	5 ♒ 48	13 ♏ 46	0 ♓ 46	23 ♑ 36	21 ♑ 45	27 ♏ 53	0 ♉	14 ♓	2 ♏	0 ♈	7 ♍
6	16 ♒ 35	15 ♐ 52	29 ♏ 12	29 ♏ 56	4 ♓ 48	21 ♒ 16	6 ♒ 35	13 ♏ 50	0 ♓ 53	23 ♑ 39	21 ♑ 47	27 ♏ 54	0 ♉	14 ♓	2 ♏	1 ♈	7 ♍
7	17 ♒ 35	29 ♐ 25	29 ♏ 9	29 ♏ 53	5 ♓ 39	22 ♒ 31	7 ♒ 22	13 ♏ 54	1 ♓ 1	23 ♑ 42	21 ♑ 49	27 ♏ 55	1 ♉	14 ♓	2 ♏	1 ♈	7 ♍
8	18 ♒ 36	12 ♑ 48	29 ♏ 6	29 ♏ 47	6 ♓ 22	23 ♒ 46	8 ♒ 9	13 ♏ 58	1 ♓ 8	23 ♑ 46	21 ♑ 51	27 ♏ 55	1 ♉	15 ♓	2 ♏	2 ♈	7 ♍
9	19 ♒ 37	26 ♑ 1	29 ♏ 3	29 ♏ 38	6 ♓ 55	25 ♒ 2	8 ♒ 56	14 ♏ 2	1 ♓ 15	23 ♑ 49	21 ♑ 53	27 ♏ 56	1 ♉	15 ♓	2 ♏	2 ♈	7 ♍
10	20 ♒ 38	9 ♒ 3	28 ♏ 59	29 ♏ 26	7 ♓ 18	26 ♒ 17	9 ♒ 43	14 ♏ 6	1 ♓ 22	23 ♑ 52	21 ♑ 55	27 ♏ 57	2 ♉	15 ♓	2 ♏	3 ♈	7 ♍
11	21 ♒ 38	21 ♒ 53	28 ♏ 56	29 ♏ 12	7 ♓ 31	27 ♒ 32	10 ♒ 29	14 ♏ 9	1 ♓ 29	23 ♑ 56	21 ♑ 57	27 ♏ 58	2 ♉	16 ♓	2 ♏	3 ♈	7 ♍
12	22 ♒ 39	4 ♓ 30	28 ♏ 53	28 ♏ 58	7 R 34	28 ♒ 47	11 ♒ 16	14 ♏ 12	1 ♓ 37	23 ♑ 59	21 ♑ 59	27 ♏ 58	2 ♉	16 ♓	2 ♏	3 ♈	7 ♍
13	23 ♒ 40	16 ♓ 54	28 ♏ 50	28 ♏ 45	7 ♓ 25	0 ♓ 2	12 ♒ 3	14 ♏ 15	1 ♓ 44	24 ♑ 2	22 ♑ 1	27 ♏ 59	2 ♉	16 ♓	2 ♏	4 ♈	7 ♍
14	24 ♒ 41	29 ♓ 5	28 ♏ 47	28 ♏ 33	7 ♓ 7	1 ♓ 18	12 ♒ 50	14 ♏ 18	1 ♓ 51	24 ♑ 5	22 ♑ 3	27 ♏ 59	3 ♉	17 ♓	2 ♏	4 ♈	7 ♍
15	25 ♒ 41	11 ♈ 5	28 ♏ 44	28 ♏ 23	6 ♓ 38	2 ♓ 33	13 ♒ 38	14 ♏ 21	1 ♓ 58	24 ♑ 8	22 ♑ 5	28 ♏ 0	3 ♉	17 ♓	2 ♏	5 ♈	6 ♍
16	26 ♒ 42	22 ♈ 57	28 ♏ 40	28 ♏ 17	5 ♓ 59	3 ♓ 48	14 ♒ 25	14 ♏ 23	2 ♓ 6	24 ♑ 12	22 ♑ 7	28 ♏ 1	3 ♉	17 ♓	2 ♏	5 ♈	6 ♍
17	27 ♒ 42	4 ♉ 45	28 ♏ 37	28 ♏ 13	5 ♓ 12	5 ♓ 3	15 ♒ 12	14 ♏ 26	2 ♓ 13	24 ♑ 15	22 ♑ 9	28 ♏ 1	4 ♉	18 ♓	2 ♏	6 ♈	6 ♍
18	28 ♒ 43	16 ♉ 33	28 ♏ 34	28 ♏ 12	4 ♓ 18	6 ♓ 18	15 ♒ 59	14 ♏ 28	2 ♓ 20	24 ♑ 18	22 ♑ 11	28 ♏ 1	4 ♉	18 ♓	2 ♏	6 ♈	6 ♍
19	29 ♒ 43	28 ♉ 27	28 ♏ 31	28 D 12	3 ♓ 18	7 ♓ 33	16 ♒ 46	14 ♏ 30	2 ♓ 28	24 ♑ 21	22 ♑ 13	28 ♏ 2	4 ♉	18 ♓	2 ♏	6 ♈	6 ♍
20	0 ♓ 44	10 ♊ 32	28 ♏ 28	28 R 12	2 ♓ 14	8 ♓ 48	17 ♒ 33	14 ♏ 31	2 ♓ 35	24 ♑ 24	22 ♑ 15	28 ♏ 2	5 ♉	19 ♓	2 R	7 ♈	6 ♍
21	1 ♓ 44	22 ♊ 54	28 ♏ 24	28 ♏ 10	1 ♓ 7	10 ♓ 3	18 ♒ 20	14 ♏ 33	2 ♓ 42	24 ♑ 27	22 ♑ 17	28 ♏ 3	5 ♉	19 ♓	2 ♏	7 ♈	6 ♍
22	2 ♓ 45	5 ♋ 38	28 ♏ 21	28 ♏ 7	0 ♓ 0	11 ♓ 18	19 ♒ 7	14 ♏ 34	2 ♓ 49	24 ♑ 30	22 ♑ 19	28 ♏ 3	5 ♉	19 ♓	2 ♏	8 ♈	6 ♍
23	3 ♓ 45	18 ♋ 48	28 ♏ 18	28 ♏ 1	28 ♒ 54	12 ♓ 33	19 ♒ 54	14 ♏ 36	2 ♓ 57	24 ♑ 33	22 ♑ 20	28 ♏ 3	6 ♉	20 ♓	2 ♏	8 ♈	6 ♍
24	4 ♓ 46	2 ♌ 25	28 ♏ 15	27 ♏ 52	27 ♒ 51	13 ♓ 48	20 ♒ 41	14 ♏ 37	3 ♓ 4	24 ♑ 36	22 ♑ 22	28 ♏ 3	6 ♉	20 ♓	2 ♏	9 ♈	6 ♍
25	5 ♓ 46	16 ♌ 29	28 ♏ 12	27 ♏ 42	26 ♒ 51	15 ♓ 3	21 ♒ 28	14 ♏ 37	3 ♓ 11	24 ♑ 39	22 ♑ 24	28 ♏ 3	6 ♉	20 ♓	2 ♏	9 ♈	6 ♍
26	6 ♓ 46	0 ♍ 56	28 ♏ 9	27 ♏ 30	25 ♒ 56	16 ♓ 18	22 ♒ 16	14 ♏ 38	3 ♓ 19	24 ♑ 42	22 ♑ 26	28 ♏ 4	6 ♉	21 ♓	2 ♏	10 ♈	6 ♍
27	7 ♓ 47	15 ♍ 40	28 ♏ 5	27 ♏ 18	25 ♒ 7	17 ♓ 33	23 ♒ 3	14 ♏ 39	3 ♓ 26	24 ♑ 44	22 ♑ 27	28 ♏ 4	7 ♉	21 ♓	2 ♏	10 ♈	6 ♍
28	8 ♓ 47	0 ♎ 33	28 ♏ 2	27 ♏ 8	24 ♒ 25	18 ♓ 48	23 ♒ 50	14 ♏ 39	3 ♓ 33	24 ♑ 47	22 ♑ 29	28 ♏ 4	7 ♉	22 ♓	2 ♏	10 ♈	5 ♍

SUN INGRESS	☉ → ♓ 19日 06:22
MOON PHASE	◑ 3日 17:06 ♏ ● 10日 23:30 ♒ ◐ 19日 02:47 ♉ ○ 26日 10:15 ♍

aspects

2日	03:26	☿ ☌ ♄
3日	02:05	☉ □ ♃
11日	08:15	♀ □ ♇
14日	11:52	♀ ☌ ♄
15日	23:17	♂ □ ♃
17日	01:45	☿ ☌ ♀
17日	07:26	☉ □ ♇
19日	17:03	☿ ☌ ♄
20日	17:01	☉ ☌ ☿
22日	02:03	☉ ☌ ♄
23日	19:07	☿ □ ♇
24日	15:39	♀ △ ♃
28日	10:00	☿ ☌ ♂

1994年3月

DAY	☉	☽	☊ mean	☊ true	☿	♀	♂	♃	♄	♅	♆	♇	⚳	⚴	⚵	⚶	⚷
	° ′	° ′	° ′	° ′	° ′	° ′	° ′	° ′	° ′	° ′	° ′	° ′	°	°	°	°	°
1	9♓47	15♎26	27♏59	27 R 0	23 R 50	20 D 3	24 D 37	14 R 39	3 D 40	24 D 50	22 D 31	28 D 4	7 D	22 D	2 R	11 D	5 R
2	10♓47	0♏10	27♏56	26♏55	23♒21	21♓18	25♒24	14♏39	3♓48	24♑53	22♑33	28 R 4	8♉	22♓	2♏	11♈	5♍
3	11♓48	14♏40	27♏53	26♏53	23♒0	22♓33	26♒11	14♏38	3♓55	24♑55	22♑34	28♏4	8♉	23♓	2♏	12♈	5♍
4	12♓48	28♏53	27♏50	26 D 52	22♒46	23♓47	26♒59	14♏38	4♓2	24♑58	22♑36	28♏4	8♉	23♓	2♏	12♈	5♍
5	13♓48	12♐48	27♏46	26♏53	22♒38	25♓2	27♒46	14♏37	4♓9	25♑1	22♑37	28♏4	8♉	23♓	2♏	13♈	5♍
6	14♓48	26♐24	27♏43	26 R 52	22 D 38	26♓17	28♒33	14♏36	4♓17	25♑3	22♑39	28♏4	9♉	24♓	2♏	13♈	5♍
7	15♓48	9♑45	27♏40	26♏50	22♒43	27♓32	29♒20	14♏35	4♓24	25♑6	22♑41	28♏3	10♉	24♓	2♏	14♈	5♍
8	16♓48	22♑51	27♏37	26♏45	22♒55	28♓46	0♓7	14♏34	4♓31	25♑8	22♑42	28♏3	10♉	24♓	2♏	14♈	5♍
9	17♓48	5♒44	27♏34	26♏37	23♒12	0♈1	0♓55	14♏33	4♓38	25♑11	22♑44	28♏3	10♉	25♓	1♏	14♈	5♍
10	18♓48	18♒26	27♏30	26♏27	23♒34	1♈16	1♓42	14♏31	4♓45	25♑13	22♑45	28♏3	11♉	25♓	1♏	15♈	5♍
11	19♓48	0♓57	27♏27	26♏15	24♒2	2♈31	2♓29	14♏29	4♓53	25♑16	22♑47	28♏2	11♉	25♓	1♏	15♈	5♍
12	20♓48	13♓17	27♏24	26♏2	24♒34	3♈45	3♓16	14♏27	5♓0	25♑18	22♑48	28♏2	11♉	26♓	1♏	16♈	5♍
13	21♓48	25♓28	27♏21	25♏50	25♒11	5♈0	4♓3	14♏25	5♓7	25♑21	22♑49	28♏2	12♉	26♓	1♏	16♈	4♍
14	22♓48	7♈31	27♏18	25♏40	25♒51	6♈14	4♓50	14♏23	5♓14	25♑23	22♑51	28♏1	12♉	26♓	1♏	17♈	4♍
15	23♓48	19♈25	27♏15	25♏31	26♒36	7♈29	5♓38	14♏20	5♓21	25♑25	22♑52	28♏1	12♉	27♓	1♏	17♈	4♍
16	24♓47	1♉15	27♏11	25♏26	27♒24	8♈44	6♓25	14♏18	5♓28	25♑27	22♑53	28♏0	13♉	27♓	1♏	18♈	4♍
17	25♓47	13♉1	27♏8	25♏22	28♒15	9♈58	7♓12	14♏15	5♓35	25♑30	22♑55	28♏0	13♉	28♓	0♏	18♈	4♍
18	26♓47	24♉49	27♏5	25♏22	29♒9	11♈13	7♓59	14♏12	5♓42	25♑32	22♑56	27♏59	13♉	28♓	0♏	18♈	4♍
19	27♓47	6♊42	27♏2	25 D 22	1♓7	12♈27	8♓46	14♏8	5♓49	25♑34	22♑57	27♏59	14♉	28♓	0♏	19♈	4♍
20	28♓46	18♊46	26♏59	25♏23	1♓7	13♈41	9♓33	14♏5	5♓56	25♑36	22♑58	27♏58	14♉	29♓	0♏	19♈	4♍
21	29♓46	1♋5	26♏55	25 R 23	2♓10	14♈56	10♓21	14♏1	6♓3	25♑38	22♑59	27♏58	15♉	29♓	0♏	20♈	4♍
22	0♈46	13♋45	26♏52	25♏22	3♓15	16♈10	11♓8	13♏58	6♓10	25♑40	23♑1	27♏57	15♉	29♓	0♏	20♈	4♍
23	1♈45	26♋51	26♏49	25♏20	4♓22	17♈25	11♓55	13♏54	6♓17	25♑42	23♑2	27♏56	15♉	0♈	29♎	21♈	4♍
24	2♈45	10♌24	26♏46	25♏15	5♓32	18♈39	12♓42	13♏50	6♓23	25♑44	23♑3	27♏55	16♉	0♈	29♎	21♈	4♍
25	3♈44	24♌28	26♏43	25♏8	6♓44	19♈53	13♓29	13♏45	6♓30	25♑46	23♑4	27♏55	16♉	0♈	29♎	22♈	4♍
26	4♈43	8♍58	26♏40	25♏0	7♓58	21♈7	14♓16	13♏41	6♓37	25♑47	23♑5	27♏54	16♉	1♈	29♎	22♈	4♍
27	5♈43	23♍51	26♏36	24♏52	9♓14	22♈22	15♓3	13♏36	6♓44	25♑49	23♑6	27♏53	17♉	1♈	29♎	23♈	3♍
28	6♈42	8♎58	26♏33	24♏45	10♓32	23♈36	15♓50	13♏32	6♓50	25♑51	23♑7	27♏52	17♉	1♈	28♎	23♈	3♍
29	7♈42	24♎10	26♏30	24♏40	11♓51	24♈50	16♓37	13♏27	6♓57	25♑52	23♑8	27♏51	18♉	2♈	28♎	23♈	3♍
30	8♈41	9♏15	26♏27	24♏37	13♓12	26♈4	17♓24	13♏22	7♓4	25♑54	23♑9	27♏50	18♉	2♈	28♎	24♈	3♍
31	9♈40	24♏6	26♏24	24♏36	14♓35	27♈18	18♓11	13♏17	7♓10	25♑56	23♑9	27♏50	18♉	3♈	28♎	24♈	3♍

SUN INGRESS	☉ → ♈ 21日 05:28
MOON PHASE	◑ 5日 01:53 ♐　● 12日 16:05 ♓　◐ 20日 21:14 ♊　○ 27日 20:10 ♎

aspects		
3日	00:32	♀⚹♆
4日	23:32	♀⚹♅
5日	09:08	♂□♇
5日	19:31	☉△♃
7日	10:10	♀△♇
14日	01:12	☉⚹♆
14日	14:01	♂☌♄
16日	16:40	☉⚹♅
16日	17:13	☿□♇
19日	04:51	☉△♃
24日	18:58	♀☌♄
25日	07:40	♂△♃
27日	14:32	♀□♆
29日	20:44	♀□♅
30日	02:34	☿△♃

1994年4月

DAY	☉	☽	☊ mean	☊ true	☿	♀	♂	♃	♄	♅	♆	♇	⚳	⚴	⚵	⚶	⚷
	° ′	° ′	° ′	° ′	° ′	° ′	° ′	° ′	° ′	° ′	° ′	° ′	°	°	°	°	°
1	10♈39	8♐36	26♏21	24 D 37	16 D 0	28 D 32	18 D 58	13 R 11	7 D 17	25 D 57	23 D 10	27 R 49	19 D	3 D	28 R	25 D	3 R
2	11♈39	22♐43	26♏17	24♏38	17♓27	29♈46	19♓45	13♏6	7♓23	25♑59	23♑11	27♏48	19♉	3♈	27♎	25♈	3♍
3	12♈38	6♑27	26♏14	24♏39	18♓54	1♉0	20♓32	13♏0	7♓30	26♑0	23♑12	27♏47	19♉	4♈	27♎	26♈	3♍
4	13♈37	19♑48	26♏11	24 R 39	20♓24	2♉14	21♓19	12♏54	7♓36	26♑1	23♑13	27♏46	20♉	4♈	27♎	26♈	3♍
5	14♈36	2♒48	26♏8	24♏37	21♓55	3♉28	22♓6	12♏49	7♓42	26♑3	23♑13	27♏44	20♉	4♈	27♎	27♈	3♍
6	15♈35	15♒32	26♏5	24♏34	23♓28	4♉42	22♓53	12♏43	7♓49	26♑4	23♑14	27♏43	21♉	5♈	27♎	27♈	3♍
7	16♈34	28♒1	26♏1	24♏29	25♓2	5♉56	23♓40	12♏37	7♓55	26♑5	23♑15	27♏42	21♉	5♈	26♎	27♈	3♍
8	17♈33	10♓17	25♏58	24♏23	26♓37	7♉10	24♓26	12♏30	8♓1	26♑7	23♑15	27♏41	21♉	5♈	26♎	28♈	3♍
9	18♈32	22♓25	25♏55	24♏16	28♓15	8♉23	25♓13	12♏24	8♓7	26♑8	23♑16	27♏40	22♉	6♈	26♎	28♈	3♍
10	19♈31	4♈24	25♏52	24♏9	29♓53	9♉37	26♓0	12♏17	8♓13	26♑9	23♑16	27♏39	22♉	6♈	26♎	29♈	3♍
11	20♈30	16♈18	25♏49	24♏4	1♈33	10♉51	26♓47	12♏11	8♓19	26♑10	23♑17	27♏38	23♉	7♈	25♎	29♈	3♍
12	21♈29	28♈8	25♏46	24♏0	3♈15	12♉5	27♓34	12♏4	8♓25	26♑11	23♑17	27♏36	23♉	7♈	25♎	0♉	3♍
13	22♈28	9♉55	25♏42	23♏57	4♈58	13♉18	28♓20	11♏57	8♓31	26♑12	23♑18	27♏35	23♉	7♈	25♎	0♉	3♍
14	23♈27	21♉43	25♏39	23♏56	6♈43	14♉32	29♓7	11♏51	8♓37	26♑13	23♑18	27♏34	24♉	8♈	25♎	1♉	3♍
15	24♈26	3♊33	25♏36	23 D 56	8♈30	15♉46	29♓54	11♏44	8♓43	26♑13	23♑19	27♏32	24♉	8♈	24♎	1♉	3♍
16	25♈24	15♊30	25♏33	23♏58	10♈17	16♉59	0♈40	11♏37	8♓49	26♑14	23♑19	27♏31	25♉	8♈	24♎	2♉	3♍
17	26♈23	27♊36	25♏30	23♏59	12♈7	18♉13	1♈27	11♏30	8♓55	26♑15	23♑19	27♏30	25♉	9♈	24♎	2♉	3♍
18	27♈22	9♋57	25♏27	24♏1	13♈58	19♉26	2♈13	11♏22	9♓0	26♑16	23♑19	27♏28	25♉	9♈	24♎	3♉	3♍
19	28♈20	22♋35	25♏23	24♏1	15♈50	20♉40	3♈0	11♏15	9♓6	26♑16	23♑20	27♏27	26♉	9♈	24♎	3♉	3♍
20	29♈19	5♌36	25♏20	24 R 2	17♈45	21♉53	3♈46	11♏8	9♓11	26♑17	23♑20	27♏26	26♉	10♈	23♎	3♉	2♍
21	0♉18	19♌3	25♏17	24♏1	19♈40	23♉6	4♈33	11♏0	9♓17	26♑17	23♑20	27♏24	27♉	10♈	23♎	4♉	2♍
22	1♉16	2♍57	25♏14	23♏59	21♈38	24♉20	5♈19	10♏53	9♓22	26♑18	23♑20	27♏23	27♉	11♈	23♎	4♉	2♍
23	2♉15	17♍18	25♏11	23♏56	23♈36	25♉33	6♈6	10♏46	9♓28	26♑18	23♑20	27♏21	27♉	11♈	23♎	5♉	2♍
24	3♉13	2♎4	25♏7	23♏53	25♈37	26♉46	6♈52	10♏38	9♓33	26♑19	23♑20	27♏20	28♉	11♈	22♎	5♉	2♍
25	4♉12	17♎7	25♏4	23♏51	27♈38	27♉59	7♈39	10♏31	9♓38	26♑19	23♑20	27♏18	28♉	12♈	22♎	6♉	2♍
26	5♉10	2♏20	25♏1	23♏49	29♈42	29♉13	8♈25	10♏23	9♓43	26♑19	23 R 20	27♏17	29♉	12♈	22♎	6♉	2♍
27	6♉8	17♏33	24♏58	23♏48	1♉46	0♊26	9♈11	10♏15	9♓49	26♑20	23♑20	27♏15	29♉	12♈	22♎	6♉	2♍
28	7♉7	2♐36	24♏55	23 D 48	3♉52	1♊39	9♈57	10♏8	9♓54	26♑20	23♑20	27♏14	29♉	13♈	22♎	7♉	2♍
29	8♉5	17♐21	24♏52	23♏49	5♉59	2♊52	10♈44	10♏0	9♓59	26♑20	23♑20	27♏12	0♊	13♈	21♎	7♉	2♍
30	9♉3	1♑43	24♏48	23♏50	8♉7	4♊5	11♈30	9♏52	10♓3	26♑20	23♑20	27♏11	0♊	13♈	21♎	8♉	2♍

SUN INGRESS	☉ → ♉ 20日 16:36
MOON PHASE	◑ 3日 11:55 ♑　● 11日 09:17 ♈　◐ 19日 11:34 ♋　○ 26日 04:45 ♏

aspects		
5日	05:44	☿☌♂
5日	20:28	☿⚹♆
6日	11:05	♂⚹♆
7日	16:12	♀⚹♅
8日	15:36	☿△♇
8日	18:15	♀⚹♄
10日	04:36	♂⚹♅
11日	23:53	♀☍♃
12日	01:24	♂△♇
13日	20:30	☉□♆
16日	20:42	☉□♅
21日	04:31	♀△♆
22日	20:47	☿□♆
23日	14:58	♀△♅
24日	08:22	☿□♅
24日	10:50	♀☍♇
29日	02:56	♃△♄
30日	17:55	☉☍♃
30日	18:39	☿☍♃
30日	19:21	☉☌☿
30日	22:40	☿⚹♄

1994年5月

DAY	☉	☽	☊ mean	☊ true	☿	♀	♂	♃	♄	♅	♆	♇	⚳	⚴	⚵	⚶	⚷
	° ′	° ′	° ′	° ′	° ′	° ′	° ′	° ′	° ′	° ′	° ′	° ′	°	°	°	°	°
1	10 ♉ 2	15 ♑ 38	24 ♏ 45	23 D 51	10 D 15	5 D 18	12 D 16	9 R 45	10 D 8	26 D 20	23 R 20	27 R 9	1 D	14 D	21 R	8 D	2 R
2	11 ♉ 0	29 ♑ 7	24 ♏ 42	23 ♏ 52	12 ♉ 24	6 ♊ 31	13 ♈ 2	9 ♏ 37	10 ♓ 13	26 R 20	23 ♑ 20	27 ♏ 8	1 ♊	14 ♈	21 ♎	9 ♉	2 ♍
3	11 ♉ 58	12 ♒ 12	24 ♏ 39	23 R 52	14 ♉ 34	7 ♊ 44	13 ♈ 48	9 ♏ 29	10 ♓ 18	26 ♑ 20	23 ♑ 20	27 ♏ 6	1 ♊	15 ♈	20 ♎	9 ♉	2 D
4	12 ♉ 56	24 ♒ 54	24 ♏ 36	23 ♏ 52	16 ♉ 44	8 ♊ 56	14 ♈ 34	9 ♏ 22	10 ♓ 22	26 ♑ 20	23 ♑ 19	27 ♏ 4	2 ♊	15 ♈	20 ♎	10 ♉	2 ♍
5	13 ♉ 54	7 ♓ 19	24 ♏ 32	23 ♏ 51	18 ♉ 53	10 ♊ 9	15 ♈ 20	9 ♏ 14	10 ♓ 27	26 ♑ 20	23 ♑ 19	27 ♏ 3	2 ♊	15 ♈	20 ♎	10 ♉	2 ♍
6	14 ♉ 52	19 ♓ 29	24 ♏ 29	23 ♏ 50	21 ♉ 2	11 ♊ 22	16 ♈ 6	9 ♏ 7	10 ♓ 31	26 ♑ 20	23 ♑ 19	27 ♏ 1	3 ♊	16 ♈	20 ♎	11 ♉	2 ♍
7	15 ♉ 51	1 ♈ 28	24 ♏ 26	23 ♏ 49	23 ♉ 10	12 ♊ 35	16 ♈ 52	8 ♏ 59	10 ♓ 36	26 ♑ 19	23 ♑ 18	27 ♏ 0	3 ♊	16 ♈	20 ♎	11 ♉	2 ♍
8	16 ♉ 49	13 ♈ 21	24 ♏ 23	23 ♏ 48	25 ♉ 18	13 ♊ 47	17 ♈ 38	8 ♏ 51	10 ♓ 40	26 ♑ 19	23 ♑ 18	26 ♏ 58	3 ♊	16 ♈	20 ♎	11 ♉	2 ♍
9	17 ♉ 47	25 ♈ 10	24 ♏ 20	23 ♏ 47	27 ♉ 24	15 ♊ 0	18 ♈ 24	8 ♏ 44	10 ♓ 44	26 ♑ 19	23 ♑ 18	26 ♏ 56	4 ♊	17 ♈	19 ♎	12 ♉	2 ♍
10	18 ♉ 45	6 ♉ 57	24 ♏ 17	23 ♏ 47	29 ♉ 28	16 ♊ 13	19 ♈ 9	8 ♏ 36	10 ♓ 48	26 ♑ 18	23 ♑ 17	26 ♏ 55	4 ♊	17 ♈	19 ♎	12 ♉	2 ♍
11	19 ♉ 43	18 ♉ 45	24 ♏ 13	23 ♏ 47	1 ♊ 30	17 ♊ 25	19 ♈ 55	8 ♏ 29	10 ♓ 53	26 ♑ 18	23 ♑ 17	26 ♏ 53	5 ♊	17 ♈	19 ♎	13 ♉	2 ♍
12	20 ♉ 41	0 ♊ 37	24 ♏ 10	23 D 47	3 ♊ 31	18 ♊ 38	20 ♈ 41	8 ♏ 22	10 ♓ 57	26 ♑ 17	23 ♑ 16	26 ♏ 51	5 ♊	18 ♈	19 ♎	13 ♉	2 ♍
13	21 ♉ 39	12 ♊ 35	24 ♏ 7	23 ♏ 47	5 ♊ 29	19 ♊ 50	21 ♈ 26	8 ♏ 14	11 ♓ 0	26 ♑ 17	23 ♑ 16	26 ♏ 50	6 ♊	18 ♈	19 ♎	14 ♉	2 ♍
14	22 ♉ 37	24 ♊ 41	24 ♏ 4	23 ♏ 47	7 ♊ 24	21 ♊ 3	22 ♈ 12	8 ♏ 7	11 ♓ 4	26 ♑ 16	23 ♑ 15	26 ♏ 48	6 ♊	19 ♈	19 ♎	14 ♉	2 ♍
15	23 ♉ 35	6 ♋ 25	24 ♏ 1	23 ♏ 47	9 ♊ 17	22 ♊ 15	22 ♈ 58	8 ♏ 0	11 ♓ 8	26 ♑ 15	23 ♑ 15	26 ♏ 46	6 ♊	19 ♈	18 ♎	15 ♉	3 ♍
16	24 ♉ 33	19 ♋ 25	23 ♏ 58	23 R 47	11 ♊ 7	23 ♊ 27	23 ♈ 43	7 ♏ 53	11 ♓ 12	26 ♑ 15	23 ♑ 14	26 ♏ 45	7 ♊	19 ♈	18 ♎	15 ♉	3 ♍
17	25 ♉ 30	2 ♌ 9	23 ♏ 54	23 ♏ 47	12 ♊ 54	24 ♊ 40	24 ♈ 28	7 ♏ 46	11 ♓ 15	26 ♑ 14	23 ♑ 13	26 ♏ 43	7 ♊	20 ♈	18 ♎	15 ♉	3 ♍
18	26 ♉ 28	15 ♌ 11	23 ♏ 51	23 ♏ 47	14 ♊ 38	25 ♊ 52	25 ♈ 14	7 ♏ 39	11 ♓ 19	26 ♑ 13	23 ♑ 13	26 ♏ 41	8 ♊	20 ♈	18 ♎	16 ♉	3 ♍
19	27 ♉ 26	28 ♌ 34	23 ♏ 48	23 D 47	16 ♊ 19	27 ♊ 4	25 ♈ 59	7 ♏ 32	11 ♓ 22	26 ♑ 12	23 ♑ 12	26 ♏ 40	8 ♊	20 ♈	18 ♎	16 ♉	3 ♍
20	28 ♉ 24	12 ♍ 19	23 ♏ 45	23 ♏ 47	17 ♊ 56	28 ♊ 16	26 ♈ 45	7 ♏ 25	11 ♓ 26	26 ♑ 12	23 ♑ 11	26 ♏ 38	8 ♊	21 ♈	18 ♎	17 ♉	3 ♍
21	29 ♉ 21	26 ♍ 27	23 ♏ 42	23 ♏ 47	19 ♊ 30	29 ♊ 28	27 ♈ 30	7 ♏ 19	11 ♓ 29	26 ♑ 11	23 ♑ 10	26 ♏ 36	9 ♊	21 ♈	18 ♎	17 ♉	3 ♍
22	0 ♊ 19	10 ♎ 57	23 ♏ 38	23 ♏ 48	21 ♊ 1	0 ♋ 40	28 ♈ 15	7 ♏ 12	11 ♓ 32	26 ♑ 10	23 ♑ 10	26 ♏ 35	9 ♊	21 ♈	18 ♎	18 ♉	3 ♍
23	1 ♊ 17	25 ♎ 44	23 ♏ 35	23 ♏ 48	22 ♊ 29	1 ♋ 52	29 ♈ 0	7 ♏ 5	11 ♓ 35	26 ♑ 9	23 ♑ 9	26 ♏ 33	10 ♊	22 ♈	17 ♎	18 ♉	3 ♍
24	2 ♊ 15	10 ♏ 43	23 ♏ 32	23 ♏ 49	23 ♊ 53	3 ♋ 4	29 ♈ 45	6 ♏ 59	11 ♓ 38	26 ♑ 8	23 ♑ 8	26 ♏ 32	10 ♊	22 ♈	17 ♎	18 ♉	3 ♍
25	3 ♊ 12	25 ♏ 47	23 ♏ 29	23 R 49	25 ♊ 13	4 ♋ 16	0 ♉ 30	6 ♏ 53	11 ♓ 41	26 ♑ 6	23 ♑ 7	26 ♏ 30	11 ♊	23 ♈	17 ♎	19 ♉	3 ♍
26	4 ♊ 10	10 ♐ 47	23 ♏ 26	23 ♏ 48	26 ♊ 30	5 ♋ 28	1 ♉ 15	6 ♏ 47	11 ♓ 44	26 ♑ 5	23 ♑ 6	26 ♏ 28	11 ♊	23 ♈	17 ♎	19 ♉	3 ♍
27	5 ♊ 7	25 ♐ 34	23 ♏ 23	23 ♏ 48	27 ♊ 44	6 ♋ 39	2 ♉ 0	6 ♏ 41	11 ♓ 46	26 ♑ 4	23 ♑ 5	26 ♏ 27	11 ♊	23 ♈	17 ♎	20 ♉	3 ♍
28	6 ♊ 5	10 ♑ 2	23 ♏ 19	23 ♏ 46	28 ♊ 54	7 ♋ 51	2 ♉ 45	6 ♏ 35	11 ♓ 49	26 ♑ 3	23 ♑ 4	26 ♏ 25	12 ♊	24 ♈	17 ♎	20 ♉	3 ♍
29	7 ♊ 3	24 ♑ 5	23 ♏ 16	23 ♏ 45	0 ♋ 0	9 ♋ 3	3 ♉ 30	6 ♏ 29	11 ♓ 52	26 ♑ 2	23 ♑ 3	26 ♏ 23	12 ♊	24 ♈	17 ♎	21 ♉	3 ♍
30	8 ♊ 0	7 ♒ 42	23 ♏ 13	23 ♏ 43	1 ♋ 2	10 ♋ 14	4 ♉ 15	6 ♏ 23	11 ♓ 54	26 ♑ 0	23 ♑ 2	26 ♏ 22	13 ♊	24 ♈	17 ♎	21 ♉	3 ♍
31	8 ♊ 58	20 ♒ 53	23 ♏ 10	23 ♏ 42	2 ♋ 1	11 ♋ 26	5 ♉ 0	6 ♏ 18	11 ♓ 56	25 ♑ 59	23 ♑ 1	26 ♏ 20	13 ♊	25 ♈	17 ♎	22 ♉	3 ♍

SUN INGRESS: ☉→♊ 21日 15:48

MOON PHASE: ◑ 2日 23:32 ♒　● 11日 02:07 ♉　◐ 18日 21:50 ♌　○ 25日 12:39 ♐

aspects

1日	03:03	☉⚹♄
5日	06:13	♀□♄
7日	01:31	☿△♆
8日	11:37	☿△♅
8日	18:51	☿☍♇
14日	15:48	☉△♆
15日	08:54	♂□♆
16日	01:07	☿□♄
16日	14:03	♀⚹♂
17日	17:53	☉△♅
18日	05:22	☉☍♇
19日	06:51	♂□♅
27日	00:24	♀△♃
31日	10:37	♀△♄

1994年6月

DAY	☉	☽	☊ mean	☊ true	☿	♀	♂	♃	♄	♅	♆	♇	⚳	⚴	⚵	⚶	⚷
	° ′	° ′	° ′	° ′	° ′	° ′	° ′	° ′	° ′	° ′	° ′	° ′	°	°	°	°	°
1	9 ♊ 55	3 ♓ 39	23 ♏ 7	23 R 41	2 D 56	12 D 37	5 D 44	6 R 13	11 D 59	25 R 58	23 R 0	26 R 18	13 D	25 D	17 R	22 D	3 D
2	10 ♊ 53	16 ♓ 5	23 ♏ 4	23 D 41	3 ♋ 47	13 ♋ 49	6 ♉ 29	6 ♏ 7	12 ♓ 1	25 ♑ 56	22 ♑ 59	26 ♏ 17	14 ♊	25 ♈	17 ♎	22 ♉	3 ♍
3	11 ♊ 50	28 ♓ 14	23 ♏ 0	23 ♏ 42	4 ♋ 33	15 ♋ 0	7 ♉ 13	6 ♏ 2	12 ♓ 3	25 ♑ 55	22 ♑ 58	26 ♏ 15	14 ♊	26 ♈	17 ♎	23 ♉	3 ♍
4	12 ♊ 48	10 ♈ 11	22 ♏ 57	23 ♏ 43	5 ♋ 16	16 ♋ 11	7 ♉ 58	5 ♏ 57	12 ♓ 5	25 ♑ 53	22 ♑ 57	26 ♏ 14	15 ♊	26 ♈	17 ♎	23 ♉	3 ♍
5	13 ♊ 45	22 ♈ 1	22 ♏ 54	23 ♏ 45	5 ♋ 55	17 ♋ 23	8 ♉ 42	5 ♏ 52	12 ♓ 7	25 ♑ 52	22 ♑ 56	26 ♏ 12	15 ♊	26 ♈	17 ♎	24 ♉	3 ♍
6	14 ♊ 43	3 ♉ 48	22 ♏ 51	23 ♏ 46	6 ♋ 29	18 ♋ 34	9 ♉ 27	5 ♏ 48	12 ♓ 9	25 ♑ 50	22 ♑ 55	26 ♏ 11	16 ♊	27 ♈	17 ♎	24 ♉	3 ♍
7	15 ♊ 40	15 ♉ 36	22 ♏ 48	23 ♏ 47	6 ♋ 59	19 ♋ 45	10 ♉ 11	5 ♏ 43	12 ♓ 10	25 ♑ 48	22 ♑ 54	26 ♏ 9	16 ♊	27 ♈	17 ♎	25 ♉	4 ♍
8	16 ♊ 37	27 ♉ 29	22 ♏ 44	23 R 47	7 ♋ 24	20 ♋ 56	10 ♉ 56	5 ♏ 39	12 ♓ 12	25 ♑ 47	22 ♑ 52	26 ♏ 7	16 ♊	27 ♈	17 ♎	25 ♉	4 ♍
9	17 ♊ 35	9 ♊ 28	22 ♏ 41	23 ♏ 46	7 ♋ 46	22 ♋ 7	11 ♉ 40	5 ♏ 35	12 ♓ 13	25 ♑ 45	22 ♑ 51	26 ♏ 6	17 ♊	28 ♈	17 ♎	25 ♉	4 ♍
10	18 ♊ 32	21 ♊ 37	22 ♏ 38	23 ♏ 44	8 ♋ 2	23 ♋ 18	12 ♉ 24	5 ♏ 31	12 ♓ 15	25 ♑ 43	22 ♑ 50	26 ♏ 4	17 ♊	28 ♈	17 ♎	26 ♉	4 ♍
11	19 ♊ 30	3 ♋ 56	22 ♏ 35	23 ♏ 41	8 ♋ 14	24 ♋ 29	13 ♉ 8	5 ♏ 27	12 ♓ 16	25 ♑ 42	22 ♑ 49	26 ♏ 3	18 ♊	29 ♈	17 D	26 ♉	4 ♍
12	20 ♊ 27	16 ♋ 28	22 ♏ 32	23 ♏ 37	8 ♋ 21	25 ♋ 39	13 ♉ 52	5 ♏ 23	12 ♓ 17	25 ♑ 40	22 ♑ 47	26 ♏ 1	18 ♊	29 ♈	17 ♎	27 ♉	4 ♍
13	21 ♊ 24	29 ♋ 12	22 ♏ 29	23 ♏ 33	8 ♋ 24	26 ♋ 50	14 ♉ 36	5 ♏ 20	12 ♓ 18	25 ♑ 38	22 ♑ 46	26 ♏ 0	19 ♊	29 ♈	17 ♎	27 ♉	4 ♍
14	22 ♊ 22	12 ♌ 10	22 ♏ 25	23 ♏ 28	8 R 22	28 ♋ 1	15 ♉ 20	5 ♏ 16	12 ♓ 19	25 ♑ 36	22 ♑ 45	25 ♏ 59	19 ♊	0 ♉	17 ♎	28 ♉	4 ♍
15	23 ♊ 19	25 ♌ 23	22 ♏ 22	23 ♏ 25	8 ♋ 16	29 ♋ 11	16 ♉ 4	5 ♏ 13	12 ♓ 20	25 ♑ 34	22 ♑ 43	25 ♏ 57	19 ♊	0 ♉	17 ♎	28 ♉	4 ♍
16	24 ♊ 16	8 ♍ 51	22 ♏ 19	23 ♏ 23	8 ♋ 6	0 ♌ 22	16 ♉ 48	5 ♏ 10	12 ♓ 21	25 ♑ 32	22 ♑ 42	25 ♏ 56	20 ♊	0 ♉	17 ♎	28 ♉	4 ♍
17	25 ♊ 14	22 ♍ 34	22 ♏ 16	23 ♏ 22	7 ♋ 51	1 ♌ 32	17 ♉ 32	5 ♏ 7	12 ♓ 22	25 ♑ 30	22 ♑ 41	25 ♏ 54	20 ♊	1 ♉	17 ♎	29 ♉	4 ♍
18	26 ♊ 11	6 ♎ 33	22 ♏ 13	23 D 22	7 ♋ 33	2 ♌ 43	18 ♉ 15	5 ♏ 4	12 ♓ 22	25 ♑ 28	22 ♑ 39	25 ♏ 53	21 ♊	1 ♉	17 ♎	29 ♉	4 ♍
19	27 ♊ 8	20 ♎ 47	22 ♏ 10	23 ♏ 23	7 ♋ 11	3 ♌ 53	18 ♉ 59	5 ♏ 2	12 ♓ 23	25 ♑ 26	22 ♑ 38	25 ♏ 52	21 ♊	1 ♉	17 ♎	0 ♊	4 ♍
20	28 ♊ 6	5 ♏ 14	22 ♏ 6	23 ♏ 25	6 ♋ 45	5 ♌ 3	19 ♉ 43	5 ♏ 0	12 ♓ 23	25 ♑ 24	22 ♑ 36	25 ♏ 50	21 ♊	2 ♉	17 ♎	0 ♊	4 ♍
21	29 ♊ 3	19 ♏ 52	22 ♏ 3	23 ♏ 25	6 ♋ 17	6 ♌ 13	20 ♉ 26	4 ♏ 57	12 ♓ 23	25 ♑ 22	22 ♑ 35	25 ♏ 49	22 ♊	2 ♉	17 ♎	1 ♊	5 ♍
22	0 ♋ 0	4 ♐ 34	22 ♏ 0	23 R 25	5 ♋ 46	7 ♌ 23	21 ♉ 10	4 ♏ 56	12 ♓ 24	25 ♑ 20	22 ♑ 33	25 ♏ 48	22 ♊	2 ♉	17 ♎	1 ♊	5 ♍
23	0 ♋ 57	19 ♐ 17	21 ♏ 57	23 ♏ 23	5 ♋ 14	8 ♌ 33	21 ♉ 53	4 ♏ 54	12 ♓ 24	25 ♑ 18	22 ♑ 32	25 ♏ 46	23 ♊	3 ♉	17 ♎	1 ♊	5 ♍
24	1 ♋ 54	3 ♑ 51	21 ♏ 54	23 ♏ 19	4 ♋ 39	9 ♌ 43	22 ♉ 36	4 ♏ 52	12 R 24	25 ♑ 16	22 ♑ 30	25 ♏ 45	23 ♊	3 ♉	17 ♎	2 ♊	5 ♍
25	2 ♋ 52	18 ♑ 12	21 ♏ 50	23 ♏ 14	4 ♋ 5	10 ♌ 53	23 ♉ 20	4 ♏ 51	12 ♓ 24	25 ♑ 14	22 ♑ 29	25 ♏ 44	24 ♊	3 ♉	17 ♎	2 ♊	5 ♍
26	3 ♋ 49	2 ♒ 13	21 ♏ 47	23 ♏ 8	3 ♋ 29	12 ♌ 2	24 ♉ 3	4 ♏ 49	12 ♓ 23	25 ♑ 12	22 ♑ 27	25 ♏ 43	24 ♊	4 ♉	17 ♎	3 ♊	5 ♍
27	4 ♋ 46	15 ♒ 50	21 ♏ 44	23 ♏ 1	2 ♋ 55	13 ♌ 12	24 ♉ 46	4 ♏ 48	12 ♓ 23	25 ♑ 9	22 ♑ 26	25 ♏ 41	24 ♊	4 ♉	17 ♎	3 ♊	5 ♍
28	5 ♋ 43	29 ♒ 3	21 ♏ 41	22 ♏ 56	2 ♋ 21	14 ♌ 21	25 ♉ 29	4 ♏ 47	12 ♓ 23	25 ♑ 7	22 ♑ 24	25 ♏ 40	25 ♊	4 ♉	17 ♎	4 ♊	5 ♍
29	6 ♋ 40	11 ♓ 52	21 ♏ 38	22 ♏ 51	1 ♋ 49	15 ♌ 31	26 ♉ 12	4 ♏ 47	12 ♓ 22	25 ♑ 5	22 ♑ 23	25 ♏ 39	25 ♊	5 ♉	17 ♎	4 ♊	5 ♍
30	7 ♋ 38	24 ♓ 20	21 ♏ 35	22 ♏ 48	1 ♋ 19	16 ♌ 40	26 ♉ 55	4 ♏ 46	12 ♓ 22	25 ♑ 3	22 ♑ 21	25 ♏ 38	26 ♊	5 ♉	18 ♎	4 ♊	5 ♍

SUN INGRESS: ☉→♋ 21日 23:48

MOON PHASE: ◑ 1日 13:02 ♓　● 9日 17:26 ♊　◐ 17日 04:57 ♍　○ 23日 20:33 ♑

aspects

1日	13:36	♂☍♃
3日	05:31	☉□♄
4日	22:39	☿△♃
9日	14:43	♀☍♆
9日	18:45	♂⚹♄
12日	00:06	♀☍♅
12日	07:19	♀△♇
19日	22:52	♀□♃
23日	14:46	☿△♃
23日	20:52	♂△♆
25日	18:58	☉☌☿
27日	00:56	☉△♃
27日	12:25	♂△♅
28日	06:05	♂☍♇

1994年7月

DAY	☉	☽	☊ mean	☊ true	☿	♀	♂	♃	♄	♅	♆	♇	⚳	⚴	⚵	⚶	⚷
	° ′	° ′	° ′	° ′	° ′	° ′	° ′	° ′	° ′	° ′	° ′	° ′	°	°	°	°	°
1	8 ♋ 35	6 ♈ 30	21 ♏ 31	22 R 47	0 R 51	17 D 49	27 D 38	4 R 46	12 R 21	25 R 0	22 R 20	25 R 37	26 D	5 D	18 D	5 D	5 D
2	9 ♋ 32	18 ♈ 28	21 ♏ 28	22 D 48	0 ♋ 27	18 ♌ 58	28 ♉ 21	4 ♏ 46	12 ♓ 20	24 ♑ 58	22 ♑ 18	25 ♏ 36	27 ♊	6 ♉	18 ♎	5 ♊	6 ♍
3	10 ♋ 29	0 ♉ 18	21 ♏ 25	22 ♏ 49	0 ♋ 6	20 ♌ 7	29 ♉ 3	4 D 46	12 ♓ 19	24 ♑ 56	22 ♑ 17	25 ♏ 35	27 ♊	6 ♉	18 ♎	6 ♊	6 ♍
4	11 ♋ 27	12 ♉ 6	21 ♏ 22	22 ♏ 50	29 ♊ 49	21 ♌ 16	29 ♉ 46	4 ♏ 46	12 ♓ 18	24 ♑ 54	22 ♑ 15	25 ♏ 34	27 ♊	6 ♉	18 ♎	6 ♊	6 ♍
5	12 ♋ 24	23 ♉ 56	21 ♏ 19	22 R 51	29 ♊ 36	22 ♌ 25	0 ♊ 29	4 ♏ 46	12 ♓ 17	24 ♑ 51	22 ♑ 13	25 ♏ 33	28 ♊	6 ♉	18 ♎	6 ♊	6 ♍
6	13 ♋ 21	5 ♊ 53	21 ♏ 16	22 ♏ 50	29 ♊ 28	23 ♌ 34	1 ♊ 11	4 ♏ 47	12 ♓ 16	24 ♑ 49	22 ♑ 12	25 ♏ 32	28 ♊	7 ♉	18 ♎	7 ♊	6 ♍
7	14 ♋ 18	18 ♊ 1	21 ♏ 12	22 ♏ 47	29 ♊ 25	24 ♌ 42	1 ♊ 54	4 ♏ 47	12 ♓ 15	24 ♑ 46	22 ♑ 10	25 ♏ 31	29 ♊	7 ♉	18 ♎	7 ♊	6 ♍
8	15 ♋ 15	0 ♋ 22	21 ♏ 9	22 ♏ 42	29 D 26	25 ♌ 51	2 ♊ 36	4 ♏ 48	12 ♓ 13	24 ♑ 44	22 ♑ 9	25 ♏ 30	29 ♊	8 ♉	18 ♎	8 ♊	6 ♍
9	16 ♋ 13	12 ♋ 57	21 ♏ 6	22 ♏ 34	29 ♊ 33	26 ♌ 59	3 ♊ 19	4 ♏ 49	12 ♓ 12	24 ♑ 42	22 ♑ 7	25 ♏ 29	29 ♊	8 ♉	19 ♎	8 ♊	6 ♍
10	17 ♋ 10	25 ♋ 48	21 ♏ 3	22 ♏ 26	29 ♊ 44	28 ♌ 7	4 ♊ 1	4 ♏ 51	12 ♓ 10	24 ♑ 39	22 ♑ 5	25 ♏ 28	0 ♋	8 ♉	19 ♎	8 ♊	6 ♍
11	18 ♋ 7	8 ♌ 54	21 ♏ 0	22 ♏ 16	0 ♋ 1	29 ♌ 15	4 ♊ 43	4 ♏ 52	12 ♓ 9	24 ♑ 37	22 ♑ 4	25 ♏ 27	0 ♋	9 ♉	19 ♎	9 ♊	7 ♍
12	19 ♋ 4	22 ♌ 14	20 ♏ 56	22 ♏ 7	0 ♋ 23	0 ♍ 23	5 ♊ 25	4 ♏ 54	12 ♓ 7	24 ♑ 35	22 ♑ 2	25 ♏ 26	1 ♋	9 ♉	19 ♎	9 ♊	7 ♍
13	20 ♋ 2	5 ♍ 46	20 ♏ 53	21 ♏ 59	0 ♋ 51	1 ♍ 31	6 ♊ 7	4 ♏ 55	12 ♓ 5	24 ♑ 32	22 ♑ 1	25 ♏ 26	1 ♋	9 ♉	19 ♎	10 ♊	7 ♍
14	20 ♋ 59	19 ♍ 28	20 ♏ 50	21 ♏ 53	1 ♋ 23	2 ♍ 39	6 ♊ 49	4 ♏ 57	12 ♓ 3	24 ♑ 30	21 ♑ 59	25 ♏ 25	2 ♋	10 ♉	19 ♎	10 ♊	7 ♍
15	21 ♋ 56	3 ♎ 20	20 ♏ 47	21 ♏ 49	2 ♋ 1	3 ♍ 47	7 ♊ 31	5 ♏ 0	12 ♓ 1	24 ♑ 27	21 ♑ 57	25 ♏ 24	2 ♋	10 ♉	19 ♎	10 ♊	7 ♍
16	22 ♋ 53	17 ♎ 19	20 ♏ 44	21 ♏ 48	2 ♋ 44	4 ♍ 54	8 ♊ 13	5 ♏ 2	11 ♓ 59	24 ♑ 25	21 ♑ 56	25 ♏ 23	2 ♋	10 ♉	20 ♎	11 ♊	7 ♍
17	23 ♋ 51	1 ♏ 25	20 ♏ 41	21 D 48	3 ♋ 32	6 ♍ 2	8 ♊ 55	5 ♏ 4	11 ♓ 57	24 ♑ 23	21 ♑ 54	25 ♏ 23	3 ♋	10 ♉	20 ♎	11 ♊	7 ♍
18	24 ♋ 48	15 ♏ 37	20 ♏ 37	21 ♏ 48	4 ♋ 26	7 ♍ 9	9 ♊ 37	5 ♏ 7	11 ♓ 55	24 ♑ 20	21 ♑ 52	25 ♏ 22	3 ♋	11 ♉	20 ♎	12 ♊	7 ♍
19	25 ♋ 45	29 ♏ 54	20 ♏ 34	21 R 48	5 ♋ 24	8 ♍ 16	10 ♊ 18	5 ♏ 10	11 ♓ 52	24 ♑ 18	21 ♑ 51	25 ♏ 22	4 ♋	11 ♉	20 ♎	12 ♊	7 ♍
20	26 ♋ 42	14 ♐ 13	20 ♏ 31	21 ♏ 46	6 ♋ 27	9 ♍ 23	11 ♊ 0	5 ♏ 13	11 ♓ 50	24 ♑ 15	21 ♑ 49	25 ♏ 21	4 ♋	11 ♉	20 ♎	12 ♊	8 ♍
21	27 ♋ 39	28 ♐ 30	20 ♏ 28	21 ♏ 42	7 ♋ 35	10 ♍ 29	11 ♊ 41	5 ♏ 16	11 ♓ 47	24 ♑ 13	21 ♑ 48	25 ♏ 20	5 ♋	12 ♉	20 ♎	13 ♊	8 ♍
22	28 ♋ 37	12 ♑ 42	20 ♏ 25	21 ♏ 35	8 ♋ 48	11 ♍ 36	12 ♊ 23	5 ♏ 19	11 ♓ 45	24 ♑ 11	21 ♑ 46	25 ♏ 20	5 ♋	12 ♉	21 ♎	13 ♊	8 ♍
23	29 ♋ 34	26 ♑ 44	20 ♏ 22	21 ♏ 26	10 ♋ 5	12 ♍ 42	13 ♊ 4	5 ♏ 23	11 ♓ 42	24 ♑ 8	21 ♑ 44	25 ♏ 19	5 ♋	12 ♉	21 ♎	14 ♊	8 ♍
24	0 ♌ 31	10 ♒ 30	20 ♏ 18	21 ♏ 16	11 ♋ 27	13 ♍ 49	13 ♊ 45	5 ♏ 27	11 ♓ 39	24 ♑ 6	21 ♑ 43	25 ♏ 19	6 ♋	13 ♉	21 ♎	14 ♊	8 ♍
25	1 ♌ 29	23 ♒ 58	20 ♏ 15	21 ♏ 5	12 ♋ 54	14 ♍ 55	14 ♊ 26	5 ♏ 30	11 ♓ 36	24 ♑ 3	21 ♑ 41	25 ♏ 19	6 ♋	13 ♉	21 ♎	14 ♊	8 ♍
26	2 ♌ 26	7 ♓ 5	20 ♏ 12	20 ♏ 54	14 ♋ 25	16 ♍ 1	15 ♊ 8	5 ♏ 34	11 ♓ 33	24 ♑ 1	21 ♑ 40	25 ♏ 18	7 ♋	13 ♉	21 ♎	15 ♊	8 ♍
27	3 ♌ 23	19 ♓ 51	20 ♏ 9	20 ♏ 46	16 ♋ 0	17 ♍ 7	15 ♊ 49	5 ♏ 39	11 ♓ 30	23 ♑ 59	21 ♑ 38	25 ♏ 18	7 ♋	13 ♉	22 ♎	15 ♊	8 ♍
28	4 ♌ 20	2 ♈ 18	20 ♏ 6	20 ♏ 39	17 ♋ 39	18 ♍ 12	16 ♊ 30	5 ♏ 43	11 ♓ 27	23 ♑ 56	21 ♑ 36	25 ♏ 18	7 ♋	14 ♉	22 ♎	16 ♊	9 ♍
29	5 ♌ 18	14 ♈ 28	20 ♏ 2	20 ♏ 35	19 ♋ 22	19 ♍ 18	17 ♊ 11	5 ♏ 47	11 ♓ 24	23 ♑ 54	21 ♑ 35	25 ♏ 17	8 ♋	14 ♉	22 ♎	16 ♊	9 ♍
30	6 ♌ 15	26 ♈ 25	19 ♏ 59	20 ♏ 33	21 ♋ 9	20 ♍ 23	17 ♊ 51	5 ♏ 52	11 ♓ 21	23 ♑ 52	21 ♑ 33	25 ♏ 17	8 ♋	14 ♉	22 ♎	16 ♊	9 ♍
31	7 ♌ 13	8 ♉ 16	19 ♏ 56	20 D 33	22 ♋ 58	21 ♍ 28	18 ♊ 32	5 ♏ 57	11 ♓ 18	23 ♑ 49	21 ♑ 32	25 ♏ 17	9 ♋	15 ♉	22 ♎	17 ♊	9 ♍

SUN INGRESS ☉ → ♌ 23日 10:41

MOON PHASE ◑ 1日 04:31 ♈　● 9日 06:37 ♋　◐ 16日 10:12 ♎　○ 23日 05:16 ♑　◑ 30日 21:40 ♉

aspects		
4日	21:18	☉△♄
7日	16:47	♀□♇
12日	00:02	☿⚹♀
15日	00:32	☉☍♆
16日	02:51	♀⚹♃
17日	12:54	☉☍♅
18日	14:17	☉△♇
18日	18:11	☿△♃
21日	03:15	♂□♄
22日	02:58	♀☍♅
23日	20:41	♀□♂
24日	03:12	☿△♄
28日	21:04	☿⚹♀
29日	13:27	☉□♃
30日	05:22	♀☍♆
31日	01:28	☿△♆
31日	10:40	☿☍♅

1994年8月

DAY	☉	☽	☊ mean	☊ true	☿	♀	♂	♃	♄	♅	♆	♇	⚳	⚴	⚵	⚶	⚷
	° ′	° ′	° ′	° ′	° ′	° ′	° ′	° ′	° ′	° ′	° ′	° ′	°	°	°	°	°
1	8 ♌ 10	20 ♉ 4	19 ♏ 53	20 D 33	24 D 51	22 D 33	19 D 13	6 D 2	11 R 14	23 R 47	21 R 30	25 R 17	9 D	15 D	23 D	17 D	9 D
2	9 ♌ 7	1 ♊ 56	19 ♏ 50	20 R 33	26 ♋ 47	23 ♍ 37	19 ♊ 53	6 ♏ 7	11 ♓ 11	23 ♑ 45	21 ♑ 29	25 ♏ 16	10 ♋	15 ♉	23 ♎	17 ♊	9 ♍
3	10 ♌ 5	13 ♊ 57	19 ♏ 47	20 ♏ 31	28 ♋ 44	24 ♍ 42	20 ♊ 34	6 ♏ 12	11 ♓ 7	23 ♑ 42	21 ♑ 27	25 ♏ 16	10 ♋	15 ♉	23 ♎	18 ♊	9 ♍
4	11 ♌ 2	26 ♊ 11	19 ♏ 43	20 ♏ 27	0 ♌ 44	25 ♍ 46	21 ♊ 14	6 ♏ 17	11 ♓ 4	23 ♑ 40	21 ♑ 26	25 ♏ 16	10 ♋	16 ♉	23 ♎	18 ♊	9 ♍
5	12 ♌ 0	8 ♋ 42	19 ♏ 40	20 ♏ 20	2 ♌ 45	26 ♍ 50	21 ♊ 55	6 ♏ 23	11 ♓ 0	23 ♑ 38	21 ♑ 24	25 ♏ 16	11 ♋	16 ♉	23 ♎	19 ♊	10 ♍
6	12 ♌ 57	21 ♋ 31	19 ♏ 37	20 ♏ 10	4 ♌ 47	27 ♍ 54	22 ♊ 35	6 ♏ 29	10 ♓ 56	23 ♑ 36	21 ♑ 23	25 ♏ 16	11 ♋	16 ♉	24 ♎	19 ♊	10 ♍
7	13 ♌ 55	4 ♌ 41	19 ♏ 34	19 ♏ 59	6 ♌ 51	28 ♍ 57	23 ♊ 15	6 ♏ 35	10 ♓ 52	23 ♑ 33	21 ♑ 21	25 D 16	12 ♋	16 ♉	24 ♎	19 ♊	10 ♍
8	14 ♌ 52	18 ♌ 9	19 ♏ 31	19 ♏ 47	8 ♌ 55	0 ♎ 1	23 ♊ 55	6 ♏ 41	10 ♓ 49	23 ♑ 31	21 ♑ 20	25 ♏ 16	12 ♋	17 ♉	24 ♎	20 ♊	10 ♍
9	15 ♌ 50	1 ♍ 54	19 ♏ 28	19 ♏ 35	10 ♌ 59	1 ♎ 4	24 ♊ 35	6 ♏ 47	10 ♓ 45	23 ♑ 29	21 ♑ 18	25 ♏ 16	12 ♋	17 ♉	24 ♎	20 ♊	10 ♍
10	16 ♌ 47	15 ♍ 51	19 ♏ 24	19 ♏ 24	13 ♌ 3	2 ♎ 6	25 ♊ 15	6 ♏ 53	10 ♓ 41	23 ♑ 27	21 ♑ 17	25 ♏ 16	13 ♋	17 ♉	25 ♎	20 ♊	10 ♍
11	17 ♌ 45	29 ♍ 56	19 ♏ 21	19 ♏ 16	15 ♌ 7	3 ♎ 9	25 ♊ 55	6 ♏ 59	10 ♓ 37	23 ♑ 25	21 ♑ 15	25 ♏ 17	13 ♋	17 ♉	25 ♎	21 ♊	10 ♍
12	18 ♌ 42	14 ♎ 5	19 ♏ 18	19 ♏ 11	17 ♌ 11	4 ♎ 11	26 ♊ 35	7 ♏ 6	10 ♓ 33	23 ♑ 23	21 ♑ 14	25 ♏ 17	14 ♋	18 ♉	25 ♎	21 ♊	10 ♍
13	19 ♌ 40	28 ♎ 16	19 ♏ 15	19 ♏ 8	19 ♌ 13	5 ♎ 13	27 ♊ 15	7 ♏ 13	10 ♓ 29	23 ♑ 21	21 ♑ 13	25 ♏ 17	14 ♋	18 ♉	25 ♎	21 ♊	11 ♍
14	20 ♌ 38	12 ♏ 25	19 ♏ 12	19 ♏ 8	21 ♌ 15	6 ♎ 15	27 ♊ 54	7 ♏ 20	10 ♓ 25	23 ♑ 18	21 ♑ 11	25 ♏ 17	14 ♋	18 ♉	26 ♎	22 ♊	11 ♍
15	21 ♌ 35	26 ♏ 32	19 ♏ 8	19 ♏ 8	23 ♌ 16	7 ♎ 17	28 ♊ 34	7 ♏ 27	10 ♓ 20	23 ♑ 16	21 ♑ 10	25 ♏ 18	15 ♋	18 ♉	26 ♎	22 ♊	11 ♍
16	22 ♌ 33	10 ♐ 36	19 ♏ 5	19 ♏ 7	25 ♌ 16	8 ♎ 18	29 ♊ 13	7 ♏ 34	10 ♓ 16	23 ♑ 14	21 ♑ 9	25 ♏ 18	15 ♋	19 ♉	26 ♎	23 ♊	11 ♍
17	23 ♌ 30	24 ♐ 36	19 ♏ 2	19 ♏ 4	27 ♌ 15	9 ♎ 19	29 ♊ 53	7 ♏ 41	10 ♓ 12	23 ♑ 12	21 ♑ 7	25 ♏ 18	16 ♋	19 ♉	26 ♎	23 ♊	11 ♍
18	24 ♌ 28	8 ♑ 30	18 ♏ 59	18 ♏ 59	29 ♌ 12	10 ♎ 19	0 ♋ 32	7 ♏ 48	10 ♓ 8	23 ♑ 10	21 ♑ 6	25 ♏ 19	16 ♋	19 ♉	27 ♎	23 ♊	11 ♍
19	25 ♌ 26	22 ♑ 17	18 ♏ 56	18 ♏ 52	1 ♍ 8	11 ♎ 19	1 ♋ 11	7 ♏ 56	10 ♓ 3	23 ♑ 9	21 ♑ 5	25 ♏ 19	16 ♋	19 ♉	27 ♎	24 ♊	11 ♍
20	26 ♌ 24	5 ♒ 54	18 ♏ 53	18 ♏ 41	3 ♍ 3	12 ♎ 19	1 ♋ 50	8 ♏ 3	9 ♓ 59	23 ♑ 7	21 ♑ 3	25 ♏ 19	17 ♋	19 ♉	27 ♎	24 ♊	12 ♍
21	27 ♌ 21	19 ♒ 18	18 ♏ 49	18 ♏ 30	4 ♍ 57	13 ♎ 19	2 ♋ 29	8 ♏ 11	9 ♓ 55	23 ♑ 5	21 ♑ 2	25 ♏ 20	17 ♋	20 ♉	27 ♎	24 ♊	12 ♍
22	28 ♌ 19	2 ♓ 28	18 ♏ 46	18 ♏ 17	6 ♍ 49	14 ♎ 18	3 ♋ 8	8 ♏ 19	9 ♓ 50	23 ♑ 3	21 ♑ 1	25 ♏ 20	18 ♋	20 ♉	28 ♎	25 ♊	12 ♍
23	29 ♌ 17	15 ♓ 21	18 ♏ 43	18 ♏ 5	8 ♍ 40	15 ♎ 17	3 ♋ 47	8 ♏ 27	9 ♓ 46	23 ♑ 1	21 ♑ 0	25 ♏ 21	18 ♋	20 ♉	28 ♎	25 ♊	12 ♍
24	0 ♍ 15	27 ♓ 58	18 ♏ 40	17 ♏ 55	10 ♍ 29	16 ♎ 15	4 ♋ 26	8 ♏ 35	9 ♓ 41	22 ♑ 59	20 ♑ 59	25 ♏ 22	18 ♋	20 ♉	28 ♎	25 ♊	12 ♍
25	1 ♍ 12	10 ♈ 18	18 ♏ 37	17 ♏ 48	12 ♍ 17	17 ♎ 13	5 ♋ 4	8 ♏ 43	9 ♓ 37	22 ♑ 58	20 ♑ 58	25 ♏ 22	19 ♋	21 ♉	28 ♎	26 ♊	12 ♍
26	2 ♍ 10	22 ♈ 25	18 ♏ 33	17 ♏ 43	14 ♍ 4	18 ♎ 11	5 ♋ 43	8 ♏ 52	9 ♓ 32	22 ♑ 56	20 ♑ 56	25 ♏ 23	19 ♋	21 ♉	29 ♎	26 ♊	12 ♍
27	3 ♍ 8	4 ♉ 20	18 ♏ 30	17 ♏ 40	15 ♍ 49	19 ♎ 8	6 ♋ 21	9 ♏ 0	9 ♓ 28	22 ♑ 54	20 ♑ 55	25 ♏ 24	20 ♋	21 ♉	29 ♎	26 ♊	13 ♍
28	4 ♍ 6	16 ♉ 10	18 ♏ 27	17 ♏ 39	17 ♍ 33	20 ♎ 5	7 ♋ 0	9 ♏ 9	9 ♓ 23	22 ♑ 53	20 ♑ 54	25 ♏ 24	20 ♋	21 ♉	29 ♎	27 ♊	13 ♍
29	5 ♍ 4	27 ♉ 58	18 ♏ 24	17 D 40	19 ♍ 16	21 ♎ 1	7 ♋ 38	9 ♏ 18	9 ♓ 19	22 ♑ 51	20 ♑ 53	25 ♏ 25	20 ♋	21 ♉	29 ♎	27 ♊	13 ♍
30	6 ♍ 2	9 ♊ 50	18 ♏ 21	17 R 40	20 ♍ 57	21 ♎ 57	8 ♋ 16	9 ♏ 26	9 ♓ 14	22 ♑ 50	20 ♑ 52	25 ♏ 26	21 ♋	21 ♉	0 ♏	27 ♊	13 ♍
31	7 ♍ 0	21 ♊ 51	18 ♏ 18	17 ♏ 39	22 ♍ 37	22 ♎ 52	8 ♋ 54	9 ♏ 35	9 ♓ 10	22 ♑ 48	20 ♑ 51	25 ♏ 27	21 ♋	22 ♉	0 ♏	28 ♊	13 ♍

SUN INGRESS ☉ → ♍ 23日 17:44

MOON PHASE ● 7日 17:45 ♌　◐ 14日 14:57 ♏　○ 21日 15:47 ♒　◑ 29日 15:41 ♊

aspects		
1日	05:20	♀△♇
2日	02:41	♀△♅
3日	12:57	♀⚹♇
6日	20:42	☿□♃
13日	09:54	☉☌☿
16日	00:22	☿□♇
18日	21:08	☉□♇
19日	00:49	☿⚹♂
22日	21:03	☿⚹♃
23日	13:55	☿☍♄
28日	20:48	♀□♆
29日	02:10	♃△♄
29日	22:51	☿△♆
30日	22:24	♀□♅
31日	02:36	☿△♅
31日	08:44	♂△♄

1994年9月

DAY	☉	☽	☊ mean	☊ true	☿	♀	♂	♃	♄	♅	♆	♇	⚳	⚴	⚵	⚶	⚷
	° ′	° ′	° ′	° ′	° ′	° ′	° ′	° ′	° ′	° ′	° ′	° ′	°	°	°	°	°
1	7 ♍ 58	4 ♋ 7	18 ♏ 14	17 R 36	24 D 16	23 D 47	9 D 32	9 D 44	9 R 5	22 R 47	20 R 50	25 D 27	22 D	22 D	0 D	28 D	13 D
2	8 ♍ 56	16 ♋ 42	18 ♏ 11	17 ♏ 30	25 ♍ 54	24 ♎ 41	10 ♋ 10	9 ♏ 53	9 ♓ 0	22 ♑ 45	20 ♑ 49	25 ♏ 28	22 ♋	22 ♉	1 ♏	28 ♊	13 ♍
3	9 ♍ 54	29 ♋ 39	18 ♏ 8	17 ♏ 23	27 ♍ 30	25 ♎ 35	10 ♋ 48	10 ♏ 3	8 ♓ 56	22 ♑ 44	20 ♑ 48	25 ♏ 29	22 ♋	22 ♉	1 ♏	29 ♊	14 ♍
4	10 ♍ 52	13 ♌ 1	18 ♏ 5	17 ♏ 13	29 ♍ 5	26 ♎ 28	11 ♋ 26	10 ♏ 12	8 ♓ 51	22 ♑ 42	20 ♑ 47	25 ♏ 30	23 ♋	22 ♉	1 ♏	29 ♊	14 ♍
5	11 ♍ 50	26 ♌ 45	18 ♏ 2	17 ♏ 3	0 ♎ 39	27 ♎ 21	12 ♋ 3	10 ♏ 22	8 ♓ 47	22 ♑ 41	20 ♑ 46	25 ♏ 31	23 ♋	22 ♉	1 ♏	29 ♊	14 ♍
6	12 ♍ 49	10 ♍ 51	17 ♏ 59	16 ♏ 52	2 ♎ 11	28 ♎ 13	12 ♋ 41	10 ♏ 31	8 ♓ 42	22 ♑ 40	20 ♑ 46	25 ♏ 32	24 ♋	23 ♉	2 ♏	29 ♊	14 ♍
7	13 ♍ 47	25 ♍ 12	17 ♏ 55	16 ♏ 43	3 ♎ 43	29 ♎ 4	13 ♋ 18	10 ♏ 41	8 ♓ 38	22 ♑ 39	20 ♑ 45	25 ♏ 33	24 ♋	23 ♉	2 ♏	0 ♋	14 ♍
8	14 ♍ 45	9 ♎ 43	17 ♏ 52	16 ♏ 36	5 ♎ 13	29 ♎ 55	13 ♋ 55	10 ♏ 51	8 ♓ 33	22 ♑ 37	20 ♑ 44	25 ♏ 34	24 ♋	23 ♉	2 ♏	0 ♋	14 ♍
9	15 ♍ 43	24 ♎ 17	17 ♏ 49	16 ♏ 32	6 ♎ 42	0 ♏ 45	14 ♋ 32	11 ♏ 0	8 ♓ 29	22 ♑ 36	20 ♑ 43	25 ♏ 35	25 ♋	23 ♉	3 ♏	0 ♋	14 ♍
10	16 ♍ 42	8 ♏ 48	17 ♏ 46	16 ♏ 30	8 ♎ 10	1 ♏ 34	15 ♋ 10	11 ♏ 10	8 ♓ 24	22 ♑ 35	20 ♑ 42	25 ♏ 37	25 ♋	23 ♉	3 ♏	1 ♋	14 ♍
11	17 ♍ 40	23 ♏ 12	17 ♏ 43	16 D 30	9 ♎ 36	2 ♏ 23	15 ♋ 47	11 ♏ 20	8 ♓ 20	22 ♑ 34	20 ♑ 42	25 ♏ 38	26 ♋	23 ♉	3 ♏	1 ♋	15 ♍
12	18 ♍ 38	7 ♐ 26	17 ♏ 39	16 ♏ 31	11 ♎ 1	3 ♏ 11	16 ♋ 23	11 ♏ 31	8 ♓ 15	22 ♑ 33	20 ♑ 41	25 ♏ 39	26 ♋	23 ♉	3 ♏	1 ♋	15 ♍
13	19 ♍ 37	21 ♐ 28	17 ♏ 36	16 R 31	12 ♎ 25	3 ♏ 58	17 ♋ 0	11 ♏ 41	8 ♓ 11	22 ♑ 32	20 ♑ 40	25 ♏ 40	26 ♋	23 ♉	4 ♏	2 ♋	15 ♍
14	20 ♍ 35	5 ♑ 19	17 ♏ 33	16 ♏ 30	13 ♎ 48	4 ♏ 45	17 ♋ 37	11 ♏ 51	8 ♓ 6	22 ♑ 31	20 ♑ 40	25 ♏ 41	27 ♋	23 ♉	4 ♏	2 ♋	15 ♍
15	21 ♍ 34	18 ♑ 57	17 ♏ 30	16 ♏ 27	15 ♎ 9	5 ♏ 30	18 ♋ 13	12 ♏ 2	8 ♓ 2	22 ♑ 30	20 ♑ 39	25 ♏ 43	27 ♋	23 ♉	4 ♏	2 ♋	15 ♍
16	22 ♍ 32	2 ♒ 23	17 ♏ 27	16 ♏ 21	16 ♎ 29	6 ♏ 15	18 ♋ 50	12 ♏ 12	7 ♓ 57	22 ♑ 30	20 ♑ 39	25 ♏ 44	27 ♋	24 ♉	5 ♏	2 ♋	15 ♍
17	23 ♍ 31	15 ♒ 37	17 ♏ 24	16 ♏ 14	17 ♎ 47	6 ♏ 58	19 ♋ 26	12 ♏ 23	7 ♓ 53	22 ♑ 29	20 ♑ 38	25 ♏ 45	28 ♋	24 ♉	5 ♏	3 ♋	15 ♍
18	24 ♍ 29	28 ♒ 38	17 ♏ 20	16 ♏ 5	19 ♎ 4	7 ♏ 41	20 ♋ 2	12 ♏ 33	7 ♓ 49	22 ♑ 28	20 ♑ 38	25 ♏ 47	28 ♋	24 ♉	5 ♏	3 ♋	16 ♍
19	25 ♍ 28	11 ♓ 27	17 ♏ 17	15 ♏ 56	20 ♎ 20	8 ♏ 23	20 ♋ 38	12 ♏ 44	7 ♓ 45	22 ♑ 27	20 ♑ 37	25 ♏ 48	29 ♋	24 ♉	6 ♏	3 ♋	16 ♍
20	26 ♍ 26	24 ♓ 2	17 ♏ 14	15 ♏ 47	21 ♎ 33	9 ♏ 3	21 ♋ 14	12 ♏ 55	7 ♓ 40	22 ♑ 27	20 ♑ 37	25 ♏ 50	29 ♋	24 ♉	6 ♏	3 ♋	16 ♍
21	27 ♍ 25	6 ♈ 25	17 ♏ 11	15 ♏ 40	22 ♎ 46	9 ♏ 43	21 ♋ 50	13 ♏ 6	7 ♓ 36	22 ♑ 26	20 ♑ 36	25 ♏ 51	29 ♋	24 ♉	6 ♏	4 ♋	16 ♍
22	28 ♍ 23	18 ♈ 35	17 ♏ 8	15 ♏ 34	23 ♎ 56	10 ♏ 21	22 ♋ 26	13 ♏ 17	7 ♓ 32	22 ♑ 26	20 ♑ 36	25 ♏ 53	0 ♌	24 ♉	6 ♏	4 ♋	16 ♍
23	29 ♍ 22	0 ♉ 36	17 ♏ 4	15 ♏ 31	25 ♎ 4	10 ♏ 59	23 ♋ 1	13 ♏ 28	7 ♓ 28	22 ♑ 25	20 ♑ 36	25 ♏ 54	0 ♌	24 ♉	7 ♏	4 ♋	16 ♍
24	0 ♎ 21	12 ♉ 28	17 ♏ 1	15 ♏ 30	26 ♎ 11	11 ♏ 35	23 ♋ 37	13 ♏ 39	7 ♓ 24	22 ♑ 25	20 ♑ 35	25 ♏ 56	0 ♌	24 ♉	7 ♏	4 ♋	16 ♍
25	1 ♎ 19	24 ♉ 15	16 ♏ 58	15 D 30	27 ♎ 15	12 ♏ 10	24 ♋ 12	13 ♏ 50	7 ♓ 20	22 ♑ 24	20 ♑ 35	25 ♏ 57	1 ♌	24 ♉	7 ♏	5 ♋	17 ♍
26	2 ♎ 18	6 ♊ 2	16 ♏ 55	15 ♏ 31	28 ♎ 17	12 ♏ 43	24 ♋ 47	14 ♏ 2	7 ♓ 16	22 ♑ 24	20 ♑ 35	25 ♏ 59	1 ♌	24 R	8 ♏	5 ♋	17 ♍
27	3 ♎ 17	17 ♊ 53	16 ♏ 52	15 ♏ 33	29 ♎ 17	13 ♏ 15	25 ♋ 22	14 ♏ 13	7 ♓ 12	22 ♑ 24	20 ♑ 35	26 ♏ 0	1 ♌	24 ♉	8 ♏	5 ♋	17 ♍
28	4 ♎ 16	29 ♊ 54	16 ♏ 49	15 ♏ 34	0 ♏ 14	13 ♏ 46	25 ♋ 57	14 ♏ 25	7 ♓ 8	22 ♑ 23	20 ♑ 35	26 ♏ 2	2 ♌	24 ♉	8 ♏	5 ♋	17 ♍
29	5 ♎ 15	12 ♋ 8	16 ♏ 45	15 R 34	1 ♏ 8	14 ♏ 16	26 ♋ 32	14 ♏ 36	7 ♓ 5	22 ♑ 23	20 ♑ 34	26 ♏ 4	2 ♌	24 ♉	9 ♏	6 ♋	17 ♍
30	6 ♎ 14	24 ♋ 41	16 ♏ 42	15 ♏ 32	1 ♏ 59	14 ♏ 43	27 ♋ 7	14 ♏ 48	7 ♓ 1	22 ♑ 23	20 ♑ 34	26 ♏ 5	3 ♌	24 ♉	9 ♏	6 ♋	17 ♍

SUN INGRESS ☉→♎23日 15:19

MOON PHASE ● 6日 03:33 ♍ ◐ 12日 20:34 ♐ ○ 20日 05:01 ♓ ◑ 28日 09:23 ♋

aspects

1日	10:11	☿△♃
1日	17:44	☿⚹♇
2日	01:41	☉☍♄
3日	04:13	☉⚹♃
5日	14:42	☉⚹♂
14日	01:54	☉△♆
15日	22:59	☉△♅
18日	04:03	♀△♄
18日	23:21	♂☍♆
19日	05:37	☿□♆
19日	08:40	☉⚹♇
19日	11:36	☿□♂
20日	17:30	☿□♅
21日	23:55	♂☍♅
28日	03:25	♂△♇
30日	06:51	♀☌♃

1994年10月

DAY	☉	☽	☊ mean	☊ true	☿	♀	♂	♃	♄	♅	♆	♇	⚳	⚴	⚵	⚶	⚷
	° ′	° ′	° ′	° ′	° ′	° ′	° ′	° ′	° ′	° ′	° ′	° ′	°	°	°	°	°
1	7 ♎ 13	7 ♌ 38	16 ♏ 39	15 R 29	2 D 47	15 D 10	27 D 41	14 D 59	6 R 57	22 R 23	20 R 34	26 D 7	3 D	24 R	9 D	6 D	17 D
2	8 ♎ 12	21 ♌ 1	16 ♏ 36	15 ♏ 24	3 ♏ 31	15 ♏ 34	28 ♋ 16	15 ♏ 11	6 ♓ 54	22 ♑ 23	20 ♑ 34	26 ♏ 9	3 ♌	24 ♉	10 ♏	6 ♋	18 ♍
3	9 ♎ 11	4 ♍ 51	16 ♏ 33	15 ♏ 19	4 ♏ 11	15 ♏ 57	28 ♋ 50	15 ♏ 23	6 ♓ 50	22 D 23	20 ♑ 34	26 ♏ 11	4 ♌	24 ♉	10 ♏	6 ♋	18 ♍
4	10 ♎ 10	19 ♍ 6	16 ♏ 30	15 ♏ 15	4 ♏ 47	16 ♏ 18	29 ♋ 24	15 ♏ 35	6 ♓ 47	22 ♑ 23	20 D 34	26 ♏ 12	4 ♌	24 ♉	10 ♏	7 ♋	18 ♍
5	11 ♎ 9	3 ♎ 43	16 ♏ 26	15 ♏ 8	5 ♏ 18	16 ♏ 38	29 ♋ 58	15 ♏ 47	6 ♓ 43	22 ♑ 23	20 ♑ 34	26 ♏ 14	4 ♌	24 ♉	11 ♏	7 ♋	18 ♍
6	12 ♎ 8	18 ♎ 33	16 ♏ 23	15 ♏ 4	5 ♏ 44	16 ♏ 55	0 ♌ 32	15 ♏ 59	6 ♓ 40	22 ♑ 23	20 ♑ 34	26 ♏ 16	5 ♌	24 ♉	11 ♏	7 ♋	18 ♍
7	13 ♎ 7	3 ♏ 30	16 ♏ 20	15 ♏ 2	6 ♏ 4	17 ♏ 11	1 ♌ 6	16 ♏ 11	6 ♓ 37	22 ♑ 23	20 ♑ 34	26 ♏ 18	5 ♌	23 ♉	11 ♏	7 ♋	18 ♍
8	14 ♎ 6	18 ♏ 25	16 ♏ 17	15 D 2	6 ♏ 19	17 ♏ 24	1 ♌ 39	16 ♏ 23	6 ♓ 34	22 ♑ 24	20 ♑ 34	26 ♏ 20	5 ♌	23 ♉	12 ♏	7 ♋	18 ♍
9	15 ♎ 6	3 ♐ 11	16 ♏ 14	15 ♏ 3	6 ♏ 27	17 ♏ 36	2 ♌ 13	16 ♏ 35	6 ♓ 31	22 ♑ 24	20 ♑ 35	26 ♏ 22	6 ♌	23 ♉	12 ♏	8 ♋	19 ♍
10	16 ♎ 5	17 ♐ 42	16 ♏ 10	15 ♏ 4	6 R 28	17 ♏ 45	2 ♌ 46	16 ♏ 47	6 ♓ 28	22 ♑ 24	20 ♑ 35	26 ♏ 24	6 ♌	23 ♉	12 ♏	8 ♋	19 ♍
11	17 ♎ 4	1 ♑ 55	16 ♏ 7	15 ♏ 6	6 ♏ 22	17 ♏ 52	3 ♌ 19	16 ♏ 59	6 ♓ 25	22 ♑ 25	20 ♑ 35	26 ♏ 26	6 ♌	23 ♉	12 ♏	8 ♋	19 ♍
12	18 ♎ 4	15 ♑ 47	16 ♏ 4	15 ♏ 6	6 ♏ 8	17 ♏ 57	3 ♌ 52	17 ♏ 12	6 ♓ 22	22 ♑ 25	20 ♑ 35	26 ♏ 28	7 ♌	23 ♉	13 ♏	8 ♋	19 ♍
13	19 ♎ 3	29 ♑ 21	16 ♏ 1	15 R 6	5 ♏ 45	18 ♏ 0	4 ♌ 25	17 ♏ 24	6 ♓ 19	22 ♑ 26	20 ♑ 36	26 ♏ 30	7 ♌	23 ♉	13 ♏	8 ♋	19 ♍
14	20 ♎ 2	12 ♒ 36	15 ♏ 58	15 ♏ 4	5 ♏ 15	18 R 0	4 ♌ 57	17 ♏ 36	6 ♓ 16	22 ♑ 26	20 ♑ 36	26 ♏ 32	7 ♌	23 ♉	13 ♏	8 ♋	19 ♍
15	21 ♎ 2	25 ♒ 34	15 ♏ 55	15 ♏ 2	4 ♏ 36	17 ♏ 58	5 ♌ 30	17 ♏ 49	6 ♓ 14	22 ♑ 27	20 ♑ 36	26 ♏ 34	8 ♌	22 ♉	14 ♏	9 ♋	19 ♍
16	22 ♎ 1	8 ♓ 17	15 ♏ 51	14 ♏ 58	3 ♏ 49	17 ♏ 53	6 ♌ 2	18 ♏ 1	6 ♓ 11	22 ♑ 28	20 ♑ 37	26 ♏ 36	8 ♌	22 ♉	14 ♏	9 ♋	19 ♍
17	23 ♎ 1	20 ♓ 47	15 ♏ 48	14 ♏ 55	2 ♏ 54	17 ♏ 46	6 ♌ 34	18 ♏ 14	6 ♓ 9	22 ♑ 28	20 ♑ 37	26 ♏ 38	8 ♌	22 ♉	14 ♏	9 ♋	20 ♍
18	24 ♎ 0	3 ♈ 5	15 ♏ 45	14 ♏ 51	1 ♏ 52	17 ♏ 37	7 ♌ 6	18 ♏ 26	6 ♓ 7	22 ♑ 29	20 ♑ 38	26 ♏ 40	8 ♌	22 ♉	15 ♏	9 ♋	20 ♍
19	25 ♎ 0	15 ♈ 13	15 ♏ 42	14 ♏ 48	0 ♏ 45	17 ♏ 25	7 ♌ 38	18 ♏ 39	6 ♓ 4	22 ♑ 30	20 ♑ 38	26 ♏ 42	9 ♌	22 ♉	15 ♏	9 ♋	20 ♍
20	25 ♎ 59	27 ♈ 13	15 ♏ 39	14 ♏ 46	29 ♎ 33	17 ♏ 11	8 ♌ 9	18 ♏ 52	6 ♓ 2	22 ♑ 31	20 ♑ 39	26 ♏ 44	9 ♌	22 ♉	15 ♏	9 ♋	20 ♍
21	26 ♎ 59	9 ♉ 7	15 ♏ 36	14 ♏ 45	28 ♎ 19	16 ♏ 54	8 ♌ 41	19 ♏ 4	6 ♓ 0	22 ♑ 32	20 ♑ 39	26 ♏ 46	9 ♌	21 ♉	16 ♏	9 ♋	20 ♍
22	27 ♎ 59	20 ♉ 56	15 ♏ 32	14 D 45	27 ♎ 4	16 ♏ 35	9 ♌ 12	19 ♏ 17	5 ♓ 58	22 ♑ 33	20 ♑ 40	26 ♏ 48	10 ♌	21 ♉	16 ♏	9 ♋	20 ♍
23	28 ♎ 58	2 ♊ 43	15 ♏ 29	14 ♏ 46	25 ♎ 52	16 ♏ 14	9 ♌ 43	19 ♏ 30	5 ♓ 57	22 ♑ 34	20 ♑ 41	26 ♏ 51	10 ♌	21 ♉	16 ♏	10 ♋	20 ♍
24	29 ♎ 58	14 ♊ 31	15 ♏ 26	14 ♏ 47	24 ♎ 43	15 ♏ 51	10 ♌ 14	19 ♏ 43	5 ♓ 55	22 ♑ 35	20 ♑ 41	26 ♏ 53	10 ♌	20 ♉	17 ♏	10 ♋	20 ♍
25	0 ♏ 58	26 ♊ 23	15 ♏ 23	14 ♏ 49	23 ♎ 40	15 ♏ 25	10 ♌ 45	19 ♏ 56	5 ♓ 53	22 ♑ 36	20 ♑ 42	26 ♏ 55	11 ♌	20 ♉	17 ♏	10 ♋	21 ♍
26	1 ♏ 58	8 ♋ 23	15 ♏ 20	14 ♏ 50	22 ♎ 45	14 ♏ 58	11 ♌ 15	20 ♏ 8	5 ♓ 52	22 ♑ 37	20 ♑ 43	26 ♏ 57	11 ♌	20 ♉	17 ♏	10 ♋	21 ♍
27	2 ♏ 57	20 ♋ 36	15 ♏ 16	14 ♏ 51	22 ♎ 0	14 ♏ 29	11 ♌ 45	20 ♏ 21	5 ♓ 50	22 ♑ 38	20 ♑ 43	26 ♏ 59	11 ♌	20 ♉	18 ♏	10 ♋	21 ♍
28	3 ♏ 57	3 ♌ 6	15 ♏ 13	14 ♏ 51	21 ♎ 25	13 ♏ 58	12 ♌ 15	20 ♏ 34	5 ♓ 49	22 ♑ 39	20 ♑ 44	27 ♏ 2	11 ♌	19 ♉	18 ♏	10 ♋	21 ♍
29	4 ♏ 57	15 ♌ 58	15 ♏ 10	14 R 51	21 ♎ 2	13 ♏ 26	12 ♌ 45	20 ♏ 47	5 ♓ 47	22 ♑ 41	20 ♑ 45	27 ♏ 4	12 ♌	19 ♉	18 ♏	10 ♋	21 ♍
30	5 ♏ 57	29 ♌ 14	15 ♏ 7	14 ♏ 50	20 ♎ 50	12 ♏ 52	13 ♌ 15	21 ♏ 0	5 ♓ 46	22 ♑ 42	20 ♑ 46	27 ♏ 6	12 ♌	19 ♉	19 ♏	10 ♋	21 ♍
31	6 ♏ 57	12 ♍ 57	15 ♏ 4	14 ♏ 50	20 D 50	12 ♏ 18	13 ♌ 44	21 ♏ 13	5 ♓ 45	22 ♑ 44	20 ♑ 47	27 ♏ 8	12 ♌	19 ♉	19 ♏	10 ♋	21 ♍

SUN INGRESS ☉→♏24日 00:36

MOON PHASE ● 5日 12:55 ♎ ◐ 12日 04:17 ♑ ○ 19日 21:18 ♈ ◑ 28日 01:44 ♌

aspects

9日	17:28	☿△♄
14日	06:07	☿□♂
14日	13:39	☉□♆
15日	13:14	♀☌♃
16日	10:44	☉□♅
21日	14:17	☉☌☿
26日	04:01	☿□♅
28日	19:50	♃⚹♆
29日	15:37	♀□♂
29日	19:46	☉△♄

1994年11月

DAY	☉	☽	☊ mean	☊ true	☿	♀	♂	♃	♄	♅	♆	♇	⚳	⚴	⚵	⚶	⚷
	° ′	° ′	° ′	° ′	° ′	° ′	° ′	° ′	° ′	° ′	° ′	° ′	°	°	°	°	°
1	7 ♏ 57	27 ♍ 7	15 ♏ 1	14 R 49	21 D 0	11 R 42	14 D 13	21 D 26	5 R 44	22 D 45	20 D 48	27 D 11	13 D	18 R	19 D	10 D	21 D
2	8 ♏ 57	11 ♎ 43	14 ♏ 57	14 ♏ 48	21 ♎ 21	11 ♏ 6	14 ♌ 42	21 ♏ 39	5 ♓ 43	22 ♑ 47	20 ♑ 49	27 ♏ 13	13 ♌	18 ♉	20 ♏	10 ♋	22 ♍
3	9 ♏ 57	26 ♎ 39	14 ♏ 54	14 ♏ 47	21 ♎ 52	10 ♏ 30	15 ♌ 11	21 ♏ 53	5 ♓ 43	22 ♑ 48	20 ♑ 50	27 ♏ 15	13 ♌	18 ♉	20 ♏	10 ♋	22 ♍
4	10 ♏ 57	11 ♏ 47	14 ♏ 51	14 ♏ 47	22 ♎ 31	9 ♏ 54	15 ♌ 39	22 ♏ 6	5 ♓ 42	22 ♑ 50	20 ♑ 51	27 ♏ 18	13 ♌	17 ♉	20 ♏	10 ♋	22 ♍
5	11 ♏ 57	26 ♏ 59	14 ♏ 48	14 D 47	23 ♎ 19	9 ♏ 17	16 ♌ 7	22 ♏ 19	5 ♓ 41	22 ♑ 51	20 ♑ 52	27 ♏ 20	14 ♌	17 ♉	21 ♏	10 ♋	22 ♍
6	12 ♏ 58	12 ♐ 5	14 ♏ 45	14 ♏ 47	24 ♎ 14	8 ♏ 41	16 ♌ 35	22 ♏ 32	5 ♓ 41	22 ♑ 53	20 ♑ 53	27 ♏ 22	14 ♌	17 ♉	21 ♏	10 ♋	22 ♍
7	13 ♏ 58	26 ♐ 55	14 ♏ 41	14 ♏ 48	25 ♎ 15	8 ♏ 6	17 ♌ 3	22 ♏ 45	5 ♓ 41	22 ♑ 55	20 ♑ 54	27 ♏ 25	14 ♌	17 ♉	21 ♏	10 R	22 ♍
8	14 ♏ 58	11 ♑ 25	14 ♏ 38	14 R 48	26 ♎ 21	7 ♏ 31	17 ♌ 30	22 ♏ 58	5 ♓ 40	22 ♑ 57	20 ♑ 55	27 ♏ 27	14 ♌	16 ♉	22 ♏	10 ♋	22 ♍
9	15 ♏ 58	25 ♑ 30	14 ♏ 35	14 ♏ 48	27 ♎ 33	6 ♏ 58	17 ♌ 58	23 ♏ 12	5 ♓ 40	22 ♑ 58	20 ♑ 56	27 ♏ 29	15 ♌	16 ♉	22 ♏	10 ♋	22 ♍
10	16 ♏ 59	9 ♒ 10	14 ♏ 32	14 ♏ 48	28 ♎ 48	6 ♏ 26	18 ♌ 25	23 ♏ 25	5 D 40	23 ♑ 0	20 ♑ 58	27 ♏ 32	15 ♌	15 ♉	23 ♏	10 ♋	22 ♍
11	17 ♏ 59	22 ♒ 24	14 ♏ 29	14 D 48	0 ♏ 7	5 ♏ 55	18 ♌ 51	23 ♏ 38	5 ♓ 40	23 ♑ 2	20 ♑ 59	27 ♏ 34	15 ♌	15 ♉	23 ♏	10 ♋	23 ♍
12	18 ♏ 59	5 ♓ 17	14 ♏ 26	14 ♏ 48	1 ♏ 29	5 ♏ 26	19 ♌ 18	23 ♏ 51	5 ♓ 41	23 ♑ 4	21 ♑ 0	27 ♏ 36	15 ♌	15 ♉	23 ♏	10 ♋	23 ♍
13	19 ♏ 59	17 ♓ 50	14 ♏ 22	14 ♏ 48	2 ♏ 53	4 ♏ 59	19 ♌ 44	24 ♏ 5	5 ♓ 41	23 ♑ 6	21 ♑ 2	27 ♏ 39	15 ♌	14 ♉	24 ♏	10 ♋	23 ♍
14	21 ♏ 0	0 ♈ 8	14 ♏ 19	14 ♏ 49	4 ♏ 19	4 ♏ 33	20 ♌ 9	24 ♏ 18	5 ♓ 41	23 ♑ 8	21 ♑ 3	27 ♏ 41	16 ♌	14 ♉	24 ♏	10 ♋	23 ♍
15	22 ♏ 0	12 ♈ 14	14 ♏ 16	14 ♏ 49	5 ♏ 47	4 ♏ 10	20 ♌ 35	24 ♏ 31	5 ♓ 42	23 ♑ 10	21 ♑ 4	27 ♏ 44	16 ♌	14 ♉	24 ♏	10 ♋	23 ♍
16	23 ♏ 1	24 ♈ 11	14 ♏ 13	14 ♏ 50	7 ♏ 17	3 ♏ 49	21 ♌ 0	24 ♏ 44	5 ♓ 42	23 ♑ 12	21 ♑ 6	27 ♏ 46	16 ♌	13 ♉	25 ♏	10 ♋	23 ♍
17	24 ♏ 1	6 ♉ 3	14 ♏ 10	14 ♏ 51	8 ♏ 47	3 ♏ 31	21 ♌ 25	24 ♏ 58	5 ♓ 43	23 ♑ 15	21 ♑ 7	27 ♏ 48	16 ♌	13 ♉	25 ♏	10 ♋	23 ♍
18	25 ♏ 2	17 ♉ 51	14 ♏ 7	14 R 51	10 ♏ 19	3 ♏ 14	21 ♌ 50	25 ♏ 11	5 ♓ 44	23 ♑ 17	21 ♑ 8	27 ♏ 51	16 ♌	13 ♉	25 ♏	10 ♋	23 ♍
19	26 ♏ 2	29 ♉ 39	14 ♏ 3	14 ♏ 50	11 ♏ 51	3 ♏ 0	22 ♌ 14	25 ♏ 24	5 ♓ 45	23 ♑ 19	21 ♑ 10	27 ♏ 53	17 ♌	12 ♉	26 ♏	10 ♋	23 ♍
20	27 ♏ 3	11 ♊ 28	14 ♏ 0	14 ♏ 49	13 ♏ 24	2 ♏ 49	22 ♌ 38	25 ♏ 38	5 ♓ 46	23 ♑ 21	21 ♑ 11	27 ♏ 56	17 ♌	12 ♉	26 ♏	10 ♋	23 ♍
21	28 ♏ 3	23 ♊ 21	13 ♏ 57	14 ♏ 48	14 ♏ 58	2 ♏ 40	23 ♌ 2	25 ♏ 51	5 ♓ 47	23 ♑ 24	21 ♑ 13	27 ♏ 58	17 ♌	12 ♉	26 ♏	10 ♋	23 ♍
22	29 ♏ 4	5 ♋ 19	13 ♏ 54	14 ♏ 45	16 ♏ 31	2 ♏ 34	23 ♌ 25	26 ♏ 4	5 ♓ 48	23 ♑ 26	21 ♑ 14	28 ♏ 0	17 ♌	11 ♉	27 ♏	10 ♋	24 ♍
23	0 ♐ 4	17 ♋ 25	13 ♏ 51	14 ♏ 43	18 ♏ 5	2 ♏ 30	23 ♌ 48	26 ♏ 17	5 ♓ 49	23 ♑ 29	21 ♑ 16	28 ♏ 3	17 ♌	11 ♉	27 ♏	9 ♋	24 ♍
24	1 ♐ 5	29 ♋ 42	13 ♏ 47	14 ♏ 41	19 ♏ 39	2 ♏ 28	24 ♌ 10	26 ♏ 31	5 ♓ 51	23 ♑ 31	21 ♑ 18	28 ♏ 5	18 ♌	11 ♉	27 ♏	9 ♋	24 ♍
25	2 ♐ 6	12 ♌ 14	13 ♏ 44	14 ♏ 39	21 ♏ 14	2 D 29	24 ♌ 33	26 ♏ 44	5 ♓ 52	23 ♑ 34	21 ♑ 19	28 ♏ 8	18 ♌	10 ♉	28 ♏	9 ♋	24 ♍
26	3 ♐ 6	25 ♌ 2	13 ♏ 41	14 ♏ 38	22 ♏ 48	2 ♏ 33	24 ♌ 55	26 ♏ 57	5 ♓ 54	23 ♑ 36	21 ♑ 21	28 ♏ 10	18 ♌	10 ♉	28 ♏	9 ♋	24 ♍
27	4 ♐ 7	8 ♍ 10	13 ♏ 38	14 D 38	24 ♏ 23	2 ♏ 39	25 ♌ 16	27 ♏ 11	5 ♓ 56	23 ♑ 39	21 ♑ 23	28 ♏ 12	18 ♌	10 ♉	28 ♏	9 ♋	24 ♍
28	5 ♐ 8	21 ♍ 42	13 ♏ 35	14 ♏ 39	25 ♏ 57	2 ♏ 47	25 ♌ 37	27 ♏ 24	5 ♓ 58	23 ♑ 41	21 ♑ 24	28 ♏ 15	18 ♌	10 ♉	29 ♏	9 ♋	24 ♍
29	6 ♐ 8	5 ♎ 38	13 ♏ 32	14 ♏ 40	27 ♏ 31	2 ♏ 57	25 ♌ 58	27 ♏ 37	6 ♓ 0	23 ♑ 44	21 ♑ 26	28 ♏ 17	18 ♌	9 ♉	29 ♏	9 ♋	24 ♍
30	7 ♐ 9	19 ♎ 59	13 ♏ 28	14 ♏ 41	29 ♏ 6	3 ♏ 10	26 ♌ 18	27 ♏ 50	6 ♓ 2	23 ♑ 47	21 ♑ 28	28 ♏ 19	18 ♌	9 ♉	29 ♏	8 ♋	24 ♍

SUN INGRESS	☉ → ♐ 22日 22:06
MOON PHASE	● 3日 22:35 ♏　◐ 10日 15:14 ♒　○ 18日 15:57 ♉　◑ 26日 16:04 ♍

aspects		
3日	08:12	☉☌♀
4日	10:01	☿□♅
7日	20:09	♃⚹♅
11日	11:51	♀△♄
12日	12:57	☉□♂
14日	01:14	☉⚹♆
14日	03:01	☿☌♀
14日	22:27	☿△♄
16日	04:52	☉⚹♅
18日	04:49	☉☌♃
20日	21:52	☉☌♇
25日	01:25	☿⚹♆
26日	12:31	☿⚹♅
27日	17:32	☿□♂
28日	20:25	☉□♄
29日	01:40	☿☌♃
29日	11:54	☿☌♇

1994年12月

DAY	☉	☽	☊ mean	☊ true	☿	♀	♂	♃	♄	♅	♆	♇	⚳	⚴	⚵	⚶	⚷
	° ′	° ′	° ′	° ′	° ′	° ′	° ′	° ′	° ′	° ′	° ′	° ′	°	°	°	°	°
1	8 ♐ 10	4 ♏ 43	13 ♏ 25	14 D 42	0 D 40	3 D 25	26 D 38	28 D 4	6 D 4	23 D 49	21 D 29	28 D 22	19 D	9 R	0 D	8 R	24 D
2	9 ♐ 11	19 ♏ 44	13 ♏ 22	14 R 43	2 ♐ 15	3 ♏ 41	26 ♌ 58	28 ♏ 17	6 ♓ 6	23 ♑ 52	21 ♑ 31	28 ♏ 24	19 ♌	9 ♉	0 ♐	8 ♋	24 ♍
3	10 ♐ 12	4 ♐ 56	13 ♏ 19	14 ♏ 41	3 ♐ 49	4 ♏ 0	27 ♌ 17	28 ♏ 30	6 ♓ 9	23 ♑ 55	21 ♑ 33	28 ♏ 27	19 ♌	8 ♉	0 ♐	8 ♋	24 ♍
4	11 ♐ 13	20 ♐ 7	13 ♏ 16	14 ♏ 39	5 ♐ 23	4 ♏ 21	27 ♌ 35	28 ♏ 43	6 ♓ 11	23 ♑ 58	21 ♑ 35	28 ♏ 29	19 ♌	8 ♉	1 ♐	8 ♋	25 ♍
5	12 ♐ 14	5 ♑ 10	13 ♏ 13	14 ♏ 35	6 ♐ 57	4 ♏ 44	27 ♌ 53	28 ♏ 56	6 ♓ 14	24 ♑ 0	21 ♑ 37	28 ♏ 31	19 ♌	8 ♉	1 ♐	7 ♋	25 ♍
6	13 ♐ 14	19 ♑ 53	13 ♏ 9	14 ♏ 31	8 ♐ 32	5 ♏ 8	28 ♌ 11	29 ♏ 9	6 ♓ 16	24 ♑ 3	21 ♑ 39	28 ♏ 34	19 ♌	8 ♉	1 ♐	7 ♋	25 ♍
7	14 ♐ 15	4 ♒ 12	13 ♏ 6	14 ♏ 27	10 ♐ 6	5 ♏ 35	28 ♌ 28	29 ♏ 23	6 ♓ 19	24 ♑ 6	21 ♑ 41	28 ♏ 36	19 ♌	7 ♉	2 ♐	7 ♋	25 ♍
8	15 ♐ 16	18 ♒ 3	13 ♏ 3	14 ♏ 23	11 ♐ 40	6 ♏ 3	28 ♌ 45	29 ♏ 36	6 ♓ 22	24 ♑ 9	21 ♑ 42	28 ♏ 38	19 ♌	7 ♉	2 ♐	7 ♋	25 ♍
9	16 ♐ 17	1 ♓ 25	13 ♏ 0	14 ♏ 21	13 ♐ 14	6 ♏ 32	29 ♌ 1	29 ♏ 49	6 ♓ 25	24 ♑ 12	21 ♑ 44	28 ♏ 41	19 ♌	7 ♉	2 ♐	7 ♋	25 ♍
10	17 ♐ 18	14 ♓ 20	12 ♏ 57	14 ♏ 20	14 ♐ 48	7 ♏ 3	29 ♌ 17	0 ♐ 2	6 ♓ 28	24 ♑ 15	21 ♑ 46	28 ♏ 43	19 ♌	7 ♉	3 ♐	6 ♋	25 ♍
11	18 ♐ 19	26 ♓ 53	12 ♏ 53	14 D 20	16 ♐ 22	7 ♏ 36	29 ♌ 33	0 ♐ 15	6 ♓ 31	24 ♑ 18	21 ♑ 48	28 ♏ 45	20 ♌	7 ♉	3 ♐	6 ♋	25 ♍
12	19 ♐ 20	9 ♈ 7	12 ♏ 50	14 ♏ 21	17 ♐ 56	8 ♏ 10	29 ♌ 47	0 ♐ 28	6 ♓ 34	24 ♑ 21	21 ♑ 50	28 ♏ 47	20 ♌	6 ♉	3 ♐	6 ♋	25 ♍
13	20 ♐ 21	21 ♈ 7	12 ♏ 47	14 ♏ 23	19 ♐ 31	8 ♏ 46	0 ♍ 2	0 ♐ 41	6 ♓ 37	24 ♑ 24	21 ♑ 52	28 ♏ 50	20 ♌	6 ♉	4 ♐	6 ♋	25 ♍
14	21 ♐ 22	2 ♉ 59	12 ♏ 44	14 ♏ 25	21 ♐ 5	9 ♏ 23	0 ♍ 15	0 ♐ 54	6 ♓ 41	24 ♑ 27	21 ♑ 54	28 ♏ 52	20 ♌	6 ♉	4 ♐	5 ♋	25 ♍
15	22 ♐ 23	14 ♉ 46	12 ♏ 41	14 R 25	22 ♐ 40	10 ♏ 1	0 ♍ 28	1 ♐ 6	6 ♓ 44	24 ♑ 30	21 ♑ 56	28 ♏ 54	20 ♌	6 ♉	4 ♐	5 ♋	25 ♍
16	23 ♐ 24	26 ♉ 33	12 ♏ 38	14 ♏ 24	24 ♐ 14	10 ♏ 41	0 ♍ 41	1 ♐ 19	6 ♓ 48	24 ♑ 34	21 ♑ 58	28 ♏ 57	20 ♌	6 ♉	5 ♐	5 ♋	25 ♍
17	24 ♐ 25	8 ♊ 22	12 ♏ 34	14 ♏ 22	25 ♐ 49	11 ♏ 21	0 ♍ 53	1 ♐ 32	6 ♓ 52	24 ♑ 37	22 ♑ 0	28 ♏ 59	20 ♌	6 ♉	5 ♐	5 ♋	25 ♍
18	25 ♐ 26	20 ♊ 17	12 ♏ 31	14 ♏ 17	27 ♐ 23	12 ♏ 3	1 ♍ 5	1 ♐ 45	6 ♓ 55	24 ♑ 40	22 ♑ 2	29 ♏ 1	20 ♌	6 ♉	5 ♐	4 ♋	25 ♍
19	26 ♐ 27	2 ♋ 18	12 ♏ 28	14 ♏ 10	28 ♐ 58	12 ♏ 46	1 ♍ 15	1 ♐ 58	6 ♓ 59	24 ♑ 43	22 ♑ 5	29 ♏ 3	20 ♌	6 ♉	6 ♐	4 ♋	25 ♍
20	27 ♐ 28	14 ♋ 28	12 ♏ 25	14 ♏ 2	0 ♑ 33	13 ♏ 30	1 ♍ 26	2 ♐ 10	7 ♓ 3	24 ♑ 46	22 ♑ 7	29 ♏ 5	20 R	6 ♉	6 ♐	4 ♋	25 ♍
21	28 ♐ 29	26 ♋ 47	12 ♏ 22	13 ♏ 53	2 ♑ 9	14 ♏ 16	1 ♍ 35	2 ♐ 23	7 ♓ 7	24 ♑ 50	22 ♑ 9	29 ♏ 7	20 ♌	5 ♉	6 ♐	4 ♋	25 ♍
22	29 ♐ 31	9 ♌ 16	12 ♏ 19	13 ♏ 45	3 ♑ 44	15 ♏ 2	1 ♍ 44	2 ♐ 36	7 ♓ 11	24 ♑ 53	22 ♑ 11	29 ♏ 10	20 ♌	5 ♉	7 ♐	3 ♋	26 ♍
23	0 ♑ 32	21 ♌ 57	12 ♏ 15	13 ♏ 37	5 ♑ 20	15 ♏ 49	1 ♍ 53	2 ♐ 48	7 ♓ 16	24 ♑ 56	22 ♑ 13	29 ♏ 12	20 ♌	5 ♉	7 ♐	3 ♋	26 ♍
24	1 ♑ 33	4 ♍ 51	12 ♏ 12	13 ♏ 32	6 ♑ 56	16 ♏ 37	2 ♍ 1	3 ♐ 1	7 ♓ 20	24 ♑ 59	22 ♑ 15	29 ♏ 14	20 ♌	5 ♉	7 ♐	3 ♋	26 ♍
25	2 ♑ 34	18 ♍ 0	12 ♏ 9	13 ♏ 29	8 ♑ 32	17 ♏ 26	2 ♍ 8	3 ♐ 13	7 ♓ 24	25 ♑ 3	22 ♑ 17	29 ♏ 16	20 ♌	5 ♉	8 ♐	3 ♋	26 ♍
26	3 ♑ 35	1 ♎ 26	12 ♏ 6	13 ♏ 28	10 ♑ 8	18 ♏ 16	2 ♍ 14	3 ♐ 25	7 ♓ 29	25 ♑ 6	22 ♑ 19	29 ♏ 18	20 ♌	5 ♉	8 ♐	2 ♋	26 ♍
27	4 ♑ 36	15 ♎ 10	12 ♏ 3	13 D 28	11 ♑ 44	19 ♏ 6	2 ♍ 20	3 ♐ 38	7 ♓ 33	25 ♑ 9	22 ♑ 22	29 ♏ 20	20 ♌	5 D	8 ♐	2 ♋	26 ♍
28	5 ♑ 37	29 ♎ 14	11 ♏ 59	13 ♏ 29	13 ♑ 21	19 ♏ 58	2 ♍ 25	3 ♐ 50	7 ♓ 38	25 ♑ 13	22 ♑ 24	29 ♏ 22	20 ♌	5 ♉	9 ♐	2 ♋	26 ♍
29	6 ♑ 38	13 ♏ 37	11 ♏ 56	13 R 30	14 ♑ 58	20 ♏ 50	2 ♍ 29	4 ♐ 2	7 ♓ 43	25 ♑ 16	22 ♑ 26	29 ♏ 24	20 ♌	5 ♉	9 ♐	2 ♋	26 ♍
30	7 ♑ 40	28 ♏ 17	11 ♏ 53	13 ♏ 29	16 ♑ 35	21 ♏ 43	2 ♍ 33	4 ♐ 15	7 ♓ 47	25 ♑ 20	22 ♑ 28	29 ♏ 26	19 ♌	5 ♉	9 ♐	1 ♋	26 ♍
31	8 ♑ 41	13 ♐ 10	11 ♏ 50	13 ♏ 25	18 ♑ 12	22 ♏ 36	2 ♍ 36	4 ♐ 27	7 ♓ 52	25 ♑ 23	22 ♑ 31	29 ♏ 28	19 ♌	5 ♉	10 ♐	1 ♋	26 ♍

SUN INGRESS	☉ → ♑ 22日 11:23
MOON PHASE	● 3日 08:54 ♐　◐ 10日 06:06 ♓　○ 18日 11:17 ♊　◑ 26日 04:06 ♎

aspects		
2日	16:30	♃☌♇
4日	12:32	☿□♄
7日	12:26	♂□♇
8日	17:24	♀△♄
14日	12:16	☉☌☿
20日	14:40	☿△♂
24日	06:22	☿⚹♄
24日	12:23	☉△♂
30日	03:18	☉⚹♄
30日	21:22	♀⚹♆

1995年1月

DAY	☉	☽	☊ mean	☊ true	☿	♀	♂	♃	♄	♅	♆	♇	⚳	⚴	⚵	⚶	⚷
	° ′	° ′	° ′	° ′	° ′	° ′	° ′	° ′	° ′	° ′	° ′	° ′	°	°	°	°	°
1	9 ♑ 42	28 ♐ 9	11 ♏ 47	13 R 20	19 D 49	23 D 30	2 D 38	4 D 39	7 D 57	25 D 27	22 D 33	29 D 30	19 R	5 D	10 D	1 R	26 D
2	10 ♑ 43	13 ♑ 4	11 ♏ 44	13 ♏ 11	21 ♑ 26	24 ♏ 25	2 ♍ 39	4 ♐ 51	8 ♓ 2	25 ♑ 30	22 ♑ 35	29 ♏ 32	19 ♌	6 ♉	10 ♐	1 ♋	26 ♍
3	11 ♑ 44	27 ♑ 47	11 ♏ 40	13 ♏ 2	23 ♑ 3	25 ♏ 21	2 ♍ 40	5 ♐ 3	8 ♓ 7	25 ♑ 33	22 ♑ 37	29 ♏ 34	19 ♌	6 ♉	11 ♐	0 ♋	26 ♍
4	12 ♑ 46	12 ♒ 10	11 ♏ 37	12 ♏ 52	24 ♑ 40	26 ♏ 17	2 R 39	5 ♐ 15	8 ♓ 12	25 ♑ 37	22 ♑ 39	29 ♏ 36	19 ♌	6 ♉	11 ♐	0 ♋	26 ♍
5	13 ♑ 47	26 ♒ 7	11 ♏ 34	12 ♏ 43	26 ♑ 17	27 ♏ 13	2 ♍ 38	5 ♐ 27	8 ♓ 17	25 ♑ 40	22 ♑ 42	29 ♏ 38	19 ♌	6 ♉	11 ♐	0 ♋	26 ♍
6	14 ♑ 48	9 ♓ 36	11 ♏ 31	12 ♏ 35	27 ♑ 54	28 ♏ 11	2 ♍ 37	5 ♐ 38	8 ♓ 23	25 ♑ 44	22 ♑ 44	29 ♏ 40	19 ♌	6 ♉	12 ♐	0 ♋	26 ♍
7	15 ♑ 49	22 ♓ 37	11 ♏ 28	12 ♏ 30	29 ♑ 30	29 ♏ 8	2 ♍ 34	5 ♐ 50	8 ♓ 28	25 ♑ 47	22 ♑ 46	29 ♏ 41	19 ♌	6 ♉	12 ♐	29 ♊	26 ♍
8	16 ♑ 50	5 ♈ 14	11 ♏ 25	12 ♏ 27	1 ♒ 6	0 ♐ 7	2 ♍ 31	6 ♐ 2	8 ♓ 34	25 ♑ 51	22 ♑ 49	29 ♏ 43	18 ♌	6 ♉	12 ♐	29 ♊	26 ♍
9	17 ♑ 51	17 ♈ 30	11 ♏ 21	12 ♏ 27	2 ♒ 41	1 ♐ 5	2 ♍ 27	6 ♐ 13	8 ♓ 39	25 ♑ 54	22 ♑ 51	29 ♏ 45	18 ♌	6 ♉	13 ♐	29 ♊	26 ♍
10	18 ♑ 52	29 ♈ 31	11 ♏ 18	12 D 27	4 ♒ 15	2 ♐ 4	2 ♍ 22	6 ♐ 25	8 ♓ 45	25 ♑ 58	22 ♑ 53	29 ♏ 47	18 ♌	6 ♉	13 ♐	29 ♊	26 ♍
11	19 ♑ 54	11 ♉ 22	11 ♏ 15	12 ♏ 27	5 ♒ 48	3 ♐ 4	2 ♍ 16	6 ♐ 36	8 ♓ 50	26 ♑ 2	22 ♑ 55	29 ♏ 49	18 ♌	7 ♉	13 ♐	28 ♊	26 R
12	20 ♑ 55	23 ♉ 8	11 ♏ 12	12 R 27	7 ♒ 20	4 ♐ 4	2 ♍ 10	6 ♐ 48	8 ♓ 56	26 ♑ 5	22 ♑ 58	29 ♏ 50	18 ♌	7 ♉	14 ♐	28 ♊	26 ♍
13	21 ♑ 56	4 ♊ 56	11 ♏ 9	12 ♏ 24	8 ♒ 50	5 ♐ 5	2 ♍ 2	6 ♐ 59	9 ♓ 2	26 ♑ 9	23 ♑ 0	29 ♏ 52	18 ♌	7 ♉	14 ♐	28 ♊	26 ♍
14	22 ♑ 57	16 ♊ 48	11 ♏ 5	12 ♏ 19	10 ♒ 17	6 ♐ 5	1 ♍ 54	7 ♐ 10	9 ♓ 7	26 ♑ 12	23 ♑ 2	29 ♏ 54	18 ♌	7 ♉	14 ♐	28 ♊	26 ♍
15	23 ♑ 58	28 ♊ 49	11 ♏ 2	12 ♏ 11	11 ♒ 42	7 ♐ 7	1 ♍ 45	7 ♐ 21	9 ♓ 13	26 ♑ 16	23 ♑ 4	29 ♏ 55	17 ♌	7 ♉	15 ♐	28 ♊	26 ♍
16	24 ♑ 59	11 ♋ 6	10 ♏ 59	12 ♏ 0	13 ♒ 4	8 ♐ 8	1 ♍ 35	7 ♐ 32	9 ♓ 19	26 ♑ 19	23 ♑ 7	29 ♏ 57	17 ♌	7 ♉	15 ♐	27 ♊	26 ♍
17	26 ♑ 0	23 ♋ 24	10 ♏ 56	11 ♏ 48	14 ♒ 22	9 ♐ 10	1 ♍ 25	7 ♐ 43	9 ♓ 25	26 ♑ 23	23 ♑ 9	29 ♏ 58	17 ♌	8 ♉	15 ♐	27 ♊	26 ♍
18	27 ♑ 1	6 ♌ 0	10 ♏ 53	11 ♏ 34	15 ♒ 36	10 ♐ 13	1 ♍ 14	7 ♐ 54	9 ♓ 31	26 ♑ 26	23 ♑ 11	0 ♐ 0	17 ♌	8 ♉	15 ♐	27 ♊	26 ♍
19	28 ♑ 2	18 ♌ 49	10 ♏ 50	11 ♏ 21	16 ♒ 44	11 ♐ 16	1 ♍ 1	8 ♐ 5	9 ♓ 37	26 ♑ 30	23 ♑ 14	0 ♐ 1	17 ♌	8 ♉	16 ♐	27 ♊	26 ♍
20	29 ♑ 4	1 ♍ 49	10 ♏ 46	11 ♏ 9	17 ♒ 47	12 ♐ 19	0 ♍ 49	8 ♐ 15	9 ♓ 43	26 ♑ 33	23 ♑ 16	0 ♐ 3	16 ♌	8 ♉	16 ♐	27 ♊	26 ♍
21	0 ♒ 5	15 ♍ 0	10 ♏ 43	10 ♏ 59	18 ♒ 43	13 ♐ 22	0 ♍ 35	8 ♐ 26	9 ♓ 50	26 ♑ 37	23 ♑ 18	0 ♐ 4	16 ♌	9 ♉	16 ♐	27 ♊	26 ♍
22	1 ♒ 6	28 ♍ 22	10 ♏ 40	10 ♏ 53	19 ♒ 32	14 ♐ 26	0 ♍ 20	8 ♐ 36	9 ♓ 56	26 ♑ 40	23 ♑ 20	0 ♐ 6	16 ♌	9 ♉	17 ♐	26 ♊	26 ♍
23	2 ♒ 7	11 ♎ 55	10 ♏ 37	10 ♏ 50	20 ♒ 12	15 ♐ 30	0 ♍ 5	8 ♐ 47	10 ♓ 2	26 ♑ 44	23 ♑ 23	0 ♐ 7	16 ♌	9 ♉	17 ♐	26 ♊	26 ♍
24	3 ♒ 8	25 ♎ 38	10 ♏ 34	10 ♏ 48	20 ♒ 43	16 ♐ 34	29 ♌ 49	8 ♐ 57	10 ♓ 9	26 ♑ 48	23 ♑ 25	0 ♐ 8	16 ♌	9 ♉	17 ♐	26 ♊	26 ♍
25	4 ♒ 9	9 ♏ 34	10 ♏ 31	10 D 48	21 ♒ 4	17 ♐ 39	29 ♌ 33	9 ♐ 7	10 ♓ 15	26 ♑ 51	23 ♑ 27	0 ♐ 10	15 ♌	10 ♉	18 ♐	26 ♊	26 ♍
26	5 ♒ 10	23 ♏ 41	10 ♏ 27	10 R 48	21 ♒ 14	18 ♐ 44	29 ♌ 15	9 ♐ 17	10 ♓ 21	26 ♑ 55	23 ♑ 29	0 ♐ 11	15 ♌	10 ♉	18 ♐	26 ♊	26 ♍
27	6 ♒ 11	8 ♐ 0	10 ♏ 24	10 ♏ 46	21 R 14	19 ♐ 49	28 ♌ 57	9 ♐ 27	10 ♓ 28	26 ♑ 58	23 ♑ 32	0 ♐ 12	15 ♌	10 ♉	18 ♐	26 ♊	26 ♍
28	7 ♒ 12	22 ♐ 28	10 ♏ 21	10 ♏ 41	21 ♒ 1	20 ♐ 54	28 ♌ 39	9 ♐ 37	10 ♓ 34	27 ♑ 2	23 ♑ 34	0 ♐ 14	15 ♌	11 ♉	18 ♐	26 ♊	26 ♍
29	8 ♒ 13	7 ♑ 0	10 ♏ 18	10 ♏ 34	20 ♒ 38	22 ♐ 0	28 ♌ 20	9 ♐ 47	10 ♓ 41	27 ♑ 5	23 ♑ 36	0 ♐ 15	14 ♌	11 ♉	19 ♐	25 ♊	26 ♍
30	9 ♒ 14	21 ♑ 32	10 ♏ 15	10 ♏ 24	20 ♒ 3	23 ♐ 6	28 ♌ 0	9 ♐ 57	10 ♓ 48	27 ♑ 9	23 ♑ 38	0 ♐ 16	14 ♌	11 ♉	19 ♐	25 ♊	26 ♍
31	10 ♒ 15	5 ♒ 57	10 ♏ 11	10 ♏ 12	19 ♒ 18	24 ♐ 12	27 ♌ 39	10 ♐ 6	10 ♓ 54	27 ♑ 12	23 ♑ 40	0 ♐ 17	14 ♌	11 ♉	19 ♐	25 ♊	26 ♍

SUN INGRESS	☉ → ♒ 20日 22:00
MOON PHASE	● 1日 19:56 ♑ ◐ 9日 00:46 ♈ ○ 17日 05:26 ♋ ◑ 24日 13:58 ♏ ● 31日 07:48 ♒

aspects		
2日	17:26	☿ ☌ ♆
3日	05:50	♀ ⚹ ♅
4日	14:31	☿ ☌ ♅
6日	10:13	☿ ⚹ ♀
7日	02:49	☿ ⚹ ♇
7日	14:08	♀ ☌ ♇
10日	06:28	♀ □ ♂
11日	14:16	☿ ⚹ ♃
14日	02:06	☉ ☌ ♆
15日	06:51	♀ ☌ ♃
17日	06:18	♀ □ ♄
17日	09:22	☉ ☌ ♅
20日	23:54	☉ ⚹ ♇
22日	21:20	♂ □ ♇
28日	02:04	☿ ⚹ ♀
30日	20:09	☉ ⚹ ♃

1995年2月

DAY	☉	☽	☊ mean	☊ true	☿	♀	♂	♃	♄	♅	♆	♇	⚳	⚴	⚵	⚶	⚷
	° ′	° ′	° ′	° ′	° ′	° ′	° ′	° ′	° ′	° ′	° ′	° ′	°	°	°	°	°
1	11 ♒ 16	20 ♒ 6	10 ♏ 8	9 R 59	18 R 24	25 D 18	27 R 18	10 D 16	11 D 1	27 D 16	23 D 43	0 D 18	14 R	12 D	20 D	25 R	26 R
2	12 ♒ 17	3 ♓ 56	10 ♏ 5	9 ♏ 46	17 ♒ 22	26 ♐ 24	26 ♌ 57	10 ♐ 25	11 ♓ 8	27 ♑ 19	23 ♑ 45	0 ♐ 19	14 ♌	12 ♉	20 ♐	25 ♊	25 ♍
3	13 ♒ 17	17 ♓ 23	10 ♏ 2	9 ♏ 36	16 ♒ 14	27 ♐ 31	26 ♌ 35	10 ♐ 35	11 ♓ 14	27 ♑ 22	23 ♑ 47	0 ♐ 20	13 ♌	12 ♉	20 ♐	25 ♊	25 ♍
4	14 ♒ 18	0 ♈ 25	9 ♏ 59	9 ♏ 29	15 ♒ 3	28 ♐ 38	26 ♌ 13	10 ♐ 44	11 ♓ 21	27 ♑ 26	23 ♑ 49	0 ♐ 21	13 ♌	13 ♉	21 ♐	25 ♊	25 ♍
5	15 ♒ 19	13 ♈ 4	9 ♏ 56	9 ♏ 24	13 ♒ 50	29 ♐ 45	25 ♌ 50	10 ♐ 53	11 ♓ 28	27 ♑ 29	23 ♑ 51	0 ♐ 22	13 ♌	13 ♉	21 ♐	25 ♊	25 ♍
6	16 ♒ 20	25 ♈ 22	9 ♏ 52	9 ♏ 21	12 ♒ 37	0 ♑ 52	25 ♌ 27	11 ♐ 2	11 ♓ 35	27 ♑ 33	23 ♑ 53	0 ♐ 23	13 ♌	13 ♉	21 ♐	25 ♊	25 ♍
7	17 ♒ 21	7 ♉ 26	9 ♏ 49	9 ♏ 21	11 ♒ 26	2 ♑ 0	25 ♌ 4	11 ♐ 10	11 ♓ 42	27 ♑ 36	23 ♑ 56	0 ♐ 24	12 ♌	14 ♉	21 ♐	25 ♊	25 ♍
8	18 ♒ 22	19 ♉ 18	9 ♏ 46	9 ♏ 21	10 ♒ 20	3 ♑ 7	24 ♌ 41	11 ♐ 19	11 ♓ 49	27 ♑ 40	23 ♑ 58	0 ♐ 25	12 ♌	14 ♉	22 ♐	25 ♊	25 ♍
9	19 ♒ 22	1 ♊ 7	9 ♏ 43	9 ♏ 20	9 ♒ 18	4 ♑ 15	24 ♌ 17	11 ♐ 28	11 ♓ 56	27 ♑ 43	24 ♑ 0	0 ♐ 26	12 ♌	15 ♉	22 ♐	25 ♊	25 ♍
10	20 ♒ 23	12 ♊ 55	9 ♏ 40	9 ♏ 18	8 ♒ 24	5 ♑ 23	23 ♌ 53	11 ♐ 36	12 ♓ 3	27 ♑ 46	24 ♑ 2	0 ♐ 27	12 ♌	15 ♉	22 ♐	25 ♊	25 ♍
11	21 ♒ 24	24 ♊ 50	9 ♏ 37	9 ♏ 14	7 ♒ 36	6 ♑ 31	23 ♌ 29	11 ♐ 44	12 ♓ 10	27 ♑ 50	24 ♑ 4	0 ♐ 28	11 ♌	15 ♉	22 ♐	25 ♊	25 ♍
12	22 ♒ 25	6 ♋ 56	9 ♏ 33	9 ♏ 7	6 ♒ 57	7 ♑ 39	23 ♌ 5	11 ♐ 52	12 ♓ 17	27 ♑ 53	24 ♑ 6	0 ♐ 28	11 ♌	16 ♉	23 ♐	25 ♊	25 ♍
13	23 ♒ 25	19 ♋ 15	9 ♏ 30	8 ♏ 57	6 ♒ 25	8 ♑ 47	22 ♌ 41	12 ♐ 0	12 ♓ 24	27 ♑ 56	24 ♑ 8	0 ♐ 29	11 ♌	16 ♉	23 ♐	25 D	25 ♍
14	24 ♒ 26	1 ♌ 50	9 ♏ 27	8 ♏ 45	6 ♒ 2	9 ♑ 56	22 ♌ 17	12 ♐ 8	12 ♓ 31	27 ♑ 59	24 ♑ 10	0 ♐ 30	11 ♌	16 ♉	23 ♐	25 ♊	25 ♍
15	25 ♒ 27	14 ♌ 42	9 ♏ 24	8 ♏ 32	5 ♒ 46	11 ♑ 5	21 ♌ 54	12 ♐ 16	12 ♓ 38	28 ♑ 3	24 ♑ 12	0 ♐ 30	11 ♌	17 ♉	24 ♐	25 ♊	25 ♍
16	26 ♒ 27	27 ♌ 51	9 ♏ 21	8 ♏ 19	5 ♒ 38	12 ♑ 13	21 ♌ 30	12 ♐ 24	12 ♓ 45	28 ♑ 6	24 ♑ 14	0 ♐ 31	10 ♌	17 ♉	24 ♐	25 ♊	25 ♍
17	27 ♒ 28	11 ♍ 15	9 ♏ 17	8 ♏ 8	5 D 37	13 ♑ 22	21 ♌ 6	12 ♐ 31	12 ♓ 53	28 ♑ 9	24 ♑ 16	0 ♐ 32	10 ♌	18 ♉	24 ♐	25 ♊	25 ♍
18	28 ♒ 28	24 ♍ 51	9 ♏ 14	7 ♏ 59	5 ♒ 44	14 ♑ 31	20 ♌ 43	12 ♐ 39	13 ♓ 0	28 ♑ 12	24 ♑ 18	0 ♐ 32	10 ♌	18 ♉	24 ♐	25 ♊	25 ♍
19	29 ♒ 29	8 ♎ 36	9 ♏ 11	7 ♏ 53	5 ♒ 56	15 ♑ 40	20 ♌ 20	12 ♐ 46	13 ♓ 7	28 ♑ 15	24 ♑ 20	0 ♐ 33	10 ♌	19 ♉	25 ♐	25 ♊	25 ♍
20	0 ♓ 29	22 ♎ 29	9 ♏ 8	7 ♏ 50	6 ♒ 15	16 ♑ 50	19 ♌ 57	12 ♐ 53	13 ♓ 14	28 ♑ 19	24 ♑ 22	0 ♐ 33	10 ♌	19 ♉	25 ♐	25 ♊	24 ♍
21	1 ♓ 30	6 ♏ 27	9 ♏ 5	7 ♏ 49	6 ♒ 40	17 ♑ 59	19 ♌ 35	13 ♐ 0	13 ♓ 22	28 ♑ 22	24 ♑ 24	0 ♐ 33	9 ♌	19 ♉	25 ♐	25 ♊	24 ♍
22	2 ♓ 30	20 ♏ 29	9 ♏ 2	7 D 49	7 ♒ 9	19 ♑ 9	19 ♌ 13	13 ♐ 7	13 ♓ 29	28 ♑ 25	24 ♑ 26	0 ♐ 34	9 ♌	20 ♉	25 ♐	25 ♊	24 ♍
23	3 ♓ 31	4 ♐ 34	8 ♏ 58	7 R 50	7 ♒ 44	20 ♑ 18	18 ♌ 51	13 ♐ 13	13 ♓ 36	28 ♑ 28	24 ♑ 28	0 ♐ 34	9 ♌	20 ♉	26 ♐	25 ♊	24 ♍
24	4 ♓ 31	18 ♐ 42	8 ♏ 55	7 ♏ 49	8 ♒ 23	21 ♑ 28	18 ♌ 30	13 ♐ 20	13 ♓ 43	28 ♑ 31	24 ♑ 30	0 ♐ 35	9 ♌	21 ♉	26 ♐	25 ♊	24 ♍
25	5 ♓ 31	2 ♑ 50	8 ♏ 52	7 ♏ 46	9 ♒ 6	22 ♑ 38	18 ♌ 9	13 ♐ 26	13 ♓ 51	28 ♑ 34	24 ♑ 31	0 ♐ 35	9 ♌	21 ♉	26 ♐	25 ♊	24 ♍
26	6 ♓ 32	16 ♑ 58	8 ♏ 49	7 ♏ 40	9 ♒ 52	23 ♑ 48	17 ♌ 49	13 ♐ 32	13 ♓ 58	28 ♑ 37	24 ♑ 33	0 ♐ 35	8 ♌	22 ♉	26 ♐	25 ♊	24 ♍
27	7 ♓ 32	1 ♒ 2	8 ♏ 46	7 ♏ 32	10 ♒ 43	24 ♑ 58	17 ♌ 29	13 ♐ 38	14 ♓ 5	28 ♑ 40	24 ♑ 35	0 ♐ 35	8 ♌	22 ♉	26 ♐	25 ♊	24 ♍
28	8 ♓ 33	14 ♒ 58	8 ♏ 42	7 ♏ 23	11 ♒ 36	26 ♑ 8	17 ♌ 10	13 ♐ 44	14 ♓ 13	28 ♑ 43	24 ♑ 37	0 ♐ 35	8 ♌	22 ♉	27 ♐	26 ♊	24 ♍

SUN INGRESS	☉ → ♓ 19日 12:11
MOON PHASE	◐ 7日 21:54 ♉ ○ 15日 21:15 ♌ ◑ 22日 22:04 ♐

aspects		
2日	08:52	♀ △ ♂
4日	08:01	☉ ☌ ☿
7日	04:55	☿ ⚹ ♃
12日	11:32	☉ ☍ ♂
16日	12:32	♀ ⚹ ♄
20日	01:30	☉ □ ♇
26日	16:06	♀ ☌ ♆

1995年3月

DAY	☉	☽	☊ mean	☊ true	☿	♀	♂	♃	♄	♅	♆	♇	⚳	⚴	⚵	⚶	⚷
	° ′	° ′	° ′	° ′	° ′	° ′	° ′	° ′	° ′	° ′	° ′	° ′	°	°	°	°	°
1	9 ♓ 33	28 ♒ 43	8 ♏ 39	7 R 12	12 D 33	27 D 18	16 R 51	13 D 50	14 D 20	28 D 46	24 D 39	0 D 36	8 R	23 D	27 D	26 D	24 R
2	10 ♓ 33	12 ♓ 12	8 ♏ 36	7 ♏ 2	13 ♒ 32	28 ♑ 28	16 ♌ 34	13 ♐ 55	14 ♓ 27	28 ♑ 49	24 ♑ 40	0 ♐ 36	8 ♌	23 ♉	27 ♐	26 ♊	24 ♍
3	11 ♓ 33	25 ♓ 24	8 ♏ 33	6 ♏ 54	14 ♒ 34	29 ♑ 38	16 ♌ 16	14 ♐ 1	14 ♓ 35	28 ♑ 51	24 ♑ 42	0 ♐ 36	8 ♌	24 ♉	27 ♐	26 ♊	24 ♍
4	12 ♓ 33	8 ♈ 16	8 ♏ 30	6 ♏ 48	15 ♒ 39	0 ♒ 49	16 ♌ 0	14 ♐ 6	14 ♓ 42	28 ♑ 54	24 ♑ 44	0 ♐ 36	8 ♌	24 ♉	28 ♐	26 ♊	24 ♍
5	13 ♓ 34	20 ♈ 50	8 ♏ 27	6 ♏ 44	16 ♒ 46	1 ♒ 59	15 ♌ 44	14 ♐ 11	14 ♓ 50	28 ♑ 57	24 ♑ 45	0 R 36	7 ♌	25 ♉	28 ♐	26 ♊	24 ♍
6	14 ♓ 34	3 ♉ 7	8 ♏ 23	6 ♏ 43	17 ♒ 55	3 ♒ 10	15 ♌ 29	14 ♐ 16	14 ♓ 57	29 ♑ 0	24 ♑ 47	0 ♐ 36	7 ♌	25 ♉	28 ♐	26 ♊	23 ♍
7	15 ♓ 34	15 ♉ 11	8 ♏ 20	6 D 43	19 ♒ 6	4 ♒ 21	15 ♌ 15	14 ♐ 21	15 ♓ 4	29 ♑ 2	24 ♑ 49	0 ♐ 36	7 ♌	26 ♉	28 ♐	26 ♊	23 ♍
8	16 ♓ 34	27 ♉ 4	8 ♏ 17	6 ♏ 44	20 ♒ 18	5 ♒ 31	15 ♌ 1	14 ♐ 25	15 ♓ 12	29 ♑ 5	24 ♑ 50	0 ♐ 36	7 ♌	26 ♉	28 ♐	27 ♊	23 ♍
9	17 ♓ 34	8 ♊ 54	8 ♏ 14	6 ♏ 45	21 ♒ 33	6 ♒ 42	14 ♌ 48	14 ♐ 30	15 ♓ 19	29 ♑ 8	24 ♑ 52	0 ♐ 35	7 ♌	27 ♉	29 ♐	27 ♊	23 ♍
10	18 ♓ 34	20 ♊ 44	8 ♏ 11	6 R 46	22 ♒ 50	7 ♒ 53	14 ♌ 36	14 ♐ 34	15 ♓ 26	29 ♑ 10	24 ♑ 53	0 ♐ 35	7 ♌	27 ♉	29 ♐	27 ♊	23 ♍
11	19 ♓ 34	2 ♋ 39	8 ♏ 8	6 ♏ 45	24 ♒ 8	9 ♒ 4	14 ♌ 25	14 ♐ 38	15 ♓ 34	29 ♑ 13	24 ♑ 55	0 ♐ 35	7 ♌	28 ♉	29 ♐	27 ♊	23 ♍
12	20 ♓ 34	14 ♋ 46	8 ♏ 4	6 ♏ 42	25 ♒ 28	10 ♒ 15	14 ♌ 15	14 ♐ 42	15 ♓ 41	29 ♑ 16	24 ♑ 56	0 ♐ 35	7 ♌	28 ♉	29 ♐	27 ♊	23 ♍
13	21 ♓ 34	27 ♋ 8	8 ♏ 1	6 ♏ 37	26 ♒ 49	11 ♒ 26	14 ♌ 5	14 ♐ 46	15 ♓ 48	29 ♑ 18	24 ♑ 58	0 ♐ 35	7 ♌	29 ♉	29 ♐	27 ♊	23 ♍
14	22 ♓ 34	9 ♌ 49	7 ♏ 58	6 ♏ 30	28 ♒ 12	12 ♒ 37	13 ♌ 56	14 ♐ 49	15 ♓ 56	29 ♑ 21	24 ♑ 59	0 ♐ 34	7 ♌	29 ♉	0 ♑	28 ♊	23 ♍
15	23 ♓ 33	22 ♌ 50	7 ♏ 55	6 ♏ 23	29 ♒ 36	13 ♒ 48	13 ♌ 48	14 ♐ 53	16 ♓ 3	29 ♑ 23	25 ♑ 1	0 ♐ 34	7 ♌	0 ♊	0 ♑	28 ♊	23 ♍
16	24 ♓ 33	6 ♍ 13	7 ♏ 52	6 ♏ 16	1 ♓ 2	14 ♒ 59	13 ♌ 41	14 ♐ 56	16 ♓ 10	29 ♑ 25	25 ♑ 2	0 ♐ 34	6 ♌	0 ♊	0 ♑	28 ♊	23 ♍
17	25 ♓ 33	19 ♍ 56	7 ♏ 48	6 ♏ 9	2 ♓ 29	16 ♒ 10	13 ♌ 34	14 ♐ 59	16 ♓ 18	29 ♑ 28	25 ♑ 3	0 ♐ 33	6 ♌	1 ♊	0 ♑	28 ♊	23 ♍
18	26 ♓ 33	3 ♎ 56	7 ♏ 45	6 ♏ 4	3 ♓ 57	17 ♒ 22	13 ♌ 28	15 ♐ 2	16 ♓ 25	29 ♑ 30	25 ♑ 5	0 ♐ 33	6 ♌	1 ♊	0 ♑	28 ♊	23 ♍
19	27 ♓ 32	18 ♎ 8	7 ♏ 42	6 ♏ 1	5 ♓ 27	18 ♒ 33	13 ♌ 23	15 ♐ 4	16 ♓ 32	29 ♑ 32	25 ♑ 6	0 ♐ 32	6 ♌	2 ♊	1 ♑	29 ♊	22 ♍
20	28 ♓ 32	2 ♏ 28	7 ♏ 39	5 ♏ 59	6 ♓ 58	19 ♒ 44	13 ♌ 19	15 ♐ 7	16 ♓ 40	29 ♑ 34	25 ♑ 7	0 ♐ 32	6 ♌	2 ♊	1 ♑	29 ♊	22 ♍
21	29 ♓ 32	16 ♏ 51	7 ♏ 36	6 D 0	8 ♓ 31	20 ♒ 56	13 ♌ 16	15 ♐ 9	16 ♓ 47	29 ♑ 37	25 ♑ 9	0 ♐ 31	6 ♌	3 ♊	1 ♑	29 ♊	22 ♍
22	0 ♈ 31	1 ♐ 13	7 ♏ 33	6 ♏ 1	10 ♓ 5	22 ♒ 7	13 ♌ 13	15 ♐ 11	16 ♓ 54	29 ♑ 39	25 ♑ 10	0 ♐ 31	6 D	3 ♊	1 ♑	29 ♊	22 ♍
23	1 ♈ 31	15 ♐ 30	7 ♏ 29	6 ♏ 2	11 ♓ 40	23 ♒ 19	13 ♌ 11	15 ♐ 13	17 ♓ 1	29 ♑ 41	25 ♑ 11	0 ♐ 30	6 ♌	4 ♊	1 ♑	0 ♋	22 ♍
24	2 ♈ 30	29 ♐ 41	7 ♏ 26	6 ♏ 3	13 ♓ 16	24 ♒ 30	13 ♌ 10	15 ♐ 15	17 ♓ 9	29 ♑ 43	25 ♑ 12	0 ♐ 29	6 ♌	4 ♊	1 ♑	0 ♋	22 ♍
25	3 ♈ 30	13 ♑ 43	7 ♏ 23	6 R 3	14 ♓ 54	25 ♒ 42	13 ♌ 9	15 ♐ 17	17 ♓ 16	29 ♑ 45	25 ♑ 13	0 ♐ 29	6 ♌	5 ♊	2 ♑	0 ♋	22 ♍
26	4 ♈ 29	27 ♑ 36	7 ♏ 20	6 ♏ 1	16 ♓ 33	26 ♒ 54	13 D 10	15 ♐ 18	17 ♓ 23	29 ♑ 47	25 ♑ 14	0 ♐ 28	6 ♌	5 ♊	2 ♑	0 ♋	22 ♍
27	5 ♈ 29	11 ♒ 18	7 ♏ 17	5 ♏ 58	18 ♓ 14	28 ♒ 5	13 ♌ 11	15 ♐ 19	17 ♓ 30	29 ♑ 49	25 ♑ 15	0 ♐ 27	6 ♌	6 ♊	2 ♑	0 ♋	22 ♍
28	6 ♈ 28	24 ♒ 49	7 ♏ 14	5 ♏ 53	19 ♓ 55	29 ♒ 17	13 ♌ 12	15 ♐ 20	17 ♓ 37	29 ♑ 51	25 ♑ 16	0 ♐ 26	6 ♌	7 ♊	2 ♑	1 ♋	22 ♍
29	7 ♈ 27	8 ♓ 7	7 ♏ 10	5 ♏ 49	21 ♓ 38	0 ♓ 29	13 ♌ 15	15 ♐ 21	17 ♓ 44	29 ♑ 53	25 ♑ 17	0 ♐ 26	7 ♌	7 ♊	2 ♑	1 ♋	22 ♍
30	8 ♈ 27	21 ♓ 11	7 ♏ 7	5 ♏ 44	23 ♓ 23	1 ♓ 41	13 ♌ 18	15 ♐ 22	17 ♓ 51	29 ♑ 55	25 ♑ 18	0 ♐ 25	7 ♌	8 ♊	2 ♑	1 ♋	22 ♍
31	9 ♈ 26	4 ♈ 1	7 ♏ 4	5 ♏ 41	25 ♓ 9	2 ♓ 53	13 ♌ 22	15 ♐ 22	17 ♓ 58	29 ♑ 56	25 ♑ 19	0 ♐ 24	7 ♌	8 ♊	2 ♑	2 ♋	22 ♍

SUN INGRESS: ☉ → ♈ 21日 11:14

MOON PHASE: ● 1日 20:48 ♓ ◐ 9日 19:14 ♊ ○ 17日 10:26 ♍ ◑ 24日 05:10 ♑ ● 31日 11:09 ♈

aspects		
2日	07:18	♀☌♅
2日	09:58	☿⚹♃
3日	19:33	♀⚹♇
4日	06:11	☿☍♂
5日	16:19	☉□♃
6日	10:33	☉☌♄
10日	03:25	♂△♃
15日	00:01	♀☍♂
15日	16:09	☿□♇
15日	22:54	♀⚹♃
16日	11:52	☉⚹♆
21日	02:08	☉⚹♅
21日	23:46	☉△♇
25日	05:34	☿□♃
26日	12:51	☿☌♄
28日	22:56	♀□♇
31日	02:27	☿⚹♆

1995年4月

DAY	☉	☽	☊ mean	☊ true	☿	♀	♂	♃	♄	♅	♆	♇	⚳	⚴	⚵	⚶	⚷
	° ′	° ′	° ′	° ′	° ′	° ′	° ′	° ′	° ′	° ′	° ′	° ′	°	°	°	°	°
1	10 ♈ 25	16 ♈ 37	7 ♏ 1	5 R 38	26 D 56	4 D 4	13 D 26	15 D 22	18 D 5	29 D 58	25 D 20	0 R 23	7 D	9 D	2 D	2 D	21 R
2	11 ♈ 25	28 ♈ 59	6 ♏ 58	5 ♏ 37	28 ♓ 44	5 ♓ 16	13 ♌ 32	15 R 23	18 ♓ 12	0 ♒ 0	25 ♑ 21	0 ♐ 22	7 ♌	9 ♊	3 ♑	2 ♋	21 ♍
3	12 ♈ 24	11 ♉ 9	6 ♏ 54	5 D 37	0 ♈ 34	6 ♓ 28	13 ♌ 37	15 ♐ 22	18 ♓ 19	0 ♒ 1	25 ♑ 22	0 ♐ 21	7 ♌	10 ♊	3 ♑	2 ♋	21 ♍
4	13 ♈ 23	23 ♉ 9	6 ♏ 51	5 ♏ 38	2 ♈ 25	7 ♓ 40	13 ♌ 44	15 ♐ 22	18 ♓ 26	0 ♒ 3	25 ♑ 23	0 ♐ 20	7 ♌	10 ♊	3 ♑	2 ♋	21 ♍
5	14 ♈ 22	5 ♊ 1	6 ♏ 48	5 ♏ 39	4 ♈ 18	8 ♓ 52	13 ♌ 51	15 ♐ 22	18 ♓ 33	0 ♒ 4	25 ♑ 24	0 ♐ 19	7 ♌	11 ♊	3 ♑	3 ♋	21 ♍
6	15 ♈ 21	16 ♊ 50	6 ♏ 45	5 ♏ 41	6 ♈ 12	10 ♓ 4	13 ♌ 59	15 ♐ 21	18 ♓ 40	0 ♒ 6	25 ♑ 24	0 ♐ 18	7 ♌	11 ♊	3 ♑	3 ♋	21 ♍
7	16 ♈ 20	28 ♊ 40	6 ♏ 42	5 ♏ 42	8 ♈ 8	11 ♓ 16	14 ♌ 7	15 ♐ 20	18 ♓ 47	0 ♒ 7	25 ♑ 25	0 ♐ 17	7 ♌	12 ♊	3 ♑	3 ♋	21 ♍
8	17 ♈ 19	10 ♋ 36	6 ♏ 39	5 ♏ 43	10 ♈ 4	12 ♓ 28	14 ♌ 16	15 ♐ 19	18 ♓ 54	0 ♒ 9	25 ♑ 26	0 ♐ 16	7 ♌	12 ♊	3 ♑	4 ♋	21 ♍
9	18 ♈ 18	22 ♋ 42	6 ♏ 35	5 R 43	12 ♈ 3	13 ♓ 41	14 ♌ 26	15 ♐ 18	19 ♓ 1	0 ♒ 10	25 ♑ 26	0 ♐ 15	7 ♌	13 ♊	3 ♑	4 ♋	21 ♍
10	19 ♈ 17	5 ♌ 2	6 ♏ 32	5 ♏ 42	14 ♈ 2	14 ♓ 53	14 ♌ 36	15 ♐ 16	19 ♓ 7	0 ♒ 11	25 ♑ 27	0 ♐ 14	8 ♌	14 ♊	3 ♑	4 ♋	21 ♍
11	20 ♈ 16	17 ♌ 42	6 ♏ 29	5 ♏ 41	16 ♈ 3	16 ♓ 5	14 ♌ 47	15 ♐ 15	19 ♓ 14	0 ♒ 13	25 ♑ 28	0 ♐ 13	8 ♌	14 ♊	3 ♑	5 ♋	21 ♍
12	21 ♈ 15	0 ♍ 44	6 ♏ 26	5 ♏ 39	18 ♈ 5	17 ♓ 17	14 ♌ 58	15 ♐ 13	19 ♓ 21	0 ♒ 14	25 ♑ 28	0 ♐ 12	8 ♌	15 ♊	4 ♑	5 ♋	21 ♍
13	22 ♈ 14	14 ♍ 11	6 ♏ 23	5 ♏ 37	20 ♈ 8	18 ♓ 29	15 ♌ 10	15 ♐ 11	19 ♓ 27	0 ♒ 15	25 ♑ 29	0 ♐ 10	8 ♌	15 ♊	4 ♑	5 ♋	21 ♍
14	23 ♈ 13	28 ♍ 2	6 ♏ 19	5 ♏ 36	22 ♈ 12	19 ♓ 41	15 ♌ 22	15 ♐ 9	19 ♓ 34	0 ♒ 16	25 ♑ 29	0 ♐ 9	8 ♌	16 ♊	4 ♑	6 ♋	21 ♍
15	24 ♈ 12	12 ♎ 16	6 ♏ 16	5 ♏ 35	24 ♈ 18	20 ♓ 54	15 ♌ 35	15 ♐ 6	19 ♓ 40	0 ♒ 17	25 ♑ 30	0 ♐ 8	8 ♌	16 ♊	4 ♑	6 ♋	21 ♍
16	25 ♈ 10	26 ♎ 48	6 ♏ 13	5 ♏ 34	26 ♈ 24	22 ♓ 6	15 ♌ 48	15 ♐ 4	19 ♓ 47	0 ♒ 18	25 ♑ 30	0 ♐ 7	8 ♌	17 ♊	4 ♑	6 ♋	20 ♍
17	26 ♈ 9	11 ♏ 33	6 ♏ 10	5 D 34	28 ♈ 30	23 ♓ 18	16 ♌ 2	15 ♐ 1	19 ♓ 53	0 ♒ 19	25 ♑ 30	0 ♐ 5	9 ♌	18 ♊	4 ♑	6 ♋	20 ♍
18	27 ♈ 8	26 ♏ 22	6 ♏ 7	5 ♏ 34	0 ♉ 37	24 ♓ 30	16 ♌ 16	14 ♐ 58	20 ♓ 0	0 ♒ 20	25 ♑ 31	0 ♐ 4	9 ♌	18 ♊	4 ♑	7 ♋	20 ♍
19	28 ♈ 6	11 ♐ 10	6 ♏ 4	5 ♏ 35	2 ♉ 44	25 ♓ 43	16 ♌ 31	14 ♐ 55	20 ♓ 6	0 ♒ 21	25 ♑ 31	0 ♐ 3	9 ♌	19 ♊	4 ♑	7 ♋	20 ♍
20	29 ♈ 5	25 ♐ 49	6 ♏ 0	5 ♏ 36	4 ♉ 51	26 ♓ 55	16 ♌ 46	14 ♐ 52	20 ♓ 12	0 ♒ 22	25 ♑ 31	0 ♐ 2	9 ♌	19 ♊	4 ♑	7 ♋	20 ♍
21	0 ♉ 4	10 ♑ 15	5 ♏ 57	5 ♏ 36	6 ♉ 58	28 ♓ 8	17 ♌ 2	14 ♐ 49	20 ♓ 19	0 ♒ 23	25 ♑ 32	0 ♐ 0	9 ♌	20 ♊	4 ♑	8 ♋	20 ♍
22	1 ♉ 2	24 ♑ 24	5 ♏ 54	5 ♏ 36	9 ♉ 4	29 ♓ 20	17 ♌ 18	14 ♐ 45	20 ♓ 25	0 ♒ 23	25 ♑ 32	29 ♏ 59	10 ♌	20 ♊	4 ♑	8 ♋	20 ♍
23	2 ♉ 1	8 ♒ 14	5 ♏ 51	5 R 36	11 ♉ 9	0 ♈ 32	17 ♌ 35	14 ♐ 41	20 ♓ 31	0 ♒ 24	25 ♑ 32	29 ♏ 57	10 ♌	21 ♊	4 ♑	8 ♋	20 ♍
24	2 ♉ 59	21 ♒ 46	5 ♏ 48	5 ♏ 36	13 ♉ 12	1 ♈ 45	17 ♌ 52	14 ♐ 37	20 ♓ 37	0 ♒ 25	25 ♑ 32	29 ♏ 56	10 ♌	22 ♊	4 ♑	9 ♋	20 ♍
25	3 ♉ 58	5 ♓ 1	5 ♏ 45	5 ♏ 36	15 ♉ 15	2 ♈ 57	18 ♌ 9	14 ♐ 33	20 ♓ 43	0 ♒ 25	25 ♑ 32	29 ♏ 55	10 ♌	22 ♊	4 ♑	9 ♋	20 ♍
26	4 ♉ 56	17 ♓ 58	5 ♏ 41	5 ♏ 36	17 ♉ 15	4 ♈ 10	18 ♌ 27	14 ♐ 29	20 ♓ 49	0 ♒ 26	25 ♑ 32	29 ♏ 53	10 ♌	23 ♊	4 R	9 ♋	20 ♍
27	5 ♉ 54	0 ♈ 41	5 ♏ 38	5 D 36	19 ♉ 12	5 ♈ 22	18 ♌ 46	14 ♐ 25	20 ♓ 55	0 ♒ 26	25 ♑ 32	29 ♏ 52	11 ♌	23 ♊	4 ♑	10 ♋	20 ♍
28	6 ♉ 53	13 ♈ 11	5 ♏ 35	5 ♏ 36	21 ♉ 8	6 ♈ 35	19 ♌ 4	14 ♐ 20	21 ♓ 1	0 ♒ 26	25 ♑ 33	29 ♏ 50	11 ♌	24 ♊	4 ♑	10 ♋	20 ♍
29	7 ♉ 51	25 ♈ 29	5 ♏ 32	5 ♏ 36	23 ♉ 0	7 ♈ 47	19 ♌ 23	14 ♐ 15	21 ♓ 7	0 ♒ 27	25 R 33	29 ♏ 49	11 ♌	24 ♊	4 ♑	11 ♋	20 ♍
30	8 ♉ 50	7 ♉ 37	5 ♏ 29	5 R 36	24 ♉ 50	9 ♈ 0	19 ♌ 43	14 ♐ 11	21 ♓ 13	0 ♒ 27	25 ♑ 32	29 ♏ 47	11 ♌	25 ♊	4 ♑	11 ♋	20 ♍

SUN INGRESS: ☉ → ♉ 20日 22:21

MOON PHASE: ◐ 8日 14:35 ♋ ○ 15日 21:08 ♎ ◑ 22日 12:18 ♒ ● 30日 02:36 ♉

aspects		
2日	16:47	☿⚹♅
2日	21:15	☿△♇
4日	09:37	☉△♂
5日	23:50	☉△♃
10日	07:23	☿△♂
10日	07:42	♀□♃
10日	14:34	☿△♃
11日	01:40	♅⚹♇
13日	02:05	♂△♃
13日	21:14	♀☌♄
14日	21:49	☉☌☿
15日	13:47	☿□♆
16日	08:07	☉□♆
17日	20:47	☿□♅
18日	20:06	♀⚹♆
21日	07:54	☉□♅
22日	12:39	♀△♇
22日	21:11	♀⚹♅
26日	17:27	☿□♂
27日	22:30	☿⚹♄
30日	09:32	☿△♆

1995年5月

DAY	☉	☽	☊ mean	☊ true	☿	♀	♂	♃	♄	♅	♆	♇	⚳	⚴	⚵	⚶	⚷
	° ′	° ′	° ′	° ′	° ′	° ′	° ′	° ′	° ′	° ′	° ′	° ′	°	°	°	°	°
1	9 ♉ 48	19 ♉ 38	5 ♏ 25	5 R 36	26 D 36	10 D 12	20 D 3	14 R 6	21 D 18	0 D 27	25 R 32	29 R 46	11 D	25 D	4 R	11 D	20 R
2	10 ♉ 46	1 ♊ 32	5 ♏ 22	5 ♏ 36	28 ♉ 19	11 ♈ 25	20 ♌ 23	14 ♐ 0	21 ♓ 24	0 ♒ 28	25 ♑ 32	29 ♏ 44	12 ♌	26 ♊	4 ♑	12 ♋	20 ♍
3	11 ♉ 44	13 ♊ 22	5 ♏ 19	5 ♏ 35	29 ♉ 58	12 ♈ 37	20 ♌ 43	13 ♐ 55	21 ♓ 30	0 ♒ 28	25 ♑ 32	29 ♏ 43	12 ♌	27 ♊	4 ♑	12 ♋	20 ♍
4	12 ♉ 43	25 ♊ 11	5 ♏ 16	5 ♏ 34	1 ♊ 34	13 ♈ 50	21 ♌ 4	13 ♐ 50	21 ♓ 35	0 ♒ 28	25 ♑ 32	29 ♏ 41	12 ♌	27 ♊	4 ♑	12 ♋	20 ♍
5	13 ♉ 41	7 ♋ 2	5 ♏ 13	5 ♏ 33	3 ♊ 6	15 ♈ 2	21 ♌ 25	13 ♐ 44	21 ♓ 41	0 ♒ 28	25 ♑ 32	29 ♏ 39	12 ♌	28 ♊	4 ♑	13 ♋	20 ♍
6	14 ♉ 39	18 ♋ 58	5 ♏ 10	5 ♏ 32	4 ♊ 33	16 ♈ 15	21 ♌ 47	13 ♐ 38	21 ♓ 46	0 R 28	25 ♑ 32	29 ♏ 38	13 ♌	28 ♊	4 ♑	13 ♋	20 ♍
7	15 ♉ 37	1 ♌ 3	5 ♏ 6	5 ♏ 31	5 ♊ 57	17 ♈ 28	22 ♌ 9	13 ♐ 33	21 ♓ 51	0 ♒ 28	25 ♑ 31	29 ♏ 36	13 ♌	29 ♊	4 ♑	13 ♋	20 ♍
8	16 ♉ 35	13 ♌ 21	5 ♏ 3	5 ♏ 31	7 ♊ 17	18 ♈ 40	22 ♌ 31	13 ♐ 27	21 ♓ 57	0 ♒ 28	25 ♑ 31	29 ♏ 35	13 ♌	29 ♊	4 ♑	14 ♋	20 ♍
9	17 ♉ 33	25 ♌ 57	5 ♏ 0	5 D 31	8 ♊ 32	19 ♈ 53	22 ♌ 54	13 ♐ 20	22 ♓ 2	0 ♒ 28	25 ♑ 31	29 ♏ 33	13 ♌	0 ♋	3 ♑	14 ♋	20 ♍
10	18 ♉ 31	8 ♍ 55	4 ♏ 57	5 ♏ 31	9 ♊ 43	21 ♈ 6	23 ♌ 16	13 ♐ 14	22 ♓ 7	0 ♒ 27	25 ♑ 30	29 ♏ 31	14 ♌	1 ♋	3 ♑	15 ♋	20 ♍
11	19 ♉ 29	22 ♍ 17	4 ♏ 54	5 ♏ 32	10 ♊ 50	22 ♈ 18	23 ♌ 39	13 ♐ 8	22 ♓ 12	0 ♒ 27	25 ♑ 30	29 ♏ 30	14 ♌	1 ♋	3 ♑	15 ♋	20 ♍
12	20 ♉ 27	6 ♎ 5	4 ♏ 50	5 ♏ 34	11 ♊ 53	23 ♈ 31	24 ♌ 3	13 ♐ 2	22 ♓ 17	0 ♒ 27	25 ♑ 29	29 ♏ 28	14 ♌	2 ♋	3 ♑	15 ♋	20 ♍
13	21 ♉ 25	20 ♎ 20	4 ♏ 47	5 ♏ 35	12 ♊ 51	24 ♈ 43	24 ♌ 27	12 ♐ 55	22 ♓ 22	0 ♒ 27	25 ♑ 29	29 ♏ 27	15 ♌	2 ♋	3 ♑	16 ♋	20 ♍
14	22 ♉ 23	4 ♏ 59	4 ♏ 44	5 ♏ 35	13 ♊ 44	25 ♈ 56	24 ♌ 51	12 ♐ 48	22 ♓ 27	0 ♒ 26	25 ♑ 29	29 ♏ 25	15 ♌	3 ♋	3 ♑	16 ♋	20 ♍
15	23 ♉ 21	19 ♏ 56	4 ♏ 41	5 R 35	14 ♊ 33	27 ♈ 9	25 ♌ 15	12 ♐ 42	22 ♓ 32	0 ♒ 26	25 ♑ 28	29 ♏ 23	15 ♌	3 ♋	3 ♑	16 ♋	20 ♍
16	24 ♉ 19	5 ♐ 4	4 ♏ 38	5 ♏ 33	15 ♊ 18	28 ♈ 21	25 ♌ 39	12 ♐ 35	22 ♓ 37	0 ♒ 25	25 ♑ 27	29 ♏ 22	15 ♌	4 ♋	3 ♑	17 ♋	19 ♍
17	25 ♉ 17	20 ♐ 13	4 ♏ 35	5 ♏ 31	15 ♊ 57	29 ♈ 34	26 ♌ 4	12 ♐ 28	22 ♓ 41	0 ♒ 25	25 ♑ 27	29 ♏ 20	16 ♌	5 ♋	3 ♑	17 ♋	19 ♍
18	26 ♉ 14	5 ♑ 14	4 ♏ 31	5 ♏ 29	16 ♊ 32	0 ♉ 47	26 ♌ 29	12 ♐ 21	22 ♓ 46	0 ♒ 24	25 ♑ 26	29 ♏ 18	16 ♌	5 ♋	3 ♑	18 ♋	19 ♍
19	27 ♉ 12	19 ♑ 58	4 ♏ 28	5 ♏ 26	17 ♊ 2	2 ♉ 0	26 ♌ 54	12 ♐ 14	22 ♓ 50	0 ♒ 24	25 ♑ 26	29 ♏ 17	16 ♌	6 ♋	2 ♑	18 ♋	19 D
20	28 ♉ 10	4 ♒ 21	4 ♏ 25	5 ♏ 24	17 ♊ 27	3 ♉ 12	27 ♌ 20	12 ♐ 7	22 ♓ 55	0 ♒ 23	25 ♑ 25	29 ♏ 15	17 ♌	6 ♋	2 ♑	18 ♋	19 ♍
21	29 ♉ 8	18 ♒ 19	4 ♏ 22	5 ♏ 22	17 ♊ 48	4 ♉ 25	27 ♌ 46	11 ♐ 59	22 ♓ 59	0 ♒ 22	25 ♑ 24	29 ♏ 13	17 ♌	7 ♋	2 ♑	19 ♋	19 ♍
22	0 ♊ 5	1 ♓ 51	4 ♏ 19	5 D 22	18 ♊ 3	5 ♉ 38	28 ♌ 12	11 ♐ 52	23 ♓ 3	0 ♒ 21	25 ♑ 24	29 ♏ 12	17 ♌	8 ♋	2 ♑	19 ♋	19 ♍
23	1 ♊ 3	14 ♓ 59	4 ♏ 16	5 ♏ 23	18 ♊ 14	6 ♉ 51	28 ♌ 38	11 ♐ 45	23 ♓ 8	0 ♒ 21	25 ♑ 23	29 ♏ 10	18 ♌	8 ♋	2 ♑	20 ♋	20 ♍
24	2 ♊ 1	27 ♓ 47	4 ♏ 12	5 ♏ 24	18 ♊ 20	8 ♉ 3	29 ♌ 5	11 ♐ 37	23 ♓ 12	0 ♒ 20	25 ♑ 22	29 ♏ 8	18 ♌	9 ♋	2 ♑	20 ♋	20 ♍
25	2 ♊ 58	10 ♈ 16	4 ♏ 9	5 ♏ 26	18 R 21	9 ♉ 16	29 ♌ 31	11 ♐ 30	23 ♓ 16	0 ♒ 19	25 ♑ 21	29 ♏ 7	18 ♌	9 ♋	2 ♑	20 ♋	20 ♍
26	3 ♊ 56	22 ♈ 32	4 ♏ 6	5 ♏ 27	18 ♊ 18	10 ♉ 29	29 ♌ 58	11 ♐ 23	23 ♓ 20	0 ♒ 18	25 ♑ 20	29 ♏ 5	19 ♌	10 ♋	1 ♑	21 ♋	20 ♍
27	4 ♊ 54	4 ♉ 37	4 ♏ 3	5 ♏ 28	18 ♊ 10	11 ♉ 42	0 ♍ 25	11 ♐ 15	23 ♓ 24	0 ♒ 17	25 ♑ 20	29 ♏ 3	19 ♌	10 ♋	1 ♑	21 ♋	20 ♍
28	5 ♊ 51	16 ♉ 35	4 ♏ 0	5 R 27	17 ♊ 58	12 ♉ 55	0 ♍ 53	11 ♐ 7	23 ♓ 28	0 ♒ 16	25 ♑ 19	29 ♏ 2	19 ♌	11 ♋	1 ♑	22 ♋	20 ♍
29	6 ♊ 49	28 ♉ 27	3 ♏ 56	5 ♏ 25	17 ♊ 41	14 ♉ 8	1 ♍ 20	11 ♐ 0	23 ♓ 31	0 ♒ 15	25 ♑ 18	29 ♏ 0	19 ♌	12 ♋	1 ♑	22 ♋	20 ♍
30	7 ♊ 47	10 ♊ 17	3 ♏ 53	5 ♏ 21	17 ♊ 22	15 ♉ 20	1 ♍ 48	10 ♐ 52	23 ♓ 35	0 ♒ 14	25 ♑ 17	28 ♏ 58	20 ♌	12 ♋	1 ♑	22 ♋	20 ♍
31	8 ♊ 44	22 ♊ 6	3 ♏ 50	5 ♏ 16	16 ♊ 58	16 ♉ 33	2 ♍ 16	10 ♐ 45	23 ♓ 38	0 ♒ 13	25 ♑ 16	28 ♏ 57	20 ♌	13 ♋	0 ♑	23 ♋	20 ♍

SUN INGRESS	☉ → ♊ 21日 21:34
MOON PHASE	◐ 8日 06:44 ♌　○ 15日 05:48 ♏　◑ 21日 20:36 ♒　● 29日 18:27 ♊

aspects		
2日	20:12	☿☍♇
3日	07:19	☿△♅
3日	23:56	♀△♃
12日	15:45	♀△♂
13日	01:38	☿☍♃
13日	14:58	♀□♆
14日	01:52	☉⚹♄
17日	04:17	☉△♆
17日	16:36	♀□♅
18日	10:58	☉□♂
21日	02:19	☉☍♇
22日	06:37	☉△♅
24日	03:15	♂□♇

1995年6月

DAY	☉	☽	☊ mean	☊ true	☿	♀	♂	♃	♄	♅	♆	♇	⚳	⚴	⚵	⚶	⚷
	° ′	° ′	° ′	° ′	° ′	° ′	° ′	° ′	° ′	° ′	° ′	° ′	°	°	°	°	°
1	9 ♊ 42	3 ♋ 57	3 ♏ 47	5 R 10	16 R 32	17 D 46	2 D 44	10 R 37	23 D 42	0 R 11	25 R 15	28 R 55	20 D	13 D	0 R	23 D	20 D
2	10 ♊ 39	15 ♋ 51	3 ♏ 44	5 ♏ 4	16 ♊ 3	18 ♉ 59	3 ♍ 13	10 ♐ 29	23 ♓ 45	0 ♒ 10	25 ♑ 14	28 ♏ 54	21 ♌	14 ♋	0 ♑	24 ♋	20 ♍
3	11 ♊ 37	27 ♋ 50	3 ♏ 41	4 ♏ 58	15 ♊ 33	20 ♉ 12	3 ♍ 41	10 ♐ 22	23 ♓ 49	0 ♒ 9	25 ♑ 13	28 ♏ 52	21 ♌	14 ♋	0 ♑	24 ♋	20 ♍
4	12 ♊ 34	9 ♌ 58	3 ♏ 37	4 ♏ 53	15 ♊ 0	21 ♉ 25	4 ♍ 10	10 ♐ 14	23 ♓ 52	0 ♒ 7	25 ♑ 12	28 ♏ 50	22 ♌	15 ♋	0 ♑	24 ♋	20 ♍
5	13 ♊ 32	22 ♌ 17	3 ♏ 34	4 ♏ 49	14 ♊ 27	22 ♉ 38	4 ♍ 39	10 ♐ 6	23 ♓ 55	0 ♒ 6	25 ♑ 11	28 ♏ 49	22 ♌	16 ♋	29 ♐	25 ♋	20 ♍
6	14 ♊ 29	4 ♍ 52	3 ♏ 31	4 ♏ 47	13 ♊ 54	23 ♉ 51	5 ♍ 8	9 ♐ 59	23 ♓ 58	0 ♒ 5	25 ♑ 10	28 ♏ 47	22 ♌	16 ♋	29 ♐	25 ♋	20 ♍
7	15 ♊ 27	17 ♍ 44	3 ♏ 28	4 D 47	13 ♊ 20	25 ♉ 4	5 ♍ 38	9 ♐ 51	24 ♓ 1	0 ♒ 3	25 ♑ 8	28 ♏ 46	23 ♌	17 ♋	29 ♐	26 ♋	20 ♍
8	16 ♊ 24	0 ♎ 59	3 ♏ 25	4 ♏ 47	12 ♊ 48	26 ♉ 17	6 ♍ 7	9 ♐ 44	24 ♓ 4	0 ♒ 2	25 ♑ 7	28 ♏ 44	23 ♌	17 ♋	29 ♐	26 ♋	20 ♍
9	17 ♊ 21	14 ♎ 39	3 ♏ 22	4 ♏ 49	12 ♊ 16	27 ♉ 30	6 ♍ 37	9 ♐ 36	24 ♓ 6	0 ♒ 0	25 ♑ 6	28 ♏ 42	23 ♌	18 ♋	29 ♐	26 ♋	20 ♍
10	18 ♊ 19	28 ♎ 46	3 ♏ 18	4 ♏ 50	11 ♊ 47	28 ♉ 43	7 ♍ 7	9 ♐ 29	24 ♓ 9	29 ♑ 59	25 ♑ 5	28 ♏ 41	24 ♌	18 ♋	28 ♐	27 ♋	20 ♍
11	19 ♊ 16	13 ♏ 18	3 ♏ 15	4 R 49	11 ♊ 20	29 ♉ 56	7 ♍ 37	9 ♐ 21	24 ♓ 12	29 ♑ 57	25 ♑ 4	28 ♏ 39	24 ♌	19 ♋	28 ♐	27 ♋	20 ♍
12	20 ♊ 13	28 ♏ 13	3 ♏ 12	4 ♏ 48	10 ♊ 56	1 ♊ 9	8 ♍ 7	9 ♐ 14	24 ♓ 14	29 ♑ 55	25 ♑ 2	28 ♏ 38	24 ♌	20 ♋	28 ♐	28 ♋	20 ♍
13	21 ♊ 11	13 ♐ 23	3 ♏ 9	4 ♏ 44	10 ♊ 35	2 ♊ 22	8 ♍ 37	9 ♐ 6	24 ♓ 17	29 ♑ 54	25 ♑ 1	28 ♏ 36	25 ♌	20 ♋	28 ♐	28 ♋	20 ♍
14	22 ♊ 8	28 ♐ 40	3 ♏ 6	4 ♏ 38	10 ♊ 17	3 ♊ 35	9 ♍ 8	8 ♐ 59	24 ♓ 19	29 ♑ 52	25 ♑ 0	28 ♏ 35	25 ♌	21 ♋	28 ♐	29 ♋	20 ♍
15	23 ♊ 5	13 ♑ 53	3 ♏ 2	4 ♏ 31	10 ♊ 4	4 ♊ 48	9 ♍ 39	8 ♐ 52	24 ♓ 21	29 ♑ 50	24 ♑ 59	28 ♏ 33	25 ♌	21 ♋	27 ♐	29 ♋	20 ♍
16	24 ♊ 3	28 ♑ 51	2 ♏ 59	4 ♏ 24	9 ♊ 54	6 ♊ 1	10 ♍ 9	8 ♐ 45	24 ♓ 23	29 ♑ 49	24 ♑ 57	28 ♏ 32	26 ♌	22 ♋	27 ♐	29 ♋	20 ♍
17	25 ♊ 0	13 ♒ 26	2 ♏ 56	4 ♏ 17	9 ♊ 49	7 ♊ 14	10 ♍ 40	8 ♐ 38	24 ♓ 25	29 ♑ 47	24 ♑ 56	28 ♏ 31	26 ♌	22 ♋	27 ♐	0 ♌	20 ♍
18	25 ♊ 57	27 ♒ 34	2 ♏ 53	4 ♏ 12	9 D 49	8 ♊ 27	11 ♍ 11	8 ♐ 31	24 ♓ 27	29 ♑ 45	24 ♑ 55	28 ♏ 29	27 ♌	23 ♋	27 ♐	0 ♌	20 ♍
19	26 ♊ 54	11 ♓ 12	2 ♏ 50	4 ♏ 9	9 ♊ 52	9 ♊ 40	11 ♍ 43	8 ♐ 24	24 ♓ 29	29 ♑ 43	24 ♑ 53	28 ♏ 28	27 ♌	24 ♋	26 ♐	1 ♌	20 ♍
20	27 ♊ 52	24 ♓ 22	2 ♏ 47	4 ♏ 8	10 ♊ 1	10 ♊ 53	12 ♍ 14	8 ♐ 17	24 ♓ 31	29 ♑ 41	24 ♑ 52	28 ♏ 26	27 ♌	24 ♋	26 ♐	1 ♌	20 ♍
21	28 ♊ 49	7 ♈ 8	2 ♏ 43	4 D 8	10 ♊ 14	12 ♊ 6	12 ♍ 46	8 ♐ 10	24 ♓ 32	29 ♑ 39	24 ♑ 50	28 ♏ 25	28 ♌	25 ♋	26 ♐	2 ♌	21 ♍
22	29 ♊ 46	19 ♈ 33	2 ♏ 40	4 ♏ 9	10 ♊ 31	13 ♊ 19	13 ♍ 17	8 ♐ 3	24 ♓ 34	29 ♑ 37	24 ♑ 49	28 ♏ 24	28 ♌	25 ♋	26 ♐	2 ♌	21 ♍
23	0 ♋ 43	1 ♉ 42	2 ♏ 37	4 ♏ 10	10 ♊ 54	14 ♊ 32	13 ♍ 49	7 ♐ 57	24 ♓ 35	29 ♑ 35	24 ♑ 48	28 ♏ 22	28 ♌	26 ♋	25 ♐	2 ♌	21 ♍
24	1 ♋ 41	13 ♉ 41	2 ♏ 34	4 R 9	11 ♊ 21	15 ♊ 46	14 ♍ 21	7 ♐ 50	24 ♓ 37	29 ♑ 33	24 ♑ 46	28 ♏ 21	29 ♌	26 ♋	25 ♐	3 ♌	21 ♍
25	2 ♋ 38	25 ♉ 33	2 ♏ 31	4 ♏ 7	11 ♊ 52	16 ♊ 59	14 ♍ 53	7 ♐ 44	24 ♓ 38	29 ♑ 31	24 ♑ 45	28 ♏ 20	29 ♌	27 ♋	25 ♐	3 ♌	21 ♍
26	3 ♋ 35	7 ♊ 21	2 ♏ 28	4 ♏ 2	12 ♊ 28	18 ♊ 12	15 ♍ 26	7 ♐ 38	24 ♓ 39	29 ♑ 29	24 ♑ 43	28 ♏ 18	0 ♍	28 ♋	25 ♐	4 ♌	21 ♍
27	4 ♋ 32	19 ♊ 10	2 ♏ 24	3 ♏ 55	13 ♊ 9	19 ♊ 25	15 ♍ 58	7 ♐ 31	24 ♓ 40	29 ♑ 27	24 ♑ 42	28 ♏ 17	0 ♍	28 ♋	25 ♐	4 ♌	21 ♍
28	5 ♋ 30	1 ♋ 1	2 ♏ 21	3 ♏ 45	13 ♊ 54	20 ♊ 38	16 ♍ 31	7 ♐ 25	24 ♓ 41	29 ♑ 25	24 ♑ 40	28 ♏ 16	0 ♍	29 ♋	24 ♐	5 ♌	21 ♍
29	6 ♋ 27	12 ♋ 56	2 ♏ 18	3 ♏ 34	14 ♊ 43	21 ♊ 52	17 ♍ 3	7 ♐ 20	24 ♓ 42	29 ♑ 23	24 ♑ 39	28 ♏ 15	1 ♍	29 ♋	24 ♐	5 ♌	21 ♍
30	7 ♋ 24	24 ♋ 56	2 ♏ 15	3 ♏ 23	15 ♊ 37	23 ♊ 5	17 ♍ 36	7 ♐ 14	24 ♓ 42	29 ♑ 21	24 ♑ 37	28 ♏ 13	1 ♍	0 ♌	24 ♐	5 ♌	21 ♍

SUN INGRESS	☉ → ♋ 22日 05:34
MOON PHASE	◐ 6日 19:26 ♍　○ 13日 13:03 ♐　◑ 20日 07:01 ♓　● 28日 09:50 ♋

aspects		
1日	20:22	☉☍♃
5日	14:38	☉☌☿
6日	02:28	♀⚹♄
7日	01:33	♀△♆
9日	23:30	♀☍♇
11日	00:29	♀△♅
13日	18:25	♂□♃
15日	14:50	☿□♂
16日	08:56	☉□♄
18日	01:08	♀☍♃
19日	04:30	☿☌♀
21日	22:57	♀□♂
27日	18:32	♄⚹♆

1995年7月

DAY	☉	☽	☊ mean	☊ true	☿	♀	♂	♃	♄	♅	♆	♇	⚳	⚴	⚵	⚶	⚷
	° ′	° ′	° ′	° ′	° ′	° ′	° ′	° ′	° ′	° ′	° ′	° ′	°	°	°	°	°
1	8 ♋ 21	7 ♌ 4	2 ♏ 12	3 R 11	16 D 34	24 D 18	18 D 9	7 R 8	24 D 43	29 R 18	24 R 36	28 R 12	2 D	0 D	24 R	6 D	21 D
2	9 ♋ 19	19 ♌ 20	2 ♏ 8	3 ♏ 1	17 ♊ 36	25 ♊ 32	18 ♍ 42	7 ♐ 3	24 ♓ 44	29 ♑ 16	24 ♑ 34	28 ♏ 11	2 ♍	1 ♌	23 ♐	6 ♌	21 ♍
3	10 ♋ 16	1 ♍ 46	2 ♏ 5	2 ♏ 53	18 ♊ 42	26 ♊ 45	19 ♍ 15	6 ♐ 57	24 ♓ 44	29 ♑ 14	24 ♑ 33	28 ♏ 10	2 ♍	1 ♌	23 ♐	7 ♌	21 ♍
4	11 ♋ 13	14 ♍ 25	2 ♏ 2	2 ♏ 48	19 ♊ 52	27 ♊ 58	19 ♍ 49	6 ♐ 52	24 ♓ 44	29 ♑ 12	24 ♑ 31	28 ♏ 9	3 ♍	2 ♌	23 ♐	7 ♌	22 ♍
5	12 ♋ 10	27 ♍ 19	1 ♏ 59	2 ♏ 45	21 ♊ 6	29 ♊ 12	20 ♍ 22	6 ♐ 47	24 ♓ 44	29 ♑ 10	24 ♑ 29	28 ♏ 8	3 ♍	3 ♌	23 ♐	8 ♌	22 ♍
6	13 ♋ 7	10 ♎ 31	1 ♏ 56	2 ♏ 44	22 ♊ 24	0 ♋ 25	20 ♍ 56	6 ♐ 42	24 ♓ 45	29 ♑ 7	24 ♑ 28	28 ♏ 7	4 ♍	3 ♌	23 ♐	8 ♌	22 ♍
7	14 ♋ 5	24 ♎ 3	1 ♏ 53	2 D 44	23 ♊ 46	1 ♋ 38	21 ♍ 29	6 ♐ 37	24 R 45	29 ♑ 5	24 ♑ 26	28 ♏ 6	4 ♍	4 ♌	22 ♐	9 ♌	22 ♍
8	15 ♋ 2	7 ♏ 59	1 ♏ 49	2 R 44	25 ♊ 12	2 ♋ 52	22 ♍ 3	6 ♐ 33	24 ♓ 45	29 ♑ 3	24 ♑ 25	28 ♏ 5	4 ♍	4 ♌	22 ♐	9 ♌	22 ♍
9	15 ♋ 59	22 ♏ 18	1 ♏ 46	2 ♏ 43	26 ♊ 41	4 ♋ 5	22 ♍ 37	6 ♐ 28	24 ♓ 44	29 ♑ 0	24 ♑ 23	28 ♏ 4	5 ♍	5 ♌	22 ♐	9 ♌	22 ♍
10	16 ♋ 56	7 ♐ 0	1 ♏ 43	2 ♏ 40	28 ♊ 15	5 ♋ 19	23 ♍ 11	6 ♐ 24	24 ♓ 44	28 ♑ 58	24 ♑ 22	28 ♏ 3	5 ♍	5 ♌	22 ♐	10 ♌	22 ♍
11	17 ♋ 53	21 ♐ 58	1 ♏ 40	2 ♏ 34	29 ♊ 51	6 ♋ 32	23 ♍ 45	6 ♐ 20	24 ♓ 44	28 ♑ 56	24 ♑ 20	28 ♏ 2	6 ♍	6 ♌	22 ♐	10 ♌	22 ♍
12	18 ♋ 51	7 ♑ 7	1 ♏ 37	2 ♏ 25	1 ♋ 32	7 ♋ 46	24 ♍ 19	6 ♐ 16	24 ♓ 43	28 ♑ 53	24 ♑ 18	28 ♏ 1	6 ♍	6 ♌	21 ♐	11 ♌	22 ♍
13	19 ♋ 48	22 ♑ 16	1 ♏ 34	2 ♏ 15	3 ♋ 16	8 ♋ 59	24 ♍ 54	6 ♐ 12	24 ♓ 43	28 ♑ 51	24 ♑ 17	28 ♏ 0	6 ♍	7 ♌	21 ♐	11 ♌	22 ♍
14	20 ♋ 45	7 ♒ 14	1 ♏ 30	2 ♏ 5	5 ♋ 3	10 ♋ 13	25 ♍ 28	6 ♐ 8	24 ♓ 42	28 ♑ 49	24 ♑ 15	27 ♏ 59	7 ♍	8 ♌	21 ♐	12 ♌	22 ♍
15	21 ♋ 42	21 ♒ 52	1 ♏ 27	1 ♏ 55	6 ♋ 53	11 ♋ 26	26 ♍ 3	6 ♐ 5	24 ♓ 41	28 ♑ 46	24 ♑ 13	27 ♏ 59	7 ♍	8 ♌	21 ♐	12 ♌	22 ♍
16	22 ♋ 39	6 ♓ 5	1 ♏ 24	1 ♏ 47	8 ♋ 46	12 ♋ 40	26 ♍ 38	6 ♐ 1	24 ♓ 40	28 ♑ 44	24 ♑ 12	27 ♏ 58	8 ♍	9 ♌	21 ♐	13 ♌	23 ♍
17	23 ♋ 37	19 ♓ 49	1 ♏ 21	1 ♏ 41	10 ♋ 42	13 ♋ 53	27 ♍ 12	5 ♐ 58	24 ♓ 39	28 ♑ 41	24 ♑ 10	27 ♏ 57	8 ♍	9 ♌	21 ♐	13 ♌	23 ♍
18	24 ♋ 34	3 ♈ 3	1 ♏ 18	1 ♏ 37	12 ♋ 40	15 ♋ 7	27 ♍ 47	5 ♐ 55	24 ♓ 38	28 ♑ 39	24 ♑ 9	27 ♏ 56	8 ♍	10 ♌	20 ♐	14 ♌	23 ♍
19	25 ♋ 31	15 ♈ 51	1 ♏ 14	1 ♏ 36	14 ♋ 41	16 ♋ 20	28 ♍ 22	5 ♐ 52	24 ♓ 37	28 ♑ 37	24 ♑ 7	27 ♏ 56	9 ♍	10 ♌	20 ♐	14 ♌	23 ♍
20	26 ♋ 28	28 ♈ 17	1 ♏ 11	1 D 36	16 ♋ 43	17 ♋ 34	28 ♍ 57	5 ♐ 50	24 ♓ 36	28 ♑ 34	24 ♑ 5	27 ♏ 55	9 ♍	11 ♌	20 ♐	14 ♌	23 ♍
21	27 ♋ 26	10 ♉ 26	1 ♏ 8	1 R 36	18 ♋ 47	18 ♋ 48	29 ♍ 33	5 ♐ 47	24 ♓ 34	28 ♑ 32	24 ♑ 4	27 ♏ 54	10 ♍	11 ♌	20 ♐	15 ♌	23 ♍
22	28 ♋ 23	22 ♉ 23	1 ♏ 5	1 ♏ 35	20 ♋ 53	20 ♋ 1	0 ♎ 8	5 ♐ 45	24 ♓ 33	28 ♑ 29	24 ♑ 2	27 ♏ 54	10 ♍	12 ♌	20 ♐	15 ♌	23 ♍
23	29 ♋ 20	4 ♊ 14	1 ♏ 2	1 ♏ 32	22 ♋ 59	21 ♋ 15	0 ♎ 43	5 ♐ 43	24 ♓ 31	28 ♑ 27	24 ♑ 0	27 ♏ 53	11 ♍	12 ♌	20 ♐	16 ♌	23 ♍
24	0 ♌ 17	16 ♊ 3	0 ♏ 59	1 ♏ 26	25 ♋ 6	22 ♋ 29	1 ♎ 19	5 ♐ 41	24 ♓ 30	28 ♑ 25	23 ♑ 59	27 ♏ 53	11 ♍	13 ♌	20 ♐	16 ♌	23 ♍
25	1 ♌ 15	27 ♊ 53	0 ♏ 55	1 ♏ 17	27 ♋ 13	23 ♋ 43	1 ♎ 54	5 ♐ 39	24 ♓ 28	28 ♑ 22	23 ♑ 57	27 ♏ 52	11 ♍	14 ♌	20 ♐	17 ♌	23 ♍
26	2 ♌ 12	9 ♋ 48	0 ♏ 52	1 ♏ 6	29 ♋ 21	24 ♋ 56	2 ♎ 30	5 ♐ 37	24 ♓ 26	28 ♑ 20	23 ♑ 56	27 ♏ 52	12 ♍	14 ♌	19 ♐	17 ♌	24 ♍
27	3 ♌ 9	21 ♋ 50	0 ♏ 49	0 ♏ 53	1 ♌ 28	26 ♋ 10	3 ♎ 6	5 ♐ 36	24 ♓ 24	28 ♑ 17	23 ♑ 54	27 ♏ 51	12 ♍	15 ♌	19 ♐	18 ♌	24 ♍
28	4 ♌ 7	4 ♌ 1	0 ♏ 46	0 ♏ 40	3 ♌ 35	27 ♋ 24	3 ♎ 42	5 ♐ 35	24 ♓ 22	28 ♑ 15	23 ♑ 52	27 ♏ 51	13 ♍	15 ♌	19 ♐	18 ♌	24 ♍
29	5 ♌ 4	16 ♌ 21	0 ♏ 43	0 ♏ 27	5 ♌ 41	28 ♋ 38	4 ♎ 18	5 ♐ 34	24 ♓ 20	28 ♑ 13	23 ♑ 51	27 ♏ 50	13 ♍	16 ♌	19 ♐	19 ♌	24 ♍
30	6 ♌ 1	28 ♌ 50	0 ♏ 40	0 ♏ 15	7 ♌ 46	29 ♋ 52	4 ♎ 54	5 ♐ 33	24 ♓ 18	28 ♑ 10	23 ♑ 49	27 ♏ 50	14 ♍	16 ♌	19 ♐	19 ♌	24 ♍
31	6 ♌ 59	11 ♍ 31	0 ♏ 36	0 ♏ 5	9 ♌ 50	1 ♌ 6	5 ♎ 30	5 ♐ 32	24 ♓ 16	28 ♑ 8	23 ♑ 48	27 ♏ 50	14 ♍	17 ♌	19 ♐	19 ♌	24 ♍

SUN INGRESS	☉ → ♌ 23日 16:30
MOON PHASE	◐ 6日 05:02 ♎ ○ 12日 19:49 ♑ ◑ 19日 20:10 ♈ ● 28日 00:13 ♌

aspects

1日	08:08	♀□♄
3日	21:44	☿□♂
7日	16:28	☿□♄
11日	23:13	♂△♆
12日	16:21	♂☍♄
17日	13:43	☉☍♆
18日	01:51	☉△♄
18日	06:11	♂⚹♇
19日	09:17	♂△♅
21日	00:19	☿☌♀
21日	11:58	☉△♇
22日	02:41	☉☍♅
23日	11:31	☿☍♆
23日	17:18	☿△♄
25日	04:39	♀☍♆
25日	07:19	☿△♇
25日	12:46	☿☍♅
25日	14:26	♀△♄
26日	20:10	☉⚹♂
28日	01:55	☿⚹♂
28日	08:41	♀△♇
28日	11:09	☉☌☿
28日	16:05	♀☍♅
28日	22:39	☿△♃
29日	12:12	☉△♃
31日	01:16	♂⚹♃

1995年8月

DAY	☉	☽	☊ mean	☊ true	☿	♀	♂	♃	♄	♅	♆	♇	⚳	⚴	⚵	⚶	⚷
	° ′	° ′	° ′	° ′	° ′	° ′	° ′	° ′	° ′	° ′	° ′	° ′	°	°	°	°	°
1	7 ♌ 56	24 ♍ 22	0 ♏ 33	29 R 59	11 D 53	2 D 19	6 D 7	5 R 32	24 R 13	28 R 6	23 R 46	27 R 50	14 D	17 D	19 R	20 D	24 D
2	8 ♌ 54	7 ♎ 25	0 ♏ 30	29 ♎ 55	13 ♌ 55	3 ♌ 33	6 ♎ 43	5 ♐ 31	24 ♓ 11	28 ♑ 5	23 ♑ 45	27 ♏ 49	15 ♍	18 ♌	19 ♐	20 ♌	24 ♍
3	9 ♌ 51	20 ♎ 43	0 ♏ 27	29 ♎ 54	15 ♌ 56	4 ♌ 47	7 ♎ 20	5 ♐ 31	24 ♓ 8	28 ♑ 1	23 ♑ 43	27 ♏ 49	15 ♍	18 ♌	19 ♐	21 ♌	24 ♍
4	10 ♌ 48	4 ♏ 16	0 ♏ 24	29 D 53	17 ♌ 55	6 ♌ 1	7 ♎ 56	5 D 31	24 ♓ 6	27 ♑ 59	23 ♑ 41	27 ♏ 49	16 ♍	19 ♌	19 ♐	21 ♌	25 ♍
5	11 ♌ 46	18 ♏ 6	0 ♏ 20	29 R 53	19 ♌ 53	7 ♌ 15	8 ♎ 33	5 ♐ 32	24 ♓ 3	27 ♑ 56	23 ♑ 40	27 ♏ 49	16 ♍	20 ♌	19 ♐	22 ♌	25 ♍
6	12 ♌ 43	2 ♐ 14	0 ♏ 17	29 ♎ 52	21 ♌ 49	8 ♌ 29	9 ♎ 10	5 ♐ 32	24 ♓ 0	27 ♑ 54	23 ♑ 38	27 ♏ 49	17 ♍	20 ♌	19 ♐	22 ♌	25 ♍
7	13 ♌ 41	16 ♐ 39	0 ♏ 14	29 ♎ 49	23 ♌ 43	9 ♌ 43	9 ♎ 47	5 ♐ 33	23 ♓ 57	27 ♑ 52	23 ♑ 37	27 ♏ 49	17 ♍	21 ♌	18 ♐	23 ♌	25 ♍
8	14 ♌ 38	1 ♑ 18	0 ♏ 11	29 ♎ 43	25 ♌ 36	10 ♌ 57	10 ♎ 23	5 ♐ 34	23 ♓ 54	27 ♑ 49	23 ♑ 35	27 ♏ 48	17 ♍	21 ♌	18 ♐	23 ♌	25 ♍
9	15 ♌ 36	16 ♑ 7	0 ♏ 8	29 ♎ 35	27 ♌ 28	12 ♌ 11	11 ♎ 1	5 ♐ 35	23 ♓ 51	27 ♑ 47	23 ♑ 34	27 D 48	18 ♍	22 ♌	18 ♐	24 ♌	25 ♍
10	16 ♌ 33	0 ♒ 57	0 ♏ 5	29 ♎ 25	29 ♌ 18	13 ♌ 25	11 ♎ 38	5 ♐ 36	23 ♓ 48	27 ♑ 45	23 ♑ 33	27 ♏ 49	18 ♍	22 ♌	18 ♐	24 ♌	25 ♍
11	17 ♌ 31	15 ♒ 40	0 ♏ 1	29 ♎ 15	1 ♍ 6	14 ♌ 39	12 ♎ 15	5 ♐ 37	23 ♓ 45	27 ♑ 43	23 ♑ 31	27 ♏ 49	19 ♍	23 ♌	18 ♐	25 ♌	25 ♍
12	18 ♌ 28	0 ♓ 8	29 ♎ 58	29 ♎ 5	2 ♍ 53	15 ♌ 53	12 ♎ 52	5 ♐ 39	23 ♓ 42	27 ♑ 40	23 ♑ 30	27 ♏ 49	19 ♍	23 ♌	18 ♐	25 ♌	26 ♍
13	19 ♌ 26	14 ♓ 15	29 ♎ 55	28 ♎ 57	4 ♍ 38	17 ♌ 7	13 ♎ 30	5 ♐ 40	23 ♓ 38	27 ♑ 38	23 ♑ 28	27 ♏ 49	20 ♍	24 ♌	18 ♐	26 ♌	26 ♍
14	20 ♌ 23	27 ♓ 56	29 ♎ 52	28 ♎ 51	6 ♍ 22	18 ♌ 22	14 ♎ 7	5 ♐ 42	23 ♓ 35	27 ♑ 36	23 ♑ 27	27 ♏ 49	20 ♍	24 ♌	18 ♐	26 ♌	26 ♍
15	21 ♌ 21	11 ♈ 11	29 ♎ 49	28 ♎ 47	8 ♍ 4	19 ♌ 36	14 ♎ 45	5 ♐ 44	23 ♓ 31	27 ♑ 34	23 ♑ 25	27 ♏ 49	20 ♍	25 ♌	18 D	26 ♌	26 ♍
16	22 ♌ 19	24 ♈ 1	29 ♎ 45	28 ♎ 46	9 ♍ 45	20 ♌ 50	15 ♎ 22	5 ♐ 47	23 ♓ 28	27 ♑ 32	23 ♑ 24	27 ♏ 49	21 ♍	25 ♌	18 ♐	27 ♌	26 ♍
17	23 ♌ 16	6 ♉ 29	29 ♎ 42	28 D 46	11 ♍ 25	22 ♌ 4	16 ♎ 0	5 ♐ 49	23 ♓ 24	27 ♑ 30	23 ♑ 22	27 ♏ 50	21 ♍	26 ♌	18 ♐	27 ♌	26 ♍
18	24 ♌ 14	18 ♉ 40	29 ♎ 39	28 ♎ 46	13 ♍ 2	23 ♌ 18	16 ♎ 38	5 ♐ 52	23 ♓ 21	27 ♑ 28	23 ♑ 21	27 ♏ 50	22 ♍	26 ♌	18 ♐	28 ♌	26 ♍
19	25 ♌ 12	0 ♊ 39	29 ♎ 36	28 R 46	14 ♍ 39	24 ♌ 32	17 ♎ 16	5 ♐ 54	23 ♓ 17	27 ♑ 26	23 ♑ 20	27 ♏ 50	22 ♍	27 ♌	18 ♐	28 ♌	26 ♍
20	26 ♌ 9	12 ♊ 31	29 ♎ 33	28 ♎ 45	16 ♍ 14	25 ♌ 47	17 ♎ 54	5 ♐ 57	23 ♓ 13	27 ♑ 24	23 ♑ 19	27 ♏ 51	23 ♍	27 ♌	18 ♐	29 ♌	27 ♍
21	27 ♌ 7	24 ♊ 22	29 ♎ 30	28 ♎ 41	17 ♍ 47	27 ♌ 1	18 ♎ 32	6 ♐ 1	23 ♓ 9	27 ♑ 22	23 ♑ 17	27 ♏ 51	23 ♍	28 ♌	18 ♐	29 ♌	27 ♍
22	28 ♌ 5	6 ♋ 15	29 ♎ 26	28 ♎ 35	19 ♍ 19	28 ♌ 15	19 ♎ 10	6 ♐ 4	23 ♓ 5	27 ♑ 20	23 ♑ 16	27 ♏ 51	24 ♍	28 ♌	18 ♐	0 ♍	27 ♍
23	29 ♌ 3	18 ♋ 14	29 ♎ 23	28 ♎ 27	20 ♍ 50	29 ♌ 29	19 ♎ 49	6 ♐ 7	23 ♓ 1	27 ♑ 18	23 ♑ 15	27 ♏ 52	24 ♍	29 ♌	19 ♐	0 ♍	27 ♍
24	0 ♍ 1	0 ♌ 24	29 ♎ 20	28 ♎ 19	22 ♍ 19	0 ♍ 44	20 ♎ 27	6 ♐ 11	22 ♓ 57	27 ♑ 16	23 ♑ 14	27 ♏ 52	24 ♍	0 ♍	19 ♐	1 ♍	27 ♍
25	0 ♍ 58	12 ♌ 45	29 ♎ 17	28 ♎ 7	23 ♍ 47	1 ♍ 58	21 ♎ 5	6 ♐ 15	22 ♓ 53	27 ♑ 14	23 ♑ 12	27 ♏ 53	25 ♍	0 ♍	19 ♐	1 ♍	27 ♍
26	1 ♍ 56	25 ♌ 19	29 ♎ 14	27 ♎ 57	25 ♍ 13	3 ♍ 12	21 ♎ 44	6 ♐ 19	22 ♓ 49	27 ♑ 12	23 ♑ 11	27 ♏ 53	25 ♍	1 ♍	19 ♐	2 ♍	27 ♍
27	2 ♍ 54	8 ♍ 5	29 ♎ 11	27 ♎ 48	26 ♍ 38	4 ♍ 27	22 ♎ 23	6 ♐ 23	22 ♓ 45	27 ♑ 10	23 ♑ 10	27 ♏ 54	26 ♍	1 ♍	19 ♐	2 ♍	28 ♍
28	3 ♍ 52	21 ♍ 5	29 ♎ 7	27 ♎ 41	28 ♍ 1	5 ♍ 41	23 ♎ 1	6 ♐ 27	22 ♓ 41	27 ♑ 9	23 ♑ 9	27 ♏ 55	26 ♍	2 ♍	19 ♐	3 ♍	28 ♍
29	4 ♍ 50	4 ♎ 16	29 ♎ 4	27 ♎ 36	29 ♍ 22	6 ♍ 55	23 ♎ 40	6 ♐ 32	22 ♓ 36	27 ♑ 7	23 ♑ 8	27 ♏ 55	27 ♍	2 ♍	19 ♐	3 ♍	28 ♍
30	5 ♍ 48	17 ♎ 39	29 ♎ 1	27 ♎ 34	0 ♎ 42	8 ♍ 10	24 ♎ 19	6 ♐ 36	22 ♓ 32	27 ♑ 5	23 ♑ 7	27 ♏ 56	27 ♍	3 ♍	19 ♐	4 ♍	28 ♍
31	6 ♍ 46	1 ♏ 13	28 ♎ 58	27 D 33	2 ♎ 1	9 ♍ 24	24 ♎ 58	6 ♐ 41	22 ♓ 28	27 ♑ 3	23 ♑ 6	27 ♏ 57	28 ♍	3 ♍	19 ♐	4 ♍	28 ♍

SUN INGRESS	☉ → ♍ 23日 23:35
MOON PHASE	◐ 4日 12:16 ♏ ○ 11日 03:16 ♒ ◑ 18日 12:04 ♉ ● 26日 13:31 ♍

aspects

3日	14:19	♀△♃
7日	02:12	♀⚹♂
8日	09:26	♅⚹♇
9日	04:30	☿□♇
13日	14:35	☿□♃
17日	17:11	♄⚹♆
21日	09:04	☉☌♀
21日	16:16	♀□♇
21日	18:20	☉□♇
24日	09:59	☿☍♄
24日	14:43	☿△♆
27日	09:13	☿△♅
27日	22:12	☿⚹♇
28日	04:35	♂□♆
28日	15:52	♀□♃
30日	21:52	☉□♃

1995年9月

DAY	☉	☽	☊ mean	☊ true	☿	♀	♂	♃	♄	♅	♆	♇	⚳	⚴	⚵	⚶	⚷
	° ′	° ′	° ′	° ′	° ′	° ′	° ′	° ′	° ′	° ′	° ′	° ′	°	°	°	°	°
1	7 ♍ 44	14 ♏ 57	28 ♎ 55	27 D 34	3 D 17	10 D 39	25 D 37	6 D 46	22 R 23	27 R 2	23 R 5	27 D 57	28 D	4 D	19 D	4 D	28 D
2	8 ♍ 42	28 ♏ 51	28 ♎ 51	27 ♎ 35	4 ♎ 32	11 ♍ 53	26 ♎ 16	6 ♐ 51	22 ♓ 19	27 ♑ 0	23 ♑ 4	27 ♏ 58	28 ♍	4 ♍	19 ♐	5 ♍	28 ♍
3	9 ♍ 40	12 ♐ 56	28 ♎ 48	27 R 35	5 ♎ 45	13 ♍ 8	26 ♎ 55	6 ♐ 57	22 ♓ 15	26 ♑ 59	23 ♑ 3	27 ♏ 59	29 ♍	5 ♍	19 ♐	5 ♍	29 ♍
4	10 ♍ 38	27 ♐ 10	28 ♎ 45	27 ♎ 34	6 ♎ 57	14 ♍ 22	27 ♎ 35	7 ♐ 2	22 ♓ 10	26 ♑ 57	23 ♑ 2	28 ♏ 0	29 ♍	5 ♍	19 ♐	6 ♍	29 ♍
5	11 ♍ 36	11 ♑ 31	28 ♎ 42	27 ♎ 31	8 ♎ 6	15 ♍ 36	28 ♎ 14	7 ♐ 8	22 ♓ 6	26 ♑ 56	23 ♑ 1	28 ♏ 1	0 ♎	6 ♍	20 ♐	6 ♍	29 ♍
6	12 ♍ 35	25 ♑ 55	28 ♎ 39	27 ♎ 26	9 ♎ 13	16 ♍ 51	28 ♎ 54	7 ♐ 14	22 ♓ 1	26 ♑ 54	23 ♑ 0	28 ♏ 2	0 ♎	6 ♍	20 ♐	7 ♍	29 ♍
7	13 ♍ 33	10 ♒ 19	28 ♎ 36	27 ♎ 20	10 ♎ 18	18 ♍ 5	29 ♎ 33	7 ♐ 19	21 ♓ 57	26 ♑ 53	22 ♑ 59	28 ♏ 3	1 ♎	7 ♍	20 ♐	7 ♍	29 ♍
8	14 ♍ 31	24 ♒ 36	28 ♎ 32	27 ♎ 13	11 ♎ 21	19 ♍ 20	0 ♏ 13	7 ♐ 26	21 ♓ 52	26 ♑ 51	22 ♑ 58	28 ♏ 4	1 ♎	7 ♍	20 ♐	8 ♍	29 ♍
9	15 ♍ 29	8 ♓ 42	28 ♎ 29	27 ♎ 7	12 ♎ 21	20 ♍ 34	0 ♏ 52	7 ♐ 32	21 ♓ 48	26 ♑ 50	22 ♑ 57	28 ♏ 5	2 ♎	8 ♍	20 ♐	8 ♍	29 ♍
10	16 ♍ 27	22 ♓ 31	28 ♎ 26	27 ♎ 1	13 ♎ 19	21 ♍ 49	1 ♏ 32	7 ♐ 38	21 ♓ 43	26 ♑ 49	22 ♑ 56	28 ♏ 6	2 ♎	8 ♍	20 ♐	9 ♍	0 ♎
11	17 ♍ 26	6 ♈ 0	28 ♎ 23	26 ♎ 58	14 ♎ 14	23 ♍ 3	2 ♏ 12	7 ♐ 45	21 ♓ 38	26 ♑ 47	22 ♑ 56	28 ♏ 7	2 ♎	9 ♍	20 ♐	9 ♍	0 ♎
12	18 ♍ 24	19 ♈ 8	28 ♎ 20	26 ♎ 56	15 ♎ 6	24 ♍ 18	2 ♏ 52	7 ♐ 51	21 ♓ 34	26 ♑ 46	22 ♑ 55	28 ♏ 8	3 ♎	9 ♍	21 ♐	10 ♍	0 ♎
13	19 ♍ 22	1 ♉ 55	28 ♎ 17	26 D 56	15 ♎ 54	25 ♍ 32	3 ♏ 32	7 ♐ 58	21 ♓ 29	26 ♑ 45	22 ♑ 54	28 ♏ 9	3 ♎	10 ♍	21 ♐	10 ♍	0 ♎
14	20 ♍ 21	14 ♉ 22	28 ♎ 13	26 ♎ 57	16 ♎ 40	26 ♍ 47	4 ♏ 12	8 ♐ 5	21 ♓ 24	26 ♑ 44	22 ♑ 53	28 ♏ 10	4 ♎	10 ♍	21 ♐	11 ♍	0 ♎
15	21 ♍ 19	26 ♉ 34	28 ♎ 10	26 ♎ 58	17 ♎ 22	28 ♍ 1	4 ♏ 52	8 ♐ 12	21 ♓ 20	26 ♑ 43	22 ♑ 53	28 ♏ 11	4 ♎	11 ♍	21 ♐	11 ♍	0 ♎
16	22 ♍ 17	8 ♊ 35	28 ♎ 7	27 ♎ 0	18 ♎ 0	29 ♍ 16	5 ♏ 32	8 ♐ 19	21 ♓ 15	26 ♑ 42	22 ♑ 52	28 ♏ 13	5 ♎	11 ♍	21 ♐	12 ♍	0 ♎
17	23 ♍ 16	20 ♊ 28	28 ♎ 4	27 ♎ 1	18 ♎ 34	0 ♎ 31	6 ♏ 13	8 ♐ 27	21 ♓ 11	26 ♑ 41	22 ♑ 52	28 ♏ 14	5 ♎	12 ♍	21 ♐	12 ♍	1 ♎
18	24 ♍ 14	2 ♋ 20	28 ♎ 1	27 R 0	19 ♎ 3	1 ♎ 45	6 ♏ 53	8 ♐ 34	21 ♓ 6	26 ♑ 40	22 ♑ 51	28 ♏ 15	6 ♎	12 ♍	21 ♐	13 ♍	1 ♎
19	25 ♍ 13	14 ♋ 15	27 ♎ 57	26 ♎ 59	19 ♎ 28	3 ♎ 0	7 ♏ 34	8 ♐ 42	21 ♓ 1	26 ♑ 39	22 ♑ 50	28 ♏ 16	6 ♎	13 ♍	22 ♐	13 ♍	1 ♎
20	26 ♍ 12	26 ♋ 17	27 ♎ 54	26 ♎ 56	19 ♎ 47	4 ♎ 14	8 ♏ 14	8 ♐ 50	20 ♓ 57	26 ♑ 38	22 ♑ 50	28 ♏ 18	7 ♎	13 ♍	22 ♐	14 ♍	1 ♎
21	27 ♍ 10	8 ♌ 31	27 ♎ 51	26 ♎ 51	20 ♎ 1	5 ♎ 29	8 ♏ 55	8 ♐ 58	20 ♓ 52	26 ♑ 37	22 ♑ 49	28 ♏ 19	7 ♎	14 ♍	22 ♐	14 ♍	1 ♎
22	28 ♍ 9	20 ♌ 59	27 ♎ 48	26 ♎ 47	20 ♎ 9	6 ♎ 44	9 ♏ 36	9 ♐ 6	20 ♓ 48	26 ♑ 37	22 ♑ 49	28 ♏ 21	7 ♎	14 ♍	22 ♐	15 ♍	1 ♎
23	29 ♍ 8	3 ♍ 44	27 ♎ 45	26 ♎ 42	20 R 10	7 ♎ 58	10 ♏ 16	9 ♐ 14	20 ♓ 43	26 ♑ 36	22 ♑ 49	28 ♏ 22	8 ♎	15 ♍	22 ♐	15 ♍	1 ♎
24	0 ♎ 6	16 ♍ 46	27 ♎ 42	26 ♎ 38	20 ♎ 5	9 ♎ 13	10 ♏ 57	9 ♐ 22	20 ♓ 39	26 ♑ 35	22 ♑ 48	28 ♏ 23	8 ♎	15 ♍	23 ♐	16 ♍	2 ♎
25	1 ♎ 5	0 ♎ 5	27 ♎ 38	26 ♎ 35	19 ♎ 54	10 ♎ 27	11 ♏ 38	9 ♐ 30	20 ♓ 34	26 ♑ 35	22 ♑ 48	28 ♏ 25	9 ♎	16 ♍	23 ♐	16 ♍	2 ♎
26	2 ♎ 4	13 ♎ 40	27 ♎ 35	26 ♎ 33	19 ♎ 35	11 ♎ 42	12 ♏ 19	9 ♐ 39	20 ♓ 29	26 ♑ 34	22 ♑ 47	28 ♏ 26	9 ♎	16 ♍	23 ♐	16 ♍	2 ♎
27	3 ♎ 3	27 ♎ 29	27 ♎ 32	26 D 33	19 ♎ 8	12 ♎ 57	13 ♏ 0	9 ♐ 48	20 ♓ 25	26 ♑ 34	22 ♑ 47	28 ♏ 28	10 ♎	17 ♍	23 ♐	17 ♍	2 ♎
28	4 ♎ 2	11 ♏ 27	27 ♎ 29	26 ♎ 33	18 ♎ 34	14 ♎ 11	13 ♏ 41	9 ♐ 56	20 ♓ 21	26 ♑ 33	22 ♑ 47	28 ♏ 30	10 ♎	17 ♍	23 ♐	17 ♍	2 ♎
29	5 ♎ 0	25 ♏ 34	27 ♎ 26	26 ♎ 34	17 ♎ 53	15 ♎ 26	14 ♏ 23	10 ♐ 5	20 ♓ 16	26 ♑ 33	22 ♑ 47	28 ♏ 31	11 ♎	18 ♍	24 ♐	18 ♍	2 ♎
30	5 ♎ 59	9 ♐ 45	27 ♎ 22	26 ♎ 36	17 ♎ 5	16 ♎ 41	15 ♏ 4	10 ♐ 14	20 ♓ 12	26 ♑ 32	22 ♑ 46	28 ♏ 33	11 ♎	18 ♍	24 ♐	18 ♍	2 ♎
SUN INGRESS	☉ → ♎ 23日 21:13																
MOON PHASE	◐ 2日 18:03 ♐ ○ 9日 12:37 ♓ ◑ 17日 06:09 ♊ ● 25日 01:55 ♎																

aspects		
3日	01:51	♂□♅
4日	02:06	☿⚹♃
9日	22:14	♀☍♄
10日	21:34	♀△♆
13日	23:05	♀△♅
15日	00:20	☉☍♄
15日	03:15	♀⚹♇
16日	14:05	☉△♆
20日	10:44	☉△♅
22日	04:53	☉⚹♇
24日	03:22	♀⚹♃
30日	04:40	☿☌♀

1995年10月

DAY	☉	☽	☊ mean	☊ true	☿	♀	♂	♃	♄	♅	♆	♇	⚳	⚴	⚵	⚶	⚷
	° ′	° ′	° ′	° ′	° ′	° ′	° ′	° ′	° ′	° ′	° ′	° ′	°	°	°	°	°
1	6 ♎ 58	23 ♐ 58	27 ♎ 19	26 D 37	16 R 11	17 D 55	15 D 45	10 D 24	20 R 7	26 R 32	22 R 46	28 D 34	11 D	19 D	24 D	19 D	3 D
2	7 ♎ 57	8 ♑ 11	27 ♎ 16	26 R 37	15 ♎ 11	19 ♎ 10	16 ♏ 27	10 ♐ 33	20 ♓ 3	26 ♑ 32	22 ♑ 46	28 ♏ 36	12 ♎	19 ♍	24 ♐	19 ♍	3 ♎
3	8 ♎ 56	22 ♑ 21	27 ♎ 13	26 ♎ 37	14 ♎ 6	20 ♎ 25	17 ♏ 8	10 ♐ 42	19 ♓ 59	26 ♑ 31	22 ♑ 46	28 ♏ 38	12 ♎	20 ♍	25 ♐	20 ♍	3 ♎
4	9 ♎ 55	6 ♒ 27	27 ♎ 10	26 ♎ 36	12 ♎ 59	21 ♎ 39	17 ♏ 50	10 ♐ 52	19 ♓ 55	26 ♑ 31	22 ♑ 46	28 ♏ 40	13 ♎	20 ♍	25 ♐	20 ♍	3 ♎
5	10 ♎ 54	20 ♒ 25	27 ♎ 7	26 ♎ 34	11 ♎ 49	22 ♎ 54	18 ♏ 32	11 ♐ 1	19 ♓ 51	26 ♑ 31	22 ♑ 46	28 ♏ 41	13 ♎	21 ♍	25 ♐	21 ♍	3 ♎
6	11 ♎ 54	4 ♓ 15	27 ♎ 3	26 ♎ 32	10 ♎ 40	24 ♎ 9	19 ♏ 14	11 ♐ 11	19 ♓ 46	26 ♑ 31	22 D 46	28 ♏ 43	14 ♎	21 ♍	25 ♐	21 ♍	3 ♎
7	12 ♎ 53	17 ♓ 52	27 ♎ 0	26 ♎ 30	9 ♎ 33	25 ♎ 23	19 ♏ 55	11 ♐ 21	19 ♓ 42	26 D 31	22 ♑ 46	28 ♏ 45	14 ♎	22 ♍	25 ♐	22 ♍	3 ♎
8	13 ♎ 52	1 ♈ 16	26 ♎ 57	26 ♎ 28	8 ♎ 31	26 ♎ 38	20 ♏ 37	11 ♐ 31	19 ♓ 38	26 ♑ 31	22 ♑ 46	28 ♏ 47	15 ♎	22 ♍	26 ♐	22 ♍	4 ♎
9	14 ♎ 51	14 ♈ 25	26 ♎ 54	26 ♎ 27	7 ♎ 33	27 ♎ 53	21 ♏ 19	11 ♐ 41	19 ♓ 34	26 ♑ 31	22 ♑ 46	28 ♏ 48	15 ♎	22 ♍	26 ♐	23 ♍	4 ♎
10	15 ♎ 50	27 ♈ 18	26 ♎ 51	26 D 27	6 ♎ 43	29 ♎ 7	22 ♏ 1	11 ♐ 51	19 ♓ 30	26 ♑ 31	22 ♑ 46	28 ♏ 50	16 ♎	23 ♍	26 ♐	23 ♍	4 ♎
11	16 ♎ 49	9 ♉ 55	26 ♎ 48	26 ♎ 27	6 ♎ 2	0 ♏ 22	22 ♏ 43	12 ♐ 1	19 ♓ 27	26 ♑ 31	22 ♑ 46	28 ♏ 52	16 ♎	23 ♍	26 ♐	24 ♍	4 ♎
12	17 ♎ 49	22 ♉ 17	26 ♎ 44	26 ♎ 28	5 ♎ 31	1 ♏ 37	23 ♏ 26	12 ♐ 11	19 ♓ 23	26 ♑ 32	22 ♑ 47	28 ♏ 54	16 ♎	24 ♍	27 ♐	24 ♍	4 ♎
13	18 ♎ 48	4 ♊ 27	26 ♎ 41	26 ♎ 29	5 ♎ 10	2 ♏ 51	24 ♏ 8	12 ♐ 22	19 ♓ 19	26 ♑ 32	22 ♑ 47	28 ♏ 56	17 ♎	24 ♍	27 ♐	25 ♍	4 ♎
14	19 ♎ 47	16 ♊ 27	26 ♎ 38	26 ♎ 30	5 ♎ 0	4 ♏ 6	24 ♏ 50	12 ♐ 32	19 ♓ 15	26 ♑ 32	22 ♑ 47	28 ♏ 58	17 ♎	25 ♍	27 ♐	25 ♍	4 ♎
15	20 ♎ 47	28 ♊ 21	26 ♎ 35	26 ♎ 30	5 D 1	5 ♏ 21	25 ♏ 33	12 ♐ 43	19 ♓ 12	26 ♑ 33	22 ♑ 47	29 ♏ 0	18 ♎	25 ♍	28 ♐	26 ♍	5 ♎
16	21 ♎ 46	10 ♋ 12	26 ♎ 32	26 ♎ 31	5 ♎ 13	6 ♏ 35	26 ♏ 15	12 ♐ 53	19 ♓ 8	26 ♑ 33	22 ♑ 48	29 ♏ 2	18 ♎	26 ♍	28 ♐	26 ♍	5 ♎
17	22 ♎ 46	22 ♋ 7	26 ♎ 28	26 ♎ 31	5 ♎ 35	7 ♏ 50	26 ♏ 58	13 ♐ 4	19 ♓ 5	26 ♑ 34	22 ♑ 48	29 ♏ 4	19 ♎	26 ♍	28 ♐	27 ♍	5 ♎
18	23 ♎ 45	4 ♌ 8	26 ♎ 25	26 R 31	6 ♎ 7	9 ♏ 5	27 ♏ 40	13 ♐ 15	19 ♓ 2	26 ♑ 34	22 ♑ 49	29 ♏ 6	19 ♎	27 ♍	28 ♐	27 ♍	5 ♎
19	24 ♎ 45	16 ♌ 21	26 ♎ 22	26 ♎ 31	6 ♎ 48	10 ♏ 19	28 ♏ 23	13 ♐ 26	18 ♓ 58	26 ♑ 35	22 ♑ 49	29 ♏ 8	20 ♎	27 ♍	29 ♐	28 ♍	5 ♎
20	25 ♎ 44	28 ♌ 50	26 ♎ 19	26 ♎ 31	7 ♎ 38	11 ♏ 34	29 ♏ 6	13 ♐ 37	18 ♓ 55	26 ♑ 35	22 ♑ 49	29 ♏ 10	20 ♎	28 ♍	29 ♐	28 ♍	5 ♎
21	26 ♎ 44	11 ♍ 39	26 ♎ 16	26 D 31	8 ♎ 35	12 ♏ 49	29 ♏ 49	13 ♐ 48	18 ♓ 52	26 ♑ 36	22 ♑ 50	29 ♏ 12	20 ♎	28 ♍	29 ♐	29 ♍	5 ♎
22	27 ♎ 44	24 ♍ 49	26 ♎ 13	26 ♎ 31	9 ♎ 39	14 ♏ 3	0 ♐ 32	13 ♐ 59	18 ♓ 49	26 ♑ 37	22 ♑ 50	29 ♏ 14	21 ♎	29 ♍	29 ♐	29 ♍	6 ♎
23	28 ♎ 44	8 ♎ 22	26 ♎ 9	26 ♎ 31	10 ♎ 49	15 ♏ 18	1 ♐ 15	14 ♐ 11	18 ♓ 46	26 ♑ 38	22 ♑ 51	29 ♏ 16	21 ♎	29 ♍	0 ♑	29 ♍	6 ♎
24	29 ♎ 43	22 ♎ 16	26 ♎ 6	26 ♎ 31	12 ♎ 3	16 ♏ 33	1 ♐ 58	14 ♐ 22	18 ♓ 43	26 ♑ 39	22 ♑ 52	29 ♏ 18	22 ♎	29 ♍	0 ♑	0 ♎	6 ♎
25	0 ♏ 43	6 ♏ 29	26 ♎ 3	26 R 31	13 ♎ 23	17 ♏ 47	2 ♐ 41	14 ♐ 34	18 ♓ 40	26 ♑ 39	22 ♑ 52	29 ♏ 21	22 ♎	0 ♎	0 ♑	0 ♎	6 ♎
26	1 ♏ 43	20 ♏ 55	26 ♎ 0	26 ♎ 31	14 ♎ 46	19 ♏ 2	3 ♐ 24	14 ♐ 45	18 ♓ 37	26 ♑ 40	22 ♑ 53	29 ♏ 23	23 ♎	0 ♎	1 ♑	1 ♎	6 ♎
27	2 ♏ 43	5 ♐ 31	25 ♎ 57	26 ♎ 30	16 ♎ 12	20 ♏ 17	4 ♐ 7	14 ♐ 57	18 ♓ 35	26 ♑ 41	22 ♑ 54	29 ♏ 25	23 ♎	1 ♎	1 ♑	1 ♎	6 ♎
28	3 ♏ 43	20 ♐ 8	25 ♎ 54	26 ♎ 29	17 ♎ 41	21 ♏ 31	4 ♐ 51	15 ♐ 8	18 ♓ 32	26 ♑ 42	22 ♑ 54	29 ♏ 27	24 ♎	1 ♎	1 ♑	2 ♎	6 ♎
29	4 ♏ 42	4 ♑ 41	25 ♎ 50	26 ♎ 28	19 ♎ 13	22 ♏ 46	5 ♐ 34	15 ♐ 20	18 ♓ 30	26 ♑ 43	22 ♑ 55	29 ♏ 29	24 ♎	2 ♎	2 ♑	2 ♎	7 ♎
30	5 ♏ 42	19 ♑ 5	25 ♎ 47	26 ♎ 28	20 ♎ 46	24 ♏ 1	6 ♐ 18	15 ♐ 32	18 ♓ 27	26 ♑ 45	22 ♑ 56	29 ♏ 32	25 ♎	2 ♎	2 ♑	3 ♎	7 ♎
31	6 ♏ 42	3 ♒ 17	25 ♎ 44	26 ♎ 27	22 ♎ 20	25 ♏ 15	7 ♐ 1	15 ♐ 44	18 ♓ 25	26 ♑ 46	22 ♑ 57	29 ♏ 34	25 ♎	3 ♎	2 ♑	3 ♎	7 ♎
SUN INGRESS	☉ → ♏ 24日 06:32																
MOON PHASE	◐ 1日 23:36 ♑ ○ 9日 00:52 ♈ ◑ 17日 01:26 ♋ ● 24日 13:36 ♏ ◐ 31日 06:17 ♒																

aspects		
4日	21:26	♀□♆
5日	03:18	☉⚹♃
5日	10:17	☉☌☿
5日	14:40	☿⚹♃
6日	17:11	♂△♄
7日	21:49	♀□♅
11日	01:42	♂⚹♆
16日	10:16	♂⚹♅
17日	00:57	☉□♆
20日	02:30	♂☌♇
20日	20:45	☉□♅
25日	16:19	♀△♄
25日	23:44	☿⚹♃
29日	02:57	♀⚹♆
31日	09:21	☿□♆

1995年11月

DAY	☉	☽	☊		☿	♀	♂	♃	♄	♅	♆	♇	⚳	⚴	⚵	⚶	⚷
			mean	true													
	° ′	° ′	° ′	° ′	° ′	° ′	° ′	° ′	° ′	° ′	° ′	° ′	°	°	°	°	°
1	7 ♏ 42	17 ♒ 15	25 ♎ 41	26 D 27	23 D 56	26 D 30	7 D 45	15 D 56	18 R 23	26 D 47	22 D 58	29 D 36	25 D	3 D	2 D	4 D	7 D
2	8 ♏ 42	0 ♓ 58	25 ♎ 38	26 ♎ 28	25 ♎ 32	27 ♏ 45	8 ♐ 28	16 ♐ 8	18 ♓ 21	26 ♑ 48	22 ♑ 59	29 ♏ 38	26 ♎	4 ♎	3 ♑	4 ♎	7 ♎
3	9 ♏ 42	14 ♓ 25	25 ♎ 34	26 ♎ 29	27 ♎ 9	28 ♏ 59	9 ♐ 12	16 ♐ 20	18 ♓ 18	26 ♑ 50	22 ♑ 59	29 ♏ 41	26 ♎	4 ♎	3 ♑	5 ♎	7 ♎
4	10 ♏ 42	27 ♓ 38	25 ♎ 31	26 ♎ 30	28 ♎ 47	0 ♐ 14	9 ♐ 56	16 ♐ 32	18 ♓ 17	26 ♑ 51	23 ♑ 0	29 ♏ 43	27 ♎	4 ♎	3 ♑	5 ♎	7 ♎
5	11 ♏ 43	10 ♈ 37	25 ♎ 28	26 ♎ 31	0 ♏ 25	1 ♐ 29	10 ♐ 40	16 ♐ 45	18 ♓ 15	26 ♑ 53	23 ♑ 1	29 ♏ 45	27 ♎	5 ♎	4 ♑	6 ♎	7 ♎
6	12 ♏ 43	23 ♈ 23	25 ♎ 25	26 ♎ 32	2 ♏ 3	2 ♐ 43	11 ♐ 24	16 ♐ 57	18 ♓ 13	26 ♑ 54	23 ♑ 2	29 ♏ 47	28 ♎	5 ♎	4 ♑	6 ♎	8 ♎
7	13 ♏ 43	5 ♉ 57	25 ♎ 22	26 R 32	3 ♏ 41	3 ♐ 58	12 ♐ 8	17 ♐ 9	18 ♓ 11	26 ♑ 56	23 ♑ 3	29 ♏ 50	28 ♎	6 ♎	4 ♑	7 ♎	8 ♎
8	14 ♏ 43	18 ♉ 20	25 ♎ 19	26 ♎ 30	5 ♏ 19	5 ♐ 13	12 ♐ 52	17 ♐ 22	18 ♓ 10	26 ♑ 57	23 ♑ 5	29 ♏ 52	29 ♎	6 ♎	5 ♑	7 ♎	8 ♎
9	15 ♏ 43	0 ♊ 33	25 ♎ 15	26 ♎ 28	6 ♏ 57	6 ♐ 27	13 ♐ 36	17 ♐ 34	18 ♓ 8	26 ♑ 59	23 ♑ 6	29 ♏ 54	29 ♎	7 ♎	5 ♑	8 ♎	8 ♎
10	16 ♏ 43	12 ♊ 37	25 ♎ 12	26 ♎ 25	8 ♏ 35	7 ♐ 42	14 ♐ 20	17 ♐ 47	18 ♓ 7	27 ♑ 0	23 ♑ 7	29 ♏ 57	29 ♎	7 ♎	5 ♑	8 ♎	8 ♎
11	17 ♏ 44	24 ♊ 34	25 ♎ 9	26 ♎ 22	10 ♏ 13	8 ♐ 57	15 ♐ 4	17 ♐ 59	18 ♓ 6	27 ♑ 2	23 ♑ 8	29 ♏ 59	0 ♏	8 ♎	6 ♑	9 ♎	8 ♎
12	18 ♏ 44	6 ♋ 27	25 ♎ 6	26 ♎ 18	11 ♏ 51	10 ♐ 11	15 ♐ 48	18 ♐ 12	18 ♓ 5	27 ♑ 4	23 ♑ 9	0 ♐ 1	0 ♏	8 ♎	6 ♑	9 ♎	8 ♎
13	19 ♏ 44	18 ♋ 18	25 ♎ 3	26 ♎ 15	13 ♏ 28	11 ♐ 26	16 ♐ 33	18 ♐ 25	18 ♓ 4	27 ♑ 6	23 ♑ 10	0 ♐ 4	1 ♏	8 ♎	6 ♑	9 ♎	8 ♎
14	20 ♏ 45	0 ♌ 11	24 ♎ 59	26 ♎ 12	15 ♏ 5	12 ♐ 40	17 ♐ 17	18 ♐ 37	18 ♓ 3	27 ♑ 8	23 ♑ 12	0 ♐ 6	1 ♏	9 ♎	7 ♑	10 ♎	9 ♎
15	21 ♏ 45	12 ♌ 10	24 ♎ 56	26 ♎ 10	16 ♏ 42	13 ♐ 55	18 ♐ 2	18 ♐ 50	18 ♓ 2	27 ♑ 9	23 ♑ 13	0 ♐ 9	2 ♏	9 ♎	7 ♑	10 ♎	9 ♎
16	22 ♏ 45	24 ♌ 19	24 ♎ 53	26 D 10	18 ♏ 19	15 ♐ 10	18 ♐ 46	19 ♐ 3	18 ♓ 1	27 ♑ 11	23 ♑ 14	0 ♐ 11	2 ♏	10 ♎	7 ♑	11 ♎	9 ♎
17	23 ♏ 46	6 ♍ 44	24 ♎ 50	26 ♎ 10	19 ♏ 55	16 ♐ 24	19 ♐ 31	19 ♐ 16	18 ♓ 1	27 ♑ 13	23 ♑ 16	0 ♐ 13	3 ♏	10 ♎	8 ♑	11 ♎	9 ♎
18	24 ♏ 46	19 ♍ 28	24 ♎ 47	26 ♎ 12	21 ♏ 32	17 ♐ 39	20 ♐ 15	19 ♐ 29	18 ♓ 0	27 ♑ 15	23 ♑ 18	0 ♐ 16	3 ♏	11 ♎	8 ♑	12 ♎	9 ♎
19	25 ♏ 47	2 ♎ 36	24 ♎ 44	26 ♎ 14	23 ♏ 7	18 ♐ 53	21 ♐ 0	19 ♐ 42	18 ♓ 0	27 ♑ 18	23 ♑ 18	0 ♐ 18	3 ♏	11 ♎	8 ♑	12 ♎	9 ♎
20	26 ♏ 48	16 ♎ 10	24 ♎ 40	26 ♎ 15	24 ♏ 43	20 ♐ 8	21 ♐ 45	19 ♐ 55	17 ♓ 59	27 ♑ 20	23 ♑ 20	0 ♐ 20	4 ♏	11 ♎	9 ♑	13 ♎	9 ♎
21	27 ♏ 48	0 ♏ 11	24 ♎ 37	26 R 15	26 ♏ 19	21 ♐ 23	22 ♐ 30	20 ♐ 8	17 ♓ 59	27 ♑ 22	23 ♑ 21	0 ♐ 23	4 ♏	12 ♎	9 ♑	13 ♎	9 ♎
22	28 ♏ 49	14 ♏ 38	24 ♎ 34	26 ♎ 14	27 ♏ 54	22 ♐ 37	23 ♐ 15	20 ♐ 21	17 ♓ 59	27 ♑ 24	23 ♑ 23	0 ♐ 25	5 ♏	12 ♎	9 ♑	14 ♎	10 ♎
23	29 ♏ 49	29 ♏ 25	24 ♎ 31	26 ♎ 11	29 ♏ 29	23 ♐ 52	24 ♐ 0	20 ♐ 34	17 D 59	27 ♑ 26	23 ♑ 24	0 ♐ 28	5 ♏	13 ♎	10 ♑	14 ♎	10 ♎
24	0 ♐ 50	14 ♐ 25	24 ♎ 28	26 ♎ 7	1 ♐ 4	25 ♐ 6	24 ♐ 45	20 ♐ 47	17 ♓ 59	27 ♑ 28	23 ♑ 26	0 ♐ 30	6 ♏	13 ♎	10 ♑	15 ♎	10 ♎
25	1 ♐ 51	29 ♐ 29	24 ♎ 25	26 ♎ 1	2 ♐ 38	26 ♐ 21	25 ♐ 30	21 ♐ 1	18 ♓ 0	27 ♑ 31	23 ♑ 27	0 ♐ 32	6 ♏	13 ♎	10 ♑	15 ♎	10 ♎
26	2 ♐ 51	14 ♑ 28	24 ♎ 21	25 ♎ 56	4 ♐ 13	27 ♐ 35	26 ♐ 15	21 ♐ 14	18 ♓ 0	27 ♑ 33	23 ♑ 29	0 ♐ 35	6 ♏	14 ♎	11 ♑	16 ♎	10 ♎
27	3 ♐ 52	29 ♑ 14	24 ♎ 18	25 ♎ 51	5 ♐ 47	28 ♐ 50	27 ♐ 0	21 ♐ 27	18 ♓ 0	27 ♑ 36	23 ♑ 31	0 ♐ 37	7 ♏	14 ♎	11 ♑	16 ♎	10 ♎
28	4 ♐ 53	13 ♒ 39	24 ♎ 15	25 ♎ 47	7 ♐ 21	0 ♑ 5	27 ♐ 45	21 ♐ 41	18 ♓ 1	27 ♑ 38	23 ♑ 32	0 ♐ 40	7 ♏	15 ♎	12 ♑	17 ♎	10 ♎
29	5 ♐ 54	27 ♒ 42	24 ♎ 12	25 ♎ 45	8 ♐ 55	1 ♑ 19	28 ♐ 31	21 ♐ 54	18 ♓ 2	27 ♑ 40	23 ♑ 34	0 ♐ 42	8 ♏	15 ♎	12 ♑	17 ♎	10 ♎
30	6 ♐ 54	11 ♓ 21	24 ♎ 9	25 D 45	10 ♐ 29	2 ♑ 34	29 ♐ 16	22 ♐ 7	18 ♓ 2	27 ♑ 43	23 ♑ 36	0 ♐ 44	8 ♏	16 ♎	12 ♑	17 ♎	10 ♎

SUN INGRESS	☉ → ♐ 23日 04:01
MOON PHASE	○ 7日 16:20 ♉ ◑ 15日 20:40 ♌ ● 23日 00:43 ♏ ◐ 29日 15:28 ♓

aspects		
1日	05:33	♀⚹♅
2日	19:09	☿□♅
3日	13:39	♀☌♇
11日	08:40	☉△♄
11日	11:30	♃□♄
15日	00:11	♂□♄
15日	19:39	☿△♄
16日	11:42	☉⚹♆
16日	12:44	♂☌♃
18日	06:51	♀□♄
19日	02:48	☿⚹♆
19日	18:55	♀☌♃
20日	13:12	☉⚹♅
21日	16:19	☿⚹♅
23日	06:30	♀☌♂
23日	14:26	☉☌☿
23日	15:16	☿☌♇
23日	15:45	☉☌♇

1995年12月

DAY	☉	☽	☊		☿	♀	♂	♃	♄	♅	♆	♇	⚳	⚴	⚵	⚶	⚷
			mean	true													
	° ′	° ′	° ′	° ′	° ′	° ′	° ′	° ′	° ′	° ′	° ′	° ′	°	°	°	°	°
1	7 ♐ 55	24 ♓ 38	24 ♎ 5	25 D 46	12 D 3	3 D 48	0 D 1	22 D 21	18 D 3	27 D 46	23 D 37	0 D 47	9 D	16 D	13 D	18 D	11 D
2	8 ♐ 56	7 ♈ 36	24 ♎ 2	25 ♎ 48	13 ♐ 37	5 ♑ 3	0 ♑ 47	22 ♐ 34	18 ♓ 4	27 ♑ 48	23 ♑ 39	0 ♐ 49	9 ♏	16 ♎	13 ♑	18 ♎	11 ♎
3	9 ♐ 57	20 ♈ 17	23 ♎ 59	25 ♎ 49	15 ♐ 11	6 ♑ 17	1 ♑ 32	22 ♐ 48	18 ♓ 5	27 ♑ 51	23 ♑ 41	0 ♐ 51	9 ♏	17 ♎	13 ♑	19 ♎	11 ♎
4	10 ♐ 58	2 ♉ 45	23 ♎ 56	25 R 49	16 ♐ 44	7 ♑ 31	2 ♑ 18	23 ♐ 1	18 ♓ 7	27 ♑ 53	23 ♑ 43	0 ♐ 54	10 ♏	17 ♎	14 ♑	19 ♎	11 ♎
5	11 ♐ 58	15 ♉ 2	23 ♎ 53	25 ♎ 47	18 ♐ 18	8 ♑ 46	3 ♑ 4	23 ♐ 15	18 ♓ 8	27 ♑ 56	23 ♑ 44	0 ♐ 56	10 ♏	18 ♎	14 ♑	20 ♎	11 ♎
6	12 ♐ 59	27 ♉ 11	23 ♎ 50	25 ♎ 42	19 ♐ 52	10 ♑ 0	3 ♑ 49	23 ♐ 28	18 ♓ 9	27 ♑ 59	23 ♑ 46	0 ♐ 58	11 ♏	18 ♎	14 ♑	20 ♎	11 ♎
7	14 ♐ 0	9 ♊ 14	23 ♎ 46	25 ♎ 36	21 ♐ 25	11 ♑ 15	4 ♑ 35	23 ♐ 42	18 ♓ 11	28 ♑ 2	23 ♑ 48	1 ♐ 1	11 ♏	18 ♎	15 ♑	21 ♎	11 ♎
8	15 ♐ 1	21 ♊ 11	23 ♎ 43	25 ♎ 27	22 ♐ 59	12 ♑ 29	5 ♑ 21	23 ♐ 55	18 ♓ 13	28 ♑ 4	23 ♑ 50	1 ♐ 3	12 ♏	19 ♎	15 ♑	21 ♎	11 ♎
9	16 ♐ 2	3 ♋ 6	23 ♎ 40	25 ♎ 17	24 ♐ 32	13 ♑ 44	6 ♑ 6	24 ♐ 9	18 ♓ 14	28 ♑ 7	23 ♑ 52	1 ♐ 5	12 ♏	19 ♎	16 ♑	22 ♎	11 ♎
10	17 ♐ 3	14 ♋ 58	23 ♎ 37	25 ♎ 6	26 ♐ 6	14 ♑ 58	6 ♑ 52	24 ♐ 22	18 ♓ 16	28 ♑ 10	23 ♑ 54	1 ♐ 8	12 ♏	19 ♎	16 ♑	22 ♎	11 ♎
11	18 ♐ 4	26 ♋ 49	23 ♎ 34	24 ♎ 56	27 ♐ 39	16 ♑ 12	7 ♑ 38	24 ♐ 36	18 ♓ 18	28 ♑ 13	23 ♑ 56	1 ♐ 10	13 ♏	20 ♎	16 ♑	22 ♎	12 ♎
12	19 ♐ 5	8 ♌ 43	23 ♎ 31	24 ♎ 47	29 ♐ 13	17 ♑ 27	8 ♑ 24	24 ♐ 50	18 ♓ 20	28 ♑ 16	23 ♑ 57	1 ♐ 12	13 ♏	20 ♎	17 ♑	23 ♎	12 ♎
13	20 ♐ 6	20 ♌ 42	23 ♎ 27	24 ♎ 41	0 ♑ 46	18 ♑ 41	9 ♑ 10	25 ♐ 3	18 ♓ 22	28 ♑ 19	23 ♑ 59	1 ♐ 15	14 ♏	20 ♎	17 ♑	23 ♎	12 ♎
14	21 ♐ 7	2 ♍ 49	23 ♎ 24	24 ♎ 36	2 ♑ 20	19 ♑ 55	9 ♑ 56	25 ♐ 17	18 ♓ 25	28 ♑ 22	24 ♑ 1	1 ♐ 17	14 ♏	21 ♎	17 ♑	24 ♎	12 ♎
15	22 ♐ 8	15 ♍ 9	23 ♎ 21	24 ♎ 34	3 ♑ 53	21 ♑ 10	10 ♑ 42	25 ♐ 31	18 ♓ 27	28 ♑ 25	24 ♑ 3	1 ♐ 19	14 ♏	21 ♎	18 ♑	24 ♎	12 ♎
16	23 ♐ 9	27 ♍ 46	23 ♎ 18	24 D 34	5 ♑ 26	22 ♑ 24	11 ♑ 28	25 ♐ 44	18 ♓ 29	28 ♑ 28	24 ♑ 5	1 ♐ 22	15 ♏	22 ♎	18 ♑	25 ♎	12 ♎
17	24 ♐ 10	10 ♎ 46	23 ♎ 15	24 ♎ 35	7 ♑ 0	23 ♑ 38	12 ♑ 15	25 ♐ 58	18 ♓ 32	28 ♑ 31	24 ♑ 7	1 ♐ 24	15 ♏	22 ♎	19 ♑	25 ♎	12 ♎
18	25 ♐ 11	24 ♎ 11	23 ♎ 11	24 ♎ 35	8 ♑ 33	24 ♑ 52	13 ♑ 1	26 ♐ 12	18 ♓ 35	28 ♑ 34	24 ♑ 9	1 ♐ 26	16 ♏	22 ♎	19 ♑	26 ♎	12 ♎
19	26 ♐ 12	8 ♏ 6	23 ♎ 8	24 R 35	10 ♑ 5	26 ♑ 7	13 ♑ 47	26 ♐ 25	18 ♓ 37	28 ♑ 37	24 ♑ 11	1 ♐ 28	16 ♏	23 ♎	19 ♑	26 ♎	12 ♎
20	27 ♐ 13	22 ♏ 29	23 ♎ 5	24 ♎ 32	11 ♑ 38	27 ♑ 21	14 ♑ 33	26 ♐ 39	18 ♓ 40	28 ♑ 40	24 ♑ 14	1 ♐ 30	17 ♏	23 ♎	20 ♑	26 ♎	12 ♎
21	28 ♐ 14	7 ♐ 19	23 ♎ 2	24 ♎ 26	13 ♑ 9	28 ♑ 35	15 ♑ 20	26 ♐ 53	18 ♓ 43	28 ♑ 43	24 ♑ 16	1 ♐ 33	17 ♏	24 ♎	20 ♑	27 ♎	12 ♎
22	29 ♐ 15	22 ♐ 29	22 ♎ 59	24 ♎ 18	14 ♑ 41	29 ♑ 49	16 ♑ 6	27 ♐ 6	18 ♓ 46	28 ♑ 46	24 ♑ 18	1 ♐ 35	17 ♏	24 ♎	21 ♑	27 ♎	12 ♎
23	0 ♑ 17	7 ♑ 49	22 ♎ 56	24 ♎ 8	16 ♑ 12	1 ♒ 3	16 ♑ 53	27 ♐ 20	18 ♓ 49	28 ♑ 50	24 ♑ 20	1 ♐ 37	18 ♏	24 ♎	21 ♑	28 ♎	13 ♎
24	1 ♑ 18	23 ♑ 7	22 ♎ 52	23 ♎ 57	17 ♑ 41	2 ♒ 17	17 ♑ 39	27 ♐ 34	18 ♓ 52	28 ♑ 53	24 ♑ 22	1 ♐ 39	18 ♏	25 ♎	21 ♑	28 ♎	13 ♎
25	2 ♑ 19	8 ♒ 13	22 ♎ 49	23 ♎ 47	19 ♑ 10	3 ♒ 31	18 ♑ 26	27 ♐ 48	18 ♓ 56	28 ♑ 56	24 ♑ 24	1 ♐ 41	19 ♏	25 ♎	22 ♑	29 ♎	13 ♎
26	3 ♑ 20	22 ♒ 57	22 ♎ 46	23 ♎ 39	20 ♑ 38	4 ♒ 45	19 ♑ 12	28 ♐ 1	18 ♓ 59	28 ♑ 59	24 ♑ 26	1 ♐ 43	19 ♏	25 ♎	22 ♑	29 ♎	13 ♎
27	4 ♑ 21	7 ♓ 13	22 ♎ 43	23 ♎ 34	22 ♑ 4	5 ♒ 59	19 ♑ 59	28 ♐ 15	19 ♓ 3	29 ♑ 3	24 ♑ 28	1 ♐ 46	19 ♏	26 ♎	23 ♑	0 ♏	13 ♎
28	5 ♑ 22	21 ♓ 0	22 ♎ 40	23 ♎ 31	23 ♑ 29	7 ♒ 13	20 ♑ 45	28 ♐ 29	19 ♓ 6	29 ♑ 6	24 ♑ 31	1 ♐ 48	20 ♏	26 ♎	23 ♑	0 ♏	13 ♎
29	6 ♑ 24	4 ♈ 20	22 ♎ 37	23 ♎ 30	24 ♑ 51	8 ♒ 27	21 ♑ 32	28 ♐ 42	19 ♓ 10	29 ♑ 9	24 ♑ 33	1 ♐ 50	20 ♏	26 ♎	23 ♑	0 ♏	13 ♎
30	7 ♑ 25	17 ♈ 14	22 ♎ 33	23 D 31	26 ♑ 11	9 ♒ 41	22 ♑ 19	28 ♐ 56	19 ♓ 14	29 ♑ 13	24 ♑ 35	1 ♐ 52	21 ♏	27 ♎	24 ♑	1 ♏	13 ♎
31	8 ♑ 26	29 ♈ 49	22 ♎ 30	23 R 30	27 ♑ 28	10 ♒ 55	23 ♑ 5	29 ♐ 9	19 ♓ 18	29 ♑ 16	24 ♑ 37	1 ♐ 54	21 ♏	27 ♎	24 ♑	1 ♏	13 ♎

SUN INGRESS	☉ → ♑ 22日 17:17
MOON PHASE	○ 7日 10:27 ♊ ◑ 15日 14:31 ♍ ● 22日 11:22 ♐ ◐ 29日 04:06 ♈

aspects		
4日	21:25	♀□♄
8日	16:58	☿☌♃
11日	05:47	☉□♄
12日	17:48	☿⚹♄
17日	09:46	♀☌♆
19日	06:43	☉☌♃
21日	02:49	♀☌♅
23日	11:17	☿⚹♇
23日	22:42	☿☌♂
24日	19:55	☿⚹♄
25日	16:50	♂⚹♄
28日	18:28	☿☌♆

1900 ～1910
1911 ～1920
1921 ～1930
1931 ～1940
1941 ～1950
1951 ～1960
1961 ～1970
1971 ～1980
1981 ～1990
1991 ～2000
2001 ～2010
2011 ～2020
2021 ～2030
2031 ～2040
2041 ～2050

1996年1月

DAY	☉	☽	☊ mean	☊ true	☿	♀	♂	♃	♄	♅	♆	♇	⚳	⚴	⚵	⚶	⚷
	° ′	° ′	° ′	° ′	° ′	° ′	° ′	° ′	° ′	° ′	° ′	° ′	°	°	°	°	°
1	9 ♑ 27	12 ♉ 7	22 ♎ 27	23 R 29	28 D 41	12 D 9	23 D 52	29 D 23	19 D 22	29 D 19	24 D 39	1 D 56	21 D	27 D	25 D	2 D	13 D
2	10 ♑ 28	24 ♉ 14	22 ♎ 24	23 ♎ 25	29 ♑ 51	13 ♒ 23	24 ♑ 39	29 ♐ 37	19 ♓ 26	29 ♑ 23	24 ♑ 42	1 ♐ 58	22 ♏	28 ♎	25 ♑	2 ♏	13 ♎
3	11 ♑ 29	6 ♊ 14	22 ♎ 21	23 ♎ 18	0 ♒ 56	14 ♒ 37	25 ♑ 26	29 ♐ 50	19 ♓ 30	29 ♑ 26	24 ♑ 44	2 ♐ 0	22 ♏	28 ♎	25 ♑	2 ♏	13 ♎
4	12 ♑ 30	18 ♊ 9	22 ♎ 17	23 ♎ 9	1 ♒ 55	15 ♒ 50	26 ♑ 13	0 ♑ 4	19 ♓ 34	29 ♑ 29	24 ♑ 46	2 ♐ 2	22 ♏	28 ♎	26 ♑	3 ♏	13 ♎
5	13 ♑ 32	0 ♋ 2	22 ♎ 14	22 ♎ 56	2 ♒ 48	17 ♒ 4	26 ♑ 59	0 ♑ 17	19 ♓ 38	29 ♑ 33	24 ♑ 48	2 ♐ 4	23 ♏	28 ♎	26 ♑	3 ♏	13 ♎
6	14 ♑ 33	11 ♋ 54	22 ♎ 11	22 ♎ 42	3 ♒ 34	18 ♒ 18	27 ♑ 46	0 ♑ 31	19 ♓ 43	29 ♑ 36	24 ♑ 51	2 ♐ 5	23 ♏	29 ♎	26 ♑	3 ♏	13 ♎
7	15 ♑ 34	23 ♋ 47	22 ♎ 8	22 ♎ 27	4 ♒ 12	19 ♒ 31	28 ♑ 33	0 ♑ 44	19 ♓ 47	29 ♑ 40	24 ♑ 53	2 ♐ 7	24 ♏	29 ♎	27 ♑	4 ♏	13 ♎
8	16 ♑ 35	5 ♌ 42	22 ♎ 5	22 ♎ 12	4 ♒ 41	20 ♒ 45	29 ♑ 20	0 ♑ 58	19 ♓ 52	29 ♑ 43	24 ♑ 55	2 ♐ 9	24 ♏	29 ♎	27 ♑	5 ♏	13 ♎
9	17 ♑ 36	17 ♌ 41	22 ♎ 2	21 ♎ 59	5 ♒ 0	21 ♒ 58	0 ♒ 7	1 ♑ 11	19 ♓ 57	29 ♑ 47	24 ♑ 57	2 ♐ 11	24 ♏	0 ♏	28 ♑	5 ♏	13 ♎
10	18 ♑ 37	29 ♌ 45	21 ♎ 58	21 ♎ 48	5 ♒ 9	23 ♒ 12	0 ♒ 54	1 ♑ 25	20 ♓ 1	29 ♑ 50	25 ♑ 0	2 ♐ 13	25 ♏	0 ♏	28 ♑	5 ♏	13 ♎
11	19 ♑ 38	11 ♍ 56	21 ♎ 55	21 ♎ 41	5 R 7	24 ♒ 25	1 ♒ 41	1 ♑ 38	20 ♓ 6	29 ♑ 54	25 ♑ 2	2 ♐ 15	25 ♏	0 ♏	29 ♑	6 ♏	14 ♎
12	20 ♑ 40	24 ♍ 18	21 ♎ 52	21 ♎ 37	4 ♒ 53	25 ♒ 39	2 ♒ 28	1 ♑ 51	20 ♓ 11	29 ♑ 57	25 ♑ 4	2 ♐ 16	25 ♏	1 ♏	29 ♑	6 ♏	14 ♎
13	21 ♑ 41	6 ♎ 54	21 ♎ 49	21 ♎ 35	4 ♒ 27	26 ♒ 52	3 ♒ 16	2 ♑ 5	20 ♓ 16	0 ♒ 1	25 ♑ 6	2 ♐ 18	26 ♏	1 ♏	29 ♑	7 ♏	14 ♎
14	22 ♑ 42	19 ♎ 48	21 ♎ 46	21 ♎ 34	3 ♒ 49	28 ♒ 5	4 ♒ 3	2 ♑ 18	20 ♓ 21	0 ♒ 4	25 ♑ 9	2 ♐ 20	26 ♏	1 ♏	0 ♒	7 ♏	14 ♎
15	23 ♑ 43	3 ♏ 4	21 ♎ 43	21 ♎ 34	3 ♒ 0	29 ♒ 18	4 ♒ 50	2 ♑ 31	20 ♓ 26	0 ♒ 8	25 ♑ 11	2 ♐ 22	27 ♏	1 ♏	0 ♒	7 ♏	14 ♎
16	24 ♑ 44	16 ♏ 47	21 ♎ 39	21 ♎ 33	2 ♒ 2	0 ♓ 31	5 ♒ 37	2 ♑ 45	20 ♓ 31	0 ♒ 11	25 ♑ 13	2 ♐ 23	27 ♏	2 ♏	1 ♒	8 ♏	14 ♎
17	25 ♑ 45	0 ♐ 56	21 ♎ 36	21 ♎ 30	0 ♒ 56	1 ♓ 45	6 ♒ 24	2 ♑ 58	20 ♓ 36	0 ♒ 15	25 ♑ 15	2 ♐ 25	27 ♏	2 ♏	1 ♒	8 ♏	14 ♎
18	26 ♑ 46	15 ♐ 33	21 ♎ 33	21 ♎ 24	29 ♑ 43	2 ♓ 58	7 ♒ 11	3 ♑ 11	20 ♓ 42	0 ♒ 18	25 ♑ 18	2 ♐ 26	28 ♏	2 ♏	1 ♒	8 ♏	14 ♎
19	27 ♑ 47	0 ♑ 33	21 ♎ 30	21 ♎ 15	28 ♑ 26	4 ♓ 11	7 ♒ 59	3 ♑ 24	20 ♓ 47	0 ♒ 22	25 ♑ 20	2 ♐ 28	28 ♏	2 ♏	2 ♒	9 ♏	14 ♎
20	28 ♑ 49	15 ♑ 48	21 ♎ 27	21 ♎ 4	27 ♑ 8	5 ♓ 24	8 ♒ 46	3 ♑ 37	20 ♓ 53	0 ♒ 25	25 ♑ 22	2 ♐ 30	28 ♏	3 ♏	2 ♒	9 ♏	14 ♎
21	29 ♑ 50	1 ♒ 7	21 ♎ 23	20 ♎ 52	25 ♑ 50	6 ♓ 36	9 ♒ 33	3 ♑ 50	20 ♓ 58	0 ♒ 29	25 ♑ 25	2 ♐ 31	29 ♏	3 ♏	3 ♒	10 ♏	14 ♎
22	0 ♒ 51	16 ♒ 18	21 ♎ 20	20 ♎ 41	24 ♑ 36	7 ♓ 49	10 ♒ 20	4 ♑ 3	21 ♓ 4	0 ♒ 32	25 ♑ 27	2 ♐ 33	29 ♏	3 ♏	3 ♒	10 ♏	14 ♎
23	1 ♒ 52	1 ♓ 12	21 ♎ 17	20 ♎ 32	23 ♑ 27	9 ♓ 2	11 ♒ 8	4 ♑ 16	21 ♓ 9	0 ♒ 36	25 ♑ 29	2 ♐ 34	29 ♏	3 ♏	4 ♒	10 ♏	14 ♎
24	2 ♒ 53	15 ♓ 40	21 ♎ 14	20 ♎ 25	22 ♑ 25	10 ♓ 15	11 ♒ 55	4 ♑ 29	21 ♓ 15	0 ♒ 39	25 ♑ 31	2 ♐ 36	0 ♐	4 ♏	4 ♒	11 ♏	14 ♎
25	3 ♒ 54	29 ♓ 39	21 ♎ 11	20 ♎ 21	21 ♑ 30	11 ♓ 27	12 ♒ 42	4 ♑ 42	21 ♓ 21	0 ♒ 43	25 ♑ 34	2 ♐ 37	0 ♐	4 ♏	4 ♒	11 ♏	14 ♎
26	4 ♒ 55	13 ♈ 7	21 ♎ 8	20 ♎ 19	20 ♑ 44	12 ♓ 40	13 ♒ 30	4 ♑ 55	21 ♓ 27	0 ♒ 47	25 ♑ 36	2 ♐ 38	0 ♐	4 ♏	5 ♒	11 ♏	14 ♎
27	5 ♒ 56	26 ♈ 8	21 ♎ 4	20 D 19	20 ♑ 7	13 ♓ 52	14 ♒ 17	5 ♑ 8	21 ♓ 33	0 ♒ 50	25 ♑ 38	2 ♐ 40	1 ♐	4 ♏	5 ♒	12 ♏	14 ♎
28	6 ♒ 57	8 ♉ 45	21 ♎ 1	20 R 19	19 ♑ 39	15 ♓ 4	15 ♒ 4	5 ♑ 20	21 ♓ 39	0 ♒ 54	25 ♑ 40	2 ♐ 41	1 ♐	5 ♏	6 ♒	12 ♏	14 ♎
29	7 ♒ 58	21 ♉ 4	20 ♎ 58	20 ♎ 19	19 ♑ 19	16 ♓ 17	15 ♒ 52	5 ♑ 33	21 ♓ 45	0 ♒ 57	25 ♑ 43	2 ♐ 42	1 ♐	5 ♏	6 ♒	12 ♏	14 R
30	8 ♒ 59	3 ♊ 9	20 ♎ 55	20 ♎ 16	19 ♑ 9	17 ♓ 29	16 ♒ 39	5 ♑ 45	21 ♓ 51	1 ♒ 1	25 ♑ 45	2 ♐ 44	2 ♐	5 ♏	6 ♒	13 ♏	14 ♎
31	10 ♒ 0	15 ♊ 5	20 ♎ 52	20 ♎ 10	19 D 6	18 ♓ 41	17 ♒ 27	5 ♑ 58	21 ♓ 57	1 ♒ 4	25 ♑ 47	2 ♐ 45	2 ♐	5 ♏	7 ♒	13 ♏	14 ♎

SUN INGRESS	☉ → ♒ 21日 03:53
MOON PHASE	○ 6日 05:51 ♋ ◑ 14日 05:45 ♎ ● 20日 21:50 ♑ ◐ 27日 20:14 ♉

aspects		
1日	13:33	☿☌♅
2日	01:26	♂☌♆
4日	03:00	☿⚹♇
8日	12:39	♂☌♅
11日	11:48	☉⚹♄
11日	17:39	♂⚹♇
13日	20:21	☿☌♂
15日	15:57	☿⚹♇
16日	11:54	☉☌♆
17日	13:02	☿☌♅
17日	13:32	♀□♇
18日	05:21	♀⚹♃
19日	06:40	☉☌☿
21日	08:00	☿☌♆
21日	16:21	☉☌♅
23日	17:01	☉⚹♇
25日	04:01	☿⚹♄
31日	08:51	☿⚹♀

1996年2月

DAY	☉	☽	☊ mean	☊ true	☿	♀	♂	♃	♄	♅	♆	♇	⚳	⚴	⚵	⚶	⚷
	° ′	° ′	° ′	° ′	° ′	° ′	° ′	° ′	° ′	° ′	° ′	° ′	°	°	°	°	°
1	11 ♒ 1	26 ♊ 57	20 ♎ 49	20 R 2	19 D 12	19 D 53	18 D 14	6 D 10	22 D 3	1 D 8	25 D 49	2 D 46	2 D	5 D	7 D	13 D	14 R
2	12 ♒ 2	8 ♋ 47	20 ♎ 45	19 ♎ 52	19 ♑ 24	21 ♓ 5	19 ♒ 2	6 ♑ 23	22 ♓ 9	1 ♒ 11	25 ♑ 52	2 ♐ 47	3 ♐	6 ♏	8 ♒	14 ♏	14 ♎
3	13 ♒ 3	20 ♋ 40	20 ♎ 42	19 ♎ 39	19 ♑ 43	22 ♓ 17	19 ♒ 49	6 ♑ 35	22 ♓ 15	1 ♒ 15	25 ♑ 54	2 ♐ 48	3 ♐	6 ♏	8 ♒	14 ♏	14 ♎
4	14 ♒ 3	2 ♌ 36	20 ♎ 39	19 ♎ 26	20 ♑ 8	23 ♓ 28	20 ♒ 36	6 ♑ 48	22 ♓ 22	1 ♒ 18	25 ♑ 56	2 ♐ 49	3 ♐	6 ♏	9 ♒	14 ♏	14 ♎
5	15 ♒ 4	14 ♌ 38	20 ♎ 36	19 ♎ 13	20 ♑ 39	24 ♓ 40	21 ♒ 24	7 ♑ 0	22 ♓ 28	1 ♒ 21	25 ♑ 58	2 ♐ 50	4 ♐	6 ♏	9 ♒	15 ♏	14 ♎
6	16 ♒ 5	26 ♌ 45	20 ♎ 33	19 ♎ 2	21 ♑ 15	25 ♓ 52	22 ♒ 11	7 ♑ 12	22 ♓ 35	1 ♒ 25	26 ♑ 0	2 ♐ 51	4 ♐	6 ♏	9 ♒	15 ♏	14 ♎
7	17 ♒ 6	9 ♍ 0	20 ♎ 29	18 ♎ 53	21 ♑ 56	27 ♓ 3	22 ♒ 59	7 ♑ 24	22 ♓ 41	1 ♒ 28	26 ♑ 2	2 ♐ 52	4 ♐	6 ♏	10 ♒	15 ♏	14 ♎
8	18 ♒ 7	21 ♍ 23	20 ♎ 26	18 ♎ 47	22 ♑ 40	28 ♓ 14	23 ♒ 46	7 ♑ 36	22 ♓ 48	1 ♒ 32	26 ♑ 5	2 ♐ 53	5 ♐	7 ♏	10 ♒	16 ♏	14 ♎
9	19 ♒ 7	3 ♎ 56	20 ♎ 23	18 ♎ 43	23 ♑ 29	29 ♓ 25	24 ♒ 34	7 ♑ 48	22 ♓ 54	1 ♒ 35	26 ♑ 7	2 ♐ 54	5 ♐	7 ♏	11 ♒	16 ♏	14 ♎
10	20 ♒ 8	16 ♎ 41	20 ♎ 20	18 ♎ 42	24 ♑ 21	0 ♈ 36	25 ♒ 21	8 ♑ 0	23 ♓ 1	1 ♒ 39	26 ♑ 9	2 ♐ 55	5 ♐	7 ♏	11 ♒	16 ♏	14 ♎
11	21 ♒ 9	29 ♎ 40	20 ♎ 17	18 D 42	25 ♑ 17	1 ♈ 47	26 ♒ 8	8 ♑ 12	23 ♓ 8	1 ♒ 42	26 ♑ 11	2 ♐ 56	6 ♐	7 ♏	11 ♒	17 ♏	14 ♎
12	22 ♒ 10	12 ♏ 57	20 ♎ 14	18 ♎ 43	26 ♑ 15	2 ♈ 58	26 ♒ 56	8 ♑ 23	23 ♓ 14	1 ♒ 45	26 ♑ 13	2 ♐ 57	6 ♐	7 ♏	12 ♒	17 ♏	14 ♎
13	23 ♒ 10	26 ♏ 33	20 ♎ 10	18 R 43	27 ♑ 16	4 ♈ 9	27 ♒ 43	8 ♑ 35	23 ♓ 21	1 ♒ 49	26 ♑ 15	2 ♐ 58	6 ♐	7 ♏	12 ♒	17 ♏	14 ♎
14	24 ♒ 11	10 ♐ 31	20 ♎ 7	18 ♎ 42	28 ♑ 20	5 ♈ 20	28 ♒ 31	8 ♑ 47	23 ♓ 28	1 ♒ 52	26 ♑ 17	2 ♐ 58	6 ♐	7 ♏	13 ♒	18 ♏	14 ♎
15	25 ♒ 12	24 ♐ 51	20 ♎ 4	18 ♎ 39	29 ♑ 26	6 ♈ 30	29 ♒ 18	8 ♑ 58	23 ♓ 35	1 ♒ 55	26 ♑ 19	2 ♐ 59	7 ♐	7 ♏	13 ♒	18 ♏	14 ♎
16	26 ♒ 12	9 ♑ 29	20 ♎ 1	18 ♎ 33	0 ♒ 35	7 ♈ 41	0 ♓ 6	9 ♑ 10	23 ♓ 42	1 ♒ 59	26 ♑ 21	3 ♐ 0	7 ♐	7 ♏	14 ♒	18 ♏	14 ♎
17	27 ♒ 13	24 ♑ 23	19 ♎ 58	18 ♎ 26	1 ♒ 45	8 ♈ 51	0 ♓ 53	9 ♑ 21	23 ♓ 48	2 ♒ 2	26 ♑ 23	3 ♐ 1	7 ♐	8 ♏	14 ♒	18 ♏	14 ♎
18	28 ♒ 13	9 ♒ 23	19 ♎ 54	18 ♎ 18	2 ♒ 57	10 ♈ 1	1 ♓ 41	9 ♑ 32	23 ♓ 55	2 ♒ 5	26 ♑ 25	3 ♐ 1	8 ♐	8 ♏	14 ♒	19 ♏	13 ♎
19	29 ♒ 14	24 ♒ 20	19 ♎ 51	18 ♎ 10	4 ♒ 11	11 ♈ 11	2 ♓ 28	9 ♑ 43	24 ♓ 2	2 ♒ 9	26 ♑ 27	3 ♐ 2	8 ♐	8 ♏	15 ♒	19 ♏	13 ♎
20	0 ♓ 15	9 ♓ 6	19 ♎ 48	18 ♎ 3	5 ♒ 27	12 ♈ 21	3 ♓ 16	9 ♑ 55	24 ♓ 9	2 ♒ 12	26 ♑ 29	3 ♐ 2	8 ♐	8 ♏	15 ♒	19 ♏	13 ♎
21	1 ♓ 15	23 ♓ 32	19 ♎ 45	17 ♎ 58	6 ♒ 44	13 ♈ 30	4 ♓ 3	10 ♑ 6	24 ♓ 16	2 ♒ 15	26 ♑ 31	3 ♐ 3	8 ♐	8 ♏	16 ♒	19 ♏	13 ♎
22	2 ♓ 16	7 ♈ 33	19 ♎ 42	17 ♎ 56	8 ♒ 3	14 ♈ 40	4 ♓ 50	10 ♑ 16	24 ♓ 23	2 ♒ 18	26 ♑ 33	3 ♐ 3	9 ♐	8 ♏	16 ♒	20 ♏	13 ♎
23	3 ♓ 16	21 ♈ 7	19 ♎ 39	17 D 56	9 ♒ 23	15 ♈ 49	5 ♓ 38	10 ♑ 27	24 ♓ 31	2 ♒ 21	26 ♑ 35	3 ♐ 4	9 ♐	8 ♏	17 ♒	20 ♏	13 ♎
24	4 ♓ 17	4 ♉ 15	19 ♎ 35	17 ♎ 57	10 ♒ 44	16 ♈ 59	6 ♓ 25	10 ♑ 38	24 ♓ 38	2 ♒ 24	26 ♑ 37	3 ♐ 4	9 ♐	8 ♏	17 ♒	20 ♏	13 ♎
25	5 ♓ 17	16 ♉ 58	19 ♎ 32	17 ♎ 58	12 ♒ 7	18 ♈ 8	7 ♓ 13	10 ♑ 49	24 ♓ 45	2 ♒ 28	26 ♑ 39	3 ♐ 5	9 ♐	8 ♏	17 ♒	20 ♏	13 ♎
26	6 ♓ 17	29 ♉ 22	19 ♎ 29	17 ♎ 59	13 ♒ 31	19 ♈ 17	8 ♓ 0	10 ♑ 59	24 ♓ 52	2 ♒ 31	26 ♑ 41	3 ♐ 5	10 ♐	8 ♏	18 ♒	21 ♏	13 ♎
27	7 ♓ 18	11 ♊ 30	19 ♎ 26	17 R 59	14 ♒ 56	20 ♈ 25	8 ♓ 47	11 ♑ 10	24 ♓ 59	2 ♒ 34	26 ♑ 43	3 ♐ 5	10 ♐	8 ♏	18 ♒	21 ♏	13 ♎
28	8 ♓ 18	23 ♊ 28	19 ♎ 23	17 ♎ 58	16 ♒ 23	21 ♈ 34	9 ♓ 35	11 ♑ 20	25 ♓ 6	2 ♒ 37	26 ♑ 45	3 ♐ 6	10 ♐	8 ♏	19 ♒	21 ♏	13 ♎
29	9 ♓ 18	5 ♋ 21	19 ♎ 20	17 ♎ 55	17 ♒ 50	22 ♈ 42	10 ♓ 22	11 ♑ 30	25 ♓ 14	2 ♒ 40	26 ♑ 46	3 ♐ 6	10 ♐	8 R	19 ♒	21 ♏	13 ♎

SUN INGRESS	☉ → ♓ 19日 18:01
MOON PHASE	○ 5日 00:58 ♌ ◑ 12日 17:37 ♏ ● 19日 08:30 ♒ ◐ 26日 14:52 ♊

aspects		
2日	23:33	♀☌♄
6日	03:03	☿⚹♆
8日	04:22	☿⚹♄
10日	22:05	♀⚹♅
11日	23:08	☿☌♆
11日	23:32	♀△♇
17日	06:00	☿☌♅
17日	12:20	♀□♃
18日	01:21	♀⚹♇
19日	17:14	♂□♇
22日	19:06	☉□♇

1996年3月

DAY	☉	☽	☊ mean	☊ true	☿	♀	♂	♃	♄	♅	♆	♇	⚳	⚴	⚵	⚶	⚷
	° ′	° ′	° ′	° ′	° ′	° ′	° ′	° ′	° ′	° ′	° ′	° ′	°	°	°	°	°
1	10 ♓ 18	17 ♋ 12	19 ♎ 16	17 R 50	19 D 19	23 D 51	11 D 9	11 D 40	25 D 21	2 D 43	26 D 48	3 D 6	10 D	8 R	20 D	21 D	13 R
2	11 ♓ 19	29 ♋ 6	19 ♎ 13	17 ♎ 44	20 ♒ 49	24 ♈ 59	11 ♓ 57	11 ♑ 50	25 ♓ 28	2 ♒ 46	26 ♑ 50	3 ♐ 6	11 ♐	8 ♏	20 ♒	22 ♏	13 ♎
3	12 ♓ 19	11 ♌ 6	19 ♎ 10	17 ♎ 37	22 ♒ 20	26 ♈ 6	12 ♓ 44	12 ♑ 0	25 ♓ 36	2 ♒ 49	26 ♑ 52	3 ♐ 6	11 ♐	8 ♏	20 ♒	22 ♏	13 ♎
4	13 ♓ 19	23 ♌ 14	19 ♎ 7	17 ♎ 31	23 ♒ 52	27 ♈ 14	13 ♓ 31	12 ♑ 10	25 ♓ 43	2 ♒ 52	26 ♑ 53	3 ♐ 6	11 ♐	8 ♏	21 ♒	22 ♏	13 ♎
5	14 ♓ 19	5 ♍ 33	19 ♎ 4	17 ♎ 25	25 ♒ 26	28 ♈ 22	14 ♓ 19	12 ♑ 20	25 ♓ 50	2 ♒ 54	26 ♑ 55	3 ♐ 6	11 ♐	8 ♏	21 ♒	22 ♏	13 ♎
6	15 ♓ 19	18 ♍ 1	19 ♎ 0	17 ♎ 20	27 ♒ 0	29 ♈ 29	15 ♓ 6	12 ♑ 29	25 ♓ 58	2 ♒ 57	26 ♑ 57	3 ♐ 6	12 ♐	8 ♏	22 ♒	22 ♏	13 ♎
7	16 ♓ 19	0 ♎ 42	18 ♎ 57	17 ♎ 18	28 ♒ 36	0 ♉ 36	15 ♓ 53	12 ♑ 39	26 ♓ 5	3 ♒ 0	26 ♑ 58	3 R 6	12 ♐	8 ♏	22 ♒	23 ♏	13 ♎
8	17 ♓ 19	13 ♎ 34	18 ♎ 54	17 ♎ 16	0 ♓ 12	1 ♉ 43	16 ♓ 40	12 ♑ 48	26 ♓ 12	3 ♒ 3	27 ♑ 0	3 ♐ 6	12 ♐	8 ♏	23 ♒	23 ♏	12 ♎
9	18 ♓ 19	26 ♎ 39	18 ♎ 51	17 D 17	1 ♓ 50	2 ♉ 49	17 ♓ 27	12 ♑ 57	26 ♓ 20	3 ♒ 6	27 ♑ 2	3 ♐ 6	12 ♐	8 ♏	23 ♒	23 ♏	12 ♎
10	19 ♓ 19	9 ♏ 55	18 ♎ 48	17 ♎ 18	3 ♓ 29	3 ♉ 55	18 ♓ 15	13 ♑ 6	26 ♓ 27	3 ♒ 8	27 ♑ 3	3 ♐ 6	12 ♐	8 ♏	23 ♒	23 ♏	12 ♎
11	20 ♓ 19	23 ♏ 25	18 ♎ 45	17 ♎ 20	5 ♓ 9	5 ♉ 2	19 ♓ 2	13 ♑ 15	26 ♓ 35	3 ♒ 11	27 ♑ 5	3 ♐ 6	13 ♐	8 ♏	24 ♒	23 ♏	12 ♎
12	21 ♓ 19	7 ♐ 9	18 ♎ 41	17 ♎ 21	6 ♓ 50	6 ♉ 7	19 ♓ 49	13 ♑ 24	26 ♓ 42	3 ♒ 14	27 ♑ 6	3 ♐ 6	13 ♐	7 ♏	24 ♒	23 ♏	12 ♎
13	22 ♓ 19	21 ♐ 5	18 ♎ 38	17 ♎ 22	8 ♓ 32	7 ♉ 13	20 ♓ 36	13 ♑ 33	26 ♓ 49	3 ♒ 16	27 ♑ 8	3 ♐ 6	13 ♐	7 ♏	25 ♒	23 ♏	12 ♎
14	23 ♓ 19	5 ♑ 15	18 ♎ 35	17 R 21	10 ♓ 16	8 ♉ 18	21 ♓ 23	13 ♑ 42	26 ♓ 57	3 ♒ 19	27 ♑ 9	3 ♐ 5	13 ♐	7 ♏	25 ♒	23 ♏	12 ♎
15	24 ♓ 18	19 ♑ 36	18 ♎ 32	17 ♎ 20	12 ♓ 0	9 ♉ 23	22 ♓ 10	13 ♑ 50	27 ♓ 4	3 ♒ 21	27 ♑ 11	3 ♐ 5	13 ♐	7 ♏	26 ♒	24 ♏	12 ♎
16	25 ♓ 18	4 ♒ 4	18 ♎ 29	17 ♎ 17	13 ♓ 46	10 ♉ 28	22 ♓ 57	13 ♑ 58	27 ♓ 12	3 ♒ 24	27 ♑ 12	3 ♐ 5	13 ♐	7 ♏	26 ♒	24 ♏	12 ♎
17	26 ♓ 18	18 ♒ 36	18 ♎ 26	17 ♎ 14	15 ♓ 33	11 ♉ 33	23 ♓ 44	14 ♑ 7	27 ♓ 19	3 ♒ 26	27 ♑ 14	3 ♐ 4	13 ♐	7 ♏	26 ♒	24 ♏	12 ♎
18	27 ♓ 18	3 ♓ 6	18 ♎ 22	17 ♎ 11	17 ♓ 21	12 ♉ 37	24 ♓ 31	14 ♑ 15	27 ♓ 27	3 ♒ 29	27 ♑ 15	3 ♐ 4	14 ♐	7 ♏	27 ♒	24 ♏	12 ♎
19	28 ♓ 17	17 ♓ 28	18 ♎ 19	17 ♎ 9	19 ♓ 11	13 ♉ 41	25 ♓ 18	14 ♑ 23	27 ♓ 34	3 ♒ 31	27 ♑ 16	3 ♐ 4	14 ♐	7 ♏	27 ♒	24 ♏	12 ♎
20	29 ♓ 17	1 ♈ 36	18 ♎ 16	17 ♎ 8	21 ♓ 1	14 ♉ 45	26 ♓ 5	14 ♑ 31	27 ♓ 42	3 ♒ 34	27 ♑ 18	3 ♐ 3	14 ♐	6 ♏	28 ♒	24 ♏	12 ♎
21	0 ♈ 17	15 ♈ 25	18 ♎ 13	17 ♎ 7	22 ♓ 53	15 ♉ 48	26 ♓ 52	14 ♑ 38	27 ♓ 49	3 ♒ 36	27 ♑ 19	3 ♐ 3	14 ♐	6 ♏	28 ♒	24 ♏	12 ♎
22	1 ♈ 16	28 ♈ 54	18 ♎ 10	17 D 7	24 ♓ 47	16 ♉ 52	27 ♓ 39	14 ♑ 46	27 ♓ 56	3 ♒ 38	27 ♑ 20	3 ♐ 2	14 ♐	6 ♏	29 ♒	24 ♏	11 ♎
23	2 ♈ 16	12 ♉ 1	18 ♎ 6	17 ♎ 8	26 ♓ 41	17 ♉ 54	28 ♓ 26	14 ♑ 53	28 ♓ 4	3 ♒ 40	27 ♑ 21	3 ♐ 2	14 ♐	6 ♏	29 ♒	24 ♏	11 ♎
24	3 ♈ 15	24 ♉ 46	18 ♎ 3	17 ♎ 9	28 ♓ 37	18 ♉ 57	29 ♓ 12	15 ♑ 1	28 ♓ 11	3 ♒ 43	27 ♑ 23	3 ♐ 1	14 ♐	6 ♏	29 ♒	24 ♏	11 ♎
25	4 ♈ 15	7 ♊ 14	18 ♎ 0	17 ♎ 11	0 ♈ 33	19 ♉ 59	29 ♓ 59	15 ♑ 8	28 ♓ 19	3 ♒ 45	27 ♑ 24	3 ♐ 0	14 ♐	5 ♏	0 ♓	24 ♏	11 ♎
26	5 ♈ 14	19 ♊ 25	17 ♎ 57	17 ♎ 12	2 ♈ 31	21 ♉ 1	0 ♈ 46	15 ♑ 15	28 ♓ 26	3 ♒ 47	27 ♑ 25	3 ♐ 0	15 ♐	5 ♏	0 ♓	24 ♏	11 ♎
27	6 ♈ 14	1 ♋ 26	17 ♎ 54	17 ♎ 12	4 ♈ 30	22 ♉ 2	1 ♈ 33	15 ♑ 21	28 ♓ 34	3 ♒ 49	27 ♑ 26	2 ♐ 59	15 ♐	5 ♏	1 ♓	24 ♏	11 ♎
28	7 ♈ 13	13 ♋ 21	17 ♎ 51	17 R 12	6 ♈ 31	23 ♉ 3	2 ♈ 19	15 ♑ 28	28 ♓ 41	3 ♒ 51	27 ♑ 27	2 ♐ 58	15 ♐	5 ♏	1 ♓	24 ♏	11 ♎
29	8 ♈ 13	25 ♋ 13	17 ♎ 47	17 ♎ 12	8 ♈ 32	24 ♉ 4	3 ♈ 6	15 ♑ 35	28 ♓ 48	3 ♒ 53	27 ♑ 28	2 ♐ 58	15 ♐	5 ♏	2 ♓	24 R	11 ♎
30	9 ♈ 12	7 ♌ 9	17 ♎ 44	17 ♎ 11	10 ♈ 33	25 ♉ 4	3 ♈ 52	15 ♑ 41	28 ♓ 56	3 ♒ 55	27 ♑ 29	2 ♐ 57	15 ♐	4 ♏	2 ♓	24 ♏	11 ♎
31	10 ♈ 11	19 ♌ 11	17 ♎ 41	17 ♎ 10	12 ♈ 36	26 ♉ 4	4 ♈ 39	15 ♑ 47	29 ♓ 3	3 ♒ 57	27 ♑ 30	2 ♐ 56	15 ♐	4 ♏	2 ♓	24 ♏	11 ♎

SUN INGRESS: ☉ → ♈ 20日 17:03

MOON PHASE: ○ 5日 18:23 ♍　◑ 13日 02:15 ♐　● 19日 19:45 ♓　◐ 27日 10:31 ♋

aspects		
1日	19:49	♂⚹♃
2日	15:05	☉⚹♃
3日	16:28	♀□♆
4日	23:02	☉☌♂
9日	06:06	♅⚹♇
9日	06:14	♀□♅
9日	18:35	☿□♇
10日	19:02	☿⚹♀
16日	01:45	♄⚹♆
16日	03:03	☿⚹♃
17日	22:50	☉⚹♆
18日	04:04	☉☌♄
19日	17:48	♀△♃
21日	14:14	♂⚹♆
22日	10:48	♂☌♄
23日	08:30	☿⚹♆
23日	18:16	☉△♇
23日	18:24	☿☌♄
24日	11:22	☉⚹♅
24日	12:18	☿☌♂
26日	05:43	☿△♇
26日	15:31	☿⚹♅
28日	16:37	☉☌☿
28日	19:52	♂△♇
30日	01:19	♂⚹♅

1996年4月

DAY	☉	☽	☊ mean	☊ true	☿	♀	♂	♃	♄	♅	♆	♇	⚳	⚴	⚵	⚶	⚷
	° ′	° ′	° ′	° ′	° ′	° ′	° ′	° ′	° ′	° ′	° ′	° ′	°	°	°	°	°
1	11 ♈ 10	1 ♍ 24	17 ♎ 38	17 R 9	14 D 39	27 D 3	5 D 26	15 D 53	29 D 10	3 D 59	27 D 31	2 R 55	15 D	4 R	3 D	24 R	11 R
2	12 ♈ 9	13 ♍ 51	17 ♎ 35	17 ♎ 8	16 ♈ 43	28 ♉ 2	6 ♈ 12	15 ♑ 59	29 ♓ 18	4 ♒ 0	27 ♑ 32	2 ♐ 54	15 ♐	4 ♏	3 ♓	24 ♏	11 ♎
3	13 ♈ 9	26 ♍ 32	17 ♎ 31	17 ♎ 8	18 ♈ 47	29 ♉ 0	6 ♈ 59	16 ♑ 5	29 ♓ 25	4 ♒ 2	27 ♑ 33	2 ♐ 54	15 ♐	3 ♏	4 ♓	24 ♏	11 ♎
4	14 ♈ 8	9 ♎ 30	17 ♎ 28	17 ♎ 8	20 ♈ 50	29 ♉ 58	7 ♈ 45	16 ♑ 11	29 ♓ 32	4 ♒ 4	27 ♑ 34	2 ♐ 53	15 ♐	3 ♏	4 ♓	24 ♏	10 ♎
5	15 ♈ 7	22 ♎ 45	17 ♎ 25	17 D 8	22 ♈ 54	0 ♊ 56	8 ♈ 31	16 ♑ 16	29 ♓ 40	4 ♒ 6	27 ♑ 35	2 ♐ 52	15 ♐	3 ♏	4 ♓	24 ♏	10 ♎
6	16 ♈ 6	6 ♏ 14	17 ♎ 22	17 ♎ 8	24 ♈ 56	1 ♊ 53	9 ♈ 18	16 ♑ 21	29 ♓ 47	4 ♒ 7	27 ♑ 35	2 ♐ 51	15 ♐	3 ♏	5 ♓	24 ♏	10 ♎
7	17 ♈ 5	19 ♏ 57	17 ♎ 19	17 ♎ 8	26 ♈ 58	2 ♊ 49	10 ♈ 4	16 ♑ 27	29 ♓ 54	4 ♒ 9	27 ♑ 36	2 ♐ 50	15 ♐	2 ♏	5 ♓	24 ♏	10 ♎
8	18 ♈ 4	3 ♐ 51	17 ♎ 16	17 R 8	28 ♈ 59	3 ♊ 45	10 ♈ 50	16 ♑ 32	0 ♈ 1	4 ♒ 10	27 ♑ 37	2 ♐ 49	15 ♐	2 ♏	6 ♓	24 ♏	10 ♎
9	19 ♈ 3	17 ♐ 54	17 ♎ 12	17 ♎ 7	0 ♉ 57	4 ♊ 41	11 ♈ 36	16 ♑ 36	0 ♈ 9	4 ♒ 12	27 ♑ 38	2 ♐ 48	15 ♐	2 ♏	6 ♓	24 ♏	10 ♎
10	20 ♈ 2	2 ♑ 4	17 ♎ 9	17 ♎ 7	2 ♉ 54	5 ♊ 35	12 ♈ 23	16 ♑ 41	0 ♈ 16	4 ♒ 13	27 ♑ 38	2 ♐ 47	15 ♐	1 ♏	7 ♓	24 ♏	10 ♎
11	21 ♈ 1	16 ♑ 16	17 ♎ 6	17 ♎ 7	4 ♉ 48	6 ♊ 30	13 ♈ 9	16 ♑ 45	0 ♈ 23	4 ♒ 15	27 ♑ 39	2 ♐ 46	15 R	1 ♏	7 ♓	24 ♏	10 ♎
12	21 ♈ 59	0 ♒ 29	17 ♎ 3	17 D 7	6 ♉ 40	7 ♊ 23	13 ♈ 55	16 ♑ 50	0 ♈ 30	4 ♒ 16	27 ♑ 39	2 ♐ 44	15 ♐	1 ♏	7 ♓	23 ♏	10 ♎
13	22 ♈ 58	14 ♒ 41	17 ♎ 0	17 ♎ 7	8 ♉ 29	8 ♊ 16	14 ♈ 41	16 ♑ 54	0 ♈ 37	4 ♒ 18	27 ♑ 40	2 ♐ 43	15 ♐	1 ♏	8 ♓	23 ♏	10 ♎
14	23 ♈ 57	28 ♒ 49	16 ♎ 57	17 ♎ 8	10 ♉ 14	9 ♊ 9	15 ♈ 27	16 ♑ 58	0 ♈ 44	4 ♒ 19	27 ♑ 41	2 ♐ 42	15 ♐	0 ♏	8 ♓	23 ♏	10 ♎
15	24 ♈ 56	12 ♓ 51	16 ♎ 53	17 ♎ 9	11 ♉ 55	10 ♊ 0	16 ♈ 13	17 ♑ 2	0 ♈ 51	4 ♒ 20	27 ♑ 41	2 ♐ 41	15 ♐	0 ♏	9 ♓	23 ♏	10 ♎
16	25 ♈ 55	26 ♓ 43	16 ♎ 50	17 ♎ 9	13 ♉ 33	10 ♊ 51	16 ♈ 59	17 ♑ 5	0 ♈ 58	4 ♒ 21	27 ♑ 42	2 ♐ 40	15 ♐	0 ♏	9 ♓	23 ♏	10 ♎
17	26 ♈ 53	10 ♈ 24	16 ♎ 47	17 ♎ 10	15 ♉ 6	11 ♊ 41	17 ♈ 45	17 ♑ 9	1 ♈ 5	4 ♒ 22	27 ♑ 42	2 ♐ 38	15 ♐	29 ♎	9 ♓	23 ♏	9 ♎
18	27 ♈ 52	23 ♈ 52	16 ♎ 44	17 R 10	16 ♉ 35	12 ♊ 31	18 ♈ 31	17 ♑ 12	1 ♈ 12	4 ♒ 23	27 ♑ 42	2 ♐ 37	15 ♐	29 ♎	10 ♓	23 ♏	9 ♎
19	28 ♈ 51	7 ♉ 4	16 ♎ 41	17 ♎ 9	17 ♉ 59	13 ♊ 20	19 ♈ 17	17 ♑ 15	1 ♈ 19	4 ♒ 24	27 ♑ 43	2 ♐ 36	15 ♐	29 ♎	10 ♓	22 ♏	9 ♎
20	29 ♈ 49	20 ♉ 0	16 ♎ 37	17 ♎ 8	19 ♉ 19	14 ♊ 7	20 ♈ 2	17 ♑ 18	1 ♈ 26	4 ♒ 25	27 ♑ 43	2 ♐ 35	15 ♐	28 ♎	11 ♓	22 ♏	9 ♎
21	0 ♉ 48	2 ♊ 40	16 ♎ 34	17 ♎ 6	20 ♉ 34	14 ♊ 54	20 ♈ 48	17 ♑ 20	1 ♈ 33	4 ♒ 26	27 ♑ 43	2 ♐ 33	15 ♐	28 ♎	11 ♓	22 ♏	9 ♎
22	1 ♉ 46	15 ♊ 4	16 ♎ 31	17 ♎ 4	21 ♉ 43	15 ♊ 41	21 ♈ 34	17 ♑ 23	1 ♈ 40	4 ♒ 27	27 ♑ 44	2 ♐ 32	15 ♐	28 ♎	12 ♓	22 ♏	9 ♎
23	2 ♉ 45	27 ♊ 16	16 ♎ 28	17 ♎ 2	22 ♉ 48	16 ♊ 26	22 ♈ 20	17 ♑ 25	1 ♈ 46	4 ♒ 28	27 ♑ 44	2 ♐ 31	15 ♐	27 ♎	12 ♓	22 ♏	9 ♎
24	3 ♉ 43	9 ♋ 18	16 ♎ 25	17 ♎ 0	23 ♉ 47	17 ♊ 10	23 ♈ 5	17 ♑ 27	1 ♈ 53	4 ♒ 29	27 ♑ 44	2 ♐ 29	15 ♐	27 ♎	12 ♓	22 ♏	9 ♎
25	4 ♉ 42	21 ♋ 13	16 ♎ 22	16 ♎ 59	24 ♉ 41	17 ♊ 53	23 ♈ 51	17 ♑ 29	2 ♈ 0	4 ♒ 30	27 ♑ 44	2 ♐ 28	15 ♐	27 ♎	13 ♓	21 ♏	9 ♎
26	5 ♉ 40	3 ♌ 6	16 ♎ 18	16 ♎ 58	25 ♉ 29	18 ♊ 36	24 ♈ 36	17 ♑ 31	2 ♈ 6	4 ♒ 30	27 ♑ 44	2 ♐ 26	15 ♐	27 ♎	13 ♓	21 ♏	9 ♎
27	6 ♉ 39	15 ♌ 1	16 ♎ 15	16 D 58	26 ♉ 12	19 ♊ 17	25 ♈ 22	17 ♑ 33	2 ♈ 13	4 ♒ 31	27 ♑ 45	2 ♐ 25	14 ♐	26 ♎	14 ♓	21 ♏	9 ♎
28	7 ♉ 37	27 ♌ 3	16 ♎ 12	16 ♎ 59	26 ♉ 50	19 ♊ 57	26 ♈ 7	17 ♑ 34	2 ♈ 20	4 ♒ 31	27 ♑ 45	2 ♐ 24	14 ♐	26 ♎	14 ♓	21 ♏	9 ♎
29	8 ♉ 35	9 ♍ 17	16 ♎ 9	17 ♎ 1	27 ♉ 21	20 ♊ 36	26 ♈ 52	17 ♑ 35	2 ♈ 26	4 ♒ 32	27 ♑ 45	2 ♐ 22	14 ♐	26 ♎	14 ♓	20 ♏	9 ♎
30	9 ♉ 34	21 ♍ 47	16 ♎ 6	17 ♎ 2	27 ♉ 48	21 ♊ 14	27 ♈ 38	17 ♑ 36	2 ♈ 33	4 ♒ 32	27 R 45	2 ♐ 21	14 ♐	25 ♎	15 ♓	20 ♏	9 ♎

SUN INGRESS: ☉ → ♉ 20日 04:10

MOON PHASE: ○ 4日 09:07 ♎　◑ 11日 08:36 ♑　● 18日 07:49 ♈　◐ 26日 05:40 ♌

aspects		
1日	11:32	♀△♆
1日	15:08	☿□♃
3日	11:37	♀⚹♄
6日	06:58	☉□♃
7日	00:10	♀☍♇
7日	07:36	☿□♆
8日	11:11	♀△♅
10日	16:49	☿□♅
16日	03:28	♂□♃
17日	20:01	☉□♆
18日	10:43	☿△♃
24日	18:52	☉□♅
28日	11:50	♄△♇
29日	20:52	☿△♆
30日	03:41	♂□♆

1996年5月

DAY	☉	☽	☊ mean	☊ true	☿	♀	♂	♃	♄	♅	♆	♇	⚳	⚴	⚵	⚶	⚷
	° ′	° ′	° ′	° ′	° ′	° ′	° ′	° ′	° ′	° ′	° ′	° ′	°	°	°	°	°
1	10 ♉ 32	4 ♎ 36	16 ♎ 2	17 D 3	28 D 9	21 D 50	28 D 23	17 D 37	2 D 39	4 D 33	27 R 45	2 R 19	14 R	25 R	15 D	20 R	9 R
2	11 ♉ 30	17 ♎ 46	15 ♎ 59	17 R 4	28 ♉ 24	22 ♊ 25	29 ♈ 8	17 ♑ 38	2 ♈ 45	4 ♒ 33	27 ♑ 45	2 ♐ 18	14 ♐	25 ♎	16 ♓	20 ♏	8 ♎
3	12 ♉ 28	1 ♏ 18	15 ♎ 56	17 ♎ 3	28 ♉ 34	22 ♊ 59	29 ♈ 53	17 ♑ 38	2 ♈ 52	4 ♒ 34	27 ♑ 45	2 ♐ 16	14 ♐	25 ♎	16 ♓	20 ♏	8 ♎
4	13 ♉ 26	15 ♏ 11	15 ♎ 53	17 ♎ 1	28 ♉ 38	23 ♊ 32	0 ♉ 38	17 ♑ 39	2 ♈ 58	4 ♒ 34	27 ♑ 44	2 ♐ 15	14 ♐	24 ♎	16 ♓	19 ♏	8 ♎
5	14 ♉ 25	29 ♏ 21	15 ♎ 50	16 ♎ 58	28 R 37	24 ♊ 3	1 ♉ 24	17 ♑ 39	3 ♈ 4	4 ♒ 34	27 ♑ 44	2 ♐ 13	13 ♐	24 ♎	17 ♓	19 ♏	8 ♎
6	15 ♉ 23	13 ♐ 44	15 ♎ 47	16 ♎ 54	28 ♉ 31	24 ♊ 32	2 ♉ 9	17 R 39	3 ♈ 10	4 ♒ 34	27 ♑ 44	2 ♐ 11	13 ♐	24 ♎	17 ♓	19 ♏	8 ♎
7	16 ♉ 21	28 ♐ 14	15 ♎ 43	16 ♎ 50	28 ♉ 20	25 ♊ 0	2 ♉ 54	17 ♑ 38	3 ♈ 17	4 ♒ 34	27 ♑ 44	2 ♐ 10	13 ♐	23 ♎	18 ♓	19 ♏	8 ♎
8	17 ♉ 19	12 ♑ 46	15 ♎ 40	16 ♎ 47	28 ♉ 5	25 ♊ 27	3 ♉ 38	17 ♑ 38	3 ♈ 23	4 ♒ 35	27 ♑ 44	2 ♐ 8	13 ♐	23 ♎	18 ♓	18 ♏	8 ♎
9	18 ♉ 17	27 ♑ 13	15 ♎ 37	16 ♎ 44	27 ♉ 45	25 ♊ 51	4 ♉ 23	17 ♑ 37	3 ♈ 29	4 ♒ 35	27 ♑ 43	2 ♐ 7	13 ♐	23 ♎	18 ♓	18 ♏	8 ♎
10	19 ♉ 15	11 ♒ 31	15 ♎ 34	16 ♎ 42	27 ♉ 21	26 ♊ 14	5 ♉ 8	17 ♑ 36	3 ♈ 35	4 R 35	27 ♑ 43	2 ♐ 5	13 ♐	23 ♎	19 ♓	18 ♏	8 ♎
11	20 ♉ 13	25 ♒ 38	15 ♎ 31	16 D 42	26 ♉ 55	26 ♊ 35	5 ♉ 53	17 ♑ 35	3 ♈ 41	4 ♒ 34	27 ♑ 43	2 ♐ 4	12 ♐	22 ♎	19 ♓	18 ♏	8 ♎
12	21 ♉ 11	9 ♓ 32	15 ♎ 28	16 ♎ 43	26 ♉ 25	26 ♊ 55	6 ♉ 38	17 ♑ 34	3 ♈ 46	4 ♒ 34	27 ♑ 42	2 ♐ 2	12 ♐	22 ♎	20 ♓	17 ♏	8 ♎
13	22 ♉ 9	23 ♓ 14	15 ♎ 24	16 ♎ 45	25 ♉ 53	27 ♊ 12	7 ♉ 22	17 ♑ 33	3 ♈ 52	4 ♒ 34	27 ♑ 42	2 ♐ 0	12 ♐	22 ♎	20 ♓	17 ♏	8 ♎
14	23 ♉ 7	6 ♈ 42	15 ♎ 21	16 ♎ 46	25 ♉ 19	27 ♊ 28	8 ♉ 7	17 ♑ 31	3 ♈ 58	4 ♒ 34	27 ♑ 41	1 ♐ 59	12 ♐	22 ♎	20 ♓	17 ♏	8 ♎
15	24 ♉ 4	19 ♈ 58	15 ♎ 18	16 R 46	24 ♉ 44	27 ♊ 41	8 ♉ 51	17 ♑ 29	4 ♈ 4	4 ♒ 34	27 ♑ 41	1 ♐ 57	12 ♐	22 ♎	21 ♓	17 ♏	8 ♎
16	25 ♉ 2	3 ♉ 1	15 ♎ 15	16 ♎ 45	24 ♉ 9	27 ♊ 53	9 ♉ 36	17 ♑ 27	4 ♈ 9	4 ♒ 33	27 ♑ 40	1 ♐ 55	11 ♐	21 ♎	21 ♓	16 ♏	8 ♎
17	26 ♉ 0	15 ♉ 52	15 ♎ 12	16 ♎ 42	23 ♉ 33	28 ♊ 2	10 ♉ 20	17 ♑ 25	4 ♈ 15	4 ♒ 33	27 ♑ 40	1 ♐ 54	11 ♐	21 ♎	22 ♓	16 ♏	8 ♎
18	26 ♉ 58	28 ♉ 32	15 ♎ 8	16 ♎ 37	22 ♉ 59	28 ♊ 9	11 ♉ 5	17 ♑ 23	4 ♈ 20	4 ♒ 33	27 ♑ 39	1 ♐ 52	11 ♐	21 ♎	22 ♓	16 ♏	8 ♎
19	27 ♉ 56	11 ♊ 0	15 ♎ 5	16 ♎ 30	22 ♉ 25	28 ♊ 14	11 ♉ 49	17 ♑ 20	4 ♈ 26	4 ♒ 32	27 ♑ 39	1 ♐ 51	11 ♐	21 ♎	22 ♓	16 ♏	8 ♎
20	28 ♉ 54	23 ♊ 17	15 ♎ 2	16 ♎ 23	21 ♉ 54	28 ♊ 17	12 ♉ 33	17 ♑ 18	4 ♈ 31	4 ♒ 32	27 ♑ 38	1 ♐ 49	11 ♐	21 ♎	23 ♓	15 ♏	8 ♎
21	29 ♉ 51	5 ♋ 24	14 ♎ 59	16 ♎ 15	21 ♉ 25	28 R 17	13 ♉ 18	17 ♑ 15	4 ♈ 37	4 ♒ 31	27 ♑ 38	1 ♐ 47	10 ♐	21 ♎	23 ♓	15 ♏	8 ♎
22	0 ♊ 49	17 ♋ 23	14 ♎ 56	16 ♎ 7	20 ♉ 59	28 ♊ 15	14 ♉ 2	17 ♑ 12	4 ♈ 42	4 ♒ 30	27 ♑ 37	1 ♐ 46	10 ♐	20 ♎	24 ♓	15 ♏	8 ♎
23	1 ♊ 47	29 ♋ 16	14 ♎ 53	16 ♎ 1	20 ♉ 36	28 ♊ 11	14 ♉ 46	17 ♑ 9	4 ♈ 47	4 ♒ 30	27 ♑ 36	1 ♐ 44	10 ♐	20 ♎	24 ♓	15 ♏	8 ♎
24	2 ♊ 44	11 ♌ 8	14 ♎ 49	15 ♎ 57	20 ♉ 16	28 ♊ 4	15 ♉ 30	17 ♑ 5	4 ♈ 52	4 ♒ 29	27 ♑ 35	1 ♐ 42	10 ♐	20 ♎	24 ♓	15 ♏	8 ♎
25	3 ♊ 42	23 ♌ 1	14 ♎ 46	15 ♎ 54	20 ♉ 0	27 ♊ 54	16 ♉ 14	17 ♑ 2	4 ♈ 57	4 ♒ 28	27 ♑ 35	1 ♐ 41	10 ♐	20 ♎	25 ♓	14 ♏	8 ♎
26	4 ♊ 40	5 ♍ 2	14 ♎ 43	15 D 54	19 ♉ 49	27 ♊ 43	16 ♉ 58	16 ♑ 58	5 ♈ 2	4 ♒ 28	27 ♑ 34	1 ♐ 39	9 ♐	20 ♎	25 ♓	14 ♏	8 ♎
27	5 ♊ 37	17 ♍ 13	14 ♎ 40	15 ♎ 54	19 ♉ 41	27 ♊ 29	17 ♉ 42	16 ♑ 54	5 ♈ 7	4 ♒ 27	27 ♑ 33	1 ♐ 37	9 ♐	20 ♎	25 ♓	14 ♏	7 ♎
28	6 ♊ 35	29 ♍ 42	14 ♎ 37	15 ♎ 56	19 ♉ 39	27 ♊ 12	18 ♉ 26	16 ♑ 50	5 ♈ 12	4 ♒ 26	27 ♑ 32	1 ♐ 36	9 ♐	20 ♎	26 ♓	14 ♏	7 ♎
29	7 ♊ 32	12 ♎ 31	14 ♎ 34	15 ♎ 56	19 D 40	26 ♊ 53	19 ♉ 10	16 ♑ 46	5 ♈ 16	4 ♒ 25	27 ♑ 31	1 ♐ 34	9 ♐	20 ♎	26 ♓	14 ♏	7 ♎
30	8 ♊ 30	25 ♎ 46	14 ♎ 30	15 R 56	19 ♉ 46	26 ♊ 32	19 ♉ 53	16 ♑ 41	5 ♈ 21	4 ♒ 24	27 ♑ 30	1 ♐ 32	8 ♐	19 ♎	27 ♓	13 ♏	7 ♎
31	9 ♊ 28	9 ♏ 26	14 ♎ 27	15 ♎ 54	19 ♉ 56	26 ♊ 8	20 ♉ 37	16 ♑ 37	5 ♈ 26	4 ♒ 23	27 ♑ 30	1 ♐ 31	8 ♐	19 ♎	27 ♓	13 ♏	7 ♎

SUN INGRESS	☉ → ♊ 21日 03:23
MOON PHASE	○ 3日 20:48 ♏　◑ 10日 14:04 ♒　● 17日 20:46 ♉　◐ 25日 23:13 ♍

aspects		
8日	07:52	☉△♃
9日	01:51	☿△♆
9日	06:02	♂□♅
15日	10:13	☉☌☿
18日	17:01	☉△♆
20日	01:50	♄⚹♅
22日	22:50	☉☍♇
25日	19:01	☉△♅
25日	23:52	♂△♃
26日	10:09	☉⚹♄
29日	19:02	☿☌♂

1996年6月

DAY	☉	☽	☊ mean	☊ true	☿	♀	♂	♃	♄	♅	♆	♇	⚳	⚴	⚵	⚶	⚷
	° ′	° ′	° ′	° ′	° ′	° ′	° ′	° ′	° ′	° ′	° ′	° ′	°	°	°	°	°
1	10 ♊ 25	23 ♏ 34	14 ♎ 24	15 R 49	20 D 11	25 R 43	21 D 21	16 R 32	5 D 30	4 R 22	27 R 29	1 R 29	8 R	19 R	27 D	13 R	7 R
2	11 ♊ 22	8 ♐ 4	14 ♎ 21	15 ♎ 43	20 ♉ 31	25 ♊ 15	22 ♉ 4	16 ♑ 27	5 ♈ 35	4 ♒ 21	27 ♑ 28	1 ♐ 27	8 ♐	19 ♎	28 ♓	13 ♏	7 ♎
3	12 ♊ 20	22 ♐ 51	14 ♎ 18	15 ♎ 35	20 ♉ 54	24 ♊ 46	22 ♉ 48	16 ♑ 22	5 ♈ 39	4 ♒ 20	27 ♑ 27	1 ♐ 26	8 ♐	19 ♎	28 ♓	13 ♏	7 ♎
4	13 ♊ 17	7 ♑ 48	14 ♎ 14	15 ♎ 26	21 ♉ 23	24 ♊ 14	23 ♉ 31	16 ♑ 17	5 ♈ 43	4 ♒ 19	27 ♑ 26	1 ♐ 24	7 ♐	19 ♎	28 ♓	13 ♏	7 ♎
5	14 ♊ 15	22 ♑ 44	14 ♎ 11	15 ♎ 18	21 ♉ 55	23 ♊ 42	24 ♉ 15	16 ♑ 11	5 ♈ 48	4 ♒ 17	27 ♑ 25	1 ♐ 23	7 ♐	19 ♎	29 ♓	12 ♏	7 ♎
6	15 ♊ 12	7 ♒ 31	14 ♎ 8	15 ♎ 11	22 ♉ 31	23 ♊ 8	24 ♉ 58	16 ♑ 6	5 ♈ 52	4 ♒ 16	27 ♑ 23	1 ♐ 21	7 ♐	19 ♎	29 ♓	12 ♏	7 D
7	16 ♊ 10	22 ♒ 4	14 ♎ 5	15 ♎ 7	23 ♉ 12	22 ♊ 32	25 ♉ 41	16 ♑ 0	5 ♈ 56	4 ♒ 15	27 ♑ 22	1 ♐ 19	7 ♐	19 ♎	0 ♈	12 ♏	7 ♎
8	17 ♊ 7	6 ♓ 17	14 ♎ 2	15 ♎ 5	23 ♉ 56	21 ♊ 56	26 ♉ 25	15 ♑ 55	6 ♈ 0	4 ♒ 13	27 ♑ 21	1 ♐ 18	6 ♐	19 ♎	0 ♈	12 ♏	7 ♎
9	18 ♊ 4	20 ♓ 9	13 ♎ 59	15 D 4	24 ♉ 44	21 ♊ 19	27 ♉ 8	15 ♑ 49	6 ♈ 4	4 ♒ 12	27 ♑ 20	1 ♐ 16	6 ♐	19 ♎	0 ♈	12 ♏	7 ♎
10	19 ♊ 2	3 ♈ 42	13 ♎ 55	15 ♎ 5	25 ♉ 36	20 ♊ 42	27 ♉ 51	15 ♑ 43	6 ♈ 7	4 ♒ 11	27 ♑ 19	1 ♐ 15	6 ♐	19 D	1 ♈	12 ♏	7 ♎
11	19 ♊ 59	16 ♈ 56	13 ♎ 52	15 R 5	26 ♉ 32	20 ♊ 4	28 ♉ 34	15 ♑ 37	6 ♈ 11	4 ♒ 9	27 ♑ 18	1 ♐ 13	6 ♐	19 ♎	1 ♈	12 ♏	7 ♎
12	20 ♊ 56	29 ♈ 54	13 ♎ 49	15 ♎ 4	27 ♉ 31	19 ♊ 27	29 ♉ 17	15 ♑ 30	6 ♈ 15	4 ♒ 8	27 ♑ 17	1 ♐ 12	6 ♐	19 ♎	1 ♈	12 ♏	7 ♎
13	21 ♊ 54	12 ♉ 38	13 ♎ 46	15 ♎ 1	28 ♉ 34	18 ♊ 49	0 ♊ 0	15 ♑ 24	6 ♈ 18	4 ♒ 6	27 ♑ 15	1 ♐ 10	5 ♐	19 ♎	2 ♈	12 ♏	7 ♎
14	22 ♊ 51	25 ♉ 12	13 ♎ 43	14 ♎ 55	29 ♉ 40	18 ♊ 13	0 ♊ 43	15 ♑ 18	6 ♈ 22	4 ♒ 4	27 ♑ 14	1 ♐ 9	5 ♐	19 ♎	2 ♈	12 ♏	7 ♎
15	23 ♊ 49	7 ♊ 35	13 ♎ 40	14 ♎ 47	0 ♊ 50	17 ♊ 36	1 ♊ 26	15 ♑ 11	6 ♈ 25	4 ♒ 3	27 ♑ 13	1 ♐ 7	5 ♐	19 ♎	2 ♈	12 ♏	8 ♎
16	24 ♊ 46	19 ♊ 49	13 ♎ 36	14 ♎ 36	2 ♊ 3	17 ♊ 1	2 ♊ 9	15 ♑ 4	6 ♈ 28	4 ♒ 1	27 ♑ 12	1 ♐ 6	5 ♐	19 ♎	3 ♈	11 ♏	8 ♎
17	25 ♊ 43	1 ♋ 56	13 ♎ 33	14 ♎ 24	3 ♊ 19	16 ♊ 27	2 ♊ 51	14 ♑ 58	6 ♈ 32	4 ♒ 0	27 ♑ 10	1 ♐ 4	5 ♐	19 ♎	3 ♈	11 ♏	8 ♎
18	26 ♊ 40	13 ♋ 56	13 ♎ 30	14 ♎ 11	4 ♊ 39	15 ♊ 54	3 ♊ 34	14 ♑ 51	6 ♈ 35	3 ♒ 58	27 ♑ 9	1 ♐ 3	4 ♐	19 ♎	3 ♈	11 ♏	8 ♎
19	27 ♊ 38	25 ♋ 51	13 ♎ 27	13 ♎ 58	6 ♊ 2	15 ♊ 23	4 ♊ 17	14 ♑ 44	6 ♈ 38	3 ♒ 56	27 ♑ 8	1 ♐ 1	4 ♐	19 ♎	4 ♈	11 ♏	8 ♎
20	28 ♊ 35	7 ♌ 43	13 ♎ 24	13 ♎ 48	7 ♊ 28	14 ♊ 54	4 ♊ 59	14 ♑ 37	6 ♈ 41	3 ♒ 54	27 ♑ 6	1 ♐ 0	4 ♐	19 ♎	4 ♈	11 ♏	8 ♎
21	29 ♊ 32	19 ♌ 33	13 ♎ 20	13 ♎ 39	8 ♊ 57	14 ♊ 26	5 ♊ 42	14 ♑ 30	6 ♈ 43	3 ♒ 52	27 ♑ 5	0 ♐ 58	4 ♐	20 ♎	4 ♈	11 ♏	8 ♎
22	0 ♋ 30	1 ♍ 26	13 ♎ 17	13 ♎ 34	10 ♊ 29	14 ♊ 0	6 ♊ 24	14 ♑ 22	6 ♈ 46	3 ♒ 51	27 ♑ 3	0 ♐ 57	4 ♐	20 ♎	5 ♈	11 D	8 ♎
23	1 ♋ 27	13 ♍ 24	13 ♎ 14	13 ♎ 30	12 ♊ 5	13 ♊ 37	7 ♊ 7	14 ♑ 15	6 ♈ 49	3 ♒ 49	27 ♑ 2	0 ♐ 56	4 ♐	20 ♎	5 ♈	11 ♏	8 ♎
24	2 ♋ 24	25 ♍ 34	13 ♎ 11	13 ♎ 29	13 ♊ 44	13 ♊ 15	7 ♊ 49	14 ♑ 8	6 ♈ 51	3 ♒ 47	27 ♑ 1	0 ♐ 54	4 ♐	20 ♎	5 ♈	11 ♏	8 ♎
25	3 ♋ 21	7 ♎ 59	13 ♎ 8	13 D 29	15 ♊ 25	12 ♊ 56	8 ♊ 31	14 ♑ 0	6 ♈ 54	3 ♒ 45	26 ♑ 59	0 ♐ 53	3 ♐	20 ♎	6 ♈	11 ♏	8 ♎
26	4 ♋ 19	20 ♎ 45	13 ♎ 5	13 R 29	17 ♊ 10	12 ♊ 39	9 ♊ 13	13 ♑ 53	6 ♈ 56	3 ♒ 43	26 ♑ 58	0 ♐ 52	3 ♐	20 ♎	6 ♈	11 ♏	8 ♎
27	5 ♋ 16	3 ♏ 57	13 ♎ 1	13 ♎ 28	18 ♊ 57	12 ♊ 24	9 ♊ 56	13 ♑ 45	6 ♈ 59	3 ♒ 41	26 ♑ 56	0 ♐ 50	3 ♐	20 ♎	6 ♈	11 ♏	8 ♎
28	6 ♋ 13	17 ♏ 37	12 ♎ 58	13 ♎ 25	20 ♊ 48	12 ♊ 12	10 ♊ 38	13 ♑ 38	7 ♈ 1	3 ♒ 39	26 ♑ 55	0 ♐ 49	3 ♐	20 ♎	7 ♈	12 ♏	8 ♎
29	7 ♋ 10	1 ♐ 47	12 ♎ 55	13 ♎ 19	22 ♊ 41	12 ♊ 2	11 ♊ 20	13 ♑ 30	7 ♈ 3	3 ♒ 37	26 ♑ 53	0 ♐ 48	3 ♐	20 ♎	7 ♈	12 ♏	8 ♎
30	8 ♋ 7	16 ♐ 24	12 ♎ 52	13 ♎ 11	24 ♊ 36	11 ♊ 54	12 ♊ 2	13 ♑ 23	7 ♈ 5	3 ♒ 35	26 ♑ 52	0 ♐ 47	3 ♐	21 ♎	7 ♈	12 ♏	8 ♎

SUN INGRESS	☉ → ♋ 21日 11:24
MOON PHASE	○ 2日 05:47 ♐　◑ 8日 20:05 ♓　● 16日 10:36 ♊　◐ 24日 14:23 ♎

aspects		
9日	06:40	♂△♆
11日	01:19	☉☌♀
11日	18:20	☿△♆
14日	13:54	♂☍♇
15日	05:39	☿☍♇
16日	04:13	☿☌♂
17日	11:59	☿△♅
18日	12:50	♂△♅
19日	10:29	☿⚹♄
22日	13:17	♂⚹♄
23日	18:19	☿☌♀
28日	20:49	☉□♄
29日	20:20	♀☌♂

1996年7月

DAY	☉	☽	☊ mean	☊ true	☿	♀	♂	♃	♄	♅	♆	♇	⚳	⚴	⚵	⚶	⚷
	° ′	° ′	° ′	° ′	° ′	° ′	° ′	° ′	° ′	° ′	° ′	° ′	°	°	°	°	°
1	9 ♋ 4	1 ♑ 23	12 ♎ 49	13 R 1	26 D 34	11 R 49	12 D 44	13 R 15	7 D 7	3 R 33	26 R 50	0 R 46	3 R	21 D	8 D	12 D	8 D
2	10 ♋ 2	16 ♑ 36	12 ♎ 46	12 ♎ 50	28 ♊ 35	11 ♊ 47	13 ♊ 26	13 ♑ 7	7 ♈ 8	3 ♒ 31	26 ♑ 49	0 ♐ 44	2 ♐	21 ♎	8 ♈	12 ♏	8 ♎
3	10 ♋ 59	1 ♒ 50	12 ♎ 42	12 ♎ 40	0 ♋ 37	11 D 46	14 ♊ 7	13 ♑ 0	7 ♈ 10	3 ♒ 28	26 ♑ 47	0 ♐ 43	2 ♐	21 ♎	8 ♈	12 ♏	8 ♎
4	11 ♋ 56	16 ♒ 57	12 ♎ 39	12 ♎ 31	2 ♋ 42	11 ♊ 48	14 ♊ 49	12 ♑ 52	7 ♈ 12	3 ♒ 26	26 ♑ 46	0 ♐ 42	2 ♐	21 ♎	8 ♈	12 ♏	8 ♎
5	12 ♋ 53	1 ♓ 45	12 ♎ 36	12 ♎ 25	4 ♋ 48	11 ♊ 52	15 ♊ 31	12 ♑ 44	7 ♈ 13	3 ♒ 24	26 ♑ 44	0 ♐ 41	2 ♐	21 ♎	9 ♈	12 ♏	8 ♎
6	13 ♋ 50	16 ♓ 11	12 ♎ 33	12 ♎ 21	6 ♋ 55	11 ♊ 59	16 ♊ 13	12 ♑ 37	7 ♈ 15	3 ♒ 22	26 ♑ 42	0 ♐ 40	2 ♐	21 ♎	9 ♈	12 ♏	8 ♎
7	14 ♋ 48	0 ♈ 10	12 ♎ 30	12 ♎ 20	9 ♋ 4	12 ♊ 7	16 ♊ 54	12 ♑ 29	7 ♈ 16	3 ♒ 20	26 ♑ 41	0 ♐ 39	2 ♐	22 ♎	9 ♈	12 ♏	8 ♎
8	15 ♋ 45	13 ♈ 44	12 ♎ 26	12 D 20	11 ♋ 13	12 ♊ 18	17 ♊ 36	12 ♑ 21	7 ♈ 17	3 ♒ 17	26 ♑ 39	0 ♐ 38	2 ♐	22 ♎	10 ♈	12 ♏	8 ♎
9	16 ♋ 42	26 ♈ 54	12 ♎ 23	12 R 19	13 ♋ 23	12 ♊ 31	18 ♊ 17	12 ♑ 14	7 ♈ 18	3 ♒ 15	26 ♑ 38	0 ♐ 37	2 ♐	22 ♎	10 ♈	13 ♏	8 ♎
10	17 ♋ 39	9 ♉ 45	12 ♎ 20	12 ♎ 18	15 ♋ 32	12 ♊ 46	18 ♊ 59	12 ♑ 6	7 ♈ 19	3 ♒ 13	26 ♑ 36	0 ♐ 36	2 ♐	22 ♎	10 ♈	13 ♏	9 ♎
11	18 ♋ 36	22 ♉ 19	12 ♎ 17	12 ♎ 15	17 ♋ 42	13 ♊ 3	19 ♊ 40	11 ♑ 58	7 ♈ 20	3 ♒ 11	26 ♑ 35	0 ♐ 35	2 ♐	22 ♎	10 ♈	13 ♏	9 ♎
12	19 ♋ 34	4 ♊ 40	12 ♎ 14	12 ♎ 9	19 ♋ 52	13 ♊ 21	20 ♊ 21	11 ♑ 51	7 ♈ 21	3 ♒ 8	26 ♑ 33	0 ♐ 34	2 ♐	23 ♎	10 ♈	13 ♏	9 ♎
13	20 ♋ 31	16 ♊ 52	12 ♎ 11	12 ♎ 0	22 ♋ 0	13 ♊ 42	21 ♊ 3	11 ♑ 43	7 ♈ 22	3 ♒ 6	26 ♑ 31	0 ♐ 33	2 ♐	23 ♎	11 ♈	13 ♏	9 ♎
14	21 ♋ 28	28 ♊ 56	12 ♎ 7	11 ♎ 48	24 ♋ 8	14 ♊ 4	21 ♊ 44	11 ♑ 36	7 ♈ 22	3 ♒ 4	26 ♑ 30	0 ♐ 32	2 ♐	23 ♎	11 ♈	13 ♏	9 ♎
15	22 ♋ 25	10 ♋ 54	12 ♎ 4	11 ♎ 35	26 ♋ 15	14 ♊ 28	22 ♊ 25	11 ♑ 28	7 ♈ 23	3 ♒ 1	26 ♑ 28	0 ♐ 31	2 ♐	23 ♎	11 ♈	14 ♏	9 ♎
16	23 ♋ 23	22 ♋ 49	12 ♎ 1	11 ♎ 22	28 ♋ 21	14 ♊ 53	23 ♊ 6	11 ♑ 21	7 ♈ 23	2 ♒ 59	26 ♑ 26	0 ♐ 30	2 ♐	23 ♎	12 ♈	14 ♏	9 ♎
17	24 ♋ 20	4 ♌ 40	11 ♎ 58	11 ♎ 9	0 ♌ 26	15 ♊ 21	23 ♊ 47	11 ♑ 13	7 ♈ 23	2 ♒ 57	26 ♑ 25	0 ♐ 30	2 ♐	24 ♎	12 ♈	14 ♏	9 ♎
18	25 ♋ 17	16 ♌ 31	11 ♎ 55	10 ♎ 57	2 ♌ 29	15 ♊ 49	24 ♊ 28	11 ♑ 6	7 ♈ 23	2 ♒ 54	26 ♑ 23	0 ♐ 29	2 ♐	24 ♎	12 ♈	14 ♏	9 ♎
19	26 ♋ 14	28 ♌ 22	11 ♎ 52	10 ♎ 48	4 ♌ 30	16 ♊ 19	25 ♊ 9	10 ♑ 59	7 ♈ 24	2 ♒ 52	26 ♑ 22	0 ♐ 28	2 ♐	24 ♎	12 ♈	14 ♏	9 ♎
20	27 ♋ 12	10 ♍ 17	11 ♎ 48	10 ♎ 42	6 ♌ 30	16 ♊ 51	25 ♊ 50	10 ♑ 52	7 R 24	2 ♒ 49	26 ♑ 20	0 ♐ 27	2 D	24 ♎	13 ♈	14 ♏	9 ♎
21	28 ♋ 9	22 ♍ 17	11 ♎ 45	10 ♎ 38	8 ♌ 29	17 ♊ 24	26 ♊ 31	10 ♑ 45	7 ♈ 23	2 ♒ 47	26 ♑ 18	0 ♐ 27	2 ♐	25 ♎	13 ♈	15 ♏	9 ♎
22	29 ♋ 6	4 ♎ 28	11 ♎ 42	10 ♎ 37	10 ♌ 25	17 ♊ 58	27 ♊ 11	10 ♑ 38	7 ♈ 23	2 ♒ 45	26 ♑ 17	0 ♐ 26	2 ♐	25 ♎	13 ♈	15 ♏	9 ♎
23	0 ♌ 4	16 ♎ 53	11 ♎ 39	10 D 37	12 ♌ 20	18 ♊ 33	27 ♊ 52	10 ♑ 31	7 ♈ 23	2 ♒ 42	26 ♑ 15	0 ♐ 25	2 ♐	25 ♎	13 ♈	15 ♏	9 ♎
24	1 ♌ 1	29 ♎ 37	11 ♎ 36	10 ♎ 37	14 ♌ 13	19 ♊ 10	28 ♊ 33	10 ♑ 24	7 ♈ 22	2 ♒ 40	26 ♑ 13	0 ♐ 25	2 ♐	25 ♎	13 ♈	15 ♏	10 ♎
25	1 ♌ 58	12 ♏ 44	11 ♎ 32	10 R 36	16 ♌ 5	19 ♊ 47	29 ♊ 13	10 ♑ 17	7 ♈ 22	2 ♒ 37	26 ♑ 12	0 ♐ 24	2 ♐	25 ♎	14 ♈	16 ♏	10 ♎
26	2 ♌ 55	26 ♏ 18	11 ♎ 29	10 ♎ 34	17 ♌ 54	20 ♊ 26	29 ♊ 54	10 ♑ 11	7 ♈ 21	2 ♒ 35	26 ♑ 10	0 ♐ 24	2 ♐	26 ♎	14 ♈	16 ♏	10 ♎
27	3 ♌ 53	10 ♐ 21	11 ♎ 26	10 ♎ 30	19 ♌ 42	21 ♊ 6	0 ♋ 34	10 ♑ 4	7 ♈ 20	2 ♒ 33	26 ♑ 9	0 ♐ 23	2 ♐	26 ♎	14 ♈	16 ♏	10 ♎
28	4 ♌ 50	24 ♐ 53	11 ♎ 23	10 ♎ 23	21 ♌ 29	21 ♊ 47	1 ♋ 14	9 ♑ 58	7 ♈ 20	2 ♒ 30	26 ♑ 7	0 ♐ 23	2 ♐	26 ♎	14 ♈	16 ♏	10 ♎
29	5 ♌ 47	9 ♑ 49	11 ♎ 20	10 ♎ 15	23 ♌ 13	22 ♊ 29	1 ♋ 55	9 ♑ 52	7 ♈ 19	2 ♒ 28	26 ♑ 5	0 ♐ 22	2 ♐	27 ♎	14 ♈	17 ♏	10 ♎
30	6 ♌ 45	25 ♑ 1	11 ♎ 17	10 ♎ 6	24 ♌ 56	23 ♊ 12	2 ♋ 35	9 ♑ 45	7 ♈ 18	2 ♒ 25	26 ♑ 4	0 ♐ 22	2 ♐	27 ♎	15 ♈	17 ♏	10 ♎
31	7 ♌ 42	10 ♒ 21	11 ♎ 13	9 ♎ 57	26 ♌ 37	23 ♊ 56	3 ♋ 15	9 ♑ 39	7 ♈ 17	2 ♒ 23	26 ♑ 2	0 ♐ 22	2 ♐	27 ♎	15 ♈	17 ♏	10 ♎

SUN INGRESS: ☉ → ♌ 22日 22:19

MOON PHASE: ○ 1日 12:58 ♑ ◑ 8日 03:55 ♈ ● 16日 01:15 ♋ ◐ 24日 02:49 ♏ ○ 30日 19:35 ♒

aspects

4日 20:42 ☉☍♃
6日 03:40 ☿□♄
8日 11:57 ☿☍♃
11日 18:01 ☉☌☿
15日 02:23 ☿☍♆
17日 00:45 ☿△♇
18日 04:55 ☿☍♅
19日 02:56 ☉☍♆
20日 10:46 ☿△♄
23日 09:04 ☉△♇
25日 15:49 ☉☍♅
28日 07:03 ☿⚹♀
30日 13:32 ☉△♄

1996年8月

DAY	☉	☽	☊ mean	☊ true	☿	♀	♂	♃	♄	♅	♆	♇	⚳	⚴	⚵	⚶	⚷
	° ′	° ′	° ′	° ′	° ′	° ′	° ′	° ′	° ′	° ′	° ′	° ′	°	°	°	°	°
1	8 ♌ 39	25 ♒ 35	11 ♎ 10	9 R 50	28 D 17	24 D 41	3 D 55	9 R 33	7 R 15	2 R 21	26 R 1	0 R 21	2 D	27 D	15 D	17 D	10 D
2	9 ♌ 37	10 ♓ 34	11 ♎ 7	9 ♎ 44	29 ♌ 54	25 ♊ 27	4 ♋ 35	9 ♑ 28	7 ♈ 14	2 ♒ 18	25 ♑ 59	0 ♐ 21	2 ♐	28 ♎	15 ♈	18 ♏	10 ♎
3	10 ♌ 34	25 ♓ 11	11 ♎ 4	9 ♎ 41	1 ♍ 30	26 ♊ 13	5 ♋ 15	9 ♑ 22	7 ♈ 13	2 ♒ 16	25 ♑ 58	0 ♐ 21	2 ♐	28 ♎	15 ♈	18 ♏	10 ♎
4	11 ♌ 32	9 ♈ 20	11 ♎ 1	9 ♎ 41	3 ♍ 5	27 ♊ 1	5 ♋ 55	9 ♑ 17	7 ♈ 11	2 ♒ 14	25 ♑ 56	0 ♐ 20	2 ♐	28 ♎	16 ♈	18 ♏	11 ♎
5	12 ♌ 29	23 ♈ 1	10 ♎ 57	9 D 41	4 ♍ 37	27 ♊ 49	6 ♋ 35	9 ♑ 11	7 ♈ 9	2 ♒ 11	25 ♑ 54	0 ♐ 20	2 ♐	28 ♎	16 ♈	18 ♏	11 ♎
6	13 ♌ 27	6 ♉ 15	10 ♎ 54	9 ♎ 42	6 ♍ 8	28 ♊ 38	7 ♋ 15	9 ♑ 6	7 ♈ 8	2 ♒ 9	25 ♑ 53	0 ♐ 20	2 ♐	29 ♎	16 ♈	19 ♏	11 ♎
7	14 ♌ 24	19 ♉ 7	10 ♎ 51	9 R 42	7 ♍ 37	29 ♊ 28	7 ♋ 55	9 ♑ 1	7 ♈ 6	2 ♒ 7	25 ♑ 51	0 ♐ 20	3 ♐	29 ♎	16 ♈	19 ♏	11 ♎
8	15 ♌ 22	1 ♊ 38	10 ♎ 48	9 ♎ 41	9 ♍ 5	0 ♋ 18	8 ♋ 35	8 ♑ 56	7 ♈ 4	2 ♒ 4	25 ♑ 50	0 ♐ 20	3 ♐	29 ♎	16 ♈	19 ♏	11 ♎
9	16 ♌ 19	13 ♊ 55	10 ♎ 45	9 ♎ 37	10 ♍ 31	1 ♋ 9	9 ♋ 14	8 ♑ 51	7 ♈ 2	2 ♒ 2	25 ♑ 48	0 ♐ 20	3 ♐	0 ♏	16 ♈	20 ♏	11 ♎
10	17 ♌ 17	26 ♊ 1	10 ♎ 42	9 ♎ 31	11 ♍ 55	2 ♋ 1	9 ♋ 54	8 ♑ 47	7 ♈ 0	2 ♒ 0	25 ♑ 47	0 ♐ 20	3 ♐	0 ♏	16 ♈	20 ♏	11 ♎
11	18 ♌ 14	7 ♋ 59	10 ♎ 38	9 ♎ 24	13 ♍ 17	2 ♋ 53	10 ♋ 33	8 ♑ 42	6 ♈ 58	1 ♒ 57	25 ♑ 45	0 D 20	3 ♐	0 ♏	16 ♈	20 ♏	11 ♎
12	19 ♌ 12	19 ♋ 52	10 ♎ 35	9 ♎ 15	14 ♍ 37	3 ♋ 46	11 ♋ 13	8 ♑ 38	6 ♈ 55	1 ♒ 55	25 ♑ 44	0 ♐ 20	3 ♐	1 ♏	17 ♈	21 ♏	11 ♎
13	20 ♌ 9	1 ♌ 44	10 ♎ 32	9 ♎ 5	15 ♍ 56	4 ♋ 39	11 ♋ 52	8 ♑ 34	6 ♈ 53	1 ♒ 53	25 ♑ 43	0 ♐ 20	3 ♐	1 ♏	17 ♈	21 ♏	12 ♎
14	21 ♌ 7	13 ♌ 35	10 ♎ 29	8 ♎ 56	17 ♍ 13	5 ♋ 33	12 ♋ 32	8 ♑ 30	6 ♈ 51	1 ♒ 51	25 ♑ 41	0 ♐ 20	3 ♐	1 ♏	17 ♈	21 ♏	12 ♎
15	22 ♌ 5	25 ♌ 28	10 ♎ 26	8 ♎ 48	18 ♍ 27	6 ♋ 28	13 ♋ 11	8 ♑ 26	6 ♈ 48	1 ♒ 48	25 ♑ 40	0 ♐ 20	4 ♐	2 ♏	17 ♈	22 ♏	12 ♎
16	23 ♌ 2	7 ♍ 24	10 ♎ 23	8 ♎ 42	19 ♍ 40	7 ♋ 23	13 ♋ 50	8 ♑ 23	6 ♈ 45	1 ♒ 46	25 ♑ 38	0 ♐ 20	4 ♐	2 ♏	17 ♈	22 ♏	12 ♎
17	24 ♌ 0	19 ♍ 25	10 ♎ 19	8 ♎ 38	20 ♍ 50	8 ♋ 19	14 ♋ 30	8 ♑ 19	6 ♈ 43	1 ♒ 44	25 ♑ 37	0 ♐ 20	4 ♐	2 ♏	17 ♈	22 ♏	12 ♎
18	24 ♌ 58	1 ♎ 34	10 ♎ 16	8 ♎ 36	21 ♍ 59	9 ♋ 15	15 ♋ 9	8 ♑ 16	6 ♈ 40	1 ♒ 42	25 ♑ 35	0 ♐ 20	4 ♐	2 ♏	17 ♈	23 ♏	12 ♎
19	25 ♌ 55	13 ♎ 52	10 ♎ 13	8 D 36	23 ♍ 5	10 ♋ 12	15 ♋ 48	8 ♑ 13	6 ♈ 37	1 ♒ 40	25 ♑ 34	0 ♐ 21	4 ♐	3 ♏	17 ♈	23 ♏	12 ♎
20	26 ♌ 53	26 ♎ 23	10 ♎ 10	8 ♎ 37	24 ♍ 9	11 ♋ 9	16 ♋ 27	8 ♑ 10	6 ♈ 34	1 ♒ 38	25 ♑ 33	0 ♐ 21	4 ♐	3 ♏	17 ♈	23 ♏	12 ♎
21	27 ♌ 51	9 ♏ 10	10 ♎ 7	8 ♎ 39	25 ♍ 10	12 ♋ 6	17 ♋ 6	8 ♑ 7	6 ♈ 31	1 ♒ 36	25 ♑ 31	0 ♐ 21	5 ♐	3 ♏	17 ♈	24 ♏	12 ♎
22	28 ♌ 49	22 ♏ 17	10 ♎ 3	8 ♎ 40	26 ♍ 8	13 ♋ 4	17 ♋ 45	8 ♑ 5	6 ♈ 28	1 ♒ 34	25 ♑ 30	0 ♐ 22	5 ♐	4 ♏	17 ♈	24 ♏	13 ♎
23	29 ♌ 47	5 ♐ 46	10 ♎ 0	8 R 40	27 ♍ 4	14 ♋ 2	18 ♋ 23	8 ♑ 2	6 ♈ 25	1 ♒ 31	25 ♑ 29	0 ♐ 22	5 ♐	4 ♏	17 ♈	24 ♏	13 ♎
24	0 ♍ 44	19 ♐ 41	9 ♎ 57	8 ♎ 38	27 ♍ 57	15 ♋ 1	19 ♋ 2	8 ♑ 0	6 ♈ 21	1 ♒ 29	25 ♑ 28	0 ♐ 22	5 ♐	4 ♏	17 ♈	25 ♏	13 ♎
25	1 ♍ 42	3 ♑ 59	9 ♎ 54	8 ♎ 35	28 ♍ 47	16 ♋ 0	19 ♋ 41	7 ♑ 58	6 ♈ 18	1 ♒ 28	25 ♑ 26	0 ♐ 23	5 ♐	5 ♏	17 ♈	25 ♏	13 ♎
26	2 ♍ 40	18 ♑ 41	9 ♎ 51	8 ♎ 31	29 ♍ 33	17 ♋ 0	20 ♋ 20	7 ♑ 56	6 ♈ 15	1 ♒ 26	25 ♑ 25	0 ♐ 23	5 ♐	5 ♏	17 ♈	25 ♏	13 ♎
27	3 ♍ 38	3 ♒ 39	9 ♎ 48	8 ♎ 26	0 ♎ 17	18 ♋ 0	20 ♋ 58	7 ♑ 55	6 ♈ 11	1 ♒ 24	25 ♑ 24	0 ♐ 24	5 ♐	5 ♏	17 R	26 ♏	13 ♎
28	4 ♍ 36	18 ♒ 46	9 ♎ 44	8 ♎ 21	0 ♎ 56	19 ♋ 0	21 ♋ 37	7 ♑ 53	6 ♈ 8	1 ♒ 22	25 ♑ 23	0 ♐ 24	6 ♐	6 ♏	17 ♈	26 ♏	13 ♎
29	5 ♍ 34	3 ♓ 53	9 ♎ 41	8 ♎ 17	1 ♎ 31	20 ♋ 1	22 ♋ 15	7 ♑ 52	6 ♈ 4	1 ♒ 20	25 ♑ 22	0 ♐ 25	6 ♐	6 ♏	17 ♈	27 ♏	13 ♎
30	6 ♍ 32	18 ♓ 50	9 ♎ 38	8 ♎ 15	2 ♎ 3	21 ♋ 2	22 ♋ 53	7 ♑ 51	6 ♈ 0	1 ♒ 18	25 ♑ 21	0 ♐ 26	6 ♐	7 ♏	17 ♈	27 ♏	14 ♎
31	7 ♍ 30	3 ♈ 28	9 ♎ 35	8 ♎ 13	2 ♎ 30	22 ♋ 3	23 ♋ 32	7 ♑ 50	5 ♈ 56	1 ♒ 16	25 ♑ 19	0 ♐ 26	6 ♐	7 ♏	17 ♈	27 ♏	14 ♎

SUN INGRESS: ☉ → ♍ 23日 05:23

MOON PHASE: ◑ 6日 14:25 ♉ ● 14日 16:34 ♌ ◐ 22日 12:36 ♏ ○ 29日 02:52 ♓

aspects

2日 06:35 ☿□♇
5日 19:44 ♂□♄
7日 08:39 ☿⚹♂
7日 21:39 ☿△♃
8日 11:33 ♂☍♃
15日 08:20 ♀□♄
17日 00:06 ♀☍♃
21日 08:35 ☿△♆
23日 14:50 ☉△♇
27日 04:23 ☿⚹♇
28日 16:20 ☿△♅
31日 08:22 ☉△♃

1996年9月

DAY	☉	☽	☊		☿	♀	♂	♃	♄	♅	♆	♇	⚳	⚴	⚵	⚶	⚷
			mean	true													
	° ′	° ′	° ′	° ′	° ′	° ′	° ′	° ′	° ′	° ′	° ′	° ′	°	°	°	°	°
1	8 ♍ 28	17 ♈ 43	9 ♎ 32	8 D 14	2 D 52	23 D 5	24 D 10	7 R 50	5 R 53	1 R 15	25 R 18	0 D 27	7 D	7 D	17 R	28 D	14 D
2	9 ♍ 26	1 ♉ 30	9 ♎ 29	8 ♎ 15	3 ♎ 9	24 ♋ 7	24 ♋ 48	7 ♑ 49	5 ♈ 49	1 ♒ 13	25 ♑ 17	0 ♐ 28	7 ♐	8 ♏	17 ♈	28 ♏	14 ♎
3	10 ♍ 24	14 ♉ 52	9 ♎ 25	8 ♎ 16	3 ♎ 21	25 ♋ 9	25 ♋ 26	7 ♑ 49	5 ♈ 45	1 ♒ 11	25 ♑ 16	0 ♐ 28	7 ♐	8 ♏	17 ♈	29 ♏	14 ♎
4	11 ♍ 22	27 ♉ 48	9 ♎ 22	8 ♎ 18	3 ♎ 28	26 ♋ 12	26 ♋ 4	7 D 49	5 ♈ 41	1 ♒ 9	25 ♑ 15	0 ♐ 29	7 ♐	8 ♏	17 ♈	29 ♏	14 ♎
5	12 ♍ 20	10 ♊ 23	9 ♎ 19	8 ♎ 18	3 R 28	27 ♋ 15	26 ♋ 42	7 ♑ 49	5 ♈ 37	1 ♒ 8	25 ♑ 14	0 ♐ 30	8 ♐	9 ♏	17 ♈	29 ♏	14 ♎
6	13 ♍ 18	22 ♊ 41	9 ♎ 16	8 R 18	3 ♎ 23	28 ♋ 18	27 ♋ 20	7 ♑ 49	5 ♈ 33	1 ♒ 6	25 ♑ 13	0 ♐ 31	8 ♐	9 ♏	17 ♈	0 ♐	14 ♎
7	14 ♍ 17	4 ♋ 45	9 ♎ 13	8 ♎ 17	3 ♎ 11	29 ♋ 22	27 ♋ 58	7 ♑ 50	5 ♈ 29	1 ♒ 5	25 ♑ 12	0 ♐ 32	8 ♐	9 ♏	17 ♈	0 ♐	15 ♎
8	15 ♍ 15	16 ♋ 42	9 ♎ 9	8 ♎ 14	2 ♎ 53	0 ♌ 26	28 ♋ 36	7 ♑ 50	5 ♈ 24	1 ♒ 3	25 ♑ 12	0 ♐ 33	8 ♐	10 ♏	17 ♈	1 ♐	15 ♎
9	16 ♍ 13	28 ♋ 34	9 ♎ 6	8 ♎ 11	2 ♎ 29	1 ♌ 30	29 ♋ 14	7 ♑ 51	5 ♈ 20	1 ♒ 2	25 ♑ 11	0 ♐ 34	8 ♐	10 ♏	17 ♈	1 ♐	15 ♎
10	17 ♍ 11	10 ♌ 25	9 ♎ 3	8 ♎ 7	1 ♎ 58	2 ♌ 34	29 ♋ 52	7 ♑ 52	5 ♈ 16	1 ♒ 0	25 ♑ 10	0 ♐ 35	9 ♐	10 ♏	16 ♈	1 ♐	15 ♎
11	18 ♍ 10	22 ♌ 18	9 ♎ 0	8 ♎ 4	1 ♎ 20	3 ♌ 39	0 ♌ 29	7 ♑ 53	5 ♈ 11	0 ♒ 59	25 ♑ 9	0 ♐ 36	9 ♐	11 ♏	16 ♈	2 ♐	15 ♎
12	19 ♍ 8	4 ♍ 15	8 ♎ 57	8 ♎ 1	0 ♎ 37	4 ♌ 44	1 ♌ 7	7 ♑ 55	5 ♈ 7	0 ♒ 58	25 ♑ 8	0 ♐ 37	9 ♐	11 ♏	16 ♈	2 ♐	15 ♎
13	20 ♍ 6	16 ♍ 19	8 ♎ 54	7 ♎ 59	29 ♍ 48	5 ♌ 49	1 ♌ 44	7 ♑ 56	5 ♈ 3	0 ♒ 56	25 ♑ 7	0 ♐ 38	9 ♐	12 ♏	16 ♈	3 ♐	15 ♎
14	21 ♍ 5	28 ♍ 32	8 ♎ 50	7 ♎ 58	28 ♍ 54	6 ♌ 54	2 ♌ 22	7 ♑ 58	4 ♈ 58	0 ♒ 55	25 ♑ 7	0 ♐ 39	10 ♐	12 ♏	16 ♈	3 ♐	16 ♎
15	22 ♍ 3	10 ♎ 54	8 ♎ 47	7 D 58	27 ♍ 56	8 ♌ 0	2 ♌ 59	8 ♑ 0	4 ♈ 54	0 ♒ 54	25 ♑ 6	0 ♐ 40	10 ♐	12 ♏	16 ♈	3 ♐	16 ♎
16	23 ♍ 2	23 ♎ 28	8 ♎ 44	7 ♎ 58	26 ♍ 55	9 ♌ 6	3 ♌ 36	8 ♑ 2	4 ♈ 49	0 ♒ 53	25 ♑ 5	0 ♐ 41	10 ♐	13 ♏	16 ♈	4 ♐	16 ♎
17	24 ♍ 0	6 ♏ 14	8 ♎ 41	7 ♎ 59	25 ♍ 52	10 ♌ 12	4 ♌ 13	8 ♑ 5	4 ♈ 45	0 ♒ 51	25 ♑ 5	0 ♐ 42	11 ♐	13 ♏	15 ♈	4 ♐	16 ♎
18	24 ♍ 59	19 ♏ 14	8 ♎ 38	8 ♎ 0	24 ♍ 49	11 ♌ 18	4 ♌ 51	8 ♑ 7	4 ♈ 40	0 ♒ 50	25 ♑ 4	0 ♐ 44	11 ♐	13 ♏	15 ♈	5 ♐	16 ♎
19	25 ♍ 58	2 ♐ 30	8 ♎ 34	8 ♎ 1	23 ♍ 47	12 ♌ 24	5 ♌ 28	8 ♑ 10	4 ♈ 35	0 ♒ 49	25 ♑ 3	0 ♐ 45	11 ♐	14 ♏	15 ♈	5 ♐	16 ♎
20	26 ♍ 56	16 ♐ 2	8 ♎ 31	8 ♎ 2	22 ♍ 48	13 ♌ 31	6 ♌ 5	8 ♑ 13	4 ♈ 31	0 ♒ 48	25 ♑ 3	0 ♐ 46	11 ♐	14 ♏	15 ♈	6 ♐	16 ♎
21	27 ♍ 55	29 ♐ 52	8 ♎ 28	8 R 2	21 ♍ 53	14 ♌ 38	6 ♌ 42	8 ♑ 16	4 ♈ 26	0 ♒ 47	25 ♑ 2	0 ♐ 48	12 ♐	15 ♏	15 ♈	6 ♐	17 ♎
22	28 ♍ 53	14 ♑ 0	8 ♎ 25	8 ♎ 2	21 ♍ 4	15 ♌ 45	7 ♌ 18	8 ♑ 19	4 ♈ 22	0 ♒ 46	25 ♑ 2	0 ♐ 49	12 ♐	15 ♏	15 ♈	6 ♐	17 ♎
23	29 ♍ 52	28 ♑ 23	8 ♎ 22	8 ♎ 1	20 ♍ 21	16 ♌ 52	7 ♌ 55	8 ♑ 23	4 ♈ 17	0 ♒ 46	25 ♑ 1	0 ♐ 50	12 ♐	15 ♏	14 ♈	7 ♐	17 ♎
24	0 ♎ 51	12 ♒ 59	8 ♎ 19	8 ♎ 1	19 ♍ 47	18 ♌ 0	8 ♌ 32	8 ♑ 27	4 ♈ 12	0 ♒ 45	25 ♑ 1	0 ♐ 52	12 ♐	16 ♏	14 ♈	7 ♐	17 ♎
25	1 ♎ 50	27 ♒ 42	8 ♎ 15	8 ♎ 0	19 ♍ 21	19 ♌ 7	9 ♌ 8	8 ♑ 30	4 ♈ 8	0 ♒ 44	25 ♑ 0	0 ♐ 53	13 ♐	16 ♏	14 ♈	8 ♐	17 ♎
26	2 ♎ 48	12 ♓ 27	8 ♎ 12	7 ♎ 59	19 ♍ 5	20 ♌ 15	9 ♌ 45	8 ♑ 34	4 ♈ 3	0 ♒ 43	25 ♑ 0	0 ♐ 55	13 ♐	17 ♏	14 ♈	8 ♐	17 ♎
27	3 ♎ 47	27 ♓ 6	8 ♎ 9	7 ♎ 59	18 ♍ 59	21 ♌ 23	10 ♌ 21	8 ♑ 39	3 ♈ 58	0 ♒ 42	25 ♑ 0	0 ♐ 56	13 ♐	17 ♏	13 ♈	9 ♐	17 ♎
28	4 ♎ 46	11 ♈ 33	8 ♎ 6	7 D 59	19 D 4	22 ♌ 31	10 ♌ 58	8 ♑ 43	3 ♈ 54	0 ♒ 42	24 ♑ 59	0 ♐ 58	14 ♐	17 ♏	13 ♈	9 ♐	18 ♎
29	5 ♎ 45	25 ♈ 42	8 ♎ 3	7 ♎ 59	19 ♍ 18	23 ♌ 40	11 ♌ 34	8 ♑ 47	3 ♈ 49	0 ♒ 41	24 ♑ 59	0 ♐ 59	14 ♐	18 ♏	13 ♈	10 ♐	18 ♎
30	6 ♎ 44	9 ♉ 30	8 ♎ 0	7 ♎ 59	19 ♍ 42	24 ♌ 48	12 ♌ 10	8 ♑ 52	3 ♈ 44	0 ♒ 41	24 ♑ 59	1 ♐ 1	14 ♐	18 ♏	13 ♈	10 ♐	18 ♎

SUN INGRESS	☉ → ♎ 23日 03:00
MOON PHASE	◑ 5日 04:06 ♊ ● 13日 08:07 ♍ ◐ 20日 20:23 ♐ ○ 27日 11:51 ♈

aspects		
2日	17:48	♂☍♆
3日	02:34	♀☍♆
3日	16:33	♀☌♂
8日	02:39	♀△♇
8日	13:42	♀☍♅
9日	15:00	☿⚹♀
11日	04:15	♂△♇
11日	12:38	☿△♅
11日	15:21	☿⚹♂
11日	18:19	♂☍♅
12日	00:05	☿⚹♇
12日	08:03	♀△♄
17日	17:57	♂△♄
17日	18:21	☿△♆
17日	22:06	☉☌☿
18日	02:02	☉△♆
20日	21:44	♅⚹♇
23日	21:31	☉△♅
24日	00:20	☉⚹♇
27日	04:11	☉☍♄

1996年10月

DAY	☉	☽	☊		☿	♀	♂	♃	♄	♅	♆	♇	⚳	⚴	⚵	⚶	⚷
			mean	true													
	° ′	° ′	° ′	° ′	° ′	° ′	° ′	° ′	° ′	° ′	° ′	° ′	°	°	°	°	°
1	7 ♎ 43	22 ♉ 53	7 ♎ 56	7 D 59	20 D 16	25 D 57	12 D 47	8 D 57	3 R 40	0 R 40	24 R 59	1 D 2	15 D	19 D	13 R	10 D	18 D
2	8 ♎ 42	5 ♊ 54	7 ♎ 53	7 R 59	20 ♍ 59	27 ♌ 6	13 ♌ 23	9 ♑ 2	3 ♈ 35	0 ♒ 40	24 ♑ 59	1 ♐ 4	15 ♐	19 ♏	12 ♈	11 ♐	18 ♎
3	9 ♎ 41	18 ♊ 33	7 ♎ 50	7 ♎ 59	21 ♍ 50	28 ♌ 15	13 ♌ 59	9 ♑ 7	3 ♈ 30	0 ♒ 39	24 ♑ 58	1 ♐ 5	15 ♐	19 ♏	12 ♈	11 ♐	18 ♎
4	10 ♎ 40	0 ♋ 53	7 ♎ 47	7 ♎ 59	22 ♍ 49	29 ♌ 24	14 ♌ 35	9 ♑ 13	3 ♈ 26	0 ♒ 39	24 ♑ 58	1 ♐ 7	15 ♐	20 ♏	12 ♈	12 ♐	18 ♎
5	11 ♎ 39	13 ♋ 0	7 ♎ 44	7 D 59	23 ♍ 55	0 ♍ 33	15 ♌ 10	9 ♑ 18	3 ♈ 21	0 ♒ 39	24 ♑ 58	1 ♐ 9	16 ♐	20 ♏	12 ♈	12 ♐	19 ♎
6	12 ♎ 38	24 ♋ 57	7 ♎ 40	7 ♎ 59	25 ♍ 7	1 ♍ 43	15 ♌ 46	9 ♑ 24	3 ♈ 16	0 ♒ 39	24 ♑ 58	1 ♐ 11	16 ♐	21 ♏	11 ♈	13 ♐	19 ♎
7	13 ♎ 37	6 ♌ 49	7 ♎ 37	7 ♎ 59	26 ♍ 24	2 ♍ 52	16 ♌ 22	9 ♑ 30	3 ♈ 12	0 ♒ 38	24 ♑ 58	1 ♐ 12	16 ♐	21 ♏	11 ♈	13 ♐	19 ♎
8	14 ♎ 37	18 ♌ 40	7 ♎ 34	8 ♎ 0	27 ♍ 47	4 ♍ 2	16 ♌ 57	9 ♑ 36	3 ♈ 7	0 ♒ 38	24 D 58	1 ♐ 14	17 ♐	21 ♏	11 ♈	14 ♐	19 ♎
9	15 ♎ 36	0 ♍ 35	7 ♎ 31	8 ♎ 1	29 ♍ 14	5 ♍ 12	17 ♌ 33	9 ♑ 42	3 ♈ 3	0 ♒ 38	24 ♑ 58	1 ♐ 16	17 ♐	22 ♏	11 ♈	14 ♐	19 ♎
10	16 ♎ 35	12 ♍ 38	7 ♎ 28	8 ♎ 2	0 ♎ 44	6 ♍ 22	18 ♌ 8	9 ♑ 48	2 ♈ 58	0 ♒ 38	24 ♑ 58	1 ♐ 18	17 ♐	22 ♏	10 ♈	15 ♐	19 ♎
11	17 ♎ 34	24 ♍ 50	7 ♎ 25	8 ♎ 2	2 ♎ 18	7 ♍ 32	18 ♌ 44	9 ♑ 55	2 ♈ 54	0 D 38	24 ♑ 58	1 ♐ 20	18 ♐	23 ♏	10 ♈	15 ♐	19 ♎
12	18 ♎ 34	7 ♎ 16	7 ♎ 21	8 ♎ 3	3 ♎ 53	8 ♍ 43	19 ♌ 19	10 ♑ 1	2 ♈ 49	0 ♒ 38	24 ♑ 59	1 ♐ 21	18 ♐	23 ♏	10 ♈	16 ♐	20 ♎
13	19 ♎ 33	19 ♎ 56	7 ♎ 18	8 R 2	5 ♎ 31	9 ♍ 53	19 ♌ 54	10 ♑ 8	2 ♈ 45	0 ♒ 38	24 ♑ 59	1 ♐ 23	18 ♐	23 ♏	10 ♈	16 ♐	20 ♎
14	20 ♎ 33	2 ♏ 50	7 ♎ 15	8 ♎ 1	7 ♎ 11	11 ♍ 4	20 ♌ 29	10 ♑ 15	2 ♈ 41	0 ♒ 38	24 ♑ 59	1 ♐ 25	19 ♐	24 ♏	9 ♈	17 ♐	20 ♎
15	21 ♎ 32	15 ♏ 59	7 ♎ 12	8 ♎ 0	8 ♎ 51	12 ♍ 14	21 ♌ 4	10 ♑ 22	2 ♈ 36	0 ♒ 39	24 ♑ 59	1 ♐ 27	19 ♐	24 ♏	9 ♈	17 ♐	20 ♎
16	22 ♎ 32	29 ♏ 22	7 ♎ 9	7 ♎ 58	10 ♎ 33	13 ♍ 25	21 ♌ 39	10 ♑ 29	2 ♈ 32	0 ♒ 39	24 ♑ 59	1 ♐ 29	19 ♐	25 ♏	9 ♈	17 ♐	20 ♎
17	23 ♎ 31	12 ♐ 57	7 ♎ 5	7 ♎ 56	12 ♎ 15	14 ♍ 36	22 ♌ 14	10 ♑ 37	2 ♈ 28	0 ♒ 39	25 ♑ 0	1 ♐ 31	20 ♐	25 ♏	9 ♈	18 ♐	20 ♎
18	24 ♎ 31	26 ♐ 44	7 ♎ 2	7 ♎ 54	13 ♎ 57	15 ♍ 47	22 ♌ 49	10 ♑ 44	2 ♈ 24	0 ♒ 39	25 ♑ 0	1 ♐ 33	20 ♐	25 ♏	9 ♈	18 ♐	20 ♎
19	25 ♎ 30	10 ♑ 41	6 ♎ 59	7 ♎ 53	15 ♎ 40	16 ♍ 59	23 ♌ 23	10 ♑ 52	2 ♈ 20	0 ♒ 40	25 ♑ 1	1 ♐ 35	20 ♐	26 ♏	8 ♈	19 ♐	21 ♎
20	26 ♎ 30	24 ♑ 46	6 ♎ 56	7 ♎ 52	17 ♎ 23	18 ♍ 10	23 ♌ 58	11 ♑ 0	2 ♈ 16	0 ♒ 40	25 ♑ 1	1 ♐ 37	21 ♐	26 ♏	8 ♈	19 ♐	21 ♎
21	27 ♎ 29	8 ♒ 58	6 ♎ 53	7 D 52	19 ♎ 6	19 ♍ 21	24 ♌ 32	11 ♑ 8	2 ♈ 12	0 ♒ 41	25 ♑ 1	1 ♐ 39	21 ♐	27 ♏	8 ♈	20 ♐	21 ♎
22	28 ♎ 29	23 ♒ 13	6 ♎ 50	7 ♎ 54	20 ♎ 49	20 ♍ 33	25 ♌ 6	11 ♑ 16	2 ♈ 8	0 ♒ 41	25 ♑ 2	1 ♐ 41	21 ♐	27 ♏	8 ♈	20 ♐	21 ♎
23	29 ♎ 29	7 ♓ 31	6 ♎ 46	7 ♎ 55	22 ♎ 31	21 ♍ 44	25 ♌ 41	11 ♑ 24	2 ♈ 4	0 ♒ 42	25 ♑ 2	1 ♐ 43	22 ♐	27 ♏	8 ♈	21 ♐	21 ♎
24	0 ♏ 29	21 ♓ 48	6 ♎ 43	7 ♎ 56	24 ♎ 13	22 ♍ 56	26 ♌ 15	11 ♑ 33	2 ♈ 0	0 ♒ 43	25 ♑ 3	1 ♐ 45	22 ♐	28 ♏	7 ♈	21 ♐	21 ♎
25	1 ♏ 28	6 ♈ 0	6 ♎ 40	7 ♎ 57	25 ♎ 55	24 ♍ 8	26 ♌ 49	11 ♑ 41	1 ♈ 56	0 ♒ 43	25 ♑ 4	1 ♐ 47	22 ♐	28 ♏	7 ♈	22 ♐	21 ♎
26	2 ♏ 28	20 ♈ 3	6 ♎ 37	7 R 56	27 ♎ 37	25 ♍ 20	27 ♌ 22	11 ♑ 50	1 ♈ 52	0 ♒ 44	25 ♑ 4	1 ♐ 49	23 ♐	29 ♏	7 ♈	22 ♐	22 ♎
27	3 ♏ 28	3 ♉ 54	6 ♎ 34	7 ♎ 55	29 ♎ 17	26 ♍ 32	27 ♌ 56	11 ♑ 59	1 ♈ 49	0 ♒ 45	25 ♑ 5	1 ♐ 52	23 ♐	29 ♏	7 ♈	23 ♐	22 ♎
28	4 ♏ 28	17 ♉ 29	6 ♎ 31	7 ♎ 52	0 ♏ 58	27 ♍ 44	28 ♌ 30	12 ♑ 8	1 ♈ 45	0 ♒ 46	25 ♑ 5	1 ♐ 54	23 ♐	0 ♐	7 ♈	23 ♐	22 ♎
29	5 ♏ 28	0 ♊ 46	6 ♎ 27	7 ♎ 47	2 ♏ 38	28 ♍ 56	29 ♌ 4	12 ♑ 17	1 ♈ 42	0 ♒ 47	25 ♑ 6	1 ♐ 56	24 ♐	0 ♐	6 ♈	24 ♐	22 ♎
30	6 ♏ 28	13 ♊ 44	6 ♎ 24	7 ♎ 43	4 ♏ 18	0 ♎ 8	29 ♌ 37	12 ♑ 26	1 ♈ 38	0 ♒ 48	25 ♑ 7	1 ♐ 58	24 ♐	0 ♐	6 ♈	24 ♐	22 ♎
31	7 ♏ 28	26 ♊ 23	6 ♎ 21	7 ♎ 38	5 ♏ 57	1 ♎ 21	0 ♍ 10	12 ♑ 35	1 ♈ 35	0 ♒ 49	25 ♑ 8	2 ♐ 0	24 ♐	1 ♐	6 ♈	25 ♐	22 ♎

SUN INGRESS	☉ → ♏ 23日 12:19
MOON PHASE	◑ 4日 21:04 ♋ ● 12日 23:14 ♎ ◐ 20日 03:09 ♑ ○ 26日 23:11 ♉

aspects		
2日	09:02	☉□♃
5日	12:39	♀□♇
5日	21:15	☿△♆
9日	22:22	☿△♅
10日	08:51	☿⚹♇
11日	08:44	☿☍♄
13日	05:40	♀△♃
13日	20:44	☉⚹♂
15日	23:12	☿□♃
18日	11:56	☉□♆
24日	05:45	☉□♅
24日	11:44	☿□♆
25日	18:44	♀△♆
25日	18:59	☿⚹♂
26日	12:03	♄△♇
27日	21:05	☿□♅
30日	13:14	♀△♅
31日	04:28	♀☍♄
31日	13:29	♀⚹♇

1996年11月

DAY	☉	☽	☊ mean	☊ true	☿	♀	♂	♃	♄	♅	♆	♇	⚳	⚴	⚵	⚶	⚷
	° ′	° ′	° ′	° ′	° ′	° ′	° ′	° ′	° ′	° ′	° ′	° ′	°	°	°	°	°
1	8 ♏ 28	8 ♋ 45	6 ♎ 18	7 R 34	7 D 35	2 D 33	0 D 44	12 D 44	1 R 32	0 D 50	25 D 9	2 D 3	25 D	1 D	6 R	25 D	22 D
2	9 ♏ 28	20 ♋ 53	6 ♎ 15	7 ♎ 31	9 ♏ 14	3 ♎ 46	1 ♍ 17	12 ♑ 54	1 ♈ 29	0 ♒ 51	25 ♑ 9	2 ♐ 5	25 ♐	2 ♐	6 ♈	26 ♐	23 ♎
3	10 ♏ 28	2 ♌ 50	6 ♎ 11	7 ♎ 29	10 ♏ 51	4 ♎ 59	1 ♍ 50	13 ♑ 4	1 ♈ 25	0 ♒ 52	25 ♑ 10	2 ♐ 7	26 ♐	2 ♐	6 ♈	26 ♐	23 ♎
4	11 ♏ 28	14 ♌ 42	6 ♎ 8	7 D 29	12 ♏ 29	6 ♎ 11	2 ♍ 23	13 ♑ 13	1 ♈ 22	0 ♒ 53	25 ♑ 11	2 ♐ 9	26 ♐	2 ♐	6 ♈	27 ♐	23 ♎
5	12 ♏ 28	26 ♌ 33	6 ♎ 5	7 ♎ 30	14 ♏ 5	7 ♎ 24	2 ♍ 55	13 ♑ 23	1 ♈ 19	0 ♒ 55	25 ♑ 12	2 ♐ 12	26 ♐	3 ♐	6 ♈	27 ♐	23 ♎
6	13 ♏ 28	8 ♍ 28	6 ♎ 2	7 ♎ 31	15 ♏ 42	8 ♎ 37	3 ♍ 28	13 ♑ 33	1 ♈ 17	0 ♒ 56	25 ♑ 13	2 ♐ 14	27 ♐	3 ♐	6 ♈	28 ♐	23 ♎
7	14 ♏ 28	20 ♍ 33	5 ♎ 59	7 ♎ 33	17 ♏ 18	9 ♎ 50	4 ♍ 0	13 ♑ 43	1 ♈ 14	0 ♒ 57	25 ♑ 14	2 ♐ 16	27 ♐	4 ♐	5 ♈	28 ♐	23 ♎
8	15 ♏ 29	2 ♎ 51	5 ♎ 56	7 ♎ 34	18 ♏ 53	11 ♎ 3	4 ♍ 33	13 ♑ 53	1 ♈ 11	0 ♒ 59	25 ♑ 15	2 ♐ 18	27 ♐	4 ♐	5 ♈	29 ♐	23 ♎
9	16 ♏ 29	15 ♎ 26	5 ♎ 52	7 R 34	20 ♏ 29	12 ♎ 16	5 ♍ 5	14 ♑ 4	1 ♈ 9	1 ♒ 0	25 ♑ 16	2 ♐ 21	28 ♐	5 ♐	5 ♈	29 ♐	24 ♎
10	17 ♏ 29	28 ♎ 20	5 ♎ 49	7 ♎ 32	22 ♏ 4	13 ♎ 30	5 ♍ 37	14 ♑ 14	1 ♈ 6	1 ♒ 2	25 ♑ 17	2 ♐ 23	28 ♐	5 ♐	5 ♈	0 ♑	24 ♎
11	18 ♏ 29	11 ♏ 35	5 ♎ 46	7 ♎ 28	23 ♏ 38	14 ♎ 43	6 ♍ 9	14 ♑ 25	1 ♈ 4	1 ♒ 3	25 ♑ 18	2 ♐ 25	28 ♐	5 ♐	5 ♈	0 ♑	24 ♎
12	19 ♏ 30	25 ♏ 9	5 ♎ 43	7 ♎ 22	25 ♏ 12	15 ♎ 56	6 ♍ 41	14 ♑ 35	1 ♈ 1	1 ♒ 5	25 ♑ 20	2 ♐ 28	29 ♐	6 ♐	5 ♈	1 ♑	24 ♎
13	20 ♏ 30	9 ♐ 0	5 ♎ 40	7 ♎ 15	26 ♏ 46	17 ♎ 10	7 ♍ 13	14 ♑ 46	0 ♈ 59	1 ♒ 7	25 ♑ 21	2 ♐ 30	29 ♐	6 ♐	5 ♈	1 ♑	24 ♎
14	21 ♏ 31	23 ♐ 4	5 ♎ 37	7 ♎ 7	28 ♏ 20	18 ♎ 23	7 ♍ 44	14 ♑ 57	0 ♈ 57	1 ♒ 8	25 ♑ 22	2 ♐ 32	0 ♑	7 ♐	5 ♈	2 ♑	24 ♎
15	22 ♏ 31	7 ♑ 16	5 ♎ 33	7 ♎ 0	29 ♏ 53	19 ♎ 37	8 ♍ 16	15 ♑ 8	0 ♈ 55	1 ♒ 10	25 ♑ 23	2 ♐ 35	0 ♑	7 ♐	5 ♈	2 ♑	24 ♎
16	23 ♏ 31	21 ♑ 32	5 ♎ 30	6 ♎ 55	1 ♐ 26	20 ♎ 50	8 ♍ 47	15 ♑ 19	0 ♈ 53	1 ♒ 12	25 ♑ 25	2 ♐ 37	0 ♑	8 ♐	5 D	3 ♑	25 ♎
17	24 ♏ 32	5 ♒ 47	5 ♎ 27	6 ♎ 51	2 ♐ 59	22 ♎ 4	9 ♍ 18	15 ♑ 30	0 ♈ 51	1 ♒ 14	25 ♑ 26	2 ♐ 39	1 ♑	8 ♐	5 ♈	3 ♑	25 ♎
18	25 ♏ 32	19 ♒ 59	5 ♎ 24	6 ♎ 50	4 ♐ 32	23 ♎ 18	9 ♍ 49	15 ♑ 41	0 ♈ 49	1 ♒ 16	25 ♑ 27	2 ♐ 42	1 ♑	8 ♐	5 ♈	4 ♑	25 ♎
19	26 ♏ 33	4 ♓ 6	5 ♎ 21	6 D 50	6 ♐ 4	24 ♎ 31	10 ♍ 20	15 ♑ 53	0 ♈ 48	1 ♒ 17	25 ♑ 29	2 ♐ 44	1 ♑	9 ♐	5 ♈	4 ♑	25 ♎
20	27 ♏ 34	18 ♓ 6	5 ♎ 17	6 ♎ 51	7 ♐ 36	25 ♎ 45	10 ♍ 50	16 ♑ 4	0 ♈ 46	1 ♒ 19	25 ♑ 30	2 ♐ 46	2 ♑	9 ♐	5 ♈	5 ♑	25 ♎
21	28 ♏ 34	1 ♈ 58	5 ♎ 14	6 ♎ 52	9 ♐ 8	26 ♎ 59	11 ♍ 21	16 ♑ 15	0 ♈ 45	1 ♒ 21	25 ♑ 31	2 ♐ 49	2 ♑	10 ♐	5 ♈	5 ♑	25 ♎
22	29 ♏ 35	15 ♈ 43	5 ♎ 11	6 R 51	10 ♐ 40	28 ♎ 13	11 ♍ 51	16 ♑ 27	0 ♈ 44	1 ♒ 23	25 ♑ 33	2 ♐ 51	3 ♑	10 ♐	5 ♈	6 ♑	25 ♎
23	0 ♐ 35	29 ♈ 19	5 ♎ 8	6 ♎ 49	12 ♐ 11	29 ♎ 27	12 ♍ 21	16 ♑ 39	0 ♈ 42	1 ♒ 26	25 ♑ 34	2 ♐ 54	3 ♑	10 ♐	5 ♈	6 ♑	25 ♎
24	1 ♐ 36	12 ♉ 45	5 ♎ 5	6 ♎ 44	13 ♐ 42	0 ♏ 41	12 ♍ 51	16 ♑ 50	0 ♈ 41	1 ♒ 28	25 ♑ 36	2 ♐ 56	3 ♑	11 ♐	5 ♈	7 ♑	26 ♎
25	2 ♐ 37	26 ♉ 0	5 ♎ 2	6 ♎ 37	15 ♐ 13	1 ♏ 55	13 ♍ 21	17 ♑ 2	0 ♈ 40	1 ♒ 30	25 ♑ 37	2 ♐ 58	4 ♑	11 ♐	6 ♈	7 ♑	26 ♎
26	3 ♐ 37	9 ♊ 1	4 ♎ 58	6 ♎ 27	16 ♐ 44	3 ♏ 9	13 ♍ 51	17 ♑ 14	0 ♈ 39	1 ♒ 32	25 ♑ 39	3 ♐ 1	4 ♑	12 ♐	6 ♈	8 ♑	26 ♎
27	4 ♐ 38	21 ♊ 48	4 ♎ 55	6 ♎ 16	18 ♐ 14	4 ♏ 23	14 ♍ 20	17 ♑ 26	0 ♈ 39	1 ♒ 34	25 ♑ 40	3 ♐ 3	4 ♑	12 ♐	6 ♈	8 ♑	26 ♎
28	5 ♐ 39	4 ♋ 20	4 ♎ 52	6 ♎ 5	19 ♐ 45	5 ♏ 37	14 ♍ 50	17 ♑ 38	0 ♈ 38	1 ♒ 37	25 ♑ 42	3 ♐ 5	5 ♑	13 ♐	6 ♈	9 ♑	26 ♎
29	6 ♐ 39	16 ♋ 39	4 ♎ 49	5 ♎ 55	21 ♐ 14	6 ♏ 52	15 ♍ 19	17 ♑ 50	0 ♈ 37	1 ♒ 39	25 ♑ 44	3 ♐ 8	5 ♑	13 ♐	6 ♈	9 ♑	26 ♎
30	7 ♐ 40	28 ♋ 45	4 ♎ 46	5 ♎ 46	22 ♐ 44	8 ♏ 6	15 ♍ 48	18 ♑ 3	0 ♈ 37	1 ♒ 41	25 ♑ 45	3 ♐ 10	6 ♑	13 ♐	6 ♈	10 ♑	26 ♎

SUN INGRESS	☉ → ♐ 22日 09:49
MOON PHASE	◑ 3日 16:50 ♌ ● 11日 13:16 ♏ ◐ 18日 10:09 ♒ ○ 25日 13:10 ♊

aspects		
2日	08:55	☉☌☿
3日	13:34	♂□♇
4日	12:19	☿⚹♃
6日	02:25	☉⚹♃
10日	17:02	♀□♃
11日	01:49	♄⚹♅
12日	01:51	☿⚹♆
15日	15:34	☿△♄
15日	20:10	☿⚹♅
16日	18:43	☿☌♇
17日	21:50	☉⚹♆
19日	18:56	♀□♆
23日	02:45	☉△♄
23日	04:00	☿□♂
23日	20:37	☉⚹♅
24日	15:37	♀□♅
25日	08:56	☉☌♇

1996年12月

DAY	☉	☽	☊ mean	☊ true	☿	♀	♂	♃	♄	♅	♆	♇	⚳	⚴	⚵	⚶	⚷
	° ′	° ′	° ′	° ′	° ′	° ′	° ′	° ′	° ′	° ′	° ′	° ′	°	°	°	°	°
1	8 ♐ 41	10 ♌ 41	4 ♎ 43	5 R 39	24 D 13	9 D 20	16 D 16	18 D 15	0 R 36	1 D 44	25 D 47	3 D 13	6 D	14 D	6 D	10 D	26 D
2	9 ♐ 42	22 ♌ 31	4 ♎ 39	5 ♎ 35	25 ♐ 42	10 ♏ 35	16 ♍ 45	18 ♑ 27	0 ♈ 36	1 ♒ 46	25 ♑ 49	3 ♐ 15	6 ♑	14 ♐	6 ♈	11 ♑	27 ♎
3	10 ♐ 43	4 ♍ 20	4 ♎ 36	5 ♎ 33	27 ♐ 10	11 ♏ 49	17 ♍ 13	18 ♑ 40	0 ♈ 36	1 ♒ 49	25 ♑ 50	3 ♐ 17	7 ♑	15 ♐	6 ♈	11 ♑	27 ♎
4	11 ♐ 43	16 ♍ 14	4 ♎ 33	5 D 33	28 ♐ 37	13 ♏ 4	17 ♍ 41	18 ♑ 52	0 D 36	1 ♒ 51	25 ♑ 52	3 ♐ 20	7 ♑	15 ♐	7 ♈	12 ♑	27 ♎
5	12 ♐ 44	28 ♍ 16	4 ♎ 30	5 ♎ 34	0 ♑ 4	14 ♏ 18	18 ♍ 9	19 ♑ 5	0 ♈ 36	1 ♒ 54	25 ♑ 54	3 ♐ 22	8 ♑	16 ♐	7 ♈	12 ♑	27 ♎
6	13 ♐ 45	10 ♎ 34	4 ♎ 27	5 R 34	1 ♑ 30	15 ♏ 33	18 ♍ 37	19 ♑ 17	0 ♈ 36	1 ♒ 56	25 ♑ 56	3 ♐ 24	8 ♑	16 ♐	7 ♈	13 ♑	27 ♎
7	14 ♐ 46	23 ♎ 11	4 ♎ 23	5 ♎ 32	2 ♑ 55	16 ♏ 47	19 ♍ 5	19 ♑ 30	0 ♈ 37	1 ♒ 59	25 ♑ 57	3 ♐ 27	8 ♑	16 ♐	7 ♈	13 ♑	27 ♎
8	15 ♐ 47	6 ♏ 12	4 ♎ 20	5 ♎ 29	4 ♑ 19	18 ♏ 2	19 ♍ 32	19 ♑ 43	0 ♈ 37	2 ♒ 2	25 ♑ 59	3 ♐ 29	9 ♑	17 ♐	7 ♈	14 ♑	27 ♎
9	16 ♐ 48	19 ♏ 39	4 ♎ 17	5 ♎ 22	5 ♑ 41	19 ♏ 16	19 ♍ 59	19 ♑ 56	0 ♈ 37	2 ♒ 4	26 ♑ 1	3 ♐ 31	9 ♑	17 ♐	8 ♈	14 ♑	27 ♎
10	17 ♐ 49	3 ♐ 31	4 ♎ 14	5 ♎ 13	7 ♑ 2	20 ♏ 31	20 ♍ 26	20 ♑ 9	0 ♈ 38	2 ♒ 7	26 ♑ 3	3 ♐ 34	10 ♑	18 ♐	8 ♈	15 ♑	28 ♎
11	18 ♐ 50	17 ♐ 45	4 ♎ 11	5 ♎ 2	8 ♑ 21	21 ♏ 46	20 ♍ 52	20 ♑ 22	0 ♈ 39	2 ♒ 10	26 ♑ 5	3 ♐ 36	10 ♑	18 ♐	8 ♈	16 ♑	28 ♎
12	19 ♐ 51	2 ♑ 17	4 ♎ 8	4 ♎ 50	9 ♑ 38	23 ♏ 0	21 ♍ 19	20 ♑ 35	0 ♈ 40	2 ♒ 13	26 ♑ 7	3 ♐ 38	10 ♑	19 ♐	8 ♈	16 ♑	28 ♎
13	20 ♐ 52	16 ♑ 58	4 ♎ 4	4 ♎ 39	10 ♑ 53	24 ♏ 15	21 ♍ 45	20 ♑ 48	0 ♈ 41	2 ♒ 16	26 ♑ 9	3 ♐ 41	11 ♑	19 ♐	8 ♈	17 ♑	28 ♎
14	21 ♐ 53	1 ♒ 41	4 ♎ 1	4 ♎ 29	12 ♑ 5	25 ♏ 30	22 ♍ 10	21 ♑ 1	0 ♈ 42	2 ♒ 18	26 ♑ 11	3 ♐ 43	11 ♑	19 ♐	9 ♈	17 ♑	28 ♎
15	22 ♐ 54	16 ♒ 19	3 ♎ 58	4 ♎ 22	13 ♑ 13	26 ♏ 45	22 ♍ 36	21 ♑ 14	0 ♈ 43	2 ♒ 21	26 ♑ 13	3 ♐ 45	11 ♑	20 ♐	9 ♈	18 ♑	28 ♎
16	23 ♐ 55	0 ♓ 45	3 ♎ 55	4 ♎ 18	14 ♑ 18	27 ♏ 59	23 ♍ 1	21 ♑ 27	0 ♈ 44	2 ♒ 24	26 ♑ 15	3 ♐ 47	12 ♑	20 ♐	9 ♈	18 ♑	28 ♎
17	24 ♐ 56	14 ♓ 57	3 ♎ 52	4 ♎ 16	15 ♑ 18	29 ♏ 14	23 ♍ 26	21 ♑ 40	0 ♈ 45	2 ♒ 27	26 ♑ 17	3 ♐ 50	12 ♑	21 ♐	9 ♈	19 ♑	28 ♎
18	25 ♐ 57	28 ♓ 53	3 ♎ 49	4 D 16	16 ♑ 13	0 ♐ 29	23 ♍ 51	21 ♑ 54	0 ♈ 47	2 ♒ 30	26 ♑ 19	3 ♐ 52	13 ♑	21 ♐	10 ♈	19 ♑	28 ♎
19	26 ♐ 59	12 ♈ 34	3 ♎ 45	4 R 16	17 ♑ 3	1 ♐ 44	24 ♍ 16	22 ♑ 7	0 ♈ 48	2 ♒ 33	26 ♑ 21	3 ♐ 54	13 ♑	21 ♐	10 ♈	20 ♑	28 ♎
20	28 ♐ 0	26 ♈ 1	3 ♎ 42	4 ♎ 15	17 ♑ 45	2 ♐ 59	24 ♍ 40	22 ♑ 21	0 ♈ 50	2 ♒ 36	26 ♑ 23	3 ♐ 56	13 ♑	22 ♐	10 ♈	20 ♑	29 ♎
21	29 ♐ 1	9 ♉ 16	3 ♎ 39	4 ♎ 11	18 ♑ 21	4 ♐ 13	25 ♍ 4	22 ♑ 34	0 ♈ 52	2 ♒ 39	26 ♑ 25	3 ♐ 59	14 ♑	22 ♐	11 ♈	21 ♑	29 ♎
22	0 ♑ 2	22 ♉ 19	3 ♎ 36	4 ♎ 4	18 ♑ 48	5 ♐ 28	25 ♍ 27	22 ♑ 48	0 ♈ 54	2 ♒ 42	26 ♑ 27	4 ♐ 1	14 ♑	23 ♐	11 ♈	21 ♑	29 ♎
23	1 ♑ 3	5 ♊ 11	3 ♎ 33	3 ♎ 54	19 ♑ 5	6 ♐ 43	25 ♍ 51	23 ♑ 1	0 ♈ 56	2 ♒ 45	26 ♑ 29	4 ♐ 3	15 ♑	23 ♐	11 ♈	22 ♑	29 ♎
24	2 ♑ 4	17 ♊ 52	3 ♎ 29	3 ♎ 42	19 ♑ 13	7 ♐ 58	26 ♍ 14	23 ♑ 15	0 ♈ 58	2 ♒ 49	26 ♑ 31	4 ♐ 5	15 ♑	24 ♐	11 ♈	22 ♑	29 ♎
25	3 ♑ 5	0 ♋ 23	3 ♎ 26	3 ♎ 28	19 R 9	9 ♐ 13	26 ♍ 36	23 ♑ 28	1 ♈ 0	2 ♒ 52	26 ♑ 33	4 ♐ 7	15 ♑	24 ♐	12 ♈	23 ♑	29 ♎
26	4 ♑ 6	12 ♋ 44	3 ♎ 23	3 ♎ 13	18 ♑ 55	10 ♐ 28	26 ♍ 59	23 ♑ 42	1 ♈ 3	2 ♒ 55	26 ♑ 35	4 ♐ 9	16 ♑	24 ♐	12 ♈	23 ♑	29 ♎
27	5 ♑ 7	24 ♋ 54	3 ♎ 20	2 ♎ 59	18 ♑ 28	11 ♐ 43	27 ♍ 21	23 ♑ 56	1 ♈ 5	2 ♒ 58	26 ♑ 37	4 ♐ 12	16 ♑	25 ♐	12 ♈	24 ♑	29 ♎
28	6 ♑ 8	6 ♌ 55	3 ♎ 17	2 ♎ 47	17 ♑ 49	12 ♐ 58	27 ♍ 43	24 ♑ 9	1 ♈ 7	3 ♒ 1	26 ♑ 40	4 ♐ 14	17 ♑	25 ♐	13 ♈	24 ♑	29 ♎
29	7 ♑ 10	18 ♌ 48	3 ♎ 14	2 ♎ 37	17 ♑ 0	14 ♐ 13	28 ♍ 4	24 ♑ 23	1 ♈ 10	3 ♒ 5	26 ♑ 42	4 ♐ 16	17 ♑	26 ♐	13 ♈	25 ♑	29 ♎
30	8 ♑ 11	0 ♍ 37	3 ♎ 10	2 ♎ 31	16 ♑ 0	15 ♐ 28	28 ♍ 25	24 ♑ 37	1 ♈ 13	3 ♒ 8	26 ♑ 44	4 ♐ 18	17 ♑	26 ♐	13 ♈	25 ♑	0 ♏
31	9 ♑ 12	12 ♍ 24	3 ♎ 7	2 ♎ 27	14 ♑ 51	16 ♐ 43	28 ♍ 46	24 ♑ 51	1 ♈ 16	3 ♒ 11	26 ♑ 46	4 ♐ 20	18 ♑	26 ♐	14 ♈	26 ♑	0 ♏

SUN INGRESS	☉ → ♑ 21日 23:06
MOON PHASE	◑ 3日 14:06 ♍ ● 11日 01:56 ♐ ◐ 17日 18:31 ♓ ○ 25日 05:41 ♋

aspects		
5日	09:00	☿□♄
8日	18:43	♂△♃
9日	15:20	♀⚹♃
9日	21:21	♀⚹♂
14日	11:41	☉□♂
14日	13:30	♀⚹♆
18日	05:52	♀△♄
19日	16:30	♀⚹♅
20日	19:05	♀☌♇
22日	21:08	☉□♄
24日	20:10	♂△♆

1997年1月

DAY	☉	☽	☊ mean	☊ true	☿	♀	♂	♃	♄	♅	♆	♇	⚳	⚴	⚵	⚶	⚷
	° ′	° ′	° ′	° ′	° ′	° ′	° ′	° ′	° ′	° ′	° ′	° ′	°	°	°	°	°
1	10 ♑ 13	24 ♍ 15	3 ♎ 4	2 R 26	13 R 36	17 D 58	29 D 6	25 D 4	1 D 19	3 D 14	26 D 48	4 D 22	18 D	27 D	14 D	26 D	0 D
2	11 ♑ 14	6 ♎ 15	3 ♎ 1	2 D 26	12 ♑ 16	19 ♐ 13	29 ♍ 26	25 ♑ 18	1 ♈ 22	3 ♒ 18	26 ♑ 51	4 ♐ 24	19 ♑	27 ♐	14 ♈	27 ♑	0 ♏
3	12 ♑ 15	18 ♎ 29	2 ♎ 58	2 R 26	10 ♑ 54	20 ♐ 28	29 ♍ 46	25 ♑ 32	1 ♈ 25	3 ♒ 21	26 ♑ 53	4 ♐ 26	19 ♑	28 ♐	15 ♈	27 ♑	0 ♏
4	13 ♑ 17	1 ♏ 2	2 ♎ 55	2 ♎ 25	9 ♑ 34	21 ♐ 43	0 ♎ 5	25 ♑ 46	1 ♈ 28	3 ♒ 24	26 ♑ 55	4 ♐ 28	19 ♑	28 ♐	15 ♈	28 ♑	0 ♏
5	14 ♑ 18	14 ♏ 0	2 ♎ 51	2 ♎ 21	8 ♑ 17	22 ♐ 58	0 ♎ 24	26 ♑ 0	1 ♈ 31	3 ♒ 28	26 ♑ 57	4 ♐ 30	20 ♑	28 ♐	15 ♈	29 ♑	0 ♏
6	15 ♑ 19	27 ♏ 27	2 ♎ 48	2 ♎ 15	7 ♑ 5	24 ♐ 14	0 ♎ 42	26 ♑ 14	1 ♈ 35	3 ♒ 31	26 ♑ 59	4 ♐ 32	20 ♑	29 ♐	16 ♈	29 ♑	0 ♏
7	16 ♑ 20	11 ♐ 22	2 ♎ 45	2 ♎ 7	6 ♑ 2	25 ♐ 29	1 ♎ 0	26 ♑ 28	1 ♈ 38	3 ♒ 35	27 ♑ 2	4 ♐ 34	21 ♑	29 ♐	16 ♈	0 ♒	0 ♏
8	17 ♑ 21	25 ♐ 46	2 ♎ 42	1 ♎ 56	5 ♑ 7	26 ♐ 44	1 ♎ 18	26 ♑ 42	1 ♈ 42	3 ♒ 38	27 ♑ 4	4 ♐ 36	21 ♑	0 ♑	17 ♈	0 ♒	0 ♏
9	18 ♑ 22	10 ♑ 33	2 ♎ 39	1 ♎ 45	4 ♑ 21	27 ♐ 59	1 ♎ 35	26 ♑ 56	1 ♈ 45	3 ♒ 41	27 ♑ 6	4 ♐ 37	21 ♑	0 ♑	17 ♈	1 ♒	0 ♏
10	19 ♑ 24	25 ♑ 35	2 ♎ 35	1 ♎ 34	3 ♑ 46	29 ♐ 14	1 ♎ 51	27 ♑ 10	1 ♈ 49	3 ♒ 45	27 ♑ 8	4 ♐ 39	22 ♑	1 ♑	17 ♈	1 ♒	0 ♏
11	20 ♑ 25	10 ♒ 42	2 ♎ 32	1 ♎ 24	3 ♑ 20	0 ♑ 29	2 ♎ 7	27 ♑ 24	1 ♈ 53	3 ♒ 48	27 ♑ 11	4 ♐ 41	22 ♑	1 ♑	18 ♈	2 ♒	0 ♏
12	21 ♑ 26	25 ♒ 44	2 ♎ 29	1 ♎ 17	3 ♑ 4	1 ♑ 44	2 ♎ 23	27 ♑ 38	1 ♈ 57	3 ♒ 52	27 ♑ 13	4 ♐ 43	23 ♑	1 ♑	18 ♈	2 ♒	0 ♏
13	22 ♑ 27	10 ♓ 33	2 ♎ 26	1 ♎ 13	2 ♑ 58	2 ♑ 59	2 ♎ 38	27 ♑ 52	2 ♈ 1	3 ♒ 55	27 ♑ 15	4 ♐ 45	23 ♑	2 ♑	19 ♈	3 ♒	1 ♏
14	23 ♑ 28	25 ♓ 2	2 ♎ 23	1 ♎ 11	3 D 0	4 ♑ 15	2 ♎ 53	28 ♑ 6	2 ♈ 5	3 ♒ 59	27 ♑ 18	4 ♐ 46	23 ♑	2 ♑	19 ♈	3 ♒	1 ♏
15	24 ♑ 29	9 ♈ 9	2 ♎ 20	1 D 11	3 ♑ 10	5 ♑ 30	3 ♎ 7	28 ♑ 21	2 ♈ 9	4 ♒ 2	27 ♑ 20	4 ♐ 48	24 ♑	3 ♑	19 ♈	4 ♒	1 ♏
16	25 ♑ 30	22 ♈ 53	2 ♎ 16	1 ♎ 12	3 ♑ 28	6 ♑ 45	3 ♎ 21	28 ♑ 35	2 ♈ 14	4 ♒ 6	27 ♑ 22	4 ♐ 50	24 ♑	3 ♑	20 ♈	4 ♒	1 ♏
17	26 ♑ 32	6 ♉ 16	2 ♎ 13	1 R 11	3 ♑ 53	8 ♑ 0	3 ♎ 34	28 ♑ 49	2 ♈ 18	4 ♒ 9	27 ♑ 24	4 ♐ 52	25 ♑	3 ♑	20 ♈	5 ♒	1 ♏
18	27 ♑ 33	19 ♉ 21	2 ♎ 10	1 ♎ 9	4 ♑ 24	9 ♑ 15	3 ♎ 47	29 ♑ 3	2 ♈ 23	4 ♒ 13	27 ♑ 27	4 ♐ 53	25 ♑	4 ♑	21 ♈	5 ♒	1 ♏
19	28 ♑ 34	2 ♊ 10	2 ♎ 7	1 ♎ 4	5 ♑ 0	10 ♑ 30	3 ♎ 59	29 ♑ 17	2 ♈ 27	4 ♒ 16	27 ♑ 29	4 ♐ 55	25 ♑	4 ♑	21 ♈	6 ♒	1 ♏
20	29 ♑ 35	14 ♊ 46	2 ♎ 4	0 ♎ 57	5 ♑ 42	11 ♑ 45	4 ♎ 11	29 ♑ 31	2 ♈ 32	4 ♒ 20	27 ♑ 31	4 ♐ 56	26 ♑	5 ♑	21 ♈	6 ♒	1 ♏
21	0 ♒ 36	27 ♊ 11	2 ♎ 1	0 ♎ 47	6 ♑ 28	13 ♑ 1	4 ♎ 22	29 ♑ 45	2 ♈ 36	4 ♒ 23	27 ♑ 34	4 ♐ 58	26 ♑	5 ♑	22 ♈	7 ♒	1 ♏
22	1 ♒ 37	9 ♋ 26	1 ♎ 57	0 ♎ 36	7 ♑ 18	14 ♑ 16	4 ♎ 33	29 ♑ 59	2 ♈ 41	4 ♒ 27	27 ♑ 36	4 ♐ 59	27 ♑	5 ♑	22 ♈	7 ♒	1 ♏
23	2 ♒ 38	21 ♋ 34	1 ♎ 54	0 ♎ 24	8 ♑ 12	15 ♑ 31	4 ♎ 42	0 ♒ 13	2 ♈ 46	4 ♒ 30	27 ♑ 38	5 ♐ 1	27 ♑	6 ♑	23 ♈	8 ♒	1 ♏
24	3 ♒ 39	3 ♌ 34	1 ♎ 51	0 ♎ 13	9 ♑ 9	16 ♑ 46	4 ♎ 52	0 ♒ 28	2 ♈ 51	4 ♒ 34	27 ♑ 40	5 ♐ 2	27 ♑	6 ♑	23 ♈	8 ♒	1 ♏
25	4 ♒ 40	15 ♌ 29	1 ♎ 48	0 ♎ 3	10 ♑ 9	18 ♑ 1	5 ♎ 1	0 ♒ 42	2 ♈ 56	4 ♒ 37	27 ♑ 43	5 ♐ 4	28 ♑	7 ♑	24 ♈	9 ♒	1 ♏
26	5 ♒ 41	27 ♌ 19	1 ♎ 45	29 ♍ 55	11 ♑ 12	19 ♑ 16	5 ♎ 9	0 ♒ 56	3 ♈ 1	4 ♒ 41	27 ♑ 45	5 ♐ 5	28 ♑	7 ♑	24 ♈	9 ♒	1 ♏
27	6 ♒ 42	9 ♍ 7	1 ♎ 41	29 ♍ 50	12 ♑ 18	20 ♑ 31	5 ♎ 16	1 ♒ 10	3 ♈ 6	4 ♒ 44	27 ♑ 47	5 ♐ 7	29 ♑	7 ♑	25 ♈	10 ♒	1 ♏
28	7 ♒ 43	20 ♍ 55	1 ♎ 38	29 ♍ 48	13 ♑ 26	21 ♑ 47	5 ♎ 23	1 ♒ 24	3 ♈ 12	4 ♒ 48	27 ♑ 49	5 ♐ 8	29 ♑	8 ♑	25 ♈	11 ♒	1 ♏
29	8 ♒ 44	2 ♎ 48	1 ♎ 35	29 D 47	14 ♑ 36	23 ♑ 2	5 ♎ 29	1 ♒ 38	3 ♈ 17	4 ♒ 51	27 ♑ 52	5 ♐ 9	29 ♑	8 ♑	26 ♈	11 ♒	1 ♏
30	9 ♒ 45	14 ♎ 48	1 ♎ 32	29 ♍ 48	15 ♑ 48	24 ♑ 17	5 ♎ 35	1 ♒ 52	3 ♈ 22	4 ♒ 55	27 ♑ 54	5 ♐ 11	0 ♒	8 ♑	26 ♈	12 ♒	1 ♏
31	10 ♒ 46	27 ♎ 0	1 ♎ 29	29 ♍ 50	17 ♑ 1	25 ♑ 32	5 ♎ 40	2 ♒ 6	3 ♈ 28	4 ♒ 58	27 ♑ 56	5 ♐ 12	0 ♒	9 ♑	27 ♈	12 ♒	1 ♏

SUN INGRESS	☉→♒20日 09:43
MOON PHASE	◑ 2日 10:45 ♎　● 9日 13:26 ♑　◐ 16日 05:02 ♈　○ 24日 00:11 ♌

aspects

2日	10:21	☉☌☿
9日	19:52	♂☍♄
9日	20:39	♃☌♆
12日	04:16	♀□♄
12日	15:36	♀□♂
12日	23:30	☿☌♀
17日	21:33	☉☌♆
19日	22:07	☉☌♃
21日	03:55	♂△♅
23日	03:31	☉⚹♄
24日	22:53	☉☌♅
25日	09:25	☉△♂
25日	09:39	☉⚹♇
25日	11:30	♂⚹♇

1997年2月

DAY	☉	☽	☊ mean	☊ true	☿	♀	♂	♃	♄	♅	♆	♇	⚳	⚴	⚵	⚶	⚷
	° ′	° ′	° ′	° ′	° ′	° ′	° ′	° ′	° ′	° ′	° ′	° ′	°	°	°	°	°
1	11 ♒ 47	9 ♏ 30	1 ♎ 26	29 D 50	18 D 16	26 D 47	5 D 44	2 D 20	3 D 33	5 D 2	27 D 58	5 D 13	1 D	9 D	27 D	13 D	1 D
2	12 ♒ 48	22 ♏ 22	1 ♎ 22	29 R 50	19 ♑ 33	28 ♑ 2	5 ♎ 48	2 ♒ 34	3 ♈ 39	5 ♒ 5	28 ♑ 1	5 ♐ 14	1 ♒	10 ♑	27 ♈	13 ♒	1 ♏
3	13 ♒ 48	5 ♐ 41	1 ♎ 19	29 ♍ 48	20 ♑ 51	29 ♑ 17	5 ♎ 51	2 ♒ 48	3 ♈ 45	5 ♒ 9	28 ♑ 3	5 ♐ 16	2 ♒	10 ♑	28 ♈	14 ♒	1 ♏
4	14 ♒ 49	19 ♐ 29	1 ♎ 16	29 ♍ 43	22 ♑ 11	0 ♒ 33	5 ♎ 53	3 ♒ 2	3 ♈ 50	5 ♒ 12	28 ♑ 5	5 ♐ 17	2 ♒	10 ♑	28 ♈	14 ♒	1 ♏
5	15 ♒ 50	3 ♑ 46	1 ♎ 13	29 ♍ 38	23 ♑ 32	1 ♒ 48	5 ♎ 54	3 ♒ 16	3 ♈ 56	5 ♒ 16	28 ♑ 7	5 ♐ 18	2 ♒	11 ♑	29 ♈	15 ♒	1 ♏
6	16 ♒ 51	18 ♑ 30	1 ♎ 10	29 ♍ 31	24 ♑ 54	3 ♒ 3	5 ♎ 55	3 ♒ 30	4 ♈ 2	5 ♒ 19	28 ♑ 9	5 ♐ 19	3 ♒	11 ♑	29 ♈	15 ♒	2 ♏
7	17 ♒ 52	3 ♒ 34	1 ♎ 6	29 ♍ 26	26 ♑ 17	4 ♒ 18	5 R 55	3 ♒ 44	4 ♈ 8	5 ♒ 23	28 ♑ 12	5 ♐ 20	3 ♒	12 ♑	0 ♉	16 ♒	2 ♏
8	18 ♒ 53	18 ♒ 49	1 ♎ 3	29 ♍ 18	27 ♑ 41	5 ♒ 33	5 ♎ 54	3 ♒ 58	4 ♈ 14	5 ♒ 26	28 ♑ 14	5 ♐ 21	3 ♒	12 ♑	0 ♉	16 ♒	2 ♏
9	19 ♒ 53	4 ♓ 5	1 ♎ 0	29 ♍ 14	29 ♑ 6	6 ♒ 48	5 ♎ 52	4 ♒ 12	4 ♈ 20	5 ♒ 30	28 ♑ 16	5 ♐ 22	4 ♒	12 ♑	1 ♉	17 ♒	2 ♏
10	20 ♒ 54	19 ♓ 11	0 ♎ 57	29 ♍ 12	0 ♒ 32	8 ♒ 3	5 ♎ 50	4 ♒ 26	4 ♈ 26	5 ♒ 33	28 ♑ 18	5 ♐ 23	4 ♒	13 ♑	1 ♉	17 ♒	2 ♏
11	21 ♒ 55	3 ♈ 58	0 ♎ 54	29 D 12	2 ♒ 0	9 ♒ 18	5 ♎ 47	4 ♒ 40	4 ♈ 32	5 ♒ 37	28 ♑ 20	5 ♐ 24	4 ♒	13 ♑	2 ♉	18 ♒	2 ♏
12	22 ♒ 56	18 ♈ 22	0 ♎ 51	29 ♍ 13	3 ♒ 28	10 ♒ 33	5 ♎ 43	4 ♒ 54	4 ♈ 39	5 ♒ 40	28 ♑ 22	5 ♐ 25	5 ♒	13 ♑	2 ♉	18 ♒	2 ♏
13	23 ♒ 56	2 ♉ 19	0 ♎ 47	29 ♍ 14	4 ♒ 57	11 ♒ 49	5 ♎ 38	5 ♒ 7	4 ♈ 45	5 ♒ 43	28 ♑ 24	5 ♐ 26	5 ♒	14 ♑	3 ♉	19 ♒	2 ♏
14	24 ♒ 57	15 ♉ 51	0 ♎ 44	29 ♍ 16	6 ♒ 27	13 ♒ 4	5 ♎ 33	5 ♒ 21	4 ♈ 51	5 ♒ 47	28 ♑ 26	5 ♐ 26	6 ♒	14 ♑	3 ♉	19 ♒	2 ♏
15	25 ♒ 58	28 ♉ 58	0 ♎ 41	29 R 16	7 ♒ 58	14 ♒ 19	5 ♎ 27	5 ♒ 35	4 ♈ 57	5 ♒ 50	28 ♑ 29	5 ♐ 27	6 ♒	14 ♑	4 ♉	20 ♒	2 R
16	26 ♒ 58	11 ♊ 45	0 ♎ 38	29 ♍ 15	9 ♒ 30	15 ♒ 34	5 ♎ 20	5 ♒ 49	5 ♈ 4	5 ♒ 53	28 ♑ 31	5 ♐ 28	6 ♒	15 ♑	4 ♉	20 ♒	2 ♏
17	27 ♒ 59	24 ♊ 14	0 ♎ 35	29 ♍ 12	11 ♒ 2	16 ♒ 49	5 ♎ 12	6 ♒ 2	5 ♈ 10	5 ♒ 57	28 ♑ 33	5 ♐ 29	7 ♒	15 ♑	5 ♉	21 ♒	2 ♏
18	28 ♒ 59	6 ♋ 30	0 ♎ 32	29 ♍ 8	12 ♒ 36	18 ♒ 4	5 ♎ 3	6 ♒ 16	5 ♈ 17	6 ♒ 0	28 ♑ 35	5 ♐ 29	7 ♒	16 ♑	5 ♉	21 ♒	2 ♏
19	0 ♓ 0	18 ♋ 35	0 ♎ 28	29 ♍ 3	14 ♒ 10	19 ♒ 19	4 ♎ 54	6 ♒ 29	5 ♈ 24	6 ♒ 3	28 ♑ 37	5 ♐ 30	8 ♒	16 ♑	6 ♉	22 ♒	2 ♏
20	1 ♓ 0	0 ♌ 33	0 ♎ 25	28 ♍ 58	15 ♒ 46	20 ♒ 34	4 ♎ 44	6 ♒ 43	5 ♈ 30	6 ♒ 7	28 ♑ 39	5 ♐ 31	8 ♒	16 ♑	6 ♉	22 ♒	2 ♏
21	2 ♓ 1	12 ♌ 26	0 ♎ 22	28 ♍ 53	17 ♒ 22	21 ♒ 49	4 ♎ 33	6 ♒ 56	5 ♈ 37	6 ♒ 10	28 ♑ 41	5 ♐ 31	8 ♒	17 ♑	7 ♉	23 ♒	2 ♏
22	3 ♓ 1	24 ♌ 16	0 ♎ 19	28 ♍ 49	19 ♒ 0	23 ♒ 4	4 ♎ 21	7 ♒ 10	5 ♈ 44	6 ♒ 13	28 ♑ 43	5 ♐ 32	9 ♒	17 ♑	7 ♉	23 ♒	2 ♏
23	4 ♓ 2	6 ♍ 5	0 ♎ 16	28 ♍ 46	20 ♒ 38	24 ♒ 19	4 ♎ 9	7 ♒ 23	5 ♈ 50	6 ♒ 16	28 ♑ 45	5 ♐ 32	9 ♒	17 ♑	8 ♉	24 ♒	2 ♏
24	5 ♓ 2	17 ♍ 55	0 ♎ 12	28 ♍ 44	22 ♒ 17	25 ♒ 34	3 ♎ 56	7 ♒ 37	5 ♈ 57	6 ♒ 20	28 ♑ 47	5 ♐ 33	10 ♒	18 ♑	8 ♉	24 ♒	2 ♏
25	6 ♓ 2	29 ♍ 48	0 ♎ 9	28 D 44	23 ♒ 57	26 ♒ 49	3 ♎ 42	7 ♒ 50	6 ♈ 4	6 ♒ 23	28 ♑ 49	5 ♐ 33	10 ♒	18 ♑	9 ♉	25 ♒	1 ♏
26	7 ♓ 3	11 ♎ 47	0 ♎ 6	28 ♍ 44	25 ♒ 38	28 ♒ 4	3 ♎ 27	8 ♒ 3	6 ♈ 11	6 ♒ 26	28 ♑ 50	5 ♐ 34	10 ♒	18 ♑	10 ♉	25 ♒	1 ♏
27	8 ♓ 3	23 ♎ 54	0 ♎ 3	28 ♍ 45	27 ♒ 20	29 ♒ 19	3 ♎ 12	8 ♒ 16	6 ♈ 18	6 ♒ 29	28 ♑ 52	5 ♐ 34	11 ♒	19 ♑	10 ♉	26 ♒	1 ♏
28	9 ♓ 3	6 ♏ 12	0 ♎ 0	28 ♍ 47	29 ♒ 4	0 ♓ 34	2 ♎ 56	8 ♒ 30	6 ♈ 25	6 ♒ 32	28 ♑ 54	5 ♐ 34	11 ♒	19 ♑	11 ♉	26 ♒	1 ♏

SUN INGRESS	☉→♓18日 23:51
MOON PHASE	◑ 1日 04:40 ♏　● 8日 00:06 ♒　◐ 14日 17:58 ♉　○ 22日 19:27 ♍

aspects

1日	23:27	♀☌♆
5日	20:21	♅⚹♇
6日	10:48	♀☌♃
6日	20:33	♀⚹♄
7日	20:06	♀⚹♇
7日	21:43	♀☌♅
8日	06:32	♀△♂
8日	09:31	☿☌♆
10日	00:32	♃⚹♄
12日	09:06	♂△♅
12日	20:32	☿⚹♄
13日	03:22	☿☌♃
13日	07:47	☿⚹♇
13日	10:29	☿△♂
13日	12:56	☿☌♅
14日	09:47	♃⚹♇
14日	14:07	♂△♃
14日	21:54	♂⚹♇
16日	11:22	♃☌♅
17日	02:14	♂☍♄
20日	01:55	♄△♇
24日	12:18	☉□♇

1997年3月

DAY	☉	☽	☊		☿	♀	♂	♃	♄	♅	♆	♇	⚳	⚴	⚵	⚶	⚷
			mean	true													
	° ′	° ′	° ′	° ′	° ′	° ′	° ′	° ′	° ′	° ′	° ′	° ′	°	°	°	°	°
1	10 ♓ 3	18 ♏ 45	29 ♍ 57	28 D 48	0 D 48	1 D 49	2 R 39	8 D 43	6 D 32	6 D 35	28 D 56	5 D 35	11 D	19 D	11 D	27 D	1 R
2	11 ♓ 4	1 ♐ 37	29 ♍ 53	28 ♍ 49	2 ♓ 33	3 ♓ 4	2 ♎ 22	8 ♒ 56	6 ♈ 39	6 ♒ 38	28 ♑ 58	5 ♐ 35	12 ♒	20 ♑	12 ♉	27 ♒	1 ♏
3	12 ♓ 4	14 ♐ 50	29 ♍ 50	28 R 50	4 ♓ 19	4 ♓ 19	2 ♎ 4	9 ♒ 9	6 ♈ 46	6 ♒ 41	29 ♑ 0	5 ♐ 35	12 ♒	20 ♑	12 ♉	28 ♒	1 ♏
4	13 ♓ 4	28 ♐ 28	29 ♍ 47	28 ♍ 49	6 ♓ 7	5 ♓ 34	1 ♎ 45	9 ♒ 22	6 ♈ 53	6 ♒ 44	29 ♑ 1	5 ♐ 35	13 ♒	20 ♑	13 ♉	28 ♒	1 ♏
5	14 ♓ 4	12 ♑ 31	29 ♍ 44	28 ♍ 48	7 ♓ 55	6 ♓ 48	1 ♎ 26	9 ♒ 35	7 ♈ 0	6 ♒ 47	29 ♑ 3	5 ♐ 35	13 ♒	21 ♑	13 ♉	29 ♒	1 ♏
6	15 ♓ 4	26 ♑ 59	29 ♍ 41	28 ♍ 46	9 ♓ 44	8 ♓ 3	1 ♎ 6	9 ♒ 48	7 ♈ 7	6 ♒ 50	29 ♑ 5	5 ♐ 36	13 ♒	21 ♑	14 ♉	29 ♒	1 ♏
7	16 ♓ 4	11 ♒ 48	29 ♍ 38	28 ♍ 45	11 ♓ 35	9 ♓ 18	0 ♎ 46	10 ♒ 0	7 ♈ 14	6 ♒ 53	29 ♑ 7	5 ♐ 36	14 ♒	21 ♑	14 ♉	0 ♓	1 ♏
8	17 ♓ 4	26 ♒ 52	29 ♍ 34	28 ♍ 43	13 ♓ 26	10 ♓ 33	0 ♎ 25	10 ♒ 13	7 ♈ 21	6 ♒ 56	29 ♑ 8	5 ♐ 36	14 ♒	22 ♑	15 ♉	0 ♓	1 ♏
9	18 ♓ 5	12 ♓ 2	29 ♍ 31	28 ♍ 42	15 ♓ 19	11 ♓ 48	0 ♎ 4	10 ♒ 26	7 ♈ 29	6 ♒ 59	29 ♑ 10	5 R 36	14 ♒	22 ♑	15 ♉	1 ♓	1 ♏
10	19 ♓ 5	27 ♓ 9	29 ♍ 28	28 ♍ 42	17 ♓ 13	13 ♓ 3	29 ♍ 42	10 ♒ 38	7 ♈ 36	7 ♒ 2	29 ♑ 12	5 ♐ 36	15 ♒	22 ♑	16 ♉	1 ♓	1 ♏
11	20 ♓ 4	12 ♈ 3	29 ♍ 25	28 D 42	19 ♓ 7	14 ♓ 18	29 ♍ 20	10 ♒ 51	7 ♈ 43	7 ♒ 5	29 ♑ 13	5 ♐ 36	15 ♒	23 ♑	16 ♉	2 ♓	1 ♏
12	21 ♓ 4	26 ♈ 38	29 ♍ 22	28 ♍ 43	21 ♓ 3	15 ♓ 33	28 ♍ 58	11 ♒ 3	7 ♈ 51	7 ♒ 7	29 ♑ 15	5 ♐ 35	16 ♒	23 ♑	17 ♉	2 ♓	1 ♏
13	22 ♓ 4	10 ♉ 48	29 ♍ 18	28 ♍ 43	23 ♓ 0	16 ♓ 47	28 ♍ 35	11 ♒ 16	7 ♈ 58	7 ♒ 10	29 ♑ 16	5 ♐ 35	16 ♒	23 ♑	18 ♉	3 ♓	1 ♏
14	23 ♓ 4	24 ♉ 31	29 ♍ 15	28 ♍ 44	24 ♓ 57	18 ♓ 2	28 ♍ 12	11 ♒ 28	8 ♈ 5	7 ♒ 13	29 ♑ 18	5 ♐ 35	16 ♒	24 ♑	18 ♉	3 ♓	1 ♏
15	24 ♓ 4	7 ♊ 47	29 ♍ 12	28 ♍ 44	26 ♓ 55	19 ♓ 17	27 ♍ 49	11 ♒ 40	8 ♈ 13	7 ♒ 16	29 ♑ 19	5 ♐ 35	17 ♒	24 ♑	19 ♉	4 ♓	1 ♏
16	25 ♓ 4	20 ♊ 39	29 ♍ 9	28 ♍ 45	28 ♓ 54	20 ♓ 32	27 ♍ 26	11 ♒ 52	8 ♈ 20	7 ♒ 18	29 ♑ 21	5 ♐ 35	17 ♒	24 ♑	19 ♉	4 ♓	1 ♏
17	26 ♓ 4	3 ♋ 10	29 ♍ 6	28 R 45	0 ♈ 53	21 ♓ 46	27 ♍ 2	12 ♒ 5	8 ♈ 27	7 ♒ 21	29 ♑ 22	5 ♐ 35	17 ♒	24 ♑	20 ♉	5 ♓	1 ♏
18	27 ♓ 3	15 ♋ 25	29 ♍ 3	28 ♍ 44	2 ♈ 53	23 ♓ 1	26 ♍ 39	12 ♒ 17	8 ♈ 35	7 ♒ 23	29 ♑ 24	5 ♐ 34	18 ♒	25 ♑	20 ♉	5 ♓	1 ♏
19	28 ♓ 3	27 ♋ 26	28 ♍ 59	28 ♍ 44	4 ♈ 52	24 ♓ 16	26 ♍ 15	12 ♒ 29	8 ♈ 42	7 ♒ 26	29 ♑ 25	5 ♐ 34	18 ♒	25 ♑	21 ♉	6 ♓	1 ♏
20	29 ♓ 3	9 ♌ 20	28 ♍ 56	28 D 44	6 ♈ 52	25 ♓ 31	25 ♍ 52	12 ♒ 40	8 ♈ 50	7 ♒ 29	29 ♑ 27	5 ♐ 34	18 ♒	25 ♑	21 ♉	6 ♓	1 ♏
21	0 ♈ 2	21 ♌ 9	28 ♍ 53	28 ♍ 44	8 ♈ 51	26 ♓ 45	25 ♍ 28	12 ♒ 52	8 ♈ 57	7 ♒ 31	29 ♑ 28	5 ♐ 33	19 ♒	26 ♑	22 ♉	7 ♓	1 ♏
22	1 ♈ 2	2 ♍ 57	28 ♍ 50	28 ♍ 45	10 ♈ 50	28 ♓ 0	25 ♍ 5	13 ♒ 4	9 ♈ 5	7 ♒ 33	29 ♑ 29	5 ♐ 33	19 ♒	26 ♑	23 ♉	7 ♓	0 ♏
23	2 ♈ 1	14 ♍ 47	28 ♍ 47	28 ♍ 45	12 ♈ 48	29 ♓ 15	24 ♍ 42	13 ♒ 16	9 ♈ 12	7 ♒ 36	29 ♑ 30	5 ♐ 32	20 ♒	26 ♑	23 ♉	8 ♓	0 ♏
24	3 ♈ 1	26 ♍ 42	28 ♍ 43	28 ♍ 45	14 ♈ 44	0 ♈ 29	24 ♍ 19	13 ♒ 27	9 ♈ 20	7 ♒ 38	29 ♑ 32	5 ♐ 32	20 ♒	27 ♑	24 ♉	8 ♓	0 ♏
25	4 ♈ 0	8 ♎ 44	28 ♍ 40	28 R 45	16 ♈ 38	1 ♈ 44	23 ♍ 56	13 ♒ 39	9 ♈ 27	7 ♒ 41	29 ♑ 33	5 ♐ 31	20 ♒	27 ♑	24 ♉	9 ♓	0 ♏
26	5 ♈ 0	20 ♎ 54	28 ♍ 37	28 ♍ 44	18 ♈ 31	2 ♈ 58	23 ♍ 33	13 ♒ 50	9 ♈ 35	7 ♒ 43	29 ♑ 34	5 ♐ 31	21 ♒	27 ♑	25 ♉	9 ♓	0 ♏
27	5 ♈ 59	3 ♏ 15	28 ♍ 34	28 ♍ 44	20 ♈ 21	4 ♈ 13	23 ♍ 11	14 ♒ 1	9 ♈ 42	7 ♒ 45	29 ♑ 35	5 ♐ 30	21 ♒	27 ♑	25 ♉	10 ♓	0 ♏
28	6 ♈ 58	15 ♏ 48	28 ♍ 31	28 ♍ 43	22 ♈ 8	5 ♈ 28	22 ♍ 49	14 ♒ 12	9 ♈ 50	7 ♒ 47	29 ♑ 37	5 ♐ 29	21 ♒	28 ♑	26 ♉	10 ♓	0 ♏
29	7 ♈ 58	28 ♏ 34	28 ♍ 28	28 ♍ 42	23 ♈ 51	6 ♈ 42	22 ♍ 28	14 ♒ 23	9 ♈ 57	7 ♒ 49	29 ♑ 38	5 ♐ 29	22 ♒	28 ♑	26 ♉	11 ♓	0 ♏
30	8 ♈ 57	11 ♐ 35	28 ♍ 24	28 ♍ 40	25 ♈ 31	7 ♈ 57	22 ♍ 7	14 ♒ 34	10 ♈ 5	7 ♒ 52	29 ♑ 39	5 ♐ 28	22 ♒	28 ♑	27 ♉	11 ♓	0 ♏
31	9 ♈ 56	24 ♐ 52	28 ♍ 21	28 ♍ 40	27 ♈ 7	9 ♈ 11	21 ♍ 46	14 ♒ 45	10 ♈ 12	7 ♒ 54	29 ♑ 40	5 ♐ 27	22 ♒	28 ♑	28 ♉	12 ♓	0 ♏

SUN INGRESS: ☉ → ♈ 20日 22:55

MOON PHASE: ◑ 2日 18:38 ♐　● 9日 10:15 ♓　◐ 16日 09:06 ♊　○ 24日 13:45 ♎

aspects		
1日	22:23	♄⚹♅
2日	23:31	☿☌♀
3日	17:00	☿□♇
4日	00:32	♀□♇
11日	06:59	♂△♆
12日	00:34	☉☌☿
15日	09:06	☿☍♂
16日	05:30	☿⚹♆
17日	16:54	☉☍♂
19日	08:18	☿△♇
20日	05:08	☿☍♂
20日	07:29	☿⚹♅
20日	09:51	☉⚹♆
21日	01:15	☿☌♄
23日	05:11	♀⚹♆
23日	06:23	☿⚹♃
26日	12:24	☉△♇
28日	00:35	♀△♇
28日	20:29	☉⚹♅
29日	22:16	♀⚹♅
31日	07:19	☉☌♄
31日	21:48	♀☌♄

1997年4月

DAY	☉	☽	☊		☿	♀	♂	♃	♄	♅	♆	♇	⚳	⚴	⚵	⚶	⚷
			mean	true													
	° ′	° ′	° ′	° ′	° ′	° ′	° ′	° ′	° ′	° ′	° ′	° ′	°	°	°	°	°
1	10 ♈ 56	8 ♑ 27	28 ♍ 18	28 R 39	28 D 38	10 D 26	21 R 26	14 D 56	10 D 20	7 D 56	29 D 41	5 R 27	23 D	29 D	28 D	12 D	0 R
2	11 ♈ 55	22 ♑ 21	28 ♍ 15	28 D 39	0 ♉ 4	11 ♈ 40	21 ♍ 6	15 ♒ 7	10 ♈ 27	7 ♒ 58	29 ♑ 42	5 ♐ 26	23 ♒	29 ♑	29 ♉	13 ♓	0 ♏
3	12 ♈ 54	6 ♒ 33	28 ♍ 12	28 ♍ 40	1 ♉ 25	12 ♈ 55	20 ♍ 47	15 ♒ 17	10 ♈ 35	8 ♒ 0	29 ♑ 43	5 ♐ 25	23 ♒	29 ♑	29 ♉	13 ♓	0 ♏
4	13 ♈ 53	21 ♒ 1	28 ♍ 9	28 ♍ 41	2 ♉ 40	14 ♈ 9	20 ♍ 29	15 ♒ 28	10 ♈ 42	8 ♒ 2	29 ♑ 44	5 ♐ 24	24 ♒	29 ♑	0 ♊	14 ♓	0 ♏
5	14 ♈ 52	5 ♓ 42	28 ♍ 5	28 ♍ 42	3 ♉ 50	15 ♈ 24	20 ♍ 11	15 ♒ 38	10 ♈ 50	8 ♒ 3	29 ♑ 45	5 ♐ 23	24 ♒	0 ♒	0 ♊	14 ♓	0 ♏
6	15 ♈ 51	20 ♓ 31	28 ♍ 2	28 ♍ 43	4 ♉ 54	16 ♈ 38	19 ♍ 54	15 ♒ 49	10 ♈ 57	8 ♒ 5	29 ♑ 46	5 ♐ 23	24 ♒	0 ♒	1 ♊	15 ♓	29 ♎
7	16 ♈ 50	5 ♈ 21	27 ♍ 59	28 R 43	5 ♉ 51	17 ♈ 53	19 ♍ 37	15 ♒ 59	11 ♈ 5	8 ♒ 7	29 ♑ 46	5 ♐ 22	25 ♒	0 ♒	1 ♊	15 ♓	29 ♎
8	17 ♈ 49	20 ♈ 5	27 ♍ 56	28 ♍ 42	6 ♉ 42	19 ♈ 7	19 ♍ 21	16 ♒ 9	11 ♈ 12	8 ♒ 9	29 ♑ 47	5 ♐ 21	25 ♒	0 ♒	2 ♊	16 ♓	29 ♎
9	18 ♈ 48	4 ♉ 36	27 ♍ 53	28 ♍ 40	7 ♉ 27	20 ♈ 21	19 ♍ 6	16 ♒ 19	11 ♈ 20	8 ♒ 10	29 ♑ 48	5 ♐ 20	25 ♒	1 ♒	3 ♊	16 ♓	29 ♎
10	19 ♈ 47	18 ♉ 46	27 ♍ 49	28 ♍ 37	8 ♉ 6	21 ♈ 36	18 ♍ 51	16 ♒ 29	11 ♈ 27	8 ♒ 12	29 ♑ 49	5 ♐ 19	26 ♒	1 ♒	3 ♊	17 ♓	29 ♎
11	20 ♈ 46	2 ♊ 34	27 ♍ 46	28 ♍ 34	8 ♉ 37	22 ♈ 50	18 ♍ 38	16 ♒ 38	11 ♈ 35	8 ♒ 14	29 ♑ 49	5 ♐ 18	26 ♒	1 ♒	4 ♊	17 ♓	29 ♎
12	21 ♈ 45	15 ♊ 56	27 ♍ 43	28 ♍ 31	9 ♉ 2	24 ♈ 4	18 ♍ 25	16 ♒ 48	11 ♈ 42	8 ♒ 15	29 ♑ 50	5 ♐ 17	26 ♒	1 ♒	4 ♊	18 ♓	29 ♎
13	22 ♈ 44	28 ♊ 54	27 ♍ 40	28 ♍ 28	9 ♉ 21	25 ♈ 19	18 ♍ 13	16 ♒ 58	11 ♈ 50	8 ♒ 17	29 ♑ 51	5 ♐ 16	27 ♒	1 ♒	5 ♊	18 ♓	29 ♎
14	23 ♈ 43	11 ♋ 29	27 ♍ 37	28 ♍ 27	9 ♉ 33	26 ♈ 33	18 ♍ 1	17 ♒ 7	11 ♈ 57	8 ♒ 18	29 ♑ 51	5 ♐ 15	27 ♒	2 ♒	5 ♊	19 ♓	29 ♎
15	24 ♈ 42	23 ♋ 46	27 ♍ 34	28 ♍ 26	9 ♉ 38	27 ♈ 47	17 ♍ 51	17 ♒ 16	12 ♈ 4	8 ♒ 20	29 ♑ 52	5 ♐ 13	27 ♒	2 ♒	6 ♊	19 ♓	29 ♎
16	25 ♈ 40	5 ♌ 48	27 ♍ 30	28 D 27	9 R 38	29 ♈ 2	17 ♍ 41	17 ♒ 25	12 ♈ 12	8 ♒ 21	29 ♑ 53	5 ♐ 12	28 ♒	2 ♒	6 ♊	19 ♓	29 ♎
17	26 ♈ 39	17 ♌ 41	27 ♍ 27	28 ♍ 28	9 ♉ 31	0 ♉ 16	17 ♍ 32	17 ♒ 34	12 ♈ 19	8 ♒ 22	29 ♑ 53	5 ♐ 11	28 ♒	2 ♒	7 ♊	20 ♓	29 ♎
18	27 ♈ 38	29 ♌ 30	27 ♍ 24	28 ♍ 30	9 ♉ 18	1 ♉ 30	17 ♍ 23	17 ♒ 43	12 ♈ 27	8 ♒ 24	29 ♑ 54	5 ♐ 10	28 ♒	2 ♒	8 ♊	20 ♓	29 ♎
19	28 ♈ 36	11 ♍ 19	27 ♍ 21	28 ♍ 31	9 ♉ 0	2 ♉ 44	17 ♍ 16	17 ♒ 52	12 ♈ 34	8 ♒ 25	29 ♑ 54	5 ♐ 9	29 ♒	3 ♒	8 ♊	21 ♓	28 ♎
20	29 ♈ 35	23 ♍ 12	27 ♍ 18	28 ♍ 32	8 ♉ 37	3 ♉ 58	17 ♍ 9	18 ♒ 1	12 ♈ 41	8 ♒ 26	29 ♑ 54	5 ♐ 7	29 ♒	3 ♒	9 ♊	21 ♓	28 ♎
21	0 ♉ 34	5 ♎ 13	27 ♍ 14	28 R 32	8 ♉ 10	5 ♉ 13	17 ♍ 3	18 ♒ 9	12 ♈ 49	8 ♒ 27	29 ♑ 55	5 ♐ 6	29 ♒	3 ♒	9 ♊	22 ♓	28 ♎
22	1 ♉ 32	17 ♎ 25	27 ♍ 11	28 ♍ 31	7 ♉ 39	6 ♉ 27	16 ♍ 58	18 ♒ 18	12 ♈ 56	8 ♒ 28	29 ♑ 55	5 ♐ 5	29 ♒	3 ♒	10 ♊	22 ♓	28 ♎
23	2 ♉ 31	29 ♎ 50	27 ♍ 8	28 ♍ 28	7 ♉ 4	7 ♉ 41	16 ♍ 54	18 ♒ 26	13 ♈ 3	8 ♒ 29	29 ♑ 56	5 ♐ 4	0 ♓	3 ♒	10 ♊	23 ♓	28 ♎
24	3 ♉ 29	12 ♏ 28	27 ♍ 5	28 ♍ 23	6 ♉ 27	8 ♉ 55	16 ♍ 50	18 ♒ 34	13 ♈ 10	8 ♒ 30	29 ♑ 56	5 ♐ 2	0 ♓	4 ♒	11 ♊	23 ♓	28 ♎
25	4 ♉ 27	25 ♏ 21	27 ♍ 2	28 ♍ 17	5 ♉ 48	10 ♉ 9	16 ♍ 48	18 ♒ 42	13 ♈ 18	8 ♒ 31	29 ♑ 56	5 ♐ 1	0 ♓	4 ♒	12 ♊	24 ♓	28 ♎
26	5 ♉ 26	8 ♐ 28	26 ♍ 59	28 ♍ 11	5 ♉ 7	11 ♉ 23	16 ♍ 46	18 ♒ 50	13 ♈ 25	8 ♒ 32	29 ♑ 56	5 ♐ 0	1 ♓	4 ♒	12 ♊	24 ♓	28 ♎
27	6 ♉ 24	21 ♐ 49	26 ♍ 55	28 ♍ 5	4 ♉ 27	12 ♉ 37	16 ♍ 44	18 ♒ 58	13 ♈ 32	8 ♒ 33	29 ♑ 56	4 ♐ 58	1 ♓	4 ♒	13 ♊	25 ♓	28 ♎
28	7 ♉ 23	5 ♑ 21	26 ♍ 52	28 ♍ 0	3 ♉ 47	13 ♉ 51	16 ♍ 44	19 ♒ 5	13 ♈ 39	8 ♒ 34	29 ♑ 57	4 ♐ 57	1 ♓	4 ♒	13 ♊	25 ♓	28 ♎
29	8 ♉ 21	19 ♑ 5	26 ♍ 49	27 ♍ 57	3 ♉ 7	15 ♉ 5	16 D 44	19 ♒ 13	13 ♈ 46	8 ♒ 35	29 ♑ 57	4 ♐ 55	2 ♓	4 ♒	14 ♊	25 ♓	28 ♎
30	9 ♉ 19	3 ♒ 0	26 ♍ 46	27 ♍ 55	2 ♉ 30	16 ♉ 19	16 ♍ 45	19 ♒ 20	13 ♈ 53	8 ♒ 35	29 ♑ 57	4 ♐ 54	2 ♓	4 ♒	14 ♊	26 ♓	28 ♎

SUN INGRESS: ☉ → ♉ 20日 10:03

MOON PHASE: ◑ 1日 04:38 ♑　● 7日 20:02 ♈　◐ 15日 02:00 ♋　○ 23日 05:33 ♏　◑ 30日 11:37 ♒

aspects		
1日	17:38	☿□♆
2日	22:44	☉☌♀
5日	05:28	♀⚹♃
5日	22:40	☉⚹♃
10日	04:47	☿□♅
16日	16:34	♀□♆
20日	08:01	☉□♆
20日	09:48	☿□♅
22日	15:55	☿☌♀
23日	15:55	♀□♅
25日	19:32	☉☌☿
29日	05:44	☉□♅
30日	08:31	♀△♂

1997年5月

DAY	☉	☽	☊ mean	☊ true	☿	♀	♂	♃	♄	♅	♆	♇	⚳	⚴	⚵	⚶	⚷
	° ′	° ′	° ′	° ′	° ′	° ′	° ′	° ′	° ′	° ′	° ′	° ′	°	°	°	°	°
1	10 ♉ 17	17 ♒ 4	26 ♍ 43	27 D 55	1 R 55	17 D 33	16 D 47	19 D 27	14 D 0	8 D 36	29 D 57	4 R 53	2 D	5 D	15 D	26 D	28 R
2	11 ♉ 16	1 ♓ 17	26 ♍ 40	27 ♍ 56	1 ♉ 23	18 ♉ 47	16 ♍ 49	19 ♒ 34	14 ♈ 7	8 ♒ 37	29 ♑ 57	4 ♐ 51	2 ♓	5 ♒	16 ♊	27 ♓	27 ♎
3	12 ♉ 14	15 ♓ 36	26 ♍ 36	27 ♍ 57	0 ♉ 54	20 ♉ 1	16 ♍ 52	19 ♒ 41	14 ♈ 14	8 ♒ 37	29 R 57	4 ♐ 50	3 ♓	5 ♒	16 ♊	27 ♓	27 ♎
4	13 ♉ 12	0 ♈ 0	26 ♍ 33	27 R 58	0 ♉ 29	21 ♉ 15	16 ♍ 56	19 ♒ 47	14 ♈ 21	8 ♒ 38	29 ♑ 57	4 ♐ 48	3 ♓	5 ♒	17 ♊	28 ♓	27 ♎
5	14 ♉ 10	14 ♈ 25	26 ♍ 30	27 ♍ 57	0 ♉ 8	22 ♉ 29	17 ♍ 1	19 ♒ 54	14 ♈ 28	8 ♒ 38	29 ♑ 57	4 ♐ 47	3 ♓	5 ♒	17 ♊	28 ♓	27 ♎
6	15 ♉ 8	28 ♈ 46	26 ♍ 27	27 ♍ 54	29 ♈ 51	23 ♉ 43	17 ♍ 6	20 ♒ 0	14 ♈ 35	8 ♒ 38	29 ♑ 57	4 ♐ 45	4 ♓	5 ♒	18 ♊	29 ♓	27 ♎
7	16 ♉ 7	12 ♉ 57	26 ♍ 24	27 ♍ 48	29 ♈ 39	24 ♉ 57	17 ♍ 12	20 ♒ 7	14 ♈ 42	8 ♒ 39	29 ♑ 57	4 ♐ 44	4 ♓	5 ♒	18 ♊	29 ♓	27 ♎
8	17 ♉ 5	26 ♉ 55	26 ♍ 20	27 ♍ 41	29 ♈ 31	26 ♉ 11	17 ♍ 18	20 ♒ 13	14 ♈ 49	8 ♒ 39	29 ♑ 56	4 ♐ 42	4 ♓	5 ♒	19 ♊	29 ♓	27 ♎
9	18 ♉ 3	10 ♊ 35	26 ♍ 17	27 ♍ 33	29 ♈ 28	27 ♉ 25	17 ♍ 26	20 ♒ 19	14 ♈ 55	8 ♒ 39	29 ♑ 56	4 ♐ 40	4 ♓	5 ♒	19 ♊	0 ♈	27 ♎
10	19 ♉ 1	23 ♊ 54	26 ♍ 14	27 ♍ 24	29 D 30	28 ♉ 38	17 ♍ 34	20 ♒ 24	15 ♈ 2	8 ♒ 40	29 ♑ 56	4 ♐ 39	5 ♓	5 ♒	20 ♊	0 ♈	27 ♎
11	19 ♉ 59	6 ♋ 51	26 ♍ 11	27 ♍ 16	29 ♈ 36	29 ♉ 52	17 ♍ 42	20 ♒ 30	15 ♈ 9	8 ♒ 40	29 ♑ 56	4 ♐ 37	5 ♓	6 ♒	21 ♊	1 ♈	27 ♎
12	20 ♉ 57	19 ♋ 27	26 ♍ 8	27 ♍ 10	29 ♈ 47	1 ♊ 6	17 ♍ 51	20 ♒ 35	15 ♈ 15	8 ♒ 40	29 ♑ 55	4 ♐ 36	5 ♓	6 ♒	21 ♊	1 ♈	27 ♎
13	21 ♉ 55	1 ♌ 45	26 ♍ 5	27 ♍ 6	0 ♉ 3	2 ♊ 20	18 ♍ 1	20 ♒ 41	15 ♈ 22	8 ♒ 40	29 ♑ 55	4 ♐ 34	5 ♓	6 ♒	22 ♊	2 ♈	27 ♎
14	22 ♉ 53	13 ♌ 48	26 ♍ 1	27 ♍ 3	0 ♉ 23	3 ♊ 34	18 ♍ 11	20 ♒ 46	15 ♈ 28	8 R 40	29 ♑ 55	4 ♐ 33	6 ♓	6 ♒	22 ♊	2 ♈	27 ♎
15	23 ♉ 50	25 ♌ 42	25 ♍ 58	27 D 3	0 ♉ 47	4 ♊ 47	18 ♍ 22	20 ♒ 51	15 ♈ 35	8 ♒ 40	29 ♑ 54	4 ♐ 31	6 ♓	6 ♒	23 ♊	3 ♈	27 ♎
16	24 ♉ 48	7 ♍ 31	25 ♍ 55	27 ♍ 4	1 ♉ 16	6 ♊ 1	18 ♍ 34	20 ♒ 55	15 ♈ 41	8 ♒ 40	29 ♑ 54	4 ♐ 29	6 ♓	6 ♒	23 ♊	3 ♈	26 ♎
17	25 ♉ 46	19 ♍ 20	25 ♍ 52	27 ♍ 4	1 ♉ 49	7 ♊ 15	18 ♍ 46	21 ♒ 0	15 ♈ 48	8 ♒ 40	29 ♑ 54	4 ♐ 28	6 ♓	6 ♒	24 ♊	3 ♈	26 ♎
18	26 ♉ 44	1 ♎ 16	25 ♍ 49	27 R 5	2 ♉ 25	8 ♊ 29	18 ♍ 59	21 ♒ 4	15 ♈ 54	8 ♒ 39	29 ♑ 53	4 ♐ 26	7 ♓	6 ♒	24 ♊	4 ♈	26 ♎
19	27 ♉ 42	13 ♎ 22	25 ♍ 46	27 ♍ 3	3 ♉ 6	9 ♊ 42	19 ♍ 12	21 ♒ 9	16 ♈ 0	8 ♒ 39	29 ♑ 53	4 ♐ 24	7 ♓	6 ♒	25 ♊	4 ♈	26 ♎
20	28 ♉ 39	25 ♎ 43	25 ♍ 42	27 ♍ 0	3 ♉ 50	10 ♊ 56	19 ♍ 26	21 ♒ 13	16 ♈ 6	8 ♒ 39	29 ♑ 52	4 ♐ 23	7 ♓	6 ♒	26 ♊	5 ♈	26 ♎
21	29 ♉ 37	8 ♏ 21	25 ♍ 39	26 ♍ 54	4 ♉ 38	12 ♊ 10	19 ♍ 40	21 ♒ 17	16 ♈ 13	8 ♒ 39	29 ♑ 51	4 ♐ 21	7 ♓	6 ♒	26 ♊	5 ♈	26 ♎
22	0 ♊ 35	21 ♏ 17	25 ♍ 36	26 ♍ 45	5 ♉ 29	13 ♊ 23	19 ♍ 55	21 ♒ 20	16 ♈ 19	8 ♒ 38	29 ♑ 51	4 ♐ 20	8 ♓	6 ♒	27 ♊	5 ♈	26 ♎
23	1 ♊ 33	4 ♐ 32	25 ♍ 33	26 ♍ 35	6 ♉ 24	14 ♊ 37	20 ♍ 10	21 ♒ 24	16 ♈ 25	8 ♒ 38	29 ♑ 50	4 ♐ 18	8 ♓	6 ♒	27 ♊	6 ♈	26 ♎
24	2 ♊ 30	18 ♐ 3	25 ♍ 30	26 ♍ 25	7 ♉ 22	15 ♊ 50	20 ♍ 26	21 ♒ 27	16 ♈ 31	8 ♒ 37	29 ♑ 49	4 ♐ 16	8 ♓	6 R	28 ♊	6 ♈	26 ♎
25	3 ♊ 28	1 ♑ 49	25 ♍ 26	26 ♍ 14	8 ♉ 23	17 ♊ 4	20 ♍ 42	21 ♒ 30	16 ♈ 37	8 ♒ 37	29 ♑ 49	4 ♐ 15	8 ♓	6 ♒	28 ♊	7 ♈	26 ♎
26	4 ♊ 25	15 ♑ 45	25 ♍ 23	26 ♍ 5	9 ♉ 28	18 ♊ 17	20 ♍ 59	21 ♒ 33	16 ♈ 43	8 ♒ 36	29 ♑ 48	4 ♐ 13	8 ♓	6 ♒	29 ♊	7 ♈	26 ♎
27	5 ♊ 23	29 ♑ 48	25 ♍ 20	25 ♍ 59	10 ♉ 35	19 ♊ 31	21 ♍ 16	21 ♒ 36	16 ♈ 49	8 ♒ 36	29 ♑ 47	4 ♐ 11	9 ♓	6 ♒	0 ♋	8 ♈	26 ♎
28	6 ♊ 21	13 ♒ 55	25 ♍ 17	25 ♍ 55	11 ♉ 45	20 ♊ 45	21 ♍ 33	21 ♒ 39	16 ♈ 54	8 ♒ 35	29 ♑ 47	4 ♐ 10	9 ♓	6 ♒	0 ♋	8 ♈	26 ♎
29	7 ♊ 18	28 ♒ 3	25 ♍ 14	25 ♍ 55	12 ♉ 59	21 ♊ 58	21 ♍ 52	21 ♒ 41	17 ♈ 0	8 ♒ 34	29 ♑ 46	4 ♐ 8	9 ♓	6 ♒	1 ♋	8 ♈	26 ♎
30	8 ♊ 16	12 ♓ 11	25 ♍ 11	25 D 53	14 ♉ 15	23 ♊ 12	22 ♍ 10	21 ♒ 44	17 ♈ 6	8 ♒ 33	29 ♑ 45	4 ♐ 6	9 ♓	6 ♒	1 ♋	9 ♈	26 ♎
31	9 ♊ 13	26 ♓ 18	25 ♍ 7	25 R 53	15 ♉ 33	24 ♊ 25	22 ♍ 29	21 ♒ 46	17 ♈ 11	8 ♒ 33	29 ♑ 44	4 ♐ 5	9 ♓	6 ♒	2 ♋	9 ♈	26 ♎

SUN INGRESS　☉→♊21日 09:18

MOON PHASE　● 7日 05:47 ♉　◐ 14日 19:55 ♌　○ 22日 18:13 ♐　◑ 29日 16:51 ♓

aspects		
2日	16:43	☿□♃
5日	14:43	☿□♆
8日	06:29	☉△♂
11日	01:06	♀△♆
11日	14:15	☉□♃
12日	13:15	☿□♆
14日	18:45	☿☍♇
18日	03:31	♀△♅
21日	05:51	☉△♆
24日	14:23	♀⚹♄
25日	04:59	☿□♅
25日	18:58	☉☍♇
28日	18:19	♀△♃
28日	21:10	☿□♂
30日	07:15	☉△♅

1997年6月

DAY	☉	☽	☊ mean	☊ true	☿	♀	♂	♃	♄	♅	♆	♇	⚳	⚴	⚵	⚶	⚷
	° ′	° ′	° ′	° ′	° ′	° ′	° ′	° ′	° ′	° ′	° ′	° ′	°	°	°	°	°
1	10 ♊ 11	10 ♈ 22	25 ♍ 4	25 R 52	16 D 55	25 D 39	22 D 48	21 D 47	17 D 17	8 R 32	29 R 43	4 R 3	10 D	6 R	2 D	10 D	26 R
2	11 ♊ 8	24 ♈ 23	25 ♍ 1	25 ♍ 50	18 ♉ 19	26 ♊ 52	23 ♍ 8	21 ♒ 49	17 ♈ 22	8 ♒ 31	29 ♑ 42	4 ♐ 2	10 ♓	6 ♒	3 ♋	10 ♈	26 ♎
3	12 ♊ 6	8 ♉ 18	24 ♍ 58	25 ♍ 44	19 ♉ 46	28 ♊ 5	23 ♍ 28	21 ♒ 51	17 ♈ 28	8 ♒ 30	29 ♑ 41	4 ♐ 0	10 ♓	6 ♒	3 ♋	10 ♈	26 ♎
4	13 ♊ 3	22 ♉ 5	24 ♍ 55	25 ♍ 36	21 ♉ 16	29 ♊ 19	23 ♍ 49	21 ♒ 52	17 ♈ 33	8 ♒ 29	29 ♑ 40	3 ♐ 58	10 ♓	6 ♒	4 ♋	11 ♈	26 ♎
5	14 ♊ 1	5 ♊ 41	24 ♍ 52	25 ♍ 26	22 ♉ 48	0 ♋ 32	24 ♍ 10	21 ♒ 53	17 ♈ 38	8 ♒ 28	29 ♑ 39	3 ♐ 57	10 ♓	6 ♒	4 ♋	11 ♈	26 ♎
6	14 ♊ 58	19 ♊ 3	24 ♍ 48	25 ♍ 14	24 ♉ 23	1 ♋ 46	24 ♍ 31	21 ♒ 54	17 ♈ 44	8 ♒ 27	29 ♑ 38	3 ♐ 55	11 ♓	5 ♒	5 ♋	12 ♈	25 ♎
7	15 ♊ 56	2 ♋ 8	24 ♍ 45	25 ♍ 2	26 ♉ 0	2 ♋ 59	24 ♍ 53	21 ♒ 55	17 ♈ 49	8 ♒ 26	29 ♑ 37	3 ♐ 53	11 ♓	5 ♒	6 ♋	12 ♈	25 ♎
8	16 ♊ 53	14 ♋ 56	24 ♍ 42	24 ♍ 50	27 ♉ 40	4 ♋ 12	25 ♍ 15	21 ♒ 55	17 ♈ 54	8 ♒ 24	29 ♑ 36	3 ♐ 52	11 ♓	5 ♒	6 ♋	12 ♈	25 ♎
9	17 ♊ 50	27 ♋ 26	24 ♍ 39	24 ♍ 40	29 ♉ 23	5 ♋ 26	25 ♍ 37	21 ♒ 56	17 ♈ 59	8 ♒ 23	29 ♑ 35	3 ♐ 50	11 ♓	5 ♒	7 ♋	13 ♈	25 ♎
10	18 ♊ 48	9 ♌ 41	24 ♍ 36	24 ♍ 33	1 ♊ 8	6 ♋ 39	26 ♍ 0	21 ♒ 56	18 ♈ 4	8 ♒ 22	29 ♑ 34	3 ♐ 49	11 ♓	5 ♒	7 ♋	13 ♈	25 ♎
11	19 ♊ 45	21 ♌ 42	24 ♍ 32	24 ♍ 28	2 ♊ 56	7 ♋ 52	26 ♍ 23	21 R 56	18 ♈ 9	8 ♒ 21	29 ♑ 33	3 ♐ 47	11 ♓	5 ♒	8 ♋	13 ♈	25 ♎
12	20 ♊ 43	3 ♍ 35	24 ♍ 29	24 ♍ 25	4 ♊ 46	9 ♋ 6	26 ♍ 47	21 ♒ 56	18 ♈ 13	8 ♒ 19	29 ♑ 32	3 ♐ 46	11 ♓	5 ♒	8 ♋	14 ♈	25 ♎
13	21 ♊ 40	15 ♍ 24	24 ♍ 26	24 ♍ 25	6 ♊ 39	10 ♋ 19	27 ♍ 11	21 ♒ 55	18 ♈ 18	8 ♒ 18	29 ♑ 31	3 ♐ 44	12 ♓	5 ♒	9 ♋	14 ♈	25 ♎
14	22 ♊ 37	27 ♍ 13	24 ♍ 23	24 ♍ 25	8 ♊ 34	11 ♋ 32	27 ♍ 35	21 ♒ 55	18 ♈ 23	8 ♒ 17	29 ♑ 29	3 ♐ 42	12 ♓	4 ♒	9 ♋	15 ♈	25 ♎
15	23 ♊ 35	9 ♎ 10	24 ♍ 20	24 ♍ 24	10 ♊ 31	12 ♋ 45	28 ♍ 0	21 ♒ 54	18 ♈ 27	8 ♒ 15	29 ♑ 28	3 ♐ 41	12 ♓	4 ♒	10 ♋	15 ♈	25 ♎
16	24 ♊ 32	21 ♎ 18	24 ♍ 17	24 ♍ 22	12 ♊ 31	13 ♋ 59	28 ♍ 24	21 ♒ 53	18 ♈ 32	8 ♒ 14	29 ♑ 27	3 ♐ 39	12 ♓	4 ♒	11 ♋	15 ♈	25 ♎
17	25 ♊ 29	3 ♏ 44	24 ♍ 13	24 ♍ 18	14 ♊ 33	15 ♋ 12	28 ♍ 49	21 ♒ 52	18 ♈ 36	8 ♒ 12	29 ♑ 26	3 ♐ 38	12 ♓	4 ♒	11 ♋	16 ♈	25 ♎
18	26 ♊ 26	16 ♏ 29	24 ♍ 10	24 ♍ 12	16 ♊ 36	16 ♋ 25	29 ♍ 15	21 ♒ 50	18 ♈ 41	8 ♒ 11	29 ♑ 24	3 ♐ 36	12 ♓	4 ♒	12 ♋	16 ♈	25 ♎
19	27 ♊ 24	29 ♏ 38	24 ♍ 7	24 ♍ 3	18 ♊ 42	17 ♋ 38	29 ♍ 41	21 ♒ 49	18 ♈ 45	8 ♒ 9	29 ♑ 23	3 ♐ 35	12 ♓	4 ♒	12 ♋	16 ♈	25 ♎
20	28 ♊ 21	13 ♐ 9	24 ♍ 4	23 ♍ 52	20 ♊ 49	18 ♋ 51	0 ♎ 7	21 ♒ 47	18 ♈ 49	8 ♒ 7	29 ♑ 22	3 ♐ 33	12 ♓	3 ♒	13 ♋	17 ♈	25 ♎
21	29 ♊ 18	27 ♐ 2	24 ♍ 1	23 ♍ 41	22 ♊ 57	20 ♋ 4	0 ♎ 33	21 ♒ 45	18 ♈ 53	8 ♒ 6	29 ♑ 20	3 ♐ 32	13 ♓	3 ♒	13 ♋	17 ♈	25 ♎
22	0 ♋ 15	11 ♑ 12	23 ♍ 58	23 ♍ 29	25 ♊ 7	21 ♋ 17	0 ♎ 59	21 ♒ 43	18 ♈ 57	8 ♒ 4	29 ♑ 19	3 ♐ 31	13 ♓	3 ♒	14 ♋	17 ♈	25 ♎
23	1 ♋ 13	25 ♑ 34	23 ♍ 54	23 ♍ 19	27 ♊ 17	22 ♋ 30	1 ♎ 26	21 ♒ 41	19 ♈ 1	8 ♒ 2	29 ♑ 18	3 ♐ 29	13 ♓	3 ♒	14 ♋	18 ♈	25 ♎
24	2 ♋ 10	10 ♒ 2	23 ♍ 51	23 ♍ 12	29 ♊ 28	23 ♋ 44	1 ♎ 53	21 ♒ 38	19 ♈ 5	8 ♒ 1	29 ♑ 16	3 ♐ 28	13 ♓	3 ♒	15 ♋	18 ♈	25 ♎
25	3 ♋ 7	24 ♒ 30	23 ♍ 48	23 ♍ 7	1 ♋ 40	24 ♋ 57	2 ♎ 21	21 ♒ 36	19 ♈ 8	7 ♒ 59	29 ♑ 15	3 ♐ 26	13 ♓	3 ♒	15 ♋	18 ♈	25 D
26	4 ♋ 4	8 ♓ 53	23 ♍ 45	23 ♍ 5	3 ♋ 51	26 ♋ 10	2 ♎ 48	21 ♒ 33	19 ♈ 12	7 ♒ 57	29 ♑ 14	3 ♐ 25	13 ♓	2 ♒	16 ♋	19 ♈	25 ♎
27	5 ♋ 1	23 ♓ 8	23 ♍ 42	23 D 4	6 ♋ 2	27 ♋ 23	3 ♎ 16	21 ♒ 30	19 ♈ 16	7 ♒ 55	29 ♑ 12	3 ♐ 24	13 ♓	2 ♒	16 ♋	19 ♈	25 ♎
28	5 ♋ 59	7 ♈ 14	23 ♍ 38	23 R 5	8 ♋ 13	28 ♋ 36	3 ♎ 44	21 ♒ 27	19 ♈ 19	7 ♒ 53	29 ♑ 11	3 ♐ 22	13 ♓	2 ♒	17 ♋	19 ♈	25 ♎
29	6 ♋ 56	21 ♈ 9	23 ♍ 35	23 ♍ 4	10 ♋ 23	29 ♋ 48	4 ♎ 13	21 ♒ 23	19 ♈ 23	7 ♒ 51	29 ♑ 9	3 ♐ 21	13 ♓	2 ♒	18 ♋	20 ♈	25 ♎
30	7 ♋ 53	4 ♉ 54	23 ♍ 32	23 ♍ 2	12 ♋ 32	1 ♌ 1	4 ♎ 41	21 ♒ 20	19 ♈ 26	7 ♒ 49	29 ♑ 8	3 ♐ 20	13 ♓	1 ♒	18 ♋	20 ♈	25 ♎

SUN INGRESS　☉→♋21日 17:20

MOON PHASE　● 5日 16:04 ♊　◐ 13日 13:51 ♍　○ 21日 04:09 ♐　◑ 27日 21:42 ♈

aspects		
4日	09:39	☿□♃
6日	02:41	☿△♂
9日	02:48	☿△♆
9日	03:50	☉⚹♄
11日	11:04	☿☍♇
13日	06:21	☉△♃
13日	20:29	☿△♅
18日	08:32	♂△♆
19日	00:35	☿⚹♄
19日	23:11	♀□♄
20日	10:45	☿△♃
23日	10:48	☉□♂
25日	09:26	☿□♂
26日	04:13	☉☌☿
27日	06:11	♂⚹♇
28日	11:20	♀☍♆

1997年7月

DAY	☉	☽	☊ mean	☊ true	☿	♀	♂	♃	♄	♅	♆	♇	⚳	⚴	⚵	⚶	⚷
	° ′	° ′	° ′	° ′	° ′	° ′	° ′	° ′	° ′	° ′	° ′	° ′	°	°	°	°	°
1	8 ♋ 50	18 ♉ 29	23 ♍ 29	22 R 57	14 D 40	2 D 14	5 D 10	21 R 16	19 D 29	7 R 47	29 R 6	3 R 19	13 D	1 R	19 D	20 D	25 D
2	9 ♋ 48	1 ♊ 53	23 ♍ 26	22 ♍ 49	16 ♋ 46	3 ♌ 27	5 ♎ 39	21 ♒ 12	19 ♈ 32	7 ♒ 45	29 ♑ 5	3 ♐ 17	13 ♓	1 ♒	19 ♋	21 ♈	25 ♎
3	10 ♋ 45	15 ♊ 6	23 ♍ 23	22 ♍ 39	18 ♋ 51	4 ♌ 40	6 ♎ 9	21 ♒ 8	19 ♈ 35	7 ♒ 43	29 ♑ 3	3 ♐ 16	13 ♓	1 ♒	20 ♋	21 ♈	25 ♎
4	11 ♋ 42	28 ♊ 5	23 ♍ 19	22 ♍ 28	20 ♋ 54	5 ♌ 53	6 ♎ 38	21 ♒ 4	19 ♈ 38	7 ♒ 41	29 ♑ 2	3 ♐ 15	13 ♓	0 ♒	20 ♋	21 ♈	25 ♎
5	12 ♋ 39	10 ♋ 52	23 ♍ 16	22 ♍ 16	22 ♋ 56	7 ♌ 6	7 ♎ 8	20 ♒ 59	19 ♈ 41	7 ♒ 39	29 ♑ 0	3 ♐ 14	13 ♓	0 ♒	21 ♋	22 ♈	25 ♎
6	13 ♋ 36	23 ♋ 25	23 ♍ 13	22 ♍ 5	24 ♋ 56	8 ♌ 19	7 ♎ 38	20 ♒ 55	19 ♈ 44	7 ♒ 37	28 ♑ 59	3 ♐ 13	13 ♓	0 ♒	21 ♋	22 ♈	25 ♎
7	14 ♋ 34	5 ♌ 45	23 ♍ 10	21 ♍ 55	26 ♋ 54	9 ♌ 31	8 ♎ 8	20 ♒ 50	19 ♈ 47	7 ♒ 35	28 ♑ 57	3 ♐ 11	13 ♓	0 ♒	22 ♋	22 ♈	25 ♎
8	15 ♋ 31	17 ♌ 52	23 ♍ 7	21 ♍ 48	28 ♋ 50	10 ♌ 44	8 ♎ 39	20 ♒ 45	19 ♈ 49	7 ♒ 33	28 ♑ 56	3 ♐ 10	13 ♓	29 ♑	22 ♋	23 ♈	25 ♎
9	16 ♋ 28	29 ♌ 49	23 ♍ 3	21 ♍ 43	0 ♌ 45	11 ♌ 57	9 ♎ 9	20 ♒ 40	19 ♈ 52	7 ♒ 31	28 ♑ 54	3 ♐ 9	13 ♓	29 ♑	23 ♋	23 ♈	25 ♎
10	17 ♋ 25	11 ♍ 39	23 ♍ 0	21 ♍ 41	2 ♌ 37	13 ♌ 10	9 ♎ 40	20 ♒ 35	19 ♈ 54	7 ♒ 28	28 ♑ 52	3 ♐ 8	13 R	29 ♑	23 ♋	23 ♈	25 ♎
11	18 ♋ 23	23 ♍ 26	22 ♍ 57	21 D 40	4 ♌ 28	14 ♌ 22	10 ♎ 11	20 ♒ 29	19 ♈ 56	7 ♒ 26	28 ♑ 51	3 ♐ 7	13 ♓	29 ♑	24 ♋	23 ♈	25 ♎
12	19 ♋ 20	5 ♎ 15	22 ♍ 54	21 ♍ 41	6 ♌ 16	15 ♌ 35	10 ♎ 43	20 ♒ 24	19 ♈ 58	7 ♒ 24	28 ♑ 49	3 ♐ 6	13 ♓	28 ♑	24 ♋	24 ♈	25 ♎
13	20 ♋ 17	17 ♎ 10	22 ♍ 51	21 ♍ 41	8 ♌ 3	16 ♌ 48	11 ♎ 14	20 ♒ 18	20 ♈ 0	7 ♒ 22	28 ♑ 48	3 ♐ 5	13 ♓	28 ♑	25 ♋	24 ♈	26 ♎
14	21 ♋ 14	29 ♎ 18	22 ♍ 48	21 R 41	9 ♌ 47	18 ♌ 0	11 ♎ 46	20 ♒ 12	20 ♈ 2	7 ♒ 19	28 ♑ 46	3 ♐ 4	13 ♓	28 ♑	26 ♋	24 ♈	26 ♎
15	22 ♋ 11	11 ♏ 44	22 ♍ 44	21 ♍ 39	11 ♌ 30	19 ♌ 13	12 ♎ 18	20 ♒ 6	20 ♈ 4	7 ♒ 17	28 ♑ 44	3 ♐ 3	13 ♓	28 ♑	26 ♋	25 ♈	26 ♎
16	23 ♋ 9	24 ♏ 31	22 ♍ 41	21 ♍ 35	13 ♌ 11	20 ♌ 25	12 ♎ 50	20 ♒ 0	20 ♈ 6	7 ♒ 15	28 ♑ 43	3 ♐ 2	13 ♓	27 ♑	27 ♋	25 ♈	26 ♎
17	24 ♋ 6	7 ♐ 44	22 ♍ 38	21 ♍ 29	14 ♌ 49	21 ♌ 38	13 ♎ 22	19 ♒ 54	20 ♈ 8	7 ♒ 13	28 ♑ 41	3 ♐ 2	13 ♓	27 ♑	27 ♋	25 ♈	26 ♎
18	25 ♋ 3	21 ♐ 23	22 ♍ 35	21 ♍ 21	16 ♌ 26	22 ♌ 50	13 ♎ 54	19 ♒ 48	20 ♈ 9	7 ♒ 10	28 ♑ 40	3 ♐ 1	13 ♓	27 ♑	28 ♋	25 ♈	26 ♎
19	26 ♋ 0	5 ♑ 28	22 ♍ 32	21 ♍ 13	18 ♌ 1	24 ♌ 3	14 ♎ 27	19 ♒ 41	20 ♈ 11	7 ♒ 8	28 ♑ 38	3 ♐ 0	13 ♓	26 ♑	28 ♋	25 ♈	26 ♎
20	26 ♋ 58	19 ♑ 55	22 ♍ 29	21 ♍ 4	19 ♌ 34	25 ♌ 15	15 ♎ 0	19 ♒ 35	20 ♈ 12	7 ♒ 6	28 ♑ 36	2 ♐ 59	13 ♓	26 ♑	29 ♋	26 ♈	26 ♎
21	27 ♋ 55	4 ♒ 37	22 ♍ 25	20 ♍ 57	21 ♌ 5	26 ♌ 28	15 ♎ 33	19 ♒ 28	20 ♈ 14	7 ♒ 3	28 ♑ 35	2 ♐ 58	13 ♓	26 ♑	29 ♋	26 ♈	26 ♎
22	28 ♋ 52	19 ♒ 28	22 ♍ 22	20 ♍ 52	22 ♌ 34	27 ♌ 40	16 ♎ 6	19 ♒ 21	20 ♈ 15	7 ♒ 1	28 ♑ 33	2 ♐ 58	13 ♓	26 ♑	0 ♌	26 ♈	26 ♎
23	29 ♋ 49	4 ♓ 19	22 ♍ 19	20 ♍ 49	24 ♌ 1	28 ♌ 52	16 ♎ 39	19 ♒ 14	20 ♈ 16	6 ♒ 58	28 ♑ 31	2 ♐ 57	13 ♓	25 ♑	0 ♌	27 ♈	26 ♎
24	0 ♌ 47	19 ♓ 3	22 ♍ 16	20 ♍ 48	25 ♌ 26	0 ♍ 5	17 ♎ 13	19 ♒ 8	20 ♈ 17	6 ♒ 56	28 ♑ 30	2 ♐ 56	13 ♓	25 ♑	1 ♌	27 ♈	26 ♎
25	1 ♌ 44	3 ♈ 34	22 ♍ 13	20 D 48	26 ♌ 49	1 ♍ 17	17 ♎ 46	19 ♒ 0	20 ♈ 18	6 ♒ 54	28 ♑ 28	2 ♐ 56	13 ♓	25 ♑	1 ♌	27 ♈	26 ♎
26	2 ♌ 41	17 ♈ 49	22 ♍ 9	20 ♍ 49	28 ♌ 10	2 ♍ 29	18 ♎ 20	18 ♒ 53	20 ♈ 19	6 ♒ 51	28 ♑ 27	2 ♐ 55	13 ♓	25 ♑	2 ♌	27 ♈	26 ♎
27	3 ♌ 39	1 ♉ 47	22 ♍ 6	20 ♍ 50	29 ♌ 28	3 ♍ 41	18 ♎ 54	18 ♒ 46	20 ♈ 19	6 ♒ 49	28 ♑ 25	2 ♐ 54	13 ♓	24 ♑	2 ♌	27 ♈	26 ♎
28	4 ♌ 36	15 ♉ 27	22 ♍ 3	20 R 49	0 ♍ 45	4 ♍ 54	19 ♎ 28	18 ♒ 39	20 ♈ 20	6 ♒ 47	28 ♑ 23	2 ♐ 54	12 ♓	24 ♑	3 ♌	28 ♈	26 ♎
29	5 ♌ 33	28 ♉ 51	22 ♍ 0	20 ♍ 47	1 ♍ 59	6 ♍ 6	20 ♎ 3	18 ♒ 31	20 ♈ 20	6 ♒ 44	28 ♑ 22	2 ♐ 53	12 ♓	24 ♑	3 ♌	28 ♈	26 ♎
30	6 ♌ 31	11 ♊ 59	21 ♍ 57	20 ♍ 43	3 ♍ 11	7 ♍ 18	20 ♎ 37	18 ♒ 24	20 ♈ 21	6 ♒ 42	28 ♑ 20	2 ♐ 53	12 ♓	24 ♑	4 ♌	28 ♈	26 ♎
31	7 ♌ 28	24 ♊ 53	21 ♍ 54	20 ♍ 37	4 ♍ 21	8 ♍ 30	21 ♎ 12	18 ♒ 16	20 ♈ 21	6 ♒ 39	28 ♑ 19	2 ♐ 52	12 ♓	23 ♑	4 ♌	28 ♈	26 ♎

SUN INGRESS	☉ → ♌ 23日 04:15
MOON PHASE	● 5日 03:40 ♋　◐ 13日 06:44 ♎　○ 20日 12:20 ♑　◑ 27日 03:28 ♉

aspects	
1日 20:47	♀△♇
3日 08:46	☿□♄
5日 01:11	♀⚹♂
5日 10:39	♀☍♅
5日 23:17	♂△♅
8日 01:03	☿☍♆
10日 06:39	☿△♇
12日 14:55	☿☍♅
12日 16:48	☉□♄
15日 05:57	♃⚹♄
15日 16:19	♀☍♃
15日 16:38	☿⚹♂
15日 17:28	♀△♄
20日 00:12	☿☍♃
20日 10:12	☿△♄
21日 16:14	☉☍♆
26日 05:41	☉△♇
26日 08:28	♀□♇
26日 19:16	♂△♃
29日 12:25	♂☍♄
29日 17:47	☿□♇
30日 04:28	☉☍♅

1997年8月

DAY	☉	☽	☊ mean	☊ true	☿	♀	♂	♃	♄	♅	♆	♇	⚳	⚴	⚵	⚶	⚷
	° ′	° ′	° ′	° ′	° ′	° ′	° ′	° ′	° ′	° ′	° ′	° ′	°	°	°	°	°
1	8 ♌ 25	7 ♋ 33	21 ♍ 50	20 R 30	5 D 28	9 D 42	21 D 47	18 R 9	20 D 21	6 R 37	28 R 17	2 R 52	12 R	23 R	5 D	28 D	26 D
2	9 ♌ 23	20 ♋ 1	21 ♍ 47	20 ♍ 22	6 ♍ 33	10 ♍ 54	22 ♎ 21	18 ♒ 1	20 ♈ 21	6 ♒ 35	28 ♑ 15	2 ♐ 51	12 ♓	23 ♑	5 ♌	29 ♈	27 ♎
3	10 ♌ 20	2 ♌ 19	21 ♍ 44	20 ♍ 15	7 ♍ 35	12 ♍ 6	22 ♎ 57	17 ♒ 54	20 R 21	6 ♒ 32	28 ♑ 14	2 ♐ 51	12 ♓	23 ♑	6 ♌	29 ♈	27 ♎
4	11 ♌ 18	14 ♌ 26	21 ♍ 41	20 ♍ 10	8 ♍ 35	13 ♍ 18	23 ♎ 32	17 ♒ 46	20 ♈ 21	6 ♒ 30	28 ♑ 12	2 ♐ 51	12 ♓	22 ♑	6 ♌	29 ♈	27 ♎
5	12 ♌ 15	26 ♌ 24	21 ♍ 38	20 ♍ 5	9 ♍ 31	14 ♍ 30	24 ♎ 7	17 ♒ 38	20 ♈ 21	6 ♒ 27	28 ♑ 11	2 ♐ 50	12 ♓	22 ♑	7 ♌	29 ♈	27 ♎
6	13 ♌ 13	8 ♍ 16	21 ♍ 35	20 ♍ 3	10 ♍ 25	15 ♍ 42	24 ♎ 43	17 ♒ 30	20 ♈ 20	6 ♒ 25	28 ♑ 9	2 ♐ 50	11 ♓	22 ♑	7 ♌	29 ♈	27 ♎
7	14 ♌ 10	20 ♍ 3	21 ♍ 31	20 D 2	11 ♍ 15	16 ♍ 54	25 ♎ 19	17 ♒ 23	20 ♈ 20	6 ♒ 23	28 ♑ 7	2 ♐ 50	11 ♓	22 ♑	8 ♌	29 ♈	27 ♎
8	15 ♌ 8	1 ♎ 49	21 ♍ 28	20 ♍ 3	12 ♍ 3	18 ♍ 5	25 ♎ 54	17 ♒ 15	20 ♈ 19	6 ♒ 20	28 ♑ 6	2 ♐ 50	11 ♓	21 ♑	8 ♌	0 ♉	27 ♎
9	16 ♌ 5	13 ♎ 38	21 ♍ 25	20 ♍ 4	12 ♍ 46	19 ♍ 17	26 ♎ 30	17 ♒ 7	20 ♈ 19	6 ♒ 18	28 ♑ 4	2 ♐ 50	11 ♓	21 ♑	9 ♌	0 ♉	27 ♎
10	17 ♌ 3	25 ♎ 33	21 ♍ 22	20 ♍ 6	13 ♍ 27	20 ♍ 29	27 ♎ 6	16 ♒ 59	20 ♈ 18	6 ♒ 16	28 ♑ 3	2 ♐ 49	11 ♓	21 ♑	9 ♌	0 ♉	27 ♎
11	18 ♌ 0	7 ♏ 41	21 ♍ 19	20 ♍ 7	14 ♍ 3	21 ♍ 41	27 ♎ 43	16 ♒ 51	20 ♈ 17	6 ♒ 13	28 ♑ 1	2 ♐ 49	10 ♓	21 ♑	10 ♌	0 ♉	27 ♎
12	18 ♌ 58	20 ♏ 4	21 ♍ 15	20 R 8	14 ♍ 35	22 ♍ 52	28 ♎ 19	16 ♒ 43	20 ♈ 16	6 ♒ 11	28 ♑ 0	2 ♐ 49	10 ♓	21 ♑	10 ♌	0 ♉	27 ♎
13	19 ♌ 55	2 ♐ 49	21 ♍ 12	20 ♍ 7	15 ♍ 3	24 ♍ 4	28 ♎ 56	16 ♒ 36	20 ♈ 15	6 ♒ 9	27 ♑ 58	2 ♐ 49	10 ♓	20 ♑	11 ♌	0 ♉	27 ♎
14	20 ♌ 53	15 ♐ 58	21 ♍ 9	20 ♍ 5	15 ♍ 27	25 ♍ 15	29 ♎ 32	16 ♒ 28	20 ♈ 14	6 ♒ 6	27 ♑ 57	2 D 49	10 ♓	20 ♑	11 ♌	0 ♉	27 ♎
15	21 ♌ 51	29 ♐ 35	21 ♍ 6	20 ♍ 2	15 ♍ 46	26 ♍ 27	0 ♏ 9	16 ♒ 20	20 ♈ 13	6 ♒ 4	27 ♑ 55	2 ♐ 49	10 ♓	20 ♑	12 ♌	0 ♉	28 ♎
16	22 ♌ 48	13 ♑ 40	21 ♍ 3	19 ♍ 58	16 ♍ 0	27 ♍ 38	0 ♏ 46	16 ♒ 12	20 ♈ 11	6 ♒ 2	27 ♑ 54	2 ♐ 49	9 ♓	20 ♑	12 ♌	1 ♉	28 ♎
17	23 ♌ 46	28 ♑ 10	21 ♍ 0	19 ♍ 54	16 ♍ 9	28 ♍ 50	1 ♏ 23	16 ♒ 5	20 ♈ 10	5 ♒ 59	27 ♑ 53	2 ♐ 49	9 ♓	20 ♑	13 ♌	1 ♉	28 ♎
18	24 ♌ 44	13 ♒ 1	20 ♍ 56	19 ♍ 51	16 R 13	0 ♎ 1	2 ♏ 0	15 ♒ 57	20 ♈ 8	5 ♒ 57	27 ♑ 51	2 ♐ 49	9 ♓	19 ♑	13 ♌	1 ♉	28 ♎
19	25 ♌ 41	28 ♒ 6	20 ♍ 53	19 ♍ 49	16 ♍ 12	1 ♎ 12	2 ♏ 38	15 ♒ 49	20 ♈ 6	5 ♒ 55	27 ♑ 50	2 ♐ 50	9 ♓	19 ♑	14 ♌	1 ♉	28 ♎
20	26 ♌ 39	13 ♓ 14	20 ♍ 50	19 ♍ 48	16 ♍ 4	2 ♎ 23	3 ♏ 15	15 ♒ 42	20 ♈ 5	5 ♒ 53	27 ♑ 48	2 ♐ 50	9 ♓	19 ♑	14 ♌	1 ♉	28 ♎
21	27 ♌ 37	28 ♓ 17	20 ♍ 47	19 D 48	15 ♍ 51	3 ♎ 35	3 ♏ 53	15 ♒ 34	20 ♈ 3	5 ♒ 51	27 ♑ 47	2 ♐ 50	8 ♓	19 ♑	15 ♌	1 ♉	28 ♎
22	28 ♌ 34	13 ♈ 7	20 ♍ 44	19 ♍ 49	15 ♍ 33	4 ♎ 46	4 ♏ 30	15 ♒ 27	20 ♈ 1	5 ♒ 49	27 ♑ 46	2 ♐ 50	8 ♓	19 ♑	15 ♌	1 ♉	28 ♎
23	29 ♌ 32	27 ♈ 38	20 ♍ 41	19 ♍ 50	15 ♍ 8	5 ♎ 57	5 ♏ 8	15 ♒ 19	19 ♈ 59	5 ♒ 46	27 ♑ 44	2 ♐ 51	8 ♓	19 ♑	16 ♌	1 ♉	28 ♎
24	0 ♍ 30	11 ♉ 47	20 ♍ 37	19 ♍ 51	14 ♍ 38	7 ♎ 8	5 ♏ 46	15 ♒ 12	19 ♈ 57	5 ♒ 44	27 ♑ 43	2 ♐ 51	8 ♓	19 ♑	16 ♌	1 ♉	28 ♎
25	1 ♍ 28	25 ♉ 32	20 ♍ 34	19 ♍ 52	14 ♍ 2	8 ♎ 19	6 ♏ 24	15 ♒ 5	19 ♈ 54	5 ♒ 42	27 ♑ 42	2 ♐ 51	8 ♓	18 ♑	17 ♌	1 ♉	28 ♎
26	2 ♍ 26	8 ♊ 54	20 ♍ 31	19 R 52	13 ♍ 22	9 ♎ 30	7 ♏ 2	14 ♒ 58	19 ♈ 52	5 ♒ 40	27 ♑ 41	2 ♐ 52	7 ♓	18 ♑	17 ♌	1 ♉	29 ♎
27	3 ♍ 24	21 ♊ 55	20 ♍ 28	19 ♍ 51	12 ♍ 36	10 ♎ 41	7 ♏ 41	14 ♒ 51	19 ♈ 50	5 ♒ 38	27 ♑ 39	2 ♐ 52	7 ♓	18 ♑	18 ♌	1 ♉	29 ♎
28	4 ♍ 22	4 ♋ 38	20 ♍ 25	19 ♍ 50	11 ♍ 47	11 ♎ 51	8 ♏ 19	14 ♒ 44	19 ♈ 47	5 ♒ 36	27 ♑ 38	2 ♐ 53	7 ♓	18 ♑	18 ♌	1 ♉	29 ♎
29	5 ♍ 20	17 ♋ 5	20 ♍ 21	19 ♍ 48	10 ♍ 55	13 ♎ 2	8 ♏ 58	14 ♒ 37	19 ♈ 45	5 ♒ 34	27 ♑ 37	2 ♐ 53	7 ♓	18 ♑	19 ♌	1 ♉	29 ♎
30	6 ♍ 18	29 ♋ 20	20 ♍ 18	19 ♍ 46	10 ♍ 0	14 ♎ 13	9 ♏ 36	14 ♒ 30	19 ♈ 42	5 ♒ 32	27 ♑ 36	2 ♐ 54	6 ♓	18 ♑	19 ♌	1 R	29 ♎
31	7 ♍ 16	11 ♌ 24	20 ♍ 15	19 ♍ 44	9 ♍ 4	15 ♎ 24	10 ♏ 15	14 ♒ 23	19 ♈ 39	5 ♒ 30	27 ♑ 35	2 ♐ 54	6 ♓	18 ♑	20 ♌	1 ♉	29 ♎

SUN INGRESS	☉ → ♍ 23日 11:19
MOON PHASE	● 3日 17:14 ♌　◐ 11日 21:42 ♏　○ 18日 19:55 ♒　◑ 25日 11:24 ♊

aspects	
9日 22:39	☉☍♃
11日 11:49	♂□♆
13日 07:59	☉△♄
16日 05:12	♀△♆
20日 08:54	♀⚹♇
22日 20:33	♀△♅
23日 22:53	♂□♅
26日 10:48	☉□♇
30日 05:15	♀△♃
30日 05:58	☿⚹♂
31日 22:42	☉☌☿

1900 ～1910
1911 ～1920
1921 ～1930
1931 ～1940
1941 ～1950
1951 ～1960
1961 ～1970
1971 ～1980
1981 ～1990
1991 ～2000
2001 ～2010
2011 ～2020
2021 ～2030
2031 ～2040
2041 ～2050

1997年9月

DAY	☉	☽	☊ mean	☊ true	☿	♀	♂	♃	♄	♅	♆	♇	⚳	⚴	⚵	⚶	⚷
	° ′	° ′	° ′	° ′	° ′	° ′	° ′	° ′	° ′	° ′	° ′	° ′	°	°	°	°	°
1	8 ♍ 14	23 ♌ 21	20 ♍ 12	19 R 43	8 R 8	16 D 34	10 D 54	14 R 17	19 R 36	5 R 28	27 R 33	2 D 55	6 R	18 R	20 D	1 R	29 D
2	9 ♍ 12	5 ♍ 12	20 ♍ 9	19 ♍ 42	7 ♍ 12	17 ♎ 45	11 ♏ 33	14 ♒ 10	19 ♈ 33	5 ♒ 26	27 ♑ 32	2 ♐ 55	6 ♓	18 ♑	21 ♌	1 ♉	29 ♎
3	10 ♍ 10	16 ♍ 59	20 ♍ 6	19 ♍ 41	6 ♍ 19	18 ♎ 55	12 ♏ 12	14 ♒ 4	19 ♈ 30	5 ♒ 25	27 ♑ 31	2 ♐ 56	6 ♓	18 ♑	21 ♌	1 ♉	29 ♎
4	11 ♍ 8	28 ♍ 46	20 ♍ 2	19 D 41	5 ♍ 30	20 ♎ 6	12 ♏ 51	13 ♒ 58	19 ♈ 27	5 ♒ 23	27 ♑ 30	2 ♐ 57	5 ♓	18 ♑	22 ♌	1 ♉	0 ♏
5	12 ♍ 6	10 ♎ 34	19 ♍ 59	19 ♍ 42	4 ♍ 45	21 ♎ 16	13 ♏ 31	13 ♒ 52	19 ♈ 24	5 ♒ 21	27 ♑ 29	2 ♐ 57	5 ♓	18 ♑	22 ♌	1 ♉	0 ♏
6	13 ♍ 4	22 ♎ 26	19 ♍ 56	19 ♍ 42	4 ♍ 6	22 ♎ 26	14 ♏ 10	13 ♒ 46	19 ♈ 21	5 ♒ 19	27 ♑ 28	2 ♐ 58	5 ♓	17 ♑	23 ♌	1 ♉	0 ♏
7	14 ♍ 3	4 ♏ 26	19 ♍ 53	19 ♍ 43	3 ♍ 33	23 ♎ 37	14 ♏ 50	13 ♒ 40	19 ♈ 17	5 ♒ 18	27 ♑ 27	2 ♐ 59	5 ♓	17 ♑	23 ♌	1 ♉	0 ♏
8	15 ♍ 1	16 ♏ 35	19 ♍ 50	19 ♍ 44	3 ♍ 8	24 ♎ 47	15 ♏ 30	13 ♒ 34	19 ♈ 14	5 ♒ 16	27 ♑ 26	3 ♐ 0	4 ♓	17 ♑	24 ♌	1 ♉	0 ♏
9	15 ♍ 59	29 ♏ 0	19 ♍ 46	19 ♍ 44	2 ♍ 51	25 ♎ 57	16 ♏ 9	13 ♒ 29	19 ♈ 10	5 ♒ 14	27 ♑ 25	3 ♐ 1	4 ♓	17 ♑	24 ♌	1 ♉	0 ♏
10	16 ♍ 57	11 ♐ 42	19 ♍ 43	19 ♍ 44	2 ♍ 42	27 ♎ 7	16 ♏ 49	13 ♒ 24	19 ♈ 7	5 ♒ 13	27 ♑ 24	3 ♐ 2	4 ♓	17 ♑	24 ♌	1 ♉	0 ♏
11	17 ♍ 56	24 ♐ 46	19 ♍ 40	19 R 44	2 D 43	28 ♎ 17	17 ♏ 29	13 ♒ 18	19 ♈ 3	5 ♒ 11	27 ♑ 23	3 ♐ 2	4 ♓	17 ♑	25 ♌	1 ♉	0 ♏
12	18 ♍ 54	8 ♑ 15	19 ♍ 37	19 ♍ 44	2 ♍ 53	29 ♎ 27	18 ♏ 9	13 ♒ 13	19 ♈ 0	5 ♒ 10	27 ♑ 22	3 ♐ 3	4 ♓	17 ♑	25 ♌	1 ♉	0 ♏
13	19 ♍ 52	22 ♑ 10	19 ♍ 34	19 D 44	3 ♍ 11	0 ♏ 36	18 ♏ 50	13 ♒ 8	18 ♈ 56	5 ♒ 8	27 ♑ 22	3 ♐ 4	3 ♓	17 ♑	26 ♌	0 ♉	1 ♏
14	20 ♍ 51	6 ♒ 31	19 ♍ 31	19 ♍ 44	3 ♍ 39	1 ♏ 46	19 ♏ 30	13 ♒ 4	18 ♈ 52	5 ♒ 7	27 ♑ 21	3 ♐ 5	3 ♓	17 D	26 ♌	0 ♉	1 ♏
15	21 ♍ 49	21 ♒ 16	19 ♍ 27	19 ♍ 44	4 ♍ 16	2 ♏ 56	20 ♏ 10	12 ♒ 59	18 ♈ 48	5 ♒ 5	27 ♑ 20	3 ♐ 6	3 ♓	17 ♑	27 ♌	0 ♉	1 ♏
16	22 ♍ 48	6 ♓ 18	19 ♍ 24	19 ♍ 44	5 ♍ 1	4 ♏ 5	20 ♏ 51	12 ♒ 55	18 ♈ 44	5 ♒ 4	27 ♑ 19	3 ♐ 8	3 ♓	17 ♑	27 ♌	0 ♉	1 ♏
17	23 ♍ 46	21 ♓ 29	19 ♍ 21	19 R 45	5 ♍ 54	5 ♏ 15	21 ♏ 32	12 ♒ 51	18 ♈ 40	5 ♒ 3	27 ♑ 19	3 ♐ 9	3 ♓	17 ♑	28 ♌	0 ♉	1 ♏
18	24 ♍ 45	6 ♈ 41	19 ♍ 18	19 ♍ 44	6 ♍ 54	6 ♏ 24	22 ♏ 12	12 ♒ 47	18 ♈ 36	5 ♒ 1	27 ♑ 18	3 ♐ 10	2 ♓	17 ♑	28 ♌	0 ♉	1 ♏
19	25 ♍ 43	21 ♈ 44	19 ♍ 15	19 ♍ 44	8 ♍ 2	7 ♏ 33	22 ♏ 53	12 ♒ 43	18 ♈ 32	5 ♒ 0	27 ♑ 17	3 ♐ 11	2 ♓	17 ♑	29 ♌	0 ♉	1 ♏
20	26 ♍ 42	6 ♉ 30	19 ♍ 12	19 ♍ 43	9 ♍ 16	8 ♏ 43	23 ♏ 34	12 ♒ 39	18 ♈ 28	4 ♒ 59	27 ♑ 17	3 ♐ 12	2 ♓	17 ♑	29 ♌	0 ♉	1 ♏
21	27 ♍ 40	20 ♉ 52	19 ♍ 8	19 ♍ 42	10 ♍ 36	9 ♏ 52	24 ♏ 15	12 ♒ 36	18 ♈ 23	4 ♒ 58	27 ♑ 16	3 ♐ 13	2 ♓	17 ♑	0 ♍	29 ♈	2 ♏
22	28 ♍ 39	4 ♊ 47	19 ♍ 5	19 ♍ 42	12 ♍ 1	11 ♏ 1	24 ♏ 56	12 ♒ 32	18 ♈ 19	4 ♒ 56	27 ♑ 15	3 ♐ 15	2 ♓	18 ♑	0 ♍	29 ♈	2 ♏
23	29 ♍ 38	18 ♊ 16	19 ♍ 2	19 ♍ 41	13 ♍ 31	12 ♏ 10	25 ♏ 37	12 ♒ 29	18 ♈ 15	4 ♒ 55	27 ♑ 15	3 ♐ 16	2 ♓	18 ♑	0 ♍	29 ♈	2 ♏
24	0 ♎ 36	1 ♋ 18	18 ♍ 59	19 D 41	15 ♍ 4	13 ♏ 18	26 ♏ 19	12 ♒ 26	18 ♈ 11	4 ♒ 54	27 ♑ 14	3 ♐ 17	1 ♓	18 ♑	1 ♍	29 ♈	2 ♏
25	1 ♎ 35	13 ♋ 58	18 ♍ 56	19 ♍ 41	16 ♍ 41	14 ♏ 27	27 ♏ 0	12 ♒ 23	18 ♈ 6	4 ♒ 53	27 ♑ 14	3 ♐ 19	1 ♓	18 ♑	1 ♍	29 ♈	2 ♏
26	2 ♎ 34	26 ♋ 20	18 ♍ 52	19 ♍ 42	18 ♍ 21	15 ♏ 36	27 ♏ 42	12 ♒ 21	18 ♈ 2	4 ♒ 52	27 ♑ 13	3 ♐ 20	1 ♓	18 ♑	2 ♍	29 ♈	2 ♏
27	3 ♎ 33	8 ♌ 27	18 ♍ 49	19 ♍ 43	20 ♍ 3	16 ♏ 44	28 ♏ 23	12 ♒ 18	17 ♈ 57	4 ♒ 52	27 ♑ 13	3 ♐ 21	1 ♓	18 ♑	2 ♍	28 ♈	2 ♏
28	4 ♎ 32	20 ♌ 23	18 ♍ 46	19 ♍ 44	21 ♍ 47	17 ♏ 53	29 ♏ 5	12 ♒ 16	17 ♈ 53	4 ♒ 51	27 ♑ 12	3 ♐ 23	1 ♓	18 ♑	3 ♍	28 ♈	2 ♏
29	5 ♎ 31	2 ♍ 14	18 ♍ 43	19 ♍ 46	23 ♍ 32	19 ♏ 1	29 ♏ 47	12 ♒ 14	17 ♈ 48	4 ♒ 50	27 ♑ 12	3 ♐ 24	1 ♓	18 ♑	3 ♍	28 ♈	3 ♏
30	6 ♎ 30	14 ♍ 1	18 ♍ 40	19 ♍ 46	25 ♍ 19	20 ♏ 9	0 ♐ 29	12 ♒ 12	17 ♈ 44	4 ♒ 49	27 ♑ 12	3 ♐ 26	1 ♓	18 ♑	4 ♍	28 ♈	3 ♏

SUN INGRESS	☉ → ♎ 23日 08:56
MOON PHASE	● 2日 08:52 ♍ ◐ 10日 10:31 ♐ ○ 17日 03:50 ♓ ◑ 23日 22:35 ♋

aspects

3日	11:25	♀☍♄
5日	11:04	♂□♃
8日	09:32	☿□♇
9日	13:26	☉⚹♂
10日	05:51	♀□♆
12日	16:04	♀□♇
16日	19:49	♀□♅
20日	14:06	☉△♆
23日	06:29	♀□♃
25日	07:51	♂⚹♆
26日	19:13	☉⚹♇
28日	07:39	☉△♅

1997年10月

DAY	☉	☽	☊ mean	☊ true	☿	♀	♂	♃	♄	♅	♆	♇	⚳	⚴	⚵	⚶	⚷
	° ′	° ′	° ′	° ′	° ′	° ′	° ′	° ′	° ′	° ′	° ′	° ′	°	°	°	°	°
1	7 ♎ 28	25 ♍ 48	18 ♍ 37	19 R 46	27 D 6	21 D 17	1 D 11	12 R 11	17 R 39	4 R 48	27 R 12	3 D 27	0 R	18 D	4 D	27 R	3 D
2	8 ♎ 27	7 ♎ 37	18 ♍ 33	19 ♍ 45	28 ♍ 54	22 ♏ 25	1 ♐ 53	12 ♒ 9	17 ♈ 34	4 ♒ 48	27 ♑ 11	3 ♐ 29	0 ♓	18 ♑	4 ♍	27 ♈	3 ♏
3	9 ♎ 27	19 ♎ 31	18 ♍ 30	19 ♍ 43	0 ♎ 42	23 ♏ 33	2 ♐ 35	12 ♒ 8	17 ♈ 30	4 ♒ 47	27 ♑ 11	3 ♐ 30	0 ♓	18 ♑	5 ♍	27 ♈	3 ♏
4	10 ♎ 26	1 ♏ 31	18 ♍ 27	19 ♍ 41	2 ♎ 30	24 ♏ 41	3 ♐ 17	12 ♒ 7	17 ♈ 25	4 ♒ 47	27 ♑ 11	3 ♐ 32	0 ♓	18 ♑	5 ♍	27 ♈	3 ♏
5	11 ♎ 25	13 ♏ 40	18 ♍ 24	19 ♍ 37	4 ♎ 17	25 ♏ 48	3 ♐ 59	12 ♒ 6	17 ♈ 20	4 ♒ 46	27 ♑ 11	3 ♐ 34	0 ♓	19 ♑	6 ♍	27 ♈	3 ♏
6	12 ♎ 24	25 ♏ 59	18 ♍ 21	19 ♍ 33	6 ♎ 5	26 ♏ 56	4 ♐ 42	12 ♒ 6	17 ♈ 16	4 ♒ 46	27 ♑ 11	3 ♐ 35	0 ♓	19 ♑	6 ♍	26 ♈	4 ♏
7	13 ♎ 23	8 ♐ 31	18 ♍ 17	19 ♍ 30	7 ♎ 52	28 ♏ 4	5 ♐ 24	12 ♒ 5	17 ♈ 11	4 ♒ 45	27 ♑ 10	3 ♐ 37	0 ♓	19 ♑	7 ♍	26 ♈	4 ♏
8	14 ♎ 22	21 ♐ 17	18 ♍ 14	19 ♍ 27	9 ♎ 39	29 ♏ 11	6 ♐ 7	12 ♒ 5	17 ♈ 6	4 ♒ 45	27 ♑ 10	3 ♐ 39	0 ♓	19 ♑	7 ♍	26 ♈	4 ♏
9	15 ♎ 22	4 ♑ 21	18 ♍ 11	19 ♍ 26	11 ♎ 25	0 ♐ 18	6 ♐ 50	12 D 5	17 ♈ 1	4 ♒ 45	27 ♑ 10	3 ♐ 40	0 ♓	19 ♑	7 ♍	26 ♈	4 ♏
10	16 ♎ 21	17 ♑ 43	18 ♍ 8	19 D 25	13 ♎ 11	1 ♐ 25	7 ♐ 32	12 ♒ 5	16 ♈ 57	4 ♒ 44	27 D 10	3 ♐ 42	0 ♓	19 ♑	8 ♍	25 ♈	4 ♏
11	17 ♎ 20	1 ♒ 27	18 ♍ 5	19 ♍ 26	14 ♎ 56	2 ♐ 32	8 ♐ 15	12 ♒ 6	16 ♈ 52	4 ♒ 44	27 ♑ 10	3 ♐ 44	0 ♓	19 ♑	8 ♍	25 ♈	4 ♏
12	18 ♎ 19	15 ♒ 33	18 ♍ 2	19 ♍ 27	16 ♎ 40	3 ♐ 38	8 ♐ 58	12 ♒ 6	16 ♈ 47	4 ♒ 44	27 ♑ 10	3 ♐ 46	29 ♒	20 ♑	9 ♍	25 ♈	4 ♏
13	19 ♎ 19	0 ♓ 0	17 ♍ 58	19 ♍ 29	18 ♎ 24	4 ♐ 45	9 ♐ 41	12 ♒ 7	16 ♈ 42	4 ♒ 44	27 ♑ 11	3 ♐ 47	29 ♒	20 ♑	9 ♍	25 ♈	5 ♏
14	20 ♎ 18	14 ♓ 45	17 ♍ 55	19 ♍ 29	20 ♎ 7	5 ♐ 51	10 ♐ 24	12 ♒ 8	16 ♈ 38	4 ♒ 44	27 ♑ 11	3 ♐ 49	29 ♒	20 ♑	10 ♍	24 ♈	5 ♏
15	21 ♎ 18	29 ♓ 44	17 ♍ 52	19 R 29	21 ♎ 50	6 ♐ 57	11 ♐ 8	12 ♒ 9	16 ♈ 33	4 D 44	27 ♑ 11	3 ♐ 51	29 ♒	20 ♑	10 ♍	24 ♈	5 ♏
16	22 ♎ 17	14 ♈ 48	17 ♍ 49	19 ♍ 27	23 ♎ 31	8 ♐ 3	11 ♐ 51	12 ♒ 11	16 ♈ 28	4 ♒ 44	27 ♑ 11	3 ♐ 53	29 ♒	20 ♑	10 ♍	24 ♈	5 ♏
17	23 ♎ 16	29 ♈ 50	17 ♍ 46	19 ♍ 24	25 ♎ 12	9 ♐ 9	12 ♐ 34	12 ♒ 12	16 ♈ 24	4 ♒ 44	27 ♑ 11	3 ♐ 55	29 ♒	20 ♑	11 ♍	23 ♈	5 ♏
18	24 ♎ 16	14 ♉ 39	17 ♍ 43	19 ♍ 19	26 ♎ 53	10 ♐ 14	13 ♐ 18	12 ♒ 14	16 ♈ 19	4 ♒ 44	27 ♑ 12	3 ♐ 57	29 ♒	20 ♑	11 ♍	23 ♈	5 ♏
19	25 ♎ 16	29 ♉ 8	17 ♍ 39	19 ♍ 14	28 ♎ 32	11 ♐ 20	14 ♐ 1	12 ♒ 16	16 ♈ 14	4 ♒ 44	27 ♑ 12	3 ♐ 59	29 ♒	21 ♑	12 ♍	23 ♈	5 ♏
20	26 ♎ 15	13 ♊ 12	17 ♍ 36	19 ♍ 8	0 ♏ 11	12 ♐ 25	14 ♐ 45	12 ♒ 18	16 ♈ 10	4 ♒ 44	27 ♑ 12	4 ♐ 1	29 ♒	21 ♑	12 ♍	23 ♈	5 ♏
21	27 ♎ 15	26 ♊ 48	17 ♍ 33	19 ♍ 3	1 ♏ 50	13 ♐ 30	15 ♐ 28	12 ♒ 20	16 ♈ 5	4 ♒ 45	27 ♑ 12	4 ♐ 3	29 D	21 ♑	12 ♍	22 ♈	6 ♏
22	28 ♎ 14	9 ♋ 56	17 ♍ 30	19 ♍ 0	3 ♏ 27	14 ♐ 35	16 ♐ 12	12 ♒ 23	16 ♈ 0	4 ♒ 45	27 ♑ 13	4 ♐ 5	29 ♒	21 ♑	13 ♍	22 ♈	6 ♏
23	29 ♎ 14	22 ♋ 39	17 ♍ 27	18 ♍ 58	5 ♏ 5	15 ♐ 39	16 ♐ 56	12 ♒ 26	15 ♈ 56	4 ♒ 45	27 ♑ 13	4 ♐ 7	29 ♒	21 ♑	13 ♍	22 ♈	6 ♏
24	0 ♏ 14	5 ♌ 1	17 ♍ 23	18 D 58	6 ♏ 41	16 ♐ 43	17 ♐ 40	12 ♒ 29	15 ♈ 51	4 ♒ 46	27 ♑ 14	4 ♐ 9	29 ♒	22 ♑	14 ♍	22 ♈	6 ♏
25	1 ♏ 14	17 ♌ 7	17 ♍ 20	18 ♍ 59	8 ♏ 17	17 ♐ 47	18 ♐ 24	12 ♒ 32	15 ♈ 47	4 ♒ 46	27 ♑ 14	4 ♐ 11	29 ♒	22 ♑	14 ♍	21 ♈	6 ♏
26	2 ♏ 13	29 ♌ 1	17 ♍ 17	19 ♍ 1	9 ♏ 53	18 ♐ 51	19 ♐ 8	12 ♒ 35	15 ♈ 42	4 ♒ 47	27 ♑ 15	4 ♐ 13	29 ♒	22 ♑	14 ♍	21 ♈	6 ♏
27	3 ♏ 13	10 ♍ 48	17 ♍ 14	19 ♍ 2	11 ♏ 28	19 ♐ 55	19 ♐ 52	12 ♒ 39	15 ♈ 38	4 ♒ 47	27 ♑ 15	4 ♐ 15	29 ♒	22 ♑	15 ♍	21 ♈	6 ♏
28	4 ♏ 13	22 ♍ 35	17 ♍ 11	19 R 2	13 ♏ 2	20 ♐ 58	20 ♐ 36	12 ♒ 42	15 ♈ 34	4 ♒ 48	27 ♑ 16	4 ♐ 17	29 ♒	22 ♑	15 ♍	21 ♈	7 ♏
29	5 ♏ 13	4 ♎ 23	17 ♍ 8	19 ♍ 1	14 ♏ 36	22 ♐ 1	21 ♐ 21	12 ♒ 46	15 ♈ 29	4 ♒ 49	27 ♑ 16	4 ♐ 19	29 ♒	23 ♑	16 ♍	20 ♈	7 ♏
30	6 ♏ 13	16 ♎ 18	17 ♍ 4	18 ♍ 57	16 ♏ 9	23 ♐ 4	22 ♐ 5	12 ♒ 50	15 ♈ 25	4 ♒ 50	27 ♑ 17	4 ♐ 21	0 ♓	23 ♑	16 ♍	20 ♈	7 ♏
31	7 ♏ 13	28 ♎ 21	17 ♍ 1	18 ♍ 51	17 ♏ 42	24 ♐ 7	22 ♐ 49	12 ♒ 54	15 ♈ 21	4 ♒ 50	27 ♑ 18	4 ♐ 23	0 ♓	23 ♑	16 ♍	20 ♈	7 ♏

SUN INGRESS	☉ → ♏ 23日 18:15
MOON PHASE	● 2日 01:52 ♎ ◐ 9日 21:22 ♑ ○ 16日 12:46 ♈ ◑ 23日 13:48 ♋ ● 31日 19:01 ♏

aspects

1日	01:12	☿△♆
4日	08:45	♂☌♇
4日	14:03	☿⚹♇
4日	17:21	☿⚹♂
5日	06:21	☿△♅
5日	16:41	☉△♃
6日	02:07	♂⚹♅
6日	05:05	♀⚹♆
9日	09:00	☿△♃
10日	13:25	☉☍♄
12日	01:28	☿☍♄
12日	02:42	♀☌♇
12日	23:40	♀⚹♅
14日	06:02	☉☌☿
16日	11:16	♂⚹♃
18日	04:33	☿□♆
19日	21:23	♀⚹♃
20日	23:06	☉□♆
21日	18:08	♂△♄
22日	19:14	☿□♅
23日	05:51	☿△♄
26日	20:33	♀☌♂
27日	18:45	☿□♃
28日	14:10	☉□♅

1997年11月

DAY	☉	☽	☊ mean	☊ true	☿	♀	♂	♃	♄	♅	♆	♇	⚳	⚴	⚵	⚶	⚷
	° ′	° ′	° ′	° ′	° ′	° ′	° ′	° ′	° ′	° ′	° ′	° ′	°	°	°	°	°
1	8 ♏ 13	10 ♏ 34	16 ♍ 58	18 R 44	19 D 15	25 D 9	23 D 34	12 D 59	15 R 17	4 D 51	27 D 19	4 D 25	0 D	23 D	17 D	20 R	7 D
2	9 ♏ 13	22 ♏ 58	16 ♍ 55	18 ♍ 34	20 ♏ 47	26 ♐ 11	24 ♐ 18	13 ♒ 3	15 ♈ 12	4 ♒ 52	27 ♑ 20	4 ♐ 28	0 ♓	23 ♑	17 ♍	20 ♈	7 ♏
3	10 ♏ 13	5 ♐ 33	16 ♍ 52	18 ♍ 24	22 ♏ 18	27 ♐ 12	25 ♐ 3	13 ♒ 8	15 ♈ 8	4 ♒ 53	27 ♑ 20	4 ♐ 30	0 ♓	24 ♑	18 ♍	19 ♈	7 ♏
4	11 ♏ 13	18 ♐ 21	16 ♍ 49	18 ♍ 15	23 ♏ 49	28 ♐ 14	25 ♐ 48	13 ♒ 13	15 ♈ 4	4 ♒ 54	27 ♑ 21	4 ♐ 32	0 ♓	24 ♑	18 ♍	19 ♈	8 ♏
5	12 ♏ 13	1 ♑ 21	16 ♍ 45	18 ♍ 7	25 ♏ 20	29 ♐ 14	26 ♐ 32	13 ♒ 18	15 ♈ 0	4 ♒ 55	27 ♑ 22	4 ♐ 34	0 ♓	24 ♑	18 ♍	19 ♈	8 ♏
6	13 ♏ 14	14 ♑ 33	16 ♍ 42	18 ♍ 1	26 ♏ 50	0 ♑ 15	27 ♐ 17	13 ♒ 24	14 ♈ 57	4 ♒ 56	27 ♑ 23	4 ♐ 37	0 ♓	24 ♑	19 ♍	19 ♈	8 ♏
7	14 ♏ 14	27 ♑ 59	16 ♍ 39	17 ♍ 57	28 ♏ 20	1 ♑ 15	28 ♐ 2	13 ♒ 29	14 ♈ 53	4 ♒ 57	27 ♑ 24	4 ♐ 39	0 ♓	25 ♑	19 ♍	19 ♈	8 ♏
8	15 ♏ 14	11 ♒ 39	16 ♍ 36	17 ♍ 56	29 ♏ 49	2 ♑ 15	28 ♐ 47	13 ♒ 35	14 ♈ 49	4 ♒ 59	27 ♑ 25	4 ♐ 41	0 ♓	25 ♑	19 ♍	18 ♈	8 ♏
9	16 ♏ 14	25 ♒ 33	16 ♍ 33	17 D 56	1 ♐ 18	3 ♑ 14	29 ♐ 32	13 ♒ 41	14 ♈ 45	5 ♒ 0	27 ♑ 26	4 ♐ 43	0 ♓	25 ♑	20 ♍	18 ♈	8 ♏
10	17 ♏ 14	9 ♓ 42	16 ♍ 29	17 ♍ 57	2 ♐ 47	4 ♑ 13	0 ♑ 17	13 ♒ 47	14 ♈ 42	5 ♒ 1	27 ♑ 27	4 ♐ 46	0 ♓	25 ♑	20 ♍	18 ♈	8 ♏
11	18 ♏ 15	24 ♓ 6	16 ♍ 26	17 R 57	4 ♐ 15	5 ♑ 12	1 ♑ 2	13 ♒ 53	14 ♈ 38	5 ♒ 2	27 ♑ 28	4 ♐ 48	1 ♓	25 ♑	20 ♍	18 ♈	9 ♏
12	19 ♏ 15	8 ♈ 41	16 ♍ 23	17 ♍ 55	5 ♐ 42	6 ♑ 10	1 ♑ 48	13 ♒ 59	14 ♈ 35	5 ♒ 4	27 ♑ 29	4 ♐ 50	1 ♓	26 ♑	21 ♍	18 ♈	9 ♏
13	20 ♏ 15	23 ♈ 24	16 ♍ 20	17 ♍ 51	7 ♐ 9	7 ♑ 8	2 ♑ 33	14 ♒ 6	14 ♈ 31	5 ♒ 5	27 ♑ 30	4 ♐ 52	1 ♓	26 ♑	21 ♍	18 ♈	9 ♏
14	21 ♏ 16	8 ♉ 7	16 ♍ 17	17 ♍ 44	8 ♐ 35	8 ♑ 5	3 ♑ 18	14 ♒ 12	14 ♈ 28	5 ♒ 7	27 ♑ 31	4 ♐ 55	1 ♓	26 ♑	22 ♍	17 ♈	9 ♏
15	22 ♏ 16	22 ♉ 43	16 ♍ 14	17 ♍ 35	10 ♐ 1	9 ♑ 1	4 ♑ 4	14 ♒ 19	14 ♈ 25	5 ♒ 8	27 ♑ 32	4 ♐ 57	1 ♓	26 ♑	22 ♍	17 ♈	9 ♏
16	23 ♏ 17	7 ♊ 6	16 ♍ 10	17 ♍ 24	11 ♐ 26	9 ♑ 58	4 ♑ 49	14 ♒ 26	14 ♈ 22	5 ♒ 10	27 ♑ 34	4 ♐ 59	1 ♓	27 ♑	22 ♍	17 ♈	9 ♏
17	24 ♏ 17	21 ♊ 8	16 ♍ 7	17 ♍ 13	12 ♐ 50	10 ♑ 53	5 ♑ 34	14 ♒ 33	14 ♈ 18	5 ♒ 12	27 ♑ 35	5 ♐ 2	1 ♓	27 ♑	23 ♍	17 ♈	9 ♏
18	25 ♏ 17	4 ♋ 45	16 ♍ 4	17 ♍ 3	14 ♐ 14	11 ♑ 48	6 ♑ 20	14 ♒ 41	14 ♈ 16	5 ♒ 13	27 ♑ 36	5 ♐ 4	2 ♓	27 ♑	23 ♍	17 ♈	10 ♏
19	26 ♏ 18	17 ♋ 56	16 ♍ 1	16 ♍ 55	15 ♐ 36	12 ♑ 43	7 ♑ 6	14 ♒ 48	14 ♈ 13	5 ♒ 15	27 ♑ 37	5 ♐ 6	2 ♓	27 ♑	23 ♍	17 ♈	10 ♏
20	27 ♏ 18	0 ♌ 43	15 ♍ 58	16 ♍ 50	16 ♐ 58	13 ♑ 36	7 ♑ 51	14 ♒ 56	14 ♈ 10	5 ♒ 17	27 ♑ 39	5 ♐ 9	2 ♓	28 ♑	24 ♍	17 ♈	10 ♏
21	28 ♏ 19	13 ♌ 7	15 ♍ 55	16 ♍ 46	18 ♐ 18	14 ♑ 29	8 ♑ 37	15 ♒ 4	14 ♈ 7	5 ♒ 19	27 ♑ 40	5 ♐ 11	2 ♓	28 ♑	24 ♍	17 ♈	10 ♏
22	29 ♏ 20	25 ♌ 14	15 ♍ 51	16 ♍ 45	19 ♐ 37	15 ♑ 22	9 ♑ 23	15 ♒ 11	14 ♈ 4	5 ♒ 20	27 ♑ 42	5 ♐ 13	2 ♓	28 ♑	24 ♍	16 ♈	10 ♏
23	0 ♐ 20	7 ♍ 9	15 ♍ 48	16 D 45	20 ♐ 55	16 ♑ 14	10 ♑ 9	15 ♒ 20	14 ♈ 2	5 ♒ 22	27 ♑ 43	5 ♐ 16	2 ♓	29 ♑	25 ♍	16 ♈	10 ♏
24	1 ♐ 21	18 ♍ 57	15 ♍ 45	16 R 45	22 ♐ 11	17 ♑ 5	10 ♑ 54	15 ♒ 28	13 ♈ 59	5 ♒ 24	27 ♑ 44	5 ♐ 18	3 ♓	29 ♑	25 ♍	16 ♈	10 ♏
25	2 ♐ 22	0 ♎ 44	15 ♍ 42	16 ♍ 45	23 ♐ 25	17 ♑ 55	11 ♑ 40	15 ♒ 36	13 ♈ 57	5 ♒ 26	27 ♑ 46	5 ♐ 20	3 ♓	29 ♑	25 ♍	16 ♈	11 ♏
26	3 ♐ 22	12 ♎ 35	15 ♍ 39	16 ♍ 42	24 ♐ 36	18 ♑ 45	12 ♑ 26	15 ♒ 45	13 ♈ 55	5 ♒ 28	27 ♑ 47	5 ♐ 23	3 ♓	29 ♑	25 ♍	16 ♈	11 ♏
27	4 ♐ 23	24 ♎ 35	15 ♍ 35	16 ♍ 36	25 ♐ 46	19 ♑ 34	13 ♑ 12	15 ♒ 53	13 ♈ 53	5 ♒ 30	27 ♑ 49	5 ♐ 25	3 ♓	0 ♒	26 ♍	16 ♈	11 ♏
28	5 ♐ 24	6 ♏ 46	15 ♍ 32	16 ♍ 28	26 ♐ 52	20 ♑ 22	13 ♑ 59	16 ♒ 2	13 ♈ 51	5 ♒ 32	27 ♑ 50	5 ♐ 28	3 ♓	0 ♒	26 ♍	16 ♈	11 ♏
29	6 ♐ 24	19 ♏ 11	15 ♍ 29	16 ♍ 17	27 ♐ 55	21 ♑ 9	14 ♑ 45	16 ♒ 11	13 ♈ 49	5 ♒ 35	27 ♑ 52	5 ♐ 30	4 ♓	0 ♒	26 ♍	16 ♈	11 ♏
30	7 ♐ 25	1 ♐ 52	15 ♍ 26	16 ♍ 4	28 ♐ 55	21 ♑ 55	15 ♑ 31	16 ♒ 20	13 ♈ 47	5 ♒ 37	27 ♑ 53	5 ♐ 32	4 ♓	0 ♒	27 ♍	16 ♈	11 ♏

SUN INGRESS	☉ → ♐ 22日 15:48
MOON PHASE	◐ 8日 06:43 ♒　○ 14日 23:12 ♉　◑ 22日 08:58 ♌　● 30日 11:14 ♐

aspects		
6日	04:26	☉□♃
6日	08:48	☿⚹♆
11日	09:18	☿☌♇
11日	13:17	☿⚹♅
15日	12:53	♃⚹♄
18日	00:29	☿△♄
18日	08:34	♀⚹♃
20日	08:13	☉⚹♆
20日	14:21	♀□♄
27日	20:05	♂□♄
28日	01:35	☉☌♇
28日	03:33	☉⚹♅

1997年12月

DAY	☉	☽	☊ mean	☊ true	☿	♀	♂	♃	♄	♅	♆	♇	⚳	⚴	⚵	⚶	⚷
	° ′	° ′	° ′	° ′	° ′	° ′	° ′	° ′	° ′	° ′	° ′	° ′	°	°	°	°	°
1	8 ♐ 26	14 ♐ 48	15 ♍ 23	15 R 50	29 D 50	22 D 40	16 D 17	16 D 29	13 R 45	5 D 39	27 D 55	5 D 35	4 D	1 D	27 D	16 R	11 D
2	9 ♐ 27	27 ♐ 59	15 ♍ 20	15 ♍ 36	0 ♑ 41	23 ♑ 24	17 ♑ 3	16 ♒ 38	13 ♈ 43	5 ♒ 41	27 ♑ 57	5 ♐ 37	4 ♓	1 ♒	27 ♍	16 ♈	11 ♏
3	10 ♐ 28	11 ♑ 21	15 ♍ 16	15 ♍ 25	1 ♑ 26	24 ♑ 8	17 ♑ 50	16 ♒ 48	13 ♈ 42	5 ♒ 44	27 ♑ 58	5 ♐ 39	4 ♓	1 ♒	28 ♍	16 ♈	12 ♏
4	11 ♐ 29	24 ♑ 54	15 ♍ 13	15 ♍ 16	2 ♑ 5	24 ♑ 50	18 ♑ 36	16 ♒ 57	13 ♈ 40	5 ♒ 46	28 ♑ 0	5 ♐ 42	5 ♓	2 ♒	28 ♍	16 D	12 ♏
5	12 ♐ 30	8 ♒ 35	15 ♍ 10	15 ♍ 10	2 ♑ 36	25 ♑ 31	19 ♑ 22	17 ♒ 7	13 ♈ 39	5 ♒ 48	28 ♑ 2	5 ♐ 44	5 ♓	2 ♒	28 ♍	16 ♈	12 ♏
6	13 ♐ 30	22 ♒ 24	15 ♍ 7	15 ♍ 7	3 ♑ 0	26 ♑ 11	20 ♑ 9	17 ♒ 17	13 ♈ 38	5 ♒ 51	28 ♑ 4	5 ♐ 46	5 ♓	2 ♒	28 ♍	16 ♈	12 ♏
7	14 ♐ 31	6 ♓ 19	15 ♍ 4	15 ♍ 6	3 ♑ 16	26 ♑ 49	20 ♑ 55	17 ♒ 27	13 ♈ 37	5 ♒ 53	28 ♑ 5	5 ♐ 49	5 ♓	2 ♒	29 ♍	16 ♈	12 ♏
8	15 ♐ 32	20 ♓ 21	15 ♍ 0	15 ♍ 6	3 ♑ 22	27 ♑ 27	21 ♑ 42	17 ♒ 37	13 ♈ 36	5 ♒ 56	28 ♑ 7	5 ♐ 51	6 ♓	3 ♒	29 ♍	16 ♈	12 ♏
9	16 ♐ 33	4 ♈ 29	14 ♍ 57	15 ♍ 5	3 R 17	28 ♑ 3	22 ♑ 28	17 ♒ 47	13 ♈ 35	5 ♒ 58	28 ♑ 9	5 ♐ 53	6 ♓	3 ♒	29 ♍	16 ♈	12 ♏
10	17 ♐ 34	18 ♈ 42	14 ♍ 54	15 ♍ 3	3 ♑ 2	28 ♑ 37	23 ♑ 15	17 ♒ 57	13 ♈ 34	6 ♒ 1	28 ♑ 11	5 ♐ 56	6 ♓	3 ♒	0 ♎	16 ♈	12 ♏
11	18 ♐ 35	2 ♉ 58	14 ♍ 51	14 ♍ 58	2 ♑ 35	29 ♑ 10	24 ♑ 2	18 ♒ 8	13 ♈ 33	6 ♒ 4	28 ♑ 13	5 ♐ 58	6 ♓	4 ♒	0 ♎	16 ♈	13 ♏
12	19 ♐ 36	17 ♉ 14	14 ♍ 48	14 ♍ 49	1 ♑ 57	29 ♑ 42	24 ♑ 48	18 ♒ 18	13 ♈ 33	6 ♒ 6	28 ♑ 14	6 ♐ 0	6 ♓	4 ♒	0 ♎	16 ♈	13 ♏
13	20 ♐ 37	1 ♊ 25	14 ♍ 45	14 ♍ 39	1 ♑ 9	0 ♒ 12	25 ♑ 35	18 ♒ 29	13 ♈ 32	6 ♒ 9	28 ♑ 16	6 ♐ 3	7 ♓	4 ♒	0 ♎	16 ♈	13 ♏
14	21 ♐ 38	15 ♊ 26	14 ♍ 41	14 ♍ 26	0 ♑ 8	0 ♒ 41	26 ♑ 22	18 ♒ 40	13 ♈ 32	6 ♒ 12	28 ♑ 18	6 ♐ 5	7 ♓	5 ♒	1 ♎	16 ♈	13 ♏
15	22 ♐ 39	29 ♊ 11	14 ♍ 38	14 ♍ 13	28 ♐ 59	1 ♒ 8	27 ♑ 9	18 ♒ 50	13 ♈ 32	6 ♒ 14	28 ♑ 20	6 ♐ 7	7 ♓	5 ♒	1 ♎	17 ♈	13 ♏
16	23 ♐ 40	12 ♋ 38	14 ♍ 35	14 ♍ 1	27 ♐ 43	1 ♒ 33	27 ♑ 55	19 ♒ 1	13 ♈ 32	6 ♒ 17	28 ♑ 22	6 ♐ 10	8 ♓	5 ♒	1 ♎	17 ♈	13 ♏
17	24 ♐ 41	25 ♋ 44	14 ♍ 32	13 ♍ 51	26 ♐ 22	1 ♒ 56	28 ♑ 42	19 ♒ 13	13 D 32	6 ♒ 20	28 ♑ 24	6 ♐ 12	8 ♓	5 ♒	1 ♎	17 ♈	13 ♏
18	25 ♐ 42	8 ♌ 28	14 ♍ 29	13 ♍ 44	24 ♐ 59	2 ♒ 17	29 ♑ 29	19 ♒ 24	13 ♈ 32	6 ♒ 23	28 ♑ 26	6 ♐ 14	8 ♓	6 ♒	1 ♎	17 ♈	13 ♏
19	26 ♐ 43	20 ♌ 52	14 ♍ 26	13 ♍ 39	23 ♐ 37	2 ♒ 37	0 ♒ 16	19 ♒ 35	13 ♈ 32	6 ♒ 26	28 ♑ 28	6 ♐ 16	8 ♓	6 ♒	2 ♎	17 ♈	14 ♏
20	27 ♐ 44	3 ♍ 0	14 ♍ 22	13 ♍ 37	22 ♐ 18	2 ♒ 54	1 ♒ 3	19 ♒ 46	13 ♈ 32	6 ♒ 29	28 ♑ 30	6 ♐ 19	9 ♓	6 ♒	2 ♎	17 ♈	14 ♏
21	28 ♐ 45	14 ♍ 56	14 ♍ 19	13 D 36	21 ♐ 5	3 ♒ 10	1 ♒ 50	19 ♒ 58	13 ♈ 33	6 ♒ 31	28 ♑ 32	6 ♐ 21	9 ♓	7 ♒	2 ♎	17 ♈	14 ♏
22	29 ♐ 46	26 ♍ 46	14 ♍ 16	13 ♍ 37	20 ♐ 0	3 ♒ 23	2 ♒ 37	20 ♒ 9	13 ♈ 33	6 ♒ 34	28 ♑ 34	6 ♐ 23	9 ♓	7 ♒	2 ♎	17 ♈	14 ♏
23	0 ♑ 48	8 ♎ 33	14 ♍ 13	13 R 36	19 ♐ 4	3 ♒ 34	3 ♒ 24	20 ♒ 21	13 ♈ 34	6 ♒ 37	28 ♑ 36	6 ♐ 25	9 ♓	7 ♒	3 ♎	17 ♈	14 ♏
24	1 ♑ 49	20 ♎ 26	14 ♍ 10	13 ♍ 35	18 ♐ 19	3 ♒ 43	4 ♒ 11	20 ♒ 33	13 ♈ 34	6 ♒ 40	28 ♑ 38	6 ♐ 28	10 ♓	8 ♒	3 ♎	18 ♈	14 ♏
25	2 ♑ 50	2 ♏ 27	14 ♍ 6	13 ♍ 31	17 ♐ 44	3 ♒ 50	4 ♒ 58	20 ♒ 44	13 ♈ 35	6 ♒ 43	28 ♑ 40	6 ♐ 30	10 ♓	8 ♒	3 ♎	18 ♈	14 ♏
26	3 ♑ 51	14 ♏ 43	14 ♍ 3	13 ♍ 24	17 ♐ 20	3 ♒ 54	5 ♒ 45	20 ♒ 56	13 ♈ 36	6 ♒ 47	28 ♑ 42	6 ♐ 32	10 ♓	8 ♒	3 ♎	18 ♈	14 ♏
27	4 ♑ 52	27 ♏ 16	14 ♍ 0	13 ♍ 15	17 ♐ 7	3 ♒ 56	6 ♒ 32	21 ♒ 8	13 ♈ 37	6 ♒ 50	28 ♑ 45	6 ♐ 34	11 ♓	9 ♒	3 ♎	18 ♈	14 ♏
28	5 ♑ 53	10 ♐ 9	13 ♍ 57	13 ♍ 4	17 D 3	3 R 55	7 ♒ 19	21 ♒ 20	13 ♈ 38	6 ♒ 53	28 ♑ 47	6 ♐ 36	11 ♓	9 ♒	4 ♎	18 ♈	15 ♏
29	6 ♑ 54	23 ♐ 22	13 ♍ 54	12 ♍ 52	17 ♐ 9	3 ♒ 52	8 ♒ 6	21 ♒ 33	13 ♈ 40	6 ♒ 56	28 ♑ 49	6 ♐ 38	11 ♓	9 ♒	4 ♎	18 ♈	15 ♏
30	7 ♑ 56	6 ♑ 54	13 ♍ 51	12 ♍ 40	17 ♐ 23	3 ♒ 47	8 ♒ 53	21 ♒ 45	13 ♈ 41	6 ♒ 59	28 ♑ 51	6 ♐ 40	11 ♓	10 ♒	4 ♎	18 ♈	15 ♏
31	8 ♑ 57	20 ♑ 42	13 ♍ 47	12 ♍ 30	17 ♐ 46	3 ♒ 39	9 ♒ 41	21 ♒ 57	13 ♈ 43	7 ♒ 2	28 ♑ 53	6 ♐ 42	12 ♓	10 ♒	4 ♎	19 ♈	15 ♏

SUN INGRESS	☉ → ♑ 22日 05:07
MOON PHASE	◐ 7日 15:09 ♓　○ 14日 11:37 ♊　◑ 22日 06:43 ♎　● 30日 01:57 ♑

aspects		
6日	02:53	☉△♄
9日	04:30	♀☌♆
10日	11:00	☉⚹♃
16日	14:18	♂☌♆
17日	16:53	☉☌☿
21日	21:01	☿⚹♃
23日	06:43	♀☌♂
27日	01:07	♂⚹♇
27日	09:38	♂☌♅

1998年1月

DAY	☉	☽	☊ mean	☊ true	☿	♀	♂	♃	♄	♅	♆	♇	⚳	⚴	⚵	⚶	⚷
	° ′	° ′	° ′	° ′	° ′	° ′	° ′	° ′	° ′	° ′	° ′	° ′	°	°	°	°	°
1	9 ♑ 58	4 ♒ 41	13 ♍ 44	12 R 22	18 D 15	3 R 28	10 D 28	22 D 10	13 D 44	7 D 5	28 D 55	6 D 45	12 D	10 D	4 D	19 D	15 D
2	10 ♑ 59	18 ♒ 49	13 ♍ 41	12 ♍ 17	18 ♐ 51	3 ♒ 15	11 ♒ 15	22 ♒ 22	13 ♈ 46	7 ♒ 9	28 ♑ 57	6 ♐ 47	12 ♓	11 ♒	4 ♎	19 ♈	15 ♏
3	12 ♑ 0	2 ♓ 59	13 ♍ 38	12 ♍ 15	19 ♐ 33	2 ♒ 59	12 ♒ 2	22 ♒ 35	13 ♈ 48	7 ♒ 12	29 ♑ 0	6 ♐ 49	13 ♓	11 ♒	4 ♎	19 ♈	15 ♏
4	13 ♑ 2	17 ♓ 11	13 ♍ 35	12 D 14	20 ♐ 19	2 ♒ 42	12 ♒ 49	22 ♒ 47	13 ♈ 50	7 ♒ 15	29 ♑ 2	6 ♐ 51	13 ♓	11 ♒	5 ♎	19 ♈	15 ♏
5	14 ♑ 3	1 ♈ 20	13 ♍ 32	12 ♍ 15	21 ♐ 11	2 ♒ 21	13 ♒ 37	23 ♒ 0	13 ♈ 52	7 ♒ 18	29 ♑ 4	6 ♐ 53	13 ♓	11 ♒	5 ♎	20 ♈	15 ♏
6	15 ♑ 4	15 ♈ 27	13 ♍ 28	12 R 16	22 ♐ 6	1 ♒ 59	14 ♒ 24	23 ♒ 13	13 ♈ 54	7 ♒ 22	29 ♑ 6	6 ♐ 55	14 ♓	12 ♒	5 ♎	20 ♈	15 ♏
7	16 ♑ 5	29 ♈ 29	13 ♍ 25	12 ♍ 15	23 ♐ 5	1 ♒ 34	15 ♒ 11	23 ♒ 26	13 ♈ 56	7 ♒ 25	29 ♑ 9	6 ♐ 57	14 ♓	12 ♒	5 ♎	20 ♈	16 ♏
8	17 ♑ 6	13 ♉ 26	13 ♍ 22	12 ♍ 12	24 ♐ 7	1 ♒ 7	15 ♒ 59	23 ♒ 39	13 ♈ 58	7 ♒ 28	29 ♑ 11	6 ♐ 59	14 ♓	12 ♒	5 ♎	20 ♈	16 ♏
9	18 ♑ 7	27 ♉ 18	13 ♍ 19	12 ♍ 6	25 ♐ 12	0 ♒ 38	16 ♒ 46	23 ♒ 52	14 ♈ 1	7 ♒ 32	29 ♑ 13	7 ♐ 0	15 ♓	13 ♒	5 ♎	20 ♈	16 ♏
10	19 ♑ 8	11 ♊ 1	13 ♍ 16	11 ♍ 59	26 ♐ 20	0 ♒ 7	17 ♒ 33	24 ♒ 5	14 ♈ 3	7 ♒ 35	29 ♑ 15	7 ♐ 2	15 ♓	13 ♒	5 ♎	21 ♈	16 ♏
11	20 ♑ 10	24 ♊ 34	13 ♍ 12	11 ♍ 50	27 ♐ 30	29 ♑ 35	18 ♒ 20	24 ♒ 18	14 ♈ 6	7 ♒ 39	29 ♑ 17	7 ♐ 4	15 ♓	13 ♒	5 ♎	21 ♈	16 ♏
12	21 ♑ 11	7 ♋ 54	13 ♍ 9	11 ♍ 40	28 ♐ 42	29 ♑ 2	19 ♒ 8	24 ♒ 31	14 ♈ 9	7 ♒ 42	29 ♑ 20	7 ♐ 6	16 ♓	14 ♒	6 ♎	21 ♈	16 ♏
13	22 ♑ 12	21 ♋ 0	13 ♍ 6	11 ♍ 31	29 ♐ 55	28 ♑ 27	19 ♒ 55	24 ♒ 44	14 ♈ 12	7 ♒ 45	29 ♑ 22	7 ♐ 8	16 ♓	14 ♒	6 ♎	21 ♈	16 ♏
14	23 ♑ 13	3 ♌ 50	13 ♍ 3	11 ♍ 24	1 ♑ 11	27 ♑ 51	20 ♒ 42	24 ♒ 58	14 ♈ 15	7 ♒ 49	29 ♑ 24	7 ♐ 10	16 ♓	14 ♒	6 ♎	22 ♈	16 ♏
15	24 ♑ 14	16 ♌ 24	13 ♍ 0	11 ♍ 19	2 ♑ 28	27 ♑ 15	21 ♒ 30	25 ♒ 11	14 ♈ 18	7 ♒ 52	29 ♑ 27	7 ♐ 11	17 ♓	15 ♒	6 ♎	22 ♈	16 ♏
16	25 ♑ 15	28 ♌ 43	12 ♍ 57	11 ♍ 16	3 ♑ 46	26 ♑ 38	22 ♒ 17	25 ♒ 24	14 ♈ 21	7 ♒ 56	29 ♑ 29	7 ♐ 13	17 ♓	15 ♒	6 ♎	22 ♈	16 ♏
17	26 ♑ 16	10 ♍ 48	12 ♍ 53	11 ♍ 15	5 ♑ 6	26 ♑ 1	23 ♒ 4	25 ♒ 38	14 ♈ 24	7 ♒ 59	29 ♑ 31	7 ♐ 15	17 ♓	15 ♒	6 ♎	22 ♈	16 ♏
18	27 ♑ 17	22 ♍ 44	12 ♍ 50	11 D 15	6 ♑ 27	25 ♑ 24	23 ♒ 52	25 ♒ 51	14 ♈ 28	8 ♒ 3	29 ♑ 33	7 ♐ 17	18 ♓	16 ♒	6 ♎	23 ♈	17 ♏
19	28 ♑ 18	4 ♎ 33	12 ♍ 47	11 ♍ 17	7 ♑ 49	24 ♑ 48	24 ♒ 39	26 ♒ 5	14 ♈ 31	8 ♒ 6	29 ♑ 36	7 ♐ 18	18 ♓	16 ♒	6 ♎	23 ♈	17 ♏
20	29 ♑ 19	16 ♎ 21	12 ♍ 44	11 ♍ 18	9 ♑ 12	24 ♑ 12	25 ♒ 26	26 ♒ 19	14 ♈ 35	8 ♒ 9	29 ♑ 38	7 ♐ 20	18 ♓	16 ♒	6 ♎	23 ♈	17 ♏
21	0 ♒ 20	28 ♎ 13	12 ♍ 41	11 ♍ 19	10 ♑ 36	23 ♑ 37	26 ♒ 14	26 ♒ 32	14 ♈ 38	8 ♒ 13	29 ♑ 40	7 ♐ 22	19 ♓	17 ♒	6 ♎	23 ♈	17 ♏
22	1 ♒ 22	10 ♏ 14	12 ♍ 38	11 R 19	12 ♑ 0	23 ♑ 3	27 ♒ 1	26 ♒ 46	14 ♈ 42	8 ♒ 16	29 ♑ 42	7 ♐ 23	19 ♓	17 ♒	6 ♎	24 ♈	17 ♏
23	2 ♒ 23	22 ♏ 29	12 ♍ 34	11 ♍ 17	13 ♑ 26	22 ♑ 30	27 ♒ 48	27 ♒ 0	14 ♈ 46	8 ♒ 20	29 ♑ 45	7 ♐ 25	19 ♓	17 ♒	6 ♎	24 ♈	17 ♏
24	3 ♒ 24	5 ♐ 3	12 ♍ 31	11 ♍ 13	14 ♑ 53	21 ♑ 59	28 ♒ 36	27 ♒ 13	14 ♈ 50	8 ♒ 23	29 ♑ 47	7 ♐ 26	20 ♓	18 ♒	6 ♎	24 ♈	17 ♏
25	4 ♒ 25	17 ♐ 59	12 ♍ 28	11 ♍ 8	16 ♑ 20	21 ♑ 29	29 ♒ 23	27 ♒ 27	14 ♈ 54	8 ♒ 27	29 ♑ 49	7 ♐ 28	20 ♓	18 ♒	6 ♎	25 ♈	17 ♏
26	5 ♒ 26	1 ♑ 19	12 ♍ 25	11 ♍ 2	17 ♑ 48	21 ♑ 2	0 ♓ 10	27 ♒ 41	14 ♈ 58	8 ♒ 30	29 ♑ 52	7 ♐ 29	20 ♓	18 ♒	6 ♎	25 ♈	17 ♏
27	6 ♒ 27	15 ♑ 2	12 ♍ 22	10 ♍ 56	19 ♑ 17	20 ♑ 36	0 ♓ 58	27 ♒ 55	15 ♈ 2	8 ♒ 34	29 ♑ 54	7 ♐ 31	21 ♓	19 ♒	6 R	25 ♈	17 ♏
28	7 ♒ 28	29 ♑ 8	12 ♍ 18	10 ♍ 50	20 ♑ 46	20 ♑ 13	1 ♓ 45	28 ♒ 9	15 ♈ 6	8 ♒ 37	29 ♑ 56	7 ♐ 32	21 ♓	19 ♒	6 ♎	25 ♈	17 ♏
29	8 ♒ 29	13 ♒ 31	12 ♍ 15	10 ♍ 46	22 ♑ 17	19 ♑ 51	2 ♓ 32	28 ♒ 23	15 ♈ 11	8 ♒ 41	29 ♑ 58	7 ♐ 34	21 ♓	19 ♒	6 ♎	26 ♈	17 ♏
30	9 ♒ 30	28 ♒ 5	12 ♍ 12	10 ♍ 44	23 ♑ 48	19 ♑ 32	3 ♓ 20	28 ♒ 37	15 ♈ 15	8 ♒ 45	0 ♒ 1	7 ♐ 35	22 ♓	20 ♒	6 ♎	26 ♈	17 ♏
31	10 ♒ 31	12 ♓ 44	12 ♍ 9	10 D 44	25 ♑ 19	19 ♑ 16	4 ♓ 7	28 ♒ 51	15 ♈ 20	8 ♒ 48	0 ♒ 3	7 ♐ 36	22 ♓	20 ♒	6 ♎	26 ♈	17 ♏

SUN INGRESS	☉ → ♒ 20日 15:46
MOON PHASE	◐ 5日 23:18 ♈　○ 13日 02:24 ♋　◑ 21日 04:40 ♏　● 28日 15:01 ♒

aspects		
4日	19:33	☉□♄
5日	07:58	♂⚹♄
7日	10:19	☿⚹♃
11日	12:01	♀☌♆
16日	20:18	☉☌♀
20日	07:34	☉☌♆
21日	13:07	♂☌♃
23日	23:07	☿□♄
27日	16:47	☿☌♀
28日	01:49	☉⚹♇
29日	05:08	☉☌♅

1998年2月

DAY	☉	☽	☊ mean	☊ true	☿	♀	♂	♃	♄	♅	♆	♇	⚳	⚴	⚵	⚶	⚷
	° ′	° ′	° ′	° ′	° ′	° ′	° ′	° ′	° ′	° ′	° ′	° ′	°	°	°	°	°
1	11 ♒ 32	27 ♓ 21	12 ♍ 6	10 D 44	26 D 52	19 R 2	4 D 54	29 D 5	15 D 24	8 D 52	0 D 5	7 D 38	22 D	20 D	6 R	27 D	17 D
2	12 ♒ 33	11 ♈ 52	12 ♍ 3	10 ♍ 46	28 ♑ 25	18 ♑ 50	5 ♓ 42	29 ♒ 19	15 ♈ 29	8 ♒ 55	0 ♒ 7	7 ♐ 39	23 ♓	21 ♒	6 ♎	27 ♈	18 ♏
3	13 ♒ 33	26 ♈ 12	11 ♍ 59	10 ♍ 47	29 ♑ 59	18 ♑ 41	6 ♓ 29	29 ♒ 34	15 ♈ 34	8 ♒ 59	0 ♒ 10	7 ♐ 40	23 ♓	21 ♒	6 ♎	27 ♈	18 ♏
4	14 ♒ 34	10 ♉ 19	11 ♍ 56	10 ♍ 48	1 ♒ 33	18 ♑ 34	7 ♓ 16	29 ♒ 48	15 ♈ 39	9 ♒ 2	0 ♒ 12	7 ♐ 41	24 ♓	21 ♒	6 ♎	28 ♈	18 ♏
5	15 ♒ 35	24 ♉ 12	11 ♍ 53	10 R 48	3 ♒ 8	18 ♑ 30	8 ♓ 3	0 ♓ 2	15 ♈ 43	9 ♒ 6	0 ♒ 14	7 ♐ 43	24 ♓	22 ♒	6 ♎	28 ♈	18 ♏
6	16 ♒ 36	7 ♊ 50	11 ♍ 50	10 ♍ 47	4 ♒ 44	18 ♑ 28	8 ♓ 51	0 ♓ 16	15 ♈ 48	9 ♒ 9	0 ♒ 16	7 ♐ 44	24 ♓	22 ♒	6 ♎	28 ♈	18 ♏
7	17 ♒ 37	21 ♊ 13	11 ♍ 47	10 ♍ 44	6 ♒ 21	18 D 28	9 ♓ 38	0 ♓ 30	15 ♈ 54	9 ♒ 13	0 ♒ 18	7 ♐ 45	25 ♓	22 ♒	6 ♎	29 ♈	18 ♏
8	18 ♒ 38	4 ♋ 23	11 ♍ 44	10 ♍ 41	7 ♒ 58	18 ♑ 31	10 ♓ 25	0 ♓ 45	15 ♈ 59	9 ♒ 16	0 ♒ 21	7 ♐ 46	25 ♓	23 ♒	6 ♎	29 ♈	18 ♏
9	19 ♒ 38	17 ♋ 18	11 ♍ 40	10 ♍ 37	9 ♒ 37	18 ♑ 36	11 ♓ 12	0 ♓ 59	16 ♈ 4	9 ♒ 19	0 ♒ 23	7 ♐ 47	25 ♓	23 ♒	6 ♎	29 ♈	18 ♏
10	20 ♒ 39	0 ♌ 1	11 ♍ 37	10 ♍ 34	11 ♒ 16	18 ♑ 44	11 ♓ 59	1 ♓ 13	16 ♈ 9	9 ♒ 23	0 ♒ 25	7 ♐ 48	26 ♓	23 ♒	6 ♎	0 ♉	18 ♏
11	21 ♒ 40	12 ♌ 31	11 ♍ 34	10 ♍ 32	12 ♒ 55	18 ♑ 54	12 ♓ 46	1 ♓ 28	16 ♈ 15	9 ♒ 26	0 ♒ 27	7 ♐ 49	26 ♓	24 ♒	5 ♎	0 ♉	18 ♏
12	22 ♒ 40	24 ♌ 50	11 ♍ 31	10 ♍ 30	14 ♒ 36	19 ♑ 6	13 ♓ 33	1 ♓ 42	16 ♈ 20	9 ♒ 30	0 ♒ 29	7 ♐ 50	26 ♓	24 ♒	5 ♎	0 ♉	18 ♏
13	23 ♒ 41	6 ♍ 58	11 ♍ 28	10 ♍ 29	16 ♒ 18	19 ♑ 20	14 ♓ 21	1 ♓ 56	16 ♈ 26	9 ♒ 33	0 ♒ 31	7 ♐ 51	27 ♓	24 ♒	5 ♎	1 ♉	18 ♏
14	24 ♒ 42	18 ♍ 58	11 ♍ 24	10 D 29	18 ♒ 0	19 ♑ 36	15 ♓ 8	2 ♓ 11	16 ♈ 31	9 ♒ 37	0 ♒ 34	7 ♐ 52	27 ♓	25 ♒	5 ♎	1 ♉	18 ♏
15	25 ♒ 42	0 ♎ 50	11 ♍ 21	10 ♍ 30	19 ♒ 43	19 ♑ 55	15 ♓ 55	2 ♓ 25	16 ♈ 37	9 ♒ 40	0 ♒ 36	7 ♐ 53	28 ♓	25 ♒	5 ♎	1 ♉	18 ♏
16	26 ♒ 43	12 ♎ 39	11 ♍ 18	10 ♍ 31	21 ♒ 27	20 ♑ 15	16 ♓ 42	2 ♓ 40	16 ♈ 43	9 ♒ 44	0 ♒ 38	7 ♐ 54	28 ♓	25 ♒	5 ♎	2 ♉	18 ♏
17	27 ♒ 43	24 ♎ 28	11 ♍ 15	10 ♍ 33	23 ♒ 12	20 ♑ 37	17 ♓ 29	2 ♓ 54	16 ♈ 48	9 ♒ 47	0 ♒ 40	7 ♐ 54	28 ♓	26 ♒	5 ♎	2 ♉	18 ♏
18	28 ♒ 44	6 ♏ 20	11 ♍ 12	10 ♍ 34	24 ♒ 58	21 ♑ 1	18 ♓ 16	3 ♓ 8	16 ♈ 54	9 ♒ 50	0 ♒ 42	7 ♐ 55	29 ♓	26 ♒	4 ♎	2 ♉	18 ♏
19	29 ♒ 45	18 ♏ 20	11 ♍ 9	10 ♍ 35	26 ♒ 44	21 ♑ 27	19 ♓ 3	3 ♓ 23	17 ♈ 0	9 ♒ 54	0 ♒ 44	7 ♐ 56	29 ♓	26 ♒	4 ♎	3 ♉	18 ♏
20	0 ♓ 45	0 ♐ 32	11 ♍ 5	10 ♍ 35	28 ♒ 32	21 ♑ 54	19 ♓ 49	3 ♓ 37	17 ♈ 6	9 ♒ 57	0 ♒ 46	7 ♐ 57	29 ♓	27 ♒	4 ♎	3 ♉	18 ♏
21	1 ♓ 46	13 ♐ 2	11 ♍ 2	10 R 35	0 ♓ 21	22 ♑ 23	20 ♓ 36	3 ♓ 52	17 ♈ 12	10 ♒ 0	0 ♒ 48	7 ♐ 57	0 ♈	27 ♒	4 ♎	3 ♉	18 ♏
22	2 ♓ 46	25 ♐ 54	10 ♍ 59	10 ♍ 34	2 ♓ 10	22 ♑ 54	21 ♓ 23	4 ♓ 6	17 ♈ 18	10 ♒ 4	0 ♒ 50	7 ♐ 58	0 ♈	27 ♒	4 ♎	4 ♉	18 ♏
23	3 ♓ 47	9 ♑ 10	10 ♍ 56	10 ♍ 33	4 ♓ 0	23 ♑ 26	22 ♓ 10	4 ♓ 21	17 ♈ 24	10 ♒ 7	0 ♒ 52	7 ♐ 59	1 ♈	28 ♒	4 ♎	4 ♉	18 ♏
24	4 ♓ 47	22 ♑ 52	10 ♍ 53	10 ♍ 33	5 ♓ 51	24 ♑ 0	22 ♓ 57	4 ♓ 35	17 ♈ 31	10 ♒ 10	0 ♒ 54	7 ♐ 59	1 ♈	28 ♒	3 ♎	4 ♉	18 ♏
25	5 ♓ 47	7 ♒ 1	10 ♍ 50	10 ♍ 32	7 ♓ 43	24 ♑ 34	23 ♓ 44	4 ♓ 50	17 ♈ 37	10 ♒ 13	0 ♒ 56	8 ♐ 0	1 ♈	28 ♒	3 ♎	5 ♉	18 ♏
26	6 ♓ 48	21 ♒ 33	10 ♍ 46	10 ♍ 32	9 ♓ 36	25 ♑ 11	24 ♓ 30	5 ♓ 4	17 ♈ 43	10 ♒ 17	0 ♒ 58	8 ♐ 0	2 ♈	29 ♒	3 ♎	5 ♉	18 ♏
27	7 ♓ 48	6 ♓ 23	10 ♍ 43	10 ♍ 31	11 ♓ 29	25 ♑ 48	25 ♓ 17	5 ♓ 19	17 ♈ 50	10 ♒ 20	1 ♒ 0	8 ♐ 1	2 ♈	29 ♒	3 ♎	5 ♉	18 ♏
28	8 ♓ 48	21 ♓ 24	10 ♍ 40	10 D 32	13 ♓ 23	26 ♑ 27	26 ♓ 4	5 ♓ 33	17 ♈ 56	10 ♒ 23	1 ♒ 2	8 ♐ 1	3 ♈	29 ♒	3 ♎	6 ♉	18 ♏

SUN INGRESS	☉ → ♓ 19日 05:55
MOON PHASE	◐ 4日 07:53 ♉　○ 11日 19:23 ♌　◑ 20日 00:27 ♐　● 27日 02:26 ♓

aspects		
3日	02:53	☿☌♆
4日	13:12	♂□♇
5日	03:34	☉⚹♄
7日	20:55	☿⚹♇
8日	19:40	☿☌♅
13日	02:01	☿⚹♄
22日	17:28	☉☌☿
23日	05:07	☿☌♃
23日	17:50	☉☌♃
25日	03:32	☿□♇
27日	05:00	☉□♇

1998年3月

DAY	☉	☽	☊ mean	☊ true	☿	♀	♂	♃	♄	♅	♆	♇	⚳	⚴	⚵	⚶	⚷
	° ′	° ′	° ′	° ′	° ′	° ′	° ′	° ′	° ′	° ′	° ′	° ′	°	°	°	°	°
1	9 ♓ 49	6 ♈ 27	10 ♍ 37	10 D 32	15 D 17	27 D 7	26 D 51	5 D 47	18 D 3	10 D 26	1 D 4	8 D 1	3 D	0 D	2 R	6 D	18 D
2	10 ♓ 49	21 ♈ 23	10 ♍ 34	10 R 32	17 ♓ 12	27 ♑ 48	27 ♓ 37	6 ♓ 2	18 ♈ 9	10 ♒ 29	1 ♒ 6	8 ♐ 2	3 ♈	0 ♓	2 ♎	7 ♉	18 ♏
3	11 ♓ 49	6 ♉ 5	10 ♍ 30	10 ♍ 32	19 ♓ 7	28 ♑ 30	28 ♓ 24	6 ♓ 16	18 ♈ 16	10 ♒ 33	1 ♒ 7	8 ♐ 2	4 ♈	0 ♓	2 ♎	7 ♉	18 R
4	12 ♓ 49	20 ♉ 28	10 ♍ 27	10 ♍ 31	21 ♓ 2	29 ♑ 13	29 ♓ 10	6 ♓ 31	18 ♈ 22	10 ♒ 36	1 ♒ 9	8 ♐ 2	4 ♈	1 ♓	2 ♎	7 ♉	18 ♏
5	13 ♓ 49	4 ♊ 29	10 ♍ 24	10 ♍ 31	22 ♓ 57	29 ♑ 57	29 ♓ 57	6 ♓ 45	18 ♈ 29	10 ♒ 39	1 ♒ 11	8 ♐ 3	4 ♈	1 ♓	2 ♎	8 ♉	18 ♏
6	14 ♓ 50	18 ♊ 7	10 ♍ 21	10 D 31	24 ♓ 52	0 ♒ 42	0 ♈ 43	7 ♓ 0	18 ♈ 36	10 ♒ 42	1 ♒ 13	8 ♐ 3	5 ♈	1 ♓	1 ♎	8 ♉	18 ♏
7	15 ♓ 50	1 ♋ 23	10 ♍ 18	10 ♍ 31	26 ♓ 46	1 ♒ 28	1 ♈ 30	7 ♓ 14	18 ♈ 43	10 ♒ 45	1 ♒ 15	8 ♐ 3	5 ♈	2 ♓	1 ♎	8 ♉	18 ♏
8	16 ♓ 50	14 ♋ 20	10 ♍ 15	10 ♍ 32	28 ♓ 38	2 ♒ 15	2 ♈ 16	7 ♓ 28	18 ♈ 49	10 ♒ 48	1 ♒ 16	8 ♐ 3	6 ♈	2 ♓	1 ♎	9 ♉	18 ♏
9	17 ♓ 50	26 ♋ 59	10 ♍ 11	10 ♍ 33	0 ♈ 30	3 ♒ 3	3 ♈ 3	7 ♓ 43	18 ♈ 56	10 ♒ 51	1 ♒ 18	8 ♐ 3	6 ♈	2 ♓	1 ♎	9 ♉	18 ♏
10	18 ♓ 50	9 ♌ 25	10 ♍ 8	10 ♍ 33	2 ♈ 19	3 ♒ 51	3 ♈ 49	7 ♓ 57	19 ♈ 3	10 ♒ 54	1 ♒ 20	8 ♐ 3	6 ♈	3 ♓	0 ♎	10 ♉	18 ♏
11	19 ♓ 50	21 ♌ 38	10 ♍ 5	10 ♍ 34	4 ♈ 6	4 ♒ 41	4 ♈ 35	8 ♓ 11	19 ♈ 10	10 ♒ 57	1 ♒ 21	8 ♐ 3	7 ♈	3 ♓	0 ♎	10 ♉	18 ♏
12	20 ♓ 50	3 ♍ 42	10 ♍ 2	10 ♍ 35	5 ♈ 51	5 ♒ 31	5 ♈ 22	8 ♓ 26	19 ♈ 17	11 ♒ 0	1 ♒ 23	8 R 3	7 ♈	3 ♓	0 ♎	10 ♉	18 ♏
13	21 ♓ 49	15 ♍ 40	9 ♍ 59	10 R 35	7 ♈ 32	6 ♒ 22	6 ♈ 8	8 ♓ 40	19 ♈ 24	11 ♒ 3	1 ♒ 25	8 ♐ 3	8 ♈	4 ♓	0 ♎	11 ♉	18 ♏
14	22 ♓ 49	27 ♍ 33	9 ♍ 55	10 ♍ 34	9 ♈ 10	7 ♒ 13	6 ♈ 54	8 ♓ 54	19 ♈ 31	11 ♒ 5	1 ♒ 26	8 ♐ 3	8 ♈	4 ♓	29 ♍	11 ♉	18 ♏
15	23 ♓ 49	9 ♎ 22	9 ♍ 52	10 ♍ 33	10 ♈ 44	8 ♒ 5	7 ♈ 40	9 ♓ 8	19 ♈ 38	11 ♒ 8	1 ♒ 28	8 ♐ 3	8 ♈	4 ♓	29 ♍	12 ♉	18 ♏
16	24 ♓ 49	21 ♎ 11	9 ♍ 49	10 ♍ 31	12 ♈ 12	8 ♒ 58	8 ♈ 26	9 ♓ 23	19 ♈ 45	11 ♒ 11	1 ♒ 29	8 ♐ 3	9 ♈	5 ♓	29 ♍	12 ♉	18 ♏
17	25 ♓ 49	3 ♏ 2	9 ♍ 46	10 ♍ 29	13 ♈ 36	9 ♒ 52	9 ♈ 13	9 ♓ 37	19 ♈ 52	11 ♒ 14	1 ♒ 31	8 ♐ 3	9 ♈	5 ♓	29 ♍	12 ♉	18 ♏
18	26 ♓ 48	14 ♏ 57	9 ♍ 43	10 ♍ 26	14 ♈ 54	10 ♒ 46	9 ♈ 59	9 ♓ 51	20 ♈ 0	11 ♒ 16	1 ♒ 32	8 ♐ 3	10 ♈	5 ♓	28 ♍	13 ♉	18 ♏
19	27 ♓ 48	26 ♏ 59	9 ♍ 40	10 ♍ 24	16 ♈ 6	11 ♒ 40	10 ♈ 45	10 ♓ 5	20 ♈ 7	11 ♒ 19	1 ♒ 34	8 ♐ 2	10 ♈	6 ♓	28 ♍	13 ♉	18 ♏
20	28 ♓ 48	9 ♐ 12	9 ♍ 36	10 ♍ 22	17 ♈ 11	12 ♒ 36	11 ♈ 31	10 ♓ 19	20 ♈ 14	11 ♒ 22	1 ♒ 35	8 ♐ 2	10 ♈	6 ♓	28 ♍	14 ♉	18 ♏
21	29 ♓ 47	21 ♐ 40	9 ♍ 33	10 ♍ 21	18 ♈ 10	13 ♒ 31	12 ♈ 17	10 ♓ 33	20 ♈ 21	11 ♒ 24	1 ♒ 37	8 ♐ 2	11 ♈	6 ♓	28 ♍	14 ♉	18 ♏
22	0 ♈ 47	4 ♑ 26	9 ♍ 30	10 D 21	19 ♈ 1	14 ♒ 28	13 ♈ 2	10 ♓ 47	20 ♈ 29	11 ♒ 27	1 ♒ 38	8 ♐ 1	11 ♈	7 ♓	27 ♍	14 ♉	18 ♏
23	1 ♈ 46	17 ♑ 34	9 ♍ 27	10 ♍ 21	19 ♈ 45	15 ♒ 24	13 ♈ 48	11 ♓ 1	20 ♈ 36	11 ♒ 29	1 ♒ 40	8 ♐ 1	12 ♈	7 ♓	27 ♍	15 ♉	18 ♏
24	2 ♈ 46	1 ♒ 7	9 ♍ 24	10 ♍ 22	20 ♈ 21	16 ♒ 22	14 ♈ 34	11 ♓ 15	20 ♈ 43	11 ♒ 32	1 ♒ 41	8 ♐ 1	12 ♈	7 ♓	27 ♍	15 ♉	18 ♏
25	3 ♈ 46	15 ♒ 7	9 ♍ 21	10 ♍ 24	20 ♈ 50	17 ♒ 19	15 ♈ 20	11 ♓ 29	20 ♈ 51	11 ♒ 34	1 ♒ 42	8 ♐ 0	12 ♈	8 ♓	27 ♍	16 ♉	18 ♏
26	4 ♈ 45	29 ♒ 33	9 ♍ 17	10 ♍ 25	21 ♈ 11	18 ♒ 17	16 ♈ 6	11 ♓ 43	20 ♈ 58	11 ♒ 37	1 ♒ 43	8 ♐ 0	13 ♈	8 ♓	27 ♍	16 ♉	18 ♏
27	5 ♈ 44	14 ♓ 23	9 ♍ 14	10 R 25	21 ♈ 24	19 ♒ 16	16 ♈ 51	11 ♓ 57	21 ♈ 6	11 ♒ 39	1 ♒ 45	7 ♐ 59	13 ♈	8 ♓	26 ♍	16 ♉	18 ♏
28	6 ♈ 44	29 ♓ 29	9 ♍ 11	10 ♍ 24	21 ♈ 29	20 ♒ 15	17 ♈ 37	12 ♓ 11	21 ♈ 13	11 ♒ 42	1 ♒ 46	7 ♐ 59	14 ♈	9 ♓	26 ♍	17 ♉	18 ♏
29	7 ♈ 43	14 ♈ 43	9 ♍ 8	10 ♍ 22	21 R 27	21 ♒ 14	18 ♈ 22	12 ♓ 24	21 ♈ 20	11 ♒ 44	1 ♒ 47	7 ♐ 58	14 ♈	9 ♓	26 ♍	17 ♉	18 ♏
30	8 ♈ 43	29 ♈ 56	9 ♍ 5	10 ♍ 19	21 ♈ 17	22 ♒ 14	19 ♈ 8	12 ♓ 38	21 ♈ 28	11 ♒ 46	1 ♒ 48	7 ♐ 58	14 ♈	9 ♓	26 ♍	18 ♉	18 ♏
31	9 ♈ 42	14 ♉ 56	9 ♍ 1	10 ♍ 14	21 ♈ 1	23 ♒ 14	19 ♈ 54	12 ♓ 52	21 ♈ 35	11 ♒ 49	1 ♒ 49	7 ♐ 57	15 ♈	9 ♓	25 ♍	18 ♉	18 ♏

SUN INGRESS	☉ → ♈ 21日 04:55
MOON PHASE	◐ 5日 17:41 ♊　○ 13日 13:34 ♍　◑ 21日 16:38 ♑　● 28日 12:14 ♈

aspects		
5日	02:46	♀⚹♂
6日	15:45	♂⚹♆
6日	16:38	♀☌♆
8日	23:20	♀⚹♂
9日	10:43	☿⚹♆
10日	10:36	♃□♇
11日	11:47	☿☌♂
11日	14:53	☿⚹♀
13日	07:27	☿△♇
14日	22:59	♀⚹♇
15日	06:41	☿⚹♅
15日	11:47	♂△♇
18日	14:13	♀☌♅
19日	19:05	♂⚹♅
22日	21:08	☉⚹♆
25日	01:03	☿☌♄
29日	02:49	♀⚹♄
29日	04:31	☿⚹♀
29日	05:58	☉△♇
29日	10:10	☿☌♄
31日	23:37	☿☌♂

1998年4月

DAY	☉	☽	☊ mean	☊ true	☿	♀	♂	♃	♄	♅	♆	♇	⚳	⚴	⚵	⚶	⚷
	° ′	° ′	° ′	° ′	° ′	° ′	° ′	° ′	° ′	° ′	° ′	° ′	°	°	°	°	°
1	10 ♈ 41	29 ♉ 37	8 ♍ 58	10 R 10	20 R 38	24 D 15	20 D 39	13 D 6	21 D 43	11 D 51	1 D 51	7 R 56	15 D	10 D	25 R	18 D	18 R
2	11 ♈ 40	13 ♊ 52	8 ♍ 55	10 ♍ 7	20 ♈ 9	25 ♒ 15	21 ♈ 24	13 ♓ 19	21 ♈ 50	11 ♒ 53	1 ♒ 52	7 ♐ 56	15 ♈	10 ♓	25 ♍	19 ♉	17 ♏
3	12 ♈ 40	27 ♊ 39	8 ♍ 52	10 ♍ 4	19 ♈ 35	26 ♒ 16	22 ♈ 10	13 ♓ 33	21 ♈ 58	11 ♒ 55	1 ♒ 53	7 ♐ 55	16 ♈	10 ♓	25 ♍	19 ♉	17 ♏
4	13 ♈ 39	10 ♋ 59	8 ♍ 49	10 ♍ 3	18 ♈ 57	27 ♒ 18	22 ♈ 55	13 ♓ 46	22 ♈ 5	11 ♒ 57	1 ♒ 54	7 ♐ 54	16 ♈	11 ♓	24 ♍	20 ♉	17 ♏
5	14 ♈ 38	23 ♋ 53	8 ♍ 46	10 D 4	18 ♈ 15	28 ♒ 20	23 ♈ 40	14 ♓ 0	22 ♈ 13	11 ♒ 59	1 ♒ 55	7 ♐ 53	17 ♈	11 ♓	24 ♍	20 ♉	17 ♏
6	15 ♈ 37	6 ♌ 27	8 ♍ 42	10 ♍ 5	17 ♈ 30	29 ♒ 22	24 ♈ 26	14 ♓ 13	22 ♈ 21	12 ♒ 1	1 ♒ 56	7 ♐ 53	17 ♈	11 ♓	24 ♍	20 ♉	17 ♏
7	16 ♈ 36	18 ♌ 43	8 ♍ 39	10 ♍ 7	16 ♈ 43	0 ♓ 24	25 ♈ 11	14 ♓ 26	22 ♈ 28	12 ♒ 3	1 ♒ 57	7 ♐ 52	17 ♈	12 ♓	24 ♍	21 ♉	17 ♏
8	17 ♈ 35	0 ♍ 47	8 ♍ 36	10 ♍ 8	15 ♈ 56	1 ♓ 26	25 ♈ 56	14 ♓ 40	22 ♈ 36	12 ♒ 5	1 ♒ 57	7 ♐ 51	18 ♈	12 ♓	24 ♍	21 ♉	17 ♏
9	18 ♈ 34	12 ♍ 42	8 ♍ 33	10 R 8	15 ♈ 8	2 ♓ 29	26 ♈ 41	14 ♓ 53	22 ♈ 43	12 ♒ 7	1 ♒ 58	7 ♐ 50	18 ♈	12 ♓	24 ♍	22 ♉	17 ♏
10	19 ♈ 33	24 ♍ 33	8 ♍ 30	10 ♍ 7	14 ♈ 22	3 ♓ 32	27 ♈ 26	15 ♓ 6	22 ♈ 51	12 ♒ 9	1 ♒ 59	7 ♐ 49	19 ♈	13 ♓	23 ♍	22 ♉	17 ♏
11	20 ♈ 32	6 ♎ 21	8 ♍ 26	10 ♍ 4	13 ♈ 37	4 ♓ 36	28 ♈ 11	15 ♓ 19	22 ♈ 59	12 ♒ 11	2 ♒ 0	7 ♐ 48	19 ♈	13 ♓	23 ♍	22 ♉	17 ♏
12	21 ♈ 31	18 ♎ 10	8 ♍ 23	9 ♍ 59	12 ♈ 55	5 ♓ 39	28 ♈ 56	15 ♓ 32	23 ♈ 6	12 ♒ 12	2 ♒ 1	7 ♐ 47	19 ♈	13 ♓	23 ♍	23 ♉	17 ♏
13	22 ♈ 30	0 ♏ 2	8 ♍ 20	9 ♍ 52	12 ♈ 16	6 ♓ 43	29 ♈ 41	15 ♓ 45	23 ♈ 14	12 ♒ 14	2 ♒ 1	7 ♐ 46	20 ♈	13 ♓	23 ♍	23 ♉	17 ♏
14	23 ♈ 28	11 ♏ 58	8 ♍ 17	9 ♍ 44	11 ♈ 41	7 ♓ 47	0 ♉ 25	15 ♓ 58	23 ♈ 21	12 ♒ 16	2 ♒ 2	7 ♐ 45	20 ♈	14 ♓	23 ♍	24 ♉	17 ♏
15	24 ♈ 27	24 ♏ 0	8 ♍ 14	9 ♍ 36	11 ♈ 10	8 ♓ 52	1 ♉ 10	16 ♓ 11	23 ♈ 29	12 ♒ 17	2 ♒ 3	7 ♐ 44	21 ♈	14 ♓	22 ♍	24 ♉	17 ♏
16	25 ♈ 26	6 ♐ 9	8 ♍ 11	9 ♍ 28	10 ♈ 44	9 ♓ 56	1 ♉ 55	16 ♓ 24	23 ♈ 37	12 ♒ 19	2 ♒ 3	7 ♐ 43	21 ♈	14 ♓	22 ♍	25 ♉	17 ♏
17	26 ♈ 25	18 ♐ 29	8 ♍ 7	9 ♍ 21	10 ♈ 22	11 ♓ 1	2 ♉ 40	16 ♓ 37	23 ♈ 44	12 ♒ 20	2 ♒ 4	7 ♐ 42	21 ♈	15 ♓	22 ♍	25 ♉	17 ♏
18	27 ♈ 23	1 ♑ 0	8 ♍ 4	9 ♍ 15	10 ♈ 6	12 ♓ 6	3 ♉ 24	16 ♓ 49	23 ♈ 52	12 ♒ 22	2 ♒ 5	7 ♐ 41	22 ♈	15 ♓	22 ♍	25 ♉	16 ♏
19	28 ♈ 22	13 ♑ 46	8 ♍ 1	9 ♍ 12	9 ♈ 54	13 ♓ 11	4 ♉ 9	17 ♓ 2	23 ♈ 59	12 ♒ 23	2 ♒ 5	7 ♐ 40	22 ♈	15 ♓	22 ♍	26 ♉	16 ♏
20	29 ♈ 21	26 ♑ 51	7 ♍ 58	9 ♍ 11	9 ♈ 48	14 ♓ 16	4 ♉ 53	17 ♓ 14	24 ♈ 7	12 ♒ 25	2 ♒ 6	7 ♐ 38	23 ♈	16 ♓	22 ♍	26 ♉	16 ♏
21	0 ♉ 19	10 ♒ 16	7 ♍ 55	9 D 11	9 D 47	15 ♓ 22	5 ♉ 38	17 ♓ 27	24 ♈ 14	12 ♒ 26	2 ♒ 6	7 ♐ 37	23 ♈	16 ♓	22 ♍	27 ♉	16 ♏
22	1 ♉ 18	24 ♒ 4	7 ♍ 52	9 ♍ 12	9 ♈ 51	16 ♓ 27	6 ♉ 22	17 ♓ 39	24 ♈ 22	12 ♒ 27	2 ♒ 7	7 ♐ 36	23 ♈	16 ♓	22 ♍	27 ♉	16 ♏
23	2 ♉ 16	8 ♓ 16	7 ♍ 48	9 ♍ 13	10 ♈ 0	17 ♓ 33	7 ♉ 7	17 ♓ 52	24 ♈ 30	12 ♒ 29	2 ♒ 7	7 ♐ 35	24 ♈	16 ♓	21 ♍	28 ♉	16 ♏
24	3 ♉ 15	22 ♓ 52	7 ♍ 45	9 R 12	10 ♈ 14	18 ♓ 39	7 ♉ 51	18 ♓ 4	24 ♈ 37	12 ♒ 30	2 ♒ 7	7 ♐ 34	24 ♈	17 ♓	21 ♍	28 ♉	16 ♏
25	4 ♉ 13	7 ♈ 48	7 ♍ 42	9 ♍ 10	10 ♈ 33	19 ♓ 45	8 ♉ 35	18 ♓ 16	24 ♈ 45	12 ♒ 31	2 ♒ 8	7 ♐ 32	25 ♈	17 ♓	21 ♍	28 ♉	16 ♏
26	5 ♉ 12	22 ♈ 56	7 ♍ 39	9 ♍ 4	10 ♈ 56	20 ♓ 52	9 ♉ 20	18 ♓ 28	24 ♈ 52	12 ♒ 32	2 ♒ 8	7 ♐ 31	25 ♈	17 ♓	21 ♍	29 ♉	16 ♏
27	6 ♉ 10	8 ♉ 8	7 ♍ 36	8 ♍ 57	11 ♈ 24	21 ♓ 58	10 ♉ 4	18 ♓ 40	25 ♈ 0	12 ♒ 33	2 ♒ 8	7 ♐ 30	25 ♈	18 ♓	21 ♍	29 ♉	16 ♏
28	7 ♉ 9	23 ♉ 13	7 ♍ 32	8 ♍ 48	11 ♈ 56	23 ♓ 5	10 ♉ 48	18 ♓ 52	25 ♈ 7	12 ♒ 34	2 ♒ 9	7 ♐ 28	26 ♈	18 ♓	21 ♍	0 ♊	16 ♏
29	8 ♉ 7	8 ♊ 1	7 ♍ 29	8 ♍ 39	12 ♈ 31	24 ♓ 12	11 ♉ 32	19 ♓ 4	25 ♈ 15	12 ♒ 35	2 ♒ 9	7 ♐ 27	26 ♈	18 ♓	21 ♍	0 ♊	16 ♏
30	9 ♉ 5	22 ♊ 25	7 ♍ 26	8 ♍ 31	13 ♈ 11	25 ♓ 19	12 ♉ 16	19 ♓ 16	25 ♈ 22	12 ♒ 36	2 ♒ 9	7 ♐ 26	27 ♈	18 ♓	21 ♍	0 ♊	16 ♏

SUN INGRESS	☉ → ♉ 20日 15:57
MOON PHASE	◐ 4日 05:18 ♋　○ 12日 07:23 ♎　◑ 20日 04:53 ♑　● 26日 20:41 ♉

aspects		
2日	05:15	☉⚹♅
2日	16:29	♂☌♄
7日	01:34	☉☌☿
13日	01:07	☿⚹♅
13日	20:40	☉☌♄
13日	23:14	♀□♇
16日	04:35	♂□♆
22日	20:09	☉□♆
23日	08:13	♀☌♃
29日	02:27	☿⚹♅
30日	11:12	♂□♅

1998年5月

DAY	☉	☽	☊ mean	☊ true	☿	♀	♂	♃	♄	♅	♆	♇	⚳	⚴	⚵	⚶	⚷
	° ′	° ′	° ′	° ′	° ′	° ′	° ′	° ′	° ′	° ′	° ′	° ′	°	°	°	°	°
1	10 ♉ 4	6 ♋ 21	7 ♍ 23	8 R 25	13 D 54	26 D 26	13 D 0	19 D 27	25 D 30	12 D 37	2 D 9	7 R 24	27 D	19 D	21 R	1 D	16 R
2	11 ♉ 2	19 ♋ 47	7 ♍ 20	8 ♍ 20	14 ♈ 41	27 ♓ 33	13 ♉ 44	19 ♓ 39	25 ♈ 37	12 ♒ 38	2 ♒ 9	7 ♐ 23	27 ♈	19 ♓	21 ♍	1 ♊	15 ♏
3	12 ♉ 0	2 ♌ 45	7 ♍ 17	8 ♍ 18	15 ♈ 32	28 ♓ 40	14 ♉ 28	19 ♓ 50	25 ♈ 45	12 ♒ 39	2 ♒ 9	7 ♐ 21	28 ♈	19 ♓	21 ♍	2 ♊	15 ♏
4	12 ♉ 58	15 ♌ 20	7 ♍ 13	8 D 18	16 ♈ 25	29 ♓ 48	15 ♉ 12	20 ♓ 2	25 ♈ 52	12 ♒ 39	2 ♒ 9	7 ♐ 20	28 ♈	19 ♓	21 ♍	2 ♊	15 ♏
5	13 ♉ 56	27 ♌ 35	7 ♍ 10	8 ♍ 18	17 ♈ 22	0 ♈ 55	15 ♉ 55	20 ♓ 13	25 ♈ 59	12 ♒ 40	2 R 9	7 ♐ 18	29 ♈	20 ♓	21 ♍	3 ♊	15 ♏
6	14 ♉ 55	9 ♍ 36	7 ♍ 7	8 R 19	18 ♈ 22	2 ♈ 3	16 ♉ 39	20 ♓ 24	26 ♈ 7	12 ♒ 41	2 ♒ 9	7 ♐ 17	29 ♈	20 ♓	21 ♍	3 ♊	15 ♏
7	15 ♉ 53	21 ♍ 29	7 ♍ 4	8 ♍ 18	19 ♈ 24	3 ♈ 10	17 ♉ 23	20 ♓ 35	26 ♈ 14	12 ♒ 41	2 ♒ 9	7 ♐ 16	29 ♈	20 ♓	21 ♍	3 ♊	15 ♏
8	16 ♉ 51	3 ♎ 17	7 ♍ 1	8 ♍ 15	20 ♈ 30	4 ♈ 18	18 ♉ 6	20 ♓ 46	26 ♈ 21	12 ♒ 42	2 ♒ 9	7 ♐ 14	0 ♉	20 ♓	20 ♍	4 ♊	15 ♏
9	17 ♉ 49	15 ♎ 5	6 ♍ 58	8 ♍ 9	21 ♈ 38	5 ♈ 26	18 ♉ 50	20 ♓ 57	26 ♈ 29	12 ♒ 42	2 ♒ 9	7 ♐ 13	0 ♉	21 ♓	20 ♍	4 ♊	15 ♏
10	18 ♉ 47	26 ♎ 56	6 ♍ 54	8 ♍ 1	22 ♈ 49	6 ♈ 34	19 ♉ 33	21 ♓ 8	26 ♈ 36	12 ♒ 43	2 ♒ 9	7 ♐ 11	1 ♉	21 ♓	20 ♍	5 ♊	15 ♏
11	19 ♉ 45	8 ♏ 53	6 ♍ 51	7 ♍ 51	24 ♈ 2	7 ♈ 42	20 ♉ 17	21 ♓ 19	26 ♈ 43	12 ♒ 43	2 ♒ 9	7 ♐ 9	1 ♉	21 ♓	20 D	5 ♊	15 ♏
12	20 ♉ 43	20 ♏ 57	6 ♍ 48	7 ♍ 39	25 ♈ 18	8 ♈ 51	21 ♉ 0	21 ♓ 30	26 ♈ 50	12 ♒ 43	2 ♒ 8	7 ♐ 8	1 ♉	22 ♓	20 ♍	6 ♊	15 ♏
13	21 ♉ 41	3 ♐ 10	6 ♍ 45	7 ♍ 26	26 ♈ 36	9 ♈ 59	21 ♉ 44	21 ♓ 40	26 ♈ 57	12 ♒ 43	2 ♒ 8	7 ♐ 6	2 ♉	22 ♓	20 ♍	6 ♊	15 ♏
14	22 ♉ 38	15 ♐ 32	6 ♍ 42	7 ♍ 13	27 ♈ 57	11 ♈ 8	22 ♉ 27	21 ♓ 50	27 ♈ 5	12 ♒ 44	2 ♒ 8	7 ♐ 5	2 ♉	22 ♓	20 ♍	6 ♊	15 ♏
15	23 ♉ 36	28 ♐ 4	6 ♍ 38	7 ♍ 2	29 ♈ 20	12 ♈ 16	23 ♉ 10	22 ♓ 1	27 ♈ 12	12 ♒ 44	2 ♒ 8	7 ♐ 3	3 ♉	22 ♓	21 ♍	7 ♊	14 ♏
16	24 ♉ 34	10 ♑ 48	6 ♍ 35	6 ♍ 53	0 ♉ 45	13 ♈ 25	23 ♉ 53	22 ♓ 11	27 ♈ 19	12 ♒ 44	2 ♒ 7	7 ♐ 2	3 ♉	23 ♓	21 ♍	7 ♊	14 ♏
17	25 ♉ 32	23 ♑ 43	6 ♍ 32	6 ♍ 47	2 ♉ 13	14 ♈ 34	24 ♉ 36	22 ♓ 21	27 ♈ 26	12 ♒ 44	2 ♒ 7	7 ♐ 0	3 ♉	23 ♓	21 ♍	8 ♊	14 ♏
18	26 ♉ 30	6 ♒ 52	6 ♍ 29	6 ♍ 44	3 ♉ 43	15 ♈ 42	25 ♉ 19	22 ♓ 31	27 ♈ 33	12 ♒ 44	2 ♒ 6	6 ♐ 58	4 ♉	23 ♓	21 ♍	8 ♊	14 ♏
19	27 ♉ 28	20 ♒ 17	6 ♍ 26	6 ♍ 43	5 ♉ 15	16 ♈ 51	26 ♉ 2	22 ♓ 41	27 ♈ 40	12 R 44	2 ♒ 6	6 ♐ 57	4 ♉	23 ♓	21 ♍	9 ♊	14 ♏
20	28 ♉ 25	3 ♓ 59	6 ♍ 23	6 D 43	6 ♉ 49	18 ♈ 0	26 ♉ 45	22 ♓ 51	27 ♈ 47	12 ♒ 44	2 ♒ 6	6 ♐ 55	4 ♉	23 ♓	21 ♍	9 ♊	14 ♏
21	29 ♉ 23	18 ♓ 1	6 ♍ 19	6 R 43	8 ♉ 26	19 ♈ 10	27 ♉ 28	23 ♓ 0	27 ♈ 54	12 ♒ 44	2 ♒ 5	6 ♐ 54	5 ♉	24 ♓	21 ♍	10 ♊	14 ♏
22	0 ♊ 21	2 ♈ 21	6 ♍ 16	6 ♍ 41	10 ♉ 5	20 ♈ 19	28 ♉ 11	23 ♓ 10	28 ♈ 0	12 ♒ 44	2 ♒ 5	6 ♐ 52	5 ♉	24 ♓	21 ♍	10 ♊	14 ♏
23	1 ♊ 19	16 ♈ 58	6 ♍ 13	6 ♍ 37	11 ♉ 46	21 ♈ 28	28 ♉ 54	23 ♓ 19	28 ♈ 7	12 ♒ 43	2 ♒ 4	6 ♐ 50	6 ♉	24 ♓	21 ♍	10 ♊	14 ♏
24	2 ♊ 16	1 ♉ 47	6 ♍ 10	6 ♍ 30	13 ♉ 29	22 ♈ 37	29 ♉ 37	23 ♓ 28	28 ♈ 14	12 ♒ 43	2 ♒ 3	6 ♐ 49	6 ♉	24 ♓	21 ♍	11 ♊	14 ♏
25	3 ♊ 14	16 ♉ 43	6 ♍ 7	6 ♍ 21	15 ♉ 14	23 ♈ 47	0 ♊ 20	23 ♓ 38	28 ♈ 21	12 ♒ 43	2 ♒ 3	6 ♐ 47	6 ♉	25 ♓	21 ♍	11 ♊	14 ♏
26	4 ♊ 12	1 ♊ 35	6 ♍ 3	6 ♍ 10	17 ♉ 2	24 ♈ 56	1 ♊ 2	23 ♓ 47	28 ♈ 27	12 ♒ 43	2 ♒ 2	6 ♐ 45	7 ♉	25 ♓	21 ♍	12 ♊	14 ♏
27	5 ♊ 9	16 ♊ 15	6 ♍ 0	5 ♍ 59	18 ♉ 52	26 ♈ 6	1 ♊ 45	23 ♓ 55	28 ♈ 34	12 ♒ 42	2 ♒ 1	6 ♐ 44	7 ♉	25 ♓	21 ♍	12 ♊	14 ♏
28	6 ♊ 7	0 ♋ 36	5 ♍ 57	5 ♍ 48	20 ♉ 44	27 ♈ 15	2 ♊ 28	24 ♓ 4	28 ♈ 41	12 ♒ 42	2 ♒ 1	6 ♐ 42	8 ♉	25 ♓	21 ♍	13 ♊	14 ♏
29	7 ♊ 5	14 ♋ 32	5 ♍ 54	5 ♍ 40	22 ♉ 38	28 ♈ 25	3 ♊ 10	24 ♓ 13	28 ♈ 47	12 ♒ 41	2 ♒ 0	6 ♐ 41	8 ♉	25 ♓	21 ♍	13 ♊	13 ♏
30	8 ♊ 2	28 ♋ 0	5 ♍ 51	5 ♍ 33	24 ♉ 34	29 ♈ 35	3 ♊ 53	24 ♓ 21	28 ♈ 54	12 ♒ 41	1 ♒ 59	6 ♐ 39	8 ♉	26 ♓	21 ♍	13 ♊	13 ♏
31	9 ♊ 0	11 ♌ 1	5 ♍ 48	5 ♍ 30	26 ♉ 32	0 ♉ 44	4 ♊ 35	24 ♓ 30	29 ♈ 0	12 ♒ 40	1 ♒ 59	6 ♐ 37	9 ♉	26 ♓	22 ♍	14 ♊	13 ♏

SUN INGRESS ☉ → ♊ 21日 15:05

MOON PHASE ◐ 3日 19:04 ♌ ○ 11日 23:29 ♏ ◑ 19日 13:35 ♒ ● 26日 04:32 ♊

aspects		
3日	16:04	☉□♅
6日	02:20	♀⚹♆
10日	12:38	♀△♇
12日	21:26	♂⚹♃
12日	23:43	☉⚹♃
13日	04:46	☉☌♂
13日	06:56	☿☌♄
15日	09:41	♀⚹♅
16日	22:20	☿□♆
23日	13:27	☿□♅
23日	18:40	☉△♆
27日	09:10	♂△♆
28日	14:15	☉☍♇
29日	08:25	♀☌♄
29日	21:12	☿⚹♃

1998年6月

DAY	☉	☽	☊ mean	☊ true	☿	♀	♂	♃	♄	♅	♆	♇	⚳	⚴	⚵	⚶	⚷
	° ′	° ′	° ′	° ′	° ′	° ′	° ′	° ′	° ′	° ′	° ′	° ′	°	°	°	°	°
1	9 ♊ 57	23 ♌ 38	5 ♍ 44	5 R 28	28 D 32	1 D 54	5 D 17	24 D 38	29 D 6	12 R 39	1 R 58	6 R 36	9 D	26 D	22 D	14 D	13 R
2	10 ♊ 55	5 ♍ 55	5 ♍ 41	5 D 28	0 ♊ 35	3 ♉ 4	6 ♊ 0	24 ♓ 46	29 ♈ 13	12 ♒ 39	1 ♒ 57	6 ♐ 34	9 ♉	26 ♓	22 ♍	15 ♊	13 ♏
3	11 ♊ 52	17 ♍ 58	5 ♍ 38	5 R 28	2 ♊ 39	4 ♉ 14	6 ♊ 42	24 ♓ 54	29 ♈ 19	12 ♒ 38	1 ♒ 56	6 ♐ 32	10 ♉	27 ♓	22 ♍	15 ♊	13 ♏
4	12 ♊ 50	29 ♍ 51	5 ♍ 35	5 ♍ 27	4 ♊ 44	5 ♉ 24	7 ♊ 24	25 ♓ 2	29 ♈ 25	12 ♒ 37	1 ♒ 55	6 ♐ 31	10 ♉	27 ♓	22 ♍	16 ♊	13 ♏
5	13 ♊ 47	11 ♎ 40	5 ♍ 32	5 ♍ 24	6 ♊ 52	6 ♉ 34	8 ♊ 6	25 ♓ 9	29 ♈ 32	12 ♒ 36	1 ♒ 54	6 ♐ 29	11 ♉	27 ♓	22 ♍	16 ♊	13 ♏
6	14 ♊ 45	23 ♎ 30	5 ♍ 29	5 ♍ 19	9 ♊ 0	7 ♉ 44	8 ♊ 48	25 ♓ 17	29 ♈ 38	12 ♒ 35	1 ♒ 53	6 ♐ 27	11 ♉	27 ♓	22 ♍	16 ♊	13 ♏
7	15 ♊ 42	5 ♏ 25	5 ♍ 25	5 ♍ 11	11 ♊ 10	8 ♉ 55	9 ♊ 30	25 ♓ 24	29 ♈ 44	12 ♒ 34	1 ♒ 52	6 ♐ 26	11 ♉	27 ♓	22 ♍	17 ♊	13 ♏
8	16 ♊ 39	17 ♏ 28	5 ♍ 22	5 ♍ 1	13 ♊ 21	10 ♉ 5	10 ♊ 12	25 ♓ 32	29 ♈ 50	12 ♒ 33	1 ♒ 51	6 ♐ 24	12 ♉	27 ♓	23 ♍	17 ♊	13 ♏
9	17 ♊ 37	29 ♏ 42	5 ♍ 19	4 ♍ 49	15 ♊ 33	11 ♉ 15	10 ♊ 54	25 ♓ 39	29 ♈ 56	12 ♒ 32	1 ♒ 50	6 ♐ 23	12 ♉	28 ♓	23 ♍	18 ♊	13 ♏
10	18 ♊ 34	12 ♐ 7	5 ♍ 16	4 ♍ 36	17 ♊ 45	12 ♉ 25	11 ♊ 36	25 ♓ 46	0 ♉ 2	12 ♒ 31	1 ♒ 49	6 ♐ 21	13 ♉	28 ♓	23 ♍	18 ♊	13 ♏
11	19 ♊ 32	24 ♐ 45	5 ♍ 13	4 ♍ 24	19 ♊ 57	13 ♉ 36	12 ♊ 18	25 ♓ 52	0 ♉ 8	12 ♒ 30	1 ♒ 48	6 ♐ 19	13 ♉	28 ♓	23 ♍	19 ♊	13 ♏
12	20 ♊ 29	7 ♑ 35	5 ♍ 9	4 ♍ 13	22 ♊ 9	14 ♉ 46	13 ♊ 0	25 ♓ 59	0 ♉ 13	12 ♒ 29	1 ♒ 47	6 ♐ 18	13 ♉	28 ♓	23 ♍	19 ♊	13 ♏
13	21 ♊ 26	20 ♑ 37	5 ♍ 6	4 ♍ 4	24 ♊ 20	15 ♉ 57	13 ♊ 42	26 ♓ 5	0 ♉ 19	12 ♒ 28	1 ♒ 46	6 ♐ 16	14 ♉	28 ♓	23 ♍	19 ♊	13 ♏
14	22 ♊ 23	3 ♒ 50	5 ♍ 3	3 ♍ 59	26 ♊ 31	17 ♉ 7	14 ♊ 23	26 ♓ 12	0 ♉ 25	12 ♒ 27	1 ♒ 45	6 ♐ 15	14 ♉	29 ♓	24 ♍	20 ♊	13 ♏
15	23 ♊ 21	17 ♒ 15	5 ♍ 0	3 ♍ 55	28 ♊ 41	18 ♉ 18	15 ♊ 5	26 ♓ 18	0 ♉ 30	12 ♒ 25	1 ♒ 44	6 ♐ 13	14 ♉	29 ♓	24 ♍	20 ♊	13 ♏
16	24 ♊ 18	0 ♓ 50	4 ♍ 57	3 ♍ 54	0 ♋ 50	19 ♉ 29	15 ♊ 47	26 ♓ 24	0 ♉ 36	12 ♒ 24	1 ♒ 42	6 ♐ 12	15 ♉	29 ♓	24 ♍	21 ♊	13 ♏
17	25 ♊ 15	14 ♓ 37	4 ♍ 54	3 D 55	2 ♋ 58	20 ♉ 39	16 ♊ 28	26 ♓ 30	0 ♉ 41	12 ♒ 23	1 ♒ 41	6 ♐ 10	15 ♉	29 ♓	24 ♍	21 ♊	12 ♏
18	26 ♊ 13	28 ♓ 36	4 ♍ 50	3 R 55	5 ♋ 4	21 ♉ 50	17 ♊ 10	26 ♓ 35	0 ♉ 47	12 ♒ 21	1 ♒ 40	6 ♐ 9	15 ♉	29 ♓	24 ♍	22 ♊	12 ♏
19	27 ♊ 10	12 ♈ 46	4 ♍ 47	3 ♍ 54	7 ♋ 8	23 ♉ 1	17 ♊ 51	26 ♓ 41	0 ♉ 52	12 ♒ 20	1 ♒ 39	6 ♐ 7	16 ♉	29 ♓	24 ♍	22 ♊	12 ♏
20	28 ♊ 7	27 ♈ 7	4 ♍ 44	3 ♍ 51	9 ♋ 11	24 ♉ 12	18 ♊ 33	26 ♓ 46	0 ♉ 57	12 ♒ 19	1 ♒ 37	6 ♐ 6	16 ♉	29 ♓	25 ♍	23 ♊	12 ♏
21	29 ♊ 5	11 ♉ 35	4 ♍ 41	3 ♍ 46	11 ♋ 12	25 ♉ 23	19 ♊ 14	26 ♓ 51	1 ♉ 3	12 ♒ 17	1 ♒ 36	6 ♐ 4	17 ♉	0 ♈	25 ♍	23 ♊	12 ♏
22	0 ♋ 2	26 ♉ 6	4 ♍ 38	3 ♍ 38	13 ♋ 11	26 ♉ 34	19 ♊ 55	26 ♓ 57	1 ♉ 8	12 ♒ 15	1 ♒ 35	6 ♐ 3	17 ♉	0 ♈	25 ♍	23 ♊	12 ♏
23	0 ♋ 59	10 ♊ 34	4 ♍ 35	3 ♍ 29	15 ♋ 7	27 ♉ 45	20 ♊ 37	27 ♓ 1	1 ♉ 13	12 ♒ 14	1 ♒ 34	6 ♐ 1	17 ♉	0 ♈	25 ♍	24 ♊	12 ♏
24	1 ♋ 56	24 ♊ 53	4 ♍ 31	3 ♍ 19	17 ♋ 2	28 ♉ 56	21 ♊ 18	27 ♓ 6	1 ♉ 18	12 ♒ 12	1 ♒ 32	6 ♐ 0	18 ♉	0 ♈	25 ♍	24 ♊	12 ♏
25	2 ♋ 54	8 ♋ 57	4 ♍ 28	3 ♍ 10	18 ♋ 54	0 ♊ 7	21 ♊ 59	27 ♓ 11	1 ♉ 23	12 ♒ 11	1 ♒ 31	5 ♐ 58	18 ♉	0 ♈	26 ♍	25 ♊	12 ♏
26	3 ♋ 51	22 ♋ 41	4 ♍ 25	3 ♍ 3	20 ♋ 45	1 ♊ 18	22 ♊ 40	27 ♓ 15	1 ♉ 28	12 ♒ 9	1 ♒ 29	5 ♐ 57	18 ♉	0 ♈	26 ♍	25 ♊	12 ♏
27	4 ♋ 48	6 ♌ 2	4 ♍ 22	2 ♍ 57	22 ♋ 33	2 ♊ 29	23 ♊ 21	27 ♓ 19	1 ♉ 32	12 ♒ 7	1 ♒ 28	5 ♐ 56	19 ♉	0 ♈	26 ♍	26 ♊	12 ♏
28	5 ♋ 45	19 ♌ 0	4 ♍ 19	2 ♍ 54	24 ♋ 19	3 ♊ 41	24 ♊ 2	27 ♓ 23	1 ♉ 37	12 ♒ 5	1 ♒ 27	5 ♐ 54	19 ♉	0 ♈	26 ♍	26 ♊	12 ♏
29	6 ♋ 43	1 ♍ 36	4 ♍ 15	2 ♍ 53	26 ♋ 3	4 ♊ 52	24 ♊ 43	27 ♓ 27	1 ♉ 42	12 ♒ 4	1 ♒ 25	5 ♐ 53	19 ♉	1 ♈	26 ♍	26 ♊	12 ♏
30	7 ♋ 40	13 ♍ 54	4 ♍ 12	2 D 54	27 ♋ 44	6 ♊ 3	25 ♊ 24	27 ♓ 30	1 ♉ 46	12 ♒ 2	1 ♒ 24	5 ♐ 51	20 ♉	1 ♈	27 ♍	27 ♊	12 ♏

SUN INGRESS ☉ → ♋ 21日 23:03

MOON PHASE ◐ 2日 10:45 ♍ ○ 10日 13:18 ♐ ◑ 17日 19:38 ♓ ● 24日 12:50 ♋

aspects		
1日	01:08	♀□♆
2日	15:49	☿△♆
2日	18:46	♂☍♇
3日	18:46	☉△♅
4日	19:47	☿☍♇
5日	20:40	☿☌♂
7日	15:20	☿△♅
10日	01:59	♀□♅
10日	15:56	☉☌☿
11日	06:46	♂△♅
13日	20:15	☿□♃
15日	21:12	☿⚹♄
18日	10:34	☉□♃
22日	08:13	♀⚹♃
23日	06:17	☉⚹♄
26日	03:42	♀△♆
26日	07:24	♄□♆
29日	20:07	♀☍♇
29日	20:34	☿△♃

1998年7月

DAY	☉	☽	☊ mean	☊ true	☿	♀	♂	♃	♄	♅	♆	♇	⚳	⚴	⚵	⚶	⚷
	° ′	° ′	° ′	° ′	° ′	° ′	° ′	° ′	° ′	° ′	° ′	° ′	°	°	°	°	°
1	8 ♋ 37	25 ♍ 58	4 ♍ 9	2 D 55	29 D 23	7 D 15	26 D 5	27 D 34	1 D 51	12 R 0	1 R 22	5 R 50	20 D	1 D	27 D	27 D	12 R
2	9 ♋ 34	7 ♎ 53	4 ♍ 6	2 ♍ 55	1 ♌ 0	8 ♊ 26	26 ♊ 46	27 ♓ 37	1 ♉ 55	11 ♒ 58	1 ♒ 21	5 ♐ 49	21 ♉	1 ♈	27 ♍	28 ♊	12 ♏
3	10 ♋ 31	19 ♎ 44	4 ♍ 3	2 R 55	2 ♌ 35	9 ♊ 37	27 ♊ 27	27 ♓ 40	1 ♉ 59	11 ♒ 56	1 ♒ 19	5 ♐ 48	21 ♉	1 ♈	27 ♍	28 ♊	12 ♏
4	11 ♋ 29	1 ♏ 36	4 ♍ 0	2 ♍ 53	4 ♌ 8	10 ♊ 49	28 ♊ 8	27 ♓ 43	2 ♉ 3	11 ♒ 54	1 ♒ 18	5 ♐ 46	21 ♉	1 ♈	27 ♍	29 ♊	12 ♏
5	12 ♋ 26	13 ♏ 34	3 ♍ 56	2 ♍ 49	5 ♌ 38	12 ♊ 0	28 ♊ 48	27 ♓ 46	2 ♉ 8	11 ♒ 52	1 ♒ 16	5 ♐ 45	22 ♉	1 ♈	28 ♍	29 ♊	12 ♏
6	13 ♋ 23	25 ♏ 42	3 ♍ 53	2 ♍ 42	7 ♌ 6	13 ♊ 12	29 ♊ 29	27 ♓ 48	2 ♉ 12	11 ♒ 50	1 ♒ 15	5 ♐ 44	22 ♉	1 ♈	28 ♍	29 ♊	12 ♏
7	14 ♋ 20	8 ♐ 3	3 ♍ 50	2 ♍ 35	8 ♌ 32	14 ♊ 24	0 ♋ 10	27 ♓ 50	2 ♉ 16	11 ♒ 48	1 ♒ 13	5 ♐ 43	22 ♉	1 ♈	28 ♍	0 ♋	12 ♏
8	15 ♋ 17	20 ♐ 39	3 ♍ 47	2 ♍ 27	9 ♌ 55	15 ♊ 35	0 ♋ 50	27 ♓ 52	2 ♉ 19	11 ♒ 46	1 ♒ 12	5 ♐ 42	23 ♉	1 ♈	28 ♍	0 ♋	12 ♏
9	16 ♋ 15	3 ♑ 32	3 ♍ 44	2 ♍ 19	11 ♌ 16	16 ♊ 47	1 ♋ 31	27 ♓ 54	2 ♉ 23	11 ♒ 44	1 ♒ 10	5 ♐ 40	23 ♉	1 ♈	29 ♍	1 ♋	12 ♏
10	17 ♋ 12	16 ♑ 40	3 ♍ 41	2 ♍ 12	12 ♌ 35	17 ♊ 59	2 ♋ 11	27 ♓ 56	2 ♉ 27	11 ♒ 42	1 ♒ 9	5 ♐ 39	23 ♉	1 ♈	29 ♍	1 ♋	12 ♏
11	18 ♋ 9	0 ♒ 4	3 ♍ 37	2 ♍ 6	13 ♌ 51	19 ♊ 11	2 ♋ 52	27 ♓ 58	2 ♉ 31	11 ♒ 40	1 ♒ 7	5 ♐ 38	24 ♉	2 ♈	29 ♍	2 ♋	12 ♏
12	19 ♋ 6	13 ♒ 41	3 ♍ 34	2 ♍ 3	15 ♌ 5	20 ♊ 22	3 ♋ 32	27 ♓ 59	2 ♉ 34	11 ♒ 38	1 ♒ 6	5 ♐ 37	24 ♉	2 ♈	29 ♍	2 ♋	12 ♏
13	20 ♋ 3	27 ♒ 28	3 ♍ 31	2 ♍ 2	16 ♌ 16	21 ♊ 34	4 ♋ 12	28 ♓ 0	2 ♉ 38	11 ♒ 36	1 ♒ 4	5 ♐ 36	24 ♉	2 ♈	0 ♎	2 ♋	12 D
14	21 ♋ 1	11 ♓ 24	3 ♍ 28	2 D 2	17 ♌ 24	22 ♊ 46	4 ♋ 53	28 ♓ 1	2 ♉ 41	11 ♒ 34	1 ♒ 2	5 ♐ 35	25 ♉	2 ♈	0 ♎	3 ♋	12 ♏
15	21 ♋ 58	25 ♓ 26	3 ♍ 25	2 ♍ 3	18 ♌ 30	23 ♊ 58	5 ♋ 33	28 ♓ 2	2 ♉ 44	11 ♒ 31	1 ♒ 1	5 ♐ 34	25 ♉	2 ♈	0 ♎	3 ♋	12 ♏
16	22 ♋ 55	9 ♈ 34	3 ♍ 21	2 ♍ 4	19 ♌ 33	25 ♊ 10	6 ♋ 13	28 ♓ 2	2 ♉ 47	11 ♒ 29	0 ♒ 59	5 ♐ 33	25 ♉	2 ♈	0 ♎	4 ♋	12 ♏
17	23 ♋ 52	23 ♈ 45	3 ♍ 18	2 ♍ 5	20 ♌ 33	26 ♊ 22	6 ♋ 53	28 ♓ 3	2 ♉ 50	11 ♒ 27	0 ♒ 58	5 ♐ 32	26 ♉	2 ♈	1 ♎	4 ♋	12 ♏
18	24 ♋ 49	7 ♉ 57	3 ♍ 15	2 R 4	21 ♌ 30	27 ♊ 34	7 ♋ 33	28 ♓ 3	2 ♉ 53	11 ♒ 25	0 ♒ 56	5 ♐ 31	26 ♉	2 ♈	1 ♎	5 ♋	12 ♏
19	25 ♋ 47	22 ♉ 9	3 ♍ 12	2 ♍ 2	22 ♌ 24	28 ♊ 46	8 ♋ 14	28 R 3	2 ♉ 56	11 ♒ 22	0 ♒ 54	5 ♐ 30	26 ♉	2 ♈	1 ♎	5 ♋	12 ♏
20	26 ♋ 44	6 ♊ 17	3 ♍ 9	1 ♍ 58	23 ♌ 14	29 ♊ 59	8 ♋ 54	28 ♓ 3	2 ♉ 59	11 ♒ 20	0 ♒ 53	5 ♐ 29	27 ♉	2 ♈	1 ♎	5 ♋	12 ♏
21	27 ♋ 41	20 ♊ 19	3 ♍ 6	1 ♍ 53	24 ♌ 2	1 ♋ 11	9 ♋ 34	28 ♓ 2	3 ♉ 2	11 ♒ 18	0 ♒ 51	5 ♐ 29	27 ♉	2 R	2 ♎	6 ♋	12 ♏
22	28 ♋ 39	4 ♋ 11	3 ♍ 2	1 ♍ 48	24 ♌ 45	2 ♋ 23	10 ♋ 14	28 ♓ 2	3 ♉ 4	11 ♒ 16	0 ♒ 49	5 ♐ 28	27 ♉	2 ♈	2 ♎	6 ♋	12 ♏
23	29 ♋ 36	17 ♋ 49	2 ♍ 59	1 ♍ 43	25 ♌ 25	3 ♋ 36	10 ♋ 53	28 ♓ 1	3 ♉ 7	11 ♒ 13	0 ♒ 48	5 ♐ 27	28 ♉	2 ♈	2 ♎	7 ♋	12 ♏
24	0 ♌ 33	1 ♌ 12	2 ♍ 56	1 ♍ 39	26 ♌ 2	4 ♋ 48	11 ♋ 33	28 ♓ 0	3 ♉ 9	11 ♒ 11	0 ♒ 46	5 ♐ 26	28 ♉	2 ♈	3 ♎	7 ♋	12 ♏
25	1 ♌ 30	14 ♌ 17	2 ♍ 53	1 ♍ 37	26 ♌ 34	6 ♋ 0	12 ♋ 13	27 ♓ 59	3 ♉ 12	11 ♒ 9	0 ♒ 45	5 ♐ 26	28 ♉	2 ♈	3 ♎	8 ♋	12 ♏
26	2 ♌ 28	27 ♌ 4	2 ♍ 50	1 ♍ 36	27 ♌ 2	7 ♋ 13	12 ♋ 53	27 ♓ 57	3 ♉ 14	11 ♒ 6	0 ♒ 43	5 ♐ 25	29 ♉	2 ♈	3 ♎	8 ♋	12 ♏
27	3 ♌ 25	9 ♍ 34	2 ♍ 47	1 D 36	27 ♌ 26	8 ♋ 25	13 ♋ 33	27 ♓ 56	3 ♉ 16	11 ♒ 4	0 ♒ 41	5 ♐ 24	29 ♉	2 ♈	3 ♎	8 ♋	12 ♏
28	4 ♌ 22	21 ♍ 49	2 ♍ 43	1 ♍ 37	27 ♌ 45	9 ♋ 38	14 ♋ 12	27 ♓ 54	3 ♉ 18	11 ♒ 1	0 ♒ 40	5 ♐ 24	29 ♉	2 ♈	4 ♎	9 ♋	12 ♏
29	5 ♌ 20	3 ♎ 52	2 ♍ 40	1 ♍ 39	28 ♌ 0	10 ♋ 50	14 ♋ 52	27 ♓ 52	3 ♉ 20	10 ♒ 59	0 ♒ 38	5 ♐ 23	29 ♉	2 ♈	4 ♎	9 ♋	12 ♏
30	6 ♌ 17	15 ♎ 47	2 ♍ 37	1 ♍ 40	28 ♌ 10	12 ♋ 3	15 ♋ 32	27 ♓ 50	3 ♉ 22	10 ♒ 57	0 ♒ 36	5 ♐ 22	0 ♊	1 ♈	4 ♎	10 ♋	12 ♏
31	7 ♌ 15	27 ♎ 39	2 ♍ 34	1 ♍ 41	28 ♌ 15	13 ♋ 16	16 ♋ 11	27 ♓ 48	3 ♉ 24	10 ♒ 54	0 ♒ 35	5 ♐ 22	0 ♊	1 ♈	5 ♎	10 ♋	12 ♏
SUN INGRESS	☉ → ♌ 23日 09:55																
MOON PHASE	◐ 2日 03:43 ♎	○ 10日 01:01 ♑	◑ 17日 00:13 ♈	● 23日 22:44 ♌	◐ 31日 21:05 ♏												

aspects		
2日	05:01	☿☍♆
2日	14:22	☿□♄
3日	08:17	♂□♃
4日	21:21	♀△♅
5日	01:51	☿△♇
9日	08:14	☿☍♅
10日	10:17	♂⚹♄
18日	09:34	♀□♃
21日	08:48	☉△♃
22日	14:12	♀⚹♄
24日	05:19	☉☍♆
26日	20:05	☉□♄
29日	01:16	☉△♇

1998年8月

DAY	☉	☽	☊ mean	☊ true	☿	♀	♂	♃	♄	♅	♆	♇	⚳	⚴	⚵	⚶	⚷
	° ′	° ′	° ′	° ′	° ′	° ′	° ′	° ′	° ′	° ′	° ′	° ′	°	°	°	°	°
1	8 ♌ 12	9 ♏ 32	2 ♍ 31	1 R 42	28 R 15	14 D 28	16 D 51	27 R 45	3 D 25	10 R 52	0 R 33	5 R 21	0 D	1 R	5 D	10 D	12 D
2	9 ♌ 9	21 ♏ 30	2 ♍ 27	1 ♍ 41	28 ♌ 10	15 ♋ 41	17 ♋ 30	27 ♓ 42	3 ♉ 27	10 ♒ 49	0 ♒ 32	5 ♐ 21	1 ♊	1 ♈	5 ♎	11 ♋	12 ♏
3	10 ♌ 7	3 ♐ 40	2 ♍ 24	1 ♍ 40	27 ♌ 59	16 ♋ 54	18 ♋ 10	27 ♓ 39	3 ♉ 28	10 ♒ 47	0 ♒ 30	5 ♐ 20	1 ♊	1 ♈	5 ♎	11 ♋	12 ♏
4	11 ♌ 4	16 ♐ 4	2 ♍ 21	1 ♍ 37	27 ♌ 43	18 ♋ 7	18 ♋ 49	27 ♓ 36	3 ♉ 29	10 ♒ 45	0 ♒ 28	5 ♐ 20	1 ♊	1 ♈	6 ♎	12 ♋	12 ♏
5	12 ♌ 2	28 ♐ 46	2 ♍ 18	1 ♍ 35	27 ♌ 23	19 ♋ 19	19 ♋ 28	27 ♓ 33	3 ♉ 31	10 ♒ 42	0 ♒ 27	5 ♐ 19	2 ♊	1 ♈	6 ♎	12 ♋	12 ♏
6	12 ♌ 59	11 ♑ 47	2 ♍ 15	1 ♍ 32	26 ♌ 57	20 ♋ 32	20 ♋ 8	27 ♓ 29	3 ♉ 32	10 ♒ 40	0 ♒ 25	5 ♐ 19	2 ♊	1 ♈	6 ♎	13 ♋	12 ♏
7	13 ♌ 56	25 ♑ 10	2 ♍ 12	1 ♍ 29	26 ♌ 26	21 ♋ 45	20 ♋ 47	27 ♓ 26	3 ♉ 33	10 ♒ 38	0 ♒ 24	5 ♐ 19	2 ♊	1 ♈	7 ♎	13 ♋	12 ♏
8	14 ♌ 54	8 ♒ 52	2 ♍ 8	1 ♍ 28	25 ♌ 51	22 ♋ 58	21 ♋ 26	27 ♓ 22	3 ♉ 34	10 ♒ 35	0 ♒ 22	5 ♐ 19	2 ♊	1 ♈	7 ♎	13 ♋	13 ♏
9	15 ♌ 51	22 ♒ 52	2 ♍ 5	1 ♍ 27	25 ♌ 12	24 ♋ 11	22 ♋ 5	27 ♓ 18	3 ♉ 35	10 ♒ 33	0 ♒ 21	5 ♐ 18	3 ♊	1 ♈	7 ♎	14 ♋	13 ♏
10	16 ♌ 49	7 ♓ 5	2 ♍ 2	1 D 27	24 ♌ 30	25 ♋ 24	22 ♋ 45	27 ♓ 14	3 ♉ 35	10 ♒ 30	0 ♒ 19	5 ♐ 18	3 ♊	1 ♈	7 ♎	14 ♋	13 ♏
11	17 ♌ 46	21 ♓ 28	1 ♍ 59	1 ♍ 27	23 ♌ 44	26 ♋ 37	23 ♋ 24	27 ♓ 9	3 ♉ 36	10 ♒ 28	0 ♒ 17	5 ♐ 18	3 ♊	0 ♈	8 ♎	15 ♋	13 ♏
12	18 ♌ 44	5 ♈ 55	1 ♍ 56	1 ♍ 28	22 ♌ 57	27 ♋ 50	24 ♋ 3	27 ♓ 5	3 ♉ 36	10 ♒ 26	0 ♒ 16	5 ♐ 18	4 ♊	0 ♈	8 ♎	15 ♋	13 ♏
13	19 ♌ 42	20 ♈ 21	1 ♍ 53	1 ♍ 29	22 ♌ 8	29 ♋ 4	24 ♋ 42	27 ♓ 0	3 ♉ 37	10 ♒ 23	0 ♒ 14	5 ♐ 17	4 ♊	0 ♈	8 ♎	15 ♋	13 ♏
14	20 ♌ 39	4 ♉ 44	1 ♍ 49	1 ♍ 30	21 ♌ 18	0 ♌ 17	25 ♋ 21	26 ♓ 55	3 ♉ 37	10 ♒ 21	0 ♒ 13	5 ♐ 17	4 ♊	0 ♈	9 ♎	16 ♋	13 ♏
15	21 ♌ 37	18 ♉ 58	1 ♍ 46	1 ♍ 30	20 ♌ 29	1 ♌ 30	26 ♋ 0	26 ♓ 50	3 ♉ 37	10 ♒ 19	0 ♒ 11	5 ♐ 17	4 ♊	0 ♈	9 ♎	16 ♋	13 ♏
16	22 ♌ 34	3 ♊ 3	1 ♍ 43	1 R 30	19 ♌ 42	2 ♌ 43	26 ♋ 39	26 ♓ 45	3 ♉ 37	10 ♒ 16	0 ♒ 10	5 ♐ 17	5 ♊	0 ♈	9 ♎	17 ♋	13 ♏
17	23 ♌ 32	16 ♊ 56	1 ♍ 40	1 ♍ 30	18 ♌ 57	3 ♌ 57	27 ♋ 18	26 ♓ 40	3 R 37	10 ♒ 14	0 ♒ 8	5 D 17	5 ♊	0 ♈	10 ♎	17 ♋	13 ♏
18	24 ♌ 30	0 ♋ 36	1 ♍ 37	1 ♍ 29	18 ♌ 15	5 ♌ 10	27 ♋ 56	26 ♓ 34	3 ♉ 37	10 ♒ 12	0 ♒ 7	5 ♐ 17	5 ♊	29 ♓	10 ♎	18 ♋	13 ♏
19	25 ♌ 27	14 ♋ 3	1 ♍ 33	1 ♍ 28	17 ♌ 37	6 ♌ 24	28 ♋ 35	26 ♓ 29	3 ♉ 37	10 ♒ 9	0 ♒ 6	5 ♐ 17	5 ♊	29 ♓	10 ♎	18 ♋	13 ♏
20	26 ♌ 25	27 ♋ 16	1 ♍ 30	1 ♍ 27	17 ♌ 5	7 ♌ 37	29 ♋ 14	26 ♓ 23	3 ♉ 36	10 ♒ 7	0 ♒ 4	5 ♐ 17	6 ♊	29 ♓	11 ♎	18 ♋	13 ♏
21	27 ♌ 23	10 ♌ 15	1 ♍ 27	1 ♍ 27	16 ♌ 38	8 ♌ 51	29 ♋ 53	26 ♓ 17	3 ♉ 36	10 ♒ 5	0 ♒ 3	5 ♐ 18	6 ♊	29 ♓	11 ♎	19 ♋	13 ♏
22	28 ♌ 21	23 ♌ 0	1 ♍ 24	1 ♍ 27	16 ♌ 17	10 ♌ 4	0 ♌ 31	26 ♓ 11	3 ♉ 35	10 ♒ 3	0 ♒ 1	5 ♐ 18	6 ♊	29 ♓	11 ♎	19 ♋	13 ♏
23	29 ♌ 19	5 ♍ 31	1 ♍ 21	1 D 27	16 ♌ 4	11 ♌ 18	1 ♌ 10	26 ♓ 4	3 ♉ 35	10 ♒ 0	0 ♒ 0	5 ♐ 18	6 ♊	29 ♓	11 ♎	20 ♋	13 ♏
24	0 ♍ 16	17 ♍ 50	1 ♍ 18	1 ♍ 27	15 ♌ 58	12 ♌ 31	1 ♌ 49	25 ♓ 58	3 ♉ 34	9 ♒ 58	29 ♑ 59	5 ♐ 18	7 ♊	28 ♓	12 ♎	20 ♋	13 ♏
25	1 ♍ 14	29 ♍ 59	1 ♍ 14	1 ♍ 27	15 D 59	13 ♌ 45	2 ♌ 27	25 ♓ 52	3 ♉ 33	9 ♒ 56	29 ♑ 57	5 ♐ 18	7 ♊	28 ♓	12 ♎	20 ♋	14 ♏
26	2 ♍ 12	11 ♎ 58	1 ♍ 11	1 R 27	16 ♌ 8	14 ♌ 59	3 ♌ 6	25 ♓ 45	3 ♉ 32	9 ♒ 54	29 ♑ 56	5 ♐ 19	7 ♊	28 ♓	12 ♎	21 ♋	14 ♏
27	3 ♍ 10	23 ♎ 52	1 ♍ 8	1 ♍ 27	16 ♌ 26	16 ♌ 12	3 ♌ 44	25 ♓ 38	3 ♉ 31	9 ♒ 52	29 ♑ 55	5 ♐ 19	7 ♊	28 ♓	13 ♎	21 ♋	14 ♏
28	4 ♍ 8	5 ♏ 42	1 ♍ 5	1 ♍ 26	16 ♌ 51	17 ♌ 26	4 ♌ 23	25 ♓ 31	3 ♉ 30	9 ♒ 50	29 ♑ 53	5 ♐ 19	8 ♊	27 ♓	13 ♎	22 ♋	14 ♏
29	5 ♍ 6	17 ♏ 34	1 ♍ 2	1 ♍ 26	17 ♌ 24	18 ♌ 40	5 ♌ 1	25 ♓ 24	3 ♉ 29	9 ♒ 47	29 ♑ 52	5 ♐ 20	8 ♊	27 ♓	13 ♎	22 ♋	14 ♏
30	6 ♍ 4	29 ♏ 32	0 ♍ 58	1 ♍ 26	18 ♌ 5	19 ♌ 54	5 ♌ 39	25 ♓ 17	3 ♉ 27	9 ♒ 45	29 ♑ 51	5 ♐ 20	8 ♊	27 ♓	14 ♎	22 ♋	14 ♏
31	7 ♍ 2	11 ♐ 39	0 ♍ 55	1 D 26	18 ♌ 54	21 ♌ 8	6 ♌ 18	25 ♓ 10	3 ♉ 26	9 ♒ 43	29 ♑ 50	5 ♐ 21	8 ♊	27 ♓	14 ♎	23 ♋	14 ♏
SUN INGRESS	☉ → ♍ 23日 16:59																
MOON PHASE	○ 8日 11:10 ♒	◑ 15日 04:48 ♉	● 22日 11:03 ♌	◐ 30日 14:07 ♐													

aspects		
3日	16:12	☉☍♅
5日	06:29	♀☌♂
11日	09:56	♀△♃
13日	22:45	♀☍♆
14日	08:47	☉☌☿
16日	03:30	♂△♃
16日	17:35	♀□♄
18日	02:20	♀△♇
21日	06:04	♂☍♆
21日	23:30	♀☍♅
26日	16:05	♂□♄
27日	06:05	☿☌♀
27日	08:30	☉△♄
29日	05:47	☉□♇
29日	11:57	♂△♇

1998年9月

DAY	☉	☽	☊ mean	☊ true	☿	♀	♂	♃	♄	♅	♆	♇	⚳	⚴	⚵	⚶	⚷
	° ′	° ′	° ′	° ′	° ′	° ′	° ′	° ′	° ′	° ′	° ′	° ′	°	°	°	°	°
1	8 ♍ 0	24 ♐ 1	0 ♍ 52	1 D 26	19 D 50	22 D 22	6 D 56	25 R 3	3 R 24	9 R 41	29 R 49	5 D 21	8 D	27 R	14 D	23 D	14 D
2	8 ♍ 58	6 ♑ 42	0 ♍ 49	1 ♍ 27	20 ♌ 53	23 ♌ 36	7 ♌ 34	24 ♓ 56	3 ♉ 22	9 ♒ 39	29 ♑ 47	5 ♐ 22	9 ♊	26 ♓	15 ♎	24 ♋	14 ♏
3	9 ♍ 56	19 ♑ 45	0 ♍ 46	1 ♍ 28	22 ♌ 2	24 ♌ 50	8 ♌ 12	24 ♓ 48	3 ♉ 21	9 ♒ 37	29 ♑ 46	5 ♐ 22	9 ♊	26 ♓	15 ♎	24 ♋	14 ♏
4	10 ♍ 54	3 ♒ 12	0 ♍ 43	1 ♍ 28	23 ♌ 18	26 ♌ 4	8 ♌ 50	24 ♓ 41	3 ♉ 19	9 ♒ 35	29 ♑ 45	5 ♐ 23	9 ♊	26 ♓	15 ♎	24 ♋	14 ♏
5	11 ♍ 52	17 ♒ 4	0 ♍ 39	1 ♍ 29	24 ♌ 40	27 ♌ 18	9 ♌ 28	24 ♓ 33	3 ♉ 17	9 ♒ 33	29 ♑ 44	5 ♐ 24	9 ♊	26 ♓	16 ♎	25 ♋	14 ♏
6	12 ♍ 50	1 ♓ 19	0 ♍ 36	1 ♍ 29	26 ♌ 7	28 ♌ 32	10 ♌ 7	24 ♓ 26	3 ♉ 15	9 ♒ 32	29 ♑ 43	5 ♐ 24	9 ♊	25 ♓	16 ♎	25 ♋	15 ♏
7	13 ♍ 49	15 ♓ 54	0 ♍ 33	1 R 29	27 ♌ 38	29 ♌ 46	10 ♌ 45	24 ♓ 18	3 ♉ 12	9 ♒ 30	29 ♑ 42	5 ♐ 25	10 ♊	25 ♓	16 ♎	26 ♋	15 ♏
8	14 ♍ 47	0 ♈ 41	0 ♍ 30	1 ♍ 28	29 ♌ 14	1 ♍ 0	11 ♌ 23	24 ♓ 10	3 ♉ 10	9 ♒ 28	29 ♑ 41	5 ♐ 26	10 ♊	25 ♓	17 ♎	26 ♋	15 ♏
9	15 ♍ 45	15 ♈ 35	0 ♍ 27	1 ♍ 27	0 ♍ 54	2 ♍ 14	12 ♌ 1	24 ♓ 2	3 ♉ 8	9 ♒ 26	29 ♑ 40	5 ♐ 26	10 ♊	25 ♓	17 ♎	26 ♋	15 ♏
10	16 ♍ 43	0 ♉ 26	0 ♍ 24	1 ♍ 25	2 ♍ 37	3 ♍ 28	12 ♌ 38	23 ♓ 55	3 ♉ 5	9 ♒ 24	29 ♑ 39	5 ♐ 27	10 ♊	24 ♓	17 ♎	27 ♋	15 ♏
11	17 ♍ 42	15 ♉ 9	0 ♍ 20	1 ♍ 23	4 ♍ 22	4 ♍ 43	13 ♌ 16	23 ♓ 47	3 ♉ 3	9 ♒ 23	29 ♑ 38	5 ♐ 28	10 ♊	24 ♓	18 ♎	27 ♋	15 ♏
12	18 ♍ 40	29 ♉ 36	0 ♍ 17	1 ♍ 21	6 ♍ 10	5 ♍ 57	13 ♌ 54	23 ♓ 39	3 ♉ 0	9 ♒ 21	29 ♑ 37	5 ♐ 29	10 ♊	24 ♓	18 ♎	27 ♋	15 ♏
13	19 ♍ 38	13 ♊ 44	0 ♍ 14	1 ♍ 21	8 ♍ 0	7 ♍ 11	14 ♌ 32	23 ♓ 31	2 ♉ 57	9 ♒ 19	29 ♑ 36	5 ♐ 30	11 ♊	24 ♓	18 ♎	28 ♋	15 ♏
14	20 ♍ 37	27 ♊ 32	0 ♍ 11	1 D 21	9 ♍ 51	8 ♍ 26	15 ♌ 10	23 ♓ 23	2 ♉ 55	9 ♒ 18	29 ♑ 35	5 ♐ 31	11 ♊	23 ♓	19 ♎	28 ♋	15 ♏
15	21 ♍ 35	11 ♋ 0	0 ♍ 8	1 ♍ 21	11 ♍ 42	9 ♍ 40	15 ♌ 47	23 ♓ 15	2 ♉ 52	9 ♒ 16	29 ♑ 34	5 ♐ 32	11 ♊	23 ♓	19 ♎	29 ♋	15 ♏
16	22 ♍ 33	24 ♋ 10	0 ♍ 4	1 ♍ 23	13 ♍ 35	10 ♍ 54	16 ♌ 25	23 ♓ 7	2 ♉ 49	9 ♒ 15	29 ♑ 33	5 ♐ 33	11 ♊	23 ♓	19 ♎	29 ♋	15 ♏
17	23 ♍ 32	7 ♌ 3	0 ♍ 1	1 ♍ 24	15 ♍ 28	12 ♍ 9	17 ♌ 3	22 ♓ 59	2 ♉ 46	9 ♒ 13	29 ♑ 33	5 ♐ 34	11 ♊	23 ♓	20 ♎	29 ♋	16 ♏
18	24 ♍ 31	19 ♌ 41	29 ♌ 58	1 ♍ 26	17 ♍ 21	13 ♍ 23	17 ♌ 40	22 ♓ 51	2 ♉ 43	9 ♒ 12	29 ♑ 32	5 ♐ 35	11 ♊	22 ♓	20 ♎	0 ♌	16 ♏
19	25 ♍ 29	2 ♍ 7	29 ♌ 55	1 R 26	19 ♍ 14	14 ♍ 38	18 ♌ 18	22 ♓ 43	2 ♉ 39	9 ♒ 10	29 ♑ 31	5 ♐ 36	12 ♊	22 ♓	20 ♎	0 ♌	16 ♏
20	26 ♍ 28	14 ♍ 23	29 ♌ 52	1 ♍ 25	21 ♍ 6	15 ♍ 52	18 ♌ 55	22 ♓ 35	2 ♉ 36	9 ♒ 9	29 ♑ 30	5 ♐ 37	12 ♊	22 ♓	21 ♎	0 ♌	16 ♏
21	27 ♍ 26	26 ♍ 30	29 ♌ 49	1 ♍ 23	22 ♍ 59	17 ♍ 7	19 ♌ 33	22 ♓ 27	2 ♉ 33	9 ♒ 7	29 ♑ 30	5 ♐ 38	12 ♊	21 ♓	21 ♎	1 ♌	16 ♏
22	28 ♍ 25	8 ♎ 30	29 ♌ 45	1 ♍ 20	24 ♍ 50	18 ♍ 22	20 ♌ 10	22 ♓ 19	2 ♉ 29	9 ♒ 6	29 ♑ 29	5 ♐ 39	12 ♊	21 ♓	21 ♎	1 ♌	16 ♏
23	29 ♍ 24	20 ♎ 25	29 ♌ 42	1 ♍ 16	26 ♍ 41	19 ♍ 36	20 ♌ 48	22 ♓ 11	2 ♉ 26	9 ♒ 5	29 ♑ 28	5 ♐ 40	12 ♊	21 ♓	22 ♎	2 ♌	16 ♏
24	0 ♎ 22	2 ♏ 17	29 ♌ 39	1 ♍ 10	28 ♍ 32	20 ♍ 51	21 ♌ 25	22 ♓ 3	2 ♉ 22	9 ♒ 4	29 ♑ 28	5 ♐ 42	12 ♊	21 ♓	22 ♎	2 ♌	16 ♏
25	1 ♎ 21	14 ♏ 7	29 ♌ 36	1 ♍ 5	0 ♎ 21	22 ♍ 5	22 ♌ 2	21 ♓ 55	2 ♉ 18	9 ♒ 2	29 ♑ 27	5 ♐ 43	12 ♊	20 ♓	22 ♎	2 ♌	16 ♏
26	2 ♎ 20	25 ♏ 59	29 ♌ 33	1 ♍ 0	2 ♎ 10	23 ♍ 20	22 ♌ 40	21 ♓ 48	2 ♉ 15	9 ♒ 1	29 ♑ 27	5 ♐ 44	12 ♊	20 ♓	23 ♎	3 ♌	17 ♏
27	3 ♎ 19	7 ♐ 56	29 ♌ 29	0 ♍ 56	3 ♎ 58	24 ♍ 35	23 ♌ 17	21 ♓ 40	2 ♉ 11	9 ♒ 0	29 ♑ 26	5 ♐ 45	12 ♊	20 ♓	23 ♎	3 ♌	17 ♏
28	4 ♎ 18	20 ♐ 1	29 ♌ 26	0 ♍ 54	5 ♎ 45	25 ♍ 50	23 ♌ 54	21 ♓ 32	2 ♉ 7	8 ♒ 59	29 ♑ 26	5 ♐ 47	12 ♊	20 ♓	23 ♎	3 ♌	17 ♏
29	5 ♎ 17	2 ♑ 19	29 ♌ 23	0 ♍ 53	7 ♎ 31	27 ♍ 4	24 ♌ 31	21 ♓ 25	2 ♉ 3	8 ♒ 58	29 ♑ 25	5 ♐ 48	13 ♊	19 ♓	24 ♎	4 ♌	17 ♏
30	6 ♎ 15	14 ♑ 54	29 ♌ 20	0 D 53	9 ♎ 16	28 ♍ 19	25 ♌ 8	21 ♓ 17	1 ♉ 59	8 ♒ 57	29 ♑ 25	5 ♐ 50	13 ♊	19 ♓	24 ♎	4 ♌	17 ♏

SUN INGRESS	☉ → ♎23日 14:37
MOON PHASE	○ 6日 20:21 ♓ ◑ 13日 10:58 ♊ ● 21日 02:01 ♍ ◐ 29日 06:11 ♑

aspects		
5日	02:59	♂☍♅
9日	16:47	♀△♄
10日	06:23	☿△♄
11日	14:40	☿☌♀
11日	14:45	☿□♇
11日	14:48	♀□♇
16日	12:01	☉☍♃
20日	17:39	☿☍♃
23日	01:54	☉△♆
24日	12:12	☿△♆
24日	21:05	♀☍♃
26日	04:50	☉☌☿
28日	00:23	☿⚹♇
29日	13:09	☉⚹♇
29日	19:39	☿△♅
30日	21:01	♀△♆

1998年10月

DAY	☉	☽	☊ mean	☊ true	☿	♀	♂	♃	♄	♅	♆	♇	⚳	⚴	⚵	⚶	⚷
	° ′	° ′	° ′	° ′	° ′	° ′	° ′	° ′	° ′	° ′	° ′	° ′	°	°	°	°	°
1	7 ♎ 14	27 ♑ 51	29 ♌ 17	0 D 54	11 D 1	29 D 34	25 D 45	21 R 10	1 R 55	8 R 56	29 R 25	5 D 51	13 D	19 R	24 D	4 D	17 D
2	8 ♎ 13	11 ♒ 13	29 ♌ 14	0 ♍ 56	12 ♎ 44	0 ♎ 49	26 ♌ 22	21 ♓ 3	1 ♉ 51	8 ♒ 55	29 ♑ 24	5 ♐ 52	13 ♊	19 ♓	25 ♎	5 ♌	17 ♏
3	9 ♎ 12	25 ♒ 3	29 ♌ 10	0 ♍ 57	14 ♎ 27	2 ♎ 4	26 ♌ 59	20 ♓ 55	1 ♉ 46	8 ♒ 55	29 ♑ 24	5 ♐ 54	13 ♊	18 ♓	25 ♎	5 ♌	17 ♏
4	10 ♎ 11	9 ♓ 20	29 ♌ 7	0 R 57	16 ♎ 9	3 ♎ 18	27 ♌ 36	20 ♓ 48	1 ♉ 42	8 ♒ 54	29 ♑ 24	5 ♐ 55	13 ♊	18 ♓	25 ♎	6 ♌	17 ♏
5	11 ♎ 11	24 ♓ 3	29 ♌ 4	0 ♍ 55	17 ♎ 49	4 ♎ 33	28 ♌ 13	20 ♓ 41	1 ♉ 38	8 ♒ 53	29 ♑ 23	5 ♐ 57	13 ♊	18 ♓	26 ♎	6 ♌	18 ♏
6	12 ♎ 10	9 ♈ 5	29 ♌ 1	0 ♍ 51	19 ♎ 29	5 ♎ 48	28 ♌ 50	20 ♓ 34	1 ♉ 34	8 ♒ 52	29 ♑ 23	5 ♐ 58	13 ♊	18 ♓	26 ♎	6 ♌	18 ♏
7	13 ♎ 9	24 ♈ 18	28 ♌ 58	0 ♍ 46	21 ♎ 9	7 ♎ 3	29 ♌ 27	20 ♓ 28	1 ♉ 29	8 ♒ 52	29 ♑ 23	6 ♐ 0	13 ♊	17 ♓	26 ♎	7 ♌	18 ♏
8	14 ♎ 8	9 ♉ 32	28 ♌ 55	0 ♍ 39	22 ♎ 47	8 ♎ 18	0 ♍ 3	20 ♓ 21	1 ♉ 25	8 ♒ 51	29 ♑ 23	6 ♐ 2	13 ♊	17 ♓	27 ♎	7 ♌	18 ♏
9	15 ♎ 7	24 ♉ 35	28 ♌ 51	0 ♍ 33	24 ♎ 25	9 ♎ 33	0 ♍ 40	20 ♓ 14	1 ♉ 20	8 ♒ 51	29 ♑ 23	6 ♐ 3	13 ♊	17 ♓	27 ♎	7 ♌	18 ♏
10	16 ♎ 6	9 ♊ 20	28 ♌ 48	0 ♍ 27	26 ♎ 2	10 ♎ 48	1 ♍ 17	20 ♓ 8	1 ♉ 16	8 ♒ 50	29 ♑ 23	6 ♐ 5	13 ♊	17 ♓	28 ♎	8 ♌	18 ♏
11	17 ♎ 6	23 ♊ 41	28 ♌ 45	0 ♍ 23	27 ♎ 38	12 ♎ 3	1 ♍ 53	20 ♓ 2	1 ♉ 11	8 ♒ 50	29 ♑ 23	6 ♐ 7	13 ♊	17 ♓	28 ♎	8 ♌	18 ♏
12	18 ♎ 5	7 ♋ 34	28 ♌ 42	0 ♍ 20	29 ♎ 13	13 ♎ 18	2 ♍ 30	19 ♓ 55	1 ♉ 7	8 ♒ 49	29 D 23	6 ♐ 8	13 R	16 ♓	28 ♎	8 ♌	18 ♏
13	19 ♎ 4	21 ♋ 2	28 ♌ 39	0 D 20	0 ♏ 48	14 ♎ 33	3 ♍ 6	19 ♓ 49	1 ♉ 2	8 ♒ 49	29 ♑ 23	6 ♐ 10	13 ♊	16 ♓	29 ♎	9 ♌	19 ♏
14	20 ♎ 4	4 ♌ 4	28 ♌ 35	0 ♍ 20	2 ♏ 22	15 ♎ 48	3 ♍ 43	19 ♓ 44	0 ♉ 57	8 ♒ 49	29 ♑ 23	6 ♐ 12	13 ♊	16 ♓	29 ♎	9 ♌	19 ♏
15	21 ♎ 3	16 ♌ 47	28 ♌ 32	0 ♍ 22	3 ♏ 55	17 ♎ 3	4 ♍ 19	19 ♓ 38	0 ♉ 53	8 ♒ 49	29 ♑ 23	6 ♐ 14	13 ♊	16 ♓	29 ♎	9 ♌	19 ♏
16	22 ♎ 3	29 ♌ 12	28 ♌ 29	0 ♍ 22	5 ♏ 28	18 ♎ 18	4 ♍ 56	19 ♓ 32	0 ♉ 48	8 ♒ 48	29 ♑ 23	6 ♐ 15	13 ♊	16 ♓	0 ♏	10 ♌	19 ♏
17	23 ♎ 2	11 ♍ 25	28 ♌ 26	0 R 22	7 ♏ 0	19 ♎ 33	5 ♍ 32	19 ♓ 27	0 ♉ 43	8 ♒ 48	29 ♑ 23	6 ♐ 17	13 ♊	15 ♓	0 ♏	10 ♌	19 ♏
18	24 ♎ 2	23 ♍ 29	28 ♌ 23	0 ♍ 19	8 ♏ 31	20 ♎ 48	6 ♍ 8	19 ♓ 21	0 ♉ 39	8 ♒ 48	29 ♑ 23	6 ♐ 19	13 ♊	15 ♓	0 ♏	10 ♌	19 ♏
19	25 ♎ 1	5 ♎ 27	28 ♌ 20	0 ♍ 13	10 ♏ 2	22 ♎ 3	6 ♍ 45	19 ♓ 16	0 ♉ 34	8 ♒ 48	29 ♑ 23	6 ♐ 21	13 ♊	15 ♓	1 ♏	11 ♌	19 ♏
20	26 ♎ 1	17 ♎ 20	28 ♌ 16	0 ♍ 6	11 ♏ 31	23 ♎ 18	7 ♍ 21	19 ♓ 11	0 ♉ 29	8 D 48	29 ♑ 24	6 ♐ 23	13 ♊	15 ♓	1 ♏	11 ♌	19 ♏
21	27 ♎ 0	29 ♎ 12	28 ♌ 13	29 ♌ 56	13 ♏ 1	24 ♎ 33	7 ♍ 57	19 ♓ 7	0 ♉ 24	8 ♒ 48	29 ♑ 24	6 ♐ 25	13 ♊	15 ♓	1 ♏	11 ♌	20 ♏
22	28 ♎ 0	11 ♏ 3	28 ♌ 10	29 ♌ 44	14 ♏ 30	25 ♎ 49	8 ♍ 33	19 ♓ 2	0 ♉ 19	8 ♒ 48	29 ♑ 24	6 ♐ 27	13 ♊	15 ♓	2 ♏	11 ♌	20 ♏
23	29 ♎ 0	22 ♏ 55	28 ♌ 7	29 ♌ 32	15 ♏ 58	27 ♎ 4	9 ♍ 9	18 ♓ 58	0 ♉ 15	8 ♒ 48	29 ♑ 25	6 ♐ 29	13 ♊	14 ♓	2 ♏	12 ♌	20 ♏
24	0 ♏ 0	4 ♐ 50	28 ♌ 4	29 ♌ 21	17 ♏ 25	28 ♎ 19	9 ♍ 45	18 ♓ 53	0 ♉ 10	8 ♒ 49	29 ♑ 25	6 ♐ 31	12 ♊	14 ♓	2 ♏	12 ♌	20 ♏
25	0 ♏ 59	16 ♐ 49	28 ♌ 1	29 ♌ 11	18 ♏ 52	29 ♎ 34	10 ♍ 21	18 ♓ 49	0 ♉ 5	8 ♒ 49	29 ♑ 25	6 ♐ 33	12 ♊	14 ♓	3 ♏	12 ♌	20 ♏
26	1 ♏ 59	28 ♐ 56	27 ♌ 57	29 ♌ 4	20 ♏ 17	0 ♏ 49	10 ♍ 57	18 ♓ 45	0 ♉ 0	8 ♒ 49	29 ♑ 26	6 ♐ 35	12 ♊	14 ♓	3 ♏	13 ♌	20 ♏
27	2 ♏ 59	11 ♑ 13	27 ♌ 54	28 ♌ 59	21 ♏ 43	2 ♏ 5	11 ♍ 33	18 ♓ 42	29 ♈ 55	8 ♒ 50	29 ♑ 26	6 ♐ 37	12 ♊	14 ♓	3 ♏	13 ♌	20 ♏
28	3 ♏ 59	23 ♑ 45	27 ♌ 51	28 ♌ 57	23 ♏ 7	3 ♏ 20	12 ♍ 8	18 ♓ 38	29 ♈ 51	8 ♒ 50	29 ♑ 27	6 ♐ 39	12 ♊	14 ♓	4 ♏	13 ♌	20 ♏
29	4 ♏ 59	6 ♒ 36	27 ♌ 48	28 D 56	24 ♏ 31	4 ♏ 35	12 ♍ 44	18 ♓ 35	29 ♈ 46	8 ♒ 51	29 ♑ 27	6 ♐ 41	12 ♊	14 ♓	4 ♏	13 ♌	21 ♏
30	5 ♏ 59	19 ♒ 49	27 ♌ 45	28 ♌ 57	25 ♏ 53	5 ♏ 50	13 ♍ 20	18 ♓ 32	29 ♈ 41	8 ♒ 51	29 ♑ 28	6 ♐ 43	12 ♊	14 ♓	4 ♏	14 ♌	21 ♏
31	6 ♏ 59	3 ♓ 28	27 ♌ 41	28 R 57	27 ♏ 15	7 ♏ 5	13 ♍ 55	18 ♓ 29	29 ♈ 36	8 ♒ 52	29 ♑ 29	6 ♐ 45	12 ♊	14 ♓	5 ♏	14 ♌	21 ♏

SUN INGRESS	☉ → ♏23日 23:59
MOON PHASE	○ 6日 05:12 ♈ ◑ 12日 20:11 ♋ ● 20日 19:09 ♎ ◐ 28日 20:46 ♒

aspects		
2日	16:52	☉△♅
6日	03:24	♀⚹♇
8日	10:36	♀△♅
9日	23:25	♂△♄
12日	02:23	☿□♆
13日	03:27	☿☍♄
15日	10:20	☿⚹♂
18日	04:32	☿□♅
18日	07:32	♂□♇
23日	10:00	☉□♆
24日	03:49	☉☍♄
24日	21:11	♀□♆
24日	23:25	☿△♃
25日	09:16	♀☍♄
30日	13:22	☉☌♀

1998年11月

DAY	☉	☽	☊ mean	☊ true	☿	♀	♂	♃	♄	♅	♆	♇	⚳	⚴	⚵	⚶	⚷
1	7♏59	17♓35	27♌38	28 R 56	28 D 36	8 D 21	14 D 31	18 R 26	29 R 32	8 D 52	29 D 29	6 D 47	12 R	13 R	5 D	14 D	21 D
2	8♏59	2♈11	27♌35	28♌52	29♏56	9♏36	15♍6	18♓24	29♈27	8♒53	29♑30	6♐49	11♊	13♓	5♏	15♌	21♏
3	9♏59	17♈10	27♌32	28♌46	1♐15	10♏51	15♍42	18♓21	29♈22	8♒54	29♑31	6♐51	11♊	13♓	6♏	15♌	21♏
4	10♏59	2♉25	27♌29	28♌37	2♐32	12♏6	16♍17	18♓19	29♈18	8♒54	29♑31	6♐54	11♊	13♓	6♏	15♌	21♏
5	11♏59	17♉47	27♌26	28♌26	3♐48	13♏22	16♍52	18♓17	29♈13	8♒55	29♑32	6♐56	11♊	13♓	7♏	15♌	21♏
6	12♏59	3♊3	27♌22	28♌15	5♐3	14♏37	17♍28	18♓16	29♈8	8♒56	29♑33	6♐58	11♊	13♓	7♏	16♌	22♏
7	13♏59	18♊2	27♌19	28♌5	6♐16	15♏52	18♍3	18♓14	29♈4	8♒57	29♑34	7♐0	11♊	13♓	7♏	16♌	22♏
8	14♏59	2♋36	27♌16	27♌57	7♐27	17♏7	18♍38	18♓13	28♈59	8♒58	29♑35	7♐2	11♊	13♓	8♏	16♌	22♏
9	15♏59	16♋40	27♌13	27♌52	8♐36	18♏23	19♍13	18♓12	28♈55	8♒59	29♑36	7♐5	10♊	13♓	8♏	16♌	22♏
10	17♏0	0♌15	27♌10	27♌49	9♐42	19♏38	19♍48	18♓11	28♈50	9♒0	29♑37	7♐7	10♊	13♓	8♏	17♌	22♏
11	18♏0	13♌21	27♌6	27♌48	10♐46	20♏53	20♍23	18♓10	28♈46	9♒1	29♑38	7♐9	10♊	13♓	9♏	17♌	22♏
12	19♏0	26♌2	27♌3	27 D 48	11♐48	22♏8	20♍58	18♓10	28♈42	9♒2	29♑39	7♐11	10♊	13♓	9♏	17♌	22♏
13	20♏1	8♍24	27♌0	27 R 48	12♐45	23♏24	21♍33	18♓9	28♈37	9♒4	29♑40	7♐13	10♊	13♓	9♏	17♌	23♏
14	21♏1	20♍32	26♌57	27♌46	13♐40	24♏39	22♍7	18 D 9	28♈33	9♒5	29♑41	7♐16	9♊	13 D	10♏	18♌	23♏
15	22♏1	2♎30	26♌54	27♌42	14♐30	25♏54	22♍42	18♓9	28♈29	9♒6	29♑42	7♐18	9♊	13♓	10♏	18♌	23♏
16	23♏2	14♎22	26♌51	27♌35	15♐15	27♏10	23♍17	18♓10	28♈25	9♒8	29♑43	7♐20	9♊	13♓	10♏	18♌	23♏
17	24♏2	26♎12	26♌47	27♌25	15♐55	28♏25	23♍51	18♓10	28♈21	9♒9	29♑44	7♐23	9♊	13♓	11♏	18♌	23♏
18	25♏3	8♏3	26♌44	27♌12	16♐29	29♏40	24♍26	18♓11	28♈17	9♒11	29♑45	7♐25	9♊	13♓	11♏	18♌	23♏
19	26♏3	19♏56	26♌41	26♌57	16♐57	0♐56	25♍0	18♓12	28♈13	9♒12	29♑47	7♐27	8♊	13♓	11♏	19♌	23♏
20	27♏4	1♐53	26♌38	26♌42	17♐17	2♐11	25♍34	18♓13	28♈9	9♒14	29♑48	7♐30	8♊	13♓	12♏	19♌	23♏
21	28♏4	13♐55	26♌35	26♌28	17♐29	3♐26	26♍9	18♓14	28♈5	9♒15	29♑49	7♐32	8♊	13♓	12♏	19♌	24♏
22	29♏5	26♐3	26♌32	26♌15	17 R 33	4♐42	26♍43	18♓16	28♈1	9♒17	29♑50	7♐34	8♊	13♓	12♏	19♌	24♏
23	0♐6	8♑18	26♌28	26♌5	17♐27	5♐57	27♍17	18♓18	27♈58	9♒19	29♑52	7♐37	7♊	13♓	13♏	19♌	24♏
24	1♐6	20♑42	26♌25	25♌58	17♐10	7♐12	27♍51	18♓20	27♈54	9♒20	29♑53	7♐39	7♊	13♓	13♏	20♌	24♏
25	2♐7	3♒19	26♌22	25♌54	16♐43	8♐28	28♍25	18♓22	27♈50	9♒22	29♑55	7♐41	7♊	13♓	13♏	20♌	24♏
26	3♐8	16♒9	26♌19	25♌52	16♐6	9♐43	28♍59	18♓24	27♈47	9♒24	29♑56	7♐44	7♊	13♓	14♏	20♌	24♏
27	4♐8	29♒18	26♌16	25 D 52	15♐17	10♐58	29♍33	18♓27	27♈44	9♒26	29♑57	7♐46	7♊	14♓	14♏	20♌	24♏
28	5♐9	12♓48	26♌12	25 R 52	14♐19	12♐14	0♎6	18♓30	27♈40	9♒28	29♑59	7♐48	6♊	14♓	14♏	20♌	25♏
29	6♐10	26♓43	26♌9	25♌51	13♐11	13♐29	0♎40	18♓33	27♈37	9♒30	0♒0	7♐51	6♊	14♓	15♏	20♌	25♏
30	7♐11	11♈1	26♌6	25♌47	11♐57	14♐44	1♎13	18♓36	27♈34	9♒32	0♒2	7♐53	6♊	14♓	15♏	20♌	25♏

SUN INGRESS　☉→♐ 22日 21:34

MOON PHASE　○ 4日 14:18 ♉　◑ 11日 09:28 ♌　● 19日 13:27 ♏　◐ 27日 09:23 ♓

aspects		
1日	10:12	♀□♅
1日	10:36	♄□♆
1日	16:03	☿⚹♆
1日	21:43	☉□♅
7日	07:25	♂☍♃
7日	15:23	☿☌♇
8日	20:34	♀△♃
9日	08:26	☿⚹♅
10日	06:03	♀⚹♂
11日	04:00	☉△♃
16日	13:50	☉⚹♂
18日	01:37	♀⚹♆
22日	18:22	☉⚹♆
24日	08:43	♀☌♇
25日	17:46	♀⚹♅
27日	18:28	♂△♆
28日	21:05	☿☌♀
30日	17:26	☉☌♇

1998年12月

DAY	☉	☽	☊ mean	☊ true	☿	♀	♂	♃	♄	♅	♆	♇	⚳	⚴	⚵	⚶	⚷
1	8♐11	25♈43	26♌3	25 R 41	10 R 37	16 D 0	1 D 47	18 D 39	27 R 31	9 D 34	0 D 3	7 D 55	6 R	14 D	15 D	21 D	25 D
2	9♐12	10♉43	26♌0	25♌32	9♐14	17♐15	2♎20	18♓43	27♈28	9♒36	0♒5	7♐58	5♊	14♓	16♏	21♌	25♏
3	10♐13	25♉53	25♌57	25♌21	7♐52	18♐30	2♎53	18♓46	27♈25	9♒38	0♒7	8♐0	5♊	14♓	16♏	21♌	25♏
4	11♐14	11♊2	25♌53	25♌10	6♐33	19♐46	3♎27	18♓50	27♈22	9♒40	0♒8	8♐2	5♊	14♓	16♏	21♌	25♏
5	12♐15	26♊1	25♌50	24♌59	5♐19	21♐1	4♎0	18♓55	27♈20	9♒42	0♒10	8♐5	5♊	14♓	17♏	21♌	25♏
6	13♐15	10♋39	25♌47	24♌51	4♐13	22♐16	4♎33	18♓59	27♈17	9♒45	0♒12	8♐7	4♊	14♓	17♏	21♌	26♏
7	14♐16	24♋50	25♌44	24♌45	3♐16	23♐32	5♎6	19♓3	27♈14	9♒47	0♒13	8♐9	4♊	15♓	17♏	21♌	26♏
8	15♐17	8♌33	25♌41	24♌41	2♐30	24♐47	5♎38	19♓8	27♈12	9♒49	0♒15	8♐12	4♊	15♓	18♏	21♌	26♏
9	16♐18	21♌46	25♌38	24♌40	1♐55	26♐2	6♎11	19♓13	27♈10	9♒52	0♒17	8♐14	4♊	15♓	18♏	21♌	26♏
10	17♐19	4♍33	25♌34	24 D 41	1♐32	27♐18	6♎44	19♓18	27♈8	9♒54	0♒19	8♐16	4♊	15♓	18♏	22♌	26♏
11	18♐20	16♍59	25♌31	24♌41	1♐20	28♐33	7♎16	19♓23	27♈5	9♒57	0♒20	8♐19	3♊	15♓	19♏	22♌	26♏
12	19♐21	29♍8	25♌28	24 R 40	1 D 18	29♐48	7♎49	19♓29	27♈3	9♒59	0♒22	8♐21	3♊	15♓	19♏	22♌	26♏
13	20♐22	11♎6	25♌25	24♌38	1♐27	1♑4	8♎21	19♓34	27♈2	10♒2	0♒24	8♐23	3♊	16♓	19♏	22♌	26♏
14	21♐23	22♎57	25♌22	24♌33	1♐44	2♑19	8♎53	19♓40	27♈0	10♒4	0♒26	8♐26	3♊	16♓	20♏	22♌	27♏
15	22♐24	4♏47	25♌18	24♌26	2♐10	3♑34	9♎25	19♓46	26♈58	10♒7	0♒28	8♐28	2♊	16♓	20♏	22♌	27♏
16	23♐25	16♏39	25♌15	24♌16	2♐44	4♑50	9♎57	19♓52	26♈56	10♒9	0♒30	8♐30	2♊	16♓	20♏	22♌	27♏
17	24♐26	28♏36	25♌12	24♌5	3♐24	6♑5	10♎29	19♓59	26♈55	10♒12	0♒32	8♐33	2♊	16♓	21♏	22♌	27♏
18	25♐27	10♐39	25♌9	23♌53	4♐11	7♑20	11♎1	20♓5	26♈54	10♒15	0♒33	8♐35	2♊	16♓	21♏	22♌	27♏
19	26♐28	22♐51	25♌6	23♌41	5♐2	8♑36	11♎32	20♓12	26♈52	10♒18	0♒35	8♐37	2♊	17♓	21♏	22♌	27♏
20	27♐29	5♑12	25♌3	23♌31	5♐58	9♑51	12♎4	20♓19	26♈51	10♒20	0♒37	8♐39	1♊	17♓	22♏	22♌	27♏
21	28♐31	17♑42	24♌59	23♌23	6♐59	11♑6	12♎35	20♓26	26♈50	10♒23	0♒39	8♐42	1♊	17♓	22♏	22 R	27♏
22	29♐32	0♒23	24♌56	23♌18	8♐2	12♑22	13♎6	20♓33	26♈49	10♒26	0♒41	8♐44	1♊	17♓	22♏	22♌	28♏
23	0♑33	13♒14	24♌53	23♌15	9♐9	13♑37	13♎38	20♓40	26♈48	10♒29	0♒43	8♐46	1♊	17♓	22♏	22♌	28♏
24	1♑34	26♒17	24♌50	23 D 15	10♐19	14♑52	14♎9	20♓47	26♈48	10♒32	0♒45	8♐48	1♊	18♓	23♏	22♌	28♏
25	2♑35	9♓34	24♌47	23♌15	11♐31	16♑7	14♎39	20♓55	26♈47	10♒35	0♒47	8♐51	1♊	18♓	23♏	22♌	28♏
26	3♑36	23♓5	24♌44	23♌17	12♐46	17♑23	15♎10	21♓3	26♈46	10♒38	0♒50	8♐53	1♊	18♓	23♏	22♌	28♏
27	4♑37	6♈54	24♌40	23 R 17	14♐2	18♑38	15♎41	21♓11	26♈46	10♒41	0♒52	8♐55	0♊	18♓	24♏	22♌	28♏
28	5♑38	21♈0	24♌37	23♌16	15♐20	19♑53	16♎11	21♓19	26♈46	10♒44	0♒54	8♐57	0♊	18♓	24♏	22♌	28♏
29	6♑40	5♉22	24♌34	23♌13	16♐39	21♑9	16♎41	21♓27	26♈46	10♒47	0♒56	8♐59	0♊	19♓	24♏	22♌	28♏
30	7♑41	19♉57	24♌31	23♌8	18♐0	22♑24	17♎11	21♓35	26♈46	10♒50	0♒58	9♐1	0♊	19♓	25♏	22♌	29♏
31	8♑42	4♊41	24♌28	23♌1	19♐22	23♑39	17♎41	21♓44	26 D 46	10♒53	1♒0	9♐3	0♊	19♓	25♏	22♌	29♏

SUN INGRESS　☉→♑ 22日 10:56

MOON PHASE　○ 4日 00:19 ♊　◑ 11日 02:54 ♍　● 19日 07:42 ♐　◐ 26日 19:46 ♈

aspects		
1日	17:54	☿⚹♅
2日	00:23	☉☌☿
2日	09:45	☉⚹♅
2日	21:43	☿☌♇
3日	05:24	♀□♃
5日	19:01	☿⚹♂
9日	20:51	♀△♄
12日	03:22	☉□♃
13日	02:00	♂⚹♇
16日	10:05	♂△♅
19日	09:15	☉△♄
22日	15:30	☿☌♇
23日	00:20	♀□♂
24日	04:23	☿⚹♅
29日	01:05	☿⚹♂
29日	06:38	♀⚹♃

1999年1月

DAY	☉	☽	☊ mean	☊ true	☿	♀	♂	♃	♄	♅	♆	♇	⚳	⚴	⚵	⚶	⚷
	° ′	° ′	° ′	° ′	° ′	° ′	° ′	° ′	° ′	° ′	° ′	° ′	°	°	°	°	°
1	9 ♑ 43	19 ♊ 27	24 ♌ 24	22 R 54	20 D 44	24 D 54	18 D 11	21 D 53	26 D 46	10 D 56	1 D 2	9 D 6	0 R	19 D	25 D	21 R	29 D
2	10 ♑ 44	4 ♋ 6	24 ♌ 21	22 ♌ 47	22 ♐ 8	26 ♑ 9	18 ♎ 41	22 ♓ 1	26 ♈ 46	10 ♒ 59	1 ♒ 4	9 ♐ 8	0 ♊	20 ♓	26 ♏	21 ♌	29 ♏
3	11 ♑ 45	18 ♋ 31	24 ♌ 18	22 ♌ 41	23 ♐ 33	27 ♑ 25	19 ♎ 11	22 ♓ 10	26 ♈ 46	11 ♒ 2	1 ♒ 7	9 ♐ 10	0 ♊	20 ♓	26 ♏	21 ♌	29 ♏
4	12 ♑ 46	2 ♌ 36	24 ♌ 15	22 ♌ 38	24 ♐ 58	28 ♑ 40	19 ♎ 40	22 ♓ 19	26 ♈ 47	11 ♒ 5	1 ♒ 9	9 ♐ 12	29 ♉	20 ♓	26 ♏	21 ♌	29 ♏
5	13 ♑ 47	16 ♌ 17	24 ♌ 12	22 ♌ 36	26 ♐ 25	29 ♑ 55	20 ♎ 9	22 ♓ 29	26 ♈ 48	11 ♒ 8	1 ♒ 11	9 ♐ 14	29 ♉	20 ♓	26 ♏	21 ♌	29 ♏
6	14 ♑ 49	29 ♌ 33	24 ♌ 9	22 D 36	27 ♐ 51	1 ♒ 10	20 ♎ 38	22 ♓ 38	26 ♈ 48	11 ♒ 12	1 ♒ 13	9 ♐ 16	29 ♉	21 ♓	27 ♏	21 ♌	29 ♏
7	15 ♑ 50	12 ♍ 25	24 ♌ 5	22 ♌ 37	29 ♐ 19	2 ♒ 25	21 ♎ 7	22 ♓ 47	26 ♈ 49	11 ♒ 15	1 ♒ 15	9 ♐ 18	29 ♉	21 ♓	27 ♏	21 ♌	29 ♏
8	16 ♑ 51	24 ♍ 56	24 ♌ 2	22 ♌ 39	0 ♑ 47	3 ♒ 41	21 ♎ 36	22 ♓ 57	26 ♈ 50	11 ♒ 18	1 ♒ 18	9 ♐ 20	29 ♉	21 ♓	27 ♏	21 ♌	0 ♐
9	17 ♑ 52	7 ♎ 9	23 ♌ 59	22 ♌ 41	2 ♑ 16	4 ♒ 56	22 ♎ 4	23 ♓ 7	26 ♈ 51	11 ♒ 21	1 ♒ 20	9 ♐ 22	29 ♉	21 ♓	28 ♏	20 ♌	0 ♐
10	18 ♑ 53	19 ♎ 11	23 ♌ 56	22 R 41	3 ♑ 45	6 ♒ 11	22 ♎ 33	23 ♓ 17	26 ♈ 52	11 ♒ 25	1 ♒ 22	9 ♐ 24	29 ♉	22 ♓	28 ♏	20 ♌	0 ♐
11	19 ♑ 54	1 ♏ 4	23 ♌ 53	22 ♌ 40	5 ♑ 15	7 ♒ 26	23 ♎ 1	23 ♓ 27	26 ♈ 54	11 ♒ 28	1 ♒ 24	9 ♐ 26	29 ♉	22 ♓	28 ♏	20 ♌	0 ♐
12	20 ♑ 55	12 ♏ 56	23 ♌ 50	22 ♌ 38	6 ♑ 45	8 ♒ 41	23 ♎ 29	23 ♓ 37	26 ♈ 55	11 ♒ 31	1 ♒ 26	9 ♐ 28	29 ♉	22 ♓	28 ♏	20 ♌	0 ♐
13	21 ♑ 57	24 ♏ 49	23 ♌ 46	22 ♌ 34	8 ♑ 16	9 ♒ 56	23 ♎ 57	23 ♓ 47	26 ♈ 56	11 ♒ 35	1 ♒ 29	9 ♐ 29	29 ♉	23 ♓	29 ♏	20 ♌	0 ♐
14	22 ♑ 58	6 ♐ 49	23 ♌ 43	22 ♌ 30	9 ♑ 47	11 ♒ 11	24 ♎ 24	23 ♓ 57	26 ♈ 58	11 ♒ 38	1 ♒ 31	9 ♐ 31	29 ♉	23 ♓	29 ♏	20 ♌	0 ♐
15	23 ♑ 59	18 ♐ 57	23 ♌ 40	22 ♌ 25	11 ♑ 19	12 ♒ 26	24 ♎ 52	24 ♓ 8	27 ♈ 0	11 ♒ 41	1 ♒ 33	9 ♐ 33	29 ♉	23 ♓	29 ♏	19 ♌	0 ♐
16	25 ♑ 0	1 ♑ 18	23 ♌ 37	22 ♌ 19	12 ♑ 51	13 ♒ 41	25 ♎ 19	24 ♓ 18	27 ♈ 2	11 ♒ 45	1 ♒ 36	9 ♐ 35	29 ♉	23 ♓	0 ♐	19 ♌	0 ♐
17	26 ♑ 1	13 ♑ 52	23 ♌ 34	22 ♌ 15	14 ♑ 24	14 ♒ 56	25 ♎ 46	24 ♓ 29	27 ♈ 3	11 ♒ 48	1 ♒ 38	9 ♐ 37	29 ♉	24 ♓	0 ♐	19 ♌	0 ♐
18	27 ♑ 2	26 ♑ 39	23 ♌ 30	22 ♌ 12	15 ♑ 57	16 ♒ 11	26 ♎ 12	24 ♓ 40	27 ♈ 5	11 ♒ 52	1 ♒ 40	9 ♐ 38	29 D	24 ♓	0 ♐	19 ♌	1 ♐
19	28 ♑ 3	9 ♒ 41	23 ♌ 27	22 ♌ 10	17 ♑ 31	17 ♒ 26	26 ♎ 39	24 ♓ 51	27 ♈ 8	11 ♒ 55	1 ♒ 42	9 ♐ 40	29 ♉	24 ♓	0 ♐	19 ♌	1 ♐
20	29 ♑ 4	22 ♒ 55	23 ♌ 24	22 D 9	19 ♑ 6	18 ♒ 41	27 ♎ 5	25 ♓ 2	27 ♈ 10	11 ♒ 58	1 ♒ 45	9 ♐ 42	29 ♉	25 ♓	0 ♐	18 ♌	1 ♐
21	0 ♒ 6	6 ♓ 22	23 ♌ 21	22 ♌ 10	20 ♑ 41	19 ♒ 56	27 ♎ 31	25 ♓ 13	27 ♈ 12	12 ♒ 2	1 ♒ 47	9 ♐ 44	29 ♉	25 ♓	1 ♐	18 ♌	1 ♐
22	1 ♒ 7	20 ♓ 0	23 ♌ 18	22 ♌ 11	22 ♑ 16	21 ♒ 11	27 ♎ 57	25 ♓ 24	27 ♈ 15	12 ♒ 5	1 ♒ 49	9 ♐ 45	29 ♉	25 ♓	1 ♐	18 ♌	1 ♐
23	2 ♒ 8	3 ♈ 48	23 ♌ 15	22 ♌ 13	23 ♑ 52	22 ♒ 26	28 ♎ 23	25 ♓ 36	27 ♈ 17	12 ♒ 9	1 ♒ 51	9 ♐ 47	29 ♉	25 ♓	1 ♐	18 ♌	1 ♐
24	3 ♒ 9	17 ♈ 45	23 ♌ 11	22 ♌ 14	25 ♑ 29	23 ♒ 41	28 ♎ 48	25 ♓ 47	27 ♈ 20	12 ♒ 12	1 ♒ 54	9 ♐ 48	29 ♉	26 ♓	2 ♐	18 ♌	1 ♐
25	4 ♒ 10	1 ♉ 50	23 ♌ 8	22 ♌ 14	27 ♑ 6	24 ♒ 56	29 ♎ 13	25 ♓ 59	27 ♈ 23	12 ♒ 16	1 ♒ 56	9 ♐ 50	29 ♉	26 ♓	2 ♐	17 ♌	1 ♐
26	5 ♒ 11	16 ♉ 2	23 ♌ 5	22 R 14	28 ♑ 44	26 ♒ 11	29 ♎ 38	26 ♓ 10	27 ♈ 26	12 ♒ 19	1 ♒ 58	9 ♐ 52	29 ♉	26 ♓	2 ♐	17 ♌	1 ♐
27	6 ♒ 12	0 ♊ 18	23 ♌ 2	22 ♌ 13	0 ♒ 22	27 ♒ 26	0 ♏ 3	26 ♓ 22	27 ♈ 29	12 ♒ 23	2 ♒ 1	9 ♐ 53	29 ♉	27 ♓	2 ♐	17 ♌	1 ♐
28	7 ♒ 13	14 ♊ 35	22 ♌ 59	22 ♌ 11	2 ♒ 1	28 ♒ 41	0 ♏ 27	26 ♓ 34	27 ♈ 32	12 ♒ 26	2 ♒ 3	9 ♐ 55	29 ♉	27 ♓	3 ♐	17 ♌	1 ♐
29	8 ♒ 14	28 ♊ 50	22 ♌ 56	22 ♌ 10	3 ♒ 41	29 ♒ 56	0 ♏ 51	26 ♓ 46	27 ♈ 35	12 ♒ 30	2 ♒ 5	9 ♐ 56	29 ♉	27 ♓	3 ♐	16 ♌	1 ♐
30	9 ♒ 15	12 ♋ 59	22 ♌ 52	22 ♌ 8	5 ♒ 21	1 ♓ 10	1 ♏ 15	26 ♓ 58	27 ♈ 38	12 ♒ 33	2 ♒ 7	9 ♐ 58	29 ♉	28 ♓	3 ♐	16 ♌	2 ♐
31	10 ♒ 16	26 ♋ 58	22 ♌ 49	22 ♌ 6	7 ♒ 2	2 ♓ 25	1 ♏ 38	27 ♓ 10	27 ♈ 41	12 ♒ 37	2 ♒ 10	9 ♐ 59	29 ♉	28 ♓	3 ♐	16 ♌	2 ♐

SUN INGRESS	☉ → ♒ 20日 21:37
MOON PHASE	○ 2日 11:50 ♋ ◑ 9日 23:22 ♎ ● 18日 00:46 ♑ ◐ 25日 04:15 ♉

aspects

1日	21:50	☿□♃
2日	11:43	☿□♄
5日	06:25	☿△♄
6日	00:57	♀☌♆
12日	15:13	☿⚹♇
14日	08:56	♀☌♅
15日	04:15	☉⚹♃
16日	13:11	☉□♂
18日	01:18	☉□♄
20日	04:37	♂☍♄
22日	17:22	☉☌♆
24日	05:09	☿⚹♃
25日	04:16	☿□♄
26日	17:43	☿□♂
27日	00:52	♀⚹♄
28日	00:27	☿☌♆
30日	02:03	♀△♂
30日	17:17	☉⚹♇

1999年2月

DAY	☉	☽	☊ mean	☊ true	☿	♀	♂	♃	♄	♅	♆	♇	⚳	⚴	⚵	⚶	⚷
	° ′	° ′	° ′	° ′	° ′	° ′	° ′	° ′	° ′	° ′	° ′	° ′	°	°	°	°	°
1	11 ♒ 16	10 ♌ 42	22 ♌ 46	22 R 6	8 D 44	3 D 40	2 D 1	27 D 22	27 D 45	12 D 40	2 D 12	10 D 0	0 D	28 D	4 D	16 R	2 D
2	12 ♒ 17	24 ♌ 8	22 ♌ 43	22 D 5	10 ♒ 26	4 ♓ 54	2 ♏ 24	27 ♓ 34	27 ♈ 48	12 ♒ 44	2 ♒ 14	10 ♐ 2	0 ♊	29 ♓	4 ♐	15 ♌	2 ♐
3	13 ♒ 18	7 ♍ 17	22 ♌ 40	22 ♌ 6	12 ♒ 9	6 ♓ 9	2 ♏ 47	27 ♓ 46	27 ♈ 52	12 ♒ 47	2 ♒ 16	10 ♐ 3	0 ♊	29 ♓	4 ♐	15 ♌	2 ♐
4	14 ♒ 19	20 ♍ 6	22 ♌ 36	22 ♌ 6	13 ♒ 53	7 ♓ 24	3 ♏ 9	27 ♓ 59	27 ♈ 56	12 ♒ 51	2 ♒ 19	10 ♐ 4	0 ♊	29 ♓	5 ♐	15 ♌	2 ♐
5	15 ♒ 20	2 ♎ 37	22 ♌ 33	22 ♌ 7	15 ♒ 38	8 ♓ 38	3 ♏ 31	28 ♓ 11	28 ♈ 0	12 ♒ 54	2 ♒ 21	10 ♐ 6	0 ♊	0 ♈	5 ♐	14 ♌	2 ♐
6	16 ♒ 21	14 ♎ 53	22 ♌ 30	22 ♌ 8	17 ♒ 23	9 ♓ 53	3 ♏ 53	28 ♓ 24	28 ♈ 4	12 ♒ 58	2 ♒ 23	10 ♐ 7	0 ♊	0 ♈	5 ♐	14 ♌	2 ♐
7	17 ♒ 22	26 ♎ 57	22 ♌ 27	22 ♌ 8	19 ♒ 9	11 ♓ 7	4 ♏ 14	28 ♓ 36	28 ♈ 8	13 ♒ 1	2 ♒ 25	10 ♐ 8	0 ♊	0 ♈	5 ♐	14 ♌	2 ♐
8	18 ♒ 22	8 ♏ 53	22 ♌ 24	22 ♌ 9	20 ♒ 55	12 ♓ 22	4 ♏ 35	28 ♓ 49	28 ♈ 12	13 ♒ 5	2 ♒ 28	10 ♐ 9	0 ♊	1 ♈	5 ♐	14 ♌	2 ♐
9	19 ♒ 23	20 ♏ 46	22 ♌ 21	22 R 9	22 ♒ 43	13 ♓ 36	4 ♏ 56	29 ♓ 2	28 ♈ 16	13 ♒ 8	2 ♒ 30	10 ♐ 10	1 ♊	1 ♈	5 ♐	13 ♌	2 ♐
10	20 ♒ 24	2 ♐ 39	22 ♌ 17	22 ♌ 9	24 ♒ 31	14 ♓ 51	5 ♏ 16	29 ♓ 15	28 ♈ 20	13 ♒ 12	2 ♒ 32	10 ♐ 11	1 ♊	1 ♈	6 ♐	13 ♌	2 ♐
11	21 ♒ 25	14 ♐ 42	22 ♌ 14	22 ♌ 9	26 ♒ 19	16 ♓ 5	5 ♏ 36	29 ♓ 28	28 ♈ 25	13 ♒ 15	2 ♒ 34	10 ♐ 13	1 ♊	2 ♈	6 ♐	13 ♌	2 ♐
12	22 ♒ 25	26 ♐ 50	22 ♌ 11	22 D 8	28 ♒ 8	17 ♓ 20	5 ♏ 56	29 ♓ 41	28 ♈ 29	13 ♒ 18	2 ♒ 36	10 ♐ 14	1 ♊	2 ♈	6 ♐	13 ♌	2 ♐
13	23 ♒ 26	9 ♑ 14	22 ♌ 8	22 ♌ 8	29 ♒ 57	18 ♓ 34	6 ♏ 15	29 ♓ 54	28 ♈ 34	13 ♒ 22	2 ♒ 38	10 ♐ 15	1 ♊	2 ♈	6 ♐	12 ♌	2 ♐
14	24 ♒ 27	21 ♑ 56	22 ♌ 5	22 ♌ 9	1 ♓ 47	19 ♓ 48	6 ♏ 34	0 ♈ 7	28 ♈ 38	13 ♒ 25	2 ♒ 41	10 ♐ 16	1 ♊	3 ♈	6 ♐	12 ♌	3 ♐
15	25 ♒ 27	4 ♒ 56	22 ♌ 2	22 ♌ 9	3 ♓ 37	21 ♓ 3	6 ♏ 52	0 ♈ 20	28 ♈ 43	13 ♒ 29	2 ♒ 43	10 ♐ 17	2 ♊	3 ♈	7 ♐	12 ♌	3 ♐
16	26 ♒ 28	18 ♒ 16	21 ♌ 58	22 ♌ 9	5 ♓ 27	22 ♓ 17	7 ♏ 10	0 ♈ 33	28 ♈ 48	13 ♒ 32	2 ♒ 45	10 ♐ 17	2 ♊	4 ♈	7 ♐	12 ♌	3 ♐
17	27 ♒ 29	1 ♓ 54	21 ♌ 55	22 R 9	7 ♓ 17	23 ♓ 31	7 ♏ 28	0 ♈ 47	28 ♈ 53	13 ♒ 36	2 ♒ 47	10 ♐ 18	2 ♊	4 ♈	7 ♐	11 ♌	3 ♐
18	28 ♒ 29	15 ♓ 49	21 ♌ 52	22 ♌ 9	9 ♓ 7	24 ♓ 45	7 ♏ 45	1 ♈ 0	28 ♈ 58	13 ♒ 39	2 ♒ 49	10 ♐ 19	2 ♊	4 ♈	7 ♐	11 ♌	3 ♐
19	29 ♒ 30	29 ♓ 56	21 ♌ 49	22 ♌ 8	10 ♓ 56	25 ♓ 59	8 ♏ 1	1 ♈ 14	29 ♈ 3	13 ♒ 43	2 ♒ 51	10 ♐ 20	2 ♊	5 ♈	7 ♐	11 ♌	3 ♐
20	0 ♓ 30	14 ♈ 11	21 ♌ 46	22 ♌ 7	12 ♓ 44	27 ♓ 13	8 ♏ 18	1 ♈ 27	29 ♈ 8	13 ♒ 46	2 ♒ 53	10 ♐ 21	2 ♊	5 ♈	8 ♐	11 ♌	3 ♐
21	1 ♓ 31	28 ♈ 31	21 ♌ 42	22 ♌ 6	14 ♓ 31	28 ♓ 28	8 ♏ 33	1 ♈ 41	29 ♈ 13	13 ♒ 49	2 ♒ 55	10 ♐ 22	3 ♊	5 ♈	8 ♐	10 ♌	3 ♐
22	2 ♓ 31	12 ♉ 50	21 ♌ 39	22 ♌ 5	16 ♓ 17	29 ♓ 42	8 ♏ 49	1 ♈ 54	29 ♈ 18	13 ♒ 53	2 ♒ 57	10 ♐ 22	3 ♊	6 ♈	8 ♐	10 ♌	3 ♐
23	3 ♓ 32	27 ♉ 6	21 ♌ 36	22 ♌ 5	18 ♓ 1	0 ♈ 56	9 ♏ 4	2 ♈ 8	29 ♈ 23	13 ♒ 56	2 ♒ 59	10 ♐ 23	3 ♊	6 ♈	8 ♐	10 ♌	3 ♐
24	4 ♓ 32	11 ♊ 15	21 ♌ 33	22 D 5	19 ♓ 42	2 ♈ 9	9 ♏ 18	2 ♈ 21	29 ♈ 29	13 ♒ 59	3 ♒ 1	10 ♐ 24	3 ♊	6 ♈	8 ♐	10 ♌	3 ♐
25	5 ♓ 33	25 ♊ 16	21 ♌ 30	22 ♌ 5	21 ♓ 21	3 ♈ 23	9 ♏ 32	2 ♈ 35	29 ♈ 34	14 ♒ 3	3 ♒ 3	10 ♐ 24	3 ♊	7 ♈	8 ♐	10 ♌	3 ♐
26	6 ♓ 33	9 ♋ 8	21 ♌ 27	22 ♌ 6	22 ♓ 56	4 ♈ 37	9 ♏ 45	2 ♈ 49	29 ♈ 40	14 ♒ 6	3 ♒ 5	10 ♐ 25	4 ♊	7 ♈	9 ♐	9 ♌	3 ♐
27	7 ♓ 33	22 ♋ 49	21 ♌ 23	22 ♌ 7	24 ♓ 27	5 ♈ 51	9 ♏ 58	3 ♈ 3	29 ♈ 46	14 ♒ 9	3 ♒ 7	10 ♐ 25	4 ♊	8 ♈	9 ♐	9 ♌	3 ♐
28	8 ♓ 33	6 ♌ 18	21 ♌ 20	22 ♌ 9	25 ♓ 53	7 ♈ 5	10 ♏ 10	3 ♈ 17	29 ♈ 51	14 ♒ 13	3 ♒ 9	10 ♐ 26	4 ♊	8 ♈	9 ♐	9 ♌	3 ♐

SUN INGRESS	☉ → ♓ 19日 11:47
MOON PHASE	○ 1日 01:07 ♌ ◑ 8日 20:58 ♏ ● 16日 15:39 ♒ ◐ 23日 11:43 ♊

aspects

1日	12:10	♂□♆
1日	18:12	☿⚹♇
2日	10:58	☉☌♅
3日	09:04	♀☌♅
4日	14:19	☉☌☿
6日	04:33	♀□♇
12日	04:48	☿⚹♄
17日	02:41	☿△♂
18日	12:13	☉⚹♄
18日	16:00	☿□♇
24日	04:47	♀☌♃
24日	17:23	♀⚹♆
27日	09:24	♃⚹♆

1999年3月

DAY	☉	☽	☊ mean	☊ true	☿	♀	♂	♃	♄	♅	♆	♇	⚳	⚴	⚵	⚶	⚷
	° ′	° ′	° ′	° ′	° ′	° ′	° ′	° ′	° ′	° ′	° ′	° ′	°	°	°	°	°
1	9 ♓ 34	19 ♌ 35	21 ♌ 17	22 D 9	27 D 14	8 D 18	10 D 22	3 D 31	29 D 57	14 D 16	3 D 11	10 D 26	4 D	8 D	9 D	9 R	3 D
2	10 ♓ 34	2 ♍ 39	21 ♌ 14	22 R 9	28 ♓ 30	9 ♈ 32	10 ♏ 34	3 ♈ 44	0 ♉ 3	14 ♒ 19	3 ♒ 13	10 ♐ 27	5 ♊	9 ♈	9 ♐	9 ♌	3 ♐
3	11 ♓ 34	15 ♍ 30	21 ♌ 11	22 ♌ 7	29 ♓ 38	10 ♈ 45	10 ♏ 44	3 ♈ 58	0 ♉ 9	14 ♒ 22	3 ♒ 15	10 ♐ 27	5 ♊	9 ♈	9 ♐	8 ♌	3 ♐
4	12 ♓ 34	28 ♍ 8	21 ♌ 7	22 ♌ 5	0 ♈ 40	11 ♈ 59	10 ♏ 55	4 ♈ 12	0 ♉ 15	14 ♒ 25	3 ♒ 17	10 ♐ 27	5 ♊	10 ♈	9 ♐	8 ♌	3 ♐
5	13 ♓ 34	10 ♎ 33	21 ♌ 4	22 ♌ 2	1 ♈ 35	13 ♈ 12	11 ♏ 4	4 ♈ 27	0 ♉ 21	14 ♒ 29	3 ♒ 19	10 ♐ 28	5 ♊	10 ♈	10 ♐	8 ♌	3 ♐
6	14 ♓ 35	22 ♎ 46	21 ♌ 1	21 ♌ 58	2 ♈ 21	14 ♈ 26	11 ♏ 13	4 ♈ 41	0 ♉ 27	14 ♒ 32	3 ♒ 21	10 ♐ 28	6 ♊	10 ♈	10 ♐	8 ♌	3 ♐
7	15 ♓ 35	4 ♏ 49	20 ♌ 58	21 ♌ 54	2 ♈ 59	15 ♈ 39	11 ♏ 22	4 ♈ 55	0 ♉ 33	14 ♒ 35	3 ♒ 23	10 ♐ 28	6 ♊	11 ♈	10 ♐	8 ♌	3 ♐
8	16 ♓ 35	16 ♏ 45	20 ♌ 55	21 ♌ 51	3 ♈ 28	16 ♈ 52	11 ♏ 29	5 ♈ 9	0 ♉ 39	14 ♒ 38	3 ♒ 24	10 ♐ 29	6 ♊	11 ♈	10 ♐	8 ♌	3 ♐
9	17 ♓ 35	28 ♏ 38	20 ♌ 52	21 ♌ 48	3 ♈ 49	18 ♈ 6	11 ♏ 37	5 ♈ 23	0 ♉ 45	14 ♒ 41	3 ♒ 26	10 ♐ 29	6 ♊	12 ♈	10 ♐	8 ♌	3 ♐
10	18 ♓ 35	10 ♐ 31	20 ♌ 48	21 ♌ 47	4 ♈ 0	19 ♈ 19	11 ♏ 43	5 ♈ 37	0 ♉ 52	14 ♒ 44	3 ♒ 28	10 ♐ 29	7 ♊	12 ♈	10 ♐	7 ♌	3 ♐
11	19 ♓ 35	22 ♐ 29	20 ♌ 45	21 D 46	4 R 2	20 ♈ 32	11 ♏ 49	5 ♈ 52	0 ♉ 58	14 ♒ 47	3 ♒ 30	10 ♐ 29	7 ♊	12 ♈	10 ♐	7 ♌	3 ♐
12	20 ♓ 35	4 ♑ 37	20 ♌ 42	21 ♌ 47	3 ♈ 56	21 ♈ 45	11 ♏ 54	6 ♈ 6	1 ♉ 4	14 ♒ 50	3 ♒ 31	10 ♐ 29	7 ♊	13 ♈	10 ♐	7 ♌	3 ♐
13	21 ♓ 35	17 ♑ 0	20 ♌ 39	21 ♌ 49	3 ♈ 41	22 ♈ 58	11 ♏ 59	6 ♈ 20	1 ♉ 11	14 ♒ 53	3 ♒ 33	10 ♐ 29	8 ♊	13 ♈	10 ♐	7 ♌	3 ♐
14	22 ♓ 34	29 ♑ 42	20 ♌ 36	21 ♌ 50	3 ♈ 18	24 ♈ 11	12 ♏ 3	6 ♈ 34	1 ♉ 17	14 ♒ 56	3 ♒ 35	10 ♐ 29	8 ♊	14 ♈	11 ♐	7 ♌	3 ♐
15	23 ♓ 34	12 ♒ 47	20 ♌ 33	21 ♌ 52	2 ♈ 47	25 ♈ 24	12 ♏ 6	6 ♈ 49	1 ♉ 24	14 ♒ 59	3 ♒ 36	10 R 29	8 ♊	14 ♈	11 ♐	7 ♌	3 ♐
16	24 ♓ 34	26 ♒ 16	20 ♌ 29	21 R 52	2 ♈ 10	26 ♈ 37	12 ♏ 9	7 ♈ 3	1 ♉ 31	15 ♒ 2	3 ♒ 38	10 ♐ 29	8 ♊	14 ♈	11 ♐	7 ♌	3 ♐
17	25 ♓ 34	10 ♓ 10	20 ♌ 26	21 ♌ 51	1 ♈ 27	27 ♈ 49	12 ♏ 10	7 ♈ 18	1 ♉ 37	15 ♒ 5	3 ♒ 39	10 ♐ 29	9 ♊	15 ♈	11 ♐	7 ♌	3 R
18	26 ♓ 34	24 ♓ 26	20 ♌ 23	21 ♌ 48	0 ♈ 39	29 ♈ 2	12 ♏ 11	7 ♈ 32	1 ♉ 44	15 ♒ 8	3 ♒ 41	10 ♐ 29	9 ♊	15 ♈	11 ♐	7 ♌	3 ♐
19	27 ♓ 33	9 ♈ 0	20 ♌ 20	21 ♌ 43	29 ♓ 47	0 ♉ 15	12 R 12	7 ♈ 46	1 ♉ 51	15 ♒ 11	3 ♒ 43	10 ♐ 29	9 ♊	16 ♈	11 ♐	7 ♌	3 ♐
20	28 ♓ 33	23 ♈ 44	20 ♌ 17	21 ♌ 38	28 ♓ 53	1 ♉ 27	12 ♏ 11	8 ♈ 1	1 ♉ 58	15 ♒ 13	3 ♒ 44	10 ♐ 29	10 ♊	16 ♈	11 ♐	7 ♌	3 ♐
21	29 ♓ 33	8 ♉ 32	20 ♌ 13	21 ♌ 32	27 ♓ 58	2 ♉ 40	12 ♏ 10	8 ♈ 15	2 ♉ 4	15 ♒ 16	3 ♒ 46	10 ♐ 29	10 ♊	16 ♈	11 ♐	7 ♌	3 ♐
22	0 ♈ 32	23 ♉ 15	20 ♌ 10	21 ♌ 27	27 ♓ 3	3 ♉ 52	12 ♏ 8	8 ♈ 30	2 ♉ 11	15 ♒ 19	3 ♒ 47	10 ♐ 28	10 ♊	17 ♈	11 ♐	7 ♌	3 ♐
23	1 ♈ 32	7 ♊ 47	20 ♌ 7	21 ♌ 23	26 ♓ 9	5 ♉ 5	12 ♏ 6	8 ♈ 44	2 ♉ 18	15 ♒ 21	3 ♒ 48	10 ♐ 28	11 ♊	17 ♈	11 ♐	7 ♌	3 ♐
24	2 ♈ 32	22 ♊ 4	20 ♌ 4	21 ♌ 21	25 ♓ 17	6 ♉ 17	12 ♏ 2	8 ♈ 59	2 ♉ 25	15 ♒ 24	3 ♒ 50	10 ♐ 28	11 ♊	18 ♈	11 ♐	7 ♌	3 ♐
25	3 ♈ 31	6 ♋ 2	20 ♌ 1	21 D 20	24 ♓ 28	7 ♉ 29	11 ♏ 58	9 ♈ 13	2 ♉ 32	15 ♒ 27	3 ♒ 51	10 ♐ 27	11 ♊	18 ♈	11 ♐	7 D	3 ♐
26	4 ♈ 31	19 ♋ 43	19 ♌ 58	21 ♌ 21	23 ♓ 43	8 ♉ 41	11 ♏ 53	9 ♈ 28	2 ♉ 39	15 ♒ 29	3 ♒ 53	10 ♐ 27	11 ♊	18 ♈	11 ♐	7 ♌	3 ♐
27	5 ♈ 30	3 ♌ 7	19 ♌ 54	21 ♌ 22	23 ♓ 2	9 ♉ 53	11 ♏ 47	9 ♈ 42	2 ♉ 46	15 ♒ 32	3 ♒ 54	10 ♐ 27	12 ♊	19 ♈	11 ♐	7 ♌	3 ♐
28	6 ♈ 29	16 ♌ 15	19 ♌ 51	21 ♌ 23	22 ♓ 27	11 ♉ 5	11 ♏ 41	9 ♈ 57	2 ♉ 54	15 ♒ 34	3 ♒ 55	10 ♐ 26	12 ♊	19 ♈	11 ♐	7 ♌	3 ♐
29	7 ♈ 29	29 ♌ 9	19 ♌ 48	21 R 23	21 ♓ 57	12 ♉ 17	11 ♏ 34	10 ♈ 11	3 ♉ 1	15 ♒ 37	3 ♒ 56	10 ♐ 26	12 ♊	20 ♈	11 ♐	7 ♌	3 ♐
30	8 ♈ 28	11 ♍ 52	19 ♌ 45	21 ♌ 21	21 ♓ 32	13 ♉ 29	11 ♏ 26	10 ♈ 26	3 ♉ 8	15 ♒ 39	3 ♒ 58	10 ♐ 25	13 ♊	20 ♈	11 ♐	7 ♌	3 ♐
31	9 ♈ 27	24 ♍ 24	19 ♌ 42	21 ♌ 17	21 ♓ 14	14 ♉ 40	11 ♏ 17	10 ♈ 40	3 ♉ 15	15 ♒ 42	3 ♒ 59	10 ♐ 25	13 ♊	21 ♈	11 ♐	7 ♌	3 ♐

SUN INGRESS	☉ → ♈ 21日 10:46
MOON PHASE	○ 2日 15:58 ♍　◑ 10日 17:40 ♐　● 18日 03:48 ♓　◐ 24日 19:18 ♋

aspects	
1日 21:05	☉□♇
1日 23:50	☉△♂
2日 17:59	♀△♇
6日 02:03	♀⚹♅
7日 19:46	☿⚹♆
13日 08:30	☿⚹♆
20日 04:13	☉☌☿
20日 11:04	♀☌♄
21日 22:15	♀□♆
25日 08:19	☉⚹♆
28日 10:53	♀☍♂
29日 23:00	♃△♇
31日 21:12	♀□♅
31日 22:59	☉△♇

1999年4月

DAY	☉	☽	☊ mean	☊ true	☿	♀	♂	♃	♄	♅	♆	♇	⚳	⚴	⚵	⚶	⚷
	° ′	° ′	° ′	° ′	° ′	° ′	° ′	° ′	° ′	° ′	° ′	° ′	°	°	°	°	°
1	10 ♈ 27	6 ♎ 46	19 ♌ 38	21 R 10	21 R 1	15 D 52	11 R 7	10 D 55	3 D 22	15 D 44	4 D 0	10 R 24	13 D	21 D	11 R	7 D	3 R
2	11 ♈ 26	19 ♎ 0	19 ♌ 35	21 ♌ 2	20 ♓ 53	17 ♉ 4	10 ♏ 57	11 ♈ 9	3 ♉ 30	15 ♒ 46	4 ♒ 1	10 ♐ 23	14 ♊	21 ♈	11 ♐	7 ♌	3 ♐
3	12 ♈ 25	1 ♏ 5	19 ♌ 32	20 ♌ 52	20 D 52	18 ♉ 15	10 ♏ 46	11 ♈ 24	3 ♉ 37	15 ♒ 49	4 ♒ 2	10 ♐ 23	14 ♊	22 ♈	11 ♐	7 ♌	3 ♐
4	13 ♈ 24	13 ♏ 5	19 ♌ 29	20 ♌ 42	20 ♓ 56	19 ♉ 26	10 ♏ 34	11 ♈ 38	3 ♉ 44	15 ♒ 51	4 ♒ 3	10 ♐ 22	14 ♊	22 ♈	11 ♐	7 ♌	3 ♐
5	14 ♈ 23	24 ♏ 59	19 ♌ 26	20 ♌ 32	21 ♓ 5	20 ♉ 38	10 ♏ 22	11 ♈ 53	3 ♉ 52	15 ♒ 53	4 ♒ 4	10 ♐ 21	15 ♊	23 ♈	11 ♐	7 ♌	3 ♐
6	15 ♈ 22	6 ♐ 51	19 ♌ 23	20 ♌ 24	21 ♓ 20	21 ♉ 49	10 ♏ 9	12 ♈ 7	3 ♉ 59	15 ♒ 55	4 ♒ 6	10 ♐ 21	15 ♊	23 ♈	11 ♐	7 ♌	3 ♐
7	16 ♈ 21	18 ♐ 43	19 ♌ 19	20 ♌ 18	21 ♓ 40	23 ♉ 0	9 ♏ 55	12 ♈ 22	4 ♉ 6	15 ♒ 57	4 ♒ 7	10 ♐ 20	15 ♊	24 ♈	11 ♐	7 ♌	3 ♐
8	17 ♈ 20	0 ♑ 40	19 ♌ 16	20 ♌ 14	22 ♓ 4	24 ♉ 11	9 ♏ 40	12 ♈ 36	4 ♉ 14	16 ♒ 0	4 ♒ 7	10 ♐ 19	16 ♊	24 ♈	11 ♐	7 ♌	3 ♐
9	18 ♈ 19	12 ♑ 46	19 ♌ 13	20 ♌ 13	22 ♓ 33	25 ♉ 22	9 ♏ 25	12 ♈ 51	4 ♉ 21	16 ♒ 2	4 ♒ 8	10 ♐ 18	16 ♊	24 ♈	11 ♐	7 ♌	3 ♐
10	19 ♈ 18	25 ♑ 5	19 ♌ 10	20 D 13	23 ♓ 6	26 ♉ 33	9 ♏ 9	13 ♈ 5	4 ♉ 29	16 ♒ 4	4 ♒ 9	10 ♐ 18	17 ♊	25 ♈	11 ♐	8 ♌	3 ♐
11	20 ♈ 17	7 ♒ 43	19 ♌ 7	20 ♌ 13	23 ♓ 43	27 ♉ 43	8 ♏ 52	13 ♈ 20	4 ♉ 36	16 ♒ 6	4 ♒ 10	10 ♐ 17	17 ♊	25 ♈	11 ♐	8 ♌	3 ♐
12	21 ♈ 16	20 ♒ 44	19 ♌ 4	20 R 14	24 ♓ 24	28 ♉ 54	8 ♏ 35	13 ♈ 34	4 ♉ 44	16 ♒ 8	4 ♒ 11	10 ♐ 16	17 ♊	26 ♈	11 ♐	8 ♌	3 ♐
13	22 ♈ 15	4 ♓ 12	19 ♌ 0	20 ♌ 13	25 ♓ 9	0 ♊ 5	8 ♏ 17	13 ♈ 49	4 ♉ 51	16 ♒ 9	4 ♒ 12	10 ♐ 15	18 ♊	26 ♈	11 ♐	8 ♌	3 ♐
14	23 ♈ 14	18 ♓ 9	18 ♌ 57	20 ♌ 10	25 ♓ 57	1 ♊ 15	7 ♏ 59	14 ♈ 3	4 ♉ 59	16 ♒ 11	4 ♒ 13	10 ♐ 14	18 ♊	27 ♈	11 ♐	8 ♌	3 ♐
15	24 ♈ 13	2 ♈ 34	18 ♌ 54	20 ♌ 4	26 ♓ 48	2 ♊ 25	7 ♏ 40	14 ♈ 18	5 ♉ 7	16 ♒ 13	4 ♒ 13	10 ♐ 13	18 ♊	27 ♈	11 ♐	8 ♌	3 ♐
16	25 ♈ 12	17 ♈ 22	18 ♌ 51	19 ♌ 57	27 ♓ 43	3 ♊ 36	7 ♏ 20	14 ♈ 32	5 ♉ 14	16 ♒ 15	4 ♒ 14	10 ♐ 12	19 ♊	28 ♈	11 ♐	8 ♌	3 ♐
17	26 ♈ 10	2 ♉ 26	18 ♌ 48	19 ♌ 47	28 ♓ 40	4 ♊ 46	7 ♏ 0	14 ♈ 46	5 ♉ 22	16 ♒ 17	4 ♒ 15	10 ♐ 11	19 ♊	28 ♈	11 ♐	9 ♌	3 ♐
18	27 ♈ 9	17 ♉ 37	18 ♌ 44	19 ♌ 37	29 ♓ 41	5 ♊ 56	6 ♏ 40	15 ♈ 1	5 ♉ 29	16 ♒ 18	4 ♒ 15	10 ♐ 10	19 ♊	28 ♈	10 ♐	9 ♌	3 ♐
19	28 ♈ 8	2 ♊ 43	18 ♌ 41	19 ♌ 28	0 ♈ 44	7 ♊ 6	6 ♏ 19	15 ♈ 15	5 ♉ 37	16 ♒ 20	4 ♒ 16	10 ♐ 9	20 ♊	29 ♈	10 ♐	9 ♌	3 ♐
20	29 ♈ 6	17 ♊ 35	18 ♌ 38	19 ♌ 20	1 ♈ 50	8 ♊ 15	5 ♏ 58	15 ♈ 29	5 ♉ 45	16 ♒ 21	4 ♒ 17	10 ♐ 8	20 ♊	29 ♈	10 ♐	9 ♌	2 ♐
21	0 ♉ 5	2 ♋ 7	18 ♌ 35	19 ♌ 15	2 ♈ 58	9 ♊ 25	5 ♏ 36	15 ♈ 44	5 ♉ 52	16 ♒ 23	4 ♒ 17	10 ♐ 7	21 ♊	0 ♉	10 ♐	9 ♌	2 ♐
22	1 ♉ 4	16 ♋ 14	18 ♌ 32	19 ♌ 12	4 ♈ 9	10 ♊ 34	5 ♏ 14	15 ♈ 58	6 ♉ 0	16 ♒ 25	4 ♒ 18	10 ♐ 5	21 ♊	0 ♉	10 ♐	9 ♌	2 ♐
23	2 ♉ 2	29 ♋ 56	18 ♌ 29	19 ♌ 11	5 ♈ 22	11 ♊ 44	4 ♏ 52	16 ♈ 12	6 ♉ 8	16 ♒ 26	4 ♒ 18	10 ♐ 4	21 ♊	1 ♉	10 ♐	10 ♌	2 ♐
24	3 ♉ 1	13 ♌ 15	18 ♌ 25	19 D 12	6 ♈ 38	12 ♊ 53	4 ♏ 30	16 ♈ 26	6 ♉ 15	16 ♒ 27	4 ♒ 19	10 ♐ 3	22 ♊	1 ♉	10 ♐	10 ♌	2 ♐
25	3 ♉ 59	26 ♌ 14	18 ♌ 22	19 R 11	7 ♈ 55	14 ♊ 2	4 ♏ 8	16 ♈ 41	6 ♉ 23	16 ♒ 29	4 ♒ 19	10 ♐ 2	22 ♊	2 ♉	10 ♐	10 ♌	2 ♐
26	4 ♉ 57	8 ♍ 55	18 ♌ 19	19 ♌ 10	9 ♈ 15	15 ♊ 11	3 ♏ 45	16 ♈ 55	6 ♉ 31	16 ♒ 30	4 ♒ 19	10 ♐ 1	22 ♊	2 ♉	10 ♐	10 ♌	2 ♐
27	5 ♉ 56	21 ♍ 23	18 ♌ 16	19 ♌ 6	10 ♈ 37	16 ♊ 20	3 ♏ 23	17 ♈ 9	6 ♉ 38	16 ♒ 31	4 ♒ 20	9 ♐ 59	23 ♊	2 ♉	9 ♐	11 ♌	2 ♐
28	6 ♉ 54	3 ♎ 41	18 ♌ 13	19 ♌ 0	12 ♈ 1	17 ♊ 29	3 ♏ 0	17 ♈ 23	6 ♉ 46	16 ♒ 33	4 ♒ 20	9 ♐ 58	23 ♊	3 ♉	9 ♐	11 ♌	2 ♐
29	7 ♉ 53	15 ♎ 50	18 ♌ 10	18 ♌ 50	13 ♈ 27	18 ♊ 38	2 ♏ 38	17 ♈ 37	6 ♉ 54	16 ♒ 34	4 ♒ 20	9 ♐ 57	24 ♊	3 ♉	9 ♐	11 ♌	2 ♐
30	8 ♉ 51	27 ♎ 53	18 ♌ 6	18 ♌ 38	14 ♈ 54	19 ♊ 46	2 ♏ 16	17 ♈ 51	7 ♉ 1	16 ♒ 35	4 ♒ 21	9 ♐ 55	24 ♊	4 ♉	9 ♐	11 ♌	2 ♐

SUN INGRESS	☉ → ♉ 20日 21:46
MOON PHASE	○ 1日 07:49 ♎　◑ 9日 11:51 ♑　● 16日 13:22 ♈　◐ 23日 04:02 ♌　○ 30日 23:55 ♏

aspects	
1日 15:10	☉☌♃
5日 11:29	☿⚹♀
6日 13:56	☉⚹♅
7日 00:05	♄□♆
16日 13:20	♀△♆
20日 10:44	♂☍♄
21日 14:06	♀☍♇
22日 02:51	☿⚹♆
24日 01:55	♃⚹♅
24日 12:12	♂□♆
25日 02:37	☉☍♂
25日 08:17	☉□♆
26日 13:14	☿△♇
27日 03:55	♀△♅
27日 20:03	☉☌♄
27日 21:18	♀⚹♃

1900 ~1910
1911 ~1920
1921 ~1930
1931 ~1940
1941 ~1950
1951 ~1960
1961 ~1970
1971 ~1980
1981 ~1990
1991 ~2000
2001 ~2010
2011 ~2020
2021 ~2030
2031 ~2040
2041 ~2050

1999年5月

DAY	☉	☽	☊ mean	☊ true	☿	♀	♂	♃	♄	♅	♆	♇	⚳	⚴	⚵	⚶	⚷
	° ′	° ′	° ′	° ′	° ′	° ′	° ′	° ′	° ′	° ′	° ′	° ′	°	°	°	°	°
1	9 ♉ 49	9 ♏ 52	18 ♌ 3	18 R 25	16 D 24	20 D 54	1 R 53	18 D 5	7 D 9	16 D 36	4 D 21	9 R 54	24 D	4 D	9 R	11 D	2 R
2	10 ♉ 47	21 ♏ 46	18 ♌ 0	18 ♌ 11	17 ♈ 56	22 ♊ 3	1 ♏ 31	18 ♈ 19	7 ♉ 17	16 ♒ 37	4 ♒ 21	9 ♐ 53	25 ♊	5 ♉	9 ♐	12 ♌	2 ♐
3	11 ♉ 46	3 ♐ 39	17 ♌ 57	17 ♌ 57	19 ♈ 30	23 ♊ 11	1 ♏ 9	18 ♈ 33	7 ♉ 24	16 ♒ 38	4 ♒ 21	9 ♐ 51	25 ♊	5 ♉	8 ♐	12 ♌	2 ♐
4	12 ♉ 44	15 ♐ 31	17 ♌ 54	17 ♌ 46	21 ♈ 5	24 ♊ 18	0 ♏ 48	18 ♈ 47	7 ♉ 32	16 ♒ 39	4 ♒ 21	9 ♐ 50	26 ♊	6 ♉	8 ♐	12 ♌	2 ♐
5	13 ♉ 42	27 ♐ 25	17 ♌ 50	17 ♌ 36	22 ♈ 43	25 ♊ 26	0 ♏ 26	19 ♈ 1	7 ♉ 40	16 ♒ 40	4 ♒ 22	9 ♐ 49	26 ♊	6 ♉	8 ♐	12 ♌	2 ♐
6	14 ♉ 40	9 ♑ 22	17 ♌ 47	17 ♌ 30	24 ♈ 22	26 ♊ 34	0 ♏ 5	19 ♈ 14	7 ♉ 47	16 ♒ 41	4 ♒ 22	9 ♐ 47	26 ♊	7 ♉	8 ♐	13 ♌	1 ♐
7	15 ♉ 38	21 ♑ 28	17 ♌ 44	17 ♌ 26	26 ♈ 3	27 ♊ 41	29 ♎ 44	19 ♈ 28	7 ♉ 55	16 ♒ 41	4 ♒ 22	9 ♐ 46	27 ♊	7 ♉	8 ♐	13 ♌	1 ♐
8	16 ♉ 36	3 ♒ 46	17 ♌ 41	17 ♌ 25	27 ♈ 46	28 ♊ 48	29 ♎ 24	19 ♈ 42	8 ♉ 2	16 ♒ 42	4 R 22	9 ♐ 44	27 ♊	8 ♉	8 ♐	13 ♌	1 ♐
9	17 ♉ 34	16 ♒ 21	17 ♌ 38	17 ♌ 24	29 ♈ 31	29 ♊ 55	29 ♎ 4	19 ♈ 55	8 ♉ 10	16 ♒ 43	4 ♒ 22	9 ♐ 43	28 ♊	8 ♉	7 ♐	13 ♌	1 ♐
10	18 ♉ 32	29 ♒ 18	17 ♌ 35	17 ♌ 24	1 ♉ 18	1 ♋ 2	28 ♎ 45	20 ♈ 9	8 ♉ 18	16 ♒ 43	4 ♒ 21	9 ♐ 41	28 ♊	8 ♉	7 ♐	14 ♌	1 ♐
11	19 ♉ 30	12 ♓ 40	17 ♌ 31	17 ♌ 23	3 ♉ 7	2 ♋ 9	28 ♎ 26	20 ♈ 23	8 ♉ 25	16 ♒ 44	4 ♒ 21	9 ♐ 40	28 ♊	9 ♉	7 ♐	14 ♌	1 ♐
12	20 ♉ 28	26 ♓ 31	17 ♌ 28	17 ♌ 20	4 ♉ 58	3 ♋ 15	28 ♎ 8	20 ♈ 36	8 ♉ 33	16 ♒ 44	4 ♒ 21	9 ♐ 38	29 ♊	9 ♉	7 ♐	14 ♌	1 ♐
13	21 ♉ 26	10 ♈ 52	17 ♌ 25	17 ♌ 14	6 ♉ 51	4 ♋ 22	27 ♎ 50	20 ♈ 50	8 ♉ 40	16 ♒ 45	4 ♒ 21	9 ♐ 37	29 ♊	10 ♉	7 ♐	15 ♌	1 ♐
14	22 ♉ 24	25 ♈ 39	17 ♌ 22	17 ♌ 6	8 ♉ 45	5 ♋ 28	27 ♎ 33	21 ♈ 3	8 ♉ 48	16 ♒ 45	4 ♒ 21	9 ♐ 35	0 ♋	10 ♉	6 ♐	15 ♌	1 ♐
15	23 ♉ 22	10 ♉ 46	17 ♌ 19	16 ♌ 56	10 ♉ 42	6 ♋ 34	27 ♎ 16	21 ♈ 16	8 ♉ 55	16 ♒ 46	4 ♒ 21	9 ♐ 34	0 ♋	11 ♉	6 ♐	15 ♌	1 ♐
16	24 ♉ 20	26 ♉ 5	17 ♌ 15	16 ♌ 45	12 ♉ 40	7 ♋ 40	27 ♎ 1	21 ♈ 30	9 ♉ 3	16 ♒ 46	4 ♒ 20	9 ♐ 32	0 ♋	11 ♉	6 ♐	15 ♌	1 ♐
17	25 ♉ 18	11 ♊ 23	17 ♌ 12	16 ♌ 34	14 ♉ 40	8 ♋ 45	26 ♎ 46	21 ♈ 43	9 ♉ 10	16 ♒ 46	4 ♒ 20	9 ♐ 31	1 ♋	12 ♉	6 ♐	16 ♌	1 ♐
18	26 ♉ 16	26 ♊ 29	17 ♌ 9	16 ♌ 26	16 ♉ 42	9 ♋ 51	26 ♎ 31	21 ♈ 56	9 ♉ 18	16 ♒ 47	4 ♒ 20	9 ♐ 29	1 ♋	12 ♉	5 ♐	16 ♌	1 ♐
19	27 ♉ 14	11 ♋ 14	17 ♌ 6	16 ♌ 20	18 ♉ 46	10 ♋ 56	26 ♎ 17	22 ♈ 9	9 ♉ 25	16 ♒ 47	4 ♒ 19	9 ♐ 27	2 ♋	13 ♉	5 ♐	16 ♌	1 ♐
20	28 ♉ 12	25 ♋ 33	17 ♌ 3	16 ♌ 16	20 ♉ 51	12 ♋ 1	26 ♎ 5	22 ♈ 22	9 ♉ 33	16 ♒ 47	4 ♒ 19	9 ♐ 26	2 ♋	13 ♉	5 ♐	17 ♌	0 ♐
21	29 ♉ 9	9 ♌ 23	17 ♌ 0	16 ♌ 15	22 ♉ 57	13 ♋ 5	25 ♎ 52	22 ♈ 36	9 ♉ 40	16 ♒ 47	4 ♒ 19	9 ♐ 24	2 ♋	14 ♉	5 ♐	17 ♌	0 ♐
22	0 ♊ 7	22 ♌ 47	16 ♌ 56	16 D 15	25 ♉ 5	14 ♋ 10	25 ♎ 41	22 ♈ 48	9 ♉ 48	16 ♒ 47	4 ♒ 18	9 ♐ 23	3 ♋	14 ♉	5 ♐	17 ♌	0 ♐
23	1 ♊ 5	5 ♍ 45	16 ♌ 53	16 R 15	27 ♉ 15	15 ♋ 14	25 ♎ 30	23 ♈ 1	9 ♉ 55	16 R 47	4 ♒ 18	9 ♐ 21	3 ♋	15 ♉	4 ♐	18 ♌	0 ♐
24	2 ♊ 2	18 ♍ 24	16 ♌ 50	16 ♌ 14	29 ♉ 25	16 ♋ 18	25 ♎ 21	23 ♈ 14	10 ♉ 2	16 ♒ 47	4 ♒ 17	9 ♐ 19	4 ♋	15 ♉	4 ♐	18 ♌	0 ♐
25	3 ♊ 0	0 ♎ 46	16 ♌ 47	16 ♌ 11	1 ♊ 36	17 ♋ 22	25 ♎ 12	23 ♈ 27	10 ♉ 10	16 ♒ 47	4 ♒ 17	9 ♐ 18	4 ♋	16 ♉	4 ♐	18 ♌	0 ♐
26	3 ♊ 58	12 ♎ 56	16 ♌ 44	16 ♌ 5	3 ♊ 47	18 ♋ 25	25 ♎ 4	23 ♈ 40	10 ♉ 17	16 ♒ 47	4 ♒ 16	9 ♐ 16	4 ♋	16 ♉	4 ♐	19 ♌	0 ♐
27	4 ♊ 55	24 ♎ 58	16 ♌ 41	15 ♌ 57	5 ♊ 59	19 ♋ 28	24 ♎ 56	23 ♈ 52	10 ♉ 24	16 ♒ 47	4 ♒ 15	9 ♐ 15	5 ♋	17 ♉	3 ♐	19 ♌	0 ♐
28	5 ♊ 53	6 ♏ 55	16 ♌ 37	15 ♌ 46	8 ♊ 11	20 ♋ 31	24 ♎ 50	24 ♈ 5	10 ♉ 31	16 ♒ 46	4 ♒ 15	9 ♐ 13	5 ♋	17 ♉	3 ♐	19 ♌	0 ♐
29	6 ♊ 50	18 ♏ 48	16 ♌ 34	15 ♌ 34	10 ♊ 23	21 ♋ 34	24 ♎ 44	24 ♈ 17	10 ♉ 38	16 ♒ 46	4 ♒ 14	9 ♐ 11	6 ♋	18 ♉	3 ♐	20 ♌	0 ♐
30	7 ♊ 48	0 ♐ 40	16 ♌ 31	15 ♌ 22	12 ♊ 34	22 ♋ 36	24 ♎ 39	24 ♈ 30	10 ♉ 46	16 ♒ 46	4 ♒ 13	9 ♐ 10	6 ♋	18 ♉	3 ♐	20 ♌	0 ♐
31	8 ♊ 46	12 ♐ 33	16 ♌ 28	15 ♌ 10	14 ♊ 44	23 ♋ 38	24 ♎ 35	24 ♈ 42	10 ♉ 53	16 ♒ 45	4 ♒ 13	9 ♐ 8	7 ♋	18 ♉	3 ♐	20 ♌	0 ♐

SUN INGRESS	☉ → ♊ 21日 20:52
MOON PHASE	◑ 9日 02:29 ♒ ● 15日 21:05 ♉ ◐ 22日 14:34 ♍ ○ 30日 15:40 ♐

aspects		
1日	03:07	☿⚹♅
2日	06:59	☿☌♃
8日	02:24	☉□♅
8日	09:53	♀△♂
8日	18:50	☿☍♂
9日	14:34	☿⚹♀
11日	16:07	☿□♆
14日	00:37	☿☌♄
17日	10:24	♀⚹♄
18日	00:55	☿□♅
26日	03:21	☉☌☿
26日	05:12	☿△♆
26日	07:33	☉△♆
28日	11:08	☿☍♇
30日	13:17	♂☍♃
31日	09:06	☉☍♇
31日	20:52	♀□♂
31日	22:27	☿△♅

1999年6月

DAY	☉	☽	☊ mean	☊ true	☿	♀	♂	♃	♄	♅	♆	♇	⚳	⚴	⚵	⚶	⚷
	° ′	° ′	° ′	° ′	° ′	° ′	° ′	° ′	° ′	° ′	° ′	° ′	°	°	°	°	°
1	9 ♊ 43	24 ♐ 28	16 ♌ 25	14 R 59	16 D 53	24 D 40	24 R 32	24 D 54	11 D 0	16 R 45	4 R 12	9 R 6	7 D	19 D	2 R	21 D	0 R
2	10 ♊ 41	6 ♑ 26	16 ♌ 21	14 ♌ 51	19 ♊ 1	25 ♋ 41	24 ♎ 29	25 ♈ 7	11 ♉ 7	16 ♒ 44	4 ♒ 11	9 ♐ 5	7 ♋	19 ♉	2 ♐	21 ♌	29 ♏
3	11 ♊ 38	18 ♑ 30	16 ♌ 18	14 ♌ 45	21 ♊ 7	26 ♋ 42	24 ♎ 27	25 ♈ 19	11 ♉ 14	16 ♒ 44	4 ♒ 10	9 ♐ 3	8 ♋	20 ♉	2 ♐	21 ♌	29 ♏
4	12 ♊ 36	0 ♒ 42	16 ♌ 15	14 ♌ 42	23 ♊ 12	27 ♋ 43	24 ♎ 27	25 ♈ 31	11 ♉ 21	16 ♒ 43	4 ♒ 10	9 ♐ 1	8 ♋	20 ♉	2 ♐	22 ♌	29 ♏
5	13 ♊ 33	13 ♒ 5	16 ♌ 12	14 ♌ 41	25 ♊ 15	28 ♋ 44	24 D 26	25 ♈ 43	11 ♉ 28	16 ♒ 43	4 ♒ 9	9 ♐ 0	9 ♋	21 ♉	1 ♐	22 ♌	29 ♏
6	14 ♊ 30	25 ♒ 43	16 ♌ 9	14 D 42	27 ♊ 16	29 ♋ 44	24 ♎ 27	25 ♈ 55	11 ♉ 35	16 ♒ 42	4 ♒ 8	8 ♐ 58	9 ♋	21 ♉	1 ♐	23 ♌	29 ♏
7	15 ♊ 28	8 ♓ 39	16 ♌ 6	14 ♌ 42	29 ♊ 14	0 ♌ 43	24 ♎ 29	26 ♈ 6	11 ♉ 41	16 ♒ 41	4 ♒ 7	8 ♐ 57	10 ♋	22 ♉	1 ♐	23 ♌	29 ♏
8	16 ♊ 25	21 ♓ 58	16 ♌ 2	14 R 42	1 ♋ 10	1 ♌ 42	24 ♎ 31	26 ♈ 18	11 ♉ 48	16 ♒ 40	4 ♒ 6	8 ♐ 55	10 ♋	22 ♉	1 ♐	23 ♌	29 ♏
9	17 ♊ 23	5 ♈ 42	15 ♌ 59	14 ♌ 41	3 ♋ 4	2 ♌ 41	24 ♎ 34	26 ♈ 30	11 ♉ 55	16 ♒ 40	4 ♒ 5	8 ♐ 53	10 ♋	23 ♉	1 ♐	24 ♌	29 ♏
10	18 ♊ 20	19 ♈ 52	15 ♌ 56	14 ♌ 37	4 ♋ 56	3 ♌ 40	24 ♎ 38	26 ♈ 41	12 ♉ 2	16 ♒ 39	4 ♒ 4	8 ♐ 52	11 ♋	23 ♉	0 ♐	24 ♌	29 ♏
11	19 ♊ 17	4 ♉ 27	15 ♌ 53	14 ♌ 32	6 ♋ 45	4 ♌ 38	24 ♎ 42	26 ♈ 53	12 ♉ 8	16 ♒ 38	4 ♒ 3	8 ♐ 50	11 ♋	24 ♉	0 ♐	24 ♌	29 ♏
12	20 ♊ 15	19 ♉ 24	15 ♌ 50	14 ♌ 25	8 ♋ 32	5 ♌ 36	24 ♎ 47	27 ♈ 4	12 ♉ 15	16 ♒ 37	4 ♒ 2	8 ♐ 49	12 ♋	24 ♉	0 ♐	25 ♌	29 ♏
13	21 ♊ 12	4 ♊ 33	15 ♌ 47	14 ♌ 17	10 ♋ 16	6 ♌ 33	24 ♎ 53	27 ♈ 15	12 ♉ 22	16 ♒ 36	4 ♒ 1	8 ♐ 47	12 ♋	25 ♉	0 ♐	25 ♌	29 ♏
14	22 ♊ 10	19 ♊ 46	15 ♌ 43	14 ♌ 9	11 ♋ 58	7 ♌ 29	25 ♎ 0	27 ♈ 27	12 ♉ 28	16 ♒ 35	4 ♒ 0	8 ♐ 45	13 ♋	25 ♉	0 ♐	26 ♌	29 ♏
15	23 ♊ 7	4 ♋ 51	15 ♌ 40	14 ♌ 3	13 ♋ 37	8 ♌ 26	25 ♎ 7	27 ♈ 38	12 ♉ 35	16 ♒ 34	3 ♒ 59	8 ♐ 44	13 ♋	26 ♉	29 ♏	26 ♌	29 ♏
16	24 ♊ 4	19 ♋ 40	15 ♌ 37	13 ♌ 59	15 ♋ 13	9 ♌ 22	25 ♎ 15	27 ♈ 49	12 ♉ 41	16 ♒ 33	3 ♒ 58	8 ♐ 42	13 ♋	26 ♉	29 ♏	26 ♌	29 ♏
17	25 ♊ 2	4 ♌ 5	15 ♌ 34	13 ♌ 56	16 ♋ 47	10 ♌ 17	25 ♎ 24	27 ♈ 59	12 ♉ 47	16 ♒ 31	3 ♒ 56	8 ♐ 41	14 ♋	27 ♉	29 ♏	27 ♌	28 ♏
18	25 ♊ 59	18 ♌ 3	15 ♌ 31	13 D 56	18 ♋ 19	11 ♌ 12	25 ♎ 34	28 ♈ 10	12 ♉ 54	16 ♒ 30	3 ♒ 55	8 ♐ 39	14 ♋	27 ♉	29 ♏	27 ♌	28 ♏
19	26 ♊ 56	1 ♍ 33	15 ♌ 27	13 ♌ 57	19 ♋ 47	12 ♌ 6	25 ♎ 44	28 ♈ 21	13 ♉ 0	16 ♒ 29	3 ♒ 54	8 ♐ 38	15 ♋	28 ♉	29 ♏	28 ♌	28 ♏
20	27 ♊ 53	14 ♍ 37	15 ♌ 24	13 ♌ 58	21 ♋ 13	13 ♌ 0	25 ♎ 55	28 ♈ 31	13 ♉ 6	16 ♒ 28	3 ♒ 53	8 ♐ 36	15 ♋	28 ♉	28 ♏	28 ♌	28 ♏
21	28 ♊ 51	27 ♍ 18	15 ♌ 21	13 ♌ 59	22 ♋ 37	13 ♌ 53	26 ♎ 6	28 ♈ 42	13 ♉ 12	16 ♒ 26	3 ♒ 52	8 ♐ 35	16 ♋	29 ♉	28 ♏	28 ♌	28 ♏
22	29 ♊ 48	9 ♎ 41	15 ♌ 18	13 R 58	23 ♋ 57	14 ♌ 45	26 ♎ 18	28 ♈ 52	13 ♉ 18	16 ♒ 25	3 ♒ 50	8 ♐ 33	16 ♋	29 ♉	28 ♏	29 ♌	28 ♏
23	0 ♋ 45	21 ♎ 50	15 ♌ 15	13 ♌ 56	25 ♋ 15	15 ♌ 37	26 ♎ 31	29 ♈ 3	13 ♉ 24	16 ♒ 24	3 ♒ 49	8 ♐ 32	16 ♋	0 ♊	28 ♏	29 ♌	28 ♏
24	1 ♋ 42	3 ♏ 50	15 ♌ 12	13 ♌ 52	26 ♋ 30	16 ♌ 28	26 ♎ 45	29 ♈ 13	13 ♉ 30	16 ♒ 22	3 ♒ 48	8 ♐ 30	17 ♋	0 ♊	28 ♏	0 ♍	28 ♏
25	2 ♋ 40	15 ♏ 44	15 ♌ 8	13 ♌ 46	27 ♋ 42	17 ♌ 19	26 ♎ 59	29 ♈ 23	13 ♉ 36	16 ♒ 21	3 ♒ 46	8 ♐ 29	17 ♋	1 ♊	28 ♏	0 ♍	28 ♏
26	3 ♋ 37	27 ♏ 36	15 ♌ 5	13 ♌ 40	28 ♋ 51	18 ♌ 8	27 ♎ 13	29 ♈ 33	13 ♉ 42	16 ♒ 19	3 ♒ 45	8 ♐ 27	18 ♋	1 ♊	28 ♏	0 ♍	28 ♏
27	4 ♋ 34	9 ♐ 28	15 ♌ 2	13 ♌ 33	29 ♋ 58	18 ♌ 58	27 ♎ 28	29 ♈ 42	13 ♉ 48	16 ♒ 18	3 ♒ 44	8 ♐ 26	18 ♋	2 ♊	27 ♏	1 ♍	28 ♏
28	5 ♋ 31	21 ♐ 24	14 ♌ 59	13 ♌ 26	1 ♌ 1	19 ♌ 46	27 ♎ 44	29 ♈ 52	13 ♉ 54	16 ♒ 16	3 ♒ 42	8 ♐ 24	19 ♋	2 ♊	27 ♏	1 ♍	28 ♏
29	6 ♋ 29	3 ♑ 24	14 ♌ 56	13 ♌ 20	2 ♌ 1	20 ♌ 33	28 ♎ 0	0 ♉ 2	13 ♉ 59	16 ♒ 14	3 ♒ 41	8 ♐ 23	19 ♋	3 ♊	27 ♏	2 ♍	28 ♏
30	7 ♋ 26	15 ♑ 31	14 ♌ 53	13 ♌ 15	2 ♌ 58	21 ♌ 20	28 ♎ 17	0 ♉ 11	14 ♉ 5	16 ♒ 13	3 ♒ 40	8 ♐ 22	19 ♋	3 ♊	27 ♏	2 ♍	28 ♏

SUN INGRESS	☉ → ♋ 22日 04:49
MOON PHASE	◑ 7日 13:20 ♓ ● 14日 04:03 ♊ ◐ 21日 03:13 ♍ ○ 29日 06:37 ♑

aspects		
1日	07:00	♀□♃
4日	14:29	☿△♂
5日	06:06	☿⚹♃
8日	06:14	☉△♅
10日	09:50	♀☍♆
14日	07:47	☿⚹♄
15日	07:31	♀△♇
17日	11:22	☉△♂
20日	03:21	♀□♄
20日	19:29	☉⚹♃
23日	21:14	♀☍♅
24日	05:51	☿□♂
26日	17:21	☿□♃
30日	18:12	☿☍♆

1999年7月

DAY	☉	☽	☊ mean	☊ true	☿	♀	♂	♃	♄	♅	♆	♇	⚳	⚴	⚵	⚶	⚷
	° ′	° ′	° ′	° ′	° ′	° ′	° ′	° ′	° ′	° ′	° ′	° ′	°	°	°	°	°
1	8♋23	27♑46	14♌49	13R12	3D51	22D6	28D34	0D20	14D11	16R11	3R38	8R20	20D	4D	27R	2D	28R
2	9♋20	10♒11	14♌46	13♌11	4♌41	22♌51	28♎52	0♉30	14♉16	16♒9	3♒37	8♐19	20♋	4♊	27♏	3♍	28♏
3	10♋17	22♒46	14♌43	13D12	5♌28	23♌35	29♎11	0♉39	14♉22	16♒7	3♒35	8♐18	21♋	5♊	27♏	3♍	28♏
4	11♋14	5♓35	14♌40	13♌13	6♌10	24♌18	29♎29	0♉48	14♉27	16♒6	3♒34	8♐16	21♋	5♊	27♏	4♍	28♏
5	12♋12	18♓40	14♌37	13♌14	6♌49	25♌1	29♎49	0♉57	14♉32	16♒4	3♒32	8♐15	22♋	6♊	26♏	4♍	28♏
6	13♋9	2♈3	14♌33	13♌16	7♌24	25♌42	0♏9	1♉5	14♉37	16♒2	3♒31	8♐14	22♋	6♊	26♏	5♍	28♏
7	14♋6	15♈44	14♌30	13R16	7♌55	26♌22	0♏29	1♉14	14♉43	16♒0	3♒29	8♐13	23♋	7♊	26♏	5♍	28♏
8	15♋3	29♈47	14♌27	13♌15	8♌22	27♌1	0♏50	1♉22	14♉48	15♒58	3♒28	8♐11	23♋	7♊	26♏	5♍	27♏
9	16♋0	14♉8	14♌24	13♌13	8♌44	27♌39	1♏11	1♉31	14♉53	15♒56	3♒26	8♐10	23♋	8♊	26♏	6♍	27♏
10	16♋58	28♉46	14♌21	13♌11	9♌2	28♌16	1♏33	1♉39	14♉58	15♒54	3♒25	8♐9	24♋	9♊	26♏	6♍	27♏
11	17♋55	13♊35	14♌18	13♌7	9♌16	28♌52	1♏55	1♉47	15♉2	15♒52	3♒23	8♐8	24♋	9♊	26♏	7♍	27♏
12	18♋52	28♊28	14♌14	13♌4	9♌25	29♌26	2♏17	1♉55	15♉7	15♒50	3♒22	8♐7	25♋	10♊	26♏	7♍	27♏
13	19♋49	13♋18	14♌11	13♌1	9♌29	29♌59	2♏41	2♉2	15♉12	15♒48	3♒20	8♐6	25♋	10♊	26♏	8♍	27♏
14	20♋47	27♋56	14♌8	13♌0	9R28	0♍31	3♏4	2♉10	15♉16	15♒46	3♒19	8♐4	26♋	11♊	26♏	8♍	27♏
15	21♋44	12♌15	14♌5	12♌59	9♌22	1♍1	3♏28	2♉18	15♉21	15♒44	3♒17	8♐3	26♋	11♊	26♏	9♍	27♏
16	22♋41	26♌12	14♌2	12D59	9♌12	1♍30	3♏52	2♉25	15♉25	15♒42	3♒15	8♐2	27♋	12♊	26♏	9♍	27♏
17	23♋38	9♍44	13♌59	13♌1	8♌57	1♍57	4♏17	2♉32	15♉30	15♒40	3♒14	8♐1	27♋	12♊	26♏	9♍	27♏
18	24♋36	22♍52	13♌55	13♌2	8♌38	2♍23	4♏42	2♉39	15♉34	15♒38	3♒12	8♐0	27♋	13♊	26♏	10♍	27♏
19	25♋33	5♎37	13♌52	13♌3	8♌14	2♍47	5♏7	2♉46	15♉38	15♒35	3♒11	7♐59	28♋	13♊	26♏	10♍	27♏
20	26♋30	18♎4	13♌49	13♌4	7♌46	3♍10	5♏33	2♉53	15♉42	15♒33	3♒9	7♐58	28♋	14♊	26♏	11♍	27♏
21	27♋27	0♏15	13♌46	13R4	7♌14	3♍30	5♏59	2♉59	15♉46	15♒31	3♒7	7♐57	29♋	14♊	26♏	11♍	27♏
22	28♋25	12♏15	13♌43	13♌4	6♌39	3♍49	6♏26	3♉6	15♉50	15♒29	3♒6	7♐57	29♋	15♊	26♏	12♍	27♏
23	29♋22	24♏9	13♌39	13♌3	6♌2	4♍6	6♏53	3♉12	15♉54	15♒26	3♒4	7♐56	0♌	15♊	26D	12♍	27♏
24	0♌19	6♐2	13♌36	13♌1	5♌22	4♍21	7♏20	3♉18	15♉58	15♒24	3♒3	7♐55	0♌	16♊	26♏	13♍	27♏
25	1♌17	17♐56	13♌33	12♌59	4♌40	4♍34	7♏48	3♉24	16♉2	15♒22	3♒1	7♐54	1♌	16♊	26♏	13♍	27♏
26	2♌14	29♐55	13♌30	12♌58	3♌57	4♍45	8♏16	3♉29	16♉5	15♒20	2♒59	7♐53	1♌	17♊	26♏	14♍	27♏
27	3♌11	12♑3	13♌27	12♌56	3♌14	4♍54	8♏44	3♉35	16♉9	15♒17	2♒58	7♐53	1♌	17♊	26♏	14♍	27♏
28	4♌8	24♑21	13♌24	12♌56	2♌32	5♍0	9♏12	3♉40	16♉12	15♒15	2♒56	7♐52	2♌	18♊	26♏	14♍	27♏
29	5♌6	6♒50	13♌20	12♌55	1♌51	5♍5	9♏41	3♉46	16♉16	15♒13	2♒54	7♐51	2♌	18♊	26♏	15♍	27♏
30	6♌3	19♒32	13♌17	12D55	1♌12	5♍7	10♏10	3♉51	16♉19	15♒10	2♒53	7♐51	3♌	19♊	26♏	15♍	27D
31	7♌0	2♓27	13♌14	12♌55	0♌37	5R7	10♏40	3♉56	16♉22	15♒8	2♒51	7♐50	3♌	19♊	26♏	16♍	27♏
SUN INGRESS	☉ → ♌ 23日 15:44																
MOON PHASE	◑ 6日 20:57 ♈	● 13日 11:24 ♋	◐ 20日 18:00 ♎	○ 28日 20:25 ♒													

aspects	
7日 14:27	☿△♇
7日 16:47	☉⚹♄
10日 10:23	♂☍♃
14日 13:52	♂□♆
18日 12:54	♄□♅
18日 22:06	♀△♃
19日 13:29	☿△♇
22日 00:51	♃□♆
22日 05:07	☿□♂
26日 13:43	☿□♃
26日 18:32	☉☍♆
27日 00:47	☉☌☿
27日 09:49	☿☍♆
27日 11:06	☉□♃
31日 20:29	☉△♇

1999年8月

DAY	☉	☽	☊ mean	☊ true	☿	♀	♂	♃	♄	♅	♆	♇	⚳	⚴	⚵	⚶	⚷
	° ′	° ′	° ′	° ′	° ′	° ′	° ′	° ′	° ′	° ′	° ′	° ′	°	°	°	°	°
1	7♌58	15♓37	13♌11	12D56	0R4	5R4	11D10	4D0	16D25	15R6	2R50	7R49	4D	20D	26D	16D	27D
2	8♌55	28♓59	13♌8	12♌56	29♋36	5♍0	11♏40	4♉5	16♉28	15♒3	2♒48	7♐49	4♌	20♊	26♏	17♍	27♏
3	9♌53	12♈36	13♌5	12♌57	29♋13	4♍52	12♏10	4♉9	16♉31	15♒1	2♒46	7♐48	5♌	21♊	26♏	17♍	27♏
4	10♌50	26♈25	13♌1	12♌57	28♋54	4♍43	12♏41	4♉14	16♉34	14♒58	2♒45	7♐48	5♌	22♊	26♏	18♍	27♏
5	11♌47	10♉27	12♌58	12♌57	28♋42	4♍31	13♏12	4♉18	16♉36	14♒56	2♒43	7♐47	5♌	22♊	26♏	18♍	27♏
6	12♌45	24♉39	12♌55	12R57	28♋35	4♍17	13♏43	4♉22	16♉39	14♒54	2♒42	7♐47	6♌	23♊	26♏	19♍	27♏
7	13♌42	9♊0	12♌52	12D57	28D35	4♍0	14♏14	4♉25	16♉41	14♒51	2♒40	7♐46	6♌	23♊	26♏	19♍	27♏
8	14♌40	23♊26	12♌49	12♌57	28♋42	3♍41	14♏46	4♉29	16♉44	14♒49	2♒38	7♐46	7♌	24♊	26♏	20♍	27♏
9	15♌37	7♋54	12♌45	12♌57	28♋55	3♍20	15♏18	4♉32	16♉46	14♒46	2♒37	7♐46	7♌	24♊	26♏	20♍	27♏
10	16♌35	22♋18	12♌42	12♌58	29♋15	2♍57	15♏50	4♉35	16♉48	14♒44	2♒35	7♐45	8♌	25♊	26♏	21♍	27♏
11	17♌32	6♌33	12♌39	12♌58	29♋42	2♍32	16♏23	4♉38	16♉50	14♒42	2♒34	7♐45	8♌	25♊	27♏	21♍	27♏
12	18♌30	20♌35	12♌36	12R58	0♌15	2♍4	16♏56	4♉41	16♉52	14♒39	2♒32	7♐45	9♌	26♊	27♏	22♍	27♏
13	19♌28	4♍20	12♌33	12♌57	0♌56	1♍35	17♏29	4♉43	16♉54	14♒37	2♒31	7♐44	9♌	26♊	27♏	22♍	27♏
14	20♌25	17♍46	12♌30	12♌57	1♌43	1♍4	18♏2	4♉46	16♉56	14♒34	2♒29	7♐44	10♌	27♊	27♏	22♍	27♏
15	21♌23	0♎51	12♌26	12♌56	2♌36	0♍32	18♏35	4♉48	16♉58	14♒32	2♒27	7♐44	10♌	27♊	27♏	23♍	27♏
16	22♌20	13♎37	12♌23	12♌55	3♌36	29♌58	19♏9	4♉50	16♉59	14♒30	2♒26	7♐44	10♌	28♊	27♏	23♍	27♏
17	23♌18	26♎4	12♌20	12♌53	4♌43	29♌24	19♏43	4♉52	17♉1	14♒27	2♒24	7♐44	11♌	28♊	27♏	24♍	27♏
18	24♌16	8♏17	12♌17	12♌52	5♌55	28♌48	20♏17	4♉53	17♉3	14♒25	2♒23	7♐44	11♌	29♊	27♏	24♍	27♏
19	25♌13	20♏18	12♌14	12♌52	7♌13	28♌11	20♏52	4♉55	17♉4	14♒23	2♒21	7♐44	12♌	29♊	28♏	25♍	27♏
20	26♌11	2♐12	12♌10	12D52	8♌37	27♌34	21♏26	4♉56	17♉5	14♒20	2♒20	7D44	12♌	0♋	28♏	25♍	27♏
21	27♌9	14♐5	12♌7	12♌53	10♌5	26♌57	22♏1	4♉57	17♉6	14♒18	2♒19	7♐44	13♌	0♋	28♏	26♍	28♏
22	28♌7	26♐0	12♌4	12♌54	11♌38	26♌20	22♏36	4♉58	17♉7	14♒16	2♒17	7♐44	13♌	1♋	28♏	26♍	28♏
23	29♌4	8♑2	12♌1	12♌55	13♌16	25♌42	23♏12	4♉58	17♉7	14♒13	2♒16	7♐44	14♌	2♋	28♏	27♍	28♏
24	0♍2	20♑15	11♌58	12♌56	14♌58	25♌6	23♏47	4♉58	17♉8	14♒11	2♒14	7♐44	14♌	2♋	28♏	27♍	28♏
25	1♍0	2♒42	11♌55	12♌57	16♌43	24♌30	24♏23	4♉59	17♉9	14♒9	2♒13	7♐44	14♌	3♋	28♏	28♍	28♏
26	1♍58	15♒25	11♌51	12R58	18♌31	23♌55	24♏59	4R59	17♉9	14♒7	2♒12	7♐44	15♌	3♋	29♏	28♍	28♏
27	2♍56	28♒26	11♌48	12♌57	20♌21	23♌21	25♏35	4♉58	17♉10	14♒4	2♒10	7♐45	15♌	4♋	29♏	29♍	28♏
28	3♍54	11♓45	11♌45	12♌55	22♌14	22♌48	26♏11	4♉58	17♉10	14♒2	2♒9	7♐45	16♌	4♋	29♏	29♍	28♏
29	4♍52	25♓19	11♌42	12♌53	24♌8	22♌17	26♏48	4♉57	17♉10	14♒0	2♒8	7♐45	16♌	5♋	29♏	0♎	28♏
30	5♍50	9♈8	11♌39	12♌50	26♌4	21♌48	27♏24	4♉57	17♉10	13♒58	2♒6	7♐46	17♌	5♋	29♏	0♎	28♏
31	6♍47	23♈8	11♌36	12♌46	28♌1	21♌21	28♏1	4♉56	17R10	13♒56	2♒5	7♐46	17♌	6♋	29♏	1♎	28♏
SUN INGRESS	☉ → ♍ 23日 22:51																
MOON PHASE	◑ 5日 02:27 ♉	● 11日 20:08 ♌	◐ 19日 10:47 ♏	○ 27日 08:48 ♓													

aspects	
5日 17:50	♀△♃
8日 01:54	♂□♅
8日 03:37	☉☍♅
8日 05:56	☉□♂
10日 05:51	☉□♄
11日 21:28	♂☍♄
14日 20:20	☿☍♆
17日 03:07	☿□♃
19日 08:59	☿△♇
20日 20:57	☉☌♀
23日 13:22	☿☍♅
25日 02:22	♀□♂
25日 05:54	☿□♄
28日 05:42	☿☌♀
29日 02:24	☉△♃
31日 00:01	☿□♂

1999年9月

DAY	☉	☽	☊ mean	☊ true	☿	♀	♂	♃	♄	♅	♆	♇	⚳	⚴	⚵	⚶	⚷
	° ′	° ′	° ′	° ′	° ′	° ′	° ′	° ′	° ′	° ′	° ′	° ′	°	°	°	°	°
1	7 ♍ 45	7 ♉ 15	11 ♌ 32	12 R 43	29 D 58	20 R 55	28 D 38	4 R 54	17 R 10	13 R 54	2 R 4	7 D 46	18 D	6 D	0 D	1 D	28 D
2	8 ♍ 44	21 ♉ 27	11 ♌ 29	12 ♌ 41	1 ♍ 56	20 ♌ 32	29 ♏ 15	4 ♉ 53	17 ♉ 10	13 ♒ 51	2 ♒ 3	7 ♐ 47	18 ♌	7 ♋	0 ♐	2 ♎	28 ♏
3	9 ♍ 42	5 ♊ 40	11 ♌ 26	12 ♌ 40	3 ♍ 54	20 ♌ 11	29 ♏ 52	4 ♉ 51	17 ♉ 10	13 ♒ 49	2 ♒ 1	7 ♐ 47	18 ♌	7 ♋	0 ♐	2 ♎	28 ♏
4	10 ♍ 40	19 ♊ 52	11 ♌ 23	12 D 41	5 ♍ 51	19 ♌ 52	0 ♐ 30	4 ♉ 50	17 ♉ 9	13 ♒ 47	2 ♒ 0	7 ♐ 48	19 ♌	8 ♋	0 ♐	3 ♎	28 ♏
5	11 ♍ 38	4 ♋ 1	11 ♌ 20	12 ♌ 42	7 ♍ 48	19 ♌ 36	1 ♐ 8	4 ♉ 48	17 ♉ 9	13 ♒ 45	1 ♒ 59	7 ♐ 48	19 ♌	8 ♋	0 ♐	3 ♎	28 ♏
6	12 ♍ 36	18 ♋ 5	11 ♌ 16	12 ♌ 43	9 ♍ 45	19 ♌ 21	1 ♐ 46	4 ♉ 45	17 ♉ 8	13 ♒ 43	1 ♒ 58	7 ♐ 49	20 ♌	9 ♋	0 ♐	4 ♎	28 ♏
7	13 ♍ 34	2 ♌ 2	11 ♌ 13	12 ♌ 44	11 ♍ 41	19 ♌ 10	2 ♐ 24	4 ♉ 43	17 ♉ 7	13 ♒ 41	1 ♒ 57	7 ♐ 49	20 ♌	9 ♋	1 ♐	4 ♎	28 ♏
8	14 ♍ 32	15 ♌ 50	11 ♌ 10	12 R 45	13 ♍ 36	19 ♌ 0	3 ♐ 2	4 ♉ 40	17 ♉ 6	13 ♒ 39	1 ♒ 56	7 ♐ 50	21 ♌	10 ♋	1 ♐	5 ♎	28 ♏
9	15 ♍ 31	29 ♌ 28	11 ♌ 7	12 ♌ 44	15 ♍ 31	18 ♌ 54	3 ♐ 40	4 ♉ 38	17 ♉ 5	13 ♒ 37	1 ♒ 55	7 ♐ 51	21 ♌	10 ♋	1 ♐	5 ♎	28 ♏
10	16 ♍ 29	12 ♍ 53	11 ♌ 4	12 ♌ 41	17 ♍ 24	18 ♌ 49	4 ♐ 19	4 ♉ 35	17 ♉ 4	13 ♒ 36	1 ♒ 54	7 ♐ 51	22 ♌	11 ♋	1 ♐	6 ♎	29 ♏
11	17 ♍ 27	26 ♍ 3	11 ♌ 1	12 ♌ 36	19 ♍ 17	18 ♌ 47	4 ♐ 58	4 ♉ 32	17 ♉ 3	13 ♒ 34	1 ♒ 52	7 ♐ 52	22 ♌	11 ♋	2 ♐	6 ♎	29 ♏
12	18 ♍ 26	8 ♎ 58	10 ♌ 57	12 ♌ 31	21 ♍ 8	18 D 47	5 ♐ 36	4 ♉ 28	17 ♉ 2	13 ♒ 32	1 ♒ 51	7 ♐ 53	22 ♌	12 ♋	2 ♐	7 ♎	29 ♏
13	19 ♍ 24	21 ♎ 38	10 ♌ 54	12 ♌ 24	22 ♍ 58	18 ♌ 50	6 ♐ 15	4 ♉ 25	17 ♉ 1	13 ♒ 30	1 ♒ 51	7 ♐ 54	23 ♌	12 ♋	2 ♐	7 ♎	29 ♏
14	20 ♍ 22	4 ♏ 2	10 ♌ 51	12 ♌ 18	24 ♍ 48	18 ♌ 55	6 ♐ 55	4 ♉ 21	16 ♉ 59	13 ♒ 28	1 ♒ 50	7 ♐ 55	23 ♌	13 ♋	2 ♐	8 ♎	29 ♏
15	21 ♍ 21	16 ♏ 12	10 ♌ 48	12 ♌ 12	26 ♍ 36	19 ♌ 2	7 ♐ 34	4 ♉ 17	16 ♉ 58	13 ♒ 26	1 ♒ 49	7 ♐ 55	24 ♌	13 ♋	2 ♐	8 ♎	29 ♏
16	22 ♍ 19	28 ♏ 13	10 ♌ 45	12 ♌ 8	28 ♍ 23	19 ♌ 11	8 ♐ 13	4 ♉ 13	16 ♉ 56	13 ♒ 25	1 ♒ 48	7 ♐ 56	24 ♌	14 ♋	3 ♐	9 ♎	29 ♏
17	23 ♍ 18	10 ♐ 6	10 ♌ 42	12 ♌ 5	0 ♎ 9	19 ♌ 22	8 ♐ 53	4 ♉ 9	16 ♉ 54	13 ♒ 23	1 ♒ 47	7 ♐ 57	25 ♌	15 ♋	3 ♐	9 ♎	29 ♏
18	24 ♍ 16	21 ♐ 58	10 ♌ 38	12 ♌ 4	1 ♎ 54	19 ♌ 36	9 ♐ 33	4 ♉ 4	16 ♉ 52	13 ♒ 21	1 ♒ 46	7 ♐ 58	25 ♌	15 ♋	3 ♐	10 ♎	29 ♏
19	25 ♍ 15	3 ♑ 51	10 ♌ 35	12 D 4	3 ♎ 38	19 ♌ 51	10 ♐ 13	3 ♉ 59	16 ♉ 50	13 ♒ 20	1 ♒ 45	7 ♐ 59	26 ♌	16 ♋	3 ♐	10 ♎	29 ♏
20	26 ♍ 13	15 ♑ 53	10 ♌ 32	12 ♌ 5	5 ♎ 20	20 ♌ 9	10 ♐ 53	3 ♉ 55	16 ♉ 48	13 ♒ 18	1 ♒ 44	8 ♐ 0	26 ♌	16 ♋	4 ♐	11 ♎	29 ♏
21	27 ♍ 12	28 ♑ 7	10 ♌ 29	12 ♌ 7	7 ♎ 2	20 ♌ 28	11 ♐ 33	3 ♉ 50	16 ♉ 46	13 ♒ 17	1 ♒ 44	8 ♐ 1	26 ♌	17 ♋	4 ♐	11 ♎	29 ♏
22	28 ♍ 11	10 ♒ 38	10 ♌ 26	12 ♌ 8	8 ♎ 43	20 ♌ 49	12 ♐ 13	3 ♉ 45	16 ♉ 44	13 ♒ 15	1 ♒ 43	8 ♐ 2	27 ♌	17 ♋	4 ♐	12 ♎	29 ♏
23	29 ♍ 9	23 ♒ 30	10 ♌ 22	12 R 7	10 ♎ 23	21 ♌ 12	12 ♐ 54	3 ♉ 39	16 ♉ 41	13 ♒ 14	1 ♒ 42	8 ♐ 3	27 ♌	18 ♋	4 ♐	12 ♎	0 ♐
24	0 ♎ 8	6 ♓ 45	10 ♌ 19	12 ♌ 4	12 ♎ 1	21 ♌ 37	13 ♐ 34	3 ♉ 34	16 ♉ 39	13 ♒ 13	1 ♒ 42	8 ♐ 5	28 ♌	18 ♋	5 ♐	13 ♎	0 ♐
25	1 ♎ 7	20 ♓ 23	10 ♌ 16	12 ♌ 0	13 ♎ 39	22 ♌ 4	14 ♐ 15	3 ♉ 28	16 ♉ 36	13 ♒ 11	1 ♒ 41	8 ♐ 6	28 ♌	19 ♋	5 ♐	13 ♎	0 ♐
26	2 ♎ 5	4 ♈ 22	10 ♌ 13	11 ♌ 53	15 ♎ 16	22 ♌ 32	14 ♐ 56	3 ♉ 22	16 ♉ 34	13 ♒ 10	1 ♒ 40	8 ♐ 7	29 ♌	19 ♋	5 ♐	14 ♎	0 ♐
27	3 ♎ 4	18 ♈ 38	10 ♌ 10	11 ♌ 45	16 ♎ 52	23 ♌ 1	15 ♐ 37	3 ♉ 16	16 ♉ 31	13 ♒ 9	1 ♒ 40	8 ♐ 8	29 ♌	20 ♋	5 ♐	14 ♎	0 ♐
28	4 ♎ 3	3 ♉ 7	10 ♌ 7	11 ♌ 37	18 ♎ 27	23 ♌ 32	16 ♐ 18	3 ♉ 10	16 ♉ 28	13 ♒ 7	1 ♒ 39	8 ♐ 9	29 ♌	20 ♋	6 ♐	15 ♎	0 ♐
29	5 ♎ 2	17 ♉ 40	10 ♌ 3	11 ♌ 29	20 ♎ 1	24 ♌ 5	16 ♐ 59	3 ♉ 4	16 ♉ 25	13 ♒ 6	1 ♒ 39	8 ♐ 11	0 ♍	21 ♋	6 ♐	16 ♎	0 ♐
30	6 ♎ 1	2 ♊ 12	10 ♌ 0	11 ♌ 23	21 ♎ 34	24 ♌ 39	17 ♐ 41	2 ♉ 58	16 ♉ 22	13 ♒ 5	1 ♒ 38	8 ♐ 12	0 ♍	21 ♋	6 ♐	16 ♎	0 ♐

SUN INGRESS	☉ → ♎ 23日 20:32
MOON PHASE	◑ 3日 07:17 ♊　● 10日 07:02 ♍　◐ 18日 05:06 ♐　○ 25日 19:51 ♈

aspects		
1日	00:22	☉□♇
3日	11:36	☿△♃
4日	23:57	☿□♇
6日	07:30	♂⚹♆
8日	23:57	☉☌☿
9日	19:51	☿△♄
10日	14:19	☉△♄
15日	13:22	♂☌♇
17日	22:14	☿△♆
21日	14:11	☿⚹♇
23日	11:30	♂⚹♅
24日	17:10	☿△♅
25日	13:50	☉△♆
25日	15:17	☿⚹♂

1999年10月

DAY	☉	☽	☊ mean	☊ true	☿	♀	♂	♃	♄	♅	♆	♇	⚳	⚴	⚵	⚶	⚷
	° ′	° ′	° ′	° ′	° ′	° ′	° ′	° ′	° ′	° ′	° ′	° ′	°	°	°	°	°
1	7 ♎ 0	16 ♊ 37	9 ♌ 57	11 R 19	23 D 7	25 D 14	18 D 22	2 R 51	16 R 19	13 R 4	1 R 38	8 D 13	1 D	22 D	6 D	17 D	0 D
2	7 ♎ 59	0 ♋ 52	9 ♌ 54	11 ♌ 17	24 ♎ 38	25 ♌ 51	19 ♐ 4	2 ♉ 45	16 ♉ 16	13 ♒ 3	1 ♒ 37	8 ♐ 15	1 ♍	22 ♋	7 ♐	17 ♎	0 ♐
3	8 ♎ 58	14 ♋ 54	9 ♌ 51	11 D 17	26 ♎ 9	26 ♌ 29	19 ♐ 45	2 ♉ 38	16 ♉ 12	13 ♒ 2	1 ♒ 37	8 ♐ 16	2 ♍	22 ♋	7 ♐	18 ♎	0 ♐
4	9 ♎ 57	28 ♋ 43	9 ♌ 47	11 ♌ 18	27 ♎ 38	27 ♌ 8	20 ♐ 27	2 ♉ 31	16 ♉ 9	13 ♒ 1	1 ♒ 37	8 ♐ 18	2 ♍	23 ♋	7 ♐	18 ♎	1 ♐
5	10 ♎ 56	12 ♌ 20	9 ♌ 44	11 R 18	29 ♎ 7	27 ♌ 49	21 ♐ 9	2 ♉ 24	16 ♉ 6	13 ♒ 0	1 ♒ 36	8 ♐ 19	2 ♍	23 ♋	7 ♐	19 ♎	1 ♐
6	11 ♎ 55	25 ♌ 45	9 ♌ 41	11 ♌ 17	0 ♏ 35	28 ♌ 30	21 ♐ 51	2 ♉ 17	16 ♉ 2	12 ♒ 59	1 ♒ 36	8 ♐ 20	3 ♍	24 ♋	8 ♐	19 ♎	1 ♐
7	12 ♎ 54	8 ♍ 58	9 ♌ 38	11 ♌ 14	2 ♏ 2	29 ♌ 13	22 ♐ 33	2 ♉ 10	15 ♉ 59	12 ♒ 58	1 ♒ 36	8 ♐ 22	3 ♍	24 ♋	8 ♐	20 ♎	1 ♐
8	13 ♎ 53	22 ♍ 1	9 ♌ 35	11 ♌ 8	3 ♏ 29	29 ♌ 56	23 ♐ 15	2 ♉ 2	15 ♉ 55	12 ♒ 57	1 ♒ 35	8 ♐ 24	4 ♍	25 ♋	8 ♐	20 ♎	1 ♐
9	14 ♎ 53	4 ♎ 52	9 ♌ 32	11 ♌ 0	4 ♏ 54	0 ♍ 41	23 ♐ 58	1 ♉ 55	15 ♉ 51	12 ♒ 57	1 ♒ 35	8 ♐ 25	4 ♍	25 ♋	9 ♐	21 ♎	1 ♐
10	15 ♎ 52	17 ♎ 31	9 ♌ 28	10 ♌ 49	6 ♏ 18	1 ♍ 26	24 ♐ 40	1 ♉ 47	15 ♉ 47	12 ♒ 56	1 ♒ 35	8 ♐ 27	5 ♍	26 ♋	9 ♐	21 ♎	1 ♐
11	16 ♎ 51	29 ♎ 59	9 ♌ 25	10 ♌ 37	7 ♏ 42	2 ♍ 13	25 ♐ 23	1 ♉ 40	15 ♉ 44	12 ♒ 55	1 ♒ 35	8 ♐ 28	5 ♍	26 ♋	9 ♐	22 ♎	1 ♐
12	17 ♎ 50	12 ♏ 15	9 ♌ 22	10 ♌ 24	9 ♏ 4	3 ♍ 0	26 ♐ 5	1 ♉ 32	15 ♉ 40	12 ♒ 55	1 ♒ 35	8 ♐ 30	5 ♍	27 ♋	9 ♐	22 ♎	1 ♐
13	18 ♎ 50	24 ♏ 21	9 ♌ 19	10 ♌ 13	10 ♏ 25	3 ♍ 48	26 ♐ 48	1 ♉ 25	15 ♉ 36	12 ♒ 54	1 ♒ 35	8 ♐ 32	6 ♍	27 ♋	10 ♐	23 ♎	1 ♐
14	19 ♎ 49	6 ♐ 18	9 ♌ 16	10 ♌ 3	11 ♏ 46	4 ♍ 37	27 ♐ 31	1 ♉ 17	15 ♉ 32	12 ♒ 54	1 ♒ 35	8 ♐ 33	6 ♍	28 ♋	10 ♐	23 ♎	2 ♐
15	20 ♎ 49	18 ♐ 9	9 ♌ 13	9 ♌ 55	13 ♏ 5	5 ♍ 27	28 ♐ 14	1 ♉ 9	15 ♉ 27	12 ♒ 53	1 D 35	8 ♐ 35	7 ♍	28 ♋	10 ♐	24 ♎	2 ♐
16	21 ♎ 48	29 ♐ 58	9 ♌ 9	9 ♌ 51	14 ♏ 23	6 ♍ 18	28 ♐ 57	1 ♉ 1	15 ♉ 23	12 ♒ 53	1 ♒ 35	8 ♐ 37	7 ♍	29 ♋	11 ♐	24 ♎	2 ♐
17	22 ♎ 48	11 ♑ 49	9 ♌ 6	9 ♌ 49	15 ♏ 39	7 ♍ 9	29 ♐ 40	0 ♉ 53	15 ♉ 19	12 ♒ 52	1 ♒ 35	8 ♐ 38	8 ♍	29 ♋	11 ♐	25 ♎	2 ♐
18	23 ♎ 47	23 ♑ 47	9 ♌ 3	9 D 48	16 ♏ 54	8 ♍ 1	0 ♑ 24	0 ♉ 45	15 ♉ 15	12 ♒ 52	1 ♒ 35	8 ♐ 40	8 ♍	29 ♋	11 ♐	25 ♎	2 ♐
19	24 ♎ 47	5 ♒ 58	9 ♌ 0	9 ♌ 48	18 ♏ 8	8 ♍ 54	1 ♑ 7	0 ♉ 37	15 ♉ 10	12 ♒ 52	1 ♒ 35	8 ♐ 42	8 ♍	0 ♌	12 ♐	26 ♎	2 ♐
20	25 ♎ 46	18 ♒ 28	8 ♌ 57	9 R 48	19 ♏ 20	9 ♍ 47	1 ♑ 51	0 ♉ 29	15 ♉ 6	12 ♒ 52	1 ♒ 35	8 ♐ 44	9 ♍	0 ♌	12 ♐	26 ♎	2 ♐
21	26 ♎ 46	1 ♓ 20	8 ♌ 53	9 ♌ 46	20 ♏ 31	10 ♍ 42	2 ♑ 34	0 ♉ 21	15 ♉ 1	12 ♒ 51	1 ♒ 35	8 ♐ 46	9 ♍	1 ♌	12 ♐	27 ♎	2 ♐
22	27 ♎ 46	14 ♓ 38	8 ♌ 50	9 ♌ 42	21 ♏ 39	11 ♍ 36	3 ♑ 18	0 ♉ 13	14 ♉ 57	12 ♒ 51	1 ♒ 36	8 ♐ 48	10 ♍	1 ♌	12 ♐	28 ♎	2 ♐
23	28 ♎ 45	28 ♓ 25	8 ♌ 47	9 ♌ 36	22 ♏ 46	12 ♍ 32	4 ♑ 1	0 ♉ 5	14 ♉ 52	12 ♒ 51	1 ♒ 36	8 ♐ 49	10 ♍	2 ♌	13 ♐	28 ♎	3 ♐
24	29 ♎ 45	12 ♈ 39	8 ♌ 44	9 ♌ 26	23 ♏ 50	13 ♍ 28	4 ♑ 45	29 ♈ 56	14 ♉ 48	12 D 51	1 ♒ 36	8 ♐ 51	10 ♍	2 ♌	13 ♐	29 ♎	3 ♐
25	0 ♏ 45	27 ♈ 16	8 ♌ 41	9 ♌ 15	24 ♏ 51	14 ♍ 24	5 ♑ 29	29 ♈ 48	14 ♉ 43	12 ♒ 51	1 ♒ 37	8 ♐ 53	11 ♍	2 ♌	13 ♐	29 ♎	3 ♐
26	1 ♏ 44	12 ♉ 9	8 ♌ 38	9 ♌ 4	25 ♏ 50	15 ♍ 21	6 ♑ 13	29 ♈ 40	14 ♉ 39	12 ♒ 51	1 ♒ 37	8 ♐ 55	11 ♍	3 ♌	14 ♐	0 ♏	3 ♐
27	2 ♏ 44	27 ♉ 9	8 ♌ 34	8 ♌ 53	26 ♏ 46	16 ♍ 19	6 ♑ 57	29 ♈ 32	14 ♉ 34	12 ♒ 52	1 ♒ 37	8 ♐ 57	12 ♍	3 ♌	14 ♐	0 ♏	3 ♐
28	3 ♏ 44	12 ♊ 6	8 ♌ 31	8 ♌ 44	27 ♏ 39	17 ♍ 17	7 ♑ 41	29 ♈ 24	14 ♉ 29	12 ♒ 52	1 ♒ 38	8 ♐ 59	12 ♍	4 ♌	14 ♐	1 ♏	3 ♐
29	4 ♏ 44	26 ♊ 51	8 ♌ 28	8 ♌ 37	28 ♏ 27	18 ♍ 16	8 ♑ 25	29 ♈ 16	14 ♉ 25	12 ♒ 52	1 ♒ 38	9 ♐ 1	13 ♍	4 ♌	15 ♐	1 ♏	3 ♐
30	5 ♏ 44	11 ♋ 20	8 ♌ 25	8 ♌ 34	29 ♏ 12	19 ♍ 15	9 ♑ 10	29 ♈ 8	14 ♉ 20	12 ♒ 52	1 ♒ 39	9 ♐ 3	13 ♍	4 ♌	15 ♐	2 ♏	3 ♐
31	6 ♏ 44	25 ♋ 29	8 ♌ 22	8 ♌ 32	29 ♏ 52	20 ♍ 14	9 ♑ 54	29 ♈ 0	14 ♉ 15	12 ♒ 53	1 ♒ 39	9 ♐ 5	13 ♍	5 ♌	15 ♐	2 ♏	3 ♐

SUN INGRESS	☉ → ♏ 24日 05:52
MOON PHASE	◑ 2日 13:02 ♋　● 9日 20:34 ♎　◐ 18日 00:00 ♑　○ 25日 06:02 ♉　◑ 31日 21:04 ♌

aspects		
2日	06:40	☉⚹♇
3日	09:29	☿⚹♀
6日	16:38	☿□♆
7日	01:35	☉△♅
7日	01:52	☿☍♃
10日	09:29	♀△♃
11日	15:46	♃□♆
14日	20:29	☿□♅
16日	17:58	☿☍♄
18日	09:56	♂△♃
18日	18:23	♀□♇
24日	04:03	☉☍♃
25日	07:30	♀△♄
25日	21:00	☉□♆

1999年11月

DAY	☉	☽	☊ mean	☊ true	☿	♀	♂	♃	♄	♅	♆	♇	⚳	⚴	⚵	⚶	⚷
	° ′	° ′	° ′	° ′	° ′	° ′	° ′	° ′	° ′	° ′	° ′	° ′	°	°	°	°	°
1	7 ♏ 44	9 ♌ 17	8 ♌ 19	8 R 32	0 D 26	21 D 14	10 D 38	28 R 52	14 R 10	12 D 53	1 D 40	9 D 7	14 D	5 D	16 D	3 D	4 D
2	8 ♏ 44	22 ♌ 45	8 ♌ 15	8 ♌ 32	0 ♐ 55	22 ♍ 15	11 ♑ 23	28 ♈ 44	14 ♉ 5	12 ♒ 53	1 ♒ 41	9 ♐ 9	14 ♍	6 ♌	16 ♐	3 ♏	4 ♐
3	9 ♏ 44	5 ♍ 56	8 ♌ 12	8 ♌ 30	1 ♐ 18	23 ♍ 16	12 ♑ 7	28 ♈ 36	14 ♉ 1	12 ♒ 54	1 ♒ 41	9 ♐ 11	15 ♍	6 ♌	16 ♐	4 ♏	4 ♐
4	10 ♏ 44	18 ♍ 52	8 ♌ 9	8 ♌ 26	1 ♐ 34	24 ♍ 17	12 ♑ 52	28 ♈ 28	13 ♉ 56	12 ♒ 55	1 ♒ 42	9 ♐ 14	15 ♍	6 ♌	17 ♐	4 ♏	4 ♐
5	11 ♏ 44	1 ♎ 36	8 ♌ 6	8 ♌ 19	1 ♐ 42	25 ♍ 19	13 ♑ 37	28 ♈ 21	13 ♉ 51	12 ♒ 55	1 ♒ 43	9 ♐ 16	15 ♍	7 ♌	17 ♐	5 ♏	4 ♐
6	12 ♏ 44	14 ♎ 9	8 ♌ 3	8 ♌ 9	1 R 42	26 ♍ 21	14 ♑ 21	28 ♈ 13	13 ♉ 46	12 ♒ 56	1 ♒ 43	9 ♐ 18	16 ♍	7 ♌	17 ♐	5 ♏	4 ♐
7	13 ♏ 44	26 ♎ 32	7 ♌ 59	7 ♌ 56	1 ♐ 33	27 ♍ 24	15 ♑ 6	28 ♈ 5	13 ♉ 41	12 ♒ 57	1 ♒ 44	9 ♐ 20	16 ♍	7 ♌	18 ♐	6 ♏	4 ♐
8	14 ♏ 45	8 ♏ 46	7 ♌ 56	7 ♌ 42	1 ♐ 15	28 ♍ 26	15 ♑ 51	27 ♈ 58	13 ♉ 36	12 ♒ 57	1 ♒ 45	9 ♐ 22	16 ♍	8 ♌	18 ♐	6 ♏	4 ♐
9	15 ♏ 45	20 ♏ 52	7 ♌ 53	7 ♌ 27	0 ♐ 47	29 ♍ 30	16 ♑ 36	27 ♈ 51	13 ♉ 32	12 ♒ 58	1 ♒ 46	9 ♐ 24	17 ♍	8 ♌	18 ♐	7 ♏	5 ♐
10	16 ♏ 45	2 ♐ 51	7 ♌ 50	7 ♌ 13	0 ♐ 9	0 ♎ 33	17 ♑ 21	27 ♈ 43	13 ♉ 27	12 ♒ 59	1 ♒ 47	9 ♐ 27	17 ♍	8 ♌	19 ♐	8 ♏	5 ♐
11	17 ♏ 45	14 ♐ 44	7 ♌ 47	7 ♌ 2	29 ♏ 21	1 ♎ 37	18 ♑ 6	27 ♈ 36	13 ♉ 22	13 ♒ 0	1 ♒ 47	9 ♐ 29	18 ♍	9 ♌	19 ♐	8 ♏	5 ♐
12	18 ♏ 46	26 ♐ 33	7 ♌ 44	6 ♌ 52	28 ♏ 24	2 ♎ 41	18 ♑ 51	27 ♈ 29	13 ♉ 17	13 ♒ 1	1 ♒ 48	9 ♐ 31	18 ♍	9 ♌	19 ♐	9 ♏	5 ♐
13	19 ♏ 46	8 ♑ 21	7 ♌ 40	6 ♌ 46	27 ♏ 19	3 ♎ 46	19 ♑ 37	27 ♈ 22	13 ♉ 12	13 ♒ 2	1 ♒ 49	9 ♐ 33	18 ♍	9 ♌	20 ♐	9 ♏	5 ♐
14	20 ♏ 46	20 ♑ 10	7 ♌ 37	6 ♌ 43	26 ♏ 7	4 ♎ 50	20 ♑ 22	27 ♈ 15	13 ♉ 7	13 ♒ 3	1 ♒ 50	9 ♐ 35	19 ♍	10 ♌	20 ♐	10 ♏	5 ♐
15	21 ♏ 47	2 ♒ 7	7 ♌ 34	6 ♌ 42	24 ♏ 49	5 ♎ 56	21 ♑ 7	27 ♈ 8	13 ♉ 3	13 ♒ 4	1 ♒ 51	9 ♐ 38	19 ♍	10 ♌	20 ♐	10 ♏	5 ♐
16	22 ♏ 47	14 ♒ 15	7 ♌ 31	6 D 42	23 ♏ 29	7 ♎ 1	21 ♑ 53	27 ♈ 2	12 ♉ 58	13 ♒ 5	1 ♒ 52	9 ♐ 40	20 ♍	10 ♌	21 ♐	11 ♏	5 ♐
17	23 ♏ 48	26 ♒ 39	7 ♌ 28	6 R 42	22 ♏ 8	8 ♎ 7	22 ♑ 38	26 ♈ 55	12 ♉ 53	13 ♒ 6	1 ♒ 54	9 ♐ 42	20 ♍	11 ♌	21 ♐	11 ♏	6 ♐
18	24 ♏ 48	9 ♓ 26	7 ♌ 24	6 ♌ 41	20 ♏ 50	9 ♎ 12	23 ♑ 24	26 ♈ 49	12 ♉ 49	13 ♒ 8	1 ♒ 55	9 ♐ 44	20 ♍	11 ♌	21 ♐	12 ♏	6 ♐
19	25 ♏ 49	22 ♓ 39	7 ♌ 21	6 ♌ 38	19 ♏ 37	10 ♎ 19	24 ♑ 9	26 ♈ 43	12 ♉ 44	13 ♒ 9	1 ♒ 56	9 ♐ 47	21 ♍	11 ♌	22 ♐	12 ♏	6 ♐
20	26 ♏ 49	6 ♈ 22	7 ♌ 18	6 ♌ 33	18 ♏ 31	11 ♎ 25	24 ♑ 55	26 ♈ 37	12 ♉ 39	13 ♒ 10	1 ♒ 57	9 ♐ 49	21 ♍	11 ♌	22 ♐	13 ♏	6 ♐
21	27 ♏ 50	20 ♈ 36	7 ♌ 15	6 ♌ 25	17 ♏ 35	12 ♎ 32	25 ♑ 40	26 ♈ 31	12 ♉ 35	13 ♒ 12	1 ♒ 58	9 ♐ 51	21 ♍	12 ♌	22 ♐	13 ♏	6 ♐
22	28 ♏ 50	5 ♉ 17	7 ♌ 12	6 ♌ 15	16 ♏ 48	13 ♎ 39	26 ♑ 26	26 ♈ 25	12 ♉ 30	13 ♒ 13	1 ♒ 59	9 ♐ 54	22 ♍	12 ♌	23 ♐	14 ♏	6 ♐
23	29 ♏ 51	20 ♉ 20	7 ♌ 9	6 ♌ 5	16 ♏ 13	14 ♎ 46	27 ♑ 12	26 ♈ 20	12 ♉ 26	13 ♒ 15	2 ♒ 1	9 ♐ 56	22 ♍	12 ♌	23 ♐	14 ♏	6 ♐
24	0 ♐ 51	5 ♊ 35	7 ♌ 5	5 ♌ 55	15 ♏ 50	15 ♎ 53	27 ♑ 57	26 ♈ 14	12 ♉ 21	13 ♒ 16	2 ♒ 2	9 ♐ 58	22 ♍	12 ♌	23 ♐	15 ♏	6 ♐
25	1 ♐ 52	20 ♊ 51	7 ♌ 2	5 ♌ 46	15 ♏ 38	17 ♎ 1	28 ♑ 43	26 ♈ 9	12 ♉ 17	13 ♒ 18	2 ♒ 3	10 ♐ 1	23 ♍	13 ♌	24 ♐	16 ♏	6 ♐
26	2 ♐ 53	5 ♋ 57	6 ♌ 59	5 ♌ 41	15 D 38	18 ♎ 8	29 ♑ 29	26 ♈ 4	12 ♉ 12	13 ♒ 19	2 ♒ 5	10 ♐ 3	23 ♍	13 ♌	24 ♐	16 ♏	7 ♐
27	3 ♐ 53	20 ♋ 45	6 ♌ 56	5 ♌ 37	15 ♏ 48	19 ♎ 16	0 ♒ 15	25 ♈ 59	12 ♉ 8	13 ♒ 21	2 ♒ 6	10 ♐ 5	24 ♍	13 ♌	24 ♐	17 ♏	7 ♐
28	4 ♐ 54	5 ♌ 10	6 ♌ 53	5 ♌ 37	16 ♏ 8	20 ♎ 25	1 ♒ 1	25 ♈ 55	12 ♉ 4	13 ♒ 23	2 ♒ 7	10 ♐ 7	24 ♍	13 ♌	25 ♐	17 ♏	7 ♐
29	5 ♐ 55	19 ♌ 8	6 ♌ 50	5 D 37	16 ♏ 37	21 ♎ 33	1 ♒ 47	25 ♈ 50	11 ♉ 59	13 ♒ 25	2 ♒ 9	10 ♐ 10	24 ♍	13 ♌	25 ♐	18 ♏	7 ♐
30	6 ♐ 56	2 ♍ 41	6 ♌ 46	5 ♌ 38	17 ♏ 14	22 ♎ 42	2 ♒ 33	25 ♈ 46	11 ♉ 55	13 ♒ 26	2 ♒ 10	10 ♐ 12	25 ♍	14 ♌	25 ♐	18 ♏	7 ♐

SUN INGRESS	☉ → ♐ 23日 03:25
MOON PHASE	● 8日 12:53 ♏ ◐ 16日 18:03 ♒ ○ 23日 16:04 ♊ ◑ 30日 08:19 ♍

aspects		
5日	04:50	☿⚹♆
5日	06:54	♂△♄
6日	04:43	☉□♅
6日	22:52	☉☍♄
9日	18:30	☿⚹♀
11日	03:58	♀△♆
12日	09:09	☉⚹♂
14日	18:36	♄□♅
16日	07:04	☉☌☿
16日	18:19	☿⚹♂
18日	12:00	♀⚹♇
21日	14:40	♀△♅
21日	23:42	♂□♃
25日	04:32	☉⚹♆
29日	11:57	♂☌♆

1999年12月

DAY	☉	☽	☊ mean	☊ true	☿	♀	♂	♃	♄	♅	♆	♇	⚳	⚴	⚵	⚶	⚷
	° ′	° ′	° ′	° ′	° ′	° ′	° ′	° ′	° ′	° ′	° ′	° ′	°	°	°	°	°
1	7 ♐ 56	15 ♍ 51	6 ♌ 43	5 R 37	17 D 58	23 D 51	3 D 19	25 R 42	11 R 51	13 D 28	2 D 12	10 D 14	25 D	14 D	26 D	19 D	7 D
2	8 ♐ 57	28 ♍ 41	6 ♌ 40	5 ♌ 35	18 ♏ 48	25 ♎ 0	4 ♒ 5	25 ♈ 38	11 ♉ 47	13 ♒ 30	2 ♒ 13	10 ♐ 17	25 ♍	14 ♌	26 ♐	19 ♏	7 ♐
3	9 ♐ 58	11 ♎ 14	6 ♌ 37	5 ♌ 31	19 ♏ 44	26 ♎ 9	4 ♒ 51	25 ♈ 34	11 ♉ 43	13 ♒ 32	2 ♒ 15	10 ♐ 19	26 ♍	14 ♌	27 ♐	20 ♏	7 ♐
4	10 ♐ 59	23 ♎ 35	6 ♌ 34	5 ♌ 24	20 ♏ 45	27 ♎ 18	5 ♒ 37	25 ♈ 30	11 ♉ 39	13 ♒ 34	2 ♒ 17	10 ♐ 21	26 ♍	14 ♌	27 ♐	20 ♏	8 ♐
5	12 ♐ 0	5 ♏ 46	6 ♌ 30	5 ♌ 15	21 ♏ 50	28 ♎ 28	6 ♒ 23	25 ♈ 27	11 ♉ 35	13 ♒ 36	2 ♒ 18	10 ♐ 24	26 ♍	14 ♌	27 ♐	21 ♏	8 ♐
6	13 ♐ 1	17 ♏ 49	6 ♌ 27	5 ♌ 5	22 ♏ 58	29 ♎ 37	7 ♒ 9	25 ♈ 24	11 ♉ 32	13 ♒ 38	2 ♒ 20	10 ♐ 26	27 ♍	15 ♌	28 ♐	21 ♏	8 ♐
7	14 ♐ 2	29 ♏ 46	6 ♌ 24	4 ♌ 54	24 ♏ 10	0 ♏ 47	7 ♒ 56	25 ♈ 21	11 ♉ 28	13 ♒ 40	2 ♒ 21	10 ♐ 29	27 ♍	15 ♌	28 ♐	22 ♏	8 ♐
8	15 ♐ 3	11 ♐ 39	6 ♌ 21	4 ♌ 44	25 ♏ 25	1 ♏ 57	8 ♒ 42	25 ♈ 18	11 ♉ 24	13 ♒ 43	2 ♒ 23	10 ♐ 31	27 ♍	15 ♌	28 ♐	22 ♏	8 ♐
9	16 ♐ 4	23 ♐ 29	6 ♌ 18	4 ♌ 35	26 ♏ 42	3 ♏ 7	9 ♒ 28	25 ♈ 15	11 ♉ 21	13 ♒ 45	2 ♒ 25	10 ♐ 33	27 ♍	15 ♌	29 ♐	23 ♏	8 ♐
10	17 ♐ 4	5 ♑ 18	6 ♌ 15	4 ♌ 29	28 ♏ 1	4 ♏ 17	10 ♒ 14	25 ♈ 13	11 ♉ 17	13 ♒ 47	2 ♒ 26	10 ♐ 36	28 ♍	15 ♌	29 ♐	23 ♏	8 ♐
11	18 ♐ 5	17 ♑ 7	6 ♌ 11	4 ♌ 25	29 ♏ 21	5 ♏ 28	11 ♒ 1	25 ♈ 11	11 ♉ 14	13 ♒ 49	2 ♒ 28	10 ♐ 38	28 ♍	15 ♌	29 ♐	24 ♏	8 ♐
12	19 ♐ 6	29 ♑ 0	6 ♌ 8	4 ♌ 23	0 ♐ 44	6 ♏ 38	11 ♒ 47	25 ♈ 9	11 ♉ 11	13 ♒ 52	2 ♒ 30	10 ♐ 40	28 ♍	15 ♌	0 ♑	25 ♏	9 ♐
13	20 ♐ 7	11 ♒ 0	6 ♌ 5	4 D 23	2 ♐ 7	7 ♏ 49	12 ♒ 33	25 ♈ 7	11 ♉ 7	13 ♒ 54	2 ♒ 32	10 ♐ 42	29 ♍	15 ♌	0 ♑	25 ♏	9 ♐
14	21 ♐ 9	23 ♒ 9	6 ♌ 2	4 ♌ 24	3 ♐ 32	8 ♏ 59	13 ♒ 20	25 ♈ 5	11 ♉ 4	13 ♒ 56	2 ♒ 34	10 ♐ 45	29 ♍	15 ♌	1 ♑	26 ♏	9 ♐
15	22 ♐ 10	5 ♓ 33	5 ♌ 59	4 ♌ 26	4 ♐ 57	10 ♏ 10	14 ♒ 6	25 ♈ 4	11 ♉ 1	13 ♒ 59	2 ♒ 35	10 ♐ 47	29 ♍	15 ♌	1 ♑	26 ♏	9 ♐
16	23 ♐ 11	18 ♓ 16	5 ♌ 56	4 ♌ 27	6 ♐ 24	11 ♏ 21	14 ♒ 53	25 ♈ 3	10 ♉ 58	14 ♒ 1	2 ♒ 37	10 ♐ 49	0 ♎	15 ♌	1 ♑	27 ♏	9 ♐
17	24 ♐ 12	1 ♈ 23	5 ♌ 52	4 R 27	7 ♐ 51	12 ♏ 32	15 ♒ 39	25 ♈ 2	10 ♉ 55	14 ♒ 4	2 ♒ 39	10 ♐ 52	0 ♎	15 R	2 ♑	27 ♏	9 ♐
18	25 ♐ 13	14 ♈ 55	5 ♌ 49	4 ♌ 25	9 ♐ 19	13 ♏ 43	16 ♒ 25	25 ♈ 1	10 ♉ 53	14 ♒ 6	2 ♒ 41	10 ♐ 54	0 ♎	15 ♌	2 ♑	28 ♏	9 ♐
19	26 ♐ 14	28 ♈ 57	5 ♌ 46	4 ♌ 21	10 ♐ 47	14 ♏ 55	17 ♒ 12	25 ♈ 0	10 ♉ 50	14 ♒ 9	2 ♒ 43	10 ♐ 56	0 ♎	15 ♌	2 ♑	28 ♏	9 ♐
20	27 ♐ 15	13 ♉ 26	5 ♌ 43	4 ♌ 17	12 ♐ 16	16 ♏ 6	17 ♒ 58	25 ♈ 0	10 ♉ 47	14 ♒ 12	2 ♒ 45	10 ♐ 59	1 ♎	15 ♌	3 ♑	29 ♏	10 ♐
21	28 ♐ 16	28 ♉ 20	5 ♌ 40	4 ♌ 11	13 ♐ 46	17 ♏ 18	18 ♒ 45	25 D 0	10 ♉ 45	14 ♒ 14	2 ♒ 47	11 ♐ 1	1 ♎	15 ♌	3 ♑	29 ♏	10 ♐
22	29 ♐ 17	13 ♊ 30	5 ♌ 36	4 ♌ 6	15 ♐ 15	18 ♏ 29	19 ♒ 31	25 ♈ 0	10 ♉ 43	14 ♒ 17	2 ♒ 49	11 ♐ 3	1 ♎	15 ♌	3 ♑	0 ♐	10 ♐
23	0 ♑ 18	28 ♊ 48	5 ♌ 33	4 ♌ 1	16 ♐ 46	19 ♏ 41	20 ♒ 18	25 ♈ 1	10 ♉ 40	14 ♒ 20	2 ♒ 51	11 ♐ 5	2 ♎	15 ♌	4 ♑	0 ♐	10 ♐
24	1 ♑ 19	14 ♋ 2	5 ♌ 30	3 ♌ 58	18 ♐ 16	20 ♏ 53	21 ♒ 4	25 ♈ 1	10 ♉ 38	14 ♒ 22	2 ♒ 53	11 ♐ 8	2 ♎	15 ♌	4 ♑	1 ♐	10 ♐
25	2 ♑ 20	29 ♋ 3	5 ♌ 27	3 ♌ 57	19 ♐ 47	22 ♏ 5	21 ♒ 51	25 ♈ 2	10 ♉ 36	14 ♒ 25	2 ♒ 55	11 ♐ 10	2 ♎	15 ♌	5 ♑	1 ♐	10 ♐
26	3 ♑ 21	13 ♌ 42	5 ♌ 24	3 D 57	21 ♐ 18	23 ♏ 16	22 ♒ 37	25 ♈ 3	10 ♉ 34	14 ♒ 28	2 ♒ 57	11 ♐ 12	2 ♎	15 ♌	5 ♑	2 ♐	10 ♐
27	4 ♑ 22	27 ♌ 55	5 ♌ 21	3 ♌ 58	22 ♐ 50	24 ♏ 29	23 ♒ 24	25 ♈ 4	10 ♉ 32	14 ♒ 31	2 ♒ 59	11 ♐ 14	3 ♎	14 ♌	5 ♑	2 ♐	10 ♐
28	5 ♑ 24	11 ♍ 40	5 ♌ 17	4 ♌ 0	24 ♐ 21	25 ♏ 41	24 ♒ 10	25 ♈ 5	10 ♉ 30	14 ♒ 34	3 ♒ 1	11 ♐ 16	3 ♎	14 ♌	6 ♑	3 ♐	11 ♐
29	6 ♑ 25	24 ♍ 59	5 ♌ 14	4 ♌ 1	25 ♐ 53	26 ♏ 53	24 ♒ 57	25 ♈ 7	10 ♉ 29	14 ♒ 37	3 ♒ 3	11 ♐ 19	3 ♎	14 ♌	6 ♑	3 ♐	11 ♐
30	7 ♑ 26	7 ♎ 53	5 ♌ 11	4 R 2	27 ♐ 26	28 ♏ 5	25 ♒ 44	25 ♈ 8	10 ♉ 27	14 ♒ 39	3 ♒ 5	11 ♐ 21	3 ♎	14 ♌	6 ♑	4 ♐	11 ♐
31	8 ♑ 27	20 ♎ 27	5 ♌ 8	4 ♌ 1	28 ♐ 58	29 ♏ 18	26 ♒ 30	25 ♈ 10	10 ♉ 26	14 ♒ 42	3 ♒ 7	11 ♐ 23	4 ♎	14 ♌	7 ♑	4 ♐	11 ♐

SUN INGRESS	☉ → ♑ 22日 16:44
MOON PHASE	● 8日 07:32 ♐ ◐ 16日 09:50 ♓ ○ 23日 02:31 ♋ ◑ 29日 23:04 ♎

aspects		
2日	12:30	♀☍♃
3日	08:38	☉☌♇
6日	15:19	☉⚹♅
8日	09:10	♀□♆
10日	11:32	♂⚹♇
11日	06:23	♂□♄
13日	07:08	☿⚹♆
14日	19:58	♂☌♅
15日	16:33	♀☍♄
17日	19:28	☉△♃
18日	08:00	♀□♅
19日	02:28	☿☌♇
21日	07:53	☿⚹♅
24日	11:06	♀□♂
27日	18:15	☿⚹♂
28日	11:38	☿△♃
29日	05:13	♂⚹♃

2000年1月

DAY	☉	☽	☊ mean	☊ true	☿	♀	♂	♃	♄	♅	♆	♇	⚳	⚴	⚵	⚶	⚷
	° ′	° ′	° ′	° ′	° ′	° ′	° ′	° ′	° ′	° ′	° ′	° ′	°	°	°	°	°
1	9 ♑ 28	2 ♏ 44	5 ♌ 5	3 R 59	0 D 31	0 D 30	27 D 17	25 D 13	10 R 24	14 D 45	3 D 9	11 D 25	4 D	14 R	7 D	5 D	11 D
2	10 ♑ 29	14 ♏ 49	5 ♌ 2	3 ♌ 56	2 ♑ 5	1 ♐ 43	28 ♒ 3	25 ♈ 15	10 ♉ 23	14 ♒ 48	3 ♒ 11	11 ♐ 27	4 ♎	14 ♌	8 ♑	6 ♐	11 ♐
3	11 ♑ 30	26 ♏ 46	4 ♌ 58	3 ♌ 53	3 ♑ 38	2 ♐ 55	28 ♒ 50	25 ♈ 18	10 ♉ 22	14 ♒ 51	3 ♒ 13	11 ♐ 29	4 ♎	13 ♌	8 ♑	6 ♐	11 ♐
4	12 ♑ 32	8 ♐ 37	4 ♌ 55	3 ♌ 49	5 ♑ 12	4 ♐ 8	29 ♒ 36	25 ♈ 20	10 ♉ 21	14 ♒ 55	3 ♒ 16	11 ♐ 31	4 ♎	13 ♌	8 ♑	7 ♐	11 ♐
5	13 ♑ 33	20 ♐ 26	4 ♌ 52	3 ♌ 45	6 ♑ 46	5 ♐ 20	0 ♓ 23	25 ♈ 23	10 ♉ 20	14 ♒ 58	3 ♒ 18	11 ♐ 33	5 ♎	13 ♌	9 ♑	7 ♐	11 ♐
6	14 ♑ 34	2 ♑ 16	4 ♌ 49	3 ♌ 42	8 ♑ 21	6 ♐ 33	1 ♓ 9	25 ♈ 26	10 ♉ 19	15 ♒ 1	3 ♒ 20	11 ♐ 35	5 ♎	13 ♌	9 ♑	8 ♐	12 ♐
7	15 ♑ 35	14 ♑ 7	4 ♌ 46	3 ♌ 40	9 ♑ 56	7 ♐ 46	1 ♓ 56	25 ♈ 30	10 ♉ 19	15 ♒ 4	3 ♒ 22	11 ♐ 37	5 ♎	12 ♌	9 ♑	8 ♐	12 ♐
8	16 ♑ 36	26 ♑ 3	4 ♌ 42	3 ♌ 39	11 ♑ 31	8 ♐ 59	2 ♓ 42	25 ♈ 33	10 ♉ 18	15 ♒ 7	3 ♒ 24	11 ♐ 39	5 ♎	12 ♌	10 ♑	9 ♐	12 ♐
9	17 ♑ 38	8 ♒ 5	4 ♌ 39	3 D 39	13 ♑ 7	10 ♐ 12	3 ♓ 29	25 ♈ 37	10 ♉ 18	15 ♒ 10	3 ♒ 27	11 ♐ 41	5 ♎	12 ♌	10 ♑	9 ♐	12 ♐
10	18 ♑ 39	20 ♒ 15	4 ♌ 36	3 ♌ 39	14 ♑ 43	11 ♐ 25	4 ♓ 15	25 ♈ 41	10 ♉ 17	15 ♒ 13	3 ♒ 29	11 ♐ 43	6 ♎	12 ♌	11 ♑	10 ♐	12 ♐
11	19 ♑ 40	2 ♓ 35	4 ♌ 33	3 ♌ 41	16 ♑ 20	12 ♐ 38	5 ♓ 2	25 ♈ 45	10 ♉ 17	15 ♒ 17	3 ♒ 31	11 ♐ 45	6 ♎	11 ♌	11 ♑	10 ♐	12 ♐
12	20 ♑ 41	15 ♓ 8	4 ♌ 30	3 ♌ 42	17 ♑ 57	13 ♐ 51	5 ♓ 48	25 ♈ 50	10 ♉ 17	15 ♒ 20	3 ♒ 33	11 ♐ 47	6 ♎	11 ♌	11 ♑	11 ♐	12 ♐
13	21 ♑ 42	27 ♓ 56	4 ♌ 27	3 ♌ 43	19 ♑ 34	15 ♐ 4	6 ♓ 35	25 ♈ 54	10 D 17	15 ♒ 23	3 ♒ 35	11 ♐ 49	6 ♎	11 ♌	12 ♑	11 ♐	12 ♐
14	22 ♑ 43	11 ♈ 2	4 ♌ 23	3 ♌ 44	21 ♑ 12	16 ♐ 17	7 ♓ 21	25 ♈ 59	10 ♉ 17	15 ♒ 26	3 ♒ 38	11 ♐ 51	6 ♎	10 ♌	12 ♑	12 ♐	12 ♐
15	23 ♑ 44	24 ♈ 29	4 ♌ 20	3 R 44	22 ♑ 50	17 ♐ 30	8 ♓ 8	26 ♈ 4	10 ♉ 17	15 ♒ 30	3 ♒ 40	11 ♐ 53	6 ♎	10 ♌	12 ♑	12 ♐	13 ♐
16	24 ♑ 46	8 ♉ 19	4 ♌ 17	3 ♌ 44	24 ♑ 29	18 ♐ 44	8 ♓ 54	26 ♈ 9	10 ♉ 17	15 ♒ 33	3 ♒ 42	11 ♐ 55	7 ♎	10 ♌	13 ♑	13 ♐	13 ♐
17	25 ♑ 47	22 ♉ 31	4 ♌ 14	3 ♌ 43	26 ♑ 8	19 ♐ 57	9 ♓ 41	26 ♈ 14	10 ♉ 18	15 ♒ 36	3 ♒ 44	11 ♐ 57	7 ♎	10 ♌	13 ♑	13 ♐	13 ♐
18	26 ♑ 48	7 ♊ 3	4 ♌ 11	3 ♌ 42	27 ♑ 48	21 ♐ 10	10 ♓ 27	26 ♈ 20	10 ♉ 18	15 ♒ 40	3 ♒ 47	11 ♐ 58	7 ♎	9 ♌	14 ♑	14 ♐	13 ♐
19	27 ♑ 49	21 ♊ 52	4 ♌ 8	3 ♌ 42	29 ♑ 29	22 ♐ 24	11 ♓ 14	26 ♈ 25	10 ♉ 19	15 ♒ 43	3 ♒ 49	12 ♐ 0	7 ♎	9 ♌	14 ♑	14 ♐	13 ♐
20	28 ♑ 50	6 ♋ 52	4 ♌ 4	3 ♌ 41	1 ♒ 10	23 ♐ 37	12 ♓ 0	26 ♈ 31	10 ♉ 20	15 ♒ 46	3 ♒ 51	12 ♐ 2	7 ♎	9 ♌	14 ♑	15 ♐	13 ♐
21	29 ♑ 51	21 ♋ 54	4 ♌ 1	3 ♌ 41	2 ♒ 51	24 ♐ 50	12 ♓ 46	26 ♈ 37	10 ♉ 21	15 ♒ 50	3 ♒ 54	12 ♐ 4	7 ♎	8 ♌	15 ♑	15 ♐	13 ♐
22	0 ♒ 52	6 ♌ 50	3 ♌ 58	3 D 41	4 ♒ 33	26 ♐ 4	13 ♓ 33	26 ♈ 43	10 ♉ 22	15 ♒ 53	3 ♒ 56	12 ♐ 5	7 ♎	8 ♌	15 ♑	16 ♐	13 ♐
23	1 ♒ 53	21 ♌ 31	3 ♌ 55	3 ♌ 41	6 ♒ 15	27 ♐ 17	14 ♓ 19	26 ♈ 49	10 ♉ 23	15 ♒ 57	3 ♒ 58	12 ♐ 7	7 ♎	8 ♌	15 ♑	16 ♐	13 ♐
24	2 ♒ 54	5 ♍ 51	3 ♌ 52	3 ♌ 41	7 ♒ 58	28 ♐ 31	15 ♓ 5	26 ♈ 56	10 ♉ 24	16 ♒ 0	4 ♒ 0	12 ♐ 9	7 ♎	7 ♌	16 ♑	17 ♐	13 ♐
25	3 ♒ 55	19 ♍ 46	3 ♌ 48	3 R 41	9 ♒ 42	29 ♐ 45	15 ♓ 51	27 ♈ 2	10 ♉ 25	16 ♒ 3	4 ♒ 3	12 ♐ 10	8 ♎	7 ♌	16 ♑	17 ♐	14 ♐
26	4 ♒ 56	3 ♎ 14	3 ♌ 45	3 ♌ 41	11 ♒ 25	0 ♑ 58	16 ♓ 38	27 ♈ 9	10 ♉ 27	16 ♒ 7	4 ♒ 5	12 ♐ 12	8 ♎	6 ♌	17 ♑	18 ♐	14 ♐
27	5 ♒ 57	16 ♎ 17	3 ♌ 42	3 ♌ 41	13 ♒ 10	2 ♑ 12	17 ♓ 24	27 ♈ 16	10 ♉ 28	16 ♒ 10	4 ♒ 7	12 ♐ 14	8 ♎	6 ♌	17 ♑	18 ♐	14 ♐
28	6 ♒ 58	28 ♎ 57	3 ♌ 39	3 ♌ 40	14 ♒ 54	3 ♑ 25	18 ♓ 10	27 ♈ 23	10 ♉ 30	16 ♒ 14	4 ♒ 10	12 ♐ 15	8 ♎	6 ♌	17 ♑	19 ♐	14 ♐
29	7 ♒ 59	11 ♏ 17	3 ♌ 36	3 D 40	16 ♒ 39	4 ♑ 39	18 ♓ 56	27 ♈ 31	10 ♉ 32	16 ♒ 17	4 ♒ 12	12 ♐ 17	8 ♎	5 ♌	18 ♑	19 ♐	14 ♐
30	9 ♒ 0	23 ♏ 22	3 ♌ 33	3 ♌ 41	18 ♒ 23	5 ♑ 53	19 ♓ 43	27 ♈ 38	10 ♉ 34	16 ♒ 21	4 ♒ 14	12 ♐ 18	8 ♎	5 ♌	18 ♑	20 ♐	14 ♐
31	10 ♒ 1	5 ♐ 18	3 ♌ 29	3 ♌ 41	20 ♒ 8	7 ♑ 7	20 ♓ 29	27 ♈ 46	10 ♉ 36	16 ♒ 24	4 ♒ 16	12 ♐ 20	8 ♎	5 ♌	18 ♑	20 ♐	14 ♐

SUN INGRESS	☉ → ♒ 21日 03:23
MOON PHASE	● 7日 03:14 ♑　◐ 14日 22:34 ♈　○ 21日 13:40 ♌　◑ 28日 16:57 ♏

aspects		
1日	21:37	☉△♄
3日	06:15	♀⚹♆
7日	05:42	☿△♄
10日	06:15	♀☌♇
13日	06:32	♀⚹♅
16日	10:19	☉☌☿
17日	01:25	☿□♃
17日	11:50	☉□♃
17日	19:28	♂⚹♄
20日	01:08	♂□♇
21日	15:04	☿☌♆
22日	13:57	♀△♃
25日	03:08	☉☌♆
25日	10:18	☿□♄
26日	10:56	☿⚹♇
28日	18:55	☿☌♅
31日	14:15	☉□♄

2000年2月

DAY	☉	☽	☊ mean	☊ true	☿	♀	♂	♃	♄	♅	♆	♇	⚳	⚴	⚵	⚶	⚷
	° ′	° ′	° ′	° ′	° ′	° ′	° ′	° ′	° ′	° ′	° ′	° ′	°	°	°	°	°
1	11 ♒ 2	17 ♐ 7	3 ♌ 26	3 D 42	21 D 53	8 D 20	21 D 15	27 D 53	10 D 38	16 D 28	4 D 19	12 D 21	8 D	4 R	19 D	21 D	14 D
2	12 ♒ 3	28 ♐ 56	3 ♌ 23	3 ♌ 43	23 ♒ 38	9 ♑ 34	22 ♓ 1	28 ♈ 1	10 ♉ 40	16 ♒ 31	4 ♒ 21	12 ♐ 23	8 ♎	4 ♌	19 ♑	21 ♐	14 ♐
3	13 ♒ 4	10 ♑ 46	3 ♌ 20	3 ♌ 44	25 ♒ 22	10 ♑ 48	22 ♓ 47	28 ♈ 9	10 ♉ 42	16 ♒ 35	4 ♒ 23	12 ♐ 24	8 ♎	4 ♌	19 ♑	22 ♐	14 ♐
4	14 ♒ 5	22 ♑ 42	3 ♌ 17	3 ♌ 44	27 ♒ 5	12 ♑ 2	23 ♓ 33	28 ♈ 18	10 ♉ 45	16 ♒ 38	4 ♒ 25	12 ♐ 25	8 ♎	4 ♌	20 ♑	22 ♐	14 ♐
5	15 ♒ 5	4 ♒ 47	3 ♌ 14	3 R 45	28 ♒ 47	13 ♑ 16	24 ♓ 19	28 ♈ 26	10 ♉ 47	16 ♒ 42	4 ♒ 28	12 ♐ 27	8 ♎	3 ♌	20 ♑	23 ♐	15 ♐
6	16 ♒ 6	17 ♒ 1	3 ♌ 10	3 ♌ 44	0 ♓ 28	14 ♑ 30	25 ♓ 5	28 ♈ 34	10 ♉ 50	16 ♒ 45	4 ♒ 30	12 ♐ 28	8 ♎	3 ♌	21 ♑	23 ♐	15 ♐
7	17 ♒ 7	29 ♒ 27	3 ♌ 7	3 ♌ 43	2 ♓ 8	15 ♑ 44	25 ♓ 51	28 ♈ 43	10 ♉ 53	16 ♒ 49	4 ♒ 32	12 ♐ 29	8 R	3 ♌	21 ♑	24 ♐	15 ♐
8	18 ♒ 8	12 ♓ 6	3 ♌ 4	3 ♌ 41	3 ♓ 45	16 ♑ 57	26 ♓ 37	28 ♈ 52	10 ♉ 56	16 ♒ 52	4 ♒ 34	12 ♐ 31	8 ♎	2 ♌	21 ♑	24 ♐	15 ♐
9	19 ♒ 9	24 ♓ 57	3 ♌ 1	3 ♌ 39	5 ♓ 19	18 ♑ 11	27 ♓ 23	29 ♈ 1	10 ♉ 58	16 ♒ 56	4 ♒ 37	12 ♐ 32	8 ♎	2 ♌	22 ♑	25 ♐	15 ♐
10	20 ♒ 9	8 ♈ 2	2 ♌ 58	3 ♌ 37	6 ♓ 51	19 ♑ 25	28 ♓ 9	29 ♈ 10	11 ♉ 2	16 ♒ 59	4 ♒ 39	12 ♐ 33	8 ♎	2 ♌	22 ♑	25 ♐	15 ♐
11	21 ♒ 10	21 ♈ 21	2 ♌ 54	3 ♌ 34	8 ♓ 19	20 ♑ 39	28 ♓ 54	29 ♈ 19	11 ♉ 5	17 ♒ 3	4 ♒ 41	12 ♐ 34	8 ♎	1 ♌	22 ♑	26 ♐	15 ♐
12	22 ♒ 11	4 ♉ 54	2 ♌ 51	3 ♌ 33	9 ♓ 42	21 ♑ 53	29 ♓ 40	29 ♈ 28	11 ♉ 8	17 ♒ 6	4 ♒ 43	12 ♐ 35	8 ♎	1 ♌	23 ♑	26 ♐	15 ♐
13	23 ♒ 12	18 ♉ 41	2 ♌ 48	3 ♌ 32	11 ♓ 1	23 ♑ 7	0 ♈ 26	29 ♈ 38	11 ♉ 11	17 ♒ 9	4 ♒ 45	12 ♐ 36	8 ♎	1 ♌	23 ♑	27 ♐	15 ♐
14	24 ♒ 12	2 ♊ 42	2 ♌ 45	3 D 32	12 ♓ 14	24 ♑ 21	1 ♈ 12	29 ♈ 47	11 ♉ 15	17 ♒ 13	4 ♒ 48	12 ♐ 37	8 ♎	1 ♌	24 ♑	27 ♐	15 ♐
15	25 ♒ 13	16 ♊ 56	2 ♌ 42	3 ♌ 33	13 ♓ 20	25 ♑ 35	1 ♈ 58	29 ♈ 57	11 ♉ 18	17 ♒ 16	4 ♒ 50	12 ♐ 38	8 ♎	1 ♌	24 ♑	28 ♐	15 ♐
16	26 ♒ 14	1 ♋ 21	2 ♌ 39	3 ♌ 35	14 ♓ 19	26 ♑ 49	2 ♈ 43	0 ♉ 7	11 ♉ 22	17 ♒ 20	4 ♒ 52	12 ♐ 39	8 ♎	0 ♌	24 ♑	28 ♐	15 ♐
17	27 ♒ 14	15 ♋ 53	2 ♌ 35	3 ♌ 36	15 ♓ 11	28 ♑ 3	3 ♈ 29	0 ♉ 17	11 ♉ 26	17 ♒ 23	4 ♒ 54	12 ♐ 40	8 ♎	0 ♌	25 ♑	29 ♐	15 ♐
18	28 ♒ 15	0 ♌ 29	2 ♌ 32	3 ♌ 37	15 ♓ 54	29 ♑ 17	4 ♈ 14	0 ♉ 27	11 ♉ 29	17 ♒ 27	4 ♒ 56	12 ♐ 41	8 ♎	0 ♌	25 ♑	29 ♐	15 ♐
19	29 ♒ 15	15 ♌ 3	2 ♌ 29	3 R 36	16 ♓ 27	0 ♒ 31	5 ♈ 0	0 ♉ 37	11 ♉ 33	17 ♒ 30	4 ♒ 58	12 ♐ 42	7 ♎	0 ♌	25 ♑	29 ♐	16 ♐
20	0 ♓ 16	29 ♌ 28	2 ♌ 26	3 ♌ 35	16 ♓ 52	1 ♒ 45	5 ♈ 45	0 ♉ 47	11 ♉ 37	17 ♒ 34	5 ♒ 0	12 ♐ 43	7 ♎	0 ♌	26 ♑	0 ♑	16 ♐
21	1 ♓ 16	13 ♍ 39	2 ♌ 23	3 ♌ 31	17 ♓ 6	2 ♒ 59	6 ♈ 31	0 ♉ 57	11 ♉ 41	17 ♒ 37	5 ♒ 3	12 ♐ 44	7 ♎	29 ♋	26 ♑	0 ♑	16 ♐
22	2 ♓ 17	27 ♍ 31	2 ♌ 20	3 ♌ 27	17 R 10	4 ♒ 13	7 ♈ 16	1 ♉ 8	11 ♉ 46	17 ♒ 40	5 ♒ 5	12 ♐ 45	7 ♎	29 ♋	26 ♑	1 ♑	16 ♐
23	3 ♓ 17	11 ♎ 1	2 ♌ 16	3 ♌ 22	17 ♓ 4	5 ♒ 27	8 ♈ 2	1 ♉ 18	11 ♉ 50	17 ♒ 44	5 ♒ 7	12 ♐ 45	7 ♎	29 ♋	27 ♑	1 ♑	16 ♐
24	4 ♓ 17	24 ♎ 8	2 ♌ 13	3 ♌ 17	16 ♓ 48	6 ♒ 41	8 ♈ 47	1 ♉ 29	11 ♉ 54	17 ♒ 47	5 ♒ 9	12 ♐ 46	7 ♎	29 ♋	27 ♑	2 ♑	16 ♐
25	5 ♓ 18	6 ♏ 52	2 ♌ 10	3 ♌ 13	16 ♓ 23	7 ♒ 56	9 ♈ 32	1 ♉ 40	11 ♉ 59	17 ♒ 51	5 ♒ 11	12 ♐ 47	7 ♎	29 ♋	28 ♑	2 ♑	16 ♐
26	6 ♓ 18	19 ♏ 17	2 ♌ 7	3 ♌ 10	15 ♓ 48	9 ♒ 10	10 ♈ 18	1 ♉ 51	12 ♉ 3	17 ♒ 54	5 ♒ 13	12 ♐ 48	7 ♎	29 ♋	28 ♑	3 ♑	16 ♐
27	7 ♓ 19	1 ♐ 25	2 ♌ 4	3 ♌ 9	15 ♓ 6	10 ♒ 24	11 ♈ 3	2 ♉ 2	12 ♉ 8	17 ♒ 57	5 ♒ 15	12 ♐ 48	7 ♎	29 ♋	28 ♑	3 ♑	16 ♐
28	8 ♓ 19	13 ♐ 22	2 ♌ 0	3 D 9	14 ♓ 16	11 ♒ 38	11 ♈ 48	2 ♉ 13	12 ♉ 12	18 ♒ 1	5 ♒ 17	12 ♐ 49	6 ♎	28 ♋	29 ♑	4 ♑	16 ♐
29	9 ♓ 19	25 ♐ 12	1 ♌ 57	3 ♌ 10	13 ♓ 21	12 ♒ 52	12 ♈ 33	2 ♉ 24	12 ♉ 17	18 ♒ 4	5 ♒ 19	12 ♐ 49	6 ♎	28 ♋	29 ♑	4 ♑	16 ♐

SUN INGRESS	☉ → ♓ 19日 17:33
MOON PHASE	● 5日 22:03 ♒　◐ 13日 08:21 ♉　○ 20日 01:27 ♍　◑ 27日 12:53 ♐

aspects		
2日	08:01	☉⚹♇
2日	22:06	♀△♄
4日	18:31	☿⚹♃
6日	16:14	☉☌♅
13日	03:27	☿⚹♄
14日	08:24	☿□♇
18日	23:06	♂⚹♆
19日	02:04	♀□♃
20日	14:57	☉⚹♃
22日	17:05	♀☌♆
28日	08:29	♀⚹♂
28日	11:56	♀□♄
28日	23:06	♀⚹♇
29日	08:36	♂△♇
29日	13:06	☿□♇

2000年3月

DAY	☉	☽	☊ mean	☊ true	☿	♀	♂	♃	♄	♅	♆	♇	⚳	⚴	⚵	⚶	⚷
	° ′	° ′	° ′	° ′	° ′	° ′	° ′	° ′	° ′	° ′	° ′	° ′	°	°	°	°	°
1	10 ♓ 19	7 ♑ 0	1 ♌ 54	3 D 12	12 R 22	14 D 6	13 D 18	2 D 36	12 D 22	18 D 7	5 D 21	12 D 50	6 R	28 R	29 D	5 D	16 D
2	11 ♓ 20	18 ♑ 53	1 ♌ 51	3 ♌ 13	11 ♓ 21	15 ♒ 20	14 ♈ 4	2 ♉ 47	12 ♉ 27	18 ♒ 11	5 ♒ 23	12 ♐ 50	6 ♎	28 ♋	0 ♒	5 ♑	16 ♐
3	12 ♓ 20	0 ♒ 53	1 ♌ 48	3 ♌ 14	10 ♓ 18	16 ♒ 34	14 ♈ 49	2 ♉ 58	12 ♉ 32	18 ♒ 14	5 ♒ 25	12 ♐ 51	6 ♎	28 ♋	0 ♒	5 ♑	16 ♐
4	13 ♓ 20	13 ♒ 5	1 ♌ 45	3 R 14	9 ♓ 15	17 ♒ 49	15 ♈ 34	3 ♉ 10	12 ♉ 37	18 ♒ 17	5 ♒ 27	12 ♐ 51	6 ♎	28 ♋	0 ♒	6 ♑	16 ♐
5	14 ♓ 20	25 ♒ 31	1 ♌ 41	3 ♌ 11	8 ♓ 14	19 ♒ 3	16 ♈ 19	3 ♉ 22	12 ♉ 42	18 ♒ 20	5 ♒ 28	12 ♐ 52	5 ♎	28 ♋	1 ♒	6 ♑	16 ♐
6	15 ♓ 20	8 ♓ 14	1 ♌ 38	3 ♌ 7	7 ♓ 16	20 ♒ 17	17 ♈ 3	3 ♉ 34	12 ♉ 48	18 ♒ 24	5 ♒ 30	12 ♐ 52	5 ♎	28 ♋	1 ♒	7 ♑	16 ♐
7	16 ♓ 20	21 ♓ 14	1 ♌ 35	3 ♌ 1	6 ♓ 23	21 ♒ 31	17 ♈ 48	3 ♉ 45	12 ♉ 53	18 ♒ 27	5 ♒ 32	12 ♐ 52	5 ♎	28 ♋	1 ♒	7 ♑	16 ♐
8	17 ♓ 20	4 ♈ 30	1 ♌ 32	2 ♌ 53	5 ♓ 34	22 ♒ 45	18 ♈ 33	3 ♉ 57	12 ♉ 58	18 ♒ 30	5 ♒ 34	12 ♐ 53	5 ♎	28 ♋	2 ♒	8 ♑	16 ♐
9	18 ♓ 20	18 ♈ 0	1 ♌ 29	2 ♌ 45	4 ♓ 51	23 ♒ 59	19 ♈ 18	4 ♉ 9	13 ♉ 4	18 ♒ 33	5 ♒ 36	12 ♐ 53	5 ♎	28 D	2 ♒	8 ♑	16 ♐
10	19 ♓ 20	1 ♉ 42	1 ♌ 25	2 ♌ 38	4 ♓ 14	25 ♒ 13	20 ♈ 3	4 ♉ 21	13 ♉ 9	18 ♒ 36	5 ♒ 38	12 ♐ 53	4 ♎	28 ♋	3 ♒	9 ♑	16 ♐
11	20 ♓ 20	15 ♉ 34	1 ♌ 22	2 ♌ 31	3 ♓ 43	26 ♒ 28	20 ♈ 47	4 ♉ 34	13 ♉ 15	18 ♒ 39	5 ♒ 39	12 ♐ 53	4 ♎	28 ♋	3 ♒	9 ♑	16 ♐
12	21 ♓ 20	29 ♉ 33	1 ♌ 19	2 ♌ 27	3 ♓ 19	27 ♒ 42	21 ♈ 32	4 ♉ 46	13 ♉ 21	18 ♒ 42	5 ♒ 41	12 ♐ 53	4 ♎	28 ♋	3 ♒	9 ♑	17 ♐
13	22 ♓ 20	13 ♊ 36	1 ♌ 16	2 ♌ 25	3 ♓ 2	28 ♒ 56	22 ♈ 17	4 ♉ 58	13 ♉ 26	18 ♒ 45	5 ♒ 43	12 ♐ 53	4 ♎	28 ♋	4 ♒	10 ♑	17 ♐
14	23 ♓ 20	27 ♊ 43	1 ♌ 13	2 D 25	2 ♓ 51	0 ♓ 10	23 ♈ 1	5 ♉ 11	13 ♉ 32	18 ♒ 48	5 ♒ 44	12 ♐ 54	4 ♎	28 ♋	4 ♒	10 ♑	17 ♐
15	24 ♓ 20	11 ♋ 52	1 ♌ 10	2 ♌ 26	2 ♓ 46	1 ♓ 24	23 ♈ 46	5 ♉ 23	13 ♉ 38	18 ♒ 51	5 ♒ 46	12 ♐ 54	3 ♎	28 ♋	4 ♒	11 ♑	17 ♐
16	25 ♓ 20	26 ♋ 2	1 ♌ 6	2 ♌ 27	2 D 48	2 ♓ 38	24 ♈ 30	5 ♉ 36	13 ♉ 44	18 ♒ 54	5 ♒ 48	12 R 54	3 ♎	28 ♋	5 ♒	11 ♑	17 ♐
17	26 ♓ 19	10 ♌ 10	1 ♌ 3	2 R 26	2 ♓ 55	3 ♓ 52	25 ♈ 15	5 ♉ 48	13 ♉ 50	18 ♒ 57	5 ♒ 49	12 ♐ 54	3 ♎	28 ♋	5 ♒	11 ♑	17 ♐
18	27 ♓ 19	24 ♌ 16	1 ♌ 0	2 ♌ 24	3 ♓ 9	5 ♓ 6	25 ♈ 59	6 ♉ 1	13 ♉ 56	19 ♒ 0	5 ♒ 51	12 ♐ 54	3 ♎	28 ♋	5 ♒	12 ♑	17 ♐
19	28 ♓ 19	8 ♍ 15	0 ♌ 57	2 ♌ 20	3 ♓ 27	6 ♓ 21	26 ♈ 43	6 ♉ 14	14 ♉ 2	19 ♒ 3	5 ♒ 53	12 ♐ 53	2 ♎	29 ♋	6 ♒	12 ♑	17 ♐
20	29 ♓ 18	22 ♍ 4	0 ♌ 54	2 ♌ 13	3 ♓ 51	7 ♓ 35	27 ♈ 28	6 ♉ 27	14 ♉ 8	19 ♒ 6	5 ♒ 54	12 ♐ 53	2 ♎	29 ♋	6 ♒	13 ♑	17 ♐
21	0 ♈ 18	5 ♎ 39	0 ♌ 51	2 ♌ 4	4 ♓ 19	8 ♓ 49	28 ♈ 12	6 ♉ 39	14 ♉ 15	19 ♒ 9	5 ♒ 56	12 ♐ 53	2 ♎	29 ♋	6 ♒	13 ♑	17 ♐
22	1 ♈ 17	18 ♎ 58	0 ♌ 47	1 ♌ 53	4 ♓ 52	10 ♓ 3	28 ♈ 56	6 ♉ 52	14 ♉ 21	19 ♒ 12	5 ♒ 57	12 ♐ 53	2 ♎	29 ♋	7 ♒	13 ♑	17 ♐
23	2 ♈ 17	1 ♏ 59	0 ♌ 44	1 ♌ 43	5 ♓ 29	11 ♓ 17	29 ♈ 40	7 ♉ 5	14 ♉ 27	19 ♒ 14	5 ♒ 59	12 ♐ 53	1 ♎	29 ♋	7 ♒	14 ♑	17 ♐
24	3 ♈ 16	14 ♏ 41	0 ♌ 41	1 ♌ 33	6 ♓ 10	12 ♓ 31	0 ♉ 24	7 ♉ 18	14 ♉ 34	19 ♒ 17	6 ♒ 0	12 ♐ 52	1 ♎	29 ♋	7 ♒	14 ♑	17 ♐
25	4 ♈ 16	27 ♏ 5	0 ♌ 38	1 ♌ 25	6 ♓ 54	13 ♓ 45	1 ♉ 8	7 ♉ 32	14 ♉ 40	19 ♒ 20	6 ♒ 1	12 ♐ 52	1 ♎	29 ♋	8 ♒	15 ♑	17 ♐
26	5 ♈ 15	9 ♐ 14	0 ♌ 35	1 ♌ 19	7 ♓ 42	14 ♓ 59	1 ♉ 53	7 ♉ 45	14 ♉ 47	19 ♒ 23	6 ♒ 3	12 ♐ 52	1 ♎	29 ♋	8 ♒	15 ♑	17 ♐
27	6 ♈ 15	21 ♐ 11	0 ♌ 31	1 ♌ 16	8 ♓ 34	16 ♓ 13	2 ♉ 36	7 ♉ 58	14 ♉ 53	19 ♒ 25	6 ♒ 4	12 ♐ 52	1 ♎	0 ♌	8 ♒	15 ♑	17 ♐
28	7 ♈ 14	3 ♑ 1	0 ♌ 28	1 ♌ 15	9 ♓ 29	17 ♓ 28	3 ♉ 20	8 ♉ 11	15 ♉ 0	19 ♒ 28	6 ♒ 6	12 ♐ 51	0 ♎	0 ♌	9 ♒	16 ♑	17 ♐
29	8 ♈ 13	14 ♑ 50	0 ♌ 25	1 D 15	10 ♓ 26	18 ♓ 42	4 ♉ 4	8 ♉ 25	15 ♉ 7	19 ♒ 31	6 ♒ 7	12 ♐ 51	0 ♎	0 ♌	9 ♒	16 ♑	17 R
30	9 ♈ 13	26 ♑ 43	0 ♌ 22	1 ♌ 15	11 ♓ 27	19 ♓ 56	4 ♉ 48	8 ♉ 38	15 ♉ 13	19 ♒ 33	6 ♒ 8	12 ♐ 50	0 ♎	0 ♌	9 ♒	17 ♑	17 ♐
31	10 ♈ 12	8 ♒ 45	0 ♌ 19	1 R 15	12 ♓ 30	21 ♓ 10	5 ♉ 32	8 ♉ 51	15 ♉ 20	19 ♒ 36	6 ♒ 9	12 ♐ 50	0 ♎	0 ♌	10 ♒	17 ♑	17 ♐

SUN INGRESS	☉ → ♈ 20日 16:35
MOON PHASE	● 6日 14:17 ♓　◐ 13日 15:59 ♊　○ 20日 13:44 ♍　◑ 28日 09:21 ♑

aspects		
1日	00:05	☿⚹♄
2日	00:10	☉☌☿
3日	05:18	☉⚹♄
3日	12:26	☉□♇
4日	09:39	♀☌♅
7日	22:06	♂⚹♅
9日	20:05	☿⚹♃
16日	03:22	☿☌♀
17日	02:13	♃□♆
18日	21:20	♀⚹♃
24日	06:53	♀□♇
25日	19:31	♀⚹♄
26日	01:33	☿⚹♃
26日	19:37	☉⚹♆
31日	07:26	☿□♇
31日	21:10	♂□♆

2000年4月

DAY	☉	☽	☊ mean	☊ true	☿	♀	♂	♃	♄	♅	♆	♇	⚳	⚴	⚵	⚶	⚷
	° ′	° ′	° ′	° ′	° ′	° ′	° ′	° ′	° ′	° ′	° ′	° ′	°	°	°	°	°
1	11 ♈ 11	21 ♒ 1	0 ♌ 16	1 R 13	13 D 35	22 D 24	6 D 16	9 D 5	15 D 27	19 D 38	6 D 11	12 R 49	29 R	0 D	10 D	17 D	17 R
2	12 ♈ 11	3 ♓ 35	0 ♌ 12	1 ♌ 9	14 ♓ 43	23 ♓ 38	6 ♉ 59	9 ♉ 18	15 ♉ 34	19 ♒ 41	6 ♒ 12	12 ♐ 49	29 ♍	1 ♌	10 ♒	18 ♑	17 ♐
3	13 ♈ 10	16 ♓ 30	0 ♌ 9	1 ♌ 2	15 ♓ 53	24 ♓ 52	7 ♉ 43	9 ♉ 32	15 ♉ 41	19 ♒ 43	6 ♒ 13	12 ♐ 48	29 ♍	1 ♌	10 ♒	18 ♑	17 ♐
4	14 ♈ 9	29 ♓ 47	0 ♌ 6	0 ♌ 53	17 ♓ 6	26 ♓ 6	8 ♉ 27	9 ♉ 46	15 ♉ 48	19 ♒ 45	6 ♒ 14	12 ♐ 48	29 ♍	1 ♌	11 ♒	18 ♑	17 ♐
5	15 ♈ 8	13 ♈ 25	0 ♌ 3	0 ♌ 42	18 ♓ 20	27 ♓ 20	9 ♉ 10	9 ♉ 59	15 ♉ 55	19 ♒ 48	6 ♒ 15	12 ♐ 47	29 ♍	1 ♌	11 ♒	19 ♑	17 ♐
6	16 ♈ 7	27 ♈ 22	0 ♌ 0	0 ♌ 30	19 ♓ 37	28 ♓ 34	9 ♉ 54	10 ♉ 13	16 ♉ 2	19 ♒ 50	6 ♒ 16	12 ♐ 46	28 ♍	1 ♌	11 ♒	19 ♑	17 ♐
7	17 ♈ 6	11 ♉ 32	29 ♋ 56	0 ♌ 19	20 ♓ 55	29 ♓ 48	10 ♉ 37	10 ♉ 27	16 ♉ 9	19 ♒ 52	6 ♒ 17	12 ♐ 46	28 ♍	2 ♌	12 ♒	19 ♑	17 ♐
8	18 ♈ 5	25 ♉ 50	29 ♋ 53	0 ♌ 9	22 ♓ 16	1 ♈ 2	11 ♉ 20	10 ♉ 40	16 ♉ 16	19 ♒ 54	6 ♒ 18	12 ♐ 45	28 ♍	2 ♌	12 ♒	20 ♑	17 ♐
9	19 ♈ 4	10 ♊ 10	29 ♋ 50	0 ♌ 2	23 ♓ 38	2 ♈ 16	12 ♉ 4	10 ♉ 54	16 ♉ 23	19 ♒ 57	6 ♒ 19	12 ♐ 44	28 ♍	2 ♌	12 ♒	20 ♑	17 ♐
10	20 ♈ 3	24 ♊ 29	29 ♋ 47	29 ♋ 57	25 ♓ 2	3 ♈ 30	12 ♉ 47	11 ♉ 8	16 ♉ 30	19 ♒ 59	6 ♒ 20	12 ♐ 43	28 ♍	2 ♌	13 ♒	21 ♑	17 ♐
11	21 ♈ 2	8 ♋ 43	29 ♋ 44	29 ♋ 56	26 ♓ 28	4 ♈ 44	13 ♉ 30	11 ♉ 22	16 ♉ 37	20 ♒ 1	6 ♒ 21	12 ♐ 42	27 ♍	3 ♌	13 ♒	21 ♑	17 ♐
12	22 ♈ 1	22 ♋ 50	29 ♋ 41	29 D 55	27 ♓ 55	5 ♈ 58	14 ♉ 14	11 ♉ 36	16 ♉ 45	20 ♒ 3	6 ♒ 22	12 ♐ 42	27 ♍	3 ♌	13 ♒	21 ♑	17 ♐
13	23 ♈ 0	6 ♌ 49	29 ♋ 37	29 R 55	29 ♓ 25	7 ♈ 12	14 ♉ 57	11 ♉ 50	16 ♉ 52	20 ♒ 5	6 ♒ 23	12 ♐ 41	27 ♍	3 ♌	14 ♒	21 ♑	17 ♐
14	23 ♈ 59	20 ♌ 40	29 ♋ 34	29 ♋ 54	0 ♈ 55	8 ♈ 26	15 ♉ 40	12 ♉ 4	16 ♉ 59	20 ♒ 7	6 ♒ 24	12 ♐ 40	27 ♍	3 ♌	14 ♒	22 ♑	17 ♐
15	24 ♈ 57	4 ♍ 22	29 ♋ 31	29 ♋ 51	2 ♈ 28	9 ♈ 40	16 ♉ 23	12 ♉ 18	17 ♉ 7	20 ♒ 9	6 ♒ 25	12 ♐ 39	27 ♍	4 ♌	14 ♒	22 ♑	16 ♐
16	25 ♈ 56	17 ♍ 56	29 ♋ 28	29 ♋ 45	4 ♈ 2	10 ♈ 54	17 ♉ 6	12 ♉ 32	17 ♉ 14	20 ♒ 11	6 ♒ 25	12 ♐ 38	27 ♍	4 ♌	14 ♒	22 ♑	16 ♐
17	26 ♈ 55	1 ♎ 20	29 ♋ 25	29 ♋ 36	5 ♈ 38	12 ♈ 8	17 ♉ 49	12 ♉ 46	17 ♉ 21	20 ♒ 13	6 ♒ 26	12 ♐ 37	26 ♍	4 ♌	15 ♒	23 ♑	16 ♐
18	27 ♈ 53	14 ♎ 32	29 ♋ 22	29 ♋ 25	7 ♈ 16	13 ♈ 22	18 ♉ 32	13 ♉ 0	17 ♉ 29	20 ♒ 14	6 ♒ 27	12 ♐ 36	26 ♍	4 ♌	15 ♒	23 ♑	16 ♐
19	28 ♈ 52	27 ♎ 32	29 ♋ 18	29 ♋ 12	8 ♈ 55	14 ♈ 36	19 ♉ 15	13 ♉ 14	17 ♉ 36	20 ♒ 16	6 ♒ 27	12 ♐ 35	26 ♍	5 ♌	15 ♒	23 ♑	16 ♐
20	29 ♈ 51	10 ♏ 18	29 ♋ 15	28 ♋ 58	10 ♈ 36	15 ♈ 50	19 ♉ 57	13 ♉ 28	17 ♉ 44	20 ♒ 18	6 ♒ 28	12 ♐ 34	26 ♍	5 ♌	16 ♒	24 ♑	16 ♐
21	0 ♉ 49	22 ♏ 49	29 ♋ 12	28 ♋ 46	12 ♈ 18	17 ♈ 4	20 ♉ 40	13 ♉ 42	17 ♉ 51	20 ♒ 20	6 ♒ 29	12 ♐ 33	26 ♍	5 ♌	16 ♒	24 ♑	16 ♐
22	1 ♉ 48	5 ♐ 6	29 ♋ 9	28 ♋ 35	14 ♈ 2	18 ♈ 18	21 ♉ 23	13 ♉ 56	17 ♉ 59	20 ♒ 21	6 ♒ 29	12 ♐ 32	26 ♍	6 ♌	16 ♒	24 ♑	16 ♐
23	2 ♉ 46	17 ♐ 11	29 ♋ 6	28 ♋ 27	15 ♈ 48	19 ♈ 32	22 ♉ 6	14 ♉ 11	18 ♉ 6	20 ♒ 23	6 ♒ 30	12 ♐ 31	26 ♍	6 ♌	16 ♒	25 ♑	16 ♐
24	3 ♉ 45	29 ♐ 7	29 ♋ 2	28 ♋ 22	17 ♈ 36	20 ♈ 46	22 ♉ 48	14 ♉ 25	18 ♉ 14	20 ♒ 24	6 ♒ 30	12 ♐ 29	26 ♍	6 ♌	17 ♒	25 ♑	16 ♐
25	4 ♉ 43	10 ♑ 56	28 ♋ 59	28 ♋ 19	19 ♈ 25	22 ♈ 0	23 ♉ 31	14 ♉ 39	18 ♉ 21	20 ♒ 26	6 ♒ 31	12 ♐ 28	26 ♍	6 ♌	17 ♒	25 ♑	16 ♐
26	5 ♉ 41	22 ♑ 44	28 ♋ 56	28 ♋ 18	21 ♈ 16	23 ♈ 14	24 ♉ 13	14 ♉ 53	18 ♉ 29	20 ♒ 27	6 ♒ 31	12 ♐ 27	25 ♍	7 ♌	17 ♒	25 ♑	16 ♐
27	6 ♉ 40	4 ♒ 36	28 ♋ 53	28 D 18	23 ♈ 8	24 ♈ 28	24 ♉ 56	15 ♉ 7	18 ♉ 37	20 ♒ 29	6 ♒ 32	12 ♐ 26	25 ♍	7 ♌	17 ♒	26 ♑	16 ♐
28	7 ♉ 38	16 ♒ 38	28 ♋ 50	28 R 18	25 ♈ 2	25 ♈ 41	25 ♉ 38	15 ♉ 22	18 ♉ 44	20 ♒ 30	6 ♒ 32	12 ♐ 25	25 ♍	7 ♌	18 ♒	26 ♑	16 ♐
29	8 ♉ 37	28 ♒ 54	28 ♋ 47	28 ♋ 16	26 ♈ 58	26 ♈ 55	26 ♉ 21	15 ♉ 36	18 ♉ 52	20 ♒ 32	6 ♒ 32	12 ♐ 23	25 ♍	8 ♌	18 ♒	26 ♑	16 ♐
30	9 ♉ 35	11 ♓ 30	28 ♋ 43	28 ♋ 13	28 ♈ 56	28 ♈ 9	27 ♉ 3	15 ♉ 50	19 ♉ 0	20 ♒ 33	6 ♒ 33	12 ♐ 22	25 ♍	8 ♌	18 ♒	26 ♑	16 ♐

SUN INGRESS	☉ → ♉ 20日 03:40
MOON PHASE	● 5日 03:12 ♈　◐ 11日 22:30 ♋　○ 19日 02:42 ♎　◑ 27日 04:30 ♒

aspects		
2日	15:19	☉△♇
2日	19:19	☿⚹♄
6日	15:40	♂☌♃
9日	22:09	☉⚹♅
12日	07:45	♀⚹♆
16日	05:27	♂☌♄
17日	09:09	♀△♇
17日	11:55	☿⚹♆
20日	11:59	♂□♅
21日	03:21	☿△♇
23日	16:53	♀⚹♅
25日	13:29	☿⚹♅
26日	20:34	☉□♆
28日	22:26	☿☌♀

2000年5月

DAY	☉	☽	☊ mean	☊ true	☿	♀	♂	♃	♄	♅	♆	♇	⚳	⚴	⚵	⚶	⚷
	° ′	° ′	° ′	° ′	° ′	° ′	° ′	° ′	° ′	° ′	° ′	° ′	°	°	°	°	°
1	10♉33	24♓30	28♋40	28 R 7	0 D 55	29 D 23	27 D 45	16 D 4	19 D 7	20 D 34	6 D 33	12 R 21	25 R	8 D	19 D	27 D	16 R
2	11♉31	7♈56	28♋37	27♋58	2♉56	0♉37	28♉28	16♉19	19♉15	20♒35	6♒33	12♐19	25♍	9♌	19♒	27♑	16♐
3	12♉30	21♈47	28♋34	27♋48	4♉58	1♉51	29♉10	16♉33	19♉23	20♒36	6♒33	12♐18	25♍	9♌	19♒	27♑	16♐
4	13♉28	6♉2	28♋31	27♋37	7♉2	3♉5	29♉52	16♉47	19♉30	20♒37	6♒34	12♐17	25♍	9♌	19♒	27♑	16♐
5	14♉26	20♉34	28♋28	27♋26	9♉7	4♉19	0♊34	17♉1	19♉38	20♒38	6♒34	12♐15	25♍	10♌	20♒	27♑	16♐
6	15♉24	5♊17	28♋24	27♋17	11♉14	5♉32	1♊16	17♉16	19♉46	20♒39	6♒34	12♐14	25♍	10♌	20♒	28♑	16♐
7	16♉22	20♊3	28♋21	27♋10	13♉22	6♉46	1♊58	17♉30	19♉53	20♒40	6♒34	12♐13	25♍	10♌	20♒	28♑	16♐
8	17♉20	4♋44	28♋18	27♋6	15♉30	8♉0	2♊40	17♉44	20♉1	20♒41	6♒34	12♐11	25♍	11♌	20♒	28♑	15♐
9	18♉18	19♋15	28♋15	27♋4	17♉40	9♉14	3♊22	17♉59	20♉9	20♒42	6 R 34	12♐10	25 D	11♌	20♒	28♑	15♐
10	19♉16	3♌32	28♋12	27 D 4	19♉50	10♉28	4♊4	18♉13	20♉17	20♒43	6♒34	12♐8	25♍	11♌	21♒	28♑	15♐
11	20♉14	17♌33	28♋8	27♋4	22♉1	11♉42	4♊46	18♉27	20♉24	20♒44	6♒34	12♐7	25♍	12♌	21♒	29♑	15♐
12	21♉12	1♍19	28♋5	27 R 4	24♉11	12♉55	5♊28	18♉41	20♉32	20♒44	6♒34	12♐5	25♍	12♌	21♒	29♑	15♐
13	22♉10	14♍49	28♋2	27♋2	26♉22	14♉9	6♊9	18♉56	20♉40	20♒45	6♒34	12♐4	25♍	12♌	21♒	29♑	15♐
14	23♉8	28♍6	27♋59	26♋57	28♉32	15♉23	6♊51	19♉10	20♉48	20♒46	6♒33	12♐2	25♍	13♌	22♒	29♑	15♐
15	24♉6	11♎10	27♋56	26♋50	0♊42	16♉37	7♊33	19♉24	20♉55	20♒46	6♒33	12♐1	25♍	13♌	22♒	29♑	15♐
16	25♉4	24♎1	27♋53	26♋41	2♊50	17♉50	8♊14	19♉38	21♉3	20♒47	6♒33	11♐59	25♍	13♌	22♒	29♑	15♐
17	26♉2	6♏41	27♋49	26♋31	4♊57	19♉4	8♊56	19♉53	21♉11	20♒47	6♒33	11♐58	25♍	14♌	22♒	0♒	15♐
18	26♉59	19♏9	27♋46	26♋20	7♊3	20♉18	9♊37	20♉7	21♉18	20♒47	6♒33	11♐56	25♍	14♌	22♒	0♒	15♐
19	27♉57	1♐26	27♋43	26♋10	9♊7	21♉32	10♊19	20♉21	21♉26	20♒48	6♒32	11♐55	25♍	15♌	23♒	0♒	15♐
20	28♉55	13♐33	27♋40	26♋1	11♊9	22♉46	11♊0	20♉35	21♉34	20♒48	6♒32	11♐53	25♍	15♌	23♒	0♒	15♐
21	29♉53	25♐32	27♋37	25♋54	13♊9	23♉59	11♊42	20♉49	21♉41	20♒48	6♒32	11♐51	25♍	15♌	23♒	0♒	15♐
22	0♊50	7♑23	27♋34	25♋50	15♊6	25♉13	12♊23	21♉4	21♉49	20♒49	6♒31	11♐50	26♍	16♌	23♒	0♒	15♐
23	1♊48	19♑11	27♋30	25♋48	17♊1	26♉27	13♊4	21♉18	21♉57	20♒49	6♒31	11♐48	26♍	16♌	23♒	0♒	15♐
24	2♊46	0♒58	27♋27	25 D 48	18♊53	27♉40	13♊46	21♉32	22♉4	20♒49	6♒30	11♐47	26♍	16♌	23♒	0♒	14♐
25	3♊43	12♒50	27♋24	25♋49	20♊43	28♉54	14♊27	21♉46	22♉12	20♒49	6♒30	11♐45	26♍	17♌	24♒	0♒	14♐
26	4♊41	24♒51	27♋21	25♋50	22♊30	0♊8	15♊8	22♉0	22♉20	20 R 49	6♒29	11♐43	26♍	17♌	24♒	0♒	14♐
27	5♊39	7♓7	27♋18	25 R 51	24♊13	1♊22	15♊49	22♉14	22♉27	20♒49	6♒29	11♐42	26♍	18♌	24♒	0♒	14♐
28	6♊36	19♓41	27♋14	25♋50	25♊54	2♊35	16♊30	22♉28	22♉35	20♒49	6♒28	11♐40	26♍	18♌	24♒	1♒	14♐
29	7♊34	2♈40	27♋11	25♋47	27♊32	3♊49	17♊11	22♉42	22♉42	20♒49	6♒27	11♐39	26♍	18♌	24♒	1♒	14♐
30	8♊31	16♈5	27♋8	25♋42	29♊8	5♊3	17♊52	22♉56	22♉50	20♒49	6♒27	11♐37	26♍	19♌	24♒	1♒	14♐
31	9♊29	29♈58	27♋5	25♋36	0♋40	6♊17	18♊33	23♉10	22♉58	20♒48	6♒26	11♐35	27♍	19♌	25♒	1♒	14♐

SUN INGRESS ☉→♊21日 02:49

MOON PHASE ● 4日 13:12 ♉ ◐ 11日 05:01 ♌ ○ 18日 16:34 ♏ ◑ 26日 20:55 ♓

aspects

3日	18:30	☿□♆
6日	19:56	♀□♆
8日	13:08	☉☌♃
9日	03:52	☿☌♃
9日	12:49	☉☌☿
10日	05:11	☿☌♄
10日	09:46	☿□♅
11日	04:44	☉☌♄
11日	12:15	☉□♅
13日	13:53	♂△♆
13日	17:34	♄□♅
17日	18:10	☿△♆
17日	19:30	♀☌♃
18日	09:38	♀□♅
18日	21:55	♀☌♄
19日	21:26	☿☌♂
20日	08:41	☿☍♇
20日	22:15	♃□♅
21日	05:26	♂☍♇
25日	01:22	☿△♅
27日	20:37	☉△♆
29日	01:03	♃☌♄
31日	03:03	♀△♆

2000年6月

DAY	☉	☽	☊ mean	☊ true	☿	♀	♂	♃	♄	♅	♆	♇	⚳	⚴	⚵	⚶	⚷
	° ′	° ′	° ′	° ′	° ′	° ′	° ′	° ′	° ′	° ′	° ′	° ′	°	°	°	°	°
1	10♊26	14♉18	27♋2	25 R 29	2 D 9	7 D 30	19 D 14	23 D 24	23 D 5	20 R 48	6 R 25	11 R 34	27 D	19 D	25 D	1 D	14 R
2	11♊24	29♉1	26♋59	25♋23	3♋34	8♊44	19♊55	23♉38	23♉13	20♒48	6♒25	11♐32	27♍	20♌	25♒	1♒	14♐
3	12♊21	13♊59	26♋55	25♋17	4♋57	9♊58	20♊36	23♉52	23♉20	20♒47	6♒24	11♐31	27♍	20♌	25♒	1♒	14♐
4	13♊19	29♊3	26♋52	25♋13	6♋17	11♊12	21♊17	24♉6	23♉27	20♒47	6♒23	11♐29	27♍	21♌	25♒	1 R	14♐
5	14♊16	14♋5	26♋49	25♋11	7♋33	12♊25	21♊58	24♉20	23♉35	20♒46	6♒22	11♐27	27♍	21♌	25♒	1♒	14♐
6	15♊14	28♋55	26♋46	25 D 10	8♋46	13♊39	22♊38	24♉33	23♉42	20♒46	6♒21	11♐26	28♍	21♌	25♒	1♒	14♐
7	16♊11	13♌28	26♋43	25♋11	9♋56	14♊53	23♊19	24♉47	23♉50	20♒45	6♒21	11♐24	28♍	22♌	25♒	1♒	13♐
8	17♊9	27♌41	26♋40	25♋13	11♋2	16♊6	24♊0	25♉1	23♉57	20♒45	6♒20	11♐22	28♍	22♌	26♒	1♒	13♐
9	18♊6	11♍32	26♋36	25♋14	12♋5	17♊20	24♊40	25♉14	24♉4	20♒44	6♒19	11♐21	28♍	23♌	26♒	1♒	13♐
10	19♊4	25♍2	26♋33	25 R 14	13♋5	18♊34	25♊21	25♉28	24♉12	20♒43	6♒18	11♐19	28♍	23♌	26♒	1♒	13♐
11	20♊1	8♎12	26♋30	25♋12	14♋0	19♊48	26♊1	25♉42	24♉19	20♒43	6♒17	11♐18	28♍	23♌	26♒	0♒	13♐
12	20♊58	21♎4	26♋27	25♋9	14♋52	21♊1	26♊42	25♉55	24♉26	20♒42	6♒16	11♐16	29♍	24♌	26♒	0♒	13♐
13	21♊56	3♏42	26♋24	25♋5	15♋41	22♊15	27♊22	26♉9	24♉33	20♒41	6♒15	11♐14	29♍	24♌	26♒	0♒	13♐
14	22♊53	16♏6	26♋20	25♋0	16♋25	23♊29	28♊3	26♉22	24♉40	20♒40	6♒14	11♐13	29♍	25♌	26♒	0♒	13♐
15	23♊50	28♏19	26♋17	24♋54	17♋6	24♊42	28♊43	26♉36	24♉47	20♒39	6♒13	11♐11	29♍	25♌	26♒	0♒	13♐
16	24♊47	10♐24	26♋14	24♋49	17♋42	25♊56	29♊23	26♉49	24♉55	20♒38	6♒12	11♐10	29♍	25♌	26♒	0♒	13♐
17	25♊45	22♐21	26♋11	24♋45	18♋14	27♊10	0♋4	27♉2	25♉2	20♒37	6♒10	11♐8	0♎	26♌	26♒	0♒	13♐
18	26♊42	4♑13	26♋8	24♋42	18♋42	28♊24	0♋44	27♉16	25♉9	20♒36	6♒9	11♐7	0♎	26♌	26♒	0♒	13♐
19	27♊39	16♑1	26♋5	24♋41	19♋6	29♊37	1♋24	27♉29	25♉16	20♒35	6♒8	11♐5	0♎	27♌	26♒	0♒	13♐
20	28♊37	27♑49	26♋1	24 D 40	19♋25	0♋51	2♋4	27♉42	25♉22	20♒34	6♒7	11♐3	0♎	27♌	26♒	0♒	13♐
21	29♊34	9♒38	25♋58	24♋41	19♋40	2♋5	2♋45	27♉55	25♉29	20♒33	6♒6	11♐2	1♎	28♌	26♒	29♑	13♐
22	0♋31	21♒32	25♋55	24♋42	19♋50	3♋18	3♋25	28♉8	25♉36	20♒31	6♒5	11♐0	1♎	28♌	26♒	29♑	12♐
23	1♋28	3♓36	25♋52	24♋44	19♋56	4♋32	4♋5	28♉21	25♉43	20♒30	6♒3	10♐59	1♎	28♌	26♒	29♑	12♐
24	2♋25	15♓52	25♋49	24♋46	19 R 57	5♋46	4♋45	28♉34	25♉50	20♒29	6♒2	10♐57	1♎	29♌	26♒	29♑	12♐
25	3♋23	28♓26	25♋46	24♋46	19♋54	7♋0	5♋25	28♉47	25♉56	20♒27	6♒1	10♐56	2♎	29♌	26♒	29♑	12♐
26	4♋20	11♈22	25♋42	24 R 46	19♋46	8♋13	6♋5	29♉0	26♉3	20♒26	5♒59	10♐55	2♎	0♍	26 R	29♑	12♐
27	5♋17	24♈42	25♋39	24♋45	19♋33	9♋27	6♋45	29♉13	26♉10	20♒25	5♒58	10♐53	2♎	0♍	26♒	28♑	12♐
28	6♋14	8♉29	25♋36	24♋44	19♋17	10♋41	7♋25	29♉26	26♉16	20♒23	5♒57	10♐52	2♎	0♍	26♒	28♑	12♐
29	7♋12	22♉43	25♋33	24♋42	18♋56	11♋54	8♋4	29♉38	26♉23	20♒22	5♒55	10♐50	3♎	1♍	26♒	28♑	12♐
30	8♋9	7♊22	25♋30	24♋39	18♋32	13♋8	8♋44	29♉51	26♉29	20♒20	5♒54	10♐49	3♎	1♍	26♒	28♑	12♐

SUN INGRESS ☉→♋21日 10:48

MOON PHASE ● 2日 21:14 ♊ ◐ 9日 12:29 ♍ ○ 17日 07:27 ♐ ◑ 25日 10:00 ♈

aspects

2日	03:18	☉☍♇
3日	06:34	♂□♅
4日	05:31	♀☍♇
11日	17:12	☉△♅
11日	17:42	♀△♅
11日	19:30	☉☌♀
22日	04:27	♀☌♂

2000年7月

DAY	☉	☽	☊ mean	☊ true	☿	♀	♂	♃	♄	♅	♆	♇	⚳	⚴	⚵	⚶	⚷
	° ′	° ′	° ′	° ′	° ′	° ′	° ′	° ′	° ′	° ′	° ′	° ′	°	°	°	°	°
1	9 ♋ 6	22 ♊ 20	25 ♋ 26	24 R 38	18 R 5	14 D 22	9 D 24	0 D 3	26 D 36	20 R 19	5 R 53	10 R 47	3 D	2 D	26 R	28 R	12 R
2	10 ♋ 3	7 ♋ 29	25 ♋ 23	24 ♋ 36	17 ♋ 34	15 ♋ 36	10 ♋ 4	0 ♊ 16	26 ♉ 42	20 ♒ 17	5 ♒ 51	10 ♐ 46	3 ♎	2 ♍	26 ♒	28 ♑	12 ♐
3	11 ♋ 1	22 ♋ 40	25 ♋ 20	24 ♋ 36	17 ♋ 1	16 ♋ 50	10 ♋ 44	0 ♊ 28	26 ♉ 48	20 ♒ 15	5 ♒ 50	10 ♐ 45	4 ♎	3 ♍	26 ♒	27 ♑	12 ♐
4	11 ♋ 58	7 ♌ 44	25 ♋ 17	24 D 36	16 ♋ 27	18 ♋ 3	11 ♋ 23	0 ♊ 41	26 ♉ 55	20 ♒ 14	5 ♒ 48	10 ♐ 43	4 ♎	3 ♍	26 ♒	27 ♑	12 ♐
5	12 ♋ 55	22 ♌ 32	25 ♋ 14	24 ♋ 37	15 ♋ 50	19 ♋ 17	12 ♋ 3	0 ♊ 53	27 ♉ 1	20 ♒ 12	5 ♒ 47	10 ♐ 42	4 ♎	3 ♍	26 ♒	27 ♑	12 ♐
6	13 ♋ 52	6 ♍ 58	25 ♋ 11	24 ♋ 38	15 ♋ 13	20 ♋ 31	12 ♋ 43	1 ♊ 5	27 ♉ 7	20 ♒ 10	5 ♒ 45	10 ♐ 41	5 ♎	4 ♍	26 ♒	27 ♑	12 ♐
7	14 ♋ 49	21 ♍ 0	25 ♋ 7	24 ♋ 39	14 ♋ 36	21 ♋ 45	13 ♋ 22	1 ♊ 17	27 ♉ 13	20 ♒ 8	5 ♒ 44	10 ♐ 39	5 ♎	4 ♍	26 ♒	26 ♑	12 ♐
8	15 ♋ 47	4 ♎ 36	25 ♋ 4	24 ♋ 39	13 ♋ 59	22 ♋ 58	14 ♋ 2	1 ♊ 29	27 ♉ 19	20 ♒ 6	5 ♒ 42	10 ♐ 38	5 ♎	5 ♍	26 ♒	26 ♑	12 ♐
9	16 ♋ 44	17 ♎ 48	25 ♋ 1	24 R 39	13 ♋ 23	24 ♋ 12	14 ♋ 41	1 ♊ 41	27 ♉ 25	20 ♒ 5	5 ♒ 41	10 ♐ 37	5 ♎	5 ♍	26 ♒	26 ♑	11 ♐
10	17 ♋ 41	0 ♏ 37	24 ♋ 58	24 ♋ 39	12 ♋ 49	25 ♋ 26	15 ♋ 21	1 ♊ 53	27 ♉ 31	20 ♒ 3	5 ♒ 39	10 ♐ 36	6 ♎	6 ♍	26 ♒	26 ♑	11 ♐
11	18 ♋ 38	13 ♏ 8	24 ♋ 55	24 ♋ 39	12 ♋ 18	26 ♋ 40	16 ♋ 0	2 ♊ 5	27 ♉ 37	20 ♒ 1	5 ♒ 38	10 ♐ 35	6 ♎	6 ♍	26 ♒	25 ♑	11 ♐
12	19 ♋ 35	25 ♏ 24	24 ♋ 51	24 ♋ 38	11 ♋ 49	27 ♋ 53	16 ♋ 40	2 ♊ 17	27 ♉ 42	19 ♒ 59	5 ♒ 36	10 ♐ 33	6 ♎	6 ♍	26 ♒	25 ♑	11 ♐
13	20 ♋ 33	7 ♐ 28	24 ♋ 48	24 ♋ 37	11 ♋ 24	29 ♋ 7	17 ♋ 19	2 ♊ 28	27 ♉ 48	19 ♒ 57	5 ♒ 35	10 ♐ 32	7 ♎	7 ♍	25 ♒	25 ♑	11 ♐
14	21 ♋ 30	19 ♐ 24	24 ♋ 45	24 ♋ 37	11 ♋ 2	0 ♌ 21	17 ♋ 59	2 ♊ 40	27 ♉ 54	19 ♒ 55	5 ♒ 33	10 ♐ 31	7 ♎	7 ♍	25 ♒	25 ♑	11 ♐
15	22 ♋ 27	1 ♑ 15	24 ♋ 42	24 ♋ 37	10 ♋ 45	1 ♌ 35	18 ♋ 38	2 ♊ 51	27 ♉ 59	19 ♒ 53	5 ♒ 32	10 ♐ 30	7 ♎	8 ♍	25 ♒	25 ♑	11 ♐
16	23 ♋ 24	13 ♑ 3	24 ♋ 39	24 ♋ 37	10 ♋ 33	2 ♌ 48	19 ♋ 17	3 ♊ 3	28 ♉ 5	19 ♒ 51	5 ♒ 30	10 ♐ 29	8 ♎	8 ♍	25 ♒	24 ♑	11 ♐
17	24 ♋ 21	24 ♑ 51	24 ♋ 36	24 D 37	10 ♋ 25	4 ♌ 2	19 ♋ 57	3 ♊ 14	28 ♉ 10	19 ♒ 49	5 ♒ 29	10 ♐ 28	8 ♎	9 ♍	25 ♒	24 ♑	11 ♐
18	25 ♋ 19	6 ♒ 41	24 ♋ 32	24 R 37	10 D 23	5 ♌ 16	20 ♋ 36	3 ♊ 25	28 ♉ 16	19 ♒ 47	5 ♒ 27	10 ♐ 27	8 ♎	9 ♍	25 ♒	24 ♑	11 ♐
19	26 ♋ 16	18 ♒ 36	24 ♋ 29	24 ♋ 37	10 ♋ 26	6 ♌ 30	21 ♋ 15	3 ♊ 37	28 ♉ 21	19 ♒ 45	5 ♒ 25	10 ♐ 26	9 ♎	9 ♍	25 ♒	24 ♑	11 ♐
20	27 ♋ 13	0 ♓ 38	24 ♋ 26	24 ♋ 36	10 ♋ 34	7 ♌ 44	21 ♋ 54	3 ♊ 48	28 ♉ 26	19 ♒ 43	5 ♒ 24	10 ♐ 25	9 ♎	10 ♍	24 ♒	23 ♑	11 ♐
21	28 ♋ 10	12 ♓ 49	24 ♋ 23	24 ♋ 36	10 ♋ 49	8 ♌ 57	22 ♋ 33	3 ♊ 59	28 ♉ 31	19 ♒ 40	5 ♒ 22	10 ♐ 24	9 ♎	10 ♍	24 ♒	23 ♑	11 ♐
22	29 ♋ 8	25 ♓ 12	24 ♋ 20	24 ♋ 35	11 ♋ 9	10 ♌ 11	23 ♋ 13	4 ♊ 9	28 ♉ 36	19 ♒ 38	5 ♒ 20	10 ♐ 23	10 ♎	11 ♍	24 ♒	23 ♑	11 ♐
23	0 ♌ 5	7 ♈ 50	24 ♋ 17	24 ♋ 35	11 ♋ 35	11 ♌ 25	23 ♋ 52	4 ♊ 20	28 ♉ 41	19 ♒ 36	5 ♒ 19	10 ♐ 22	10 ♎	11 ♍	24 ♒	23 ♑	11 ♐
24	1 ♌ 2	20 ♈ 47	24 ♋ 13	24 ♋ 35	12 ♋ 6	12 ♌ 39	24 ♋ 31	4 ♊ 31	28 ♉ 46	19 ♒ 34	5 ♒ 17	10 ♐ 21	10 ♎	12 ♍	24 ♒	22 ♑	11 ♐
25	2 ♌ 0	4 ♉ 3	24 ♋ 10	24 D 34	12 ♋ 44	13 ♌ 52	25 ♋ 10	4 ♊ 41	28 ♉ 51	19 ♒ 32	5 ♒ 16	10 ♐ 20	11 ♎	12 ♍	24 ♒	22 ♑	11 ♐
26	2 ♌ 57	17 ♉ 43	24 ♋ 7	24 ♋ 35	13 ♋ 27	15 ♌ 6	25 ♋ 49	4 ♊ 52	28 ♉ 56	19 ♒ 29	5 ♒ 14	10 ♐ 20	11 ♎	12 ♍	23 ♒	22 ♑	11 ♐
27	3 ♌ 54	1 ♊ 45	24 ♋ 4	24 ♋ 35	14 ♋ 15	16 ♌ 20	26 ♋ 28	5 ♊ 2	29 ♉ 1	19 ♒ 27	5 ♒ 12	10 ♐ 19	11 ♎	13 ♍	23 ♒	22 ♑	11 ♐
28	4 ♌ 52	16 ♊ 11	24 ♋ 1	24 ♋ 36	15 ♋ 10	17 ♌ 34	27 ♋ 7	5 ♊ 13	29 ♉ 5	19 ♒ 25	5 ♒ 11	10 ♐ 18	12 ♎	13 ♍	23 ♒	21 ♑	11 ♐
29	5 ♌ 49	0 ♋ 55	23 ♋ 57	24 ♋ 37	16 ♋ 10	18 ♌ 48	27 ♋ 46	5 ♊ 23	29 ♉ 10	19 ♒ 22	5 ♒ 9	10 ♐ 17	12 ♎	14 ♍	23 ♒	21 ♑	11 ♐
30	6 ♌ 46	15 ♋ 55	23 ♋ 54	24 ♋ 37	17 ♋ 15	20 ♌ 1	28 ♋ 25	5 ♊ 33	29 ♉ 14	19 ♒ 20	5 ♒ 7	10 ♐ 17	12 ♎	14 ♍	23 ♒	21 ♑	11 ♐
31	7 ♌ 44	1 ♌ 0	23 ♋ 51	24 R 37	18 ♋ 26	21 ♌ 15	29 ♋ 4	5 ♊ 43	29 ♉ 19	19 ♒ 18	5 ♒ 6	10 ♐ 16	13 ♎	15 ♍	22 ♒	21 ♑	11 ♐
SUN INGRESS	☉ → ♌ 22日 21:43																
MOON PHASE	● 2日 04:20 ♋	◐ 8日 21:53 ♎	○ 16日 22:55 ♑	◑ 24日 20:02 ♉	● 31日 11:25 ♌												

aspects		
2日	00:50	☉☌♂
3日	02:39	☿☌♀
6日	20:35	☉☌☿
7日	23:08	☿☌♂
11日	20:08	♀⚹♄
16日	05:32	♀⚹♃
18日	03:29	♀☍♆
21日	09:37	☉⚹♄
22日	03:50	♀△♇
27日	20:21	♃△♆
28日	07:48	☉☍♆
28日	10:40	☉⚹♃
29日	10:59	♀☍♅
31日	10:21	♂⚹♄

2000年8月

DAY	☉	☽	☊ mean	☊ true	☿	♀	♂	♃	♄	♅	♆	♇	⚳	⚴	⚵	⚶	⚷
	° ′	° ′	° ′	° ′	° ′	° ′	° ′	° ′	° ′	° ′	° ′	° ′	°	°	°	°	°
1	8 ♌ 41	16 ♌ 4	23 ♋ 48	24 R 37	19 D 41	22 D 29	29 D 43	5 D 53	29 D 23	19 R 15	5 R 4	10 R 15	13 D	15 D	22 R	21 R	11 R
2	9 ♌ 39	0 ♍ 57	23 ♋ 45	24 ♋ 35	21 ♋ 2	23 ♌ 43	0 ♌ 22	6 ♊ 2	29 ♉ 27	19 ♒ 13	5 ♒ 3	10 ♐ 15	13 ♎	15 ♍	22 ♒	20 ♑	11 ♐
3	10 ♌ 36	15 ♍ 31	23 ♋ 42	24 ♋ 34	22 ♋ 28	24 ♌ 57	1 ♌ 0	6 ♊ 12	29 ♉ 31	19 ♒ 11	5 ♒ 1	10 ♐ 14	14 ♎	16 ♍	22 ♒	20 ♑	11 ♐
4	11 ♌ 33	29 ♍ 41	23 ♋ 38	24 ♋ 31	23 ♋ 58	26 ♌ 10	1 ♌ 39	6 ♊ 21	29 ♉ 35	19 ♒ 8	4 ♒ 59	10 ♐ 13	14 ♎	16 ♍	22 ♒	20 ♑	11 ♐
5	12 ♌ 31	13 ♎ 25	23 ♋ 35	24 ♋ 29	25 ♋ 33	27 ♌ 24	2 ♌ 18	6 ♊ 31	29 ♉ 39	19 ♒ 6	4 ♒ 58	10 ♐ 13	14 ♎	17 ♍	21 ♒	20 ♑	11 ♐
6	13 ♌ 28	26 ♎ 42	23 ♋ 32	24 ♋ 28	27 ♋ 12	28 ♌ 38	2 ♌ 57	6 ♊ 40	29 ♉ 43	19 ♒ 4	4 ♒ 56	10 ♐ 12	15 ♎	17 ♍	21 ♒	20 ♑	11 ♐
7	14 ♌ 26	9 ♏ 34	23 ♋ 29	24 ♋ 27	28 ♋ 55	29 ♌ 52	3 ♌ 36	6 ♊ 49	29 ♉ 47	19 ♒ 1	4 ♒ 55	10 ♐ 12	15 ♎	18 ♍	21 ♒	19 ♑	11 ♐
8	15 ♌ 23	22 ♏ 4	23 ♋ 26	24 D 27	0 ♌ 41	1 ♍ 5	4 ♌ 14	6 ♊ 58	29 ♉ 51	18 ♒ 59	4 ♒ 53	10 ♐ 11	15 ♎	18 ♍	21 ♒	19 ♑	11 ♐
9	16 ♌ 21	4 ♐ 17	23 ♋ 23	24 ♋ 28	2 ♌ 31	2 ♍ 19	4 ♌ 53	7 ♊ 7	29 ♉ 54	18 ♒ 56	4 ♒ 51	10 ♐ 11	16 ♎	19 ♍	20 ♒	19 ♑	11 ♐
10	17 ♌ 18	16 ♐ 17	23 ♋ 19	24 ♋ 30	4 ♌ 23	3 ♍ 33	5 ♌ 32	7 ♊ 16	29 ♉ 58	18 ♒ 54	4 ♒ 50	10 ♐ 11	16 ♎	19 ♍	20 ♒	19 ♑	11 ♐
11	18 ♌ 16	28 ♐ 9	23 ♋ 16	24 ♋ 31	6 ♌ 18	4 ♍ 47	6 ♌ 10	7 ♊ 24	0 ♊ 1	18 ♒ 52	4 ♒ 48	10 ♐ 10	17 ♎	19 ♍	20 ♒	19 ♑	11 ♐
12	19 ♌ 13	9 ♑ 57	23 ♋ 13	24 ♋ 33	8 ♌ 15	6 ♍ 1	6 ♌ 49	7 ♊ 33	0 ♊ 5	18 ♒ 49	4 ♒ 47	10 ♐ 10	17 ♎	20 ♍	20 ♒	19 ♑	11 ♐
13	20 ♌ 11	21 ♑ 45	23 ♋ 10	24 ♋ 33	10 ♌ 14	7 ♍ 14	7 ♌ 27	7 ♊ 41	0 ♊ 8	18 ♒ 47	4 ♒ 45	10 ♐ 10	17 ♎	20 ♍	19 ♒	19 ♑	11 ♐
14	21 ♌ 9	3 ♒ 36	23 ♋ 7	24 R 33	12 ♌ 14	8 ♍ 28	8 ♌ 6	7 ♊ 49	0 ♊ 11	18 ♒ 45	4 ♒ 44	10 ♐ 9	18 ♎	21 ♍	19 ♒	18 ♑	11 D
15	22 ♌ 6	15 ♒ 32	23 ♋ 3	24 ♋ 32	14 ♌ 15	9 ♍ 42	8 ♌ 45	7 ♊ 57	0 ♊ 14	18 ♒ 42	4 ♒ 42	10 ♐ 9	18 ♎	21 ♍	19 ♒	18 ♑	11 ♐
16	23 ♌ 4	27 ♒ 37	23 ♋ 0	24 ♋ 29	16 ♌ 16	10 ♍ 55	9 ♌ 23	8 ♊ 5	0 ♊ 17	18 ♒ 40	4 ♒ 40	10 ♐ 9	18 ♎	22 ♍	19 ♒	18 ♑	11 ♐
17	24 ♌ 2	9 ♓ 51	22 ♋ 57	24 ♋ 24	18 ♌ 18	12 ♍ 9	10 ♌ 2	8 ♊ 13	0 ♊ 20	18 ♒ 37	4 ♒ 39	10 ♐ 9	19 ♎	22 ♍	18 ♒	18 ♑	11 ♐
18	24 ♌ 59	22 ♓ 16	22 ♋ 54	24 ♋ 19	20 ♌ 20	13 ♍ 23	10 ♌ 40	8 ♊ 21	0 ♊ 23	18 ♒ 35	4 ♒ 37	10 ♐ 9	19 ♎	23 ♍	18 ♒	18 ♑	11 ♐
19	25 ♌ 57	4 ♈ 53	22 ♋ 51	24 ♋ 14	22 ♌ 22	14 ♍ 37	11 ♌ 18	8 ♊ 28	0 ♊ 25	18 ♒ 33	4 ♒ 36	10 ♐ 9	20 ♎	23 ♍	18 ♒	18 ♑	11 ♐
20	26 ♌ 55	17 ♈ 44	22 ♋ 48	24 ♋ 9	24 ♌ 23	15 ♍ 50	11 ♌ 57	8 ♊ 36	0 ♊ 28	18 ♒ 30	4 ♒ 34	10 ♐ 9	20 ♎	23 ♍	18 ♒	18 ♑	11 ♐
21	27 ♌ 52	0 ♉ 49	22 ♋ 44	24 ♋ 6	26 ♌ 24	17 ♍ 4	12 ♌ 35	8 ♊ 43	0 ♊ 30	18 ♒ 28	4 ♒ 33	10 ♐ 9	20 ♎	24 ♍	17 ♒	18 ♑	11 ♐
22	28 ♌ 50	14 ♉ 8	22 ♋ 41	24 ♋ 3	28 ♌ 24	18 ♍ 18	13 ♌ 14	8 ♊ 50	0 ♊ 33	18 ♒ 26	4 ♒ 32	10 D 9	21 ♎	24 ♍	17 ♒	18 ♑	11 ♐
23	29 ♌ 48	27 ♉ 45	22 ♋ 38	24 ♋ 2	0 ♍ 23	19 ♍ 31	13 ♌ 52	8 ♊ 57	0 ♊ 35	18 ♒ 23	4 ♒ 30	10 ♐ 9	21 ♎	25 ♍	17 ♒	18 ♑	11 ♐
24	0 ♍ 46	11 ♊ 38	22 ♋ 35	24 D 3	2 ♍ 22	20 ♍ 45	14 ♌ 30	9 ♊ 4	0 ♊ 37	18 ♒ 21	4 ♒ 29	10 ♐ 9	21 ♎	25 ♍	17 ♒	18 ♑	11 ♐
25	1 ♍ 44	25 ♊ 49	22 ♋ 32	24 ♋ 4	4 ♍ 19	21 ♍ 59	15 ♌ 9	9 ♊ 10	0 ♊ 39	18 ♒ 19	4 ♒ 27	10 ♐ 9	22 ♎	26 ♍	16 ♒	18 ♑	11 ♐
26	2 ♍ 42	10 ♋ 15	22 ♋ 29	24 ♋ 5	6 ♍ 15	23 ♍ 13	15 ♌ 47	9 ♊ 17	0 ♊ 41	18 ♒ 16	4 ♒ 26	10 ♐ 9	22 ♎	26 ♍	16 ♒	18 ♑	11 ♐
27	3 ♍ 39	24 ♋ 54	22 ♋ 25	24 R 6	8 ♍ 9	24 ♍ 26	16 ♌ 25	9 ♊ 23	0 ♊ 43	18 ♒ 14	4 ♒ 24	10 ♐ 9	23 ♎	27 ♍	16 ♒	18 ♑	11 ♐
28	4 ♍ 37	9 ♌ 41	22 ♋ 22	24 ♋ 5	10 ♍ 3	25 ♍ 40	17 ♌ 4	9 ♊ 29	0 ♊ 45	18 ♒ 12	4 ♒ 23	10 ♐ 9	23 ♎	27 ♍	16 ♒	18 ♑	11 ♐
29	5 ♍ 35	24 ♌ 30	22 ♋ 19	24 ♋ 2	11 ♍ 55	26 ♍ 54	17 ♌ 42	9 ♊ 35	0 ♊ 46	18 ♒ 9	4 ♒ 22	10 ♐ 10	23 ♎	27 ♍	16 ♒	18 ♑	11 ♐
30	6 ♍ 33	9 ♍ 13	22 ♋ 16	23 ♋ 57	13 ♍ 46	28 ♍ 7	18 ♌ 20	9 ♊ 41	0 ♊ 48	18 ♒ 7	4 ♒ 20	10 ♐ 10	24 ♎	28 ♍	15 ♒	18 D	11 ♐
31	7 ♍ 31	23 ♍ 43	22 ♋ 13	23 ♋ 51	15 ♍ 36	29 ♍ 21	18 ♌ 58	9 ♊ 47	0 ♊ 49	18 ♒ 5	4 ♒ 19	10 ♐ 10	24 ♎	28 ♍	15 ♒	18 ♑	11 ♐
SUN INGRESS	☉ → ♍ 23日 04:49																
MOON PHASE	◐ 7日 10:02 ♏	○ 15日 14:13 ♒	◑ 23日 03:51 ♉	● 29日 19:19 ♍													

aspects		
2日	14:54	☉△♇
6日	22:24	♀□♄
7日	12:19	☿⚹♄
8日	23:03	♂☍♆
10日	05:33	☿☍♆
10日	21:36	☿☌♂
11日	14:19	☉☍♅
11日	14:44	☿⚹♃
12日	23:14	☿△♇
13日	09:50	♀□♃
13日	10:50	♂⚹♃
15日	08:56	♀□♇
17日	03:42	☿☍♅
17日	04:36	♂△♇
22日	10:05	☉☌☿
23日	02:22	☿□♄
23日	20:15	☉□♄
27日	16:31	☿□♃
28日	01:23	☿□♇
29日	16:22	♂☍♅

2000年9月

DAY	☉	☽	☊ mean	☊ true	☿	♀	♂	♃	♄	♅	♆	♇	⚳	⚴	⚵	⚶	⚷
	° ′	° ′	° ′	° ′	° ′	° ′	° ′	° ′	° ′	° ′	° ′	° ′	°	°	°	°	°
1	8 ♍ 29	7 ♎ 53	22 ♋ 9	23 R 44	17 D 24	0 D 35	19 D 37	9 D 53	0 D 51	18 R 3	4 R 18	10 D 11	25 D	29 D	15 R	18 D	11 D
2	9 ♍ 28	21 ♎ 39	22 ♋ 6	23 ♋ 37	19 ♍ 12	1 ♎ 48	20 ♌ 15	9 ♊ 58	0 ♊ 52	18 ♒ 1	4 ♒ 17	10 ♐ 11	25 ♎	29 ♍	15 ♒	18 ♑	11 ♐
3	10 ♍ 26	4 ♏ 59	22 ♋ 3	23 ♋ 31	20 ♍ 58	3 ♎ 2	20 ♌ 53	10 ♊ 3	0 ♊ 53	17 ♒ 58	4 ♒ 15	10 ♐ 11	25 ♎	0 ♎	14 ♒	18 ♑	11 ♐
4	11 ♍ 24	17 ♏ 54	22 ♋ 0	23 ♋ 26	22 ♍ 42	4 ♎ 15	21 ♌ 31	10 ♊ 8	0 ♊ 54	17 ♒ 56	4 ♒ 14	10 ♐ 12	26 ♎	0 ♎	14 ♒	18 ♑	11 ♐
5	12 ♍ 22	0 ♐ 26	21 ♋ 57	23 ♋ 24	24 ♍ 26	5 ♎ 29	22 ♌ 9	10 ♊ 13	0 ♊ 55	17 ♒ 54	4 ♒ 13	10 ♐ 12	26 ♎	1 ♎	14 ♒	18 ♑	11 ♐
6	13 ♍ 20	12 ♐ 40	21 ♋ 54	23 ♋ 23	26 ♍ 8	6 ♎ 43	22 ♌ 47	10 ♊ 18	0 ♊ 56	17 ♒ 52	4 ♒ 12	10 ♐ 13	27 ♎	1 ♎	14 ♒	18 ♑	11 ♐
7	14 ♍ 18	24 ♐ 39	21 ♋ 50	23 D 23	27 ♍ 49	7 ♎ 56	23 ♌ 25	10 ♊ 22	0 ♊ 56	17 ♒ 50	4 ♒ 11	10 ♐ 13	27 ♎	1 ♎	14 ♒	18 ♑	11 ♐
8	15 ♍ 17	6 ♑ 30	21 ♋ 47	23 ♋ 24	29 ♍ 29	9 ♎ 10	24 ♌ 3	10 ♊ 26	0 ♊ 57	17 ♒ 48	4 ♒ 9	10 ♐ 14	27 ♎	2 ♎	14 ♒	18 ♑	11 ♐
9	16 ♍ 15	18 ♑ 18	21 ♋ 44	23 ♋ 25	1 ♎ 8	10 ♎ 23	24 ♌ 41	10 ♊ 30	0 ♊ 57	17 ♒ 46	4 ♒ 8	10 ♐ 14	28 ♎	2 ♎	13 ♒	18 ♑	11 ♐
10	17 ♍ 13	0 ♒ 7	21 ♋ 41	23 R 25	2 ♎ 45	11 ♎ 37	25 ♌ 19	10 ♊ 34	0 ♊ 58	17 ♒ 44	4 ♒ 7	10 ♐ 15	28 ♎	3 ♎	13 ♒	18 ♑	11 ♐
11	18 ♍ 11	12 ♒ 2	21 ♋ 38	23 ♋ 23	4 ♎ 22	12 ♎ 50	25 ♌ 57	10 ♊ 38	0 ♊ 58	17 ♒ 42	4 ♒ 6	10 ♐ 16	29 ♎	3 ♎	13 ♒	18 ♑	11 ♐
12	19 ♍ 10	24 ♒ 6	21 ♋ 34	23 ♋ 19	5 ♎ 57	14 ♎ 4	26 ♌ 35	10 ♊ 42	0 ♊ 58	17 ♒ 40	4 ♒ 5	10 ♐ 16	29 ♎	4 ♎	13 ♒	18 ♑	11 ♐
13	20 ♍ 8	6 ♓ 22	21 ♋ 31	23 ♋ 13	7 ♎ 31	15 ♎ 17	27 ♌ 13	10 ♊ 45	0 R 58	17 ♒ 38	4 ♒ 4	10 ♐ 17	29 ♎	4 ♎	13 ♒	18 ♑	11 ♐
14	21 ♍ 6	18 ♓ 52	21 ♋ 28	23 ♋ 4	9 ♎ 4	16 ♎ 31	27 ♌ 51	10 ♊ 48	0 ♊ 58	17 ♒ 36	4 ♒ 3	10 ♐ 18	0 ♏	5 ♎	13 ♒	19 ♑	11 ♐
15	22 ♍ 5	1 ♈ 36	21 ♋ 25	22 ♋ 54	10 ♎ 36	17 ♎ 44	28 ♌ 29	10 ♊ 51	0 ♊ 58	17 ♒ 34	4 ♒ 2	10 ♐ 19	0 ♏	5 ♎	13 ♒	19 ♑	11 ♐
16	23 ♍ 3	14 ♈ 33	21 ♋ 22	22 ♋ 43	12 ♎ 7	18 ♎ 58	29 ♌ 7	10 ♊ 54	0 ♊ 58	17 ♒ 33	4 ♒ 1	10 ♐ 20	1 ♏	5 ♎	12 ♒	19 ♑	11 ♐
17	24 ♍ 2	27 ♈ 44	21 ♋ 19	22 ♋ 33	13 ♎ 37	20 ♎ 11	29 ♌ 45	10 ♊ 57	0 ♊ 57	17 ♒ 31	4 ♒ 0	10 ♐ 20	1 ♏	6 ♎	12 ♒	19 ♑	11 ♐
18	25 ♍ 0	11 ♉ 6	21 ♋ 15	22 ♋ 25	15 ♎ 6	21 ♎ 25	0 ♍ 23	10 ♊ 59	0 ♊ 57	17 ♒ 29	3 ♒ 59	10 ♐ 21	1 ♏	6 ♎	12 ♒	19 ♑	12 ♐
19	25 ♍ 59	24 ♉ 39	21 ♋ 12	22 ♋ 18	16 ♎ 33	22 ♎ 38	1 ♍ 1	11 ♊ 2	0 ♊ 56	17 ♒ 27	3 ♒ 59	10 ♐ 22	2 ♏	7 ♎	12 ♒	19 ♑	12 ♐
20	26 ♍ 57	8 ♊ 23	21 ♋ 9	22 ♋ 15	18 ♎ 0	23 ♎ 51	1 ♍ 38	11 ♊ 4	0 ♊ 55	17 ♒ 26	3 ♒ 58	10 ♐ 23	2 ♏	7 ♎	12 ♒	19 ♑	12 ♐
21	27 ♍ 56	22 ♊ 15	21 ♋ 6	22 ♋ 13	19 ♎ 25	25 ♎ 5	2 ♍ 16	11 ♊ 6	0 ♊ 55	17 ♒ 24	3 ♒ 57	10 ♐ 24	3 ♏	8 ♎	12 ♒	20 ♑	12 ♐
22	28 ♍ 55	6 ♋ 17	21 ♋ 3	22 D 13	20 ♎ 50	26 ♎ 18	2 ♍ 54	11 ♊ 7	0 ♊ 54	17 ♒ 22	3 ♒ 56	10 ♐ 25	3 ♏	8 ♎	12 ♒	20 ♑	12 ♐
23	29 ♍ 53	20 ♋ 28	21 ♋ 0	22 ♋ 14	22 ♎ 13	27 ♎ 31	3 ♍ 32	11 ♊ 9	0 ♊ 53	17 ♒ 21	3 ♒ 55	10 ♐ 26	4 ♏	9 ♎	12 ♒	20 ♑	12 ♐
24	0 ♎ 52	4 ♌ 46	20 ♋ 56	22 R 13	23 ♎ 35	28 ♎ 45	4 ♍ 10	11 ♊ 10	0 ♊ 52	17 ♒ 19	3 ♒ 55	10 ♐ 27	4 ♏	9 ♎	12 ♒	20 ♑	12 ♐
25	1 ♎ 51	19 ♌ 10	20 ♋ 53	22 ♋ 11	24 ♎ 55	29 ♎ 58	4 ♍ 47	11 ♊ 11	0 ♊ 50	17 ♒ 18	3 ♒ 54	10 ♐ 28	4 ♏	10 ♎	12 ♒	20 ♑	12 ♐
26	2 ♎ 50	3 ♍ 35	20 ♋ 50	22 ♋ 5	26 ♎ 14	1 ♏ 12	5 ♍ 25	11 ♊ 12	0 ♊ 49	17 ♒ 16	3 ♒ 53	10 ♐ 30	5 ♏	10 ♎	12 ♒	20 ♑	12 ♐
27	3 ♎ 49	17 ♍ 56	20 ♋ 47	21 ♋ 58	27 ♎ 32	2 ♏ 25	6 ♍ 3	11 ♊ 13	0 ♊ 47	17 ♒ 15	3 ♒ 53	10 ♐ 31	5 ♏	10 ♎	12 ♒	21 ♑	12 ♐
28	4 ♎ 48	2 ♎ 8	20 ♋ 44	21 ♋ 47	28 ♎ 49	3 ♏ 38	6 ♍ 40	11 ♊ 13	0 ♊ 46	17 ♒ 14	3 ♒ 52	10 ♐ 32	6 ♏	11 ♎	12 ♒	21 ♑	12 ♐
29	5 ♎ 46	16 ♎ 5	20 ♋ 40	21 ♋ 36	0 ♏ 4	4 ♏ 51	7 ♍ 18	11 ♊ 13	0 ♊ 44	17 ♒ 12	3 ♒ 52	10 ♐ 33	6 ♏	11 ♎	12 ♒	21 ♑	12 ♐
30	6 ♎ 45	29 ♎ 43	20 ♋ 37	21 ♋ 24	1 ♏ 18	6 ♏ 5	7 ♍ 56	11 R 14	0 ♊ 42	17 ♒ 11	3 ♒ 51	10 ♐ 34	6 ♏	12 ♎	12 ♒	21 ♑	12 ♐

SUN INGRESS	☉ → ♎ 23日 02:28
MOON PHASE	◐ 6日 01:27 ♐　○ 14日 04:37 ♓　◑ 21日 10:28 ♊　● 28日 04:53 ♎

aspects		
1日	05:20	♀△♄
2日	13:46	☉□♃
2日	18:02	☉□♇
3日	23:36	♀△♆
4日	20:13	♃☍♇
8日	21:05	♀⚹♇
8日	21:27	☿△♄
9日	02:29	♀△♃
10日	20:08	☿△♆
14日	19:18	☿⚹♇
14日	20:52	♀△♅
15日	04:03	☿△♃
18日	21:18	♂□♄
19日	14:38	☿△♅
23日	23:43	☉△♄
27日	01:39	☉△♆
28日	04:34	♀□♆

2000年10月

DAY	☉	☽	☊ mean	☊ true	☿	♀	♂	♃	♄	♅	♆	♇	⚳	⚴	⚵	⚶	⚷
	° ′	° ′	° ′	° ′	° ′	° ′	° ′	° ′	° ′	° ′	° ′	° ′	°	°	°	°	°
1	7 ♎ 44	12 ♏ 59	20 ♋ 34	21 R 13	2 D 30	7 D 18	8 D 33	11 R 13	0 R 41	17 R 10	3 R 51	10 D 36	7 D	12 D	12 R	21 D	12 D
2	8 ♎ 43	25 ♏ 52	20 ♋ 31	21 ♋ 4	3 ♏ 40	8 ♏ 31	9 ♍ 11	11 ♊ 13	0 ♊ 39	17 ♒ 8	3 ♒ 50	10 ♐ 37	7 ♏	13 ♎	12 D	22 ♑	12 ♐
3	9 ♎ 42	8 ♐ 24	20 ♋ 28	20 ♋ 58	4 ♏ 49	9 ♏ 44	9 ♍ 49	11 ♊ 13	0 ♊ 37	17 ♒ 7	3 ♒ 50	10 ♐ 38	8 ♏	13 ♎	12 ♒	22 ♑	13 ♐
4	10 ♎ 42	20 ♐ 38	20 ♋ 25	20 ♋ 55	5 ♏ 55	10 ♏ 58	10 ♍ 26	11 ♊ 12	0 ♊ 34	17 ♒ 6	3 ♒ 49	10 ♐ 40	8 ♏	14 ♎	12 ♒	22 ♑	13 ♐
5	11 ♎ 41	2 ♑ 37	20 ♋ 21	20 ♋ 53	6 ♏ 59	12 ♏ 11	11 ♍ 4	11 ♊ 11	0 ♊ 32	17 ♒ 5	3 ♒ 49	10 ♐ 41	9 ♏	14 ♎	12 ♒	22 ♑	13 ♐
6	12 ♎ 40	14 ♑ 28	20 ♋ 18	20 D 53	8 ♏ 1	13 ♏ 24	11 ♍ 41	11 ♊ 10	0 ♊ 30	17 ♒ 4	3 ♒ 49	10 ♐ 43	9 ♏	14 ♎	12 ♒	23 ♑	13 ♐
7	13 ♎ 39	26 ♑ 16	20 ♋ 15	20 R 53	9 ♏ 1	14 ♏ 37	12 ♍ 19	11 ♊ 9	0 ♊ 27	17 ♒ 3	3 ♒ 48	10 ♐ 44	9 ♏	15 ♎	12 ♒	23 ♑	13 ♐
8	14 ♎ 38	8 ♒ 7	20 ♋ 12	20 ♋ 52	9 ♏ 57	15 ♏ 50	12 ♍ 56	11 ♊ 7	0 ♊ 25	17 ♒ 2	3 ♒ 48	10 ♐ 45	10 ♏	15 ♎	12 ♒	23 ♑	13 ♐
9	15 ♎ 37	20 ♒ 4	20 ♋ 9	20 ♋ 49	10 ♏ 51	17 ♏ 3	13 ♍ 34	11 ♊ 5	0 ♊ 22	17 ♒ 1	3 ♒ 48	10 ♐ 47	10 ♏	16 ♎	12 ♒	23 ♑	13 ♐
10	16 ♎ 37	2 ♓ 14	20 ♋ 6	20 ♋ 44	11 ♏ 41	18 ♏ 16	14 ♍ 11	11 ♊ 3	0 ♊ 19	17 ♒ 0	3 ♒ 48	10 ♐ 49	11 ♏	16 ♎	12 ♒	24 ♑	13 ♐
11	17 ♎ 36	14 ♓ 40	20 ♋ 2	20 ♋ 36	12 ♏ 28	19 ♏ 29	14 ♍ 49	11 ♊ 1	0 ♊ 16	17 ♒ 0	3 ♒ 47	10 ♐ 50	11 ♏	17 ♎	12 ♒	24 ♑	13 ♐
12	18 ♎ 35	27 ♓ 23	19 ♋ 59	20 ♋ 25	13 ♏ 11	20 ♏ 42	15 ♍ 26	10 ♊ 59	0 ♊ 13	16 ♒ 59	3 ♒ 47	10 ♐ 52	11 ♏	17 ♎	12 ♒	24 ♑	13 ♐
13	19 ♎ 35	10 ♈ 25	19 ♋ 56	20 ♋ 13	13 ♏ 50	21 ♏ 55	16 ♍ 4	10 ♊ 56	0 ♊ 10	16 ♒ 58	3 ♒ 47	10 ♐ 53	12 ♏	18 ♎	12 ♒	24 ♑	13 ♐
14	20 ♎ 34	23 ♈ 44	19 ♋ 53	19 ♋ 59	14 ♏ 24	23 ♏ 8	16 ♍ 41	10 ♊ 54	0 ♊ 7	16 ♒ 57	3 ♒ 47	10 ♐ 55	12 ♏	18 ♎	12 ♒	25 ♑	13 ♐
15	21 ♎ 33	7 ♉ 19	19 ♋ 50	19 ♋ 47	14 ♏ 53	24 ♏ 21	17 ♍ 18	10 ♊ 51	0 ♊ 4	16 ♒ 57	3 ♒ 47	10 ♐ 57	13 ♏	19 ♎	12 ♒	25 ♑	13 ♐
16	22 ♎ 33	21 ♉ 7	19 ♋ 46	19 ♋ 36	15 ♏ 16	25 ♏ 34	17 ♍ 56	10 ♊ 48	0 ♊ 1	16 ♒ 56	3 D 47	10 ♐ 58	13 ♏	19 ♎	12 ♒	25 ♑	14 ♐
17	23 ♎ 32	5 ♊ 3	19 ♋ 43	19 ♋ 28	15 ♏ 34	26 ♏ 47	18 ♍ 33	10 ♊ 44	29 ♉ 57	16 ♒ 56	3 ♒ 47	11 ♐ 0	14 ♏	19 ♎	12 ♒	26 ♑	14 ♐
18	24 ♎ 32	19 ♊ 5	19 ♋ 40	19 ♋ 23	15 ♏ 44	28 ♏ 0	19 ♍ 11	10 ♊ 41	29 ♉ 54	16 ♒ 55	3 ♒ 47	11 ♐ 2	14 ♏	20 ♎	12 ♒	26 ♑	14 ♐
19	25 ♎ 31	3 ♋ 9	19 ♋ 37	19 ♋ 21	15 R 47	29 ♏ 13	19 ♍ 48	10 ♊ 37	29 ♉ 51	16 ♒ 55	3 ♒ 47	11 ♐ 3	14 ♏	20 ♎	13 ♒	26 ♑	14 ♐
20	26 ♎ 31	17 ♋ 15	19 ♋ 34	19 ♋ 20	15 ♏ 43	0 ♐ 26	20 ♍ 25	10 ♊ 33	29 ♉ 47	16 ♒ 54	3 ♒ 47	11 ♐ 5	15 ♏	21 ♎	13 ♒	27 ♑	14 ♐
21	27 ♎ 31	1 ♌ 20	19 ♋ 31	19 ♋ 20	15 ♏ 31	1 ♐ 39	21 ♍ 2	10 ♊ 29	29 ♉ 43	16 ♒ 54	3 ♒ 47	11 ♐ 7	15 ♏	21 ♎	13 ♒	27 ♑	14 ♐
22	28 ♎ 30	15 ♌ 25	19 ♋ 27	19 ♋ 19	15 ♏ 9	2 ♐ 52	21 ♍ 40	10 ♊ 25	29 ♉ 40	16 ♒ 54	3 ♒ 48	11 ♐ 9	16 ♏	22 ♎	13 ♒	27 ♑	14 ♐
23	29 ♎ 30	29 ♌ 29	19 ♋ 24	19 ♋ 17	14 ♏ 39	4 ♐ 4	22 ♍ 17	10 ♊ 21	29 ♉ 36	16 ♒ 54	3 ♒ 48	11 ♐ 11	16 ♏	22 ♎	13 ♒	27 ♑	14 ♐
24	0 ♏ 30	13 ♍ 29	19 ♋ 21	19 ♋ 11	14 ♏ 1	5 ♐ 17	22 ♍ 54	10 ♊ 16	29 ♉ 32	16 ♒ 53	3 ♒ 48	11 ♐ 13	17 ♏	23 ♎	13 ♒	28 ♑	14 ♐
25	1 ♏ 30	27 ♍ 24	19 ♋ 18	19 ♋ 3	13 ♏ 13	6 ♐ 30	23 ♍ 31	10 ♊ 11	29 ♉ 28	16 ♒ 53	3 ♒ 48	11 ♐ 14	17 ♏	23 ♎	13 ♒	28 ♑	14 ♐
26	2 ♏ 30	11 ♎ 10	19 ♋ 15	18 ♋ 52	12 ♏ 17	7 ♐ 43	24 ♍ 9	10 ♊ 6	29 ♉ 24	16 ♒ 53	3 ♒ 49	11 ♐ 16	17 ♏	23 ♎	14 ♒	28 ♑	15 ♐
27	3 ♏ 29	24 ♎ 45	19 ♋ 11	18 ♋ 40	11 ♏ 14	8 ♐ 55	24 ♍ 46	10 ♊ 1	29 ♉ 20	16 ♒ 53	3 ♒ 49	11 ♐ 18	18 ♏	24 ♎	14 ♒	29 ♑	15 ♐
28	4 ♏ 29	8 ♏ 4	19 ♋ 8	18 ♋ 27	10 ♏ 4	10 ♐ 8	25 ♍ 23	9 ♊ 56	29 ♉ 16	16 D 53	3 ♒ 49	11 ♐ 20	18 ♏	24 ♎	14 ♒	29 ♑	15 ♐
29	5 ♏ 29	21 ♏ 7	19 ♋ 5	18 ♋ 16	8 ♏ 50	11 ♐ 21	26 ♍ 0	9 ♊ 50	29 ♉ 11	16 ♒ 53	3 ♒ 50	11 ♐ 22	19 ♏	25 ♎	14 ♒	29 ♑	15 ♐
30	6 ♏ 29	3 ♐ 51	19 ♋ 2	18 ♋ 6	7 ♏ 33	12 ♐ 33	26 ♍ 37	9 ♊ 45	29 ♉ 7	16 ♒ 53	3 ♒ 50	11 ♐ 24	19 ♏	25 ♎	14 ♒	0 ♒	15 ♐
31	7 ♏ 29	16 ♐ 17	18 ♋ 59	17 ♋ 59	6 ♏ 16	13 ♐ 46	27 ♍ 14	9 ♊ 39	29 ♉ 3	16 ♒ 54	3 ♒ 51	11 ♐ 26	20 ♏	26 ♎	15 ♒	0 ♒	15 ♐

SUN INGRESS	☉ → ♏ 23日 11:47
MOON PHASE	◐ 5日 19:59 ♑　○ 13日 17:53 ♈　◑ 20日 16:59 ♋　● 27日 16:58 ♏

aspects		
2日	03:26	☿□♆
3日	02:50	♀⚹♂
3日	23:13	☉⚹♇
4日	08:57	♂□♇
4日	12:08	☉△♃
5日	04:28	♂□♃
8日	23:19	♀□♅
10日	09:28	☉△♅
13日	17:03	♃☍♇
19日	11:46	♀☍♄
22日	18:31	♀⚹♆
27日	07:53	☉□♆
27日	20:17	♀☍♃
29日	00:33	♀☌♇
30日	11:09	☉☌☿

2000年11月

DAY	☉	☽	☊		☿	♀	♂	♃	♄	♅	♆	♇	⚳	⚴	⚵	⚶	⚷
			mean	true													
	° ′	° ′	° ′	° ′	° ′	° ′	° ′	° ′	° ′	° ′	° ′	° ′	°	°	°	°	°
1	8 ♏ 29	28 ♐ 28	18 ♋ 56	17 R 55	5 R 1	14 D 58	27 D 51	9 R 33	28 R 58	16 D 54	3 D 51	11 D 28	20 D	26 D	15 D	0 D	15 D
2	9 ♏ 29	10 ♑ 27	18 ♋ 52	17 ♋ 53	3 ♏ 50	16 ♐ 11	28 ♍ 28	9 ♊ 27	28 ♉ 54	16 ♒ 54	3 ♒ 52	11 ♐ 30	20 ♏	27 ♎	15 ♒	1 ♒	15 ♐
3	10 ♏ 29	22 ♑ 17	18 ♋ 49	17 D 53	2 ♏ 46	17 ♐ 23	29 ♍ 6	9 ♊ 21	28 ♉ 49	16 ♒ 54	3 ♒ 52	11 ♐ 32	21 ♏	27 ♎	15 ♒	1 ♒	15 ♐
4	11 ♏ 29	4 ♒ 5	18 ♋ 46	17 ♋ 53	1 ♏ 51	18 ♐ 36	29 ♍ 43	9 ♊ 14	28 ♉ 45	16 ♒ 55	3 ♒ 53	11 ♐ 34	21 ♏	27 ♎	15 ♒	2 ♒	15 ♐
5	12 ♏ 30	15 ♒ 55	18 ♋ 43	17 R 53	1 ♏ 6	19 ♐ 48	0 ♎ 20	9 ♊ 8	28 ♉ 40	16 ♒ 55	3 ♒ 54	11 ♐ 36	22 ♏	28 ♎	16 ♒	2 ♒	16 ♐
6	13 ♏ 30	27 ♒ 52	18 ♋ 40	17 ♋ 52	0 ♏ 31	21 ♐ 0	0 ♎ 56	9 ♊ 1	28 ♉ 36	16 ♒ 56	3 ♒ 54	11 ♐ 38	22 ♏	28 ♎	16 ♒	2 ♒	16 ♐
7	14 ♏ 30	10 ♓ 3	18 ♋ 37	17 ♋ 49	0 ♏ 8	22 ♐ 13	1 ♎ 33	8 ♊ 54	28 ♉ 31	16 ♒ 56	3 ♒ 55	11 ♐ 41	23 ♏	29 ♎	16 ♒	3 ♒	16 ♐
8	15 ♏ 30	22 ♓ 32	18 ♋ 33	17 ♋ 43	29 ♎ 57	23 ♐ 25	2 ♎ 10	8 ♊ 48	28 ♉ 26	16 ♒ 57	3 ♒ 56	11 ♐ 43	23 ♏	29 ♎	16 ♒	3 ♒	16 ♐
9	16 ♏ 30	5 ♈ 22	18 ♋ 30	17 ♋ 35	29 D 57	24 ♐ 37	2 ♎ 47	8 ♊ 41	28 ♉ 22	16 ♒ 58	3 ♒ 57	11 ♐ 45	23 ♏	0 ♏	17 ♒	3 ♒	16 ♐
10	17 ♏ 31	18 ♈ 35	18 ♋ 27	17 ♋ 26	0 ♏ 9	25 ♐ 49	3 ♎ 24	8 ♊ 33	28 ♉ 17	16 ♒ 58	3 ♒ 57	11 ♐ 47	24 ♏	0 ♏	17 ♒	4 ♒	16 ♐
11	18 ♏ 31	2 ♉ 10	18 ♋ 24	17 ♋ 15	0 ♏ 30	27 ♐ 2	4 ♎ 1	8 ♊ 26	28 ♉ 12	16 ♒ 59	3 ♒ 58	11 ♐ 49	24 ♏	1 ♏	17 ♒	4 ♒	16 ♐
12	19 ♏ 31	16 ♉ 6	18 ♋ 21	17 ♋ 5	1 ♏ 1	28 ♐ 14	4 ♎ 38	8 ♊ 19	28 ♉ 7	17 ♒ 0	3 ♒ 59	11 ♐ 51	25 ♏	1 ♏	17 ♒	4 ♒	16 ♐
13	20 ♏ 32	0 ♊ 19	18 ♋ 17	16 ♋ 57	1 ♏ 40	29 ♐ 26	5 ♎ 15	8 ♊ 12	28 ♉ 3	17 ♒ 1	4 ♒ 0	11 ♐ 54	25 ♏	1 ♏	18 ♒	5 ♒	16 ♐
14	21 ♏ 32	14 ♊ 42	18 ♋ 14	16 ♋ 51	2 ♏ 27	0 ♑ 38	5 ♎ 51	8 ♊ 4	27 ♉ 58	17 ♒ 1	4 ♒ 1	11 ♐ 56	26 ♏	2 ♏	18 ♒	5 ♒	16 ♐
15	22 ♏ 32	29 ♊ 11	18 ♋ 11	16 ♋ 47	3 ♏ 21	1 ♑ 50	6 ♎ 28	7 ♊ 56	27 ♉ 53	17 ♒ 2	4 ♒ 2	11 ♐ 58	26 ♏	2 ♏	18 ♒	6 ♒	17 ♐
16	23 ♏ 33	13 ♋ 38	18 ♋ 8	16 ♋ 46	4 ♏ 21	3 ♑ 2	7 ♎ 5	7 ♊ 49	27 ♉ 48	17 ♒ 3	4 ♒ 3	12 ♐ 0	26 ♏	3 ♏	18 ♒	6 ♒	17 ♐
17	24 ♏ 33	28 ♋ 1	18 ♋ 5	16 D 46	5 ♏ 26	4 ♑ 13	7 ♎ 42	7 ♊ 41	27 ♉ 43	17 ♒ 4	4 ♒ 4	12 ♐ 2	27 ♏	3 ♏	19 ♒	6 ♒	17 ♐
18	25 ♏ 34	12 ♌ 16	18 ♋ 2	16 ♋ 47	6 ♏ 35	5 ♑ 25	8 ♎ 18	7 ♊ 33	27 ♉ 38	17 ♒ 6	4 ♒ 5	12 ♐ 5	27 ♏	4 ♏	19 ♒	7 ♒	17 ♐
19	26 ♏ 34	26 ♌ 21	17 ♋ 58	16 ♋ 48	7 ♏ 49	6 ♑ 37	8 ♎ 55	7 ♊ 25	27 ♉ 33	17 ♒ 7	4 ♒ 6	12 ♐ 7	28 ♏	4 ♏	19 ♒	7 ♒	17 ♐
20	27 ♏ 35	10 ♍ 16	17 ♋ 55	16 R 47	9 ♏ 5	7 ♑ 49	9 ♎ 32	7 ♊ 17	27 ♉ 28	17 ♒ 8	4 ♒ 7	12 ♐ 9	28 ♏	4 ♏	20 ♒	8 ♒	17 ♐
21	28 ♏ 35	24 ♍ 0	17 ♋ 52	16 ♋ 44	10 ♏ 25	9 ♑ 0	10 ♎ 8	7 ♊ 9	27 ♉ 24	17 ♒ 9	4 ♒ 9	12 ♐ 11	29 ♏	5 ♏	20 ♒	8 ♒	17 ♐
22	29 ♏ 36	7 ♎ 33	17 ♋ 49	16 ♋ 39	11 ♏ 46	10 ♑ 12	10 ♎ 45	7 ♊ 1	27 ♉ 19	17 ♒ 10	4 ♒ 10	12 ♐ 14	29 ♏	5 ♏	20 ♒	8 ♒	17 ♐
23	0 ♐ 37	20 ♎ 54	17 ♋ 46	16 ♋ 32	13 ♏ 10	11 ♑ 23	11 ♎ 22	6 ♊ 53	27 ♉ 14	17 ♒ 12	4 ♒ 11	12 ♐ 16	29 ♏	6 ♏	21 ♒	9 ♒	17 ♐
24	1 ♐ 37	4 ♏ 3	17 ♋ 43	16 ♋ 24	14 ♏ 36	12 ♑ 35	11 ♎ 58	6 ♊ 45	27 ♉ 9	17 ♒ 13	4 ♒ 12	12 ♐ 18	0 ♐	6 ♏	21 ♒	9 ♒	18 ♐
25	2 ♐ 38	16 ♏ 59	17 ♋ 39	16 ♋ 16	16 ♏ 2	13 ♑ 46	12 ♎ 35	6 ♊ 37	27 ♉ 4	17 ♒ 15	4 ♒ 14	12 ♐ 21	0 ♐	7 ♏	21 ♒	10 ♒	18 ♐
26	3 ♐ 39	29 ♏ 42	17 ♋ 36	16 ♋ 8	17 ♏ 30	14 ♑ 58	13 ♎ 11	6 ♊ 29	26 ♉ 59	17 ♒ 16	4 ♒ 15	12 ♐ 23	1 ♐	7 ♏	21 ♒	10 ♒	18 ♐
27	4 ♐ 39	12 ♐ 11	17 ♋ 33	16 ♋ 2	18 ♏ 59	16 ♑ 9	13 ♎ 48	6 ♊ 21	26 ♉ 54	17 ♒ 18	4 ♒ 16	12 ♐ 25	1 ♐	7 ♏	22 ♒	10 ♒	18 ♐
28	5 ♐ 40	24 ♐ 28	17 ♋ 30	15 ♋ 58	20 ♏ 29	17 ♑ 20	14 ♎ 24	6 ♊ 12	26 ♉ 50	17 ♒ 19	4 ♒ 18	12 ♐ 27	2 ♐	8 ♏	22 ♒	11 ♒	18 ♐
29	6 ♐ 41	6 ♑ 32	17 ♋ 27	15 ♋ 55	22 ♏ 0	18 ♑ 31	15 ♎ 1	6 ♊ 4	26 ♉ 45	17 ♒ 21	4 ♒ 19	12 ♐ 30	2 ♐	8 ♏	22 ♒	11 ♒	18 ♐
30	7 ♐ 42	18 ♑ 27	17 ♋ 23	15 D 55	23 ♏ 31	19 ♑ 42	15 ♎ 37	5 ♊ 56	26 ♉ 40	17 ♒ 22	4 ♒ 20	12 ♐ 32	2 ♐	9 ♏	23 ♒	12 ♒	18 ♐

SUN INGRESS	☉ → ♐ 22日 09:19
MOON PHASE	◐ 4日 16:27 ♒　○ 12日 06:15 ♉　◑ 19日 00:24 ♌　● 26日 08:11 ♐

aspects		
1日	23:29	☿□♆
2日	14:25	♀⚹♅
2日	14:41	♂△♄
9日	10:57	☉□♅
10日	22:13	♂△♆
15日	16:57	☿□♆
16日	23:38	♂△♃
19日	21:41	☉☍♄
22日	22:43	♀□♂
24日	14:06	♂⚹♇
25日	20:02	☿□♅
26日	14:38	☉⚹♆
28日	11:12	☉☍♃

2000年12月

DAY	☉	☽	☊		☿	♀	♂	♃	♄	♅	♆	♇	⚳	⚴	⚵	⚶	⚷
			mean	true													
	° ′	° ′	° ′	° ′	° ′	° ′	° ′	° ′	° ′	° ′	° ′	° ′	°	°	°	°	°
1	8 ♐ 43	0 ♒ 16	17 ♋ 20	15 D 56	25 D 2	20 D 53	16 D 13	5 R 48	26 R 35	17 D 24	4 D 22	12 D 34	3 D	9 D	23 D	12 D	18 D
2	9 ♐ 43	12 ♒ 3	17 ♋ 17	15 ♋ 57	26 ♏ 34	22 ♑ 4	16 ♎ 50	5 ♊ 40	26 ♉ 31	17 ♒ 26	4 ♒ 23	12 ♐ 37	3 ♐	10 ♏	24 ♒	12 ♒	19 ♐
3	10 ♐ 44	23 ♒ 51	17 ♋ 14	15 ♋ 59	28 ♏ 6	23 ♑ 15	17 ♎ 26	5 ♊ 32	26 ♉ 26	17 ♒ 28	4 ♒ 25	12 ♐ 39	4 ♐	10 ♏	24 ♒	13 ♒	19 ♐
4	11 ♐ 45	5 ♓ 48	17 ♋ 11	16 ♋ 0	29 ♏ 39	24 ♑ 26	18 ♎ 2	5 ♊ 23	26 ♉ 21	17 ♒ 30	4 ♒ 26	12 ♐ 41	4 ♐	10 ♏	24 ♒	13 ♒	19 ♐
5	12 ♐ 46	17 ♓ 56	17 ♋ 8	16 R 0	1 ♐ 11	25 ♑ 36	18 ♎ 38	5 ♊ 15	26 ♉ 17	17 ♒ 31	4 ♒ 28	12 ♐ 44	5 ♐	11 ♏	25 ♒	14 ♒	19 ♐
6	13 ♐ 47	0 ♈ 22	17 ♋ 4	15 ♋ 59	2 ♐ 44	26 ♑ 47	19 ♎ 15	5 ♊ 7	26 ♉ 12	17 ♒ 33	4 ♒ 30	12 ♐ 46	5 ♐	11 ♏	25 ♒	14 ♒	19 ♐
7	14 ♐ 48	13 ♈ 10	17 ♋ 1	15 ♋ 56	4 ♐ 17	27 ♑ 57	19 ♎ 51	4 ♊ 59	26 ♉ 8	17 ♒ 35	4 ♒ 31	12 ♐ 48	5 ♐	12 ♏	25 ♒	15 ♒	19 ♐
8	15 ♐ 49	26 ♈ 22	16 ♋ 58	15 ♋ 52	5 ♐ 50	29 ♑ 7	20 ♎ 27	4 ♊ 51	26 ♉ 3	17 ♒ 37	4 ♒ 33	12 ♐ 51	6 ♐	12 ♏	26 ♒	15 ♒	19 ♐
9	16 ♐ 50	10 ♉ 1	16 ♋ 55	15 ♋ 48	7 ♐ 23	0 ♒ 18	21 ♎ 3	4 ♊ 44	25 ♉ 59	17 ♒ 39	4 ♒ 34	12 ♐ 53	6 ♐	13 ♏	26 ♒	15 ♒	19 ♐
10	17 ♐ 51	24 ♉ 6	16 ♋ 52	15 ♋ 43	8 ♐ 56	1 ♒ 28	21 ♎ 39	4 ♊ 36	25 ♉ 54	17 ♒ 42	4 ♒ 36	12 ♐ 55	7 ♐	13 ♏	26 ♒	16 ♒	19 ♐
11	18 ♐ 52	8 ♊ 34	16 ♋ 49	15 ♋ 39	10 ♐ 29	2 ♒ 38	22 ♎ 15	4 ♊ 28	25 ♉ 50	17 ♒ 44	4 ♒ 38	12 ♐ 58	7 ♐	13 ♏	27 ♒	16 ♒	20 ♐
12	19 ♐ 52	23 ♊ 18	16 ♋ 45	15 ♋ 37	12 ♐ 2	3 ♒ 47	22 ♎ 51	4 ♊ 21	25 ♉ 46	17 ♒ 46	4 ♒ 40	13 ♐ 0	7 ♐	14 ♏	27 ♒	17 ♒	20 ♐
13	20 ♐ 53	8 ♋ 11	16 ♋ 42	15 ♋ 35	13 ♐ 36	4 ♒ 57	23 ♎ 27	4 ♊ 13	25 ♉ 42	17 ♒ 48	4 ♒ 41	13 ♐ 2	8 ♐	14 ♏	28 ♒	17 ♒	20 ♐
14	21 ♐ 54	23 ♋ 6	16 ♋ 39	15 D 35	15 ♐ 9	6 ♒ 7	24 ♎ 3	4 ♊ 6	25 ♉ 37	17 ♒ 50	4 ♒ 43	13 ♐ 5	8 ♐	15 ♏	28 ♒	18 ♒	20 ♐
15	22 ♐ 55	7 ♌ 54	16 ♋ 36	15 ♋ 36	16 ♐ 43	7 ♒ 16	24 ♎ 39	3 ♊ 58	25 ♉ 33	17 ♒ 53	4 ♒ 45	13 ♐ 7	9 ♐	15 ♏	28 ♒	18 ♒	20 ♐
16	23 ♐ 57	22 ♌ 30	16 ♋ 33	15 ♋ 38	18 ♐ 16	8 ♒ 25	25 ♎ 15	3 ♊ 51	25 ♉ 29	17 ♒ 55	4 ♒ 47	13 ♐ 9	9 ♐	16 ♏	29 ♒	19 ♒	20 ♐
17	24 ♐ 58	6 ♍ 49	16 ♋ 29	15 ♋ 39	19 ♐ 50	9 ♒ 35	25 ♎ 50	3 ♊ 44	25 ♉ 25	17 ♒ 57	4 ♒ 49	13 ♐ 11	10 ♐	16 ♏	29 ♒	19 ♒	20 ♐
18	25 ♐ 59	20 ♍ 50	16 ♋ 26	15 ♋ 40	21 ♐ 24	10 ♒ 44	26 ♎ 26	3 ♊ 37	25 ♉ 22	18 ♒ 0	4 ♒ 50	13 ♐ 14	10 ♐	16 ♏	0 ♓	19 ♒	20 ♐
19	27 ♐ 0	4 ♎ 31	16 ♋ 23	15 R 40	22 ♐ 58	11 ♒ 53	27 ♎ 2	3 ♊ 30	25 ♉ 18	18 ♒ 2	4 ♒ 52	13 ♐ 16	10 ♐	17 ♏	0 ♓	20 ♒	21 ♐
20	28 ♐ 1	17 ♎ 53	16 ♋ 20	15 ♋ 39	24 ♐ 32	13 ♒ 1	27 ♎ 38	3 ♊ 23	25 ♉ 14	18 ♒ 5	4 ♒ 54	13 ♐ 18	11 ♐	17 ♏	0 ♓	20 ♒	21 ♐
21	29 ♐ 2	0 ♏ 58	16 ♋ 17	15 ♋ 37	26 ♐ 7	14 ♒ 10	28 ♎ 13	3 ♊ 16	25 ♉ 10	18 ♒ 7	4 ♒ 56	13 ♐ 21	11 ♐	18 ♏	1 ♓	21 ♒	21 ♐
22	0 ♑ 3	13 ♏ 47	16 ♋ 14	15 ♋ 35	27 ♐ 41	15 ♒ 18	28 ♎ 49	3 ♊ 10	25 ♉ 7	18 ♒ 10	4 ♒ 58	13 ♐ 23	12 ♐	18 ♏	1 ♓	21 ♒	21 ♐
23	1 ♑ 4	26 ♏ 23	16 ♋ 10	15 ♋ 32	29 ♐ 16	16 ♒ 27	29 ♎ 25	3 ♊ 3	25 ♉ 3	18 ♒ 13	5 ♒ 0	13 ♐ 25	12 ♐	18 ♏	2 ♓	22 ♒	21 ♐
24	2 ♑ 5	8 ♐ 46	16 ♋ 7	15 ♋ 30	0 ♑ 51	17 ♒ 35	0 ♏ 0	2 ♊ 57	25 ♉ 0	18 ♒ 15	5 ♒ 2	13 ♐ 27	13 ♐	19 ♏	2 ♓	22 ♒	21 ♐
25	3 ♑ 6	20 ♐ 59	16 ♋ 4	15 ♋ 29	2 ♑ 26	18 ♒ 43	0 ♏ 36	2 ♊ 51	24 ♉ 57	18 ♒ 18	5 ♒ 4	13 ♐ 30	13 ♐	19 ♏	2 ♓	23 ♒	21 ♐
26	4 ♑ 8	3 ♑ 3	16 ♋ 1	15 ♋ 28	4 ♑ 1	19 ♒ 50	1 ♏ 11	2 ♊ 45	24 ♉ 53	18 ♒ 21	5 ♒ 6	13 ♐ 32	13 ♐	20 ♏	3 ♓	23 ♒	21 ♐
27	5 ♑ 9	14 ♑ 59	15 ♋ 58	15 ♋ 27	5 ♑ 37	20 ♒ 58	1 ♏ 46	2 ♊ 39	24 ♉ 50	18 ♒ 23	5 ♒ 8	13 ♐ 34	14 ♐	20 ♏	3 ♓	23 ♒	21 ♐
28	6 ♑ 10	26 ♑ 50	15 ♋ 55	15 D 28	7 ♑ 13	22 ♒ 5	2 ♏ 22	2 ♊ 34	24 ♉ 47	18 ♒ 26	5 ♒ 10	13 ♐ 36	14 ♐	20 ♏	4 ♓	24 ♒	22 ♐
29	7 ♑ 11	8 ♒ 38	15 ♋ 51	15 ♋ 28	8 ♑ 49	23 ♒ 12	2 ♏ 57	2 ♊ 28	24 ♉ 44	18 ♒ 29	5 ♒ 12	13 ♐ 38	15 ♐	21 ♏	4 ♓	24 ♒	22 ♐
30	8 ♑ 12	20 ♒ 25	15 ♋ 48	15 ♋ 29	10 ♑ 25	24 ♒ 19	3 ♏ 32	2 ♊ 23	24 ♉ 41	18 ♒ 32	5 ♒ 14	13 ♐ 40	15 ♐	21 ♏	5 ♓	25 ♒	22 ♐
31	9 ♑ 13	2 ♓ 14	15 ♋ 45	15 ♋ 30	12 ♑ 2	25 ♒ 26	4 ♏ 7	2 ♊ 18	24 ♉ 39	18 ♒ 35	5 ♒ 16	13 ♐ 43	15 ♐	22 ♏	5 ♓	25 ♒	22 ♐

SUN INGRESS	☉ → ♑ 21日 22:37
MOON PHASE	◐ 4日 12:55 ♓　○ 11日 18:03 ♊　◑ 18日 09:41 ♍　● 26日 02:22 ♑

aspects		
1日	23:07	☿☍♄
3日	01:17	♂△♅
4日	23:04	☉☌♇
5日	12:54	♀△♄
7日	03:48	☿⚹♆
7日	10:09	☿☍♃
9日	20:20	☉⚹♅
9日	23:16	♃△♆
12日	10:16	♀△♃
12日	15:12	☿☌♇
12日	18:24	♀☌♆
15日	18:24	☿⚹♅
19日	02:08	☉⚹♂
20日	06:08	♀⚹♇
23日	03:31	☿⚹♂
24日	14:51	♀☌♅
26日	04:23	☉☌☿
30日	07:35	♀□♄

2001年1月

DAY	☉	☽	☊ mean	☊ true	☿	♀	♂	♃	♄	♅	♆	♇	⚳	⚴	⚵	⚶	⚷
	° ′	° ′	° ′	° ′	° ′	° ′	° ′	° ′	° ′	° ′	° ′	° ′	°	°	°	°	°
1	10 ♑ 15	14 ♓ 11	15 ♋ 42	15 D 30	13 D 39	26 D 33	4 D 43	2 R 13	24 R 36	18 D 37	5 D 18	13 D 45	16 D	22 D	5 D	26 D	22 D
2	11 ♑ 16	26 ♓ 18	15 ♋ 39	15 ♋ 31	15 ♑ 17	27 ♒ 39	5 ♏ 18	2 ♊ 8	24 ♉ 33	18 ♒ 40	5 ♒ 20	13 ♐ 47	16 ♐	22 ♏	6 ♓	26 ♒	22 ♐
3	12 ♑ 17	8 ♈ 40	15 ♋ 35	15 ♋ 31	16 ♑ 54	28 ♒ 45	5 ♏ 53	2 ♊ 3	24 ♉ 31	18 ♒ 43	5 ♒ 23	13 ♐ 49	17 ♐	23 ♏	6 ♓	27 ♒	22 ♐
4	13 ♑ 18	21 ♈ 21	15 ♋ 32	15 R 31	18 ♑ 32	29 ♒ 51	6 ♏ 28	1 ♊ 59	24 ♉ 28	18 ♒ 46	5 ♒ 25	13 ♐ 51	17 ♐	23 ♏	7 ♓	27 ♒	22 ♐
5	14 ♑ 19	4 ♉ 26	15 ♋ 29	15 ♋ 31	20 ♑ 11	0 ♓ 56	7 ♏ 3	1 ♊ 55	24 ♉ 26	18 ♒ 49	5 ♒ 27	13 ♐ 53	17 ♐	23 ♏	7 ♓	28 ♒	22 ♐
6	15 ♑ 20	17 ♉ 57	15 ♋ 26	15 ♋ 31	21 ♑ 49	2 ♓ 1	7 ♏ 37	1 ♊ 51	24 ♉ 24	18 ♒ 52	5 ♒ 29	13 ♐ 55	18 ♐	24 ♏	8 ♓	28 ♒	23 ♐
7	16 ♑ 21	1 ♊ 55	15 ♋ 23	15 D 31	23 ♑ 28	3 ♓ 6	8 ♏ 12	1 ♊ 47	24 ♉ 22	18 ♒ 55	5 ♒ 31	13 ♐ 57	18 ♐	24 ♏	8 ♓	28 ♒	23 ♐
8	17 ♑ 23	16 ♊ 21	15 ♋ 20	15 ♋ 31	25 ♑ 7	4 ♓ 11	8 ♏ 47	1 ♊ 43	24 ♉ 20	18 ♒ 58	5 ♒ 33	13 ♐ 59	19 ♐	25 ♏	9 ♓	29 ♒	23 ♐
9	18 ♑ 24	1 ♋ 9	15 ♋ 16	15 ♋ 31	26 ♑ 47	5 ♓ 15	9 ♏ 22	1 ♊ 40	24 ♉ 18	19 ♒ 1	5 ♒ 36	14 ♐ 1	19 ♐	25 ♏	9 ♓	29 ♒	23 ♐
10	19 ♑ 25	16 ♋ 13	15 ♋ 13	15 R 31	28 ♑ 26	6 ♓ 19	9 ♏ 56	1 ♊ 36	24 ♉ 16	19 ♒ 5	5 ♒ 38	14 ♐ 3	19 ♐	25 ♏	10 ♓	0 ♓	23 ♐
11	20 ♑ 26	1 ♌ 26	15 ♋ 10	15 ♋ 31	0 ♒ 6	7 ♓ 23	10 ♏ 31	1 ♊ 33	24 ♉ 15	19 ♒ 8	5 ♒ 40	14 ♐ 5	20 ♐	26 ♏	10 ♓	0 ♓	23 ♐
12	21 ♑ 27	16 ♌ 36	15 ♋ 7	15 ♋ 31	1 ♒ 46	8 ♓ 27	11 ♏ 6	1 ♊ 30	24 ♉ 13	19 ♒ 11	5 ♒ 42	14 ♐ 7	20 ♐	26 ♏	10 ♓	1 ♓	23 ♐
13	22 ♑ 28	1 ♍ 35	15 ♋ 4	15 ♋ 30	3 ♒ 26	9 ♓ 30	11 ♏ 40	1 ♊ 27	24 ♉ 12	19 ♒ 14	5 ♒ 44	14 ♐ 9	21 ♐	27 ♏	11 ♓	1 ♓	23 ♐
14	23 ♑ 29	16 ♍ 15	15 ♋ 1	15 ♋ 29	5 ♒ 5	10 ♓ 32	12 ♏ 14	1 ♊ 25	24 ♉ 10	19 ♒ 17	5 ♒ 47	14 ♐ 11	21 ♐	27 ♏	11 ♓	2 ♓	23 ♐
15	24 ♑ 30	0 ♎ 32	14 ♋ 57	15 ♋ 28	6 ♒ 45	11 ♓ 35	12 ♏ 49	1 ♊ 23	24 ♉ 9	19 ♒ 21	5 ♒ 49	14 ♐ 13	21 ♐	27 ♏	12 ♓	2 ♓	24 ♐
16	25 ♑ 32	14 ♎ 22	14 ♋ 54	15 ♋ 28	8 ♒ 24	12 ♓ 37	13 ♏ 23	1 ♊ 21	24 ♉ 8	19 ♒ 24	5 ♒ 51	14 ♐ 15	22 ♐	28 ♏	12 ♓	3 ♓	24 ♐
17	26 ♑ 33	27 ♎ 47	14 ♋ 51	15 D 27	10 ♒ 3	13 ♓ 38	13 ♏ 57	1 ♊ 19	24 ♉ 7	19 ♒ 27	5 ♒ 53	14 ♐ 17	22 ♐	28 ♏	13 ♓	3 ♓	24 ♐
18	27 ♑ 34	10 ♏ 47	14 ♋ 48	15 ♋ 28	11 ♒ 41	14 ♓ 39	14 ♏ 31	1 ♊ 17	24 ♉ 6	19 ♒ 30	5 ♒ 56	14 ♐ 19	23 ♐	28 ♏	13 ♓	4 ♓	24 ♐
19	28 ♑ 35	23 ♏ 28	14 ♋ 45	15 ♋ 29	13 ♒ 18	15 ♓ 40	15 ♏ 5	1 ♊ 15	24 ♉ 5	19 ♒ 34	5 ♒ 58	14 ♐ 20	23 ♐	29 ♏	14 ♓	4 ♓	24 ♐
20	29 ♑ 36	5 ♐ 51	14 ♋ 41	15 ♋ 30	14 ♒ 54	16 ♓ 40	15 ♏ 39	1 ♊ 14	24 ♉ 5	19 ♒ 37	6 ♒ 0	14 ♐ 22	23 ♐	29 ♏	14 ♓	4 ♓	24 ♐
21	0 ♒ 37	18 ♐ 1	14 ♋ 38	15 ♋ 31	16 ♒ 28	17 ♓ 40	16 ♏ 13	1 ♊ 13	24 ♉ 4	19 ♒ 40	6 ♒ 2	14 ♐ 24	24 ♐	29 ♏	15 ♓	5 ♓	24 ♐
22	1 ♒ 38	0 ♑ 1	14 ♋ 35	15 ♋ 32	18 ♒ 1	18 ♓ 40	16 ♏ 47	1 ♊ 12	24 ♉ 4	19 ♒ 44	6 ♒ 5	14 ♐ 26	24 ♐	0 ♐	15 ♓	5 ♓	24 ♐
23	2 ♒ 39	11 ♑ 55	14 ♋ 32	15 ♋ 33	19 ♒ 31	19 ♓ 39	17 ♏ 21	1 ♊ 12	24 ♉ 3	19 ♒ 47	6 ♒ 7	14 ♐ 27	25 ♐	0 ♐	16 ♓	6 ♓	24 ♐
24	3 ♒ 40	23 ♑ 44	14 ♋ 29	15 R 33	20 ♒ 58	20 ♓ 37	17 ♏ 55	1 ♊ 11	24 ♉ 3	19 ♒ 50	6 ♒ 9	14 ♐ 29	25 ♐	1 ♐	16 ♓	6 ♓	24 ♐
25	4 ♒ 41	5 ♒ 32	14 ♋ 26	15 ♋ 32	22 ♒ 22	21 ♓ 35	18 ♏ 28	1 ♊ 11	24 ♉ 3	19 ♒ 54	6 ♒ 12	14 ♐ 31	25 ♐	1 ♐	17 ♓	7 ♓	25 ♐
26	5 ♒ 42	17 ♒ 20	14 ♋ 22	15 ♋ 29	23 ♒ 42	22 ♓ 33	19 ♏ 2	1 D 11	24 D 3	19 ♒ 57	6 ♒ 14	14 ♐ 32	26 ♐	1 ♐	17 ♓	7 ♓	25 ♐
27	6 ♒ 43	29 ♒ 11	14 ♋ 19	15 ♋ 26	24 ♒ 57	23 ♓ 29	19 ♏ 35	1 ♊ 11	24 ♉ 3	20 ♒ 1	6 ♒ 16	14 ♐ 34	26 ♐	2 ♐	18 ♓	8 ♓	25 ♐
28	7 ♒ 44	11 ♓ 6	14 ♋ 16	15 ♋ 22	26 ♒ 7	24 ♓ 26	20 ♏ 9	1 ♊ 11	24 ♉ 3	20 ♒ 4	6 ♒ 18	14 ♐ 36	26 ♐	2 ♐	18 ♓	8 ♓	25 ♐
29	8 ♒ 45	23 ♓ 7	14 ♋ 13	15 ♋ 18	27 ♒ 11	25 ♓ 21	20 ♏ 42	1 ♊ 12	24 ♉ 4	20 ♒ 7	6 ♒ 21	14 ♐ 37	27 ♐	2 ♐	19 ♓	9 ♓	25 ♐
30	9 ♒ 46	5 ♈ 18	14 ♋ 10	15 ♋ 14	28 ♒ 8	26 ♓ 17	21 ♏ 15	1 ♊ 13	24 ♉ 4	20 ♒ 11	6 ♒ 23	14 ♐ 39	27 ♐	3 ♐	19 ♓	9 ♓	25 ♐
31	10 ♒ 47	17 ♈ 41	14 ♋ 7	15 ♋ 11	28 ♒ 57	27 ♓ 11	21 ♏ 48	1 ♊ 14	24 ♉ 5	20 ♒ 14	6 ♒ 25	14 ♐ 40	28 ♐	3 ♐	20 ♓	10 ♓	25 ♐

SUN INGRESS	☉→♒20日 09:16
MOON PHASE	◐ 3日 07:32 ♈ ○ 10日 05:24 ♋ ◑ 16日 21:35 ♎ ● 24日 22:07 ♒

aspects		
2日	02:00	☿□♆
5日	20:13	♀□♃
7日	12:46	☿△♄
11日	20:20	☿△♃
14日	10:10	☿☌♆
14日	15:48	☉△♄
17日	15:36	♀□♇
17日	16:58	♀△♂
19日	15:53	☿⚹♇
20日	18:05	☿□♂
21日	13:58	☉△♃
23日	04:34	☿☌♅
26日	06:35	☿□♄
26日	12:54	☉☌♆
27日	14:25	♀⚹♄
27日	20:09	♂□♅

2001年2月

DAY	☉	☽	☊ mean	☊ true	☿	♀	♂	♃	♄	♅	♆	♇	⚳	⚴	⚵	⚶	⚷
	° ′	° ′	° ′	° ′	° ′	° ′	° ′	° ′	° ′	° ′	° ′	° ′	°	°	°	°	°
1	11 ♒ 48	0 ♉ 20	14 ♋ 3	15 R 10	29 D 37	28 D 5	22 D 21	1 D 15	24 D 6	20 D 18	6 D 28	14 D 42	28 D	3 D	20 D	10 D	25 D
2	12 ♒ 49	13 ♉ 18	14 ♋ 0	15 D 9	0 ♓ 9	28 ♓ 58	22 ♏ 54	1 ♊ 16	24 ♉ 6	20 ♒ 21	6 ♒ 30	14 ♐ 43	28 ♐	4 ♐	21 ♓	11 ♓	25 ♐
3	13 ♒ 50	26 ♉ 38	13 ♋ 57	15 ♋ 10	0 ♓ 30	29 ♓ 50	23 ♏ 27	1 ♊ 18	24 ♉ 7	20 ♒ 25	6 ♒ 32	14 ♐ 45	29 ♐	4 ♐	21 ♓	11 ♓	25 ♐
4	14 ♒ 51	10 ♊ 23	13 ♋ 54	15 ♋ 11	0 ♓ 40	0 ♈ 42	24 ♏ 0	1 ♊ 20	24 ♉ 8	20 ♒ 28	6 ♒ 34	14 ♐ 46	29 ♐	4 ♐	22 ♓	12 ♓	25 ♐
5	15 ♒ 52	24 ♊ 34	13 ♋ 51	15 ♋ 13	0 R 40	1 ♈ 33	24 ♏ 32	1 ♊ 22	24 ♉ 9	20 ♒ 32	6 ♒ 37	14 ♐ 47	29 ♐	4 ♐	22 ♓	12 ♓	26 ♐
6	16 ♒ 52	9 ♋ 9	13 ♋ 47	15 ♋ 14	0 ♓ 28	2 ♈ 23	25 ♏ 5	1 ♊ 24	24 ♉ 11	20 ♒ 35	6 ♒ 39	14 ♐ 49	0 ♑	5 ♐	23 ♓	13 ♓	26 ♐
7	17 ♒ 53	24 ♋ 6	13 ♋ 44	15 R 13	0 ♓ 5	3 ♈ 12	25 ♏ 37	1 ♊ 26	24 ♉ 12	20 ♒ 38	6 ♒ 41	14 ♐ 50	0 ♑	5 ♐	23 ♓	13 ♓	26 ♐
8	18 ♒ 54	9 ♌ 17	13 ♋ 41	15 ♋ 12	29 ♒ 32	4 ♈ 0	26 ♏ 10	1 ♊ 29	24 ♉ 14	20 ♒ 42	6 ♒ 43	14 ♐ 51	1 ♑	5 ♐	24 ♓	13 ♓	26 ♐
9	19 ♒ 55	24 ♌ 33	13 ♋ 38	15 ♋ 8	28 ♒ 50	4 ♈ 48	26 ♏ 42	1 ♊ 32	24 ♉ 15	20 ♒ 45	6 ♒ 46	14 ♐ 53	1 ♑	6 ♐	24 ♓	14 ♓	26 ♐
10	20 ♒ 55	9 ♍ 43	13 ♋ 35	15 ♋ 3	27 ♒ 58	5 ♈ 34	27 ♏ 14	1 ♊ 35	24 ♉ 17	20 ♒ 49	6 ♒ 48	14 ♐ 54	1 ♑	6 ♐	25 ♓	14 ♓	26 ♐
11	21 ♒ 56	24 ♍ 38	13 ♋ 32	14 ♋ 58	27 ♒ 0	6 ♈ 20	27 ♏ 46	1 ♊ 38	24 ♉ 19	20 ♒ 52	6 ♒ 50	14 ♐ 55	2 ♑	6 ♐	25 ♓	15 ♓	26 ♐
12	22 ♒ 57	9 ♎ 10	13 ♋ 28	14 ♋ 52	25 ♒ 56	7 ♈ 4	28 ♏ 18	1 ♊ 41	24 ♉ 21	20 ♒ 56	6 ♒ 52	14 ♐ 56	2 ♑	7 ♐	26 ♓	15 ♓	26 ♐
13	23 ♒ 57	23 ♎ 14	13 ♋ 25	14 ♋ 47	24 ♒ 48	7 ♈ 48	28 ♏ 50	1 ♊ 45	24 ♉ 23	20 ♒ 59	6 ♒ 54	14 ♐ 57	2 ♑	7 ♐	26 ♓	16 ♓	26 ♐
14	24 ♒ 58	6 ♏ 48	13 ♋ 22	14 ♋ 44	23 ♒ 38	8 ♈ 30	29 ♏ 21	1 ♊ 48	24 ♉ 25	21 ♒ 3	6 ♒ 57	14 ♐ 58	3 ♑	7 ♐	27 ♓	16 ♓	26 ♐
15	25 ♒ 59	19 ♏ 54	13 ♋ 19	14 ♋ 42	22 ♒ 28	9 ♈ 11	29 ♏ 53	1 ♊ 52	24 ♉ 27	21 ♒ 6	6 ♒ 59	14 ♐ 59	3 ♑	7 ♐	27 ♓	17 ♓	26 ♐
16	26 ♒ 59	2 ♐ 35	13 ♋ 16	14 D 42	21 ♒ 20	9 ♈ 51	0 ♐ 24	1 ♊ 56	24 ♉ 29	21 ♒ 10	7 ♒ 1	15 ♐ 1	3 ♑	8 ♐	28 ♓	17 ♓	26 ♐
17	28 ♒ 0	14 ♐ 56	13 ♋ 12	14 ♋ 43	20 ♒ 16	10 ♈ 30	0 ♐ 56	2 ♊ 1	24 ♉ 32	21 ♒ 13	7 ♒ 3	15 ♐ 2	4 ♑	8 ♐	28 ♓	18 ♓	27 ♐
18	29 ♒ 0	27 ♐ 1	13 ♋ 9	14 ♋ 45	19 ♒ 16	11 ♈ 7	1 ♐ 27	2 ♊ 5	24 ♉ 34	21 ♒ 17	7 ♒ 5	15 ♐ 3	4 ♑	8 ♐	29 ♓	18 ♓	27 ♐
19	0 ♓ 1	8 ♑ 55	13 ♋ 6	14 ♋ 46	18 ♒ 22	11 ♈ 44	1 ♐ 58	2 ♊ 10	24 ♉ 37	21 ♒ 20	7 ♒ 7	15 ♐ 3	4 ♑	9 ♐	0 ♈	19 ♓	27 ♐
20	1 ♓ 1	20 ♑ 44	13 ♋ 3	14 R 46	17 ♒ 35	12 ♈ 18	2 ♐ 29	2 ♊ 15	24 ♉ 40	21 ♒ 24	7 ♒ 10	15 ♐ 4	5 ♑	9 ♐	0 ♈	19 ♓	27 ♐
21	2 ♓ 2	2 ♒ 30	13 ♋ 0	14 ♋ 44	16 ♒ 54	12 ♈ 52	2 ♐ 59	2 ♊ 20	24 ♉ 43	21 ♒ 27	7 ♒ 12	15 ♐ 5	5 ♑	9 ♐	1 ♈	20 ♓	27 ♐
22	3 ♓ 2	14 ♒ 17	12 ♋ 57	14 ♋ 40	16 ♒ 22	13 ♈ 24	3 ♐ 30	2 ♊ 25	24 ♉ 46	21 ♒ 30	7 ♒ 14	15 ♐ 6	6 ♑	9 ♐	1 ♈	20 ♓	27 ♐
23	4 ♓ 3	26 ♒ 9	12 ♋ 53	14 ♋ 33	15 ♒ 56	13 ♈ 54	4 ♐ 1	2 ♊ 30	24 ♉ 49	21 ♒ 34	7 ♒ 16	15 ♐ 7	6 ♑	10 ♐	2 ♈	21 ♓	27 ♐
24	5 ♓ 3	8 ♓ 6	12 ♋ 50	14 ♋ 25	15 ♒ 38	14 ♈ 23	4 ♐ 31	2 ♊ 36	24 ♉ 52	21 ♒ 37	7 ♒ 18	15 ♐ 8	6 ♑	10 ♐	2 ♈	21 ♓	27 ♐
25	6 ♓ 4	20 ♓ 10	12 ♋ 47	14 ♋ 15	15 ♒ 28	14 ♈ 50	5 ♐ 1	2 ♊ 41	24 ♉ 55	21 ♒ 41	7 ♒ 20	15 ♐ 8	7 ♑	10 ♐	3 ♈	22 ♓	27 ♐
26	7 ♓ 4	2 ♈ 23	12 ♋ 44	14 ♋ 4	15 ♒ 24	15 ♈ 16	5 ♐ 31	2 ♊ 47	24 ♉ 58	21 ♒ 44	7 ♒ 22	15 ♐ 9	7 ♑	10 ♐	3 ♈	22 ♓	27 ♐
27	8 ♓ 4	14 ♈ 45	12 ♋ 41	13 ♋ 54	15 D 27	15 ♈ 39	6 ♐ 1	2 ♊ 53	25 ♉ 2	21 ♒ 48	7 ♒ 24	15 ♐ 10	7 ♑	11 ♐	4 ♈	23 ♓	27 ♐
28	9 ♓ 5	27 ♈ 18	12 ♋ 38	13 ♋ 46	15 ♒ 37	16 ♈ 1	6 ♐ 31	2 ♊ 59	25 ♉ 5	21 ♒ 51	7 ♒ 26	15 ♐ 10	7 ♑	11 ♐	4 ♈	23 ♓	27 ♐

SUN INGRESS	☉→♓18日 23:27
MOON PHASE	◐ 1日 23:02 ♉ ○ 8日 16:12 ♌ ◑ 15日 12:24 ♏ ● 23日 17:21 ♓

aspects		
3日	22:07	☉⚹♇
4日	06:32	♂☍♄
4日	18:25	♀⚹♃
9日	21:19	☉☌♅
10日	11:58	☿□♂
11日	17:07	♀⚹♆
13日	08:25	☿□♄
13日	09:17	☉☌☿
13日	10:21	☉□♄
16日	03:37	☿☌♅
19日	10:57	♂☍♃
21日	07:39	☉□♃
22日	22:11	☉□♂
25日	17:33	♀△♇
26日	08:49	☿⚹♀

2001年3月

DAY	☉	☽	☊ mean	☊ true	☿	♀	♂	♃	♄	♅	♆	♇	⚳	⚴	⚵	⚶	⚷
	° ′	° ′	° ′	° ′	° ′	° ′	° ′	° ′	° ′	° ′	° ′	° ′	°	°	°	°	°
1	10 ♓ 5	10 ♉ 4	12 ♋ 34	13 R 39	15 D 52	16 D 21	7 D 0	3 D 6	25 D 9	21 D 54	7 D 28	15 D 11	8 D	11 D	5 D	23 D	27 D
2	11 ♓ 5	23 ♉ 3	12 ♋ 31	13 ♋ 35	16 ♒ 13	16 ♈ 39	7 ♐ 30	3 ♊ 12	25 ♉ 13	21 ♒ 58	7 ♒ 30	15 ♐ 12	8 ♑	11 ♐	5 ♈	24 ♓	27 ♐
3	12 ♓ 5	6 ♊ 20	12 ♋ 28	13 ♋ 33	16 ♒ 39	16 ♈ 55	7 ♐ 59	3 ♊ 19	25 ♉ 17	22 ♒ 1	7 ♒ 32	15 ♐ 12	8 ♑	11 ♐	6 ♈	24 ♓	27 ♐
4	13 ♓ 5	19 ♊ 55	12 ♋ 25	13 D 33	17 ♒ 10	17 ♈ 8	8 ♐ 28	3 ♊ 26	25 ♉ 21	22 ♒ 4	7 ♒ 34	15 ♐ 13	9 ♑	12 ♐	7 ♈	25 ♓	27 ♐
5	14 ♓ 6	3 ♋ 51	12 ♋ 22	13 ♋ 34	17 ♒ 46	17 ♈ 20	8 ♐ 57	3 ♊ 33	25 ♉ 25	22 ♒ 8	7 ♒ 36	15 ♐ 13	9 ♑	12 ♐	7 ♈	25 ♓	28 ♐
6	15 ♓ 6	18 ♋ 8	12 ♋ 18	13 R 34	18 ♒ 26	17 ♈ 29	9 ♐ 25	3 ♊ 40	25 ♉ 29	22 ♒ 11	7 ♒ 38	15 ♐ 14	9 ♑	12 ♐	8 ♈	26 ♓	28 ♐
7	16 ♓ 6	2 ♌ 45	12 ♋ 15	13 ♋ 33	19 ♒ 10	17 ♈ 36	9 ♐ 54	3 ♊ 47	25 ♉ 33	22 ♒ 14	7 ♒ 40	15 ♐ 14	10 ♑	12 ♐	8 ♈	26 ♓	28 ♐
8	17 ♓ 6	17 ♌ 38	12 ♋ 12	13 ♋ 29	19 ♒ 57	17 ♈ 41	10 ♐ 22	3 ♊ 55	25 ♉ 37	22 ♒ 17	7 ♒ 42	15 ♐ 14	10 ♑	13 ♐	9 ♈	27 ♓	28 ♐
9	18 ♓ 6	2 ♍ 40	12 ♋ 9	13 ♋ 23	20 ♒ 48	17 ♈ 43	10 ♐ 50	4 ♊ 2	25 ♉ 42	22 ♒ 21	7 ♒ 43	15 ♐ 15	10 ♑	13 ♐	9 ♈	27 ♓	28 ♐
10	19 ♓ 6	17 ♍ 42	12 ♋ 6	13 ♋ 14	21 ♒ 42	17 R 43	11 ♐ 18	4 ♊ 10	25 ♉ 46	22 ♒ 24	7 ♒ 45	15 ♐ 15	11 ♑	13 ♐	10 ♈	28 ♓	28 ♐
11	20 ♓ 6	2 ♎ 35	12 ♋ 3	13 ♋ 3	22 ♒ 39	17 ♈ 40	11 ♐ 46	4 ♊ 18	25 ♉ 51	22 ♒ 27	7 ♒ 47	15 ♐ 15	11 ♑	13 ♐	10 ♈	28 ♓	28 ♐
12	21 ♓ 5	17 ♎ 10	11 ♋ 59	12 ♋ 53	23 ♒ 38	17 ♈ 35	12 ♐ 13	4 ♊ 26	25 ♉ 55	22 ♒ 30	7 ♒ 49	15 ♐ 16	11 ♑	13 ♐	11 ♈	29 ♓	28 ♐
13	22 ♓ 5	1 ♏ 19	11 ♋ 56	12 ♋ 43	24 ♒ 41	17 ♈ 27	12 ♐ 41	4 ♊ 34	26 ♉ 0	22 ♒ 33	7 ♒ 51	15 ♐ 16	12 ♑	13 ♐	11 ♈	29 ♓	28 ♐
14	23 ♓ 5	15 ♏ 1	11 ♋ 53	12 ♋ 36	25 ♒ 46	17 ♈ 17	13 ♐ 8	4 ♊ 42	26 ♉ 5	22 ♒ 36	7 ♒ 52	15 ♐ 16	12 ♑	14 ♐	12 ♈	0 ♈	28 ♐
15	24 ♓ 5	28 ♏ 13	11 ♋ 50	12 ♋ 30	26 ♒ 53	17 ♈ 5	13 ♐ 35	4 ♊ 51	26 ♉ 10	22 ♒ 39	7 ♒ 54	15 ♐ 16	12 ♑	14 ♐	13 ♈	0 ♈	28 ♐
16	25 ♓ 5	11 ♐ 0	11 ♋ 47	12 ♋ 27	28 ♒ 2	16 ♈ 49	14 ♐ 1	4 ♊ 59	26 ♉ 15	22 ♒ 43	7 ♒ 56	15 ♐ 16	12 ♑	14 ♐	13 ♈	1 ♈	28 ♐
17	26 ♓ 4	23 ♐ 23	11 ♋ 44	12 ♋ 27	29 ♒ 14	16 ♈ 32	14 ♐ 28	5 ♊ 8	26 ♉ 20	22 ♒ 46	7 ♒ 58	15 ♐ 16	13 ♑	14 ♐	14 ♈	1 ♈	28 ♐
18	27 ♓ 4	5 ♑ 30	11 ♋ 40	12 D 27	0 ♓ 27	16 ♈ 12	14 ♐ 54	5 ♊ 17	26 ♉ 25	22 ♒ 49	7 ♒ 59	15 ♐ 16	13 ♑	14 ♐	14 ♈	2 ♈	28 ♐
19	28 ♓ 4	17 ♑ 24	11 ♋ 37	12 R 27	1 ♓ 42	15 ♈ 50	15 ♐ 20	5 ♊ 26	26 ♉ 30	22 ♒ 52	8 ♒ 1	15 R 16	13 ♑	14 ♐	15 ♈	2 ♈	28 ♐
20	29 ♓ 4	29 ♑ 12	11 ♋ 34	12 ♋ 26	3 ♓ 0	15 ♈ 25	15 ♐ 45	5 ♊ 35	26 ♉ 35	22 ♒ 55	8 ♒ 2	15 ♐ 16	13 ♑	14 ♐	15 ♈	3 ♈	28 ♐
21	0 ♈ 3	10 ♒ 59	11 ♋ 31	12 ♋ 22	4 ♓ 18	14 ♈ 59	16 ♐ 11	5 ♊ 44	26 ♉ 41	22 ♒ 58	8 ♒ 4	15 ♐ 16	14 ♑	15 ♐	16 ♈	3 ♈	28 ♐
22	1 ♈ 3	22 ♒ 49	11 ♋ 28	12 ♋ 16	5 ♓ 39	14 ♈ 30	16 ♐ 36	5 ♊ 53	26 ♉ 46	23 ♒ 0	8 ♒ 6	15 ♐ 16	14 ♑	15 ♐	17 ♈	3 ♈	28 ♐
23	2 ♈ 2	4 ♓ 45	11 ♋ 24	12 ♋ 7	7 ♓ 1	14 ♈ 0	17 ♐ 1	6 ♊ 3	26 ♉ 52	23 ♒ 3	8 ♒ 7	15 ♐ 16	14 ♑	15 ♐	17 ♈	4 ♈	28 ♐
24	3 ♈ 2	16 ♓ 50	11 ♋ 21	11 ♋ 56	8 ♓ 25	13 ♈ 28	17 ♐ 25	6 ♊ 12	26 ♉ 57	23 ♒ 6	8 ♒ 9	15 ♐ 16	15 ♑	15 ♐	18 ♈	4 ♈	28 ♐
25	4 ♈ 1	29 ♓ 6	11 ♋ 18	11 ♋ 43	9 ♓ 51	12 ♈ 54	17 ♐ 50	6 ♊ 22	27 ♉ 3	23 ♒ 9	8 ♒ 10	15 ♐ 16	15 ♑	15 ♐	18 ♈	5 ♈	28 ♐
26	5 ♈ 1	11 ♈ 34	11 ♋ 15	11 ♋ 29	11 ♓ 17	12 ♈ 20	18 ♐ 14	6 ♊ 32	27 ♉ 9	23 ♒ 12	8 ♒ 12	15 ♐ 15	15 ♑	15 ♐	19 ♈	5 ♈	28 ♐
27	6 ♈ 0	24 ♈ 13	11 ♋ 12	11 ♋ 15	12 ♓ 46	11 ♈ 44	18 ♐ 38	6 ♊ 41	27 ♉ 14	23 ♒ 15	8 ♒ 13	15 ♐ 15	15 ♑	15 ♐	19 ♈	6 ♈	28 ♐
28	7 ♈ 0	7 ♉ 3	11 ♋ 9	11 ♋ 3	14 ♓ 16	11 ♈ 7	19 ♐ 1	6 ♊ 51	27 ♉ 20	23 ♒ 17	8 ♒ 14	15 ♐ 15	16 ♑	15 ♐	20 ♈	6 ♈	28 ♐
29	7 ♈ 59	20 ♉ 5	11 ♋ 5	10 ♋ 54	15 ♓ 47	10 ♈ 30	19 ♐ 24	7 ♊ 1	27 ♉ 26	23 ♒ 20	8 ♒ 16	15 ♐ 14	16 ♑	15 ♐	20 ♈	7 ♈	28 ♐
30	8 ♈ 58	3 ♊ 18	11 ♋ 2	10 ♋ 48	17 ♓ 20	9 ♈ 52	19 ♐ 47	7 ♊ 12	27 ♉ 32	23 ♒ 23	8 ♒ 17	15 ♐ 14	16 ♑	15 ♐	21 ♈	7 ♈	28 ♐
31	9 ♈ 58	16 ♊ 43	10 ♋ 59	10 ♋ 45	18 ♓ 54	9 ♈ 14	20 ♐ 9	7 ♊ 22	27 ♉ 38	23 ♒ 25	8 ♒ 18	15 ♐ 14	16 ♑	15 ♐	22 ♈	8 ♈	28 ♐

SUN INGRESS	☉ → ♈ 20日 22:31
MOON PHASE	◐ 3日 11:03 ♊ ○ 10日 02:23 ♍ ◑ 17日 05:45 ♐ ● 25日 10:21 ♈

aspects		
2日	00:31	♂⚹♆
3日	21:36	☿⚹♀
6日	03:12	☉□♇
10日	18:50	☿☌♅
14日	07:29	☿□♄
17日	06:42	☉⚹♄
18日	20:48	♂☌♇
19日	14:30	♀△♂
20日	08:27	♀△♇
22日	04:40	☿□♃
27日	19:57	☉⚹♃
28日	15:28	☿□♇
29日	06:54	☉⚹♆
30日	13:16	☉☌♀

2001年4月

DAY	☉	☽	☊ mean	☊ true	☿	♀	♂	♃	♄	♅	♆	♇	⚳	⚴	⚵	⚶	⚷
	° ′	° ′	° ′	° ′	° ′	° ′	° ′	° ′	° ′	° ′	° ′	° ′	°	°	°	°	°
1	10 ♈ 57	0 ♋ 21	10 ♋ 56	10 R 43	20 D 30	8 R 37	20 D 32	7 D 32	27 D 44	23 D 28	8 D 20	15 R 13	17 D	15 D	22 D	8 D	28 D
2	11 ♈ 56	14 ♋ 12	10 ♋ 53	10 ♋ 43	22 ♓ 7	7 ♈ 59	20 ♐ 53	7 ♊ 43	27 ♉ 50	23 ♒ 31	8 ♒ 21	15 ♐ 13	17 ♑	15 ♐	23 ♈	9 ♈	28 ♐
3	12 ♈ 55	28 ♋ 17	10 ♋ 49	10 ♋ 43	23 ♓ 45	7 ♈ 23	21 ♐ 15	7 ♊ 54	27 ♉ 57	23 ♒ 33	8 ♒ 22	15 ♐ 12	17 ♑	15 ♐	23 ♈	9 ♈	28 ♐
4	13 ♈ 54	12 ♌ 35	10 ♋ 46	10 ♋ 41	25 ♓ 25	6 ♈ 47	21 ♐ 36	8 ♊ 4	28 ♉ 3	23 ♒ 36	8 ♒ 23	15 ♐ 12	17 ♑	15 ♐	24 ♈	10 ♈	28 ♐
5	14 ♈ 54	27 ♌ 5	10 ♋ 43	10 ♋ 37	27 ♓ 6	6 ♈ 12	21 ♐ 57	8 ♊ 15	28 ♉ 9	23 ♒ 38	8 ♒ 25	15 ♐ 11	17 ♑	15 ♐	24 ♈	10 ♈	28 ♐
6	15 ♈ 53	11 ♍ 43	10 ♋ 40	10 ♋ 29	28 ♓ 49	5 ♈ 39	22 ♐ 17	8 ♊ 26	28 ♉ 16	23 ♒ 41	8 ♒ 26	15 ♐ 11	18 ♑	15 ♐	25 ♈	11 ♈	28 ♐
7	16 ♈ 52	26 ♍ 22	10 ♋ 37	10 ♋ 20	0 ♈ 33	5 ♈ 7	22 ♐ 37	8 ♊ 37	28 ♉ 22	23 ♒ 43	8 ♒ 27	15 ♐ 10	18 ♑	15 R	26 ♈	11 ♈	28 ♐
8	17 ♈ 51	10 ♎ 56	10 ♋ 34	10 ♋ 8	2 ♈ 19	4 ♈ 37	22 ♐ 57	8 ♊ 48	28 ♉ 29	23 ♒ 46	8 ♒ 28	15 ♐ 9	18 ♑	15 ♐	26 ♈	11 ♈	28 ♐
9	18 ♈ 50	25 ♎ 16	10 ♋ 30	9 ♋ 57	4 ♈ 6	4 ♈ 9	23 ♐ 16	8 ♊ 59	28 ♉ 35	23 ♒ 48	8 ♒ 29	15 ♐ 9	18 ♑	15 ♐	27 ♈	12 ♈	28 R
10	19 ♈ 49	9 ♏ 17	10 ♋ 27	9 ♋ 46	5 ♈ 55	3 ♈ 42	23 ♐ 35	9 ♊ 11	28 ♉ 42	23 ♒ 50	8 ♒ 30	15 ♐ 8	18 ♑	15 ♐	27 ♈	12 ♈	28 ♐
11	20 ♈ 47	22 ♏ 54	10 ♋ 24	9 ♋ 37	7 ♈ 45	3 ♈ 18	23 ♐ 53	9 ♊ 22	28 ♉ 48	23 ♒ 52	8 ♒ 31	15 ♐ 7	19 ♑	15 ♐	28 ♈	13 ♈	28 ♐
12	21 ♈ 46	6 ♐ 7	10 ♋ 21	9 ♋ 30	9 ♈ 37	2 ♈ 56	24 ♐ 12	9 ♊ 33	28 ♉ 55	23 ♒ 55	8 ♒ 32	15 ♐ 6	19 ♑	15 ♐	29 ♈	13 ♈	28 ♐
13	22 ♈ 45	18 ♐ 55	10 ♋ 18	9 ♋ 26	11 ♈ 30	2 ♈ 37	24 ♐ 29	9 ♊ 45	29 ♉ 2	23 ♒ 57	8 ♒ 33	15 ♐ 6	19 ♑	15 ♐	29 ♈	14 ♈	28 ♐
14	23 ♈ 44	1 ♑ 21	10 ♋ 15	9 ♋ 25	13 ♈ 24	2 ♈ 19	24 ♐ 46	9 ♊ 56	29 ♉ 9	23 ♒ 59	8 ♒ 34	15 ♐ 5	19 ♑	15 ♐	0 ♉	14 ♈	28 ♐
15	24 ♈ 43	13 ♑ 30	10 ♋ 11	9 D 25	15 ♈ 20	2 ♈ 4	25 ♐ 3	10 ♊ 8	29 ♉ 15	24 ♒ 1	8 ♒ 35	15 ♐ 4	19 ♑	15 ♐	0 ♉	15 ♈	28 ♐
16	25 ♈ 41	25 ♑ 27	10 ♋ 8	9 ♋ 25	17 ♈ 18	1 ♈ 52	25 ♐ 19	10 ♊ 20	29 ♉ 22	24 ♒ 3	8 ♒ 36	15 ♐ 3	20 ♑	15 ♐	1 ♉	15 ♈	28 ♐
17	26 ♈ 40	7 ♒ 18	10 ♋ 5	9 R 24	19 ♈ 17	1 ♈ 42	25 ♐ 35	10 ♊ 32	29 ♉ 29	24 ♒ 5	8 ♒ 36	15 ♐ 2	20 ♑	15 ♐	1 ♉	16 ♈	28 ♐
18	27 ♈ 39	19 ♒ 6	10 ♋ 2	9 ♋ 22	21 ♈ 18	1 ♈ 35	25 ♐ 50	10 ♊ 43	29 ♉ 36	24 ♒ 7	8 ♒ 37	15 ♐ 1	20 ♑	15 ♐	2 ♉	16 ♈	28 ♐
19	28 ♈ 37	0 ♓ 59	9 ♋ 59	9 ♋ 18	23 ♈ 19	1 ♈ 30	26 ♐ 5	10 ♊ 55	29 ♉ 43	24 ♒ 9	8 ♒ 38	15 ♐ 0	20 ♑	15 ♐	3 ♉	17 ♈	28 ♐
20	29 ♈ 36	13 ♓ 0	9 ♋ 55	9 ♋ 11	25 ♈ 23	1 ♈ 27	26 ♐ 19	11 ♊ 7	29 ♉ 50	24 ♒ 11	8 ♒ 39	14 ♐ 59	20 ♑	15 ♐	3 ♉	17 ♈	28 ♐
21	0 ♉ 35	25 ♓ 12	9 ♋ 52	9 ♋ 1	27 ♈ 27	1 D 27	26 ♐ 33	11 ♊ 20	29 ♉ 57	24 ♒ 13	8 ♒ 39	14 ♐ 58	20 ♑	15 ♐	4 ♉	18 ♈	28 ♐
22	1 ♉ 33	7 ♈ 39	9 ♋ 49	8 ♋ 50	29 ♈ 33	1 ♈ 29	26 ♐ 46	11 ♊ 32	0 ♊ 5	24 ♒ 15	8 ♒ 40	14 ♐ 57	20 ♑	15 ♐	4 ♉	18 ♈	28 ♐
23	2 ♉ 32	20 ♈ 20	9 ♋ 46	8 ♋ 38	1 ♉ 39	1 ♈ 34	26 ♐ 59	11 ♊ 44	0 ♊ 12	24 ♒ 17	8 ♒ 41	14 ♐ 56	21 ♑	14 ♐	5 ♉	18 ♈	28 ♐
24	3 ♉ 30	3 ♉ 17	9 ♋ 43	8 ♋ 27	3 ♉ 46	1 ♈ 41	27 ♐ 11	11 ♊ 56	0 ♊ 19	24 ♒ 18	8 ♒ 41	14 ♐ 55	21 ♑	14 ♐	6 ♉	19 ♈	28 ♐
25	4 ♉ 29	16 ♉ 29	9 ♋ 40	8 ♋ 17	5 ♉ 54	1 ♈ 50	27 ♐ 23	12 ♊ 9	0 ♊ 26	24 ♒ 20	8 ♒ 42	14 ♐ 54	21 ♑	14 ♐	6 ♉	19 ♈	28 ♐
26	5 ♉ 27	29 ♉ 53	9 ♋ 36	8 ♋ 9	8 ♉ 3	2 ♈ 1	27 ♐ 34	12 ♊ 21	0 ♊ 33	24 ♒ 22	8 ♒ 42	14 ♐ 53	21 ♑	14 ♐	7 ♉	20 ♈	28 ♐
27	6 ♉ 26	13 ♊ 28	9 ♋ 33	8 ♋ 4	10 ♉ 12	2 ♈ 14	27 ♐ 44	12 ♊ 34	0 ♊ 41	24 ♒ 23	8 ♒ 43	14 ♐ 52	21 ♑	14 ♐	7 ♉	20 ♈	28 ♐
28	7 ♉ 24	27 ♊ 13	9 ♋ 30	8 ♋ 2	12 ♉ 20	2 ♈ 29	27 ♐ 54	12 ♊ 46	0 ♊ 48	24 ♒ 25	8 ♒ 43	14 ♐ 51	21 ♑	14 ♐	8 ♉	21 ♈	28 ♐
29	8 ♉ 22	11 ♋ 5	9 ♋ 27	8 D 1	14 ♉ 28	2 ♈ 46	28 ♐ 3	12 ♊ 59	0 ♊ 56	24 ♒ 26	8 ♒ 44	14 ♐ 49	21 ♑	13 ♐	8 ♉	21 ♈	28 ♐
30	9 ♉ 21	25 ♋ 4	9 ♋ 24	8 ♋ 2	16 ♉ 36	3 ♈ 5	28 ♐ 11	13 ♊ 11	1 ♊ 3	24 ♒ 28	8 ♒ 44	14 ♐ 48	21 ♑	13 ♐	9 ♉	22 ♈	28 ♐

SUN INGRESS	☉ → ♉ 20日 09:36
MOON PHASE	◐ 1日 19:49 ♋ ○ 8日 12:22 ♎ ◑ 16日 00:31 ♑ ● 24日 00:26 ♉

aspects		
1日	00:36	☿□♂
1日	10:30	♀⚹♆
2日	08:18	♀⚹♃
5日	07:04	☉△♇
5日	15:40	☿⚹♄
5日	23:24	♃△♆
9日	00:24	☿☌♀
10日	22:26	♂⚹♅
11日	10:02	☿⚹♆
11日	23:13	☿⚹♃
14日	06:24	☉⚹♅
14日	20:38	☿△♇
15日	11:31	☉△♂
19日	09:52	☿⚹♅
20日	12:21	☿△♂
23日	18:24	☉☌☿
26日	07:22	☿□♆
29日	08:49	☉□♆

2001年5月

DAY	☉	☽	☊ mean	☊ true	☿	♀	♂	♃	♄	♅	♆	♇	⚳	⚴	⚵	⚶	⚷
	° ′	° ′	° ′	° ′	° ′	° ′	° ′	° ′	° ′	° ′	° ′	° ′	°	°	°	°	°
1	10 ♉ 19	9 ♌ 9	9 ♋ 21	8 D 2	18 D 43	3 D 26	28 D 19	13 D 24	1 D 10	24 D 29	8 D 44	14 R 47	22 D	13 R	10 D	22 D	28 R
2	11 ♉ 17	23 ♌ 19	9 ♋ 17	8 R 2	20 ♉ 49	3 ♈ 49	28 ♐ 27	13 ♊ 37	1 ♊ 18	24 ♒ 31	8 ♒ 45	14 ♐ 46	22 ♑	13 ♐	10 ♉	23 ♈	28 ♐
3	12 ♉ 15	7 ♍ 33	9 ♋ 14	7 ♋ 59	22 ♉ 53	4 ♈ 13	28 ♐ 33	13 ♊ 50	1 ♊ 25	24 ♒ 32	8 ♒ 45	14 ♐ 44	22 ♑	13 ♐	11 ♉	23 ♈	28 ♐
4	13 ♉ 14	21 ♍ 48	9 ♋ 11	7 ♋ 55	24 ♉ 55	4 ♈ 39	28 ♐ 39	14 ♊ 3	1 ♊ 33	24 ♒ 33	8 ♒ 45	14 ♐ 43	22 ♑	13 ♐	11 ♉	23 ♈	28 ♐
5	14 ♉ 12	6 ♎ 0	9 ♋ 8	7 ♋ 48	26 ♉ 55	5 ♈ 7	28 ♐ 45	14 ♊ 16	1 ♊ 40	24 ♒ 34	8 ♒ 45	14 ♐ 42	22 ♑	12 ♐	12 ♉	24 ♈	28 ♐
6	15 ♉ 10	20 ♎ 6	9 ♋ 5	7 ♋ 40	28 ♉ 53	5 ♈ 36	28 ♐ 49	14 ♊ 29	1 ♊ 48	24 ♒ 36	8 ♒ 46	14 ♐ 40	22 ♑	12 ♐	13 ♉	24 ♈	28 ♐
7	16 ♉ 8	4 ♏ 1	9 ♋ 1	7 ♋ 31	0 ♊ 48	6 ♈ 6	28 ♐ 53	14 ♊ 42	1 ♊ 55	24 ♒ 37	8 ♒ 46	14 ♐ 39	22 ♑	12 ♐	13 ♉	25 ♈	28 ♐
8	17 ♉ 6	17 ♏ 41	8 ♋ 58	7 ♋ 23	2 ♊ 40	6 ♈ 38	28 ♐ 56	14 ♊ 55	2 ♊ 3	24 ♒ 38	8 ♒ 46	14 ♐ 38	22 ♑	12 ♐	14 ♉	25 ♈	28 ♐
9	18 ♉ 4	1 ♐ 3	8 ♋ 55	7 ♋ 17	4 ♊ 30	7 ♈ 12	28 ♐ 59	15 ♊ 8	2 ♊ 11	24 ♒ 39	8 ♒ 46	14 ♐ 36	22 ♑	11 ♐	14 ♉	26 ♈	28 ♐
10	19 ♉ 2	14 ♐ 5	8 ♋ 52	7 ♋ 12	6 ♊ 16	7 ♈ 46	29 ♐ 1	15 ♊ 21	2 ♊ 18	24 ♒ 40	8 ♒ 46	14 ♐ 35	22 ♑	11 ♐	15 ♉	26 ♈	28 ♐
11	20 ♉ 0	26 ♐ 47	8 ♋ 49	7 ♋ 10	7 ♊ 59	8 ♈ 22	29 ♐ 2	15 ♊ 34	2 ♊ 26	24 ♒ 41	8 ♒ 46	14 ♐ 33	22 ♑	11 ♐	16 ♉	27 ♈	28 ♐
12	20 ♉ 58	9 ♑ 11	8 ♋ 46	7 D 9	9 ♊ 39	9 ♈ 0	29 ♐ 2	15 ♊ 47	2 ♊ 34	24 ♒ 42	8 R 46	14 ♐ 32	22 ♑	11 ♐	16 ♉	27 ♈	28 ♐
13	21 ♉ 56	21 ♑ 20	8 ♋ 42	7 ♋ 10	11 ♊ 15	9 ♈ 38	29 R 2	16 ♊ 1	2 ♊ 41	24 ♒ 43	8 ♒ 46	14 ♐ 31	22 ♑	10 ♐	17 ♉	28 ♈	28 ♐
14	22 ♉ 54	3 ♒ 18	8 ♋ 39	7 ♋ 11	12 ♊ 48	10 ♈ 17	29 ♐ 1	16 ♊ 14	2 ♊ 49	24 ♒ 43	8 ♒ 46	14 ♐ 29	22 ♑	10 ♐	17 ♉	28 ♈	27 ♐
15	23 ♉ 52	15 ♒ 10	8 ♋ 36	7 ♋ 13	14 ♊ 17	10 ♈ 58	28 ♐ 59	16 ♊ 27	2 ♊ 57	24 ♒ 44	8 ♒ 46	14 ♐ 28	22 ♑	10 ♐	18 ♉	28 ♈	27 ♐
16	24 ♉ 49	27 ♒ 1	8 ♋ 33	7 R 13	15 ♊ 43	11 ♈ 40	28 ♐ 57	16 ♊ 41	3 ♊ 4	24 ♒ 45	8 ♒ 46	14 ♐ 26	22 ♑	10 ♐	18 ♉	29 ♈	27 ♐
17	25 ♉ 47	8 ♓ 55	8 ♋ 30	7 ♋ 12	17 ♊ 4	12 ♈ 22	28 ♐ 53	16 ♊ 54	3 ♊ 12	24 ♒ 46	8 ♒ 46	14 ♐ 25	22 ♑	9 ♐	19 ♉	29 ♈	27 ♐
18	26 ♉ 45	20 ♓ 58	8 ♋ 27	7 ♋ 9	18 ♊ 22	13 ♈ 6	28 ♐ 49	17 ♊ 7	3 ♊ 20	24 ♒ 46	8 ♒ 45	14 ♐ 23	22 R	9 ♐	20 ♉	0 ♉	27 ♐
19	27 ♉ 43	3 ♈ 15	8 ♋ 23	7 ♋ 5	19 ♊ 37	13 ♈ 50	28 ♐ 44	17 ♊ 21	3 ♊ 28	24 ♒ 47	8 ♒ 45	14 ♐ 22	22 ♑	9 ♐	20 ♉	0 ♉	27 ♐
20	28 ♉ 41	15 ♈ 47	8 ♋ 20	6 ♋ 59	20 ♊ 47	14 ♈ 36	28 ♐ 39	17 ♊ 34	3 ♊ 35	24 ♒ 47	8 ♒ 45	14 ♐ 20	22 ♑	8 ♐	21 ♉	1 ♉	27 ♐
21	29 ♉ 38	28 ♈ 38	8 ♋ 17	6 ♋ 53	21 ♊ 54	15 ♈ 22	28 ♐ 32	17 ♊ 48	3 ♊ 43	24 ♒ 48	8 ♒ 45	14 ♐ 19	22 ♑	8 ♐	21 ♉	1 ♉	27 ♐
22	0 ♊ 36	11 ♉ 49	8 ♋ 14	6 ♋ 47	22 ♊ 56	16 ♈ 9	28 ♐ 25	18 ♊ 1	3 ♊ 51	24 ♒ 48	8 ♒ 44	14 ♐ 17	22 ♑	8 ♐	22 ♉	2 ♉	27 ♐
23	1 ♊ 34	25 ♉ 19	8 ♋ 11	6 ♋ 42	23 ♊ 55	16 ♈ 57	28 ♐ 17	18 ♊ 15	3 ♊ 59	24 ♒ 49	8 ♒ 44	14 ♐ 15	22 ♑	8 ♐	23 ♉	2 ♉	27 ♐
24	2 ♊ 32	9 ♊ 5	8 ♋ 7	6 ♋ 38	24 ♊ 49	17 ♈ 46	28 ♐ 8	18 ♊ 29	4 ♊ 6	24 ♒ 49	8 ♒ 44	14 ♐ 14	22 ♑	7 ♐	23 ♉	2 ♉	27 ♐
25	3 ♊ 29	23 ♊ 6	8 ♋ 4	6 ♋ 36	25 ♊ 39	18 ♈ 35	27 ♐ 59	18 ♊ 42	4 ♊ 14	24 ♒ 49	8 ♒ 43	14 ♐ 12	22 ♑	7 ♐	24 ♉	3 ♉	27 ♐
26	4 ♊ 27	7 ♋ 16	8 ♋ 1	6 D 35	26 ♊ 25	19 ♈ 25	27 ♐ 49	18 ♊ 56	4 ♊ 22	24 ♒ 49	8 ♒ 43	14 ♐ 11	22 ♑	7 ♐	24 ♉	3 ♉	27 ♐
27	5 ♊ 25	21 ♋ 32	7 ♋ 58	6 ♋ 36	27 ♊ 7	20 ♈ 16	27 ♐ 38	19 ♊ 10	4 ♊ 30	24 ♒ 50	8 ♒ 42	14 ♐ 9	22 ♑	6 ♐	25 ♉	4 ♉	27 ♐
28	6 ♊ 22	5 ♌ 50	7 ♋ 55	6 ♋ 37	27 ♊ 44	21 ♈ 7	27 ♐ 26	19 ♊ 23	4 ♊ 37	24 ♒ 50	8 ♒ 42	14 ♐ 7	22 ♑	6 ♐	26 ♉	4 ♉	27 ♐
29	7 ♊ 20	20 ♌ 7	7 ♋ 52	6 ♋ 38	28 ♊ 17	21 ♈ 59	27 ♐ 14	19 ♊ 37	4 ♊ 45	24 ♒ 50	8 ♒ 41	14 ♐ 6	22 ♑	6 ♐	26 ♉	5 ♉	27 ♐
30	8 ♊ 17	4 ♍ 21	7 ♋ 48	6 ♋ 39	28 ♊ 45	22 ♈ 51	27 ♐ 1	19 ♊ 51	4 ♊ 53	24 ♒ 50	8 ♒ 41	14 ♐ 4	22 ♑	5 ♐	27 ♉	5 ♉	27 ♐
31	9 ♊ 15	18 ♍ 29	7 ♋ 45	6 R 39	29 ♊ 9	23 ♈ 44	26 ♐ 48	20 ♊ 4	5 ♊ 1	24 R 50	8 ♒ 40	14 ♐ 3	22 ♑	5 ♐	27 ♉	5 ♉	27 ♐

SUN INGRESS	☉ → ♊ 21日 08:44
MOON PHASE	◐ 1日 02:08 ♌　○ 7日 22:53 ♏　◑ 15日 19:11 ♒　● 23日 11:46 ♊　◐ 30日 07:09 ♍

aspects		
3日	19:42	☿□♅
6日	19:46	♃☍♇
7日	15:25	☿☌♄
11日	08:47	☿⚹♀
11日	11:15	☿△♆
11日	15:24	♀⚹♆
15日	02:53	☿☍♇
15日	22:05	☉□♅
16日	20:15	☿☌♃
19日	15:57	♀△♇
23日	23:55	☿△♅
25日	04:53	♀⚹♃
25日	21:33	☉☌♄
27日	15:03	☿☍♂
30日	09:33	☉△♆

2001年6月

DAY	☉	☽	☊ mean	☊ true	☿	♀	♂	♃	♄	♅	♆	♇	⚳	⚴	⚵	⚶	⚷
	° ′	° ′	° ′	° ′	° ′	° ′	° ′	° ′	° ′	° ′	° ′	° ′	°	°	°	°	°
1	10 ♊ 12	2 ♎ 30	7 ♋ 42	6 R 37	29 D 27	24 D 38	26 R 33	20 D 18	5 D 9	24 R 50	8 R 39	14 R 1	22 R	5 R	28 D	6 D	26 R
2	11 ♊ 10	16 ♎ 21	7 ♋ 39	6 ♋ 35	29 ♊ 42	25 ♈ 32	26 ♐ 19	20 ♊ 32	5 ♊ 16	24 ♒ 50	8 ♒ 39	13 ♐ 59	22 ♑	5 ♐	29 ♉	6 ♉	26 ♐
3	12 ♊ 7	0 ♏ 2	7 ♋ 36	6 ♋ 32	29 ♊ 51	26 ♈ 27	26 ♐ 4	20 ♊ 46	5 ♊ 24	24 ♒ 49	8 ♒ 38	13 ♐ 58	21 ♑	4 ♐	29 ♉	7 ♉	26 ♐
4	13 ♊ 5	13 ♏ 30	7 ♋ 32	6 ♋ 28	29 ♊ 57	27 ♈ 22	25 ♐ 48	21 ♊ 0	5 ♊ 32	24 ♒ 49	8 ♒ 37	13 ♐ 56	21 ♑	4 ♐	0 ♊	7 ♉	26 ♐
5	14 ♊ 2	26 ♏ 44	7 ♋ 29	6 ♋ 25	29 R 57	28 ♈ 18	25 ♐ 31	21 ♊ 13	5 ♊ 39	24 ♒ 49	8 ♒ 37	13 ♐ 55	21 ♑	4 ♐	0 ♊	8 ♉	26 ♐
6	15 ♊ 0	9 ♐ 44	7 ♋ 26	6 ♋ 22	29 ♊ 53	29 ♈ 14	25 ♐ 15	21 ♊ 27	5 ♊ 47	24 ♒ 49	8 ♒ 36	13 ♐ 53	21 ♑	3 ♐	1 ♊	8 ♉	26 ♐
7	15 ♊ 57	22 ♐ 28	7 ♋ 23	6 ♋ 21	29 ♊ 45	0 ♉ 10	24 ♐ 57	21 ♊ 41	5 ♊ 55	24 ♒ 48	8 ♒ 35	13 ♐ 51	21 ♑	3 ♐	2 ♊	8 ♉	26 ♐
8	16 ♊ 55	4 ♑ 58	7 ♋ 20	6 ♋ 20	29 ♊ 32	1 ♉ 7	24 ♐ 40	21 ♊ 55	6 ♊ 3	24 ♒ 48	8 ♒ 34	13 ♐ 50	21 ♑	3 ♐	2 ♊	9 ♉	26 ♐
9	17 ♊ 52	17 ♑ 15	7 ♋ 17	6 D 20	29 ♊ 15	2 ♉ 5	24 ♐ 22	22 ♊ 9	6 ♊ 10	24 ♒ 47	8 ♒ 33	13 ♐ 48	21 ♑	3 ♐	3 ♊	9 ♉	26 ♐
10	18 ♊ 49	29 ♑ 20	7 ♋ 13	6 ♋ 21	28 ♊ 55	3 ♉ 3	24 ♐ 3	22 ♊ 22	6 ♊ 18	24 ♒ 47	8 ♒ 32	13 ♐ 47	21 ♑	2 ♐	3 ♊	10 ♉	26 ♐
11	19 ♊ 47	11 ♒ 16	7 ♋ 10	6 ♋ 23	28 ♊ 32	4 ♉ 1	23 ♐ 45	22 ♊ 36	6 ♊ 26	24 ♒ 46	8 ♒ 31	13 ♐ 45	20 ♑	2 ♐	4 ♊	10 ♉	26 ♐
12	20 ♊ 44	23 ♒ 8	7 ♋ 7	6 ♋ 24	28 ♊ 5	5 ♉ 0	23 ♐ 26	22 ♊ 50	6 ♊ 33	24 ♒ 46	8 ♒ 31	13 ♐ 43	20 ♑	2 ♐	4 ♊	11 ♉	26 ♐
13	21 ♊ 41	4 ♓ 59	7 ♋ 4	6 ♋ 25	27 ♊ 36	5 ♉ 59	23 ♐ 7	23 ♊ 4	6 ♊ 41	24 ♒ 45	8 ♒ 30	13 ♐ 42	20 ♑	1 ♐	5 ♊	11 ♉	26 ♐
14	22 ♊ 39	16 ♓ 54	7 ♋ 1	6 ♋ 26	27 ♊ 5	6 ♉ 58	22 ♐ 48	23 ♊ 18	6 ♊ 48	24 ♒ 44	8 ♒ 29	13 ♐ 40	20 ♑	1 ♐	6 ♊	11 ♉	26 ♐
15	23 ♊ 36	28 ♓ 57	6 ♋ 58	6 R 26	26 ♊ 32	7 ♉ 58	22 ♐ 28	23 ♊ 32	6 ♊ 56	24 ♒ 44	8 ♒ 28	13 ♐ 39	20 ♑	1 ♐	6 ♊	12 ♉	26 ♐
16	24 ♊ 33	11 ♈ 13	6 ♋ 54	6 ♋ 25	25 ♊ 59	8 ♉ 58	22 ♐ 9	23 ♊ 46	7 ♊ 4	24 ♒ 43	8 ♒ 27	13 ♐ 37	20 ♑	1 ♐	7 ♊	12 ♉	25 ♐
17	25 ♊ 31	23 ♈ 47	6 ♋ 51	6 ♋ 24	25 ♊ 25	9 ♉ 58	21 ♐ 49	23 ♊ 59	7 ♊ 11	24 ♒ 42	8 ♒ 25	13 ♐ 35	20 ♑	1 ♐	7 ♊	13 ♉	25 ♐
18	26 ♊ 28	6 ♉ 40	6 ♋ 48	6 ♋ 23	24 ♊ 51	10 ♉ 59	21 ♐ 29	24 ♊ 13	7 ♊ 19	24 ♒ 41	8 ♒ 24	13 ♐ 34	19 ♑	0 ♐	8 ♊	13 ♉	25 ♐
19	27 ♊ 25	19 ♉ 57	6 ♋ 45	6 ♋ 22	24 ♊ 18	12 ♉ 0	21 ♐ 10	24 ♊ 27	7 ♊ 26	24 ♒ 40	8 ♒ 23	13 ♐ 32	19 ♑	0 ♐	9 ♊	13 ♉	25 ♐
20	28 ♊ 23	3 ♊ 37	6 ♋ 42	6 ♋ 21	23 ♊ 46	13 ♉ 1	20 ♐ 51	24 ♊ 41	7 ♊ 33	24 ♒ 39	8 ♒ 22	13 ♐ 31	19 ♑	0 ♐	9 ♊	14 ♉	25 ♐
21	29 ♊ 20	17 ♊ 39	6 ♋ 38	6 ♋ 20	23 ♊ 16	14 ♉ 3	20 ♐ 31	24 ♊ 55	7 ♊ 41	24 ♒ 38	8 ♒ 21	13 ♐ 29	19 ♑	0 ♐	10 ♊	14 ♉	25 ♐
22	0 ♋ 17	2 ♋ 0	6 ♋ 35	6 ♋ 20	22 ♊ 49	15 ♉ 5	20 ♐ 12	25 ♊ 9	7 ♊ 48	24 ♒ 37	8 ♒ 20	13 ♐ 28	19 ♑	29 ♏	10 ♊	15 ♉	25 ♐
23	1 ♋ 14	16 ♋ 34	6 ♋ 32	6 D 20	22 ♊ 24	16 ♉ 7	19 ♐ 53	25 ♊ 22	7 ♊ 56	24 ♒ 36	8 ♒ 19	13 ♐ 26	18 ♑	29 ♏	11 ♊	15 ♉	25 ♐
24	2 ♋ 12	1 ♌ 16	6 ♋ 29	6 ♋ 21	22 ♊ 3	17 ♉ 9	19 ♐ 35	25 ♊ 36	8 ♊ 3	24 ♒ 35	8 ♒ 17	13 ♐ 25	18 ♑	29 ♏	12 ♊	15 ♉	25 ♐
25	3 ♋ 9	16 ♌ 0	6 ♋ 26	6 ♋ 21	21 ♊ 45	18 ♉ 12	19 ♐ 17	25 ♊ 50	8 ♊ 10	24 ♒ 34	8 ♒ 16	13 ♐ 23	18 ♑	29 ♏	12 ♊	16 ♉	25 ♐
26	4 ♋ 6	0 ♍ 37	6 ♋ 23	6 ♋ 21	21 ♊ 31	19 ♉ 14	18 ♐ 59	26 ♊ 4	8 ♊ 18	24 ♒ 33	8 ♒ 15	13 ♐ 22	18 ♑	29 ♏	13 ♊	16 ♉	25 ♐
27	5 ♋ 3	15 ♍ 5	6 ♋ 19	6 ♋ 21	21 ♊ 21	20 ♉ 18	18 ♐ 42	26 ♊ 17	8 ♊ 25	24 ♒ 31	8 ♒ 14	13 ♐ 20	18 ♑	29 ♏	13 ♊	17 ♉	25 ♐
28	6 ♋ 1	29 ♍ 18	6 ♋ 16	6 ♋ 21	21 ♊ 16	21 ♉ 21	18 ♐ 25	26 ♊ 31	8 ♊ 32	24 ♒ 30	8 ♒ 12	13 ♐ 19	17 ♑	28 ♏	14 ♊	17 ♉	25 ♐
29	6 ♋ 58	13 ♎ 15	6 ♋ 13	6 ♋ 21	21 D 16	22 ♉ 24	18 ♐ 9	26 ♊ 45	8 ♊ 39	24 ♒ 29	8 ♒ 11	13 ♐ 17	17 ♑	28 ♏	15 ♊	17 ♉	25 ♐
30	7 ♋ 55	26 ♎ 55	6 ♋ 10	6 ♋ 21	21 ♊ 20	23 ♉ 28	17 ♐ 53	26 ♊ 59	8 ♊ 46	24 ♒ 27	8 ♒ 10	13 ♐ 16	17 ♑	28 ♏	15 ♊	18 ♉	25 ♐

SUN INGRESS	☉ → ♋ 21日 16:38
MOON PHASE	○ 6日 10:39 ♐　◑ 14日 12:28 ♓　● 21日 20:58 ♋　◐ 28日 12:20 ♎

aspects		
1日	05:12	♀⚹♅
2日	16:03	♀△♂
4日	20:51	☉☍♇
6日	14:40	☿⚹♀
7日	12:53	♂⚹♅
13日	02:01	♂☍♃
14日	02:45	☉☍♂
14日	21:38	☉☌♃
15日	11:45	♀□♆
16日	03:56	☉△♅
16日	22:26	☉☌☿
18日	07:07	☿△♅
18日	19:11	☿☌♃
19日	21:24	♃△♅
25日	16:15	♄△♆
30日	21:46	♀□♅

2001年7月

DAY	☉	☽	☊ mean	☊ true	☿	♀	♂	♃	♄	♅	♆	♇	⚳	⚴	⚵	⚶	⚷
	° ′	° ′	° ′	° ′	° ′	° ′	° ′	° ′	° ′	° ′	° ′	° ′	°	°	°	°	°
1	8 ♋ 52	10 ♏ 18	6 ♋ 7	6 D 21	21 D 29	24 D 32	17 R 38	27 D 12	8 D 54	24 R 26	8 R 8	13 R 14	17 R	28 R	16 D	18 D	24 R
2	9 ♋ 49	23 ♏ 25	6 ♋ 4	6 ♋ 22	21 ♊ 43	25 ♉ 36	17 ♐ 23	27 ♊ 26	9 ♊ 1	24 ♒ 24	8 ♒ 7	13 ♐ 13	17 ♑	28 ♏	16 ♊	19 ♉	24 ♐
3	10 ♋ 47	6 ♐ 17	6 ♋ 0	6 ♋ 22	22 ♊ 2	26 ♉ 41	17 ♐ 9	27 ♊ 40	9 ♊ 8	24 ♒ 23	8 ♒ 6	13 ♐ 12	16 ♑	28 ♏	17 ♊	19 ♉	24 ♐
4	11 ♋ 44	18 ♐ 55	5 ♋ 57	6 ♋ 23	22 ♊ 26	27 ♉ 45	16 ♐ 56	27 ♊ 53	9 ♊ 15	24 ♒ 21	8 ♒ 4	13 ♐ 10	16 ♑	28 ♏	17 ♊	19 ♉	24 ♐
5	12 ♋ 41	1 ♑ 21	5 ♋ 54	6 ♋ 23	22 ♊ 54	28 ♉ 50	16 ♐ 43	28 ♊ 7	9 ♊ 22	24 ♒ 20	8 ♒ 3	13 ♐ 9	16 ♑	27 ♏	18 ♊	20 ♉	24 ♐
6	13 ♋ 38	13 ♑ 36	5 ♋ 51	6 R 23	23 ♊ 28	29 ♉ 55	16 ♐ 31	28 ♊ 20	9 ♊ 29	24 ♒ 18	8 ♒ 1	13 ♐ 7	16 ♑	27 ♏	19 ♊	20 ♉	24 ♐
7	14 ♋ 35	25 ♑ 43	5 ♋ 48	6 ♋ 22	24 ♊ 6	1 ♊ 0	16 ♐ 20	28 ♊ 34	9 ♊ 35	24 ♒ 17	8 ♒ 0	13 ♐ 6	15 ♑	27 ♏	19 ♊	21 ♉	24 ♐
8	15 ♋ 33	7 ♒ 41	5 ♋ 44	6 ♋ 22	24 ♊ 50	2 ♊ 5	16 ♐ 9	28 ♊ 47	9 ♊ 42	24 ♒ 15	7 ♒ 58	13 ♐ 5	15 ♑	27 ♏	20 ♊	21 ♉	24 ♐
9	16 ♋ 30	19 ♒ 35	5 ♋ 41	6 ♋ 20	25 ♊ 38	3 ♊ 11	16 ♐ 0	29 ♊ 1	9 ♊ 49	24 ♒ 13	7 ♒ 57	13 ♐ 4	15 ♑	27 ♏	20 ♊	21 ♉	24 ♐
10	17 ♋ 27	1 ♓ 26	5 ♋ 38	6 ♋ 19	26 ♊ 31	4 ♊ 16	15 ♐ 51	29 ♊ 14	9 ♊ 56	24 ♒ 12	7 ♒ 55	13 ♐ 2	15 ♑	27 ♏	21 ♊	22 ♉	24 ♐
11	18 ♋ 24	13 ♓ 17	5 ♋ 35	6 ♋ 17	27 ♊ 28	5 ♊ 22	15 ♐ 43	29 ♊ 28	10 ♊ 2	24 ♒ 10	7 ♒ 54	13 ♐ 1	15 ♑	27 ♏	22 ♊	22 ♉	24 ♐
12	19 ♋ 21	25 ♓ 12	5 ♋ 32	6 ♋ 16	28 ♊ 30	6 ♊ 28	15 ♐ 35	29 ♊ 41	10 ♊ 9	24 ♒ 8	7 ♒ 52	13 ♐ 0	14 ♑	27 ♏	22 ♊	22 ♉	24 ♐
13	20 ♋ 19	7 ♈ 14	5 ♋ 29	6 ♋ 15	29 ♊ 37	7 ♊ 34	15 ♐ 29	29 ♊ 54	10 ♊ 16	24 ♒ 6	7 ♒ 51	12 ♐ 59	14 ♑	27 ♏	23 ♊	23 ♉	24 ♐
14	21 ♋ 16	19 ♈ 29	5 ♋ 25	6 ♋ 14	0 ♋ 48	8 ♊ 41	15 ♐ 23	0 ♋ 8	10 ♊ 22	24 ♒ 4	7 ♒ 49	12 ♐ 57	14 ♑	27 ♏	23 ♊	23 ♉	24 ♐
15	22 ♋ 13	1 ♉ 59	5 ♋ 22	6 D 14	2 ♋ 4	9 ♊ 47	15 ♐ 18	0 ♋ 21	10 ♊ 29	24 ♒ 2	7 ♒ 48	12 ♐ 56	14 ♑	27 ♏	24 ♊	24 ♉	24 ♐
16	23 ♋ 10	14 ♉ 50	5 ♋ 19	6 ♋ 15	3 ♋ 24	10 ♊ 54	15 ♐ 14	0 ♋ 34	10 ♊ 35	24 ♒ 0	7 ♒ 46	12 ♐ 55	13 ♑	27 ♏	24 ♊	24 ♉	24 ♐
17	24 ♋ 8	28 ♉ 4	5 ♋ 16	6 ♋ 17	4 ♋ 48	12 ♊ 1	15 ♐ 11	0 ♋ 48	10 ♊ 42	23 ♒ 59	7 ♒ 45	12 ♐ 54	13 ♑	27 ♏	25 ♊	24 ♉	24 ♐
18	25 ♋ 5	11 ♊ 44	5 ♋ 13	6 ♋ 18	6 ♋ 16	13 ♊ 8	15 ♐ 8	1 ♋ 1	10 ♊ 48	23 ♒ 57	7 ♒ 43	12 ♐ 53	13 ♑	27 ♏	26 ♊	25 ♉	23 ♐
19	26 ♋ 2	25 ♊ 50	5 ♋ 10	6 ♋ 19	7 ♋ 48	14 ♊ 15	15 ♐ 7	1 ♋ 14	10 ♊ 54	23 ♒ 55	7 ♒ 42	12 ♐ 52	13 ♑	27 D	26 ♊	25 ♉	23 ♐
20	26 ♋ 59	10 ♋ 21	5 ♋ 6	6 R 19	9 ♋ 25	15 ♊ 22	15 ♐ 6	1 ♋ 27	11 ♊ 0	23 ♒ 53	7 ♒ 40	12 ♐ 51	13 ♑	27 ♏	27 ♊	25 ♉	23 ♐
21	27 ♋ 57	25 ♋ 11	5 ♋ 3	6 ♋ 18	11 ♋ 5	16 ♊ 29	15 D 6	1 ♋ 40	11 ♊ 7	23 ♒ 50	7 ♒ 38	12 ♐ 50	12 ♑	27 ♏	27 ♊	26 ♉	23 ♐
22	28 ♋ 54	10 ♌ 13	5 ♋ 0	6 ♋ 16	12 ♋ 49	17 ♊ 37	15 ♐ 7	1 ♋ 53	11 ♊ 13	23 ♒ 48	7 ♒ 37	12 ♐ 49	12 ♑	27 ♏	28 ♊	26 ♉	23 ♐
23	29 ♋ 51	25 ♌ 18	4 ♋ 57	6 ♋ 14	14 ♋ 36	18 ♊ 45	15 ♐ 9	2 ♋ 6	11 ♊ 19	23 ♒ 46	7 ♒ 35	12 ♐ 48	12 ♑	27 ♏	28 ♊	26 ♉	23 ♐
24	0 ♌ 49	10 ♍ 18	4 ♋ 54	6 ♋ 10	16 ♋ 26	19 ♊ 52	15 ♐ 12	2 ♋ 19	11 ♊ 25	23 ♒ 44	7 ♒ 34	12 ♐ 47	12 ♑	27 ♏	29 ♊	27 ♉	23 ♐
25	1 ♌ 46	25 ♍ 4	4 ♋ 50	6 ♋ 7	18 ♋ 19	21 ♊ 0	15 ♐ 15	2 ♋ 32	11 ♊ 31	23 ♒ 42	7 ♒ 32	12 ♐ 46	12 ♑	27 ♏	0 ♋	27 ♉	23 ♐
26	2 ♌ 43	9 ♎ 30	4 ♋ 47	6 ♋ 5	20 ♋ 15	22 ♊ 8	15 ♐ 20	2 ♋ 45	11 ♊ 37	23 ♒ 40	7 ♒ 30	12 ♐ 45	11 ♑	27 ♏	0 ♋	27 ♉	23 ♐
27	3 ♌ 41	23 ♎ 32	4 ♋ 44	6 ♋ 3	22 ♋ 14	23 ♊ 16	15 ♐ 25	2 ♋ 57	11 ♊ 42	23 ♒ 38	7 ♒ 29	12 ♐ 44	11 ♑	27 ♏	1 ♋	28 ♉	23 ♐
28	4 ♌ 38	7 ♏ 10	4 ♋ 41	6 D 3	24 ♋ 14	24 ♊ 24	15 ♐ 31	3 ♋ 10	11 ♊ 48	23 ♒ 35	7 ♒ 27	12 ♐ 43	11 ♑	27 ♏	1 ♋	28 ♉	23 ♐
29	5 ♌ 35	20 ♏ 25	4 ♋ 38	6 ♋ 4	26 ♋ 16	25 ♊ 33	15 ♐ 38	3 ♋ 23	11 ♊ 54	23 ♒ 33	7 ♒ 25	12 ♐ 43	11 ♑	27 ♏	2 ♋	28 ♉	23 ♐
30	6 ♌ 33	3 ♐ 20	4 ♋ 35	6 ♋ 5	28 ♋ 19	26 ♊ 41	15 ♐ 45	3 ♋ 35	11 ♊ 59	23 ♒ 31	7 ♒ 24	12 ♐ 42	11 ♑	27 ♏	2 ♋	29 ♉	23 ♐
31	7 ♌ 30	15 ♐ 57	4 ♋ 31	6 ♋ 7	0 ♌ 24	27 ♊ 50	15 ♐ 54	3 ♋ 48	12 ♊ 5	23 ♒ 29	7 ♒ 22	12 ♐ 41	11 ♑	27 ♏	3 ♋	29 ♉	23 ♐

SUN INGRESS	☉ → ♌ 23日 03:26
MOON PHASE	○ 6日 00:04 ♑　◑ 14日 03:45 ♈　● 21日 04:44 ♋　◐ 27日 19:08 ♏

aspects		
7日	05:42	☿△♅
13日	05:48	♀△♆
13日	07:29	☿☌♃
15日	16:31	♀☌♄
17日	18:47	♀☍♇
19日	18:19	♀☍♂
27日	07:18	♀△♅
30日	20:48	☉☍♆

2001年8月

DAY	☉	☽	☊ mean	☊ true	☿	♀	♂	♃	♄	♅	♆	♇	⚳	⚴	⚵	⚶	⚷
	° ′	° ′	° ′	° ′	° ′	° ′	° ′	° ′	° ′	° ′	° ′	° ′	°	°	°	°	°
1	8 ♌ 27	28 ♐ 19	4 ♋ 28	6 D 8	2 D 29	28 D 58	16 D 3	4 D 1	12 D 10	23 R 26	7 R 21	12 R 40	10 R	27 D	4 D	29 D	23 R
2	9 ♌ 25	10 ♑ 31	4 ♋ 25	6 R 8	4 ♌ 35	0 ♋ 7	16 ♐ 13	4 ♋ 13	12 ♊ 16	23 ♒ 24	7 ♒ 19	12 ♐ 40	10 ♑	27 ♏	4 ♋	0 ♊	23 ♐
3	10 ♌ 22	22 ♑ 34	4 ♋ 22	6 ♋ 7	6 ♌ 40	1 ♋ 16	16 ♐ 23	4 ♋ 25	12 ♊ 21	23 ♒ 22	7 ♒ 17	12 ♐ 39	10 ♑	28 ♏	5 ♋	0 ♊	23 ♐
4	11 ♌ 20	4 ♒ 31	4 ♋ 19	6 ♋ 4	8 ♌ 46	2 ♋ 25	16 ♐ 35	4 ♋ 38	12 ♊ 26	23 ♒ 19	7 ♒ 16	12 ♐ 38	10 ♑	28 ♏	5 ♋	0 ♊	23 ♐
5	12 ♌ 17	16 ♒ 25	4 ♋ 16	5 ♋ 59	10 ♌ 51	3 ♋ 34	16 ♐ 47	4 ♋ 50	12 ♊ 31	23 ♒ 17	7 ♒ 14	12 ♐ 38	10 ♑	28 ♏	6 ♋	1 ♊	23 ♐
6	13 ♌ 14	28 ♒ 16	4 ♋ 12	5 ♋ 53	12 ♌ 55	4 ♋ 44	16 ♐ 59	5 ♋ 2	12 ♊ 37	23 ♒ 15	7 ♒ 12	12 ♐ 37	10 ♑	28 ♏	6 ♋	1 ♊	23 ♐
7	14 ♌ 12	10 ♓ 7	4 ♋ 9	5 ♋ 46	14 ♌ 59	5 ♋ 53	17 ♐ 13	5 ♋ 14	12 ♊ 42	23 ♒ 12	7 ♒ 11	12 ♐ 37	10 ♑	28 ♏	7 ♋	1 ♊	23 ♐
8	15 ♌ 9	22 ♓ 0	4 ♋ 6	5 ♋ 39	17 ♌ 2	7 ♋ 2	17 ♐ 27	5 ♋ 26	12 ♊ 47	23 ♒ 10	7 ♒ 9	12 ♐ 36	9 ♑	28 ♏	8 ♋	2 ♊	23 ♐
9	16 ♌ 7	3 ♈ 57	4 ♋ 3	5 ♋ 33	19 ♌ 4	8 ♋ 12	17 ♐ 42	5 ♋ 38	12 ♊ 51	23 ♒ 8	7 ♒ 8	12 ♐ 36	9 ♑	28 ♏	8 ♋	2 ♊	23 ♐
10	17 ♌ 4	16 ♈ 1	4 ♋ 0	5 ♋ 27	21 ♌ 4	9 ♋ 22	17 ♐ 57	5 ♋ 50	12 ♊ 56	23 ♒ 5	7 ♒ 6	12 ♐ 35	9 ♑	28 ♏	9 ♋	2 ♊	23 ♐
11	18 ♌ 2	28 ♈ 15	3 ♋ 56	5 ♋ 23	23 ♌ 3	10 ♋ 31	18 ♐ 14	6 ♋ 2	13 ♊ 1	23 ♒ 3	7 ♒ 4	12 ♐ 35	9 ♑	28 ♏	9 ♋	3 ♊	23 ♐
12	19 ♌ 0	10 ♉ 43	3 ♋ 53	5 ♋ 21	25 ♌ 1	11 ♋ 41	18 ♐ 30	6 ♋ 14	13 ♊ 6	23 ♒ 1	7 ♒ 3	12 ♐ 34	9 ♑	29 ♏	10 ♋	3 ♊	23 ♐
13	19 ♌ 57	23 ♉ 29	3 ♋ 50	5 D 21	26 ♌ 58	12 ♋ 51	18 ♐ 48	6 ♋ 26	13 ♊ 10	22 ♒ 58	7 ♒ 1	12 ♐ 34	9 ♑	29 ♏	10 ♋	3 ♊	22 ♐
14	20 ♌ 55	6 ♊ 37	3 ♋ 47	5 ♋ 22	28 ♌ 53	14 ♋ 1	19 ♐ 6	6 ♋ 37	13 ♊ 15	22 ♒ 56	7 ♒ 0	12 ♐ 34	9 ♑	29 ♏	11 ♋	4 ♊	22 ♐
15	21 ♌ 52	20 ♊ 10	3 ♋ 44	5 ♋ 23	0 ♍ 46	15 ♋ 11	19 ♐ 24	6 ♋ 49	13 ♊ 19	22 ♒ 53	6 ♒ 58	12 ♐ 33	9 ♑	29 ♏	11 ♋	4 ♊	22 ♐
16	22 ♌ 50	4 ♋ 10	3 ♋ 41	5 ♋ 24	2 ♍ 39	16 ♋ 22	19 ♐ 44	7 ♋ 0	13 ♊ 23	22 ♒ 51	6 ♒ 56	12 ♐ 33	9 ♑	29 ♏	12 ♋	4 ♊	22 ♐
17	23 ♌ 48	18 ♋ 38	3 ♋ 37	5 R 23	4 ♍ 29	17 ♋ 32	20 ♐ 3	7 ♋ 12	13 ♊ 28	22 ♒ 49	6 ♒ 55	12 ♐ 33	9 ♑	29 ♏	13 ♋	4 ♊	22 ♐
18	24 ♌ 45	3 ♌ 28	3 ♋ 34	5 ♋ 21	6 ♍ 19	18 ♋ 42	20 ♐ 24	7 ♋ 23	13 ♊ 32	22 ♒ 46	6 ♒ 53	12 ♐ 32	9 ♑	0 ♐	13 ♋	5 ♊	22 ♐
19	25 ♌ 43	18 ♌ 37	3 ♋ 31	5 ♋ 16	8 ♍ 7	19 ♋ 53	20 ♐ 45	7 ♋ 34	13 ♊ 36	22 ♒ 44	6 ♒ 52	12 ♐ 32	9 ♑	0 ♐	14 ♋	5 ♊	22 ♐
20	26 ♌ 41	3 ♍ 54	3 ♋ 28	5 ♋ 9	9 ♍ 53	21 ♋ 4	21 ♐ 6	7 ♋ 46	13 ♊ 40	22 ♒ 41	6 ♒ 50	12 ♐ 32	8 ♑	0 ♐	14 ♋	5 ♊	22 ♐
21	27 ♌ 39	19 ♍ 8	3 ♋ 25	5 ♋ 1	11 ♍ 38	22 ♋ 14	21 ♐ 28	7 ♋ 57	13 ♊ 44	22 ♒ 39	6 ♒ 49	12 ♐ 32	8 ♑	0 ♐	15 ♋	5 ♊	22 ♐
22	28 ♌ 36	4 ♎ 9	3 ♋ 22	4 ♋ 53	13 ♍ 22	23 ♋ 25	21 ♐ 51	8 ♋ 8	13 ♊ 47	22 ♒ 37	6 ♒ 47	12 ♐ 32	8 ♑	0 ♐	15 ♋	6 ♊	22 ♐
23	29 ♌ 34	18 ♎ 48	3 ♋ 18	4 ♋ 47	15 ♍ 4	24 ♋ 36	22 ♐ 14	8 ♋ 19	13 ♊ 51	22 ♒ 34	6 ♒ 46	12 ♐ 32	8 ♑	1 ♐	16 ♋	6 ♊	22 ♐
24	0 ♍ 32	3 ♏ 1	3 ♋ 15	4 ♋ 42	16 ♍ 45	25 ♋ 47	22 ♐ 37	8 ♋ 29	13 ♊ 55	22 ♒ 32	6 ♒ 44	12 ♐ 32	8 ♑	1 ♐	16 ♋	6 ♊	22 ♐
25	1 ♍ 30	16 ♏ 44	3 ♋ 12	4 ♋ 39	18 ♍ 25	26 ♋ 58	23 ♐ 2	8 ♋ 40	13 ♊ 58	22 ♒ 30	6 ♒ 43	12 D 32	8 ♑	1 ♐	17 ♋	7 ♊	22 ♐
26	2 ♍ 28	0 ♐ 0	3 ♋ 9	4 ♋ 37	20 ♍ 3	28 ♋ 9	23 ♐ 26	8 ♋ 51	14 ♊ 2	22 ♒ 27	6 ♒ 42	12 ♐ 32	8 ♑	1 ♐	17 ♋	7 ♊	22 ♐
27	3 ♍ 26	12 ♐ 51	3 ♋ 6	4 D 38	21 ♍ 40	29 ♋ 20	23 ♐ 51	9 ♋ 1	14 ♊ 5	22 ♒ 25	6 ♒ 40	12 ♐ 32	8 ♑	1 ♐	18 ♋	7 ♊	22 D
28	4 ♍ 24	25 ♐ 22	3 ♋ 2	4 ♋ 39	23 ♍ 15	0 ♌ 32	24 ♐ 17	9 ♋ 12	14 ♊ 8	22 ♒ 23	6 ♒ 39	12 ♐ 32	8 ♑	2 ♐	18 ♋	7 ♊	22 ♐
29	5 ♍ 22	7 ♑ 36	2 ♋ 59	4 R 39	24 ♍ 49	1 ♌ 43	24 ♐ 43	9 ♋ 22	14 ♊ 11	22 ♒ 20	6 ♒ 37	12 ♐ 32	8 D	2 ♐	19 ♋	8 ♊	22 ♐
30	6 ♍ 20	19 ♑ 39	2 ♋ 56	4 ♋ 38	26 ♍ 22	2 ♌ 54	25 ♐ 9	9 ♋ 32	14 ♊ 14	22 ♒ 18	6 ♒ 36	12 ♐ 32	8 ♑	2 ♐	20 ♋	8 ♊	22 ♐
31	7 ♍ 18	1 ♒ 35	2 ♋ 53	4 ♋ 34	27 ♍ 54	4 ♌ 6	25 ♐ 36	9 ♋ 42	14 ♊ 17	22 ♒ 16	6 ♒ 35	12 ♐ 33	8 ♑	2 ♐	20 ♋	8 ♊	22 ♐

SUN INGRESS	☉ → ♍ 23日 10:27
MOON PHASE	○ 4日 14:56 ♒　◑ 12日 16:53 ♉　● 19日 11:55 ♌　◐ 26日 04:55 ♐

aspects		
3日	06:57	☿☍♆
5日	06:37	☉⚹♄
5日	08:33	☉△♇
5日	20:11	☿⚹♄
5日	20:28	☿△♇
6日	02:20	♄☍♇
6日	06:51	☉☌☿
6日	07:50	♀☌♃
8日	05:37	☿△♂
10日	23:57	☿☍♅
11日	06:47	☉△♂
16日	00:25	☉☍♅
18日	15:57	☿⚹♃
21日	12:23	☿□♇
22日	06:09	☿□♄
23日	18:59	♂⚹♅
28日	21:42	☿□♂

2001年9月

DAY	☉	☽	☊ mean	☊ true	☿	♀	♂	♃	♄	♅	♆	♇	⚳	⚴	⚵	⚶	⚷
	° ′	° ′	° ′	° ′	° ′	° ′	° ′	° ′	° ′	° ′	° ′	° ′	°	°	°	°	°
1	8 ♍ 16	13 ♒ 27	2 ♋ 50	4 R 28	29 D 24	5 D 18	26 D 3	9 D 53	14 D 20	22 R 13	6 R 33	12 D 33	8 D	3 D	21 D	8 D	22 D
2	9 ♍ 14	25 ♒ 17	2 ♋ 47	4 ♋ 20	0 ♎ 53	6 ♌ 29	26 ♐ 31	10 ♋ 2	14 ♊ 23	22 ♒ 11	6 ♒ 32	12 ♐ 33	8 ♑	3 ♐	21 ♋	8 ♊	22 ♐
3	10 ♍ 12	7 ♓ 8	2 ♋ 43	4 ♋ 9	2 ♎ 20	7 ♌ 41	26 ♐ 59	10 ♋ 12	14 ♊ 25	22 ♒ 9	6 ♒ 31	12 ♐ 34	8 ♑	3 ♐	22 ♋	9 ♊	22 ♐
4	11 ♍ 10	19 ♓ 2	2 ♋ 40	3 ♋ 57	3 ♎ 46	8 ♌ 53	27 ♐ 28	10 ♋ 22	14 ♊ 28	22 ♒ 7	6 ♒ 29	12 ♐ 34	8 ♑	3 ♐	22 ♋	9 ♊	22 ♐
5	12 ♍ 8	1 ♈ 0	2 ♋ 37	3 ♋ 44	5 ♎ 11	10 ♌ 5	27 ♐ 57	10 ♋ 32	14 ♊ 30	22 ♒ 4	6 ♒ 28	12 ♐ 34	8 ♑	3 ♐	23 ♋	9 ♊	22 ♐
6	13 ♍ 6	13 ♈ 4	2 ♋ 34	3 ♋ 32	6 ♎ 34	11 ♌ 17	28 ♐ 26	10 ♋ 41	14 ♊ 33	22 ♒ 2	6 ♒ 27	12 ♐ 35	8 ♑	4 ♐	23 ♋	9 ♊	22 ♐
7	14 ♍ 4	25 ♈ 14	2 ♋ 31	3 ♋ 22	7 ♎ 56	12 ♌ 29	28 ♐ 56	10 ♋ 50	14 ♊ 35	22 ♒ 0	6 ♒ 26	12 ♐ 35	9 ♑	4 ♐	24 ♋	9 ♊	22 ♐
8	15 ♍ 2	7 ♉ 34	2 ♋ 27	3 ♋ 14	9 ♎ 17	13 ♌ 41	29 ♐ 26	11 ♋ 0	14 ♊ 37	21 ♒ 58	6 ♒ 24	12 ♐ 36	9 ♑	4 ♐	24 ♋	10 ♊	22 ♐
9	16 ♍ 1	20 ♉ 5	2 ♋ 24	3 ♋ 9	10 ♎ 36	14 ♌ 53	29 ♐ 56	11 ♋ 9	14 ♊ 39	21 ♒ 56	6 ♒ 23	12 ♐ 36	9 ♑	5 ♐	25 ♋	10 ♊	22 ♐
10	16 ♍ 59	2 ♊ 51	2 ♋ 21	3 ♋ 6	11 ♎ 53	16 ♌ 5	0 ♑ 27	11 ♋ 18	14 ♊ 41	21 ♒ 54	6 ♒ 22	12 ♐ 37	9 ♑	5 ♐	25 ♋	10 ♊	23 ♐
11	17 ♍ 57	15 ♊ 55	2 ♋ 18	3 ♋ 5	13 ♎ 9	17 ♌ 18	0 ♑ 58	11 ♋ 27	14 ♊ 43	21 ♒ 52	6 ♒ 21	12 ♐ 37	9 ♑	5 ♐	26 ♋	10 ♊	23 ♐
12	18 ♍ 56	29 ♊ 20	2 ♋ 15	3 D 6	14 ♎ 24	18 ♌ 30	1 ♑ 29	11 ♋ 36	14 ♊ 45	21 ♒ 50	6 ♒ 20	12 ♐ 38	9 ♑	5 ♐	26 ♋	10 ♊	23 ♐
13	19 ♍ 54	13 ♋ 10	2 ♋ 12	3 R 5	15 ♎ 36	19 ♌ 43	2 ♑ 1	11 ♋ 44	14 ♊ 46	21 ♒ 48	6 ♒ 19	12 ♐ 38	9 ♑	6 ♐	27 ♋	11 ♊	23 ♐
14	20 ♍ 52	27 ♋ 25	2 ♋ 8	3 ♋ 4	16 ♎ 47	20 ♌ 55	2 ♑ 33	11 ♋ 53	14 ♊ 48	21 ♒ 46	6 ♒ 18	12 ♐ 39	9 ♑	6 ♐	27 ♋	11 ♊	23 ♐
15	21 ♍ 51	12 ♌ 4	2 ♋ 5	2 ♋ 59	17 ♎ 56	22 ♌ 8	3 ♑ 5	12 ♋ 1	14 ♊ 49	21 ♒ 44	6 ♒ 17	12 ♐ 40	9 ♑	6 ♐	28 ♋	11 ♊	23 ♐
16	22 ♍ 49	27 ♌ 3	2 ♋ 2	2 ♋ 52	19 ♎ 2	23 ♌ 21	3 ♑ 38	12 ♋ 10	14 ♊ 51	21 ♒ 42	6 ♒ 16	12 ♐ 41	9 ♑	6 ♐	28 ♋	11 ♊	23 ♐
17	23 ♍ 48	12 ♍ 15	1 ♋ 59	2 ♋ 43	20 ♎ 7	24 ♌ 34	4 ♑ 11	12 ♋ 18	14 ♊ 52	21 ♒ 40	6 ♒ 15	12 ♐ 41	9 ♑	7 ♐	29 ♋	11 ♊	23 ♐
18	24 ♍ 47	27 ♍ 28	1 ♋ 56	2 ♋ 32	21 ♎ 10	25 ♌ 47	4 ♑ 44	12 ♋ 26	14 ♊ 53	21 ♒ 38	6 ♒ 14	12 ♐ 42	9 ♑	7 ♐	29 ♋	11 ♊	23 ♐
19	25 ♍ 45	12 ♎ 32	1 ♋ 53	2 ♋ 21	22 ♎ 10	26 ♌ 59	5 ♑ 18	12 ♋ 34	14 ♊ 54	21 ♒ 36	6 ♒ 13	12 ♐ 43	10 ♑	7 ♐	0 ♌	12 ♊	23 ♐
20	26 ♍ 44	27 ♎ 18	1 ♋ 49	2 ♋ 11	23 ♎ 7	28 ♌ 12	5 ♑ 51	12 ♋ 41	14 ♊ 55	21 ♒ 34	6 ♒ 12	12 ♐ 44	10 ♑	8 ♐	0 ♌	12 ♊	23 ♐
21	27 ♍ 42	11 ♏ 38	1 ♋ 46	2 ♋ 3	24 ♎ 2	29 ♌ 26	6 ♑ 25	12 ♋ 49	14 ♊ 55	21 ♒ 32	6 ♒ 11	12 ♐ 45	10 ♑	8 ♐	1 ♌	12 ♊	23 ♐
22	28 ♍ 41	25 ♏ 28	1 ♋ 43	1 ♋ 57	24 ♎ 53	0 ♍ 39	7 ♑ 0	12 ♋ 57	14 ♊ 56	21 ♒ 31	6 ♒ 10	12 ♐ 46	10 ♑	8 ♐	1 ♌	12 ♊	23 ♐
23	29 ♍ 40	8 ♐ 49	1 ♋ 40	1 ♋ 55	25 ♎ 42	1 ♍ 52	7 ♑ 35	13 ♋ 4	14 ♊ 57	21 ♒ 29	6 ♒ 10	12 ♐ 47	10 ♑	8 ♐	2 ♌	12 ♊	23 ♐
24	0 ♎ 38	21 ♐ 43	1 ♋ 37	1 ♋ 53	26 ♎ 26	3 ♍ 5	8 ♑ 10	13 ♋ 11	14 ♊ 57	21 ♒ 27	6 ♒ 9	12 ♐ 48	10 ♑	9 ♐	2 ♌	12 ♊	23 ♐
25	1 ♎ 37	4 ♑ 14	1 ♋ 33	1 ♋ 53	27 ♎ 8	4 ♍ 18	8 ♑ 45	13 ♋ 18	14 ♊ 57	21 ♒ 26	6 ♒ 8	12 ♐ 49	10 ♑	9 ♐	3 ♌	12 ♊	23 ♐
26	2 ♎ 36	16 ♑ 27	1 ♋ 30	1 ♋ 53	27 ♎ 45	5 ♍ 32	9 ♑ 20	13 ♋ 25	14 ♊ 58	21 ♒ 24	6 ♒ 7	12 ♐ 50	11 ♑	9 ♐	3 ♌	12 ♊	23 ♐
27	3 ♎ 35	28 ♑ 28	1 ♋ 27	1 ♋ 51	28 ♎ 17	6 ♍ 45	9 ♑ 56	13 ♋ 32	14 ♊ 58	21 ♒ 22	6 ♒ 7	12 ♐ 51	11 ♑	10 ♐	4 ♌	12 ♊	23 ♐
28	4 ♎ 34	10 ♒ 21	1 ♋ 24	1 ♋ 47	28 ♎ 45	7 ♍ 59	10 ♑ 32	13 ♋ 38	14 R 58	21 ♒ 21	6 ♒ 6	12 ♐ 52	11 ♑	10 ♐	4 ♌	12 ♊	23 ♐
29	5 ♎ 33	22 ♒ 11	1 ♋ 21	1 ♋ 41	29 ♎ 8	9 ♍ 12	11 ♑ 8	13 ♋ 45	14 ♊ 58	21 ♒ 19	6 ♒ 5	12 ♐ 53	11 ♑	10 ♐	5 ♌	13 ♊	23 ♐
30	6 ♎ 31	4 ♓ 2	1 ♋ 18	1 ♋ 31	29 ♎ 25	10 ♍ 26	11 ♑ 44	13 ♋ 51	14 ♊ 57	21 ♒ 18	6 ♒ 5	12 ♐ 54	11 ♑	11 ♐	5 ♌	13 ♊	23 ♐

SUN INGRESS ☉→♎23日 08:04

MOON PHASE ○ 3日 06:43 ♓ ◑ 11日 04:00 ♊ ● 17日 19:27 ♍ ◐ 24日 18:31 ♑

aspects

2日 00:54 ♀☍♆
3日 00:16 ☉⚹♃
5日 10:55 ☉□♇
5日 21:51 ☿△♆
7日 02:06 ♀△♇
7日 13:11 ☉□♄
8日 19:14 ☿⚹♄
9日 11:29 ☿□♃
10日 13:41 ☿⚹♇
12日 07:05 ☿△♄
14日 16:06 ☿☍♅
18日 10:50 ♀△♅
29日 13:10 ☉△♆

2001年10月

DAY	☉	☽	☊ mean	☊ true	☿	♀	♂	♃	♄	♅	♆	♇	⚳	⚴	⚵	⚶	⚷
	° ′	° ′	° ′	° ′	° ′	° ′	° ′	° ′	° ′	° ′	° ′	° ′	°	°	°	°	°
1	7 ♎ 30	15 ♓ 56	1 ♋ 14	1 R 19	29 D 36	11 D 39	12 D 21	13 D 57	14 R 57	21 R 16	6 R 4	12 D 55	11 D	11 D	5 D	13 D	23 D
2	8 ♎ 29	27 ♓ 55	1 ♋ 11	1 ♋ 5	29 ♎ 41	12 ♍ 53	12 ♑ 58	14 ♋ 3	14 ♊ 56	21 ♒ 15	6 ♒ 3	12 ♐ 57	12 ♑	11 ♐	6 ♌	13 ♊	23 ♐
3	9 ♎ 28	10 ♈ 2	1 ♋ 8	0 ♋ 51	29 R 38	14 ♍ 7	13 ♑ 35	14 ♋ 9	14 ♊ 56	21 ♒ 14	6 ♒ 3	12 ♐ 58	12 ♑	12 ♐	6 ♌	13 ♊	23 ♐
4	10 ♎ 27	22 ♈ 16	1 ♋ 5	0 ♋ 38	29 ♎ 29	15 ♍ 20	14 ♑ 12	14 ♋ 15	14 ♊ 55	21 ♒ 12	6 ♒ 2	12 ♐ 59	12 ♑	12 ♐	7 ♌	13 ♊	23 ♐
5	11 ♎ 26	4 ♉ 39	1 ♋ 2	0 ♋ 26	29 ♎ 12	16 ♍ 34	14 ♑ 49	14 ♋ 20	14 ♊ 54	21 ♒ 11	6 ♒ 2	13 ♐ 0	12 ♑	12 ♐	7 ♌	13 ♊	23 ♐
6	12 ♎ 26	17 ♉ 11	0 ♋ 59	0 ♋ 17	28 ♎ 47	17 ♍ 48	15 ♑ 27	14 ♋ 25	14 ♊ 54	21 ♒ 10	6 ♒ 2	13 ♐ 2	12 ♑	13 ♐	8 ♌	13 ♊	24 ♐
7	13 ♎ 25	29 ♉ 53	0 ♋ 55	0 ♋ 11	28 ♎ 14	19 ♍ 2	16 ♑ 5	14 ♋ 31	14 ♊ 53	21 ♒ 9	6 ♒ 1	13 ♐ 3	12 ♑	13 ♐	8 ♌	13 ♊	24 ♐
8	14 ♎ 24	12 ♊ 47	0 ♋ 52	0 ♋ 8	27 ♎ 33	20 ♍ 16	16 ♑ 42	14 ♋ 36	14 ♊ 52	21 ♒ 7	6 ♒ 1	13 ♐ 5	13 ♑	13 ♐	9 ♌	13 ♊	24 ♐
9	15 ♎ 23	25 ♊ 56	0 ♋ 49	0 ♋ 7	26 ♎ 45	21 ♍ 30	17 ♑ 21	14 ♋ 40	14 ♊ 50	21 ♒ 6	6 ♒ 1	13 ♐ 6	13 ♑	14 ♐	9 ♌	13 ♊	24 ♐
10	16 ♎ 22	9 ♋ 21	0 ♋ 46	0 D 7	25 ♎ 50	22 ♍ 44	17 ♑ 59	14 ♋ 45	14 ♊ 49	21 ♒ 5	6 ♒ 0	13 ♐ 7	13 ♑	14 ♐	10 ♌	13 R	24 ♐
11	17 ♎ 22	23 ♋ 4	0 ♋ 43	0 R 7	24 ♎ 48	23 ♍ 58	18 ♑ 37	14 ♋ 50	14 ♊ 48	21 ♒ 4	6 ♒ 0	13 ♐ 9	13 ♑	14 ♐	10 ♌	13 ♊	24 ♐
12	18 ♎ 21	7 ♌ 7	0 ♋ 39	0 ♋ 6	23 ♎ 41	25 ♍ 13	19 ♑ 16	14 ♋ 54	14 ♊ 46	21 ♒ 3	6 ♒ 0	13 ♐ 10	13 ♑	15 ♐	10 ♌	13 ♊	24 ♐
13	19 ♎ 20	21 ♌ 29	0 ♋ 36	0 ♋ 2	22 ♎ 31	26 ♍ 27	19 ♑ 55	14 ♋ 58	14 ♊ 44	21 ♒ 2	6 ♒ 0	13 ♐ 12	14 ♑	15 ♐	11 ♌	13 ♊	24 ♐
14	20 ♎ 20	6 ♍ 9	0 ♋ 33	29 ♊ 56	21 ♎ 19	27 ♍ 41	20 ♑ 34	15 ♋ 2	14 ♊ 43	21 ♒ 2	5 ♒ 59	13 ♐ 14	14 ♑	15 ♐	11 ♌	13 ♊	24 ♐
15	21 ♎ 19	21 ♍ 1	0 ♋ 30	29 ♊ 48	20 ♎ 6	28 ♍ 55	21 ♑ 13	15 ♋ 6	14 ♊ 41	21 ♒ 1	5 ♒ 59	13 ♐ 15	14 ♑	16 ♐	12 ♌	13 ♊	24 ♐
16	22 ♎ 19	5 ♎ 56	0 ♋ 27	29 ♊ 38	18 ♎ 56	0 ♎ 10	21 ♑ 52	15 ♋ 9	14 ♊ 39	21 ♒ 0	5 ♒ 59	13 ♐ 17	14 ♑	16 ♐	12 ♌	13 ♊	24 ♐
17	23 ♎ 18	20 ♎ 47	0 ♋ 24	29 ♊ 27	17 ♎ 50	1 ♎ 24	22 ♑ 32	15 ♋ 13	14 ♊ 37	20 ♒ 59	5 ♒ 59	13 ♐ 18	15 ♑	16 ♐	13 ♌	13 ♊	24 ♐
18	24 ♎ 18	5 ♏ 25	0 ♋ 20	29 ♊ 18	16 ♎ 51	2 ♎ 39	23 ♑ 12	15 ♋ 16	14 ♊ 35	20 ♒ 58	5 ♒ 59	13 ♐ 20	15 ♑	17 ♐	13 ♌	13 ♊	24 ♐
19	25 ♎ 17	19 ♏ 41	0 ♋ 17	29 ♊ 10	15 ♎ 59	3 ♎ 53	23 ♑ 51	15 ♋ 19	14 ♊ 32	20 ♒ 58	5 D 59	13 ♐ 22	15 ♑	17 ♐	13 ♌	13 ♊	24 ♐
20	26 ♎ 17	3 ♐ 32	0 ♋ 14	29 ♊ 5	15 ♎ 16	5 ♎ 8	24 ♑ 31	15 ♋ 22	14 ♊ 30	20 ♒ 57	5 ♒ 59	13 ♐ 23	15 ♑	17 ♐	14 ♌	13 ♊	24 ♐
21	27 ♎ 17	16 ♐ 56	0 ♋ 11	29 ♊ 2	14 ♎ 44	6 ♎ 22	25 ♑ 11	15 ♋ 24	14 ♊ 28	20 ♒ 57	5 ♒ 59	13 ♐ 25	16 ♑	18 ♐	14 ♌	13 ♊	25 ♐
22	28 ♎ 16	29 ♐ 54	0 ♋ 8	29 D 1	14 ♎ 23	7 ♎ 37	25 ♑ 52	15 ♋ 27	14 ♊ 25	20 ♒ 56	5 ♒ 59	13 ♐ 27	16 ♑	18 ♐	15 ♌	12 ♊	25 ♐
23	29 ♎ 16	12 ♑ 28	0 ♋ 4	29 ♊ 2	14 ♎ 12	8 ♎ 51	26 ♑ 32	15 ♋ 29	14 ♊ 22	20 ♒ 56	5 ♒ 59	13 ♐ 29	16 ♑	18 ♐	15 ♌	12 ♊	25 ♐
24	0 ♏ 16	24 ♑ 44	0 ♋ 1	29 ♊ 2	14 D 14	10 ♎ 6	27 ♑ 12	15 ♋ 31	14 ♊ 20	20 ♒ 55	6 ♒ 0	13 ♐ 30	16 ♑	19 ♐	15 ♌	12 ♊	25 ♐
25	1 ♏ 16	6 ♒ 46	29 ♊ 58	29 R 2	14 ♎ 26	11 ♎ 21	27 ♑ 53	15 ♋ 33	14 ♊ 17	20 ♒ 55	6 ♒ 0	13 ♐ 32	17 ♑	19 ♐	16 ♌	12 ♊	25 ♐
26	2 ♏ 15	18 ♒ 40	29 ♊ 55	29 ♊ 1	14 ♎ 48	12 ♎ 35	28 ♑ 34	15 ♋ 35	14 ♊ 14	20 ♒ 55	6 ♒ 0	13 ♐ 34	17 ♑	19 ♐	16 ♌	12 ♊	25 ♐
27	3 ♏ 15	0 ♓ 31	29 ♊ 52	28 ♊ 57	15 ♎ 21	13 ♎ 50	29 ♑ 15	15 ♋ 36	14 ♊ 11	20 ♒ 55	6 ♒ 0	13 ♐ 36	17 ♑	20 ♐	17 ♌	12 ♊	25 ♐
28	4 ♏ 15	12 ♓ 23	29 ♊ 49	28 ♊ 51	16 ♎ 2	15 ♎ 5	29 ♑ 56	15 ♋ 37	14 ♊ 8	20 ♒ 54	6 ♒ 1	13 ♐ 38	17 ♑	20 ♐	17 ♌	12 ♊	25 ♐
29	5 ♏ 15	24 ♓ 21	29 ♊ 45	28 ♊ 43	16 ♎ 51	16 ♎ 20	0 ♒ 37	15 ♋ 38	14 ♊ 5	20 ♒ 54	6 ♒ 1	13 ♐ 40	18 ♑	20 ♐	17 ♌	12 ♊	25 ♐
30	6 ♏ 15	6 ♈ 26	29 ♊ 42	28 ♊ 33	17 ♎ 48	17 ♎ 35	1 ♒ 18	15 ♋ 39	14 ♊ 1	20 ♒ 54	6 ♒ 1	13 ♐ 42	18 ♑	21 ♐	18 ♌	11 ♊	25 ♐
31	7 ♏ 15	18 ♈ 42	29 ♊ 39	28 ♊ 23	18 ♎ 51	18 ♎ 49	1 ♒ 59	15 ♋ 40	13 ♊ 58	20 ♒ 54	6 ♒ 2	13 ♐ 44	18 ♑	21 ♐	18 ♌	11 ♊	25 ♐

SUN INGRESS ☉→♏23日 17:26

MOON PHASE ○ 2日 22:49 ♈ ◑ 10日 13:20 ♋ ● 17日 04:23 ♎ ◐ 24日 11:58 ♒

aspects

2日 01:13 ☿□♇
2日 03:03 ♀△♂
3日 00:49 ♀⚹♃
3日 15:54 ♀□♄
4日 02:08 ♂☍♃
6日 15:02 ☉⚹♇
8日 05:08 ☉□♃
8日 10:57 ☉△♄
14日 05:45 ☿△♅
14日 09:38 ☿□♂
14日 10:42 ☉☌☿
14日 16:36 ☉△♅
14日 16:37 ☉□♂
19日 20:48 ☿□♃
20日 16:35 ♀△♆
21日 19:45 ☿△♄
24日 11:41 ☿△♄
26日 19:20 ♀⚹♇
27日 06:23 ♀△♄
27日 09:54 ♀□♃
28日 10:36 ♀□♃
29日 18:31 ☉□♆
31日 03:53 ☿☌♀

2001年11月

DAY	☉	☽	☊ mean	☊ true	☿	♀	♂	♃	♄	♅	♆	♇	⚳	⚴	⚵	⚶	⚷
	° ′	° ′	° ′	° ′	° ′	° ′	° ′	° ′	° ′	° ′	° ′	° ′	°	°	°	°	°
1	8♏15	1♉9	29♊36	28R13	19D59	20D4	2D40	15D41	13R54	20D54	6D2	13D46	18D	22D	18D	11R	25D
2	9♏15	13♉48	29♊33	28♊5	21♎13	21♎19	3♒22	15♋41	13♊51	20♒54	6♒3	13♐47	19♑	22♐	19♌	11♊	25♐
3	10♏15	26♉38	29♊30	27♊59	22♎30	22♎34	4♒4	15♋41	13♊47	20♒54	6♒3	13♐49	19♑	22♐	19♌	11♊	26♐
4	11♏15	9♊40	29♊26	27♊55	23♎51	23♎49	4♒45	15R41	13♊44	20♒54	6♒4	13♐51	19♑	23♐	19♌	11♊	26♐
5	12♏15	22♊54	29♊23	27♊54	25♎15	25♎4	5♒27	15♋41	13♊40	20♒55	6♒4	13♐54	20♑	23♐	20♌	10♊	26♐
6	13♏15	6♋19	29♊20	27D54	26♎42	26♎19	6♒9	15♋40	13♊36	20♒55	6♒5	13♐56	20♑	23♐	20♌	10♊	26♐
7	14♏15	19♋55	29♊17	27♊55	28♎11	27♎34	6♒51	15♋39	13♊32	20♒55	6♒6	13♐58	20♑	24♐	20♌	10♊	26♐
8	15♏16	3♌43	29♊14	27♊56	29♎41	28♎49	7♒33	15♋39	13♊28	20♒56	6♒6	14♐0	20♑	24♐	21♌	10♊	26♐
9	16♏16	17♌42	29♊10	27R57	1♏13	0♏4	8♒15	15♋37	13♊24	20♒56	6♒7	14♐2	21♑	24♐	21♌	10♊	26♐
10	17♏16	1♍53	29♊7	27♊56	2♏46	1♏19	8♒57	15♋36	13♊20	20♒56	6♒8	14♐4	21♑	25♐	21♌	9♊	26♐
11	18♏16	16♍13	29♊4	27♊53	4♏19	2♏35	9♒39	15♋35	13♊16	20♒57	6♒8	14♐6	21♑	25♐	22♌	9♊	26♐
12	19♏17	0♎40	29♊1	27♊48	5♏54	3♏50	10♒22	15♋33	13♊12	20♒58	6♒9	14♐8	22♑	25♐	22♌	9♊	26♐
13	20♏17	15♎8	28♊58	27♊43	7♏29	5♏5	11♒4	15♋31	13♊7	20♒58	6♒10	14♐10	22♑	26♐	22♌	9♊	26♐
14	21♏17	29♎33	28♊55	27♊37	9♏4	6♏20	11♒47	15♋29	13♊3	20♒59	6♒11	14♐12	22♑	26♐	23♌	9♊	27♐
15	22♏18	13♏48	28♊51	27♊31	10♏39	7♏35	12♒29	15♋27	12♊59	21♒0	6♒12	14♐15	23♑	27♐	23♌	8♊	27♐
16	23♏18	27♏47	28♊48	27♊27	12♏15	8♏51	13♒12	15♋24	12♊54	21♒0	6♒13	14♐17	23♑	27♐	23♌	8♊	27♐
17	24♏19	11♐26	28♊45	27♊24	13♏51	10♏6	13♒55	15♋21	12♊50	21♒1	6♒14	14♐19	23♑	27♐	24♌	8♊	27♐
18	25♏19	24♐45	28♊42	27♊23	15♏27	11♏21	14♒37	15♋19	12♊45	21♒2	6♒16	14♐21	24♑	28♐	24♌	8♊	27♐
19	26♏20	7♑41	28♊39	27D23	17♏3	12♏36	15♒20	15♋15	12♊40	21♒3	6♒16	14♐23	24♑	28♐	24♌	7♊	27♐
20	27♏20	20♑16	28♊36	27♊25	18♏39	13♏52	16♒3	15♋12	12♊36	21♒4	6♒17	14♐26	24♑	29♐	24♌	7♊	27♐
21	28♏21	2♒35	28♊32	27♊27	20♏14	15♏7	16♒46	15♋9	12♊31	21♒5	6♒18	14♐28	25♑	29♐	25♌	7♊	27♐
22	29♏22	14♒39	28♊29	27♊28	21♏50	16♏22	17♒29	15♋5	12♊26	21♒6	6♒19	14♐30	25♑	29♐	25♌	7♊	27♐
23	0♐22	26♒35	28♊26	27♊29	23♏25	17♏38	18♒12	15♋1	12♊22	21♒7	6♒20	14♐32	25♑	0♑	25♌	6♊	27♐
24	1♐23	8♓28	28♊23	27R29	25♏1	18♏53	18♒55	14♋57	12♊17	21♒8	6♒21	14♐35	25♑	0♑	25♌	6♊	28♐
25	2♐24	20♓21	28♊20	27♊28	26♏36	20♏8	19♒38	14♋53	12♊12	21♒10	6♒23	14♐37	26♑	1♑	26♌	6♊	28♐
26	3♐24	2♈19	28♊16	27♊25	28♏11	21♏24	20♒22	14♋49	12♊7	21♒11	6♒24	14♐39	26♑	1♑	26♌	6♊	28♐
27	4♐25	14♈28	28♊13	27♊22	29♏46	22♏39	21♒5	14♋44	12♊2	21♒12	6♒25	14♐41	26♑	1♑	26♌	5♊	28♐
28	5♐26	26♈49	28♊10	27♊18	1♐21	23♏54	21♒48	14♋39	11♊58	21♒14	6♒26	14♐44	27♑	2♑	26♌	5♊	28♐
29	6♐26	9♉25	28♊7	27♊15	2♐56	25♏10	22♒32	14♋34	11♊53	21♒15	6♒28	14♐46	27♑	2♑	27♌	5♊	28♐
30	7♐27	22♉19	28♊4	27♊12	4♐30	26♏25	23♒15	14♋29	11♊48	21♒16	6♒29	14♐48	27♑	2♑	27♌	5♊	28♐

SUN INGRESS	☉ → ♐ 22日 15:00
MOON PHASE	○ 1日 14:41 ♉ ◑ 8日 21:21 ♌ ● 15日 15:40 ♏ ◐ 23日 08:21 ♓

aspects	
1日 15:58	♀△♅
1日 18:03	☿△♅
2日 14:50	♄☍♇
3日 16:27	☿☌♀
5日 21:43	♂☌♆
8日 09:00	☉△♃
12日 03:58	☿□♆
13日 16:31	☉□♅
13日 21:02	♀□♆
15日 15:00	♂△♄
17日 01:33	☿□♂
17日 14:28	♂⚹♇
17日 21:57	☿△♃
21日 00:31	♀△♃
21日 12:50	☿□♅
24日 01:43	♀□♂
25日 19:50	♀□♅
27日 04:07	♂☌♅
29日 00:35	☉⚹♆

2001年12月

DAY	☉	☽	☊ mean	☊ true	☿	♀	♂	♃	♄	♅	♆	♇	⚳	⚴	⚵	⚶	⚷
	° ′	° ′	° ′	° ′	° ′	° ′	° ′	° ′	° ′	° ′	° ′	° ′	°	°	°	°	°
1	8♐28	5♊29	28♊1	27R10	6D5	27D41	23D58	14R24	11R43	21D18	6D31	14D51	28D	3D	27D	4R	28D
2	9♐29	18♊54	27♊57	27♊8	7♐39	28♏56	24♒42	14♋19	11♊38	21♒20	6♒32	14♐53	28♑	3♑	27♌	4♊	28♐
3	10♐29	2♋34	27♊54	27D8	9♐13	0♐11	25♒25	14♋13	11♊33	21♒21	6♒33	14♐55	29♑	4♑	27♌	4♊	29♐
4	11♐30	16♋25	27♊51	27♊9	10♐48	1♐27	26♒9	14♋7	11♊28	21♒23	6♒35	14♐57	29♑	4♑	28♌	3♊	29♐
5	12♐31	0♌26	27♊48	27♊10	12♐22	2♐42	26♒53	14♋2	11♊23	21♒24	6♒36	15♐0	29♑	4♑	28♌	3♊	29♐
6	13♐32	14♌32	27♊45	27♊11	13♐56	3♐58	27♒36	13♋56	11♊18	21♒26	6♒38	15♐2	0♒	5♑	28♌	3♊	29♐
7	14♐33	28♌42	27♊42	27♊12	15♐30	5♐13	28♒20	13♋49	11♊13	21♒28	6♒39	15♐4	0♒	5♑	28♌	3♊	29♐
8	15♐34	12♍54	27♊38	27♊13	17♐5	6♐29	29♒3	13♋43	11♊8	21♒30	6♒41	15♐7	0♒	5♑	28♌	2♊	29♐
9	16♐35	27♍4	27♊35	27R12	18♐39	7♐44	29♒47	13♋37	11♊4	21♒32	6♒43	15♐9	1♒	6♑	28♌	2♊	29♐
10	17♐36	11♎12	27♊32	27♊12	20♐13	9♐0	0♓31	13♋30	10♊59	21♒34	6♒44	15♐11	1♒	6♑	28♌	2♊	29♐
11	18♐37	25♎15	27♊29	27♊11	21♐47	10♐15	1♓14	13♋23	10♊54	21♒36	6♒46	15♐14	1♒	7♑	29♌	2♊	29♐
12	19♐38	9♏10	27♊26	27♊10	23♐22	11♐31	1♓58	13♋17	10♊49	21♒38	6♒48	15♐16	2♒	7♑	29♌	2♊	29♐
13	20♐39	22♏55	27♊22	27♊9	24♐56	12♐46	2♓42	13♋10	10♊44	21♒40	6♒49	15♐18	2♒	7♑	29♌	1♊	0♑
14	21♐40	6♐27	27♊19	27♊8	26♐31	14♐2	3♓26	13♋3	10♊39	21♒42	6♒51	15♐21	2♒	8♑	29♌	1♊	0♑
15	22♐41	19♐45	27♊16	27♊8	28♐5	15♐17	4♓10	12♋55	10♊35	21♒44	6♒53	15♐23	3♒	8♑	29♌	1♊	0♑
16	23♐42	2♑48	27♊13	27D8	29♐40	16♐33	4♓53	12♋48	10♊30	21♒46	6♒54	15♐25	3♒	9♑	29♌	1♊	0♑
17	24♐43	15♑34	27♊10	27♊8	1♑15	17♐48	5♓37	12♋41	10♊25	21♒48	6♒56	15♐27	3♒	9♑	29♌	0♊	0♑
18	25♐44	28♑5	27♊7	27♊8	2♑50	19♐4	6♓21	12♋33	10♊20	21♒51	6♒58	15♐30	4♒	9♑	29♌	0♊	0♑
19	26♐45	10♒21	27♊3	27♊8	4♑25	20♐19	7♓5	12♋26	10♊16	21♒53	7♒0	15♐32	4♒	10♑	29♌	0♊	0♑
20	27♐46	22♒26	27♊0	27R8	6♑0	21♐35	7♓49	12♋18	10♊11	21♒55	7♒2	15♐34	5♒	10♑	29♌	0♊	0♑
21	28♐47	4♓23	26♊57	27♊8	7♑35	22♐50	8♓33	12♋10	10♊7	21♒58	7♒4	15♐37	5♒	11♑	29♌	0♊	0♑
22	29♐48	16♓15	26♊54	27♊8	9♑11	24♐6	9♓17	12♋3	10♊2	22♒0	7♒5	15♐39	5♒	11♑	29♌	29♉	1♑
23	0♑50	28♓8	26♊51	27♊8	10♑46	25♐21	10♓1	11♋55	9♊58	22♒2	7♒7	15♐41	6♒	11♑	0♍	29♉	1♑
24	1♑51	10♈5	26♊48	27D8	12♑21	26♐37	10♓45	11♋47	9♊53	22♒5	7♒9	15♐43	6♒	12♑	0♍	29♉	1♑
25	2♑52	22♈12	26♊44	27♊8	13♑57	27♐52	11♓28	11♋39	9♊49	22♒7	7♒11	15♐46	6♒	12♑	0♍	29♉	1♑
26	3♑53	4♉33	26♊41	27♊9	15♑32	29♐8	12♓12	11♋31	9♊45	22♒10	7♒13	15♐48	7♒	12♑	0♍	29♉	1♑
27	4♑54	17♉12	26♊38	27♊10	17♑8	0♑23	12♓56	11♋23	9♊40	22♒13	7♒15	15♐50	7♒	13♑	0R	29♉	1♑
28	5♑55	0♊11	26♊35	27♊11	18♑43	1♑39	13♓40	11♋15	9♊36	22♒15	7♒17	15♐52	7♒	13♑	0♍	29♉	1♑
29	6♑56	13♊33	26♊32	27♊11	20♑18	2♑54	14♓24	11♋7	9♊32	22♒18	7♒19	15♐54	8♒	14♑	0♍	28♉	1♑
30	7♑57	27♊17	26♊28	27♊12	21♑52	4♑10	15♓8	10♋59	9♊28	22♒20	7♒21	15♐57	8♒	14♑	29♌	28♉	1♑
31	8♑58	11♋21	26♊25	27R11	23♑26	5♑25	15♓52	10♋51	9♊24	22♒23	7♒23	15♐59	9♒	14♑	29♌	28♉	2♑

SUN INGRESS	☉ → ♑ 22日 04:21
MOON PHASE	○ 1日 05:49 ♊ ◑ 8日 04:52 ♍ ● 15日 05:47 ♐ ◐ 23日 05:56 ♈ ○ 30日 19:41 ♋

aspects	
1日 06:39	☿⚹♆
3日 23:13	☉☍♄
4日 09:47	☿☍♄
5日 06:36	☉☌☿
6日 17:13	☿☌♇
7日 12:54	☉☌♇
8日 03:59	♀⚹♆
10日 20:56	☿⚹♅
11日 11:32	♀☍♄
14日 00:48	☉⚹♅
15日 01:51	♀☌♇
20日 06:41	♀⚹♅
22日 02:47	☿⚹♂
22日 22:35	♂□♄
23日 15:58	☿☍♃
25日 04:54	♂△♃
31日 03:52	♂□♇

2002年1月

DAY	☉	☽	☊ mean	☊ true	☿	♀	♂	♃	♄	♅	♆	♇	⚳	⚴	⚵	⚶	⚷
1	10 ♑ 0	25 ♋ 41	26 ♊ 22	27 R 10	25 D 0	6 D 41	16 D 36	10 R 43	9 R 20	22 D 26	7 D 25	16 D 1	9 D	15 D	29 R	28 R	2 D
2	11 ♑ 1	10 ♌ 12	26 ♊ 19	27 ♊ 9	26 ♑ 32	7 ♑ 56	17 ♓ 20	10 ♋ 34	9 ♊ 17	22 ♒ 29	7 ♒ 27	16 ♐ 3	9 ♒	15 ♑	29 ♌	28 ♉	2 ♑
3	12 ♑ 2	24 ♌ 47	26 ♊ 16	27 ♊ 7	28 ♑ 4	9 ♑ 12	18 ♓ 4	10 ♋ 26	9 ♊ 13	22 ♒ 32	7 ♒ 30	16 ♐ 5	10 ♒	16 ♑	29 ♌	28 ♉	2 ♑
4	13 ♑ 3	9 ♍ 21	26 ♊ 13	27 ♊ 5	29 ♑ 35	10 ♑ 27	18 ♓ 48	10 ♋ 18	9 ♊ 9	22 ♒ 34	7 ♒ 32	16 ♐ 7	10 ♒	16 ♑	29 ♌	28 ♉	2 ♑
5	14 ♑ 4	23 ♍ 47	26 ♊ 9	27 ♊ 3	1 ♒ 4	11 ♑ 43	19 ♓ 32	10 ♋ 10	9 ♊ 6	22 ♒ 37	7 ♒ 34	16 ♐ 9	11 ♒	16 ♑	29 ♌	28 ♉	2 ♑
6	15 ♑ 5	8 ♎ 3	26 ♊ 6	27 ♊ 2	2 ♒ 31	12 ♑ 58	20 ♓ 15	10 ♋ 2	9 ♊ 2	22 ♒ 40	7 ♒ 36	16 ♐ 12	11 ♒	17 ♑	29 ♌	28 ♉	2 ♑
7	16 ♑ 6	22 ♎ 6	26 ♊ 3	27 D 2	3 ♒ 56	14 ♑ 14	20 ♓ 59	9 ♋ 54	8 ♊ 59	22 ♒ 43	7 ♒ 38	16 ♐ 14	11 ♒	17 ♑	29 ♌	28 ♉	2 ♑
8	17 ♑ 8	5 ♏ 54	26 ♊ 0	27 ♊ 3	5 ♒ 19	15 ♑ 29	21 ♓ 43	9 ♋ 46	8 ♊ 55	22 ♒ 46	7 ♒ 40	16 ♐ 16	12 ♒	17 ♑	29 ♌	27 ♉	2 ♑
9	18 ♑ 9	19 ♏ 27	25 ♊ 57	27 ♊ 4	6 ♒ 38	16 ♑ 45	22 ♓ 27	9 ♋ 38	8 ♊ 52	22 ♒ 49	7 ♒ 42	16 ♐ 18	12 ♒	18 ♑	29 ♌	27 ♉	2 ♑
10	19 ♑ 10	2 ♐ 46	25 ♊ 54	27 ♊ 6	7 ♒ 54	18 ♑ 0	23 ♓ 11	9 ♋ 30	8 ♊ 49	22 ♒ 52	7 ♒ 45	16 ♐ 20	12 ♒	18 ♑	29 ♌	27 ♉	3 ♑
11	20 ♑ 11	15 ♐ 52	25 ♊ 50	27 ♊ 7	9 ♒ 5	19 ♑ 16	23 ♓ 55	9 ♋ 22	8 ♊ 46	22 ♒ 55	7 ♒ 47	16 ♐ 22	13 ♒	19 ♑	29 ♌	27 ♉	3 ♑
12	21 ♑ 12	28 ♐ 46	25 ♊ 47	27 R 8	10 ♒ 12	20 ♑ 31	24 ♓ 39	9 ♋ 14	8 ♊ 43	22 ♒ 58	7 ♒ 49	16 ♐ 24	13 ♒	19 ♑	28 ♌	27 ♉	3 ♑
13	22 ♑ 13	11 ♑ 28	25 ♊ 44	27 ♊ 7	11 ♒ 12	21 ♑ 47	25 ♓ 22	9 ♋ 7	8 ♊ 40	23 ♒ 1	7 ♒ 51	16 ♐ 26	14 ♒	19 ♑	28 ♌	27 ♉	3 ♑
14	23 ♑ 15	23 ♑ 58	25 ♊ 41	27 ♊ 5	12 ♒ 7	23 ♑ 2	26 ♓ 6	8 ♋ 59	8 ♊ 37	23 ♒ 4	7 ♒ 53	16 ♐ 28	14 ♒	20 ♑	28 ♌	27 ♉	3 ♑
15	24 ♑ 16	6 ♒ 18	25 ♊ 38	27 ♊ 1	12 ♒ 53	24 ♑ 18	26 ♓ 50	8 ♋ 51	8 ♊ 34	23 ♒ 7	7 ♒ 56	16 ♐ 30	14 ♒	20 ♑	28 ♌	27 ♉	3 ♑
16	25 ♑ 17	18 ♒ 28	25 ♊ 34	26 ♊ 56	13 ♒ 32	25 ♑ 33	27 ♓ 34	8 ♋ 44	8 ♊ 32	23 ♒ 11	7 ♒ 58	16 ♐ 31	15 ♒	20 ♑	28 ♌	27 D	3 ♑
17	26 ♑ 18	0 ♓ 29	25 ♊ 31	26 ♊ 51	14 ♒ 1	26 ♑ 49	28 ♓ 18	8 ♋ 36	8 ♊ 29	23 ♒ 14	8 ♒ 0	16 ♐ 33	15 ♒	21 ♑	28 ♌	27 ♉	3 ♑
18	27 ♑ 19	12 ♓ 25	25 ♊ 28	26 ♊ 45	14 ♒ 20	28 ♑ 4	29 ♓ 1	8 ♋ 29	8 ♊ 27	23 ♒ 17	8 ♒ 2	16 ♐ 35	15 ♒	21 ♑	27 ♌	27 ♉	3 ♑
19	28 ♑ 20	24 ♓ 16	25 ♊ 25	26 ♊ 40	14 ♒ 28	29 ♑ 20	29 ♓ 45	8 ♋ 22	8 ♊ 25	23 ♒ 20	8 ♒ 5	16 ♐ 37	16 ♒	22 ♑	27 ♌	27 ♉	4 ♑
20	29 ♑ 21	6 ♈ 8	25 ♊ 22	26 ♊ 36	14 R 25	0 ♒ 35	0 ♈ 29	8 ♋ 15	8 ♊ 22	23 ♒ 23	8 ♒ 7	16 ♐ 39	16 ♒	22 ♑	27 ♌	27 ♉	4 ♑
21	0 ♒ 22	18 ♈ 3	25 ♊ 19	26 ♊ 34	14 ♒ 11	1 ♒ 50	1 ♈ 13	8 ♋ 8	8 ♊ 20	23 ♒ 27	8 ♒ 9	16 ♐ 41	17 ♒	22 ♑	27 ♌	27 ♉	4 ♑
22	1 ♒ 23	0 ♉ 6	25 ♊ 15	26 ♊ 33	13 ♒ 44	3 ♒ 6	1 ♈ 56	8 ♋ 1	8 ♊ 18	23 ♒ 30	8 ♒ 11	16 ♐ 43	17 ♒	23 ♑	27 ♌	27 ♉	4 ♑
23	2 ♒ 24	12 ♉ 22	25 ♊ 12	26 D 33	13 ♒ 7	4 ♒ 21	2 ♈ 40	7 ♋ 54	8 ♊ 17	23 ♒ 33	8 ♒ 14	16 ♐ 44	17 ♒	23 ♑	26 ♌	28 ♉	4 ♑
24	3 ♒ 25	24 ♉ 56	25 ♊ 9	26 ♊ 35	12 ♒ 19	5 ♒ 37	3 ♈ 24	7 ♋ 47	8 ♊ 15	23 ♒ 37	8 ♒ 16	16 ♐ 46	18 ♒	24 ♑	26 ♌	28 ♉	4 ♑
25	4 ♒ 26	7 ♊ 53	25 ♊ 6	26 ♊ 36	11 ♒ 22	6 ♒ 52	4 ♈ 7	7 ♋ 41	8 ♊ 13	23 ♒ 40	8 ♒ 18	16 ♐ 48	18 ♒	24 ♑	26 ♌	28 ♉	4 ♑
26	5 ♒ 27	21 ♊ 15	25 ♊ 3	26 ♊ 37	10 ♒ 17	8 ♒ 7	4 ♈ 51	7 ♋ 34	8 ♊ 12	23 ♒ 43	8 ♒ 20	16 ♐ 49	19 ♒	24 ♑	26 ♌	28 ♉	4 ♑
27	6 ♒ 28	5 ♋ 4	25 ♊ 0	26 R 37	9 ♒ 6	9 ♒ 23	5 ♈ 34	7 ♋ 28	8 ♊ 10	23 ♒ 47	8 ♒ 23	16 ♐ 51	19 ♒	25 ♑	26 ♌	28 ♉	4 ♑
28	7 ♒ 29	19 ♋ 20	24 ♊ 56	26 ♊ 35	7 ♒ 52	10 ♒ 38	6 ♈ 18	7 ♋ 22	8 ♊ 9	23 ♒ 50	8 ♒ 25	16 ♐ 53	19 ♒	25 ♑	25 ♌	28 ♉	4 ♑
29	8 ♒ 30	3 ♌ 59	24 ♊ 53	26 ♊ 31	6 ♒ 36	11 ♒ 53	7 ♈ 1	7 ♋ 16	8 ♊ 8	23 ♒ 53	8 ♒ 27	16 ♐ 54	20 ♒	25 ♑	25 ♌	28 ♉	4 ♑
30	9 ♒ 31	18 ♌ 55	24 ♊ 50	26 ♊ 25	5 ♒ 21	13 ♒ 9	7 ♈ 45	7 ♋ 10	8 ♊ 6	23 ♒ 57	8 ♒ 30	16 ♐ 56	20 ♒	26 ♑	25 ♌	28 ♉	5 ♑
31	10 ♒ 32	3 ♍ 58	24 ♊ 47	26 ♊ 19	4 ♒ 9	14 ♒ 24	8 ♈ 28	7 ♋ 4	8 ♊ 5	24 ♒ 0	8 ♒ 32	16 ♐ 58	21 ♒	26 ♑	25 ♌	28 ♉	5 ♑

SUN INGRESS	☉ → ♒ 20日 15:02
MOON PHASE	◑ 6日 12:55 ♎　● 13日 22:29 ♑　◐ 22日 02:47 ♉　○ 29日 07:50 ♌

aspects

1日	14:53	☉☍♃
3日	21:22	♀☍♃
9日	20:55	☿☌♆
10日	17:36	☿△♄
14日	20:32	☉☌♀
19日	19:20	♀⚹♂
23日	17:18	♄△♆
23日	21:25	☉⚹♂
26日	01:17	♀△♄
26日	04:16	♀☌♆
26日	21:16	☿☌♀
27日	13:38	☿☌♆
27日	18:26	☿△♄
28日	03:55	☉☌☿
28日	15:12	☉△♄
28日	18:51	☿⚹♂
28日	22:45	☉☌♆
29日	06:58	♂□♃
30日	11:34	♂⚹♄
31日	01:59	♂⚹♆

2002年2月

DAY	☉	☽	☊ mean	☊ true	☿	♀	♂	♃	♄	♅	♆	♇	⚳	⚴	⚵	⚶	⚷
1	11 ♒ 33	19 ♍ 0	24 ♊ 44	26 R 11	3 R 2	15 D 39	9 D 12	6 R 59	8 R 5	24 D 3	8 D 34	16 D 59	21 D	27 D	24 R	28 D	5 D
2	12 ♒ 34	3 ♎ 50	24 ♊ 40	26 ♊ 5	2 ♒ 1	16 ♒ 55	9 ♈ 55	6 ♋ 53	8 ♊ 4	24 ♒ 7	8 ♒ 36	17 ♐ 1	21 ♒	27 ♑	24 ♌	28 ♉	5 ♑
3	13 ♒ 35	18 ♎ 23	24 ♊ 37	26 ♊ 1	1 ♒ 7	18 ♒ 10	10 ♈ 39	6 ♋ 48	8 ♊ 3	24 ♒ 10	8 ♒ 39	17 ♐ 2	22 ♒	27 ♑	24 ♌	28 ♉	5 ♑
4	14 ♒ 36	2 ♏ 34	24 ♊ 34	25 ♊ 58	0 ♒ 21	19 ♒ 25	11 ♈ 22	6 ♋ 43	8 ♊ 3	24 ♒ 14	8 ♒ 41	17 ♐ 4	22 ♒	28 ♑	24 ♌	29 ♉	5 ♑
5	15 ♒ 37	16 ♏ 22	24 ♊ 31	25 D 57	29 ♑ 44	20 ♒ 41	12 ♈ 5	6 ♋ 38	8 ♊ 2	24 ♒ 17	8 ♒ 43	17 ♐ 5	23 ♒	28 ♑	23 ♌	29 ♉	5 ♑
6	16 ♒ 37	29 ♏ 48	24 ♊ 28	25 ♊ 58	29 ♑ 15	21 ♒ 56	12 ♈ 49	6 ♋ 33	8 ♊ 2	24 ♒ 21	8 ♒ 45	17 ♐ 6	23 ♒	28 ♑	23 ♌	29 ♉	5 ♑
7	17 ♒ 38	12 ♐ 53	24 ♊ 25	25 ♊ 59	28 ♑ 54	23 ♒ 11	13 ♈ 32	6 ♋ 29	8 ♊ 2	24 ♒ 24	8 ♒ 48	17 ♐ 8	23 ♒	29 ♑	23 ♌	29 ♉	5 ♑
8	18 ♒ 39	25 ♐ 42	24 ♊ 21	26 ♊ 0	28 ♑ 42	24 ♒ 26	14 ♈ 15	6 ♋ 25	8 ♊ 1	24 ♒ 28	8 ♒ 50	17 ♐ 9	24 ♒	29 ♑	22 ♌	29 ♉	5 ♑
9	19 ♒ 40	8 ♑ 17	24 ♊ 18	25 R 59	28 ♑ 37	25 ♒ 42	14 ♈ 58	6 ♋ 20	8 D 1	24 ♒ 31	8 ♒ 52	17 ♐ 10	24 ♒	29 ♑	22 ♌	29 ♉	5 ♑
10	20 ♒ 40	20 ♑ 40	24 ♊ 15	25 ♊ 56	28 D 40	26 ♒ 57	15 ♈ 42	6 ♋ 16	8 ♊ 2	24 ♒ 34	8 ♒ 54	17 ♐ 12	24 ♒	0 ♒	22 ♌	0 ♊	6 ♑
11	21 ♒ 41	2 ♒ 55	24 ♊ 12	25 ♊ 50	28 ♑ 50	28 ♒ 12	16 ♈ 25	6 ♋ 13	8 ♊ 2	24 ♒ 38	8 ♒ 57	17 ♐ 13	25 ♒	0 ♒	22 ♌	0 ♊	6 ♑
12	22 ♒ 42	15 ♒ 2	24 ♊ 9	25 ♊ 42	29 ♑ 6	29 ♒ 27	17 ♈ 8	6 ♋ 9	8 ♊ 2	24 ♒ 41	8 ♒ 59	17 ♐ 14	25 ♒	1 ♒	21 ♌	0 ♊	6 ♑
13	23 ♒ 43	27 ♒ 4	24 ♊ 6	25 ♊ 31	29 ♑ 29	0 ♓ 42	17 ♈ 51	6 ♋ 6	8 ♊ 3	24 ♒ 45	9 ♒ 1	17 ♐ 15	26 ♒	1 ♒	21 ♌	0 ♊	6 ♑
14	24 ♒ 43	9 ♓ 0	24 ♊ 2	25 ♊ 19	29 ♑ 57	1 ♓ 58	18 ♈ 34	6 ♋ 2	8 ♊ 3	24 ♒ 48	9 ♒ 3	17 ♐ 17	26 ♒	1 ♒	21 ♌	0 ♊	6 ♑
15	25 ♒ 44	20 ♓ 53	23 ♊ 59	25 ♊ 7	0 ♒ 29	3 ♓ 13	19 ♈ 17	5 ♋ 59	8 ♊ 4	24 ♒ 52	9 ♒ 6	17 ♐ 18	26 ♒	2 ♒	21 ♌	0 ♊	6 ♑
16	26 ♒ 45	2 ♈ 45	23 ♊ 56	24 ♊ 55	1 ♒ 7	4 ♓ 28	20 ♈ 0	5 ♋ 56	8 ♊ 5	24 ♒ 55	9 ♒ 8	17 ♐ 19	27 ♒	2 ♒	20 ♌	1 ♊	6 ♑
17	27 ♒ 45	14 ♈ 36	23 ♊ 53	24 ♊ 45	1 ♒ 49	5 ♓ 43	20 ♈ 43	5 ♋ 54	8 ♊ 6	24 ♒ 59	9 ♒ 10	17 ♐ 20	27 ♒	2 ♒	20 ♌	1 ♊	6 ♑
18	28 ♒ 46	26 ♈ 31	23 ♊ 50	24 ♊ 38	2 ♒ 35	6 ♓ 58	21 ♈ 26	5 ♋ 51	8 ♊ 7	25 ♒ 2	9 ♒ 12	17 ♐ 21	28 ♒	3 ♒	20 ♌	1 ♊	6 ♑
19	29 ♒ 46	8 ♉ 33	23 ♊ 46	24 ♊ 33	3 ♒ 25	8 ♓ 13	22 ♈ 9	5 ♋ 49	8 ♊ 8	25 ♒ 6	9 ♒ 14	17 ♐ 22	28 ♒	3 ♒	20 ♌	1 ♊	6 ♑
20	0 ♓ 47	20 ♉ 45	23 ♊ 43	24 ♊ 31	4 ♒ 17	9 ♓ 28	22 ♈ 52	5 ♋ 47	8 ♊ 9	25 ♒ 9	9 ♒ 17	17 ♐ 23	28 ♒	3 ♒	19 ♌	1 ♊	6 ♑
21	1 ♓ 47	3 ♊ 14	23 ♊ 40	24 D 30	5 ♒ 14	10 ♓ 43	23 ♈ 35	5 ♋ 45	8 ♊ 10	25 ♒ 13	9 ♒ 19	17 ♐ 24	29 ♒	4 ♒	19 ♌	2 ♊	6 ♑
22	2 ♓ 48	16 ♊ 3	23 ♊ 37	24 ♊ 31	6 ♒ 12	11 ♓ 58	24 ♈ 18	5 ♋ 43	8 ♊ 12	25 ♒ 16	9 ♒ 21	17 ♐ 25	29 ♒	4 ♒	19 ♌	2 ♊	7 ♑
23	3 ♓ 48	29 ♊ 17	23 ♊ 34	24 R 31	7 ♒ 14	13 ♓ 13	25 ♈ 1	5 ♋ 42	8 ♊ 13	25 ♒ 20	9 ♒ 23	17 ♐ 26	0 ♓	4 ♒	19 ♌	2 ♊	7 ♑
24	4 ♓ 49	13 ♋ 0	23 ♊ 31	24 ♊ 29	8 ♒ 18	14 ♓ 28	25 ♈ 44	5 ♋ 40	8 ♊ 15	25 ♒ 23	9 ♒ 25	17 ♐ 27	0 ♓	5 ♒	19 ♌	2 ♊	7 ♑
25	5 ♓ 49	27 ♋ 13	23 ♊ 27	24 ♊ 26	9 ♒ 24	15 ♓ 43	26 ♈ 26	5 ♋ 39	8 ♊ 17	25 ♒ 26	9 ♒ 27	17 ♐ 27	0 ♓	5 ♒	18 ♌	3 ♊	7 ♑
26	6 ♓ 49	11 ♌ 54	23 ♊ 24	24 ♊ 19	10 ♒ 33	16 ♓ 58	27 ♈ 9	5 ♋ 38	8 ♊ 19	25 ♒ 30	9 ♒ 29	17 ♐ 28	1 ♓	5 ♒	18 ♌	3 ♊	7 ♑
27	7 ♓ 50	26 ♌ 57	23 ♊ 21	24 ♊ 10	11 ♒ 44	18 ♓ 13	27 ♈ 52	5 ♋ 38	8 ♊ 21	25 ♒ 33	9 ♒ 31	17 ♐ 29	1 ♓	6 ♒	18 ♌	3 ♊	7 ♑
28	8 ♓ 50	12 ♍ 15	23 ♊ 18	24 ♊ 0	12 ♒ 56	19 ♓ 28	28 ♈ 34	5 ♋ 37	8 ♊ 23	25 ♒ 37	9 ♒ 33	17 ♐ 30	2 ♓	6 ♒	18 ♌	3 ♊	7 ♑

SUN INGRESS	☉ → ♓ 19日 05:13
MOON PHASE	◑ 4日 22:33 ♏　● 12日 16:41 ♒　◐ 20日 21:02 ♊　○ 27日 18:17 ♍

aspects

2日	01:54	♀⚹♇
6日	11:44	☉⚹♇
8日	00:23	♀☌♅
12日	03:34	♂△♇
14日	02:06	☉☌♅
17日	03:17	♀△♃
18日	22:13	♀□♄
23日	11:27	♂⚹♅
23日	22:51	☿△♄
24日	20:15	☉△♃
25日	00:58	♀☌♆
26日	09:45	♀□♇
27日	12:53	☉□♄

2002年3月

DAY	☉	☽	☊ mean	☊ true	☿	♀	♂	♃	♄	♅	♆	♇	⚳	⚴	⚵	⚶	⚷
	° ′	° ′	° ′	° ′	° ′	° ′	° ′	° ′	° ′	° ′	° ′	° ′	°	°	°	°	°
1	9 ♓ 50	27 ♍ 35	23 ♊ 15	23 R 49	14 D 10	20 D 43	29 D 17	5 R 37	8 D 25	25 D 40	9 D 35	17 D 30	2 D	7 D	17 R	4 D	7 D
2	10 ♓ 50	12 ♎ 46	23 ♊ 11	23 ♊ 39	15 ♒ 26	21 ♓ 58	29 ♈ 59	5 ♋ 37	8 ♊ 28	25 ♒ 43	9 ♒ 37	17 ♐ 31	2 ♓	7 ♒	17 ♌	4 ♊	7 ♑
3	11 ♓ 50	27 ♎ 38	23 ♊ 8	23 ♊ 31	16 ♒ 44	23 ♓ 12	0 ♉ 42	5 D 37	8 ♊ 30	25 ♒ 47	9 ♒ 39	17 ♐ 32	3 ♓	7 ♒	17 ♌	4 ♊	7 ♑
4	12 ♓ 51	12 ♏ 5	23 ♊ 5	23 ♊ 25	18 ♒ 3	24 ♓ 27	1 ♉ 24	5 ♋ 37	8 ♊ 33	25 ♒ 50	9 ♒ 41	17 ♐ 32	3 ♓	8 ♒	17 ♌	4 ♊	7 ♑
5	13 ♓ 51	26 ♏ 3	23 ♊ 2	23 ♊ 22	19 ♒ 24	25 ♓ 42	2 ♉ 7	5 ♋ 38	8 ♊ 35	25 ♒ 54	9 ♒ 43	17 ♐ 33	3 ♓	8 ♒	17 ♌	5 ♊	7 ♑
6	14 ♓ 51	9 ♐ 34	22 ♊ 59	23 ♊ 21	20 ♒ 46	26 ♓ 57	2 ♉ 49	5 ♋ 38	8 ♊ 38	25 ♒ 57	9 ♒ 45	17 ♐ 33	4 ♓	8 ♒	17 ♌	5 ♊	7 ♑
7	15 ♓ 51	22 ♐ 38	22 ♊ 56	23 D 21	22 ♒ 9	28 ♓ 11	3 ♉ 32	5 ♋ 39	8 ♊ 41	26 ♒ 0	9 ♒ 47	17 ♐ 34	4 ♓	9 ♒	16 ♌	5 ♊	7 ♑
8	16 ♓ 51	5 ♑ 22	22 ♊ 52	23 R 21	23 ♒ 34	29 ♓ 26	4 ♉ 14	5 ♋ 40	8 ♊ 44	26 ♒ 3	9 ♒ 49	17 ♐ 34	5 ♓	9 ♒	16 ♌	5 ♊	7 ♑
9	17 ♓ 51	17 ♑ 48	22 ♊ 49	23 ♊ 19	25 ♒ 1	0 ♈ 41	4 ♉ 56	5 ♋ 42	8 ♊ 47	26 ♒ 7	9 ♒ 51	17 ♐ 35	5 ♓	9 ♒	16 ♌	6 ♊	8 ♑
10	18 ♓ 51	0 ♒ 1	22 ♊ 46	23 ♊ 15	26 ♒ 28	1 ♈ 56	5 ♉ 39	5 ♋ 43	8 ♊ 50	26 ♒ 10	9 ♒ 53	17 ♐ 35	5 ♓	10 ♒	16 ♌	6 ♊	8 ♑
11	19 ♓ 51	12 ♒ 6	22 ♊ 43	23 ♊ 7	27 ♒ 57	3 ♈ 10	6 ♉ 21	5 ♋ 45	8 ♊ 53	26 ♒ 13	9 ♒ 55	17 ♐ 36	6 ♓	10 ♒	16 ♌	6 ♊	8 ♑
12	20 ♓ 51	24 ♒ 4	22 ♊ 40	22 ♊ 57	29 ♒ 27	4 ♈ 25	7 ♉ 3	5 ♋ 47	8 ♊ 57	26 ♒ 17	9 ♒ 57	17 ♐ 36	6 ♓	10 ♒	16 ♌	7 ♊	8 ♑
13	21 ♓ 51	5 ♓ 58	22 ♊ 37	22 ♊ 44	0 ♓ 58	5 ♈ 39	7 ♉ 45	5 ♋ 49	9 ♊ 0	26 ♒ 20	9 ♒ 58	17 ♐ 36	7 ♓	10 ♒	16 ♌	7 ♊	8 ♑
14	22 ♓ 51	17 ♓ 51	22 ♊ 33	22 ♊ 29	2 ♓ 31	6 ♈ 54	8 ♉ 27	5 ♋ 51	9 ♊ 4	26 ♒ 23	10 ♒ 0	17 ♐ 36	7 ♓	11 ♒	16 ♌	7 ♊	8 ♑
15	23 ♓ 51	29 ♓ 43	22 ♊ 30	22 ♊ 14	4 ♓ 5	8 ♈ 9	9 ♉ 9	5 ♋ 53	9 ♊ 7	26 ♒ 26	10 ♒ 2	17 ♐ 37	7 ♓	11 ♒	15 ♌	7 ♊	8 ♑
16	24 ♓ 50	11 ♈ 35	22 ♊ 27	22 ♊ 0	5 ♓ 40	9 ♈ 23	9 ♉ 51	5 ♋ 56	9 ♊ 11	26 ♒ 29	10 ♒ 4	17 ♐ 37	8 ♓	11 ♒	15 ♌	8 ♊	8 ♑
17	25 ♓ 50	23 ♈ 30	22 ♊ 24	21 ♊ 48	7 ♓ 16	10 ♈ 38	10 ♉ 33	5 ♋ 59	9 ♊ 15	26 ♒ 32	10 ♒ 6	17 ♐ 37	8 ♓	12 ♒	15 ♌	8 ♊	8 ♑
18	26 ♓ 50	5 ♉ 29	22 ♊ 21	21 ♊ 38	8 ♓ 53	11 ♈ 52	11 ♉ 15	6 ♋ 2	9 ♊ 19	26 ♒ 36	10 ♒ 7	17 ♐ 37	9 ♓	12 ♒	15 ♌	8 ♊	8 ♑
19	27 ♓ 50	17 ♉ 34	22 ♊ 17	21 ♊ 31	10 ♓ 32	13 ♈ 6	11 ♉ 57	6 ♋ 5	9 ♊ 23	26 ♒ 39	10 ♒ 9	17 ♐ 37	9 ♓	12 ♒	15 ♌	9 ♊	8 ♑
20	28 ♓ 49	29 ♉ 49	22 ♊ 14	21 ♊ 27	12 ♓ 12	14 ♈ 21	12 ♉ 39	6 ♋ 8	9 ♊ 27	26 ♒ 42	10 ♒ 11	17 ♐ 37	9 ♓	13 ♒	15 ♌	9 ♊	8 ♑
21	29 ♓ 49	12 ♊ 18	22 ♊ 11	21 ♊ 26	13 ♓ 53	15 ♈ 35	13 ♉ 21	6 ♋ 12	9 ♊ 31	26 ♒ 45	10 ♒ 12	17 R 37	10 ♓	13 ♒	15 ♌	9 ♊	8 ♑
22	0 ♈ 48	25 ♊ 3	22 ♊ 8	21 D 26	15 ♓ 35	16 ♈ 50	14 ♉ 3	6 ♋ 16	9 ♊ 35	26 ♒ 48	10 ♒ 14	17 ♐ 37	10 ♓	13 ♒	15 ♌	10 ♊	8 ♑
23	1 ♈ 48	8 ♋ 11	22 ♊ 5	21 R 26	17 ♓ 19	18 ♈ 4	14 ♉ 45	6 ♋ 20	9 ♊ 40	26 ♒ 51	10 ♒ 15	17 ♐ 37	10 ♓	14 ♒	15 ♌	10 ♊	8 ♑
24	2 ♈ 48	21 ♋ 45	22 ♊ 2	21 ♊ 24	19 ♓ 4	19 ♈ 18	15 ♉ 27	6 ♋ 24	9 ♊ 44	26 ♒ 54	10 ♒ 17	17 ♐ 37	11 ♓	14 ♒	15 ♌	10 ♊	8 ♑
25	3 ♈ 47	5 ♌ 46	21 ♊ 58	21 ♊ 21	20 ♓ 50	20 ♈ 32	16 ♉ 8	6 ♋ 28	9 ♊ 49	26 ♒ 57	10 ♒ 19	17 ♐ 37	11 ♓	14 ♒	15 ♌	11 ♊	8 ♑
26	4 ♈ 47	20 ♌ 16	21 ♊ 55	21 ♊ 15	22 ♓ 38	21 ♈ 47	16 ♉ 50	6 ♋ 32	9 ♊ 53	27 ♒ 0	10 ♒ 20	17 ♐ 37	12 ♓	15 ♒	15 ♌	11 ♊	8 ♑
27	5 ♈ 46	5 ♍ 10	21 ♊ 52	21 ♊ 7	24 ♓ 26	23 ♈ 1	17 ♉ 32	6 ♋ 37	9 ♊ 58	27 ♒ 3	10 ♒ 22	17 ♐ 37	12 ♓	15 ♒	15 ♌	11 ♊	8 ♑
28	6 ♈ 45	20 ♍ 22	21 ♊ 49	20 ♊ 57	26 ♓ 17	24 ♈ 15	18 ♉ 13	6 ♋ 42	10 ♊ 3	27 ♒ 5	10 ♒ 23	17 ♐ 36	12 ♓	15 ♒	15 ♌	12 ♊	8 ♑
29	7 ♈ 45	5 ♎ 42	21 ♊ 46	20 ♊ 46	28 ♓ 8	25 ♈ 29	18 ♉ 55	6 ♋ 47	10 ♊ 8	27 ♒ 8	10 ♒ 25	17 ♐ 36	13 ♓	15 ♒	15 D	12 ♊	8 ♑
30	8 ♈ 44	20 ♎ 58	21 ♊ 43	20 ♊ 36	0 ♈ 1	26 ♈ 43	19 ♉ 36	6 ♋ 52	10 ♊ 13	27 ♒ 11	10 ♒ 26	17 ♐ 36	13 ♓	16 ♒	15 ♌	12 ♊	8 ♑
31	9 ♈ 43	5 ♏ 59	21 ♊ 39	20 ♊ 28	1 ♈ 55	27 ♈ 57	20 ♉ 18	6 ♋ 57	10 ♊ 18	27 ♒ 14	10 ♒ 27	17 ♐ 36	14 ♓	16 ♒	15 ♌	13 ♊	8 ♑

SUN INGRESS	☉ → ♈ 21日 04:16
MOON PHASE	◑ 6日 10:25 ♐　● 14日 11:03 ♓　◐ 22日 11:28 ♋　○ 29日 03:25 ♎

aspects		
3日	14:40	☿⚹♇
8日	17:28	☉□♇
9日	18:52	☿☌♅
10日	02:46	♂⚹♃
13日	03:05	♀□♃
15日	19:53	♀⚹♄
16日	04:13	☿△♃
16日	07:23	♂□♆
16日	13:26	♀⚹♆
18日	06:28	☿□♄
20日	11:12	☿⚹♂
22日	15:21	♀△♇
23日	04:10	☿□♇
27日	22:24	☉□♃
30日	09:24	♀⚹♅
31日	15:21	☉⚹♄
31日	18:19	☉⚹♆

2002年4月

DAY	☉	☽	☊ mean	☊ true	☿	♀	♂	♃	♄	♅	♆	♇	⚳	⚴	⚵	⚶	⚷
	° ′	° ′	° ′	° ′	° ′	° ′	° ′	° ′	° ′	° ′	° ′	° ′	°	°	°	°	°
1	10 ♈ 42	20 ♏ 37	21 ♊ 36	20 R 23	3 D 50	29 D 11	20 D 59	7 D 2	10 D 23	27 D 17	10 D 29	17 R 35	14 D	16 D	15 D	13 D	8 D
2	11 ♈ 42	4 ♐ 46	21 ♊ 33	20 ♊ 20	5 ♈ 47	0 ♉ 25	21 ♉ 41	7 ♋ 8	10 ♊ 28	27 ♒ 19	10 ♒ 30	17 ♐ 35	14 ♓	17 ♒	15 ♌	13 ♊	8 ♑
3	12 ♈ 41	18 ♐ 26	21 ♊ 30	20 ♊ 19	7 ♈ 45	1 ♉ 39	22 ♉ 22	7 ♋ 14	10 ♊ 33	27 ♒ 22	10 ♒ 31	17 ♐ 34	15 ♓	17 ♒	15 ♌	14 ♊	8 ♑
4	13 ♈ 40	1 ♑ 38	21 ♊ 27	20 D 19	9 ♈ 44	2 ♉ 53	23 ♉ 4	7 ♋ 20	10 ♊ 39	27 ♒ 25	10 ♒ 33	17 ♐ 34	15 ♓	17 ♒	15 ♌	14 ♊	9 ♑
5	14 ♈ 39	14 ♑ 25	21 ♊ 23	20 ♊ 19	11 ♈ 45	4 ♉ 7	23 ♉ 45	7 ♋ 26	10 ♊ 44	27 ♒ 27	10 ♒ 34	17 ♐ 34	15 ♓	17 ♒	15 ♌	14 ♊	9 ♑
6	15 ♈ 38	26 ♑ 52	21 ♊ 20	20 R 19	13 ♈ 46	5 ♉ 21	24 ♉ 26	7 ♋ 32	10 ♊ 50	27 ♒ 30	10 ♒ 35	17 ♐ 33	16 ♓	18 ♒	15 ♌	15 ♊	9 ♑
7	16 ♈ 37	9 ♒ 4	21 ♊ 17	20 ♊ 16	15 ♈ 49	6 ♉ 35	25 ♉ 7	7 ♋ 38	10 ♊ 55	27 ♒ 33	10 ♒ 36	17 ♐ 32	16 ♓	18 ♒	15 ♌	15 ♊	9 ♑
8	17 ♈ 36	21 ♒ 5	21 ♊ 14	20 ♊ 11	17 ♈ 53	7 ♉ 48	25 ♉ 49	7 ♋ 45	11 ♊ 1	27 ♒ 35	10 ♒ 37	17 ♐ 32	17 ♓	18 ♒	15 ♌	15 ♊	9 ♑
9	18 ♈ 35	2 ♓ 59	21 ♊ 11	20 ♊ 4	19 ♈ 57	9 ♉ 2	26 ♉ 30	7 ♋ 51	11 ♊ 7	27 ♒ 38	10 ♒ 39	17 ♐ 31	17 ♓	19 ♒	15 ♌	16 ♊	9 ♑
10	19 ♈ 34	14 ♓ 50	21 ♊ 8	19 ♊ 54	22 ♈ 2	10 ♉ 16	27 ♉ 11	7 ♋ 58	11 ♊ 12	27 ♒ 40	10 ♒ 40	17 ♐ 31	17 ♓	19 ♒	15 ♌	16 ♊	9 ♑
11	20 ♈ 33	26 ♓ 41	21 ♊ 4	19 ♊ 43	24 ♈ 8	11 ♉ 30	27 ♉ 52	8 ♋ 5	11 ♊ 18	27 ♒ 42	10 ♒ 41	17 ♐ 30	18 ♓	19 ♒	15 ♌	16 ♊	9 ♑
12	21 ♈ 32	8 ♈ 34	21 ♊ 1	19 ♊ 31	26 ♈ 13	12 ♉ 43	28 ♉ 33	8 ♋ 12	11 ♊ 24	27 ♒ 45	10 ♒ 42	17 ♐ 29	18 ♓	19 ♒	15 ♌	17 ♊	9 ♑
13	22 ♈ 31	20 ♈ 31	20 ♊ 58	19 ♊ 20	28 ♈ 19	13 ♉ 57	29 ♉ 14	8 ♋ 19	11 ♊ 30	27 ♒ 47	10 ♒ 43	17 ♐ 29	18 ♓	20 ♒	16 ♌	17 ♊	9 ♑
14	23 ♈ 30	2 ♉ 33	20 ♊ 55	19 ♊ 11	0 ♉ 25	15 ♉ 11	29 ♉ 55	8 ♋ 27	11 ♊ 36	27 ♒ 49	10 ♒ 44	17 ♐ 28	19 ♓	20 ♒	16 ♌	18 ♊	9 ♑
15	24 ♈ 29	14 ♉ 41	20 ♊ 52	19 ♊ 3	2 ♉ 30	16 ♉ 24	0 ♊ 36	8 ♋ 34	11 ♊ 42	27 ♒ 52	10 ♒ 45	17 ♐ 27	19 ♓	20 ♒	16 ♌	18 ♊	9 ♑
16	25 ♈ 27	26 ♉ 56	20 ♊ 48	18 ♊ 59	4 ♉ 34	17 ♉ 38	1 ♊ 17	8 ♋ 42	11 ♊ 48	27 ♒ 54	10 ♒ 46	17 ♐ 26	19 ♓	20 ♒	16 ♌	18 ♊	9 ♑
17	26 ♈ 26	9 ♊ 21	20 ♊ 45	18 ♊ 56	6 ♉ 37	18 ♉ 51	1 ♊ 58	8 ♋ 50	11 ♊ 55	27 ♒ 56	10 ♒ 47	17 ♐ 25	20 ♓	21 ♒	16 ♌	19 ♊	9 ♑
18	27 ♈ 25	21 ♊ 58	20 ♊ 42	18 D 56	8 ♉ 38	20 ♉ 4	2 ♊ 39	8 ♋ 58	12 ♊ 1	27 ♒ 58	10 ♒ 47	17 ♐ 25	20 ♓	21 ♒	16 ♌	19 ♊	9 R
19	28 ♈ 23	4 ♋ 50	20 ♊ 39	18 ♊ 56	10 ♉ 37	21 ♉ 18	3 ♊ 20	9 ♋ 6	12 ♊ 7	28 ♒ 0	10 ♒ 48	17 ♐ 24	21 ♓	21 ♒	16 ♌	19 ♊	9 ♑
20	29 ♈ 22	18 ♋ 0	20 ♊ 36	18 ♊ 58	12 ♉ 35	22 ♉ 31	4 ♊ 0	9 ♋ 14	12 ♊ 14	28 ♒ 3	10 ♒ 49	17 ♐ 23	21 ♓	21 ♒	16 ♌	20 ♊	9 ♑
21	0 ♉ 21	1 ♌ 30	20 ♊ 33	18 R 58	14 ♉ 29	23 ♉ 45	4 ♊ 41	9 ♋ 22	12 ♊ 20	28 ♒ 5	10 ♒ 50	17 ♐ 22	21 ♓	22 ♒	17 ♌	20 ♊	9 ♑
22	1 ♉ 19	15 ♌ 23	20 ♊ 29	18 ♊ 57	16 ♉ 21	24 ♉ 58	5 ♊ 22	9 ♋ 31	12 ♊ 26	28 ♒ 7	10 ♒ 51	17 ♐ 21	22 ♓	22 ♒	17 ♌	21 ♊	9 ♑
23	2 ♉ 18	29 ♌ 39	20 ♊ 26	18 ♊ 54	18 ♉ 10	26 ♉ 11	6 ♊ 2	9 ♋ 39	12 ♊ 33	28 ♒ 8	10 ♒ 51	17 ♐ 20	22 ♓	22 ♒	17 ♌	21 ♊	9 ♑
24	3 ♉ 16	14 ♍ 15	20 ♊ 23	18 ♊ 50	19 ♉ 56	27 ♉ 24	6 ♊ 43	9 ♋ 48	12 ♊ 40	28 ♒ 10	10 ♒ 52	17 ♐ 19	22 ♓	22 ♒	17 ♌	21 ♊	9 ♑
25	4 ♉ 15	29 ♍ 8	20 ♊ 20	18 ♊ 44	21 ♉ 37	28 ♉ 37	7 ♊ 24	9 ♋ 57	12 ♊ 46	28 ♒ 12	10 ♒ 53	17 ♐ 18	23 ♓	22 ♒	17 ♌	22 ♊	9 ♑
26	5 ♉ 13	14 ♎ 10	20 ♊ 17	18 ♊ 37	23 ♉ 15	29 ♉ 51	8 ♊ 4	10 ♋ 5	12 ♊ 53	28 ♒ 14	10 ♒ 53	17 ♐ 17	23 ♓	23 ♒	17 ♌	22 ♊	9 ♑
27	6 ♉ 11	29 ♎ 13	20 ♊ 14	18 ♊ 31	24 ♉ 50	1 ♊ 4	8 ♊ 45	10 ♋ 14	13 ♊ 0	28 ♒ 16	10 ♒ 54	17 ♐ 16	23 ♓	23 ♒	17 ♌	22 ♊	9 ♑
28	7 ♉ 10	14 ♏ 5	20 ♊ 10	18 ♊ 26	26 ♉ 20	2 ♊ 17	9 ♊ 25	10 ♋ 24	13 ♊ 6	28 ♒ 18	10 ♒ 54	17 ♐ 15	24 ♓	23 ♒	18 ♌	23 ♊	9 ♑
29	8 ♉ 8	28 ♏ 40	20 ♊ 7	18 ♊ 22	27 ♉ 45	3 ♊ 30	10 ♊ 6	10 ♋ 33	13 ♊ 13	28 ♒ 19	10 ♒ 55	17 ♐ 13	24 ♓	23 ♒	18 ♌	23 ♊	9 ♑
30	9 ♉ 6	12 ♐ 51	20 ♊ 4	18 ♊ 21	29 ♉ 7	4 ♊ 43	10 ♊ 46	10 ♋ 42	13 ♊ 20	28 ♒ 21	10 ♒ 55	17 ♐ 12	24 ♓	24 ♒	18 ♌	24 ♊	9 ♑

SUN INGRESS	☉ → ♉ 20日 15:20
MOON PHASE	◑ 5日 00:29 ♑　● 13日 04:21 ♈　◐ 20日 21:48 ♌　○ 27日 12:00 ♏

aspects		
2日	11:36	♄△♆
2日	17:18	☿□♃
4日	09:44	☿⚹♆
4日	11:22	☿⚹♄
7日	17:54	☉☌☿
7日	19:59	☿△♇
7日	22:15	☉△♇
7日	22:38	♀⚹♃
10日	07:50	♀□♆
10日	18:04	♂□♅
12日	17:45	☿⚹♅
18日	04:11	☿⚹♃
18日	14:14	☉⚹♅
19日	02:12	☿□♆
24日	15:31	♀□♅
29日	10:02	☿□♅
30日	05:26	♂△♆

2002年5月

DAY	☉	☽	☊ mean	☊ true	☿	♀	♂	♃	♄	♅	♆	♇	⚳	⚴	⚵	⚶	⚷
	° ′	° ′	° ′	° ′	° ′	° ′	° ′	° ′	° ′	° ′	° ′	° ′	°	°	°	°	°
1	10 ♉ 5	26 ♐ 36	20 ♊ 1	18 D 21	0 D 24	5 D 55	11 D 27	10 D 52	13 D 27	28 D 23	10 D 56	17 R 11	25 D	24 D	18 D	24 D	9 R
2	11 ♉ 3	9 ♑ 54	19 ♊ 58	18 ♊ 22	1 ♊ 36	7 ♊ 8	12 ♊ 7	11 ♋ 1	13 ♊ 34	28 ♒ 24	10 ♒ 56	17 ♐ 10	25 ♓	24 ♒	18 ♌	24 ♊	9 ♑
3	12 ♉ 1	22 ♑ 47	19 ♊ 54	18 ♊ 24	2 ♊ 44	8 ♊ 21	12 ♊ 47	11 ♋ 11	13 ♊ 41	28 ♒ 26	10 ♒ 56	17 ♐ 9	25 ♓	24 ♒	19 ♌	25 ♊	8 ♑
4	12 ♉ 59	5 ♒ 19	19 ♊ 51	18 ♊ 25	3 ♊ 47	9 ♊ 34	13 ♊ 28	11 ♋ 21	13 ♊ 48	28 ♒ 27	10 ♒ 57	17 ♐ 8	26 ♓	24 ♒	19 ♌	25 ♊	8 ♑
5	13 ♉ 57	17 ♒ 34	19 ♊ 48	18 R 25	4 ♊ 46	10 ♊ 47	14 ♊ 8	11 ♋ 30	13 ♊ 55	28 ♒ 29	10 ♒ 57	17 ♐ 6	26 ♓	25 ♒	19 ♌	26 ♊	8 ♑
6	14 ♉ 56	29 ♒ 37	19 ♊ 45	18 ♊ 24	5 ♊ 39	11 ♊ 59	14 ♊ 48	11 ♋ 40	14 ♊ 2	28 ♒ 30	10 ♒ 57	17 ♐ 5	27 ♓	25 ♒	19 ♌	26 ♊	8 ♑
7	15 ♉ 54	11 ♓ 31	19 ♊ 42	18 ♊ 21	6 ♊ 28	13 ♊ 12	15 ♊ 28	11 ♋ 50	14 ♊ 10	28 ♒ 31	10 ♒ 58	17 ♐ 4	27 ♓	25 ♒	19 ♌	26 ♊	8 ♑
8	16 ♉ 52	23 ♓ 23	19 ♊ 39	18 ♊ 18	7 ♊ 11	14 ♊ 25	16 ♊ 8	12 ♋ 1	14 ♊ 17	28 ♒ 33	10 ♒ 58	17 ♐ 2	27 ♓	25 ♒	20 ♌	27 ♊	8 ♑
9	17 ♉ 50	5 ♈ 15	19 ♊ 35	18 ♊ 13	7 ♊ 50	15 ♊ 37	16 ♊ 49	12 ♋ 11	14 ♊ 24	28 ♒ 34	10 ♒ 58	17 ♐ 1	28 ♓	25 ♒	20 ♌	27 ♊	8 ♑
10	18 ♉ 48	17 ♈ 11	19 ♊ 32	18 ♊ 8	8 ♊ 24	16 ♊ 50	17 ♊ 29	12 ♋ 21	14 ♊ 31	28 ♒ 35	10 ♒ 58	17 ♐ 0	28 ♓	25 ♒	20 ♌	28 ♊	8 ♑
11	19 ♉ 46	29 ♈ 13	19 ♊ 29	18 ♊ 3	8 ♊ 52	18 ♊ 2	18 ♊ 9	12 ♋ 32	14 ♊ 39	28 ♒ 36	10 ♒ 58	16 ♐ 58	28 ♓	26 ♒	20 ♌	28 ♊	8 ♑
12	20 ♉ 44	11 ♉ 23	19 ♊ 26	17 ♊ 58	9 ♊ 16	19 ♊ 14	18 ♊ 49	12 ♋ 42	14 ♊ 46	28 ♒ 37	10 ♒ 58	16 ♐ 57	29 ♓	26 ♒	21 ♌	28 ♊	8 ♑
13	21 ♉ 42	23 ♉ 43	19 ♊ 23	17 ♊ 55	9 ♊ 34	20 ♊ 27	19 ♊ 29	12 ♋ 53	14 ♊ 53	28 ♒ 38	10 ♒ 58	16 ♐ 56	29 ♓	26 ♒	21 ♌	29 ♊	8 ♑
14	22 ♉ 40	6 ♊ 14	19 ♊ 20	17 ♊ 53	9 ♊ 47	21 ♊ 39	20 ♊ 9	13 ♋ 4	15 ♊ 1	28 ♒ 39	10 R 58	16 ♐ 54	29 ♓	26 ♒	21 ♌	29 ♊	8 ♑
15	23 ♉ 38	18 ♊ 57	19 ♊ 16	17 D 53	9 ♊ 55	22 ♊ 51	20 ♊ 49	13 ♋ 14	15 ♊ 8	28 ♒ 40	10 ♒ 58	16 ♐ 53	0 ♈	26 ♒	21 ♌	0 ♋	8 ♑
16	24 ♉ 36	1 ♋ 52	19 ♊ 13	17 ♊ 53	9 ♊ 59	24 ♊ 4	21 ♊ 29	13 ♋ 25	15 ♊ 16	28 ♒ 41	10 ♒ 58	16 ♐ 51	0 ♈	26 ♒	21 ♌	0 ♋	8 ♑
17	25 ♉ 33	15 ♋ 0	19 ♊ 10	17 ♊ 55	9 R 57	25 ♊ 16	22 ♊ 9	13 ♋ 36	15 ♊ 23	28 ♒ 42	10 ♒ 58	16 ♐ 50	0 ♈	27 ♒	22 ♌	0 ♋	8 ♑
18	26 ♉ 31	28 ♋ 23	19 ♊ 7	17 ♊ 56	9 ♊ 51	26 ♊ 28	22 ♊ 48	13 ♋ 47	15 ♊ 31	28 ♒ 43	10 ♒ 58	16 ♐ 48	0 ♈	27 ♒	22 ♌	1 ♋	8 ♑
19	27 ♉ 29	12 ♌ 0	19 ♊ 4	17 ♊ 57	9 ♊ 40	27 ♊ 40	23 ♊ 28	13 ♋ 58	15 ♊ 38	28 ♒ 44	10 ♒ 58	16 ♐ 47	1 ♈	27 ♒	22 ♌	1 ♋	8 ♑
20	28 ♉ 27	25 ♌ 53	19 ♊ 0	17 ♊ 58	9 ♊ 25	28 ♊ 52	24 ♊ 8	14 ♋ 10	15 ♊ 46	28 ♒ 45	10 ♒ 58	16 ♐ 45	1 ♈	27 ♒	22 ♌	2 ♋	8 ♑
21	29 ♉ 25	10 ♍ 1	18 ♊ 57	17 R 58	9 ♊ 6	0 ♋ 4	24 ♊ 48	14 ♋ 21	15 ♊ 53	28 ♒ 45	10 ♒ 58	16 ♐ 44	1 ♈	27 ♒	23 ♌	2 ♋	8 ♑
22	0 ♊ 22	24 ♍ 22	18 ♊ 54	17 ♊ 57	8 ♊ 43	1 ♋ 16	25 ♊ 28	14 ♋ 32	16 ♊ 1	28 ♒ 46	10 ♒ 57	16 ♐ 42	2 ♈	27 ♒	23 ♌	3 ♋	8 ♑
23	1 ♊ 20	8 ♎ 54	18 ♊ 51	17 ♊ 55	8 ♊ 17	2 ♋ 28	26 ♊ 7	14 ♋ 44	16 ♊ 9	28 ♒ 46	10 ♒ 57	16 ♐ 41	2 ♈	27 ♒	23 ♌	3 ♋	8 ♑
24	2 ♊ 18	23 ♎ 31	18 ♊ 48	17 ♊ 53	7 ♊ 49	3 ♋ 40	26 ♊ 47	14 ♋ 55	16 ♊ 16	28 ♒ 47	10 ♒ 57	16 ♐ 39	2 ♈	27 ♒	24 ♌	3 ♋	8 ♑
25	3 ♊ 15	8 ♏ 7	18 ♊ 45	17 ♊ 51	7 ♊ 18	4 ♋ 51	27 ♊ 27	15 ♋ 7	16 ♊ 24	28 ♒ 47	10 ♒ 56	16 ♐ 38	3 ♈	28 ♒	24 ♌	4 ♋	8 ♑
26	4 ♊ 13	22 ♏ 37	18 ♊ 41	17 ♊ 50	6 ♊ 46	6 ♋ 3	28 ♊ 6	15 ♋ 18	16 ♊ 32	28 ♒ 48	10 ♒ 56	16 ♐ 36	3 ♈	28 ♒	24 ♌	4 ♋	8 ♑
27	5 ♊ 11	6 ♐ 55	18 ♊ 38	17 ♊ 49	6 ♊ 12	7 ♋ 15	28 ♊ 46	15 ♋ 30	16 ♊ 39	28 ♒ 48	10 ♒ 56	16 ♐ 35	3 ♈	28 ♒	24 ♌	5 ♋	8 ♑
28	6 ♊ 8	20 ♐ 54	18 ♊ 35	17 D 49	5 ♊ 38	8 ♋ 26	29 ♊ 25	15 ♋ 42	16 ♊ 47	28 ♒ 49	10 ♒ 55	16 ♐ 33	4 ♈	28 ♒	25 ♌	5 ♋	8 ♑
29	7 ♊ 6	4 ♑ 33	18 ♊ 32	17 ♊ 49	5 ♊ 4	9 ♋ 38	0 ♋ 5	15 ♋ 54	16 ♊ 55	28 ♒ 49	10 ♒ 55	16 ♐ 31	4 ♈	28 ♒	25 ♌	5 ♋	7 ♑
30	8 ♊ 3	17 ♑ 50	18 ♊ 29	17 ♊ 50	4 ♊ 31	10 ♋ 49	0 ♋ 44	16 ♋ 5	17 ♊ 2	28 ♒ 49	10 ♒ 54	16 ♐ 30	4 ♈	28 ♒	25 ♌	6 ♋	7 ♑
31	9 ♊ 1	0 ♒ 45	18 ♊ 26	17 ♊ 51	3 ♊ 59	12 ♋ 1	1 ♋ 24	16 ♋ 17	17 ♊ 10	28 ♒ 49	10 ♒ 54	16 ♐ 28	5 ♈	28 ♒	25 ♌	6 ♋	7 ♑

SUN INGRESS	☉ → ♊ 21日 14:29
MOON PHASE	◑ 4日 16:16 ♒　● 12日 19:45 ♉　◐ 20日 04:42 ♌　○ 26日 20:51 ♐

aspects		
1日	21:10	☉□♆
1日	23:08	☉⚹♃
4日	14:57	♂☌♄
5日	03:29	♀△♆
7日	21:10	♀☌♄
9日	07:14	♂☍♇
10日	03:16	♀☍♇
11日	04:56	♀☌♂
19日	21:26	♀△♅
20日	07:25	☉□♅
26日	11:44	♄☍♇
27日	01:30	♂△♅
27日	16:09	☉☌☿

2002年6月

DAY	☉	☽	☊ mean	☊ true	☿	♀	♂	♃	♄	♅	♆	♇	⚳	⚴	⚵	⚶	⚷
	° ′	° ′	° ′	° ′	° ′	° ′	° ′	° ′	° ′	° ′	° ′	° ′	°	°	°	°	°
1	9 ♊ 58	13 ♒ 20	18 ♊ 22	17 D 51	3 R 29	13 D 12	2 D 3	16 D 29	17 D 18	28 D 49	10 R 53	16 R 27	5 D	28 D	26 D	7 D	7 R
2	10 ♊ 56	25 ♒ 38	18 ♊ 19	17 ♊ 52	3 ♊ 1	14 ♋ 23	2 ♋ 43	16 ♋ 41	17 ♊ 26	28 ♒ 50	10 ♒ 53	16 ♐ 25	5 ♈	28 ♒	26 ♌	7 ♋	7 ♑
3	11 ♊ 53	7 ♓ 43	18 ♊ 16	17 ♊ 52	2 ♊ 36	15 ♋ 35	3 ♋ 22	16 ♋ 54	17 ♊ 33	28 ♒ 50	10 ♒ 52	16 ♐ 23	5 ♈	28 ♒	26 ♌	8 ♋	7 ♑
4	12 ♊ 51	19 ♓ 40	18 ♊ 13	17 R 52	2 ♊ 14	16 ♋ 46	4 ♋ 2	17 ♋ 6	17 ♊ 41	28 R 50	10 ♒ 51	16 ♐ 22	6 ♈	28 ♒	27 ♌	8 ♋	7 ♑
5	13 ♊ 48	1 ♈ 33	18 ♊ 10	17 ♊ 52	1 ♊ 55	17 ♋ 57	4 ♋ 41	17 ♋ 18	17 ♊ 49	28 ♒ 50	10 ♒ 51	16 ♐ 20	6 ♈	28 ♒	27 ♌	8 ♋	7 ♑
6	14 ♊ 46	13 ♈ 26	18 ♊ 6	17 ♊ 52	1 ♊ 40	19 ♋ 8	5 ♋ 20	17 ♋ 30	17 ♊ 57	28 ♒ 49	10 ♒ 50	16 ♐ 19	6 ♈	28 ♒	27 ♌	9 ♋	7 ♑
7	15 ♊ 43	25 ♈ 25	18 ♊ 3	17 ♊ 51	1 ♊ 30	20 ♋ 19	6 ♋ 0	17 ♋ 43	18 ♊ 5	28 ♒ 49	10 ♒ 49	16 ♐ 17	7 ♈	28 ♒	27 ♌	9 ♋	7 ♑
8	16 ♊ 41	7 ♉ 32	18 ♊ 0	17 ♊ 51	1 ♊ 23	21 ♋ 30	6 ♋ 39	17 ♋ 55	18 ♊ 12	28 ♒ 49	10 ♒ 48	16 ♐ 15	7 ♈	29 ♒	28 ♌	10 ♋	7 ♑
9	17 ♊ 38	19 ♉ 50	17 ♊ 57	17 ♊ 51	1 ♊ 21	22 ♋ 40	7 ♋ 18	18 ♋ 7	18 ♊ 20	28 ♒ 49	10 ♒ 48	16 ♐ 14	7 ♈	29 ♒	28 ♌	10 ♋	7 ♑
10	18 ♊ 35	2 ♊ 22	17 ♊ 54	17 D 51	1 D 23	23 ♋ 51	7 ♋ 57	18 ♋ 20	18 ♊ 28	28 ♒ 49	10 ♒ 47	16 ♐ 12	7 ♈	29 ♒	28 ♌	11 ♋	7 ♑
11	19 ♊ 33	15 ♊ 9	17 ♊ 51	17 ♊ 51	1 ♊ 30	25 ♋ 2	8 ♋ 37	18 ♋ 32	18 ♊ 36	28 ♒ 48	10 ♒ 46	16 ♐ 11	8 ♈	29 ♒	29 ♌	11 ♋	7 ♑
12	20 ♊ 30	28 ♊ 12	17 ♊ 47	17 R 51	1 ♊ 41	26 ♋ 13	9 ♋ 16	18 ♋ 45	18 ♊ 44	28 ♒ 48	10 ♒ 45	16 ♐ 9	8 ♈	29 ♒	29 ♌	11 ♋	7 ♑
13	21 ♊ 28	11 ♋ 31	17 ♊ 44	17 ♊ 51	1 ♊ 57	27 ♋ 23	9 ♋ 55	18 ♋ 58	18 ♊ 51	28 ♒ 47	10 ♒ 44	16 ♐ 7	8 ♈	29 ♒	29 ♌	12 ♋	7 ♑
14	22 ♊ 25	25 ♋ 3	17 ♊ 41	17 ♊ 51	2 ♊ 17	28 ♋ 34	10 ♋ 34	19 ♋ 10	18 ♊ 59	28 ♒ 47	10 ♒ 43	16 ♐ 6	8 ♈	29 ♒	0 ♍	12 ♋	7 ♑
15	23 ♊ 22	8 ♌ 48	17 ♊ 38	17 ♊ 50	2 ♊ 42	29 ♋ 44	11 ♋ 13	19 ♋ 23	19 ♊ 7	28 ♒ 46	10 ♒ 42	16 ♐ 4	9 ♈	29 R	0 ♍	13 ♋	7 ♑
16	24 ♊ 20	22 ♌ 44	17 ♊ 35	17 ♊ 49	3 ♊ 11	0 ♌ 54	11 ♋ 52	19 ♋ 36	19 ♊ 15	28 ♒ 46	10 ♒ 41	16 ♐ 3	9 ♈	29 ♒	0 ♍	13 ♋	6 ♑
17	25 ♊ 17	6 ♍ 49	17 ♊ 32	17 ♊ 49	3 ♊ 44	2 ♌ 5	12 ♋ 31	19 ♋ 49	19 ♊ 23	28 ♒ 45	10 ♒ 40	16 ♐ 1	9 ♈	29 ♒	1 ♍	14 ♋	6 ♑
18	26 ♊ 14	20 ♍ 59	17 ♊ 28	17 ♊ 48	4 ♊ 22	3 ♌ 15	13 ♋ 10	20 ♋ 1	19 ♊ 30	28 ♒ 44	10 ♒ 39	15 ♐ 59	9 ♈	29 ♒	1 ♍	14 ♋	6 ♑
19	27 ♊ 12	5 ♎ 14	17 ♊ 25	17 D 48	5 ♊ 4	4 ♌ 25	13 ♋ 49	20 ♋ 14	19 ♊ 38	28 ♒ 44	10 ♒ 38	15 ♐ 58	10 ♈	29 ♒	1 ♍	14 ♋	6 ♑
20	28 ♊ 9	19 ♎ 29	17 ♊ 22	17 ♊ 49	5 ♊ 50	5 ♌ 35	14 ♋ 28	20 ♋ 27	19 ♊ 46	28 ♒ 43	10 ♒ 37	15 ♐ 56	10 ♈	29 ♒	2 ♍	15 ♋	6 ♑
21	29 ♊ 6	3 ♏ 43	17 ♊ 19	17 ♊ 50	6 ♊ 40	6 ♌ 45	15 ♋ 7	20 ♋ 40	19 ♊ 54	28 ♒ 42	10 ♒ 36	15 ♐ 55	10 ♈	28 ♒	2 ♍	15 ♋	6 ♑
22	0 ♋ 3	17 ♏ 53	17 ♊ 16	17 ♊ 51	7 ♊ 34	7 ♌ 55	15 ♋ 46	20 ♋ 53	20 ♊ 1	28 ♒ 41	10 ♒ 35	15 ♐ 53	10 ♈	28 ♒	2 ♍	16 ♋	6 ♑
23	1 ♋ 1	1 ♐ 55	17 ♊ 12	17 ♊ 51	8 ♊ 32	9 ♌ 4	16 ♋ 25	21 ♋ 6	20 ♊ 9	28 ♒ 40	10 ♒ 34	15 ♐ 52	11 ♈	28 ♒	3 ♍	16 ♋	6 ♑
24	1 ♋ 58	15 ♐ 46	17 ♊ 9	17 ♊ 52	9 ♊ 34	10 ♌ 14	17 ♋ 4	21 ♋ 19	20 ♊ 17	28 ♒ 39	10 ♒ 33	15 ♐ 50	11 ♈	28 ♒	3 ♍	17 ♋	6 ♑
25	2 ♋ 55	29 ♐ 25	17 ♊ 6	17 R 52	10 ♊ 40	11 ♌ 24	17 ♋ 43	21 ♋ 32	20 ♊ 24	28 ♒ 39	10 ♒ 31	15 ♐ 49	11 ♈	28 ♒	3 ♍	17 ♋	6 ♑
26	3 ♋ 52	12 ♑ 48	17 ♊ 3	17 ♊ 51	11 ♊ 50	12 ♌ 33	18 ♋ 22	21 ♋ 45	20 ♊ 32	28 ♒ 37	10 ♒ 30	15 ♐ 47	11 ♈	28 ♒	4 ♍	18 ♋	6 ♑
27	4 ♋ 49	25 ♑ 54	17 ♊ 0	17 ♊ 49	13 ♊ 3	13 ♌ 42	19 ♋ 1	21 ♋ 58	20 ♊ 40	28 ♒ 36	10 ♒ 29	15 ♐ 46	12 ♈	28 ♒	4 ♍	18 ♋	6 ♑
28	5 ♋ 47	8 ♒ 43	16 ♊ 57	17 ♊ 46	14 ♊ 20	14 ♌ 52	19 ♋ 40	22 ♋ 11	20 ♊ 47	28 ♒ 35	10 ♒ 28	15 ♐ 44	12 ♈	28 ♒	4 ♍	18 ♋	6 ♑
29	6 ♋ 44	21 ♒ 15	16 ♊ 53	17 ♊ 44	15 ♊ 40	16 ♌ 1	20 ♋ 19	22 ♋ 25	20 ♊ 55	28 ♒ 34	10 ♒ 27	15 ♐ 43	12 ♈	28 ♒	5 ♍	19 ♋	6 ♑
30	7 ♋ 41	3 ♓ 33	16 ♊ 50	17 ♊ 41	17 ♊ 4	17 ♌ 10	20 ♋ 57	22 ♋ 38	21 ♊ 3	28 ♒ 33	10 ♒ 25	15 ♐ 41	12 ♈	28 ♒	5 ♍	19 ♋	6 ♑

SUN INGRESS	☉ → ♋ 21日 22:24
MOON PHASE	◑ 3日 09:05 ♓　● 11日 08:47 ♊　◐ 18日 09:29 ♍　○ 25日 06:42 ♑

aspects		
1日	22:37	☉△♆
4日	08:11	♀☌♃
7日	13:44	☉☍♇
9日	20:23	☉☌♄
20日	14:08	☉△♅
20日	17:52	☿⚹♀
24日	06:20	♀☍♆
24日	20:59	☿△♆
28日	17:50	♀△♇
29日	00:38	☿☍♇
30日	07:15	☿⚹♀

2002年7月

DAY	☉	☽	☊ mean	☊ true	☿	♀	♂	♃	♄	♅	♆	♇	⚳	⚴	⚵	⚶	⚷
	° ′	° ′	° ′	° ′	° ′	° ′	° ′	° ′	° ′	° ′	° ′	° ′	°	°	°	°	°
1	8 ♋ 38	15 ♓ 39	16 ♊ 47	17 R 39	18 D 32	18 D 19	21 D 36	22 D 51	21 D 10	28 R 32	10 R 24	15 R 40	13 D	28 R	5 D	20 D	5 R
2	9 ♋ 35	27 ♓ 36	16 ♊ 44	17 ♊ 37	20 ♊ 3	19 ♌ 28	22 ♋ 15	23 ♋ 4	21 ♊ 18	28 ♒ 30	10 ♒ 23	15 ♐ 38	13 ♈	28 ♒	6 ♍	20 ♋	5 ♑
3	10 ♋ 33	9 ♈ 29	16 ♊ 41	17 ♊ 37	21 ♊ 38	20 ♌ 36	22 ♋ 54	23 ♋ 17	21 ♊ 25	28 ♒ 29	10 ♒ 21	15 ♐ 37	13 ♈	28 ♒	6 ♍	21 ♋	5 ♑
4	11 ♋ 30	21 ♈ 23	16 ♊ 38	17 D 37	23 ♊ 16	21 ♌ 45	23 ♋ 32	23 ♋ 31	21 ♊ 33	28 ♒ 28	10 ♒ 20	15 ♐ 35	13 ♈	27 ♒	6 ♍	21 ♋	5 ♑
5	12 ♋ 27	3 ♉ 22	16 ♊ 34	17 ♊ 38	24 ♊ 57	22 ♌ 53	24 ♋ 11	23 ♋ 44	21 ♊ 40	28 ♒ 26	10 ♒ 19	15 ♐ 34	13 ♈	27 ♒	7 ♍	21 ♋	5 ♑
6	13 ♋ 24	15 ♉ 31	16 ♊ 31	17 ♊ 40	26 ♊ 42	24 ♌ 2	24 ♋ 50	23 ♋ 57	21 ♊ 48	28 ♒ 25	10 ♒ 17	15 ♐ 33	14 ♈	27 ♒	7 ♍	22 ♋	5 ♑
7	14 ♋ 22	27 ♉ 54	16 ♊ 28	17 ♊ 41	28 ♊ 29	25 ♌ 10	25 ♋ 28	24 ♋ 11	21 ♊ 55	28 ♒ 23	10 ♒ 16	15 ♐ 31	14 ♈	27 ♒	7 ♍	22 ♋	5 ♑
8	15 ♋ 19	10 ♊ 34	16 ♊ 25	17 ♊ 42	0 ♋ 20	26 ♌ 18	26 ♋ 7	24 ♋ 24	22 ♊ 3	28 ♒ 22	10 ♒ 14	15 ♐ 30	14 ♈	27 ♒	8 ♍	23 ♋	5 ♑
9	16 ♋ 16	23 ♊ 35	16 ♊ 22	17 R 42	2 ♋ 14	27 ♌ 26	26 ♋ 46	24 ♋ 37	22 ♊ 10	28 ♒ 20	10 ♒ 13	15 ♐ 29	14 ♈	27 ♒	8 ♍	23 ♋	5 ♑
10	17 ♋ 13	6 ♋ 56	16 ♊ 18	17 ♊ 41	4 ♋ 10	28 ♌ 34	27 ♋ 24	24 ♋ 51	22 ♊ 17	28 ♒ 19	10 ♒ 11	15 ♐ 27	14 ♈	27 ♒	8 ♍	24 ♋	5 ♑
11	18 ♋ 10	20 ♋ 37	16 ♊ 15	17 ♊ 38	6 ♋ 8	29 ♌ 42	28 ♋ 3	25 ♋ 4	22 ♊ 25	28 ♒ 17	10 ♒ 10	15 ♐ 26	14 ♈	26 ♒	9 ♍	24 ♋	5 ♑
12	19 ♋ 8	4 ♌ 36	16 ♊ 12	17 ♊ 35	8 ♋ 9	0 ♍ 50	28 ♋ 42	25 ♋ 17	22 ♊ 32	28 ♒ 15	10 ♒ 8	15 ♐ 25	15 ♈	26 ♒	9 ♍	25 ♋	5 ♑
13	20 ♋ 5	18 ♌ 49	16 ♊ 9	17 ♊ 30	10 ♋ 12	1 ♍ 57	29 ♋ 20	25 ♋ 31	22 ♊ 39	28 ♒ 14	10 ♒ 7	15 ♐ 23	15 ♈	26 ♒	9 ♍	25 ♋	5 ♑
14	21 ♋ 2	3 ♍ 11	16 ♊ 6	17 ♊ 25	12 ♋ 17	3 ♍ 5	29 ♋ 59	25 ♋ 44	22 ♊ 46	28 ♒ 12	10 ♒ 5	15 ♐ 22	15 ♈	26 ♒	10 ♍	25 ♋	5 ♑
15	21 ♋ 59	17 ♍ 36	16 ♊ 3	17 ♊ 21	14 ♋ 23	4 ♍ 12	0 ♌ 37	25 ♋ 57	22 ♊ 54	28 ♒ 10	10 ♒ 4	15 ♐ 21	15 ♈	26 ♒	10 ♍	26 ♋	5 ♑
16	22 ♋ 57	2 ♎ 0	15 ♊ 59	17 ♊ 18	16 ♋ 30	5 ♍ 19	1 ♌ 16	26 ♋ 11	23 ♊ 1	28 ♒ 9	10 ♒ 2	15 ♐ 20	15 ♈	26 ♒	10 ♍	26 ♋	5 ♑
17	23 ♋ 54	16 ♎ 18	15 ♊ 56	17 ♊ 16	18 ♋ 38	6 ♍ 26	1 ♌ 55	26 ♋ 24	23 ♊ 8	28 ♒ 7	10 ♒ 1	15 ♐ 19	15 ♈	25 ♒	11 ♍	27 ♋	4 ♑
18	24 ♋ 51	0 ♏ 27	15 ♊ 53	17 D 16	20 ♋ 46	7 ♍ 33	2 ♌ 33	26 ♋ 38	23 ♊ 15	28 ♒ 5	9 ♒ 59	15 ♐ 18	16 ♈	25 ♒	11 ♍	27 ♋	4 ♑
19	25 ♋ 48	14 ♏ 27	15 ♊ 50	17 ♊ 17	22 ♋ 55	8 ♍ 40	3 ♌ 12	26 ♋ 51	23 ♊ 22	28 ♒ 3	9 ♒ 58	15 ♐ 16	16 ♈	25 ♒	11 ♍	28 ♋	4 ♑
20	26 ♋ 46	28 ♏ 16	15 ♊ 47	17 ♊ 18	25 ♋ 3	9 ♍ 46	3 ♌ 50	27 ♋ 4	23 ♊ 29	28 ♒ 1	9 ♒ 56	15 ♐ 15	16 ♈	25 ♒	12 ♍	28 ♋	4 ♑
21	27 ♋ 43	11 ♐ 53	15 ♊ 44	17 ♊ 19	27 ♋ 11	10 ♍ 53	4 ♌ 29	27 ♋ 18	23 ♊ 36	27 ♒ 59	9 ♒ 55	15 ♐ 14	16 ♈	25 ♒	12 ♍	29 ♋	4 ♑
22	28 ♋ 40	25 ♐ 19	15 ♊ 40	17 R 19	29 ♋ 19	11 ♍ 59	5 ♌ 7	27 ♋ 31	23 ♊ 43	27 ♒ 57	9 ♒ 53	15 ♐ 13	16 ♈	24 ♒	12 ♍	29 ♋	4 ♑
23	29 ♋ 37	8 ♑ 34	15 ♊ 37	17 ♊ 17	1 ♌ 26	13 ♍ 5	5 ♌ 45	27 ♋ 45	23 ♊ 49	27 ♒ 55	9 ♒ 51	15 ♐ 12	16 ♈	24 ♒	13 ♍	29 ♋	4 ♑
24	0 ♌ 35	21 ♑ 36	15 ♊ 34	17 ♊ 14	3 ♌ 31	14 ♍ 11	6 ♌ 24	27 ♋ 58	23 ♊ 56	27 ♒ 53	9 ♒ 50	15 ♐ 11	16 ♈	24 ♒	13 ♍	0 ♌	4 ♑
25	1 ♌ 32	4 ♒ 25	15 ♊ 31	17 ♊ 8	5 ♌ 36	15 ♍ 17	7 ♌ 2	28 ♋ 11	24 ♊ 3	27 ♒ 51	9 ♒ 48	15 ♐ 10	16 ♈	24 ♒	14 ♍	0 ♌	4 ♑
26	2 ♌ 29	17 ♒ 2	15 ♊ 28	17 ♊ 0	7 ♌ 40	16 ♍ 22	7 ♌ 41	28 ♋ 25	24 ♊ 10	27 ♒ 49	9 ♒ 47	15 ♐ 9	17 ♈	24 ♒	14 ♍	1 ♌	4 ♑
27	3 ♌ 27	29 ♒ 26	15 ♊ 24	16 ♊ 52	9 ♌ 42	17 ♍ 27	8 ♌ 19	28 ♋ 38	24 ♊ 16	27 ♒ 47	9 ♒ 45	15 ♐ 8	17 ♈	23 ♒	14 ♍	1 ♌	4 ♑
28	4 ♌ 24	11 ♓ 39	15 ♊ 21	16 ♊ 44	11 ♌ 42	18 ♍ 32	8 ♌ 57	28 ♋ 52	24 ♊ 23	27 ♒ 45	9 ♒ 43	15 ♐ 7	17 ♈	23 ♒	15 ♍	2 ♌	4 ♑
29	5 ♌ 21	23 ♓ 42	15 ♊ 18	16 ♊ 36	13 ♌ 41	19 ♍ 37	9 ♌ 36	29 ♋ 5	24 ♊ 30	27 ♒ 43	9 ♒ 42	15 ♐ 6	17 ♈	23 ♒	15 ♍	2 ♌	4 ♑
30	6 ♌ 19	5 ♈ 37	15 ♊ 15	16 ♊ 30	15 ♌ 39	20 ♍ 42	10 ♌ 14	29 ♋ 18	24 ♊ 36	27 ♒ 40	9 ♒ 40	15 ♐ 6	17 ♈	23 ♒	15 ♍	3 ♌	4 ♑
31	7 ♌ 16	17 ♈ 29	15 ♊ 12	16 ♊ 26	17 ♌ 35	21 ♍ 47	10 ♌ 53	29 ♋ 32	24 ♊ 43	27 ♒ 38	9 ♒ 38	15 ♐ 5	17 ♈	22 ♒	16 ♍	3 ♌	4 ♑

SUN INGRESS	☉ → ♌ 23日 09:15
MOON PHASE	◑ 3日 02:19 ♈　● 10日 19:26 ♋　◐ 17日 13:47 ♎　○ 24日 18:07 ♒

aspects		
2日	20:34	☿☌♄
3日	19:14	♀⚹♄
3日	22:24	♂☌♃
6日	22:42	☿△♅
9日	18:37	♀☍♅
20日	10:18	☉☌♃
21日	01:23	☿☌♃
21日	10:47	☉☌☿
24日	21:41	♀□♇
26日	00:20	☿☌♂
27日	00:39	☿☍♆
29日	03:31	♂☍♆
29日	17:12	☿△♇

2002年8月

DAY	☉	☽	☊ mean	☊ true	☿	♀	♂	♃	♄	♅	♆	♇	⚳	⚴	⚵	⚶	⚷
	° ′	° ′	° ′	° ′	° ′	° ′	° ′	° ′	° ′	° ′	° ′	° ′	°	°	°	°	°
1	8 ♌ 13	29 ♈ 21	15 ♊ 9	16 R 24	19 D 29	22 D 51	11 D 31	29 D 45	24 D 49	27 R 36	9 R 37	15 R 4	17 D	22 R	16 D	4 D	4 R
2	9 ♌ 11	11 ♉ 19	15 ♊ 5	16 D 23	21 ♌ 22	23 ♍ 55	12 ♌ 9	29 ♋ 58	24 ♊ 55	27 ♒ 34	9 ♒ 35	15 ♐ 3	17 ♈	22 ♒	16 ♍	4 ♌	4 ♑
3	10 ♌ 8	23 ♉ 26	15 ♊ 2	16 ♊ 24	23 ♌ 13	24 ♍ 59	12 ♌ 48	0 ♌ 11	25 ♊ 2	27 ♒ 32	9 ♒ 34	15 ♐ 2	17 ♈	22 ♒	17 ♍	4 ♌	4 ♑
4	11 ♌ 6	5 ♊ 49	14 ♊ 59	16 ♊ 25	25 ♌ 3	26 ♍ 3	13 ♌ 26	0 ♌ 25	25 ♊ 8	27 ♒ 29	9 ♒ 32	15 ♐ 2	17 ♈	21 ♒	17 ♍	5 ♌	4 ♑
5	12 ♌ 3	18 ♊ 32	14 ♊ 56	16 R 25	26 ♌ 51	27 ♍ 6	14 ♌ 4	0 ♌ 38	25 ♊ 14	27 ♒ 27	9 ♒ 30	15 ♐ 1	17 ♈	21 ♒	18 ♍	5 ♌	3 ♑
6	13 ♌ 1	1 ♋ 38	14 ♊ 53	16 ♊ 24	28 ♌ 37	28 ♍ 9	14 ♌ 43	0 ♌ 51	25 ♊ 20	27 ♒ 25	9 ♒ 29	15 ♐ 0	17 ♈	21 ♒	18 ♍	6 ♌	3 ♑
7	13 ♌ 58	15 ♋ 10	14 ♊ 50	16 ♊ 21	0 ♍ 22	29 ♍ 12	15 ♌ 21	1 ♌ 4	25 ♊ 26	27 ♒ 23	9 ♒ 27	15 ♐ 0	17 ♈	21 ♒	18 ♍	6 ♌	3 ♑
8	14 ♌ 56	29 ♋ 8	14 ♊ 46	16 ♊ 16	2 ♍ 5	0 ♎ 15	15 ♌ 59	1 ♌ 18	25 ♊ 32	27 ♒ 20	9 ♒ 25	14 ♐ 59	17 ♈	20 ♒	19 ♍	7 ♌	3 ♑
9	15 ♌ 53	13 ♌ 29	14 ♊ 43	16 ♊ 8	3 ♍ 46	1 ♎ 17	16 ♌ 37	1 ♌ 31	25 ♊ 38	27 ♒ 18	9 ♒ 24	14 ♐ 59	18 ♈	20 ♒	19 ♍	7 ♌	3 ♑
10	16 ♌ 51	28 ♌ 7	14 ♊ 40	15 ♊ 59	5 ♍ 26	2 ♎ 19	17 ♌ 16	1 ♌ 44	25 ♊ 44	27 ♒ 16	9 ♒ 22	14 ♐ 58	18 ♈	20 ♒	19 ♍	8 ♌	3 ♑
11	17 ♌ 48	12 ♍ 55	14 ♊ 37	15 ♊ 50	7 ♍ 5	3 ♎ 21	17 ♌ 54	1 ♌ 57	25 ♊ 50	27 ♒ 13	9 ♒ 21	14 ♐ 58	18 ♈	20 ♒	20 ♍	8 ♌	3 ♑
12	18 ♌ 46	27 ♍ 45	14 ♊ 34	15 ♊ 41	8 ♍ 42	4 ♎ 23	18 ♌ 32	2 ♌ 10	25 ♊ 56	27 ♒ 11	9 ♒ 19	14 ♐ 57	18 ♈	19 ♒	20 ♍	8 ♌	3 ♑
13	19 ♌ 43	12 ♎ 29	14 ♊ 30	15 ♊ 34	10 ♍ 17	5 ♎ 24	19 ♌ 11	2 ♌ 23	26 ♊ 1	27 ♒ 8	9 ♒ 17	14 ♐ 57	18 ♈	19 ♒	20 ♍	9 ♌	3 ♑
14	20 ♌ 41	27 ♎ 0	14 ♊ 27	15 ♊ 30	11 ♍ 51	6 ♎ 25	19 ♌ 49	2 ♌ 36	26 ♊ 7	27 ♒ 6	9 ♒ 16	14 ♐ 56	18 R	19 ♒	21 ♍	9 ♌	3 ♑
15	21 ♌ 39	11 ♏ 14	14 ♊ 24	15 ♊ 28	13 ♍ 23	7 ♎ 26	20 ♌ 27	2 ♌ 49	26 ♊ 13	27 ♒ 4	9 ♒ 14	14 ♐ 56	18 ♈	19 ♒	21 ♍	10 ♌	3 ♑
16	22 ♌ 36	25 ♏ 10	14 ♊ 21	15 D 28	14 ♍ 53	8 ♎ 26	21 ♌ 5	3 ♌ 2	26 ♊ 18	27 ♒ 1	9 ♒ 13	14 ♐ 55	18 ♈	18 ♒	22 ♍	10 ♌	3 ♑
17	23 ♌ 34	8 ♐ 49	14 ♊ 18	15 ♊ 28	16 ♍ 23	9 ♎ 26	21 ♌ 44	3 ♌ 15	26 ♊ 23	26 ♒ 59	9 ♒ 11	14 ♐ 55	18 ♈	18 ♒	22 ♍	11 ♌	3 ♑
18	24 ♌ 32	22 ♐ 10	14 ♊ 15	15 R 28	17 ♍ 50	10 ♎ 26	22 ♌ 22	3 ♌ 28	26 ♊ 29	26 ♒ 57	9 ♒ 9	14 ♐ 55	18 ♈	18 ♒	22 ♍	11 ♌	3 ♑
19	25 ♌ 29	5 ♑ 17	14 ♊ 11	15 ♊ 26	19 ♍ 16	11 ♎ 25	23 ♌ 0	3 ♌ 41	26 ♊ 34	26 ♒ 54	9 ♒ 8	14 ♐ 55	18 ♈	18 ♒	23 ♍	12 ♌	3 ♑
20	26 ♌ 27	18 ♑ 11	14 ♊ 8	15 ♊ 22	20 ♍ 40	12 ♎ 24	23 ♌ 38	3 ♌ 54	26 ♊ 39	26 ♒ 52	9 ♒ 6	14 ♐ 54	17 ♈	17 ♒	23 ♍	12 ♌	3 ♑
21	27 ♌ 25	0 ♒ 54	14 ♊ 5	15 ♊ 16	22 ♍ 3	13 ♎ 23	24 ♌ 16	4 ♌ 7	26 ♊ 44	26 ♒ 49	9 ♒ 5	14 ♐ 54	17 ♈	17 ♒	23 ♍	13 ♌	3 ♑
22	28 ♌ 23	13 ♒ 26	14 ♊ 2	15 ♊ 6	23 ♍ 24	14 ♎ 21	24 ♌ 55	4 ♌ 20	26 ♊ 49	26 ♒ 47	9 ♒ 3	14 ♐ 54	17 ♈	17 ♒	24 ♍	13 ♌	3 ♑
23	29 ♌ 20	25 ♒ 49	13 ♊ 59	14 ♊ 55	24 ♍ 43	15 ♎ 19	25 ♌ 33	4 ♌ 32	26 ♊ 54	26 ♒ 45	9 ♒ 2	14 ♐ 54	17 ♈	17 ♒	24 ♍	13 ♌	3 ♑
24	0 ♍ 18	8 ♓ 2	13 ♊ 55	14 ♊ 42	26 ♍ 0	16 ♎ 16	26 ♌ 11	4 ♌ 45	26 ♊ 59	26 ♒ 42	9 ♒ 0	14 ♐ 54	17 ♈	16 ♒	25 ♍	14 ♌	3 ♑
25	1 ♍ 16	20 ♓ 7	13 ♊ 52	14 ♊ 29	27 ♍ 16	17 ♎ 13	26 ♌ 49	4 ♌ 58	27 ♊ 4	26 ♒ 40	8 ♒ 59	14 ♐ 54	17 ♈	16 ♒	25 ♍	14 ♌	3 ♑
26	2 ♍ 14	2 ♈ 5	13 ♊ 49	14 ♊ 16	28 ♍ 30	18 ♎ 10	27 ♌ 27	5 ♌ 10	27 ♊ 9	26 ♒ 37	8 ♒ 57	14 ♐ 54	17 ♈	16 ♒	25 ♍	15 ♌	3 ♑
27	3 ♍ 12	13 ♈ 58	13 ♊ 46	14 ♊ 6	29 ♍ 41	19 ♎ 6	28 ♌ 6	5 ♌ 23	27 ♊ 13	26 ♒ 35	8 ♒ 56	14 D 54	17 ♈	16 ♒	26 ♍	15 ♌	3 ♑
28	4 ♍ 10	25 ♈ 47	13 ♊ 43	13 ♊ 58	0 ♎ 51	20 ♎ 1	28 ♌ 44	5 ♌ 35	27 ♊ 18	26 ♒ 33	8 ♒ 54	14 ♐ 54	17 ♈	15 ♒	26 ♍	16 ♌	3 ♑
29	5 ♍ 7	7 ♉ 38	13 ♊ 40	13 ♊ 53	1 ♎ 59	20 ♎ 56	29 ♌ 22	5 ♌ 48	27 ♊ 22	26 ♒ 30	8 ♒ 53	14 ♐ 54	17 ♈	15 ♒	26 ♍	16 ♌	3 ♑
30	6 ♍ 5	19 ♉ 33	13 ♊ 36	13 ♊ 50	3 ♎ 4	21 ♎ 51	0 ♍ 0	6 ♌ 0	27 ♊ 27	26 ♒ 28	8 ♒ 52	14 ♐ 54	17 ♈	15 ♒	27 ♍	17 ♌	3 ♑
31	7 ♍ 3	1 ♊ 38	13 ♊ 33	13 ♊ 49	4 ♎ 7	22 ♎ 45	0 ♍ 38	6 ♌ 12	27 ♊ 31	26 ♒ 26	8 ♒ 50	14 ♐ 54	17 ♈	15 ♒	27 ♍	17 ♌	3 ♑

SUN INGRESS	☉ → ♍ 23日 16:17
MOON PHASE	◑ 1日 19:22 ♉　● 9日 04:15 ♌　◐ 15日 19:12 ♏　○ 23日 07:29 ♒　◑ 31日 11:31 ♊

aspects		
2日	09:56	☉☍♆
3日	01:10	♀□♄
4日	01:11	☿⚹♄
5日	07:59	☿☍♅
6日	10:58	♂△♇
8日	01:29	☉△♇
9日	06:40	♀⚹♃
11日	07:17	☉☌♂
16日	00:30	☿□♇
16日	18:00	♀△♆
20日	05:34	☉⚹♄
20日	09:53	☉☍♅
21日	16:18	♄△♅
22日	13:34	♀⚹♇
24日	18:28	♂☍♅
24日	19:58	☿□♄
25日	10:40	♂⚹♄

2002年9月

DAY	☉	☽	☊ mean	☊ true	☿	♀	♂	♃	♄	♅	♆	♇	⚳	⚴	⚵	⚶	⚷
	° ′	° ′	° ′	° ′	° ′	° ′	° ′	° ′	° ′	° ′	° ′	° ′	°	°	°	°	°
1	8 ♍ 1	13 ♊ 58	13 ♊ 30	13 R 49	5 D 8	23 D 38	1 D 16	6 D 25	27 D 35	26 R 23	8 R 49	14 D 54	17 R	14 R	28 D	17 D	3 R
2	9 ♍ 0	26 ♊ 38	13 ♊ 27	13 ♊ 49	6 ♎ 6	24 ♎ 31	1 ♍ 55	6 ♌ 37	27 ♊ 40	26 ♒ 21	8 ♒ 47	14 ♐ 54	17 ♈	14 ♒	28 ♍	18 ♌	3 ♑
3	9 ♍ 58	9 ♋ 43	13 ♊ 24	13 ♊ 47	7 ♎ 2	25 ♎ 23	2 ♍ 33	6 ♌ 49	27 ♊ 44	26 ♒ 19	8 ♒ 46	14 ♐ 54	16 ♈	14 ♒	28 ♍	18 ♌	3 ♑
4	10 ♍ 56	23 ♋ 16	13 ♊ 21	13 ♊ 43	7 ♎ 54	26 ♎ 15	3 ♍ 11	7 ♌ 1	27 ♊ 48	26 ♒ 16	8 ♒ 45	14 ♐ 55	16 ♈	14 ♒	29 ♍	19 ♌	3 ♑
5	11 ♍ 54	7 ♌ 18	13 ♊ 17	13 ♊ 37	8 ♎ 44	27 ♎ 6	3 ♍ 49	7 ♌ 14	27 ♊ 51	26 ♒ 14	8 ♒ 43	14 ♐ 55	16 ♈	14 ♒	29 ♍	19 ♌	3 ♑
6	12 ♍ 52	21 ♌ 48	13 ♊ 14	13 ♊ 28	9 ♎ 30	27 ♎ 56	4 ♍ 27	7 ♌ 26	27 ♊ 55	26 ♒ 12	8 ♒ 42	14 ♐ 55	16 ♈	13 ♒	29 ♍	20 ♌	3 ♑
7	13 ♍ 50	6 ♍ 41	13 ♊ 11	13 ♊ 17	10 ♎ 13	28 ♎ 46	5 ♍ 6	7 ♌ 38	27 ♊ 59	26 ♒ 10	8 ♒ 41	14 ♐ 56	16 ♈	13 ♒	0 ♎	20 ♌	3 ♑
8	14 ♍ 49	21 ♍ 48	13 ♊ 8	13 ♊ 6	10 ♎ 51	29 ♎ 35	5 ♍ 44	7 ♌ 49	28 ♊ 3	26 ♒ 7	8 ♒ 40	14 ♐ 56	16 ♈	13 ♒	0 ♎	21 ♌	3 D
9	15 ♍ 47	6 ♎ 59	13 ♊ 5	12 ♊ 55	11 ♎ 26	0 ♏ 23	6 ♍ 22	8 ♌ 1	28 ♊ 6	26 ♒ 5	8 ♒ 38	14 ♐ 56	16 ♈	13 ♒	1 ♎	21 ♌	3 ♑
10	16 ♍ 45	22 ♎ 3	13 ♊ 1	12 ♊ 47	11 ♎ 57	1 ♏ 11	7 ♍ 0	8 ♌ 13	28 ♊ 9	26 ♒ 3	8 ♒ 37	14 ♐ 57	15 ♈	13 ♒	1 ♎	22 ♌	3 ♑
11	17 ♍ 43	6 ♏ 52	12 ♊ 58	12 ♊ 41	12 ♎ 23	1 ♏ 58	7 ♍ 38	8 ♌ 25	28 ♊ 13	26 ♒ 1	8 ♒ 36	14 ♐ 57	15 ♈	13 ♒	1 ♎	22 ♌	3 ♑
12	18 ♍ 42	21 ♏ 19	12 ♊ 55	12 ♊ 38	12 ♎ 44	2 ♏ 44	8 ♍ 16	8 ♌ 36	28 ♊ 16	25 ♒ 59	8 ♒ 35	14 ♐ 58	15 ♈	12 ♒	2 ♎	22 ♌	3 ♑
13	19 ♍ 40	5 ♐ 22	12 ♊ 52	12 ♊ 36	13 ♎ 0	3 ♏ 29	8 ♍ 55	8 ♌ 48	28 ♊ 19	25 ♒ 56	8 ♒ 34	14 ♐ 58	15 ♈	12 ♒	2 ♎	23 ♌	3 ♑
14	20 ♍ 39	19 ♐ 1	12 ♊ 49	12 D 36	13 ♎ 10	4 ♏ 13	9 ♍ 33	9 ♌ 0	28 ♊ 22	25 ♒ 54	8 ♒ 33	14 ♐ 59	15 ♈	12 ♒	2 ♎	23 ♌	3 ♑
15	21 ♍ 37	2 ♑ 18	12 ♊ 46	12 R 36	13 ♎ 14	4 ♏ 56	10 ♍ 11	9 ♌ 11	28 ♊ 25	25 ♒ 52	8 ♒ 32	15 ♐ 0	15 ♈	12 ♒	3 ♎	24 ♌	3 ♑
16	22 ♍ 35	15 ♑ 15	12 ♊ 42	12 ♊ 34	13 R 12	5 ♏ 38	10 ♍ 49	9 ♌ 22	28 ♊ 28	25 ♒ 50	8 ♒ 31	15 ♐ 0	14 ♈	12 ♒	3 ♎	24 ♌	3 ♑
17	23 ♍ 34	27 ♑ 57	12 ♊ 39	12 ♊ 30	13 ♎ 4	6 ♏ 19	11 ♍ 27	9 ♌ 34	28 ♊ 31	25 ♒ 48	8 ♒ 29	15 ♐ 1	14 ♈	12 ♒	4 ♎	25 ♌	3 ♑
18	24 ♍ 32	10 ♒ 25	12 ♊ 36	12 ♊ 24	12 ♎ 48	7 ♏ 0	12 ♍ 5	9 ♌ 45	28 ♊ 33	25 ♒ 46	8 ♒ 28	15 ♐ 2	14 ♈	12 ♒	4 ♎	25 ♌	3 ♑
19	25 ♍ 31	22 ♒ 44	12 ♊ 33	12 ♊ 14	12 ♎ 26	7 ♏ 39	12 ♍ 44	9 ♌ 56	28 ♊ 36	25 ♒ 44	8 ♒ 27	15 ♐ 2	14 ♈	11 ♒	4 ♎	26 ♌	3 ♑
20	26 ♍ 30	4 ♓ 54	12 ♊ 30	12 ♊ 2	11 ♎ 57	8 ♏ 16	13 ♍ 22	10 ♌ 7	28 ♊ 38	25 ♒ 42	8 ♒ 27	15 ♐ 3	14 ♈	11 ♒	5 ♎	26 ♌	3 ♑
21	27 ♍ 28	16 ♓ 57	12 ♊ 27	11 ♊ 49	11 ♎ 21	8 ♏ 53	14 ♍ 0	10 ♌ 18	28 ♊ 41	25 ♒ 40	8 ♒ 26	15 ♐ 4	13 ♈	11 ♒	5 ♎	26 ♌	3 ♑
22	28 ♍ 27	28 ♓ 54	12 ♊ 23	11 ♊ 36	10 ♎ 38	9 ♏ 29	14 ♍ 38	10 ♌ 29	28 ♊ 43	25 ♒ 38	8 ♒ 25	15 ♐ 5	13 ♈	11 ♒	5 ♎	27 ♌	3 ♑
23	29 ♍ 25	10 ♈ 48	12 ♊ 20	11 ♊ 23	9 ♎ 49	10 ♏ 3	15 ♍ 16	10 ♌ 40	28 ♊ 45	25 ♒ 37	8 ♒ 24	15 ♐ 6	13 ♈	11 ♒	6 ♎	27 ♌	3 ♑
24	0 ♎ 24	22 ♈ 39	12 ♊ 17	11 ♊ 12	8 ♎ 54	10 ♏ 36	15 ♍ 54	10 ♌ 50	28 ♊ 47	25 ♒ 35	8 ♒ 23	15 ♐ 7	13 ♈	11 ♒	6 ♎	28 ♌	3 ♑
25	1 ♎ 23	4 ♉ 28	12 ♊ 14	11 ♊ 4	7 ♎ 54	11 ♏ 7	16 ♍ 33	11 ♌ 1	28 ♊ 49	25 ♒ 33	8 ♒ 22	15 ♐ 7	13 ♈	11 ♒	7 ♎	28 ♌	3 ♑
26	2 ♎ 22	16 ♉ 20	12 ♊ 11	10 ♊ 59	6 ♎ 50	11 ♏ 37	17 ♍ 11	11 ♌ 12	28 ♊ 51	25 ♒ 31	8 ♒ 21	15 ♐ 8	12 ♈	11 ♒	7 ♎	29 ♌	3 ♑
27	3 ♎ 20	28 ♉ 16	12 ♊ 7	10 ♊ 56	5 ♎ 44	12 ♏ 6	17 ♍ 49	11 ♌ 22	28 ♊ 52	25 ♒ 29	8 ♒ 21	15 ♐ 9	12 ♈	11 ♒	7 ♎	29 ♌	3 ♑
28	4 ♎ 19	10 ♊ 21	12 ♊ 4	10 ♊ 55	4 ♎ 38	12 ♏ 33	18 ♍ 27	11 ♌ 33	28 ♊ 54	25 ♒ 28	8 ♒ 20	15 ♐ 10	12 ♈	11 ♒	8 ♎	0 ♍	3 ♑
29	5 ♎ 18	22 ♊ 40	12 ♊ 1	10 D 55	3 ♎ 32	12 ♏ 58	19 ♍ 5	11 ♌ 43	28 ♊ 55	25 ♒ 26	8 ♒ 19	15 ♐ 12	12 ♈	10 ♒	8 ♎	0 ♍	3 ♑
30	6 ♎ 17	5 ♋ 17	11 ♊ 58	10 ♊ 56	2 ♎ 28	13 ♏ 22	19 ♍ 44	11 ♌ 53	28 ♊ 57	25 ♒ 24	8 ♒ 18	15 ♐ 13	11 ♈	10 ♒	8 ♎	0 ♍	3 ♑

SUN INGRESS	☉ → ♎ 23日 13:55
MOON PHASE	● 7日 12:10 ♍　◐ 14日 03:08 ♐　○ 21日 22:59 ♓　◑ 30日 02:03 ♋

aspects		
2日	16:53	☿⚹♃
4日	00:40	♀△♅
4日	23:53	☿△♆
5日	23:26	♀△♄
8日	03:05	☉□♇
11日	21:05	♃☍♆
20日	06:18	♀□♆
22日	03:43	☿⚹♃
22日	06:47	☉□♄
22日	17:12	♂□♇
24日	12:45	☿△♆
24日	16:53	♀□♃
28日	03:31	☉☌☿

2002年10月

DAY	☉	☽	☊ mean	☊ true	☿	♀	♂	♃	♄	♅	♆	♇	⚳	⚴	⚵	⚶	⚷
	° ′	° ′	° ′	° ′	° ′	° ′	° ′	° ′	° ′	° ′	° ′	° ′	°	°	°	°	°
1	7 ♎ 16	18 ♋ 16	11 ♊ 55	10 R 55	1 R 29	13 D 44	20 D 22	12 D 3	28 D 58	25 R 23	8 R 18	15 D 14	11 R	10 R	9 D	1 D	3 D
2	8 ♎ 15	1 ♌ 43	11 ♊ 52	10 ♊ 53	0 ♎ 36	14 ♏ 4	21 ♍ 0	12 ♌ 13	28 ♊ 59	25 ♒ 21	8 ♒ 17	15 ♐ 15	11 ♈	10 ♒	9 ♎	1 ♍	3 ♑
3	9 ♎ 14	15 ♌ 39	11 ♊ 48	10 ♊ 48	29 ♍ 50	14 ♏ 22	21 ♍ 38	12 ♌ 23	29 ♊ 0	25 ♒ 20	8 ♒ 16	15 ♐ 16	11 ♈	10 ♒	10 ♎	2 ♍	3 ♑
4	10 ♎ 13	0 ♍ 4	11 ♊ 45	10 ♊ 41	29 ♍ 12	14 ♏ 39	22 ♍ 16	12 ♌ 33	29 ♊ 1	25 ♒ 18	8 ♒ 16	15 ♐ 17	11 ♈	10 ♒	10 ♎	2 ♍	3 ♑
5	11 ♎ 12	14 ♍ 55	11 ♊ 42	10 ♊ 33	28 ♍ 44	14 ♏ 53	22 ♍ 55	12 ♌ 42	29 ♊ 2	25 ♒ 17	8 ♒ 15	15 ♐ 18	10 ♈	10 ♒	10 ♎	3 ♍	3 ♑
6	12 ♎ 11	0 ♎ 5	11 ♊ 39	10 ♊ 24	28 ♍ 26	15 ♏ 6	23 ♍ 33	12 ♌ 52	29 ♊ 3	25 ♒ 15	8 ♒ 15	15 ♐ 20	10 ♈	10 ♒	11 ♎	3 ♍	3 ♑
7	13 ♎ 11	15 ♎ 23	11 ♊ 36	10 ♊ 15	28 ♍ 19	15 ♏ 16	24 ♍ 11	13 ♌ 1	29 ♊ 3	25 ♒ 14	8 ♒ 14	15 ♐ 21	10 ♈	10 ♒	11 ♎	3 ♍	3 ♑
8	14 ♎ 10	0 ♏ 39	11 ♊ 32	10 ♊ 8	28 D 22	15 ♏ 25	24 ♍ 49	13 ♌ 11	29 ♊ 4	25 ♒ 13	8 ♒ 14	15 ♐ 22	10 ♈	10 ♒	11 ♎	4 ♍	3 ♑
9	15 ♎ 9	15 ♏ 42	11 ♊ 29	10 ♊ 4	28 ♍ 36	15 ♏ 31	25 ♍ 28	13 ♌ 20	29 ♊ 4	25 ♒ 11	8 ♒ 14	15 ♐ 24	9 ♈	10 ♒	12 ♎	4 ♍	3 ♑
10	16 ♎ 8	0 ♐ 23	11 ♊ 26	10 ♊ 1	29 ♍ 0	15 ♏ 35	26 ♍ 6	13 ♌ 29	29 ♊ 4	25 ♒ 10	8 ♒ 13	15 ♐ 25	9 ♈	10 D	12 ♎	5 ♍	3 ♑
11	17 ♎ 8	14 ♐ 39	11 ♊ 23	10 D 1	29 ♍ 34	15 ♏ 36	26 ♍ 44	13 ♌ 38	29 ♊ 5	25 ♒ 9	8 ♒ 13	15 ♐ 26	9 ♈	10 ♒	12 ♎	5 ♍	3 ♑
12	18 ♎ 7	28 ♐ 26	11 ♊ 20	10 ♊ 2	0 ♎ 17	15 R 35	27 ♍ 22	13 ♌ 47	29 R 5	25 ♒ 8	8 ♒ 13	15 ♐ 28	9 ♈	10 ♒	13 ♎	6 ♍	4 ♑
13	19 ♎ 6	11 ♑ 48	11 ♊ 17	10 ♊ 3	1 ♎ 8	15 ♏ 32	28 ♍ 1	13 ♌ 56	29 ♊ 5	25 ♒ 7	8 ♒ 12	15 ♐ 29	9 ♈	10 ♒	13 ♎	6 ♍	4 ♑
14	20 ♎ 6	24 ♑ 46	11 ♊ 13	10 R 3	2 ♎ 6	15 ♏ 26	28 ♍ 39	14 ♌ 5	29 ♊ 4	25 ♒ 6	8 ♒ 12	15 ♐ 31	8 ♈	10 ♒	14 ♎	7 ♍	4 ♑
15	21 ♎ 5	7 ♒ 24	11 ♊ 10	10 ♊ 1	3 ♎ 12	15 ♏ 18	29 ♍ 17	14 ♌ 13	29 ♊ 4	25 ♒ 5	8 ♒ 12	15 ♐ 32	8 ♈	10 ♒	14 ♎	7 ♍	4 ♑
16	22 ♎ 5	19 ♒ 47	11 ♊ 7	9 ♊ 58	4 ♎ 23	15 ♏ 8	29 ♍ 55	14 ♌ 22	29 ♊ 4	25 ♒ 4	8 ♒ 12	15 ♐ 34	8 ♈	10 ♒	14 ♎	7 ♍	4 ♑
17	23 ♎ 4	1 ♓ 57	11 ♊ 4	9 ♊ 52	5 ♎ 40	14 ♏ 55	0 ♎ 34	14 ♌ 30	29 ♊ 3	25 ♒ 3	8 ♒ 11	15 ♐ 35	8 ♈	10 ♒	15 ♎	8 ♍	4 ♑
18	24 ♎ 4	13 ♓ 59	11 ♊ 1	9 ♊ 45	7 ♎ 1	14 ♏ 40	1 ♎ 12	14 ♌ 38	29 ♊ 3	25 ♒ 2	8 ♒ 11	15 ♐ 37	7 ♈	10 ♒	15 ♎	8 ♍	4 ♑
19	25 ♎ 3	25 ♓ 55	10 ♊ 58	9 ♊ 36	8 ♎ 27	14 ♏ 22	1 ♎ 50	14 ♌ 46	29 ♊ 2	25 ♒ 1	8 ♒ 11	15 ♐ 39	7 ♈	10 ♒	15 ♎	9 ♍	4 ♑
20	26 ♎ 3	7 ♈ 48	10 ♊ 54	9 ♊ 28	9 ♎ 55	14 ♏ 2	2 ♎ 28	14 ♌ 54	29 ♊ 1	25 ♒ 0	8 ♒ 11	15 ♐ 40	7 ♈	10 ♒	16 ♎	9 ♍	4 ♑
21	27 ♎ 2	19 ♈ 39	10 ♊ 51	9 ♊ 20	11 ♎ 26	13 ♏ 40	3 ♎ 7	15 ♌ 2	29 ♊ 0	24 ♒ 59	8 D 11	15 ♐ 42	7 ♈	10 ♒	16 ♎	10 ♍	4 ♑
22	28 ♎ 2	1 ♉ 30	10 ♊ 48	9 ♊ 13	13 ♎ 0	13 ♏ 15	3 ♎ 45	15 ♌ 9	28 ♊ 59	24 ♒ 59	8 ♒ 11	15 ♐ 44	7 ♈	11 ♒	17 ♎	10 ♍	4 ♑
23	29 ♎ 2	13 ♉ 23	10 ♊ 45	9 ♊ 8	14 ♎ 35	12 ♏ 49	4 ♎ 23	15 ♌ 17	28 ♊ 58	24 ♒ 58	8 ♒ 11	15 ♐ 45	6 ♈	11 ♒	17 ♎	10 ♍	4 ♑
24	0 ♏ 1	25 ♉ 21	10 ♊ 42	9 ♊ 5	16 ♎ 11	12 ♏ 21	5 ♎ 2	15 ♌ 24	28 ♊ 57	24 ♒ 57	8 ♒ 11	15 ♐ 47	6 ♈	11 ♒	17 ♎	11 ♍	4 ♑
25	1 ♏ 1	7 ♊ 24	10 ♊ 38	9 ♊ 4	17 ♎ 49	11 ♏ 51	5 ♎ 40	15 ♌ 31	28 ♊ 55	24 ♒ 57	8 ♒ 11	15 ♐ 49	6 ♈	11 ♒	18 ♎	11 ♍	4 ♑
26	2 ♏ 1	19 ♊ 35	10 ♊ 35	9 D 4	19 ♎ 28	11 ♏ 19	6 ♎ 18	15 ♌ 39	28 ♊ 54	24 ♒ 56	8 ♒ 12	15 ♐ 50	6 ♈	11 ♒	18 ♎	12 ♍	4 ♑
27	3 ♏ 1	1 ♋ 59	10 ♊ 32	9 ♊ 6	21 ♎ 7	10 ♏ 46	6 ♎ 56	15 ♌ 45	28 ♊ 52	24 ♒ 56	8 ♒ 12	15 ♐ 52	6 ♈	11 ♒	18 ♎	12 ♍	4 ♑
28	4 ♏ 0	14 ♋ 38	10 ♊ 29	9 ♊ 7	22 ♎ 47	10 ♏ 12	7 ♎ 35	15 ♌ 52	28 ♊ 50	24 ♒ 55	8 ♒ 12	15 ♐ 54	6 ♈	11 ♒	19 ♎	13 ♍	4 ♑
29	5 ♏ 0	27 ♋ 37	10 ♊ 26	9 ♊ 8	24 ♎ 27	9 ♏ 37	8 ♎ 13	15 ♌ 59	28 ♊ 49	24 ♒ 55	8 ♒ 12	15 ♐ 56	5 ♈	11 ♒	19 ♎	13 ♍	4 ♑
30	6 ♏ 0	10 ♌ 58	10 ♊ 23	9 R 9	26 ♎ 7	9 ♏ 1	8 ♎ 52	16 ♌ 5	28 ♊ 47	24 ♒ 55	8 ♒ 13	15 ♐ 58	5 ♈	11 ♒	19 ♎	13 ♍	5 ♑
31	7 ♏ 0	24 ♌ 44	10 ♊ 19	9 ♊ 7	27 ♎ 47	8 ♏ 25	9 ♎ 30	16 ♌ 12	28 ♊ 45	24 ♒ 55	8 ♒ 13	16 ♐ 0	5 ♈	11 ♒	20 ♎	14 ♍	5 ♑

SUN INGRESS	☉ → ♏ 23日 23:18
MOON PHASE	● 6日 20:18 ♎　◐ 13日 14:33 ♑　○ 21日 16:20 ♈　◑ 29日 14:28 ♌

aspects		
2日	00:49	☉△♆
4日	08:08	☿□♄
6日	19:38	☉⚹♃
9日	06:05	☉⚹♇
10日	03:27	☿□♄
14日	15:56	♂□♄
18日	01:34	♀□♃
18日	19:45	☿△♆
18日	23:08	☉△♅
22日	22:31	☉△♄
23日	11:20	☿⚹♃
23日	17:49	☿⚹♇
28日	09:01	♃△♇
28日	23:27	♂△♆
29日	06:42	☿△♅
31日	07:53	♀□♆
31日	13:27	☿△♄
31日	21:05	☉☌♀

2002年11月

DAY	☉	☽	☊ mean	☊ true	☿	♀	♂	♃	♄	♅	♆	♇	⚳	⚴	⚵	⚶	⚷
	° ′	° ′	° ′	° ′	° ′	° ′	° ′	° ′	° ′	° ′	° ′	° ′	°	°	°	°	°
1	8 ♏ 0	8 ♍ 55	10 ♊ 16	9 R 5	29 D 27	7 R 49	10 D 8	16 D 18	28 R 42	24 R 54	8 D 13	16 D 2	5 R	11 D	20 D	14 D	5 D
2	9 ♏ 0	23 ♍ 31	10 ♊ 13	9 ♊ 1	1 ♏ 7	7 ♏ 12	10 ♎ 47	16 ♌ 24	28 ♊ 40	24 ♒ 54	8 ♒ 14	16 ♐ 3	5 ♈	12 ♒	20 ♎	15 ♍	5 ♑
3	10 ♏ 0	8 ♎ 26	10 ♊ 10	8 ♊ 57	2 ♏ 47	6 ♏ 36	11 ♎ 25	16 ♌ 30	28 ♊ 38	24 ♒ 54	8 ♒ 14	16 ♐ 5	5 ♈	12 ♒	21 ♎	15 ♍	5 ♑
4	11 ♏ 0	23 ♎ 34	10 ♊ 7	8 ♊ 53	4 ♏ 26	6 ♏ 0	12 ♎ 3	16 ♌ 36	28 ♊ 36	24 ♒ 54	8 ♒ 15	16 ♐ 7	5 ♈	12 ♒	21 ♎	15 ♍	5 ♑
5	12 ♏ 1	8 ♏ 44	10 ♊ 4	8 ♊ 49	6 ♏ 6	5 ♏ 25	12 ♎ 42	16 ♌ 41	28 ♊ 33	24 D 54	8 ♒ 15	16 ♐ 9	4 ♈	12 ♒	22 ♎	16 ♍	5 ♑
6	13 ♏ 1	23 ♏ 47	10 ♊ 0	8 ♊ 47	7 ♏ 44	4 ♏ 51	13 ♎ 20	16 ♌ 47	28 ♊ 30	24 ♒ 54	8 ♒ 16	16 ♐ 11	4 ♈	12 ♒	22 ♎	16 ♍	5 ♑
7	14 ♏ 1	8 ♐ 34	9 ♊ 57	8 ♊ 47	9 ♏ 23	4 ♏ 18	13 ♎ 59	16 ♌ 52	28 ♊ 28	24 ♒ 54	8 ♒ 16	16 ♐ 13	4 ♈	12 ♒	22 ♎	17 ♍	5 ♑
8	15 ♏ 1	22 ♐ 58	9 ♊ 54	8 D 47	11 ♏ 1	3 ♏ 46	14 ♎ 37	16 ♌ 57	28 ♊ 25	24 ♒ 54	8 ♒ 17	16 ♐ 15	4 ♈	12 ♒	23 ♎	17 ♍	5 ♑
9	16 ♏ 1	6 ♑ 56	9 ♊ 51	8 ♊ 48	12 ♏ 39	3 ♏ 17	15 ♎ 15	17 ♌ 2	28 ♊ 22	24 ♒ 54	8 ♒ 17	16 ♐ 17	4 ♈	12 ♒	23 ♎	17 ♍	5 ♑
10	17 ♏ 2	20 ♑ 27	9 ♊ 48	8 ♊ 50	14 ♏ 16	2 ♏ 48	15 ♎ 54	17 ♌ 6	28 ♊ 19	24 ♒ 55	8 ♒ 18	16 ♐ 19	4 ♈	13 ♒	23 ♎	18 ♍	5 ♑
11	18 ♏ 2	3 ♒ 31	9 ♊ 44	8 ♊ 51	15 ♏ 53	2 ♏ 22	16 ♎ 32	17 ♌ 11	28 ♊ 16	24 ♒ 55	8 ♒ 19	16 ♐ 21	4 ♈	13 ♒	24 ♎	18 ♍	5 ♑
12	19 ♏ 2	16 ♒ 14	9 ♊ 41	8 ♊ 52	17 ♏ 30	1 ♏ 58	17 ♎ 11	17 ♌ 15	28 ♊ 13	24 ♒ 55	8 ♒ 19	16 ♐ 24	4 ♈	13 ♒	24 ♎	19 ♍	6 ♑
13	20 ♏ 3	28 ♒ 37	9 ♊ 38	8 R 52	19 ♏ 7	1 ♏ 35	17 ♎ 49	17 ♌ 20	28 ♊ 9	24 ♒ 56	8 ♒ 20	16 ♐ 26	4 ♈	13 ♒	24 ♎	19 ♍	6 ♑
14	21 ♏ 3	10 ♓ 46	9 ♊ 35	8 ♊ 51	20 ♏ 43	1 ♏ 15	18 ♎ 27	17 ♌ 24	28 ♊ 6	24 ♒ 56	8 ♒ 21	16 ♐ 28	4 ♈	13 ♒	25 ♎	19 ♍	6 ♑
15	22 ♏ 3	22 ♓ 45	9 ♊ 32	8 ♊ 49	22 ♏ 19	0 ♏ 58	19 ♎ 6	17 ♌ 28	28 ♊ 3	24 ♒ 57	8 ♒ 22	16 ♐ 30	4 ♈	13 ♒	25 ♎	20 ♍	6 ♑
16	23 ♏ 4	4 ♈ 37	9 ♊ 29	8 ♊ 46	23 ♏ 54	0 ♏ 43	19 ♎ 44	17 ♌ 31	27 ♊ 59	24 ♒ 57	8 ♒ 23	16 ♐ 32	4 ♈	14 ♒	25 ♎	20 ♍	6 ♑
17	24 ♏ 4	16 ♈ 28	9 ♊ 25	8 ♊ 44	25 ♏ 29	0 ♏ 30	20 ♎ 23	17 ♌ 35	27 ♊ 55	24 ♒ 58	8 ♒ 24	16 ♐ 34	3 ♈	14 ♒	26 ♎	21 ♍	6 ♑
18	25 ♏ 5	28 ♈ 19	9 ♊ 22	8 ♊ 42	27 ♏ 4	0 ♏ 19	21 ♎ 1	17 ♌ 38	27 ♊ 52	24 ♒ 59	8 ♒ 25	16 ♐ 36	3 ♈	14 ♒	26 ♎	21 ♍	6 ♑
19	26 ♏ 5	10 ♉ 13	9 ♊ 19	8 ♊ 40	28 ♏ 39	0 ♏ 12	21 ♎ 40	17 ♌ 41	27 ♊ 48	24 ♒ 59	8 ♒ 25	16 ♐ 38	3 ♈	14 ♒	26 ♎	21 ♍	6 ♑
20	27 ♏ 6	22 ♉ 13	9 ♊ 16	8 ♊ 39	0 ♐ 13	0 ♏ 6	22 ♎ 18	17 ♌ 44	27 ♊ 44	25 ♒ 0	8 ♒ 26	16 ♐ 41	3 ♈	14 ♒	27 ♎	22 ♍	6 ♑
21	28 ♏ 6	4 ♊ 21	9 ♊ 13	8 ♊ 38	1 ♐ 48	0 ♏ 3	22 ♎ 57	17 ♌ 47	27 ♊ 40	25 ♒ 1	8 ♒ 27	16 ♐ 43	3 ♈	15 ♒	27 ♎	22 ♍	6 ♑
22	29 ♏ 7	16 ♊ 37	9 ♊ 10	8 D 38	3 ♐ 22	0 D 3	23 ♎ 35	17 ♌ 50	27 ♊ 36	25 ♒ 2	8 ♒ 29	16 ♐ 45	3 ♈	15 ♒	27 ♎	23 ♍	6 ♑
23	0 ♐ 7	29 ♊ 3	9 ♊ 6	8 ♊ 39	4 ♐ 55	0 ♏ 5	24 ♎ 14	17 ♌ 52	27 ♊ 32	25 ♒ 3	8 ♒ 30	16 ♐ 47	3 ♈	15 ♒	28 ♎	23 ♍	6 ♑
24	1 ♐ 8	11 ♋ 42	9 ♊ 3	8 ♊ 39	6 ♐ 29	0 ♏ 9	24 ♎ 52	17 ♌ 54	27 ♊ 28	25 ♒ 4	8 ♒ 31	16 ♐ 50	3 ♈	15 ♒	28 ♎	23 ♍	7 ♑
25	2 ♐ 9	24 ♋ 34	9 ♊ 0	8 ♊ 40	8 ♐ 3	0 ♏ 16	25 ♎ 31	17 ♌ 56	27 ♊ 24	25 ♒ 5	8 ♒ 32	16 ♐ 52	3 D	15 ♒	28 ♎	24 ♍	7 ♑
26	3 ♐ 9	7 ♌ 41	8 ♊ 57	8 ♊ 41	9 ♐ 36	0 ♏ 25	26 ♎ 9	17 ♌ 58	27 ♊ 20	25 ♒ 6	8 ♒ 33	16 ♐ 54	3 ♈	16 ♒	29 ♎	24 ♍	7 ♑
27	4 ♐ 10	21 ♌ 4	8 ♊ 54	8 ♊ 41	11 ♐ 9	0 ♏ 36	26 ♎ 48	18 ♌ 0	27 ♊ 15	25 ♒ 7	8 ♒ 34	16 ♐ 56	3 ♈	16 ♒	29 ♎	24 ♍	7 ♑
28	5 ♐ 11	4 ♍ 46	8 ♊ 50	8 ♊ 41	12 ♐ 42	0 ♏ 50	27 ♎ 26	18 ♌ 1	27 ♊ 11	25 ♒ 8	8 ♒ 35	16 ♐ 58	3 ♈	16 ♒	29 ♎	25 ♍	7 ♑
29	6 ♐ 11	18 ♍ 46	8 ♊ 47	8 R 41	14 ♐ 15	1 ♏ 6	28 ♎ 5	18 ♌ 2	27 ♊ 7	25 ♒ 9	8 ♒ 37	17 ♐ 1	3 ♈	16 ♒	0 ♏	25 ♍	7 ♑
30	7 ♐ 12	3 ♎ 3	8 ♊ 44	8 ♊ 41	15 ♐ 48	1 ♏ 23	28 ♎ 43	18 ♌ 3	27 ♊ 2	25 ♒ 10	8 ♒ 38	17 ♐ 3	3 ♈	16 ♒	0 ♏	26 ♍	7 ♑
SUN INGRESS	☉ → ♐ 22日 20:54																
MOON PHASE	● 5日 05:34 ♏	◐ 12日 05:52 ♒	○ 20日 10:34 ♉	◑ 28日 00:46 ♍													

aspects		
1日	05:16	☉□♆
4日	16:42	☿☌♀
6日	07:37	☿□♆
10日	02:05	☉□♃
10日	16:54	♂⚹♇
11日	20:08	☿□♃
12日	03:22	♂⚹♃
14日	13:39	☉☌☿
16日	16:02	☿□♅
17日	21:34	☉□♅
24日	07:20	♂△♅
25日	07:37	☿⚹♆
27日	15:33	♂△♄
30日	19:51	☿☌♇

2002年12月

DAY	☉	☽	☊ mean	☊ true	☿	♀	♂	♃	♄	♅	♆	♇	⚳	⚴	⚵	⚶	⚷
	° ′	° ′	° ′	° ′	° ′	° ′	° ′	° ′	° ′	° ′	° ′	° ′	°	°	°	°	°
1	8 ♐ 13	17 ♎ 35	8 ♊ 41	8 R 41	17 D 21	1 D 43	29 D 22	18 D 4	26 R 58	25 D 12	8 D 39	17 D 5	3 D	17 D	0 D	26 D	7 D
2	9 ♐ 14	2 ♏ 18	8 ♊ 38	8 D 41	18 ♐ 54	2 ♏ 5	0 ♏ 0	18 ♌ 5	26 ♊ 53	25 ♒ 13	8 ♒ 41	17 ♐ 8	4 ♈	17 ♒	1 ♏	26 ♍	7 ♑
3	10 ♐ 15	17 ♏ 6	8 ♊ 35	8 ♊ 41	20 ♐ 26	2 ♏ 28	0 ♏ 39	18 ♌ 5	26 ♊ 49	25 ♒ 14	8 ♒ 42	17 ♐ 10	4 ♈	17 ♒	1 ♏	27 ♍	7 ♑
4	11 ♐ 16	1 ♐ 51	8 ♊ 31	8 ♊ 41	21 ♐ 59	2 ♏ 53	1 ♏ 18	18 ♌ 6	26 ♊ 44	25 ♒ 16	8 ♒ 43	17 ♐ 12	4 ♈	17 ♒	1 ♏	27 ♍	7 ♑
5	12 ♐ 16	16 ♐ 27	8 ♊ 28	8 R 41	23 ♐ 31	3 ♏ 21	1 ♏ 56	18 R 6	26 ♊ 39	25 ♒ 17	8 ♒ 45	17 ♐ 14	4 ♈	17 ♒	2 ♏	27 ♍	8 ♑
6	13 ♐ 17	0 ♑ 48	8 ♊ 25	8 ♊ 41	25 ♐ 3	3 ♏ 49	2 ♏ 35	18 ♌ 6	26 ♊ 35	25 ♒ 19	8 ♒ 46	17 ♐ 17	4 ♈	18 ♒	2 ♏	28 ♍	8 ♑
7	14 ♐ 18	14 ♑ 47	8 ♊ 22	8 ♊ 40	26 ♐ 35	4 ♏ 20	3 ♏ 13	18 ♌ 5	26 ♊ 30	25 ♒ 21	8 ♒ 48	17 ♐ 19	4 ♈	18 ♒	2 ♏	28 ♍	8 ♑
8	15 ♐ 19	28 ♑ 23	8 ♊ 19	8 ♊ 40	28 ♐ 7	4 ♏ 51	3 ♏ 52	18 ♌ 5	26 ♊ 25	25 ♒ 22	8 ♒ 49	17 ♐ 21	4 ♈	18 ♒	3 ♏	28 ♍	8 ♑
9	16 ♐ 20	11 ♒ 34	8 ♊ 16	8 ♊ 39	29 ♐ 39	5 ♏ 25	4 ♏ 30	18 ♌ 4	26 ♊ 20	25 ♒ 24	8 ♒ 51	17 ♐ 24	4 ♈	18 ♒	3 ♏	29 ♍	8 ♑
10	17 ♐ 21	24 ♒ 22	8 ♊ 12	8 ♊ 38	1 ♑ 11	6 ♏ 0	5 ♏ 9	18 ♌ 3	26 ♊ 15	25 ♒ 26	8 ♒ 52	17 ♐ 26	4 ♈	19 ♒	3 ♏	29 ♍	8 ♑
11	18 ♐ 22	6 ♓ 49	8 ♊ 9	8 ♊ 37	2 ♑ 42	6 ♏ 36	5 ♏ 48	18 ♌ 2	26 ♊ 10	25 ♒ 27	8 ♒ 54	17 ♐ 28	4 ♈	19 ♒	4 ♏	0 ♎	8 ♑
12	19 ♐ 23	19 ♓ 1	8 ♊ 6	8 ♊ 37	4 ♑ 13	7 ♏ 13	6 ♏ 26	18 ♌ 1	26 ♊ 6	25 ♒ 29	8 ♒ 56	17 ♐ 30	4 ♈	19 ♒	4 ♏	0 ♎	8 ♑
13	20 ♐ 24	1 ♈ 0	8 ♊ 3	8 D 37	5 ♑ 43	7 ♏ 52	7 ♏ 5	17 ♌ 59	26 ♊ 1	25 ♒ 31	8 ♒ 57	17 ♐ 33	4 ♈	19 ♒	4 ♏	0 ♎	8 ♑
14	21 ♐ 25	12 ♈ 52	8 ♊ 0	8 ♊ 38	7 ♑ 13	8 ♏ 32	7 ♏ 43	17 ♌ 58	25 ♊ 56	25 ♒ 33	8 ♒ 59	17 ♐ 35	5 ♈	20 ♒	5 ♏	1 ♎	8 ♑
15	22 ♐ 26	24 ♈ 42	7 ♊ 56	8 ♊ 39	8 ♑ 42	9 ♏ 13	8 ♏ 22	17 ♌ 56	25 ♊ 51	25 ♒ 35	9 ♒ 1	17 ♐ 37	5 ♈	20 ♒	5 ♏	1 ♎	9 ♑
16	23 ♐ 27	6 ♉ 34	7 ♊ 53	8 ♊ 41	10 ♑ 11	9 ♏ 56	9 ♏ 1	17 ♌ 54	25 ♊ 46	25 ♒ 37	9 ♒ 2	17 ♐ 40	5 ♈	20 ♒	5 ♏	1 ♎	9 ♑
17	24 ♐ 28	18 ♉ 32	7 ♊ 50	8 ♊ 42	11 ♑ 38	10 ♏ 39	9 ♏ 39	17 ♌ 51	25 ♊ 41	25 ♒ 39	9 ♒ 4	17 ♐ 42	5 ♈	20 ♒	5 ♏	1 ♎	9 ♑
18	25 ♐ 29	0 ♊ 39	7 ♊ 47	8 ♊ 43	13 ♑ 5	11 ♏ 24	10 ♏ 18	17 ♌ 49	25 ♊ 36	25 ♒ 41	9 ♒ 6	17 ♐ 44	5 ♈	21 ♒	6 ♏	2 ♎	9 ♑
19	26 ♐ 30	12 ♊ 57	7 ♊ 44	8 R 43	14 ♑ 30	12 ♏ 9	10 ♏ 56	17 ♌ 46	25 ♊ 31	25 ♒ 43	9 ♒ 8	17 ♐ 46	5 ♈	21 ♒	6 ♏	2 ♎	9 ♑
20	27 ♐ 31	25 ♊ 30	7 ♊ 41	8 ♊ 42	15 ♑ 54	12 ♏ 56	11 ♏ 35	17 ♌ 43	25 ♊ 26	25 ♒ 45	9 ♒ 9	17 ♐ 49	5 ♈	21 ♒	6 ♏	2 ♎	9 ♑
21	28 ♐ 32	8 ♋ 16	7 ♊ 37	8 ♊ 40	17 ♑ 16	13 ♏ 43	12 ♏ 14	17 ♌ 40	25 ♊ 21	25 ♒ 48	9 ♒ 11	17 ♐ 51	5 ♈	21 ♒	7 ♏	3 ♎	9 ♑
22	29 ♐ 33	21 ♋ 17	7 ♊ 34	8 ♊ 37	18 ♑ 36	14 ♏ 32	12 ♏ 52	17 ♌ 37	25 ♊ 16	25 ♒ 50	9 ♒ 13	17 ♐ 53	6 ♈	22 ♒	7 ♏	3 ♎	9 ♑
23	0 ♑ 35	4 ♌ 32	7 ♊ 31	8 ♊ 34	19 ♑ 53	15 ♏ 21	13 ♏ 31	17 ♌ 34	25 ♊ 11	25 ♒ 52	9 ♒ 15	17 ♐ 56	6 ♈	22 ♒	7 ♏	3 ♎	9 ♑
24	1 ♑ 36	18 ♌ 0	7 ♊ 28	8 ♊ 31	21 ♑ 7	16 ♏ 11	14 ♏ 10	17 ♌ 30	25 ♊ 6	25 ♒ 54	9 ♒ 17	17 ♐ 58	6 ♈	22 ♒	7 ♏	4 ♎	9 ♑
25	2 ♑ 37	1 ♍ 40	7 ♊ 25	8 ♊ 27	22 ♑ 18	17 ♏ 2	14 ♏ 48	17 ♌ 26	25 ♊ 1	25 ♒ 57	9 ♒ 19	18 ♐ 0	6 ♈	23 ♒	8 ♏	4 ♎	10 ♑
26	3 ♑ 38	15 ♍ 29	7 ♊ 22	8 ♊ 25	23 ♑ 25	17 ♏ 54	15 ♏ 27	17 ♌ 22	24 ♊ 57	25 ♒ 59	9 ♒ 21	18 ♐ 2	6 ♈	23 ♒	8 ♏	4 ♎	10 ♑
27	4 ♑ 39	29 ♍ 28	7 ♊ 18	8 ♊ 24	24 ♑ 28	18 ♏ 46	16 ♏ 6	17 ♌ 18	24 ♊ 52	26 ♒ 2	9 ♒ 23	18 ♐ 4	6 ♈	23 ♒	8 ♏	5 ♎	10 ♑
28	5 ♑ 40	13 ♎ 35	7 ♊ 15	8 D 24	25 ♑ 25	19 ♏ 39	16 ♏ 44	17 ♌ 14	24 ♊ 47	26 ♒ 4	9 ♒ 25	18 ♐ 7	7 ♈	23 ♒	9 ♏	5 ♎	10 ♑
29	6 ♑ 41	27 ♎ 48	7 ♊ 12	8 ♊ 25	26 ♑ 15	20 ♏ 33	17 ♏ 23	17 ♌ 9	24 ♊ 42	26 ♒ 7	9 ♒ 27	18 ♐ 9	7 ♈	24 ♒	9 ♏	5 ♎	10 ♑
30	7 ♑ 42	12 ♏ 5	7 ♊ 9	8 ♊ 27	26 ♑ 59	21 ♏ 28	18 ♏ 2	17 ♌ 5	24 ♊ 37	26 ♒ 9	9 ♒ 29	18 ♐ 11	7 ♈	24 ♒	9 ♏	5 ♎	10 ♑
31	8 ♑ 44	26 ♏ 24	7 ♊ 6	8 ♊ 28	27 ♑ 35	22 ♏ 23	18 ♏ 40	17 ♌ 0	24 ♊ 33	26 ♒ 12	9 ♒ 31	18 ♐ 13	7 ♈	24 ♒	9 ♏	6 ♎	10 ♑
SUN INGRESS	☉ → ♑ 22日 10:14																
MOON PHASE	● 4日 16:34 ♐	◐ 12日 00:49 ♓	○ 20日 04:10 ♊	◑ 27日 09:31 ♎													

aspects		
1日	10:37	☉⚹♆
1日	11:18	☿△♃
6日	04:09	☿⚹♅
6日	22:35	☿☍♄
10日	01:56	☉☌♇
10日	16:15	☉△♃
14日	14:24	☿⚹♂
14日	16:17	♀□♆
15日	16:09	☿⚹♀
16日	01:07	♂□♆
17日	06:35	♄△♅
18日	02:27	☉☍♄
18日	04:50	☉⚹♅
18日	22:19	♃△♇
25日	10:26	♀□♃
28日	16:21	♂□♃

2003年1月

DAY	☉	☽	☊ mean	☊ true	☿	♀	♂	♃	♄	♅	♆	♇	⚳	⚴	⚵	⚶	⚷
	° ′	° ′	° ′	° ′	° ′	° ′	° ′	° ′	° ′	° ′	° ′	° ′	°	°	°	°	°
1	9 ♑ 45	10 ♐ 41	7 ♊ 2	8 R 29	28 D 3	23 D 19	19 D 19	16 R 55	24 R 28	26 D 14	9 D 33	18 D 15	7 D	25 D	10 D	6 D	10 D
2	10 ♑ 46	24 ♐ 53	6 ♊ 59	8 ♊ 28	28 ♑ 20	24 ♏ 15	19 ♏ 58	16 ♌ 50	24 ♊ 23	26 ♒ 17	9 ♒ 35	18 ♐ 18	8 ♈	25 ♒	10 ♏	6 ♎	10 ♑
3	11 ♑ 47	8 ♑ 54	6 ♊ 56	8 ♊ 25	28 ♑ 27	25 ♏ 12	20 ♏ 36	16 ♌ 44	24 ♊ 19	26 ♒ 20	9 ♒ 37	18 ♐ 20	8 ♈	25 ♒	10 ♏	6 ♎	10 ♑
4	12 ♑ 48	22 ♑ 41	6 ♊ 53	8 ♊ 20	28 R 23	26 ♏ 9	21 ♏ 15	16 ♌ 39	24 ♊ 14	26 ♒ 22	9 ♒ 39	18 ♐ 22	8 ♈	25 ♒	11 ♏	7 ♎	11 ♑
5	13 ♑ 49	6 ♒ 10	6 ♊ 50	8 ♊ 14	28 ♑ 7	27 ♏ 7	21 ♏ 54	16 ♌ 33	24 ♊ 10	26 ♒ 25	9 ♒ 41	18 ♐ 24	8 ♈	26 ♒	11 ♏	7 ♎	11 ♑
6	14 ♑ 51	19 ♒ 19	6 ♊ 47	8 ♊ 8	27 ♑ 39	28 ♏ 6	22 ♏ 33	16 ♌ 27	24 ♊ 5	26 ♒ 28	9 ♒ 43	18 ♐ 26	9 ♈	26 ♒	11 ♏	7 ♎	11 ♑
7	15 ♑ 52	2 ♓ 8	6 ♊ 43	8 ♊ 1	27 ♑ 0	29 ♏ 5	23 ♏ 11	16 ♌ 21	24 ♊ 1	26 ♒ 31	9 ♒ 45	18 ♐ 28	9 ♈	26 ♒	11 ♏	7 ♎	11 ♑
8	16 ♑ 53	14 ♓ 38	6 ♊ 40	7 ♊ 56	26 ♑ 10	0 ♐ 4	23 ♏ 50	16 ♌ 15	23 ♊ 56	26 ♒ 33	9 ♒ 47	18 ♐ 30	9 ♈	27 ♒	12 ♏	8 ♎	11 ♑
9	17 ♑ 54	26 ♓ 51	6 ♊ 37	7 ♊ 52	25 ♑ 9	1 ♐ 4	24 ♏ 29	16 ♌ 9	23 ♊ 52	26 ♒ 36	9 ♒ 49	18 ♐ 32	9 ♈	27 ♒	12 ♏	8 ♎	11 ♑
10	18 ♑ 55	8 ♈ 51	6 ♊ 34	7 ♊ 49	24 ♑ 1	2 ♐ 4	25 ♏ 7	16 ♌ 3	23 ♊ 48	26 ♒ 39	9 ♒ 51	18 ♐ 34	9 ♈	27 ♒	12 ♏	8 ♎	11 ♑
11	19 ♑ 56	20 ♈ 44	6 ♊ 31	7 D 48	22 ♑ 46	3 ♐ 5	25 ♏ 46	15 ♌ 56	23 ♊ 44	26 ♒ 42	9 ♒ 54	18 ♐ 37	10 ♈	27 ♒	12 ♏	8 ♎	11 ♑
12	20 ♑ 58	2 ♉ 33	6 ♊ 28	7 ♊ 49	21 ♑ 27	4 ♐ 6	26 ♏ 25	15 ♌ 50	23 ♊ 39	26 ♒ 45	9 ♒ 56	18 ♐ 39	10 ♈	28 ♒	13 ♏	9 ♎	11 ♑
13	21 ♑ 59	14 ♉ 25	6 ♊ 24	7 ♊ 51	20 ♑ 7	5 ♐ 8	27 ♏ 3	15 ♌ 43	23 ♊ 35	26 ♒ 48	9 ♒ 58	18 ♐ 41	10 ♈	28 ♒	13 ♏	9 ♎	11 ♑
14	23 ♑ 0	26 ♉ 24	6 ♊ 21	7 ♊ 52	18 ♑ 49	6 ♐ 9	27 ♏ 42	15 ♌ 36	23 ♊ 31	26 ♒ 51	10 ♒ 0	18 ♐ 43	10 ♈	28 ♒	13 ♏	9 ♎	12 ♑
15	24 ♑ 1	8 ♊ 35	6 ♊ 18	7 R 53	17 ♑ 34	7 ♐ 12	28 ♏ 21	15 ♌ 29	23 ♊ 28	26 ♒ 54	10 ♒ 2	18 ♐ 44	11 ♈	29 ♒	13 ♏	9 ♎	12 ♑
16	25 ♑ 2	21 ♊ 2	6 ♊ 15	7 ♊ 52	16 ♑ 24	8 ♐ 14	28 ♏ 59	15 ♌ 22	23 ♊ 24	26 ♒ 57	10 ♒ 5	18 ♐ 46	11 ♈	29 ♒	13 ♏	9 ♎	12 ♑
17	26 ♑ 3	3 ♋ 47	6 ♊ 12	7 ♊ 49	15 ♑ 22	9 ♐ 17	29 ♏ 38	15 ♌ 15	23 ♊ 20	27 ♒ 0	10 ♒ 7	18 ♐ 48	11 ♈	29 ♒	14 ♏	10 ♎	12 ♑
18	27 ♑ 4	16 ♋ 52	6 ♊ 8	7 ♊ 43	14 ♑ 28	10 ♐ 20	0 ♐ 17	15 ♌ 8	23 ♊ 16	27 ♒ 3	10 ♒ 9	18 ♐ 50	11 ♈	0 ♓	14 ♏	10 ♎	12 ♑
19	28 ♑ 5	0 ♌ 17	6 ♊ 5	7 ♊ 36	13 ♑ 44	11 ♐ 24	0 ♐ 55	15 ♌ 1	23 ♊ 13	27 ♒ 6	10 ♒ 11	18 ♐ 52	12 ♈	0 ♓	14 ♏	10 ♎	12 ♑
20	29 ♑ 6	13 ♌ 59	6 ♊ 2	7 ♊ 27	13 ♑ 8	12 ♐ 28	1 ♐ 34	14 ♌ 53	23 ♊ 9	27 ♒ 10	10 ♒ 14	18 ♐ 54	12 ♈	0 ♓	14 ♏	10 ♎	12 ♑
21	0 ♒ 7	27 ♌ 56	5 ♊ 59	7 ♊ 18	12 ♑ 42	13 ♐ 32	2 ♐ 13	14 ♌ 46	23 ♊ 6	27 ♒ 13	10 ♒ 16	18 ♐ 56	12 ♈	1 ♓	15 ♏	10 ♎	12 ♑
22	1 ♒ 8	12 ♍ 2	5 ♊ 56	7 ♊ 9	12 ♑ 26	14 ♐ 36	2 ♐ 51	14 ♌ 38	23 ♊ 2	27 ♒ 16	10 ♒ 18	18 ♐ 58	13 ♈	1 ♓	15 ♏	10 ♎	12 ♑
23	2 ♒ 10	26 ♍ 13	5 ♊ 53	7 ♊ 2	12 ♑ 18	15 ♐ 41	3 ♐ 30	14 ♌ 30	22 ♊ 59	27 ♒ 19	10 ♒ 20	19 ♐ 0	13 ♈	1 ♓	15 ♏	11 ♎	12 ♑
24	3 ♒ 11	10 ♎ 25	5 ♊ 49	6 ♊ 58	12 D 19	16 ♐ 46	4 ♐ 9	14 ♌ 23	22 ♊ 56	27 ♒ 22	10 ♒ 23	19 ♐ 1	13 ♈	1 ♓	15 ♏	11 ♎	13 ♑
25	4 ♒ 12	24 ♎ 36	5 ♊ 46	6 ♊ 55	12 ♑ 27	17 ♐ 51	4 ♐ 47	14 ♌ 15	22 ♊ 53	27 ♒ 26	10 ♒ 25	19 ♐ 3	13 ♈	2 ♓	15 ♏	11 ♎	13 ♑
26	5 ♒ 13	8 ♏ 43	5 ♊ 43	6 D 55	12 ♑ 43	18 ♐ 57	5 ♐ 26	14 ♌ 7	22 ♊ 50	27 ♒ 29	10 ♒ 27	19 ♐ 5	14 ♈	2 ♓	16 ♏	11 ♎	13 ♑
27	6 ♒ 14	22 ♏ 46	5 ♊ 40	6 ♊ 56	13 ♑ 5	20 ♐ 3	6 ♐ 5	13 ♌ 59	22 ♊ 47	27 ♒ 32	10 ♒ 29	19 ♐ 7	14 ♈	2 ♓	16 ♏	11 ♎	13 ♑
28	7 ♒ 15	6 ♐ 42	5 ♊ 37	6 ♊ 56	13 ♑ 33	21 ♐ 9	6 ♐ 43	13 ♌ 52	22 ♊ 44	27 ♒ 35	10 ♒ 32	19 ♐ 8	14 ♈	3 ♓	16 ♏	11 ♎	13 ♑
29	8 ♒ 16	20 ♐ 33	5 ♊ 34	6 R 55	14 ♑ 7	22 ♐ 15	7 ♐ 22	13 ♌ 44	22 ♊ 41	27 ♒ 39	10 ♒ 34	19 ♐ 10	15 ♈	3 ♓	16 ♏	11 ♎	13 ♑
30	9 ♒ 17	4 ♑ 16	5 ♊ 30	6 ♊ 52	14 ♑ 46	23 ♐ 21	8 ♐ 1	13 ♌ 36	22 ♊ 39	27 ♒ 42	10 ♒ 36	19 ♐ 12	15 ♈	3 ♓	16 ♏	11 ♎	13 ♑
31	10 ♒ 18	17 ♑ 51	5 ♊ 27	6 ♊ 46	15 ♑ 30	24 ♐ 28	8 ♐ 39	13 ♌ 28	22 ♊ 36	27 ♒ 45	10 ♒ 39	19 ♐ 13	15 ♈	4 ♓	17 ♏	12 ♎	13 ♑

SUN INGRESS	☉ → ♒ 20日 20:53
MOON PHASE	● 3日 05:23 ♑　◐ 10日 22:15 ♈　○ 18日 19:48 ♋　◑ 25日 17:33 ♏

aspects		
4日	05:37	♀□♅
5日	17:00	☿⚹♀
9日	09:18	☿⚹♂
12日	05:02	☉☌☿
12日	13:46	♂□♅
17日	19:34	♀⚹♆
22日	00:35	♀△♃
26日	02:59	♀☌♇
26日	14:25	☉⚹♂
29日	09:13	♀☍♄
31日	08:34	☉☌♆

2003年2月

DAY	☉	☽	☊ mean	☊ true	☿	♀	♂	♃	♄	♅	♆	♇	⚳	⚴	⚵	⚶	⚷
	° ′	° ′	° ′	° ′	° ′	° ′	° ′	° ′	° ′	° ′	° ′	° ′	°	°	°	°	°
1	11 ♒ 18	1 ♒ 15	5 ♊ 24	6 R 37	16 D 17	25 D 35	9 D 18	13 R 20	22 R 34	27 D 49	10 D 41	19 D 15	15 D	4 D	17 D	12 D	13 D
2	12 ♒ 19	14 ♒ 26	5 ♊ 21	6 ♊ 26	17 ♑ 9	26 ♐ 42	9 ♐ 57	13 ♌ 12	22 ♊ 31	27 ♒ 52	10 ♒ 43	19 ♐ 16	16 ♈	4 ♓	17 ♏	12 ♎	13 ♑
3	13 ♒ 20	27 ♒ 23	5 ♊ 18	6 ♊ 14	18 ♑ 3	27 ♐ 49	10 ♐ 35	13 ♌ 4	22 ♊ 29	27 ♒ 55	10 ♒ 45	19 ♐ 18	16 ♈	5 ♓	17 ♏	12 ♎	13 ♑
4	14 ♒ 21	10 ♓ 4	5 ♊ 14	6 ♊ 2	19 ♑ 1	28 ♐ 56	11 ♐ 14	12 ♌ 56	22 ♊ 27	27 ♒ 59	10 ♒ 48	19 ♐ 19	16 ♈	5 ♓	17 ♏	12 ♎	14 ♑
5	15 ♒ 22	22 ♓ 29	5 ♊ 11	5 ♊ 50	20 ♑ 2	0 ♑ 4	11 ♐ 52	12 ♌ 48	22 ♊ 25	28 ♒ 2	10 ♒ 50	19 ♐ 21	17 ♈	5 ♓	17 ♏	12 ♎	14 ♑
6	16 ♒ 23	4 ♈ 40	5 ♊ 8	5 ♊ 40	21 ♑ 6	1 ♑ 12	12 ♐ 31	12 ♌ 40	22 ♊ 23	28 ♒ 6	10 ♒ 52	19 ♐ 22	17 ♈	6 ♓	17 ♏	12 ♎	14 ♑
7	17 ♒ 24	16 ♈ 40	5 ♊ 5	5 ♊ 34	22 ♑ 11	2 ♑ 19	13 ♐ 10	12 ♌ 32	22 ♊ 21	28 ♒ 9	10 ♒ 54	19 ♐ 24	17 ♈	6 ♓	18 ♏	12 ♎	14 ♑
8	18 ♒ 25	28 ♈ 31	5 ♊ 2	5 ♊ 29	23 ♑ 19	3 ♑ 27	13 ♐ 48	12 ♌ 24	22 ♊ 20	28 ♒ 12	10 ♒ 57	19 ♐ 25	18 ♈	6 ♓	18 ♏	12 ♎	14 ♑
9	19 ♒ 25	10 ♉ 20	4 ♊ 59	5 ♊ 27	24 ♑ 29	4 ♑ 36	14 ♐ 27	12 ♌ 16	22 ♊ 18	28 ♒ 16	10 ♒ 59	19 ♐ 27	18 ♈	7 ♓	18 ♏	12 ♎	14 ♑
10	20 ♒ 26	22 ♉ 10	4 ♊ 55	5 D 27	25 ♑ 41	5 ♑ 44	15 ♐ 5	12 ♌ 8	22 ♊ 17	28 ♒ 19	11 ♒ 1	19 ♐ 28	18 ♈	7 ♓	18 ♏	12 ♎	14 ♑
11	21 ♒ 27	4 ♊ 7	4 ♊ 52	5 ♊ 27	26 ♑ 55	6 ♑ 52	15 ♐ 44	12 ♌ 0	22 ♊ 15	28 ♒ 23	11 ♒ 3	19 ♐ 29	19 ♈	7 ♓	18 ♏	12 ♎	14 ♑
12	22 ♒ 28	16 ♊ 18	4 ♊ 49	5 R 27	28 ♑ 10	8 ♑ 1	16 ♐ 23	11 ♌ 52	22 ♊ 14	28 ♒ 26	11 ♒ 6	19 ♐ 31	19 ♈	8 ♓	18 ♏	12 ♎	14 ♑
13	23 ♒ 28	28 ♊ 46	4 ♊ 46	5 ♊ 25	29 ♑ 27	9 ♑ 10	17 ♐ 1	11 ♌ 45	22 ♊ 13	28 ♒ 30	11 ♒ 8	19 ♐ 32	19 ♈	8 ♓	18 ♏	12 R	14 ♑
14	24 ♒ 29	11 ♋ 37	4 ♊ 43	5 ♊ 20	0 ♒ 45	10 ♑ 19	17 ♐ 40	11 ♌ 37	22 ♊ 12	28 ♒ 33	11 ♒ 10	19 ♐ 33	20 ♈	8 ♓	19 ♏	12 ♎	14 ♑
15	25 ♒ 30	24 ♋ 52	4 ♊ 40	5 ♊ 13	2 ♒ 5	11 ♑ 28	18 ♐ 18	11 ♌ 29	22 ♊ 11	28 ♒ 37	11 ♒ 12	19 ♐ 34	20 ♈	9 ♓	19 ♏	12 ♎	14 ♑
16	26 ♒ 30	8 ♌ 33	4 ♊ 36	5 ♊ 3	3 ♒ 26	12 ♑ 37	18 ♐ 57	11 ♌ 22	22 ♊ 10	28 ♒ 40	11 ♒ 15	19 ♐ 36	20 ♈	9 ♓	19 ♏	12 ♎	15 ♑
17	27 ♒ 31	22 ♌ 37	4 ♊ 33	4 ♊ 51	4 ♒ 48	13 ♑ 46	19 ♐ 35	11 ♌ 15	22 ♊ 9	28 ♒ 44	11 ♒ 17	19 ♐ 37	21 ♈	9 ♓	19 ♏	12 ♎	15 ♑
18	28 ♒ 31	6 ♍ 59	4 ♊ 30	4 ♊ 39	6 ♒ 12	14 ♑ 55	20 ♐ 14	11 ♌ 7	22 ♊ 9	28 ♒ 47	11 ♒ 19	19 ♐ 38	21 ♈	10 ♓	19 ♏	12 ♎	15 ♑
19	29 ♒ 32	21 ♍ 34	4 ♊ 27	4 ♊ 27	7 ♒ 36	16 ♑ 5	20 ♐ 52	11 ♌ 0	22 ♊ 8	28 ♒ 50	11 ♒ 21	19 ♐ 39	21 ♈	10 ♓	19 ♏	12 ♎	15 ♑
20	0 ♓ 32	6 ♎ 13	4 ♊ 24	4 ♊ 17	9 ♒ 2	17 ♑ 14	21 ♐ 31	10 ♌ 53	22 ♊ 8	28 ♒ 54	11 ♒ 23	19 ♐ 40	22 ♈	10 ♓	19 ♏	12 ♎	15 ♑
21	1 ♓ 33	20 ♎ 50	4 ♊ 20	4 ♊ 10	10 ♒ 29	18 ♑ 24	22 ♐ 9	10 ♌ 46	22 ♊ 8	28 ♒ 57	11 ♒ 26	19 ♐ 41	22 ♈	11 ♓	19 ♏	12 ♎	15 ♑
22	2 ♓ 33	5 ♏ 18	4 ♊ 17	4 ♊ 6	11 ♒ 57	19 ♑ 34	22 ♐ 47	10 ♌ 39	22 ♊ 8	29 ♒ 1	11 ♒ 28	19 ♐ 42	22 ♈	11 ♓	19 ♏	12 ♎	15 ♑
23	3 ♓ 34	19 ♏ 35	4 ♊ 14	4 ♊ 5	13 ♒ 26	20 ♑ 44	23 ♐ 26	10 ♌ 32	22 D 8	29 ♒ 4	11 ♒ 30	19 ♐ 43	23 ♈	11 ♓	19 ♏	12 ♎	15 ♑
24	4 ♓ 34	3 ♐ 37	4 ♊ 11	4 D 4	14 ♒ 56	21 ♑ 54	24 ♐ 4	10 ♌ 25	22 ♊ 8	29 ♒ 8	11 ♒ 32	19 ♐ 44	23 ♈	12 ♓	20 ♏	12 ♎	15 ♑
25	5 ♓ 34	17 ♐ 26	4 ♊ 8	4 R 4	16 ♒ 27	23 ♑ 4	24 ♐ 43	10 ♌ 18	22 ♊ 8	29 ♒ 11	11 ♒ 34	19 ♐ 45	23 ♈	12 ♓	20 ♏	11 ♎	15 ♑
26	6 ♓ 35	1 ♑ 1	4 ♊ 5	4 ♊ 3	17 ♒ 59	24 ♑ 14	25 ♐ 21	10 ♌ 12	22 ♊ 8	29 ♒ 15	11 ♒ 36	19 ♐ 46	24 ♈	12 ♓	20 ♏	11 ♎	15 ♑
27	7 ♓ 35	14 ♑ 24	4 ♊ 1	3 ♊ 59	19 ♒ 33	25 ♑ 24	26 ♐ 0	10 ♌ 5	22 ♊ 9	29 ♒ 18	11 ♒ 38	19 ♐ 46	24 ♈	13 ♓	20 ♏	11 ♎	15 ♑
28	8 ♓ 35	27 ♑ 35	3 ♊ 58	3 ♊ 52	21 ♒ 7	26 ♑ 35	26 ♐ 38	9 ♌ 59	22 ♊ 9	29 ♒ 22	11 ♒ 41	19 ♐ 47	24 ♈	13 ♓	20 ♏	11 ♎	15 ♑

SUN INGRESS	☉ → ♓ 19日 11:00
MOON PHASE	● 1日 19:48 ♒　◐ 9日 20:11 ♉　○ 17日 08:51 ♌　◑ 24日 01:46 ♐

aspects		
2日	18:11	☉☍♃
3日	02:26	♀⚹♅
3日	06:39	♂⚹♆
6日	04:25	♂△♃
9日	00:30	☉⚹♇
11日	18:45	☉△♄
16日	18:12	♃☍♆
17日	01:00	♂☌♇
18日	06:37	☉☌♅
20日	23:13	♂☍♄
21日	04:12	☿☍♃
21日	15:50	☿☌♆
27日	03:34	☿⚹♇
28日	15:51	☿△♄

2003年3月

DAY	☉	☽	☊ mean	☊ true	☿	♀	♂	♃	♄	♅	♆	♇	⚳	⚴	⚵	⚶	⚷
	° ′	° ′	° ′	° ′	° ′	° ′	° ′	° ′	° ′	° ′	° ′	° ′	°	°	°	°	°
1	9 ♓ 36	10 ♒ 36	3 ♊ 55	3 R 42	22 D 42	27 D 45	27 D 16	9 R 53	22 D 10	29 D 25	11 D 43	19 D 48	25 D	13 D	20 D	11 R	16 D
2	10 ♓ 36	23 ♒ 25	3 ♊ 52	3 ♊ 30	24 ♒ 18	28 ♑ 56	27 ♐ 55	9 ♌ 47	22 ♊ 11	29 ♒ 28	11 ♒ 45	19 ♐ 49	25 ♈	14 ♓	20 ♏	11 ♎	16 ♑
3	11 ♓ 36	6 ♓ 4	3 ♊ 49	3 ♊ 16	25 ♒ 56	0 ♒ 6	28 ♐ 33	9 ♌ 41	22 ♊ 12	29 ♒ 32	11 ♒ 47	19 ♐ 49	26 ♈	14 ♓	20 ♏	11 ♎	16 ♑
4	12 ♓ 36	18 ♓ 30	3 ♊ 45	3 ♊ 2	27 ♒ 34	1 ♒ 17	29 ♐ 11	9 ♌ 35	22 ♊ 13	29 ♒ 35	11 ♒ 49	19 ♐ 50	26 ♈	14 ♓	20 ♏	11 ♎	16 ♑
5	13 ♓ 37	0 ♈ 45	3 ♊ 42	2 ♊ 49	29 ♒ 13	2 ♒ 28	29 ♐ 49	9 ♌ 30	22 ♊ 14	29 ♒ 39	11 ♒ 51	19 ♐ 51	26 ♈	15 ♓	20 ♏	10 ♎	16 ♑
6	14 ♓ 37	12 ♈ 50	3 ♊ 39	2 ♊ 38	0 ♓ 54	3 ♒ 39	0 ♑ 28	9 ♌ 24	22 ♊ 15	29 ♒ 42	11 ♒ 53	19 ♐ 51	27 ♈	15 ♓	20 ♏	10 ♎	16 ♑
7	15 ♓ 37	24 ♈ 45	3 ♊ 36	2 ♊ 29	2 ♓ 35	4 ♒ 49	1 ♑ 6	9 ♌ 19	22 ♊ 16	29 ♒ 45	11 ♒ 55	19 ♐ 52	27 ♈	15 ♓	20 ♏	10 ♎	16 ♑
8	16 ♓ 37	6 ♉ 35	3 ♊ 33	2 ♊ 24	4 ♓ 18	6 ♒ 0	1 ♑ 44	9 ♌ 14	22 ♊ 18	29 ♒ 49	11 ♒ 57	19 ♐ 53	27 ♈	16 ♓	20 ♏	10 ♎	16 ♑
9	17 ♓ 37	18 ♉ 22	3 ♊ 30	2 ♊ 21	6 ♓ 2	7 ♒ 11	2 ♑ 22	9 ♌ 9	22 ♊ 19	29 ♒ 52	11 ♒ 59	19 ♐ 53	28 ♈	16 ♓	20 R	10 ♎	16 ♑
10	18 ♓ 37	0 ♊ 11	3 ♊ 26	2 ♊ 20	7 ♓ 46	8 ♒ 22	3 ♑ 0	9 ♌ 4	22 ♊ 21	29 ♒ 55	12 ♒ 1	19 ♐ 53	28 ♈	16 ♓	20 ♏	9 ♎	16 ♑
11	19 ♓ 37	12 ♊ 6	3 ♊ 23	2 D 20	9 ♓ 32	9 ♒ 34	3 ♑ 39	9 ♌ 0	22 ♊ 23	29 ♒ 59	12 ♒ 2	19 ♐ 54	28 ♈	17 ♓	20 ♏	9 ♎	16 ♑
12	20 ♓ 37	24 ♊ 14	3 ♊ 20	2 R 20	11 ♓ 19	10 ♒ 45	4 ♑ 17	8 ♌ 55	22 ♊ 24	0 ♓ 2	12 ♒ 4	19 ♐ 54	29 ♈	17 ♓	20 ♏	9 ♎	16 ♑
13	21 ♓ 37	6 ♋ 40	3 ♊ 17	2 ♊ 19	13 ♓ 8	11 ♒ 56	4 ♑ 55	8 ♌ 51	22 ♊ 26	0 ♓ 5	12 ♒ 6	19 ♐ 55	29 ♈	17 ♓	20 ♏	9 ♎	16 ♑
14	22 ♓ 37	19 ♋ 29	3 ♊ 14	2 ♊ 16	14 ♓ 57	13 ♒ 7	5 ♑ 33	8 ♌ 47	22 ♊ 29	0 ♓ 9	12 ♒ 8	19 ♐ 55	0 ♉	18 ♓	20 ♏	9 ♎	16 ♑
15	23 ♓ 36	2 ♌ 44	3 ♊ 11	2 ♊ 11	16 ♓ 47	14 ♒ 18	6 ♑ 11	8 ♌ 43	22 ♊ 31	0 ♓ 12	12 ♒ 10	19 ♐ 55	0 ♉	18 ♓	20 ♏	8 ♎	16 ♑
16	24 ♓ 36	16 ♌ 28	3 ♊ 7	2 ♊ 3	18 ♓ 39	15 ♒ 30	6 ♑ 49	8 ♌ 39	22 ♊ 33	0 ♓ 15	12 ♒ 12	19 ♐ 56	0 ♉	18 ♓	20 ♏	8 ♎	17 ♑
17	25 ♓ 36	0 ♍ 40	3 ♊ 4	1 ♊ 53	20 ♓ 32	16 ♒ 41	7 ♑ 27	8 ♌ 36	22 ♊ 35	0 ♓ 18	12 ♒ 14	19 ♐ 56	1 ♉	19 ♓	20 ♏	8 ♎	17 ♑
18	26 ♓ 36	15 ♍ 16	3 ♊ 1	1 ♊ 43	22 ♓ 26	17 ♒ 53	8 ♑ 5	8 ♌ 32	22 ♊ 38	0 ♓ 21	12 ♒ 15	19 ♐ 56	1 ♉	19 ♓	20 ♏	8 ♎	17 ♑
19	27 ♓ 35	0 ♎ 10	2 ♊ 58	1 ♊ 33	24 ♓ 21	19 ♒ 4	8 ♑ 43	8 ♌ 29	22 ♊ 41	0 ♓ 25	12 ♒ 17	19 ♐ 56	1 ♉	19 ♓	20 ♏	7 ♎	17 ♑
20	28 ♓ 35	15 ♎ 12	2 ♊ 55	1 ♊ 25	26 ♓ 17	20 ♒ 16	9 ♑ 21	8 ♌ 26	22 ♊ 43	0 ♓ 28	12 ♒ 19	19 ♐ 56	2 ♉	20 ♓	20 ♏	7 ♎	17 ♑
21	29 ♓ 35	0 ♏ 13	2 ♊ 51	1 ♊ 19	28 ♓ 15	21 ♒ 27	9 ♑ 58	8 ♌ 23	22 ♊ 46	0 ♓ 31	12 ♒ 20	19 ♐ 56	2 ♉	20 ♓	20 ♏	7 ♎	17 ♑
22	0 ♈ 34	15 ♏ 5	2 ♊ 48	1 ♊ 15	0 ♈ 13	22 ♒ 39	10 ♑ 36	8 ♌ 21	22 ♊ 49	0 ♓ 34	12 ♒ 22	19 ♐ 57	3 ♉	20 ♓	19 ♏	7 ♎	17 ♑
23	1 ♈ 34	29 ♏ 40	2 ♊ 45	1 ♊ 14	2 ♈ 12	23 ♒ 51	11 ♑ 14	8 ♌ 18	22 ♊ 52	0 ♓ 37	12 ♒ 24	19 ♐ 57	3 ♉	21 ♓	19 ♏	6 ♎	17 ♑
24	2 ♈ 33	13 ♐ 55	2 ♊ 42	1 D 15	4 ♈ 12	25 ♒ 2	11 ♑ 52	8 ♌ 16	22 ♊ 55	0 ♓ 40	12 ♒ 25	19 R 57	3 ♉	21 ♓	19 ♏	6 ♎	17 ♑
25	3 ♈ 33	27 ♐ 49	2 ♊ 39	1 ♊ 15	6 ♈ 13	26 ♒ 14	12 ♑ 30	8 ♌ 14	22 ♊ 58	0 ♓ 43	12 ♒ 27	19 ♐ 57	4 ♉	21 ♓	19 ♏	6 ♎	17 ♑
26	4 ♈ 32	11 ♑ 23	2 ♊ 36	1 R 15	8 ♈ 15	27 ♒ 26	13 ♑ 7	8 ♌ 12	23 ♊ 2	0 ♓ 46	12 ♒ 29	19 ♐ 56	4 ♉	22 ♓	19 ♏	6 ♎	17 ♑
27	5 ♈ 32	24 ♑ 38	2 ♊ 32	1 ♊ 13	10 ♈ 17	28 ♒ 38	13 ♑ 45	8 ♌ 10	23 ♊ 5	0 ♓ 49	12 ♒ 30	19 ♐ 56	5 ♉	22 ♓	19 ♏	5 ♎	17 ♑
28	6 ♈ 31	7 ♒ 37	2 ♊ 29	1 ♊ 9	12 ♈ 19	29 ♒ 50	14 ♑ 23	8 ♌ 9	23 ♊ 9	0 ♓ 52	12 ♒ 32	19 ♐ 56	5 ♉	22 ♓	19 ♏	5 ♎	17 ♑
29	7 ♈ 31	20 ♒ 21	2 ♊ 26	1 ♊ 3	14 ♈ 21	1 ♓ 2	15 ♑ 0	8 ♌ 7	23 ♊ 12	0 ♓ 55	12 ♒ 33	19 ♐ 56	5 ♉	23 ♓	19 ♏	5 ♎	17 ♑
30	8 ♈ 30	2 ♓ 53	2 ♊ 23	0 ♊ 55	16 ♈ 23	2 ♓ 14	15 ♑ 38	8 ♌ 6	23 ♊ 16	0 ♓ 58	12 ♒ 35	19 ♐ 56	6 ♉	23 ♓	19 ♏	5 ♎	17 ♑
31	9 ♈ 29	15 ♓ 14	2 ♊ 20	0 ♊ 45	18 ♈ 24	3 ♓ 26	16 ♑ 15	8 ♌ 5	23 ♊ 20	1 ♓ 1	12 ♒ 36	19 ♐ 56	6 ♉	23 ♓	19 ♏	4 ♎	17 ♑

SUN INGRESS	☉ → ♈ 21日 10:00
MOON PHASE	● 3日 11:35 ♓ ◐ 11日 16:15 ♊ ○ 18日 19:35 ♍ ◑ 25日 10:51 ♑

aspects		
4日	16:30	♂⚹♅
5日	06:16	☿☌♅
5日	14:00	☿⚹♂
10日	13:17	♀☍♃
11日	06:50	☉□♇
13日	03:35	♀☌♆
13日	20:38	☉□♄
16日	16:19	☿□♇
18日	02:33	☿□♄
19日	17:29	♀⚹♇
22日	03:31	♀△♄
22日	08:34	☉☌☿
25日	23:26	☿△♃
28日	02:36	☿⚹♆
28日	21:44	♀☌♅
29日	11:12	☿□♂
29日	14:31	☉△♃
31日	18:13	☿△♇

2003年4月

DAY	☉	☽	☊ mean	☊ true	☿	♀	♂	♃	♄	♅	♆	♇	⚳	⚴	⚵	⚶	⚷
	° ′	° ′	° ′	° ′	° ′	° ′	° ′	° ′	° ′	° ′	° ′	° ′	°	°	°	°	°
1	10 ♈ 29	27 ♓ 26	2 ♊ 17	0 R 35	20 D 24	4 D 38	16 D 53	8 R 4	23 D 24	1 D 4	12 D 38	19 R 55	6 D	24 D	18 R	4 R	17 D
2	11 ♈ 28	9 ♈ 29	2 ♊ 13	0 ♊ 26	22 ♈ 24	5 ♓ 50	17 ♑ 30	8 ♌ 4	23 ♊ 28	1 ♓ 7	12 ♒ 39	19 ♐ 55	7 ♉	24 ♓	18 ♏	4 ♎	17 ♑
3	12 ♈ 27	21 ♈ 26	2 ♊ 10	0 ♊ 18	24 ♈ 21	7 ♓ 2	18 ♑ 7	8 ♌ 3	23 ♊ 32	1 ♓ 10	12 ♒ 40	19 ♐ 55	7 ♉	24 ♓	18 ♏	4 ♎	17 ♑
4	13 ♈ 26	3 ♉ 16	2 ♊ 7	0 ♊ 12	26 ♈ 17	8 ♓ 14	18 ♑ 45	8 ♌ 3	23 ♊ 36	1 ♓ 12	12 ♒ 42	19 ♐ 54	8 ♉	25 ♓	18 ♏	3 ♎	17 ♑
5	14 ♈ 25	15 ♉ 4	2 ♊ 4	0 ♊ 9	28 ♈ 11	9 ♓ 26	19 ♑ 22	8 D 3	23 ♊ 40	1 ♓ 15	12 ♒ 43	19 ♐ 54	8 ♉	25 ♓	18 ♏	3 ♎	17 ♑
6	15 ♈ 24	26 ♉ 51	2 ♊ 1	0 ♊ 8	0 ♉ 1	10 ♓ 38	19 ♑ 59	8 ♌ 3	23 ♊ 45	1 ♓ 18	12 ♒ 44	19 ♐ 54	8 ♉	25 ♓	18 ♏	3 ♎	17 ♑
7	16 ♈ 24	8 ♊ 40	1 ♊ 57	0 D 8	1 ♉ 49	11 ♓ 50	20 ♑ 36	8 ♌ 4	23 ♊ 49	1 ♓ 21	12 ♒ 46	19 ♐ 53	9 ♉	26 ♓	18 ♏	3 ♎	17 ♑
8	17 ♈ 23	20 ♊ 37	1 ♊ 54	0 ♊ 9	3 ♉ 33	13 ♓ 3	21 ♑ 13	8 ♌ 4	23 ♊ 53	1 ♓ 23	12 ♒ 47	19 ♐ 53	9 ♉	26 ♓	17 ♏	2 ♎	17 ♑
9	18 ♈ 22	2 ♋ 44	1 ♊ 51	0 ♊ 11	5 ♉ 13	14 ♓ 15	21 ♑ 50	8 ♌ 5	23 ♊ 58	1 ♓ 26	12 ♒ 48	19 ♐ 52	10 ♉	26 ♓	17 ♏	2 ♎	17 ♑
10	19 ♈ 21	15 ♋ 8	1 ♊ 48	0 ♊ 12	6 ♉ 50	15 ♓ 27	22 ♑ 27	8 ♌ 6	24 ♊ 3	1 ♓ 28	12 ♒ 49	19 ♐ 52	10 ♉	27 ♓	17 ♏	2 ♎	17 ♑
11	20 ♈ 19	27 ♋ 53	1 ♊ 45	0 R 11	8 ♉ 21	16 ♓ 39	23 ♑ 4	8 ♌ 7	24 ♊ 7	1 ♓ 31	12 ♒ 50	19 ♐ 51	10 ♉	27 ♓	17 ♏	2 ♎	17 ♑
12	21 ♈ 18	11 ♌ 3	1 ♊ 42	0 ♊ 10	9 ♉ 49	17 ♓ 52	23 ♑ 41	8 ♌ 8	24 ♊ 12	1 ♓ 34	12 ♒ 51	19 ♐ 50	11 ♉	27 ♓	17 ♏	2 ♎	18 ♑
13	22 ♈ 17	24 ♌ 41	1 ♊ 38	0 ♊ 6	11 ♉ 11	19 ♓ 4	24 ♑ 18	8 ♌ 10	24 ♊ 17	1 ♓ 36	12 ♒ 53	19 ♐ 50	11 ♉	28 ♓	17 ♏	1 ♎	18 ♑
14	23 ♈ 16	8 ♍ 48	1 ♊ 35	0 ♊ 2	12 ♉ 28	20 ♓ 16	24 ♑ 55	8 ♌ 12	24 ♊ 22	1 ♓ 38	12 ♒ 54	19 ♐ 49	12 ♉	28 ♓	16 ♏	1 ♎	18 ♑
15	24 ♈ 15	23 ♍ 22	1 ♊ 32	29 ♉ 56	13 ♉ 40	21 ♓ 29	25 ♑ 31	8 ♌ 14	24 ♊ 27	1 ♓ 41	12 ♒ 55	19 ♐ 48	12 ♉	28 ♓	16 ♏	1 ♎	18 ♑
16	25 ♈ 14	8 ♎ 19	1 ♊ 29	29 ♉ 51	14 ♉ 46	22 ♓ 41	26 ♑ 8	8 ♌ 16	24 ♊ 32	1 ♓ 43	12 ♒ 56	19 ♐ 48	12 ♉	29 ♓	16 ♏	1 ♎	18 ♑
17	26 ♈ 12	23 ♎ 28	1 ♊ 26	29 ♉ 47	15 ♉ 47	23 ♓ 53	26 ♑ 44	8 ♌ 18	24 ♊ 38	1 ♓ 46	12 ♒ 57	19 ♐ 47	13 ♉	29 ♓	16 ♏	0 ♎	18 ♑
18	27 ♈ 11	8 ♏ 42	1 ♊ 22	29 ♉ 44	16 ♉ 42	25 ♓ 6	27 ♑ 21	8 ♌ 20	24 ♊ 43	1 ♓ 48	12 ♒ 58	19 ♐ 46	13 ♉	29 ♓	16 ♏	0 ♎	18 ♑
19	28 ♈ 10	23 ♏ 50	1 ♊ 19	29 ♉ 43	17 ♉ 32	26 ♓ 18	27 ♑ 57	8 ♌ 23	24 ♊ 48	1 ♓ 50	12 ♒ 58	19 ♐ 45	14 ♉	0 ♈	15 ♏	0 ♎	18 ♑
20	29 ♈ 8	8 ♐ 44	1 ♊ 16	29 D 43	18 ♉ 15	27 ♓ 31	28 ♑ 34	8 ♌ 26	24 ♊ 54	1 ♓ 52	12 ♒ 59	19 ♐ 45	14 ♉	0 ♈	15 ♏	0 ♎	18 ♑
21	0 ♉ 7	23 ♐ 16	1 ♊ 13	29 ♉ 44	18 ♉ 52	28 ♓ 43	29 ♑ 10	8 ♌ 29	24 ♊ 59	1 ♓ 55	13 ♒ 0	19 ♐ 44	14 ♉	0 ♈	15 ♏	0 ♎	18 ♑
22	1 ♉ 5	7 ♑ 24	1 ♊ 10	29 ♉ 45	19 ♉ 24	29 ♓ 56	29 ♑ 46	8 ♌ 32	25 ♊ 5	1 ♓ 57	13 ♒ 1	19 ♐ 43	15 ♉	1 ♈	15 ♏	0 ♎	18 ♑
23	2 ♉ 4	21 ♑ 6	1 ♊ 7	29 ♉ 47	19 ♉ 50	1 ♈ 8	0 ♒ 22	8 ♌ 35	25 ♊ 11	1 ♓ 59	13 ♒ 2	19 ♐ 42	15 ♉	1 ♈	15 ♏	29 ♍	18 ♑
24	3 ♉ 2	4 ♒ 24	1 ♊ 3	29 R 47	20 ♉ 9	2 ♈ 21	0 ♒ 58	8 ♌ 39	25 ♊ 16	2 ♓ 1	13 ♒ 2	19 ♐ 41	16 ♉	2 ♈	14 ♏	29 ♍	18 ♑
25	4 ♉ 1	17 ♒ 21	1 ♊ 0	29 ♉ 46	20 ♉ 23	3 ♈ 33	1 ♒ 34	8 ♌ 42	25 ♊ 22	2 ♓ 3	13 ♒ 3	19 ♐ 40	16 ♉	2 ♈	14 ♏	29 ♍	18 ♑
26	4 ♉ 59	29 ♒ 58	0 ♊ 57	29 ♉ 44	20 ♉ 31	4 ♈ 46	2 ♒ 10	8 ♌ 46	25 ♊ 28	2 ♓ 5	13 ♒ 4	19 ♐ 39	16 ♉	2 ♈	14 ♏	29 ♍	18 ♑
27	5 ♉ 58	12 ♓ 21	0 ♊ 54	29 ♉ 41	20 R 33	5 ♈ 58	2 ♒ 46	8 ♌ 50	25 ♊ 34	2 ♓ 7	13 ♒ 5	19 ♐ 38	17 ♉	2 ♈	14 ♏	29 ♍	18 R
28	6 ♉ 56	24 ♓ 31	0 ♊ 51	29 ♉ 38	20 ♉ 29	7 ♈ 11	3 ♒ 22	8 ♌ 54	25 ♊ 40	2 ♓ 9	13 ♒ 5	19 ♐ 37	17 ♉	3 ♈	13 ♏	29 ♍	18 ♑
29	7 ♉ 54	6 ♈ 32	0 ♊ 48	29 ♉ 34	20 ♉ 20	8 ♈ 23	3 ♒ 57	8 ♌ 58	25 ♊ 46	2 ♓ 11	13 ♒ 6	19 ♐ 36	18 ♉	3 ♈	13 ♏	29 ♍	18 ♑
30	8 ♉ 53	18 ♈ 26	0 ♊ 44	29 ♉ 31	20 ♉ 7	9 ♈ 36	4 ♒ 33	9 ♌ 3	25 ♊ 52	2 ♓ 13	13 ♒ 6	19 ♐ 35	18 ♉	3 ♈	13 ♏	29 ♍	18 ♑

SUN INGRESS	☉ → ♉ 20日 21:03
MOON PHASE	● 2日 04:19 ♈ ◐ 10日 08:40 ♋ ○ 17日 04:36 ♎ ◑ 23日 21:18 ♒

aspects		
2日	13:29	☿⚹♄
3日	05:32	☉⚹♆
6日	17:27	☿⚹♅
10日	12:31	☉△♇
10日	20:08	☿□♃
13日	15:03	♀□♇
14日	08:27	♀□♆
15日	05:37	☉⚹♄
17日	15:51	♀□♄
18日	10:55	☉□♂
21日	17:50	♀⚹♂
22日	21:57	☉⚹♅
29日	12:19	♀△♃
30日	04:32	☉□♃

2003年5月

DAY	☉	☽	☊ mean	☊ true	☿	♀	♂	♃	♄	♅	♆	♇	⚳	⚴	⚵	⚶	⚷
	° ′	° ′	° ′	° ′	° ′	° ′	° ′	° ′	° ′	° ′	° ′	° ′	°	°	°	°	°
1	9 ♉ 51	0 ♉ 16	0 ♊ 41	29 R 28	19 R 48	10 D 49	5 D 8	9 D 8	25 D 58	2 D 15	13 D 7	19 R 34	18 D	4 D	13 R	28 R	18 R
2	10 ♉ 49	12 ♉ 4	0 ♊ 38	29 ♉ 26	19 ♉ 25	12 ♈ 1	5 ♒ 43	9 ♌ 12	26 ♊ 5	2 ♓ 16	13 ♒ 7	19 ♐ 32	19 ♉	4 ♈	13 ♏	28 ♍	18 ♑
3	11 ♉ 48	23 ♉ 51	0 ♊ 35	29 ♉ 25	18 ♉ 59	13 ♈ 14	6 ♒ 19	9 ♌ 17	26 ♊ 11	2 ♓ 18	13 ♒ 8	19 ♐ 31	19 ♉	4 ♈	12 ♏	28 ♍	18 ♑
4	12 ♉ 46	5 ♊ 41	0 ♊ 32	29 D 25	18 ♉ 29	14 ♈ 27	6 ♒ 54	9 ♌ 22	26 ♊ 17	2 ♓ 20	13 ♒ 8	19 ♐ 30	20 ♉	5 ♈	12 ♏	28 ♍	18 ♑
5	13 ♉ 44	17 ♊ 36	0 ♊ 28	29 ♉ 26	17 ♉ 56	15 ♈ 39	7 ♒ 29	9 ♌ 28	26 ♊ 24	2 ♓ 21	13 ♒ 9	19 ♐ 29	20 ♉	5 ♈	12 ♏	28 ♍	18 ♑
6	14 ♉ 42	29 ♊ 38	0 ♊ 25	29 ♉ 27	17 ♉ 21	16 ♈ 52	8 ♒ 3	9 ♌ 33	26 ♊ 30	2 ♓ 23	13 ♒ 9	19 ♐ 28	21 ♉	5 ♈	12 ♏	28 ♍	18 ♑
7	15 ♉ 40	11 ♋ 51	0 ♊ 22	29 ♉ 29	16 ♉ 45	18 ♈ 5	8 ♒ 38	9 ♌ 39	26 ♊ 37	2 ♓ 24	13 ♒ 9	19 ♐ 26	21 ♉	6 ♈	11 ♏	28 ♍	18 ♑
8	16 ♉ 38	24 ♋ 18	0 ♊ 19	29 ♉ 30	16 ♉ 8	19 ♈ 17	9 ♒ 13	9 ♌ 44	26 ♊ 43	2 ♓ 26	13 ♒ 10	19 ♐ 25	21 ♉	6 ♈	11 ♏	28 ♍	18 ♑
9	17 ♉ 36	7 ♌ 4	0 ♊ 16	29 ♉ 30	15 ♉ 31	20 ♈ 30	9 ♒ 47	9 ♌ 50	26 ♊ 50	2 ♓ 27	13 ♒ 10	19 ♐ 24	22 ♉	6 ♈	11 ♏	28 ♍	18 ♑
10	18 ♉ 34	20 ♌ 10	0 ♊ 13	29 R 31	14 ♉ 54	21 ♈ 43	10 ♒ 22	9 ♌ 56	26 ♊ 56	2 ♓ 29	13 ♒ 10	19 ♐ 23	22 ♉	7 ♈	11 ♏	28 ♍	18 ♑
11	19 ♉ 32	3 ♍ 41	0 ♊ 9	29 ♉ 30	14 ♉ 18	22 ♈ 55	10 ♒ 56	10 ♌ 3	27 ♊ 3	2 ♓ 30	13 ♒ 10	19 ♐ 21	23 ♉	7 ♈	11 ♏	28 ♍	17 ♑
12	20 ♉ 30	17 ♍ 37	0 ♊ 6	29 ♉ 30	13 ♉ 44	24 ♈ 8	11 ♒ 30	10 ♌ 9	27 ♊ 10	2 ♓ 31	13 ♒ 10	19 ♐ 20	23 ♉	7 ♈	10 ♏	28 D	17 ♑
13	21 ♉ 28	1 ♎ 59	0 ♊ 3	29 ♉ 29	13 ♉ 12	25 ♈ 21	12 ♒ 4	10 ♌ 15	27 ♊ 17	2 ♓ 33	13 ♒ 10	19 ♐ 19	23 ♉	8 ♈	10 ♏	28 ♍	17 ♑
14	22 ♉ 26	16 ♎ 43	0 ♊ 0	29 ♉ 28	12 ♉ 43	26 ♈ 33	12 ♒ 38	10 ♌ 22	27 ♊ 24	2 ♓ 34	13 ♒ 11	19 ♐ 17	24 ♉	8 ♈	10 ♏	28 ♍	17 ♑
15	23 ♉ 24	1 ♏ 44	29 ♉ 57	29 ♉ 27	12 ♉ 18	27 ♈ 46	13 ♒ 11	10 ♌ 29	27 ♊ 30	2 ♓ 35	13 ♒ 11	19 ♐ 16	24 ♉	8 ♈	10 ♏	28 ♍	17 ♑
16	24 ♉ 22	16 ♏ 54	29 ♉ 54	29 ♉ 27	11 ♉ 56	28 ♈ 59	13 ♒ 45	10 ♌ 36	27 ♊ 37	2 ♓ 36	13 ♒ 11	19 ♐ 14	25 ♉	8 ♈	9 ♏	28 ♍	17 ♑
17	25 ♉ 20	2 ♐ 4	29 ♉ 50	29 D 27	11 ♉ 37	0 ♉ 12	14 ♒ 18	10 ♌ 43	27 ♊ 44	2 ♓ 37	13 R 11	19 ♐ 13	25 ♉	9 ♈	9 ♏	28 ♍	17 ♑
18	26 ♉ 18	17 ♐ 4	29 ♉ 47	29 ♉ 27	11 ♉ 23	1 ♉ 24	14 ♒ 51	10 ♌ 50	27 ♊ 51	2 ♓ 38	13 ♒ 11	19 ♐ 12	25 ♉	9 ♈	9 ♏	28 ♍	17 ♑
19	27 ♉ 15	1 ♑ 47	29 ♉ 44	29 ♉ 27	11 ♉ 13	2 ♉ 37	15 ♒ 24	10 ♌ 57	27 ♊ 58	2 ♓ 39	13 ♒ 11	19 ♐ 10	26 ♉	9 ♈	9 ♏	28 ♍	17 ♑
20	28 ♉ 13	16 ♑ 6	29 ♉ 41	29 ♉ 27	11 ♉ 8	3 ♉ 50	15 ♒ 57	11 ♌ 4	28 ♊ 6	2 ♓ 40	13 ♒ 10	19 ♐ 9	26 ♉	10 ♈	9 ♏	28 ♍	17 ♑
21	29 ♉ 11	29 ♑ 59	29 ♉ 38	29 ♉ 27	11 D 7	5 ♉ 3	16 ♒ 30	11 ♌ 12	28 ♊ 13	2 ♓ 41	13 ♒ 10	19 ♐ 7	27 ♉	10 ♈	8 ♏	28 ♍	17 ♑
22	0 ♊ 9	13 ♒ 25	29 ♉ 34	29 R 27	11 ♉ 11	6 ♉ 16	17 ♒ 3	11 ♌ 20	28 ♊ 20	2 ♓ 42	13 ♒ 10	19 ♐ 6	27 ♉	10 ♈	8 ♏	28 ♍	17 ♑
23	1 ♊ 6	26 ♒ 26	29 ♉ 31	29 ♉ 27	11 ♉ 19	7 ♉ 29	17 ♒ 35	11 ♌ 27	28 ♊ 27	2 ♓ 43	13 ♒ 10	19 ♐ 4	27 ♉	11 ♈	8 ♏	29 ♍	17 ♑
24	2 ♊ 4	9 ♓ 5	29 ♉ 28	29 D 27	11 ♉ 32	8 ♉ 41	18 ♒ 7	11 ♌ 35	28 ♊ 34	2 ♓ 43	13 ♒ 10	19 ♐ 3	28 ♉	11 ♈	8 ♏	29 ♍	17 ♑
25	3 ♊ 2	21 ♓ 25	29 ♉ 25	29 ♉ 27	11 ♉ 49	9 ♉ 54	18 ♒ 39	11 ♌ 43	28 ♊ 42	2 ♓ 44	13 ♒ 9	19 ♐ 1	28 ♉	11 ♈	8 ♏	29 ♍	17 ♑
26	3 ♊ 59	3 ♈ 31	29 ♉ 22	29 ♉ 28	12 ♉ 11	11 ♉ 7	19 ♒ 11	11 ♌ 51	28 ♊ 49	2 ♓ 45	13 ♒ 9	19 ♐ 0	29 ♉	12 ♈	7 ♏	29 ♍	17 ♑
27	4 ♊ 57	15 ♈ 26	29 ♉ 19	29 ♉ 28	12 ♉ 37	12 ♉ 20	19 ♒ 42	12 ♌ 0	28 ♊ 56	2 ♓ 45	13 ♒ 9	18 ♐ 58	29 ♉	12 ♈	7 ♏	29 ♍	17 ♑
28	5 ♊ 55	27 ♈ 16	29 ♉ 15	29 ♉ 29	13 ♉ 7	13 ♉ 33	20 ♒ 14	12 ♌ 8	29 ♊ 4	2 ♓ 46	13 ♒ 8	18 ♐ 57	0 ♊	12 ♈	7 ♏	29 ♍	17 ♑
29	6 ♊ 52	9 ♉ 3	29 ♉ 12	29 ♉ 30	13 ♉ 41	14 ♉ 46	20 ♒ 45	12 ♌ 17	29 ♊ 11	2 ♓ 46	13 ♒ 8	18 ♐ 55	0 ♊	12 ♈	7 ♏	29 ♍	17 ♑
30	7 ♊ 50	20 ♉ 51	29 ♉ 9	29 ♉ 30	14 ♉ 19	15 ♉ 59	21 ♒ 16	12 ♌ 25	29 ♊ 19	2 ♓ 47	13 ♒ 8	18 ♐ 54	0 ♊	13 ♈	7 ♏	29 ♍	17 ♑
31	8 ♊ 47	2 ♊ 42	29 ♉ 6	29 R 30	15 ♉ 1	17 ♉ 12	21 ♒ 47	12 ♌ 34	29 ♊ 26	2 ♓ 47	13 ♒ 7	18 ♐ 52	1 ♊	13 ♈	7 ♏	29 ♍	17 ♑

SUN INGRESS	☉ → ♊ 21日 20:12
MOON PHASE	● 1日 21:15 ♉　◐ 9日 20:53 ♌　○ 16日 12:36 ♏　◑ 23日 09:31 ♓　● 31日 13:20 ♊

aspects

2日	21:57	♀⚹♆
4日	09:18	☉□♆
7日	16:20	☉☌☿
8日	02:35	♀△♇
9日	02:36	♂☍♃
13日	01:30	☿□♆
14日	02:19	☿□♂
14日	18:15	♀⚹♄
14日	23:35	♂☌♆
19日	00:39	♀⚹♅
20日	08:46	☿□♃
24日	10:24	☿□♃
24日	16:36	☉□♅
25日	15:58	♂⚹♇
26日	16:28	♀□♃
27日	09:03	☿☌♀
27日	16:00	♀□♆
28日	01:16	☿□♆

2003年6月

DAY	☉	☽	☊ mean	☊ true	☿	♀	♂	♃	♄	♅	♆	♇	⚳	⚴	⚵	⚶	⚷
	° ′	° ′	° ′	° ′	° ′	° ′	° ′	° ′	° ′	° ′	° ′	° ′	°	°	°	°	°
1	9 ♊ 45	14 ♊ 39	29 ♉ 3	29 R 30	15 D 47	18 D 25	22 D 17	12 D 43	29 D 34	2 D 48	13 R 7	18 R 50	1 D	13 D	6 R	0 D	17 R
2	10 ♊ 42	26 ♊ 43	29 ♉ 0	29 ♉ 29	16 ♉ 37	19 ♉ 38	22 ♒ 47	12 ♌ 52	29 ♊ 41	2 ♓ 48	13 ♒ 6	18 ♐ 49	2 ♊	14 ♈	6 ♏	0 ♎	17 ♑
3	11 ♊ 40	8 ♋ 57	28 ♉ 56	29 ♉ 27	17 ♉ 30	20 ♉ 50	23 ♒ 17	13 ♌ 1	29 ♊ 49	2 ♓ 48	13 ♒ 6	18 ♐ 47	2 ♊	14 ♈	6 ♏	0 ♎	17 ♑
4	12 ♊ 37	21 ♋ 22	28 ♉ 53	29 ♉ 26	18 ♉ 26	22 ♉ 3	23 ♒ 47	13 ♌ 10	29 ♊ 56	2 ♓ 48	13 ♒ 5	18 ♐ 46	2 ♊	14 ♈	6 ♏	0 ♎	17 ♑
5	13 ♊ 35	4 ♌ 1	28 ♉ 50	29 ♉ 24	19 ♉ 27	23 ♉ 16	24 ♒ 16	13 ♌ 19	0 ♋ 4	2 ♓ 49	13 ♒ 5	18 ♐ 44	3 ♊	14 ♈	6 ♏	0 ♎	17 ♑
6	14 ♊ 32	16 ♌ 54	28 ♉ 47	29 ♉ 22	20 ♉ 30	24 ♉ 29	24 ♒ 46	13 ♌ 29	0 ♋ 11	2 ♓ 49	13 ♒ 4	18 ♐ 43	3 ♊	15 ♈	6 ♏	0 ♎	17 ♑
7	15 ♊ 30	0 ♍ 5	28 ♉ 44	29 ♉ 21	21 ♉ 36	25 ♉ 42	25 ♒ 15	13 ♌ 38	0 ♋ 19	2 ♓ 49	13 ♒ 3	18 ♐ 41	4 ♊	15 ♈	6 ♏	1 ♎	17 ♑
8	16 ♊ 27	13 ♍ 34	28 ♉ 40	29 ♉ 20	22 ♉ 46	26 ♉ 55	25 ♒ 43	13 ♌ 48	0 ♋ 27	2 R 49	13 ♒ 3	18 ♐ 39	4 ♊	15 ♈	6 ♏	1 ♎	16 ♑
9	17 ♊ 25	27 ♍ 22	28 ♉ 37	29 D 20	23 ♉ 59	28 ♉ 8	26 ♒ 12	13 ♌ 57	0 ♋ 34	2 ♓ 49	13 ♒ 2	18 ♐ 38	4 ♊	16 ♈	5 ♏	1 ♎	16 ♑
10	18 ♊ 22	11 ♎ 30	28 ♉ 34	29 ♉ 21	25 ♉ 15	29 ♉ 21	26 ♒ 40	14 ♌ 7	0 ♋ 42	2 ♓ 49	13 ♒ 1	18 ♐ 36	5 ♊	16 ♈	5 ♏	1 ♎	16 ♑
11	19 ♊ 19	25 ♎ 57	28 ♉ 31	29 ♉ 23	26 ♉ 34	0 ♊ 34	27 ♒ 7	14 ♌ 17	0 ♋ 50	2 ♓ 48	13 ♒ 0	18 ♐ 35	5 ♊	16 ♈	5 ♏	2 ♎	16 ♑
12	20 ♊ 17	10 ♏ 38	28 ♉ 28	29 ♉ 24	27 ♉ 56	1 ♊ 47	27 ♒ 35	14 ♌ 27	0 ♋ 57	2 ♓ 48	13 ♒ 0	18 ♐ 33	6 ♊	16 ♈	5 ♏	2 ♎	16 ♑
13	21 ♊ 14	25 ♏ 31	28 ♉ 25	29 ♉ 24	29 ♉ 21	3 ♊ 0	28 ♒ 2	14 ♌ 37	1 ♋ 5	2 ♓ 48	12 ♒ 59	18 ♐ 31	6 ♊	17 ♈	5 ♏	2 ♎	16 ♑
14	22 ♊ 11	10 ♐ 26	28 ♉ 21	29 R 24	0 ♊ 49	4 ♊ 14	28 ♒ 29	14 ♌ 47	1 ♋ 13	2 ♓ 48	12 ♒ 58	18 ♐ 30	7 ♊	17 ♈	5 ♏	2 ♎	16 ♑
15	23 ♊ 9	25 ♐ 18	28 ♉ 18	29 ♉ 23	2 ♊ 20	5 ♊ 27	28 ♒ 55	14 ♌ 57	1 ♋ 21	2 ♓ 47	12 ♒ 57	18 ♐ 28	7 ♊	17 ♈	5 ♏	2 ♎	16 ♑
16	24 ♊ 6	9 ♑ 57	28 ♉ 15	29 ♉ 20	3 ♊ 54	6 ♊ 40	29 ♒ 22	15 ♌ 8	1 ♋ 28	2 ♓ 47	12 ♒ 56	18 ♐ 27	7 ♊	17 ♈	5 ♏	3 ♎	16 ♑
17	25 ♊ 3	24 ♑ 18	28 ♉ 12	29 ♉ 17	5 ♊ 31	7 ♊ 53	29 ♒ 47	15 ♌ 18	1 ♋ 36	2 ♓ 47	12 ♒ 55	18 ♐ 25	8 ♊	18 ♈	5 ♏	3 ♎	16 ♑
18	26 ♊ 1	8 ♒ 16	28 ♉ 9	29 ♉ 13	7 ♊ 10	9 ♊ 6	0 ♓ 13	15 ♌ 29	1 ♋ 44	2 ♓ 46	12 ♒ 54	18 ♐ 23	8 ♊	18 ♈	5 ♏	3 ♎	16 ♑
19	26 ♊ 58	21 ♒ 47	28 ♉ 6	29 ♉ 10	8 ♊ 52	10 ♊ 19	0 ♓ 38	15 ♌ 39	1 ♋ 52	2 ♓ 46	12 ♒ 53	18 ♐ 22	9 ♊	18 ♈	5 ♏	3 ♎	16 ♑
20	27 ♊ 55	4 ♓ 53	28 ♉ 2	29 ♉ 7	10 ♊ 38	11 ♊ 32	1 ♓ 3	15 ♌ 50	2 ♋ 0	2 ♓ 45	12 ♒ 52	18 ♐ 20	9 ♊	18 ♈	4 ♏	4 ♎	16 ♑
21	28 ♊ 52	17 ♓ 35	27 ♉ 59	29 ♉ 5	12 ♊ 26	12 ♊ 45	1 ♓ 27	16 ♌ 0	2 ♋ 7	2 ♓ 44	12 ♒ 51	18 ♐ 19	9 ♊	19 ♈	4 ♏	4 ♎	16 ♑
22	29 ♊ 50	29 ♓ 57	27 ♉ 56	29 D 4	14 ♊ 16	13 ♊ 59	1 ♓ 51	16 ♌ 11	2 ♋ 15	2 ♓ 44	12 ♒ 50	18 ♐ 17	10 ♊	19 ♈	4 ♏	4 ♎	16 ♑
23	0 ♋ 47	12 ♈ 2	27 ♉ 53	29 ♉ 5	16 ♊ 9	15 ♊ 12	2 ♓ 14	16 ♌ 22	2 ♋ 23	2 ♓ 43	12 ♒ 49	18 ♐ 16	10 ♊	19 ♈	4 ♏	4 ♎	16 ♑
24	1 ♋ 44	23 ♈ 57	27 ♉ 50	29 ♉ 6	18 ♊ 5	16 ♊ 25	2 ♓ 37	16 ♌ 33	2 ♋ 31	2 ♓ 42	12 ♒ 48	18 ♐ 14	11 ♊	19 ♈	4 ♏	5 ♎	16 ♑
25	2 ♋ 41	5 ♉ 46	27 ♉ 46	29 ♉ 8	20 ♊ 3	17 ♊ 38	3 ♓ 0	16 ♌ 44	2 ♋ 39	2 ♓ 42	12 ♒ 47	18 ♐ 12	11 ♊	20 ♈	4 ♏	5 ♎	16 ♑
26	3 ♋ 39	17 ♉ 33	27 ♉ 43	29 ♉ 9	22 ♊ 4	18 ♊ 51	3 ♓ 22	16 ♌ 55	2 ♋ 46	2 ♓ 41	12 ♒ 46	18 ♐ 11	11 ♊	20 ♈	4 ♏	5 ♎	15 ♑
27	4 ♋ 36	29 ♉ 23	27 ♉ 40	29 R 10	24 ♊ 6	20 ♊ 5	3 ♓ 44	17 ♌ 6	2 ♋ 54	2 ♓ 40	12 ♒ 44	18 ♐ 9	12 ♊	20 ♈	4 ♏	6 ♎	15 ♑
28	5 ♋ 33	11 ♊ 20	27 ♉ 37	29 ♉ 9	26 ♊ 11	21 ♊ 18	4 ♓ 5	17 ♌ 18	3 ♋ 2	2 ♓ 39	12 ♒ 43	18 ♐ 8	12 ♊	20 ♈	4 ♏	6 ♎	15 ♑
29	6 ♋ 30	23 ♊ 26	27 ♉ 34	29 ♉ 7	28 ♊ 17	22 ♊ 31	4 ♓ 26	17 ♌ 29	3 ♋ 10	2 ♓ 38	12 ♒ 42	18 ♐ 6	13 ♊	21 ♈	4 ♏	6 ♎	15 ♑
30	7 ♋ 27	5 ♋ 43	27 ♉ 31	29 ♉ 2	0 ♋ 25	23 ♊ 45	4 ♓ 46	17 ♌ 40	3 ♋ 18	2 ♓ 37	12 ♒ 41	18 ♐ 5	13 ♊	21 ♈	4 D	7 ♎	15 ♑

SUN INGRESS	☉ → ♋ 22日 04:10
MOON PHASE	◐ 8日 05:28 ♍　○ 14日 20:16 ♐　◑ 21日 23:45 ♓　● 30日 03:39 ♋

aspects

3日	11:55	♃☍♆
4日	11:26	☉△♆
4日	16:13	☉⚹♃
6日	08:53	♀□♂
10日	05:44	☉☍♇
11日	14:48	☿□♂
12日	19:56	♀□♅
15日	07:04	☿□♅
21日	01:52	♀△♆
21日	05:32	☿△♆
21日	12:52	☿☌♀
23日	02:55	☿⚹♃
23日	13:20	♂△♄
24日	01:46	☿☍♇
24日	03:07	♀⚹♃
24日	05:02	♂☌♅
24日	22:39	☉☌♄
25日	00:07	☉△♅
25日	08:34	♄△♅
25日	10:59	♀☍♇
25日	12:54	☉△♂

2003年7月

DAY	☉	☽	☊ mean	☊ true	☿	♀	♂	♃	♄	♅	♆	♇	⚳	⚴	⚵	⚶	⚷
	° ′	° ′	° ′	° ′	° ′	° ′	° ′	° ′	° ′	° ′	° ′	° ′	°	°	°	°	°
1	8 ♋ 25	18 ♋ 13	27 ♉ 27	28 R 57	2 D 33	24 D 58	5 D 6	17 D 52	3 D 25	2 R 36	12 R 39	18 R 3	13 D	21 D	4 D	7 D	15 R
2	9 ♋ 22	0 ♌ 57	27 ♉ 24	28 ♉ 50	4 ♋ 43	26 ♊ 11	5 ♓ 25	18 ♌ 3	3 ♋ 33	2 ♓ 35	12 ♒ 38	18 ♐ 2	14 ♊	21 ♈	4 ♏	7 ♎	15 ♑
3	10 ♋ 19	13 ♌ 54	27 ♉ 21	28 ♉ 43	6 ♋ 53	27 ♊ 25	5 ♓ 44	18 ♌ 15	3 ♋ 41	2 ♓ 34	12 ♒ 37	18 ♐ 0	14 ♊	22 ♈	4 ♏	7 ♎	15 ♑
4	11 ♋ 16	27 ♌ 4	27 ♉ 18	28 ♉ 37	9 ♋ 4	28 ♊ 38	6 ♓ 2	18 ♌ 26	3 ♋ 49	2 ♓ 32	12 ♒ 36	17 ♐ 59	15 ♊	22 ♈	4 ♏	8 ♎	15 ♑
5	12 ♋ 14	10 ♍ 28	27 ♉ 15	28 ♉ 31	11 ♋ 15	29 ♊ 51	6 ♓ 20	18 ♌ 38	3 ♋ 56	2 ♓ 31	12 ♒ 34	17 ♐ 58	15 ♊	22 ♈	4 ♏	8 ♎	15 ♑
6	13 ♋ 11	24 ♍ 4	27 ♉ 12	28 ♉ 28	13 ♋ 25	1 ♋ 5	6 ♓ 37	18 ♌ 50	4 ♋ 4	2 ♓ 30	12 ♒ 33	17 ♐ 56	15 ♊	22 ♈	4 ♏	8 ♎	15 ♑
7	14 ♋ 8	7 ♎ 53	27 ♉ 8	28 ♉ 26	15 ♋ 35	2 ♋ 18	6 ♓ 53	19 ♌ 2	4 ♋ 12	2 ♓ 29	12 ♒ 32	17 ♐ 55	16 ♊	22 ♈	4 ♏	9 ♎	15 ♑
8	15 ♋ 5	21 ♎ 54	27 ♉ 5	28 D 26	17 ♋ 44	3 ♋ 32	7 ♓ 9	19 ♌ 13	4 ♋ 20	2 ♓ 27	12 ♒ 30	17 ♐ 53	16 ♊	23 ♈	4 ♏	9 ♎	15 ♑
9	16 ♋ 2	6 ♏ 6	27 ♉ 2	28 ♉ 27	19 ♋ 52	4 ♋ 45	7 ♓ 24	19 ♌ 25	4 ♋ 27	2 ♓ 26	12 ♒ 29	17 ♐ 52	17 ♊	23 ♈	4 ♏	9 ♎	15 ♑
10	17 ♋ 0	20 ♏ 28	26 ♉ 59	28 ♉ 28	21 ♋ 59	5 ♋ 59	7 ♓ 39	19 ♌ 37	4 ♋ 35	2 ♓ 25	12 ♒ 27	17 ♐ 51	17 ♊	23 ♈	4 ♏	10 ♎	15 ♑
11	17 ♋ 57	4 ♐ 57	26 ♉ 56	28 R 28	24 ♋ 5	7 ♋ 12	7 ♓ 53	19 ♌ 49	4 ♋ 43	2 ♓ 23	12 ♒ 26	17 ♐ 49	17 ♊	23 ♈	5 ♏	10 ♎	15 ♑
12	18 ♋ 54	19 ♐ 30	26 ♉ 52	28 ♉ 27	26 ♋ 10	8 ♋ 26	8 ♓ 7	20 ♌ 1	4 ♋ 50	2 ♓ 22	12 ♒ 24	17 ♐ 48	18 ♊	24 ♈	5 ♏	11 ♎	14 ♑
13	19 ♋ 51	4 ♑ 0	26 ♉ 49	28 ♉ 23	28 ♋ 12	9 ♋ 39	8 ♓ 19	20 ♌ 13	4 ♋ 58	2 ♓ 20	12 ♒ 23	17 ♐ 47	18 ♊	24 ♈	5 ♏	11 ♎	14 ♑
14	20 ♋ 48	18 ♑ 23	26 ♉ 46	28 ♉ 17	0 ♌ 14	10 ♋ 53	8 ♓ 32	20 ♌ 26	5 ♋ 6	2 ♓ 18	12 ♒ 22	17 ♐ 46	19 ♊	24 ♈	5 ♏	11 ♎	14 ♑
15	21 ♋ 46	2 ♒ 33	26 ♉ 43	28 ♉ 9	2 ♌ 13	12 ♋ 6	8 ♓ 43	20 ♌ 38	5 ♋ 13	2 ♓ 17	12 ♒ 20	17 ♐ 44	19 ♊	24 ♈	5 ♏	12 ♎	14 ♑
16	22 ♋ 43	16 ♒ 23	26 ♉ 40	28 ♉ 0	4 ♌ 11	13 ♋ 20	8 ♓ 54	20 ♌ 50	5 ♋ 21	2 ♓ 15	12 ♒ 19	17 ♐ 43	19 ♊	24 ♈	5 ♏	12 ♎	14 ♑
17	23 ♋ 40	29 ♒ 52	26 ♉ 37	27 ♉ 52	6 ♌ 7	14 ♋ 33	9 ♓ 4	21 ♌ 2	5 ♋ 28	2 ♓ 14	12 ♒ 17	17 ♐ 42	20 ♊	24 ♈	5 ♏	12 ♎	14 ♑
18	24 ♋ 37	12 ♓ 57	26 ♉ 33	27 ♉ 44	8 ♌ 2	15 ♋ 47	9 ♓ 14	21 ♌ 15	5 ♋ 36	2 ♓ 12	12 ♒ 15	17 ♐ 41	20 ♊	25 ♈	5 ♏	13 ♎	14 ♑
19	25 ♋ 34	25 ♓ 40	26 ♉ 30	27 ♉ 38	9 ♌ 54	17 ♋ 1	9 ♓ 22	21 ♌ 27	5 ♋ 43	2 ♓ 10	12 ♒ 14	17 ♐ 39	21 ♊	25 ♈	5 ♏	13 ♎	14 ♑
20	26 ♋ 32	8 ♈ 2	26 ♉ 27	27 ♉ 34	11 ♌ 45	18 ♋ 14	9 ♓ 30	21 ♌ 39	5 ♋ 51	2 ♓ 8	12 ♒ 12	17 ♐ 38	21 ♊	25 ♈	5 ♏	13 ♎	14 ♑
21	27 ♋ 29	20 ♈ 9	26 ♉ 24	27 ♉ 32	13 ♌ 34	19 ♋ 28	9 ♓ 37	21 ♌ 52	5 ♋ 58	2 ♓ 6	12 ♒ 11	17 ♐ 37	21 ♊	25 ♈	5 ♏	14 ♎	14 ♑
22	28 ♋ 26	2 ♉ 4	26 ♉ 21	27 D 32	15 ♌ 21	20 ♋ 42	9 ♓ 44	22 ♌ 4	6 ♋ 6	2 ♓ 5	12 ♒ 9	17 ♐ 36	22 ♊	25 ♈	5 ♏	14 ♎	14 ♑
23	29 ♋ 24	13 ♉ 53	26 ♉ 18	27 ♉ 32	17 ♌ 6	21 ♋ 55	9 ♓ 50	22 ♌ 17	6 ♋ 13	2 ♓ 3	12 ♒ 8	17 ♐ 35	22 ♊	26 ♈	6 ♏	15 ♎	14 ♑
24	0 ♌ 21	25 ♉ 42	26 ♉ 14	27 ♉ 33	18 ♌ 49	23 ♋ 9	9 ♓ 55	22 ♌ 29	6 ♋ 21	2 ♓ 1	12 ♒ 6	17 ♐ 34	23 ♊	26 ♈	6 ♏	15 ♎	14 ♑
25	1 ♌ 18	7 ♊ 35	26 ♉ 11	27 R 33	20 ♌ 31	24 ♋ 23	9 ♓ 59	22 ♌ 42	6 ♋ 28	1 ♓ 59	12 ♒ 5	17 ♐ 33	23 ♊	26 ♈	6 ♏	15 ♎	14 ♑
26	2 ♌ 15	19 ♊ 37	26 ♉ 8	27 ♉ 30	22 ♌ 11	25 ♋ 37	10 ♓ 2	22 ♌ 55	6 ♋ 35	1 ♓ 57	12 ♒ 3	17 ♐ 32	23 ♊	26 ♈	6 ♏	16 ♎	14 ♑
27	3 ♌ 13	1 ♋ 51	26 ♉ 5	27 ♉ 26	23 ♌ 49	26 ♋ 51	10 ♓ 5	23 ♌ 7	6 ♋ 43	1 ♓ 55	12 ♒ 1	17 ♐ 31	24 ♊	26 ♈	6 ♏	16 ♎	14 ♑
28	4 ♌ 10	14 ♋ 21	26 ♉ 2	27 ♉ 18	25 ♌ 25	28 ♋ 4	10 ♓ 6	23 ♌ 20	6 ♋ 50	1 ♓ 53	12 ♒ 0	17 ♐ 30	24 ♊	26 ♈	6 ♏	17 ♎	14 ♑
29	5 ♌ 8	27 ♋ 8	25 ♉ 58	27 ♉ 9	26 ♌ 59	29 ♋ 18	10 ♓ 7	23 ♌ 33	6 ♋ 57	1 ♓ 51	11 ♒ 58	17 ♐ 29	25 ♊	26 ♈	6 ♏	17 ♎	13 ♑
30	6 ♌ 5	10 ♌ 13	25 ♉ 55	26 ♉ 58	28 ♌ 32	0 ♌ 32	10 R 7	23 ♌ 45	7 ♋ 4	1 ♓ 49	11 ♒ 56	17 ♐ 28	25 ♊	27 ♈	6 ♏	17 ♎	13 ♑
31	7 ♌ 2	23 ♌ 33	25 ♉ 52	26 ♉ 47	0 ♍ 3	1 ♌ 46	10 ♓ 7	23 ♌ 58	7 ♋ 11	1 ♓ 47	11 ♒ 55	17 ♐ 27	25 ♊	27 ♈	7 ♏	18 ♎	13 ♑

SUN INGRESS: ☉ → ♌ 23日 15:04

MOON PHASE: ◐ 7日 11:32 ♎ ○ 14日 04:21 ♑ ◑ 21日 16:01 ♈ ● 29日 15:53 ♌

aspects		
1日	00:27	☿△♅
1日	10:14	☿☌♄
1日	21:47	♃△♇
2日	09:05	☿△♂
5日	19:20	☉☌☿
7日	03:20	♀△♅
8日	17:30	♀☌♄
11日	16:27	♀△♂
20日	05:58	☿☍♆
23日	06:38	☿△♇
26日	12:17	☿☌♃

2003年8月

DAY	☉	☽	☊ mean	☊ true	☿	♀	♂	♃	♄	♅	♆	♇	⚳	⚴	⚵	⚶	⚷
	° ′	° ′	° ′	° ′	° ′	° ′	° ′	° ′	° ′	° ′	° ′	° ′	°	°	°	°	°
1	8 ♌ 0	7 ♍ 7	25 ♉ 49	26 R 36	1 D 32	3 D 0	10 R 5	24 D 11	7 D 19	1 R 45	11 R 53	17 R 26	26 D	27 D	7 D	18 D	13 R
2	8 ♌ 57	20 ♍ 52	25 ♉ 46	26 ♉ 27	2 ♍ 59	4 ♌ 14	10 ♓ 3	24 ♌ 24	7 ♋ 26	1 ♓ 43	11 ♒ 52	17 ♐ 25	26 ♊	27 ♈	7 ♏	19 ♎	13 ♑
3	9 ♌ 54	4 ♎ 45	25 ♉ 43	26 ♉ 20	4 ♍ 24	5 ♌ 28	10 ♓ 0	24 ♌ 37	7 ♋ 33	1 ♓ 40	11 ♒ 50	17 ♐ 25	26 ♊	27 ♈	7 ♏	19 ♎	13 ♑
4	10 ♌ 52	18 ♎ 45	25 ♉ 39	26 ♉ 16	5 ♍ 48	6 ♌ 42	9 ♓ 56	24 ♌ 50	7 ♋ 40	1 ♓ 38	11 ♒ 48	17 ♐ 24	27 ♊	27 ♈	7 ♏	19 ♎	13 ♑
5	11 ♌ 49	2 ♏ 48	25 ♉ 36	26 ♉ 15	7 ♍ 9	7 ♌ 56	9 ♓ 52	25 ♌ 3	7 ♋ 47	1 ♓ 36	11 ♒ 47	17 ♐ 23	27 ♊	27 ♈	7 ♏	20 ♎	13 ♑
6	12 ♌ 47	16 ♏ 55	25 ♉ 33	26 D 15	8 ♍ 29	9 ♌ 10	9 ♓ 46	25 ♌ 15	7 ♋ 53	1 ♓ 34	11 ♒ 45	17 ♐ 22	28 ♊	27 ♈	7 ♏	20 ♎	13 ♑
7	13 ♌ 44	1 ♐ 4	25 ♉ 30	26 R 15	9 ♍ 47	10 ♌ 24	9 ♓ 40	25 ♌ 28	8 ♋ 0	1 ♓ 32	11 ♒ 43	17 ♐ 22	28 ♊	27 ♈	8 ♏	21 ♎	13 ♑
8	14 ♌ 42	15 ♐ 14	25 ♉ 27	26 ♉ 14	11 ♍ 2	11 ♌ 38	9 ♓ 34	25 ♌ 41	8 ♋ 7	1 ♓ 29	11 ♒ 42	17 ♐ 21	28 ♊	28 ♈	8 ♏	21 ♎	13 ♑
9	15 ♌ 39	29 ♐ 23	25 ♉ 24	26 ♉ 11	12 ♍ 15	12 ♌ 52	9 ♓ 26	25 ♌ 54	8 ♋ 14	1 ♓ 27	11 ♒ 40	17 ♐ 20	29 ♊	28 ♈	8 ♏	22 ♎	13 ♑
10	16 ♌ 37	13 ♑ 28	25 ♉ 20	26 ♉ 5	13 ♍ 27	14 ♌ 6	9 ♓ 18	26 ♌ 7	8 ♋ 21	1 ♓ 25	11 ♒ 39	17 ♐ 20	29 ♊	28 ♈	8 ♏	22 ♎	13 ♑
11	17 ♌ 34	27 ♑ 27	25 ♉ 17	25 ♉ 56	14 ♍ 36	15 ♌ 20	9 ♓ 9	26 ♌ 20	8 ♋ 27	1 ♓ 22	11 ♒ 37	17 ♐ 19	29 ♊	28 ♈	8 ♏	22 ♎	13 ♑
12	18 ♌ 32	11 ♒ 15	25 ♉ 14	25 ♉ 45	15 ♍ 42	16 ♌ 34	8 ♓ 59	26 ♌ 33	8 ♋ 34	1 ♓ 20	11 ♒ 35	17 ♐ 18	0 ♋	28 ♈	9 ♏	23 ♎	13 ♑
13	19 ♌ 29	24 ♒ 49	25 ♉ 11	25 ♉ 33	16 ♍ 46	17 ♌ 48	8 ♓ 49	26 ♌ 46	8 ♋ 41	1 ♓ 18	11 ♒ 34	17 ♐ 18	0 ♋	28 ♈	9 ♏	23 ♎	13 ♑
14	20 ♌ 27	8 ♓ 4	25 ♉ 8	25 ♉ 21	17 ♍ 48	19 ♌ 2	8 ♓ 38	26 ♌ 59	8 ♋ 47	1 ♓ 16	11 ♒ 32	17 ♐ 17	1 ♋	28 ♈	9 ♏	24 ♎	13 ♑
15	21 ♌ 25	21 ♓ 1	25 ♉ 4	25 ♉ 10	18 ♍ 47	20 ♌ 16	8 ♓ 27	27 ♌ 12	8 ♋ 54	1 ♓ 13	11 ♒ 30	17 ♐ 17	1 ♋	28 ♈	9 ♏	24 ♎	13 ♑
16	22 ♌ 22	3 ♈ 39	25 ♉ 1	25 ♉ 1	19 ♍ 43	21 ♌ 30	8 ♓ 15	27 ♌ 26	9 ♋ 0	1 ♓ 11	11 ♒ 29	17 ♐ 17	1 ♋	28 ♈	9 ♏	25 ♎	13 ♑
17	23 ♌ 20	15 ♈ 58	24 ♉ 58	24 ♉ 54	20 ♍ 37	22 ♌ 45	8 ♓ 2	27 ♌ 39	9 ♋ 6	1 ♓ 8	11 ♒ 27	17 ♐ 16	2 ♋	28 ♈	9 ♏	25 ♎	13 ♑
18	24 ♌ 17	28 ♈ 4	24 ♉ 55	24 ♉ 50	21 ♍ 27	23 ♌ 59	7 ♓ 49	27 ♌ 52	9 ♋ 13	1 ♓ 6	11 ♒ 26	17 ♐ 16	2 ♋	28 ♈	10 ♏	26 ♎	13 ♑
19	25 ♌ 15	9 ♉ 58	24 ♉ 52	24 ♉ 49	22 ♍ 14	25 ♌ 13	7 ♓ 36	28 ♌ 5	9 ♋ 19	1 ♓ 4	11 ♒ 24	17 ♐ 15	2 ♋	28 ♈	10 ♏	26 ♎	12 ♑
20	26 ♌ 13	21 ♉ 47	24 ♉ 49	24 ♉ 48	22 ♍ 57	26 ♌ 27	7 ♓ 22	28 ♌ 18	9 ♋ 25	1 ♓ 1	11 ♒ 23	17 ♐ 15	3 ♋	28 ♈	10 ♏	26 ♎	12 ♑
21	27 ♌ 11	3 ♊ 36	24 ♉ 45	24 ♉ 48	23 ♍ 37	27 ♌ 41	7 ♓ 7	28 ♌ 31	9 ♋ 31	0 ♓ 59	11 ♒ 21	17 ♐ 15	3 ♋	28 ♈	10 ♏	27 ♎	12 ♑
22	28 ♌ 8	15 ♊ 30	24 ♉ 42	24 ♉ 47	24 ♍ 13	28 ♌ 56	6 ♓ 53	28 ♌ 44	9 ♋ 37	0 ♓ 57	11 ♒ 19	17 ♐ 15	3 ♋	28 ♈	11 ♏	27 ♎	12 ♑
23	29 ♌ 6	27 ♊ 35	24 ♉ 39	24 ♉ 45	24 ♍ 46	0 ♍ 10	6 ♓ 37	28 ♌ 57	9 ♋ 43	0 ♓ 54	11 ♒ 18	17 ♐ 14	4 ♋	28 ♈	11 ♏	28 ♎	12 ♑
24	0 ♍ 4	9 ♋ 55	24 ♉ 36	24 ♉ 40	25 ♍ 13	1 ♍ 24	6 ♓ 22	29 ♌ 10	9 ♋ 49	0 ♓ 52	11 ♒ 16	17 ♐ 14	4 ♋	28 R	11 ♏	28 ♎	12 ♑
25	1 ♍ 2	22 ♋ 33	24 ♉ 33	24 ♉ 33	25 ♍ 36	2 ♍ 39	6 ♓ 6	29 ♌ 23	9 ♋ 55	0 ♓ 49	11 ♒ 15	17 ♐ 14	5 ♋	28 ♈	11 ♏	29 ♎	12 ♑
26	2 ♍ 0	5 ♌ 33	24 ♉ 29	24 ♉ 23	25 ♍ 55	3 ♍ 53	5 ♓ 51	29 ♌ 36	10 ♋ 1	0 ♓ 47	11 ♒ 13	17 ♐ 14	5 ♋	28 ♈	11 ♏	29 ♎	12 ♑
27	2 ♍ 58	18 ♌ 55	24 ♉ 26	24 ♉ 11	26 ♍ 8	5 ♍ 7	5 ♓ 35	29 ♌ 49	10 ♋ 7	0 ♓ 45	11 ♒ 12	17 ♐ 14	5 ♋	28 ♈	12 ♏	0 ♏	12 ♑
28	3 ♍ 56	2 ♍ 37	24 ♉ 23	23 ♉ 59	26 ♍ 16	6 ♍ 22	5 ♓ 19	0 ♍ 3	10 ♋ 12	0 ♓ 42	11 ♒ 10	17 ♐ 14	6 ♋	28 ♈	12 ♏	0 ♏	12 ♑
29	4 ♍ 54	16 ♍ 36	24 ♉ 20	23 ♉ 48	26 R 19	7 ♍ 36	5 ♓ 3	0 ♍ 16	10 ♋ 18	0 ♓ 40	11 ♒ 9	17 ♐ 14	6 ♋	28 ♈	12 ♏	1 ♏	12 ♑
30	5 ♍ 52	0 ♎ 46	24 ♉ 17	23 ♉ 38	26 ♍ 16	8 ♍ 50	4 ♓ 47	0 ♍ 29	10 ♋ 24	0 ♓ 37	11 ♒ 7	17 D 14	6 ♋	28 ♈	12 ♏	1 ♏	12 ♑
31	6 ♍ 50	15 ♎ 4	24 ♉ 14	23 ♉ 31	26 ♍ 6	10 ♍ 5	4 ♓ 31	0 ♍ 42	10 ♋ 29	0 ♓ 35	11 ♒ 6	17 ♐ 14	7 ♋	28 ♈	13 ♏	2 ♏	12 ♑

SUN INGRESS: ☉ → ♍ 23日 22:08

MOON PHASE: ◐ 5日 16:28 ♏ ○ 12日 13:48 ♒ ◑ 20日 09:48 ♉ ● 28日 02:26 ♍

aspects		
1日	03:23	☿☍♅
4日	22:54	☉☍♆
5日	12:12	☿⚹♄
6日	22:12	☿☍♂
8日	01:18	♀☍♆
10日	17:42	☉△♇
12日	14:19	♀△♇
13日	11:55	♂△♄
13日	12:01	☿□♇
19日	03:04	☉☌♀
21日	19:23	♀☌♃
22日	19:08	☉☌♃
23日	13:48	♀☍♅
24日	19:02	☉☍♅
27日	07:17	♀☍♂
29日	02:58	☉☍♂
30日	13:37	♃☍♅
31日	08:23	♀⚹♄

2003年9月

DAY	☉	☽	☊ mean	☊ true	☿	♀	♂	♃	♄	♅	♆	♇	⚳	⚴	⚵	⚶	⚷
	° ′	° ′	° ′	° ′	° ′	° ′	° ′	° ′	° ′	° ′	° ′	° ′	°	°	°	°	°
1	7♍48	29♎24	24♉10	23 R 27	25 R 51	11 D 19	4 R 15	0 D 55	10 D 34	0 R 33	11 R 5	17 D 14	7 D	28 R	13 D	2 D	12 R
2	8♍46	13♏41	24♉7	23♉25	25♍30	12♍34	3♓59	1♍8	10♋40	0♓30	11♒3	17♐14	7♋	28♈	13♏	2♏	12♑
3	9♍44	27♏55	24♉4	23 D 25	25♍2	13♍48	3♓44	1♍21	10♋45	0♓28	11♒2	17♐14	8♋	28♈	13♏	3♏	12♑
4	10♍42	12♐1	24♉1	23 R 25	24♍28	15♍3	3♓29	1♍34	10♋50	0♓26	11♒0	17♐14	8♋	28♈	14♏	3♏	12♑
5	11♍40	26♐1	23♉58	23♉24	23♍49	16♍17	3♓14	1♍47	10♋55	0♓23	10♒59	17♐14	8♋	28♈	14♏	4♏	12♑
6	12♍38	9♑53	23♉55	23♉21	23♍4	17♍31	2♓59	2♍0	11♋0	0♓21	10♒58	17♐15	9♋	28♈	14♏	4♏	12♑
7	13♍36	23♑37	23♉51	23♉16	22♍14	18♍46	2♓45	2♍13	11♋5	0♓19	10♒56	17♐15	9♋	27♈	14♏	5♏	12♑
8	14♍34	7♒11	23♉48	23♉8	21♍20	20♍0	2♓31	2♍26	11♋10	0♓16	10♒55	17♐15	9♋	27♈	15♏	5♏	12♑
9	15♍33	20♒34	23♉45	22♉58	20♍23	21♍15	2♓18	2♍39	11♋15	0♓14	10♒54	17♐15	10♋	27♈	15♏	6♏	12♑
10	16♍31	3♓45	23♉42	22♉47	19♍24	22♍29	2♓5	2♍52	11♋20	0♓12	10♒53	17♐16	10♋	27♈	15♏	6♏	12♑
11	17♍29	16♓42	23♉39	22♉36	18♍23	23♍44	1♓53	3♍4	11♋24	0♓10	10♒51	17♐16	10♋	27♈	15♏	7♏	12♑
12	18♍27	29♓23	23♉35	22♉26	17♍23	24♍58	1♓41	3♍17	11♋29	0♓7	10♒50	17♐17	11♋	27♈	16♏	7♏	12♑
13	19♍26	11♈50	23♉32	22♉17	16♍25	26♍13	1♓30	3♍30	11♋33	0♓5	10♒49	17♐17	11♋	27♈	16♏	8♏	12♑
14	20♍24	24♈3	23♉29	22♉11	15♍30	27♍27	1♓19	3♍43	11♋38	0♓3	10♒48	17♐18	11♋	27♈	16♏	8♏	12♑
15	21♍23	6♉4	23♉26	22♉7	14♍40	28♍42	1♓10	3♍56	11♋42	0♓1	10♒47	17♐18	12♋	26♈	16♏	9♏	12♑
16	22♍21	17♉56	23♉23	22♉6	13♍55	29♍57	1♓0	4♍8	11♋46	29♒58	10♒45	17♐19	12♋	26♈	17♏	9♏	12♑
17	23♍19	29♉44	23♉20	22 D 6	13♍17	1♎11	0♓52	4♍21	11♋50	29♒56	10♒44	17♐19	12♋	26♈	17♏	10♏	12♑
18	24♍18	11♊32	23♉16	22♉7	12♍48	2♎26	0♓44	4♍34	11♋54	29♒54	10♒43	17♐20	13♋	26♈	17♏	10♏	12♑
19	25♍17	23♊25	23♉13	22♉8	12♍26	3♎40	0♓37	4♍46	11♋58	29♒52	10♒42	17♐20	13♋	26♈	17♏	11♏	12 D
20	26♍15	5♋29	23♉10	22 R 7	12♍14	4♎55	0♓30	4♍59	12♋2	29♒50	10♒41	17♐21	13♋	26♈	18♏	11♏	12♑
21	27♍14	17♋50	23♉7	22♉5	12 D 12	6♎9	0♓25	5♍12	12♋6	29♒48	10♒40	17♐22	14♋	25♈	18♏	12♏	12♑
22	28♍12	0♌30	23♉4	22♉0	12♍19	7♎24	0♓20	5♍24	12♋10	29♒46	10♒39	17♐23	14♋	25♈	18♏	12♏	12♑
23	29♍11	13♌35	23♉1	21♉54	12♍37	8♎39	0♓16	5♍37	12♋13	29♒44	10♒38	17♐23	14♋	25♈	19♏	13♏	12♑
24	0♎10	27♌5	22♉57	21♉46	13♍3	9♎53	0♓12	5♍49	12♋17	29♒42	10♒37	17♐24	14♋	25♈	19♏	13♏	12♑
25	1♎9	11♍0	22♉54	21♉38	13♍39	11♎8	0♓10	6♍2	12♋20	29♒40	10♒36	17♐25	15♋	25♈	19♏	14♏	12♑
26	2♎7	25♍17	22♉51	21♉30	14♍24	12♎22	0♓8	6♍14	12♋23	29♒38	10♒36	17♐26	15♋	24♈	19♏	14♏	12♑
27	3♎6	9♎50	22♉48	21♉23	15♍16	13♎37	0♓7	6♍26	12♋27	29♒36	10♒35	17♐27	15♋	24♈	20♏	14♏	12♑
28	4♎5	24♎32	22♉45	21♉18	16♍17	14♎52	0 D 7	6♍39	12♋30	29♒34	10♒34	17♐28	16♋	24♈	20♏	15♏	12♑
29	5♎4	9♏17	22♉41	21♉16	17♍24	16♎6	0♓7	6♍51	12♋33	29♒33	10♒33	17♐29	16♋	24♈	20♏	16♏	12♑
30	6♎3	23♏57	22♉38	21 D 15	18♍38	17♎21	0♓9	7♍3	12♋36	29♒31	10♒32	17♐30	16♋	23♈	21♏	16♏	12♑
SUN INGRESS	☉ → ♎ 23日 19:47																
MOON PHASE	◐ 3日 21:34 ♐ ○ 11日 01:36 ♓ ◑ 19日 04:03 ♊ ● 26日 12:09 ♎																

aspects		
4日	03:48	☉⚹♄
5日	18:31	♀□♇
8日	04:59	♂☍♃
8日	14:34	☿☌♀
10日	18:37	☉□♇
11日	10:57	☉☌☿
12日	02:42	☿□♇
24日	14:03	♀△♆
26日	00:20	♀□♄
29日	01:31	☿□♇
30日	02:52	♀⚹♇

2003年10月

DAY	☉	☽	☊ mean	☊ true	☿	♀	♂	♃	♄	♅	♆	♇	⚳	⚴	⚵	⚶	⚷
	° ′	° ′	° ′	° ′	° ′	° ′	° ′	° ′	° ′	° ′	° ′	° ′	°	°	°	°	°
1	7♎2	8♐27	22♉35	21 D 16	19 D 57	18 D 36	0 D 11	7 D 15	12 D 38	29 R 29	10 R 32	17 D 31	16 D	23 R	21 D	17 D	12 D
2	8♎1	22♐44	22♉32	21♉17	21♍22	19♎50	0♓14	7♍28	12♋41	29♒27	10♒31	17♐32	17♋	23♈	21♏	17♏	12♑
3	9♎0	6♑46	22♉29	21♉18	22♍50	21♎5	0♓18	7♍40	12♋44	29♒26	10♒30	17♐33	17♋	23♈	22♏	18♏	12♑
4	9♎59	20♑32	22♉26	21 R 17	24♍22	22♎19	0♓23	7♍52	12♋46	29♒24	10♒30	17♐34	17♋	22♈	22♏	18♏	12♑
5	10♎58	4♒3	22♉22	21♉15	25♍58	23♎34	0♓28	8♍4	12♋49	29♒22	10♒29	17♐35	17♋	22♈	22♏	19♏	12♑
6	11♎57	17♒19	22♉19	21♉11	27♍36	24♎49	0♓34	8♍15	12♋51	29♒21	10♒28	17♐36	18♋	22♈	22♏	19♏	12♑
7	12♎56	0♓21	22♉16	21♉6	29♍15	26♎3	0♓41	8♍27	12♋53	29♒19	10♒28	17♐38	18♋	21♈	23♏	20♏	12♑
8	13♎55	13♓10	22♉13	20♉59	0♎57	27♎18	0♓49	8♍39	12♋55	29♒18	10♒27	17♐39	18♋	21♈	23♏	20♏	12♑
9	14♎55	25♓46	22♉10	20♉53	2♎40	28♎33	0♓58	8♍51	12♋57	29♒16	10♒27	17♐40	18♋	21♈	23♏	21♏	12♑
10	15♎54	8♈11	22♉6	20♉47	4♎23	29♎47	1♓7	9♍3	12♋59	29♒15	10♒26	17♐41	19♋	21♈	24♏	21♏	12♑
11	16♎53	20♈24	22♉3	20♉42	6♎3	1♏2	1♓17	9♍14	13♋1	29♒14	10♒26	17♐43	19♋	20♈	24♏	22♏	12♑
12	17♎52	2♉27	22♉0	20♉39	7♎52	2♏17	1♓27	9♍26	13♋2	29♒12	10♒26	17♐44	19♋	20♈	24♏	22♏	12♑
13	18♎52	14♉22	21♉57	20♉37	9♎37	3♏31	1♓39	9♍37	13♋4	29♒11	10♒25	17♐45	19♋	20♈	25♏	23♏	12♑
14	19♎51	26♉11	21♉54	20 D 37	11♎22	4♏46	1♓51	9♍49	13♋5	29♒10	10♒25	17♐47	20♋	19♈	25♏	23♏	12♑
15	20♎50	7♊58	21♉51	20♉38	13♎7	6♏0	2♓3	10♍0	13♋7	29♒8	10♒25	17♐48	20♋	19♈	25♏	24♏	12♑
16	21♎50	19♊46	21♉47	20♉40	14♎52	7♏15	2♓17	10♍11	13♋8	29♒7	10♒24	17♐50	20♋	19♈	26♏	24♏	12♑
17	22♎49	1♋39	21♉44	20♉42	16♎37	8♏30	2♓31	10♍22	13♋9	29♒6	10♒24	17♐51	20♋	18♈	26♏	25♏	12♑
18	23♎49	13♋42	21♉41	20♉43	18♎21	9♏44	2♓45	10♍33	13♋10	29♒5	10♒24	17♐53	21♋	18♈	26♏	25♏	12♑
19	24♎48	25♋59	21♉38	20 R 44	20♎4	10♏59	3♓0	10♍45	13♋11	29♒4	10♒24	17♐54	21♋	18♈	26♏	26♏	12♑
20	25♎48	8♌36	21♉35	20♉43	21♎47	12♏14	3♓16	10♍56	13♋12	29♒3	10♒24	17♐56	21♋	18♈	27♏	26♏	13♑
21	26♎48	21♌37	21♉32	20♉41	23♎30	13♏28	3♓33	11♍6	13♋12	29♒2	10♒24	17♐57	21♋	17♈	27♏	27♏	13♑
22	27♎47	5♍5	21♉28	20♉38	25♎12	14♏43	3♓50	11♍17	13♋13	29♒1	10♒24	17♐59	21♋	17♈	27♏	28♏	13♑
23	28♎47	19♍0	21♉25	20♉35	26♎53	15♏58	4♓7	11♍28	13♋13	29♒0	10♒23	18♐1	22♋	17♈	28♏	28♏	13♑
24	29♎47	3♎21	21♉22	20♉32	28♎34	17♏12	4♓25	11♍39	13♋14	29♒0	10 D 23	18♐2	22♋	16♈	28♏	29♏	13♑
25	0♏46	18♎4	21♉19	20♉30	0♏15	18♏27	4♓44	11♍49	13♋14	28♒59	10♒24	18♐4	22♋	16♈	28♏	29♏	13♑
26	1♏46	3♏2	21♉16	20♉28	1♏55	19♏42	5♓3	12♍0	13♋14	28♒58	10♒24	18♐6	22♋	16♈	29♏	0♐	13♑
27	2♏46	18♏7	21♉12	20♉28	3♏34	20♏56	5♓23	12♍10	13 R 14	28♒57	10♒24	18♐7	22♋	15♈	29♏	0♐	13♑
28	3♏46	3♐10	21♉9	20 D 28	5♏13	22♏11	5♓43	12♍20	13♋14	28♒57	10♒24	18♐9	22♋	15♈	29♏	1♐	13♑
29	4♏46	18♐3	21♉6	20♉29	6♏51	23♏25	6♓4	12♍31	13♋14	28♒56	10♒24	18♐11	23♋	15♈	0♐	1♐	13♑
30	5♏46	2♑38	21♉3	20♉30	8♏28	24♏40	6♓25	12♍41	13♋13	28♒56	10♒24	18♐13	23♋	15♈	0♐	2♐	13♑
31	6♏46	16♑53	21♉0	20♉31	10♏6	25♏55	6♓47	12♍51	13♋13	28♒55	10♒24	18♐14	23♋	14♈	0♐	2♐	13♑
SUN INGRESS	☉ → ♏ 24日 05:08																
MOON PHASE	◐ 3日 04:09 ♑ ○ 10日 16:27 ♈ ◑ 18日 21:31 ♋ ● 25日 21:50 ♏																

aspects		
4日	12:22	☉△♆
6日	22:40	☉□♄
9日	13:48	♀△♅
11日	05:31	♀△♂
11日	20:33	☉⚹♇
13日	10:53	☿△♆
14日	23:49	☿□♄
17日	17:27	☿⚹♇
18日	12:42	♀□♆
18日	18:32	♀⚹♃
20日	18:48	♀△♄
23日	05:18	☉△♅
24日	05:56	☿△♅
25日	18:58	☉☌☿
28日	09:28	☿△♂
31日	00:54	☉△♂
31日	04:41	☿□♆

2003年11月

DAY	☉	☽	☊ mean	☊ true	☿	♀	♂	♃	♄	♅	♆	♇	⚳	⚴	⚵	⚶	⚷
	° ′	° ′	° ′	° ′	° ′	° ′	° ′	° ′	° ′	° ′	° ′	° ′	°	°	°	°	°
1	7 ♏ 46	0 ♒ 44	20 ♉ 57	20 D 32	11 D 42	27 D 9	7 D 10	13 D 1	13 R 12	28 R 55	10 D 25	18 D 16	23 D	14 R	1 D	3 D	13 D
2	8 ♏ 46	14 ♒ 14	20 ♉ 53	20 R 32	13 ♏ 18	28 ♏ 24	7 ♓ 32	13 ♍ 10	13 ♋ 11	28 ♒ 54	10 ♒ 25	18 ♐ 18	23 ♋	14 ♈	1 ♐	3 ♐	13 ♑
3	9 ♏ 46	27 ♒ 22	20 ♉ 50	20 ♉ 31	14 ♏ 54	29 ♏ 39	7 ♓ 55	13 ♍ 20	13 ♋ 11	28 ♒ 54	10 ♒ 25	18 ♐ 20	23 ♋	14 ♈	1 ♐	4 ♐	13 ♑
4	10 ♏ 46	10 ♓ 12	20 ♉ 47	20 ♉ 30	16 ♏ 29	0 ♐ 53	8 ♓ 19	13 ♍ 30	13 ♋ 10	28 ♒ 54	10 ♒ 26	18 ♐ 22	23 ♋	13 ♈	2 ♐	4 ♐	13 ♑
5	11 ♏ 46	22 ♓ 45	20 ♉ 44	20 ♉ 29	18 ♏ 4	2 ♐ 8	8 ♓ 43	13 ♍ 39	13 ♋ 9	28 ♒ 54	10 ♒ 26	18 ♐ 24	24 ♋	13 ♈	2 ♐	4 ♐	13 ♑
6	12 ♏ 46	5 ♈ 5	20 ♉ 41	20 ♉ 28	19 ♏ 39	3 ♐ 22	9 ♓ 8	13 ♍ 49	13 ♋ 8	28 ♒ 53	10 ♒ 27	18 ♐ 26	24 ♋	13 ♈	2 ♐	5 ♐	13 ♑
7	13 ♏ 46	17 ♈ 14	20 ♉ 38	20 ♉ 27	21 ♏ 12	4 ♐ 37	9 ♓ 32	13 ♍ 58	13 ♋ 6	28 ♒ 53	10 ♒ 27	18 ♐ 28	24 ♋	13 ♈	3 ♐	6 ♐	13 ♑
8	14 ♏ 46	29 ♈ 15	20 ♉ 34	20 ♉ 26	22 ♏ 46	5 ♐ 52	9 ♓ 58	14 ♍ 7	13 ♋ 5	28 ♒ 53	10 ♒ 28	18 ♐ 30	24 ♋	12 ♈	3 ♐	7 ♐	14 ♑
9	15 ♏ 47	11 ♉ 9	20 ♉ 31	20 ♉ 26	24 ♏ 19	7 ♐ 6	10 ♓ 23	14 ♍ 16	13 ♋ 4	28 D 53	10 ♒ 28	18 ♐ 32	24 ♋	12 ♈	3 ♐	7 ♐	14 ♑
10	16 ♏ 47	22 ♉ 59	20 ♉ 28	20 D 26	25 ♏ 52	8 ♐ 21	10 ♓ 49	14 ♍ 25	13 ♋ 2	28 ♒ 53	10 ♒ 29	18 ♐ 34	24 ♋	12 ♈	4 ♐	8 ♐	14 ♑
11	17 ♏ 47	4 ♊ 47	20 ♉ 25	20 ♉ 26	27 ♏ 25	9 ♐ 35	11 ♓ 16	14 ♍ 34	13 ♋ 0	28 ♒ 53	10 ♒ 29	18 ♐ 36	24 ♋	12 ♈	4 ♐	8 ♐	14 ♑
12	18 ♏ 47	16 ♊ 35	20 ♉ 22	20 ♉ 26	28 ♏ 57	10 ♐ 50	11 ♓ 42	14 ♍ 43	12 ♋ 59	28 ♒ 53	10 ♒ 30	18 ♐ 38	24 ♋	11 ♈	4 ♐	9 ♐	14 ♑
13	19 ♏ 48	28 ♊ 25	20 ♉ 18	20 ♉ 26	0 ♐ 29	12 ♐ 5	12 ♓ 9	14 ♍ 52	12 ♋ 57	28 ♒ 54	10 ♒ 31	18 ♐ 40	24 ♋	11 ♈	5 ♐	9 ♐	14 ♑
14	20 ♏ 48	10 ♋ 21	20 ♉ 15	20 R 26	2 ♐ 0	13 ♐ 19	12 ♓ 37	15 ♍ 0	12 ♋ 55	28 ♒ 54	10 ♒ 31	18 ♐ 42	24 ♋	11 ♈	5 ♐	10 ♐	14 ♑
15	21 ♏ 48	22 ♋ 26	20 ♉ 12	20 ♉ 26	3 ♐ 32	14 ♐ 34	13 ♓ 4	15 ♍ 8	12 ♋ 53	28 ♒ 54	10 ♒ 32	18 ♐ 44	25 ♋	11 ♈	5 ♐	10 ♐	14 ♑
16	22 ♏ 49	4 ♌ 44	20 ♉ 9	20 ♉ 26	5 ♐ 3	15 ♐ 48	13 ♓ 32	15 ♍ 17	12 ♋ 50	28 ♒ 54	10 ♒ 33	18 ♐ 46	25 ♋	11 ♈	6 ♐	11 ♐	14 ♑
17	23 ♏ 49	17 ♌ 18	20 ♉ 6	20 ♉ 26	6 ♐ 33	17 ♐ 3	14 ♓ 1	15 ♍ 25	12 ♋ 48	28 ♒ 55	10 ♒ 34	18 ♐ 48	25 ♋	10 ♈	6 ♐	11 ♐	14 ♑
18	24 ♏ 50	0 ♍ 12	20 ♉ 3	20 D 26	8 ♐ 4	18 ♐ 17	14 ♓ 29	15 ♍ 33	12 ♋ 46	28 ♒ 55	10 ♒ 35	18 ♐ 50	25 ♋	10 ♈	6 ♐	12 ♐	14 ♑
19	25 ♏ 50	13 ♍ 31	19 ♉ 59	20 ♉ 26	9 ♐ 34	19 ♐ 32	14 ♓ 58	15 ♍ 41	12 ♋ 43	28 ♒ 56	10 ♒ 35	18 ♐ 52	25 ♋	10 ♈	7 ♐	12 ♐	14 ♑
20	26 ♏ 51	27 ♍ 15	19 ♉ 56	20 ♉ 26	11 ♐ 3	20 ♐ 46	15 ♓ 28	15 ♍ 48	12 ♋ 41	28 ♒ 56	10 ♒ 36	18 ♐ 54	25 ♋	10 ♈	7 ♐	13 ♐	14 ♑
21	27 ♏ 51	11 ♎ 26	19 ♉ 53	20 ♉ 27	12 ♐ 33	22 ♐ 1	15 ♓ 57	15 ♍ 56	12 ♋ 38	28 ♒ 57	10 ♒ 37	18 ♐ 56	25 ♋	10 ♈	7 ♐	13 ♐	14 ♑
22	28 ♏ 52	26 ♎ 2	19 ♉ 50	20 ♉ 28	14 ♐ 1	23 ♐ 15	16 ♓ 27	16 ♍ 4	12 ♋ 35	28 ♒ 58	10 ♒ 38	18 ♐ 59	25 ♋	10 ♈	8 ♐	14 ♐	14 ♑
23	29 ♏ 53	10 ♏ 59	19 ♉ 47	20 ♉ 28	15 ♐ 30	24 ♐ 30	16 ♓ 57	16 ♍ 11	12 ♋ 32	28 ♒ 58	10 ♒ 39	19 ♐ 1	25 ♋	10 ♈	8 ♐	15 ♐	15 ♑
24	0 ♐ 53	26 ♏ 9	19 ♉ 44	20 R 28	16 ♐ 58	25 ♐ 45	17 ♓ 27	16 ♍ 18	12 ♋ 29	28 ♒ 59	10 ♒ 40	19 ♐ 3	25 ♋	10 ♈	9 ♐	15 ♐	15 ♑
25	1 ♐ 54	11 ♐ 24	19 ♉ 40	20 ♉ 28	18 ♐ 25	26 ♐ 59	17 ♓ 58	16 ♍ 25	12 ♋ 26	29 ♒ 0	10 ♒ 41	19 ♐ 5	25 R	9 ♈	9 ♐	16 ♐	15 ♑
26	2 ♐ 55	26 ♐ 32	19 ♉ 37	20 ♉ 27	19 ♐ 52	28 ♐ 14	18 ♓ 28	16 ♍ 32	12 ♋ 23	29 ♒ 1	10 ♒ 42	19 ♐ 7	25 ♋	9 ♈	9 ♐	16 ♐	15 ♑
27	3 ♐ 55	11 ♑ 26	19 ♉ 34	20 ♉ 25	21 ♐ 19	29 ♐ 28	18 ♓ 59	16 ♍ 39	12 ♋ 20	29 ♒ 2	10 ♒ 44	19 ♐ 10	25 ♋	9 ♈	10 ♐	17 ♐	15 ♑
28	4 ♐ 56	25 ♑ 57	19 ♉ 31	20 ♉ 23	22 ♐ 44	0 ♑ 43	19 ♓ 31	16 ♍ 46	12 ♋ 16	29 ♒ 3	10 ♒ 45	19 ♐ 12	25 ♋	9 ♈	10 ♐	17 ♐	15 ♑
29	5 ♐ 57	10 ♒ 2	19 ♉ 28	20 ♉ 21	24 ♐ 9	1 ♑ 57	20 ♓ 2	16 ♍ 52	12 ♋ 13	29 ♒ 4	10 ♒ 46	19 ♐ 14	25 ♋	9 ♈	10 ♐	18 ♐	15 ♑
30	6 ♐ 58	23 ♒ 40	19 ♉ 24	20 ♉ 20	25 ♐ 33	3 ♑ 12	20 ♓ 34	16 ♍ 58	12 ♋ 9	29 ♒ 5	10 ♒ 47	19 ♐ 16	25 ♋	9 ♈	11 ♐	18 ♐	15 ♑

SUN INGRESS ☉→♐ 23日 02:43

MOON PHASE ◐ 1日 13:25 ♒ ○ 9日 10:13 ♉ ◑ 17日 13:15 ♌ ● 24日 07:59 ♐

aspects		
1日	21:47	☿⚹♃
1日	22:16	☿△♄
2日	02:12	♃⚹♄
2日	09:43	♀□♅
3日	15:54	☉□♆
6日	08:24	☉△♄
7日	05:33	☉⚹♃
11日	17:30	♀⚹♆
11日	23:04	☿□♅
13日	02:27	♀□♂
14日	14:27	♂△♄
15日	12:34	♀□♃
18日	10:51	♀☌♇
19日	16:43	☿⚹♆
20日	22:59	♂☍♃
22日	02:14	☉□♅
23日	12:09	☿□♃
24日	12:13	☿□♂
25日	11:13	☿☌♇
26日	15:21	♀⚹♅
27日	08:23	♂□♇

2003年12月

DAY	☉	☽	☊ mean	☊ true	☿	♀	♂	♃	♄	♅	♆	♇	⚳	⚴	⚵	⚶	⚷
	° ′	° ′	° ′	° ′	° ′	° ′	° ′	° ′	° ′	° ′	° ′	° ′	°	°	°	°	°
1	7 ♐ 58	6 ♓ 51	19 ♉ 21	20 R 20	26 D 56	4 D 26	21 D 6	17 D 5	12 R 6	29 D 6	10 D 48	19 D 19	25 R	9 R	11 D	19 D	15 D
2	8 ♐ 59	19 ♓ 38	19 ♉ 18	20 D 20	28 ♐ 18	5 ♑ 40	21 ♓ 38	17 ♍ 11	12 ♋ 2	29 ♒ 7	10 ♒ 50	19 ♐ 21	25 ♋	9 ♈	11 ♐	19 ♐	15 ♑
3	10 ♐ 0	2 ♈ 5	19 ♉ 15	20 ♉ 21	29 ♐ 38	6 ♑ 55	22 ♓ 11	17 ♍ 16	11 ♋ 58	29 ♒ 8	10 ♒ 51	19 ♐ 23	25 ♋	9 ♈	12 ♐	20 ♐	15 ♑
4	11 ♐ 1	14 ♈ 16	19 ♉ 12	20 ♉ 23	0 ♑ 56	8 ♑ 9	22 ♓ 43	17 ♍ 22	11 ♋ 55	29 ♒ 9	10 ♒ 52	19 ♐ 25	25 ♋	9 ♈	12 ♐	20 ♐	15 ♑
5	12 ♐ 2	26 ♈ 16	19 ♉ 9	20 ♉ 24	2 ♑ 13	9 ♑ 24	23 ♓ 16	17 ♍ 28	11 ♋ 51	29 ♒ 11	10 ♒ 54	19 ♐ 28	24 ♋	9 ♈	12 ♐	21 ♐	16 ♑
6	13 ♐ 3	8 ♉ 9	19 ♉ 5	20 ♉ 26	3 ♑ 28	10 ♑ 38	23 ♓ 49	17 ♍ 33	11 ♋ 47	29 ♒ 12	10 ♒ 55	19 ♐ 30	24 ♋	9 ♈	13 ♐	22 ♐	16 ♑
7	14 ♐ 3	19 ♉ 57	19 ♉ 2	20 ♉ 26	4 ♑ 40	11 ♑ 52	24 ♓ 22	17 ♍ 38	11 ♋ 43	29 ♒ 13	10 ♒ 57	19 ♐ 32	24 ♋	9 D	13 ♐	22 ♐	16 ♑
8	15 ♐ 4	1 ♊ 45	18 ♉ 59	20 R 26	5 ♑ 49	13 ♑ 7	24 ♓ 55	17 ♍ 43	11 ♋ 39	29 ♒ 15	10 ♒ 58	19 ♐ 34	24 ♋	9 ♈	13 ♐	23 ♐	16 ♑
9	16 ♐ 5	13 ♊ 33	18 ♉ 56	20 ♉ 24	6 ♑ 55	14 ♑ 21	25 ♓ 29	17 ♍ 48	11 ♋ 35	29 ♒ 16	10 ♒ 59	19 ♐ 37	24 ♋	9 ♈	14 ♐	23 ♐	16 ♑
10	17 ♐ 6	25 ♊ 26	18 ♉ 53	20 ♉ 21	7 ♑ 57	15 ♑ 35	26 ♓ 2	17 ♍ 53	11 ♋ 30	29 ♒ 18	11 ♒ 1	19 ♐ 39	24 ♋	9 ♈	14 ♐	24 ♐	16 ♑
11	18 ♐ 7	7 ♋ 23	18 ♉ 50	20 ♉ 16	8 ♑ 54	16 ♑ 50	26 ♓ 36	17 ♍ 58	11 ♋ 26	29 ♒ 19	11 ♒ 2	19 ♐ 41	24 ♋	9 ♈	14 ♐	24 ♐	16 ♑
12	19 ♐ 8	19 ♋ 28	18 ♉ 46	20 ♉ 11	9 ♑ 47	18 ♑ 4	27 ♓ 10	18 ♍ 2	11 ♋ 22	29 ♒ 21	11 ♒ 4	19 ♐ 43	24 ♋	9 ♈	15 ♐	25 ♐	16 ♑
13	20 ♐ 9	1 ♌ 42	18 ♉ 43	20 ♉ 6	10 ♑ 34	19 ♑ 18	27 ♓ 44	18 ♍ 6	11 ♋ 17	29 ♒ 23	11 ♒ 6	19 ♐ 46	24 ♋	9 ♈	15 ♐	25 ♐	16 ♑
14	21 ♐ 10	14 ♌ 6	18 ♉ 40	20 ♉ 1	11 ♑ 14	20 ♑ 32	28 ♓ 18	18 ♍ 10	11 ♋ 13	29 ♒ 24	11 ♒ 7	19 ♐ 48	24 ♋	9 ♈	15 ♐	26 ♐	16 ♑
15	22 ♐ 11	26 ♌ 44	18 ♉ 37	19 ♉ 57	11 ♑ 47	21 ♑ 47	28 ♓ 53	18 ♍ 14	11 ♋ 8	29 ♒ 26	11 ♒ 9	19 ♐ 50	23 ♋	9 ♈	16 ♐	26 ♐	16 ♑
16	23 ♐ 12	9 ♍ 38	18 ♉ 34	19 ♉ 54	12 ♑ 12	23 ♑ 1	29 ♓ 27	18 ♍ 18	11 ♋ 4	29 ♒ 28	11 ♒ 11	19 ♐ 53	23 ♋	9 ♈	16 ♐	27 ♐	16 ♑
17	24 ♐ 13	22 ♍ 50	18 ♉ 30	19 ♉ 53	12 ♑ 28	24 ♑ 15	0 ♈ 2	18 ♍ 22	10 ♋ 59	29 ♒ 30	11 ♒ 12	19 ♐ 55	23 ♋	9 ♈	17 ♐	27 ♐	17 ♑
18	25 ♐ 14	6 ♎ 22	18 ♉ 27	19 D 54	12 ♑ 33	25 ♑ 29	0 ♈ 37	18 ♍ 25	10 ♋ 54	29 ♒ 32	11 ♒ 14	19 ♐ 57	23 ♋	9 ♈	17 ♐	28 ♐	17 ♑
19	26 ♐ 15	20 ♎ 18	18 ♉ 24	19 ♉ 55	12 R 28	26 ♑ 43	1 ♈ 11	18 ♍ 28	10 ♋ 50	29 ♒ 34	11 ♒ 16	19 ♐ 59	23 ♋	9 ♈	17 ♐	29 ♐	17 ♑
20	27 ♐ 16	4 ♏ 36	18 ♉ 21	19 ♉ 57	12 ♑ 12	27 ♑ 57	1 ♈ 47	18 ♍ 31	10 ♋ 45	29 ♒ 36	11 ♒ 17	20 ♐ 2	23 ♋	10 ♈	18 ♐	29 ♐	17 ♑
21	28 ♐ 17	19 ♏ 16	18 ♉ 18	19 ♉ 57	11 ♑ 44	29 ♑ 12	2 ♈ 22	18 ♍ 34	10 ♋ 40	29 ♒ 38	11 ♒ 19	20 ♐ 4	22 ♋	10 ♈	18 ♐	0 ♑	17 ♑
22	29 ♐ 19	4 ♐ 13	18 ♉ 15	19 R 57	11 ♑ 4	0 ♒ 26	2 ♈ 57	18 ♍ 37	10 ♋ 36	29 ♒ 40	11 ♒ 21	20 ♐ 6	22 ♋	10 ♈	18 ♐	0 ♑	17 ♑
23	0 ♑ 20	19 ♐ 19	18 ♉ 11	19 ♉ 54	10 ♑ 13	1 ♒ 40	3 ♈ 32	18 ♍ 39	10 ♋ 31	29 ♒ 42	11 ♒ 23	20 ♐ 8	22 ♋	10 ♈	19 ♐	1 ♑	17 ♑
24	1 ♑ 21	4 ♑ 27	18 ♉ 8	19 ♉ 49	9 ♑ 12	2 ♒ 54	4 ♈ 8	18 ♍ 41	10 ♋ 26	29 ♒ 44	11 ♒ 25	20 ♐ 11	22 ♋	10 ♈	19 ♐	1 ♑	17 ♑
25	2 ♑ 22	19 ♑ 25	18 ♉ 5	19 ♉ 43	8 ♑ 2	4 ♒ 8	4 ♈ 44	18 ♍ 43	10 ♋ 21	29 ♒ 46	11 ♒ 26	20 ♐ 13	22 ♋	10 ♈	19 ♐	2 ♑	17 ♑
26	3 ♑ 23	4 ♒ 6	18 ♉ 2	19 ♉ 35	6 ♑ 46	5 ♒ 22	5 ♈ 19	18 ♍ 45	10 ♋ 16	29 ♒ 48	11 ♒ 28	20 ♐ 15	21 ♋	10 ♈	20 ♐	2 ♑	17 ♑
27	4 ♑ 24	18 ♒ 22	17 ♉ 59	19 ♉ 28	5 ♑ 25	6 ♒ 36	5 ♈ 55	18 ♍ 47	10 ♋ 11	29 ♒ 51	11 ♒ 30	20 ♐ 17	21 ♋	10 ♈	20 ♐	3 ♑	17 ♑
28	5 ♑ 25	2 ♓ 10	17 ♉ 56	19 ♉ 22	4 ♑ 3	7 ♒ 50	6 ♈ 31	18 ♍ 49	10 ♋ 6	29 ♒ 53	11 ♒ 32	20 ♐ 20	21 ♋	11 ♈	20 ♐	3 ♑	17 ♑
29	6 ♑ 27	15 ♓ 29	17 ♉ 52	19 ♉ 18	2 ♑ 42	9 ♒ 3	7 ♈ 7	18 ♍ 50	10 ♋ 1	29 ♒ 55	11 ♒ 34	20 ♐ 22	21 ♋	11 ♈	21 ♐	4 ♑	18 ♑
30	7 ♑ 28	28 ♓ 20	17 ♉ 49	19 ♉ 16	1 ♑ 24	10 ♒ 17	7 ♈ 43	18 ♍ 51	9 ♋ 56	29 ♒ 58	11 ♒ 36	20 ♐ 24	21 ♋	11 ♈	21 ♐	4 ♑	18 ♑
31	8 ♑ 29	10 ♈ 49	17 ♉ 46	19 D 15	0 ♑ 13	11 ♒ 31	8 ♈ 20	18 ♍ 52	9 ♋ 51	0 ♓ 0	11 ♒ 38	20 ♐ 26	21 ♋	11 ♈	21 ♐	5 ♑	18 ♑

SUN INGRESS ☉→♑ 22日 16:04

MOON PHASE ◐ 1日 02:16 ♓ ○ 9日 05:37 ♊ ◑ 17日 02:42 ♍ ● 23日 18:43 ♑ ◐ 30日 19:03 ♈

aspects		
2日	14:53	☿⚹♅
3日	20:34	☉⚹♆
6日	21:03	♀☍♄
10日	19:58	☉□♃
11日	23:22	♀△♃
12日	14:28	☉☌♇
13日	23:13	☿☍♄
22日	08:34	☉⚹♅
22日	15:35	☿☍♄
25日	22:28	♀⚹♂
26日	17:53	☿□♂
27日	10:11	☉☌☿
30日	14:55	☉□♂
31日	02:18	♀☌♆
31日	04:29	☿⚹♅

2004年1月

DAY	☉	☽	☊ mean	☊ true	☿	♀	♂	♃	♄	♅	♆	♇	⚳	⚴	⚵	⚶	⚷
	° ′	° ′	° ′	° ′	° ′	° ′	° ′	° ′	° ′	° ′	° ′	° ′	°	°	°	°	°
1	9 ♑ 30	22 ♈ 59	17 ♉ 43	19 D 16	29 R 10	12 D 45	8 D 56	18 D 53	9 R 46	0 D 3	11 D 40	20 D 28	20 R	11 D	22 D	6 D	18 D
2	10 ♑ 31	4 ♉ 56	17 ♉ 40	19 ♉ 17	28 ♐ 15	13 ♒ 59	9 ♈ 32	18 ♍ 53	9 ♋ 42	0 ♓ 5	11 ♒ 42	20 ♐ 31	20 ♋	11 ♈	22 ♐	6 ♑	18 ♑
3	11 ♑ 32	16 ♉ 46	17 ♉ 36	19 ♉ 18	27 ♐ 31	15 ♒ 12	10 ♈ 9	18 ♍ 54	9 ♋ 37	0 ♓ 8	11 ♒ 44	20 ♐ 33	20 ♋	12 ♈	22 ♐	7 ♑	18 ♑
4	12 ♑ 34	28 ♉ 32	17 ♉ 33	19 R 18	26 ♐ 57	16 ♒ 26	10 ♈ 45	18 ♍ 54	9 ♋ 32	0 ♓ 10	11 ♒ 46	20 ♐ 35	20 ♋	12 ♈	23 ♐	7 ♑	18 ♑
5	13 ♑ 35	10 ♊ 20	17 ♉ 30	19 ♉ 15	26 ♐ 33	17 ♒ 39	11 ♈ 22	18 R 54	9 ♋ 27	0 ♓ 13	11 ♒ 48	20 ♐ 37	19 ♋	12 ♈	23 ♐	8 ♑	18 ♑
6	14 ♑ 36	22 ♊ 12	17 ♉ 27	19 ♉ 10	26 ♐ 20	18 ♒ 53	11 ♈ 59	18 ♍ 53	9 ♋ 22	0 ♓ 15	11 ♒ 50	20 ♐ 39	19 ♋	12 ♈	23 ♐	8 ♑	18 ♑
7	15 ♑ 37	4 ♋ 11	17 ♉ 24	19 ♉ 2	26 D 16	20 ♒ 6	12 ♈ 35	18 ♍ 53	9 ♋ 17	0 ♓ 18	11 ♒ 52	20 ♐ 41	19 ♋	13 ♈	24 ♐	9 ♑	19 ♑
8	16 ♑ 38	16 ♋ 19	17 ♉ 21	18 ♉ 53	26 ♐ 21	21 ♒ 20	13 ♈ 12	18 ♍ 52	9 ♋ 12	0 ♓ 21	11 ♒ 54	20 ♐ 43	19 ♋	13 ♈	24 ♐	9 ♑	19 ♑
9	17 ♑ 39	28 ♋ 38	17 ♉ 17	18 ♉ 41	26 ♐ 34	22 ♒ 33	13 ♈ 49	18 ♍ 52	9 ♋ 7	0 ♓ 23	11 ♒ 56	20 ♐ 46	18 ♋	13 ♈	24 ♐	10 ♑	19 ♑
10	18 ♑ 40	11 ♌ 7	17 ♉ 14	18 ♉ 30	26 ♐ 54	23 ♒ 47	14 ♈ 26	18 ♍ 51	9 ♋ 2	0 ♓ 26	11 ♒ 59	20 ♐ 48	18 ♋	13 ♈	25 ♐	10 ♑	19 ♑
11	19 ♑ 41	23 ♌ 47	17 ♉ 11	18 ♉ 19	27 ♐ 22	25 ♒ 0	15 ♈ 3	18 ♍ 49	8 ♋ 57	0 ♓ 29	12 ♒ 1	20 ♐ 50	18 ♋	13 ♈	25 ♐	11 ♑	19 ♑
12	20 ♑ 43	6 ♍ 39	17 ♉ 8	18 ♉ 9	27 ♐ 55	26 ♒ 13	15 ♈ 40	18 ♍ 48	8 ♋ 53	0 ♓ 32	12 ♒ 3	20 ♐ 52	18 ♋	14 ♈	26 ♐	11 ♑	19 ♑
13	21 ♑ 44	19 ♍ 42	17 ♉ 5	18 ♉ 2	28 ♐ 35	27 ♒ 26	16 ♈ 18	18 ♍ 47	8 ♋ 48	0 ♓ 35	12 ♒ 5	20 ♐ 54	17 ♋	14 ♈	26 ♐	12 ♑	19 ♑
14	22 ♑ 45	2 ♎ 59	17 ♉ 2	17 ♉ 58	29 ♐ 19	28 ♒ 40	16 ♈ 55	18 ♍ 45	8 ♋ 43	0 ♓ 38	12 ♒ 7	20 ♐ 56	17 ♋	14 ♈	26 ♐	13 ♑	19 ♑
15	23 ♑ 46	16 ♎ 29	16 ♉ 58	17 ♉ 56	0 ♑ 8	29 ♒ 53	17 ♈ 32	18 ♍ 43	8 ♋ 38	0 ♓ 40	12 ♒ 9	20 ♐ 58	17 ♋	14 ♈	27 ♐	13 ♑	19 ♑
16	24 ♑ 47	0 ♏ 15	16 ♉ 55	17 D 56	1 ♑ 1	1 ♓ 6	18 ♈ 9	18 ♍ 41	8 ♋ 34	0 ♓ 43	12 ♒ 12	21 ♐ 0	17 ♋	15 ♈	27 ♐	14 ♑	19 ♑
17	25 ♑ 48	14 ♏ 18	16 ♉ 52	17 ♉ 56	1 ♑ 57	2 ♓ 19	18 ♈ 47	18 ♍ 38	8 ♋ 29	0 ♓ 46	12 ♒ 14	21 ♐ 2	16 ♋	15 ♈	27 ♐	14 ♑	19 ♑
18	26 ♑ 49	28 ♏ 37	16 ♉ 49	17 R 56	2 ♑ 57	3 ♓ 31	19 ♈ 24	18 ♍ 36	8 ♋ 24	0 ♓ 49	12 ♒ 16	21 ♐ 4	16 ♋	15 ♈	28 ♐	15 ♑	20 ♑
19	27 ♑ 50	13 ♐ 10	16 ♉ 46	17 ♉ 54	4 ♑ 0	4 ♓ 44	20 ♈ 2	18 ♍ 33	8 ♋ 20	0 ♓ 52	12 ♒ 18	21 ♐ 6	16 ♋	16 ♈	28 ♐	15 ♑	20 ♑
20	28 ♑ 52	27 ♐ 54	16 ♉ 42	17 ♉ 49	5 ♑ 5	5 ♓ 57	20 ♈ 39	18 ♍ 30	8 ♋ 15	0 ♓ 55	12 ♒ 20	21 ♐ 8	16 ♋	16 ♈	28 ♐	16 ♑	20 ♑
21	29 ♑ 53	12 ♑ 42	16 ♉ 39	17 ♉ 41	6 ♑ 13	7 ♓ 10	21 ♈ 17	18 ♍ 27	8 ♋ 11	0 ♓ 58	12 ♒ 23	21 ♐ 9	16 ♋	16 ♈	29 ♐	16 ♑	20 ♑
22	0 ♒ 54	27 ♑ 27	16 ♉ 36	17 ♉ 30	7 ♑ 23	8 ♓ 23	21 ♈ 54	18 ♍ 24	8 ♋ 7	1 ♓ 2	12 ♒ 25	21 ♐ 11	15 ♋	16 ♈	29 ♐	17 ♑	20 ♑
23	1 ♒ 55	11 ♒ 59	16 ♉ 33	17 ♉ 19	8 ♑ 34	9 ♓ 35	22 ♈ 32	18 ♍ 20	8 ♋ 2	1 ♓ 5	12 ♒ 27	21 ♐ 13	15 ♋	17 ♈	29 ♐	17 ♑	20 ♑
24	2 ♒ 56	26 ♒ 13	16 ♉ 30	17 ♉ 7	9 ♑ 48	10 ♓ 48	23 ♈ 10	18 ♍ 17	7 ♋ 58	1 ♓ 8	12 ♒ 29	21 ♐ 15	15 ♋	17 ♈	0 ♑	18 ♑	20 ♑
25	3 ♒ 57	10 ♓ 2	16 ♉ 27	16 ♉ 56	11 ♑ 3	12 ♓ 0	23 ♈ 48	18 ♍ 13	7 ♋ 54	1 ♓ 11	12 ♒ 32	21 ♐ 17	15 ♋	17 ♈	0 ♑	18 ♑	20 ♑
26	4 ♒ 58	23 ♓ 25	16 ♉ 23	16 ♉ 47	12 ♑ 20	13 ♓ 12	24 ♈ 25	18 ♍ 9	7 ♋ 50	1 ♓ 14	12 ♒ 34	21 ♐ 19	14 ♋	18 ♈	0 ♑	19 ♑	20 ♑
27	5 ♒ 59	6 ♈ 21	16 ♉ 20	16 ♉ 41	13 ♑ 38	14 ♓ 25	25 ♈ 3	18 ♍ 5	7 ♋ 46	1 ♓ 17	12 ♒ 36	21 ♐ 20	14 ♋	18 ♈	1 ♑	19 ♑	20 ♑
28	7 ♒ 0	18 ♈ 54	16 ♉ 17	16 ♉ 38	14 ♑ 58	15 ♓ 37	25 ♈ 41	18 ♍ 1	7 ♋ 42	1 ♓ 21	12 ♒ 38	21 ♐ 22	14 ♋	18 ♈	1 ♑	20 ♑	20 ♑
29	8 ♒ 1	1 ♉ 7	16 ♉ 14	16 ♉ 37	16 ♑ 18	16 ♓ 49	26 ♈ 19	17 ♍ 56	7 ♋ 38	1 ♓ 24	12 ♒ 41	21 ♐ 24	14 ♋	19 ♈	1 ♑	21 ♑	21 ♑
30	9 ♒ 2	13 ♉ 6	16 ♉ 11	16 D 37	17 ♑ 40	18 ♓ 1	26 ♈ 57	17 ♍ 51	7 ♋ 34	1 ♓ 27	12 ♒ 43	21 ♐ 25	14 ♋	19 ♈	2 ♑	21 ♑	21 ♑
31	10 ♒ 3	24 ♉ 56	16 ♉ 8	16 R 37	19 ♑ 3	19 ♓ 13	27 ♈ 35	17 ♍ 47	7 ♋ 30	1 ♓ 30	12 ♒ 45	21 ♐ 27	14 ♋	19 ♈	2 ♑	22 ♑	21 ♑

SUN INGRESS	☉ → ♒ 21日 02:42
MOON PHASE	○ 8日 00:40 ♋　◑ 15日 13:46 ♎　● 22日 06:05 ♒　◐ 29日 15:03 ♉

aspects		
1日	05:57	☉☍♄
2日	05:22	♂□♄
5日	18:05	♂⚹♆
7日	11:43	♀⚹♇
10日	03:59	☉△♃
15日	15:53	☿⚹♅
15日	16:23	♀☌♅
15日	17:42	☿⚹♀
20日	19:01	♂△♇
21日	19:03	♀△♄
22日	13:59	☿☍♄
29日	21:00	♀☍♃
30日	03:09	☿△♃
31日	20:08	☿⚹♀

2004年2月

DAY	☉	☽	☊ mean	☊ true	☿	♀	♂	♃	♄	♅	♆	♇	⚳	⚴	⚵	⚶	⚷
	° ′	° ′	° ′	° ′	° ′	° ′	° ′	° ′	° ′	° ′	° ′	° ′	°	°	°	°	°
1	11 ♒ 4	6 ♊ 43	16 ♉ 4	16 R 35	20 D 27	20 D 25	28 D 13	17 R 42	7 R 26	1 D 34	12 D 48	21 D 29	13 R	20 D	2 D	22 D	21 D
2	12 ♒ 5	18 ♊ 32	16 ♉ 1	16 ♉ 32	21 ♑ 52	21 ♓ 36	28 ♈ 51	17 ♍ 36	7 ♋ 23	1 ♓ 37	12 ♒ 50	21 ♐ 30	13 ♋	20 ♈	3 ♑	23 ♑	21 ♑
3	13 ♒ 6	0 ♋ 28	15 ♉ 58	16 ♉ 26	23 ♑ 17	22 ♓ 48	29 ♈ 29	17 ♍ 31	7 ♋ 19	1 ♓ 40	12 ♒ 52	21 ♐ 32	13 ♋	20 ♈	3 ♑	23 ♑	21 ♑
4	14 ♒ 6	12 ♋ 34	15 ♉ 55	16 ♉ 16	24 ♑ 44	24 ♓ 0	0 ♉ 7	17 ♍ 26	7 ♋ 16	1 ♓ 44	12 ♒ 54	21 ♐ 34	13 ♋	21 ♈	3 ♑	24 ♑	21 ♑
5	15 ♒ 7	24 ♋ 53	15 ♉ 52	16 ♉ 5	26 ♑ 12	25 ♓ 11	0 ♉ 45	17 ♍ 20	7 ♋ 12	1 ♓ 47	12 ♒ 57	21 ♐ 35	13 ♋	21 ♈	3 ♑	24 ♑	21 ♑
6	16 ♒ 8	7 ♌ 26	15 ♉ 48	15 ♉ 51	27 ♑ 40	26 ♓ 22	1 ♉ 24	17 ♍ 14	7 ♋ 9	1 ♓ 50	12 ♒ 59	21 ♐ 37	13 ♋	22 ♈	4 ♑	25 ♑	21 ♑
7	17 ♒ 9	20 ♌ 13	15 ♉ 45	15 ♉ 37	29 ♑ 10	27 ♓ 33	2 ♉ 2	17 ♍ 9	7 ♋ 6	1 ♓ 54	13 ♒ 1	21 ♐ 38	12 ♋	22 ♈	4 ♑	25 ♑	21 ♑
8	18 ♒ 10	3 ♍ 15	15 ♉ 42	15 ♉ 24	0 ♒ 40	28 ♓ 45	2 ♉ 40	17 ♍ 3	7 ♋ 3	1 ♓ 57	13 ♒ 3	21 ♐ 40	12 ♋	22 ♈	4 ♑	26 ♑	21 ♑
9	19 ♒ 10	16 ♍ 28	15 ♉ 39	15 ♉ 12	2 ♒ 11	29 ♓ 56	3 ♉ 18	16 ♍ 56	7 ♋ 0	2 ♓ 0	13 ♒ 6	21 ♐ 41	12 ♋	23 ♈	5 ♑	26 ♑	22 ♑
10	20 ♒ 11	29 ♍ 52	15 ♉ 36	15 ♉ 3	3 ♒ 42	1 ♈ 6	3 ♉ 56	16 ♍ 50	6 ♋ 57	2 ♓ 4	13 ♒ 8	21 ♐ 42	12 ♋	23 ♈	5 ♑	27 ♑	22 ♑
11	21 ♒ 12	13 ♎ 26	15 ♉ 33	14 ♉ 57	5 ♒ 15	2 ♈ 17	4 ♉ 35	16 ♍ 44	6 ♋ 54	2 ♓ 7	13 ♒ 10	21 ♐ 44	12 ♋	23 ♈	5 ♑	27 ♑	22 ♑
12	22 ♒ 13	27 ♎ 9	15 ♉ 29	14 ♉ 55	6 ♒ 49	3 ♈ 28	5 ♉ 13	16 ♍ 37	6 ♋ 51	2 ♓ 11	13 ♒ 13	21 ♐ 45	12 ♋	24 ♈	6 ♑	28 ♑	22 ♑
13	23 ♒ 13	10 ♏ 59	15 ♉ 26	14 ♉ 54	8 ♒ 23	4 ♈ 38	5 ♉ 51	16 ♍ 31	6 ♋ 49	2 ♓ 14	13 ♒ 15	21 ♐ 47	12 ♋	24 ♈	6 ♑	28 ♑	22 ♑
14	24 ♒ 14	24 ♏ 58	15 ♉ 23	14 ♉ 54	9 ♒ 58	5 ♈ 49	6 ♉ 29	16 ♍ 24	6 ♋ 46	2 ♓ 17	13 ♒ 17	21 ♐ 48	12 ♋	25 ♈	6 ♑	29 ♑	22 ♑
15	25 ♒ 15	9 ♐ 4	15 ♉ 20	14 ♉ 53	11 ♒ 34	6 ♈ 59	7 ♉ 8	16 ♍ 17	6 ♋ 44	2 ♓ 21	13 ♒ 19	21 ♐ 49	12 ♋	25 ♈	7 ♑	29 ♑	22 ♑
16	26 ♒ 15	23 ♐ 18	15 ♉ 17	14 ♉ 51	13 ♒ 11	8 ♈ 9	7 ♉ 46	16 ♍ 10	6 ♋ 41	2 ♓ 24	13 ♒ 22	21 ♐ 50	11 ♋	25 ♈	7 ♑	0 ♒	22 ♑
17	27 ♒ 16	7 ♑ 37	15 ♉ 14	14 ♉ 46	14 ♒ 48	9 ♈ 19	8 ♉ 24	16 ♍ 3	6 ♋ 39	2 ♓ 28	13 ♒ 24	21 ♐ 52	11 ♋	26 ♈	7 ♑	0 ♒	22 ♑
18	28 ♒ 16	21 ♑ 58	15 ♉ 10	14 ♉ 38	16 ♒ 27	10 ♈ 29	9 ♉ 3	15 ♍ 56	6 ♋ 37	2 ♓ 31	13 ♒ 26	21 ♐ 53	11 ♋	26 ♈	8 ♑	1 ♒	22 ♑
19	29 ♒ 17	6 ♒ 16	15 ♉ 7	14 ♉ 28	18 ♒ 6	11 ♈ 38	9 ♉ 41	15 ♍ 49	6 ♋ 35	2 ♓ 35	13 ♒ 28	21 ♐ 54	11 ♋	27 ♈	8 ♑	1 ♒	22 ♑
20	0 ♓ 18	20 ♒ 25	15 ♉ 4	14 ♉ 16	19 ♒ 47	12 ♈ 48	10 ♉ 19	15 ♍ 42	6 ♋ 33	2 ♓ 38	13 ♒ 30	21 ♐ 55	11 ♋	27 ♈	8 ♑	2 ♒	22 ♑
21	1 ♓ 18	4 ♓ 21	15 ♉ 1	14 ♉ 4	21 ♒ 28	13 ♈ 57	10 ♉ 58	15 ♍ 34	6 ♋ 31	2 ♓ 42	13 ♒ 33	21 ♐ 56	11 ♋	28 ♈	8 ♑	3 ♒	23 ♑
22	2 ♓ 19	17 ♓ 58	14 ♉ 58	13 ♉ 53	23 ♒ 10	15 ♈ 7	11 ♉ 36	15 ♍ 27	6 ♋ 29	2 ♓ 45	13 ♒ 35	21 ♐ 57	11 ♋	28 ♈	9 ♑	3 ♒	23 ♑
23	3 ♓ 19	1 ♈ 13	14 ♉ 54	13 ♉ 44	24 ♒ 53	16 ♈ 16	12 ♉ 15	15 ♍ 19	6 ♋ 28	2 ♓ 48	13 ♒ 37	21 ♐ 58	11 ♋	28 ♈	9 ♑	4 ♒	23 ♑
24	4 ♓ 20	14 ♈ 6	14 ♉ 51	13 ♉ 37	26 ♒ 37	17 ♈ 25	12 ♉ 53	15 ♍ 12	6 ♋ 26	2 ♓ 52	13 ♒ 39	21 ♐ 59	11 ♋	29 ♈	9 ♑	4 ♒	23 ♑
25	5 ♓ 20	26 ♈ 39	14 ♉ 48	13 ♉ 34	28 ♒ 22	18 ♈ 33	13 ♉ 31	15 ♍ 4	6 ♋ 25	2 ♓ 55	13 ♒ 41	22 ♐ 0	11 ♋	29 ♈	10 ♑	5 ♒	23 ♑
26	6 ♓ 20	8 ♉ 53	14 ♉ 45	13 ♉ 32	0 ♓ 9	19 ♈ 42	14 ♉ 10	14 ♍ 56	6 ♋ 23	2 ♓ 59	13 ♒ 43	22 ♐ 1	11 ♋	0 ♉	10 ♑	5 ♒	23 ♑
27	7 ♓ 21	20 ♉ 54	14 ♉ 42	13 D 32	1 ♓ 55	20 ♈ 50	14 ♉ 48	14 ♍ 49	6 ♋ 22	3 ♓ 2	13 ♒ 46	22 ♐ 2	11 D	0 ♉	10 ♑	6 ♒	23 ♑
28	8 ♓ 21	2 ♊ 46	14 ♉ 39	13 ♉ 33	3 ♓ 43	21 ♈ 59	15 ♉ 27	14 ♍ 41	6 ♋ 21	3 ♓ 6	13 ♒ 48	22 ♐ 3	11 ♋	1 ♉	11 ♑	6 ♒	23 ♑
29	9 ♓ 21	14 ♊ 34	14 ♉ 35	13 R 33	5 ♓ 32	23 ♈ 7	16 ♉ 5	14 ♍ 33	6 ♋ 20	3 ♓ 9	13 ♒ 50	22 ♐ 4	11 ♋	1 ♉	11 ♑	7 ♒	23 ♑

SUN INGRESS	☉ → ♓ 19日 16:50
MOON PHASE	○ 6日 17:47 ♌　◑ 13日 22:40 ♏　● 20日 18:18 ♓　◐ 28日 12:24 ♊

aspects		
1日	21:56	♀□♇
2日	18:29	☉☌♆
6日	18:22	♂⚹♅
10日	06:08	☿□♂
11日	12:56	☉⚹♇
14日	09:50	♂⚹♄
14日	18:58	♀□♄
16日	02:42	☿☌♆
20日	15:09	♀⚹♆
21日	06:41	☿⚹♇
22日	11:06	☉☌♅
25日	06:31	♂□♆
26日	01:15	☉△♄
27日	00:12	♂△♃
27日	15:21	☿☌♅
28日	01:34	♀△♇
29日	10:23	☿△♄

2004年3月

DAY	☉	☽	☊ mean	☊ true	☿	♀	♂	♃	♄	♅	♆	♇	⚳	⚴	⚵	⚶	⚷
	° ′	° ′	° ′	° ′	° ′	° ′	° ′	° ′	° ′	° ′	° ′	° ′	°	°	°	°	°
1	10 ♓ 21	26 ♊ 25	14 ♉ 32	13 R 31	7 D 22	24 D 14	16 D 44	14 R 25	6 R 19	3 D 13	13 D 52	22 D 5	11 D	1 D	11 D	7 D	23 D
2	11 ♓ 22	8 ♋ 23	14 ♉ 29	13 ♉ 28	9 ♓ 13	25 ♈ 22	17 ♉ 22	14 ♍ 18	6 ♋ 19	3 ♓ 16	13 ♒ 54	22 ♐ 5	11 ♋	2 ♉	11 ♑	8 ♒	23 ♑
3	12 ♓ 22	20 ♋ 33	14 ♉ 26	13 ♉ 22	11 ♓ 5	26 ♈ 30	18 ♉ 1	14 ♍ 10	6 ♋ 18	3 ♓ 19	13 ♒ 56	22 ♐ 6	11 ♋	2 ♉	12 ♑	8 ♒	23 ♑
4	13 ♓ 22	2 ♌ 58	14 ♉ 23	13 ♉ 13	12 ♓ 58	27 ♈ 37	18 ♉ 39	14 ♍ 2	6 ♋ 18	3 ♓ 23	13 ♒ 58	22 ♐ 7	11 ♋	3 ♉	12 ♑	9 ♒	23 ♑
5	14 ♓ 22	15 ♌ 41	14 ♉ 20	13 ♉ 3	14 ♓ 52	28 ♈ 44	19 ♉ 18	13 ♍ 54	6 ♋ 17	3 ♓ 26	14 ♒ 0	22 ♐ 8	11 ♋	3 ♉	12 ♑	9 ♒	23 ♑
6	15 ♓ 22	28 ♌ 44	14 ♉ 16	12 ♉ 53	16 ♓ 47	29 ♈ 51	19 ♉ 56	13 ♍ 46	6 ♋ 17	3 ♓ 30	14 ♒ 2	22 ♐ 8	11 ♋	4 ♉	13 ♑	10 ♒	24 ♑
7	16 ♓ 22	12 ♍ 4	14 ♉ 13	12 ♉ 43	18 ♓ 42	0 ♉ 57	20 ♉ 34	13 ♍ 38	6 ♋ 17	3 ♓ 33	14 ♒ 4	22 ♐ 9	11 ♋	4 ♉	13 ♑	10 ♒	24 ♑
8	17 ♓ 22	25 ♍ 41	14 ♉ 10	12 ♉ 34	20 ♓ 38	2 ♉ 3	21 ♉ 13	13 ♍ 31	6 ♋ 17	3 ♓ 36	14 ♒ 6	22 ♐ 9	12 ♋	5 ♉	13 ♑	11 ♒	24 ♑
9	18 ♓ 22	9 ♎ 31	14 ♉ 7	12 ♉ 28	22 ♓ 35	3 ♉ 10	21 ♉ 51	13 ♍ 23	6 D 17	3 ♓ 40	14 ♒ 8	22 ♐ 10	12 ♋	5 ♉	13 ♑	11 ♒	24 ♑
10	19 ♓ 22	23 ♎ 31	14 ♉ 4	12 ♉ 24	24 ♓ 32	4 ♉ 15	22 ♉ 30	13 ♍ 15	6 ♋ 17	3 ♓ 43	14 ♒ 10	22 ♐ 11	12 ♋	6 ♉	14 ♑	12 ♒	24 ♑
11	20 ♓ 22	7 ♏ 37	14 ♉ 0	12 ♉ 22	26 ♓ 30	5 ♉ 21	23 ♉ 8	13 ♍ 7	6 ♋ 17	3 ♓ 47	14 ♒ 12	22 ♐ 11	12 ♋	6 ♉	14 ♑	12 ♒	24 ♑
12	21 ♓ 22	21 ♏ 46	13 ♉ 57	12 D 22	28 ♓ 28	6 ♉ 26	23 ♉ 47	13 ♍ 0	6 ♋ 18	3 ♓ 50	14 ♒ 14	22 ♐ 11	12 ♋	7 ♉	14 ♑	13 ♒	24 ♑
13	22 ♓ 22	5 ♐ 55	13 ♉ 54	12 ♉ 23	0 ♈ 25	7 ♉ 31	24 ♉ 25	12 ♍ 52	6 ♋ 18	3 ♓ 53	14 ♒ 16	22 ♐ 12	12 ♋	7 ♉	14 ♑	13 ♒	24 ♑
14	23 ♓ 22	20 ♐ 4	13 ♉ 51	12 ♉ 24	2 ♈ 23	8 ♉ 36	25 ♉ 4	12 ♍ 44	6 ♋ 19	3 ♓ 57	14 ♒ 18	22 ♐ 12	12 ♋	7 ♉	15 ♑	14 ♒	24 ♑
15	24 ♓ 22	4 ♑ 11	13 ♉ 48	12 R 24	4 ♈ 20	9 ♉ 41	25 ♉ 42	12 ♍ 37	6 ♋ 19	4 ♓ 0	14 ♒ 20	22 ♐ 13	12 ♋	8 ♉	15 ♑	14 ♒	24 ♑
16	25 ♓ 21	18 ♑ 15	13 ♉ 45	12 ♉ 21	6 ♈ 16	10 ♉ 45	26 ♉ 21	12 ♍ 29	6 ♋ 20	4 ♓ 3	14 ♒ 21	22 ♐ 13	12 ♋	8 ♉	15 ♑	15 ♒	24 ♑
17	26 ♓ 21	2 ♒ 13	13 ♉ 41	12 ♉ 17	8 ♈ 10	11 ♉ 49	26 ♉ 59	12 ♍ 22	6 ♋ 21	4 ♓ 6	14 ♒ 23	22 ♐ 13	12 ♋	9 ♉	15 ♑	15 ♒	24 ♑
18	27 ♓ 21	16 ♒ 4	13 ♉ 38	12 ♉ 11	10 ♈ 4	12 ♉ 53	27 ♉ 37	12 ♍ 14	6 ♋ 22	4 ♓ 10	14 ♒ 25	22 ♐ 13	12 ♋	9 ♉	16 ♑	16 ♒	24 ♑
19	28 ♓ 21	29 ♒ 45	13 ♉ 35	12 ♉ 4	11 ♈ 55	13 ♉ 56	28 ♉ 16	12 ♍ 7	6 ♋ 23	4 ♓ 13	14 ♒ 27	22 ♐ 14	13 ♋	10 ♉	16 ♑	16 ♒	24 ♑
20	29 ♓ 20	13 ♓ 14	13 ♉ 32	11 ♉ 56	13 ♈ 43	14 ♉ 59	28 ♉ 54	12 ♍ 0	6 ♋ 25	4 ♓ 16	14 ♒ 29	22 ♐ 14	13 ♋	10 ♉	16 ♑	17 ♒	24 ♑
21	0 ♈ 20	26 ♓ 28	13 ♉ 29	11 ♉ 49	15 ♈ 29	16 ♉ 2	29 ♉ 33	11 ♍ 53	6 ♋ 26	4 ♓ 19	14 ♒ 30	22 ♐ 14	13 ♋	11 ♉	16 ♑	17 ♒	24 ♑
22	1 ♈ 19	9 ♈ 26	13 ♉ 25	11 ♉ 44	17 ♈ 11	17 ♉ 4	0 ♊ 11	11 ♍ 45	6 ♋ 28	4 ♓ 23	14 ♒ 32	22 ♐ 14	13 ♋	11 ♉	17 ♑	18 ♒	25 ♑
23	2 ♈ 19	22 ♈ 7	13 ♉ 22	11 ♉ 40	18 ♈ 50	18 ♉ 6	0 ♊ 50	11 ♍ 38	6 ♋ 29	4 ♓ 26	14 ♒ 34	22 ♐ 14	13 ♋	12 ♉	17 ♑	18 ♒	25 ♑
24	3 ♈ 19	4 ♉ 32	13 ♉ 19	11 ♉ 38	20 ♈ 24	19 ♉ 8	1 ♊ 28	11 ♍ 32	6 ♋ 31	4 ♓ 29	14 ♒ 35	22 ♐ 14	14 ♋	12 ♉	17 ♑	18 ♒	25 ♑
25	4 ♈ 18	16 ♉ 43	13 ♉ 16	11 D 38	21 ♈ 54	20 ♉ 9	2 ♊ 7	11 ♍ 25	6 ♋ 33	4 ♓ 32	14 ♒ 37	22 ♐ 14	14 ♋	13 ♉	17 ♑	19 ♒	25 ♑
26	5 ♈ 18	28 ♉ 43	13 ♉ 13	11 ♉ 39	23 ♈ 18	21 ♉ 10	2 ♊ 45	11 ♍ 18	6 ♋ 35	4 ♓ 35	14 ♒ 39	22 R 14	14 ♋	13 ♉	18 ♑	19 ♒	25 ♑
27	6 ♈ 17	10 ♊ 35	13 ♉ 10	11 ♉ 41	24 ♈ 37	22 ♉ 11	3 ♊ 23	11 ♍ 12	6 ♋ 37	4 ♓ 38	14 ♒ 40	22 ♐ 14	14 ♋	14 ♉	18 ♑	20 ♒	25 ♑
28	7 ♈ 16	22 ♊ 24	13 ♉ 6	11 ♉ 42	25 ♈ 50	23 ♉ 11	4 ♊ 2	11 ♍ 5	6 ♋ 39	4 ♓ 41	14 ♒ 42	22 ♐ 14	14 ♋	14 ♉	18 ♑	20 ♒	25 ♑
29	8 ♈ 16	4 ♋ 15	13 ♉ 3	11 ♉ 43	26 ♈ 57	24 ♉ 11	4 ♊ 40	10 ♍ 59	6 ♋ 41	4 ♓ 44	14 ♒ 43	22 ♐ 14	14 ♋	15 ♉	18 ♑	21 ♒	25 ♑
30	9 ♈ 15	16 ♋ 13	13 ♉ 0	11 R 43	27 ♈ 58	25 ♉ 10	5 ♊ 19	10 ♍ 53	6 ♋ 43	4 ♓ 47	14 ♒ 45	22 ♐ 14	15 ♋	15 ♉	18 ♑	21 ♒	25 ♑
31	10 ♈ 14	28 ♋ 23	12 ♉ 57	11 ♉ 41	28 ♈ 52	26 ♉ 9	5 ♊ 57	10 ♍ 47	6 ♋ 46	4 ♓ 50	14 ♒ 46	22 ♐ 14	15 ♋	16 ♉	19 ♑	22 ♒	25 ♑

SUN INGRESS	☉ → ♈ 20日 15:49
MOON PHASE	○ 7日 08:14 ♍ ◑ 14日 06:01 ♐ ● 21日 07:41 ♈ ◐ 29日 08:48 ♋

aspects

4日	10:43	☉☌☿
4日	12:36	☿☍♃
4日	14:05	☉☍♃
8日	10:41	☿⚹♂
8日	18:52	☿□♇
9日	11:37	♀⚹♅
11日	20:44	♀⚹♄
12日	19:57	☉□♇
16日	00:57	☿□♄
17日	11:00	♀△♃
18日	18:47	☉⚹♂
19日	12:01	♀□♆
20日	10:22	☿⚹♆
25日	05:41	☿△♇
27日	08:14	☉□♄
29日	02:39	♂□♅

2004年4月

DAY	☉	☽	☊ mean	☊ true	☿	♀	♂	♃	♄	♅	♆	♇	⚳	⚴	⚵	⚶	⚷
	° ′	° ′	° ′	° ′	° ′	° ′	° ′	° ′	° ′	° ′	° ′	° ′	°	°	°	°	°
1	11 ♈ 13	10 ♌ 50	12 ♉ 54	11 R 39	29 D 39	27 D 7	6 D 35	10 R 41	6 D 48	4 D 53	14 D 48	22 R 14	15 D	16 D	19 D	22 D	25 D
2	12 ♈ 13	23 ♌ 36	12 ♉ 51	11 ♉ 35	0 ♉ 20	28 ♉ 5	7 ♊ 14	10 ♍ 35	6 ♋ 51	4 ♓ 56	14 ♒ 49	22 ♐ 13	15 ♋	17 ♉	19 ♑	23 ♒	25 ♑
3	13 ♈ 12	6 ♍ 45	12 ♉ 47	11 ♉ 30	0 ♉ 53	29 ♉ 3	7 ♊ 52	10 ♍ 29	6 ♋ 54	4 ♓ 59	14 ♒ 51	22 ♐ 13	15 ♋	18 ♉	19 ♑	23 ♒	25 ♑
4	14 ♈ 11	20 ♍ 16	12 ♉ 44	11 ♉ 26	1 ♉ 19	0 ♊ 0	8 ♊ 31	10 ♍ 24	6 ♋ 57	5 ♓ 2	14 ♒ 52	22 ♐ 13	16 ♋	18 ♉	20 ♑	24 ♒	25 ♑
5	15 ♈ 10	4 ♎ 9	12 ♉ 41	11 ♉ 22	1 ♉ 38	0 ♊ 56	9 ♊ 9	10 ♍ 18	7 ♋ 0	5 ♓ 5	14 ♒ 53	22 ♐ 12	16 ♋	19 ♉	20 ♑	24 ♒	25 ♑
6	16 ♈ 9	18 ♎ 21	12 ♉ 38	11 ♉ 19	1 ♉ 50	1 ♊ 52	9 ♊ 47	10 ♍ 13	7 ♋ 3	5 ♓ 7	14 ♒ 55	22 ♐ 12	16 ♋	19 ♉	20 ♑	25 ♒	25 ♑
7	17 ♈ 8	2 ♏ 46	12 ♉ 35	11 ♉ 18	1 ♉ 55	2 ♊ 47	10 ♊ 26	10 ♍ 8	7 ♋ 6	5 ♓ 10	14 ♒ 56	22 ♐ 12	16 ♋	20 ♉	20 ♑	25 ♒	25 ♑
8	18 ♈ 7	17 ♏ 19	12 ♉ 31	11 D 18	1 R 53	3 ♊ 42	11 ♊ 4	10 ♍ 3	7 ♋ 9	5 ♓ 13	14 ♒ 57	22 ♐ 11	17 ♋	20 ♉	20 ♑	26 ♒	25 ♑
9	19 ♈ 6	1 ♐ 55	12 ♉ 28	11 ♉ 19	1 ♉ 45	4 ♊ 36	11 ♊ 42	9 ♍ 58	7 ♋ 12	5 ♓ 16	14 ♒ 59	22 ♐ 11	17 ♋	21 ♉	20 ♑	26 ♒	25 ♑
10	20 ♈ 5	16 ♐ 27	12 ♉ 25	11 ♉ 20	1 ♉ 30	5 ♊ 29	12 ♊ 20	9 ♍ 54	7 ♋ 16	5 ♓ 18	15 ♒ 0	22 ♐ 10	17 ♋	21 ♉	21 ♑	26 ♒	25 ♑
11	21 ♈ 4	0 ♑ 51	12 ♉ 22	11 ♉ 21	1 ♉ 10	6 ♊ 22	12 ♊ 59	9 ♍ 49	7 ♋ 19	5 ♓ 21	15 ♒ 1	22 ♐ 10	17 ♋	22 ♉	21 ♑	27 ♒	25 ♑
12	22 ♈ 3	15 ♑ 5	12 ♉ 19	11 ♉ 22	0 ♉ 44	7 ♊ 14	13 ♊ 37	9 ♍ 45	7 ♋ 23	5 ♓ 24	15 ♒ 2	22 ♐ 9	18 ♋	22 ♉	21 ♑	27 ♒	25 ♑
13	23 ♈ 2	29 ♑ 6	12 ♉ 16	11 R 22	0 ♉ 14	8 ♊ 6	14 ♊ 15	9 ♍ 41	7 ♋ 27	5 ♓ 26	15 ♒ 3	22 ♐ 8	18 ♋	23 ♉	21 ♑	28 ♒	25 ♑
14	24 ♈ 0	12 ♒ 53	12 ♉ 12	11 ♉ 21	29 ♈ 40	8 ♊ 56	14 ♊ 54	9 ♍ 37	7 ♋ 31	5 ♓ 29	15 ♒ 4	22 ♐ 8	18 ♋	23 ♉	21 ♑	28 ♒	25 ♑
15	24 ♈ 59	26 ♒ 25	12 ♉ 9	11 ♉ 20	29 ♈ 2	9 ♊ 46	15 ♊ 32	9 ♍ 33	7 ♋ 35	5 ♓ 31	15 ♒ 5	22 ♐ 7	18 ♋	24 ♉	21 ♑	29 ♒	25 ♑
16	25 ♈ 58	9 ♓ 44	12 ♉ 6	11 ♉ 18	28 ♈ 21	10 ♊ 36	16 ♊ 10	9 ♍ 29	7 ♋ 39	5 ♓ 34	15 ♒ 7	22 ♐ 7	19 ♋	24 ♉	22 ♑	29 ♒	25 ♑
17	26 ♈ 57	22 ♓ 48	12 ♉ 3	11 ♉ 16	27 ♈ 39	11 ♊ 24	16 ♊ 48	9 ♍ 26	7 ♋ 43	5 ♓ 36	15 ♒ 8	22 ♐ 6	19 ♋	25 ♉	22 ♑	0 ♓	25 ♑
18	27 ♈ 55	5 ♈ 38	12 ♉ 0	11 ♉ 14	26 ♈ 56	12 ♊ 12	17 ♊ 27	9 ♍ 23	7 ♋ 47	5 ♓ 39	15 ♒ 9	22 ♐ 5	19 ♋	26 ♉	22 ♑	0 ♓	25 ♑
19	28 ♈ 54	18 ♈ 15	11 ♉ 57	11 ♉ 12	26 ♈ 13	12 ♊ 59	18 ♊ 5	9 ♍ 19	7 ♋ 51	5 ♓ 41	15 ♒ 9	22 ♐ 4	20 ♋	26 ♉	22 ♑	0 ♓	26 ♑
20	29 ♈ 53	0 ♉ 39	11 ♉ 53	11 ♉ 12	25 ♈ 30	13 ♊ 44	18 ♊ 43	9 ♍ 16	7 ♋ 55	5 ♓ 44	15 ♒ 10	22 ♐ 4	20 ♋	27 ♉	22 ♑	1 ♓	26 ♑
21	0 ♉ 51	12 ♉ 52	11 ♉ 50	11 D 11	24 ♈ 49	14 ♊ 29	19 ♊ 21	9 ♍ 14	8 ♋ 0	5 ♓ 46	15 ♒ 11	22 ♐ 3	20 ♋	27 ♉	22 ♑	1 ♓	26 ♑
22	1 ♉ 50	24 ♉ 56	11 ♉ 47	11 ♉ 12	24 ♈ 10	15 ♊ 13	19 ♊ 59	9 ♍ 11	8 ♋ 4	5 ♓ 48	15 ♒ 12	22 ♐ 2	20 ♋	28 ♉	22 ♑	2 ♓	26 ♑
23	2 ♉ 48	6 ♊ 51	11 ♉ 44	11 ♉ 12	23 ♈ 33	15 ♊ 56	20 ♊ 38	9 ♍ 9	8 ♋ 9	5 ♓ 50	15 ♒ 13	22 ♐ 1	21 ♋	28 ♉	23 ♑	2 ♓	26 ♑
24	3 ♉ 47	18 ♊ 42	11 ♉ 41	11 ♉ 13	23 ♈ 0	16 ♊ 38	21 ♊ 16	9 ♍ 7	8 ♋ 14	5 ♓ 53	15 ♒ 14	22 ♐ 0	21 ♋	29 ♉	23 ♑	3 ♓	26 ♑
25	4 ♉ 45	0 ♋ 31	11 ♉ 37	11 ♉ 14	22 ♈ 30	17 ♊ 19	21 ♊ 54	9 ♍ 5	8 ♋ 19	5 ♓ 55	15 ♒ 15	21 ♐ 59	21 ♋	29 ♉	23 ♑	3 ♓	26 ♑
26	5 ♉ 44	12 ♋ 22	11 ♉ 34	11 ♉ 15	22 ♈ 5	17 ♊ 59	22 ♊ 32	9 ♍ 3	8 ♋ 23	5 ♓ 57	15 ♒ 15	21 ♐ 58	22 ♋	0 ♊	23 ♑	4 ♓	26 ♑
27	6 ♉ 42	24 ♋ 20	11 ♉ 31	11 ♉ 15	21 ♈ 44	18 ♊ 38	23 ♊ 10	9 ♍ 1	8 ♋ 28	5 ♓ 59	15 ♒ 16	21 ♐ 57	22 ♋	1 ♊	23 ♑	4 ♓	26 ♑
28	7 ♉ 40	6 ♌ 29	11 ♉ 28	11 ♉ 15	21 ♈ 27	19 ♊ 15	23 ♊ 48	9 ♍ 0	8 ♋ 33	6 ♓ 1	15 ♒ 17	21 ♐ 56	22 ♋	1 ♊	23 ♑	4 ♓	26 ♑
29	8 ♉ 39	18 ♌ 53	11 ♉ 25	11 R 15	21 ♈ 15	19 ♊ 51	24 ♊ 27	8 ♍ 58	8 ♋ 38	6 ♓ 3	15 ♒ 17	21 ♐ 55	23 ♋	2 ♊	23 ♑	5 ♓	26 ♑
30	9 ♉ 37	1 ♍ 36	11 ♉ 22	11 ♉ 15	21 ♈ 9	20 ♊ 26	25 ♊ 5	8 ♍ 57	8 ♋ 44	6 ♓ 5	15 ♒ 18	21 ♐ 54	23 ♋	2 ♊	23 ♑	5 ♓	26 ♑

SUN INGRESS	☉ → ♉ 20日 02:50
MOON PHASE	○ 5日 20:03 ♎ ◑ 12日 12:46 ♑ ● 19日 22:21 ♈ ◐ 28日 02:32 ♌

aspects

4日	17:06	☉⚹♆
6日	14:15	♂□♃
9日	18:51	♀□♅
12日	02:34	☉△♇
14日	07:01	♂△♆
14日	17:56	♀□♃
17日	10:04	☉☌☿
21日	23:16	♀△♆
25日	03:13	♂☍♇
25日	13:29	☿⚹♂
26日	05:40	☉⚹♅
26日	07:13	☿△♇
28日	23:52	☉⚹♄
29日	07:53	☉△♃

2004年5月

DAY	☉	☽	☊ mean	☊ true	☿	♀	♂	♃	♄	♅	♆	♇	⚳	⚴	⚵	⚶	⚷
	° ′	° ′	° ′	° ′	° ′	° ′	° ′	° ′	° ′	° ′	° ′	° ′	°	°	°	°	°
1	10 ♉ 35	14 ♍ 43	11 ♉ 18	11 R 15	21 D 6	21 D 0	25 D 43	8 R 56	8 D 49	6 D 7	15 D 18	21 R 53	23 D	3 D	23 D	6 D	26 D
2	11 ♉ 33	28 ♍ 15	11 ♉ 15	11 D 15	21 ♈ 9	21 ♊ 32	26 ♊ 21	8 ♍ 56	8 ♋ 54	6 ♓ 9	15 ♒ 19	21 ♐ 52	24 ♋	3 ♊	24 ♑	6 ♓	26 ♑
3	12 ♉ 32	12 ♎ 12	11 ♉ 12	11 ♉ 15	21 ♈ 17	22 ♊ 3	26 ♊ 59	8 ♍ 55	9 ♋ 0	6 ♓ 11	15 ♒ 19	21 ♐ 51	24 ♋	4 ♊	24 ♑	6 ♓	26 R
4	13 ♉ 30	26 ♎ 34	11 ♉ 9	11 ♉ 15	21 ♈ 29	22 ♊ 32	27 ♊ 37	8 ♍ 55	9 ♋ 5	6 ♓ 13	15 ♒ 20	21 ♐ 50	24 ♋	5 ♊	24 ♑	7 ♓	26 ♑
5	14 ♉ 28	11 ♏ 15	11 ♉ 6	11 ♉ 15	21 ♈ 46	22 ♊ 59	28 ♊ 15	8 ♍ 54	9 ♋ 10	6 ♓ 14	15 ♒ 20	21 ♐ 49	25 ♋	5 ♊	24 ♑	7 ♓	26 ♑
6	15 ♉ 26	26 ♏ 10	11 ♉ 2	11 R 15	22 ♈ 8	23 ♊ 25	28 ♊ 53	8 D 54	9 ♋ 16	6 ♓ 16	15 ♒ 21	21 ♐ 47	25 ♋	6 ♊	24 ♑	8 ♓	26 ♑
7	16 ♉ 24	11 ♐ 10	10 ♉ 59	11 ♉ 15	22 ♈ 33	23 ♊ 49	29 ♊ 31	8 ♍ 55	9 ♋ 22	6 ♓ 18	15 ♒ 21	21 ♐ 46	25 ♋	6 ♊	24 ♑	8 ♓	26 ♑
8	17 ♉ 22	26 ♐ 6	10 ♉ 56	11 ♉ 14	23 ♈ 3	24 ♊ 12	0 ♋ 9	8 ♍ 55	9 ♋ 27	6 ♓ 19	15 ♒ 21	21 ♐ 45	26 ♋	7 ♊	24 ♑	8 ♓	26 ♑
9	18 ♉ 20	10 ♑ 53	10 ♉ 53	11 ♉ 13	23 ♈ 38	24 ♊ 32	0 ♋ 47	8 ♍ 55	9 ♋ 33	6 ♓ 21	15 ♒ 22	21 ♐ 44	26 ♋	7 ♊	24 ♑	9 ♓	26 ♑
10	19 ♉ 18	25 ♑ 22	10 ♉ 50	11 ♉ 13	24 ♈ 16	24 ♊ 51	1 ♋ 25	8 ♍ 56	9 ♋ 39	6 ♓ 22	15 ♒ 22	21 ♐ 43	26 ♋	8 ♊	24 ♑	9 ♓	26 ♑
11	20 ♉ 16	9 ♒ 31	10 ♉ 47	11 ♉ 12	24 ♈ 57	25 ♊ 8	2 ♋ 3	8 ♍ 57	9 ♋ 45	6 ♓ 24	15 ♒ 22	21 ♐ 41	27 ♋	9 ♊	24 ♑	10 ♓	26 ♑
12	21 ♉ 14	23 ♒ 19	10 ♉ 43	11 D 12	25 ♈ 43	25 ♊ 23	2 ♋ 41	8 ♍ 58	9 ♋ 51	6 ♓ 25	15 ♒ 23	21 ♐ 40	27 ♋	9 ♊	24 ♑	10 ♓	26 ♑
13	22 ♉ 12	6 ♓ 44	10 ♉ 40	11 ♉ 12	26 ♈ 32	25 ♊ 36	3 ♋ 20	8 ♍ 59	9 ♋ 57	6 ♓ 27	15 ♒ 23	21 ♐ 39	27 ♋	10 ♊	24 ♑	10 ♓	26 ♑
14	23 ♉ 10	19 ♓ 49	10 ♉ 37	11 ♉ 13	27 ♈ 24	25 ♊ 47	3 ♋ 58	9 ♍ 1	10 ♋ 3	6 ♓ 28	15 ♒ 23	21 ♐ 37	28 ♋	10 ♊	24 ♑	11 ♓	26 ♑
15	24 ♉ 8	2 ♈ 37	10 ♉ 34	11 ♉ 14	28 ♈ 20	25 ♊ 55	4 ♋ 35	9 ♍ 3	10 ♋ 9	6 ♓ 30	15 ♒ 23	21 ♐ 36	28 ♋	11 ♊	24 ♑	11 ♓	26 ♑
16	25 ♉ 6	15 ♈ 9	10 ♉ 31	11 ♉ 15	29 ♈ 19	26 ♊ 2	5 ♋ 13	9 ♍ 4	10 ♋ 16	6 ♓ 31	15 ♒ 23	21 ♐ 35	28 ♋	11 ♊	24 ♑	12 ♓	26 ♑
17	26 ♉ 4	27 ♈ 28	10 ♉ 28	11 ♉ 16	0 ♉ 21	26 ♊ 6	5 ♋ 51	9 ♍ 6	10 ♋ 22	6 ♓ 32	15 ♒ 23	21 ♐ 33	29 ♋	12 ♊	24 ♑	12 ♓	26 ♑
18	27 ♉ 1	9 ♉ 38	10 ♉ 24	11 ♉ 17	1 ♉ 26	26 ♊ 8	6 ♋ 29	9 ♍ 8	10 ♋ 28	6 ♓ 33	15 R 23	21 ♐ 32	29 ♋	13 ♊	24 R	12 ♓	25 ♑
19	27 ♉ 59	21 ♉ 39	10 ♉ 21	11 R 16	2 ♉ 33	26 R 7	7 ♋ 7	9 ♍ 11	10 ♋ 35	6 ♓ 34	15 ♒ 23	21 ♐ 30	29 ♋	13 ♊	24 ♑	13 ♓	25 ♑
20	28 ♉ 57	3 ♊ 34	10 ♉ 18	11 ♉ 15	3 ♉ 44	26 ♊ 4	7 ♋ 45	9 ♍ 13	10 ♋ 41	6 ♓ 35	15 ♒ 23	21 ♐ 29	0 ♌	14 ♊	24 ♑	13 ♓	25 ♑
21	29 ♉ 55	15 ♊ 25	10 ♉ 15	11 ♉ 13	4 ♉ 57	25 ♊ 59	8 ♋ 23	9 ♍ 16	10 ♋ 48	6 ♓ 36	15 ♒ 23	21 ♐ 28	0 ♌	14 ♊	24 ♑	13 ♓	25 ♑
22	0 ♊ 52	27 ♊ 15	10 ♉ 12	11 ♉ 10	6 ♉ 13	25 ♊ 52	9 ♋ 1	9 ♍ 19	10 ♋ 54	6 ♓ 37	15 ♒ 23	21 ♐ 26	1 ♌	15 ♊	24 ♑	14 ♓	25 ♑
23	1 ♊ 50	9 ♋ 4	10 ♉ 8	11 ♉ 7	7 ♉ 31	25 ♊ 42	9 ♋ 39	9 ♍ 22	11 ♋ 1	6 ♓ 38	15 ♒ 23	21 ♐ 25	1 ♌	16 ♊	24 ♑	14 ♓	25 ♑
24	2 ♊ 48	20 ♋ 57	10 ♉ 5	11 ♉ 4	8 ♉ 52	25 ♊ 29	10 ♋ 17	9 ♍ 25	11 ♋ 7	6 ♓ 39	15 ♒ 23	21 ♐ 23	1 ♌	16 ♊	24 ♑	15 ♓	25 ♑
25	3 ♊ 46	2 ♌ 56	10 ♉ 2	11 ♉ 0	10 ♉ 16	25 ♊ 14	10 ♋ 55	9 ♍ 28	11 ♋ 14	6 ♓ 40	15 ♒ 22	21 ♐ 22	2 ♌	17 ♊	24 ♑	15 ♓	25 ♑
26	4 ♊ 43	15 ♌ 5	9 ♉ 59	10 ♉ 58	11 ♉ 42	24 ♊ 57	11 ♋ 33	9 ♍ 32	11 ♋ 21	6 ♓ 41	15 ♒ 22	21 ♐ 20	2 ♌	17 ♊	24 ♑	15 ♓	25 ♑
27	5 ♊ 41	27 ♌ 27	9 ♉ 56	10 ♉ 57	13 ♉ 11	24 ♊ 37	12 ♋ 11	9 ♍ 36	11 ♋ 28	6 ♓ 42	15 ♒ 22	21 ♐ 19	2 ♌	18 ♊	24 ♑	16 ♓	25 ♑
28	6 ♊ 38	10 ♍ 7	9 ♉ 53	10 D 57	14 ♉ 42	24 ♊ 15	12 ♋ 49	9 ♍ 40	11 ♋ 35	6 ♓ 42	15 ♒ 21	21 ♐ 17	3 ♌	18 ♊	24 ♑	16 ♓	25 ♑
29	7 ♊ 36	23 ♍ 7	9 ♉ 49	10 ♉ 57	16 ♉ 15	23 ♊ 51	13 ♋ 27	9 ♍ 44	11 ♋ 41	6 ♓ 43	15 ♒ 21	21 ♐ 16	3 ♌	19 ♊	24 ♑	16 ♓	25 ♑
30	8 ♊ 33	6 ♎ 33	9 ♉ 46	10 ♉ 59	17 ♉ 51	23 ♊ 25	14 ♋ 5	9 ♍ 48	11 ♋ 48	6 ♓ 44	15 ♒ 21	21 ♐ 14	4 ♌	20 ♊	24 ♑	17 ♓	25 ♑
31	9 ♊ 31	20 ♎ 25	9 ♉ 43	11 ♉ 0	19 ♉ 30	22 ♊ 57	14 ♋ 43	9 ♍ 52	11 ♋ 55	6 ♓ 44	15 ♒ 20	21 ♐ 13	4 ♌	20 ♊	24 ♑	17 ♓	25 ♑

SUN INGRESS	☉ → ♊ 21日 01:59
MOON PHASE	○ 5日 05:33 ♏　◑ 11日 20:04 ♒　● 19日 13:52 ♉　◐ 27日 16:57 ♍

aspects		
1日	05:02	☿⚹♀
2日	05:30	♃⚹♄
2日	15:07	♀☍♇
5日	02:51	☿△♇
5日	21:49	☉□♆
11日	08:46	☿⚹♀
18日	02:28	♂△♅
22日	07:43	☿⚹♅
22日	12:04	♂⚹♃
24日	09:51	☿△♃
25日	14:39	♂☌♄
25日	17:38	☿⚹♄
25日	19:32	☿⚹♂
28日	01:43	☉□♅
28日	10:13	☿□♆
31日	09:33	☉□♃

2004年6月

DAY	☉	☽	☊ mean	☊ true	☿	♀	♂	♃	♄	♅	♆	♇	⚳	⚴	⚵	⚶	⚷
	° ′	° ′	° ′	° ′	° ′	° ′	° ′	° ′	° ′	° ′	° ′	° ′	°	°	°	°	°
1	10 ♊ 28	4 ♏ 44	9 ♉ 40	11 D 1	21 D 10	22 R 27	15 D 20	9 D 57	12 D 2	6 D 45	15 R 20	21 R 11	4 D	21 D	24 R	17 D	25 R
2	11 ♊ 26	19 ♏ 27	9 ♉ 37	11 R 1	22 ♉ 53	21 ♊ 55	15 ♋ 58	10 ♍ 1	12 ♋ 9	6 ♓ 45	15 ♒ 19	21 ♐ 9	5 ♌	21 ♊	24 ♑	18 ♓	25 ♑
3	12 ♊ 23	4 ♐ 29	9 ♉ 34	11 ♉ 0	24 ♉ 39	21 ♊ 22	16 ♋ 36	10 ♍ 6	12 ♋ 16	6 ♓ 46	15 ♒ 19	21 ♐ 8	5 ♌	22 ♊	23 ♑	18 ♓	25 ♑
4	13 ♊ 21	19 ♐ 42	9 ♉ 30	10 ♉ 57	26 ♉ 27	20 ♊ 47	17 ♋ 14	10 ♍ 11	12 ♋ 24	6 ♓ 46	15 ♒ 18	21 ♐ 6	6 ♌	23 ♊	23 ♑	18 ♓	25 ♑
5	14 ♊ 18	4 ♑ 56	9 ♉ 27	10 ♉ 52	28 ♉ 17	20 ♊ 12	17 ♋ 52	10 ♍ 16	12 ♋ 31	6 ♓ 46	15 ♒ 18	21 ♐ 5	6 ♌	23 ♊	23 ♑	19 ♓	25 ♑
6	15 ♊ 16	20 ♑ 0	9 ♉ 24	10 ♉ 48	0 ♊ 10	19 ♊ 35	18 ♋ 30	10 ♍ 21	12 ♋ 38	6 ♓ 47	15 ♒ 17	21 ♐ 3	6 ♌	24 ♊	23 ♑	19 ♓	25 ♑
7	16 ♊ 13	4 ♒ 47	9 ♉ 21	10 ♉ 43	2 ♊ 5	18 ♊ 58	19 ♋ 7	10 ♍ 27	12 ♋ 45	6 ♓ 47	15 ♒ 17	21 ♐ 2	7 ♌	24 ♊	23 ♑	19 ♓	25 ♑
8	17 ♊ 10	19 ♒ 9	9 ♉ 18	10 ♉ 39	4 ♊ 2	18 ♊ 21	19 ♋ 45	10 ♍ 32	12 ♋ 53	6 ♓ 47	15 ♒ 16	21 ♐ 0	7 ♌	25 ♊	23 ♑	19 ♓	25 ♑
9	18 ♊ 8	3 ♓ 4	9 ♉ 14	10 ♉ 37	6 ♊ 1	17 ♊ 43	20 ♋ 23	10 ♍ 38	13 ♋ 0	6 ♓ 47	15 ♒ 15	20 ♐ 58	8 ♌	26 ♊	23 ♑	20 ♓	25 ♑
10	19 ♊ 5	16 ♓ 31	9 ♉ 11	10 ♉ 35	8 ♊ 3	17 ♊ 5	21 ♋ 1	10 ♍ 44	13 ♋ 7	6 ♓ 47	15 ♒ 15	20 ♐ 57	8 ♌	26 ♊	23 ♑	20 ♓	25 ♑
11	20 ♊ 3	29 ♓ 33	9 ♉ 8	10 D 36	10 ♊ 6	16 ♊ 28	21 ♋ 39	10 ♍ 50	13 ♋ 15	6 ♓ 47	15 ♒ 14	20 ♐ 55	8 ♌	27 ♊	23 ♑	20 ♓	25 ♑
12	21 ♊ 0	12 ♈ 13	9 ♉ 5	10 ♉ 37	12 ♊ 11	15 ♊ 51	22 ♋ 17	10 ♍ 56	13 ♋ 22	6 R 47	15 ♒ 13	20 ♐ 54	9 ♌	27 ♊	22 ♑	21 ♓	25 ♑
13	21 ♊ 57	24 ♈ 36	9 ♉ 2	10 ♉ 39	14 ♊ 18	15 ♊ 15	22 ♋ 54	11 ♍ 2	13 ♋ 29	6 ♓ 47	15 ♒ 12	20 ♐ 52	9 ♌	28 ♊	22 ♑	21 ♓	25 ♑
14	22 ♊ 55	6 ♉ 45	8 ♉ 59	10 ♉ 40	16 ♊ 27	14 ♊ 41	23 ♋ 32	11 ♍ 9	13 ♋ 37	6 ♓ 47	15 ♒ 12	20 ♐ 50	10 ♌	29 ♊	22 ♑	21 ♓	25 ♑
15	23 ♊ 52	18 ♉ 44	8 ♉ 55	10 R 39	18 ♊ 36	14 ♊ 7	24 ♋ 10	11 ♍ 15	13 ♋ 44	6 ♓ 47	15 ♒ 11	20 ♐ 49	10 ♌	29 ♊	22 ♑	21 ♓	25 ♑
16	24 ♊ 49	0 ♊ 37	8 ♉ 52	10 ♉ 37	20 ♊ 47	13 ♊ 35	24 ♋ 48	11 ♍ 22	13 ♋ 52	6 ♓ 47	15 ♒ 10	20 ♐ 47	10 ♌	0 ♋	22 ♑	22 ♓	24 ♑
17	25 ♊ 47	12 ♊ 27	8 ♉ 49	10 ♉ 33	22 ♊ 58	13 ♊ 4	25 ♋ 26	11 ♍ 29	13 ♋ 59	6 ♓ 46	15 ♒ 9	20 ♐ 46	11 ♌	0 ♋	22 ♑	22 ♓	24 ♑
18	26 ♊ 44	24 ♊ 16	8 ♉ 46	10 ♉ 27	25 ♊ 9	12 ♊ 35	26 ♋ 3	11 ♍ 36	14 ♋ 7	6 ♓ 46	15 ♒ 8	20 ♐ 44	11 ♌	1 ♋	21 ♑	22 ♓	24 ♑
19	27 ♊ 41	6 ♋ 6	8 ♉ 43	10 ♉ 19	27 ♊ 21	12 ♊ 8	26 ♋ 41	11 ♍ 43	14 ♋ 14	6 ♓ 46	15 ♒ 7	20 ♐ 43	12 ♌	2 ♋	21 ♑	23 ♓	24 ♑
20	28 ♊ 38	17 ♋ 59	8 ♉ 40	10 ♉ 10	29 ♊ 33	11 ♊ 43	27 ♋ 19	11 ♍ 50	14 ♋ 22	6 ♓ 45	15 ♒ 6	20 ♐ 41	12 ♌	2 ♋	21 ♑	23 ♓	24 ♑
21	29 ♊ 36	29 ♋ 57	8 ♉ 36	10 ♉ 1	1 ♋ 44	11 ♊ 20	27 ♋ 57	11 ♍ 58	14 ♋ 30	6 ♓ 45	15 ♒ 5	20 ♐ 39	12 ♌	3 ♋	21 ♑	23 ♓	24 ♑
22	0 ♋ 33	12 ♌ 1	8 ♉ 33	9 ♉ 52	3 ♋ 55	10 ♊ 59	28 ♋ 35	12 ♍ 5	14 ♋ 37	6 ♓ 44	15 ♒ 4	20 ♐ 38	13 ♌	3 ♋	21 ♑	23 ♓	24 ♑
23	1 ♋ 30	24 ♌ 15	8 ♉ 30	9 ♉ 45	6 ♋ 5	10 ♊ 41	29 ♋ 13	12 ♍ 13	14 ♋ 45	6 ♓ 44	15 ♒ 3	20 ♐ 36	13 ♌	4 ♋	20 ♑	23 ♓	24 ♑
24	2 ♋ 28	6 ♍ 39	8 ♉ 27	9 ♉ 40	8 ♋ 14	10 ♊ 25	29 ♋ 50	12 ♍ 20	14 ♋ 53	6 ♓ 43	15 ♒ 2	20 ♐ 35	14 ♌	5 ♋	20 ♑	24 ♓	24 ♑
25	3 ♋ 25	19 ♍ 19	8 ♉ 24	9 ♉ 37	10 ♋ 21	10 ♊ 11	0 ♌ 28	12 ♍ 28	15 ♋ 0	6 ♓ 43	15 ♒ 1	20 ♐ 33	14 ♌	5 ♋	20 ♑	24 ♓	24 ♑
26	4 ♋ 22	2 ♎ 16	8 ♉ 20	9 ♉ 36	12 ♋ 27	9 ♊ 59	1 ♌ 6	12 ♍ 36	15 ♋ 8	6 ♓ 42	15 ♒ 0	20 ♐ 32	15 ♌	6 ♋	20 ♑	24 ♓	24 ♑
27	5 ♋ 19	15 ♎ 35	8 ♉ 17	9 D 36	14 ♋ 32	9 ♊ 50	1 ♌ 44	12 ♍ 44	15 ♋ 16	6 ♓ 41	14 ♒ 59	20 ♐ 30	15 ♌	6 ♋	20 ♑	24 ♓	24 ♑
28	6 ♋ 16	29 ♎ 17	8 ♉ 14	9 ♉ 37	16 ♋ 34	9 ♊ 43	2 ♌ 21	12 ♍ 52	15 ♋ 23	6 ♓ 40	14 ♒ 57	20 ♐ 29	15 ♌	7 ♋	19 ♑	25 ♓	24 ♑
29	7 ♋ 14	13 ♏ 26	8 ♉ 11	9 R 37	18 ♋ 35	9 ♊ 39	2 ♌ 59	13 ♍ 1	15 ♋ 31	6 ♓ 40	14 ♒ 56	20 ♐ 27	16 ♌	8 ♋	19 ♑	25 ♓	24 ♑
30	8 ♋ 11	27 ♏ 59	8 ♉ 8	9 ♉ 36	20 ♋ 35	9 ♊ 37	3 ♌ 37	13 ♍ 9	15 ♋ 39	6 ♓ 39	14 ♒ 55	20 ♐ 26	16 ♌	8 ♋	19 ♑	25 ♓	24 ♑

SUN INGRESS	☉ → ♋ 21日 09:57
MOON PHASE	○ 3日 13:20 ♐　◑ 10日 05:02 ♓　● 18日 05:27 ♊　◐ 26日 04:08 ♎

aspects		
3日	10:24	♀☍♇
6日	00:39	☉△♆
8日	17:43	☉☌♀
9日	09:05	☿□♅
11日	08:50	☿□♃
11日	21:25	☉☍♇
13日	02:07	♀△♆
13日	08:24	☿☌♀
13日	10:05	☿△♆
16日	00:07	☿☍♇
19日	06:24	☉☌☿
19日	18:29	♀□♃
23日	07:11	☿△♅
26日	01:48	☿⚹♃
27日	09:07	☿☌♄
28日	09:55	☉△♅

2004年7月

DAY	☉	☽	☊ mean	☊ true	☿	♀	♂	♃	♄	♅	♆	♇	⚳	⚴	⚵	⚶	⚷
	° ′	° ′	° ′	° ′	° ′	° ′	° ′	° ′	° ′	° ′	° ′	° ′	°	°	°	°	°
1	9 ♋ 8	12 ♐ 54	8 ♉ 5	9 R 33	22 D 32	9 D 38	4 D 15	13 D 18	15 D 47	6 R 38	14 R 54	20 R 24	17 D	9 D	19 R	25 D	24 R
2	10 ♋ 5	28 ♐ 4	8 ♉ 1	9 ♉ 27	24 ♋ 27	9 ♊ 40	4 ♌ 53	13 ♍ 26	15 ♋ 54	6 ♓ 37	14 ♒ 53	20 ♐ 23	17 ♌	9 ♋	19 ♑	25 ♓	24 ♑
3	11 ♋ 2	13 ♑ 20	7 ♉ 58	9 ♉ 19	26 ♋ 20	9 ♊ 45	5 ♌ 30	13 ♍ 35	16 ♋ 2	6 ♓ 36	14 ♒ 51	20 ♐ 21	18 ♌	10 ♋	18 ♑	26 ♓	24 ♑
4	12 ♋ 0	28 ♑ 31	7 ♉ 55	9 ♉ 10	28 ♋ 11	9 ♊ 52	6 ♌ 8	13 ♍ 44	16 ♋ 10	6 ♓ 35	14 ♒ 50	20 ♐ 20	18 ♌	11 ♋	18 ♑	26 ♓	23 ♑
5	12 ♋ 57	13 ♒ 26	7 ♉ 52	9 ♉ 1	0 ♌ 0	10 ♊ 2	6 ♌ 46	13 ♍ 53	16 ♋ 18	6 ♓ 34	14 ♒ 49	20 ♐ 18	18 ♌	11 ♋	18 ♑	26 ♓	23 ♑
6	13 ♋ 54	27 ♒ 57	7 ♉ 49	8 ♉ 53	1 ♌ 47	10 ♊ 13	7 ♌ 24	14 ♍ 2	16 ♋ 25	6 ♓ 33	14 ♒ 47	20 ♐ 17	19 ♌	12 ♋	18 ♑	26 ♓	23 ♑
7	14 ♋ 51	12 ♓ 0	7 ♉ 46	8 ♉ 47	3 ♌ 32	10 ♊ 26	8 ♌ 2	14 ♍ 11	16 ♋ 33	6 ♓ 31	14 ♒ 46	20 ♐ 15	19 ♌	12 ♋	17 ♑	26 ♓	23 ♑
8	15 ♋ 48	25 ♓ 33	7 ♉ 42	8 ♉ 43	5 ♌ 15	10 ♊ 42	8 ♌ 39	14 ♍ 20	16 ♋ 41	6 ♓ 30	14 ♒ 45	20 ♐ 14	20 ♌	13 ♋	17 ♑	26 ♓	23 ♑
9	16 ♋ 45	8 ♈ 38	7 ♉ 39	8 ♉ 41	6 ♌ 56	10 ♊ 59	9 ♌ 17	14 ♍ 30	16 ♋ 49	6 ♓ 29	14 ♒ 43	20 ♐ 13	20 ♌	14 ♋	17 ♑	26 ♓	23 ♑
10	17 ♋ 43	21 ♈ 18	7 ♉ 36	8 D 41	8 ♌ 35	11 ♊ 18	9 ♌ 55	14 ♍ 39	16 ♋ 57	6 ♓ 28	14 ♒ 42	20 ♐ 11	21 ♌	14 ♋	17 ♑	27 ♓	23 ♑
11	18 ♋ 40	3 ♉ 38	7 ♉ 33	8 ♉ 41	10 ♌ 12	11 ♊ 39	10 ♌ 33	14 ♍ 49	17 ♋ 4	6 ♓ 26	14 ♒ 41	20 ♐ 10	21 ♌	15 ♋	16 ♑	27 ♓	23 ♑
12	19 ♋ 37	15 ♉ 44	7 ♉ 30	8 R 41	11 ♌ 46	12 ♊ 2	11 ♌ 10	14 ♍ 58	17 ♋ 12	6 ♓ 25	14 ♒ 39	20 ♐ 9	21 ♌	15 ♋	16 ♑	27 ♓	23 ♑
13	20 ♋ 34	27 ♉ 39	7 ♉ 26	8 ♉ 40	13 ♌ 19	12 ♊ 27	11 ♌ 48	15 ♍ 8	17 ♋ 20	6 ♓ 24	14 ♒ 38	20 ♐ 7	22 ♌	16 ♋	16 ♑	27 ♓	23 ♑
14	21 ♋ 32	9 ♊ 29	7 ♉ 23	8 ♉ 36	14 ♌ 49	12 ♊ 53	12 ♌ 26	15 ♍ 18	17 ♋ 28	6 ♓ 22	14 ♒ 36	20 ♐ 6	22 ♌	16 ♋	16 ♑	27 ♓	23 ♑
15	22 ♋ 29	21 ♊ 17	7 ♉ 20	8 ♉ 29	16 ♌ 18	13 ♊ 20	13 ♌ 4	15 ♍ 28	17 ♋ 36	6 ♓ 21	14 ♒ 35	20 ♐ 5	23 ♌	17 ♋	16 ♑	27 ♓	23 ♑
16	23 ♋ 26	3 ♋ 7	7 ♉ 17	8 ♉ 20	17 ♌ 44	13 ♊ 49	13 ♌ 42	15 ♍ 38	17 ♋ 43	6 ♓ 19	14 ♒ 33	20 ♐ 3	23 ♌	18 ♋	15 ♑	27 ♓	23 ♑
17	24 ♋ 23	15 ♋ 1	7 ♉ 14	8 ♉ 9	19 ♌ 8	14 ♊ 20	14 ♌ 20	15 ♍ 48	17 ♋ 51	6 ♓ 18	14 ♒ 32	20 ♐ 2	24 ♌	18 ♋	15 ♑	27 ♓	23 ♑
18	25 ♋ 21	27 ♋ 1	7 ♉ 11	7 ♉ 56	20 ♌ 30	14 ♊ 52	14 ♌ 57	15 ♍ 58	17 ♋ 59	6 ♓ 16	14 ♒ 30	20 ♐ 1	24 ♌	19 ♋	15 ♑	27 ♓	23 ♑
19	26 ♋ 18	9 ♌ 7	7 ♉ 7	7 ♉ 42	21 ♌ 50	15 ♊ 25	15 ♌ 35	16 ♍ 8	18 ♋ 7	6 ♓ 14	14 ♒ 29	20 ♐ 0	25 ♌	19 ♋	15 ♑	28 ♓	23 ♑
20	27 ♋ 15	21 ♌ 22	7 ♉ 4	7 ♉ 30	23 ♌ 8	16 ♊ 0	16 ♌ 13	16 ♍ 19	18 ♋ 14	6 ♓ 13	14 ♒ 27	19 ♐ 59	25 ♌	20 ♋	14 ♑	28 ♓	23 ♑
21	28 ♋ 12	3 ♍ 46	7 ♉ 1	7 ♉ 19	24 ♌ 23	16 ♊ 36	16 ♌ 51	16 ♍ 29	18 ♋ 22	6 ♓ 11	14 ♒ 26	19 ♐ 57	25 ♌	21 ♋	14 ♑	28 ♓	22 ♑
22	29 ♋ 10	16 ♍ 20	6 ♉ 58	7 ♉ 11	25 ♌ 36	17 ♊ 13	17 ♌ 29	16 ♍ 40	18 ♋ 30	6 ♓ 9	14 ♒ 24	19 ♐ 56	26 ♌	21 ♋	14 ♑	28 ♓	22 ♑
23	0 ♌ 7	29 ♍ 6	6 ♉ 55	7 ♉ 5	26 ♌ 46	17 ♊ 51	18 ♌ 7	16 ♍ 50	18 ♋ 37	6 ♓ 7	14 ♒ 23	19 ♐ 55	26 ♌	22 ♋	14 ♑	28 ♓	22 ♑
24	1 ♌ 4	12 ♎ 7	6 ♉ 52	7 ♉ 2	27 ♌ 54	18 ♊ 30	18 ♌ 44	17 ♍ 1	18 ♋ 45	6 ♓ 6	14 ♒ 21	19 ♐ 54	27 ♌	22 ♋	13 ♑	28 ♓	22 ♑
25	2 ♌ 2	25 ♎ 25	6 ♉ 48	7 ♉ 1	29 ♌ 0	19 ♊ 11	19 ♌ 22	17 ♍ 12	18 ♋ 53	6 ♓ 4	14 ♒ 19	19 ♐ 53	27 ♌	23 ♋	13 ♑	28 ♓	22 ♑
26	2 ♌ 59	9 ♏ 2	6 ♉ 45	7 ♉ 1	0 ♍ 2	19 ♊ 52	20 ♌ 0	17 ♍ 23	19 ♋ 0	6 ♓ 2	14 ♒ 18	19 ♐ 52	28 ♌	24 ♋	13 ♑	28 ♓	22 ♑
27	3 ♌ 56	23 ♏ 0	6 ♉ 42	7 ♉ 1	1 ♍ 2	20 ♊ 34	20 ♌ 38	17 ♍ 34	19 ♋ 8	6 ♓ 0	14 ♒ 16	19 ♐ 51	28 ♌	24 ♋	13 ♑	28 ♓	22 ♑
28	4 ♌ 54	7 ♐ 19	6 ♉ 39	6 ♉ 59	1 ♍ 59	21 ♊ 18	21 ♌ 16	17 ♍ 44	19 ♋ 16	5 ♓ 58	14 ♒ 15	19 ♐ 50	29 ♌	25 ♋	13 ♑	28 ♓	22 ♑
29	5 ♌ 51	21 ♐ 58	6 ♉ 36	6 ♉ 54	2 ♍ 53	22 ♊ 2	21 ♌ 54	17 ♍ 56	19 ♋ 23	5 ♓ 56	14 ♒ 13	19 ♐ 49	29 ♌	25 ♋	12 ♑	28 R	22 ♑
30	6 ♌ 48	6 ♑ 52	6 ♉ 32	6 ♉ 47	3 ♍ 44	22 ♊ 47	22 ♌ 32	18 ♍ 7	19 ♋ 31	5 ♓ 54	14 ♒ 11	19 ♐ 48	29 ♌	26 ♋	12 ♑	28 ♓	22 ♑
31	7 ♌ 46	21 ♑ 55	6 ♉ 29	6 ♉ 38	4 ♍ 31	23 ♊ 33	23 ♌ 10	18 ♍ 18	19 ♋ 38	5 ♓ 52	14 ♒ 10	19 ♐ 47	0 ♍	27 ♋	12 ♑	28 ♓	22 ♑

SUN INGRESS	☉ → ♌ 22日 20:50
MOON PHASE	○ 2日 20:09 ♑　◑ 9日 16:34 ♈　● 17日 20:24 ♋　◐ 25日 12:37 ♏

aspects

6日	03:58	☉⚹♃
9日	01:38	☉☌♄
11日	08:49	☿☌♂
12日	05:30	☿⚹♀
13日	20:31	☿☍♆
17日	01:45	♀⚹♂
17日	07:25	♂☍♆
17日	08:30	♀△♆
17日	15:26	☿△♇
20日	17:57	♀□♃
25日	18:51	♂△♇
26日	00:00	♀☍♇
27日	17:30	♀⚹♂

2004年8月

DAY	☉	☽	☊ mean	☊ true	☿	♀	♂	♃	♄	♅	♆	♇	⚳	⚴	⚵	⚶	⚷
	° ′	° ′	° ′	° ′	° ′	° ′	° ′	° ′	° ′	° ′	° ′	° ′	°	°	°	°	°
1	8 ♌ 43	6 ♒ 55	6 ♉ 26	6 R 27	5 D 15	24 D 20	23 D 48	18 D 29	19 D 46	5 R 50	14 R 8	19 R 46	0 D	27 D	12 R	28 R	22 R
2	9 ♌ 40	21 ♒ 45	6 ♉ 23	6 ♉ 16	5 ♍ 55	25 ♊ 7	24 ♌ 25	18 ♍ 40	19 ♋ 53	5 ♓ 48	14 ♒ 6	19 ♐ 45	1 ♍	28 ♋	12 ♑	28 ♓	22 ♑
3	10 ♌ 38	6 ♓ 15	6 ♉ 20	6 ♉ 6	6 ♍ 32	25 ♊ 56	25 ♌ 3	18 ♍ 52	20 ♋ 1	5 ♓ 46	14 ♒ 5	19 ♐ 44	1 ♍	28 ♋	11 ♑	28 ♓	22 ♑
4	11 ♌ 35	20 ♓ 19	6 ♉ 17	5 ♉ 58	7 ♍ 4	26 ♊ 45	25 ♌ 41	19 ♍ 3	20 ♋ 8	5 ♓ 44	14 ♒ 3	19 ♐ 44	2 ♍	29 ♋	11 ♑	28 ♓	22 ♑
5	12 ♌ 33	3 ♈ 55	6 ♉ 13	5 ♉ 53	7 ♍ 33	27 ♊ 35	26 ♌ 19	19 ♍ 15	20 ♋ 16	5 ♓ 42	14 ♒ 2	19 ♐ 43	2 ♍	29 ♋	11 ♑	28 ♓	22 ♑
6	13 ♌ 30	17 ♈ 3	6 ♉ 10	5 ♉ 50	7 ♍ 57	28 ♊ 25	26 ♌ 57	19 ♍ 26	20 ♋ 23	5 ♓ 40	14 ♒ 0	19 ♐ 42	3 ♍	0 ♌	11 ♑	28 ♓	22 ♑
7	14 ♌ 28	29 ♈ 46	6 ♉ 7	5 ♉ 49	8 ♍ 16	29 ♊ 16	27 ♌ 35	19 ♍ 38	20 ♋ 31	5 ♓ 38	13 ♒ 58	19 ♐ 41	3 ♍	1 ♌	11 ♑	28 ♓	22 ♑
8	15 ♌ 25	12 ♉ 8	6 ♉ 4	5 D 49	8 ♍ 31	0 ♋ 8	28 ♌ 13	19 ♍ 49	20 ♋ 38	5 ♓ 35	13 ♒ 57	19 ♐ 40	3 ♍	1 ♌	11 ♑	27 ♓	21 ♑
9	16 ♌ 23	24 ♉ 14	6 ♉ 1	5 R 49	8 ♍ 41	1 ♋ 1	28 ♌ 51	20 ♍ 1	20 ♋ 45	5 ♓ 33	13 ♒ 55	19 ♐ 40	4 ♍	2 ♌	10 ♑	27 ♓	21 ♑
10	17 ♌ 20	6 ♊ 10	5 ♉ 58	5 ♉ 47	8 ♍ 46	1 ♋ 54	29 ♌ 29	20 ♍ 13	20 ♋ 53	5 ♓ 31	13 ♒ 53	19 ♐ 39	4 ♍	2 ♌	10 ♑	27 ♓	21 ♑
11	18 ♌ 18	18 ♊ 0	5 ♉ 54	5 ♉ 44	8 R 45	2 ♋ 47	0 ♍ 7	20 ♍ 25	21 ♋ 0	5 ♓ 29	13 ♒ 52	19 ♐ 38	5 ♍	3 ♌	10 ♑	27 ♓	21 ♑
12	19 ♌ 15	29 ♊ 50	5 ♉ 51	5 ♉ 38	8 ♍ 39	3 ♋ 42	0 ♍ 45	20 ♍ 37	21 ♋ 7	5 ♓ 26	13 ♒ 50	19 ♐ 38	5 ♍	4 ♌	10 ♑	27 ♓	21 ♑
13	20 ♌ 13	11 ♋ 42	5 ♉ 48	5 ♉ 30	8 ♍ 28	4 ♋ 36	1 ♍ 23	20 ♍ 49	21 ♋ 14	5 ♓ 24	13 ♒ 49	19 ♐ 37	6 ♍	4 ♌	10 ♑	27 ♓	21 ♑
14	21 ♌ 11	23 ♋ 42	5 ♉ 45	5 ♉ 19	8 ♍ 11	5 ♋ 32	2 ♍ 1	21 ♍ 1	21 ♋ 21	5 ♓ 22	13 ♒ 47	19 ♐ 37	6 ♍	5 ♌	10 ♑	27 ♓	21 ♑
15	22 ♌ 8	5 ♌ 50	5 ♉ 42	5 ♉ 6	7 ♍ 48	6 ♋ 27	2 ♍ 39	21 ♍ 13	21 ♋ 28	5 ♓ 20	13 ♒ 45	19 ♐ 36	7 ♍	5 ♌	10 ♑	27 ♓	21 ♑
16	23 ♌ 6	18 ♌ 8	5 ♉ 38	4 ♉ 54	7 ♍ 21	7 ♋ 24	3 ♍ 17	21 ♍ 25	21 ♋ 35	5 ♓ 17	13 ♒ 44	19 ♐ 36	7 ♍	6 ♌	10 ♑	27 ♓	21 ♑
17	24 ♌ 4	0 ♍ 37	5 ♉ 35	4 ♉ 42	6 ♍ 48	8 ♋ 20	3 ♍ 55	21 ♍ 37	21 ♋ 42	5 ♓ 15	13 ♒ 42	19 ♐ 35	8 ♍	6 ♌	9 ♑	26 ♓	21 ♑
18	25 ♌ 1	13 ♍ 17	5 ♉ 32	4 ♉ 31	6 ♍ 10	9 ♋ 18	4 ♍ 33	21 ♍ 49	21 ♋ 49	5 ♓ 13	13 ♒ 41	19 ♐ 35	8 ♍	7 ♌	9 ♑	26 ♓	21 ♑
19	25 ♌ 59	26 ♍ 8	5 ♉ 29	4 ♉ 23	5 ♍ 28	10 ♋ 15	5 ♍ 11	22 ♍ 1	21 ♋ 56	5 ♓ 10	13 ♒ 39	19 ♐ 34	8 ♍	8 ♌	9 ♑	26 ♓	21 ♑
20	26 ♌ 57	9 ♎ 10	5 ♉ 26	4 ♉ 18	4 ♍ 42	11 ♋ 13	5 ♍ 50	22 ♍ 14	22 ♋ 3	5 ♓ 8	13 ♒ 37	19 ♐ 34	9 ♍	8 ♌	9 ♑	26 ♓	21 ♑
21	27 ♌ 55	22 ♎ 24	5 ♉ 23	4 ♉ 16	3 ♍ 53	12 ♋ 12	6 ♍ 28	22 ♍ 26	22 ♋ 10	5 ♓ 5	13 ♒ 36	19 ♐ 34	9 ♍	9 ♌	9 ♑	26 ♓	21 ♑
22	28 ♌ 52	5 ♏ 50	5 ♉ 19	4 D 15	3 ♍ 1	13 ♋ 11	7 ♍ 6	22 ♍ 38	22 ♋ 17	5 ♓ 3	13 ♒ 34	19 ♐ 33	10 ♍	9 ♌	9 ♑	26 ♓	21 ♑
23	29 ♌ 50	19 ♏ 30	5 ♉ 16	4 ♉ 16	2 ♍ 8	14 ♋ 10	7 ♍ 44	22 ♍ 51	22 ♋ 24	5 ♓ 1	13 ♒ 33	19 ♐ 33	10 ♍	10 ♌	9 ♑	25 ♓	21 ♑
24	0 ♍ 48	3 ♐ 25	5 ♉ 13	4 R 16	1 ♍ 15	15 ♋ 10	8 ♍ 22	23 ♍ 3	22 ♋ 30	4 ♓ 58	13 ♒ 31	19 ♐ 33	11 ♍	10 ♌	9 ♑	25 ♓	21 ♑
25	1 ♍ 46	17 ♐ 34	5 ♉ 10	4 ♉ 15	0 ♍ 22	16 ♋ 10	9 ♍ 0	23 ♍ 15	22 ♋ 37	4 ♓ 56	13 ♒ 30	19 ♐ 33	11 ♍	11 ♌	9 ♑	25 ♓	21 ♑
26	2 ♍ 44	1 ♑ 56	5 ♉ 7	4 ♉ 12	29 ♌ 31	17 ♋ 10	9 ♍ 38	23 ♍ 28	22 ♋ 44	4 ♓ 54	13 ♒ 28	19 ♐ 33	12 ♍	12 ♌	9 ♑	25 ♓	21 ♑
27	3 ♍ 42	16 ♑ 29	5 ♉ 4	4 ♉ 6	28 ♌ 43	18 ♋ 11	10 ♍ 17	23 ♍ 40	22 ♋ 50	4 ♓ 51	13 ♒ 27	19 ♐ 32	12 ♍	12 ♌	9 ♑	25 ♓	21 ♑
28	4 ♍ 40	1 ♒ 8	5 ♉ 0	3 ♉ 59	27 ♌ 59	19 ♋ 12	10 ♍ 55	23 ♍ 53	22 ♋ 57	4 ♓ 49	13 ♒ 25	19 ♐ 32	13 ♍	13 ♌	9 ♑	24 ♓	21 ♑
29	5 ♍ 37	15 ♒ 46	4 ♉ 57	3 ♉ 50	27 ♌ 19	20 ♋ 13	11 ♍ 33	24 ♍ 6	23 ♋ 3	4 ♓ 46	13 ♒ 24	19 ♐ 32	13 ♍	13 ♌	9 ♑	24 ♓	21 ♑
30	6 ♍ 35	0 ♓ 16	4 ♉ 54	3 ♉ 41	26 ♌ 46	21 ♋ 15	12 ♍ 11	24 ♍ 18	23 ♋ 10	4 ♓ 44	13 ♒ 22	19 ♐ 32	14 ♍	14 ♌	9 ♑	24 ♓	20 ♑
31	7 ♍ 33	14 ♓ 30	4 ♉ 51	3 ♉ 33	26 ♌ 19	22 ♋ 17	12 ♍ 50	24 ♍ 31	23 ♋ 16	4 ♓ 42	13 ♒ 21	19 ♐ 32	14 ♍	14 ♌	9 ♑	24 ♓	20 ♑

SUN INGRESS	☉ → ♍ 23日 03:53
MOON PHASE	○ 1日 03:05 ♒　◑ 8日 07:01 ♉　● 16日 10:24 ♌　◐ 23日 19:12 ♐　○ 30日 11:22 ♓

aspects

1日	19:50	☿☍♅
6日	12:07	☉☍♆
7日	06:31	♃□♇
12日	09:19	☉△♇
13日	19:57	♀△♅
15日	23:10	☿⚹♀
18日	01:33	♃⚹♄
18日	23:14	♂☍♅
19日	04:47	☿☌♂
19日	10:00	☿☍♅
24日	05:50	☉☌☿
28日	03:40	☉☍♅

2004年9月

DAY	☉	☽	☊ mean	☊ true	☿	♀	♂	♃	♄	♅	♆	♇	⚳	⚴	⚵	⚶	⚷
	° ′	° ′	° ′	° ′	° ′	° ′	° ′	° ′	° ′	° ′	° ′	° ′	°	°	°	°	°
1	8 ♍ 31	28 ♓ 25	4 ♉ 48	3 R 26	25 R 59	23 D 20	13 D 28	24 D 44	23 D 22	4 R 39	13 R 19	19 D 32	14 D	15 D	9 R	23 R	20 R
2	9 ♍ 29	11 ♈ 56	4 ♉ 44	3 ♉ 22	25 ♌ 47	24 ♋ 22	14 ♍ 6	24 ♍ 56	23 ♋ 28	4 ♓ 37	13 ♒ 18	19 ♐ 32	15 ♍	15 ♌	9 ♑	23 ♓	20 ♑
3	10 ♍ 28	25 ♈ 2	4 ♉ 41	3 ♉ 20	25 D 44	25 ♋ 25	14 ♍ 44	25 ♍ 9	23 ♋ 35	4 ♓ 34	13 ♒ 16	19 ♐ 32	15 ♍	16 ♌	9 D	23 ♓	20 ♑
4	11 ♍ 26	7 ♉ 46	4 ♉ 38	3 D 20	25 ♌ 49	26 ♋ 28	15 ♍ 23	25 ♍ 22	23 ♋ 41	4 ♓ 32	13 ♒ 15	19 ♐ 32	16 ♍	17 ♌	9 ♑	23 ♓	20 ♑
5	12 ♍ 24	20 ♉ 10	4 ♉ 35	3 ♉ 21	26 ♌ 2	27 ♋ 32	16 ♍ 1	25 ♍ 34	23 ♋ 47	4 ♓ 30	13 ♒ 14	19 ♐ 32	16 ♍	17 ♌	9 ♑	23 ♓	20 ♑
6	13 ♍ 22	2 ♊ 18	4 ♉ 32	3 ♉ 22	26 ♌ 24	28 ♋ 36	16 ♍ 39	25 ♍ 47	23 ♋ 53	4 ♓ 27	13 ♒ 12	19 ♐ 33	17 ♍	18 ♌	9 ♑	22 ♓	20 ♑
7	14 ♍ 20	14 ♊ 15	4 ♉ 29	3 ♉ 22	26 ♌ 55	29 ♋ 40	17 ♍ 18	26 ♍ 0	23 ♋ 59	4 ♓ 25	13 ♒ 11	19 ♐ 33	17 ♍	18 ♌	9 ♑	22 ♓	20 ♑
8	15 ♍ 18	26 ♊ 7	4 ♉ 25	3 R 22	27 ♌ 35	0 ♌ 44	17 ♍ 56	26 ♍ 13	24 ♋ 4	4 ♓ 23	13 ♒ 9	19 ♐ 33	18 ♍	19 ♌	9 ♑	22 ♓	20 ♑
9	16 ♍ 17	7 ♋ 59	4 ♉ 22	3 ♉ 19	28 ♌ 22	1 ♌ 49	18 ♍ 34	26 ♍ 26	24 ♋ 10	4 ♓ 20	13 ♒ 8	19 ♐ 33	18 ♍	19 ♌	9 ♑	22 ♓	20 ♑
10	17 ♍ 15	19 ♋ 54	4 ♉ 19	3 ♉ 15	29 ♌ 17	2 ♌ 54	19 ♍ 13	26 ♍ 39	24 ♋ 16	4 ♓ 18	13 ♒ 7	19 ♐ 34	19 ♍	20 ♌	9 ♑	21 ♓	20 ♑
11	18 ♍ 13	1 ♌ 58	4 ♉ 16	3 ♉ 8	0 ♍ 19	3 ♌ 59	19 ♍ 51	26 ♍ 51	24 ♋ 22	4 ♓ 16	13 ♒ 6	19 ♐ 34	19 ♍	20 ♌	9 ♑	21 ♓	20 ♑
12	19 ♍ 12	14 ♌ 13	4 ♉ 13	3 ♉ 1	1 ♍ 29	5 ♌ 4	20 ♍ 30	27 ♍ 4	24 ♋ 27	4 ♓ 13	13 ♒ 4	19 ♐ 34	20 ♍	21 ♌	9 ♑	21 ♓	20 ♑
13	20 ♍ 10	26 ♌ 41	4 ♉ 10	2 ♉ 53	2 ♍ 44	6 ♌ 10	21 ♍ 8	27 ♍ 17	24 ♋ 33	4 ♓ 11	13 ♒ 3	19 ♐ 35	20 ♍	22 ♌	9 ♑	20 ♓	20 ♑
14	21 ♍ 9	9 ♍ 25	4 ♉ 6	2 ♉ 46	4 ♍ 6	7 ♌ 16	21 ♍ 47	27 ♍ 30	24 ♋ 38	4 ♓ 9	13 ♒ 2	19 ♐ 35	20 ♍	22 ♌	9 ♑	20 ♓	20 ♑
15	22 ♍ 7	22 ♍ 23	4 ♉ 3	2 ♉ 39	5 ♍ 32	8 ♌ 22	22 ♍ 25	27 ♍ 43	24 ♋ 44	4 ♓ 7	13 ♒ 1	19 ♐ 36	21 ♍	23 ♌	9 ♑	20 ♓	20 ♑
16	23 ♍ 6	5 ♎ 35	4 ♉ 0	2 ♉ 35	7 ♍ 3	9 ♌ 28	23 ♍ 4	27 ♍ 56	24 ♋ 49	4 ♓ 4	13 ♒ 0	19 ♐ 36	21 ♍	23 ♌	9 ♑	20 ♓	20 ♑
17	24 ♍ 4	19 ♎ 0	3 ♉ 57	2 ♉ 32	8 ♍ 38	10 ♌ 35	23 ♍ 42	28 ♍ 9	24 ♋ 54	4 ♓ 2	12 ♒ 58	19 ♐ 37	22 ♍	24 ♌	9 ♑	19 ♓	20 ♑
18	25 ♍ 3	2 ♏ 36	3 ♉ 54	2 D 31	10 ♍ 17	11 ♌ 41	24 ♍ 21	28 ♍ 22	24 ♋ 59	4 ♓ 0	12 ♒ 57	19 ♐ 37	22 ♍	24 ♌	9 ♑	19 ♓	20 ♑
19	26 ♍ 1	16 ♏ 22	3 ♉ 50	2 ♉ 32	11 ♍ 59	12 ♌ 48	24 ♍ 59	28 ♍ 35	25 ♋ 4	3 ♓ 58	12 ♒ 56	19 ♐ 38	23 ♍	25 ♌	10 ♑	19 ♓	20 ♑
20	27 ♍ 0	0 ♐ 17	3 ♉ 47	2 ♉ 33	13 ♍ 42	13 ♌ 55	25 ♍ 38	28 ♍ 48	25 ♋ 9	3 ♓ 56	12 ♒ 55	19 ♐ 38	23 ♍	25 ♌	10 ♑	19 ♓	20 ♑
21	27 ♍ 58	14 ♐ 19	3 ♉ 44	2 ♉ 35	15 ♍ 28	15 ♌ 3	26 ♍ 17	29 ♍ 1	25 ♋ 14	3 ♓ 53	12 ♒ 54	19 ♐ 39	24 ♍	26 ♌	10 ♑	18 ♓	20 ♑
22	28 ♍ 57	28 ♐ 28	3 ♉ 41	2 ♉ 35	17 ♍ 16	16 ♌ 10	26 ♍ 55	29 ♍ 14	25 ♋ 19	3 ♓ 51	12 ♒ 53	19 ♐ 40	24 ♍	26 ♌	10 ♑	18 ♓	20 ♑
23	29 ♍ 56	12 ♑ 40	3 ♉ 38	2 R 35	19 ♍ 4	17 ♌ 18	27 ♍ 34	29 ♍ 27	25 ♋ 24	3 ♓ 49	12 ♒ 52	19 ♐ 41	25 ♍	27 ♌	10 ♑	18 ♓	20 ♑
24	0 ♎ 55	26 ♑ 56	3 ♉ 35	2 ♉ 33	20 ♍ 53	18 ♌ 25	28 ♍ 13	29 ♍ 40	25 ♋ 29	3 ♓ 47	12 ♒ 51	19 ♐ 41	25 ♍	27 ♌	10 ♑	18 ♓	20 ♑
25	1 ♎ 53	11 ♒ 10	3 ♉ 31	2 ♉ 29	22 ♍ 43	19 ♌ 33	28 ♍ 51	29 ♍ 53	25 ♋ 33	3 ♓ 45	12 ♒ 50	19 ♐ 42	25 ♍	28 ♌	10 ♑	18 ♓	20 ♑
26	2 ♎ 52	25 ♒ 20	3 ♉ 28	2 ♉ 25	24 ♍ 33	20 ♌ 42	29 ♍ 30	0 ♎ 6	25 ♋ 38	3 ♓ 43	12 ♒ 49	19 ♐ 43	26 ♍	28 ♌	10 ♑	17 ♓	20 ♑
27	3 ♎ 51	9 ♓ 22	3 ♉ 25	2 ♉ 21	26 ♍ 23	21 ♌ 50	0 ♎ 9	0 ♎ 19	25 ♋ 42	3 ♓ 41	12 ♒ 48	19 ♐ 44	26 ♍	29 ♌	11 ♑	17 ♓	20 ♑
28	4 ♎ 50	23 ♓ 12	3 ♉ 22	2 ♉ 17	28 ♍ 13	22 ♌ 58	0 ♎ 48	0 ♎ 32	25 ♋ 47	3 ♓ 39	12 ♒ 48	19 ♐ 45	27 ♍	0 ♍	11 ♑	17 ♓	20 D
29	5 ♎ 49	6 ♈ 46	3 ♉ 19	2 ♉ 14	0 ♎ 3	24 ♌ 7	1 ♎ 26	0 ♎ 45	25 ♋ 51	3 ♓ 37	12 ♒ 47	19 ♐ 46	27 ♍	0 ♍	11 ♑	17 ♓	20 ♑
30	6 ♎ 48	20 ♈ 2	3 ♉ 15	2 ♉ 12	1 ♎ 52	25 ♌ 16	2 ♎ 5	0 ♎ 58	25 ♋ 55	3 ♓ 35	12 ♒ 46	19 ♐ 47	28 ♍	1 ♍	11 ♑	16 ♓	20 ♑

SUN INGRESS: ☉ → ♎ 23日 01:30

MOON PHASE: ◑ 7日 00:11 ♊ ● 14日 23:29 ♍ ◐ 22日 00:54 ♐ ○ 28日 22:09 ♈

aspects		
1日	01:07	♀☌♄
2日	16:15	♀⚹♃
10日	13:06	♂□♇
12日	09:23	☉□♇
14日	00:53	☿☍♅
15日	21:55	☉☌♂
17日	22:31	☉⚹♄
19日	02:50	♀☍♆
19日	03:32	♂⚹♄
22日	08:47	☉☌♃
23日	08:04	☿□♇
25日	03:07	♀△♇
26日	14:37	☿⚹♄
27日	09:17	♂☌♃
29日	10:20	☿☌♃
30日	04:21	☿☌♂

2004年10月

DAY	☉	☽	☊ mean	☊ true	☿	♀	♂	♃	♄	♅	♆	♇	⚳	⚴	⚵	⚶	⚷
	° ′	° ′	° ′	° ′	° ′	° ′	° ′	° ′	° ′	° ′	° ′	° ′	°	°	°	°	°
1	7 ♎ 47	2 ♉ 59	3 ♉ 12	2 D 11	3 D 41	26 D 25	2 D 44	1 D 11	25 D 59	3 R 34	12 R 45	19 D 47	28 D	1 D	11 D	16 R	20 D
2	8 ♎ 45	15 ♉ 38	3 ♉ 9	2 ♉ 12	5 ♎ 29	27 ♌ 34	3 ♎ 23	1 ♎ 23	26 ♋ 3	3 ♓ 32	12 ♒ 44	19 ♐ 48	29 ♍	2 ♍	11 ♑	16 ♓	20 ♑
3	9 ♎ 45	28 ♉ 0	3 ♉ 6	2 ♉ 13	7 ♎ 17	28 ♌ 43	4 ♎ 2	1 ♎ 36	26 ♋ 7	3 ♓ 30	12 ♒ 44	19 ♐ 50	29 ♍	2 ♍	11 ♑	16 ♓	20 ♑
4	10 ♎ 44	10 ♊ 8	3 ♉ 3	2 ♉ 15	9 ♎ 4	29 ♌ 53	4 ♎ 40	1 ♎ 49	26 ♋ 11	3 ♓ 28	12 ♒ 43	19 ♐ 51	0 ♎	3 ♍	12 ♑	16 ♓	20 ♑
5	11 ♎ 43	22 ♊ 7	3 ♉ 0	2 ♉ 16	10 ♎ 50	1 ♍ 2	5 ♎ 19	2 ♎ 2	26 ♋ 14	3 ♓ 26	12 ♒ 42	19 ♐ 52	0 ♎	3 ♍	12 ♑	16 ♓	20 ♑
6	12 ♎ 42	4 ♋ 0	2 ♉ 56	2 ♉ 17	12 ♎ 35	2 ♍ 12	5 ♎ 58	2 ♎ 15	26 ♋ 18	3 ♓ 25	12 ♒ 42	19 ♐ 53	1 ♎	4 ♍	12 ♑	15 ♓	20 ♑
7	13 ♎ 41	15 ♋ 52	2 ♉ 53	2 R 18	14 ♎ 20	3 ♍ 22	6 ♎ 37	2 ♎ 28	26 ♋ 22	3 ♓ 23	12 ♒ 41	19 ♐ 54	1 ♎	4 ♍	12 ♑	15 ♓	20 ♑
8	14 ♎ 40	27 ♋ 48	2 ♉ 50	2 ♉ 17	16 ♎ 4	4 ♍ 32	7 ♎ 16	2 ♎ 41	26 ♋ 25	3 ♓ 22	12 ♒ 41	19 ♐ 55	1 ♎	5 ♍	12 ♑	15 ♓	20 ♑
9	15 ♎ 39	9 ♌ 53	2 ♉ 47	2 ♉ 16	17 ♎ 47	5 ♍ 42	7 ♎ 55	2 ♎ 54	26 ♋ 28	3 ♓ 20	12 ♒ 40	19 ♐ 56	2 ♎	5 ♍	13 ♑	15 ♓	20 ♑
10	16 ♎ 39	22 ♌ 10	2 ♉ 44	2 ♉ 14	19 ♎ 29	6 ♍ 53	8 ♎ 34	3 ♎ 6	26 ♋ 32	3 ♓ 18	12 ♒ 40	19 ♐ 58	2 ♎	6 ♍	13 ♑	15 ♓	20 ♑
11	17 ♎ 38	4 ♍ 44	2 ♉ 41	2 ♉ 12	21 ♎ 11	8 ♍ 3	9 ♎ 13	3 ♎ 19	26 ♋ 35	3 ♓ 17	12 ♒ 39	19 ♐ 59	3 ♎	6 ♍	13 ♑	15 ♓	20 ♑
12	18 ♎ 37	17 ♍ 36	2 ♉ 37	2 ♉ 10	22 ♎ 51	9 ♍ 14	9 ♎ 52	3 ♎ 32	26 ♋ 38	3 ♓ 15	12 ♒ 39	20 ♐ 0	3 ♎	7 ♍	13 ♑	14 ♓	20 ♑
13	19 ♎ 37	0 ♎ 48	2 ♉ 34	2 ♉ 8	24 ♎ 31	10 ♍ 24	10 ♎ 31	3 ♎ 45	26 ♋ 41	3 ♓ 14	12 ♒ 38	20 ♐ 1	4 ♎	7 ♍	13 ♑	14 ♓	20 ♑
14	20 ♎ 36	14 ♎ 20	2 ♉ 31	2 ♉ 7	26 ♎ 11	11 ♍ 35	11 ♎ 11	3 ♎ 57	26 ♋ 44	3 ♓ 13	12 ♒ 38	20 ♐ 3	4 ♎	8 ♍	14 ♑	14 ♓	20 ♑
15	21 ♎ 36	28 ♎ 9	2 ♉ 28	2 ♉ 6	27 ♎ 49	12 ♍ 46	11 ♎ 50	4 ♎ 10	26 ♋ 46	3 ♓ 11	12 ♒ 38	20 ♐ 4	5 ♎	8 ♍	14 ♑	14 ♓	20 ♑
16	22 ♎ 35	12 ♏ 12	2 ♉ 25	2 D 6	29 ♎ 27	13 ♍ 57	12 ♎ 29	4 ♎ 23	26 ♋ 49	3 ♓ 10	12 ♒ 37	20 ♐ 6	5 ♎	9 ♍	14 ♑	14 ♓	20 ♑
17	23 ♎ 35	26 ♏ 26	2 ♉ 21	2 ♉ 7	1 ♏ 4	15 ♍ 8	13 ♎ 8	4 ♎ 35	26 ♋ 52	3 ♓ 9	12 ♒ 37	20 ♐ 7	6 ♎	9 ♍	14 ♑	14 ♓	20 ♑
18	24 ♎ 34	10 ♐ 46	2 ♉ 18	2 ♉ 8	2 ♏ 41	16 ♍ 20	13 ♎ 47	4 ♎ 48	26 ♋ 54	3 ♓ 7	12 ♒ 37	20 ♐ 8	6 ♎	10 ♍	15 ♑	14 ♓	20 ♑
19	25 ♎ 34	25 ♐ 8	2 ♉ 15	2 ♉ 8	4 ♏ 17	17 ♍ 31	14 ♎ 27	5 ♎ 1	26 ♋ 56	3 ♓ 6	12 ♒ 36	20 ♐ 10	6 ♎	10 ♍	15 ♑	14 ♓	20 ♑
20	26 ♎ 34	9 ♑ 28	2 ♉ 12	2 ♉ 9	5 ♏ 52	18 ♍ 42	15 ♎ 6	5 ♎ 13	26 ♋ 59	3 ♓ 5	12 ♒ 36	20 ♐ 11	7 ♎	11 ♍	15 ♑	14 ♓	20 ♑
21	27 ♎ 33	23 ♑ 43	2 ♉ 9	2 ♉ 9	7 ♏ 27	19 ♍ 54	15 ♎ 45	5 ♎ 26	27 ♋ 1	3 ♓ 4	12 ♒ 36	20 ♐ 13	7 ♎	11 ♍	15 ♑	14 ♓	20 ♑
22	28 ♎ 33	7 ♒ 51	2 ♉ 6	2 R 9	9 ♏ 1	21 ♍ 6	16 ♎ 24	5 ♎ 38	27 ♋ 3	3 ♓ 3	12 ♒ 36	20 ♐ 15	8 ♎	12 ♍	16 ♑	14 ♓	20 ♑
23	29 ♎ 33	21 ♒ 48	2 ♉ 2	2 ♉ 9	10 ♏ 35	22 ♍ 18	17 ♎ 4	5 ♎ 50	27 ♋ 5	3 ♓ 2	12 ♒ 36	20 ♐ 16	8 ♎	12 ♍	16 ♑	14 ♓	20 ♑
24	0 ♏ 32	5 ♓ 35	1 ♉ 59	2 ♉ 9	12 ♏ 8	23 ♍ 29	17 ♎ 43	6 ♎ 3	27 ♋ 6	3 ♓ 1	12 ♒ 36	20 ♐ 18	9 ♎	13 ♍	16 ♑	13 ♓	20 ♑
25	1 ♏ 32	19 ♓ 10	1 ♉ 56	2 ♉ 8	13 ♏ 40	24 ♍ 41	18 ♎ 22	6 ♎ 15	27 ♋ 8	3 ♓ 0	12 D 36	20 ♐ 19	9 ♎	13 ♍	16 ♑	13 ♓	20 ♑
26	2 ♏ 32	2 ♈ 32	1 ♉ 53	2 D 8	15 ♏ 12	25 ♍ 54	19 ♎ 2	6 ♎ 28	27 ♋ 10	2 ♓ 59	12 ♒ 36	20 ♐ 21	10 ♎	13 ♍	17 ♑	13 ♓	21 ♑
27	3 ♏ 32	15 ♈ 41	1 ♉ 50	2 ♉ 8	16 ♏ 43	27 ♍ 6	19 ♎ 41	6 ♎ 40	27 ♋ 11	2 ♓ 58	12 ♒ 36	20 ♐ 23	10 ♎	14 ♍	17 ♑	13 ♓	21 ♑
28	4 ♏ 32	28 ♈ 36	1 ♉ 47	2 ♉ 9	18 ♏ 14	28 ♍ 18	20 ♎ 21	6 ♎ 52	27 ♋ 12	2 ♓ 58	12 ♒ 36	20 ♐ 24	11 ♎	14 ♍	17 ♑	13 ♓	21 ♑
29	5 ♏ 31	11 ♉ 17	1 ♉ 43	2 R 9	19 ♏ 44	29 ♍ 30	21 ♎ 0	7 ♎ 4	27 ♋ 14	2 ♓ 57	12 ♒ 36	20 ♐ 26	11 ♎	15 ♍	17 ♑	13 D	21 ♑
30	6 ♏ 31	23 ♉ 45	1 ♉ 40	2 ♉ 8	21 ♏ 14	0 ♎ 43	21 ♎ 40	7 ♎ 16	27 ♋ 15	2 ♓ 56	12 ♒ 36	20 ♐ 28	11 ♎	15 ♍	18 ♑	13 ♓	21 ♑
31	7 ♏ 31	6 ♊ 0	1 ♉ 37	2 ♉ 8	22 ♏ 43	1 ♎ 55	22 ♎ 19	7 ♎ 28	27 ♋ 16	2 ♓ 56	12 ♒ 37	20 ♐ 30	12 ♎	16 ♍	18 ♑	13 ♓	21 ♑

SUN INGRESS: ☉ → ♏ 23日 10:49

MOON PHASE: ◑ 6日 19:12 ♋ ● 14日 11:48 ♎ ◐ 21日 06:59 ♑ ○ 28日 12:07 ♉

aspects		
5日	23:58	☉△♆
6日	01:30	☿△♆
6日	03:29	☉☌☿
7日	00:22	♀☍♅
10日	06:49	☿⚹♇
13日	10:10	☉⚹♇
14日	08:13	☿□♄
16日	05:02	♂△♆
18日	06:30	☿△♅
20日	10:25	☉□♄
21日	06:27	♀□♇
24日	07:20	☿□♆
26日	10:48	☉△♅
27日	01:48	♀⚹♄
28日	02:17	♂⚹♇

2004年11月

DAY	☉	☽	☊ mean	☊ true	☿	♀	♂	♃	♄	♅	♆	♇	⚳	⚴	⚵	⚶	⚷
	° ′	° ′	° ′	° ′	° ′	° ′	° ′	° ′	° ′	° ′	° ′	° ′	°	°	°	°	°
1	8 ♏ 31	18 ♊ 6	1 ♉ 34	2 R 7	24 D 12	3 D 8	22 D 59	7 D 40	27 D 17	2 R 55	12 D 37	20 D 31	12 D	16 D	18 D	13 D	21 D
2	9 ♏ 31	0 ♋ 3	1 ♉ 31	2 ♉ 6	25 ♏ 40	4 ♎ 21	23 ♎ 38	7 ♎ 52	27 ♋ 18	2 ♓ 54	12 ♒ 37	20 ♐ 33	13 ♎	17 ♍	19 ♑	13 ♓	21 ♑
3	10 ♏ 31	11 ♋ 56	1 ♉ 27	2 ♉ 5	27 ♏ 7	5 ♎ 34	24 ♎ 18	8 ♎ 4	27 ♋ 18	2 ♓ 54	12 ♒ 37	20 ♐ 35	13 ♎	17 ♍	19 ♑	13 ♓	21 ♑
4	11 ♏ 31	23 ♋ 47	1 ♉ 24	2 ♉ 4	28 ♏ 34	6 ♎ 46	24 ♎ 58	8 ♎ 16	27 ♋ 19	2 ♓ 54	12 ♒ 38	20 ♐ 37	14 ♎	18 ♍	19 ♑	13 ♓	21 ♑
5	12 ♏ 32	5 ♌ 42	1 ♉ 21	2 ♉ 3	0 ♐ 1	7 ♎ 59	25 ♎ 37	8 ♎ 28	27 ♋ 19	2 ♓ 53	12 ♒ 38	20 ♐ 39	14 ♎	18 ♍	20 ♑	14 ♓	21 ♑
6	13 ♏ 32	17 ♌ 44	1 ♉ 18	2 D 3	1 ♐ 26	9 ♎ 12	26 ♎ 17	8 ♎ 40	27 ♋ 20	2 ♓ 53	12 ♒ 38	20 ♐ 41	15 ♎	18 ♍	20 ♑	14 ♓	21 ♑
7	14 ♏ 32	29 ♌ 59	1 ♉ 15	2 ♉ 4	2 ♐ 51	10 ♎ 26	26 ♎ 57	8 ♎ 51	27 ♋ 20	2 ♓ 53	12 ♒ 39	20 ♐ 42	15 ♎	19 ♍	20 ♑	14 ♓	21 ♑
8	15 ♏ 32	12 ♍ 31	1 ♉ 12	2 ♉ 5	4 ♐ 16	11 ♎ 39	27 ♎ 37	9 ♎ 3	27 ♋ 20	2 ♓ 52	12 ♒ 39	20 ♐ 44	15 ♎	19 ♍	20 ♑	14 ♓	21 ♑
9	16 ♏ 32	25 ♍ 24	1 ♉ 8	2 ♉ 6	5 ♐ 39	12 ♎ 52	28 ♎ 16	9 ♎ 15	27 R 20	2 ♓ 52	12 ♒ 40	20 ♐ 46	16 ♎	20 ♍	21 ♑	14 ♓	21 ♑
10	17 ♏ 33	8 ♎ 40	1 ♉ 5	2 ♉ 7	7 ♐ 2	14 ♎ 5	28 ♎ 56	9 ♎ 26	27 ♋ 20	2 ♓ 52	12 ♒ 40	20 ♐ 48	16 ♎	20 ♍	21 ♑	14 ♓	21 ♑
11	18 ♏ 33	22 ♎ 22	1 ♉ 2	2 ♉ 8	8 ♐ 24	15 ♎ 19	29 ♎ 36	9 ♎ 38	27 ♋ 20	2 ♓ 52	12 ♒ 41	20 ♐ 50	17 ♎	21 ♍	21 ♑	14 ♓	21 ♑
12	19 ♏ 33	6 ♏ 27	0 ♉ 59	2 R 8	9 ♐ 45	16 ♎ 32	0 ♏ 16	9 ♎ 49	27 ♋ 19	2 ♓ 52	12 ♒ 41	20 ♐ 52	17 ♎	21 ♍	22 ♑	14 ♓	21 ♑
13	20 ♏ 34	20 ♏ 52	0 ♉ 56	2 ♉ 8	11 ♐ 4	17 ♎ 46	0 ♏ 56	10 ♎ 0	27 ♋ 19	2 D 52	12 ♒ 42	20 ♐ 54	18 ♎	22 ♍	22 ♑	14 ♓	21 ♑
14	21 ♏ 34	5 ♐ 33	0 ♉ 52	2 ♉ 6	12 ♐ 23	18 ♎ 59	1 ♏ 36	10 ♎ 11	27 ♋ 18	2 ♓ 52	12 ♒ 43	20 ♐ 56	18 ♎	22 ♍	22 ♑	14 ♓	21 ♑
15	22 ♏ 35	20 ♐ 23	0 ♉ 49	2 ♉ 3	13 ♐ 40	20 ♎ 13	2 ♏ 16	10 ♎ 23	27 ♋ 18	2 ♓ 52	12 ♒ 43	20 ♐ 58	18 ♎	22 ♍	23 ♑	14 ♓	21 ♑
16	23 ♏ 35	5 ♑ 12	0 ♉ 46	2 ♉ 0	14 ♐ 55	21 ♎ 27	2 ♏ 56	10 ♎ 34	27 ♋ 17	2 ♓ 52	12 ♒ 44	21 ♐ 0	19 ♎	23 ♍	23 ♑	15 ♓	22 ♑
17	24 ♏ 36	19 ♑ 55	0 ♉ 43	1 ♉ 57	16 ♐ 9	22 ♎ 40	3 ♏ 36	10 ♎ 45	27 ♋ 16	2 ♓ 52	12 ♒ 45	21 ♐ 2	19 ♎	23 ♍	23 ♑	15 ♓	22 ♑
18	25 ♏ 36	4 ♒ 24	0 ♉ 40	1 ♉ 55	17 ♐ 20	23 ♎ 54	4 ♏ 16	10 ♎ 56	27 ♋ 15	2 ♓ 53	12 ♒ 46	21 ♐ 5	20 ♎	24 ♍	24 ♑	15 ♓	22 ♑
19	26 ♏ 37	18 ♒ 37	0 ♉ 37	1 ♉ 54	18 ♐ 30	25 ♎ 8	4 ♏ 56	11 ♎ 7	27 ♋ 14	2 ♓ 53	12 ♒ 47	21 ♐ 7	20 ♎	24 ♍	24 ♑	15 ♓	22 ♑
20	27 ♏ 37	2 ♓ 30	0 ♉ 33	1 D 54	19 ♐ 36	26 ♎ 22	5 ♏ 36	11 ♎ 17	27 ♋ 13	2 ♓ 53	12 ♒ 47	21 ♐ 9	21 ♎	24 ♍	24 ♑	15 ♓	22 ♑
21	28 ♏ 38	16 ♓ 4	0 ♉ 30	1 ♉ 55	20 ♐ 40	27 ♎ 36	6 ♏ 16	11 ♎ 28	27 ♋ 12	2 ♓ 54	12 ♒ 48	21 ♐ 11	21 ♎	25 ♍	25 ♑	15 ♓	22 ♑
22	29 ♏ 38	29 ♓ 21	0 ♉ 27	1 ♉ 56	21 ♐ 41	28 ♎ 50	6 ♏ 56	11 ♎ 39	27 ♋ 10	2 ♓ 54	12 ♒ 49	21 ♐ 13	22 ♎	25 ♍	25 ♑	15 ♓	22 ♑
23	0 ♐ 39	12 ♈ 21	0 ♉ 24	1 ♉ 58	22 ♐ 38	0 ♏ 4	7 ♏ 36	11 ♎ 49	27 ♋ 9	2 ♓ 55	12 ♒ 50	21 ♐ 15	22 ♎	26 ♍	25 ♑	16 ♓	22 ♑
24	1 ♐ 40	25 ♈ 7	0 ♉ 21	1 ♉ 59	23 ♐ 30	1 ♏ 18	8 ♏ 16	12 ♎ 0	27 ♋ 7	2 ♓ 55	12 ♒ 51	21 ♐ 17	22 ♎	26 ♍	26 ♑	16 ♓	22 ♑
25	2 ♐ 40	7 ♉ 41	0 ♉ 18	1 R 59	24 ♐ 18	2 ♏ 32	8 ♏ 57	12 ♎ 10	27 ♋ 5	2 ♓ 56	12 ♒ 52	21 ♐ 19	23 ♎	26 ♍	26 ♑	16 ♓	22 ♑
26	3 ♐ 41	20 ♉ 5	0 ♉ 14	1 ♉ 58	25 ♐ 0	3 ♏ 46	9 ♏ 37	12 ♎ 20	27 ♋ 3	2 ♓ 57	12 ♒ 53	21 ♐ 22	23 ♎	27 ♍	26 ♑	16 ♓	22 ♑
27	4 ♐ 42	2 ♊ 19	0 ♉ 11	1 ♉ 54	25 ♐ 36	5 ♏ 1	10 ♏ 17	12 ♎ 30	27 ♋ 1	2 ♓ 57	12 ♒ 54	21 ♐ 24	24 ♎	27 ♍	27 ♑	16 ♓	22 ♑
28	5 ♐ 42	14 ♊ 25	0 ♉ 8	1 ♉ 49	26 ♐ 6	6 ♏ 15	10 ♏ 57	12 ♎ 40	26 ♋ 59	2 ♓ 58	12 ♒ 56	21 ♐ 26	24 ♎	28 ♍	27 ♑	17 ♓	22 ♑
29	6 ♐ 43	26 ♊ 25	0 ♉ 5	1 ♉ 43	26 ♐ 27	7 ♏ 29	11 ♏ 38	12 ♎ 50	26 ♋ 57	2 ♓ 59	12 ♒ 57	21 ♐ 28	24 ♎	28 ♍	28 ♑	17 ♓	22 ♑
30	7 ♐ 44	8 ♋ 20	0 ♉ 2	1 ♉ 36	26 ♐ 40	8 ♏ 44	12 ♏ 18	13 ♎ 0	26 ♋ 55	3 ♓ 0	12 ♒ 58	21 ♐ 30	25 ♎	28 ♍	28 ♑	17 ♓	22 ♑

SUN INGRESS	☉ → ♐ 22日 08:22
MOON PHASE	◑ 5日 14:53 ♌ ● 12日 23:27 ♏ ◐ 19日 14:50 ♒ ○ 27日 05:07 ♊

aspects		
3日	03:01	☿△♄
5日	02:34	☉□♆
5日	11:10	♀☌♃
7日	00:18	☿□♅
7日	14:03	♂□♄
8日	19:57	♀△♆
12日	01:31	☿⚹♃
14日	06:19	☿⚹♆
15日	15:10	♀⚹♇
15日	21:58	♂△♅
19日	14:32	☉△♄
20日	16:12	♀□♄
21日	12:23	☿☌♇
25日	06:19	☉□♅
25日	07:46	♀△♅
29日	17:26	♃△♆

2004年12月

DAY	☉	☽	☊ mean	☊ true	☿	♀	♂	♃	♄	♅	♆	♇	⚳	⚴	⚵	⚶	⚷
	° ′	° ′	° ′	° ′	° ′	° ′	° ′	° ′	° ′	° ′	° ′	° ′	°	°	°	°	°
1	8 ♐ 45	20 ♋ 12	29 ♈ 58	1 R 29	26 R 44	9 D 58	12 D 58	13 D 10	26 R 52	3 D 1	12 D 59	21 D 33	25 D	29 D	28 D	17 D	23 D
2	9 ♐ 45	2 ♌ 3	29 ♈ 55	1 ♉ 23	26 ♐ 38	11 ♏ 12	13 ♏ 39	13 ♎ 20	26 ♋ 50	3 ♓ 2	13 ♒ 0	21 ♐ 35	26 ♎	29 ♍	29 ♑	17 ♓	23 ♑
3	10 ♐ 46	13 ♌ 57	29 ♈ 52	1 ♉ 18	26 ♐ 21	12 ♏ 27	14 ♏ 19	13 ♎ 29	26 ♋ 47	3 ♓ 3	13 ♒ 2	21 ♐ 37	26 ♎	29 ♍	29 ♑	18 ♓	23 ♑
4	11 ♐ 47	25 ♌ 57	29 ♈ 49	1 ♉ 14	25 ♐ 53	13 ♏ 41	15 ♏ 0	13 ♎ 39	26 ♋ 45	3 ♓ 4	13 ♒ 3	21 ♐ 39	27 ♎	0 ♎	29 ♑	18 ♓	23 ♑
5	12 ♐ 48	8 ♍ 8	29 ♈ 46	1 ♉ 13	25 ♐ 14	14 ♏ 56	15 ♏ 40	13 ♎ 48	26 ♋ 42	3 ♓ 5	13 ♒ 4	21 ♐ 42	27 ♎	0 ♎	0 ♒	18 ♓	23 ♑
6	13 ♐ 49	20 ♍ 34	29 ♈ 43	1 D 13	24 ♐ 23	16 ♏ 11	16 ♏ 21	13 ♎ 57	26 ♋ 39	3 ♓ 6	13 ♒ 6	21 ♐ 44	27 ♎	1 ♎	0 ♒	18 ♓	23 ♑
7	14 ♐ 50	3 ♎ 20	29 ♈ 39	1 ♉ 14	23 ♐ 23	17 ♏ 25	17 ♏ 1	14 ♎ 7	26 ♋ 36	3 ♓ 8	13 ♒ 7	21 ♐ 46	28 ♎	1 ♎	1 ♒	19 ♓	23 ♑
8	15 ♐ 51	16 ♎ 31	29 ♈ 36	1 ♉ 16	22 ♐ 14	18 ♏ 40	17 ♏ 42	14 ♎ 16	26 ♋ 33	3 ♓ 9	13 ♒ 8	21 ♐ 48	28 ♎	1 ♎	1 ♒	19 ♓	23 ♑
9	16 ♐ 52	0 ♏ 9	29 ♈ 33	1 ♉ 16	20 ♐ 58	19 ♏ 54	18 ♏ 23	14 ♎ 25	26 ♋ 30	3 ♓ 10	13 ♒ 10	21 ♐ 51	29 ♎	2 ♎	1 ♒	19 ♓	23 ♑
10	17 ♐ 53	14 ♏ 16	29 ♈ 30	1 R 16	19 ♐ 37	21 ♏ 9	19 ♏ 3	14 ♎ 33	26 ♋ 27	3 ♓ 12	13 ♒ 11	21 ♐ 53	29 ♎	2 ♎	2 ♒	19 ♓	23 ♑
11	18 ♐ 54	28 ♏ 49	29 ♈ 27	1 ♉ 14	18 ♐ 14	22 ♏ 24	19 ♏ 44	14 ♎ 42	26 ♋ 23	3 ♓ 13	13 ♒ 13	21 ♐ 55	29 ♎	2 ♎	2 ♒	20 ♓	23 ♑
12	19 ♐ 55	13 ♐ 45	29 ♈ 24	1 ♉ 8	16 ♐ 52	23 ♏ 39	20 ♏ 25	14 ♎ 51	26 ♋ 20	3 ♓ 14	13 ♒ 14	21 ♐ 57	0 ♏	3 ♎	2 ♒	20 ♓	23 ♑
13	20 ♐ 56	28 ♐ 55	29 ♈ 20	1 ♉ 1	15 ♐ 33	24 ♏ 53	21 ♏ 5	14 ♎ 59	26 ♋ 17	3 ♓ 16	13 ♒ 16	22 ♐ 0	0 ♏	3 ♎	3 ♒	20 ♓	23 ♑
14	21 ♐ 57	14 ♑ 9	29 ♈ 17	0 ♉ 52	14 ♐ 20	26 ♏ 8	21 ♏ 46	15 ♎ 7	26 ♋ 13	3 ♓ 18	13 ♒ 17	22 ♐ 2	1 ♏	3 ♎	3 ♒	20 ♓	24 ♑
15	22 ♐ 58	29 ♑ 16	29 ♈ 14	0 ♉ 44	13 ♐ 16	27 ♏ 23	22 ♏ 27	15 ♎ 16	26 ♋ 9	3 ♓ 19	13 ♒ 19	22 ♐ 4	1 ♏	4 ♎	4 ♒	21 ♓	24 ♑
16	23 ♐ 59	14 ♒ 7	29 ♈ 11	0 ♉ 37	12 ♐ 21	28 ♏ 38	23 ♏ 8	15 ♎ 24	26 ♋ 6	3 ♓ 21	13 ♒ 21	22 ♐ 6	1 ♏	4 ♎	4 ♒	21 ♓	24 ♑
17	25 ♐ 0	28 ♒ 34	29 ♈ 8	0 ♉ 32	11 ♐ 36	29 ♏ 53	23 ♏ 49	15 ♎ 32	26 ♋ 2	3 ♓ 23	13 ♒ 22	22 ♐ 9	2 ♏	4 ♎	4 ♒	21 ♓	24 ♑
18	26 ♐ 1	12 ♓ 36	29 ♈ 5	0 ♉ 29	11 ♐ 3	1 ♐ 8	24 ♏ 30	15 ♎ 40	25 ♋ 58	3 ♓ 24	13 ♒ 24	22 ♐ 11	2 ♏	4 ♎	5 ♒	21 ♓	24 ♑
19	27 ♐ 2	26 ♓ 11	29 ♈ 1	0 ♉ 28	10 ♐ 40	2 ♐ 23	25 ♏ 11	15 ♎ 47	25 ♋ 54	3 ♓ 26	13 ♒ 26	22 ♐ 13	3 ♏	5 ♎	5 ♒	22 ♓	24 ♑
20	28 ♐ 3	9 ♈ 22	28 ♈ 58	0 D 28	10 ♐ 29	3 ♐ 37	25 ♏ 51	15 ♎ 55	25 ♋ 50	3 ♓ 28	13 ♒ 27	22 ♐ 15	3 ♏	5 ♎	6 ♒	22 ♓	24 ♑
21	29 ♐ 4	22 ♈ 11	28 ♈ 55	0 ♉ 29	10 D 27	4 ♐ 52	26 ♏ 32	16 ♎ 2	25 ♋ 46	3 ♓ 30	13 ♒ 29	22 ♐ 18	3 ♏	5 ♎	6 ♒	22 ♓	24 ♑
22	0 ♑ 5	4 ♉ 44	28 ♈ 52	0 R 30	10 ♐ 35	6 ♐ 7	27 ♏ 13	16 ♎ 10	25 ♋ 42	3 ♓ 32	13 ♒ 31	22 ♐ 20	4 ♏	6 ♎	6 ♒	23 ♓	24 ♑
23	1 ♑ 6	17 ♉ 3	28 ♈ 49	0 ♉ 28	10 ♐ 52	7 ♐ 22	27 ♏ 54	16 ♎ 17	25 ♋ 37	3 ♓ 34	13 ♒ 33	22 ♐ 22	4 ♏	6 ♎	7 ♒	23 ♓	24 ♑
24	2 ♑ 8	29 ♉ 13	28 ♈ 45	0 ♉ 24	11 ♐ 17	8 ♐ 37	28 ♏ 35	16 ♎ 24	25 ♋ 33	3 ♓ 36	13 ♒ 34	22 ♐ 24	5 ♏	6 ♎	7 ♒	23 ♓	24 ♑
25	3 ♑ 9	11 ♊ 16	28 ♈ 42	0 ♉ 17	11 ♐ 49	9 ♐ 52	29 ♏ 16	16 ♎ 31	25 ♋ 29	3 ♓ 38	13 ♒ 36	22 ♐ 27	5 ♏	6 ♎	8 ♒	24 ♓	24 ♑
26	4 ♑ 10	23 ♊ 13	28 ♈ 39	0 ♉ 8	12 ♐ 27	11 ♐ 7	29 ♏ 58	16 ♎ 37	25 ♋ 24	3 ♓ 40	13 ♒ 38	22 ♐ 29	5 ♏	7 ♎	8 ♒	24 ♓	24 ♑
27	5 ♑ 11	5 ♋ 8	28 ♈ 36	29 ♈ 56	13 ♐ 12	12 ♐ 22	0 ♐ 39	16 ♎ 44	25 ♋ 20	3 ♓ 42	13 ♒ 40	22 ♐ 31	6 ♏	7 ♎	9 ♒	24 ♓	25 ♑
28	6 ♑ 12	17 ♋ 1	28 ♈ 33	29 ♈ 43	14 ♐ 1	13 ♐ 37	1 ♐ 20	16 ♎ 50	25 ♋ 16	3 ♓ 44	13 ♒ 42	22 ♐ 33	6 ♏	7 ♎	9 ♒	24 ♓	25 ♑
29	7 ♑ 13	28 ♋ 53	28 ♈ 30	29 ♈ 29	14 ♐ 55	14 ♐ 52	2 ♐ 1	16 ♎ 57	25 ♋ 11	3 ♓ 46	13 ♒ 44	22 ♐ 36	6 ♏	7 ♎	9 ♒	25 ♓	25 ♑
30	8 ♑ 14	10 ♌ 46	28 ♈ 26	29 ♈ 16	15 ♐ 53	16 ♐ 7	2 ♐ 42	17 ♎ 3	25 ♋ 6	3 ♓ 49	13 ♒ 46	22 ♐ 38	7 ♏	8 ♎	10 ♒	25 ♓	25 ♑
31	9 ♑ 15	22 ♌ 43	28 ♈ 23	29 ♈ 6	16 ♐ 54	17 ♐ 22	3 ♐ 24	17 ♎ 9	25 ♋ 2	3 ♓ 51	13 ♒ 48	22 ♐ 40	7 ♏	8 ♎	10 ♒	25 ♓	25 ♑

SUN INGRESS	☉ → ♑ 21日 21:42
MOON PHASE	◑ 5日 09:53 ♍ ● 12日 10:29 ♐ ◐ 19日 01:40 ♓ ○ 27日 00:06 ♋

aspects		
1日	00:25	♂□♆
3日	11:21	♀□♆
5日	06:31	☉⚹♆
6日	03:57	☉⚹♃
6日	07:13	♀☌♂
8日	08:03	♀☌♇
10日	17:21	☉☌☿
13日	09:46	☿⚹♃
14日	01:26	☿△♄
14日	02:04	☉☌♇
14日	22:45	☿⚹♆
19日	20:53	♀□♅
19日	23:10	♂△♄
25日	11:50	☉⚹♅
27日	14:35	♀⚹♆
28日	01:32	☿⚹♆
29日	03:23	☿☌♀
30日	19:18	♀⚹♃
31日	06:07	☿⚹♃
31日	16:48	♂□♅

2005年1月

DAY	☉	☽	☊ mean	☊ true	☿	♀	♂	♃	♄	♅	♆	♇	⚳	⚴	⚵	⚶	⚷
	° ′	° ′	° ′	° ′	° ′	° ′	° ′	° ′	° ′	° ′	° ′	° ′	°	°	°	°	°
1	10 ♑ 17	4 ♍ 44	28 ♈ 20	28 R 57	17 D 59	18 D 37	4 D 5	17 D 15	24 R 57	3 D 53	13 D 50	22 D 42	8 D	8 D	11 D	26 D	25 D
2	11 ♑ 18	16 ♍ 55	28 ♈ 17	28 ♈ 52	19 ♐ 6	19 ♐ 52	4 ♐ 46	17 ♎ 20	24 ♋ 52	3 ♓ 56	13 ♒ 52	22 ♐ 44	8 ♏	8 ♎	11 ♒	26 ♓	25 ♑
3	12 ♑ 19	29 ♍ 18	28 ♈ 14	28 ♈ 49	20 ♐ 16	21 ♐ 8	5 ♐ 28	17 ♎ 26	24 ♋ 48	3 ♓ 58	13 ♒ 54	22 ♐ 46	8 ♏	9 ♎	11 ♒	26 ♓	25 ♑
4	13 ♑ 20	11 ♎ 58	28 ♈ 11	28 ♈ 49	21 ♐ 28	22 ♐ 23	6 ♐ 9	17 ♎ 31	24 ♋ 43	4 ♓ 1	13 ♒ 56	22 ♐ 49	9 ♏	9 ♎	12 ♒	27 ♓	25 ♑
5	14 ♑ 21	25 ♎ 0	28 ♈ 7	28 D 49	22 ♐ 42	23 ♐ 38	6 ♐ 50	17 ♎ 36	24 ♋ 38	4 ♓ 3	13 ♒ 58	22 ♐ 51	9 ♏	9 ♎	12 ♒	27 ♓	25 ♑
6	15 ♑ 22	8 ♏ 28	28 ♈ 4	28 R 49	23 ♐ 57	24 ♐ 53	7 ♐ 32	17 ♎ 41	24 ♋ 33	4 ♓ 6	14 ♒ 0	22 ♐ 53	9 ♏	9 ♎	13 ♒	27 ♓	25 ♑
7	16 ♑ 23	22 ♏ 24	28 ♈ 1	28 ♈ 47	25 ♐ 15	26 ♐ 8	8 ♐ 13	17 ♎ 46	24 ♋ 28	4 ♓ 8	14 ♒ 2	22 ♐ 55	10 ♏	9 ♎	13 ♒	28 ♓	26 ♑
8	17 ♑ 25	6 ♐ 49	27 ♈ 58	28 ♈ 42	26 ♐ 33	27 ♐ 23	8 ♐ 55	17 ♎ 51	24 ♋ 23	4 ♓ 11	14 ♒ 4	22 ♐ 57	10 ♏	10 ♎	14 ♒	28 ♓	26 ♑
9	18 ♑ 26	21 ♐ 41	27 ♈ 55	28 ♈ 35	27 ♐ 53	28 ♐ 38	9 ♐ 36	17 ♎ 56	24 ♋ 19	4 ♓ 13	14 ♒ 6	22 ♐ 59	10 ♏	10 ♎	14 ♒	29 ♓	26 ♑
10	19 ♑ 27	6 ♑ 52	27 ♈ 51	28 ♈ 25	29 ♐ 15	29 ♐ 53	10 ♐ 18	18 ♎ 0	24 ♋ 14	4 ♓ 16	14 ♒ 8	23 ♐ 1	11 ♏	10 ♎	14 ♒	29 ♓	26 ♑
11	20 ♑ 28	22 ♑ 14	27 ♈ 48	28 ♈ 14	0 ♑ 37	1 ♑ 9	11 ♐ 0	18 ♎ 4	24 ♋ 9	4 ♓ 19	14 ♒ 10	23 ♐ 3	11 ♏	10 ♎	15 ♒	29 ♓	26 ♑
12	21 ♑ 29	7 ♒ 34	27 ♈ 45	28 ♈ 2	2 ♑ 0	2 ♑ 24	11 ♐ 41	18 ♎ 8	24 ♋ 4	4 ♓ 21	14 ♒ 12	23 ♐ 5	11 ♏	10 ♎	15 ♒	0 ♈	26 ♑
13	22 ♑ 30	22 ♒ 40	27 ♈ 42	27 ♈ 52	3 ♑ 24	3 ♑ 39	12 ♐ 23	18 ♎ 12	23 ♋ 59	4 ♓ 24	14 ♒ 14	23 ♐ 7	12 ♏	11 ♎	16 ♒	0 ♈	26 ♑
14	23 ♑ 32	7 ♓ 24	27 ♈ 39	27 ♈ 43	4 ♑ 49	4 ♑ 54	13 ♐ 5	18 ♎ 16	23 ♋ 54	4 ♓ 27	14 ♒ 17	23 ♐ 10	12 ♏	11 ♎	16 ♒	0 ♈	26 ♑
15	24 ♑ 33	21 ♓ 39	27 ♈ 36	27 ♈ 38	6 ♑ 15	6 ♑ 9	13 ♐ 46	18 ♎ 19	23 ♋ 49	4 ♓ 30	14 ♒ 19	23 ♐ 12	12 ♏	11 ♎	17 ♒	1 ♈	26 ♑
16	25 ♑ 34	5 ♈ 24	27 ♈ 32	27 ♈ 35	7 ♑ 41	7 ♑ 24	14 ♐ 28	18 ♎ 23	23 ♋ 44	4 ♓ 33	14 ♒ 21	23 ♐ 14	13 ♏	11 ♎	17 ♒	1 ♈	26 ♑
17	26 ♑ 35	18 ♈ 41	27 ♈ 29	27 ♈ 34	9 ♑ 9	8 ♑ 40	15 ♐ 10	18 ♎ 26	23 ♋ 39	4 ♓ 35	14 ♒ 23	23 ♐ 15	13 ♏	11 ♎	18 ♒	1 ♈	26 ♑
18	27 ♑ 36	1 ♉ 31	27 ♈ 26	27 ♈ 34	10 ♑ 36	9 ♑ 55	15 ♐ 52	18 ♎ 29	23 ♋ 34	4 ♓ 38	14 ♒ 25	23 ♐ 17	13 ♏	11 ♎	18 ♒	2 ♈	27 ♑
19	28 ♑ 37	14 ♉ 1	27 ♈ 23	27 ♈ 33	12 ♑ 5	11 ♑ 10	16 ♐ 33	18 ♎ 32	23 ♋ 29	4 ♓ 41	14 ♒ 27	23 ♐ 19	14 ♏	11 ♎	18 ♒	2 ♈	27 ♑
20	29 ♑ 38	26 ♉ 16	27 ♈ 20	27 ♈ 31	13 ♑ 34	12 ♑ 25	17 ♐ 15	18 ♎ 34	23 ♋ 24	4 ♓ 44	14 ♒ 30	23 ♐ 21	14 ♏	11 ♎	19 ♒	3 ♈	27 ♑
21	0 ♒ 39	8 ♊ 19	27 ♈ 17	27 ♈ 26	15 ♑ 4	13 ♑ 40	17 ♐ 57	18 ♎ 37	23 ♋ 19	4 ♓ 47	14 ♒ 32	23 ♐ 23	14 ♏	12 ♎	19 ♒	3 ♈	27 ♑
22	1 ♒ 40	20 ♊ 15	27 ♈ 13	27 ♈ 19	16 ♑ 35	14 ♑ 55	18 ♐ 39	18 ♎ 39	23 ♋ 15	4 ♓ 50	14 ♒ 34	23 ♐ 25	15 ♏	12 ♎	20 ♒	3 ♈	27 ♑
23	2 ♒ 41	2 ♋ 7	27 ♈ 10	27 ♈ 8	18 ♑ 6	16 ♑ 11	19 ♐ 21	18 ♎ 41	23 ♋ 10	4 ♓ 53	14 ♒ 36	23 ♐ 27	15 ♏	12 ♎	20 ♒	4 ♈	27 ♑
24	3 ♒ 42	13 ♋ 59	27 ♈ 7	26 ♈ 55	19 ♑ 37	17 ♑ 26	20 ♐ 3	18 ♎ 43	23 ♋ 5	4 ♓ 56	14 ♒ 39	23 ♐ 29	15 ♏	12 ♎	21 ♒	4 ♈	27 ♑
25	4 ♒ 43	25 ♋ 51	27 ♈ 4	26 ♈ 41	21 ♑ 10	18 ♑ 41	20 ♐ 45	18 ♎ 44	23 ♋ 0	4 ♓ 59	14 ♒ 41	23 ♐ 31	15 ♏	12 ♎	21 ♒	4 ♈	27 ♑
26	5 ♒ 44	7 ♌ 46	27 ♈ 1	26 ♈ 26	22 ♑ 43	19 ♑ 56	21 ♐ 27	18 ♎ 46	22 ♋ 55	5 ♓ 2	14 ♒ 43	23 ♐ 32	16 ♏	12 ♎	22 ♒	5 ♈	27 ♑
27	6 ♒ 45	19 ♌ 45	26 ♈ 57	26 ♈ 11	24 ♑ 16	21 ♑ 11	22 ♐ 9	18 ♎ 47	22 ♋ 51	5 ♓ 6	14 ♒ 45	23 ♐ 34	16 ♏	12 ♎	22 ♒	5 ♈	27 ♑
28	7 ♒ 46	1 ♍ 48	26 ♈ 54	25 ♈ 59	25 ♑ 51	22 ♑ 26	22 ♐ 51	18 ♎ 48	22 ♋ 46	5 ♓ 9	14 ♒ 48	23 ♐ 36	16 ♏	12 ♎	23 ♒	6 ♈	27 ♑
29	8 ♒ 47	13 ♍ 58	26 ♈ 51	25 ♈ 50	27 ♑ 25	23 ♑ 42	23 ♐ 33	18 ♎ 49	22 ♋ 41	5 ♓ 12	14 ♒ 50	23 ♐ 38	17 ♏	12 ♎	23 ♒	6 ♈	27 ♑
30	9 ♒ 48	26 ♍ 16	26 ♈ 48	25 ♈ 43	29 ♑ 1	24 ♑ 57	24 ♐ 15	18 ♎ 50	22 ♋ 37	5 ♓ 15	14 ♒ 52	23 ♐ 39	17 ♏	12 ♎	23 ♒	6 ♈	28 ♑
31	10 ♒ 49	8 ♎ 44	26 ♈ 45	25 ♈ 40	0 ♒ 37	26 ♑ 12	24 ♐ 57	18 ♎ 51	22 ♋ 32	5 ♓ 18	14 ♒ 54	23 ♐ 41	17 ♏	12 ♎	24 ♒	7 ♈	28 ♑

SUN INGRESS	☉ → ♒ 20日 08:22
MOON PHASE	◑ 4日 02:46 ♎　● 10日 21:03 ♑　◐ 17日 15:57 ♈　○ 25日 19:32 ♌

aspects

4日	08:33	♀☌♇
5日	02:58	☿☌♇
8日	11:11	☉□♃
13日	14:59	♀⚹♅
13日	17:32	☿⚹♅
14日	08:06	☉☍♄
14日	11:35	☿☌♀
15日	19:39	♂⚹♆
21日	23:53	♂⚹♃
23日	09:24	☿□♃
25日	01:09	♀□♃
26日	03:04	☿☍♄
28日	05:52	♀☍♄
29日	02:46	♂☌♇

2005年2月

DAY	☉	☽	☊ mean	☊ true	☿	♀	♂	♃	♄	♅	♆	♇	⚳	⚴	⚵	⚶	⚷
	° ′	° ′	° ′	° ′	° ′	° ′	° ′	° ′	° ′	° ′	° ′	° ′	°	°	°	°	°
1	11 ♒ 50	21 ♎ 27	26 ♈ 42	25 R 39	2 D 14	27 D 27	25 D 40	18 D 51	22 R 28	5 D 22	14 D 57	23 D 43	17 D	12 D	24 D	7 D	28 D
2	12 ♒ 51	4 ♏ 26	26 ♈ 38	25 D 39	3 ♒ 52	28 ♑ 42	26 ♐ 22	18 ♎ 51	22 ♋ 23	5 ♓ 25	14 ♒ 59	23 ♐ 44	18 ♏	12 R	25 ♒	8 ♈	28 ♑
3	13 ♒ 52	17 ♏ 47	26 ♈ 35	25 R 39	5 ♒ 30	29 ♑ 57	27 ♐ 4	18 R 51	22 ♋ 19	5 ♓ 28	15 ♒ 1	23 ♐ 46	18 ♏	12 ♎	25 ♒	8 ♈	28 ♑
4	14 ♒ 53	1 ♐ 32	26 ♈ 32	25 ♈ 38	7 ♒ 9	1 ♒ 12	27 ♐ 46	18 ♎ 51	22 ♋ 14	5 ♓ 31	15 ♒ 4	23 ♐ 48	18 ♏	12 ♎	26 ♒	8 ♈	28 ♑
5	15 ♒ 53	15 ♐ 42	26 ♈ 29	25 ♈ 35	8 ♒ 49	2 ♒ 28	28 ♐ 29	18 ♎ 51	22 ♋ 10	5 ♓ 35	15 ♒ 6	23 ♐ 49	18 ♏	12 ♎	26 ♒	9 ♈	28 ♑
6	16 ♒ 54	0 ♑ 17	26 ♈ 26	25 ♈ 29	10 ♒ 29	3 ♒ 43	29 ♐ 11	18 ♎ 50	22 ♋ 6	5 ♓ 38	15 ♒ 8	23 ♐ 51	19 ♏	12 ♎	27 ♒	9 ♈	28 ♑
7	17 ♒ 55	15 ♑ 12	26 ♈ 23	25 ♈ 20	12 ♒ 10	4 ♒ 58	29 ♐ 53	18 ♎ 49	22 ♋ 1	5 ♓ 41	15 ♒ 10	23 ♐ 52	19 ♏	12 ♎	27 ♒	10 ♈	28 ♑
8	18 ♒ 56	0 ♒ 21	26 ♈ 19	25 ♈ 10	13 ♒ 52	6 ♒ 13	0 ♑ 36	18 ♎ 48	21 ♋ 57	5 ♓ 45	15 ♒ 13	23 ♐ 54	19 ♏	12 ♎	28 ♒	10 ♈	28 ♑
9	19 ♒ 57	15 ♒ 33	26 ♈ 16	25 ♈ 0	15 ♒ 35	7 ♒ 28	1 ♑ 18	18 ♎ 47	21 ♋ 53	5 ♓ 48	15 ♒ 15	23 ♐ 55	19 ♏	12 ♎	28 ♒	10 ♈	28 ♑
10	20 ♒ 57	0 ♓ 37	26 ♈ 13	24 ♈ 50	17 ♒ 19	8 ♒ 43	2 ♑ 1	18 ♎ 46	21 ♋ 49	5 ♓ 51	15 ♒ 17	23 ♐ 57	20 ♏	12 ♎	29 ♒	11 ♈	29 ♑
11	21 ♒ 58	15 ♓ 25	26 ♈ 10	24 ♈ 43	19 ♒ 3	9 ♒ 58	2 ♑ 43	18 ♎ 44	21 ♋ 45	5 ♓ 55	15 ♒ 20	23 ♐ 58	20 ♏	12 ♎	29 ♒	11 ♈	29 ♑
12	22 ♒ 59	29 ♓ 47	26 ♈ 7	24 ♈ 38	20 ♒ 49	11 ♒ 14	3 ♑ 25	18 ♎ 43	21 ♋ 41	5 ♓ 58	15 ♒ 22	24 ♐ 0	20 ♏	12 ♎	29 ♒	12 ♈	29 ♑
13	24 ♒ 0	13 ♈ 41	26 ♈ 3	24 ♈ 35	22 ♒ 35	12 ♒ 29	4 ♑ 8	18 ♎ 41	21 ♋ 38	6 ♓ 1	15 ♒ 24	24 ♐ 1	20 ♏	12 ♎	0 ♓	12 ♈	29 ♑
14	25 ♒ 0	27 ♈ 6	26 ♈ 0	24 D 35	24 ♒ 22	13 ♒ 44	4 ♑ 50	18 ♎ 39	21 ♋ 34	6 ♓ 5	15 ♒ 26	24 ♐ 2	21 ♏	11 ♎	0 ♓	12 ♈	29 ♑
15	26 ♒ 1	10 ♉ 4	25 ♈ 57	24 ♈ 35	26 ♒ 9	14 ♒ 59	5 ♑ 33	18 ♎ 36	21 ♋ 30	6 ♓ 8	15 ♒ 29	24 ♐ 4	21 ♏	11 ♎	1 ♓	13 ♈	29 ♑
16	27 ♒ 2	22 ♉ 39	25 ♈ 54	24 ♈ 36	27 ♒ 58	16 ♒ 14	6 ♑ 16	18 ♎ 34	21 ♋ 27	6 ♓ 12	15 ♒ 31	24 ♐ 5	21 ♏	11 ♎	1 ♓	13 ♈	29 ♑
17	28 ♒ 2	4 ♊ 55	25 ♈ 51	24 R 36	29 ♒ 47	17 ♒ 29	6 ♑ 58	18 ♎ 31	21 ♋ 23	6 ♓ 15	15 ♒ 33	24 ♐ 6	21 ♏	11 ♎	2 ♓	14 ♈	29 ♑
18	29 ♒ 3	16 ♊ 59	25 ♈ 48	24 ♈ 34	1 ♓ 37	18 ♒ 44	7 ♑ 41	18 ♎ 28	21 ♋ 20	6 ♓ 18	15 ♒ 35	24 ♐ 7	21 ♏	11 ♎	2 ♓	14 ♈	29 ♑
19	0 ♓ 3	28 ♊ 54	25 ♈ 44	24 ♈ 30	3 ♓ 28	19 ♒ 59	8 ♑ 24	18 ♎ 25	21 ♋ 17	6 ♓ 22	15 ♒ 37	24 ♐ 9	22 ♏	11 ♎	3 ♓	14 ♈	29 ♑
20	1 ♓ 4	10 ♋ 45	25 ♈ 41	24 ♈ 23	5 ♓ 19	21 ♒ 14	9 ♑ 6	18 ♎ 22	21 ♋ 13	6 ♓ 25	15 ♒ 40	24 ♐ 10	22 ♏	11 ♎	3 ♓	15 ♈	29 ♑
21	2 ♓ 4	22 ♋ 36	25 ♈ 38	24 ♈ 15	7 ♓ 11	22 ♒ 29	9 ♑ 49	18 ♎ 19	21 ♋ 10	6 ♓ 29	15 ♒ 42	24 ♐ 11	22 ♏	10 ♎	4 ♓	15 ♈	29 ♑
22	3 ♓ 5	4 ♌ 31	25 ♈ 35	24 ♈ 5	9 ♓ 3	23 ♒ 44	10 ♑ 32	18 ♎ 15	21 ♋ 7	6 ♓ 32	15 ♒ 44	24 ♐ 12	22 ♏	10 ♎	4 ♓	16 ♈	29 ♑
23	4 ♓ 5	16 ♌ 30	25 ♈ 32	23 ♈ 55	10 ♓ 56	24 ♒ 59	11 ♑ 14	18 ♎ 12	21 ♋ 4	6 ♓ 36	15 ♒ 46	24 ♐ 13	22 ♏	10 ♎	5 ♓	16 ♈	0 ♒
24	5 ♓ 5	28 ♌ 36	25 ♈ 28	23 ♈ 45	12 ♓ 49	26 ♒ 14	11 ♑ 57	18 ♎ 8	21 ♋ 1	6 ♓ 39	15 ♒ 49	24 ♐ 14	22 ♏	10 ♎	5 ♓	17 ♈	0 ♒
25	6 ♓ 6	10 ♍ 50	25 ♈ 25	23 ♈ 37	14 ♓ 42	27 ♒ 29	12 ♑ 40	18 ♎ 4	20 ♋ 59	6 ♓ 43	15 ♒ 51	24 ♐ 15	23 ♏	10 ♎	6 ♓	17 ♈	0 ♒
26	7 ♓ 6	23 ♍ 14	25 ♈ 22	23 ♈ 31	16 ♓ 34	28 ♒ 44	13 ♑ 23	17 ♎ 59	20 ♋ 56	6 ♓ 46	15 ♒ 53	24 ♐ 16	23 ♏	10 ♎	6 ♓	17 ♈	0 ♒
27	8 ♓ 6	5 ♎ 47	25 ♈ 19	23 ♈ 27	18 ♓ 27	29 ♒ 59	14 ♑ 6	17 ♎ 55	20 ♋ 53	6 ♓ 49	15 ♒ 55	24 ♐ 17	23 ♏	9 ♎	7 ♓	18 ♈	0 ♒
28	9 ♓ 7	18 ♎ 30	25 ♈ 16	23 ♈ 25	20 ♓ 18	1 ♓ 14	14 ♑ 49	17 ♎ 50	20 ♋ 51	6 ♓ 53	15 ♒ 57	24 ♐ 18	23 ♏	9 ♎	7 ♓	18 ♈	0 ♒

SUN INGRESS	☉ → ♓ 18日 22:32
MOON PHASE	◑ 2日 16:27 ♏　● 9日 07:28 ♒　◐ 16日 09:16 ♉　○ 24日 13:54 ♍

aspects

4日	04:29	☉☌♆
7日	21:03	☉△♃
8日	19:10	☿☌♆
10日	19:42	☿△♃
13日	00:31	☉⚹♇
13日	19:38	☿⚹♇
14日	19:49	☉☌☿
15日	09:47	♀☌♆
15日	21:31	♂⚹♅
17日	19:10	♀△♃
20日	14:44	☿☌♅
22日	09:00	♀⚹♇
23日	06:24	☿⚹♂
25日	15:32	☉☌♅
28日	06:51	☿△♄

2005年3月

DAY	☉	☽	☊ mean	☊ true	☿	♀	♂	♃	♄	♅	♆	♇	⚳	⚴	⚵	⚶	⚷
	° ′	° ′	° ′	° ′	° ′	° ′	° ′	° ′	° ′	° ′	° ′	° ′	°	°	°	°	°
1	10 ♓ 7	1 ♏ 26	25 ♈ 13	23 D 25	22 D 9	2 D 29	15 D 31	17 R 46	20 R 49	6 D 56	15 D 59	24 D 19	23 D	9 R	8 D	19 D	0 D
2	11 ♓ 7	14 ♏ 36	25 ♈ 9	23 ♈ 27	23 ♓ 59	3 ♓ 44	16 ♑ 14	17 ♎ 41	20 ♋ 46	7 ♓ 0	16 ♒ 1	24 ♐ 20	23 ♏	9 ♎	8 ♓	19 ♈	0 ♒
3	12 ♓ 7	28 ♏ 1	25 ♈ 6	23 ♈ 28	25 ♓ 47	4 ♓ 59	16 ♑ 57	17 ♎ 36	20 ♋ 44	7 ♓ 3	16 ♒ 3	24 ♐ 20	23 ♏	8 ♎	9 ♓	20 ♈	0 ♒
4	13 ♓ 7	11 ♐ 43	25 ♈ 3	23 ♈ 29	27 ♓ 32	6 ♓ 14	17 ♑ 40	17 ♎ 31	20 ♋ 42	7 ♓ 7	16 ♒ 6	24 ♐ 21	24 ♏	8 ♎	9 ♓	20 ♈	0 ♒
5	14 ♓ 8	25 ♐ 44	25 ♈ 0	23 R 28	29 ♓ 15	7 ♓ 29	18 ♑ 23	17 ♎ 25	20 ♋ 40	7 ♓ 10	16 ♒ 8	24 ♐ 22	24 ♏	8 ♎	10 ♓	20 ♈	0 ♒
6	15 ♓ 8	10 ♑ 2	24 ♈ 57	23 ♈ 26	0 ♈ 55	8 ♓ 44	19 ♑ 6	17 ♎ 20	20 ♋ 38	7 ♓ 14	16 ♒ 10	24 ♐ 23	24 ♏	8 ♎	10 ♓	21 ♈	0 ♒
7	16 ♓ 8	24 ♑ 36	24 ♈ 54	23 ♈ 22	2 ♈ 31	9 ♓ 59	19 ♑ 49	17 ♎ 14	20 ♋ 36	7 ♓ 17	16 ♒ 12	24 ♐ 23	24 ♏	7 ♎	10 ♓	21 ♈	0 ♒
8	17 ♓ 8	9 ♒ 19	24 ♈ 50	23 ♈ 17	4 ♈ 3	11 ♓ 13	20 ♑ 32	17 ♎ 9	20 ♋ 35	7 ♓ 20	16 ♒ 14	24 ♐ 24	24 ♏	7 ♎	11 ♓	22 ♈	1 ♒
9	18 ♓ 8	24 ♒ 7	24 ♈ 47	23 ♈ 11	5 ♈ 31	12 ♓ 28	21 ♑ 16	17 ♎ 3	20 ♋ 33	7 ♓ 24	16 ♒ 16	24 ♐ 25	24 ♏	7 ♎	11 ♓	22 ♈	1 ♒
10	19 ♓ 8	8 ♓ 51	24 ♈ 44	23 ♈ 6	6 ♈ 52	13 ♓ 43	21 ♑ 59	16 ♎ 57	20 ♋ 32	7 ♓ 27	16 ♒ 18	24 ♐ 25	24 ♏	6 ♎	12 ♓	23 ♈	1 ♒
11	20 ♓ 8	23 ♓ 24	24 ♈ 41	23 ♈ 2	8 ♈ 9	14 ♓ 58	22 ♑ 42	16 ♎ 51	20 ♋ 30	7 ♓ 31	16 ♒ 20	24 ♐ 26	24 ♏	6 ♎	12 ♓	23 ♈	1 ♒
12	21 ♓ 8	7 ♈ 38	24 ♈ 38	23 ♈ 0	9 ♈ 18	16 ♓ 13	23 ♑ 25	16 ♎ 44	20 ♋ 29	7 ♓ 34	16 ♒ 22	24 ♐ 26	24 ♏	6 ♎	13 ♓	23 ♈	1 ♒
13	22 ♓ 8	21 ♈ 29	24 ♈ 34	22 ♈ 59	10 ♈ 22	17 ♓ 28	24 ♑ 8	16 ♎ 38	20 ♋ 28	7 ♓ 37	16 ♒ 24	24 ♐ 27	24 ♏	6 ♎	13 ♓	24 ♈	1 ♒
14	23 ♓ 7	4 ♉ 56	24 ♈ 31	22 D 59	11 ♈ 17	18 ♓ 43	24 ♑ 51	16 ♎ 32	20 ♋ 27	7 ♓ 41	16 ♒ 26	24 ♐ 27	24 ♏	5 ♎	14 ♓	24 ♈	1 ♒
15	24 ♓ 7	17 ♉ 59	24 ♈ 28	23 ♈ 1	12 ♈ 6	19 ♓ 57	25 ♑ 34	16 ♎ 25	20 ♋ 26	7 ♓ 44	16 ♒ 28	24 ♐ 28	24 ♏	5 ♎	14 ♓	25 ♈	1 ♒
16	25 ♓ 7	0 ♊ 39	24 ♈ 25	23 ♈ 2	12 ♈ 46	21 ♓ 12	26 ♑ 18	16 ♎ 18	20 ♋ 25	7 ♓ 47	16 ♒ 29	24 ♐ 28	24 ♏	5 ♎	15 ♓	25 ♈	1 ♒
17	26 ♓ 7	13 ♊ 1	24 ♈ 22	23 ♈ 4	13 ♈ 18	22 ♓ 27	27 ♑ 1	16 ♎ 11	20 ♋ 25	7 ♓ 51	16 ♒ 31	24 ♐ 29	25 ♏	4 ♎	15 ♓	26 ♈	1 ♒
18	27 ♓ 7	25 ♊ 8	24 ♈ 19	23 ♈ 4	13 ♈ 42	23 ♓ 42	27 ♑ 44	16 ♎ 5	20 ♋ 24	7 ♓ 54	16 ♒ 33	24 ♐ 29	25 ♏	4 ♎	16 ♓	26 ♈	1 ♒
19	28 ♓ 6	7 ♋ 5	24 ♈ 15	23 R 4	13 ♈ 58	24 ♓ 56	28 ♑ 27	15 ♎ 58	20 ♋ 24	7 ♓ 57	16 ♒ 35	24 ♐ 29	25 ♏	4 ♎	16 ♓	26 ♈	1 ♒
20	29 ♓ 6	18 ♋ 58	24 ♈ 12	23 ♈ 3	14 ♈ 5	26 ♓ 11	29 ♑ 11	15 ♎ 51	20 ♋ 23	8 ♓ 1	16 ♒ 37	24 ♐ 29	25 ♏	3 ♎	17 ♓	27 ♈	1 ♒
21	0 ♈ 6	0 ♌ 50	24 ♈ 9	23 ♈ 0	14 R 4	27 ♓ 26	29 ♑ 54	15 ♎ 43	20 ♋ 23	8 ♓ 4	16 ♒ 39	24 ♐ 30	25 ♏	3 ♎	17 ♓	27 ♈	1 ♒
22	1 ♈ 5	12 ♌ 47	24 ♈ 6	22 ♈ 57	13 ♈ 55	28 ♓ 40	0 ♒ 37	15 ♎ 36	20 ♋ 23	8 ♓ 7	16 ♒ 40	24 ♐ 30	25 R	3 ♎	18 ♓	28 ♈	1 ♒
23	2 ♈ 5	24 ♌ 50	24 ♈ 3	22 ♈ 53	13 ♈ 39	29 ♓ 55	1 ♒ 21	15 ♎ 29	20 D 23	8 ♓ 10	16 ♒ 42	24 ♐ 30	25 ♏	2 ♎	18 ♓	28 ♈	1 ♒
24	3 ♈ 4	7 ♍ 3	24 ♈ 0	22 ♈ 50	13 ♈ 15	1 ♈ 10	2 ♒ 4	15 ♎ 22	20 ♋ 23	8 ♓ 14	16 ♒ 44	24 ♐ 30	25 ♏	2 ♎	19 ♓	29 ♈	1 ♒
25	4 ♈ 4	19 ♍ 29	23 ♈ 56	22 ♈ 47	12 ♈ 45	2 ♈ 24	2 ♒ 47	15 ♎ 14	20 ♋ 23	8 ♓ 17	16 ♒ 45	24 ♐ 30	25 ♏	2 ♎	19 ♓	29 ♈	2 ♒
26	5 ♈ 3	2 ♎ 7	23 ♈ 53	22 ♈ 45	12 ♈ 9	3 ♈ 39	3 ♒ 31	15 ♎ 7	20 ♋ 24	8 ♓ 20	16 ♒ 47	24 ♐ 30	25 ♏	2 ♎	20 ♓	29 ♈	2 ♒
27	6 ♈ 2	14 ♎ 59	23 ♈ 50	22 ♈ 44	11 ♈ 28	4 ♈ 54	4 ♒ 14	14 ♎ 59	20 ♋ 24	8 ♓ 23	16 ♒ 49	24 ♐ 30	24 ♏	1 ♎	20 ♓	0 ♉	2 ♒
28	7 ♈ 2	28 ♎ 4	23 ♈ 47	22 D 44	10 ♈ 44	6 ♈ 8	4 ♒ 58	14 ♎ 52	20 ♋ 25	8 ♓ 26	16 ♒ 50	24 R 30	24 ♏	1 ♎	21 ♓	0 ♉	2 ♒
29	8 ♈ 1	11 ♏ 23	23 ♈ 44	22 ♈ 45	9 ♈ 56	7 ♈ 23	5 ♒ 41	14 ♎ 44	20 ♋ 25	8 ♓ 29	16 ♒ 52	24 ♐ 30	24 ♏	1 ♎	21 ♓	1 ♉	2 ♒
30	9 ♈ 0	24 ♏ 54	23 ♈ 40	22 ♈ 46	9 ♈ 6	8 ♈ 37	6 ♒ 24	14 ♎ 36	20 ♋ 26	8 ♓ 32	16 ♒ 54	24 ♐ 30	24 ♏	0 ♎	22 ♓	1 ♉	2 ♒
31	10 ♈ 0	8 ♐ 37	23 ♈ 37	22 ♈ 47	8 ♈ 15	9 ♈ 52	7 ♒ 8	14 ♎ 29	20 ♋ 27	8 ♓ 35	16 ♒ 55	24 ♐ 30	24 ♏	0 ♎	22 ♓	2 ♉	2 ♒

SUN INGRESS　☉ → ♈ 20日 21:33

MOON PHASE　◑ 4日 02:36 ♐　● 10日 18:10 ♓　◐ 18日 04:19 ♊　○ 26日 05:59 ♎

aspects		
2日	04:39	☿□♇
3日	19:14	♂□♃
4日	17:43	♀☌♅
8日	01:15	♂☍♄
11日	08:54	☉△♄
14日	16:46	♃△♆
15日	08:16	☉□♇
15日	09:11	♀△♄
18日	15:14	♀□♇
20日	07:01	☉⚹♂
25日	17:41	♀⚹♂
30日	01:11	☉☌☿
30日	05:29	☿☌♀
31日	12:29	☉☌♀
31日	17:06	☿⚹♂

2005年4月

DAY	☉	☽	☊ mean	☊ true	☿	♀	♂	♃	♄	♅	♆	♇	⚳	⚴	⚵	⚶	⚷
	° ′	° ′	° ′	° ′	° ′	° ′	° ′	° ′	° ′	° ′	° ′	° ′	°	°	°	°	°
1	10 ♈ 59	22 ♐ 31	23 ♈ 34	22 D 48	7 R 24	11 D 6	7 D 51	14 R 21	20 D 28	8 D 39	16 D 57	24 R 30	24 R	0 R	23 D	2 D	2 D
2	11 ♈ 58	6 ♑ 34	23 ♈ 31	22 ♈ 48	6 ♈ 35	12 ♈ 21	8 ♒ 35	14 ♎ 13	20 ♋ 29	8 ♓ 42	16 ♒ 58	24 ♐ 30	24 ♏	29 ♍	23 ♓	3 ♉	2 ♒
3	12 ♈ 57	20 ♑ 46	23 ♈ 28	22 R 48	5 ♈ 47	13 ♈ 35	9 ♒ 18	14 ♎ 6	20 ♋ 30	8 ♓ 45	17 ♒ 0	24 ♐ 30	24 ♏	29 ♍	24 ♓	3 ♉	2 ♒
4	13 ♈ 57	5 ♒ 3	23 ♈ 25	22 ♈ 48	5 ♈ 2	14 ♈ 50	10 ♒ 2	13 ♎ 58	20 ♋ 32	8 ♓ 48	17 ♒ 1	24 ♐ 29	24 ♏	29 ♍	24 ♓	3 ♉	2 ♒
5	14 ♈ 56	19 ♒ 23	23 ♈ 21	22 ♈ 47	4 ♈ 21	16 ♈ 4	10 ♒ 45	13 ♎ 50	20 ♋ 33	8 ♓ 51	17 ♒ 3	24 ♐ 29	24 ♏	28 ♍	25 ♓	4 ♉	2 ♒
6	15 ♈ 55	3 ♓ 43	23 ♈ 18	22 ♈ 46	3 ♈ 44	17 ♈ 19	11 ♒ 29	13 ♎ 42	20 ♋ 35	8 ♓ 53	17 ♒ 4	24 ♐ 29	24 ♏	28 ♍	25 ♓	4 ♉	2 ♒
7	16 ♈ 54	17 ♓ 58	23 ♈ 15	22 ♈ 45	3 ♈ 11	18 ♈ 33	12 ♒ 12	13 ♎ 35	20 ♋ 36	8 ♓ 56	17 ♒ 5	24 ♐ 29	24 ♏	28 ♍	26 ♓	5 ♉	2 ♒
8	17 ♈ 53	2 ♈ 3	23 ♈ 12	22 ♈ 45	2 ♈ 44	19 ♈ 47	12 ♒ 56	13 ♎ 27	20 ♋ 38	8 ♓ 59	17 ♒ 7	24 ♐ 28	24 ♏	28 ♍	26 ♓	5 ♉	2 ♒
9	18 ♈ 52	15 ♈ 56	23 ♈ 9	22 ♈ 45	2 ♈ 21	21 ♈ 2	13 ♒ 40	13 ♎ 19	20 ♋ 40	9 ♓ 2	17 ♒ 8	24 ♐ 28	23 ♏	27 ♍	27 ♓	6 ♉	2 ♒
10	19 ♈ 51	29 ♈ 32	23 ♈ 5	22 D 45	2 ♈ 4	22 ♈ 16	14 ♒ 23	13 ♎ 12	20 ♋ 42	9 ♓ 5	17 ♒ 9	24 ♐ 27	23 ♏	27 ♍	27 ♓	6 ♉	2 ♒
11	20 ♈ 50	12 ♉ 49	23 ♈ 2	22 ♈ 45	1 ♈ 52	23 ♈ 31	15 ♒ 7	13 ♎ 4	20 ♋ 44	9 ♓ 8	17 ♒ 11	24 ♐ 27	23 ♏	27 ♍	28 ♓	7 ♉	2 ♒
12	21 ♈ 49	25 ♉ 47	22 ♈ 59	22 ♈ 45	1 ♈ 46	24 ♈ 45	15 ♒ 50	12 ♎ 56	20 ♋ 46	9 ♓ 10	17 ♒ 12	24 ♐ 27	23 ♏	27 ♍	28 ♓	7 ♉	2 ♒
13	22 ♈ 47	8 ♊ 27	22 ♈ 56	22 R 45	1 D 44	25 ♈ 59	16 ♒ 34	12 ♎ 49	20 ♋ 48	9 ♓ 13	17 ♒ 13	24 ♐ 26	23 ♏	26 ♍	29 ♓	7 ♉	2 ♒
14	23 ♈ 46	20 ♊ 50	22 ♈ 53	22 ♈ 45	1 ♈ 49	27 ♈ 14	17 ♒ 17	12 ♎ 41	20 ♋ 51	9 ♓ 16	17 ♒ 14	24 ♐ 25	23 ♏	26 ♍	29 ♓	8 ♉	2 ♒
15	24 ♈ 45	2 ♋ 59	22 ♈ 50	22 ♈ 45	1 ♈ 58	28 ♈ 28	18 ♒ 1	12 ♎ 34	20 ♋ 53	9 ♓ 19	17 ♒ 15	24 ♐ 25	23 ♏	26 ♍	0 ♈	8 ♉	2 ♒
16	25 ♈ 44	14 ♋ 59	22 ♈ 46	22 ♈ 45	2 ♈ 12	29 ♈ 42	18 ♒ 45	12 ♎ 27	20 ♋ 56	9 ♓ 21	17 ♒ 16	24 ♐ 24	22 ♏	26 ♍	0 ♈	9 ♉	2 ♒
17	26 ♈ 43	26 ♋ 53	22 ♈ 43	22 D 45	2 ♈ 31	0 ♉ 56	19 ♒ 28	12 ♎ 19	20 ♋ 59	9 ♓ 24	17 ♒ 18	24 ♐ 24	22 ♏	26 ♍	1 ♈	9 ♉	2 ♒
18	27 ♈ 41	8 ♌ 46	22 ♈ 40	22 ♈ 45	2 ♈ 55	2 ♉ 11	20 ♒ 12	12 ♎ 12	21 ♋ 1	9 ♓ 26	17 ♒ 19	24 ♐ 23	22 ♏	25 ♍	1 ♈	10 ♉	3 ♒
19	28 ♈ 40	20 ♌ 43	22 ♈ 37	22 ♈ 45	3 ♈ 23	3 ♉ 25	20 ♒ 55	12 ♎ 5	21 ♋ 4	9 ♓ 29	17 ♒ 20	24 ♐ 22	22 ♏	25 ♍	2 ♈	10 ♉	3 ♒
20	29 ♈ 38	2 ♍ 48	22 ♈ 34	22 ♈ 46	3 ♈ 55	4 ♉ 39	21 ♒ 39	11 ♎ 58	21 ♋ 7	9 ♓ 31	17 ♒ 21	24 ♐ 22	22 ♏	25 ♍	2 ♈	11 ♉	3 ♒
21	0 ♉ 37	15 ♍ 5	22 ♈ 31	22 ♈ 46	4 ♈ 32	5 ♉ 53	22 ♒ 22	11 ♎ 51	21 ♋ 10	9 ♓ 34	17 ♒ 22	24 ♐ 21	22 ♏	25 ♍	3 ♈	11 ♉	3 ♒
22	1 ♉ 36	27 ♍ 38	22 ♈ 27	22 ♈ 47	5 ♈ 12	7 ♉ 7	23 ♒ 6	11 ♎ 44	21 ♋ 14	9 ♓ 36	17 ♒ 23	24 ♐ 20	21 ♏	25 ♍	3 ♈	11 ♉	3 ♒
23	2 ♉ 34	10 ♎ 28	22 ♈ 24	22 ♈ 48	5 ♈ 56	8 ♉ 21	23 ♒ 49	11 ♎ 37	21 ♋ 17	9 ♓ 39	17 ♒ 23	24 ♐ 19	21 ♏	24 ♍	4 ♈	12 ♉	3 ♒
24	3 ♉ 33	23 ♎ 37	22 ♈ 21	22 R 48	6 ♈ 43	9 ♉ 35	24 ♒ 33	11 ♎ 30	21 ♋ 20	9 ♓ 41	17 ♒ 24	24 ♐ 19	21 ♏	24 ♍	4 ♈	12 ♉	3 ♒
25	4 ♉ 31	7 ♏ 5	22 ♈ 18	22 ♈ 48	7 ♈ 34	10 ♉ 50	25 ♒ 17	11 ♎ 24	21 ♋ 24	9 ♓ 43	17 ♒ 25	24 ♐ 18	21 ♏	24 ♍	5 ♈	13 ♉	3 ♒
26	5 ♉ 29	20 ♏ 50	22 ♈ 15	22 ♈ 47	8 ♈ 28	12 ♉ 4	26 ♒ 0	11 ♎ 17	21 ♋ 27	9 ♓ 46	17 ♒ 26	24 ♐ 17	21 ♏	24 ♍	5 ♈	13 ♉	3 ♒
27	6 ♉ 28	4 ♐ 49	22 ♈ 11	22 ♈ 45	9 ♈ 25	13 ♉ 18	26 ♒ 44	11 ♎ 11	21 ♋ 31	9 ♓ 48	17 ♒ 27	24 ♐ 16	20 ♏	24 ♍	6 ♈	14 ♉	3 ♒
28	7 ♉ 26	18 ♐ 58	22 ♈ 8	22 ♈ 43	10 ♈ 25	14 ♉ 32	27 ♒ 27	11 ♎ 4	21 ♋ 35	9 ♓ 50	17 ♒ 27	24 ♐ 15	20 ♏	24 ♍	6 ♈	14 ♉	3 ♒
29	8 ♉ 24	3 ♑ 15	22 ♈ 5	22 ♈ 42	11 ♈ 28	15 ♉ 46	28 ♒ 11	10 ♎ 58	21 ♋ 38	9 ♓ 52	17 ♒ 28	24 ♐ 14	20 ♏	24 ♍	7 ♈	15 ♉	3 ♒
30	9 ♉ 23	17 ♑ 33	22 ♈ 2	22 ♈ 40	12 ♈ 34	17 ♉ 0	28 ♒ 54	10 ♎ 52	21 ♋ 42	9 ♓ 54	17 ♒ 29	24 ♐ 13	20 ♏	24 ♍	7 ♈	15 ♉	3 ♒

SUN INGRESS　☉ → ♉ 20日 08:37

MOON PHASE　◑ 2日 09:50 ♑　● 9日 05:32 ♈　◐ 16日 23:37 ♋　○ 24日 19:06 ♏

aspects		
3日	08:51	♀☍♃
4日	00:30	☉☍♃
5日	19:11	♀⚹♆
7日	04:49	☉⚹♆
8日	14:31	♂△♃
8日	16:45	♀□♄
10日	21:36	☉□♄
11日	18:05	♀△♇
13日	22:11	♂☌♆
14日	15:51	☉△♇
23日	16:10	♂⚹♇
24日	01:51	♀⚹♅
28日	13:37	☿☍♃
30日	09:33	♀□♆
30日	13:35	☉⚹♅

2005年5月

DAY	☉	☽	☊ mean	☊ true	☿	♀	♂	♃	♄	♅	♆	♇	⚳	⚴	⚵	⚶	⚷
	° ′	° ′	° ′	° ′	° ′	° ′	° ′	° ′	° ′	° ′	° ′	° ′	°	°	°	°	°
1	10 ♉ 21	1 ♒ 50	21 ♈ 59	22 R 39	13 D 42	18 D 14	29 D 38	10 R 46	21 D 46	9 D 57	17 D 30	24 R 12	20 R	23 R	8 D	15 D	3 D
2	11 ♉ 19	16 ♒ 3	21 ♈ 56	22 D 39	14 ♈ 53	19 ♉ 28	0 ♓ 21	10 ♎ 40	21 ♋ 50	9 ♓ 59	17 ♒ 30	24 ♐ 11	19 ♏	23 ♍	8 ♈	16 ♉	3 ♒
3	12 ♉ 17	0 ♓ 10	21 ♈ 52	22 ♈ 40	16 ♈ 6	20 ♉ 42	1 ♓ 5	10 ♎ 35	21 ♋ 55	10 ♓ 1	17 ♒ 31	24 ♐ 10	19 ♏	23 ♍	9 ♈	16 ♉	3 ♒
4	13 ♉ 16	14 ♓ 8	21 ♈ 49	22 ♈ 41	17 ♈ 22	21 ♉ 56	1 ♓ 48	10 ♎ 29	21 ♋ 59	10 ♓ 3	17 ♒ 31	24 ♐ 9	19 ♏	23 ♍	9 ♈	17 ♉	3 ♒
5	14 ♉ 14	27 ♓ 56	21 ♈ 46	22 ♈ 42	18 ♈ 40	23 ♉ 9	2 ♓ 32	10 ♎ 24	22 ♋ 3	10 ♓ 5	17 ♒ 32	24 ♐ 8	19 ♏	23 ♍	10 ♈	17 ♉	3 ♒
6	15 ♉ 12	11 ♈ 34	21 ♈ 43	22 ♈ 43	20 ♈ 0	24 ♉ 23	3 ♓ 15	10 ♎ 18	22 ♋ 8	10 ♓ 6	17 ♒ 32	24 ♐ 7	18 ♏	23 ♍	10 ♈	18 ♉	3 ♒
7	16 ♉ 10	25 ♈ 0	21 ♈ 40	22 R 44	21 ♈ 23	25 ♉ 37	3 ♓ 59	10 ♎ 13	22 ♋ 12	10 ♓ 8	17 ♒ 33	24 ♐ 6	18 ♏	23 ♍	11 ♈	18 ♉	3 ♒
8	17 ♉ 8	8 ♉ 13	21 ♈ 37	22 ♈ 43	22 ♈ 47	26 ♉ 51	4 ♓ 42	10 ♎ 8	22 ♋ 17	10 ♓ 10	17 ♒ 33	24 ♐ 4	18 ♏	23 ♍	11 ♈	18 ♉	3 ♒
9	18 ♉ 6	21 ♉ 12	21 ♈ 33	22 ♈ 41	24 ♈ 14	28 ♉ 5	5 ♓ 26	10 ♎ 3	22 ♋ 22	10 ♓ 12	17 ♒ 34	24 ♐ 3	18 ♏	23 ♍	12 ♈	19 ♉	3 ♒
10	19 ♉ 4	3 ♊ 58	21 ♈ 30	22 ♈ 38	25 ♈ 43	29 ♉ 19	6 ♓ 9	9 ♎ 58	22 ♋ 26	10 ♓ 14	17 ♒ 34	24 ♐ 2	18 ♏	23 ♍	12 ♈	19 ♉	3 R
11	20 ♉ 2	16 ♊ 30	21 ♈ 27	22 ♈ 33	27 ♈ 14	0 ♊ 33	6 ♓ 52	9 ♎ 54	22 ♋ 31	10 ♓ 15	17 ♒ 34	24 ♐ 1	17 ♏	23 ♍	13 ♈	20 ♉	3 ♒
12	21 ♉ 0	28 ♊ 48	21 ♈ 24	22 ♈ 29	28 ♈ 47	1 ♊ 46	7 ♓ 36	9 ♎ 50	22 ♋ 36	10 ♓ 17	17 ♒ 35	24 ♐ 0	17 ♏	23 ♍	13 ♈	20 ♉	3 ♒
13	21 ♉ 58	10 ♋ 56	21 ♈ 21	22 ♈ 24	0 ♉ 23	3 ♊ 0	8 ♓ 19	9 ♎ 45	22 ♋ 41	10 ♓ 19	17 ♒ 35	23 ♐ 58	17 ♏	23 D	14 ♈	21 ♉	3 ♒
14	22 ♉ 56	22 ♋ 54	21 ♈ 17	22 ♈ 20	2 ♉ 0	4 ♊ 14	9 ♓ 2	9 ♎ 41	22 ♋ 46	10 ♓ 20	17 ♒ 35	23 ♐ 57	17 ♏	23 ♍	14 ♈	21 ♉	3 ♒
15	23 ♉ 54	4 ♌ 48	21 ♈ 14	22 ♈ 17	3 ♉ 39	5 ♊ 28	9 ♓ 45	9 ♎ 37	22 ♋ 51	10 ♓ 22	17 ♒ 35	23 ♐ 56	16 ♏	23 ♍	15 ♈	22 ♉	3 ♒
16	24 ♉ 52	16 ♌ 40	21 ♈ 11	22 ♈ 15	5 ♉ 21	6 ♊ 41	10 ♓ 29	9 ♎ 34	22 ♋ 57	10 ♓ 23	17 ♒ 35	23 ♐ 54	16 ♏	23 ♍	16 ♈	22 ♉	3 ♒
17	25 ♉ 50	28 ♌ 36	21 ♈ 8	22 D 15	7 ♉ 4	7 ♊ 55	11 ♓ 12	9 ♎ 30	23 ♋ 2	10 ♓ 25	17 ♒ 36	23 ♐ 53	16 ♏	23 ♍	16 ♈	22 ♉	3 ♒
18	26 ♉ 48	10 ♍ 40	21 ♈ 5	22 ♈ 16	8 ♉ 50	9 ♊ 9	11 ♓ 55	9 ♎ 27	23 ♋ 7	10 ♓ 26	17 ♒ 36	23 ♐ 52	16 ♏	23 ♍	17 ♈	23 ♉	3 ♒
19	27 ♉ 45	22 ♍ 58	21 ♈ 2	22 ♈ 17	10 ♉ 37	10 ♊ 22	12 ♓ 38	9 ♎ 23	23 ♋ 13	10 ♓ 27	17 ♒ 36	23 ♐ 50	16 ♏	23 ♍	17 ♈	23 ♉	3 ♒
20	28 ♉ 43	5 ♎ 32	20 ♈ 58	22 ♈ 19	12 ♉ 27	11 ♊ 36	13 ♓ 21	9 ♎ 20	23 ♋ 18	10 ♓ 29	17 ♒ 36	23 ♐ 49	15 ♏	23 ♍	18 ♈	24 ♉	3 ♒
21	29 ♉ 41	18 ♎ 28	20 ♈ 55	22 ♈ 20	14 ♉ 18	12 ♊ 50	14 ♓ 4	9 ♎ 17	23 ♋ 24	10 ♓ 30	17 R 36	23 ♐ 48	15 ♏	23 ♍	18 ♈	24 ♉	3 ♒
22	0 ♊ 38	1 ♏ 47	20 ♈ 52	22 R 19	16 ♉ 12	14 ♊ 3	14 ♓ 47	9 ♎ 15	23 ♋ 29	10 ♓ 31	17 ♒ 36	23 ♐ 46	15 ♏	23 ♍	19 ♈	25 ♉	3 ♒
23	1 ♊ 36	15 ♏ 31	20 ♈ 49	22 ♈ 17	18 ♉ 8	15 ♊ 17	15 ♓ 30	9 ♎ 12	23 ♋ 35	10 ♓ 32	17 ♒ 36	23 ♐ 45	15 ♏	23 ♍	19 ♈	25 ♉	3 ♒
24	2 ♊ 34	29 ♏ 37	20 ♈ 46	22 ♈ 13	20 ♉ 6	16 ♊ 30	16 ♓ 13	9 ♎ 10	23 ♋ 41	10 ♓ 33	17 ♒ 36	23 ♐ 43	15 ♏	23 ♍	20 ♈	26 ♉	3 ♒
25	3 ♊ 31	14 ♐ 2	20 ♈ 43	22 ♈ 8	22 ♉ 5	17 ♊ 44	16 ♓ 56	9 ♎ 8	23 ♋ 47	10 ♓ 34	17 ♒ 35	23 ♐ 42	14 ♏	23 ♍	20 ♈	26 ♉	3 ♒
26	4 ♊ 29	28 ♐ 40	20 ♈ 39	22 ♈ 2	24 ♉ 7	18 ♊ 58	17 ♓ 39	9 ♎ 6	23 ♋ 53	10 ♓ 35	17 ♒ 35	23 ♐ 40	14 ♏	24 ♍	21 ♈	26 ♉	3 ♒
27	5 ♊ 27	13 ♑ 23	20 ♈ 36	21 ♈ 56	26 ♉ 10	20 ♊ 11	18 ♓ 22	9 ♎ 4	23 ♋ 59	10 ♓ 36	17 ♒ 35	23 ♐ 39	14 ♏	24 ♍	21 ♈	27 ♉	3 ♒
28	6 ♊ 24	28 ♑ 4	20 ♈ 33	21 ♈ 50	28 ♉ 15	21 ♊ 25	19 ♓ 4	9 ♎ 2	24 ♋ 5	10 ♓ 37	17 ♒ 35	23 ♐ 37	14 ♏	24 ♍	22 ♈	27 ♉	3 ♒
29	7 ♊ 22	12 ♒ 37	20 ♈ 30	21 ♈ 46	0 ♊ 22	22 ♊ 38	19 ♓ 47	9 ♎ 1	24 ♋ 11	10 ♓ 38	17 ♒ 35	23 ♐ 36	14 ♏	24 ♍	22 ♈	28 ♉	3 ♒
30	8 ♊ 19	26 ♒ 57	20 ♈ 27	21 ♈ 44	2 ♊ 30	23 ♊ 51	20 ♓ 30	8 ♎ 59	24 ♋ 17	10 ♓ 39	17 ♒ 34	23 ♐ 34	13 ♏	24 ♍	23 ♈	28 ♉	3 ♒
31	9 ♊ 17	11 ♓ 1	20 ♈ 23	21 D 43	4 ♊ 40	25 ♊ 5	21 ♓ 13	8 ♎ 58	24 ♋ 23	10 ♓ 40	17 ♒ 34	23 ♐ 33	13 ♏	24 ♍	23 ♈	29 ♉	3 ♒

SUN INGRESS	☉ → ♊ 21日 07 : 47
MOON PHASE	◑ 1日 15 : 24 ♒　● 8日 17 : 45 ♉　◐ 16日 17 : 57 ♌　○ 24日 05 : 18 ♐　◑ 30日 20 : 47 ♓

aspects		
4日	01 : 10	♀⚹♄
4日	02 : 55	☿⚹♆
7日	14 : 54	☿□♄
8日	10 : 26	☉□♆
8日	21 : 00	☿△♇
13日	19 : 29	☉⚹♄
15日	20 : 52	♂☌♅
18日	05 : 34	♀△♃
18日	21 : 47	☿⚹♅
19日	01 : 35	♀□♅
20日	19 : 02	☿⚹♂
22日	17 : 20	☿□♆
23日	10 : 20	♀□♂
24日	21 : 11	♀△♆
25日	21 : 02	☿⚹♄
29日	18 : 31	♀☍♇
30日	16 : 22	☉△♃

2005年6月

DAY	☉	☽	☊ mean	☊ true	☿	♀	♂	♃	♄	♅	♆	♇	⚳	⚴	⚵	⚶	⚷
	° ′	° ′	° ′	° ′	° ′	° ′	° ′	° ′	° ′	° ′	° ′	° ′	°	°	°	°	°
1	10 ♊ 14	24 ♓ 49	20 ♈ 20	21 D 44	6 D 50	26 D 18	21 D 55	8 R 57	24 D 29	10 D 40	17 R 34	23 R 31	13 R	24 D	24 D	29 D	2 R
2	11 ♊ 12	8 ♈ 21	20 ♈ 17	21 ♈ 45	9 ♊ 1	27 ♊ 32	22 ♓ 38	8 ♎ 57	24 ♋ 36	10 ♓ 41	17 ♒ 33	23 ♐ 30	13 ♏	24 ♍	24 ♈	29 ♉	2 ♒
3	12 ♊ 9	21 ♈ 38	20 ♈ 14	21 ♈ 45	11 ♊ 13	28 ♊ 45	23 ♓ 20	8 ♎ 56	24 ♋ 42	10 ♓ 42	17 ♒ 33	23 ♐ 28	13 ♏	25 ♍	25 ♈	0 ♊	2 ♒
4	13 ♊ 7	4 ♉ 41	20 ♈ 11	21 R 45	13 ♊ 25	29 ♊ 59	24 ♓ 3	8 ♎ 56	24 ♋ 48	10 ♓ 42	17 ♒ 32	23 ♐ 27	13 ♏	25 ♍	25 ♈	0 ♊	2 ♒
5	14 ♊ 4	17 ♉ 32	20 ♈ 8	21 ♈ 42	15 ♊ 37	1 ♋ 12	24 ♓ 45	8 ♎ 55	24 ♋ 55	10 ♓ 43	17 ♒ 32	23 ♐ 25	13 ♏	25 ♍	26 ♈	1 ♊	2 ♒
6	15 ♊ 2	0 ♊ 12	20 ♈ 4	21 ♈ 36	17 ♊ 49	2 ♋ 25	25 ♓ 27	8 D 55	25 ♋ 1	10 ♓ 43	17 ♒ 31	23 ♐ 24	12 ♏	25 ♍	26 ♈	1 ♊	2 ♒
7	15 ♊ 59	12 ♊ 42	20 ♈ 1	21 ♈ 29	20 ♊ 0	3 ♋ 39	26 ♓ 9	8 ♎ 55	25 ♋ 8	10 ♓ 44	17 ♒ 31	23 ♐ 22	12 ♏	25 ♍	27 ♈	2 ♊	2 ♒
8	16 ♊ 57	25 ♊ 1	19 ♈ 58	21 ♈ 19	22 ♊ 11	4 ♋ 52	26 ♓ 52	8 ♎ 56	25 ♋ 15	10 ♓ 44	17 ♒ 30	23 ♐ 20	12 ♏	25 ♍	27 ♈	2 ♊	2 ♒
9	17 ♊ 54	7 ♋ 11	19 ♈ 55	21 ♈ 9	24 ♊ 20	6 ♋ 5	27 ♓ 34	8 ♎ 56	25 ♋ 21	10 ♓ 44	17 ♒ 30	23 ♐ 19	12 ♏	25 ♍	28 ♈	3 ♊	2 ♒
10	18 ♊ 52	19 ♋ 13	19 ♈ 52	20 ♈ 58	26 ♊ 29	7 ♋ 19	28 ♓ 16	8 ♎ 57	25 ♋ 28	10 ♓ 45	17 ♒ 29	23 ♐ 17	12 ♏	26 ♍	28 ♈	3 ♊	2 ♒
11	19 ♊ 49	1 ♌ 9	19 ♈ 49	20 ♈ 49	28 ♊ 36	8 ♋ 32	28 ♓ 58	8 ♎ 58	25 ♋ 35	10 ♓ 45	17 ♒ 28	23 ♐ 16	12 ♏	26 ♍	29 ♈	3 ♊	2 ♒
12	20 ♊ 46	13 ♌ 1	19 ♈ 45	20 ♈ 41	0 ♋ 41	9 ♋ 45	29 ♓ 39	8 ♎ 59	25 ♋ 42	10 ♓ 45	17 ♒ 28	23 ♐ 14	12 ♏	26 ♍	29 ♈	4 ♊	2 ♒
13	21 ♊ 44	24 ♌ 52	19 ♈ 42	20 ♈ 35	2 ♋ 44	10 ♋ 58	0 ♈ 21	9 ♎ 0	25 ♋ 49	10 ♓ 45	17 ♒ 27	23 ♐ 13	12 ♏	26 ♍	0 ♉	4 ♊	2 ♒
14	22 ♊ 41	6 ♍ 46	19 ♈ 39	20 ♈ 32	4 ♋ 46	12 ♋ 12	1 ♈ 3	9 ♎ 2	25 ♋ 55	10 ♓ 45	17 ♒ 26	23 ♐ 11	12 ♏	26 ♍	0 ♉	5 ♊	2 ♒
15	23 ♊ 38	18 ♍ 48	19 ♈ 36	20 ♈ 30	6 ♋ 45	13 ♋ 25	1 ♈ 45	9 ♎ 3	26 ♋ 2	10 ♓ 45	17 ♒ 25	23 ♐ 9	11 ♏	27 ♍	1 ♉	5 ♊	2 ♒
16	24 ♊ 36	1 ♎ 2	19 ♈ 33	20 D 30	8 ♋ 43	14 ♋ 38	2 ♈ 26	9 ♎ 5	26 ♋ 9	10 R 45	17 ♒ 25	23 ♐ 8	11 ♏	27 ♍	1 ♉	6 ♊	2 ♒
17	25 ♊ 33	13 ♎ 34	19 ♈ 29	20 ♈ 31	10 ♋ 38	15 ♋ 51	3 ♈ 8	9 ♎ 7	26 ♋ 16	10 ♓ 45	17 ♒ 24	23 ♐ 6	11 ♏	27 ♍	2 ♉	6 ♊	2 ♒
18	26 ♊ 30	26 ♎ 29	19 ♈ 26	20 R 31	12 ♋ 31	17 ♋ 4	3 ♈ 49	9 ♎ 9	26 ♋ 23	10 ♓ 45	17 ♒ 23	23 ♐ 5	11 ♏	27 ♍	2 ♉	6 ♊	2 ♒
19	27 ♊ 27	9 ♏ 50	19 ♈ 23	20 ♈ 29	14 ♋ 21	18 ♋ 17	4 ♈ 30	9 ♎ 11	26 ♋ 31	10 ♓ 45	17 ♒ 22	23 ♐ 3	11 ♏	27 ♍	3 ♉	7 ♊	2 ♒
20	28 ♊ 25	23 ♏ 39	19 ♈ 20	20 ♈ 26	16 ♋ 10	19 ♋ 30	5 ♈ 11	9 ♎ 14	26 ♋ 38	10 ♓ 45	17 ♒ 21	23 ♐ 2	11 ♏	28 ♍	3 ♉	7 ♊	2 ♒
21	29 ♊ 22	7 ♐ 56	19 ♈ 17	20 ♈ 19	17 ♋ 56	20 ♋ 43	5 ♈ 52	9 ♎ 16	26 ♋ 45	10 ♓ 45	17 ♒ 20	23 ♐ 0	11 ♏	28 ♍	4 ♉	8 ♊	2 ♒
22	0 ♋ 19	22 ♐ 37	19 ♈ 14	20 ♈ 11	19 ♋ 39	21 ♋ 57	6 ♈ 33	9 ♎ 19	26 ♋ 52	10 ♓ 44	17 ♒ 19	22 ♐ 58	11 ♏	28 ♍	4 ♉	8 ♊	2 ♒
23	1 ♋ 16	7 ♑ 35	19 ♈ 10	20 ♈ 1	21 ♋ 21	23 ♋ 10	7 ♈ 14	9 ♎ 22	26 ♋ 59	10 ♓ 44	17 ♒ 18	22 ♐ 57	11 ♏	28 ♍	5 ♉	9 ♊	2 ♒
24	2 ♋ 14	22 ♑ 42	19 ♈ 7	19 ♈ 51	23 ♋ 0	24 ♋ 23	7 ♈ 55	9 ♎ 25	27 ♋ 7	10 ♓ 44	17 ♒ 17	22 ♐ 55	11 ♏	29 ♍	5 ♉	9 ♊	2 ♒
25	3 ♋ 11	7 ♒ 46	19 ♈ 4	19 ♈ 42	24 ♋ 36	25 ♋ 35	8 ♈ 36	9 ♎ 28	27 ♋ 14	10 ♓ 43	17 ♒ 16	22 ♐ 54	11 ♏	29 ♍	6 ♉	9 ♊	2 ♒
26	4 ♋ 8	22 ♒ 38	19 ♈ 1	19 ♈ 35	26 ♋ 11	26 ♋ 48	9 ♈ 16	9 ♎ 32	27 ♋ 21	10 ♓ 43	17 ♒ 15	22 ♐ 52	11 ♏	29 ♍	6 ♉	10 ♊	2 ♒
27	5 ♋ 5	7 ♓ 12	18 ♈ 58	19 ♈ 30	27 ♋ 43	28 ♋ 1	9 ♈ 57	9 ♎ 36	27 ♋ 29	10 ♓ 42	17 ♒ 14	22 ♐ 51	11 D	29 ♍	7 ♉	10 ♊	1 ♒
28	6 ♋ 2	21 ♓ 24	18 ♈ 55	19 ♈ 28	29 ♋ 12	29 ♋ 14	10 ♈ 37	9 ♎ 39	27 ♋ 36	10 ♓ 42	17 ♒ 13	22 ♐ 49	11 ♏	0 ♎	7 ♉	11 ♊	1 ♒
29	7 ♋ 0	5 ♈ 13	18 ♈ 51	19 ♈ 27	0 ♌ 39	0 ♌ 27	11 ♈ 18	9 ♎ 43	27 ♋ 43	10 ♓ 41	17 ♒ 12	22 ♐ 48	11 ♏	0 ♎	8 ♉	11 ♊	1 ♒
30	7 ♋ 57	18 ♈ 39	18 ♈ 48	19 D 27	2 ♌ 4	1 ♌ 40	11 ♈ 58	9 ♎ 47	27 ♋ 51	10 ♓ 40	17 ♒ 11	22 ♐ 46	11 ♏	0 ♎	8 ♉	11 ♊	1 ♒

SUN INGRESS	☉ → ♋ 21日 15 : 46
MOON PHASE	● 7日 06 : 55 ♊　◐ 15日 10 : 22 ♍　○ 22日 13 : 14 ♑　◑ 29日 03 : 23 ♈

aspects		
1日	10 : 57	☉□♅
1日	23 : 10	☿△♃
2日	18 : 17	☿□♅
3日	04 : 27	♂□♇
3日	18 : 11	☉☌☿
5日	06 : 42	♂△♄
5日	20 : 48	☿△♆
8日	12 : 43	☿☍♇
8日	13 : 52	☉△♆
11日	06 : 17	☿□♂
11日	08 : 38	♀□♃
12日	19 : 41	♀△♅
14日	12 : 15	☉☍♇
16日	04 : 42	☿□♃
17日	01 : 35	☿△♅
26日	10 : 02	♂☍♃
26日	11 : 58	♀☌♄
26日	19 : 58	☿☌♄
28日	03 : 39	☿☌♀

2005年7月

DAY	☉	☽	☊ mean	☊ true	☿	♀	♂	♃	♄	♅	♆	♇	⚳	⚴	⚵	⚶	⚷
	° ′	° ′	° ′	° ′	° ′	° ′	° ′	° ′	° ′	° ′	° ′	° ′	°	°	°	°	°
1	8 ♋ 54	1 ♉ 45	18 ♈ 45	19 R 27	3 D 26	2 D 53	12 D 38	9 D 52	27 D 58	10 R 40	17 R 10	22 R 45	11 D	0 D	9 D	12 D	1 R
2	9 ♋ 51	14 ♉ 35	18 ♈ 42	19 ♈ 25	4 ♌ 45	4 ♌ 6	13 ♈ 18	9 ♎ 56	28 ♋ 6	10 ♓ 39	17 ♒ 8	22 ♐ 43	11 ♏	1 ♎	9 ♉	12 ♊	1 ♒
3	10 ♋ 48	27 ♉ 10	18 ♈ 39	19 ♈ 20	6 ♌ 2	5 ♌ 19	13 ♈ 57	10 ♎ 1	28 ♋ 13	10 ♓ 38	17 ♒ 7	22 ♐ 42	11 ♏	1 ♎	10 ♉	13 ♊	1 ♒
4	11 ♋ 46	9 ♊ 35	18 ♈ 35	19 ♈ 13	7 ♌ 17	6 ♌ 31	14 ♈ 37	10 ♎ 5	28 ♋ 21	10 ♓ 37	17 ♒ 6	22 ♐ 40	11 ♏	1 ♎	10 ♉	13 ♊	1 ♒
5	12 ♋ 43	21 ♊ 50	18 ♈ 32	19 ♈ 3	8 ♌ 28	7 ♌ 44	15 ♈ 17	10 ♎ 10	28 ♋ 28	10 ♓ 36	17 ♒ 5	22 ♐ 39	11 ♏	2 ♎	11 ♉	14 ♊	1 ♒
6	13 ♋ 40	3 ♋ 58	18 ♈ 29	18 ♈ 51	9 ♌ 37	8 ♌ 57	15 ♈ 56	10 ♎ 15	28 ♋ 36	10 ♓ 35	17 ♒ 3	22 ♐ 37	11 ♏	2 ♎	11 ♉	14 ♊	1 ♒
7	14 ♋ 37	15 ♋ 59	18 ♈ 26	18 ♈ 37	10 ♌ 43	10 ♌ 10	16 ♈ 35	10 ♎ 20	28 ♋ 44	10 ♓ 34	17 ♒ 2	22 ♐ 36	11 ♏	2 ♎	12 ♉	14 ♊	1 ♒
8	15 ♋ 35	27 ♋ 55	18 ♈ 23	18 ♈ 23	11 ♌ 47	11 ♌ 22	17 ♈ 14	10 ♎ 26	28 ♋ 51	10 ♓ 33	17 ♒ 1	22 ♐ 34	11 ♏	2 ♎	12 ♉	15 ♊	1 ♒
9	16 ♋ 32	9 ♌ 47	18 ♈ 20	18 ♈ 10	12 ♌ 47	12 ♌ 35	17 ♈ 53	10 ♎ 31	28 ♋ 59	10 ♓ 32	16 ♒ 59	22 ♐ 33	11 ♏	3 ♎	13 ♉	15 ♊	1 ♒
10	17 ♋ 29	21 ♌ 38	18 ♈ 16	17 ♈ 59	13 ♌ 44	13 ♌ 48	18 ♈ 32	10 ♎ 37	29 ♋ 6	10 ♓ 31	16 ♒ 58	22 ♐ 32	12 ♏	3 ♎	13 ♉	16 ♊	1 ♒
11	18 ♋ 26	3 ♍ 28	18 ♈ 13	17 ♈ 51	14 ♌ 38	15 ♌ 0	19 ♈ 10	10 ♎ 43	29 ♋ 14	10 ♓ 30	16 ♒ 57	22 ♐ 30	12 ♏	3 ♎	14 ♉	16 ♊	1 ♒
12	19 ♋ 24	15 ♍ 22	18 ♈ 10	17 ♈ 45	15 ♌ 29	16 ♌ 13	19 ♈ 49	10 ♎ 49	29 ♋ 22	10 ♓ 29	16 ♒ 55	22 ♐ 29	12 ♏	4 ♎	14 ♉	16 ♊	1 ♒
13	20 ♋ 21	27 ♍ 23	18 ♈ 7	17 ♈ 42	16 ♌ 16	17 ♌ 25	20 ♈ 27	10 ♎ 55	29 ♋ 29	10 ♓ 28	16 ♒ 54	22 ♐ 27	12 ♏	4 ♎	15 ♉	17 ♊	1 ♒
14	21 ♋ 18	9 ♎ 36	18 ♈ 4	17 ♈ 41	16 ♌ 59	18 ♌ 38	21 ♈ 5	11 ♎ 1	29 ♋ 37	10 ♓ 26	16 ♒ 52	22 ♐ 26	12 ♏	4 ♎	15 ♉	17 ♊	1 ♒
15	22 ♋ 15	22 ♎ 5	18 ♈ 1	17 D 41	17 ♌ 39	19 ♌ 50	21 ♈ 43	11 ♎ 7	29 ♋ 45	10 ♓ 25	16 ♒ 51	22 ♐ 25	12 ♏	5 ♎	16 ♉	18 ♊	1 ♒
16	23 ♋ 12	4 ♏ 56	17 ♈ 57	17 R 41	18 ♌ 15	21 ♌ 3	22 ♈ 21	11 ♎ 14	29 ♋ 53	10 ♓ 24	16 ♒ 50	22 ♐ 23	12 ♏	5 ♎	16 ♉	18 ♊	0 ♒
17	24 ♋ 10	18 ♏ 13	17 ♈ 54	17 ♈ 39	18 ♌ 47	22 ♌ 15	22 ♈ 58	11 ♎ 20	0 ♌ 0	10 ♓ 22	16 ♒ 48	22 ♐ 22	12 ♏	5 ♎	17 ♉	19 ♊	0 ♒
18	25 ♋ 7	1 ♐ 59	17 ♈ 51	17 ♈ 36	19 ♌ 15	23 ♌ 28	23 ♈ 36	11 ♎ 27	0 ♌ 8	10 ♓ 21	16 ♒ 47	22 ♐ 21	12 ♏	5 ♎	17 ♉	19 ♊	0 ♒
19	26 ♋ 4	16 ♐ 15	17 ♈ 48	17 ♈ 30	19 ♌ 39	24 ♌ 40	24 ♈ 13	11 ♎ 34	0 ♌ 16	10 ♓ 19	16 ♒ 45	22 ♐ 20	12 ♏	6 ♎	18 ♉	19 ♊	0 ♒
20	27 ♋ 1	0 ♑ 58	17 ♈ 45	17 ♈ 21	19 ♌ 58	25 ♌ 53	24 ♈ 50	11 ♎ 41	0 ♌ 24	10 ♓ 18	16 ♒ 44	22 ♐ 18	13 ♏	6 ♎	18 ♉	20 ♊	0 ♒
21	27 ♋ 59	16 ♑ 2	17 ♈ 41	17 ♈ 11	20 ♌ 12	27 ♌ 5	25 ♈ 27	11 ♎ 48	0 ♌ 31	10 ♓ 16	16 ♒ 42	22 ♐ 17	13 ♏	6 ♎	19 ♉	20 ♊	0 ♒
22	28 ♋ 56	1 ♒ 19	17 ♈ 38	17 ♈ 1	20 ♌ 22	28 ♌ 17	26 ♈ 3	11 ♎ 55	0 ♌ 39	10 ♓ 15	16 ♒ 41	22 ♐ 16	13 ♏	7 ♎	19 ♉	21 ♊	0 ♒
23	29 ♋ 53	16 ♒ 37	17 ♈ 35	16 ♈ 51	20 ♌ 27	29 ♌ 29	26 ♈ 40	12 ♎ 3	0 ♌ 47	10 ♓ 13	16 ♒ 39	22 ♐ 15	13 ♏	7 ♎	20 ♉	21 ♊	0 ♒
24	0 ♌ 50	1 ♓ 45	17 ♈ 32	16 ♈ 43	20 R 27	0 ♍ 42	27 ♈ 16	12 ♎ 10	0 ♌ 55	10 ♓ 11	16 ♒ 38	22 ♐ 14	13 ♏	7 ♎	20 ♉	21 ♊	0 ♒
25	1 ♌ 48	16 ♓ 33	17 ♈ 29	16 ♈ 38	20 ♌ 22	1 ♍ 54	27 ♈ 52	12 ♎ 18	1 ♌ 2	10 ♓ 10	16 ♒ 36	22 ♐ 13	13 ♏	8 ♎	21 ♉	22 ♊	0 ♒
26	2 ♌ 45	0 ♈ 57	17 ♈ 26	16 ♈ 35	20 ♌ 12	3 ♍ 6	28 ♈ 28	12 ♎ 26	1 ♌ 10	10 ♓ 8	16 ♒ 34	22 ♐ 11	13 ♏	8 ♎	21 ♉	22 ♊	0 ♒
27	3 ♌ 42	14 ♈ 53	17 ♈ 22	16 ♈ 34	19 ♌ 57	4 ♍ 18	29 ♈ 3	12 ♎ 34	1 ♌ 18	10 ♓ 6	16 ♒ 33	22 ♐ 10	14 ♏	8 ♎	22 ♉	23 ♊	0 ♒
28	4 ♌ 40	28 ♈ 23	17 ♈ 19	16 D 35	19 ♌ 37	5 ♍ 30	29 ♈ 39	12 ♎ 42	1 ♌ 26	10 ♓ 4	16 ♒ 31	22 ♐ 9	14 ♏	9 ♎	22 ♉	23 ♊	0 ♒
29	5 ♌ 37	11 ♉ 29	17 ♈ 16	16 R 35	19 ♌ 13	6 ♍ 42	0 ♉ 14	12 ♎ 50	1 ♌ 33	10 ♓ 3	16 ♒ 30	22 ♐ 8	14 ♏	9 ♎	23 ♉	23 ♊	0 ♒
30	6 ♌ 34	24 ♉ 14	17 ♈ 13	16 ♈ 33	18 ♌ 44	7 ♍ 54	0 ♉ 49	12 ♎ 58	1 ♌ 41	10 ♓ 1	16 ♒ 28	22 ♐ 7	14 ♏	10 ♎	23 ♉	24 ♊	0 ♒
31	7 ♌ 32	6 ♊ 42	17 ♈ 10	16 ♈ 30	18 ♌ 11	9 ♍ 6	1 ♉ 23	13 ♎ 6	1 ♌ 49	9 ♓ 59	16 ♒ 26	22 ♐ 6	14 ♏	10 ♎	23 ♉	24 ♊	0 ♒

SUN INGRESS: ☉ → ♌ 23日 02:41

MOON PHASE: ● 6日 21:02 ♋ ◐ 15日 00:20 ♎ ○ 21日 20:00 ♑ ◑ 28日 12:19 ♉

aspects		
2日	02:10	☉□♃
2日	19:39	☉△♅
6日	14:51	☿⚹♃
7日	03:52	♀⚹♃
7日	15:59	♂⚹♆
9日	18:43	☿☌♀
12日	13:46	♀☍♆
13日	08:00	☉□♂
13日	20:12	☿☍♆
16日	01:37	♂△♇
17日	02:12	♀△♇
18日	05:26	♀△♂
24日	02:00	☉☌♄
31日	17:08	♀☍♅
31日	22:58	♂□♄

2005年8月

DAY	☉	☽	☊ mean	☊ true	☿	♀	♂	♃	♄	♅	♆	♇	⚳	⚴	⚵	⚶	⚷
	° ′	° ′	° ′	° ′	° ′	° ′	° ′	° ′	° ′	° ′	° ′	° ′	°	°	°	°	°
1	8 ♌ 29	18 ♊ 57	17 ♈ 7	16 R 24	17 R 34	10 D 18	1 D 58	13 D 15	1 D 56	9 R 57	16 R 25	22 R 5	15 D	10 D	24 D	25 D	0 R
2	9 ♌ 27	1 ♋ 4	17 ♈ 3	16 ♈ 15	16 ♌ 54	11 ♍ 30	2 ♉ 32	13 ♎ 23	2 ♌ 4	9 ♓ 55	16 ♒ 23	22 ♐ 4	15 ♏	11 ♎	24 ♉	25 ♊	29 ♑
3	10 ♌ 24	13 ♋ 3	17 ♈ 0	16 ♈ 5	16 ♌ 11	12 ♍ 42	3 ♉ 6	13 ♎ 32	2 ♌ 12	9 ♓ 53	16 ♒ 22	22 ♐ 3	15 ♏	11 ♎	25 ♉	25 ♊	29 ♑
4	11 ♌ 21	24 ♋ 58	16 ♈ 57	15 ♈ 53	15 ♌ 26	13 ♍ 54	3 ♉ 39	13 ♎ 41	2 ♌ 20	9 ♓ 51	16 ♒ 20	22 ♐ 3	15 ♏	11 ♎	25 ♉	26 ♊	29 ♑
5	12 ♌ 19	6 ♌ 50	16 ♈ 54	15 ♈ 41	14 ♌ 40	15 ♍ 5	4 ♉ 12	13 ♎ 50	2 ♌ 27	9 ♓ 49	16 ♒ 18	22 ♐ 2	15 ♏	12 ♎	26 ♉	26 ♊	29 ♑
6	13 ♌ 16	18 ♌ 41	16 ♈ 51	15 ♈ 30	13 ♌ 54	16 ♍ 17	4 ♉ 45	13 ♎ 59	2 ♌ 35	9 ♓ 47	16 ♒ 17	22 ♐ 1	16 ♏	12 ♎	26 ♉	27 ♊	29 ♑
7	14 ♌ 14	0 ♍ 32	16 ♈ 47	15 ♈ 20	13 ♌ 7	17 ♍ 29	5 ♉ 18	14 ♎ 8	2 ♌ 43	9 ♓ 45	16 ♒ 15	22 ♐ 0	16 ♏	12 ♎	27 ♉	27 ♊	29 ♑
8	15 ♌ 11	12 ♍ 26	16 ♈ 44	15 ♈ 13	12 ♌ 23	18 ♍ 41	5 ♉ 50	14 ♎ 17	2 ♌ 50	9 ♓ 43	16 ♒ 13	21 ♐ 59	16 ♏	13 ♎	27 ♉	27 ♊	29 ♑
9	16 ♌ 9	24 ♍ 24	16 ♈ 41	15 ♈ 8	11 ♌ 40	19 ♍ 52	6 ♉ 22	14 ♎ 27	2 ♌ 58	9 ♓ 41	16 ♒ 12	21 ♐ 58	16 ♏	13 ♎	28 ♉	28 ♊	29 ♑
10	17 ♌ 6	6 ♎ 29	16 ♈ 38	15 ♈ 6	11 ♌ 0	21 ♍ 4	6 ♉ 54	14 ♎ 36	3 ♌ 6	9 ♓ 39	16 ♒ 10	21 ♐ 58	16 ♏	13 ♎	28 ♉	28 ♊	29 ♑
11	18 ♌ 4	18 ♎ 45	16 ♈ 35	15 D 6	10 ♌ 25	22 ♍ 15	7 ♉ 26	14 ♎ 46	3 ♌ 13	9 ♓ 36	16 ♒ 9	21 ♐ 57	17 ♏	14 ♎	29 ♉	28 ♊	29 ♑
12	19 ♌ 2	1 ♏ 16	16 ♈ 32	15 ♈ 7	9 ♌ 53	23 ♍ 27	7 ♉ 57	14 ♎ 55	3 ♌ 21	9 ♓ 34	16 ♒ 7	21 ♐ 56	17 ♏	14 ♎	29 ♉	29 ♊	29 ♑
13	19 ♌ 59	14 ♏ 6	16 ♈ 28	15 ♈ 7	9 ♌ 27	24 ♍ 38	8 ♉ 27	15 ♎ 5	3 ♌ 28	9 ♓ 32	16 ♒ 5	21 ♐ 56	17 ♏	15 ♎	29 ♉	29 ♊	29 ♑
14	20 ♌ 57	27 ♏ 18	16 ♈ 25	15 R 7	9 ♌ 7	25 ♍ 50	8 ♉ 58	15 ♎ 15	3 ♌ 36	9 ♓ 30	16 ♒ 4	21 ♐ 55	17 ♏	15 ♎	0 ♊	29 ♊	29 ♑
15	21 ♌ 54	10 ♐ 57	16 ♈ 22	15 ♈ 6	8 ♌ 53	27 ♍ 1	9 ♉ 28	15 ♎ 25	3 ♌ 43	9 ♓ 28	16 ♒ 2	21 ♐ 54	18 ♏	15 ♎	0 ♊	0 ♋	29 ♑
16	22 ♌ 52	25 ♐ 4	16 ♈ 19	15 ♈ 2	8 ♌ 46	28 ♍ 12	9 ♉ 58	15 ♎ 35	3 ♌ 51	9 ♓ 25	16 ♒ 0	21 ♐ 54	18 ♏	16 ♎	1 ♊	0 ♋	29 ♑
17	23 ♌ 50	9 ♑ 37	16 ♈ 16	14 ♈ 56	8 D 45	29 ♍ 24	10 ♉ 27	15 ♎ 45	3 ♌ 58	9 ♓ 23	15 ♒ 59	21 ♐ 53	18 ♏	16 ♎	1 ♊	1 ♋	29 ♑
18	24 ♌ 47	24 ♑ 33	16 ♈ 13	14 ♈ 50	8 ♌ 52	0 ♎ 35	10 ♉ 56	15 ♎ 55	4 ♌ 6	9 ♓ 21	15 ♒ 57	21 ♐ 53	18 ♏	16 ♎	2 ♊	1 ♋	29 ♑
19	25 ♌ 45	9 ♒ 44	16 ♈ 9	14 ♈ 42	9 ♌ 7	1 ♎ 46	11 ♉ 25	16 ♎ 5	4 ♌ 13	9 ♓ 18	15 ♒ 56	21 ♐ 52	19 ♏	17 ♎	2 ♊	1 ♋	29 ♑
20	26 ♌ 43	25 ♒ 0	16 ♈ 6	14 ♈ 35	9 ♌ 29	2 ♎ 57	11 ♉ 53	16 ♎ 15	4 ♌ 21	9 ♓ 16	15 ♒ 54	21 ♐ 52	19 ♏	17 ♎	3 ♊	2 ♋	29 ♑
21	27 ♌ 40	10 ♓ 10	16 ♈ 3	14 ♈ 30	9 ♌ 58	4 ♎ 8	12 ♉ 21	16 ♎ 26	4 ♌ 28	9 ♓ 14	15 ♒ 52	21 ♐ 52	19 ♏	18 ♎	3 ♊	2 ♋	28 ♑
22	28 ♌ 38	25 ♓ 5	16 ♈ 0	14 ♈ 27	10 ♌ 35	5 ♎ 19	12 ♉ 48	16 ♎ 36	4 ♌ 35	9 ♓ 11	15 ♒ 51	21 ♐ 51	19 ♏	18 ♎	3 ♊	3 ♋	28 ♑
23	29 ♌ 36	9 ♈ 38	15 ♈ 57	14 ♈ 25	11 ♌ 19	6 ♎ 30	13 ♉ 15	16 ♎ 47	4 ♌ 43	9 ♓ 9	15 ♒ 49	21 ♐ 51	20 ♏	18 ♎	4 ♊	3 ♋	28 ♑
24	0 ♍ 34	23 ♈ 43	15 ♈ 53	14 D 25	12 ♌ 11	7 ♎ 41	13 ♉ 42	16 ♎ 58	4 ♌ 50	9 ♓ 7	15 ♒ 48	21 ♐ 50	20 ♏	19 ♎	4 ♊	3 ♋	28 ♑
25	1 ♍ 32	7 ♉ 20	15 ♈ 50	14 ♈ 27	13 ♌ 9	8 ♎ 52	14 ♉ 8	17 ♎ 8	4 ♌ 57	9 ♓ 4	15 ♒ 46	21 ♐ 50	20 ♏	19 ♎	5 ♊	4 ♋	28 ♑
26	2 ♍ 30	20 ♉ 31	15 ♈ 47	14 ♈ 28	14 ♌ 14	10 ♎ 2	14 ♉ 34	17 ♎ 19	5 ♌ 4	9 ♓ 2	15 ♒ 44	21 ♐ 50	20 ♏	20 ♎	5 ♊	4 ♋	28 ♑
27	3 ♍ 27	3 ♊ 19	15 ♈ 44	14 ♈ 28	15 ♌ 26	11 ♎ 13	14 ♉ 59	17 ♎ 30	5 ♌ 11	9 ♓ 0	15 ♒ 43	21 ♐ 50	21 ♏	20 ♎	6 ♊	4 ♋	28 ♑
28	4 ♍ 25	15 ♊ 47	15 ♈ 41	14 R 28	16 ♌ 43	12 ♎ 24	15 ♉ 24	17 ♎ 41	5 ♌ 19	8 ♓ 57	15 ♒ 41	21 ♐ 50	21 ♏	20 ♎	6 ♊	5 ♋	28 ♑
29	5 ♍ 23	28 ♊ 0	15 ♈ 38	14 ♈ 25	18 ♌ 6	13 ♎ 34	15 ♉ 48	17 ♎ 52	5 ♌ 26	8 ♓ 55	15 ♒ 40	21 ♐ 49	21 ♏	21 ♎	6 ♊	5 ♋	28 ♑
30	6 ♍ 21	10 ♋ 2	15 ♈ 34	14 ♈ 21	19 ♌ 34	14 ♎ 45	16 ♉ 12	18 ♎ 3	5 ♌ 33	8 ♓ 52	15 ♒ 38	21 ♐ 49	21 ♏	21 ♎	7 ♊	5 ♋	28 ♑
31	7 ♍ 19	21 ♋ 58	15 ♈ 31	14 ♈ 16	21 ♌ 7	15 ♎ 55	16 ♉ 35	18 ♎ 14	5 ♌ 40	8 ♓ 50	15 ♒ 37	21 ♐ 49	22 ♏	21 ♎	7 ♊	6 ♋	28 ♑

SUN INGRESS: ☉ → ♍ 23日 09:45

MOON PHASE: ● 5日 12:05 ♌ ◐ 13日 11:39 ♏ ○ 20日 02:53 ♒ ◑ 27日 00:18 ♊

aspects		
2日	17:52	☿☍♆
5日	21:40	☿⚹♃
6日	08:36	☉☌☿
6日	21:07	☉⚹♃
9日	01:11	☉☍♆
10日	17:54	♀□♇
14日	04:41	☿□♂
14日	23:45	♂⚹♅
15日	00:03	☉△♇
18日	04:36	♃△♆
21日	07:27	♀⚹♄
26日	10:29	☿□♂
27日	05:25	☿☍♆
28日	16:30	♂□♆
28日	19:28	♀⚹♃
30日	17:50	♀△♆
31日	10:25	☿△♇

2005年9月

DAY	☉	☽	☊ mean	☊ true	☿	♀	♂	♃	♄	♅	♆	♇	⚳	⚴	⚵	⚶	⚷
	° ′	° ′	° ′	° ′	° ′	° ′	° ′	° ′	° ′	° ′	° ′	° ′	°	°	°	°	°
1	8 ♍ 17	3 ♌ 49	15 ♈ 28	14 R 9	22 D 45	17 D 6	16 D 58	18 D 26	5 D 47	8 R 48	15 R 35	21 R 49	22 D	22 D	8 D	6 D	28 R
2	9 ♍ 15	15 ♌ 40	15 ♈ 25	14 ♈ 3	24 ♌ 26	18 ♎ 16	17 ♉ 20	18 ♎ 37	5 ♌ 54	8 ♓ 45	15 ♒ 34	21 ♐ 49	22 ♏	22 ♎	8 ♊	6 ♋	28 ♑
3	10 ♍ 14	27 ♌ 33	15 ♈ 22	13 ♈ 57	26 ♌ 10	19 ♎ 26	17 ♉ 42	18 ♎ 48	6 ♌ 1	8 ♓ 43	15 ♒ 32	21 D 49	23 ♏	23 ♎	8 ♊	7 ♋	28 ♑
4	11 ♍ 12	9 ♍ 28	15 ♈ 19	13 ♈ 52	27 ♌ 57	20 ♎ 37	18 ♉ 3	19 ♎ 0	6 ♌ 7	8 ♓ 41	15 ♒ 31	21 ♐ 49	23 ♏	23 ♎	9 ♊	7 ♋	28 ♑
5	12 ♍ 10	21 ♍ 29	15 ♈ 15	13 ♈ 48	29 ♌ 46	21 ♎ 47	18 ♉ 24	19 ♎ 11	6 ♌ 14	8 ♓ 38	15 ♒ 30	21 ♐ 49	23 ♏	23 ♎	9 ♊	7 ♋	28 ♑
6	13 ♍ 8	3 ♎ 37	15 ♈ 12	13 ♈ 46	1 ♍ 38	22 ♎ 57	18 ♉ 44	19 ♎ 23	6 ♌ 21	8 ♓ 36	15 ♒ 28	21 ♐ 49	24 ♏	24 ♎	10 ♊	8 ♋	28 ♑
7	14 ♍ 6	15 ♎ 53	15 ♈ 9	13 D 46	3 ♍ 30	24 ♎ 7	19 ♉ 3	19 ♎ 35	6 ♌ 28	8 ♓ 33	15 ♒ 27	21 ♐ 49	24 ♏	24 ♎	10 ♊	8 ♋	28 ♑
8	15 ♍ 4	28 ♎ 20	15 ♈ 6	13 ♈ 47	5 ♍ 24	25 ♎ 17	19 ♉ 22	19 ♎ 46	6 ♌ 34	8 ♓ 31	15 ♒ 25	21 ♐ 49	24 ♏	25 ♎	10 ♊	8 ♋	28 ♑
9	16 ♍ 3	11 ♏ 0	15 ♈ 3	13 ♈ 48	7 ♍ 18	26 ♎ 27	19 ♉ 40	19 ♎ 58	6 ♌ 41	8 ♓ 29	15 ♒ 24	21 ♐ 50	24 ♏	25 ♎	11 ♊	9 ♋	28 ♑
10	17 ♍ 1	23 ♏ 56	14 ♈ 59	13 ♈ 50	9 ♍ 13	27 ♎ 37	19 ♉ 58	20 ♎ 10	6 ♌ 47	8 ♓ 26	15 ♒ 23	21 ♐ 50	25 ♏	26 ♎	11 ♊	9 ♋	28 ♑
11	17 ♍ 59	7 ♐ 11	14 ♈ 56	13 ♈ 51	11 ♍ 8	28 ♎ 46	20 ♉ 15	20 ♎ 22	6 ♌ 54	8 ♓ 24	15 ♒ 21	21 ♐ 50	25 ♏	26 ♎	11 ♊	9 ♋	28 ♑
12	18 ♍ 58	20 ♐ 46	14 ♈ 53	13 R 51	13 ♍ 3	29 ♎ 56	20 ♉ 31	20 ♎ 34	7 ♌ 0	8 ♓ 22	15 ♒ 20	21 ♐ 50	25 ♏	26 ♎	12 ♊	10 ♋	28 ♑
13	19 ♍ 56	4 ♑ 43	14 ♈ 50	13 ♈ 50	14 ♍ 58	1 ♏ 5	20 ♉ 46	20 ♎ 46	7 ♌ 7	8 ♓ 19	15 ♒ 19	21 ♐ 51	26 ♏	27 ♎	12 ♊	10 ♋	28 ♑
14	20 ♍ 55	19 ♑ 2	14 ♈ 47	13 ♈ 49	16 ♍ 52	2 ♏ 15	21 ♉ 1	20 ♎ 58	7 ♌ 13	8 ♓ 17	15 ♒ 18	21 ♐ 51	26 ♏	27 ♎	13 ♊	10 ♋	28 ♑
15	21 ♍ 53	3 ♒ 39	14 ♈ 44	13 ♈ 46	18 ♍ 46	3 ♏ 24	21 ♉ 16	21 ♎ 10	7 ♌ 19	8 ♓ 15	15 ♒ 16	21 ♐ 51	26 ♏	28 ♎	13 ♊	11 ♋	28 ♑
16	22 ♍ 51	18 ♒ 31	14 ♈ 40	13 ♈ 43	20 ♍ 39	4 ♏ 34	21 ♉ 29	21 ♎ 22	7 ♌ 26	8 ♓ 12	15 ♒ 15	21 ♐ 52	27 ♏	28 ♎	13 ♊	11 ♋	28 ♑
17	23 ♍ 50	3 ♓ 29	14 ♈ 37	13 ♈ 41	22 ♍ 32	5 ♏ 43	21 ♉ 42	21 ♎ 34	7 ♌ 32	8 ♓ 10	15 ♒ 14	21 ♐ 52	27 ♏	28 ♎	14 ♊	11 ♋	28 ♑
18	24 ♍ 48	18 ♓ 26	14 ♈ 34	13 ♈ 39	24 ♍ 23	6 ♏ 52	21 ♉ 54	21 ♎ 46	7 ♌ 38	8 ♓ 8	15 ♒ 13	21 ♐ 53	27 ♏	29 ♎	14 ♊	12 ♋	27 ♑
19	25 ♍ 47	3 ♈ 14	14 ♈ 31	13 ♈ 38	26 ♍ 14	8 ♏ 1	22 ♉ 6	21 ♎ 59	7 ♌ 44	8 ♓ 5	15 ♒ 12	21 ♐ 53	28 ♏	29 ♎	14 ♊	12 ♋	27 ♑
20	26 ♍ 45	17 ♈ 44	14 ♈ 28	13 D 38	28 ♍ 3	9 ♏ 10	22 ♉ 17	22 ♎ 11	7 ♌ 50	8 ♓ 3	15 ♒ 11	21 ♐ 54	28 ♏	0 ♏	15 ♊	12 ♋	27 ♑
21	27 ♍ 44	1 ♉ 51	14 ♈ 24	13 ♈ 38	29 ♍ 52	10 ♏ 19	22 ♉ 27	22 ♎ 23	7 ♌ 56	8 ♓ 1	15 ♒ 9	21 ♐ 54	28 ♏	0 ♏	15 ♊	13 ♋	27 ♑
22	28 ♍ 43	15 ♉ 34	14 ♈ 21	13 ♈ 39	1 ♎ 40	11 ♏ 27	22 ♉ 36	22 ♎ 36	8 ♌ 2	7 ♓ 59	15 ♒ 8	21 ♐ 55	29 ♏	0 ♏	15 ♊	13 ♋	27 ♑
23	29 ♍ 41	28 ♉ 51	14 ♈ 18	13 ♈ 40	3 ♎ 27	12 ♏ 36	22 ♉ 44	22 ♎ 48	8 ♌ 8	7 ♓ 57	15 ♒ 7	21 ♐ 56	29 ♏	1 ♏	16 ♊	13 ♋	27 ♑
24	0 ♎ 40	11 ♊ 43	14 ♈ 15	13 ♈ 41	5 ♎ 12	13 ♏ 45	22 ♉ 52	23 ♎ 1	8 ♌ 13	7 ♓ 54	15 ♒ 6	21 ♐ 56	29 ♏	1 ♏	16 ♊	13 ♋	27 ♑
25	1 ♎ 39	24 ♊ 15	14 ♈ 12	13 ♈ 42	6 ♎ 57	14 ♏ 53	22 ♉ 58	23 ♎ 13	8 ♌ 19	7 ♓ 52	15 ♒ 5	21 ♐ 57	0 ♐	2 ♏	16 ♊	14 ♋	27 ♑
26	2 ♎ 38	6 ♋ 31	14 ♈ 9	13 R 42	8 ♎ 41	16 ♏ 1	23 ♉ 4	23 ♎ 26	8 ♌ 25	7 ♓ 50	15 ♒ 4	21 ♐ 58	0 ♐	2 ♏	16 ♊	14 ♋	27 ♑
27	3 ♎ 37	18 ♋ 33	14 ♈ 5	13 ♈ 42	10 ♎ 24	17 ♏ 9	23 ♉ 9	23 ♎ 38	8 ♌ 30	7 ♓ 48	15 ♒ 3	21 ♐ 58	0 ♐	3 ♏	17 ♊	14 ♋	27 ♑
28	4 ♎ 35	0 ♌ 28	14 ♈ 2	13 ♈ 41	12 ♎ 6	18 ♏ 18	23 ♉ 14	23 ♎ 51	8 ♌ 36	7 ♓ 46	15 ♒ 2	21 ♐ 59	1 ♐	3 ♏	17 ♊	15 ♋	27 ♑
29	5 ♎ 34	12 ♌ 19	13 ♈ 59	13 ♈ 40	13 ♎ 47	19 ♏ 26	23 ♉ 17	24 ♎ 4	8 ♌ 41	7 ♓ 44	15 ♒ 1	22 ♐ 0	1 ♐	3 ♏	17 ♊	15 ♋	27 ♑
30	6 ♎ 33	24 ♌ 10	13 ♈ 56	13 ♈ 39	15 ♎ 27	20 ♏ 33	23 ♉ 19	24 ♎ 16	8 ♌ 46	7 ♓ 42	15 ♒ 1	22 ♐ 1	1 ♐	4 ♏	18 ♊	15 ♋	27 ♑

SUN INGRESS	☉ → ♎23日 07:23
MOON PHASE	● 4日 03:45 ♍ ◐ 11日 20:37 ♐ ○ 18日 11:01 ♓ ◑ 25日 15:41 ♋

aspects		
1日	12:02	☉☍♅
2日	08:30	♀☌♃
5日	00:46	♀⚹♇
9日	14:21	☿☍♅
14日	03:48	☉△♂
14日	23:21	☉□♇
16日	12:05	☿△♂
16日	15:32	☿□♇
18日	11:38	☉☌☿
18日	12:56	♃⚹♇
18日	17:34	♀□♄
19日	01:31	♀△♅
25日	04:15	♀□♆
25日	19:58	☿⚹♄
29日	17:38	☿△♆

2005年10月

DAY	☉	☽	☊ mean	☊ true	☿	♀	♂	♃	♄	♅	♆	♇	⚳	⚴	⚵	⚶	⚷
	° ′	° ′	° ′	° ′	° ′	° ′	° ′	° ′	° ′	° ′	° ′	° ′	°	°	°	°	°
1	7 ♎ 32	6 ♍ 6	13 ♈ 53	13 R 38	17 D 7	21 D 41	23 D 21	24 D 29	8 D 52	7 R 40	15 R 0	22 D 2	2 D	4 D	18 D	15 D	27 R
2	8 ♎ 31	18 ♍ 7	13 ♈ 50	13 ♈ 37	18 ♎ 45	22 ♏ 49	23 ♉ 22	24 ♎ 42	8 ♌ 57	7 ♓ 38	14 ♒ 59	22 ♐ 3	2 ♐	5 ♏	18 ♊	16 ♋	27 ♑
3	9 ♎ 30	0 ♎ 18	13 ♈ 46	13 ♈ 37	20 ♎ 23	23 ♏ 56	23 R 22	24 ♎ 54	9 ♌ 2	7 ♓ 36	14 ♒ 58	22 ♐ 4	2 ♐	5 ♏	18 ♊	16 ♋	27 ♑
4	10 ♎ 29	12 ♎ 39	13 ♈ 43	13 ♈ 37	21 ♎ 59	25 ♏ 4	23 ♉ 21	25 ♎ 7	9 ♌ 7	7 ♓ 34	14 ♒ 57	22 ♐ 5	3 ♐	6 ♏	19 ♊	16 ♋	27 ♑
5	11 ♎ 28	25 ♎ 12	13 ♈ 40	13 D 37	23 ♎ 35	26 ♏ 11	23 ♉ 19	25 ♎ 20	9 ♌ 12	7 ♓ 32	14 ♒ 57	22 ♐ 6	3 ♐	6 ♏	19 ♊	16 ♋	27 ♑
6	12 ♎ 28	7 ♏ 58	13 ♈ 37	13 ♈ 37	25 ♎ 10	27 ♏ 18	23 ♉ 16	25 ♎ 33	9 ♌ 17	7 ♓ 30	14 ♒ 56	22 ♐ 7	4 ♐	6 ♏	19 ♊	17 ♋	27 D
7	13 ♎ 27	20 ♏ 57	13 ♈ 34	13 ♈ 37	26 ♎ 45	28 ♏ 25	23 ♉ 12	25 ♎ 46	9 ♌ 22	7 ♓ 29	14 ♒ 55	22 ♐ 8	4 ♐	7 ♏	19 ♊	17 ♋	27 ♑
8	14 ♎ 26	4 ♐ 10	13 ♈ 30	13 R 37	28 ♎ 18	29 ♏ 32	23 ♉ 7	25 ♎ 59	9 ♌ 26	7 ♓ 27	14 ♒ 55	22 ♐ 9	4 ♐	7 ♏	20 ♊	17 ♋	27 ♑
9	15 ♎ 25	17 ♐ 37	13 ♈ 27	13 ♈ 37	29 ♎ 51	0 ♐ 38	23 ♉ 2	26 ♎ 12	9 ♌ 31	7 ♓ 25	14 ♒ 54	22 ♐ 10	5 ♐	8 ♏	20 ♊	17 ♋	27 ♑
10	16 ♎ 25	1 ♑ 18	13 ♈ 24	13 ♈ 37	1 ♏ 23	1 ♐ 45	22 ♉ 55	26 ♎ 25	9 ♌ 35	7 ♓ 23	14 ♒ 53	22 ♐ 11	5 ♐	8 ♏	20 ♊	18 ♋	27 ♑
11	17 ♎ 24	15 ♑ 13	13 ♈ 21	13 ♈ 36	2 ♏ 54	2 ♐ 51	22 ♉ 48	26 ♎ 38	9 ♌ 40	7 ♓ 22	14 ♒ 53	22 ♐ 12	5 ♐	9 ♏	20 ♊	18 ♋	27 ♑
12	18 ♎ 23	29 ♑ 21	13 ♈ 18	13 D 37	4 ♏ 25	3 ♐ 57	22 ♉ 40	26 ♎ 50	9 ♌ 44	7 ♓ 20	14 ♒ 52	22 ♐ 13	6 ♐	9 ♏	20 ♊	18 ♋	27 ♑
13	19 ♎ 23	13 ♒ 40	13 ♈ 15	13 ♈ 37	5 ♏ 54	5 ♐ 3	22 ♉ 31	27 ♎ 3	9 ♌ 48	7 ♓ 19	14 ♒ 52	22 ♐ 15	6 ♐	9 ♏	20 ♊	18 ♋	27 ♑
14	20 ♎ 22	28 ♒ 7	13 ♈ 11	13 ♈ 37	7 ♏ 23	6 ♐ 9	22 ♉ 21	27 ♎ 16	9 ♌ 53	7 ♓ 17	14 ♒ 51	22 ♐ 16	6 ♐	10 ♏	21 ♊	18 ♋	27 ♑
15	21 ♎ 21	12 ♓ 40	13 ♈ 8	13 ♈ 38	8 ♏ 52	7 ♐ 15	22 ♉ 10	27 ♎ 29	9 ♌ 57	7 ♓ 16	14 ♒ 51	22 ♐ 17	7 ♐	10 ♏	21 ♊	19 ♋	27 ♑
16	22 ♎ 21	27 ♓ 11	13 ♈ 5	13 ♈ 39	10 ♏ 19	8 ♐ 20	21 ♉ 58	27 ♎ 42	10 ♌ 1	7 ♓ 14	14 ♒ 51	22 ♐ 19	7 ♐	11 ♏	21 ♊	19 ♋	27 ♑
17	23 ♎ 20	11 ♈ 37	13 ♈ 2	13 ♈ 39	11 ♏ 46	9 ♐ 25	21 ♉ 46	27 ♎ 56	10 ♌ 5	7 ♓ 13	14 ♒ 50	22 ♐ 20	8 ♐	11 ♏	21 ♊	19 ♋	27 ♑
18	24 ♎ 20	25 ♈ 51	12 ♈ 59	13 R 39	13 ♏ 12	10 ♐ 30	21 ♉ 33	28 ♎ 9	10 ♌ 8	7 ♓ 11	14 ♒ 50	22 ♐ 21	8 ♐	12 ♏	21 ♊	19 ♋	27 ♑
19	25 ♎ 19	9 ♉ 49	12 ♈ 56	13 ♈ 38	14 ♏ 37	11 ♐ 35	21 ♉ 19	28 ♎ 22	10 ♌ 12	7 ♓ 10	14 ♒ 50	22 ♐ 23	8 ♐	12 ♏	21 ♊	19 ♋	27 ♑
20	26 ♎ 19	23 ♉ 27	12 ♈ 52	13 ♈ 37	16 ♏ 1	12 ♐ 40	21 ♉ 4	28 ♎ 35	10 ♌ 16	7 ♓ 8	14 ♒ 49	22 ♐ 24	9 ♐	12 ♏	22 ♊	20 ♋	27 ♑
21	27 ♎ 19	6 ♊ 44	12 ♈ 49	13 ♈ 35	17 ♏ 24	13 ♐ 44	20 ♉ 49	28 ♎ 48	10 ♌ 19	7 ♓ 7	14 ♒ 49	22 ♐ 26	9 ♐	13 ♏	22 ♊	20 ♋	27 ♑
22	28 ♎ 18	19 ♊ 39	12 ♈ 46	13 ♈ 33	18 ♏ 47	14 ♐ 48	20 ♉ 33	29 ♎ 1	10 ♌ 23	7 ♓ 6	14 ♒ 49	22 ♐ 27	9 ♐	13 ♏	22 ♊	20 ♋	27 ♑
23	29 ♎ 18	2 ♋ 14	12 ♈ 43	13 ♈ 31	20 ♏ 8	15 ♐ 52	20 ♉ 16	29 ♎ 14	10 ♌ 26	7 ♓ 5	14 ♒ 49	22 ♐ 29	10 ♐	14 ♏	22 ♊	20 ♋	27 ♑
24	0 ♏ 18	14 ♋ 32	12 ♈ 40	13 ♈ 29	21 ♏ 29	16 ♐ 56	19 ♉ 59	29 ♎ 27	10 ♌ 29	7 ♓ 4	14 ♒ 49	22 ♐ 30	10 ♐	14 ♏	22 ♊	20 ♋	28 ♑
25	1 ♏ 17	26 ♋ 36	12 ♈ 36	13 ♈ 29	22 ♏ 48	17 ♐ 59	19 ♉ 41	29 ♎ 40	10 ♌ 33	7 ♓ 3	14 ♒ 49	22 ♐ 32	11 ♐	15 ♏	22 ♊	21 ♋	28 ♑
26	2 ♏ 17	8 ♌ 31	12 ♈ 33	13 D 29	24 ♏ 7	19 ♐ 2	19 ♉ 23	29 ♎ 53	10 ♌ 36	7 ♓ 1	14 ♒ 49	22 ♐ 33	11 ♐	15 ♏	22 ♊	21 ♋	28 ♑
27	3 ♏ 17	20 ♌ 22	12 ♈ 30	13 ♈ 29	25 ♏ 24	20 ♐ 5	19 ♉ 4	0 ♏ 6	10 ♌ 39	7 ♓ 0	14 ♒ 49	22 ♐ 35	11 ♐	16 ♏	22 ♊	21 ♋	28 ♑
28	4 ♏ 17	2 ♍ 14	12 ♈ 27	13 ♈ 31	26 ♏ 39	21 ♐ 8	18 ♉ 44	0 ♏ 19	10 ♌ 41	6 ♓ 59	14 D 49	22 ♐ 36	12 ♐	16 ♏	22 ♊	21 ♋	28 ♑
29	5 ♏ 17	14 ♍ 11	12 ♈ 24	13 ♈ 33	27 ♏ 54	22 ♐ 10	18 ♉ 24	0 ♏ 32	10 ♌ 44	6 ♓ 59	14 ♒ 49	22 ♐ 38	12 ♐	16 ♏	22 ♊	21 ♋	28 ♑
30	6 ♏ 17	26 ♍ 18	12 ♈ 21	13 ♈ 34	29 ♏ 6	23 ♐ 12	18 ♉ 4	0 ♏ 45	10 ♌ 47	6 ♓ 58	14 ♒ 49	22 ♐ 40	12 ♐	17 ♏	22 ♊	21 ♋	28 ♑
31	7 ♏ 17	8 ♎ 37	12 ♈ 17	13 ♈ 35	0 ♐ 17	24 ♐ 13	17 ♉ 44	0 ♏ 58	10 ♌ 49	6 ♓ 57	14 ♒ 49	22 ♐ 42	13 ♐	17 ♏	22 ♊	21 ♋	28 ♑

SUN INGRESS	☉ → ♏23日 16:42
MOON PHASE	● 3日 19:28 ♎ ◐ 11日 04:01 ♑ ○ 17日 21:14 ♈ ◑ 25日 10:17 ♌

aspects		
2日	11:23	☉⚹♄
2日	11:45	♀☍♂
4日	01:20	☿⚹♇
6日	06:39	☿☌♃
8日	11:28	☉△♆
13日	22:20	☿△♅
15日	00:16	♀□♅
15日	18:43	☿□♄
15日	23:05	☉⚹♇
17日	15:24	♀△♄
19日	03:40	☿□♆
22日	00:18	♀⚹♆
22日	21:54	☉☌♃
23日	01:55	☿☍♂
29日	11:15	♀☌♇
30日	16:07	☉△♅

2005年11月

DAY	☉	☽	☊ mean	☊ true	☿	♀	♂	♃	♄	♅	♆	♇	⚳	⚴	⚵	⚶	⚷
	° ′	° ′	° ′	° ′	° ′	° ′	° ′	° ′	° ′	° ′	° ′	° ′	°	°	°	°	°
1	8 ♏ 17	21 ♎ 12	12 ♈ 14	13 R 35	1 D 26	25 D 15	17 R 23	1 D 11	10 D 52	6 R 56	14 D 49	22 D 43	13 D	18 D	22 D	22 D	28 D
2	9 ♏ 17	4 ♏ 3	12 ♈ 11	13 ♈ 33	2 ♐ 32	26 ♐ 16	17 ♉ 2	1 ♏ 24	10 ♌ 54	6 ♓ 55	14 ♒ 49	22 ♐ 45	14 ♐	18 ♏	22 ♊	22 ♋	28 ♑
3	10 ♏ 17	17 ♏ 11	12 ♈ 8	13 ♈ 31	3 ♐ 37	27 ♐ 17	16 ♉ 40	1 ♏ 37	10 ♌ 56	6 ♓ 55	14 ♒ 49	22 ♐ 47	14 ♐	19 ♏	22 R	22 ♋	28 ♑
4	11 ♏ 17	0 ♐ 36	12 ♈ 5	13 ♈ 27	4 ♐ 38	28 ♐ 17	16 ♉ 19	1 ♏ 50	10 ♌ 59	6 ♓ 54	14 ♒ 50	22 ♐ 49	14 ♐	19 ♏	22 ♊	22 ♋	28 ♑
5	12 ♏ 17	14 ♐ 15	12 ♈ 1	13 ♈ 22	5 ♐ 37	29 ♐ 17	15 ♉ 58	2 ♏ 3	11 ♌ 1	6 ♓ 53	14 ♒ 50	22 ♐ 50	15 ♐	19 ♏	22 ♊	22 ♋	28 ♑
6	13 ♏ 17	28 ♐ 5	11 ♈ 58	13 ♈ 18	6 ♐ 32	0 ♑ 16	15 ♉ 36	2 ♏ 16	11 ♌ 2	6 ♓ 53	14 ♒ 50	22 ♐ 52	15 ♐	20 ♏	22 ♊	22 ♋	28 ♑
7	14 ♏ 18	12 ♑ 4	11 ♈ 55	13 ♈ 14	7 ♐ 24	1 ♑ 16	15 ♉ 15	2 ♏ 29	11 ♌ 4	6 ♓ 52	14 ♒ 50	22 ♐ 54	16 ♐	20 ♏	22 ♊	22 ♋	28 ♑
8	15 ♏ 18	26 ♑ 9	11 ♈ 52	13 ♈ 11	8 ♐ 11	2 ♑ 14	14 ♉ 54	2 ♏ 42	11 ♌ 6	6 ♓ 52	14 ♒ 51	22 ♐ 56	16 ♐	21 ♏	22 ♊	22 ♋	28 ♑
9	16 ♏ 18	10 ♒ 18	11 ♈ 49	13 ♈ 9	8 ♐ 53	3 ♑ 13	14 ♉ 33	2 ♏ 55	11 ♌ 8	6 ♓ 51	14 ♒ 51	22 ♐ 58	16 ♐	21 ♏	22 ♊	22 ♋	28 ♑
10	17 ♏ 18	24 ♒ 28	11 ♈ 46	13 D 9	9 ♐ 31	4 ♑ 10	14 ♉ 12	3 ♏ 8	11 ♌ 9	6 ♓ 51	14 ♒ 52	23 ♐ 0	17 ♐	22 ♏	22 ♊	22 ♋	28 ♑
11	18 ♏ 19	8 ♓ 37	11 ♈ 42	13 ♈ 11	10 ♐ 2	5 ♑ 8	13 ♉ 51	3 ♏ 21	11 ♌ 10	6 ♓ 51	14 ♒ 52	23 ♐ 2	17 ♐	22 ♏	22 ♊	22 ♋	28 ♑
12	19 ♏ 19	22 ♓ 44	11 ♈ 39	13 ♈ 12	10 ♐ 27	6 ♑ 5	13 ♉ 31	3 ♏ 34	11 ♌ 12	6 ♓ 51	14 ♒ 53	23 ♐ 3	18 ♐	23 ♏	22 ♊	23 ♋	28 ♑
13	20 ♏ 19	6 ♈ 47	11 ♈ 36	13 ♈ 13	10 ♐ 44	7 ♑ 1	13 ♉ 11	3 ♏ 47	11 ♌ 13	6 ♓ 50	14 ♒ 53	23 ♐ 5	18 ♐	23 ♏	22 ♊	23 ♋	28 ♑
14	21 ♏ 20	20 ♈ 45	11 ♈ 33	13 R 13	10 ♐ 54	7 ♑ 57	12 ♉ 52	3 ♏ 59	11 ♌ 14	6 ♓ 50	14 ♒ 54	23 ♐ 7	18 ♐	23 ♏	22 ♊	23 ♋	28 ♑
15	22 ♏ 20	4 ♉ 33	11 ♈ 30	13 ♈ 11	10 R 55	8 ♑ 52	12 ♉ 33	4 ♏ 12	11 ♌ 15	6 ♓ 50	14 ♒ 54	23 ♐ 9	19 ♐	24 ♏	22 ♊	23 ♋	28 ♑
16	23 ♏ 20	18 ♉ 10	11 ♈ 27	13 ♈ 7	10 ♐ 47	9 ♑ 47	12 ♉ 14	4 ♏ 25	11 ♌ 16	6 ♓ 50	14 ♒ 55	23 ♐ 11	19 ♐	24 ♏	22 ♊	23 ♋	28 ♑
17	24 ♏ 21	1 ♊ 34	11 ♈ 23	13 ♈ 2	10 ♐ 28	10 ♑ 41	11 ♉ 56	4 ♏ 38	11 ♌ 16	6 D 50	14 ♒ 56	23 ♐ 13	19 ♐	25 ♏	21 ♊	23 ♋	28 ♑
18	25 ♏ 21	14 ♊ 41	11 ♈ 20	12 ♈ 54	10 ♐ 0	11 ♑ 34	11 ♉ 38	4 ♏ 50	11 ♌ 17	6 ♓ 50	14 ♒ 57	23 ♐ 15	20 ♐	25 ♏	21 ♊	23 ♋	28 ♑
19	26 ♏ 22	27 ♊ 31	11 ♈ 17	12 ♈ 46	9 ♐ 21	12 ♑ 27	11 ♉ 21	5 ♏ 3	11 ♌ 17	6 ♓ 50	14 ♒ 57	23 ♐ 17	20 ♐	26 ♏	21 ♊	23 ♋	28 ♑
20	27 ♏ 22	10 ♋ 3	11 ♈ 14	12 ♈ 38	8 ♐ 32	13 ♑ 19	11 ♉ 5	5 ♏ 16	11 ♌ 18	6 ♓ 50	14 ♒ 58	23 ♐ 20	21 ♐	26 ♏	21 ♊	23 R	29 ♑
21	28 ♏ 23	22 ♋ 21	11 ♈ 11	12 ♈ 31	7 ♐ 33	14 ♑ 11	10 ♉ 49	5 ♏ 28	11 ♌ 18	6 ♓ 51	14 ♒ 59	23 ♐ 22	21 ♐	26 ♏	21 ♊	23 ♋	29 ♑
22	29 ♏ 24	4 ♌ 25	11 ♈ 7	12 ♈ 26	6 ♐ 25	15 ♑ 1	10 ♉ 34	5 ♏ 41	11 ♌ 18	6 ♓ 51	15 ♒ 0	23 ♐ 24	21 ♐	27 ♏	21 ♊	23 ♋	29 ♑
23	0 ♐ 24	16 ♌ 20	11 ♈ 4	12 ♈ 23	5 ♐ 11	15 ♑ 51	10 ♉ 20	5 ♏ 53	11 R 18	6 ♓ 51	15 ♒ 1	23 ♐ 26	22 ♐	27 ♏	20 ♊	23 ♋	29 ♑
24	1 ♐ 25	28 ♌ 10	11 ♈ 1	12 ♈ 21	3 ♐ 51	16 ♑ 40	10 ♉ 6	6 ♏ 6	11 ♌ 18	6 ♓ 52	15 ♒ 2	23 ♐ 28	22 ♐	28 ♏	20 ♊	23 ♋	29 ♑
25	2 ♐ 25	10 ♍ 1	10 ♈ 58	12 D 22	2 ♐ 30	17 ♑ 29	9 ♉ 53	6 ♏ 18	11 ♌ 18	6 ♓ 52	15 ♒ 2	23 ♐ 30	23 ♐	28 ♏	20 ♊	23 ♋	29 ♑
26	3 ♐ 26	21 ♍ 57	10 ♈ 55	12 ♈ 23	1 ♐ 8	18 ♑ 16	9 ♉ 41	6 ♏ 30	11 ♌ 18	6 ♓ 52	15 ♒ 3	23 ♐ 32	23 ♐	29 ♏	20 ♊	23 ♋	29 ♑
27	4 ♐ 27	4 ♎ 5	10 ♈ 52	12 ♈ 24	29 ♏ 50	19 ♑ 3	9 ♉ 29	6 ♏ 43	11 ♌ 17	6 ♓ 53	15 ♒ 4	23 ♐ 34	23 ♐	29 ♏	20 ♊	22 ♋	29 ♑
28	5 ♐ 28	16 ♎ 27	10 ♈ 48	12 R 24	28 ♏ 37	19 ♑ 48	9 ♉ 18	6 ♏ 55	11 ♌ 17	6 ♓ 54	15 ♒ 5	23 ♐ 36	24 ♐	0 ♐	19 ♊	22 ♋	29 ♑
29	6 ♐ 28	29 ♎ 10	10 ♈ 45	12 ♈ 23	27 ♏ 32	20 ♑ 33	9 ♉ 8	7 ♏ 7	11 ♌ 16	6 ♓ 54	15 ♒ 7	23 ♐ 39	24 ♐	0 ♐	19 ♊	22 ♋	29 ♑
30	7 ♐ 29	12 ♏ 14	10 ♈ 42	12 ♈ 19	26 ♏ 36	21 ♑ 17	8 ♉ 59	7 ♏ 19	11 ♌ 15	6 ♓ 55	15 ♒ 8	23 ♐ 41	25 ♐	0 ♐	19 ♊	22 ♋	29 ♑

SUN INGRESS	☉ → ♐ 22日 14:15
MOON PHASE	● 2日 10:25 ♏　◐ 9日 10:57 ♒　○ 16日 09:58 ♉　◑ 24日 07:11 ♍

aspects		
3日	16:20	☉□♄
6日	09:19	☿□♅
7日	13:11	☉□♆
7日	16:57	☉☍♂
8日	03:25	♂□♆
8日	14:46	♀⚹♃
12日	19:28	♀⚹♅
18日	01:23	♀△♂
19日	05:28	♂□♄
21日	15:17	☿□♅
25日	00:42	☉☌☿
27日	20:56	♃△♅
29日	10:17	☉□♅

2005年12月

DAY	☉	☽	☊ mean	☊ true	☿	♀	♂	♃	♄	♅	♆	♇	⚳	⚴	⚵	⚶	⚷
	° ′	° ′	° ′	° ′	° ′	° ′	° ′	° ′	° ′	° ′	° ′	° ′	°	°	°	°	°
1	8 ♐ 30	25 ♏ 41	10 ♈ 39	12 R 13	25 R 51	21 D 59	8 R 51	7 D 32	11 R 14	6 D 56	15 D 9	23 D 43	25 D	1 D	19 R	22 R	29 D
2	9 ♐ 31	9 ♐ 30	10 ♈ 36	12 ♈ 4	25 ♏ 18	22 ♑ 41	8 ♉ 44	7 ♏ 44	11 ♌ 13	6 ♓ 56	15 ♒ 10	23 ♐ 45	25 ♐	1 ♐	19 ♊	22 ♋	29 ♑
3	10 ♐ 32	23 ♐ 37	10 ♈ 33	11 ♈ 54	24 ♏ 56	23 ♑ 21	8 ♉ 37	7 ♏ 56	11 ♌ 12	6 ♓ 57	15 ♒ 11	23 ♐ 47	26 ♐	2 ♐	18 ♊	22 ♋	29 ♑
4	11 ♐ 33	7 ♑ 57	10 ♈ 29	11 ♈ 44	24 ♏ 45	24 ♑ 1	8 ♉ 31	8 ♏ 8	11 ♌ 11	6 ♓ 58	15 ♒ 12	23 ♐ 50	26 ♐	2 ♐	18 ♊	22 ♋	29 ♑
5	12 ♐ 33	22 ♑ 24	10 ♈ 26	11 ♈ 35	24 D 45	24 ♑ 39	8 ♉ 26	8 ♏ 20	11 ♌ 10	6 ♓ 59	15 ♒ 14	23 ♐ 52	27 ♐	3 ♐	18 ♊	22 ♋	29 ♑
6	13 ♐ 34	6 ♒ 51	10 ♈ 23	11 ♈ 28	24 ♏ 56	25 ♑ 15	8 ♉ 22	8 ♏ 31	11 ♌ 8	7 ♓ 0	15 ♒ 15	23 ♐ 54	27 ♐	3 ♐	18 ♊	22 ♋	29 ♑
7	14 ♐ 35	21 ♒ 14	10 ♈ 20	11 ♈ 23	25 ♏ 15	25 ♑ 51	8 ♉ 19	8 ♏ 43	11 ♌ 7	7 ♓ 1	15 ♒ 16	23 ♐ 56	27 ♐	3 ♐	17 ♊	22 ♋	0 ♒
8	15 ♐ 36	5 ♓ 28	10 ♈ 17	11 ♈ 21	25 ♏ 44	26 ♑ 25	8 ♉ 16	8 ♏ 55	11 ♌ 5	7 ♓ 2	15 ♒ 18	23 ♐ 58	28 ♐	4 ♐	17 ♊	21 ♋	0 ♒
9	16 ♐ 37	19 ♓ 32	10 ♈ 13	11 D 20	26 ♏ 19	26 ♑ 57	8 ♉ 15	9 ♏ 7	11 ♌ 3	7 ♓ 3	15 ♒ 19	24 ♐ 1	28 ♐	4 ♐	17 ♊	21 ♋	0 ♒
10	17 ♐ 38	3 ♈ 26	10 ♈ 10	11 ♈ 21	27 ♏ 2	27 ♑ 28	8 ♉ 14	9 ♏ 18	11 ♌ 2	7 ♓ 4	15 ♒ 20	24 ♐ 3	29 ♐	5 ♐	17 ♊	21 ♋	0 ♒
11	18 ♐ 39	17 ♈ 9	10 ♈ 7	11 R 21	27 ♏ 51	27 ♑ 58	8 D 14	9 ♏ 30	11 ♌ 0	7 ♓ 6	15 ♒ 22	24 ♐ 5	29 ♐	5 ♐	17 ♊	21 ♋	0 ♒
12	19 ♐ 40	0 ♉ 41	10 ♈ 4	11 ♈ 19	28 ♏ 45	28 ♑ 25	8 ♉ 14	9 ♏ 41	10 ♌ 57	7 ♓ 7	15 ♒ 23	24 ♐ 7	0 ♑	6 ♐	16 ♊	21 ♋	0 ♒
13	20 ♐ 41	14 ♉ 4	10 ♈ 1	11 ♈ 15	29 ♏ 43	28 ♑ 52	8 ♉ 16	9 ♏ 53	10 ♌ 55	7 ♓ 8	15 ♒ 25	24 ♐ 10	0 ♑	6 ♐	16 ♊	21 ♋	0 ♒
14	21 ♐ 42	27 ♉ 16	9 ♈ 58	11 ♈ 8	0 ♐ 46	29 ♑ 16	8 ♉ 18	10 ♏ 4	10 ♌ 53	7 ♓ 9	15 ♒ 26	24 ♐ 12	0 ♑	6 ♐	16 ♊	20 ♋	0 ♒
15	22 ♐ 43	10 ♊ 18	9 ♈ 54	10 ♈ 58	1 ♐ 52	29 ♑ 38	8 ♉ 21	10 ♏ 15	10 ♌ 51	7 ♓ 11	15 ♒ 28	24 ♐ 14	1 ♑	7 ♐	16 ♊	20 ♋	0 ♒
16	23 ♐ 44	23 ♊ 7	9 ♈ 51	10 ♈ 46	3 ♐ 2	29 ♑ 59	8 ♉ 25	10 ♏ 26	10 ♌ 48	7 ♓ 12	15 ♒ 29	24 ♐ 16	1 ♑	7 ♐	15 ♊	20 ♋	0 ♒
17	24 ♐ 45	5 ♋ 44	9 ♈ 48	10 ♈ 32	4 ♐ 14	0 ♒ 17	8 ♉ 30	10 ♏ 38	10 ♌ 46	7 ♓ 14	15 ♒ 31	24 ♐ 19	2 ♑	8 ♐	15 ♊	20 ♋	0 ♒
18	25 ♐ 46	18 ♋ 9	9 ♈ 45	10 ♈ 19	5 ♐ 28	0 ♒ 34	8 ♉ 35	10 ♏ 49	10 ♌ 43	7 ♓ 15	15 ♒ 32	24 ♐ 21	2 ♑	8 ♐	15 ♊	20 ♋	0 ♒
19	26 ♐ 47	0 ♌ 21	9 ♈ 42	10 ♈ 6	6 ♐ 45	0 ♒ 48	8 ♉ 41	11 ♏ 0	10 ♌ 40	7 ♓ 17	15 ♒ 34	24 ♐ 23	2 ♑	9 ♐	15 ♊	19 ♋	0 ♒
20	27 ♐ 48	12 ♌ 22	9 ♈ 39	9 ♈ 56	8 ♐ 3	1 ♒ 0	8 ♉ 48	11 ♏ 10	10 ♌ 37	7 ♓ 19	15 ♒ 36	24 ♐ 25	3 ♑	9 ♐	15 ♊	19 ♋	0 ♒
21	28 ♐ 49	24 ♌ 15	9 ♈ 35	9 ♈ 48	9 ♐ 23	1 ♒ 10	8 ♉ 55	11 ♏ 21	10 ♌ 34	7 ♓ 20	15 ♒ 37	24 ♐ 28	3 ♑	9 ♐	14 ♊	19 ♋	1 ♒
22	29 ♐ 50	6 ♍ 4	9 ♈ 32	9 ♈ 44	10 ♐ 44	1 ♒ 18	9 ♉ 3	11 ♏ 32	10 ♌ 31	7 ♓ 22	15 ♒ 39	24 ♐ 30	4 ♑	10 ♐	14 ♊	19 ♋	1 ♒
23	0 ♑ 51	17 ♍ 53	9 ♈ 29	9 ♈ 41	12 ♐ 6	1 ♒ 24	9 ♉ 12	11 ♏ 42	10 ♌ 28	7 ♓ 24	15 ♒ 41	24 ♐ 32	4 ♑	10 ♐	14 ♊	19 ♋	1 ♒
24	1 ♑ 53	29 ♍ 46	9 ♈ 26	9 ♈ 41	13 ♐ 30	1 ♒ 27	9 ♉ 21	11 ♏ 53	10 ♌ 25	7 ♓ 26	15 ♒ 43	24 ♐ 34	4 ♑	11 ♐	14 ♊	18 ♋	1 ♒
25	2 ♑ 54	11 ♎ 51	9 ♈ 23	9 ♈ 41	14 ♐ 54	1 R 27	9 ♉ 31	12 ♏ 3	10 ♌ 22	7 ♓ 28	15 ♒ 44	24 ♐ 37	5 ♑	11 ♐	14 ♊	18 ♋	1 ♒
26	3 ♑ 55	24 ♎ 11	9 ♈ 19	9 ♈ 40	16 ♐ 20	1 ♒ 26	9 ♉ 42	12 ♏ 14	10 ♌ 18	7 ♓ 30	15 ♒ 46	24 ♐ 39	5 ♑	12 ♐	13 ♊	18 ♋	1 ♒
27	4 ♑ 56	6 ♏ 53	9 ♈ 16	9 ♈ 38	17 ♐ 46	1 ♒ 21	9 ♉ 53	12 ♏ 24	10 ♌ 15	7 ♓ 31	15 ♒ 48	24 ♐ 41	6 ♑	12 ♐	13 ♊	18 ♋	1 ♒
28	5 ♑ 57	20 ♏ 0	9 ♈ 13	9 ♈ 33	19 ♐ 13	1 ♒ 15	10 ♉ 5	12 ♏ 34	10 ♌ 11	7 ♓ 33	15 ♒ 50	24 ♐ 43	6 ♑	12 ♐	13 ♊	17 ♋	1 ♒
29	6 ♑ 58	3 ♐ 35	9 ♈ 10	9 ♈ 25	20 ♐ 40	1 ♒ 5	10 ♉ 18	12 ♏ 44	10 ♌ 8	7 ♓ 36	15 ♒ 52	24 ♐ 45	6 ♑	13 ♐	13 ♊	17 ♋	1 ♒
30	7 ♑ 59	17 ♐ 38	9 ♈ 7	9 ♈ 15	22 ♐ 8	0 ♒ 54	10 ♉ 31	12 ♏ 54	10 ♌ 4	7 ♓ 38	15 ♒ 54	24 ♐ 48	7 ♑	13 ♐	13 ♊	17 ♋	1 ♒
31	9 ♑ 1	2 ♑ 4	9 ♈ 4	9 ♈ 3	23 ♐ 36	0 ♒ 40	10 ♉ 44	13 ♏ 4	10 ♌ 0	7 ♓ 40	15 ♒ 56	24 ♐ 50	7 ♑	14 ♐	13 ♊	17 ♋	1 ♒

SUN INGRESS	☉ → ♑ 22日 03:35
MOON PHASE	● 2日 00:01 ♐　◐ 8日 18:36 ♓　○ 16日 01:16 ♊　◑ 24日 04:36 ♎　● 31日 12:12 ♑

aspects		
3日	15:41	☉△♄
5日	05:06	☿⚹♀
5日	09:43	♂☍♃
7日	16:30	☉⚹♆
11日	07:00	☿⚹♀
16日	13:12	☉☌♇
17日	14:16	♃□♄
19日	10:13	☿□♅
21日	20:27	☿△♄
25日	14:25	☿⚹♆
28日	09:11	♂□♄
29日	15:07	☉⚹♅
31日	20:18	☿☌♇

2006年1月

DAY	☉	☽	☊ mean	☊ true	☿	♀	♂	♃	♄	♅	♆	♇	⚳	⚴	⚵	⚶	⚷
	° ′	° ′	° ′	° ′	° ′	° ′	° ′	° ′	° ′	° ′	° ′	° ′	°	°	°	°	°
1	10 ♑ 2	16 ♑ 49	9 ♈ 0	8 R 51	25 D 5	0 R 23	10 D 59	13 D 14	9 R 56	7 D 42	15 D 57	24 D 52	8 D	14 D	13 R	16 R	1 D
2	11 ♑ 3	1 ♒ 42	8 ♈ 57	8 ♈ 39	26 ♐ 35	0 ♒ 4	11 ♉ 13	13 ♏ 24	9 ♌ 52	7 ♓ 44	15 ♒ 59	24 ♐ 54	8 ♑	15 ♐	12 ♊	16 ♋	1 ♒
3	12 ♑ 4	16 ♒ 37	8 ♈ 54	8 ♈ 30	28 ♐ 5	29 ♑ 43	11 ♉ 29	13 ♏ 33	9 ♌ 48	7 ♓ 46	16 ♒ 1	24 ♐ 56	8 ♑	15 ♐	12 ♊	16 ♋	2 ♒
4	13 ♑ 5	1 ♓ 23	8 ♈ 51	8 ♈ 23	29 ♐ 35	29 ♑ 19	11 ♉ 44	13 ♏ 43	9 ♌ 44	7 ♓ 49	16 ♒ 3	24 ♐ 59	9 ♑	15 ♐	12 ♊	16 ♋	2 ♒
5	14 ♑ 7	15 ♓ 55	8 ♈ 48	8 ♈ 20	1 ♑ 6	28 ♑ 53	12 ♉ 1	13 ♏ 52	9 ♌ 40	7 ♓ 51	16 ♒ 5	25 ♐ 1	9 ♑	16 ♐	12 ♊	15 ♋	2 ♒
6	15 ♑ 8	0 ♈ 9	8 ♈ 45	8 ♈ 18	2 ♑ 37	28 ♑ 26	12 ♉ 17	14 ♏ 1	9 ♌ 36	7 ♓ 53	16 ♒ 7	25 ♐ 3	10 ♑	16 ♐	12 ♊	15 ♋	2 ♒
7	16 ♑ 9	14 ♈ 4	8 ♈ 41	8 D 18	4 ♑ 9	27 ♑ 56	12 ♉ 35	14 ♏ 10	9 ♌ 32	7 ♓ 56	16 ♒ 9	25 ♐ 5	10 ♑	17 ♐	12 ♊	15 ♋	2 ♒
8	17 ♑ 10	27 ♈ 40	8 ♈ 38	8 R 18	5 ♑ 41	27 ♑ 25	12 ♉ 53	14 ♏ 19	9 ♌ 27	7 ♓ 58	16 ♒ 11	25 ♐ 7	10 ♑	17 ♐	12 ♊	15 ♋	2 ♒
9	18 ♑ 11	11 ♉ 0	8 ♈ 35	8 ♈ 16	7 ♑ 13	26 ♑ 52	13 ♉ 11	14 ♏ 28	9 ♌ 23	8 ♓ 1	16 ♒ 13	25 ♐ 9	11 ♑	17 ♐	12 ♊	14 ♋	2 ♒
10	19 ♑ 12	24 ♉ 5	8 ♈ 32	8 ♈ 12	8 ♑ 46	26 ♑ 18	13 ♉ 29	14 ♏ 37	9 ♌ 19	8 ♓ 3	16 ♒ 16	25 ♐ 11	11 ♑	18 ♐	12 ♊	14 ♋	2 ♒
11	20 ♑ 13	6 ♊ 57	8 ♈ 29	8 ♈ 5	10 ♑ 19	25 ♑ 43	13 ♉ 49	14 ♏ 46	9 ♌ 14	8 ♓ 6	16 ♒ 18	25 ♐ 13	12 ♑	18 ♐	12 ♊	14 ♋	2 ♒
12	21 ♑ 15	19 ♊ 38	8 ♈ 25	7 ♈ 55	11 ♑ 53	25 ♑ 7	14 ♉ 8	14 ♏ 54	9 ♌ 10	8 ♓ 8	16 ♒ 20	25 ♐ 15	12 ♑	19 ♐	12 ♊	13 ♋	2 ♒
13	22 ♑ 16	2 ♋ 9	8 ♈ 22	7 ♈ 42	13 ♑ 27	24 ♑ 30	14 ♉ 28	15 ♏ 3	9 ♌ 5	8 ♓ 11	16 ♒ 22	25 ♐ 18	12 ♑	19 ♐	12 ♊	13 ♋	2 ♒
14	23 ♑ 17	14 ♋ 30	8 ♈ 19	7 ♈ 28	15 ♑ 2	23 ♑ 53	14 ♉ 48	15 ♏ 11	9 ♌ 0	8 ♓ 14	16 ♒ 24	25 ♐ 20	13 ♑	19 ♐	12 ♊	13 ♋	2 ♒
15	24 ♑ 18	26 ♋ 42	8 ♈ 16	7 ♈ 14	16 ♑ 37	23 ♑ 16	15 ♉ 9	15 ♏ 19	8 ♌ 56	8 ♓ 16	16 ♒ 26	25 ♐ 22	13 ♑	20 ♐	12 D	13 ♋	3 ♒
16	25 ♑ 19	8 ♌ 46	8 ♈ 13	7 ♈ 2	18 ♑ 12	22 ♑ 40	15 ♉ 30	15 ♏ 27	8 ♌ 51	8 ♓ 19	16 ♒ 28	25 ♐ 24	14 ♑	20 ♐	12 ♊	12 ♋	3 ♒
17	26 ♑ 20	20 ♌ 42	8 ♈ 10	6 ♈ 51	19 ♑ 48	22 ♑ 3	15 ♉ 52	15 ♏ 35	8 ♌ 46	8 ♓ 22	16 ♒ 30	25 ♐ 26	14 ♑	21 ♐	12 ♊	12 ♋	3 ♒
18	27 ♑ 21	2 ♍ 33	8 ♈ 6	6 ♈ 43	21 ♑ 25	21 ♑ 28	16 ♉ 13	15 ♏ 43	8 ♌ 42	8 ♓ 24	16 ♒ 33	25 ♐ 28	14 ♑	21 ♐	12 ♊	12 ♋	3 ♒
19	28 ♑ 22	14 ♍ 20	8 ♈ 3	6 ♈ 37	23 ♑ 2	20 ♑ 53	16 ♉ 36	15 ♏ 50	8 ♌ 37	8 ♓ 27	16 ♒ 35	25 ♐ 30	15 ♑	21 ♐	12 ♊	12 ♋	3 ♒
20	29 ♑ 23	26 ♍ 8	8 ♈ 0	6 ♈ 35	24 ♑ 40	20 ♑ 20	16 ♉ 58	15 ♏ 58	8 ♌ 32	8 ♓ 30	16 ♒ 37	25 ♐ 32	15 ♑	22 ♐	12 ♊	11 ♋	3 ♒
21	0 ♒ 24	8 ♎ 1	7 ♈ 57	6 D 34	26 ♑ 18	19 ♑ 48	17 ♉ 21	16 ♏ 5	8 ♌ 27	8 ♓ 33	16 ♒ 39	25 ♐ 33	16 ♑	22 ♐	12 ♊	11 ♋	3 ♒
22	1 ♒ 25	20 ♎ 3	7 ♈ 54	6 ♈ 35	27 ♑ 57	19 ♑ 17	17 ♉ 44	16 ♏ 13	8 ♌ 22	8 ♓ 36	16 ♒ 41	25 ♐ 35	16 ♑	23 ♐	12 ♊	11 ♋	3 ♒
23	2 ♒ 26	2 ♏ 20	7 ♈ 51	6 ♈ 35	29 ♑ 36	18 ♑ 49	18 ♉ 8	16 ♏ 20	8 ♌ 17	8 ♓ 39	16 ♒ 44	25 ♐ 37	16 ♑	23 ♐	12 ♊	11 ♋	3 ♒
24	3 ♒ 27	14 ♏ 57	7 ♈ 47	6 R 34	1 ♒ 16	18 ♑ 22	18 ♉ 32	16 ♏ 27	8 ♌ 13	8 ♓ 42	16 ♒ 46	25 ♐ 39	17 ♑	23 ♐	12 ♊	11 ♋	3 ♒
25	4 ♒ 28	27 ♏ 59	7 ♈ 44	6 ♈ 32	2 ♒ 56	17 ♑ 57	18 ♉ 56	16 ♏ 33	8 ♌ 8	8 ♓ 45	16 ♒ 48	25 ♐ 41	17 ♑	24 ♐	12 ♊	10 ♋	3 ♒
26	5 ♒ 29	11 ♐ 29	7 ♈ 41	6 ♈ 27	4 ♒ 37	17 ♑ 35	19 ♉ 20	16 ♏ 40	8 ♌ 3	8 ♓ 48	16 ♒ 50	25 ♐ 43	18 ♑	24 ♐	12 ♊	10 ♋	3 ♒
27	6 ♒ 30	25 ♐ 30	7 ♈ 38	6 ♈ 20	6 ♒ 19	17 ♑ 15	19 ♉ 45	16 ♏ 47	7 ♌ 58	8 ♓ 51	16 ♒ 53	25 ♐ 45	18 ♑	25 ♐	12 ♊	10 ♋	4 ♒
28	7 ♒ 31	9 ♑ 59	7 ♈ 35	6 ♈ 11	8 ♒ 2	16 ♑ 57	20 ♉ 10	16 ♏ 53	7 ♌ 53	8 ♓ 54	16 ♒ 55	25 ♐ 46	18 ♑	25 ♐	12 ♊	10 ♋	4 ♒
29	8 ♒ 32	24 ♑ 52	7 ♈ 31	6 ♈ 1	9 ♒ 45	16 ♑ 42	20 ♉ 35	16 ♏ 59	7 ♌ 48	8 ♓ 57	16 ♒ 57	25 ♐ 48	19 ♑	25 ♐	13 ♊	10 ♋	4 ♒
30	9 ♒ 33	10 ♒ 0	7 ♈ 28	5 ♈ 52	11 ♒ 28	16 ♑ 29	21 ♉ 1	17 ♏ 5	7 ♌ 43	9 ♓ 0	16 ♒ 59	25 ♐ 50	19 ♑	26 ♐	13 ♊	9 ♋	4 ♒
31	10 ♒ 34	25 ♒ 14	7 ♈ 25	5 ♈ 45	13 ♒ 13	16 ♑ 18	21 ♉ 27	17 ♏ 11	7 ♌ 38	9 ♓ 3	17 ♒ 2	25 ♐ 52	20 ♑	26 ♐	13 ♊	9 ♋	4 ♒

SUN INGRESS	☉ → ♒ 20日 14 : 15
MOON PHASE	◐ 7日 03 : 56 ♈ ○ 14日 18 : 48 ♋ ◑ 23日 00 : 14 ♏ ● 29日 23 : 15 ♒

aspects		
2日	05 : 21	☉△♂
4日	17 : 16	☉⚹♃
9日	12 : 37	☿⚹♅
13日	19 : 39	☿△♂
14日	02 : 32	☿⚹♃
14日	08 : 58	☉☌♀
15日	18 : 28	♂☍♃
18日	00 : 31	☿☌♀
18日	22 : 53	♂□♆
23日	19 : 21	♀△♂
27日	06 : 33	☉☌☿
27日	22 : 03	☿☍♄
28日	04 : 06	♀⚹♃
28日	07 : 48	☉☍♄
28日	10 : 24	♃□♆

2006年2月

DAY	☉	☽	☊ mean	☊ true	☿	♀	♂	♃	♄	♅	♆	♇	⚳	⚴	⚵	⚶	⚷
	° ′	° ′	° ′	° ′	° ′	° ′	° ′	° ′	° ′	° ′	° ′	° ′	°	°	°	°	°
1	11 ♒ 35	10 ♓ 21	7 ♈ 22	5 R 40	14 D 57	16 R 10	21 D 53	17 D 17	7 R 33	9 D 6	17 D 4	25 D 53	20 D	27 D	13 D	9 R	4 D
2	12 ♒ 36	25 ♓ 15	7 ♈ 19	5 ♈ 37	16 ♒ 43	16 ♑ 5	22 ♉ 19	17 ♏ 23	7 ♌ 28	9 ♓ 9	17 ♒ 6	25 ♐ 55	20 ♑	27 ♐	13 ♊	9 ♋	4 ♒
3	13 ♒ 37	9 ♈ 47	7 ♈ 16	5 D 37	18 ♒ 29	16 ♑ 2	22 ♉ 46	17 ♏ 28	7 ♌ 23	9 ♓ 13	17 ♒ 8	25 ♐ 57	21 ♑	27 ♐	13 ♊	9 ♋	4 ♒
4	14 ♒ 38	23 ♈ 56	7 ♈ 12	5 ♈ 38	20 ♒ 15	16 D 1	23 ♉ 13	17 ♏ 33	7 ♌ 19	9 ♓ 16	17 ♒ 11	25 ♐ 58	21 ♑	28 ♐	13 ♊	9 ♋	4 ♒
5	15 ♒ 39	7 ♉ 39	7 ♈ 9	5 ♈ 39	22 ♒ 2	16 ♑ 3	23 ♉ 40	17 ♏ 38	7 ♌ 14	9 ♓ 19	17 ♒ 13	26 ♐ 0	22 ♑	28 ♐	14 ♊	8 ♋	4 ♒
6	16 ♒ 40	21 ♉ 0	7 ♈ 6	5 R 39	23 ♒ 50	16 ♑ 7	24 ♉ 7	17 ♏ 43	7 ♌ 9	9 ♓ 22	17 ♒ 15	26 ♐ 2	22 ♑	28 ♐	14 ♊	8 ♋	4 ♒
7	17 ♒ 41	4 ♊ 0	7 ♈ 3	5 ♈ 37	25 ♒ 37	16 ♑ 13	24 ♉ 34	17 ♏ 48	7 ♌ 4	9 ♓ 25	17 ♒ 17	26 ♐ 3	22 ♑	29 ♐	14 ♊	8 ♋	4 ♒
8	18 ♒ 41	16 ♊ 43	7 ♈ 0	5 ♈ 34	27 ♒ 25	16 ♑ 22	25 ♉ 2	17 ♏ 53	6 ♌ 59	9 ♓ 29	17 ♒ 20	26 ♐ 5	23 ♑	29 ♐	14 ♊	8 ♋	5 ♒
9	19 ♒ 42	29 ♊ 11	6 ♈ 57	5 ♈ 28	29 ♒ 13	16 ♑ 33	25 ♉ 30	17 ♏ 57	6 ♌ 55	9 ♓ 32	17 ♒ 22	26 ♐ 6	23 ♑	0 ♑	14 ♊	8 ♋	5 ♒
10	20 ♒ 43	11 ♋ 28	6 ♈ 53	5 ♈ 21	1 ♓ 1	16 ♑ 46	25 ♉ 58	18 ♏ 2	6 ♌ 50	9 ♓ 35	17 ♒ 24	26 ♐ 8	24 ♑	0 ♑	15 ♊	8 ♋	5 ♒
11	21 ♒ 44	23 ♋ 36	6 ♈ 50	5 ♈ 12	2 ♓ 48	17 ♑ 1	26 ♉ 27	18 ♏ 6	6 ♌ 45	9 ♓ 39	17 ♒ 27	26 ♐ 9	24 ♑	0 ♑	15 ♊	8 ♋	5 ♒
12	22 ♒ 44	5 ♌ 37	6 ♈ 47	5 ♈ 4	4 ♓ 35	17 ♑ 18	26 ♉ 55	18 ♏ 10	6 ♌ 41	9 ♓ 42	17 ♒ 29	26 ♐ 11	24 ♑	1 ♑	15 ♊	8 ♋	5 ♒
13	23 ♒ 45	17 ♌ 32	6 ♈ 44	4 ♈ 56	6 ♓ 21	17 ♑ 38	27 ♉ 24	18 ♏ 13	6 ♌ 36	9 ♓ 45	17 ♒ 31	26 ♐ 12	25 ♑	1 ♑	15 ♊	7 ♋	5 ♒
14	24 ♒ 46	29 ♌ 23	6 ♈ 41	4 ♈ 49	8 ♓ 6	17 ♑ 59	27 ♉ 53	18 ♏ 17	6 ♌ 31	9 ♓ 49	17 ♒ 33	26 ♐ 14	25 ♑	1 ♑	15 ♊	7 ♋	5 ♒
15	25 ♒ 46	11 ♍ 12	6 ♈ 37	4 ♈ 45	9 ♓ 50	18 ♑ 22	28 ♉ 22	18 ♏ 20	6 ♌ 27	9 ♓ 52	17 ♒ 36	26 ♐ 15	25 ♑	2 ♑	16 ♊	7 ♋	5 ♒
16	26 ♒ 47	23 ♍ 1	6 ♈ 34	4 ♈ 42	11 ♓ 31	18 ♑ 47	28 ♉ 51	18 ♏ 24	6 ♌ 22	9 ♓ 55	17 ♒ 38	26 ♐ 16	26 ♑	2 ♑	16 ♊	7 ♋	5 ♒
17	27 ♒ 47	4 ♎ 52	6 ♈ 31	4 D 41	13 ♓ 11	19 ♑ 13	29 ♉ 20	18 ♏ 27	6 ♌ 18	9 ♓ 59	17 ♒ 40	26 ♐ 18	26 ♑	2 ♑	16 ♊	7 ♋	5 ♒
18	28 ♒ 48	16 ♎ 48	6 ♈ 28	4 ♈ 42	14 ♓ 47	19 ♑ 41	29 ♉ 50	18 ♏ 30	6 ♌ 14	10 ♓ 2	17 ♒ 42	26 ♐ 19	27 ♑	3 ♑	16 ♊	7 ♋	5 ♒
19	29 ♒ 48	28 ♎ 53	6 ♈ 25	4 ♈ 43	16 ♓ 20	20 ♑ 11	0 ♊ 20	18 ♏ 32	6 ♌ 9	10 ♓ 5	17 ♒ 45	26 ♐ 20	27 ♑	3 ♑	17 ♊	7 ♋	5 ♒
20	0 ♓ 49	11 ♏ 11	6 ♈ 22	4 ♈ 45	17 ♓ 50	20 ♑ 42	0 ♊ 50	18 ♏ 35	6 ♌ 5	10 ♓ 9	17 ♒ 47	26 ♐ 21	27 ♑	3 ♑	17 ♊	7 ♋	6 ♒
21	1 ♓ 49	23 ♏ 46	6 ♈ 18	4 ♈ 46	19 ♓ 14	21 ♑ 15	1 ♊ 20	18 ♏ 37	6 ♌ 1	10 ♓ 12	17 ♒ 49	26 ♐ 23	28 ♑	4 ♑	17 ♊	7 ♋	6 ♒
22	2 ♓ 50	6 ♐ 43	6 ♈ 15	4 R 47	20 ♓ 34	21 ♑ 49	1 ♊ 50	18 ♏ 40	5 ♌ 57	10 ♓ 16	17 ♒ 51	26 ♐ 24	28 ♑	4 ♑	18 ♊	7 ♋	6 ♒
23	3 ♓ 50	20 ♐ 5	6 ♈ 12	4 ♈ 45	21 ♓ 47	22 ♑ 25	2 ♊ 20	18 ♏ 42	5 ♌ 53	10 ♓ 19	17 ♒ 54	26 ♐ 25	28 ♑	4 ♑	18 ♊	7 ♋	6 ♒
24	4 ♓ 51	3 ♑ 55	6 ♈ 9	4 ♈ 43	22 ♓ 54	23 ♑ 2	2 ♊ 51	18 ♏ 43	5 ♌ 49	10 ♓ 23	17 ♒ 56	26 ♐ 26	29 ♑	5 ♑	18 ♊	7 D	6 ♒
25	5 ♓ 51	18 ♑ 13	6 ♈ 6	4 ♈ 39	23 ♓ 54	23 ♑ 40	3 ♊ 21	18 ♏ 45	5 ♌ 45	10 ♓ 26	17 ♒ 58	26 ♐ 27	29 ♑	5 ♑	18 ♊	7 ♋	6 ♒
26	6 ♓ 51	2 ♒ 56	6 ♈ 3	4 ♈ 35	24 ♓ 47	24 ♑ 20	3 ♊ 52	18 ♏ 46	5 ♌ 41	10 ♓ 29	18 ♒ 0	26 ♐ 28	0 ♒	5 ♑	19 ♊	7 ♋	6 ♒
27	7 ♓ 52	17 ♒ 59	5 ♈ 59	4 ♈ 31	25 ♓ 30	25 ♑ 0	4 ♊ 23	18 ♏ 48	5 ♌ 37	10 ♓ 33	18 ♒ 2	26 ♐ 29	0 ♒	6 ♑	19 ♊	7 ♋	6 ♒
28	8 ♓ 52	3 ♓ 13	5 ♈ 56	4 ♈ 28	26 ♓ 5	25 ♑ 42	4 ♊ 54	18 ♏ 49	5 ♌ 33	10 ♓ 36	18 ♒ 5	26 ♐ 30	0 ♒	6 ♑	19 ♊	7 ♋	6 ♒

SUN INGRESS	☉ → ♓ 19日 04 : 26
MOON PHASE	◐ 5日 15 : 29 ♉ ○ 13日 13 : 44 ♌ ◑ 21日 16 : 17 ♐ ● 28日 09 : 31 ♓

aspects		
2日	05 : 22	☿☌♆
2日	09 : 29	☿□♃
6日	05 : 09	☿□♂
6日	14 : 33	☉☌♆
7日	03 : 16	☉□♃
7日	05 : 52	☿⚹♇
14日	22 : 25	♀⚹♃
15日	00 : 33	☿☌♅
15日	11 : 40	☉⚹♇
20日	00 : 33	☉□♂
20日	13 : 03	☿△♃
24日	07 : 15	☿⚹♀
28日	23 : 44	☿□♇

2006年3月

DAY	☉	☽	☊ mean	☊ true	☿	♀	♂	♃	♄	♅	♆	♇	⚳	⚴	⚵	⚶	⚷
	° ′	° ′	° ′	° ′	° ′	° ′	° ′	° ′	° ′	° ′	° ′	° ′	°	°	°	°	°
1	9 ♓ 52	18 ♓ 28	5 ♈ 53	4 R 26	26 D 31	26 D 24	5 D 25	18 D 50	5 R 30	10 D 40	18 D 7	26 D 31	1 D	6 D	20 D	7 D	6 D
2	10 ♓ 53	3 ♈ 33	5 ♈ 50	4 ♈ 25	26 ♓ 48	27 ♑ 8	5 ♊ 56	18 ♏ 50	5 ♌ 26	10 ♓ 43	18 ♒ 9	26 ♐ 32	1 ♒	7 ♑	20 ♊	7 ♋	6 ♒
3	11 ♓ 53	18 ♈ 20	5 ♈ 47	4 D 26	26 ♓ 55	27 ♑ 53	6 ♊ 28	18 ♏ 51	5 ♌ 23	10 ♓ 47	18 ♒ 11	26 ♐ 33	1 ♒	7 ♑	20 ♊	7 ♋	6 ♒
4	12 ♓ 53	2 ♉ 44	5 ♈ 43	4 ♈ 27	26 R 52	28 ♑ 38	6 ♊ 59	18 ♏ 51	5 ♌ 19	10 ♓ 50	18 ♒ 13	26 ♐ 34	2 ♒	7 ♑	21 ♊	7 ♋	6 ♒
5	13 ♓ 53	16 ♉ 41	5 ♈ 40	4 ♈ 29	26 ♓ 40	29 ♑ 25	7 ♊ 31	18 ♏ 51	5 ♌ 16	10 ♓ 54	18 ♒ 15	26 ♐ 35	2 ♒	8 ♑	21 ♊	7 ♋	6 ♒
6	14 ♓ 53	0 ♊ 12	5 ♈ 37	4 ♈ 30	26 ♓ 19	0 ♒ 12	8 ♊ 3	18 R 51	5 ♌ 13	10 ♓ 57	18 ♒ 17	26 ♐ 35	2 ♒	8 ♑	21 ♊	7 ♋	7 ♒
7	15 ♓ 53	13 ♊ 17	5 ♈ 34	4 ♈ 30	25 ♓ 50	1 ♒ 0	8 ♊ 35	18 ♏ 51	5 ♌ 10	11 ♓ 0	18 ♒ 19	26 ♐ 36	3 ♒	8 ♑	21 ♊	7 ♋	7 ♒
8	16 ♓ 53	26 ♊ 1	5 ♈ 31	4 R 30	25 ♓ 13	1 ♒ 49	9 ♊ 6	18 ♏ 50	5 ♌ 7	11 ♓ 4	18 ♒ 21	26 ♐ 37	3 ♒	9 ♑	22 ♊	8 ♋	7 ♒
9	17 ♓ 53	8 ♋ 26	5 ♈ 28	4 ♈ 29	24 ♓ 30	2 ♒ 39	9 ♊ 39	18 ♏ 50	5 ♌ 4	11 ♓ 7	18 ♒ 24	26 ♐ 38	4 ♒	9 ♑	22 ♊	8 ♋	7 ♒
10	18 ♓ 53	20 ♋ 37	5 ♈ 24	4 ♈ 27	23 ♓ 41	3 ♒ 30	10 ♊ 11	18 ♏ 49	5 ♌ 1	11 ♓ 11	18 ♒ 26	26 ♐ 38	4 ♒	9 ♑	22 ♊	8 ♋	7 ♒
11	19 ♓ 53	2 ♌ 38	5 ♈ 21	4 ♈ 25	22 ♓ 47	4 ♒ 21	10 ♊ 43	18 ♏ 48	4 ♌ 58	11 ♓ 14	18 ♒ 28	26 ♐ 39	4 ♒	10 ♑	23 ♊	8 ♋	7 ♒
12	20 ♓ 53	14 ♌ 31	5 ♈ 18	4 ♈ 23	21 ♓ 51	5 ♒ 13	11 ♊ 15	18 ♏ 47	4 ♌ 56	11 ♓ 18	18 ♒ 30	26 ♐ 40	5 ♒	10 ♑	23 ♊	8 ♋	7 ♒
13	21 ♓ 53	26 ♌ 21	5 ♈ 15	4 ♈ 21	20 ♓ 53	6 ♒ 5	11 ♊ 48	18 ♏ 45	4 ♌ 53	11 ♓ 21	18 ♒ 32	26 ♐ 40	5 ♒	10 ♑	24 ♊	8 ♋	7 ♒
14	22 ♓ 53	8 ♍ 10	5 ♈ 12	4 ♈ 19	19 ♓ 54	6 ♒ 58	12 ♊ 20	18 ♏ 44	4 ♌ 50	11 ♓ 24	18 ♒ 34	26 ♐ 41	5 ♒	10 ♑	24 ♊	8 ♋	7 ♒
15	23 ♓ 53	20 ♍ 0	5 ♈ 9	4 ♈ 18	18 ♓ 56	7 ♒ 52	12 ♊ 53	18 ♏ 42	4 ♌ 48	11 ♓ 28	18 ♒ 36	26 ♐ 41	6 ♒	11 ♑	24 ♊	8 ♋	7 ♒
16	24 ♓ 53	1 ♎ 52	5 ♈ 5	4 ♈ 18	18 ♓ 0	8 ♒ 46	13 ♊ 26	18 ♏ 40	4 ♌ 46	11 ♓ 31	18 ♒ 37	26 ♐ 42	6 ♒	11 ♑	25 ♊	8 ♋	7 ♒
17	25 ♓ 52	13 ♎ 51	5 ♈ 2	4 D 18	17 ♓ 8	9 ♒ 41	13 ♊ 59	18 ♏ 38	4 ♌ 44	11 ♓ 34	18 ♒ 39	26 ♐ 42	6 ♒	11 ♑	25 ♊	9 ♋	7 ♒
18	26 ♓ 52	25 ♎ 56	4 ♈ 59	4 ♈ 19	16 ♓ 19	10 ♒ 37	14 ♊ 31	18 ♏ 36	4 ♌ 42	11 ♓ 38	18 ♒ 41	26 ♐ 42	7 ♒	11 ♑	25 ♊	9 ♋	7 ♒
19	27 ♓ 52	8 ♏ 11	4 ♈ 56	4 ♈ 19	15 ♓ 35	11 ♒ 33	15 ♊ 4	18 ♏ 33	4 ♌ 40	11 ♓ 41	18 ♒ 43	26 ♐ 43	7 ♒	12 ♑	26 ♊	9 ♋	7 ♒
20	28 ♓ 51	20 ♏ 39	4 ♈ 53	4 ♈ 20	14 ♓ 57	12 ♒ 29	15 ♊ 37	18 ♏ 31	4 ♌ 38	11 ♓ 45	18 ♒ 45	26 ♐ 43	7 ♒	12 ♑	26 ♊	9 ♋	7 ♒
21	29 ♓ 51	3 ♐ 20	4 ♈ 49	4 ♈ 20	14 ♓ 24	13 ♒ 26	16 ♊ 11	18 ♏ 28	4 ♌ 36	11 ♓ 48	18 ♒ 47	26 ♐ 43	8 ♒	12 ♑	26 ♊	9 ♋	8 ♒
22	0 ♈ 51	16 ♐ 20	4 ♈ 46	4 ♈ 21	13 ♓ 57	14 ♒ 24	16 ♊ 44	18 ♏ 25	4 ♌ 34	11 ♓ 51	18 ♒ 49	26 ♐ 44	8 ♒	13 ♑	27 ♊	9 ♋	8 ♒
23	1 ♈ 50	29 ♐ 39	4 ♈ 43	4 ♈ 21	13 ♓ 36	15 ♒ 22	17 ♊ 17	18 ♏ 22	4 ♌ 33	11 ♓ 54	18 ♒ 50	26 ♐ 44	8 ♒	13 ♑	27 ♊	10 ♋	8 ♒
24	2 ♈ 50	13 ♑ 20	4 ♈ 40	4 R 21	13 ♓ 22	16 ♒ 20	17 ♊ 50	18 ♏ 18	4 ♌ 31	11 ♓ 58	18 ♒ 52	26 ♐ 44	9 ♒	13 ♑	28 ♊	10 ♋	8 ♒
25	3 ♈ 49	27 ♑ 24	4 ♈ 37	4 ♈ 21	13 ♓ 13	17 ♒ 19	18 ♊ 24	18 ♏ 15	4 ♌ 30	12 ♓ 1	18 ♒ 54	26 ♐ 44	9 ♒	13 ♑	28 ♊	10 ♋	8 ♒
26	4 ♈ 49	11 ♒ 50	4 ♈ 34	4 D 21	13 D 10	18 ♒ 18	18 ♊ 57	18 ♏ 11	4 ♌ 29	12 ♓ 4	18 ♒ 56	26 ♐ 45	9 ♒	14 ♑	28 ♊	10 ♋	8 ♒
27	5 ♈ 48	26 ♒ 33	4 ♈ 30	4 ♈ 21	13 ♓ 14	19 ♒ 18	19 ♊ 31	18 ♏ 7	4 ♌ 27	12 ♓ 7	18 ♒ 57	26 ♐ 45	10 ♒	14 ♑	29 ♊	10 ♋	8 ♒
28	6 ♈ 48	11 ♓ 30	4 ♈ 27	4 ♈ 21	13 ♓ 22	20 ♒ 18	20 ♊ 4	18 ♏ 3	4 ♌ 26	12 ♓ 11	18 ♒ 59	26 ♐ 45	10 ♒	14 ♑	29 ♊	10 ♋	8 ♒
29	7 ♈ 47	26 ♓ 32	4 ♈ 24	4 ♈ 21	13 ♓ 36	21 ♒ 18	20 ♊ 38	17 ♏ 59	4 ♌ 25	12 ♓ 14	19 ♒ 1	26 ♐ 45	10 ♒	14 ♑	0 ♋	11 ♋	8 ♒
30	8 ♈ 46	11 ♈ 32	4 ♈ 21	4 R 21	13 ♓ 56	22 ♒ 19	21 ♊ 12	17 ♏ 54	4 ♌ 25	12 ♓ 17	19 ♒ 2	26 R 45	11 ♒	14 ♑	0 ♋	11 ♋	8 ♒
31	9 ♈ 46	26 ♈ 20	4 ♈ 18	4 ♈ 21	14 ♓ 20	23 ♒ 20	21 ♊ 46	17 ♏ 50	4 ♌ 24	12 ♓ 20	19 ♒ 4	26 ♐ 45	11 ♒	15 ♑	0 ♋	11 ♋	8 ♒

SUN INGRESS	☉ → ♈ 21日 03:26
MOON PHASE	◐ 7日 05:16 ♊ ○ 15日 08:35 ♍ ◑ 23日 04:11 ♑ ● 29日 19:15 ♈

aspects		
1日	03:20	♂⚹♄
1日	07:07	☿⚹♀
1日	20:02	☉☌♅
5日	07:21	☿□♇
9日	22:14	☉△♃
11日	16:31	♀☍♄
12日	01:48	♂□♅
12日	11:43	☉☌☿
15日	06:10	☿△♃
16日	16:05	♃□♆
17日	20:07	☉□♇
19日	10:09	☿□♂
25日	16:03	☉△♄
25日	21:09	♀□♃
25日	22:52	♂△♆
26日	15:30	♀☌♆
27日	11:41	♀△♂

2006年4月

DAY	☉	☽	☊ mean	☊ true	☿	♀	♂	♃	♄	♅	♆	♇	⚳	⚴	⚵	⚶	⚷
	° ′	° ′	° ′	° ′	° ′	° ′	° ′	° ′	° ′	° ′	° ′	° ′	°	°	°	°	°
1	10 ♈ 45	10 ♉ 49	4 ♈ 14	4 R 20	14 D 48	24 D 21	22 D 20	17 R 45	4 R 23	12 D 23	19 D 6	26 R 45	11 D	15 D	1 D	11 D	8 D
2	11 ♈ 44	24 ♉ 55	4 ♈ 11	4 ♈ 20	15 ♓ 21	25 ♒ 23	22 ♊ 54	17 ♏ 40	4 ♌ 23	12 ♓ 26	19 ♒ 7	26 ♐ 45	12 ♒	15 ♑	1 ♋	12 ♋	8 ♒
3	12 ♈ 43	8 ♊ 35	4 ♈ 8	4 ♈ 19	15 ♓ 58	26 ♒ 25	23 ♊ 28	17 ♏ 35	4 ♌ 22	12 ♓ 30	19 ♒ 9	26 ♐ 45	12 ♒	15 ♑	2 ♋	12 ♋	8 ♒
4	13 ♈ 42	21 ♊ 48	4 ♈ 5	4 ♈ 18	16 ♓ 39	27 ♒ 27	24 ♊ 2	17 ♏ 30	4 ♌ 22	12 ♓ 33	19 ♒ 10	26 ♐ 44	12 ♒	15 ♑	2 ♋	12 ♋	8 ♒
5	14 ♈ 42	4 ♋ 37	4 ♈ 2	4 ♈ 17	17 ♓ 24	28 ♒ 30	24 ♊ 36	17 ♏ 25	4 ♌ 22	12 ♓ 36	19 ♒ 12	26 ♐ 44	13 ♒	16 ♑	2 ♋	12 ♋	8 ♒
6	15 ♈ 41	17 ♋ 6	3 ♈ 59	4 D 17	18 ♓ 12	29 ♒ 32	25 ♊ 10	17 ♏ 19	4 D 22	12 ♓ 39	19 ♒ 13	26 ♐ 44	13 ♒	16 ♑	3 ♋	12 ♋	8 ♒
7	16 ♈ 40	29 ♋ 17	3 ♈ 55	4 ♈ 17	19 ♓ 4	0 ♓ 35	25 ♊ 44	17 ♏ 14	4 ♌ 22	12 ♓ 42	19 ♒ 15	26 ♐ 44	13 ♒	16 ♑	3 ♋	13 ♋	8 ♒
8	17 ♈ 39	11 ♌ 16	3 ♈ 52	4 ♈ 18	19 ♓ 58	1 ♓ 39	26 ♊ 18	17 ♏ 8	4 ♌ 22	12 ♓ 45	19 ♒ 16	26 ♐ 43	13 ♒	16 ♑	4 ♋	13 ♋	8 ♒
9	18 ♈ 38	23 ♌ 7	3 ♈ 49	4 ♈ 19	20 ♓ 56	2 ♓ 42	26 ♊ 53	17 ♏ 2	4 ♌ 23	12 ♓ 48	19 ♒ 17	26 ♐ 43	14 ♒	16 ♑	4 ♋	13 ♋	8 ♒
10	19 ♈ 37	4 ♍ 55	3 ♈ 46	4 ♈ 21	21 ♓ 56	3 ♓ 46	27 ♊ 27	16 ♏ 56	4 ♌ 23	12 ♓ 51	19 ♒ 19	26 ♐ 43	14 ♒	17 ♑	4 ♋	14 ♋	9 ♒
11	20 ♈ 36	16 ♍ 44	3 ♈ 43	4 ♈ 22	22 ♓ 59	4 ♓ 50	28 ♊ 2	16 ♏ 50	4 ♌ 23	12 ♓ 53	19 ♒ 20	26 ♐ 42	14 ♒	17 ♑	5 ♋	14 ♋	9 ♒
12	21 ♈ 34	28 ♍ 37	3 ♈ 40	4 ♈ 23	24 ♓ 5	5 ♓ 54	28 ♊ 36	16 ♏ 44	4 ♌ 24	12 ♓ 56	19 ♒ 21	26 ♐ 42	15 ♒	17 ♑	5 ♋	14 ♋	9 ♒
13	22 ♈ 33	10 ♎ 36	3 ♈ 36	4 R 23	25 ♓ 13	6 ♓ 59	29 ♊ 11	16 ♏ 38	4 ♌ 25	12 ♓ 59	19 ♒ 23	26 ♐ 42	15 ♒	17 ♑	6 ♋	14 ♋	9 ♒
14	23 ♈ 32	22 ♎ 45	3 ♈ 33	4 ♈ 22	26 ♓ 23	8 ♓ 3	29 ♊ 45	16 ♏ 31	4 ♌ 26	13 ♓ 2	19 ♒ 24	26 ♐ 41	15 ♒	17 ♑	6 ♋	15 ♋	9 ♒
15	24 ♈ 31	5 ♏ 5	3 ♈ 30	4 ♈ 20	27 ♓ 36	9 ♓ 8	0 ♋ 20	16 ♏ 25	4 ♌ 27	13 ♓ 5	19 ♒ 25	26 ♐ 41	16 ♒	17 ♑	7 ♋	15 ♋	9 ♒
16	25 ♈ 30	17 ♏ 37	3 ♈ 27	4 ♈ 17	28 ♓ 51	10 ♓ 13	0 ♋ 54	16 ♏ 18	4 ♌ 28	13 ♓ 8	19 ♒ 26	26 ♐ 40	16 ♒	18 ♑	7 ♋	15 ♋	9 ♒
17	26 ♈ 28	0 ♐ 21	3 ♈ 24	4 ♈ 14	0 ♈ 8	11 ♓ 18	1 ♋ 29	16 ♏ 11	4 ♌ 29	13 ♓ 10	19 ♒ 28	26 ♐ 40	16 ♒	18 ♑	7 ♋	15 ♋	9 ♒
18	27 ♈ 27	13 ♐ 19	3 ♈ 20	4 ♈ 10	1 ♈ 27	12 ♓ 24	2 ♋ 4	16 ♏ 5	4 ♌ 30	13 ♓ 13	19 ♒ 29	26 ♐ 39	16 ♒	18 ♑	8 ♋	16 ♋	9 ♒
19	28 ♈ 26	26 ♐ 32	3 ♈ 17	4 ♈ 7	2 ♈ 48	13 ♓ 30	2 ♋ 39	15 ♏ 58	4 ♌ 31	13 ♓ 16	19 ♒ 30	26 ♐ 38	17 ♒	18 ♑	8 ♋	16 ♋	9 ♒
20	29 ♈ 24	9 ♑ 59	3 ♈ 14	4 ♈ 5	4 ♈ 12	14 ♓ 35	3 ♋ 13	15 ♏ 51	4 ♌ 33	13 ♓ 18	19 ♒ 31	26 ♐ 38	17 ♒	18 ♑	9 ♋	16 ♋	9 ♒
21	0 ♉ 23	23 ♑ 40	3 ♈ 11	4 ♈ 3	5 ♈ 37	15 ♓ 41	3 ♋ 48	15 ♏ 44	4 ♌ 34	13 ♓ 21	19 ♒ 32	26 ♐ 37	17 ♒	18 ♑	9 ♋	17 ♋	9 ♒
22	1 ♉ 21	7 ♒ 37	3 ♈ 8	4 D 3	7 ♈ 4	16 ♓ 48	4 ♋ 23	15 ♏ 37	4 ♌ 36	13 ♓ 24	19 ♒ 33	26 ♐ 36	17 ♒	18 ♑	10 ♋	17 ♋	9 ♒
23	2 ♉ 20	21 ♒ 47	3 ♈ 5	4 ♈ 4	8 ♈ 32	17 ♓ 54	4 ♋ 58	15 ♏ 29	4 ♌ 38	13 ♓ 26	19 ♒ 34	26 ♐ 36	18 ♒	18 ♑	10 ♋	17 ♋	9 ♒
24	3 ♉ 18	6 ♓ 11	3 ♈ 1	4 ♈ 6	10 ♈ 3	19 ♓ 0	5 ♋ 33	15 ♏ 22	4 ♌ 40	13 ♓ 29	19 ♒ 35	26 ♐ 35	18 ♒	18 ♑	10 ♋	18 ♋	9 ♒
25	4 ♉ 17	20 ♓ 43	2 ♈ 58	4 ♈ 7	11 ♈ 35	20 ♓ 7	6 ♋ 8	15 ♏ 15	4 ♌ 42	13 ♓ 31	19 ♒ 36	26 ♐ 34	18 ♒	19 ♑	11 ♋	18 ♋	9 ♒
26	5 ♉ 15	5 ♈ 22	2 ♈ 55	4 R 8	13 ♈ 10	21 ♓ 14	6 ♋ 43	15 ♏ 7	4 ♌ 44	13 ♓ 33	19 ♒ 37	26 ♐ 33	18 ♒	19 ♑	11 ♋	18 ♋	9 ♒
27	6 ♉ 14	20 ♈ 1	2 ♈ 52	4 ♈ 7	14 ♈ 46	22 ♓ 21	7 ♋ 18	15 ♏ 0	4 ♌ 46	13 ♓ 36	19 ♒ 38	26 ♐ 33	19 ♒	19 ♑	12 ♋	18 ♋	9 ♒
28	7 ♉ 12	4 ♉ 33	2 ♈ 49	4 ♈ 4	16 ♈ 23	23 ♓ 28	7 ♋ 53	14 ♏ 52	4 ♌ 48	13 ♓ 38	19 ♒ 38	26 ♐ 32	19 ♒	19 ♑	12 ♋	19 ♋	9 ♒
29	8 ♉ 11	18 ♉ 53	2 ♈ 46	4 ♈ 0	18 ♈ 3	24 ♓ 35	8 ♋ 28	14 ♏ 45	4 ♌ 51	13 ♓ 41	19 ♒ 39	26 ♐ 31	19 ♒	19 ♑	13 ♋	19 ♋	9 ♒
30	9 ♉ 9	2 ♊ 55	2 ♈ 42	3 ♈ 55	19 ♈ 44	25 ♓ 42	9 ♋ 4	14 ♏ 37	4 ♌ 53	13 ♓ 43	19 ♒ 40	26 ♐ 30	19 ♒	19 ♑	13 ♋	19 ♋	9 ♒

SUN INGRESS	☉ → ♉ 20日 14:26
MOON PHASE	◐ 5日 21:01 ♋ ○ 14日 01:40 ♎ ◑ 21日 12:28 ♒ ● 28日 04:44 ♉

aspects		
3日	07:35	♀⚹♇
5日	00:25	☿△♃
8日	17:22	♂☍♇
9日	16:32	☉⚹♆
14日	05:54	☿□♇
17日	04:35	☉△♇
18日	18:43	♀☌♅
18日	18:56	☿□♂
20日	06:08	☿△♄
21日	00:45	♀△♃
25日	10:33	☉□♄
29日	18:32	☉⚹♂
29日	22:56	☿⚹♆
30日	16:47	♀□♇

2006年5月

DAY	☉	☽	☊ mean	☊ true	☿	♀	♂	♃	♄	♅	♆	♇	⚳	⚴	⚵	⚶	⚷
	° ′	° ′	° ′	° ′	° ′	° ′	° ′	° ′	° ′	° ′	° ′	° ′	°	°	°	°	°
1	10 ♉ 7	16 ♊ 34	2 ♈ 39	3 R 49	21 D 28	26 D 50	9 D 39	14 R 30	4 D 56	13 D 45	19 D 41	26 R 29	20 D	19 D	13 D	20 D	9 D
2	11 ♉ 6	29 ♊ 50	2 ♈ 36	3 ♈ 44	23 ♈ 13	27 ♓ 57	10 ♋ 14	14 ♏ 22	4 ♌ 59	13 ♓ 47	19 ♒ 41	26 ♐ 28	20 ♒	19 ♑	14 ♋	20 ♋	9 ♒
3	12 ♉ 4	12 ♋ 43	2 ♈ 33	3 ♈ 39	24 ♈ 59	29 ♓ 5	10 ♋ 49	14 ♏ 14	5 ♌ 1	13 ♓ 50	19 ♒ 42	26 ♐ 27	20 ♒	19 ♑	14 ♋	20 ♋	9 ♒
4	13 ♉ 2	25 ♋ 14	2 ♈ 30	3 ♈ 36	26 ♈ 48	0 ♈ 12	11 ♋ 25	14 ♏ 7	5 ♌ 4	13 ♓ 52	19 ♒ 43	26 ♐ 26	20 ♒	19 ♑	15 ♋	21 ♋	9 ♒
5	14 ♉ 0	7 ♌ 27	2 ♈ 26	3 ♈ 34	28 ♈ 38	1 ♈ 20	12 ♋ 0	13 ♏ 59	5 ♌ 7	13 ♓ 54	19 ♒ 43	26 ♐ 25	21 ♒	19 ♑	15 ♋	21 ♋	9 ♒
6	14 ♉ 58	19 ♌ 27	2 ♈ 23	3 D 34	0 ♉ 30	2 ♈ 28	12 ♋ 36	13 ♏ 51	5 ♌ 10	13 ♓ 56	19 ♒ 44	26 ♐ 24	21 ♒	19 ♑	16 ♋	21 ♋	9 ♒
7	15 ♉ 56	1 ♍ 18	2 ♈ 20	3 ♈ 35	2 ♉ 24	3 ♈ 36	13 ♋ 11	13 ♏ 44	5 ♌ 14	13 ♓ 58	19 ♒ 44	26 ♐ 23	21 ♒	19 ♑	16 ♋	22 ♋	9 ♒
8	16 ♉ 54	13 ♍ 7	2 ♈ 17	3 ♈ 36	4 ♉ 20	4 ♈ 45	13 ♋ 46	13 ♏ 36	5 ♌ 17	14 ♓ 0	19 ♒ 45	26 ♐ 22	21 ♒	19 R	17 ♋	22 ♋	9 ♒
9	17 ♉ 52	24 ♍ 57	2 ♈ 14	3 ♈ 38	6 ♉ 17	5 ♈ 53	14 ♋ 22	13 ♏ 28	5 ♌ 20	14 ♓ 2	19 ♒ 45	26 ♐ 21	22 ♒	19 ♑	17 ♋	22 ♋	9 ♒
10	18 ♉ 51	6 ♎ 53	2 ♈ 11	3 R 38	8 ♉ 17	7 ♈ 1	14 ♋ 57	13 ♏ 21	5 ♌ 24	14 ♓ 4	19 ♒ 46	26 ♐ 19	22 ♒	19 ♑	17 ♋	23 ♋	9 ♒
11	19 ♉ 48	19 ♎ 0	2 ♈ 7	3 ♈ 37	10 ♉ 18	8 ♈ 10	15 ♋ 33	13 ♏ 13	5 ♌ 27	14 ♓ 6	19 ♒ 46	26 ♐ 18	22 ♒	19 ♑	18 ♋	23 ♋	9 ♒
12	20 ♉ 46	1 ♏ 20	2 ♈ 4	3 ♈ 33	12 ♉ 20	9 ♈ 18	16 ♋ 9	13 ♏ 6	5 ♌ 31	14 ♓ 7	19 ♒ 47	26 ♐ 17	22 ♒	19 ♑	18 ♋	24 ♋	9 ♒
13	21 ♉ 44	13 ♏ 55	2 ♈ 1	3 ♈ 28	14 ♉ 24	10 ♈ 27	16 ♋ 44	12 ♏ 58	5 ♌ 35	14 ♓ 9	19 ♒ 47	26 ♐ 16	22 ♒	19 ♑	19 ♋	24 ♋	9 ♒
14	22 ♉ 42	26 ♏ 46	1 ♈ 58	3 ♈ 21	16 ♉ 30	11 ♈ 36	17 ♋ 20	12 ♏ 51	5 ♌ 38	14 ♓ 11	19 ♒ 47	26 ♐ 15	23 ♒	19 ♑	19 ♋	24 ♋	9 ♒
15	23 ♉ 40	9 ♐ 53	1 ♈ 55	3 ♈ 12	18 ♉ 37	12 ♈ 44	17 ♋ 55	12 ♏ 43	5 ♌ 42	14 ♓ 13	19 ♒ 47	26 ♐ 13	23 ♒	19 ♑	20 ♋	25 ♋	9 ♒
16	24 ♉ 38	23 ♐ 15	1 ♈ 52	3 ♈ 4	20 ♉ 45	13 ♈ 53	18 ♋ 31	12 ♏ 36	5 ♌ 46	14 ♓ 14	19 ♒ 48	26 ♐ 12	23 ♒	19 ♑	20 ♋	25 ♋	9 R
17	25 ♉ 36	6 ♑ 49	1 ♈ 48	2 ♈ 56	22 ♉ 55	15 ♈ 2	19 ♋ 7	12 ♏ 29	5 ♌ 51	14 ♓ 16	19 ♒ 48	26 ♐ 11	23 ♒	19 ♑	21 ♋	25 ♋	9 ♒
18	26 ♉ 34	20 ♑ 34	1 ♈ 45	2 ♈ 49	25 ♉ 5	16 ♈ 11	19 ♋ 43	12 ♏ 21	5 ♌ 55	14 ♓ 18	19 ♒ 48	26 ♐ 10	23 ♒	19 ♑	21 ♋	26 ♋	9 ♒
19	27 ♉ 31	4 ♒ 27	1 ♈ 42	2 ♈ 45	27 ♉ 16	17 ♈ 21	20 ♋ 18	12 ♏ 14	5 ♌ 59	14 ♓ 19	19 ♒ 48	26 ♐ 8	23 ♒	19 ♑	21 ♋	26 ♋	9 ♒
20	28 ♉ 29	18 ♒ 27	1 ♈ 39	2 ♈ 43	29 ♉ 27	18 ♈ 30	20 ♋ 54	12 ♏ 7	6 ♌ 3	14 ♓ 21	19 ♒ 48	26 ♐ 7	24 ♒	19 ♑	22 ♋	27 ♋	9 ♒
21	29 ♉ 27	2 ♓ 33	1 ♈ 36	2 D 42	1 ♊ 39	19 ♈ 39	21 ♋ 30	12 ♏ 0	6 ♌ 8	14 ♓ 22	19 ♒ 48	26 ♐ 6	24 ♒	19 ♑	22 ♋	27 ♋	9 ♒
22	0 ♊ 25	16 ♓ 43	1 ♈ 32	2 ♈ 43	3 ♊ 50	20 ♈ 49	22 ♋ 6	11 ♏ 53	6 ♌ 12	14 ♓ 23	19 ♒ 49	26 ♐ 4	24 ♒	18 ♑	23 ♋	27 ♋	9 ♒
23	1 ♊ 22	0 ♈ 57	1 ♈ 29	2 ♈ 43	6 ♊ 1	21 ♈ 58	22 ♋ 42	11 ♏ 46	6 ♌ 17	14 ♓ 25	19 R 49	26 ♐ 3	24 ♒	18 ♑	23 ♋	28 ♋	9 ♒
24	2 ♊ 20	15 ♈ 11	1 ♈ 26	2 R 43	8 ♊ 12	23 ♈ 8	23 ♋ 17	11 ♏ 39	6 ♌ 22	14 ♓ 26	19 ♒ 49	26 ♐ 1	24 ♒	18 ♑	24 ♋	28 ♋	9 ♒
25	3 ♊ 18	29 ♈ 24	1 ♈ 23	2 ♈ 40	10 ♊ 21	24 ♈ 17	23 ♋ 53	11 ♏ 33	6 ♌ 26	14 ♓ 27	19 ♒ 48	26 ♐ 0	24 ♒	18 ♑	24 ♋	28 ♋	9 ♒
26	4 ♊ 15	13 ♉ 31	1 ♈ 20	2 ♈ 35	12 ♊ 29	25 ♈ 27	24 ♋ 29	11 ♏ 26	6 ♌ 31	14 ♓ 28	19 ♒ 48	25 ♐ 59	25 ♒	18 ♑	25 ♋	29 ♋	9 ♒
27	5 ♊ 13	27 ♉ 30	1 ♈ 17	2 ♈ 27	14 ♊ 36	26 ♈ 37	25 ♋ 5	11 ♏ 20	6 ♌ 36	14 ♓ 30	19 ♒ 48	25 ♐ 57	25 ♒	18 ♑	25 ♋	29 ♋	9 ♒
28	6 ♊ 11	11 ♊ 15	1 ♈ 13	2 ♈ 18	16 ♊ 41	27 ♈ 46	25 ♋ 41	11 ♏ 13	6 ♌ 41	14 ♓ 31	19 ♒ 48	25 ♐ 56	25 ♒	18 ♑	26 ♋	0 ♌	9 ♒
29	7 ♊ 8	24 ♊ 43	1 ♈ 10	2 ♈ 7	18 ♊ 44	28 ♈ 56	26 ♋ 17	11 ♏ 7	6 ♌ 46	14 ♓ 32	19 ♒ 48	25 ♐ 54	25 ♒	18 ♑	26 ♋	0 ♌	9 ♒
30	8 ♊ 6	7 ♋ 52	1 ♈ 7	1 ♈ 56	20 ♊ 45	0 ♉ 6	26 ♋ 53	11 ♏ 1	6 ♌ 51	14 ♓ 33	19 ♒ 48	25 ♐ 53	25 ♒	17 ♑	26 ♋	0 ♌	9 ♒
31	9 ♊ 4	20 ♋ 40	1 ♈ 4	1 ♈ 47	22 ♊ 44	1 ♉ 16	27 ♋ 29	10 ♏ 55	6 ♌ 56	14 ♓ 34	19 ♒ 47	25 ♐ 51	25 ♒	17 ♑	27 ♋	1 ♌	9 ♒

SUN INGRESS　☉→♊21日 13:32

MOON PHASE　◐ 5日 14:13 ♌　○ 13日 15:51 ♏　◑ 20日 18:21 ♒　● 27日 14:26 ♊

aspects

3日	19:16	☿△♇
4日	21:19	☉⚹♅
4日	23:36	☉☍♃
5日	12:48	♃△♅
7日	18:13	♂△♃
8日	09:38	♂△♅
8日	11:57	♀△♄
8日	12:02	☿□♄
10日	23:02	☉□♆
12日	08:20	☿☍♃
12日	21:03	☿⚹♅
14日	13:05	☿⚹♂
15日	13:12	☿□♆
19日	05:02	☉☌☿
21日	03:13	☿⚹♆
23日	02:58	☿⚹♄
24日	07:00	♀□♂
26日	10:43	♀△♇
26日	22:48	♀□♅
28日	13:48	☉⚹♄
29日	12:34	☿△♆

2006年6月

DAY	☉	☽	☊ mean	☊ true	☿	♀	♂	♃	♄	♅	♆	♇	⚳	⚴	⚵	⚶	⚷
	° ′	° ′	° ′	° ′	° ′	° ′	° ′	° ′	° ′	° ′	° ′	° ′	°	°	°	°	°
1	10 ♊ 1	3 ♌ 10	1 ♈ 1	1 R 39	24 D 41	2 D 26	28 D 5	10 R 49	7 D 2	14 D 35	19 R 47	25 R 50	25 D	17 R	27 D	1 D	9 R
2	10 ♊ 59	15 ♌ 22	0 ♈ 58	1 ♈ 34	26 ♊ 35	3 ♉ 36	28 ♋ 42	10 ♏ 43	7 ♌ 7	14 ♓ 36	19 ♒ 47	25 ♐ 48	25 ♒	17 ♑	28 ♋	2 ♌	9 ♒
3	11 ♊ 56	27 ♌ 22	0 ♈ 54	1 ♈ 31	28 ♊ 27	4 ♉ 46	29 ♋ 18	10 ♏ 37	7 ♌ 12	14 ♓ 36	19 ♒ 47	25 ♐ 47	25 ♒	17 ♑	28 ♋	2 ♌	9 ♒
4	12 ♊ 54	9 ♍ 14	0 ♈ 51	1 ♈ 30	0 ♋ 16	5 ♉ 57	29 ♋ 54	10 ♏ 32	7 ♌ 18	14 ♓ 37	19 ♒ 46	25 ♐ 45	26 ♒	16 ♑	29 ♋	2 ♌	9 ♒
5	13 ♊ 51	21 ♍ 3	0 ♈ 48	1 D 30	2 ♋ 2	7 ♉ 7	0 ♌ 30	10 ♏ 26	7 ♌ 23	14 ♓ 38	19 ♒ 46	25 ♐ 44	26 ♒	16 ♑	29 ♋	3 ♌	9 ♒
6	14 ♊ 48	2 ♎ 54	0 ♈ 45	1 R 30	3 ♋ 46	8 ♉ 17	1 ♌ 6	10 ♏ 21	7 ♌ 29	14 ♓ 39	19 ♒ 45	25 ♐ 42	26 ♒	16 ♑	0 ♌	3 ♌	9 ♒
7	15 ♊ 46	14 ♎ 53	0 ♈ 42	1 ♈ 29	5 ♋ 27	9 ♉ 28	1 ♌ 43	10 ♏ 16	7 ♌ 35	14 ♓ 39	19 ♒ 45	25 ♐ 41	26 ♒	16 ♑	0 ♌	4 ♌	9 ♒
8	16 ♊ 43	27 ♎ 4	0 ♈ 38	1 ♈ 27	7 ♋ 6	10 ♉ 38	2 ♌ 19	10 ♏ 11	7 ♌ 41	14 ♓ 40	19 ♒ 44	25 ♐ 39	26 ♒	16 ♑	1 ♌	4 ♌	9 ♒
9	17 ♊ 41	9 ♏ 32	0 ♈ 35	1 ♈ 22	8 ♋ 42	11 ♉ 48	2 ♌ 55	10 ♏ 6	7 ♌ 46	14 ♓ 40	19 ♒ 44	25 ♐ 38	26 ♒	15 ♑	1 ♌	4 ♌	9 ♒
10	18 ♊ 38	22 ♏ 20	0 ♈ 32	1 ♈ 14	10 ♋ 14	12 ♉ 59	3 ♌ 31	10 ♏ 1	7 ♌ 52	14 ♓ 41	19 ♒ 43	25 ♐ 36	26 ♒	15 ♑	1 ♌	5 ♌	9 ♒
11	19 ♊ 35	5 ♐ 28	0 ♈ 29	1 ♈ 5	11 ♋ 44	14 ♉ 9	4 ♌ 8	9 ♏ 57	7 ♌ 58	14 ♓ 41	19 ♒ 43	25 ♐ 35	26 ♒	15 ♑	2 ♌	5 ♌	9 ♒
12	20 ♊ 33	18 ♐ 56	0 ♈ 26	0 ♈ 53	13 ♋ 12	15 ♉ 20	4 ♌ 44	9 ♏ 53	8 ♌ 4	14 ♓ 42	19 ♒ 42	25 ♐ 33	26 ♒	15 ♑	2 ♌	6 ♌	9 ♒
13	21 ♊ 30	2 ♑ 42	0 ♈ 23	0 ♈ 42	14 ♋ 36	16 ♉ 31	5 ♌ 20	9 ♏ 48	8 ♌ 10	14 ♓ 42	19 ♒ 41	25 ♐ 31	26 ♒	15 ♑	3 ♌	6 ♌	9 ♒
14	22 ♊ 27	16 ♑ 42	0 ♈ 19	0 ♈ 31	15 ♋ 58	17 ♉ 41	5 ♌ 57	9 ♏ 44	8 ♌ 16	14 ♓ 42	19 ♒ 41	25 ♐ 30	26 ♒	14 ♑	3 ♌	6 ♌	9 ♒
15	23 ♊ 25	0 ♒ 51	0 ♈ 16	0 ♈ 21	17 ♋ 16	18 ♉ 52	6 ♌ 33	9 ♏ 40	8 ♌ 22	14 ♓ 43	19 ♒ 40	25 ♐ 28	26 ♒	14 ♑	4 ♌	7 ♌	9 ♒
16	24 ♊ 22	15 ♒ 6	0 ♈ 13	0 ♈ 15	18 ♋ 32	20 ♉ 3	7 ♌ 9	9 ♏ 37	8 ♌ 29	14 ♓ 43	19 ♒ 39	25 ♐ 27	26 ♒	14 ♑	4 ♌	7 ♌	9 ♒
17	25 ♊ 19	29 ♒ 21	0 ♈ 10	0 ♈ 11	19 ♋ 45	21 ♉ 14	7 ♌ 46	9 ♏ 33	8 ♌ 35	14 ♓ 43	19 ♒ 39	25 ♐ 25	26 ♒	14 ♑	5 ♌	8 ♌	9 ♒
18	26 ♊ 17	13 ♓ 34	0 ♈ 7	0 ♈ 9	20 ♋ 54	22 ♉ 25	8 ♌ 22	9 ♏ 30	8 ♌ 41	14 ♓ 43	19 ♒ 38	25 ♐ 24	26 ♒	13 ♑	5 ♌	8 ♌	9 ♒
19	27 ♊ 14	27 ♓ 42	0 ♈ 4	0 D 9	22 ♋ 1	23 ♉ 36	8 ♌ 59	9 ♏ 26	8 ♌ 48	14 ♓ 43	19 ♒ 37	25 ♐ 22	26 ♒	13 ♑	6 ♌	9 ♌	9 ♒
20	28 ♊ 11	11 ♈ 46	0 ♈ 0	0 R 9	23 ♋ 4	24 ♉ 47	9 ♌ 35	9 ♏ 23	8 ♌ 54	14 R 43	19 ♒ 36	25 ♐ 20	26 ♒	13 ♑	6 ♌	9 ♌	9 ♒
21	29 ♊ 8	25 ♈ 43	29 ♓ 57	0 ♈ 8	24 ♋ 4	25 ♉ 58	10 ♌ 12	9 ♏ 20	9 ♌ 1	14 ♓ 43	19 ♒ 35	25 ♐ 19	26 ♒	12 ♑	6 ♌	9 ♌	9 ♒
22	0 ♋ 6	9 ♉ 34	29 ♓ 54	0 ♈ 4	25 ♋ 0	27 ♉ 9	10 ♌ 48	9 ♏ 18	9 ♌ 7	14 ♓ 43	19 ♒ 34	25 ♐ 17	26 R	12 ♑	7 ♌	10 ♌	9 ♒
23	1 ♋ 3	23 ♉ 18	29 ♓ 51	29 ♓ 58	25 ♋ 54	28 ♉ 20	11 ♌ 25	9 ♏ 15	9 ♌ 14	14 ♓ 43	19 ♒ 34	25 ♐ 16	26 ♒	12 ♑	7 ♌	10 ♌	8 ♒
24	2 ♋ 0	6 ♊ 51	29 ♓ 48	29 ♓ 49	26 ♋ 43	29 ♉ 31	12 ♌ 2	9 ♏ 13	9 ♌ 20	14 ♓ 43	19 ♒ 33	25 ♐ 14	26 ♒	12 ♑	8 ♌	11 ♌	8 ♒
25	2 ♋ 57	20 ♊ 13	29 ♓ 44	29 ♓ 37	27 ♋ 29	0 ♊ 42	12 ♌ 38	9 ♏ 11	9 ♌ 27	14 ♓ 43	19 ♒ 32	25 ♐ 13	26 ♒	11 ♑	8 ♌	11 ♌	8 ♒
26	3 ♋ 55	3 ♋ 22	29 ♓ 41	29 ♓ 25	28 ♋ 11	1 ♊ 54	13 ♌ 15	9 ♏ 9	9 ♌ 34	14 ♓ 42	19 ♒ 31	25 ♐ 11	26 ♒	11 ♑	9 ♌	12 ♌	8 ♒
27	4 ♋ 52	16 ♋ 15	29 ♓ 38	29 ♓ 12	28 ♋ 49	3 ♊ 5	13 ♌ 52	9 ♏ 7	9 ♌ 41	14 ♓ 42	19 ♒ 30	25 ♐ 10	26 ♒	11 ♑	9 ♌	12 ♌	8 ♒
28	5 ♋ 49	28 ♋ 53	29 ♓ 35	29 ♓ 1	29 ♋ 24	4 ♊ 16	14 ♌ 28	9 ♏ 5	9 ♌ 47	14 ♓ 42	19 ♒ 29	25 ♐ 8	26 ♒	11 ♑	10 ♌	12 ♌	8 ♒
29	6 ♋ 46	11 ♌ 14	29 ♓ 32	28 ♓ 51	29 ♋ 54	5 ♊ 28	15 ♌ 5	9 ♏ 4	9 ♌ 54	14 ♓ 41	19 ♒ 27	25 ♐ 6	26 ♒	10 ♑	10 ♌	13 ♌	8 ♒
30	7 ♋ 44	23 ♌ 23	29 ♓ 29	28 ♓ 44	0 ♌ 20	6 ♊ 39	15 ♌ 42	9 ♏ 2	10 ♌ 1	14 ♓ 41	19 ♒ 26	25 ♐ 5	26 ♒	10 ♑	10 ♌	13 ♌	8 ♒

SUN INGRESS　☉→♋21日 21:26

MOON PHASE　◐ 4日 08:06 ♍　○ 12日 03:03 ♐　◑ 18日 23:08 ♓　● 26日 01:05 ♋

aspects

1日	14:15	☿☍♇
5日	06:08	♀□♄
5日	19:52	☉□♅
7日	15:23	♀☍♃
9日	20:46	☿△♃
11日	03:03	☉△♆
11日	10:55	☿⚹♅
13日	01:44	☿△♅
15日	16:04	☿□♆
17日	02:24	☉☍♇
18日	15:04	♂☌♄
19日	16:40	♂□♃
23日	03:43	♃□♄

2006年7月

DAY	☉	☽	☊ mean	☊ true	☿	♀	♂	♃	♄	♅	♆	♇	⚳	⚴	⚵	⚶	⚷
	° ′	° ′	° ′	° ′	° ′	° ′	° ′	° ′	° ′	° ′	° ′	° ′	°	°	°	°	°
1	8 ♋ 41	5 ♍ 20	29 ♓ 25	28 R 40	0 D 41	7 D 51	16 D 19	9 R 1	10 D 8	14 R 40	19 R 25	25 R 3	26 R	10 R	11 D	14 D	8 R
2	9 ♋ 38	17 ♍ 10	29 ♓ 22	28 ♓ 38	0 ♌ 58	9 ♊ 2	16 ♌ 55	9 ♏ 0	10 ♌ 15	14 ♓ 40	19 ♒ 24	25 ♐ 2	26 ♒	9 ♑	11 ♌	14 ♌	8 ♒
3	10 ♋ 35	28 ♍ 58	29 ♓ 19	28 D 38	1 ♌ 11	10 ♊ 14	17 ♌ 32	8 ♏ 59	10 ♌ 22	14 ♓ 39	19 ♒ 23	25 ♐ 0	26 ♒	9 ♑	12 ♌	15 ♌	8 ♒
4	11 ♋ 33	10 ♎ 48	29 ♓ 16	28 ♓ 38	1 ♌ 19	11 ♊ 25	18 ♌ 9	8 ♏ 59	10 ♌ 29	14 ♓ 38	19 ♒ 22	24 ♐ 59	26 ♒	9 ♑	12 ♌	15 ♌	8 ♒
5	12 ♋ 30	22 ♎ 47	29 ♓ 13	28 R 37	1 ♌ 22	12 ♊ 37	18 ♌ 46	8 ♏ 58	10 ♌ 36	14 ♓ 38	19 ♒ 21	24 ♐ 57	26 ♒	9 ♑	13 ♌	16 ♌	8 ♒
6	13 ♋ 27	5 ♏ 0	29 ♓ 10	28 ♓ 36	1 R 20	13 ♊ 49	19 ♌ 23	8 ♏ 58	10 ♌ 43	14 ♓ 37	19 ♒ 19	24 ♐ 56	26 ♒	8 ♑	13 ♌	16 ♌	8 ♒
7	14 ♋ 24	17 ♏ 31	29 ♓ 6	28 ♓ 32	1 ♌ 14	15 ♊ 0	20 ♌ 0	8 D 58	10 ♌ 51	14 ♓ 36	19 ♒ 18	24 ♐ 54	26 ♒	8 ♑	14 ♌	16 ♌	8 ♒
8	15 ♋ 21	0 ♐ 25	29 ♓ 3	28 ♓ 25	1 ♌ 4	16 ♊ 12	20 ♌ 37	8 ♏ 58	10 ♌ 58	14 ♓ 35	19 ♒ 17	24 ♐ 53	26 ♒	8 ♑	14 ♌	17 ♌	8 ♒
9	16 ♋ 18	13 ♐ 43	29 ♓ 0	28 ♓ 17	0 ♌ 48	17 ♊ 24	21 ♌ 14	8 ♏ 59	11 ♌ 5	14 ♓ 34	19 ♒ 16	24 ♐ 52	26 ♒	7 ♑	15 ♌	17 ♌	8 ♒
10	17 ♋ 16	27 ♐ 26	28 ♓ 57	28 ♓ 6	0 ♌ 29	18 ♊ 36	21 ♌ 51	8 ♏ 59	11 ♌ 12	14 ♓ 33	19 ♒ 14	24 ♐ 50	25 ♒	7 ♑	15 ♌	18 ♌	8 ♒
11	18 ♋ 13	11 ♑ 31	28 ♓ 54	27 ♓ 56	0 ♌ 5	19 ♊ 48	22 ♌ 28	9 ♏ 0	11 ♌ 19	14 ♓ 33	19 ♒ 13	24 ♐ 49	25 ♒	7 ♑	15 ♌	18 ♌	8 ♒
12	19 ♋ 10	25 ♑ 54	28 ♓ 50	27 ♓ 46	29 ♋ 38	21 ♊ 0	23 ♌ 5	9 ♏ 1	11 ♌ 27	14 ♓ 32	19 ♒ 12	24 ♐ 47	25 ♒	7 ♑	16 ♌	19 ♌	8 ♒
13	20 ♋ 7	10 ♒ 28	28 ♓ 47	27 ♓ 37	29 ♋ 7	22 ♊ 12	23 ♌ 42	9 ♏ 2	11 ♌ 34	14 ♓ 30	19 ♒ 10	24 ♐ 46	25 ♒	6 ♑	16 ♌	19 ♌	8 ♒
14	21 ♋ 4	25 ♒ 7	28 ♓ 44	27 ♓ 31	28 ♋ 33	23 ♊ 24	24 ♌ 19	9 ♏ 3	11 ♌ 42	14 ♓ 29	19 ♒ 9	24 ♐ 45	25 ♒	6 ♑	17 ♌	20 ♌	7 ♒
15	22 ♋ 2	9 ♓ 44	28 ♓ 41	27 ♓ 28	27 ♋ 57	24 ♊ 36	24 ♌ 56	9 ♏ 4	11 ♌ 49	14 ♓ 28	19 ♒ 7	24 ♐ 43	25 ♒	6 ♑	17 ♌	20 ♌	7 ♒
16	22 ♋ 59	24 ♓ 13	28 ♓ 38	27 ♓ 27	27 ♋ 19	25 ♊ 48	25 ♌ 33	9 ♏ 6	11 ♌ 56	14 ♓ 27	19 ♒ 6	24 ♐ 42	25 ♒	6 ♑	18 ♌	20 ♌	7 ♒
17	23 ♋ 56	8 ♈ 31	28 ♓ 35	27 D 27	26 ♋ 39	27 ♊ 0	26 ♌ 10	9 ♏ 8	12 ♌ 4	14 ♓ 26	19 ♒ 5	24 ♐ 41	25 ♒	5 ♑	18 ♌	21 ♌	7 ♒
18	24 ♋ 53	22 ♈ 37	28 ♓ 31	27 ♓ 28	25 ♋ 59	28 ♊ 12	26 ♌ 47	9 ♏ 10	12 ♌ 11	14 ♓ 25	19 ♒ 3	24 ♐ 39	24 ♒	5 ♑	19 ♌	21 ♌	7 ♒
19	25 ♋ 51	6 ♉ 28	28 ♓ 28	27 R 27	25 ♋ 19	29 ♊ 24	27 ♌ 24	9 ♏ 12	12 ♌ 19	14 ♓ 23	19 ♒ 2	24 ♐ 38	24 ♒	5 ♑	19 ♌	22 ♌	7 ♒
20	26 ♋ 48	20 ♉ 7	28 ♓ 25	27 ♓ 25	24 ♋ 39	0 ♋ 37	28 ♌ 2	9 ♏ 14	12 ♌ 26	14 ♓ 22	19 ♒ 0	24 ♐ 37	24 ♒	5 ♑	20 ♌	22 ♌	7 ♒
21	27 ♋ 45	3 ♊ 32	28 ♓ 22	27 ♓ 20	24 ♋ 1	1 ♋ 49	28 ♌ 39	9 ♏ 17	12 ♌ 34	14 ♓ 21	18 ♒ 59	24 ♐ 35	24 ♒	4 ♑	20 ♌	23 ♌	7 ♒
22	28 ♋ 42	16 ♊ 45	28 ♓ 19	27 ♓ 14	23 ♋ 25	3 ♋ 1	29 ♌ 16	9 ♏ 19	12 ♌ 41	14 ♓ 19	18 ♒ 57	24 ♐ 34	24 ♒	4 ♑	20 ♌	23 ♌	7 ♒
23	29 ♋ 40	29 ♊ 45	28 ♓ 16	27 ♓ 5	22 ♋ 52	4 ♋ 14	29 ♌ 53	9 ♏ 22	12 ♌ 49	14 ♓ 18	18 ♒ 56	24 ♐ 33	24 ♒	4 ♑	21 ♌	24 ♌	7 ♒
24	0 ♌ 37	12 ♋ 32	28 ♓ 12	26 ♓ 55	22 ♋ 23	5 ♋ 26	0 ♍ 31	9 ♏ 25	12 ♌ 56	14 ♓ 16	18 ♒ 54	24 ♐ 32	23 ♒	4 ♑	21 ♌	24 ♌	7 ♒
25	1 ♌ 34	25 ♋ 7	28 ♓ 9	26 ♓ 45	21 ♋ 57	6 ♋ 39	1 ♍ 8	9 ♏ 28	13 ♌ 4	14 ♓ 15	18 ♒ 53	24 ♐ 31	23 ♒	4 ♑	22 ♌	25 ♌	7 ♒
26	2 ♌ 32	7 ♌ 29	28 ♓ 6	26 ♓ 36	21 ♋ 36	7 ♋ 51	1 ♍ 46	9 ♏ 31	13 ♌ 12	14 ♓ 13	18 ♒ 51	24 ♐ 29	23 ♒	3 ♑	22 ♌	25 ♌	7 ♒
27	3 ♌ 29	19 ♌ 40	28 ♓ 3	26 ♓ 29	21 ♋ 20	9 ♋ 4	2 ♍ 23	9 ♏ 35	13 ♌ 19	14 ♓ 11	18 ♒ 50	24 ♐ 28	23 ♒	3 ♑	23 ♌	25 ♌	7 ♒
28	4 ♌ 26	1 ♍ 41	28 ♓ 0	26 ♓ 23	21 ♋ 9	10 ♋ 16	3 ♍ 0	9 ♏ 38	13 ♌ 27	14 ♓ 10	18 ♒ 48	24 ♐ 27	23 ♒	3 ♑	23 ♌	26 ♌	7 ♒
29	5 ♌ 24	13 ♍ 34	27 ♓ 56	26 ♓ 20	21 ♋ 4	11 ♋ 29	3 ♍ 38	9 ♏ 42	13 ♌ 35	14 ♓ 8	18 ♒ 46	24 ♐ 26	22 ♒	3 ♑	24 ♌	26 ♌	7 ♒
30	6 ♌ 21	25 ♍ 21	27 ♓ 53	26 ♓ 19	21 D 4	12 ♋ 42	4 ♍ 15	9 ♏ 46	13 ♌ 42	14 ♓ 6	18 ♒ 45	24 ♐ 25	22 ♒	3 ♑	24 ♌	27 ♌	7 ♒
31	7 ♌ 18	7 ♎ 8	27 ♓ 50	26 D 20	21 ♋ 11	13 ♋ 54	4 ♍ 53	9 ♏ 50	13 ♌ 50	14 ♓ 5	18 ♒ 43	24 ♐ 24	22 ♒	2 ♑	24 ♌	27 ♌	7 ♒

SUN INGRESS	☉ → ♌ 23日 08:18
MOON PHASE	◐ 4日 01:37 ♎　○ 11日 12:02 ♑　◑ 18日 04:13 ♈　● 25日 13:31 ♌

aspects

1日	08:21	☉△♃
3日	03:04	♀⚹♄
5日	21:47	♂☍♆
6日	15:57	♀□♅
7日	04:58	☉△♅
10日	12:35	♀△♆
14日	16:08	♂△♇
15日	02:28	♀☍♇
15日	13:50	♀⚹♂
18日	16:07	☉☌☿
27日	10:50	♀△♃
31日	03:19	♀△♅

2006年8月

DAY	☉	☽	☊ mean	☊ true	☿	♀	♂	♃	♄	♅	♆	♇	⚳	⚴	⚵	⚶	⚷
	° ′	° ′	° ′	° ′	° ′	° ′	° ′	° ′	° ′	° ′	° ′	° ′	°	°	°	°	°
1	8 ♌ 16	18 ♎ 58	27 ♓ 47	26 D 21	21 D 24	15 D 7	5 D 30	9 D 55	13 D 58	14 R 3	18 R 42	24 R 23	22 R	2 R	25 D	28 D	6 R
2	9 ♌ 13	0 ♏ 56	27 ♓ 44	26 ♓ 22	21 ♋ 43	16 ♋ 20	6 ♍ 8	9 ♏ 59	14 ♌ 5	14 ♓ 1	18 ♒ 40	24 ♐ 22	22 ♒	2 ♑	25 ♌	28 ♌	6 ♒
3	10 ♌ 11	13 ♏ 7	27 ♓ 41	26 R 22	22 ♋ 9	17 ♋ 33	6 ♍ 46	10 ♏ 4	14 ♌ 13	13 ♓ 59	18 ♒ 38	24 ♐ 21	21 ♒	2 ♑	26 ♌	29 ♌	6 ♒
4	11 ♌ 8	25 ♏ 37	27 ♓ 37	26 ♓ 21	22 ♋ 40	18 ♋ 46	7 ♍ 23	10 ♏ 9	14 ♌ 21	13 ♓ 57	18 ♒ 37	24 ♐ 20	21 ♒	2 ♑	26 ♌	29 ♌	6 ♒
5	12 ♌ 6	8 ♐ 30	27 ♓ 34	26 ♓ 18	23 ♋ 19	19 ♋ 58	8 ♍ 1	10 ♏ 13	14 ♌ 28	13 ♓ 55	18 ♒ 35	24 ♐ 19	21 ♒	2 ♑	27 ♌	0 ♍	6 ♒
6	13 ♌ 3	21 ♐ 49	27 ♓ 31	26 ♓ 14	24 ♋ 3	21 ♋ 11	8 ♍ 38	10 ♏ 19	14 ♌ 36	13 ♓ 54	18 ♒ 34	24 ♐ 18	21 ♒	2 ♑	27 ♌	0 ♍	6 ♒
7	14 ♌ 0	5 ♑ 36	27 ♓ 28	26 ♓ 8	24 ♋ 54	22 ♋ 24	9 ♍ 16	10 ♏ 24	14 ♌ 44	13 ♓ 52	18 ♒ 32	24 ♐ 17	21 ♒	1 ♑	28 ♌	1 ♍	6 ♒
8	14 ♌ 58	19 ♑ 49	27 ♓ 25	26 ♓ 2	25 ♋ 51	23 ♋ 37	9 ♍ 54	10 ♏ 29	14 ♌ 51	13 ♓ 50	18 ♒ 30	24 ♐ 16	20 ♒	1 ♑	28 ♌	1 ♍	6 ♒
9	15 ♌ 55	4 ♒ 25	27 ♓ 22	25 ♓ 56	26 ♋ 53	24 ♋ 51	10 ♍ 32	10 ♏ 35	14 ♌ 59	13 ♓ 48	18 ♒ 29	24 ♐ 16	20 ♒	1 ♑	28 ♌	2 ♍	6 ♒
10	16 ♌ 53	19 ♒ 16	27 ♓ 18	25 ♓ 51	28 ♋ 2	26 ♋ 4	11 ♍ 9	10 ♏ 40	15 ♌ 7	13 ♓ 46	18 ♒ 27	24 ♐ 15	20 ♒	1 ♑	29 ♌	2 ♍	6 ♒
11	17 ♌ 50	4 ♓ 16	27 ♓ 15	25 ♓ 47	29 ♋ 16	27 ♋ 17	11 ♍ 47	10 ♏ 46	15 ♌ 15	13 ♓ 43	18 ♒ 25	24 ♐ 14	20 ♒	1 ♑	29 ♌	3 ♍	6 ♒
12	18 ♌ 48	19 ♓ 14	27 ♓ 12	25 ♓ 46	0 ♌ 36	28 ♋ 30	12 ♍ 25	10 ♏ 52	15 ♌ 22	13 ♓ 41	18 ♒ 24	24 ♐ 13	20 ♒	1 ♑	0 ♍	3 ♍	6 ♒
13	19 ♌ 45	4 ♈ 4	27 ♓ 9	25 D 46	2 ♌ 1	29 ♋ 43	13 ♍ 3	10 ♏ 58	15 ♌ 30	13 ♓ 39	18 ♒ 22	24 ♐ 13	19 ♒	1 ♑	0 ♍	3 ♍	6 ♒
14	20 ♌ 43	18 ♈ 40	27 ♓ 6	25 ♓ 47	3 ♌ 31	0 ♌ 56	13 ♍ 41	11 ♏ 5	15 ♌ 38	13 ♓ 37	18 ♒ 21	24 ♐ 12	19 ♒	1 ♑	1 ♍	4 ♍	6 ♒
15	21 ♌ 41	2 ♉ 57	27 ♓ 2	25 ♓ 49	5 ♌ 5	2 ♌ 10	14 ♍ 19	11 ♏ 11	15 ♌ 45	13 ♓ 35	18 ♒ 19	24 ♐ 11	19 ♒	1 ♑	1 ♍	4 ♍	6 ♒
16	22 ♌ 38	16 ♉ 53	26 ♓ 59	25 ♓ 50	6 ♌ 44	3 ♌ 23	14 ♍ 57	11 ♏ 18	15 ♌ 53	13 ♓ 33	18 ♒ 17	24 ♐ 11	19 ♒	1 ♑	1 ♍	5 ♍	6 ♒
17	23 ♌ 36	0 ♊ 29	26 ♓ 56	25 R 49	8 ♌ 27	4 ♌ 37	15 ♍ 35	11 ♏ 24	16 ♌ 1	13 ♓ 31	18 ♒ 16	24 ♐ 10	18 ♒	1 ♑	2 ♍	5 ♍	6 ♒
18	24 ♌ 34	13 ♊ 46	26 ♓ 53	25 ♓ 48	10 ♌ 13	5 ♌ 50	16 ♍ 13	11 ♏ 31	16 ♌ 8	13 ♓ 28	18 ♒ 14	24 ♐ 9	18 ♒	0 ♑	2 ♍	6 ♍	6 ♒
19	25 ♌ 31	26 ♊ 46	26 ♓ 50	25 ♓ 45	12 ♌ 2	7 ♌ 3	16 ♍ 51	11 ♏ 38	16 ♌ 16	13 ♓ 26	18 ♒ 12	24 ♐ 9	18 ♒	0 ♑	3 ♍	6 ♍	6 ♒
20	26 ♌ 29	9 ♋ 29	26 ♓ 47	25 ♓ 41	13 ♌ 54	8 ♌ 17	17 ♍ 29	11 ♏ 45	16 ♌ 24	13 ♓ 24	18 ♒ 11	24 ♐ 8	18 ♒	0 ♑	3 ♍	7 ♍	5 ♒
21	27 ♌ 27	22 ♋ 0	26 ♓ 43	25 ♓ 37	15 ♌ 48	9 ♌ 31	18 ♍ 7	11 ♏ 52	16 ♌ 31	13 ♓ 22	18 ♒ 9	24 ♐ 8	18 ♒	0 ♑	4 ♍	7 ♍	5 ♒
22	28 ♌ 25	4 ♌ 18	26 ♓ 40	25 ♓ 32	17 ♌ 43	10 ♌ 44	18 ♍ 45	12 ♏ 0	16 ♌ 39	13 ♓ 19	18 ♒ 8	24 ♐ 7	17 ♒	0 ♑	4 ♍	8 ♍	5 ♒
23	29 ♌ 22	16 ♌ 26	26 ♓ 37	25 ♓ 28	19 ♌ 41	11 ♌ 58	19 ♍ 23	12 ♏ 7	16 ♌ 46	13 ♓ 17	18 ♒ 6	24 ♐ 7	17 ♒	0 ♑	5 ♍	8 ♍	5 ♒
24	0 ♍ 20	28 ♌ 26	26 ♓ 34	25 ♓ 25	21 ♌ 39	13 ♌ 11	20 ♍ 1	12 ♏ 15	16 ♌ 54	13 ♓ 15	18 ♒ 4	24 ♐ 7	17 ♒	0 ♑	5 ♍	9 ♍	5 ♒
25	1 ♍ 18	10 ♍ 19	26 ♓ 31	25 ♓ 22	23 ♌ 38	14 ♌ 25	20 ♍ 40	12 ♏ 23	17 ♌ 2	13 ♓ 12	18 ♒ 3	24 ♐ 6	17 ♒	0 ♑	5 ♍	9 ♍	5 ♒
26	2 ♍ 16	22 ♍ 8	26 ♓ 28	25 ♓ 22	25 ♌ 38	15 ♌ 39	21 ♍ 18	12 ♏ 31	17 ♌ 9	13 ♓ 10	18 ♒ 1	24 ♐ 6	16 ♒	0 D	6 ♍	10 ♍	5 ♒
27	3 ♍ 14	3 ♎ 54	26 ♓ 24	25 D 22	27 ♌ 38	16 ♌ 53	21 ♍ 56	12 ♏ 39	17 ♌ 17	13 ♓ 8	18 ♒ 0	24 ♐ 6	16 ♒	0 ♑	6 ♍	10 ♍	5 ♒
28	4 ♍ 12	15 ♎ 41	26 ♓ 21	25 ♓ 23	29 ♌ 37	18 ♌ 7	22 ♍ 34	12 ♏ 47	17 ♌ 24	13 ♓ 5	17 ♒ 58	24 ♐ 5	16 ♒	0 ♑	7 ♍	11 ♍	5 ♒
29	5 ♍ 10	27 ♎ 32	26 ♓ 18	25 ♓ 24	1 ♍ 36	19 ♌ 20	23 ♍ 13	12 ♏ 55	17 ♌ 32	13 ♓ 3	17 ♒ 57	24 ♐ 5	16 ♒	0 ♑	7 ♍	11 ♍	5 ♒
30	6 ♍ 8	9 ♏ 32	26 ♓ 15	25 ♓ 26	3 ♍ 35	20 ♌ 34	23 ♍ 51	13 ♏ 3	17 ♌ 39	13 ♓ 1	17 ♒ 55	24 ♐ 5	16 ♒	0 ♑	8 ♍	12 ♍	5 ♒
31	7 ♍ 6	21 ♏ 43	26 ♓ 12	25 ♓ 27	5 ♍ 33	21 ♌ 48	24 ♍ 30	13 ♏ 12	17 ♌ 46	12 ♓ 58	17 ♒ 53	24 ♐ 5	16 ♒	0 ♑	8 ♍	12 ♍	5 ♒

SUN INGRESS	☉ → ♍ 23日 15:23
MOON PHASE	◐ 2日 17:46 ♏　○ 9日 19:54 ♒　◑ 16日 10:51 ♉　● 24日 04:10 ♍

aspects

2日	20:51	☉□♃
7日	20:54	☉☌♄
9日	02:20	♂⚹♃
11日	14:14	☉☍♆
13日	21:51	♂☍♅
17日	14:02	☉△♇
18日	18:30	☿□♃
21日	09:42	☿☌♄
22日	04:53	☿☍♆
23日	03:26	♀□♃
25日	05:35	☿△♇
27日	08:38	♀☌♄
27日	21:18	♀☍♆
29日	18:13	♃△♅
30日	08:29	♂□♇
31日	18:53	♄☍♆

2006年9月

DAY	☉	☽	☊ mean	☊ true	☿	♀	♂	♃	♄	♅	♆	♇	⚳	⚴	⚵	⚶	⚷
1	8 ♍ 4	4 ♐ 11	26 ♓ 8	25 D 28	7 D 30	23 D 2	25 D 8	13 D 20	17 D 54	12 R 56	17 R 52	24 R 4	15 R	0 D	8 D	13 D	5 R
2	9 ♍ 2	17 ♐ 0	26 ♓ 5	25 R 28	9 ♍ 26	24 ♌ 16	25 ♍ 47	13 ♏ 29	18 ♌ 1	12 ♓ 54	17 ♒ 50	24 ♐ 4	15 ♒	1 ♑	9 ♍	13 ♍	5 ♒
3	10 ♍ 0	0 ♑ 14	26 ♓ 2	25 ♓ 27	11 ♍ 22	25 ♌ 30	26 ♍ 25	13 ♏ 38	18 ♌ 9	12 ♓ 51	17 ♒ 49	24 ♐ 4	15 ♒	1 ♑	9 ♍	14 ♍	5 ♒
4	10 ♍ 58	13 ♑ 55	25 ♓ 59	25 ♓ 25	13 ♍ 16	26 ♌ 44	27 ♍ 4	13 ♏ 47	18 ♌ 16	12 ♓ 49	17 ♒ 48	24 ♐ 4	15 ♒	1 ♑	10 ♍	14 ♍	5 ♒
5	11 ♍ 56	28 ♑ 3	25 ♓ 56	25 ♓ 24	15 ♍ 9	27 ♌ 58	27 ♍ 42	13 ♏ 56	18 ♌ 23	12 ♓ 46	17 ♒ 46	24 ♐ 4	15 ♒	1 ♑	10 ♍	15 ♍	5 ♒
6	12 ♍ 54	12 ♒ 37	25 ♓ 53	25 ♓ 22	17 ♍ 1	29 ♌ 12	28 ♍ 21	14 ♏ 5	18 ♌ 30	12 ♓ 44	17 ♒ 45	24 D 4	14 ♒	1 ♑	11 ♍	15 ♍	5 ♒
7	13 ♍ 52	27 ♒ 31	25 ♓ 49	25 ♓ 21	18 ♍ 52	0 ♍ 27	28 ♍ 59	14 ♏ 14	18 ♌ 38	12 ♓ 42	17 ♒ 43	24 ♐ 4	14 ♒	1 ♑	11 ♍	15 ♍	5 ♒
8	14 ♍ 51	12 ♓ 39	25 ♓ 46	25 ♓ 20	20 ♍ 42	1 ♍ 41	29 ♍ 38	14 ♏ 24	18 ♌ 45	12 ♓ 39	17 ♒ 42	24 ♐ 4	14 ♒	1 ♑	11 ♍	16 ♍	5 ♒
9	15 ♍ 49	27 ♓ 51	25 ♓ 43	25 D 20	22 ♍ 30	2 ♍ 55	0 ♎ 17	14 ♏ 33	18 ♌ 52	12 ♓ 37	17 ♒ 40	24 ♐ 4	14 ♒	1 ♑	12 ♍	16 ♍	5 ♒
10	16 ♍ 47	12 ♈ 58	25 ♓ 40	25 ♓ 20	24 ♍ 18	4 ♍ 9	0 ♎ 55	14 ♏ 43	18 ♌ 59	12 ♓ 34	17 ♒ 39	24 ♐ 4	14 ♒	1 ♑	12 ♍	17 ♍	5 ♒
11	17 ♍ 45	27 ♈ 51	25 ♓ 37	25 ♓ 21	26 ♍ 4	5 ♍ 23	1 ♎ 34	14 ♏ 52	19 ♌ 6	12 ♓ 32	17 ♒ 38	24 ♐ 5	14 ♒	1 ♑	13 ♍	17 ♍	5 ♒
12	18 ♍ 44	12 ♉ 24	25 ♓ 33	25 ♓ 21	27 ♍ 49	6 ♍ 38	2 ♎ 13	15 ♏ 2	19 ♌ 13	12 ♓ 30	17 ♒ 36	24 ♐ 5	14 ♒	1 ♑	13 ♍	18 ♍	4 ♒
13	19 ♍ 42	26 ♉ 32	25 ♓ 30	25 ♓ 22	29 ♍ 33	7 ♍ 52	2 ♎ 52	15 ♏ 12	19 ♌ 20	12 ♓ 27	17 ♒ 35	24 ♐ 5	14 ♒	1 ♑	14 ♍	18 ♍	4 ♒
14	20 ♍ 40	10 ♊ 15	25 ♓ 27	25 ♓ 22	1 ♎ 16	9 ♍ 6	3 ♎ 31	15 ♏ 22	19 ♌ 27	12 ♓ 25	17 ♒ 34	24 ♐ 5	13 ♒	2 ♑	14 ♍	19 ♍	4 ♒
15	21 ♍ 39	23 ♊ 33	25 ♓ 24	25 R 22	2 ♎ 58	10 ♍ 21	4 ♎ 10	15 ♏ 32	19 ♌ 34	12 ♓ 23	17 ♒ 32	24 ♐ 6	13 ♒	2 ♑	14 ♍	19 ♍	4 ♒
16	22 ♍ 37	6 ♋ 28	25 ♓ 21	25 ♓ 22	4 ♎ 38	11 ♍ 35	4 ♎ 49	15 ♏ 42	19 ♌ 41	12 ♓ 20	17 ♒ 31	24 ♐ 6	13 ♒	2 ♑	15 ♍	20 ♍	4 ♒
17	23 ♍ 36	19 ♋ 4	25 ♓ 18	25 ♓ 22	6 ♎ 18	12 ♍ 50	5 ♎ 28	15 ♏ 53	19 ♌ 48	12 ♓ 18	17 ♒ 30	24 ♐ 6	13 ♒	2 ♑	15 ♍	20 ♍	4 ♒
18	24 ♍ 34	1 ♌ 24	25 ♓ 14	25 ♓ 22	7 ♎ 57	14 ♍ 4	6 ♎ 7	16 ♏ 3	19 ♌ 55	12 ♓ 15	17 ♒ 29	24 ♐ 7	13 ♒	2 ♑	16 ♍	21 ♍	4 ♒
19	25 ♍ 33	13 ♌ 31	25 ♓ 11	25 D 22	9 ♎ 34	15 ♍ 19	6 ♎ 46	16 ♏ 13	20 ♌ 2	12 ♓ 13	17 ♒ 27	24 ♐ 7	13 ♒	2 ♑	16 ♍	21 ♍	4 ♒
20	26 ♍ 32	25 ♌ 29	25 ♓ 8	25 ♓ 22	11 ♎ 11	16 ♍ 33	7 ♎ 25	16 ♏ 24	20 ♌ 8	12 ♓ 11	17 ♒ 26	24 ♐ 8	13 ♒	2 ♑	16 ♍	22 ♍	4 ♒
21	27 ♍ 30	7 ♍ 20	25 ♓ 5	25 ♓ 22	12 ♎ 46	17 ♍ 48	8 ♎ 4	16 ♏ 35	20 ♌ 15	12 ♓ 9	17 ♒ 25	24 ♐ 8	13 ♒	2 ♑	17 ♍	22 ♍	4 ♒
22	28 ♍ 29	19 ♍ 8	25 ♓ 2	25 ♓ 22	14 ♎ 21	19 ♍ 3	8 ♎ 43	16 ♏ 45	20 ♌ 22	12 ♓ 6	17 ♒ 24	24 ♐ 9	13 ♒	3 ♑	17 ♍	23 ♍	4 ♒
23	29 ♍ 28	0 ♎ 55	24 ♓ 59	25 R 22	15 ♎ 54	20 ♍ 17	9 ♎ 22	16 ♏ 56	20 ♌ 28	12 ♓ 4	17 ♒ 23	24 ♐ 9	13 ♒	3 ♑	18 ♍	23 ♍	4 ♒
24	0 ♎ 26	12 ♎ 43	24 ♓ 55	25 ♓ 22	17 ♎ 27	21 ♍ 32	10 ♎ 2	17 ♏ 7	20 ♌ 35	12 ♓ 2	17 ♒ 22	24 ♐ 10	13 ♒	3 ♑	18 ♍	24 ♍	4 ♒
25	1 ♎ 25	24 ♎ 35	24 ♓ 52	25 ♓ 22	18 ♎ 58	22 ♍ 46	10 ♎ 41	17 ♏ 18	20 ♌ 41	12 ♓ 0	17 ♒ 21	24 ♐ 10	12 ♒	3 ♑	19 ♍	24 ♍	4 ♒
26	2 ♎ 24	6 ♏ 32	24 ♓ 49	25 ♓ 21	20 ♎ 29	24 ♍ 1	11 ♎ 20	17 ♏ 29	20 ♌ 48	11 ♓ 57	17 ♒ 20	24 ♐ 11	12 ♒	3 ♑	19 ♍	25 ♍	4 ♒
27	3 ♎ 23	18 ♏ 37	24 ♓ 46	25 ♓ 20	21 ♎ 58	25 ♍ 16	12 ♎ 0	17 ♏ 40	20 ♌ 54	11 ♓ 55	17 ♒ 19	24 ♐ 12	12 ♒	3 ♑	19 ♍	25 ♍	4 ♒
28	4 ♎ 22	0 ♐ 53	24 ♓ 43	25 ♓ 18	23 ♎ 27	26 ♍ 31	12 ♎ 39	17 ♏ 51	21 ♌ 1	11 ♓ 53	17 ♒ 18	24 ♐ 12	12 ♒	4 ♑	20 ♍	26 ♍	4 ♒
29	5 ♎ 20	13 ♐ 23	24 ♓ 39	25 ♓ 17	24 ♎ 55	27 ♍ 45	13 ♎ 18	18 ♏ 2	21 ♌ 7	11 ♓ 51	17 ♒ 17	24 ♐ 13	12 ♒	4 ♑	20 ♍	26 ♍	4 ♒
30	6 ♎ 19	26 ♐ 11	24 ♓ 36	25 ♓ 17	26 ♎ 21	29 ♍ 0	13 ♎ 58	18 ♏ 14	21 ♌ 13	11 ♓ 49	17 ♒ 16	24 ♐ 14	12 ♒	4 ♑	21 ♍	27 ♍	4 ♒

SUN INGRESS: ☉→♎23日 13:03

MOON PHASE: ◐ 1日 07:57 ♐ ○ 8日 03:42 ♓ ◑ 14日 20:15 ♊ ● 22日 20:45 ♍ ◐ 30日 20:04 ♑

aspects

1日	13:49	☉☌☿
1日	20:10	♀△♇
3日	18:22	☿☍♅
4日	07:05	☿⚹♃
5日	19:54	☉☍♅
7日	10:45	☉⚹♃
9日	21:00	☿□♇
16日	04:01	☿☌♂
16日	14:01	♀☍♅
17日	12:34	☉□♇
19日	20:27	☿⚹♃
23日	22:43	☿△♆
25日	05:31	♃□♆
26日	03:10	♀□♇
26日	05:28	☿⚹♄
28日	12:27	☿⚹♇

2006年10月

DAY	☉	☽	☊ mean	☊ true	☿	♀	♂	♃	♄	♅	♆	♇	⚳	⚴	⚵	⚶	⚷
1	7 ♎ 18	9 ♑ 19	24 ♓ 33	25 D 17	27 D 47	0 D 15	14 D 37	18 D 25	21 D 19	11 R 47	17 R 15	24 D 15	12 R	4 D	21 D	27 D	4 R
2	8 ♎ 17	22 ♑ 51	24 ♓ 30	25 ♓ 17	29 ♎ 12	1 ♎ 30	15 ♎ 17	18 ♏ 37	21 ♌ 25	11 ♓ 45	17 ♒ 14	24 ♐ 15	12 ♒	4 ♑	21 ♍	28 ♍	4 ♒
3	9 ♎ 16	6 ♒ 47	24 ♓ 27	25 ♓ 18	0 ♏ 35	2 ♎ 45	15 ♎ 57	18 ♏ 48	21 ♌ 31	11 ♓ 43	17 ♒ 13	24 ♐ 16	12 ♒	4 ♑	22 ♍	28 ♍	4 ♒
4	10 ♎ 15	21 ♒ 7	24 ♓ 24	25 ♓ 19	1 ♏ 58	4 ♎ 0	16 ♎ 36	19 ♏ 0	21 ♌ 37	11 ♓ 41	17 ♒ 12	24 ♐ 17	12 D	5 ♑	22 ♍	29 ♍	4 ♒
5	11 ♎ 14	5 ♓ 49	24 ♓ 20	25 ♓ 20	3 ♏ 20	5 ♎ 14	17 ♎ 16	19 ♏ 12	21 ♌ 43	11 ♓ 39	17 ♒ 11	24 ♐ 18	12 ♒	5 ♑	23 ♍	29 ♍	4 ♒
6	12 ♎ 13	20 ♓ 49	24 ♓ 17	25 ♓ 21	4 ♏ 40	6 ♎ 29	17 ♎ 55	19 ♏ 23	21 ♌ 49	11 ♓ 37	17 ♒ 11	24 ♐ 19	12 ♒	5 ♑	23 ♍	0 ♎	4 ♒
7	13 ♎ 13	5 ♈ 59	24 ♓ 14	25 R 20	5 ♏ 59	7 ♎ 44	18 ♎ 35	19 ♏ 35	21 ♌ 55	11 ♓ 35	17 ♒ 10	24 ♐ 20	12 ♒	5 ♑	23 ♍	0 ♎	4 ♒
8	14 ♎ 12	21 ♈ 9	24 ♓ 11	25 ♓ 19	7 ♏ 17	8 ♎ 59	19 ♎ 15	19 ♏ 47	22 ♌ 1	11 ♓ 33	17 ♒ 9	24 ♐ 21	12 ♒	5 ♑	24 ♍	1 ♎	4 ♒
9	15 ♎ 11	6 ♉ 11	24 ♓ 8	25 ♓ 17	8 ♏ 33	10 ♎ 14	19 ♎ 55	19 ♏ 59	22 ♌ 6	11 ♓ 31	17 ♒ 8	24 ♐ 22	12 ♒	6 ♑	24 ♍	1 ♎	4 ♒
10	16 ♎ 10	20 ♉ 55	24 ♓ 5	25 ♓ 15	9 ♏ 48	11 ♎ 29	20 ♎ 35	20 ♏ 11	22 ♌ 12	11 ♓ 29	17 ♒ 8	24 ♐ 23	12 ♒	6 ♑	25 ♍	2 ♎	4 ♒
11	17 ♎ 9	5 ♊ 15	24 ♓ 1	25 ♓ 12	11 ♏ 2	12 ♎ 44	21 ♎ 14	20 ♏ 23	22 ♌ 17	11 ♓ 27	17 ♒ 7	24 ♐ 24	12 ♒	6 ♑	25 ♍	2 ♎	4 ♒
12	18 ♎ 9	19 ♊ 8	23 ♓ 58	25 ♓ 9	12 ♏ 14	13 ♎ 59	21 ♎ 54	20 ♏ 35	22 ♌ 23	11 ♓ 25	17 ♒ 7	24 ♐ 25	12 ♒	6 ♑	25 ♍	3 ♎	4 ♒
13	19 ♎ 8	2 ♋ 33	23 ♓ 55	25 ♓ 7	13 ♏ 24	15 ♎ 14	22 ♎ 34	20 ♏ 47	22 ♌ 28	11 ♓ 24	17 ♒ 6	24 ♐ 27	13 ♒	7 ♑	26 ♍	3 ♎	4 ♒
14	20 ♎ 7	15 ♋ 32	23 ♓ 52	25 ♓ 6	14 ♏ 33	16 ♎ 29	23 ♎ 14	20 ♏ 59	22 ♌ 33	11 ♓ 22	17 ♒ 5	24 ♐ 28	13 ♒	7 ♑	26 ♍	4 ♎	4 D
15	21 ♎ 7	28 ♋ 7	23 ♓ 49	25 D 6	15 ♏ 39	17 ♎ 44	23 ♎ 54	21 ♏ 12	22 ♌ 39	11 ♓ 20	17 ♒ 5	24 ♐ 29	13 ♒	7 ♑	27 ♍	4 ♎	4 ♒
16	22 ♎ 6	10 ♌ 23	23 ♓ 45	25 ♓ 7	16 ♏ 43	18 ♎ 59	24 ♎ 35	21 ♏ 24	22 ♌ 44	11 ♓ 19	17 ♒ 5	24 ♐ 30	13 ♒	7 ♑	27 ♍	5 ♎	4 ♒
17	23 ♎ 6	22 ♌ 26	23 ♓ 42	25 ♓ 9	17 ♏ 45	20 ♎ 14	25 ♎ 15	21 ♏ 36	22 ♌ 49	11 ♓ 17	17 ♒ 4	24 ♐ 32	13 ♒	8 ♑	27 ♍	5 ♎	4 ♒
18	24 ♎ 5	4 ♍ 18	23 ♓ 39	25 ♓ 10	18 ♏ 45	21 ♎ 29	25 ♎ 55	21 ♏ 49	22 ♌ 54	11 ♓ 15	17 ♒ 4	24 ♐ 33	13 ♒	8 ♑	28 ♍	6 ♎	4 ♒
19	25 ♎ 5	16 ♍ 6	23 ♓ 36	25 ♓ 12	19 ♏ 41	22 ♎ 44	26 ♎ 35	22 ♏ 1	22 ♌ 59	11 ♓ 14	17 ♒ 3	24 ♐ 34	13 ♒	8 ♑	28 ♍	6 ♎	4 ♒
20	26 ♎ 5	27 ♍ 52	23 ♓ 33	25 R 12	20 ♏ 34	24 ♎ 0	27 ♎ 15	22 ♏ 14	23 ♌ 4	11 ♓ 12	17 ♒ 3	24 ♐ 35	13 ♒	8 ♑	29 ♍	7 ♎	4 ♒
21	27 ♎ 4	9 ♎ 40	23 ♓ 30	25 ♓ 11	21 ♏ 24	25 ♎ 15	27 ♎ 56	22 ♏ 26	23 ♌ 8	11 ♓ 11	17 ♒ 3	24 ♐ 37	13 ♒	9 ♑	29 ♍	7 ♎	4 ♒
22	28 ♎ 4	21 ♎ 33	23 ♓ 26	25 ♓ 8	22 ♏ 10	26 ♎ 30	28 ♎ 36	22 ♏ 39	23 ♌ 13	11 ♓ 10	17 ♒ 2	24 ♐ 38	13 ♒	9 ♑	29 ♍	8 ♎	4 ♒
23	29 ♎ 4	3 ♏ 33	23 ♓ 23	25 ♓ 4	22 ♏ 51	27 ♎ 45	29 ♎ 16	22 ♏ 52	23 ♌ 18	11 ♓ 8	17 ♒ 2	24 ♐ 40	13 ♒	9 ♑	0 ♎	8 ♎	4 ♒
24	0 ♏ 3	15 ♏ 41	23 ♓ 20	24 ♓ 58	23 ♏ 28	29 ♎ 0	29 ♎ 57	23 ♏ 4	23 ♌ 22	11 ♓ 7	17 ♒ 2	24 ♐ 41	13 ♒	9 ♑	0 ♎	9 ♎	4 ♒
25	1 ♏ 3	27 ♏ 59	23 ♓ 17	24 ♓ 52	24 ♏ 0	0 ♏ 15	0 ♏ 37	23 ♏ 17	23 ♌ 27	11 ♓ 5	17 ♒ 2	24 ♐ 43	14 ♒	10 ♑	0 ♎	9 ♎	4 ♒
26	2 ♏ 3	10 ♐ 28	23 ♓ 14	24 ♓ 45	24 ♏ 26	1 ♏ 30	1 ♏ 18	23 ♏ 30	23 ♌ 31	11 ♓ 4	17 ♒ 2	24 ♐ 44	14 ♒	10 ♑	1 ♎	10 ♎	4 ♒
27	3 ♏ 3	23 ♐ 9	23 ♓ 10	24 ♓ 39	24 ♏ 46	2 ♏ 46	1 ♏ 58	23 ♏ 43	23 ♌ 35	11 ♓ 3	17 ♒ 1	24 ♐ 46	14 ♒	10 ♑	1 ♎	10 ♎	4 ♒
28	4 ♏ 3	6 ♑ 3	23 ♓ 7	24 ♓ 34	24 ♏ 59	4 ♏ 1	2 ♏ 39	23 ♏ 56	23 ♌ 39	11 ♓ 2	17 ♒ 1	24 ♐ 47	14 ♒	10 ♑	2 ♎	11 ♎	4 ♒
29	5 ♏ 3	19 ♑ 13	23 ♓ 4	24 ♓ 31	25 ♏ 4	5 ♏ 16	3 ♏ 19	24 ♏ 9	23 ♌ 43	11 ♓ 1	17 ♒ 1	24 ♐ 49	14 ♒	11 ♑	2 ♎	11 ♎	4 ♒
30	6 ♏ 3	2 ♒ 40	23 ♓ 1	24 ♓ 30	25 R 1	6 ♏ 31	4 ♏ 0	24 ♏ 22	23 ♌ 47	11 ♓ 0	17 D 1	24 ♐ 50	14 ♒	11 ♑	2 ♎	12 ♎	4 ♒
31	7 ♏ 2	16 ♒ 25	22 ♓ 58	24 D 30	24 ♏ 50	7 ♏ 47	4 ♏ 41	24 ♏ 34	23 ♌ 51	10 ♓ 59	17 ♒ 1	24 ♐ 52	14 ♒	11 ♑	3 ♎	12 ♎	4 ♒

SUN INGRESS: ☉→♏23日 22:26

MOON PHASE: ○ 7日 12:13 ♈ ◑ 14日 09:26 ♋ ● 22日 14:14 ♎ ◐ 30日 06:25 ♒

aspects

4日	21:22	♂△♆
10日	23:05	☉△♆
11日	08:07	☿△♅
12日	19:38	♂⚹♄
14日	11:35	♀△♆
15日	21:21	♂⚹♇
16日	07:59	♀□♆
16日	16:29	☉⚹♄
18日	11:17	☉⚹♇
19日	04:54	♀⚹♄
20日	11:42	♀⚹♇
23日	00:19	☿☌♃
23日	15:46	☉☌♂
23日	19:06	☿□♄
25日	15:10	♀☌♂
26日	02:25	♃□♄
28日	02:50	☉☌♀
31日	12:02	☿☌♃

2006年11月

DAY	☉	☽	☊ mean	☊ true	☿	♀	♂	♃	♄	♅	♆	♇	⚳	⚴	⚵	⚶	⚷
	° ′	° ′	° ′	° ′	° ′	° ′	° ′	° ′	° ′	° ′	° ′	° ′	°	°	°	°	°
1	8 ♏ 2	0 ♓ 29	22 ♓ 55	24 D 31	24 R 30	9 D 2	5 D 22	24 D 47	23 D 55	10 R 58	17 D 1	24 D 54	15 D	11 D	3 D	13 D	4 D
2	9 ♏ 2	14 ♓ 52	22 ♓ 51	24 ♓ 32	24 ♏ 0	10 ♏ 17	6 ♏ 2	25 ♏ 0	23 ♌ 59	10 ♓ 57	17 ♒ 2	24 ♐ 55	15 ♒	12 ♑	3 ♎	13 ♎	4 ♒
3	10 ♏ 2	29 ♓ 31	22 ♓ 48	24 R 33	23 ♏ 21	11 ♏ 32	6 ♏ 43	25 ♏ 14	24 ♌ 2	10 ♓ 56	17 ♒ 2	24 ♐ 57	15 ♒	12 ♑	4 ♎	14 ♎	4 ♒
4	11 ♏ 3	14 ♈ 22	22 ♓ 45	24 ♓ 31	22 ♏ 32	12 ♏ 47	7 ♏ 24	25 ♏ 27	24 ♌ 6	10 ♓ 55	17 ♒ 2	24 ♐ 59	15 ♒	12 ♑	4 ♎	14 ♎	4 ♒
5	12 ♏ 3	29 ♈ 19	22 ♓ 42	24 ♓ 27	21 ♏ 34	14 ♏ 3	8 ♏ 5	25 ♏ 40	24 ♌ 9	10 ♓ 54	17 ♒ 2	25 ♐ 1	15 ♒	13 ♑	5 ♎	15 ♎	4 ♒
6	13 ♏ 3	14 ♉ 13	22 ♓ 39	24 ♓ 21	20 ♏ 29	15 ♏ 18	8 ♏ 46	25 ♏ 53	24 ♌ 13	10 ♓ 53	17 ♒ 2	25 ♐ 2	15 ♒	13 ♑	5 ♎	15 ♎	4 ♒
7	14 ♏ 3	28 ♉ 55	22 ♓ 36	24 ♓ 14	19 ♏ 17	16 ♏ 33	9 ♏ 27	26 ♏ 6	24 ♌ 16	10 ♓ 53	17 ♒ 2	25 ♐ 4	16 ♒	13 ♑	5 ♎	16 ♎	4 ♒
8	15 ♏ 3	13 ♊ 18	22 ♓ 32	24 ♓ 5	18 ♏ 0	17 ♏ 48	10 ♏ 8	26 ♏ 19	24 ♌ 19	10 ♓ 52	17 ♒ 3	25 ♐ 6	16 ♒	13 ♑	6 ♎	16 ♎	4 ♒
9	16 ♏ 3	27 ♊ 16	22 ♓ 29	23 ♓ 57	16 ♏ 41	19 ♏ 4	10 ♏ 49	26 ♏ 32	24 ♌ 22	10 ♓ 51	17 ♒ 3	25 ♐ 8	16 ♒	14 ♑	6 ♎	17 ♎	4 ♒
10	17 ♏ 4	10 ♋ 47	22 ♓ 26	23 ♓ 50	15 ♏ 22	20 ♏ 19	11 ♏ 30	26 ♏ 46	24 ♌ 25	10 ♓ 51	17 ♒ 3	25 ♐ 10	16 ♒	14 ♑	6 ♎	17 ♎	4 ♒
11	18 ♏ 4	23 ♋ 51	22 ♓ 23	23 ♓ 45	14 ♏ 5	21 ♏ 34	12 ♏ 11	26 ♏ 59	24 ♌ 28	10 ♓ 50	17 ♒ 4	25 ♐ 11	16 ♒	14 ♑	7 ♎	18 ♎	4 ♒
12	19 ♏ 4	6 ♌ 30	22 ♓ 20	23 ♓ 42	12 ♏ 54	22 ♏ 50	12 ♏ 53	27 ♏ 12	24 ♌ 30	10 ♓ 50	17 ♒ 4	25 ♐ 13	16 ♒	15 ♑	7 ♎	18 ♎	4 ♒
13	20 ♏ 4	18 ♌ 48	22 ♓ 16	23 ♓ 41	11 ♏ 49	24 ♏ 5	13 ♏ 34	27 ♏ 25	24 ♌ 33	10 ♓ 50	17 ♒ 5	25 ♐ 15	17 ♒	15 ♑	7 ♎	19 ♎	4 ♒
14	21 ♏ 5	0 ♍ 50	22 ♓ 13	23 D 41	10 ♏ 54	25 ♏ 20	14 ♏ 15	27 ♏ 39	24 ♌ 36	10 ♓ 49	17 ♒ 5	25 ♐ 17	17 ♒	15 ♑	8 ♎	19 ♎	5 ♒
15	22 ♏ 5	12 ♍ 42	22 ♓ 10	23 ♓ 42	10 ♏ 9	26 ♏ 35	14 ♏ 57	27 ♏ 52	24 ♌ 38	10 ♓ 49	17 ♒ 6	25 ♐ 19	17 ♒	15 ♑	8 ♎	20 ♎	5 ♒
16	23 ♏ 6	24 ♍ 29	22 ♓ 7	23 R 43	9 ♏ 36	27 ♏ 51	15 ♏ 38	28 ♏ 5	24 ♌ 40	10 ♓ 49	17 ♒ 6	25 ♐ 21	17 ♒	16 ♑	9 ♎	20 ♎	5 ♒
17	24 ♏ 6	6 ♎ 16	22 ♓ 4	23 ♓ 42	9 ♏ 14	29 ♏ 6	16 ♏ 19	28 ♏ 18	24 ♌ 43	10 ♓ 48	17 ♒ 7	25 ♐ 23	18 ♒	16 ♑	9 ♎	21 ♎	5 ♒
18	25 ♏ 7	18 ♎ 7	22 ♓ 1	23 ♓ 39	9 ♏ 4	0 ♐ 21	17 ♏ 1	28 ♏ 32	24 ♌ 45	10 ♓ 48	17 ♒ 8	25 ♐ 25	18 ♒	16 ♑	9 ♎	21 ♎	5 ♒
19	26 ♏ 7	0 ♏ 6	21 ♓ 57	23 ♓ 33	9 D 5	1 ♐ 37	17 ♏ 42	28 ♏ 45	24 ♌ 47	10 ♓ 48	17 ♒ 8	25 ♐ 27	18 ♒	17 ♑	10 ♎	22 ♎	5 ♒
20	27 ♏ 8	12 ♏ 16	21 ♓ 54	23 ♓ 24	9 ♏ 17	2 ♐ 52	18 ♏ 24	28 ♏ 58	24 ♌ 49	10 ♓ 48	17 ♒ 9	25 ♐ 29	18 ♒	17 ♑	10 ♎	22 ♎	5 ♒
21	28 ♏ 8	24 ♏ 38	21 ♓ 51	23 ♓ 14	9 ♏ 39	4 ♐ 7	19 ♏ 6	29 ♏ 12	24 ♌ 50	10 D 48	17 ♒ 10	25 ♐ 31	18 ♒	17 ♑	10 ♎	23 ♎	5 ♒
22	29 ♏ 9	7 ♐ 14	21 ♓ 48	23 ♓ 2	10 ♏ 10	5 ♐ 23	19 ♏ 47	29 ♏ 25	24 ♌ 52	10 ♓ 48	17 ♒ 11	25 ♐ 33	19 ♒	18 ♑	11 ♎	23 ♎	5 ♒
23	0 ♐ 10	20 ♐ 2	21 ♓ 45	22 ♓ 49	10 ♏ 48	6 ♐ 38	20 ♏ 29	29 ♏ 39	24 ♌ 54	10 ♓ 48	17 ♒ 11	25 ♐ 35	19 ♒	18 ♑	11 ♎	24 ♎	5 ♒
24	1 ♐ 10	3 ♑ 2	21 ♓ 42	22 ♓ 37	11 ♏ 35	7 ♐ 53	21 ♏ 11	29 ♏ 52	24 ♌ 55	10 ♓ 48	17 ♒ 12	25 ♐ 37	19 ♒	18 ♑	11 ♎	24 ♎	5 ♒
25	2 ♐ 11	16 ♑ 14	21 ♓ 38	22 ♓ 28	12 ♏ 27	9 ♐ 9	21 ♏ 52	0 ♐ 5	24 ♌ 56	10 ♓ 49	17 ♒ 13	25 ♐ 39	19 ♒	19 ♑	12 ♎	25 ♎	5 ♒
26	3 ♐ 12	29 ♑ 37	21 ♓ 35	22 ♓ 21	13 ♏ 26	10 ♐ 24	22 ♏ 34	0 ♐ 19	24 ♌ 58	10 ♓ 49	17 ♒ 14	25 ♐ 41	20 ♒	19 ♑	12 ♎	25 ♎	5 ♒
27	4 ♐ 12	13 ♒ 10	21 ♓ 32	22 ♓ 17	14 ♏ 29	11 ♐ 39	23 ♏ 16	0 ♐ 32	24 ♌ 59	10 ♓ 49	17 ♒ 15	25 ♐ 43	20 ♒	19 ♑	12 ♎	26 ♎	5 ♒
28	5 ♐ 13	26 ♒ 54	21 ♓ 29	22 ♓ 15	15 ♏ 36	12 ♐ 55	23 ♏ 58	0 ♐ 45	25 ♌ 0	10 ♓ 49	17 ♒ 16	25 ♐ 45	20 ♒	20 ♑	13 ♎	26 ♎	5 ♒
29	6 ♐ 14	10 ♓ 50	21 ♓ 26	22 D 15	16 ♏ 47	14 ♐ 10	24 ♏ 40	0 ♐ 59	25 ♌ 1	10 ♓ 50	17 ♒ 17	25 ♐ 48	20 ♒	20 ♑	13 ♎	27 ♎	5 ♒
30	7 ♐ 15	24 ♓ 57	21 ♓ 22	22 R 15	18 ♏ 1	15 ♐ 25	25 ♏ 22	1 ♐ 12	25 ♌ 1	10 ♓ 50	17 ♒ 18	25 ♐ 50	21 ♒	20 ♑	13 ♎	27 ♎	5 ♒

SUN INGRESS: ☉ → ♐ 22日 20:02

MOON PHASE: ○ 5日 21:58 ♉ ◑ 13日 02:45 ♌ ● 21日 07:18 ♏ ◐ 28日 15:29 ♓

aspects		
2日	00:43	☿□♄
2日	12:32	♀△♅
3日	21:02	☉△♅
7日	09:23	♀□♆
8日	01:51	☿☌♀
8日	17:24	☿□♆
9日	01:23	♂△♅
9日	06:30	☉☌☿
9日	23:59	☉□♆
12日	00:16	☿☌♂
13日	09:19	♀□♄
14日	02:26	☿△♅
16日	05:35	♀☌♃
17日	14:58	☉□♄
18日	04:00	♂□♆
22日	08:15	☉☌♃
22日	23:50	☿△♅
26日	07:55	♀□♅
29日	09:54	☿□♆
29日	12:00	♂□♄

2006年12月

DAY	☉	☽	☊ mean	☊ true	☿	♀	♂	♃	♄	♅	♆	♇	⚳	⚴	⚵	⚶	⚷
	° ′	° ′	° ′	° ′	° ′	° ′	° ′	° ′	° ′	° ′	° ′	° ′	°	°	°	°	°
1	8 ♐ 15	9 ♈ 15	21 ♓ 19	22 R 14	19 D 18	16 D 41	26 D 4	1 D 25	25 D 2	10 D 51	17 D 19	25 D 52	21 D	20 D	13 D	28 D	5 D
2	9 ♐ 16	23 ♈ 41	21 ♓ 16	22 ♓ 11	20 ♏ 37	17 ♐ 56	26 ♏ 46	1 ♐ 39	25 ♌ 3	10 ♓ 51	17 ♒ 20	25 ♐ 54	21 ♒	21 ♑	14 ♎	28 ♎	5 ♒
3	10 ♐ 17	8 ♉ 12	21 ♓ 13	22 ♓ 5	21 ♏ 58	19 ♐ 11	27 ♏ 28	1 ♐ 52	25 ♌ 3	10 ♓ 52	17 ♒ 21	25 ♐ 56	21 ♒	21 ♑	14 ♎	29 ♎	5 ♒
4	11 ♐ 18	22 ♉ 43	21 ♓ 10	21 ♓ 56	23 ♏ 21	20 ♐ 27	28 ♏ 10	2 ♐ 5	25 ♌ 3	10 ♓ 53	17 ♒ 22	25 ♐ 58	22 ♒	21 ♑	14 ♎	29 ♎	5 ♒
5	12 ♐ 19	7 ♊ 7	21 ♓ 7	21 ♓ 45	24 ♏ 46	21 ♐ 42	28 ♏ 53	2 ♐ 18	25 ♌ 4	10 ♓ 53	17 ♒ 23	26 ♐ 0	22 ♒	22 ♑	15 ♎	0 ♏	5 ♒
6	13 ♐ 19	21 ♊ 17	21 ♓ 3	21 ♓ 32	26 ♏ 11	22 ♐ 57	29 ♏ 35	2 ♐ 32	25 ♌ 4	10 ♓ 54	17 ♒ 25	26 ♐ 3	22 ♒	22 ♑	15 ♎	0 ♏	6 ♒
7	14 ♐ 20	5 ♋ 8	21 ♓ 0	21 ♓ 20	27 ♏ 38	24 ♐ 13	0 ♐ 17	2 ♐ 45	25 R 4	10 ♓ 55	17 ♒ 26	26 ♐ 5	23 ♒	22 ♑	15 ♎	1 ♏	6 ♒
8	15 ♐ 21	18 ♋ 37	20 ♓ 57	21 ♓ 8	29 ♏ 5	25 ♐ 28	1 ♐ 0	2 ♐ 58	25 ♌ 4	10 ♓ 56	17 ♒ 27	26 ♐ 7	23 ♒	23 ♑	16 ♎	1 ♏	6 ♒
9	16 ♐ 22	1 ♌ 41	20 ♓ 54	21 ♓ 0	0 ♐ 33	26 ♐ 43	1 ♐ 42	3 ♐ 11	25 ♌ 3	10 ♓ 57	17 ♒ 28	26 ♐ 9	23 ♒	23 ♑	16 ♎	1 ♏	6 ♒
10	17 ♐ 23	14 ♌ 21	20 ♓ 51	20 ♓ 53	2 ♐ 2	27 ♐ 59	2 ♐ 24	3 ♐ 25	25 ♌ 3	10 ♓ 58	17 ♒ 30	26 ♐ 11	23 ♒	23 ♑	16 ♎	2 ♏	6 ♒
11	18 ♐ 24	26 ♌ 41	20 ♓ 48	20 ♓ 50	3 ♐ 31	29 ♐ 14	3 ♐ 7	3 ♐ 38	25 ♌ 3	10 ♓ 59	17 ♒ 31	26 ♐ 14	24 ♒	24 ♑	17 ♎	2 ♏	6 ♒
12	19 ♐ 25	8 ♍ 46	20 ♓ 44	20 ♓ 49	5 ♐ 1	0 ♑ 29	3 ♐ 49	3 ♐ 51	25 ♌ 2	11 ♓ 0	17 ♒ 33	26 ♐ 16	24 ♒	24 ♑	17 ♎	3 ♏	6 ♒
13	20 ♐ 26	20 ♍ 39	20 ♓ 41	20 D 48	6 ♐ 32	1 ♑ 44	4 ♐ 32	4 ♐ 4	25 ♌ 1	11 ♓ 1	17 ♒ 34	26 ♐ 18	24 ♒	24 ♑	17 ♎	3 ♏	6 ♒
14	21 ♐ 27	2 ♎ 27	20 ♓ 38	20 R 48	8 ♐ 2	3 ♑ 0	5 ♐ 15	4 ♐ 17	25 ♌ 1	11 ♓ 2	17 ♒ 35	26 ♐ 20	25 ♒	25 ♑	17 ♎	4 ♏	6 ♒
15	22 ♐ 28	14 ♎ 15	20 ♓ 35	20 ♓ 47	9 ♐ 33	4 ♑ 15	5 ♐ 57	4 ♐ 30	25 ♌ 0	11 ♓ 3	17 ♒ 37	26 ♐ 23	25 ♒	25 ♑	18 ♎	4 ♏	6 ♒
16	23 ♐ 29	26 ♎ 8	20 ♓ 32	20 ♓ 43	11 ♐ 4	5 ♑ 30	6 ♐ 40	4 ♐ 43	24 ♌ 59	11 ♓ 5	17 ♒ 38	26 ♐ 25	25 ♒	25 ♑	18 ♎	5 ♏	6 ♒
17	24 ♐ 30	8 ♏ 12	20 ♓ 28	20 ♓ 37	12 ♐ 36	6 ♑ 46	7 ♐ 23	4 ♐ 56	24 ♌ 58	11 ♓ 6	17 ♒ 40	26 ♐ 27	26 ♒	26 ♑	18 ♎	5 ♏	6 ♒
18	25 ♐ 31	20 ♏ 30	20 ♓ 25	20 ♓ 28	14 ♐ 8	8 ♑ 1	8 ♐ 5	5 ♐ 9	24 ♌ 56	11 ♓ 7	17 ♒ 41	26 ♐ 29	26 ♒	26 ♑	18 ♎	6 ♏	6 ♒
19	26 ♐ 32	3 ♐ 4	20 ♓ 22	20 ♓ 16	15 ♐ 39	9 ♑ 16	8 ♐ 48	5 ♐ 22	24 ♌ 55	11 ♓ 9	17 ♒ 43	26 ♐ 31	26 ♒	26 ♑	19 ♎	6 ♏	6 ♒
20	27 ♐ 33	15 ♐ 56	20 ♓ 19	20 ♓ 3	17 ♐ 12	10 ♑ 32	9 ♐ 31	5 ♐ 35	24 ♌ 54	11 ♓ 10	17 ♒ 45	26 ♐ 34	26 ♒	27 ♑	19 ♎	7 ♏	6 ♒
21	28 ♐ 35	29 ♐ 5	20 ♓ 16	19 ♓ 49	18 ♐ 44	11 ♑ 47	10 ♐ 14	5 ♐ 48	24 ♌ 52	11 ♓ 12	17 ♒ 46	26 ♐ 36	27 ♒	27 ♑	19 ♎	7 ♏	6 ♒
22	29 ♐ 36	12 ♑ 29	20 ♓ 13	19 ♓ 37	20 ♐ 17	13 ♑ 2	10 ♐ 57	6 ♐ 1	24 ♌ 50	11 ♓ 13	17 ♒ 48	26 ♐ 38	27 ♒	27 ♑	20 ♎	8 ♏	7 ♒
23	0 ♑ 37	26 ♑ 6	20 ♓ 9	19 ♓ 26	21 ♐ 49	14 ♑ 18	11 ♐ 40	6 ♐ 13	24 ♌ 49	11 ♓ 15	17 ♒ 50	26 ♐ 40	27 ♒	28 ♑	20 ♎	8 ♏	7 ♒
24	1 ♑ 38	9 ♒ 52	20 ♓ 6	19 ♓ 18	23 ♐ 22	15 ♑ 33	12 ♐ 23	6 ♐ 26	24 ♌ 47	11 ♓ 16	17 ♒ 51	26 ♐ 43	28 ♒	28 ♑	20 ♎	9 ♏	7 ♒
25	2 ♑ 39	23 ♒ 46	20 ♓ 3	19 ♓ 13	24 ♐ 55	16 ♑ 48	13 ♐ 6	6 ♐ 39	24 ♌ 45	11 ♓ 18	17 ♒ 53	26 ♐ 45	28 ♒	29 ♑	20 ♎	9 ♏	7 ♒
26	3 ♑ 40	7 ♓ 44	20 ♓ 0	19 ♓ 10	26 ♐ 29	18 ♑ 3	13 ♐ 49	6 ♐ 52	24 ♌ 43	11 ♓ 20	17 ♒ 55	26 ♐ 47	28 ♒	29 ♑	21 ♎	10 ♏	7 ♒
27	4 ♑ 41	21 ♓ 45	19 ♓ 57	19 D 10	28 ♐ 2	19 ♑ 19	14 ♐ 33	7 ♐ 4	24 ♌ 41	11 ♓ 22	17 ♒ 56	26 ♐ 49	29 ♒	29 ♑	21 ♎	10 ♏	7 ♒
28	5 ♑ 42	5 ♈ 49	19 ♓ 54	19 R 10	29 ♐ 36	20 ♑ 34	15 ♐ 16	7 ♐ 17	24 ♌ 38	11 ♓ 23	17 ♒ 58	26 ♐ 52	29 ♒	0 ♒	21 ♎	11 ♏	7 ♒
29	6 ♑ 44	19 ♈ 55	19 ♓ 50	19 ♓ 10	1 ♑ 10	21 ♑ 49	15 ♐ 59	7 ♐ 29	24 ♌ 36	11 ♓ 25	18 ♒ 0	26 ♐ 54	29 ♒	0 ♒	21 ♎	11 ♏	7 ♒
30	7 ♑ 45	4 ♉ 2	19 ♓ 47	19 ♓ 7	2 ♑ 45	23 ♑ 4	16 ♐ 42	7 ♐ 42	24 ♌ 33	11 ♓ 27	18 ♒ 2	26 ♐ 56	0 ♓	0 ♒	22 ♎	11 ♏	7 ♒
31	8 ♑ 46	18 ♉ 8	19 ♓ 44	19 ♓ 2	4 ♑ 19	24 ♑ 20	17 ♐ 26	7 ♐ 54	24 ♌ 31	11 ♓ 29	18 ♒ 4	26 ♐ 58	0 ♓	1 ♒	22 ♎	12 ♏	7 ♒

SUN INGRESS: ☉ → ♑ 22日 09:22

MOON PHASE: ○ 5日 09:25 ♊ ◑ 12日 23:32 ♍ ● 20日 23:01 ♐ ◐ 27日 23:48 ♈

aspects		
1日	12:21	♀⚹♆
3日	14:00	☉□♅
5日	05:07	♀□♅
7日	16:17	♀△♄
8日	12:51	♀☌♇
10日	02:43	☉⚹♆
10日	11:28	☿☌♂
11日	01:58	☿☌♃
12日	01:11	♂☌♃
16日	00:03	☿□♅
17日	10:36	☉△♄
18日	23:40	☉☌♇
20日	08:44	☿⚹♆
20日	12:29	♀⚹♅
22日	09:17	♂□♅
24日	21:19	☿△♄
26日	04:47	☿☌♇
31日	22:05	♂⚹♆

2007年1月

DAY	☉	☽	☊ mean	☊ true	☿	♀	♂	♃	♄	♅	♆	♇	⚳	⚴	⚵	⚶	⚷
	° ′	° ′	° ′	° ′	° ′	° ′	° ′	° ′	° ′	° ′	° ′	° ′	°	°	°	°	°
1	9 ♑ 47	2 ♊ 10	19 ♓ 41	18 R 54	5 D 54	25 D 35	18 D 9	8 D 7	24 R 28	11 D 31	18 D 6	27 D 0	0 D	1 D	22 D	12 D	7 D
2	10 ♑ 48	16 ♊ 6	19 ♓ 38	18 ♓ 43	7 ♑ 30	26 ♑ 50	18 ♐ 52	8 ♐ 19	24 ♌ 25	11 ♓ 33	18 ♒ 8	27 ♐ 2	1 ♓	1 ♒	22 ♎	13 ♏	7 ♒
3	11 ♑ 49	29 ♊ 52	19 ♓ 34	18 ♓ 32	9 ♑ 5	28 ♑ 5	19 ♐ 36	8 ♐ 31	24 ♌ 23	11 ♓ 35	18 ♒ 9	27 ♐ 5	1 ♓	2 ♒	22 ♎	13 ♏	7 ♒
4	12 ♑ 50	13 ♋ 23	19 ♓ 31	18 ♓ 20	10 ♑ 41	29 ♑ 20	20 ♐ 19	8 ♐ 43	24 ♌ 20	11 ♓ 37	18 ♒ 11	27 ♐ 7	1 ♓	2 ♒	23 ♎	14 ♏	7 ♒
5	13 ♑ 52	26 ♋ 36	19 ♓ 28	18 ♓ 10	12 ♑ 17	0 ♒ 35	21 ♐ 3	8 ♐ 55	24 ♌ 17	11 ♓ 39	18 ♒ 13	27 ♐ 9	2 ♓	2 ♒	23 ♎	14 ♏	8 ♒
6	14 ♑ 53	9 ♌ 31	19 ♓ 25	18 ♓ 1	13 ♑ 54	1 ♒ 51	21 ♐ 46	9 ♐ 8	24 ♌ 13	11 ♓ 42	18 ♒ 15	27 ♐ 11	2 ♓	3 ♒	23 ♎	15 ♏	8 ♒
7	15 ♑ 54	22 ♌ 7	19 ♓ 22	17 ♓ 55	15 ♑ 31	3 ♒ 6	22 ♐ 30	9 ♐ 20	24 ♌ 10	11 ♓ 44	18 ♒ 17	27 ♐ 13	2 ♓	3 ♒	23 ♎	15 ♏	8 ♒
8	16 ♑ 55	4 ♍ 25	19 ♓ 19	17 ♓ 52	17 ♑ 8	4 ♒ 21	23 ♐ 14	9 ♐ 32	24 ♌ 7	11 ♓ 46	18 ♒ 19	27 ♐ 15	3 ♓	3 ♒	23 ♎	16 ♏	8 ♒
9	17 ♑ 56	16 ♍ 29	19 ♓ 15	17 ♓ 51	18 ♑ 46	5 ♒ 36	23 ♐ 57	9 ♐ 43	24 ♌ 4	11 ♓ 48	18 ♒ 21	27 ♐ 18	3 ♓	4 ♒	24 ♎	16 ♏	8 ♒
10	18 ♑ 57	28 ♍ 23	19 ♓ 12	17 D 51	20 ♑ 25	6 ♒ 51	24 ♐ 41	9 ♐ 55	24 ♌ 0	11 ♓ 51	18 ♒ 23	27 ♐ 20	3 ♓	4 ♒	24 ♎	16 ♏	8 ♒
11	19 ♑ 58	10 ♎ 12	19 ♓ 9	17 ♓ 52	22 ♑ 3	8 ♒ 6	25 ♐ 25	10 ♐ 7	23 ♌ 57	11 ♓ 53	18 ♒ 25	27 ♐ 22	4 ♓	4 ♒	24 ♎	17 ♏	8 ♒
12	21 ♑ 0	22 ♎ 1	19 ♓ 6	17 R 53	23 ♑ 42	9 ♒ 21	26 ♐ 9	10 ♐ 19	23 ♌ 53	11 ♓ 56	18 ♒ 27	27 ♐ 24	4 ♓	5 ♒	24 ♎	17 ♏	8 ♒
13	22 ♑ 1	3 ♏ 55	19 ♓ 3	17 ♓ 52	25 ♑ 22	10 ♒ 36	26 ♐ 53	10 ♐ 30	23 ♌ 49	11 ♓ 58	18 ♒ 30	27 ♐ 26	5 ♓	5 ♒	24 ♎	18 ♏	8 ♒
14	23 ♑ 2	16 ♏ 0	19 ♓ 0	17 ♓ 49	27 ♑ 2	11 ♒ 51	27 ♐ 37	10 ♐ 42	23 ♌ 45	12 ♓ 1	18 ♒ 32	27 ♐ 28	5 ♓	5 ♒	25 ♎	18 ♏	8 ♒
15	24 ♑ 3	28 ♏ 20	18 ♓ 56	17 ♓ 44	28 ♑ 42	13 ♒ 6	28 ♐ 21	10 ♐ 53	23 ♌ 42	12 ♓ 3	18 ♒ 34	27 ♐ 30	5 ♓	6 ♒	25 ♎	19 ♏	8 ♒
16	25 ♑ 4	10 ♐ 59	18 ♓ 53	17 ♓ 36	0 ♒ 23	14 ♒ 21	29 ♐ 5	11 ♐ 5	23 ♌ 38	12 ♓ 6	18 ♒ 36	27 ♐ 32	6 ♓	6 ♒	25 ♎	19 ♏	8 ♒
17	26 ♑ 5	24 ♐ 0	18 ♓ 50	17 ♓ 28	2 ♒ 4	15 ♒ 36	29 ♐ 49	11 ♐ 16	23 ♌ 34	12 ♓ 8	18 ♒ 38	27 ♐ 34	6 ♓	6 ♒	25 ♎	20 ♏	8 ♒
18	27 ♑ 6	7 ♑ 23	18 ♓ 47	17 ♓ 18	3 ♒ 46	16 ♒ 51	0 ♑ 33	11 ♐ 27	23 ♌ 30	12 ♓ 11	18 ♒ 40	27 ♐ 36	6 ♓	7 ♒	25 ♎	20 ♏	9 ♒
19	28 ♑ 7	21 ♑ 7	18 ♓ 44	17 ♓ 10	5 ♒ 28	18 ♒ 6	1 ♑ 17	11 ♐ 39	23 ♌ 25	12 ♓ 14	18 ♒ 42	27 ♐ 38	7 ♓	7 ♒	25 ♎	20 ♏	9 ♒
20	29 ♑ 9	5 ♒ 7	18 ♓ 40	17 ♓ 2	7 ♒ 10	19 ♒ 21	2 ♑ 1	11 ♐ 50	23 ♌ 21	12 ♓ 16	18 ♒ 44	27 ♐ 40	7 ♓	8 ♒	25 ♎	21 ♏	9 ♒
21	0 ♒ 10	19 ♒ 21	18 ♓ 37	16 ♓ 57	8 ♒ 52	20 ♒ 36	2 ♑ 45	12 ♐ 1	23 ♌ 17	12 ♓ 19	18 ♒ 47	27 ♐ 42	7 ♓	8 ♒	26 ♎	21 ♏	9 ♒
22	1 ♒ 11	3 ♓ 42	18 ♓ 34	16 ♓ 54	10 ♒ 35	21 ♒ 51	3 ♑ 29	12 ♐ 12	23 ♌ 13	12 ♓ 22	18 ♒ 49	27 ♐ 44	8 ♓	8 ♒	26 ♎	22 ♏	9 ♒
23	2 ♒ 12	18 ♓ 6	18 ♓ 31	16 D 53	12 ♒ 18	23 ♒ 6	4 ♑ 14	12 ♐ 22	23 ♌ 8	12 ♓ 25	18 ♒ 51	27 ♐ 46	8 ♓	9 ♒	26 ♎	22 ♏	9 ♒
24	3 ♒ 13	2 ♈ 28	18 ♓ 28	16 ♓ 54	14 ♒ 0	24 ♒ 21	4 ♑ 58	12 ♐ 33	23 ♌ 4	12 ♓ 27	18 ♒ 53	27 ♐ 48	8 ♓	9 ♒	26 ♎	23 ♏	9 ♒
25	4 ♒ 14	16 ♈ 44	18 ♓ 25	16 ♓ 55	15 ♒ 43	25 ♒ 36	5 ♑ 42	12 ♐ 44	23 ♌ 0	12 ♓ 30	18 ♒ 55	27 ♐ 50	9 ♓	9 ♒	26 ♎	23 ♏	9 ♒
26	5 ♒ 15	0 ♉ 53	18 ♓ 21	16 ♓ 56	17 ♒ 25	26 ♒ 51	6 ♑ 27	12 ♐ 54	22 ♌ 55	12 ♓ 33	18 ♒ 58	27 ♐ 52	9 ♓	10 ♒	26 ♎	23 ♏	9 ♒
27	6 ♒ 16	14 ♉ 54	18 ♓ 18	16 R 56	19 ♒ 7	28 ♒ 6	7 ♑ 11	13 ♐ 5	22 ♌ 50	12 ♓ 36	19 ♒ 0	27 ♐ 53	10 ♓	10 ♒	26 ♎	24 ♏	9 ♒
28	7 ♒ 17	28 ♉ 45	18 ♓ 15	16 ♓ 54	20 ♒ 48	29 ♒ 20	7 ♑ 56	13 ♐ 15	22 ♌ 46	12 ♓ 39	19 ♒ 2	27 ♐ 55	10 ♓	10 ♒	26 ♎	24 ♏	9 ♒
29	8 ♒ 18	12 ♊ 26	18 ♓ 12	16 ♓ 50	22 ♒ 28	0 ♓ 35	8 ♑ 40	13 ♐ 25	22 ♌ 41	12 ♓ 42	19 ♒ 4	27 ♐ 57	10 ♓	11 ♒	27 ♎	25 ♏	9 ♒
30	9 ♒ 19	25 ♊ 56	18 ♓ 9	16 ♓ 45	24 ♒ 6	1 ♓ 50	9 ♑ 25	13 ♐ 36	22 ♌ 37	12 ♓ 45	19 ♒ 7	27 ♐ 59	11 ♓	11 ♒	27 ♎	25 ♏	10 ♒
31	10 ♒ 20	9 ♋ 15	18 ♓ 6	16 ♓ 38	25 ♒ 43	3 ♓ 5	10 ♑ 9	13 ♐ 46	22 ♌ 32	12 ♓ 48	19 ♒ 9	28 ♐ 1	11 ♓	11 ♒	27 ♎	26 ♏	10 ♒

SUN INGRESS	☉ → ♒ 20日 20:01
MOON PHASE	○ 3日 22:57 ♋　◑ 11日 21:45 ♎　● 19日 13:01 ♑　◐ 26日 08:01 ♉

aspects		
2日	18:15	☉⚹♅
4日	14:19	☿⚹♅
7日	15:05	☉☌☿
9日	03:05	♂△♄
12日	21:44	♀⚹♃
13日	19:02	♂☌♇
19日	11:48	♀☌♆
23日	00:38	♀☍♄
23日	01:13	☿⚹♃
23日	06:42	♃□♅
26日	19:59	♀⚹♇
26日	22:20	☿☌♆
29日	03:07	☿☍♄

2007年2月

DAY	☉	☽	☊ mean	☊ true	☿	♀	♂	♃	♄	♅	♆	♇	⚳	⚴	⚵	⚶	⚷
	° ′	° ′	° ′	° ′	° ′	° ′	° ′	° ′	° ′	° ′	° ′	° ′	°	°	°	°	°
1	11 ♒ 21	22 ♋ 20	18 ♓ 2	16 R 32	27 D 18	4 D 19	10 D 54	13 D 56	22 R 27	12 D 51	19 D 11	28 D 2	11 D	12 D	27 D	26 D	10 D
2	12 ♒ 22	5 ♌ 12	17 ♓ 59	16 ♓ 26	28 ♒ 51	5 ♓ 34	11 ♑ 38	14 ♐ 6	22 ♌ 22	12 ♓ 54	19 ♒ 13	28 ♐ 4	12 ♓	12 ♒	27 ♎	26 ♏	10 ♒
3	13 ♒ 22	17 ♌ 49	17 ♓ 56	16 ♓ 22	0 ♓ 20	6 ♓ 49	12 ♑ 23	14 ♐ 15	22 ♌ 18	12 ♓ 57	19 ♒ 16	28 ♐ 6	12 ♓	12 ♒	27 ♎	27 ♏	10 ♒
4	14 ♒ 23	0 ♍ 13	17 ♓ 53	16 ♓ 19	1 ♓ 46	8 ♓ 3	13 ♑ 8	14 ♐ 25	22 ♌ 13	13 ♓ 0	19 ♒ 18	28 ♐ 8	13 ♓	13 ♒	27 ♎	27 ♏	10 ♒
5	15 ♒ 24	12 ♍ 24	17 ♓ 50	16 ♓ 18	3 ♓ 8	9 ♓ 18	13 ♑ 52	14 ♐ 34	22 ♌ 8	13 ♓ 3	19 ♒ 20	28 ♐ 9	13 ♓	13 ♒	27 ♎	28 ♏	10 ♒
6	16 ♒ 25	24 ♍ 25	17 ♓ 46	16 D 18	4 ♓ 24	10 ♓ 32	14 ♑ 37	14 ♐ 44	22 ♌ 3	13 ♓ 7	19 ♒ 23	28 ♐ 11	13 ♓	13 ♒	27 ♎	28 ♏	10 ♒
7	17 ♒ 26	6 ♎ 17	17 ♓ 43	16 ♓ 19	5 ♓ 35	11 ♓ 47	15 ♑ 22	14 ♐ 53	21 ♌ 58	13 ♓ 10	19 ♒ 25	28 ♐ 12	14 ♓	14 ♒	27 ♎	28 ♏	10 ♒
8	18 ♒ 26	18 ♎ 6	17 ♓ 40	16 ♓ 21	6 ♓ 40	13 ♓ 1	16 ♑ 7	15 ♐ 2	21 ♌ 53	13 ♓ 13	19 ♒ 27	28 ♐ 14	14 ♓	14 ♒	27 ♎	29 ♏	10 ♒
9	19 ♒ 27	29 ♎ 55	17 ♓ 37	16 ♓ 23	7 ♓ 37	14 ♓ 16	16 ♑ 52	15 ♐ 12	21 ♌ 49	13 ♓ 16	19 ♒ 29	28 ♐ 16	14 ♓	15 ♒	27 ♎	29 ♏	10 ♒
10	20 ♒ 28	11 ♏ 48	17 ♓ 34	16 ♓ 24	8 ♓ 27	15 ♓ 30	17 ♑ 37	15 ♐ 21	21 ♌ 44	13 ♓ 19	19 ♒ 32	28 ♐ 17	15 ♓	15 ♒	27 ♎	29 ♏	10 ♒
11	21 ♒ 29	23 ♏ 52	17 ♓ 31	16 R 24	9 ♓ 7	16 ♓ 44	18 ♑ 22	15 ♐ 29	21 ♌ 39	13 ♓ 23	19 ♒ 34	28 ♐ 19	15 ♓	15 ♒	27 ♎	0 ♐	10 ♒
12	22 ♒ 29	6 ♐ 10	17 ♓ 27	16 ♓ 24	9 ♓ 39	17 ♓ 59	19 ♑ 7	15 ♐ 38	21 ♌ 34	13 ♓ 26	19 ♒ 36	28 ♐ 20	16 ♓	16 ♒	27 ♎	0 ♐	11 ♒
13	23 ♒ 30	18 ♐ 48	17 ♓ 24	16 ♓ 22	10 ♓ 0	19 ♓ 13	19 ♑ 52	15 ♐ 47	21 ♌ 29	13 ♓ 29	19 ♒ 38	28 ♐ 22	16 ♓	16 ♒	27 ♎	1 ♐	11 ♒
14	24 ♒ 31	1 ♑ 48	17 ♓ 21	16 ♓ 19	10 ♓ 12	20 ♓ 27	20 ♑ 37	15 ♐ 55	21 ♌ 24	13 ♓ 32	19 ♒ 41	28 ♐ 23	16 ♓	16 ♒	27 ♎	1 ♐	11 ♒
15	25 ♒ 31	15 ♑ 13	17 ♓ 18	16 ♓ 16	10 R 12	21 ♓ 41	21 ♑ 22	16 ♐ 4	21 ♌ 19	13 ♓ 36	19 ♒ 43	28 ♐ 25	17 ♓	17 ♒	27 R	1 ♐	11 ♒
16	26 ♒ 32	29 ♑ 4	17 ♓ 15	16 ♓ 13	10 ♓ 2	22 ♓ 56	22 ♑ 7	16 ♐ 12	21 ♌ 14	13 ♓ 39	19 ♒ 45	28 ♐ 26	17 ♓	17 ♒	27 ♎	2 ♐	11 ♒
17	27 ♒ 33	13 ♒ 18	17 ♓ 12	16 ♓ 10	9 ♓ 42	24 ♓ 10	22 ♑ 52	16 ♐ 20	21 ♌ 10	13 ♓ 42	19 ♒ 48	28 ♐ 27	18 ♓	17 ♒	27 ♎	2 ♐	11 ♒
18	28 ♒ 33	27 ♒ 51	17 ♓ 8	16 ♓ 9	9 ♓ 12	25 ♓ 24	23 ♑ 37	16 ♐ 28	21 ♌ 5	13 ♓ 46	19 ♒ 50	28 ♐ 29	18 ♓	18 ♒	27 ♎	2 ♐	11 ♒
19	29 ♒ 34	12 ♓ 37	17 ♓ 5	16 ♓ 8	8 ♓ 33	26 ♓ 38	24 ♑ 22	16 ♐ 36	21 ♌ 0	13 ♓ 49	19 ♒ 52	28 ♐ 30	18 ♓	18 ♒	27 ♎	3 ♐	11 ♒
20	0 ♓ 34	27 ♓ 27	17 ♓ 2	16 D 8	7 ♓ 45	27 ♓ 52	25 ♑ 8	16 ♐ 43	20 ♌ 55	13 ♓ 52	19 ♒ 54	28 ♐ 31	19 ♓	18 ♒	27 ♎	3 ♐	11 ♒
21	1 ♓ 35	12 ♈ 16	16 ♓ 59	16 ♓ 9	6 ♓ 51	29 ♓ 6	25 ♑ 53	16 ♐ 51	20 ♌ 50	13 ♓ 56	19 ♒ 57	28 ♐ 33	19 ♓	19 ♒	27 ♎	3 ♐	11 ♒
22	2 ♓ 35	26 ♈ 56	16 ♓ 56	16 ♓ 10	5 ♓ 51	0 ♈ 20	26 ♑ 38	16 ♐ 58	20 ♌ 46	13 ♓ 59	19 ♒ 59	28 ♐ 34	19 ♓	19 ♒	27 ♎	4 ♐	11 ♒
23	3 ♓ 36	11 ♉ 22	16 ♓ 52	16 ♓ 11	4 ♓ 48	1 ♈ 34	27 ♑ 23	17 ♐ 6	20 ♌ 41	14 ♓ 3	20 ♒ 1	28 ♐ 35	20 ♓	19 ♒	27 ♎	4 ♐	11 ♒
24	4 ♓ 36	25 ♉ 31	16 ♓ 49	16 ♓ 12	3 ♓ 42	2 ♈ 48	28 ♑ 9	17 ♐ 13	20 ♌ 36	14 ♓ 6	20 ♒ 3	28 ♐ 36	20 ♓	20 ♒	27 ♎	4 ♐	11 ♒
25	5 ♓ 37	9 ♊ 22	16 ♓ 46	16 R 12	2 ♓ 36	4 ♈ 2	28 ♑ 54	17 ♐ 20	20 ♌ 32	14 ♓ 9	20 ♒ 6	28 ♐ 37	21 ♓	20 ♒	27 ♎	5 ♐	12 ♒
26	6 ♓ 37	22 ♊ 54	16 ♓ 43	16 ♓ 11	1 ♓ 31	5 ♈ 15	29 ♑ 40	17 ♐ 27	20 ♌ 27	14 ♓ 13	20 ♒ 8	28 ♐ 38	21 ♓	20 ♒	27 ♎	5 ♐	12 ♒
27	7 ♓ 37	6 ♋ 8	16 ♓ 40	16 ♓ 11	0 ♓ 29	6 ♈ 29	0 ♒ 25	17 ♐ 33	20 ♌ 22	14 ♓ 16	20 ♒ 10	28 ♐ 39	21 ♓	21 ♒	27 ♎	5 ♐	12 ♒
28	8 ♓ 38	19 ♋ 7	16 ♓ 37	16 ♓ 10	29 ♒ 31	7 ♈ 43	1 ♒ 10	17 ♐ 40	20 ♌ 18	14 ♓ 20	20 ♒ 12	28 ♐ 41	22 ♓	21 ♒	27 ♎	6 ♐	12 ♒

SUN INGRESS	☉ → ♓ 19日 10:09
MOON PHASE	○ 2日 14:45 ♌　◑ 10日 18:51 ♏　● 18日 01:14 ♒　◐ 24日 16:56 ♊

aspects		
1日	11:33	☿⚹♇
3日	19:41	♂⚹♅
4日	00:47	☉⚹♃
8日	03:57	♀☌♅
9日	00:52	☉☌♆
9日	20:31	♀□♃
11日	03:42	☉☍♄
14日	07:47	♀⚹♂
17日	22:07	☉⚹♇
20日	12:57	♀□♇
23日	13:45	☉☌☿
28日	21:01	♄☍♆
28日	22:08	☿⚹♇

2007年3月

DAY	☉	☽	☊ mean	☊ true	☿	♀	♂	♃	♄	♅	♆	♇	⚳	⚴	⚵	⚶	⚷
	° ′	° ′	° ′	° ′	° ′	° ′	° ′	° ′	° ′	° ′	° ′	° ′	°	°	°	°	°
1	9 ♓ 38	1 ♌ 50	16 ♓ 33	16 R 9	28 R 38	8 D 56	1 D 56	17 D 46	20 R 13	14 D 23	20 D 14	28 D 42	22 D	21 D	27 R	6 D	12 D
2	10 ♓ 38	14 ♌ 21	16 ♓ 30	16 ♓ 8	27 ♒ 50	10 ♈ 10	2 ♒ 41	17 ♐ 53	20 ♌ 9	14 ♓ 27	20 ♒ 16	28 ♐ 43	23 ♓	22 ♒	27 ♎	6 ♐	12 ♒
3	11 ♓ 38	26 ♌ 40	16 ♓ 27	16 ♓ 7	27 ♒ 9	11 ♈ 23	3 ♒ 27	17 ♐ 59	20 ♌ 5	14 ♓ 30	20 ♒ 19	28 ♐ 43	23 ♓	22 ♒	27 ♎	7 ♐	12 ♒
4	12 ♓ 38	8 ♍ 49	16 ♓ 24	16 ♓ 7	26 ♒ 34	12 ♈ 37	4 ♒ 12	18 ♐ 5	20 ♌ 0	14 ♓ 33	20 ♒ 21	28 ♐ 44	23 ♓	22 ♒	26 ♎	7 ♐	12 ♒
5	13 ♓ 39	20 ♍ 51	16 ♓ 21	16 D 7	26 ♒ 6	13 ♈ 50	4 ♒ 58	18 ♐ 11	19 ♌ 56	14 ♓ 37	20 ♒ 23	28 ♐ 45	24 ♓	23 ♒	26 ♎	7 ♐	12 ♒
6	14 ♓ 39	2 ♎ 45	16 ♓ 18	16 ♓ 7	25 ♒ 46	15 ♈ 3	5 ♒ 44	18 ♐ 16	19 ♌ 52	14 ♓ 40	20 ♒ 25	28 ♐ 46	24 ♓	23 ♒	26 ♎	8 ♐	12 ♒
7	15 ♓ 39	14 ♎ 36	16 ♓ 14	16 ♓ 7	25 ♒ 32	16 ♈ 17	6 ♒ 29	18 ♐ 22	19 ♌ 48	14 ♓ 44	20 ♒ 27	28 ♐ 47	25 ♓	23 ♒	26 ♎	8 ♐	12 ♒
8	16 ♓ 39	26 ♎ 25	16 ♓ 11	16 R 7	25 ♒ 25	17 ♈ 30	7 ♒ 15	18 ♐ 27	19 ♌ 44	14 ♓ 47	20 ♒ 29	28 ♐ 48	25 ♓	24 ♒	26 ♎	8 ♐	12 ♒
9	17 ♓ 39	8 ♏ 15	16 ♓ 8	16 ♓ 7	25 D 25	18 ♈ 43	8 ♒ 0	18 ♐ 32	19 ♌ 40	14 ♓ 51	20 ♒ 31	28 ♐ 49	25 ♓	24 ♒	26 ♎	8 ♐	12 ♒
10	18 ♓ 39	20 ♏ 9	16 ♓ 5	16 ♓ 7	25 ♒ 30	19 ♈ 56	8 ♒ 46	18 ♐ 37	19 ♌ 36	14 ♓ 54	20 ♒ 33	28 ♐ 49	26 ♓	24 ♒	26 ♎	9 ♐	12 ♒
11	19 ♓ 39	2 ♐ 12	16 ♓ 2	16 ♓ 7	25 ♒ 42	21 ♈ 9	9 ♒ 32	18 ♐ 42	19 ♌ 32	14 ♓ 57	20 ♒ 35	28 ♐ 50	26 ♓	25 ♒	26 ♎	9 ♐	13 ♒
12	20 ♓ 39	14 ♐ 28	15 ♓ 58	16 ♓ 6	25 ♒ 59	22 ♈ 22	10 ♒ 18	18 ♐ 47	19 ♌ 28	15 ♓ 1	20 ♒ 38	28 ♐ 51	27 ♓	25 ♒	25 ♎	9 ♐	13 ♒
13	21 ♓ 39	27 ♐ 2	15 ♓ 55	16 D 6	26 ♒ 22	23 ♈ 35	11 ♒ 3	18 ♐ 51	19 ♌ 24	15 ♓ 4	20 ♒ 40	28 ♐ 51	27 ♓	25 ♒	25 ♎	10 ♐	13 ♒
14	22 ♓ 39	9 ♑ 56	15 ♓ 52	16 ♓ 7	26 ♒ 49	24 ♈ 48	11 ♒ 49	18 ♐ 56	19 ♌ 21	15 ♓ 8	20 ♒ 42	28 ♐ 52	27 ♓	26 ♒	25 ♎	10 ♐	13 ♒
15	23 ♓ 38	23 ♑ 15	15 ♓ 49	16 ♓ 7	27 ♒ 21	26 ♈ 0	12 ♒ 35	19 ♐ 0	19 ♌ 17	15 ♓ 11	20 ♒ 44	28 ♐ 53	28 ♓	26 ♒	25 ♎	10 ♐	13 ♒
16	24 ♓ 38	7 ♒ 0	15 ♓ 46	16 ♓ 8	27 ♒ 58	27 ♈ 13	13 ♒ 21	19 ♐ 4	19 ♌ 13	15 ♓ 15	20 ♒ 46	28 ♐ 53	28 ♓	26 ♒	25 ♎	10 ♐	13 ♒
17	25 ♓ 38	21 ♒ 12	15 ♓ 43	16 ♓ 9	28 ♒ 38	28 ♈ 26	14 ♒ 6	19 ♐ 8	19 ♌ 10	15 ♓ 18	20 ♒ 48	28 ♐ 54	28 ♓	27 ♒	25 ♎	10 ♐	13 ♒
18	26 ♓ 38	5 ♓ 49	15 ♓ 39	16 ♓ 9	29 ♒ 23	29 ♈ 38	14 ♒ 52	19 ♐ 11	19 ♌ 7	15 ♓ 21	20 ♒ 49	28 ♐ 54	29 ♓	27 ♒	24 ♎	11 ♐	13 ♒
19	27 ♓ 37	20 ♓ 45	15 ♓ 36	16 R 9	0 ♓ 11	0 ♉ 51	15 ♒ 38	19 ♐ 15	19 ♌ 3	15 ♓ 25	20 ♒ 51	28 ♐ 55	29 ♓	27 ♒	24 ♎	11 ♐	13 ♒
20	28 ♓ 37	5 ♈ 52	15 ♓ 33	16 ♓ 9	1 ♓ 2	2 ♉ 3	16 ♒ 24	19 ♐ 18	19 ♌ 0	15 ♓ 28	20 ♒ 53	28 ♐ 55	0 ♈	28 ♒	24 ♎	11 ♐	13 ♒
21	29 ♓ 37	21 ♈ 2	15 ♓ 30	16 ♓ 8	1 ♓ 56	3 ♉ 16	17 ♒ 10	19 ♐ 21	18 ♌ 57	15 ♓ 31	20 ♒ 55	28 ♐ 55	0 ♈	28 ♒	24 ♎	11 ♐	13 ♒
22	0 ♈ 36	6 ♉ 5	15 ♓ 27	16 ♓ 6	2 ♓ 53	4 ♉ 28	17 ♒ 56	19 ♐ 24	18 ♌ 54	15 ♓ 35	20 ♒ 57	28 ♐ 56	0 ♈	28 ♒	24 ♎	12 ♐	13 ♒
23	1 ♈ 36	20 ♉ 52	15 ♓ 23	16 ♓ 4	3 ♓ 54	5 ♉ 40	18 ♒ 42	19 ♐ 27	18 ♌ 51	15 ♓ 38	20 ♒ 59	28 ♐ 56	1 ♈	28 ♒	23 ♎	12 ♐	13 ♒
24	2 ♈ 36	5 ♊ 18	15 ♓ 20	16 ♓ 2	4 ♓ 56	6 ♉ 52	19 ♒ 28	19 ♐ 29	18 ♌ 48	15 ♓ 42	21 ♒ 1	28 ♐ 56	1 ♈	29 ♒	23 ♎	12 ♐	13 ♒
25	3 ♈ 35	19 ♊ 18	15 ♓ 17	16 ♓ 1	6 ♓ 1	8 ♉ 4	20 ♒ 14	19 ♐ 32	18 ♌ 45	15 ♓ 45	21 ♒ 3	28 ♐ 57	2 ♈	29 ♒	23 ♎	12 ♐	13 ♒
26	4 ♈ 35	2 ♋ 54	15 ♓ 14	16 ♓ 1	7 ♓ 9	9 ♉ 16	20 ♒ 59	19 ♐ 34	18 ♌ 43	15 ♓ 48	21 ♒ 4	28 ♐ 57	2 ♈	29 ♒	23 ♎	12 ♐	13 ♒
27	5 ♈ 34	16 ♋ 5	15 ♓ 11	16 D 1	8 ♓ 19	10 ♉ 28	21 ♒ 45	19 ♐ 36	18 ♌ 40	15 ♓ 51	21 ♒ 6	28 ♐ 57	2 ♈	0 ♓	23 ♎	13 ♐	14 ♒
28	6 ♈ 33	28 ♋ 54	15 ♓ 8	16 ♓ 2	9 ♓ 31	11 ♉ 40	22 ♒ 31	19 ♐ 38	18 ♌ 38	15 ♓ 55	21 ♒ 8	28 ♐ 57	3 ♈	0 ♓	22 ♎	13 ♐	14 ♒
29	7 ♈ 33	11 ♌ 25	15 ♓ 4	16 ♓ 3	10 ♓ 44	12 ♉ 52	23 ♒ 17	19 ♐ 40	18 ♌ 35	15 ♓ 58	21 ♒ 10	28 ♐ 57	3 ♈	0 ♓	22 ♎	13 ♐	14 ♒
30	8 ♈ 32	23 ♌ 42	15 ♓ 1	16 ♓ 5	12 ♓ 0	14 ♉ 4	24 ♒ 3	19 ♐ 41	18 ♌ 33	16 ♓ 1	21 ♒ 11	28 ♐ 57	4 ♈	1 ♓	22 ♎	13 ♐	14 ♒
31	9 ♈ 31	5 ♍ 48	14 ♓ 58	16 ♓ 6	13 ♓ 18	15 ♉ 15	24 ♒ 49	19 ♐ 42	18 ♌ 31	16 ♓ 4	21 ♒ 13	28 ♐ 57	4 ♈	1 ♓	22 ♎	13 ♐	14 ♒

SUN INGRESS	☉ → ♈ 21日 09:07
MOON PHASE	○ 4日 08:17 ♍ ◑ 12日 12:54 ♐ ● 19日 11:43 ♓ ◐ 26日 03:16 ♋

aspects

6日	00:39	☉☌♅
8日	20:15	♀△♃
9日	17:41	♀△♄
9日	23:19	☉□♃
10日	12:41	♀⚹♆
17日	07:42	♃△♄
17日	08:34	☿⚹♇
17日	09:17	♀△♇
17日	10:23	☿⚹♀
20日	07:13	☉□♇
23日	04:34	♂☍♄
24日	01:01	♂⚹♃
26日	02:39	♂☌♆
31日	17:22	♀⚹♅

2007年4月

DAY	☉	☽	☊ mean	☊ true	☿	♀	♂	♃	♄	♅	♆	♇	⚳	⚴	⚵	⚶	⚷
	° ′	° ′	° ′	° ′	° ′	° ′	° ′	° ′	° ′	° ′	° ′	° ′	°	°	°	°	°
1	10 ♈ 31	17 ♍ 45	14 ♓ 55	16 R 7	14 D 38	16 D 27	25 D 35	19 D 43	18 R 29	16 D 8	21 D 15	28 D 58	4 D	1 D	22 R	13 D	14 D
2	11 ♈ 30	29 ♍ 38	14 ♓ 52	16 ♓ 6	15 ♓ 59	17 ♉ 38	26 ♒ 21	19 ♐ 44	18 ♌ 27	16 ♓ 11	21 ♒ 16	28 R 58	5 ♈	2 ♓	21 ♎	13 ♐	14 ♒
3	12 ♈ 29	11 ♎ 28	14 ♓ 49	16 ♓ 4	17 ♓ 23	18 ♉ 49	27 ♒ 7	19 ♐ 45	18 ♌ 25	16 ♓ 14	21 ♒ 18	28 ♐ 57	5 ♈	2 ♓	21 ♎	14 ♐	14 ♒
4	13 ♈ 28	23 ♎ 17	14 ♓ 45	16 ♓ 0	18 ♓ 47	20 ♉ 0	27 ♒ 53	19 ♐ 46	18 ♌ 23	16 ♓ 17	21 ♒ 19	28 ♐ 57	6 ♈	2 ♓	21 ♎	14 ♐	14 ♒
5	14 ♈ 27	5 ♏ 8	14 ♓ 42	15 ♓ 56	20 ♓ 14	21 ♉ 12	28 ♒ 39	19 ♐ 46	18 ♌ 21	16 ♓ 20	21 ♒ 21	28 ♐ 57	6 ♈	2 ♓	21 ♎	14 ♐	14 ♒
6	15 ♈ 26	17 ♏ 2	14 ♓ 39	15 ♓ 51	21 ♓ 42	22 ♉ 23	29 ♒ 25	19 ♐ 46	18 ♌ 20	16 ♓ 23	21 ♒ 22	28 ♐ 57	6 ♈	3 ♓	20 ♎	14 ♐	14 ♒
7	16 ♈ 25	29 ♏ 1	14 ♓ 36	15 ♓ 45	23 ♓ 12	23 ♉ 33	0 ♓ 11	19 R 46	18 ♌ 18	16 ♓ 27	21 ♒ 24	28 ♐ 57	7 ♈	3 ♓	20 ♎	14 ♐	14 ♒
8	17 ♈ 24	11 ♐ 8	14 ♓ 33	15 ♓ 40	24 ♓ 43	24 ♉ 44	0 ♓ 57	19 ♐ 46	18 ♌ 17	16 ♓ 30	21 ♒ 25	28 ♐ 57	7 ♈	3 ♓	20 ♎	14 ♐	14 ♒
9	18 ♈ 23	23 ♐ 26	14 ♓ 29	15 ♓ 37	26 ♓ 16	25 ♉ 55	1 ♓ 43	19 ♐ 46	18 ♌ 16	16 ♓ 33	21 ♒ 27	28 ♐ 57	8 ♈	4 ♓	20 ♎	14 ♐	14 ♒
10	19 ♈ 22	5 ♑ 59	14 ♓ 26	15 ♓ 34	27 ♓ 51	27 ♉ 6	2 ♓ 29	19 ♐ 45	18 ♌ 15	16 ♓ 36	21 ♒ 28	28 ♐ 56	8 ♈	4 ♓	19 ♎	14 ♐	14 ♒
11	20 ♈ 21	18 ♑ 49	14 ♓ 23	15 ♓ 33	29 ♓ 27	28 ♉ 16	3 ♓ 16	19 ♐ 44	18 ♌ 14	16 ♓ 39	21 ♒ 30	28 ♐ 56	8 ♈	4 ♓	19 ♎	14 ♐	14 ♒
12	21 ♈ 20	2 ♒ 0	14 ♓ 20	15 D 34	1 ♈ 4	29 ♉ 27	4 ♓ 2	19 ♐ 43	18 ♌ 13	16 ♓ 42	21 ♒ 31	28 ♐ 56	9 ♈	4 ♓	19 ♎	14 ♐	14 ♒
13	22 ♈ 19	15 ♒ 35	14 ♓ 17	15 ♓ 35	2 ♈ 43	0 ♊ 37	4 ♓ 48	19 ♐ 42	18 ♌ 12	16 ♓ 45	21 ♒ 32	28 ♐ 55	9 ♈	5 ♓	19 ♎	14 ♐	14 ♒
14	23 ♈ 18	29 ♒ 37	14 ♓ 14	15 ♓ 36	4 ♈ 24	1 ♊ 47	5 ♓ 34	19 ♐ 41	18 ♌ 11	16 ♓ 48	21 ♒ 34	28 ♐ 55	9 ♈	5 ♓	19 ♎	15 ♐	14 ♒
15	24 ♈ 17	14 ♓ 3	14 ♓ 10	15 ♓ 37	6 ♈ 6	2 ♊ 57	6 ♓ 20	19 ♐ 39	18 ♌ 10	16 ♓ 51	21 ♒ 35	28 ♐ 55	10 ♈	5 ♓	18 ♎	15 ♐	14 ♒
16	25 ♈ 16	28 ♓ 53	14 ♓ 7	15 R 36	7 ♈ 50	4 ♊ 7	7 ♓ 6	19 ♐ 38	18 ♌ 10	16 ♓ 53	21 ♒ 36	28 ♐ 54	10 ♈	6 ♓	18 ♎	15 ♐	14 ♒
17	26 ♈ 14	13 ♈ 59	14 ♓ 4	15 ♓ 34	9 ♈ 35	5 ♊ 17	7 ♓ 52	19 ♐ 36	18 ♌ 9	16 ♓ 56	21 ♒ 38	28 ♐ 54	11 ♈	6 ♓	18 ♎	15 ♐	15 ♒
18	27 ♈ 13	29 ♈ 14	14 ♓ 1	15 ♓ 30	11 ♈ 22	6 ♊ 27	8 ♓ 38	19 ♐ 34	18 ♌ 9	16 ♓ 59	21 ♒ 39	28 ♐ 53	11 ♈	6 ♓	18 ♎	15 ♐	15 ♒
19	28 ♈ 12	14 ♉ 27	13 ♓ 58	15 ♓ 24	13 ♈ 11	7 ♊ 36	9 ♓ 24	19 ♐ 31	18 ♌ 9	17 ♓ 2	21 ♒ 40	28 ♐ 53	11 ♈	6 ♓	17 ♎	15 R	15 ♒
20	29 ♈ 10	29 ♉ 28	13 ♓ 55	15 ♓ 17	15 ♈ 1	8 ♊ 46	10 ♓ 10	19 ♐ 29	18 ♌ 9	17 ♓ 5	21 ♒ 41	28 ♐ 52	12 ♈	7 ♓	17 ♎	15 ♐	15 ♒
21	0 ♉ 9	14 ♊ 8	13 ♓ 51	15 ♓ 11	16 ♈ 53	9 ♊ 55	10 ♓ 56	19 ♐ 26	18 D 9	17 ♓ 7	21 ♒ 42	28 ♐ 51	12 ♈	7 ♓	17 ♎	15 ♐	15 ♒
22	1 ♉ 8	28 ♊ 21	13 ♓ 48	15 ♓ 5	18 ♈ 46	11 ♊ 5	11 ♓ 42	19 ♐ 24	18 ♌ 9	17 ♓ 10	21 ♒ 43	28 ♐ 51	13 ♈	7 ♓	17 ♎	15 ♐	15 ♒
23	2 ♉ 6	12 ♋ 5	13 ♓ 45	15 ♓ 1	20 ♈ 41	12 ♊ 14	12 ♓ 28	19 ♐ 21	18 ♌ 9	17 ♓ 13	21 ♒ 44	28 ♐ 50	13 ♈	7 ♓	16 ♎	15 ♐	15 ♒
24	3 ♉ 5	25 ♋ 20	13 ♓ 42	14 ♓ 59	22 ♈ 38	13 ♊ 23	13 ♓ 14	19 ♐ 17	18 ♌ 10	17 ♓ 15	21 ♒ 45	28 ♐ 50	13 ♈	8 ♓	16 ♎	15 ♐	15 ♒
25	4 ♉ 3	8 ♌ 10	13 ♓ 39	14 D 59	24 ♈ 36	14 ♊ 32	14 ♓ 0	19 ♐ 14	18 ♌ 10	17 ♓ 18	21 ♒ 46	28 ♐ 49	14 ♈	8 ♓	16 ♎	14 ♐	15 ♒
26	5 ♉ 2	20 ♌ 38	13 ♓ 35	15 ♓ 0	26 ♈ 35	15 ♊ 41	14 ♓ 46	19 ♐ 11	18 ♌ 11	17 ♓ 21	21 ♒ 47	28 ♐ 48	14 ♈	8 ♓	16 ♎	14 ♐	15 ♒
27	6 ♉ 0	2 ♍ 49	13 ♓ 32	15 ♓ 1	28 ♈ 37	16 ♊ 49	15 ♓ 32	19 ♐ 7	18 ♌ 11	17 ♓ 23	21 ♒ 48	28 ♐ 47	15 ♈	9 ♓	16 ♎	14 ♐	15 ♒
28	6 ♉ 58	14 ♍ 48	13 ♓ 29	15 ♓ 2	0 ♉ 39	17 ♊ 58	16 ♓ 18	19 ♐ 3	18 ♌ 12	17 ♓ 26	21 ♒ 49	28 ♐ 47	15 ♈	9 ♓	15 ♎	14 ♐	15 ♒
29	7 ♉ 57	26 ♍ 40	13 ♓ 26	15 R 1	2 ♉ 43	19 ♊ 6	17 ♓ 4	18 ♐ 59	18 ♌ 13	17 ♓ 28	21 ♒ 50	28 ♐ 46	15 ♈	9 ♓	15 ♎	14 ♐	15 ♒
30	8 ♉ 55	8 ♎ 29	13 ♓ 23	14 ♓ 58	4 ♉ 48	20 ♊ 14	17 ♓ 49	18 ♐ 55	18 ♌ 14	17 ♓ 31	21 ♒ 51	28 ♐ 45	16 ♈	9 ♓	15 ♎	14 ♐	15 ♒

SUN INGRESS	☉ → ♉ 20日 20:07
MOON PHASE	○ 3日 02:15 ♎ ◑ 11日 03:04 ♑ ● 17日 20:36 ♈ ◐ 24日 15:36 ♌

aspects

2日	03:29	☿☌♅
2日	16:00	♀□♄
4日	16:17	♀□♃
5日	03:15	♀□♆
5日	09:22	♂⚹♇
8日	01:10	☿⚹♀
8日	20:56	☉△♄
10日	09:06	☉△♃
10日	16:25	♀□♇
12日	04:33	☉⚹♆
19日	16:35	☉△♇
21日	16:09	☿△♄
22日	07:39	☿△♃
23日	13:11	☿⚹♆
23日	14:30	♀□♂
27日	02:06	☿△♇
27日	12:20	♀□♅
28日	05:07	♀⚹♄
28日	21:43	♀☍♃
29日	13:37	♂☌♅

2007年5月

DAY	☉	☽	☊ mean	☊ true	☿	♀	♂	♃	♄	♅	♆	♇	⚳	⚴	⚵	⚶	⚷
	° ′	° ′	° ′	° ′	° ′	° ′	° ′	° ′	° ′	° ′	° ′	° ′	°	°	°	°	°
1	9 ♉ 53	20 ♎ 17	13 ♓ 20	14 R 53	6 D 55	21 D 22	18 D 35	18 R 51	18 D 15	17 D 33	21 D 52	28 R 44	16 D	10 D	15 R	14 R	15 D
2	10 ♉ 51	2 ♏ 8	13 ♓ 16	14 ♓ 45	9 ♉ 3	22 ♊ 30	19 ♓ 21	18 ♐ 46	18 ♌ 16	17 ♓ 35	21 ♒ 53	28 ♐ 43	16 ♈	10 ♓	15 ♎	14 ♐	15 ♒
3	11 ♉ 50	14 ♏ 3	13 ♓ 13	14 ♓ 36	11 ♉ 11	23 ♊ 38	20 ♓ 7	18 ♐ 42	18 ♌ 18	17 ♓ 38	21 ♒ 53	28 ♐ 42	17 ♈	10 ♓	15 ♎	14 ♐	15 ♒
4	12 ♉ 48	26 ♏ 4	13 ♓ 10	14 ♓ 25	13 ♉ 20	24 ♊ 45	20 ♓ 53	18 ♐ 37	18 ♌ 19	17 ♓ 40	21 ♒ 54	28 ♐ 41	17 ♈	10 ♓	14 ♎	14 ♐	15 ♒
5	13 ♉ 46	8 ♐ 12	13 ♓ 7	14 ♓ 14	15 ♉ 30	25 ♊ 53	21 ♓ 39	18 ♐ 32	18 ♌ 20	17 ♓ 42	21 ♒ 55	28 ♐ 40	18 ♈	11 ♓	14 ♎	14 ♐	15 ♒
6	14 ♉ 44	20 ♐ 29	13 ♓ 4	14 ♓ 4	17 ♉ 40	27 ♊ 0	22 ♓ 24	18 ♐ 27	18 ♌ 22	17 ♓ 45	21 ♒ 55	28 ♐ 39	18 ♈	11 ♓	14 ♎	13 ♐	15 ♒
7	15 ♉ 42	2 ♑ 56	13 ♓ 1	13 ♓ 55	19 ♉ 50	28 ♊ 7	23 ♓ 10	18 ♐ 22	18 ♌ 24	17 ♓ 47	21 ♒ 56	28 ♐ 38	18 ♈	11 ♓	14 ♎	13 ♐	15 ♒
8	16 ♉ 40	15 ♑ 35	12 ♓ 57	13 ♓ 49	21 ♉ 59	29 ♊ 14	23 ♓ 56	18 ♐ 16	18 ♌ 26	17 ♓ 49	21 ♒ 57	28 ♐ 37	19 ♈	11 ♓	14 ♎	13 ♐	15 ♒
9	17 ♉ 38	28 ♑ 28	12 ♓ 54	13 ♓ 45	24 ♉ 8	0 ♋ 20	24 ♓ 42	18 ♐ 11	18 ♌ 28	17 ♓ 51	21 ♒ 57	28 ♐ 36	19 ♈	11 ♓	14 ♎	13 ♐	15 ♒
10	18 ♉ 36	11 ♒ 38	12 ♓ 51	13 ♓ 43	26 ♉ 17	1 ♋ 27	25 ♓ 27	18 ♐ 5	18 ♌ 30	17 ♓ 53	21 ♒ 58	28 ♐ 35	20 ♈	12 ♓	13 ♎	13 ♐	15 ♒
11	19 ♉ 34	25 ♒ 7	12 ♓ 48	13 D 43	28 ♉ 24	2 ♋ 33	26 ♓ 13	17 ♐ 59	18 ♌ 32	17 ♓ 55	21 ♒ 58	28 ♐ 34	20 ♈	12 ♓	13 ♎	13 ♐	15 ♒
12	20 ♉ 32	8 ♓ 57	12 ♓ 45	13 ♓ 43	0 ♊ 29	3 ♋ 39	26 ♓ 59	17 ♐ 53	18 ♌ 34	17 ♓ 57	21 ♒ 59	28 ♐ 33	20 ♈	12 ♓	13 ♎	12 ♐	15 ♒
13	21 ♉ 30	23 ♓ 10	12 ♓ 41	13 R 43	2 ♊ 33	4 ♋ 45	27 ♓ 44	17 ♐ 47	18 ♌ 36	17 ♓ 59	21 ♒ 59	28 ♐ 32	21 ♈	12 ♓	13 ♎	12 ♐	15 ♒
14	22 ♉ 28	7 ♈ 44	12 ♓ 38	13 ♓ 41	4 ♊ 35	5 ♋ 51	28 ♓ 30	17 ♐ 41	18 ♌ 39	18 ♓ 1	21 ♒ 59	28 ♐ 31	21 ♈	13 ♓	13 ♎	12 ♐	15 ♒
15	23 ♉ 26	22 ♈ 36	12 ♓ 35	13 ♓ 37	6 ♊ 35	6 ♋ 56	29 ♓ 16	17 ♐ 35	18 ♌ 41	18 ♓ 3	22 ♒ 0	28 ♐ 29	21 ♈	13 ♓	13 ♎	12 ♐	15 ♒
16	24 ♉ 24	7 ♉ 39	12 ♓ 32	13 ♓ 30	8 ♊ 32	8 ♋ 2	0 ♈ 1	17 ♐ 28	18 ♌ 44	18 ♓ 5	22 ♒ 0	28 ♐ 28	22 ♈	13 ♓	13 ♎	12 ♐	15 ♒
17	25 ♉ 22	22 ♉ 45	12 ♓ 29	13 ♓ 20	10 ♊ 27	9 ♋ 7	0 ♈ 47	17 ♐ 22	18 ♌ 47	18 ♓ 7	22 ♒ 0	28 ♐ 27	22 ♈	13 ♓	13 ♎	11 ♐	15 ♒
18	26 ♉ 20	7 ♊ 44	12 ♓ 26	13 ♓ 10	12 ♊ 19	10 ♋ 12	1 ♈ 32	17 ♐ 15	18 ♌ 49	18 ♓ 8	22 ♒ 1	28 ♐ 26	23 ♈	13 ♓	12 ♎	11 ♐	15 ♒
19	27 ♉ 18	22 ♊ 25	12 ♓ 22	12 ♓ 59	14 ♊ 9	11 ♋ 16	2 ♈ 18	17 ♐ 9	18 ♌ 52	18 ♓ 10	22 ♒ 1	28 ♐ 24	23 ♈	14 ♓	12 ♎	11 ♐	15 ♒
20	28 ♉ 16	6 ♋ 42	12 ♓ 19	12 ♓ 50	15 ♊ 55	12 ♋ 21	3 ♈ 3	17 ♐ 2	18 ♌ 55	18 ♓ 12	22 ♒ 1	28 ♐ 23	23 ♈	14 ♓	12 ♎	11 ♐	15 ♒
21	29 ♉ 13	20 ♋ 32	12 ♓ 16	12 ♓ 43	17 ♊ 38	13 ♋ 25	3 ♈ 49	16 ♐ 55	18 ♌ 59	18 ♓ 13	22 ♒ 1	28 ♐ 22	24 ♈	14 ♓	12 ♎	11 ♐	15 ♒
22	0 ♊ 11	3 ♌ 52	12 ♓ 13	12 ♓ 38	19 ♊ 18	14 ♋ 29	4 ♈ 34	16 ♐ 48	19 ♌ 2	18 ♓ 15	22 ♒ 1	28 ♐ 21	24 ♈	14 ♓	12 ♎	10 ♐	15 R
23	1 ♊ 9	16 ♌ 45	12 ♓ 10	12 ♓ 36	20 ♊ 56	15 ♋ 33	5 ♈ 19	16 ♐ 41	19 ♌ 5	18 ♓ 16	22 ♒ 1	28 ♐ 19	24 ♈	14 ♓	12 ♎	10 ♐	15 ♒
24	2 ♊ 6	29 ♌ 15	12 ♓ 7	12 ♓ 35	22 ♊ 29	16 ♋ 36	6 ♈ 4	16 ♐ 34	19 ♌ 8	18 ♓ 18	22 ♒ 2	28 ♐ 18	25 ♈	15 ♓	12 ♎	10 ♐	15 ♒
25	3 ♊ 4	11 ♍ 27	12 ♓ 3	12 D 35	24 ♊ 0	17 ♋ 39	6 ♈ 50	16 ♐ 27	19 ♌ 12	18 ♓ 19	22 ♒ 2	28 ♐ 16	25 ♈	15 ♓	12 ♎	10 ♐	15 ♒
26	4 ♊ 2	23 ♍ 26	12 ♓ 0	12 R 35	25 ♊ 27	18 ♋ 42	7 ♈ 35	16 ♐ 19	19 ♌ 15	18 ♓ 21	22 R 2	28 ♐ 15	25 ♈	15 ♓	12 ♎	9 ♐	15 ♒
27	4 ♊ 59	5 ♎ 17	11 ♓ 57	12 ♓ 33	26 ♊ 51	19 ♋ 45	8 ♈ 20	16 ♐ 12	19 ♌ 19	18 ♓ 22	22 ♒ 2	28 ♐ 14	26 ♈	15 ♓	12 ♎	9 ♐	15 ♒
28	5 ♊ 57	17 ♎ 5	11 ♓ 54	12 ♓ 29	28 ♊ 12	20 ♋ 47	9 ♈ 5	16 ♐ 5	19 ♌ 23	18 ♓ 23	22 ♒ 1	28 ♐ 12	26 ♈	15 ♓	12 ♎	9 ♐	15 ♒
29	6 ♊ 55	28 ♎ 55	11 ♓ 51	12 ♓ 23	29 ♊ 29	21 ♋ 49	9 ♈ 50	15 ♐ 57	19 ♌ 27	18 ♓ 25	22 ♒ 1	28 ♐ 11	27 ♈	15 ♓	12 ♎	9 ♐	15 ♒
30	7 ♊ 52	10 ♏ 49	11 ♓ 47	12 ♓ 13	0 ♋ 42	22 ♋ 50	10 ♈ 35	15 ♐ 50	19 ♌ 31	18 ♓ 26	22 ♒ 1	28 ♐ 9	27 ♈	16 ♓	12 ♎	9 ♐	15 ♒
31	8 ♊ 50	22 ♏ 51	11 ♓ 44	12 ♓ 2	1 ♋ 52	23 ♋ 52	11 ♈ 20	15 ♐ 42	19 ♌ 35	18 ♓ 27	22 ♒ 1	28 ♐ 8	27 ♈	16 ♓	12 ♎	8 ♐	15 ♒
SUN INGRESS	☉ → ♊ 21日 19:12																
MOON PHASE	○ 2日 19:09 ♏	◑ 10日 13:27 ♒	● 17日 04:27 ♉	◐ 24日 06:03 ♍													

aspects		
1日	07:21	♂□♃
1日	10:33	♀△♆
3日	13:05	☉☌☿
6日	00:53	☿⚹♅
6日	07:55	☿□♄
6日	16:11	♃△♄
7日	11:05	♀☍♇
7日	23:28	☿□♆
9日	05:25	☉⚹♅
9日	09:39	☿⚹♂
9日	21:05	☉□♄
11日	12:32	♃□♅
13日	11:56	☉□♆
14日	00:15	♂□♇
20日	14:30	☿☍♃
21日	08:26	☿□♅
21日	19:48	☿⚹♄
23日	16:47	♀△♆
25日	15:41	♀△♅
28日	00:13	☿☍♇

2007年6月

DAY	☉	☽	☊ mean	☊ true	☿	♀	♂	♃	♄	♅	♆	♇	⚳	⚴	⚵	⚶	⚷
	° ′	° ′	° ′	° ′	° ′	° ′	° ′	° ′	° ′	° ′	° ′	° ′	°	°	°	°	°
1	9 ♊ 47	5 ♐ 2	11 ♓ 41	11 R 48	2 D 59	24 D 53	12 D 5	15 R 35	19 D 39	18 D 28	22 R 1	28 R 7	28 D	16 D	12 R	8 R	15 R
2	10 ♊ 45	17 ♐ 23	11 ♓ 38	11 ♓ 35	4 ♋ 2	25 ♋ 53	12 ♈ 50	15 ♐ 27	19 ♌ 43	18 ♓ 29	22 ♒ 1	28 ♐ 5	28 ♈	16 ♓	12 ♎	8 ♐	15 ♒
3	11 ♊ 42	29 ♐ 55	11 ♓ 35	11 ♓ 22	5 ♋ 1	26 ♋ 54	13 ♈ 35	15 ♐ 20	19 ♌ 47	18 ♓ 30	22 ♒ 0	28 ♐ 4	28 ♈	16 ♓	12 ♎	7 ♐	15 ♒
4	12 ♊ 40	12 ♑ 37	11 ♓ 32	11 ♓ 12	5 ♋ 56	27 ♋ 53	14 ♈ 20	15 ♐ 12	19 ♌ 52	18 ♓ 31	22 ♒ 0	28 ♐ 2	29 ♈	16 ♓	12 ♎	7 ♐	15 ♒
5	13 ♊ 37	25 ♑ 31	11 ♓ 28	11 ♓ 3	6 ♋ 47	28 ♋ 53	15 ♈ 4	15 ♐ 4	19 ♌ 56	18 ♓ 32	22 ♒ 0	28 ♐ 1	29 ♈	17 ♓	12 D	7 ♐	15 ♒
6	14 ♊ 34	8 ♒ 36	11 ♓ 25	10 ♓ 58	7 ♋ 35	29 ♋ 52	15 ♈ 49	14 ♐ 57	20 ♌ 0	18 ♓ 33	21 ♒ 59	27 ♐ 59	29 ♈	17 ♓	12 ♎	7 ♐	15 ♒
7	15 ♊ 32	21 ♒ 54	11 ♓ 22	10 ♓ 55	8 ♋ 18	0 ♌ 51	16 ♈ 34	14 ♐ 49	20 ♌ 5	18 ♓ 34	21 ♒ 59	27 ♐ 58	0 ♉	17 ♓	12 ♎	7 ♐	15 ♒
8	16 ♊ 29	5 ♓ 26	11 ♓ 19	10 ♓ 54	8 ♋ 58	1 ♌ 49	17 ♈ 18	14 ♐ 41	20 ♌ 10	18 ♓ 35	21 ♒ 59	27 ♐ 56	0 ♉	17 ♓	12 ♎	6 ♐	15 ♒
9	17 ♊ 27	19 ♓ 13	11 ♓ 16	10 ♓ 54	9 ♋ 33	2 ♌ 47	18 ♈ 3	14 ♐ 34	20 ♌ 14	18 ♓ 36	21 ♒ 58	27 ♐ 55	0 ♉	17 ♓	12 ♎	6 ♐	15 ♒
10	18 ♊ 24	3 ♈ 16	11 ♓ 13	10 ♓ 54	10 ♋ 4	3 ♌ 45	18 ♈ 48	14 ♐ 26	20 ♌ 19	18 ♓ 36	21 ♒ 58	27 ♐ 53	1 ♉	17 ♓	12 ♎	6 ♐	15 ♒
11	19 ♊ 22	17 ♈ 35	11 ♓ 9	10 ♓ 52	10 ♋ 30	4 ♌ 42	19 ♈ 32	14 ♐ 19	20 ♌ 24	18 ♓ 37	21 ♒ 57	27 ♐ 51	1 ♉	17 ♓	12 ♎	6 ♐	15 ♒
12	20 ♊ 19	2 ♉ 8	11 ♓ 6	10 ♓ 47	10 ♋ 52	5 ♌ 38	20 ♈ 16	14 ♐ 11	20 ♌ 29	18 ♓ 38	21 ♒ 57	27 ♐ 50	2 ♉	17 ♓	12 ♎	5 ♐	15 ♒
13	21 ♊ 16	16 ♉ 50	11 ♓ 3	10 ♓ 40	11 ♋ 10	6 ♌ 34	21 ♈ 1	14 ♐ 3	20 ♌ 34	18 ♓ 38	21 ♒ 56	27 ♐ 48	2 ♉	18 ♓	12 ♎	5 ♐	15 ♒
14	22 ♊ 14	1 ♊ 36	11 ♓ 0	10 ♓ 31	11 ♋ 23	7 ♌ 30	21 ♈ 45	13 ♐ 56	20 ♌ 39	18 ♓ 39	21 ♒ 55	27 ♐ 47	2 ♉	18 ♓	12 ♎	5 ♐	15 ♒
15	23 ♊ 11	16 ♊ 16	10 ♓ 57	10 ♓ 20	11 ♋ 31	8 ♌ 25	22 ♈ 29	13 ♐ 48	20 ♌ 44	18 ♓ 39	21 ♒ 55	27 ♐ 45	3 ♉	18 ♓	12 ♎	5 ♐	15 ♒
16	24 ♊ 8	0 ♋ 44	10 ♓ 53	10 ♓ 9	11 ♋ 35	9 ♌ 20	23 ♈ 13	13 ♐ 41	20 ♌ 50	18 ♓ 39	21 ♒ 54	27 ♐ 44	3 ♉	18 ♓	12 ♎	5 ♐	15 ♒
17	25 ♊ 6	14 ♋ 53	10 ♓ 50	9 ♓ 59	11 R 35	10 ♌ 14	23 ♈ 58	13 ♐ 34	20 ♌ 55	18 ♓ 40	21 ♒ 54	27 ♐ 42	3 ♉	18 ♓	12 ♎	4 ♐	15 ♒
18	26 ♊ 3	28 ♋ 38	10 ♓ 47	9 ♓ 51	11 ♋ 29	11 ♌ 7	24 ♈ 42	13 ♐ 26	21 ♌ 0	18 ♓ 40	21 ♒ 53	27 ♐ 41	4 ♉	18 ♓	12 ♎	4 ♐	15 ♒
19	27 ♊ 0	11 ♌ 57	10 ♓ 44	9 ♓ 46	11 ♋ 20	12 ♌ 0	25 ♈ 26	13 ♐ 19	21 ♌ 6	18 ♓ 40	21 ♒ 52	27 ♐ 39	4 ♉	18 ♓	12 ♎	4 ♐	15 ♒
20	27 ♊ 58	24 ♌ 51	10 ♓ 41	9 ♓ 43	11 ♋ 6	12 ♌ 53	26 ♈ 9	13 ♐ 12	21 ♌ 11	18 ♓ 41	21 ♒ 51	27 ♐ 37	4 ♉	18 ♓	12 ♎	4 ♐	15 ♒
21	28 ♊ 55	7 ♍ 23	10 ♓ 38	9 ♓ 42	10 ♋ 49	13 ♌ 44	26 ♈ 53	13 ♐ 5	21 ♌ 17	18 ♓ 41	21 ♒ 51	27 ♐ 36	5 ♉	18 ♓	12 ♎	4 ♐	15 ♒
22	29 ♊ 52	19 ♍ 37	10 ♓ 34	9 D 42	10 ♋ 27	14 ♌ 35	27 ♈ 37	12 ♐ 57	21 ♌ 23	18 ♓ 41	21 ♒ 50	27 ♐ 34	5 ♉	18 ♓	12 ♎	4 ♐	15 ♒
23	0 ♋ 49	1 ♎ 37	10 ♓ 31	9 R 43	10 ♋ 3	15 ♌ 26	28 ♈ 21	12 ♐ 51	21 ♌ 28	18 ♓ 41	21 ♒ 49	27 ♐ 33	5 ♉	18 ♓	12 ♎	3 ♐	15 ♒
24	1 ♋ 47	13 ♎ 30	10 ♓ 28	9 ♓ 42	9 ♋ 35	16 ♌ 15	29 ♈ 4	12 ♐ 44	21 ♌ 34	18 R 41	21 ♒ 48	27 ♐ 31	6 ♉	19 ♓	13 ♎	3 ♐	15 ♒
25	2 ♋ 44	25 ♎ 20	10 ♓ 25	9 ♓ 39	9 ♋ 4	17 ♌ 4	29 ♈ 48	12 ♐ 37	21 ♌ 40	18 ♓ 41	21 ♒ 47	27 ♐ 30	6 ♉	19 ♓	13 ♎	3 ♐	15 ♒
26	3 ♋ 41	7 ♏ 12	10 ♓ 22	9 ♓ 35	8 ♋ 32	17 ♌ 52	0 ♉ 31	12 ♐ 30	21 ♌ 46	18 ♓ 41	21 ♒ 46	27 ♐ 28	6 ♉	19 ♓	13 ♎	3 ♐	15 ♒
27	4 ♋ 38	19 ♏ 11	10 ♓ 19	9 ♓ 28	7 ♋ 58	18 ♌ 39	1 ♉ 15	12 ♐ 23	21 ♌ 52	18 ♓ 41	21 ♒ 45	27 ♐ 27	7 ♉	19 ♓	13 ♎	3 ♐	14 ♒
28	5 ♋ 35	1 ♐ 19	10 ♓ 15	9 ♓ 18	7 ♋ 22	19 ♌ 26	1 ♉ 58	12 ♐ 17	21 ♌ 58	18 ♓ 41	21 ♒ 44	27 ♐ 25	7 ♉	19 ♓	13 ♎	3 ♐	14 ♒
29	6 ♋ 33	13 ♐ 40	10 ♓ 12	9 ♓ 8	6 ♋ 47	20 ♌ 12	2 ♉ 41	12 ♐ 10	22 ♌ 4	18 ♓ 40	21 ♒ 43	27 ♐ 23	7 ♉	19 ♓	13 ♎	3 ♐	14 ♒
30	7 ♋ 30	26 ♐ 14	10 ♓ 9	8 ♓ 57	6 ♋ 11	20 ♌ 56	3 ♉ 24	12 ♐ 4	22 ♌ 10	18 ♓ 40	21 ♒ 42	27 ♐ 22	8 ♉	19 ♓	13 ♎	3 ♐	14 ♒
SUN INGRESS	☉ → ♋ 22日 03:06																
MOON PHASE	○ 1日 10:04 ♐	◑ 8日 20:43 ♓	● 15日 12:13 ♊	◐ 22日 22:15 ♎	○ 30日 22:49 ♑												

aspects		
4日	23:58	♂△♃
6日	08:12	☉☍♃
10日	05:08	☉□♅
11日	19:26	☉⚹♂
12日	04:40	☉⚹♄
12日	07:43	♂△♄
13日	16:30	☉△♆
14日	05:35	♂⚹♆
19日	15:49	☉☍♇
20日	07:48	♀△♃
21日	22:36	♂△♇
26日	00:54	♄☍♆
29日	03:39	☉☌☿

2007年7月

DAY	☉	☽	☊ mean	☊ true	☿	♀	♂	♃	♄	♅	♆	♇	⚳	⚴	⚵	⚶	⚷
	° ′	° ′	° ′	° ′	° ′	° ′	° ′	° ′	° ′	° ′	° ′	° ′	°	°	°	°	°
1	8 ♋ 27	9 ♑ 3	10 ♓ 6	8 R 47	5 R 37	21 D 40	4 D 8	11 R 58	22 D 16	18 R 40	21 R 41	27 R 20	8 D	19 D	13 D	2 R	14 R
2	9 ♋ 24	22 ♑ 4	10 ♓ 3	8 ♓ 38	5 ♋ 3	22 ♌ 23	4 ♉ 51	11 ♐ 52	22 ♌ 22	18 ♓ 40	21 ♒ 40	27 ♐ 19	8 ♉	19 ♓	13 ♎	2 ♐	14 ♒
3	10 ♋ 21	5 ♒ 19	9 ♓ 59	8 ♓ 32	4 ♋ 32	23 ♌ 5	5 ♉ 33	11 ♐ 46	22 ♌ 29	18 ♓ 39	21 ♒ 39	27 ♐ 17	8 ♉	19 ♓	14 ♎	2 ♐	14 ♒
4	11 ♋ 19	18 ♒ 45	9 ♓ 56	8 ♓ 28	4 ♋ 3	23 ♌ 46	6 ♉ 16	11 ♐ 40	22 ♌ 35	18 ♓ 39	21 ♒ 38	27 ♐ 16	9 ♉	19 ♓	14 ♎	2 ♐	14 ♒
5	12 ♋ 16	2 ♓ 21	9 ♓ 53	8 ♓ 26	3 ♋ 38	24 ♌ 26	6 ♉ 59	11 ♐ 34	22 ♌ 42	18 ♓ 38	21 ♒ 37	27 ♐ 14	9 ♉	19 ♓	14 ♎	2 ♐	14 ♒
6	13 ♋ 13	16 ♓ 7	9 ♓ 50	8 D 26	3 ♋ 15	25 ♌ 4	7 ♉ 42	11 ♐ 29	22 ♌ 48	18 ♓ 38	21 ♒ 35	27 ♐ 13	9 ♉	19 R	14 ♎	2 ♐	14 ♒
7	14 ♋ 10	0 ♈ 1	9 ♓ 47	8 ♓ 27	2 ♋ 57	25 ♌ 42	8 ♉ 24	11 ♐ 23	22 ♌ 54	18 ♓ 37	21 ♒ 34	27 ♐ 11	10 ♉	19 ♓	14 ♎	2 ♐	14 ♒
8	15 ♋ 7	14 ♈ 5	9 ♓ 44	8 ♓ 27	2 ♋ 43	26 ♌ 18	9 ♉ 7	11 ♐ 18	23 ♌ 1	18 ♓ 36	21 ♒ 33	27 ♐ 10	10 ♉	19 ♓	14 ♎	2 ♐	14 ♒
9	16 ♋ 5	28 ♈ 16	9 ♓ 40	8 R 27	2 ♋ 33	26 ♌ 53	9 ♉ 49	11 ♐ 13	23 ♌ 8	18 ♓ 36	21 ♒ 32	27 ♐ 8	10 ♉	19 ♓	14 ♎	2 ♐	14 ♒
10	17 ♋ 2	12 ♉ 34	9 ♓ 37	8 ♓ 24	2 ♋ 28	27 ♌ 27	10 ♉ 32	11 ♐ 8	23 ♌ 14	18 ♓ 35	21 ♒ 31	27 ♐ 7	11 ♉	19 ♓	15 ♎	2 ♐	14 ♒
11	17 ♋ 59	26 ♉ 54	9 ♓ 34	8 ♓ 20	2 D 29	28 ♌ 0	11 ♉ 14	11 ♐ 3	23 ♌ 21	18 ♓ 34	21 ♒ 29	27 ♐ 6	11 ♉	19 ♓	15 ♎	2 ♐	14 ♒
12	18 ♋ 56	11 ♊ 14	9 ♓ 31	8 ♓ 14	2 ♋ 34	28 ♌ 31	11 ♉ 56	10 ♐ 58	23 ♌ 28	18 ♓ 33	21 ♒ 28	27 ♐ 4	11 ♉	19 ♓	15 ♎	2 ♐	14 ♒
13	19 ♋ 53	25 ♊ 29	9 ♓ 28	8 ♓ 6	2 ♋ 44	29 ♌ 1	12 ♉ 38	10 ♐ 54	23 ♌ 34	18 ♓ 33	21 ♒ 27	27 ♐ 3	12 ♉	19 ♓	15 ♎	2 D	14 ♒
14	20 ♋ 51	9 ♋ 33	9 ♓ 25	7 ♓ 59	3 ♋ 0	29 ♌ 29	13 ♉ 20	10 ♐ 49	23 ♌ 41	18 ♓ 32	21 ♒ 25	27 ♐ 1	12 ♉	19 ♓	15 ♎	2 ♐	14 ♒
15	21 ♋ 48	23 ♋ 21	9 ♓ 21	7 ♓ 52	3 ♋ 21	29 ♌ 56	14 ♉ 2	10 ♐ 45	23 ♌ 48	18 ♓ 31	21 ♒ 24	27 ♐ 0	12 ♉	19 ♓	15 ♎	2 ♐	14 ♒
16	22 ♋ 45	6 ♌ 51	9 ♓ 18	7 ♓ 46	3 ♋ 48	0 ♍ 21	14 ♉ 44	10 ♐ 41	23 ♌ 55	18 ♓ 30	21 ♒ 23	26 ♐ 59	12 ♉	19 ♓	16 ♎	2 ♐	14 ♒
17	23 ♋ 42	20 ♌ 0	9 ♓ 15	7 ♓ 43	4 ♋ 20	0 ♍ 45	15 ♉ 26	10 ♐ 37	24 ♌ 2	18 ♓ 29	21 ♒ 21	26 ♐ 57	13 ♉	19 ♓	16 ♎	2 ♐	14 ♒
18	24 ♋ 40	2 ♍ 49	9 ♓ 12	7 ♓ 41	4 ♋ 57	1 ♍ 6	16 ♉ 7	10 ♐ 33	24 ♌ 9	18 ♓ 28	21 ♒ 20	26 ♐ 56	13 ♉	18 ♓	16 ♎	2 ♐	14 ♒
19	25 ♋ 37	15 ♍ 18	9 ♓ 9	7 D 42	5 ♋ 40	1 ♍ 26	16 ♉ 49	10 ♐ 30	24 ♌ 16	18 ♓ 26	21 ♒ 18	26 ♐ 55	13 ♉	18 ♓	16 ♎	2 ♐	14 ♒
20	26 ♋ 34	27 ♍ 32	9 ♓ 5	7 ♓ 43	6 ♋ 28	1 ♍ 45	17 ♉ 30	10 ♐ 26	24 ♌ 23	18 ♓ 25	21 ♒ 17	26 ♐ 53	13 ♉	18 ♓	16 ♎	2 ♐	13 ♒
21	27 ♋ 32	9 ♎ 33	9 ♓ 2	7 ♓ 44	7 ♋ 21	2 ♍ 1	18 ♉ 11	10 ♐ 23	24 ♌ 30	18 ♓ 24	21 ♒ 15	26 ♐ 52	14 ♉	18 ♓	17 ♎	2 ♐	13 ♒
22	28 ♋ 29	21 ♎ 27	8 ♓ 59	7 ♓ 45	8 ♋ 19	2 ♍ 15	18 ♉ 52	10 ♐ 20	24 ♌ 37	18 ♓ 23	21 ♒ 14	26 ♐ 51	14 ♉	18 ♓	17 ♎	2 ♐	13 ♒
23	29 ♋ 26	3 ♏ 18	8 ♓ 56	7 R 46	9 ♋ 22	2 ♍ 28	19 ♉ 33	10 ♐ 17	24 ♌ 44	18 ♓ 21	21 ♒ 13	26 ♐ 49	14 ♉	18 ♓	17 ♎	2 ♐	13 ♒
24	0 ♌ 23	15 ♏ 12	8 ♓ 53	7 ♓ 44	10 ♋ 30	2 ♍ 38	20 ♉ 14	10 ♐ 14	24 ♌ 51	18 ♓ 20	21 ♒ 11	26 ♐ 48	15 ♉	18 ♓	17 ♎	2 ♐	13 ♒
25	1 ♌ 21	27 ♏ 13	8 ♓ 50	7 ♓ 42	11 ♋ 44	2 ♍ 46	20 ♉ 55	10 ♐ 12	24 ♌ 59	18 ♓ 19	21 ♒ 10	26 ♐ 47	15 ♉	18 ♓	17 ♎	2 ♐	13 ♒
26	2 ♌ 18	9 ♐ 25	8 ♓ 46	7 ♓ 38	13 ♋ 2	2 ♍ 52	21 ♉ 36	10 ♐ 10	25 ♌ 6	18 ♓ 17	21 ♒ 8	26 ♐ 46	15 ♉	18 ♓	18 ♎	3 ♐	13 ♒
27	3 ♌ 15	21 ♐ 53	8 ♓ 43	7 ♓ 32	14 ♋ 24	2 ♍ 55	22 ♉ 16	10 ♐ 7	25 ♌ 13	18 ♓ 16	21 ♒ 7	26 ♐ 45	15 ♉	18 ♓	18 ♎	3 ♐	13 ♒
28	4 ♌ 13	4 ♑ 37	8 ♓ 40	7 ♓ 27	15 ♋ 51	2 ♍ 57	22 ♉ 57	10 ♐ 5	25 ♌ 20	18 ♓ 14	21 ♒ 5	26 ♐ 43	16 ♉	17 ♓	18 ♎	3 ♐	13 ♒
29	5 ♌ 10	17 ♑ 39	8 ♓ 37	7 ♓ 22	17 ♋ 23	2 R 56	23 ♉ 37	10 ♐ 4	25 ♌ 28	18 ♓ 13	21 ♒ 3	26 ♐ 42	16 ♉	17 ♓	18 ♎	3 ♐	13 ♒
30	6 ♌ 7	0 ♒ 59	8 ♓ 34	7 ♓ 17	18 ♋ 59	2 ♍ 53	24 ♉ 18	10 ♐ 2	25 ♌ 35	18 ♓ 11	21 ♒ 2	26 ♐ 41	16 ♉	17 ♓	18 ♎	3 ♐	13 ♒
31	7 ♌ 5	14 ♒ 36	8 ♓ 31	7 ♓ 14	20 ♋ 39	2 ♍ 47	24 ♉ 58	10 ♐ 0	25 ♌ 42	18 ♓ 10	21 ♒ 0	26 ♐ 40	16 ♉	17 ♓	19 ♎	3 ♐	13 ♒

SUN INGRESS	☉ → ♌ 23日 14:00
MOON PHASE	◑ 8日 01:54 ♈ ● 14日 21:04 ♋ ◐ 22日 15:29 ♎ ○ 30日 09:48 ♒

aspects		
1日	00:30	♀☍♆
1日	23:38	♀☌♄
2日	04:07	☿⚹♂
9日	10:09	♀△♇
11日	14:33	☉△♅
21日	07:13	♂⚹♅
25日	08:10	♂□♆
29日	12:25	☿△♅

2007年8月

DAY	☉	☽	☊ mean	☊ true	☿	♀	♂	♃	♄	♅	♆	♇	⚳	⚴	⚵	⚶	⚷
	° ′	° ′	° ′	° ′	° ′	° ′	° ′	° ′	° ′	° ′	° ′	° ′	°	°	°	°	°
1	8 ♌ 2	28 ♒ 26	8 ♓ 27	7 R 13	22 D 22	2 R 39	25 D 38	9 R 59	25 D 50	18 R 8	20 R 59	26 R 39	17 D	17 R	19 D	3 D	13 R
2	8 ♌ 59	12 ♓ 28	8 ♓ 24	7 D 13	24 ♋ 9	2 ♍ 29	26 ♉ 18	9 ♐ 58	25 ♌ 57	18 ♓ 6	20 ♒ 57	26 ♐ 38	17 ♉	17 ♓	19 ♎	3 ♐	13 ♒
3	9 ♌ 57	26 ♓ 37	8 ♓ 21	7 ♓ 13	26 ♋ 0	2 ♍ 16	26 ♉ 57	9 ♐ 57	26 ♌ 5	18 ♓ 5	20 ♒ 56	26 ♐ 37	17 ♉	17 ♓	19 ♎	4 ♐	13 ♒
4	10 ♌ 54	10 ♈ 50	8 ♓ 18	7 ♓ 15	27 ♋ 53	2 ♍ 1	27 ♉ 37	9 ♐ 56	26 ♌ 12	18 ♓ 3	20 ♒ 54	26 ♐ 36	17 ♉	16 ♓	20 ♎	4 ♐	13 ♒
5	11 ♌ 51	25 ♈ 5	8 ♓ 15	7 ♓ 16	29 ♋ 49	1 ♍ 43	28 ♉ 16	9 ♐ 56	26 ♌ 20	18 ♓ 1	20 ♒ 52	26 ♐ 35	18 ♉	16 ♓	20 ♎	4 ♐	13 ♒
6	12 ♌ 49	9 ♉ 19	8 ♓ 11	7 ♓ 17	1 ♌ 46	1 ♍ 23	28 ♉ 56	9 ♐ 56	26 ♌ 27	17 ♓ 59	20 ♒ 51	26 ♐ 34	18 ♉	16 ♓	20 ♎	4 ♐	13 ♒
7	13 ♌ 46	23 ♉ 30	8 ♓ 8	7 R 17	3 ♌ 46	1 ♍ 1	29 ♉ 35	9 ♐ 55	26 ♌ 35	17 ♓ 58	20 ♒ 49	26 ♐ 33	18 ♉	16 ♓	20 ♎	4 ♐	12 ♒
8	14 ♌ 44	7 ♊ 36	8 ♓ 5	7 ♓ 15	5 ♌ 47	0 ♍ 37	0 ♊ 14	9 D 55	26 ♌ 42	17 ♓ 56	20 ♒ 47	26 ♐ 32	18 ♉	16 ♓	21 ♎	4 ♐	12 ♒
9	15 ♌ 41	21 ♊ 34	8 ♓ 2	7 ♓ 13	7 ♌ 50	0 ♍ 11	0 ♊ 53	9 ♐ 56	26 ♌ 50	17 ♓ 54	20 ♒ 46	26 ♐ 31	18 ♉	16 ♓	21 ♎	5 ♐	12 ♒
10	16 ♌ 39	5 ♋ 23	7 ♓ 59	7 ♓ 10	9 ♌ 53	29 ♌ 43	1 ♊ 32	9 ♐ 56	26 ♌ 57	17 ♓ 52	20 ♒ 44	26 ♐ 30	19 ♉	15 ♓	21 ♎	5 ♐	12 ♒
11	17 ♌ 36	18 ♋ 59	7 ♓ 56	7 ♓ 8	11 ♌ 56	29 ♌ 13	2 ♊ 11	9 ♐ 56	27 ♌ 5	17 ♓ 50	20 ♒ 43	26 ♐ 30	19 ♉	15 ♓	21 ♎	5 ♐	12 ♒
12	18 ♌ 34	2 ♌ 22	7 ♓ 52	7 ♓ 5	14 ♌ 0	28 ♌ 42	2 ♊ 49	9 ♐ 57	27 ♌ 12	17 ♓ 48	20 ♒ 41	26 ♐ 29	19 ♉	15 ♓	22 ♎	5 ♐	12 ♒
13	19 ♌ 32	15 ♌ 30	7 ♓ 49	7 ♓ 3	16 ♌ 4	28 ♌ 9	3 ♊ 27	9 ♐ 58	27 ♌ 20	17 ♓ 46	20 ♒ 39	26 ♐ 28	19 ♉	15 ♓	22 ♎	6 ♐	12 ♒
14	20 ♌ 29	28 ♌ 23	7 ♓ 46	7 ♓ 2	18 ♌ 7	27 ♌ 35	4 ♊ 6	9 ♐ 59	27 ♌ 28	17 ♓ 44	20 ♒ 38	26 ♐ 27	19 ♉	15 ♓	22 ♎	6 ♐	12 ♒
15	21 ♌ 27	10 ♍ 59	7 ♓ 43	7 D 2	20 ♌ 9	27 ♌ 0	4 ♊ 44	10 ♐ 1	27 ♌ 35	17 ♓ 42	20 ♒ 36	26 ♐ 26	20 ♉	14 ♓	22 ♎	6 ♐	12 ♒
16	22 ♌ 25	23 ♍ 21	7 ♓ 40	7 ♓ 3	22 ♌ 11	26 ♌ 24	5 ♊ 22	10 ♐ 2	27 ♌ 43	17 ♓ 40	20 ♒ 34	26 ♐ 26	20 ♉	14 ♓	23 ♎	6 ♐	12 ♒
17	23 ♌ 22	5 ♎ 30	7 ♓ 37	7 ♓ 4	24 ♌ 12	25 ♌ 47	5 ♊ 59	10 ♐ 4	27 ♌ 50	17 ♓ 38	20 ♒ 33	26 ♐ 25	20 ♉	14 ♓	23 ♎	6 ♐	12 ♒
18	24 ♌ 20	17 ♎ 30	7 ♓ 33	7 ♓ 5	26 ♌ 13	25 ♌ 10	6 ♊ 37	10 ♐ 6	27 ♌ 58	17 ♓ 36	20 ♒ 31	26 ♐ 24	20 ♉	14 ♓	23 ♎	7 ♐	12 ♒
19	25 ♌ 18	29 ♎ 23	7 ♓ 30	7 ♓ 6	28 ♌ 11	24 ♌ 33	7 ♊ 14	10 ♐ 8	28 ♌ 6	17 ♓ 33	20 ♒ 30	26 ♐ 24	20 ♉	13 ♓	23 ♎	7 ♐	12 ♒
20	26 ♌ 15	11 ♏ 15	7 ♓ 27	7 ♓ 7	0 ♍ 9	23 ♌ 56	7 ♊ 52	10 ♐ 10	28 ♌ 13	17 ♓ 31	20 ♒ 28	26 ♐ 23	21 ♉	13 ♓	24 ♎	7 ♐	12 ♒
21	27 ♌ 13	23 ♏ 8	7 ♓ 24	7 ♓ 7	2 ♍ 6	23 ♌ 19	8 ♊ 29	10 ♐ 12	28 ♌ 21	17 ♓ 29	20 ♒ 26	26 ♐ 23	21 ♉	13 ♓	24 ♎	7 ♐	12 ♒
22	28 ♌ 11	5 ♐ 9	7 ♓ 21	7 R 7	4 ♍ 1	22 ♌ 42	9 ♊ 6	10 ♐ 15	28 ♌ 29	17 ♓ 27	20 ♒ 25	26 ♐ 22	21 ♉	13 ♓	24 ♎	8 ♐	12 ♒
23	29 ♌ 9	17 ♐ 21	7 ♓ 17	7 ♓ 7	5 ♍ 55	22 ♌ 7	9 ♊ 42	10 ♐ 18	28 ♌ 36	17 ♓ 25	20 ♒ 23	26 ♐ 22	21 ♉	13 ♓	24 ♎	8 ♐	12 ♒
24	0 ♍ 6	29 ♐ 49	7 ♓ 14	7 ♓ 6	7 ♍ 47	21 ♌ 32	10 ♊ 19	10 ♐ 20	28 ♌ 44	17 ♓ 22	20 ♒ 21	26 ♐ 21	21 ♉	12 ♓	25 ♎	8 ♐	12 ♒
25	1 ♍ 4	12 ♑ 36	7 ♓ 11	7 ♓ 5	9 ♍ 39	20 ♌ 59	10 ♊ 55	10 ♐ 24	28 ♌ 51	17 ♓ 20	20 ♒ 20	26 ♐ 21	21 ♉	12 ♓	25 ♎	9 ♐	12 ♒
26	2 ♍ 2	25 ♑ 45	7 ♓ 8	7 ♓ 5	11 ♍ 29	20 ♌ 27	11 ♊ 32	10 ♐ 27	28 ♌ 59	17 ♓ 18	20 ♒ 18	26 ♐ 20	21 ♉	12 ♓	25 ♎	9 ♐	11 ♒
27	3 ♍ 0	9 ♒ 17	7 ♓ 5	7 ♓ 4	13 ♍ 17	19 ♌ 56	12 ♊ 8	10 ♐ 30	29 ♌ 7	17 ♓ 16	20 ♒ 17	26 ♐ 20	22 ♉	12 ♓	26 ♎	9 ♐	11 ♒
28	3 ♍ 58	23 ♒ 11	7 ♓ 2	7 ♓ 4	15 ♍ 4	19 ♌ 27	12 ♊ 43	10 ♐ 34	29 ♌ 14	17 ♓ 13	20 ♒ 15	26 ♐ 20	22 ♉	11 ♓	26 ♎	9 ♐	11 ♒
29	4 ♍ 56	7 ♓ 23	6 ♓ 58	7 D 4	16 ♍ 50	19 ♌ 1	13 ♊ 19	10 ♐ 38	29 ♌ 22	17 ♓ 11	20 ♒ 14	26 ♐ 19	22 ♉	11 ♓	26 ♎	10 ♐	11 ♒
30	5 ♍ 54	21 ♓ 51	6 ♓ 55	7 ♓ 4	18 ♍ 35	18 ♌ 36	13 ♊ 55	10 ♐ 42	29 ♌ 30	17 ♓ 9	20 ♒ 12	26 ♐ 19	22 ♉	11 ♓	26 ♎	10 ♐	11 ♒
31	6 ♍ 52	6 ♈ 27	6 ♓ 52	7 ♓ 4	20 ♍ 18	18 ♌ 13	14 ♊ 30	10 ♐ 46	29 ♌ 37	17 ♓ 6	20 ♒ 10	26 ♐ 19	22 ♉	11 ♓	27 ♎	10 ♐	11 ♒

SUN INGRESS	☉ → ♍ 23日 21:08
MOON PHASE	◑ 6日 06:20 ♉ ● 13日 08:03 ♌ ◐ 21日 08:54 ♏ ○ 28日 19:35 ♓

aspects		
1日	08:59	♂□♄
3日	00:12	☉△♃
3日	18:53	☿⚹♂
6日	19:35	♄△♇
8日	08:36	♀□♂
10日	00:36	☿△♃
14日	03:25	☉☍♆
14日	04:16	♀☌♄
15日	05:09	☿☍♆
15日	22:44	♀△♇
16日	04:56	☉☌☿
17日	14:27	☿☌♀
18日	02:22	☿△♇
18日	12:41	☉☌♀
18日	22:44	☿☌♄
20日	03:14	☉△♇
22日	08:28	☉☌♄
24日	01:03	♂☍♃
25日	10:03	☿□♃
26日	00:59	♀□♂
26日	06:48	♀☍♆
29日	04:39	☿☍♅

2007年9月

DAY	☉	☽	☊ mean	☊ true	☿	♀	♂	♃	♄	♅	♆	♇	⚳	⚴	⚵	⚶	⚷
	° ′	° ′	° ′	° ′	° ′	° ′	° ′	° ′	° ′	° ′	° ′	° ′	°	°	°	°	°
1	7 ♍ 50	21 ♈ 6	6 ♓ 49	7 R 4	22 D 0	17 R 53	15 D 5	10 D 50	29 D 45	17 R 4	20 R 9	26 R 18	22 D	10 R	27 D	11 D	11 R
2	8 ♍ 48	5 ♉ 42	6 ♓ 46	7 ♓ 4	23 ♍ 41	17 ♌ 35	15 ♊ 40	10 ♐ 54	29 ♌ 52	17 ♓ 2	20 ♒ 7	26 ♐ 18	22 ♉	10 ♓	27 ♎	11 ♐	11 ♒
3	9 ♍ 46	20 ♉ 10	6 ♓ 42	7 ♓ 4	25 ♍ 20	17 ♌ 19	16 ♊ 15	10 ♐ 59	0 ♍ 0	16 ♓ 59	20 ♒ 6	26 ♐ 18	22 ♉	10 ♓	28 ♎	11 ♐	11 ♒
4	10 ♍ 44	4 ♊ 25	6 ♓ 39	7 ♓ 3	26 ♍ 58	17 ♌ 5	16 ♊ 49	11 ♐ 4	0 ♍ 7	16 ♓ 57	20 ♒ 4	26 ♐ 18	23 ♉	9 ♓	28 ♎	12 ♐	11 ♒
5	11 ♍ 42	18 ♊ 26	6 ♓ 36	7 D 3	28 ♍ 35	16 ♌ 55	17 ♊ 23	11 ♐ 9	0 ♍ 15	16 ♓ 54	20 ♒ 3	26 ♐ 18	23 ♉	9 ♓	28 ♎	12 ♐	11 ♒
6	12 ♍ 40	2 ♋ 11	6 ♓ 33	7 ♓ 4	0 ♎ 11	16 ♌ 46	17 ♊ 57	11 ♐ 14	0 ♍ 23	16 ♓ 52	20 ♒ 1	26 ♐ 18	23 ♉	9 ♓	28 ♎	12 ♐	11 ♒
7	13 ♍ 38	15 ♋ 41	6 ♓ 30	7 ♓ 4	1 ♎ 46	16 ♌ 40	18 ♊ 31	11 ♐ 19	0 ♍ 30	16 ♓ 50	20 ♒ 0	26 ♐ 18	23 ♉	9 ♓	29 ♎	13 ♐	11 ♒
8	14 ♍ 36	28 ♋ 54	6 ♓ 27	7 ♓ 5	3 ♎ 19	16 ♌ 36	19 ♊ 5	11 ♐ 25	0 ♍ 38	16 ♓ 47	19 ♒ 58	26 D 18	23 ♉	8 ♓	29 ♎	13 ♐	11 ♒
9	15 ♍ 35	11 ♌ 54	6 ♓ 23	7 ♓ 6	4 ♎ 51	16 ♌ 35	19 ♊ 38	11 ♐ 30	0 ♍ 45	16 ♓ 45	19 ♒ 57	26 ♐ 18	23 ♉	8 ♓	29 ♎	13 ♐	11 ♒
10	16 ♍ 33	24 ♌ 39	6 ♓ 20	7 ♓ 6	6 ♎ 22	16 D 36	20 ♊ 11	11 ♐ 36	0 ♍ 52	16 ♓ 43	19 ♒ 56	26 ♐ 18	23 ♉	8 ♓	0 ♏	14 ♐	11 ♒
11	17 ♍ 31	7 ♍ 12	6 ♓ 17	7 R 6	7 ♎ 52	16 ♌ 39	20 ♊ 44	11 ♐ 42	1 ♍ 0	16 ♓ 40	19 ♒ 54	26 ♐ 18	23 ♉	8 ♓	0 ♏	14 ♐	11 ♒
12	18 ♍ 30	19 ♍ 34	6 ♓ 14	7 ♓ 6	9 ♎ 21	16 ♌ 45	21 ♊ 17	11 ♐ 48	1 ♍ 7	16 ♓ 38	19 ♒ 53	26 ♐ 18	23 ♉	7 ♓	0 ♏	14 ♐	11 ♒
13	19 ♍ 28	1 ♎ 45	6 ♓ 11	7 ♓ 5	10 ♎ 48	16 ♌ 53	21 ♊ 49	11 ♐ 54	1 ♍ 15	16 ♓ 35	19 ♒ 51	26 ♐ 18	23 ♉	7 ♓	1 ♏	15 ♐	11 ♒
14	20 ♍ 26	13 ♎ 48	6 ♓ 8	7 ♓ 4	12 ♎ 15	17 ♌ 3	22 ♊ 21	12 ♐ 0	1 ♍ 22	16 ♓ 33	19 ♒ 50	26 ♐ 18	23 ♉	7 ♓	1 ♏	15 ♐	11 ♒
15	21 ♍ 25	25 ♎ 44	6 ♓ 4	7 ♓ 2	13 ♎ 40	17 ♌ 15	22 ♊ 53	12 ♐ 7	1 ♍ 29	16 ♓ 31	19 ♒ 49	26 ♐ 18	23 ♉	7 ♓	1 ♏	15 ♐	11 ♒
16	22 ♍ 23	7 ♏ 35	6 ♓ 1	6 ♓ 59	15 ♎ 3	17 ♌ 29	23 ♊ 25	12 ♐ 14	1 ♍ 37	16 ♓ 28	19 ♒ 47	26 ♐ 19	23 ♉	6 ♓	1 ♏	16 ♐	11 ♒
17	23 ♍ 22	19 ♏ 26	5 ♓ 58	6 ♓ 57	16 ♎ 26	17 ♌ 45	23 ♊ 56	12 ♐ 20	1 ♍ 44	16 ♓ 26	19 ♒ 46	26 ♐ 19	23 ♉	6 ♓	2 ♏	16 ♐	11 ♒
18	24 ♍ 20	1 ♐ 19	5 ♓ 55	6 ♓ 55	17 ♎ 47	18 ♌ 3	24 ♊ 27	12 ♐ 27	1 ♍ 51	16 ♓ 23	19 ♒ 45	26 ♐ 19	23 ♉	6 ♓	2 ♏	16 ♐	11 ♒
19	25 ♍ 19	13 ♐ 17	5 ♓ 52	6 ♓ 54	19 ♎ 7	18 ♌ 23	24 ♊ 58	12 ♐ 34	1 ♍ 59	16 ♓ 21	19 ♒ 43	26 ♐ 20	23 ♉	6 ♓	2 ♏	17 ♐	10 ♒
20	26 ♍ 17	25 ♐ 27	5 ♓ 48	6 ♓ 53	20 ♎ 25	18 ♌ 45	25 ♊ 28	12 ♐ 42	2 ♍ 6	16 ♓ 19	19 ♒ 42	26 ♐ 20	23 ♉	5 ♓	3 ♏	17 ♐	10 ♒
21	27 ♍ 16	7 ♑ 51	5 ♓ 45	6 D 54	21 ♎ 42	19 ♌ 9	25 ♊ 59	12 ♐ 49	2 ♍ 13	16 ♓ 16	19 ♒ 41	26 ♐ 20	23 R	5 ♓	3 ♏	18 ♐	10 ♒
22	28 ♍ 15	20 ♑ 35	5 ♓ 42	6 ♓ 55	22 ♎ 58	19 ♌ 34	26 ♊ 28	12 ♐ 57	2 ♍ 20	16 ♓ 14	19 ♒ 40	26 ♐ 21	23 ♉	5 ♓	3 ♏	18 ♐	10 ♒
23	29 ♍ 13	3 ♒ 42	5 ♓ 39	6 ♓ 56	24 ♎ 11	20 ♌ 1	26 ♊ 58	13 ♐ 4	2 ♍ 27	16 ♓ 12	19 ♒ 39	26 ♐ 21	23 ♉	5 ♓	4 ♏	18 ♐	10 ♒
24	0 ♎ 12	17 ♒ 14	5 ♓ 36	6 ♓ 57	25 ♎ 24	20 ♌ 29	27 ♊ 27	13 ♐ 12	2 ♍ 34	16 ♓ 9	19 ♒ 37	26 ♐ 22	23 ♉	5 ♓	4 ♏	19 ♐	10 ♒
25	1 ♎ 11	1 ♓ 13	5 ♓ 33	6 ♓ 58	26 ♎ 34	21 ♌ 0	27 ♊ 56	13 ♐ 20	2 ♍ 41	16 ♓ 7	19 ♒ 36	26 ♐ 22	23 ♉	4 ♓	4 ♏	19 ♐	10 ♒
26	2 ♎ 10	15 ♓ 38	5 ♓ 29	6 R 58	27 ♎ 42	21 ♌ 31	28 ♊ 25	13 ♐ 28	2 ♍ 48	16 ♓ 5	19 ♒ 35	26 ♐ 23	23 ♉	4 ♓	5 ♏	20 ♐	10 ♒
27	3 ♎ 8	0 ♈ 23	5 ♓ 26	6 ♓ 57	28 ♎ 49	22 ♌ 4	28 ♊ 54	13 ♐ 36	2 ♍ 55	16 ♓ 3	19 ♒ 34	26 ♐ 23	23 ♉	4 ♓	5 ♏	20 ♐	10 ♒
28	4 ♎ 7	15 ♈ 22	5 ♓ 23	6 ♓ 54	29 ♎ 53	22 ♌ 38	29 ♊ 22	13 ♐ 44	3 ♍ 2	16 ♓ 0	19 ♒ 33	26 ♐ 24	23 ♉	4 ♓	5 ♏	20 ♐	10 ♒
29	5 ♎ 6	0 ♉ 27	5 ♓ 20	6 ♓ 51	0 ♏ 56	23 ♌ 14	29 ♊ 49	13 ♐ 53	3 ♍ 9	15 ♓ 58	19 ♒ 32	26 ♐ 25	23 ♉	4 ♓	6 ♏	21 ♐	10 ♒
30	6 ♎ 5	15 ♉ 27	5 ♓ 17	6 ♓ 47	1 ♏ 55	23 ♌ 51	0 ♋ 17	14 ♐ 1	3 ♍ 16	15 ♓ 56	19 ♒ 31	26 ♐ 25	23 ♉	3 ♓	6 ♏	21 ♐	10 ♒

SUN INGRESS	☉ → ♎ 23日 18:51
MOON PHASE	◑ 4日 11:32 ♊　● 11日 21:44 ♍　◐ 20日 01:48 ♐　○ 27日 04:45 ♈

aspects

3日	14:03	☿□♇
4日	05:09	♂□♅
4日	08:36	♀⚹♂
4日	09:04	☉□♃
9日	13:05	♂△♆
10日	03:46	☉☍♅
13日	19:43	☿⚹♃
18日	05:49	☉□♂
18日	06:28	☿⚹♀
19日	11:00	☿△♆
20日	00:59	☉□♇
21日	17:40	♂☍♇
22日	05:03	♀☍♆
24日	19:55	☿⚹♇
27日	02:53	☿△♂

2007年10月

DAY	☉	☽	☊ mean	☊ true	☿	♀	♂	♃	♄	♅	♆	♇	⚳	⚴	⚵	⚶	⚷
	° ′	° ′	° ′	° ′	° ′	° ′	° ′	° ′	° ′	° ′	° ′	° ′	°	°	°	°	°
1	7 ♎ 4	0 ♊ 16	5 ♓ 14	6 R 43	2 D 52	24 D 29	0 D 44	14 D 10	3 D 23	15 R 54	19 R 30	26 D 26	23 R	3 R	6 D	22 D	10 R
2	8 ♎ 3	14 ♊ 45	5 ♓ 10	6 ♓ 40	3 ♏ 47	25 ♌ 9	1 ♋ 10	14 ♐ 19	3 ♍ 30	15 ♓ 51	19 ♒ 29	26 ♐ 27	23 ♉	3 ♓	7 ♏	22 ♐	10 ♒
3	9 ♎ 2	28 ♊ 52	5 ♓ 7	6 ♓ 38	4 ♏ 38	25 ♌ 50	1 ♋ 37	14 ♐ 28	3 ♍ 36	15 ♓ 49	19 ♒ 28	26 ♐ 28	23 ♉	3 ♓	7 ♏	22 ♐	10 ♒
4	10 ♎ 1	12 ♋ 35	5 ♓ 4	6 D 37	5 ♏ 25	26 ♌ 31	2 ♋ 3	14 ♐ 37	3 ♍ 43	15 ♓ 47	19 ♒ 27	26 ♐ 28	23 ♉	3 ♓	7 ♏	23 ♐	10 ♒
5	11 ♎ 0	25 ♋ 55	5 ♓ 1	6 ♓ 38	6 ♏ 9	27 ♌ 14	2 ♋ 28	14 ♐ 46	3 ♍ 50	15 ♓ 45	19 ♒ 26	26 ♐ 29	23 ♉	3 ♓	8 ♏	23 ♐	10 ♒
6	11 ♎ 59	8 ♌ 55	4 ♓ 58	6 ♓ 40	6 ♏ 49	27 ♌ 58	2 ♋ 53	14 ♐ 55	3 ♍ 56	15 ♓ 43	19 ♒ 26	26 ♐ 30	23 ♉	2 ♓	8 ♏	24 ♐	10 ♒
7	12 ♎ 58	21 ♌ 38	4 ♓ 54	6 ♓ 41	7 ♏ 25	28 ♌ 43	3 ♋ 18	15 ♐ 4	4 ♍ 3	15 ♓ 41	19 ♒ 25	26 ♐ 31	23 ♉	2 ♓	8 ♏	24 ♐	10 ♒
8	13 ♎ 57	4 ♍ 6	4 ♓ 51	6 ♓ 42	7 ♏ 56	29 ♌ 29	3 ♋ 43	15 ♐ 14	4 ♍ 9	15 ♓ 39	19 ♒ 24	26 ♐ 32	23 ♉	2 ♓	8 ♏	24 ♐	10 ♒
9	14 ♎ 57	16 ♍ 23	4 ♓ 48	6 R 42	8 ♏ 22	0 ♍ 15	4 ♋ 7	15 ♐ 24	4 ♍ 16	15 ♓ 37	19 ♒ 23	26 ♐ 33	22 ♉	2 ♓	9 ♏	25 ♐	10 ♒
10	15 ♎ 56	28 ♍ 30	4 ♓ 45	6 ♓ 39	8 ♏ 42	1 ♍ 3	4 ♋ 30	15 ♐ 33	4 ♍ 22	15 ♓ 35	19 ♒ 23	26 ♐ 34	22 ♉	2 ♓	9 ♏	25 ♐	10 ♒
11	16 ♎ 55	10 ♎ 31	4 ♓ 42	6 ♓ 35	8 ♏ 56	1 ♍ 51	4 ♋ 53	15 ♐ 43	4 ♍ 28	15 ♓ 33	19 ♒ 22	26 ♐ 35	22 ♉	2 ♓	9 ♏	26 ♐	10 ♒
12	17 ♎ 54	22 ♎ 27	4 ♓ 39	6 ♓ 29	9 ♏ 3	2 ♍ 41	5 ♋ 16	15 ♐ 53	4 ♍ 35	15 ♓ 31	19 ♒ 21	26 ♐ 36	22 ♉	2 ♓	10 ♏	26 ♐	10 ♒
13	18 ♎ 54	4 ♏ 20	4 ♓ 35	6 ♓ 21	9 R 4	3 ♍ 31	5 ♋ 38	16 ♐ 3	4 ♍ 41	15 ♓ 29	19 ♒ 20	26 ♐ 37	22 ♉	1 ♓	10 ♏	27 ♐	10 ♒
14	19 ♎ 53	16 ♏ 11	4 ♓ 32	6 ♓ 13	8 ♏ 56	4 ♍ 22	6 ♋ 0	16 ♐ 13	4 ♍ 47	15 ♓ 27	19 ♒ 20	26 ♐ 38	22 ♉	1 ♓	10 ♏	27 ♐	10 ♒
15	20 ♎ 53	28 ♏ 2	4 ♓ 29	6 ♓ 4	8 ♏ 41	5 ♍ 13	6 ♋ 21	16 ♐ 23	4 ♍ 53	15 ♓ 25	19 ♒ 19	26 ♐ 39	22 ♉	1 ♓	11 ♏	27 ♐	10 ♒
16	21 ♎ 52	9 ♐ 55	4 ♓ 26	5 ♓ 56	8 ♏ 18	6 ♍ 5	6 ♋ 42	16 ♐ 34	4 ♍ 59	15 ♓ 24	19 ♒ 19	26 ♐ 40	21 ♉	1 ♓	11 ♏	28 ♐	10 ♒
17	22 ♎ 52	21 ♐ 54	4 ♓ 23	5 ♓ 50	7 ♏ 45	6 ♍ 58	7 ♋ 2	16 ♐ 44	5 ♍ 5	15 ♓ 22	19 ♒ 18	26 ♐ 42	21 ♉	1 ♓	11 ♏	28 ♐	10 ♒
18	23 ♎ 51	4 ♑ 2	4 ♓ 19	5 ♓ 46	7 ♏ 5	7 ♍ 52	7 ♋ 22	16 ♐ 55	5 ♍ 11	15 ♓ 20	19 ♒ 18	26 ♐ 43	21 ♉	1 ♓	12 ♏	29 ♐	10 ♒
19	24 ♎ 51	16 ♑ 22	4 ♓ 16	5 ♓ 44	6 ♏ 16	8 ♍ 46	7 ♋ 41	17 ♐ 5	5 ♍ 17	15 ♓ 19	19 ♒ 17	26 ♐ 44	21 ♉	1 ♓	12 ♏	29 ♐	10 ♒
20	25 ♎ 50	29 ♑ 0	4 ♓ 13	5 D 43	5 ♏ 20	9 ♍ 41	8 ♋ 0	17 ♐ 16	5 ♍ 23	15 ♓ 17	19 ♒ 17	26 ♐ 45	21 ♉	1 ♓	12 ♏	0 ♑	10 ♒
21	26 ♎ 50	11 ♒ 59	4 ♓ 10	5 ♓ 44	4 ♏ 16	10 ♍ 37	8 ♋ 18	17 ♐ 27	5 ♍ 28	15 ♓ 15	19 ♒ 16	26 ♐ 47	21 ♉	1 ♓	13 ♏	0 ♑	10 D
22	27 ♎ 50	25 ♒ 24	4 ♓ 7	5 ♓ 45	3 ♏ 7	11 ♍ 33	8 ♋ 36	17 ♐ 38	5 ♍ 34	15 ♓ 14	19 ♒ 16	26 ♐ 48	20 ♉	1 ♓	13 ♏	1 ♑	10 ♒
23	28 ♎ 49	9 ♓ 16	4 ♓ 4	5 R 45	1 ♏ 54	12 ♍ 29	8 ♋ 53	17 ♐ 49	5 ♍ 40	15 ♓ 12	19 ♒ 16	26 ♐ 49	20 ♉	1 ♓	13 ♏	1 ♑	10 ♒
24	29 ♎ 49	23 ♓ 38	4 ♓ 0	5 ♓ 44	0 ♏ 39	13 ♍ 26	9 ♋ 9	18 ♐ 0	5 ♍ 45	15 ♓ 11	19 ♒ 16	26 ♐ 51	20 ♉	1 ♓	14 ♏	1 ♑	10 ♒
25	0 ♏ 49	8 ♈ 25	3 ♓ 57	5 ♓ 40	29 ♎ 24	14 ♍ 24	9 ♋ 25	18 ♐ 11	5 ♍ 51	15 ♓ 9	19 ♒ 15	26 ♐ 52	20 ♉	1 ♓	14 ♏	2 ♑	10 ♒
26	1 ♏ 48	23 ♈ 33	3 ♓ 54	5 ♓ 34	28 ♎ 11	15 ♍ 22	9 ♋ 41	18 ♐ 22	5 ♍ 56	15 ♓ 8	19 ♒ 15	26 ♐ 54	20 ♉	0 ♓	14 ♏	2 ♑	10 ♒
27	2 ♏ 48	8 ♉ 52	3 ♓ 51	5 ♓ 26	27 ♎ 3	16 ♍ 21	9 ♋ 56	18 ♐ 34	6 ♍ 1	15 ♓ 6	19 ♒ 15	26 ♐ 55	19 ♉	0 ♓	15 ♏	3 ♑	10 ♒
28	3 ♏ 48	24 ♉ 10	3 ♓ 48	5 ♓ 17	26 ♎ 1	17 ♍ 20	10 ♋ 10	18 ♐ 45	6 ♍ 7	15 ♓ 5	19 ♒ 15	26 ♐ 56	19 ♉	0 ♓	15 ♏	3 ♑	10 ♒
29	4 ♏ 48	9 ♊ 18	3 ♓ 45	5 ♓ 9	25 ♎ 8	18 ♍ 20	10 ♋ 23	18 ♐ 57	6 ♍ 12	15 ♓ 4	19 ♒ 15	26 ♐ 58	19 ♉	0 ♓	15 ♏	4 ♑	10 ♒
30	5 ♏ 48	24 ♊ 4	3 ♓ 41	5 ♓ 1	24 ♎ 25	19 ♍ 20	10 ♋ 36	19 ♐ 8	6 ♍ 17	15 ♓ 2	19 ♒ 14	27 ♐ 0	19 ♉	0 ♓	16 ♏	4 ♑	10 ♒
31	6 ♏ 48	8 ♋ 24	3 ♓ 38	4 ♓ 55	23 ♎ 52	20 ♍ 21	10 ♋ 49	19 ♐ 20	6 ♍ 22	15 ♓ 1	19 ♒ 14	27 ♐ 1	19 ♉	0 ♓	16 ♏	5 ♑	10 ♒

SUN INGRESS	☉ → ♏ 24日 04:15
MOON PHASE	◑ 3日 19:06 ♋　● 11日 14:01 ♎　◐ 19日 17:33 ♑　○ 26日 13:52 ♉

aspects

1日	15:16	☿⚹♄
3日	22:16	♀△♇
9日	12:43	♂⚹♄
9日	13:04	☉⚹♃
10日	03:23	♃□♅
13日	10:40	☉△♆
14日	13:28	♀☌♄
17日	02:36	♀⚹♂
17日	12:17	☿⚹♀
17日	17:36	☿△♂
19日	22:54	☿⚹♄
20日	22:39	☉⚹♇
24日	08:55	☉☌☿
25日	18:08	♀☍♅
27日	02:51	☿⚹♇
29日	18:08	♀□♃
30日	12:42	☉⚹♄
30日	12:58	♃⚹♆

2007年11月

DAY	☉	☽	☊ mean	☊ true	☿	♀	♂	♃	♄	♅	♆	♇	⚳	⚴	⚵	⚶	⚷
	° ′	° ′	° ′	° ′	° ′	° ′	° ′	° ′	° ′	° ′	° ′	° ′	°	°	°	°	°
1	7 ♏ 48	22 ♋ 15	3 ♓ 35	4 R 52	23 R 31	21 D 22	11 D 0	19 D 32	6 D 27	15 R 0	19 R 14	27 D 3	18 R	0 D	17 D	5 D	10 D
2	8 ♏ 48	5 ♌ 37	3 ♓ 32	4 ♓ 51	23 ♎ 22	22 ♍ 23	11 ♋ 11	19 ♐ 43	6 ♍ 32	14 ♓ 59	19 D 14	27 ♐ 4	18 ♉	0 ♓	17 ♏	6 ♑	10 ♒
3	9 ♏ 48	18 ♌ 34	3 ♓ 29	4 D 51	23 D 24	23 ♍ 25	11 ♋ 22	19 ♐ 55	6 ♍ 36	14 ♓ 58	19 ♒ 14	27 ♐ 6	18 ♉	0 ♓	17 ♏	6 ♑	10 ♒
4	10 ♏ 48	1 ♍ 10	3 ♓ 25	4 ♓ 52	23 ♎ 36	24 ♍ 27	11 ♋ 31	20 ♐ 7	6 ♍ 41	14 ♓ 57	19 ♒ 15	27 ♐ 8	18 ♉	0 ♓	18 ♏	6 ♑	10 ♒
5	11 ♏ 48	13 ♍ 29	3 ♓ 22	4 R 51	23 ♎ 59	25 ♍ 30	11 ♋ 40	20 ♐ 19	6 ♍ 46	14 ♓ 56	19 ♒ 15	27 ♐ 9	17 ♉	0 ♓	18 ♏	7 ♑	10 ♒
6	12 ♏ 48	25 ♍ 36	3 ♓ 19	4 ♓ 49	24 ♎ 32	26 ♍ 32	11 ♋ 48	20 ♐ 31	6 ♍ 50	14 ♓ 55	19 ♒ 15	27 ♐ 11	17 ♉	0 ♓	18 ♏	7 ♑	10 ♒
7	13 ♏ 48	7 ♎ 34	3 ♓ 16	4 ♓ 44	25 ♎ 13	27 ♍ 36	11 ♋ 55	20 ♐ 43	6 ♍ 55	14 ♓ 54	19 ♒ 15	27 ♐ 13	17 ♉	0 ♓	19 ♏	8 ♑	10 ♒
8	14 ♏ 48	19 ♎ 28	3 ♓ 13	4 ♓ 37	26 ♎ 2	28 ♍ 39	12 ♋ 2	20 ♐ 56	6 ♍ 59	14 ♓ 53	19 ♒ 15	27 ♐ 14	17 ♉	1 ♓	19 ♏	8 ♑	10 ♒
9	15 ♏ 49	1 ♏ 19	3 ♓ 10	4 ♓ 26	26 ♎ 58	29 ♍ 43	12 ♋ 8	21 ♐ 8	7 ♍ 3	14 ♓ 52	19 ♒ 15	27 ♐ 16	17 ♉	1 ♓	19 ♏	9 ♑	10 ♒
10	16 ♏ 49	13 ♏ 10	3 ♓ 6	4 ♓ 14	28 ♎ 0	0 ♎ 47	12 ♋ 13	21 ♐ 20	7 ♍ 8	14 ♓ 51	19 ♒ 16	27 ♐ 18	16 ♉	1 ♓	20 ♏	9 ♑	10 ♒
11	17 ♏ 49	25 ♏ 3	3 ♓ 3	4 ♓ 0	29 ♎ 7	1 ♎ 52	12 ♋ 17	21 ♐ 33	7 ♍ 12	14 ♓ 51	19 ♒ 16	27 ♐ 20	16 ♉	1 ♓	20 ♏	10 ♑	10 ♒
12	18 ♏ 50	6 ♐ 57	3 ♓ 0	3 ♓ 45	0 ♏ 19	2 ♎ 57	12 ♋ 21	21 ♐ 45	7 ♍ 16	14 ♓ 50	19 ♒ 16	27 ♐ 21	16 ♉	1 ♓	20 ♏	10 ♑	10 ♒
13	19 ♏ 50	18 ♐ 56	2 ♓ 57	3 ♓ 32	1 ♏ 34	4 ♎ 2	12 ♋ 23	21 ♐ 58	7 ♍ 20	14 ♓ 49	19 ♒ 17	27 ♐ 23	16 ♉	1 ♓	21 ♏	11 ♑	10 ♒
14	20 ♏ 50	1 ♑ 0	2 ♓ 54	3 ♓ 21	2 ♏ 53	5 ♎ 7	12 ♋ 25	22 ♐ 10	7 ♍ 23	14 ♓ 49	19 ♒ 17	27 ♐ 25	15 ♉	1 ♓	21 ♏	11 ♑	10 ♒
15	21 ♏ 51	13 ♑ 12	2 ♓ 51	3 ♓ 13	4 ♏ 15	6 ♎ 13	12 ♋ 26	22 ♐ 23	7 ♍ 27	14 ♓ 48	19 ♒ 18	27 ♐ 27	15 ♉	1 ♓	21 ♏	12 ♑	10 ♒
16	22 ♏ 51	25 ♑ 34	2 ♓ 47	3 ♓ 7	5 ♏ 39	7 ♎ 19	12 R 27	22 ♐ 36	7 ♍ 31	14 ♓ 48	19 ♒ 18	27 ♐ 29	15 ♉	1 ♓	22 ♏	12 ♑	10 ♒
17	23 ♏ 52	8 ♒ 10	2 ♓ 44	3 ♓ 4	7 ♏ 5	8 ♎ 25	12 ♋ 26	22 ♐ 48	7 ♍ 34	14 ♓ 48	19 ♒ 19	27 ♐ 31	15 ♉	1 ♓	22 ♏	13 ♑	10 ♒
18	24 ♏ 52	21 ♒ 4	2 ♓ 41	3 ♓ 4	8 ♏ 33	9 ♎ 32	12 ♋ 24	23 ♐ 1	7 ♍ 38	14 ♓ 47	19 ♒ 19	27 ♐ 33	14 ♉	1 ♓	22 ♏	13 ♑	10 ♒
19	25 ♏ 53	4 ♓ 19	2 ♓ 38	3 ♓ 4	10 ♏ 2	10 ♎ 38	12 ♋ 22	23 ♐ 14	7 ♍ 41	14 ♓ 47	19 ♒ 20	27 ♐ 35	14 ♉	1 ♓	23 ♏	14 ♑	10 ♒
20	26 ♏ 53	18 ♓ 0	2 ♓ 35	3 ♓ 3	11 ♏ 32	11 ♎ 45	12 ♋ 19	23 ♐ 27	7 ♍ 44	14 ♓ 47	19 ♒ 20	27 ♐ 37	14 ♉	1 ♓	23 ♏	14 ♑	10 ♒
21	27 ♏ 54	2 ♈ 8	2 ♓ 31	3 ♓ 1	13 ♏ 3	12 ♎ 53	12 ♋ 15	23 ♐ 40	7 ♍ 47	14 ♓ 46	19 ♒ 21	27 ♐ 39	14 ♉	1 ♓	23 ♏	15 ♑	11 ♒
22	28 ♏ 54	16 ♈ 43	2 ♓ 28	2 ♓ 56	14 ♏ 35	14 ♎ 0	12 ♋ 10	23 ♐ 53	7 ♍ 51	14 ♓ 46	19 ♒ 22	27 ♐ 41	14 ♉	2 ♓	24 ♏	15 ♑	11 ♒
23	29 ♏ 55	1 ♉ 41	2 ♓ 25	2 ♓ 48	16 ♏ 7	15 ♎ 8	12 ♋ 4	24 ♐ 6	7 ♍ 54	14 ♓ 46	19 ♒ 22	27 ♐ 43	13 ♉	2 ♓	24 ♏	16 ♑	11 ♒
24	0 ♐ 55	16 ♉ 55	2 ♓ 22	2 ♓ 38	17 ♏ 40	16 ♎ 15	11 ♋ 57	24 ♐ 19	7 ♍ 56	14 ♓ 46	19 ♒ 23	27 ♐ 45	13 ♉	2 ♓	24 ♏	16 ♑	11 ♒
25	1 ♐ 56	2 ♊ 14	2 ♓ 19	2 ♓ 27	19 ♏ 13	17 ♎ 23	11 ♋ 50	24 ♐ 32	7 ♍ 59	14 D 46	19 ♒ 24	27 ♐ 47	13 ♉	2 ♓	25 ♏	17 ♑	11 ♒
26	2 ♐ 57	17 ♊ 27	2 ♓ 16	2 ♓ 15	20 ♏ 47	18 ♎ 32	11 ♋ 42	24 ♐ 45	8 ♍ 2	14 ♓ 46	19 ♒ 25	27 ♐ 49	13 ♉	2 ♓	25 ♏	17 ♑	11 ♒
27	3 ♐ 57	2 ♋ 23	2 ♓ 12	2 ♓ 5	22 ♏ 20	19 ♎ 40	11 ♋ 32	24 ♐ 59	8 ♍ 4	14 ♓ 46	19 ♒ 26	27 ♐ 51	13 ♉	2 ♓	25 ♏	17 ♑	11 ♒
28	4 ♐ 58	16 ♋ 54	2 ♓ 9	1 ♓ 57	23 ♏ 54	20 ♎ 49	11 ♋ 22	25 ♐ 12	8 ♍ 7	14 ♓ 46	19 ♒ 27	27 ♐ 53	12 ♉	2 ♓	26 ♏	18 ♑	11 ♒
29	5 ♐ 59	0 ♌ 55	2 ♓ 6	1 ♓ 51	25 ♏ 28	21 ♎ 57	11 ♋ 11	25 ♐ 25	8 ♍ 9	14 ♓ 46	19 ♒ 27	27 ♐ 55	12 ♉	2 ♓	26 ♏	18 ♑	11 ♒
30	7 ♐ 0	14 ♌ 26	2 ♓ 3	1 ♓ 49	27 ♏ 2	23 ♎ 6	11 ♋ 0	25 ♐ 38	8 ♍ 11	14 ♓ 47	19 ♒ 28	27 ♐ 57	12 ♉	3 ♓	26 ♏	19 ♑	11 ♒

SUN INGRESS	☉ → ♐ 23日 01:50
MOON PHASE	◑ 2日 06:18 ♌ ● 10日 08:03 ♏ ◐ 18日 07:33 ♒ ○ 24日 23:30 ♊

aspects		
4日	20:19	☉△♂
6日	15:00	♀□♇
8日	01:49	☉△♅
9日	07:27	☿⚹♇
12日	10:42	☉□♆
17日	08:22	☿⚹♄
20日	11:18	♀□♂
20日	11:52	☿△♂
22日	02:57	☿△♅
25日	02:49	☿□♆
26日	18:54	♀△♆

2007年12月

DAY	☉	☽	☊ mean	☊ true	☿	♀	♂	♃	♄	♅	♆	♇	⚳	⚴	⚵	⚶	⚷
	° ′	° ′	° ′	° ′	° ′	° ′	° ′	° ′	° ′	° ′	° ′	° ′	°	°	°	°	°
1	8 ♐ 0	27 ♌ 28	2 ♓ 0	1 R 48	28 D 36	24 D 16	10 R 47	25 D 52	8 D 14	14 D 47	19 D 29	27 D 59	12 R	3 D	27 D	19 D	11 D
2	9 ♐ 1	10 ♍ 6	1 ♓ 57	1 ♓ 48	0 ♐ 10	25 ♎ 25	10 ♋ 33	26 ♐ 5	8 ♍ 16	14 ♓ 47	19 ♒ 30	28 ♐ 1	12 ♉	3 ♓	27 ♏	20 ♑	11 ♒
3	10 ♐ 2	22 ♍ 25	1 ♓ 53	1 ♓ 48	1 ♐ 44	26 ♎ 34	10 ♋ 19	26 ♐ 19	8 ♍ 18	14 ♓ 48	19 ♒ 31	28 ♐ 3	11 ♉	3 ♓	27 ♏	20 ♑	11 ♒
4	11 ♐ 3	4 ♎ 29	1 ♓ 50	1 ♓ 45	3 ♐ 18	27 ♎ 44	10 ♋ 4	26 ♐ 32	8 ♍ 19	14 ♓ 48	19 ♒ 33	28 ♐ 5	11 ♉	3 ♓	28 ♏	21 ♑	11 ♒
5	12 ♐ 4	16 ♎ 25	1 ♓ 47	1 ♓ 41	4 ♐ 52	28 ♎ 54	9 ♋ 48	26 ♐ 46	8 ♍ 21	14 ♓ 49	19 ♒ 34	28 ♐ 8	11 ♉	3 ♓	28 ♏	21 ♑	11 ♒
6	13 ♐ 5	28 ♎ 16	1 ♓ 44	1 ♓ 33	6 ♐ 26	0 ♏ 4	9 ♋ 32	26 ♐ 59	8 ♍ 23	14 ♓ 49	19 ♒ 35	28 ♐ 10	11 ♉	4 ♓	28 ♏	22 ♑	11 ♒
7	14 ♐ 6	10 ♏ 6	1 ♓ 41	1 ♓ 23	8 ♐ 0	1 ♏ 14	9 ♋ 14	27 ♐ 13	8 ♍ 24	14 ♓ 50	19 ♒ 36	28 ♐ 12	11 ♉	4 ♓	29 ♏	22 ♑	11 ♒
8	15 ♐ 7	21 ♏ 57	1 ♓ 37	1 ♓ 10	9 ♐ 34	2 ♏ 24	8 ♋ 57	27 ♐ 26	8 ♍ 26	14 ♓ 50	19 ♒ 37	28 ♐ 14	11 ♉	4 ♓	29 ♏	23 ♑	11 ♒
9	16 ♐ 7	3 ♐ 53	1 ♓ 34	0 ♓ 56	11 ♐ 8	3 ♏ 35	8 ♋ 38	27 ♐ 40	8 ♍ 27	14 ♓ 51	19 ♒ 38	28 ♐ 16	11 ♉	4 ♓	29 ♏	23 ♑	11 ♒
10	17 ♐ 8	15 ♐ 55	1 ♓ 31	0 ♓ 42	12 ♐ 42	4 ♏ 45	8 ♋ 19	27 ♐ 53	8 ♍ 28	14 ♓ 52	19 ♒ 40	28 ♐ 18	10 ♉	4 ♓	0 ♐	24 ♑	11 ♒
11	18 ♐ 9	28 ♐ 2	1 ♓ 28	0 ♓ 28	14 ♐ 16	5 ♏ 56	7 ♋ 59	28 ♐ 7	8 ♍ 29	14 ♓ 53	19 ♒ 41	28 ♐ 21	10 ♉	5 ♓	0 ♐	24 ♑	11 ♒
12	19 ♐ 10	10 ♑ 17	1 ♓ 25	0 ♓ 17	15 ♐ 50	7 ♏ 7	7 ♋ 38	28 ♐ 21	8 ♍ 30	14 ♓ 54	19 ♒ 42	28 ♐ 23	10 ♉	5 ♓	0 ♐	25 ♑	11 ♒
13	20 ♐ 11	22 ♑ 41	1 ♓ 22	0 ♓ 8	17 ♐ 24	8 ♏ 18	7 ♋ 17	28 ♐ 34	8 ♍ 31	14 ♓ 54	19 ♒ 44	28 ♐ 25	10 ♉	5 ♓	1 ♐	25 ♑	12 ♒
14	21 ♐ 12	5 ♒ 14	1 ♓ 18	0 ♓ 3	18 ♐ 58	9 ♏ 29	6 ♋ 56	28 ♐ 48	8 ♍ 32	14 ♓ 55	19 ♒ 45	28 ♐ 27	10 ♉	5 ♓	1 ♐	26 ♑	12 ♒
15	22 ♐ 14	17 ♒ 58	1 ♓ 15	0 ♓ 0	20 ♐ 33	10 ♏ 40	6 ♋ 34	29 ♐ 2	8 ♍ 32	14 ♓ 56	19 ♒ 46	28 ♐ 29	10 ♉	5 ♓	1 ♐	26 ♑	12 ♒
16	23 ♐ 15	0 ♓ 57	1 ♓ 12	29 D 59	22 ♐ 7	11 ♏ 51	6 ♋ 12	29 ♐ 15	8 ♍ 33	14 ♓ 57	19 ♒ 48	28 ♐ 32	10 ♉	6 ♓	2 ♐	27 ♑	12 ♒
17	24 ♐ 16	14 ♓ 12	1 ♓ 9	0 ♓ 0	23 ♐ 42	13 ♏ 2	5 ♋ 49	29 ♐ 29	8 ♍ 33	14 ♓ 59	19 ♒ 49	28 ♐ 34	10 ♉	6 ♓	2 ♐	27 ♑	12 ♒
18	25 ♐ 17	27 ♓ 46	1 ♓ 6	0 R 0	25 ♐ 16	14 ♏ 14	5 ♋ 26	29 ♐ 43	8 ♍ 33	15 ♓ 0	19 ♒ 51	28 ♐ 36	10 ♉	6 ♓	2 ♐	28 ♑	12 ♒
19	26 ♐ 18	11 ♈ 42	1 ♓ 3	29 ♒ 59	26 ♐ 51	15 ♏ 25	5 ♋ 3	29 ♐ 57	8 ♍ 34	15 ♓ 1	19 ♒ 52	28 ♐ 38	10 ♉	6 ♓	3 ♐	28 ♑	12 ♒
20	27 ♐ 19	25 ♈ 59	0 ♓ 59	29 ♒ 56	28 ♐ 26	16 ♏ 37	4 ♋ 39	0 ♑ 10	8 R 34	15 ♓ 2	19 ♒ 54	28 ♐ 40	9 ♉	6 ♓	3 ♐	29 ♑	12 ♒
21	28 ♐ 20	10 ♉ 36	0 ♓ 56	29 ♒ 50	0 ♑ 1	17 ♏ 48	4 ♋ 16	0 ♑ 24	8 ♍ 34	15 ♓ 3	19 ♒ 55	28 ♐ 43	9 ♉	7 ♓	3 ♐	29 ♑	12 ♒
22	29 ♐ 21	25 ♉ 28	0 ♓ 53	29 ♒ 42	1 ♑ 36	19 ♏ 0	3 ♋ 52	0 ♑ 38	8 ♍ 33	15 ♓ 5	19 ♒ 57	28 ♐ 45	9 ♉	7 ♓	4 ♐	0 ♒	12 ♒
23	0 ♑ 22	10 ♊ 29	0 ♓ 50	29 ♒ 33	3 ♑ 11	20 ♏ 12	3 ♋ 29	0 ♑ 52	8 ♍ 33	15 ♓ 6	19 ♒ 59	28 ♐ 47	9 ♉	7 ♓	4 ♐	0 ♒	12 ♒
24	1 ♑ 23	25 ♊ 28	0 ♓ 47	29 ♒ 23	4 ♑ 47	21 ♏ 24	3 ♋ 5	1 ♑ 5	8 ♍ 33	15 ♓ 8	20 ♒ 0	28 ♐ 49	9 ♉	7 ♓	4 ♐	1 ♒	12 ♒
25	2 ♑ 24	10 ♋ 16	0 ♓ 43	29 ♒ 14	6 ♑ 23	22 ♏ 36	2 ♋ 41	1 ♑ 19	8 ♍ 32	15 ♓ 9	20 ♒ 2	28 ♐ 52	9 ♉	8 ♓	5 ♐	1 ♒	12 ♒
26	3 ♑ 25	24 ♋ 45	0 ♓ 40	29 ♒ 8	7 ♑ 59	23 ♏ 48	2 ♋ 18	1 ♑ 33	8 ♍ 32	15 ♓ 11	20 ♒ 4	28 ♐ 54	9 ♉	8 ♓	5 ♐	2 ♒	12 ♒
27	4 ♑ 27	8 ♌ 49	0 ♓ 37	29 ♒ 3	9 ♑ 35	25 ♏ 1	1 ♋ 54	1 ♑ 47	8 ♍ 31	15 ♓ 12	20 ♒ 5	28 ♐ 56	9 ♉	8 ♓	5 ♐	2 ♒	12 ♒
28	5 ♑ 28	22 ♌ 25	0 ♓ 34	29 ♒ 1	11 ♑ 11	26 ♏ 13	1 ♋ 31	2 ♑ 0	8 ♍ 30	15 ♓ 14	20 ♒ 7	28 ♐ 58	9 ♉	8 ♓	6 ♐	3 ♒	12 ♒
29	6 ♑ 29	5 ♍ 34	0 ♓ 31	29 D 1	12 ♑ 48	27 ♏ 25	1 ♋ 8	2 ♑ 14	8 ♍ 29	15 ♓ 16	20 ♒ 9	29 ♐ 0	9 ♉	8 ♓	6 ♐	3 ♒	12 ♒
30	7 ♑ 30	18 ♍ 18	0 ♓ 28	29 ♒ 2	14 ♑ 25	28 ♏ 38	0 ♋ 45	2 ♑ 28	8 ♍ 28	15 ♓ 17	20 ♒ 11	29 ♐ 3	9 D	9 ♓	6 ♐	4 ♒	13 ♒
31	8 ♑ 31	0 ♎ 42	0 ♓ 24	29 ♒ 4	16 ♑ 2	29 ♏ 50	0 ♋ 23	2 ♑ 42	8 ♍ 27	15 ♓ 19	20 ♒ 12	29 ♐ 5	9 ♉	9 ♓	7 ♐	4 ♒	13 ♒

SUN INGRESS	☉ → ♑ 22日 15:08
MOON PHASE	◑ 1日 21:44 ♍ ● 10日 02:40 ♐ ◐ 17日 19:18 ♓ ○ 24日 10:16 ♋ ◑ 31日 16:51 ♎

aspects		
1日	05:22	☉□♄
2日	17:14	♀⚹♃
4日	07:34	♀⚹♇
7日	06:16	☿□♄
7日	17:34	☉□♅
9日	12:59	♂⚹♄
11日	09:25	☿□♅
12日	04:36	♃☌♇
12日	08:16	♀△♂
12日	12:47	☉⚹♆
13日	04:33	♀⚹♄
14日	12:02	☿⚹♆
18日	00:26	☉☌☿
18日	15:43	♀△♅
20日	03:50	☿☌♇
21日	06:53	☿☌♃
21日	09:17	☉☌♇
22日	19:21	♀□♆
23日	03:29	☿☍♂
23日	14:56	☉☌♃
25日	04:46	☉☍♂
26日	08:10	☿△♄
27日	04:52	♂☍♃
30日	13:10	☿⚹♅
30日	22:23	☉△♄

2008年1月

DAY	☉	☽	☊ mean	☊ true	☿	♀	♂	♃	♄	♅	♆	♇	⚳	⚴	⚵	⚶	⚷
	° ′	° ′	° ′	° ′	° ′	° ′	° ′	° ′	° ′	° ′	° ′	° ′	°	°	°	°	°
1	9 ♑ 32	12 ♎ 50	0 ♓ 21	29 R 4	17 D 39	1 D 3	0 R 0	2 D 55	8 R 26	15 D 21	20 D 14	29 D 7	9 D	9 D	7 D	5 D	13 D
2	10 ♑ 33	24 ♎ 47	0 ♓ 18	29 ♒ 3	19 ♑ 17	2 ♐ 16	29 ♊ 39	3 ♑ 9	8 ♍ 24	15 ♓ 23	20 ♒ 16	29 ♐ 9	9 ♉	10 ♓	7 ♐	5 ♒	13 ♒
3	11 ♑ 35	6 ♏ 38	0 ♓ 15	28 ♒ 59	20 ♑ 55	3 ♐ 28	29 ♊ 17	3 ♑ 23	8 ♍ 23	15 ♓ 25	20 ♒ 18	29 ♐ 11	9 ♉	10 ♓	8 ♐	6 ♒	13 ♒
4	12 ♑ 36	18 ♏ 29	0 ♓ 12	28 ♒ 54	22 ♑ 32	4 ♐ 41	28 ♊ 57	3 ♑ 36	8 ♍ 21	15 ♓ 27	20 ♒ 20	29 ♐ 13	9 ♉	10 ♓	8 ♐	6 ♒	13 ♒
5	13 ♑ 37	0 ♐ 23	0 ♓ 9	28 ♒ 46	24 ♑ 10	5 ♐ 54	28 ♊ 36	3 ♑ 50	8 ♍ 19	15 ♓ 29	20 ♒ 22	29 ♐ 16	9 ♉	10 ♓	8 ♐	7 ♒	13 ♒
6	14 ♑ 38	12 ♐ 23	0 ♓ 5	28 ♒ 38	25 ♑ 48	7 ♐ 7	28 ♊ 17	4 ♑ 4	8 ♍ 18	15 ♓ 31	20 ♒ 24	29 ♐ 18	9 ♉	11 ♓	9 ♐	8 ♒	13 ♒
7	15 ♑ 39	24 ♐ 31	0 ♓ 2	28 ♒ 29	27 ♑ 26	8 ♐ 20	27 ♊ 58	4 ♑ 17	8 ♍ 16	15 ♓ 33	20 ♒ 26	29 ♐ 20	9 ♉	11 ♓	9 ♐	8 ♒	13 ♒
8	16 ♑ 40	6 ♑ 50	29 ♒ 59	28 ♒ 21	29 ♑ 4	9 ♐ 33	27 ♊ 39	4 ♑ 31	8 ♍ 14	15 ♓ 35	20 ♒ 27	29 ♐ 22	9 ♉	11 ♓	9 ♐	9 ♒	13 ♒
9	17 ♑ 42	19 ♑ 19	29 ♒ 56	28 ♒ 14	0 ♒ 41	10 ♐ 46	27 ♊ 21	4 ♑ 45	8 ♍ 12	15 ♓ 37	20 ♒ 29	29 ♐ 24	10 ♉	11 ♓	10 ♐	9 ♒	13 ♒
10	18 ♑ 43	2 ♒ 0	29 ♒ 53	28 ♒ 9	2 ♒ 18	11 ♐ 59	27 ♊ 4	4 ♑ 58	8 ♍ 9	15 ♓ 39	20 ♒ 31	29 ♐ 26	10 ♉	12 ♓	10 ♐	10 ♒	13 ♒
11	19 ♑ 44	14 ♒ 53	29 ♒ 49	28 ♒ 6	3 ♒ 54	13 ♐ 12	26 ♊ 48	5 ♑ 12	8 ♍ 7	15 ♓ 41	20 ♒ 33	29 ♐ 28	10 ♉	12 ♓	10 ♐	10 ♒	13 ♒
12	20 ♑ 45	27 ♒ 56	29 ♒ 46	28 ♒ 5	5 ♒ 30	14 ♐ 26	26 ♊ 32	5 ♑ 25	8 ♍ 5	15 ♓ 44	20 ♒ 36	29 ♐ 31	10 ♉	12 ♓	10 ♐	11 ♒	13 ♒
13	21 ♑ 46	11 ♓ 12	29 ♒ 43	28 D 6	7 ♒ 5	15 ♐ 39	26 ♊ 17	5 ♑ 39	8 ♍ 2	15 ♓ 46	20 ♒ 38	29 ♐ 33	10 ♉	13 ♓	11 ♐	11 ♒	14 ♒
14	22 ♑ 47	24 ♓ 40	29 ♒ 40	28 ♒ 8	8 ♒ 38	16 ♐ 52	26 ♊ 3	5 ♑ 53	8 ♍ 0	15 ♓ 48	20 ♒ 40	29 ♐ 35	10 ♉	13 ♓	11 ♐	12 ♒	14 ♒
15	23 ♑ 49	8 ♈ 21	29 ♒ 37	28 ♒ 9	10 ♒ 10	18 ♐ 5	25 ♊ 49	6 ♑ 6	7 ♍ 57	15 ♓ 51	20 ♒ 42	29 ♐ 37	10 ♉	13 ♓	11 ♐	12 ♒	14 ♒
16	24 ♑ 50	22 ♈ 15	29 ♒ 34	28 ♒ 10	11 ♒ 40	19 ♐ 19	25 ♊ 37	6 ♑ 19	7 ♍ 54	15 ♓ 53	20 ♒ 44	29 ♐ 39	10 ♉	13 ♓	12 ♐	13 ♒	14 ♒
17	25 ♑ 51	6 ♉ 22	29 ♒ 30	28 R 9	13 ♒ 8	20 ♐ 32	25 ♊ 25	6 ♑ 33	7 ♍ 51	15 ♓ 55	20 ♒ 46	29 ♐ 41	10 ♉	14 ♓	12 ♐	13 ♒	14 ♒
18	26 ♑ 52	20 ♉ 40	29 ♒ 27	28 ♒ 7	14 ♒ 33	21 ♐ 46	25 ♊ 14	6 ♑ 46	7 ♍ 48	15 ♓ 58	20 ♒ 48	29 ♐ 43	10 ♉	14 ♓	12 ♐	14 ♒	14 ♒
19	27 ♑ 53	5 ♊ 8	29 ♒ 24	28 ♒ 4	15 ♒ 55	22 ♐ 59	25 ♊ 4	7 ♑ 0	7 ♍ 45	16 ♓ 1	20 ♒ 50	29 ♐ 45	11 ♉	14 ♓	13 ♐	14 ♒	14 ♒
20	28 ♑ 54	19 ♊ 39	29 ♒ 21	28 ♒ 0	17 ♒ 12	24 ♐ 13	24 ♊ 54	7 ♑ 13	7 ♍ 42	16 ♓ 3	20 ♒ 52	29 ♐ 47	11 ♉	15 ♓	13 ♐	15 ♒	14 ♒
21	29 ♑ 55	4 ♋ 10	29 ♒ 18	27 ♒ 56	18 ♒ 26	25 ♐ 26	24 ♊ 46	7 ♑ 26	7 ♍ 39	16 ♓ 6	20 ♒ 54	29 ♐ 49	11 ♉	15 ♓	13 ♐	15 ♒	14 ♒
22	0 ♒ 56	18 ♋ 33	29 ♒ 15	27 ♒ 52	19 ♒ 34	26 ♐ 40	24 ♊ 38	7 ♑ 39	7 ♍ 35	16 ♓ 8	20 ♒ 57	29 ♐ 51	11 ♉	15 ♓	14 ♐	16 ♒	14 ♒
23	1 ♒ 57	2 ♌ 43	29 ♒ 11	27 ♒ 49	20 ♒ 35	27 ♐ 53	24 ♊ 31	7 ♑ 53	7 ♍ 32	16 ♓ 11	20 ♒ 59	29 ♐ 53	11 ♉	15 ♓	14 ♐	16 ♒	14 ♒
24	2 ♒ 58	16 ♌ 35	29 ♒ 8	27 ♒ 47	21 ♒ 30	29 ♐ 7	24 ♊ 25	8 ♑ 6	7 ♍ 29	16 ♓ 14	21 ♒ 1	29 ♐ 55	11 ♉	16 ♓	14 ♐	17 ♒	14 ♒
25	3 ♒ 59	0 ♍ 6	29 ♒ 5	27 D 47	22 ♒ 17	0 ♑ 21	24 ♊ 20	8 ♑ 19	7 ♍ 25	16 ♓ 16	21 ♒ 3	29 ♐ 57	11 ♉	16 ♓	14 ♐	17 ♒	14 ♒
26	5 ♒ 0	13 ♍ 14	29 ♒ 2	27 ♒ 47	22 ♒ 56	1 ♑ 34	24 ♊ 15	8 ♑ 32	7 ♍ 21	16 ♓ 19	21 ♒ 5	29 ♐ 59	12 ♉	16 ♓	15 ♐	18 ♒	14 ♒
27	6 ♒ 1	26 ♍ 1	28 ♒ 59	27 ♒ 49	23 ♒ 25	2 ♑ 48	24 ♊ 11	8 ♑ 45	7 ♍ 18	16 ♓ 22	21 ♒ 8	0 ♑ 0	12 ♉	17 ♓	15 ♐	18 ♒	15 ♒
28	7 ♒ 2	8 ♎ 29	28 ♒ 55	27 ♒ 50	23 ♒ 44	4 ♑ 2	24 ♊ 8	8 ♑ 58	7 ♍ 14	16 ♓ 25	21 ♒ 10	0 ♑ 2	12 ♉	17 ♓	15 ♐	19 ♒	15 ♒
29	8 ♒ 3	20 ♎ 41	28 ♒ 52	27 ♒ 52	23 ♒ 52	5 ♑ 16	24 ♊ 6	9 ♑ 11	7 ♍ 10	16 ♓ 28	21 ♒ 12	0 ♑ 4	12 ♉	17 ♓	16 ♐	19 ♒	15 ♒
30	9 ♒ 4	2 ♏ 41	28 ♒ 49	27 ♒ 53	23 R 49	6 ♑ 29	24 ♊ 5	9 ♑ 24	7 ♍ 6	16 ♓ 30	21 ♒ 14	0 ♑ 6	12 ♉	18 ♓	16 ♐	20 ♒	15 ♒
31	10 ♒ 5	14 ♏ 35	28 ♒ 46	27 R 53	23 ♒ 34	7 ♑ 43	24 ♊ 4	9 ♑ 37	7 ♍ 2	16 ♓ 33	21 ♒ 16	0 ♑ 8	12 ♉	18 ♓	16 ♐	20 ♒	15 ♒

SUN INGRESS	☉ → ♒ 21日 01:44
MOON PHASE	● 8日 20:37 ♑ ◐ 16日 04:46 ♈ ○ 22日 22:35 ♌ ◑ 30日 14:03 ♏

aspects		
3日	06:23	♂☍♇
6日	21:18	☉⚹♅
6日	22:39	♀□♄
13日	02:23	♀□♅
17日	04:35	♀⚹♆
20日	12:10	♀☍♂
21日	18:14	♃△♄
23日	10:15	☿☌♆
24日	15:58	♀☌♇
30日	11:19	♀△♄

2008年2月

DAY	☉	☽	☊ mean	☊ true	☿	♀	♂	♃	♄	♅	♆	♇	⚳	⚴	⚵	⚶	⚷
	° ′	° ′	° ′	° ′	° ′	° ′	° ′	° ′	° ′	° ′	° ′	° ′	°	°	°	°	°
1	11 ♒ 6	26 ♏ 27	28 ♒ 43	27 R 52	23 R 9	8 D 57	24 D 4	9 D 50	6 R 58	16 D 36	21 D 19	0 D 10	13 D	18 D	16 D	21 D	15 D
2	12 ♒ 7	8 ♐ 22	28 ♒ 40	27 ♒ 50	22 ♒ 32	10 ♑ 11	24 ♊ 5	10 ♑ 2	6 ♍ 54	16 ♓ 39	21 ♒ 21	0 ♑ 11	13 ♉	19 ♓	17 ♐	21 ♒	15 ♒
3	13 ♒ 8	20 ♐ 24	28 ♒ 36	27 ♒ 48	21 ♒ 46	11 ♑ 25	24 ♊ 7	10 ♑ 15	6 ♍ 50	16 ♓ 42	21 ♒ 23	0 ♑ 13	13 ♉	19 ♓	17 ♐	22 ♒	15 ♒
4	14 ♒ 9	2 ♑ 37	28 ♒ 33	27 ♒ 46	20 ♒ 51	12 ♑ 39	24 ♊ 9	10 ♑ 28	6 ♍ 46	16 ♓ 45	21 ♒ 26	0 ♑ 15	13 ♉	19 ♓	17 ♐	22 ♒	15 ♒
5	15 ♒ 10	15 ♑ 4	28 ♒ 30	27 ♒ 44	19 ♒ 49	13 ♑ 53	24 ♊ 12	10 ♑ 40	6 ♍ 41	16 ♓ 48	21 ♒ 28	0 ♑ 17	13 ♉	20 ♓	17 ♐	23 ♒	15 ♒
6	16 ♒ 10	27 ♑ 46	28 ♒ 27	27 ♒ 43	18 ♒ 41	15 ♑ 7	24 ♊ 16	10 ♑ 53	6 ♍ 37	16 ♓ 51	21 ♒ 30	0 ♑ 18	14 ♉	20 ♓	18 ♐	23 ♒	15 ♒
7	17 ♒ 11	10 ♒ 44	28 ♒ 24	27 ♒ 42	17 ♒ 30	16 ♑ 21	24 ♊ 21	11 ♑ 5	6 ♍ 33	16 ♓ 54	21 ♒ 32	0 ♑ 20	14 ♉	20 ♓	18 ♐	24 ♒	15 ♒
8	18 ♒ 12	23 ♒ 58	28 ♒ 21	27 ♒ 41	16 ♒ 17	17 ♑ 35	24 ♊ 26	11 ♑ 18	6 ♍ 28	16 ♓ 57	21 ♒ 35	0 ♑ 22	14 ♉	21 ♓	18 ♐	24 ♒	15 ♒
9	19 ♒ 13	7 ♓ 27	28 ♒ 17	27 D 41	15 ♒ 5	18 ♑ 49	24 ♊ 32	11 ♑ 30	6 ♍ 24	17 ♓ 1	21 ♒ 37	0 ♑ 23	14 ♉	21 ♓	19 ♐	25 ♒	16 ♒
10	20 ♒ 14	21 ♓ 10	28 ♒ 14	27 ♒ 42	13 ♒ 56	20 ♑ 3	24 ♊ 38	11 ♑ 42	6 ♍ 19	17 ♓ 4	21 ♒ 39	0 ♑ 25	15 ♉	21 ♓	19 ♐	25 ♒	16 ♒
11	21 ♒ 15	5 ♈ 3	28 ♒ 11	27 ♒ 42	12 ♒ 51	21 ♑ 17	24 ♊ 46	11 ♑ 54	6 ♍ 15	17 ♓ 7	21 ♒ 41	0 ♑ 26	15 ♉	22 ♓	19 ♐	26 ♒	16 ♒
12	22 ♒ 15	19 ♈ 5	28 ♒ 8	27 ♒ 43	11 ♒ 51	22 ♑ 31	24 ♊ 53	12 ♑ 6	6 ♍ 10	17 ♓ 10	21 ♒ 44	0 ♑ 28	15 ♉	22 ♓	19 ♐	26 ♒	16 ♒
13	23 ♒ 16	3 ♉ 12	28 ♒ 5	27 ♒ 43	10 ♒ 58	23 ♑ 45	25 ♊ 2	12 ♑ 19	6 ♍ 5	17 ♓ 13	21 ♒ 46	0 ♑ 29	15 ♉	22 ♓	20 ♐	27 ♒	16 ♒
14	24 ♒ 17	17 ♉ 23	28 ♒ 1	27 ♒ 44	10 ♒ 12	24 ♑ 59	25 ♊ 11	12 ♑ 31	6 ♍ 1	17 ♓ 17	21 ♒ 48	0 ♑ 31	16 ♉	23 ♓	20 ♐	27 ♒	16 ♒
15	25 ♒ 17	1 ♊ 35	27 ♒ 58	27 R 44	9 ♒ 34	26 ♑ 13	25 ♊ 21	12 ♑ 42	5 ♍ 56	17 ♓ 20	21 ♒ 51	0 ♑ 32	16 ♉	23 ♓	20 ♐	28 ♒	16 ♒
16	26 ♒ 18	15 ♊ 45	27 ♒ 55	27 ♒ 44	9 ♒ 4	27 ♑ 27	25 ♊ 31	12 ♑ 54	5 ♍ 51	17 ♓ 23	21 ♒ 53	0 ♑ 34	16 ♉	23 ♓	20 ♐	28 ♒	16 ♒
17	27 ♒ 18	29 ♊ 53	27 ♒ 52	27 ♒ 43	8 ♒ 41	28 ♑ 41	25 ♊ 42	13 ♑ 6	5 ♍ 47	17 ♓ 26	21 ♒ 55	0 ♑ 35	16 ♉	24 ♓	21 ♐	29 ♒	16 ♒
18	28 ♒ 19	13 ♋ 54	27 ♒ 49	27 D 43	8 ♒ 27	29 ♑ 55	25 ♊ 53	13 ♑ 18	5 ♍ 42	17 ♓ 30	21 ♒ 57	0 ♑ 37	17 ♉	24 ♓	21 ♐	29 ♒	16 ♒
19	29 ♒ 20	27 ♋ 47	27 ♒ 46	27 ♒ 44	8 ♒ 20	1 ♒ 9	26 ♊ 5	13 ♑ 29	5 ♍ 37	17 ♓ 33	22 ♒ 0	0 ♑ 38	17 ♉	24 ♓	21 ♐	0 ♓	16 ♒
20	0 ♓ 20	11 ♌ 28	27 ♒ 42	27 ♒ 44	8 D 20	2 ♒ 23	26 ♊ 18	13 ♑ 41	5 ♍ 32	17 ♓ 36	22 ♒ 2	0 ♑ 39	17 ♉	25 ♓	21 ♐	0 ♓	16 ♒
21	1 ♓ 21	24 ♌ 57	27 ♒ 39	27 ♒ 44	8 ♒ 26	3 ♒ 38	26 ♊ 31	13 ♑ 52	5 ♍ 27	17 ♓ 39	22 ♒ 4	0 ♑ 41	17 ♉	25 ♓	22 ♐	1 ♓	16 ♒
22	2 ♓ 21	8 ♍ 10	27 ♒ 36	27 R 44	8 ♒ 40	4 ♒ 52	26 ♊ 45	14 ♑ 4	5 ♍ 23	17 ♓ 43	22 ♒ 6	0 ♑ 42	18 ♉	25 ♓	22 ♐	1 ♓	17 ♒
23	3 ♓ 21	21 ♍ 7	27 ♒ 33	27 ♒ 43	8 ♒ 59	6 ♒ 6	26 ♊ 59	14 ♑ 15	5 ♍ 18	17 ♓ 46	22 ♒ 9	0 ♑ 43	18 ♉	26 ♓	22 ♐	2 ♓	17 ♒
24	4 ♓ 22	3 ♎ 48	27 ♒ 30	27 ♒ 43	9 ♒ 23	7 ♒ 20	27 ♊ 13	14 ♑ 26	5 ♍ 13	17 ♓ 50	22 ♒ 11	0 ♑ 44	18 ♉	26 ♓	22 ♐	2 ♓	17 ♒
25	5 ♓ 22	16 ♎ 14	27 ♒ 27	27 ♒ 42	9 ♒ 53	8 ♒ 34	27 ♊ 28	14 ♑ 37	5 ♍ 8	17 ♓ 53	22 ♒ 13	0 ♑ 46	18 ♉	26 ♓	22 ♐	3 ♓	17 ♒
26	6 ♓ 23	28 ♎ 26	27 ♒ 23	27 ♒ 41	10 ♒ 27	9 ♒ 48	27 ♊ 44	14 ♑ 48	5 ♍ 3	17 ♓ 56	22 ♒ 15	0 ♑ 47	19 ♉	27 ♓	23 ♐	3 ♓	17 ♒
27	7 ♓ 23	10 ♏ 28	27 ♒ 20	27 ♒ 39	11 ♒ 6	11 ♒ 2	28 ♊ 0	14 ♑ 59	4 ♍ 58	18 ♓ 0	22 ♒ 18	0 ♑ 48	19 ♉	27 ♓	23 ♐	4 ♓	17 ♒
28	8 ♓ 23	22 ♏ 23	27 ♒ 17	27 ♒ 38	11 ♒ 49	12 ♒ 17	28 ♊ 16	15 ♑ 10	4 ♍ 54	18 ♓ 3	22 ♒ 20	0 ♑ 49	19 ♉	28 ♓	23 ♐	4 ♓	17 ♒
29	9 ♓ 23	4 ♐ 16	27 ♒ 14	27 ♒ 38	12 ♒ 36	13 ♒ 31	28 ♊ 33	15 ♑ 21	4 ♍ 49	18 ♓ 6	22 ♒ 22	0 ♑ 50	20 ♉	28 ♓	23 ♐	5 ♓	17 ♒

SUN INGRESS	☉ → ♓ 19日 15:50
MOON PHASE	● 7日 12:45 ♒ ◐ 14日 12:33 ♉ ○ 21日 12:31 ♍ ◑ 29日 11:18 ♐

aspects		
1日	20:33	♀☌♃
3日	09:55	☿☌♆
7日	03:19	☉☌☿
7日	11:22	♀⚹♅
11日	11:03	☉☌♆
15日	01:39	☉△♂
20日	07:48	☉⚹♇
24日	18:48	☉☍♄
27日	02:51	☿☌♀

2008年3月

DAY	☉	☽	☊ mean	☊ true	☿	♀	♂	♃	♄	♅	♆	♇	⚳	⚴	⚵	⚶	⚷
	° ′	° ′	° ′	° ′	° ′	° ′	° ′	° ′	° ′	° ′	° ′	° ′	°	°	°	°	°
1	10 ♓ 24	16 ♐ 10	27 ♒ 11	27 D 38	13 D 26	14 D 45	28 D 50	15 D 31	4 R 44	18 D 10	22 D 24	0 D 51	20 D	28 D	24 D	5 D	17 D
2	11 ♓ 24	28 ♐ 12	27 ♒ 7	27 ♒ 39	14 ♒ 20	15 ♒ 59	29 ♊ 8	15 ♑ 42	4 ♍ 39	18 ♓ 13	22 ♒ 26	0 ♑ 52	20 ♉	29 ♓	24 ♐	6 ♓	17 ♒
3	12 ♓ 24	10 ♑ 25	27 ♒ 4	27 ♒ 40	15 ♒ 16	17 ♒ 13	29 ♊ 26	15 ♑ 52	4 ♍ 34	18 ♓ 17	22 ♒ 29	0 ♑ 53	21 ♉	29 ♓	24 ♐	6 ♓	17 ♒
4	13 ♓ 24	22 ♑ 53	27 ♒ 1	27 ♒ 41	16 ♒ 16	18 ♒ 27	29 ♊ 45	16 ♑ 3	4 ♍ 30	18 ♓ 20	22 ♒ 31	0 ♑ 54	21 ♉	29 ♓	24 ♐	7 ♓	17 ♒
5	14 ♓ 24	5 ♒ 41	26 ♒ 58	27 ♒ 42	17 ♒ 18	19 ♒ 42	0 ♋ 3	16 ♑ 13	4 ♍ 25	18 ♓ 24	22 ♒ 33	0 ♑ 55	21 ♉	0 ♈	24 ♐	7 ♓	17 ♒
6	15 ♓ 25	18 ♒ 49	26 ♒ 55	27 ♒ 43	18 ♒ 22	20 ♒ 56	0 ♋ 23	16 ♑ 23	4 ♍ 20	18 ♓ 27	22 ♒ 35	0 ♑ 56	21 ♉	0 ♈	25 ♐	8 ♓	17 ♒
7	16 ♓ 25	2 ♓ 20	26 ♒ 52	27 R 43	19 ♒ 29	22 ♒ 10	0 ♋ 42	16 ♑ 33	4 ♍ 15	18 ♓ 30	22 ♒ 37	0 ♑ 57	22 ♉	0 ♈	25 ♐	8 ♓	18 ♒
8	17 ♓ 25	16 ♓ 12	26 ♒ 48	27 ♒ 43	20 ♒ 38	23 ♒ 24	1 ♋ 2	16 ♑ 43	4 ♍ 11	18 ♓ 34	22 ♒ 39	0 ♑ 58	22 ♉	1 ♈	25 ♐	9 ♓	18 ♒
9	18 ♓ 25	0 ♈ 21	26 ♒ 45	27 ♒ 41	21 ♒ 49	24 ♒ 38	1 ♋ 23	16 ♑ 53	4 ♍ 6	18 ♓ 37	22 ♒ 41	0 ♑ 59	22 ♉	1 ♈	25 ♐	9 ♓	18 ♒
10	19 ♓ 25	14 ♈ 44	26 ♒ 42	27 ♒ 38	23 ♒ 2	25 ♒ 53	1 ♋ 44	17 ♑ 3	4 ♍ 2	18 ♓ 41	22 ♒ 44	0 ♑ 59	23 ♉	2 ♈	25 ♐	10 ♓	18 ♒
11	20 ♓ 25	29 ♈ 15	26 ♒ 39	27 ♒ 35	24 ♒ 17	27 ♒ 7	2 ♋ 5	17 ♑ 12	3 ♍ 57	18 ♓ 44	22 ♒ 46	1 ♑ 0	23 ♉	2 ♈	25 ♐	10 ♓	18 ♒
12	21 ♓ 25	13 ♉ 47	26 ♒ 36	27 ♒ 32	25 ♒ 33	28 ♒ 21	2 ♋ 26	17 ♑ 22	3 ♍ 53	18 ♓ 48	22 ♒ 48	1 ♑ 1	23 ♉	2 ♈	26 ♐	11 ♓	18 ♒
13	22 ♓ 25	28 ♉ 15	26 ♒ 32	27 ♒ 29	26 ♒ 51	29 ♒ 35	2 ♋ 48	17 ♑ 31	3 ♍ 48	18 ♓ 51	22 ♒ 50	1 ♑ 1	23 ♉	3 ♈	26 ♐	11 ♓	18 ♒
14	23 ♓ 24	12 ♊ 35	26 ♒ 29	27 ♒ 27	28 ♒ 11	0 ♓ 49	3 ♋ 10	17 ♑ 40	3 ♍ 44	18 ♓ 54	22 ♒ 52	1 ♑ 2	24 ♉	3 ♈	26 ♐	12 ♓	18 ♒
15	24 ♓ 24	26 ♊ 43	26 ♒ 26	27 D 27	29 ♒ 33	2 ♓ 4	3 ♋ 32	17 ♑ 49	3 ♍ 39	18 ♓ 58	22 ♒ 54	1 ♑ 3	24 ♉	3 ♈	26 ♐	12 ♓	18 ♒
16	25 ♓ 24	10 ♋ 38	26 ♒ 23	27 ♒ 28	0 ♓ 56	3 ♓ 18	3 ♋ 55	17 ♑ 58	3 ♍ 35	19 ♓ 1	22 ♒ 56	1 ♑ 3	25 ♉	4 ♈	26 ♐	13 ♓	18 ♒
17	26 ♓ 24	24 ♋ 19	26 ♒ 20	27 ♒ 29	2 ♓ 20	4 ♓ 32	4 ♋ 18	18 ♑ 7	3 ♍ 31	19 ♓ 5	22 ♒ 58	1 ♑ 4	25 ♉	4 ♈	26 ♐	13 ♓	18 ♒
18	27 ♓ 23	7 ♌ 47	26 ♒ 17	27 ♒ 31	3 ♓ 46	5 ♓ 46	4 ♋ 41	18 ♑ 16	3 ♍ 27	19 ♓ 8	23 ♒ 0	1 ♑ 4	25 ♉	4 ♈	27 ♐	14 ♓	18 ♒
19	28 ♓ 23	21 ♌ 3	26 ♒ 13	27 ♒ 32	5 ♓ 14	7 ♓ 0	5 ♋ 5	18 ♑ 25	3 ♍ 22	19 ♓ 12	23 ♒ 2	1 ♑ 5	26 ♉	5 ♈	27 ♐	14 ♓	18 ♒
20	29 ♓ 23	4 ♍ 6	26 ♒ 10	27 R 32	6 ♓ 42	8 ♓ 14	5 ♋ 28	18 ♑ 33	3 ♍ 18	19 ♓ 15	23 ♒ 4	1 ♑ 5	26 ♉	5 ♈	27 ♐	15 ♓	18 ♒
21	0 ♈ 22	16 ♍ 57	26 ♒ 7	27 ♒ 30	8 ♓ 12	9 ♓ 29	5 ♋ 52	18 ♑ 41	3 ♍ 14	19 ♓ 18	23 ♒ 6	1 ♑ 6	26 ♉	6 ♈	27 ♐	15 ♓	18 ♒
22	1 ♈ 22	29 ♍ 36	26 ♒ 4	27 ♒ 27	9 ♓ 44	10 ♓ 43	6 ♋ 17	18 ♑ 50	3 ♍ 10	19 ♓ 22	23 ♒ 7	1 ♑ 6	27 ♉	6 ♈	27 ♐	16 ♓	19 ♒
23	2 ♈ 21	12 ♎ 4	26 ♒ 1	27 ♒ 22	11 ♓ 17	11 ♓ 57	6 ♋ 41	18 ♑ 58	3 ♍ 6	19 ♓ 25	23 ♒ 9	1 ♑ 7	27 ♉	6 ♈	27 ♐	16 ♓	19 ♒
24	3 ♈ 21	24 ♎ 22	25 ♒ 58	27 ♒ 16	12 ♓ 51	13 ♓ 11	7 ♋ 6	19 ♑ 6	3 ♍ 2	19 ♓ 28	23 ♒ 11	1 ♑ 7	27 ♉	7 ♈	27 ♐	17 ♓	19 ♒
25	4 ♈ 20	6 ♏ 29	25 ♒ 54	27 ♒ 9	14 ♓ 26	14 ♓ 25	7 ♋ 31	19 ♑ 14	2 ♍ 59	19 ♓ 32	23 ♒ 13	1 ♑ 7	28 ♉	7 ♈	28 ♐	17 ♓	19 ♒
26	5 ♈ 20	18 ♏ 29	25 ♒ 51	27 ♒ 2	16 ♓ 3	15 ♓ 39	7 ♋ 56	19 ♑ 21	2 ♍ 55	19 ♓ 35	23 ♒ 15	1 ♑ 7	28 ♉	8 ♈	28 ♐	18 ♓	19 ♒
27	6 ♈ 19	0 ♐ 24	25 ♒ 48	26 ♒ 56	17 ♓ 42	16 ♓ 54	8 ♋ 22	19 ♑ 29	2 ♍ 51	19 ♓ 39	23 ♒ 17	1 ♑ 8	29 ♉	8 ♈	28 ♐	18 ♓	19 ♒
28	7 ♈ 19	12 ♐ 16	25 ♒ 45	26 ♒ 51	19 ♓ 21	18 ♓ 7	8 ♋ 48	19 ♑ 36	2 ♍ 48	19 ♓ 42	23 ♒ 18	1 ♑ 8	29 ♉	8 ♈	28 ♐	19 ♓	19 ♒
29	8 ♈ 18	24 ♐ 9	25 ♒ 42	26 ♒ 48	21 ♓ 2	19 ♓ 22	9 ♋ 13	19 ♑ 44	2 ♍ 44	19 ♓ 45	23 ♒ 20	1 ♑ 8	29 ♉	9 ♈	28 ♐	19 ♓	19 ♒
30	9 ♈ 17	6 ♑ 9	25 ♒ 38	26 ♒ 47	22 ♓ 44	20 ♓ 36	9 ♋ 40	19 ♑ 51	2 ♍ 41	19 ♓ 48	23 ♒ 22	1 ♑ 8	0 ♊	9 ♈	28 ♐	20 ♓	19 ♒
31	10 ♈ 16	18 ♑ 19	25 ♒ 35	26 D 47	24 ♓ 28	21 ♓ 50	10 ♋ 6	19 ♑ 58	2 ♍ 38	19 ♓ 52	23 ♒ 24	1 ♑ 8	0 ♊	9 ♈	28 ♐	20 ♓	19 ♒

SUN INGRESS: ☉ → ♈ 20日 14:48

MOON PHASE: ● 8日 02:14 ♓　◐ 14日 19:46 ♊　○ 22日 03:40 ♎　◑ 30日 06:47 ♑

aspects		
7日	04:04	☉⚹♃
7日	09:02	♀☌♆
7日	18:11	♂☍♇
9日	05:19	☉☌♅
9日	17:52	☿☌♆
14日	04:09	♀⚹♇
15日	06:24	♂⚹♄
16日	02:10	☿⚹♇
16日	05:16	♀☍♄
16日	17:21	♀△♂
17日	18:47	☿☍♄
18日	20:37	☿△♂
21日	17:38	☉□♇
24日	22:29	☿☌♀
28日	03:56	☿⚹♃
28日	05:07	☿☌♅
29日	07:54	♀⚹♃
29日	07:58	♀☌♅
29日	09:16	♃⚹♅
30日	16:20	☉□♂

2008年4月

DAY	☉	☽	☊ mean	☊ true	☿	♀	♂	♃	♄	♅	♆	♇	⚳	⚴	⚵	⚶	⚷
	° ′	° ′	° ′	° ′	° ′	° ′	° ′	° ′	° ′	° ′	° ′	° ′	°	°	°	°	°
1	11 ♈ 16	0 ♒ 45	25 ♒ 32	26 D 48	26 D 13	23 D 4	10 D 33	20 D 5	2 R 34	19 D 55	23 D 25	1 D 8	0 D	10 D	28 D	21 D	19 D
2	12 ♈ 15	13 ♒ 31	25 ♒ 29	26 ♒ 50	27 ♓ 59	24 ♓ 18	10 ♋ 59	20 ♑ 11	2 ♍ 31	19 ♓ 58	23 ♒ 27	1 ♑ 8	1 ♊	10 ♈	28 ♐	21 ♓	19 ♒
3	13 ♈ 14	26 ♒ 41	25 ♒ 26	26 ♒ 50	29 ♓ 47	25 ♓ 32	11 ♋ 26	20 ♑ 18	2 ♍ 28	20 ♓ 1	23 ♒ 29	1 R 8	1 ♊	11 ♈	29 ♐	22 ♓	19 ♒
4	14 ♈ 13	10 ♓ 17	25 ♒ 23	26 R 50	1 ♈ 36	26 ♓ 46	11 ♋ 54	20 ♑ 24	2 ♍ 25	20 ♓ 5	23 ♒ 30	1 ♑ 8	1 ♊	11 ♈	29 ♐	22 ♓	19 ♒
5	15 ♈ 12	24 ♓ 21	25 ♒ 19	26 ♒ 47	3 ♈ 27	28 ♓ 0	12 ♋ 21	20 ♑ 30	2 ♍ 22	20 ♓ 8	23 ♒ 32	1 ♑ 8	2 ♊	11 ♈	29 ♐	23 ♓	19 ♒
6	16 ♈ 11	8 ♈ 48	25 ♒ 16	26 ♒ 42	5 ♈ 19	29 ♓ 14	12 ♋ 48	20 ♑ 37	2 ♍ 19	20 ♓ 11	23 ♒ 33	1 ♑ 8	2 ♊	12 ♈	29 ♐	23 ♓	19 ♒
7	17 ♈ 11	23 ♈ 34	25 ♒ 13	26 ♒ 35	7 ♈ 12	0 ♈ 29	13 ♋ 16	20 ♑ 42	2 ♍ 17	20 ♓ 14	23 ♒ 35	1 ♑ 8	3 ♊	12 ♈	29 ♐	24 ♓	19 ♒
8	18 ♈ 10	8 ♉ 31	25 ♒ 10	26 ♒ 27	9 ♈ 7	1 ♈ 43	13 ♋ 44	20 ♑ 48	2 ♍ 14	20 ♓ 17	23 ♒ 36	1 ♑ 8	3 ♊	12 ♈	29 ♐	24 ♓	19 ♒
9	19 ♈ 9	23 ♉ 30	25 ♒ 7	26 ♒ 19	11 ♈ 4	2 ♈ 57	14 ♋ 12	20 ♑ 54	2 ♍ 11	20 ♓ 20	23 ♒ 38	1 ♑ 8	3 ♊	13 ♈	29 ♐	24 ♓	20 ♒
10	20 ♈ 8	8 ♊ 22	25 ♒ 4	26 ♒ 12	13 ♈ 1	4 ♈ 11	14 ♋ 40	20 ♑ 59	2 ♍ 9	20 ♓ 24	23 ♒ 39	1 ♑ 8	4 ♊	13 ♈	29 ♐	25 ♓	20 ♒
11	21 ♈ 6	22 ♊ 58	25 ♒ 0	26 ♒ 7	15 ♈ 0	5 ♈ 25	15 ♋ 9	21 ♑ 5	2 ♍ 7	20 ♓ 27	23 ♒ 41	1 ♑ 7	4 ♊	14 ♈	29 ♐	25 ♓	20 ♒
12	22 ♈ 5	7 ♋ 16	24 ♒ 57	26 ♒ 4	17 ♈ 1	6 ♈ 39	15 ♋ 38	21 ♑ 10	2 ♍ 4	20 ♓ 30	23 ♒ 42	1 ♑ 7	4 ♊	14 ♈	29 ♐	26 ♓	20 ♒
13	23 ♈ 4	21 ♋ 12	24 ♒ 54	26 ♒ 3	19 ♈ 3	7 ♈ 53	16 ♋ 6	21 ♑ 15	2 ♍ 2	20 ♓ 33	23 ♒ 44	1 ♑ 7	5 ♊	14 ♈	29 ♐	26 ♓	20 ♒
14	24 ♈ 3	4 ♌ 46	24 ♒ 51	26 D 3	21 ♈ 6	9 ♈ 7	16 ♋ 35	21 ♑ 19	2 ♍ 0	20 ♓ 36	23 ♒ 45	1 ♑ 6	5 ♊	15 ♈	29 ♐	27 ♓	20 ♒
15	25 ♈ 2	18 ♌ 2	24 ♒ 48	26 ♒ 4	23 ♈ 10	10 ♈ 21	17 ♋ 4	21 ♑ 24	1 ♍ 58	20 ♓ 39	23 ♒ 46	1 ♑ 6	6 ♊	15 ♈	29 ♐	27 ♓	20 ♒
16	26 ♈ 0	1 ♍ 0	24 ♒ 44	26 R 4	25 ♈ 15	11 ♈ 35	17 ♋ 34	21 ♑ 29	1 ♍ 56	20 ♓ 42	23 ♒ 48	1 ♑ 6	6 ♊	16 ♈	29 ♐	28 ♓	20 ♒
17	26 ♈ 59	13 ♍ 44	24 ♒ 41	26 ♒ 2	27 ♈ 21	12 ♈ 49	18 ♋ 3	21 ♑ 33	1 ♍ 55	20 ♓ 45	23 ♒ 49	1 ♑ 5	6 ♊	16 ♈	29 ♐	28 ♓	20 ♒
18	27 ♈ 58	26 ♍ 17	24 ♒ 38	25 ♒ 58	29 ♈ 27	14 ♈ 3	18 ♋ 32	21 ♑ 37	1 ♍ 53	20 ♓ 48	23 ♒ 50	1 ♑ 5	7 ♊	16 ♈	29 ♐	29 ♓	20 ♒
19	28 ♈ 56	8 ♎ 39	24 ♒ 35	25 ♒ 52	1 ♉ 34	15 ♈ 17	19 ♋ 2	21 ♑ 41	1 ♍ 51	20 ♓ 50	23 ♒ 51	1 ♑ 4	7 ♊	17 ♈	29 R	29 ♓	20 ♒
20	29 ♈ 55	20 ♎ 53	24 ♒ 32	25 ♒ 43	3 ♉ 42	16 ♈ 31	19 ♋ 32	21 ♑ 45	1 ♍ 50	20 ♓ 53	23 ♒ 53	1 ♑ 4	8 ♊	17 ♈	29 ♐	0 ♈	20 ♒
21	0 ♉ 54	3 ♏ 1	24 ♒ 29	25 ♒ 31	5 ♉ 49	17 ♈ 45	20 ♋ 2	21 ♑ 48	1 ♍ 49	20 ♓ 56	23 ♒ 54	1 ♑ 3	8 ♊	18 ♈	29 ♐	0 ♈	20 ♒
22	1 ♉ 52	15 ♏ 1	24 ♒ 25	25 ♒ 19	7 ♉ 57	18 ♈ 59	20 ♋ 32	21 ♑ 52	1 ♍ 47	20 ♓ 59	23 ♒ 55	1 ♑ 3	8 ♊	18 ♈	29 ♐	1 ♈	20 ♒
23	2 ♉ 51	26 ♏ 58	24 ♒ 22	25 ♒ 7	10 ♉ 3	20 ♈ 13	21 ♋ 2	21 ♑ 55	1 ♍ 46	21 ♓ 2	23 ♒ 56	1 ♑ 2	9 ♊	18 ♈	29 ♐	1 ♈	20 ♒
24	3 ♉ 49	8 ♐ 50	24 ♒ 19	24 ♒ 55	12 ♉ 9	21 ♈ 27	21 ♋ 32	21 ♑ 58	1 ♍ 45	21 ♓ 4	23 ♒ 57	1 ♑ 1	9 ♊	19 ♈	29 ♐	1 ♈	20 ♒
25	4 ♉ 47	20 ♐ 42	24 ♒ 16	24 ♒ 45	14 ♉ 14	22 ♈ 40	22 ♋ 3	22 ♑ 1	1 ♍ 44	21 ♓ 7	23 ♒ 58	1 ♑ 1	10 ♊	19 ♈	29 ♐	2 ♈	20 ♒
26	5 ♉ 46	2 ♑ 35	24 ♒ 13	24 ♒ 38	16 ♉ 18	23 ♈ 54	22 ♋ 33	22 ♑ 3	1 ♍ 43	21 ♓ 10	23 ♒ 59	1 ♑ 0	10 ♊	20 ♈	29 ♐	2 ♈	20 ♒
27	6 ♉ 44	14 ♑ 33	24 ♒ 10	24 ♒ 34	18 ♉ 20	25 ♈ 8	23 ♋ 4	22 ♑ 6	1 ♍ 43	21 ♓ 12	24 ♒ 0	0 ♑ 59	10 ♊	20 ♈	29 ♐	3 ♈	20 ♒
28	7 ♉ 43	26 ♑ 42	24 ♒ 6	24 ♒ 31	20 ♉ 19	26 ♈ 22	23 ♋ 35	22 ♑ 8	1 ♍ 42	21 ♓ 15	24 ♒ 1	0 ♑ 59	11 ♊	20 ♈	29 ♐	3 ♈	20 ♒
29	8 ♉ 41	9 ♒ 4	24 ♒ 3	24 D 31	22 ♉ 17	27 ♈ 36	24 ♋ 5	22 ♑ 10	1 ♍ 41	21 ♓ 18	24 ♒ 2	0 ♑ 58	11 ♊	21 ♈	29 ♐	4 ♈	20 ♒
30	9 ♉ 39	21 ♒ 46	24 ♒ 0	24 ♒ 31	24 ♉ 11	28 ♈ 50	24 ♋ 36	22 ♑ 12	1 ♍ 41	21 ♓ 20	24 ♒ 3	0 ♑ 57	12 ♊	21 ♈	29 ♐	4 ♈	20 ♒

SUN INGRESS: ☉ → ♉ 20日 01:51

MOON PHASE: ● 6日 12:55 ♈　◐ 13日 03:32 ♋　○ 20日 19:25 ♏　◑ 28日 23:12 ♒

aspects		
3日	17:54	☿□♇
7日	12:48	♀□♇
10日	23:11	☉□♃
11日	02:13	☿□♂
13日	16:30	☉⚹♆
14日	02:49	☿□♃
15日	07:09	☿⚹♆
16日	16:24	☉☌☿
18日	18:22	☿△♇
19日	03:10	☿△♄
21日	03:56	☉△♇
21日	22:05	☉△♄
22日	23:47	♂△♅
24日	03:07	♀□♂
24日	10:35	♀□♃
24日	22:23	♂☍♃
26日	01:33	♀⚹♆
28日	11:36	☿⚹♅
28日	22:41	☿△♃
29日	22:10	☿□♆
30日	07:19	☿⚹♂

2008年5月

DAY	☉	☽	☊ mean	☊ true	☿	♀	♂	♃	♄	♅	♆	♇	⚳	⚴	⚵	⚶	⚷
	° ′	° ′	° ′	° ′	° ′	° ′	° ′	° ′	° ′	° ′	° ′	° ′	°	°	°	°	°
1	10♉37	4♓51	23♒57	24 R 31	26 D 3	0 D 4	25 D 8	22 D 14	1 R 41	21 D 23	24 D 4	0 R 56	12 D	22 D	29 R	5 D	20 D
2	11♉36	18♓25	23♒54	24♒29	27♉52	1♉18	25♋39	22♑16	1♍40	21♓25	24♒5	0♑55	12♊	22♈	29♐	5♈	20♒
3	12♉34	2♈27	23♒50	24♒25	29♉38	2♉32	26♋10	22♑17	1♍40	21♓28	24♒5	0♑54	13♊	22♈	29♐	6♈	20♒
4	13♉32	16♈59	23♒47	24♒18	1♊20	3♉46	26♋42	22♑18	1 D 40	21♓30	24♒6	0♑54	13♊	23♈	29♐	6♈	20♒
5	14♉30	1♉54	23♒44	24♒9	2♊59	4♉59	27♋13	22♑19	1♍40	21♓32	24♒7	0♑53	14♊	23♈	28♐	7♈	20♒
6	15♉28	17♉5	23♒41	23♒58	4♊34	6♉13	27♋45	22♑20	1♍41	21♓35	24♒8	0♑52	14♊	24♈	28♐	7♈	20♒
7	16♉27	2♊21	23♒38	23♒47	6♊5	7♉27	28♋16	22♑21	1♍41	21♓37	24♒8	0♑51	14♊	24♈	28♐	7♈	20♒
8	17♉25	17♊31	23♒35	23♒37	7♊33	8♉41	28♋48	22♑21	1♍41	21♓39	24♒9	0♑50	15♊	24♈	28♐	8♈	20♒
9	18♉23	2♋26	23♒31	23♒30	8♊56	9♉55	29♋20	22♑22	1♍42	21♓42	24♒9	0♑49	15♊	25♈	28♐	8♈	20♒
10	19♉21	16♋58	23♒28	23♒25	10♊15	11♉9	29♋52	22 R 22	1♍43	21♓44	24♒10	0♑48	16♊	25♈	28♐	9♈	21♒
11	20♉19	1♌3	23♒25	23♒22	11♊31	12♉23	0♌25	22♑21	1♍43	21♓46	24♒11	0♑47	16♊	26♈	28♐	9♈	21♒
12	21♉17	14♌42	23♒22	23♒21	12♊42	13♉36	0♌57	22♑21	1♍44	21♓48	24♒11	0♑46	16♊	26♈	28♐	10♈	21♒
13	22♉15	27♌56	23♒19	23♒21	13♊49	14♉50	1♌29	22♑21	1♍45	21♓50	24♒12	0♑44	17♊	26♈	28♐	10♈	21♒
14	23♉13	10♍48	23♒16	23♒21	14♊52	16♉4	2♌2	22♑20	1♍46	21♓52	24♒12	0♑43	17♊	27♈	27♐	11♈	21♒
15	24♉10	23♍23	23♒12	23♒18	15♊50	17♉18	2♌34	22♑19	1♍47	21♓54	24♒12	0♑42	18♊	27♈	27♐	11♈	21♒
16	25♉8	5♎45	23♒9	23♒14	16♊44	18♉32	3♌7	22♑18	1♍49	21♓56	24♒13	0♑41	18♊	28♈	27♐	11♈	21♒
17	26♉6	17♎56	23♒6	23♒6	17♊34	19♉45	3♌39	22♑17	1♍50	21♓58	24♒13	0♑40	18♊	28♈	27♐	12♈	21♒
18	27♉4	0♏0	23♒3	22♒56	18♊19	20♉59	4♌12	22♑15	1♍51	22♓0	24♒13	0♑39	19♊	28♈	27♐	12♈	21♒
19	28♉2	11♏59	23♒0	22♒44	18♊59	22♉13	4♌45	22♑14	1♍53	22♓2	24♒14	0♑37	19♊	29♈	27♐	13♈	21♒
20	28♉59	23♏54	22♒56	22♒30	19♊35	23♉27	5♌18	22♑12	1♍55	22♓4	24♒14	0♑36	20♊	29♈	27♐	13♈	21♒
21	29♉57	5♐47	22♒53	22♒16	20♊6	24♉40	5♌51	22♑10	1♍56	22♓6	24♒14	0♑35	20♊	0♉	26♐	14♈	21♒
22	0♊55	17♐39	22♒50	22♒3	20♊32	25♉54	6♌24	22♑8	1♍58	22♓7	24♒14	0♑34	21♊	0♉	26♐	14♈	21♒
23	1♊52	29♐32	22♒47	21♒52	20♊54	27♉8	6♌57	22♑5	2♍0	22♓9	24♒15	0♑32	21♊	0♉	26♐	14♈	21♒
24	2♊50	11♑28	22♒44	21♒44	21♊10	28♉22	7♌30	22♑3	2♍2	22♓11	24♒15	0♑31	21♊	1♉	26♐	15♈	21♒
25	3♊48	23♑30	22♒41	21♒38	21♊22	29♉35	8♌3	22♑0	2♍5	22♓12	24♒15	0♑30	22♊	1♉	26♐	15♈	21♒
26	4♊45	5♒40	22♒37	21♒35	21♊29	0♊49	8♌37	21♑57	2♍7	22♓14	24♒15	0♑28	22♊	2♉	25♐	16♈	21 R
27	5♊43	18♒3	22♒34	21♒34	21♊32	2♊3	9♌10	21♑54	2♍9	22♓15	24♒15	0♑27	23♊	2♉	25♐	16♈	21♒
28	6♊41	0♓43	22♒31	21 D 35	21 R 30	3♊17	9♌44	21♑51	2♍12	22♓17	24 R 15	0♑26	23♊	2♉	25♐	17♈	21♒
29	7♊38	13♓45	22♒28	21 R 35	21♊23	4♊30	10♌17	21♑48	2♍14	22♓18	24♒15	0♑24	24♊	3♉	25♐	17♈	21♒
30	8♊36	27♓12	22♒25	21♒33	21♊12	5♊44	10♌51	21♑44	2♍17	22♓19	24♒15	0♑23	24♊	3♉	25♐	17♈	21♒
31	9♊33	11♈7	22♒21	21♒30	20♊57	6♊58	11♌25	21♑40	2♍20	22♓21	24♒15	0♑21	24♊	4♉	24♐	18♈	21♒

SUN INGRESS	☉ → ♊ 21日 01:01
MOON PHASE	● 5日 21:18 ♉　◐ 12日 12:47 ♌　○ 20日 11:11 ♏　◑ 28日 11:57 ♓

aspects

1日	16:48	♀△♇
2日	07:20	♀△♄
4日	04:50	☿□♄
12日	13:32	☉⚹♅
13日	02:29	☉△♃
15日	00:50	☉□♆
18日	20:23	♀⚹♅
19日	00:17	♀△♃
20日	15:28	♀□♆
22日	03:04	♃⚹♅
23日	03:25	☉□♄
27日	02:10	♀□♄

2008年6月

DAY	☉	☽	☊ mean	☊ true	☿	♀	♂	♃	♄	♅	♆	♇	⚳	⚴	⚵	⚶	⚷
	° ′	° ′	° ′	° ′	° ′	° ′	° ′	° ′	° ′	° ′	° ′	° ′	°	°	°	°	°
1	10♊31	25♈31	22♒18	21 R 24	20 R 38	8 D 12	11 D 59	21 R 36	2 D 23	22 D 22	24 R 14	0 R 20	25 D	4 D	24 R	18 D	21 R
2	11♊28	10♉20	22♒15	21♒16	20♊16	9♊25	12♌32	21♑32	2♍26	22♓23	24♒14	0♑18	25♊	4♉	24♐	19♈	21♒
3	12♊26	25♉29	22♒12	21♒7	19♊51	10♊39	13♌6	21♑28	2♍29	22♓25	24♒14	0♑17	26♊	5♉	24♐	19♈	21♒
4	13♊23	10♊46	22♒9	20♒57	19♊23	11♊53	13♌40	21♑23	2♍32	22♓26	24♒14	0♑15	26♊	5♉	24♐	19♈	21♒
5	14♊21	26♊2	22♒6	20♒48	18♊53	13♊6	14♌14	21♑19	2♍35	22♓27	24♒13	0♑14	26♊	6♉	23♐	20♈	21♒
6	15♊18	11♋5	22♒2	20♒41	18♊21	14♊20	14♌49	21♑14	2♍38	22♓28	24♒13	0♑13	27♊	6♉	23♐	20♈	21♒
7	16♊16	25♋47	21♒59	20♒37	17♊48	15♊34	15♌23	21♑9	2♍42	22♓29	24♒13	0♑11	27♊	6♉	23♐	21♈	21♒
8	17♊13	10♌2	21♒56	20♒34	17♊15	16♊48	15♌57	21♑4	2♍45	22♓30	24♒12	0♑10	28♊	7♉	23♐	21♈	21♒
9	18♊10	23♌49	21♒53	20 D 34	16♊41	18♊1	16♌31	20♑59	2♍49	22♓31	24♒12	0♑8	28♊	7♉	22♐	21♈	21♒
10	19♊8	7♍9	21♒50	20♒34	16♊8	19♊15	17♌6	20♑53	2♍52	22♓32	24♒12	0♑7	29♊	8♉	22♐	22♈	21♒
11	20♊5	20♍3	21♒47	20 R 35	15♊37	20♊29	17♌40	20♑48	2♍56	22♓32	24♒11	0♑5	29♊	8♉	22♐	22♈	21♒
12	21♊3	2♎38	21♒43	20♒34	15♊7	21♊43	18♌15	20♑42	3♍0	22♓33	24♒11	0♑3	29♊	8♉	22♐	23♈	20♒
13	22♊0	14♎56	21♒40	20♒32	14♊39	22♊56	18♌49	20♑37	3♍4	22♓34	24♒10	0♑2	0♋	9♉	22♐	23♈	20♒
14	22♊57	27♎3	21♒37	20♒27	14♊14	24♊10	19♌24	20♑31	3♍8	22♓35	24♒10	0♑0	0♋	9♉	21♐	23♈	20♒
15	23♊54	9♏2	21♒34	20♒20	13♊51	25♊24	19♌59	20♑25	3♍12	22♓35	24♒9	29♐59	1♋	10♉	21♐	24♈	20♒
16	24♊52	20♏56	21♒31	20♒11	13♊33	26♊37	20♌34	20♑18	3♍16	22♓36	24♒8	29♐57	1♋	10♉	21♐	24♈	20♒
17	25♊49	2♐48	21♒27	20♒1	13♊18	27♊51	21♌8	20♑12	3♍21	22♓36	24♒8	29♐56	2♋	10♉	21♐	25♈	20♒
18	26♊46	14♐40	21♒24	19♒51	13♊7	29♊5	21♌43	20♑6	3♍25	22♓37	24♒7	29♐54	2♋	11♉	20♐	25♈	20♒
19	27♊44	26♐35	21♒21	19♒41	13♊0	0♋19	22♌18	19♑59	3♍29	22♓37	24♒6	29♐53	2♋	11♉	20♐	25♈	20♒
20	28♊41	8♑33	21♒18	19♒33	12 D 58	1♋32	22♌53	19♑53	3♍34	22♓38	24♒6	29♐51	3♋	12♉	20♐	26♈	20♒
21	29♊38	20♑36	21♒15	19♒28	13♊1	2♋46	23♌28	19♑46	3♍38	22♓38	24♒5	29♐50	3♋	12♉	20♐	26♈	20♒
22	0♋35	2♒46	21♒12	19♒24	13♊8	4♋0	24♌3	19♑39	3♍43	22♓38	24♒4	29♐48	4♋	12♉	20♐	26♈	20♒
23	1♋33	15♒5	21♒8	19♒23	13♊19	5♋13	24♌39	19♑32	3♍48	22♓38	24♒3	29♐46	4♋	13♉	19♐	27♈	20♒
24	2♋30	27♒36	21♒5	19 D 23	13♊36	6♋27	25♌14	19♑25	3♍53	22♓39	24♒3	29♐45	5♋	13♉	19♐	27♈	20♒
25	3♋27	10♓22	21♒2	19♒24	13♊57	7♋41	25♌49	19♑18	3♍57	22♓39	24♒2	29♐43	5♋	14♉	19♐	28♈	20♒
26	4♋24	23♓26	20♒59	19♒25	14♊23	8♋55	26♌24	19♑11	4♍2	22♓39	24♒1	29♐42	6♋	14♉	19♐	28♈	20♒
27	5♋21	6♈51	20♒56	19 R 26	14♊53	10♋8	27♌0	19♑4	4♍7	22♓39	24♒0	29♐40	6♋	14♉	18♐	28♈	20♒
28	6♋19	20♈40	20♒53	19♒25	15♊28	11♋22	27♌35	18♑57	4♍13	22 R 39	23♒59	29♐39	6♋	15♉	18♐	29♈	20♒
29	7♋16	4♉52	20♒49	19♒22	16♊8	12♋36	28♌11	18♑49	4♍18	22♓39	23♒58	29♐37	7♋	15♉	18♐	29♈	20♒
30	8♋13	19♉27	20♒46	19♒18	16♊52	13♋49	28♌46	18♑42	4♍23	22♓39	23♒57	29♐36	7♋	16♉	18♐	29♈	20♒

SUN INGRESS	☉ → ♋ 21日 08:59
MOON PHASE	● 4日 04:23 ♊　◐ 11日 00:04 ♍　○ 19日 02:30 ♐　◑ 26日 21:10 ♈

aspects

4日	17:34	☉⚹♂
6日	17:16	♀⚹♂
8日	00:27	☉☌☿
8日	06:03	☿☌♀
9日	03:28	☿⚹♂
9日	13:18	☉☌♀
12日	16:38	♀□♅
13日	14:24	☉□♅
13日	23:53	♀△♆
15日	06:02	☉△♆
18日	15:46	♀☍♇
21日	04:42	☉☍♇
21日	18:14	♀⚹♄
22日	00:32	♂☍♆
25日	14:00	☉⚹♄

2008年7月

DAY	☉	☽	☊ mean	☊ true	☿	♀	♂	♃	♄	♅	♆	♇	⚳	⚴	⚵	⚶	⚷
	° ′	° ′	° ′	° ′	° ′	° ′	° ′	° ′	° ′	° ′	° ′	° ′	°	°	°	°	°
1	9 ♋ 10	4 ♊ 19	20 ♒ 43	19 R 12	17 D 41	15 D 3	29 D 22	18 R 34	4 D 28	22 R 39	23 R 56	29 R 34	8 D	16 D	18 R	0 D	20 R
2	10 ♋ 8	19 ♊ 23	20 ♒ 40	19 ♒ 7	18 ♊ 34	16 ♋ 17	29 ♌ 57	18 ♑ 27	4 ♍ 34	22 ♓ 38	23 ♒ 55	29 ♐ 33	8 ♋	16 ♉	17 ♐	0 ♉	20 ♒
3	11 ♋ 5	4 ♋ 28	20 ♒ 37	19 ♒ 1	19 ♊ 31	17 ♋ 31	0 ♍ 33	18 ♑ 19	4 ♍ 39	22 ♓ 38	23 ♒ 54	29 ♐ 31	9 ♋	17 ♉	17 ♐	0 ♉	20 ♒
4	12 ♋ 2	19 ♋ 24	20 ♒ 34	18 ♒ 57	20 ♊ 33	18 ♋ 44	1 ♍ 9	18 ♑ 12	4 ♍ 45	22 ♓ 38	23 ♒ 53	29 ♐ 30	9 ♋	17 ♉	17 ♐	1 ♉	20 ♒
5	12 ♋ 59	4 ♌ 5	20 ♒ 30	18 ♒ 55	21 ♊ 39	19 ♋ 58	1 ♍ 45	18 ♑ 4	4 ♍ 50	22 ♓ 37	23 ♒ 52	29 ♐ 28	9 ♋	18 ♉	17 ♐	1 ♉	20 ♒
6	13 ♋ 56	18 ♌ 23	20 ♒ 27	18 ♒ 54	22 ♊ 49	21 ♋ 12	2 ♍ 21	17 ♑ 56	4 ♍ 56	22 ♓ 37	23 ♒ 50	29 ♐ 27	10 ♋	18 ♉	17 ♐	1 ♉	20 ♒
7	14 ♋ 54	2 ♍ 14	20 ♒ 24	18 D 55	24 ♊ 3	22 ♋ 26	2 ♍ 57	17 ♑ 49	5 ♍ 2	22 ♓ 37	23 ♒ 49	29 ♐ 25	10 ♋	18 ♉	17 ♐	2 ♉	20 ♒
8	15 ♋ 51	15 ♍ 39	20 ♒ 21	18 ♒ 56	25 ♊ 21	23 ♋ 40	3 ♍ 33	17 ♑ 41	5 ♍ 7	22 ♓ 36	23 ♒ 48	29 ♐ 24	11 ♋	19 ♉	16 ♐	2 ♉	20 ♒
9	16 ♋ 48	28 ♍ 39	20 ♒ 18	18 ♒ 58	26 ♊ 43	24 ♋ 53	4 ♍ 9	17 ♑ 33	5 ♍ 13	22 ♓ 36	23 ♒ 47	29 ♐ 22	11 ♋	19 ♉	16 ♐	2 ♉	20 ♒
10	17 ♋ 45	11 ♎ 17	20 ♒ 14	18 ♒ 59	28 ♊ 9	26 ♋ 7	4 ♍ 45	17 ♑ 25	5 ♍ 19	22 ♓ 35	23 ♒ 46	29 ♐ 21	12 ♋	20 ♉	16 ♐	3 ♉	20 ♒
11	18 ♋ 43	23 ♎ 37	20 ♒ 11	18 R 59	29 ♊ 39	27 ♋ 21	5 ♍ 21	17 ♑ 18	5 ♍ 25	22 ♓ 34	23 ♒ 44	29 ♐ 19	12 ♋	20 ♉	16 ♐	3 ♉	20 ♒
12	19 ♋ 40	5 ♏ 44	20 ♒ 8	18 ♒ 57	1 ♋ 13	28 ♋ 35	5 ♍ 57	17 ♑ 10	5 ♍ 31	22 ♓ 34	23 ♒ 43	29 ♐ 18	12 ♋	20 ♉	16 ♐	3 ♉	20 ♒
13	20 ♋ 37	17 ♏ 42	20 ♒ 5	18 ♒ 55	2 ♋ 50	29 ♋ 48	6 ♍ 33	17 ♑ 2	5 ♍ 37	22 ♓ 33	23 ♒ 42	29 ♐ 16	13 ♋	21 ♉	16 ♐	4 ♉	20 ♒
14	21 ♋ 34	29 ♏ 35	20 ♒ 2	18 ♒ 52	4 ♋ 31	1 ♌ 2	7 ♍ 10	16 ♑ 55	5 ♍ 43	22 ♓ 32	23 ♒ 41	29 ♐ 15	13 ♋	21 ♉	15 ♐	4 ♉	19 ♒
15	22 ♋ 31	11 ♐ 27	19 ♒ 59	18 ♒ 47	6 ♋ 16	2 ♌ 16	7 ♍ 46	16 ♑ 47	5 ♍ 49	22 ♓ 31	23 ♒ 39	29 ♐ 14	14 ♋	22 ♉	15 ♐	4 ♉	19 ♒
16	23 ♋ 29	23 ♐ 21	19 ♒ 55	18 ♒ 43	8 ♋ 3	3 ♌ 30	8 ♍ 22	16 ♑ 39	5 ♍ 55	22 ♓ 31	23 ♒ 38	29 ♐ 12	14 ♋	22 ♉	15 ♐	5 ♉	19 ♒
17	24 ♋ 26	5 ♑ 20	19 ♒ 52	18 ♒ 39	9 ♋ 54	4 ♌ 43	8 ♍ 59	16 ♑ 32	6 ♍ 2	22 ♓ 30	23 ♒ 37	29 ♐ 11	15 ♋	22 ♉	15 ♐	5 ♉	19 ♒
18	25 ♋ 23	17 ♑ 25	19 ♒ 49	18 ♒ 36	11 ♋ 48	5 ♌ 57	9 ♍ 35	16 ♑ 24	6 ♍ 8	22 ♓ 29	23 ♒ 35	29 ♐ 9	15 ♋	23 ♉	15 ♐	5 ♉	19 ♒
19	26 ♋ 20	29 ♑ 39	19 ♒ 46	18 ♒ 34	13 ♋ 44	7 ♌ 11	10 ♍ 12	16 ♑ 17	6 ♍ 14	22 ♓ 28	23 ♒ 34	29 ♐ 8	16 ♋	23 ♉	15 ♐	5 ♉	19 ♒
20	27 ♋ 17	12 ♒ 3	19 ♒ 43	18 ♒ 33	15 ♋ 43	8 ♌ 25	10 ♍ 48	16 ♑ 9	6 ♍ 21	22 ♓ 27	23 ♒ 32	29 ♐ 7	16 ♋	23 ♉	15 ♐	6 ♉	19 ♒
21	28 ♋ 15	24 ♒ 37	19 ♒ 40	18 D 33	17 ♋ 44	9 ♌ 38	11 ♍ 25	16 ♑ 2	6 ♍ 27	22 ♓ 26	23 ♒ 31	29 ♐ 5	16 ♋	24 ♉	15 ♐	6 ♉	19 ♒
22	29 ♋ 12	7 ♓ 24	19 ♒ 36	18 ♒ 33	19 ♋ 47	10 ♌ 52	12 ♍ 2	15 ♑ 54	6 ♍ 34	22 ♓ 25	23 ♒ 30	29 ♐ 4	17 ♋	24 ♉	14 ♐	6 ♉	19 ♒
23	0 ♌ 9	20 ♓ 25	19 ♒ 33	18 ♒ 35	21 ♋ 51	12 ♌ 6	12 ♍ 38	15 ♑ 47	6 ♍ 40	22 ♓ 23	23 ♒ 28	29 ♐ 3	17 ♋	25 ♉	14 ♐	7 ♉	19 ♒
24	1 ♌ 7	3 ♈ 41	19 ♒ 30	18 ♒ 36	23 ♋ 56	13 ♌ 20	13 ♍ 15	15 ♑ 40	6 ♍ 47	22 ♓ 22	23 ♒ 27	29 ♐ 2	18 ♋	25 ♉	14 ♐	7 ♉	19 ♒
25	2 ♌ 4	17 ♈ 13	19 ♒ 27	18 ♒ 37	26 ♋ 3	14 ♌ 33	13 ♍ 52	15 ♑ 33	6 ♍ 54	22 ♓ 21	23 ♒ 25	29 ♐ 0	18 ♋	25 ♉	14 ♐	7 ♉	19 ♒
26	3 ♌ 1	1 ♉ 1	19 ♒ 24	18 ♒ 37	28 ♋ 9	15 ♌ 47	14 ♍ 29	15 ♑ 26	7 ♍ 0	22 ♓ 20	23 ♒ 24	28 ♐ 59	19 ♋	26 ♉	14 ♐	7 ♉	19 ♒
27	3 ♌ 58	15 ♉ 6	19 ♒ 20	18 R 37	0 ♌ 16	17 ♌ 1	15 ♍ 6	15 ♑ 19	7 ♍ 7	22 ♓ 18	23 ♒ 22	28 ♐ 58	19 ♋	26 ♉	14 ♐	8 ♉	19 ♒
28	4 ♌ 56	29 ♉ 26	19 ♒ 17	18 ♒ 36	2 ♌ 23	18 ♌ 15	15 ♍ 43	15 ♑ 12	7 ♍ 14	22 ♓ 17	23 ♒ 21	28 ♐ 57	19 ♋	27 ♉	14 ♐	8 ♉	19 ♒
29	5 ♌ 53	13 ♊ 59	19 ♒ 14	18 ♒ 35	4 ♌ 30	19 ♌ 28	16 ♍ 20	15 ♑ 5	7 ♍ 21	22 ♓ 16	23 ♒ 19	28 ♐ 56	20 ♋	27 ♉	14 ♐	8 ♉	19 ♒
30	6 ♌ 51	28 ♊ 39	19 ♒ 11	18 ♒ 34	6 ♌ 36	20 ♌ 42	16 ♍ 57	14 ♑ 58	7 ♍ 27	22 ♓ 14	23 ♒ 18	28 ♐ 54	20 ♋	27 ♉	14 ♐	8 ♉	19 ♒
31	7 ♌ 48	13 ♋ 21	19 ♒ 8	18 ♒ 32	8 ♌ 41	21 ♌ 56	17 ♍ 34	14 ♑ 52	7 ♍ 34	22 ♓ 13	23 ♒ 16	28 ♐ 53	21 ♋	28 ♉	14 ♐	9 ♉	19 ♒
SUN INGRESS	☉ → ♌ 22日 19:55																
MOON PHASE	● 3日 11:19 ♋	◐ 10日 13:35 ♎	○ 18日 16:59 ♑	◑ 26日 03:42 ♉													

aspects		
1日	07:56	♂△♇
3日	14:18	♀☍♃
5日	20:07	☿□♅
6日	19:46	☿△♆
7日	03:32	♀△♅
9日	16:39	☉☍♃
10日	18:50	☿☍♇
11日	03:11	♂☌♄
14日	17:36	☿⚹♄
15日	00:03	☉△♅
16日	06:11	☿⚹♂
20日	04:54	☿☍♃
23日	06:10	☿△♅
27日	07:04	♂△♃
30日	05:04	☉☌☿

2008年8月

DAY	☉	☽	☊ mean	☊ true	☿	♀	♂	♃	♄	♅	♆	♇	⚳	⚴	⚵	⚶	⚷
	° ′	° ′	° ′	° ′	° ′	° ′	° ′	° ′	° ′	° ′	° ′	° ′	°	°	°	°	°
1	8 ♌ 45	27 ♋ 58	19 ♒ 5	18 R 31	10 D 46	23 D 10	18 D 11	14 R 45	7 D 41	22 R 11	23 R 14	28 R 52	21 D	28 D	14 R	9 D	19 R
2	9 ♌ 43	12 ♌ 23	19 ♒ 1	18 ♒ 31	12 ♌ 49	24 ♌ 23	18 ♍ 49	14 ♑ 39	7 ♍ 48	22 ♓ 10	23 ♒ 13	28 ♐ 51	22 ♋	28 ♉	14 ♐	9 ♉	19 ♒
3	10 ♌ 40	26 ♌ 31	18 ♒ 58	18 D 31	14 ♌ 52	25 ♌ 37	19 ♍ 26	14 ♑ 33	7 ♍ 55	22 ♓ 8	23 ♒ 11	28 ♐ 50	22 ♋	29 ♉	14 ♐	9 ♉	18 ♒
4	11 ♌ 38	10 ♍ 19	18 ♒ 55	18 ♒ 31	16 ♌ 52	26 ♌ 51	20 ♍ 3	14 ♑ 27	8 ♍ 2	22 ♓ 7	23 ♒ 10	28 ♐ 49	22 ♋	29 ♉	14 ♐	10 ♉	18 ♒
5	12 ♌ 35	23 ♍ 43	18 ♒ 52	18 ♒ 32	18 ♌ 52	28 ♌ 5	20 ♍ 41	14 ♑ 21	8 ♍ 9	22 ♓ 5	23 ♒ 8	28 ♐ 48	23 ♋	0 ♊	14 ♐	10 ♉	18 ♒
6	13 ♌ 33	6 ♎ 45	18 ♒ 49	18 ♒ 32	20 ♌ 50	29 ♌ 19	21 ♍ 18	14 ♑ 15	8 ♍ 16	22 ♓ 3	23 ♒ 6	28 ♐ 47	23 ♋	0 ♊	14 ♐	10 ♉	18 ♒
7	14 ♌ 30	19 ♎ 26	18 ♒ 45	18 ♒ 33	22 ♌ 47	0 ♍ 32	21 ♍ 56	14 ♑ 9	8 ♍ 23	22 ♓ 1	23 ♒ 5	28 ♐ 46	24 ♋	0 ♊	14 ♐	10 ♉	18 ♒
8	15 ♌ 28	1 ♏ 49	18 ♒ 42	18 ♒ 33	24 ♌ 42	1 ♍ 46	22 ♍ 33	14 ♑ 3	8 ♍ 31	22 ♓ 0	23 ♒ 3	28 ♐ 45	24 ♋	1 ♊	13 ♐	11 ♉	18 ♒
9	16 ♌ 25	13 ♏ 57	18 ♒ 39	18 ♒ 33	26 ♌ 36	3 ♍ 0	23 ♍ 11	13 ♑ 58	8 ♍ 38	21 ♓ 58	23 ♒ 2	28 ♐ 44	25 ♋	1 ♊	13 D	11 ♉	18 ♒
10	17 ♌ 23	25 ♏ 56	18 ♒ 36	18 R 33	28 ♌ 28	4 ♍ 14	23 ♍ 48	13 ♑ 52	8 ♍ 45	21 ♓ 56	23 ♒ 0	28 ♐ 43	25 ♋	1 ♊	13 ♐	11 ♉	18 ♒
11	18 ♌ 20	7 ♐ 50	18 ♒ 33	18 ♒ 33	0 ♍ 19	5 ♍ 27	24 ♍ 26	13 ♑ 47	8 ♍ 52	21 ♓ 54	22 ♒ 58	28 ♐ 42	26 ♋	2 ♊	14 ♐	11 ♉	18 ♒
12	19 ♌ 18	19 ♐ 42	18 ♒ 30	18 D 33	2 ♍ 8	6 ♍ 41	25 ♍ 4	13 ♑ 42	8 ♍ 59	21 ♓ 52	22 ♒ 57	28 ♐ 42	26 ♋	2 ♊	14 ♐	11 ♉	18 ♒
13	20 ♌ 15	1 ♑ 38	18 ♒ 26	18 ♒ 33	3 ♍ 55	7 ♍ 55	25 ♍ 42	13 ♑ 37	9 ♍ 7	21 ♓ 50	22 ♒ 55	28 ♐ 41	26 ♋	3 ♊	14 ♐	12 ♉	18 ♒
14	21 ♌ 13	13 ♑ 41	18 ♒ 23	18 ♒ 34	5 ♍ 41	9 ♍ 8	26 ♍ 19	13 ♑ 33	9 ♍ 14	21 ♓ 48	22 ♒ 53	28 ♐ 40	27 ♋	3 ♊	14 ♐	12 ♉	18 ♒
15	22 ♌ 11	25 ♑ 55	18 ♒ 20	18 ♒ 34	7 ♍ 26	10 ♍ 22	26 ♍ 57	13 ♑ 28	9 ♍ 21	21 ♓ 47	22 ♒ 52	28 ♐ 39	27 ♋	3 ♊	14 ♐	12 ♉	18 ♒
16	23 ♌ 8	8 ♒ 20	18 ♒ 17	18 ♒ 34	9 ♍ 9	11 ♍ 36	27 ♍ 35	13 ♑ 24	9 ♍ 29	21 ♓ 45	22 ♒ 50	28 ♐ 38	28 ♋	4 ♊	14 ♐	12 ♉	18 ♒
17	24 ♌ 6	21 ♒ 0	18 ♒ 14	18 R 34	10 ♍ 51	12 ♍ 49	28 ♍ 13	13 ♑ 20	9 ♍ 36	21 ♓ 43	22 ♒ 49	28 ♐ 38	28 ♋	4 ♊	14 ♐	12 ♉	18 ♒
18	25 ♌ 3	3 ♓ 54	18 ♒ 11	18 ♒ 34	12 ♍ 31	14 ♍ 3	28 ♍ 51	13 ♑ 15	9 ♍ 44	21 ♓ 40	22 ♒ 47	28 ♐ 37	29 ♋	4 ♊	14 ♐	12 ♉	18 ♒
19	26 ♌ 1	17 ♓ 4	18 ♒ 7	18 ♒ 34	14 ♍ 10	15 ♍ 17	29 ♍ 29	13 ♑ 12	9 ♍ 51	21 ♓ 38	22 ♒ 45	28 ♐ 36	29 ♋	5 ♊	14 ♐	13 ♉	18 ♒
20	26 ♌ 59	0 ♈ 28	18 ♒ 4	18 ♒ 33	15 ♍ 47	16 ♍ 31	0 ♎ 7	13 ♑ 8	9 ♍ 58	21 ♓ 36	22 ♒ 44	28 ♐ 36	29 ♋	5 ♊	14 ♐	13 ♉	18 ♒
21	27 ♌ 57	14 ♈ 5	18 ♒ 1	18 ♒ 32	17 ♍ 23	17 ♍ 44	0 ♎ 46	13 ♑ 4	10 ♍ 6	21 ♓ 34	22 ♒ 42	28 ♐ 35	0 ♌	5 ♊	14 ♐	13 ♉	18 ♒
22	28 ♌ 54	27 ♈ 53	17 ♒ 58	18 ♒ 30	18 ♍ 57	18 ♍ 58	1 ♎ 24	13 ♑ 1	10 ♍ 13	21 ♓ 32	22 ♒ 40	28 ♐ 35	0 ♌	6 ♊	14 ♐	13 ♉	17 ♒
23	29 ♌ 52	11 ♉ 52	17 ♒ 55	18 ♒ 29	20 ♍ 30	20 ♍ 11	2 ♎ 2	12 ♑ 58	10 ♍ 21	21 ♓ 30	22 ♒ 39	28 ♐ 34	1 ♌	6 ♊	14 ♐	13 ♉	17 ♒
24	0 ♍ 50	25 ♉ 58	17 ♒ 51	18 ♒ 29	22 ♍ 2	21 ♍ 25	2 ♎ 40	12 ♑ 55	10 ♍ 28	21 ♓ 28	22 ♒ 37	28 ♐ 34	1 ♌	6 ♊	14 ♐	13 ♉	17 ♒
25	1 ♍ 48	10 ♊ 11	17 ♒ 48	18 D 29	23 ♍ 32	22 ♍ 39	3 ♎ 19	12 ♑ 52	10 ♍ 36	21 ♓ 25	22 ♒ 36	28 ♐ 33	2 ♌	7 ♊	14 ♐	13 ♉	17 ♒
26	2 ♍ 46	24 ♊ 27	17 ♒ 45	18 ♒ 30	25 ♍ 1	23 ♍ 52	3 ♎ 57	12 ♑ 49	10 ♍ 43	21 ♓ 23	22 ♒ 34	28 ♐ 33	2 ♌	7 ♊	14 ♐	14 ♉	17 ♒
27	3 ♍ 44	8 ♋ 44	17 ♒ 42	18 ♒ 31	26 ♍ 28	25 ♍ 6	4 ♎ 36	12 ♑ 47	10 ♍ 51	21 ♓ 21	22 ♒ 32	28 ♐ 32	2 ♌	7 ♊	14 ♐	14 ♉	17 ♒
28	4 ♍ 42	22 ♋ 59	17 ♒ 39	18 ♒ 32	27 ♍ 54	26 ♍ 20	5 ♎ 14	12 ♑ 44	10 ♍ 58	21 ♓ 19	22 ♒ 31	28 ♐ 32	3 ♌	8 ♊	14 ♐	14 ♉	17 ♒
29	5 ♍ 40	7 ♌ 9	17 ♒ 36	18 ♒ 33	29 ♍ 18	27 ♍ 33	5 ♎ 53	12 ♑ 42	11 ♍ 6	21 ♓ 16	22 ♒ 29	28 ♐ 31	3 ♌	8 ♊	15 ♐	14 ♉	17 ♒
30	6 ♍ 38	21 ♌ 10	17 ♒ 32	18 R 33	0 ♎ 41	28 ♍ 47	6 ♎ 31	12 ♑ 40	11 ♍ 13	21 ♓ 14	22 ♒ 28	28 ♐ 31	4 ♌	9 ♊	15 ♐	14 ♉	17 ♒
31	7 ♍ 36	4 ♍ 58	17 ♒ 29	18 ♒ 32	2 ♎ 3	0 ♎ 0	7 ♎ 10	12 ♑ 39	11 ♍ 21	21 ♓ 12	22 ♒ 26	28 ♐ 31	4 ♌	9 ♊	15 ♐	14 ♉	17 ♒
SUN INGRESS	☉ → ♍ 23日 03:02																
MOON PHASE	● 1日 19:13 ♌	◐ 9日 05:20 ♏	○ 17日 06:16 ♒	◑ 24日 08:50 ♊	● 31日 04:58 ♍												

aspects		
1日	01:29	♀☍♆
5日	13:53	♀△♇
7日	03:37	♂☍♅
7日	03:40	☿☍♆
10日	03:17	☿△♇
14日	02:03	♀☌♄
15日	16:43	☉☍♆
16日	04:59	☿☌♄
17日	09:16	♀△♃
17日	15:15	♂□♇
18日	10:23	☿△♃
21日	15:51	☉△♇
22日	00:44	☿☌♀
23日	15:13	☿☍♅
24日	00:49	♀☍♅
28日	10:37	☿□♇
29日	18:51	♀□♇

2008年9月

DAY	☉	☽	☊ mean	☊ true	☿	♀	♂	♃	♄	♅	♆	♇	⚳	⚴	⚵	⚶	⚷
	° ′	° ′	° ′	° ′	° ′	° ′	° ′	° ′	° ′	° ′	° ′	° ′	°	°	°	°	°
1	8 ♍ 34	18 ♍ 31	17 ♒ 26	18 R 31	3 D 23	1 D 14	7 D 49	12 R 37	11 D 28	21 R 10	22 R 24	28 R 30	5 D	9 D	15 D	14 D	17 R
2	9 ♍ 32	1 ♎ 46	17 ♒ 23	18 ♒ 28	4 ♎ 41	2 ♎ 28	8 ♎ 28	12 ♑ 36	11 ♍ 36	21 ♓ 7	22 ♒ 23	28 ♐ 30	5 ♌	9 ♊	15 ♐	14 ♉	17 ♒
3	10 ♍ 30	14 ♎ 44	17 ♒ 20	18 ♒ 25	5 ♎ 57	3 ♎ 41	9 ♎ 7	12 ♑ 34	11 ♍ 44	21 ♓ 5	22 ♒ 21	28 ♐ 30	5 ♌	10 ♊	15 ♐	14 ♉	17 ♒
4	11 ♍ 28	27 ♎ 23	17 ♒ 17	18 ♒ 21	7 ♎ 12	4 ♎ 55	9 ♎ 45	12 ♑ 34	11 ♍ 51	21 ♓ 3	22 ♒ 20	28 ♐ 30	6 ♌	10 ♊	15 ♐	14 ♉	17 ♒
5	12 ♍ 26	9 ♏ 45	17 ♒ 13	18 ♒ 18	8 ♎ 25	6 ♎ 8	10 ♎ 24	12 ♑ 33	11 ♍ 59	21 ♓ 0	22 ♒ 18	28 ♐ 30	6 ♌	10 ♊	15 ♐	14 ♉	17 ♒
6	13 ♍ 24	21 ♏ 54	17 ♒ 10	18 ♒ 15	9 ♎ 36	7 ♎ 22	11 ♎ 3	12 ♑ 32	12 ♍ 6	20 ♓ 58	22 ♒ 17	28 ♐ 29	7 ♌	11 ♊	16 ♐	14 ♉	17 ♒
7	14 ♍ 23	3 ♐ 53	17 ♒ 7	18 ♒ 14	10 ♎ 46	8 ♎ 35	11 ♎ 42	12 ♑ 32	12 ♍ 14	20 ♓ 55	22 ♒ 15	28 ♐ 29	7 ♌	11 ♊	16 ♐	14 ♉	17 ♒
8	15 ♍ 21	15 ♐ 46	17 ♒ 4	18 D 13	11 ♎ 53	9 ♎ 49	12 ♎ 22	12 ♑ 32	12 ♍ 21	20 ♓ 53	22 ♒ 14	28 ♐ 29	7 ♌	11 ♊	16 ♐	14 ♉	17 ♒
9	16 ♍ 19	27 ♐ 38	17 ♒ 1	18 ♒ 14	12 ♎ 58	11 ♎ 2	13 ♎ 1	12 D 32	12 ♍ 29	20 ♓ 51	22 ♒ 12	28 ♐ 29	8 ♌	12 ♊	16 ♐	14 ♉	17 ♒
10	17 ♍ 17	9 ♑ 35	16 ♒ 57	18 ♒ 15	14 ♎ 1	12 ♎ 16	13 ♎ 40	12 ♑ 32	12 ♍ 37	20 ♓ 48	22 ♒ 11	28 D 29	8 ♌	12 ♊	16 ♐	14 ♉	17 ♒
11	18 ♍ 16	21 ♑ 39	16 ♒ 54	18 ♒ 17	15 ♎ 1	13 ♎ 29	14 ♎ 19	12 ♑ 32	12 ♍ 44	20 ♓ 46	22 ♒ 9	28 ♐ 29	9 ♌	12 ♊	16 ♐	14 ♉	17 ♒
12	19 ♍ 14	3 ♒ 57	16 ♒ 51	18 ♒ 18	15 ♎ 59	14 ♎ 43	14 ♎ 59	12 ♑ 33	12 ♍ 52	20 ♓ 43	22 ♒ 8	28 ♐ 29	9 ♌	13 ♊	17 ♐	14 R	17 ♒
13	20 ♍ 12	16 ♒ 31	16 ♒ 48	18 ♒ 19	16 ♎ 54	15 ♎ 56	15 ♎ 38	12 ♑ 33	12 ♍ 59	20 ♓ 41	22 ♒ 7	28 ♐ 29	10 ♌	13 ♊	17 ♐	14 ♉	16 ♒
14	21 ♍ 11	29 ♒ 24	16 ♒ 45	18 R 19	17 ♎ 46	17 ♎ 10	16 ♎ 17	12 ♑ 34	13 ♍ 7	20 ♓ 39	22 ♒ 5	28 ♐ 30	10 ♌	13 ♊	17 ♐	14 ♉	16 ♒
15	22 ♍ 9	12 ♓ 38	16 ♒ 42	18 ♒ 17	18 ♎ 35	18 ♎ 23	16 ♎ 57	12 ♑ 35	13 ♍ 14	20 ♓ 36	22 ♒ 4	28 ♐ 30	10 ♌	13 ♊	17 ♐	14 ♉	16 ♒
16	23 ♍ 8	26 ♓ 11	16 ♒ 38	18 ♒ 13	19 ♎ 20	19 ♎ 36	17 ♎ 36	12 ♑ 37	13 ♍ 22	20 ♓ 34	22 ♒ 3	28 ♐ 30	11 ♌	14 ♊	17 ♐	14 ♉	16 ♒
17	24 ♍ 6	10 ♈ 2	16 ♒ 35	18 ♒ 8	20 ♎ 2	20 ♎ 50	18 ♎ 16	12 ♑ 38	13 ♍ 29	20 ♓ 31	22 ♒ 1	28 ♐ 30	11 ♌	14 ♊	17 ♐	14 ♉	16 ♒
18	25 ♍ 5	24 ♈ 6	16 ♒ 32	18 ♒ 2	20 ♎ 40	22 ♎ 3	18 ♎ 55	12 ♑ 40	13 ♍ 37	20 ♓ 29	22 ♒ 0	28 ♐ 30	12 ♌	14 ♊	18 ♐	14 ♉	16 ♒
19	26 ♍ 3	8 ♉ 21	16 ♒ 29	17 ♒ 57	21 ♎ 14	23 ♎ 16	19 ♎ 35	12 ♑ 42	13 ♍ 44	20 ♓ 27	21 ♒ 59	28 ♐ 31	12 ♌	15 ♊	18 ♐	14 ♉	16 ♒
20	27 ♍ 2	22 ♉ 40	16 ♒ 26	17 ♒ 52	21 ♎ 43	24 ♎ 30	20 ♎ 15	12 ♑ 44	13 ♍ 51	20 ♓ 24	21 ♒ 57	28 ♐ 31	12 ♌	15 ♊	18 ♐	14 ♉	16 ♒
21	28 ♍ 0	6 ♊ 59	16 ♒ 23	17 ♒ 48	22 ♎ 8	25 ♎ 43	20 ♎ 55	12 ♑ 46	13 ♍ 59	20 ♓ 22	21 ♒ 56	28 ♐ 31	13 ♌	15 ♊	18 ♐	14 ♉	16 ♒
22	28 ♍ 59	21 ♊ 14	16 ♒ 19	17 ♒ 46	22 ♎ 27	26 ♎ 56	21 ♎ 34	12 ♑ 49	14 ♍ 6	20 ♓ 20	21 ♒ 55	28 ♐ 32	13 ♌	15 ♊	18 ♐	14 ♉	16 ♒
23	29 ♍ 58	5 ♋ 24	16 ♒ 16	17 D 46	22 ♎ 41	28 ♎ 10	22 ♎ 14	12 ♑ 51	14 ♍ 14	20 ♓ 17	21 ♒ 54	28 ♐ 32	14 ♌	16 ♊	19 ♐	14 ♉	16 ♒
24	0 ♎ 56	19 ♋ 26	16 ♒ 13	17 ♒ 47	22 ♎ 48	29 ♎ 23	22 ♎ 54	12 ♑ 54	14 ♍ 21	20 ♓ 15	21 ♒ 52	28 ♐ 33	14 ♌	16 ♊	19 ♐	14 ♉	16 ♒
25	1 ♎ 55	3 ♌ 19	16 ♒ 10	17 ♒ 49	22 R 49	0 ♏ 36	23 ♎ 34	12 ♑ 57	14 ♍ 28	20 ♓ 13	21 ♒ 51	28 ♐ 33	14 ♌	16 ♊	19 ♐	14 ♉	16 ♒
26	2 ♎ 54	17 ♌ 3	16 ♒ 7	17 ♒ 49	22 ♎ 44	1 ♏ 49	24 ♎ 14	13 ♑ 0	14 ♍ 36	20 ♓ 10	21 ♒ 50	28 ♐ 34	15 ♌	16 ♊	19 ♐	14 ♉	16 ♒
27	3 ♎ 53	0 ♍ 38	16 ♒ 3	17 R 48	22 ♎ 31	3 ♏ 3	24 ♎ 54	13 ♑ 4	14 ♍ 43	20 ♓ 8	21 ♒ 49	28 ♐ 34	15 ♌	16 ♊	19 ♐	14 ♉	16 ♒
28	4 ♎ 52	14 ♍ 1	16 ♒ 0	17 ♒ 46	22 ♎ 11	4 ♏ 16	25 ♎ 35	13 ♑ 7	14 ♍ 50	20 ♓ 6	21 ♒ 48	28 ♐ 35	16 ♌	17 ♊	20 ♐	13 ♉	16 ♒
29	5 ♎ 51	27 ♍ 13	15 ♒ 57	17 ♒ 40	21 ♎ 44	5 ♏ 29	26 ♎ 15	13 ♑ 11	14 ♍ 58	20 ♓ 3	21 ♒ 47	28 ♐ 35	16 ♌	17 ♊	20 ♐	13 ♉	16 ♒
30	6 ♎ 50	10 ♎ 12	15 ♒ 54	17 ♒ 33	21 ♎ 9	6 ♏ 42	26 ♎ 55	13 ♑ 15	15 ♍ 5	20 ♓ 1	21 ♒ 46	28 ♐ 36	16 ♌	17 ♊	20 ♐	13 ♉	16 ♒

SUN INGRESS	☉ → ♎ 23日 00:44
MOON PHASE	◐ 7日 23:04 ♐　○ 15日 18:13 ♓　◑ 22日 14:04 ♊　● 29日 17:12 ♎

aspects		
4日	10:59	☉☌♄
5日	02:41	☉△♃
8日	06:05	♂□♃
8日	14:09	☿□♃
9日	02:44	☿☌♂
9日	08:18	♃△♄
10日	05:12	♀□♃
12日	11:06	♀☌♂
13日	11:21	☉☍♅
15日	10:37	☿☌♀
17日	22:58	♀△♆
20日	12:21	☿△♆
21日	12:46	☉□♇
22日	11:57	♂△♆
23日	07:24	♀⚹♇
23日	19:51	☿☌♂
28日	21:25	☿△♆

2008年10月

DAY	☉	☽	☊ mean	☊ true	☿	♀	♂	♃	♄	♅	♆	♇	⚳	⚴	⚵	⚶	⚷
	° ′	° ′	° ′	° ′	° ′	° ′	° ′	° ′	° ′	° ′	° ′	° ′	°	°	°	°	°
1	7 ♎ 49	22 ♎ 57	15 ♒ 51	17 R 24	20 R 26	7 D 55	27 D 35	13 D 19	15 D 12	19 R 59	21 R 45	28 D 37	17 D	17 D	20 D	13 R	16 R
2	8 ♎ 48	5 ♏ 28	15 ♒ 48	17 ♒ 15	19 ♎ 37	9 ♏ 9	28 ♎ 16	13 ♑ 23	15 ♍ 19	19 ♓ 57	21 ♒ 44	28 ♐ 37	17 ♌	18 ♊	21 ♐	13 ♉	16 ♒
3	9 ♎ 47	17 ♏ 46	15 ♒ 44	17 ♒ 5	18 ♎ 41	10 ♏ 22	28 ♎ 56	13 ♑ 28	15 ♍ 26	19 ♓ 54	21 ♒ 43	28 ♐ 38	18 ♌	18 ♊	21 ♐	13 ♉	16 ♒
4	10 ♎ 46	29 ♏ 52	15 ♒ 41	16 ♒ 57	17 ♎ 40	11 ♏ 35	29 ♎ 37	13 ♑ 32	15 ♍ 33	19 ♓ 52	21 ♒ 42	28 ♐ 39	18 ♌	18 ♊	21 ♐	13 ♉	16 ♒
5	11 ♎ 45	11 ♐ 49	15 ♒ 38	16 ♒ 51	16 ♎ 34	12 ♏ 48	0 ♏ 17	13 ♑ 37	15 ♍ 40	19 ♓ 50	21 ♒ 41	28 ♐ 39	18 ♌	18 ♊	21 ♐	12 ♉	16 ♒
6	12 ♎ 44	23 ♐ 41	15 ♒ 35	16 ♒ 46	15 ♎ 25	14 ♏ 1	0 ♏ 58	13 ♑ 42	15 ♍ 48	19 ♓ 48	21 ♒ 40	28 ♐ 40	19 ♌	18 ♊	22 ♐	12 ♉	16 ♒
7	13 ♎ 43	5 ♑ 31	15 ♒ 32	16 ♒ 44	14 ♎ 15	15 ♏ 14	1 ♏ 38	13 ♑ 47	15 ♍ 55	19 ♓ 46	21 ♒ 39	28 ♐ 41	19 ♌	18 ♊	22 ♐	12 ♉	16 ♒
8	14 ♎ 42	17 ♑ 25	15 ♒ 28	16 D 44	13 ♎ 5	16 ♏ 27	2 ♏ 19	13 ♑ 53	16 ♍ 2	19 ♓ 44	21 ♒ 38	28 ♐ 42	20 ♌	19 ♊	22 ♐	12 ♉	16 ♒
9	15 ♎ 42	29 ♑ 28	15 ♒ 25	16 ♒ 44	11 ♎ 58	17 ♏ 40	3 ♏ 0	13 ♑ 58	16 ♍ 8	19 ♓ 41	21 ♒ 38	28 ♐ 43	20 ♌	19 ♊	22 ♐	12 ♉	16 ♒
10	16 ♎ 41	11 ♒ 45	15 ♒ 22	16 ♒ 45	10 ♎ 55	18 ♏ 53	3 ♏ 41	14 ♑ 4	16 ♍ 15	19 ♓ 39	21 ♒ 37	28 ♐ 44	20 ♌	19 ♊	23 ♐	11 ♉	16 ♒
11	17 ♎ 40	24 ♒ 21	15 ♒ 19	16 R 45	9 ♎ 59	20 ♏ 6	4 ♏ 21	14 ♑ 10	16 ♍ 22	19 ♓ 37	21 ♒ 36	28 ♐ 45	21 ♌	19 ♊	23 ♐	11 ♉	16 ♒
12	18 ♎ 39	7 ♓ 20	15 ♒ 16	16 ♒ 43	9 ♎ 10	21 ♏ 19	5 ♏ 2	14 ♑ 16	16 ♍ 29	19 ♓ 35	21 ♒ 35	28 ♐ 46	21 ♌	19 ♊	23 ♐	11 ♉	16 ♒
13	19 ♎ 39	20 ♓ 45	15 ♒ 13	16 ♒ 39	8 ♎ 30	22 ♏ 32	5 ♏ 43	14 ♑ 22	16 ♍ 36	19 ♓ 33	21 ♒ 35	28 ♐ 47	22 ♌	19 ♊	23 ♐	11 ♉	16 ♒
14	20 ♎ 38	4 ♈ 35	15 ♒ 9	16 ♒ 32	8 ♎ 1	23 ♏ 45	6 ♏ 24	14 ♑ 28	16 ♍ 42	19 ♓ 31	21 ♒ 34	28 ♐ 48	22 ♌	19 ♊	24 ♐	11 ♉	16 ♒
15	21 ♎ 38	18 ♈ 48	15 ♒ 6	16 ♒ 23	7 ♎ 42	24 ♏ 58	7 ♏ 5	14 ♑ 34	16 ♍ 49	19 ♓ 29	21 ♒ 33	28 ♐ 49	22 ♌	20 ♊	24 ♐	10 ♉	16 ♒
16	22 ♎ 37	3 ♉ 20	15 ♒ 3	16 ♒ 12	7 ♎ 34	26 ♏ 10	7 ♏ 46	14 ♑ 41	16 ♍ 56	19 ♓ 28	21 ♒ 33	28 ♐ 50	23 ♌	20 ♊	24 ♐	10 ♉	16 ♒
17	23 ♎ 37	18 ♉ 3	15 ♒ 0	16 ♒ 2	7 D 37	27 ♏ 23	8 ♏ 28	14 ♑ 48	17 ♍ 2	19 ♓ 26	21 ♒ 32	28 ♐ 51	23 ♌	20 ♊	25 ♐	10 ♉	16 ♒
18	24 ♎ 36	2 ♊ 48	14 ♒ 57	15 ♒ 53	7 ♎ 51	28 ♏ 36	9 ♏ 9	14 ♑ 55	17 ♍ 9	19 ♓ 24	21 ♒ 32	28 ♐ 52	23 ♌	20 ♊	25 ♐	10 ♉	16 ♒
19	25 ♎ 36	17 ♊ 29	14 ♒ 54	15 ♒ 46	8 ♎ 15	29 ♏ 49	9 ♏ 50	15 ♑ 2	17 ♍ 15	19 ♓ 22	21 ♒ 31	28 ♐ 54	24 ♌	20 ♊	25 ♐	9 ♉	16 ♒
20	26 ♎ 35	1 ♋ 59	14 ♒ 50	15 ♒ 41	8 ♎ 49	1 ♐ 2	10 ♏ 31	15 ♑ 9	17 ♍ 22	19 ♓ 20	21 ♒ 31	28 ♐ 55	24 ♌	20 ♊	25 ♐	9 ♉	16 ♒
21	27 ♎ 35	16 ♋ 15	14 ♒ 47	15 ♒ 39	9 ♎ 32	2 ♐ 14	11 ♏ 13	15 ♑ 16	17 ♍ 28	19 ♓ 19	21 ♒ 30	28 ♐ 56	25 ♌	20 ♊	26 ♐	9 ♉	16 ♒
22	28 ♎ 35	0 ♌ 14	14 ♒ 44	15 D 38	10 ♎ 23	3 ♐ 27	11 ♏ 54	15 ♑ 24	17 ♍ 35	19 ♓ 17	21 ♒ 30	28 ♐ 57	25 ♌	20 ♊	26 ♐	9 ♉	16 ♒
23	29 ♎ 34	13 ♌ 57	14 ♒ 41	15 ♒ 39	11 ♎ 21	4 ♐ 40	12 ♏ 36	15 ♑ 31	17 ♍ 41	19 ♓ 15	21 ♒ 30	28 ♐ 59	25 ♌	20 ♊	26 ♐	8 ♉	16 ♒
24	0 ♏ 34	27 ♌ 24	14 ♒ 38	15 R 38	12 ♎ 26	5 ♐ 52	13 ♏ 17	15 ♑ 39	17 ♍ 47	19 ♓ 14	21 ♒ 29	29 ♐ 0	26 ♌	20 ♊	27 ♐	8 ♉	16 ♒
25	1 ♏ 34	10 ♍ 38	14 ♒ 34	15 ♒ 36	13 ♎ 37	7 ♐ 5	13 ♏ 59	15 ♑ 47	17 ♍ 53	19 ♓ 12	21 ♒ 29	29 ♐ 1	26 ♌	20 ♊	27 ♐	8 ♉	16 ♒
26	2 ♏ 34	23 ♍ 40	14 ♒ 31	15 ♒ 31	14 ♎ 52	8 ♐ 18	14 ♏ 41	15 ♑ 55	18 ♍ 0	19 ♓ 10	21 ♒ 29	29 ♐ 3	26 ♌	20 ♊	27 ♐	8 ♉	16 D
27	3 ♏ 33	6 ♎ 30	14 ♒ 28	15 ♒ 23	16 ♎ 12	9 ♐ 30	15 ♏ 22	16 ♑ 3	18 ♍ 6	19 ♓ 9	21 ♒ 28	29 ♐ 4	27 ♌	20 R	28 ♐	7 ♉	16 ♒
28	4 ♏ 33	19 ♎ 10	14 ♒ 25	15 ♒ 12	17 ♎ 35	10 ♐ 43	16 ♏ 4	16 ♑ 12	18 ♍ 12	19 ♓ 7	21 ♒ 28	29 ♐ 6	27 ♌	20 ♊	28 ♐	7 ♉	16 ♒
29	5 ♏ 33	1 ♏ 39	14 ♒ 22	14 ♒ 59	19 ♎ 2	11 ♐ 55	16 ♏ 46	16 ♑ 20	18 ♍ 18	19 ♓ 6	21 ♒ 28	29 ♐ 7	27 ♌	20 ♊	28 ♐	7 ♉	16 ♒
30	6 ♏ 33	13 ♏ 58	14 ♒ 19	14 ♒ 45	20 ♎ 30	13 ♐ 8	17 ♏ 28	16 ♑ 29	18 ♍ 23	19 ♓ 5	21 ♒ 28	29 ♐ 9	28 ♌	20 ♊	28 ♐	7 ♉	16 ♒
31	7 ♏ 33	26 ♏ 8	14 ♒ 15	14 ♒ 31	22 ♎ 1	14 ♐ 20	18 ♏ 10	16 ♑ 38	18 ♍ 29	19 ♓ 3	21 ♒ 28	29 ♐ 10	28 ♌	20 ♊	29 ♐	6 ♉	16 ♒

SUN INGRESS	☉ → ♏ 23日 10:09
MOON PHASE	◐ 7日 18:04 ♑　○ 15日 05:02 ♈　◑ 21日 20:55 ♋　● 29日 08:14 ♏

aspects		
2日	13:01	♂⚹♇
5日	17:22	♀⚹♃
7日	01:52	☉□♃
7日	05:53	☉☌☿
7日	08:46	☿□♃
7日	14:42	♀⚹♄
10日	14:48	♀△♅
12日	05:20	♀□♆
14日	22:19	☉△♆
22日	09:23	☉⚹♇
26日	21:14	☿□♃
28日	05:29	♂⚹♃
30日	15:11	☿△♆
31日	12:51	♂⚹♄

2008年11月

DAY	☉	☽	☊ mean	☊ true	☿	♀	♂	♃	♄	♅	♆	♇	⚳	⚴	⚵	⚶	⚷
	° ′	° ′	° ′	° ′	° ′	° ′	° ′	° ′	° ′	° ′	° ′	° ′	°	°	°	°	°
1	8 ♏ 33	8 ♐ 8	14 ♒ 12	14 R 18	23 D 34	15 D 32	18 D 52	16 D 47	18 D 35	19 R 2	21 R 28	29 D 12	28 D	20 R	29 D	6 R	16 D
2	9 ♏ 33	20 ♐ 2	14 ♒ 9	14 ♒ 7	25 ♎ 8	16 ♐ 45	19 ♏ 34	16 ♑ 56	18 ♍ 41	19 ♓ 1	21 ♒ 28	29 ♐ 13	29 ♌	20 ♊	29 ♐	6 ♉	16 ♒
3	10 ♏ 33	1 ♑ 51	14 ♒ 6	13 ♒ 59	26 ♎ 43	17 ♐ 57	20 ♏ 16	17 ♑ 5	18 ♍ 46	18 ♓ 59	21 D 28	29 ♐ 15	29 ♌	20 ♊	0 ♑	6 ♉	16 ♒
4	11 ♏ 33	13 ♑ 39	14 ♒ 3	13 ♒ 54	28 ♎ 19	19 ♐ 9	20 ♏ 58	17 ♑ 14	18 ♍ 52	18 ♓ 58	21 ♒ 28	29 ♐ 16	29 ♌	20 ♊	0 ♑	5 ♉	16 ♒
5	12 ♏ 34	25 ♑ 30	14 ♒ 0	13 ♒ 52	29 ♎ 55	20 ♐ 22	21 ♏ 40	17 ♑ 23	18 ♍ 57	18 ♓ 57	21 ♒ 28	29 ♐ 18	0 ♍	20 ♊	0 ♑	5 ♉	16 ♒
6	13 ♏ 34	7 ♒ 30	13 ♒ 56	13 ♒ 51	1 ♏ 32	21 ♐ 34	22 ♏ 23	17 ♑ 33	19 ♍ 3	18 ♓ 56	21 ♒ 28	29 ♐ 20	0 ♍	20 ♊	1 ♑	5 ♉	16 ♒
7	14 ♏ 34	19 ♒ 43	13 ♒ 53	13 ♒ 51	3 ♏ 10	22 ♐ 46	23 ♏ 5	17 ♑ 43	19 ♍ 8	18 ♓ 55	21 ♒ 28	29 ♐ 21	0 ♍	19 ♊	1 ♑	5 ♉	16 ♒
8	15 ♏ 34	2 ♓ 15	13 ♒ 50	13 ♒ 50	4 ♏ 47	23 ♐ 58	23 ♏ 47	17 ♑ 52	19 ♍ 14	18 ♓ 54	21 ♒ 28	29 ♐ 23	1 ♍	19 ♊	1 ♑	4 ♉	16 ♒
9	16 ♏ 34	15 ♓ 12	13 ♒ 47	13 ♒ 48	6 ♏ 25	25 ♐ 10	24 ♏ 30	18 ♑ 2	19 ♍ 19	18 ♓ 53	21 ♒ 28	29 ♐ 25	1 ♍	19 ♊	2 ♑	4 ♉	16 ♒
10	17 ♏ 35	28 ♓ 36	13 ♒ 44	13 ♒ 43	8 ♏ 2	26 ♐ 22	25 ♏ 12	18 ♑ 12	19 ♍ 24	18 ♓ 52	21 ♒ 29	29 ♐ 26	1 ♍	19 ♊	2 ♑	4 ♉	16 ♒
11	18 ♏ 35	12 ♈ 30	13 ♒ 40	13 ♒ 36	9 ♏ 40	27 ♐ 34	25 ♏ 55	18 ♑ 22	19 ♍ 29	18 ♓ 51	21 ♒ 29	29 ♐ 28	2 ♍	19 ♊	2 ♑	4 ♉	16 ♒
12	19 ♏ 35	26 ♈ 53	13 ♒ 37	13 ♒ 26	11 ♏ 17	28 ♐ 46	26 ♏ 37	18 ♑ 32	19 ♍ 34	18 ♓ 50	21 ♒ 29	29 ♐ 30	2 ♍	19 ♊	3 ♑	3 ♉	16 ♒
13	20 ♏ 36	11 ♉ 40	13 ♒ 34	13 ♒ 15	12 ♏ 54	29 ♐ 58	27 ♏ 20	18 ♑ 43	19 ♍ 39	18 ♓ 50	21 ♒ 29	29 ♐ 32	2 ♍	19 ♊	3 ♑	3 ♉	16 ♒
14	21 ♏ 36	26 ♉ 43	13 ♒ 31	13 ♒ 3	14 ♏ 32	1 ♑ 10	28 ♏ 3	18 ♑ 53	19 ♍ 44	18 ♓ 49	21 ♒ 30	29 ♐ 34	3 ♍	19 ♊	3 ♑	3 ♉	16 ♒
15	22 ♏ 36	11 ♊ 52	13 ♒ 28	12 ♒ 53	16 ♏ 8	2 ♑ 22	28 ♏ 46	19 ♑ 4	19 ♍ 48	18 ♓ 48	21 ♒ 30	29 ♐ 35	3 ♍	18 ♊	4 ♑	3 ♉	16 ♒
16	23 ♏ 37	26 ♊ 57	13 ♒ 25	12 ♒ 44	17 ♏ 45	3 ♑ 34	29 ♏ 28	19 ♑ 14	19 ♍ 53	18 ♓ 48	21 ♒ 31	29 ♐ 37	3 ♍	18 ♊	4 ♑	2 ♉	16 ♒
17	24 ♏ 37	11 ♋ 49	13 ♒ 21	12 ♒ 38	19 ♏ 22	4 ♑ 45	0 ♐ 11	19 ♑ 25	19 ♍ 58	18 ♓ 47	21 ♒ 31	29 ♐ 39	4 ♍	18 ♊	4 ♑	2 ♉	16 ♒
18	25 ♏ 38	26 ♋ 21	13 ♒ 18	12 ♒ 36	20 ♏ 58	5 ♑ 57	0 ♐ 54	19 ♑ 36	20 ♍ 2	18 ♓ 46	21 ♒ 32	29 ♐ 41	4 ♍	18 ♊	5 ♑	2 ♉	16 ♒
19	26 ♏ 38	10 ♌ 30	13 ♒ 15	12 ♒ 35	22 ♏ 34	7 ♑ 8	1 ♐ 37	19 ♑ 47	20 ♍ 7	18 ♓ 46	21 ♒ 32	29 ♐ 43	4 ♍	17 ♊	5 ♑	2 ♉	16 ♒
20	27 ♏ 39	24 ♌ 15	13 ♒ 12	12 D 35	24 ♏ 10	8 ♑ 20	2 ♐ 20	19 ♑ 58	20 ♍ 11	18 ♓ 45	21 ♒ 33	29 ♐ 45	4 ♍	17 ♊	5 ♑	2 ♉	16 ♒
21	28 ♏ 39	7 ♍ 39	13 ♒ 9	12 R 35	25 ♏ 45	9 ♑ 31	3 ♐ 3	20 ♑ 9	20 ♍ 15	18 ♓ 45	21 ♒ 33	29 ♐ 47	5 ♍	17 ♊	6 ♑	1 ♉	16 ♒
22	29 ♏ 40	20 ♍ 43	13 ♒ 6	12 ♒ 33	27 ♏ 20	10 ♑ 43	3 ♐ 46	20 ♑ 20	20 ♍ 19	18 ♓ 45	21 ♒ 34	29 ♐ 49	5 ♍	17 ♊	6 ♑	1 ♉	16 ♒
23	0 ♐ 41	3 ♎ 32	13 ♒ 2	12 ♒ 29	28 ♏ 56	11 ♑ 54	4 ♐ 30	20 ♑ 32	20 ♍ 23	18 ♓ 44	21 ♒ 35	29 ♐ 51	5 ♍	16 ♊	6 ♑	1 ♉	16 ♒
24	1 ♐ 41	16 ♎ 6	12 ♒ 59	12 ♒ 21	0 ♐ 31	13 ♑ 5	5 ♐ 13	20 ♑ 43	20 ♍ 27	18 ♓ 44	21 ♒ 35	29 ♐ 53	6 ♍	16 ♊	7 ♑	1 ♉	16 ♒
25	2 ♐ 42	28 ♎ 30	12 ♒ 56	12 ♒ 11	2 ♐ 5	14 ♑ 17	5 ♐ 56	20 ♑ 54	20 ♍ 31	18 ♓ 44	21 ♒ 36	29 ♐ 55	6 ♍	16 ♊	7 ♑	1 ♉	16 ♒
26	3 ♐ 43	10 ♏ 45	12 ♒ 53	11 ♒ 59	3 ♐ 40	15 ♑ 28	6 ♐ 39	21 ♑ 6	20 ♍ 35	18 ♓ 44	21 ♒ 37	29 ♐ 57	6 ♍	15 ♊	8 ♑	1 ♉	16 ♒
27	4 ♐ 43	22 ♏ 52	12 ♒ 50	11 ♒ 46	5 ♐ 15	16 ♑ 39	7 ♐ 23	21 ♑ 18	20 ♍ 39	18 ♓ 44	21 ♒ 38	29 ♐ 59	6 ♍	15 ♊	8 ♑	0 ♉	16 ♒
28	5 ♐ 44	4 ♐ 52	12 ♒ 46	11 ♒ 33	6 ♐ 49	17 ♑ 50	8 ♐ 6	21 ♑ 30	20 ♍ 43	18 ♓ 44	21 ♒ 38	0 ♑ 1	7 ♍	15 ♊	8 ♑	0 ♉	16 ♒
29	6 ♐ 45	16 ♐ 47	12 ♒ 43	11 ♒ 21	8 ♐ 23	19 ♑ 1	8 ♐ 50	21 ♑ 41	20 ♍ 46	18 D 44	21 ♒ 39	0 ♑ 3	7 ♍	14 ♊	9 ♑	0 ♉	16 ♒
30	7 ♐ 46	28 ♐ 37	12 ♒ 40	11 ♒ 11	9 ♐ 57	20 ♑ 11	9 ♐ 33	21 ♑ 53	20 ♍ 50	18 ♓ 44	21 ♒ 40	0 ♑ 5	7 ♍	14 ♊	9 ♑	0 ♉	16 ♒

SUN INGRESS	☉ → ♐ 22日 07:44
MOON PHASE	◐ 6日 13:03 ♒　○ 13日 15:17 ♉　◑ 20日 06:31 ♌　● 28日 01:55 ♐

aspects	
1日 05:32	♂△♅
3日 17:41	♀□♄
3日 20:18	♀□♅
4日 14:31	☿⚹♇
4日 16:44	♂□♆
4日 22:35	♄☍♅
5日 21:56	♀⚹♆
10日 17:54	☉⚹♃
11日 06:21	☉△♅
11日 23:24	☉⚹♄
12日 14:55	♀☌♇
13日 14:40	♃⚹♅
13日 21:31	☉□♆
16日 15:26	☿△♅
17日 01:00	☿⚹♃
17日 09:28	☿⚹♄
18日 08:30	☿□♆
21日 21:12	♃△♄
26日 01:52	☉☌☿
28日 18:20	♀⚹♅
29日 12:39	☿☌♂
30日 13:36	♀△♄

2008年12月

DAY	☉	☽	☊ mean	☊ true	☿	♀	♂	♃	♄	♅	♆	♇	⚳	⚴	⚵	⚶	⚷
	° ′	° ′	° ′	° ′	° ′	° ′	° ′	° ′	° ′	° ′	° ′	° ′	°	°	°	°	°
1	8 ♐ 47	10 ♑ 25	12 ♒ 37	11 R 3	11 D 31	21 D 22	10 D 17	22 D 5	20 D 53	18 D 44	21 D 41	0 D 7	7 D	14 R	9 D	0 R	16 D
2	9 ♐ 47	22 ♑ 13	12 ♒ 34	10 ♒ 59	13 ♐ 5	22 ♑ 33	11 ♐ 1	22 ♑ 17	20 ♍ 56	18 ♓ 44	21 ♒ 42	0 ♑ 9	8 ♍	13 ♊	10 ♑	0 ♉	16 ♒
3	10 ♐ 48	4 ♒ 5	12 ♒ 31	10 ♒ 57	14 ♐ 39	23 ♑ 43	11 ♐ 44	22 ♑ 30	20 ♍ 59	18 ♓ 44	21 ♒ 43	0 ♑ 11	8 ♍	13 ♊	10 ♑	0 ♉	16 ♒
4	11 ♐ 49	16 ♒ 4	12 ♒ 27	10 D 57	16 ♐ 13	24 ♑ 54	12 ♐ 28	22 ♑ 42	21 ♍ 2	18 ♓ 45	21 ♒ 44	0 ♑ 13	8 ♍	13 ♊	10 ♑	0 ♉	16 ♒
5	12 ♐ 50	28 ♒ 15	12 ♒ 24	10 ♒ 57	17 ♐ 47	26 ♑ 4	13 ♐ 12	22 ♑ 54	21 ♍ 5	18 ♓ 45	21 ♒ 45	0 ♑ 15	8 ♍	12 ♊	11 ♑	0 ♉	16 ♒
6	13 ♐ 51	10 ♓ 43	12 ♒ 21	10 ♒ 58	19 ♐ 21	27 ♑ 14	13 ♐ 56	23 ♑ 7	21 ♍ 8	18 ♓ 45	21 ♒ 46	0 ♑ 17	9 ♍	12 ♊	11 ♑	29 ♈	16 ♒
7	14 ♐ 52	23 ♓ 34	12 ♒ 18	10 R 58	20 ♐ 55	28 ♑ 24	14 ♐ 40	23 ♑ 19	21 ♍ 11	18 ♓ 46	21 ♒ 48	0 ♑ 20	9 ♍	12 ♊	12 ♑	29 ♈	16 ♒
8	15 ♐ 53	6 ♈ 50	12 ♒ 15	10 ♒ 56	22 ♐ 29	29 ♑ 34	15 ♐ 24	23 ♑ 32	21 ♍ 14	18 ♓ 46	21 ♒ 49	0 ♑ 22	9 ♍	11 ♊	12 ♑	29 ♈	17 ♒
9	16 ♐ 54	20 ♈ 36	12 ♒ 12	10 ♒ 51	24 ♐ 3	0 ♒ 44	16 ♐ 8	23 ♑ 44	21 ♍ 16	18 ♓ 47	21 ♒ 50	0 ♑ 24	9 ♍	11 ♊	12 ♑	29 ♈	17 ♒
10	17 ♐ 55	4 ♉ 53	12 ♒ 8	10 ♒ 45	25 ♐ 36	1 ♒ 54	16 ♐ 52	23 ♑ 57	21 ♍ 19	18 ♓ 47	21 ♒ 51	0 ♑ 26	9 ♍	11 ♊	13 ♑	29 ♈	17 ♒
11	18 ♐ 56	19 ♉ 37	12 ♒ 5	10 ♒ 37	27 ♐ 10	3 ♒ 4	17 ♐ 36	24 ♑ 10	21 ♍ 21	18 ♓ 48	21 ♒ 52	0 ♑ 28	10 ♍	10 ♊	13 ♑	29 ♈	17 ♒
12	19 ♐ 57	4 ♊ 42	12 ♒ 2	10 ♒ 29	28 ♐ 44	4 ♒ 13	18 ♐ 20	24 ♑ 22	21 ♍ 23	18 ♓ 49	21 ♒ 54	0 ♑ 30	10 ♍	10 ♊	13 ♑	29 ♈	17 ♒
13	20 ♐ 57	20 ♊ 0	11 ♒ 59	10 ♒ 21	0 ♑ 18	5 ♒ 23	19 ♐ 4	24 ♑ 35	21 ♍ 25	18 ♓ 50	21 ♒ 55	0 ♑ 32	10 ♍	10 ♊	14 ♑	29 ♈	17 ♒
14	21 ♐ 58	5 ♋ 18	11 ♒ 56	10 ♒ 15	1 ♑ 52	6 ♒ 32	19 ♐ 49	24 ♑ 48	21 ♍ 27	18 ♓ 50	21 ♒ 56	0 ♑ 35	10 ♍	9 ♊	14 ♑	29 ♈	17 ♒
15	23 ♐ 0	20 ♋ 27	11 ♒ 52	10 ♒ 11	3 ♑ 26	7 ♒ 41	20 ♐ 33	25 ♑ 1	21 ♍ 29	18 ♓ 51	21 ♒ 58	0 ♑ 37	10 ♍	9 ♊	15 ♑	29 ♈	17 ♒
16	24 ♐ 1	5 ♌ 17	11 ♒ 49	10 ♒ 10	5 ♑ 0	8 ♒ 50	21 ♐ 17	25 ♑ 14	21 ♍ 31	18 ♓ 52	21 ♒ 59	0 ♑ 39	11 ♍	9 ♊	15 ♑	29 ♈	17 ♒
17	25 ♐ 2	19 ♌ 42	11 ♒ 46	10 D 10	6 ♑ 34	9 ♒ 59	22 ♐ 2	25 ♑ 27	21 ♍ 33	18 ♓ 53	22 ♒ 0	0 ♑ 41	11 ♍	8 ♊	15 ♑	29 D	17 ♒
18	26 ♐ 3	3 ♍ 41	11 ♒ 43	10 ♒ 11	8 ♑ 8	11 ♒ 7	22 ♐ 46	25 ♑ 41	21 ♍ 34	18 ♓ 54	22 ♒ 2	0 ♑ 43	11 ♍	8 ♊	16 ♑	29 ♈	17 ♒
19	27 ♐ 4	17 ♍ 12	11 ♒ 40	10 ♒ 12	9 ♑ 41	12 ♒ 16	23 ♐ 31	25 ♑ 54	21 ♍ 36	18 ♓ 55	22 ♒ 3	0 ♑ 46	11 ♍	8 ♊	16 ♑	29 ♈	17 ♒
20	28 ♐ 5	0 ♎ 20	11 ♒ 37	10 R 13	11 ♑ 15	13 ♒ 24	24 ♐ 15	26 ♑ 7	21 ♍ 37	18 ♓ 56	22 ♒ 5	0 ♑ 48	11 ♍	8 ♊	16 ♑	29 ♈	17 ♒
21	29 ♐ 6	13 ♎ 6	11 ♒ 33	10 ♒ 12	12 ♑ 48	14 ♒ 32	25 ♐ 0	26 ♑ 20	21 ♍ 39	18 ♓ 57	22 ♒ 6	0 ♑ 50	11 ♍	7 ♊	17 ♑	29 ♈	17 ♒
22	0 ♑ 7	25 ♎ 34	11 ♒ 30	10 ♒ 9	14 ♑ 21	15 ♒ 40	25 ♐ 45	26 ♑ 34	21 ♍ 40	18 ♓ 59	22 ♒ 8	0 ♑ 52	12 ♍	7 ♊	17 ♑	29 ♈	17 ♒
23	1 ♑ 8	7 ♏ 50	11 ♒ 27	10 ♒ 4	15 ♑ 53	16 ♒ 48	26 ♐ 29	26 ♑ 47	21 ♍ 41	19 ♓ 0	22 ♒ 9	0 ♑ 54	12 ♍	7 ♊	18 ♑	29 ♈	17 ♒
24	2 ♑ 9	19 ♏ 55	11 ♒ 24	9 ♒ 57	17 ♑ 25	17 ♒ 56	27 ♐ 14	27 ♑ 1	21 ♍ 42	19 ♓ 1	22 ♒ 11	0 ♑ 57	12 ♍	6 ♊	18 ♑	29 ♈	17 ♒
25	3 ♑ 10	1 ♐ 52	11 ♒ 21	9 ♒ 50	18 ♑ 57	19 ♒ 3	27 ♐ 59	27 ♑ 14	21 ♍ 43	19 ♓ 2	22 ♒ 13	0 ♑ 59	12 ♍	6 ♊	18 ♑	29 ♈	17 ♒
26	4 ♑ 12	13 ♐ 45	11 ♒ 18	9 ♒ 43	20 ♑ 27	20 ♒ 11	28 ♐ 44	27 ♑ 28	21 ♍ 43	19 ♓ 4	22 ♒ 14	1 ♑ 1	12 ♍	6 ♊	19 ♑	29 ♈	17 ♒
27	5 ♑ 13	25 ♐ 36	11 ♒ 14	9 ♒ 36	21 ♑ 56	21 ♒ 18	29 ♐ 29	27 ♑ 41	21 ♍ 44	19 ♓ 5	22 ♒ 16	1 ♑ 3	12 ♍	6 ♊	19 ♑	29 ♈	18 ♒
28	6 ♑ 14	7 ♑ 25	11 ♒ 11	9 ♒ 31	23 ♑ 25	22 ♒ 25	0 ♑ 14	27 ♑ 55	21 ♍ 45	19 ♓ 7	22 ♒ 18	1 ♑ 5	12 ♍	6 ♊	20 ♑	0 ♉	18 ♒
29	7 ♑ 15	19 ♑ 15	11 ♒ 8	9 ♒ 27	24 ♑ 51	23 ♒ 31	0 ♑ 59	28 ♑ 9	21 ♍ 45	19 ♓ 8	22 ♒ 19	1 ♑ 8	12 ♍	5 ♊	20 ♑	0 ♉	18 ♒
30	8 ♑ 16	1 ♒ 8	11 ♒ 5	9 ♒ 25	26 ♑ 16	24 ♒ 38	1 ♑ 44	28 ♑ 22	21 ♍ 45	19 ♓ 10	22 ♒ 21	1 ♑ 10	13 ♍	5 ♊	20 ♑	0 ♉	18 ♒
31	9 ♑ 17	13 ♒ 6	11 ♒ 2	9 D 25	27 ♑ 39	25 ♒ 44	2 ♑ 29	28 ♑ 36	21 ♍ 45	19 ♓ 11	22 ♒ 23	1 ♑ 12	13 ♍	5 ♊	21 ♑	0 ♉	18 ♒

SUN INGRESS	☉ → ♑ 21日 21:04
MOON PHASE	◐ 6日 06:26 ♓　○ 13日 01:37 ♊　◑ 19日 19:29 ♍　● 27日 21:22 ♑

aspects	
1日 17:44	♀☌♃
5日 14:52	♀□♅
6日 07:04	☉☌♂
7日 04:14	☿□♄
7日 13:37	☿⚹♆
10日 21:03	☉□♅
12日 15:50	♂□♅
13日 03:42	☿☌♇
13日 11:20	☉□♄
13日 23:05	☉⚹♆
16日 07:46	♂□♄
16日 23:16	♂⚹♆
22日 18:23	☉☌♇
25日 01:33	☿⚹♅
26日 20:38	☿△♄
27日 21:28	♀☌♆
29日 05:02	♂☌♇
31日 20:40	☿☌♃

2009年1月

DAY	☉	☽	☊ mean	☊ true	☿	♀	♂	♃	♄	♅	♆	♇	⚳	⚴	⚵	⚶	⚷
	° ′	° ′	° ′	° ′	° ′	° ′	° ′	° ′	° ′	° ′	° ′	° ′	°	°	°	°	°
1	10 ♑ 19	25 ♒ 11	10 ♒ 58	9 D 26	28 D 59	26 D 50	3 D 14	28 D 50	21 D 46	19 D 13	22 D 25	1 D 14	13 D	5 R	21 D	0 D	18 D
2	11 ♑ 20	7 ♓ 27	10 ♒ 55	9 ♒ 28	0 ♒ 16	27 ♒ 55	3 ♑ 59	29 ♑ 4	21 R 45	19 ♓ 15	22 ♒ 27	1 ♑ 16	13 ♍	5 ♊	22 ♑	0 ♉	18 ♒
3	12 ♑ 21	19 ♓ 58	10 ♒ 52	9 ♒ 30	1 ♒ 29	29 ♒ 1	4 ♑ 44	29 ♑ 17	21 ♍ 45	19 ♓ 17	22 ♒ 28	1 ♑ 18	13 ♍	4 ♊	22 ♑	0 ♉	18 ♒
4	13 ♑ 22	2 ♈ 47	10 ♒ 49	9 ♒ 31	2 ♒ 38	0 ♓ 6	5 ♑ 29	29 ♑ 31	21 ♍ 45	19 ♓ 18	22 ♒ 30	1 ♑ 21	13 ♍	4 ♊	22 ♑	0 ♉	18 ♒
5	14 ♑ 23	15 ♈ 58	10 ♒ 46	9 R 31	3 ♒ 42	1 ♓ 11	6 ♑ 15	29 ♑ 45	21 ♍ 45	19 ♓ 20	22 ♒ 32	1 ♑ 23	13 ♍	4 ♊	23 ♑	0 ♉	18 ♒
6	15 ♑ 24	29 ♈ 33	10 ♒ 43	9 ♒ 31	4 ♒ 41	2 ♓ 15	7 ♑ 0	29 ♑ 59	21 ♍ 44	19 ♓ 22	22 ♒ 34	1 ♑ 25	13 ♍	4 ♊	23 ♑	0 ♉	18 ♒
7	16 ♑ 26	13 ♉ 35	10 ♒ 39	9 ♒ 29	5 ♒ 33	3 ♓ 20	7 ♑ 45	0 ♒ 13	21 ♍ 44	19 ♓ 24	22 ♒ 36	1 ♑ 27	13 ♍	4 ♊	24 ♑	1 ♉	18 ♒
8	17 ♑ 27	28 ♉ 2	10 ♒ 36	9 ♒ 26	6 ♒ 18	4 ♓ 24	8 ♑ 31	0 ♒ 27	21 ♍ 43	19 ♓ 26	22 ♒ 38	1 ♑ 29	13 ♍	4 ♊	24 ♑	1 ♉	18 ♒
9	18 ♑ 28	12 ♊ 52	10 ♒ 33	9 ♒ 23	6 ♒ 54	5 ♓ 27	9 ♑ 16	0 ♒ 41	21 ♍ 42	19 ♓ 28	22 ♒ 40	1 ♑ 31	13 ♍	4 ♊	24 ♑	1 ♉	18 ♒
10	19 ♑ 29	27 ♊ 57	10 ♒ 30	9 ♒ 20	7 ♒ 21	6 ♓ 31	10 ♑ 2	0 ♒ 55	21 ♍ 41	19 ♓ 30	22 ♒ 42	1 ♑ 33	13 ♍	4 ♊	25 ♑	1 ♉	18 ♒
11	20 ♑ 30	13 ♋ 9	10 ♒ 27	9 ♒ 18	7 ♒ 38	7 ♓ 34	10 ♑ 47	1 ♒ 9	21 ♍ 40	19 ♓ 32	22 ♒ 44	1 ♑ 36	13 ♍	4 ♊	25 ♑	1 ♉	18 ♒
12	21 ♑ 31	28 ♋ 19	10 ♒ 24	9 ♒ 17	7 ♒ 45	8 ♓ 36	11 ♑ 33	1 ♒ 23	21 ♍ 39	19 ♓ 34	22 ♒ 46	1 ♑ 38	13 R	4 ♊	26 ♑	1 ♉	19 ♒
13	22 ♑ 32	13 ♌ 15	10 ♒ 20	9 D 17	7 R 40	9 ♓ 38	12 ♑ 19	1 ♒ 37	21 ♍ 38	19 ♓ 37	22 ♒ 48	1 ♑ 40	13 ♍	4 ♊	26 ♑	2 ♉	19 ♒
14	23 ♑ 33	27 ♌ 52	10 ♒ 17	9 ♒ 17	7 ♒ 23	10 ♓ 40	13 ♑ 4	1 ♒ 51	21 ♍ 36	19 ♓ 39	22 ♒ 50	1 ♑ 42	13 ♍	4 ♊	26 ♑	2 ♉	19 ♒
15	24 ♑ 35	12 ♍ 3	10 ♒ 14	9 ♒ 19	6 ♒ 55	11 ♓ 42	13 ♑ 50	2 ♒ 5	21 ♍ 35	19 ♓ 41	22 ♒ 52	1 ♑ 44	13 ♍	4 ♊	27 ♑	2 ♉	19 ♒
16	25 ♑ 36	25 ♍ 48	10 ♒ 11	9 ♒ 20	6 ♒ 15	12 ♓ 43	14 ♑ 36	2 ♒ 20	21 ♍ 33	19 ♓ 43	22 ♒ 54	1 ♑ 46	13 ♍	4 D	27 ♑	2 ♉	19 ♒
17	26 ♑ 37	9 ♎ 5	10 ♒ 8	9 ♒ 21	5 ♒ 24	13 ♓ 43	15 ♑ 21	2 ♒ 34	21 ♍ 32	19 ♓ 46	22 ♒ 56	1 ♑ 48	13 ♍	4 ♊	28 ♑	2 ♉	19 ♒
18	27 ♑ 38	21 ♎ 57	10 ♒ 4	9 ♒ 21	4 ♒ 24	14 ♓ 44	16 ♑ 7	2 ♒ 48	21 ♍ 30	19 ♓ 48	22 ♒ 58	1 ♑ 50	13 ♍	4 ♊	28 ♑	3 ♉	19 ♒
19	28 ♑ 39	4 ♏ 28	10 ♒ 1	9 R 21	3 ♒ 17	15 ♓ 43	16 ♑ 53	3 ♒ 2	21 ♍ 28	19 ♓ 50	23 ♒ 0	1 ♑ 52	13 ♍	4 ♊	28 ♑	3 ♉	19 ♒
20	29 ♑ 40	16 ♏ 43	9 ♒ 58	9 ♒ 21	2 ♒ 3	16 ♓ 43	17 ♑ 39	3 ♒ 16	21 ♍ 26	19 ♓ 53	23 ♒ 2	1 ♑ 54	13 ♍	4 ♊	29 ♑	3 ♉	19 ♒
21	0 ♒ 41	28 ♏ 45	9 ♒ 55	9 ♒ 20	0 ♒ 47	17 ♓ 41	18 ♑ 25	3 ♒ 30	21 ♍ 24	19 ♓ 55	23 ♒ 5	1 ♑ 56	13 ♍	4 ♊	29 ♑	3 ♉	19 ♒
22	1 ♒ 42	10 ♐ 39	9 ♒ 52	9 ♒ 19	29 ♑ 29	18 ♓ 40	19 ♑ 11	3 ♒ 45	21 ♍ 22	19 ♓ 58	23 ♒ 7	1 ♑ 58	13 ♍	4 ♊	0 ♒	3 ♉	19 ♒
23	2 ♒ 43	22 ♐ 28	9 ♒ 49	9 ♒ 18	28 ♑ 13	19 ♓ 38	19 ♑ 57	3 ♒ 59	21 ♍ 20	20 ♓ 0	23 ♒ 9	2 ♑ 0	13 ♍	4 ♊	0 ♒	4 ♉	19 ♒
24	3 ♒ 44	4 ♑ 16	9 ♒ 45	9 ♒ 17	27 ♑ 0	20 ♓ 35	20 ♑ 43	4 ♒ 13	21 ♍ 17	20 ♓ 3	23 ♒ 11	2 ♑ 2	13 ♍	4 ♊	0 ♒	4 ♉	19 ♒
25	4 ♒ 45	16 ♑ 7	9 ♒ 42	9 ♒ 16	25 ♑ 53	21 ♓ 31	21 ♑ 29	4 ♒ 27	21 ♍ 15	20 ♓ 6	23 ♒ 13	2 ♑ 4	12 ♍	4 ♊	1 ♒	4 ♉	19 ♒
26	5 ♒ 46	28 ♑ 2	9 ♒ 39	9 ♒ 16	24 ♑ 52	22 ♓ 28	22 ♑ 15	4 ♒ 41	21 ♍ 12	20 ♓ 8	23 ♒ 15	2 ♑ 6	12 ♍	4 ♊	1 ♒	4 ♉	20 ♒
27	6 ♒ 47	10 ♒ 3	9 ♒ 36	9 D 16	23 ♑ 59	23 ♓ 23	23 ♑ 1	4 ♒ 56	21 ♍ 10	20 ♓ 11	23 ♒ 18	2 ♑ 8	12 ♍	4 ♊	2 ♒	5 ♉	20 ♒
28	7 ♒ 48	22 ♒ 12	9 ♒ 33	9 ♒ 16	23 ♑ 15	24 ♓ 18	23 ♑ 47	5 ♒ 10	21 ♍ 7	20 ♓ 14	23 ♒ 20	2 ♑ 9	12 ♍	4 ♊	2 ♒	5 ♉	20 ♒
29	8 ♒ 49	4 ♓ 32	9 ♒ 30	9 ♒ 16	22 ♑ 40	25 ♓ 12	24 ♑ 34	5 ♒ 24	21 ♍ 4	20 ♓ 16	23 ♒ 22	2 ♑ 11	12 ♍	5 ♊	2 ♒	5 ♉	20 ♒
30	9 ♒ 50	17 ♓ 2	9 ♒ 26	9 R 16	22 ♑ 13	26 ♓ 6	25 ♑ 20	5 ♒ 38	21 ♍ 1	20 ♓ 19	23 ♒ 24	2 ♑ 13	12 ♍	5 ♊	3 ♒	5 ♉	20 ♒
31	10 ♒ 51	29 ♓ 46	9 ♒ 23	9 ♒ 16	21 ♑ 55	26 ♓ 59	26 ♑ 6	5 ♒ 52	20 ♍ 58	20 ♓ 22	23 ♒ 26	2 ♑ 15	12 ♍	5 ♊	3 ♒	6 ♉	20 ♒

SUN INGRESS: ☉ → ♒ 20日 07:40

MOON PHASE: ◐ 4日 20:56 ♈　○ 11日 12:27 ♋　◑ 18日 11:46 ♎　● 26日 16:55 ♒

aspects		
5日	04:32	♀⚹♇
10日	00:28	☉⚹♅
12日	03:02	☉△♄
19日	04:07	☿☌♃
21日	00:59	☉☌☿
23日	01:59	♂⚹♅
23日	10:01	♀☌♅
24日	14:44	☉☌♃
24日	17:04	♂△♄
24日	17:15	♀☍♄
24日	18:05	♀⚹♂
27日	08:31	☿⚹♀
27日	15:11	☿☌♂

2009年2月

DAY	☉	☽	☊ mean	☊ true	☿	♀	♂	♃	♄	♅	♆	♇	⚳	⚴	⚵	⚶	⚷
	° ′	° ′	° ′	° ′	° ′	° ′	° ′	° ′	° ′	° ′	° ′	° ′	°	°	°	°	°
1	11 ♒ 52	12 ♈ 45	9 ♒ 20	9 R 16	21 R 46	27 D 51	26 D 52	6 D 7	20 R 55	20 D 25	23 D 29	2 D 17	12 R	5 D	4 D	6 D	20 D
2	12 ♒ 53	26 ♈ 0	9 ♒ 17	9 ♒ 15	21 D 45	28 ♓ 42	27 ♑ 39	6 ♒ 21	20 ♍ 52	20 ♓ 28	23 ♒ 31	2 ♑ 19	11 ♍	5 ♊	4 ♒	6 ♉	20 ♒
3	13 ♒ 54	9 ♉ 32	9 ♒ 14	9 ♒ 15	21 ♑ 51	29 ♓ 33	28 ♑ 25	6 ♒ 35	20 ♍ 49	20 ♓ 31	23 ♒ 33	2 ♑ 20	11 ♍	5 ♊	4 ♒	6 ♉	20 ♒
4	14 ♒ 55	23 ♉ 24	9 ♒ 10	9 D 15	22 ♑ 4	0 ♈ 23	29 ♑ 11	6 ♒ 49	20 ♍ 45	20 ♓ 34	23 ♒ 35	2 ♑ 22	11 ♍	6 ♊	5 ♒	7 ♉	20 ♒
5	15 ♒ 56	7 ♊ 34	9 ♒ 7	9 ♒ 16	22 ♑ 24	1 ♈ 12	29 ♑ 58	7 ♒ 3	20 ♍ 42	20 ♓ 36	23 ♒ 38	2 ♑ 24	11 ♍	6 ♊	5 ♒	7 ♉	20 ♒
6	16 ♒ 57	22 ♊ 1	9 ♒ 4	9 ♒ 16	22 ♑ 49	2 ♈ 0	0 ♒ 44	7 ♒ 17	20 ♍ 38	20 ♓ 39	23 ♒ 40	2 ♑ 25	11 ♍	6 ♊	6 ♒	7 ♉	20 ♒
7	17 ♒ 57	6 ♋ 41	9 ♒ 1	9 ♒ 17	23 ♑ 20	2 ♈ 47	1 ♒ 31	7 ♒ 31	20 ♍ 35	20 ♓ 42	23 ♒ 42	2 ♑ 27	11 ♍	6 ♊	6 ♒	7 ♉	20 ♒
8	18 ♒ 58	21 ♋ 30	8 ♒ 58	9 ♒ 18	23 ♑ 56	3 ♈ 33	2 ♒ 17	7 ♒ 45	20 ♍ 31	20 ♓ 45	23 ♒ 45	2 ♑ 29	10 ♍	7 ♊	7 ♒	8 ♉	20 ♒
9	19 ♒ 59	6 ♌ 21	8 ♒ 55	9 ♒ 18	24 ♑ 37	4 ♈ 19	3 ♒ 4	8 ♒ 0	20 ♍ 27	20 ♓ 49	23 ♒ 47	2 ♑ 30	10 ♍	7 ♊	7 ♒	8 ♉	21 ♒
10	21 ♒ 0	21 ♌ 6	8 ♒ 51	9 R 18	25 ♑ 22	5 ♈ 3	3 ♒ 50	8 ♒ 14	20 ♍ 24	20 ♓ 52	23 ♒ 49	2 ♑ 32	10 ♍	7 ♊	7 ♒	8 ♉	21 ♒
11	22 ♒ 0	5 ♍ 38	8 ♒ 48	9 ♒ 17	26 ♑ 11	5 ♈ 46	4 ♒ 37	8 ♒ 28	20 ♍ 20	20 ♓ 55	23 ♒ 51	2 ♑ 34	10 ♍	7 ♊	8 ♒	9 ♉	21 ♒
12	23 ♒ 1	19 ♍ 51	8 ♒ 45	9 ♒ 15	27 ♑ 3	6 ♈ 28	5 ♒ 23	8 ♒ 42	20 ♍ 16	20 ♓ 58	23 ♒ 54	2 ♑ 35	10 ♍	8 ♊	8 ♒	9 ♉	21 ♒
13	24 ♒ 2	3 ♎ 40	8 ♒ 42	9 ♒ 13	27 ♑ 58	7 ♈ 9	6 ♒ 10	8 ♒ 56	20 ♍ 12	21 ♓ 1	23 ♒ 56	2 ♑ 37	9 ♍	8 ♊	9 ♒	9 ♉	21 ♒
14	25 ♒ 2	17 ♎ 5	8 ♒ 39	9 ♒ 11	28 ♑ 57	7 ♈ 48	6 ♒ 56	9 ♒ 10	20 ♍ 8	21 ♓ 4	23 ♒ 58	2 ♑ 38	9 ♍	8 ♊	9 ♒	9 ♉	21 ♒
15	26 ♒ 3	0 ♏ 5	8 ♒ 35	9 ♒ 9	29 ♑ 58	8 ♈ 27	7 ♒ 43	9 ♒ 23	20 ♍ 4	21 ♓ 7	24 ♒ 0	2 ♑ 40	9 ♍	8 ♊	9 ♒	10 ♉	21 ♒
16	27 ♒ 3	12 ♏ 42	8 ♒ 32	9 ♒ 8	1 ♒ 2	9 ♈ 4	8 ♒ 30	9 ♒ 37	20 ♍ 0	21 ♓ 10	24 ♒ 3	2 ♑ 41	9 ♍	9 ♊	10 ♒	10 ♉	21 ♒
17	28 ♒ 4	25 ♏ 0	8 ♒ 29	9 ♒ 7	2 ♒ 8	9 ♈ 39	9 ♒ 16	9 ♒ 51	19 ♍ 55	21 ♓ 14	24 ♒ 5	2 ♑ 43	9 ♍	9 ♊	10 ♒	10 ♉	21 ♒
18	29 ♒ 5	7 ♐ 3	8 ♒ 26	9 D 7	3 ♒ 16	10 ♈ 14	10 ♒ 3	10 ♒ 5	19 ♍ 51	21 ♓ 17	24 ♒ 7	2 ♑ 44	8 ♍	9 ♊	11 ♒	11 ♉	21 ♒
19	0 ♓ 5	18 ♐ 57	8 ♒ 23	9 ♒ 8	4 ♒ 26	10 ♈ 47	10 ♒ 50	10 ♒ 19	19 ♍ 47	21 ♓ 20	24 ♒ 10	2 ♑ 45	8 ♍	10 ♊	11 ♒	11 ♉	21 ♒
20	1 ♓ 6	0 ♑ 46	8 ♒ 20	9 ♒ 10	5 ♒ 38	11 ♈ 18	11 ♒ 37	10 ♒ 33	19 ♍ 42	21 ♓ 23	24 ♒ 12	2 ♑ 47	8 ♍	10 ♊	11 ♒	11 ♉	21 ♒
21	2 ♓ 6	12 ♑ 35	8 ♒ 16	9 ♒ 12	6 ♒ 52	11 ♈ 48	12 ♒ 23	10 ♒ 46	19 ♍ 38	21 ♓ 27	24 ♒ 14	2 ♑ 48	8 ♍	10 ♊	12 ♒	12 ♉	21 ♒
22	3 ♓ 7	24 ♑ 27	8 ♒ 13	9 ♒ 13	8 ♒ 8	12 ♈ 16	13 ♒ 10	11 ♒ 0	19 ♍ 34	21 ♓ 30	24 ♒ 16	2 ♑ 49	8 ♍	11 ♊	12 ♒	12 ♉	21 ♒
23	4 ♓ 7	6 ♒ 28	8 ♒ 10	9 ♒ 14	9 ♒ 25	12 ♈ 43	13 ♒ 57	11 ♒ 14	19 ♍ 29	21 ♓ 33	24 ♒ 19	2 ♑ 51	7 ♍	11 ♊	13 ♒	12 ♉	22 ♒
24	5 ♓ 7	18 ♒ 39	8 ♒ 7	9 R 14	10 ♒ 44	13 ♈ 7	14 ♒ 44	11 ♒ 28	19 ♍ 24	21 ♓ 37	24 ♒ 21	2 ♑ 52	7 ♍	11 ♊	13 ♒	13 ♉	22 ♒
25	6 ♓ 8	1 ♓ 2	8 ♒ 4	9 ♒ 12	12 ♒ 4	13 ♈ 30	15 ♒ 31	11 ♒ 41	19 ♍ 20	21 ♓ 40	24 ♒ 23	2 ♑ 53	7 ♍	12 ♊	14 ♒	13 ♉	22 ♒
26	7 ♓ 8	13 ♓ 40	8 ♒ 1	9 ♒ 9	13 ♒ 25	13 ♈ 51	16 ♒ 17	11 ♒ 55	19 ♍ 15	21 ♓ 43	24 ♒ 25	2 ♑ 54	7 ♍	12 ♊	14 ♒	13 ♉	22 ♒
27	8 ♓ 9	26 ♓ 31	7 ♒ 57	9 ♒ 5	14 ♒ 48	14 ♈ 11	17 ♒ 4	12 ♒ 8	19 ♍ 11	21 ♓ 47	24 ♒ 28	2 ♑ 56	6 ♍	13 ♊	14 ♒	14 ♉	22 ♒
28	9 ♓ 9	9 ♈ 37	7 ♒ 54	9 ♒ 0	16 ♒ 12	14 ♈ 28	17 ♒ 51	12 ♒ 22	19 ♍ 6	21 ♓ 50	24 ♒ 30	2 ♑ 57	6 ♍	13 ♊	15 ♒	14 ♉	22 ♒

SUN INGRESS: ☉ → ♓ 18日 21:46

MOON PHASE: ◐ 3日 08:13 ♉　○ 9日 23:49 ♌　◑ 17日 06:37 ♏　● 25日 10:35 ♓

aspects		
5日	19:56	♄☍♅
6日	13:25	♀□♇
12日	21:41	☉☌♆
17日	13:47	♀⚹♃
18日	01:27	♂☌♃
18日	18:31	♀⚹♂
21日	17:03	☉⚹♇
24日	15:52	☿☌♃
26日	09:59	☿⚹♀

2009年3月

DAY	☉	☽	☊ mean	☊ true	☿	♀	♂	♃	♄	♅	♆	♇	⚳	⚴	⚵	⚶	⚷
	° ′	° ′	° ′	° ′	° ′	° ′	° ′	° ′	° ′	° ′	° ′	° ′	°	°	°	°	°
1	10 ♓ 9	22 ♈ 56	7 ♒ 51	8 R 54	17 D 38	14 D 43	18 D 38	12 D 35	19 R 1	21 D 53	24 D 32	2 D 58	6 R	13 D	15 D	14 D	22 D
2	11 ♓ 9	6 ♉ 28	7 ♒ 48	8 ♒ 50	19 ♒ 5	14 ♈ 56	19 ♒ 25	12 ♒ 48	18 ♍ 57	21 ♓ 57	24 ♒ 34	2 ♑ 59	6 ♍	14 ♊	16 ♒	15 ♉	22 ♒
3	12 ♓ 10	20 ♉ 11	7 ♒ 45	8 ♒ 47	20 ♒ 32	15 ♈ 7	20 ♒ 12	13 ♒ 2	18 ♍ 52	22 ♓ 0	24 ♒ 37	3 ♑ 0	5 ♍	14 ♊	16 ♒	15 ♉	22 ♒
4	13 ♓ 10	4 ♊ 4	7 ♒ 41	8 ♒ 45	22 ♒ 1	15 ♈ 15	20 ♒ 59	13 ♒ 15	18 ♍ 47	22 ♓ 4	24 ♒ 39	3 ♑ 1	5 ♍	14 ♊	16 ♒	15 ♉	22 ♒
5	14 ♓ 10	18 ♊ 7	7 ♒ 38	8 D 44	23 ♒ 32	15 ♈ 22	21 ♒ 46	13 ♒ 28	18 ♍ 42	22 ♓ 7	24 ♒ 41	3 ♑ 2	5 ♍	15 ♊	17 ♒	16 ♉	22 ♒
6	15 ♓ 10	2 ♋ 18	7 ♒ 35	8 ♒ 45	25 ♒ 3	15 ♈ 25	22 ♒ 33	13 ♒ 42	18 ♍ 38	22 ♓ 10	24 ♒ 43	3 ♑ 3	5 ♍	15 ♊	17 ♒	16 ♉	22 ♒
7	16 ♓ 10	16 ♋ 35	7 ♒ 32	8 ♒ 47	26 ♒ 35	15 ♈ 27	23 ♒ 20	13 ♒ 55	18 ♍ 33	22 ♓ 14	24 ♒ 45	3 ♑ 4	5 ♍	16 ♊	18 ♒	16 ♉	22 ♒
8	17 ♓ 10	0 ♌ 57	7 ♒ 29	8 ♒ 48	28 ♒ 9	15 R 26	24 ♒ 7	14 ♒ 8	18 ♍ 28	22 ♓ 17	24 ♒ 47	3 ♑ 5	4 ♍	16 ♊	18 ♒	17 ♉	22 ♒
9	18 ♓ 10	15 ♌ 20	7 ♒ 26	8 R 48	29 ♒ 44	15 ♈ 22	24 ♒ 54	14 ♒ 21	18 ♍ 23	22 ♓ 21	24 ♒ 50	3 ♑ 6	4 ♍	16 ♊	18 ♒	17 ♉	23 ♒
10	19 ♓ 10	29 ♌ 39	7 ♒ 22	8 ♒ 46	1 ♓ 20	15 ♈ 16	25 ♒ 41	14 ♒ 34	18 ♍ 19	22 ♓ 24	24 ♒ 52	3 ♑ 7	4 ♍	17 ♊	19 ♒	17 ♉	23 ♒
11	20 ♓ 10	13 ♍ 51	7 ♒ 19	8 ♒ 43	2 ♓ 57	15 ♈ 8	26 ♒ 27	14 ♒ 47	18 ♍ 14	22 ♓ 28	24 ♒ 54	3 ♑ 7	4 ♍	17 ♊	19 ♒	18 ♉	23 ♒
12	21 ♓ 10	27 ♍ 49	7 ♒ 16	8 ♒ 37	4 ♓ 35	14 ♈ 57	27 ♒ 14	14 ♒ 59	18 ♍ 9	22 ♓ 31	24 ♒ 56	3 ♑ 8	3 ♍	18 ♊	20 ♒	18 ♉	23 ♒
13	22 ♓ 10	11 ♎ 31	7 ♒ 13	8 ♒ 30	6 ♓ 14	14 ♈ 43	28 ♒ 1	15 ♒ 12	18 ♍ 4	22 ♓ 34	24 ♒ 58	3 ♑ 9	3 ♍	18 ♊	20 ♒	19 ♉	23 ♒
14	23 ♓ 10	24 ♎ 52	7 ♒ 10	8 ♒ 22	7 ♓ 55	14 ♈ 27	28 ♒ 48	15 ♒ 25	17 ♍ 59	22 ♓ 38	25 ♒ 0	3 ♑ 10	3 ♍	19 ♊	21 ♒	19 ♉	23 ♒
15	24 ♓ 9	7 ♏ 52	7 ♒ 7	8 ♒ 14	9 ♓ 36	14 ♈ 9	29 ♒ 35	15 ♒ 38	17 ♍ 55	22 ♓ 41	25 ♒ 2	3 ♑ 10	3 ♍	19 ♊	21 ♒	19 ♉	23 ♒
16	25 ♓ 9	20 ♏ 32	7 ♒ 3	8 ♒ 8	11 ♓ 19	13 ♈ 48	0 ♓ 22	15 ♒ 50	17 ♍ 50	22 ♓ 45	25 ♒ 4	3 ♑ 11	3 ♍	19 ♊	21 ♒	20 ♉	23 ♒
17	26 ♓ 9	2 ♐ 52	7 ♒ 0	8 ♒ 3	13 ♓ 3	13 ♈ 25	1 ♓ 9	16 ♒ 3	17 ♍ 45	22 ♓ 48	25 ♒ 6	3 ♑ 12	2 ♍	20 ♊	22 ♒	20 ♉	23 ♒
18	27 ♓ 9	14 ♐ 58	6 ♒ 57	8 ♒ 0	14 ♓ 49	13 ♈ 0	1 ♓ 56	16 ♒ 15	17 ♍ 41	22 ♓ 52	25 ♒ 8	3 ♑ 12	2 ♍	20 ♊	22 ♒	20 ♉	23 ♒
19	28 ♓ 8	26 ♐ 53	6 ♒ 54	7 ♒ 59	16 ♓ 35	12 ♈ 32	2 ♓ 43	16 ♒ 27	17 ♍ 36	22 ♓ 55	25 ♒ 10	3 ♑ 13	2 ♍	21 ♊	23 ♒	21 ♉	23 ♒
20	29 ♓ 8	8 ♑ 42	6 ♒ 51	8 D 0	18 ♓ 23	12 ♈ 3	3 ♓ 30	16 ♒ 40	17 ♍ 31	22 ♓ 58	25 ♒ 12	3 ♑ 13	2 ♍	21 ♊	23 ♒	21 ♉	23 ♒
21	0 ♈ 8	20 ♑ 31	6 ♒ 47	8 ♒ 1	20 ♓ 12	11 ♈ 32	4 ♓ 17	16 ♒ 52	17 ♍ 27	23 ♓ 2	25 ♒ 14	3 ♑ 14	2 ♍	22 ♊	23 ♒	22 ♉	23 ♒
22	1 ♈ 7	2 ♒ 26	6 ♒ 44	8 ♒ 2	22 ♓ 2	10 ♈ 59	5 ♓ 4	17 ♒ 4	17 ♍ 22	23 ♓ 5	25 ♒ 16	3 ♑ 14	2 ♍	22 ♊	24 ♒	22 ♉	23 ♒
23	2 ♈ 7	14 ♒ 30	6 ♒ 41	8 R 2	23 ♓ 54	10 ♈ 25	5 ♓ 51	17 ♒ 16	17 ♍ 17	23 ♓ 9	25 ♒ 18	3 ♑ 15	1 ♍	23 ♊	24 ♒	22 ♉	23 ♒
24	3 ♈ 6	26 ♒ 48	6 ♒ 38	8 ♒ 0	25 ♓ 46	9 ♈ 50	6 ♓ 38	17 ♒ 28	17 ♍ 13	23 ♓ 12	25 ♒ 20	3 ♑ 15	1 ♍	23 ♊	25 ♒	23 ♉	24 ♒
25	4 ♈ 6	9 ♓ 23	6 ♒ 35	7 ♒ 55	27 ♓ 40	9 ♈ 14	7 ♓ 25	17 ♒ 40	17 ♍ 8	23 ♓ 15	25 ♒ 22	3 ♑ 16	1 ♍	23 ♊	25 ♒	23 ♉	24 ♒
26	5 ♈ 5	22 ♓ 18	6 ♒ 32	7 ♒ 49	29 ♓ 36	8 ♈ 37	8 ♓ 12	17 ♒ 52	17 ♍ 4	23 ♓ 19	25 ♒ 24	3 ♑ 16	1 ♍	24 ♊	25 ♒	23 ♉	24 ♒
27	6 ♈ 5	5 ♈ 31	6 ♒ 28	7 ♒ 40	1 ♈ 32	8 ♈ 0	8 ♓ 59	18 ♒ 4	17 ♍ 0	23 ♓ 22	25 ♒ 25	3 ♑ 16	1 ♍	24 ♊	26 ♒	24 ♉	24 ♒
28	7 ♈ 4	19 ♈ 2	6 ♒ 25	7 ♒ 30	3 ♈ 30	7 ♈ 22	9 ♓ 46	18 ♒ 16	16 ♍ 55	23 ♓ 26	25 ♒ 27	3 ♑ 16	1 ♍	25 ♊	26 ♒	24 ♉	24 ♒
29	8 ♈ 4	2 ♉ 47	6 ♒ 22	7 ♒ 20	5 ♈ 29	6 ♈ 44	10 ♓ 33	18 ♒ 27	16 ♍ 51	23 ♓ 29	25 ♒ 29	3 ♑ 17	1 ♍	25 ♊	27 ♒	25 ♉	24 ♒
30	9 ♈ 3	16 ♉ 45	6 ♒ 19	7 ♒ 10	7 ♈ 29	6 ♈ 7	11 ♓ 20	18 ♒ 39	16 ♍ 47	23 ♓ 32	25 ♒ 31	3 ♑ 17	1 ♍	26 ♊	27 ♒	25 ♉	24 ♒
31	10 ♈ 2	0 ♊ 49	6 ♒ 16	7 ♒ 3	9 ♈ 30	5 ♈ 30	12 ♓ 7	18 ♒ 50	16 ♍ 43	23 ♓ 36	25 ♒ 33	3 ♑ 17	1 ♍	26 ♊	27 ♒	25 ♉	24 ♒

SUN INGRESS	☉ → ♈ 20日 20:44
MOON PHASE	◐ 4日 16:46 ♊ ○ 11日 11:38 ♍ ◑ 19日 02:47 ♐ ● 27日 01:06 ♈

aspects		
2日	12:05	☿☌♂
5日	18:40	☿☌♆
8日	21:50	♂☌♆
9日	04:53	☉☍♄
11日	02:38	☿⚹♇
11日	21:35	♀⚹♃
13日	10:27	☉☌♅
19日	13:00	☿☍♄
19日	15:15	♂⚹♇
22日	14:02	☿☌♅
24日	03:35	☉□♇
27日	21:16	☿□♇
28日	04:24	☉☌♀
29日	11:31	☿☌♀
31日	12:29	☉☌☿

2009年4月

DAY	☉	☽	☊ mean	☊ true	☿	♀	♂	♃	♄	♅	♆	♇	⚳	⚴	⚵	⚶	⚷
	° ′	° ′	° ′	° ′	° ′	° ′	° ′	° ′	° ′	° ′	° ′	° ′	°	°	°	°	°
1	11 ♈ 1	14 ♊ 57	6 ♒ 13	6 R 58	11 D 32	4 R 54	12 D 54	19 D 1	16 R 38	23 D 39	25 D 34	3 D 17	0 R	27 D	28 D	26 D	24 D
2	12 ♈ 1	29 ♊ 6	6 ♒ 9	6 ♒ 55	13 ♈ 34	4 ♈ 18	13 ♓ 41	19 ♒ 13	16 ♍ 34	23 ♓ 42	25 ♒ 36	3 ♑ 17	0 ♍	27 ♊	28 ♒	26 ♉	24 ♒
3	13 ♈ 0	13 ♋ 14	6 ♒ 6	6 D 54	15 ♈ 38	3 ♈ 44	14 ♓ 28	19 ♒ 24	16 ♍ 30	23 ♓ 45	25 ♒ 38	3 ♑ 17	0 ♍	28 ♊	29 ♒	27 ♉	24 ♒
4	13 ♈ 59	27 ♋ 20	6 ♒ 3	6 ♒ 55	17 ♈ 42	3 ♈ 11	15 ♓ 15	19 ♒ 35	16 ♍ 26	23 ♓ 49	25 ♒ 39	3 ♑ 18	0 ♍	28 ♊	29 ♒	27 ♉	24 ♒
5	14 ♈ 58	11 ♌ 22	6 ♒ 0	6 R 55	19 ♈ 46	2 ♈ 40	16 ♓ 1	19 ♒ 46	16 ♍ 22	23 ♓ 52	25 ♒ 41	3 ♑ 18	0 ♍	29 ♊	29 ♒	27 ♉	24 ♒
6	15 ♈ 57	25 ♌ 20	5 ♒ 57	6 ♒ 53	21 ♈ 50	2 ♈ 11	16 ♓ 48	19 ♒ 57	16 ♍ 19	23 ♓ 55	25 ♒ 43	3 R 18	0 ♍	29 ♊	0 ♓	28 ♉	24 ♒
7	16 ♈ 56	9 ♍ 13	5 ♒ 53	6 ♒ 50	23 ♈ 54	1 ♈ 43	17 ♓ 35	20 ♒ 7	16 ♍ 15	23 ♓ 58	25 ♒ 44	3 ♑ 17	0 ♍	0 ♋	0 ♓	28 ♉	24 ♒
8	17 ♈ 55	22 ♍ 58	5 ♒ 50	6 ♒ 43	25 ♈ 58	1 ♈ 18	18 ♓ 22	20 ♒ 18	16 ♍ 11	24 ♓ 2	25 ♒ 46	3 ♑ 17	0 ♍	0 ♋	1 ♓	29 ♉	24 ♒
9	18 ♈ 54	6 ♎ 33	5 ♒ 47	6 ♒ 34	28 ♈ 1	0 ♈ 54	19 ♓ 9	20 ♒ 29	16 ♍ 7	24 ♓ 5	25 ♒ 48	3 ♑ 17	0 ♍	1 ♋	1 ♓	29 ♉	24 ♒
10	19 ♈ 53	19 ♎ 55	5 ♒ 44	6 ♒ 23	0 ♉ 3	0 ♈ 33	19 ♓ 55	20 ♒ 39	16 ♍ 4	24 ♓ 8	25 ♒ 49	3 ♑ 17	0 ♍	1 ♋	1 ♓	29 ♉	24 ♒
11	20 ♈ 52	3 ♏ 2	5 ♒ 41	6 ♒ 11	2 ♉ 3	0 ♈ 14	20 ♓ 42	20 ♒ 49	16 ♍ 0	24 ♓ 11	25 ♒ 51	3 ♑ 17	0 ♍	2 ♋	2 ♓	0 ♊	24 ♒
12	21 ♈ 51	15 ♏ 53	5 ♒ 38	5 ♒ 58	4 ♉ 2	29 ♓ 58	21 ♓ 29	21 ♒ 0	15 ♍ 57	24 ♓ 14	25 ♒ 52	3 ♑ 17	0 ♍	2 ♋	2 ♓	0 ♊	25 ♒
13	22 ♈ 50	28 ♏ 26	5 ♒ 34	5 ♒ 47	5 ♉ 58	29 ♓ 44	22 ♓ 16	21 ♒ 10	15 ♍ 54	24 ♓ 17	25 ♒ 53	3 ♑ 17	0 ♍	3 ♋	3 ♓	1 ♊	25 ♒
14	23 ♈ 48	10 ♐ 44	5 ♒ 31	5 ♒ 38	7 ♉ 52	29 ♓ 33	23 ♓ 2	21 ♒ 20	15 ♍ 50	24 ♓ 21	25 ♒ 55	3 ♑ 16	0 D	3 ♋	3 ♓	1 ♊	25 ♒
15	24 ♈ 47	22 ♐ 48	5 ♒ 28	5 ♒ 32	9 ♉ 43	29 ♓ 24	23 ♓ 49	21 ♒ 30	15 ♍ 47	24 ♓ 24	25 ♒ 56	3 ♑ 16	0 ♍	4 ♋	3 ♓	1 ♊	25 ♒
16	25 ♈ 46	4 ♑ 43	5 ♒ 25	5 ♒ 28	11 ♉ 31	29 ♓ 17	24 ♓ 36	21 ♒ 39	15 ♍ 44	24 ♓ 27	25 ♒ 58	3 ♑ 16	0 ♍	4 ♋	4 ♓	2 ♊	25 ♒
17	26 ♈ 45	16 ♑ 32	5 ♒ 22	5 ♒ 26	13 ♉ 16	29 ♓ 13	25 ♓ 22	21 ♒ 49	15 ♍ 41	24 ♓ 30	25 ♒ 59	3 ♑ 15	0 ♍	5 ♋	4 ♓	2 ♊	25 ♒
18	27 ♈ 43	28 ♑ 21	5 ♒ 18	5 D 26	14 ♉ 57	29 ♓ 11	26 ♓ 9	21 ♒ 59	15 ♍ 38	24 ♓ 33	26 ♒ 0	3 ♑ 15	0 ♍	5 ♋	5 ♓	3 ♊	25 ♒
19	28 ♈ 42	10 ♒ 16	5 ♒ 15	5 R 26	16 ♉ 33	29 D 12	26 ♓ 56	22 ♒ 8	15 ♍ 35	24 ♓ 36	26 ♒ 2	3 ♑ 15	0 ♍	6 ♋	5 ♓	3 ♊	25 ♒
20	29 ♈ 41	22 ♒ 21	5 ♒ 12	5 ♒ 25	18 ♉ 6	29 ♓ 15	27 ♓ 42	22 ♒ 18	15 ♍ 32	24 ♓ 39	26 ♒ 3	3 ♑ 14	0 ♍	6 ♋	5 ♓	3 ♊	25 ♒
21	0 ♉ 39	4 ♓ 42	5 ♒ 9	5 ♒ 22	19 ♉ 34	29 ♓ 21	28 ♓ 29	22 ♒ 27	15 ♍ 30	24 ♓ 42	26 ♒ 4	3 ♑ 14	0 ♍	7 ♋	6 ♓	4 ♊	25 ♒
22	1 ♉ 38	17 ♓ 23	5 ♒ 6	5 ♒ 17	20 ♉ 58	29 ♓ 28	29 ♓ 15	22 ♒ 36	15 ♍ 27	24 ♓ 45	26 ♒ 5	3 ♑ 13	0 ♍	7 ♋	6 ♓	4 ♊	25 ♒
23	2 ♉ 36	0 ♈ 28	5 ♒ 3	5 ♒ 10	22 ♉ 17	29 ♓ 38	0 ♈ 2	22 ♒ 45	15 ♍ 25	24 ♓ 47	26 ♒ 7	3 ♑ 13	0 ♍	8 ♋	6 ♓	5 ♊	25 ♒
24	3 ♉ 35	13 ♈ 56	4 ♒ 59	4 ♒ 59	23 ♉ 32	29 ♓ 50	0 ♈ 48	22 ♒ 54	15 ♍ 22	24 ♓ 50	26 ♒ 8	3 ♑ 12	0 ♍	8 ♋	7 ♓	5 ♊	25 ♒
25	4 ♉ 33	27 ♈ 47	4 ♒ 56	4 ♒ 48	24 ♉ 41	0 ♈ 4	1 ♈ 35	23 ♒ 2	15 ♍ 20	24 ♓ 53	26 ♒ 9	3 ♑ 11	0 ♍	9 ♋	7 ♓	5 ♊	25 ♒
26	5 ♉ 32	11 ♉ 57	4 ♒ 53	4 ♒ 36	25 ♉ 45	0 ♈ 20	2 ♈ 21	23 ♒ 11	15 ♍ 18	24 ♓ 56	26 ♒ 10	3 ♑ 11	0 ♍	9 ♋	8 ♓	6 ♊	25 ♒
27	6 ♉ 30	26 ♉ 21	4 ♒ 50	4 ♒ 24	26 ♉ 44	0 ♈ 38	3 ♈ 8	23 ♒ 19	15 ♍ 16	24 ♓ 59	26 ♒ 11	3 ♑ 10	1 ♍	10 ♋	8 ♓	6 ♊	25 ♒
28	7 ♉ 29	10 ♊ 52	4 ♒ 47	4 ♒ 15	27 ♉ 38	0 ♈ 58	3 ♈ 54	23 ♒ 28	15 ♍ 14	25 ♓ 2	26 ♒ 12	3 ♑ 9	1 ♍	10 ♋	8 ♓	7 ♊	25 ♒
29	8 ♉ 27	25 ♊ 23	4 ♒ 44	4 ♒ 9	28 ♉ 27	1 ♈ 20	4 ♈ 40	23 ♒ 36	15 ♍ 12	25 ♓ 4	26 ♒ 13	3 ♑ 9	1 ♍	11 ♋	9 ♓	7 ♊	25 ♒
30	9 ♉ 25	9 ♋ 50	4 ♒ 40	4 ♒ 5	29 ♉ 11	1 ♈ 43	5 ♈ 27	23 ♒ 44	15 ♍ 10	25 ♓ 7	26 ♒ 14	3 ♑ 8	1 ♍	11 ♋	9 ♓	8 ♊	25 ♒

SUN INGRESS	☉ → ♉ 20日 07:44
MOON PHASE	◐ 2日 23:34 ♋ ○ 9日 23:56 ♎ ◑ 17日 22:36 ♑ ● 25日 12:23 ♉

aspects		
3日	19:22	♀□♇
4日	23:58	☿⚹♃
5日	09:55	♂☍♄
7日	21:38	☿⚹♆
10日	22:43	☉⚹♃
11日	14:52	☿△♇
15日	19:00	♂☌♅
16日	04:55	☉⚹♆
18日	09:52	☿△♄
22日	08:19	♀☌♂
23日	09:53	☿□♃
23日	14:44	☉△♇
25日	04:38	☿⚹♅
26日	09:54	☿□♆
27日	01:14	♂□♇

2009年5月

DAY	☉	☽	☊ mean	☊ true	☿	♀	♂	♃	♄	♅	♆	♇	⚳	⚴	⚵	⚶	⚷
	° ′	° ′	° ′	° ′	° ′	° ′	° ′	° ′	° ′	° ′	° ′	° ′	°	°	°	°	°
1	10 ♉ 23	24 ♋ 8	4 ♒ 37	4 R 4	29 D 49	2 D 8	6 D 13	23 D 52	15 R 8	25 D 10	26 D 15	3 R 7	1 D	12 D	10 D	8 D	25 D
2	11 ♉ 22	8 ♌ 15	4 ♒ 34	4 D 3	0 ♊ 21	2 ♈ 35	6 ♈ 59	24 ♒ 0	15 ♍ 6	25 ♓ 12	26 ♒ 16	3 ♑ 7	1 ♍	12 ♋	10 ♓	8 ♊	25 ♒
3	12 ♉ 20	22 ♌ 11	4 ♒ 31	4 R 3	0 ♊ 49	3 ♈ 3	7 ♈ 45	24 ♒ 7	15 ♍ 5	25 ♓ 15	26 ♒ 17	3 ♑ 6	1 ♍	13 ♋	10 ♓	9 ♊	25 ♒
4	13 ♉ 18	5 ♍ 55	4 ♒ 28	4 ♒ 2	1 ♊ 10	3 ♈ 33	8 ♈ 32	24 ♒ 15	15 ♍ 4	25 ♓ 17	26 ♒ 17	3 ♑ 5	1 ♍	13 ♋	11 ♓	9 ♊	25 ♒
5	14 ♉ 16	19 ♍ 28	4 ♒ 24	3 ♒ 58	1 ♊ 27	4 ♈ 4	9 ♈ 18	24 ♒ 22	15 ♍ 2	25 ♓ 20	26 ♒ 18	3 ♑ 4	2 ♍	14 ♋	11 ♓	10 ♊	25 ♒
6	15 ♉ 14	2 ♎ 51	4 ♒ 21	3 ♒ 51	1 ♊ 38	4 ♈ 36	10 ♈ 4	24 ♒ 29	15 ♍ 1	25 ♓ 22	26 ♒ 19	3 ♑ 3	2 ♍	14 ♋	11 ♓	10 ♊	25 ♒
7	16 ♉ 12	16 ♎ 2	4 ♒ 18	3 ♒ 42	1 ♊ 43	5 ♈ 10	10 ♈ 50	24 ♒ 36	15 ♍ 0	25 ♓ 25	26 ♒ 20	3 ♑ 2	2 ♍	15 ♋	12 ♓	11 ♊	25 ♒
8	17 ♉ 11	29 ♎ 2	4 ♒ 15	3 ♒ 31	1 R 44	5 ♈ 46	11 ♈ 36	24 ♒ 43	14 ♍ 59	25 ♓ 27	26 ♒ 21	3 ♑ 1	2 ♍	15 ♋	12 ♓	11 ♊	25 ♒
9	18 ♉ 9	11 ♏ 49	4 ♒ 12	3 ♒ 18	1 ♊ 39	6 ♈ 22	12 ♈ 22	24 ♒ 50	14 ♍ 58	25 ♓ 30	26 ♒ 21	3 ♑ 0	2 ♍	16 ♋	12 ♓	11 ♊	25 ♒
10	19 ♉ 7	24 ♏ 24	4 ♒ 9	3 ♒ 6	1 ♊ 30	7 ♈ 0	13 ♈ 8	24 ♒ 56	14 ♍ 57	25 ♓ 32	26 ♒ 22	2 ♑ 59	2 ♍	16 ♋	13 ♓	12 ♊	26 ♒
11	20 ♉ 5	6 ♐ 45	4 ♒ 5	2 ♒ 55	1 ♊ 16	7 ♈ 39	13 ♈ 54	25 ♒ 3	14 ♍ 56	25 ♓ 34	26 ♒ 23	2 ♑ 58	2 ♍	17 ♋	13 ♓	12 ♊	26 ♒
12	21 ♉ 2	18 ♐ 55	4 ♒ 2	2 ♒ 45	0 ♊ 57	8 ♈ 19	14 ♈ 40	25 ♒ 9	14 ♍ 56	25 ♓ 37	26 ♒ 23	2 ♑ 57	3 ♍	17 ♋	14 ♓	13 ♊	26 ♒
13	22 ♉ 0	0 ♑ 55	3 ♒ 59	2 ♒ 38	0 ♊ 35	9 ♈ 0	15 ♈ 25	25 ♒ 15	14 ♍ 55	25 ♓ 39	26 ♒ 24	2 ♑ 56	3 ♍	18 ♋	14 ♓	13 ♊	26 ♒
14	22 ♉ 58	12 ♑ 47	3 ♒ 56	2 ♒ 34	0 ♊ 10	9 ♈ 42	16 ♈ 11	25 ♒ 21	14 ♍ 55	25 ♓ 41	26 ♒ 24	2 ♑ 55	3 ♍	18 ♋	14 ♓	13 ♊	26 ♒
15	23 ♉ 56	24 ♑ 35	3 ♒ 53	2 ♒ 32	29 ♉ 41	10 ♈ 25	16 ♈ 57	25 ♒ 27	14 ♍ 55	25 ♓ 43	26 ♒ 25	2 ♑ 54	3 ♍	19 ♋	15 ♓	14 ♊	26 ♒
16	24 ♉ 54	6 ♒ 23	3 ♒ 50	2 D 32	29 ♉ 10	11 ♈ 9	17 ♈ 43	25 ♒ 33	14 ♍ 54	25 ♓ 45	26 ♒ 25	2 ♑ 53	3 ♍	19 ♋	15 ♓	14 ♊	26 ♒
17	25 ♉ 52	18 ♒ 17	3 ♒ 46	2 ♒ 33	28 ♉ 37	11 ♈ 53	18 ♈ 28	25 ♒ 38	14 ♍ 54	25 ♓ 48	26 ♒ 26	2 ♑ 52	4 ♍	20 ♋	15 ♓	15 ♊	26 ♒
18	26 ♉ 50	0 ♓ 21	3 ♒ 43	2 R 33	28 ♉ 3	12 ♈ 39	19 ♈ 14	25 ♒ 44	14 D 54	25 ♓ 50	26 ♒ 26	2 ♑ 51	4 ♍	20 ♋	16 ♓	15 ♊	26 ♒
19	27 ♉ 47	12 ♓ 42	3 ♒ 40	2 ♒ 32	27 ♉ 28	13 ♈ 26	19 ♈ 59	25 ♒ 49	14 ♍ 54	25 ♓ 52	26 ♒ 26	2 ♑ 50	4 ♍	21 ♋	16 ♓	16 ♊	26 ♒
20	28 ♉ 45	25 ♓ 24	3 ♒ 37	2 ♒ 28	26 ♉ 53	14 ♈ 13	20 ♈ 45	25 ♒ 54	14 ♍ 55	25 ♓ 54	26 ♒ 27	2 ♑ 48	4 ♍	22 ♋	16 ♓	16 ♊	26 ♒
21	29 ♉ 43	8 ♈ 30	3 ♒ 34	2 ♒ 23	26 ♉ 19	15 ♈ 1	21 ♈ 31	25 ♒ 59	14 ♍ 55	25 ♓ 56	26 ♒ 27	2 ♑ 47	4 ♍	22 ♋	17 ♓	16 ♊	26 ♒
22	0 ♊ 41	22 ♈ 4	3 ♒ 30	2 ♒ 16	25 ♉ 46	15 ♈ 50	22 ♈ 16	26 ♒ 3	14 ♍ 55	25 ♓ 57	26 ♒ 27	2 ♑ 46	5 ♍	23 ♋	17 ♓	17 ♊	26 ♒
23	1 ♊ 38	6 ♉ 5	3 ♒ 27	2 ♒ 7	25 ♉ 14	16 ♈ 40	23 ♈ 1	26 ♒ 8	14 ♍ 56	25 ♓ 59	26 ♒ 27	2 ♑ 45	5 ♍	23 ♋	17 ♓	17 ♊	26 ♒
24	2 ♊ 36	20 ♉ 29	3 ♒ 24	1 ♒ 57	24 ♉ 44	17 ♈ 30	23 ♈ 47	26 ♒ 12	14 ♍ 56	26 ♓ 1	26 ♒ 28	2 ♑ 43	5 ♍	24 ♋	18 ♓	18 ♊	26 ♒
25	3 ♊ 34	5 ♊ 11	3 ♒ 21	1 ♒ 49	24 ♉ 18	18 ♈ 21	24 ♈ 32	26 ♒ 16	14 ♍ 57	26 ♓ 3	26 ♒ 28	2 ♑ 42	5 ♍	24 ♋	18 ♓	18 ♊	26 ♒
26	4 ♊ 32	20 ♊ 4	3 ♒ 18	1 ♒ 42	23 ♉ 54	19 ♈ 13	25 ♈ 17	26 ♒ 20	14 ♍ 58	26 ♓ 5	26 ♒ 28	2 ♑ 41	6 ♍	25 ♋	18 ♓	19 ♊	26 ♒
27	5 ♊ 29	4 ♋ 59	3 ♒ 15	1 ♒ 37	23 ♉ 34	20 ♈ 5	26 ♈ 2	26 ♒ 24	14 ♍ 59	26 ♓ 6	26 ♒ 28	2 ♑ 39	6 ♍	25 ♋	19 ♓	19 ♊	26 ♒
28	6 ♊ 27	19 ♋ 47	3 ♒ 11	1 ♒ 34	23 ♉ 17	20 ♈ 58	26 ♈ 48	26 ♒ 27	15 ♍ 0	26 ♓ 8	26 ♒ 28	2 ♑ 38	6 ♍	26 ♋	19 ♓	19 ♊	26 ♒
29	7 ♊ 24	4 ♌ 23	3 ♒ 8	1 D 34	23 ♉ 5	21 ♈ 51	27 ♈ 33	26 ♒ 31	15 ♍ 1	26 ♓ 10	26 ♒ 28	2 ♑ 37	6 ♍	26 ♋	19 ♓	20 ♊	26 ♒
30	8 ♊ 22	18 ♌ 42	3 ♒ 5	1 ♒ 34	22 ♉ 56	22 ♈ 45	28 ♈ 18	26 ♒ 34	15 ♍ 2	26 ♓ 11	26 R 28	2 ♑ 35	7 ♍	27 ♋	20 ♓	20 ♊	26 ♒
31	9 ♊ 20	2 ♍ 43	3 ♒ 2	1 ♒ 35	22 ♉ 52	23 ♈ 40	29 ♈ 3	26 ♒ 37	15 ♍ 4	26 ♓ 13	26 ♒ 28	2 ♑ 34	7 ♍	27 ♋	20 ♓	21 ♊	26 R

SUN INGRESS	☉ → ♊ 21日 06:51
MOON PHASE	◐ 2日 05:44 ♌　○ 9日 13:01 ♏　◑ 17日 16:26 ♒　● 24日 21:11 ♊　◐ 31日 12:22 ♍

aspects		
3日	02:10	♀□♇
5日	18:34	☉△♄
16日	17:45	☉□♃
16日	22:09	☉⚹♅
17日	14:05	☉□♆
18日	19:02	☉☌☿
20日	18:21	☿□♆
21日	12:44	☿□♃
21日	15:46	☿⚹♅
27日	12:19	♂⚹♃
27日	13:37	♂⚹♆
28日	05:06	♃☌♆

2009年6月

DAY	☉	☽	☊ mean	☊ true	☿	♀	♂	♃	♄	♅	♆	♇	⚳	⚴	⚵	⚶	⚷
	° ′	° ′	° ′	° ′	° ′	° ′	° ′	° ′	° ′	° ′	° ′	° ′	°	°	°	°	°
1	10 ♊ 17	16 ♍ 25	2 ♒ 59	1 R 35	22 D 52	24 D 34	29 D 48	26 D 40	15 D 5	26 D 14	26 R 28	2 R 33	7 D	28 D	20 D	21 D	26 R
2	11 ♊ 15	29 ♍ 50	2 ♒ 56	1 ♒ 34	22 ♉ 57	25 ♈ 30	0 ♉ 33	26 ♒ 43	15 ♍ 7	26 ♓ 16	26 ♒ 28	2 ♑ 31	7 ♍	28 ♋	21 ♓	22 ♊	26 ♒
3	12 ♊ 12	12 ♎ 59	2 ♒ 52	1 ♒ 30	23 ♉ 6	26 ♈ 26	1 ♉ 17	26 ♒ 45	15 ♍ 8	26 ♓ 17	26 ♒ 28	2 ♑ 30	8 ♍	29 ♋	21 ♓	22 ♊	26 ♒
4	13 ♊ 9	25 ♎ 53	2 ♒ 49	1 ♒ 24	23 ♉ 20	27 ♈ 22	2 ♉ 2	26 ♒ 47	15 ♍ 10	26 ♓ 18	26 ♒ 28	2 ♑ 28	8 ♍	29 ♋	21 ♓	23 ♊	26 ♒
5	14 ♊ 7	8 ♏ 34	2 ♒ 46	1 ♒ 17	23 ♉ 38	28 ♈ 19	2 ♉ 47	26 ♒ 50	15 ♍ 12	26 ♓ 20	26 ♒ 27	2 ♑ 27	8 ♍	0 ♌	22 ♓	23 ♊	26 ♒
6	15 ♊ 4	21 ♏ 3	2 ♒ 43	1 ♒ 9	24 ♉ 1	29 ♈ 16	3 ♉ 32	26 ♒ 52	15 ♍ 14	26 ♓ 21	26 ♒ 27	2 ♑ 25	9 ♍	0 ♌	22 ♓	23 ♊	26 ♒
7	16 ♊ 2	3 ♐ 22	2 ♒ 40	1 ♒ 1	24 ♉ 28	0 ♉ 14	4 ♉ 16	26 ♒ 53	15 ♍ 16	26 ♓ 22	26 ♒ 27	2 ♑ 24	9 ♍	1 ♌	22 ♓	24 ♊	26 ♒
8	16 ♊ 59	15 ♐ 30	2 ♒ 36	0 ♒ 53	24 ♉ 59	1 ♉ 12	5 ♉ 1	26 ♒ 55	15 ♍ 18	26 ♓ 23	26 ♒ 27	2 ♑ 23	9 ♍	1 ♌	23 ♓	24 ♊	26 ♒
9	17 ♊ 56	27 ♐ 31	2 ♒ 33	0 ♒ 47	25 ♉ 34	2 ♉ 10	5 ♉ 45	26 ♒ 56	15 ♍ 20	26 ♓ 24	26 ♒ 26	2 ♑ 21	9 ♍	2 ♌	23 ♓	25 ♊	26 ♒
10	18 ♊ 54	9 ♑ 24	2 ♒ 30	0 ♒ 43	26 ♉ 14	3 ♉ 9	6 ♉ 30	26 ♒ 57	15 ♍ 23	26 ♓ 25	26 ♒ 26	2 ♑ 20	10 ♍	2 ♌	23 ♓	25 ♊	26 ♒
11	19 ♊ 51	21 ♑ 13	2 ♒ 27	0 ♒ 41	26 ♉ 57	4 ♉ 8	7 ♉ 14	26 ♒ 58	15 ♍ 25	26 ♓ 26	26 ♒ 26	2 ♑ 18	10 ♍	3 ♌	24 ♓	26 ♊	26 ♒
12	20 ♊ 49	3 ♒ 0	2 ♒ 24	0 D 40	27 ♉ 45	5 ♉ 8	7 ♉ 58	26 ♒ 59	15 ♍ 28	26 ♓ 27	26 ♒ 25	2 ♑ 17	10 ♍	3 ♌	24 ♓	26 ♊	26 ♒
13	21 ♊ 46	14 ♒ 49	2 ♒ 21	0 ♒ 41	28 ♉ 36	6 ♉ 7	8 ♉ 43	27 ♒ 0	15 ♍ 30	26 ♓ 28	26 ♒ 25	2 ♑ 15	11 ♍	4 ♌	24 ♓	26 ♊	26 ♒
14	22 ♊ 43	26 ♒ 43	2 ♒ 17	0 ♒ 43	29 ♉ 31	7 ♉ 8	9 ♉ 27	27 ♒ 0	15 ♍ 33	26 ♓ 29	26 ♒ 24	2 ♑ 14	11 ♍	4 ♌	24 ♓	27 ♊	26 ♒
15	23 ♊ 41	8 ♓ 48	2 ♒ 14	0 ♒ 44	0 ♊ 30	8 ♉ 8	10 ♉ 11	27 ♒ 1	15 ♍ 36	26 ♓ 30	26 ♒ 24	2 ♑ 12	11 ♍	5 ♌	25 ♓	27 ♊	26 ♒
16	24 ♊ 38	21 ♓ 8	2 ♒ 11	0 ♒ 45	1 ♊ 32	9 ♉ 9	10 ♉ 55	27 R 1	15 ♍ 39	26 ♓ 31	26 ♒ 23	2 ♑ 11	12 ♍	5 ♌	25 ♓	28 ♊	26 ♒
17	25 ♊ 35	3 ♈ 48	2 ♒ 8	0 R 45	2 ♊ 38	10 ♉ 10	11 ♉ 39	27 ♒ 0	15 ♍ 42	26 ♓ 32	26 ♒ 23	2 ♑ 9	12 ♍	6 ♌	25 ♓	28 ♊	26 ♒
18	26 ♊ 32	16 ♈ 52	2 ♒ 5	0 ♒ 43	3 ♊ 47	11 ♉ 11	12 ♉ 23	27 ♒ 0	15 ♍ 45	26 ♓ 32	26 ♒ 22	2 ♑ 7	12 ♍	6 ♌	26 ♓	29 ♊	26 ♒
19	27 ♊ 30	0 ♉ 22	2 ♒ 2	0 ♒ 40	5 ♊ 0	12 ♉ 13	13 ♉ 7	27 ♒ 0	15 ♍ 48	26 ♓ 33	26 ♒ 22	2 ♑ 6	12 ♍	7 ♌	26 ♓	29 ♊	26 ♒
20	28 ♊ 27	14 ♉ 21	1 ♒ 58	0 ♒ 36	6 ♊ 17	13 ♉ 15	13 ♉ 51	26 ♒ 59	15 ♍ 51	26 ♓ 34	26 ♒ 21	2 ♑ 4	13 ♍	7 ♌	26 ♓	29 ♊	26 ♒
21	29 ♊ 24	28 ♉ 46	1 ♒ 55	0 ♒ 32	7 ♊ 36	14 ♉ 17	14 ♉ 35	26 ♒ 58	15 ♍ 55	26 ♓ 34	26 ♒ 20	2 ♑ 3	13 ♍	8 ♌	26 ♓	0 ♋	26 ♒
22	0 ♋ 22	13 ♊ 34	1 ♒ 52	0 ♒ 27	8 ♊ 59	15 ♉ 20	15 ♉ 18	26 ♒ 57	15 ♍ 58	26 ♓ 35	26 ♒ 19	2 ♑ 1	13 ♍	9 ♌	27 ♓	0 ♋	25 ♒
23	1 ♋ 19	28 ♊ 36	1 ♒ 49	0 ♒ 24	10 ♊ 25	16 ♉ 23	16 ♉ 2	26 ♒ 55	16 ♍ 2	26 ♓ 35	26 ♒ 19	2 ♑ 0	14 ♍	9 ♌	27 ♓	1 ♋	25 ♒
24	2 ♋ 16	13 ♋ 45	1 ♒ 46	0 ♒ 22	11 ♊ 55	17 ♉ 26	16 ♉ 46	26 ♒ 54	16 ♍ 5	26 ♓ 35	26 ♒ 18	1 ♑ 58	14 ♍	10 ♌	27 ♓	1 ♋	25 ♒
25	3 ♋ 13	28 ♋ 51	1 ♒ 42	0 ♒ 21	13 ♊ 28	18 ♉ 29	17 ♉ 29	26 ♒ 52	16 ♍ 9	26 ♓ 36	26 ♒ 17	1 ♑ 57	14 ♍	10 ♌	27 ♓	2 ♋	25 ♒
26	4 ♋ 11	13 ♌ 44	1 ♒ 39	0 D 21	15 ♊ 4	19 ♉ 32	18 ♉ 13	26 ♒ 50	16 ♍ 13	26 ♓ 36	26 ♒ 16	1 ♑ 55	15 ♍	11 ♌	28 ♓	2 ♋	25 ♒
27	5 ♋ 8	28 ♌ 20	1 ♒ 36	0 ♒ 23	16 ♊ 43	20 ♉ 36	18 ♉ 56	26 ♒ 48	16 ♍ 17	26 ♓ 36	26 ♒ 16	1 ♑ 54	15 ♍	11 ♌	28 ♓	2 ♋	25 ♒
28	6 ♋ 5	12 ♍ 33	1 ♒ 33	0 ♒ 24	18 ♊ 25	21 ♉ 40	19 ♉ 39	26 ♒ 46	16 ♍ 21	26 ♓ 37	26 ♒ 15	1 ♑ 52	15 ♍	12 ♌	28 ♓	3 ♋	25 ♒
29	7 ♋ 2	26 ♍ 22	1 ♒ 30	0 ♒ 25	20 ♊ 10	22 ♉ 44	20 ♉ 23	26 ♒ 44	16 ♍ 25	26 ♓ 37	26 ♒ 14	1 ♑ 50	16 ♍	12 ♌	28 ♓	3 ♋	25 ♒
30	8 ♋ 0	9 ♎ 48	1 ♒ 27	0 R 25	21 ♊ 58	23 ♉ 48	21 ♉ 6	26 ♒ 41	16 ♍ 29	26 ♓ 37	26 ♒ 13	1 ♑ 49	16 ♍	13 ♌	29 ♓	4 ♋	25 ♒

SUN INGRESS	☉ → ♋ 21日 14:46
MOON PHASE	○ 8日 03:12 ♐　◑ 16日 07:15 ♓　● 23日 04:35 ♋　◐ 29日 20:28 ♎

aspects		
3日	00:54	♀⚹♆
3日	08:39	♀⚹♃
4日	13:37	♂△♇
6日	04:10	☉□♄
9日	04:23	♀△♇
10日	06:45	☿⚹♅
10日	06:53	☿□♆
11日	00:34	☿□♃
17日	19:45	☉△♆
17日	23:56	☉□♅
18日	11:28	☉△♃
21日	22:09	♀☌♂
22日	15:30	♀△♄
22日	23:44	♂△♄
23日	16:42	☉☍♇
26日	17:32	☿□♄

2009年7月

DAY	☉	☽	☊ mean	☊ true	☿	♀	♂	♃	♄	♅	♆	♇	⚳	⚴	⚵	⚶	⚷
	° ′	° ′	° ′	° ′	° ′	° ′	° ′	° ′	° ′	° ′	° ′	° ′	°	°	°	°	°
1	8 ♋ 57	22 ♎ 53	1 ♒ 23	0 R 25	23 D 49	24 D 52	21 D 49	26 R 38	16 D 33	26 D 37	26 R 12	1 R 47	17 D	13 D	29 D	4 D	25 R
2	9 ♋ 54	5 ♏ 38	1 ♒ 20	0 ♒ 23	25 ♊ 43	25 ♉ 57	22 ♉ 32	26 ♒ 35	16 ♍ 37	26 R 37	26 ♒ 11	1 ♑ 46	17 ♍	14 ♌	29 ♓	5 ♋	25 ♒
3	10 ♋ 51	18 ♏ 8	1 ♒ 17	0 ♒ 21	27 ♊ 39	27 ♉ 2	23 ♉ 15	26 ♒ 32	16 ♍ 42	26 ♓ 37	26 ♒ 10	1 ♑ 44	17 ♍	14 ♌	29 ♓	5 ♋	25 ♒
4	11 ♋ 48	0 ♐ 25	1 ♒ 14	0 ♒ 18	29 ♊ 38	28 ♉ 7	23 ♉ 58	26 ♒ 29	16 ♍ 46	26 ♓ 37	26 ♒ 9	1 ♑ 43	18 ♍	15 ♌	0 ♈	6 ♋	25 ♒
5	12 ♋ 46	12 ♐ 31	1 ♒ 11	0 ♒ 15	1 ♋ 39	29 ♉ 12	24 ♉ 41	26 ♒ 25	16 ♍ 51	26 ♓ 37	26 ♒ 8	1 ♑ 41	18 ♍	15 ♌	0 ♈	6 ♋	25 ♒
6	13 ♋ 43	24 ♐ 29	1 ♒ 8	0 ♒ 13	3 ♋ 42	0 ♊ 18	25 ♉ 23	26 ♒ 21	16 ♍ 55	26 ♓ 36	26 ♒ 7	1 ♑ 40	18 ♍	16 ♌	0 ♈	6 ♋	25 ♒
7	14 ♋ 40	6 ♑ 21	1 ♒ 4	0 ♒ 11	5 ♋ 47	1 ♊ 23	26 ♉ 6	26 ♒ 17	17 ♍ 0	26 ♓ 36	26 ♒ 6	1 ♑ 38	19 ♍	16 ♌	0 ♈	7 ♋	25 ♒
8	15 ♋ 37	18 ♑ 10	1 ♒ 1	0 ♒ 10	7 ♋ 53	2 ♊ 29	26 ♉ 49	26 ♒ 13	17 ♍ 5	26 ♓ 36	26 ♒ 4	1 ♑ 37	19 ♍	17 ♌	0 ♈	7 ♋	25 ♒
9	16 ♋ 34	29 ♑ 58	0 ♒ 58	0 ♒ 10	10 ♋ 1	3 ♊ 35	27 ♉ 31	26 ♒ 9	17 ♍ 9	26 ♓ 36	26 ♒ 3	1 ♑ 35	19 ♍	17 ♌	1 ♈	8 ♋	25 ♒
10	17 ♋ 31	11 ♒ 47	0 ♒ 55	0 D 10	12 ♋ 9	4 ♊ 41	28 ♉ 14	26 ♒ 5	17 ♍ 14	26 ♓ 35	26 ♒ 2	1 ♑ 34	20 ♍	18 ♌	1 ♈	8 ♋	25 ♒
11	18 ♋ 29	23 ♒ 39	0 ♒ 52	0 ♒ 11	14 ♋ 18	5 ♊ 47	28 ♉ 56	26 ♒ 0	17 ♍ 19	26 ♓ 35	26 ♒ 1	1 ♑ 32	20 ♍	18 ♌	1 ♈	9 ♋	25 ♒
12	19 ♋ 26	5 ♓ 38	0 ♒ 48	0 ♒ 12	16 ♋ 28	6 ♊ 53	29 ♉ 38	25 ♒ 55	17 ♍ 24	26 ♓ 34	26 ♒ 0	1 ♑ 31	20 ♍	19 ♌	1 ♈	9 ♋	25 ♒
13	20 ♋ 23	17 ♓ 47	0 ♒ 45	0 ♒ 13	18 ♋ 37	8 ♊ 0	0 ♊ 21	25 ♒ 51	17 ♍ 29	26 ♓ 34	25 ♒ 59	1 ♑ 30	21 ♍	19 ♌	1 ♈	9 ♋	25 ♒
14	21 ♋ 20	0 ♈ 10	0 ♒ 42	0 ♒ 13	20 ♋ 47	9 ♊ 7	1 ♊ 3	25 ♒ 45	17 ♍ 35	26 ♓ 33	25 ♒ 57	1 ♑ 28	21 ♍	20 ♌	2 ♈	10 ♋	25 ♒
15	22 ♋ 18	12 ♈ 50	0 ♒ 39	0 ♒ 14	22 ♋ 55	10 ♊ 13	1 ♊ 45	25 ♒ 40	17 ♍ 40	26 ♓ 33	25 ♒ 56	1 ♑ 27	22 ♍	20 ♌	2 ♈	10 ♋	25 ♒
16	23 ♋ 15	25 ♈ 51	0 ♒ 36	0 R 14	25 ♋ 4	11 ♊ 20	2 ♊ 27	25 ♒ 35	17 ♍ 45	26 ♓ 32	25 ♒ 55	1 ♑ 25	22 ♍	21 ♌	2 ♈	11 ♋	25 ♒
17	24 ♋ 12	9 ♉ 15	0 ♒ 33	0 ♒ 14	27 ♋ 11	12 ♊ 28	3 ♊ 9	25 ♒ 29	17 ♍ 51	26 ♓ 31	25 ♒ 53	1 ♑ 24	22 ♍	21 ♌	2 ♈	11 ♋	25 ♒
18	25 ♋ 9	23 ♉ 6	0 ♒ 29	0 ♒ 13	29 ♋ 17	13 ♊ 35	3 ♊ 51	25 ♒ 24	17 ♍ 56	26 ♓ 31	25 ♒ 52	1 ♑ 22	23 ♍	22 ♌	2 ♈	12 ♋	25 ♒
19	26 ♋ 7	7 ♊ 22	0 ♒ 26	0 ♒ 13	1 ♌ 22	14 ♊ 42	4 ♊ 33	25 ♒ 18	18 ♍ 1	26 ♓ 30	25 ♒ 51	1 ♑ 21	23 ♍	22 ♌	2 ♈	12 ♋	25 ♒
20	27 ♋ 4	22 ♊ 1	0 ♒ 23	0 ♒ 13	3 ♌ 26	15 ♊ 50	5 ♊ 14	25 ♒ 12	18 ♍ 7	26 ♓ 29	25 ♒ 49	1 ♑ 20	24 ♍	23 ♌	3 ♈	12 ♋	25 ♒
21	28 ♋ 1	6 ♋ 58	0 ♒ 20	0 ♒ 12	5 ♌ 28	16 ♊ 57	5 ♊ 56	25 ♒ 6	18 ♍ 13	26 ♓ 28	25 ♒ 48	1 ♑ 18	24 ♍	23 ♌	3 ♈	13 ♋	24 ♒
22	28 ♋ 58	22 ♋ 7	0 ♒ 17	0 ♒ 12	7 ♌ 28	18 ♊ 5	6 ♊ 38	25 ♒ 0	18 ♍ 18	26 ♓ 27	25 ♒ 47	1 ♑ 17	24 ♍	24 ♌	3 ♈	13 ♋	24 ♒
23	29 ♋ 56	7 ♌ 17	0 ♒ 14	0 D 12	9 ♌ 27	19 ♊ 13	7 ♊ 19	24 ♒ 54	18 ♍ 24	26 ♓ 26	25 ♒ 45	1 ♑ 16	25 ♍	24 ♌	3 ♈	14 ♋	24 ♒
24	0 ♌ 53	22 ♌ 20	0 ♒ 10	0 R 12	11 ♌ 25	20 ♊ 21	8 ♊ 1	24 ♒ 47	18 ♍ 30	26 ♓ 25	25 ♒ 44	1 ♑ 14	25 ♍	25 ♌	3 ♈	14 ♋	24 ♒
25	1 ♌ 50	7 ♍ 7	0 ♒ 7	0 ♒ 12	13 ♌ 21	21 ♊ 29	8 ♊ 42	24 ♒ 41	18 ♍ 36	26 ♓ 24	25 ♒ 42	1 ♑ 13	25 ♍	25 ♌	3 ♈	15 ♋	24 ♒
26	2 ♌ 48	21 ♍ 32	0 ♒ 4	0 ♒ 12	15 ♌ 15	22 ♊ 38	9 ♊ 23	24 ♒ 34	18 ♍ 42	26 ♓ 23	25 ♒ 41	1 ♑ 12	26 ♍	26 ♌	3 ♈	15 ♋	24 ♒
27	3 ♌ 45	5 ♎ 31	0 ♒ 1	0 ♒ 12	17 ♌ 7	23 ♊ 46	10 ♊ 4	24 ♒ 27	18 ♍ 48	26 ♓ 22	25 ♒ 39	1 ♑ 11	26 ♍	26 ♌	3 ♈	16 ♋	24 ♒
28	4 ♌ 42	19 ♎ 4	29 ♑ 58	0 ♒ 11	18 ♌ 58	24 ♊ 54	10 ♊ 45	24 ♒ 20	18 ♍ 54	26 ♓ 21	25 ♒ 38	1 ♑ 9	27 ♍	27 ♌	3 ♈	16 ♋	24 ♒
29	5 ♌ 40	2 ♏ 11	29 ♑ 54	0 ♒ 11	20 ♌ 47	26 ♊ 3	11 ♊ 26	24 ♒ 13	19 ♍ 0	26 ♓ 19	25 ♒ 36	1 ♑ 8	27 ♍	27 ♌	4 ♈	16 ♋	24 ♒
30	6 ♌ 37	14 ♏ 56	29 ♑ 51	0 D 11	22 ♌ 34	27 ♊ 12	12 ♊ 7	24 ♒ 6	19 ♍ 6	26 ♓ 18	25 ♒ 35	1 ♑ 7	27 ♍	28 ♌	4 ♈	17 ♋	24 ♒
31	7 ♌ 34	27 ♏ 21	29 ♑ 48	0 ♒ 12	24 ♌ 19	28 ♊ 21	12 ♊ 48	23 ♒ 59	19 ♍ 12	26 ♓ 17	25 ♒ 33	1 ♑ 6	28 ♍	28 ♌	4 ♈	17 ♋	24 ♒

SUN INGRESS	☉ → ♌ 23日 01:36
MOON PHASE	○ 7日 18:21 ♑ ◑ 15日 18:53 ♈ ● 22日 11:35 ♋ ◐ 29日 07:00 ♏

aspects		
2日	05:01	♀□♆
2日	05:48	☿△♆
2日	10:34	☿△♃
2日	11:13	☿□♅
2日	13:24	♀□♃
2日	14:42	♀⚹♅
5日	00:29	☿☍♇
6日	23:43	♂□♆
7日	05:48	♂□♃
7日	16:48	♂⚹♅
9日	16:09	☉⚹♄
10日	18:13	♃☌♆
12日	10:55	☿⚹♄
14日	11:15	☉☌☿
16日	16:33	☿△♅
19日	09:36	☉△♅
21日	08:32	☿⚹♂
22日	05:05	♀□♄
27日	13:07	♀△♃
28日	14:51	♀△♆
29日	05:38	♀□♅
30日	19:38	☿☍♃
31日	16:46	☿☍♆

2009年8月

DAY	☉	☽	☊ mean	☊ true	☿	♀	♂	♃	♄	♅	♆	♇	⚳	⚴	⚵	⚶	⚷
	° ′	° ′	° ′	° ′	° ′	° ′	° ′	° ′	° ′	° ′	° ′	° ′	°	°	°	°	°
1	8 ♌ 32	9 ♐ 31	29 ♑ 45	0 D 12	26 D 3	29 D 29	13 D 29	23 R 52	19 D 18	26 R 16	25 R 32	1 R 5	28 D	29 D	4 D	18 D	24 R
2	9 ♌ 29	21 ♐ 31	29 ♑ 42	0 ♒ 13	27 ♌ 45	0 ♋ 38	14 ♊ 9	23 ♒ 44	19 ♍ 25	26 ♓ 14	25 ♒ 30	1 ♑ 4	29 ♍	29 ♌	4 ♈	18 ♋	24 ♒
3	10 ♌ 27	3 ♑ 23	29 ♑ 39	0 ♒ 14	29 ♌ 26	1 ♋ 48	14 ♊ 50	23 ♒ 37	19 ♍ 31	26 ♓ 13	25 ♒ 29	1 ♑ 2	29 ♍	0 ♍	4 ♈	19 ♋	24 ♒
4	11 ♌ 24	15 ♑ 11	29 ♑ 35	0 ♒ 15	1 ♍ 5	2 ♋ 57	15 ♊ 30	23 ♒ 30	19 ♍ 37	26 ♓ 11	25 ♒ 27	1 ♑ 1	29 ♍	0 ♍	4 ♈	19 ♋	24 ♒
5	12 ♌ 21	26 ♑ 58	29 ♑ 32	0 ♒ 15	2 ♍ 42	4 ♋ 6	16 ♊ 10	23 ♒ 22	19 ♍ 44	26 ♓ 10	25 ♒ 25	1 ♑ 0	0 ♎	1 ♍	4 ♈	19 ♋	24 ♒
6	13 ♌ 19	8 ♒ 48	29 ♑ 29	0 R 15	4 ♍ 17	5 ♋ 16	16 ♊ 51	23 ♒ 15	19 ♍ 50	26 ♓ 8	25 ♒ 24	0 ♑ 59	0 ♎	1 ♍	4 ♈	20 ♋	24 ♒
7	14 ♌ 16	20 ♒ 42	29 ♑ 26	0 ♒ 14	5 ♍ 51	6 ♋ 25	17 ♊ 31	23 ♒ 7	19 ♍ 57	26 ♓ 7	25 ♒ 22	0 ♑ 58	1 ♎	2 ♍	4 ♈	20 ♋	24 ♒
8	15 ♌ 14	2 ♓ 43	29 ♑ 23	0 ♒ 13	7 ♍ 23	7 ♋ 35	18 ♊ 11	22 ♒ 59	20 ♍ 3	26 ♓ 5	25 ♒ 21	0 ♑ 57	1 ♎	2 ♍	4 ♈	21 ♋	24 ♒
9	16 ♌ 11	14 ♓ 52	29 ♑ 20	0 ♒ 11	8 ♍ 54	8 ♋ 45	18 ♊ 51	22 ♒ 51	20 ♍ 10	26 ♓ 3	25 ♒ 19	0 ♑ 56	1 ♎	3 ♍	4 ♈	21 ♋	24 ♒
10	17 ♌ 9	27 ♓ 12	29 ♑ 16	0 ♒ 8	10 ♍ 23	9 ♋ 54	19 ♊ 31	22 ♒ 44	20 ♍ 17	26 ♓ 2	25 ♒ 17	0 ♑ 55	2 ♎	3 ♍	4 ♈	22 ♋	24 ♒
11	18 ♌ 6	9 ♈ 44	29 ♑ 13	0 ♒ 6	11 ♍ 50	11 ♋ 4	20 ♊ 11	22 ♒ 36	20 ♍ 23	26 ♓ 0	25 ♒ 16	0 ♑ 54	2 ♎	4 ♍	4 R	22 ♋	23 ♒
12	19 ♌ 4	22 ♈ 30	29 ♑ 10	0 ♒ 4	13 ♍ 15	12 ♋ 14	20 ♊ 50	22 ♒ 28	20 ♍ 30	25 ♓ 58	25 ♒ 14	0 ♑ 53	3 ♎	4 ♍	4 ♈	22 ♋	23 ♒
13	20 ♌ 1	5 ♉ 34	29 ♑ 7	0 ♒ 2	14 ♍ 39	13 ♋ 25	21 ♊ 30	22 ♒ 20	20 ♍ 37	25 ♓ 56	25 ♒ 13	0 ♑ 53	3 ♎	5 ♍	4 ♈	23 ♋	23 ♒
14	20 ♌ 59	18 ♉ 56	29 ♑ 4	0 ♒ 2	16 ♍ 1	14 ♋ 35	22 ♊ 10	22 ♒ 12	20 ♍ 44	25 ♓ 55	25 ♒ 11	0 ♑ 52	4 ♎	5 ♍	4 ♈	23 ♋	23 ♒
15	21 ♌ 57	2 ♊ 38	29 ♑ 0	0 D 2	17 ♍ 21	15 ♋ 45	22 ♊ 49	22 ♒ 5	20 ♍ 51	25 ♓ 53	25 ♒ 9	0 ♑ 51	4 ♎	6 ♍	4 ♈	24 ♋	23 ♒
16	22 ♌ 54	16 ♊ 41	28 ♑ 57	0 ♒ 3	18 ♍ 40	16 ♋ 56	23 ♊ 28	21 ♒ 57	20 ♍ 57	25 ♓ 51	25 ♒ 8	0 ♑ 50	4 ♎	6 ♍	4 ♈	24 ♋	23 ♒
17	23 ♌ 52	1 ♋ 4	28 ♑ 54	0 ♒ 4	19 ♍ 56	18 ♋ 6	24 ♊ 8	21 ♒ 49	21 ♍ 4	25 ♓ 49	25 ♒ 6	0 ♑ 49	5 ♎	7 ♍	4 ♈	24 ♋	23 ♒
18	24 ♌ 50	15 ♋ 45	28 ♑ 51	0 ♒ 5	21 ♍ 11	19 ♋ 17	24 ♊ 47	21 ♒ 41	21 ♍ 11	25 ♓ 47	25 ♒ 4	0 ♑ 49	5 ♎	7 ♍	4 ♈	25 ♋	23 ♒
19	25 ♌ 48	0 ♌ 39	28 ♑ 48	0 R 6	22 ♍ 23	20 ♋ 27	25 ♊ 26	21 ♒ 33	21 ♍ 18	25 ♓ 45	25 ♒ 3	0 ♑ 48	6 ♎	8 ♍	4 ♈	25 ♋	23 ♒
20	26 ♌ 45	15 ♌ 39	28 ♑ 45	0 ♒ 5	23 ♍ 34	21 ♋ 38	26 ♊ 5	21 ♒ 25	21 ♍ 25	25 ♓ 43	25 ♒ 1	0 ♑ 47	6 ♎	8 ♍	4 ♈	26 ♋	23 ♒
21	27 ♌ 43	0 ♍ 36	28 ♑ 41	0 ♒ 3	24 ♍ 42	22 ♋ 49	26 ♊ 43	21 ♒ 18	21 ♍ 32	25 ♓ 41	24 ♒ 59	0 ♑ 46	6 ♎	9 ♍	4 ♈	26 ♋	23 ♒
22	28 ♌ 41	15 ♍ 24	28 ♑ 38	0 ♒ 0	25 ♍ 48	24 ♋ 0	27 ♊ 22	21 ♒ 10	21 ♍ 39	25 ♓ 39	24 ♒ 58	0 ♑ 46	7 ♎	9 ♍	4 ♈	27 ♋	23 ♒
23	29 ♌ 39	29 ♍ 52	28 ♑ 35	29 ♑ 56	26 ♍ 52	25 ♋ 11	28 ♊ 1	21 ♒ 2	21 ♍ 47	25 ♓ 37	24 ♒ 56	0 ♑ 45	7 ♎	10 ♍	4 ♈	27 ♋	23 ♒
24	0 ♍ 37	13 ♎ 58	28 ♑ 32	29 ♑ 51	27 ♍ 53	26 ♋ 22	28 ♊ 39	20 ♒ 55	21 ♍ 54	25 ♓ 35	24 ♒ 55	0 ♑ 45	8 ♎	10 ♍	3 ♈	27 ♋	23 ♒
25	1 ♍ 34	27 ♎ 37	28 ♑ 29	29 ♑ 47	28 ♍ 52	27 ♋ 33	29 ♊ 18	20 ♒ 47	22 ♍ 1	25 ♓ 33	24 ♒ 53	0 ♑ 44	8 ♎	11 ♍	3 ♈	28 ♋	23 ♒
26	2 ♍ 32	10 ♏ 49	28 ♑ 25	29 ♑ 44	29 ♍ 48	28 ♋ 45	29 ♊ 56	20 ♒ 39	22 ♍ 8	25 ♓ 31	24 ♒ 51	0 ♑ 44	9 ♎	11 ♍	3 ♈	28 ♋	23 ♒
27	3 ♍ 30	23 ♏ 36	28 ♑ 22	29 ♑ 42	0 ♎ 41	29 ♋ 56	0 ♋ 34	20 ♒ 32	22 ♍ 15	25 ♓ 28	24 ♒ 50	0 ♑ 43	9 ♎	11 ♍	3 ♈	29 ♋	23 ♒
28	4 ♍ 28	6 ♐ 2	28 ♑ 19	29 D 42	1 ♎ 30	1 ♌ 7	1 ♋ 12	20 ♒ 24	22 ♍ 23	25 ♓ 26	24 ♒ 48	0 ♑ 43	9 ♎	12 ♍	3 ♈	29 ♋	23 ♒
29	5 ♍ 26	18 ♐ 10	28 ♑ 16	29 ♑ 42	2 ♎ 17	2 ♌ 19	1 ♋ 50	20 ♒ 17	22 ♍ 30	25 ♓ 24	24 ♒ 47	0 ♑ 42	10 ♎	12 ♍	3 ♈	0 ♌	23 ♒
30	6 ♍ 24	0 ♑ 7	28 ♑ 13	29 ♑ 44	3 ♎ 0	3 ♌ 30	2 ♋ 28	20 ♒ 10	22 ♍ 37	25 ♓ 22	24 ♒ 45	0 ♑ 42	10 ♎	13 ♍	3 ♈	0 ♌	23 ♒
31	7 ♍ 22	11 ♑ 57	28 ♑ 10	29 ♑ 46	3 ♎ 40	4 ♌ 42	3 ♋ 6	20 ♒ 3	22 ♍ 44	25 ♓ 20	24 ♒ 43	0 ♑ 41	11 ♎	13 ♍	3 ♈	0 ♌	22 ♒

SUN INGRESS	☉ → ♍ 23日 08:39
MOON PHASE	○ 6日 09:55 ♒ ◑ 14日 03:55 ♉ ● 20日 19:02 ♌ ◐ 27日 20:42 ♐

aspects		
2日	08:35	♀☍♇
3日	23:12	☿△♇
8日	12:52	☿⚹♀
11日	09:16	♂□♄
14日	01:29	♂△♃
15日	02:53	☉☍♃
17日	19:58	☉⚹♂
18日	00:14	☿☌♄
18日	05:55	☉☍♆
18日	10:28	♂△♆
19日	11:24	♂□♅
19日	19:11	♀⚹♄
21日	20:47	☿☍♅
23日	08:31	♀△♅
24日	03:20	☉△♇
26日	12:57	☿□♂
27日	01:09	☿□♇
27日	05:34	♂☍♇
28日	22:26	☿⚹♀

2009年9月

DAY	☉	☽	☊ mean	☊ true	☿	♀	♂	♃	♄	♅	♆	♇	⚳	⚴	⚵	⚶	⚷
	° ′	° ′	° ′	° ′	° ′	° ′	° ′	° ′	° ′	° ′	° ′	° ′	°	°	°	°	°
1	8 ♍ 20	23 ♑ 44	28 ♑ 6	29 D 47	4 D 16	5 D 54	3 D 43	19 R 56	22 D 52	25 R 17	24 R 42	0 R 41	11 D	14 D	2 R	1 D	22 R
2	9 ♍ 18	5 ♒ 33	28 ♑ 3	29 R 47	4 ♎ 47	7 ♌ 6	4 ♋ 21	19 ♒ 49	22 ♍ 59	25 ♓ 15	24 ♒ 40	0 ♑ 41	12 ♎	14 ♍	2 ♈	1 ♌	22 ♒
3	10 ♍ 16	17 ♒ 28	28 ♑ 0	29 ♑ 45	5 ♎ 14	8 ♌ 18	4 ♋ 58	19 ♒ 42	23 ♍ 6	25 ♓ 13	24 ♒ 39	0 ♑ 40	12 ♎	15 ♍	2 ♈	2 ♌	22 ♒
4	11 ♍ 14	29 ♒ 30	27 ♑ 57	29 ♑ 42	5 ♎ 36	9 ♌ 30	5 ♋ 35	19 ♒ 35	23 ♍ 14	25 ♓ 11	24 ♒ 37	0 ♑ 40	12 ♎	15 ♍	2 ♈	2 ♌	22 ♒
5	12 ♍ 12	11 ♓ 43	27 ♑ 54	29 ♑ 36	5 ♎ 53	10 ♌ 42	6 ♋ 12	19 ♒ 28	23 ♍ 21	25 ♓ 8	24 ♒ 35	0 ♑ 40	13 ♎	16 ♍	2 ♈	2 ♌	22 ♒
6	13 ♍ 10	24 ♓ 7	27 ♑ 51	29 ♑ 29	6 ♎ 5	11 ♌ 54	6 ♋ 49	19 ♒ 22	23 ♍ 29	25 ♓ 6	24 ♒ 34	0 ♑ 40	13 ♎	16 ♍	1 ♈	3 ♌	22 ♒
7	14 ♍ 9	6 ♈ 43	27 ♑ 47	29 ♑ 21	6 ♎ 12	13 ♌ 6	7 ♋ 26	19 ♒ 15	23 ♍ 36	25 ♓ 4	24 ♒ 32	0 ♑ 39	14 ♎	17 ♍	1 ♈	3 ♌	22 ♒
8	15 ♍ 7	19 ♈ 32	27 ♑ 44	29 ♑ 13	6 R 12	14 ♌ 18	8 ♋ 3	19 ♒ 9	23 ♍ 43	25 ♓ 1	24 ♒ 31	0 ♑ 39	14 ♎	17 ♍	1 ♈	4 ♌	22 ♒
9	16 ♍ 5	2 ♉ 34	27 ♑ 41	29 ♑ 6	6 ♎ 6	15 ♌ 30	8 ♋ 40	19 ♒ 3	23 ♍ 51	24 ♓ 59	24 ♒ 29	0 ♑ 39	15 ♎	18 ♍	1 ♈	4 ♌	22 ♒
10	17 ♍ 3	15 ♉ 48	27 ♑ 38	29 ♑ 1	5 ♎ 54	16 ♌ 43	9 ♋ 16	18 ♒ 57	23 ♍ 58	24 ♓ 56	24 ♒ 28	0 ♑ 39	15 ♎	18 ♍	1 ♈	4 ♌	22 ♒
11	18 ♍ 2	29 ♉ 16	27 ♑ 35	28 ♑ 57	5 ♎ 36	17 ♌ 55	9 ♋ 53	18 ♒ 51	24 ♍ 6	24 ♓ 54	24 ♒ 26	0 ♑ 39	15 ♎	19 ♍	0 ♈	5 ♌	22 ♒
12	19 ♍ 0	12 ♊ 57	27 ♑ 31	28 ♑ 55	5 ♎ 10	19 ♌ 8	10 ♋ 29	18 ♒ 45	24 ♍ 13	24 ♓ 52	24 ♒ 25	0 ♑ 39	16 ♎	19 ♍	0 ♈	5 ♌	22 ♒
13	19 ♍ 58	26 ♊ 52	27 ♑ 28	28 D 55	4 ♎ 39	20 ♌ 21	11 ♋ 5	18 ♒ 39	24 ♍ 21	24 ♓ 49	24 ♒ 24	0 D 39	16 ♎	20 ♍	0 ♈	6 ♌	22 ♒
14	20 ♍ 57	11 ♋ 1	27 ♑ 25	28 ♑ 56	4 ♎ 0	21 ♌ 33	11 ♋ 41	18 ♒ 34	24 ♍ 28	24 ♓ 47	24 ♒ 22	0 ♑ 39	17 ♎	20 ♍	0 ♈	6 ♌	22 ♒
15	21 ♍ 55	25 ♋ 22	27 ♑ 22	28 ♑ 57	3 ♎ 16	22 ♌ 46	12 ♋ 17	18 ♒ 28	24 ♍ 36	24 ♓ 45	24 ♒ 21	0 ♑ 39	17 ♎	21 ♍	0 ♈	7 ♌	22 ♒
16	22 ♍ 54	9 ♌ 54	27 ♑ 19	28 R 56	2 ♎ 26	23 ♌ 59	12 ♋ 53	18 ♒ 23	24 ♍ 43	24 ♓ 42	24 ♒ 19	0 ♑ 39	18 ♎	21 ♍	29 ♓	7 ♌	22 ♒
17	23 ♍ 52	24 ♌ 32	27 ♑ 16	28 ♑ 54	1 ♎ 31	25 ♌ 12	13 ♋ 28	18 ♒ 18	24 ♍ 51	24 ♓ 40	24 ♒ 18	0 ♑ 39	18 ♎	22 ♍	29 ♓	7 ♌	22 ♒
18	24 ♍ 51	9 ♍ 11	27 ♑ 12	28 ♑ 49	0 ♎ 31	26 ♌ 25	14 ♋ 4	18 ♒ 13	24 ♍ 58	24 ♓ 37	24 ♒ 17	0 ♑ 40	18 ♎	22 ♍	29 ♓	8 ♌	22 ♒
19	25 ♍ 49	23 ♍ 44	27 ♑ 9	28 ♑ 42	29 ♍ 29	27 ♌ 38	14 ♋ 39	18 ♒ 8	25 ♍ 5	24 ♓ 35	24 ♒ 15	0 ♑ 40	19 ♎	23 ♍	29 ♓	8 ♌	22 ♒
20	26 ♍ 48	8 ♎ 3	27 ♑ 6	28 ♑ 33	28 ♍ 26	28 ♌ 51	15 ♋ 14	18 ♒ 4	25 ♍ 13	24 ♓ 33	24 ♒ 14	0 ♑ 40	19 ♎	23 ♍	28 ♓	9 ♌	22 ♒
21	27 ♍ 47	22 ♎ 4	27 ♑ 3	28 ♑ 23	27 ♍ 22	0 ♍ 4	15 ♋ 49	17 ♒ 59	25 ♍ 20	24 ♓ 30	24 ♒ 13	0 ♑ 40	20 ♎	23 ♍	28 ♓	9 ♌	22 ♒
22	28 ♍ 45	5 ♏ 42	27 ♑ 0	28 ♑ 14	26 ♍ 19	1 ♍ 17	16 ♋ 24	17 ♒ 55	25 ♍ 28	24 ♓ 28	24 ♒ 11	0 ♑ 41	20 ♎	24 ♍	28 ♓	9 ♌	22 ♒
23	29 ♍ 44	18 ♏ 55	26 ♑ 57	28 ♑ 6	25 ♍ 19	2 ♍ 30	16 ♋ 59	17 ♒ 51	25 ♍ 35	24 ♓ 25	24 ♒ 10	0 ♑ 41	21 ♎	24 ♍	28 ♓	10 ♌	21 ♒
24	0 ♎ 43	1 ♐ 43	26 ♑ 53	28 ♑ 0	24 ♍ 24	3 ♍ 44	17 ♋ 33	17 ♒ 47	25 ♍ 43	24 ♓ 23	24 ♒ 9	0 ♑ 41	21 ♎	25 ♍	27 ♓	10 ♌	21 ♒
25	1 ♎ 42	14 ♐ 11	26 ♑ 50	27 ♑ 56	23 ♍ 35	4 ♍ 57	18 ♋ 7	17 ♒ 43	25 ♍ 50	24 ♓ 21	24 ♒ 8	0 ♑ 42	22 ♎	25 ♍	27 ♓	10 ♌	21 ♒
26	2 ♎ 40	26 ♐ 20	26 ♑ 47	27 ♑ 54	22 ♍ 53	6 ♍ 11	18 ♋ 42	17 ♒ 40	25 ♍ 58	24 ♓ 18	24 ♒ 6	0 ♑ 42	22 ♎	26 ♍	27 ♓	11 ♌	21 ♒
27	3 ♎ 39	8 ♑ 17	26 ♑ 44	27 D 54	22 ♍ 19	7 ♍ 24	19 ♋ 16	17 ♒ 37	26 ♍ 5	24 ♓ 16	24 ♒ 5	0 ♑ 43	22 ♎	26 ♍	27 ♓	11 ♌	21 ♒
28	4 ♎ 38	20 ♑ 7	26 ♑ 41	27 ♑ 55	21 ♍ 55	8 ♍ 38	19 ♋ 50	17 ♒ 33	26 ♍ 13	24 ♓ 13	24 ♒ 4	0 ♑ 43	23 ♎	27 ♍	26 ♓	12 ♌	21 ♒
29	5 ♎ 37	1 ♒ 54	26 ♑ 37	27 R 55	21 ♍ 41	9 ♍ 51	20 ♋ 23	17 ♒ 30	26 ♍ 20	24 ♓ 11	24 ♒ 3	0 ♑ 44	23 ♎	27 ♍	26 ♓	12 ♌	21 ♒
30	6 ♎ 36	13 ♒ 45	26 ♑ 34	27 ♑ 53	21 D 36	11 ♍ 5	20 ♋ 57	17 ♒ 28	26 ♍ 28	24 ♓ 9	24 ♒ 2	0 ♑ 44	24 ♎	28 ♍	26 ♓	12 ♌	21 ♒

SUN INGRESS	☉ → ♎ 23日 06:19
MOON PHASE	○ 5日 01:03 ♓　◑ 12日 11:16 ♊　● 19日 03:44 ♍　◐ 26日 13:50 ♑

aspects		
4日	01:19	☿□♂
11日	16:54	♀☍♃
15日	21:51	♄☍♅
16日	06:37	♀☍♆
17日	18:41	☉☍♅
17日	20:46	☿□♇
18日	03:22	☉☌♄
20日	19:05	☉☌☿
21日	11:57	♀△♇
22日	18:07	☿☌♄
23日	23:22	☉□♇
24日	00:36	☿☍♅

2009年10月

DAY	☉	☽	☊ mean	☊ true	☿	♀	♂	♃	♄	♅	♆	♇	⚳	⚴	⚵	⚶	⚷
	° ′	° ′	° ′	° ′	° ′	° ′	° ′	° ′	° ′	° ′	° ′	° ′	°	°	°	°	°
1	7 ♎ 35	25 ♒ 44	26 ♑ 31	27 R 50	21 D 42	12 D 18	21 D 30	17 R 25	26 D 35	24 R 6	24 R 1	0 D 45	24 D	28 D	26 R	13 D	21 R
2	8 ♎ 34	7 ♓ 55	26 ♑ 28	27 ♑ 44	21 ♍ 58	13 ♍ 32	22 ♋ 3	17 ♒ 23	26 ♍ 42	24 ♓ 4	24 ♒ 0	0 ♑ 45	25 ♎	29 ♍	25 ♓	13 ♌	21 ♒
3	9 ♎ 33	20 ♓ 20	26 ♑ 25	27 ♑ 35	22 ♍ 24	14 ♍ 46	22 ♋ 36	17 ♒ 21	26 ♍ 50	24 ♓ 2	23 ♒ 59	0 ♑ 46	25 ♎	29 ♍	25 ♓	14 ♌	21 ♒
4	10 ♎ 32	3 ♈ 0	26 ♑ 22	27 ♑ 24	23 ♍ 0	16 ♍ 0	23 ♋ 9	17 ♒ 19	26 ♍ 57	24 ♓ 0	23 ♒ 58	0 ♑ 47	25 ♎	0 ♎	25 ♓	14 ♌	21 ♒
5	11 ♎ 31	15 ♈ 57	26 ♑ 18	27 ♑ 12	23 ♍ 44	17 ♍ 14	23 ♋ 42	17 ♒ 17	27 ♍ 4	23 ♓ 57	23 ♒ 57	0 ♑ 47	26 ♎	0 ♎	25 ♓	14 ♌	21 ♒
6	12 ♎ 30	29 ♈ 8	26 ♑ 15	27 ♑ 0	24 ♍ 37	18 ♍ 28	24 ♋ 14	17 ♒ 15	27 ♍ 12	23 ♓ 55	23 ♒ 56	0 ♑ 48	26 ♎	0 ♎	25 ♓	15 ♌	21 ♒
7	13 ♎ 29	12 ♉ 32	26 ♑ 12	26 ♑ 48	25 ♍ 37	19 ♍ 42	24 ♋ 47	17 ♒ 14	27 ♍ 19	23 ♓ 53	23 ♒ 55	0 ♑ 49	27 ♎	1 ♎	24 ♓	15 ♌	21 ♒
8	14 ♎ 28	26 ♉ 8	26 ♑ 9	26 ♑ 39	26 ♍ 44	20 ♍ 56	25 ♋ 19	17 ♒ 13	27 ♍ 26	23 ♓ 51	23 ♒ 54	0 ♑ 50	27 ♎	1 ♎	24 ♓	15 ♌	21 ♒
9	15 ♎ 27	9 ♊ 52	26 ♑ 6	26 ♑ 32	27 ♍ 57	22 ♍ 10	25 ♋ 51	17 ♒ 12	27 ♍ 34	23 ♓ 48	23 ♒ 53	0 ♑ 50	28 ♎	2 ♎	24 ♓	16 ♌	21 ♒
10	16 ♎ 27	23 ♊ 43	26 ♑ 2	26 ♑ 28	29 ♍ 16	23 ♍ 24	26 ♋ 23	17 ♒ 11	27 ♍ 41	23 ♓ 46	23 ♒ 52	0 ♑ 51	28 ♎	2 ♎	24 ♓	16 ♌	21 ♒
11	17 ♎ 26	7 ♋ 41	25 ♑ 59	26 ♑ 27	0 ♎ 39	24 ♍ 38	26 ♋ 54	17 ♒ 10	27 ♍ 48	23 ♓ 44	23 ♒ 51	0 ♑ 52	29 ♎	3 ♎	24 ♓	17 ♌	21 ♒
12	18 ♎ 25	21 ♋ 44	25 ♑ 56	26 D 27	2 ♎ 6	25 ♍ 52	27 ♋ 25	17 ♒ 10	27 ♍ 55	23 ♓ 42	23 ♒ 51	0 ♑ 53	29 ♎	3 ♎	23 ♓	17 ♌	21 ♒
13	19 ♎ 25	5 ♌ 52	25 ♑ 53	26 R 26	3 ♎ 37	27 ♍ 7	27 ♋ 57	17 ♒ 10	28 ♍ 2	23 ♓ 40	23 ♒ 50	0 ♑ 54	29 ♎	4 ♎	23 ♓	17 ♌	21 ♒
14	20 ♎ 24	20 ♌ 4	25 ♑ 50	26 ♑ 25	5 ♎ 10	28 ♍ 21	28 ♋ 27	17 D 9	28 ♍ 9	23 ♓ 38	23 ♒ 49	0 ♑ 55	0 ♏	4 ♎	23 ♓	18 ♌	21 ♒
15	21 ♎ 24	4 ♍ 17	25 ♑ 47	26 ♑ 21	6 ♎ 46	29 ♍ 35	28 ♋ 58	17 ♒ 10	28 ♍ 17	23 ♓ 36	23 ♒ 48	0 ♑ 56	0 ♏	5 ♎	23 ♓	18 ♌	21 ♒
16	22 ♎ 23	18 ♍ 30	25 ♑ 43	26 ♑ 15	8 ♎ 23	0 ♎ 50	29 ♋ 29	17 ♒ 10	28 ♍ 24	23 ♓ 34	23 ♒ 48	0 ♑ 57	1 ♏	5 ♎	23 ♓	18 ♌	21 ♒
17	23 ♎ 23	2 ♎ 38	25 ♑ 40	26 ♑ 5	10 ♎ 2	2 ♎ 4	29 ♋ 59	17 ♒ 11	28 ♍ 31	23 ♓ 32	23 ♒ 47	0 ♑ 58	1 ♏	6 ♎	22 ♓	19 ♌	21 ♒
18	24 ♎ 22	16 ♎ 37	25 ♑ 37	25 ♑ 53	11 ♎ 42	3 ♎ 19	0 ♌ 29	17 ♒ 11	28 ♍ 38	23 ♓ 30	23 ♒ 46	0 ♑ 59	2 ♏	6 ♎	22 ♓	19 ♌	21 ♒
19	25 ♎ 22	0 ♏ 21	25 ♑ 34	25 ♑ 40	13 ♎ 23	4 ♎ 33	0 ♌ 59	17 ♒ 12	28 ♍ 45	23 ♓ 28	23 ♒ 46	1 ♑ 0	2 ♏	6 ♎	22 ♓	19 ♌	21 ♒
20	26 ♎ 21	13 ♏ 47	25 ♑ 31	25 ♑ 28	15 ♎ 5	5 ♎ 48	1 ♌ 28	17 ♒ 14	28 ♍ 52	23 ♓ 26	23 ♒ 45	1 ♑ 1	3 ♏	7 ♎	22 ♓	20 ♌	21 ♒
21	27 ♎ 21	26 ♏ 52	25 ♑ 28	25 ♑ 16	16 ♎ 46	7 ♎ 2	1 ♌ 57	17 ♒ 15	28 ♍ 59	23 ♓ 24	23 ♒ 45	1 ♑ 3	3 ♏	7 ♎	22 ♓	20 ♌	21 ♒
22	28 ♎ 21	9 ♐ 37	25 ♑ 24	25 ♑ 8	18 ♎ 29	8 ♎ 17	2 ♌ 26	17 ♒ 17	29 ♍ 5	23 ♓ 22	23 ♒ 44	1 ♑ 4	3 ♏	8 ♎	22 ♓	21 ♌	21 ♒
23	29 ♎ 20	22 ♐ 2	25 ♑ 21	25 ♑ 1	20 ♎ 11	9 ♎ 32	2 ♌ 55	17 ♒ 18	29 ♍ 12	23 ♓ 20	23 ♒ 44	1 ♑ 5	4 ♏	8 ♎	22 ♓	21 ♌	21 ♒
24	0 ♏ 20	4 ♑ 11	25 ♑ 18	24 ♑ 58	21 ♎ 53	10 ♎ 46	3 ♌ 24	17 ♒ 20	29 ♍ 19	23 ♓ 19	23 ♒ 43	1 ♑ 6	4 ♏	9 ♎	22 ♓	21 ♌	21 ♒
25	1 ♏ 20	16 ♑ 8	25 ♑ 15	24 ♑ 57	23 ♎ 35	12 ♎ 1	3 ♌ 52	17 ♒ 23	29 ♍ 26	23 ♓ 17	23 ♒ 43	1 ♑ 8	5 ♏	9 ♎	22 ♓	22 ♌	21 ♒
26	2 ♏ 20	27 ♑ 58	25 ♑ 12	24 D 56	25 ♎ 17	13 ♎ 16	4 ♌ 20	17 ♒ 25	29 ♍ 33	23 ♓ 15	23 ♒ 43	1 ♑ 9	5 ♏	10 ♎	21 ♓	22 ♌	21 ♒
27	3 ♏ 20	9 ♒ 46	25 ♑ 8	24 R 56	26 ♎ 58	14 ♎ 31	4 ♌ 48	17 ♒ 28	29 ♍ 39	23 ♓ 14	23 ♒ 42	1 ♑ 10	6 ♏	10 ♎	21 ♓	22 ♌	21 ♒
28	4 ♏ 19	21 ♒ 37	25 ♑ 5	24 ♑ 55	28 ♎ 39	15 ♎ 46	5 ♌ 15	17 ♒ 30	29 ♍ 46	23 ♓ 12	23 ♒ 42	1 ♑ 12	6 ♏	11 ♎	21 ♓	23 ♌	21 ♒
29	5 ♏ 19	3 ♓ 38	25 ♑ 2	24 ♑ 52	0 ♏ 20	17 ♎ 0	5 ♌ 43	17 ♒ 33	29 ♍ 52	23 ♓ 10	23 ♒ 42	1 ♑ 13	7 ♏	11 ♎	21 ♓	23 ♌	21 ♒
30	6 ♏ 19	15 ♓ 53	24 ♑ 59	24 ♑ 46	2 ♏ 0	18 ♎ 15	6 ♌ 9	17 ♒ 36	29 ♍ 59	23 ♓ 9	23 ♒ 42	1 ♑ 14	7 ♏	11 ♎	21 ♓	23 ♌	21 ♒
31	7 ♏ 19	28 ♓ 26	24 ♑ 56	24 ♑ 38	3 ♏ 40	19 ♎ 30	6 ♌ 36	17 ♒ 40	0 ♎ 5	23 ♓ 7	23 ♒ 41	1 ♑ 16	7 ♏	12 ♎	21 ♓	24 ♌	21 ♒

SUN INGRESS	☉ → ♏ 23日 15:43
MOON PHASE	○ 4日 15:10 ♈　◑ 11日 17:56 ♋　● 18日 14:33 ♎　◐ 26日 09:42 ♒

aspects		
1日	15:00	☿⚹♂
4日	20:37	☿⚹♂
5日	06:06	☿☍♅
5日	10:37	♂△♅
8日	15:34	☿☌♄
10日	07:00	♀☍♅
10日	17:38	☉△♃
11日	03:44	☿□♇
13日	05:51	♂⚹♄
13日	19:52	♀☌♄
14日	03:31	♀⚹♂
16日	02:21	♀□♇
17日	09:46	☉△♆
21日	06:49	☿△♃
24日	18:57	☉⚹♇
25日	01:55	☿△♆
29日	11:02	♀△♃
29日	12:53	☿⚹♇
29日	16:56	☉□♂

2009年11月

DAY	☉	☽	☊ mean	☊ true	☿	♀	♂	♃	♄	♅	♆	♇	⚳	⚴	⚵	⚶	⚷
	° ′	° ′	° ′	° ′	° ′	° ′	° ′	° ′	° ′	° ′	° ′	° ′	°	°	°	°	°
1	8 ♏ 19	11 ♈ 19	24 ♑ 53	24 R 28	5 D 19	20 D 45	7 D 2	17 D 43	0 D 12	23 R 6	23 R 41	1 D 17	8 D	12 D	21 R	24 D	21 D
2	9 ♏ 19	24 ♈ 32	24 ♑ 49	24 ♑ 16	6 ♏ 58	22 ♎ 0	7 ♌ 28	17 ♒ 47	0 ♎ 18	23 ♓ 4	23 ♒ 41	1 ♑ 19	8 ♏	13 ♎	21 ♓	24 ♌	21 ♒
3	10 ♏ 19	8 ♉ 5	24 ♑ 46	24 ♑ 3	8 ♏ 37	23 ♎ 15	7 ♌ 54	17 ♒ 51	0 ♎ 25	23 ♓ 3	23 ♒ 41	1 ♑ 20	9 ♏	13 ♎	21 ♓	25 ♌	21 ♒
4	11 ♏ 19	21 ♉ 54	24 ♑ 43	23 ♑ 52	10 ♏ 15	24 ♎ 30	8 ♌ 19	17 ♒ 55	0 ♎ 31	23 ♓ 1	23 ♒ 41	1 ♑ 22	9 ♏	14 ♎	21 ♓	25 ♌	21 ♒
5	12 ♏ 19	5 ♊ 56	24 ♑ 40	23 ♑ 42	11 ♏ 53	25 ♎ 45	8 ♌ 45	17 ♒ 59	0 ♎ 37	23 ♓ 0	23 ♒ 41	1 ♑ 23	10 ♏	14 ♎	21 D	25 ♌	21 ♒
6	13 ♏ 19	20 ♊ 6	24 ♑ 37	23 ♑ 36	13 ♏ 30	27 ♎ 0	9 ♌ 9	18 ♒ 4	0 ♎ 43	22 ♓ 59	23 D 41	1 ♑ 25	10 ♏	15 ♎	21 ♓	25 ♌	21 ♒
7	14 ♏ 20	4 ♋ 19	24 ♑ 34	23 ♑ 32	15 ♏ 7	28 ♎ 15	9 ♌ 34	18 ♒ 9	0 ♎ 49	22 ♓ 58	23 ♒ 41	1 ♑ 27	10 ♏	15 ♎	21 ♓	26 ♌	21 ♒
8	15 ♏ 20	18 ♋ 32	24 ♑ 30	23 ♑ 30	16 ♏ 43	29 ♎ 30	9 ♌ 58	18 ♒ 13	0 ♎ 55	22 ♓ 56	23 ♒ 41	1 ♑ 28	11 ♏	15 ♎	21 ♓	26 ♌	21 ♒
9	16 ♏ 20	2 ♌ 43	24 ♑ 27	23 D 30	18 ♏ 19	0 ♏ 45	10 ♌ 22	18 ♒ 18	1 ♎ 2	22 ♓ 55	23 ♒ 41	1 ♑ 30	11 ♏	16 ♎	21 ♓	26 ♌	21 ♒
10	17 ♏ 20	16 ♌ 50	24 ♑ 24	23 ♑ 31	19 ♏ 55	2 ♏ 0	10 ♌ 45	18 ♒ 24	1 ♎ 7	22 ♓ 54	23 ♒ 41	1 ♑ 32	12 ♏	16 ♎	21 ♓	27 ♌	21 ♒
11	18 ♏ 21	0 ♍ 52	24 ♑ 21	23 R 30	21 ♏ 31	3 ♏ 16	11 ♌ 8	18 ♒ 29	1 ♎ 13	22 ♓ 53	23 ♒ 42	1 ♑ 33	12 ♏	17 ♎	21 ♓	27 ♌	21 ♒
12	19 ♏ 21	14 ♍ 48	24 ♑ 18	23 ♑ 28	23 ♏ 6	4 ♏ 31	11 ♌ 31	18 ♒ 34	1 ♎ 19	22 ♓ 52	23 ♒ 42	1 ♑ 35	13 ♏	17 ♎	21 ♓	27 ♌	21 ♒
13	20 ♏ 21	28 ♍ 38	24 ♑ 14	23 ♑ 22	24 ♏ 40	5 ♏ 46	11 ♌ 53	18 ♒ 40	1 ♎ 25	22 ♓ 51	23 ♒ 42	1 ♑ 37	13 ♏	18 ♎	21 ♓	28 ♌	21 ♒
14	21 ♏ 22	12 ♎ 20	24 ♑ 11	23 ♑ 14	26 ♏ 15	7 ♏ 1	12 ♌ 15	18 ♒ 46	1 ♎ 31	22 ♓ 50	23 ♒ 42	1 ♑ 38	14 ♏	18 ♎	21 ♓	28 ♌	21 ♒
15	22 ♏ 22	25 ♎ 52	24 ♑ 8	23 ♑ 5	27 ♏ 49	8 ♏ 16	12 ♌ 36	18 ♒ 52	1 ♎ 36	22 ♓ 49	23 ♒ 43	1 ♑ 40	14 ♏	18 ♎	22 ♓	28 ♌	21 ♒
16	23 ♏ 22	9 ♏ 11	24 ♑ 5	22 ♑ 54	29 ♏ 23	9 ♏ 32	12 ♌ 57	18 ♒ 58	1 ♎ 42	22 ♓ 48	23 ♒ 43	1 ♑ 42	14 ♏	19 ♎	22 ♓	28 ♌	21 ♒
17	24 ♏ 23	22 ♏ 17	24 ♑ 2	22 ♑ 43	0 ♐ 56	10 ♏ 47	13 ♌ 18	19 ♒ 5	1 ♎ 47	22 ♓ 48	23 ♒ 43	1 ♑ 44	15 ♏	19 ♎	22 ♓	29 ♌	21 ♒
18	25 ♏ 23	5 ♐ 7	23 ♑ 59	22 ♑ 33	2 ♐ 29	12 ♏ 2	13 ♌ 38	19 ♒ 11	1 ♎ 53	22 ♓ 47	23 ♒ 44	1 ♑ 46	15 ♏	20 ♎	22 ♓	29 ♌	21 ♒
19	26 ♏ 24	17 ♐ 41	23 ♑ 55	22 ♑ 26	4 ♐ 3	13 ♏ 18	13 ♌ 58	19 ♒ 18	1 ♎ 58	22 ♓ 46	23 ♒ 44	1 ♑ 47	16 ♏	20 ♎	22 ♓	29 ♌	21 ♒
20	27 ♏ 25	29 ♐ 59	23 ♑ 52	22 ♑ 21	5 ♐ 35	14 ♏ 33	14 ♌ 17	19 ♒ 25	2 ♎ 4	22 ♓ 46	23 ♒ 45	1 ♑ 49	16 ♏	21 ♎	22 ♓	0 ♍	21 ♒
21	28 ♏ 25	12 ♑ 4	23 ♑ 49	22 ♑ 18	7 ♐ 8	15 ♏ 48	14 ♌ 36	19 ♒ 32	2 ♎ 9	22 ♓ 45	23 ♒ 45	1 ♑ 51	17 ♏	21 ♎	22 ♓	0 ♍	21 ♒
22	29 ♏ 26	23 ♑ 59	23 ♑ 46	22 D 17	8 ♐ 41	17 ♏ 3	14 ♌ 55	19 ♒ 39	2 ♎ 14	22 ♓ 44	23 ♒ 46	1 ♑ 53	17 ♏	21 ♎	22 ♓	0 ♍	21 ♒
23	0 ♐ 26	5 ♒ 48	23 ♑ 43	22 ♑ 18	10 ♐ 13	18 ♏ 19	15 ♌ 13	19 ♒ 47	2 ♎ 19	22 ♓ 44	23 ♒ 46	1 ♑ 55	17 ♏	22 ♎	23 ♓	0 ♍	21 ♒
24	1 ♐ 27	17 ♒ 35	23 ♑ 40	22 ♑ 19	11 ♐ 45	19 ♏ 34	15 ♌ 30	19 ♒ 54	2 ♎ 24	22 ♓ 44	23 ♒ 47	1 ♑ 57	18 ♏	22 ♎	23 ♓	1 ♍	21 ♒
25	2 ♐ 28	29 ♒ 26	23 ♑ 36	22 ♑ 20	13 ♐ 17	20 ♏ 50	15 ♌ 47	20 ♒ 2	2 ♎ 29	22 ♓ 43	23 ♒ 48	1 ♑ 59	18 ♏	23 ♎	23 ♓	1 ♍	21 ♒
26	3 ♐ 28	11 ♓ 26	23 ♑ 33	22 R 20	14 ♐ 48	22 ♏ 5	16 ♌ 4	20 ♒ 10	2 ♎ 34	22 ♓ 43	23 ♒ 48	2 ♑ 1	19 ♏	23 ♎	23 ♓	1 ♍	21 ♒
27	4 ♐ 29	23 ♓ 40	23 ♑ 30	22 ♑ 18	16 ♐ 20	23 ♏ 20	16 ♌ 19	20 ♒ 17	2 ♎ 39	22 ♓ 42	23 ♒ 49	2 ♑ 3	19 ♏	24 ♎	23 ♓	1 ♍	21 ♒
28	5 ♐ 30	6 ♈ 13	23 ♑ 27	22 ♑ 13	17 ♐ 51	24 ♏ 36	16 ♌ 35	20 ♒ 26	2 ♎ 43	22 ♓ 42	23 ♒ 50	2 ♑ 5	20 ♏	24 ♎	23 ♓	1 ♍	21 ♒
29	6 ♐ 30	19 ♈ 9	23 ♑ 24	22 ♑ 8	19 ♐ 22	25 ♏ 51	16 ♌ 50	20 ♒ 34	2 ♎ 48	22 ♓ 42	23 ♒ 51	2 ♑ 7	20 ♏	24 ♎	24 ♓	2 ♍	21 ♒
30	7 ♐ 31	2 ♉ 29	23 ♑ 20	22 ♑ 0	20 ♐ 53	27 ♏ 6	17 ♌ 4	20 ♒ 42	2 ♎ 52	22 ♓ 42	23 ♒ 51	2 ♑ 9	21 ♏	25 ♎	24 ♓	2 ♍	21 ♒

SUN INGRESS	☉ → ♐ 22日 13:23
MOON PHASE	○ 3日 04:14 ♉　◑ 10日 00:56 ♌　● 17日 04:14 ♏　◐ 25日 06:39 ♓

aspects		
2日	09:50	☿□♂
3日	08:21	♀△♆
5日	17:02	☉☌☿
8日	23:42	☿□♃
9日	14:34	♀⚹♇
11日	03:41	☉□♃
11日	20:37	☿△♅
12日	09:11	☿□♆
15日	10:41	☉△♅
16日	00:20	♄□♇
16日	08:11	☉□♆
17日	14:00	☿⚹♄
19日	17:22	♀□♂
24日	07:02	♀□♃
25日	00:35	☉⚹♄
26日	12:00	♀△♅
26日	23:53	☿△♂
27日	09:15	♀□♆
29日	20:54	☿⚹♃

2009年12月

DAY	☉	☽	☊ mean	☊ true	☿	♀	♂	♃	♄	♅	♆	♇	⚳	⚴	⚵	⚶	⚷
	° ′	° ′	° ′	° ′	° ′	° ′	° ′	° ′	° ′	° ′	° ′	° ′	°	°	°	°	°
1	8 ♐ 32	16 ♉ 14	23 ♑ 17	21 R 53	22 D 23	28 D 22	17 D 18	20 D 51	2 D 57	22 R 42	23 D 52	2 D 11	21 D	25 D	24 D	2 D	21 D
2	9 ♐ 33	0 ♊ 21	23 ♑ 14	21 ♑ 46	23 ♐ 54	29 ♏ 37	17 ♌ 31	21 ♒ 0	3 ♎ 1	22 ♓ 42	23 ♒ 53	2 ♑ 13	21 ♏	26 ♎	24 ♓	2 ♍	21 ♒
3	10 ♐ 34	14 ♊ 46	23 ♑ 11	21 ♑ 40	25 ♐ 24	0 ♐ 53	17 ♌ 44	21 ♒ 8	3 ♎ 6	22 D 42	23 ♒ 54	2 ♑ 15	22 ♏	26 ♎	25 ♓	3 ♍	21 ♒
4	11 ♐ 34	29 ♊ 22	23 ♑ 8	21 ♑ 36	26 ♐ 53	2 ♐ 8	17 ♌ 56	21 ♒ 17	3 ♎ 10	22 ♓ 42	23 ♒ 55	2 ♑ 17	22 ♏	26 ♎	25 ♓	3 ♍	21 ♒
5	12 ♐ 35	14 ♋ 3	23 ♑ 5	21 ♑ 34	28 ♐ 22	3 ♐ 24	18 ♌ 8	21 ♒ 26	3 ♎ 14	22 ♓ 42	23 ♒ 56	2 ♑ 19	23 ♏	27 ♎	25 ♓	3 ♍	21 ♒
6	13 ♐ 36	28 ♋ 42	23 ♑ 1	21 D 34	29 ♐ 51	4 ♐ 39	18 ♌ 19	21 ♒ 36	3 ♎ 18	22 ♓ 42	23 ♒ 57	2 ♑ 21	23 ♏	27 ♎	25 ♓	3 ♍	21 ♒
7	14 ♐ 37	13 ♌ 14	22 ♑ 58	21 ♑ 35	1 ♑ 19	5 ♐ 55	18 ♌ 29	21 ♒ 45	3 ♎ 22	22 ♓ 42	23 ♒ 58	2 ♑ 23	24 ♏	28 ♎	26 ♓	3 ♍	21 ♒
8	15 ♐ 38	27 ♌ 34	22 ♑ 55	21 ♑ 37	2 ♑ 46	7 ♐ 10	18 ♌ 39	21 ♒ 54	3 ♎ 26	22 ♓ 43	23 ♒ 59	2 ♑ 25	24 ♏	28 ♎	26 ♓	4 ♍	21 ♒
9	16 ♐ 39	11 ♍ 41	22 ♑ 52	21 ♑ 38	4 ♑ 12	8 ♐ 25	18 ♌ 48	22 ♒ 4	3 ♎ 30	22 ♓ 43	24 ♒ 0	2 ♑ 27	24 ♏	28 ♎	26 ♓	4 ♍	21 ♒
10	17 ♐ 40	25 ♍ 33	22 ♑ 49	21 R 37	5 ♑ 38	9 ♐ 41	18 ♌ 56	22 ♒ 14	3 ♎ 33	22 ♓ 43	24 ♒ 1	2 ♑ 30	25 ♏	29 ♎	26 ♓	4 ♍	22 ♒
11	18 ♐ 41	9 ♎ 20	22 ♑ 46	21 ♑ 36	7 ♑ 2	10 ♐ 56	19 ♌ 4	22 ♒ 24	3 ♎ 37	22 ♓ 44	24 ♒ 3	2 ♑ 32	25 ♏	29 ♎	27 ♓	4 ♍	22 ♒
12	19 ♐ 42	22 ♎ 33	22 ♑ 42	21 ♑ 33	8 ♑ 25	12 ♐ 12	19 ♌ 11	22 ♒ 34	3 ♎ 40	22 ♓ 44	24 ♒ 4	2 ♑ 34	26 ♏	0 ♏	27 ♓	4 ♍	22 ♒
13	20 ♐ 43	5 ♏ 42	22 ♑ 39	21 ♑ 28	9 ♑ 46	13 ♐ 27	19 ♌ 17	22 ♒ 44	3 ♎ 44	22 ♓ 45	24 ♒ 5	2 ♑ 36	26 ♏	0 ♏	27 ♓	4 ♍	22 ♒
14	21 ♐ 44	18 ♏ 38	22 ♑ 36	21 ♑ 23	11 ♑ 6	14 ♐ 43	19 ♌ 23	22 ♒ 54	3 ♎ 47	22 ♓ 45	24 ♒ 6	2 ♑ 38	26 ♏	0 ♏	27 ♓	5 ♍	22 ♒
15	22 ♐ 45	1 ♐ 21	22 ♑ 33	21 ♑ 18	12 ♑ 23	15 ♐ 58	19 ♌ 28	23 ♒ 4	3 ♎ 50	22 ♓ 46	24 ♒ 8	2 ♑ 40	27 ♏	1 ♏	28 ♓	5 ♍	22 ♒
16	23 ♐ 46	13 ♐ 51	22 ♑ 30	21 ♑ 13	13 ♑ 38	17 ♐ 14	19 ♌ 32	23 ♒ 15	3 ♎ 53	22 ♓ 47	24 ♒ 9	2 ♑ 42	27 ♏	1 ♏	28 ♓	5 ♍	22 ♒
17	24 ♐ 47	26 ♐ 10	22 ♑ 26	21 ♑ 10	14 ♑ 50	18 ♐ 29	19 ♌ 35	23 ♒ 25	3 ♎ 56	22 ♓ 47	24 ♒ 10	2 ♑ 45	28 ♏	2 ♏	28 ♓	5 ♍	22 ♒
18	25 ♐ 48	8 ♑ 18	22 ♑ 23	21 ♑ 7	15 ♑ 58	19 ♐ 45	19 ♌ 38	23 ♒ 36	3 ♎ 59	22 ♓ 48	24 ♒ 12	2 ♑ 47	28 ♏	2 ♏	29 ♓	5 ♍	22 ♒
19	26 ♐ 49	20 ♑ 17	22 ♑ 20	21 ♑ 7	17 ♑ 3	21 ♐ 1	19 ♌ 40	23 ♒ 47	4 ♎ 2	22 ♓ 49	24 ♒ 13	2 ♑ 49	29 ♏	2 ♏	29 ♓	5 ♍	22 ♒
20	27 ♐ 50	2 ♒ 8	22 ♑ 17	21 D 7	18 ♑ 3	22 ♐ 16	19 ♌ 41	23 ♒ 58	4 ♎ 5	22 ♓ 50	24 ♒ 15	2 ♑ 51	29 ♏	3 ♏	29 ♓	5 ♍	22 ♒
21	28 ♐ 51	13 ♒ 56	22 ♑ 14	21 ♑ 9	18 ♑ 57	23 ♐ 32	19 R 41	24 ♒ 9	4 ♎ 7	22 ♓ 51	24 ♒ 16	2 ♑ 53	29 ♏	3 ♏	0 ♈	5 ♍	22 ♒
22	29 ♐ 52	25 ♒ 43	22 ♑ 11	21 ♑ 10	19 ♑ 45	24 ♐ 47	19 ♌ 41	24 ♒ 20	4 ♎ 10	22 ♓ 52	24 ♒ 17	2 ♑ 55	0 ♐	4 ♏	0 ♈	6 ♍	22 ♒
23	0 ♑ 54	7 ♓ 33	22 ♑ 7	21 ♑ 12	20 ♑ 27	26 ♐ 3	19 ♌ 40	24 ♒ 31	4 ♎ 12	22 ♓ 53	24 ♒ 19	2 ♑ 58	0 ♐	4 ♏	0 ♈	6 ♍	22 ♒
24	1 ♑ 55	19 ♓ 31	22 ♑ 4	21 ♑ 13	21 ♑ 1	27 ♐ 18	19 ♌ 37	24 ♒ 43	4 ♎ 15	22 ♓ 54	24 ♒ 21	3 ♑ 0	1 ♐	4 ♏	1 ♈	6 ♍	22 ♒
25	2 ♑ 56	1 ♈ 42	22 ♑ 1	21 ♑ 14	21 ♑ 26	28 ♐ 34	19 ♌ 35	24 ♒ 54	4 ♎ 17	22 ♓ 55	24 ♒ 22	3 ♑ 2	1 ♐	5 ♏	1 ♈	6 ♍	22 ♒
26	3 ♑ 57	14 ♈ 11	21 ♑ 58	21 R 13	21 ♑ 42	29 ♐ 49	19 ♌ 31	25 ♒ 5	4 ♎ 19	22 ♓ 56	24 ♒ 24	3 ♑ 4	1 ♐	5 ♏	2 ♈	6 ♍	22 ♒
27	4 ♑ 58	27 ♈ 2	21 ♑ 55	21 ♑ 12	21 R 47	1 ♑ 5	19 ♌ 27	25 ♒ 17	4 ♎ 21	22 ♓ 57	24 ♒ 25	3 ♑ 6	2 ♐	5 ♏	2 ♈	6 ♍	22 ♒
28	5 ♑ 59	10 ♉ 18	21 ♑ 52	21 ♑ 11	21 ♑ 41	2 ♑ 20	19 ♌ 21	25 ♒ 29	4 ♎ 23	22 ♓ 59	24 ♒ 27	3 ♑ 9	2 ♐	6 ♏	2 ♈	6 ♍	22 ♒
29	7 ♑ 0	24 ♉ 1	21 ♑ 48	21 ♑ 9	21 ♑ 24	3 ♑ 36	19 ♌ 15	25 ♒ 41	4 ♎ 25	23 ♓ 0	24 ♒ 29	3 ♑ 11	3 ♐	6 ♏	3 ♈	6 ♍	22 ♒
30	8 ♑ 1	8 ♊ 11	21 ♑ 45	21 ♑ 7	20 ♑ 55	4 ♑ 51	19 ♌ 8	25 ♒ 52	4 ♎ 26	23 ♓ 1	24 ♒ 30	3 ♑ 13	3 ♐	6 ♏	3 ♈	6 ♍	22 ♒
31	9 ♑ 3	22 ♊ 44	21 ♑ 42	21 ♑ 5	20 ♑ 14	6 ♑ 7	19 ♌ 1	26 ♒ 4	4 ♎ 28	23 ♓ 3	24 ♒ 32	3 ♑ 15	4 ♐	7 ♏	3 ♈	6 ♍	23 ♒

SUN INGRESS	☉ → ♑ 22日 02:47
MOON PHASE	○ 2日 16:30 ♊　◑ 9日 09:13 ♍　● 16日 21:02 ♐　◐ 25日 02:36 ♈

aspects		
1日	04:52	☿□♅
1日	23:52	☿⚹♆
4日	20:45	♀⚹♄
7日	18:12	☿☌♇
8日	11:35	☿□♄
11日	10:18	☉△♂
15日	00:27	☉□♅
15日	09:16	☉⚹♃
16日	09:17	☉⚹♆
17日	21:39	♀△♂
20日	10:52	♀□♅
21日	13:53	♀⚹♃
21日	14:24	♀⚹♆
21日	17:50	♃☌♆
25日	02:32	☉☌♇
26日	08:58	☉□♄
28日	15:49	♀☌♇
29日	15:55	♀□♄

2010年1月

DAY	☉	☽	☊ mean	☊ true	☿	♀	♂	♃	♄	♅	♆	♇	⚳	⚴	⚵	⚶	⚷
	° ′	° ′	° ′	° ′	° ′	° ′	° ′	° ′	° ′	° ′	° ′	° ′	°	°	°	°	°
1	10 ♑ 4	7 ♋ 36	21 ♑ 39	21 R 4	19 R 21	7 D 22	18 R 52	26 D 16	4 D 29	23 D 4	24 D 34	3 D 17	4 D	7 D	4 D	6 D	23 D
2	11 ♑ 5	22 ♋ 39	21 ♑ 36	21 D 4	18 ♑ 19	8 ♑ 38	18 ♌ 43	26 ♒ 29	4 ♎ 31	23 ♓ 6	24 ♒ 36	3 ♑ 19	4 ♐	8 ♏	4 ♈	6 ♍	23 ♒
3	12 ♑ 6	7 ♌ 43	21 ♑ 32	21 ♑ 5	17 ♑ 9	9 ♑ 53	18 ♌ 32	26 ♒ 41	4 ♎ 32	23 ♓ 7	24 ♒ 37	3 ♑ 22	5 ♐	8 ♏	5 ♈	6 ♍	23 ♒
4	13 ♑ 7	22 ♌ 40	21 ♑ 29	21 ♑ 5	15 ♑ 53	11 ♑ 9	18 ♌ 21	26 ♒ 53	4 ♎ 33	23 ♓ 9	24 ♒ 39	3 ♑ 24	5 ♐	8 ♏	5 ♈	6 ♍	23 ♒
5	14 ♑ 8	7 ♍ 23	21 ♑ 26	21 ♑ 6	14 ♑ 32	12 ♑ 24	18 ♌ 10	27 ♒ 6	4 ♎ 34	23 ♓ 11	24 ♒ 41	3 ♑ 26	6 ♐	9 ♏	5 ♈	6 R	23 ♒
6	15 ♑ 9	21 ♍ 47	21 ♑ 23	21 ♑ 6	13 ♑ 11	13 ♑ 40	17 ♌ 57	27 ♒ 18	4 ♎ 35	23 ♓ 12	24 ♒ 43	3 ♑ 28	6 ♐	9 ♏	6 ♈	6 ♍	23 ♒
7	16 ♑ 10	5 ♎ 48	21 ♑ 20	21 ♑ 7	11 ♑ 52	14 ♑ 55	17 ♌ 44	27 ♒ 31	4 ♎ 36	23 ♓ 14	24 ♒ 45	3 ♑ 30	6 ♐	9 ♏	6 ♈	6 ♍	23 ♒
8	17 ♑ 12	19 ♎ 27	21 ♑ 17	21 R 7	10 ♑ 36	16 ♑ 11	17 ♌ 29	27 ♒ 43	4 ♎ 37	23 ♓ 16	24 ♒ 47	3 ♑ 32	7 ♐	10 ♏	7 ♈	6 ♍	23 ♒
9	18 ♑ 13	2 ♏ 44	21 ♑ 13	21 ♑ 7	9 ♑ 27	17 ♑ 26	17 ♌ 15	27 ♒ 56	4 ♎ 37	23 ♓ 18	24 ♒ 48	3 ♑ 34	7 ♐	10 ♏	7 ♈	6 ♍	23 ♒
10	19 ♑ 14	15 ♏ 41	21 ♑ 10	21 ♑ 7	8 ♑ 25	18 ♑ 42	16 ♌ 59	28 ♒ 9	4 ♎ 38	23 ♓ 20	24 ♒ 50	3 ♑ 37	7 ♐	10 ♏	7 ♈	6 ♍	23 ♒
11	20 ♑ 15	28 ♏ 20	21 ♑ 7	21 ♑ 6	7 ♑ 32	19 ♑ 57	16 ♌ 42	28 ♒ 22	4 ♎ 38	23 ♓ 22	24 ♒ 52	3 ♑ 39	8 ♐	11 ♏	8 ♈	6 ♍	23 ♒
12	21 ♑ 16	10 ♐ 46	21 ♑ 4	21 D 6	6 ♑ 49	21 ♑ 13	16 ♌ 25	28 ♒ 34	4 ♎ 38	23 ♓ 24	24 ♒ 54	3 ♑ 41	8 ♐	11 ♏	8 ♈	6 ♍	23 ♒
13	22 ♑ 17	22 ♐ 59	21 ♑ 1	21 ♑ 6	6 ♑ 16	22 ♑ 28	16 ♌ 7	28 ♒ 47	4 ♎ 39	23 ♓ 26	24 ♒ 56	3 ♑ 43	9 ♐	11 ♏	9 ♈	6 ♍	23 ♒
14	23 ♑ 19	5 ♑ 3	20 ♑ 58	21 ♑ 7	5 ♑ 52	23 ♑ 44	15 ♌ 49	29 ♒ 0	4 ♎ 39	23 ♓ 28	24 ♒ 58	3 ♑ 45	9 ♐	12 ♏	9 ♈	6 ♍	23 ♒
15	24 ♑ 20	17 ♑ 0	20 ♑ 54	21 ♑ 7	5 ♑ 38	24 ♑ 59	15 ♌ 30	29 ♒ 14	4 R 39	23 ♓ 30	25 ♒ 0	3 ♑ 47	9 ♐	12 ♏	10 ♈	6 ♍	23 ♒
16	25 ♑ 21	28 ♑ 52	20 ♑ 51	21 R 7	5 ♑ 33	26 ♑ 14	15 ♌ 10	29 ♒ 27	4 ♎ 38	23 ♓ 32	25 ♒ 2	3 ♑ 49	10 ♐	12 ♏	10 ♈	6 ♍	24 ♒
17	26 ♑ 22	10 ♒ 41	20 ♑ 48	21 ♑ 6	5 D 36	27 ♑ 30	14 ♌ 50	29 ♒ 40	4 ♎ 38	23 ♓ 34	25 ♒ 4	3 ♑ 51	10 ♐	12 ♏	11 ♈	6 ♍	24 ♒
18	27 ♑ 23	22 ♒ 28	20 ♑ 45	21 ♑ 6	5 ♑ 48	28 ♑ 45	14 ♌ 29	29 ♒ 53	4 ♎ 38	23 ♓ 36	25 ♒ 6	3 ♑ 53	11 ♐	13 ♏	11 ♈	5 ♍	24 ♒
19	28 ♑ 24	4 ♓ 17	20 ♑ 42	21 ♑ 5	6 ♑ 6	0 ♒ 1	14 ♌ 8	0 ♓ 7	4 ♎ 37	23 ♓ 38	25 ♒ 8	3 ♑ 55	11 ♐	13 ♏	11 ♈	5 ♍	24 ♒
20	29 ♑ 25	16 ♓ 10	20 ♑ 38	21 ♑ 4	6 ♑ 32	1 ♒ 16	13 ♌ 46	0 ♓ 20	4 ♎ 37	23 ♓ 41	25 ♒ 11	3 ♑ 57	11 ♐	13 ♏	12 ♈	5 ♍	24 ♒
21	0 ♒ 26	28 ♓ 10	20 ♑ 35	21 ♑ 2	7 ♑ 3	2 ♒ 32	13 ♌ 24	0 ♓ 34	4 ♎ 36	23 ♓ 43	25 ♒ 13	3 ♑ 59	12 ♐	14 ♏	12 ♈	5 ♍	24 ♒
22	1 ♒ 27	10 ♈ 21	20 ♑ 32	21 ♑ 1	7 ♑ 40	3 ♒ 47	13 ♌ 1	0 ♓ 47	4 ♎ 35	23 ♓ 45	25 ♒ 15	4 ♑ 1	12 ♐	14 ♏	13 ♈	5 ♍	24 ♒
23	2 ♒ 28	22 ♈ 47	20 ♑ 29	21 ♑ 0	8 ♑ 22	5 ♒ 3	12 ♌ 38	1 ♓ 1	4 ♎ 34	23 ♓ 48	25 ♒ 17	4 ♑ 3	12 ♐	14 ♏	13 ♈	5 ♍	24 ♒
24	3 ♒ 29	5 ♉ 31	20 ♑ 26	21 D 0	9 ♑ 8	6 ♒ 18	12 ♌ 15	1 ♓ 14	4 ♎ 33	23 ♓ 50	25 ♒ 19	4 ♑ 5	13 ♐	15 ♏	14 ♈	5 ♍	24 ♒
25	4 ♒ 30	18 ♉ 38	20 ♑ 23	21 ♑ 1	9 ♑ 58	7 ♒ 33	11 ♌ 51	1 ♓ 28	4 ♎ 32	23 ♓ 53	25 ♒ 21	4 ♑ 7	13 ♐	15 ♏	14 ♈	5 ♍	24 ♒
26	5 ♒ 31	2 ♊ 10	20 ♑ 19	21 ♑ 2	10 ♑ 52	8 ♒ 49	11 ♌ 28	1 ♓ 42	4 ♎ 31	23 ♓ 55	25 ♒ 23	4 ♑ 9	14 ♐	15 ♏	15 ♈	4 ♍	24 ♒
27	6 ♒ 32	16 ♊ 9	20 ♑ 16	21 ♑ 3	11 ♑ 49	10 ♒ 4	11 ♌ 4	1 ♓ 55	4 ♎ 30	23 ♓ 58	25 ♒ 26	4 ♑ 11	14 ♐	15 ♏	15 ♈	4 ♍	24 ♒
28	7 ♒ 33	0 ♋ 35	20 ♑ 13	21 ♑ 4	12 ♑ 50	11 ♒ 19	10 ♌ 40	2 ♓ 9	4 ♎ 28	24 ♓ 0	25 ♒ 28	4 ♑ 13	14 ♐	16 ♏	16 ♈	4 ♍	24 ♒
29	8 ♒ 34	15 ♋ 24	20 ♑ 10	21 ♑ 5	13 ♑ 53	12 ♒ 35	10 ♌ 16	2 ♓ 23	4 ♎ 27	24 ♓ 3	25 ♒ 30	4 ♑ 15	15 ♐	16 ♏	16 ♈	4 ♍	24 ♒
30	9 ♒ 35	0 ♌ 31	20 ♑ 7	21 R 5	14 ♑ 58	13 ♒ 50	9 ♌ 52	2 ♓ 37	4 ♎ 25	24 ♓ 6	25 ♒ 32	4 ♑ 17	15 ♐	16 ♏	17 ♈	4 ♍	24 ♒
31	10 ♒ 36	15 ♌ 47	20 ♑ 4	21 ♑ 3	16 ♑ 6	15 ♒ 5	9 ♌ 28	2 ♓ 51	4 ♎ 23	24 ♓ 8	25 ♒ 34	4 ♑ 18	15 ♐	16 ♏	17 ♈	3 ♍	25 ♒

SUN INGRESS	☉ → ♒ 20日 13:28
MOON PHASE	○ 1日 04:13 ♋　◑ 7日 19:39 ♎　● 15日 16:11 ♑　◐ 23日 19:53 ♉　○ 30日 15:18 ♌

aspects		
5日	04:06	☉☌☿
5日	19:39	☿☌♀
12日	06:06	☉☌♀
13日	18:47	♀⚹♅
14日	03:42	☉⚹♅
22日	15:07	♀△♄
25日	00:37	☉△♄
27日	14:29	♀☍♂
30日	04:43	☉☍♂

2010年2月

DAY	☉	☽	☊ mean	☊ true	☿	♀	♂	♃	♄	♅	♆	♇	⚳	⚴	⚵	⚶	⚷
	° ′	° ′	° ′	° ′	° ′	° ′	° ′	° ′	° ′	° ′	° ′	° ′	°	°	°	°	°
1	11 ♒ 37	1 ♍ 1	20 ♑ 0	21 R 1	17 D 16	16 D 21	9 R 4	3 D 5	4 R 21	24 D 11	25 D 37	4 D 20	16 D	17 D	18 D	3 R	25 D
2	12 ♒ 38	16 ♍ 4	19 ♑ 57	20 ♑ 58	18 ♑ 27	17 ♒ 36	8 ♌ 40	3 ♓ 19	4 ♎ 19	24 ♓ 14	25 ♒ 39	4 ♑ 22	16 ♐	17 ♏	18 ♈	3 ♍	25 ♒
3	13 ♒ 39	0 ♎ 47	19 ♑ 54	20 ♑ 55	19 ♑ 41	18 ♒ 51	8 ♌ 17	3 ♓ 33	4 ♎ 17	24 ♓ 17	25 ♒ 41	4 ♑ 24	16 ♐	17 ♏	19 ♈	3 ♍	25 ♒
4	14 ♒ 40	15 ♎ 5	19 ♑ 51	20 ♑ 52	20 ♑ 56	20 ♒ 7	7 ♌ 53	3 ♓ 47	4 ♎ 15	24 ♓ 19	25 ♒ 43	4 ♑ 26	17 ♐	17 ♏	19 ♈	3 ♍	25 ♒
5	15 ♒ 41	28 ♎ 54	19 ♑ 48	20 ♑ 50	22 ♑ 13	21 ♒ 22	7 ♌ 30	4 ♓ 1	4 ♎ 13	24 ♓ 22	25 ♒ 46	4 ♑ 27	17 ♐	18 ♏	20 ♈	2 ♍	25 ♒
6	16 ♒ 41	12 ♏ 16	19 ♑ 44	20 ♑ 49	23 ♑ 31	22 ♒ 37	7 ♌ 7	4 ♓ 15	4 ♎ 11	24 ♓ 25	25 ♒ 48	4 ♑ 29	17 ♐	18 ♏	20 ♈	2 ♍	25 ♒
7	17 ♒ 42	25 ♏ 12	19 ♑ 41	20 D 49	24 ♑ 50	23 ♒ 52	6 ♌ 44	4 ♓ 29	4 ♎ 8	24 ♓ 28	25 ♒ 50	4 ♑ 31	18 ♐	18 ♏	21 ♈	2 ♍	25 ♒
8	18 ♒ 43	7 ♐ 47	19 ♑ 38	20 ♑ 51	26 ♑ 11	25 ♒ 8	6 ♌ 22	4 ♓ 44	4 ♎ 6	24 ♓ 31	25 ♒ 52	4 ♑ 33	18 ♐	18 ♏	21 ♈	2 ♍	25 ♒
9	19 ♒ 44	20 ♐ 4	19 ♑ 35	20 ♑ 52	27 ♑ 33	26 ♒ 23	6 ♌ 0	4 ♓ 58	4 ♎ 3	24 ♓ 34	25 ♒ 55	4 ♑ 34	19 ♐	19 ♏	22 ♈	1 ♍	25 ♒
10	20 ♒ 45	2 ♑ 8	19 ♑ 32	20 ♑ 54	28 ♑ 56	27 ♒ 38	5 ♌ 39	5 ♓ 12	4 ♎ 0	24 ♓ 37	25 ♒ 57	4 ♑ 36	19 ♐	19 ♏	22 ♈	1 ♍	25 ♒
11	21 ♒ 45	14 ♑ 2	19 ♑ 29	20 ♑ 55	0 ♒ 20	28 ♒ 53	5 ♌ 18	5 ♓ 26	3 ♎ 57	24 ♓ 40	25 ♒ 59	4 ♑ 38	19 ♐	19 ♏	23 ♈	1 ♍	25 ♒
12	22 ♒ 46	25 ♑ 52	19 ♑ 25	20 R 55	1 ♒ 46	0 ♓ 8	4 ♌ 58	5 ♓ 41	3 ♎ 55	24 ♓ 43	26 ♒ 1	4 ♑ 39	20 ♐	19 ♏	23 ♈	1 ♍	25 ♒
13	23 ♒ 47	7 ♒ 39	19 ♑ 22	20 ♑ 54	3 ♒ 12	1 ♓ 24	4 ♌ 38	5 ♓ 55	3 ♎ 52	24 ♓ 46	26 ♒ 4	4 ♑ 41	20 ♐	19 ♏	24 ♈	0 ♍	25 ♒
14	24 ♒ 47	19 ♒ 27	19 ♑ 19	20 ♑ 51	4 ♒ 39	2 ♓ 39	4 ♌ 19	6 ♓ 9	3 ♎ 49	24 ♓ 49	26 ♒ 6	4 ♑ 42	20 ♐	20 ♏	24 ♈	0 ♍	25 ♒
15	25 ♒ 48	1 ♓ 17	19 ♑ 16	20 ♑ 46	6 ♒ 8	3 ♓ 54	4 ♌ 0	6 ♓ 24	3 ♎ 45	24 ♓ 52	26 ♒ 8	4 ♑ 44	20 ♐	20 ♏	25 ♈	0 ♍	26 ♒
16	26 ♒ 49	13 ♓ 12	19 ♑ 13	20 ♑ 39	7 ♒ 37	5 ♓ 9	3 ♌ 42	6 ♓ 38	3 ♎ 42	24 ♓ 55	26 ♒ 11	4 ♑ 45	21 ♐	20 ♏	25 ♈	0 ♍	26 ♒
17	27 ♒ 49	25 ♓ 12	19 ♑ 10	20 ♑ 32	9 ♒ 7	6 ♓ 24	3 ♌ 25	6 ♓ 53	3 ♎ 39	24 ♓ 58	26 ♒ 13	4 ♑ 47	21 ♐	20 ♏	26 ♈	29 ♌	26 ♒
18	28 ♒ 50	7 ♈ 20	19 ♑ 6	20 ♑ 25	10 ♒ 38	7 ♓ 39	3 ♌ 8	7 ♓ 7	3 ♎ 35	25 ♓ 1	26 ♒ 15	4 ♑ 48	21 ♐	20 ♏	26 ♈	29 ♌	26 ♒
19	29 ♒ 50	19 ♈ 38	19 ♑ 3	20 ♑ 18	12 ♒ 10	8 ♓ 54	2 ♌ 53	7 ♓ 21	3 ♎ 32	25 ♓ 5	26 ♒ 17	4 ♑ 50	22 ♐	20 ♏	27 ♈	29 ♌	26 ♒
20	0 ♓ 51	2 ♉ 8	19 ♑ 0	20 ♑ 13	13 ♒ 43	10 ♓ 9	2 ♌ 37	7 ♓ 36	3 ♎ 28	25 ♓ 8	26 ♒ 20	4 ♑ 51	22 ♐	21 ♏	27 ♈	29 ♌	26 ♒
21	1 ♓ 51	14 ♉ 52	18 ♑ 57	20 ♑ 10	15 ♒ 17	11 ♓ 24	2 ♌ 23	7 ♓ 50	3 ♎ 25	25 ♓ 11	26 ♒ 22	4 ♑ 52	22 ♐	21 ♏	28 ♈	28 ♌	26 ♒
22	2 ♓ 52	27 ♉ 54	18 ♑ 54	20 ♑ 8	16 ♒ 52	12 ♓ 39	2 ♌ 9	8 ♓ 5	3 ♎ 21	25 ♓ 14	26 ♒ 24	4 ♑ 54	23 ♐	21 ♏	28 ♈	28 ♌	26 ♒
23	3 ♓ 52	11 ♊ 17	18 ♑ 50	20 D 8	18 ♒ 28	13 ♓ 54	1 ♌ 57	8 ♓ 19	3 ♎ 17	25 ♓ 17	26 ♒ 26	4 ♑ 55	23 ♐	21 ♏	29 ♈	28 ♌	26 ♒
24	4 ♓ 53	25 ♊ 2	18 ♑ 47	20 ♑ 10	20 ♒ 5	15 ♓ 9	1 ♌ 44	8 ♓ 34	3 ♎ 14	25 ♓ 21	26 ♒ 29	4 ♑ 56	23 ♐	21 ♏	0 ♉	28 ♌	26 ♒
25	5 ♓ 53	9 ♋ 12	18 ♑ 44	20 ♑ 11	21 ♒ 43	16 ♓ 24	1 ♌ 33	8 ♓ 48	3 ♎ 10	25 ♓ 24	26 ♒ 31	4 ♑ 58	24 ♐	21 ♏	0 ♉	27 ♌	26 ♒
26	6 ♓ 53	23 ♋ 44	18 ♑ 41	20 R 11	23 ♒ 21	17 ♓ 39	1 ♌ 23	9 ♓ 3	3 ♎ 6	25 ♓ 27	26 ♒ 33	4 ♑ 59	24 ♐	21 ♏	1 ♉	27 ♌	26 ♒
27	7 ♓ 54	8 ♌ 37	18 ♑ 38	20 ♑ 10	25 ♒ 1	18 ♓ 54	1 ♌ 13	9 ♓ 17	3 ♎ 2	25 ♓ 31	26 ♒ 36	5 ♑ 0	24 ♐	22 ♏	1 ♉	27 ♌	26 ♒
28	8 ♓ 54	23 ♌ 44	18 ♑ 35	20 ♑ 6	26 ♒ 42	20 ♓ 9	1 ♌ 4	9 ♓ 32	2 ♎ 58	25 ♓ 34	26 ♒ 38	5 ♑ 1	24 ♐	22 ♏	2 ♉	26 ♌	26 ♒

SUN INGRESS	☉ → ♓ 19日 03:36
MOON PHASE	◑ 6日 08:48 ♏　● 14日 11:51 ♒　◐ 22日 09:42 ♊

aspects		
1日	06:27	♄□♇
6日	17:02	☿⚹♅
7日	02:51	♃⚹♇
8日	14:44	♀☌♆
13日	10:34	☿△♄
13日	19:25	☿☍♂
15日	08:19	☉☌♆
15日	16:17	♀⚹♇
16日	00:19	♂⚹♄
17日	11:14	♀☌♃
24日	01:31	☉⚹♇
27日	23:03	☿☌♆
28日	19:44	☉☌♃

2010年3月

DAY	☉	☽	☊ mean	☊ true	☿	♀	♂	♃	♄	♅	♆	♇	⚳	⚴	⚵	⚶	⚷
	° ′	° ′	° ′	° ′	° ′	° ′	° ′	° ′	° ′	° ′	° ′	° ′	°	°	°	°	°
1	9 ♓ 54	8 ♍ 56	18 ♑ 31	20 R 0	28 D 23	21 D 24	0 R 56	9 D 46	2 R 54	25 D 37	26 D 40	5 D 3	25 D	22 D	2 D	26 R	27 D
2	10 ♓ 54	24 ♍ 3	18 ♑ 28	19 ♑ 53	0 ♓ 6	22 ♓ 39	0 ♌ 49	10 ♓ 1	2 ♎ 49	25 ♓ 41	26 ♒ 42	5 ♑ 4	25 ♐	22 ♏	3 ♉	26 ♌	27 ♒
3	11 ♓ 55	8 ♎ 55	18 ♑ 25	19 ♑ 44	1 ♓ 50	23 ♓ 53	0 ♌ 42	10 ♓ 15	2 ♎ 45	25 ♓ 44	26 ♒ 44	5 ♑ 5	25 ♐	22 ♏	3 ♉	26 ♌	27 ♒
4	12 ♓ 55	23 ♎ 24	18 ♑ 22	19 ♑ 36	3 ♓ 35	25 ♓ 8	0 ♌ 36	10 ♓ 30	2 ♎ 41	25 ♓ 47	26 ♒ 47	5 ♑ 6	26 ♐	22 ♏	4 ♉	26 ♌	27 ♒
5	13 ♓ 55	7 ♏ 25	18 ♑ 19	19 ♑ 29	5 ♓ 21	26 ♓ 23	0 ♌ 31	10 ♓ 44	2 ♎ 37	25 ♓ 51	26 ♒ 49	5 ♑ 7	26 ♐	22 ♏	4 ♉	25 ♌	27 ♒
6	14 ♓ 55	20 ♏ 56	18 ♑ 15	19 ♑ 24	7 ♓ 8	27 ♓ 38	0 ♌ 27	10 ♓ 59	2 ♎ 32	25 ♓ 54	26 ♒ 51	5 ♑ 8	26 ♐	22 ♏	5 ♉	25 ♌	27 ♒
7	15 ♓ 55	3 ♐ 58	18 ♑ 12	19 ♑ 22	8 ♓ 56	28 ♓ 52	0 ♌ 23	11 ♓ 13	2 ♎ 28	25 ♓ 57	26 ♒ 53	5 ♑ 9	26 ♐	22 ♏	6 ♉	25 ♌	27 ♒
8	16 ♓ 55	16 ♐ 35	18 ♑ 9	19 ♑ 21	10 ♓ 45	0 ♈ 7	0 ♌ 21	11 ♓ 28	2 ♎ 23	26 ♓ 1	26 ♒ 55	5 ♑ 10	27 ♐	22 ♏	6 ♉	25 ♌	27 ♒
9	17 ♓ 55	28 ♐ 52	18 ♑ 6	19 D 21	12 ♓ 35	1 ♈ 22	0 ♌ 19	11 ♓ 42	2 ♎ 19	26 ♓ 4	26 ♒ 58	5 ♑ 11	27 ♐	22 ♏	7 ♉	24 ♌	27 ♒
10	18 ♓ 55	10 ♑ 54	18 ♑ 3	19 ♑ 22	14 ♓ 26	2 ♈ 36	0 ♌ 18	11 ♓ 56	2 ♎ 15	26 ♓ 8	27 ♒ 0	5 ♑ 12	27 ♐	22 ♏	7 ♉	24 ♌	27 ♒
11	19 ♓ 55	22 ♑ 46	18 ♑ 0	19 R 22	16 ♓ 19	3 ♈ 51	0 ♌ 17	12 ♓ 11	2 ♎ 10	26 ♓ 11	27 ♒ 2	5 ♑ 13	27 ♐	22 ♏	8 ♉	24 ♌	27 ♒
12	20 ♓ 55	4 ♒ 33	17 ♑ 56	19 ♑ 21	18 ♓ 12	5 ♈ 6	0 D 17	12 ♓ 25	2 ♎ 5	26 ♓ 14	27 ♒ 4	5 ♑ 14	28 ♐	23 ♏	8 ♉	24 ♌	27 ♒
13	21 ♓ 55	16 ♒ 19	17 ♑ 53	19 ♑ 17	20 ♓ 7	6 ♈ 20	0 ♌ 19	12 ♓ 40	2 ♎ 1	26 ♓ 18	27 ♒ 6	5 ♑ 14	28 ♐	23 ♏	9 ♉	24 ♌	27 ♒
14	22 ♓ 55	28 ♒ 9	17 ♑ 50	19 ♑ 11	22 ♓ 2	7 ♈ 35	0 ♌ 20	12 ♓ 54	1 ♎ 56	26 ♓ 21	27 ♒ 8	5 ♑ 15	28 ♐	23 ♏	9 ♉	23 ♌	27 ♒
15	23 ♓ 55	10 ♓ 4	17 ♑ 47	19 ♑ 2	23 ♓ 59	8 ♈ 49	0 ♌ 23	13 ♓ 9	1 ♎ 52	26 ♓ 25	27 ♒ 10	5 ♑ 16	28 ♐	23 R	10 ♉	23 ♌	27 ♒
16	24 ♓ 55	22 ♓ 7	17 ♑ 44	18 ♑ 51	25 ♓ 56	10 ♈ 4	0 ♌ 26	13 ♓ 23	1 ♎ 47	26 ♓ 28	27 ♒ 12	5 ♑ 17	29 ♐	23 ♏	11 ♉	23 ♌	28 ♒
17	25 ♓ 54	4 ♈ 19	17 ♑ 41	18 ♑ 38	27 ♓ 55	11 ♈ 18	0 ♌ 30	13 ♓ 37	1 ♎ 42	26 ♓ 32	27 ♒ 14	5 ♑ 17	29 ♐	23 ♏	11 ♉	23 ♌	28 ♒
18	26 ♓ 54	16 ♈ 41	17 ♑ 37	18 ♑ 26	29 ♓ 54	12 ♈ 33	0 ♌ 34	13 ♓ 52	1 ♎ 37	26 ♓ 35	27 ♒ 17	5 ♑ 18	29 ♐	22 ♏	12 ♉	23 ♌	28 ♒
19	27 ♓ 54	29 ♈ 13	17 ♑ 34	18 ♑ 14	1 ♈ 53	13 ♈ 47	0 ♌ 40	14 ♓ 6	1 ♎ 33	26 ♓ 38	27 ♒ 19	5 ♑ 19	29 ♐	22 ♏	12 ♉	23 ♌	28 ♒
20	28 ♓ 54	11 ♉ 55	17 ♑ 31	18 ♑ 4	3 ♈ 53	15 ♈ 2	0 ♌ 45	14 ♓ 20	1 ♎ 28	26 ♓ 42	27 ♒ 21	5 ♑ 19	0 ♑	22 ♏	13 ♉	22 ♌	28 ♒
21	29 ♓ 53	24 ♉ 50	17 ♑ 28	17 ♑ 56	5 ♈ 53	16 ♈ 16	0 ♌ 52	14 ♓ 34	1 ♎ 23	26 ♓ 45	27 ♒ 23	5 ♑ 20	0 ♑	22 ♏	13 ♉	22 ♌	28 ♒
22	0 ♈ 53	7 ♊ 58	17 ♑ 25	17 ♑ 52	7 ♈ 54	17 ♈ 30	0 ♌ 59	14 ♓ 49	1 ♎ 19	26 ♓ 49	27 ♒ 25	5 ♑ 20	0 ♑	22 ♏	14 ♉	22 ♌	28 ♒
23	1 ♈ 52	21 ♊ 21	17 ♑ 21	17 ♑ 50	9 ♈ 54	18 ♈ 44	1 ♌ 7	15 ♓ 3	1 ♎ 14	26 ♓ 52	27 ♒ 27	5 ♑ 21	0 ♑	22 ♏	15 ♉	22 ♌	28 ♒
24	2 ♈ 52	5 ♋ 0	17 ♑ 18	17 D 49	11 ♈ 54	19 ♈ 59	1 ♌ 15	15 ♓ 17	1 ♎ 9	26 ♓ 56	27 ♒ 29	5 ♑ 21	0 ♑	22 ♏	15 ♉	22 ♌	28 ♒
25	3 ♈ 51	18 ♋ 57	17 ♑ 15	17 R 49	13 ♈ 53	21 ♈ 13	1 ♌ 24	15 ♓ 31	1 ♎ 4	26 ♓ 59	27 ♒ 30	5 ♑ 22	1 ♑	22 ♏	16 ♉	22 ♌	28 ♒
26	4 ♈ 51	3 ♌ 12	17 ♑ 12	17 ♑ 49	15 ♈ 51	22 ♈ 27	1 ♌ 34	15 ♓ 45	1 ♎ 0	27 ♓ 2	27 ♒ 32	5 ♑ 22	1 ♑	22 ♏	16 ♉	22 ♌	28 ♒
27	5 ♈ 50	17 ♌ 44	17 ♑ 9	17 ♑ 46	17 ♈ 47	23 ♈ 41	1 ♌ 44	15 ♓ 59	0 ♎ 55	27 ♓ 6	27 ♒ 34	5 ♑ 23	1 ♑	22 ♏	17 ♉	22 ♌	28 ♒
28	6 ♈ 50	2 ♍ 30	17 ♑ 6	17 ♑ 41	19 ♈ 41	24 ♈ 55	1 ♌ 55	16 ♓ 13	0 ♎ 50	27 ♓ 9	27 ♒ 36	5 ♑ 23	1 ♑	22 ♏	17 ♉	22 ♌	28 ♒
29	7 ♈ 49	17 ♍ 23	17 ♑ 2	17 ♑ 33	21 ♈ 34	26 ♈ 10	2 ♌ 6	16 ♓ 27	0 ♎ 46	27 ♓ 13	27 ♒ 38	5 ♑ 23	1 ♑	22 ♏	18 ♉	21 ♌	28 ♒
30	8 ♈ 48	2 ♎ 15	16 ♑ 59	17 ♑ 22	23 ♈ 23	27 ♈ 24	2 ♌ 18	16 ♓ 41	0 ♎ 41	27 ♓ 16	27 ♒ 40	5 ♑ 24	1 ♑	22 ♏	19 ♉	21 ♌	28 ♒
31	9 ♈ 48	16 ♎ 57	16 ♑ 56	17 ♑ 11	25 ♈ 10	28 ♈ 38	2 ♌ 30	16 ♓ 55	0 ♎ 36	27 ♓ 19	27 ♒ 42	5 ♑ 24	2 ♑	21 ♏	19 ♉	21 ♌	28 ♒

SUN INGRESS	☉ → ♈ 21日 02:32
MOON PHASE	○ 1日 01:38 ♍ ◑ 8日 00:42 ♐ ● 16日 06:01 ♓ ◐ 23日 20:00 ♋ ○ 30日 11:25 ♎

aspects		
4日	13:07	♀☌♅
4日	20:54	☿⚹♇
8日	04:15	♀△♂
8日	10:45	☿☌♃
9日	17:21	♀☍♄
12日	02:35	♀□♇
14日	22:16	☉☌☿
16日	06:39	☿☌♅
17日	15:49	☉☌♅
18日	08:33	☿△♂
18日	20:04	☿☍♄
20日	17:16	☿□♇
22日	02:54	☉△♂
22日	09:37	☉☍♄
23日	12:53	♂⚹♄
26日	12:45	☉□♇
30日	05:24	♀⚹♆

2010年4月

DAY	☉	☽	☊ mean	☊ true	☿	♀	♂	♃	♄	♅	♆	♇	⚳	⚴	⚵	⚶	⚷
	° ′	° ′	° ′	° ′	° ′	° ′	° ′	° ′	° ′	° ′	° ′	° ′	°	°	°	°	°
1	10 ♈ 47	1 ♏ 22	16 ♑ 53	16 R 59	26 D 53	29 D 52	2 D 43	17 D 9	0 R 32	27 D 23	27 D 43	5 D 24	2 D	21 R	20 D	21 R	29 D
2	11 ♈ 46	15 ♏ 23	16 ♑ 50	16 ♑ 49	28 ♈ 32	1 ♉ 5	2 ♌ 56	17 ♓ 23	0 ♎ 27	27 ♓ 26	27 ♒ 45	5 ♑ 24	2 ♑	21 ♏	20 ♉	21 ♌	29 ♒
3	12 ♈ 45	28 ♏ 57	16 ♑ 47	16 ♑ 41	0 ♉ 7	2 ♉ 19	3 ♌ 10	17 ♓ 37	0 ♎ 23	27 ♓ 29	27 ♒ 47	5 ♑ 24	2 ♑	21 ♏	21 ♉	21 ♌	29 ♒
4	13 ♈ 44	12 ♐ 4	16 ♑ 43	16 ♑ 36	1 ♉ 37	3 ♉ 33	3 ♌ 24	17 ♓ 51	0 ♎ 18	27 ♓ 33	27 ♒ 49	5 ♑ 25	2 ♑	21 ♏	21 ♉	21 ♌	29 ♒
5	14 ♈ 43	24 ♐ 45	16 ♑ 40	16 ♑ 33	3 ♉ 3	4 ♉ 47	3 ♌ 39	18 ♓ 4	0 ♎ 14	27 ♓ 36	27 ♒ 50	5 ♑ 25	2 ♑	21 ♏	22 ♉	21 ♌	29 ♒
6	15 ♈ 43	7 ♑ 6	16 ♑ 37	16 ♑ 32	4 ♉ 23	6 ♉ 1	3 ♌ 54	18 ♓ 18	0 ♎ 9	27 ♓ 39	27 ♒ 52	5 ♑ 25	3 ♑	21 ♏	23 ♉	21 ♌	29 ♒
7	16 ♈ 42	19 ♑ 10	16 ♑ 34	16 ♑ 32	5 ♉ 37	7 ♉ 15	4 ♌ 10	18 ♓ 32	0 ♎ 5	27 ♓ 43	27 ♒ 54	5 ♑ 25	3 ♑	20 ♏	23 ♉	21 D	29 ♒
8	17 ♈ 41	1 ♒ 3	16 ♑ 31	16 ♑ 31	6 ♉ 47	8 ♉ 28	4 ♌ 26	18 ♓ 45	0 ♎ 0	27 ♓ 46	27 ♒ 55	5 R 25	3 ♑	20 ♏	24 ♉	21 ♌	29 ♒
9	18 ♈ 40	12 ♒ 52	16 ♑ 27	16 ♑ 30	7 ♉ 50	9 ♉ 42	4 ♌ 43	18 ♓ 59	29 ♍ 56	27 ♓ 49	27 ♒ 57	5 ♑ 25	3 ♑	20 ♏	24 ♉	21 ♌	29 ♒
10	19 ♈ 39	24 ♒ 40	16 ♑ 24	16 ♑ 26	8 ♉ 47	10 ♉ 56	5 ♌ 0	19 ♓ 12	29 ♍ 52	27 ♓ 52	27 ♒ 59	5 ♑ 25	3 ♑	20 ♏	25 ♉	21 ♌	29 ♒
11	20 ♈ 38	6 ♓ 32	16 ♑ 21	16 ♑ 19	9 ♉ 38	12 ♉ 10	5 ♌ 17	19 ♓ 26	29 ♍ 47	27 ♓ 56	28 ♒ 0	5 ♑ 25	3 ♑	20 ♏	25 ♉	21 ♌	29 ♒
12	21 ♈ 36	18 ♓ 33	16 ♑ 18	16 ♑ 10	10 ♉ 23	13 ♉ 23	5 ♌ 35	19 ♓ 39	29 ♍ 43	27 ♓ 59	28 ♒ 2	5 ♑ 24	3 ♑	19 ♏	26 ♉	21 ♌	29 ♒
13	22 ♈ 35	0 ♈ 45	16 ♑ 15	15 ♑ 58	11 ♉ 1	14 ♉ 37	5 ♌ 53	19 ♓ 53	29 ♍ 39	28 ♓ 2	28 ♒ 3	5 ♑ 24	3 ♑	19 ♏	27 ♉	21 ♌	29 ♒
14	23 ♈ 34	13 ♈ 9	16 ♑ 12	15 ♑ 45	11 ♉ 33	15 ♉ 50	6 ♌ 12	20 ♓ 6	29 ♍ 35	28 ♓ 5	28 ♒ 5	5 ♑ 24	3 ♑	19 ♏	27 ♉	21 ♌	29 ♒
15	24 ♈ 33	25 ♈ 47	16 ♑ 8	15 ♑ 31	11 ♉ 58	17 ♉ 4	6 ♌ 31	20 ♓ 19	29 ♍ 31	28 ♓ 8	28 ♒ 6	5 ♑ 24	4 ♑	19 ♏	28 ♉	21 ♌	29 ♒
16	25 ♈ 32	8 ♉ 37	16 ♑ 5	15 ♑ 19	12 ♉ 17	18 ♉ 17	6 ♌ 50	20 ♓ 32	29 ♍ 27	28 ♓ 12	28 ♒ 8	5 ♑ 24	4 ♑	18 ♏	28 ♉	21 ♌	29 ♒
17	26 ♈ 31	21 ♉ 40	16 ♑ 2	15 ♑ 8	12 ♉ 30	19 ♉ 31	7 ♌ 10	20 ♓ 45	29 ♍ 23	28 ♓ 15	28 ♒ 9	5 ♑ 23	4 ♑	18 ♏	29 ♉	22 ♌	29 ♒
18	27 ♈ 29	4 ♊ 54	15 ♑ 59	15 ♑ 0	12 ♉ 37	20 ♉ 44	7 ♌ 30	20 ♓ 58	29 ♍ 19	28 ♓ 18	28 ♒ 10	5 ♑ 23	4 ♑	18 ♏	29 ♉	22 ♌	29 ♒
19	28 ♈ 28	18 ♊ 19	15 ♑ 56	14 ♑ 55	12 R 37	21 ♉ 57	7 ♌ 51	21 ♓ 11	29 ♍ 15	28 ♓ 21	28 ♒ 12	5 ♑ 23	4 ♑	18 ♏	0 ♊	22 ♌	29 ♒
20	29 ♈ 27	1 ♋ 54	15 ♑ 52	14 ♑ 53	12 ♉ 31	23 ♉ 11	8 ♌ 11	21 ♓ 24	29 ♍ 11	28 ♓ 24	28 ♒ 13	5 ♑ 22	4 ♑	17 ♏	1 ♊	22 ♌	29 ♒
21	0 ♉ 25	15 ♋ 39	15 ♑ 49	14 D 52	12 ♉ 20	24 ♉ 24	8 ♌ 32	21 ♓ 37	29 ♍ 8	28 ♓ 27	28 ♒ 14	5 ♑ 22	4 ♑	17 ♏	1 ♊	22 ♌	0 ♓
22	1 ♉ 24	29 ♋ 35	15 ♑ 46	14 ♑ 52	12 ♉ 3	25 ♉ 37	8 ♌ 54	21 ♓ 50	29 ♍ 4	28 ♓ 30	28 ♒ 16	5 ♑ 21	4 ♑	17 ♏	2 ♊	22 ♌	0 ♓
23	2 ♉ 22	13 ♌ 41	15 ♑ 43	14 R 52	11 ♉ 42	26 ♉ 50	9 ♌ 16	22 ♓ 3	29 ♍ 0	28 ♓ 33	28 ♒ 17	5 ♑ 21	4 ♑	17 ♏	2 ♊	22 ♌	0 ♓
24	3 ♉ 21	27 ♌ 57	15 ♑ 40	14 ♑ 50	11 ♉ 16	28 ♉ 4	9 ♌ 38	22 ♓ 15	28 ♍ 57	28 ♓ 36	28 ♒ 18	5 ♑ 20	4 ♑	16 ♏	3 ♊	22 ♌	0 ♓
25	4 ♉ 19	12 ♍ 21	15 ♑ 37	14 ♑ 45	10 ♉ 46	29 ♉ 17	10 ♌ 0	22 ♓ 28	28 ♍ 53	28 ♓ 39	28 ♒ 19	5 ♑ 20	4 ♑	16 ♏	3 ♊	22 ♌	0 ♓
26	5 ♉ 18	26 ♍ 49	15 ♑ 33	14 ♑ 38	10 ♉ 13	0 ♊ 30	10 ♌ 23	22 ♓ 41	28 ♍ 50	28 ♓ 42	28 ♒ 21	5 ♑ 19	4 ♑	16 ♏	4 ♊	22 ♌	0 ♓
27	6 ♉ 16	11 ♎ 15	15 ♑ 30	14 ♑ 29	9 ♉ 37	1 ♊ 43	10 ♌ 46	22 ♓ 53	28 ♍ 47	28 ♓ 45	28 ♒ 22	5 ♑ 19	4 ♑	15 ♏	5 ♊	23 ♌	0 ♓
28	7 ♉ 14	25 ♎ 34	15 ♑ 27	14 ♑ 19	8 ♉ 59	2 ♊ 56	11 ♌ 9	23 ♓ 5	28 ♍ 44	28 ♓ 48	28 ♒ 23	5 ♑ 18	4 ♑	15 ♏	5 ♊	23 ♌	0 ♓
29	8 ♉ 13	9 ♏ 40	15 ♑ 24	14 ♑ 8	8 ♉ 20	4 ♊ 9	11 ♌ 33	23 ♓ 18	28 ♍ 41	28 ♓ 50	28 ♒ 24	5 ♑ 18	4 ♑	15 ♏	6 ♊	23 ♌	0 ♓
30	9 ♉ 11	23 ♏ 27	15 ♑ 21	13 ♑ 59	7 ♉ 40	5 ♊ 21	11 ♌ 57	23 ♓ 30	28 ♍ 38	28 ♓ 53	28 ♒ 25	5 ♑ 17	4 R	14 ♏	6 ♊	23 ♌	0 ♓

SUN INGRESS	☉ → ♉ 20日 13:30
MOON PHASE	◑ 6日 18:37 ♑ ● 14日 21:29 ♈ ◐ 22日 03:20 ♌ ○ 28日 21:18 ♏

aspects		
1日	12:21	☿⚹♆
3日	20:25	♀□♂
5日	12:12	♀△♇
5日	13:17	☿□♂
6日	19:46	☿△♇
18日	05:43	♀⚹♃
18日	17:16	☉⚹♆
24日	04:54	♀□♆
24日	11:06	♀⚹♅
24日	16:44	♀△♄
25日	19:41	☿□♂
26日	00:44	☉△♇
27日	08:23	♄☍♅
29日	01:44	☉☌☿

2010年5月

DAY	☉	☽	☊ mean	☊ true	☿	♀	♂	♃	♄	♅	♆	♇	⚳	⚴	⚵	⚶	⚷
	° ′	° ′	° ′	° ′	° ′	° ′	° ′	° ′	° ′	° ′	° ′	° ′	°	°	°	°	°
1	10 ♉ 9	6 ♐ 53	15 ♑ 18	13 R 51	7 R 1	6 D 34	12 D 21	23 D 42	28 R 35	28 D 56	28 D 26	5 R 16	4 R	14 R	7 D	23 D	0 D
2	11 ♉ 7	19 ♐ 56	15 ♑ 14	13 ♑ 47	6 ♉ 22	7 ♊ 47	12 ♌ 45	23 ♓ 54	28 ♍ 32	28 ♓ 59	28 ♒ 27	5 ♑ 16	4 ♑	14 ♏	8 ♊	23 ♌	0 ♓
3	12 ♉ 6	2 ♑ 36	15 ♑ 11	13 ♑ 44	5 ♉ 45	9 ♊ 0	13 ♌ 10	24 ♓ 6	28 ♍ 29	29 ♓ 2	28 ♒ 28	5 ♑ 15	4 ♑	14 ♏	8 ♊	24 ♌	0 ♓
4	13 ♉ 4	14 ♑ 58	15 ♑ 8	13 D 43	5 ♉ 10	10 ♊ 12	13 ♌ 34	24 ♓ 18	28 ♍ 26	29 ♓ 4	28 ♒ 29	5 ♑ 14	4 ♑	13 ♏	9 ♊	24 ♌	0 ♓
5	14 ♉ 2	27 ♑ 4	15 ♑ 5	13 ♑ 44	4 ♉ 38	11 ♊ 25	13 ♌ 59	24 ♓ 30	28 ♍ 24	29 ♓ 7	28 ♒ 30	5 ♑ 13	4 ♑	13 ♏	9 ♊	24 ♌	0 ♓
6	15 ♉ 0	9 ♒ 0	15 ♑ 2	13 ♑ 45	4 ♉ 9	12 ♊ 38	14 ♌ 25	24 ♓ 41	28 ♍ 21	29 ♓ 10	28 ♒ 31	5 ♑ 12	4 ♑	13 ♏	10 ♊	24 ♌	0 ♓
7	15 ♉ 58	20 ♒ 50	14 ♑ 58	13 R 45	3 ♉ 43	13 ♊ 50	14 ♌ 50	24 ♓ 53	28 ♍ 19	29 ♓ 12	28 ♒ 31	5 ♑ 12	4 ♑	12 ♏	10 ♊	24 ♌	0 ♓
8	16 ♉ 56	2 ♓ 41	14 ♑ 55	13 ♑ 43	3 ♉ 22	15 ♊ 3	15 ♌ 16	25 ♓ 5	28 ♍ 16	29 ♓ 15	28 ♒ 32	5 ♑ 11	4 ♑	12 ♏	11 ♊	25 ♌	0 ♓
9	17 ♉ 54	14 ♓ 36	14 ♑ 52	13 ♑ 40	3 ♉ 4	16 ♊ 15	15 ♌ 42	25 ♓ 16	28 ♍ 14	29 ♓ 17	28 ♒ 33	5 ♑ 10	4 ♑	12 ♏	12 ♊	25 ♌	0 ♓
10	18 ♉ 52	26 ♓ 41	14 ♑ 49	13 ♑ 34	2 ♉ 51	17 ♊ 28	16 ♌ 8	25 ♓ 27	28 ♍ 12	29 ♓ 20	28 ♒ 34	5 ♑ 9	4 ♑	11 ♏	12 ♊	25 ♌	0 ♓
11	19 ♉ 50	9 ♈ 0	14 ♑ 46	13 ♑ 27	2 ♉ 43	18 ♊ 40	16 ♌ 35	25 ♓ 39	28 ♍ 10	29 ♓ 22	28 ♒ 34	5 ♑ 8	4 ♑	11 ♏	13 ♊	25 ♌	0 ♓
12	20 ♉ 48	21 ♈ 34	14 ♑ 43	13 ♑ 18	2 ♉ 39	19 ♊ 52	17 ♌ 2	25 ♓ 50	28 ♍ 8	29 ♓ 25	28 ♒ 35	5 ♑ 7	4 ♑	11 ♏	13 ♊	25 ♌	0 ♓
13	21 ♉ 46	4 ♉ 25	14 ♑ 39	13 ♑ 9	2 D 40	21 ♊ 5	17 ♌ 29	26 ♓ 1	28 ♍ 6	29 ♓ 27	28 ♒ 36	5 ♑ 6	4 ♑	11 ♏	14 ♊	26 ♌	0 ♓
14	22 ♉ 44	17 ♉ 33	14 ♑ 36	13 ♑ 0	2 ♉ 46	22 ♊ 17	17 ♌ 56	26 ♓ 12	28 ♍ 4	29 ♓ 29	28 ♒ 36	5 ♑ 5	3 ♑	10 ♏	14 ♊	26 ♌	0 ♓
15	23 ♉ 42	0 ♊ 57	14 ♑ 33	12 ♑ 53	2 ♉ 56	23 ♊ 29	18 ♌ 23	26 ♓ 23	28 ♍ 3	29 ♓ 32	28 ♒ 37	5 ♑ 4	3 ♑	10 ♏	15 ♊	26 ♌	0 ♓
16	24 ♉ 40	14 ♊ 35	14 ♑ 30	12 ♑ 47	3 ♉ 11	24 ♊ 41	18 ♌ 51	26 ♓ 34	28 ♍ 1	29 ♓ 34	28 ♒ 37	5 ♑ 3	3 ♑	10 ♏	16 ♊	26 ♌	0 ♓
17	25 ♉ 38	28 ♊ 24	14 ♑ 27	12 ♑ 44	3 ♉ 30	25 ♊ 53	19 ♌ 18	26 ♓ 44	28 ♍ 0	29 ♓ 36	28 ♒ 38	5 ♑ 2	3 ♑	9 ♏	16 ♊	27 ♌	0 ♓
18	26 ♉ 36	12 ♋ 21	14 ♑ 24	12 ♑ 43	3 ♉ 53	27 ♊ 5	19 ♌ 46	26 ♓ 55	27 ♍ 58	29 ♓ 39	28 ♒ 38	5 ♑ 1	3 ♑	9 ♏	17 ♊	27 ♌	0 ♓
19	27 ♉ 34	26 ♋ 24	14 ♑ 20	12 D 44	4 ♉ 21	28 ♊ 17	20 ♌ 14	27 ♓ 5	27 ♍ 57	29 ♓ 41	28 ♒ 39	5 ♑ 0	3 ♑	9 ♏	17 ♊	27 ♌	0 ♓
20	28 ♉ 32	10 ♌ 32	14 ♑ 17	12 ♑ 45	4 ♉ 53	29 ♊ 29	20 ♌ 43	27 ♓ 16	27 ♍ 56	29 ♓ 43	28 ♒ 39	4 ♑ 58	3 ♑	9 ♏	18 ♊	28 ♌	0 ♓
21	29 ♉ 29	24 ♌ 41	14 ♑ 14	12 ♑ 46	5 ♉ 29	0 ♋ 41	21 ♌ 11	27 ♓ 26	27 ♍ 55	29 ♓ 45	28 ♒ 40	4 ♑ 57	3 ♑	8 ♏	19 ♊	28 ♌	0 ♓
22	0 ♊ 27	8 ♍ 52	14 ♑ 11	12 R 46	6 ♉ 8	1 ♋ 53	21 ♌ 40	27 ♓ 36	27 ♍ 54	29 ♓ 47	28 ♒ 40	4 ♑ 56	3 ♑	8 ♏	19 ♊	28 ♌	0 ♓
23	1 ♊ 25	23 ♍ 2	14 ♑ 8	12 ♑ 44	6 ♉ 52	3 ♋ 5	22 ♌ 9	27 ♓ 46	27 ♍ 53	29 ♓ 49	28 ♒ 40	4 ♑ 55	2 ♑	8 ♏	20 ♊	28 ♌	0 ♓
24	2 ♊ 22	7 ♎ 8	14 ♑ 4	12 ♑ 41	7 ♉ 39	4 ♋ 16	22 ♌ 38	27 ♓ 56	27 ♍ 52	29 ♓ 51	28 ♒ 41	4 ♑ 54	2 ♑	8 ♏	20 ♊	29 ♌	0 ♓
25	3 ♊ 20	21 ♎ 9	14 ♑ 1	12 ♑ 35	8 ♉ 30	5 ♋ 28	23 ♌ 7	28 ♓ 6	27 ♍ 51	29 ♓ 53	28 ♒ 41	4 ♑ 52	2 ♑	7 ♏	21 ♊	29 ♌	0 ♓
26	4 ♊ 18	5 ♏ 0	13 ♑ 58	12 ♑ 30	9 ♉ 24	6 ♋ 40	23 ♌ 36	28 ♓ 16	27 ♍ 51	29 ♓ 55	28 ♒ 41	4 ♑ 51	2 ♑	7 ♏	21 ♊	29 ♌	0 ♓
27	5 ♊ 15	18 ♏ 40	13 ♑ 55	12 ♑ 24	10 ♉ 22	7 ♋ 51	24 ♌ 6	28 ♓ 25	27 ♍ 50	29 ♓ 57	28 ♒ 41	4 ♑ 50	2 ♑	7 ♏	22 ♊	0 ♍	0 ♓
28	6 ♊ 13	2 ♐ 4	13 ♑ 52	12 ♑ 18	11 ♉ 22	9 ♋ 3	24 ♌ 35	28 ♓ 35	27 ♍ 50	29 ♓ 59	28 ♒ 41	4 ♑ 49	2 ♑	7 ♏	23 ♊	0 ♍	0 ♓
29	7 ♊ 10	15 ♐ 11	13 ♑ 49	12 ♑ 14	12 ♉ 26	10 ♋ 14	25 ♌ 5	28 ♓ 44	27 ♍ 50	0 ♈ 0	28 ♒ 41	4 ♑ 47	1 ♑	6 ♏	23 ♊	0 ♍	0 ♓
30	8 ♊ 8	28 ♐ 1	13 ♑ 45	12 ♑ 12	13 ♉ 33	11 ♋ 25	25 ♌ 35	28 ♓ 53	27 ♍ 50	0 ♈ 2	28 ♒ 42	4 ♑ 46	1 ♑	6 ♏	24 ♊	0 ♍	0 ♓
31	9 ♊ 5	10 ♑ 34	13 ♑ 42	12 ♑ 11	14 ♉ 43	12 ♋ 37	26 ♌ 5	29 ♓ 2	27 ♍ 49	0 ♈ 4	28 ♒ 42	4 ♑ 45	1 ♑	6 ♏	24 ♊	1 ♍	0 ♓

SUN INGRESS	☉ → ♊ 21日 12:34
MOON PHASE	◑ 6日 13:15 ♒　● 14日 10:04 ♉　◐ 21日 08:43 ♌　○ 28日 08:07 ♐

aspects

3日	21:01	☿△♇
4日	22:09	☉□♂
8日	06:55	♀⚹♂
17日	19:57	♀□♃
18日	09:41	☉⚹♃
18日	17:18	♀□♄
19日	07:12	♀△♆
19日	09:27	☉△♄
20日	03:14	☉□♆
20日	03:47	☿△♇
20日	04:41	♀□♅
21日	06:48	☉⚹♅
23日	14:36	♃☍♄
24日	12:15	♀☍♇

2010年6月

DAY	☉	☽	☊ mean	☊ true	☿	♀	♂	♃	♄	♅	♆	♇	⚳	⚴	⚵	⚶	⚷
	° ′	° ′	° ′	° ′	° ′	° ′	° ′	° ′	° ′	° ′	° ′	° ′	°	°	°	°	°
1	10 ♊ 3	22 ♑ 51	13 ♑ 39	12 D 11	15 D 56	13 D 48	26 D 35	29 D 11	27 D 49	0 D 6	28 D 42	4 R 43	1 R	6 R	25 D	1 D	0 D
2	11 ♊ 0	4 ♒ 56	13 ♑ 36	12 ♑ 13	17 ♉ 12	14 ♋ 59	27 ♌ 6	29 ♓ 20	27 ♍ 50	0 ♈ 7	28 R 42	4 ♑ 42	1 ♑	6 ♏	25 ♊	1 ♍	0 ♓
3	11 ♊ 58	16 ♒ 52	13 ♑ 33	12 ♑ 14	18 ♉ 30	16 ♋ 10	27 ♌ 36	29 ♓ 29	27 ♍ 50	0 ♈ 9	28 ♒ 42	4 ♑ 41	1 ♑	6 ♏	26 ♊	2 ♍	0 ♓
4	12 ♊ 55	28 ♒ 44	13 ♑ 30	12 ♑ 16	19 ♉ 52	17 ♋ 21	28 ♌ 7	29 ♓ 37	27 ♍ 50	0 ♈ 10	28 ♒ 42	4 ♑ 39	0 ♑	5 ♏	27 ♊	2 ♍	0 ♓
5	13 ♊ 53	10 ♓ 35	13 ♑ 26	12 ♑ 17	21 ♉ 16	18 ♋ 32	28 ♌ 38	29 ♓ 46	27 ♍ 51	0 ♈ 12	28 ♒ 41	4 ♑ 38	0 ♑	5 ♏	27 ♊	2 ♍	0 R
6	14 ♊ 50	22 ♓ 32	13 ♑ 23	12 R 16	22 ♉ 43	19 ♋ 43	29 ♌ 9	29 ♓ 54	27 ♍ 51	0 ♈ 13	28 ♒ 41	4 ♑ 36	0 ♑	5 ♏	28 ♊	3 ♍	0 ♓
7	15 ♊ 48	4 ♈ 39	13 ♑ 20	12 ♑ 15	24 ♉ 13	20 ♋ 54	29 ♌ 40	0 ♈ 2	27 ♍ 52	0 ♈ 15	28 ♒ 41	4 ♑ 35	0 ♑	5 ♏	28 ♊	3 ♍	0 ♓
8	16 ♊ 45	16 ♈ 59	13 ♑ 17	12 ♑ 13	25 ♉ 45	22 ♋ 4	0 ♍ 11	0 ♈ 10	27 ♍ 53	0 ♈ 16	28 ♒ 41	4 ♑ 33	0 ♑	5 ♏	29 ♊	3 ♍	0 ♓
9	17 ♊ 43	29 ♈ 38	13 ♑ 14	12 ♑ 9	27 ♉ 21	23 ♋ 15	0 ♍ 42	0 ♈ 18	27 ♍ 53	0 ♈ 17	28 ♒ 41	4 ♑ 32	29 ♐	5 ♏	29 ♊	4 ♍	0 ♓
10	18 ♊ 40	12 ♉ 36	13 ♑ 10	12 ♑ 6	28 ♉ 58	24 ♋ 26	1 ♍ 14	0 ♈ 26	27 ♍ 54	0 ♈ 19	28 ♒ 40	4 ♑ 31	29 ♐	5 ♏	0 ♋	4 ♍	0 ♓
11	19 ♊ 37	25 ♉ 56	13 ♑ 7	12 ♑ 3	0 ♊ 39	25 ♋ 36	1 ♍ 45	0 ♈ 34	27 ♍ 55	0 ♈ 20	28 ♒ 40	4 ♑ 29	29 ♐	4 ♏	0 ♋	4 ♍	0 ♓
12	20 ♊ 35	9 ♊ 37	13 ♑ 4	12 ♑ 0	2 ♊ 22	26 ♋ 47	2 ♍ 17	0 ♈ 41	27 ♍ 57	0 ♈ 21	28 ♒ 40	4 ♑ 28	29 ♐	4 ♏	1 ♋	5 ♍	0 ♓
13	21 ♊ 32	23 ♊ 36	13 ♑ 1	11 ♑ 58	4 ♊ 8	27 ♋ 57	2 ♍ 49	0 ♈ 48	27 ♍ 58	0 ♈ 22	28 ♒ 39	4 ♑ 26	28 ♐	4 ♏	2 ♋	5 ♍	0 ♓
14	22 ♊ 30	7 ♋ 49	12 ♑ 58	11 ♑ 57	5 ♊ 56	29 ♋ 7	3 ♍ 21	0 ♈ 56	27 ♍ 59	0 ♈ 23	28 ♒ 39	4 ♑ 25	28 ♐	4 ♏	2 ♋	5 ♍	0 ♓
15	23 ♊ 27	22 ♋ 13	12 ♑ 55	11 D 57	7 ♊ 47	0 ♌ 18	3 ♍ 53	1 ♈ 3	28 ♍ 1	0 ♈ 24	28 ♒ 39	4 ♑ 23	28 ♐	4 ♏	3 ♋	6 ♍	0 ♓
16	24 ♊ 24	6 ♌ 42	12 ♑ 51	11 ♑ 58	9 ♊ 40	1 ♌ 28	4 ♍ 26	1 ♈ 10	28 ♍ 2	0 ♈ 25	28 ♒ 38	4 ♑ 22	28 ♐	4 ♏	3 ♋	6 ♍	0 ♓
17	25 ♊ 22	21 ♌ 10	12 ♑ 48	11 ♑ 59	11 ♊ 36	2 ♌ 38	4 ♍ 58	1 ♈ 16	28 ♍ 4	0 ♈ 26	28 ♒ 38	4 ♑ 20	28 ♐	4 ♏	4 ♋	7 ♍	0 ♓
18	26 ♊ 19	5 ♍ 34	12 ♑ 45	12 ♑ 0	13 ♊ 34	3 ♌ 48	5 ♍ 31	1 ♈ 23	28 ♍ 6	0 ♈ 27	28 ♒ 37	4 ♑ 19	27 ♐	4 ♏	4 ♋	7 ♍	0 ♓
19	27 ♊ 16	19 ♍ 51	12 ♑ 42	12 ♑ 1	15 ♊ 34	4 ♌ 58	6 ♍ 3	1 ♈ 29	28 ♍ 8	0 ♈ 28	28 ♒ 37	4 ♑ 17	27 ♐	4 ♏	5 ♋	7 ♍	0 ♓
20	28 ♊ 13	3 ♎ 58	12 ♑ 39	12 R 1	17 ♊ 37	6 ♌ 7	6 ♍ 36	1 ♈ 35	28 ♍ 9	0 ♈ 29	28 ♒ 36	4 ♑ 16	27 ♐	4 ♏	6 ♋	8 ♍	0 ♓
21	29 ♊ 11	17 ♎ 52	12 ♑ 36	12 ♑ 1	19 ♊ 41	7 ♌ 17	7 ♍ 9	1 ♈ 42	28 ♍ 12	0 ♈ 29	28 ♒ 35	4 ♑ 14	27 ♐	4 ♏	6 ♋	8 ♍	0 ♓
22	0 ♋ 8	1 ♏ 34	12 ♑ 32	11 ♑ 59	21 ♊ 47	8 ♌ 27	7 ♍ 42	1 ♈ 47	28 ♍ 14	0 ♈ 30	28 ♒ 35	4 ♑ 13	26 ♐	4 ♏	7 ♋	8 ♍	0 ♓
23	1 ♋ 5	15 ♏ 2	12 ♑ 29	11 ♑ 58	23 ♊ 55	9 ♌ 36	8 ♍ 15	1 ♈ 53	28 ♍ 16	0 ♈ 31	28 ♒ 34	4 ♑ 11	26 ♐	4 ♏	7 ♋	9 ♍	0 ♓
24	2 ♋ 2	28 ♏ 16	12 ♑ 26	11 ♑ 57	26 ♊ 3	10 ♌ 46	8 ♍ 48	1 ♈ 59	28 ♍ 18	0 ♈ 31	28 ♒ 33	4 ♑ 9	26 ♐	4 ♏	8 ♋	9 ♍	0 ♓
25	3 ♋ 0	11 ♐ 16	12 ♑ 23	11 ♑ 56	28 ♊ 13	11 ♌ 55	9 ♍ 21	2 ♈ 4	28 ♍ 21	0 ♈ 32	28 ♒ 33	4 ♑ 8	26 ♐	4 D	8 ♋	10 ♍	0 ♓
26	3 ♋ 57	24 ♐ 2	12 ♑ 20	11 ♑ 55	0 ♋ 24	13 ♌ 4	9 ♍ 55	2 ♈ 10	28 ♍ 23	0 ♈ 33	28 ♒ 32	4 ♑ 6	26 ♐	4 ♏	9 ♋	10 ♍	0 ♓
27	4 ♋ 54	6 ♑ 34	12 ♑ 16	11 ♑ 55	2 ♋ 35	14 ♌ 13	10 ♍ 28	2 ♈ 15	28 ♍ 26	0 ♈ 33	28 ♒ 31	4 ♑ 5	25 ♐	4 ♏	9 ♋	10 ♍	0 ♓
28	5 ♋ 51	18 ♑ 55	12 ♑ 13	11 D 55	4 ♋ 46	15 ♌ 22	11 ♍ 2	2 ♈ 20	28 ♍ 29	0 ♈ 33	28 ♒ 30	4 ♑ 3	25 ♐	4 ♏	10 ♋	11 ♍	0 ♓
29	6 ♋ 48	1 ♒ 4	12 ♑ 10	11 ♑ 55	6 ♋ 57	16 ♌ 31	11 ♍ 35	2 ♈ 24	28 ♍ 31	0 ♈ 34	28 ♒ 29	4 ♑ 2	25 ♐	4 ♏	11 ♋	11 ♍	0 ♓
30	7 ♋ 46	13 ♒ 4	12 ♑ 7	11 ♑ 55	9 ♋ 8	17 ♌ 40	12 ♍ 9	2 ♈ 29	28 ♍ 34	0 ♈ 34	28 ♒ 29	4 ♑ 0	25 ♐	4 ♏	11 ♋	12 ♍	0 ♓

SUN INGRESS	☉ → ♋ 21日 20:28
MOON PHASE	◑ 5日 07:13 ♓　● 12日 20:15 ♊　◐ 19日 13:29 ♍　○ 26日 20:30 ♑

aspects

5日	02:52	♂☍♆
8日	20:27	♃☌♅
9日	08:14	☿△♄
9日	19:39	☿□♆
10日	19:28	☿⚹♅
10日	22:42	☿⚹♃
11日	22:27	☿□♂
13日	00:18	♀⚹♄
15日	02:20	♀△♅
15日	17:07	♀△♃
15日	21:12	♂△♇
19日	22:18	☉□♄
20日	09:21	☉△♆
22日	09:27	☉□♅
23日	22:21	☉□♃
25日	01:23	☿□♄
25日	03:33	☿△♆
26日	01:36	☿□♅
26日	03:55	☉☍♇
26日	20:08	☿□♃
27日	16:15	☿☍♇
28日	21:07	☉☌☿

2010年7月

DAY	☉	☽	☊ mean	☊ true	☿	♀	♂	♃	♄	♅	♆	♇	⚳	⚴	⚵	⚶	⚷
	° ′	° ′	° ′	° ′	° ′	° ′	° ′	° ′	° ′	° ′	° ′	° ′	°	°	°	°	°
1	8♋43	24♒58	12♑4	11 D 56	11 D 18	18 D 49	12 D 43	2 D 33	28 D 37	0 D 34	28 R 28	3 R 59	25 R	4 D	12 D	12 D	0 R
2	9♋40	6♓49	12♑1	11♑56	13♋28	19♌57	13♍17	2♈38	28♍40	0♈35	28♒27	3♑57	24♐	4♏	12♋	12♍	0♓
3	10♋37	18♓41	11♑57	11♑56	15♋36	21♌6	13♍51	2♈42	28♍43	0♈35	28♒26	3♑56	24♐	4♏	13♋	13♍	0♓
4	11♋34	0♈38	11♑54	11♑56	17♋43	22♌14	14♍25	2♈45	28♍47	0♈35	28♒25	3♑54	24♐	4♏	13♋	13♍	0♓
5	12♋32	12♈43	11♑51	11♑56	19♋49	23♌22	15♍0	2♈49	28♍50	0♈35	28♒24	3♑53	24♐	4♏	14♋	14♍	0♓
6	13♋29	25♈3	11♑48	11♑56	21♋53	24♌31	15♍34	2♈53	28♍53	0♈35	28♒23	3♑51	24♐	4♏	14♋	14♍	0♓
7	14♋26	7♉40	11♑45	11♑56	23♋55	25♌39	16♍8	2♈56	28♍57	0 R 35	28♒22	3♑50	23♐	4♏	15♋	14♍	0♓
8	15♋23	20♉39	11♑42	11♑57	25♋56	26♌46	16♍43	2♈59	29♍1	0♈35	28♒21	3♑48	23♐	4♏	16♋	15♍	0♓
9	16♋20	4♊1	11♑38	11♑57	27♋55	27♌54	17♍18	3♈2	29♍4	0♈35	28♒20	3♑47	23♐	4♏	16♋	15♍	0♓
10	17♋18	17♊49	11♑35	11♑58	29♋52	29♌2	17♍52	3♈5	29♍8	0♈35	28♒19	3♑45	23♐	4♏	17♋	16♍	0♓
11	18♋15	2♋0	11♑32	11♑58	1♌48	0♍9	18♍27	3♈8	29♍12	0♈34	28♒17	3♑44	23♐	4♏	17♋	16♍	0♓
12	19♋12	16♋32	11♑29	11 R 58	3♌41	1♍17	19♍2	3♈10	29♍16	0♈34	28♒16	3♑42	23♐	5♏	18♋	17♍	0♓
13	20♋9	1♌18	11♑26	11♑58	5♌33	2♍24	19♍37	3♈12	29♍20	0♈34	28♒15	3♑41	22♐	5♏	18♋	17♍	0♓
14	21♋7	16♌11	11♑22	11♑57	7♌22	3♍31	20♍12	3♈14	29♍24	0♈33	28♒14	3♑39	22♐	5♏	19♋	17♍	0♓
15	22♋4	1♍5	11♑19	11♑56	9♌10	4♍38	20♍48	3♈16	29♍28	0♈33	28♒13	3♑38	22♐	5♏	19♋	18♍	0♓
16	23♋1	15♍50	11♑16	11♑55	10♌56	5♍45	21♍23	3♈18	29♍32	0♈33	28♒11	3♑36	22♐	5♏	20♋	18♍	0♓
17	23♋58	0♎21	11♑13	11♑54	12♌40	6♍51	21♍58	3♈19	29♍37	0♈32	28♒10	3♑35	22♐	5♏	20♋	19♍	0♓
18	24♋56	14♎34	11♑10	11♑53	14♌22	7♍58	22♍34	3♈20	29♍41	0♈32	28♒9	3♑34	22♐	5♏	21♋	19♍	0♓
19	25♋53	28♎27	11♑7	11 D 53	16♌2	9♍4	23♍9	3♈21	29♍46	0♈31	28♒8	3♑32	22♐	6♏	21♋	20♍	0♓
20	26♋50	12♏0	11♑3	11♑53	17♌40	10♍10	23♍45	3♈22	29♍50	0♈30	28♒6	3♑31	21♐	6♏	22♋	20♍	0♓
21	27♋47	25♏13	11♑0	11♑54	19♌17	11♍16	24♍21	3♈23	29♍55	0♈30	28♒5	3♑29	21♐	6♏	23♋	21♍	29♒
22	28♋45	8♐9	10♑57	11♑55	20♌51	12♍22	24♍57	3♈23	29♍59	0♈29	28♒4	3♑28	21♐	6♏	23♋	21♍	29♒
23	29♋42	20♐49	10♑54	11♑57	22♌24	13♍28	25♍33	3♈24	0♎4	0♈28	28♒2	3♑27	21♐	6♏	24♋	21♍	29♒
24	0♌39	3♑16	10♑51	11♑58	23♌54	14♍33	26♍9	3 R 24	0♎9	0♈27	28♒1	3♑25	21♐	6♏	24♋	22♍	29♒
25	1♌37	15♑33	10♑48	11 R 58	25♌23	15♍38	26♍45	3♈23	0♎14	0♈26	27♒59	3♑24	21♐	7♏	25♋	22♍	29♒
26	2♌34	27♑40	10♑44	11♑57	26♌49	16♍43	27♍21	3♈23	0♎19	0♈26	27♒58	3♑23	21♐	7♏	25♋	23♍	29♒
27	3♌31	9♒40	10♑41	11♑55	28♌14	17♍48	27♍57	3♈23	0♎24	0♈25	27♒56	3♑21	21♐	7♏	26♋	23♍	29♒
28	4♌28	21♒35	10♑38	11♑52	29♌37	18♍53	28♍33	3♈22	0♎29	0♈24	27♒55	3♑20	21♐	7♏	26♋	24♍	29♒
29	5♌26	3♓27	10♑35	11♑49	0♍57	19♍57	29♍10	3♈21	0♎34	0♈23	27♒54	3♑19	21♐	7♏	27♋	24♍	29♒
30	6♌23	15♓18	10♑32	11♑45	2♍16	21♍1	29♍46	3♈20	0♎40	0♈21	27♒52	3♑18	20♐	8♏	27♋	25♍	29♒
31	7♌20	27♓10	10♑28	11♑41	3♍32	22♍5	0♎23	3♈19	0♎45	0♈20	27♒51	3♑17	20♐	8♏	28♋	25♍	29♒

SUN INGRESS: ☉ → ♌ 23日 07:21

MOON PHASE: ◑ 4日 23:35 ♈　● 12日 04:40 ♋　◐ 18日 19:11 ♎　○ 26日 10:37 ♒

aspects		
1日	21:19	☿⚹♂
9日	08:55	♀☍♆
9日	14:35	☿⚹♄
10日	08:45	☿△♅
11日	13:13	☉⚹♂
11日	17:12	☿△♃
14日	02:55	♀△♇
23日	10:12	☉⚹♄
23日	19:05	☉△♅
25日	13:20	♃□♇
26日	19:03	☿☍♆
26日	20:30	☉△♃
27日	02:07	♄☍♅
30日	19:04	☿△♇
30日	22:31	♂☍♅
31日	17:07	♂☌♄

2010年8月

DAY	☉	☽	☊ mean	☊ true	☿	♀	♂	♃	♄	♅	♆	♇	⚳	⚴	⚵	⚶	⚷
	° ′	° ′	° ′	° ′	° ′	° ′	° ′	° ′	° ′	° ′	° ′	° ′	°	°	°	°	°
1	8♌18	9♈7	10♑25	11 R 37	4 D 47	23 D 9	0 D 59	3 R 17	0 D 50	0 R 19	27 R 49	3 R 15	20 R	8 D	28 D	25 D	29 R
2	9♌15	21♈12	10♑22	11♑35	5♍59	24♍13	1♎36	3♈15	0♎56	0♈18	27♒48	3♑14	20♐	8♏	29♋	26♍	29♒
3	10♌13	3♉29	10♑19	11♑33	7♍8	25♍16	2♎13	3♈14	1♎1	0♈17	27♒46	3♑13	20♐	8♏	29♋	26♍	29♒
4	11♌10	16♉3	10♑16	11 D 33	8♍15	26♍19	2♎50	3♈11	1♎7	0♈15	27♒44	3♑12	20♐	9♏	0♌	27♍	29♒
5	12♌7	28♉57	10♑13	11♑34	9♍20	27♍22	3♎27	3♈9	1♎13	0♈14	27♒43	3♑11	20♐	9♏	1♌	27♍	29♒
6	13♌5	12♊15	10♑9	11♑36	10♍22	28♍24	4♎4	3♈7	1♎18	0♈13	27♒41	3♑10	20♐	9♏	1♌	28♍	29♒
7	14♌2	26♊0	10♑6	11♑37	11♍22	29♍26	4♎41	3♈4	1♎24	0♈11	27♒40	3♑9	20♐	9♏	2♌	28♍	29♒
8	15♌0	10♋11	10♑3	11♑38	12♍19	0♎28	5♎18	3♈1	1♎30	0♈10	27♒38	3♑8	20♐	10♏	2♌	29♍	29♒
9	15♌57	24♋48	10♑0	11 R 37	13♍12	1♎30	5♎55	2♈58	1♎36	0♈8	27♒37	3♑7	20♐	10♏	3♌	29♍	29♒
10	16♌55	9♌45	9♑57	11♑35	14♍3	2♎32	6♎33	2♈55	1♎42	0♈7	27♒35	3♑6	20 D	10♏	3♌	0♎	29♒
11	17♌53	24♌55	9♑54	11♑31	14♍50	3♎33	7♎10	2♈52	1♎48	0♈5	27♒33	3♑5	20♐	10♏	4♌	0♎	29♒
12	18♌50	10♍7	9♑50	11♑26	15♍34	4♎34	7♎48	2♈48	1♎54	0♈4	27♒32	3♑4	20♐	11♏	4♌	1♎	28♒
13	19♌48	25♍12	9♑47	11♑21	16♍15	5♎34	8♎25	2♈44	2♎0	0♈2	27♒30	3♑3	20♐	11♏	5♌	1♎	28♒
14	20♌45	10♎0	9♑44	11♑15	16♍51	6♎34	9♎3	2♈40	2♎6	0♈0	27♒29	3♑2	20♐	11♏	5♌	2♎	28♒
15	21♌43	24♎26	9♑41	11♑11	17♍24	7♎34	9♎41	2♈36	2♎12	29♓59	27♒27	3♑1	20♐	11♏	6♌	2♎	28♒
16	22♌41	8♏26	9♑38	11♑9	17♍52	8♎34	10♎18	2♈32	2♎18	29♓57	27♒25	3♑0	20♐	12♏	6♌	3♎	28♒
17	23♌38	21♏59	9♑34	11♑8	18♍16	9♎33	10♎56	2♈27	2♎25	29♓55	27♒24	2♑59	20♐	12♏	7♌	3♎	28♒
18	24♌36	5♐7	9♑31	11 D 8	18♍35	10♎32	11♎34	2♈23	2♎31	29♓53	27♒22	2♑58	20♐	12♏	7♌	3♎	28♒
19	25♌34	17♐53	9♑28	11♑9	18♍50	11♎30	12♎12	2♈18	2♎37	29♓52	27♒20	2♑58	20♐	13♏	8♌	4♎	28♒
20	26♌31	0♑22	9♑25	11♑11	18♍59	12♎28	12♎50	2♈13	2♎44	29♓50	27♒19	2♑57	21♐	13♏	8♌	4♎	28♒
21	27♌29	12♑36	9♑22	11 R 11	19♍3	13♎26	13♎29	2♈8	2♎50	29♓48	27♒17	2♑56	21♐	13♏	9♌	5♎	28♒
22	28♌27	24♑41	9♑19	11♑10	19 R 1	14♎23	14♎7	2♈2	2♎57	29♓46	27♒15	2♑55	21♐	13♏	9♌	5♎	28♒
23	29♌25	6♒39	9♑15	11♑7	18♍54	15♎19	14♎45	1♈57	3♎3	29♓44	27♒14	2♑55	21♐	14♏	10♌	6♎	28♒
24	0♍23	18♒32	9♑12	11♑2	18♍41	16♎16	15♎24	1♈51	3♎10	29♓42	27♒12	2♑54	21♐	14♏	10♌	6♎	28♒
25	1♍20	0♓24	9♑9	10♑54	18♍22	17♎11	16♎2	1♈45	3♎17	29♓40	27♒11	2♑53	21♐	14♏	11♌	7♎	28♒
26	2♍18	12♓15	9♑6	10♑45	17♍57	18♎7	16♎41	1♈40	3♎23	29♓38	27♒9	2♑53	21♐	15♏	11♌	7♎	28♒
27	3♍16	24♓8	9♑3	10♑35	17♍26	19♎1	17♎19	1♈33	3♎30	29♓36	27♒7	2♑52	21♐	15♏	12♌	8♎	28♒
28	4♍14	6♈3	8♑59	10♑25	16♍50	19♎56	17♎58	1♈27	3♎37	29♓34	27♒6	2♑52	21♐	15♏	12♌	8♎	28♒
29	5♍12	18♈4	8♑56	10♑16	16♍9	20♎49	18♎37	1♈21	3♎43	29♓32	27♒4	2♑51	21♐	16♏	13♌	9♎	28♒
30	6♍10	0♉12	8♑53	10♑9	15♍22	21♎42	19♎15	1♈15	3♎50	29♓29	27♒2	2♑51	21♐	16♏	13♌	9♎	28♒
31	7♍8	12♉31	8♑50	10♑4	14♍32	22♎35	19♎54	1♈8	3♎57	29♓27	27♒1	2♑50	22♐	16♏	14♌	10♎	28♒

SUN INGRESS: ☉ → ♍ 23日 14:27

MOON PHASE: ◑ 3日 13:59 ♉　● 10日 12:08 ♌　◐ 17日 03:14 ♏　○ 25日 02:05 ♓

aspects		
3日	14:32	♃□♇
4日	13:20	♂☍♃
4日	13:58	♂□♇
7日	16:59	♀☍♅
9日	02:24	♀☌♄
10日	08:40	♀☍♃
10日	13:05	♀□♇
17日	05:45	♃☍♅
20日	19:07	☉☍♆
21日	03:48	♀☌♂
21日	19:16	♄□♇
26日	14:12	☉△♇

2010年9月

DAY	☉	☽	☊ mean	☊ true	☿	♀	♂	♃	♄	♅	♆	♇	⚳	⚴	⚵	⚶	⚷
	° ′	° ′	° ′	° ′	° ′	° ′	° ′	° ′	° ′	° ′	° ′	° ′	°	°	°	°	°
1	8 ♍ 6	25 ♉ 3	8 ♑ 47	10 R 1	13 R 39	23 D 27	20 D 33	1 R 1	4 D 4	29 R 25	26 R 59	2 R 50	22 D	16 D	14 D	10 D	27 R
2	9 ♍ 4	7 ♊ 53	8 ♑ 44	10 ♑ 0	12 ♍ 43	24 ♎ 18	21 ♎ 12	0 ♈ 54	4 ♎ 11	29 ♓ 23	26 ♒ 58	2 ♑ 49	22 ♐	17 ♏	15 ♌	11 ♎	27 ♒
3	10 ♍ 2	21 ♊ 4	8 ♑ 40	10 D 0	11 ♍ 46	25 ♎ 9	21 ♎ 52	0 ♈ 48	4 ♎ 18	29 ♓ 21	26 ♒ 56	2 ♑ 49	22 ♐	17 ♏	15 ♌	11 ♎	27 ♒
4	11 ♍ 0	4 ♋ 40	8 ♑ 37	10 ♑ 1	10 ♍ 48	25 ♎ 59	22 ♎ 31	0 ♈ 40	4 ♎ 25	29 ♓ 18	26 ♒ 54	2 ♑ 49	22 ♐	17 ♏	16 ♌	12 ♎	27 ♒
5	11 ♍ 58	18 ♋ 42	8 ♑ 34	10 R 1	9 ♍ 52	26 ♎ 48	23 ♎ 10	0 ♈ 33	4 ♎ 32	29 ♓ 16	26 ♒ 53	2 ♑ 48	22 ♐	18 ♏	16 ♌	12 ♎	27 ♒
6	12 ♍ 56	3 ♌ 12	8 ♑ 31	9 ♑ 59	8 ♍ 58	27 ♎ 37	23 ♎ 49	0 ♈ 26	4 ♎ 39	29 ♓ 14	26 ♒ 51	2 ♑ 48	22 ♐	18 ♏	17 ♌	13 ♎	27 ♒
7	13 ♍ 55	18 ♌ 5	8 ♑ 28	9 ♑ 54	8 ♍ 8	28 ♎ 25	24 ♎ 29	0 ♈ 19	4 ♎ 46	29 ♓ 12	26 ♒ 50	2 ♑ 48	23 ♐	18 ♏	17 ♌	13 ♎	27 ♒
8	14 ♍ 53	3 ♍ 15	8 ♑ 25	9 ♑ 47	7 ♍ 23	29 ♎ 12	25 ♎ 8	0 ♈ 11	4 ♎ 53	29 ♓ 9	26 ♒ 48	2 ♑ 48	23 ♐	19 ♏	18 ♌	14 ♎	27 ♒
9	15 ♍ 51	18 ♍ 32	8 ♑ 21	9 ♑ 39	6 ♍ 44	29 ♎ 58	25 ♎ 48	0 ♈ 4	5 ♎ 0	29 ♓ 7	26 ♒ 47	2 ♑ 47	23 ♐	19 ♏	18 ♌	14 ♎	27 ♒
10	16 ♍ 49	3 ♎ 47	8 ♑ 18	9 ♑ 29	6 ♍ 11	0 ♏ 44	26 ♎ 27	29 ♓ 56	5 ♎ 7	29 ♓ 5	26 ♒ 45	2 ♑ 47	23 ♐	19 ♏	19 ♌	15 ♎	27 ♒
11	17 ♍ 48	18 ♎ 47	8 ♑ 15	9 ♑ 19	5 ♍ 46	1 ♏ 28	27 ♎ 7	29 ♓ 49	5 ♎ 15	29 ♓ 2	26 ♒ 44	2 ♑ 47	23 ♐	20 ♏	19 ♌	15 ♎	27 ♒
12	18 ♍ 46	3 ♏ 24	8 ♑ 12	9 ♑ 11	5 ♍ 30	2 ♏ 12	27 ♎ 47	29 ♓ 41	5 ♎ 22	29 ♓ 0	26 ♒ 42	2 ♑ 47	23 ♐	20 ♏	20 ♌	16 ♎	27 ♒
13	19 ♍ 44	17 ♏ 32	8 ♑ 9	9 ♑ 5	5 ♍ 22	2 ♏ 54	28 ♎ 27	29 ♓ 33	5 ♎ 29	28 ♓ 58	26 ♒ 41	2 ♑ 47	23 ♐	20 ♏	20 ♌	16 ♎	27 ♒
14	20 ♍ 43	1 ♐ 11	8 ♑ 5	9 ♑ 1	5 D 23	3 ♏ 36	29 ♎ 7	29 ♓ 25	5 ♎ 36	28 ♓ 55	26 ♒ 39	2 ♑ 47	24 ♐	21 ♏	20 ♌	17 ♎	27 ♒
15	21 ♍ 41	14 ♐ 22	8 ♑ 2	8 ♑ 59	5 ♍ 34	4 ♏ 17	29 ♎ 47	29 ♓ 17	5 ♎ 43	28 ♓ 53	26 ♒ 38	2 D 47	24 ♐	21 ♏	21 ♌	17 ♎	27 ♒
16	22 ♍ 40	27 ♐ 7	7 ♑ 59	8 D 59	5 ♍ 54	4 ♏ 57	0 ♏ 27	29 ♓ 10	5 ♎ 51	28 ♓ 51	26 ♒ 36	2 ♑ 47	24 ♐	21 ♏	21 ♌	18 ♎	27 ♒
17	23 ♍ 38	9 ♑ 32	7 ♑ 56	9 R 0	6 ♍ 23	5 ♏ 35	1 ♏ 7	29 ♓ 2	5 ♎ 58	28 ♓ 48	26 ♒ 35	2 ♑ 47	24 ♐	22 ♏	22 ♌	18 ♎	27 ♒
18	24 ♍ 37	21 ♑ 42	7 ♑ 53	8 ♑ 59	7 ♍ 1	6 ♏ 12	1 ♏ 47	28 ♓ 54	6 ♎ 5	28 ♓ 46	26 ♒ 33	2 ♑ 47	24 ♐	22 ♏	22 ♌	19 ♎	27 ♒
19	25 ♍ 35	3 ♒ 41	7 ♑ 50	8 ♑ 56	7 ♍ 48	6 ♏ 49	2 ♏ 27	28 ♓ 46	6 ♎ 13	28 ♓ 43	26 ♒ 32	2 ♑ 47	25 ♐	23 ♏	23 ♌	19 ♎	27 ♒
20	26 ♍ 34	15 ♒ 34	7 ♑ 46	8 ♑ 52	8 ♍ 43	7 ♏ 23	3 ♏ 8	28 ♓ 38	6 ♎ 20	28 ♓ 41	26 ♒ 31	2 ♑ 47	25 ♐	23 ♏	23 ♌	20 ♎	27 ♒
21	27 ♍ 33	27 ♒ 24	7 ♑ 43	8 ♑ 44	9 ♍ 45	7 ♏ 57	3 ♏ 48	28 ♓ 30	6 ♎ 27	28 ♓ 39	26 ♒ 29	2 ♑ 48	25 ♐	23 ♏	24 ♌	20 ♎	27 ♒
22	28 ♍ 31	9 ♓ 15	7 ♑ 40	8 ♑ 33	10 ♍ 53	8 ♏ 29	4 ♏ 29	28 ♓ 22	6 ♎ 35	28 ♓ 36	26 ♒ 28	2 ♑ 48	25 ♐	24 ♏	24 ♌	21 ♎	27 ♒
23	29 ♍ 30	21 ♓ 8	7 ♑ 37	8 ♑ 20	12 ♍ 9	9 ♏ 0	5 ♏ 9	28 ♓ 14	6 ♎ 42	28 ♓ 34	26 ♒ 27	2 ♑ 48	25 ♐	24 ♏	25 ♌	21 ♎	27 ♒
24	0 ♎ 28	3 ♈ 6	7 ♑ 34	8 ♑ 7	13 ♍ 29	9 ♏ 29	5 ♏ 50	28 ♓ 6	6 ♎ 49	28 ♓ 31	26 ♒ 25	2 ♑ 48	26 ♐	24 ♏	25 ♌	22 ♎	26 ♒
25	1 ♎ 27	15 ♈ 9	7 ♑ 31	7 ♑ 53	14 ♍ 55	9 ♏ 57	6 ♏ 30	27 ♓ 58	6 ♎ 57	28 ♓ 29	26 ♒ 24	2 ♑ 49	26 ♐	25 ♏	26 ♌	23 ♎	26 ♒
26	2 ♎ 26	27 ♈ 18	7 ♑ 27	7 ♑ 40	16 ♍ 25	10 ♏ 23	7 ♏ 11	27 ♓ 50	7 ♎ 4	28 ♓ 27	26 ♒ 23	2 ♑ 49	26 ♐	25 ♏	26 ♌	23 ♎	26 ♒
27	3 ♎ 25	9 ♉ 35	7 ♑ 24	7 ♑ 29	17 ♍ 59	10 ♏ 48	7 ♏ 52	27 ♓ 42	7 ♎ 12	28 ♓ 24	26 ♒ 22	2 ♑ 49	26 ♐	25 ♏	27 ♌	24 ♎	26 ♒
28	4 ♎ 24	22 ♉ 2	7 ♑ 21	7 ♑ 21	19 ♍ 37	11 ♏ 11	8 ♏ 33	27 ♓ 34	7 ♎ 19	28 ♓ 22	26 ♒ 20	2 ♑ 50	27 ♐	26 ♏	27 ♌	24 ♎	26 ♒
29	5 ♎ 22	4 ♊ 40	7 ♑ 18	7 ♑ 15	21 ♍ 16	11 ♏ 32	9 ♏ 14	27 ♓ 26	7 ♎ 26	28 ♓ 19	26 ♒ 19	2 ♑ 50	27 ♐	26 ♏	27 ♌	25 ♎	26 ♒
30	6 ♎ 21	17 ♊ 32	7 ♑ 15	7 ♑ 13	22 ♍ 58	11 ♏ 51	9 ♏ 55	27 ♓ 18	7 ♎ 34	28 ♓ 17	26 ♒ 18	2 ♑ 51	27 ♐	27 ♏	28 ♌	25 ♎	26 ♒

SUN INGRESS	☉ → ♎ 23日 12:09
MOON PHASE	◑ 2日 02:22 ♊ ● 8日 19:30 ♍ ◐ 15日 14:50 ♐ ○ 23日 18:17 ♈

aspects		
3日	21:35	☉☌☿
5日	02:11	♀△♆
10日	10:16	♂△♆
12日	19:43	♀⚹♇
19日	10:03	♃☌♅
19日	11:48	♂⚹♇
21日	20:36	☉☍♃
22日	01:58	☉☍♅
26日	09:26	☉□♇

2010年10月

DAY	☉	☽	☊ mean	☊ true	☿	♀	♂	♃	♄	♅	♆	♇	⚳	⚴	⚵	⚶	⚷
	° ′	° ′	° ′	° ′	° ′	° ′	° ′	° ′	° ′	° ′	° ′	° ′	°	°	°	°	°
1	7 ♎ 20	0 ♋ 41	7 ♑ 11	7 R 12	24 D 42	12 D 8	10 D 36	27 R 10	7 D 41	28 R 15	26 R 17	2 D 51	27 D	27 D	28 D	26 D	26 R
2	8 ♎ 19	14 ♋ 10	7 ♑ 8	7 ♑ 12	26 ♍ 27	12 ♏ 24	11 ♏ 17	27 ♓ 3	7 ♎ 49	28 ♓ 12	26 ♒ 16	2 ♑ 52	28 ♐	27 ♏	29 ♌	26 ♎	26 ♒
3	9 ♎ 18	28 ♋ 2	7 ♑ 5	7 ♑ 12	28 ♍ 13	12 ♏ 37	11 ♏ 58	26 ♓ 55	7 ♎ 56	28 ♓ 10	26 ♒ 15	2 ♑ 52	28 ♐	28 ♏	29 ♌	27 ♎	26 ♒
4	10 ♎ 17	12 ♌ 17	7 ♑ 2	7 ♑ 9	29 ♍ 59	12 ♏ 49	12 ♏ 40	26 ♓ 47	8 ♎ 3	28 ♓ 8	26 ♒ 14	2 ♑ 53	28 ♐	28 ♏	0 ♍	27 ♎	26 ♒
5	11 ♎ 16	26 ♌ 54	6 ♑ 59	7 ♑ 4	1 ♎ 46	12 ♏ 58	13 ♏ 21	26 ♓ 40	8 ♎ 11	28 ♓ 5	26 ♒ 13	2 ♑ 53	28 ♐	28 ♏	0 ♍	28 ♎	26 ♒
6	12 ♎ 16	11 ♍ 50	6 ♑ 56	6 ♑ 56	3 ♎ 33	13 ♏ 5	14 ♏ 3	26 ♓ 32	8 ♎ 18	28 ♓ 3	26 ♒ 12	2 ♑ 54	29 ♐	29 ♏	1 ♍	28 ♎	26 ♒
7	13 ♎ 15	26 ♍ 56	6 ♑ 52	6 ♑ 46	5 ♎ 21	13 ♏ 10	14 ♏ 44	26 ♓ 25	8 ♎ 26	28 ♓ 1	26 ♒ 11	2 ♑ 55	29 ♐	29 ♏	1 ♍	29 ♎	26 ♒
8	14 ♎ 14	12 ♎ 2	6 ♑ 49	6 ♑ 35	7 ♎ 8	13 ♏ 13	15 ♏ 26	26 ♓ 18	8 ♎ 33	27 ♓ 58	26 ♒ 10	2 ♑ 55	29 ♐	0 ♐	1 ♍	29 ♎	26 ♒
9	15 ♎ 13	27 ♎ 0	6 ♑ 46	6 ♑ 24	8 ♎ 54	13 R 13	16 ♏ 7	26 ♓ 11	8 ♎ 40	27 ♓ 56	26 ♒ 9	2 ♑ 56	29 ♐	0 ♐	2 ♍	0 ♏	26 ♒
10	16 ♎ 12	11 ♏ 38	6 ♑ 43	6 ♑ 14	10 ♎ 41	13 ♏ 11	16 ♏ 49	26 ♓ 3	8 ♎ 48	27 ♓ 54	26 ♒ 8	2 ♑ 57	0 ♑	0 ♐	2 ♍	0 ♏	26 ♒
11	17 ♎ 12	25 ♏ 51	6 ♑ 40	6 ♑ 6	12 ♎ 27	13 ♏ 7	17 ♏ 31	25 ♓ 56	8 ♎ 55	27 ♓ 52	26 ♒ 7	2 ♑ 58	0 ♑	1 ♐	3 ♍	1 ♏	26 ♒
12	18 ♎ 11	9 ♐ 35	6 ♑ 36	6 ♑ 1	14 ♎ 12	13 ♏ 0	18 ♏ 13	25 ♓ 50	9 ♎ 2	27 ♓ 49	26 ♒ 6	2 ♑ 59	0 ♑	1 ♐	3 ♍	1 ♏	26 ♒
13	19 ♎ 11	22 ♐ 51	6 ♑ 33	5 ♑ 59	15 ♎ 57	12 ♏ 51	18 ♏ 55	25 ♓ 43	9 ♎ 10	27 ♓ 47	26 ♒ 5	2 ♑ 59	0 ♑	1 ♐	4 ♍	2 ♏	26 ♒
14	20 ♎ 10	5 ♑ 40	6 ♑ 30	5 ♑ 58	17 ♎ 41	12 ♏ 40	19 ♏ 37	25 ♓ 36	9 ♎ 17	27 ♓ 45	26 ♒ 4	3 ♑ 0	1 ♑	2 ♐	4 ♍	2 ♏	26 ♒
15	21 ♎ 9	18 ♑ 7	6 ♑ 27	5 D 58	19 ♎ 25	12 ♏ 26	20 ♏ 19	25 ♓ 30	9 ♎ 24	27 ♓ 43	26 ♒ 4	3 ♑ 1	1 ♑	2 ♐	4 ♍	3 ♏	26 ♒
16	22 ♎ 9	0 ♒ 18	6 ♑ 24	5 R 58	21 ♎ 8	12 ♏ 9	21 ♏ 1	25 ♓ 23	9 ♎ 32	27 ♓ 41	26 ♒ 3	3 ♑ 2	1 ♑	3 ♐	5 ♍	3 ♏	26 ♒
17	23 ♎ 8	12 ♒ 16	6 ♑ 21	5 ♑ 56	22 ♎ 50	11 ♏ 51	21 ♏ 43	25 ♓ 17	9 ♎ 39	27 ♓ 39	26 ♒ 2	3 ♑ 3	2 ♑	3 ♐	5 ♍	4 ♏	26 ♒
18	24 ♎ 8	24 ♒ 9	6 ♑ 17	5 ♑ 52	24 ♎ 32	11 ♏ 30	22 ♏ 25	25 ♓ 11	9 ♎ 46	27 ♓ 36	26 ♒ 1	3 ♑ 4	2 ♑	3 ♐	6 ♍	5 ♏	26 ♒
19	25 ♎ 7	5 ♓ 59	6 ♑ 14	5 ♑ 46	26 ♎ 13	11 ♏ 6	23 ♏ 8	25 ♓ 5	9 ♎ 53	27 ♓ 34	26 ♒ 1	3 ♑ 5	2 ♑	4 ♐	6 ♍	5 ♏	26 ♒
20	26 ♎ 7	17 ♓ 51	6 ♑ 11	5 ♑ 37	27 ♎ 54	10 ♏ 41	23 ♏ 50	24 ♓ 59	10 ♎ 1	27 ♓ 32	26 ♒ 0	3 ♑ 6	3 ♑	4 ♐	6 ♍	6 ♏	26 ♒
21	27 ♎ 7	29 ♓ 48	6 ♑ 8	5 ♑ 25	29 ♎ 33	10 ♏ 14	24 ♏ 32	24 ♓ 54	10 ♎ 8	27 ♓ 30	26 ♒ 0	3 ♑ 7	3 ♑	5 ♐	7 ♍	6 ♏	26 ♒
22	28 ♎ 6	11 ♈ 52	6 ♑ 5	5 ♑ 13	1 ♏ 12	9 ♏ 45	25 ♏ 15	24 ♓ 48	10 ♎ 15	27 ♓ 28	25 ♒ 59	3 ♑ 9	3 ♑	5 ♐	7 ♍	7 ♏	26 ♒
23	29 ♎ 6	24 ♈ 5	6 ♑ 2	5 ♑ 0	2 ♏ 51	9 ♏ 14	25 ♏ 57	24 ♓ 43	10 ♎ 22	27 ♓ 26	25 ♒ 58	3 ♑ 10	3 ♑	5 ♐	8 ♍	7 ♏	26 ♒
24	0 ♏ 6	6 ♉ 28	5 ♑ 58	4 ♑ 48	4 ♏ 29	8 ♏ 42	26 ♏ 40	24 ♓ 38	10 ♎ 29	27 ♓ 25	25 ♒ 58	3 ♑ 11	4 ♑	6 ♐	8 ♍	8 ♏	26 ♒
25	1 ♏ 5	19 ♉ 0	5 ♑ 55	4 ♑ 39	6 ♏ 6	8 ♏ 8	27 ♏ 23	24 ♓ 33	10 ♎ 36	27 ♓ 23	25 ♒ 57	3 ♑ 12	4 ♑	6 ♐	8 ♍	8 ♏	26 ♒
26	2 ♏ 5	1 ♊ 42	5 ♑ 52	4 ♑ 32	7 ♏ 43	7 ♏ 34	28 ♏ 6	24 ♓ 28	10 ♎ 44	27 ♓ 21	25 ♒ 57	3 ♑ 13	4 ♑	7 ♐	9 ♍	9 ♏	26 ♒
27	3 ♏ 5	14 ♊ 35	5 ♑ 49	4 ♑ 27	9 ♏ 19	6 ♏ 58	28 ♏ 48	24 ♓ 23	10 ♎ 51	27 ♓ 19	25 ♒ 57	3 ♑ 15	5 ♑	7 ♐	9 ♍	9 ♏	26 ♒
28	4 ♏ 5	27 ♊ 40	5 ♑ 46	4 ♑ 25	10 ♏ 55	6 ♏ 22	29 ♏ 31	24 ♓ 19	10 ♎ 58	27 ♓ 17	25 ♒ 56	3 ♑ 16	5 ♑	7 ♐	10 ♍	10 ♏	26 ♒
29	5 ♏ 5	10 ♋ 57	5 ♑ 42	4 D 25	12 ♏ 30	5 ♏ 45	0 ♐ 14	24 ♓ 15	11 ♎ 5	27 ♓ 15	25 ♒ 56	3 ♑ 17	5 ♑	8 ♐	10 ♍	10 ♏	26 ♒
30	6 ♏ 4	24 ♋ 29	5 ♑ 39	4 ♑ 26	14 ♏ 5	5 ♏ 9	0 ♐ 57	24 ♓ 10	11 ♎ 12	27 ♓ 14	25 ♒ 56	3 ♑ 19	6 ♑	8 ♐	10 ♍	11 ♏	26 ♒
31	7 ♏ 4	8 ♌ 17	5 ♑ 36	4 R 26	15 ♏ 39	4 ♏ 32	1 ♐ 40	24 ♓ 6	11 ♎ 19	27 ♓ 12	25 ♒ 55	3 ♑ 20	6 ♑	9 ♐	11 ♍	11 ♏	26 ♒

SUN INGRESS	☉ → ♏ 23日 21:35
MOON PHASE	◑ 1日 12:52 ♋ ● 8日 03:44 ♎ ◐ 15日 06:27 ♑ ○ 23日 10:37 ♈ ◑ 30日 21:46 ♌

aspects		
1日	09:42	☉☌♄
2日	07:36	☿☍♃
2日	23:23	☿☍♅
4日	06:58	♀☌♂
5日	15:08	☿□♇
8日	20:35	☿☌♄
17日	10:04	☉☌☿
18日	21:03	☿△♆
19日	21:18	☉△♆
21日	10:42	♂△♃
23日	00:35	♂□♆
23日	04:38	☿⚹♇
24日	23:56	♂△♅
25日	22:17	☿☌♀
27日	04:01	☉⚹♇
29日	10:10	☉☌♀

2010年11月

DAY	☉	☽	☊ mean	☊ true	☿	♀	♂	♃	♄	♅	♆	♇	⚳	⚴	⚵	⚶	⚷
1	8 ♏ 4	22 ♌ 21	5 ♑ 33	4 R 25	17 D 13	3 R 56	2 D 23	24 R 3	11 D 25	27 R 10	25 R 55	3 D 21	6 D	9 D	11 D	12 D	26 R
2	9 ♏ 4	6 ♍ 41	5 ♑ 30	4 ♑ 22	18 ♏ 46	3 ♏ 21	3 ♐ 7	23 ♓ 59	11 ♎ 32	27 ♓ 9	25 ♒ 55	3 ♑ 23	7 ♑	9 ♐	12 ♍	12 ♏	26 ♒
3	10 ♏ 4	21 ♍ 14	5 ♑ 27	4 ♑ 17	20 ♏ 19	2 ♏ 46	3 ♐ 50	23 ♓ 56	11 ♎ 39	27 ♓ 7	25 ♒ 55	3 ♑ 24	7 ♑	10 ♐	12 ♍	13 ♏	26 ♒
4	11 ♏ 5	5 ♎ 56	5 ♑ 23	4 ♑ 10	21 ♏ 51	2 ♏ 12	4 ♐ 33	23 ♓ 53	11 ♎ 46	27 ♓ 6	25 ♒ 55	3 ♑ 26	7 ♑	10 ♐	12 ♍	14 ♏	26 ♒
5	12 ♏ 5	20 ♎ 40	5 ♑ 20	4 ♑ 2	23 ♏ 23	1 ♏ 40	5 ♐ 17	23 ♓ 50	11 ♎ 53	27 ♓ 4	25 ♒ 54	3 ♑ 27	8 ♑	11 ♐	13 ♍	14 ♏	26 ♒
6	13 ♏ 5	5 ♏ 18	5 ♑ 17	3 ♑ 53	24 ♏ 55	1 ♏ 9	6 ♐ 0	23 ♓ 47	11 ♎ 59	27 ♓ 3	25 ♒ 54	3 ♑ 29	8 ♑	11 ♐	13 ♍	15 ♏	26 ♒
7	14 ♏ 5	19 ♏ 43	5 ♑ 14	3 ♑ 46	26 ♏ 26	0 ♏ 40	6 ♐ 44	23 ♓ 44	12 ♎ 6	27 ♓ 1	25 ♒ 54	3 ♑ 30	8 ♑	11 ♐	13 ♍	15 ♏	26 D
8	15 ♏ 5	3 ♐ 48	5 ♑ 11	3 ♑ 40	27 ♏ 56	0 ♏ 13	7 ♐ 27	23 ♓ 42	12 ♎ 13	27 ♓ 0	25 D 54	3 ♑ 32	8 ♑	11 ♐	14 ♍	16 ♏	26 ♒
9	16 ♏ 6	17 ♐ 29	5 ♑ 8	3 ♑ 36	29 ♏ 27	29 ♎ 47	8 ♐ 11	23 ♓ 40	12 ♎ 19	26 ♓ 59	25 ♒ 54	3 ♑ 33	9 ♑	12 ♐	14 ♍	16 ♏	26 ♒
10	17 ♏ 6	0 ♑ 45	5 ♑ 4	3 ♑ 35	0 ♐ 57	29 ♎ 24	8 ♐ 55	23 ♓ 38	12 ♎ 26	26 ♓ 57	25 ♒ 54	3 ♑ 35	9 ♑	13 ♐	15 ♍	17 ♏	26 ♒
11	18 ♏ 6	13 ♑ 37	5 ♑ 1	3 D 36	2 ♐ 26	29 ♎ 3	9 ♐ 39	23 ♓ 36	12 ♎ 32	26 ♓ 56	25 ♒ 55	3 ♑ 37	10 ♑	13 ♐	15 ♍	17 ♏	26 ♒
12	19 ♏ 6	26 ♑ 8	4 ♑ 58	3 ♑ 37	3 ♐ 55	28 ♎ 44	10 ♐ 22	23 ♓ 34	12 ♎ 39	26 ♓ 55	25 ♒ 55	3 ♑ 38	10 ♑	13 ♐	15 ♍	18 ♏	26 ♒
13	20 ♏ 7	8 ♒ 21	4 ♑ 55	3 ♑ 38	5 ♐ 24	28 ♎ 27	11 ♐ 6	23 ♓ 33	12 ♎ 45	26 ♓ 54	25 ♒ 55	3 ♑ 40	10 ♑	14 ♐	16 ♍	18 ♏	26 ♒
14	21 ♏ 7	20 ♒ 22	4 ♑ 52	3 ♑ 39	6 ♐ 52	28 ♎ 13	11 ♐ 50	23 ♓ 32	12 ♎ 52	26 ♓ 52	25 ♒ 55	3 ♑ 42	11 ♑	14 ♐	16 ♍	19 ♏	26 ♒
15	22 ♏ 8	2 ♓ 16	4 ♑ 48	3 R 38	8 ♐ 20	28 ♎ 1	12 ♐ 34	23 ♓ 31	12 ♎ 58	26 ♓ 51	25 ♒ 55	3 ♑ 43	11 ♑	15 ♐	16 ♍	19 ♏	26 ♒
16	23 ♏ 8	14 ♓ 7	4 ♑ 45	3 ♑ 36	9 ♐ 47	27 ♎ 52	13 ♐ 18	23 ♓ 30	13 ♎ 4	26 ♓ 50	25 ♒ 56	3 ♑ 45	11 ♑	15 ♐	17 ♍	20 ♏	26 ♒
17	24 ♏ 8	26 ♓ 1	4 ♑ 42	3 ♑ 32	11 ♐ 14	27 ♎ 45	14 ♐ 3	23 ♓ 30	13 ♎ 10	26 ♓ 49	25 ♒ 56	3 ♑ 47	12 ♑	15 ♐	17 ♍	21 ♏	26 ♒
18	25 ♏ 9	8 ♈ 1	4 ♑ 39	3 ♑ 26	12 ♐ 40	27 ♎ 41	14 ♐ 47	23 ♓ 29	13 ♎ 17	26 ♓ 48	25 ♒ 56	3 ♑ 49	12 ♑	16 ♐	17 ♍	21 ♏	26 ♒
19	26 ♏ 9	20 ♈ 11	4 ♑ 36	3 ♑ 19	14 ♐ 5	27 ♎ 39	15 ♐ 31	23 ♓ 29	13 ♎ 23	26 ♓ 48	25 ♒ 57	3 ♑ 50	12 ♑	16 ♐	18 ♍	22 ♏	26 ♒
20	27 ♏ 10	2 ♉ 33	4 ♑ 33	3 ♑ 12	15 ♐ 30	27 D 40	16 ♐ 15	23 D 29	13 ♎ 29	26 ♓ 47	25 ♒ 57	3 ♑ 52	13 ♑	17 ♐	18 ♍	22 ♏	26 ♒
21	28 ♏ 10	15 ♉ 8	4 ♑ 29	3 ♑ 6	16 ♐ 54	27 ♎ 43	17 ♐ 0	23 ♓ 30	13 ♎ 35	26 ♓ 46	25 ♒ 57	3 ♑ 54	13 ♑	17 ♐	18 ♍	23 ♏	26 ♒
22	29 ♏ 11	27 ♉ 58	4 ♑ 26	3 ♑ 1	18 ♐ 16	27 ♎ 48	17 ♐ 44	23 ♓ 30	13 ♎ 41	26 ♓ 45	25 ♒ 58	3 ♑ 56	13 ♑	17 ♐	19 ♍	23 ♏	26 ♒
23	0 ♐ 12	11 ♊ 1	4 ♑ 23	2 ♑ 57	19 ♐ 38	27 ♎ 56	18 ♐ 29	23 ♓ 31	13 ♎ 47	26 ♓ 44	25 ♒ 58	3 ♑ 58	14 ♑	18 ♐	19 ♍	24 ♏	26 ♒
24	1 ♐ 12	24 ♊ 17	4 ♑ 20	2 ♑ 55	20 ♐ 59	28 ♎ 6	19 ♐ 13	23 ♓ 32	13 ♎ 52	26 ♓ 44	25 ♒ 59	4 ♑ 0	14 ♑	18 ♐	19 ♍	24 ♏	26 ♒
25	2 ♐ 13	7 ♋ 44	4 ♑ 17	2 D 55	22 ♐ 18	28 ♎ 18	19 ♐ 58	23 ♓ 33	13 ♎ 58	26 ♓ 43	25 ♒ 59	4 ♑ 1	14 ♑	19 ♐	20 ♍	25 ♏	26 ♒
26	3 ♐ 13	21 ♋ 22	4 ♑ 14	2 ♑ 56	23 ♐ 36	28 ♎ 32	20 ♐ 43	23 ♓ 34	14 ♎ 4	26 ♓ 43	26 ♒ 0	4 ♑ 3	15 ♑	19 ♐	20 ♍	25 ♏	26 ♒
27	4 ♐ 14	5 ♌ 10	4 ♑ 10	2 ♑ 58	24 ♐ 53	28 ♎ 49	21 ♐ 27	23 ♓ 36	14 ♎ 9	26 ♓ 42	26 ♒ 1	4 ♑ 5	15 ♑	20 ♐	20 ♍	26 ♏	26 ♒
28	5 ♐ 15	19 ♌ 7	4 ♑ 7	2 ♑ 59	26 ♐ 7	29 ♎ 7	22 ♐ 12	23 ♓ 37	14 ♎ 15	26 ♓ 42	26 ♒ 1	4 ♑ 7	16 ♑	20 ♐	20 ♍	26 ♏	26 ♒
29	6 ♐ 16	3 ♍ 11	4 ♑ 4	3 ♑ 0	27 ♐ 19	29 ♎ 28	22 ♐ 57	23 ♓ 39	14 ♎ 21	26 ♓ 41	26 ♒ 2	4 ♑ 9	16 ♑	20 ♐	21 ♍	27 ♏	26 ♒
30	7 ♐ 16	17 ♍ 22	4 ♑ 1	3 R 0	28 ♐ 28	29 ♎ 50	23 ♐ 42	23 ♓ 41	14 ♎ 26	26 ♓ 41	26 ♒ 3	4 ♑ 11	16 ♑	21 ♐	21 ♍	28 ♏	26 ♒

SUN INGRESS ☉ → ♐ 22日 19:15

MOON PHASE ● 6日 13:52 ♏ ◐ 14日 01:39 ♒ ○ 22日 02:27 ♉ ◑ 29日 05:36 ♍

aspects

1日 22:37 ♀⚹♇
5日 06:46 ☿△♃
6日 15:44 ☿□♆
7日 09:14 ☿△♅
15日 14:58 ♂⚹♄
16日 08:44 ☉△♃
18日 11:09 ☿⚹♄
18日 18:54 ☉□♆
19日 14:57 ☉△♅
21日 03:53 ☿☌♂
25日 23:18 ☿□♃
27日 22:13 ☿⚹♆
28日 11:27 ☿□♅
29日 23:51 ♂□♃

2010年12月

DAY	☉	☽	☊ mean	☊ true	☿	♀	♂	♃	♄	♅	♆	♇	⚳	⚴	⚵	⚶	⚷
1	8 ♐ 17	1 ♎ 38	3 ♑ 58	2 R 58	29 D 35	0 D 14	24 D 27	23 D 44	14 D 31	26 R 41	26 D 4	4 D 13	17 D	21 D	21 D	28 D	26 D
2	9 ♐ 18	15 ♎ 54	3 ♑ 54	2 ♑ 56	0 ♑ 38	0 ♏ 40	25 ♐ 12	23 ♓ 46	14 ♎ 37	26 ♓ 40	26 ♒ 4	4 ♑ 15	17 ♑	22 ♐	22 ♍	29 ♏	26 ♒
3	10 ♐ 19	0 ♏ 9	3 ♑ 51	2 ♑ 52	1 ♑ 38	1 ♏ 8	25 ♐ 57	23 ♓ 49	14 ♎ 42	26 ♓ 40	26 ♒ 5	4 ♑ 17	17 ♑	22 ♐	22 ♍	29 ♏	26 ♒
4	11 ♐ 20	14 ♏ 18	3 ♑ 48	2 ♑ 49	2 ♑ 33	1 ♏ 38	26 ♐ 42	23 ♓ 52	14 ♎ 47	26 ♓ 40	26 ♒ 6	4 ♑ 19	18 ♑	22 ♐	22 ♍	0 ♐	26 ♒
5	12 ♐ 21	28 ♏ 16	3 ♑ 45	2 ♑ 46	3 ♑ 23	2 ♏ 9	27 ♐ 27	23 ♓ 55	14 ♎ 52	26 ♓ 40	26 ♒ 7	4 ♑ 21	18 ♑	23 ♐	22 ♍	0 ♐	26 ♒
6	13 ♐ 21	12 ♐ 0	3 ♑ 42	2 ♑ 44	4 ♑ 7	2 ♏ 41	28 ♐ 12	23 ♓ 59	14 ♎ 57	26 ♓ 40	26 ♒ 8	4 ♑ 23	18 ♑	23 ♐	23 ♍	1 ♐	26 ♒
7	14 ♐ 22	25 ♐ 26	3 ♑ 39	2 ♑ 43	4 ♑ 45	3 ♏ 15	28 ♐ 58	24 ♓ 2	15 ♎ 2	26 D 40	26 ♒ 9	4 ♑ 25	19 ♑	24 ♐	23 ♍	1 ♐	26 ♒
8	15 ♐ 23	8 ♑ 34	3 ♑ 35	2 D 43	5 ♑ 15	3 ♏ 51	29 ♐ 43	24 ♓ 6	15 ♎ 7	26 ♓ 40	26 ♒ 10	4 ♑ 27	19 ♑	24 ♐	23 ♍	2 ♐	26 ♒
9	16 ♐ 24	21 ♑ 22	3 ♑ 32	2 ♑ 44	5 ♑ 38	4 ♏ 27	0 ♑ 28	24 ♓ 10	15 ♎ 12	26 ♓ 40	26 ♒ 11	4 ♑ 29	20 ♑	24 ♐	23 ♍	2 ♐	26 ♒
10	17 ♐ 25	3 ♒ 52	3 ♑ 29	2 ♑ 45	5 ♑ 52	5 ♏ 6	1 ♑ 14	24 ♓ 14	15 ♎ 16	26 ♓ 40	26 ♒ 12	4 ♑ 31	20 ♑	25 ♐	24 ♍	3 ♐	26 ♒
11	18 ♐ 26	16 ♒ 7	3 ♑ 26	2 ♑ 46	5 R 56	5 ♏ 45	1 ♑ 59	24 ♓ 18	15 ♎ 21	26 ♓ 40	26 ♒ 13	4 ♑ 34	20 ♑	25 ♐	24 ♍	3 ♐	26 ♒
12	19 ♐ 27	28 ♒ 10	3 ♑ 23	2 ♑ 48	5 ♑ 49	6 ♏ 25	2 ♑ 45	24 ♓ 23	15 ♎ 26	26 ♓ 41	26 ♒ 14	4 ♑ 36	21 ♑	26 ♐	24 ♍	4 ♐	26 ♒
13	20 ♐ 28	10 ♓ 5	3 ♑ 20	2 ♑ 49	5 ♑ 31	7 ♏ 7	3 ♑ 30	24 ♓ 27	15 ♎ 30	26 ♓ 41	26 ♒ 16	4 ♑ 38	21 ♑	26 ♐	24 ♍	5 ♐	26 ♒
14	21 ♐ 29	21 ♓ 57	3 ♑ 16	2 R 49	5 ♑ 2	7 ♏ 50	4 ♑ 16	24 ♓ 32	15 ♎ 34	26 ♓ 41	26 ♒ 17	4 ♑ 40	21 ♑	27 ♐	25 ♍	5 ♐	26 ♒
15	22 ♐ 30	3 ♈ 51	3 ♑ 13	2 ♑ 48	4 ♑ 21	8 ♏ 34	5 ♑ 1	24 ♓ 37	15 ♎ 39	26 ♓ 42	26 ♒ 18	4 ♑ 42	22 ♑	27 ♐	25 ♍	6 ♐	26 ♒
16	23 ♐ 31	15 ♈ 51	3 ♑ 10	2 ♑ 48	3 ♑ 29	9 ♏ 19	5 ♑ 47	24 ♓ 42	15 ♎ 43	26 ♓ 42	26 ♒ 19	4 ♑ 44	22 ♑	27 ♐	25 ♍	6 ♐	26 ♒
17	24 ♐ 32	28 ♈ 2	3 ♑ 7	2 ♑ 47	2 ♑ 27	10 ♏ 5	6 ♑ 33	24 ♓ 48	15 ♎ 47	26 ♓ 43	26 ♒ 20	4 ♑ 46	23 ♑	28 ♐	25 ♍	7 ♐	26 ♒
18	25 ♐ 33	10 ♉ 28	3 ♑ 4	2 ♑ 46	1 ♑ 16	10 ♏ 52	7 ♑ 19	24 ♓ 54	15 ♎ 51	26 ♓ 43	26 ♒ 22	4 ♑ 48	23 ♑	28 ♐	26 ♍	7 ♐	26 ♒
19	26 ♐ 34	23 ♉ 11	3 ♑ 0	2 ♑ 45	29 ♐ 59	11 ♏ 40	8 ♑ 5	24 ♓ 59	15 ♎ 55	26 ♓ 44	26 ♒ 23	4 ♑ 51	23 ♑	29 ♐	26 ♍	8 ♐	26 ♒
20	27 ♐ 35	6 ♊ 13	2 ♑ 57	2 ♑ 44	28 ♐ 38	12 ♏ 28	8 ♑ 50	25 ♓ 5	15 ♎ 59	26 ♓ 45	26 ♒ 24	4 ♑ 53	24 ♑	29 ♐	26 ♍	8 ♐	27 ♒
21	28 ♐ 36	19 ♊ 34	2 ♑ 54	2 ♑ 44	27 ♐ 15	13 ♏ 18	9 ♑ 36	25 ♓ 11	16 ♎ 3	26 ♓ 45	26 ♒ 26	4 ♑ 55	24 ♑	29 ♐	26 ♍	9 ♐	27 ♒
22	29 ♐ 38	3 ♋ 13	2 ♑ 51	2 D 44	25 ♐ 53	14 ♏ 8	10 ♑ 22	25 ♓ 18	16 ♎ 6	26 ♓ 46	26 ♒ 27	4 ♑ 57	24 ♑	0 ♑	26 ♍	9 ♐	27 ♒
23	0 ♑ 39	17 ♋ 9	2 ♑ 48	2 ♑ 44	24 ♐ 36	15 ♏ 0	11 ♑ 8	25 ♓ 24	16 ♎ 10	26 ♓ 47	26 ♒ 29	4 ♑ 59	25 ♑	0 ♑	27 ♍	10 ♐	27 ♒
24	1 ♑ 40	1 ♌ 16	2 ♑ 45	2 ♑ 44	23 ♐ 24	15 ♏ 52	11 ♑ 54	25 ♓ 31	16 ♎ 13	26 ♓ 48	26 ♒ 30	5 ♑ 1	25 ♑	1 ♑	27 ♍	10 ♐	27 ♒
25	2 ♑ 41	15 ♌ 32	2 ♑ 41	2 ♑ 44	22 ♐ 21	16 ♏ 44	12 ♑ 41	25 ♓ 38	16 ♎ 17	26 ♓ 49	26 ♒ 32	5 ♑ 3	26 ♑	1 ♑	27 ♍	11 ♐	27 ♒
26	3 ♑ 42	29 ♌ 51	2 ♑ 38	2 R 44	21 ♐ 28	17 ♏ 38	13 ♑ 27	25 ♓ 44	16 ♎ 20	26 ♓ 50	26 ♒ 33	5 ♑ 6	26 ♑	1 ♑	27 ♍	11 ♐	27 ♒
27	4 ♑ 43	14 ♍ 10	2 ♑ 35	2 ♑ 44	20 ♐ 45	18 ♏ 32	14 ♑ 13	25 ♓ 52	16 ♎ 23	26 ♓ 51	26 ♒ 35	5 ♑ 8	26 ♑	2 ♑	27 ♍	12 ♐	27 ♒
28	5 ♑ 44	28 ♍ 26	2 ♑ 32	2 ♑ 44	20 ♐ 12	19 ♏ 27	14 ♑ 59	25 ♓ 59	16 ♎ 27	26 ♓ 52	26 ♒ 36	5 ♑ 10	27 ♑	2 ♑	27 ♍	13 ♐	27 ♒
29	6 ♑ 45	12 ♎ 36	2 ♑ 29	2 D 44	19 ♐ 51	20 ♏ 22	15 ♑ 45	26 ♓ 6	16 ♎ 30	26 ♓ 53	26 ♒ 38	5 ♑ 12	27 ♑	3 ♑	28 ♍	13 ♐	27 ♒
30	7 ♑ 46	26 ♎ 37	2 ♑ 26	2 ♑ 44	19 ♐ 39	21 ♏ 18	16 ♑ 32	26 ♓ 14	16 ♎ 33	26 ♓ 54	26 ♒ 40	5 ♑ 14	28 ♑	3 ♑	28 ♍	14 ♐	27 ♒
31	8 ♑ 48	10 ♏ 28	2 ♑ 22	2 ♑ 44	19 D 37	22 ♏ 15	17 ♑ 18	26 ♓ 22	16 ♎ 35	26 ♓ 55	26 ♒ 41	5 ♑ 16	28 ♑	3 ♑	28 ♍	14 ♐	27 ♒

SUN INGRESS ☉ → ♑ 22日 08:38

MOON PHASE ● 6日 02:36 ♐ ◐ 13日 22:59 ♓ ○ 21日 17:13 ♊ ◑ 28日 13:18 ♎

aspects

2日 01:34 ☿⚹♀
3日 04:39 ♂⚹♆
3日 23:00 ♂□♅
6日 10:20 ☿☌♇
7日 17:00 ☉⚹♄
9日 01:19 ♀⚹♇
11日 06:01 ☿⚹♀
14日 13:05 ☿☌♇
14日 13:10 ☿☌♂
14日 13:15 ♂☌♇
17日 06:47 ☉□♃
18日 19:29 ☉⚹♆
19日 03:48 ☉□♅
20日 10:23 ☉☌☿
21日 08:30 ♀□♅
21日 14:02 ♀⚹♆
22日 09:59 ♀□♃
27日 10:04 ☉☌♇
30日 00:29 ♂□♄

2011年1月

DAY	☉	☽	☊ mean	☊ true	☿	♀	♂	♃	♄	♅	♆	♇	⚳	⚴	⚵	⚶	⚷
	° ′	° ′	° ′	° ′	° ′	° ′	° ′	° ′	° ′	° ′	° ′	° ′	°	°	°	°	°
1	9 ♑ 49	24 ♏ 9	2 ♑ 19	2 D 45	19 D 45	23 D 12	18 D 4	26 D 30	16 D 38	26 D 57	26 D 43	5 D 19	28 D	4 D	28 D	15 D	27 D
2	10 ♑ 50	7 ♐ 38	2 ♑ 16	2 ♑ 46	20 ♐ 1	24 ♏ 9	18 ♑ 51	26 ♓ 38	16 ♎ 41	26 ♓ 58	26 ♒ 45	5 ♑ 21	29 ♑	4 ♑	28 ♍	15 ♐	27 ♒
3	11 ♑ 51	20 ♐ 55	2 ♑ 13	2 ♑ 46	20 ♐ 24	25 ♏ 8	19 ♑ 37	26 ♓ 46	16 ♎ 43	26 ♓ 59	26 ♒ 46	5 ♑ 23	29 ♑	5 ♑	28 ♍	16 ♐	27 ♒
4	12 ♑ 52	3 ♑ 58	2 ♑ 10	2 R 46	20 ♐ 54	26 ♏ 6	20 ♑ 24	26 ♓ 54	16 ♎ 46	27 ♓ 1	26 ♒ 48	5 ♑ 25	0 ♒	5 ♑	28 ♍	16 ♐	27 ♒
5	13 ♑ 53	16 ♑ 48	2 ♑ 6	2 ♑ 46	21 ♐ 31	27 ♏ 6	21 ♑ 10	27 ♓ 3	16 ♎ 48	27 ♓ 2	26 ♒ 50	5 ♑ 27	0 ♒	5 ♑	28 ♍	17 ♐	27 ♒
6	14 ♑ 55	29 ♑ 24	2 ♑ 3	2 ♑ 45	22 ♐ 13	28 ♏ 5	21 ♑ 57	27 ♓ 11	16 ♎ 50	27 ♓ 4	26 ♒ 52	5 ♑ 29	0 ♒	6 ♑	28 ♍	17 ♐	27 ♒
7	15 ♑ 56	11 ♒ 48	2 ♑ 0	2 ♑ 43	23 ♐ 0	29 ♏ 5	22 ♑ 44	27 ♓ 20	16 ♎ 52	27 ♓ 5	26 ♒ 54	5 ♑ 31	1 ♒	6 ♑	29 ♍	18 ♐	27 ♒
8	16 ♑ 57	23 ♒ 59	1 ♑ 57	2 ♑ 41	23 ♐ 51	0 ♐ 6	23 ♑ 30	27 ♓ 29	16 ♎ 55	27 ♓ 7	26 ♒ 55	5 ♑ 34	1 ♒	7 ♑	29 ♍	18 ♐	27 ♒
9	17 ♑ 58	6 ♓ 1	1 ♑ 54	2 ♑ 39	24 ♐ 47	1 ♐ 7	24 ♑ 17	27 ♓ 38	16 ♎ 56	27 ♓ 8	26 ♒ 57	5 ♑ 36	1 ♒	7 ♑	29 ♍	19 ♐	28 ♒
10	18 ♑ 59	17 ♓ 56	1 ♑ 51	2 ♑ 37	25 ♐ 46	2 ♐ 8	25 ♑ 4	27 ♓ 47	16 ♎ 58	27 ♓ 10	26 ♒ 59	5 ♑ 38	2 ♒	7 ♑	29 ♍	19 ♐	28 ♒
11	20 ♑ 0	29 ♓ 48	1 ♑ 47	2 ♑ 35	26 ♐ 48	3 ♐ 10	25 ♑ 50	27 ♓ 57	17 ♎ 0	27 ♓ 12	27 ♒ 1	5 ♑ 40	2 ♒	8 ♑	29 ♍	20 ♐	28 ♒
12	21 ♑ 2	11 ♈ 40	1 ♑ 44	2 ♑ 33	27 ♐ 53	4 ♐ 12	26 ♑ 37	28 ♓ 6	17 ♎ 2	27 ♓ 14	27 ♒ 3	5 ♑ 42	3 ♒	8 ♑	29 ♍	20 ♐	28 ♒
13	22 ♑ 3	23 ♈ 38	1 ♑ 41	2 D 33	29 ♐ 0	5 ♐ 14	27 ♑ 24	28 ♓ 16	17 ♎ 3	27 ♓ 15	27 ♒ 5	5 ♑ 44	3 ♒	9 ♑	29 ♍	21 ♐	28 ♒
14	23 ♑ 4	5 ♉ 46	1 ♑ 38	2 ♑ 34	0 ♑ 10	6 ♐ 17	28 ♑ 11	28 ♓ 26	17 ♎ 5	27 ♓ 17	27 ♒ 7	5 ♑ 46	3 ♒	9 ♑	29 ♍	22 ♐	28 ♒
15	24 ♑ 5	18 ♉ 9	1 ♑ 35	2 ♑ 35	1 ♑ 22	7 ♐ 20	28 ♑ 58	28 ♓ 35	17 ♎ 6	27 ♓ 19	27 ♒ 9	5 ♑ 48	4 ♒	9 ♑	29 ♍	22 ♐	28 ♒
16	25 ♑ 6	0 ♊ 52	1 ♑ 32	2 ♑ 37	2 ♑ 35	8 ♐ 23	29 ♑ 44	28 ♓ 45	17 ♎ 7	27 ♓ 21	27 ♒ 11	5 ♑ 50	4 ♒	10 ♑	29 ♍	23 ♐	28 ♒
17	26 ♑ 7	13 ♊ 56	1 ♑ 28	2 ♑ 38	3 ♑ 51	9 ♐ 27	0 ♒ 31	28 ♓ 55	17 ♎ 8	27 ♓ 23	27 ♒ 13	5 ♑ 52	5 ♒	10 ♑	29 ♍	23 ♐	28 ♒
18	27 ♑ 8	27 ♊ 26	1 ♑ 25	2 ♑ 39	5 ♑ 8	10 ♐ 31	1 ♒ 18	29 ♓ 6	17 ♎ 9	27 ♓ 25	27 ♒ 15	5 ♑ 55	5 ♒	11 ♑	29 ♍	24 ♐	28 ♒
19	28 ♑ 9	11 ♋ 20	1 ♑ 22	2 R 39	6 ♑ 26	11 ♐ 35	2 ♒ 5	29 ♓ 16	17 ♎ 10	27 ♓ 27	27 ♒ 17	5 ♑ 57	5 ♒	11 ♑	29 ♍	24 ♐	28 ♒
20	29 ♑ 10	25 ♋ 36	1 ♑ 19	2 ♑ 37	7 ♑ 45	12 ♐ 40	2 ♒ 52	29 ♓ 26	17 ♎ 11	27 ♓ 29	27 ♒ 19	5 ♑ 59	6 ♒	11 ♑	29 ♍	25 ♐	28 ♒
21	0 ♒ 11	10 ♌ 11	1 ♑ 16	2 ♑ 35	9 ♑ 6	13 ♐ 45	3 ♒ 39	29 ♓ 37	17 ♎ 11	27 ♓ 32	27 ♒ 21	6 ♑ 1	6 ♒	12 ♑	29 R	25 ♐	28 ♒
22	1 ♒ 12	24 ♌ 57	1 ♑ 12	2 ♑ 31	10 ♑ 28	14 ♐ 50	4 ♒ 26	29 ♓ 48	17 ♎ 12	27 ♓ 34	27 ♒ 23	6 ♑ 3	7 ♒	12 ♑	29 ♍	26 ♐	28 ♒
23	2 ♒ 14	9 ♍ 46	1 ♑ 9	2 ♑ 26	11 ♑ 51	15 ♐ 55	5 ♒ 13	29 ♓ 59	17 ♎ 12	27 ♓ 36	27 ♒ 25	6 ♑ 5	7 ♒	13 ♑	29 ♍	26 ♐	28 ♒
24	3 ♒ 15	24 ♍ 31	1 ♑ 6	2 ♑ 22	13 ♑ 14	17 ♐ 1	6 ♒ 0	0 ♈ 9	17 ♎ 13	27 ♓ 38	27 ♒ 27	6 ♑ 7	7 ♒	13 ♑	29 ♍	27 ♐	28 ♒
25	4 ♒ 16	9 ♎ 5	1 ♑ 3	2 ♑ 18	14 ♑ 39	18 ♐ 7	6 ♒ 48	0 ♈ 20	17 ♎ 13	27 ♓ 41	27 ♒ 29	6 ♑ 9	8 ♒	13 ♑	29 ♍	27 ♐	28 ♒
26	5 ♒ 17	23 ♎ 23	1 ♑ 0	2 ♑ 16	16 ♑ 5	19 ♐ 13	7 ♒ 35	0 ♈ 32	17 ♎ 13	27 ♓ 43	27 ♒ 31	6 ♑ 10	8 ♒	14 ♑	29 ♍	28 ♐	29 ♒
27	6 ♒ 18	7 ♏ 23	0 ♑ 57	2 D 16	17 ♑ 31	20 ♐ 19	8 ♒ 22	0 ♈ 43	17 R 13	27 ♓ 45	27 ♒ 34	6 ♑ 12	9 ♒	14 ♑	29 ♍	28 ♐	29 ♒
28	7 ♒ 19	21 ♏ 5	0 ♑ 53	2 ♑ 16	18 ♑ 59	21 ♐ 26	9 ♒ 9	0 ♈ 54	17 ♎ 13	27 ♓ 48	27 ♒ 36	6 ♑ 14	9 ♒	15 ♑	29 ♍	29 ♐	29 ♒
29	8 ♒ 20	4 ♐ 28	0 ♑ 50	2 ♑ 18	20 ♑ 27	22 ♐ 33	9 ♒ 56	1 ♈ 5	17 ♎ 13	27 ♓ 50	27 ♒ 38	6 ♑ 16	9 ♒	15 ♑	29 ♍	29 ♐	29 ♒
30	9 ♒ 20	17 ♐ 36	0 ♑ 47	2 ♑ 19	21 ♑ 56	23 ♐ 40	10 ♒ 43	1 ♈ 17	17 ♎ 12	27 ♓ 53	27 ♒ 40	6 ♑ 18	10 ♒	15 ♑	29 ♍	0 ♑	29 ♒
31	10 ♒ 21	0 ♑ 29	0 ♑ 44	2 ♑ 20	23 ♑ 25	24 ♐ 47	11 ♒ 31	1 ♈ 29	17 ♎ 12	27 ♓ 55	27 ♒ 42	6 ♑ 20	10 ♒	16 ♑	29 ♍	0 ♑	29 ♒

SUN INGRESS	☉ → ♒ 20日 19:19
MOON PHASE	● 4日 18:03 ♑　◐ 12日 20:31 ♈　○ 20日 06:21 ♋　◑ 26日 21:57 ♏

aspects		
4日	17:27	♀□♆
4日	21:53	♃☌♅
4日	22:33	♀△♅
4日	22:39	♀△♃
7日	23:00	☉□♄
11日	05:03	☿⚹♆
11日	09:13	☿□♅
12日	05:37	☿□♃
12日	19:30	♂⚹♅
14日	09:35	♂⚹♃
18日	06:55	☉⚹♅
18日	14:50	☿☌♇
20日	07:39	☉⚹♃
24日	04:19	♀⚹♄
26日	18:57	☿□♄

2011年2月

DAY	☉	☽	☊ mean	☊ true	☿	♀	♂	♃	♄	♅	♆	♇	⚳	⚴	⚵	⚶	⚷
	° ′	° ′	° ′	° ′	° ′	° ′	° ′	° ′	° ′	° ′	° ′	° ′	°	°	°	°	°
1	11 ♒ 22	13 ♑ 10	0 ♑ 41	2 R 20	24 D 56	25 D 54	12 D 18	1 D 40	17 R 12	27 D 58	27 D 45	6 D 22	11 D	16 D	29 R	1 D	29 D
2	12 ♒ 23	25 ♑ 41	0 ♑ 38	2 ♑ 17	26 ♑ 27	27 ♐ 2	13 ♒ 5	1 ♈ 52	17 ♎ 11	28 ♓ 1	27 ♒ 47	6 ♑ 24	11 ♒	16 ♑	29 ♍	1 ♑	29 ♒
3	13 ♒ 24	8 ♒ 1	0 ♑ 34	2 ♑ 12	27 ♑ 59	28 ♐ 9	13 ♒ 52	2 ♈ 4	17 ♎ 10	28 ♓ 3	27 ♒ 49	6 ♑ 26	11 ♒	17 ♑	29 ♍	2 ♑	29 ♒
4	14 ♒ 25	20 ♒ 13	0 ♑ 31	2 ♑ 6	29 ♑ 31	29 ♐ 17	14 ♒ 40	2 ♈ 16	17 ♎ 9	28 ♓ 6	27 ♒ 51	6 ♑ 27	12 ♒	17 ♑	28 ♍	2 ♑	29 ♒
5	15 ♒ 26	2 ♓ 18	0 ♑ 28	1 ♑ 58	1 ♒ 4	0 ♑ 25	15 ♒ 27	2 ♈ 28	17 ♎ 8	28 ♓ 9	27 ♒ 53	6 ♑ 29	12 ♒	18 ♑	28 ♍	3 ♑	29 ♒
6	16 ♒ 27	14 ♓ 16	0 ♑ 25	1 ♑ 49	2 ♒ 39	1 ♑ 33	16 ♒ 14	2 ♈ 40	17 ♎ 7	28 ♓ 11	27 ♒ 56	6 ♑ 31	12 ♒	18 ♑	28 ♍	3 ♑	29 ♒
7	17 ♒ 28	26 ♓ 10	0 ♑ 22	1 ♑ 40	4 ♒ 13	2 ♑ 42	17 ♒ 2	2 ♈ 52	17 ♎ 6	28 ♓ 14	27 ♒ 58	6 ♑ 33	13 ♒	18 ♑	28 ♍	4 ♑	29 ♒
8	18 ♒ 29	8 ♈ 1	0 ♑ 18	1 ♑ 32	5 ♒ 49	3 ♑ 50	17 ♒ 49	3 ♈ 5	17 ♎ 5	28 ♓ 17	28 ♒ 0	6 ♑ 34	13 ♒	19 ♑	28 ♍	4 ♑	29 ♒
9	19 ♒ 29	19 ♈ 52	0 ♑ 15	1 ♑ 25	7 ♒ 25	4 ♑ 59	18 ♒ 36	3 ♈ 17	17 ♎ 4	28 ♓ 20	28 ♒ 2	6 ♑ 36	14 ♒	19 ♑	28 ♍	5 ♑	29 ♒
10	20 ♒ 30	1 ♉ 48	0 ♑ 12	1 ♑ 21	9 ♒ 2	6 ♑ 7	19 ♒ 24	3 ♈ 30	17 ♎ 2	28 ♓ 23	28 ♒ 5	6 ♑ 38	14 ♒	19 ♑	28 ♍	5 ♑	0 ♓
11	21 ♒ 31	13 ♉ 53	0 ♑ 9	1 ♑ 19	10 ♒ 40	7 ♑ 16	20 ♒ 11	3 ♈ 42	17 ♎ 0	28 ♓ 25	28 ♒ 7	6 ♑ 39	14 ♒	20 ♑	27 ♍	6 ♑	0 ♓
12	22 ♒ 32	26 ♉ 10	0 ♑ 6	1 D 19	12 ♒ 19	8 ♑ 25	20 ♒ 58	3 ♈ 55	16 ♎ 59	28 ♓ 28	28 ♒ 9	6 ♑ 41	15 ♒	20 ♑	27 ♍	6 ♑	0 ♓
13	23 ♒ 32	8 ♊ 47	0 ♑ 3	1 ♑ 20	13 ♒ 58	9 ♑ 34	21 ♒ 46	4 ♈ 8	16 ♎ 57	28 ♓ 31	28 ♒ 12	6 ♑ 43	15 ♒	21 ♑	27 ♍	7 ♑	0 ♓
14	24 ♒ 33	21 ♊ 46	29 ♐ 59	1 ♑ 21	15 ♒ 39	10 ♑ 44	22 ♒ 33	4 ♈ 20	16 ♎ 55	28 ♓ 34	28 ♒ 14	6 ♑ 44	16 ♒	21 ♑	27 ♍	7 ♑	0 ♓
15	25 ♒ 33	5 ♋ 11	29 ♐ 56	1 R 21	17 ♒ 20	11 ♑ 53	23 ♒ 20	4 ♈ 33	16 ♎ 53	28 ♓ 37	28 ♒ 16	6 ♑ 46	16 ♒	21 ♑	27 ♍	8 ♑	0 ♓
16	26 ♒ 34	19 ♋ 6	29 ♐ 53	1 ♑ 19	19 ♒ 2	13 ♑ 2	24 ♒ 8	4 ♈ 46	16 ♎ 51	28 ♓ 40	28 ♒ 18	6 ♑ 47	16 ♒	22 ♑	27 ♍	8 ♑	0 ♓
17	27 ♒ 35	3 ♌ 29	29 ♐ 50	1 ♑ 16	20 ♒ 45	14 ♑ 12	24 ♒ 55	4 ♈ 59	16 ♎ 49	28 ♓ 43	28 ♒ 21	6 ♑ 49	17 ♒	22 ♑	26 ♍	9 ♑	0 ♓
18	28 ♒ 35	18 ♌ 17	29 ♐ 47	1 ♑ 9	22 ♒ 29	15 ♑ 22	25 ♒ 43	5 ♈ 12	16 ♎ 47	28 ♓ 46	28 ♒ 23	6 ♑ 50	17 ♒	22 ♑	26 ♍	9 ♑	0 ♓
19	29 ♒ 36	3 ♍ 22	29 ♐ 43	1 ♑ 1	24 ♒ 13	16 ♑ 31	26 ♒ 30	5 ♈ 25	16 ♎ 44	28 ♓ 49	28 ♒ 25	6 ♑ 52	18 ♒	23 ♑	26 ♍	10 ♑	0 ♓
20	0 ♓ 36	18 ♍ 36	29 ♐ 40	0 ♑ 52	25 ♒ 59	17 ♑ 41	27 ♒ 17	5 ♈ 38	16 ♎ 42	28 ♓ 53	28 ♒ 27	6 ♑ 53	18 ♒	23 ♑	26 ♍	10 ♑	0 ♓
21	1 ♓ 37	3 ♎ 46	29 ♐ 37	0 ♑ 43	27 ♒ 46	18 ♑ 51	28 ♒ 5	5 ♈ 52	16 ♎ 39	28 ♓ 56	28 ♒ 30	6 ♑ 55	18 ♒	23 ♑	26 ♍	11 ♑	0 ♓
22	2 ♓ 37	18 ♎ 43	29 ♐ 34	0 ♑ 35	29 ♒ 33	20 ♑ 1	28 ♒ 52	6 ♈ 5	16 ♎ 37	28 ♓ 59	28 ♒ 32	6 ♑ 56	19 ♒	24 ♑	25 ♍	11 ♑	0 ♓
23	3 ♓ 38	3 ♏ 19	29 ♐ 31	0 ♑ 29	1 ♓ 21	21 ♑ 11	29 ♒ 40	6 ♈ 18	16 ♎ 34	29 ♓ 2	28 ♒ 34	6 ♑ 58	19 ♒	24 ♑	25 ♍	12 ♑	0 ♓
24	4 ♓ 38	17 ♏ 30	29 ♐ 28	0 ♑ 25	3 ♓ 11	22 ♑ 22	0 ♓ 27	6 ♈ 32	16 ♎ 31	29 ♓ 5	28 ♒ 37	6 ♑ 59	20 ♒	25 ♑	25 ♍	12 ♑	1 ♓
25	5 ♓ 38	1 ♐ 15	29 ♐ 24	0 ♑ 24	5 ♓ 1	23 ♑ 32	1 ♓ 14	6 ♈ 45	16 ♎ 28	29 ♓ 8	28 ♒ 39	7 ♑ 0	20 ♒	25 ♑	25 ♍	13 ♑	1 ♓
26	6 ♓ 39	14 ♐ 36	29 ♐ 21	0 D 24	6 ♓ 52	24 ♑ 43	2 ♓ 2	6 ♈ 59	16 ♎ 25	29 ♓ 12	28 ♒ 41	7 ♑ 2	20 ♒	25 ♑	25 ♍	13 ♑	1 ♓
27	7 ♓ 39	27 ♐ 35	29 ♐ 18	0 ♑ 24	8 ♓ 44	25 ♑ 53	2 ♓ 49	7 ♈ 12	16 ♎ 22	29 ♓ 15	28 ♒ 43	7 ♑ 3	21 ♒	26 ♑	24 ♍	14 ♑	1 ♓
28	8 ♓ 39	10 ♑ 16	29 ♐ 15	0 R 24	10 ♓ 37	27 ♑ 4	3 ♓ 37	7 ♈ 26	16 ♎ 19	29 ♓ 18	28 ♒ 46	7 ♑ 4	21 ♒	26 ♑	24 ♍	14 ♑	1 ♓

SUN INGRESS	☉ → ♓ 19日 09:25
MOON PHASE	● 3日 11:31 ♒　◐ 11日 16:18 ♉　○ 18日 17:36 ♌　◑ 25日 08:26 ♐

aspects		
2日	16:35	♀⚹♆
2日	21:47	♀□♅
3日	01:15	☿⚹♅
5日	01:40	☉☌♂
6日	00:30	☿⚹♃
6日	15:40	☉△♄
7日	02:16	♂△♄
7日	04:39	♀□♃
10日	10:52	♀☌♇
14日	17:48	♀△♄
17日	18:56	☉☌♆
19日	04:21	♀□♄
21日	07:44	☿☌♂
21日	10:07	☿☌♆
21日	13:17	♂☌♆
25日	17:48	☉☌☿
26日	02:06	☿⚹♇
26日	05:40	♃□♇
26日	09:17	☉⚹♇

2011年3月

DAY	☉	☽	☊		☿	♀	♂	♃	♄	♅	♆	♇	⚳	⚴	⚵	⚶	⚷
			mean	true													
	° ′	° ′	° ′	° ′	° ′	° ′	° ′	° ′	° ′	° ′	° ′	° ′	°	°	°	°	°
1	9 ♓ 40	22 ♑ 42	29 ♐ 12	0 R 22	12 D 30	28 D 14	4 D 24	7 D 40	16 R 16	29 D 21	28 D 48	7 D 5	21 D	26 D	24 R	15 D	1 D
2	10 ♓ 40	4 ♒ 58	29 ♐ 9	0 ♑ 17	14 ♓ 24	29 ♑ 25	5 ♓ 11	7 ♈ 53	16 ♎ 13	29 ♓ 25	28 ♒ 50	7 ♑ 7	22 ♒	27 ♑	24 ♍	15 ♑	1 ♓
3	11 ♓ 40	17 ♒ 5	29 ♐ 5	0 ♑ 9	16 ♓ 19	0 ♒ 36	5 ♓ 59	8 ♈ 7	16 ♎ 9	29 ♓ 28	28 ♒ 52	7 ♑ 8	22 ♒	27 ♑	23 ♍	16 ♑	1 ♓
4	12 ♓ 40	29 ♒ 6	29 ♐ 2	29 ♐ 58	18 ♓ 14	1 ♒ 47	6 ♓ 46	8 ♈ 21	16 ♎ 6	29 ♓ 31	28 ♒ 55	7 ♑ 9	23 ♒	27 ♑	23 ♍	16 ♑	1 ♓
5	13 ♓ 41	11 ♓ 3	28 ♐ 59	29 ♐ 45	20 ♓ 10	2 ♒ 58	7 ♓ 33	8 ♈ 35	16 ♎ 3	29 ♓ 35	28 ♒ 57	7 ♑ 10	23 ♒	28 ♑	23 ♍	17 ♑	1 ♓
6	14 ♓ 41	22 ♓ 57	28 ♐ 56	29 ♐ 31	22 ♓ 6	4 ♒ 9	8 ♓ 21	8 ♈ 49	15 ♎ 59	29 ♓ 38	28 ♒ 59	7 ♑ 11	23 ♒	28 ♑	23 ♍	17 ♑	1 ♓
7	15 ♓ 41	4 ♈ 49	28 ♐ 53	29 ♐ 17	24 ♓ 2	5 ♒ 20	9 ♓ 8	9 ♈ 3	15 ♎ 55	29 ♓ 41	29 ♒ 1	7 ♑ 12	24 ♒	28 ♑	22 ♍	18 ♑	1 ♓
8	16 ♓ 41	16 ♈ 41	28 ♐ 49	29 ♐ 4	25 ♓ 57	6 ♒ 31	9 ♓ 55	9 ♈ 17	15 ♎ 52	29 ♓ 45	29 ♒ 3	7 ♑ 13	24 ♒	29 ♑	22 ♍	18 ♑	1 ♓
9	17 ♓ 41	28 ♈ 34	28 ♐ 46	28 ♐ 53	27 ♓ 52	7 ♒ 42	10 ♓ 43	9 ♈ 31	15 ♎ 48	29 ♓ 48	29 ♒ 6	7 ♑ 14	25 ♒	29 ♑	22 ♍	19 ♑	1 ♓
10	18 ♓ 41	10 ♉ 31	28 ♐ 43	28 ♐ 44	29 ♓ 46	8 ♒ 54	11 ♓ 30	9 ♈ 45	15 ♎ 44	29 ♓ 51	29 ♒ 8	7 ♑ 15	25 ♒	29 ♑	22 ♍	19 ♑	1 ♓
11	19 ♓ 41	22 ♉ 36	28 ♐ 40	28 ♐ 39	1 ♈ 39	10 ♒ 5	12 ♓ 17	9 ♈ 59	15 ♎ 40	29 ♓ 55	29 ♒ 10	7 ♑ 16	25 ♒	0 ♒	21 ♍	19 ♑	2 ♓
12	20 ♓ 41	4 ♊ 52	28 ♐ 37	28 ♐ 36	3 ♈ 31	11 ♒ 16	13 ♓ 5	10 ♈ 13	15 ♎ 36	29 ♓ 58	29 ♒ 12	7 ♑ 17	26 ♒	0 ♒	21 ♍	20 ♑	2 ♓
13	21 ♓ 41	17 ♊ 24	28 ♐ 34	28 ♐ 36	5 ♈ 20	12 ♒ 28	13 ♓ 52	10 ♈ 27	15 ♎ 32	0 ♈ 2	29 ♒ 14	7 ♑ 18	26 ♒	0 ♒	21 ♍	20 ♑	2 ♓
14	22 ♓ 41	0 ♋ 16	28 ♐ 30	28 ♐ 35	7 ♈ 8	13 ♒ 39	14 ♓ 39	10 ♈ 41	15 ♎ 28	0 ♈ 5	29 ♒ 16	7 ♑ 19	26 ♒	1 ♒	21 ♍	21 ♑	2 ♓
15	23 ♓ 41	13 ♋ 34	28 ♐ 27	28 ♐ 35	8 ♈ 52	14 ♒ 51	15 ♓ 26	10 ♈ 55	15 ♎ 24	0 ♈ 8	29 ♒ 19	7 ♑ 20	27 ♒	1 ♒	20 ♍	21 ♑	2 ♓
16	24 ♓ 40	27 ♋ 20	28 ♐ 24	28 ♐ 33	10 ♈ 33	16 ♒ 2	16 ♓ 13	11 ♈ 10	15 ♎ 20	0 ♈ 12	29 ♒ 21	7 ♑ 20	27 ♒	1 ♒	20 ♍	22 ♑	2 ♓
17	25 ♓ 40	11 ♌ 35	28 ♐ 21	28 ♐ 28	12 ♈ 10	17 ♒ 14	17 ♓ 1	11 ♈ 24	15 ♎ 15	0 ♈ 15	29 ♒ 23	7 ♑ 21	28 ♒	1 ♒	20 ♍	22 ♑	2 ♓
18	26 ♓ 40	26 ♌ 19	28 ♐ 18	28 ♐ 21	13 ♈ 43	18 ♒ 25	17 ♓ 48	11 ♈ 38	15 ♎ 11	0 ♈ 19	29 ♒ 25	7 ♑ 22	28 ♒	2 ♒	20 ♍	23 ♑	2 ♓
19	27 ♓ 40	11 ♍ 25	28 ♐ 15	28 ♐ 11	15 ♈ 11	19 ♒ 37	18 ♓ 35	11 ♈ 52	15 ♎ 7	0 ♈ 22	29 ♒ 27	7 ♑ 23	28 ♒	2 ♒	19 ♍	23 ♑	2 ♓
20	28 ♓ 39	26 ♍ 45	28 ♐ 11	28 ♐ 0	16 ♈ 34	20 ♒ 49	19 ♓ 22	12 ♈ 7	15 ♎ 3	0 ♈ 25	29 ♒ 29	7 ♑ 23	29 ♒	2 ♒	19 ♍	24 ♑	2 ♓
21	29 ♓ 39	12 ♎ 7	28 ♐ 8	27 ♐ 49	17 ♈ 51	22 ♒ 0	20 ♓ 9	12 ♈ 21	14 ♎ 58	0 ♈ 29	29 ♒ 31	7 ♑ 24	29 ♒	3 ♒	19 ♍	24 ♑	2 ♓
22	0 ♈ 38	27 ♎ 19	28 ♐ 5	27 ♐ 39	19 ♈ 2	23 ♒ 12	20 ♓ 56	12 ♈ 35	14 ♎ 54	0 ♈ 32	29 ♒ 33	7 ♑ 24	29 ♒	3 ♒	19 ♍	24 ♑	2 ♓
23	1 ♈ 38	12 ♏ 11	28 ♐ 2	27 ♐ 31	20 ♈ 6	24 ♒ 24	21 ♓ 43	12 ♈ 50	14 ♎ 49	0 ♈ 36	29 ♒ 35	7 ♑ 25	0 ♓	3 ♒	19 ♍	25 ♑	2 ♓
24	2 ♈ 37	26 ♏ 36	27 ♐ 59	27 ♐ 26	21 ♈ 4	25 ♒ 36	22 ♓ 30	13 ♈ 4	14 ♎ 45	0 ♈ 39	29 ♒ 37	7 ♑ 26	0 ♓	4 ♒	18 ♍	25 ♑	2 ♓
25	3 ♈ 37	10 ♐ 33	27 ♐ 55	27 ♐ 23	21 ♈ 54	26 ♒ 48	23 ♓ 17	13 ♈ 19	14 ♎ 40	0 ♈ 43	29 ♒ 39	7 ♑ 26	1 ♓	4 ♒	18 ♍	26 ♑	2 ♓
26	4 ♈ 36	24 ♐ 0	27 ♐ 52	27 ♐ 22	22 ♈ 38	28 ♒ 0	24 ♓ 4	13 ♈ 33	14 ♎ 36	0 ♈ 46	29 ♒ 41	7 ♑ 27	1 ♓	4 ♒	18 ♍	26 ♑	2 ♓
27	5 ♈ 36	7 ♑ 1	27 ♐ 49	27 ♐ 22	23 ♈ 13	29 ♒ 12	24 ♓ 51	13 ♈ 48	14 ♎ 31	0 ♈ 49	29 ♒ 43	7 ♑ 27	1 ♓	4 ♒	18 ♍	27 ♑	3 ♓
28	6 ♈ 35	19 ♑ 40	27 ♐ 46	27 ♐ 22	23 ♈ 42	0 ♓ 24	25 ♓ 38	14 ♈ 2	14 ♎ 27	0 ♈ 53	29 ♒ 45	7 ♑ 27	2 ♓	5 ♒	17 ♍	27 ♑	3 ♓
29	7 ♈ 35	2 ♒ 2	27 ♐ 43	27 ♐ 20	24 ♈ 2	1 ♓ 36	26 ♓ 25	14 ♈ 16	14 ♎ 22	0 ♈ 56	29 ♒ 47	7 ♑ 28	2 ♓	5 ♒	17 ♍	27 ♑	3 ♓
30	8 ♈ 34	14 ♒ 11	27 ♐ 40	27 ♐ 15	24 ♈ 15	2 ♓ 48	27 ♓ 12	14 ♈ 31	14 ♎ 17	1 ♈ 0	29 ♒ 49	7 ♑ 28	2 ♓	5 ♒	17 ♍	28 ♑	3 ♓
31	9 ♈ 33	26 ♒ 12	27 ♐ 36	27 ♐ 8	24 ♈ 21	4 ♓ 0	27 ♓ 59	14 ♈ 45	14 ♎ 13	1 ♈ 3	29 ♒ 51	7 ♑ 28	3 ♓	6 ♒	17 ♍	28 ♑	3 ♓

SUN INGRESS	☉ → ♈ 21日 08:21
MOON PHASE	● 5日 05:46 ♓　◐ 13日 08:45 ♊　○ 20日 03:10 ♍　◑ 26日 21:07 ♑

aspects		
1日	23:49	♀⚹♅
4日	11:52	♂⚹♇
10日	01:05	☿☌♅
10日	21:25	♀⚹♃
14日	02:32	☿□♇
15日	10:34	♀△♄
16日	10:26	☿☌♃
18日	22:54	☿☍♄
21日	21:24	☉☌♅
27日	10:39	♀☌♆
28日	21:13	☉□♇
29日	06:55	♃☍♄

2011年4月

DAY	☉	☽	☊		☿	♀	♂	♃	♄	♅	♆	♇	⚳	⚴	⚵	⚶	⚷
			mean	true													
	° ′	° ′	° ′	° ′	° ′	° ′	° ′	° ′	° ′	° ′	° ′	° ′	°	°	°	°	°
1	10 ♈ 33	8 ♓ 7	27 ♐ 33	26 R 57	24 R 19	5 D 12	28 D 46	15 D 0	14 R 8	1 D 6	29 D 52	7 D 29	3 D	6 D	17 R	29 D	3 D
2	11 ♈ 32	19 ♓ 59	27 ♐ 30	26 ♐ 45	24 ♈ 10	6 ♓ 25	29 ♓ 32	15 ♈ 14	14 ♎ 3	1 ♈ 10	29 ♒ 54	7 ♑ 29	4 ♓	6 ♒	16 ♍	29 ♑	3 ♓
3	12 ♈ 31	1 ♈ 50	27 ♐ 27	26 ♐ 31	23 ♈ 54	7 ♓ 37	0 ♈ 19	15 ♈ 29	13 ♎ 59	1 ♈ 13	29 ♒ 56	7 ♑ 29	4 ♓	6 ♒	16 ♍	0 ♒	3 ♓
4	13 ♈ 30	13 ♈ 43	27 ♐ 24	26 ♐ 17	23 ♈ 32	8 ♓ 49	1 ♈ 6	15 ♈ 43	13 ♎ 54	1 ♈ 17	29 ♒ 58	7 ♑ 29	4 ♓	7 ♒	16 ♍	0 ♒	3 ♓
5	14 ♈ 29	25 ♈ 38	27 ♐ 20	26 ♐ 5	23 ♈ 4	10 ♓ 1	1 ♈ 53	15 ♈ 58	13 ♎ 49	1 ♈ 20	0 ♓ 0	7 ♑ 30	5 ♓	7 ♒	16 ♍	0 ♒	3 ♓
6	15 ♈ 29	7 ♉ 36	27 ♐ 17	25 ♐ 54	22 ♈ 32	11 ♓ 14	2 ♈ 39	16 ♈ 13	13 ♎ 45	1 ♈ 23	0 ♓ 1	7 ♑ 30	5 ♓	7 ♒	16 ♍	1 ♒	3 ♓
7	16 ♈ 28	19 ♉ 40	27 ♐ 14	25 ♐ 46	21 ♈ 54	12 ♓ 26	3 ♈ 26	16 ♈ 27	13 ♎ 40	1 ♈ 27	0 ♓ 3	7 ♑ 30	5 ♓	7 ♒	16 ♍	1 ♒	3 ♓
8	17 ♈ 27	1 ♊ 51	27 ♐ 11	25 ♐ 40	21 ♈ 14	13 ♓ 38	4 ♈ 13	16 ♈ 42	13 ♎ 35	1 ♈ 30	0 ♓ 5	7 ♑ 30	6 ♓	8 ♒	15 ♍	2 ♒	3 ♓
9	18 ♈ 26	14 ♊ 12	27 ♐ 8	25 ♐ 38	20 ♈ 30	14 ♓ 50	4 ♈ 59	16 ♈ 56	13 ♎ 31	1 ♈ 33	0 ♓ 6	7 ♑ 30	6 ♓	8 ♒	15 ♍	2 ♒	3 ♓
10	19 ♈ 25	26 ♊ 47	27 ♐ 5	25 D 37	19 ♈ 45	16 ♓ 3	5 ♈ 46	17 ♈ 11	13 ♎ 26	1 ♈ 37	0 ♓ 8	7 R 30	6 ♓	8 ♒	15 ♍	2 ♒	3 ♓
11	20 ♈ 24	9 ♋ 40	27 ♐ 1	25 ♐ 38	18 ♈ 59	17 ♓ 15	6 ♈ 32	17 ♈ 25	13 ♎ 21	1 ♈ 40	0 ♓ 10	7 ♑ 30	7 ♓	8 ♒	15 ♍	3 ♒	3 ♓
12	21 ♈ 23	22 ♋ 53	26 ♐ 58	25 R 38	18 ♈ 12	18 ♓ 28	7 ♈ 19	17 ♈ 40	13 ♎ 17	1 ♈ 43	0 ♓ 11	7 ♑ 30	7 ♓	9 ♒	15 ♍	3 ♒	3 ♓
13	22 ♈ 21	6 ♌ 30	26 ♐ 55	25 ♐ 37	17 ♈ 27	19 ♓ 40	8 ♈ 5	17 ♈ 54	13 ♎ 12	1 ♈ 47	0 ♓ 13	7 ♑ 30	7 ♓	9 ♒	15 ♍	4 ♒	3 ♓
14	23 ♈ 20	20 ♌ 34	26 ♐ 52	25 ♐ 34	16 ♈ 43	20 ♓ 52	8 ♈ 52	18 ♈ 9	13 ♎ 8	1 ♈ 50	0 ♓ 14	7 ♑ 30	8 ♓	9 ♒	15 ♍	4 ♒	4 ♓
15	24 ♈ 19	5 ♍ 4	26 ♐ 49	25 ♐ 29	16 ♈ 1	22 ♓ 5	9 ♈ 38	18 ♈ 23	13 ♎ 3	1 ♈ 53	0 ♓ 16	7 ♑ 30	8 ♓	9 ♒	14 ♍	4 ♒	4 ♓
16	25 ♈ 18	19 ♍ 56	26 ♐ 46	25 ♐ 22	15 ♈ 23	23 ♓ 17	10 ♈ 24	18 ♈ 37	12 ♎ 59	1 ♈ 56	0 ♓ 17	7 ♑ 29	8 ♓	10 ♒	14 ♍	5 ♒	4 ♓
17	26 ♈ 16	5 ♎ 4	26 ♐ 42	25 ♐ 13	14 ♈ 48	24 ♓ 30	11 ♈ 11	18 ♈ 52	12 ♎ 54	1 ♈ 59	0 ♓ 19	7 ♑ 29	9 ♓	10 ♒	14 ♍	5 ♒	4 ♓
18	27 ♈ 15	20 ♎ 18	26 ♐ 39	25 ♐ 4	14 ♈ 17	25 ♓ 42	11 ♈ 57	19 ♈ 6	12 ♎ 50	2 ♈ 3	0 ♓ 20	7 ♑ 29	9 ♓	10 ♒	14 ♍	5 ♒	4 ♓
19	28 ♈ 14	5 ♏ 27	26 ♐ 36	24 ♐ 56	13 ♈ 51	26 ♓ 55	12 ♈ 43	19 ♈ 21	12 ♎ 45	2 ♈ 6	0 ♓ 22	7 ♑ 29	9 ♓	10 ♒	14 ♍	6 ♒	4 ♓
20	29 ♈ 12	20 ♏ 22	26 ♐ 33	24 ♐ 50	13 ♈ 29	28 ♓ 7	13 ♈ 29	19 ♈ 35	12 ♎ 41	2 ♈ 9	0 ♓ 23	7 ♑ 28	10 ♓	10 ♒	14 ♍	6 ♒	4 ♓
21	0 ♉ 11	4 ♐ 53	26 ♐ 30	24 ♐ 46	13 ♈ 13	29 ♓ 20	14 ♈ 15	19 ♈ 50	12 ♎ 37	2 ♈ 12	0 ♓ 25	7 ♑ 28	10 ♓	11 ♒	14 ♍	7 ♒	4 ♓
22	1 ♉ 10	18 ♐ 58	26 ♐ 26	24 ♐ 45	13 ♈ 1	0 ♈ 32	15 ♈ 2	20 ♈ 4	12 ♎ 32	2 ♈ 15	0 ♓ 26	7 ♑ 28	11 ♓	11 ♒	14 ♍	7 ♒	4 ♓
23	2 ♉ 8	2 ♑ 33	26 ♐ 23	24 D 45	12 ♈ 54	1 ♈ 45	15 ♈ 48	20 ♈ 18	12 ♎ 28	2 ♈ 18	0 ♓ 27	7 ♑ 27	11 ♓	11 ♒	14 ♍	7 ♒	4 ♓
24	3 ♉ 7	15 ♑ 42	26 ♐ 20	24 ♐ 46	12 D 53	2 ♈ 58	16 ♈ 34	20 ♈ 33	12 ♎ 24	2 ♈ 21	0 ♓ 29	7 ♑ 27	11 ♓	11 ♒	14 ♍	8 ♒	4 ♓
25	4 ♉ 5	28 ♑ 26	26 ♐ 17	24 ♐ 47	12 ♈ 56	4 ♈ 10	17 ♈ 20	20 ♈ 47	12 ♎ 20	2 ♈ 24	0 ♓ 30	7 ♑ 26	12 ♓	11 ♒	14 ♍	8 ♒	4 ♓
26	5 ♉ 3	10 ♒ 51	26 ♐ 14	24 R 47	13 ♈ 5	5 ♈ 23	18 ♈ 6	21 ♈ 1	12 ♎ 16	2 ♈ 27	0 ♓ 31	7 ♑ 26	12 ♓	12 ♒	14 ♍	8 ♒	4 ♓
27	6 ♉ 2	23 ♒ 0	26 ♐ 11	24 ♐ 45	13 ♈ 18	6 ♈ 36	18 ♈ 51	21 ♈ 15	12 ♎ 11	2 ♈ 30	0 ♓ 32	7 ♑ 25	12 ♓	12 ♒	14 ♍	9 ♒	4 ♓
28	7 ♉ 0	4 ♓ 59	26 ♐ 7	24 ♐ 41	13 ♈ 36	7 ♈ 48	19 ♈ 37	21 ♈ 30	12 ♎ 7	2 ♈ 33	0 ♓ 33	7 ♑ 25	12 ♓	12 ♒	14 ♍	9 ♒	4 ♓
29	7 ♉ 59	16 ♓ 53	26 ♐ 4	24 ♐ 36	13 ♈ 59	9 ♈ 1	20 ♈ 23	21 ♈ 44	12 ♎ 3	2 ♈ 36	0 ♓ 35	7 ♑ 24	13 ♓	12 ♒	14 ♍	9 ♒	4 ♓
30	8 ♉ 57	28 ♓ 44	26 ♐ 1	24 ♐ 28	14 ♈ 26	10 ♈ 14	21 ♈ 9	21 ♈ 58	12 ♎ 0	2 ♈ 39	0 ♓ 36	7 ♑ 24	13 ♓	12 ♒	14 ♍	10 ♒	4 ♓

SUN INGRESS	☉ → ♉ 20日 19:17
MOON PHASE	● 3日 23:32 ♈　◐ 11日 21:05 ♋　○ 18日 11:44 ♎　◑ 25日 11:47 ♒

aspects		
2日	21:30	♀⚹♇
4日	05:52	♂☌♅
4日	08:56	☉☍♄
6日	23:40	☉☌♃
10日	04:36	☉☌☿
12日	05:41	♂□♇
12日	12:59	☿☌♃
19日	01:02	♂☍♄
19日	23:58	☿☌♂
21日	05:42	☉⚹♆
23日	11:28	♀☌♅
27日	16:21	♀□♇
28日	10:00	☉△♇

2011年5月

DAY	☉	☽	☊		☿	♀	♂	♃	♄	♅	♆	♇	⚳	⚴	⚵	⚶	⚷
			mean	true													
	° ′	° ′	° ′	° ′	° ′	° ′	° ′	° ′	° ′	° ′	° ′	° ′	°	°	°	°	°
1	9 ♉ 55	10 ♈ 36	25 ♐ 58	24 R 20	14 D 57	11 D 26	21 D 55	22 D 12	11 R 56	2 D 42	0 D 37	7 R 23	13 D	13 D	14 R	10 D	4 D
2	10 ♉ 54	22 ♈ 31	25 ♐ 55	24 ♐ 12	15 ♈ 32	12 ♈ 39	22 ♈ 40	22 ♈ 26	11 ♎ 52	2 ♈ 45	0 ♓ 38	7 ♑ 22	14 ♓	13 ♒	14 ♍	10 ♒	4 ♓
3	11 ♉ 52	4 ♉ 31	25 ♐ 52	24 ♐ 4	16 ♈ 11	13 ♈ 52	23 ♈ 26	22 ♈ 40	11 ♎ 48	2 ♈ 48	0 ♓ 39	7 ♑ 22	14 ♓	13 ♒	14 D	11 ♒	4 ♓
4	12 ♉ 50	16 ♉ 38	25 ♐ 48	23 ♐ 57	16 ♈ 54	15 ♈ 4	24 ♈ 11	22 ♈ 55	11 ♎ 44	2 ♈ 51	0 ♓ 40	7 ♑ 21	14 ♓	13 ♒	14 ♍	11 ♒	4 ♓
5	13 ♉ 48	28 ♉ 53	25 ♐ 45	23 ♐ 53	17 ♈ 40	16 ♈ 17	24 ♈ 57	23 ♈ 9	11 ♎ 41	2 ♈ 53	0 ♓ 41	7 ♑ 20	15 ♓	13 ♒	14 ♍	11 ♒	4 ♓
6	14 ♉ 46	11 ♊ 17	25 ♐ 42	23 ♐ 50	18 ♈ 30	17 ♈ 30	25 ♈ 43	23 ♈ 23	11 ♎ 37	2 ♈ 56	0 ♓ 42	7 ♑ 20	15 ♓	13 ♒	14 ♍	11 ♒	4 ♓
7	15 ♉ 45	23 ♊ 53	25 ♐ 39	23 D 49	19 ♈ 23	18 ♈ 43	26 ♈ 28	23 ♈ 37	11 ♎ 34	2 ♈ 59	0 ♓ 43	7 ♑ 19	15 ♓	13 ♒	14 ♍	12 ♒	4 ♓
8	16 ♉ 43	6 ♋ 40	25 ♐ 36	23 ♐ 50	20 ♈ 20	19 ♈ 55	27 ♈ 13	23 ♈ 50	11 ♎ 31	3 ♈ 2	0 ♓ 44	7 ♑ 18	16 ♓	14 ♒	14 ♍	12 ♒	4 ♓
9	17 ♉ 41	19 ♋ 42	25 ♐ 32	23 ♐ 51	21 ♈ 19	21 ♈ 8	27 ♈ 59	24 ♈ 4	11 ♎ 27	3 ♈ 4	0 ♓ 44	7 ♑ 17	16 ♓	14 ♒	14 ♍	12 ♒	5 ♓
10	18 ♉ 39	3 ♌ 1	25 ♐ 29	23 ♐ 53	22 ♈ 21	22 ♈ 21	28 ♈ 44	24 ♈ 18	11 ♎ 24	3 ♈ 7	0 ♓ 45	7 ♑ 16	16 ♓	14 ♒	14 ♍	13 ♒	5 ♓
11	19 ♉ 37	16 ♌ 39	25 ♐ 26	23 ♐ 54	23 ♈ 26	23 ♈ 34	29 ♈ 29	24 ♈ 32	11 ♎ 21	3 ♈ 10	0 ♓ 46	7 ♑ 15	17 ♓	14 ♒	14 ♍	13 ♒	5 ♓
12	20 ♉ 35	0 ♍ 35	25 ♐ 23	23 R 53	24 ♈ 34	24 ♈ 46	0 ♉ 14	24 ♈ 46	11 ♎ 18	3 ♈ 12	0 ♓ 47	7 ♑ 14	17 ♓	14 ♒	14 ♍	13 ♒	5 ♓
13	21 ♉ 33	14 ♍ 52	25 ♐ 20	23 ♐ 52	25 ♈ 45	25 ♈ 59	1 ♉ 0	24 ♈ 59	11 ♎ 15	3 ♈ 15	0 ♓ 47	7 ♑ 14	17 ♓	14 ♒	14 ♍	13 ♒	5 ♓
14	22 ♉ 31	29 ♍ 25	25 ♐ 17	23 ♐ 48	26 ♈ 58	27 ♈ 12	1 ♉ 45	25 ♈ 13	11 ♎ 12	3 ♈ 17	0 ♓ 48	7 ♑ 13	17 ♓	14 ♒	14 ♍	14 ♒	5 ♓
15	23 ♉ 29	14 ♎ 11	25 ♐ 13	23 ♐ 45	28 ♈ 14	28 ♈ 25	2 ♉ 30	25 ♈ 27	11 ♎ 9	3 ♈ 20	0 ♓ 49	7 ♑ 12	18 ♓	14 ♒	14 ♍	14 ♒	5 ♓
16	24 ♉ 26	29 ♎ 3	25 ♐ 10	23 ♐ 40	29 ♈ 32	29 ♈ 38	3 ♉ 15	25 ♈ 40	11 ♎ 6	3 ♈ 22	0 ♓ 49	7 ♑ 11	18 ♓	15 ♒	14 ♍	14 ♒	5 ♓
17	25 ♉ 24	13 ♏ 53	25 ♐ 7	23 ♐ 37	0 ♉ 53	0 ♉ 50	4 ♉ 0	25 ♈ 54	11 ♎ 3	3 ♈ 25	0 ♓ 50	7 ♑ 10	18 ♓	15 ♒	14 ♍	14 ♒	5 ♓
18	26 ♉ 22	28 ♏ 33	25 ♐ 4	23 ♐ 34	2 ♉ 16	2 ♉ 3	4 ♉ 45	26 ♈ 7	11 ♎ 1	3 ♈ 27	0 ♓ 51	7 ♑ 9	19 ♓	15 ♒	14 ♍	15 ♒	5 ♓
19	27 ♉ 20	12 ♐ 57	25 ♐ 1	23 ♐ 32	3 ♉ 41	3 ♉ 16	5 ♉ 29	26 ♈ 21	10 ♎ 58	3 ♈ 29	0 ♓ 51	7 ♑ 7	19 ♓	15 ♒	14 ♍	15 ♒	5 ♓
20	28 ♉ 18	26 ♐ 58	24 ♐ 57	23 D 32	5 ♉ 9	4 ♉ 29	6 ♉ 14	26 ♈ 34	10 ♎ 56	3 ♈ 32	0 ♓ 52	7 ♑ 6	19 ♓	15 ♒	14 ♍	15 ♒	5 ♓
21	29 ♉ 15	10 ♑ 35	24 ♐ 54	23 ♐ 33	6 ♉ 39	5 ♉ 42	6 ♉ 59	26 ♈ 47	10 ♎ 54	3 ♈ 34	0 ♓ 52	7 ♑ 5	19 ♓	15 ♒	14 ♍	15 ♒	5 ♓
22	0 ♊ 13	23 ♑ 47	24 ♐ 51	23 ♐ 34	8 ♉ 11	6 ♉ 55	7 ♉ 44	27 ♈ 1	10 ♎ 51	3 ♈ 36	0 ♓ 53	7 ♑ 4	20 ♓	15 ♒	15 ♍	16 ♒	5 ♓
23	1 ♊ 11	6 ♒ 36	24 ♐ 48	23 ♐ 36	9 ♉ 46	8 ♉ 8	8 ♉ 28	27 ♈ 14	10 ♎ 49	3 ♈ 38	0 ♓ 53	7 ♑ 3	20 ♓	15 ♒	15 ♍	16 ♒	5 ♓
24	2 ♊ 8	19 ♒ 5	24 ♐ 45	23 ♐ 37	11 ♉ 22	9 ♉ 21	9 ♉ 13	27 ♈ 27	10 ♎ 47	3 ♈ 41	0 ♓ 53	7 ♑ 2	20 ♓	15 ♒	15 ♍	16 ♒	5 ♓
25	3 ♊ 6	1 ♓ 18	24 ♐ 42	23 ♐ 37	13 ♉ 2	10 ♉ 33	9 ♉ 57	27 ♈ 40	10 ♎ 45	3 ♈ 43	0 ♓ 54	7 ♑ 1	21 ♓	15 ♒	15 ♍	16 ♒	5 ♓
26	4 ♊ 4	13 ♓ 20	24 ♐ 38	23 R 37	14 ♉ 43	11 ♉ 46	10 ♉ 42	27 ♈ 53	10 ♎ 43	3 ♈ 45	0 ♓ 54	6 ♑ 59	21 ♓	15 ♒	15 ♍	16 ♒	5 ♓
27	5 ♊ 1	25 ♓ 14	24 ♐ 35	23 ♐ 36	16 ♉ 27	12 ♉ 59	11 ♉ 26	28 ♈ 6	10 ♎ 42	3 ♈ 47	0 ♓ 54	6 ♑ 58	21 ♓	15 ♒	15 ♍	17 ♒	5 ♓
28	5 ♊ 59	7 ♈ 7	24 ♐ 32	23 ♐ 34	18 ♉ 12	14 ♉ 12	12 ♉ 11	28 ♈ 19	10 ♎ 40	3 ♈ 49	0 ♓ 54	6 ♑ 57	21 ♓	15 ♒	15 ♍	17 ♒	5 ♓
29	6 ♊ 57	19 ♈ 0	24 ♐ 29	23 ♐ 32	20 ♉ 1	15 ♉ 25	12 ♉ 55	28 ♈ 32	10 ♎ 38	3 ♈ 51	0 ♓ 55	6 ♑ 56	22 ♓	15 ♒	15 ♍	17 ♒	5 ♓
30	7 ♊ 54	0 ♉ 59	24 ♐ 26	23 ♐ 29	21 ♉ 51	16 ♉ 38	13 ♉ 39	28 ♈ 45	10 ♎ 37	3 ♈ 53	0 ♓ 55	6 ♑ 54	22 ♓	15 ♒	16 ♍	17 ♒	5 ♓
31	8 ♊ 52	13 ♉ 5	24 ♐ 23	23 ♐ 27	23 ♉ 44	17 ♉ 51	14 ♉ 23	28 ♈ 57	10 ♎ 35	3 ♈ 55	0 ♓ 55	6 ♑ 53	22 ♓	15 ♒	16 ♍	17 ♒	5 ♓
SUN INGRESS	☉ → ♊ 21日 18:21																
MOON PHASE	● 3日 15:51 ♉ ◐ 11日 05:33 ♌ ○ 17日 20:09 ♏ ◑ 25日 03:52 ♓																

aspects		
1日	09:14	♀☍♄
1日	13:26	♂☌♃
10日	00:44	☿☌♀
11日	23:42	♀☌♃
12日	04:57	☿☌♃
12日	17:28	♂⚹♆
16日	18:25	☿☌♀
16日	23:16	☿⚹♆
16日	23:52	♀⚹♆
21日	03:22	♂△♇
21日	06:54	☿△♇
21日	10:19	☿☌♂
22日	03:04	♀△♇
22日	16:31	☉□♆
23日	17:25	♀☌♂
25日	15:47	☉⚹♅

2011年6月

DAY	☉	☽	☊		☿	♀	♂	♃	♄	♅	♆	♇	⚳	⚴	⚵	⚶	⚷
			mean	true													
	° ′	° ′	° ′	° ′	° ′	° ′	° ′	° ′	° ′	° ′	° ′	° ′	°	°	°	°	°
1	9 ♊ 49	25 ♉ 22	24 ♐ 19	23 R 25	25 D 38	19 D 4	15 D 7	29 D 10	10 R 34	3 D 56	0 D 55	6 R 52	22 D	15 D	16 D	17 D	5 D
2	10 ♊ 47	7 ♊ 51	24 ♐ 16	23 ♐ 24	27 ♉ 35	20 ♉ 17	15 ♉ 52	29 ♈ 23	10 ♎ 33	3 ♈ 58	0 ♓ 55	6 ♑ 51	23 ♓	15 R	16 ♍	18 ♒	5 ♓
3	11 ♊ 44	20 ♊ 32	24 ♐ 13	23 ♐ 24	29 ♉ 34	21 ♉ 30	16 ♉ 36	29 ♈ 35	10 ♎ 32	4 ♈ 0	0 ♓ 55	6 ♑ 49	23 ♓	15 ♒	16 ♍	18 ♒	5 ♓
4	12 ♊ 42	3 ♋ 27	24 ♐ 10	23 D 24	1 ♊ 35	22 ♉ 43	17 ♉ 20	29 ♈ 48	10 ♎ 31	4 ♈ 2	0 R 55	6 ♑ 48	23 ♓	15 ♒	16 ♍	18 ♒	5 ♓
5	13 ♊ 39	16 ♋ 36	24 ♐ 7	23 ♐ 24	3 ♊ 38	23 ♉ 56	18 ♉ 4	0 ♉ 0	10 ♎ 30	4 ♈ 3	0 ♓ 55	6 ♑ 46	23 ♓	15 ♒	16 ♍	18 ♒	5 ♓
6	14 ♊ 37	29 ♋ 58	24 ♐ 3	23 ♐ 25	5 ♊ 43	25 ♉ 9	18 ♉ 47	0 ♉ 12	10 ♎ 29	4 ♈ 5	0 ♓ 55	6 ♑ 45	24 ♓	15 ♒	17 ♍	18 ♒	5 ♓
7	15 ♊ 34	13 ♌ 33	24 ♐ 0	23 ♐ 26	7 ♊ 49	26 ♉ 22	19 ♉ 31	0 ♉ 25	10 ♎ 28	4 ♈ 7	0 ♓ 55	6 ♑ 44	24 ♓	15 ♒	17 ♍	18 ♒	5 ♓
8	16 ♊ 32	27 ♌ 21	23 ♐ 57	23 ♐ 27	9 ♊ 57	27 ♉ 35	20 ♉ 15	0 ♉ 37	10 ♎ 28	4 ♈ 8	0 ♓ 55	6 ♑ 42	24 ♓	15 ♒	17 ♍	18 ♒	5 ♓
9	17 ♊ 29	11 ♍ 21	23 ♐ 54	23 ♐ 27	12 ♊ 6	28 ♉ 48	20 ♉ 59	0 ♉ 49	10 ♎ 27	4 ♈ 10	0 ♓ 55	6 ♑ 41	24 ♓	15 ♒	17 ♍	19 ♒	5 ♓
10	18 ♊ 27	25 ♍ 32	23 ♐ 51	23 R 27	14 ♊ 17	0 ♊ 1	21 ♉ 42	1 ♉ 1	10 ♎ 27	4 ♈ 11	0 ♓ 54	6 ♑ 39	24 ♓	15 ♒	17 ♍	19 ♒	5 R
11	19 ♊ 24	9 ♎ 50	23 ♐ 48	23 ♐ 27	16 ♊ 28	1 ♊ 14	22 ♉ 26	1 ♉ 13	10 ♎ 26	4 ♈ 13	0 ♓ 54	6 ♑ 38	25 ♓	15 ♒	18 ♍	19 ♒	5 ♓
12	20 ♊ 21	24 ♎ 15	23 ♐ 44	23 ♐ 26	18 ♊ 39	2 ♊ 28	23 ♉ 9	1 ♉ 24	10 ♎ 26	4 ♈ 14	0 ♓ 54	6 ♑ 37	25 ♓	15 ♒	18 ♍	19 ♒	5 ♓
13	21 ♊ 19	8 ♏ 41	23 ♐ 41	23 ♐ 26	20 ♊ 51	3 ♊ 41	23 ♉ 53	1 ♉ 36	10 ♎ 26	4 ♈ 15	0 ♓ 54	6 ♑ 35	25 ♓	15 ♒	18 ♍	19 ♒	5 ♓
14	22 ♊ 16	23 ♏ 4	23 ♐ 38	23 ♐ 26	23 ♊ 3	4 ♊ 54	24 ♉ 36	1 ♉ 48	10 D 26	4 ♈ 17	0 ♓ 53	6 ♑ 34	25 ♓	15 ♒	18 ♍	19 ♒	5 ♓
15	23 ♊ 13	7 ♐ 19	23 ♐ 35	23 ♐ 26	25 ♊ 15	6 ♊ 7	25 ♉ 20	1 ♉ 59	10 ♎ 26	4 ♈ 18	0 ♓ 53	6 ♑ 32	26 ♓	15 ♒	18 ♍	19 ♒	5 ♓
16	24 ♊ 10	21 ♐ 21	23 ♐ 32	23 D 26	27 ♊ 27	7 ♊ 20	26 ♉ 3	2 ♉ 11	10 ♎ 26	4 ♈ 19	0 ♓ 53	6 ♑ 31	26 ♓	15 ♒	19 ♍	19 ♒	5 ♓
17	25 ♊ 8	5 ♑ 8	23 ♐ 29	23 R 26	29 ♊ 37	8 ♊ 33	26 ♉ 46	2 ♉ 22	10 ♎ 27	4 ♈ 20	0 ♓ 52	6 ♑ 29	26 ♓	15 ♒	19 ♍	19 ♒	5 ♓
18	26 ♊ 5	18 ♑ 36	23 ♐ 25	23 ♐ 26	1 ♋ 47	9 ♊ 46	27 ♉ 29	2 ♉ 34	10 ♎ 27	4 ♈ 21	0 ♓ 52	6 ♑ 28	26 ♓	14 ♒	19 ♍	19 ♒	5 ♓
19	27 ♊ 2	1 ♒ 44	23 ♐ 22	23 ♐ 25	3 ♋ 55	10 ♊ 59	28 ♉ 12	2 ♉ 45	10 ♎ 28	4 ♈ 22	0 ♓ 51	6 ♑ 26	26 ♓	14 ♒	19 ♍	19 ♒	5 ♓
20	28 ♊ 0	14 ♒ 32	23 ♐ 19	23 ♐ 25	6 ♋ 2	12 ♊ 13	28 ♉ 55	2 ♉ 56	10 ♎ 28	4 ♈ 23	0 ♓ 51	6 ♑ 25	27 ♓	14 ♒	19 ♍	19 ♒	5 ♓
21	28 ♊ 57	27 ♒ 2	23 ♐ 16	23 ♐ 24	8 ♋ 7	13 ♊ 26	29 ♉ 38	3 ♉ 7	10 ♎ 29	4 ♈ 24	0 ♓ 50	6 ♑ 23	27 ♓	14 ♒	20 ♍	19 ♒	5 ♓
22	29 ♊ 54	9 ♓ 17	23 ♐ 13	23 ♐ 24	10 ♋ 11	14 ♊ 39	0 ♊ 21	3 ♉ 18	10 ♎ 30	4 ♈ 25	0 ♓ 50	6 ♑ 22	27 ♓	14 ♒	20 ♍	19 R	5 ♓
23	0 ♋ 51	21 ♓ 20	23 ♐ 9	23 ♐ 23	12 ♋ 13	15 ♊ 52	1 ♊ 4	3 ♉ 29	10 ♎ 31	4 ♈ 26	0 ♓ 49	6 ♑ 20	27 ♓	14 ♒	20 ♍	19 ♒	5 ♓
24	1 ♋ 49	3 ♈ 16	23 ♐ 6	23 D 23	14 ♋ 13	17 ♊ 5	1 ♊ 47	3 ♉ 39	10 ♎ 32	4 ♈ 27	0 ♓ 49	6 ♑ 19	27 ♓	14 ♒	20 ♍	19 ♒	5 ♓
25	2 ♋ 46	15 ♈ 9	23 ♐ 3	23 ♐ 23	16 ♋ 11	18 ♊ 19	2 ♊ 30	3 ♉ 50	10 ♎ 33	4 ♈ 28	0 ♓ 48	6 ♑ 17	27 ♓	14 ♒	21 ♍	19 ♒	5 ♓
26	3 ♋ 43	27 ♈ 4	23 ♐ 0	23 ♐ 24	18 ♋ 7	19 ♊ 32	3 ♊ 12	4 ♉ 0	10 ♎ 34	4 ♈ 28	0 ♓ 47	6 ♑ 16	28 ♓	13 ♒	21 ♍	19 ♒	5 ♓
27	4 ♋ 40	9 ♉ 5	22 ♐ 57	23 ♐ 25	20 ♋ 1	20 ♊ 45	3 ♊ 55	4 ♉ 11	10 ♎ 35	4 ♈ 29	0 ♓ 47	6 ♑ 14	28 ♓	13 ♒	21 ♍	19 ♒	5 ♓
28	5 ♋ 38	21 ♉ 16	22 ♐ 54	23 ♐ 26	21 ♋ 52	21 ♊ 59	4 ♊ 38	4 ♉ 21	10 ♎ 37	4 ♈ 30	0 ♓ 46	6 ♑ 13	28 ♓	13 ♒	21 ♍	19 ♒	5 ♓
29	6 ♋ 35	3 ♊ 40	22 ♐ 50	23 ♐ 27	23 ♋ 42	23 ♊ 12	5 ♊ 20	4 ♉ 31	10 ♎ 38	4 ♈ 30	0 ♓ 45	6 ♑ 11	28 ♓	13 ♒	21 ♍	19 ♒	5 ♓
30	7 ♋ 32	16 ♊ 21	22 ♐ 47	23 ♐ 28	25 ♋ 29	24 ♊ 25	6 ♊ 3	4 ♉ 41	10 ♎ 40	4 ♈ 31	0 ♓ 44	6 ♑ 10	28 ♓	13 ♒	22 ♍	19 ♒	5 ♓
SUN INGRESS	☉ → ♋ 22日 02:17																
MOON PHASE	● 2日 06:03 ♊ ◐ 9日 11:11 ♍ ○ 16日 05:14 ♐ ◑ 23日 20:48 ♈																

aspects		
1日	18:15	☉△♄
3日	16:05	☿□♆
5日	04:57	☿⚹♅
8日	05:40	☿△♄
9日	11:39	♃⚹♆
10日	17:24	♀□♆
13日	08:44	☉☌☿
13日	11:35	♀⚹♅
17日	13:52	☿△♆
18日	09:35	☿⚹♃
18日	13:31	♀△♄
19日	05:11	☿□♅
20日	04:18	☿☍♇
22日	03:42	☿□♄
22日	15:45	♂□♆
22日	23:07	☉△♆
26日	08:54	☉⚹♃
26日	19:13	☉□♅
27日	19:26	♂⚹♅
28日	14:19	☉☍♇

2011年7月

DAY	☉	☽	☊ mean	☊ true	☿	♀	♂	♃	♄	♅	♆	♇	⚳	⚴	⚵	⚶	⚷
	° ′	° ′	° ′	° ′	° ′	° ′	° ′	° ′	° ′	° ′	° ′	° ′	°	°	°	°	°
1	8 ♋ 29	29 ♊ 20	22 ♐ 44	23 R 28	27 D 15	25 D 39	6 D 45	4 D 51	10 D 41	4 D 31	0 R 43	6 R 8	28 D	13 R	22 D	19 R	5 R
2	9 ♋ 26	12 ♋ 36	22 ♐ 41	23 ♐ 27	28 ♋ 58	26 ♊ 52	7 ♊ 27	5 ♉ 1	10 ♎ 43	4 ♈ 32	0 ♓ 43	6 ♑ 6	28 ♓	12 ♒	22 ♍	19 ♒	5 ♓
3	10 ♋ 24	26 ♋ 9	22 ♐ 38	23 ♐ 26	0 ♌ 39	28 ♊ 5	8 ♊ 10	5 ♉ 11	10 ♎ 45	4 ♈ 32	0 ♓ 42	6 ♑ 5	29 ♓	12 ♒	22 ♍	19 ♒	5 ♓
4	11 ♋ 21	9 ♌ 58	22 ♐ 35	23 ♐ 23	2 ♌ 17	29 ♊ 19	8 ♊ 52	5 ♉ 21	10 ♎ 47	4 ♈ 32	0 ♓ 41	6 ♑ 3	29 ♓	12 ♒	23 ♍	19 ♒	5 ♓
5	12 ♋ 18	23 ♌ 58	22 ♐ 31	23 ♐ 21	3 ♌ 54	0 ♋ 32	9 ♊ 34	5 ♉ 30	10 ♎ 49	4 ♈ 33	0 ♓ 40	6 ♑ 2	29 ♓	12 ♒	23 ♍	18 ♒	5 ♓
6	13 ♋ 15	8 ♍ 6	22 ♐ 28	23 ♐ 19	5 ♌ 28	1 ♋ 46	10 ♊ 16	5 ♉ 39	10 ♎ 51	4 ♈ 33	0 ♓ 39	6 ♑ 0	29 ♓	12 ♒	23 ♍	18 ♒	5 ♓
7	14 ♋ 13	22 ♍ 20	22 ♐ 25	23 ♐ 17	7 ♌ 1	2 ♋ 59	10 ♊ 58	5 ♉ 49	10 ♎ 54	4 ♈ 33	0 ♓ 38	5 ♑ 59	29 ♓	11 ♒	23 ♍	18 ♒	5 ♓
8	15 ♋ 10	6 ♎ 35	22 ♐ 22	23 ♐ 16	8 ♌ 31	4 ♋ 13	11 ♊ 40	5 ♉ 58	10 ♎ 56	4 ♈ 33	0 ♓ 37	5 ♑ 57	29 ♓	11 ♒	24 ♍	18 ♒	5 ♓
9	16 ♋ 7	20 ♎ 49	22 ♐ 19	23 D 15	9 ♌ 58	5 ♋ 26	12 ♊ 22	6 ♉ 7	10 ♎ 58	4 ♈ 33	0 ♓ 36	5 ♑ 56	29 ♓	11 ♒	24 ♍	18 ♒	5 ♓
10	17 ♋ 4	4 ♏ 59	22 ♐ 15	23 ♐ 16	11 ♌ 24	6 ♋ 40	13 ♊ 4	6 ♉ 16	11 ♎ 1	4 ♈ 33	0 ♓ 35	5 ♑ 54	29 ♓	11 ♒	24 ♍	18 ♒	5 ♓
11	18 ♋ 1	19 ♏ 4	22 ♐ 12	23 ♐ 17	12 ♌ 47	7 ♋ 53	13 ♊ 45	6 ♉ 24	11 ♎ 4	4 R 33	0 ♓ 34	5 ♑ 53	29 ♓	10 ♒	25 ♍	18 ♒	5 ♓
12	18 ♋ 59	3 ♐ 1	22 ♐ 9	23 ♐ 19	14 ♌ 8	9 ♋ 7	14 ♊ 27	6 ♉ 33	11 ♎ 6	4 ♈ 33	0 ♓ 33	5 ♑ 51	0 ♈	10 ♒	25 ♍	18 ♒	4 ♓
13	19 ♋ 56	16 ♐ 49	22 ♐ 6	23 ♐ 20	15 ♌ 26	10 ♋ 20	15 ♊ 9	6 ♉ 41	11 ♎ 9	4 ♈ 33	0 ♓ 32	5 ♑ 50	0 ♈	10 ♒	25 ♍	17 ♒	4 ♓
14	20 ♋ 53	0 ♑ 26	22 ♐ 3	23 R 20	16 ♌ 42	11 ♋ 34	15 ♊ 50	6 ♉ 50	11 ♎ 12	4 ♈ 33	0 ♓ 30	5 ♑ 48	0 ♈	10 ♒	25 ♍	17 ♒	4 ♓
15	21 ♋ 50	13 ♑ 50	22 ♐ 0	23 ♐ 18	17 ♌ 56	12 ♋ 47	16 ♊ 32	6 ♉ 58	11 ♎ 15	4 ♈ 33	0 ♓ 29	5 ♑ 47	0 ♈	10 ♒	26 ♍	17 ♒	4 ♓
16	22 ♋ 47	27 ♑ 0	21 ♐ 56	23 ♐ 16	19 ♌ 7	14 ♋ 1	17 ♊ 13	7 ♉ 6	11 ♎ 18	4 ♈ 33	0 ♓ 28	5 ♑ 46	0 ♈	9 ♒	26 ♍	17 ♒	4 ♓
17	23 ♋ 45	9 ♒ 56	21 ♐ 53	23 ♐ 12	20 ♌ 15	15 ♋ 15	17 ♊ 55	7 ♉ 14	11 ♎ 21	4 ♈ 32	0 ♓ 27	5 ♑ 44	0 ♈	9 ♒	26 ♍	17 ♒	4 ♓
18	24 ♋ 42	22 ♒ 36	21 ♐ 50	23 ♐ 7	21 ♌ 21	16 ♋ 28	18 ♊ 36	7 ♉ 22	11 ♎ 24	4 ♈ 32	0 ♓ 26	5 ♑ 43	0 ♈	9 ♒	26 ♍	17 ♒	4 ♓
19	25 ♋ 39	5 ♓ 2	21 ♐ 47	23 ♐ 1	22 ♌ 24	17 ♋ 42	19 ♊ 17	7 ♉ 30	11 ♎ 28	4 ♈ 32	0 ♓ 24	5 ♑ 41	0 ♈	9 ♒	27 ♍	16 ♒	4 ♓
20	26 ♋ 36	17 ♓ 15	21 ♐ 44	22 ♐ 56	23 ♌ 24	18 ♋ 56	19 ♊ 59	7 ♉ 37	11 ♎ 31	4 ♈ 31	0 ♓ 23	5 ♑ 40	0 ♈	8 ♒	27 ♍	16 ♒	4 ♓
21	27 ♋ 33	29 ♓ 17	21 ♐ 41	22 ♐ 52	24 ♌ 21	20 ♋ 9	20 ♊ 40	7 ♉ 44	11 ♎ 35	4 ♈ 31	0 ♓ 22	5 ♑ 38	0 ♈	8 ♒	27 ♍	16 ♒	4 ♓
22	28 ♋ 31	11 ♈ 12	21 ♐ 37	22 ♐ 49	25 ♌ 16	21 ♋ 23	21 ♊ 21	7 ♉ 52	11 ♎ 38	4 ♈ 30	0 ♓ 20	5 ♑ 37	0 ♈	8 ♒	28 ♍	16 ♒	4 ♓
23	29 ♋ 28	23 ♈ 5	21 ♐ 34	22 ♐ 47	26 ♌ 6	22 ♋ 37	22 ♊ 2	7 ♉ 59	11 ♎ 42	4 ♈ 30	0 ♓ 19	5 ♑ 36	0 ♈	7 ♒	28 ♍	15 ♒	4 ♓
24	0 ♌ 25	4 ♉ 59	21 ♐ 31	22 D 47	26 ♌ 54	23 ♋ 50	22 ♊ 43	8 ♉ 6	11 ♎ 46	4 ♈ 29	0 ♓ 18	5 ♑ 34	0 ♈	7 ♒	28 ♍	15 ♒	4 ♓
25	1 ♌ 23	16 ♉ 59	21 ♐ 28	22 ♐ 48	27 ♌ 38	25 ♋ 4	23 ♊ 24	8 ♉ 12	11 ♎ 50	4 ♈ 28	0 ♓ 16	5 ♑ 33	0 ♈	7 ♒	29 ♍	15 ♒	4 ♓
26	2 ♌ 20	29 ♉ 11	21 ♐ 25	22 ♐ 50	28 ♌ 18	26 ♋ 18	24 ♊ 4	8 ♉ 19	11 ♎ 54	4 ♈ 28	0 ♓ 15	5 ♑ 32	0 ♈	7 ♒	29 ♍	15 ♒	4 ♓
27	3 ♌ 17	11 ♊ 39	21 ♐ 21	22 ♐ 51	28 ♌ 55	27 ♋ 32	24 ♊ 45	8 ♉ 25	11 ♎ 58	4 ♈ 27	0 ♓ 14	5 ♑ 30	0 R	6 ♒	29 ♍	15 ♒	4 ♓
28	4 ♌ 15	24 ♊ 27	21 ♐ 18	22 R 51	29 ♌ 28	28 ♋ 46	25 ♊ 26	8 ♉ 32	12 ♎ 2	4 ♈ 26	0 ♓ 12	5 ♑ 29	0 ♈	6 ♒	29 ♍	14 ♒	4 ♓
29	5 ♌ 12	7 ♋ 37	21 ♐ 15	22 ♐ 50	29 ♌ 56	0 ♌ 0	26 ♊ 7	8 ♉ 38	12 ♎ 6	4 ♈ 25	0 ♓ 11	5 ♑ 28	0 ♈	6 ♒	0 ♎	14 ♒	4 ♓
30	6 ♌ 9	21 ♋ 10	21 ♐ 12	22 ♐ 47	0 ♍ 20	1 ♌ 13	26 ♊ 47	8 ♉ 44	12 ♎ 10	4 ♈ 24	0 ♓ 9	5 ♑ 27	0 ♈	6 ♒	0 ♎	14 ♒	4 ♓
31	7 ♌ 7	5 ♌ 6	21 ♐ 9	22 ♐ 43	0 ♍ 40	2 ♌ 27	27 ♊ 28	8 ♉ 50	12 ♎ 14	4 ♈ 23	0 ♓ 8	5 ♑ 25	0 ♈	5 ♒	0 ♎	14 ♒	4 ♓

SUN INGRESS	☉ → ♌ 23日 13:12
MOON PHASE	● 1日 17:54 ♋　◐ 8日 15:29 ♎　○ 15日 15:40 ♑　◑ 23日 14:02 ♉　● 31日 03:40 ♌

aspects		
3日	09:17	☉□♄
5日	02:26	♀△♆
5日	09:47	☿△♅
6日	03:08	☿□♃
6日	21:16	♂△♄
7日	23:06	♃△♇
8日	06:44	♀□♅
9日	09:31	♀☍♇
9日	15:05	♀⚹♃
9日	17:19	☿⚹♄
12日	12:28	☿⚹♂
13日	16:35	♀□♄
28日	04:43	☉△♅
29日	13:00	☿☍♆

2011年8月

DAY	☉	☽	☊ mean	☊ true	☿	♀	♂	♃	♄	♅	♆	♇	⚳	⚴	⚵	⚶	⚷
	° ′	° ′	° ′	° ′	° ′	° ′	° ′	° ′	° ′	° ′	° ′	° ′	°	°	°	°	°
1	8 ♌ 4	19 ♌ 21	21 ♐ 6	22 R 36	0 D 55	3 D 41	28 D 8	8 D 55	12 D 19	4 R 22	0 R 6	5 R 24	0 R	5 R	1 D	13 R	4 R
2	9 ♌ 1	3 ♍ 49	21 ♐ 2	22 ♐ 29	1 ♍ 6	4 ♌ 55	28 ♊ 48	9 ♉ 1	12 ♎ 23	4 ♈ 21	0 ♓ 5	5 ♑ 23	0 ♈	5 ♒	1 ♎	13 ♒	4 ♓
3	9 ♌ 59	18 ♍ 24	20 ♐ 59	22 ♐ 22	1 ♍ 11	6 ♌ 9	29 ♊ 29	9 ♉ 6	12 ♎ 28	4 ♈ 20	0 ♓ 3	5 ♑ 22	0 ♈	5 ♒	1 ♎	13 ♒	4 ♓
4	10 ♌ 56	2 ♎ 59	20 ♐ 56	22 ♐ 16	1 R 11	7 ♌ 23	0 ♋ 9	9 ♉ 11	12 ♎ 33	4 ♈ 19	0 ♓ 2	5 ♑ 20	0 ♈	4 ♒	2 ♎	13 ♒	4 ♓
5	11 ♌ 54	17 ♎ 29	20 ♐ 53	22 ♐ 12	1 ♍ 6	8 ♌ 37	0 ♋ 49	9 ♉ 16	12 ♎ 37	4 ♈ 18	0 ♓ 0	5 ♑ 19	0 ♈	4 ♒	2 ♎	12 ♒	4 ♓
6	12 ♌ 51	1 ♏ 48	20 ♐ 50	22 ♐ 10	0 ♍ 56	9 ♌ 51	1 ♋ 29	9 ♉ 21	12 ♎ 42	4 ♈ 17	29 ♒ 59	5 ♑ 18	0 ♈	4 ♒	2 ♎	12 ♒	4 ♓
7	13 ♌ 49	15 ♏ 55	20 ♐ 47	22 D 9	0 ♍ 40	11 ♌ 5	2 ♋ 9	9 ♉ 26	12 ♎ 47	4 ♈ 16	29 ♒ 57	5 ♑ 17	0 ♈	4 ♒	2 ♎	12 ♒	3 ♓
8	14 ♌ 46	29 ♏ 48	20 ♐ 43	22 ♐ 10	0 ♍ 19	12 ♌ 19	2 ♋ 49	9 ♉ 30	12 ♎ 52	4 ♈ 14	29 ♒ 56	5 ♑ 16	0 ♈	3 ♒	3 ♎	12 ♒	3 ♓
9	15 ♌ 44	13 ♐ 27	20 ♐ 40	22 ♐ 11	29 ♌ 53	13 ♌ 33	3 ♋ 29	9 ♉ 34	12 ♎ 57	4 ♈ 13	29 ♒ 54	5 ♑ 15	0 ♈	3 ♒	3 ♎	11 ♒	3 ♓
10	16 ♌ 41	26 ♐ 52	20 ♐ 37	22 R 11	29 ♌ 23	14 ♌ 47	4 ♋ 9	9 ♉ 38	13 ♎ 2	4 ♈ 12	29 ♒ 52	5 ♑ 14	0 ♈	3 ♒	3 ♎	11 ♒	3 ♓
11	17 ♌ 39	10 ♑ 6	20 ♐ 34	22 ♐ 10	28 ♌ 47	16 ♌ 1	4 ♋ 49	9 ♉ 42	13 ♎ 7	4 ♈ 10	29 ♒ 51	5 ♑ 13	29 ♓	3 ♒	4 ♎	11 ♒	3 ♓
12	18 ♌ 36	23 ♑ 8	20 ♐ 31	22 ♐ 6	28 ♌ 8	17 ♌ 15	5 ♋ 28	9 ♉ 46	13 ♎ 12	4 ♈ 9	29 ♒ 49	5 ♑ 12	29 ♓	2 ♒	4 ♎	11 ♒	3 ♓
13	19 ♌ 34	5 ♒ 58	20 ♐ 27	21 ♐ 59	27 ♌ 25	18 ♌ 30	6 ♋ 8	9 ♉ 50	13 ♎ 17	4 ♈ 7	29 ♒ 48	5 ♑ 11	29 ♓	2 ♒	4 ♎	10 ♒	3 ♓
14	20 ♌ 31	18 ♒ 37	20 ♐ 24	21 ♐ 51	26 ♌ 38	19 ♌ 44	6 ♋ 47	9 ♉ 53	13 ♎ 23	4 ♈ 6	29 ♒ 46	5 ♑ 10	29 ♓	2 ♒	5 ♎	10 ♒	3 ♓
15	21 ♌ 29	1 ♓ 4	20 ♐ 21	21 ♐ 41	25 ♌ 50	20 ♌ 58	7 ♋ 27	9 ♉ 56	13 ♎ 28	4 ♈ 4	29 ♒ 44	5 ♑ 9	29 ♓	2 ♒	5 ♎	10 ♒	3 ♓
16	22 ♌ 27	13 ♓ 21	20 ♐ 18	21 ♐ 30	25 ♌ 0	22 ♌ 12	8 ♋ 6	9 ♉ 59	13 ♎ 33	4 ♈ 3	29 ♒ 43	5 ♑ 8	29 ♓	1 ♒	5 ♎	10 ♒	3 ♓
17	23 ♌ 24	25 ♓ 28	20 ♐ 15	21 ♐ 19	24 ♌ 9	23 ♌ 26	8 ♋ 46	10 ♉ 2	13 ♎ 39	4 ♈ 1	29 ♒ 41	5 ♑ 7	29 ♓	1 ♒	6 ♎	10 ♒	3 ♓
18	24 ♌ 22	7 ♈ 27	20 ♐ 12	21 ♐ 9	23 ♌ 19	24 ♌ 40	9 ♋ 25	10 ♉ 5	13 ♎ 44	3 ♈ 59	29 ♒ 40	5 ♑ 6	29 ♓	1 ♒	6 ♎	9 ♒	3 ♓
19	25 ♌ 20	19 ♈ 20	20 ♐ 8	21 ♐ 1	22 ♌ 31	25 ♌ 55	10 ♋ 4	10 ♉ 7	13 ♎ 50	3 ♈ 58	29 ♒ 38	5 ♑ 5	29 ♓	1 ♒	6 ♎	9 ♒	3 ♓
20	26 ♌ 17	1 ♉ 10	20 ♐ 5	20 ♐ 56	21 ♌ 45	27 ♌ 9	10 ♋ 43	10 ♉ 9	13 ♎ 56	3 ♈ 56	29 ♒ 36	5 ♑ 5	28 ♓	0 ♒	7 ♎	9 ♒	3 ♓
21	27 ♌ 15	13 ♉ 2	20 ♐ 2	20 ♐ 53	21 ♌ 2	28 ♌ 23	11 ♋ 22	10 ♉ 11	14 ♎ 1	3 ♈ 54	29 ♒ 35	5 ♑ 4	28 ♓	0 ♒	7 ♎	9 ♒	3 ♓
22	28 ♌ 13	25 ♉ 1	19 ♐ 59	20 ♐ 52	20 ♌ 23	29 ♌ 37	12 ♋ 1	10 ♉ 13	14 ♎ 7	3 ♈ 52	29 ♒ 33	5 ♑ 3	28 ♓	0 ♒	7 ♎	8 ♒	3 ♓
23	29 ♌ 10	7 ♊ 10	19 ♐ 56	20 D 52	19 ♌ 50	0 ♍ 52	12 ♋ 40	10 ♉ 15	14 ♎ 13	3 ♈ 50	29 ♒ 31	5 ♑ 2	28 ♓	0 ♒	8 ♎	8 ♒	3 ♓
24	0 ♍ 8	19 ♊ 37	19 ♐ 53	20 ♐ 52	19 ♌ 22	2 ♍ 6	13 ♋ 19	10 ♉ 16	14 ♎ 19	3 ♈ 49	29 ♒ 30	5 ♑ 1	28 ♓	0 ♒	8 ♎	8 ♒	3 ♓
25	1 ♍ 6	2 ♋ 25	19 ♐ 49	20 R 52	19 ♌ 2	3 ♍ 20	13 ♋ 58	10 ♉ 17	14 ♎ 25	3 ♈ 47	29 ♒ 28	5 ♑ 1	28 ♓	29 ♑	8 ♎	8 ♒	3 ♓
26	2 ♍ 4	15 ♋ 38	19 ♐ 46	20 ♐ 50	18 ♌ 48	4 ♍ 34	14 ♋ 37	10 ♉ 19	14 ♎ 31	3 ♈ 45	29 ♒ 26	5 ♑ 0	28 ♓	29 ♑	9 ♎	8 ♒	3 ♓
27	3 ♍ 2	29 ♋ 20	19 ♐ 43	20 ♐ 45	18 ♌ 42	5 ♍ 49	15 ♋ 15	10 ♉ 19	14 ♎ 37	3 ♈ 43	29 ♒ 25	5 ♑ 0	27 ♓	29 ♑	9 ♎	8 ♒	3 ♓
28	4 ♍ 0	13 ♌ 28	19 ♐ 40	20 ♐ 38	18 D 43	7 ♍ 3	15 ♋ 54	10 ♉ 20	14 ♎ 43	3 ♈ 41	29 ♒ 23	4 ♑ 59	27 ♓	29 ♑	9 ♎	7 ♒	2 ♓
29	4 ♍ 58	28 ♌ 1	19 ♐ 37	20 ♐ 28	18 ♌ 53	8 ♍ 18	16 ♋ 32	10 ♉ 21	14 ♎ 49	3 ♈ 39	29 ♒ 22	4 ♑ 58	27 ♓	29 ♑	10 ♎	7 ♒	2 ♓
30	5 ♍ 56	12 ♍ 51	19 ♐ 33	20 ♐ 17	19 ♌ 11	9 ♍ 32	17 ♋ 11	10 ♉ 21	14 ♎ 56	3 ♈ 37	29 ♒ 20	4 ♑ 58	27 ♓	29 ♑	10 ♎	7 ♒	2 ♓
31	6 ♍ 54	27 ♍ 51	19 ♐ 30	20 ♐ 7	19 ♌ 37	10 ♍ 46	17 ♋ 49	10 R 21	15 ♎ 2	3 ♈ 35	29 ♒ 18	4 ♑ 57	27 ♓	28 ♑	10 ♎	7 ♒	2 ♓

SUN INGRESS	☉ → ♍ 23日 20:21
MOON PHASE	◐ 6日 20:08 ♏　○ 14日 03:57 ♒　◑ 22日 06:54 ♉　● 29日 12:04 ♍

aspects		
1日	13:09	♀△♅
1日	23:41	☉□♃
3日	19:53	♂△♆
5日	08:19	☿⚹♂
5日	13:34	♀□♃
5日	19:47	☉⚹♄
8日	11:19	♀⚹♄
8日	23:27	☿☍♆
10日	01:33	♂□♅
11日	14:14	♂☍♇
16日	21:08	☉☌♀
17日	08:21	☿☌♀
17日	10:04	☉☌☿
19日	01:49	♂⚹♃
21日	22:39	♀☍♆
23日	08:26	☉☍♆
25日	19:46	♂□♄
26日	08:12	♀△♇
29日	00:12	☉△♇
30日	15:46	♀△♃

2011年9月

DAY	☉	☽	☊ mean	☊ true	☿	♀	♂	♃	♄	♅	♆	♇	⚳	⚴	⚵	⚶	⚷
	° ′	° ′	° ′	° ′	° ′	° ′	° ′	° ′	° ′	° ′	° ′	° ′	°	°	°	°	°
1	7 ♍ 52	12 ♎ 50	19 ♐ 27	19 R 57	20 D 11	12 D 1	18 D 28	10 R 21	15 D 8	3 R 33	29 R 17	4 R 57	26 R	28 R	11 D	7 R	2 R
2	8 ♍ 50	27 ♎ 40	19 ♐ 24	19 ♐ 50	20 ♌ 53	13 ♍ 15	19 ♋ 6	10 ♉ 20	15 ♎ 14	3 ♈ 31	29 ♒ 15	4 ♑ 56	26 ♓	28 ♑	11 ♎	7 ♒	2 ♓
3	9 ♍ 48	12 ♏ 14	19 ♐ 21	19 ♐ 46	21 ♌ 43	14 ♍ 30	19 ♋ 44	10 ♉ 20	15 ♎ 21	3 ♈ 28	29 ♒ 13	4 ♑ 56	26 ♓	28 ♑	11 ♎	7 ♒	2 ♓
4	10 ♍ 46	26 ♏ 27	19 ♐ 18	19 ♐ 43	22 ♌ 40	15 ♍ 44	20 ♋ 22	10 ♉ 19	15 ♎ 27	3 ♈ 26	29 ♒ 12	4 ♑ 55	26 ♓	28 ♑	12 ♎	6 ♒	2 ♓
5	11 ♍ 44	10 ♐ 20	19 ♐ 14	19 ♐ 43	23 ♌ 44	16 ♍ 58	21 ♋ 0	10 ♉ 18	15 ♎ 34	3 ♈ 24	29 ♒ 10	4 ♑ 55	26 ♓	28 ♑	12 ♎	6 ♒	2 ♓
6	12 ♍ 42	23 ♐ 52	19 ♐ 11	19 ♐ 43	24 ♌ 55	18 ♍ 13	21 ♋ 38	10 ♉ 17	15 ♎ 40	3 ♈ 22	29 ♒ 9	4 ♑ 55	25 ♓	28 ♑	12 ♎	6 ♒	2 ♓
7	13 ♍ 41	7 ♑ 5	19 ♐ 8	19 ♐ 42	26 ♌ 12	19 ♍ 27	22 ♋ 16	10 ♉ 16	15 ♎ 47	3 ♈ 20	29 ♒ 7	4 ♑ 54	25 ♓	28 ♑	13 ♎	6 ♒	2 ♓
8	14 ♍ 39	20 ♑ 3	19 ♐ 5	19 ♐ 39	27 ♌ 35	20 ♍ 42	22 ♋ 53	10 ♉ 14	15 ♎ 53	3 ♈ 18	29 ♒ 6	4 ♑ 54	25 ♓	28 ♑	13 ♎	6 ♒	2 ♓
9	15 ♍ 37	2 ♒ 47	19 ♐ 2	19 ♐ 34	29 ♌ 2	21 ♍ 56	23 ♋ 31	10 ♉ 12	16 ♎ 0	3 ♈ 15	29 ♒ 4	4 ♑ 54	25 ♓	27 ♑	13 ♎	6 ♒	2 ♓
10	16 ♍ 35	15 ♒ 20	18 ♐ 58	19 ♐ 26	0 ♍ 35	23 ♍ 11	24 ♋ 8	10 ♉ 10	16 ♎ 7	3 ♈ 13	29 ♒ 2	4 ♑ 54	25 ♓	27 ♑	14 ♎	6 ♒	2 ♓
11	17 ♍ 33	27 ♒ 43	18 ♐ 55	19 ♐ 15	2 ♍ 11	24 ♍ 25	24 ♋ 46	10 ♉ 8	16 ♎ 13	3 ♈ 11	29 ♒ 1	4 ♑ 53	24 ♓	27 ♑	14 ♎	6 ♒	2 ♓
12	18 ♍ 32	9 ♓ 57	18 ♐ 52	19 ♐ 2	3 ♍ 51	25 ♍ 40	25 ♋ 23	10 ♉ 6	16 ♎ 20	3 ♈ 8	28 ♒ 59	4 ♑ 53	24 ♓	27 ♑	14 ♎	6 ♒	2 ♓
13	19 ♍ 30	22 ♓ 4	18 ♐ 49	18 ♐ 48	5 ♍ 34	26 ♍ 54	26 ♋ 1	10 ♉ 3	16 ♎ 27	3 ♈ 6	28 ♒ 58	4 ♑ 53	24 ♓	27 ♑	15 ♎	6 ♒	2 ♓
14	20 ♍ 28	4 ♈ 18	18 ♐ 46	18 ♐ 34	7 ♍ 20	28 ♍ 9	26 ♋ 38	10 ♉ 1	16 ♎ 34	3 ♈ 4	28 ♒ 56	4 ♑ 53	24 ♓	27 ♑	15 ♎	6 ♒	2 ♓
15	21 ♍ 27	15 ♈ 59	18 ♐ 43	18 ♐ 22	9 ♍ 8	29 ♍ 23	27 ♋ 15	9 ♉ 58	16 ♎ 41	3 ♈ 1	28 ♒ 55	4 ♑ 53	23 ♓	27 ♑	15 ♎	6 ♒	2 ♓
16	22 ♍ 25	27 ♈ 49	18 ♐ 39	18 ♐ 11	10 ♍ 57	0 ♎ 38	27 ♋ 52	9 ♉ 55	16 ♎ 48	2 ♈ 59	28 ♒ 53	4 ♑ 53	23 ♓	27 ♑	16 ♎	6 ♒	2 ♓
17	23 ♍ 24	9 ♉ 38	18 ♐ 36	18 ♐ 4	12 ♍ 47	1 ♎ 52	28 ♋ 29	9 ♉ 51	16 ♎ 54	2 ♈ 57	28 ♒ 52	4 ♑ 53	23 ♓	27 ♑	16 ♎	6 ♒	2 ♓
18	24 ♍ 22	21 ♉ 29	18 ♐ 33	17 ♐ 59	14 ♍ 39	3 ♎ 7	29 ♋ 6	9 ♉ 48	17 ♎ 1	2 ♈ 54	28 ♒ 50	4 D 53	23 ♓	27 ♑	16 ♎	6 ♒	1 ♓
19	25 ♍ 21	3 ♊ 26	18 ♐ 30	17 ♐ 56	16 ♍ 31	4 ♎ 21	29 ♋ 43	9 ♉ 44	17 ♎ 8	2 ♈ 52	28 ♒ 49	4 ♑ 53	23 ♓	27 ♑	17 ♎	6 D	1 ♓
20	26 ♍ 19	15 ♊ 34	18 ♐ 27	17 ♐ 56	18 ♍ 23	5 ♎ 36	0 ♌ 20	9 ♉ 40	17 ♎ 15	2 ♈ 50	28 ♒ 48	4 ♑ 53	22 ♓	27 ♑	17 ♎	6 ♒	1 ♓
21	27 ♍ 18	27 ♊ 57	18 ♐ 24	17 ♐ 56	20 ♍ 15	6 ♎ 51	0 ♌ 56	9 ♉ 36	17 ♎ 22	2 ♈ 47	28 ♒ 46	4 ♑ 53	22 ♓	27 ♑	17 ♎	6 ♒	1 ♓
22	28 ♍ 17	10 ♋ 41	18 ♐ 20	17 ♐ 55	22 ♍ 7	8 ♎ 5	1 ♌ 33	9 ♉ 32	17 ♎ 29	2 ♈ 45	28 ♒ 45	4 ♑ 53	22 ♓	27 ♑	18 ♎	6 ♒	1 ♓
23	29 ♍ 15	23 ♋ 51	18 ♐ 17	17 ♐ 53	23 ♍ 59	9 ♎ 20	2 ♌ 9	9 ♉ 28	17 ♎ 36	2 ♈ 42	28 ♒ 43	4 ♑ 53	22 ♓	27 ♑	18 ♎	6 ♒	1 ♓
24	0 ♎ 14	7 ♌ 29	18 ♐ 14	17 ♐ 49	25 ♍ 50	10 ♎ 34	2 ♌ 46	9 ♉ 23	17 ♎ 44	2 ♈ 40	28 ♒ 42	4 ♑ 54	21 ♓	27 ♑	18 ♎	6 ♒	1 ♓
25	1 ♎ 13	21 ♌ 38	18 ♐ 11	17 ♐ 42	27 ♍ 41	11 ♎ 49	3 ♌ 22	9 ♉ 18	17 ♎ 51	2 ♈ 38	28 ♒ 41	4 ♑ 54	21 ♓	27 D	19 ♎	6 ♒	1 ♓
26	2 ♎ 12	6 ♍ 14	18 ♐ 8	17 ♐ 33	29 ♍ 31	13 ♎ 3	3 ♌ 58	9 ♉ 13	17 ♎ 58	2 ♈ 35	28 ♒ 39	4 ♑ 54	21 ♓	27 ♑	19 ♎	6 ♒	1 ♓
27	3 ♎ 10	21 ♍ 14	18 ♐ 4	17 ♐ 22	1 ♎ 21	14 ♎ 18	4 ♌ 34	9 ♉ 8	18 ♎ 5	2 ♈ 33	28 ♒ 38	4 ♑ 54	21 ♓	27 ♑	20 ♎	6 ♒	1 ♓
28	4 ♎ 9	6 ♎ 27	18 ♐ 1	17 ♐ 12	3 ♎ 10	15 ♎ 33	5 ♌ 10	9 ♉ 3	18 ♎ 12	2 ♈ 30	28 ♒ 37	4 ♑ 55	21 ♓	27 ♑	20 ♎	6 ♒	1 ♓
29	5 ♎ 8	21 ♎ 43	17 ♐ 58	17 ♐ 2	4 ♎ 57	16 ♎ 47	5 ♌ 46	8 ♉ 57	18 ♎ 19	2 ♈ 28	28 ♒ 36	4 ♑ 55	20 ♓	27 ♑	20 ♎	6 ♒	1 ♓
30	6 ♎ 7	6 ♏ 51	17 ♐ 55	16 ♐ 55	6 ♎ 45	18 ♎ 2	6 ♌ 22	8 ♉ 52	18 ♎ 27	2 ♈ 25	28 ♒ 34	4 ♑ 55	20 ♓	27 ♑	21 ♎	6 ♒	1 ♓

SUN INGRESS	☉ → ♎ 23日 18:05
MOON PHASE	◐ 5日 02:39 ♐ ○ 12日 18:27 ♓ ◑ 20日 22:39 ♊ ● 27日 20:09 ♎

aspects		
3日	12:59	☉△♃
9日	00:25	☿☍♆
11日	13:22	♀⚹♂
12日	14:27	☿△♇
15日	10:43	☿△♃
17日	20:05	♀☍♅
19日	10:08	♀□♇
23日	20:24	♂△♅
26日	09:15	☉☍♅
27日	15:30	☿☍♅
28日	18:37	☉□♇
28日	23:26	☿□♇
29日	05:16	☉☌☿
29日	16:27	☿⚹♂
30日	08:48	♀☌♄
30日	15:43	☉⚹♂

2011年10月

DAY	☉	☽	☊ mean	☊ true	☿	♀	♂	♃	♄	♅	♆	♇	⚳	⚴	⚵	⚶	⚷
	° ′	° ′	° ′	° ′	° ′	° ′	° ′	° ′	° ′	° ′	° ′	° ′	°	°	°	°	°
1	7 ♎ 6	21 ♏ 42	17 ♐ 52	16 R 50	8 D 31	19 D 16	6 D 58	8 R 46	18 D 34	2 R 23	28 R 33	4 D 56	20 R	27 D	21 D	6 D	1 R
2	8 ♎ 5	6 ♐ 9	17 ♐ 49	16 ♐ 48	10 ♎ 16	20 ♎ 31	7 ♌ 34	8 ♉ 40	18 ♎ 41	2 ♈ 21	28 ♒ 32	4 ♑ 56	20 ♓	27 ♑	21 ♎	6 ♒	1 ♓
3	9 ♎ 4	20 ♐ 10	17 ♐ 45	16 D 48	12 ♎ 1	21 ♎ 46	8 ♌ 9	8 ♉ 34	18 ♎ 48	2 ♈ 18	28 ♒ 31	4 ♑ 57	20 ♓	27 ♑	22 ♎	6 ♒	1 ♓
4	10 ♎ 3	3 ♑ 46	17 ♐ 42	16 ♐ 48	13 ♎ 44	23 ♎ 0	8 ♌ 45	8 ♉ 28	18 ♎ 56	2 ♈ 16	28 ♒ 30	4 ♑ 57	19 ♓	27 ♑	22 ♎	7 ♒	1 ♓
5	11 ♎ 2	16 ♑ 58	17 ♐ 39	16 R 48	15 ♎ 27	24 ♎ 15	9 ♌ 20	8 ♉ 22	19 ♎ 3	2 ♈ 14	28 ♒ 29	4 ♑ 58	19 ♓	27 ♑	22 ♎	7 ♒	1 ♓
6	12 ♎ 1	29 ♑ 50	17 ♐ 36	16 ♐ 46	17 ♎ 9	25 ♎ 30	9 ♌ 55	8 ♉ 15	19 ♎ 10	2 ♈ 11	28 ♒ 28	4 ♑ 58	19 ♓	27 ♑	23 ♎	7 ♒	1 ♓
7	13 ♎ 0	12 ♒ 25	17 ♐ 33	16 ♐ 43	18 ♎ 50	26 ♎ 44	10 ♌ 30	8 ♉ 8	19 ♎ 17	2 ♈ 9	28 ♒ 27	4 ♑ 59	19 ♓	27 ♑	23 ♎	7 ♒	1 ♓
8	14 ♎ 0	24 ♒ 47	17 ♐ 30	16 ♐ 36	20 ♎ 30	27 ♎ 59	11 ♌ 5	8 ♉ 2	19 ♎ 25	2 ♈ 6	28 ♒ 25	5 ♑ 0	19 ♓	27 ♑	23 ♎	7 ♒	1 ♓
9	14 ♎ 59	6 ♓ 58	17 ♐ 26	16 ♐ 27	22 ♎ 10	29 ♎ 13	11 ♌ 40	7 ♉ 55	19 ♎ 32	2 ♈ 4	28 ♒ 24	5 ♑ 0	18 ♓	27 ♑	24 ♎	7 ♒	1 ♓
10	15 ♎ 58	19 ♓ 2	17 ♐ 23	16 ♐ 17	23 ♎ 49	0 ♏ 28	12 ♌ 15	7 ♉ 48	19 ♎ 39	2 ♈ 2	28 ♒ 23	5 ♑ 1	18 ♓	27 ♑	24 ♎	7 ♒	1 ♓
11	16 ♎ 57	1 ♈ 1	17 ♐ 20	16 ♐ 5	25 ♎ 27	1 ♏ 43	12 ♌ 50	7 ♉ 41	19 ♎ 47	1 ♈ 59	28 ♒ 23	5 ♑ 2	18 ♓	27 ♑	24 ♎	8 ♒	1 ♓
12	17 ♎ 56	12 ♈ 55	17 ♐ 17	15 ♐ 54	27 ♎ 4	2 ♏ 57	13 ♌ 24	7 ♉ 34	19 ♎ 54	1 ♈ 57	28 ♒ 22	5 ♑ 2	18 ♓	28 ♑	25 ♎	8 ♒	1 ♓
13	18 ♎ 56	24 ♈ 46	17 ♐ 14	15 ♐ 43	28 ♎ 40	4 ♏ 12	13 ♌ 59	7 ♉ 26	20 ♎ 1	1 ♈ 55	28 ♒ 21	5 ♑ 3	18 ♓	28 ♑	25 ♎	8 ♒	1 ♓
14	19 ♎ 55	6 ♉ 37	17 ♐ 10	15 ♐ 35	0 ♏ 16	5 ♏ 26	14 ♌ 33	7 ♉ 19	20 ♎ 9	1 ♈ 53	28 ♒ 20	5 ♑ 4	18 ♓	28 ♑	25 ♎	8 ♒	1 ♓
15	20 ♎ 55	18 ♉ 28	17 ♐ 7	15 ♐ 29	1 ♏ 51	6 ♏ 41	15 ♌ 7	7 ♉ 11	20 ♎ 16	1 ♈ 50	28 ♒ 19	5 ♑ 5	18 ♓	28 ♑	26 ♎	8 ♒	1 ♓
16	21 ♎ 54	0 ♊ 22	17 ♐ 4	15 ♐ 25	3 ♏ 25	7 ♏ 56	15 ♌ 42	7 ♉ 4	20 ♎ 23	1 ♈ 48	28 ♒ 18	5 ♑ 6	17 ♓	28 ♑	26 ♎	8 ♒	0 ♓
17	22 ♎ 53	12 ♊ 22	17 ♐ 1	15 ♐ 24	4 ♏ 59	9 ♏ 10	16 ♌ 16	6 ♉ 56	20 ♎ 31	1 ♈ 46	28 ♒ 17	5 ♑ 7	17 ♓	28 ♑	27 ♎	9 ♒	0 ♓
18	23 ♎ 53	24 ♊ 32	16 ♐ 58	15 D 24	6 ♏ 32	10 ♏ 25	16 ♌ 50	6 ♉ 49	20 ♎ 38	1 ♈ 44	28 ♒ 17	5 ♑ 8	17 ♓	28 ♑	27 ♎	9 ♒	0 ♓
19	24 ♎ 52	6 ♋ 56	16 ♐ 55	15 ♐ 25	8 ♏ 5	11 ♏ 39	17 ♌ 23	6 ♉ 41	20 ♎ 45	1 ♈ 42	28 ♒ 16	5 ♑ 9	17 ♓	28 ♑	27 ♎	9 ♒	0 ♓
20	25 ♎ 52	19 ♋ 37	16 ♐ 51	15 ♐ 26	9 ♏ 36	12 ♏ 54	17 ♌ 57	6 ♉ 33	20 ♎ 53	1 ♈ 39	28 ♒ 15	5 ♑ 10	17 ♓	28 ♑	28 ♎	9 ♒	0 ♓
21	26 ♎ 52	2 ♌ 42	16 ♐ 48	15 R 26	11 ♏ 7	14 ♏ 9	18 ♌ 31	6 ♉ 25	21 ♎ 0	1 ♈ 37	28 ♒ 14	5 ♑ 11	17 ♓	29 ♑	28 ♎	9 ♒	0 ♓
22	27 ♎ 51	16 ♌ 12	16 ♐ 45	15 ♐ 25	12 ♏ 38	15 ♏ 23	19 ♌ 4	6 ♉ 17	21 ♎ 7	1 ♈ 35	28 ♒ 14	5 ♑ 12	17 ♓	29 ♑	28 ♎	10 ♒	0 ♓
23	28 ♎ 51	0 ♍ 11	16 ♐ 42	15 ♐ 21	14 ♏ 8	16 ♏ 38	19 ♌ 37	6 ♉ 9	21 ♎ 14	1 ♈ 33	28 ♒ 13	5 ♑ 13	17 ♓	29 ♑	29 ♎	10 ♒	0 ♓
24	29 ♎ 51	14 ♍ 38	16 ♐ 39	15 ♐ 16	15 ♏ 37	17 ♏ 53	20 ♌ 11	6 ♉ 1	21 ♎ 22	1 ♈ 31	28 ♒ 13	5 ♑ 14	17 ♓	29 ♑	29 ♎	10 ♒	0 ♓
25	0 ♏ 51	29 ♍ 29	16 ♐ 35	15 ♐ 9	17 ♏ 6	19 ♏ 7	20 ♌ 44	5 ♉ 53	21 ♎ 29	1 ♈ 29	28 ♒ 12	5 ♑ 15	16 ♓	29 ♑	29 ♎	10 ♒	0 ♓
26	1 ♏ 50	14 ♎ 37	16 ♐ 32	15 ♐ 2	18 ♏ 34	20 ♏ 22	21 ♌ 16	5 ♉ 45	21 ♎ 36	1 ♈ 27	28 ♒ 12	5 ♑ 16	16 ♓	29 ♑	0 ♏	11 ♒	0 ♓
27	2 ♏ 50	29 ♎ 54	16 ♐ 29	14 ♐ 56	20 ♏ 1	21 ♏ 36	21 ♌ 49	5 ♉ 37	21 ♎ 44	1 ♈ 25	28 ♒ 11	5 ♑ 17	16 ♓	29 ♑	0 ♏	11 ♒	0 ♓
28	3 ♏ 50	15 ♏ 8	16 ♐ 26	14 ♐ 52	21 ♏ 28	22 ♏ 51	22 ♌ 22	5 ♉ 28	21 ♎ 51	1 ♈ 23	28 ♒ 11	5 ♑ 18	16 ♓	0 ♒	0 ♏	11 ♒	0 ♓
29	4 ♏ 50	0 ♐ 9	16 ♐ 23	14 ♐ 49	22 ♏ 54	24 ♏ 6	22 ♌ 54	5 ♉ 20	21 ♎ 58	1 ♈ 21	28 ♒ 10	5 ♑ 20	16 ♓	0 ♒	1 ♏	11 ♒	0 ♓
30	5 ♏ 50	14 ♐ 48	16 ♐ 20	14 D 48	24 ♏ 19	25 ♏ 20	23 ♌ 27	5 ♉ 12	22 ♎ 5	1 ♈ 19	28 ♒ 10	5 ♑ 21	16 ♓	0 ♒	1 ♏	12 ♒	0 ♓
31	6 ♏ 50	29 ♐ 2	16 ♐ 16	14 ♐ 49	25 ♏ 44	26 ♏ 35	23 ♌ 59	5 ♉ 4	22 ♎ 12	1 ♈ 18	28 ♒ 9	5 ♑ 22	16 ♓	0 ♒	1 ♏	12 ♒	0 ♓

SUN INGRESS	☉ → ♏ 24日 03:30
MOON PHASE	◐ 4日 12:15 ♑ ○ 12日 11:06 ♈ ◑ 20日 12:30 ♋ ● 27日 04:56 ♏

aspects		
3日	14:21	♂□♃
7日	07:01	♀☌♄
8日	08:28	♀△♆
12日	19:10	☿△♆
13日	16:43	♀⚹♇
14日	06:13	☉☌♄
15日	08:53	♀☍♃
17日	01:58	☿⚹♇
18日	03:55	☿☍♃
22日	08:57	☉△♆
26日	18:37	♂⚹♄
27日	07:23	♀□♂
29日	00:08	☿□♂
29日	01:29	♃△♇
29日	10:42	☉☍♃
29日	12:11	☉⚹♇

2011年11月

DAY	☉	☽	☊ mean	☊ true	☿	♀	♂	♃	♄	♅	♆	♇	⚳	⚴	⚵	⚶	⚷
	° ′	° ′	° ′	° ′	° ′	° ′	° ′	° ′	° ′	° ′	° ′	° ′	°	°	°	°	°
1	7 ♏ 50	12 ♑ 48	16 ♐ 13	14 D 50	27 D 8	27 D 49	24 D 31	4 R 56	22 D 20	1 R 16	28 R 9	5 D 24	16 R	0 D	2 D	12 D	0 R
2	8 ♏ 50	26 ♑ 7	16 ♐ 10	14 ♐ 51	28 ♏ 31	29 ♏ 4	25 ♌ 3	4 ♉ 48	22 ♎ 27	1 ♈ 14	28 ♒ 9	5 ♑ 25	16 ♓	0 ♒	2 ♏	12 ♒	0 ♓
3	9 ♏ 50	9 ♒ 2	16 ♐ 7	14 ♐ 52	29 ♏ 53	0 ♐ 19	25 ♌ 35	4 ♉ 40	22 ♎ 34	1 ♈ 12	28 ♒ 9	5 ♑ 26	16 ♓	1 ♒	2 ♏	13 ♒	0 ♓
4	10 ♏ 50	21 ♒ 37	16 ♐ 4	14 R 51	1 ♐ 14	1 ♐ 33	26 ♌ 6	4 ♉ 32	22 ♎ 41	1 ♈ 11	28 ♒ 8	5 ♑ 28	16 ♓	1 ♒	3 ♏	13 ♒	0 ♓
5	11 ♏ 50	3 ♓ 55	16 ♐ 1	14 ♐ 49	2 ♐ 34	2 ♐ 48	26 ♌ 38	4 ♉ 24	22 ♎ 48	1 ♈ 9	28 ♒ 8	5 ♑ 29	16 ♓	1 ♒	3 ♏	13 ♒	0 ♓
6	12 ♏ 50	16 ♓ 1	15 ♐ 57	14 ♐ 46	3 ♐ 53	4 ♐ 2	27 ♌ 9	4 ♉ 16	22 ♎ 55	1 ♈ 7	28 ♒ 8	5 ♑ 31	16 ♓	1 ♒	4 ♏	14 ♒	0 ♓
7	13 ♏ 50	27 ♓ 59	15 ♐ 54	14 ♐ 41	5 ♐ 11	5 ♐ 17	27 ♌ 40	4 ♉ 8	23 ♎ 2	1 ♈ 6	28 ♒ 8	5 ♑ 32	16 D	1 ♒	4 ♏	14 ♒	0 ♓
8	14 ♏ 51	9 ♈ 52	15 ♐ 51	14 ♐ 35	6 ♐ 27	6 ♐ 31	28 ♌ 11	4 ♉ 0	23 ♎ 9	1 ♈ 4	28 ♒ 8	5 ♑ 34	16 ♓	2 ♒	4 ♏	14 ♒	0 ♓
9	15 ♏ 51	21 ♈ 43	15 ♐ 48	14 ♐ 30	7 ♐ 42	7 ♐ 46	28 ♌ 42	3 ♉ 52	23 ♎ 16	1 ♈ 3	28 ♒ 8	5 ♑ 35	16 ♓	2 ♒	5 ♏	14 ♒	0 ♓
10	16 ♏ 51	3 ♉ 34	15 ♐ 45	14 ♐ 25	8 ♐ 55	9 ♐ 1	29 ♌ 12	3 ♉ 44	23 ♎ 23	1 ♈ 1	28 ♒ 8	5 ♑ 37	16 ♓	2 ♒	5 ♏	15 ♒	0 ♓
11	17 ♏ 51	15 ♉ 27	15 ♐ 41	14 ♐ 21	10 ♐ 7	10 ♐ 15	29 ♌ 43	3 ♉ 37	23 ♎ 30	1 ♈ 0	28 D 8	5 ♑ 38	16 ♓	2 ♒	5 ♏	15 ♒	0 ♓
12	18 ♏ 51	27 ♉ 24	15 ♐ 38	14 ♐ 19	11 ♐ 16	11 ♐ 30	0 ♍ 13	3 ♉ 29	23 ♎ 37	0 ♈ 58	28 ♒ 8	5 ♑ 40	16 ♓	2 ♒	6 ♏	15 ♒	0 D
13	19 ♏ 52	9 ♊ 27	15 ♐ 35	14 ♐ 17	12 ♐ 23	12 ♐ 44	0 ♍ 43	3 ♉ 21	23 ♎ 44	0 ♈ 57	28 ♒ 8	5 ♑ 41	16 ♓	3 ♒	6 ♏	16 ♒	0 ♓
14	20 ♏ 52	21 ♊ 38	15 ♐ 32	14 D 18	13 ♐ 27	13 ♐ 59	1 ♍ 13	3 ♉ 14	23 ♎ 50	0 ♈ 56	28 ♒ 8	5 ♑ 43	16 ♓	3 ♒	6 ♏	16 ♒	0 ♓
15	21 ♏ 53	3 ♋ 58	15 ♐ 29	14 ♐ 19	14 ♐ 28	15 ♐ 13	1 ♍ 43	3 ♉ 7	23 ♎ 57	0 ♈ 54	28 ♒ 8	5 ♑ 45	16 ♓	3 ♒	7 ♏	16 ♒	0 ♓
16	22 ♏ 53	16 ♋ 30	15 ♐ 26	14 ♐ 20	15 ♐ 26	16 ♐ 28	2 ♍ 12	3 ♉ 0	24 ♎ 4	0 ♈ 53	28 ♒ 8	5 ♑ 46	16 ♓	3 ♒	7 ♏	17 ♒	0 ♓
17	23 ♏ 53	29 ♋ 18	15 ♐ 22	14 ♐ 22	16 ♐ 20	17 ♐ 42	2 ♍ 42	2 ♉ 52	24 ♎ 11	0 ♈ 52	28 ♒ 9	5 ♑ 48	16 ♓	3 ♒	7 ♏	17 ♒	0 ♓
18	24 ♏ 54	12 ♌ 24	15 ♐ 19	14 ♐ 23	17 ♐ 10	18 ♐ 57	3 ♍ 11	2 ♉ 45	24 ♎ 17	0 ♈ 51	28 ♒ 9	5 ♑ 50	16 ♓	4 ♒	8 ♏	17 ♒	0 ♓
19	25 ♏ 54	25 ♌ 50	15 ♐ 16	14 ♐ 23	17 ♐ 55	20 ♐ 11	3 ♍ 40	2 ♉ 39	24 ♎ 24	0 ♈ 50	28 ♒ 9	5 ♑ 51	16 ♓	4 ♒	8 ♏	18 ♒	0 ♓
20	26 ♏ 55	9 ♍ 38	15 ♐ 13	14 R 23	18 ♐ 35	21 ♐ 26	4 ♍ 8	2 ♉ 32	24 ♎ 31	0 ♈ 49	28 ♒ 9	5 ♑ 53	16 ♓	4 ♒	8 ♏	18 ♒	0 ♓
21	27 ♏ 55	23 ♍ 49	15 ♐ 10	14 ♐ 22	19 ♐ 8	22 ♐ 40	4 ♍ 37	2 ♉ 25	24 ♎ 37	0 ♈ 48	28 ♒ 10	5 ♑ 55	17 ♓	4 ♒	9 ♏	18 ♒	0 ♓
22	28 ♏ 56	8 ♎ 21	15 ♐ 7	14 ♐ 20	19 ♐ 35	23 ♐ 55	5 ♍ 5	2 ♉ 19	24 ♎ 44	0 ♈ 47	28 ♒ 10	5 ♑ 57	17 ♓	5 ♒	9 ♏	19 ♒	0 ♓
23	29 ♏ 57	23 ♎ 9	15 ♐ 3	14 ♐ 18	19 ♐ 54	25 ♐ 9	5 ♍ 33	2 ♉ 12	24 ♎ 50	0 ♈ 46	28 ♒ 11	5 ♑ 59	17 ♓	5 ♒	9 ♏	19 ♒	0 ♓
24	0 ♐ 57	8 ♏ 8	15 ♐ 0	14 ♐ 16	20 ♐ 5	26 ♐ 24	6 ♍ 1	2 ♉ 6	24 ♎ 57	0 ♈ 45	28 ♒ 11	6 ♑ 0	17 ♓	5 ♒	10 ♏	19 ♒	0 ♓
25	1 ♐ 58	23 ♏ 10	14 ♐ 57	14 ♐ 15	20 R 6	27 ♐ 38	6 ♍ 29	2 ♉ 0	25 ♎ 3	0 ♈ 44	28 ♒ 11	6 ♑ 2	17 ♓	5 ♒	10 ♏	20 ♒	0 ♓
26	2 ♐ 59	8 ♐ 4	14 ♐ 54	14 ♐ 15	19 ♐ 58	28 ♐ 52	6 ♍ 56	1 ♉ 54	25 ♎ 9	0 ♈ 43	28 ♒ 12	6 ♑ 4	17 ♓	6 ♒	10 ♏	20 ♒	0 ♓
27	3 ♐ 59	22 ♐ 44	14 ♐ 51	14 D 15	19 ♐ 40	0 ♑ 7	7 ♍ 24	1 ♉ 48	25 ♎ 16	0 ♈ 43	28 ♒ 13	6 ♑ 6	17 ♓	6 ♒	11 ♏	20 ♒	0 ♓
28	5 ♐ 0	7 ♑ 3	14 ♐ 47	14 ♐ 15	19 ♐ 10	1 ♑ 21	7 ♍ 50	1 ♉ 43	25 ♎ 22	0 ♈ 42	28 ♒ 13	6 ♑ 8	17 ♓	6 ♒	11 ♏	21 ♒	0 ♓
29	6 ♐ 1	20 ♑ 57	14 ♐ 44	14 ♐ 16	18 ♐ 30	2 ♑ 36	8 ♍ 17	1 ♉ 37	25 ♎ 28	0 ♈ 42	28 ♒ 14	6 ♑ 10	17 ♓	6 ♒	11 ♏	21 ♒	0 ♓
30	7 ♐ 2	4 ♒ 25	14 ♐ 41	14 ♐ 17	17 ♐ 39	3 ♑ 50	8 ♍ 44	1 ♉ 32	25 ♎ 34	0 ♈ 41	28 ♒ 14	6 ♑ 12	17 ♓	7 ♒	12 ♏	21 ♒	0 ♓

SUN INGRESS	☉ → ♐ 23日 01:08
MOON PHASE	◐ 3日 01:38 ♒ ○ 11日 05:16 ♉ ◑ 19日 00:09 ♌ ● 25日 15:10 ♐

aspects		
1日	06:19	♀□♆
1日	17:37	☿□♆
3日	16:54	♀△♅
3日	22:58	☿△♅
7日	21:34	♂☍♆
17日	07:08	♂△♃
21日	05:42	☉□♆
22日	17:19	♀⚹♄
23日	19:14	☉△♅
23日	23:07	♂△♇
25日	10:52	♀⚹♆
27日	11:27	♀□♅
28日	06:23	♀△♃

2011年12月

DAY	☉	☽	☊ mean	☊ true	☿	♀	♂	♃	♄	♅	♆	♇	⚳	⚴	⚵	⚶	⚷
	° ′	° ′	° ′	° ′	° ′	° ′	° ′	° ′	° ′	° ′	° ′	° ′	°	°	°	°	°
1	8 ♐ 2	17 ♒ 27	14 ♐ 38	14 D 17	16 R 38	5 D 5	9 D 10	1 R 27	25 D 40	0 R 40	28 D 15	6 D 14	18 D	7 D	12 D	22 D	0 D
2	9 ♐ 3	0 ♓ 7	14 ♐ 35	14 ♐ 18	15 ♐ 29	6 ♑ 19	9 ♍ 36	1 ♉ 22	25 ♎ 46	0 ♈ 40	28 ♒ 16	6 ♑ 16	18 ♓	7 ♒	12 ♏	22 ♒	0 ♓
3	10 ♐ 4	12 ♓ 28	14 ♐ 32	14 R 18	14 ♐ 13	7 ♑ 33	10 ♍ 1	1 ♉ 17	25 ♎ 52	0 ♈ 40	28 ♒ 17	6 ♑ 17	18 ♓	7 ♒	13 ♏	23 ♒	0 ♓
4	11 ♐ 5	24 ♓ 35	14 ♐ 28	14 ♐ 18	12 ♐ 52	8 ♑ 48	10 ♍ 27	1 ♉ 13	25 ♎ 58	0 ♈ 39	28 ♒ 17	6 ♑ 19	18 ♓	8 ♒	13 ♏	23 ♒	0 ♓
5	12 ♐ 6	6 ♈ 31	14 ♐ 25	14 ♐ 17	11 ♐ 29	10 ♑ 2	10 ♍ 52	1 ♉ 8	26 ♎ 4	0 ♈ 39	28 ♒ 18	6 ♑ 21	18 ♓	8 ♒	13 ♏	23 ♒	0 ♓
6	13 ♐ 7	18 ♈ 22	14 ♐ 22	14 ♐ 17	10 ♐ 7	11 ♑ 16	11 ♍ 17	1 ♉ 4	26 ♎ 10	0 ♈ 39	28 ♒ 19	6 ♑ 23	18 ♓	8 ♒	14 ♏	24 ♒	0 ♓
7	14 ♐ 8	0 ♉ 12	14 ♐ 19	14 ♐ 17	8 ♐ 49	12 ♑ 31	11 ♍ 41	1 ♉ 0	26 ♎ 15	0 ♈ 38	28 ♒ 20	6 ♑ 25	19 ♓	8 ♒	14 ♏	24 ♒	0 ♓
8	15 ♐ 8	12 ♉ 4	14 ♐ 16	14 D 17	7 ♐ 37	13 ♑ 45	12 ♍ 5	0 ♉ 56	26 ♎ 21	0 ♈ 38	28 ♒ 21	6 ♑ 27	19 ♓	9 ♒	14 ♏	24 ♒	0 ♓
9	16 ♐ 9	24 ♉ 2	14 ♐ 13	14 ♐ 17	6 ♐ 33	14 ♑ 59	12 ♍ 29	0 ♉ 52	26 ♎ 27	0 ♈ 38	28 ♒ 22	6 ♑ 30	19 ♓	9 ♒	15 ♏	25 ♒	1 ♓
10	17 ♐ 10	6 ♊ 7	14 ♐ 9	14 ♐ 17	5 ♐ 38	16 ♑ 14	12 ♍ 53	0 ♉ 49	26 ♎ 32	0 ♈ 38	28 ♒ 23	6 ♑ 32	19 ♓	9 ♒	15 ♏	25 ♒	1 ♓
11	18 ♐ 11	18 ♊ 22	14 ♐ 6	14 R 17	4 ♐ 55	17 ♑ 28	13 ♍ 16	0 ♉ 46	26 ♎ 38	0 D 38	28 ♒ 24	6 ♑ 34	19 ♓	10 ♒	15 ♏	26 ♒	1 ♓
12	19 ♐ 12	0 ♋ 49	14 ♐ 3	14 ♐ 17	4 ♐ 23	18 ♑ 42	13 ♍ 39	0 ♉ 43	26 ♎ 43	0 ♈ 38	28 ♒ 25	6 ♑ 36	19 ♓	10 ♒	16 ♏	26 ♒	1 ♓
13	20 ♐ 13	13 ♋ 27	14 ♐ 0	14 ♐ 17	4 ♐ 2	19 ♑ 56	14 ♍ 2	0 ♉ 40	26 ♎ 48	0 ♈ 38	28 ♒ 26	6 ♑ 38	20 ♓	10 ♒	16 ♏	26 ♒	1 ♓
14	21 ♐ 14	26 ♋ 19	13 ♐ 57	14 ♐ 16	3 ♐ 52	21 ♑ 10	14 ♍ 24	0 ♉ 37	26 ♎ 54	0 ♈ 38	28 ♒ 27	6 ♑ 40	20 ♓	10 ♒	16 ♏	27 ♒	1 ♓
15	22 ♐ 15	9 ♌ 23	13 ♐ 53	14 ♐ 15	3 D 52	22 ♑ 24	14 ♍ 46	0 ♉ 35	26 ♎ 59	0 ♈ 39	28 ♒ 28	6 ♑ 42	20 ♓	11 ♒	17 ♏	27 ♒	1 ♓
16	23 ♐ 16	22 ♌ 42	13 ♐ 50	14 ♐ 14	4 ♐ 3	23 ♑ 39	15 ♍ 8	0 ♉ 33	27 ♎ 4	0 ♈ 39	28 ♒ 30	6 ♑ 44	20 ♓	11 ♒	17 ♏	28 ♒	1 ♓
17	24 ♐ 17	6 ♍ 15	13 ♐ 47	14 ♐ 13	4 ♐ 22	24 ♑ 53	15 ♍ 29	0 ♉ 30	27 ♎ 9	0 ♈ 39	28 ♒ 31	6 ♑ 46	20 ♓	11 ♒	17 ♏	28 ♒	1 ♓
18	25 ♐ 18	20 ♍ 2	13 ♐ 44	14 ♐ 12	4 ♐ 49	26 ♑ 7	15 ♍ 50	0 ♉ 29	27 ♎ 14	0 ♈ 39	28 ♒ 32	6 ♑ 48	21 ♓	12 ♒	18 ♏	28 ♒	1 ♓
19	26 ♐ 19	4 ♎ 2	13 ♐ 41	14 D 13	5 ♐ 24	27 ♑ 21	16 ♍ 11	0 ♉ 27	27 ♎ 19	0 ♈ 40	28 ♒ 33	6 ♑ 50	21 ♓	12 ♒	18 ♏	29 ♒	1 ♓
20	27 ♐ 20	18 ♎ 16	13 ♐ 38	14 ♐ 13	6 ♐ 5	28 ♑ 35	16 ♍ 31	0 ♉ 26	27 ♎ 24	0 ♈ 40	28 ♒ 35	6 ♑ 52	21 ♓	12 ♒	18 ♏	29 ♒	1 ♓
21	28 ♐ 21	2 ♏ 41	13 ♐ 34	14 ♐ 14	6 ♐ 52	29 ♑ 49	16 ♍ 51	0 ♉ 24	27 ♎ 28	0 ♈ 41	28 ♒ 36	6 ♑ 55	21 ♓	12 ♒	18 ♏	0 ♓	1 ♓
22	29 ♐ 23	17 ♏ 12	13 ♐ 31	14 ♐ 15	7 ♐ 43	1 ♒ 3	17 ♍ 11	0 ♉ 23	27 ♎ 33	0 ♈ 41	28 ♒ 37	6 ♑ 57	22 ♓	13 ♒	19 ♏	0 ♓	1 ♓
23	0 ♑ 24	1 ♐ 47	13 ♐ 28	14 ♐ 16	8 ♐ 40	2 ♒ 17	17 ♍ 30	0 ♉ 23	27 ♎ 38	0 ♈ 42	28 ♒ 39	6 ♑ 59	22 ♓	13 ♒	19 ♏	0 ♓	1 ♓
24	1 ♑ 25	16 ♐ 19	13 ♐ 25	14 R 17	9 ♐ 40	3 ♒ 31	17 ♍ 48	0 ♉ 22	27 ♎ 42	0 ♈ 43	28 ♒ 40	7 ♑ 1	22 ♓	13 ♒	19 ♏	1 ♓	1 ♓
25	2 ♑ 26	0 ♑ 43	13 ♐ 22	14 ♐ 16	10 ♐ 44	4 ♒ 45	18 ♍ 6	0 ♉ 22	27 ♎ 47	0 ♈ 43	28 ♒ 41	7 ♑ 3	22 ♓	14 ♒	20 ♏	1 ♓	1 ♓
26	3 ♑ 27	14 ♑ 52	13 ♐ 19	14 ♐ 14	11 ♐ 51	5 ♒ 59	18 ♍ 24	0 ♉ 21	27 ♎ 51	0 ♈ 44	28 ♒ 43	7 ♑ 5	22 ♓	14 ♒	20 ♏	2 ♓	1 ♓
27	4 ♑ 28	28 ♑ 43	13 ♐ 15	14 ♐ 12	13 ♐ 1	7 ♒ 12	18 ♍ 41	0 D 21	27 ♎ 55	0 ♈ 45	28 ♒ 44	7 ♑ 7	23 ♓	14 ♒	20 ♏	2 ♓	1 ♓
28	5 ♑ 29	12 ♒ 12	13 ♐ 12	14 ♐ 8	14 ♐ 13	8 ♒ 26	18 ♍ 58	0 ♉ 22	28 ♎ 0	0 ♈ 46	28 ♒ 46	7 ♑ 10	23 ♓	15 ♒	21 ♏	3 ♓	1 ♓
29	6 ♑ 31	25 ♒ 18	13 ♐ 9	14 ♐ 5	15 ♐ 27	9 ♒ 40	19 ♍ 15	0 ♉ 22	28 ♎ 4	0 ♈ 47	28 ♒ 47	7 ♑ 12	23 ♓	15 ♒	21 ♏	3 ♓	1 ♓
30	7 ♑ 32	8 ♓ 3	13 ♐ 6	14 ♐ 2	16 ♐ 43	10 ♒ 54	19 ♍ 30	0 ♉ 23	28 ♎ 8	0 ♈ 48	28 ♒ 49	7 ♑ 14	23 ♓	15 ♒	21 ♏	3 ♓	1 ♓
31	8 ♑ 33	20 ♓ 27	13 ♐ 3	13 ♐ 59	18 ♐ 0	12 ♒ 8	19 ♍ 46	0 ♉ 24	28 ♎ 12	0 ♈ 49	28 ♒ 51	7 ♑ 16	24 ♓	15 ♒	22 ♏	4 ♓	1 ♓

SUN INGRESS	☉ → ♑ 22日 14:30
MOON PHASE	◐ 2日 18:52 ♓ ○ 10日 23:36 ♊ ◑ 18日 09:48 ♍ ● 25日 03:06 ♑

aspects		
1日	22:50	♀☌♇
2日	22:08	☉□♂
4日	17:52	☉☌☿
5日	08:19	☿□♂
6日	00:07	♀△♂
18日	23:18	♀□♄
20日	01:24	☉⚹♄
21日	05:46	☉⚹♆
21日	11:19	♀□♃
21日	16:56	♀⚹♅
22日	23:32	☉△♃
23日	07:14	☉□♅
29日	16:43	☉☌♇

2012年1月

DAY	☉	☽	☊ mean	☊ true	☿	♀	♂	♃	♄	♅	♆	♇	⚳	⚴	⚵	⚶	⚷
	° ′	° ′	° ′	° ′	° ′	° ′	° ′	° ′	° ′	° ′	° ′	° ′	°	°	°	°	°
1	9 ♑ 34	2 ♈ 36	12 ♐ 59	13 R 58	19 D 20	13 D 21	20 D 1	0 D 25	28 D 15	0 D 50	28 D 52	7 D 18	24 D	16 D	22 D	4 D	1 D
2	10 ♑ 35	14 ♈ 34	12 ♐ 56	13 D 58	20 ♐ 40	14 ♒ 35	20 ♍ 15	0 ♉ 26	28 ♎ 19	0 ♈ 51	28 ♒ 54	7 ♑ 20	24 ♓	16 ♒	22 ♏	5 ♓	1 ♓
3	11 ♑ 36	26 ♈ 25	12 ♐ 53	13 ♐ 59	22 ♐ 1	15 ♒ 48	20 ♍ 29	0 ♉ 28	28 ♎ 23	0 ♈ 52	28 ♒ 56	7 ♑ 22	24 ♓	16 ♒	22 ♏	5 ♓	1 ♓
4	12 ♑ 38	8 ♉ 14	12 ♐ 50	14 ♐ 1	23 ♐ 24	17 ♒ 2	20 ♍ 43	0 ♉ 29	28 ♎ 26	0 ♈ 53	28 ♒ 57	7 ♑ 25	25 ♓	17 ♒	23 ♏	6 ♓	2 ♓
5	13 ♑ 39	20 ♉ 7	12 ♐ 47	14 ♐ 2	24 ♐ 48	18 ♒ 15	20 ♍ 55	0 ♉ 31	28 ♎ 30	0 ♈ 54	28 ♒ 59	7 ♑ 27	25 ♓	17 ♒	23 ♏	6 ♓	2 ♓
6	14 ♑ 40	2 ♊ 8	12 ♐ 44	14 ♐ 4	26 ♐ 12	19 ♒ 29	21 ♍ 8	0 ♉ 33	28 ♎ 33	0 ♈ 56	29 ♒ 1	7 ♑ 29	25 ♓	17 ♒	23 ♏	6 ♓	2 ♓
7	15 ♑ 41	14 ♊ 21	12 ♐ 40	14 R 5	27 ♐ 37	20 ♒ 42	21 ♍ 20	0 ♉ 36	28 ♎ 37	0 ♈ 57	29 ♒ 2	7 ♑ 31	26 ♓	18 ♒	24 ♏	7 ♓	2 ♓
8	16 ♑ 42	26 ♊ 48	12 ♐ 37	14 ♐ 4	29 ♐ 3	21 ♒ 56	21 ♍ 31	0 ♉ 38	28 ♎ 40	0 ♈ 59	29 ♒ 4	7 ♑ 33	26 ♓	18 ♒	24 ♏	7 ♓	2 ♓
9	17 ♑ 43	9 ♋ 31	12 ♐ 34	14 ♐ 1	0 ♑ 30	23 ♒ 9	21 ♍ 42	0 ♉ 41	28 ♎ 43	1 ♈ 0	29 ♒ 6	7 ♑ 35	26 ♓	18 ♒	24 ♏	8 ♓	2 ♓
10	18 ♑ 44	22 ♋ 31	12 ♐ 31	13 ♐ 57	1 ♑ 57	24 ♒ 22	21 ♍ 52	0 ♉ 44	28 ♎ 46	1 ♈ 2	29 ♒ 8	7 ♑ 37	26 ♓	19 ♒	24 ♏	8 ♓	2 ♓
11	19 ♑ 45	5 ♌ 47	12 ♐ 28	13 ♐ 52	3 ♑ 25	25 ♒ 35	22 ♍ 1	0 ♉ 47	28 ♎ 49	1 ♈ 3	29 ♒ 10	7 ♑ 39	27 ♓	19 ♒	25 ♏	9 ♓	2 ♓
12	20 ♑ 47	19 ♌ 18	12 ♐ 25	13 ♐ 45	4 ♑ 54	26 ♒ 48	22 ♍ 10	0 ♉ 50	28 ♎ 52	1 ♈ 5	29 ♒ 12	7 ♑ 42	27 ♓	19 ♒	25 ♏	9 ♓	2 ♓
13	21 ♑ 48	3 ♍ 1	12 ♐ 21	13 ♐ 39	6 ♑ 23	28 ♒ 2	22 ♍ 18	0 ♉ 54	28 ♎ 55	1 ♈ 6	29 ♒ 13	7 ♑ 44	27 ♓	19 ♒	25 ♏	9 ♓	2 ♓
14	22 ♑ 49	16 ♍ 54	12 ♐ 18	13 ♐ 33	7 ♑ 53	29 ♒ 15	22 ♍ 26	0 ♉ 57	28 ♎ 57	1 ♈ 8	29 ♒ 15	7 ♑ 46	28 ♓	20 ♒	25 ♏	10 ♓	2 ♓
15	23 ♑ 50	0 ♎ 53	12 ♐ 15	13 ♐ 29	9 ♑ 23	0 ♓ 27	22 ♍ 33	1 ♉ 1	29 ♎ 0	1 ♈ 10	29 ♒ 17	7 ♑ 48	28 ♓	20 ♒	26 ♏	10 ♓	2 ♓
16	24 ♑ 51	14 ♎ 57	12 ♐ 12	13 ♐ 27	10 ♑ 54	1 ♓ 40	22 ♍ 39	1 ♉ 5	29 ♎ 2	1 ♈ 11	29 ♒ 19	7 ♑ 50	28 ♓	20 ♒	26 ♏	11 ♓	2 ♓
17	25 ♑ 52	29 ♎ 4	12 ♐ 9	13 D 27	12 ♑ 25	2 ♓ 53	22 ♍ 45	1 ♉ 10	29 ♎ 5	1 ♈ 13	29 ♒ 21	7 ♑ 52	29 ♓	21 ♒	26 ♏	11 ♓	2 ♓
18	26 ♑ 53	13 ♏ 13	12 ♐ 5	13 ♐ 28	13 ♑ 57	4 ♓ 6	22 ♍ 50	1 ♉ 14	29 ♎ 7	1 ♈ 15	29 ♒ 23	7 ♑ 54	29 ♓	21 ♒	27 ♏	12 ♓	2 ♓
19	27 ♑ 54	27 ♏ 21	12 ♐ 2	13 ♐ 29	15 ♑ 30	5 ♓ 19	22 ♍ 54	1 ♉ 19	29 ♎ 9	1 ♈ 17	29 ♒ 25	7 ♑ 56	29 ♓	21 ♒	27 ♏	12 ♓	2 ♓
20	28 ♑ 55	11 ♐ 28	11 ♐ 59	13 ♐ 30	17 ♑ 3	6 ♓ 31	22 ♍ 58	1 ♉ 24	29 ♎ 11	1 ♈ 19	29 ♒ 27	7 ♑ 58	29 ♓	22 ♒	27 ♏	13 ♓	2 ♓
21	29 ♑ 57	25 ♐ 31	11 ♐ 56	13 R 29	18 ♑ 36	7 ♓ 44	23 ♍ 1	1 ♉ 29	29 ♎ 13	1 ♈ 21	29 ♒ 29	8 ♑ 0	0 ♈	22 ♒	27 ♏	13 ♓	2 ♓
22	0 ♒ 58	9 ♑ 28	11 ♐ 53	13 ♐ 26	20 ♑ 10	8 ♓ 56	23 ♍ 3	1 ♉ 34	29 ♎ 15	1 ♈ 23	29 ♒ 31	8 ♑ 2	0 ♈	22 ♒	28 ♏	13 ♓	2 ♓
23	1 ♒ 59	23 ♑ 15	11 ♐ 50	13 ♐ 21	21 ♑ 45	10 ♓ 9	23 ♍ 4	1 ♉ 39	29 ♎ 17	1 ♈ 25	29 ♒ 33	8 ♑ 4	0 ♈	23 ♒	28 ♏	14 ♓	3 ♓
24	3 ♒ 0	6 ♒ 49	11 ♐ 46	13 ♐ 14	23 ♑ 20	11 ♓ 21	23 ♍ 5	1 ♉ 45	29 ♎ 18	1 ♈ 27	29 ♒ 35	8 ♑ 6	1 ♈	23 ♒	28 ♏	14 ♓	3 ♓
25	4 ♒ 1	20 ♒ 7	11 ♐ 43	13 ♐ 5	24 ♑ 56	12 ♓ 33	23 R 5	1 ♉ 50	29 ♎ 20	1 ♈ 29	29 ♒ 38	8 ♑ 8	1 ♈	23 ♒	28 ♏	15 ♓	3 ♓
26	5 ♒ 2	3 ♓ 7	11 ♐ 40	12 ♐ 55	26 ♑ 32	13 ♓ 46	23 ♍ 4	1 ♉ 56	29 ♎ 21	1 ♈ 32	29 ♒ 40	8 ♑ 10	1 ♈	24 ♒	29 ♏	15 ♓	3 ♓
27	6 ♒ 3	15 ♓ 49	11 ♐ 37	12 ♐ 45	28 ♑ 9	14 ♓ 58	23 ♍ 3	2 ♉ 2	29 ♎ 22	1 ♈ 34	29 ♒ 42	8 ♑ 12	2 ♈	24 ♒	29 ♏	16 ♓	3 ♓
28	7 ♒ 4	28 ♓ 13	11 ♐ 34	12 ♐ 37	29 ♑ 46	16 ♓ 10	23 ♍ 0	2 ♉ 9	29 ♎ 24	1 ♈ 36	29 ♒ 44	8 ♑ 14	2 ♈	24 ♒	29 ♏	16 ♓	3 ♓
29	8 ♒ 5	10 ♈ 23	11 ♐ 31	12 ♐ 31	1 ♒ 25	17 ♓ 22	22 ♍ 57	2 ♉ 15	29 ♎ 25	1 ♈ 38	29 ♒ 46	8 ♑ 16	2 ♈	25 ♒	29 ♏	17 ♓	3 ♓
30	9 ♒ 6	22 ♈ 21	11 ♐ 27	12 ♐ 27	3 ♒ 4	18 ♓ 33	22 ♍ 53	2 ♉ 22	29 ♎ 26	1 ♈ 41	29 ♒ 48	8 ♑ 18	3 ♈	25 ♒	0 ♐	17 ♓	3 ♓
31	10 ♒ 7	4 ♉ 12	11 ♐ 24	12 ♐ 25	4 ♒ 43	19 ♓ 45	22 ♍ 48	2 ♉ 28	29 ♎ 27	1 ♈ 43	29 ♒ 50	8 ♑ 20	3 ♈	25 ♒	0 ♐	17 ♓	3 ♓

SUN INGRESS: ☉ → ♒ 21日 01:10

MOON PHASE: ◐ 1日 15:15 ♈　○ 9日 16:30 ♋　◑ 16日 18:08 ♎　● 23日 16:39 ♒　◐ 31日 13:10 ♉

aspects

1日	15:06	☿□♂
7日	17:13	☿⚹♄
8日	00:15	☿⚹♆
9日	03:05	☿△♃
9日	08:23	☿□♅
13日	13:46	☉△♂
13日	18:05	♀△♄
13日	22:03	☿☌♇
14日	00:17	♀☌♆
15日	11:47	♀⚹♃
20日	06:18	☉□♄
21日	05:32	♀⚹♇
22日	10:20	☉⚹♅
22日	15:35	☉□♃
23日	20:15	☿△♂
27日	18:19	☿□♄
29日	03:26	☿⚹♅
29日	13:08	☿□♃

2012年2月

DAY	☉	☽	☊ mean	☊ true	☿	♀	♂	♃	♄	♅	♆	♇	⚳	⚴	⚵	⚶	⚷
	° ′	° ′	° ′	° ′	° ′	° ′	° ′	° ′	° ′	° ′	° ′	° ′	°	°	°	°	°
1	11 ♒ 8	16 ♉ 0	11 ♐ 21	12 D 25	6 D 23	20 D 57	22 R 43	2 D 35	29 D 27	1 D 46	29 D 53	8 D 22	3 D	26 D	0 D	18 D	3 D
2	12 ♒ 9	27 ♉ 53	11 ♐ 18	12 ♐ 26	8 ♒ 4	22 ♓ 8	22 ♍ 37	2 ♉ 42	29 ♎ 28	1 ♈ 48	29 ♒ 55	8 ♑ 23	4 ♈	26 ♒	0 ♐	18 ♓	3 ♓
3	13 ♒ 10	9 ♊ 54	11 ♐ 15	12 ♐ 26	9 ♒ 46	23 ♓ 20	22 ♍ 30	2 ♉ 50	29 ♎ 29	1 ♈ 51	29 ♒ 57	8 ♑ 25	4 ♈	26 ♒	0 ♐	19 ♓	3 ♓
4	14 ♒ 10	22 ♊ 9	11 ♐ 11	12 R 26	11 ♒ 28	24 ♓ 31	22 ♍ 22	2 ♉ 57	29 ♎ 29	1 ♈ 53	29 ♒ 59	8 ♑ 27	4 ♈	27 ♒	1 ♐	19 ♓	3 ♓
5	15 ♒ 11	4 ♋ 42	11 ♐ 8	12 ♐ 23	13 ♒ 11	25 ♓ 42	22 ♍ 13	3 ♉ 5	29 ♎ 30	1 ♈ 56	0 ♓ 1	8 ♑ 29	5 ♈	27 ♒	1 ♐	20 ♓	3 ♓
6	16 ♒ 12	17 ♋ 37	11 ♐ 5	12 ♐ 18	14 ♒ 55	26 ♓ 53	22 ♍ 4	3 ♉ 12	29 ♎ 30	1 ♈ 58	0 ♓ 4	8 ♑ 31	5 ♈	27 ♒	1 ♐	20 ♓	3 ♓
7	17 ♒ 13	0 ♌ 53	11 ♐ 2	12 ♐ 11	16 ♒ 39	28 ♓ 4	21 ♍ 54	3 ♉ 20	29 ♎ 30	2 ♈ 1	0 ♓ 6	8 ♑ 32	5 ♈	28 ♒	1 ♐	21 ♓	3 ♓
8	18 ♒ 14	14 ♌ 32	10 ♐ 59	12 ♐ 1	18 ♒ 25	29 ♓ 15	21 ♍ 43	3 ♉ 28	29 R 30	2 ♈ 4	0 ♓ 8	8 ♑ 34	6 ♈	28 ♒	1 ♐	21 ♓	4 ♓
9	19 ♒ 14	28 ♌ 30	10 ♐ 56	11 ♐ 50	20 ♒ 11	0 ♈ 26	21 ♍ 31	3 ♉ 36	29 ♎ 30	2 ♈ 6	0 ♓ 10	8 ♑ 36	6 ♈	28 ♒	2 ♐	22 ♓	4 ♓
10	20 ♒ 15	12 ♍ 42	10 ♐ 52	11 ♐ 39	21 ♒ 57	1 ♈ 37	21 ♍ 18	3 ♉ 44	29 ♎ 30	2 ♈ 9	0 ♓ 13	8 ♑ 38	6 ♈	29 ♒	2 ♐	22 ♓	4 ♓
11	21 ♒ 16	27 ♍ 3	10 ♐ 49	11 ♐ 28	23 ♒ 45	2 ♈ 47	21 ♍ 5	3 ♉ 53	29 ♎ 29	2 ♈ 12	0 ♓ 15	8 ♑ 39	7 ♈	29 ♒	2 ♐	22 ♓	4 ♓
12	22 ♒ 17	11 ♎ 27	10 ♐ 46	11 ♐ 20	25 ♒ 33	3 ♈ 57	20 ♍ 51	4 ♉ 1	29 ♎ 29	2 ♈ 15	0 ♓ 17	8 ♑ 41	7 ♈	29 ♒	2 ♐	23 ♓	4 ♓
13	23 ♒ 17	25 ♎ 48	10 ♐ 43	11 ♐ 15	27 ♒ 22	5 ♈ 8	20 ♍ 36	4 ♉ 10	29 ♎ 29	2 ♈ 17	0 ♓ 19	8 ♑ 43	8 ♈	0 ♓	2 ♐	23 ♓	4 ♓
14	24 ♒ 18	10 ♏ 4	10 ♐ 40	11 ♐ 12	29 ♒ 11	6 ♈ 18	20 ♍ 21	4 ♉ 19	29 ♎ 28	2 ♈ 20	0 ♓ 22	8 ♑ 44	8 ♈	0 ♓	3 ♐	24 ♓	4 ♓
15	25 ♒ 19	24 ♏ 11	10 ♐ 36	11 ♐ 12	1 ♓ 1	7 ♈ 28	20 ♍ 5	4 ♉ 28	29 ♎ 27	2 ♈ 23	0 ♓ 24	8 ♑ 46	8 ♈	0 ♓	3 ♐	24 ♓	4 ♓
16	26 ♒ 19	8 ♐ 9	10 ♐ 33	11 D 12	2 ♓ 51	8 ♈ 37	19 ♍ 48	4 ♉ 37	29 ♎ 27	2 ♈ 26	0 ♓ 26	8 ♑ 48	9 ♈	1 ♓	3 ♐	25 ♓	4 ♓
17	27 ♒ 20	21 ♐ 58	10 ♐ 30	11 R 11	4 ♓ 42	9 ♈ 47	19 ♍ 30	4 ♉ 46	29 ♎ 26	2 ♈ 29	0 ♓ 28	8 ♑ 49	9 ♈	1 ♓	3 ♐	25 ♓	4 ♓
18	28 ♒ 20	5 ♑ 38	10 ♐ 27	11 ♐ 9	6 ♓ 32	10 ♈ 57	19 ♍ 12	4 ♉ 56	29 ♎ 25	2 ♈ 32	0 ♓ 31	8 ♑ 51	9 ♈	1 ♓	3 ♐	26 ♓	4 ♓
19	29 ♒ 21	19 ♑ 9	10 ♐ 24	11 ♐ 5	8 ♓ 23	12 ♈ 6	18 ♍ 53	5 ♉ 5	29 ♎ 24	2 ♈ 35	0 ♓ 33	8 ♑ 52	10 ♈	2 ♓	4 ♐	26 ♓	4 ♓
20	0 ♓ 21	2 ♒ 30	10 ♐ 21	10 ♐ 57	10 ♓ 14	13 ♈ 15	18 ♍ 34	5 ♉ 15	29 ♎ 22	2 ♈ 38	0 ♓ 35	8 ♑ 54	10 ♈	2 ♓	4 ♐	27 ♓	4 ♓
21	1 ♓ 22	15 ♒ 40	10 ♐ 17	10 ♐ 46	12 ♓ 4	14 ♈ 24	18 ♍ 14	5 ♉ 24	29 ♎ 21	2 ♈ 41	0 ♓ 38	8 ♑ 55	10 ♈	2 ♓	4 ♐	27 ♓	4 ♓
22	2 ♓ 22	28 ♒ 39	10 ♐ 14	10 ♐ 33	13 ♓ 54	15 ♈ 33	17 ♍ 53	5 ♉ 34	29 ♎ 20	2 ♈ 44	0 ♓ 40	8 ♑ 57	11 ♈	3 ♓	4 ♐	28 ♓	4 ♓
23	3 ♓ 23	11 ♓ 24	10 ♐ 11	10 ♐ 19	15 ♓ 43	16 ♈ 42	17 ♍ 32	5 ♉ 44	29 ♎ 18	2 ♈ 47	0 ♓ 42	8 ♑ 58	11 ♈	3 ♓	4 ♐	28 ♓	5 ♓
24	4 ♓ 23	23 ♓ 55	10 ♐ 8	10 ♐ 6	17 ♓ 30	17 ♈ 51	17 ♍ 11	5 ♉ 54	29 ♎ 17	2 ♈ 50	0 ♓ 44	8 ♑ 59	12 ♈	3 ♓	4 ♐	28 ♓	5 ♓
25	5 ♓ 24	6 ♈ 13	10 ♐ 5	9 ♐ 53	19 ♓ 16	18 ♈ 59	16 ♍ 49	6 ♉ 5	29 ♎ 15	2 ♈ 53	0 ♓ 47	9 ♑ 1	12 ♈	4 ♓	4 ♐	29 ♓	5 ♓
26	6 ♓ 24	18 ♈ 19	10 ♐ 2	9 ♐ 43	21 ♓ 0	20 ♈ 7	16 ♍ 27	6 ♉ 15	29 ♎ 13	2 ♈ 56	0 ♓ 49	9 ♑ 2	12 ♈	4 ♓	5 ♐	29 ♓	5 ♓
27	7 ♓ 25	0 ♉ 15	9 ♐ 58	9 ♐ 36	22 ♓ 41	21 ♈ 15	16 ♍ 4	6 ♉ 25	29 ♎ 11	3 ♈ 0	0 ♓ 51	9 ♑ 4	13 ♈	4 ♓	5 ♐	0 ♈	5 ♓
28	8 ♓ 25	12 ♉ 4	9 ♐ 55	9 ♐ 31	24 ♓ 19	22 ♈ 23	15 ♍ 41	6 ♉ 36	29 ♎ 9	3 ♈ 3	0 ♓ 53	9 ♑ 5	13 ♈	5 ♓	5 ♐	0 ♈	5 ♓
29	9 ♓ 25	23 ♉ 52	9 ♐ 52	9 ♐ 29	25 ♓ 54	23 ♈ 31	15 ♍ 18	6 ♉ 47	29 ♎ 7	3 ♈ 6	0 ♓ 56	9 ♑ 6	13 ♈	5 ♓	5 ♐	1 ♈	5 ♓

SUN INGRESS: ☉ → ♓ 19日 15:18

MOON PHASE: ○ 8日 06:54 ♌　◑ 15日 02:04 ♏　● 22日 07:35 ♓

aspects

2日	08:41	♀☍♂
7日	18:02	☉☌☿
10日	11:29	♀☌♅
14日	03:44	☿△♄
14日	15:47	☿☌♆
16日	03:32	♀□♇
17日	01:07	☿⚹♃
19日	01:02	☉△♄
19日	06:23	☿⚹♇
20日	05:41	☉☌♆
23日	20:25	☿☍♂
25日	19:32	☉⚹♃
28日	16:15	☉⚹♇

2012年3月

DAY	☉	☽	☊ mean	☊ true	☿	♀	♂	♃	♄	♅	♆	♇	⚳	⚴	⚵	⚶	⚷
	° ′	° ′	° ′	° ′	° ′	° ′	° ′	° ′	° ′	° ′	° ′	° ′	°	°	°	°	°
1	10 ♓ 25	5 ♊ 42	9 ♐ 49	9 R 29	27 D 24	24 D 38	14 R 55	6 D 57	29 R 5	3 D 9	0 D 58	9 D 7	14 D	5 D	5 D	1 D	5 D
2	11 ♓ 26	17 ♊ 42	9 ♐ 46	9 ♐ 29	28 ♓ 50	25 ♈ 45	14 ♍ 31	7 ♉ 8	29 ♎ 3	3 ♈ 12	1 ♓ 0	9 ♑ 9	14 ♈	6 ♓	5 ♐	2 ♈	5 ♓
3	12 ♓ 26	29 ♊ 55	9 ♐ 42	9 ♐ 28	0 ♈ 10	26 ♈ 52	14 ♍ 8	7 ♉ 19	29 ♎ 0	3 ♈ 16	1 ♓ 2	9 ♑ 10	15 ♈	6 ♓	5 ♐	2 ♈	5 ♓
4	13 ♓ 26	12 ♋ 28	9 ♐ 39	9 ♐ 25	1 ♈ 25	27 ♈ 59	13 ♍ 44	7 ♉ 30	28 ♎ 58	3 ♈ 19	1 ♓ 5	9 ♑ 11	15 ♈	6 ♓	5 ♐	3 ♈	5 ♓
5	14 ♓ 26	25 ♋ 25	9 ♐ 36	9 ♐ 20	2 ♈ 32	29 ♈ 6	13 ♍ 20	7 ♉ 41	28 ♎ 55	3 ♈ 22	1 ♓ 7	9 ♑ 12	15 ♈	7 ♓	6 ♐	3 ♈	5 ♓
6	15 ♓ 26	8 ♌ 48	9 ♐ 33	9 ♐ 13	3 ♈ 33	0 ♉ 12	12 ♍ 57	7 ♉ 53	28 ♎ 53	3 ♈ 25	1 ♓ 9	9 ♑ 13	16 ♈	7 ♓	6 ♐	4 ♈	5 ♓
7	16 ♓ 26	22 ♌ 39	9 ♐ 30	9 ♐ 2	4 ♈ 26	1 ♉ 18	12 ♍ 33	8 ♉ 4	28 ♎ 50	3 ♈ 29	1 ♓ 11	9 ♑ 14	16 ♈	7 ♓	6 ♐	4 ♈	5 ♓
8	17 ♓ 26	6 ♍ 54	9 ♐ 27	8 ♐ 51	5 ♈ 12	2 ♉ 24	12 ♍ 9	8 ♉ 15	28 ♎ 47	3 ♈ 32	1 ♓ 14	9 ♑ 15	16 ♈	8 ♓	6 ♐	5 ♈	5 ♓
9	18 ♓ 26	21 ♍ 29	9 ♐ 23	8 ♐ 39	5 ♈ 48	3 ♉ 30	11 ♍ 46	8 ♉ 27	28 ♎ 44	3 ♈ 35	1 ♓ 16	9 ♑ 16	17 ♈	8 ♓	6 ♐	5 ♈	6 ♓
10	19 ♓ 26	6 ♎ 16	9 ♐ 20	8 ♐ 28	6 ♈ 17	4 ♉ 35	11 ♍ 23	8 ♉ 38	28 ♎ 41	3 ♈ 39	1 ♓ 18	9 ♑ 17	17 ♈	8 ♓	6 ♐	5 ♈	6 ♓
11	20 ♓ 26	21 ♎ 7	9 ♐ 17	8 ♐ 19	6 ♈ 36	5 ♉ 40	11 ♍ 0	8 ♉ 50	28 ♎ 38	3 ♈ 42	1 ♓ 20	9 ♑ 18	18 ♈	9 ♓	6 ♐	6 ♈	6 ♓
12	21 ♓ 26	5 ♏ 53	9 ♐ 14	8 ♐ 13	6 ♈ 47	6 ♉ 45	10 ♍ 37	9 ♉ 2	28 ♎ 35	3 ♈ 45	1 ♓ 22	9 ♑ 19	18 ♈	9 ♓	6 ♐	6 ♈	6 ♓
13	22 ♓ 26	20 ♏ 28	9 ♐ 11	8 ♐ 10	6 R 48	7 ♉ 49	10 ♍ 14	9 ♉ 14	28 ♎ 32	3 ♈ 49	1 ♓ 25	9 ♑ 20	18 ♈	9 ♓	6 ♐	7 ♈	6 ♓
14	23 ♓ 26	4 ♐ 48	9 ♐ 8	8 ♐ 9	6 ♈ 42	8 ♉ 54	9 ♍ 52	9 ♉ 26	28 ♎ 29	3 ♈ 52	1 ♓ 27	9 ♑ 21	19 ♈	10 ♓	6 ♐	7 ♈	6 ♓
15	24 ♓ 25	18 ♐ 51	9 ♐ 4	8 D 9	6 ♈ 26	9 ♉ 57	9 ♍ 31	9 ♉ 38	28 ♎ 25	3 ♈ 56	1 ♓ 29	9 ♑ 22	19 ♈	10 ♓	6 ♐	8 ♈	6 ♓
16	25 ♓ 25	2 ♑ 37	9 ♐ 1	8 R 9	6 ♈ 3	11 ♉ 1	9 ♍ 9	9 ♉ 50	28 ♎ 22	3 ♈ 59	1 ♓ 31	9 ♑ 23	20 ♈	10 ♓	6 ♐	8 ♈	6 ♓
17	26 ♓ 25	16 ♑ 6	8 ♐ 58	8 ♐ 8	5 ♈ 33	12 ♉ 4	8 ♍ 48	10 ♉ 2	28 ♎ 18	4 ♈ 2	1 ♓ 33	9 ♑ 24	20 ♈	11 ♓	6 ♐	9 ♈	6 ♓
18	27 ♓ 25	29 ♑ 20	8 ♐ 55	8 ♐ 4	4 ♈ 56	13 ♉ 7	8 ♍ 28	10 ♉ 14	28 ♎ 15	4 ♈ 6	1 ♓ 35	9 ♑ 24	20 ♈	11 ♓	6 ♐	9 ♈	6 ♓
19	28 ♓ 24	12 ♒ 22	8 ♐ 52	7 ♐ 57	4 ♈ 14	14 ♉ 10	8 ♍ 8	10 ♉ 27	28 ♎ 11	4 ♈ 9	1 ♓ 37	9 ♑ 25	21 ♈	11 ♓	6 ♐	10 ♈	6 ♓
20	29 ♓ 24	25 ♒ 11	8 ♐ 48	7 ♐ 48	3 ♈ 27	15 ♉ 12	7 ♍ 49	10 ♉ 39	28 ♎ 7	4 ♈ 13	1 ♓ 39	9 ♑ 26	21 ♈	12 ♓	7 ♐	10 ♈	6 ♓
21	0 ♈ 24	7 ♓ 49	8 ♐ 45	7 ♐ 36	2 ♈ 37	16 ♉ 14	7 ♍ 30	10 ♉ 52	28 ♎ 4	4 ♈ 16	1 ♓ 41	9 ♑ 26	21 ♈	12 ♓	7 ♐	11 ♈	6 ♓
22	1 ♈ 23	20 ♓ 17	8 ♐ 42	7 ♐ 24	1 ♈ 44	17 ♉ 16	7 ♍ 12	11 ♉ 4	28 ♎ 0	4 ♈ 19	1 ♓ 43	9 ♑ 27	22 ♈	12 ♓	7 ♐	11 ♈	6 ♓
23	2 ♈ 23	2 ♈ 34	8 ♐ 39	7 ♐ 12	0 ♈ 50	18 ♉ 17	6 ♍ 55	11 ♉ 17	27 ♎ 56	4 ♈ 23	1 ♓ 46	9 ♑ 28	22 ♈	13 ♓	7 ♐	12 ♈	6 ♓
24	3 ♈ 22	14 ♈ 41	8 ♐ 36	7 ♐ 1	29 ♓ 56	19 ♉ 18	6 ♍ 38	11 ♉ 30	27 ♎ 52	4 ♈ 26	1 ♓ 48	9 ♑ 28	23 ♈	13 ♓	7 ♐	12 ♈	6 ♓
25	4 ♈ 22	26 ♈ 40	8 ♐ 33	6 ♐ 52	29 ♓ 3	20 ♉ 19	6 ♍ 22	11 ♉ 42	27 ♎ 48	4 ♈ 30	1 ♓ 50	9 ♑ 29	23 ♈	13 ♓	7 ♐	12 ♈	7 ♓
26	5 ♈ 21	8 ♉ 31	8 ♐ 29	6 ♐ 45	28 ♓ 12	21 ♉ 19	6 ♍ 7	11 ♉ 55	27 ♎ 44	4 ♈ 33	1 ♓ 52	9 ♑ 29	23 ♈	14 ♓	7 R	13 ♈	7 ♓
27	6 ♈ 21	20 ♉ 19	8 ♐ 26	6 ♐ 41	27 ♓ 24	22 ♉ 18	5 ♍ 52	12 ♉ 8	27 ♎ 40	4 ♈ 37	1 ♓ 53	9 ♑ 30	24 ♈	14 ♓	7 ♐	13 ♈	7 ♓
28	7 ♈ 20	2 ♊ 6	8 ♐ 23	6 ♐ 40	26 ♓ 40	23 ♉ 18	5 ♍ 38	12 ♉ 21	27 ♎ 36	4 ♈ 40	1 ♓ 55	9 ♑ 30	24 ♈	14 ♓	7 ♐	14 ♈	7 ♓
29	8 ♈ 20	13 ♊ 56	8 ♐ 20	6 D 40	26 ♓ 0	24 ♉ 16	5 ♍ 25	12 ♉ 34	27 ♎ 31	4 ♈ 43	1 ♓ 57	9 ♑ 31	25 ♈	14 ♓	7 ♐	14 ♈	7 ♓
30	9 ♈ 19	25 ♊ 54	8 ♐ 17	6 ♐ 41	25 ♓ 25	25 ♉ 15	5 ♍ 13	12 ♉ 47	27 ♎ 27	4 ♈ 47	1 ♓ 59	9 ♑ 31	25 ♈	15 ♓	7 ♐	15 ♈	7 ♓
31	10 ♈ 18	8 ♋ 5	8 ♐ 13	6 ♐ 41	24 ♓ 55	26 ♉ 13	5 ♍ 1	13 ♉ 0	27 ♎ 23	4 ♈ 50	2 ♓ 1	9 ♑ 31	25 ♈	15 ♓	7 ♐	15 ♈	7 ♓

SUN INGRESS: ☉ → ♈ 20日 14:14

MOON PHASE: ◐ 1日 10:21 ♊　○ 8日 18:39 ♍　◑ 15日 10:25 ♐　● 22日 23:37 ♈　◐ 31日 04:41 ♋

aspects		
4日	05:10	☉☍♂
4日	20:18	♀☍♄
5日	20:35	☿☌♅
6日	21:25	♀⚹♆
13日	13:43	♃△♇
14日	10:27	♀△♇
14日	14:54	♀☌♃
14日	16:27	♀△♂
14日	18:51	♂△♃
15日	09:24	♂△♇
19日	02:22	☿☌♅
22日	04:20	☉☌☿
25日	03:20	☉☌♅
30日	02:42	☿⚹♀
30日	04:55	☉□♇

2012年4月

DAY	☉	☽	☊ mean	☊ true	☿	♀	♂	♃	♄	♅	♆	♇	⚳	⚴	⚵	⚶	⚷
	° ′	° ′	° ′	° ′	° ′	° ′	° ′	° ′	° ′	° ′	° ′	° ′	°	°	°	°	°
1	11 ♈ 17	20 ♋ 35	8 ♐ 10	6 R 41	24 R 31	27 D 10	4 R 50	13 D 13	27 R 19	4 D 54	2 D 3	9 D 32	26 D	15 D	6 R	16 D	7 D
2	12 ♈ 17	3 ♌ 29	8 ♐ 7	6 ♐ 38	24 ♓ 12	28 ♉ 7	4 ♍ 40	13 ♉ 27	27 ♎ 14	4 ♈ 57	2 ♓ 5	9 ♑ 32	26 ♈	16 ♓	6 ♐	16 ♈	7 ♓
3	13 ♈ 16	16 ♌ 49	8 ♐ 4	6 ♐ 34	23 ♓ 59	29 ♉ 3	4 ♍ 31	13 ♉ 40	27 ♎ 10	5 ♈ 1	2 ♓ 7	9 ♑ 32	27 ♈	16 ♓	6 ♐	17 ♈	7 ♓
4	14 ♈ 15	0 ♍ 39	8 ♐ 1	6 ♐ 28	23 ♓ 52	29 ♉ 59	4 ♍ 22	13 ♉ 53	27 ♎ 6	5 ♈ 4	2 ♓ 9	9 ♑ 33	27 ♈	16 ♓	6 ♐	17 ♈	7 ♓
5	15 ♈ 14	14 ♍ 57	7 ♐ 58	6 ♐ 20	23 D 51	0 ♊ 54	4 ♍ 15	14 ♉ 6	27 ♎ 1	5 ♈ 7	2 ♓ 10	9 ♑ 33	27 ♈	17 ♓	6 ♐	18 ♈	7 ♓
6	16 ♈ 13	29 ♍ 40	7 ♐ 54	6 ♐ 12	23 ♓ 54	1 ♊ 49	4 ♍ 8	14 ♉ 20	26 ♎ 57	5 ♈ 11	2 ♓ 12	9 ♑ 33	28 ♈	17 ♓	6 ♐	18 ♈	7 ♓
7	17 ♈ 12	14 ♎ 40	7 ♐ 51	6 ♐ 5	24 ♓ 3	2 ♊ 42	4 ♍ 2	14 ♉ 33	26 ♎ 52	5 ♈ 14	2 ♓ 14	9 ♑ 33	28 ♈	17 ♓	6 ♐	18 ♈	7 ♓
8	18 ♈ 11	29 ♎ 48	7 ♐ 48	5 ♐ 59	24 ♓ 18	3 ♊ 36	3 ♍ 56	14 ♉ 47	26 ♎ 48	5 ♈ 17	2 ♓ 16	9 ♑ 33	29 ♈	18 ♓	6 ♐	19 ♈	7 ♓
9	19 ♈ 10	14 ♏ 56	7 ♐ 45	5 ♐ 55	24 ♓ 37	4 ♊ 28	3 ♍ 52	15 ♉ 0	26 ♎ 43	5 ♈ 21	2 ♓ 17	9 ♑ 33	29 ♈	18 ♓	6 ♐	19 ♈	7 ♓
10	20 ♈ 9	29 ♏ 52	7 ♐ 42	5 ♐ 54	25 ♓ 1	5 ♊ 20	3 ♍ 48	15 ♉ 14	26 ♎ 39	5 ♈ 24	2 ♓ 19	9 ♑ 33	29 ♈	18 ♓	6 ♐	20 ♈	7 ♓
11	21 ♈ 8	14 ♐ 31	7 ♐ 39	5 D 54	25 ♓ 29	6 ♊ 12	3 ♍ 45	15 ♉ 28	26 ♎ 34	5 ♈ 27	2 ♓ 21	9 ♑ 33	0 ♉	19 ♓	6 ♐	20 ♈	8 ♓
12	22 ♈ 7	28 ♐ 48	7 ♐ 35	5 ♐ 55	26 ♓ 2	7 ♊ 2	3 ♍ 43	15 ♉ 41	26 ♎ 29	5 ♈ 31	2 ♓ 22	9 R 33	0 ♉	19 ♓	6 ♐	21 ♈	8 ♓
13	23 ♈ 6	12 ♑ 42	7 ♐ 32	5 ♐ 56	26 ♓ 39	7 ♊ 52	3 ♍ 41	15 ♉ 55	26 ♎ 25	5 ♈ 34	2 ♓ 24	9 ♑ 33	1 ♉	19 ♓	6 ♐	21 ♈	8 ♓
14	24 ♈ 4	26 ♑ 14	7 ♐ 29	5 R 56	27 ♓ 19	8 ♊ 41	3 ♍ 41	16 ♉ 9	26 ♎ 20	5 ♈ 37	2 ♓ 26	9 ♑ 33	1 ♉	20 ♓	6 ♐	22 ♈	8 ♓
15	25 ♈ 3	9 ♒ 24	7 ♐ 26	5 ♐ 55	28 ♓ 3	9 ♊ 29	3 D 41	16 ♉ 22	26 ♎ 16	5 ♈ 41	2 ♓ 27	9 ♑ 33	1 ♉	20 ♓	5 ♐	22 ♈	8 ♓
16	26 ♈ 2	22 ♒ 17	7 ♐ 23	5 ♐ 52	28 ♓ 51	10 ♊ 17	3 ♍ 41	16 ♉ 36	26 ♎ 11	5 ♈ 44	2 ♓ 29	9 ♑ 33	2 ♉	20 ♓	5 ♐	23 ♈	8 ♓
17	27 ♈ 1	4 ♓ 53	7 ♐ 19	5 ♐ 48	29 ♓ 42	11 ♊ 3	3 ♍ 43	16 ♉ 50	26 ♎ 6	5 ♈ 47	2 ♓ 30	9 ♑ 33	2 ♉	20 ♓	5 ♐	23 ♈	8 ♓
18	27 ♈ 59	17 ♓ 17	7 ♐ 16	5 ♐ 42	0 ♈ 37	11 ♊ 49	3 ♍ 45	17 ♉ 4	26 ♎ 2	5 ♈ 50	2 ♓ 32	9 ♑ 33	3 ♉	21 ♓	5 ♐	24 ♈	8 ♓
19	28 ♈ 58	29 ♓ 30	7 ♐ 13	5 ♐ 35	1 ♈ 34	12 ♊ 34	3 ♍ 48	17 ♉ 18	25 ♎ 57	5 ♈ 54	2 ♓ 33	9 ♑ 32	3 ♉	21 ♓	5 ♐	24 ♈	8 ♓
20	29 ♈ 57	11 ♈ 34	7 ♐ 10	5 ♐ 29	2 ♈ 34	13 ♊ 17	3 ♍ 51	17 ♉ 32	25 ♎ 53	5 ♈ 57	2 ♓ 35	9 ♑ 32	3 ♉	21 ♓	5 ♐	24 ♈	8 ♓
21	0 ♉ 55	23 ♈ 31	7 ♐ 7	5 ♐ 23	3 ♈ 37	14 ♊ 0	3 ♍ 55	17 ♉ 46	25 ♎ 48	6 ♈ 0	2 ♓ 36	9 ♑ 32	4 ♉	22 ♓	5 ♐	25 ♈	8 ♓
22	1 ♉ 54	5 ♉ 23	7 ♐ 4	5 ♐ 18	4 ♈ 43	14 ♊ 42	4 ♍ 0	18 ♉ 0	25 ♎ 43	6 ♈ 3	2 ♓ 37	9 ♑ 31	4 ♉	22 ♓	5 ♐	25 ♈	8 ♓
23	2 ♉ 52	17 ♉ 11	7 ♐ 0	5 ♐ 15	5 ♈ 51	15 ♊ 22	4 ♍ 6	18 ♉ 14	25 ♎ 39	6 ♈ 6	2 ♓ 39	9 ♑ 31	5 ♉	22 ♓	4 ♐	26 ♈	8 ♓
24	3 ♉ 51	28 ♉ 58	6 ♐ 57	5 ♐ 13	7 ♈ 2	16 ♊ 2	4 ♍ 12	18 ♉ 28	25 ♎ 34	6 ♈ 10	2 ♓ 40	9 ♑ 31	5 ♉	23 ♓	4 ♐	26 ♈	8 ♓
25	4 ♉ 49	10 ♊ 46	6 ♐ 54	5 D 13	8 ♈ 15	16 ♊ 40	4 ♍ 19	18 ♉ 42	25 ♎ 30	6 ♈ 13	2 ♓ 41	9 ♑ 30	5 ♉	23 ♓	4 ♐	27 ♈	8 ♓
26	5 ♉ 48	22 ♊ 39	6 ♐ 51	5 ♐ 14	9 ♈ 30	17 ♊ 17	4 ♍ 27	18 ♉ 56	25 ♎ 25	6 ♈ 16	2 ♓ 43	9 ♑ 30	6 ♉	23 ♓	4 ♐	27 ♈	8 ♓
27	6 ♉ 46	4 ♋ 40	6 ♐ 48	5 ♐ 16	10 ♈ 48	17 ♊ 53	4 ♍ 35	19 ♉ 10	25 ♎ 21	6 ♈ 19	2 ♓ 44	9 ♑ 29	6 ♉	23 ♓	4 ♐	28 ♈	8 ♓
28	7 ♉ 44	16 ♋ 53	6 ♐ 45	5 ♐ 18	12 ♈ 8	18 ♊ 28	4 ♍ 44	19 ♉ 24	25 ♎ 16	6 ♈ 22	2 ♓ 45	9 ♑ 29	7 ♉	24 ♓	4 ♐	28 ♈	8 ♓
29	8 ♉ 43	29 ♋ 22	6 ♐ 41	5 ♐ 19	13 ♈ 29	19 ♊ 1	4 ♍ 53	19 ♉ 38	25 ♎ 12	6 ♈ 25	2 ♓ 46	9 ♑ 28	7 ♉	24 ♓	3 ♐	29 ♈	8 ♓
30	9 ♉ 41	12 ♌ 13	6 ♐ 38	5 R 19	14 ♈ 53	19 ♊ 33	5 ♍ 3	19 ♉ 52	25 ♎ 7	6 ♈ 28	2 ♓ 47	9 ♑ 28	7 ♉	24 ♓	3 ♐	29 ♈	8 ♓

SUN INGRESS: ☉ → ♉ 20日 01:12

MOON PHASE: ○ 7日 04:19 ♎　◑ 13日 19:50 ♑　● 21日 16:18 ♉　◐ 29日 18:57 ♌

aspects		
6日	10:49	♀□♆
8日	08:36	♀□♂
10日	01:51	♀⚹♅
16日	03:26	☉☍♄
22日	18:18	☉⚹♆
23日	05:29	☿☌♅
24日	09:59	☉△♂
25日	23:51	☿□♇
29日	18:34	☉△♇

2012年5月

DAY	☉	☽	☊ mean	☊ true	☿	♀	♂	♃	♄	♅	♆	♇	⚳	⚴	⚵	⚶	⚷
	° ′	° ′	° ′	° ′	° ′	° ′	° ′	° ′	° ′	° ′	° ′	° ′	°	°	°	°	°
1	10 ♉ 39	25 ♌ 27	6 ♐ 35	5 R 18	16 D 19	20 D 3	5 D 14	20 D 6	25 R 3	6 D 31	2 D 49	9 R 27	8 D	25 D	3 R	29 D	8 D
2	11 ♉ 38	9 ♍ 9	6 ♐ 32	5 ♐ 16	17 ♈ 47	20 ♊ 31	5 ♍ 25	20 ♉ 21	24 ♎ 59	6 ♈ 34	2 ♓ 50	9 ♑ 27	8 ♉	25 ♓	3 ♐	0 ♉	8 ♓
3	12 ♉ 36	23 ♍ 19	6 ♐ 29	5 ♐ 14	19 ♈ 17	20 ♊ 59	5 ♍ 37	20 ♉ 35	24 ♎ 54	6 ♈ 37	2 ♓ 51	9 ♑ 26	9 ♉	25 ♓	3 ♐	0 ♉	8 ♓
4	13 ♉ 34	7 ♎ 55	6 ♐ 25	5 ♐ 11	20 ♈ 49	21 ♊ 24	5 ♍ 49	20 ♉ 49	24 ♎ 50	6 ♈ 40	2 ♓ 52	9 ♑ 25	9 ♉	26 ♓	2 ♐	1 ♉	9 ♓
5	14 ♉ 32	22 ♎ 51	6 ♐ 22	5 ♐ 8	22 ♈ 23	21 ♊ 48	6 ♍ 2	21 ♉ 3	24 ♎ 46	6 ♈ 43	2 ♓ 53	9 ♑ 25	9 ♉	26 ♓	2 ♐	1 ♉	9 ♓
6	15 ♉ 30	8 ♏ 1	6 ♐ 19	5 ♐ 6	23 ♈ 59	22 ♊ 10	6 ♍ 15	21 ♉ 17	24 ♎ 42	6 ♈ 45	2 ♓ 54	9 ♑ 24	10 ♉	26 ♓	2 ♐	2 ♉	9 ♓
7	16 ♉ 28	23 ♏ 15	6 ♐ 16	5 ♐ 5	25 ♈ 37	22 ♊ 30	6 ♍ 29	21 ♉ 32	24 ♎ 38	6 ♈ 48	2 ♓ 55	9 ♑ 23	10 ♉	26 ♓	2 ♐	2 ♉	9 ♓
8	17 ♉ 26	8 ♐ 23	6 ♐ 13	5 D 5	27 ♈ 17	22 ♊ 48	6 ♍ 43	21 ♉ 46	24 ♎ 34	6 ♈ 51	2 ♓ 56	9 ♑ 22	11 ♉	27 ♓	2 ♐	3 ♉	9 ♓
9	18 ♉ 24	23 ♐ 17	6 ♐ 10	5 ♐ 5	28 ♈ 58	23 ♊ 4	6 ♍ 58	22 ♉ 0	24 ♎ 30	6 ♈ 54	2 ♓ 57	9 ♑ 22	11 ♉	27 ♓	1 ♐	3 ♉	9 ♓
10	19 ♉ 22	7 ♑ 49	6 ♐ 6	5 ♐ 6	0 ♉ 42	23 ♊ 19	7 ♍ 13	22 ♉ 14	24 ♎ 26	6 ♈ 57	2 ♓ 57	9 ♑ 21	11 ♉	27 ♓	1 ♐	4 ♉	9 ♓
11	20 ♉ 20	21 ♑ 56	6 ♐ 3	5 ♐ 7	2 ♉ 27	23 ♊ 31	7 ♍ 29	22 ♉ 28	24 ♎ 22	6 ♈ 59	2 ♓ 58	9 ♑ 20	12 ♉	27 ♓	1 ♐	4 ♉	9 ♓
12	21 ♉ 18	5 ♒ 37	6 ♐ 0	5 ♐ 8	4 ♉ 15	23 ♊ 41	7 ♍ 45	22 ♉ 43	24 ♎ 18	7 ♈ 2	2 ♓ 59	9 ♑ 19	12 ♉	28 ♓	1 ♐	4 ♉	9 ♓
13	22 ♉ 16	18 ♒ 52	5 ♐ 57	5 ♐ 9	6 ♉ 4	23 ♊ 49	8 ♍ 2	22 ♉ 57	24 ♎ 14	7 ♈ 5	3 ♓ 0	9 ♑ 18	13 ♉	28 ♓	1 ♐	5 ♉	9 ♓
14	23 ♉ 14	1 ♓ 45	5 ♐ 54	5 R 9	7 ♉ 56	23 ♊ 54	8 ♍ 19	23 ♉ 11	24 ♎ 10	7 ♈ 7	3 ♓ 1	9 ♑ 17	13 ♉	28 ♓	0 ♐	5 ♉	9 ♓
15	24 ♉ 12	14 ♓ 17	5 ♐ 50	5 ♐ 8	9 ♉ 49	23 ♊ 58	8 ♍ 37	23 ♉ 25	24 ♎ 7	7 ♈ 10	3 ♓ 1	9 ♑ 16	14 ♉	29 ♓	0 ♐	6 ♉	9 ♓
16	25 ♉ 10	26 ♓ 34	5 ♐ 47	5 ♐ 7	11 ♉ 44	23 R 59	8 ♍ 55	23 ♉ 40	24 ♎ 3	7 ♈ 12	3 ♓ 2	9 ♑ 15	14 ♉	29 ♓	0 ♐	6 ♉	9 ♓
17	26 ♉ 8	8 ♈ 39	5 ♐ 44	5 ♐ 6	13 ♉ 42	23 ♊ 58	9 ♍ 13	23 ♉ 54	23 ♎ 59	7 ♈ 15	3 ♓ 3	9 ♑ 14	14 ♉	29 ♓	0 ♐	7 ♉	9 ♓
18	27 ♉ 6	20 ♈ 35	5 ♐ 41	5 ♐ 5	15 ♉ 41	23 ♊ 54	9 ♍ 32	24 ♉ 8	23 ♎ 56	7 ♈ 17	3 ♓ 3	9 ♑ 13	15 ♉	29 ♓	29 ♏	7 ♉	9 ♓
19	28 ♉ 3	2 ♉ 26	5 ♐ 38	5 ♐ 4	17 ♉ 41	23 ♊ 48	9 ♍ 51	24 ♉ 22	23 ♎ 53	7 ♈ 20	3 ♓ 4	9 ♑ 12	15 ♉	0 ♈	29 ♏	8 ♉	9 ♓
20	29 ♉ 1	14 ♉ 13	5 ♐ 35	5 ♐ 3	19 ♉ 44	23 ♊ 40	10 ♍ 11	24 ♉ 36	23 ♎ 49	7 ♈ 22	3 ♓ 4	9 ♑ 11	16 ♉	0 ♈	29 ♏	8 ♉	9 ♓
21	29 ♉ 59	26 ♉ 1	5 ♐ 31	5 ♐ 3	21 ♉ 48	23 ♊ 29	10 ♍ 31	24 ♉ 51	23 ♎ 46	7 ♈ 25	3 ♓ 5	9 ♑ 10	16 ♉	0 ♈	29 ♏	8 ♉	9 ♓
22	0 ♊ 57	7 ♊ 50	5 ♐ 28	5 D 2	23 ♉ 54	23 ♊ 16	10 ♍ 51	25 ♉ 5	23 ♎ 43	7 ♈ 27	3 ♓ 5	9 ♑ 9	16 ♉	0 ♈	29 ♏	9 ♉	9 ♓
23	1 ♊ 54	19 ♊ 44	5 ♐ 25	5 ♐ 3	26 ♉ 2	23 ♊ 0	11 ♍ 12	25 ♉ 19	23 ♎ 40	7 ♈ 29	3 ♓ 6	9 ♑ 8	17 ♉	1 ♈	28 ♏	9 ♉	9 ♓
24	2 ♊ 52	1 ♋ 44	5 ♐ 22	5 ♐ 3	28 ♉ 10	22 ♊ 42	11 ♍ 33	25 ♉ 33	23 ♎ 37	7 ♈ 32	3 ♓ 6	9 ♑ 7	17 ♉	1 ♈	28 ♏	10 ♉	9 ♓
25	3 ♊ 50	13 ♋ 54	5 ♐ 19	5 ♐ 3	0 ♊ 20	22 ♊ 22	11 ♍ 55	25 ♉ 47	23 ♎ 34	7 ♈ 34	3 ♓ 7	9 ♑ 6	18 ♉	1 ♈	28 ♏	10 ♉	9 ♓
26	4 ♊ 47	26 ♋ 15	5 ♐ 16	5 ♐ 3	2 ♊ 31	21 ♊ 59	12 ♍ 17	26 ♉ 1	23 ♎ 31	7 ♈ 36	3 ♓ 7	9 ♑ 4	18 ♉	1 ♈	28 ♏	11 ♉	9 ♓
27	5 ♊ 45	8 ♌ 50	5 ♐ 12	5 R 3	4 ♊ 42	21 ♊ 35	12 ♍ 39	26 ♉ 16	23 ♎ 28	7 ♈ 38	3 ♓ 7	9 ♑ 3	18 ♉	2 ♈	27 ♏	11 ♉	9 ♓
28	6 ♊ 43	21 ♌ 43	5 ♐ 9	5 ♐ 3	6 ♊ 54	21 ♊ 8	13 ♍ 1	26 ♉ 30	23 ♎ 25	7 ♈ 41	3 ♓ 8	9 ♑ 2	19 ♉	2 ♈	27 ♏	11 ♉	9 ♓
29	7 ♊ 40	4 ♍ 56	5 ♐ 6	5 ♐ 3	9 ♊ 6	20 ♊ 39	13 ♍ 24	26 ♉ 44	23 ♎ 22	7 ♈ 43	3 ♓ 8	9 ♑ 1	19 ♉	2 ♈	27 ♏	12 ♉	9 ♓
30	8 ♊ 38	18 ♍ 31	5 ♐ 3	5 D 3	11 ♊ 18	20 ♊ 9	13 ♍ 48	26 ♉ 58	23 ♎ 20	7 ♈ 45	3 ♓ 8	9 ♑ 0	20 ♉	2 ♈	27 ♏	12 ♉	9 ♓
31	9 ♊ 35	2 ♎ 29	5 ♐ 0	5 ♐ 3	13 ♊ 29	19 ♊ 36	14 ♍ 11	27 ♉ 12	23 ♎ 17	7 ♈ 47	3 ♓ 8	8 ♑ 58	20 ♉	3 ♈	27 ♏	13 ♉	9 ♓

SUN INGRESS: ☉ → ♊ 21日 00:16

MOON PHASE: ○ 6日 12:35 ♏　◑ 13日 06:47 ♒　● 21日 08:47 ♊　◐ 29日 05:16 ♍

aspects		
4日	12:01	☿⚹♀
6日	10:07	☿☍♄
11日	06:59	☿⚹♆
13日	22:23	☉☌♃
14日	05:54	☿△♂
14日	17:09	☿△♇
17日	01:26	♂△♇
22日	14:58	☿☌♃
24日	05:55	☉□♆
26日	06:37	☿□♆
27日	20:19	☉☌☿
28日	08:36	☿⚹♅
29日	01:04	☉⚹♅
31日	09:20	☿□♂

2012年6月

DAY	☉	☽	☊ mean	☊ true	☿	♀	♂	♃	♄	♅	♆	♇	⚳	⚴	⚵	⚶	⚷
	° ′	° ′	° ′	° ′	° ′	° ′	° ′	° ′	° ′	° ′	° ′	° ′	°	°	°	°	°
1	10 ♊ 33	16 ♎ 50	4 ♐ 56	5 D 4	15 D 40	19 R 3	14 D 35	27 D 26	23 R 15	7 D 49	3 D 8	8 R 57	20 D	3 D	26 R	13 D	9 D
2	11 ♊ 30	1 ♏ 31	4 ♐ 53	5 ♐ 4	17 ♊ 50	18 ♊ 28	14 ♍ 59	27 ♉ 40	23 ♎ 13	7 ♈ 51	3 ♓ 8	8 ♑ 56	21 ♉	3 ♈	26 ♏	14 ♉	9 ♓
3	12 ♊ 28	16 ♏ 28	4 ♐ 50	5 ♐ 5	19 ♊ 59	17 ♊ 52	15 ♍ 23	27 ♉ 54	23 ♎ 11	7 ♈ 53	3 ♓ 9	8 ♑ 54	21 ♉	3 ♈	26 ♏	14 ♉	9 ♓
4	13 ♊ 25	1 ♐ 32	4 ♐ 47	5 ♐ 5	22 ♊ 6	17 ♊ 15	15 ♍ 48	28 ♉ 8	23 ♎ 8	7 ♈ 54	3 ♓ 9	8 ♑ 53	22 ♉	4 ♈	26 ♏	15 ♉	9 ♓
5	14 ♊ 23	16 ♐ 37	4 ♐ 44	5 R 5	24 ♊ 12	16 ♊ 38	16 ♍ 13	28 ♉ 22	23 ♎ 6	7 ♈ 56	3 ♓ 9	8 ♑ 52	22 ♉	4 ♈	25 ♏	15 ♉	9 ♓
6	15 ♊ 20	1 ♑ 32	4 ♐ 41	5 ♐ 4	26 ♊ 16	16 ♊ 0	16 ♍ 38	28 ♉ 35	23 ♎ 4	7 ♈ 58	3 R 9	8 ♑ 50	22 ♉	4 ♈	25 ♏	15 ♉	9 ♓
7	16 ♊ 17	16 ♑ 10	4 ♐ 37	5 ♐ 3	28 ♊ 18	15 ♊ 22	17 ♍ 4	28 ♉ 49	23 ♎ 3	8 ♈ 0	3 ♓ 9	8 ♑ 49	23 ♉	4 ♈	25 ♏	16 ♉	9 ♓
8	17 ♊ 15	0 ♒ 25	4 ♐ 34	5 ♐ 2	0 ♋ 18	14 ♊ 45	17 ♍ 30	29 ♉ 3	23 ♎ 1	8 ♈ 1	3 ♓ 8	8 ♑ 48	23 ♉	4 ♈	25 ♏	16 ♉	9 ♓
9	18 ♊ 12	14 ♒ 14	4 ♐ 31	5 ♐ 0	2 ♋ 16	14 ♊ 8	17 ♍ 56	29 ♉ 17	22 ♎ 59	8 ♈ 3	3 ♓ 8	8 ♑ 46	24 ♉	5 ♈	25 ♏	17 ♉	9 ♓
10	19 ♊ 10	27 ♒ 36	4 ♐ 28	4 ♐ 59	4 ♋ 11	13 ♊ 31	18 ♍ 22	29 ♉ 31	22 ♎ 58	8 ♈ 5	3 ♓ 8	8 ♑ 45	24 ♉	5 ♈	25 ♏	17 ♉	9 ♓
11	20 ♊ 7	10 ♓ 33	4 ♐ 25	4 ♐ 58	6 ♋ 5	12 ♊ 55	18 ♍ 49	29 ♉ 44	22 ♎ 56	8 ♈ 6	3 ♓ 8	8 ♑ 44	24 ♉	5 ♈	24 ♏	18 ♉	9 ♓
12	21 ♊ 4	23 ♓ 8	4 ♐ 22	4 D 58	7 ♋ 56	12 ♊ 21	19 ♍ 16	29 ♉ 58	22 ♎ 55	8 ♈ 8	3 ♓ 8	8 ♑ 42	25 ♉	5 ♈	24 ♏	18 ♉	9 ♓
13	22 ♊ 2	5 ♈ 24	4 ♐ 18	4 ♐ 58	9 ♋ 44	11 ♊ 48	19 ♍ 43	0 ♊ 12	22 ♎ 53	8 ♈ 9	3 ♓ 8	8 ♑ 41	25 ♉	5 ♈	24 ♏	18 ♉	9 R
14	22 ♊ 59	17 ♈ 26	4 ♐ 15	4 ♐ 59	11 ♋ 30	11 ♊ 16	20 ♍ 10	0 ♊ 25	22 ♎ 52	8 ♈ 11	3 ♓ 7	8 ♑ 39	25 ♉	6 ♈	24 ♏	19 ♉	9 ♓
15	23 ♊ 56	29 ♈ 19	4 ♐ 12	5 ♐ 1	13 ♋ 14	10 ♊ 46	20 ♍ 38	0 ♊ 39	22 ♎ 51	8 ♈ 12	3 ♓ 7	8 ♑ 38	26 ♉	6 ♈	24 ♏	19 ♉	9 ♓
16	24 ♊ 54	11 ♉ 7	4 ♐ 9	5 ♐ 2	14 ♋ 55	10 ♊ 17	21 ♍ 6	0 ♊ 53	22 ♎ 50	8 ♈ 13	3 ♓ 7	8 ♑ 36	26 ♉	6 ♈	23 ♏	20 ♉	9 ♓
17	25 ♊ 51	22 ♉ 54	4 ♐ 6	5 ♐ 3	16 ♋ 33	9 ♊ 51	21 ♍ 34	1 ♊ 6	22 ♎ 49	8 ♈ 15	3 ♓ 6	8 ♑ 35	27 ♉	6 ♈	23 ♏	20 ♉	9 ♓
18	26 ♊ 48	4 ♊ 44	4 ♐ 2	5 ♐ 4	18 ♋ 10	9 ♊ 26	22 ♍ 2	1 ♊ 20	22 ♎ 48	8 ♈ 16	3 ♓ 6	8 ♑ 33	27 ♉	6 ♈	23 ♏	20 ♉	9 ♓
19	27 ♊ 45	16 ♊ 39	3 ♐ 59	5 R 3	19 ♋ 43	9 ♊ 4	22 ♍ 30	1 ♊ 33	22 ♎ 48	8 ♈ 17	3 ♓ 6	8 ♑ 32	27 ♉	7 ♈	23 ♏	21 ♉	9 ♓
20	28 ♊ 43	28 ♊ 42	3 ♐ 56	5 ♐ 2	21 ♋ 14	8 ♊ 44	22 ♍ 59	1 ♊ 46	22 ♎ 47	8 ♈ 18	3 ♓ 5	8 ♑ 30	28 ♉	7 ♈	23 ♏	21 ♉	9 ♓
21	29 ♊ 40	10 ♋ 54	3 ♐ 53	4 ♐ 59	22 ♋ 42	8 ♊ 27	23 ♍ 28	2 ♊ 0	22 ♎ 46	8 ♈ 19	3 ♓ 5	8 ♑ 29	28 ♉	7 ♈	23 ♏	22 ♉	9 ♓
22	0 ♋ 37	23 ♋ 18	3 ♐ 50	4 ♐ 55	24 ♋ 8	8 ♊ 11	23 ♍ 57	2 ♊ 13	22 ♎ 46	8 ♈ 21	3 ♓ 4	8 ♑ 27	29 ♉	7 ♈	23 ♏	22 ♉	9 ♓
23	1 ♋ 35	5 ♌ 54	3 ♐ 47	4 ♐ 51	25 ♋ 31	7 ♊ 58	24 ♍ 27	2 ♊ 26	22 ♎ 46	8 ♈ 22	3 ♓ 4	8 ♑ 26	29 ♉	7 ♈	22 ♏	23 ♉	9 ♓
24	2 ♋ 32	18 ♌ 44	3 ♐ 43	4 ♐ 47	26 ♋ 52	7 ♊ 48	24 ♍ 56	2 ♊ 39	22 ♎ 45	8 ♈ 23	3 ♓ 3	8 ♑ 24	29 ♉	8 ♈	22 ♏	23 ♉	9 ♓
25	3 ♋ 29	1 ♍ 48	3 ♐ 40	4 ♐ 43	28 ♋ 10	7 ♊ 39	25 ♍ 26	2 ♊ 53	22 ♎ 45	8 ♈ 23	3 ♓ 2	8 ♑ 23	0 ♊	8 ♈	22 ♏	23 ♉	9 ♓
26	4 ♋ 26	15 ♍ 7	3 ♐ 37	4 ♐ 41	29 ♋ 25	7 ♊ 33	25 ♍ 56	3 ♊ 6	22 D 45	8 ♈ 24	3 ♓ 2	8 ♑ 21	0 ♊	8 ♈	22 ♏	24 ♉	9 ♓
27	5 ♋ 24	28 ♍ 42	3 ♐ 34	4 ♐ 39	0 ♌ 37	7 ♊ 30	26 ♍ 26	3 ♊ 19	22 ♎ 45	8 ♈ 25	3 ♓ 1	8 ♑ 20	1 ♊	8 ♈	22 ♏	24 ♉	9 ♓
28	6 ♋ 21	12 ♎ 34	3 ♐ 31	4 D 39	1 ♌ 46	7 ♊ 29	26 ♍ 57	3 ♊ 32	22 ♎ 46	8 ♈ 26	3 ♓ 0	8 ♑ 18	1 ♊	8 ♈	22 ♏	25 ♉	9 ♓
29	7 ♋ 18	26 ♎ 42	3 ♐ 28	4 ♐ 40	2 ♌ 53	7 D 30	27 ♍ 27	3 ♊ 45	22 ♎ 46	8 ♈ 27	3 ♓ 0	8 ♑ 17	1 ♊	8 ♈	22 ♏	25 ♉	9 ♓
30	8 ♋ 15	11 ♏ 5	3 ♐ 24	4 ♐ 42	3 ♌ 56	7 ♊ 33	27 ♍ 58	3 ♊ 58	22 ♎ 46	8 ♈ 27	2 ♓ 59	8 ♑ 15	2 ♊	8 ♈	22 ♏	25 ♉	9 ♓

SUN INGRESS: ☉ → ♋ 21日 08:09

MOON PHASE: ○ 4日 20:12 ♐　◑ 11日 19:41 ♓　● 20日 00:02 ♊　◐ 27日 12:30 ♎

aspects		
2日	05:31	☿☌♀
4日	11:38	☿△♄
5日	09:28	♀□♂
6日	10:09	☉☌♀
8日	11:30	☉□♂
9日	10:49	☿△♆
12日	02:41	☿□♅
12日	10:04	☿☍♇
13日	21:12	☉△♄
21日	01:05	☿□♄
21日	09:55	♀⚹♅
21日	19:14	☿⚹♂
24日	12:54	☉△♆
24日	18:12	♅□♇
25日	16:56	♃□♆
30日	00:02	☉☍♇
30日	00:37	☿⚹♃
30日	05:10	☉□♅

2012年7月

DAY	☉	☽	☊ mean	☊ true	☿	♀	♂	♃	♄	♅	♆	♇	⚳	⚴	⚵	⚶	⚷
	° ′	° ′	° ′	° ′	° ′	° ′	° ′	° ′	° ′	° ′	° ′	° ′	°	°	°	°	°
1	9 ♋ 12	25 ♏ 40	3 ♐ 21	4 D 43	4 D 57	7 D 39	28 D 29	4 D 10	22 D 47	8 D 28	2 R 58	8 R 14	2 D	9 D	22 R	26 D	9 R
2	10 ♋ 10	10 ♐ 24	3 ♐ 18	4 R 43	5 ♌ 54	7 ♊ 47	29 ♍ 0	4 ♊ 23	22 ♎ 47	8 ♈ 29	2 ♓ 57	8 ♑ 12	2 ♊	9 ♈	22 ♏	26 ♉	9 ♓
3	11 ♋ 7	25 ♐ 10	3 ♐ 15	4 ♐ 42	6 ♌ 48	7 ♊ 57	29 ♍ 31	4 ♊ 36	22 ♎ 48	8 ♈ 29	2 ♓ 56	8 ♑ 11	3 ♊	9 ♈	21 ♏	27 ♉	9 ♓
4	12 ♋ 4	9 ♑ 52	3 ♐ 12	4 ♐ 39	7 ♌ 38	8 ♊ 9	0 ♎ 3	4 ♊ 48	22 ♎ 49	8 ♈ 30	2 ♓ 56	8 ♑ 9	3 ♊	9 ♈	21 ♏	27 ♉	9 ♓
5	13 ♋ 1	24 ♑ 22	3 ♐ 8	4 ♐ 34	8 ♌ 25	8 ♊ 23	0 ♎ 34	5 ♊ 1	22 ♎ 50	8 ♈ 30	2 ♓ 55	8 ♑ 8	4 ♊	9 ♈	21 ♏	27 ♉	9 ♓
6	13 ♋ 58	8 ♒ 35	3 ♐ 5	4 ♐ 28	9 ♌ 8	8 ♊ 39	1 ♎ 6	5 ♊ 14	22 ♎ 51	8 ♈ 31	2 ♓ 54	8 ♑ 6	4 ♊	9 ♈	21 ♏	28 ♉	9 ♓
7	14 ♋ 56	22 ♒ 24	3 ♐ 2	4 ♐ 22	9 ♌ 47	8 ♊ 57	1 ♎ 38	5 ♊ 26	22 ♎ 52	8 ♈ 31	2 ♓ 53	8 ♑ 5	4 ♊	9 ♈	21 ♏	28 ♉	9 ♓
8	15 ♋ 53	5 ♓ 49	2 ♐ 59	4 ♐ 16	10 ♌ 23	9 ♊ 17	2 ♎ 10	5 ♊ 38	22 ♎ 53	8 ♈ 31	2 ♓ 52	8 ♑ 3	5 ♊	10 ♈	21 ♏	29 ♉	9 ♓
9	16 ♋ 50	18 ♓ 49	2 ♐ 56	4 ♐ 11	10 ♌ 54	9 ♊ 38	2 ♎ 43	5 ♊ 51	22 ♎ 54	8 ♈ 31	2 ♓ 51	8 ♑ 2	5 ♊	10 ♈	21 ♏	29 ♉	9 ♓
10	17 ♋ 47	1 ♈ 26	2 ♐ 53	4 ♐ 8	11 ♌ 22	10 ♊ 1	3 ♎ 15	6 ♊ 3	22 ♎ 55	8 ♈ 32	2 ♓ 50	8 ♑ 0	5 ♊	10 ♈	21 ♏	29 ♉	9 ♓
11	18 ♋ 44	13 ♈ 43	2 ♐ 49	4 ♐ 7	11 ♌ 45	10 ♊ 26	3 ♎ 48	6 ♊ 15	22 ♎ 57	8 ♈ 32	2 ♓ 49	7 ♑ 59	6 ♊	10 ♈	21 ♏	0 ♊	9 ♓
12	19 ♋ 41	25 ♈ 46	2 ♐ 46	4 D 7	12 ♌ 3	10 ♊ 53	4 ♎ 20	6 ♊ 27	22 ♎ 58	8 ♈ 32	2 ♓ 48	7 ♑ 57	6 ♊	10 ♈	21 ♏	0 ♊	9 ♓
13	20 ♋ 39	7 ♉ 39	2 ♐ 43	4 ♐ 8	12 ♌ 17	11 ♊ 21	4 ♎ 53	6 ♊ 39	23 ♎ 0	8 ♈ 32	2 ♓ 47	7 ♑ 56	7 ♊	10 ♈	21 ♏	1 ♊	9 ♓
14	21 ♋ 36	19 ♉ 27	2 ♐ 40	4 ♐ 9	12 ♌ 27	11 ♊ 51	5 ♎ 27	6 ♊ 51	23 ♎ 2	8 R 32	2 ♓ 46	7 ♑ 54	7 ♊	10 ♈	21 ♏	1 ♊	9 ♓
15	22 ♋ 33	1 ♊ 15	2 ♐ 37	4 ♐ 10	12 ♌ 32	12 ♊ 22	6 ♎ 0	7 ♊ 3	23 ♎ 4	8 ♈ 32	2 ♓ 44	7 ♑ 53	7 ♊	10 ♈	21 ♏	1 ♊	9 ♓
16	23 ♋ 30	13 ♊ 8	2 ♐ 34	4 R 10	12 R 31	12 ♊ 54	6 ♎ 33	7 ♊ 15	23 ♎ 6	8 ♈ 32	2 ♓ 43	7 ♑ 51	8 ♊	10 ♈	21 ♏	2 ♊	9 ♓
17	24 ♋ 28	25 ♊ 10	2 ♐ 30	4 ♐ 7	12 ♌ 26	13 ♊ 28	7 ♎ 7	7 ♊ 27	23 ♎ 8	8 ♈ 32	2 ♓ 42	7 ♑ 50	8 ♊	10 ♈	21 D	2 ♊	9 ♓
18	25 ♋ 25	7 ♋ 24	2 ♐ 27	4 ♐ 3	12 ♌ 17	14 ♊ 3	7 ♎ 40	7 ♊ 38	23 ♎ 10	8 ♈ 32	2 ♓ 41	7 ♑ 48	8 ♊	11 ♈	21 ♏	2 ♊	9 ♓
19	26 ♋ 22	19 ♋ 51	2 ♐ 24	3 ♐ 56	12 ♌ 2	14 ♊ 39	8 ♎ 14	7 ♊ 50	23 ♎ 12	8 ♈ 31	2 ♓ 40	7 ♑ 47	9 ♊	11 ♈	21 ♏	3 ♊	9 ♓
20	27 ♋ 20	2 ♌ 33	2 ♐ 21	3 ♐ 48	11 ♌ 43	15 ♊ 17	8 ♎ 48	8 ♊ 1	23 ♎ 14	8 ♈ 31	2 ♓ 38	7 ♑ 46	9 ♊	11 ♈	21 ♏	3 ♊	9 ♓
21	28 ♋ 17	15 ♌ 29	2 ♐ 18	3 ♐ 39	11 ♌ 19	15 ♊ 55	9 ♎ 22	8 ♊ 13	23 ♎ 17	8 ♈ 31	2 ♓ 37	7 ♑ 44	10 ♊	11 ♈	21 ♏	4 ♊	9 ♓
22	29 ♋ 14	28 ♌ 40	2 ♐ 14	3 ♐ 29	10 ♌ 51	16 ♊ 35	9 ♎ 57	8 ♊ 24	23 ♎ 19	8 ♈ 30	2 ♓ 36	7 ♑ 43	10 ♊	11 ♈	21 ♏	4 ♊	9 ♓
23	0 ♌ 11	12 ♍ 3	2 ♐ 11	3 ♐ 21	10 ♌ 20	17 ♊ 16	10 ♎ 31	8 ♊ 35	23 ♎ 22	8 ♈ 30	2 ♓ 35	7 ♑ 41	10 ♊	11 ♈	21 ♏	4 ♊	9 ♓
24	1 ♌ 9	25 ♍ 38	2 ♐ 8	3 ♐ 14	9 ♌ 44	17 ♊ 57	11 ♎ 6	8 ♊ 46	23 ♎ 25	8 ♈ 29	2 ♓ 33	7 ♑ 40	11 ♊	11 ♈	21 ♏	5 ♊	8 ♓
25	2 ♌ 6	9 ♎ 23	2 ♐ 5	3 ♐ 10	9 ♌ 6	18 ♊ 40	11 ♎ 40	8 ♊ 57	23 ♎ 27	8 ♈ 29	2 ♓ 32	7 ♑ 39	11 ♊	11 ♈	21 ♏	5 ♊	8 ♓
26	3 ♌ 3	23 ♎ 17	2 ♐ 2	3 ♐ 8	8 ♌ 26	19 ♊ 24	12 ♎ 15	9 ♊ 8	23 ♎ 30	8 ♈ 28	2 ♓ 30	7 ♑ 37	11 ♊	11 ♈	21 ♏	5 ♊	8 ♓
27	4 ♌ 1	7 ♏ 20	1 ♐ 59	3 D 7	7 ♌ 43	20 ♊ 8	12 ♎ 50	9 ♊ 19	23 ♎ 33	8 ♈ 28	2 ♓ 29	7 ♑ 36	12 ♊	11 ♈	21 ♏	6 ♊	8 ♓
28	4 ♌ 58	21 ♏ 30	1 ♐ 55	3 ♐ 8	7 ♌ 0	20 ♊ 53	13 ♎ 25	9 ♊ 30	23 ♎ 36	8 ♈ 27	2 ♓ 28	7 ♑ 35	12 ♊	11 ♈	21 ♏	6 ♊	8 ♓
29	5 ♌ 55	5 ♐ 46	1 ♐ 52	3 R 8	6 ♌ 16	21 ♊ 40	14 ♎ 1	9 ♊ 41	23 ♎ 39	8 ♈ 26	2 ♓ 26	7 ♑ 33	12 ♊	11 ♈	21 ♏	7 ♊	8 ♓
30	6 ♌ 53	20 ♐ 7	1 ♐ 49	3 ♐ 7	5 ♌ 33	22 ♊ 27	14 ♎ 36	9 ♊ 51	23 ♎ 43	8 ♈ 26	2 ♓ 25	7 ♑ 32	13 ♊	11 ♈	21 ♏	7 ♊	8 ♓
31	7 ♌ 50	4 ♑ 29	1 ♐ 46	3 ♐ 4	4 ♌ 51	23 ♊ 15	15 ♎ 12	10 ♊ 1	23 ♎ 46	8 ♈ 25	2 ♓ 23	7 ♑ 31	13 ♊	11 ♈	21 ♏	7 ♊	8 ♓

SUN INGRESS: ☉ → ♌ 22日 19:01

MOON PHASE: ○ 4日 03:52 ♑　◑ 11日 10:48 ♈　● 19日 13:24 ♋　◐ 26日 17:56 ♏

aspects		
4日	22:26	☿⚹♀
5日	02:53	☿△♅
5日	11:36	♀⚹♅
15日	07:41	☿⚹♀
15日	13:14	☉□♄
17日	21:38	♂△♃
18日	05:26	♂□♇
19日	11:55	♂☍♅
22日	13:04	♃⚹♅
22日	19:55	☿⚹♂
25日	04:14	☿⚹♃
25日	22:27	☿△♅
29日	04:57	☉☌☿
31日	14:21	☉△♅
31日	16:38	♀△♄

2012年8月

DAY	☉	☽	☊ mean	☊ true	☿	♀	♂	♃	♄	♅	♆	♇	⚳	⚴	⚵	⚶	⚷
	° ′	° ′	° ′	° ′	° ′	° ′	° ′	° ′	° ′	° ′	° ′	° ′	°	°	°	°	°
1	8 ♌ 47	18 ♑ 48	1 ♐ 43	2 R 58	4 R 11	24 D 3	15 D 47	10 D 12	23 D 49	8 R 24	2 R 22	7 R 30	13 D	11 R	22 D	8 D	8 R
2	9 ♌ 45	2 ♒ 58	1 ♐ 40	2 ♐ 50	3 ♌ 34	24 ♊ 52	16 ♎ 23	10 ♊ 22	23 ♎ 53	8 ♈ 23	2 ♓ 21	7 ♑ 28	14 ♊	11 ♈	22 ♏	8 ♊	8 ♓
3	10 ♌ 42	16 ♒ 55	1 ♐ 36	2 ♐ 40	3 ♌ 0	25 ♊ 42	16 ♎ 59	10 ♊ 32	23 ♎ 56	8 ♈ 22	2 ♓ 19	7 ♑ 27	14 ♊	11 ♈	22 ♏	8 ♊	8 ♓
4	11 ♌ 40	0 ♓ 34	1 ♐ 33	2 ♐ 29	2 ♌ 31	26 ♊ 33	17 ♎ 35	10 ♊ 42	24 ♎ 0	8 ♈ 21	2 ♓ 18	7 ♑ 26	14 ♊	11 ♈	22 ♏	9 ♊	8 ♓
5	12 ♌ 37	13 ♓ 53	1 ♐ 30	2 ♐ 18	2 ♌ 6	27 ♊ 25	18 ♎ 11	10 ♊ 52	24 ♎ 4	8 ♈ 20	2 ♓ 16	7 ♑ 25	15 ♊	11 ♈	22 ♏	9 ♊	8 ♓
6	13 ♌ 34	26 ♓ 49	1 ♐ 27	2 ♐ 9	1 ♌ 47	28 ♊ 17	18 ♎ 47	11 ♊ 2	24 ♎ 7	8 ♈ 19	2 ♓ 14	7 ♑ 24	15 ♊	11 ♈	22 ♏	9 ♊	8 ♓
7	14 ♌ 32	9 ♈ 25	1 ♐ 24	2 ♐ 2	1 ♌ 34	29 ♊ 9	19 ♎ 23	11 ♊ 12	24 ♎ 11	8 ♈ 18	2 ♓ 13	7 ♑ 23	15 ♊	11 ♈	22 ♏	10 ♊	8 ♓
8	15 ♌ 29	21 ♈ 42	1 ♐ 20	1 ♐ 57	1 ♌ 26	0 ♋ 2	20 ♎ 0	11 ♊ 21	24 ♎ 15	8 ♈ 17	2 ♓ 11	7 ♑ 21	16 ♊	11 ♈	22 ♏	10 ♊	8 ♓
9	16 ♌ 27	3 ♉ 45	1 ♐ 17	1 ♐ 55	1 D 26	0 ♋ 56	20 ♎ 36	11 ♊ 31	24 ♎ 19	8 ♈ 16	2 ♓ 10	7 ♑ 20	16 ♊	11 ♈	22 ♏	10 ♊	8 ♓
10	17 ♌ 24	15 ♉ 38	1 ♐ 14	1 ♐ 54	1 ♌ 32	1 ♋ 51	21 ♎ 13	11 ♊ 40	24 ♎ 23	8 ♈ 15	2 ♓ 8	7 ♑ 19	16 ♊	11 ♈	22 ♏	11 ♊	8 ♓
11	18 ♌ 22	27 ♉ 27	1 ♐ 11	1 D 54	1 ♌ 44	2 ♋ 45	21 ♎ 50	11 ♊ 49	24 ♎ 28	8 ♈ 13	2 ♓ 7	7 ♑ 18	17 ♊	11 ♈	23 ♏	11 ♊	8 ♓
12	19 ♌ 20	9 ♊ 16	1 ♐ 8	1 R 54	2 ♌ 4	3 ♋ 41	22 ♎ 27	11 ♊ 58	24 ♎ 32	8 ♈ 12	2 ♓ 5	7 ♑ 17	17 ♊	11 ♈	23 ♏	11 ♊	8 ♓
13	20 ♌ 17	21 ♊ 12	1 ♐ 5	1 ♐ 53	2 ♌ 31	4 ♋ 37	23 ♎ 4	12 ♊ 7	24 ♎ 36	8 ♈ 11	2 ♓ 4	7 ♑ 16	17 ♊	11 ♈	23 ♏	12 ♊	8 ♓
14	21 ♌ 15	3 ♋ 19	1 ♐ 1	1 ♐ 49	3 ♌ 5	5 ♋ 33	23 ♎ 41	12 ♊ 16	24 ♎ 41	8 ♈ 9	2 ♓ 2	7 ♑ 15	18 ♊	10 ♈	23 ♏	12 ♊	8 ♓
15	22 ♌ 12	15 ♋ 41	0 ♐ 58	1 ♐ 43	3 ♌ 46	6 ♋ 30	24 ♎ 18	12 ♊ 25	24 ♎ 45	8 ♈ 8	2 ♓ 0	7 ♑ 14	18 ♊	10 ♈	23 ♏	12 ♊	8 ♓
16	23 ♌ 10	28 ♋ 21	0 ♐ 55	1 ♐ 34	4 ♌ 33	7 ♋ 27	24 ♎ 56	12 ♊ 34	24 ♎ 50	8 ♈ 6	1 ♓ 59	7 ♑ 13	18 ♊	10 ♈	23 ♏	13 ♊	8 ♓
17	24 ♌ 8	11 ♌ 20	0 ♐ 52	1 ♐ 24	5 ♌ 28	8 ♋ 25	25 ♎ 33	12 ♊ 42	24 ♎ 54	8 ♈ 5	1 ♓ 57	7 ♑ 12	19 ♊	10 ♈	23 ♏	13 ♊	7 ♓
18	25 ♌ 6	24 ♌ 37	0 ♐ 49	1 ♐ 11	6 ♌ 29	9 ♋ 23	26 ♎ 11	12 ♊ 50	24 ♎ 59	8 ♈ 3	1 ♓ 55	7 ♑ 11	19 ♊	10 ♈	23 ♏	13 ♊	7 ♓
19	26 ♌ 3	8 ♍ 12	0 ♐ 46	0 ♐ 59	7 ♌ 36	10 ♋ 22	26 ♎ 49	12 ♊ 59	25 ♎ 4	8 ♈ 2	1 ♓ 54	7 ♑ 10	19 ♊	10 ♈	24 ♏	14 ♊	7 ♓
20	27 ♌ 1	22 ♍ 0	0 ♐ 42	0 ♐ 48	8 ♌ 49	11 ♋ 21	27 ♎ 26	13 ♊ 7	25 ♎ 9	8 ♈ 0	1 ♓ 52	7 ♑ 10	20 ♊	10 ♈	24 ♏	14 ♊	7 ♓
21	27 ♌ 59	5 ♎ 58	0 ♐ 39	0 ♐ 39	10 ♌ 8	12 ♋ 20	28 ♎ 4	13 ♊ 15	25 ♎ 14	7 ♈ 58	1 ♓ 51	7 ♑ 9	20 ♊	10 ♈	24 ♏	14 ♊	7 ♓
22	28 ♌ 57	20 ♎ 3	0 ♐ 36	0 ♐ 32	11 ♌ 33	13 ♋ 20	28 ♎ 42	13 ♊ 22	25 ♎ 19	7 ♈ 57	1 ♓ 49	7 ♑ 8	20 ♊	10 ♈	24 ♏	15 ♊	7 ♓
23	29 ♌ 54	4 ♏ 11	0 ♐ 33	0 ♐ 29	13 ♌ 2	14 ♋ 20	29 ♎ 21	13 ♊ 30	25 ♎ 24	7 ♈ 55	1 ♓ 47	7 ♑ 7	21 ♊	9 ♈	24 ♏	15 ♊	7 ♓
24	0 ♍ 52	18 ♏ 19	0 ♐ 30	0 ♐ 28	14 ♌ 36	15 ♋ 21	29 ♎ 59	13 ♊ 38	25 ♎ 29	7 ♈ 53	1 ♓ 46	7 ♑ 6	21 ♊	9 ♈	24 ♏	15 ♊	7 ♓
25	1 ♍ 50	2 ♐ 27	0 ♐ 26	0 ♐ 27	16 ♌ 14	16 ♋ 21	0 ♏ 37	13 ♊ 45	25 ♎ 34	7 ♈ 51	1 ♓ 44	7 ♑ 6	21 ♊	9 ♈	25 ♏	15 ♊	7 ♓
26	2 ♍ 48	16 ♐ 32	0 ♐ 23	0 ♐ 27	17 ♌ 57	17 ♋ 23	1 ♏ 16	13 ♊ 52	25 ♎ 39	7 ♈ 50	1 ♓ 42	7 ♑ 5	22 ♊	9 ♈	25 ♏	16 ♊	7 ♓
27	3 ♍ 46	0 ♑ 35	0 ♐ 20	0 ♐ 25	19 ♌ 42	18 ♋ 24	1 ♏ 54	13 ♊ 59	25 ♎ 45	7 ♈ 48	1 ♓ 41	7 ♑ 4	22 ♊	9 ♈	25 ♏	16 ♊	7 ♓
28	4 ♍ 44	14 ♑ 35	0 ♐ 17	0 ♐ 21	21 ♌ 30	19 ♋ 26	2 ♏ 33	14 ♊ 6	25 ♎ 50	7 ♈ 46	1 ♓ 39	7 ♑ 4	22 ♊	9 ♈	25 ♏	16 ♊	7 ♓
29	5 ♍ 42	28 ♑ 28	0 ♐ 14	0 ♐ 15	23 ♌ 21	20 ♋ 28	3 ♏ 12	14 ♊ 13	25 ♎ 55	7 ♈ 44	1 ♓ 37	7 ♑ 3	22 ♊	8 ♈	25 ♏	17 ♊	7 ♓
30	6 ♍ 40	12 ♒ 13	0 ♐ 11	0 ♐ 5	25 ♌ 14	21 ♋ 30	3 ♏ 51	14 ♊ 20	26 ♎ 1	7 ♈ 42	1 ♓ 36	7 ♑ 3	23 ♊	8 ♈	26 ♏	17 ♊	7 ♓
31	7 ♍ 38	25 ♒ 47	0 ♐ 7	29 ♏ 54	27 ♌ 8	22 ♋ 33	4 ♏ 30	14 ♊ 26	26 ♎ 6	7 ♈ 40	1 ♓ 34	7 ♑ 2	23 ♊	8 ♈	26 ♏	17 ♊	7 ♓

SUN INGRESS: ☉ → ♍ 23日 02:07

MOON PHASE: ○ 2日 12:27 ♒　◑ 10日 03:55 ♉　● 18日 00:54 ♌　◐ 24日 22:54 ♐　○ 31日 22:58 ♓

aspects		
2日	18:56	☉⚹♃
10日	07:34	♀△♆
15日	18:11	♀☍♇
15日	19:35	♂☌♄
16日	15:48	♀□♅
17日	21:04	☉⚹♄
19日	08:29	☿△♅
21日	06:45	☉⚹♂
23日	07:56	☿⚹♃
24日	21:32	☉☍♆
26日	15:53	♂△♆
30日	09:21	☉△♇
30日	10:25	☿⚹♄

2012年9月

DAY	☉	☽	☊		☿	♀	♂	♃	♄	♅	♆	♇	⚳	⚴	⚵	⚶	⚷
			mean	true													
	° ′	° ′	° ′	° ′	° ′	° ′	° ′	° ′	° ′	° ′	° ′	° ′	°	°	°	°	°
1	8 ♍ 36	9 ♓ 7	0 ♐ 4	29 R 41	29 D 4	23 D 36	5 D 9	14 D 32	26 D 12	7 R 38	1 R 33	7 R 1	23 D	8 R	26 D	17 D	7 R
2	9 ♍ 34	22 ♓ 11	0 ♐ 1	29 ♏ 29	1 ♍ 0	24 ♋ 39	5 ♏ 48	14 ♊ 39	26 ♎ 18	7 ♈ 36	1 ♓ 31	7 ♑ 1	24 ♊	8 ♈	26 ♏	18 ♊	7 ♓
3	10 ♍ 32	4 ♈ 57	29 ♏ 58	29 ♏ 18	2 ♍ 57	25 ♋ 43	6 ♏ 27	14 ♊ 45	26 ♎ 23	7 ♈ 34	1 ♓ 29	7 ♑ 0	24 ♊	8 ♈	26 ♏	18 ♊	7 ♓
4	11 ♍ 30	17 ♈ 26	29 ♏ 55	29 ♏ 10	4 ♍ 54	26 ♋ 47	7 ♏ 6	14 ♊ 50	26 ♎ 29	7 ♈ 32	1 ♓ 28	7 ♑ 0	24 ♊	7 ♈	27 ♏	18 ♊	7 ♓
5	12 ♍ 28	29 ♈ 39	29 ♏ 51	29 ♏ 4	6 ♍ 51	27 ♋ 51	7 ♏ 46	14 ♊ 56	26 ♎ 35	7 ♈ 30	1 ♓ 26	7 ♑ 0	24 ♊	7 ♈	27 ♏	18 ♊	7 ♓
6	13 ♍ 26	11 ♉ 39	29 ♏ 48	29 ♏ 1	8 ♍ 48	28 ♋ 55	8 ♏ 26	15 ♊ 2	26 ♎ 41	7 ♈ 28	1 ♓ 24	6 ♑ 59	25 ♊	7 ♈	27 ♏	19 ♊	7 ♓
7	14 ♍ 24	23 ♉ 31	29 ♏ 45	28 ♏ 59	10 ♍ 44	0 ♌ 0	9 ♏ 5	15 ♊ 7	26 ♎ 47	7 ♈ 26	1 ♓ 23	6 ♑ 59	25 ♊	7 ♈	27 ♏	19 ♊	6 ♓
8	15 ♍ 23	5 ♊ 19	29 ♏ 42	28 D 59	12 ♍ 40	1 ♌ 5	9 ♏ 45	15 ♊ 12	26 ♎ 53	7 ♈ 23	1 ♓ 21	6 ♑ 58	25 ♊	6 ♈	27 ♏	19 ♊	6 ♓
9	16 ♍ 21	17 ♊ 8	29 ♏ 39	28 R 59	14 ♍ 35	2 ♌ 10	10 ♏ 25	15 ♊ 17	26 ♎ 59	7 ♈ 21	1 ♓ 20	6 ♑ 58	25 ♊	6 ♈	28 ♏	19 ♊	6 ♓
10	17 ♍ 19	29 ♊ 5	29 ♏ 36	28 ♏ 59	16 ♍ 29	3 ♌ 15	11 ♏ 5	15 ♊ 22	27 ♎ 5	7 ♈ 19	1 ♓ 18	6 ♑ 58	26 ♊	6 ♈	28 ♏	20 ♊	6 ♓
11	18 ♍ 17	11 ♋ 13	29 ♏ 32	28 ♏ 56	18 ♍ 23	4 ♌ 21	11 ♏ 45	15 ♊ 27	27 ♎ 11	7 ♈ 17	1 ♓ 17	6 ♑ 58	26 ♊	6 ♈	28 ♏	20 ♊	6 ♓
12	19 ♍ 16	23 ♋ 39	29 ♏ 29	28 ♏ 52	20 ♍ 15	5 ♌ 27	12 ♏ 25	15 ♊ 31	27 ♎ 17	7 ♈ 14	1 ♓ 15	6 ♑ 57	26 ♊	6 ♈	28 ♏	20 ♊	6 ♓
13	20 ♍ 14	6 ♌ 25	29 ♏ 26	28 ♏ 45	22 ♍ 7	6 ♌ 33	13 ♏ 5	15 ♊ 35	27 ♎ 24	7 ♈ 12	1 ♓ 13	6 ♑ 57	26 ♊	5 ♈	29 ♏	20 ♊	6 ♓
14	21 ♍ 13	19 ♌ 35	29 ♏ 23	28 ♏ 35	23 ♍ 57	7 ♌ 39	13 ♏ 45	15 ♊ 39	27 ♎ 30	7 ♈ 10	1 ♓ 12	6 ♑ 57	27 ♊	5 ♈	29 ♏	21 ♊	6 ♓
15	22 ♍ 11	3 ♍ 8	29 ♏ 20	28 ♏ 25	25 ♍ 47	8 ♌ 46	14 ♏ 26	15 ♊ 43	27 ♎ 36	7 ♈ 8	1 ♓ 10	6 ♑ 57	27 ♊	5 ♈	29 ♏	21 ♊	6 ♓
16	23 ♍ 10	17 ♍ 2	29 ♏ 17	28 ♏ 14	27 ♍ 35	9 ♌ 52	15 ♏ 6	15 ♊ 47	27 ♎ 43	7 ♈ 5	1 ♓ 9	6 ♑ 57	27 ♊	5 ♈	29 ♏	21 ♊	6 ♓
17	24 ♍ 8	1 ♎ 14	29 ♏ 13	28 ♏ 4	29 ♍ 22	10 ♌ 59	15 ♏ 47	15 ♊ 51	27 ♎ 49	7 ♈ 3	1 ♓ 7	6 ♑ 57	27 ♊	4 ♈	29 ♏	21 ♊	6 ♓
18	25 ♍ 7	15 ♎ 38	29 ♏ 10	27 ♏ 56	1 ♎ 9	12 ♌ 6	16 ♏ 28	15 ♊ 54	27 ♎ 56	7 ♈ 1	1 ♓ 6	6 ♑ 57	28 ♊	4 ♈	0 ♐	21 ♊	6 ♓
19	26 ♍ 5	0 ♏ 8	29 ♏ 7	27 ♏ 51	2 ♎ 54	13 ♌ 14	17 ♏ 9	15 ♊ 57	28 ♎ 2	6 ♈ 58	1 ♓ 5	6 D 57	28 ♊	4 ♈	0 ♐	22 ♊	6 ♓
20	27 ♍ 4	14 ♏ 38	29 ♏ 4	27 ♏ 48	4 ♎ 38	14 ♌ 21	17 ♏ 49	16 ♊ 0	28 ♎ 9	6 ♈ 56	1 ♓ 3	6 ♑ 57	28 ♊	3 ♈	0 ♐	22 ♊	6 ♓
21	28 ♍ 3	29 ♏ 3	29 ♏ 1	27 D 48	6 ♎ 21	15 ♌ 29	18 ♏ 30	16 ♊ 3	28 ♎ 15	6 ♈ 54	1 ♓ 2	6 ♑ 57	28 ♊	3 ♈	0 ♐	22 ♊	6 ♓
22	29 ♍ 1	13 ♐ 20	28 ♏ 57	27 ♏ 48	8 ♎ 3	16 ♌ 36	19 ♏ 12	16 ♊ 6	28 ♎ 22	6 ♈ 51	1 ♓ 0	6 ♑ 57	29 ♊	3 ♈	1 ♐	22 ♊	6 ♓
23	0 ♎ 0	27 ♐ 27	28 ♏ 54	27 ♏ 49	9 ♎ 45	17 ♌ 44	19 ♏ 53	16 ♊ 8	28 ♎ 29	6 ♈ 49	0 ♓ 59	6 ♑ 57	29 ♊	3 ♈	1 ♐	22 ♊	6 ♓
24	0 ♎ 59	11 ♑ 24	28 ♏ 51	27 R 48	11 ♎ 25	18 ♌ 53	20 ♏ 34	16 ♊ 11	28 ♎ 35	6 ♈ 46	0 ♓ 57	6 ♑ 57	29 ♊	2 ♈	1 ♐	23 ♊	6 ♓
25	1 ♎ 57	25 ♑ 9	28 ♏ 48	27 ♏ 46	13 ♎ 4	20 ♌ 1	21 ♏ 15	16 ♊ 13	28 ♎ 42	6 ♈ 44	0 ♓ 56	6 ♑ 57	29 ♊	2 ♈	2 ♐	23 ♊	6 ♓
26	2 ♎ 56	8 ♒ 42	28 ♏ 45	27 ♏ 41	14 ♎ 42	21 ♌ 9	21 ♏ 57	16 ♊ 14	28 ♎ 49	6 ♈ 42	0 ♓ 55	6 ♑ 58	29 ♊	2 ♈	2 ♐	23 ♊	6 ♓
27	3 ♎ 55	22 ♒ 4	28 ♏ 42	27 ♏ 34	16 ♎ 20	22 ♌ 18	22 ♏ 38	16 ♊ 16	28 ♎ 55	6 ♈ 39	0 ♓ 53	6 ♑ 58	0 ♋	2 ♈	2 ♐	23 ♊	6 ♓
28	4 ♎ 54	5 ♓ 14	28 ♏ 38	27 ♏ 26	17 ♎ 56	23 ♌ 27	23 ♏ 20	16 ♊ 18	29 ♎ 2	6 ♈ 37	0 ♓ 52	6 ♑ 58	0 ♋	1 ♈	2 ♐	23 ♊	6 ♓
29	5 ♎ 53	18 ♓ 11	28 ♏ 35	27 ♏ 17	19 ♎ 31	24 ♌ 36	24 ♏ 1	16 ♊ 19	29 ♎ 9	6 ♈ 34	0 ♓ 51	6 ♑ 58	0 ♋	1 ♈	3 ♐	23 ♊	6 ♓
30	6 ♎ 52	0 ♈ 55	28 ♏ 32	27 ♏ 8	21 ♎ 6	25 ♌ 45	24 ♏ 43	16 ♊ 20	29 ♎ 16	6 ♈ 32	0 ♓ 50	6 ♑ 59	0 ♋	1 ♈	3 ♐	23 ♊	5 ♓

SUN INGRESS	☉ → ♎ 22日 23:49
MOON PHASE	◑ 8日 22:15 ♊　● 16日 11:11 ♍　◐ 23日 04:41 ♑　○ 30日 12:19 ♈

aspects

2日	06:16	☿☍♆
3日	16:43	♀□♄
3日	20:05	♂⚹♇
5日	01:46	☿△♇
5日	17:06	☿⚹♂
7日	19:15	☉□♃
9日	09:13	☿□♃
10日	21:44	☉☌☿
13日	13:45	♀△♅
19日	14:57	♅□♇
21日	07:23	☿☍♅
21日	08:21	☿□♇
21日	12:45	♀⚹♃
26日	23:09	☿△♃
27日	17:48	♀□♂
29日	16:15	☉☍♅
30日	02:55	☉□♇

2012年10月

DAY	☉	☽	☊		☿	♀	♂	♃	♄	♅	♆	♇	⚳	⚴	⚵	⚶	⚷
			mean	true													
	° ′	° ′	° ′	° ′	° ′	° ′	° ′	° ′	° ′	° ′	° ′	° ′	°	°	°	°	°
1	7 ♎ 51	13 ♈ 26	28 ♏ 29	26 R 59	22 D 40	26 D 54	25 D 25	16 D 21	29 D 23	6 R 29	0 R 48	6 D 59	0 D	0 R	3 D	24 D	5 R
2	8 ♎ 50	25 ♈ 43	28 ♏ 26	26 ♏ 53	24 ♎ 13	28 ♌ 4	26 ♏ 7	16 ♊ 22	29 ♎ 30	6 ♈ 27	0 ♓ 47	7 ♑ 0	0 ♋	0 ♈	3 ♐	24 ♊	5 ♓
3	9 ♎ 49	7 ♉ 49	28 ♏ 22	26 ♏ 49	25 ♎ 45	29 ♌ 13	26 ♏ 49	16 ♊ 22	29 ♎ 37	6 ♈ 25	0 ♓ 46	7 ♑ 0	1 ♋	0 ♈	4 ♐	24 ♊	5 ♓
4	10 ♎ 48	19 ♉ 45	28 ♏ 19	26 ♏ 47	27 ♎ 16	0 ♍ 23	27 ♏ 31	16 ♊ 22	29 ♎ 44	6 ♈ 22	0 ♓ 45	7 ♑ 0	1 ♋	0 ♈	4 ♐	24 ♊	5 ♓
5	11 ♎ 47	1 ♊ 35	28 ♏ 16	26 D 47	28 ♎ 46	1 ♍ 33	28 ♏ 13	16 R 22	29 ♎ 51	6 ♈ 20	0 ♓ 44	7 ♑ 1	1 ♋	29 ♓	4 ♐	24 ♊	5 ♓
6	12 ♎ 46	13 ♊ 21	28 ♏ 13	26 ♏ 48	0 ♏ 16	2 ♍ 43	28 ♏ 55	16 ♊ 22	29 ♎ 58	6 ♈ 17	0 ♓ 43	7 ♑ 1	1 ♋	29 ♓	5 ♐	24 ♊	5 ♓
7	13 ♎ 45	25 ♊ 10	28 ♏ 10	26 ♏ 50	1 ♏ 45	3 ♍ 53	29 ♏ 38	16 ♊ 22	0 ♏ 5	6 ♈ 15	0 ♓ 41	7 ♑ 2	1 ♋	29 ♓	5 ♐	24 ♊	5 ♓
8	14 ♎ 44	7 ♋ 5	28 ♏ 7	26 ♏ 51	3 ♏ 12	5 ♍ 3	0 ♐ 20	16 ♊ 21	0 ♏ 12	6 ♈ 13	0 ♓ 40	7 ♑ 3	1 ♋	29 ♓	5 ♐	24 ♊	5 ♓
9	15 ♎ 43	19 ♋ 12	28 ♏ 3	26 R 51	4 ♏ 39	6 ♍ 14	1 ♐ 3	16 ♊ 21	0 ♏ 19	6 ♈ 10	0 ♓ 39	7 ♑ 3	2 ♋	28 ♓	5 ♐	25 ♊	5 ♓
10	16 ♎ 43	1 ♌ 36	28 ♏ 0	26 ♏ 50	6 ♏ 6	7 ♍ 24	1 ♐ 45	16 ♊ 20	0 ♏ 26	6 ♈ 8	0 ♓ 38	7 ♑ 4	2 ♋	28 ♓	6 ♐	25 ♊	5 ♓
11	17 ♎ 42	14 ♌ 22	27 ♏ 57	26 ♏ 47	7 ♏ 31	8 ♍ 35	2 ♐ 28	16 ♊ 19	0 ♏ 33	6 ♈ 6	0 ♓ 37	7 ♑ 5	2 ♋	28 ♓	6 ♐	25 ♊	5 ♓
12	18 ♎ 41	27 ♌ 32	27 ♏ 54	26 ♏ 42	8 ♏ 55	9 ♍ 46	3 ♐ 11	16 ♊ 17	0 ♏ 40	6 ♈ 3	0 ♓ 36	7 ♑ 5	2 ♋	27 ♓	6 ♐	25 ♊	5 ♓
13	19 ♎ 41	11 ♍ 9	27 ♏ 51	26 ♏ 37	10 ♏ 19	10 ♍ 56	3 ♐ 53	16 ♊ 16	0 ♏ 48	6 ♈ 1	0 ♓ 35	7 ♑ 6	2 ♋	27 ♓	7 ♐	25 ♊	5 ♓
14	20 ♎ 40	25 ♍ 12	27 ♏ 48	26 ♏ 31	11 ♏ 41	12 ♍ 7	4 ♐ 36	16 ♊ 14	0 ♏ 55	5 ♈ 59	0 ♓ 34	7 ♑ 7	2 ♋	27 ♓	7 ♐	25 ♊	5 ♓
15	21 ♎ 40	9 ♎ 38	27 ♏ 44	26 ♏ 26	13 ♏ 2	13 ♍ 19	5 ♐ 19	16 ♊ 12	1 ♏ 2	5 ♈ 56	0 ♓ 34	7 ♑ 8	2 ♋	27 ♓	7 ♐	25 ♊	5 ♓
16	22 ♎ 39	24 ♎ 21	27 ♏ 41	26 ♏ 21	14 ♏ 23	14 ♍ 30	6 ♐ 2	16 ♊ 10	1 ♏ 9	5 ♈ 54	0 ♓ 33	7 ♑ 8	2 ♋	26 ♓	7 ♐	25 ♊	5 ♓
17	23 ♎ 39	9 ♏ 14	27 ♏ 38	26 ♏ 19	15 ♏ 42	15 ♍ 41	6 ♐ 45	16 ♊ 8	1 ♏ 16	5 ♈ 52	0 ♓ 32	7 ♑ 9	3 ♋	26 ♓	8 ♐	25 ♊	5 ♓
18	24 ♎ 38	24 ♏ 9	27 ♏ 35	26 ♏ 18	17 ♏ 0	16 ♍ 53	7 ♐ 29	16 ♊ 5	1 ♏ 24	5 ♈ 49	0 ♓ 31	7 ♑ 10	3 ♋	26 ♓	8 ♐	25 ♊	5 ♓
19	25 ♎ 38	8 ♐ 58	27 ♏ 32	26 D 18	18 ♏ 17	18 ♍ 4	8 ♐ 12	16 ♊ 2	1 ♏ 31	5 ♈ 47	0 ♓ 30	7 ♑ 11	3 ♋	26 ♓	8 ♐	25 ♊	5 ♓
20	26 ♎ 37	23 ♐ 34	27 ♏ 28	26 ♏ 19	19 ♏ 32	19 ♍ 16	8 ♐ 55	15 ♊ 59	1 ♏ 38	5 ♈ 45	0 ♓ 30	7 ♑ 12	3 ♋	26 ♓	9 ♐	25 ♊	5 ♓
21	27 ♎ 37	7 ♑ 55	27 ♏ 25	26 ♏ 21	20 ♏ 46	20 ♍ 28	9 ♐ 39	15 ♊ 56	1 ♏ 45	5 ♈ 43	0 ♓ 29	7 ♑ 13	3 ♋	25 ♓	9 ♐	25 ♊	5 ♓
22	28 ♎ 37	21 ♑ 56	27 ♏ 22	26 ♏ 22	21 ♏ 59	21 ♍ 40	10 ♐ 22	15 ♊ 53	1 ♏ 53	5 ♈ 41	0 ♓ 28	7 ♑ 14	3 ♋	25 ♓	9 ♐	25 R	5 ♓
23	29 ♎ 37	5 ♒ 39	27 ♏ 19	26 R 22	23 ♏ 9	22 ♍ 52	11 ♐ 6	15 ♊ 50	2 ♏ 0	5 ♈ 38	0 ♓ 27	7 ♑ 15	3 ♋	25 ♓	10 ♐	25 ♊	5 ♓
24	0 ♏ 36	19 ♒ 3	27 ♏ 16	26 ♏ 21	24 ♏ 18	24 ♍ 4	11 ♐ 50	15 ♊ 46	2 ♏ 7	5 ♈ 36	0 ♓ 27	7 ♑ 16	3 ♋	25 ♓	10 ♐	25 ♊	5 ♓
25	1 ♏ 36	2 ♓ 10	27 ♏ 13	26 ♏ 18	25 ♏ 25	25 ♍ 16	12 ♐ 33	15 ♊ 42	2 ♏ 14	5 ♈ 34	0 ♓ 26	7 ♑ 17	3 ♋	25 ♓	10 ♐	25 ♊	5 ♓
26	2 ♏ 36	15 ♓ 1	27 ♏ 9	26 ♏ 15	26 ♏ 29	26 ♍ 28	13 ♐ 17	15 ♊ 38	2 ♏ 22	5 ♈ 32	0 ♓ 26	7 ♑ 18	3 ♋	24 ♓	11 ♐	25 ♊	5 ♓
27	3 ♏ 36	27 ♓ 38	27 ♏ 6	26 ♏ 11	27 ♏ 31	27 ♍ 40	14 ♐ 1	15 ♊ 34	2 ♏ 29	5 ♈ 30	0 ♓ 25	7 ♑ 19	3 ♋	24 ♓	11 ♐	25 ♊	5 ♓
28	4 ♏ 36	10 ♈ 4	27 ♏ 3	26 ♏ 8	28 ♏ 30	28 ♍ 53	14 ♐ 45	15 ♊ 29	2 ♏ 36	5 ♈ 28	0 ♓ 25	7 ♑ 21	3 ♋	24 ♓	11 ♐	25 ♊	5 ♓
29	5 ♏ 35	22 ♈ 18	27 ♏ 0	26 ♏ 5	29 ♏ 26	0 ♎ 5	15 ♐ 29	15 ♊ 25	2 ♏ 43	5 ♈ 26	0 ♓ 24	7 ♑ 22	3 ♋	24 ♓	12 ♐	25 ♊	5 ♓
30	6 ♏ 35	4 ♉ 23	26 ♏ 57	26 ♏ 2	0 ♐ 18	1 ♎ 18	16 ♐ 13	15 ♊ 20	2 ♏ 51	5 ♈ 24	0 ♓ 24	7 ♑ 23	3 ♋	24 ♓	12 ♐	25 ♊	5 ♓
31	7 ♏ 35	16 ♉ 20	26 ♏ 54	26 ♏ 1	1 ♐ 7	2 ♎ 31	16 ♐ 57	15 ♊ 15	2 ♏ 58	5 ♈ 22	0 ♓ 23	7 ♑ 24	3 ♋	24 ♓	12 ♐	25 ♊	5 ♓

SUN INGRESS	☉ → ♏ 23日 09:14
MOON PHASE	◑ 8日 16:33 ♋　● 15日 21:03 ♎　◐ 22日 12:32 ♑　○ 30日 04:49 ♉

aspects

3日	09:05	♀⚹♄
4日	07:26	♀☍♆
5日	18:44	☿☌♄
6日	07:06	☿△♆
8日	11:10	♂□♆
9日	14:52	☉△♃
9日	17:04	♀△♇
10日	16:31	☿⚹♇
11日	11:38	♄△♆
15日	19:33	♂△♅
16日	21:31	☿⚹♀
17日	08:34	♀□♃
23日	20:15	☉△♆
25日	17:32	☉☌♄
26日	02:10	☿⚹♀
28日	21:54	♂☍♃
30日	02:40	☿□♆
30日	19:30	☉⚹♇

2012年11月

DAY	☉	☽	☊ mean	☊ true	☿	♀	♂	♃	♄	♅	♆	♇	⚳	⚴	⚵	⚶	⚷
	° ′	° ′	° ′	° ′	° ′	° ′	° ′	° ′	° ′	° ′	° ′	° ′	°	°	°	°	°
1	8 ♏ 35	28 ♉ 11	26 ♏ 50	26 D 1	1 D 51	3 D 43	17 D 41	15 R 10	3 D 5	5 R 20	0 R 23	7 D 26	3 D	23 R	13 D	25 R	5 R
2	9 ♏ 35	9 ♊ 59	26 ♏ 47	26 ♏ 1	2 ♐ 31	4 ♎ 56	18 ♐ 26	15 ♊ 4	3 ♏ 12	5 ♈ 18	0 ♓ 23	7 ♑ 27	3 R	23 ♓	13 ♐	25 ♊	5 ♓
3	10 ♏ 35	21 ♊ 46	26 ♏ 44	26 ♏ 2	3 ♐ 5	6 ♎ 9	19 ♐ 10	14 ♊ 59	3 ♏ 20	5 ♈ 16	0 ♓ 22	7 ♑ 28	3 ♋	23 ♓	13 ♐	25 ♊	5 ♓
4	11 ♏ 35	3 ♋ 35	26 ♏ 41	26 ♏ 4	3 ♐ 33	7 ♎ 22	19 ♐ 54	14 ♊ 53	3 ♏ 27	5 ♈ 15	0 ♓ 22	7 ♑ 29	3 ♋	23 ♓	14 ♐	24 ♊	5 ♓
5	12 ♏ 36	15 ♋ 31	26 ♏ 38	26 ♏ 5	3 ♐ 55	8 ♎ 35	20 ♐ 39	14 ♊ 48	3 ♏ 34	5 ♈ 13	0 ♓ 22	7 ♑ 31	3 ♋	23 ♓	14 ♐	24 ♊	5 ♓
6	13 ♏ 36	27 ♋ 37	26 ♏ 34	26 ♏ 6	4 ♐ 10	9 ♎ 48	21 ♐ 23	14 ♊ 42	3 ♏ 41	5 ♈ 11	0 ♓ 22	7 ♑ 32	3 ♋	23 ♓	14 ♐	24 ♊	5 ♓
7	14 ♏ 36	9 ♌ 58	26 ♏ 31	26 ♏ 7	4 ♐ 17	11 ♎ 2	22 ♐ 8	14 ♊ 36	3 ♏ 48	5 ♈ 9	0 ♓ 21	7 ♑ 34	3 ♋	23 ♓	15 ♐	24 ♊	5 ♓
8	15 ♏ 36	22 ♌ 39	26 ♏ 28	26 R 7	4 R 16	12 ♎ 15	22 ♐ 53	14 ♊ 29	3 ♏ 56	5 ♈ 8	0 ♓ 21	7 ♑ 35	3 ♋	23 ♓	15 ♐	24 ♊	5 ♓
9	16 ♏ 36	5 ♍ 43	26 ♏ 25	26 ♏ 6	4 ♐ 5	13 ♎ 28	23 ♐ 37	14 ♊ 23	4 ♏ 3	5 ♈ 6	0 ♓ 21	7 ♑ 37	3 ♋	22 ♓	15 ♐	24 ♊	4 ♓
10	17 ♏ 37	19 ♍ 13	26 ♏ 22	26 ♏ 5	3 ♐ 45	14 ♎ 42	24 ♐ 22	14 ♊ 17	4 ♏ 10	5 ♈ 4	0 ♓ 21	7 ♑ 38	3 ♋	22 ♓	16 ♐	24 ♊	4 ♓
11	18 ♏ 37	3 ♎ 11	26 ♏ 19	26 ♏ 4	3 ♐ 15	15 ♎ 55	25 ♐ 7	14 ♊ 10	4 ♏ 17	5 ♈ 3	0 ♓ 21	7 ♑ 40	3 ♋	22 ♓	16 ♐	24 ♊	4 ♓
12	19 ♏ 37	17 ♎ 35	26 ♏ 15	26 ♏ 3	2 ♐ 35	17 ♎ 9	25 ♐ 52	14 ♊ 3	4 ♏ 24	5 ♈ 1	0 D 21	7 ♑ 41	3 ♋	22 ♓	16 ♐	23 ♊	4 ♓
13	20 ♏ 38	2 ♏ 22	26 ♏ 12	26 ♏ 3	1 ♐ 45	18 ♎ 23	26 ♐ 37	13 ♊ 56	4 ♏ 31	5 ♈ 0	0 ♓ 21	7 ♑ 43	3 ♋	22 ♓	17 ♐	23 ♊	4 ♓
14	21 ♏ 38	17 ♏ 26	26 ♏ 9	26 ♏ 3	0 ♐ 46	19 ♎ 36	27 ♐ 22	13 ♊ 49	4 ♏ 38	4 ♈ 58	0 ♓ 21	7 ♑ 44	3 ♋	22 ♓	17 ♐	23 ♊	4 ♓
15	22 ♏ 38	2 ♐ 37	26 ♏ 6	26 D 3	29 ♏ 38	20 ♎ 50	28 ♐ 7	13 ♊ 42	4 ♏ 45	4 ♈ 57	0 ♓ 21	7 ♑ 46	3 ♋	22 ♓	17 ♐	23 ♊	4 ♓
16	23 ♏ 39	17 ♐ 45	26 ♏ 3	26 ♏ 3	28 ♏ 24	22 ♎ 4	28 ♐ 52	13 ♊ 35	4 ♏ 52	4 ♈ 56	0 ♓ 21	7 ♑ 48	2 ♋	22 ♓	18 ♐	23 ♊	4 D
17	24 ♏ 39	2 ♑ 43	26 ♏ 0	26 ♏ 3	27 ♏ 5	23 ♎ 18	29 ♐ 38	13 ♊ 28	4 ♏ 59	4 ♈ 54	0 ♓ 22	7 ♑ 49	2 ♋	22 ♓	18 ♐	23 ♊	4 ♓
18	25 ♏ 40	17 ♑ 23	25 ♏ 56	26 ♏ 3	25 ♏ 45	24 ♎ 32	0 ♑ 23	13 ♊ 20	5 ♏ 6	4 ♈ 53	0 ♓ 22	7 ♑ 51	2 ♋	22 ♓	18 ♐	22 ♊	4 ♓
19	26 ♏ 41	1 ♒ 39	25 ♏ 53	26 R 3	24 ♏ 24	25 ♎ 45	1 ♑ 8	13 ♊ 13	5 ♏ 13	4 ♈ 52	0 ♓ 22	7 ♑ 53	2 ♋	22 ♓	19 ♐	22 ♊	4 ♓
20	27 ♏ 41	15 ♒ 30	25 ♏ 50	26 ♏ 3	23 ♏ 7	26 ♎ 59	1 ♑ 54	13 ♊ 5	5 ♏ 20	4 ♈ 51	0 ♓ 22	7 ♑ 54	2 ♋	22 ♓	19 ♐	22 ♊	4 ♓
21	28 ♏ 42	28 ♒ 56	25 ♏ 47	26 D 3	21 ♏ 55	28 ♎ 14	2 ♑ 39	12 ♊ 57	5 ♏ 27	4 ♈ 50	0 ♓ 23	7 ♑ 56	2 ♋	22 ♓	19 ♐	22 ♊	4 ♓
22	29 ♏ 42	11 ♓ 59	25 ♏ 44	26 ♏ 3	20 ♏ 51	29 ♎ 28	3 ♑ 25	12 ♊ 50	5 ♏ 34	4 ♈ 48	0 ♓ 23	7 ♑ 58	2 ♋	22 D	20 ♐	22 ♊	5 ♓
23	0 ♐ 43	24 ♓ 41	25 ♏ 40	26 ♏ 3	19 ♏ 56	0 ♏ 42	4 ♑ 10	12 ♊ 42	5 ♏ 41	4 ♈ 47	0 ♓ 23	8 ♑ 0	2 ♋	22 ♓	20 ♐	21 ♊	5 ♓
24	1 ♐ 43	7 ♈ 6	25 ♏ 37	26 ♏ 4	19 ♏ 12	1 ♏ 56	4 ♑ 56	12 ♊ 34	5 ♏ 48	4 ♈ 46	0 ♓ 24	8 ♑ 1	1 ♋	22 ♓	20 ♐	21 ♊	5 ♓
25	2 ♐ 44	19 ♈ 18	25 ♏ 34	26 ♏ 5	18 ♏ 40	3 ♏ 10	5 ♑ 42	12 ♊ 26	5 ♏ 54	4 ♈ 45	0 ♓ 24	8 ♑ 3	1 ♋	22 ♓	21 ♐	21 ♊	5 ♓
26	3 ♐ 45	1 ♉ 20	25 ♏ 31	26 ♏ 5	18 ♏ 19	4 ♏ 24	6 ♑ 27	12 ♊ 18	6 ♏ 1	4 ♈ 44	0 ♓ 25	8 ♑ 5	1 ♋	22 ♓	21 ♐	21 ♊	5 ♓
27	4 ♐ 46	13 ♉ 15	25 ♏ 28	26 ♏ 6	18 ♏ 10	5 ♏ 39	7 ♑ 13	12 ♊ 10	6 ♏ 8	4 ♈ 44	0 ♓ 25	8 ♑ 7	1 ♋	22 ♓	21 ♐	20 ♊	5 ♓
28	5 ♐ 46	25 ♉ 5	25 ♏ 25	26 ♏ 6	18 D 12	6 ♏ 53	7 ♑ 59	12 ♊ 2	6 ♏ 14	4 ♈ 43	0 ♓ 26	8 ♑ 9	1 ♋	22 ♓	22 ♐	20 ♊	5 ♓
29	6 ♐ 47	6 ♊ 53	25 ♏ 21	26 R 6	18 ♏ 24	8 ♏ 7	8 ♑ 45	11 ♊ 54	6 ♏ 21	4 ♈ 42	0 ♓ 26	8 ♑ 10	1 ♋	22 ♓	22 ♐	20 ♊	5 ♓
30	7 ♐ 48	18 ♊ 41	25 ♏ 18	26 ♏ 5	18 ♏ 46	9 ♏ 22	9 ♑ 31	11 ♊ 46	6 ♏ 28	4 ♈ 41	0 ♓ 27	8 ♑ 12	0 ♋	22 ♓	22 ♐	20 ♊	5 ♓

SUN INGRESS	☉ → ♐ 22日 06:50
MOON PHASE	◑ 7日 09:36 ♌　● 14日 07:08 ♏　◐ 20日 23:31 ♒　○ 28日 23:46 ♊

aspects		
2日	07:05	♀☍♅
4日	02:27	♀□♇
9日	16:26	♀△♃
14日	09:02	☿□♆
17日	23:22	♂⚹♆
18日	00:47	☉☌☿
22日	16:11	☉□♆
22日	17:59	♀△♆
23日	19:05	♂□♅
25日	07:51	♂⚹♄
26日	23:15	☉△♅
27日	10:19	♀☌♄
28日	05:17	♂☌♇
29日	01:02	♀⚹♇
30日	07:33	♀⚹♂

2012年12月

DAY	☉	☽	☊ mean	☊ true	☿	♀	♂	♃	♄	♅	♆	♇	⚳	⚴	⚵	⚶	⚷
	° ′	° ′	° ′	° ′	° ′	° ′	° ′	° ′	° ′	° ′	° ′	° ′	°	°	°	°	°
1	8 ♐ 48	0 ♋ 32	25 ♏ 15	26 R 4	19 D 16	10 D 36	10 D 17	11 R 37	6 D 34	4 R 41	0 D 27	8 D 14	0 R	22 D	23 D	19 R	5 D
2	9 ♐ 49	12 ♋ 26	25 ♏ 12	26 ♏ 2	19 ♏ 54	11 ♏ 51	11 ♑ 3	11 ♊ 29	6 ♏ 41	4 ♈ 40	0 ♓ 28	8 ♑ 16	0 ♋	22 ♓	23 ♐	19 ♊	5 ♓
3	10 ♐ 50	24 ♋ 28	25 ♏ 9	25 ♏ 59	20 ♏ 39	13 ♏ 5	11 ♑ 49	11 ♊ 21	6 ♏ 47	4 ♈ 39	0 ♓ 29	8 ♑ 18	0 ♋	22 ♓	24 ♐	19 ♊	5 ♓
4	11 ♐ 51	6 ♌ 38	25 ♏ 5	25 ♏ 57	21 ♏ 31	14 ♏ 20	12 ♑ 35	11 ♊ 13	6 ♏ 53	4 ♈ 39	0 ♓ 30	8 ♑ 20	0 ♋	22 ♓	24 ♐	19 ♊	5 ♓
5	12 ♐ 52	19 ♌ 1	25 ♏ 2	25 ♏ 55	22 ♏ 27	15 ♏ 34	13 ♑ 21	11 ♊ 5	7 ♏ 0	4 ♈ 38	0 ♓ 30	8 ♑ 22	29 ♊	23 ♓	24 ♐	18 ♊	5 ♓
6	13 ♐ 53	1 ♍ 40	24 ♏ 59	25 ♏ 54	23 ♏ 28	16 ♏ 49	14 ♑ 7	10 ♊ 57	7 ♏ 6	4 ♈ 38	0 ♓ 31	8 ♑ 24	29 ♊	23 ♓	25 ♐	18 ♊	5 ♓
7	14 ♐ 54	14 ♍ 38	24 ♏ 56	25 ♏ 53	24 ♏ 33	18 ♏ 4	14 ♑ 54	10 ♊ 48	7 ♏ 12	4 ♈ 38	0 ♓ 32	8 ♑ 26	29 ♊	23 ♓	25 ♐	18 ♊	5 ♓
8	15 ♐ 55	27 ♍ 58	24 ♏ 53	25 D 54	25 ♏ 42	19 ♏ 18	15 ♑ 40	10 ♊ 40	7 ♏ 19	4 ♈ 37	0 ♓ 33	8 ♑ 28	29 ♊	23 ♓	25 ♐	18 ♊	5 ♓
9	16 ♐ 56	11 ♎ 42	24 ♏ 50	25 ♏ 55	26 ♏ 54	20 ♏ 33	16 ♑ 26	10 ♊ 32	7 ♏ 25	4 ♈ 37	0 ♓ 34	8 ♑ 30	29 ♊	23 ♓	26 ♐	17 ♊	5 ♓
10	17 ♐ 56	25 ♎ 53	24 ♏ 46	25 ♏ 56	28 ♏ 8	21 ♏ 48	17 ♑ 13	10 ♊ 24	7 ♏ 31	4 ♈ 37	0 ♓ 35	8 ♑ 32	28 ♊	23 ♓	26 ♐	17 ♊	5 ♓
11	18 ♐ 57	10 ♏ 27	24 ♏ 43	25 ♏ 57	29 ♏ 25	23 ♏ 3	17 ♑ 59	10 ♊ 16	7 ♏ 37	4 ♈ 37	0 ♓ 36	8 ♑ 34	28 ♊	23 ♓	26 ♐	17 ♊	5 ♓
12	19 ♐ 58	25 ♏ 22	24 ♏ 40	25 ♏ 58	0 ♐ 43	24 ♏ 17	18 ♑ 46	10 ♊ 8	7 ♏ 43	4 ♈ 36	0 ♓ 37	8 ♑ 36	28 ♊	23 ♓	27 ♐	17 ♊	5 ♓
13	21 ♐ 0	10 ♐ 31	24 ♏ 37	25 R 57	2 ♐ 4	25 ♏ 32	19 ♑ 32	10 ♊ 0	7 ♏ 49	4 ♈ 36	0 ♓ 38	8 ♑ 38	28 ♊	23 ♓	27 ♐	16 ♊	5 ♓
14	22 ♐ 1	25 ♐ 45	24 ♏ 34	25 ♏ 55	3 ♐ 26	26 ♏ 47	20 ♑ 19	9 ♊ 52	7 ♏ 55	4 D 36	0 ♓ 39	8 ♑ 40	27 ♊	24 ♓	27 ♐	16 ♊	5 ♓
15	23 ♐ 2	10 ♑ 53	24 ♏ 31	25 ♏ 52	4 ♐ 49	28 ♏ 2	21 ♑ 5	9 ♊ 45	8 ♏ 1	4 ♈ 36	0 ♓ 40	8 ♑ 42	27 ♊	24 ♓	28 ♐	16 ♊	5 ♓
16	24 ♐ 3	25 ♑ 47	24 ♏ 27	25 ♏ 48	6 ♐ 13	29 ♏ 17	21 ♑ 52	9 ♊ 37	8 ♏ 7	4 ♈ 36	0 ♓ 41	8 ♑ 44	27 ♊	24 ♓	28 ♐	16 ♊	5 ♓
17	25 ♐ 4	10 ♒ 19	24 ♏ 24	25 ♏ 44	7 ♐ 38	0 ♐ 32	22 ♑ 39	9 ♊ 29	8 ♏ 12	4 ♈ 37	0 ♓ 42	8 ♑ 46	27 ♊	24 ♓	29 ♐	15 ♊	5 ♓
18	26 ♐ 5	24 ♒ 23	24 ♏ 21	25 ♏ 40	9 ♐ 5	1 ♐ 47	23 ♑ 25	9 ♊ 22	8 ♏ 18	4 ♈ 37	0 ♓ 43	8 ♑ 48	27 ♊	24 ♓	29 ♐	15 ♊	5 ♓
19	27 ♐ 6	7 ♓ 58	24 ♏ 18	25 ♏ 37	10 ♐ 31	3 ♐ 2	24 ♑ 12	9 ♊ 14	8 ♏ 24	4 ♈ 37	0 ♓ 45	8 ♑ 51	26 ♊	24 ♓	29 ♐	15 ♊	5 ♓
20	28 ♐ 7	21 ♓ 6	24 ♏ 15	25 ♏ 35	11 ♐ 59	4 ♐ 17	24 ♑ 59	9 ♊ 7	8 ♏ 29	4 ♈ 37	0 ♓ 46	8 ♑ 53	26 ♊	25 ♓	0 ♑	15 ♊	5 ♓
21	29 ♐ 8	3 ♈ 48	24 ♏ 11	25 D 35	13 ♐ 27	5 ♐ 32	25 ♑ 46	9 ♊ 0	8 ♏ 35	4 ♈ 38	0 ♓ 47	8 ♑ 55	26 ♊	25 ♓	0 ♑	14 ♊	5 ♓
22	0 ♑ 9	16 ♈ 11	24 ♏ 8	25 ♏ 36	14 ♐ 56	6 ♐ 47	26 ♑ 33	8 ♊ 52	8 ♏ 40	4 ♈ 38	0 ♓ 49	8 ♑ 57	26 ♊	25 ♓	0 ♑	14 ♊	5 ♓
23	1 ♑ 10	28 ♈ 17	24 ♏ 5	25 ♏ 38	16 ♐ 25	8 ♐ 2	27 ♑ 19	8 ♊ 45	8 ♏ 45	4 ♈ 38	0 ♓ 50	8 ♑ 59	25 ♊	25 ♓	1 ♑	14 ♊	5 ♓
24	2 ♑ 11	10 ♉ 13	24 ♏ 2	25 ♏ 40	17 ♐ 54	9 ♐ 17	28 ♑ 6	8 ♊ 38	8 ♏ 51	4 ♈ 39	0 ♓ 51	9 ♑ 1	25 ♊	25 ♓	1 ♑	14 ♊	5 ♓
25	3 ♑ 13	22 ♉ 2	23 ♏ 59	25 ♏ 41	19 ♐ 24	10 ♐ 32	28 ♑ 53	8 ♊ 32	8 ♏ 56	4 ♈ 40	0 ♓ 53	9 ♑ 3	25 ♊	25 ♓	1 ♑	13 ♊	5 ♓
26	4 ♑ 14	3 ♊ 48	23 ♏ 56	25 R 40	20 ♐ 54	11 ♐ 47	29 ♑ 40	8 ♊ 25	9 ♏ 1	4 ♈ 40	0 ♓ 54	9 ♑ 5	25 ♊	26 ♓	2 ♑	13 ♊	5 ♓
27	5 ♑ 15	15 ♊ 36	23 ♏ 52	25 ♏ 38	22 ♐ 25	13 ♐ 2	0 ♒ 27	8 ♊ 19	9 ♏ 6	4 ♈ 41	0 ♓ 56	9 ♑ 7	24 ♊	26 ♓	2 ♑	13 ♊	5 ♓
28	6 ♑ 16	27 ♊ 27	23 ♏ 49	25 ♏ 34	23 ♐ 56	14 ♐ 17	1 ♒ 14	8 ♊ 12	9 ♏ 11	4 ♈ 41	0 ♓ 57	9 ♑ 10	24 ♊	26 ♓	3 ♑	13 ♊	5 ♓
29	7 ♑ 17	9 ♋ 25	23 ♏ 46	25 ♏ 28	25 ♐ 27	15 ♐ 32	2 ♒ 1	8 ♊ 6	9 ♏ 16	4 ♈ 42	0 ♓ 58	9 ♑ 12	24 ♊	26 ♓	3 ♑	12 ♊	5 ♓
30	8 ♑ 18	21 ♋ 29	23 ♏ 43	25 ♏ 20	26 ♐ 59	16 ♐ 47	2 ♒ 48	8 ♊ 0	9 ♏ 21	4 ♈ 43	1 ♓ 0	9 ♑ 14	24 ♊	27 ♓	3 ♑	12 ♊	5 ♓
31	9 ♑ 19	3 ♌ 42	23 ♏ 40	25 ♏ 12	28 ♐ 31	18 ♐ 2	3 ♒ 36	7 ♊ 54	9 ♏ 26	4 ♈ 44	1 ♓ 2	9 ♑ 16	24 ♊	27 ♓	4 ♑	12 ♊	5 ♓

SUN INGRESS	☉ → ♑ 21日 20:12
MOON PHASE	◑ 7日 00:31 ♍　● 13日 17:42 ♐　◐ 20日 14:19 ♓　○ 28日 19:21 ♋

aspects		
3日	10:45	☉☍♃
11日	21:57	☿□♆
14日	20:24	☿△♅
17日	03:23	♀□♆
18日	04:22	☿☍♃
20日	06:38	♀△♅
22日	15:48	☉⚹♆
23日	12:50	♀☍♃
26日	10:31	☉□♅
27日	10:41	♄⚹♇
30日	22:39	☉☌♇
31日	02:45	☉⚹♄

2013年1月

DAY	☉	☽	☊ mean	☊ true	☿	♀	♂	♃	♄	♅	♆	♇	⚳	⚴	⚵	⚶	⚷
	° ′	° ′	° ′	° ′	° ′	° ′	° ′	° ′	° ′	° ′	° ′	° ′	°	°	°	°	°
1	10 ♑ 20	16 ♌ 4	23 ♏ 37	25 R 3	0 D 3	19 D 17	4 D 23	7 R 48	9 D 30	4 D 45	1 D 3	9 D 18	23 R	27 D	4 D	12 R	6 D
2	11 ♑ 22	28 ♌ 38	23 ♏ 33	24 ♏ 55	1 ♑ 36	20 ♐ 32	5 ♒ 10	7 ♊ 42	9 ♏ 35	4 ♈ 46	1 ♓ 5	9 ♑ 20	23 ♊	27 ♓	4 ♑	12 ♊	6 ♓
3	12 ♑ 23	11 ♍ 24	23 ♏ 30	24 ♏ 49	3 ♑ 9	21 ♐ 47	5 ♒ 57	7 ♊ 37	9 ♏ 40	4 ♈ 47	1 ♓ 6	9 ♑ 22	23 ♊	27 ♓	5 ♑	12 ♊	6 ♓
4	13 ♑ 24	24 ♍ 24	23 ♏ 27	24 ♏ 45	4 ♑ 42	23 ♐ 2	6 ♒ 44	7 ♊ 32	9 ♏ 44	4 ♈ 48	1 ♓ 8	9 ♑ 24	23 ♊	28 ♓	5 ♑	11 ♊	6 ♓
5	14 ♑ 25	7 ♎ 40	23 ♏ 24	24 ♏ 43	6 ♑ 16	24 ♐ 18	7 ♒ 31	7 ♊ 26	9 ♏ 48	4 ♈ 49	1 ♓ 10	9 ♑ 27	22 ♊	28 ♓	6 ♑	11 ♊	6 ♓
6	15 ♑ 26	21 ♎ 15	23 ♏ 21	24 D 43	7 ♑ 50	25 ♐ 33	8 ♒ 19	7 ♊ 21	9 ♏ 53	4 ♈ 50	1 ♓ 11	9 ♑ 29	22 ♊	28 ♓	6 ♑	11 ♊	6 ♓
7	16 ♑ 27	5 ♏ 10	23 ♏ 17	24 ♏ 44	9 ♑ 24	26 ♐ 48	9 ♒ 6	7 ♊ 17	9 ♏ 57	4 ♈ 51	1 ♓ 13	9 ♑ 31	22 ♊	28 ♓	6 ♑	11 ♊	6 ♓
8	17 ♑ 28	19 ♏ 25	23 ♏ 14	24 ♏ 45	10 ♑ 59	28 ♐ 3	9 ♒ 53	7 ♊ 12	10 ♏ 1	4 ♈ 53	1 ♓ 15	9 ♑ 33	22 ♊	29 ♓	7 ♑	11 ♊	6 ♓
9	18 ♑ 30	3 ♐ 59	23 ♏ 11	24 R 44	12 ♑ 34	29 ♐ 18	10 ♒ 40	7 ♊ 8	10 ♏ 5	4 ♈ 54	1 ♓ 17	9 ♑ 35	22 ♊	29 ♓	7 ♑	11 ♊	6 ♓
10	19 ♑ 31	18 ♐ 49	23 ♏ 8	24 ♏ 42	14 ♑ 10	0 ♑ 33	11 ♒ 28	7 ♊ 3	10 ♏ 9	4 ♈ 55	1 ♓ 18	9 ♑ 37	22 ♊	29 ♓	7 ♑	10 ♊	6 ♓
11	20 ♑ 32	3 ♑ 48	23 ♏ 5	24 ♏ 37	15 ♑ 46	1 ♑ 49	12 ♒ 15	6 ♊ 59	10 ♏ 13	4 ♈ 57	1 ♓ 20	9 ♑ 39	21 ♊	29 ♓	8 ♑	10 ♊	6 ♓
12	21 ♑ 33	18 ♑ 49	23 ♏ 2	24 ♏ 30	17 ♑ 22	3 ♑ 4	13 ♒ 2	6 ♊ 55	10 ♏ 17	4 ♈ 58	1 ♓ 22	9 ♑ 41	21 ♊	0 ♈	8 ♑	10 ♊	6 ♓
13	22 ♑ 34	3 ♒ 40	22 ♏ 58	24 ♏ 21	18 ♑ 59	4 ♑ 19	13 ♒ 50	6 ♊ 52	10 ♏ 21	5 ♈ 0	1 ♓ 24	9 ♑ 43	21 ♊	0 ♈	8 ♑	10 ♊	6 ♓
14	23 ♑ 35	18 ♒ 15	22 ♏ 55	24 ♏ 11	20 ♑ 36	5 ♑ 34	14 ♒ 37	6 ♊ 48	10 ♏ 24	5 ♈ 1	1 ♓ 26	9 ♑ 45	21 ♊	0 ♈	9 ♑	10 ♊	6 ♓
15	24 ♑ 37	2 ♓ 26	22 ♏ 52	24 ♏ 1	22 ♑ 14	6 ♑ 49	15 ♒ 24	6 ♊ 45	10 ♏ 28	5 ♈ 3	1 ♓ 28	9 ♑ 48	21 ♊	1 ♈	9 ♑	10 ♊	6 ♓
16	25 ♑ 38	16 ♓ 9	22 ♏ 49	23 ♏ 53	23 ♑ 53	8 ♑ 5	16 ♒ 12	6 ♊ 42	10 ♏ 31	5 ♈ 4	1 ♓ 30	9 ♑ 50	21 ♊	1 ♈	10 ♑	10 ♊	6 ♓
17	26 ♑ 39	29 ♓ 23	22 ♏ 46	23 ♏ 47	25 ♑ 32	9 ♑ 20	16 ♒ 59	6 ♊ 39	10 ♏ 35	5 ♈ 6	1 ♓ 32	9 ♑ 52	20 ♊	1 ♈	10 ♑	10 ♊	6 ♓
18	27 ♑ 40	12 ♈ 11	22 ♏ 43	23 ♏ 44	27 ♑ 11	10 ♑ 35	17 ♒ 47	6 ♊ 36	10 ♏ 38	5 ♈ 8	1 ♓ 34	9 ♑ 54	20 ♊	1 ♈	10 ♑	10 ♊	6 ♓
19	28 ♑ 41	24 ♈ 36	22 ♏ 39	23 ♏ 42	28 ♑ 51	11 ♑ 50	18 ♒ 34	6 ♊ 33	10 ♏ 41	5 ♈ 9	1 ♓ 36	9 ♑ 56	20 ♊	2 ♈	11 ♑	10 ♊	6 ♓
20	29 ♑ 42	6 ♉ 44	22 ♏ 36	23 D 43	0 ♒ 31	13 ♑ 5	19 ♒ 21	6 ♊ 31	10 ♏ 44	5 ♈ 11	1 ♓ 38	9 ♑ 58	20 ♊	2 ♈	11 ♑	10 ♊	6 ♓
21	0 ♒ 43	18 ♉ 39	22 ♏ 33	23 ♏ 43	2 ♒ 12	14 ♑ 21	20 ♒ 9	6 ♊ 29	10 ♏ 47	5 ♈ 13	1 ♓ 40	10 ♑ 0	20 ♊	2 ♈	11 ♑	9 ♊	7 ♓
22	1 ♒ 44	0 ♊ 27	22 ♏ 30	23 R 43	3 ♒ 54	15 ♑ 36	20 ♒ 56	6 ♊ 27	10 ♏ 50	5 ♈ 15	1 ♓ 42	10 ♑ 2	20 ♊	3 ♈	12 ♑	9 ♊	7 ♓
23	2 ♒ 45	12 ♊ 13	22 ♏ 27	23 ♏ 41	5 ♒ 36	16 ♑ 51	21 ♒ 44	6 ♊ 25	10 ♏ 53	5 ♈ 17	1 ♓ 44	10 ♑ 4	20 ♊	3 ♈	12 ♑	9 ♊	7 ♓
24	3 ♒ 46	24 ♊ 3	22 ♏ 23	23 ♏ 37	7 ♒ 19	18 ♑ 6	22 ♒ 31	6 ♊ 24	10 ♏ 56	5 ♈ 19	1 ♓ 46	10 ♑ 6	20 ♊	3 ♈	12 ♑	9 ♊	7 ♓
25	4 ♒ 47	5 ♋ 58	22 ♏ 20	23 ♏ 30	9 ♒ 2	19 ♑ 21	23 ♒ 19	6 ♊ 23	10 ♏ 58	5 ♈ 21	1 ♓ 48	10 ♑ 8	20 ♊	4 ♈	13 ♑	9 ♊	7 ♓
26	5 ♒ 48	18 ♋ 4	22 ♏ 17	23 ♏ 20	10 ♒ 45	20 ♑ 36	24 ♒ 6	6 ♊ 22	11 ♏ 1	5 ♈ 23	1 ♓ 50	10 ♑ 10	20 ♊	4 ♈	13 ♑	9 ♊	7 ♓
27	6 ♒ 49	0 ♌ 20	22 ♏ 14	23 ♏ 8	12 ♒ 29	21 ♑ 52	24 ♒ 53	6 ♊ 21	11 ♏ 3	5 ♈ 25	1 ♓ 52	10 ♑ 12	20 ♊	4 ♈	14 ♑	9 ♊	7 ♓
28	7 ♒ 50	12 ♌ 48	22 ♏ 11	22 ♏ 54	14 ♒ 14	23 ♑ 7	25 ♒ 41	6 ♊ 20	11 ♏ 6	5 ♈ 27	1 ♓ 54	10 ♑ 14	19 ♊	5 ♈	14 ♑	9 D	7 ♓
29	8 ♒ 51	25 ♌ 29	22 ♏ 8	22 ♏ 41	15 ♒ 59	24 ♑ 22	26 ♒ 28	6 ♊ 19	11 ♏ 8	5 ♈ 30	1 ♓ 56	10 ♑ 16	19 ♊	5 ♈	14 ♑	9 ♊	7 ♓
30	9 ♒ 52	8 ♍ 21	22 ♏ 4	22 ♏ 28	17 ♒ 44	25 ♑ 37	27 ♒ 16	6 ♊ 19	11 ♏ 10	5 ♈ 32	1 ♓ 58	10 ♑ 18	19 ♊	5 ♈	15 ♑	9 ♊	7 ♓
31	10 ♒ 53	21 ♍ 25	22 ♏ 1	22 ♏ 18	19 ♒ 30	26 ♑ 52	28 ♒ 3	6 D 19	11 ♏ 12	5 ♈ 34	2 ♓ 0	10 ♑ 19	19 ♊	6 ♈	15 ♑	9 ♊	7 ♓

SUN INGRESS	☉ → ♒ 20日 06:52
MOON PHASE	◑ 5日 12:58 ♎　● 12日 04:44 ♑　◐ 19日 08:45 ♈　○ 27日 13:38 ♌

aspects		
1日	11:31	♂⚹♅
1日	15:50	☿⚹♆
4日	01:29	☿□♅
4日	21:46	♂△♃
7日	01:43	☿☌♇
7日	08:44	☿⚹♄
8日	04:33	♂□♄
10日	14:45	♀⚹♆
13日	13:13	♀□♅
17日	10:29	♀☌♇
18日	01:02	♀⚹♄
18日	17:56	☉☌☿
22日	19:28	☿⚹♅
23日	11:26	☿△♃
25日	13:46	☉⚹♅
26日	03:42	☿□♄
26日	12:56	☉△♃
31日	07:49	☉□♄

2013年2月

DAY	☉	☽	☊ mean	☊ true	☿	♀	♂	♃	♄	♅	♆	♇	⚳	⚴	⚵	⚶	⚷
	° ′	° ′	° ′	° ′	° ′	° ′	° ′	° ′	° ′	° ′	° ′	° ′	°	°	°	°	°
1	11 ♒ 54	4 ♎ 39	21 ♏ 58	22 R 10	21 D 15	28 D 7	28 D 51	6 D 19	11 D 14	5 D 36	2 D 3	10 D 21	19 R	6 D	15 D	9 D	7 D
2	12 ♒ 55	18 ♎ 4	21 ♏ 55	22 ♏ 6	23 ♒ 1	29 ♑ 23	29 ♒ 38	6 ♊ 20	11 ♏ 16	5 ♈ 39	2 ♓ 5	10 ♑ 23	19 ♊	6 ♈	16 ♑	9 ♊	7 ♓
3	13 ♒ 56	1 ♏ 41	21 ♏ 52	22 ♏ 4	24 ♒ 46	0 ♒ 38	0 ♓ 25	6 ♊ 20	11 ♏ 18	5 ♈ 41	2 ♓ 7	10 ♑ 25	19 ♊	7 ♈	16 ♑	10 ♊	7 ♓
4	14 ♒ 56	15 ♏ 31	21 ♏ 49	22 D 4	26 ♒ 31	1 ♒ 53	1 ♓ 13	6 ♊ 21	11 ♏ 19	5 ♈ 43	2 ♓ 9	10 ♑ 27	19 ♊	7 ♈	16 ♑	10 ♊	7 ♓
5	15 ♒ 57	29 ♏ 33	21 ♏ 45	22 R 3	28 ♒ 16	3 ♒ 8	2 ♓ 0	6 ♊ 22	11 ♏ 21	5 ♈ 46	2 ♓ 11	10 ♑ 29	19 D	7 ♈	17 ♑	10 ♊	7 ♓
6	16 ♒ 58	13 ♐ 48	21 ♏ 42	22 ♏ 2	0 ♓ 0	4 ♒ 23	2 ♓ 48	6 ♊ 23	11 ♏ 22	5 ♈ 48	2 ♓ 14	10 ♑ 30	19 ♊	8 ♈	17 ♑	10 ♊	7 ♓
7	17 ♒ 59	28 ♐ 14	21 ♏ 39	21 ♏ 59	1 ♓ 43	5 ♒ 38	3 ♓ 35	6 ♊ 24	11 ♏ 23	5 ♈ 51	2 ♓ 16	10 ♑ 32	19 ♊	8 ♈	18 ♑	10 ♊	8 ♓
8	19 ♒ 0	12 ♑ 47	21 ♏ 36	21 ♏ 53	3 ♓ 24	6 ♒ 54	4 ♓ 22	6 ♊ 26	11 ♏ 25	5 ♈ 53	2 ♓ 18	10 ♑ 34	19 ♊	8 ♈	18 ♑	10 ♊	8 ♓
9	20 ♒ 0	27 ♑ 24	21 ♏ 33	21 ♏ 43	5 ♓ 4	8 ♒ 9	5 ♓ 10	6 ♊ 28	11 ♏ 26	5 ♈ 56	2 ♓ 20	10 ♑ 36	19 ♊	9 ♈	18 ♑	10 ♊	8 ♓
10	21 ♒ 1	11 ♒ 55	21 ♏ 29	21 ♏ 32	6 ♓ 41	9 ♒ 24	5 ♓ 57	6 ♊ 30	11 ♏ 27	5 ♈ 59	2 ♓ 23	10 ♑ 37	19 ♊	9 ♈	19 ♑	10 ♊	8 ♓
11	22 ♒ 2	26 ♒ 16	21 ♏ 26	21 ♏ 19	8 ♓ 15	10 ♒ 39	6 ♓ 45	6 ♊ 32	11 ♏ 28	6 ♈ 1	2 ♓ 25	10 ♑ 39	19 ♊	9 ♈	19 ♑	10 ♊	8 ♓
12	23 ♒ 3	10 ♓ 18	21 ♏ 23	21 ♏ 7	9 ♓ 47	11 ♒ 54	7 ♓ 32	6 ♊ 34	11 ♏ 28	6 ♈ 4	2 ♓ 27	10 ♑ 41	19 ♊	10 ♈	19 ♑	10 ♊	8 ♓
13	24 ♒ 3	23 ♓ 57	21 ♏ 20	20 ♏ 56	11 ♓ 14	13 ♒ 9	8 ♓ 19	6 ♊ 37	11 ♏ 29	6 ♈ 7	2 ♓ 29	10 ♑ 43	19 ♊	10 ♈	20 ♑	10 ♊	8 ♓
14	25 ♒ 4	7 ♈ 12	21 ♏ 17	20 ♏ 47	12 ♓ 37	14 ♒ 24	9 ♓ 7	6 ♊ 39	11 ♏ 30	6 ♈ 10	2 ♓ 32	10 ♑ 44	20 ♊	11 ♈	20 ♑	10 ♊	8 ♓
15	26 ♒ 5	20 ♈ 2	21 ♏ 14	20 ♏ 42	13 ♓ 55	15 ♒ 40	9 ♓ 54	6 ♊ 42	11 ♏ 30	6 ♈ 12	2 ♓ 34	10 ♑ 46	20 ♊	11 ♈	20 ♑	11 ♊	8 ♓
16	27 ♒ 5	2 ♉ 30	21 ♏ 10	20 ♏ 39	15 ♓ 7	16 ♒ 55	10 ♓ 41	6 ♊ 45	11 ♏ 31	6 ♈ 15	2 ♓ 36	10 ♑ 47	20 ♊	11 ♈	21 ♑	11 ♊	8 ♓
17	28 ♒ 6	14 ♉ 40	21 ♏ 7	20 ♏ 38	16 ♓ 12	18 ♒ 10	11 ♓ 28	6 ♊ 49	11 ♏ 31	6 ♈ 18	2 ♓ 38	10 ♑ 49	20 ♊	12 ♈	21 ♑	11 ♊	8 ♓
18	29 ♒ 6	26 ♉ 37	21 ♏ 4	20 D 37	17 ♓ 10	19 ♒ 25	12 ♓ 16	6 ♊ 52	11 ♏ 31	6 ♈ 21	2 ♓ 41	10 ♑ 51	20 ♊	12 ♈	21 ♑	11 ♊	8 ♓
19	0 ♓ 7	8 ♊ 27	21 ♏ 1	20 R 37	18 ♓ 0	20 ♒ 40	13 ♓ 3	6 ♊ 56	11 ♏ 31	6 ♈ 24	2 ♓ 43	10 ♑ 52	20 ♊	12 ♈	22 ♑	11 ♊	8 ♓
20	1 ♓ 7	20 ♊ 15	20 ♏ 58	20 ♏ 36	18 ♓ 41	21 ♒ 55	13 ♓ 50	7 ♊ 0	11 R 31	6 ♈ 27	2 ♓ 45	10 ♑ 54	20 ♊	13 ♈	22 ♑	11 ♊	8 ♓
21	2 ♓ 8	2 ♋ 6	20 ♏ 55	20 ♏ 32	19 ♓ 13	23 ♒ 10	14 ♓ 37	7 ♊ 4	11 ♏ 31	6 ♈ 30	2 ♓ 47	10 ♑ 55	20 ♊	13 ♈	23 ♑	11 ♊	8 ♓
22	3 ♓ 8	14 ♋ 6	20 ♏ 51	20 ♏ 26	19 ♓ 36	24 ♒ 25	15 ♓ 25	7 ♊ 8	11 ♏ 31	6 ♈ 33	2 ♓ 50	10 ♑ 57	20 ♊	14 ♈	23 ♑	12 ♊	8 ♓
23	4 ♓ 9	26 ♋ 17	20 ♏ 48	20 ♏ 17	19 ♓ 49	25 ♒ 40	16 ♓ 12	7 ♊ 13	11 ♏ 30	6 ♈ 36	2 ♓ 52	10 ♑ 58	20 ♊	14 ♈	23 ♑	12 ♊	9 ♓
24	5 ♓ 9	8 ♌ 44	20 ♏ 45	20 ♏ 6	19 R 52	26 ♒ 55	16 ♓ 59	7 ♊ 17	11 ♏ 30	6 ♈ 39	2 ♓ 54	10 ♑ 59	20 ♊	14 ♈	24 ♑	12 ♊	9 ♓
25	6 ♓ 10	21 ♌ 26	20 ♏ 42	19 ♏ 53	19 ♓ 45	28 ♒ 10	17 ♓ 46	7 ♊ 22	11 ♏ 29	6 ♈ 42	2 ♓ 57	11 ♑ 1	21 ♊	15 ♈	24 ♑	12 ♊	9 ♓
26	7 ♓ 10	4 ♍ 25	20 ♏ 39	19 ♏ 40	19 ♓ 28	29 ♒ 25	18 ♓ 33	7 ♊ 27	11 ♏ 29	6 ♈ 45	2 ♓ 59	11 ♑ 2	21 ♊	15 ♈	24 ♑	12 ♊	9 ♓
27	8 ♓ 10	17 ♍ 39	20 ♏ 35	19 ♏ 28	19 ♓ 1	0 ♓ 40	19 ♓ 20	7 ♊ 32	11 ♏ 28	6 ♈ 48	3 ♓ 1	11 ♑ 4	21 ♊	16 ♈	25 ♑	13 ♊	9 ♓
28	9 ♓ 10	1 ♎ 6	20 ♏ 32	19 ♏ 18	18 ♓ 27	1 ♓ 55	20 ♓ 7	7 ♊ 37	11 ♏ 27	6 ♈ 51	3 ♓ 3	11 ♑ 5	21 ♊	16 ♈	25 ♑	13 ♊	9 ♓

SUN INGRESS	☉ → ♓ 18日 21:02
MOON PHASE	◑ 3日 22:56 ♏　● 10日 16:20 ♒　◐ 18日 05:31 ♉　○ 26日 05:26 ♍

aspects		
5日	05:56	♂☌♆
7日	04:08	♀⚹♅
7日	08:00	☿☌♆
7日	14:57	♀△♃
9日	02:57	☿☌♂
9日	21:08	☿□♃
10日	17:12	♂□♃
11日	15:42	♀□♄
12日	15:00	☿⚹♇
13日	04:15	☿△♄
16日	03:17	♂⚹♇
17日	01:14	♂△♄
21日	16:18	☉☌♆
26日	07:26	☉□♃
26日	18:09	☿☌♂
28日	22:37	♀☌♆

2013年3月

DAY	☉	☽	☊ mean	☊ true	☿	♀	♂	♃	♄	♅	♆	♇	⚳	⚴	⚵	⚶	⚷
	° ′	° ′	° ′	° ′	° ′	° ′	° ′	° ′	° ′	° ′	° ′	° ′	°	°	°	°	°
1	10 ♓ 11	14 ♎ 44	20 ♏ 29	19 R 11	17 R 44	3 D 10	20 D 54	7 D 43	11 R 26	6 D 54	3 D 6	11 D 6	21 D	16 D	25 D	13 D	9 D
2	11 ♓ 11	28 ♎ 31	20 ♏ 26	19 ♏ 7	16 ♓ 55	4 ♓ 25	21 ♓ 41	7 ♊ 48	11 ♏ 25	6 ♈ 57	3 ♓ 8	11 ♑ 7	21 ♊	17 ♈	26 ♑	13 ♊	9 ♓
3	12 ♓ 11	12 ♏ 24	20 ♏ 23	19 ♏ 5	16 ♓ 0	5 ♓ 40	22 ♓ 28	7 ♊ 54	11 ♏ 24	7 ♈ 0	3 ♓ 10	11 ♑ 9	22 ♊	17 ♈	26 ♑	13 ♊	9 ♓
4	13 ♓ 11	26 ♏ 23	20 ♏ 20	19 D 5	15 ♓ 2	6 ♓ 55	23 ♓ 15	8 ♊ 0	11 ♏ 22	7 ♈ 4	3 ♓ 12	11 ♑ 10	22 ♊	18 ♈	26 ♑	14 ♊	9 ♓
5	14 ♓ 11	10 ♐ 26	20 ♏ 16	19 ♏ 6	14 ♓ 1	8 ♓ 10	24 ♓ 2	8 ♊ 6	11 ♏ 21	7 ♈ 7	3 ♓ 15	11 ♑ 11	22 ♊	18 ♈	27 ♑	14 ♊	9 ♓
6	15 ♓ 11	24 ♐ 33	20 ♏ 13	19 R 5	12 ♓ 59	9 ♓ 25	24 ♓ 49	8 ♊ 13	11 ♏ 20	7 ♈ 10	3 ♓ 17	11 ♑ 12	22 ♊	19 ♈	27 ♑	14 ♊	9 ♓
7	16 ♓ 11	8 ♑ 43	20 ♏ 10	19 ♏ 3	11 ♓ 58	10 ♓ 39	25 ♓ 36	8 ♊ 19	11 ♏ 18	7 ♈ 13	3 ♓ 19	11 ♑ 13	22 ♊	19 ♈	27 ♑	14 ♊	9 ♓
8	17 ♓ 12	22 ♑ 54	20 ♏ 7	18 ♏ 59	10 ♓ 58	11 ♓ 54	26 ♓ 22	8 ♊ 26	11 ♏ 16	7 ♈ 17	3 ♓ 21	11 ♑ 15	22 ♊	19 ♈	28 ♑	14 ♊	9 ♓
9	18 ♓ 12	7 ♒ 3	20 ♏ 4	18 ♏ 52	10 ♓ 1	13 ♓ 9	27 ♓ 9	8 ♊ 33	11 ♏ 15	7 ♈ 20	3 ♓ 24	11 ♑ 16	23 ♊	20 ♈	28 ♑	15 ♊	9 ♓
10	19 ♓ 12	21 ♒ 6	20 ♏ 0	18 ♏ 43	9 ♓ 9	14 ♓ 24	27 ♓ 56	8 ♊ 39	11 ♏ 13	7 ♈ 23	3 ♓ 26	11 ♑ 17	23 ♊	20 ♈	28 ♑	15 ♊	9 ♓
11	20 ♓ 12	5 ♓ 0	19 ♏ 57	18 ♏ 33	8 ♓ 21	15 ♓ 39	28 ♓ 43	8 ♊ 47	11 ♏ 11	7 ♈ 26	3 ♓ 28	11 ♑ 18	23 ♊	21 ♈	29 ♑	15 ♊	10 ♓
12	21 ♓ 11	18 ♓ 40	19 ♏ 54	18 ♏ 23	7 ♓ 39	16 ♓ 54	29 ♓ 29	8 ♊ 54	11 ♏ 9	7 ♈ 30	3 ♓ 30	11 ♑ 19	23 ♊	21 ♈	29 ♑	15 ♊	10 ♓
13	22 ♓ 11	2 ♈ 3	19 ♏ 51	18 ♏ 14	7 ♓ 3	18 ♓ 9	0 ♈ 16	9 ♊ 1	11 ♏ 7	7 ♈ 33	3 ♓ 32	11 ♑ 20	23 ♊	22 ♈	29 ♑	16 ♊	10 ♓
14	23 ♓ 11	15 ♈ 6	19 ♏ 48	18 ♏ 7	6 ♓ 33	19 ♓ 23	1 ♈ 3	9 ♊ 9	11 ♏ 4	7 ♈ 36	3 ♓ 35	11 ♑ 21	24 ♊	22 ♈	0 ♒	16 ♊	10 ♓
15	24 ♓ 11	27 ♈ 50	19 ♏ 45	18 ♏ 2	6 ♓ 10	20 ♓ 38	1 ♈ 49	9 ♊ 16	11 ♏ 2	7 ♈ 40	3 ♓ 37	11 ♑ 22	24 ♊	22 ♈	0 ♒	16 ♊	10 ♓
16	25 ♓ 11	10 ♉ 15	19 ♏ 41	18 ♏ 0	5 ♓ 53	21 ♓ 53	2 ♈ 36	9 ♊ 24	11 ♏ 0	7 ♈ 43	3 ♓ 39	11 ♑ 22	24 ♊	23 ♈	0 ♒	16 ♊	10 ♓
17	26 ♓ 11	22 ♉ 25	19 ♏ 38	18 D 0	5 ♓ 42	23 ♓ 8	3 ♈ 23	9 ♊ 32	10 ♏ 57	7 ♈ 46	3 ♓ 41	11 ♑ 23	24 ♊	23 ♈	1 ♒	17 ♊	10 ♓
18	27 ♓ 10	4 ♊ 23	19 ♏ 35	18 ♏ 1	5 ♓ 38	24 ♓ 23	4 ♈ 9	9 ♊ 40	10 ♏ 55	7 ♈ 50	3 ♓ 43	11 ♑ 24	25 ♊	24 ♈	1 ♒	17 ♊	10 ♓
19	28 ♓ 10	16 ♊ 14	19 ♏ 32	18 ♏ 2	5 D 39	25 ♓ 37	4 ♈ 56	9 ♊ 48	10 ♏ 52	7 ♈ 53	3 ♓ 45	11 ♑ 25	25 ♊	24 ♈	1 ♒	17 ♊	10 ♓
20	29 ♓ 10	28 ♊ 4	19 ♏ 29	18 ♏ 3	5 ♓ 47	26 ♓ 52	5 ♈ 42	9 ♊ 57	10 ♏ 49	7 ♈ 57	3 ♓ 48	11 ♑ 26	25 ♊	25 ♈	2 ♒	18 ♊	10 ♓
21	0 ♈ 9	9 ♋ 56	19 ♏ 26	18 R 2	6 ♓ 0	28 ♓ 7	6 ♈ 28	10 ♊ 5	10 ♏ 46	8 ♈ 0	3 ♓ 50	11 ♑ 26	25 ♊	25 ♈	2 ♒	18 ♊	10 ♓
22	1 ♈ 9	21 ♋ 57	19 ♏ 22	18 ♏ 0	6 ♓ 18	29 ♓ 21	7 ♈ 15	10 ♊ 14	10 ♏ 43	8 ♈ 3	3 ♓ 52	11 ♑ 27	26 ♊	25 ♈	2 ♒	18 ♊	10 ♓
23	2 ♈ 8	4 ♌ 11	19 ♏ 19	17 ♏ 55	6 ♓ 42	0 ♈ 36	8 ♈ 1	10 ♊ 23	10 ♏ 40	8 ♈ 7	3 ♓ 54	11 ♑ 28	26 ♊	26 ♈	2 ♒	18 ♊	10 ♓
24	3 ♈ 8	16 ♌ 42	19 ♏ 16	17 ♏ 49	7 ♓ 10	1 ♈ 51	8 ♈ 47	10 ♊ 31	10 ♏ 37	8 ♈ 10	3 ♓ 56	11 ♑ 28	26 ♊	26 ♈	3 ♒	19 ♊	10 ♓
25	4 ♈ 7	29 ♌ 33	19 ♏ 13	17 ♏ 42	7 ♓ 42	3 ♈ 5	9 ♈ 33	10 ♊ 40	10 ♏ 34	8 ♈ 14	3 ♓ 58	11 ♑ 29	26 ♊	27 ♈	3 ♒	19 ♊	10 ♓
26	5 ♈ 7	12 ♍ 44	19 ♏ 10	17 ♏ 35	8 ♓ 19	4 ♈ 20	10 ♈ 20	10 ♊ 50	10 ♏ 31	8 ♈ 17	4 ♓ 0	11 ♑ 30	27 ♊	27 ♈	3 ♒	19 ♊	10 ♓
27	6 ♈ 6	26 ♍ 16	19 ♏ 6	17 ♏ 28	9 ♓ 0	5 ♈ 35	11 ♈ 6	10 ♊ 59	10 ♏ 28	8 ♈ 21	4 ♓ 2	11 ♑ 30	27 ♊	28 ♈	4 ♒	20 ♊	10 ♓
28	7 ♈ 6	10 ♎ 5	19 ♏ 3	17 ♏ 22	9 ♓ 44	6 ♈ 49	11 ♈ 52	11 ♊ 8	10 ♏ 24	8 ♈ 24	4 ♓ 4	11 ♑ 31	27 ♊	28 ♈	4 ♒	20 ♊	11 ♓
29	8 ♈ 5	24 ♎ 9	19 ♏ 0	17 ♏ 18	10 ♓ 32	8 ♈ 4	12 ♈ 38	11 ♊ 18	10 ♏ 21	8 ♈ 27	4 ♓ 6	11 ♑ 31	27 ♊	29 ♈	4 ♒	20 ♊	11 ♓
30	9 ♈ 4	8 ♏ 22	18 ♏ 57	17 ♏ 16	11 ♓ 24	9 ♈ 18	13 ♈ 24	11 ♊ 27	10 ♏ 17	8 ♈ 31	4 ♓ 8	11 ♑ 32	28 ♊	29 ♈	5 ♒	20 ♊	11 ♓
31	10 ♈ 4	22 ♏ 41	18 ♏ 54	17 D 16	12 ♓ 18	10 ♈ 33	14 ♈ 10	11 ♊ 37	10 ♏ 14	8 ♈ 34	4 ♓ 10	11 ♑ 32	28 ♊	0 ♉	5 ♒	21 ♊	11 ♓

SUN INGRESS: ☉ → ♈ 20日 20:02

MOON PHASE: ◑ 5日 06:53 ♐ ● 12日 04:51 ♓ ◐ 20日 02:27 ♊ ○ 27日 18:27 ♎

aspects

1日	22:38	☉⚹♇
2日	05:31	☉△♄
4日	21:58	☉☌☿
4日	22:52	♀□♃
7日	11:03	♀⚹♇
7日	12:07	♀△♄
7日	13:54	☿☌♀
7日	16:17	☿△♄
7日	17:23	☿⚹♇
8日	16:06	♄⚹♇
10日	12:37	☿□♃
23日	03:17	♂☌♅
26日	19:26	♂⚹♃
27日	12:47	♂□♇
28日	18:48	☿△♄
29日	02:05	☉☌♀
29日	08:01	♀☌♅
29日	09:38	☉☌♅
30日	01:56	☿□♃
30日	03:34	☿⚹♇
31日	19:12	♀□♇
31日	23:49	♀⚹♃

2013年4月

DAY	☉	☽	☊ mean	☊ true	☿	♀	♂	♃	♄	♅	♆	♇	⚳	⚴	⚵	⚶	⚷
	° ′	° ′	° ′	° ′	° ′	° ′	° ′	° ′	° ′	° ′	° ′	° ′	°	°	°	°	°
1	11 ♈ 3	7 ♐ 2	18 ♏ 51	17 D 17	13 D 16	11 D 47	14 D 56	11 D 47	10 R 10	8 D 38	4 D 12	11 D 32	28 D	0 D	5 D	21 D	11 D
2	12 ♈ 2	21 ♐ 20	18 ♏ 47	17 ♏ 18	14 ♓ 16	13 ♈ 2	15 ♈ 42	11 ♊ 57	10 ♏ 7	8 ♈ 41	4 ♓ 14	11 ♑ 33	29 ♊	0 ♉	6 ♒	21 ♊	11 ♓
3	13 ♈ 1	5 ♑ 34	18 ♏ 44	17 ♏ 19	15 ♓ 19	14 ♈ 16	16 ♈ 28	12 ♊ 7	10 ♏ 3	8 ♈ 45	4 ♓ 15	11 ♑ 33	29 ♊	1 ♉	6 ♒	22 ♊	11 ♓
4	14 ♈ 0	19 ♑ 40	18 ♏ 41	17 R 19	16 ♓ 24	15 ♈ 31	17 ♈ 13	12 ♊ 17	9 ♏ 59	8 ♈ 48	4 ♓ 17	11 ♑ 33	29 ♊	1 ♉	6 ♒	22 ♊	11 ♓
5	14 ♈ 59	3 ♒ 39	18 ♏ 38	17 ♏ 18	17 ♓ 32	16 ♈ 45	17 ♈ 59	12 ♊ 27	9 ♏ 55	8 ♈ 51	4 ♓ 19	11 ♑ 34	29 ♊	2 ♉	6 ♒	22 ♊	11 ♓
6	15 ♈ 58	17 ♒ 29	18 ♏ 35	17 ♏ 15	18 ♓ 42	18 ♈ 0	18 ♈ 45	12 ♊ 37	9 ♏ 51	8 ♈ 55	4 ♓ 21	11 ♑ 34	0 ♋	2 ♉	7 ♒	23 ♊	11 ♓
7	16 ♈ 58	1 ♓ 7	18 ♏ 32	17 ♏ 11	19 ♓ 55	19 ♈ 14	19 ♈ 31	12 ♊ 48	9 ♏ 47	8 ♈ 58	4 ♓ 23	11 ♑ 34	0 ♋	3 ♉	7 ♒	23 ♊	11 ♓
8	17 ♈ 57	14 ♓ 34	18 ♏ 28	17 ♏ 7	21 ♓ 9	20 ♈ 28	20 ♈ 16	12 ♊ 58	9 ♏ 43	9 ♈ 2	4 ♓ 25	11 ♑ 34	0 ♋	3 ♉	7 ♒	23 ♊	11 ♓
9	18 ♈ 56	27 ♓ 47	18 ♏ 25	17 ♏ 2	22 ♓ 26	21 ♈ 43	21 ♈ 2	13 ♊ 9	9 ♏ 39	9 ♈ 5	4 ♓ 26	11 ♑ 34	1 ♋	4 ♉	8 ♒	24 ♊	11 ♓
10	19 ♈ 55	10 ♈ 47	18 ♏ 22	16 ♏ 58	23 ♓ 44	22 ♈ 57	21 ♈ 48	13 ♊ 20	9 ♏ 35	9 ♈ 8	4 ♓ 28	11 ♑ 35	1 ♋	4 ♉	8 ♒	24 ♊	11 ♓
11	20 ♈ 53	23 ♈ 31	18 ♏ 19	16 ♏ 55	25 ♓ 5	24 ♈ 11	22 ♈ 33	13 ♊ 31	9 ♏ 31	9 ♈ 12	4 ♓ 30	11 ♑ 35	1 ♋	5 ♉	8 ♒	24 ♊	11 ♓
12	21 ♈ 52	6 ♉ 1	18 ♏ 16	16 ♏ 53	26 ♓ 27	25 ♈ 26	23 ♈ 18	13 ♊ 41	9 ♏ 27	9 ♈ 15	4 ♓ 32	11 ♑ 35	2 ♋	5 ♉	8 ♒	25 ♊	11 ♓
13	22 ♈ 51	18 ♉ 18	18 ♏ 12	16 D 53	27 ♓ 51	26 ♈ 40	24 ♈ 4	13 ♊ 52	9 ♏ 22	9 ♈ 18	4 ♓ 33	11 ♑ 35	2 ♋	6 ♉	9 ♒	25 ♊	12 ♓
14	23 ♈ 50	0 ♊ 23	18 ♏ 9	16 ♏ 53	29 ♓ 17	27 ♈ 54	24 ♈ 49	14 ♊ 4	9 ♏ 18	9 ♈ 22	4 ♓ 35	11 R 35	2 ♋	6 ♉	9 ♒	25 ♊	12 ♓
15	24 ♈ 49	12 ♊ 19	18 ♏ 6	16 ♏ 55	0 ♈ 45	29 ♈ 9	25 ♈ 35	14 ♊ 15	9 ♏ 14	9 ♈ 25	4 ♓ 36	11 ♑ 35	3 ♋	7 ♉	9 ♒	26 ♊	12 ♓
16	25 ♈ 48	24 ♊ 10	18 ♏ 3	16 ♏ 56	2 ♈ 14	0 ♉ 23	26 ♈ 20	14 ♊ 26	9 ♏ 9	9 ♈ 28	4 ♓ 38	11 ♑ 35	3 ♋	7 ♉	9 ♒	26 ♊	12 ♓
17	26 ♈ 46	6 ♋ 0	18 ♏ 0	16 ♏ 58	3 ♈ 46	1 ♉ 37	27 ♈ 5	14 ♊ 37	9 ♏ 5	9 ♈ 32	4 ♓ 40	11 ♑ 34	3 ♋	8 ♉	10 ♒	26 ♊	12 ♓
18	27 ♈ 45	17 ♋ 52	17 ♏ 57	16 ♏ 59	5 ♈ 19	2 ♉ 51	27 ♈ 50	14 ♊ 49	9 ♏ 1	9 ♈ 35	4 ♓ 41	11 ♑ 34	4 ♋	8 ♉	10 ♒	27 ♊	12 ♓
19	28 ♈ 44	29 ♋ 53	17 ♏ 53	16 R 59	6 ♈ 53	4 ♉ 6	28 ♈ 35	15 ♊ 0	8 ♏ 56	9 ♈ 38	4 ♓ 43	11 ♑ 34	4 ♋	9 ♉	10 ♒	27 ♊	12 ♓
20	29 ♈ 42	12 ♌ 6	17 ♏ 50	16 ♏ 59	8 ♈ 29	5 ♉ 20	29 ♈ 20	15 ♊ 12	8 ♏ 52	9 ♈ 42	4 ♓ 44	11 ♑ 34	4 ♋	9 ♉	10 ♒	28 ♊	12 ♓
21	0 ♉ 41	24 ♌ 36	17 ♏ 47	16 ♏ 58	10 ♈ 7	6 ♉ 34	0 ♉ 5	15 ♊ 24	8 ♏ 47	9 ♈ 45	4 ♓ 46	11 ♑ 34	5 ♋	10 ♉	11 ♒	28 ♊	12 ♓
22	1 ♉ 39	7 ♍ 28	17 ♏ 44	16 ♏ 56	11 ♈ 47	7 ♉ 48	0 ♉ 50	15 ♊ 35	8 ♏ 43	9 ♈ 48	4 ♓ 47	11 ♑ 34	5 ♋	10 ♉	11 ♒	28 ♊	12 ♓
23	2 ♉ 38	20 ♍ 42	17 ♏ 41	16 ♏ 54	13 ♈ 28	9 ♉ 2	1 ♉ 35	15 ♊ 47	8 ♏ 38	9 ♈ 51	4 ♓ 49	11 ♑ 33	5 ♋	11 ♉	11 ♒	29 ♊	12 ♓
24	3 ♉ 36	4 ♎ 21	17 ♏ 37	16 ♏ 52	15 ♈ 11	10 ♉ 16	2 ♉ 20	15 ♊ 59	8 ♏ 34	9 ♈ 55	4 ♓ 50	11 ♑ 33	6 ♋	11 ♉	11 ♒	29 ♊	12 ♓
25	4 ♉ 35	18 ♎ 23	17 ♏ 34	16 ♏ 51	16 ♈ 56	11 ♉ 30	3 ♉ 5	16 ♊ 11	8 ♏ 29	9 ♈ 58	4 ♓ 51	11 ♑ 33	6 ♋	12 ♉	12 ♒	29 ♊	12 ♓
26	5 ♉ 33	2 ♏ 45	17 ♏ 31	16 ♏ 50	18 ♈ 42	12 ♉ 44	3 ♉ 50	16 ♊ 23	8 ♏ 25	10 ♈ 1	4 ♓ 53	11 ♑ 32	6 ♋	12 ♉	12 ♒	0 ♋	12 ♓
27	6 ♉ 32	17 ♏ 22	17 ♏ 28	16 D 50	20 ♈ 30	13 ♉ 58	4 ♉ 35	16 ♊ 35	8 ♏ 20	10 ♈ 4	4 ♓ 54	11 ♑ 32	7 ♋	13 ♉	12 ♒	0 ♋	12 ♓
28	7 ♉ 30	2 ♐ 8	17 ♏ 25	16 ♏ 50	22 ♈ 20	15 ♉ 12	5 ♉ 19	16 ♊ 47	8 ♏ 16	10 ♈ 7	4 ♓ 55	11 ♑ 31	7 ♋	13 ♉	12 ♒	0 ♋	12 ♓
29	8 ♉ 28	16 ♐ 55	17 ♏ 22	16 ♏ 50	24 ♈ 12	16 ♉ 26	6 ♉ 4	16 ♊ 59	8 ♏ 11	10 ♈ 10	4 ♓ 57	11 ♑ 31	7 ♋	14 ♉	13 ♒	1 ♋	12 ♓
30	9 ♉ 27	1 ♑ 36	17 ♏ 18	16 ♏ 51	26 ♈ 5	17 ♉ 40	6 ♉ 48	17 ♊ 12	8 ♏ 6	10 ♈ 14	4 ♓ 58	11 ♑ 30	8 ♋	14 ♉	13 ♒	1 ♋	12 ♓

SUN INGRESS: ☉ → ♉ 20日 07:03

MOON PHASE: ◑ 3日 13:37 ♑ ● 10日 18:35 ♈ ◐ 18日 21:31 ♋ ○ 26日 04:57 ♏

aspects

1日	12:05	☉□♇
1日	21:24	☉⚹♃
7日	13:58	♀☌♂
18日	09:20	☉☌♂
19日	12:15	♀⚹♆
20日	18:20	☿☌♅
21日	20:46	☿□♇
22日	16:43	♀☍♄
24日	12:25	☿⚹♃
25日	00:43	♀△♇
25日	06:58	☉⚹♆
27日	10:46	♂⚹♆
28日	17:27	☉☍♄

2013年5月

DAY	☉	☽	☊ mean	☊ true	☿	♀	♂	♃	♄	♅	♆	♇	⚳	⚴	⚵	⚶	⚷
1	10 ♉ 25	16 ♑ 7	17 ♏ 15	16 D 52	28 D 0	18 D 54	7 D 33	17 D 24	8 R 2	10 D 17	4 D 59	11 R 30	8 D	15 D	13 D	2 D	12 D
2	11 ♉ 23	0 ♒ 23	17 ♏ 12	16 ♏ 52	29 ♈ 56	20 ♉ 8	8 ♉ 17	17 ♊ 37	7 ♏ 57	10 ♈ 20	5 ♓ 0	11 ♑ 29	9 ♋	15 ♉	13 ♒	2 ♋	12 ♓
3	12 ♉ 21	14 ♒ 23	17 ♏ 9	16 R 52	1 ♉ 55	21 ♉ 22	9 ♉ 2	17 ♊ 49	7 ♏ 53	10 ♈ 23	5 ♓ 1	11 ♑ 29	9 ♋	16 ♉	13 ♒	2 ♋	12 ♓
4	13 ♉ 19	28 ♒ 4	17 ♏ 6	16 ♏ 52	3 ♉ 55	22 ♉ 36	9 ♉ 46	18 ♊ 2	7 ♏ 48	10 ♈ 26	5 ♓ 2	11 ♑ 28	9 ♋	16 ♉	14 ♒	3 ♋	12 ♓
5	14 ♉ 18	11 ♓ 28	17 ♏ 3	16 ♏ 52	5 ♉ 56	23 ♉ 50	10 ♉ 31	18 ♊ 14	7 ♏ 44	10 ♈ 29	5 ♓ 4	11 ♑ 28	10 ♋	17 ♉	14 ♒	3 ♋	13 ♓
6	15 ♉ 16	24 ♓ 34	16 ♏ 59	16 ♏ 52	8 ♉ 0	25 ♉ 4	11 ♉ 15	18 ♊ 27	7 ♏ 39	10 ♈ 32	5 ♓ 5	11 ♑ 27	10 ♋	17 ♉	14 ♒	4 ♋	13 ♓
7	16 ♉ 14	7 ♈ 26	16 ♏ 56	16 ♏ 51	10 ♉ 4	26 ♉ 18	11 ♉ 59	18 ♊ 39	7 ♏ 35	10 ♈ 35	5 ♓ 6	11 ♑ 26	10 ♋	18 ♉	14 ♒	4 ♋	13 ♓
8	17 ♉ 12	20 ♈ 4	16 ♏ 53	16 D 51	12 ♉ 10	27 ♉ 32	12 ♉ 43	18 ♊ 52	7 ♏ 30	10 ♈ 38	5 ♓ 7	11 ♑ 26	11 ♋	18 ♉	14 ♒	4 ♋	13 ♓
9	18 ♉ 10	2 ♉ 29	16 ♏ 50	16 ♏ 51	14 ♉ 18	28 ♉ 46	13 ♉ 27	19 ♊ 5	7 ♏ 26	10 ♈ 40	5 ♓ 8	11 ♑ 25	11 ♋	19 ♉	15 ♒	5 ♋	13 ♓
10	19 ♉ 8	14 ♉ 44	16 ♏ 47	16 ♏ 52	16 ♉ 26	29 ♉ 59	14 ♉ 11	19 ♊ 18	7 ♏ 21	10 ♈ 43	5 ♓ 9	11 ♑ 24	12 ♋	19 ♉	15 ♒	5 ♋	13 ♓
11	20 ♉ 6	26 ♉ 49	16 ♏ 43	16 R 51	18 ♉ 35	1 ♊ 13	14 ♉ 55	19 ♊ 31	7 ♏ 17	10 ♈ 46	5 ♓ 9	11 ♑ 23	12 ♋	20 ♉	15 ♒	5 ♋	13 ♓
12	21 ♉ 4	8 ♊ 47	16 ♏ 40	16 ♏ 51	20 ♉ 45	2 ♊ 27	15 ♉ 39	19 ♊ 44	7 ♏ 13	10 ♈ 49	5 ♓ 10	11 ♑ 22	12 ♋	20 ♉	15 ♒	6 ♋	13 ♓
13	22 ♉ 2	20 ♊ 39	16 ♏ 37	16 ♏ 51	22 ♉ 56	3 ♊ 41	16 ♉ 23	19 ♊ 57	7 ♏ 8	10 ♈ 52	5 ♓ 11	11 ♑ 22	13 ♋	21 ♉	15 ♒	6 ♋	13 ♓
14	23 ♉ 0	2 ♋ 29	16 ♏ 34	16 ♏ 50	25 ♉ 7	4 ♊ 54	17 ♉ 7	20 ♊ 10	7 ♏ 4	10 ♈ 54	5 ♓ 12	11 ♑ 21	13 ♋	21 ♉	16 ♒	7 ♋	13 ♓
15	23 ♉ 58	14 ♋ 19	16 ♏ 31	16 ♏ 49	27 ♉ 18	6 ♊ 8	17 ♉ 51	20 ♊ 23	7 ♏ 0	10 ♈ 57	5 ♓ 13	11 ♑ 20	13 ♋	22 ♉	16 ♒	7 ♋	13 ♓
16	24 ♉ 56	26 ♋ 12	16 ♏ 28	16 ♏ 48	29 ♉ 29	7 ♊ 22	18 ♉ 35	20 ♊ 36	6 ♏ 56	11 ♈ 0	5 ♓ 14	11 ♑ 19	14 ♋	22 ♉	16 ♒	7 ♋	13 ♓
17	25 ♉ 54	8 ♌ 12	16 ♏ 24	16 ♏ 47	1 ♊ 39	8 ♊ 36	19 ♉ 18	20 ♊ 49	6 ♏ 51	11 ♈ 3	5 ♓ 14	11 ♑ 18	14 ♋	23 ♉	16 ♒	8 ♋	13 ♓
18	26 ♉ 51	20 ♌ 24	16 ♏ 21	16 ♏ 47	3 ♊ 48	9 ♊ 49	20 ♉ 2	21 ♊ 2	6 ♏ 47	11 ♈ 5	5 ♓ 15	11 ♑ 17	15 ♋	23 ♉	16 ♒	8 ♋	13 ♓
19	27 ♉ 49	2 ♍ 51	16 ♏ 18	16 D 47	5 ♊ 56	11 ♊ 3	20 ♉ 46	21 ♊ 15	6 ♏ 43	11 ♈ 8	5 ♓ 16	11 ♑ 16	15 ♋	24 ♉	16 ♒	9 ♋	13 ♓
20	28 ♉ 47	15 ♍ 38	16 ♏ 15	16 ♏ 47	8 ♊ 3	12 ♊ 16	21 ♉ 29	21 ♊ 29	6 ♏ 39	11 ♈ 10	5 ♓ 16	11 ♑ 15	15 ♋	24 ♉	16 ♒	9 ♋	13 ♓
21	29 ♉ 45	28 ♍ 49	16 ♏ 12	16 ♏ 48	10 ♊ 8	13 ♊ 30	22 ♉ 13	21 ♊ 42	6 ♏ 35	11 ♈ 13	5 ♓ 17	11 ♑ 14	16 ♋	25 ♉	17 ♒	9 ♋	13 ♓
22	0 ♊ 42	12 ♎ 25	16 ♏ 9	16 ♏ 49	12 ♊ 12	14 ♊ 44	22 ♉ 56	21 ♊ 55	6 ♏ 31	11 ♈ 15	5 ♓ 17	11 ♑ 13	16 ♋	25 ♉	17 ♒	10 ♋	13 ♓
23	1 ♊ 40	26 ♎ 28	16 ♏ 5	16 ♏ 50	14 ♊ 13	15 ♊ 57	23 ♉ 39	22 ♊ 9	6 ♏ 27	11 ♈ 18	5 ♓ 18	11 ♑ 12	17 ♋	26 ♉	17 ♒	10 ♋	13 ♓
24	2 ♊ 38	10 ♏ 56	16 ♏ 2	16 ♏ 51	16 ♊ 12	17 ♊ 11	24 ♉ 23	22 ♊ 22	6 ♏ 23	11 ♈ 20	5 ♓ 18	11 ♑ 11	17 ♋	27 ♉	17 ♒	11 ♋	13 ♓
25	3 ♊ 35	25 ♏ 44	15 ♏ 59	16 R 51	18 ♊ 9	18 ♊ 24	25 ♉ 6	22 ♊ 35	6 ♏ 20	11 ♈ 23	5 ♓ 19	11 ♑ 10	17 ♋	27 ♉	17 ♒	11 ♋	13 ♓
26	4 ♊ 33	10 ♐ 47	15 ♏ 56	16 ♏ 50	20 ♊ 3	19 ♊ 38	25 ♉ 49	22 ♊ 49	6 ♏ 16	11 ♈ 25	5 ♓ 19	11 ♑ 9	18 ♋	28 ♉	17 ♒	12 ♋	13 ♓
27	5 ♊ 31	25 ♐ 55	15 ♏ 53	16 ♏ 48	21 ♊ 55	20 ♊ 51	26 ♉ 32	23 ♊ 2	6 ♏ 12	11 ♈ 27	5 ♓ 20	11 ♑ 8	18 ♋	28 ♉	17 ♒	12 ♋	13 ♓
28	6 ♊ 28	10 ♑ 59	15 ♏ 49	16 ♏ 46	23 ♊ 44	22 ♊ 5	27 ♉ 15	23 ♊ 16	6 ♏ 8	11 ♈ 30	5 ♓ 20	11 ♑ 6	19 ♋	29 ♉	17 ♒	12 ♋	13 ♓
29	7 ♊ 26	25 ♑ 50	15 ♏ 46	16 ♏ 43	25 ♊ 30	23 ♊ 18	27 ♉ 58	23 ♊ 29	6 ♏ 5	11 ♈ 32	5 ♓ 20	11 ♑ 5	19 ♋	29 ♉	18 ♒	13 ♋	13 ♓
30	8 ♊ 23	10 ♒ 22	15 ♏ 43	16 ♏ 41	27 ♊ 13	24 ♊ 32	28 ♉ 41	23 ♊ 43	6 ♏ 1	11 ♈ 34	5 ♓ 21	11 ♑ 4	19 ♋	0 ♊	18 ♒	13 ♋	13 ♓
31	9 ♊ 21	24 ♒ 31	15 ♏ 40	16 ♏ 39	28 ♊ 54	25 ♊ 45	29 ♉ 24	23 ♊ 57	5 ♏ 58	11 ♈ 36	5 ♓ 21	11 ♑ 3	20 ♋	0 ♊	18 ♒	14 ♋	13 ♓

SUN INGRESS	☉ → ♊ 21日 06:10
MOON PHASE	◑ 2日 20:14 ♒ ● 10日 09:28 ♉ ◐ 18日 13:35 ♌ ○ 25日 13:25 ♐

aspects

1日	14:12	♂☍♄
2日	02:36	☉△♇
4日	13:31	☿⚹♆
5日	20:12	☿☍♄
6日	06:29	♂△♇
7日	15:34	☿△♇
8日	09:33	☿☌♂
12日	06:10	☉☌☿
14日	05:47	♀□♆
18日	16:19	☿□♆
19日	01:40	♀⚹♅
21日	08:02	♅□♇
21日	12:46	☿⚹♅
25日	08:54	☿☌♀
26日	19:26	☉□♆
27日	16:56	♀☌♃
29日	04:29	☿☌♃

2013年6月

DAY	☉	☽	☊ mean	☊ true	☿	♀	♂	♃	♄	♅	♆	♇	⚳	⚴	⚵	⚶	⚷
1	10 ♊ 18	8 ♓ 14	15 ♏ 37	16 R 39	0 D 31	26 D 58	0 D 7	24 D 10	5 R 55	11 D 39	5 D 21	11 R 2	20 D	1 D	18 D	14 D	13 D
2	11 ♊ 16	21 ♓ 33	15 ♏ 34	16 D 39	2 ♋ 6	28 ♊ 12	0 ♊ 50	24 ♊ 24	5 ♏ 51	11 ♈ 41	5 ♓ 21	11 ♑ 0	21 ♋	1 ♊	18 ♒	14 ♋	13 ♓
3	12 ♊ 13	4 ♈ 31	15 ♏ 30	16 ♏ 40	3 ♋ 38	29 ♊ 25	1 ♊ 33	24 ♊ 37	5 ♏ 48	11 ♈ 43	5 ♓ 22	10 ♑ 59	21 ♋	2 ♊	18 ♒	15 ♋	13 ♓
4	13 ♊ 11	17 ♈ 9	15 ♏ 27	16 ♏ 42	5 ♋ 6	0 ♋ 39	2 ♊ 16	24 ♊ 51	5 ♏ 45	11 ♈ 45	5 ♓ 22	10 ♑ 58	21 ♋	2 ♊	18 ♒	15 ♋	13 ♓
5	14 ♊ 8	29 ♈ 32	15 ♏ 24	16 ♏ 43	6 ♋ 32	1 ♋ 52	2 ♊ 58	25 ♊ 5	5 ♏ 42	11 ♈ 47	5 ♓ 22	10 ♑ 56	22 ♋	3 ♊	18 ♒	16 ♋	13 ♓
6	15 ♊ 6	11 ♉ 43	15 ♏ 21	16 ♏ 44	7 ♋ 54	3 ♋ 5	3 ♊ 41	25 ♊ 18	5 ♏ 39	11 ♈ 49	5 ♓ 22	10 ♑ 55	22 ♋	4 ♊	18 ♒	16 ♋	13 ♓
7	16 ♊ 3	23 ♉ 45	15 ♏ 18	16 R 44	9 ♋ 14	4 ♋ 19	4 ♊ 24	25 ♊ 32	5 ♏ 36	11 ♈ 51	5 ♓ 22	10 ♑ 54	23 ♋	4 ♊	18 ♒	17 ♋	13 ♓
8	17 ♊ 1	5 ♊ 41	15 ♏ 15	16 ♏ 43	10 ♋ 30	5 ♋ 32	5 ♊ 6	25 ♊ 46	5 ♏ 33	11 ♈ 53	5 R 22	10 ♑ 53	23 ♋	5 ♊	18 ♒	17 ♋	13 ♓
9	17 ♊ 58	17 ♊ 33	15 ♏ 11	16 ♏ 39	11 ♋ 43	6 ♋ 45	5 ♊ 49	25 ♊ 59	5 ♏ 30	11 ♈ 54	5 ♓ 22	10 ♑ 51	24 ♋	5 ♊	18 ♒	17 ♋	13 ♓
10	18 ♊ 55	29 ♊ 22	15 ♏ 8	16 ♏ 35	12 ♋ 53	7 ♋ 58	6 ♊ 31	26 ♊ 13	5 ♏ 28	11 ♈ 56	5 ♓ 22	10 ♑ 50	24 ♋	6 ♊	18 ♒	18 ♋	13 ♓
11	19 ♊ 53	11 ♋ 12	15 ♏ 5	16 ♏ 29	14 ♋ 0	9 ♋ 12	7 ♊ 13	26 ♊ 27	5 ♏ 25	11 ♈ 58	5 ♓ 22	10 ♑ 48	24 ♋	6 ♊	18 ♒	18 ♋	13 ♓
12	20 ♊ 50	23 ♋ 4	15 ♏ 2	16 ♏ 23	15 ♋ 3	10 ♋ 25	7 ♊ 56	26 ♊ 41	5 ♏ 22	12 ♈ 0	5 ♓ 22	10 ♑ 47	25 ♋	7 ♊	18 ♒	19 ♋	13 ♓
13	21 ♊ 48	5 ♌ 0	14 ♏ 59	16 ♏ 17	16 ♋ 3	11 ♋ 38	8 ♊ 38	26 ♊ 54	5 ♏ 20	12 ♈ 1	5 ♓ 22	10 ♑ 46	25 ♋	7 ♊	18 ♒	19 ♋	13 ♓
14	22 ♊ 45	17 ♌ 3	14 ♏ 55	16 ♏ 12	16 ♋ 59	12 ♋ 51	9 ♊ 20	27 ♊ 8	5 ♏ 18	12 ♈ 3	5 ♓ 22	10 ♑ 44	26 ♋	8 ♊	18 ♒	20 ♋	13 ♓
15	23 ♊ 42	29 ♌ 15	14 ♏ 52	16 ♏ 8	17 ♋ 52	14 ♋ 4	10 ♊ 2	27 ♊ 22	5 ♏ 15	12 ♈ 5	5 ♓ 21	10 ♑ 43	26 ♋	9 ♊	19 ♒	20 ♋	13 ♓
16	24 ♊ 40	11 ♍ 42	14 ♏ 49	16 ♏ 5	18 ♋ 41	15 ♋ 17	10 ♊ 44	27 ♊ 36	5 ♏ 13	12 ♈ 6	5 ♓ 21	10 ♑ 41	27 ♋	9 ♊	19 R	20 ♋	13 ♓
17	25 ♊ 37	24 ♍ 25	14 ♏ 46	16 ♏ 5	19 ♋ 26	16 ♋ 31	11 ♊ 26	27 ♊ 50	5 ♏ 11	12 ♈ 8	5 ♓ 21	10 ♑ 40	27 ♋	10 ♊	19 ♒	21 ♋	13 R
18	26 ♊ 34	7 ♎ 30	14 ♏ 43	16 D 5	20 ♋ 7	17 ♋ 44	12 ♊ 8	28 ♊ 3	5 ♏ 9	12 ♈ 9	5 ♓ 20	10 ♑ 38	27 ♋	10 ♊	18 ♒	21 ♋	13 ♓
19	27 ♊ 31	20 ♎ 58	14 ♏ 40	16 ♏ 6	20 ♋ 44	18 ♋ 57	12 ♊ 50	28 ♊ 17	5 ♏ 7	12 ♈ 10	5 ♓ 20	10 ♑ 37	28 ♋	11 ♊	18 ♒	22 ♋	13 ♓
20	28 ♊ 29	4 ♏ 53	14 ♏ 36	16 ♏ 7	21 ♋ 18	20 ♋ 10	13 ♊ 32	28 ♊ 31	5 ♏ 5	12 ♈ 12	5 ♓ 20	10 ♑ 36	28 ♋	11 ♊	18 ♒	22 ♋	13 ♓
21	29 ♊ 26	19 ♏ 15	14 ♏ 33	16 R 8	21 ♋ 46	21 ♋ 23	14 ♊ 14	28 ♊ 45	5 ♏ 4	12 ♈ 13	5 ♓ 19	10 ♑ 34	29 ♋	12 ♊	18 ♒	23 ♋	13 ♓
22	0 ♋ 23	4 ♐ 1	14 ♏ 30	16 ♏ 7	22 ♋ 11	22 ♋ 36	14 ♊ 56	28 ♊ 58	5 ♏ 2	12 ♈ 14	5 ♓ 19	10 ♑ 33	29 ♋	12 ♊	18 ♒	23 ♋	13 ♓
23	1 ♋ 20	19 ♐ 6	14 ♏ 27	16 ♏ 3	22 ♋ 31	23 ♋ 49	15 ♊ 38	29 ♊ 12	5 ♏ 0	12 ♈ 16	5 ♓ 18	10 ♑ 31	0 ♌	13 ♊	18 ♒	23 ♋	13 ♓
24	2 ♋ 18	4 ♑ 22	14 ♏ 24	15 ♏ 58	22 ♋ 47	25 ♋ 2	16 ♊ 19	29 ♊ 26	4 ♏ 59	12 ♈ 17	5 ♓ 18	10 ♑ 30	0 ♌	14 ♊	18 ♒	24 ♋	13 ♓
25	3 ♋ 15	19 ♑ 38	14 ♏ 21	15 ♏ 52	22 ♋ 58	26 ♋ 15	17 ♊ 1	29 ♊ 40	4 ♏ 58	12 ♈ 18	5 ♓ 17	10 ♑ 28	0 ♌	14 ♊	18 ♒	24 ♋	13 ♓
26	4 ♋ 12	4 ♒ 43	14 ♏ 17	15 ♏ 45	23 ♋ 4	27 ♋ 28	17 ♊ 42	29 ♊ 53	4 ♏ 56	12 ♈ 19	5 ♓ 17	10 ♑ 27	1 ♌	15 ♊	18 ♒	25 ♋	13 ♓
27	5 ♋ 9	19 ♒ 29	14 ♏ 14	15 ♏ 38	23 R 6	28 ♋ 40	18 ♊ 24	0 ♋ 7	4 ♏ 55	12 ♈ 20	5 ♓ 16	10 ♑ 25	1 ♌	15 ♊	18 ♒	25 ♋	13 ♓
28	6 ♋ 6	3 ♓ 48	14 ♏ 11	15 ♏ 33	23 ♋ 4	29 ♋ 53	19 ♊ 5	0 ♋ 21	4 ♏ 54	12 ♈ 21	5 ♓ 15	10 ♑ 24	2 ♌	16 ♊	18 ♒	26 ♋	13 ♓
29	7 ♋ 4	17 ♓ 39	14 ♏ 8	15 ♏ 29	22 ♋ 57	1 ♌ 6	19 ♊ 47	0 ♋ 35	4 ♏ 53	12 ♈ 22	5 ♓ 15	10 ♑ 22	2 ♌	16 ♊	18 ♒	26 ♋	13 ♓
30	8 ♋ 1	1 ♈ 2	14 ♏ 5	15 ♏ 27	22 ♋ 45	2 ♌ 19	20 ♊ 28	0 ♋ 48	4 ♏ 52	12 ♈ 23	5 ♓ 14	10 ♑ 21	3 ♌	17 ♊	18 ♒	26 ♋	13 ♓

SUN INGRESS	☉ → ♋ 21日 14:04
MOON PHASE	◑ 1日 03:58 ♓ ● 9日 00:56 ♊ ◐ 17日 02:24 ♍ ○ 23日 20:32 ♑ ◑ 30日 13:54 ♈

aspects

2日	10:46	☉⚹♅
4日	04:17	☿△♆
4日	10:22	☿△♄
7日	20:46	♀△♆
8日	00:23	♀△♄
8日	07:03	☿☍♇
8日	08:57	♂□♆
9日	03:47	☿□♅
12日	07:08	♀☍♇
12日	08:26	♄△♆
13日	07:49	♀□♅
18日	00:20	♂⚹♅
20日	01:11	☉☌♃
21日	11:57	☿☌♀
26日	18:12	☉△♄
27日	02:48	☉△♆

2013年7月

DAY	☉	☽	☊ mean	☊ true	☿	♀	♂	♃	♄	♅	♆	♇	⚳	⚴	⚵	⚶	⚷
	° ′	° ′	° ′	° ′	° ′	° ′	° ′	° ′	° ′	° ′	° ′	° ′	°	°	°	°	°
1	8 ♋ 58	13 ♈ 58	14 ♏ 1	15 D 27	22 R 29	3 D 32	21 D 10	1 D 2	4 R 51	12 D 24	5 R 13	10 R 19	3 D	18 D	18 R	27 D	13 R
2	9 ♋ 55	26 ♈ 32	13 ♏ 58	15 ♏ 28	22 ♋ 9	4 ♌ 44	21 ♊ 51	1 ♋ 16	4 ♏ 51	12 ♈ 25	5 ♓ 13	10 ♑ 18	3 ♌	18 ♊	18 ♒	27 ♋	13 ♓
3	10 ♋ 53	8 ♉ 48	13 ♏ 55	15 ♏ 29	21 ♋ 45	5 ♌ 57	22 ♊ 32	1 ♋ 29	4 ♏ 50	12 ♈ 25	5 ♓ 12	10 ♑ 16	4 ♌	19 ♊	18 ♒	28 ♋	13 ♓
4	11 ♋ 50	20 ♉ 52	13 ♏ 52	15 R 29	21 ♋ 18	7 ♌ 10	23 ♊ 13	1 ♋ 43	4 ♏ 50	12 ♈ 26	5 ♓ 11	10 ♑ 15	4 ♌	19 ♊	17 ♒	28 ♋	13 ♓
5	12 ♋ 47	2 ♊ 47	13 ♏ 49	15 ♏ 27	20 ♋ 48	8 ♌ 23	23 ♊ 54	1 ♋ 57	4 ♏ 49	12 ♈ 27	5 ♓ 10	10 ♑ 13	5 ♌	20 ♊	17 ♒	29 ♋	13 ♓
6	13 ♋ 44	14 ♊ 37	13 ♏ 46	15 ♏ 23	20 ♋ 15	9 ♌ 35	24 ♊ 35	2 ♋ 10	4 ♏ 49	12 ♈ 27	5 ♓ 9	10 ♑ 12	5 ♌	20 ♊	17 ♒	29 ♋	13 ♓
7	14 ♋ 41	26 ♊ 26	13 ♏ 42	15 ♏ 17	19 ♋ 40	10 ♌ 48	25 ♊ 17	2 ♋ 24	4 ♏ 49	12 ♈ 28	5 ♓ 9	10 ♑ 10	6 ♌	21 ♊	17 ♒	0 ♌	13 ♓
8	15 ♋ 39	8 ♋ 16	13 ♏ 39	15 ♏ 8	19 ♋ 3	12 ♌ 1	25 ♊ 57	2 ♋ 37	4 ♏ 49	12 ♈ 28	5 ♓ 8	10 ♑ 9	6 ♌	21 ♊	17 ♒	0 ♌	13 ♓
9	16 ♋ 36	20 ♋ 8	13 ♏ 36	14 ♏ 58	18 ♋ 26	13 ♌ 13	26 ♊ 38	2 ♋ 51	4 D 49	12 ♈ 29	5 ♓ 7	10 ♑ 7	7 ♌	22 ♊	17 ♒	0 ♌	13 ♓
10	17 ♋ 33	2 ♌ 5	13 ♏ 33	14 ♏ 46	17 ♋ 48	14 ♌ 26	27 ♊ 19	3 ♋ 4	4 ♏ 49	12 ♈ 29	5 ♓ 6	10 ♑ 6	7 ♌	23 ♊	17 ♒	1 ♌	13 ♓
11	18 ♋ 30	14 ♌ 8	13 ♏ 30	14 ♏ 35	17 ♋ 10	15 ♌ 38	28 ♊ 0	3 ♋ 18	4 ♏ 49	12 ♈ 30	5 ♓ 5	10 ♑ 4	7 ♌	23 ♊	16 ♒	1 ♌	13 ♓
12	19 ♋ 28	26 ♌ 19	13 ♏ 26	14 ♏ 24	16 ♋ 33	16 ♌ 51	28 ♊ 41	3 ♋ 31	4 ♏ 49	12 ♈ 30	5 ♓ 4	10 ♑ 3	8 ♌	24 ♊	16 ♒	2 ♌	13 ♓
13	20 ♋ 25	8 ♍ 38	13 ♏ 23	14 ♏ 16	15 ♋ 58	18 ♌ 3	29 ♊ 22	3 ♋ 45	4 ♏ 50	12 ♈ 30	5 ♓ 3	10 ♑ 1	8 ♌	24 ♊	16 ♒	2 ♌	13 ♓
14	21 ♋ 22	21 ♍ 10	13 ♏ 20	14 ♏ 9	15 ♋ 25	19 ♌ 16	0 ♋ 2	3 ♋ 58	4 ♏ 50	12 ♈ 30	5 ♓ 2	10 ♑ 0	9 ♌	25 ♊	16 ♒	3 ♌	13 ♓
15	22 ♋ 19	3 ♎ 55	13 ♏ 17	14 ♏ 6	14 ♋ 55	20 ♌ 28	0 ♋ 43	4 ♋ 12	4 ♏ 51	12 ♈ 31	5 ♓ 1	9 ♑ 58	9 ♌	26 ♊	16 ♒	3 ♌	13 ♓
16	23 ♋ 17	16 ♎ 57	13 ♏ 14	14 ♏ 4	14 ♋ 29	21 ♌ 41	1 ♋ 23	4 ♋ 25	4 ♏ 51	12 ♈ 31	4 ♓ 59	9 ♑ 57	10 ♌	26 ♊	16 ♒	4 ♌	13 ♓
17	24 ♋ 14	0 ♏ 20	13 ♏ 11	14 D 4	14 ♋ 6	22 ♌ 53	2 ♋ 4	4 ♋ 38	4 ♏ 52	12 ♈ 31	4 ♓ 58	9 ♑ 55	10 ♌	27 ♊	15 ♒	4 ♌	13 ♓
18	25 ♋ 11	14 ♏ 5	13 ♏ 7	14 ♏ 5	13 ♋ 47	24 ♌ 5	2 ♋ 44	4 ♋ 52	4 ♏ 53	12 ♈ 31	4 ♓ 57	9 ♑ 54	11 ♌	27 ♊	15 ♒	5 ♌	13 ♓
19	26 ♋ 8	28 ♏ 15	13 ♏ 4	14 R 4	13 ♋ 34	25 ♌ 18	3 ♋ 25	5 ♋ 5	4 ♏ 54	12 R 31	4 ♓ 56	9 ♑ 52	11 ♌	28 ♊	15 ♒	5 ♌	13 ♓
20	27 ♋ 6	12 ♐ 49	13 ♏ 1	14 ♏ 1	13 ♋ 25	26 ♌ 30	4 ♋ 5	5 ♋ 18	4 ♏ 55	12 ♈ 31	4 ♓ 55	9 ♑ 51	11 ♌	28 ♊	15 ♒	5 ♌	13 ♓
21	28 ♋ 3	27 ♐ 42	12 ♏ 58	13 ♏ 56	13 ♋ 21	27 ♌ 42	4 ♋ 45	5 ♋ 31	4 ♏ 56	12 ♈ 31	4 ♓ 54	9 ♑ 49	12 ♌	29 ♊	15 ♒	6 ♌	13 ♓
22	29 ♋ 0	12 ♑ 50	12 ♏ 55	13 ♏ 49	13 D 23	28 ♌ 54	5 ♋ 26	5 ♋ 44	4 ♏ 57	12 ♈ 30	4 ♓ 52	9 ♑ 48	12 ♌	0 ♋	14 ♒	6 ♌	13 ♓
23	29 ♋ 57	28 ♑ 1	12 ♏ 52	13 ♏ 39	13 ♋ 31	0 ♍ 6	6 ♋ 6	5 ♋ 58	4 ♏ 59	12 ♈ 30	4 ♓ 51	9 ♑ 47	13 ♌	0 ♋	14 ♒	7 ♌	13 ♓
24	0 ♌ 55	13 ♒ 7	12 ♏ 48	13 ♏ 29	13 ♋ 44	1 ♍ 19	6 ♋ 46	6 ♋ 11	5 ♏ 0	12 ♈ 30	4 ♓ 50	9 ♑ 45	13 ♌	1 ♋	14 ♒	7 ♌	13 ♓
25	1 ♌ 52	27 ♒ 56	12 ♏ 45	13 ♏ 19	14 ♋ 4	2 ♍ 31	7 ♋ 26	6 ♋ 24	5 ♏ 2	12 ♈ 30	4 ♓ 49	9 ♑ 44	14 ♌	1 ♋	14 ♒	8 ♌	13 ♓
26	2 ♌ 49	12 ♓ 22	12 ♏ 42	13 ♏ 10	14 ♋ 29	3 ♍ 43	8 ♋ 6	6 ♋ 37	5 ♏ 3	12 ♈ 29	4 ♓ 47	9 ♑ 42	14 ♌	2 ♋	14 ♒	8 ♌	13 ♓
27	3 ♌ 46	26 ♓ 19	12 ♏ 39	13 ♏ 3	15 ♋ 0	4 ♍ 55	8 ♋ 46	6 ♋ 50	5 ♏ 5	12 ♈ 29	4 ♓ 46	9 ♑ 41	15 ♌	2 ♋	13 ♒	9 ♌	13 ♓
28	4 ♌ 44	9 ♈ 46	12 ♏ 36	12 ♏ 59	15 ♋ 37	6 ♍ 7	9 ♋ 26	7 ♋ 3	5 ♏ 7	12 ♈ 28	4 ♓ 45	9 ♑ 40	15 ♌	3 ♋	13 ♒	9 ♌	13 ♓
29	5 ♌ 41	22 ♈ 45	12 ♏ 32	12 ♏ 57	16 ♋ 20	7 ♍ 19	10 ♋ 6	7 ♋ 15	5 ♏ 9	12 ♈ 28	4 ♓ 43	9 ♑ 38	15 ♌	4 ♋	13 ♒	9 ♌	13 ♓
30	6 ♌ 38	5 ♉ 21	12 ♏ 29	12 ♏ 57	17 ♋ 9	8 ♍ 30	10 ♋ 46	7 ♋ 28	5 ♏ 11	12 ♈ 27	4 ♓ 42	9 ♑ 37	16 ♌	4 ♋	13 ♒	10 ♌	13 ♓
31	7 ♌ 36	17 ♉ 37	12 ♏ 26	12 ♏ 57	18 ♋ 3	9 ♍ 42	11 ♋ 26	7 ♋ 41	5 ♏ 13	12 ♈ 27	4 ♓ 40	9 ♑ 36	16 ♌	5 ♋	12 ♒	10 ♌	12 ♓

SUN INGRESS	☉ → ♌ 23日 00:56
MOON PHASE	● 8日 16:14 ♋ ◐ 16日 12:18 ♎ ○ 23日 03:16 ♒ ◑ 30日 02:43 ♉

aspects		
2日	02:03	♀□♄
2日	09:06	☉☍♇
4日	15:22	☉□♅
8日	09:14	♀△♅
10日	03:41	☉☌☿
18日	02:31	♃△♄
18日	09:14	♃△♆
19日	22:20	♄△♆
21日	04:42	♂△♆
21日	06:34	♂△♄
22日	16:35	♂☌♃
26日	21:08	♀☍♆
27日	03:36	♀⚹♄
28日	07:51	♂☍♇
28日	10:05	☉□♄
28日	22:42	♀⚹♃
30日	21:52	♀△♇

2013年8月

DAY	☉	☽	☊ mean	☊ true	☿	♀	♂	♃	♄	♅	♆	♇	⚳	⚴	⚵	⚶	⚷
	° ′	° ′	° ′	° ′	° ′	° ′	° ′	° ′	° ′	° ′	° ′	° ′	°	°	°	°	°
1	8 ♌ 33	29 ♉ 39	12 ♏ 23	12 R 56	19 D 4	10 D 54	12 D 6	7 D 54	5 D 15	12 R 26	4 R 39	9 R 35	17 D	5 D	12 R	11 D	12 R
2	9 ♌ 31	11 ♊ 32	12 ♏ 20	12 ♏ 54	20 ♋ 9	12 ♍ 6	12 ♋ 45	8 ♋ 6	5 ♏ 18	12 ♈ 25	4 ♓ 38	9 ♑ 33	17 ♌	6 ♋	12 ♒	11 ♌	12 ♓
3	10 ♌ 28	23 ♊ 21	12 ♏ 17	12 ♏ 49	21 ♋ 21	13 ♍ 18	13 ♋ 25	8 ♋ 19	5 ♏ 20	12 ♈ 25	4 ♓ 36	9 ♑ 32	18 ♌	7 ♋	12 ♒	12 ♌	12 ♓
4	11 ♌ 26	5 ♋ 10	12 ♏ 13	12 ♏ 41	22 ♋ 37	14 ♍ 29	14 ♋ 5	8 ♋ 32	5 ♏ 23	12 ♈ 24	4 ♓ 35	9 ♑ 31	18 ♌	7 ♋	11 ♒	12 ♌	12 ♓
5	12 ♌ 23	17 ♋ 3	12 ♏ 10	12 ♏ 31	23 ♋ 59	15 ♍ 41	14 ♋ 44	8 ♋ 44	5 ♏ 25	12 ♈ 23	4 ♓ 33	9 ♑ 30	19 ♌	8 ♋	11 ♒	13 ♌	12 ♓
6	13 ♌ 20	29 ♋ 1	12 ♏ 7	12 ♏ 18	25 ♋ 25	16 ♍ 53	15 ♋ 24	8 ♋ 56	5 ♏ 28	12 ♈ 22	4 ♓ 32	9 ♑ 28	19 ♌	8 ♋	11 ♒	13 ♌	12 ♓
7	14 ♌ 18	11 ♌ 6	12 ♏ 4	12 ♏ 5	26 ♋ 56	18 ♍ 4	16 ♋ 3	9 ♋ 9	5 ♏ 31	12 ♈ 21	4 ♓ 30	9 ♑ 27	20 ♌	9 ♋	11 ♒	14 ♌	12 ♓
8	15 ♌ 15	23 ♌ 20	12 ♏ 1	11 ♏ 51	28 ♋ 32	19 ♍ 16	16 ♋ 43	9 ♋ 21	5 ♏ 33	12 ♈ 20	4 ♓ 29	9 ♑ 26	20 ♌	9 ♋	10 ♒	14 ♌	12 ♓
9	16 ♌ 13	5 ♍ 43	11 ♏ 58	11 ♏ 39	0 ♌ 11	20 ♍ 27	17 ♋ 22	9 ♋ 33	5 ♏ 36	12 ♈ 19	4 ♓ 27	9 ♑ 25	20 ♌	10 ♋	10 ♒	14 ♌	12 ♓
10	17 ♌ 11	18 ♍ 16	11 ♏ 54	11 ♏ 28	1 ♌ 55	21 ♍ 39	18 ♋ 2	9 ♋ 46	5 ♏ 39	12 ♈ 18	4 ♓ 26	9 ♑ 24	21 ♌	11 ♋	10 ♒	15 ♌	12 ♓
11	18 ♌ 8	0 ♎ 59	11 ♏ 51	11 ♏ 20	3 ♌ 42	22 ♍ 50	18 ♋ 41	9 ♋ 58	5 ♏ 42	12 ♈ 17	4 ♓ 24	9 ♑ 23	21 ♌	11 ♋	10 ♒	15 ♌	12 ♓
12	19 ♌ 6	13 ♎ 55	11 ♏ 48	11 ♏ 16	5 ♌ 32	24 ♍ 2	19 ♋ 20	10 ♋ 10	5 ♏ 46	12 ♈ 16	4 ♓ 22	9 ♑ 22	22 ♌	12 ♋	9 ♒	16 ♌	12 ♓
13	20 ♌ 3	27 ♎ 4	11 ♏ 45	11 ♏ 13	7 ♌ 25	25 ♍ 13	19 ♋ 59	10 ♋ 22	5 ♏ 49	12 ♈ 15	4 ♓ 21	9 ♑ 21	22 ♌	12 ♋	9 ♒	16 ♌	12 ♓
14	21 ♌ 1	10 ♏ 28	11 ♏ 42	11 ♏ 13	9 ♌ 20	26 ♍ 24	20 ♋ 39	10 ♋ 34	5 ♏ 52	12 ♈ 14	4 ♓ 19	9 ♑ 20	23 ♌	13 ♋	9 ♒	17 ♌	12 ♓
15	21 ♌ 59	24 ♏ 9	11 ♏ 38	11 ♏ 13	11 ♌ 17	27 ♍ 35	21 ♋ 18	10 ♋ 46	5 ♏ 56	12 ♈ 12	4 ♓ 18	9 ♑ 19	23 ♌	13 ♋	9 ♒	17 ♌	12 ♓
16	22 ♌ 56	8 ♐ 9	11 ♏ 35	11 ♏ 12	13 ♌ 15	28 ♍ 47	21 ♋ 57	10 ♋ 57	5 ♏ 59	12 ♈ 11	4 ♓ 16	9 ♑ 18	24 ♌	14 ♋	9 ♒	18 ♌	12 ♓
17	23 ♌ 54	22 ♐ 28	11 ♏ 32	11 ♏ 10	15 ♌ 15	29 ♍ 58	22 ♋ 36	11 ♋ 9	6 ♏ 3	12 ♈ 10	4 ♓ 14	9 ♑ 17	24 ♌	15 ♋	8 ♒	18 ♌	12 ♓
18	24 ♌ 52	7 ♑ 4	11 ♏ 29	11 ♏ 7	17 ♌ 16	1 ♎ 9	23 ♋ 15	11 ♋ 21	6 ♏ 7	12 ♈ 8	4 ♓ 13	9 ♑ 16	25 ♌	15 ♋	8 ♒	19 ♌	12 ♓
19	25 ♌ 49	21 ♑ 52	11 ♏ 26	10 ♏ 58	19 ♌ 17	2 ♎ 20	23 ♋ 54	11 ♋ 32	6 ♏ 10	12 ♈ 7	4 ♓ 11	9 ♑ 15	25 ♌	16 ♋	8 ♒	19 ♌	12 ♓
20	26 ♌ 47	6 ♒ 45	11 ♏ 23	10 ♏ 48	21 ♌ 19	3 ♎ 31	24 ♋ 33	11 ♋ 44	6 ♏ 14	12 ♈ 6	4 ♓ 10	9 ♑ 14	25 ♌	16 ♋	8 ♒	20 ♌	12 ♓
21	27 ♌ 45	21 ♒ 35	11 ♏ 19	10 ♏ 38	23 ♌ 20	4 ♎ 42	25 ♋ 11	11 ♋ 55	6 ♏ 18	12 ♈ 4	4 ♓ 8	9 ♑ 13	26 ♌	17 ♋	7 ♒	20 ♌	12 ♓
22	28 ♌ 42	6 ♓ 14	11 ♏ 16	10 ♏ 27	25 ♌ 21	5 ♎ 52	25 ♋ 50	12 ♋ 7	6 ♏ 22	12 ♈ 3	4 ♓ 6	9 ♑ 12	26 ♌	18 ♋	7 ♒	20 ♌	12 ♓
23	29 ♌ 40	20 ♓ 33	11 ♏ 13	10 ♏ 18	27 ♌ 22	7 ♎ 3	26 ♋ 29	12 ♋ 18	6 ♏ 26	12 ♈ 1	4 ♓ 5	9 ♑ 11	27 ♌	18 ♋	7 ♒	21 ♌	12 ♓
24	0 ♍ 38	4 ♈ 27	11 ♏ 10	10 ♏ 12	29 ♌ 22	8 ♎ 14	27 ♋ 8	12 ♋ 29	6 ♏ 31	11 ♈ 59	4 ♓ 3	9 ♑ 10	27 ♌	19 ♋	7 ♒	21 ♌	11 ♓
25	1 ♍ 36	17 ♈ 55	11 ♏ 7	10 ♏ 7	1 ♍ 21	9 ♎ 24	27 ♋ 46	12 ♋ 40	6 ♏ 35	11 ♈ 58	4 ♓ 1	9 ♑ 10	28 ♌	19 ♋	7 ♒	22 ♌	11 ♓
26	2 ♍ 34	0 ♉ 57	11 ♏ 4	10 ♏ 5	3 ♍ 19	10 ♎ 35	28 ♋ 25	12 ♋ 51	6 ♏ 39	11 ♈ 56	4 ♓ 0	9 ♑ 9	28 ♌	20 ♋	6 ♒	22 ♌	11 ♓
27	3 ♍ 32	13 ♉ 35	11 ♏ 0	10 D 5	5 ♍ 16	11 ♎ 46	29 ♋ 3	13 ♋ 2	6 ♏ 44	11 ♈ 54	3 ♓ 58	9 ♑ 8	29 ♌	20 ♋	6 ♒	23 ♌	11 ♓
28	4 ♍ 29	25 ♉ 53	10 ♏ 57	10 ♏ 5	7 ♍ 12	12 ♎ 56	29 ♋ 42	13 ♋ 13	6 ♏ 48	11 ♈ 53	3 ♓ 56	9 ♑ 7	29 ♌	21 ♋	6 ♒	23 ♌	11 ♓
29	5 ♍ 27	7 ♊ 57	10 ♏ 54	10 R 6	9 ♍ 7	14 ♎ 6	0 ♌ 20	13 ♋ 24	6 ♏ 53	11 ♈ 51	3 ♓ 55	9 ♑ 7	0 ♍	22 ♋	6 ♒	24 ♌	11 ♓
30	6 ♍ 25	19 ♊ 51	10 ♏ 51	10 ♏ 5	11 ♍ 1	15 ♎ 17	0 ♌ 59	13 ♋ 34	6 ♏ 57	11 ♈ 49	3 ♓ 53	9 ♑ 6	0 ♍	22 ♋	6 ♒	24 ♌	11 ♓
31	7 ♍ 23	1 ♋ 42	10 ♏ 48	10 ♏ 2	12 ♍ 54	16 ♎ 27	1 ♌ 37	13 ♋ 45	7 ♏ 2	11 ♈ 47	3 ♓ 52	9 ♑ 5	1 ♍	23 ♋	5 ♒	25 ♌	11 ♓

SUN INGRESS	☉ → ♍ 23日 08:02
MOON PHASE	● 7日 06:51 ♌ ◐ 14日 19:56 ♏ ○ 21日 10:45 ♒ ◑ 28日 18:35 ♊

aspects		
1日	12:08	♂□♅
3日	05:35	♀⚹♂
5日	00:05	☉△♅
8日	08:46	♃☍♇
12日	03:05	☿□♄
15日	11:11	☿△♅
21日	16:15	♃□♅
24日	19:01	♀□♇
25日	05:56	☉☌☿
26日	08:12	☿☍♆
27日	02:56	♀☍♅
27日	10:43	☉☍♆
27日	18:44	☿⚹♄
28日	06:53	♀□♃
28日	23:52	☿△♇
30日	14:18	☉⚹♄
31日	12:10	☿⚹♃

2013年9月

DAY	☉	☽	☊ mean	☊ true	☿	♀	♂	♃	♄	♅	♆	♇	⚳	⚴	⚵	⚶	⚷
	° '	° '	° '	° '	° '	° '	° '	° '	° '	° '	° '	° '	°	°	°	°	°
1	8 ♍ 21	13 ♋ 33	10 ♏ 44	9 R 56	14 D 45	17 D 37	2 D 15	13 D 56	7 D 7	11 R 45	3 R 50	9 R 5	1 D	23 D	5 R	25 D	11 R
2	9 ♍ 20	25 ♋ 29	10 ♏ 41	9 ♏ 49	16 ♍ 35	18 ♎ 47	2 ♌ 53	14 ♋ 6	7 ♏ 11	11 ♈ 43	3 ♓ 48	9 ♑ 4	1 ♍	24 ♋	5 ♒	26 ♌	11 ♓
3	10 ♍ 18	7 ♌ 33	10 ♏ 38	9 ♏ 39	18 ♍ 24	19 ♎ 57	3 ♌ 32	14 ♋ 16	7 ♏ 16	11 ♈ 41	3 ♓ 47	9 ♑ 4	2 ♍	24 ♋	5 ♒	26 ♌	11 ♓
4	11 ♍ 16	19 ♌ 47	10 ♏ 35	9 ♏ 29	20 ♍ 12	21 ♎ 7	4 ♌ 10	14 ♋ 26	7 ♏ 21	11 ♈ 39	3 ♓ 45	9 ♑ 3	2 ♍	25 ♋	5 ♒	26 ♌	11 ♓
5	12 ♍ 14	2 ♍ 13	10 ♏ 32	9 ♏ 18	21 ♍ 58	22 ♎ 17	4 ♌ 48	14 ♋ 36	7 ♏ 26	11 ♈ 37	3 ♓ 43	9 ♑ 3	3 ♍	26 ♋	5 ♒	27 ♌	11 ♓
6	13 ♍ 12	14 ♍ 52	10 ♏ 29	9 ♏ 8	23 ♍ 43	23 ♎ 27	5 ♌ 26	14 ♋ 46	7 ♏ 31	11 ♈ 35	3 ♓ 42	9 ♑ 2	3 ♍	26 ♋	5 ♒	27 ♌	11 ♓
7	14 ♍ 10	27 ♍ 43	10 ♏ 25	9 ♏ 0	25 ♍ 27	24 ♎ 37	6 ♌ 4	14 ♋ 56	7 ♏ 37	11 ♈ 33	3 ♓ 40	9 ♑ 2	4 ♍	27 ♋	4 ♒	28 ♌	11 ♓
8	15 ♍ 9	10 ♎ 46	10 ♏ 22	8 ♏ 54	27 ♍ 10	25 ♎ 47	6 ♌ 42	15 ♋ 6	7 ♏ 42	11 ♈ 31	3 ♓ 39	9 ♑ 1	4 ♍	27 ♋	4 ♒	28 ♌	11 ♓
9	16 ♍ 7	24 ♎ 1	10 ♏ 19	8 ♏ 51	28 ♍ 52	26 ♎ 56	7 ♌ 20	15 ♋ 16	7 ♏ 47	11 ♈ 29	3 ♓ 37	9 ♑ 1	5 ♍	28 ♋	4 ♒	29 ♌	11 ♓
10	17 ♍ 5	7 ♏ 26	10 ♏ 16	8 ♏ 50	0 ♎ 32	28 ♎ 6	7 ♌ 58	15 ♋ 25	7 ♏ 52	11 ♈ 27	3 ♓ 35	9 ♑ 1	5 ♍	28 ♋	4 ♒	29 ♌	11 ♓
11	18 ♍ 3	21 ♏ 3	10 ♏ 13	8 D 51	2 ♎ 12	29 ♎ 15	8 ♌ 36	15 ♋ 35	7 ♏ 58	11 ♈ 25	3 ♓ 34	9 ♑ 0	6 ♍	29 ♋	4 ♒	0 ♍	11 ♓
12	19 ♍ 2	4 ♐ 51	10 ♏ 9	8 ♏ 52	3 ♎ 50	0 ♏ 25	9 ♌ 13	15 ♋ 44	8 ♏ 3	11 ♈ 23	3 ♓ 32	9 ♑ 0	6 ♍	0 ♌	4 ♒	0 ♍	11 ♓
13	20 ♍ 0	18 ♐ 50	10 ♏ 6	8 ♏ 52	5 ♎ 27	1 ♏ 34	9 ♌ 51	15 ♋ 53	8 ♏ 9	11 ♈ 21	3 ♓ 31	9 ♑ 0	6 ♍	0 ♌	4 ♒	1 ♍	11 ♓
14	20 ♍ 59	3 ♑ 0	10 ♏ 3	8 R 52	7 ♎ 3	2 ♏ 43	10 ♌ 29	16 ♋ 2	8 ♏ 15	11 ♈ 18	3 ♓ 29	9 ♑ 0	7 ♍	1 ♌	4 ♒	1 ♍	10 ♓
15	21 ♍ 57	17 ♑ 19	10 ♏ 0	8 ♏ 49	8 ♎ 38	3 ♏ 52	11 ♌ 6	16 ♋ 11	8 ♏ 20	11 ♈ 16	3 ♓ 28	8 ♑ 59	7 ♍	1 ♌	4 ♒	2 ♍	10 ♓
16	22 ♍ 55	1 ♒ 45	9 ♏ 57	8 ♏ 45	10 ♎ 12	5 ♏ 1	11 ♌ 44	16 ♋ 20	8 ♏ 26	11 ♈ 14	3 ♓ 26	8 ♑ 59	8 ♍	2 ♌	4 ♒	2 ♍	10 ♓
17	23 ♍ 54	16 ♒ 12	9 ♏ 54	8 ♏ 39	11 ♎ 44	6 ♏ 10	12 ♌ 21	16 ♋ 29	8 ♏ 32	11 ♈ 12	3 ♓ 24	8 ♑ 59	8 ♍	2 ♌	4 ♒	2 ♍	10 ♓
18	24 ♍ 52	0 ♓ 37	9 ♏ 50	8 ♏ 32	13 ♎ 16	7 ♏ 19	12 ♌ 59	16 ♋ 37	8 ♏ 37	11 ♈ 9	3 ♓ 23	8 ♑ 59	9 ♍	3 ♌	4 ♒	3 ♍	10 ♓
19	25 ♍ 51	14 ♓ 52	9 ♏ 47	8 ♏ 25	14 ♎ 47	8 ♏ 28	13 ♌ 36	16 ♋ 46	8 ♏ 43	11 ♈ 7	3 ♓ 21	8 ♑ 59	9 ♍	3 ♌	3 ♒	3 ♍	10 ♓
20	26 ♍ 50	28 ♓ 52	9 ♏ 44	8 ♏ 19	16 ♎ 16	9 ♏ 37	14 ♌ 13	16 ♋ 54	8 ♏ 49	11 ♈ 5	3 ♓ 20	8 ♑ 59	10 ♍	4 ♌	3 ♒	4 ♍	10 ♓
21	27 ♍ 48	12 ♈ 33	9 ♏ 41	8 ♏ 15	17 ♎ 45	10 ♏ 45	14 ♌ 51	17 ♋ 2	8 ♏ 55	11 ♈ 2	3 ♓ 19	8 ♑ 59	10 ♍	5 ♌	3 ♒	4 ♍	10 ♓
22	28 ♍ 47	25 ♈ 52	9 ♏ 38	8 ♏ 12	19 ♎ 12	11 ♏ 53	15 ♌ 28	17 ♋ 11	9 ♏ 1	11 ♈ 0	3 ♓ 17	8 D 59	11 ♍	5 ♌	3 ♒	5 ♍	10 ♓
23	29 ♍ 45	8 ♉ 50	9 ♏ 35	8 D 12	20 ♎ 38	13 ♏ 2	16 ♌ 5	17 ♋ 18	9 ♏ 7	10 ♈ 58	3 ♓ 16	8 ♑ 59	11 ♍	6 ♌	3 ♒	5 ♍	10 ♓
24	0 ♎ 44	21 ♉ 27	9 ♏ 31	8 ♏ 12	22 ♎ 4	14 ♏ 10	16 ♌ 42	17 ♋ 26	9 ♏ 13	10 ♈ 55	3 ♓ 14	8 ♑ 59	11 ♍	6 ♌	3 ♒	6 ♍	10 ♓
25	1 ♎ 43	3 ♊ 47	9 ♏ 28	8 ♏ 14	23 ♎ 28	15 ♏ 18	17 ♌ 19	17 ♋ 34	9 ♏ 20	10 ♈ 53	3 ♓ 13	8 ♑ 59	12 ♍	7 ♌	3 D	6 ♍	10 ♓
26	2 ♎ 42	15 ♊ 52	9 ♏ 25	8 ♏ 16	24 ♎ 51	16 ♏ 26	17 ♌ 56	17 ♋ 42	9 ♏ 26	10 ♈ 51	3 ♓ 11	8 ♑ 59	12 ♍	7 ♌	3 ♒	7 ♍	10 ♓
27	3 ♎ 41	27 ♊ 49	9 ♏ 22	8 ♏ 17	26 ♎ 12	17 ♏ 34	18 ♌ 33	17 ♋ 49	9 ♏ 32	10 ♈ 48	3 ♓ 10	8 ♑ 59	13 ♍	8 ♌	3 ♒	7 ♍	10 ♓
28	4 ♎ 39	9 ♋ 41	9 ♏ 19	8 R 17	27 ♎ 33	18 ♏ 42	19 ♌ 10	17 ♋ 56	9 ♏ 38	10 ♈ 46	3 ♓ 9	9 ♑ 0	13 ♍	8 ♌	3 ♒	8 ♍	10 ♓
29	5 ♎ 38	21 ♋ 33	9 ♏ 15	8 ♏ 15	28 ♎ 52	19 ♏ 49	19 ♌ 47	18 ♋ 3	9 ♏ 45	10 ♈ 43	3 ♓ 7	9 ♑ 0	14 ♍	9 ♌	3 ♒	8 ♍	10 ♓
30	6 ♎ 37	3 ♌ 31	9 ♏ 12	8 ♏ 13	0 ♏ 10	20 ♏ 57	20 ♌ 24	18 ♋ 10	9 ♏ 51	10 ♈ 41	3 ♓ 6	9 ♑ 0	14 ♍	9 ♌	3 ♒	8 ♍	10 ♓

SUN INGRESS	☉ → ♎ 23日 05:44
MOON PHASE	● 5日 20:36 ♍　◐ 13日 02:08 ♐　○ 19日 20:13 ♓　◑ 27日 12:55 ♋

aspects		
1日	17:46	☉△♇
7日	22:46	☉⚹♃
9日	20:06	♂□♄
14日	15:33	♀△♆
15日	05:29	☿□♇
15日	05:57	♂△♅
16日	15:41	☿☍♅
17日	16:17	☿⚹♂
19日	05:54	♀☌♄
19日	10:51	♀⚹♇
20日	11:20	☿□♃
21日	14:45	♄⚹♇
27日	06:01	♀△♃
28日	22:32	♀□♂

2013年10月

DAY	☉	☽	☊ mean	☊ true	☿	♀	♂	♃	♄	♅	♆	♇	⚳	⚴	⚵	⚶	⚷
	° '	° '	° '	° '	° '	° '	° '	° '	° '	° '	° '	° '	°	°	°	°	°
1	7 ♎ 36	15 ♌ 39	9 ♏ 9	8 R 9	1 D 27	22 D 4	21 D 1	18 D 17	9 D 58	10 R 39	3 R 5	9 D 0	15 D	10 D	3 D	9 D	10 R
2	8 ♎ 35	27 ♌ 59	9 ♏ 6	8 ♏ 4	2 ♏ 42	23 ♏ 11	21 ♌ 38	18 ♋ 24	10 ♏ 4	10 ♈ 36	3 ♓ 3	9 ♑ 1	15 ♍	11 ♌	4 ♒	9 ♍	10 ♓
3	9 ♎ 34	10 ♍ 35	9 ♏ 3	7 ♏ 59	3 ♏ 56	24 ♏ 18	22 ♌ 14	18 ♋ 30	10 ♏ 10	10 ♈ 34	3 ♓ 2	9 ♑ 1	15 ♍	11 ♌	4 ♒	10 ♍	10 ♓
4	10 ♎ 33	23 ♍ 27	9 ♏ 0	7 ♏ 54	5 ♏ 8	25 ♏ 25	22 ♌ 51	18 ♋ 37	10 ♏ 17	10 ♈ 31	3 ♓ 1	9 ♑ 1	16 ♍	12 ♌	4 ♒	10 ♍	10 ♓
5	11 ♎ 32	6 ♎ 37	8 ♏ 56	7 ♏ 51	6 ♏ 18	26 ♏ 32	23 ♌ 27	18 ♋ 43	10 ♏ 24	10 ♈ 29	3 ♓ 0	9 ♑ 2	16 ♍	12 ♌	4 ♒	11 ♍	10 ♓
6	12 ♎ 32	20 ♎ 2	8 ♏ 53	7 ♏ 49	7 ♏ 27	27 ♏ 39	24 ♌ 4	18 ♋ 49	10 ♏ 30	10 ♈ 26	2 ♓ 59	9 ♑ 2	17 ♍	13 ♌	4 ♒	11 ♍	10 ♓
7	13 ♎ 31	3 ♏ 41	8 ♏ 50	7 ♏ 48	8 ♏ 33	28 ♏ 45	24 ♌ 40	18 ♋ 55	10 ♏ 37	10 ♈ 24	2 ♓ 57	9 ♑ 3	17 ♍	13 ♌	4 ♒	12 ♍	9 ♓
8	14 ♎ 30	17 ♏ 32	8 ♏ 47	7 D 48	9 ♏ 38	29 ♏ 51	25 ♌ 17	19 ♋ 1	10 ♏ 44	10 ♈ 22	2 ♓ 56	9 ♑ 3	18 ♍	14 ♌	4 ♒	12 ♍	9 ♓
9	15 ♎ 29	1 ♐ 32	8 ♏ 44	7 ♏ 49	10 ♏ 40	0 ♐ 58	25 ♌ 53	19 ♋ 6	10 ♏ 50	10 ♈ 19	2 ♓ 55	9 ♑ 4	18 ♍	14 ♌	4 ♒	13 ♍	9 ♓
10	16 ♎ 28	15 ♐ 39	8 ♏ 40	7 ♏ 50	11 ♏ 39	2 ♐ 4	26 ♌ 29	19 ♋ 12	10 ♏ 57	10 ♈ 17	2 ♓ 54	9 ♑ 4	19 ♍	15 ♌	4 ♒	13 ♍	9 ♓
11	17 ♎ 28	29 ♐ 49	8 ♏ 37	7 ♏ 51	12 ♏ 36	3 ♐ 10	27 ♌ 5	19 ♋ 17	11 ♏ 4	10 ♈ 14	2 ♓ 53	9 ♑ 5	19 ♍	15 ♌	4 ♒	13 ♍	9 ♓
12	18 ♎ 27	14 ♑ 2	8 ♏ 34	7 ♏ 52	13 ♏ 30	4 ♐ 15	27 ♌ 42	19 ♋ 22	11 ♏ 11	10 ♈ 12	2 ♓ 52	9 ♑ 6	19 ♍	16 ♌	4 ♒	14 ♍	9 ♓
13	19 ♎ 26	28 ♑ 13	8 ♏ 31	7 R 52	14 ♏ 21	5 ♐ 21	28 ♌ 18	19 ♋ 27	11 ♏ 18	10 ♈ 10	2 ♓ 51	9 ♑ 6	20 ♍	16 ♌	5 ♒	14 ♍	9 ♓
14	20 ♎ 26	12 ♒ 22	8 ♏ 28	7 ♏ 51	15 ♏ 7	6 ♐ 26	28 ♌ 54	19 ♋ 32	11 ♏ 24	10 ♈ 7	2 ♓ 50	9 ♑ 7	20 ♍	17 ♌	5 ♒	15 ♍	9 ♓
15	21 ♎ 25	26 ♒ 26	8 ♏ 25	7 ♏ 49	15 ♏ 50	7 ♐ 31	29 ♌ 29	19 ♋ 36	11 ♏ 31	10 ♈ 5	2 ♓ 49	9 ♑ 8	21 ♍	17 ♌	5 ♒	15 ♍	9 ♓
16	22 ♎ 25	10 ♓ 23	8 ♏ 21	7 ♏ 47	16 ♏ 29	8 ♐ 36	0 ♍ 5	19 ♋ 40	11 ♏ 38	10 ♈ 2	2 ♓ 48	9 ♑ 9	21 ♍	18 ♌	5 ♒	16 ♍	9 ♓
17	23 ♎ 24	24 ♓ 9	8 ♏ 18	7 ♏ 45	17 ♏ 3	9 ♐ 40	0 ♍ 41	19 ♋ 45	11 ♏ 45	10 ♈ 0	2 ♓ 47	9 ♑ 9	22 ♍	18 ♌	5 ♒	16 ♍	9 ♓
18	24 ♎ 24	7 ♈ 42	8 ♏ 15	7 ♏ 44	17 ♏ 31	10 ♐ 45	1 ♍ 17	19 ♋ 49	11 ♏ 52	9 ♈ 58	2 ♓ 46	9 ♑ 10	22 ♍	19 ♌	5 ♒	17 ♍	9 ♓
19	25 ♎ 23	21 ♈ 1	8 ♏ 12	7 ♏ 42	17 ♏ 54	11 ♐ 49	1 ♍ 53	19 ♋ 53	11 ♏ 59	9 ♈ 55	2 ♓ 45	9 ♑ 11	23 ♍	19 ♌	5 ♒	17 ♍	9 ♓
20	26 ♎ 23	4 ♉ 4	8 ♏ 9	7 ♏ 42	18 ♏ 11	12 ♐ 53	2 ♍ 28	19 ♋ 56	12 ♏ 6	9 ♈ 53	2 ♓ 45	9 ♑ 12	23 ♍	20 ♌	6 ♒	18 ♍	9 ♓
21	27 ♎ 22	16 ♉ 51	8 ♏ 6	7 D 42	18 ♏ 21	13 ♐ 57	3 ♍ 4	20 ♋ 0	12 ♏ 13	9 ♈ 51	2 ♓ 44	9 ♑ 13	23 ♍	20 ♌	6 ♒	18 ♍	9 ♓
22	28 ♎ 22	29 ♉ 21	8 ♏ 2	7 ♏ 43	18 R 23	15 ♐ 0	3 ♍ 39	20 ♋ 3	12 ♏ 20	9 ♈ 49	2 ♓ 43	9 ♑ 14	24 ♍	21 ♌	6 ♒	18 ♍	9 ♓
23	29 ♎ 22	11 ♊ 38	7 ♏ 59	7 ♏ 43	18 ♏ 17	16 ♐ 3	4 ♍ 15	20 ♋ 6	12 ♏ 27	9 ♈ 46	2 ♓ 42	9 ♑ 15	24 ♍	21 ♌	6 ♒	19 ♍	9 ♓
24	0 ♏ 21	23 ♊ 43	7 ♏ 56	7 ♏ 44	18 ♏ 4	17 ♐ 6	4 ♍ 50	20 ♋ 9	12 ♏ 34	9 ♈ 44	2 ♓ 42	9 ♑ 16	25 ♍	22 ♌	6 ♒	19 ♍	9 ♓
25	1 ♏ 21	5 ♋ 39	7 ♏ 53	7 ♏ 45	17 ♏ 41	18 ♐ 9	5 ♍ 25	20 ♋ 12	12 ♏ 41	9 ♈ 42	2 ♓ 41	9 ♑ 17	25 ♍	22 ♌	6 ♒	20 ♍	9 ♓
26	2 ♏ 21	17 ♋ 32	7 ♏ 50	7 ♏ 45	17 ♏ 9	19 ♐ 11	6 ♍ 0	20 ♋ 14	12 ♏ 49	9 ♈ 40	2 ♓ 40	9 ♑ 18	26 ♍	23 ♌	7 ♒	20 ♍	9 ♓
27	3 ♏ 21	29 ♋ 24	7 ♏ 46	7 ♏ 46	16 ♏ 28	20 ♐ 13	6 ♍ 36	20 ♋ 17	12 ♏ 56	9 ♈ 38	2 ♓ 40	9 ♑ 19	26 ♍	23 ♌	7 ♒	21 ♍	9 ♓
28	4 ♏ 21	11 ♌ 21	7 ♏ 43	7 R 46	15 ♏ 39	21 ♐ 15	7 ♍ 11	20 ♋ 19	13 ♏ 3	9 ♈ 35	2 ♓ 39	9 ♑ 20	27 ♍	24 ♌	7 ♒	21 ♍	9 ♓
29	5 ♏ 21	23 ♌ 28	7 ♏ 40	7 ♏ 46	14 ♏ 41	22 ♐ 16	7 ♍ 46	20 ♋ 21	13 ♏ 10	9 ♈ 33	2 ♓ 39	9 ♑ 21	27 ♍	24 ♌	7 ♒	22 ♍	9 ♓
30	6 ♏ 21	5 ♍ 49	7 ♏ 37	7 ♏ 45	13 ♏ 36	23 ♐ 17	8 ♍ 21	20 ♋ 23	13 ♏ 17	9 ♈ 31	2 ♓ 38	9 ♑ 22	27 ♍	25 ♌	7 ♒	22 ♍	9 ♓
31	7 ♏ 21	18 ♍ 27	7 ♏ 34	7 ♏ 45	12 ♏ 24	24 ♐ 18	8 ♍ 56	20 ♋ 24	13 ♏ 24	9 ♈ 29	2 ♓ 38	9 ♑ 23	28 ♍	25 ♌	8 ♒	23 ♍	9 ♓

SUN INGRESS	☉ → ♏ 23日 15:10
MOON PHASE	● 5日 09:35 ♎　◐ 12日 08:02 ♑　○ 19日 08:38 ♈　◑ 27日 08:40 ♌

aspects		
2日	06:46	☿△♆
2日	10:28	☉□♇
3日	23:12	☉☍♅
7日	10:57	☿⚹♇
9日	04:39	☿☌♄
10日	18:05	♀□♆
13日	00:09	☉□♃
17日	07:04	♀△♅
20日	10:53	♂☍♆
26日	07:40	☉△♆
30日	05:48	☿☌♄
31日	19:49	♂△♇

2013年11月

DAY	☉	☽	☊ mean	☊ true	☿	♀	♂	♃	♄	♅	♆	♇	⚳	⚴	⚵	⚶	⚷
	° ′	° ′	° ′	° ′	° ′	° ′	° ′	° ′	° ′	° ′	° ′	° ′	°	°	°	°	°
1	8 ♏ 21	1 ♎ 26	7 ♏ 31	7 D 45	11 R 9	25 D 18	9 D 30	20 D 26	13 D 31	9 R 27	2 R 37	9 D 24	28 D	25 D	8 D	23 D	9 R
2	9 ♏ 21	14 ♎ 47	7 ♏ 27	7 ♏ 45	9 ♏ 51	26 ♐ 19	10 ♍ 5	20 ♋ 27	13 ♏ 39	9 ♈ 25	2 ♓ 37	9 ♑ 26	29 ♍	26 ♌	8 ♒	23 ♍	9 ♓
3	10 ♏ 21	28 ♎ 30	7 ♏ 24	7 ♏ 45	8 ♏ 34	27 ♐ 18	10 ♍ 40	20 ♋ 28	13 ♏ 46	9 ♈ 23	2 ♓ 36	9 ♑ 27	29 ♍	26 ♌	8 ♒	24 ♍	9 ♓
4	11 ♏ 21	12 ♏ 32	7 ♏ 21	7 R 46	7 ♏ 19	28 ♐ 17	11 ♍ 14	20 ♋ 29	13 ♏ 53	9 ♈ 21	2 ♓ 36	9 ♑ 28	0 ♎	27 ♌	9 ♒	24 ♍	9 ♓
5	12 ♏ 21	26 ♏ 51	7 ♏ 18	7 ♏ 45	6 ♏ 9	29 ♐ 16	11 ♍ 49	20 ♋ 29	14 ♏ 0	9 ♈ 19	2 ♓ 36	9 ♑ 30	0 ♎	27 ♌	9 ♒	25 ♍	9 ♓
6	13 ♏ 21	11 ♐ 20	7 ♏ 15	7 ♏ 45	5 ♏ 7	0 ♑ 15	12 ♍ 23	20 ♋ 30	14 ♏ 7	9 ♈ 17	2 ♓ 35	9 ♑ 31	0 ♎	28 ♌	9 ♒	25 ♍	9 ♓
7	14 ♏ 21	25 ♐ 54	7 ♏ 12	7 ♏ 44	4 ♏ 13	1 ♑ 13	12 ♍ 57	20 ♋ 30	14 ♏ 15	9 ♈ 15	2 ♓ 35	9 ♑ 32	1 ♎	28 ♌	9 ♒	26 ♍	9 ♓
8	15 ♏ 22	10 ♑ 28	7 ♏ 8	7 ♏ 43	3 ♏ 30	2 ♑ 10	13 ♍ 32	20 R 30	14 ♏ 22	9 ♈ 14	2 ♓ 35	9 ♑ 34	1 ♎	28 ♌	10 ♒	26 ♍	9 ♓
9	16 ♏ 22	24 ♑ 55	7 ♏ 5	7 ♏ 43	2 ♏ 58	3 ♑ 7	14 ♍ 6	20 ♋ 30	14 ♏ 29	9 ♈ 12	2 ♓ 35	9 ♑ 35	2 ♎	29 ♌	10 ♒	26 ♍	9 ♓
10	17 ♏ 22	9 ♒ 12	7 ♏ 2	7 ♏ 42	2 ♏ 38	4 ♑ 4	14 ♍ 40	20 ♋ 30	14 ♏ 36	9 ♈ 10	2 ♓ 35	9 ♑ 36	2 ♎	29 ♌	10 ♒	27 ♍	9 ♓
11	18 ♏ 22	23 ♒ 16	6 ♏ 59	7 D 42	2 ♏ 29	5 ♑ 0	15 ♍ 14	20 ♋ 29	14 ♏ 43	9 ♈ 8	2 ♓ 34	9 ♑ 38	2 ♎	0 ♍	10 ♒	27 ♍	9 ♓
12	19 ♏ 23	7 ♓ 6	6 ♏ 56	7 ♏ 43	2 D 32	5 ♑ 56	15 ♍ 47	20 ♋ 28	14 ♏ 51	9 ♈ 7	2 ♓ 34	9 ♑ 39	3 ♎	0 ♍	11 ♒	28 ♍	9 ♓
13	20 ♏ 23	20 ♓ 42	6 ♏ 52	7 ♏ 43	2 ♏ 45	6 ♑ 50	16 ♍ 21	20 ♋ 27	14 ♏ 58	9 ♈ 5	2 ♓ 34	9 ♑ 41	3 ♎	1 ♍	11 ♒	28 ♍	9 ♓
14	21 ♏ 23	4 ♈ 3	6 ♏ 49	7 ♏ 45	3 ♏ 9	7 ♑ 45	16 ♍ 55	20 ♋ 26	15 ♏ 5	9 ♈ 3	2 ♓ 34	9 ♑ 42	4 ♎	1 ♍	11 ♒	29 ♍	9 ♓
15	22 ♏ 24	17 ♈ 11	6 ♏ 46	7 ♏ 46	3 ♏ 41	8 ♑ 39	17 ♍ 29	20 ♋ 25	15 ♏ 12	9 ♈ 2	2 D 34	9 ♑ 44	4 ♎	1 ♍	12 ♒	29 ♍	9 ♓
16	23 ♏ 24	0 ♉ 5	6 ♏ 43	7 ♏ 46	4 ♏ 22	9 ♑ 32	18 ♍ 2	20 ♋ 23	15 ♏ 19	9 ♈ 0	2 ♓ 34	9 ♑ 46	5 ♎	2 ♍	12 ♒	0 ♎	9 ♓
17	24 ♏ 25	12 ♉ 47	6 ♏ 40	7 R 47	5 ♏ 11	10 ♑ 24	18 ♍ 35	20 ♋ 21	15 ♏ 27	8 ♈ 59	2 ♓ 34	9 ♑ 47	5 ♎	2 ♍	12 ♒	0 ♎	9 ♓
18	25 ♏ 25	25 ♉ 18	6 ♏ 37	7 ♏ 46	6 ♏ 5	11 ♑ 16	19 ♍ 9	20 ♋ 19	15 ♏ 34	8 ♈ 57	2 ♓ 34	9 ♑ 49	5 ♎	3 ♍	13 ♒	0 ♎	9 ♓
19	26 ♏ 26	7 ♊ 37	6 ♏ 33	7 ♏ 44	7 ♏ 6	12 ♑ 7	19 ♍ 42	20 ♋ 17	15 ♏ 41	8 ♈ 56	2 ♓ 35	9 ♑ 50	6 ♎	3 ♍	13 ♒	1 ♎	9 ♓
20	27 ♏ 26	19 ♊ 46	6 ♏ 30	7 ♏ 41	8 ♏ 11	12 ♑ 57	20 ♍ 15	20 ♋ 15	15 ♏ 48	8 ♈ 55	2 ♓ 35	9 ♑ 52	6 ♎	3 ♍	13 ♒	1 ♎	9 D
21	28 ♏ 27	1 ♋ 48	6 ♏ 27	7 ♏ 38	9 ♏ 21	13 ♑ 47	20 ♍ 48	20 ♋ 12	15 ♏ 55	8 ♈ 53	2 ♓ 35	9 ♑ 54	7 ♎	4 ♍	13 ♒	2 ♎	9 ♓
22	29 ♏ 27	13 ♋ 43	6 ♏ 24	7 ♏ 34	10 ♏ 34	14 ♑ 35	21 ♍ 21	20 ♋ 9	16 ♏ 2	8 ♈ 52	2 ♓ 35	9 ♑ 55	7 ♎	4 ♍	14 ♒	2 ♎	9 ♓
23	0 ♐ 28	25 ♋ 35	6 ♏ 21	7 ♏ 30	11 ♏ 51	15 ♑ 23	21 ♍ 54	20 ♋ 6	16 ♏ 9	8 ♈ 51	2 ♓ 36	9 ♑ 57	7 ♎	4 ♍	14 ♒	3 ♎	9 ♓
24	1 ♐ 28	7 ♌ 26	6 ♏ 18	7 ♏ 28	13 ♏ 10	16 ♑ 10	22 ♍ 27	20 ♋ 3	16 ♏ 16	8 ♈ 49	2 ♓ 36	9 ♑ 59	8 ♎	5 ♍	14 ♒	3 ♎	9 ♓
25	2 ♐ 29	19 ♌ 22	6 ♏ 14	7 ♏ 26	14 ♏ 31	16 ♑ 56	22 ♍ 59	20 ♋ 0	16 ♏ 23	8 ♈ 48	2 ♓ 36	10 ♑ 1	8 ♎	5 ♍	15 ♒	3 ♎	9 ♓
26	3 ♐ 30	1 ♍ 25	6 ♏ 11	7 ♏ 25	15 ♏ 55	17 ♑ 41	23 ♍ 32	19 ♋ 56	16 ♏ 30	8 ♈ 47	2 ♓ 37	10 ♑ 2	9 ♎	5 ♍	15 ♒	4 ♎	9 ♓
27	4 ♐ 30	13 ♍ 42	6 ♏ 8	7 D 25	17 ♏ 20	18 ♑ 25	24 ♍ 4	19 ♋ 53	16 ♏ 37	8 ♈ 46	2 ♓ 37	10 ♑ 4	9 ♎	6 ♍	15 ♒	4 ♎	9 ♓
28	5 ♐ 31	26 ♍ 16	6 ♏ 5	7 ♏ 26	18 ♏ 46	19 ♑ 8	24 ♍ 36	19 ♋ 49	16 ♏ 44	8 ♈ 45	2 ♓ 38	10 ♑ 6	9 ♎	6 ♍	16 ♒	5 ♎	9 ♓
29	6 ♐ 32	9 ♎ 12	6 ♏ 2	7 ♏ 28	20 ♏ 14	19 ♑ 50	25 ♍ 8	19 ♋ 45	16 ♏ 51	8 ♈ 44	2 ♓ 38	10 ♑ 8	10 ♎	6 ♍	16 ♒	5 ♎	9 ♓
30	7 ♐ 33	22 ♎ 33	5 ♏ 58	7 ♏ 30	21 ♏ 43	20 ♑ 31	25 ♍ 40	19 ♋ 41	16 ♏ 58	8 ♈ 43	2 ♓ 39	10 ♑ 10	10 ♎	7 ♍	16 ♒	5 ♎	9 ♓

SUN INGRESS	☉ → ♐ 22日 12:48
MOON PHASE	● 3日 21:50 ♏ ◐ 10日 14:57 ♒ ○ 18日 00:16 ♉ ◑ 26日 04:28 ♍

aspects		
1日	19:30	♅□♇
1日	21:03	☿⚹♂
2日	02:05	☉⚹♇
2日	05:19	☉☌☿
2日	07:44	☿⚹♇
3日	17:49	☉⚹♂
6日	21:01	☉☌♄
8日	10:16	♀⚹♆
8日	21:23	☿⚹♀
9日	20:57	♂⚹♄
10日	06:35	☿△♆
12日	05:46	☿△♆
13日	01:39	☉△♃
15日	10:13	♀□♅
16日	06:33	♀☌♇
19日	23:48	♂⚹♃
21日	11:09	☿⚹♇
24日	03:45	♀⚹♄
25日	02:52	☉□♆
26日	10:54	☿☌♄
28日	11:45	☿⚹♀
28日	16:23	☿△♃
28日	21:00	♀☍♃

2013年12月

DAY	☉	☽	☊ mean	☊ true	☿	♀	♂	♃	♄	♅	♆	♇	⚳	⚴	⚵	⚶	⚷
	° ′	° ′	° ′	° ′	° ′	° ′	° ′	° ′	° ′	° ′	° ′	° ′	°	°	°	°	°
1	8 ♐ 34	6 ♏ 21	5 ♏ 55	7 D 30	23 D 12	21 D 11	26 D 12	19 R 36	17 D 5	8 R 42	2 D 39	10 D 11	11 D	7 D	17 D	6 D	9 D
2	9 ♐ 34	20 ♏ 35	5 ♏ 52	7 R 30	24 ♏ 42	21 ♑ 50	26 ♍ 44	19 ♋ 31	17 ♏ 12	8 ♈ 41	2 ♓ 40	10 ♑ 13	11 ♎	7 ♍	17 ♒	6 ♎	9 ♓
3	10 ♐ 35	5 ♐ 12	5 ♏ 49	7 ♏ 27	26 ♏ 12	22 ♑ 27	27 ♍ 16	19 ♋ 27	17 ♏ 19	8 ♈ 41	2 ♓ 40	10 ♑ 15	11 ♎	8 ♍	18 ♒	7 ♎	9 ♓
4	11 ♐ 36	20 ♐ 5	5 ♏ 46	7 ♏ 23	27 ♏ 43	23 ♑ 3	27 ♍ 47	19 ♋ 22	17 ♏ 25	8 ♈ 40	2 ♓ 41	10 ♑ 17	12 ♎	8 ♍	18 ♒	7 ♎	9 ♓
5	12 ♐ 37	5 ♑ 7	5 ♏ 43	7 ♏ 18	29 ♏ 15	23 ♑ 38	28 ♍ 19	19 ♋ 17	17 ♏ 32	8 ♈ 39	2 ♓ 42	10 ♑ 19	12 ♎	8 ♍	18 ♒	7 ♎	9 ♓
6	13 ♐ 38	20 ♑ 8	5 ♏ 39	7 ♏ 13	0 ♐ 47	24 ♑ 11	28 ♍ 50	19 ♋ 11	17 ♏ 39	8 ♈ 39	2 ♓ 42	10 ♑ 21	12 ♎	9 ♍	19 ♒	8 ♎	9 ♓
7	14 ♐ 39	4 ♒ 59	5 ♏ 36	7 ♏ 7	2 ♐ 18	24 ♑ 43	29 ♍ 21	19 ♋ 6	17 ♏ 46	8 ♈ 38	2 ♓ 43	10 ♑ 23	13 ♎	9 ♍	19 ♒	8 ♎	9 ♓
8	15 ♐ 40	19 ♒ 33	5 ♏ 33	7 ♏ 3	3 ♐ 51	25 ♑ 13	29 ♍ 52	19 ♋ 0	17 ♏ 52	8 ♈ 37	2 ♓ 44	10 ♑ 25	13 ♎	9 ♍	19 ♒	9 ♎	9 ♓
9	16 ♐ 41	3 ♓ 46	5 ♏ 30	7 ♏ 1	5 ♐ 23	25 ♑ 42	0 ♎ 23	18 ♋ 54	17 ♏ 59	8 ♈ 37	2 ♓ 45	10 ♑ 27	14 ♎	9 ♍	20 ♒	9 ♎	9 ♓
10	17 ♐ 42	17 ♓ 35	5 ♏ 27	7 ♏ 0	6 ♐ 55	26 ♑ 9	0 ♎ 54	18 ♋ 49	18 ♏ 6	8 ♈ 37	2 ♓ 46	10 ♑ 29	14 ♎	10 ♍	20 ♒	9 ♎	9 ♓
11	18 ♐ 43	1 ♈ 3	5 ♏ 24	7 D 1	8 ♐ 28	26 ♑ 34	1 ♎ 24	18 ♋ 42	18 ♏ 12	8 ♈ 36	2 ♓ 47	10 ♑ 31	14 ♎	10 ♍	21 ♒	10 ♎	9 ♓
12	19 ♐ 44	14 ♈ 10	5 ♏ 20	7 ♏ 2	10 ♐ 1	26 ♑ 58	1 ♎ 55	18 ♋ 36	18 ♏ 19	8 ♈ 36	2 ♓ 48	10 ♑ 33	15 ♎	10 ♍	21 ♒	10 ♎	9 ♓
13	20 ♐ 45	27 ♈ 0	5 ♏ 17	7 ♏ 3	11 ♐ 34	27 ♑ 19	2 ♎ 25	18 ♋ 30	18 ♏ 25	8 ♈ 36	2 ♓ 48	10 ♑ 35	15 ♎	10 ♍	21 ♒	11 ♎	9 ♓
14	21 ♐ 46	9 ♉ 35	5 ♏ 14	7 R 4	13 ♐ 7	27 ♑ 39	2 ♎ 55	18 ♋ 23	18 ♏ 31	8 ♈ 35	2 ♓ 49	10 ♑ 37	15 ♎	11 ♍	22 ♒	11 ♎	9 ♓
15	22 ♐ 47	21 ♉ 59	5 ♏ 11	7 ♏ 2	14 ♐ 40	27 ♑ 56	3 ♎ 25	18 ♋ 17	18 ♏ 38	8 ♈ 35	2 ♓ 51	10 ♑ 39	16 ♎	11 ♍	22 ♒	11 ♎	9 ♓
16	23 ♐ 48	4 ♊ 13	5 ♏ 8	6 ♏ 59	16 ♐ 13	28 ♑ 12	3 ♎ 55	18 ♋ 10	18 ♏ 44	8 ♈ 35	2 ♓ 52	10 ♑ 41	16 ♎	11 ♍	23 ♒	12 ♎	9 ♓
17	24 ♐ 49	16 ♊ 20	5 ♏ 4	6 ♏ 53	17 ♐ 46	28 ♑ 25	4 ♎ 25	18 ♋ 3	18 ♏ 51	8 ♈ 35	2 ♓ 53	10 ♑ 43	16 ♎	11 ♍	23 ♒	12 ♎	9 ♓
18	25 ♐ 50	28 ♊ 21	5 ♏ 1	6 ♏ 45	19 ♐ 20	28 ♑ 36	4 ♎ 54	17 ♋ 56	18 ♏ 57	8 ♈ 35	2 ♓ 54	10 ♑ 45	17 ♎	11 ♍	23 ♒	13 ♎	9 ♓
19	26 ♐ 51	10 ♋ 18	4 ♏ 58	6 ♏ 35	20 ♐ 53	28 ♑ 45	5 ♎ 23	17 ♋ 49	19 ♏ 3	8 D 35	2 ♓ 55	10 ♑ 47	17 ♎	12 ♍	24 ♒	13 ♎	9 ♓
20	27 ♐ 52	22 ♋ 11	4 ♏ 55	6 ♏ 25	22 ♐ 27	28 ♑ 52	5 ♎ 53	17 ♋ 42	19 ♏ 9	8 ♈ 35	2 ♓ 56	10 ♑ 49	17 ♎	12 ♍	24 ♒	13 ♎	9 ♓
21	28 ♐ 53	4 ♌ 3	4 ♏ 52	6 ♏ 14	24 ♐ 1	28 ♑ 56	6 ♎ 22	17 ♋ 35	19 ♏ 15	8 ♈ 35	2 ♓ 57	10 ♑ 51	18 ♎	12 ♍	25 ♒	14 ♎	9 ♓
22	29 ♐ 54	15 ♌ 55	4 ♏ 49	6 ♏ 5	25 ♐ 35	28 ♑ 58	6 ♎ 50	17 ♋ 27	19 ♏ 21	8 ♈ 35	2 ♓ 59	10 ♑ 53	18 ♎	12 ♍	25 ♒	14 ♎	9 ♓
23	0 ♑ 55	27 ♌ 50	4 ♏ 45	5 ♏ 57	27 ♐ 9	28 R 58	7 ♎ 19	17 ♋ 20	19 ♏ 27	8 ♈ 35	3 ♓ 0	10 ♑ 55	18 ♎	12 ♍	25 ♒	14 ♎	9 ♓
24	1 ♑ 56	9 ♍ 52	4 ♏ 42	5 ♏ 52	28 ♐ 44	28 ♑ 55	7 ♎ 48	17 ♋ 12	19 ♏ 33	8 ♈ 36	3 ♓ 1	10 ♑ 57	19 ♎	12 ♍	26 ♒	15 ♎	9 ♓
25	2 ♑ 57	22 ♍ 5	4 ♏ 39	5 ♏ 50	0 ♑ 18	28 ♑ 49	8 ♎ 16	17 ♋ 5	19 ♏ 39	8 ♈ 36	3 ♓ 2	10 ♑ 59	19 ♎	12 ♍	26 ♒	15 ♎	9 ♓
26	3 ♑ 58	4 ♎ 33	4 ♏ 36	5 D 49	1 ♑ 53	28 ♑ 41	8 ♎ 44	16 ♋ 57	19 ♏ 45	8 ♈ 36	3 ♓ 4	11 ♑ 1	19 ♎	13 ♍	27 ♒	15 ♎	9 ♓
27	5 ♑ 0	17 ♎ 22	4 ♏ 33	5 ♏ 49	3 ♑ 28	28 ♑ 31	9 ♎ 12	16 ♋ 49	19 ♏ 51	8 ♈ 37	3 ♓ 5	11 ♑ 4	20 ♎	13 ♍	27 ♒	16 ♎	9 ♓
28	6 ♑ 1	0 ♏ 34	4 ♏ 29	5 ♏ 50	5 ♑ 4	28 ♑ 18	9 ♎ 39	16 ♋ 41	19 ♏ 57	8 ♈ 37	3 ♓ 7	11 ♑ 6	20 ♎	13 ♍	27 ♒	16 ♎	9 ♓
29	7 ♑ 2	14 ♏ 15	4 ♏ 26	5 R 50	6 ♑ 39	28 ♑ 3	10 ♎ 7	16 ♋ 34	20 ♏ 2	8 ♈ 38	3 ♓ 8	11 ♑ 8	20 ♎	13 ♍	28 ♒	17 ♎	9 ♓
30	8 ♑ 3	28 ♏ 25	4 ♏ 23	5 ♏ 48	8 ♑ 15	27 ♑ 45	10 ♎ 34	16 ♋ 26	20 ♏ 8	8 ♈ 39	3 ♓ 10	11 ♑ 10	21 ♎	13 ♍	28 ♒	17 ♎	9 ♓
31	9 ♑ 4	13 ♐ 3	4 ♏ 20	5 ♏ 43	9 ♑ 52	27 ♑ 25	11 ♎ 1	16 ♋ 18	20 ♏ 13	8 ♈ 39	3 ♓ 11	11 ♑ 12	21 ♎	13 ♍	29 ♒	17 ♎	9 ♓

SUN INGRESS	☉ → ♑ 22日 02:11
MOON PHASE	● 3日 09:22 ♐ ◐ 10日 00:12 ♓ ○ 17日 18:28 ♊ ◑ 25日 22:48 ♎

aspects		
1日	03:25	☉△♅
4日	01:35	☿⚹♂
7日	06:31	☿□♆
11日	02:05	☿△♅
13日	09:01	♃△♄
25日	02:05	☉⚹♆
25日	17:33	♂☍♅
26日	18:03	☿⚹♆
29日	15:27	☉☌☿
30日	05:49	☿□♅
30日	14:05	☉□♅
31日	10:22	♂□♇
31日	20:26	☿☌♇
31日	23:59	☿□♂

2014年1月

DAY	☉	☽	☊ mean	☊ true	☿	♀	♂	♃	♄	♅	♆	♇	⚳	⚴	⚵	⚶	⚷
	° ′	° ′	° ′	° ′	° ′	° ′	° ′	° ′	° ′	° ′	° ′	° ′	°	°	°	°	°
1	10 ♑ 5	28 ♐ 5	4 ♏ 17	5 R 36	11 D 28	27 R 2	11 D 28	16 R 10	20 D 19	8 D 40	3 D 13	11 D 14	21 D	13 D	29 D	18 D	9 D
2	11 ♑ 7	13 ♑ 21	4 ♏ 14	5 ♏ 26	13 ♑ 5	26 ♑ 38	11 ♎ 55	16 ♋ 2	20 ♏ 24	8 ♈ 41	3 ♓ 14	11 ♑ 16	22 ♎	13 ♍	0 ♓	18 ♎	9 ♓
3	12 ♑ 8	28 ♑ 41	4 ♏ 10	5 ♏ 16	14 ♑ 42	26 ♑ 11	12 ♎ 21	15 ♋ 53	20 ♏ 30	8 ♈ 41	3 ♓ 16	11 ♑ 18	22 ♎	13 ♍	0 ♓	18 ♎	10 ♓
4	13 ♑ 9	13 ♒ 53	4 ♏ 7	5 ♏ 6	16 ♑ 20	25 ♑ 43	12 ♎ 47	15 ♋ 45	20 ♏ 35	8 ♈ 42	3 ♓ 17	11 ♑ 20	22 ♎	13 ♍	1 ♓	19 ♎	10 ♓
5	14 ♑ 10	28 ♒ 47	4 ♏ 4	4 ♏ 57	17 ♑ 58	25 ♑ 12	13 ♎ 13	15 ♋ 37	20 ♏ 40	8 ♈ 43	3 ♓ 19	11 ♑ 23	23 ♎	13 ♍	1 ♓	19 ♎	10 ♓
6	15 ♑ 11	13 ♓ 16	4 ♏ 1	4 ♏ 51	19 ♑ 36	24 ♑ 40	13 ♎ 39	15 ♋ 29	20 ♏ 45	8 ♈ 44	3 ♓ 21	11 ♑ 25	23 ♎	13 ♍	1 ♓	19 ♎	10 ♓
7	16 ♑ 12	27 ♓ 16	3 ♏ 58	4 ♏ 47	21 ♑ 14	24 ♑ 7	14 ♎ 4	15 ♋ 21	20 ♏ 51	8 ♈ 45	3 ♓ 22	11 ♑ 27	23 ♎	13 R	2 ♓	20 ♎	10 ♓
8	17 ♑ 14	10 ♈ 48	3 ♏ 55	4 ♏ 45	22 ♑ 53	23 ♑ 33	14 ♎ 29	15 ♋ 13	20 ♏ 56	8 ♈ 46	3 ♓ 24	11 ♑ 29	23 ♎	13 ♍	2 ♓	20 ♎	10 ♓
9	18 ♑ 15	23 ♈ 54	3 ♏ 51	4 D 45	24 ♑ 33	22 ♑ 57	14 ♎ 54	15 ♋ 5	21 ♏ 0	8 ♈ 47	3 ♓ 26	11 ♑ 31	24 ♎	13 ♍	3 ♓	20 ♎	10 ♓
10	19 ♑ 16	6 ♉ 38	3 ♏ 48	4 R 45	26 ♑ 12	22 ♑ 21	15 ♎ 19	14 ♋ 57	21 ♏ 5	8 ♈ 48	3 ♓ 27	11 ♑ 33	24 ♎	13 ♍	3 ♓	21 ♎	10 ♓
11	20 ♑ 17	19 ♉ 4	3 ♏ 45	4 ♏ 45	27 ♑ 52	21 ♑ 44	15 ♎ 43	14 ♋ 49	21 ♏ 10	8 ♈ 50	3 ♓ 29	11 ♑ 35	24 ♎	13 ♍	4 ♓	21 ♎	10 ♓
12	21 ♑ 18	1 ♊ 18	3 ♏ 42	4 ♏ 42	29 ♑ 32	21 ♑ 7	16 ♎ 8	14 ♋ 41	21 ♏ 15	8 ♈ 51	3 ♓ 31	11 ♑ 37	25 ♎	13 ♍	4 ♓	21 ♎	10 ♓
13	22 ♑ 19	13 ♊ 21	3 ♏ 39	4 ♏ 36	1 ♒ 12	20 ♑ 31	16 ♎ 31	14 ♋ 33	21 ♏ 20	8 ♈ 52	3 ♓ 33	11 ♑ 39	25 ♎	13 ♍	5 ♓	21 ♎	10 ♓
14	23 ♑ 20	25 ♊ 19	3 ♏ 35	4 ♏ 27	2 ♒ 53	19 ♑ 54	16 ♎ 55	14 ♋ 25	21 ♏ 24	8 ♈ 53	3 ♓ 35	11 ♑ 41	25 ♎	13 ♍	5 ♓	22 ♎	10 ♓
15	24 ♑ 21	7 ♋ 13	3 ♏ 32	4 ♏ 16	4 ♒ 33	19 ♑ 18	17 ♎ 18	14 ♋ 17	21 ♏ 29	8 ♈ 55	3 ♓ 36	11 ♑ 44	25 ♎	13 ♍	6 ♓	22 ♎	10 ♓
16	25 ♑ 23	19 ♋ 6	3 ♏ 29	4 ♏ 2	6 ♒ 14	18 ♑ 43	17 ♎ 41	14 ♋ 9	21 ♏ 33	8 ♈ 56	3 ♓ 38	11 ♑ 46	26 ♎	13 ♍	6 ♓	22 ♎	10 ♓
17	26 ♑ 24	0 ♌ 59	3 ♏ 26	3 ♏ 47	7 ♒ 54	18 ♑ 9	18 ♎ 4	14 ♋ 1	21 ♏ 37	8 ♈ 58	3 ♓ 40	11 ♑ 48	26 ♎	13 ♍	6 ♓	23 ♎	10 ♓
18	27 ♑ 25	12 ♌ 52	3 ♏ 23	3 ♏ 32	9 ♒ 35	17 ♑ 36	18 ♎ 26	13 ♋ 53	21 ♏ 42	8 ♈ 59	3 ♓ 42	11 ♑ 50	26 ♎	13 ♍	7 ♓	23 ♎	10 ♓
19	28 ♑ 26	24 ♌ 48	3 ♏ 20	3 ♏ 18	11 ♒ 14	17 ♑ 5	18 ♎ 48	13 ♋ 46	21 ♏ 46	9 ♈ 1	3 ♓ 44	11 ♑ 52	26 ♎	12 ♍	7 ♓	23 ♎	10 ♓
20	29 ♑ 27	6 ♍ 48	3 ♏ 16	3 ♏ 7	12 ♒ 54	16 ♑ 35	19 ♎ 10	13 ♋ 38	21 ♏ 50	9 ♈ 2	3 ♓ 46	11 ♑ 54	27 ♎	12 ♍	8 ♓	23 ♎	10 ♓
21	0 ♒ 28	18 ♍ 55	3 ♏ 13	2 ♏ 58	14 ♒ 32	16 ♑ 7	19 ♎ 31	13 ♋ 31	21 ♏ 54	9 ♈ 4	3 ♓ 48	11 ♑ 56	27 ♎	12 ♍	8 ♓	24 ♎	10 ♓
22	1 ♒ 29	1 ♎ 10	3 ♏ 10	2 ♏ 53	16 ♒ 10	15 ♑ 42	19 ♎ 52	13 ♋ 23	21 ♏ 58	9 ♈ 6	3 ♓ 50	11 ♑ 58	27 ♎	12 ♍	9 ♓	24 ♎	10 ♓
23	2 ♒ 30	13 ♎ 37	3 ♏ 7	2 ♏ 50	17 ♒ 46	15 ♑ 18	20 ♎ 13	13 ♋ 16	22 ♏ 2	9 ♈ 8	3 ♓ 52	12 ♑ 0	27 ♎	12 ♍	9 ♓	24 ♎	10 ♓
24	3 ♒ 31	26 ♎ 22	3 ♏ 4	2 ♏ 49	19 ♒ 21	14 ♑ 57	20 ♎ 33	13 ♋ 9	22 ♏ 6	9 ♈ 9	3 ♓ 54	12 ♑ 2	27 ♎	12 ♍	10 ♓	24 ♎	11 ♓
25	4 ♒ 32	9 ♏ 27	3 ♏ 1	2 ♏ 49	20 ♒ 54	14 ♑ 38	20 ♎ 53	13 ♋ 2	22 ♏ 9	9 ♈ 11	3 ♓ 56	12 ♑ 4	28 ♎	12 ♍	10 ♓	25 ♎	11 ♓
26	5 ♒ 33	22 ♏ 57	2 ♏ 57	2 ♏ 49	22 ♒ 24	14 ♑ 21	21 ♎ 13	12 ♋ 55	22 ♏ 13	9 ♈ 13	3 ♓ 58	12 ♑ 6	28 ♎	11 ♍	11 ♓	25 ♎	11 ♓
27	6 ♒ 34	6 ♐ 54	2 ♏ 54	2 ♏ 46	23 ♒ 51	14 ♑ 7	21 ♎ 32	12 ♋ 48	22 ♏ 16	9 ♈ 15	4 ♓ 0	12 ♑ 8	28 ♎	11 ♍	11 ♓	25 ♎	11 ♓
28	7 ♒ 35	21 ♐ 20	2 ♏ 51	2 ♏ 41	25 ♒ 15	13 ♑ 55	21 ♎ 51	12 ♋ 41	22 ♏ 20	9 ♈ 17	4 ♓ 2	12 ♑ 10	28 ♎	11 ♍	12 ♓	25 ♎	11 ♓
29	8 ♒ 36	6 ♑ 11	2 ♏ 48	2 ♏ 33	26 ♒ 34	13 ♑ 46	22 ♎ 10	12 ♋ 35	22 ♏ 23	9 ♈ 19	4 ♓ 4	12 ♑ 12	28 ♎	11 ♍	12 ♓	26 ♎	11 ♓
30	9 ♒ 37	21 ♑ 21	2 ♏ 45	2 ♏ 23	27 ♒ 49	13 ♑ 39	22 ♎ 28	12 ♋ 28	22 ♏ 26	9 ♈ 21	4 ♓ 6	12 ♑ 14	29 ♎	10 ♍	13 ♓	26 ♎	11 ♓
31	10 ♒ 38	6 ♒ 40	2 ♏ 41	2 ♏ 12	28 ♒ 58	13 ♑ 35	22 ♎ 45	12 ♋ 22	22 ♏ 30	9 ♈ 23	4 ♓ 8	12 ♑ 15	29 ♎	10 ♍	13 ♓	26 ♎	11 ♓

SUN INGRESS	☉ → ♒ 20日 12:51
MOON PHASE	● 1日 20:14 ♑　◐ 8日 12:39 ♈　○ 16日 13:52 ♋　◑ 24日 14:19 ♏　● 31日 06:39 ♒

aspects		
2日	03:57	☉☌♇
3日	09:14	☉□♂
3日	16:11	☿☍♃
6日	06:11	☉☍♃
6日	17:51	☿⚹♄
8日	07:02	☿☌♀
9日	07:36	♂□♃
11日	19:44	♀⚹♄
11日	21:24	☉☌♀
11日	22:39	☉⚹♄
17日	02:13	♀□♂
17日	15:25	☿⚹♅
24日	23:57	☿△♂
25日	20:56	☿□♄
29日	17:33	☉⚹♅
31日	18:16	♃☍♇

2014年2月

DAY	☉	☽	☊ mean	☊ true	☿	♀	♂	♃	♄	♅	♆	♇	⚳	⚴	⚵	⚶	⚷
	° ′	° ′	° ′	° ′	° ′	° ′	° ′	° ′	° ′	° ′	° ′	° ′	°	°	°	°	°
1	11 ♒ 39	21 ♒ 57	2 ♏ 38	2 R 0	0 D 1	13 R 33	23 D 2	12 R 15	22 D 33	9 D 25	4 D 11	12 D 17	29 D	10 R	14 D	26 D	11 D
2	12 ♒ 40	7 ♓ 1	2 ♏ 35	1 ♏ 50	0 ♓ 56	13 D 34	23 ♎ 19	12 ♋ 9	22 ♏ 36	9 ♈ 28	4 ♓ 13	12 ♑ 19	29 ♎	10 ♍	14 ♓	26 ♎	11 ♓
3	13 ♒ 41	21 ♓ 42	2 ♏ 32	1 ♏ 42	1 ♓ 44	13 ♑ 37	23 ♎ 36	12 ♋ 3	22 ♏ 38	9 ♈ 30	4 ♓ 15	12 ♑ 21	29 ♎	9 ♍	15 ♓	27 ♎	11 ♓
4	14 ♒ 42	5 ♈ 54	2 ♏ 29	1 ♏ 37	2 ♓ 23	13 ♑ 42	23 ♎ 51	11 ♋ 58	22 ♏ 41	9 ♈ 32	4 ♓ 17	12 ♑ 23	29 ♎	9 ♍	15 ♓	27 ♎	11 ♓
5	15 ♒ 42	19 ♈ 37	2 ♏ 26	1 ♏ 35	2 ♓ 52	13 ♑ 50	24 ♎ 7	11 ♋ 52	22 ♏ 44	9 ♈ 34	4 ♓ 19	12 ♑ 25	0 ♏	9 ♍	16 ♓	27 ♎	11 ♓
6	16 ♒ 43	2 ♉ 50	2 ♏ 22	1 D 35	3 ♓ 11	13 ♑ 59	24 ♎ 22	11 ♋ 47	22 ♏ 46	9 ♈ 37	4 ♓ 21	12 ♑ 27	0 ♏	9 ♍	16 ♓	27 ♎	11 ♓
7	17 ♒ 44	15 ♉ 38	2 ♏ 19	1 ♏ 35	3 ♓ 19	14 ♑ 11	24 ♎ 36	11 ♋ 41	22 ♏ 49	9 ♈ 39	4 ♓ 24	12 ♑ 28	0 ♏	8 ♍	17 ♓	27 ♎	11 ♓
8	18 ♒ 45	28 ♉ 5	2 ♏ 16	1 R 34	3 R 17	14 ♑ 26	24 ♎ 50	11 ♋ 36	22 ♏ 51	9 ♈ 42	4 ♓ 26	12 ♑ 30	0 ♏	8 ♍	17 ♓	28 ♎	11 ♓
9	19 ♒ 46	10 ♊ 16	2 ♏ 13	1 ♏ 32	3 ♓ 4	14 ♑ 42	25 ♎ 4	11 ♋ 31	22 ♏ 54	9 ♈ 44	4 ♓ 28	12 ♑ 32	0 ♏	8 ♍	18 ♓	28 ♎	11 ♓
10	20 ♒ 46	22 ♊ 17	2 ♏ 10	1 ♏ 28	2 ♓ 39	15 ♑ 0	25 ♎ 16	11 ♋ 26	22 ♏ 56	9 ♈ 46	4 ♓ 30	12 ♑ 34	0 ♏	7 ♍	18 ♓	28 ♎	11 ♓
11	21 ♒ 47	4 ♋ 11	2 ♏ 7	1 ♏ 21	2 ♓ 5	15 ♑ 20	25 ♎ 29	11 ♋ 22	22 ♏ 58	9 ♈ 49	4 ♓ 32	12 ♑ 36	0 ♏	7 ♍	19 ♓	28 ♎	12 ♓
12	22 ♒ 48	16 ♋ 2	2 ♏ 3	1 ♏ 11	1 ♓ 21	15 ♑ 42	25 ♎ 41	11 ♋ 17	23 ♏ 0	9 ♈ 52	4 ♓ 35	12 ♑ 37	1 ♏	7 ♍	19 ♓	28 ♎	12 ♓
13	23 ♒ 48	27 ♋ 53	2 ♏ 0	0 ♏ 59	0 ♓ 29	16 ♑ 6	25 ♎ 52	11 ♋ 13	23 ♏ 2	9 ♈ 54	4 ♓ 37	12 ♑ 39	1 ♏	6 ♍	20 ♓	28 ♎	12 ♓
14	24 ♒ 49	9 ♌ 47	1 ♏ 57	0 ♏ 46	29 ♒ 31	16 ♑ 32	26 ♎ 3	11 ♋ 9	23 ♏ 4	9 ♈ 57	4 ♓ 39	12 ♑ 41	1 ♏	6 ♍	20 ♓	28 ♎	12 ♓
15	25 ♒ 50	21 ♌ 45	1 ♏ 54	0 ♏ 33	28 ♒ 27	16 ♑ 59	26 ♎ 13	11 ♋ 5	23 ♏ 5	9 ♈ 59	4 ♓ 41	12 ♑ 42	1 ♏	6 ♍	21 ♓	29 ♎	12 ♓
16	26 ♒ 50	3 ♍ 48	1 ♏ 51	0 ♏ 21	27 ♒ 19	17 ♑ 28	26 ♎ 23	11 ♋ 1	23 ♏ 7	10 ♈ 2	4 ♓ 44	12 ♑ 44	1 ♏	5 ♍	21 ♓	29 ♎	12 ♓
17	27 ♒ 51	15 ♍ 58	1 ♏ 47	0 ♏ 11	26 ♒ 10	17 ♑ 59	26 ♎ 32	10 ♋ 57	23 ♏ 8	10 ♈ 5	4 ♓ 46	12 ♑ 46	1 ♏	5 ♍	22 ♓	29 ♎	12 ♓
18	28 ♒ 51	28 ♍ 15	1 ♏ 44	0 ♏ 4	25 ♒ 2	18 ♑ 31	26 ♎ 40	10 ♋ 54	23 ♏ 10	10 ♈ 8	4 ♓ 48	12 ♑ 47	1 ♏	5 ♍	22 ♓	29 ♎	12 ♓
19	29 ♒ 52	10 ♎ 41	1 ♏ 41	29 ♎ 59	23 ♒ 55	19 ♑ 4	26 ♎ 48	10 ♋ 51	23 ♏ 11	10 ♈ 10	4 ♓ 51	12 ♑ 49	1 ♏	4 ♍	23 ♓	29 ♎	12 ♓
20	0 ♓ 52	23 ♎ 18	1 ♏ 38	29 ♎ 58	22 ♒ 52	19 ♑ 39	26 ♎ 56	10 ♋ 48	23 ♏ 12	10 ♈ 13	4 ♓ 53	12 ♑ 50	1 ♏	4 ♍	23 ♓	29 ♎	12 ♓
21	1 ♓ 53	6 ♏ 9	1 ♏ 35	29 D 57	21 ♒ 53	20 ♑ 16	27 ♎ 2	10 ♋ 45	23 ♏ 13	10 ♈ 16	4 ♓ 55	12 ♑ 52	1 ♏	4 ♍	24 ♓	29 ♎	12 ♓
22	2 ♓ 53	19 ♏ 16	1 ♏ 32	29 ♎ 58	21 ♒ 1	20 ♑ 53	27 ♎ 8	10 ♋ 42	23 ♏ 14	10 ♈ 19	4 ♓ 57	12 ♑ 53	1 ♏	3 ♍	24 ♓	29 ♎	12 ♓
23	3 ♓ 54	2 ♐ 43	1 ♏ 28	29 ♎ 59	20 ♒ 15	21 ♑ 32	27 ♎ 14	10 ♋ 40	23 ♏ 15	10 ♈ 22	5 ♓ 0	12 ♑ 55	1 ♏	3 ♍	25 ♓	29 ♎	12 ♓
24	4 ♓ 54	16 ♐ 31	1 ♏ 25	29 R 58	19 ♒ 36	22 ♑ 12	27 ♎ 18	10 ♋ 38	23 ♏ 16	10 ♈ 25	5 ♓ 2	12 ♑ 56	1 ♏	3 ♍	25 ♓	29 ♎	12 ♓
25	5 ♓ 55	0 ♑ 41	1 ♏ 22	29 ♎ 56	19 ♒ 4	22 ♑ 53	27 ♎ 22	10 ♋ 36	23 ♏ 17	10 ♈ 28	5 ♓ 4	12 ♑ 58	1 ♏	2 ♍	26 ♓	29 ♎	12 ♓
26	6 ♓ 55	15 ♑ 13	1 ♏ 19	29 ♎ 51	18 ♒ 39	23 ♑ 35	27 ♎ 25	10 ♋ 34	23 ♏ 17	10 ♈ 31	5 ♓ 6	12 ♑ 59	1 ♏	2 ♍	26 ♓	29 ♎	12 ♓
27	7 ♓ 55	0 ♒ 2	1 ♏ 16	29 ♎ 44	18 ♒ 22	24 ♑ 18	27 ♎ 28	10 ♋ 32	23 ♏ 18	10 ♈ 34	5 ♓ 9	13 ♑ 0	1 ♏	2 ♍	27 ♓	29 ♎	13 ♓
28	8 ♓ 56	15 ♒ 2	1 ♏ 13	29 ♎ 36	18 ♒ 12	25 ♑ 3	27 ♎ 30	10 ♋ 31	23 ♏ 18	10 ♈ 37	5 ♓ 11	13 ♑ 2	1 R	1 ♍	27 ♓	29 ♎	13 ♓

SUN INGRESS	☉ → ♓ 19日 02:59
MOON PHASE	◐ 7日 04:22 ♉　○ 15日 08:53 ♌　◑ 23日 02:15 ♐

aspects		
12日	04:57	☉□♄
15日	11:05	☉△♂
16日	05:22	☉☌☿
16日	17:19	☿△♂
19日	16:11	☿□♄
24日	03:11	☉☌♆
25日	13:50	♀⚹♄
26日	16:29	♃□♅

2014年3月

DAY	☉	☽	☊ mean	☊ true	☿	♀	♂	♃	♄	♅	♆	♇	⚳	⚴	⚵	⚶	⚷
	° ′	° ′	° ′	° ′	° ′	° ′	° ′	° ′	° ′	° ′	° ′	° ′	°	°	°	°	°
1	9 ♓ 56	0 ♓ 4	1 ♏ 9	29 R 28	18 D 9	25 D 48	27 D 31	10 R 29	23 D 18	10 D 40	5 D 13	13 D 3	1 R	1 R	28 D	29 D	13 D
2	10 ♓ 56	14 ♓ 58	1 ♏ 6	29 ♎ 21	18 ♒ 13	26 ♑ 34	27 ♎ 31	10 ♋ 28	23 ♏ 19	10 ♈ 43	5 ♓ 16	13 ♑ 5	1 ♏	1 ♍	29 ♓	29 ♎	13 ♓
3	11 ♓ 56	29 ♓ 36	1 ♏ 3	29 ♎ 16	18 ♒ 22	27 ♑ 21	27 R 31	10 ♋ 27	23 ♏ 19	10 ♈ 46	5 ♓ 18	13 ♑ 6	1 ♏	0 ♍	29 ♓	29 R	13 ♓
4	12 ♓ 57	13 ♈ 50	1 ♏ 0	29 ♎ 12	18 ♒ 38	28 ♑ 9	27 ♎ 30	10 ♋ 27	23 R 19	10 ♈ 49	5 ♓ 20	13 ♑ 7	1 ♏	0 ♍	0 ♈	29 ♎	13 ♓
5	13 ♓ 57	27 ♈ 37	0 ♏ 57	29 ♎ 11	18 ♒ 59	28 ♑ 57	27 ♎ 28	10 ♋ 26	23 ♏ 18	10 ♈ 52	5 ♓ 22	13 ♑ 8	1 ♏	0 ♍	0 ♈	29 ♎	13 ♓
6	14 ♓ 57	10 ♉ 58	0 ♏ 53	29 D 12	19 ♒ 26	29 ♑ 47	27 ♎ 26	10 ♋ 26	23 ♏ 18	10 ♈ 55	5 ♓ 25	13 ♑ 10	1 ♏	0 ♍	1 ♈	29 ♎	13 ♓
7	15 ♓ 57	23 ♉ 53	0 ♏ 50	29 ♎ 13	19 ♒ 57	0 ♒ 37	27 ♎ 22	10 D 26	23 ♏ 18	10 ♈ 58	5 ♓ 27	13 ♑ 11	1 ♏	29 ♌	1 ♈	29 ♎	13 ♓
8	16 ♓ 57	6 ♊ 25	0 ♏ 47	29 ♎ 14	20 ♒ 32	1 ♒ 28	27 ♎ 18	10 ♋ 26	23 ♏ 17	11 ♈ 2	5 ♓ 29	13 ♑ 12	1 ♏	29 ♌	2 ♈	29 ♎	13 ♓
9	17 ♓ 57	18 ♊ 40	0 ♏ 44	29 R 15	21 ♒ 12	2 ♒ 20	27 ♎ 13	10 ♋ 26	23 ♏ 17	11 ♈ 5	5 ♓ 31	13 ♑ 13	1 ♏	29 ♌	2 ♈	29 ♎	13 ♓
10	18 ♓ 57	0 ♋ 43	0 ♏ 41	29 ♎ 14	21 ♒ 56	3 ♒ 12	27 ♎ 8	10 ♋ 27	23 ♏ 16	11 ♈ 8	5 ♓ 34	13 ♑ 14	1 ♏	28 ♌	3 ♈	29 ♎	13 ♓
11	19 ♓ 57	12 ♋ 38	0 ♏ 38	29 ♎ 12	22 ♒ 43	4 ♒ 5	27 ♎ 1	10 ♋ 28	23 ♏ 15	11 ♈ 11	5 ♓ 36	13 ♑ 15	1 ♏	28 ♌	3 ♈	29 ♎	13 ♓
12	20 ♓ 57	24 ♋ 29	0 ♏ 34	29 ♎ 7	23 ♒ 34	4 ♒ 58	26 ♎ 54	10 ♋ 29	23 ♏ 15	11 ♈ 14	5 ♓ 38	13 ♑ 16	1 ♏	28 ♌	4 ♈	29 ♎	13 ♓
13	21 ♓ 57	6 ♌ 21	0 ♏ 31	29 ♎ 1	24 ♒ 28	5 ♒ 52	26 ♎ 46	10 ♋ 30	23 ♏ 14	11 ♈ 18	5 ♓ 40	13 ♑ 17	1 ♏	28 ♌	4 ♈	29 ♎	13 ♓
14	22 ♓ 57	18 ♌ 18	0 ♏ 28	28 ♎ 55	25 ♒ 25	6 ♒ 47	26 ♎ 38	10 ♋ 31	23 ♏ 13	11 ♈ 21	5 ♓ 42	13 ♑ 18	1 ♏	27 ♌	5 ♈	29 ♎	13 ♓
15	23 ♓ 56	0 ♍ 21	0 ♏ 25	28 ♎ 48	26 ♒ 24	7 ♒ 42	26 ♎ 28	10 ♋ 33	23 ♏ 11	11 ♈ 24	5 ♓ 45	13 ♑ 19	1 ♏	27 ♌	6 ♈	29 ♎	14 ♓
16	24 ♓ 56	12 ♍ 33	0 ♏ 22	28 ♎ 42	27 ♒ 27	8 ♒ 38	26 ♎ 18	10 ♋ 34	23 ♏ 10	11 ♈ 28	5 ♓ 47	13 ♑ 20	0 ♏	27 ♌	6 ♈	29 ♎	14 ♓
17	25 ♓ 56	24 ♍ 55	0 ♏ 18	28 ♎ 37	28 ♒ 31	9 ♒ 34	26 ♎ 7	10 ♋ 36	23 ♏ 9	11 ♈ 31	5 ♓ 49	13 ♑ 21	0 ♏	27 ♌	7 ♈	29 ♎	14 ♓
18	26 ♓ 56	7 ♎ 27	0 ♏ 15	28 ♎ 34	29 ♒ 38	10 ♒ 31	25 ♎ 55	10 ♋ 38	23 ♏ 7	11 ♈ 34	5 ♓ 51	13 ♑ 22	0 ♏	27 ♌	7 ♈	29 ♎	14 ♓
19	27 ♓ 55	20 ♎ 11	0 ♏ 12	28 ♎ 32	0 ♓ 48	11 ♒ 29	25 ♎ 43	10 ♋ 40	23 ♏ 6	11 ♈ 38	5 ♓ 53	13 ♑ 23	0 ♏	26 ♌	8 ♈	28 ♎	14 ♓
20	28 ♓ 55	3 ♏ 7	0 ♏ 9	28 D 32	1 ♓ 59	12 ♒ 26	25 ♎ 29	10 ♋ 43	23 ♏ 4	11 ♈ 41	5 ♓ 55	13 ♑ 24	0 ♏	26 ♌	8 ♈	28 ♎	14 ♓
21	29 ♓ 55	16 ♏ 16	0 ♏ 6	28 ♎ 33	3 ♓ 13	13 ♒ 25	25 ♎ 15	10 ♋ 46	23 ♏ 2	11 ♈ 44	5 ♓ 58	13 ♑ 24	0 ♏	26 ♌	9 ♈	28 ♎	14 ♓
22	0 ♈ 54	29 ♏ 38	0 ♏ 3	28 ♎ 34	4 ♓ 28	14 ♒ 23	25 ♎ 1	10 ♋ 48	23 ♏ 1	11 ♈ 48	6 ♓ 0	13 ♑ 25	0 ♏	26 ♌	9 ♈	28 ♎	14 ♓
23	1 ♈ 54	13 ♐ 13	29 ♎ 59	28 ♎ 36	5 ♓ 45	15 ♒ 22	24 ♎ 45	10 ♋ 51	22 ♏ 59	11 ♈ 51	6 ♓ 2	13 ♑ 26	29 ♎	26 ♌	10 ♈	28 ♎	14 ♓
24	2 ♈ 53	27 ♐ 3	29 ♎ 56	28 ♎ 37	7 ♓ 4	16 ♒ 22	24 ♎ 29	10 ♋ 55	22 ♏ 57	11 ♈ 54	6 ♓ 4	13 ♑ 27	29 ♎	26 ♌	10 ♈	28 ♎	14 ♓
25	3 ♈ 53	11 ♑ 7	29 ♎ 53	28 R 37	8 ♓ 25	17 ♒ 22	24 ♎ 13	10 ♋ 58	22 ♏ 55	11 ♈ 58	6 ♓ 6	13 ♑ 27	29 ♎	25 ♌	11 ♈	27 ♎	14 ♓
26	4 ♈ 52	25 ♑ 24	29 ♎ 50	28 ♎ 35	9 ♓ 47	18 ♒ 22	23 ♎ 55	11 ♋ 1	22 ♏ 52	12 ♈ 1	6 ♓ 8	13 ♑ 28	29 ♎	25 ♌	12 ♈	27 ♎	14 ♓
27	5 ♈ 52	9 ♒ 51	29 ♎ 47	28 ♎ 33	11 ♓ 11	19 ♒ 22	23 ♎ 37	11 ♋ 5	22 ♏ 50	12 ♈ 5	6 ♓ 10	13 ♑ 29	29 ♎	25 ♌	12 ♈	27 ♎	14 ♓
28	6 ♈ 51	24 ♒ 25	29 ♎ 44	28 ♎ 30	12 ♓ 37	20 ♒ 23	23 ♎ 19	11 ♋ 9	22 ♏ 48	12 ♈ 8	6 ♓ 12	13 ♑ 29	29 ♎	25 ♌	13 ♈	27 ♎	14 ♓
29	7 ♈ 51	8 ♓ 59	29 ♎ 40	28 ♎ 27	14 ♓ 4	21 ♒ 24	23 ♎ 0	11 ♋ 13	22 ♏ 45	12 ♈ 12	6 ♓ 14	13 ♑ 30	28 ♎	25 ♌	13 ♈	27 ♎	14 ♓
30	8 ♈ 50	23 ♓ 29	29 ♎ 37	28 ♎ 25	15 ♓ 33	22 ♒ 26	22 ♎ 40	11 ♋ 17	22 ♏ 43	12 ♈ 15	6 ♓ 16	13 ♑ 30	28 ♎	25 ♌	14 ♈	26 ♎	14 ♓
31	9 ♈ 49	7 ♈ 46	29 ♎ 34	28 ♎ 23	17 ♓ 3	23 ♒ 28	22 ♎ 20	11 ♋ 22	22 ♏ 40	12 ♈ 18	6 ♓ 18	13 ♑ 31	28 ♎	25 ♌	14 ♈	26 ♎	15 ♓
SUN INGRESS	☉ → ♈ 21日 01:57																
MOON PHASE	● 1日 17:00 ♓	◐ 8日 22:27 ♊	○ 17日 02:08 ♍	◑ 24日 10:46 ♑	● 31日 03:45 ♈												

aspects		
1日	13:05	☉△♃
3日	05:03	♀□♂
4日	04:16	☉⚹♇
11日	15:14	☿□♄
14日	06:16	☉△♄
15日	01:17	☿△♂
19日	04:00	♀⚹♅
23日	05:16	☿☌♆
26日	22:11	☿△♃
28日	14:32	☿⚹♇
30日	04:05	♀△♂
30日	06:14	♀□♄

2014年4月

DAY	☉	☽	☊ mean	☊ true	☿	♀	♂	♃	♄	♅	♆	♇	⚳	⚴	⚵	⚶	⚷
	° ′	° ′	° ′	° ′	° ′	° ′	° ′	° ′	° ′	° ′	° ′	° ′	°	°	°	°	°
1	10 ♈ 48	21 ♈ 47	29 ♎ 31	28 R 22	18 D 35	24 D 30	21 R 59	11 D 26	22 R 37	12 D 22	6 D 20	13 D 31	28 R	25 R	15 D	26 R	15 D
2	11 ♈ 48	5 ♉ 27	29 ♎ 28	28 D 22	20 ♓ 8	25 ♒ 32	21 ♎ 38	11 ♋ 31	22 ♏ 35	12 ♈ 25	6 ♓ 22	13 ♑ 32	28 ♎	25 ♌	15 ♈	26 ♎	15 ♓
3	12 ♈ 47	18 ♉ 46	29 ♎ 24	28 ♎ 23	21 ♓ 42	26 ♒ 35	21 ♎ 17	11 ♋ 36	22 ♏ 32	12 ♈ 29	6 ♓ 24	13 ♑ 32	27 ♎	25 ♌	16 ♈	26 ♎	15 ♓
4	13 ♈ 46	1 ♊ 42	29 ♎ 21	28 ♎ 24	23 ♓ 18	27 ♒ 38	20 ♎ 55	11 ♋ 41	22 ♏ 29	12 ♈ 32	6 ♓ 26	13 ♑ 32	27 ♎	25 ♌	17 ♈	25 ♎	15 ♓
5	14 ♈ 45	14 ♊ 18	29 ♎ 18	28 ♎ 25	24 ♓ 56	28 ♒ 41	20 ♎ 33	11 ♋ 46	22 ♏ 26	12 ♈ 36	6 ♓ 28	13 ♑ 33	27 ♎	25 ♌	17 ♈	25 ♎	15 ♓
6	15 ♈ 44	26 ♊ 37	29 ♎ 15	28 ♎ 26	26 ♓ 35	29 ♒ 45	20 ♎ 10	11 ♋ 52	22 ♏ 23	12 ♈ 39	6 ♓ 30	13 ♑ 33	27 ♎	25 ♌	18 ♈	25 ♎	15 ♓
7	16 ♈ 43	8 ♋ 43	29 ♎ 12	28 ♎ 27	28 ♓ 15	0 ♓ 49	19 ♎ 48	11 ♋ 57	22 ♏ 20	12 ♈ 42	6 ♓ 32	13 ♑ 33	27 ♎	24 ♌	18 ♈	25 ♎	15 ♓
8	17 ♈ 42	20 ♋ 40	29 ♎ 9	28 R 27	29 ♓ 57	1 ♓ 53	19 ♎ 25	12 ♋ 3	22 ♏ 16	12 ♈ 46	6 ♓ 33	13 ♑ 33	26 ♎	24 ♌	19 ♈	24 ♎	15 ♓
9	18 ♈ 41	2 ♌ 33	29 ♎ 5	28 ♎ 27	1 ♈ 40	2 ♓ 57	19 ♎ 2	12 ♋ 9	22 ♏ 13	12 ♈ 49	6 ♓ 35	13 ♑ 34	26 ♎	24 ♌	19 ♈	24 ♎	15 ♓
10	19 ♈ 40	14 ♌ 26	29 ♎ 2	28 ♎ 26	3 ♈ 25	4 ♓ 1	18 ♎ 39	12 ♋ 15	22 ♏ 10	12 ♈ 53	6 ♓ 37	13 ♑ 34	26 ♎	24 D	20 ♈	24 ♎	15 ♓
11	20 ♈ 39	26 ♌ 25	28 ♎ 59	28 ♎ 25	5 ♈ 11	5 ♓ 6	18 ♎ 16	12 ♋ 21	22 ♏ 6	12 ♈ 56	6 ♓ 39	13 ♑ 34	26 ♎	24 ♌	20 ♈	24 ♎	15 ♓
12	21 ♈ 38	8 ♍ 32	28 ♎ 56	28 ♎ 24	6 ♈ 59	6 ♓ 11	17 ♎ 53	12 ♋ 28	22 ♏ 3	12 ♈ 59	6 ♓ 41	13 ♑ 34	26 ♎	25 ♌	21 ♈	23 ♎	15 ♓
13	22 ♈ 37	20 ♍ 50	28 ♎ 53	28 ♎ 23	8 ♈ 49	7 ♓ 16	17 ♎ 30	12 ♋ 34	21 ♏ 59	13 ♈ 3	6 ♓ 42	13 ♑ 34	25 ♎	25 ♌	22 ♈	23 ♎	15 ♓
14	23 ♈ 36	3 ♎ 23	28 ♎ 49	28 ♎ 23	10 ♈ 39	8 ♓ 21	17 ♎ 7	12 ♋ 41	21 ♏ 55	13 ♈ 6	6 ♓ 44	13 ♑ 34	25 ♎	25 ♌	22 ♈	23 ♎	15 ♓
15	24 ♈ 35	16 ♎ 11	28 ♎ 46	28 ♎ 22	12 ♈ 32	9 ♓ 26	16 ♎ 44	12 ♋ 47	21 ♏ 52	13 ♈ 10	6 ♓ 46	13 ♑ 34	25 ♎	25 ♌	23 ♈	23 ♎	15 ♓
16	25 ♈ 33	29 ♎ 15	28 ♎ 43	28 D 22	14 ♈ 26	10 ♓ 32	16 ♎ 22	12 ♋ 54	21 ♏ 48	13 ♈ 13	6 ♓ 47	13 R 34	25 ♎	25 ♌	23 ♈	22 ♎	15 ♓
17	26 ♈ 32	12 ♏ 35	28 ♎ 40	28 ♎ 22	16 ♈ 21	11 ♓ 37	15 ♎ 59	13 ♋ 1	21 ♏ 44	13 ♈ 16	6 ♓ 49	13 ♑ 34	24 ♎	25 ♌	24 ♈	22 ♎	15 ♓
18	27 ♈ 31	26 ♏ 9	28 ♎ 37	28 ♎ 22	18 ♈ 18	12 ♓ 43	15 ♎ 37	13 ♋ 9	21 ♏ 40	13 ♈ 20	6 ♓ 51	13 ♑ 34	24 ♎	25 ♌	24 ♈	22 ♎	16 ♓
19	28 ♈ 29	9 ♐ 55	28 ♎ 34	28 R 22	20 ♈ 16	13 ♓ 49	15 ♎ 15	13 ♋ 16	21 ♏ 36	13 ♈ 23	6 ♓ 52	13 ♑ 34	24 ♎	25 ♌	25 ♈	22 ♎	16 ♓
20	29 ♈ 28	23 ♐ 52	28 ♎ 30	28 ♎ 22	22 ♈ 16	14 ♓ 56	14 ♎ 54	13 ♋ 23	21 ♏ 32	13 ♈ 26	6 ♓ 54	13 ♑ 34	24 ♎	25 ♌	26 ♈	21 ♎	16 ♓
21	0 ♉ 27	7 ♑ 57	28 ♎ 27	28 ♎ 22	24 ♈ 18	16 ♓ 2	14 ♎ 33	13 ♋ 31	21 ♏ 28	13 ♈ 30	6 ♓ 55	13 ♑ 34	23 ♎	25 ♌	26 ♈	21 ♎	16 ♓
22	1 ♉ 25	22 ♑ 7	28 ♎ 24	28 ♎ 22	26 ♈ 20	17 ♓ 9	14 ♎ 12	13 ♋ 39	21 ♏ 24	13 ♈ 33	6 ♓ 57	13 ♑ 34	23 ♎	25 ♌	27 ♈	21 ♎	16 ♓
23	2 ♉ 24	6 ♒ 20	28 ♎ 21	28 D 22	28 ♈ 24	18 ♓ 16	13 ♎ 52	13 ♋ 47	21 ♏ 20	13 ♈ 36	6 ♓ 58	13 ♑ 33	23 ♎	25 ♌	27 ♈	21 ♎	16 ♓
24	3 ♉ 22	20 ♒ 34	28 ♎ 18	28 ♎ 22	0 ♉ 30	19 ♓ 22	13 ♎ 32	13 ♋ 55	21 ♏ 16	13 ♈ 40	7 ♓ 0	13 ♑ 33	23 ♎	25 ♌	28 ♈	20 ♎	16 ♓
25	4 ♉ 21	4 ♓ 46	28 ♎ 15	28 ♎ 23	2 ♉ 36	20 ♓ 29	13 ♎ 13	14 ♋ 3	21 ♏ 12	13 ♈ 43	7 ♓ 1	13 ♑ 33	23 ♎	25 ♌	28 ♈	20 ♎	16 ♓
26	5 ♉ 19	18 ♓ 53	28 ♎ 11	28 ♎ 23	4 ♉ 43	21 ♓ 37	12 ♎ 54	14 ♋ 11	21 ♏ 8	13 ♈ 46	7 ♓ 3	13 ♑ 33	22 ♎	26 ♌	29 ♈	20 ♎	16 ♓
27	6 ♉ 17	2 ♈ 53	28 ♎ 8	28 ♎ 24	6 ♉ 51	22 ♓ 44	12 ♎ 36	14 ♋ 19	21 ♏ 3	13 ♈ 49	7 ♓ 4	13 ♑ 32	22 ♎	26 ♌	0 ♉	20 ♎	16 ♓
28	7 ♉ 16	16 ♈ 43	28 ♎ 5	28 ♎ 24	9 ♉ 0	23 ♓ 51	12 ♎ 18	14 ♋ 28	20 ♏ 59	13 ♈ 53	7 ♓ 5	13 ♑ 32	22 ♎	26 ♌	0 ♉	20 ♎	16 ♓
29	8 ♉ 14	0 ♉ 20	28 ♎ 2	28 R 25	11 ♉ 9	24 ♓ 59	12 ♎ 2	14 ♋ 37	20 ♏ 55	13 ♈ 56	7 ♓ 7	13 ♑ 32	22 ♎	26 ♌	1 ♉	19 ♎	16 ♓
30	9 ♉ 13	13 ♉ 42	27 ♎ 59	28 ♎ 24	13 ♉ 18	26 ♓ 7	11 ♎ 45	14 ♋ 45	20 ♏ 50	13 ♈ 59	7 ♓ 8	13 ♑ 31	22 ♎	26 ♌	1 ♉	19 ♎	16 ♓
SUN INGRESS	☉ → ♉ 20日 12:56																
MOON PHASE	◐ 7日 17:31 ♋	○ 15日 16:42 ♎	◑ 22日 16:52 ♒	● 29日 15:14 ♉													

aspects		
1日	16:39	☉□♃
2日	16:09	☉☌♅
3日	12:03	☿△♄
3日	18:22	☉□♇
9日	06:04	☉☍♂
12日	11:23	♀☌♆
15日	03:32	☿□♃
15日	08:16	☿☌♅
15日	13:13	☿□♇
16日	20:15	☿☍♂
18日	10:19	♀△♃
18日	18:26	♀⚹♇
20日	16:29	♃□♅
21日	08:26	♃☍♇
22日	04:21	♅□♇
23日	04:28	♂□♃
23日	16:08	♂☍♅
23日	22:38	♂□♇
25日	14:15	♀△♄
26日	12:27	☉☌☿
27日	02:27	☿⚹♆
27日	19:34	☉⚹♆
30日	02:30	☿△♇
30日	17:32	☿⚹♃

2014年5月

DAY	☉	☽	☊ mean	☊ true	☿	♀	♂	♃	♄	♅	♆	♇	⚳	⚴	⚵	⚶	⚷
	° ′	° ′	° ′	° ′	° ′	° ′	° ′	° ′	° ′	° ′	° ′	° ′	°	°	°	°	°
1	10 ♉ 11	26 ♉ 48	27 ♎ 55	28 R 23	15 D 27	27 D 14	11 R 30	14 D 54	20 R 46	14 D 2	7 D 9	13 R 31	21 R	26 D	2 D	19 R	16 D
2	11 ♉ 9	9 ♊ 37	27 ♎ 52	28 ♎ 22	17 ♉ 35	28 ♓ 22	11 ♎ 15	15 ♋ 3	20 ♏ 42	14 ♈ 5	7 ♓ 10	13 ♑ 30	21 ♎	26 ♌	2 ♉	19 ♎	16 ♓
3	12 ♉ 7	22 ♊ 10	27 ♎ 49	28 ♎ 20	19 ♉ 43	29 ♓ 30	11 ♎ 1	15 ♋ 12	20 ♏ 37	14 ♈ 8	7 ♓ 12	13 ♑ 30	21 ♎	27 ♌	3 ♉	18 ♎	16 ♓
4	13 ♉ 6	4 ♋ 28	27 ♎ 46	28 ♎ 18	21 ♉ 49	0 ♈ 38	10 ♎ 48	15 ♋ 21	20 ♏ 33	14 ♈ 12	7 ♓ 13	13 ♑ 29	21 ♎	27 ♌	4 ♉	18 ♎	16 ♓
5	14 ♉ 4	16 ♋ 35	27 ♎ 43	28 ♎ 16	23 ♉ 55	1 ♈ 46	10 ♎ 35	15 ♋ 31	20 ♏ 28	14 ♈ 15	7 ♓ 14	13 ♑ 29	21 ♎	27 ♌	4 ♉	18 ♎	16 ♓
6	15 ♉ 2	28 ♋ 32	27 ♎ 40	28 ♎ 14	25 ♉ 58	2 ♈ 55	10 ♎ 23	15 ♋ 40	20 ♏ 24	14 ♈ 18	7 ♓ 15	13 ♑ 28	20 ♎	27 ♌	5 ♉	18 ♎	16 ♓
7	16 ♉ 0	10 ♌ 26	27 ♎ 36	28 ♎ 14	28 ♉ 0	4 ♈ 3	10 ♎ 12	15 ♋ 50	20 ♏ 19	14 ♈ 21	7 ♓ 16	13 ♑ 27	20 ♎	27 ♌	5 ♉	18 ♎	16 ♓
8	16 ♉ 58	22 ♌ 19	27 ♎ 33	28 D 14	0 ♊ 0	5 ♈ 12	10 ♎ 2	15 ♋ 59	20 ♏ 15	14 ♈ 24	7 ♓ 17	13 ♑ 27	20 ♎	28 ♌	6 ♉	18 ♎	16 ♓
9	17 ♉ 56	4 ♍ 18	27 ♎ 30	28 ♎ 14	1 ♊ 57	6 ♈ 20	9 ♎ 52	16 ♋ 9	20 ♏ 10	14 ♈ 27	7 ♓ 18	13 ♑ 26	20 ♎	28 ♌	6 ♉	17 ♎	16 ♓
10	18 ♉ 54	16 ♍ 26	27 ♎ 27	28 ♎ 16	3 ♊ 52	7 ♈ 29	9 ♎ 44	16 ♋ 19	20 ♏ 6	14 ♈ 30	7 ♓ 19	13 ♑ 25	20 ♎	28 ♌	7 ♉	17 ♎	16 ♓
11	19 ♉ 52	28 ♍ 47	27 ♎ 24	28 ♎ 17	5 ♊ 43	8 ♈ 37	9 ♎ 36	16 ♋ 29	20 ♏ 1	14 ♈ 33	7 ♓ 20	13 ♑ 25	20 ♎	28 ♌	8 ♉	17 ♎	17 ♓
12	20 ♉ 50	11 ♎ 26	27 ♎ 21	28 ♎ 19	7 ♊ 32	9 ♈ 46	9 ♎ 29	16 ♋ 39	19 ♏ 57	14 ♈ 36	7 ♓ 21	13 ♑ 24	20 ♎	28 ♌	8 ♉	17 ♎	17 ♓
13	21 ♉ 48	24 ♎ 25	27 ♎ 17	28 ♎ 19	9 ♊ 18	10 ♈ 55	9 ♎ 23	16 ♋ 49	19 ♏ 52	14 ♈ 39	7 ♓ 22	13 ♑ 23	19 ♎	29 ♌	9 ♉	17 ♎	17 ♓
14	22 ♉ 46	7 ♏ 45	27 ♎ 14	28 R 19	11 ♊ 0	12 ♈ 4	9 ♎ 17	16 ♋ 59	19 ♏ 48	14 ♈ 41	7 ♓ 23	13 ♑ 22	19 ♎	29 ♌	9 ♉	17 ♎	17 ♓
15	23 ♉ 44	21 ♏ 26	27 ♎ 11	28 ♎ 18	12 ♊ 40	13 ♈ 13	9 ♎ 12	17 ♋ 10	19 ♏ 43	14 ♈ 44	7 ♓ 24	13 ♑ 22	19 ♎	29 ♌	10 ♉	17 ♎	17 ♓
16	24 ♉ 42	5 ♐ 26	27 ♎ 8	28 ♎ 15	14 ♊ 15	14 ♈ 22	9 ♎ 9	17 ♋ 20	19 ♏ 39	14 ♈ 47	7 ♓ 25	13 ♑ 21	19 ♎	29 ♌	10 ♉	17 ♎	17 ♓
17	25 ♉ 40	19 ♐ 41	27 ♎ 5	28 ♎ 12	15 ♊ 48	15 ♈ 32	9 ♎ 6	17 ♋ 30	19 ♏ 34	14 ♈ 50	7 ♓ 26	13 ♑ 20	19 ♎	29 ♌	11 ♉	16 ♎	17 ♓
18	26 ♉ 37	4 ♑ 5	27 ♎ 1	28 ♎ 8	17 ♊ 17	16 ♈ 41	9 ♎ 3	17 ♋ 41	19 ♏ 30	14 ♈ 53	7 ♓ 26	13 ♑ 19	19 ♎	0 ♍	12 ♉	16 ♎	17 ♓
19	27 ♉ 35	18 ♑ 34	26 ♎ 58	28 ♎ 4	18 ♊ 42	17 ♈ 50	9 ♎ 2	17 ♋ 52	19 ♏ 25	14 ♈ 55	7 ♓ 27	13 ♑ 18	19 ♎	0 ♍	12 ♉	16 ♎	17 ♓
20	28 ♉ 33	3 ♒ 1	26 ♎ 55	28 ♎ 1	20 ♊ 4	19 ♈ 0	9 ♎ 1	18 ♋ 2	19 ♏ 21	14 ♈ 58	7 ♓ 28	13 ♑ 17	19 ♎	0 ♍	13 ♉	16 ♎	17 ♓
21	29 ♉ 31	17 ♒ 22	26 ♎ 52	27 ♎ 59	21 ♊ 22	20 ♈ 9	9 D 1	18 ♋ 13	19 ♏ 16	15 ♈ 1	7 ♓ 29	13 ♑ 16	19 ♎	0 ♍	13 ♉	16 ♎	17 ♓
22	0 ♊ 28	1 ♓ 35	26 ♎ 49	27 D 58	22 ♊ 36	21 ♈ 19	9 ♎ 2	18 ♋ 24	19 ♏ 12	15 ♈ 3	7 ♓ 29	13 ♑ 15	18 ♎	1 ♍	14 ♉	16 ♎	17 ♓
23	1 ♊ 26	15 ♓ 36	26 ♎ 46	27 ♎ 59	23 ♊ 46	22 ♈ 29	9 ♎ 4	18 ♋ 35	19 ♏ 8	15 ♈ 6	7 ♓ 30	13 ♑ 14	18 ♎	1 ♍	14 ♉	16 ♎	17 ♓
24	2 ♊ 24	29 ♓ 24	26 ♎ 42	28 ♎ 0	24 ♊ 53	23 ♈ 38	9 ♎ 6	18 ♋ 46	19 ♏ 3	15 ♈ 9	7 ♓ 30	13 ♑ 13	18 ♎	1 ♍	15 ♉	16 ♎	17 ♓
25	3 ♊ 21	13 ♈ 1	26 ♎ 39	28 ♎ 2	25 ♊ 56	24 ♈ 48	9 ♎ 9	18 ♋ 57	18 ♏ 59	15 ♈ 11	7 ♓ 31	13 ♑ 12	18 ♎	1 ♍	16 ♉	16 ♎	17 ♓
26	4 ♊ 19	26 ♈ 25	26 ♎ 36	28 ♎ 2	26 ♊ 55	25 ♈ 58	9 ♎ 13	19 ♋ 9	18 ♏ 55	15 ♈ 14	7 ♓ 31	13 ♑ 11	18 ♎	2 ♍	16 ♉	16 ♎	17 ♓
27	5 ♊ 17	9 ♉ 37	26 ♎ 33	28 R 2	27 ♊ 50	27 ♈ 8	9 ♎ 17	19 ♋ 20	18 ♏ 51	15 ♈ 16	7 ♓ 32	13 ♑ 10	18 ♎	2 ♍	17 ♉	16 ♎	17 ♓
28	6 ♊ 14	22 ♉ 37	26 ♎ 30	27 ♎ 59	28 ♊ 40	28 ♈ 18	9 ♎ 22	19 ♋ 31	18 ♏ 46	15 ♈ 19	7 ♓ 32	13 ♑ 9	18 ♎	2 ♍	17 ♉	16 ♎	17 ♓
29	7 ♊ 12	5 ♊ 25	26 ♎ 27	27 ♎ 55	29 ♊ 27	29 ♈ 28	9 ♎ 28	19 ♋ 43	18 ♏ 42	15 ♈ 21	7 ♓ 33	13 ♑ 8	18 ♎	3 ♍	18 ♉	16 D	17 ♓
30	8 ♊ 10	18 ♊ 0	26 ♎ 23	27 ♎ 49	0 ♋ 9	0 ♉ 38	9 ♎ 35	19 ♋ 54	18 ♏ 38	15 ♈ 23	7 ♓ 33	13 ♑ 6	18 ♎	3 ♍	19 ♉	16 ♎	17 ♓
31	9 ♊ 7	0 ♋ 23	26 ♎ 20	27 ♎ 42	0 ♋ 47	1 ♉ 48	9 ♎ 42	20 ♋ 6	18 ♏ 34	15 ♈ 26	7 ♓ 34	13 ♑ 5	18 ♎	3 ♍	19 ♉	16 ♎	17 ♓

SUN INGRESS	☉ → ♊ 21日 11:59
MOON PHASE	◐ 7日 12:15 ♌　○ 15日 04:16 ♏　◑ 21日 21:59 ♓　● 29日 03:40 ♊

aspects		
3日	09:56	☿☍♄
4日	09:37	☉△♇
6日	18:54	☉⚹♃
11日	03:28	☉☍♄
11日	18:27	♀☍♂
11日	21:34	☿□♆
13日	01:02	☿△♂
15日	02:50	♀□♇
16日	06:54	☿⚹♀
16日	08:22	☿⚹♅
16日	08:54	♀☌♅
19日	00:31	♀□♃
25日	02:47	♃△♄
28日	22:58	☿⚹♀
29日	08:43	☉□♆
31日	17:01	☉△♂

2014年6月

DAY	☉	☽	☊ mean	☊ true	☿	♀	♂	♃	♄	♅	♆	♇	⚳	⚴	⚵	⚶	⚷
	° ′	° ′	° ′	° ′	° ′	° ′	° ′	° ′	° ′	° ′	° ′	° ′	°	°	°	°	°
1	10 ♊ 5	12 ♋ 36	26 ♎ 17	27 R 35	1 D 21	2 D 59	9 D 50	20 D 17	18 R 30	15 D 28	7 D 34	13 R 4	18 R	3 D	20 D	16 D	17 D
2	11 ♊ 2	24 ♋ 39	26 ♎ 14	27 ♎ 27	1 ♋ 50	4 ♉ 9	9 ♎ 59	20 ♋ 29	18 ♏ 26	15 ♈ 30	7 ♓ 34	13 ♑ 3	18 ♎	4 ♍	20 ♉	16 ♎	17 ♓
3	12 ♊ 0	6 ♌ 35	26 ♎ 11	27 ♎ 21	2 ♋ 15	5 ♉ 19	10 ♎ 8	20 ♋ 41	18 ♏ 22	15 ♈ 33	7 ♓ 34	13 ♑ 2	18 D	4 ♍	21 ♉	16 ♎	17 ♓
4	12 ♊ 57	18 ♌ 27	26 ♎ 7	27 ♎ 16	2 ♋ 35	6 ♉ 30	10 ♎ 18	20 ♋ 53	18 ♏ 18	15 ♈ 35	7 ♓ 35	13 ♑ 0	18 ♎	4 ♍	21 ♉	16 ♎	17 ♓
5	13 ♊ 55	0 ♍ 19	26 ♎ 4	27 ♎ 13	2 ♋ 51	7 ♉ 40	10 ♎ 29	21 ♋ 5	18 ♏ 14	15 ♈ 37	7 ♓ 35	12 ♑ 59	18 ♎	5 ♍	22 ♉	16 ♎	17 ♓
6	14 ♊ 52	12 ♍ 16	26 ♎ 1	27 ♎ 12	3 ♋ 2	8 ♉ 50	10 ♎ 40	21 ♋ 17	18 ♏ 10	15 ♈ 39	7 ♓ 35	12 ♑ 58	18 ♎	5 ♍	23 ♉	16 ♎	17 ♓
7	15 ♊ 50	24 ♍ 22	25 ♎ 58	27 D 12	3 ♋ 8	10 ♉ 1	10 ♎ 52	21 ♋ 29	18 ♏ 7	15 ♈ 41	7 ♓ 35	12 ♑ 57	18 ♎	5 ♍	23 ♉	16 ♎	17 ♓
8	16 ♊ 47	6 ♎ 42	25 ♎ 55	27 ♎ 13	3 R 10	11 ♉ 11	11 ♎ 5	21 ♋ 41	18 ♏ 3	15 ♈ 43	7 ♓ 35	12 ♑ 55	18 ♎	6 ♍	24 ♉	16 ♎	17 ♓
9	17 ♊ 44	19 ♎ 21	25 ♎ 52	27 ♎ 14	3 ♋ 7	12 ♉ 22	11 ♎ 18	21 ♋ 53	17 ♏ 59	15 ♈ 45	7 ♓ 35	12 ♑ 54	18 ♎	6 ♍	24 ♉	16 ♎	17 ♓
10	18 ♊ 42	2 ♏ 24	25 ♎ 48	27 R 15	2 ♋ 59	13 ♉ 33	11 ♎ 31	22 ♋ 5	17 ♏ 56	15 ♈ 47	7 ♓ 35	12 ♑ 53	18 ♎	6 ♍	25 ♉	17 ♎	17 ♓
11	19 ♊ 39	15 ♏ 52	25 ♎ 45	27 ♎ 13	2 ♋ 48	14 ♉ 43	11 ♎ 45	22 ♋ 17	17 ♏ 52	15 ♈ 49	7 R 35	12 ♑ 51	18 ♎	6 ♍	26 ♉	17 ♎	17 ♓
12	20 ♊ 36	29 ♏ 46	25 ♎ 42	27 ♎ 9	2 ♋ 33	15 ♉ 54	12 ♎ 0	22 ♋ 29	17 ♏ 49	15 ♈ 51	7 ♓ 35	12 ♑ 50	18 ♎	7 ♍	26 ♉	17 ♎	17 ♓
13	21 ♊ 34	14 ♐ 5	25 ♎ 39	27 ♎ 4	2 ♋ 13	17 ♉ 5	12 ♎ 15	22 ♋ 42	17 ♏ 46	15 ♈ 53	7 ♓ 35	12 ♑ 49	18 ♎	7 ♍	27 ♉	17 ♎	17 ♓
14	22 ♊ 31	28 ♐ 43	25 ♎ 36	26 ♎ 56	1 ♋ 50	18 ♉ 16	12 ♎ 31	22 ♋ 54	17 ♏ 42	15 ♈ 55	7 ♓ 35	12 ♑ 47	18 ♎	7 ♍	27 ♉	17 ♎	17 ♓
15	23 ♊ 28	13 ♑ 34	25 ♎ 33	26 ♎ 48	1 ♋ 25	19 ♉ 27	12 ♎ 48	23 ♋ 7	17 ♏ 39	15 ♈ 56	7 ♓ 35	12 ♑ 46	19 ♎	8 ♍	28 ♉	17 ♎	17 ♓
16	24 ♊ 26	28 ♑ 28	25 ♎ 29	26 ♎ 39	0 ♋ 56	20 ♉ 38	13 ♎ 4	23 ♋ 19	17 ♏ 36	15 ♈ 58	7 ♓ 35	12 ♑ 44	19 ♎	8 ♍	28 ♉	17 ♎	17 ♓
17	25 ♊ 23	13 ♒ 18	25 ♎ 26	26 ♎ 32	0 ♋ 25	21 ♉ 49	13 ♎ 22	23 ♋ 32	17 ♏ 33	16 ♈ 0	7 ♓ 35	12 ♑ 43	19 ♎	8 ♍	29 ♉	17 ♎	17 ♓
18	26 ♊ 20	27 ♒ 56	25 ♎ 23	26 ♎ 27	29 ♊ 53	23 ♉ 0	13 ♎ 40	23 ♋ 44	17 ♏ 30	16 ♈ 2	7 ♓ 34	12 ♑ 42	19 ♎	9 ♍	0 ♊	18 ♎	17 ♓
19	27 ♊ 18	12 ♓ 16	25 ♎ 20	26 ♎ 24	29 ♊ 19	24 ♉ 11	13 ♎ 58	23 ♋ 57	17 ♏ 27	16 ♈ 3	7 ♓ 34	12 ♑ 40	19 ♎	9 ♍	0 ♊	18 ♎	17 ♓
20	28 ♊ 15	26 ♓ 18	25 ♎ 17	26 ♎ 23	28 ♊ 45	25 ♉ 22	14 ♎ 17	24 ♋ 9	17 ♏ 24	16 ♈ 5	7 ♓ 34	12 ♑ 39	19 ♎	9 ♍	1 ♊	18 ♎	17 ♓
21	29 ♊ 12	9 ♈ 59	25 ♎ 13	26 D 24	28 ♊ 11	26 ♉ 33	14 ♎ 36	24 ♋ 22	17 ♏ 21	16 ♈ 6	7 ♓ 33	12 ♑ 37	19 ♎	10 ♍	1 ♊	18 ♎	17 R
22	0 ♋ 9	23 ♈ 22	25 ♎ 10	26 ♎ 24	27 ♊ 37	27 ♉ 44	14 ♎ 55	24 ♋ 35	17 ♏ 18	16 ♈ 8	7 ♓ 33	12 ♑ 36	19 ♎	10 ♍	2 ♊	18 ♎	17 ♓
23	1 ♋ 7	6 ♉ 29	25 ♎ 7	26 R 24	27 ♊ 4	28 ♉ 55	15 ♎ 16	24 ♋ 48	17 ♏ 16	16 ♈ 9	7 ♓ 33	12 ♑ 34	19 ♎	10 ♍	2 ♊	18 ♎	17 ♓
24	2 ♋ 4	19 ♉ 22	25 ♎ 4	26 ♎ 21	26 ♊ 33	0 ♊ 7	15 ♎ 36	25 ♋ 0	17 ♏ 13	16 ♈ 10	7 ♓ 32	12 ♑ 33	20 ♎	11 ♍	3 ♊	19 ♎	17 ♓
25	3 ♋ 1	2 ♊ 3	25 ♎ 1	26 ♎ 17	26 ♊ 5	1 ♊ 18	15 ♎ 57	25 ♋ 13	17 ♏ 11	16 ♈ 12	7 ♓ 32	12 ♑ 31	20 ♎	11 ♍	4 ♊	19 ♎	17 ♓
26	3 ♋ 58	14 ♊ 33	24 ♎ 58	26 ♎ 9	25 ♊ 39	2 ♊ 29	16 ♎ 19	25 ♋ 26	17 ♏ 8	16 ♈ 13	7 ♓ 31	12 ♑ 30	20 ♎	12 ♍	4 ♊	19 ♎	17 ♓
27	4 ♋ 56	26 ♊ 53	24 ♎ 54	25 ♎ 59	25 ♊ 16	3 ♊ 41	16 ♎ 41	25 ♋ 39	17 ♏ 6	16 ♈ 14	7 ♓ 31	12 ♑ 29	20 ♎	12 ♍	5 ♊	19 ♎	17 ♓
28	5 ♋ 53	9 ♋ 5	24 ♎ 51	25 ♎ 47	24 ♊ 57	4 ♊ 52	17 ♎ 3	25 ♋ 52	17 ♏ 4	16 ♈ 16	7 ♓ 30	12 ♑ 27	20 ♎	12 ♍	5 ♊	19 ♎	17 ♓
29	6 ♋ 50	21 ♋ 9	24 ♎ 48	25 ♎ 35	24 ♊ 42	6 ♊ 4	17 ♎ 25	26 ♋ 5	17 ♏ 2	16 ♈ 17	7 ♓ 30	12 ♑ 26	20 ♎	13 ♍	6 ♊	20 ♎	17 ♓
30	7 ♋ 47	3 ♌ 7	24 ♎ 45	25 ♎ 22	24 ♊ 31	7 ♊ 15	17 ♎ 49	26 ♋ 18	17 ♏ 0	16 ♈ 18	7 ♓ 29	12 ♑ 24	20 ♎	13 ♍	7 ♊	20 ♎	17 ♓

SUN INGRESS	☉ → ♋ 21日 19:51
MOON PHASE	◐ 6日 05:39 ♍　○ 13日 13:11 ♐　◑ 20日 03:39 ♓　● 27日 17:08 ♋

aspects		
4日	22:15	♀⚹♆
6日	20:20	☉⚹♅
9日	10:40	♀△♇
13日	13:09	♀☍♄
14日	21:44	♂□♇
18日	18:16	♀⚹♃
20日	07:50	☉☌☿
25日	17:26	♂☍♅
29日	16:22	☉△♆
30日	04:31	♀□♆

2014年7月

DAY	☉	☽	☊ mean	☊ true	☿	♀	♂	♃	♄	♅	♆	♇	⚳	⚴	⚵	⚶	⚷
	° ′	° ′	° ′	° ′	° ′	° ′	° ′	° ′	° ′	° ′	° ′	° ′	°	°	°	°	°
1	8♋45	15♌0	24♎42	25 R 11	24 R 24	8 D 27	18 D 12	26 D 31	16 R 58	16 D 19	7 R 28	12 R 23	21 D	13 D	7 D	20 D	17 R
2	9♋42	26♌50	24♎38	25♎2	24 D 22	9♊39	18♎36	26♋44	16♏56	16♈20	7♓28	12♑21	21♎	14♍	8♊	20♎	17♓
3	10♋39	8♍41	24♎35	24♎56	24♊25	10♊50	19♎0	26♋57	16♏54	16♈21	7♓27	12♑20	21♎	14♍	8♊	21♎	17♓
4	11♋36	20♍36	24♎32	24♎52	24♊33	12♊2	19♎25	27♋10	16♏52	16♈22	7♓26	12♑18	21♎	14♍	9♊	21♎	17♓
5	12♋34	2♎40	24♎29	24♎50	24♊46	13♊14	19♎50	27♋23	16♏51	16♈23	7♓26	12♑17	21♎	15♍	9♊	21♎	17♓
6	13♋31	14♎57	24♎26	24 D 50	25♊3	14♊26	20♎15	27♋36	16♏49	16♈23	7♓25	12♑15	21♎	15♍	10♊	21♎	17♓
7	14♋28	27♎33	24♎23	24 R 50	25♊26	15♊37	20♎40	27♋50	16♏48	16♈24	7♓24	12♑14	22♎	15♍	11♊	22♎	17♓
8	15♋25	10♏33	24♎19	24♎49	25♊54	16♊49	21♎6	28♋3	16♏47	16♈25	7♓23	12♑12	22♎	16♍	11♊	22♎	17♓
9	16♋22	24♏0	24♎16	24♎46	26♊27	18♊1	21♎33	28♋16	16♏45	16♈26	7♓22	12♑11	22♎	16♍	12♊	22♎	17♓
10	17♋20	7♐57	24♎13	24♎42	27♊4	19♊13	21♎59	28♋29	16♏44	16♈26	7♓21	12♑9	22♎	17♍	12♊	23♎	17♓
11	18♋17	22♐22	24♎10	24♎34	27♊47	20♊25	22♎26	28♋42	16♏43	16♈27	7♓20	12♑8	22♎	17♍	13♊	23♎	17♓
12	19♋14	7♑12	24♎7	24♎25	28♊35	21♊37	22♎54	28♋56	16♏42	16♈27	7♓20	12♑6	23♎	17♍	13♊	23♎	17♓
13	20♋11	22♑19	24♎4	24♎14	29♊27	22♊49	23♎21	29♋9	16♏41	16♈28	7♓19	12♑5	23♎	18♍	14♊	23♎	17♓
14	21♋8	7♒32	24♎0	24♎3	0♋25	24♊1	23♎49	29♋22	16♏41	16♈28	7♓18	12♑3	23♎	18♍	15♊	24♎	17♓
15	22♋6	22♒42	23♎57	23♎54	1♋27	25♊13	24♎17	29♋35	16♏40	16♈29	7♓17	12♑2	23♎	19♍	15♊	24♎	17♓
16	23♋3	7♓37	23♎54	23♎47	2♋33	26♊25	24♎45	29♋49	16♏39	16♈29	7♓16	12♑0	24♎	19♍	16♊	24♎	17♓
17	24♋0	22♓12	23♎51	23♎43	3♋45	27♊38	25♎14	0♌2	16♏39	16♈29	7♓14	11♑59	24♎	19♍	16♊	25♎	17♓
18	24♋57	6♈22	23♎48	23♎41	5♋0	28♊50	25♎43	0♌15	16♏39	16♈30	7♓13	11♑57	24♎	20♍	17♊	25♎	17♓
19	25♋54	20♈7	23♎44	23♎40	6♋21	0♋2	26♎12	0♌29	16♏38	16♈30	7♓12	11♑56	24♎	20♍	17♊	25♎	17♓
20	26♋52	3♉27	23♎41	23♎40	7♋45	1♋15	26♎42	0♌42	16♏38	16♈30	7♓11	11♑54	24♎	20♍	18♊	26♎	17♓
21	27♋49	16♉27	23♎38	23♎39	9♋14	2♋27	27♎12	0♌55	16♏38	16♈30	7♓10	11♑53	25♎	21♍	19♊	26♎	17♓
22	28♋46	29♉9	23♎35	23♎37	10♋47	3♋39	27♎42	1♌9	16 D 38	16♈30	7♓9	11♑51	25♎	21♍	19♊	26♎	17♓
23	29♋44	11♊37	23♎32	23♎31	12♋24	4♋52	28♎12	1♌22	16♏38	16 R 30	7♓8	11♑50	25♎	22♍	20♊	27♎	17♓
24	0♌41	23♊55	23♎29	23♎23	14♋5	6♋4	28♎43	1♌35	16♏39	16♈30	7♓6	11♑49	25♎	22♍	20♊	27♎	17♓
25	1♌38	6♋3	23♎25	23♎12	15♋49	7♋17	29♎14	1♌49	16♏39	16♈30	7♓5	11♑47	26♎	22♍	21♊	27♎	17♓
26	2♌35	18♋5	23♎22	23♎0	17♋37	8♋30	29♎45	2♌2	16♏39	16♈30	7♓4	11♑46	26♎	23♍	21♊	28♎	17♓
27	3♌33	0♌2	23♎19	22♎46	19♋28	9♋42	0♏16	2♌15	16♏40	16♈30	7♓3	11♑44	26♎	23♍	22♊	28♎	17♓
28	4♌30	11♌55	23♎16	22♎33	21♋22	10♋55	0♏48	2♌29	16♏40	16♈29	7♓1	11♑43	27♎	24♍	23♊	28♎	17♓
29	5♌28	23♌46	23♎13	22♎21	23♋18	12♋8	1♏19	2♌42	16♏41	16♈29	7♓0	11♑42	27♎	24♍	23♊	29♎	17♓
30	6♌25	5♍37	23♎10	22♎11	25♋17	13♋20	1♏51	2♌55	16♏42	16♈29	6♓59	11♑40	27♎	24♍	24♊	29♎	17♓
31	7♌22	17♍28	23♎6	22♎3	27♋18	14♋33	2♏24	3♌9	16♏43	16♈28	6♓57	11♑39	27♎	25♍	24♊	29♎	17♓

SUN INGRESS: ☉ → ♌ 23日 06:41

MOON PHASE: ◐ 5日 20:59 ♎ ○ 12日 20:25 ♑ ◑ 19日 11:08 ♈ ● 27日 07:42 ♌

aspects		
4日	17:03	☉☍♇
7日	15:49	♀⚹♅
9日	01:23	☉□♅
9日	09:28	☉△♄
13日	17:22	♀△♂
19日	14:36	☿△♆
19日	15:32	☉□♂
22日	15:49	☿☍♇
24日	20:09	♀△♆
25日	05:44	☉☌♃
25日	09:07	☿□♅
25日	11:11	☿△♄
28日	15:39	♀☍♇

2014年8月

DAY	☉	☽	☊ mean	☊ true	☿	♀	♂	♃	♄	♅	♆	♇	⚳	⚴	⚵	⚶	⚷
	° ′	° ′	° ′	° ′	° ′	° ′	° ′	° ′	° ′	° ′	° ′	° ′	°	°	°	°	°
1	8♌20	29♍25	23♎3	21 R 59	29 D 20	15 D 46	2 D 56	3 D 22	16 D 44	16 R 28	6 R 56	11 R 38	28 D	25 D	25 D	0 D	17 R
2	9♌17	11♎30	23♎0	21♎57	1♌23	16♋59	3♏29	3♌35	16♏45	16♈27	6♓54	11♑36	28♎	26♍	25♊	0♏	16♓
3	10♌15	23♎47	22♎57	21 D 56	3♌27	18♋12	4♏2	3♌49	16♏46	16♈27	6♓53	11♑35	28♎	26♍	26♊	0♏	16♓
4	11♌12	6♏21	22♎54	21♎57	5♌32	19♋25	4♏35	4♌2	16♏47	16♈26	6♓52	11♑34	28♎	26♍	26♊	1♏	16♓
5	12♌9	19♏17	22♎50	21 R 56	7♌37	20♋38	5♏8	4♌15	16♏49	16♈26	6♓50	11♑33	29♎	27♍	27♊	1♏	16♓
6	13♌7	2♐38	22♎47	21♎55	9♌43	21♋51	5♏42	4♌28	16♏50	16♈25	6♓49	11♑31	29♎	27♍	28♊	2♏	16♓
7	14♌4	16♐29	22♎44	21♎51	11♌48	23♋4	6♏16	4♌42	16♏52	16♈24	6♓47	11♑30	29♎	28♍	28♊	2♏	16♓
8	15♌2	0♑49	22♎41	21♎45	13♌52	24♋17	6♏50	4♌55	16♏54	16♈23	6♓46	11♑29	0♏	28♍	29♊	2♏	16♓
9	15♌59	15♑36	22♎38	21♎37	15♌56	25♋30	7♏24	5♌8	16♏55	16♈23	6♓44	11♑28	0♏	28♍	29♊	3♏	16♓
10	16♌57	0♒43	22♎35	21♎28	17♌58	26♋43	7♏58	5♌21	16♏57	16♈22	6♓43	11♑27	0♏	29♍	0♋	3♏	16♓
11	17♌54	16♒1	22♎31	21♎19	20♌0	27♋56	8♏33	5♌34	16♏59	16♈21	6♓41	11♑26	1♏	29♍	0♋	4♏	16♓
12	18♌52	1♓19	22♎28	21♎11	22♌1	29♋9	9♏8	5♌48	17♏1	16♈20	6♓40	11♑24	1♏	0♎	1♋	4♏	16♓
13	19♌49	16♓26	22♎25	21♎5	24♌0	0♌23	9♏43	6♌1	17♏3	16♈19	6♓38	11♑23	1♏	0♎	1♋	4♏	16♓
14	20♌47	1♈12	22♎22	21♎1	25♌59	1♌36	10♏18	6♌14	17♏6	16♈18	6♓36	11♑22	1♏	1♎	2♋	5♏	16♓
15	21♌45	15♈34	22♎19	20♎59	27♌56	2♌49	10♏53	6♌27	17♏8	16♈17	6♓35	11♑21	2♏	1♎	3♋	5♏	16♓
16	22♌42	29♈27	22♎16	21 D 0	29♌51	4♌3	11♏29	6♌40	17♏10	16♈16	6♓33	11♑20	2♏	1♎	3♋	6♏	16♓
17	23♌40	12♉53	22♎12	21♎0	1♍45	5♌16	12♏4	6♌53	17♏13	16♈15	6♓32	11♑19	2♏	2♎	4♋	6♏	16♓
18	24♌38	25♉54	22♎9	21 R 1	3♍38	6♌30	12♏40	7♌6	17♏15	16♈13	6♓30	11♑18	3♏	2♎	4♋	6♏	16♓
19	25♌35	8♊34	22♎6	21♎0	5♍29	7♌43	13♏16	7♌19	17♏18	16♈12	6♓29	11♑17	3♏	3♎	5♋	7♏	16♓
20	26♌33	20♊58	22♎3	20♎57	7♍19	8♌57	13♏52	7♌32	17♏21	16♈11	6♓27	11♑16	3♏	3♎	5♋	7♏	16♓
21	27♌31	3♋9	22♎0	20♎52	9♍8	10♌10	14♏29	7♌45	17♏24	16♈9	6♓25	11♑15	4♏	3♎	6♋	8♏	16♓
22	28♌29	15♋11	21♎56	20♎45	10♍55	11♌24	15♏5	7♌58	17♏27	16♈8	6♓24	11♑14	4♏	4♎	6♋	8♏	16♓
23	29♌26	27♋7	21♎53	20♎36	12♍41	12♌38	15♏42	8♌11	17♏30	16♈7	6♓22	11♑14	4♏	4♎	7♋	9♏	16♓
24	0♍24	8♌59	21♎50	20♎26	14♍25	13♌52	16♏19	8♌23	17♏33	16♈5	6♓20	11♑13	5♏	5♎	7♋	9♏	16♓
25	1♍22	20♌50	21♎47	20♎17	16♍8	15♌5	16♏56	8♌36	17♏36	16♈4	6♓19	11♑12	5♏	5♎	8♋	9♏	16♓
26	2♍20	2♍41	21♎44	20♎8	17♍50	16♌19	17♏33	8♌49	17♏39	16♈2	6♓17	11♑11	5♏	6♎	8♋	10♏	16♓
27	3♍18	14♍35	21♎41	20♎1	19♍30	17♌33	18♏10	9♌2	17♏43	16♈1	6♓16	11♑10	6♏	6♎	9♋	10♏	15♓
28	4♍16	26♍32	21♎37	19♎56	21♍9	18♌47	18♏48	9♌14	17♏46	15♈59	6♓14	11♑9	6♏	6♎	10♋	11♏	15♓
29	5♍14	8♎35	21♎34	19♎54	22♍46	20♌1	19♏26	9♌27	17♏50	15♈57	6♓12	11♑9	6♏	7♎	10♋	11♏	15♓
30	6♍12	20♎47	21♎31	19 D 53	24♍23	21♌15	20♏3	9♌39	17♏53	15♈56	6♓11	11♑8	7♏	7♎	11♋	12♏	15♓
31	7♍10	3♏10	21♎28	19♎54	25♍58	22♌29	20♏41	9♌52	17♏57	15♈54	6♓9	11♑7	7♏	8♎	11♋	12♏	15♓

SUN INGRESS: ☉ → ♍ 23日 13:46

MOON PHASE: ◐ 4日 09:50 ♏ ○ 11日 03:09 ♒ ◑ 17日 21:26 ♉ ● 25日 23:13 ♍

aspects		
1日	13:43	♀□♅
1日	19:22	♀△♄
2日	07:46	♂□♃
3日	04:33	☿☌♃
3日	09:01	☿□♂
7日	21:13	♂△♆
9日	01:21	☉☌☿
9日	05:14	☿△♅
9日	09:36	☉△♅
9日	11:50	☿□♄
10日	00:10	☉□♄
15日	18:29	♂⚹♇
18日	14:21	♀☌♃
19日	12:40	☿☍♆
22日	04:20	☿△♇
25日	17:46	☿⚹♂
25日	18:38	♀△♅
25日	21:29	☿⚹♄
26日	04:30	♂☌♄
27日	03:22	♀□♄
28日	00:46	♀□♂
29日	23:33	☉☍♆

2014年9月

DAY	☉	☽	☊ mean	☊ true	☿	♀	♂	♃	♄	♅	♆	♇	⚳	⚴	⚵	⚶	⚷
	° ′	° ′	° ′	° ′	° ′	° ′	° ′	° ′	° ′	° ′	° ′	° ′	°	°	°	°	°
1	8 ♍ 8	15 ♏ 48	21 ♎ 25	19 D 55	27 D 31	23 D 43	21 D 20	10 D 4	18 D 1	15 R 52	6 R 7	11 R 7	7 D	8 D	12 D	12 D	15 R
2	9 ♍ 6	28 ♏ 45	21 ♎ 21	19 ♎ 56	29 ♍ 4	24 ♌ 57	21 ♏ 58	10 ♌ 17	18 ♏ 5	15 ♈ 51	6 ♓ 6	11 ♑ 6	8 ♏	9 ♎	12 ♋	13 ♏	15 ♓
3	10 ♍ 4	12 ♐ 3	21 ♎ 18	19 R 57	0 ♎ 35	26 ♌ 11	22 ♏ 36	10 ♌ 29	18 ♏ 9	15 ♈ 49	6 ♓ 4	11 ♑ 5	8 ♏	9 ♎	13 ♋	13 ♏	15 ♓
4	11 ♍ 2	25 ♐ 46	21 ♎ 15	19 ♎ 56	2 ♎ 5	27 ♌ 25	23 ♏ 15	10 ♌ 42	18 ♏ 13	15 ♈ 47	6 ♓ 2	11 ♑ 5	9 ♏	9 ♎	13 ♋	14 ♏	15 ♓
5	12 ♍ 0	9 ♑ 55	21 ♎ 12	19 ♎ 53	3 ♎ 33	28 ♌ 39	23 ♏ 54	10 ♌ 54	18 ♏ 17	15 ♈ 45	6 ♓ 1	11 ♑ 4	9 ♏	10 ♎	14 ♋	14 ♏	15 ♓
6	12 ♍ 58	24 ♑ 27	21 ♎ 9	19 ♎ 49	5 ♎ 1	29 ♌ 53	24 ♏ 32	11 ♌ 6	18 ♏ 21	15 ♈ 43	5 ♓ 59	11 ♑ 4	9 ♏	10 ♎	14 ♋	15 ♏	15 ♓
7	13 ♍ 56	9 ♒ 20	21 ♎ 6	19 ♎ 44	6 ♎ 26	1 ♍ 7	25 ♏ 11	11 ♌ 18	18 ♏ 25	15 ♈ 41	5 ♓ 57	11 ♑ 3	10 ♏	11 ♎	15 ♋	15 ♏	15 ♓
8	14 ♍ 55	24 ♒ 27	21 ♎ 2	19 ♎ 39	7 ♎ 51	2 ♍ 21	25 ♏ 50	11 ♌ 31	18 ♏ 30	15 ♈ 39	5 ♓ 56	11 ♑ 3	10 ♏	11 ♎	15 ♋	16 ♏	15 ♓
9	15 ♍ 53	9 ♓ 37	20 ♎ 59	19 ♎ 35	9 ♎ 14	3 ♍ 36	26 ♏ 30	11 ♌ 43	18 ♏ 34	15 ♈ 37	5 ♓ 54	11 ♑ 2	10 ♏	12 ♎	16 ♋	16 ♏	15 ♓
10	16 ♍ 51	24 ♓ 41	20 ♎ 56	19 ♎ 32	10 ♎ 36	4 ♍ 50	27 ♏ 9	11 ♌ 55	18 ♏ 39	15 ♈ 35	5 ♓ 53	11 ♑ 2	11 ♏	12 ♎	16 ♋	17 ♏	15 ♓
11	17 ♍ 49	9 ♈ 29	20 ♎ 53	19 ♎ 30	11 ♎ 56	6 ♍ 4	27 ♏ 49	12 ♌ 7	18 ♏ 43	15 ♈ 33	5 ♓ 51	11 ♑ 2	11 ♏	12 ♎	17 ♋	17 ♏	15 ♓
12	18 ♍ 48	23 ♈ 56	20 ♎ 50	19 D 28	13 ♎ 15	7 ♍ 18	28 ♏ 28	12 ♌ 18	18 ♏ 48	15 ♈ 31	5 ♓ 49	11 ♑ 1	11 ♏	13 ♎	17 ♋	17 ♏	15 ♓
13	19 ♍ 46	7 ♉ 57	20 ♎ 47	19 ♎ 30	14 ♎ 33	8 ♍ 33	29 ♏ 8	12 ♌ 30	18 ♏ 52	15 ♈ 29	5 ♓ 48	11 ♑ 1	12 ♏	13 ♎	18 ♋	18 ♏	15 ♓
14	20 ♍ 44	21 ♉ 30	20 ♎ 43	19 ♎ 32	15 ♎ 49	9 ♍ 47	29 ♏ 48	12 ♌ 42	18 ♏ 57	15 ♈ 27	5 ♓ 46	11 ♑ 1	12 ♏	14 ♎	18 ♋	18 ♏	15 ♓
15	21 ♍ 43	4 ♊ 38	20 ♎ 40	19 ♎ 33	17 ♎ 3	11 ♍ 2	0 ♐ 28	12 ♌ 54	19 ♏ 2	15 ♈ 25	5 ♓ 45	11 ♑ 0	13 ♏	14 ♎	19 ♋	19 ♏	15 ♓
16	22 ♍ 41	17 ♊ 22	20 ♎ 37	19 ♎ 34	18 ♎ 15	12 ♍ 16	1 ♐ 8	13 ♌ 5	19 ♏ 7	15 ♈ 23	5 ♓ 43	11 ♑ 0	13 ♏	15 ♎	19 ♋	19 ♏	15 ♓
17	23 ♍ 40	29 ♊ 47	20 ♎ 34	19 R 34	19 ♎ 26	13 ♍ 31	1 ♐ 48	13 ♌ 17	19 ♏ 12	15 ♈ 20	5 ♓ 42	11 ♑ 0	13 ♏	15 ♎	20 ♋	20 ♏	14 ♓
18	24 ♍ 38	11 ♋ 57	20 ♎ 31	19 ♎ 33	20 ♎ 35	14 ♍ 45	2 ♐ 29	13 ♌ 29	19 ♏ 17	15 ♈ 18	5 ♓ 40	11 ♑ 0	14 ♏	15 ♎	20 ♋	20 ♏	14 ♓
19	25 ♍ 37	23 ♋ 57	20 ♎ 27	19 ♎ 31	21 ♎ 42	16 ♍ 0	3 ♐ 9	13 ♌ 40	19 ♏ 22	15 ♈ 16	5 ♓ 38	11 ♑ 0	14 ♏	16 ♎	21 ♋	21 ♏	14 ♓
20	26 ♍ 35	5 ♌ 51	20 ♎ 24	19 ♎ 28	22 ♎ 46	17 ♍ 14	3 ♐ 50	13 ♌ 51	19 ♏ 27	15 ♈ 14	5 ♓ 37	10 ♑ 59	14 ♏	16 ♎	21 ♋	21 ♏	14 ♓
21	27 ♍ 34	17 ♌ 42	20 ♎ 21	19 ♎ 24	23 ♎ 49	18 ♍ 29	4 ♐ 31	14 ♌ 3	19 ♏ 32	15 ♈ 11	5 ♓ 35	10 ♑ 59	15 ♏	17 ♎	22 ♋	22 ♏	14 ♓
22	28 ♍ 33	29 ♌ 33	20 ♎ 18	19 ♎ 20	24 ♎ 49	19 ♍ 43	5 ♐ 12	14 ♌ 14	19 ♏ 38	15 ♈ 9	5 ♓ 34	10 ♑ 59	15 ♏	17 ♎	22 ♋	22 ♏	14 ♓
23	29 ♍ 31	11 ♍ 27	20 ♎ 15	19 ♎ 17	25 ♎ 46	20 ♍ 58	5 ♐ 53	14 ♌ 25	19 ♏ 43	15 ♈ 7	5 ♓ 32	10 ♑ 59	16 ♏	18 ♎	23 ♋	23 ♏	14 ♓
24	0 ♎ 30	23 ♍ 27	20 ♎ 12	19 ♎ 15	26 ♎ 41	22 ♍ 13	6 ♐ 34	14 ♌ 36	19 ♏ 49	15 ♈ 4	5 ♓ 31	10 D 59	16 ♏	18 ♎	23 ♋	23 ♏	14 ♓
25	1 ♎ 29	5 ♎ 34	20 ♎ 8	19 ♎ 13	27 ♎ 33	23 ♍ 27	7 ♐ 15	14 ♌ 47	19 ♏ 54	15 ♈ 2	5 ♓ 30	10 ♑ 59	16 ♏	19 ♎	24 ♋	24 ♏	14 ♓
26	2 ♎ 28	17 ♎ 50	20 ♎ 5	19 ♎ 13	28 ♎ 21	24 ♍ 42	7 ♐ 56	14 ♌ 58	20 ♏ 0	15 ♈ 0	5 ♓ 28	10 ♑ 59	17 ♏	19 ♎	24 ♋	24 ♏	14 ♓
27	3 ♎ 27	0 ♏ 16	20 ♎ 2	19 D 13	29 ♎ 6	25 ♍ 57	8 ♐ 38	15 ♌ 9	20 ♏ 5	14 ♈ 57	5 ♓ 27	10 ♑ 59	17 ♏	19 ♎	24 ♋	25 ♏	14 ♓
28	4 ♎ 25	12 ♏ 53	19 ♎ 59	19 ♎ 14	29 ♎ 47	27 ♍ 12	9 ♐ 19	15 ♌ 20	20 ♏ 11	14 ♈ 55	5 ♓ 25	11 ♑ 0	17 ♏	20 ♎	25 ♋	25 ♏	14 ♓
29	5 ♎ 24	25 ♏ 45	19 ♎ 56	19 ♎ 15	0 ♏ 24	28 ♍ 26	10 ♐ 1	15 ♌ 30	20 ♏ 17	14 ♈ 53	5 ♓ 24	11 ♑ 0	18 ♏	20 ♎	25 ♋	26 ♏	14 ♓
30	6 ♎ 23	8 ♐ 51	19 ♎ 53	19 ♎ 16	0 ♏ 57	29 ♍ 41	10 ♐ 43	15 ♌ 41	20 ♏ 22	14 ♈ 50	5 ♓ 23	11 ♑ 0	18 ♏	21 ♎	26 ♋	26 ♏	14 ♓

SUN INGRESS	☉ → ♎ 23日 11:29
MOON PHASE	◐ 2日 20:11 ♐ ○ 9日 10:38 ♓ ◑ 16日 11:05 ♊ ● 24日 15:14 ♎

aspects

4日	01:10	☉△♇
10日	07:40	☿□♇
10日	19:51	♀☍♆
11日	03:37	☿⚹♃
12日	00:03	☉⚹♄
13日	17:16	☿☍♅
14日	23:35	♀△♇
21日	22:03	♀⚹♄
22日	12:39	♂□♆
26日	03:19	♃△♅

2014年10月

DAY	☉	☽	☊ mean	☊ true	☿	♀	♂	♃	♄	♅	♆	♇	⚳	⚴	⚵	⚶	⚷
	° ′	° ′	° ′	° ′	° ′	° ′	° ′	° ′	° ′	° ′	° ′	° ′	°	°	°	°	°
1	7 ♎ 22	22 ♐ 14	19 ♎ 49	19 D 17	1 D 24	0 D 56	11 D 25	15 D 51	20 D 28	14 R 48	5 R 21	11 D 0	19 D	21 D	26 D	27 D	14 R
2	8 ♎ 21	5 ♑ 55	19 ♎ 46	19 ♎ 18	1 ♏ 47	2 ♎ 11	12 ♐ 7	16 ♌ 2	20 ♏ 34	14 ♈ 45	5 ♓ 20	11 ♑ 0	19 ♏	22 ♎	27 ♋	27 ♏	14 ♓
3	9 ♎ 20	19 ♑ 54	19 ♎ 43	19 R 17	2 ♏ 4	3 ♎ 26	12 ♐ 49	16 ♌ 12	20 ♏ 40	14 ♈ 43	5 ♓ 19	11 ♑ 1	19 ♏	22 ♎	27 ♋	28 ♏	14 ♓
4	10 ♎ 19	4 ♒ 11	19 ♎ 40	19 ♎ 17	2 ♏ 14	4 ♎ 41	13 ♐ 31	16 ♌ 22	20 ♏ 46	14 ♈ 41	5 ♓ 17	11 ♑ 1	20 ♏	22 ♎	28 ♋	28 ♏	14 ♓
5	11 ♎ 18	18 ♒ 43	19 ♎ 37	19 ♎ 16	2 ♏ 18	5 ♎ 55	14 ♐ 13	16 ♌ 32	20 ♏ 52	14 ♈ 38	5 ♓ 16	11 ♑ 1	20 ♏	23 ♎	28 ♋	29 ♏	14 ♓
6	12 ♎ 17	3 ♓ 26	19 ♎ 33	19 ♎ 15	2 R 15	7 ♎ 10	14 ♐ 56	16 ♌ 42	20 ♏ 58	14 ♈ 36	5 ♓ 15	11 ♑ 2	21 ♏	23 ♎	29 ♋	29 ♏	14 ♓
7	13 ♎ 16	18 ♓ 14	19 ♎ 30	19 ♎ 14	2 ♏ 5	8 ♎ 25	15 ♐ 38	16 ♌ 52	21 ♏ 4	14 ♈ 33	5 ♓ 14	11 ♑ 2	21 ♏	23 ♎	29 ♋	0 ♐	14 ♓
8	14 ♎ 16	2 ♈ 59	19 ♎ 27	19 ♎ 14	1 ♏ 47	9 ♎ 40	16 ♐ 21	17 ♌ 2	21 ♏ 10	14 ♈ 31	5 ♓ 12	11 ♑ 3	21 ♏	24 ♎	29 ♋	0 ♐	14 ♓
9	15 ♎ 15	17 ♈ 35	19 ♎ 24	19 ♎ 14	1 ♏ 21	10 ♎ 55	17 ♐ 4	17 ♌ 11	21 ♏ 16	14 ♈ 28	5 ♓ 11	11 ♑ 3	22 ♏	25 ♎	0 ♌	1 ♐	14 ♓
10	16 ♎ 14	1 ♉ 56	19 ♎ 21	19 D 14	0 ♏ 46	12 ♎ 10	17 ♐ 46	17 ♌ 21	21 ♏ 23	14 ♈ 26	5 ♓ 10	11 ♑ 4	22 ♏	25 ♎	0 ♌	1 ♐	14 ♓
11	17 ♎ 13	15 ♉ 57	19 ♎ 18	19 ♎ 14	0 ♏ 4	13 ♎ 25	18 ♐ 29	17 ♌ 31	21 ♏ 29	14 ♈ 24	5 ♓ 9	11 ♑ 4	23 ♏	26 ♎	1 ♌	2 ♐	13 ♓
12	18 ♎ 13	29 ♉ 31	19 ♎ 14	19 ♎ 14	29 ♎ 14	14 ♎ 40	19 ♐ 12	17 ♌ 40	21 ♏ 35	14 ♈ 21	5 ♓ 8	11 ♑ 5	23 ♏	26 ♎	1 ♌	2 ♐	13 ♓
13	19 ♎ 12	12 ♊ 43	19 ♎ 11	19 ♎ 14	28 ♎ 17	15 ♎ 55	19 ♐ 55	17 ♌ 49	21 ♏ 42	14 ♈ 19	5 ♓ 7	11 ♑ 5	23 ♏	26 ♎	1 ♌	3 ♐	13 ♓
14	20 ♎ 11	25 ♊ 32	19 ♎ 8	19 R 14	27 ♎ 14	17 ♎ 10	20 ♐ 38	17 ♌ 58	21 ♏ 48	14 ♈ 16	5 ♓ 6	11 ♑ 6	24 ♏	27 ♎	2 ♌	3 ♐	13 ♓
15	21 ♎ 11	8 ♋ 1	19 ♎ 5	19 ♎ 14	26 ♎ 6	18 ♎ 25	21 ♐ 22	18 ♌ 7	21 ♏ 55	14 ♈ 14	5 ♓ 5	11 ♑ 6	24 ♏	27 ♎	2 ♌	4 ♐	13 ♓
16	22 ♎ 10	20 ♋ 14	19 ♎ 2	19 ♎ 14	24 ♎ 54	19 ♎ 40	22 ♐ 5	18 ♌ 16	22 ♏ 1	14 ♈ 12	5 ♓ 4	11 ♑ 7	25 ♏	28 ♎	3 ♌	4 ♐	13 ♓
17	23 ♎ 10	2 ♌ 14	18 ♎ 58	19 D 14	23 ♎ 41	20 ♎ 55	22 ♐ 48	18 ♌ 25	22 ♏ 8	14 ♈ 9	5 ♓ 3	11 ♑ 8	25 ♏	28 ♎	3 ♌	5 ♐	13 ♓
18	24 ♎ 9	14 ♌ 8	18 ♎ 55	19 ♎ 14	22 ♎ 28	22 ♎ 10	23 ♐ 32	18 ♌ 34	22 ♏ 14	14 ♈ 7	5 ♓ 2	11 ♑ 9	25 ♏	29 ♎	4 ♌	5 ♐	13 ♓
19	25 ♎ 9	25 ♌ 59	18 ♎ 52	19 ♎ 15	21 ♎ 18	23 ♎ 25	24 ♐ 16	18 ♌ 42	22 ♏ 21	14 ♈ 4	5 ♓ 1	11 ♑ 9	26 ♏	29 ♎	4 ♌	6 ♐	13 ♓
20	26 ♎ 8	7 ♍ 51	18 ♎ 49	19 ♎ 16	20 ♎ 13	24 ♎ 41	24 ♐ 59	18 ♌ 51	22 ♏ 27	14 ♈ 2	5 ♓ 0	11 ♑ 10	26 ♏	0 ♏	4 ♌	6 ♐	13 ♓
21	27 ♎ 8	19 ♍ 49	18 ♎ 46	19 ♎ 16	19 ♎ 14	25 ♎ 56	25 ♐ 43	18 ♌ 59	22 ♏ 34	14 ♈ 0	4 ♓ 59	11 ♑ 11	27 ♏	0 ♏	5 ♌	7 ♐	13 ♓
22	28 ♎ 8	1 ♎ 55	18 ♎ 43	19 ♎ 17	18 ♎ 23	27 ♎ 11	26 ♐ 27	19 ♌ 7	22 ♏ 41	13 ♈ 57	4 ♓ 58	11 ♑ 12	27 ♏	0 ♏	5 ♌	7 ♐	13 ♓
23	29 ♎ 7	14 ♎ 13	18 ♎ 39	19 ♎ 18	17 ♎ 42	28 ♎ 26	27 ♐ 11	19 ♌ 15	22 ♏ 47	13 ♈ 55	4 ♓ 57	11 ♑ 13	27 ♏	1 ♏	5 ♌	8 ♐	13 ♓
24	0 ♏ 7	26 ♎ 44	18 ♎ 36	19 R 18	17 ♎ 12	29 ♎ 41	27 ♐ 55	19 ♌ 23	22 ♏ 54	13 ♈ 53	4 ♓ 57	11 ♑ 14	28 ♏	1 ♏	6 ♌	8 ♐	13 ♓
25	1 ♏ 7	9 ♏ 30	18 ♎ 33	19 ♎ 17	16 ♎ 53	0 ♏ 56	28 ♐ 39	19 ♌ 31	23 ♏ 1	13 ♈ 50	4 ♓ 56	11 ♑ 15	28 ♏	2 ♏	6 ♌	9 ♐	13 ♓
26	2 ♏ 7	22 ♏ 29	18 ♎ 30	19 ♎ 16	16 ♎ 45	2 ♏ 11	29 ♐ 23	19 ♌ 39	23 ♏ 8	13 ♈ 48	4 ♓ 55	11 ♑ 16	29 ♏	2 ♏	7 ♌	9 ♐	13 ♓
27	3 ♏ 7	5 ♐ 43	18 ♎ 27	19 ♎ 14	16 D 49	3 ♏ 27	0 ♑ 7	19 ♌ 46	23 ♏ 15	13 ♈ 46	4 ♓ 55	11 ♑ 17	29 ♏	3 ♏	7 ♌	10 ♐	13 ♓
28	4 ♏ 6	19 ♐ 10	18 ♎ 24	19 ♎ 12	17 ♎ 3	4 ♏ 42	0 ♑ 52	19 ♌ 54	23 ♏ 22	13 ♈ 44	4 ♓ 54	11 ♑ 18	29 ♏	3 ♏	7 ♌	10 ♐	13 ♓
29	5 ♏ 6	2 ♑ 49	18 ♎ 20	19 ♎ 10	17 ♎ 28	5 ♏ 57	1 ♑ 36	20 ♌ 1	23 ♏ 28	13 ♈ 41	4 ♓ 53	11 ♑ 19	0 ♐	4 ♏	8 ♌	11 ♐	13 ♓
30	6 ♏ 6	16 ♑ 39	18 ♎ 17	19 ♎ 8	18 ♎ 2	7 ♏ 12	2 ♑ 21	20 ♌ 8	23 ♏ 35	13 ♈ 39	4 ♓ 53	11 ♑ 20	0 ♐	4 ♏	8 ♌	11 ♐	13 ♓
31	7 ♏ 6	0 ♒ 39	18 ♎ 14	19 ♎ 7	18 ♎ 45	8 ♏ 27	3 ♑ 5	20 ♌ 15	23 ♏ 42	13 ♈ 37	4 ♓ 52	11 ♑ 21	1 ♐	4 ♏	8 ♌	12 ♐	13 ♓

SUN INGRESS	☉ → ♏ 23日 20:57
MOON PHASE	◐ 2日 04:33 ♑ ○ 8日 19:51 ♈ ◑ 16日 04:12 ♋ ● 24日 06:57 ♏ ◐ 31日 11:48 ♒

aspects

4日	17:06	☉□♇
5日	13:18	♂△♅
8日	05:58	☉☍♅
9日	02:33	♀□♇
9日	05:43	♂△♃
11日	08:17	☉⚹♃
11日	18:10	♀☍♅
14日	17:33	♀⚹♃
15日	16:19	☉⚹♂
17日	05:40	☉☌☿
17日	10:49	☿⚹♂
18日	02:56	☿☌♀
20日	14:18	♀⚹♂
21日	05:38	☿⚹♃
25日	16:31	☉☌♀
28日	03:48	♀△♆
28日	18:49	☉△♆

2014年11月

DAY	☉	☽	☊ mean	☊ true	☿	♀	♂	♃	♄	♅	♆	♇	⚳	⚴	⚵	⚶	⚷
	° ′	° ′	° ′	° ′	° ′	° ′	° ′	° ′	° ′	° ′	° ′	° ′	°	°	°	°	°
1	8 ♏ 6	14 ♒ 48	18 ♎ 11	19 D 7	19 D 36	9 D 43	3 D 50	20 D 22	23 D 49	13 R 35	4 R 52	11 D 22	1 D	5 D	9 D	12 D	13 R
2	9 ♏ 6	29 ♒ 2	18 ♎ 8	19 ♎ 8	20 ♎ 34	10 ♏ 58	4 ♑ 35	20 ♌ 28	23 ♏ 56	13 ♈ 33	4 ♓ 51	11 ♑ 23	1 ♐	5 ♏	9 ♌	13 ♐	13 ♓
3	10 ♏ 6	13 ♓ 21	18 ♎ 4	19 ♎ 10	21 ♎ 37	12 ♏ 13	5 ♑ 19	20 ♌ 35	24 ♏ 3	13 ♈ 31	4 ♓ 51	11 ♑ 24	2 ♐	6 ♏	9 ♌	13 ♐	13 ♓
4	11 ♏ 6	27 ♓ 40	18 ♎ 1	19 ♎ 11	22 ♎ 47	13 ♏ 28	6 ♑ 4	20 ♌ 41	24 ♏ 10	13 ♈ 29	4 ♓ 50	11 ♑ 25	2 ♐	6 ♏	10 ♌	14 ♐	13 ♓
5	12 ♏ 6	11 ♈ 58	17 ♎ 58	19 ♎ 12	24 ♎ 0	14 ♏ 44	6 ♑ 49	20 ♌ 48	24 ♏ 17	13 ♈ 27	4 ♓ 50	11 ♑ 27	3 ♐	7 ♏	10 ♌	14 ♐	13 ♓
6	13 ♏ 6	26 ♈ 9	17 ♎ 55	19 R 12	25 ♎ 18	15 ♏ 59	7 ♑ 34	20 ♌ 54	24 ♏ 24	13 ♈ 24	4 ♓ 49	11 ♑ 28	3 ♐	7 ♏	10 ♌	15 ♐	13 ♓
7	14 ♏ 7	10 ♉ 9	17 ♎ 52	19 ♎ 11	26 ♎ 39	17 ♏ 14	8 ♑ 19	21 ♌ 0	24 ♏ 31	13 ♈ 23	4 ♓ 49	11 ♑ 29	3 ♐	8 ♏	10 ♌	15 ♐	13 ♓
8	15 ♏ 7	23 ♉ 55	17 ♎ 49	19 ♎ 8	28 ♎ 3	18 ♏ 29	9 ♑ 4	21 ♌ 5	24 ♏ 39	13 ♈ 21	4 ♓ 49	11 ♑ 31	4 ♐	8 ♏	11 ♌	16 ♐	13 ♓
9	16 ♏ 7	7 ♊ 24	17 ♎ 45	19 ♎ 4	29 ♎ 30	19 ♏ 45	9 ♑ 49	21 ♌ 11	24 ♏ 46	13 ♈ 19	4 ♓ 48	11 ♑ 32	4 ♐	8 ♏	11 ♌	16 ♐	13 ♓
10	17 ♏ 7	20 ♊ 33	17 ♎ 42	19 ♎ 0	0 ♏ 58	21 ♏ 0	10 ♑ 35	21 ♌ 16	24 ♏ 53	13 ♈ 17	4 ♓ 48	11 ♑ 33	5 ♐	9 ♏	11 ♌	17 ♐	13 ♓
11	18 ♏ 7	3 ♋ 22	17 ♎ 39	18 ♎ 55	2 ♏ 28	22 ♏ 15	11 ♑ 20	21 ♌ 22	25 ♏ 0	13 ♈ 15	4 ♓ 48	11 ♑ 35	5 ♐	9 ♏	12 ♌	17 ♐	13 ♓
12	19 ♏ 8	15 ♋ 52	17 ♎ 36	18 ♎ 50	3 ♏ 59	23 ♏ 30	12 ♑ 5	21 ♌ 27	25 ♏ 7	13 ♈ 13	4 ♓ 48	11 ♑ 36	6 ♐	10 ♏	12 ♌	18 ♐	13 ♓
13	20 ♏ 8	28 ♋ 6	17 ♎ 33	18 ♎ 47	5 ♏ 32	24 ♏ 46	12 ♑ 51	21 ♌ 32	25 ♏ 14	13 ♈ 11	4 ♓ 48	11 ♑ 38	6 ♐	10 ♏	12 ♌	18 ♐	13 ♓
14	21 ♏ 8	10 ♌ 8	17 ♎ 30	18 ♎ 45	7 ♏ 5	26 ♏ 1	13 ♑ 36	21 ♌ 37	25 ♏ 21	13 ♈ 9	4 ♓ 48	11 ♑ 39	6 ♐	11 ♏	12 ♌	19 ♐	13 ♓
15	22 ♏ 9	22 ♌ 2	17 ♎ 26	18 ♎ 44	8 ♏ 39	27 ♏ 16	14 ♑ 22	21 ♌ 41	25 ♏ 28	13 ♈ 8	4 ♓ 47	11 ♑ 40	7 ♐	11 ♏	13 ♌	20 ♐	13 ♓
16	23 ♏ 9	3 ♍ 52	17 ♎ 23	18 D 45	10 ♏ 13	28 ♏ 31	15 ♑ 7	21 ♌ 46	25 ♏ 36	13 ♈ 6	4 ♓ 47	11 ♑ 42	7 ♐	11 ♏	13 ♌	20 ♐	13 ♓
17	24 ♏ 10	15 ♍ 45	17 ♎ 20	18 ♎ 46	11 ♏ 48	29 ♏ 47	15 ♑ 53	21 ♌ 50	25 ♏ 43	13 ♈ 4	4 D 47	11 ♑ 43	8 ♐	12 ♏	13 ♌	21 ♐	13 ♓
18	25 ♏ 10	27 ♍ 44	17 ♎ 17	18 ♎ 48	13 ♏ 23	1 ♐ 2	16 ♑ 38	21 ♌ 54	25 ♏ 50	13 ♈ 3	4 ♓ 47	11 ♑ 45	8 ♐	12 ♏	13 ♌	21 ♐	13 ♓
19	26 ♏ 11	9 ♎ 54	17 ♎ 14	18 ♎ 49	14 ♏ 58	2 ♐ 17	17 ♑ 24	21 ♌ 58	25 ♏ 57	13 ♈ 1	4 ♓ 48	11 ♑ 47	8 ♐	13 ♏	14 ♌	22 ♐	13 ♓
20	27 ♏ 11	22 ♎ 20	17 ♎ 10	18 R 50	16 ♏ 33	3 ♐ 33	18 ♑ 10	22 ♌ 2	26 ♏ 4	13 ♈ 0	4 ♓ 48	11 ♑ 48	9 ♐	13 ♏	14 ♌	22 ♐	13 ♓
21	28 ♏ 12	5 ♏ 4	17 ♎ 7	18 ♎ 48	18 ♏ 8	4 ♐ 48	18 ♑ 56	22 ♌ 5	26 ♏ 11	12 ♈ 58	4 ♓ 48	11 ♑ 50	9 ♐	14 ♏	14 ♌	23 ♐	13 ♓
22	29 ♏ 12	18 ♏ 7	17 ♎ 4	18 ♎ 45	19 ♏ 44	6 ♐ 3	19 ♑ 42	22 ♌ 8	26 ♏ 18	12 ♈ 57	4 ♓ 48	11 ♑ 51	10 ♐	14 ♏	14 ♌	23 ♐	13 ♓
23	0 ♐ 13	1 ♐ 30	17 ♎ 1	18 ♎ 40	21 ♏ 19	7 ♐ 19	20 ♑ 28	22 ♌ 12	26 ♏ 26	12 ♈ 55	4 ♓ 48	11 ♑ 53	10 ♐	15 ♏	14 ♌	24 ♐	13 ♓
24	1 ♐ 14	15 ♐ 11	16 ♎ 58	18 ♎ 33	22 ♏ 54	8 ♐ 34	21 ♑ 14	22 ♌ 15	26 ♏ 33	12 ♈ 54	4 ♓ 48	11 ♑ 55	11 ♐	15 ♏	15 ♌	24 ♐	13 ♓
25	2 ♐ 14	29 ♐ 6	16 ♎ 55	18 ♎ 26	24 ♏ 29	9 ♐ 49	22 ♑ 0	22 ♌ 18	26 ♏ 40	12 ♈ 52	4 ♓ 49	11 ♑ 56	11 ♐	15 ♏	15 ♌	25 ♐	13 D
26	3 ♐ 15	13 ♑ 12	16 ♎ 51	18 ♎ 18	26 ♏ 4	11 ♐ 5	22 ♑ 46	22 ♌ 20	26 ♏ 47	12 ♈ 51	4 ♓ 49	11 ♑ 58	11 ♐	16 ♏	15 ♌	25 ♐	13 ♓
27	4 ♐ 16	27 ♑ 24	16 ♎ 48	18 ♎ 12	27 ♏ 39	12 ♐ 20	23 ♑ 32	22 ♌ 23	26 ♏ 54	12 ♈ 50	4 ♓ 49	12 ♑ 0	12 ♐	16 ♏	15 ♌	26 ♐	13 ♓
28	5 ♐ 17	11 ♒ 37	16 ♎ 45	18 ♎ 8	29 ♏ 14	13 ♐ 35	24 ♑ 18	22 ♌ 25	27 ♏ 1	12 ♈ 49	4 ♓ 50	12 ♑ 2	12 ♐	17 ♏	15 ♌	26 ♐	13 ♓
29	6 ♐ 17	25 ♒ 50	16 ♎ 42	18 ♎ 5	0 ♐ 49	14 ♐ 51	25 ♑ 4	22 ♌ 27	27 ♏ 8	12 ♈ 47	4 ♓ 50	12 ♑ 3	13 ♐	17 ♏	15 ♌	27 ♐	13 ♓
30	7 ♐ 18	9 ♓ 58	16 ♎ 39	18 D 5	2 ♐ 24	16 ♐ 6	25 ♑ 50	22 ♌ 29	27 ♏ 15	12 ♈ 46	4 ♓ 51	12 ♑ 5	13 ♐	18 ♏	16 ♌	27 ♐	13 ♓

SUN INGRESS	☉ → ♐ 22日 18:38
MOON PHASE	○ 7日 07:23 ♉ ◑ 15日 00:15 ♌ ● 22日 21:32 ♐ ◐ 29日 19:06 ♓

aspects	
1日 21:44	☿⚹♃
2日 08:09	♀⚹♇
2日 08:43	♂⚹♆
4日 07:51	☉⚹♇
10日 05:41	♀□♃
11日 08:06	♂☌♇
12日 12:38	☿△♆
13日 10:02	♀☌♄
13日 10:29	♂□♅
14日 12:05	☉□♃
16日 22:57	☿⚹♇
18日 17:50	☉☌♄
20日 23:55	♀□♆
21日 23:00	☿⚹♂
23日 13:43	☿□♃
26日 11:37	☿☌♄
27日 09:22	♀△♅
27日 13:19	☉□♆

2014年12月

DAY	☉	☽	☊ mean	☊ true	☿	♀	♂	♃	♄	♅	♆	♇	⚳	⚴	⚵	⚶	⚷
	° ′	° ′	° ′	° ′	° ′	° ′	° ′	° ′	° ′	° ′	° ′	° ′	°	°	°	°	°
1	8 ♐ 19	24 ♓ 2	16 ♎ 35	18 D 5	3 D 58	17 D 21	26 D 37	22 D 31	27 D 23	12 R 45	4 D 51	12 D 7	13 D	18 D	16 D	28 D	13 D
2	9 ♐ 20	7 ♈ 59	16 ♎ 32	18 ♎ 7	5 ♐ 33	18 ♐ 36	27 ♑ 23	22 ♌ 32	27 ♏ 30	12 ♈ 44	4 ♓ 52	12 ♑ 9	14 ♐	18 ♏	16 ♌	29 ♐	13 ♓
3	10 ♐ 20	21 ♈ 50	16 ♎ 29	18 R 7	7 ♐ 7	19 ♐ 52	28 ♑ 9	22 ♌ 33	27 ♏ 37	12 ♈ 43	4 ♓ 52	12 ♑ 11	14 ♐	19 ♏	16 ♌	29 ♐	13 ♓
4	11 ♐ 21	5 ♉ 33	16 ♎ 26	18 ♎ 5	8 ♐ 42	21 ♐ 7	28 ♑ 56	22 ♌ 34	27 ♏ 44	12 ♈ 42	4 ♓ 53	12 ♑ 12	15 ♐	19 ♏	16 ♌	0 ♑	13 ♓
5	12 ♐ 22	19 ♉ 7	16 ♎ 23	18 ♎ 1	10 ♐ 16	22 ♐ 22	29 ♑ 42	22 ♌ 35	27 ♏ 51	12 ♈ 41	4 ♓ 53	12 ♑ 14	15 ♐	20 ♏	16 ♌	0 ♑	13 ♓
6	13 ♐ 23	2 ♊ 30	16 ♎ 20	17 ♎ 55	11 ♐ 50	23 ♐ 38	0 ♒ 29	22 ♌ 36	27 ♏ 58	12 ♈ 41	4 ♓ 54	12 ♑ 16	16 ♐	20 ♏	16 ♌	1 ♑	13 ♓
7	14 ♐ 24	15 ♊ 41	16 ♎ 16	17 ♎ 46	13 ♐ 24	24 ♐ 53	1 ♒ 15	22 ♌ 37	28 ♏ 5	12 ♈ 40	4 ♓ 55	12 ♑ 18	16 ♐	21 ♏	16 ♌	1 ♑	13 ♓
8	15 ♐ 25	28 ♊ 37	16 ♎ 13	17 ♎ 36	14 ♐ 59	26 ♐ 8	2 ♒ 2	22 ♌ 37	28 ♏ 12	12 ♈ 39	4 ♓ 55	12 ♑ 20	16 ♐	21 ♏	16 ♌	2 ♑	13 ♓
9	16 ♐ 26	11 ♋ 18	16 ♎ 10	17 ♎ 24	16 ♐ 33	27 ♐ 24	2 ♒ 48	22 ♌ 37	28 ♏ 19	12 ♈ 38	4 ♓ 56	12 ♑ 22	17 ♐	21 ♏	17 ♌	2 ♑	13 ♓
10	17 ♐ 27	23 ♋ 45	16 ♎ 7	17 ♎ 14	18 ♐ 7	28 ♐ 39	3 ♒ 35	22 R 37	28 ♏ 25	12 ♈ 38	4 ♓ 57	12 ♑ 24	17 ♐	22 ♏	17 ♌	3 ♑	13 ♓
11	18 ♐ 27	5 ♌ 57	16 ♎ 4	17 ♎ 4	19 ♐ 41	29 ♐ 54	4 ♒ 21	22 ♌ 37	28 ♏ 32	12 ♈ 37	4 ♓ 58	12 ♑ 26	18 ♐	22 ♏	17 ♌	3 ♑	13 ♓
12	19 ♐ 28	17 ♌ 58	16 ♎ 1	16 ♎ 57	21 ♐ 16	1 ♑ 9	5 ♒ 8	22 ♌ 36	28 ♏ 39	12 ♈ 36	4 ♓ 58	12 ♑ 28	18 ♐	23 ♏	17 ♌	4 ♑	13 ♓
13	20 ♐ 29	29 ♌ 50	15 ♎ 57	16 ♎ 52	22 ♐ 50	2 ♑ 25	5 ♒ 55	22 ♌ 36	28 ♏ 46	12 ♈ 36	4 ♓ 59	12 ♑ 30	18 ♐	23 ♏	17 ♌	4 ♑	13 ♓
14	21 ♐ 30	11 ♍ 39	15 ♎ 54	16 ♎ 49	24 ♐ 24	3 ♑ 40	6 ♒ 41	22 ♌ 35	28 ♏ 53	12 ♈ 35	5 ♓ 0	12 ♑ 32	19 ♐	24 ♏	17 ♌	5 ♑	13 ♓
15	22 ♐ 31	23 ♍ 30	15 ♎ 51	16 D 49	25 ♐ 59	4 ♑ 55	7 ♒ 28	22 ♌ 34	29 ♏ 0	12 ♈ 35	5 ♓ 1	12 ♑ 34	19 ♐	24 ♏	17 ♌	5 ♑	13 ♓
16	23 ♐ 32	5 ♎ 27	15 ♎ 48	16 ♎ 49	27 ♐ 34	6 ♑ 11	8 ♒ 15	22 ♌ 33	29 ♏ 6	12 ♈ 35	5 ♓ 2	12 ♑ 36	20 ♐	24 ♏	17 ♌	6 ♑	13 ♓
17	24 ♐ 34	17 ♎ 37	15 ♎ 45	16 R 50	29 ♐ 9	7 ♑ 26	9 ♒ 1	22 ♌ 31	29 ♏ 13	12 ♈ 34	5 ♓ 3	12 ♑ 38	20 ♐	25 ♏	17 R	7 ♑	13 ♓
18	25 ♐ 35	0 ♏ 4	15 ♎ 41	16 ♎ 49	0 ♑ 43	8 ♑ 41	9 ♒ 48	22 ♌ 30	29 ♏ 20	12 ♈ 34	5 ♓ 4	12 ♑ 40	20 ♐	25 ♏	17 ♌	7 ♑	13 ♓
19	26 ♐ 36	12 ♏ 53	15 ♎ 38	16 ♎ 46	2 ♑ 19	9 ♑ 56	10 ♒ 35	22 ♌ 28	29 ♏ 26	12 ♈ 34	5 ♓ 5	12 ♑ 42	21 ♐	26 ♏	17 ♌	8 ♑	13 ♓
20	27 ♐ 37	26 ♏ 6	15 ♎ 35	16 ♎ 40	3 ♑ 54	11 ♑ 12	11 ♒ 22	22 ♌ 26	29 ♏ 33	12 ♈ 34	5 ♓ 6	12 ♑ 44	21 ♐	26 ♏	17 ♌	8 ♑	13 ♓
21	28 ♐ 38	9 ♐ 45	15 ♎ 32	16 ♎ 32	5 ♑ 29	12 ♑ 27	12 ♒ 9	22 ♌ 23	29 ♏ 40	12 ♈ 34	5 ♓ 8	12 ♑ 46	22 ♐	27 ♏	17 ♌	9 ♑	13 ♓
22	29 ♐ 39	23 ♐ 47	15 ♎ 29	16 ♎ 21	7 ♑ 5	13 ♑ 42	12 ♒ 56	22 ♌ 21	29 ♏ 46	12 ♈ 34	5 ♓ 9	12 ♑ 48	22 ♐	27 ♏	17 ♌	9 ♑	13 ♓
23	0 ♑ 40	8 ♑ 9	15 ♎ 26	16 ♎ 9	8 ♑ 40	14 ♑ 58	13 ♒ 42	22 ♌ 18	29 ♏ 53	12 D 34	5 ♓ 10	12 ♑ 50	23 ♐	27 ♏	17 ♌	10 ♑	13 ♓
24	1 ♑ 41	22 ♑ 44	15 ♎ 22	15 ♎ 58	10 ♑ 16	16 ♑ 13	14 ♒ 29	22 ♌ 16	29 ♏ 59	12 ♈ 34	5 ♓ 11	12 ♑ 52	23 ♐	28 ♏	17 ♌	10 ♑	13 ♓
25	2 ♑ 42	7 ♒ 25	15 ♎ 19	15 ♎ 47	11 ♑ 52	17 ♑ 28	15 ♒ 16	22 ♌ 13	0 ♐ 6	12 ♈ 34	5 ♓ 12	12 ♑ 54	23 ♐	28 ♏	16 ♌	11 ♑	13 ♓
26	3 ♑ 44	22 ♒ 3	15 ♎ 16	15 ♎ 39	13 ♑ 28	18 ♑ 43	16 ♒ 3	22 ♌ 10	0 ♐ 12	12 ♈ 34	5 ♓ 14	12 ♑ 56	24 ♐	29 ♏	16 ♌	11 ♑	13 ♓
27	4 ♑ 45	6 ♓ 33	15 ♎ 13	15 ♎ 34	15 ♑ 4	19 ♑ 59	16 ♒ 50	22 ♌ 6	0 ♐ 18	12 ♈ 34	5 ♓ 15	12 ♑ 58	24 ♐	29 ♏	16 ♌	12 ♑	13 ♓
28	5 ♑ 46	20 ♓ 50	15 ♎ 10	15 ♎ 32	16 ♑ 40	21 ♑ 14	17 ♒ 37	22 ♌ 3	0 ♐ 25	12 ♈ 35	5 ♓ 16	13 ♑ 0	25 ♐	29 ♏	16 ♌	12 ♑	13 ♓
29	6 ♑ 47	4 ♈ 53	15 ♎ 7	15 ♎ 31	18 ♑ 16	22 ♑ 29	18 ♒ 24	21 ♌ 59	0 ♐ 31	12 ♈ 35	5 ♓ 18	13 ♑ 2	25 ♐	0 ♐	16 ♌	13 ♑	13 ♓
30	7 ♑ 48	18 ♈ 42	15 ♎ 3	15 ♎ 31	19 ♑ 52	23 ♑ 44	19 ♒ 11	21 ♌ 55	0 ♐ 37	12 ♈ 35	5 ♓ 19	13 ♑ 4	25 ♐	0 ♐	16 ♌	13 ♑	13 ♓
31	8 ♑ 49	2 ♉ 17	15 ♎ 0	15 ♎ 30	21 ♑ 28	24 ♑ 59	19 ♒ 58	21 ♌ 51	0 ♐ 43	12 ♈ 36	5 ♓ 21	13 ♑ 7	26 ♐	1 ♐	16 ♌	14 ♑	13 ♓

SUN INGRESS	☉ → ♑ 22日 08:03
MOON PHASE	○ 6日 21:27 ♊ ◑ 14日 21:51 ♍ ● 22日 10:36 ♑ ◐ 29日 03:31 ♈

aspects	
1日 13:26	☿□♆
2日 04:00	♂⚹♄
5日 04:11	♀△♃
5日 07:30	☉△♅
6日 12:44	☿△♅
8日 18:51	☉☌☿
12日 20:24	☿△♃
15日 00:56	☉△♃
15日 01:55	♀⚹♆
15日 14:14	♅□♇
20日 18:31	☿⚹♆
21日 02:08	♀□♅
21日 06:09	♀☌♇
21日 12:47	♂⚹♅
25日 10:31	☿□♅
25日 15:54	☿☌♇
27日 12:10	☉⚹♆

1900 ～1910
1911 ～1920
1921 ～1930
1931 ～1940
1941 ～1950
1951 ～1960
1961 ～1970
1971 ～1980
1981 ～1990
1991 ～2000
2001 ～2010
2011 ～2020
2021 ～2030
2031 ～2040
2041 ～2050

2015年1月

DAY	☉	☽	☊ mean	☊ true	☿	♀	♂	♃	♄	♅	♆	♇	⚳	⚴	⚵	⚶	⚷
	° ′	° ′	° ′	° ′	° ′	° ′	° ′	° ′	° ′	° ′	° ′	° ′	°	°	°	°	°
1	9 ♑ 50	15 ♉ 39	14 ♎ 57	15 R 28	23 D 3	26 D 15	20 D 45	21 R 47	0 D 49	12 D 36	5 D 22	13 D 9	26 D	1 D	16 R	15 D	13 D
2	10 ♑ 52	28 ♉ 49	14 ♎ 54	15 ♎ 22	24 ♑ 38	27 ♑ 30	21 ♒ 32	21 ♌ 42	0 ♐ 55	12 ♈ 37	5 ♓ 24	13 ♑ 11	27 ♐	2 ♐	16 ♌	15 ♑	13 ♓
3	11 ♑ 53	11 ♊ 49	14 ♎ 51	15 ♎ 13	26 ♑ 13	28 ♑ 45	22 ♒ 19	21 ♌ 38	1 ♐ 1	12 ♈ 37	5 ♓ 25	13 ♑ 13	27 ♐	2 ♐	15 ♌	16 ♑	13 ♓
4	12 ♑ 54	24 ♊ 38	14 ♎ 47	15 ♎ 2	27 ♑ 47	0 ♒ 0	23 ♒ 6	21 ♌ 33	1 ♐ 7	12 ♈ 38	5 ♓ 27	13 ♑ 15	27 ♐	2 ♐	15 ♌	16 ♑	13 ♓
5	13 ♑ 55	7 ♋ 17	14 ♎ 44	14 ♎ 48	29 ♑ 20	1 ♒ 15	23 ♒ 53	21 ♌ 28	1 ♐ 13	12 ♈ 39	5 ♓ 28	13 ♑ 17	28 ♐	3 ♐	15 ♌	17 ♑	13 ♓
6	14 ♑ 56	19 ♋ 44	14 ♎ 41	14 ♎ 33	0 ♒ 53	2 ♒ 30	24 ♒ 40	21 ♌ 23	1 ♐ 19	12 ♈ 39	5 ♓ 30	13 ♑ 19	28 ♐	3 ♐	15 ♌	17 ♑	13 ♓
7	15 ♑ 57	2 ♌ 0	14 ♎ 38	14 ♎ 19	2 ♒ 24	3 ♒ 46	25 ♒ 27	21 ♌ 18	1 ♐ 25	12 ♈ 40	5 ♓ 31	13 ♑ 21	29 ♐	4 ♐	15 ♌	18 ♑	13 ♓
8	16 ♑ 58	14 ♌ 6	14 ♎ 35	14 ♎ 6	3 ♒ 53	5 ♒ 1	26 ♒ 14	21 ♌ 12	1 ♐ 30	12 ♈ 41	5 ♓ 33	13 ♑ 23	29 ♐	4 ♐	15 ♌	18 ♑	14 ♓
9	17 ♑ 59	26 ♌ 3	14 ♎ 32	13 ♎ 56	5 ♒ 21	6 ♒ 16	27 ♒ 1	21 ♌ 7	1 ♐ 36	12 ♈ 42	5 ♓ 35	13 ♑ 25	29 ♐	4 ♐	14 ♌	19 ♑	14 ♓
10	19 ♑ 1	7 ♍ 54	14 ♎ 28	13 ♎ 48	6 ♒ 46	7 ♒ 31	27 ♒ 48	21 ♌ 1	1 ♐ 42	12 ♈ 43	5 ♓ 36	13 ♑ 27	0 ♑	5 ♐	14 ♌	19 ♑	14 ♓
11	20 ♑ 2	19 ♍ 41	14 ♎ 25	13 ♎ 44	8 ♒ 9	8 ♒ 46	28 ♒ 35	20 ♌ 55	1 ♐ 47	12 ♈ 44	5 ♓ 38	13 ♑ 30	0 ♑	5 ♐	14 ♌	20 ♑	14 ♓
12	21 ♑ 3	1 ♎ 30	14 ♎ 22	13 ♎ 42	9 ♒ 28	10 ♒ 1	29 ♒ 22	20 ♌ 49	1 ♐ 53	12 ♈ 45	5 ♓ 40	13 ♑ 32	1 ♑	6 ♐	14 ♌	20 ♑	14 ♓
13	22 ♑ 4	13 ♎ 25	14 ♎ 19	13 ♎ 41	10 ♒ 43	11 ♒ 16	0 ♓ 9	20 ♌ 43	1 ♐ 58	12 ♈ 46	5 ♓ 41	13 ♑ 34	1 ♑	6 ♐	14 ♌	21 ♑	14 ♓
14	23 ♑ 5	25 ♎ 31	14 ♎ 16	13 ♎ 41	11 ♒ 54	12 ♒ 31	0 ♓ 56	20 ♌ 37	2 ♐ 4	12 ♈ 47	5 ♓ 43	13 ♑ 36	2 ♑	6 ♐	13 ♌	21 ♑	14 ♓
15	24 ♑ 6	7 ♏ 55	14 ♎ 13	13 ♎ 41	13 ♒ 0	13 ♒ 46	1 ♓ 43	20 ♌ 30	2 ♐ 9	12 ♈ 48	5 ♓ 45	13 ♑ 38	2 ♑	7 ♐	13 ♌	22 ♑	14 ♓
16	25 ♑ 7	20 ♏ 41	14 ♎ 9	13 ♎ 38	14 ♒ 0	15 ♒ 1	2 ♓ 29	20 ♌ 24	2 ♐ 14	12 ♈ 49	5 ♓ 47	13 ♑ 40	2 ♑	7 ♐	13 ♌	23 ♑	14 ♓
17	26 ♑ 8	3 ♐ 53	14 ♎ 6	13 ♎ 33	14 ♒ 53	16 ♒ 16	3 ♓ 16	20 ♌ 17	2 ♐ 19	12 ♈ 51	5 ♓ 49	13 ♑ 42	3 ♑	7 ♐	13 ♌	23 ♑	14 ♓
18	27 ♑ 10	17 ♐ 35	14 ♎ 3	13 ♎ 26	15 ♒ 38	17 ♒ 31	4 ♓ 3	20 ♌ 10	2 ♐ 24	12 ♈ 52	5 ♓ 51	13 ♑ 44	3 ♑	8 ♐	12 ♌	24 ♑	14 ♓
19	28 ♑ 11	1 ♑ 45	14 ♎ 0	13 ♎ 16	16 ♒ 15	18 ♒ 46	4 ♓ 50	20 ♌ 3	2 ♐ 29	12 ♈ 53	5 ♓ 52	13 ♑ 46	4 ♑	8 ♐	12 ♌	24 ♑	14 ♓
20	29 ♑ 12	16 ♑ 21	13 ♎ 57	13 ♎ 4	16 ♒ 42	20 ♒ 1	5 ♓ 37	19 ♌ 56	2 ♐ 34	12 ♈ 55	5 ♓ 54	13 ♑ 48	4 ♑	9 ♐	12 ♌	25 ♑	14 ♓
21	0 ♒ 13	1 ♒ 15	13 ♎ 53	12 ♎ 53	16 ♒ 59	21 ♒ 16	6 ♓ 24	19 ♌ 49	2 ♐ 39	12 ♈ 56	5 ♓ 56	13 ♑ 50	4 ♑	9 ♐	12 ♌	25 ♑	14 ♓
22	1 ♒ 14	16 ♒ 19	13 ♎ 50	12 ♎ 43	17 ♒ 5	22 ♒ 31	7 ♓ 11	19 ♌ 42	2 ♐ 44	12 ♈ 58	5 ♓ 58	13 ♑ 52	5 ♑	9 ♐	11 ♌	26 ♑	14 ♓
23	2 ♒ 15	1 ♓ 22	13 ♎ 47	12 ♎ 35	16 R 59	23 ♒ 45	7 ♓ 58	19 ♌ 35	2 ♐ 49	12 ♈ 59	6 ♓ 0	13 ♑ 54	5 ♑	10 ♐	11 ♌	26 ♑	14 ♓
24	3 ♒ 16	16 ♓ 16	13 ♎ 44	12 ♎ 29	16 ♒ 43	25 ♒ 0	8 ♓ 45	19 ♌ 28	2 ♐ 54	13 ♈ 1	6 ♓ 2	13 ♑ 56	5 ♑	10 ♐	11 ♌	27 ♑	14 ♓
25	4 ♒ 17	0 ♈ 53	13 ♎ 41	12 ♎ 27	16 ♒ 14	26 ♒ 15	9 ♓ 32	19 ♌ 20	2 ♐ 58	13 ♈ 3	6 ♓ 4	13 ♑ 58	6 ♑	11 ♐	11 ♌	27 ♑	14 ♓
26	5 ♒ 18	15 ♈ 9	13 ♎ 38	12 D 26	15 ♒ 35	27 ♒ 30	10 ♓ 19	19 ♌ 13	3 ♐ 3	13 ♈ 4	6 ♓ 6	14 ♑ 0	6 ♑	11 ♐	10 ♌	28 ♑	14 ♓
27	6 ♒ 19	29 ♈ 4	13 ♎ 34	12 ♎ 27	14 ♒ 45	28 ♒ 45	11 ♓ 5	19 ♌ 5	3 ♐ 7	13 ♈ 6	6 ♓ 8	14 ♑ 2	7 ♑	11 ♐	10 ♌	28 ♑	14 ♓
28	7 ♒ 20	12 ♉ 37	13 ♎ 31	12 R 27	13 ♒ 47	0 ♓ 0	11 ♓ 52	18 ♌ 57	3 ♐ 12	13 ♈ 8	6 ♓ 10	14 ♑ 4	7 ♑	12 ♐	10 ♌	29 ♑	14 ♓
29	8 ♒ 21	25 ♉ 52	13 ♎ 28	12 ♎ 25	12 ♒ 41	1 ♓ 14	12 ♓ 39	18 ♌ 50	3 ♐ 16	13 ♈ 10	6 ♓ 12	14 ♑ 6	7 ♑	12 ♐	10 ♌	29 ♑	14 ♓
30	9 ♒ 22	8 ♊ 49	13 ♎ 25	12 ♎ 22	11 ♒ 30	2 ♓ 29	13 ♓ 26	18 ♌ 42	3 ♐ 20	13 ♈ 12	6 ♓ 14	14 ♑ 8	8 ♑	12 ♐	9 ♌	0 ♒	15 ♓
31	10 ♒ 23	21 ♊ 33	13 ♎ 22	12 ♎ 15	10 ♒ 16	3 ♓ 44	14 ♓ 12	18 ♌ 34	3 ♐ 24	13 ♈ 14	6 ♓ 16	14 ♑ 10	8 ♑	13 ♐	9 ♌	0 ♒	15 ♓

SUN INGRESS: ☉ → ♒ 20日 18:43

MOON PHASE: ○ 5日 13:53 ♋ ◑ 13日 18:46 ♎ ● 20日 22:14 ♒ ◐ 27日 13:48 ♉

aspects		
2日	04:49	♂☍♃
3日	17:40	☉□♅
4日	08:34	☉☌♇
4日	23:15	♀⚹♄
6日	07:21	☿⚹♄
14日	05:12	♀⚹♅
14日	19:25	☿⚹♅
15日	15:10	♂□♄
19日	22:44	♀☍♃
20日	09:09	♂☌♆
23日	14:23	☉⚹♄
28日	14:02	☿⚹♅
30日	17:23	♀□♄
30日	22:40	♂⚹♇
30日	22:45	☉☌☿

2015年2月

DAY	☉	☽	☊ mean	☊ true	☿	♀	♂	♃	♄	♅	♆	♇	⚳	⚴	⚵	⚶	⚷
	° ′	° ′	° ′	° ′	° ′	° ′	° ′	° ′	° ′	° ′	° ′	° ′	°	°	°	°	°
1	11 ♒ 24	4 ♋ 4	13 ♎ 19	12 R 6	9 R 1	4 D 58	14 D 59	18 R 26	3 D 28	13 D 16	6 D 19	14 D 12	9 D	13 D	9 R	1 D	15 D
2	12 ♒ 25	16 ♋ 26	13 ♎ 15	11 ♎ 55	7 ♒ 47	6 ♓ 13	15 ♓ 46	18 ♌ 18	3 ♐ 32	13 ♈ 18	6 ♓ 21	14 ♑ 14	9 ♑	13 ♐	9 ♌	2 ♒	15 ♓
3	13 ♒ 26	28 ♋ 38	13 ♎ 12	11 ♎ 43	6 ♒ 37	7 ♓ 27	16 ♓ 32	18 ♌ 10	3 ♐ 36	13 ♈ 20	6 ♓ 23	14 ♑ 16	9 ♑	14 ♐	8 ♌	2 ♒	15 ♓
4	14 ♒ 27	10 ♌ 43	13 ♎ 9	11 ♎ 32	5 ♒ 31	8 ♓ 42	17 ♓ 19	18 ♌ 3	3 ♐ 40	13 ♈ 22	6 ♓ 25	14 ♑ 17	10 ♑	14 ♐	8 ♌	3 ♒	15 ♓
5	15 ♒ 27	22 ♌ 41	13 ♎ 6	11 ♎ 22	4 ♒ 32	9 ♓ 56	18 ♓ 6	17 ♌ 55	3 ♐ 44	13 ♈ 24	6 ♓ 27	14 ♑ 19	10 ♑	14 ♐	8 ♌	3 ♒	15 ♓
6	16 ♒ 28	4 ♍ 33	13 ♎ 3	11 ♎ 13	3 ♒ 40	11 ♓ 11	18 ♓ 52	17 ♌ 47	3 ♐ 47	13 ♈ 26	6 ♓ 29	14 ♑ 21	11 ♑	15 ♐	8 ♌	4 ♒	15 ♓
7	17 ♒ 29	16 ♍ 22	12 ♎ 59	11 ♎ 8	2 ♒ 56	12 ♓ 25	19 ♓ 39	17 ♌ 39	3 ♐ 51	13 ♈ 28	6 ♓ 31	14 ♑ 23	11 ♑	15 ♐	7 ♌	4 ♒	15 ♓
8	18 ♒ 30	28 ♍ 10	12 ♎ 56	11 ♎ 4	2 ♒ 20	13 ♓ 40	20 ♓ 25	17 ♌ 31	3 ♐ 54	13 ♈ 30	6 ♓ 34	14 ♑ 25	11 ♑	16 ♐	7 ♌	5 ♒	15 ♓
9	19 ♒ 31	9 ♎ 59	12 ♎ 53	11 ♎ 3	1 ♒ 52	14 ♓ 54	21 ♓ 12	17 ♌ 23	3 ♐ 58	13 ♈ 33	6 ♓ 36	14 ♑ 27	12 ♑	16 ♐	7 ♌	5 ♒	15 ♓
10	20 ♒ 31	21 ♎ 54	12 ♎ 50	11 D 4	1 ♒ 33	16 ♓ 8	21 ♓ 58	17 ♌ 15	4 ♐ 1	13 ♈ 35	6 ♓ 38	14 ♑ 28	12 ♑	16 ♐	7 ♌	6 ♒	15 ♓
11	21 ♒ 32	4 ♏ 0	12 ♎ 47	11 ♎ 5	1 ♒ 21	17 ♓ 23	22 ♓ 45	17 ♌ 7	4 ♐ 4	13 ♈ 37	6 ♓ 40	14 ♑ 30	12 ♑	17 ♐	6 ♌	6 ♒	15 ♓
12	22 ♒ 33	16 ♏ 21	12 ♎ 44	11 ♎ 6	1 D 18	18 ♓ 37	23 ♓ 31	16 ♌ 59	4 ♐ 7	13 ♈ 40	6 ♓ 42	14 ♑ 32	13 ♑	17 ♐	6 ♌	7 ♒	15 ♓
13	23 ♒ 33	29 ♏ 2	12 ♎ 40	11 R 6	1 ♒ 21	19 ♓ 51	24 ♓ 18	16 ♌ 51	4 ♐ 10	13 ♈ 42	6 ♓ 45	14 ♑ 34	13 ♑	17 ♐	6 ♌	7 ♒	15 ♓
14	24 ♒ 34	12 ♐ 8	12 ♎ 37	11 ♎ 4	1 ♒ 31	21 ♓ 6	25 ♓ 4	16 ♌ 43	4 ♐ 13	13 ♈ 45	6 ♓ 47	14 ♑ 35	14 ♑	18 ♐	6 ♌	8 ♒	15 ♓
15	25 ♒ 35	25 ♐ 42	12 ♎ 34	11 ♎ 1	1 ♒ 48	22 ♓ 20	25 ♓ 50	16 ♌ 35	4 ♐ 16	13 ♈ 47	6 ♓ 49	14 ♑ 37	14 ♑	18 ♐	6 ♌	8 ♒	15 ♓
16	26 ♒ 35	9 ♑ 46	12 ♎ 31	10 ♎ 56	2 ♒ 11	23 ♓ 34	26 ♓ 37	16 ♌ 27	4 ♐ 19	13 ♈ 50	6 ♓ 51	14 ♑ 39	14 ♑	18 ♐	5 ♌	9 ♒	16 ♓
17	27 ♒ 36	24 ♑ 18	12 ♎ 28	10 ♎ 49	2 ♒ 39	24 ♓ 48	27 ♓ 23	16 ♌ 20	4 ♐ 21	13 ♈ 52	6 ♓ 54	14 ♑ 40	15 ♑	18 ♐	5 ♌	9 ♒	16 ♓
18	28 ♒ 37	9 ♒ 13	12 ♎ 25	10 ♎ 42	3 ♒ 12	26 ♓ 2	28 ♓ 9	16 ♌ 12	4 ♐ 24	13 ♈ 55	6 ♓ 56	14 ♑ 42	15 ♑	19 ♐	5 ♌	10 ♒	16 ♓
19	29 ♒ 37	24 ♒ 24	12 ♎ 21	10 ♎ 36	3 ♒ 50	27 ♓ 16	28 ♓ 56	16 ♌ 4	4 ♐ 26	13 ♈ 58	6 ♓ 58	14 ♑ 44	15 ♑	19 ♐	5 ♌	10 ♒	16 ♓
20	0 ♓ 38	9 ♓ 40	12 ♎ 18	10 ♎ 31	4 ♒ 32	28 ♓ 30	29 ♓ 42	15 ♌ 57	4 ♐ 29	14 ♈ 0	7 ♓ 0	14 ♑ 45	16 ♑	19 ♐	5 ♌	11 ♒	16 ♓
21	1 ♓ 38	24 ♓ 51	12 ♎ 15	10 ♎ 28	5 ♒ 18	29 ♓ 44	0 ♈ 28	15 ♌ 50	4 ♐ 31	14 ♈ 3	7 ♓ 3	14 ♑ 47	16 ♑	20 ♐	4 ♌	11 ♒	16 ♓
22	2 ♓ 39	9 ♈ 47	12 ♎ 12	10 ♎ 27	6 ♒ 7	0 ♈ 58	1 ♈ 14	15 ♌ 42	4 ♐ 33	14 ♈ 6	7 ♓ 5	14 ♑ 48	16 ♑	20 ♐	4 ♌	12 ♒	16 ♓
23	3 ♓ 39	24 ♈ 21	12 ♎ 9	10 D 28	7 ♒ 0	2 ♈ 12	2 ♈ 0	15 ♌ 35	4 ♐ 35	14 ♈ 9	7 ♓ 7	14 ♑ 50	17 ♑	20 ♐	4 ♌	12 ♒	16 ♓
24	4 ♓ 40	8 ♉ 31	12 ♎ 5	10 ♎ 29	7 ♒ 56	3 ♈ 25	2 ♈ 46	15 ♌ 28	4 ♐ 37	14 ♈ 11	7 ♓ 10	14 ♑ 51	17 ♑	21 ♐	4 ♌	13 ♒	16 ♓
25	5 ♓ 40	22 ♉ 14	12 ♎ 2	10 ♎ 31	8 ♒ 55	4 ♈ 39	3 ♈ 32	15 ♌ 21	4 ♐ 39	14 ♈ 14	7 ♓ 12	14 ♑ 53	17 ♑	21 ♐	4 ♌	13 ♒	16 ♓
26	6 ♓ 40	5 ♊ 33	11 ♎ 59	10 ♎ 31	9 ♒ 57	5 ♈ 53	4 ♈ 18	15 ♌ 14	4 ♐ 41	14 ♈ 17	7 ♓ 14	14 ♑ 54	18 ♑	21 ♐	4 ♌	14 ♒	16 ♓
27	7 ♓ 41	18 ♊ 30	11 ♎ 56	10 R 31	11 ♒ 1	7 ♈ 6	5 ♈ 4	15 ♌ 7	4 ♐ 42	14 ♈ 20	7 ♓ 16	14 ♑ 56	18 ♑	22 ♐	4 ♌	14 ♒	16 ♓
28	8 ♓ 41	1 ♋ 7	11 ♎ 53	10 ♎ 29	12 ♒ 7	8 ♈ 20	5 ♈ 50	15 ♌ 0	4 ♐ 44	14 ♈ 23	7 ♓ 19	14 ♑ 57	19 ♑	22 ♐	3 ♌	15 ♒	16 ♓

SUN INGRESS: ☉ → ♓ 19日 08:50

MOON PHASE: ○ 4日 08:09 ♌ ◑ 12日 12:50 ♏ ● 19日 08:47 ♒ ◐ 26日 02:14 ♊

aspects		
2日	02:36	♀☌♆
2日	21:30	☉⚹♅
5日	20:39	☿⚹♄
7日	03:20	☉☍♃
8日	14:53	♀⚹♇
19日	22:06	☿⚹♄
22日	14:13	♀☌♂
23日	22:56	☉□♄
24日	23:58	♀△♄
26日	12:08	♂△♄
26日	13:55	☉☌♆

2015年3月

DAY	☉	☽	☊ mean	☊ true	☿	♀	♂	♃	♄	♅	♆	♇	⚳	⚴	⚵	⚶	⚷
	° ′	° ′	° ′	° ′	° ′	° ′	° ′	° ′	° ′	° ′	° ′	° ′	°	°	°	°	°
1	9 ♓ 41	13 ♋ 30	11 ♎ 50	10 R 25	13 D 16	9 D 33	6 D 36	14 R 53	4 D 45	14 D 26	7 D 21	14 D 58	19 D	22 D	3 R	16 D	16 D
2	10 ♓ 42	25 ♋ 41	11 ♎ 46	10 ♎ 21	14 ♒ 26	10 ♈ 47	7 ♈ 22	14 ♌ 47	4 ♐ 47	14 ♈ 29	7 ♓ 23	15 ♑ 0	19 ♑	22 ♐	3 ♌	16 ♒	16 ♓
3	11 ♓ 42	7 ♌ 43	11 ♎ 43	10 ♎ 15	15 ♒ 39	12 ♈ 0	8 ♈ 8	14 ♌ 40	4 ♐ 48	14 ♈ 32	7 ♓ 25	15 ♑ 1	20 ♑	23 ♐	3 ♌	17 ♒	16 ♓
4	12 ♓ 42	19 ♌ 38	11 ♎ 40	10 ♎ 10	16 ♒ 53	13 ♈ 14	8 ♈ 53	14 ♌ 34	4 ♐ 49	14 ♈ 35	7 ♓ 28	15 ♑ 2	20 ♑	23 ♐	3 ♌	17 ♒	16 ♓
5	13 ♓ 42	1 ♍ 29	11 ♎ 37	10 ♎ 6	18 ♒ 9	14 ♈ 27	9 ♈ 39	14 ♌ 28	4 ♐ 50	14 ♈ 38	7 ♓ 30	15 ♑ 4	20 ♑	23 ♐	3 ♌	18 ♒	17 ♓
6	14 ♓ 42	13 ♍ 19	11 ♎ 34	10 ♎ 2	19 ♒ 27	15 ♈ 40	10 ♈ 25	14 ♌ 22	4 ♐ 51	14 ♈ 41	7 ♓ 32	15 ♑ 5	21 ♑	23 ♐	3 ♌	18 ♒	17 ♓
7	15 ♓ 42	25 ♍ 8	11 ♎ 30	10 ♎ 0	20 ♒ 46	16 ♈ 53	11 ♈ 10	14 ♌ 16	4 ♐ 52	14 ♈ 44	7 ♓ 35	15 ♑ 6	21 ♑	24 ♐	3 ♌	19 ♒	17 ♓
8	16 ♓ 42	6 ♎ 58	11 ♎ 27	9 ♎ 59	22 ♒ 7	18 ♈ 6	11 ♈ 56	14 ♌ 10	4 ♐ 53	14 ♈ 47	7 ♓ 37	15 ♑ 7	21 ♑	24 ♐	3 ♌	19 ♒	17 ♓
9	17 ♓ 42	18 ♎ 53	11 ♎ 24	9 D 59	23 ♒ 29	19 ♈ 19	12 ♈ 41	14 ♌ 4	4 ♐ 53	14 ♈ 50	7 ♓ 39	15 ♑ 9	22 ♑	24 ♐	3 ♌	20 ♒	17 ♓
10	18 ♓ 42	0 ♏ 55	11 ♎ 21	10 ♎ 0	24 ♒ 53	20 ♈ 32	13 ♈ 27	13 ♌ 59	4 ♐ 54	14 ♈ 53	7 ♓ 41	15 ♑ 10	22 ♑	24 ♐	3 ♌	20 ♒	17 ♓
11	19 ♓ 42	13 ♏ 7	11 ♎ 18	10 ♎ 2	26 ♒ 18	21 ♈ 45	14 ♈ 12	13 ♌ 54	4 ♐ 54	14 ♈ 57	7 ♓ 44	15 ♑ 11	22 ♑	25 ♐	3 ♌	21 ♒	17 ♓
12	20 ♓ 42	25 ♏ 32	11 ♎ 15	10 ♎ 4	27 ♒ 44	22 ♈ 58	14 ♈ 58	13 ♌ 48	4 ♐ 55	15 ♈ 0	7 ♓ 46	15 ♑ 12	23 ♑	25 ♐	3 ♌	21 ♒	17 ♓
13	21 ♓ 42	8 ♐ 14	11 ♎ 11	10 ♎ 5	29 ♒ 12	24 ♈ 11	15 ♈ 43	13 ♌ 43	4 ♐ 55	15 ♈ 3	7 ♓ 48	15 ♑ 13	23 ♑	25 ♐	3 ♌	22 ♒	17 ♓
14	22 ♓ 42	21 ♐ 16	11 ♎ 8	10 ♎ 5	0 ♓ 41	25 ♈ 24	16 ♈ 29	13 ♌ 39	4 ♐ 55	15 ♈ 6	7 ♓ 50	15 ♑ 14	23 ♑	25 ♐	3 ♌	22 ♒	17 ♓
15	23 ♓ 42	4 ♑ 42	11 ♎ 5	10 R 5	2 ♓ 11	26 ♈ 36	17 ♈ 14	13 ♌ 34	4 ♐ 55	15 ♈ 9	7 ♓ 52	15 ♑ 15	24 ♑	26 ♐	3 D	23 ♒	17 ♓
16	24 ♓ 42	18 ♑ 34	11 ♎ 2	10 ♎ 4	3 ♓ 43	27 ♈ 49	17 ♈ 59	13 ♌ 29	4 R 55	15 ♈ 13	7 ♓ 55	15 ♑ 16	24 ♑	26 ♐	3 ♌	23 ♒	17 ♓
17	25 ♓ 41	2 ♒ 52	10 ♎ 59	10 ♎ 2	5 ♓ 16	29 ♈ 1	18 ♈ 44	13 ♌ 25	4 ♐ 55	15 ♈ 16	7 ♓ 57	15 ♑ 17	24 ♑	26 ♐	3 ♌	24 ♒	17 ♓
18	26 ♓ 41	17 ♒ 33	10 ♎ 56	10 ♎ 1	6 ♓ 50	0 ♉ 14	19 ♈ 29	13 ♌ 21	4 ♐ 55	15 ♈ 19	7 ♓ 59	15 ♑ 18	25 ♑	26 ♐	3 ♌	24 ♒	17 ♓
19	27 ♓ 41	2 ♓ 32	10 ♎ 52	9 ♎ 59	8 ♓ 25	1 ♉ 26	20 ♈ 15	13 ♌ 17	4 ♐ 54	15 ♈ 23	8 ♓ 1	15 ♑ 19	25 ♑	26 ♐	3 ♌	25 ♒	17 ♓
20	28 ♓ 41	17 ♓ 41	10 ♎ 49	9 ♎ 58	10 ♓ 2	2 ♉ 39	21 ♈ 0	13 ♌ 13	4 ♐ 54	15 ♈ 26	8 ♓ 3	15 ♑ 20	25 ♑	27 ♐	3 ♌	25 ♒	17 ♓
21	29 ♓ 40	2 ♈ 51	10 ♎ 46	9 ♎ 57	11 ♓ 40	3 ♉ 51	21 ♈ 45	13 ♌ 9	4 ♐ 53	15 ♈ 29	8 ♓ 6	15 ♑ 21	25 ♑	27 ♐	3 ♌	26 ♒	18 ♓
22	0 ♈ 40	17 ♈ 53	10 ♎ 43	9 D 57	13 ♓ 19	5 ♉ 3	22 ♈ 30	13 ♌ 6	4 ♐ 53	15 ♈ 33	8 ♓ 8	15 ♑ 21	26 ♑	27 ♐	3 ♌	26 ♒	18 ♓
23	1 ♈ 39	2 ♉ 38	10 ♎ 40	9 ♎ 58	14 ♓ 59	6 ♉ 15	23 ♈ 15	13 ♌ 2	4 ♐ 52	15 ♈ 36	8 ♓ 10	15 ♑ 22	26 ♑	27 ♐	3 ♌	27 ♒	18 ♓
24	2 ♈ 39	17 ♉ 0	10 ♎ 36	9 ♎ 59	16 ♓ 41	7 ♉ 27	23 ♈ 59	12 ♌ 59	4 ♐ 51	15 ♈ 39	8 ♓ 12	15 ♑ 23	26 ♑	27 ♐	3 ♌	27 ♒	18 ♓
25	3 ♈ 39	0 ♊ 55	10 ♎ 33	9 ♎ 59	18 ♓ 24	8 ♉ 39	24 ♈ 44	12 ♌ 56	4 ♐ 50	15 ♈ 43	8 ♓ 14	15 ♑ 24	27 ♑	28 ♐	3 ♌	27 ♒	18 ♓
26	4 ♈ 38	14 ♊ 24	10 ♎ 30	10 ♎ 0	20 ♓ 8	9 ♉ 51	25 ♈ 29	12 ♌ 54	4 ♐ 49	15 ♈ 46	8 ♓ 16	15 ♑ 24	27 ♑	28 ♐	3 ♌	28 ♒	18 ♓
27	5 ♈ 37	27 ♊ 27	10 ♎ 27	10 ♎ 0	21 ♓ 54	11 ♉ 3	26 ♈ 14	12 ♌ 51	4 ♐ 48	15 ♈ 49	8 ♓ 18	15 ♑ 25	27 ♑	28 ♐	3 ♌	28 ♒	18 ♓
28	6 ♈ 37	10 ♋ 8	10 ♎ 24	10 R 0	23 ♓ 41	12 ♉ 14	26 ♈ 59	12 ♌ 49	4 ♐ 47	15 ♈ 53	8 ♓ 20	15 ♑ 26	28 ♑	28 ♐	3 ♌	29 ♒	18 ♓
29	7 ♈ 36	22 ♋ 30	10 ♎ 21	10 ♎ 0	25 ♓ 29	13 ♉ 26	27 ♈ 43	12 ♌ 47	4 ♐ 45	15 ♈ 56	8 ♓ 22	15 ♑ 26	28 ♑	28 ♐	4 ♌	29 ♒	18 ♓
30	8 ♈ 36	4 ♌ 37	10 ♎ 17	10 ♎ 0	27 ♓ 19	14 ♉ 37	28 ♈ 28	12 ♌ 45	4 ♐ 44	16 ♈ 0	8 ♓ 24	15 ♑ 27	28 ♑	28 ♐	4 ♌	0 ♓	18 ♓
31	9 ♈ 35	16 ♌ 34	10 ♎ 14	10 ♎ 0	29 ♓ 10	15 ♉ 49	29 ♈ 12	12 ♌ 43	4 ♐ 42	16 ♈ 3	8 ♓ 26	15 ♑ 28	28 ♑	28 ♐	4 ♌	0 ♓	18 ♓

SUN INGRESS	☉ → ♈ 21日 07:45
MOON PHASE	○ 6日 03:05 ♍　◑ 14日 02:48 ♐　● 20日 18:36 ♓　◐ 27日 16:43 ♋

aspects		
2日	00:55	☿⚹♅
2日	06:15	☿☍♃
3日	21:25	♃△♅
5日	00:14	♀△♃
5日	03:46	♀☌♅
5日	12:17	♀□♇
6日	09:19	☉⚹♇
10日	15:04	♂△♃
12日	01:06	♂☌♅
12日	07:41	♂□♇
16日	18:41	☿□♄
17日	11:54	♅□♇
18日	17:49	☿☌♆
23日	05:27	☿⚹♇
24日	15:25	♀⚹♆
26日	04:25	☉△♄
28日	11:11	♀□♃
30日	16:47	♀△♇

2015年4月

DAY	☉	☽	☊ mean	☊ true	☿	♀	♂	♃	♄	♅	♆	♇	⚳	⚴	⚵	⚶	⚷
	° ′	° ′	° ′	° ′	° ′	° ′	° ′	° ′	° ′	° ′	° ′	° ′	°	°	°	°	°
1	10 ♈ 34	28 ♌ 25	10 ♎ 11	10 D 0	1 D 2	17 D 0	29 D 57	12 R 41	4 R 41	16 D 6	8 D 28	15 D 28	29 D	29 D	4 D	1 D	18 D
2	11 ♈ 33	10 ♍ 13	10 ♎ 8	10 ♎ 0	2 ♈ 55	18 ♉ 11	0 ♉ 41	12 ♌ 40	4 ♐ 39	16 ♈ 10	8 ♓ 30	15 ♑ 29	29 ♑	29 ♐	4 ♌	1 ♓	18 ♓
3	12 ♈ 33	22 ♍ 2	10 ♎ 5	10 ♎ 0	4 ♈ 50	19 ♉ 23	1 ♉ 26	12 ♌ 38	4 ♐ 37	16 ♈ 13	8 ♓ 32	15 ♑ 29	29 ♑	29 ♐	4 ♌	2 ♓	18 ♓
4	13 ♈ 32	3 ♎ 54	10 ♎ 1	10 ♎ 0	6 ♈ 47	20 ♉ 34	2 ♉ 10	12 ♌ 37	4 ♐ 35	16 ♈ 17	8 ♓ 34	15 ♑ 29	0 ♒	29 ♐	4 ♌	2 ♓	18 ♓
5	14 ♈ 31	15 ♎ 51	9 ♎ 58	10 R 0	8 ♈ 44	21 ♉ 44	2 ♉ 54	12 ♌ 37	4 ♐ 33	16 ♈ 20	8 ♓ 36	15 ♑ 30	0 ♒	29 ♐	4 ♌	3 ♓	18 ♓
6	15 ♈ 30	27 ♎ 56	9 ♎ 55	10 ♎ 0	10 ♈ 43	22 ♉ 55	3 ♉ 39	12 ♌ 36	4 ♐ 31	16 ♈ 23	8 ♓ 38	15 ♑ 30	0 ♒	29 ♐	5 ♌	3 ♓	18 ♓
7	16 ♈ 29	10 ♏ 10	9 ♎ 52	9 ♎ 59	12 ♈ 43	24 ♉ 6	4 ♉ 23	12 ♌ 35	4 ♐ 29	16 ♈ 27	8 ♓ 40	15 ♑ 31	0 ♒	29 ♐	5 ♌	4 ♓	19 ♓
8	17 ♈ 28	22 ♏ 35	9 ♎ 49	9 ♎ 58	14 ♈ 45	25 ♉ 17	5 ♉ 7	12 ♌ 35	4 ♐ 27	16 ♈ 30	8 ♓ 42	15 ♑ 31	1 ♒	29 ♐	5 ♌	4 ♓	19 ♓
9	18 ♈ 27	5 ♐ 13	9 ♎ 46	9 ♎ 57	16 ♈ 47	26 ♉ 27	5 ♉ 51	12 ♌ 35	4 ♐ 25	16 ♈ 34	8 ♓ 44	15 ♑ 31	1 ♒	29 ♐	5 ♌	5 ♓	19 ♓
10	19 ♈ 26	18 ♐ 5	9 ♎ 42	9 ♎ 56	18 ♈ 51	27 ♉ 38	6 ♉ 35	12 D 35	4 ♐ 22	16 ♈ 37	8 ♓ 46	15 ♑ 31	1 ♒	0 ♑	5 ♌	5 ♓	19 ♓
11	20 ♈ 25	1 ♑ 13	9 ♎ 39	9 ♎ 55	20 ♈ 55	28 ♉ 48	7 ♉ 19	12 ♌ 35	4 ♐ 20	16 ♈ 41	8 ♓ 48	15 ♑ 32	1 ♒	0 ♑	5 ♌	6 ♓	19 ♓
12	21 ♈ 24	14 ♑ 39	9 ♎ 36	9 ♎ 55	23 ♈ 0	29 ♉ 58	8 ♉ 3	12 ♌ 36	4 ♐ 17	16 ♈ 44	8 ♓ 49	15 ♑ 32	2 ♒	0 ♑	5 ♌	6 ♓	19 ♓
13	22 ♈ 23	28 ♑ 24	9 ♎ 33	9 D 55	25 ♈ 6	1 ♊ 8	8 ♉ 47	12 ♌ 36	4 ♐ 14	16 ♈ 47	8 ♓ 51	15 ♑ 32	2 ♒	0 ♑	6 ♌	7 ♓	19 ♓
14	23 ♈ 21	12 ♒ 29	9 ♎ 30	9 ♎ 55	27 ♈ 12	2 ♊ 18	9 ♉ 31	12 ♌ 37	4 ♐ 12	16 ♈ 51	8 ♓ 53	15 ♑ 32	2 ♒	0 ♑	6 ♌	7 ♓	19 ♓
15	24 ♈ 20	26 ♒ 51	9 ♎ 27	9 ♎ 56	29 ♈ 18	3 ♊ 28	10 ♉ 15	12 ♌ 38	4 ♐ 9	16 ♈ 54	8 ♓ 55	15 ♑ 32	2 ♒	0 ♑	6 ♌	7 ♓	19 ♓
16	25 ♈ 19	11 ♓ 28	9 ♎ 23	9 ♎ 57	1 ♉ 24	4 ♊ 38	10 ♉ 58	12 ♌ 39	4 ♐ 6	16 ♈ 58	8 ♓ 56	15 ♑ 32	3 ♒	0 ♑	6 ♌	8 ♓	19 ♓
17	26 ♈ 18	26 ♓ 17	9 ♎ 20	9 ♎ 58	3 ♉ 30	5 ♊ 47	11 ♉ 42	12 ♌ 41	4 ♐ 3	17 ♈ 1	8 ♓ 58	15 ♑ 32	3 ♒	0 ♑	6 ♌	8 ♓	19 ♓
18	27 ♈ 16	11 ♈ 9	9 ♎ 17	9 R 59	5 ♉ 35	6 ♊ 57	12 ♉ 26	12 ♌ 42	4 ♐ 0	17 ♈ 5	9 ♓ 0	15 R 32	3 ♒	0 ♑	7 ♌	9 ♓	19 ♓
19	28 ♈ 15	25 ♈ 59	9 ♎ 14	9 ♎ 58	7 ♉ 39	8 ♊ 6	13 ♉ 9	12 ♌ 44	3 ♐ 57	17 ♈ 8	9 ♓ 1	15 ♑ 32	3 ♒	0 ♑	7 ♌	9 ♓	19 ♓
20	29 ♈ 14	10 ♉ 39	9 ♎ 11	9 ♎ 57	9 ♉ 42	9 ♊ 16	13 ♉ 53	12 ♌ 46	3 ♐ 53	17 ♈ 11	9 ♓ 3	15 ♑ 32	3 ♒	0 ♑	7 ♌	10 ♓	19 ♓
21	0 ♉ 12	25 ♉ 1	9 ♎ 7	9 ♎ 54	11 ♉ 43	10 ♊ 25	14 ♉ 37	12 ♌ 48	3 ♐ 50	17 ♈ 15	9 ♓ 5	15 ♑ 32	4 ♒	0 R	7 ♌	10 ♓	19 ♓
22	1 ♉ 11	9 ♊ 0	9 ♎ 4	9 ♎ 51	13 ♉ 43	11 ♊ 34	15 ♉ 20	12 ♌ 50	3 ♐ 47	17 ♈ 18	9 ♓ 6	15 ♑ 32	4 ♒	0 ♑	8 ♌	11 ♓	19 ♓
23	2 ♉ 10	22 ♊ 35	9 ♎ 1	9 ♎ 48	15 ♉ 39	12 ♊ 43	16 ♉ 3	12 ♌ 53	3 ♐ 43	17 ♈ 21	9 ♓ 8	15 ♑ 32	4 ♒	0 ♑	8 ♌	11 ♓	19 ♓
24	3 ♉ 8	5 ♋ 44	8 ♎ 58	9 ♎ 45	17 ♉ 34	13 ♊ 52	16 ♉ 47	12 ♌ 56	3 ♐ 40	17 ♈ 25	9 ♓ 9	15 ♑ 32	4 ♒	0 ♑	8 ♌	12 ♓	19 ♓
25	4 ♉ 7	18 ♋ 30	8 ♎ 55	9 ♎ 43	19 ♉ 25	15 ♊ 0	17 ♉ 30	12 ♌ 58	3 ♐ 36	17 ♈ 28	9 ♓ 11	15 ♑ 31	5 ♒	0 ♑	8 ♌	12 ♓	19 ♓
26	5 ♉ 5	0 ♌ 54	8 ♎ 52	9 ♎ 43	21 ♉ 13	16 ♊ 9	18 ♉ 13	13 ♌ 1	3 ♐ 33	17 ♈ 31	9 ♓ 12	15 ♑ 31	5 ♒	0 ♑	8 ♌	12 ♓	20 ♓
27	6 ♉ 3	13 ♌ 3	8 ♎ 48	9 D 43	22 ♉ 58	17 ♊ 17	18 ♉ 57	13 ♌ 5	3 ♐ 29	17 ♈ 35	9 ♓ 14	15 ♑ 31	5 ♒	0 ♑	9 ♌	13 ♓	20 ♓
28	7 ♉ 2	25 ♌ 0	8 ♎ 45	9 ♎ 44	24 ♉ 39	18 ♊ 25	19 ♉ 40	13 ♌ 8	3 ♐ 25	17 ♈ 38	9 ♓ 15	15 ♑ 31	5 ♒	0 ♑	9 ♌	13 ♓	20 ♓
29	8 ♉ 0	6 ♍ 50	8 ♎ 42	9 ♎ 45	26 ♉ 17	19 ♊ 33	20 ♉ 23	13 ♌ 12	3 ♐ 22	17 ♈ 41	9 ♓ 17	15 ♑ 30	5 ♒	0 ♑	9 ♌	14 ♓	20 ♓
30	8 ♉ 59	18 ♍ 38	8 ♎ 39	9 ♎ 47	27 ♉ 50	20 ♊ 41	21 ♉ 6	13 ♌ 15	3 ♐ 18	17 ♈ 44	9 ♓ 18	15 ♑ 30	5 ♒	0 ♑	9 ♌	14 ♓	20 ♓

SUN INGRESS	☉ → ♉ 20日 18:42
MOON PHASE	○ 4日 21:06 ♎　◑ 12日 12:44 ♑　● 19日 03:57 ♈　◐ 26日 08:55 ♌

aspects		
2日	21:20	☿△♄
3日	02:20	☉△♃
6日	00:08	☉□♇
6日	22:26	☿△♃
6日	23:08	☉☌♅
8日	09:07	☿□♇
8日	21:20	☿☌♅
10日	13:00	☉☌☿
13日	02:22	♂⚹♆
15日	13:25	♀☍♄
18日	09:29	♂□♃
19日	16:12	☿⚹♆
19日	19:29	♀□♆
21日	13:15	☿□♃
22日	06:35	♂△♇
22日	22:26	☿△♇
23日	03:41	♀⚹♃
23日	08:03	☿☌♂
27日	06:31	♀⚹♅
30日	08:11	☉⚹♆

2015年5月

DAY	☉	☽	☊ mean	☊ true	☿	♀	♂	♃	♄	♅	♆	♇	⚳	⚴	⚵	⚶	⚷
	° ′	° ′	° ′	° ′	° ′	° ′	° ′	° ′	° ′	° ′	° ′	° ′	°	°	°	°	°
1	9 ♉ 57	0 ♎ 28	8 ♎ 36	9 D 48	29 D 20	21 D 49	21 D 49	13 D 19	3 R 14	17 D 48	9 D 19	15 R 30	6 D	0 R	10 D	15 D	20 D
2	10 ♉ 55	12 ♎ 24	8 ♎ 33	9 R 49	0 ♊ 45	22 ♊ 56	22 ♉ 32	13 ♌ 23	3 ♐ 10	17 ♈ 51	9 ♓ 21	15 ♑ 29	6 ♒	29 ♐	10 ♌	15 ♓	20 ♓
3	11 ♉ 53	24 ♎ 30	8 ♎ 29	9 ♎ 48	2 ♊ 6	24 ♊ 4	23 ♉ 15	13 ♌ 27	3 ♐ 6	17 ♈ 54	9 ♓ 22	15 ♑ 29	6 ♒	29 ♐	10 ♌	16 ♓	20 ♓
4	12 ♉ 51	6 ♏ 47	8 ♎ 26	9 ♎ 45	3 ♊ 23	25 ♊ 11	23 ♉ 58	13 ♌ 32	3 ♐ 2	17 ♈ 57	9 ♓ 23	15 ♑ 28	6 ♒	29 ♐	11 ♌	16 ♓	20 ♓
5	13 ♉ 50	19 ♏ 17	8 ♎ 23	9 ♎ 41	4 ♊ 35	26 ♊ 18	24 ♉ 41	13 ♌ 36	2 ♐ 58	18 ♈ 1	9 ♓ 24	15 ♑ 28	6 ♒	29 ♐	11 ♌	16 ♓	20 ♓
6	14 ♉ 48	2 ♐ 1	8 ♎ 20	9 ♎ 36	5 ♊ 43	27 ♊ 25	25 ♉ 23	13 ♌ 41	2 ♐ 54	18 ♈ 4	9 ♓ 26	15 ♑ 27	6 ♒	29 ♐	11 ♌	17 ♓	20 ♓
7	15 ♉ 46	14 ♐ 59	8 ♎ 17	9 ♎ 30	6 ♊ 46	28 ♊ 31	26 ♉ 6	13 ♌ 46	2 ♐ 50	18 ♈ 7	9 ♓ 27	15 ♑ 27	7 ♒	29 ♐	11 ♌	17 ♓	20 ♓
8	16 ♉ 44	28 ♐ 11	8 ♎ 13	9 ♎ 24	7 ♊ 45	29 ♊ 38	26 ♉ 49	13 ♌ 51	2 ♐ 45	18 ♈ 10	9 ♓ 28	15 ♑ 26	7 ♒	29 ♐	12 ♌	18 ♓	20 ♓
9	17 ♉ 42	11 ♑ 35	8 ♎ 10	9 ♎ 19	8 ♊ 39	0 ♋ 44	27 ♉ 31	13 ♌ 56	2 ♐ 41	18 ♈ 13	9 ♓ 29	15 ♑ 25	7 ♒	29 ♐	12 ♌	18 ♓	20 ♓
10	18 ♉ 40	25 ♑ 12	8 ♎ 7	9 ♎ 15	9 ♊ 28	1 ♋ 50	28 ♉ 14	14 ♌ 1	2 ♐ 37	18 ♈ 16	9 ♓ 30	15 ♑ 25	7 ♒	28 ♐	12 ♌	19 ♓	20 ♓
11	19 ♉ 38	9 ♒ 0	8 ♎ 4	9 ♎ 13	10 ♊ 12	2 ♋ 56	28 ♉ 56	14 ♌ 7	2 ♐ 33	18 ♈ 19	9 ♓ 31	15 ♑ 24	7 ♒	28 ♐	12 ♌	19 ♓	20 ♓
12	20 ♉ 36	23 ♒ 0	8 ♎ 1	9 D 12	10 ♊ 52	4 ♋ 2	29 ♉ 39	14 ♌ 12	2 ♐ 28	18 ♈ 22	9 ♓ 32	15 ♑ 24	7 ♒	28 ♐	13 ♌	19 ♓	20 ♓
13	21 ♉ 34	7 ♓ 9	7 ♎ 58	9 ♎ 13	11 ♊ 26	5 ♋ 7	0 ♊ 21	14 ♌ 18	2 ♐ 24	18 ♈ 25	9 ♓ 33	15 ♑ 23	7 ♒	28 ♐	13 ♌	20 ♓	20 ♓
14	22 ♉ 32	21 ♓ 28	7 ♎ 54	9 ♎ 14	11 ♊ 55	6 ♋ 12	1 ♊ 4	14 ♌ 24	2 ♐ 20	18 ♈ 28	9 ♓ 34	15 ♑ 22	8 ♒	28 ♐	13 ♌	20 ♓	20 ♓
15	23 ♉ 30	5 ♈ 52	7 ♎ 51	9 ♎ 15	12 ♊ 20	7 ♋ 17	1 ♊ 46	14 ♌ 30	2 ♐ 15	18 ♈ 31	9 ♓ 35	15 ♑ 21	8 ♒	28 ♐	14 ♌	21 ♓	20 ♓
16	24 ♉ 28	20 ♈ 20	7 ♎ 48	9 R 15	12 ♊ 39	8 ♋ 22	2 ♊ 28	14 ♌ 36	2 ♐ 11	18 ♈ 34	9 ♓ 36	15 ♑ 21	8 ♒	27 ♐	14 ♌	21 ♓	20 ♓
17	25 ♉ 26	4 ♉ 47	7 ♎ 45	9 ♎ 12	12 ♊ 54	9 ♋ 27	3 ♊ 11	14 ♌ 43	2 ♐ 6	18 ♈ 37	9 ♓ 37	15 ♑ 20	8 ♒	27 ♐	14 ♌	21 ♓	20 ♓
18	26 ♉ 23	19 ♉ 6	7 ♎ 42	9 ♎ 8	13 ♊ 3	10 ♋ 31	3 ♊ 53	14 ♌ 49	2 ♐ 2	18 ♈ 40	9 ♓ 38	15 ♑ 19	8 ♒	27 ♐	14 ♌	22 ♓	20 ♓
19	27 ♉ 21	3 ♊ 14	7 ♎ 38	9 ♎ 1	13 ♊ 8	11 ♋ 35	4 ♊ 35	14 ♌ 56	1 ♐ 58	18 ♈ 43	9 ♓ 39	15 ♑ 18	8 ♒	27 ♐	15 ♌	22 ♓	20 ♓
20	28 ♉ 19	17 ♊ 5	7 ♎ 35	8 ♎ 53	13 R 8	12 ♋ 39	5 ♊ 17	15 ♌ 2	1 ♐ 53	18 ♈ 46	9 ♓ 39	15 ♑ 17	8 ♒	27 ♐	15 ♌	23 ♓	20 ♓
21	29 ♉ 17	0 ♋ 35	7 ♎ 32	8 ♎ 45	13 ♊ 3	13 ♋ 43	5 ♊ 59	15 ♌ 9	1 ♐ 49	18 ♈ 48	9 ♓ 40	15 ♑ 16	8 ♒	26 ♐	15 ♌	23 ♓	21 ♓
22	0 ♊ 15	13 ♋ 43	7 ♎ 29	8 ♎ 37	12 ♊ 53	14 ♋ 46	6 ♊ 41	15 ♌ 16	1 ♐ 44	18 ♈ 51	9 ♓ 41	15 ♑ 15	8 ♒	26 ♐	16 ♌	23 ♓	21 ♓
23	1 ♊ 12	26 ♋ 29	7 ♎ 26	8 ♎ 30	12 ♊ 40	15 ♋ 49	7 ♊ 23	15 ♌ 24	1 ♐ 40	18 ♈ 54	9 ♓ 42	15 ♑ 14	8 ♒	26 ♐	16 ♌	24 ♓	21 ♓
24	2 ♊ 10	8 ♌ 55	7 ♎ 23	8 ♎ 26	12 ♊ 22	16 ♋ 52	8 ♊ 5	15 ♌ 31	1 ♐ 35	18 ♈ 57	9 ♓ 42	15 ♑ 13	8 ♒	26 ♐	16 ♌	24 ♓	21 ♓
25	3 ♊ 8	21 ♌ 5	7 ♎ 19	8 ♎ 23	12 ♊ 1	17 ♋ 54	8 ♊ 47	15 ♌ 38	1 ♐ 31	18 ♈ 59	9 ♓ 43	15 ♑ 12	9 ♒	25 ♐	17 ♌	25 ♓	21 ♓
26	4 ♊ 5	3 ♍ 2	7 ♎ 16	8 ♎ 22	11 ♊ 36	18 ♋ 57	9 ♊ 29	15 ♌ 46	1 ♐ 26	19 ♈ 2	9 ♓ 43	15 ♑ 11	9 ♒	25 ♐	17 ♌	25 ♓	21 ♓
27	5 ♊ 3	14 ♍ 53	7 ♎ 13	8 D 22	11 ♊ 9	19 ♋ 59	10 ♊ 10	15 ♌ 54	1 ♐ 22	19 ♈ 5	9 ♓ 44	15 ♑ 10	9 ♒	25 ♐	17 ♌	25 ♓	21 ♓
28	6 ♊ 1	26 ♍ 41	7 ♎ 10	8 ♎ 23	10 ♊ 39	21 ♋ 0	10 ♊ 52	16 ♌ 1	1 ♐ 17	19 ♈ 7	9 ♓ 44	15 ♑ 9	9 ♒	25 ♐	18 ♌	26 ♓	21 ♓
29	6 ♊ 58	8 ♎ 33	7 ♎ 7	8 R 24	10 ♊ 7	22 ♋ 1	11 ♊ 34	16 ♌ 9	1 ♐ 13	19 ♈ 10	9 ♓ 45	15 ♑ 8	9 ♒	24 ♐	18 ♌	26 ♓	21 ♓
30	7 ♊ 56	20 ♎ 34	7 ♎ 4	8 ♎ 23	9 ♊ 34	23 ♋ 2	12 ♊ 15	16 ♌ 17	1 ♐ 8	19 ♈ 12	9 ♓ 45	15 ♑ 7	9 ♒	24 ♐	18 ♌	27 ♓	21 ♓
31	8 ♊ 53	2 ♏ 47	7 ♎ 0	8 ♎ 20	9 ♊ 1	24 ♋ 3	12 ♊ 57	16 ♌ 26	1 ♐ 4	19 ♈ 15	9 ♓ 46	15 ♑ 6	9 ♒	24 ♐	19 ♌	27 ♓	21 ♓

SUN INGRESS	☉ → ♊ 21日 17:45
MOON PHASE	○ 4日 12:42 ♏ ◑ 11日 19:36 ♒ ● 18日 13:13 ♉ ◐ 26日 02:19 ♍

aspects		
3日	17:35	☿☍♄
4日	18:02	☉□♃
6日	16:11	☉△♇
10日	01:08	☿□♆
15日	15:03	♂☍♄
17日	03:49	♀△♆
22日	10:57	♀☍♇
23日	10:35	☉☍♄
26日	02:09	♀□♅
26日	08:38	♂□♆
27日	19:37	☿☌♂
29日	16:01	☿□♆
31日	01:56	☉☌☿
31日	22:08	☉□♆

2015年6月

DAY	☉	☽	☊ mean	☊ true	☿	♀	♂	♃	♄	♅	♆	♇	⚳	⚴	⚵	⚶	⚷
	° ′	° ′	° ′	° ′	° ′	° ′	° ′	° ′	° ′	° ′	° ′	° ′	°	°	°	°	°
1	9 ♊ 51	15 ♏ 15	6 ♎ 57	8 R 15	8 R 27	25 D 3	13 D 38	16 D 34	1 R 0	19 D 17	9 D 46	15 R 5	9 D	24 R	19 D	27 D	21 D
2	10 ♊ 48	28 ♏ 1	6 ♎ 54	8 ♎ 8	7 ♊ 53	26 ♋ 3	14 ♊ 20	16 ♌ 42	0 ♐ 55	19 ♈ 20	9 ♓ 47	15 ♑ 4	9 ♒	23 ♐	19 ♌	28 ♓	21 ♓
3	11 ♊ 46	11 ♐ 5	6 ♎ 51	7 ♎ 58	7 ♊ 21	27 ♋ 2	15 ♊ 1	16 ♌ 51	0 ♐ 51	19 ♈ 22	9 ♓ 47	15 ♑ 3	9 ♒	23 ♐	20 ♌	28 ♓	21 ♓
4	12 ♊ 43	24 ♐ 27	6 ♎ 48	7 ♎ 48	6 ♊ 50	28 ♋ 1	15 ♊ 43	16 ♌ 59	0 ♐ 47	19 ♈ 24	9 ♓ 47	15 ♑ 1	9 R	23 ♐	20 ♌	28 ♓	21 ♓
5	13 ♊ 41	8 ♑ 3	6 ♎ 44	7 ♎ 37	6 ♊ 22	29 ♋ 0	16 ♊ 24	17 ♌ 8	0 ♐ 42	19 ♈ 27	9 ♓ 48	15 ♑ 0	9 ♒	22 ♐	20 ♌	29 ♓	21 ♓
6	14 ♊ 38	21 ♑ 51	6 ♎ 41	7 ♎ 28	5 ♊ 56	29 ♋ 58	17 ♊ 5	17 ♌ 17	0 ♐ 38	19 ♈ 29	9 ♓ 48	14 ♑ 59	9 ♒	22 ♐	21 ♌	29 ♓	21 ♓
7	15 ♊ 35	5 ♒ 48	6 ♎ 38	7 ♎ 20	5 ♊ 33	0 ♌ 56	17 ♊ 47	17 ♌ 26	0 ♐ 34	19 ♈ 31	9 ♓ 48	14 ♑ 58	9 ♒	22 ♐	21 ♌	29 ♓	21 ♓
8	16 ♊ 33	19 ♒ 51	6 ♎ 35	7 ♎ 15	5 ♊ 13	1 ♌ 53	18 ♊ 28	17 ♌ 35	0 ♐ 30	19 ♈ 34	9 ♓ 48	14 ♑ 56	9 ♒	22 ♐	21 ♌	0 ♈	21 ♓
9	17 ♊ 30	3 ♓ 57	6 ♎ 32	7 ♎ 13	4 ♊ 57	2 ♌ 50	19 ♊ 9	17 ♌ 44	0 ♐ 25	19 ♈ 36	9 ♓ 48	14 ♑ 55	9 ♒	21 ♐	22 ♌	0 ♈	21 ♓
10	18 ♊ 28	18 ♓ 5	6 ♎ 29	7 ♎ 12	4 ♊ 45	3 ♌ 47	19 ♊ 50	17 ♌ 53	0 ♐ 21	19 ♈ 38	9 ♓ 48	14 ♑ 54	9 ♒	21 ♐	22 ♌	0 ♈	21 ♓
11	19 ♊ 25	2 ♈ 13	6 ♎ 25	7 D 13	4 ♊ 37	4 ♌ 43	20 ♊ 31	18 ♌ 3	0 ♐ 17	19 ♈ 40	9 ♓ 48	14 ♑ 53	9 ♒	21 ♐	22 ♌	1 ♈	21 ♓
12	20 ♊ 22	16 ♈ 20	6 ♎ 22	7 R 12	4 ♊ 33	5 ♌ 38	21 ♊ 12	18 ♌ 12	0 ♐ 13	19 ♈ 42	9 ♓ 49	14 ♑ 51	9 ♒	20 ♐	23 ♌	1 ♈	21 ♓
13	21 ♊ 20	0 ♉ 25	6 ♎ 19	7 ♎ 11	4 D 34	6 ♌ 33	21 ♊ 53	18 ♌ 22	0 ♐ 9	19 ♈ 44	9 R 49	14 ♑ 50	8 ♒	20 ♐	23 ♌	1 ♈	21 ♓
14	22 ♊ 17	14 ♉ 26	6 ♎ 16	7 ♎ 6	4 ♊ 40	7 ♌ 27	22 ♊ 34	18 ♌ 31	0 ♐ 5	19 ♈ 46	9 ♓ 49	14 ♑ 49	8 ♒	20 ♐	23 ♌	2 ♈	21 ♓
15	23 ♊ 14	28 ♉ 21	6 ♎ 13	6 ♎ 59	4 ♊ 50	8 ♌ 21	23 ♊ 15	18 ♌ 41	0 ♐ 1	19 ♈ 48	9 ♓ 48	14 ♑ 47	8 ♒	20 ♐	24 ♌	2 ♈	21 ♓
16	24 ♊ 12	12 ♊ 6	6 ♎ 10	6 ♎ 50	5 ♊ 4	9 ♌ 15	23 ♊ 56	18 ♌ 51	29 ♏ 57	19 ♈ 50	9 ♓ 48	14 ♑ 46	8 ♒	19 ♐	24 ♌	2 ♈	21 ♓
17	25 ♊ 9	25 ♊ 37	6 ♎ 6	6 ♎ 39	5 ♊ 23	10 ♌ 7	24 ♊ 37	19 ♌ 1	29 ♏ 53	19 ♈ 52	9 ♓ 48	14 ♑ 44	8 ♒	19 ♐	24 ♌	3 ♈	21 ♓
18	26 ♊ 6	8 ♋ 53	6 ♎ 3	6 ♎ 26	5 ♊ 47	10 ♌ 59	25 ♊ 18	19 ♌ 11	29 ♏ 50	19 ♈ 54	9 ♓ 48	14 ♑ 43	8 ♒	19 ♐	25 ♌	3 ♈	21 ♓
19	27 ♊ 4	21 ♋ 51	6 ♎ 0	6 ♎ 14	6 ♊ 15	11 ♌ 51	25 ♊ 58	19 ♌ 21	29 ♏ 46	19 ♈ 55	9 ♓ 48	14 ♑ 42	8 ♒	18 ♐	25 ♌	3 ♈	21 ♓
20	28 ♊ 1	4 ♌ 30	5 ♎ 57	6 ♎ 4	6 ♊ 47	12 ♌ 42	26 ♊ 39	19 ♌ 31	29 ♏ 42	19 ♈ 57	9 ♓ 48	14 ♑ 40	8 ♒	18 ♐	25 ♌	4 ♈	21 ♓
21	28 ♊ 58	16 ♌ 53	5 ♎ 54	5 ♎ 56	7 ♊ 24	13 ♌ 32	27 ♊ 20	19 ♌ 42	29 ♏ 39	19 ♈ 59	9 ♓ 47	14 ♑ 39	8 ♒	18 ♐	26 ♌	4 ♈	21 ♓
22	29 ♊ 56	29 ♌ 0	5 ♎ 50	5 ♎ 50	8 ♊ 5	14 ♌ 21	28 ♊ 0	19 ♌ 52	29 ♏ 35	20 ♈ 1	9 ♓ 47	14 ♑ 37	8 ♒	18 ♐	26 ♌	4 ♈	21 ♓
23	0 ♋ 53	10 ♍ 56	5 ♎ 47	5 ♎ 47	8 ♊ 50	15 ♌ 10	28 ♊ 41	20 ♌ 3	29 ♏ 31	20 ♈ 2	9 ♓ 47	14 ♑ 36	8 ♒	17 ♐	26 ♌	5 ♈	21 ♓
24	1 ♋ 50	22 ♍ 46	5 ♎ 44	5 ♎ 46	9 ♊ 40	15 ♌ 58	29 ♊ 21	20 ♌ 13	29 ♏ 28	20 ♈ 4	9 ♓ 47	14 ♑ 35	7 ♒	17 ♐	27 ♌	5 ♈	21 ♓
25	2 ♋ 47	4 ♎ 35	5 ♎ 41	5 D 46	10 ♊ 33	16 ♌ 45	0 ♋ 2	20 ♌ 24	29 ♏ 25	20 ♈ 5	9 ♓ 46	14 ♑ 33	7 ♒	17 ♐	27 ♌	5 ♈	21 R
26	3 ♋ 45	16 ♎ 28	5 ♎ 38	5 R 46	11 ♊ 31	17 ♌ 31	0 ♋ 42	20 ♌ 35	29 ♏ 21	20 ♈ 7	9 ♓ 46	14 ♑ 32	7 ♒	16 ♐	28 ♌	5 ♈	21 ♓
27	4 ♋ 42	28 ♎ 30	5 ♎ 35	5 ♎ 45	12 ♊ 32	18 ♌ 16	1 ♋ 23	20 ♌ 45	29 ♏ 18	20 ♈ 8	9 ♓ 45	14 ♑ 30	7 ♒	16 ♐	28 ♌	6 ♈	21 ♓
28	5 ♋ 39	10 ♏ 47	5 ♎ 31	5 ♎ 41	13 ♊ 38	19 ♌ 1	2 ♋ 3	20 ♌ 56	29 ♏ 15	20 ♈ 10	9 ♓ 45	14 ♑ 29	7 ♒	16 ♐	28 ♌	6 ♈	21 ♓
29	6 ♋ 36	23 ♏ 22	5 ♎ 28	5 ♎ 36	14 ♊ 47	19 ♌ 44	2 ♋ 43	21 ♌ 7	29 ♏ 12	20 ♈ 11	9 ♓ 44	14 ♑ 27	7 ♒	16 ♐	29 ♌	6 ♈	21 ♓
30	7 ♋ 33	6 ♐ 19	5 ♎ 25	5 ♎ 27	16 ♊ 0	20 ♌ 27	3 ♋ 24	21 ♌ 18	29 ♏ 9	20 ♈ 12	9 ♓ 44	14 ♑ 26	7 ♒	15 ♐	29 ♌	7 ♈	21 ♓

SUN INGRESS	☉ → ♋ 22日 01:38
MOON PHASE	○ 3日 01:19 ♐ ◑ 10日 00:42 ♓ ● 16日 23:05 ♊ ◐ 24日 20:03 ♎

aspects		
6日	08:38	♂⚹♃
6日	15:23	♀△♄
9日	06:56	☉⚹♃
9日	16:30	♂⚹♅
10日	21:52	☿⚹♀
11日	06:30	☉⚹♅
15日	00:56	☉☌♂
22日	22:46	♃△♅
24日	03:08	♀□♆
29日	15:26	♀△♅

2015年7月

DAY	☉	☽	☊ mean	☊ true	☿	♀	♂	♃	♄	♅	♆	♇	⚳	⚴	⚵	⚶	⚷
	° ′	° ′	° ′	° ′	° ′	° ′	° ′	° ′	° ′	° ′	° ′	° ′	°	°	°	°	°
1	8 ♋ 31	19 ♐ 39	5 ♎ 22	5 R 17	17 D 17	21 D 8	4 D 4	21 D 29	29 R 6	20 D 14	9 R 43	14 R 24	6 R	15 R	29 D	7 D	21 R
2	9 ♋ 28	3 ♑ 20	5 ♎ 19	5 ♎ 5	18 ♊ 38	21 ♌ 49	4 ♋ 44	21 ♌ 40	29 ♏ 3	20 ♈ 15	9 ♓ 43	14 ♑ 23	6 ♒	15 ♐	0 ♍	7 ♈	21 ♓
3	10 ♋ 25	17 ♑ 20	5 ♎ 16	4 ♎ 54	20 ♊ 2	22 ♌ 28	5 ♋ 24	21 ♌ 52	29 ♏ 0	20 ♈ 16	9 ♓ 42	14 ♑ 21	6 ♒	15 ♐	0 ♍	7 ♈	21 ♓
4	11 ♋ 22	1 ♒ 34	5 ♎ 12	4 ♎ 43	21 ♊ 30	23 ♌ 7	6 ♋ 5	22 ♌ 3	28 ♏ 58	20 ♈ 17	9 ♓ 41	14 ♑ 20	6 ♒	15 ♐	0 ♍	8 ♈	21 ♓
5	12 ♋ 19	15 ♒ 57	5 ♎ 9	4 ♎ 35	23 ♊ 2	23 ♌ 44	6 ♋ 45	22 ♌ 14	28 ♏ 55	20 ♈ 18	9 ♓ 41	14 ♑ 18	6 ♒	14 ♐	1 ♍	8 ♈	21 ♓
6	13 ♋ 17	0 ♓ 22	5 ♎ 6	4 ♎ 29	24 ♊ 37	24 ♌ 20	7 ♋ 25	22 ♌ 26	28 ♏ 52	20 ♈ 19	9 ♓ 40	14 ♑ 17	6 ♒	14 ♐	1 ♍	8 ♈	21 ♓
7	14 ♋ 14	14 ♓ 45	5 ♎ 3	4 ♎ 26	26 ♊ 15	24 ♌ 55	8 ♋ 5	22 ♌ 37	28 ♏ 50	20 ♈ 20	9 ♓ 39	14 ♑ 15	5 ♒	14 ♐	2 ♍	8 ♈	21 ♓
8	15 ♋ 11	29 ♓ 2	5 ♎ 0	4 ♎ 25	27 ♊ 57	25 ♌ 28	8 ♋ 45	22 ♌ 49	28 ♏ 47	20 ♈ 21	9 ♓ 38	14 ♑ 14	5 ♒	14 ♐	2 ♍	9 ♈	21 ♓
9	16 ♋ 8	13 ♈ 11	4 ♎ 56	4 D 25	29 ♊ 42	26 ♌ 0	9 ♋ 25	23 ♌ 0	28 ♏ 45	20 ♈ 22	9 ♓ 38	14 ♑ 12	5 ♒	14 ♐	2 ♍	9 ♈	21 ♓
10	17 ♋ 5	27 ♈ 12	4 ♎ 53	4 R 25	1 ♋ 31	26 ♌ 31	10 ♋ 5	23 ♌ 12	28 ♏ 43	20 ♈ 23	9 ♓ 37	14 ♑ 11	5 ♒	13 ♐	3 ♍	9 ♈	21 ♓
11	18 ♋ 3	11 ♉ 3	4 ♎ 50	4 ♎ 23	3 ♋ 22	27 ♌ 0	10 ♋ 44	23 ♌ 24	28 ♏ 41	20 ♈ 24	9 ♓ 36	14 ♑ 9	5 ♒	13 ♐	3 ♍	9 ♈	21 ♓
12	19 ♋ 0	24 ♉ 45	4 ♎ 47	4 ♎ 19	5 ♋ 16	27 ♌ 28	11 ♋ 24	23 ♌ 35	28 ♏ 39	20 ♈ 24	9 ♓ 35	14 ♑ 8	5 ♒	13 ♐	3 ♍	9 ♈	21 ♓
13	19 ♋ 57	8 ♊ 17	4 ♎ 44	4 ♎ 12	7 ♋ 13	27 ♌ 54	12 ♋ 4	23 ♌ 47	28 ♏ 37	20 ♈ 25	9 ♓ 34	14 ♑ 6	4 ♒	13 ♐	4 ♍	10 ♈	21 ♓
14	20 ♋ 54	21 ♊ 37	4 ♎ 41	4 ♎ 3	9 ♋ 12	28 ♌ 18	12 ♋ 44	23 ♌ 59	28 ♏ 35	20 ♈ 26	9 ♓ 33	14 ♑ 5	4 ♒	13 ♐	4 ♍	10 ♈	21 ♓
15	21 ♋ 51	4 ♋ 46	4 ♎ 37	3 ♎ 52	11 ♋ 12	28 ♌ 41	13 ♋ 24	24 ♌ 11	28 ♏ 33	20 ♈ 26	9 ♓ 32	14 ♑ 3	4 ♒	13 ♐	5 ♍	10 ♈	21 ♓
16	22 ♋ 49	17 ♋ 42	4 ♎ 34	3 ♎ 40	13 ♋ 17	29 ♌ 2	14 ♋ 3	24 ♌ 23	28 ♏ 31	20 ♈ 27	9 ♓ 31	14 ♑ 2	4 ♒	12 ♐	5 ♍	10 ♈	21 ♓
17	23 ♋ 46	0 ♌ 23	4 ♎ 31	3 ♎ 29	15 ♋ 21	29 ♌ 22	14 ♋ 43	24 ♌ 35	28 ♏ 30	20 ♈ 27	9 ♓ 30	14 ♑ 0	3 ♒	12 ♐	5 ♍	10 ♈	21 ♓
18	24 ♋ 43	12 ♌ 50	4 ♎ 28	3 ♎ 18	17 ♋ 27	29 ♌ 39	15 ♋ 23	24 ♌ 47	28 ♏ 28	20 ♈ 28	9 ♓ 29	13 ♑ 59	3 ♒	12 ♐	6 ♍	11 ♈	21 ♓
19	25 ♋ 41	25 ♌ 4	4 ♎ 25	3 ♎ 10	19 ♋ 35	29 ♌ 55	16 ♋ 2	24 ♌ 59	28 ♏ 27	20 ♈ 28	9 ♓ 28	13 ♑ 58	3 ♒	12 ♐	6 ♍	11 ♈	21 ♓
20	26 ♋ 38	7 ♍ 6	4 ♎ 22	3 ♎ 5	21 ♋ 42	0 ♍ 9	16 ♋ 42	25 ♌ 11	28 ♏ 25	20 ♈ 29	9 ♓ 27	13 ♑ 56	3 ♒	12 ♐	6 ♍	11 ♈	21 ♓
21	27 ♋ 35	18 ♍ 59	4 ♎ 18	3 ♎ 2	23 ♋ 50	0 ♍ 20	17 ♋ 21	25 ♌ 24	28 ♏ 24	20 ♈ 29	9 ♓ 26	13 ♑ 55	3 ♒	12 ♐	7 ♍	11 ♈	21 ♓
22	28 ♋ 32	0 ♎ 47	4 ♎ 15	3 ♎ 1	25 ♋ 59	0 ♍ 30	18 ♋ 1	25 ♌ 36	28 ♏ 23	20 ♈ 29	9 ♓ 25	13 ♑ 53	2 ♒	12 ♐	7 ♍	11 ♈	21 ♓
23	29 ♋ 30	12 ♎ 35	4 ♎ 12	3 D 1	28 ♋ 7	0 ♍ 37	18 ♋ 40	25 ♌ 48	28 ♏ 22	20 ♈ 29	9 ♓ 24	13 ♑ 52	2 ♒	12 ♐	8 ♍	11 ♈	21 ♓
24	0 ♌ 27	24 ♎ 27	4 ♎ 9	3 ♎ 2	0 ♌ 14	0 ♍ 42	19 ♋ 20	26 ♌ 1	28 ♏ 21	20 ♈ 29	9 ♓ 23	13 ♑ 50	2 ♒	12 ♐	8 ♍	12 ♈	21 ♓
25	1 ♌ 24	6 ♏ 29	4 ♎ 6	3 R 2	2 ♌ 21	0 ♍ 45	19 ♋ 59	26 ♌ 13	28 ♏ 20	20 ♈ 30	9 ♓ 21	13 ♑ 49	2 ♒	11 ♐	8 ♍	12 ♈	21 ♓
26	2 ♌ 22	18 ♏ 45	4 ♎ 2	3 ♎ 0	4 ♌ 27	0 R 46	20 ♋ 38	26 ♌ 25	28 ♏ 19	20 ♈ 30	9 ♓ 20	13 ♑ 48	2 ♒	11 ♐	9 ♍	12 ♈	21 ♓
27	3 ♌ 19	1 ♐ 22	3 ♎ 59	2 ♎ 57	6 ♌ 32	0 ♍ 44	21 ♋ 18	26 ♌ 38	28 ♏ 19	20 R 30	9 ♓ 19	13 ♑ 46	1 ♒	11 ♐	9 ♍	12 ♈	21 ♓
28	4 ♌ 16	14 ♐ 23	3 ♎ 56	2 ♎ 51	8 ♌ 36	0 ♍ 40	21 ♋ 57	26 ♌ 50	28 ♏ 18	20 ♈ 30	9 ♓ 18	13 ♑ 45	1 ♒	11 ♐	10 ♍	12 ♈	21 ♓
29	5 ♌ 13	27 ♐ 50	3 ♎ 53	2 ♎ 44	10 ♌ 38	0 ♍ 34	22 ♋ 36	27 ♌ 3	28 ♏ 17	20 ♈ 30	9 ♓ 16	13 ♑ 43	1 ♒	11 ♐	10 ♍	12 ♈	21 ♓
30	6 ♌ 11	11 ♑ 42	3 ♎ 50	2 ♎ 35	12 ♌ 40	0 ♍ 25	23 ♋ 15	27 ♌ 16	28 ♏ 17	20 ♈ 29	9 ♓ 15	13 ♑ 42	1 ♒	11 ♐	10 ♍	12 ♈	21 ♓
31	7 ♌ 8	25 ♑ 58	3 ♎ 47	2 ♎ 26	14 ♌ 39	0 ♍ 13	23 ♋ 55	27 ♌ 28	28 ♏ 17	20 ♈ 29	9 ♓ 14	13 ♑ 41	0 ♒	11 ♐	11 ♍	12 ♈	20 ♓

SUN INGRESS: ☉ → ♌ 23日 12:30

MOON PHASE: ○ 2日 11:20 ♑ ◑ 9日 05:24 ♈ ● 16日 10:24 ♋ ◐ 24日 13:04 ♏ ○ 31日 19:43 ♒

aspects

1日 16:51 ♀☌♃
2日 06:10 ☉△♆
3日 03:50 ☿⚹♅
4日 09:53 ☿⚹♃
5日 17:19 ☿⚹♀
7日 00:38 ☉☍♇
9日 07:42 ♂△♆
13日 11:53 ☉□♅
14日 04:14 ☿△♆
14日 15:48 ♀□♄
15日 23:12 ♂☍♇
16日 08:40 ☿☍♇
16日 13:14 ☿☌♂
19日 10:07 ☿□♅
21日 20:07 ☉△♄
23日 02:51 ☿△♄
24日 04:24 ☉☌☿
25日 18:43 ♂□♅

2015年8月

DAY	☉	☽	☊ mean	☊ true	☿	♀	♂	♃	♄	♅	♆	♇	⚳	⚴	⚵	⚶	⚷
	° ′	° ′	° ′	° ′	° ′	° ′	° ′	° ′	° ′	° ′	° ′	° ′	°	°	°	°	°
1	8 ♌ 6	10 ♒ 32	3 ♎ 43	2 R 18	16 D 37	0 R 0	24 D 34	27 D 41	28 R 17	20 R 29	9 R 13	13 R 39	0 R	11 R	11 D	12 D	20 R
2	9 ♌ 3	25 ♒ 18	3 ♎ 40	2 ♎ 12	18 ♌ 34	29 ♌ 44	25 ♋ 13	27 ♌ 53	28 ♏ 16	20 ♈ 29	9 ♓ 11	13 ♑ 38	0 ♒	11 ♐	11 ♍	12 ♈	20 ♓
3	10 ♌ 0	10 ♓ 7	3 ♎ 37	2 ♎ 8	20 ♌ 29	29 ♌ 25	25 ♋ 52	28 ♌ 6	28 D 16	20 ♈ 28	9 ♓ 10	13 ♑ 37	0 ♒	11 ♐	12 ♍	13 ♈	20 ♓
4	10 ♌ 58	24 ♓ 52	3 ♎ 34	2 ♎ 6	22 ♌ 23	29 ♌ 5	26 ♋ 31	28 ♌ 19	28 ♏ 17	20 ♈ 28	9 ♓ 8	13 ♑ 35	0 ♒	11 D	12 ♍	13 ♈	20 ♓
5	11 ♌ 55	9 ♈ 27	3 ♎ 31	2 D 6	24 ♌ 15	28 ♌ 42	27 ♋ 10	28 ♌ 32	28 ♏ 17	20 ♈ 28	9 ♓ 7	13 ♑ 34	29 ♑	11 ♐	13 ♍	13 ♈	20 ♓
6	12 ♌ 53	23 ♈ 48	3 ♎ 28	2 ♎ 7	26 ♌ 5	28 ♌ 17	27 ♋ 49	28 ♌ 44	28 ♏ 17	20 ♈ 27	9 ♓ 6	13 ♑ 33	29 ♑	11 ♐	13 ♍	13 ♈	20 ♓
7	13 ♌ 50	7 ♉ 53	3 ♎ 24	2 ♎ 8	27 ♌ 54	27 ♌ 50	28 ♋ 28	28 ♌ 57	28 ♏ 17	20 ♈ 27	9 ♓ 4	13 ♑ 32	29 ♑	11 ♐	13 ♍	13 ♈	20 ♓
8	14 ♌ 47	21 ♉ 41	3 ♎ 21	2 R 8	29 ♌ 41	27 ♌ 22	29 ♋ 7	29 ♌ 10	28 ♏ 18	20 ♈ 26	9 ♓ 3	13 ♑ 30	29 ♑	11 ♐	14 ♍	13 ♈	20 ♓
9	15 ♌ 45	5 ♊ 13	3 ♎ 18	2 ♎ 6	1 ♍ 26	26 ♌ 51	29 ♋ 46	29 ♌ 23	28 ♏ 18	20 ♈ 25	9 ♓ 1	13 ♑ 29	29 ♑	11 ♐	14 ♍	13 ♈	20 ♓
10	16 ♌ 43	18 ♊ 30	3 ♎ 15	2 ♎ 3	3 ♍ 10	26 ♌ 19	0 ♌ 25	29 ♌ 36	28 ♏ 19	20 ♈ 25	9 ♓ 0	13 ♑ 28	28 ♑	11 ♐	15 ♍	13 ♈	20 ♓
11	17 ♌ 40	1 ♋ 32	3 ♎ 12	1 ♎ 57	4 ♍ 53	25 ♌ 46	1 ♌ 3	29 ♌ 49	28 ♏ 20	20 ♈ 24	8 ♓ 58	13 ♑ 27	28 ♑	11 ♐	15 ♍	13 ♈	20 ♓
12	18 ♌ 38	14 ♋ 21	3 ♎ 8	1 ♎ 50	6 ♍ 34	25 ♌ 11	1 ♌ 42	0 ♍ 2	28 ♏ 21	20 ♈ 23	8 ♓ 57	13 ♑ 26	28 ♑	11 ♐	15 ♍	13 ♈	20 ♓
13	19 ♌ 35	26 ♋ 57	3 ♎ 5	1 ♎ 43	8 ♍ 13	24 ♌ 36	2 ♌ 21	0 ♍ 14	28 ♏ 22	20 ♈ 23	8 ♓ 55	13 ♑ 25	28 ♑	11 ♐	16 ♍	13 R	20 ♓
14	20 ♌ 33	9 ♌ 21	3 ♎ 2	1 ♎ 36	9 ♍ 51	23 ♌ 59	3 ♌ 0	0 ♍ 27	28 ♏ 23	20 ♈ 22	8 ♓ 54	13 ♑ 23	28 ♑	11 ♐	16 ♍	13 ♈	20 ♓
15	21 ♌ 30	21 ♌ 34	2 ♎ 59	1 ♎ 29	11 ♍ 27	23 ♌ 23	3 ♌ 38	0 ♍ 40	28 ♏ 24	20 ♈ 21	8 ♓ 52	13 ♑ 22	27 ♑	12 ♐	16 ♍	13 ♈	20 ♓
16	22 ♌ 28	3 ♍ 37	2 ♎ 56	1 ♎ 24	13 ♍ 2	22 ♌ 45	4 ♌ 17	0 ♍ 53	28 ♏ 25	20 ♈ 20	8 ♓ 51	13 ♑ 21	27 ♑	12 ♐	17 ♍	13 ♈	20 ♓
17	23 ♌ 26	15 ♍ 32	2 ♎ 53	1 ♎ 21	14 ♍ 35	22 ♌ 8	4 ♌ 56	1 ♍ 6	28 ♏ 26	20 ♈ 19	8 ♓ 49	13 ♑ 20	27 ♑	12 ♐	17 ♍	13 ♈	20 ♓
18	24 ♌ 23	27 ♍ 21	2 ♎ 49	1 ♎ 20	16 ♍ 7	21 ♌ 31	5 ♌ 34	1 ♍ 19	28 ♏ 28	20 ♈ 18	8 ♓ 47	13 ♑ 19	27 ♑	12 ♐	18 ♍	13 ♈	20 ♓
19	25 ♌ 21	9 ♎ 8	2 ♎ 46	1 D 20	17 ♍ 37	20 ♌ 54	6 ♌ 13	1 ♍ 32	28 ♏ 29	20 ♈ 17	8 ♓ 46	13 ♑ 18	27 ♑	12 ♐	18 ♍	13 ♈	20 ♓
20	26 ♌ 19	20 ♎ 54	2 ♎ 43	1 ♎ 21	19 ♍ 6	20 ♌ 18	6 ♌ 52	1 ♍ 45	28 ♏ 31	20 ♈ 16	8 ♓ 44	13 ♑ 17	27 ♑	12 ♐	18 ♍	13 ♈	20 ♓
21	27 ♌ 17	2 ♏ 46	2 ♎ 40	1 ♎ 23	20 ♍ 33	19 ♌ 43	7 ♌ 30	1 ♍ 58	28 ♏ 33	20 ♈ 15	8 ♓ 43	13 ♑ 16	26 ♑	12 ♐	19 ♍	13 ♈	20 ♓
22	28 ♌ 14	14 ♏ 47	2 ♎ 37	1 ♎ 24	21 ♍ 58	19 ♌ 9	8 ♌ 9	2 ♍ 11	28 ♏ 35	20 ♈ 13	8 ♓ 41	13 ♑ 15	26 ♑	12 ♐	19 ♍	13 ♈	20 ♓
23	29 ♌ 12	27 ♏ 3	2 ♎ 33	1 ♎ 25	23 ♍ 22	18 ♌ 36	8 ♌ 47	2 ♍ 25	28 ♏ 37	20 ♈ 12	8 ♓ 39	13 ♑ 14	26 ♑	12 ♐	20 ♍	12 ♈	20 ♓
24	0 ♍ 10	9 ♐ 37	2 ♎ 30	1 R 25	24 ♍ 45	18 ♌ 4	9 ♌ 26	2 ♍ 38	28 ♏ 39	20 ♈ 11	8 ♓ 38	13 ♑ 13	26 ♑	12 ♐	20 ♍	12 ♈	20 ♓
25	1 ♍ 8	22 ♐ 35	2 ♎ 27	1 ♎ 23	26 ♍ 5	17 ♌ 35	10 ♌ 4	2 ♍ 51	28 ♏ 41	20 ♈ 10	8 ♓ 36	13 ♑ 12	26 ♑	13 ♐	20 ♍	12 ♈	20 ♓
26	2 ♍ 6	5 ♑ 59	2 ♎ 24	1 ♎ 20	27 ♍ 24	17 ♌ 7	10 ♌ 42	3 ♍ 4	28 ♏ 43	20 ♈ 8	8 ♓ 35	13 ♑ 12	26 ♑	13 ♐	21 ♍	12 ♈	20 ♓
27	3 ♍ 4	19 ♑ 52	2 ♎ 21	1 ♎ 16	28 ♍ 42	16 ♌ 40	11 ♌ 21	3 ♍ 17	28 ♏ 45	20 ♈ 7	8 ♓ 33	13 ♑ 11	26 ♑	13 ♐	21 ♍	12 ♈	19 ♓
28	4 ♍ 1	4 ♒ 11	2 ♎ 18	1 ♎ 13	29 ♍ 57	16 ♌ 16	11 ♌ 59	3 ♍ 30	28 ♏ 48	20 ♈ 5	8 ♓ 31	13 ♑ 10	26 ♑	13 ♐	21 ♍	12 ♈	19 ♓
29	4 ♍ 59	18 ♒ 53	2 ♎ 14	1 ♎ 9	1 ♎ 11	15 ♌ 54	12 ♌ 37	3 ♍ 43	28 ♏ 50	20 ♈ 4	8 ♓ 30	13 ♑ 9	25 ♑	13 ♐	22 ♍	12 ♈	19 ♓
30	5 ♍ 57	3 ♓ 51	2 ♎ 11	1 ♎ 6	2 ♎ 23	15 ♌ 35	13 ♌ 16	3 ♍ 56	28 ♏ 53	20 ♈ 2	8 ♓ 28	13 ♑ 8	25 ♑	13 ♐	22 ♍	12 ♈	19 ♓
31	6 ♍ 55	18 ♓ 57	2 ♎ 8	1 ♎ 5	3 ♎ 32	15 ♌ 17	13 ♌ 54	4 ♍ 9	28 ♏ 55	20 ♈ 1	8 ♓ 26	13 ♑ 8	25 ♑	13 ♐	23 ♍	12 ♈	19 ♓

SUN INGRESS: ☉ → ♍ 23日 19:37

MOON PHASE: ◑ 7日 11:03 ♉ ● 14日 23:53 ♌ ◐ 23日 04:31 ♏ ○ 30日 03:35 ♓

aspects

2日 23:50 ♀△♅
3日 19:36 ♃□♄
5日 06:47 ♀☌♃
6日 00:08 ♀□♄
6日 17:29 ♂△♄
6日 23:25 ☿☌♀
7日 05:19 ☿□♄
7日 16:08 ☿☌♃
13日 10:11 ☿☍♆
13日 19:27 ☉△♅
16日 04:22 ☉☌♀
16日 04:55 ☿△♇
20日 01:44 ♀△♅
22日 08:40 ☉□♄
27日 01:07 ☿⚹♄
27日 07:02 ☉☌♃

2015年9月

DAY	☉	☽	☊ mean	☊ true	☿	♀	♂	♃	♄	♅	♆	♇	⚳	⚴	⚵	⚶	⚷
	° ′	° ′	° ′	° ′	° ′	° ′	° ′	° ′	° ′	° ′	° ′	° ′	°	°	°	°	°
1	7 ♍ 53	4 ♈ 2	2 ♎ 5	1 D 4	4 D 40	15 R 2	14 D 32	4 D 22	28 D 58	19 R 59	8 R 25	13 R 7	25 R	14 D	23 D	11 R	19 R
2	8 ♍ 51	18 ♈ 58	2 ♎ 2	1 ♎ 5	5 ♎ 45	14 ♌ 50	15 ♌ 10	4 ♍ 35	29 ♏ 1	19 ♈ 58	8 ♓ 23	13 ♑ 6	25 ♑	14 ♐	23 ♍	11 ♈	19 ♓
3	9 ♍ 49	3 ♉ 36	1 ♎ 59	1 ♎ 6	6 ♎ 49	14 ♌ 39	15 ♌ 49	4 ♍ 48	29 ♏ 4	19 ♈ 56	8 ♓ 21	13 ♑ 6	25 ♑	14 ♐	24 ♍	11 ♈	19 ♓
4	10 ♍ 47	17 ♉ 54	1 ♎ 55	1 ♎ 7	7 ♎ 49	14 ♌ 32	16 ♌ 27	5 ♍ 1	29 ♏ 7	19 ♈ 54	8 ♓ 20	13 ♑ 5	25 ♑	14 ♐	24 ♍	11 ♈	19 ♓
5	11 ♍ 46	1 ♊ 50	1 ♎ 52	1 ♎ 8	8 ♎ 48	14 ♌ 26	17 ♌ 5	5 ♍ 14	29 ♏ 10	19 ♈ 52	8 ♓ 18	13 ♑ 4	25 ♑	14 ♐	25 ♍	11 ♈	19 ♓
6	12 ♍ 44	15 ♊ 22	1 ♎ 49	1 R 9	9 ♎ 43	14 ♌ 23	17 ♌ 43	5 ♍ 27	29 ♏ 13	19 ♈ 51	8 ♓ 16	13 ♑ 4	25 ♑	14 ♐	25 ♍	11 ♈	19 ♓
7	13 ♍ 42	28 ♊ 33	1 ♎ 46	1 ♎ 8	10 ♎ 36	14 D 23	18 ♌ 21	5 ♍ 40	29 ♏ 16	19 ♈ 49	8 ♓ 15	13 ♑ 3	25 ♑	15 ♐	25 ♍	10 ♈	19 ♓
8	14 ♍ 40	11 ♋ 25	1 ♎ 43	1 ♎ 7	11 ♎ 25	14 ♌ 25	18 ♌ 59	5 ♍ 53	29 ♏ 20	19 ♈ 47	8 ♓ 13	13 ♑ 3	25 ♑	15 ♐	26 ♍	10 ♈	19 ♓
9	15 ♍ 38	24 ♋ 0	1 ♎ 39	1 ♎ 5	12 ♎ 11	14 ♌ 29	19 ♌ 37	6 ♍ 6	29 ♏ 23	19 ♈ 45	8 ♓ 12	13 ♑ 2	25 ♑	15 ♐	26 ♍	10 ♈	19 ♓
10	16 ♍ 37	6 ♌ 21	1 ♎ 36	1 ♎ 3	12 ♎ 54	14 ♌ 35	20 ♌ 15	6 ♍ 19	29 ♏ 26	19 ♈ 43	8 ♓ 10	13 ♑ 2	25 ♑	15 ♐	26 ♍	10 ♈	19 ♓
11	17 ♍ 35	18 ♌ 31	1 ♎ 33	1 ♎ 1	13 ♎ 33	14 ♌ 44	20 ♌ 53	6 ♍ 32	29 ♏ 30	19 ♈ 41	8 ♓ 8	13 ♑ 1	25 ♑	15 ♐	27 ♍	10 ♈	19 ♓
12	18 ♍ 33	0 ♍ 32	1 ♎ 30	0 ♎ 59	14 ♎ 8	14 ♌ 54	21 ♌ 31	6 ♍ 45	29 ♏ 34	19 ♈ 39	8 ♓ 7	13 ♑ 1	25 ♑	16 ♐	27 ♍	9 ♈	19 ♓
13	19 ♍ 32	12 ♍ 26	1 ♎ 27	0 ♎ 58	14 ♎ 38	15 ♌ 7	22 ♌ 9	6 ♍ 58	29 ♏ 37	19 ♈ 37	8 ♓ 5	13 ♑ 0	25 ♑	16 ♐	28 ♍	9 ♈	19 ♓
14	20 ♍ 30	24 ♍ 15	1 ♎ 24	0 ♎ 57	15 ♎ 4	15 ♌ 22	22 ♌ 47	7 ♍ 11	29 ♏ 41	19 ♈ 35	8 ♓ 3	13 ♑ 0	25 ♑	16 ♐	28 ♍	9 ♈	19 ♓
15	21 ♍ 29	6 ♎ 2	1 ♎ 20	0 D 57	15 ♎ 25	15 ♌ 39	23 ♌ 25	7 ♍ 24	29 ♏ 45	19 ♈ 33	8 ♓ 2	13 ♑ 0	25 ♑	16 ♐	28 ♍	9 ♈	19 ♓
16	22 ♍ 27	17 ♎ 49	1 ♎ 17	0 ♎ 57	15 ♎ 41	15 ♌ 58	24 ♌ 3	7 ♍ 36	29 ♏ 49	19 ♈ 31	8 ♓ 0	12 ♑ 59	25 D	16 ♐	29 ♍	9 ♈	19 ♓
17	23 ♍ 25	29 ♎ 38	1 ♎ 14	0 ♎ 58	15 ♎ 51	16 ♌ 18	24 ♌ 40	7 ♍ 49	29 ♏ 53	19 ♈ 29	7 ♓ 59	12 ♑ 59	25 ♑	17 ♐	29 ♍	8 ♈	19 ♓
18	24 ♍ 24	11 ♏ 33	1 ♎ 11	0 ♎ 59	15 ♎ 55	16 ♌ 41	25 ♌ 18	8 ♍ 2	29 ♏ 57	19 ♈ 27	7 ♓ 57	12 ♑ 59	25 ♑	17 ♐	0 ♎	8 ♈	18 ♓
19	25 ♍ 23	23 ♏ 37	1 ♎ 8	0 ♎ 59	15 R 52	17 ♌ 5	25 ♌ 56	8 ♍ 15	0 ♐ 2	19 ♈ 25	7 ♓ 56	12 ♑ 59	25 ♑	17 ♐	0 ♎	8 ♈	18 ♓
20	26 ♍ 21	5 ♐ 53	1 ♎ 5	1 ♎ 0	15 ♎ 43	17 ♌ 31	26 ♌ 34	8 ♍ 27	0 ♐ 6	19 ♈ 23	7 ♓ 54	12 ♑ 58	25 ♑	17 ♐	0 ♎	8 ♈	18 ♓
21	27 ♍ 20	18 ♐ 26	1 ♎ 1	1 ♎ 0	15 ♎ 27	17 ♌ 58	27 ♌ 11	8 ♍ 40	0 ♐ 10	19 ♈ 21	7 ♓ 52	12 ♑ 58	25 ♑	18 ♐	1 ♎	7 ♈	18 ♓
22	28 ♍ 18	1 ♑ 20	0 ♎ 58	1 R 0	15 ♎ 4	18 ♌ 27	27 ♌ 49	8 ♍ 53	0 ♐ 15	19 ♈ 18	7 ♓ 51	12 ♑ 58	25 ♑	18 ♐	1 ♎	7 ♈	18 ♓
23	29 ♍ 17	14 ♑ 37	0 ♎ 55	1 ♎ 0	14 ♎ 34	18 ♌ 58	28 ♌ 27	9 ♍ 5	0 ♐ 19	19 ♈ 16	7 ♓ 49	12 ♑ 58	25 ♑	18 ♐	2 ♎	7 ♈	18 ♓
24	0 ♎ 16	28 ♑ 20	0 ♎ 52	1 ♎ 0	13 ♎ 57	19 ♌ 30	29 ♌ 4	9 ♍ 18	0 ♐ 24	19 ♈ 14	7 ♓ 48	12 ♑ 58	25 ♑	18 ♐	2 ♎	7 ♈	18 ♓
25	1 ♎ 15	12 ♒ 30	0 ♎ 49	1 D 0	13 ♎ 13	20 ♌ 3	29 ♌ 42	9 ♍ 31	0 ♐ 29	19 ♈ 12	7 ♓ 46	12 ♑ 58	25 ♑	19 ♐	2 ♎	6 ♈	18 ♓
26	2 ♎ 13	27 ♒ 5	0 ♎ 45	1 ♎ 0	12 ♎ 22	20 ♌ 38	0 ♍ 19	9 ♍ 43	0 ♐ 33	19 ♈ 9	7 ♓ 45	12 D 58	25 ♑	19 ♐	3 ♎	6 ♈	18 ♓
27	3 ♎ 12	12 ♓ 0	0 ♎ 42	1 ♎ 0	11 ♎ 26	21 ♌ 14	0 ♍ 57	9 ♍ 56	0 ♐ 38	19 ♈ 7	7 ♓ 44	12 ♑ 58	25 ♑	19 ♐	3 ♎	6 ♈	18 ♓
28	4 ♎ 11	27 ♓ 9	0 ♎ 39	1 ♎ 0	10 ♎ 25	21 ♌ 51	1 ♍ 34	10 ♍ 8	0 ♐ 43	19 ♈ 5	7 ♓ 42	12 ♑ 58	25 ♑	19 ♐	3 ♎	6 ♈	18 ♓
29	5 ♎ 10	12 ♈ 23	0 ♎ 36	1 R 0	9 ♎ 20	22 ♌ 30	2 ♍ 12	10 ♍ 21	0 ♐ 48	19 ♈ 2	7 ♓ 41	12 ♑ 58	25 ♑	20 ♐	4 ♎	5 ♈	18 ♓
30	6 ♎ 9	27 ♈ 31	0 ♎ 33	1 ♎ 0	8 ♎ 13	23 ♌ 10	2 ♍ 49	10 ♍ 33	0 ♐ 53	19 ♈ 0	7 ♓ 39	12 ♑ 58	25 ♑	20 ♐	4 ♎	5 ♈	18 ♓

SUN INGRESS ☉→♎23日 17:21

MOON PHASE ◑ 5日 18:54 ♊　● 13日 15:41 ♍　◐ 21日 17:59 ♐　○ 28日 11:50 ♈

aspects

1日 12:38 ☉☍♆
1日 14:04 ♀☌♂
6日 08:10 ☉△♇
9日 04:53 ♂△♅
10日 04:27 ☿□♇
17日 15:54 ♃☍♆
23日 13:00 ♀△♅
24日 03:36 ☉⚹♄
25日 07:26 ♀□♇
26日 10:12 ♂□♄
30日 23:38 ☉☌☿

2015年10月

DAY	☉	☽	☊ mean	☊ true	☿	♀	♂	♃	♄	♅	♆	♇	⚳	⚴	⚵	⚶	⚷
	° ′	° ′	° ′	° ′	° ′	° ′	° ′	° ′	° ′	° ′	° ′	° ′	°	°	°	°	°
1	7 ♎ 8	12 ♉ 26	0 ♎ 30	0 R 59	7 R 6	23 D 51	3 D 27	10 D 45	0 D 58	18 R 58	7 R 38	12 D 58	25 D	20 D	5 D	5 R	18 R
2	8 ♎ 6	26 ♉ 59	0 ♎ 26	0 ♎ 59	5 ♎ 59	24 ♌ 33	4 ♍ 4	10 ♍ 58	1 ♐ 3	18 ♈ 55	7 ♓ 36	12 ♑ 59	25 ♑	20 ♐	5 ♎	5 ♈	18 ♓
3	9 ♎ 5	11 ♊ 6	0 ♎ 23	0 ♎ 58	4 ♎ 55	25 ♌ 16	4 ♍ 42	11 ♍ 10	1 ♐ 8	18 ♈ 53	7 ♓ 35	12 ♑ 59	26 ♑	21 ♐	5 ♎	4 ♈	18 ♓
4	10 ♎ 4	24 ♊ 47	0 ♎ 20	0 ♎ 57	3 ♎ 56	26 ♌ 0	5 ♍ 19	11 ♍ 22	1 ♐ 14	18 ♈ 51	7 ♓ 34	12 ♑ 59	26 ♑	21 ♐	6 ♎	4 ♈	18 ♓
5	11 ♎ 4	8 ♋ 1	0 ♎ 17	0 ♎ 57	3 ♎ 3	26 ♌ 45	5 ♍ 56	11 ♍ 34	1 ♐ 19	18 ♈ 48	7 ♓ 32	12 ♑ 59	26 ♑	21 ♐	6 ♎	4 ♈	18 ♓
6	12 ♎ 3	20 ♋ 51	0 ♎ 14	0 D 57	2 ♎ 18	27 ♌ 31	6 ♍ 34	11 ♍ 46	1 ♐ 24	18 ♈ 46	7 ♓ 31	13 ♑ 0	26 ♑	22 ♐	6 ♎	4 ♈	18 ♓
7	13 ♎ 2	3 ♌ 20	0 ♎ 10	0 ♎ 58	1 ♎ 41	28 ♌ 18	7 ♍ 11	11 ♍ 58	1 ♐ 30	18 ♈ 43	7 ♓ 30	13 ♑ 0	26 ♑	22 ♐	7 ♎	3 ♈	18 ♓
8	14 ♎ 1	15 ♌ 34	0 ♎ 7	0 ♎ 59	1 ♎ 15	29 ♌ 6	7 ♍ 48	12 ♍ 10	1 ♐ 35	18 ♈ 41	7 ♓ 29	13 ♑ 0	26 ♑	22 ♐	7 ♎	3 ♈	18 ♓
9	15 ♎ 0	27 ♌ 35	0 ♎ 4	1 ♎ 0	0 ♎ 59	29 ♌ 54	8 ♍ 25	12 ♍ 22	1 ♐ 41	18 ♈ 38	7 ♓ 27	13 ♑ 1	26 ♑	22 ♐	8 ♎	3 ♈	18 ♓
10	15 ♎ 59	9 ♍ 28	0 ♎ 1	1 ♎ 1	0 D 53	0 ♍ 44	9 ♍ 3	12 ♍ 34	1 ♐ 46	18 ♈ 36	7 ♓ 26	13 ♑ 1	26 ♑	23 ♐	8 ♎	3 ♈	18 ♓
11	16 ♎ 59	21 ♍ 17	29 ♍ 58	1 ♎ 2	0 ♎ 59	1 ♍ 34	9 ♍ 40	12 ♍ 46	1 ♐ 52	18 ♈ 34	7 ♓ 25	13 ♑ 2	26 ♑	23 ♐	8 ♎	2 ♈	17 ♓
12	17 ♎ 58	3 ♎ 3	29 ♍ 55	1 R 2	1 ♎ 15	2 ♍ 25	10 ♍ 17	12 ♍ 58	1 ♐ 58	18 ♈ 31	7 ♓ 24	13 ♑ 2	27 ♑	23 ♐	9 ♎	2 ♈	17 ♓
13	18 ♎ 57	14 ♎ 51	29 ♍ 51	1 ♎ 2	1 ♎ 41	3 ♍ 17	10 ♍ 54	13 ♍ 10	2 ♐ 4	18 ♈ 29	7 ♓ 23	13 ♑ 3	27 ♑	24 ♐	9 ♎	2 ♈	17 ♓
14	19 ♎ 57	26 ♎ 42	29 ♍ 48	1 ♎ 0	2 ♎ 16	4 ♍ 9	11 ♍ 31	13 ♍ 21	2 ♐ 9	18 ♈ 26	7 ♓ 22	13 ♑ 3	27 ♑	24 ♐	9 ♎	2 ♈	17 ♓
15	20 ♎ 56	8 ♏ 38	29 ♍ 45	0 ♎ 58	3 ♎ 1	5 ♍ 3	12 ♍ 8	13 ♍ 33	2 ♐ 15	18 ♈ 24	7 ♓ 21	13 ♑ 4	27 ♑	24 ♐	10 ♎	1 ♈	17 ♓
16	21 ♎ 56	20 ♏ 42	29 ♍ 42	0 ♎ 54	3 ♎ 54	5 ♍ 56	12 ♍ 45	13 ♍ 44	2 ♐ 21	18 ♈ 21	7 ♓ 19	13 ♑ 4	27 ♑	24 ♐	10 ♎	1 ♈	17 ♓
17	22 ♎ 55	2 ♐ 54	29 ♍ 39	0 ♎ 51	4 ♎ 54	6 ♍ 51	13 ♍ 22	13 ♍ 56	2 ♐ 27	18 ♈ 19	7 ♓ 18	13 ♑ 5	27 ♑	25 ♐	11 ♎	1 ♈	17 ♓
18	23 ♎ 55	15 ♐ 18	29 ♍ 36	0 ♎ 47	6 ♎ 0	7 ♍ 46	13 ♍ 59	14 ♍ 7	2 ♐ 33	18 ♈ 17	7 ♓ 17	13 ♑ 6	28 ♑	25 ♐	11 ♎	1 ♈	17 ♓
19	24 ♎ 54	27 ♐ 56	29 ♍ 32	0 ♎ 44	7 ♎ 13	8 ♍ 41	14 ♍ 36	14 ♍ 19	2 ♐ 39	18 ♈ 14	7 ♓ 16	13 ♑ 6	28 ♑	25 ♐	11 ♎	1 ♈	17 ♓
20	25 ♎ 54	10 ♑ 50	29 ♍ 29	0 ♎ 42	8 ♎ 30	9 ♍ 38	15 ♍ 13	14 ♍ 30	2 ♐ 45	18 ♈ 12	7 ♓ 15	13 ♑ 7	28 ♑	26 ♐	12 ♎	0 ♈	17 ♓
21	26 ♎ 54	24 ♑ 2	29 ♍ 26	0 ♎ 41	9 ♎ 52	10 ♍ 34	15 ♍ 50	14 ♍ 41	2 ♐ 52	18 ♈ 9	7 ♓ 15	13 ♑ 8	28 ♑	26 ♐	12 ♎	0 ♈	17 ♓
22	27 ♎ 53	7 ♒ 35	29 ♍ 23	0 D 42	11 ♎ 17	11 ♍ 32	16 ♍ 27	14 ♍ 52	2 ♐ 58	18 ♈ 7	7 ♓ 14	13 ♑ 9	28 ♑	26 ♐	12 ♎	0 ♈	17 ♓
23	28 ♎ 53	21 ♒ 31	29 ♍ 20	0 ♎ 43	12 ♎ 46	12 ♍ 29	17 ♍ 4	15 ♍ 3	3 ♐ 4	18 ♈ 4	7 ♓ 13	13 ♑ 9	28 ♑	27 ♐	13 ♎	0 ♈	17 ♓
24	29 ♎ 53	5 ♓ 49	29 ♍ 16	0 ♎ 44	14 ♎ 17	13 ♍ 28	17 ♍ 40	15 ♍ 14	3 ♐ 10	18 ♈ 2	7 ♓ 12	13 ♑ 10	29 ♑	27 ♐	13 ♎	0 ♈	17 ♓
25	0 ♏ 52	20 ♓ 28	29 ♍ 13	0 ♎ 46	15 ♎ 50	14 ♍ 26	18 ♍ 17	15 ♍ 25	3 ♐ 17	18 ♈ 0	7 ♓ 11	13 ♑ 11	29 ♑	27 ♐	14 ♎	0 ♈	17 ♓
26	1 ♏ 52	5 ♈ 23	29 ♍ 10	0 R 46	17 ♎ 25	15 ♍ 26	18 ♍ 54	15 ♍ 36	3 ♐ 23	17 ♈ 57	7 ♓ 10	13 ♑ 12	29 ♑	28 ♐	14 ♎	29 ♓	17 ♓
27	2 ♏ 52	20 ♈ 28	29 ♍ 7	0 ♎ 45	19 ♎ 1	16 ♍ 25	19 ♍ 30	15 ♍ 47	3 ♐ 30	17 ♈ 55	7 ♓ 10	13 ♑ 13	29 ♑	28 ♐	14 ♎	29 ♓	17 ♓
28	3 ♏ 52	5 ♉ 34	29 ♍ 4	0 ♎ 42	20 ♎ 38	17 ♍ 26	20 ♍ 7	15 ♍ 57	3 ♐ 36	17 ♈ 53	7 ♓ 9	13 ♑ 14	29 ♑	28 ♐	15 ♎	29 ♓	17 ♓
29	4 ♏ 52	20 ♉ 32	29 ♍ 1	0 ♎ 37	22 ♎ 16	18 ♍ 26	20 ♍ 44	16 ♍ 8	3 ♐ 43	17 ♈ 50	7 ♓ 8	13 ♑ 15	0 ♒	29 ♐	15 ♎	29 ♓	17 ♓
30	5 ♏ 51	5 ♊ 13	28 ♍ 57	0 ♎ 32	23 ♎ 55	19 ♍ 27	21 ♍ 20	16 ♍ 18	3 ♐ 49	17 ♈ 48	7 ♓ 7	13 ♑ 16	0 ♒	29 ♐	15 ♎	29 ♓	17 ♓
31	6 ♏ 51	19 ♊ 30	28 ♍ 54	0 ♎ 26	25 ♎ 34	20 ♍ 29	21 ♍ 57	16 ♍ 29	3 ♐ 56	17 ♈ 46	7 ♓ 7	13 ♑ 17	0 ♒	29 ♐	16 ♎	29 ♓	17 ♓

SUN INGRESS ☉→♏24日 02:47

MOON PHASE ◑ 5日 06:06 ♋　● 13日 09:06 ♎　◐ 21日 05:31 ♑　○ 27日 21:05 ♉

aspects

6日 23:15 ☉□♇
7日 07:58 ☿⚹♄
7日 11:53 ♂☍♆
11日 09:31 ♀□♄
12日 08:51 ♃△♇
12日 12:49 ☉☍♅
13日 18:54 ☿⚹♄
16日 12:36 ♂△♇
17日 11:53 ♀☍♆
18日 07:40 ♂☌♃
23日 06:22 ☿□♇
23日 16:43 ♀△♇
26日 05:03 ♀☌♃
26日 07:59 ☿☍♅
31日 06:06 ☉△♆

2015年11月

DAY	☉	☽	☊ mean	☊ true	☿	♀	♂	♃	♄	♅	♆	♇	⚳	⚴	⚵	⚶	⚷
	° ′	° ′	° ′	° ′	° ′	° ′	° ′	° ′	° ′	° ′	° ′	° ′	°	°	°	°	°
1	7 ♏ 51	3 ♋ 19	28 ♍ 51	0 R 21	27 D 13	21 D 30	22 D 34	16 D 39	4 D 2	17 R 44	7 R 6	13 D 18	0 D	0 D	16 D	29 R	17 R
2	8 ♏ 51	16 ♋ 40	28 ♍ 48	0 ♎ 18	28 ♎ 53	22 ♍ 33	23 ♍ 10	16 ♍ 49	4 ♐ 9	17 ♈ 41	7 ♓ 6	13 ♑ 19	1 ♒	0 ♑	16 ♎	29 ♓	17 ♓
3	9 ♏ 51	29 ♋ 34	28 ♍ 45	0 ♎ 15	0 ♏ 32	23 ♍ 35	23 ♍ 46	16 ♍ 59	4 ♐ 16	17 ♈ 39	7 ♓ 5	13 ♑ 20	1 ♒	0 ♑	17 ♎	29 ♓	17 ♓
4	10 ♏ 51	12 ♌ 5	28 ♍ 41	0 D 15	2 ♏ 12	24 ♍ 38	24 ♍ 23	17 ♍ 9	4 ♐ 22	17 ♈ 37	7 ♓ 4	13 ♑ 21	1 ♒	1 ♑	17 ♎	28 ♓	17 ♓
5	11 ♏ 52	24 ♌ 18	28 ♍ 38	0 ♎ 15	3 ♏ 51	25 ♍ 42	24 ♍ 59	17 ♍ 19	4 ♐ 29	17 ♈ 35	7 ♓ 4	13 ♑ 22	1 ♒	1 ♑	18 ♎	28 ♓	17 ♓
6	12 ♏ 52	6 ♍ 16	28 ♍ 35	0 ♎ 17	5 ♏ 30	26 ♍ 45	25 ♍ 36	17 ♍ 29	4 ♐ 36	17 ♈ 33	7 ♓ 4	13 ♑ 24	2 ♒	1 ♑	18 ♎	28 ♓	17 ♓
7	13 ♏ 52	18 ♍ 6	28 ♍ 32	0 ♎ 19	7 ♏ 9	27 ♍ 49	26 ♍ 12	17 ♍ 39	4 ♐ 43	17 ♈ 31	7 ♓ 3	13 ♑ 25	2 ♒	2 ♑	18 ♎	28 ♓	17 ♓
8	14 ♏ 52	29 ♍ 53	28 ♍ 29	0 ♎ 19	8 ♏ 47	28 ♍ 54	26 ♍ 48	17 ♍ 49	4 ♐ 49	17 ♈ 28	7 ♓ 3	13 ♑ 26	2 ♒	2 ♑	19 ♎	28 ♓	17 ♓
9	15 ♏ 52	11 ♎ 39	28 ♍ 26	0 R 18	10 ♏ 26	29 ♍ 58	27 ♍ 25	17 ♍ 58	4 ♐ 56	17 ♈ 26	7 ♓ 2	13 ♑ 27	2 ♒	2 ♑	19 ♎	28 ♓	17 ♓
10	16 ♏ 53	23 ♎ 30	28 ♍ 22	0 ♎ 16	12 ♏ 3	1 ♎ 3	28 ♍ 1	18 ♍ 8	5 ♐ 3	17 ♈ 24	7 ♓ 2	13 ♑ 29	3 ♒	3 ♑	19 ♎	28 ♓	17 ♓
11	17 ♏ 53	5 ♏ 28	28 ♍ 19	0 ♎ 10	13 ♏ 41	2 ♎ 8	28 ♍ 37	18 ♍ 17	5 ♐ 10	17 ♈ 22	7 ♓ 2	13 ♑ 30	3 ♒	3 ♑	20 ♎	28 ♓	17 ♓
12	18 ♏ 53	17 ♏ 35	28 ♍ 16	0 ♎ 3	15 ♏ 18	3 ♎ 14	29 ♍ 13	18 ♍ 26	5 ♐ 17	17 ♈ 20	7 ♓ 1	13 ♑ 31	3 ♒	3 ♑	20 ♎	28 ♓	17 ♓
13	19 ♏ 54	29 ♏ 52	28 ♍ 13	29 ♍ 54	16 ♏ 55	4 ♎ 19	29 ♍ 49	18 ♍ 35	5 ♐ 24	17 ♈ 18	7 ♓ 1	13 ♑ 33	3 ♒	4 ♑	20 ♎	28 ♓	17 ♓
14	20 ♏ 54	12 ♐ 21	28 ♍ 10	29 ♍ 44	18 ♏ 32	5 ♎ 25	0 ♎ 26	18 ♍ 44	5 ♐ 31	17 ♈ 17	7 ♓ 1	13 ♑ 34	4 ♒	4 ♑	21 ♎	28 ♓	17 ♓
15	21 ♏ 54	25 ♐ 0	28 ♍ 7	29 ♍ 35	20 ♏ 9	6 ♎ 32	1 ♎ 2	18 ♍ 53	5 ♐ 38	17 ♈ 15	7 ♓ 1	13 ♑ 36	4 ♒	4 ♑	21 ♎	28 D	17 ♓
16	22 ♏ 55	7 ♑ 52	28 ♍ 3	29 ♍ 26	21 ♏ 45	7 ♎ 38	1 ♎ 38	19 ♍ 2	5 ♐ 45	17 ♈ 13	7 ♓ 1	13 ♑ 37	4 ♒	5 ♑	21 ♎	28 ♓	17 ♓
17	23 ♏ 55	20 ♑ 56	28 ♍ 0	29 ♍ 19	23 ♏ 20	8 ♎ 45	2 ♎ 14	19 ♍ 10	5 ♐ 52	17 ♈ 11	7 ♓ 1	13 ♑ 38	4 ♒	5 ♑	22 ♎	28 ♓	17 ♓
18	24 ♏ 56	4 ♒ 13	27 ♍ 57	29 ♍ 15	24 ♏ 56	9 ♎ 52	2 ♎ 50	19 ♍ 19	5 ♐ 59	17 ♈ 9	7 ♓ 1	13 ♑ 40	5 ♒	5 ♑	22 ♎	28 ♓	16 ♓
19	25 ♏ 56	17 ♒ 45	27 ♍ 54	29 ♍ 12	26 ♏ 31	10 ♎ 59	3 ♎ 25	19 ♍ 27	6 ♐ 6	17 ♈ 7	7 ♓ 1	13 ♑ 41	5 ♒	6 ♑	22 ♎	28 ♓	16 ♓
20	26 ♏ 57	1 ♓ 31	27 ♍ 51	29 D 12	28 ♏ 6	12 ♎ 6	4 ♎ 1	19 ♍ 36	6 ♐ 13	17 ♈ 6	7 D 1	13 ♑ 43	5 ♒	6 ♑	23 ♎	28 ♓	16 ♓
21	27 ♏ 57	15 ♓ 34	27 ♍ 47	29 ♍ 13	29 ♏ 41	13 ♎ 14	4 ♎ 37	19 ♍ 44	6 ♐ 20	17 ♈ 4	7 ♓ 1	13 ♑ 45	6 ♒	6 ♑	23 ♎	28 ♓	16 ♓
22	28 ♏ 58	29 ♓ 52	27 ♍ 44	29 R 13	1 ♐ 15	14 ♎ 22	5 ♎ 13	19 ♍ 52	6 ♐ 27	17 ♈ 2	7 ♓ 1	13 ♑ 46	6 ♒	7 ♑	23 ♎	28 ♓	16 ♓
23	29 ♏ 58	14 ♈ 24	27 ♍ 41	29 ♍ 12	2 ♐ 50	15 ♎ 30	5 ♎ 49	20 ♍ 0	6 ♐ 34	17 ♈ 1	7 ♓ 1	13 ♑ 48	6 ♒	7 ♑	24 ♎	28 ♓	16 ♓
24	0 ♐ 59	29 ♈ 7	27 ♍ 38	29 ♍ 9	4 ♐ 24	16 ♎ 38	6 ♎ 24	20 ♍ 7	6 ♐ 41	16 ♈ 59	7 ♓ 1	13 ♑ 49	6 ♒	7 ♑	24 ♎	28 ♓	16 ♓
25	2 ♐ 0	13 ♉ 53	27 ♍ 35	29 ♍ 3	5 ♐ 58	17 ♎ 47	7 ♎ 0	20 ♍ 15	6 ♐ 48	16 ♈ 58	7 ♓ 1	13 ♑ 51	7 ♒	8 ♑	24 ♎	29 ♓	16 ♓
26	3 ♐ 0	28 ♉ 37	27 ♍ 32	28 ♍ 55	7 ♐ 32	18 ♎ 55	7 ♎ 35	20 ♍ 22	6 ♐ 55	16 ♈ 56	7 ♓ 1	13 ♑ 53	7 ♒	8 ♑	25 ♎	29 ♓	16 ♓
27	4 ♐ 1	13 ♊ 10	27 ♍ 28	28 ♍ 44	9 ♐ 5	20 ♎ 4	8 ♎ 11	20 ♍ 30	7 ♐ 3	16 ♈ 55	7 ♓ 2	13 ♑ 54	7 ♒	9 ♑	25 ♎	29 ♓	16 ♓
28	5 ♐ 2	27 ♊ 24	27 ♍ 25	28 ♍ 33	10 ♐ 39	21 ♎ 13	8 ♎ 46	20 ♍ 37	7 ♐ 10	16 ♈ 53	7 ♓ 2	13 ♑ 56	8 ♒	9 ♑	25 ♎	29 ♓	16 ♓
29	6 ♐ 2	11 ♋ 15	27 ♍ 22	28 ♍ 23	12 ♐ 12	22 ♎ 22	9 ♎ 22	20 ♍ 44	7 ♐ 17	16 ♈ 52	7 ♓ 2	13 ♑ 58	8 ♒	9 ♑	26 ♎	29 ♓	16 D
30	7 ♐ 3	24 ♋ 39	27 ♍ 19	28 ♍ 14	13 ♐ 46	23 ♎ 32	9 ♎ 57	20 ♍ 51	7 ♐ 24	16 ♈ 51	7 ♓ 3	13 ♑ 59	8 ♒	10 ♑	26 ♎	29 ♓	16 ♓
SUN INGRESS	☉ → ♐ 23日 00:25																
MOON PHASE	◑ 3日 21:24 ♌　● 12日 02:47 ♏　◐ 19日 15:27 ♒　○ 26日 07:44 ♊																

aspects		
3日	10:10	♀☌♂
6日	13:01	☉⚹♇
6日	22:39	☿△♆
10日	21:14	☿⚹♇
11日	11:17	☉⚹♃
14日	02:12	♀⚹♄
14日	03:18	☿⚹♃
17日	23:53	☉☌☿
21日	11:02	♀□♇
24日	07:13	♀☍♅
24日	14:19	♂⚹♄
25日	13:57	☿☌♄
25日	16:15	☿□♆
26日	01:32	☿⚹♂
26日	21:15	♄□♆
29日	23:49	☉□♆
30日	09:16	☉☌♄

2015年12月

DAY	☉	☽	☊ mean	☊ true	☿	♀	♂	♃	♄	♅	♆	♇	⚳	⚴	⚵	⚶	⚷
	° ′	° ′	° ′	° ′	° ′	° ′	° ′	° ′	° ′	° ′	° ′	° ′	°	°	°	°	°
1	8 ♐ 4	7 ♌ 37	27 ♍ 16	28 R 8	15 D 19	24 D 41	10 D 33	20 D 58	7 D 31	16 R 49	7 D 3	14 D 1	9 D	10 D	26 D	29 D	16 D
2	9 ♐ 5	20 ♌ 12	27 ♍ 13	28 ♍ 4	16 ♐ 52	25 ♎ 51	11 ♎ 8	21 ♍ 5	7 ♐ 38	16 ♈ 48	7 ♓ 4	14 ♑ 3	9 ♒	10 ♑	27 ♎	29 ♓	16 ♓
3	10 ♐ 6	2 ♍ 27	27 ♍ 9	28 ♍ 2	18 ♐ 25	27 ♎ 1	11 ♎ 43	21 ♍ 11	7 ♐ 45	16 ♈ 47	7 ♓ 4	14 ♑ 5	9 ♒	11 ♑	27 ♎	29 ♓	16 ♓
4	11 ♐ 6	14 ♍ 26	27 ♍ 6	28 D 2	19 ♐ 58	28 ♎ 11	12 ♎ 19	21 ♍ 17	7 ♐ 52	16 ♈ 46	7 ♓ 4	14 ♑ 6	9 ♒	11 ♑	27 ♎	29 ♓	16 ♓
5	12 ♐ 7	26 ♍ 17	27 ♍ 3	28 ♍ 2	21 ♐ 31	29 ♎ 21	12 ♎ 54	21 ♍ 24	7 ♐ 59	16 ♈ 45	7 ♓ 5	14 ♑ 8	10 ♒	11 ♑	28 ♎	0 ♈	16 ♓
6	13 ♐ 8	8 ♎ 4	27 ♍ 0	28 R 2	23 ♐ 4	0 ♏ 31	13 ♎ 29	21 ♍ 30	8 ♐ 7	16 ♈ 44	7 ♓ 6	14 ♑ 10	10 ♒	12 ♑	28 ♎	0 ♈	16 ♓
7	14 ♐ 9	19 ♎ 52	26 ♍ 57	27 ♍ 59	24 ♐ 37	1 ♏ 41	14 ♎ 4	21 ♍ 36	8 ♐ 14	16 ♈ 43	7 ♓ 6	14 ♑ 12	10 ♒	12 ♑	28 ♎	0 ♈	16 ♓
8	15 ♐ 10	1 ♏ 46	26 ♍ 53	27 ♍ 55	26 ♐ 10	2 ♏ 52	14 ♎ 39	21 ♍ 41	8 ♐ 21	16 ♈ 42	7 ♓ 7	14 ♑ 14	11 ♒	13 ♑	29 ♎	0 ♈	16 ♓
9	16 ♐ 11	13 ♏ 51	26 ♍ 50	27 ♍ 47	27 ♐ 42	4 ♏ 3	15 ♎ 14	21 ♍ 47	8 ♐ 28	16 ♈ 41	7 ♓ 7	14 ♑ 16	11 ♒	13 ♑	29 ♎	0 ♈	16 ♓
10	17 ♐ 12	26 ♏ 9	26 ♍ 47	27 ♍ 37	29 ♐ 15	5 ♏ 13	15 ♎ 49	21 ♍ 52	8 ♐ 35	16 ♈ 40	7 ♓ 8	14 ♑ 18	11 ♒	13 ♑	29 ♎	0 ♈	16 ♓
11	18 ♐ 13	8 ♐ 41	26 ♍ 44	27 ♍ 24	0 ♑ 47	6 ♏ 24	16 ♎ 24	21 ♍ 58	8 ♐ 42	16 ♈ 39	7 ♓ 9	14 ♑ 19	12 ♒	14 ♑	0 ♏	1 ♈	17 ♓
12	19 ♐ 14	21 ♐ 28	26 ♍ 41	27 ♍ 11	2 ♑ 20	7 ♏ 35	16 ♎ 58	22 ♍ 3	8 ♐ 49	16 ♈ 38	7 ♓ 10	14 ♑ 21	12 ♒	14 ♑	0 ♏	1 ♈	17 ♓
13	20 ♐ 15	4 ♑ 29	26 ♍ 38	26 ♍ 57	3 ♑ 52	8 ♏ 47	17 ♎ 33	22 ♍ 8	8 ♐ 56	16 ♈ 38	7 ♓ 10	14 ♑ 23	12 ♒	14 ♑	0 ♏	1 ♈	17 ♓
14	21 ♐ 16	17 ♑ 43	26 ♍ 34	26 ♍ 44	5 ♑ 23	9 ♏ 58	18 ♎ 8	22 ♍ 12	9 ♐ 3	16 ♈ 37	7 ♓ 11	14 ♑ 25	13 ♒	15 ♑	1 ♏	1 ♈	17 ♓
15	22 ♐ 17	1 ♒ 8	26 ♍ 31	26 ♍ 34	6 ♑ 55	11 ♏ 9	18 ♎ 42	22 ♍ 17	9 ♐ 10	16 ♈ 36	7 ♓ 12	14 ♑ 27	13 ♒	15 ♑	1 ♏	1 ♈	17 ♓
16	23 ♐ 18	14 ♒ 42	26 ♍ 28	26 ♍ 27	8 ♑ 26	12 ♏ 21	19 ♎ 17	22 ♍ 21	9 ♐ 17	16 ♈ 36	7 ♓ 13	14 ♑ 29	13 ♒	15 ♑	1 ♏	2 ♈	17 ♓
17	24 ♐ 19	28 ♒ 25	26 ♍ 25	26 ♍ 23	9 ♑ 56	13 ♏ 32	19 ♎ 51	22 ♍ 26	9 ♐ 24	16 ♈ 35	7 ♓ 14	14 ♑ 31	14 ♒	16 ♑	1 ♏	2 ♈	17 ♓
18	25 ♐ 20	12 ♓ 15	26 ♍ 22	26 ♍ 21	11 ♑ 26	14 ♏ 44	20 ♎ 26	22 ♍ 30	9 ♐ 31	16 ♈ 35	7 ♓ 15	14 ♑ 33	14 ♒	16 ♑	2 ♏	2 ♈	17 ♓
19	26 ♐ 21	26 ♓ 13	26 ♍ 19	26 D 21	12 ♑ 55	15 ♏ 56	21 ♎ 0	22 ♍ 34	9 ♐ 38	16 ♈ 34	7 ♓ 16	14 ♑ 35	14 ♒	17 ♑	2 ♏	2 ♈	17 ♓
20	27 ♐ 22	10 ♈ 19	26 ♍ 15	26 R 21	14 ♑ 23	17 ♏ 7	21 ♎ 34	22 ♍ 37	9 ♐ 45	16 ♈ 34	7 ♓ 17	14 ♑ 37	15 ♒	17 ♑	2 ♏	2 ♈	17 ♓
21	28 ♐ 23	24 ♈ 31	26 ♍ 12	26 ♍ 19	15 ♑ 50	18 ♏ 19	22 ♎ 9	22 ♍ 41	9 ♐ 52	16 ♈ 34	7 ♓ 18	14 ♑ 39	15 ♒	17 ♑	3 ♏	3 ♈	17 ♓
22	29 ♐ 24	8 ♉ 48	26 ♍ 9	26 ♍ 15	17 ♑ 16	19 ♏ 31	22 ♎ 43	22 ♍ 44	9 ♐ 59	16 ♈ 34	7 ♓ 19	14 ♑ 41	15 ♒	18 ♑	3 ♏	3 ♈	17 ♓
23	0 ♑ 25	23 ♉ 8	26 ♍ 6	26 ♍ 8	18 ♑ 40	20 ♏ 43	23 ♎ 17	22 ♍ 48	10 ♐ 5	16 ♈ 33	7 ♓ 20	14 ♑ 43	16 ♒	18 ♑	3 ♏	3 ♈	17 ♓
24	1 ♑ 27	7 ♊ 25	26 ♍ 3	25 ♍ 58	20 ♑ 2	21 ♏ 56	23 ♎ 51	22 ♍ 51	10 ♐ 12	16 ♈ 33	7 ♓ 21	14 ♑ 45	16 ♒	18 ♑	3 ♏	3 ♈	17 ♓
25	2 ♑ 28	21 ♊ 34	25 ♍ 59	25 ♍ 46	21 ♑ 22	23 ♏ 8	24 ♎ 25	22 ♍ 53	10 ♐ 19	16 ♈ 33	7 ♓ 23	14 ♑ 47	16 ♒	19 ♑	4 ♏	4 ♈	17 ♓
26	3 ♑ 29	5 ♋ 31	25 ♍ 56	25 ♍ 33	22 ♑ 40	24 ♏ 20	24 ♎ 59	22 ♍ 56	10 ♐ 26	16 ♈ 33	7 ♓ 24	14 ♑ 49	17 ♒	19 ♑	4 ♏	4 ♈	17 ♓
27	4 ♑ 30	19 ♋ 9	25 ♍ 53	25 ♍ 21	23 ♑ 54	25 ♏ 33	25 ♎ 33	22 ♍ 59	10 ♐ 32	16 D 33	7 ♓ 25	14 ♑ 51	17 ♒	19 ♑	4 ♏	4 ♈	17 ♓
28	5 ♑ 31	2 ♌ 27	25 ♍ 50	25 ♍ 10	25 ♑ 5	26 ♏ 45	26 ♎ 6	23 ♍ 1	10 ♐ 39	16 ♈ 33	7 ♓ 26	14 ♑ 53	18 ♒	20 ♑	5 ♏	4 ♈	17 ♓
29	6 ♑ 32	15 ♌ 22	25 ♍ 47	25 ♍ 2	26 ♑ 12	27 ♏ 58	26 ♎ 40	23 ♍ 3	10 ♐ 46	16 ♈ 33	7 ♓ 28	14 ♑ 55	18 ♒	20 ♑	5 ♏	5 ♈	17 ♓
30	7 ♑ 33	27 ♌ 57	25 ♍ 44	24 ♍ 56	27 ♑ 14	29 ♏ 10	27 ♎ 13	23 ♍ 5	10 ♐ 52	16 ♈ 33	7 ♓ 29	14 ♑ 57	18 ♒	21 ♑	5 ♏	5 ♈	17 ♓
31	8 ♑ 34	10 ♍ 12	25 ♍ 40	24 ♍ 53	28 ♑ 10	0 ♐ 23	27 ♎ 47	23 ♍ 7	10 ♐ 59	16 ♈ 34	7 ♓ 30	15 ♑ 0	19 ♒	21 ♑	5 ♏	5 ♈	17 ♓
SUN INGRESS	☉ → ♑ 22日 13:48																
MOON PHASE	◑ 3日 16:40 ♍　● 11日 19:29 ♐　◐ 19日 00:14 ♓　○ 25日 20:11 ♋																

aspects		
1日	23:00	☿△♅
4日	21:53	☿□♃
6日	19:14	☉⚹♂
7日	05:52	♂□♇
9日	11:38	☉△♅
11日	10:31	♂☍♅
11日	15:13	♀△♆
15日	00:02	☉□♃
15日	04:40	☿⚹♆
17日	20:19	♀⚹♇
20日	03:56	☿☌♇
21日	12:07	☿□♅
24日	19:03	♀⚹♃
26日	05:19	☿△♃
29日	22:18	☉⚹♆
29日	23:53	☿□♂

2016年1月

DAY	☉	☽	☊ mean	☊ true	☿	♀	♂	♃	♄	♅	♆	♇	⚳	⚴	⚵	⚶	⚷
	° ′	° ′	° ′	° ′	° ′	° ′	° ′	° ′	° ′	° ′	° ′	° ′	°	°	°	°	°
1	9 ♑ 36	22 ♍ 14	25 ♍ 37	24 R 52	29 D 0	1 D 36	28 D 20	23 D 8	11 D 6	16 D 34	7 D 32	15 D 2	19 D	21 D	6 D	5 D	17 D
2	10 ♑ 37	4 ♎ 6	25 ♍ 34	24 D 52	29 ♑ 42	2 ♐ 48	28 ♎ 54	23 ♍ 10	11 ♐ 12	16 ♈ 34	7 ♓ 33	15 ♑ 4	19 ♒	22 ♑	6 ♏	6 ♈	17 ♓
3	11 ♑ 38	15 ♎ 54	25 ♍ 31	24 R 52	0 ♒ 17	4 ♐ 1	29 ♎ 27	23 ♍ 11	11 ♐ 19	16 ♈ 34	7 ♓ 35	15 ♑ 6	20 ♒	22 ♑	6 ♏	6 ♈	17 ♓
4	12 ♑ 39	27 ♎ 43	25 ♍ 28	24 ♍ 51	0 ♒ 42	5 ♐ 14	0 ♏ 0	23 ♍ 12	11 ♐ 25	16 ♈ 35	7 ♓ 36	15 ♑ 8	20 ♒	22 ♑	6 ♏	6 ♈	17 ♓
5	13 ♑ 40	9 ♏ 39	25 ♍ 25	24 ♍ 48	0 ♒ 57	6 ♐ 27	0 ♏ 33	23 ♍ 13	11 ♐ 31	16 ♈ 35	7 ♓ 38	15 ♑ 10	20 ♒	23 ♑	7 ♏	6 ♈	17 ♓
6	14 ♑ 41	21 ♏ 48	25 ♍ 21	24 ♍ 42	1 R 2	7 ♐ 40	1 ♏ 6	23 ♍ 13	11 ♐ 38	16 ♈ 36	7 ♓ 39	15 ♑ 12	21 ♒	23 ♑	7 ♏	7 ♈	17 ♓
7	15 ♑ 42	4 ♐ 12	25 ♍ 18	24 ♍ 34	0 ♒ 55	8 ♐ 54	1 ♏ 39	23 ♍ 14	11 ♐ 44	16 ♈ 36	7 ♓ 41	15 ♑ 14	21 ♒	24 ♑	7 ♏	7 ♈	17 ♓
8	16 ♑ 44	16 ♐ 54	25 ♍ 15	24 ♍ 23	0 ♒ 37	10 ♐ 7	2 ♏ 12	23 ♍ 14	11 ♐ 50	16 ♈ 37	7 ♓ 42	15 ♑ 16	22 ♒	24 ♑	7 ♏	7 ♈	17 ♓
9	17 ♑ 45	29 ♐ 56	25 ♍ 12	24 ♍ 11	0 ♒ 7	11 ♐ 20	2 ♏ 45	23 R 14	11 ♐ 57	16 ♈ 38	7 ♓ 44	15 ♑ 18	22 ♒	24 ♑	8 ♏	8 ♈	17 ♓
10	18 ♑ 46	13 ♑ 17	25 ♍ 9	23 ♍ 59	29 ♑ 25	12 ♐ 33	3 ♏ 17	23 ♍ 14	12 ♐ 3	16 ♈ 38	7 ♓ 45	15 ♑ 20	22 ♒	25 ♑	8 ♏	8 ♈	17 ♓
11	19 ♑ 47	26 ♑ 54	25 ♍ 5	23 ♍ 48	28 ♑ 32	13 ♐ 46	3 ♏ 50	23 ♍ 13	12 ♐ 9	16 ♈ 39	7 ♓ 47	15 ♑ 22	23 ♒	25 ♑	8 ♏	8 ♈	17 ♓
12	20 ♑ 48	10 ♒ 46	25 ♍ 2	23 ♍ 40	27 ♑ 30	15 ♐ 0	4 ♏ 22	23 ♍ 13	12 ♐ 15	16 ♈ 40	7 ♓ 49	15 ♑ 24	23 ♒	25 ♑	8 ♏	9 ♈	17 ♓
13	21 ♑ 49	24 ♒ 46	24 ♍ 59	23 ♍ 33	26 ♑ 20	16 ♐ 13	4 ♏ 55	23 ♍ 12	12 ♐ 21	16 ♈ 41	7 ♓ 50	15 ♑ 27	23 ♒	26 ♑	9 ♏	9 ♈	17 ♓
14	22 ♑ 51	8 ♓ 53	24 ♍ 56	23 ♍ 30	25 ♑ 5	17 ♐ 27	5 ♏ 27	23 ♍ 11	12 ♐ 27	16 ♈ 42	7 ♓ 52	15 ♑ 29	24 ♒	26 ♑	9 ♏	9 ♈	17 ♓
15	23 ♑ 52	23 ♓ 2	24 ♍ 53	23 ♍ 29	23 ♑ 46	18 ♐ 40	5 ♏ 59	23 ♍ 10	12 ♐ 33	16 ♈ 43	7 ♓ 54	15 ♑ 31	24 ♒	27 ♑	9 ♏	10 ♈	17 ♓
16	24 ♑ 53	7 ♈ 11	24 ♍ 50	23 D 30	22 ♑ 27	19 ♐ 54	6 ♏ 31	23 ♍ 8	12 ♐ 39	16 ♈ 44	7 ♓ 56	15 ♑ 33	24 ♒	27 ♑	9 ♏	10 ♈	17 ♓
17	25 ♑ 54	21 ♈ 18	24 ♍ 46	23 ♍ 30	21 ♑ 10	21 ♐ 7	7 ♏ 3	23 ♍ 7	12 ♐ 45	16 ♈ 45	7 ♓ 57	15 ♑ 35	25 ♒	27 ♑	9 ♏	10 ♈	18 ♓
18	26 ♑ 55	5 ♉ 23	24 ♍ 43	23 R 30	19 ♑ 56	22 ♐ 21	7 ♏ 34	23 ♍ 5	12 ♐ 51	16 ♈ 46	7 ♓ 59	15 ♑ 37	25 ♒	28 ♑	10 ♏	10 ♈	18 ♓
19	27 ♑ 56	19 ♉ 24	24 ♍ 40	23 ♍ 28	18 ♑ 49	23 ♐ 34	8 ♏ 6	23 ♍ 3	12 ♐ 56	16 ♈ 47	8 ♓ 1	15 ♑ 39	26 ♒	28 ♑	10 ♏	11 ♈	18 ♓
20	28 ♑ 57	3 ♊ 21	24 ♍ 37	23 ♍ 24	17 ♑ 48	24 ♐ 48	8 ♏ 38	23 ♍ 1	13 ♐ 2	16 ♈ 48	8 ♓ 3	15 ♑ 41	26 ♒	28 ♑	10 ♏	11 ♈	18 ♓
21	29 ♑ 58	17 ♊ 11	24 ♍ 34	23 ♍ 17	16 ♑ 57	26 ♐ 1	9 ♏ 9	22 ♍ 59	13 ♐ 8	16 ♈ 50	8 ♓ 5	15 ♑ 43	26 ♒	29 ♑	10 ♏	11 ♈	18 ♓
22	0 ♒ 59	0 ♋ 52	24 ♍ 31	23 ♍ 8	16 ♑ 14	27 ♐ 15	9 ♏ 40	22 ♍ 56	13 ♐ 13	16 ♈ 51	8 ♓ 7	15 ♑ 45	27 ♒	29 ♑	10 ♏	12 ♈	18 ♓
23	2 ♒ 0	14 ♋ 21	24 ♍ 27	22 ♍ 59	15 ♑ 40	28 ♐ 29	10 ♏ 11	22 ♍ 54	13 ♐ 19	16 ♈ 52	8 ♓ 9	15 ♑ 47	27 ♒	29 ♑	11 ♏	12 ♈	18 ♓
24	3 ♒ 1	27 ♋ 37	24 ♍ 24	22 ♍ 50	15 ♑ 16	29 ♐ 43	10 ♏ 43	22 ♍ 51	13 ♐ 24	16 ♈ 54	8 ♓ 11	15 ♑ 49	28 ♒	0 ♒	11 ♏	12 ♈	18 ♓
25	4 ♒ 2	10 ♌ 37	24 ♍ 21	22 ♍ 42	15 ♑ 1	0 ♑ 56	11 ♏ 13	22 ♍ 48	13 ♐ 30	16 ♈ 55	8 ♓ 13	15 ♑ 51	28 ♒	0 ♒	11 ♏	13 ♈	18 ♓
26	5 ♒ 3	23 ♌ 20	24 ♍ 18	22 ♍ 36	14 ♑ 55	2 ♑ 10	11 ♏ 44	22 ♍ 45	13 ♐ 35	16 ♈ 57	8 ♓ 15	15 ♑ 53	28 ♒	1 ♒	11 ♏	13 ♈	18 ♓
27	6 ♒ 4	5 ♍ 47	24 ♍ 15	22 ♍ 32	14 D 56	3 ♑ 24	12 ♏ 15	22 ♍ 41	13 ♐ 40	16 ♈ 58	8 ♓ 16	15 ♑ 55	29 ♒	1 ♒	11 ♏	14 ♈	18 ♓
28	7 ♒ 5	18 ♍ 0	24 ♍ 11	22 ♍ 30	15 ♑ 6	4 ♑ 38	12 ♏ 45	22 ♍ 38	13 ♐ 45	17 ♈ 0	8 ♓ 18	15 ♑ 57	29 ♒	1 ♒	12 ♏	14 ♈	18 ♓
29	8 ♒ 6	0 ♎ 0	24 ♍ 8	22 D 31	15 ♑ 22	5 ♑ 52	13 ♏ 16	22 ♍ 34	13 ♐ 50	17 ♈ 2	8 ♓ 21	15 ♑ 59	29 ♒	2 ♒	12 ♏	14 ♈	18 ♓
30	9 ♒ 7	11 ♎ 52	24 ♍ 5	22 ♍ 32	15 ♑ 45	7 ♑ 5	13 ♏ 46	22 ♍ 30	13 ♐ 55	17 ♈ 3	8 ♓ 23	16 ♑ 1	0 ♓	2 ♒	12 ♏	15 ♈	18 ♓
31	10 ♒ 8	23 ♎ 40	24 ♍ 2	22 ♍ 33	16 ♑ 14	8 ♑ 19	14 ♏ 16	22 ♍ 26	14 ♐ 0	17 ♈ 5	8 ♓ 25	16 ♑ 3	0 ♓	2 ♒	12 ♏	15 ♈	18 ♓

SUN INGRESS	☉ → ♒ 21日 00:27
MOON PHASE	◑ 2日 14:30 ♎　● 10日 10:30 ♑　◐ 17日 08:26 ♈　○ 24日 10:46 ♌

aspects		
5日	21:00	☿□♂
5日	23:33	♀□♆
6日	12:28	☉☌♇
7日	21:22	☉□♅
9日	13:11	♀☌♄
13日	09:11	♀△♅
14日	07:49	☉△♃
14日	23:05	☉☌☿
15日	11:15	☿△♃
18日	14:10	♀□♃
18日	20:01	♂△♆
21日	03:26	☿□♅
22日	18:59	☿☌♇
30日	14:58	☿☌♇
31日	01:44	♀⚹♆

2016年2月

DAY	☉	☽	☊ mean	☊ true	☿	♀	♂	♃	♄	♅	♆	♇	⚳	⚴	⚵	⚶	⚷
	° ′	° ′	° ′	° ′	° ′	° ′	° ′	° ′	° ′	° ′	° ′	° ′	°	°	°	°	°
1	11 ♒ 9	5 ♏ 30	23 ♍ 59	22 D 35	16 D 48	9 D 33	14 D 46	22 R 22	14 D 5	17 D 7	8 D 27	16 D 5	1 D	3 D	12 D	15 D	18 D
2	12 ♒ 10	17 ♏ 26	23 ♍ 56	22 R 35	17 ♑ 27	10 ♑ 47	15 ♏ 16	22 ♍ 17	14 ♐ 10	17 ♈ 9	8 ♓ 29	16 ♑ 7	1 ♓	3 ♒	12 ♏	16 ♈	18 ♓
3	13 ♒ 11	29 ♏ 34	23 ♍ 52	22 ♍ 33	18 ♑ 10	12 ♑ 1	15 ♏ 46	22 ♍ 13	14 ♐ 15	17 ♈ 11	8 ♓ 31	16 ♑ 9	1 ♓	3 ♒	12 ♏	16 ♈	18 ♓
4	14 ♒ 12	11 ♐ 58	23 ♍ 49	22 ♍ 30	18 ♑ 58	13 ♑ 15	16 ♏ 15	22 ♍ 8	14 ♐ 20	17 ♈ 13	8 ♓ 33	16 ♑ 10	2 ♓	4 ♒	13 ♏	16 ♈	18 ♓
5	15 ♒ 13	24 ♐ 43	23 ♍ 46	22 ♍ 25	19 ♑ 50	14 ♑ 29	16 ♏ 44	22 ♍ 3	14 ♐ 24	17 ♈ 14	8 ♓ 35	16 ♑ 12	2 ♓	4 ♒	13 ♏	17 ♈	18 ♓
6	16 ♒ 14	7 ♑ 51	23 ♍ 43	22 ♍ 19	20 ♑ 44	15 ♑ 43	17 ♏ 14	21 ♍ 58	14 ♐ 29	17 ♈ 16	8 ♓ 37	16 ♑ 14	3 ♓	5 ♒	13 ♏	17 ♈	19 ♓
7	17 ♒ 14	21 ♑ 22	23 ♍ 40	22 ♍ 13	21 ♑ 42	16 ♑ 57	17 ♏ 43	21 ♍ 53	14 ♐ 33	17 ♈ 19	8 ♓ 39	16 ♑ 16	3 ♓	5 ♒	13 ♏	18 ♈	19 ♓
8	18 ♒ 15	5 ♒ 15	23 ♍ 37	22 ♍ 7	22 ♑ 43	18 ♑ 11	18 ♏ 11	21 ♍ 47	14 ♐ 38	17 ♈ 21	8 ♓ 41	16 ♑ 18	3 ♓	5 ♒	13 ♏	18 ♈	19 ♓
9	19 ♒ 16	19 ♒ 28	23 ♍ 33	22 ♍ 3	23 ♑ 46	19 ♑ 26	18 ♏ 40	21 ♍ 42	14 ♐ 42	17 ♈ 23	8 ♓ 44	16 ♑ 20	4 ♓	6 ♒	13 ♏	18 ♈	19 ♓
10	20 ♒ 17	3 ♓ 54	23 ♍ 30	22 ♍ 0	24 ♑ 52	20 ♑ 40	19 ♏ 9	21 ♍ 36	14 ♐ 46	17 ♈ 25	8 ♓ 46	16 ♑ 21	4 ♓	6 ♒	13 ♏	19 ♈	19 ♓
11	21 ♒ 18	18 ♓ 29	23 ♍ 27	21 ♍ 59	26 ♑ 0	21 ♑ 54	19 ♏ 37	21 ♍ 30	14 ♐ 50	17 ♈ 27	8 ♓ 48	16 ♑ 23	4 ♓	6 ♒	13 ♏	19 ♈	19 ♓
12	22 ♒ 18	3 ♈ 5	23 ♍ 24	21 D 59	27 ♑ 10	23 ♑ 8	20 ♏ 5	21 ♍ 24	14 ♐ 54	17 ♈ 29	8 ♓ 50	16 ♑ 25	5 ♓	7 ♒	14 ♏	19 ♈	19 ♓
13	23 ♒ 19	17 ♈ 38	23 ♍ 21	22 ♍ 1	28 ♑ 22	24 ♑ 22	20 ♏ 33	21 ♍ 18	14 ♐ 58	17 ♈ 32	8 ♓ 52	16 ♑ 27	5 ♓	7 ♒	14 ♏	20 ♈	19 ♓
14	24 ♒ 20	2 ♉ 2	23 ♍ 17	22 ♍ 2	29 ♑ 35	25 ♑ 36	21 ♏ 1	21 ♍ 12	15 ♐ 2	17 ♈ 34	8 ♓ 55	16 ♑ 28	6 ♓	7 ♒	14 ♏	20 ♈	19 ♓
15	25 ♒ 20	16 ♉ 14	23 ♍ 14	22 ♍ 3	0 ♒ 51	26 ♑ 50	21 ♏ 28	21 ♍ 5	15 ♐ 6	17 ♈ 36	8 ♓ 57	16 ♑ 30	6 ♓	8 ♒	14 ♏	21 ♈	19 ♓
16	26 ♒ 21	0 ♊ 14	23 ♍ 11	22 R 3	2 ♒ 8	28 ♑ 4	21 ♏ 55	20 ♍ 59	15 ♐ 10	17 ♈ 39	8 ♓ 59	16 ♑ 32	6 ♓	8 ♒	14 ♏	21 ♈	19 ♓
17	27 ♒ 22	14 ♊ 0	23 ♍ 8	22 ♍ 2	3 ♒ 26	29 ♑ 18	22 ♏ 22	20 ♍ 52	15 ♐ 14	17 ♈ 41	9 ♓ 1	16 ♑ 34	7 ♓	8 ♒	14 ♏	21 ♈	19 ♓
18	28 ♒ 22	27 ♊ 32	23 ♍ 5	22 ♍ 0	4 ♒ 46	0 ♒ 33	22 ♏ 49	20 ♍ 46	15 ♐ 17	17 ♈ 44	9 ♓ 4	16 ♑ 35	7 ♓	9 ♒	14 ♏	22 ♈	19 ♓
19	29 ♒ 23	10 ♋ 51	23 ♍ 2	21 ♍ 57	6 ♒ 7	1 ♒ 47	23 ♏ 16	20 ♍ 39	15 ♐ 21	17 ♈ 46	9 ♓ 6	16 ♑ 37	8 ♓	9 ♒	14 ♏	22 ♈	19 ♓
20	0 ♓ 23	23 ♋ 55	22 ♍ 58	21 ♍ 54	7 ♒ 29	3 ♒ 1	23 ♏ 42	20 ♍ 32	15 ♐ 24	17 ♈ 49	9 ♓ 8	16 ♑ 38	8 ♓	9 ♒	14 ♏	22 ♈	19 ♓
21	1 ♓ 24	6 ♌ 46	22 ♍ 55	21 ♍ 51	8 ♒ 53	4 ♒ 15	24 ♏ 9	20 ♍ 25	15 ♐ 27	17 ♈ 51	9 ♓ 10	16 ♑ 40	8 ♓	10 ♒	14 ♏	23 ♈	19 ♓
22	2 ♓ 24	19 ♌ 25	22 ♍ 52	21 ♍ 48	10 ♒ 17	5 ♒ 29	24 ♏ 35	20 ♍ 18	15 ♐ 31	17 ♈ 54	9 ♓ 13	16 ♑ 42	9 ♓	10 ♒	14 ♏	23 ♈	19 ♓
23	3 ♓ 25	1 ♍ 50	22 ♍ 49	21 ♍ 46	11 ♒ 43	6 ♒ 43	25 ♏ 0	20 ♍ 11	15 ♐ 34	17 ♈ 57	9 ♓ 15	16 ♑ 43	9 ♓	10 ♒	14 ♏	24 ♈	19 ♓
24	4 ♓ 25	14 ♍ 5	22 ♍ 46	21 ♍ 45	13 ♒ 10	7 ♒ 58	25 ♏ 26	20 ♍ 4	15 ♐ 37	17 ♈ 59	9 ♓ 17	16 ♑ 45	10 ♓	11 ♒	15 ♏	24 ♈	20 ♓
25	5 ♓ 25	26 ♍ 9	22 ♍ 42	21 D 44	14 ♒ 38	9 ♒ 12	25 ♏ 51	19 ♍ 56	15 ♐ 40	18 ♈ 2	9 ♓ 19	16 ♑ 46	10 ♓	11 ♒	15 ♏	24 ♈	20 ♓
26	6 ♓ 26	8 ♎ 5	22 ♍ 39	21 ♍ 45	16 ♒ 8	10 ♒ 26	26 ♏ 16	19 ♍ 49	15 ♐ 43	18 ♈ 5	9 ♓ 22	16 ♑ 48	10 ♓	12 ♒	15 ♏	25 ♈	20 ♓
27	7 ♓ 26	19 ♎ 56	22 ♍ 36	21 ♍ 46	17 ♒ 38	11 ♒ 40	26 ♏ 41	19 ♍ 41	15 ♐ 45	18 ♈ 7	9 ♓ 24	16 ♑ 49	11 ♓	12 ♒	15 ♏	25 ♈	20 ♓
28	8 ♓ 26	1 ♏ 45	22 ♍ 33	21 ♍ 48	19 ♒ 9	12 ♒ 54	27 ♏ 5	19 ♍ 34	15 ♐ 48	18 ♈ 10	9 ♓ 26	16 ♑ 51	11 ♓	12 ♒	15 ♏	26 ♈	20 ♓
29	9 ♓ 27	13 ♏ 35	22 ♍ 30	21 ♍ 49	20 ♒ 42	14 ♒ 9	27 ♏ 30	19 ♍ 26	15 ♐ 51	18 ♈ 13	9 ♓ 29	16 ♑ 52	12 ♓	13 ♒	15 ♏	26 ♈	20 ♓

SUN INGRESS	☉ → ♓ 19日 14:34
MOON PHASE	◑ 1日 12:28 ♏　● 8日 23:39 ♒　◐ 15日 16:46 ♉　○ 23日 03:20 ♍

aspects		
1日	12:42	☿□♅
3日	19:53	♂⚹♇
4日	03:18	☉⚹♄
6日	10:15	♀☌♇
7日	01:39	☉⚹♅
7日	03:45	☿△♃
7日	07:03	♀□♅
7日	21:08	☉□♂
8日	00:01	♀⚹♂
10日	16:54	♀△♃
14日	07:59	♂⚹♃
25日	17:05	☿⚹♄
27日	08:02	☿⚹♅
29日	00:47	☉☌♆

2016年3月

DAY	☉	☽	☊ mean	☊ true	☿	♀	♂	♃	♄	♅	♆	♇	⚳	⚴	⚵	⚶	⚷
	° ′	° ′	° ′	° ′	° ′	° ′	° ′	° ′	° ′	° ′	° ′	° ′	°	°	°	°	°
1	10 ♓ 27	25 ♏ 31	22 ♍ 27	21 D 50	22 D 15	15 D 23	27 D 54	19 R 19	15 D 53	18 D 16	9 D 31	16 D 53	12 D	13 D	15 D	26 D	20 D
2	11 ♓ 27	7 ♐ 37	22 ♍ 23	21 ♍ 50	23 ♒ 50	16 ♒ 37	28 ♏ 17	19 ♍ 11	15 ♐ 56	18 ♈ 19	9 ♓ 33	16 ♑ 55	12 ♓	13 ♒	15 ♏	27 ♈	20 ♓
3	12 ♓ 27	19 ♐ 58	22 ♍ 20	21 R 50	25 ♒ 25	17 ♒ 51	28 ♏ 41	19 ♍ 3	15 ♐ 58	18 ♈ 22	9 ♓ 35	16 ♑ 56	13 ♓	14 ♒	15 R	27 ♈	20 ♓
4	13 ♓ 27	2 ♑ 39	22 ♍ 17	21 ♍ 50	27 ♒ 2	19 ♒ 6	29 ♏ 4	18 ♍ 56	16 ♐ 0	18 ♈ 25	9 ♓ 38	16 ♑ 58	13 ♓	14 ♒	15 ♏	28 ♈	20 ♓
5	14 ♓ 28	15 ♑ 43	22 ♍ 14	21 ♍ 49	28 ♒ 40	20 ♒ 20	29 ♏ 26	18 ♍ 48	16 ♐ 2	18 ♈ 28	9 ♓ 40	16 ♑ 59	14 ♓	14 ♒	15 ♏	28 ♈	20 ♓
6	15 ♓ 28	29 ♑ 13	22 ♍ 11	21 ♍ 48	0 ♓ 19	21 ♒ 34	29 ♏ 49	18 ♍ 40	16 ♐ 4	18 ♈ 31	9 ♓ 42	17 ♑ 0	14 ♓	15 ♒	15 ♏	29 ♈	20 ♓
7	16 ♓ 28	13 ♒ 8	22 ♍ 8	21 ♍ 47	1 ♓ 58	22 ♒ 48	0 ♐ 11	18 ♍ 32	16 ♐ 6	18 ♈ 34	9 ♓ 44	17 ♑ 1	14 ♓	15 ♒	15 ♏	29 ♈	20 ♓
8	17 ♓ 28	27 ♒ 29	22 ♍ 4	21 ♍ 47	3 ♓ 39	24 ♒ 3	0 ♐ 33	18 ♍ 24	16 ♐ 8	18 ♈ 37	9 ♓ 47	17 ♑ 3	15 ♓	15 ♒	15 ♏	29 ♈	20 ♓
9	18 ♓ 28	12 ♓ 10	22 ♍ 1	21 ♍ 47	5 ♓ 22	25 ♒ 17	0 ♐ 54	18 ♍ 16	16 ♐ 10	18 ♈ 40	9 ♓ 49	17 ♑ 4	15 ♓	16 ♒	15 ♏	0 ♉	20 ♓
10	19 ♓ 28	27 ♓ 5	21 ♍ 58	21 D 47	7 ♓ 5	26 ♒ 31	1 ♐ 15	18 ♍ 9	16 ♐ 11	18 ♈ 43	9 ♓ 51	17 ♑ 5	15 ♓	16 ♒	15 ♏	0 ♉	20 ♓
11	20 ♓ 28	12 ♈ 5	21 ♍ 55	21 ♍ 47	8 ♓ 49	27 ♒ 45	1 ♐ 36	18 ♍ 1	16 ♐ 13	18 ♈ 46	9 ♓ 54	17 ♑ 6	16 ♓	16 ♒	14 ♏	1 ♉	20 ♓
12	21 ♓ 28	27 ♈ 4	21 ♍ 52	21 ♍ 47	10 ♓ 35	29 ♒ 0	1 ♐ 57	17 ♍ 53	16 ♐ 14	18 ♈ 49	9 ♓ 56	17 ♑ 7	16 ♓	17 ♒	14 ♏	1 ♉	21 ♓
13	22 ♓ 28	11 ♉ 51	21 ♍ 48	21 R 47	12 ♓ 21	0 ♓ 14	2 ♐ 17	17 ♍ 45	16 ♐ 16	18 ♈ 52	9 ♓ 58	17 ♑ 8	17 ♓	17 ♒	14 ♏	1 ♉	21 ♓
14	23 ♓ 28	26 ♉ 23	21 ♍ 45	21 ♍ 47	14 ♓ 9	1 ♓ 28	2 ♐ 36	17 ♍ 37	16 ♐ 17	18 ♈ 55	10 ♓ 0	17 ♑ 9	17 ♓	17 ♒	14 ♏	2 ♉	21 ♓
15	24 ♓ 27	10 ♊ 34	21 ♍ 42	21 ♍ 46	15 ♓ 58	2 ♓ 42	2 ♐ 56	17 ♍ 30	16 ♐ 18	18 ♈ 59	10 ♓ 2	17 ♑ 10	17 ♓	17 ♒	14 ♏	2 ♉	21 ♓
16	25 ♓ 27	24 ♊ 23	21 ♍ 39	21 ♍ 46	17 ♓ 48	3 ♓ 56	3 ♐ 14	17 ♍ 22	16 ♐ 19	19 ♈ 2	10 ♓ 5	17 ♑ 11	18 ♓	18 ♒	14 ♏	3 ♉	21 ♓
17	26 ♓ 27	7 ♋ 50	21 ♍ 36	21 D 47	19 ♓ 39	5 ♓ 11	3 ♐ 33	17 ♍ 14	16 ♐ 20	19 ♈ 5	10 ♓ 7	17 ♑ 12	18 ♓	18 ♒	14 ♏	3 ♉	21 ♓
18	27 ♓ 27	20 ♋ 56	21 ♍ 33	21 ♍ 47	21 ♓ 32	6 ♓ 25	3 ♐ 51	17 ♍ 7	16 ♐ 21	19 ♈ 8	10 ♓ 9	17 ♑ 13	19 ♓	18 ♒	14 ♏	3 ♉	21 ♓
19	28 ♓ 26	3 ♌ 45	21 ♍ 29	21 ♍ 47	23 ♓ 26	7 ♓ 39	4 ♐ 9	16 ♍ 59	16 ♐ 22	19 ♈ 11	10 ♓ 11	17 ♑ 14	19 ♓	19 ♒	14 ♏	4 ♉	21 ♓
20	29 ♓ 26	16 ♌ 18	21 ♍ 26	21 ♍ 48	25 ♓ 21	8 ♓ 53	4 ♐ 26	16 ♍ 52	16 ♐ 22	19 ♈ 15	10 ♓ 13	17 ♑ 15	19 ♓	19 ♒	14 ♏	4 ♉	21 ♓
21	0 ♈ 26	28 ♌ 38	21 ♍ 23	21 ♍ 49	27 ♓ 17	10 ♓ 7	4 ♐ 43	16 ♍ 44	16 ♐ 23	19 ♈ 18	10 ♓ 16	17 ♑ 16	20 ♓	19 ♒	14 ♏	5 ♉	21 ♓
22	1 ♈ 25	10 ♍ 48	21 ♍ 20	21 ♍ 50	29 ♓ 14	11 ♓ 22	4 ♐ 59	16 ♍ 37	16 ♐ 23	19 ♈ 21	10 ♓ 18	17 ♑ 17	20 ♓	20 ♒	14 ♏	5 ♉	21 ♓
23	2 ♈ 25	22 ♍ 50	21 ♍ 17	21 R 50	1 ♈ 12	12 ♓ 36	5 ♐ 15	16 ♍ 29	16 ♐ 23	19 ♈ 25	10 ♓ 20	17 ♑ 18	21 ♓	20 ♒	13 ♏	6 ♉	21 ♓
24	3 ♈ 24	4 ♎ 46	21 ♍ 13	21 ♍ 49	3 ♈ 11	13 ♓ 50	5 ♐ 30	16 ♍ 22	16 ♐ 24	19 ♈ 28	10 ♓ 22	17 ♑ 19	21 ♓	20 ♒	13 ♏	6 ♉	21 ♓
25	4 ♈ 24	16 ♎ 37	21 ♍ 10	21 ♍ 48	5 ♈ 11	15 ♓ 4	5 ♐ 45	16 ♍ 15	16 ♐ 24	19 ♈ 31	10 ♓ 24	17 ♑ 19	21 ♓	21 ♒	13 ♏	6 ♉	21 ♓
26	5 ♈ 23	28 ♎ 27	21 ♍ 7	21 ♍ 47	7 ♈ 12	16 ♓ 18	6 ♐ 0	16 ♍ 8	16 R 24	19 ♈ 35	10 ♓ 26	17 ♑ 20	22 ♓	21 ♒	13 ♏	7 ♉	21 ♓
27	6 ♈ 22	10 ♏ 16	21 ♍ 4	21 ♍ 45	9 ♈ 14	17 ♓ 32	6 ♐ 14	16 ♍ 1	16 ♐ 24	19 ♈ 38	10 ♓ 28	17 ♑ 21	22 ♓	21 ♒	13 ♏	7 ♉	21 ♓
28	7 ♈ 22	22 ♏ 9	21 ♍ 1	21 ♍ 42	11 ♈ 16	18 ♓ 47	6 ♐ 27	15 ♍ 54	16 ♐ 24	19 ♈ 41	10 ♓ 31	17 ♑ 21	23 ♓	22 ♒	13 ♏	8 ♉	22 ♓
29	8 ♈ 21	4 ♐ 7	20 ♍ 58	21 ♍ 40	13 ♈ 19	20 ♓ 1	6 ♐ 40	15 ♍ 47	16 ♐ 23	19 ♈ 45	10 ♓ 33	17 ♑ 22	23 ♓	22 ♒	13 ♏	8 ♉	22 ♓
30	9 ♈ 20	16 ♐ 14	20 ♍ 54	21 ♍ 38	15 ♈ 21	21 ♓ 15	6 ♐ 53	15 ♍ 41	16 ♐ 23	19 ♈ 48	10 ♓ 35	17 ♑ 23	23 ♓	22 ♒	13 ♏	9 ♉	22 ♓
31	10 ♈ 20	28 ♐ 34	20 ♍ 51	21 ♍ 37	17 ♈ 24	22 ♓ 29	7 ♐ 5	15 ♍ 34	16 ♐ 22	19 ♈ 51	10 ♓ 37	17 ♑ 23	24 ♓	22 ♒	12 ♏	9 ♉	22 ♓

SUN INGRESS	☉ → ♈ 20日 13:30
MOON PHASE	◑ 2日 08:11 ♐　● 9日 10:54 ♓　◐ 16日 02:03 ♊　○ 23日 21:01 ♎

aspects		
1日	10:07	♀⚹♄
3日	10:13	♀⚹♅
5日	14:43	☿□♂
6日	15:04	☉□♄
7日	13:41	☉⚹♇
8日	19:57	☉☍♃
11日	15:01	☿☌♆
15日	04:26	☿□♄
15日	05:48	♀□♂
15日	15:58	☿⚹♇
15日	18:42	☿☍♃
17日	05:06	♃△♇
21日	02:45	♀☌♆
23日	19:15	♃□♄
24日	05:11	☉☌☿
25日	07:45	☿△♂
25日	20:58	♀☍♃
26日	01:48	♀□♄
26日	19:33	☉△♂
26日	20:12	♀⚹♇
30日	12:02	☿△♄
30日	23:53	☿□♇

2016年4月

DAY	☉	☽	☊ mean	☊ true	☿	♀	♂	♃	♄	♅	♆	♇	⚳	⚴	⚵	⚶	⚷
	° ′	° ′	° ′	° ′	° ′	° ′	° ′	° ′	° ′	° ′	° ′	° ′	°	°	°	°	°
1	11 ♈ 19	11 ♑ 11	20 ♍ 48	21 R 36	19 D 26	23 D 43	7 D 16	15 R 28	16 R 22	19 D 55	10 D 39	17 D 24	24 D	23 D	12 R	9 D	22 D
2	12 ♈ 18	24 ♑ 8	20 ♍ 45	21 D 37	21 ♈ 28	24 ♓ 57	7 ♐ 27	15 ♍ 21	16 ♐ 21	19 ♈ 58	10 ♓ 41	17 ♑ 24	25 ♓	23 ♒	12 ♏	10 ♉	22 ♓
3	13 ♈ 17	7 ♒ 30	20 ♍ 42	21 ♍ 38	23 ♈ 28	26 ♓ 11	7 ♐ 37	15 ♍ 15	16 ♐ 20	20 ♈ 2	10 ♓ 43	17 ♑ 25	25 ♓	23 ♒	12 ♏	10 ♉	22 ♓
4	14 ♈ 16	21 ♒ 17	20 ♍ 39	21 ♍ 39	25 ♈ 28	27 ♓ 26	7 ♐ 47	15 ♍ 9	16 ♐ 20	20 ♈ 5	10 ♓ 45	17 ♑ 25	25 ♓	24 ♒	12 ♏	11 ♉	22 ♓
5	15 ♈ 16	5 ♓ 32	20 ♍ 35	21 ♍ 40	27 ♈ 25	28 ♓ 40	7 ♐ 56	15 ♍ 3	16 ♐ 19	20 ♈ 9	10 ♓ 47	17 ♑ 26	26 ♓	24 ♒	12 ♏	11 ♉	22 ♓
6	16 ♈ 15	20 ♓ 11	20 ♍ 32	21 ♍ 41	29 ♈ 21	29 ♓ 54	8 ♐ 4	14 ♍ 57	16 ♐ 18	20 ♈ 12	10 ♓ 49	17 ♑ 26	26 ♓	24 ♒	11 ♏	12 ♉	22 ♓
7	17 ♈ 14	5 ♈ 10	20 ♍ 29	21 R 40	1 ♉ 14	1 ♈ 8	8 ♐ 12	14 ♍ 51	16 ♐ 16	20 ♈ 15	10 ♓ 51	17 ♑ 27	26 ♓	24 ♒	11 ♏	12 ♉	22 ♓
8	18 ♈ 13	20 ♈ 21	20 ♍ 26	21 ♍ 39	3 ♉ 4	2 ♈ 22	8 ♐ 19	14 ♍ 46	16 ♐ 15	20 ♈ 19	10 ♓ 52	17 ♑ 27	27 ♓	25 ♒	11 ♏	12 ♉	22 ♓
9	19 ♈ 12	5 ♉ 35	20 ♍ 23	21 ♍ 36	4 ♉ 51	3 ♈ 36	8 ♐ 26	14 ♍ 40	16 ♐ 14	20 ♈ 22	10 ♓ 54	17 ♑ 27	27 ♓	25 ♒	11 ♏	13 ♉	22 ♓
10	20 ♈ 11	20 ♉ 42	20 ♍ 19	21 ♍ 32	6 ♉ 35	4 ♈ 50	8 ♐ 32	14 ♍ 35	16 ♐ 12	20 ♈ 26	10 ♓ 56	17 ♑ 27	28 ♓	25 ♒	11 ♏	13 ♉	22 ♓
11	21 ♈ 10	5 ♊ 32	20 ♍ 16	21 ♍ 28	8 ♉ 15	6 ♈ 4	8 ♐ 37	14 ♍ 30	16 ♐ 11	20 ♈ 29	10 ♓ 58	17 ♑ 28	28 ♓	26 ♒	10 ♏	14 ♉	22 ♓
12	22 ♈ 9	19 ♊ 58	20 ♍ 13	21 ♍ 24	9 ♉ 50	7 ♈ 18	8 ♐ 41	14 ♍ 25	16 ♐ 9	20 ♈ 33	11 ♓ 0	17 ♑ 28	28 ♓	26 ♒	10 ♏	14 ♉	22 ♓
13	23 ♈ 7	3 ♋ 58	20 ♍ 10	21 ♍ 21	11 ♉ 21	8 ♈ 32	8 ♐ 45	14 ♍ 20	16 ♐ 8	20 ♈ 36	11 ♓ 2	17 ♑ 28	29 ♓	26 ♒	10 ♏	15 ♉	22 ♓
14	24 ♈ 6	17 ♋ 30	20 ♍ 7	21 ♍ 20	12 ♉ 48	9 ♈ 46	8 ♐ 48	14 ♍ 16	16 ♐ 6	20 ♈ 39	11 ♓ 4	17 ♑ 28	29 ♓	26 ♒	10 ♏	15 ♉	22 ♓
15	25 ♈ 5	0 ♌ 36	20 ♍ 4	21 D 20	14 ♉ 9	11 ♈ 1	8 ♐ 51	14 ♍ 11	16 ♐ 4	20 ♈ 43	11 ♓ 5	17 ♑ 28	0 ♈	27 ♒	10 ♏	15 ♉	23 ♓
16	26 ♈ 4	13 ♌ 19	20 ♍ 0	21 ♍ 21	15 ♉ 26	12 ♈ 15	8 ♐ 52	14 ♍ 7	16 ♐ 2	20 ♈ 46	11 ♓ 7	17 ♑ 28	0 ♈	27 ♒	9 ♏	16 ♉	23 ♓
17	27 ♈ 2	25 ♌ 43	19 ♍ 57	21 ♍ 22	16 ♉ 37	13 ♈ 29	8 ♐ 53	14 ♍ 2	16 ♐ 0	20 ♈ 50	11 ♓ 9	17 ♑ 29	0 ♈	27 ♒	9 ♏	16 ♉	23 ♓
18	28 ♈ 1	7 ♍ 53	19 ♍ 54	21 ♍ 24	17 ♉ 44	14 ♈ 43	8 R 54	13 ♍ 58	15 ♐ 58	20 ♈ 53	11 ♓ 11	17 ♑ 29	1 ♈	27 ♒	9 ♏	17 ♉	23 ♓
19	29 ♈ 0	19 ♍ 53	19 ♍ 51	21 ♍ 25	18 ♉ 44	15 ♈ 57	8 ♐ 53	13 ♍ 55	15 ♐ 55	20 ♈ 56	11 ♓ 12	17 R 29	1 ♈	28 ♒	9 ♏	17 ♉	23 ♓
20	29 ♈ 58	1 ♎ 46	19 ♍ 48	21 R 24	19 ♉ 39	17 ♈ 11	8 ♐ 52	13 ♍ 51	15 ♐ 53	21 ♈ 0	11 ♓ 14	17 ♑ 29	1 ♈	28 ♒	8 ♏	18 ♉	23 ♓
21	0 ♉ 57	13 ♎ 36	19 ♍ 45	21 ♍ 22	20 ♉ 29	18 ♈ 24	8 ♐ 50	13 ♍ 47	15 ♐ 51	21 ♈ 3	11 ♓ 15	17 ♑ 29	2 ♈	28 ♒	8 ♏	18 ♉	23 ♓
22	1 ♉ 55	25 ♎ 25	19 ♍ 41	21 ♍ 17	21 ♉ 12	19 ♈ 38	8 ♐ 47	13 ♍ 44	15 ♐ 48	21 ♈ 7	11 ♓ 17	17 ♑ 28	2 ♈	28 ♒	8 ♏	19 ♉	23 ♓
23	2 ♉ 54	7 ♏ 15	19 ♍ 38	21 ♍ 11	21 ♉ 50	20 ♈ 52	8 ♐ 44	13 ♍ 41	15 ♐ 45	21 ♈ 10	11 ♓ 19	17 ♑ 28	3 ♈	29 ♒	8 ♏	19 ♉	23 ♓
24	3 ♉ 52	19 ♏ 8	19 ♍ 35	21 ♍ 4	22 ♉ 22	22 ♈ 6	8 ♐ 40	13 ♍ 38	15 ♐ 43	21 ♈ 13	11 ♓ 20	17 ♑ 28	3 ♈	29 ♒	8 ♏	19 ♉	23 ♓
25	4 ♉ 51	1 ♐ 7	19 ♍ 32	20 ♍ 56	22 ♉ 48	23 ♈ 20	8 ♐ 35	13 ♍ 35	15 ♐ 40	21 ♈ 17	11 ♓ 22	17 ♑ 28	3 ♈	29 ♒	7 ♏	20 ♉	23 ♓
26	5 ♉ 49	13 ♐ 11	19 ♍ 29	20 ♍ 47	23 ♉ 9	24 ♈ 34	8 ♐ 29	13 ♍ 33	15 ♐ 37	21 ♈ 20	11 ♓ 23	17 ♑ 28	4 ♈	29 ♒	7 ♏	20 ♉	23 ♓
27	6 ♉ 48	25 ♐ 25	19 ♍ 25	20 ♍ 40	23 ♉ 23	25 ♈ 48	8 ♐ 23	13 ♍ 30	15 ♐ 34	21 ♈ 23	11 ♓ 25	17 ♑ 28	4 ♈	0 ♓	7 ♏	21 ♉	23 ♓
28	7 ♉ 46	7 ♑ 49	19 ♍ 22	20 ♍ 34	23 ♉ 32	27 ♈ 2	8 ♐ 15	13 ♍ 28	15 ♐ 31	21 ♈ 27	11 ♓ 26	17 ♑ 27	4 ♈	0 ♓	7 ♏	21 ♉	23 ♓
29	8 ♉ 44	20 ♑ 27	19 ♍ 19	20 ♍ 31	23 ♉ 36	28 ♈ 16	8 ♐ 7	13 ♍ 26	15 ♐ 28	21 ♈ 30	11 ♓ 28	17 ♑ 27	5 ♈	0 ♓	6 ♏	22 ♉	23 ♓
30	9 ♉ 42	3 ♒ 22	19 ♍ 16	20 ♍ 29	23 R 33	29 ♈ 30	7 ♐ 59	13 ♍ 24	15 ♐ 25	21 ♈ 33	11 ♓ 29	17 ♑ 27	5 ♈	0 ♓	6 ♏	22 ♉	23 ♓

SUN INGRESS	☉ → ♉ 20日 00:29
MOON PHASE	◑ 1日 00:17 ♑　● 7日 20:24 ♈　◐ 14日 12:59 ♋　○ 22日 14:24 ♏　◑ 30日 12:29 ♒

aspects		
1日	05:49	☿☌♅
6日	01:09	☉△♄
7日	05:13	☉□♇
10日	06:27	☉☌♅
12日	18:40	☿⚹♆
13日	04:16	♀△♂
15日	00:27	☿△♃
17日	18:23	☿△♇
18日	23:37	♀△♄
20日	05:51	♀□♇
23日	06:00	♀☌♅

2016年5月

DAY	☉	☽	☊ mean	☊ true	☿	♀	♂	♃	♄	♅	♆	♇	⚳	⚴	⚵	⚶	⚷
	° ′	° ′	° ′	° ′	° ′	° ′	° ′	° ′	° ′	° ′	° ′	° ′	°	°	°	°	°
1	10 ♉ 41	16 ♒ 37	19 ♍ 13	20 D 29	23 R 26	0 D 44	7 R 49	13 R 22	15 R 22	21 D 37	11 D 31	17 R 26	6 D	0 D	6 R	22 D	23 D
2	11 ♉ 39	0 ♓ 15	19 ♍ 10	20 ♍ 30	23 ♉ 14	1 ♉ 58	7 ♐ 39	13 ♍ 21	15 ♐ 19	21 ♈ 40	11 ♓ 32	17 ♑ 26	6 ♈	1 ♓	6 ♏	23 ♉	23 ♓
3	12 ♉ 37	14 ♓ 17	19 ♍ 6	20 ♍ 31	22 ♉ 57	3 ♉ 12	7 ♐ 28	13 ♍ 19	15 ♐ 16	21 ♈ 43	11 ♓ 33	17 ♑ 26	6 ♈	1 ♓	6 ♏	23 ♉	23 ♓
4	13 ♉ 35	28 ♓ 44	19 ♍ 3	20 R 30	22 ♉ 35	4 ♉ 26	7 ♐ 16	13 ♍ 18	15 ♐ 12	21 ♈ 47	11 ♓ 35	17 ♑ 25	7 ♈	1 ♓	5 ♏	24 ♉	23 ♓
5	14 ♉ 34	13 ♈ 32	19 ♍ 0	20 ♍ 29	22 ♉ 10	5 ♉ 39	7 ♐ 4	13 ♍ 17	15 ♐ 9	21 ♈ 50	11 ♓ 36	17 ♑ 25	7 ♈	1 ♓	5 ♏	24 ♉	24 ♓
6	15 ♉ 32	28 ♈ 37	18 ♍ 57	20 ♍ 24	21 ♉ 41	6 ♉ 53	6 ♐ 50	13 ♍ 16	15 ♐ 5	21 ♈ 53	11 ♓ 37	17 ♑ 24	7 ♈	2 ♓	5 ♏	25 ♉	24 ♓
7	16 ♉ 30	13 ♉ 50	18 ♍ 54	20 ♍ 18	21 ♉ 10	8 ♉ 7	6 ♐ 36	13 ♍ 16	15 ♐ 2	21 ♈ 56	11 ♓ 38	17 ♑ 24	8 ♈	2 ♓	5 ♏	25 ♉	24 ♓
8	17 ♉ 28	29 ♉ 0	18 ♍ 50	20 ♍ 9	20 ♉ 36	9 ♉ 21	6 ♐ 22	13 ♍ 15	14 ♐ 58	21 ♈ 59	11 ♓ 39	17 ♑ 23	8 ♈	2 ♓	4 ♏	26 ♉	24 ♓
9	18 ♉ 26	13 ♊ 58	18 ♍ 47	20 ♍ 1	20 ♉ 1	10 ♉ 35	6 ♐ 7	13 ♍ 15	14 ♐ 54	22 ♈ 3	11 ♓ 41	17 ♑ 23	8 ♈	2 ♓	4 ♏	26 ♉	24 ♓
10	19 ♉ 24	28 ♊ 34	18 ♍ 44	19 ♍ 52	19 ♉ 25	11 ♉ 49	5 ♐ 51	13 D 15	14 ♐ 50	22 ♈ 6	11 ♓ 42	17 ♑ 22	9 ♈	2 ♓	4 ♏	26 ♉	24 ♓
11	20 ♉ 22	12 ♋ 42	18 ♍ 41	19 ♍ 45	18 ♉ 48	13 ♉ 3	5 ♐ 35	13 ♍ 15	14 ♐ 47	22 ♈ 9	11 ♓ 43	17 ♑ 21	9 ♈	3 ♓	4 ♏	27 ♉	24 ♓
12	21 ♉ 20	26 ♋ 22	18 ♍ 38	19 ♍ 40	18 ♉ 12	14 ♉ 16	5 ♐ 18	13 ♍ 15	14 ♐ 43	22 ♈ 12	11 ♓ 44	17 ♑ 21	9 ♈	3 ♓	4 ♏	27 ♉	24 ♓
13	22 ♉ 18	9 ♌ 32	18 ♍ 35	19 ♍ 38	17 ♉ 37	15 ♉ 30	5 ♐ 0	13 ♍ 16	14 ♐ 39	22 ♈ 15	11 ♓ 45	17 ♑ 20	10 ♈	3 ♓	3 ♏	28 ♉	24 ♓
14	23 ♉ 16	22 ♌ 17	18 ♍ 31	19 ♍ 37	17 ♉ 3	16 ♉ 44	4 ♐ 42	13 ♍ 16	14 ♐ 35	22 ♈ 18	11 ♓ 46	17 ♑ 19	10 ♈	3 ♓	3 ♏	28 ♉	24 ♓
15	24 ♉ 14	4 ♍ 41	18 ♍ 28	19 D 37	16 ♉ 31	17 ♉ 58	4 ♐ 24	13 ♍ 17	14 ♐ 31	22 ♈ 21	11 ♓ 47	17 ♑ 19	11 ♈	3 ♓	3 ♏	29 ♉	24 ♓
16	25 ♉ 12	16 ♍ 48	18 ♍ 25	19 ♍ 38	16 ♉ 2	19 ♉ 12	4 ♐ 5	13 ♍ 18	14 ♐ 27	22 ♈ 24	11 ♓ 48	17 ♑ 18	11 ♈	3 ♓	3 ♏	29 ♉	24 ♓
17	26 ♉ 9	28 ♍ 44	18 ♍ 22	19 R 37	15 ♉ 36	20 ♉ 26	3 ♐ 46	13 ♍ 19	14 ♐ 23	22 ♈ 27	11 ♓ 49	17 ♑ 17	11 ♈	4 ♓	3 ♏	29 ♉	24 ♓
18	27 ♉ 7	10 ♎ 34	18 ♍ 19	19 ♍ 35	15 ♉ 13	21 ♉ 39	3 ♐ 26	13 ♍ 21	14 ♐ 19	22 ♈ 30	11 ♓ 50	17 ♑ 16	12 ♈	4 ♓	2 ♏	0 ♊	24 ♓
19	28 ♉ 5	22 ♎ 22	18 ♍ 16	19 ♍ 31	14 ♉ 54	22 ♉ 53	3 ♐ 6	13 ♍ 22	14 ♐ 15	22 ♈ 33	11 ♓ 51	17 ♑ 15	12 ♈	4 ♓	2 ♏	0 ♊	24 ♓
20	29 ♉ 3	4 ♏ 11	18 ♍ 12	19 ♍ 24	14 ♉ 39	24 ♉ 7	2 ♐ 46	13 ♍ 24	14 ♐ 10	22 ♈ 36	11 ♓ 51	17 ♑ 15	12 ♈	4 ♓	2 ♏	1 ♊	24 ♓
21	0 ♊ 0	16 ♏ 5	18 ♍ 9	19 ♍ 14	14 ♉ 28	25 ♉ 21	2 ♐ 25	13 ♍ 26	14 ♐ 6	22 ♈ 39	11 ♓ 52	17 ♑ 14	13 ♈	4 ♓	2 ♏	1 ♊	24 ♓
22	0 ♊ 58	28 ♏ 5	18 ♍ 6	19 ♍ 2	14 ♉ 22	26 ♉ 34	2 ♐ 4	13 ♍ 28	14 ♐ 2	22 ♈ 42	11 ♓ 53	17 ♑ 13	13 ♈	4 ♓	2 ♏	2 ♊	24 ♓
23	1 ♊ 56	10 ♐ 12	18 ♍ 3	18 ♍ 50	14 D 20	27 ♉ 48	1 ♐ 44	13 ♍ 30	13 ♐ 58	22 ♈ 45	11 ♓ 54	17 ♑ 12	13 ♈	5 ♓	2 ♏	2 ♊	24 ♓
24	2 ♊ 53	22 ♐ 28	18 ♍ 0	18 ♍ 37	14 ♉ 22	29 ♉ 2	1 ♐ 23	13 ♍ 33	13 ♐ 53	22 ♈ 47	11 ♓ 54	17 ♑ 11	14 ♈	5 ♓	1 ♏	2 ♊	24 ♓
25	3 ♊ 51	4 ♑ 54	17 ♍ 56	18 ♍ 25	14 ♉ 29	0 ♊ 16	1 ♐ 2	13 ♍ 35	13 ♐ 49	22 ♈ 50	11 ♓ 55	17 ♑ 10	14 ♈	5 ♓	1 ♏	3 ♊	24 ♓
26	4 ♊ 49	17 ♑ 30	17 ♍ 53	18 ♍ 16	14 ♉ 41	1 ♊ 29	0 ♐ 41	13 ♍ 38	13 ♐ 45	22 ♈ 53	11 ♓ 56	17 ♑ 9	14 ♈	5 ♓	1 ♏	3 ♊	24 ♓
27	5 ♊ 46	0 ♒ 17	17 ♍ 50	18 ♍ 9	14 ♉ 57	2 ♊ 43	0 ♐ 19	13 ♍ 41	13 ♐ 40	22 ♈ 56	11 ♓ 56	17 ♑ 8	15 ♈	5 ♓	1 ♏	4 ♊	24 ♓
28	6 ♊ 44	13 ♒ 18	17 ♍ 47	18 ♍ 5	15 ♉ 18	3 ♊ 57	29 ♏ 58	13 ♍ 44	13 ♐ 36	22 ♈ 58	11 ♓ 57	17 ♑ 7	15 ♈	5 ♓	1 ♏	4 ♊	24 ♓
29	7 ♊ 41	26 ♒ 35	17 ♍ 44	18 ♍ 3	15 ♉ 43	5 ♊ 11	29 ♏ 38	13 ♍ 48	13 ♐ 32	23 ♈ 1	11 ♓ 58	17 ♑ 6	15 ♈	5 ♓	1 ♏	5 ♊	24 ♓
30	8 ♊ 39	10 ♓ 8	17 ♍ 41	18 D 3	16 ♉ 12	6 ♊ 24	29 ♏ 17	13 ♍ 51	13 ♐ 27	23 ♈ 4	11 ♓ 58	17 ♑ 5	16 ♈	5 ♓	0 ♏	5 ♊	24 ♓
31	9 ♊ 37	24 ♓ 1	17 ♍ 37	18 R 3	16 ♉ 45	7 ♊ 38	28 ♏ 56	13 ♍ 55	13 ♐ 23	23 ♈ 6	11 ♓ 59	17 ♑ 4	16 ♈	6 ♓	0 ♏	6 ♊	24 ♓

SUN INGRESS	☉→♊20日 23:36
MOON PHASE	● 7日 04:29 ♉　◐ 14日 02:02 ♌　○ 22日 06:14 ♐　◑ 29日 21:12 ♓

aspects		
1日	21:00	☉⚹♆
3日	16:58	☉△♃
7日	22:03	☉△♇
9日	21:41	♀⚹♆
10日	00:12	☉☌☿
11日	04:00	♀△♃
13日	11:45	☿△♇
14日	04:10	☿☌♀
14日	11:20	♀△♇
22日	20:17	☉☍♂
25日	11:38	♀☍♂
26日	21:28	♃□♄
31日	12:09	☿△♇

2016年6月

DAY	☉	☽	☊ mean	☊ true	☿	♀	♂	♃	♄	♅	♆	♇	⚳	⚴	⚵	⚶	⚷
	° ′	° ′	° ′	° ′	° ′	° ′	° ′	° ′	° ′	° ′	° ′	° ′	°	°	°	°	°
1	10 ♊ 34	8 ♈ 14	17 ♍ 34	18 R 2	17 D 22	8 D 52	28 R 36	13 D 58	13 R 18	23 D 9	11 D 59	17 R 3	16 D	6 D	0 R	6 D	24 D
2	11 ♊ 32	22 ♈ 46	17 ♍ 31	17 ♍ 59	18 ♉ 3	10 ♊ 6	28 ♏ 16	14 ♍ 2	13 ♐ 14	23 ♈ 12	11 ♓ 59	17 ♑ 2	17 ♈	6 ♓	0 ♏	6 ♊	24 ♓
3	12 ♊ 29	7 ♉ 33	17 ♍ 28	17 ♍ 53	18 ♉ 48	11 ♊ 19	27 ♏ 56	14 ♍ 6	13 ♐ 9	23 ♈ 14	12 ♓ 0	17 ♑ 0	17 ♈	6 ♓	0 ♏	7 ♊	24 ♓
4	13 ♊ 27	22 ♉ 30	17 ♍ 25	17 ♍ 45	19 ♉ 37	12 ♊ 33	27 ♏ 37	14 ♍ 11	13 ♐ 5	23 ♈ 17	12 ♓ 0	16 ♑ 59	17 ♈	6 ♓	0 ♏	7 ♊	24 ♓
5	14 ♊ 24	7 ♊ 27	17 ♍ 22	17 ♍ 34	20 ♉ 30	13 ♊ 47	27 ♏ 18	14 ♍ 15	13 ♐ 1	23 ♈ 19	12 ♓ 0	16 ♑ 58	18 ♈	6 ♓	0 ♏	8 ♊	25 ♓
6	15 ♊ 22	22 ♊ 16	17 ♍ 18	17 ♍ 23	21 ♉ 26	15 ♊ 1	27 ♏ 0	14 ♍ 20	12 ♐ 56	23 ♈ 21	12 ♓ 1	16 ♑ 57	18 ♈	6 ♓	0 ♏	8 ♊	25 ♓
7	16 ♊ 19	6 ♋ 48	17 ♍ 15	17 ♍ 12	22 ♉ 25	16 ♊ 14	26 ♏ 42	14 ♍ 24	12 ♐ 52	23 ♈ 24	12 ♓ 1	16 ♑ 56	18 ♈	6 ♓	0 ♏	9 ♊	25 ♓
8	17 ♊ 16	20 ♋ 56	17 ♍ 12	17 ♍ 3	23 ♉ 28	17 ♊ 28	26 ♏ 24	14 ♍ 29	12 ♐ 47	23 ♈ 26	12 ♓ 1	16 ♑ 54	19 ♈	6 ♓	0 ♏	9 ♊	25 ♓
9	18 ♊ 14	4 ♌ 37	17 ♍ 9	16 ♍ 56	24 ♉ 34	18 ♊ 42	26 ♏ 7	14 ♍ 34	12 ♐ 43	23 ♈ 28	12 ♓ 1	16 ♑ 53	19 ♈	6 ♓	29 ♎	9 ♊	25 ♓
10	19 ♊ 11	17 ♌ 51	17 ♍ 6	16 ♍ 51	25 ♉ 44	19 ♊ 56	25 ♏ 51	14 ♍ 40	12 ♐ 38	23 ♈ 31	12 ♓ 2	16 ♑ 52	19 ♈	6 ♓	29 ♎	10 ♊	25 ♓
11	20 ♊ 9	0 ♍ 39	17 ♍ 2	16 ♍ 49	26 ♉ 56	21 ♊ 9	25 ♏ 35	14 ♍ 45	12 ♐ 34	23 ♈ 33	12 ♓ 2	16 ♑ 51	20 ♈	6 ♓	29 ♎	10 ♊	25 ♓
12	21 ♊ 6	13 ♍ 4	16 ♍ 59	16 ♍ 49	28 ♉ 12	22 ♊ 23	25 ♏ 21	14 ♍ 50	12 ♐ 30	23 ♈ 35	12 ♓ 2	16 ♑ 49	20 ♈	7 ♓	29 ♎	11 ♊	25 ♓
13	22 ♊ 3	25 ♍ 13	16 ♍ 56	16 ♍ 49	29 ♉ 31	23 ♊ 37	25 ♏ 6	14 ♍ 56	12 ♐ 25	23 ♈ 37	12 ♓ 2	16 ♑ 48	20 ♈	7 ♓	29 ♎	11 ♊	25 ♓
14	23 ♊ 1	7 ♎ 10	16 ♍ 53	16 ♍ 48	0 ♊ 53	24 ♊ 50	24 ♏ 53	15 ♍ 2	12 ♐ 21	23 ♈ 39	12 ♓ 2	16 ♑ 47	21 ♈	7 ♓	29 ♎	12 ♊	25 ♓
15	23 ♊ 58	19 ♎ 1	16 ♍ 50	16 ♍ 46	2 ♊ 18	26 ♊ 4	24 ♏ 40	15 ♍ 8	12 ♐ 17	23 ♈ 42	12 R 2	16 ♑ 45	21 ♈	7 ♓	29 ♎	12 ♊	25 ♓
16	24 ♊ 55	0 ♏ 50	16 ♍ 47	16 ♍ 42	3 ♊ 46	27 ♊ 18	24 ♏ 28	15 ♍ 14	12 ♐ 12	23 ♈ 44	12 ♓ 2	16 ♑ 44	21 ♈	7 ♓	29 ♎	12 ♊	25 ♓
17	25 ♊ 52	12 ♏ 42	16 ♍ 43	16 ♍ 34	5 ♊ 18	28 ♊ 32	24 ♏ 17	15 ♍ 20	12 ♐ 8	23 ♈ 46	12 ♓ 2	16 ♑ 43	21 ♈	7 ♓	29 ♎	13 ♊	25 ♓
18	26 ♊ 50	24 ♏ 40	16 ♍ 40	16 ♍ 25	6 ♊ 52	29 ♊ 45	24 ♏ 6	15 ♍ 26	12 ♐ 4	23 ♈ 48	12 ♓ 2	16 ♑ 41	22 ♈	7 ♓	29 ♎	13 ♊	25 ♓
19	27 ♊ 47	6 ♐ 48	16 ♍ 37	16 ♍ 13	8 ♊ 29	0 ♋ 59	23 ♏ 56	15 ♍ 33	12 ♐ 0	23 ♈ 49	12 ♓ 2	16 ♑ 40	22 ♈	7 ♓	29 ♎	14 ♊	25 ♓
20	28 ♊ 44	19 ♐ 7	16 ♍ 34	16 ♍ 1	10 ♊ 9	2 ♋ 13	23 ♏ 47	15 ♍ 40	11 ♐ 55	23 ♈ 51	12 ♓ 1	16 ♑ 39	22 ♈	7 ♓	29 ♎	14 ♊	25 ♓
21	29 ♊ 41	1 ♑ 37	16 ♍ 31	15 ♍ 48	11 ♊ 52	3 ♋ 26	23 ♏ 39	15 ♍ 46	11 ♐ 51	23 ♈ 53	12 ♓ 1	16 ♑ 37	23 ♈	7 ♓	29 ♎	15 ♊	25 ♓
22	0 ♋ 39	14 ♑ 19	16 ♍ 28	15 ♍ 37	13 ♊ 37	4 ♋ 40	23 ♏ 32	15 ♍ 53	11 ♐ 47	23 ♈ 55	12 ♓ 1	16 ♑ 36	23 ♈	7 R	29 ♎	15 ♊	25 ♓
23	1 ♋ 36	27 ♑ 12	16 ♍ 24	15 ♍ 27	15 ♊ 26	5 ♋ 54	23 ♏ 25	16 ♍ 0	11 ♐ 43	23 ♈ 57	12 ♓ 1	16 ♑ 34	23 ♈	7 ♓	29 ♎	16 ♊	25 ♓
24	2 ♋ 33	10 ♒ 17	16 ♍ 21	15 ♍ 20	17 ♊ 17	7 ♋ 7	23 ♏ 20	16 ♍ 7	11 ♐ 39	23 ♈ 58	12 ♓ 0	16 ♑ 33	24 ♈	7 ♓	29 D	16 ♊	25 ♓
25	3 ♋ 30	23 ♒ 34	16 ♍ 18	15 ♍ 16	19 ♊ 11	8 ♋ 21	23 ♏ 15	16 ♍ 15	11 ♐ 35	24 ♈ 0	12 ♓ 0	16 ♑ 32	24 ♈	7 ♓	29 ♎	16 ♊	25 ♓
26	4 ♋ 28	7 ♓ 2	16 ♍ 15	15 ♍ 14	21 ♊ 7	9 ♋ 35	23 ♏ 11	16 ♍ 22	11 ♐ 31	24 ♈ 2	12 ♓ 0	16 ♑ 30	24 ♈	7 ♓	29 ♎	17 ♊	25 ♓
27	5 ♋ 25	20 ♓ 41	16 ♍ 12	15 D 14	23 ♊ 6	10 ♋ 49	23 ♏ 8	16 ♍ 30	11 ♐ 27	24 ♈ 3	11 ♓ 59	16 ♑ 29	24 ♈	7 ♓	29 ♎	17 ♊	25 ♓
28	6 ♋ 22	4 ♈ 34	16 ♍ 8	15 ♍ 15	25 ♊ 7	12 ♋ 2	23 ♏ 5	16 ♍ 37	11 ♐ 24	24 ♈ 5	11 ♓ 59	16 ♑ 27	25 ♈	7 ♓	29 ♎	17 ♊	25 R
29	7 ♋ 19	18 ♈ 40	16 ♍ 5	15 R 14	27 ♊ 10	13 ♋ 16	23 ♏ 4	16 ♍ 45	11 ♐ 20	24 ♈ 6	11 ♓ 58	16 ♑ 26	25 ♈	7 ♓	29 ♎	18 ♊	25 ♓
30	8 ♋ 16	2 ♉ 57	16 ♍ 2	15 ♍ 12	29 ♊ 15	14 ♋ 30	23 ♏ 3	16 ♍ 53	11 ♐ 16	24 ♈ 8	11 ♓ 58	16 ♑ 24	25 ♈	7 ♓	29 ♎	18 ♊	25 ♓

SUN INGRESS	☉→♋21日 07:34
MOON PHASE	● 5日 12:00 ♊　◐ 12日 17:10 ♍　○ 20日 20:02 ♐　◑ 28日 03:19 ♈

aspects		
2日	11:42	☉□♆
3日	13:14	♀□♆
3日	15:37	☉☍♄
4日	09:47	♀☍♄
4日	19:57	☉□♃
5日	09:49	♀□♃
7日	06:49	☉☌♀
10日	02:01	☿☍♂
13日	00:13	♀⚹♅
14日	16:53	☉⚹♅
18日	12:29	♄□♆
20日	23:55	☿☍♄
21日	02:11	☿□♆
23日	07:59	☿□♃
26日	21:30	♃△♇
27日	11:31	☿⚹♅
27日	22:53	♀△♆

2016年7月

DAY	☉	☽	☊ mean	☊ true	☿	♀	♂	♃	♄	♅	♆	♇	⚳	⚴	⚵	⚶	⚷
	° ′	° ′	° ′	° ′	° ′	° ′	° ′	° ′	° ′	° ′	° ′	° ′	°	°	°	°	°
1	9 ♋ 14	17 ♉ 25	15 ♍ 59	15 R 7	1 D 22	15 D 44	23 D 3	17 D 1	11 R 12	24 D 9	11 R 57	16 R 23	25 D	7 R	29 D	19 D	25 R
2	10 ♋ 11	1 ♊ 58	15 ♍ 56	15 ♍ 1	3 ♋ 30	16 ♋ 57	23 ♏ 4	17 ♍ 9	11 ♐ 9	24 ♈ 11	11 ♓ 57	16 ♑ 21	26 ♈	7 ♓	29 ♎	19 ♊	25 ♓
3	11 ♋ 8	16 ♊ 32	15 ♍ 53	14 ♍ 52	5 ♋ 39	18 ♋ 11	23 ♏ 6	17 ♍ 17	11 ♐ 5	24 ♈ 12	11 ♓ 56	16 ♑ 20	26 ♈	6 ♓	29 ♎	20 ♊	25 ♓
4	12 ♋ 5	0 ♋ 59	15 ♍ 49	14 ♍ 42	7 ♋ 48	19 ♋ 25	23 ♏ 8	17 ♍ 26	11 ♐ 2	24 ♈ 13	11 ♓ 56	16 ♑ 18	26 ♈	6 ♓	29 ♎	20 ♊	25 ♓
5	13 ♋ 3	15 ♋ 14	15 ♍ 46	14 ♍ 33	9 ♋ 59	20 ♋ 39	23 ♏ 12	17 ♍ 34	10 ♐ 58	24 ♈ 15	11 ♓ 55	16 ♑ 17	27 ♈	6 ♓	29 ♎	21 ♊	25 ♓
6	14 ♋ 0	29 ♋ 9	15 ♍ 43	14 ♍ 25	12 ♋ 9	21 ♌ 52	23 ♏ 16	17 ♍ 43	10 ♐ 55	24 ♈ 16	11 ♓ 54	16 ♑ 15	27 ♈	6 ♓	29 ♎	21 ♊	25 ♓
7	14 ♋ 57	12 ♌ 42	15 ♍ 40	14 ♍ 18	14 ♋ 19	23 ♋ 6	23 ♏ 21	17 ♍ 51	10 ♐ 52	24 ♈ 17	11 ♓ 54	16 ♑ 14	27 ♈	6 ♓	29 ♎	21 ♊	25 ♓
8	15 ♋ 54	25 ♌ 52	15 ♍ 37	14 ♍ 15	16 ♋ 29	24 ♋ 20	23 ♏ 27	18 ♍ 0	10 ♐ 48	24 ♈ 18	11 ♓ 53	16 ♑ 12	27 ♈	6 ♓	29 ♎	22 ♊	25 ♓
9	16 ♋ 51	8 ♍ 38	15 ♍ 34	14 ♍ 13	18 ♋ 39	25 ♋ 34	23 ♏ 33	18 ♍ 9	10 ♐ 45	24 ♈ 19	11 ♓ 52	16 ♑ 11	28 ♈	6 ♓	0 ♏	22 ♊	25 ♓
10	17 ♋ 49	21 ♍ 5	15 ♍ 30	14 D 13	20 ♋ 47	26 ♋ 47	23 ♏ 41	18 ♍ 18	10 ♐ 42	24 ♈ 20	11 ♓ 51	16 ♑ 9	28 ♈	6 ♓	0 ♏	23 ♊	25 ♓
11	18 ♋ 46	3 ♎ 15	15 ♍ 27	14 ♍ 14	22 ♋ 55	28 ♋ 1	23 ♏ 49	18 ♍ 27	10 ♐ 39	24 ♈ 21	11 ♓ 51	16 ♑ 8	28 ♈	6 ♓	0 ♏	23 ♊	25 ♓
12	19 ♋ 43	15 ♎ 13	15 ♍ 24	14 ♍ 14	25 ♋ 1	29 ♋ 15	23 ♏ 58	18 ♍ 36	10 ♐ 36	24 ♈ 22	11 ♓ 50	16 ♑ 6	28 ♈	6 ♓	0 ♏	24 ♊	25 ♓
13	20 ♋ 40	27 ♎ 6	15 ♍ 21	14 R 15	27 ♋ 6	0 ♌ 28	24 ♏ 7	18 ♍ 46	10 ♐ 33	24 ♈ 23	11 ♓ 49	16 ♑ 5	28 ♈	6 ♓	0 ♏	24 ♊	25 ♓
14	21 ♋ 38	8 ♏ 57	15 ♍ 18	14 ♍ 13	29 ♋ 10	1 ♌ 42	24 ♏ 18	18 ♍ 55	10 ♐ 30	24 ♈ 24	11 ♓ 48	16 ♑ 4	29 ♈	5 ♓	0 ♏	24 ♊	25 ♓
15	22 ♋ 35	20 ♏ 51	15 ♍ 14	14 ♍ 9	1 ♌ 12	2 ♌ 56	24 ♏ 29	19 ♍ 5	10 ♐ 28	24 ♈ 24	11 ♓ 47	16 ♑ 2	29 ♈	5 ♓	0 ♏	25 ♊	25 ♓
16	23 ♋ 32	2 ♐ 54	15 ♍ 11	14 ♍ 3	3 ♌ 12	4 ♌ 10	24 ♏ 40	19 ♍ 14	10 ♐ 25	24 ♈ 25	11 ♓ 46	16 ♑ 1	29 ♈	5 ♓	0 ♏	25 ♊	25 ♓
17	24 ♋ 29	15 ♐ 8	15 ♍ 8	13 ♍ 56	5 ♌ 11	5 ♌ 23	24 ♏ 53	19 ♍ 24	10 ♐ 23	24 ♈ 26	11 ♓ 45	15 ♑ 59	29 ♈	5 ♓	0 ♏	26 ♊	25 ♓
18	25 ♋ 26	27 ♐ 36	15 ♍ 5	13 ♍ 48	7 ♌ 8	6 ♌ 37	25 ♏ 6	19 ♍ 34	10 ♐ 20	24 ♈ 26	11 ♓ 44	15 ♑ 58	0 ♉	5 ♓	0 ♏	26 ♊	25 ♓
19	26 ♋ 24	10 ♑ 20	15 ♍ 2	13 ♍ 40	9 ♌ 3	7 ♌ 51	25 ♏ 20	19 ♍ 44	10 ♐ 18	24 ♈ 27	11 ♓ 43	15 ♑ 56	0 ♉	5 ♓	1 ♏	27 ♊	25 ♓
20	27 ♋ 21	23 ♑ 19	14 ♍ 59	13 ♍ 32	10 ♌ 56	9 ♌ 5	25 ♏ 34	19 ♍ 54	10 ♐ 15	24 ♈ 27	11 ♓ 42	15 ♑ 55	0 ♉	5 ♓	1 ♏	27 ♊	25 ♓
21	28 ♋ 18	6 ♒ 33	14 ♍ 55	13 ♍ 26	12 ♌ 48	10 ♌ 18	25 ♏ 49	20 ♍ 4	10 ♐ 13	24 ♈ 28	11 ♓ 41	15 ♑ 53	0 ♉	4 ♓	1 ♏	27 ♊	25 ♓
22	29 ♋ 15	20 ♒ 0	14 ♍ 52	13 ♍ 22	14 ♌ 38	11 ♌ 32	26 ♏ 5	20 ♍ 14	10 ♐ 11	24 ♈ 28	11 ♓ 40	15 ♑ 52	0 ♉	4 ♓	1 ♏	28 ♊	24 ♓
23	0 ♌ 13	3 ♓ 39	14 ♍ 49	13 ♍ 19	16 ♌ 26	12 ♌ 46	26 ♏ 21	20 ♍ 24	10 ♐ 9	24 ♈ 29	11 ♓ 39	15 ♑ 50	1 ♉	4 ♓	1 ♏	28 ♊	24 ♓
24	1 ♌ 10	17 ♓ 28	14 ♍ 46	13 D 19	18 ♌ 12	14 ♌ 0	26 ♏ 38	20 ♍ 34	10 ♐ 7	24 ♈ 29	11 ♓ 38	15 ♑ 49	1 ♉	4 ♓	1 ♏	29 ♊	24 ♓
25	2 ♌ 7	1 ♈ 25	14 ♍ 43	13 ♍ 20	19 ♌ 57	15 ♌ 13	26 ♏ 55	20 ♍ 45	10 ♐ 5	24 ♈ 29	11 ♓ 37	15 ♑ 48	1 ♉	4 ♓	1 ♏	29 ♊	24 ♓
26	3 ♌ 4	15 ♈ 29	14 ♍ 39	13 ♍ 21	21 ♌ 39	16 ♌ 27	27 ♏ 13	20 ♍ 55	10 ♐ 3	24 ♈ 30	11 ♓ 35	15 ♑ 46	1 ♉	3 ♓	1 ♏	29 ♊	24 ♓
27	4 ♌ 2	29 ♈ 37	14 ♍ 36	13 ♍ 22	23 ♌ 20	17 ♌ 41	27 ♏ 32	21 ♍ 6	10 ♐ 1	24 ♈ 30	11 ♓ 34	15 ♑ 45	1 ♉	3 ♓	2 ♏	0 ♋	24 ♓
28	4 ♌ 59	13 ♉ 49	14 ♍ 33	13 R 22	25 ♌ 0	18 ♌ 55	27 ♏ 51	21 ♍ 16	10 ♐ 0	24 ♈ 30	11 ♓ 33	15 ♑ 43	2 ♉	3 ♓	2 ♏	0 ♋	24 ♓
29	5 ♌ 56	28 ♉ 3	14 ♍ 30	13 ♍ 20	26 ♌ 37	20 ♌ 8	28 ♏ 10	21 ♍ 27	9 ♐ 58	24 ♈ 30	11 ♓ 32	15 ♑ 42	2 ♉	3 ♓	2 ♏	1 ♋	24 ♓
30	6 ♌ 54	12 ♊ 15	14 ♍ 27	13 ♍ 17	28 ♌ 13	21 ♌ 22	28 ♏ 31	21 ♍ 38	9 ♐ 57	24 ♈ 30	11 ♓ 31	15 ♑ 41	2 ♉	3 ♓	2 ♏	1 ♋	24 ♓
31	7 ♌ 51	26 ♊ 24	14 ♍ 24	13 ♍ 12	29 ♌ 47	22 ♌ 36	28 ♏ 51	21 ♍ 49	9 ♐ 55	24 R 30	11 ♓ 29	15 ♑ 39	2 ♉	2 ♓	2 ♏	1 ♋	24 ♓

SUN INGRESS ☉ → ♌ 22日 18:30

MOON PHASE ● 4日 20:01 ♋ ◐ 12日 09:52 ♎ ○ 20日 07:57 ♑ ◑ 27日 08:00 ♉

aspects		
1日	12:32	♀☍♇
2日	04:18	♀⚹♃
3日	20:01	☉△♆
5日	21:20	☿△♆
7日	05:17	♀△♂
7日	12:24	☉☌☿
7日	20:55	☿☍♇
7日	23:25	♀□♅
8日	07:27	☉☍♇
8日	18:05	☿⚹♃
10日	14:41	☉⚹♃
11日	11:00	☿△♂
11日	16:29	☿□♅
16日	22:32	☉□♅
17日	06:59	☿☌♀
17日	12:45	☉△♂
19日	15:28	♀△♄
20日	22:20	☿△♄
27日	16:45	☿△♅
30日	05:49	☿□♂

2016年8月

DAY	☉	☽	☊ mean	☊ true	☿	♀	♂	♃	♄	♅	♆	♇	⚳	⚴	⚵	⚶	⚷
	° ′	° ′	° ′	° ′	° ′	° ′	° ′	° ′	° ′	° ′	° ′	° ′	°	°	°	°	°
1	8 ♌ 49	10 ♋ 24	14 ♍ 20	13 R 7	1 D 19	23 D 49	29 D 13	22 D 0	9 R 54	24 R 30	11 R 28	15 R 38	2 D	2 R	2 D	2 D	24 R
2	9 ♌ 46	24 ♋ 12	14 ♍ 17	13 ♍ 2	2 ♍ 49	25 ♌ 3	29 ♏ 35	22 ♍ 11	9 ♐ 53	24 ♈ 30	11 ♓ 27	15 ♑ 37	2 ♉	2 ♓	3 ♏	2 ♋	24 ♓
3	10 ♌ 44	7 ♌ 45	14 ♍ 14	12 ♍ 58	4 ♍ 18	26 ♌ 17	29 ♏ 57	22 ♍ 22	9 ♐ 52	24 ♈ 30	11 ♓ 25	15 ♑ 35	3 ♉	2 ♓	3 ♏	3 ♋	24 ♓
4	11 ♌ 41	21 ♌ 1	14 ♍ 11	12 ♍ 54	5 ♍ 45	27 ♌ 31	0 ♐ 20	22 ♍ 33	9 ♐ 51	24 ♈ 29	11 ♓ 24	15 ♑ 34	3 ♉	2 ♓	3 ♏	3 ♋	24 ♓
5	12 ♌ 38	3 ♍ 58	14 ♍ 8	12 ♍ 53	7 ♍ 10	28 ♌ 44	0 ♐ 43	22 ♍ 44	9 ♐ 50	24 ♈ 29	11 ♓ 23	15 ♑ 33	3 ♉	1 ♓	3 ♏	3 ♋	24 ♓
6	13 ♌ 36	16 ♍ 38	14 ♍ 5	12 D 52	8 ♍ 33	29 ♌ 58	1 ♐ 7	22 ♍ 55	9 ♐ 49	24 ♈ 29	11 ♓ 21	15 ♑ 31	3 ♉	1 ♓	3 ♏	4 ♋	24 ♓
7	14 ♌ 33	29 ♍ 0	14 ♍ 1	12 ♍ 53	9 ♍ 54	1 ♍ 12	1 ♐ 31	23 ♍ 7	9 ♐ 48	24 ♈ 28	11 ♓ 20	15 ♑ 30	3 ♉	1 ♓	4 ♏	4 ♋	24 ♓
8	15 ♌ 31	11 ♎ 9	13 ♍ 58	12 ♍ 55	11 ♍ 14	2 ♍ 26	1 ♐ 56	23 ♍ 18	9 ♐ 48	24 ♈ 28	11 ♓ 18	15 ♑ 29	3 ♉	1 ♓	4 ♏	5 ♋	24 ♓
9	16 ♌ 28	23 ♎ 8	13 ♍ 55	12 ♍ 57	12 ♍ 31	3 ♍ 39	2 ♐ 21	23 ♍ 30	9 ♐ 47	24 ♈ 28	11 ♓ 17	15 ♑ 28	3 ♉	0 ♓	4 ♏	5 ♋	24 ♓
10	17 ♌ 26	5 ♏ 0	13 ♍ 52	12 ♍ 58	13 ♍ 46	4 ♍ 53	2 ♐ 46	23 ♍ 41	9 ♐ 47	24 ♈ 27	11 ♓ 15	15 ♑ 27	4 ♉	0 ♓	4 ♏	5 ♋	24 ♓
11	18 ♌ 24	16 ♏ 52	13 ♍ 49	12 ♍ 58	15 ♍ 0	6 ♍ 7	3 ♐ 12	23 ♍ 53	9 ♐ 47	24 ♈ 27	11 ♓ 14	15 ♑ 25	4 ♉	0 ♓	4 ♏	6 ♋	24 ♓
12	19 ♌ 21	28 ♏ 48	13 ♍ 45	12 R 58	16 ♍ 11	7 ♍ 20	3 ♐ 39	24 ♍ 4	9 ♐ 46	24 ♈ 26	11 ♓ 12	15 ♑ 24	4 ♉	0 ♓	5 ♏	6 ♋	24 ♓
13	20 ♌ 19	10 ♐ 51	13 ♍ 42	12 ♍ 57	17 ♍ 20	8 ♍ 34	4 ♐ 6	24 ♍ 16	9 ♐ 46	24 ♈ 25	11 ♓ 11	15 ♑ 23	4 ♉	29 ♒	5 ♏	7 ♋	24 ♓
14	21 ♌ 16	23 ♐ 8	13 ♍ 39	12 ♍ 54	18 ♍ 26	9 ♍ 48	4 ♐ 33	24 ♍ 28	9 D 46	24 ♈ 25	11 ♓ 9	15 ♑ 22	4 ♉	29 ♒	5 ♏	7 ♋	24 ♓
15	22 ♌ 14	5 ♑ 41	13 ♍ 36	12 ♍ 52	19 ♍ 31	11 ♍ 1	5 ♐ 1	24 ♍ 40	9 ♐ 46	24 ♈ 24	11 ♓ 8	15 ♑ 21	4 ♉	29 ♒	5 ♏	7 ♋	24 ♓
16	23 ♌ 12	18 ♑ 32	13 ♍ 33	12 ♍ 49	20 ♍ 32	12 ♍ 15	5 ♐ 29	24 ♍ 51	9 ♐ 46	24 ♈ 23	11 ♓ 6	15 ♑ 20	4 ♉	29 ♒	5 ♏	8 ♋	24 ♓
17	24 ♌ 9	1 ♒ 44	13 ♍ 30	12 ♍ 46	21 ♍ 31	13 ♍ 29	5 ♐ 57	25 ♍ 3	9 ♐ 47	24 ♈ 22	11 ♓ 5	15 ♑ 19	4 ♉	28 ♒	6 ♏	8 ♋	24 ♓
18	25 ♌ 7	15 ♒ 15	13 ♍ 26	12 ♍ 44	22 ♍ 28	14 ♍ 42	6 ♐ 26	25 ♍ 15	9 ♐ 47	24 ♈ 21	11 ♓ 3	15 ♑ 17	4 ♉	28 ♒	6 ♏	9 ♋	24 ♓
19	26 ♌ 5	29 ♒ 5	13 ♍ 23	12 ♍ 43	23 ♍ 21	15 ♍ 56	6 ♐ 55	25 ♍ 27	9 ♐ 48	24 ♈ 21	11 ♓ 2	15 ♑ 16	4 ♉	28 ♒	6 ♏	9 ♋	24 ♓
20	27 ♌ 2	13 ♓ 9	13 ♍ 20	12 D 42	24 ♍ 11	17 ♍ 10	7 ♐ 24	25 ♍ 39	9 ♐ 48	24 ♈ 20	11 ♓ 0	15 ♑ 15	4 ♉	28 ♒	6 ♏	9 ♋	24 ♓
21	28 ♌ 0	27 ♓ 25	13 ♍ 17	12 ♍ 43	24 ♍ 59	18 ♍ 23	7 ♐ 54	25 ♍ 51	9 ♐ 49	24 ♈ 19	10 ♓ 58	15 ♑ 14	5 ♉	27 ♒	6 ♏	10 ♋	24 ♓
22	28 ♌ 58	11 ♈ 48	13 ♍ 14	12 ♍ 44	25 ♍ 42	19 ♍ 37	8 ♐ 24	26 ♍ 4	9 ♐ 50	24 ♈ 18	10 ♓ 57	15 ♑ 13	5 ♉	27 ♒	7 ♏	10 ♋	24 ♓
23	29 ♌ 56	26 ♈ 12	13 ♍ 11	12 ♍ 45	26 ♍ 22	20 ♍ 50	8 ♐ 55	26 ♍ 16	9 ♐ 50	24 ♈ 16	10 ♓ 55	15 ♑ 12	5 ♉	27 ♒	7 ♏	11 ♋	23 ♓
24	0 ♍ 53	10 ♉ 35	13 ♍ 7	12 ♍ 45	26 ♍ 59	22 ♍ 4	9 ♐ 26	26 ♍ 28	9 ♐ 51	24 ♈ 15	10 ♓ 54	15 ♑ 12	5 ♉	27 ♒	7 ♏	11 ♋	23 ♓
25	1 ♍ 51	24 ♉ 52	13 ♍ 4	12 ♍ 46	27 ♍ 31	23 ♍ 18	9 ♐ 57	26 ♍ 40	9 ♐ 52	24 ♈ 14	10 ♓ 52	15 ♑ 11	5 ♉	26 ♒	7 ♏	11 ♋	23 ♓
26	2 ♍ 49	9 ♊ 1	13 ♍ 1	12 R 46	27 ♍ 59	24 ♍ 31	10 ♐ 28	26 ♍ 53	9 ♐ 53	24 ♈ 13	10 ♓ 50	15 ♑ 10	5 ♉	26 ♒	8 ♏	12 ♋	23 ♓
27	3 ♍ 47	23 ♊ 1	12 ♍ 58	12 ♍ 46	28 ♍ 22	25 ♍ 45	11 ♐ 0	27 ♍ 5	9 ♐ 55	24 ♈ 12	10 ♓ 49	15 ♑ 9	5 ♉	26 ♒	8 ♏	12 ♋	23 ♓
28	4 ♍ 45	6 ♋ 48	12 ♍ 55	12 ♍ 45	28 ♍ 40	26 ♍ 58	11 ♐ 32	27 ♍ 17	9 ♐ 56	24 ♈ 10	10 ♓ 47	15 ♑ 8	5 ♉	26 ♒	8 ♏	12 ♋	23 ♓
29	5 ♍ 43	20 ♋ 24	12 ♍ 51	12 ♍ 44	28 ♍ 54	28 ♍ 12	12 ♐ 4	27 ♍ 30	9 ♐ 57	24 ♈ 9	10 ♓ 45	15 ♑ 7	5 ♉	25 ♒	8 ♏	13 ♋	23 ♓
30	6 ♍ 41	3 ♌ 46	12 ♍ 48	12 ♍ 43	29 ♍ 2	29 ♍ 25	12 ♐ 37	27 ♍ 42	9 ♐ 59	24 ♈ 8	10 ♓ 44	15 ♑ 6	5 ♉	25 ♒	9 ♏	13 ♋	23 ♓
31	7 ♍ 39	16 ♌ 54	12 ♍ 45	12 ♍ 43	29 R 4	0 ♎ 39	13 ♐ 10	27 ♍ 55	10 ♐ 1	24 ♈ 6	10 ♓ 42	15 ♑ 6	5 ♉	25 ♒	9 ♏	14 ♋	23 ♓

SUN INGRESS ☉ → ♍ 23日 01:38

MOON PHASE ● 3日 05:44 ♌ ◐ 11日 03:21 ♏ ○ 18日 18:27 ♒ ◑ 25日 12:41 ♊

aspects		
1日	13:09	♀△♅
2日	02:49	☉△♄
6日	22:18	☿□♄
7日	09:20	♀□♂
8日	01:24	☿☍♆
11日	08:25	☿△♇
13日	23:31	♀□♄
15日	02:03	♀☍♆
17日	05:23	☉△♅
18日	11:17	♀△♇
22日	18:05	☿☌♃
24日	20:26	♂☌♄
26日	15:56	♂□♆
28日	07:29	♀☌♃
29日	15:32	☿☌♀

2016年9月

DAY	☉	☽	☊		☿	♀	♂	♃	♄	♅	♆	♇	⚳	⚴	⚵	⚶	⚷
			mean	true													
	° ′	° ′	° ′	° ′	° ′	° ′	° ′	° ′	° ′	° ′	° ′	° ′	°	°	°	°	°
1	8 ♍ 37	29 ♌ 48	12 ♍ 42	12 R 42	29 R 1	1 D 53	13 D 43	28 D 7	10 D 2	24 R 5	10 R 41	15 R 5	5 R	25 R	9 D	14 D	23 R
2	9 ♍ 35	12 ♍ 28	12 ♍ 39	12 ♍ 42	28 ♍ 51	3 ♎ 6	14 ♐ 17	28 ♍ 20	10 ♐ 4	24 ♈ 3	10 ♓ 39	15 ♑ 4	5 ♉	24 ♒	9 ♏	14 ♋	23 ♓
3	10 ♍ 33	24 ♍ 54	12 ♍ 36	12 D 42	28 ♍ 36	4 ♎ 20	14 ♐ 51	28 ♍ 33	10 ♐ 6	24 ♈ 2	10 ♓ 37	15 ♑ 4	5 ♉	24 ♒	10 ♏	15 ♋	23 ♓
4	11 ♍ 31	7 ♎ 9	12 ♍ 32	12 ♍ 42	28 ♍ 14	5 ♎ 33	15 ♐ 25	28 ♍ 45	10 ♐ 8	24 ♈ 0	10 ♓ 36	15 ♑ 3	5 ♉	24 ♒	10 ♏	15 ♋	23 ♓
5	12 ♍ 29	19 ♎ 13	12 ♍ 29	12 ♍ 42	27 ♍ 45	6 ♎ 47	15 ♐ 59	28 ♍ 58	10 ♐ 10	23 ♈ 58	10 ♓ 34	15 ♑ 2	5 ♉	24 ♒	10 ♏	15 ♋	23 ♓
6	13 ♍ 28	1 ♏ 10	12 ♍ 26	12 R 42	27 ♍ 11	8 ♎ 0	16 ♐ 34	29 ♍ 10	10 ♐ 12	23 ♈ 57	10 ♓ 32	15 ♑ 2	5 ♉	23 ♒	10 ♏	16 ♋	23 ♓
7	14 ♍ 26	13 ♏ 2	12 ♍ 23	12 ♍ 42	26 ♍ 31	9 ♎ 14	17 ♐ 9	29 ♍ 23	10 ♐ 14	23 ♈ 55	10 ♓ 31	15 ♑ 1	5 ♉	23 ♒	11 ♏	16 ♋	23 ♓
8	15 ♍ 24	24 ♏ 53	12 ♍ 20	12 ♍ 42	25 ♍ 45	10 ♎ 27	17 ♐ 44	29 ♍ 36	10 ♐ 17	23 ♈ 53	10 ♓ 29	15 ♑ 0	5 ♉	23 ♒	11 ♏	16 ♋	23 ♓
9	16 ♍ 22	6 ♐ 47	12 ♍ 16	12 ♍ 42	24 ♍ 54	11 ♎ 40	18 ♐ 19	29 ♍ 49	10 ♐ 19	23 ♈ 52	10 ♓ 27	15 ♑ 0	5 ♉	23 ♒	11 ♏	17 ♋	23 ♓
10	17 ♍ 21	18 ♐ 49	12 ♍ 13	12 D 42	23 ♍ 59	12 ♎ 54	18 ♐ 55	0 ♎ 1	10 ♐ 22	23 ♈ 50	10 ♓ 26	14 ♑ 59	5 ♉	23 ♒	12 ♏	17 ♋	23 ♓
11	18 ♍ 19	1 ♑ 4	12 ♍ 10	12 ♍ 42	23 ♍ 1	14 ♎ 7	19 ♐ 30	0 ♎ 14	10 ♐ 24	23 ♈ 48	10 ♓ 24	14 ♑ 59	5 ♉	22 ♒	12 ♏	18 ♋	23 ♓
12	19 ♍ 17	13 ♑ 35	12 ♍ 7	12 ♍ 42	22 ♍ 0	15 ♎ 21	20 ♐ 6	0 ♎ 27	10 ♐ 27	23 ♈ 46	10 ♓ 22	14 ♑ 58	4 ♉	22 ♒	12 ♏	18 ♋	23 ♓
13	20 ♍ 16	26 ♑ 27	12 ♍ 4	12 ♍ 43	20 ♍ 59	16 ♎ 34	20 ♐ 43	0 ♎ 40	10 ♐ 30	23 ♈ 44	10 ♓ 21	14 ♑ 58	4 ♉	22 ♒	12 ♏	18 ♋	23 ♓
14	21 ♍ 14	9 ♒ 43	12 ♍ 1	12 ♍ 44	19 ♍ 58	17 ♎ 47	21 ♐ 19	0 ♎ 53	10 ♐ 33	23 ♈ 42	10 ♓ 19	14 ♑ 58	4 ♉	22 ♒	13 ♏	19 ♋	23 ♓
15	22 ♍ 13	23 ♒ 22	11 ♍ 57	12 ♍ 44	18 ♍ 59	19 ♎ 1	21 ♐ 56	1 ♎ 6	10 ♐ 36	23 ♈ 40	10 ♓ 18	14 ♑ 57	4 ♉	22 ♒	13 ♏	19 ♋	22 ♓
16	23 ♍ 11	7 ♓ 26	11 ♍ 54	12 ♍ 45	18 ♍ 4	20 ♎ 14	22 ♐ 33	1 ♎ 19	10 ♐ 39	23 ♈ 38	10 ♓ 16	14 ♑ 57	4 ♉	21 ♒	13 ♏	19 ♋	22 ♓
17	24 ♍ 9	21 ♓ 51	11 ♍ 51	12 R 45	17 ♍ 13	21 ♎ 27	23 ♐ 10	1 ♎ 31	10 ♐ 42	23 ♈ 36	10 ♓ 14	14 ♑ 57	4 ♉	21 ♒	13 ♏	20 ♋	22 ♓
18	25 ♍ 8	6 ♈ 31	11 ♍ 48	12 ♍ 44	16 ♍ 28	22 ♎ 41	23 ♐ 47	1 ♎ 44	10 ♐ 45	23 ♈ 34	10 ♓ 13	14 ♑ 56	4 ♉	21 ♒	14 ♏	20 ♋	22 ♓
19	26 ♍ 7	21 ♈ 21	11 ♍ 45	12 ♍ 43	15 ♍ 51	23 ♎ 54	24 ♐ 25	1 ♎ 57	10 ♐ 49	23 ♈ 32	10 ♓ 11	14 ♑ 56	4 ♉	21 ♒	14 ♏	20 ♋	22 ♓
20	27 ♍ 5	6 ♉ 12	11 ♍ 42	12 ♍ 41	15 ♍ 22	25 ♎ 7	25 ♐ 3	2 ♎ 10	10 ♐ 52	23 ♈ 30	10 ♓ 10	14 ♑ 56	4 ♉	21 ♒	14 ♏	21 ♋	22 ♓
21	28 ♍ 4	20 ♉ 57	11 ♍ 38	12 ♍ 39	15 ♍ 1	26 ♎ 20	25 ♐ 40	2 ♎ 23	10 ♐ 56	23 ♈ 28	10 ♓ 8	14 ♑ 56	4 ♉	21 ♒	15 ♏	21 ♋	22 ♓
22	29 ♍ 2	5 ♊ 29	11 ♍ 35	12 ♍ 38	14 ♍ 51	27 ♎ 34	26 ♐ 18	2 ♎ 36	10 ♐ 59	23 ♈ 26	10 ♓ 7	14 ♑ 56	3 ♉	20 ♒	15 ♏	21 ♋	22 ♓
23	0 ♎ 1	19 ♊ 45	11 ♍ 32	12 ♍ 37	14 D 50	28 ♎ 47	26 ♐ 57	2 ♎ 49	11 ♐ 3	23 ♈ 24	10 ♓ 5	14 ♑ 55	3 ♉	20 ♒	15 ♏	22 ♋	22 ♓
24	1 ♎ 0	3 ♋ 43	11 ♍ 29	12 D 36	14 ♍ 59	0 ♏ 0	27 ♐ 35	3 ♎ 2	11 ♐ 6	23 ♈ 21	10 ♓ 4	14 ♑ 55	3 ♉	20 ♒	15 ♏	22 ♋	22 ♓
25	1 ♎ 59	17 ♋ 20	11 ♍ 26	12 ♍ 37	15 ♍ 17	1 ♏ 13	28 ♐ 14	3 ♎ 15	11 ♐ 10	23 ♈ 19	10 ♓ 2	14 ♑ 55	3 ♉	20 ♒	16 ♏	22 ♋	22 ♓
26	2 ♎ 57	0 ♌ 39	11 ♍ 22	12 ♍ 38	15 ♍ 45	2 ♏ 26	28 ♐ 53	3 ♎ 28	11 ♐ 14	23 ♈ 17	10 ♓ 1	14 ♑ 55	3 ♉	20 ♒	16 ♏	23 ♋	22 ♓
27	3 ♎ 56	13 ♌ 41	11 ♍ 19	12 ♍ 40	16 ♍ 23	3 ♏ 39	29 ♐ 32	3 ♎ 41	11 ♐ 18	23 ♈ 15	9 ♓ 59	14 ♑ 55	3 ♉	20 ♒	16 ♏	23 ♋	22 ♓
28	4 ♎ 55	26 ♌ 28	11 ♍ 16	12 ♍ 41	17 ♍ 9	4 ♏ 53	0 ♑ 11	3 ♎ 54	11 ♐ 22	23 ♈ 13	9 ♓ 58	14 D 55	3 ♉	20 ♒	17 ♏	23 ♋	22 ♓
29	5 ♎ 54	9 ♍ 1	11 ♍ 13	12 ♍ 42	18 ♍ 4	6 ♏ 6	0 ♑ 50	4 ♎ 7	11 ♐ 26	23 ♈ 10	9 ♓ 56	14 ♑ 55	2 ♉	19 ♒	17 ♏	24 ♋	22 ♓
30	6 ♎ 53	21 ♍ 23	11 ♍ 10	12 R 42	19 ♍ 5	7 ♏ 19	1 ♑ 30	4 ♎ 20	11 ♐ 31	23 ♈ 8	9 ♓ 55	14 ♑ 55	2 ♉	19 ♒	17 ♏	24 ♋	22 ♓

SUN INGRESS	☉ → ♎22日 23:21
MOON PHASE	● 1日 18:03 ♍　◐ 9日 20:49 ♐　○ 17日 04:05 ♓　◑ 23日 18:56 ♋

aspects

2日	12:22	☉□♄
3日	01:38	☉☍♆
3日	02:18	☿☌♃
7日	14:19	☉△♇
7日	20:34	♀⚹♄
10日	22:04	♄□♆
11日	16:47	♀□♇
13日	03:58	☿□♂
13日	08:40	☉☌☿
14日	05:39	☉□♂
17日	16:04	♂△♅
18日	17:06	♀☍♅
19日	20:53	♀⚹♂
21日	10:26	☿△♇
23日	17:51	☿△♇
26日	16:00	☉☌♃

2016年10月

DAY	☉	☽	☊		☿	♀	♂	♃	♄	♅	♆	♇	⚳	⚴	⚵	⚶	⚷
			mean	true													
	° ′	° ′	° ′	° ′	° ′	° ′	° ′	° ′	° ′	° ′	° ′	° ′	°	°	°	°	°
1	7 ♎ 52	3 ♎ 36	11 ♍ 7	12 R 40	20 D 14	8 D 32	2 D 9	4 D 33	11 D 35	23 R 6	9 R 53	14 D 55	2 R	19 R	18 D	24 D	22 R
2	8 ♎ 51	15 ♎ 41	11 ♍ 3	12 ♍ 37	21 ♍ 29	9 ♏ 45	2 ♑ 49	4 ♎ 46	11 ♐ 39	23 ♈ 3	9 ♓ 52	14 ♑ 56	2 ♉	19 ♒	18 ♏	24 ♋	22 ♓
3	9 ♎ 50	27 ♎ 39	11 ♍ 0	12 ♍ 33	22 ♍ 49	10 ♏ 58	3 ♑ 29	4 ♎ 59	11 ♐ 44	23 ♈ 1	9 ♓ 50	14 ♑ 56	2 ♉	19 ♒	18 ♏	25 ♋	22 ♓
4	10 ♎ 49	9 ♏ 33	10 ♍ 57	12 ♍ 28	24 ♍ 14	12 ♏ 11	4 ♑ 9	5 ♎ 12	11 ♐ 48	22 ♈ 59	9 ♓ 49	14 ♑ 56	2 ♉	19 ♒	19 ♏	25 ♋	22 ♓
5	11 ♎ 48	21 ♏ 23	10 ♍ 54	12 ♍ 23	25 ♍ 43	13 ♏ 24	4 ♑ 49	5 ♎ 25	11 ♐ 53	22 ♈ 56	9 ♓ 48	14 ♑ 56	1 ♉	19 ♒	19 ♏	25 ♋	22 ♓
6	12 ♎ 47	3 ♐ 14	10 ♍ 51	12 ♍ 18	27 ♍ 15	14 ♏ 37	5 ♑ 30	5 ♎ 38	11 ♐ 57	22 ♈ 54	9 ♓ 46	14 ♑ 56	1 ♉	19 ♒	19 ♏	26 ♋	22 ♓
7	13 ♎ 47	15 ♐ 8	10 ♍ 48	12 ♍ 14	28 ♍ 51	15 ♏ 50	6 ♑ 10	5 ♎ 51	12 ♐ 2	22 ♈ 51	9 ♓ 45	14 ♑ 57	1 ♉	19 ♒	19 ♏	26 ♋	21 ♓
8	14 ♎ 46	27 ♐ 8	10 ♍ 44	12 ♍ 11	0 ♎ 29	17 ♏ 3	6 ♑ 51	6 ♎ 3	12 ♐ 7	22 ♈ 49	9 ♓ 44	14 ♑ 57	1 ♉	19 ♒	20 ♏	26 ♋	21 ♓
9	15 ♎ 45	9 ♑ 19	10 ♍ 41	12 ♍ 9	2 ♎ 8	18 ♏ 16	7 ♑ 32	6 ♎ 16	12 ♐ 12	22 ♈ 47	9 ♓ 43	14 ♑ 57	1 ♉	19 ♒	20 ♏	26 ♋	21 ♓
10	16 ♎ 44	21 ♑ 46	10 ♍ 38	12 D 9	3 ♎ 49	19 ♏ 29	8 ♑ 13	6 ♎ 29	12 ♐ 17	22 ♈ 44	9 ♓ 41	14 ♑ 58	0 ♉	19 ♒	20 ♏	27 ♋	21 ♓
11	17 ♎ 44	4 ♒ 32	10 ♍ 35	12 ♍ 10	5 ♎ 32	20 ♏ 42	8 ♑ 54	6 ♎ 42	12 ♐ 22	22 ♈ 42	9 ♓ 40	14 ♑ 58	0 ♉	19 ♒	21 ♏	27 ♋	21 ♓
12	18 ♎ 43	17 ♒ 42	10 ♍ 32	12 ♍ 12	7 ♎ 15	21 ♏ 55	9 ♑ 35	6 ♎ 55	12 ♐ 27	22 ♈ 39	9 ♓ 39	14 ♑ 59	0 ♉	18 ♒	21 ♏	27 ♋	21 ♓
13	19 ♎ 42	1 ♓ 18	10 ♍ 28	12 ♍ 13	8 ♎ 58	23 ♏ 7	10 ♑ 17	7 ♎ 8	12 ♐ 32	22 ♈ 37	9 ♓ 38	14 ♑ 59	0 ♉	18 ♒	21 ♏	28 ♋	21 ♓
14	20 ♎ 42	15 ♓ 23	10 ♍ 25	12 R 14	10 ♎ 43	24 ♏ 20	10 ♑ 58	7 ♎ 21	12 ♐ 37	22 ♈ 34	9 ♓ 37	15 ♑ 0	29 ♈	18 ♒	22 ♏	28 ♋	21 ♓
15	21 ♎ 41	29 ♓ 55	10 ♍ 22	12 ♍ 12	12 ♎ 27	25 ♏ 33	11 ♑ 40	7 ♎ 33	12 ♐ 42	22 ♈ 32	9 ♓ 35	15 ♑ 0	29 ♈	18 ♒	22 ♏	28 ♋	21 ♓
16	22 ♎ 41	14 ♈ 48	10 ♍ 19	12 ♍ 9	14 ♎ 11	26 ♏ 46	12 ♑ 21	7 ♎ 46	12 ♐ 48	22 ♈ 29	9 ♓ 34	15 ♑ 1	29 ♈	18 ♒	22 ♏	28 ♋	21 ♓
17	23 ♎ 40	29 ♈ 57	10 ♍ 16	12 ♍ 4	15 ♎ 55	27 ♏ 58	13 ♑ 3	7 ♎ 59	12 ♐ 53	22 ♈ 27	9 ♓ 33	15 ♑ 1	29 ♈	18 ♒	23 ♏	29 ♋	21 ♓
18	24 ♎ 40	15 ♉ 10	10 ♍ 13	11 ♍ 58	17 ♎ 39	29 ♏ 11	13 ♑ 45	8 ♎ 12	12 ♐ 58	22 ♈ 25	9 ♓ 32	15 ♑ 2	29 ♈	18 ♒	23 ♏	29 ♋	21 ♓
19	25 ♎ 39	0 ♊ 18	10 ♍ 9	11 ♍ 51	19 ♎ 23	0 ♐ 24	14 ♑ 27	8 ♎ 24	13 ♐ 4	22 ♈ 22	9 ♓ 31	15 ♑ 2	28 ♈	18 D	23 ♏	29 ♋	21 ♓
20	26 ♎ 39	15 ♊ 12	10 ♍ 6	11 ♍ 45	21 ♎ 6	1 ♐ 36	15 ♑ 9	8 ♎ 37	13 ♐ 9	22 ♈ 20	9 ♓ 30	15 ♑ 3	28 ♈	18 ♒	24 ♏	29 ♋	21 ♓
21	27 ♎ 38	29 ♊ 43	10 ♍ 3	11 ♍ 41	22 ♎ 49	2 ♐ 49	15 ♑ 52	8 ♎ 50	13 ♐ 15	22 ♈ 17	9 ♓ 29	15 ♑ 4	28 ♈	18 ♒	24 ♏	0 ♌	21 ♓
22	28 ♎ 38	13 ♋ 48	10 ♍ 0	11 ♍ 38	24 ♎ 31	4 ♐ 1	16 ♑ 34	9 ♎ 2	13 ♐ 21	22 ♈ 15	9 ♓ 28	15 ♑ 5	28 ♈	18 ♒	24 ♏	0 ♌	21 ♓
23	29 ♎ 38	27 ♋ 27	9 ♍ 57	11 ♍ 36	26 ♎ 13	5 ♐ 14	17 ♑ 16	9 ♎ 15	13 ♐ 26	22 ♈ 12	9 ♓ 27	15 ♑ 5	27 ♈	18 ♒	25 ♏	0 ♌	21 ♓
24	0 ♏ 37	10 ♌ 40	9 ♍ 53	11 D 37	27 ♎ 54	6 ♐ 27	17 ♑ 59	9 ♎ 27	13 ♐ 32	22 ♈ 10	9 ♓ 26	15 ♑ 6	27 ♈	18 ♒	25 ♏	0 ♌	21 ♓
25	1 ♏ 37	23 ♌ 32	9 ♍ 50	11 ♍ 38	29 ♎ 35	7 ♐ 39	18 ♑ 42	9 ♎ 40	13 ♐ 38	22 ♈ 8	9 ♓ 26	15 ♑ 7	27 ♈	18 ♒	25 ♏	1 ♌	21 ♓
26	2 ♏ 37	6 ♍ 6	9 ♍ 47	11 ♍ 39	1 ♏ 16	8 ♐ 52	19 ♑ 24	9 ♎ 52	13 ♐ 44	22 ♈ 5	9 ♓ 25	15 ♑ 8	27 ♈	19 ♒	26 ♏	1 ♌	21 ♓
27	3 ♏ 37	18 ♍ 25	9 ♍ 44	11 R 39	2 ♏ 55	10 ♐ 4	20 ♑ 7	10 ♎ 5	13 ♐ 50	22 ♈ 3	9 ♓ 24	15 ♑ 9	27 ♈	19 ♒	26 ♏	1 ♌	21 ♓
28	4 ♏ 37	0 ♎ 34	9 ♍ 41	11 ♍ 37	4 ♏ 35	11 ♐ 16	20 ♑ 50	10 ♎ 17	13 ♐ 56	22 ♈ 0	9 ♓ 23	15 ♑ 10	26 ♈	19 ♒	26 ♏	1 ♌	21 ♓
29	5 ♏ 37	12 ♎ 36	9 ♍ 38	11 ♍ 32	6 ♏ 13	12 ♐ 29	21 ♑ 33	10 ♎ 29	14 ♐ 2	21 ♈ 58	9 ♓ 22	15 ♑ 11	26 ♈	19 ♒	27 ♏	1 ♌	21 ♓
30	6 ♏ 37	24 ♎ 32	9 ♍ 34	11 ♍ 25	7 ♏ 52	13 ♐ 41	22 ♑ 16	10 ♎ 42	14 ♐ 8	21 ♈ 56	9 ♓ 22	15 ♑ 12	26 ♈	19 ♒	27 ♏	2 ♌	21 ♓
31	7 ♏ 37	6 ♏ 25	9 ♍ 31	11 ♍ 16	9 ♏ 29	14 ♐ 53	23 ♑ 0	10 ♎ 54	14 ♐ 14	21 ♈ 53	9 ♓ 21	15 ♑ 13	26 ♈	19 ♒	27 ♏	2 ♌	21 ♓

SUN INGRESS	☉ → ♏23日 08:46
MOON PHASE	● 1日 09:11 ♎　◐ 9日 13:33 ♑　○ 16日 13:23 ♈　◑ 23日 04:14 ♋　● 31日 02:38 ♏

aspects

2日	02:14	♀△♆
5日	01:59	☉⚹♄
6日	06:22	♀⚹♇
6日	06:45	♂□♃
8日	04:33	☉□♇
11日	18:45	☿☌♃
12日	02:03	♂⚹♆
14日	06:00	☿□♂
15日	03:47	☿⚹♄
15日	19:43	☉☍♅
16日	11:29	☿□♇
19日	20:22	♂☌♇
20日	16:48	☿☍♅
26日	10:54	♀□♆
27日	00:19	♀⚹♃
28日	01:16	☉☌☿
29日	13:06	♂□♅
30日	09:45	♀☌♄
30日	21:57	☿△♆

2016年11月

DAY	☉	☽	☊ mean	☊ true	☿	♀	♂	♃	♄	♅	♆	♇	⚳	⚴	⚵	⚶	⚷
	° ′	° ′	° ′	° ′	° ′	° ′	° ′	° ′	° ′	° ′	° ′	° ′	°	°	°	°	°
1	8 ♏ 37	18 ♏ 17	9 ♍ 28	11 R 5	11 D 7	16 D 6	23 D 43	11 D 6	14 D 20	21 R 51	9 R 20	15 D 14	25 R	19 D	28 D	2 D	21 R
2	9 ♏ 37	0 ♐ 8	9 ♍ 25	10 ♍ 53	12 ♏ 43	17 ♐ 18	24 ♑ 26	11 ♎ 18	14 ♐ 26	21 ♈ 49	9 ♓ 20	15 ♑ 15	25 ♈	19 ♒	28 ♏	2 ♌	21 ♓
3	10 ♏ 37	12 ♐ 1	9 ♍ 22	10 ♍ 41	14 ♏ 20	18 ♐ 30	25 ♑ 10	11 ♎ 31	14 ♐ 33	21 ♈ 47	9 ♓ 19	15 ♑ 16	25 ♈	19 ♒	28 ♏	2 ♌	21 ♓
4	11 ♏ 37	23 ♐ 57	9 ♍ 19	10 ♍ 31	15 ♏ 56	19 ♐ 42	25 ♑ 53	11 ♎ 43	14 ♐ 39	21 ♈ 44	9 ♓ 19	15 ♑ 17	25 ♈	19 ♒	29 ♏	3 ♌	21 ♓
5	12 ♏ 37	5 ♑ 59	9 ♍ 15	10 ♍ 23	17 ♏ 31	20 ♐ 54	26 ♑ 37	11 ♎ 55	14 ♐ 45	21 ♈ 42	9 ♓ 18	15 ♑ 18	25 ♈	19 ♒	29 ♏	3 ♌	20 ♓
6	13 ♏ 37	18 ♑ 10	9 ♍ 12	10 ♍ 17	19 ♏ 6	22 ♐ 6	27 ♑ 21	12 ♎ 7	14 ♐ 52	21 ♈ 40	9 ♓ 18	15 ♑ 19	24 ♈	19 ♒	29 ♏	3 ♌	20 ♓
7	14 ♏ 37	0 ♒ 33	9 ♍ 9	10 ♍ 14	20 ♏ 41	23 ♐ 19	28 ♑ 5	12 ♎ 19	14 ♐ 58	21 ♈ 38	9 ♓ 17	15 ♑ 20	24 ♈	19 ♒	0 ♐	3 ♌	20 ♓
8	15 ♏ 38	13 ♒ 14	9 ♍ 6	10 ♍ 13	22 ♏ 15	24 ♐ 30	28 ♑ 48	12 ♎ 31	15 ♐ 5	21 ♈ 35	9 ♓ 17	15 ♑ 21	24 ♈	20 ♒	0 ♐	3 ♌	20 ♓
9	16 ♏ 38	26 ♒ 15	9 ♍ 3	10 D 13	23 ♏ 49	25 ♐ 42	29 ♑ 32	12 ♎ 42	15 ♐ 11	21 ♈ 33	9 ♓ 16	15 ♑ 23	24 ♈	20 ♒	0 ♐	3 ♌	20 ♓
10	17 ♏ 38	9 ♓ 42	8 ♍ 59	10 ♍ 13	25 ♏ 22	26 ♐ 54	0 ♒ 16	12 ♎ 54	15 ♐ 18	21 ♈ 31	9 ♓ 16	15 ♑ 24	24 ♈	20 ♒	1 ♐	4 ♌	20 ♓
11	18 ♏ 38	23 ♓ 37	8 ♍ 56	10 R 13	26 ♏ 55	28 ♐ 6	1 ♒ 0	13 ♎ 6	15 ♐ 24	21 ♈ 29	9 ♓ 16	15 ♑ 25	23 ♈	20 ♒	1 ♐	4 ♌	20 ♓
12	19 ♏ 39	8 ♈ 0	8 ♍ 53	10 ♍ 10	28 ♏ 28	29 ♐ 18	1 ♒ 44	13 ♎ 17	15 ♐ 31	21 ♈ 27	9 ♓ 15	15 ♑ 27	23 ♈	20 ♒	1 ♐	4 ♌	20 ♓
13	20 ♏ 39	22 ♈ 50	8 ♍ 50	10 ♍ 5	0 ♐ 1	0 ♑ 30	2 ♒ 29	13 ♎ 29	15 ♐ 37	21 ♈ 25	9 ♓ 15	15 ♑ 28	23 ♈	20 ♒	2 ♐	4 ♌	20 ♓
14	21 ♏ 39	8 ♉ 0	8 ♍ 47	9 ♍ 57	1 ♐ 33	1 ♑ 41	3 ♒ 13	13 ♎ 41	15 ♐ 44	21 ♈ 23	9 ♓ 15	15 ♑ 29	23 ♈	20 ♒	2 ♐	4 ♌	20 ♓
15	22 ♏ 40	23 ♉ 21	8 ♍ 44	9 ♍ 47	3 ♐ 5	2 ♑ 53	3 ♒ 57	13 ♎ 52	15 ♐ 51	21 ♈ 21	9 ♓ 14	15 ♑ 31	23 ♈	20 ♒	2 ♐	4 ♌	20 ♓
16	23 ♏ 40	8 ♊ 41	8 ♍ 40	9 ♍ 36	4 ♐ 37	4 ♑ 4	4 ♒ 41	14 ♎ 3	15 ♐ 58	21 ♈ 19	9 ♓ 14	15 ♑ 32	23 ♈	21 ♒	3 ♐	4 ♌	20 ♓
17	24 ♏ 41	23 ♊ 49	8 ♍ 37	9 ♍ 25	6 ♐ 8	5 ♑ 16	5 ♒ 26	14 ♎ 15	16 ♐ 4	21 ♈ 17	9 ♓ 14	15 ♑ 33	22 ♈	21 ♒	3 ♐	4 ♌	20 ♓
18	25 ♏ 41	8 ♋ 35	8 ♍ 34	9 ♍ 16	7 ♐ 39	6 ♑ 27	6 ♒ 10	14 ♎ 26	16 ♐ 11	21 ♈ 15	9 ♓ 14	15 ♑ 35	22 ♈	21 ♒	3 ♐	5 ♌	20 ♓
19	26 ♏ 42	22 ♋ 54	8 ♍ 31	9 ♍ 10	9 ♐ 10	7 ♑ 39	6 ♒ 55	14 ♎ 37	16 ♐ 18	21 ♈ 13	9 ♓ 14	15 ♑ 36	22 ♈	21 ♒	4 ♐	5 ♌	20 ♓
20	27 ♏ 42	6 ♌ 41	8 ♍ 28	9 ♍ 6	10 ♐ 41	8 ♑ 50	7 ♒ 39	14 ♎ 48	16 ♐ 25	21 ♈ 11	9 ♓ 14	15 ♑ 38	22 ♈	21 ♒	4 ♐	5 ♌	20 ♓
21	28 ♏ 43	20 ♌ 0	8 ♍ 25	9 ♍ 5	12 ♐ 11	10 ♑ 1	8 ♒ 24	14 ♎ 59	16 ♐ 32	21 ♈ 10	9 D 14	15 ♑ 39	22 ♈	21 ♒	4 ♐	5 ♌	20 ♓
22	29 ♏ 43	2 ♍ 52	8 ♍ 21	9 D 4	13 ♐ 41	11 ♑ 12	9 ♒ 8	15 ♎ 10	16 ♐ 38	21 ♈ 8	9 ♓ 14	15 ♑ 41	22 ♈	21 ♒	5 ♐	5 ♌	20 ♓
23	0 ♐ 44	15 ♍ 23	8 ♍ 18	9 R 4	15 ♐ 10	12 ♑ 24	9 ♒ 53	15 ♎ 21	16 ♐ 45	21 ♈ 6	9 ♓ 14	15 ♑ 42	22 ♈	22 ♒	5 ♐	5 ♌	20 ♓
24	1 ♐ 45	27 ♍ 37	8 ♍ 15	9 ♍ 3	16 ♐ 39	13 ♑ 35	10 ♒ 38	15 ♎ 32	16 ♐ 52	21 ♈ 4	9 ♓ 14	15 ♑ 44	22 ♈	22 ♒	5 ♐	5 ♌	20 ♓
25	2 ♐ 45	9 ♎ 40	8 ♍ 12	9 ♍ 0	18 ♐ 8	14 ♑ 46	11 ♒ 22	15 ♎ 43	16 ♐ 59	21 ♈ 3	9 ♓ 14	15 ♑ 46	21 ♈	22 ♒	6 ♐	5 ♌	20 ♓
26	3 ♐ 46	21 ♎ 35	8 ♍ 9	8 ♍ 54	19 ♐ 37	15 ♑ 56	12 ♒ 7	15 ♎ 53	17 ♐ 6	21 ♈ 1	9 ♓ 14	15 ♑ 47	21 ♈	22 ♒	6 ♐	5 ♌	20 ♓
27	4 ♐ 47	3 ♏ 26	8 ♍ 5	8 ♍ 45	21 ♐ 5	17 ♑ 7	12 ♒ 52	16 ♎ 4	17 ♐ 13	21 ♈ 0	9 ♓ 15	15 ♑ 49	21 ♈	22 ♒	6 ♐	5 ♌	20 ♓
28	5 ♐ 48	15 ♏ 17	8 ♍ 2	8 ♍ 32	22 ♐ 32	18 ♑ 18	13 ♒ 37	16 ♎ 14	17 ♐ 20	20 ♈ 58	9 ♓ 15	15 ♑ 51	21 ♈	22 ♒	7 ♐	5 ♌	20 ♓
29	6 ♐ 48	27 ♏ 8	7 ♍ 59	8 ♍ 18	23 ♐ 59	19 ♑ 29	14 ♒ 22	16 ♎ 25	17 ♐ 27	20 ♈ 57	9 ♓ 15	15 ♑ 52	21 ♈	23 ♒	7 ♐	5 ♌	20 ♓
30	7 ♐ 49	9 ♐ 3	7 ♍ 56	8 ♍ 3	25 ♐ 25	20 ♑ 39	15 ♒ 7	16 ♎ 35	17 ♐ 34	20 ♈ 55	9 ♓ 15	15 ♑ 54	21 ♈	23 ♒	7 ♐	5 ♌	20 ♓

SUN INGRESS	☉ → ♐ 22日 06:22
MOON PHASE	◐ 8日 04:51 ♒　○ 14日 22:52 ♉　◑ 21日 17:33 ♌　● 29日 21:18 ♐

aspects		
1日	17:17	☉△♆
3日	14:10	☿⚹♇
5日	15:23	♀△♅
7日	17:25	☉⚹♇
16日	02:22	☿⚹♂
19日	01:04	☿□♆
20日	08:03	♀⚹♆
23日	03:19	☿⚹♃
24日	03:44	☿☌♄
25日	08:00	♃□♇
25日	20:50	♀☌♇
25日	22:45	♀□♃
26日	22:38	☿△♅
30日	05:20	♀□♅

2016年12月

DAY	☉	☽	☊ mean	☊ true	☿	♀	♂	♃	♄	♅	♆	♇	⚳	⚴	⚵	⚶	⚷
	° ′	° ′	° ′	° ′	° ′	° ′	° ′	° ′	° ′	° ′	° ′	° ′	°	°	°	°	°
1	8 ♐ 50	21 ♐ 1	7 ♍ 53	7 R 48	26 D 50	21 D 50	15 D 52	16 D 45	17 D 41	20 R 54	9 D 16	15 D 56	21 R	23 D	8 D	5 D	20 R
2	9 ♐ 51	3 ♑ 5	7 ♍ 50	7 ♍ 34	28 ♐ 15	23 ♑ 0	16 ♒ 37	16 ♎ 55	17 ♐ 48	20 ♈ 52	9 ♓ 16	15 ♑ 57	21 ♈	23 ♒	8 ♐	5 ♌	20 D
3	10 ♐ 52	15 ♑ 15	7 ♍ 46	7 ♍ 23	29 ♐ 38	24 ♑ 10	17 ♒ 22	17 ♎ 5	17 ♐ 55	20 ♈ 51	9 ♓ 17	15 ♑ 59	21 ♈	23 ♒	8 ♐	5 R	20 ♓
4	11 ♐ 53	27 ♑ 33	7 ♍ 43	7 ♍ 15	1 ♑ 0	25 ♑ 20	18 ♒ 7	17 ♎ 15	18 ♐ 2	20 ♈ 50	9 ♓ 17	16 ♑ 1	21 ♈	24 ♒	9 ♐	5 ♌	20 ♓
5	12 ♐ 53	10 ♒ 1	7 ♍ 40	7 ♍ 10	2 ♑ 21	26 ♑ 30	18 ♒ 52	17 ♎ 25	18 ♐ 9	20 ♈ 48	9 ♓ 18	16 ♑ 3	21 ♈	24 ♒	9 ♐	5 ♌	20 ♓
6	13 ♐ 54	22 ♒ 43	7 ♍ 37	7 ♍ 8	3 ♑ 39	27 ♑ 40	19 ♒ 37	17 ♎ 35	18 ♐ 16	20 ♈ 47	9 ♓ 18	16 ♑ 4	21 ♈	24 ♒	10 ♐	5 ♌	20 ♓
7	14 ♐ 55	5 ♓ 42	7 ♍ 34	7 ♍ 7	4 ♑ 57	28 ♑ 50	20 ♒ 22	17 ♎ 44	18 ♐ 24	20 ♈ 46	9 ♓ 19	16 ♑ 6	21 ♈	24 ♒	10 ♐	5 ♌	20 ♓
8	15 ♐ 56	19 ♓ 1	7 ♍ 31	7 ♍ 7	6 ♑ 11	0 ♒ 0	21 ♒ 7	17 ♎ 54	18 ♐ 31	20 ♈ 45	9 ♓ 19	16 ♑ 8	21 ♈	25 ♒	10 ♐	5 ♌	20 ♓
9	16 ♐ 57	2 ♈ 44	7 ♍ 27	7 ♍ 6	7 ♑ 24	1 ♒ 10	21 ♒ 52	18 ♎ 3	18 ♐ 38	20 ♈ 44	9 ♓ 20	16 ♑ 10	21 ♈	25 ♒	11 ♐	5 ♌	20 ♓
10	17 ♐ 58	16 ♈ 52	7 ♍ 24	7 ♍ 4	8 ♑ 33	2 ♒ 19	22 ♒ 38	18 ♎ 12	18 ♐ 45	20 ♈ 43	9 ♓ 20	16 ♑ 12	21 ♈	25 ♒	11 ♐	5 ♌	20 ♓
11	18 ♐ 59	1 ♉ 25	7 ♍ 21	6 ♍ 59	9 ♑ 39	3 ♒ 28	23 ♒ 23	18 ♎ 22	18 ♐ 52	20 ♈ 42	9 ♓ 21	16 ♑ 14	21 D	25 ♒	11 ♐	5 ♌	20 ♓
12	20 ♐ 0	16 ♉ 19	7 ♍ 18	6 ♍ 51	10 ♑ 40	4 ♒ 37	24 ♒ 8	18 ♎ 31	18 ♐ 59	20 ♈ 41	9 ♓ 22	16 ♑ 16	21 ♈	25 ♒	12 ♐	5 ♌	20 ♓
13	21 ♐ 1	1 ♊ 27	7 ♍ 15	6 ♍ 40	11 ♑ 38	5 ♒ 47	24 ♒ 53	18 ♎ 40	19 ♐ 6	20 ♈ 40	9 ♓ 23	16 ♑ 17	21 ♈	26 ♒	12 ♐	5 ♌	20 ♓
14	22 ♐ 2	16 ♊ 40	7 ♍ 11	6 ♍ 29	12 ♑ 30	6 ♒ 55	25 ♒ 38	18 ♎ 48	19 ♐ 13	20 ♈ 39	9 ♓ 23	16 ♑ 19	21 ♈	26 ♒	12 ♐	5 ♌	20 ♓
15	23 ♐ 3	1 ♋ 47	7 ♍ 8	6 ♍ 18	13 ♑ 16	8 ♒ 4	26 ♒ 24	18 ♎ 57	19 ♐ 20	20 ♈ 39	9 ♓ 24	16 ♑ 21	21 ♈	26 ♒	13 ♐	5 ♌	20 ♓
16	24 ♐ 4	16 ♋ 37	7 ♍ 5	6 ♍ 9	13 ♑ 55	9 ♒ 13	27 ♒ 9	19 ♎ 6	19 ♐ 27	20 ♈ 38	9 ♓ 25	16 ♑ 23	21 ♈	26 ♒	13 ♐	4 ♌	20 ♓
17	25 ♐ 5	1 ♌ 2	7 ♍ 2	6 ♍ 2	14 ♑ 27	10 ♒ 21	27 ♒ 54	19 ♎ 14	19 ♐ 34	20 ♈ 37	9 ♓ 26	16 ♑ 25	21 ♈	27 ♒	13 ♐	4 ♌	20 ♓
18	26 ♐ 6	14 ♌ 58	6 ♍ 59	5 ♍ 57	14 ♑ 50	11 ♒ 29	28 ♒ 40	19 ♎ 23	19 ♐ 42	20 ♈ 37	9 ♓ 27	16 ♑ 27	21 ♈	27 ♒	14 ♐	4 ♌	20 ♓
19	27 ♐ 7	28 ♌ 25	6 ♍ 56	5 ♍ 56	15 ♑ 4	12 ♒ 37	29 ♒ 25	19 ♎ 31	19 ♐ 49	20 ♈ 36	9 ♓ 28	16 ♑ 29	21 ♈	27 ♒	14 ♐	4 ♌	20 ♓
20	28 ♐ 8	11 ♍ 24	6 ♍ 52	5 D 56	15 R 7	13 ♒ 45	0 ♓ 10	19 ♎ 39	19 ♐ 56	20 ♈ 35	9 ♓ 29	16 ♑ 31	21 ♈	27 ♒	14 ♐	4 ♌	20 ♓
21	29 ♐ 9	24 ♍ 0	6 ♍ 49	5 ♍ 56	15 ♑ 0	14 ♒ 53	0 ♓ 55	19 ♎ 47	20 ♐ 3	20 ♈ 35	9 ♓ 30	16 ♑ 33	21 ♈	28 ♒	15 ♐	4 ♌	20 ♓
22	0 ♑ 10	6 ♎ 16	6 ♍ 46	5 R 56	14 ♑ 41	16 ♒ 1	1 ♓ 41	19 ♎ 55	20 ♐ 10	20 ♈ 35	9 ♓ 31	16 ♑ 35	21 ♈	28 ♒	15 ♐	4 ♌	20 ♓
23	1 ♑ 11	18 ♎ 19	6 ♍ 43	5 ♍ 54	14 ♑ 10	17 ♒ 8	2 ♓ 26	20 ♎ 2	20 ♐ 17	20 ♈ 34	9 ♓ 32	16 ♑ 37	21 ♈	28 ♒	15 ♐	4 ♌	20 ♓
24	2 ♑ 13	0 ♏ 13	6 ♍ 40	5 ♍ 50	13 ♑ 28	18 ♒ 15	3 ♓ 11	20 ♎ 10	20 ♐ 24	20 ♈ 34	9 ♓ 33	16 ♑ 39	21 ♈	28 ♒	16 ♐	3 ♌	20 ♓
25	3 ♑ 14	12 ♏ 4	6 ♍ 37	5 ♍ 44	12 ♑ 34	19 ♒ 22	3 ♓ 57	20 ♎ 18	20 ♐ 31	20 ♈ 34	9 ♓ 34	16 ♑ 41	21 ♈	29 ♒	16 ♐	3 ♌	20 ♓
26	4 ♑ 15	23 ♏ 54	6 ♍ 33	5 ♍ 35	11 ♑ 31	20 ♒ 29	4 ♓ 42	20 ♎ 25	20 ♐ 38	20 ♈ 33	9 ♓ 35	16 ♑ 43	21 ♈	29 ♒	16 ♐	3 ♌	20 ♓
27	5 ♑ 16	5 ♐ 48	6 ♍ 30	5 ♍ 24	10 ♑ 20	21 ♒ 35	5 ♓ 27	20 ♎ 32	20 ♐ 45	20 ♈ 33	9 ♓ 37	16 ♑ 45	21 ♈	29 ♒	17 ♐	3 ♌	20 ♓
28	6 ♑ 17	17 ♐ 47	6 ♍ 27	5 ♍ 12	9 ♑ 2	22 ♒ 42	6 ♓ 13	20 ♎ 39	20 ♐ 52	20 ♈ 33	9 ♓ 38	16 ♑ 47	22 ♈	29 ♒	17 ♐	3 ♌	20 ♓
29	7 ♑ 18	29 ♐ 53	6 ♍ 24	5 ♍ 0	7 ♑ 41	23 ♒ 48	6 ♓ 58	20 ♎ 46	20 ♐ 59	20 ♈ 33	9 ♓ 39	16 ♑ 49	22 ♈	0 ♓	17 ♐	3 ♌	21 ♓
30	8 ♑ 20	12 ♑ 8	6 ♍ 21	4 ♍ 49	6 ♑ 19	24 ♒ 54	7 ♓ 43	20 ♎ 53	21 ♐ 5	20 D 33	9 ♓ 40	16 ♑ 51	22 ♈	0 ♓	18 ♐	2 ♌	21 ♓
31	9 ♑ 21	24 ♑ 32	6 ♍ 17	4 ♍ 40	4 ♑ 59	25 ♒ 59	8 ♓ 29	20 ♎ 59	21 ♐ 12	20 ♈ 33	9 ♓ 42	16 ♑ 53	22 ♈	0 ♓	18 ♐	2 ♌	21 ♓

SUN INGRESS	☉ → ♑ 21日 19:44
MOON PHASE	◐ 7日 18:03 ♓　○ 14日 09:05 ♊　◑ 21日 10:56 ♍　● 29日 15:53 ♑

aspects		
1日	10:17	☉□♆
2日	12:46	♂△♃
3日	21:15	♂⚹♄
7日	12:30	♂⚹♅
10日	06:39	☉⚹♃
10日	17:25	☿⚹♆
10日	20:51	☉☌♄
12日	15:56	☉△♅
25日	09:21	♄△♅
25日	22:23	♀△♃
26日	01:35	♀⚹♅
26日	03:33	♀⚹♄
27日	03:35	♃☍♅
27日	13:19	☿⚹♆
27日	17:07	☉⚹♂
29日	03:47	☉☌☿
29日	08:06	☿⚹♂
31日	08:25	☉⚹♆

2017年1月

DAY	☉	☽	☊ mean	☊ true	☿	♀	♂	♃	♄	♅	♆	♇	⚳	⚴	⚵	⚶	⚷
	° ′	° ′	° ′	° ′	° ′	° ′	° ′	° ′	° ′	° ′	° ′	° ′	°	°	°	°	°
1	10 ♑ 22	7 ♒ 5	6 ♍ 14	4 R 34	3 R 43	27 D 5	9 D 14	21 D 6	21 D 19	20 D 33	9 D 43	16 D 55	22 D	0 D	18 D	2 R	21 D
2	11 ♑ 23	19 ♒ 49	6 ♍ 11	4 ♍ 30	2 ♑ 34	28 ♒ 10	9 ♓ 59	21 ♎ 12	21 ♐ 26	20 ♈ 33	9 ♓ 44	16 ♑ 57	22 ♈	1 ♓	19 ♐	2 ♌	21 ♓
3	12 ♑ 24	2 ♓ 44	6 ♍ 8	4 ♍ 29	1 ♑ 32	29 ♒ 14	10 ♓ 45	21 ♎ 18	21 ♐ 33	20 ♈ 33	9 ♓ 46	16 ♑ 59	22 ♈	1 ♓	19 ♐	1 ♌	21 ♓
4	13 ♑ 25	15 ♓ 52	6 ♍ 5	4 D 29	0 ♑ 40	0 ♓ 19	11 ♓ 30	21 ♎ 24	21 ♐ 40	20 ♈ 34	9 ♓ 47	17 ♑ 1	22 ♈	1 ♓	19 ♐	1 ♌	21 ♓
5	14 ♑ 27	29 ♓ 15	6 ♍ 2	4 ♍ 31	29 ♐ 58	1 ♓ 23	12 ♓ 15	21 ♎ 30	21 ♐ 46	20 ♈ 34	9 ♓ 49	17 ♑ 4	23 ♈	2 ♓	20 ♐	1 ♌	21 ♓
6	15 ♑ 28	12 ♈ 54	5 ♍ 58	4 ♍ 31	29 ♐ 27	2 ♓ 27	13 ♓ 0	21 ♎ 36	21 ♐ 53	20 ♈ 34	9 ♓ 50	17 ♑ 6	23 ♈	2 ♓	20 ♐	1 ♌	21 ♓
7	16 ♑ 29	26 ♈ 52	5 ♍ 55	4 R 31	29 ♐ 5	3 ♓ 30	13 ♓ 46	21 ♎ 41	22 ♐ 0	20 ♈ 35	9 ♓ 52	17 ♑ 8	23 ♈	2 ♓	21 ♐	1 ♌	21 ♓
8	17 ♑ 30	11 ♉ 8	5 ♍ 52	4 ♍ 28	28 ♐ 53	4 ♓ 34	14 ♓ 31	21 ♎ 47	22 ♐ 6	20 ♈ 35	9 ♓ 53	17 ♑ 10	23 ♈	2 ♓	21 ♐	0 ♌	21 ♓
9	18 ♑ 31	25 ♉ 39	5 ♍ 49	4 ♍ 24	28 D 51	5 ♓ 37	15 ♓ 16	21 ♎ 52	22 ♐ 13	20 ♈ 36	9 ♓ 55	17 ♑ 12	23 ♈	3 ♓	21 ♐	0 ♌	21 ♓
10	19 ♑ 32	10 ♊ 22	5 ♍ 46	4 ♍ 18	28 ♐ 57	6 ♓ 39	16 ♓ 1	21 ♎ 57	22 ♐ 20	20 ♈ 36	9 ♓ 56	17 ♑ 14	23 ♈	3 ♓	22 ♐	0 ♌	21 ♓
11	20 ♑ 33	25 ♊ 11	5 ♍ 43	4 ♍ 11	29 ♐ 11	7 ♓ 41	16 ♓ 47	22 ♎ 2	22 ♐ 26	20 ♈ 37	9 ♓ 58	17 ♑ 16	24 ♈	3 ♓	22 ♐	0 ♌	21 ♓
12	21 ♑ 35	9 ♋ 56	5 ♍ 39	4 ♍ 4	29 ♐ 33	8 ♓ 43	17 ♓ 32	22 ♎ 7	22 ♐ 33	20 ♈ 38	10 ♓ 0	17 ♑ 18	24 ♈	4 ♓	22 ♐	29 ♋	21 ♓
13	22 ♑ 36	24 ♋ 31	5 ♍ 36	3 ♍ 58	0 ♑ 1	9 ♓ 44	18 ♓ 17	22 ♎ 11	22 ♐ 39	20 ♈ 38	10 ♓ 1	17 ♑ 20	24 ♈	4 ♓	23 ♐	29 ♋	21 ♓
14	23 ♑ 37	8 ♌ 48	5 ♍ 33	3 ♍ 53	0 ♑ 35	10 ♓ 45	19 ♓ 2	22 ♎ 16	22 ♐ 46	20 ♈ 39	10 ♓ 3	17 ♑ 22	24 ♈	4 ♓	23 ♐	29 ♋	21 ♓
15	24 ♑ 38	22 ♌ 42	5 ♍ 30	3 ♍ 51	1 ♑ 15	11 ♓ 46	19 ♓ 47	22 ♎ 20	22 ♐ 52	20 ♈ 40	10 ♓ 5	17 ♑ 24	24 ♈	5 ♓	23 ♐	29 ♋	21 ♓
16	25 ♑ 39	6 ♍ 12	5 ♍ 27	3 D 51	1 ♑ 59	12 ♓ 46	20 ♓ 32	22 ♎ 24	22 ♐ 58	20 ♈ 41	10 ♓ 6	17 ♑ 26	25 ♈	5 ♓	24 ♐	28 ♋	21 ♓
17	26 ♑ 40	19 ♍ 16	5 ♍ 23	3 ♍ 51	2 ♑ 48	13 ♓ 45	21 ♓ 18	22 ♎ 28	23 ♐ 5	20 ♈ 42	10 ♓ 8	17 ♑ 28	25 ♈	5 ♓	24 ♐	28 ♋	21 ♓
18	27 ♑ 41	1 ♎ 57	5 ♍ 20	3 ♍ 53	3 ♑ 41	14 ♓ 44	22 ♓ 3	22 ♎ 32	23 ♐ 11	20 ♈ 43	10 ♓ 10	17 ♑ 30	25 ♈	5 ♓	24 ♐	28 ♋	21 ♓
19	28 ♑ 42	14 ♎ 18	5 ♍ 17	3 ♍ 55	4 ♑ 38	15 ♓ 43	22 ♓ 48	22 ♎ 35	23 ♐ 17	20 ♈ 44	10 ♓ 12	17 ♑ 32	25 ♈	6 ♓	24 ♐	27 ♋	21 ♓
20	29 ♑ 43	26 ♎ 25	5 ♍ 14	3 ♍ 56	5 ♑ 37	16 ♓ 41	23 ♓ 33	22 ♎ 39	23 ♐ 23	20 ♈ 45	10 ♓ 14	17 ♑ 34	25 ♈	6 ♓	25 ♐	27 ♋	21 ♓
21	0 ♒ 44	8 ♏ 22	5 ♍ 11	3 R 55	6 ♑ 40	17 ♓ 39	24 ♓ 18	22 ♎ 42	23 ♐ 30	20 ♈ 46	10 ♓ 15	17 ♑ 36	26 ♈	6 ♓	25 ♐	27 ♋	21 ♓
22	1 ♒ 45	20 ♏ 14	5 ♍ 8	3 ♍ 54	7 ♑ 45	18 ♓ 36	25 ♓ 3	22 ♎ 45	23 ♐ 36	20 ♈ 47	10 ♓ 17	17 ♑ 38	26 ♈	7 ♓	25 ♐	27 ♋	21 ♓
23	2 ♒ 46	2 ♐ 6	5 ♍ 4	3 ♍ 50	8 ♑ 53	19 ♓ 32	25 ♓ 48	22 ♎ 48	23 ♐ 42	20 ♈ 48	10 ♓ 19	17 ♑ 40	26 ♈	7 ♓	26 ♐	26 ♋	21 ♓
24	3 ♒ 47	14 ♐ 1	5 ♍ 1	3 ♍ 46	10 ♑ 2	20 ♓ 28	26 ♓ 33	22 ♎ 50	23 ♐ 48	20 ♈ 49	10 ♓ 21	17 ♑ 42	26 ♈	7 ♓	26 ♐	26 ♋	21 ♓
25	4 ♒ 49	26 ♐ 5	4 ♍ 58	3 ♍ 41	11 ♑ 14	21 ♓ 24	27 ♓ 17	22 ♎ 53	23 ♐ 54	20 ♈ 51	10 ♓ 23	17 ♑ 44	27 ♈	8 ♓	26 ♐	26 ♋	21 ♓
26	5 ♒ 50	8 ♑ 18	4 ♍ 55	3 ♍ 36	12 ♑ 28	22 ♓ 18	28 ♓ 2	22 ♎ 55	24 ♐ 0	20 ♈ 52	10 ♓ 25	17 ♑ 46	27 ♈	8 ♓	27 ♐	26 ♋	22 ♓
27	6 ♒ 51	20 ♑ 44	4 ♍ 52	3 ♍ 31	13 ♑ 43	23 ♓ 12	28 ♓ 47	22 ♎ 57	24 ♐ 5	20 ♈ 53	10 ♓ 27	17 ♑ 48	27 ♈	8 ♓	27 ♐	25 ♋	22 ♓
28	7 ♒ 52	3 ♒ 23	4 ♍ 48	3 ♍ 27	14 ♑ 59	24 ♓ 6	29 ♓ 32	22 ♎ 59	24 ♐ 11	20 ♈ 55	10 ♓ 29	17 ♑ 50	27 ♈	9 ♓	27 ♐	25 ♋	22 ♓
29	8 ♒ 53	16 ♒ 15	4 ♍ 45	3 ♍ 25	16 ♑ 17	24 ♓ 58	0 ♈ 17	23 ♎ 1	24 ♐ 17	20 ♈ 56	10 ♓ 31	17 ♑ 52	28 ♈	9 ♓	28 ♐	25 ♋	22 ♓
30	9 ♒ 54	29 ♒ 21	4 ♍ 42	3 ♍ 24	17 ♑ 37	25 ♓ 50	1 ♈ 2	23 ♎ 2	24 ♐ 23	20 ♈ 58	10 ♓ 33	17 ♑ 54	28 ♈	9 ♓	28 ♐	25 ♋	22 ♓
31	10 ♒ 54	12 ♓ 39	4 ♍ 39	3 D 24	18 ♑ 57	26 ♓ 41	1 ♈ 47	23 ♎ 4	24 ♐ 28	21 ♈ 0	10 ♓ 35	17 ♑ 56	28 ♈	9 ♓	28 ♐	24 ♋	22 ♓

SUN INGRESS	☉ → ♒ 20日 06:24
MOON PHASE	◐ 6日 04:47 ♈　○ 12日 20:34 ♋　◑ 20日 07:13 ♏　● 28日 09:07 ♒

aspects		
1日	15:53	♂☌♆
4日	04:41	☿⚹♀
7日	15:45	☉☌♇
11日	01:22	☉□♅
11日	16:15	♂⚹♇
12日	13:43	☉□♃
13日	06:54	♀☌♆
19日	18:16	♂□♄
20日	22:57	♀⚹♇
24日	06:29	☿⚹♆
28日	02:50	♀□♄
30日	05:21	☿☌♇

2017年2月

DAY	☉	☽	☊ mean	☊ true	☿	♀	♂	♃	♄	♅	♆	♇	⚳	⚴	⚵	⚶	⚷
	° ′	° ′	° ′	° ′	° ′	° ′	° ′	° ′	° ′	° ′	° ′	° ′	°	°	°	°	°
1	11 ♒ 55	26 ♓ 9	4 ♍ 36	3 D 25	20 D 19	27 D 32	2 D 31	23 D 5	24 D 34	21 D 1	10 D 37	17 D 58	28 D	10 D	29 D	24 R	22 D
2	12 ♒ 56	9 ♈ 50	4 ♍ 33	3 ♍ 26	21 ♑ 42	28 ♓ 21	3 ♈ 16	23 ♎ 6	24 ♐ 39	21 ♈ 3	10 ♓ 39	18 ♑ 0	29 ♈	10 ♓	29 ♐	24 ♋	22 ♓
3	13 ♒ 57	23 ♈ 41	4 ♍ 29	3 ♍ 28	23 ♑ 6	29 ♓ 10	4 ♈ 1	23 ♎ 7	24 ♐ 45	21 ♈ 5	10 ♓ 41	18 ♑ 2	29 ♈	10 ♓	29 ♐	24 ♋	22 ♓
4	14 ♒ 58	7 ♉ 42	4 ♍ 26	3 ♍ 29	24 ♑ 31	29 ♓ 58	4 ♈ 45	23 ♎ 7	24 ♐ 50	21 ♈ 6	10 ♓ 43	18 ♑ 4	29 ♈	11 ♓	0 ♑	23 ♋	22 ♓
5	15 ♒ 59	21 ♉ 51	4 ♍ 23	3 R 29	25 ♑ 56	0 ♈ 45	5 ♈ 30	23 ♎ 8	24 ♐ 55	21 ♈ 8	10 ♓ 45	18 ♑ 6	29 ♈	11 ♓	0 ♑	23 ♋	22 ♓
6	17 ♒ 0	6 ♊ 6	4 ♍ 20	3 ♍ 28	27 ♑ 23	1 ♈ 31	6 ♈ 15	23 ♎ 8	25 ♐ 1	21 ♈ 10	10 ♓ 47	18 ♑ 7	0 ♉	11 ♓	0 ♑	23 ♋	22 ♓
7	18 ♒ 1	20 ♊ 25	4 ♍ 17	3 ♍ 26	28 ♑ 51	2 ♈ 16	6 ♈ 59	23 R 8	25 ♐ 6	21 ♈ 12	10 ♓ 50	18 ♑ 9	0 ♉	12 ♓	1 ♑	23 ♋	22 ♓
8	19 ♒ 1	4 ♋ 44	4 ♍ 14	3 ♍ 25	0 ♒ 20	2 ♈ 59	7 ♈ 44	23 ♎ 8	25 ♐ 11	21 ♈ 14	10 ♓ 52	18 ♑ 11	0 ♉	12 ♓	1 ♑	23 ♋	22 ♓
9	20 ♒ 2	18 ♋ 59	4 ♍ 10	3 ♍ 23	1 ♒ 49	3 ♈ 42	8 ♈ 28	23 ♎ 7	25 ♐ 16	21 ♈ 16	10 ♓ 54	18 ♑ 13	1 ♉	12 ♓	1 ♑	22 ♋	22 ♓
10	21 ♒ 3	3 ♌ 6	4 ♍ 7	3 ♍ 21	3 ♒ 19	4 ♈ 24	9 ♈ 13	23 ♎ 7	25 ♐ 21	21 ♈ 18	10 ♓ 56	18 ♑ 15	1 ♉	13 ♓	1 ♑	22 ♋	22 ♓
11	22 ♒ 3	17 ♌ 0	4 ♍ 4	3 ♍ 20	4 ♒ 51	5 ♈ 4	9 ♈ 57	23 ♎ 6	25 ♐ 26	21 ♈ 20	10 ♓ 58	18 ♑ 17	1 ♉	13 ♓	2 ♑	22 ♋	22 ♓
12	23 ♒ 4	0 ♍ 38	4 ♍ 1	3 ♍ 20	6 ♒ 23	5 ♈ 43	10 ♈ 41	23 ♎ 5	25 ♐ 31	21 ♈ 22	11 ♓ 0	18 ♑ 18	1 ♉	13 ♓	2 ♑	22 ♋	22 ♓
13	24 ♒ 5	13 ♍ 57	3 ♍ 58	3 D 20	7 ♒ 55	6 ♈ 21	11 ♈ 26	23 ♎ 4	25 ♐ 36	21 ♈ 24	11 ♓ 3	18 ♑ 20	2 ♉	14 ♓	2 ♑	22 ♋	22 ♓
14	25 ♒ 5	26 ♍ 57	3 ♍ 54	3 ♍ 20	9 ♒ 29	6 ♈ 58	12 ♈ 10	23 ♎ 3	25 ♐ 40	21 ♈ 27	11 ♓ 5	18 ♑ 22	2 ♉	14 ♓	3 ♑	21 ♋	22 ♓
15	26 ♒ 6	9 ♎ 38	3 ♍ 51	3 ♍ 21	11 ♒ 4	7 ♈ 33	12 ♈ 54	23 ♎ 1	25 ♐ 45	21 ♈ 29	11 ♓ 7	18 ♑ 24	2 ♉	14 ♓	3 ♑	21 ♋	23 ♓
16	27 ♒ 7	22 ♎ 1	3 ♍ 48	3 ♍ 22	12 ♒ 39	8 ♈ 7	13 ♈ 39	23 ♎ 0	25 ♐ 50	21 ♈ 31	11 ♓ 9	18 ♑ 25	3 ♉	15 ♓	3 ♑	21 ♋	23 ♓
17	28 ♒ 7	4 ♏ 11	3 ♍ 45	3 ♍ 23	14 ♒ 16	8 ♈ 39	14 ♈ 23	22 ♎ 58	25 ♐ 54	21 ♈ 33	11 ♓ 11	18 ♑ 27	3 ♉	15 ♓	4 ♑	21 ♋	23 ♓
18	29 ♒ 8	16 ♏ 11	3 ♍ 42	3 ♍ 23	15 ♒ 53	9 ♈ 10	15 ♈ 7	22 ♎ 56	25 ♐ 58	21 ♈ 36	11 ♓ 14	18 ♑ 29	3 ♉	15 ♓	4 ♑	21 ♋	23 ♓
19	0 ♓ 8	28 ♏ 5	3 ♍ 39	3 ♍ 23	17 ♒ 31	9 ♈ 40	15 ♈ 51	22 ♎ 54	26 ♐ 3	21 ♈ 38	11 ♓ 16	18 ♑ 30	4 ♉	16 ♓	4 ♑	21 ♋	23 ♓
20	1 ♓ 9	9 ♐ 57	3 ♍ 35	3 R 23	19 ♒ 10	10 ♈ 7	16 ♈ 35	22 ♎ 51	26 ♐ 7	21 ♈ 41	11 ♓ 18	18 ♑ 32	4 ♉	16 ♓	4 ♑	21 ♋	23 ♓
21	2 ♓ 9	21 ♐ 54	3 ♍ 32	3 ♍ 23	20 ♒ 50	10 ♈ 33	17 ♈ 19	22 ♎ 49	26 ♐ 11	21 ♈ 43	11 ♓ 20	18 ♑ 33	4 ♉	16 ♓	5 ♑	20 ♋	23 ♓
22	3 ♓ 10	3 ♑ 58	3 ♍ 29	3 ♍ 23	22 ♒ 31	10 ♈ 57	18 ♈ 3	22 ♎ 46	26 ♐ 15	21 ♈ 46	11 ♓ 23	18 ♑ 35	4 ♉	17 ♓	5 ♑	20 ♋	23 ♓
23	4 ♓ 10	16 ♑ 15	3 ♍ 26	3 D 23	24 ♒ 13	11 ♈ 19	18 ♈ 47	22 ♎ 43	26 ♐ 19	21 ♈ 48	11 ♓ 25	18 ♑ 37	5 ♉	17 ♓	5 ♑	20 ♋	23 ♓
24	5 ♓ 11	28 ♑ 47	3 ♍ 23	3 ♍ 23	25 ♒ 55	11 ♈ 40	19 ♈ 31	22 ♎ 40	26 ♐ 23	21 ♈ 51	11 ♓ 27	18 ♑ 38	5 ♉	17 ♓	6 ♑	20 ♋	23 ♓
25	6 ♓ 11	11 ♒ 37	3 ♍ 20	3 ♍ 23	27 ♒ 39	11 ♈ 58	20 ♈ 15	22 ♎ 36	26 ♐ 27	21 ♈ 53	11 ♓ 29	18 ♑ 40	5 ♉	18 ♓	6 ♑	20 ♋	23 ♓
26	7 ♓ 11	24 ♒ 45	3 ♍ 16	3 ♍ 23	29 ♒ 24	12 ♈ 15	20 ♈ 59	22 ♎ 33	26 ♐ 31	21 ♈ 56	11 ♓ 32	18 ♑ 41	6 ♉	18 ♓	6 ♑	20 ♋	23 ♓
27	8 ♓ 12	8 ♓ 13	3 ♍ 13	3 R 23	1 ♓ 10	12 ♈ 29	21 ♈ 43	22 ♎ 29	26 ♐ 35	21 ♈ 59	11 ♓ 34	18 ♑ 43	6 ♉	18 ♓	6 ♑	20 ♋	23 ♓
28	9 ♓ 12	21 ♓ 57	3 ♍ 10	3 ♍ 23	2 ♓ 56	12 ♈ 41	22 ♈ 26	22 ♎ 25	26 ♐ 38	22 ♈ 1	11 ♓ 36	18 ♑ 44	6 ♉	19 ♓	7 ♑	20 ♋	23 ♓

SUN INGRESS	☉ → ♓ 18日 20:31
MOON PHASE	◐ 4日 13:19 ♉　○ 11日 09:33 ♌　◑ 19日 04:33 ♐　● 26日 23:58 ♓

aspects		
1日	12:32	☿□♅
3日	00:15	☿□♃
10日	06:16	☉⚹♅
11日	06:19	☿⚹♀
12日	00:25	☉△♃
14日	14:58	☉⚹♄
17日	03:15	☿⚹♂
21日	13:01	☿⚹♅
22日	03:27	☿△♃
22日	18:03	♂□♇
24日	06:45	☿⚹♄
27日	09:20	♂☌♅
27日	23:24	♂☍♃

2017年3月

DAY	☉	☽	☊		☿	♀	♂	♃	♄	♅	♆	♇	⚳	⚴	⚵	⚶	⚷
			mean	true													
	° ′	° ′	° ′	° ′	° ′	° ′	° ′	° ′	° ′	° ′	° ′	° ′	°	°	°	°	°
1	10 ♓ 12	5 ♈ 55	3 ♍ 7	3 R 23	4 D 44	12 D 51	23 D 10	22 R 21	26 D 42	22 D 4	11 D 39	18 D 46	7 D	19 D	7 D	20 R	23 D
2	11 ♓ 13	20 ♈ 4	3 ♍ 4	3 ♍ 22	6 ♓ 33	12 ♈ 59	23 ♈ 54	22 ♎ 17	26 ♐ 45	22 ♈ 7	11 ♓ 41	18 ♑ 47	7 ♉	20 ♓	7 ♑	20 ♋	23 ♓
3	12 ♓ 13	4 ♉ 20	3 ♍ 0	3 ♍ 21	8 ♓ 23	13 ♈ 5	24 ♈ 38	22 ♎ 13	26 ♐ 49	22 ♈ 10	11 ♓ 43	18 ♑ 48	7 ♉	20 ♓	7 ♑	20 ♋	23 ♓
4	13 ♓ 13	18 ♉ 38	2 ♍ 57	3 ♍ 20	10 ♓ 13	13 ♈ 8	25 ♈ 21	22 ♎ 8	26 ♐ 52	22 ♈ 12	11 ♓ 45	18 ♑ 50	8 ♉	20 ♓	8 ♑	20 ♋	24 ♓
5	14 ♓ 13	2 ♊ 55	2 ♍ 54	3 ♍ 19	12 ♓ 5	13 R 8	26 ♈ 5	22 ♎ 4	26 ♐ 55	22 ♈ 15	11 ♓ 48	18 ♑ 51	8 ♉	21 ♓	8 ♑	20 ♋	24 ♓
6	15 ♓ 13	17 ♊ 7	2 ♍ 51	3 D 19	13 ♓ 58	13 ♈ 6	26 ♈ 48	21 ♎ 59	26 ♐ 58	22 ♈ 18	11 ♓ 50	18 ♑ 52	8 ♉	21 ♓	8 ♑	20 ♋	24 ♓
7	16 ♓ 13	1 ♋ 13	2 ♍ 48	3 ♍ 19	15 ♓ 52	13 ♈ 2	27 ♈ 32	21 ♎ 54	27 ♐ 1	22 ♈ 21	11 ♓ 52	18 ♑ 54	9 ♉	21 ♓	8 ♑	20 ♋	24 ♓
8	17 ♓ 13	15 ♋ 11	2 ♍ 45	3 ♍ 20	17 ♓ 46	12 ♈ 55	28 ♈ 15	21 ♎ 49	27 ♐ 4	22 ♈ 24	11 ♓ 55	18 ♑ 55	9 ♉	22 ♓	9 ♑	20 D	24 ♓
9	18 ♓ 13	28 ♋ 59	2 ♍ 41	3 ♍ 21	19 ♓ 42	12 ♈ 46	28 ♈ 59	21 ♎ 43	27 ♐ 7	22 ♈ 27	11 ♓ 57	18 ♑ 56	10 ♉	22 ♓	9 ♑	20 ♋	24 ♓
10	19 ♓ 13	12 ♌ 37	2 ♍ 38	3 ♍ 23	21 ♓ 38	12 ♈ 34	29 ♈ 42	21 ♎ 38	27 ♐ 10	22 ♈ 30	11 ♓ 59	18 ♑ 57	10 ♉	22 ♓	9 ♑	20 ♋	24 ♓
11	20 ♓ 13	26 ♌ 3	2 ♍ 35	3 ♍ 23	23 ♓ 35	12 ♈ 20	0 ♉ 26	21 ♎ 32	27 ♐ 12	22 ♈ 33	12 ♓ 1	18 ♑ 59	10 ♉	23 ♓	9 ♑	20 ♋	24 ♓
12	21 ♓ 13	9 ♍ 16	2 ♍ 32	3 R 23	25 ♓ 33	12 ♈ 3	1 ♉ 9	21 ♎ 27	27 ♐ 15	22 ♈ 36	12 ♓ 4	19 ♑ 0	11 ♉	23 ♓	10 ♑	20 ♋	24 ♓
13	22 ♓ 13	22 ♍ 16	2 ♍ 29	3 ♍ 22	27 ♓ 31	11 ♈ 43	1 ♉ 52	21 ♎ 21	27 ♐ 17	22 ♈ 39	12 ♓ 6	19 ♑ 1	11 ♉	23 ♓	10 ♑	20 ♋	24 ♓
14	23 ♓ 13	5 ♎ 2	2 ♍ 25	3 ♍ 20	29 ♓ 29	11 ♈ 22	2 ♉ 35	21 ♎ 15	27 ♐ 20	22 ♈ 42	12 ♓ 8	19 ♑ 2	11 ♉	24 ♓	10 ♑	20 ♋	24 ♓
15	24 ♓ 13	17 ♎ 35	2 ♍ 22	3 ♍ 18	1 ♈ 28	10 ♈ 58	3 ♉ 18	21 ♎ 9	27 ♐ 22	22 ♈ 45	12 ♓ 10	19 ♑ 3	12 ♉	24 ♓	10 ♑	20 ♋	24 ♓
16	25 ♓ 12	29 ♎ 54	2 ♍ 19	3 ♍ 14	3 ♈ 26	10 ♈ 32	4 ♉ 2	21 ♎ 3	27 ♐ 24	22 ♈ 48	12 ♓ 13	19 ♑ 4	12 ♉	24 ♓	11 ♑	20 ♋	24 ♓
17	26 ♓ 12	12 ♏ 3	2 ♍ 16	3 ♍ 10	5 ♈ 24	10 ♈ 4	4 ♉ 45	20 ♎ 56	27 ♐ 26	22 ♈ 52	12 ♓ 15	19 ♑ 5	12 ♉	25 ♓	11 ♑	20 ♋	24 ♓
18	27 ♓ 12	24 ♏ 2	2 ♍ 13	3 ♍ 7	7 ♈ 21	9 ♈ 34	5 ♉ 28	20 ♎ 50	27 ♐ 28	22 ♈ 55	12 ♓ 17	19 ♑ 6	13 ♉	25 ♓	11 ♑	20 ♋	24 ♓
19	28 ♓ 11	5 ♐ 56	2 ♍ 10	3 ♍ 4	9 ♈ 18	9 ♈ 2	6 ♉ 11	20 ♎ 43	27 ♐ 30	22 ♈ 58	12 ♓ 19	19 ♑ 7	13 ♉	25 ♓	11 ♑	20 ♋	24 ♓
20	29 ♓ 11	17 ♐ 49	2 ♍ 6	3 ♍ 2	11 ♈ 13	8 ♈ 29	6 ♉ 54	20 ♎ 37	27 ♐ 32	23 ♈ 1	12 ♓ 21	19 ♑ 8	13 ♉	26 ♓	12 ♑	20 ♋	24 ♓
21	0 ♈ 11	29 ♐ 44	2 ♍ 3	3 ♍ 1	13 ♈ 6	7 ♈ 54	7 ♉ 37	20 ♎ 30	27 ♐ 34	23 ♈ 4	12 ♓ 24	19 ♑ 9	14 ♉	26 ♓	12 ♑	20 ♋	25 ♓
22	1 ♈ 10	11 ♑ 47	2 ♍ 0	3 D 2	14 ♈ 57	7 ♈ 18	8 ♉ 19	20 ♎ 23	27 ♐ 35	23 ♈ 8	12 ♓ 26	19 ♑ 10	14 ♉	26 ♓	12 ♑	20 ♋	25 ♓
23	2 ♈ 10	24 ♑ 2	1 ♍ 57	3 ♍ 3	16 ♈ 45	6 ♈ 42	9 ♉ 2	20 ♎ 16	27 ♐ 37	23 ♈ 11	12 ♓ 28	19 ♑ 11	15 ♉	27 ♓	12 ♑	20 ♋	25 ♓
24	3 ♈ 9	6 ♒ 35	1 ♍ 54	3 ♍ 5	18 ♈ 30	6 ♈ 5	9 ♉ 45	20 ♎ 9	27 ♐ 38	23 ♈ 14	12 ♓ 30	19 ♑ 12	15 ♉	27 ♓	12 ♑	21 ♋	25 ♓
25	4 ♈ 9	19 ♒ 28	1 ♍ 51	3 ♍ 6	20 ♈ 12	5 ♈ 27	10 ♉ 28	20 ♎ 2	27 ♐ 39	23 ♈ 17	12 ♓ 32	19 ♑ 13	15 ♉	28 ♓	13 ♑	21 ♋	25 ♓
26	5 ♈ 8	2 ♓ 44	1 ♍ 47	3 ♍ 7	21 ♈ 50	4 ♈ 49	11 ♉ 10	19 ♎ 55	27 ♐ 41	23 ♈ 21	12 ♓ 34	19 ♑ 13	16 ♉	28 ♓	13 ♑	21 ♋	25 ♓
27	6 ♈ 8	16 ♓ 25	1 ♍ 44	3 R 6	23 ♈ 24	4 ♈ 12	11 ♉ 53	19 ♎ 48	27 ♐ 42	23 ♈ 24	12 ♓ 37	19 ♑ 14	16 ♉	28 ♓	13 ♑	21 ♋	25 ♓
28	7 ♈ 7	0 ♈ 29	1 ♍ 41	3 ♍ 4	24 ♈ 52	3 ♈ 34	12 ♉ 36	19 ♎ 40	27 ♐ 43	23 ♈ 27	12 ♓ 39	19 ♑ 15	16 ♉	29 ♓	13 ♑	21 ♋	25 ♓
29	8 ♈ 7	14 ♈ 53	1 ♍ 38	3 ♍ 0	26 ♈ 16	2 ♈ 58	13 ♉ 18	19 ♎ 33	27 ♐ 44	23 ♈ 31	12 ♓ 41	19 ♑ 16	17 ♉	29 ♓	13 ♑	21 ♋	25 ♓
30	9 ♈ 6	29 ♈ 30	1 ♍ 35	2 ♍ 55	27 ♈ 34	2 ♈ 22	14 ♉ 1	19 ♎ 25	27 ♐ 44	23 ♈ 34	12 ♓ 43	19 ♑ 16	17 ♉	29 ♓	14 ♑	21 ♋	25 ♓
31	10 ♈ 5	14 ♉ 15	1 ♍ 31	2 ♍ 49	28 ♈ 47	1 ♈ 47	14 ♉ 43	19 ♎ 18	27 ♐ 45	23 ♈ 37	12 ♓ 45	19 ♑ 17	18 ♉	0 ♈	14 ♑	22 ♋	25 ♓

SUN INGRESS: ☉ → ♈ 20日 19:29

MOON PHASE: ◐ 5日 20:32 ♊　○ 12日 23:54 ♍　◑ 21日 00:58 ♑　● 28日 11:57 ♈

aspects		
2日	11:44	☉☌♆
3日	10:15	♃☍♅
4日	20:10	☿☌♆
6日	05:46	♂△♄
7日	09:29	☉☌☿
8日	14:25	☿⚹♇
9日	17:33	☉⚹♇
12日	21:10	☿□♄
18日	06:48	☉□♄
18日	21:27	☿☌♀
24日	09:45	☿□♇
24日	21:45	☿☍♃
25日	19:17	☉☌♀
27日	00:06	☿☌♅
28日	01:44	♂⚹♆
30日	03:16	☿△♄
31日	03:19	♃□♇

2017年4月

DAY	☉	☽	☊		☿	♀	♂	♃	♄	♅	♆	♇	⚳	⚴	⚵	⚶	⚷
			mean	true													
	° ′	° ′	° ′	° ′	° ′	° ′	° ′	° ′	° ′	° ′	° ′	° ′	°	°	°	°	°
1	11 ♈ 5	28 ♉ 58	1 ♍ 28	2 R 44	29 D 53	1 R 14	15 D 26	19 R 10	27 D 46	23 D 41	12 D 47	19 D 17	18 D	0 D	14 D	22 D	25 D
2	12 ♈ 4	13 ♊ 34	1 ♍ 25	2 ♍ 40	0 ♉ 53	0 ♈ 41	16 ♉ 8	19 ♎ 3	27 ♐ 46	23 ♈ 44	12 ♓ 49	19 ♑ 18	18 ♉	0 ♈	14 ♑	22 ♋	25 ♓
3	13 ♈ 3	27 ♊ 57	1 ♍ 22	2 ♍ 37	1 ♉ 46	0 ♈ 11	16 ♉ 51	18 ♎ 55	27 ♐ 47	23 ♈ 47	12 ♓ 51	19 ♑ 19	19 ♉	1 ♈	14 ♑	22 ♋	25 ♓
4	14 ♈ 2	12 ♋ 4	1 ♍ 19	2 ♍ 36	2 ♉ 33	29 ♓ 42	17 ♉ 33	18 ♎ 48	27 ♐ 47	23 ♈ 51	12 ♓ 53	19 ♑ 19	19 ♉	1 ♈	15 ♑	22 ♋	25 ♓
5	15 ♈ 1	25 ♋ 53	1 ♍ 16	2 D 36	3 ♉ 13	29 ♓ 16	18 ♉ 15	18 ♎ 40	27 ♐ 47	23 ♈ 54	12 ♓ 55	19 ♑ 20	20 ♉	1 ♈	15 ♑	22 ♋	25 ♓
6	16 ♈ 0	9 ♌ 26	1 ♍ 12	2 ♍ 38	3 ♉ 47	28 ♓ 51	18 ♉ 57	18 ♎ 32	27 ♐ 47	23 ♈ 58	12 ♓ 57	19 ♑ 20	20 ♉	2 ♈	15 ♑	23 ♋	25 ♓
7	16 ♈ 59	22 ♌ 43	1 ♍ 9	2 ♍ 39	4 ♉ 13	28 ♓ 29	19 ♉ 40	18 ♎ 25	27 R 47	24 ♈ 1	12 ♓ 59	19 ♑ 21	20 ♉	2 ♈	15 ♑	23 ♋	26 ♓
8	17 ♈ 58	5 ♍ 46	1 ♍ 6	2 R 39	4 ♉ 32	28 ♓ 8	20 ♉ 22	18 ♎ 17	27 ♐ 47	24 ♈ 4	13 ♓ 1	19 ♑ 21	21 ♉	2 ♈	15 ♑	23 ♋	26 ♓
9	18 ♈ 57	18 ♍ 37	1 ♍ 3	2 ♍ 38	4 ♉ 44	27 ♓ 51	21 ♉ 4	18 ♎ 9	27 ♐ 47	24 ♈ 8	13 ♓ 3	19 ♑ 21	21 ♉	3 ♈	15 ♑	23 ♋	26 ♓
10	19 ♈ 56	1 ♎ 16	1 ♍ 0	2 ♍ 34	4 ♉ 50	27 ♓ 35	21 ♉ 46	18 ♎ 1	27 ♐ 47	24 ♈ 11	13 ♓ 5	19 ♑ 22	21 ♉	3 ♈	15 ♑	23 ♋	26 ♓
11	20 ♈ 55	13 ♎ 45	0 ♍ 57	2 ♍ 29	4 R 49	27 ♓ 22	22 ♉ 28	17 ♎ 54	27 ♐ 46	24 ♈ 15	13 ♓ 7	19 ♑ 22	22 ♉	4 ♈	16 ♑	24 ♋	26 ♓
12	21 ♈ 54	26 ♎ 4	0 ♍ 53	2 ♍ 21	4 ♉ 42	27 ♓ 12	23 ♉ 10	17 ♎ 46	27 ♐ 46	24 ♈ 18	13 ♓ 9	19 ♑ 22	22 ♉	4 ♈	16 ♑	24 ♋	26 ♓
13	22 ♈ 53	8 ♏ 15	0 ♍ 50	2 ♍ 12	4 ♉ 28	27 ♓ 4	23 ♉ 52	17 ♎ 38	27 ♐ 45	24 ♈ 22	13 ♓ 11	19 ♑ 22	23 ♉	4 ♈	16 ♑	24 ♋	26 ♓
14	23 ♈ 52	20 ♏ 18	0 ♍ 47	2 ♍ 2	4 ♉ 9	26 ♓ 58	24 ♉ 34	17 ♎ 31	27 ♐ 44	24 ♈ 25	13 ♓ 12	19 ♑ 23	23 ♉	5 ♈	16 ♑	24 ♋	26 ♓
15	24 ♈ 50	2 ♐ 15	0 ♍ 44	1 ♍ 52	3 ♉ 45	26 ♓ 55	25 ♉ 16	17 ♎ 23	27 ♐ 44	24 ♈ 28	13 ♓ 14	19 ♑ 23	23 ♉	5 ♈	16 ♑	24 ♋	26 ♓
16	25 ♈ 49	14 ♐ 8	0 ♍ 41	1 ♍ 44	3 ♉ 16	26 D 54	25 ♉ 57	17 ♎ 16	27 ♐ 43	24 ♈ 32	13 ♓ 16	19 ♑ 23	24 ♉	5 ♈	16 ♑	25 ♋	26 ♓
17	26 ♈ 48	26 ♐ 0	0 ♍ 37	1 ♍ 37	2 ♉ 43	26 ♓ 56	26 ♉ 39	17 ♎ 8	27 ♐ 42	24 ♈ 35	13 ♓ 18	19 ♑ 23	24 ♉	6 ♈	16 ♑	25 ♋	26 ♓
18	27 ♈ 46	7 ♑ 54	0 ♍ 34	1 ♍ 32	2 ♉ 6	27 ♓ 0	27 ♉ 21	17 ♎ 1	27 ♐ 41	24 ♈ 39	13 ♓ 20	19 ♑ 23	25 ♉	6 ♈	17 ♑	25 ♋	26 ♓
19	28 ♈ 45	19 ♑ 55	0 ♍ 31	1 ♍ 30	1 ♉ 27	27 ♓ 6	28 ♉ 2	16 ♎ 53	27 ♐ 40	24 ♈ 42	13 ♓ 21	19 ♑ 23	25 ♉	6 ♈	17 ♑	25 ♋	26 ♓
20	29 ♈ 44	2 ♒ 7	0 ♍ 28	1 D 30	0 ♉ 46	27 ♓ 15	28 ♉ 44	16 ♎ 46	27 ♐ 38	24 ♈ 46	13 ♓ 23	19 ♑ 23	25 ♉	7 ♈	17 ♑	26 ♋	26 ♓
21	0 ♉ 42	14 ♒ 36	0 ♍ 25	1 ♍ 30	0 ♉ 4	27 ♓ 25	29 ♉ 26	16 ♎ 38	27 ♐ 37	24 ♈ 49	13 ♓ 25	19 R 23	26 ♉	7 ♈	17 ♑	26 ♋	26 ♓
22	1 ♉ 41	27 ♒ 26	0 ♍ 22	1 ♍ 31	29 ♈ 22	27 ♓ 38	0 ♊ 7	16 ♎ 31	27 ♐ 36	24 ♈ 53	13 ♓ 26	19 ♑ 23	26 ♉	7 ♈	17 ♑	26 ♋	26 ♓
23	2 ♉ 39	10 ♓ 41	0 ♍ 18	1 R 31	28 ♈ 40	27 ♓ 53	0 ♊ 49	16 ♎ 24	27 ♐ 34	24 ♈ 56	13 ♓ 28	19 ♑ 23	27 ♉	8 ♈	17 ♑	27 ♋	26 ♓
24	3 ♉ 38	24 ♓ 24	0 ♍ 15	1 ♍ 29	27 ♈ 59	28 ♓ 10	1 ♊ 30	16 ♎ 17	27 ♐ 32	24 ♈ 59	13 ♓ 30	19 ♑ 23	27 ♉	8 ♈	17 ♑	27 ♋	26 ♓
25	4 ♉ 36	8 ♈ 36	0 ♍ 12	1 ♍ 24	27 ♈ 21	28 ♓ 29	2 ♊ 12	16 ♎ 10	27 ♐ 31	25 ♈ 3	13 ♓ 31	19 ♑ 23	27 ♉	8 ♈	17 ♑	27 ♋	27 ♓
26	5 ♉ 35	23 ♈ 13	0 ♍ 9	1 ♍ 17	26 ♈ 44	28 ♓ 49	2 ♊ 53	16 ♎ 3	27 ♐ 29	25 ♈ 6	13 ♓ 33	19 ♑ 23	28 ♉	9 ♈	17 ♑	27 ♋	27 ♓
27	6 ♉ 33	8 ♉ 9	0 ♍ 6	1 ♍ 8	26 ♈ 11	29 ♓ 12	3 ♊ 34	15 ♎ 56	27 ♐ 27	25 ♈ 10	13 ♓ 34	19 ♑ 23	28 ♉	9 ♈	17 ♑	28 ♋	27 ♓
28	7 ♉ 32	23 ♉ 16	0 ♍ 2	0 ♍ 58	25 ♈ 42	29 ♓ 36	4 ♊ 16	15 ♎ 49	27 ♐ 25	25 ♈ 13	13 ♓ 36	19 ♑ 23	29 ♉	10 ♈	17 ♑	28 ♋	27 ♓
29	8 ♉ 30	8 ♊ 24	29 ♌ 59	0 ♍ 49	25 ♈ 16	0 ♈ 1	4 ♊ 57	15 ♎ 42	27 ♐ 23	25 ♈ 16	13 ♓ 38	19 ♑ 22	29 ♉	10 ♈	17 ♑	28 ♋	27 ♓
30	9 ♉ 28	23 ♊ 21	29 ♌ 56	0 ♍ 41	24 ♈ 55	0 ♈ 29	5 ♊ 38	15 ♎ 36	27 ♐ 21	25 ♈ 20	13 ♓ 39	19 ♑ 22	29 ♉	10 ♈	18 ♑	28 ♋	27 ♓

SUN INGRESS: ☉ → ♉ 20日 06:27

MOON PHASE: ◐ 4日 03:39 ♋　○ 11日 15:08 ♎　◑ 19日 18:57 ♑　● 26日 21:16 ♉

aspects		
6日	13:01	♂△♇
8日	06:39	☉☍♃
9日	05:28	♀□♄
9日	09:49	☉□♇
14日	14:30	☉☌♅
17日	10:26	♀⚹♂
17日	21:43	☉△♄
20日	14:54	☉☌☿
21日	20:09	♀□♄
24日	17:15	☿△♄
28日	23:49	☿☌♅

2017年5月

DAY	☉	☽	☊ mean	☊ true	☿	♀	♂	♃	♄	♅	♆	♇	⚳	⚴	⚵	⚶	⚷
	° ′	° ′	° ′	° ′	° ′	° ′	° ′	° ′	° ′	° ′	° ′	° ′	°	°	°	°	°
1	10 ♉ 27	8 ♋ 1	29 ♌ 53	0 R 35	24 R 38	0 D 58	6 D 19	15 R 29	27 R 19	25 D 23	13 D 40	19 R 22	0 D	11 D	18 D	29 D	27 D
2	11 ♉ 25	22 ♋ 18	29 ♌ 50	0 ♍ 31	24 ♈ 26	1 ♈ 28	7 ♊ 1	15 ♎ 23	27 ♐ 16	25 ♈ 26	13 ♓ 42	19 ♑ 22	0 ♊	11 ♈	18 ♑	29 ♋	27 ♓
3	12 ♉ 23	6 ♌ 12	29 ♌ 47	0 ♍ 30	24 ♈ 18	2 ♈ 0	7 ♊ 42	15 ♎ 17	27 ♐ 14	25 ♈ 30	13 ♓ 43	19 ♑ 21	1 ♊	11 ♈	18 ♑	29 ♋	27 ♓
4	13 ♉ 21	19 ♌ 41	29 ♌ 43	0 D 30	24 ♈ 15	2 ♈ 33	8 ♊ 23	15 ♎ 11	27 ♐ 11	25 ♈ 33	13 ♓ 45	19 ♑ 21	1 ♊	12 ♈	18 ♑	0 ♌	27 ♓
5	14 ♉ 19	2 ♍ 50	29 ♌ 40	0 R 30	24 D 17	3 ♈ 8	9 ♊ 4	15 ♎ 5	27 ♐ 9	25 ♈ 36	13 ♓ 46	19 ♑ 20	2 ♊	12 ♈	18 ♑	0 ♌	27 ♓
6	15 ♉ 18	15 ♍ 40	29 ♌ 37	0 ♍ 29	24 ♈ 24	3 ♈ 43	9 ♊ 45	14 ♎ 59	27 ♐ 6	25 ♈ 40	13 ♓ 47	19 ♑ 20	2 ♊	12 ♈	18 ♑	0 ♌	27 ♓
7	16 ♉ 16	28 ♍ 16	29 ♌ 34	0 ♍ 26	24 ♈ 36	4 ♈ 20	10 ♊ 26	14 ♎ 53	27 ♐ 3	25 ♈ 43	13 ♓ 49	19 ♑ 20	2 ♊	13 ♈	18 ♑	1 ♌	27 ♓
8	17 ♉ 14	10 ♎ 39	29 ♌ 31	0 ♍ 21	24 ♈ 52	4 ♈ 59	11 ♊ 7	14 ♎ 48	27 ♐ 1	25 ♈ 46	13 ♓ 50	19 ♑ 19	3 ♊	13 ♈	18 ♑	1 ♌	27 ♓
9	18 ♉ 12	22 ♎ 54	29 ♌ 28	0 ♍ 12	25 ♈ 13	5 ♈ 38	11 ♊ 48	14 ♎ 42	26 ♐ 58	25 ♈ 49	13 ♓ 51	19 ♑ 19	3 ♊	13 ♈	18 ♑	1 ♌	27 ♓
10	19 ♉ 10	5 ♏ 2	29 ♌ 24	0 ♍ 1	25 ♈ 38	6 ♈ 18	12 ♊ 28	14 ♎ 37	26 ♐ 55	25 ♈ 53	13 ♓ 52	19 ♑ 18	4 ♊	14 ♈	18 ♑	2 ♌	27 ♓
11	20 ♉ 8	17 ♏ 3	29 ♌ 21	29 ♌ 48	26 ♈ 7	7 ♈ 0	13 ♊ 9	14 ♎ 32	26 ♐ 52	25 ♈ 56	13 ♓ 53	19 ♑ 18	4 ♊	14 ♈	18 R	2 ♌	27 ♓
12	21 ♉ 6	29 ♏ 0	29 ♌ 18	29 ♌ 35	26 ♈ 40	7 ♈ 42	13 ♊ 50	14 ♎ 27	26 ♐ 49	25 ♈ 59	13 ♓ 55	19 ♑ 17	4 ♊	14 ♈	18 ♑	2 ♌	27 ♓
13	22 ♉ 4	10 ♐ 54	29 ♌ 15	29 ♌ 21	27 ♈ 17	8 ♈ 26	14 ♊ 31	14 ♎ 22	26 ♐ 45	26 ♈ 2	13 ♓ 56	19 ♑ 16	5 ♊	15 ♈	18 ♑	3 ♌	27 ♓
14	23 ♉ 2	22 ♐ 46	29 ♌ 12	29 ♌ 9	27 ♈ 58	9 ♈ 10	15 ♊ 11	14 ♎ 17	26 ♐ 42	26 ♈ 5	13 ♓ 57	19 ♑ 16	5 ♊	15 ♈	18 ♑	3 ♌	27 ♓
15	23 ♉ 59	4 ♑ 38	29 ♌ 8	28 ♌ 59	28 ♈ 43	9 ♈ 55	15 ♊ 52	14 ♎ 12	26 ♐ 39	26 ♈ 8	13 ♓ 58	19 ♑ 15	6 ♊	15 ♈	18 ♑	3 ♌	27 ♓
16	24 ♉ 57	16 ♑ 33	29 ♌ 5	28 ♌ 51	29 ♈ 32	10 ♈ 41	16 ♊ 33	14 ♎ 8	26 ♐ 36	26 ♈ 12	13 ♓ 59	19 ♑ 14	6 ♊	16 ♈	18 ♑	4 ♌	27 ♓
17	25 ♉ 55	28 ♑ 34	29 ♌ 2	28 ♌ 47	0 ♉ 23	11 ♈ 28	17 ♊ 13	14 ♎ 4	26 ♐ 32	26 ♈ 15	14 ♓ 0	19 ♑ 14	6 ♊	16 ♈	18 ♑	4 ♌	27 ♓
18	26 ♉ 53	10 ♒ 45	28 ♌ 59	28 ♌ 45	1 ♉ 19	12 ♈ 16	17 ♊ 54	14 ♎ 0	26 ♐ 29	26 ♈ 18	14 ♓ 1	19 ♑ 13	7 ♊	16 ♈	18 ♑	4 ♌	28 ♓
19	27 ♉ 51	23 ♒ 12	28 ♌ 56	28 ♌ 44	2 ♉ 17	13 ♈ 4	18 ♊ 34	13 ♎ 56	26 ♐ 25	26 ♈ 21	14 ♓ 2	19 ♑ 12	7 ♊	17 ♈	18 ♑	5 ♌	28 ♓
20	28 ♉ 48	5 ♓ 58	28 ♌ 53	28 ♌ 44	3 ♉ 18	13 ♈ 54	19 ♊ 15	13 ♎ 52	26 ♐ 21	26 ♈ 24	14 ♓ 3	19 ♑ 11	8 ♊	17 ♈	18 ♑	5 ♌	28 ♓
21	29 ♉ 46	19 ♓ 8	28 ♌ 49	28 ♌ 43	4 ♉ 23	14 ♈ 44	19 ♊ 55	13 ♎ 48	26 ♐ 18	26 ♈ 27	14 ♓ 4	19 ♑ 10	8 ♊	17 ♈	18 ♑	5 ♌	28 ♓
22	0 ♊ 44	2 ♈ 46	28 ♌ 46	28 ♌ 41	5 ♉ 30	15 ♈ 34	20 ♊ 35	13 ♎ 45	26 ♐ 14	26 ♈ 30	14 ♓ 5	19 ♑ 10	9 ♊	18 ♈	17 ♑	6 ♌	28 ♓
23	1 ♊ 42	16 ♈ 54	28 ♌ 43	28 ♌ 36	6 ♉ 40	16 ♈ 25	21 ♊ 16	13 ♎ 41	26 ♐ 10	26 ♈ 33	14 ♓ 5	19 ♑ 9	9 ♊	18 ♈	17 ♑	6 ♌	28 ♓
24	2 ♊ 39	1 ♉ 30	28 ♌ 40	28 ♌ 29	7 ♉ 53	17 ♈ 17	21 ♊ 56	13 ♎ 38	26 ♐ 6	26 ♈ 36	14 ♓ 6	19 ♑ 8	9 ♊	18 ♈	17 ♑	6 ♌	28 ♓
25	3 ♊ 37	16 ♉ 30	28 ♌ 37	28 ♌ 19	9 ♉ 9	18 ♈ 10	22 ♊ 36	13 ♎ 35	26 ♐ 3	26 ♈ 39	14 ♓ 7	19 ♑ 7	10 ♊	19 ♈	17 ♑	7 ♌	28 ♓
26	4 ♊ 35	1 ♊ 45	28 ♌ 34	28 ♌ 8	10 ♉ 27	19 ♈ 3	23 ♊ 17	13 ♎ 33	25 ♐ 59	26 ♈ 42	14 ♓ 8	19 ♑ 6	10 ♊	19 ♈	17 ♑	7 ♌	28 ♓
27	5 ♊ 32	17 ♊ 4	28 ♌ 30	27 ♌ 58	11 ♉ 48	19 ♈ 57	23 ♊ 57	13 ♎ 30	25 ♐ 55	26 ♈ 44	14 ♓ 8	19 ♑ 5	11 ♊	19 ♈	17 ♑	8 ♌	28 ♓
28	6 ♊ 30	2 ♋ 15	28 ♌ 27	27 ♌ 48	13 ♉ 12	20 ♈ 51	24 ♊ 37	13 ♎ 28	25 ♐ 51	26 ♈ 47	14 ♓ 9	19 ♑ 4	11 ♊	20 ♈	17 ♑	8 ♌	28 ♓
29	7 ♊ 28	17 ♋ 9	28 ♌ 24	27 ♌ 41	14 ♉ 38	21 ♈ 45	25 ♊ 17	13 ♎ 25	25 ♐ 47	26 ♈ 50	14 ♓ 10	19 ♑ 3	11 ♊	20 ♈	17 ♑	8 ♌	28 ♓
30	8 ♊ 25	1 ♌ 40	28 ♌ 21	27 ♌ 37	16 ♉ 7	22 ♈ 41	25 ♊ 57	13 ♎ 23	25 ♐ 42	26 ♈ 53	14 ♓ 10	19 ♑ 2	12 ♊	20 ♈	17 ♑	9 ♌	28 ♓
31	9 ♊ 23	15 ♌ 42	28 ♌ 18	27 ♌ 35	17 ♉ 38	23 ♈ 36	26 ♊ 37	13 ♎ 21	25 ♐ 38	26 ♈ 56	14 ♓ 11	19 ♑ 1	12 ♊	21 ♈	17 ♑	9 ♌	28 ♓

SUN INGRESS: ☉ → ♊ 21日 05:31

MOON PHASE: ◐ 3日 11:47 ♌　○ 11日 06:42 ♏　◑ 19日 09:33 ♒　● 26日 04:44 ♊

aspects		
4日	09:51	☉⚹♆
10日	03:24	☉△♇
10日	14:20	☿☌♅
12日	02:52	♂□♆
12日	05:14	☿△♄
12日	19:19	♂△♃
19日	15:15	♄△♅
19日	23:12	♀☍♃
26日	01:22	♀□♇
28日	16:04	☿⚹♆
29日	15:55	♂☍♄
31日	11:40	♂⚹♅
31日	21:03	☿△♇

2017年6月

DAY	☉	☽	☊ mean	☊ true	☿	♀	♂	♃	♄	♅	♆	♇	⚳	⚴	⚵	⚶	⚷
	° ′	° ′	° ′	° ′	° ′	° ′	° ′	° ′	° ′	° ′	° ′	° ′	°	°	°	°	°
1	10 ♊ 20	29 ♌ 17	28 ♌ 14	27 D 35	19 D 12	24 D 32	27 D 18	13 R 20	25 R 34	26 D 58	14 D 11	19 R 0	13 D	21 D	16 R	9 D	28 D
2	11 ♊ 18	12 ♍ 27	28 ♌ 11	27 R 35	20 ♉ 48	25 ♈ 29	27 ♊ 58	13 ♎ 18	25 ♐ 30	27 ♈ 1	14 ♓ 12	18 ♑ 59	13 ♊	21 ♈	16 ♑	10 ♌	28 ♓
3	12 ♊ 15	25 ♍ 15	28 ♌ 8	27 ♌ 34	22 ♉ 27	26 ♈ 26	28 ♊ 38	13 ♎ 17	25 ♐ 26	27 ♈ 4	14 ♓ 12	18 ♑ 58	14 ♊	22 ♈	16 ♑	10 ♌	28 ♓
4	13 ♊ 13	7 ♎ 44	28 ♌ 5	27 ♌ 32	24 ♉ 8	27 ♈ 23	29 ♊ 17	13 ♎ 16	25 ♐ 21	27 ♈ 6	14 ♓ 13	18 ♑ 57	14 ♊	22 ♈	16 ♑	11 ♌	28 ♓
5	14 ♊ 10	20 ♎ 1	28 ♌ 2	27 ♌ 27	25 ♉ 52	28 ♈ 21	29 ♊ 57	13 ♎ 15	25 ♐ 17	27 ♈ 9	14 ♓ 13	18 ♑ 56	14 ♊	22 ♈	16 ♑	11 ♌	28 ♓
6	15 ♊ 8	2 ♏ 7	27 ♌ 59	27 ♌ 20	27 ♉ 38	29 ♈ 19	0 ♋ 37	13 ♎ 14	25 ♐ 13	27 ♈ 11	14 ♓ 13	18 ♑ 54	15 ♊	23 ♈	16 ♑	11 ♌	28 ♓
7	16 ♊ 5	14 ♏ 7	27 ♌ 55	27 ♌ 10	29 ♉ 26	0 ♉ 18	1 ♋ 17	13 ♎ 13	25 ♐ 9	27 ♈ 14	14 ♓ 14	18 ♑ 53	15 ♊	23 ♈	16 ♑	12 ♌	28 ♓
8	17 ♊ 2	26 ♏ 2	27 ♌ 52	26 ♌ 58	1 ♊ 17	1 ♉ 17	1 ♋ 57	13 ♎ 13	25 ♐ 4	27 ♈ 16	14 ♓ 14	18 ♑ 52	16 ♊	23 ♈	15 ♑	12 ♌	28 ♓
9	18 ♊ 0	7 ♐ 55	27 ♌ 49	26 ♌ 46	3 ♊ 10	2 ♉ 16	2 ♋ 37	13 ♎ 13	25 ♐ 0	27 ♈ 19	14 ♓ 14	18 ♑ 51	16 ♊	24 ♈	15 ♑	13 ♌	28 ♓
10	18 ♊ 57	19 ♐ 47	27 ♌ 46	26 ♌ 33	5 ♊ 6	3 ♉ 16	3 ♋ 16	13 D 12	24 ♐ 55	27 ♈ 21	14 ♓ 15	18 ♑ 50	17 ♊	24 ♈	15 ♑	13 ♌	28 ♓
11	19 ♊ 55	1 ♑ 41	27 ♌ 43	26 ♌ 22	7 ♊ 4	4 ♉ 16	3 ♋ 56	13 ♎ 13	24 ♐ 51	27 ♈ 24	14 ♓ 15	18 ♑ 48	17 ♊	24 ♈	15 ♑	13 ♌	28 ♓
12	20 ♊ 52	13 ♑ 36	27 ♌ 40	26 ♌ 13	9 ♊ 4	5 ♉ 16	4 ♋ 36	13 ♎ 13	24 ♐ 47	27 ♈ 26	14 ♓ 15	18 ♑ 47	17 ♊	25 ♈	15 ♑	14 ♌	28 ♓
13	21 ♊ 49	25 ♑ 36	27 ♌ 36	26 ♌ 6	11 ♊ 6	6 ♉ 17	5 ♋ 16	13 ♎ 13	24 ♐ 42	27 ♈ 28	14 ♓ 15	18 ♑ 46	18 ♊	25 ♈	15 ♑	14 ♌	28 ♓
14	22 ♊ 46	7 ♒ 42	27 ♌ 33	26 ♌ 3	13 ♊ 10	7 ♉ 18	5 ♋ 55	13 ♎ 14	24 ♐ 38	27 ♈ 31	14 ♓ 15	18 ♑ 45	18 ♊	25 ♈	14 ♑	15 ♌	28 ♓
15	23 ♊ 44	19 ♒ 58	27 ♌ 30	26 ♌ 1	15 ♊ 16	8 ♉ 19	6 ♋ 35	13 ♎ 15	24 ♐ 33	27 ♈ 33	14 ♓ 15	18 ♑ 43	19 ♊	26 ♈	14 ♑	15 ♌	28 ♓
16	24 ♊ 41	2 ♓ 28	27 ♌ 27	26 D 1	17 ♊ 23	9 ♉ 21	7 ♋ 14	13 ♎ 16	24 ♐ 29	27 ♈ 35	14 ♓ 15	18 ♑ 42	19 ♊	26 ♈	14 ♑	15 ♌	28 ♓
17	25 ♊ 38	15 ♓ 14	27 ♌ 24	26 ♌ 2	19 ♊ 32	10 ♉ 22	7 ♋ 54	13 ♎ 17	24 ♐ 25	27 ♈ 37	14 R 15	18 ♑ 41	19 ♊	26 ♈	14 ♑	16 ♌	28 ♓
18	26 ♊ 36	28 ♓ 22	27 ♌ 20	26 R 2	21 ♊ 42	11 ♉ 25	8 ♋ 33	13 ♎ 18	24 ♐ 20	27 ♈ 40	14 ♓ 15	18 ♑ 39	20 ♊	27 ♈	14 ♑	16 ♌	28 ♓
19	27 ♊ 33	11 ♈ 55	27 ♌ 17	26 ♌ 1	23 ♊ 52	12 ♉ 27	9 ♋ 13	13 ♎ 20	24 ♐ 16	27 ♈ 42	14 ♓ 15	18 ♑ 38	20 ♊	27 ♈	13 ♑	17 ♌	28 ♓
20	28 ♊ 30	25 ♈ 54	27 ♌ 14	25 ♌ 58	26 ♊ 4	13 ♉ 30	9 ♋ 52	13 ♎ 21	24 ♐ 11	27 ♈ 44	14 ♓ 15	18 ♑ 37	21 ♊	27 ♈	13 ♑	17 ♌	28 ♓
21	29 ♊ 28	10 ♉ 20	27 ♌ 11	25 ♌ 53	28 ♊ 15	14 ♉ 32	10 ♋ 32	13 ♎ 23	24 ♐ 7	27 ♈ 46	14 ♓ 15	18 ♑ 35	21 ♊	28 ♈	13 ♑	18 ♌	28 ♓
22	0 ♋ 25	25 ♉ 9	27 ♌ 8	25 ♌ 46	0 ♋ 27	15 ♉ 35	11 ♋ 11	13 ♎ 25	24 ♐ 3	27 ♈ 48	14 ♓ 15	18 ♑ 34	22 ♊	28 ♈	13 ♑	18 ♌	28 ♓
23	1 ♋ 22	10 ♊ 15	27 ♌ 5	25 ♌ 38	2 ♋ 39	16 ♉ 39	11 ♋ 51	13 ♎ 28	23 ♐ 58	27 ♈ 50	14 ♓ 15	18 ♑ 33	22 ♊	28 ♈	13 ♑	18 ♌	28 ♓
24	2 ♋ 19	25 ♊ 29	27 ♌ 1	25 ♌ 31	4 ♋ 50	17 ♉ 42	12 ♋ 30	13 ♎ 30	23 ♐ 54	27 ♈ 52	14 ♓ 15	18 ♑ 31	22 ♊	28 ♈	12 ♑	19 ♌	28 ♓
25	3 ♋ 17	10 ♋ 40	26 ♌ 58	25 ♌ 24	7 ♋ 0	18 ♉ 46	13 ♋ 9	13 ♎ 33	23 ♐ 49	27 ♈ 53	14 ♓ 14	18 ♑ 30	23 ♊	29 ♈	12 ♑	19 ♌	28 ♓
26	4 ♋ 14	25 ♋ 38	26 ♌ 55	25 ♌ 19	9 ♋ 9	19 ♉ 50	13 ♋ 49	13 ♎ 35	23 ♐ 45	27 ♈ 55	14 ♓ 14	18 ♑ 28	23 ♊	29 ♈	12 ♑	20 ♌	28 ♓
27	5 ♋ 11	10 ♌ 14	26 ♌ 52	25 ♌ 16	11 ♋ 17	20 ♉ 54	14 ♋ 28	13 ♎ 38	23 ♐ 41	27 ♈ 57	14 ♓ 14	18 ♑ 27	24 ♊	29 ♈	12 ♑	20 ♌	28 ♓
28	6 ♋ 8	24 ♌ 24	26 ♌ 49	25 ♌ 15	13 ♋ 24	21 ♉ 59	15 ♋ 7	13 ♎ 41	23 ♐ 37	27 ♈ 59	14 ♓ 13	18 ♑ 26	24 ♊	0 ♉	11 ♑	20 ♌	28 ♓
29	7 ♋ 6	8 ♍ 7	26 ♌ 46	25 D 15	15 ♋ 29	23 ♉ 3	15 ♋ 47	13 ♎ 44	23 ♐ 32	28 ♈ 1	14 ♓ 13	18 ♑ 24	25 ♊	0 ♉	11 ♑	21 ♌	28 ♓
30	8 ♋ 3	21 ♍ 22	26 ♌ 42	25 ♌ 16	17 ♋ 33	24 ♉ 8	16 ♋ 26	13 ♎ 48	23 ♐ 28	28 ♈ 2	14 ♓ 13	18 ♑ 23	25 ♊	0 ♉	11 ♑	21 ♌	28 ♓

SUN INGRESS: ☉ → ♋ 21日 13:24

MOON PHASE: ◐ 1日 21:42 ♍　○ 9日 22:10 ♐　◑ 17日 20:33 ♓　● 24日 11:31 ♋

aspects		
2日	00:23	♀△♄
3日	16:32	♀☌♅
4日	01:12	☉△♃
5日	01:13	☉□♆
10日	00:41	♀⚹♂
14日	00:45	☿△♃
14日	12:29	☿□♆
15日	19:18	☉☍♄
19日	03:47	☉⚹♅
19日	04:07	☿☍♄
20日	17:25	♀⚹♆
20日	18:30	☿⚹♅
21日	23:14	☉☌☿
24日	17:59	♀△♇
25日	15:07	♂□♃
26日	15:18	♂△♆
28日	03:21	☿□♃
28日	09:22	☿△♆
29日	04:51	☿☌♂
30日	09:36	☿☍♇

2017年7月

DAY	☉	☽	☊ mean	☊ true	☿	♀	♂	♃	♄	♅	♆	♇	⚳	⚴	⚵	⚶	⚷
	° ′	° ′	° ′	° ′	° ′	° ′	° ′	° ′	° ′	° ′	° ′	° ′	°	°	°	°	°
1	9 ♋ 0	4 ♎ 13	26 ♌ 39	25 D 17	19 D 35	25 D 13	17 D 5	13 D 51	23 R 24	28 D 4	14 R 12	18 R 21	25 D	1 D	11 R	22 D	28 D
2	9 ♋ 57	16 ♎ 44	26 ♌ 36	25 R 17	21 ♋ 35	26 ♉ 18	17 ♋ 44	13 ♎ 55	23 ♐ 20	28 ♈ 5	14 ♓ 12	18 ♑ 20	26 ♊	1 ♉	11 ♑	22 ♌	28 R
3	10 ♋ 54	28 ♎ 59	26 ♌ 33	25 ♌ 15	23 ♋ 33	27 ♉ 23	18 ♋ 23	13 ♎ 59	23 ♐ 16	28 ♈ 7	14 ♓ 11	18 ♑ 18	26 ♊	1 ♉	10 ♑	23 ♌	28 ♓
4	11 ♋ 52	11 ♏ 3	26 ♌ 30	25 ♌ 12	25 ♋ 30	28 ♉ 29	19 ♋ 2	14 ♎ 3	23 ♐ 11	28 ♈ 8	14 ♓ 11	18 ♑ 17	27 ♊	1 ♉	10 ♑	23 ♌	28 ♓
5	12 ♋ 49	23 ♏ 0	26 ♌ 26	25 ♌ 6	27 ♋ 24	29 ♉ 34	19 ♋ 41	14 ♎ 7	23 ♐ 7	28 ♈ 10	14 ♓ 10	18 ♑ 15	27 ♊	2 ♉	10 ♑	24 ♌	28 ♓
6	13 ♋ 46	4 ♐ 52	26 ♌ 23	25 ♌ 0	29 ♋ 16	0 ♊ 40	20 ♋ 21	14 ♎ 12	23 ♐ 3	28 ♈ 11	14 ♓ 10	18 ♑ 14	27 ♊	2 ♉	10 ♑	24 ♌	28 ♓
7	14 ♋ 43	16 ♐ 44	26 ♌ 20	24 ♌ 53	1 ♌ 7	1 ♊ 46	21 ♋ 0	14 ♎ 16	22 ♐ 59	28 ♈ 13	14 ♓ 9	18 ♑ 12	28 ♊	2 ♉	9 ♑	24 ♌	28 ♓
8	15 ♋ 40	28 ♐ 38	26 ♌ 17	24 ♌ 45	2 ♌ 55	2 ♊ 52	21 ♋ 39	14 ♎ 21	22 ♐ 56	28 ♈ 14	14 ♓ 8	18 ♑ 11	28 ♊	3 ♉	9 ♑	25 ♌	28 ♓
9	16 ♋ 38	10 ♑ 35	26 ♌ 14	24 ♌ 39	4 ♌ 41	3 ♊ 58	22 ♋ 18	14 ♎ 26	22 ♐ 52	28 ♈ 15	14 ♓ 8	18 ♑ 9	29 ♊	3 ♉	9 ♑	25 ♌	28 ♓
10	17 ♋ 35	22 ♑ 37	26 ♌ 11	24 ♌ 34	6 ♌ 26	5 ♊ 5	22 ♋ 57	14 ♎ 31	22 ♐ 48	28 ♈ 16	14 ♓ 7	18 ♑ 8	29 ♊	3 ♉	9 ♑	26 ♌	28 ♓
11	18 ♋ 32	4 ♒ 47	26 ♌ 7	24 ♌ 30	8 ♌ 8	6 ♊ 11	23 ♋ 35	14 ♎ 36	22 ♐ 44	28 ♈ 17	14 ♓ 6	18 ♑ 6	0 ♋	3 ♉	8 ♑	26 ♌	28 ♓
12	19 ♋ 29	17 ♒ 5	26 ♌ 4	24 ♌ 29	9 ♌ 48	7 ♊ 18	24 ♋ 14	14 ♎ 41	22 ♐ 40	28 ♈ 19	14 ♓ 5	18 ♑ 5	0 ♋	4 ♉	8 ♑	27 ♌	28 ♓
13	20 ♋ 26	29 ♒ 33	26 ♌ 1	24 D 28	11 ♌ 27	8 ♊ 25	24 ♋ 53	14 ♎ 47	22 ♐ 37	28 ♈ 20	14 ♓ 5	18 ♑ 4	0 ♋	4 ♉	8 ♑	27 ♌	28 ♓
14	21 ♋ 24	12 ♓ 13	25 ♌ 58	24 ♌ 29	13 ♌ 3	9 ♊ 32	25 ♋ 32	14 ♎ 52	22 ♐ 33	28 ♈ 21	14 ♓ 4	18 ♑ 2	1 ♋	4 ♉	8 ♑	28 ♌	28 ♓
15	22 ♋ 21	25 ♓ 9	25 ♌ 55	24 ♌ 31	14 ♌ 37	10 ♊ 39	26 ♋ 11	14 ♎ 58	22 ♐ 30	28 ♈ 22	14 ♓ 3	18 ♑ 1	1 ♋	4 ♉	8 ♑	28 ♌	28 ♓
16	23 ♋ 18	8 ♈ 21	25 ♌ 51	24 ♌ 32	16 ♌ 9	11 ♊ 47	26 ♋ 50	15 ♎ 4	22 ♐ 26	28 ♈ 23	14 ♓ 2	17 ♑ 59	2 ♋	5 ♉	7 ♑	28 ♌	28 ♓
17	24 ♋ 15	21 ♈ 54	25 ♌ 48	24 ♌ 33	17 ♌ 39	12 ♊ 54	27 ♋ 29	15 ♎ 10	22 ♐ 23	28 ♈ 23	14 ♓ 1	17 ♑ 58	2 ♋	5 ♉	7 ♑	29 ♌	28 ♓
18	25 ♋ 12	5 ♉ 47	25 ♌ 45	24 R 33	19 ♌ 8	14 ♊ 2	28 ♋ 8	15 ♎ 16	22 ♐ 19	28 ♈ 24	14 ♓ 0	17 ♑ 56	2 ♋	5 ♉	7 ♑	29 ♌	28 ♓
19	26 ♋ 10	20 ♉ 1	25 ♌ 42	24 ♌ 31	20 ♌ 34	15 ♊ 9	28 ♋ 46	15 ♎ 22	22 ♐ 16	28 ♈ 25	13 ♓ 59	17 ♑ 55	3 ♋	6 ♉	7 ♑	0 ♍	28 ♓
20	27 ♋ 7	4 ♊ 33	25 ♌ 39	24 ♌ 28	21 ♌ 58	16 ♊ 17	29 ♋ 25	15 ♎ 29	22 ♐ 13	28 ♈ 26	13 ♓ 58	17 ♑ 53	3 ♋	6 ♉	6 ♑	0 ♍	28 ♓
21	28 ♋ 4	19 ♊ 20	25 ♌ 36	24 ♌ 25	23 ♌ 19	17 ♊ 25	0 ♌ 4	15 ♎ 35	22 ♐ 10	28 ♈ 27	13 ♓ 57	17 ♑ 52	4 ♋	6 ♉	6 ♑	1 ♍	28 ♓
22	29 ♋ 2	4 ♋ 15	25 ♌ 32	24 ♌ 22	24 ♌ 39	18 ♊ 33	0 ♌ 43	15 ♎ 42	22 ♐ 7	28 ♈ 27	13 ♓ 56	17 ♑ 50	4 ♋	6 ♉	6 ♑	1 ♍	28 ♓
23	29 ♋ 59	19 ♋ 10	25 ♌ 29	24 ♌ 19	25 ♌ 56	19 ♊ 41	1 ♌ 21	15 ♎ 49	22 ♐ 3	28 ♈ 28	13 ♓ 55	17 ♑ 49	5 ♋	7 ♉	6 ♑	2 ♍	28 ♓
24	0 ♌ 56	3 ♌ 56	25 ♌ 26	24 ♌ 16	27 ♌ 11	20 ♊ 50	2 ♌ 0	15 ♎ 56	22 ♐ 1	28 ♈ 28	13 ♓ 54	17 ♑ 48	5 ♋	7 ♉	6 ♑	2 ♍	28 ♓
25	1 ♌ 54	18 ♌ 27	25 ♌ 23	24 ♌ 15	28 ♌ 24	21 ♊ 58	2 ♌ 39	16 ♎ 3	21 ♐ 58	28 ♈ 29	13 ♓ 53	17 ♑ 46	5 ♋	7 ♉	5 ♑	3 ♍	28 ♓
26	2 ♌ 51	2 ♍ 36	25 ♌ 20	24 D 15	29 ♌ 35	23 ♊ 6	3 ♌ 17	16 ♎ 10	21 ♐ 55	28 ♈ 29	13 ♓ 52	17 ♑ 45	6 ♋	7 ♉	5 ♑	3 ♍	28 ♓
27	3 ♌ 48	16 ♍ 20	25 ♌ 17	24 ♌ 16	0 ♍ 43	24 ♊ 15	3 ♌ 56	16 ♎ 18	21 ♐ 52	28 ♈ 30	13 ♓ 51	17 ♑ 43	6 ♋	7 ♉	5 ♑	3 ♍	28 ♓
28	4 ♌ 46	29 ♍ 39	25 ♌ 13	24 ♌ 18	1 ♍ 48	25 ♊ 24	4 ♌ 35	16 ♎ 25	21 ♐ 49	28 ♈ 30	13 ♓ 50	17 ♑ 42	7 ♋	8 ♉	5 ♑	4 ♍	28 ♓
29	5 ♌ 43	12 ♎ 35	25 ♌ 10	24 ♌ 19	2 ♍ 51	26 ♊ 33	5 ♌ 13	16 ♎ 33	21 ♐ 47	28 ♈ 30	13 ♓ 48	17 ♑ 40	7 ♋	8 ♉	5 ♑	4 ♍	28 ♓
30	6 ♌ 40	25 ♎ 9	25 ♌ 7	24 ♌ 20	3 ♍ 51	27 ♊ 42	5 ♌ 52	16 ♎ 41	21 ♐ 44	28 ♈ 31	13 ♓ 47	17 ♑ 39	7 ♋	8 ♉	5 ♑	5 ♍	28 ♓
31	7 ♌ 38	7 ♏ 27	25 ♌ 4	24 ♌ 20	4 ♍ 48	28 ♊ 51	6 ♌ 30	16 ♎ 48	21 ♐ 42	28 ♈ 31	13 ♓ 46	17 ♑ 38	8 ♋	8 ♉	4 ♑	5 ♍	28 ♓

SUN INGRESS: ☉ → ♌ 23日 00:15

MOON PHASE: ◐ 1日 09:51 ♎ ○ 9日 13:07 ♑ ◑ 17日 04:26 ♈ ● 23日 18:46 ♌ ◐ 31日 00:23 ♏

aspects		
2日	21:02	♂☍♇
5日	09:51	☿□♅
6日	09:46	☉△♆
6日	11:44	☉□♃
7日	22:19	☿⚹♀
10日	13:35	☉☍♇
15日	05:46	☿⚹♃
17日	23:33	♀□♆
18日	10:37	♂□♅
19日	05:09	♀△♆
20日	04:16	☿△♄
21日	09:26	☉□♅
24日	23:54	♀☍♄
25日	01:33	☿△♅
27日	09:57	☉☌♂
30日	17:04	♀⚹♅

2017年8月

DAY	☉	☽	☊ mean	☊ true	☿	♀	♂	♃	♄	♅	♆	♇	⚳	⚴	⚵	⚶	⚷
	° ′	° ′	° ′	° ′	° ′	° ′	° ′	° ′	° ′	° ′	° ′	° ′	°	°	°	°	°
1	8 ♌ 35	19 ♏ 32	25 ♌ 1	24 R 20	5 D 42	0 D 0	7 D 9	16 D 56	21 R 40	28 D 31	13 R 45	17 R 36	8 D	9 D	4 R	6 D	28 R
2	9 ♌ 32	1 ♐ 28	24 ♌ 57	24 ♌ 19	6 ♍ 33	1 ♋ 9	7 ♌ 47	17 ♎ 4	21 ♐ 37	28 ♈ 31	13 ♓ 43	17 ♑ 35	9 ♋	9 ♉	4 ♑	6 ♍	28 ♓
3	10 ♌ 30	13 ♐ 21	24 ♌ 54	24 ♌ 18	7 ♍ 20	2 ♋ 18	8 ♌ 26	17 ♎ 13	21 ♐ 35	28 ♈ 31	13 ♓ 42	17 ♑ 34	9 ♋	9 ♉	4 ♑	7 ♍	28 ♓
4	11 ♌ 27	25 ♐ 13	24 ♌ 51	24 ♌ 16	8 ♍ 5	3 ♋ 28	9 ♌ 4	17 ♎ 21	21 ♐ 33	28 R 31	13 ♓ 41	17 ♑ 32	10 ♋	9 ♉	4 ♑	7 ♍	28 ♓
5	12 ♌ 25	7 ♑ 16	24 ♌ 48	24 ♌ 14	8 ♍ 45	4 ♋ 37	9 ♌ 43	17 ♎ 29	21 ♐ 31	28 ♈ 31	13 ♓ 39	17 ♑ 31	10 ♋	9 ♉	4 ♑	8 ♍	28 ♓
6	13 ♌ 22	19 ♑ 12	24 ♌ 45	24 ♌ 12	9 ♍ 22	5 ♋ 47	10 ♌ 21	17 ♎ 38	21 ♐ 29	28 ♈ 31	13 ♓ 38	17 ♑ 30	10 ♋	10 ♉	4 ♑	8 ♍	28 ♓
7	14 ♌ 20	1 ♒ 24	24 ♌ 42	24 ♌ 11	9 ♍ 55	6 ♋ 57	11 ♌ 0	17 ♎ 47	21 ♐ 27	28 ♈ 31	13 ♓ 37	17 ♑ 28	11 ♋	10 ♉	3 ♑	9 ♍	28 ♓
8	15 ♌ 17	13 ♒ 46	24 ♌ 38	24 ♌ 11	10 ♍ 23	8 ♋ 7	11 ♌ 38	17 ♎ 56	21 ♐ 26	28 ♈ 31	13 ♓ 35	17 ♑ 27	11 ♋	10 ♉	3 ♑	9 ♍	28 ♓
9	16 ♌ 15	26 ♒ 20	24 ♌ 35	24 D 11	10 ♍ 48	9 ♋ 17	12 ♌ 17	18 ♎ 4	21 ♐ 24	28 ♈ 30	13 ♓ 34	17 ♑ 26	12 ♋	10 ♉	3 ♑	10 ♍	28 ♓
10	17 ♌ 12	9 ♓ 6	24 ♌ 32	24 ♌ 11	11 ♍ 8	10 ♋ 27	12 ♌ 55	18 ♎ 13	21 ♐ 23	28 ♈ 30	13 ♓ 33	17 ♑ 25	12 ♋	10 ♉	3 ♑	10 ♍	28 ♓
11	18 ♌ 10	22 ♓ 6	24 ♌ 29	24 ♌ 11	11 ♍ 23	11 ♋ 37	13 ♌ 34	18 ♎ 22	21 ♐ 21	28 ♈ 30	13 ♓ 31	17 ♑ 23	12 ♋	11 ♉	3 ♑	11 ♍	28 ♓
12	19 ♌ 7	5 ♈ 20	24 ♌ 26	24 ♌ 12	11 ♍ 33	12 ♋ 47	14 ♌ 12	18 ♎ 32	21 ♐ 20	28 ♈ 29	13 ♓ 30	17 ♑ 22	13 ♋	11 ♉	3 ♑	11 ♍	28 ♓
13	20 ♌ 5	18 ♈ 48	24 ♌ 23	24 ♌ 12	11 ♍ 37	13 ♋ 57	14 ♌ 50	18 ♎ 41	21 ♐ 18	28 ♈ 29	13 ♓ 28	17 ♑ 21	13 ♋	11 ♉	3 ♑	11 ♍	28 ♓
14	21 ♌ 2	2 ♉ 29	24 ♌ 19	24 ♌ 12	11 R 37	15 ♋ 8	15 ♌ 29	18 ♎ 50	21 ♐ 17	28 ♈ 28	13 ♓ 27	17 ♑ 20	14 ♋	11 ♉	3 ♑	12 ♍	28 ♓
15	22 ♌ 0	16 ♉ 24	24 ♌ 16	24 ♌ 13	11 ♍ 31	16 ♋ 18	16 ♌ 7	19 ♎ 0	21 ♐ 16	28 ♈ 28	13 ♓ 25	17 ♑ 19	14 ♋	11 ♉	3 ♑	12 ♍	28 ♓
16	22 ♌ 58	0 ♊ 32	24 ♌ 13	24 R 13	11 ♍ 20	17 ♋ 29	16 ♌ 45	19 ♎ 10	21 ♐ 15	28 ♈ 27	13 ♓ 24	17 ♑ 18	14 ♋	11 ♉	3 ♑	13 ♍	28 ♓
17	23 ♌ 55	14 ♊ 50	24 ♌ 10	24 ♌ 13	11 ♍ 3	18 ♋ 39	17 ♌ 24	19 ♎ 19	21 ♐ 14	28 ♈ 27	13 ♓ 22	17 ♑ 17	15 ♋	12 ♉	3 ♑	13 ♍	27 ♓
18	24 ♌ 53	29 ♊ 16	24 ♌ 7	24 D 13	10 ♍ 40	19 ♋ 50	18 ♌ 2	19 ♎ 29	21 ♐ 13	28 ♈ 26	13 ♓ 21	17 ♑ 15	15 ♋	12 ♉	2 ♑	14 ♍	27 ♓
19	25 ♌ 51	13 ♋ 45	24 ♌ 3	24 ♌ 13	10 ♍ 12	21 ♋ 1	18 ♌ 40	19 ♎ 39	21 ♐ 13	28 ♈ 25	13 ♓ 19	17 ♑ 14	16 ♋	12 ♉	2 ♑	14 ♍	27 ♓
20	26 ♌ 48	28 ♋ 14	24 ♌ 0	24 ♌ 13	9 ♍ 39	22 ♋ 12	19 ♌ 19	19 ♎ 49	21 ♐ 12	28 ♈ 25	13 ♓ 18	17 ♑ 13	16 ♋	12 ♉	2 ♑	15 ♍	27 ♓
21	27 ♌ 46	12 ♌ 38	23 ♌ 57	24 ♌ 13	9 ♍ 0	23 ♋ 23	19 ♌ 57	19 ♎ 59	21 ♐ 12	28 ♈ 24	13 ♓ 16	17 ♑ 12	16 ♋	12 ♉	2 ♑	15 ♍	27 ♓
22	28 ♌ 44	26 ♌ 49	23 ♌ 54	24 R 13	8 ♍ 18	24 ♋ 34	20 ♌ 35	20 ♎ 9	21 ♐ 11	28 ♈ 23	13 ♓ 14	17 ♑ 11	17 ♋	12 ♉	2 ♑	16 ♍	27 ♓
23	29 ♌ 42	10 ♍ 46	23 ♌ 51	24 ♌ 13	7 ♍ 31	25 ♋ 45	21 ♌ 13	20 ♎ 19	21 ♐ 11	28 ♈ 22	13 ♓ 13	17 ♑ 10	17 ♋	12 ♉	2 ♑	16 ♍	27 ♓
24	0 ♍ 40	24 ♍ 23	23 ♌ 48	24 ♌ 12	6 ♍ 41	26 ♋ 57	21 ♌ 52	20 ♎ 30	21 ♐ 11	28 ♈ 21	13 ♓ 11	17 ♑ 9	18 ♋	13 ♉	2 ♑	17 ♍	27 ♓
25	1 ♍ 38	7 ♎ 39	23 ♌ 44	24 ♌ 12	5 ♍ 48	28 ♋ 8	22 ♌ 30	20 ♎ 40	21 ♐ 10	28 ♈ 20	13 ♓ 10	17 ♑ 8	18 ♋	13 ♉	2 ♑	17 ♍	27 ♓
26	2 ♍ 35	20 ♎ 35	23 ♌ 41	24 ♌ 11	4 ♍ 54	29 ♋ 19	23 ♌ 8	20 ♎ 51	21 D 10	28 ♈ 19	13 ♓ 8	17 ♑ 7	18 ♋	13 ♉	2 ♑	18 ♍	27 ♓
27	3 ♍ 33	3 ♏ 11	23 ♌ 38	24 ♌ 10	4 ♍ 0	0 ♌ 31	23 ♌ 46	21 ♎ 1	21 ♐ 10	28 ♈ 18	13 ♓ 6	17 ♑ 6	19 ♋	13 ♉	2 ♑	18 ♍	27 ♓
28	4 ♍ 31	15 ♏ 30	23 ♌ 35	24 ♌ 9	3 ♍ 6	1 ♌ 42	24 ♌ 25	21 ♎ 12	21 ♐ 11	28 ♈ 17	13 ♓ 5	17 ♑ 6	19 ♋	13 ♉	2 D	19 ♍	27 ♓
29	5 ♍ 29	27 ♏ 36	23 ♌ 32	24 ♌ 8	2 ♍ 14	2 ♌ 54	25 ♌ 3	21 ♎ 23	21 ♐ 11	28 ♈ 16	13 ♓ 3	17 ♑ 5	20 ♋	13 ♉	2 ♑	19 ♍	27 ♓
30	6 ♍ 27	9 ♐ 33	23 ♌ 29	24 D 8	1 ♍ 25	4 ♌ 6	25 ♌ 41	21 ♎ 33	21 ♐ 11	28 ♈ 14	13 ♓ 1	17 ♑ 4	20 ♋	13 ♉	2 ♑	20 ♍	27 ♓
31	7 ♍ 25	21 ♐ 26	23 ♌ 25	24 ♌ 8	0 ♍ 40	5 ♌ 18	26 ♌ 19	21 ♎ 44	21 ♐ 12	28 ♈ 13	13 ♓ 0	17 ♑ 3	20 ♋	13 ♉	2 ♑	20 ♍	27 ♓

SUN INGRESS: ☉ → ♍ 23日 07:20

MOON PHASE: ○ 8日 03:11 ♒ ◑ 15日 10:15 ♉ ● 22日 03:30 ♌ ◐ 29日 17:13 ♐

aspects		
5日	03:48	♃□♇
10日	18:03	☿⚹♀
11日	06:24	☉⚹♃
12日	14:17	♀△♆
14日	06:07	☉△♄
15日	20:17	♀☍♇
17日	15:40	♀□♃
21日	01:42	♂⚹♃
21日	15:22	☉△♅
22日	22:21	♂△♄
25日	04:01	♀□♅
27日	05:42	☉☌☿
27日	21:15	♃⚹♄

2017年9月

DAY	☉	☽	☊ mean	☊ true	☿	♀	♂	♃	♄	♅	♆	♇	⚳	⚴	⚵	⚶	⚷
	° ′	° ′	° ′	° ′	° ′	° ′	° ′	° ′	° ′	° ′	° ′	° ′	°	°	°	°	°
1	8 ♍ 23	3 ♑ 19	23 ♌ 22	24 D 9	0 R 0	6 D 29	26 D 57	21 D 55	21 D 12	28 R 12	12 R 58	17 R 2	21 D	13 D	2 D	21 D	27 R
2	9 ♍ 21	15 ♑ 17	23 ♌ 19	24 ♌ 11	29 ♌ 26	7 ♌ 41	27 ♌ 36	22 ♎ 6	21 ♐ 13	28 ♈ 11	12 ♓ 57	17 ♑ 1	21 ♋	13 ♉	2 ♑	21 ♍	27 ♓
3	10 ♍ 19	27 ♑ 23	23 ♌ 16	24 ♌ 12	28 ♌ 59	8 ♌ 53	28 ♌ 14	22 ♎ 17	21 ♐ 14	28 ♈ 9	12 ♓ 55	17 ♑ 1	21 ♋	13 ♉	2 ♑	22 ♍	27 ♓
4	11 ♍ 17	9 ♒ 43	23 ♌ 13	24 ♌ 13	28 ♌ 40	10 ♌ 5	28 ♌ 52	22 ♎ 29	21 ♐ 15	28 ♈ 8	12 ♓ 53	17 ♑ 0	22 ♋	14 ♉	2 ♑	22 ♍	27 ♓
5	12 ♍ 16	22 ♒ 17	23 ♌ 9	24 ♌ 14	28 ♌ 28	11 ♌ 18	29 ♌ 30	22 ♎ 40	21 ♐ 15	28 ♈ 6	12 ♓ 52	16 ♑ 59	22 ♋	14 ♉	2 ♑	23 ♍	27 ♓
6	13 ♍ 14	5 ♓ 8	23 ♌ 6	24 R 13	28 D 25	12 ♌ 30	0 ♍ 8	22 ♎ 51	21 ♐ 16	28 ♈ 5	12 ♓ 50	16 ♑ 59	23 ♋	14 ♉	3 ♑	23 ♍	27 ♓
7	14 ♍ 12	18 ♓ 16	23 ♌ 3	24 ♌ 12	28 ♌ 31	13 ♌ 42	0 ♍ 46	23 ♎ 3	21 ♐ 18	28 ♈ 3	12 ♓ 48	16 ♑ 58	23 ♋	14 ♉	3 ♑	24 ♍	27 ♓
8	15 ♍ 10	1 ♈ 40	23 ♌ 0	24 ♌ 10	28 ♌ 45	14 ♌ 54	1 ♍ 24	23 ♎ 14	21 ♐ 19	28 ♈ 2	12 ♓ 47	16 ♑ 57	23 ♋	14 ♉	3 ♑	24 ♍	27 ♓
9	16 ♍ 8	15 ♈ 20	22 ♌ 57	24 ♌ 7	29 ♌ 9	16 ♌ 7	2 ♍ 2	23 ♎ 26	21 ♐ 20	28 ♈ 0	12 ♓ 45	16 ♑ 57	24 ♋	14 ♉	3 ♑	25 ♍	27 ♓
10	17 ♍ 7	29 ♈ 12	22 ♌ 54	24 ♌ 4	29 ♌ 41	17 ♌ 19	2 ♍ 41	23 ♎ 37	21 ♐ 22	27 ♈ 58	12 ♓ 43	16 ♑ 56	24 ♋	14 ♉	3 ♑	25 ♍	26 ♓
11	18 ♍ 5	13 ♉ 13	22 ♌ 50	24 ♌ 0	0 ♍ 21	18 ♌ 32	3 ♍ 19	23 ♎ 49	21 ♐ 23	27 ♈ 57	12 ♓ 42	16 ♑ 56	25 ♋	14 ♉	3 ♑	26 ♍	26 ♓
12	19 ♍ 3	27 ♉ 21	22 ♌ 47	23 ♌ 58	1 ♍ 10	19 ♌ 45	3 ♍ 57	24 ♎ 1	21 ♐ 25	27 ♈ 55	12 ♓ 40	16 ♑ 55	25 ♋	14 ♉	3 ♑	26 ♍	26 ♓
13	20 ♍ 2	11 ♊ 32	22 ♌ 44	23 ♌ 57	2 ♍ 6	20 ♌ 57	4 ♍ 35	24 ♎ 12	21 ♐ 26	27 ♈ 53	12 ♓ 38	16 ♑ 55	25 ♋	14 R	3 ♑	27 ♍	26 ♓
14	21 ♍ 0	25 ♊ 44	22 ♌ 41	23 D 57	3 ♍ 10	22 ♌ 10	5 ♍ 13	24 ♎ 24	21 ♐ 28	27 ♈ 51	12 ♓ 37	16 ♑ 54	26 ♋	14 ♉	3 ♑	27 ♍	26 ♓
15	21 ♍ 58	9 ♋ 55	22 ♌ 38	23 ♌ 57	4 ♍ 20	23 ♌ 23	5 ♍ 51	24 ♎ 36	21 ♐ 30	27 ♈ 50	12 ♓ 35	16 ♑ 54	26 ♋	14 ♉	3 ♑	28 ♍	26 ♓
16	22 ♍ 57	24 ♋ 3	22 ♌ 34	23 ♌ 59	5 ♍ 37	24 ♌ 36	6 ♍ 29	24 ♎ 48	21 ♐ 32	27 ♈ 48	12 ♓ 34	16 ♑ 53	26 ♋	14 ♉	3 ♑	28 ♍	26 ♓
17	23 ♍ 55	8 ♌ 5	22 ♌ 31	24 ♌ 0	6 ♍ 59	25 ♌ 49	7 ♍ 7	25 ♎ 0	21 ♐ 34	27 ♈ 46	12 ♓ 32	16 ♑ 53	27 ♋	14 ♉	3 ♑	29 ♍	26 ♓
18	24 ♍ 54	22 ♌ 1	22 ♌ 28	24 ♌ 1	8 ♍ 26	27 ♌ 2	7 ♍ 45	25 ♎ 12	21 ♐ 36	27 ♈ 44	12 ♓ 30	16 ♑ 53	27 ♋	14 ♉	4 ♑	29 ♍	26 ♓
19	25 ♍ 53	5 ♍ 47	22 ♌ 25	24 R 1	9 ♍ 58	28 ♌ 15	8 ♍ 23	25 ♎ 24	21 ♐ 39	27 ♈ 42	12 ♓ 29	16 ♑ 52	27 ♋	14 ♉	4 ♑	0 ♎	26 ♓
20	26 ♍ 51	19 ♍ 21	22 ♌ 22	23 ♌ 58	11 ♍ 34	29 ♌ 28	9 ♍ 1	25 ♎ 36	21 ♐ 41	27 ♈ 40	12 ♓ 27	16 ♑ 52	28 ♋	14 ♉	4 ♑	0 ♎	26 ♓
21	27 ♍ 50	2 ♎ 42	22 ♌ 19	23 ♌ 55	13 ♍ 13	0 ♍ 41	9 ♍ 39	25 ♎ 48	21 ♐ 43	27 ♈ 38	12 ♓ 26	16 ♑ 52	28 ♋	13 ♉	4 ♑	1 ♎	26 ♓
22	28 ♍ 48	15 ♎ 47	22 ♌ 15	23 ♌ 49	14 ♍ 54	1 ♍ 55	10 ♍ 17	26 ♎ 1	21 ♐ 46	27 ♈ 36	12 ♓ 24	16 ♑ 52	29 ♋	13 ♉	4 ♑	1 ♎	26 ♓
23	29 ♍ 47	28 ♎ 35	22 ♌ 12	23 ♌ 43	16 ♍ 38	3 ♍ 8	10 ♍ 55	26 ♎ 13	21 ♐ 49	27 ♈ 34	12 ♓ 22	16 ♑ 51	29 ♋	13 ♉	4 ♑	2 ♎	26 ♓
24	0 ♎ 46	11 ♏ 8	22 ♌ 9	23 ♌ 37	18 ♍ 24	4 ♍ 21	11 ♍ 33	26 ♎ 25	21 ♐ 51	27 ♈ 32	12 ♓ 21	16 ♑ 51	29 ♋	13 ♉	4 ♑	2 ♎	26 ♓
25	1 ♎ 45	23 ♏ 25	22 ♌ 6	23 ♌ 31	20 ♍ 11	5 ♍ 35	12 ♍ 11	26 ♎ 38	21 ♐ 54	27 ♈ 30	12 ♓ 19	16 ♑ 51	0 ♌	13 ♉	5 ♑	3 ♎	26 ♓
26	2 ♎ 44	5 ♐ 30	22 ♌ 3	23 ♌ 26	21 ♍ 59	6 ♍ 48	12 ♍ 49	26 ♎ 50	21 ♐ 57	27 ♈ 28	12 ♓ 18	16 ♑ 51	0 ♌	13 ♉	5 ♑	3 ♎	26 ♓
27	3 ♎ 42	17 ♐ 26	22 ♌ 0	23 ♌ 23	23 ♍ 48	8 ♍ 2	13 ♍ 27	27 ♎ 2	22 ♐ 0	27 ♈ 25	12 ♓ 16	16 ♑ 51	0 ♌	13 ♉	5 ♑	4 ♎	26 ♓
28	4 ♎ 41	29 ♐ 18	21 ♌ 56	23 ♌ 21	25 ♍ 37	9 ♍ 16	14 ♍ 5	27 ♎ 15	22 ♐ 3	27 ♈ 23	12 ♓ 15	16 ♑ 51	1 ♌	13 ♉	5 ♑	4 ♎	26 ♓
29	5 ♎ 40	11 ♑ 10	21 ♌ 53	23 D 21	27 ♍ 26	10 ♍ 29	14 ♍ 43	27 ♎ 28	22 ♐ 6	27 ♈ 21	12 ♓ 13	16 ♑ 51	1 ♌	13 ♉	5 ♑	5 ♎	26 ♓
30	6 ♎ 39	23 ♑ 7	21 ♌ 50	23 ♌ 22	29 ♍ 15	11 ♍ 43	15 ♍ 21	27 ♎ 40	22 ♐ 9	27 ♈ 19	12 ♓ 12	16 D 51	1 ♌	13 ♉	5 ♑	5 ♎	26 ♓

SUN INGRESS	☉ → ♎ 23日 05 : 02
MOON PHASE	○ 6日 16 : 03 ♓　◑ 13日 15 : 25 ♊　● 20日 14 : 30 ♍　◐ 28日 11 : 53 ♑

aspects		
2日	21 : 13	♂△♅
3日	18 : 38	☿☌♂
5日	14 : 28	☉☍♆
9日	19 : 45	☉△♇
13日	09 : 50	♀△♄
14日	11 : 58	☉□♄
16日	04 : 44	♀⚹♃
17日	04 : 01	☿☌♂
18日	13 : 27	♀△♅
20日	12 : 50	☿☍♆
23日	03 : 01	☿△♇
25日	04 : 49	♂☍♆
25日	23 : 36	☿□♄
28日	13 : 25	♃☍♅
30日	09 : 12	♀☍♆

2017年10月

DAY	☉	☽	☊ mean	☊ true	☿	♀	♂	♃	♄	♅	♆	♇	⚳	⚴	⚵	⚶	⚷
	° ′	° ′	° ′	° ′	° ′	° ′	° ′	° ′	° ′	° ′	° ′	° ′	°	°	°	°	°
1	7 ♎ 38	5 ♒ 14	21 ♌ 47	23 D 24	1 D 5	12 D 57	15 D 59	27 D 53	22 D 13	27 R 17	12 R 10	16 D 51	2 D	12 R	6 D	6 D	26 R
2	8 ♎ 37	17 ♒ 36	21 ♌ 44	23 ♌ 25	2 ♎ 53	14 ♍ 11	16 ♍ 37	28 ♎ 5	22 ♐ 16	27 ♈ 14	12 ♓ 9	16 ♑ 51	2 ♌	12 ♉	6 ♑	6 ♎	26 ♓
3	9 ♎ 36	0 ♓ 18	21 ♌ 40	23 R 25	4 ♎ 42	15 ♍ 24	17 ♍ 15	28 ♎ 18	22 ♐ 20	27 ♈ 12	12 ♓ 7	16 ♑ 51	2 ♌	12 ♉	6 ♑	7 ♎	25 ♓
4	10 ♎ 35	13 ♓ 21	21 ♌ 37	23 ♌ 23	6 ♎ 30	16 ♍ 38	17 ♍ 53	28 ♎ 31	22 ♐ 23	27 ♈ 10	12 ♓ 6	16 ♑ 51	3 ♌	12 ♉	6 ♑	7 ♎	25 ♓
5	11 ♎ 34	26 ♓ 46	21 ♌ 34	23 ♌ 19	8 ♎ 17	17 ♍ 52	18 ♍ 31	28 ♎ 43	22 ♐ 27	27 ♈ 7	12 ♓ 5	16 ♑ 51	3 ♌	12 ♉	6 ♑	8 ♎	25 ♓
6	12 ♎ 33	10 ♈ 34	21 ♌ 31	23 ♌ 13	10 ♎ 4	19 ♍ 6	19 ♍ 9	28 ♎ 56	22 ♐ 31	27 ♈ 5	12 ♓ 3	16 ♑ 51	3 ♌	12 ♉	7 ♑	8 ♎	25 ♓
7	13 ♎ 32	24 ♈ 41	21 ♌ 28	23 ♌ 5	11 ♎ 50	20 ♍ 20	19 ♍ 47	29 ♎ 9	22 ♐ 35	27 ♈ 3	12 ♓ 2	16 ♑ 52	4 ♌	11 ♉	7 ♑	9 ♎	25 ♓
8	14 ♎ 31	9 ♉ 1	21 ♌ 25	22 ♌ 57	13 ♎ 35	21 ♍ 34	20 ♍ 25	29 ♎ 22	22 ♐ 38	27 ♈ 0	12 ♓ 1	16 ♑ 52	4 ♌	11 ♉	7 ♑	9 ♎	25 ♓
9	15 ♎ 31	23 ♉ 30	21 ♌ 21	22 ♌ 49	15 ♎ 20	22 ♍ 49	21 ♍ 3	29 ♎ 35	22 ♐ 42	26 ♈ 58	11 ♓ 59	16 ♑ 52	4 ♌	11 ♉	7 ♑	10 ♎	25 ♓
10	16 ♎ 30	8 ♊ 0	21 ♌ 18	22 ♌ 42	17 ♎ 3	24 ♍ 3	21 ♍ 41	29 ♎ 48	22 ♐ 46	26 ♈ 55	11 ♓ 58	16 ♑ 52	5 ♌	11 ♉	7 ♑	10 ♎	25 ♓
11	17 ♎ 29	22 ♊ 26	21 ♌ 15	22 ♌ 37	18 ♎ 47	25 ♍ 17	22 ♍ 19	0 ♏ 0	22 ♐ 51	26 ♈ 53	11 ♓ 57	16 ♑ 53	5 ♌	10 ♉	8 ♑	11 ♎	25 ♓
12	18 ♎ 29	6 ♋ 45	21 ♌ 12	22 ♌ 35	20 ♎ 29	26 ♍ 31	22 ♍ 57	0 ♏ 13	22 ♐ 55	26 ♈ 51	11 ♓ 55	16 ♑ 53	5 ♌	10 ♉	8 ♑	11 ♎	25 ♓
13	19 ♎ 28	20 ♋ 52	21 ♌ 9	22 D 34	22 ♎ 11	27 ♍ 46	23 ♍ 35	0 ♏ 26	22 ♐ 59	26 ♈ 48	11 ♓ 54	16 ♑ 54	6 ♌	10 ♉	8 ♑	12 ♎	25 ♓
14	20 ♎ 27	4 ♌ 48	21 ♌ 5	22 ♌ 35	23 ♎ 52	29 ♍ 0	24 ♍ 13	0 ♏ 39	23 ♐ 4	26 ♈ 46	11 ♓ 53	16 ♑ 54	6 ♌	10 ♉	8 ♑	12 ♎	25 ♓
15	21 ♎ 27	18 ♌ 31	21 ♌ 2	22 ♌ 35	25 ♎ 32	0 ♎ 14	24 ♍ 51	0 ♏ 52	23 ♐ 8	26 ♈ 43	11 ♓ 52	16 ♑ 54	6 ♌	9 ♉	9 ♑	13 ♎	25 ♓
16	22 ♎ 26	2 ♍ 4	20 ♌ 59	22 R 35	27 ♎ 11	1 ♎ 29	25 ♍ 29	1 ♏ 5	23 ♐ 12	26 ♈ 41	11 ♓ 51	16 ♑ 55	7 ♌	9 ♉	9 ♑	13 ♎	25 ♓
17	23 ♎ 26	15 ♍ 25	20 ♌ 56	22 ♌ 33	28 ♎ 50	2 ♎ 43	26 ♍ 6	1 ♏ 18	23 ♐ 17	26 ♈ 39	11 ♓ 50	16 ♑ 55	7 ♌	9 ♉	9 ♑	14 ♎	25 ♓
18	24 ♎ 25	28 ♍ 35	20 ♌ 53	22 ♌ 28	0 ♏ 28	3 ♎ 58	26 ♍ 44	1 ♏ 31	23 ♐ 22	26 ♈ 36	11 ♓ 48	16 ♑ 56	7 ♌	9 ♉	9 ♑	14 ♎	25 ♓
19	25 ♎ 25	11 ♎ 34	20 ♌ 50	22 ♌ 20	2 ♏ 6	5 ♎ 12	27 ♍ 22	1 ♏ 44	23 ♐ 26	26 ♈ 34	11 ♓ 47	16 ♑ 57	8 ♌	8 ♉	10 ♑	15 ♎	25 ♓
20	26 ♎ 24	24 ♎ 22	20 ♌ 46	22 ♌ 10	3 ♏ 42	6 ♎ 27	28 ♍ 0	1 ♏ 57	23 ♐ 31	26 ♈ 31	11 ♓ 46	16 ♑ 57	8 ♌	8 ♉	10 ♑	15 ♎	25 ♓
21	27 ♎ 24	6 ♏ 57	20 ♌ 43	21 ♌ 58	5 ♏ 19	7 ♎ 42	28 ♍ 38	2 ♏ 10	23 ♐ 36	26 ♈ 29	11 ♓ 45	16 ♑ 58	8 ♌	8 ♉	10 ♑	16 ♎	25 ♓
22	28 ♎ 24	19 ♏ 20	20 ♌ 40	21 ♌ 46	6 ♏ 54	8 ♎ 56	29 ♍ 16	2 ♏ 23	23 ♐ 41	26 ♈ 26	11 ♓ 44	16 ♑ 59	8 ♌	8 ♉	10 ♑	16 ♎	25 ♓
23	29 ♎ 24	1 ♐ 32	20 ♌ 37	21 ♌ 34	8 ♏ 29	10 ♎ 11	29 ♍ 54	2 ♏ 37	23 ♐ 46	26 ♈ 24	11 ♓ 43	16 ♑ 59	9 ♌	7 ♉	11 ♑	17 ♎	25 ♓
24	0 ♏ 23	13 ♐ 34	20 ♌ 34	21 ♌ 23	10 ♏ 4	11 ♎ 26	0 ♎ 32	2 ♏ 50	23 ♐ 51	26 ♈ 21	11 ♓ 42	17 ♑ 0	9 ♌	7 ♉	11 ♑	17 ♎	25 ♓
25	1 ♏ 23	25 ♐ 27	20 ♌ 31	21 ♌ 15	11 ♏ 38	12 ♎ 41	1 ♎ 10	3 ♏ 3	23 ♐ 56	26 ♈ 19	11 ♓ 41	17 ♑ 1	9 ♌	7 ♉	11 ♑	18 ♎	25 ♓
26	2 ♏ 23	7 ♑ 17	20 ♌ 27	21 ♌ 10	13 ♏ 11	13 ♎ 55	1 ♎ 48	3 ♏ 16	24 ♐ 1	26 ♈ 16	11 ♓ 40	17 ♑ 1	10 ♌	6 ♉	12 ♑	18 ♎	25 ♓
27	3 ♏ 23	19 ♑ 6	20 ♌ 24	21 ♌ 7	14 ♏ 44	15 ♎ 10	2 ♎ 26	3 ♏ 29	24 ♐ 7	26 ♈ 14	11 ♓ 40	17 ♑ 2	10 ♌	6 ♉	12 ♑	19 ♎	25 ♓
28	4 ♏ 23	1 ♒ 0	20 ♌ 21	21 ♌ 6	16 ♏ 16	16 ♎ 25	3 ♎ 3	3 ♏ 42	24 ♐ 12	26 ♈ 12	11 ♓ 39	17 ♑ 3	10 ♌	6 ♉	12 ♑	19 ♎	24 ♓
29	5 ♏ 22	13 ♒ 4	20 ♌ 18	21 D 6	17 ♏ 48	17 ♎ 40	3 ♎ 41	3 ♏ 55	24 ♐ 17	26 ♈ 9	11 ♓ 38	17 ♑ 4	10 ♌	5 ♉	12 ♑	20 ♎	24 ♓
30	6 ♏ 22	25 ♒ 24	20 ♌ 15	21 R 6	19 ♏ 19	18 ♎ 55	4 ♎ 19	4 ♏ 8	24 ♐ 23	26 ♈ 7	11 ♓ 37	17 ♑ 5	11 ♌	5 ♉	13 ♑	20 ♎	24 ♓
31	7 ♏ 22	8 ♓ 5	20 ♌ 11	21 ♌ 5	20 ♏ 50	20 ♎ 10	4 ♎ 57	4 ♏ 21	24 ♐ 28	26 ♈ 4	11 ♓ 36	17 ♑ 6	11 ♌	5 ♉	13 ♑	21 ♎	24 ♓

SUN INGRESS	☉ → ♏ 23日 14 : 27
MOON PHASE	○ 6日 03 : 40 ♈　◑ 12日 21 : 25 ♋　● 20日 04 : 12 ♎　◐ 28日 07 : 22 ♒

aspects		
2日	08 : 36	♂△♇
4日	04 : 09	♀△♇
6日	01 : 53	♀☌♂
8日	21 : 54	♀□♄
9日	05 : 54	☉☌☿
9日	21 : 26	☿□♇
10日	09 : 12	☉□♇
11日	22 : 37	♂□♄
13日	12 : 02	☿⚹♄
15日	16 : 52	☿☍♅
16日	20 : 13	☉⚹♄
18日	17 : 54	☿☌♃
20日	02 : 35	☉☍♅
25日	00 : 56	☿△♆
27日	03 : 09	☉☌♃
28日	12 : 21	♀□♇
28日	12 : 25	☿⚹♇

2017年11月

DAY	☉	☽	☊ mean	☊ true	☿	♀	♂	♃	♄	♅	♆	♇	⚳	⚴	⚵	⚶	⚷
	° ′	° ′	° ′	° ′	° ′	° ′	° ′	° ′	° ′	° ′	° ′	° ′	°	°	°	°	°
1	8 ♏ 22	21 ♓ 10	20 ♌ 8	21 R 1	22 D 20	21 D 25	5 D 35	4 D 34	24 D 34	26 R 2	11 R 36	17 D 7	11 D	4 R	13 D	22 D	24 R
2	9 ♏ 22	4 ♈ 44	20 ♌ 5	20 ♌ 56	23 ♏ 50	22 ♎ 40	6 ♎ 13	4 ♏ 47	24 ♐ 40	26 ♈ 0	11 ♓ 35	17 ♑ 8	11 ♌	4 ♉	14 ♑	22 ♎	24 ♓
3	10 ♏ 22	18 ♈ 44	20 ♌ 2	20 ♌ 47	25 ♏ 19	23 ♎ 55	6 ♎ 51	5 ♏ 1	24 ♐ 45	25 ♈ 57	11 ♓ 34	17 ♑ 9	12 ♌	4 ♉	14 ♑	23 ♎	24 ♓
4	11 ♏ 22	3 ♉ 10	19 ♌ 59	20 ♌ 36	26 ♏ 48	25 ♎ 10	7 ♎ 29	5 ♏ 14	24 ♐ 51	25 ♈ 55	11 ♓ 34	17 ♑ 10	12 ♌	3 ♉	14 ♑	23 ♎	24 ♓
5	12 ♏ 23	17 ♉ 55	19 ♌ 56	20 ♌ 25	28 ♏ 16	26 ♎ 25	8 ♎ 6	5 ♏ 27	24 ♐ 57	25 ♈ 53	11 ♓ 33	17 ♑ 11	12 ♌	3 ♉	14 ♑	24 ♎	24 ♓
6	13 ♏ 23	2 ♊ 50	19 ♌ 52	20 ♌ 13	29 ♏ 44	27 ♎ 40	8 ♎ 44	5 ♏ 40	25 ♐ 3	25 ♈ 50	11 ♓ 32	17 ♑ 12	12 ♌	3 ♉	15 ♑	24 ♎	24 ♓
7	14 ♏ 23	17 ♊ 47	19 ♌ 49	20 ♌ 3	1 ♐ 11	28 ♎ 55	9 ♎ 22	5 ♏ 53	25 ♐ 9	25 ♈ 48	11 ♓ 32	17 ♑ 13	13 ♌	2 ♉	15 ♑	25 ♎	24 ♓
8	15 ♏ 23	2 ♋ 37	19 ♌ 46	19 ♌ 56	2 ♐ 38	0 ♏ 10	10 ♎ 0	6 ♏ 6	25 ♐ 14	25 ♈ 46	11 ♓ 31	17 ♑ 14	13 ♌	2 ♉	15 ♑	25 ♎	24 ♓
9	16 ♏ 23	17 ♋ 12	19 ♌ 43	19 ♌ 51	4 ♐ 3	1 ♏ 25	10 ♎ 38	6 ♏ 19	25 ♐ 20	25 ♈ 44	11 ♓ 31	17 ♑ 15	13 ♌	2 ♉	16 ♑	26 ♎	24 ♓
10	17 ♏ 23	1 ♌ 28	19 ♌ 40	19 ♌ 49	5 ♐ 29	2 ♏ 40	11 ♎ 16	6 ♏ 32	25 ♐ 26	25 ♈ 41	11 ♓ 30	17 ♑ 17	13 ♌	1 ♉	16 ♑	26 ♎	24 ♓
11	18 ♏ 24	15 ♌ 25	19 ♌ 37	19 ♌ 49	6 ♐ 53	3 ♏ 55	11 ♎ 54	6 ♏ 45	25 ♐ 33	25 ♈ 39	11 ♓ 30	17 ♑ 18	13 ♌	1 ♉	16 ♑	27 ♎	24 ♓
12	19 ♏ 24	29 ♌ 3	19 ♌ 33	19 ♌ 49	8 ♐ 17	5 ♏ 11	12 ♎ 31	6 ♏ 58	25 ♐ 39	25 ♈ 37	11 ♓ 30	17 ♑ 19	14 ♌	1 ♉	17 ♑	27 ♎	24 ♓
13	20 ♏ 24	12 ♍ 23	19 ♌ 30	19 ♌ 47	9 ♐ 40	6 ♏ 26	13 ♎ 9	7 ♏ 11	25 ♐ 45	25 ♈ 35	11 ♓ 29	17 ♑ 20	14 ♌	1 ♉	17 ♑	28 ♎	24 ♓
14	21 ♏ 25	25 ♍ 27	19 ♌ 27	19 ♌ 44	11 ♐ 2	7 ♏ 41	13 ♎ 47	7 ♏ 24	25 ♐ 51	25 ♈ 33	11 ♓ 29	17 ♑ 22	14 ♌	0 ♉	17 ♑	28 ♎	24 ♓
15	22 ♏ 25	8 ♎ 18	19 ♌ 24	19 ♌ 38	12 ♐ 23	8 ♏ 56	14 ♎ 25	7 ♏ 37	25 ♐ 57	25 ♈ 30	11 ♓ 29	17 ♑ 23	14 ♌	0 ♉	18 ♑	29 ♎	24 ♓
16	23 ♏ 26	20 ♎ 58	19 ♌ 21	19 ♌ 29	13 ♐ 43	10 ♏ 12	15 ♎ 3	7 ♏ 49	26 ♐ 4	25 ♈ 28	11 ♓ 28	17 ♑ 24	15 ♌	0 ♉	18 ♑	29 ♎	24 ♓
17	24 ♏ 26	3 ♏ 27	19 ♌ 17	19 ♌ 17	15 ♐ 2	11 ♏ 27	15 ♎ 41	8 ♏ 2	26 ♐ 10	25 ♈ 26	11 ♓ 28	17 ♑ 26	15 ♌	29 ♈	18 ♑	0 ♏	24 ♓
18	25 ♏ 27	15 ♏ 48	19 ♌ 14	19 ♌ 3	16 ♐ 19	12 ♏ 42	16 ♎ 18	8 ♏ 15	26 ♐ 16	25 ♈ 24	11 ♓ 28	17 ♑ 27	15 ♌	29 ♈	19 ♑	0 ♏	24 ♓
19	26 ♏ 27	27 ♏ 59	19 ♌ 11	18 ♌ 48	17 ♐ 35	13 ♏ 58	16 ♎ 56	8 ♏ 28	26 ♐ 23	25 ♈ 22	11 ♓ 28	17 ♑ 28	15 ♌	29 ♈	19 ♑	1 ♏	24 ♓
20	27 ♏ 28	10 ♐ 2	19 ♌ 8	18 ♌ 34	18 ♐ 49	15 ♏ 13	17 ♎ 34	8 ♏ 41	26 ♐ 29	25 ♈ 20	11 ♓ 28	17 ♑ 30	15 ♌	29 ♈	19 ♑	1 ♏	24 ♓
21	28 ♏ 28	21 ♐ 58	19 ♌ 5	18 ♌ 22	20 ♐ 1	16 ♏ 28	18 ♎ 12	8 ♏ 53	26 ♐ 36	25 ♈ 18	11 ♓ 27	17 ♑ 31	15 ♌	28 ♈	20 ♑	2 ♏	24 ♓
22	29 ♏ 29	3 ♑ 49	19 ♌ 2	18 ♌ 11	21 ♐ 10	17 ♏ 44	18 ♎ 50	9 ♏ 6	26 ♐ 42	25 ♈ 16	11 ♓ 27	17 ♑ 33	16 ♌	28 ♈	20 ♑	2 ♏	24 ♓
23	0 ♐ 30	15 ♑ 37	18 ♌ 58	18 ♌ 4	22 ♐ 17	18 ♏ 59	19 ♎ 27	9 ♏ 19	26 ♐ 49	25 ♈ 15	11 D 27	17 ♑ 34	16 ♌	28 ♈	20 ♑	3 ♏	24 ♓
24	1 ♐ 30	27 ♑ 25	18 ♌ 55	18 ♌ 0	23 ♐ 21	20 ♏ 14	20 ♎ 5	9 ♏ 32	26 ♐ 56	25 ♈ 13	11 ♓ 27	17 ♑ 36	16 ♌	28 ♈	21 ♑	3 ♏	24 ♓
25	2 ♐ 31	9 ♒ 17	18 ♌ 52	17 ♌ 58	24 ♐ 22	21 ♏ 30	20 ♎ 43	9 ♏ 44	27 ♐ 2	25 ♈ 11	11 ♓ 28	17 ♑ 37	16 ♌	27 ♈	21 ♑	4 ♏	24 ♓
26	3 ♐ 32	21 ♒ 18	18 ♌ 49	17 D 58	25 ♐ 19	22 ♏ 45	21 ♎ 21	9 ♏ 57	27 ♐ 9	25 ♈ 9	11 ♓ 28	17 ♑ 39	16 ♌	27 ♈	21 ♑	4 ♏	24 ♓
27	4 ♐ 32	3 ♓ 34	18 ♌ 46	17 ♌ 58	26 ♐ 11	24 ♏ 1	21 ♎ 59	10 ♏ 9	27 ♐ 16	25 ♈ 7	11 ♓ 28	17 ♑ 41	16 ♌	27 ♈	22 ♑	5 ♏	24 ♓
28	5 ♐ 33	16 ♓ 9	18 ♌ 43	17 R 58	26 ♐ 58	25 ♏ 16	22 ♎ 36	10 ♏ 22	27 ♐ 22	25 ♈ 6	11 ♓ 28	17 ♑ 42	16 ♌	27 ♈	22 ♑	5 ♏	24 ♓
29	6 ♐ 34	29 ♓ 10	18 ♌ 39	17 ♌ 55	27 ♐ 40	26 ♏ 31	23 ♎ 14	10 ♏ 34	27 ♐ 29	25 ♈ 4	11 ♓ 28	17 ♑ 44	17 ♌	26 ♈	23 ♑	6 ♏	24 ♓
30	7 ♐ 35	12 ♈ 39	18 ♌ 36	17 ♌ 51	28 ♐ 15	27 ♏ 47	23 ♎ 52	10 ♏ 47	27 ♐ 36	25 ♈ 2	11 ♓ 28	17 ♑ 45	17 ♌	26 ♈	23 ♑	6 ♏	24 ♓

SUN INGRESS	☉ → ♐ 22日 12:05
MOON PHASE	○ 4日 14:23 ♉　◑ 11日 05:36 ♌　● 18日 20:42 ♏　◐ 27日 02:03 ♓

aspects		
3日	17:32	♀⚹♄
4日	04:23	☉△♆
4日	14:02	♀☍♅
9日	21:12	☉⚹♇
11日	18:45	♄△♅
13日	17:16	♀☌♃
14日	07:48	☿□♆
17日	00:21	♀△♆
17日	23:24	☿⚹♂
19日	21:16	♂□♇
21日	20:29	♀⚹♇
25日	19:56	☿△♅
28日	15:58	☿☌♄

2017年12月

DAY	☉	☽	☊ mean	☊ true	☿	♀	♂	♃	♄	♅	♆	♇	⚳	⚴	⚵	⚶	⚷
	° ′	° ′	° ′	° ′	° ′	° ′	° ′	° ′	° ′	° ′	° ′	° ′	°	°	°	°	°
1	8 ♐ 35	26 ♈ 38	18 ♌ 33	17 R 44	28 D 44	29 D 2	24 D 30	10 D 59	27 D 43	25 R 1	11 D 29	17 D 47	17 D	26 R	23 D	7 D	24 R
2	9 ♐ 36	11 ♉ 7	18 ♌ 30	17 ♌ 34	29 ♐ 4	0 ♐ 18	25 ♎ 7	11 ♏ 11	27 ♐ 49	24 ♈ 59	11 ♓ 29	17 ♑ 49	17 ♌	26 ♈	24 ♑	7 ♏	24 ♓
3	10 ♐ 37	26 ♉ 0	18 ♌ 27	17 ♌ 24	29 ♐ 15	1 ♐ 33	25 ♎ 45	11 ♏ 24	27 ♐ 56	24 ♈ 58	11 ♓ 29	17 ♑ 50	17 ♌	26 ♈	24 ♑	8 ♏	24 ♓
4	11 ♐ 38	11 ♊ 10	18 ♌ 23	17 ♌ 14	29 R 17	2 ♐ 49	26 ♎ 23	11 ♏ 36	28 ♐ 3	24 ♈ 56	11 ♓ 30	17 ♑ 52	17 ♌	26 ♈	24 ♑	8 ♏	24 ♓
5	12 ♐ 39	26 ♊ 26	18 ♌ 20	17 ♌ 5	29 ♐ 9	4 ♐ 4	27 ♎ 0	11 ♏ 48	28 ♐ 10	24 ♈ 55	11 ♓ 30	17 ♑ 54	17 ♌	25 ♈	25 ♑	9 ♏	24 ♓
6	13 ♐ 39	11 ♋ 37	18 ♌ 17	16 ♌ 58	28 ♐ 49	5 ♐ 19	27 ♎ 38	12 ♏ 0	28 ♐ 17	24 ♈ 53	11 ♓ 30	17 ♑ 56	17 ♌	25 ♈	25 ♑	9 ♏	24 D
7	14 ♐ 40	26 ♋ 33	18 ♌ 14	16 ♌ 54	28 ♐ 19	6 ♐ 35	28 ♎ 16	12 ♏ 12	28 ♐ 24	24 ♈ 52	11 ♓ 31	17 ♑ 57	17 ♌	25 ♈	26 ♑	10 ♏	24 ♓
8	15 ♐ 41	11 ♌ 7	18 ♌ 11	16 ♌ 52	27 ♐ 37	7 ♐ 50	28 ♎ 54	12 ♏ 24	28 ♐ 31	24 ♈ 51	11 ♓ 31	17 ♑ 59	17 ♌	25 ♈	26 ♑	10 ♏	24 ♓
9	16 ♐ 42	25 ♌ 17	18 ♌ 8	16 D 52	26 ♐ 44	9 ♐ 6	29 ♎ 31	12 ♏ 36	28 ♐ 38	24 ♈ 50	11 ♓ 32	18 ♑ 1	17 ♌	25 ♈	26 ♑	11 ♏	24 ♓
10	17 ♐ 43	9 ♍ 1	18 ♌ 4	16 ♌ 53	25 ♐ 42	10 ♐ 21	0 ♏ 9	12 ♏ 48	28 ♐ 45	24 ♈ 48	11 ♓ 32	18 ♑ 3	18 ♌	25 ♈	27 ♑	11 ♏	24 ♓
11	18 ♐ 44	22 ♍ 22	18 ♌ 1	16 R 53	24 ♐ 30	11 ♐ 37	0 ♏ 47	13 ♏ 0	28 ♐ 52	24 ♈ 47	11 ♓ 33	18 ♑ 5	18 ♌	25 ♈	27 ♑	12 ♏	24 ♓
12	19 ♐ 45	5 ♎ 22	17 ♌ 58	16 ♌ 52	23 ♐ 13	12 ♐ 52	1 ♏ 24	13 ♏ 12	28 ♐ 59	24 ♈ 46	11 ♓ 34	18 ♑ 6	18 ♌	25 ♈	27 ♑	12 ♏	24 ♓
13	20 ♐ 46	18 ♎ 3	17 ♌ 55	16 ♌ 48	21 ♐ 51	14 ♐ 8	2 ♏ 2	13 ♏ 23	29 ♐ 6	24 ♈ 45	11 ♓ 34	18 ♑ 8	18 ♌	25 ♈	28 ♑	13 ♏	24 ♓
14	21 ♐ 47	0 ♏ 31	17 ♌ 52	16 ♌ 42	20 ♐ 28	15 ♐ 23	2 ♏ 40	13 ♏ 35	29 ♐ 13	24 ♈ 44	11 ♓ 35	18 ♑ 10	18 ♌	25 ♈	28 ♑	13 ♏	24 ♓
15	22 ♐ 48	12 ♏ 48	17 ♌ 49	16 ♌ 34	19 ♐ 6	16 ♐ 39	3 ♏ 17	13 ♏ 47	29 ♐ 20	24 ♈ 43	11 ♓ 36	18 ♑ 12	18 ♌	25 ♈	29 ♑	14 ♏	24 ♓
16	23 ♐ 49	24 ♏ 55	17 ♌ 45	16 ♌ 24	17 ♐ 49	17 ♐ 54	3 ♏ 55	13 ♏ 58	29 ♐ 27	24 ♈ 42	11 ♓ 37	18 ♑ 14	18 ♌	25 ♈	29 ♑	14 ♏	24 ♓
17	24 ♐ 50	6 ♐ 56	17 ♌ 42	16 ♌ 13	16 ♐ 38	19 ♐ 10	4 ♏ 33	14 ♏ 10	29 ♐ 34	24 ♈ 41	11 ♓ 37	18 ♑ 16	18 ♌	25 ♈	29 ♑	15 ♏	24 ♓
18	25 ♐ 51	18 ♐ 51	17 ♌ 39	16 ♌ 3	15 ♐ 36	20 ♐ 25	5 ♏ 10	14 ♏ 21	29 ♐ 41	24 ♈ 40	11 ♓ 38	18 ♑ 18	18 R	25 ♈	0 ♒	15 ♏	24 ♓
19	26 ♐ 52	0 ♑ 42	17 ♌ 36	15 ♌ 53	14 ♐ 43	21 ♐ 41	5 ♏ 48	14 ♏ 32	29 ♐ 48	24 ♈ 40	11 ♓ 39	18 ♑ 20	18 ♌	25 D	0 ♒	16 ♏	24 ♓
20	27 ♐ 54	12 ♑ 31	17 ♌ 33	15 ♌ 46	14 ♐ 1	22 ♐ 56	6 ♏ 25	14 ♏ 43	29 ♐ 55	24 ♈ 39	11 ♓ 40	18 ♑ 22	18 ♌	25 ♈	1 ♒	16 ♏	24 ♓
21	28 ♐ 55	24 ♑ 20	17 ♌ 29	15 ♌ 41	13 ♐ 30	24 ♐ 12	7 ♏ 3	14 ♏ 55	0 ♑ 3	24 ♈ 38	11 ♓ 41	18 ♑ 24	18 ♌	25 ♈	1 ♒	17 ♏	24 ♓
22	29 ♐ 56	6 ♒ 10	17 ♌ 26	15 ♌ 39	13 ♐ 10	25 ♐ 28	7 ♏ 41	15 ♏ 6	0 ♑ 10	24 ♈ 37	11 ♓ 42	18 ♑ 26	18 ♌	25 ♈	1 ♒	17 ♏	24 ♓
23	0 ♑ 57	18 ♒ 5	17 ♌ 23	15 D 38	13 ♐ 1	26 ♐ 43	8 ♏ 18	15 ♏ 17	0 ♑ 17	24 ♈ 37	11 ♓ 43	18 ♑ 27	18 ♌	25 ♈	2 ♒	18 ♏	24 ♓
24	1 ♑ 58	0 ♓ 9	17 ♌ 20	15 ♌ 39	13 D 1	27 ♐ 59	8 ♏ 56	15 ♏ 28	0 ♑ 24	24 ♈ 36	11 ♓ 44	18 ♑ 29	18 ♌	25 ♈	2 ♒	18 ♏	24 ♓
25	2 ♑ 59	12 ♓ 25	17 ♌ 17	15 ♌ 41	13 ♐ 11	29 ♐ 14	9 ♏ 33	15 ♏ 38	0 ♑ 31	24 ♈ 36	11 ♓ 45	18 ♑ 31	17 ♌	25 ♈	3 ♒	19 ♏	24 ♓
26	4 ♑ 0	24 ♓ 58	17 ♌ 14	15 ♌ 42	13 ♐ 29	0 ♑ 30	10 ♏ 11	15 ♏ 49	0 ♑ 38	24 ♈ 35	11 ♓ 46	18 ♑ 33	17 ♌	25 ♈	3 ♒	19 ♏	24 ♓
27	5 ♑ 1	7 ♈ 52	17 ♌ 10	15 R 42	13 ♐ 55	1 ♑ 45	10 ♏ 48	16 ♏ 0	0 ♑ 45	24 ♈ 35	11 ♓ 47	18 ♑ 35	17 ♌	25 ♈	3 ♒	20 ♏	24 ♓
28	6 ♑ 3	21 ♈ 12	17 ♌ 7	15 ♌ 41	14 ♐ 28	3 ♑ 1	11 ♏ 26	16 ♏ 10	0 ♑ 52	24 ♈ 35	11 ♓ 48	18 ♑ 37	17 ♌	25 ♈	4 ♒	20 ♏	24 ♓
29	7 ♑ 4	5 ♉ 0	17 ♌ 4	15 ♌ 38	15 ♐ 7	4 ♑ 16	12 ♏ 3	16 ♏ 21	0 ♑ 59	24 ♈ 34	11 ♓ 50	18 ♑ 39	17 ♌	25 ♈	4 ♒	21 ♏	24 ♓
30	8 ♑ 5	19 ♉ 17	17 ♌ 1	15 ♌ 34	15 ♐ 52	5 ♑ 32	12 ♏ 41	16 ♏ 31	1 ♑ 6	24 ♈ 34	11 ♓ 51	18 ♑ 41	17 ♌	25 ♈	5 ♒	21 ♏	24 ♓
31	9 ♑ 6	4 ♊ 1	16 ♌ 58	15 ♌ 28	16 ♐ 41	6 ♑ 47	13 ♏ 18	16 ♏ 42	1 ♑ 13	24 ♈ 34	11 ♓ 52	18 ♑ 43	17 ♌	25 ♈	5 ♒	22 ♏	24 ♓

SUN INGRESS	☉ → ♑ 22日 01:28
MOON PHASE	○ 4日 00:47 ♊　◑ 10日 16:51 ♍　● 18日 15:30 ♐　◐ 26日 18:20 ♈

aspects		
1日	19:05	♂☍♅
3日	11:20	♃△♆
3日	20:44	☉□♆
6日	21:05	☿☌♄
7日	00:58	☿⚹♂
7日	06:21	♂⚹♄
10日	18:29	☿△♅
10日	22:48	♀□♆
13日	10:49	☉☌☿
15日	23:09	☿☌♀
16日	20:28	☉△♅
21日	08:13	♀△♅
22日	06:09	☉☌♄
26日	02:55	♀☌♄
28日	14:59	♂△♆

2018年1月

DAY	☉	☽	☊ mean	☊ true	☿	♀	♂	♃	♄	♅	♆	♇	⚳	⚴	⚵	⚶	⚷
	° ′	° ′	° ′	° ′	° ′	° ′	° ′	° ′	° ′	° ′	° ′	° ′	°	°	°	°	°
1	10 ♑ 7	19 ♊ 5	16 ♌ 55	15 R 23	17 D 35	8 D 3	13 D 56	16 D 52	1 D 20	24 R 34	11 D 53	18 D 45	17 R	25 D	6 D	22 D	24 D
2	11 ♑ 8	4 ♋ 21	16 ♌ 51	15 ♌ 18	18 ♐ 33	9 ♑ 18	14 ♏ 33	17 ♏ 2	1 ♑ 27	24 ♈ 34	11 ♓ 55	18 ♑ 48	17 ♌	26 ♈	6 ♒	23 ♏	24 ♓
3	12 ♑ 9	19 ♋ 38	16 ♌ 48	15 ♌ 14	19 ♐ 35	10 ♑ 34	15 ♏ 10	17 ♏ 12	1 ♑ 34	24 D 34	11 ♓ 56	18 ♑ 50	17 ♌	26 ♈	6 ♒	23 ♏	24 ♓
4	13 ♑ 10	4 ♌ 47	16 ♌ 45	15 ♌ 12	20 ♐ 39	11 ♑ 49	15 ♏ 48	17 ♏ 22	1 ♑ 41	24 ♈ 34	11 ♓ 57	18 ♑ 52	17 ♌	26 ♈	7 ♒	24 ♏	24 ♓
5	14 ♑ 12	19 ♌ 36	16 ♌ 42	15 D 12	21 ♐ 46	13 ♑ 5	16 ♏ 25	17 ♏ 32	1 ♑ 48	24 ♈ 34	11 ♓ 59	18 ♑ 54	16 ♌	26 ♈	7 ♒	24 ♏	24 ♓
6	15 ♑ 13	4 ♍ 2	16 ♌ 39	15 ♌ 13	22 ♐ 56	14 ♑ 20	17 ♏ 2	17 ♏ 41	1 ♑ 55	24 ♈ 34	12 ♓ 0	18 ♑ 56	16 ♌	26 ♈	8 ♒	25 ♏	24 ♓
7	16 ♑ 14	18 ♍ 0	16 ♌ 35	15 ♌ 14	24 ♐ 8	15 ♑ 36	17 ♏ 40	17 ♏ 51	2 ♑ 2	24 ♈ 34	12 ♓ 2	18 ♑ 58	16 ♌	26 ♈	8 ♒	25 ♏	24 ♓
8	17 ♑ 15	1 ♎ 31	16 ♌ 32	15 ♌ 16	25 ♐ 22	16 ♑ 51	18 ♏ 17	18 ♏ 1	2 ♑ 9	24 ♈ 34	12 ♓ 3	19 ♑ 0	16 ♌	27 ♈	8 ♒	26 ♏	24 ♓
9	18 ♑ 16	14 ♎ 37	16 ♌ 29	15 ♌ 17	26 ♐ 37	18 ♑ 7	18 ♏ 54	18 ♏ 10	2 ♑ 16	24 ♈ 35	12 ♓ 5	19 ♑ 2	16 ♌	27 ♈	9 ♒	26 ♏	24 ♓
10	19 ♑ 17	27 ♎ 20	16 ♌ 26	15 R 16	27 ♐ 54	19 ♑ 22	19 ♏ 32	18 ♏ 19	2 ♑ 23	24 ♈ 35	12 ♓ 6	19 ♑ 4	16 ♌	27 ♈	9 ♒	27 ♏	24 ♓
11	20 ♑ 18	9 ♏ 45	16 ♌ 23	15 ♌ 15	29 ♐ 13	20 ♑ 38	20 ♏ 9	18 ♏ 28	2 ♑ 30	24 ♈ 35	12 ♓ 8	19 ♑ 6	16 ♌	27 ♈	10 ♒	27 ♏	24 ♓
12	21 ♑ 20	21 ♏ 56	16 ♌ 20	15 ♌ 12	0 ♑ 32	21 ♑ 53	20 ♏ 46	18 ♏ 37	2 ♑ 37	24 ♈ 36	12 ♓ 9	19 ♑ 8	15 ♌	27 ♈	10 ♒	28 ♏	24 ♓
13	22 ♑ 21	3 ♐ 57	16 ♌ 16	15 ♌ 9	1 ♑ 53	23 ♑ 8	21 ♏ 24	18 ♏ 46	2 ♑ 44	24 ♈ 36	12 ♓ 11	19 ♑ 10	15 ♌	28 ♈	11 ♒	28 ♏	24 ♓
14	23 ♑ 22	15 ♐ 51	16 ♌ 13	15 ♌ 5	3 ♑ 15	24 ♑ 24	22 ♏ 1	18 ♏ 55	2 ♑ 50	24 ♈ 37	12 ♓ 12	19 ♑ 12	15 ♌	28 ♈	11 ♒	29 ♏	25 ♓
15	24 ♑ 23	27 ♐ 41	16 ♌ 10	15 ♌ 1	4 ♑ 38	25 ♑ 39	22 ♏ 38	19 ♏ 4	2 ♑ 57	24 ♈ 37	12 ♓ 14	19 ♑ 14	15 ♌	28 ♈	11 ♒	29 ♏	25 ♓
16	25 ♑ 24	9 ♑ 29	16 ♌ 7	14 ♌ 58	6 ♑ 2	26 ♑ 55	23 ♏ 15	19 ♏ 13	3 ♑ 4	24 ♈ 38	12 ♓ 16	19 ♑ 16	15 ♌	28 ♈	12 ♒	0 ♐	25 ♓
17	26 ♑ 25	21 ♑ 19	16 ♌ 4	14 ♌ 56	7 ♑ 27	28 ♑ 10	23 ♏ 52	19 ♏ 21	3 ♑ 11	24 ♈ 39	12 ♓ 17	19 ♑ 18	14 ♌	29 ♈	12 ♒	0 ♐	25 ♓
18	27 ♑ 26	3 ♒ 12	16 ♌ 0	14 ♌ 54	8 ♑ 53	29 ♑ 26	24 ♏ 30	19 ♏ 29	3 ♑ 17	24 ♈ 40	12 ♓ 19	19 ♑ 20	14 ♌	29 ♈	13 ♒	1 ♐	25 ♓
19	28 ♑ 27	15 ♒ 10	15 ♌ 57	14 D 54	10 ♑ 19	0 ♒ 41	25 ♏ 7	19 ♏ 38	3 ♑ 24	24 ♈ 40	12 ♓ 21	19 ♑ 22	14 ♌	29 ♈	13 ♒	1 ♐	25 ♓
20	29 ♑ 29	27 ♒ 14	15 ♌ 54	14 ♌ 54	11 ♑ 46	1 ♒ 57	25 ♏ 44	19 ♏ 46	3 ♑ 31	24 ♈ 41	12 ♓ 23	19 ♑ 24	14 ♌	29 ♈	14 ♒	2 ♐	25 ♓
21	0 ♒ 30	9 ♓ 28	15 ♌ 51	14 ♌ 55	13 ♑ 14	3 ♒ 12	26 ♏ 21	19 ♏ 54	3 ♑ 37	24 ♈ 42	12 ♓ 24	19 ♑ 26	14 ♌	0 ♉	14 ♒	2 ♐	25 ♓
22	1 ♒ 31	21 ♓ 53	15 ♌ 48	14 ♌ 56	14 ♑ 43	4 ♒ 28	26 ♏ 58	20 ♏ 1	3 ♑ 44	24 ♈ 43	12 ♓ 26	19 ♑ 28	13 ♌	0 ♉	15 ♒	3 ♐	25 ♓
23	2 ♒ 32	4 ♈ 32	15 ♌ 45	14 ♌ 58	16 ♑ 12	5 ♒ 43	27 ♏ 35	20 ♏ 9	3 ♑ 50	24 ♈ 44	12 ♓ 28	19 ♑ 30	13 ♌	0 ♉	15 ♒	3 ♐	25 ♓
24	3 ♒ 33	17 ♈ 28	15 ♌ 41	14 ♌ 58	17 ♑ 42	6 ♒ 58	28 ♏ 12	20 ♏ 17	3 ♑ 57	24 ♈ 45	12 ♓ 30	19 ♑ 32	13 ♌	1 ♉	15 ♒	3 ♐	25 ♓
25	4 ♒ 34	0 ♉ 45	15 ♌ 38	14 ♌ 59	19 ♑ 13	8 ♒ 14	28 ♏ 49	20 ♏ 24	4 ♑ 3	24 ♈ 46	12 ♓ 32	19 ♑ 34	13 ♌	1 ♉	16 ♒	4 ♐	25 ♓
26	5 ♒ 35	14 ♉ 23	15 ♌ 35	14 R 59	20 ♑ 44	9 ♒ 29	29 ♏ 26	20 ♏ 31	4 ♑ 10	24 ♈ 47	12 ♓ 34	19 ♑ 36	12 ♌	1 ♉	16 ♒	4 ♐	25 ♓
27	6 ♒ 36	28 ♉ 25	15 ♌ 32	14 ♌ 58	22 ♑ 16	10 ♒ 44	0 ♐ 3	20 ♏ 39	4 ♑ 16	24 ♈ 49	12 ♓ 36	19 ♑ 38	12 ♌	1 ♉	17 ♒	5 ♐	25 ♓
28	7 ♒ 37	12 ♊ 49	15 ♌ 29	14 ♌ 58	23 ♑ 48	12 ♒ 0	0 ♐ 40	20 ♏ 46	4 ♑ 22	24 ♈ 50	12 ♓ 38	19 ♑ 40	12 ♌	2 ♉	17 ♒	5 ♐	25 ♓
29	8 ♒ 38	27 ♊ 32	15 ♌ 26	14 ♌ 57	25 ♑ 21	13 ♒ 15	1 ♐ 16	20 ♏ 52	4 ♑ 29	24 ♈ 51	12 ♓ 40	19 ♑ 42	12 ♌	2 ♉	18 ♒	6 ♐	25 ♓
30	9 ♒ 39	12 ♋ 30	15 ♌ 22	14 ♌ 56	26 ♑ 55	14 ♒ 30	1 ♐ 53	20 ♏ 59	4 ♑ 35	24 ♈ 53	12 ♓ 42	19 ♑ 44	12 ♌	2 ♉	18 ♒	6 ♐	25 ♓
31	10 ♒ 40	27 ♋ 33	15 ♌ 19	14 ♌ 56	28 ♑ 30	15 ♒ 46	2 ♐ 30	21 ♏ 6	4 ♑ 41	24 ♈ 54	12 ♓ 44	19 ♑ 46	11 ♌	3 ♉	18 ♒	7 ♐	25 ♓

SUN INGRESS	☉ → ♒ 20日 12:09
MOON PHASE	○ 2日 11:24 ♋　◑ 9日 07:25 ♎　● 17日 11:17 ♑　◐ 25日 07:20 ♉　○ 31日 22:27 ♌

aspects

2日	18:37	☉⚹♆
4日	02:38	♀⚹♆
7日	08:39	☿△♅
7日	09:39	♂☌♃
8日	21:07	☉⚹♃
9日	01:13	♀⚹♃
9日	04:59	♂⚹♇
9日	16:02	☉☌♀
9日	18:03	♀☌♇
9日	18:33	☉☌♇
10日	06:08	♀⚹♂
10日	14:36	☉⚹♂
13日	16:03	☿☌♄
14日	04:09	♀□♅
15日	05:45	☉□♅
16日	13:14	♃⚹♇
20日	10:08	☿⚹♆
25日	05:50	☿☌♇
25日	20:28	☿⚹♃
28日	16:08	☿□♅

2018年2月

DAY	☉	☽	☊ mean	☊ true	☿	♀	♂	♃	♄	♅	♆	♇	⚳	⚴	⚵	⚶	⚷
	° ′	° ′	° ′	° ′	° ′	° ′	° ′	° ′	° ′	° ′	° ′	° ′	°	°	°	°	°
1	11 ♒ 41	12 ♌ 35	15 ♌ 16	14 R 56	0 D 5	17 D 1	3 D 7	21 D 12	4 D 47	24 D 55	12 D 46	19 D 48	11 R	3 D	19 D	7 D	25 D
2	12 ♒ 41	27 ♌ 25	15 ♌ 13	14 D 56	1 ♒ 41	18 ♒ 16	3 ♐ 44	21 ♏ 18	4 ♑ 53	24 ♈ 57	12 ♓ 48	19 ♑ 50	11 ♌	3 ♉	19 ♒	8 ♐	25 ♓
3	13 ♒ 42	11 ♍ 57	15 ♌ 10	14 ♌ 56	3 ♒ 17	19 ♒ 32	4 ♐ 20	21 ♏ 25	4 ♑ 59	24 ♈ 58	12 ♓ 50	19 ♑ 52	11 ♌	4 ♉	20 ♒	8 ♐	25 ♓
4	14 ♒ 43	26 ♍ 5	15 ♌ 6	14 ♌ 56	4 ♒ 55	20 ♒ 47	4 ♐ 57	21 ♏ 31	5 ♑ 5	25 ♈ 0	12 ♓ 52	19 ♑ 54	10 ♌	4 ♉	20 ♒	8 ♐	25 ♓
5	15 ♒ 44	9 ♎ 46	15 ♌ 3	14 R 56	6 ♒ 32	22 ♒ 2	5 ♐ 34	21 ♏ 36	5 ♑ 11	25 ♈ 2	12 ♓ 54	19 ♑ 56	10 ♌	5 ♉	21 ♒	9 ♐	25 ♓
6	16 ♒ 45	23 ♎ 1	15 ♌ 0	14 ♌ 56	8 ♒ 11	23 ♒ 17	6 ♐ 10	21 ♏ 42	5 ♑ 17	25 ♈ 3	12 ♓ 56	19 ♑ 57	10 ♌	5 ♉	21 ♒	9 ♐	25 ♓
7	17 ♒ 46	5 ♏ 52	14 ♌ 57	14 ♌ 55	9 ♒ 51	24 ♒ 33	6 ♐ 47	21 ♏ 48	5 ♑ 23	25 ♈ 5	12 ♓ 58	19 ♑ 59	10 ♌	5 ♉	22 ♒	10 ♐	26 ♓
8	18 ♒ 46	18 ♏ 21	14 ♌ 54	14 ♌ 55	11 ♒ 31	25 ♒ 48	7 ♐ 23	21 ♏ 53	5 ♑ 29	25 ♈ 7	13 ♓ 0	20 ♑ 1	9 ♌	6 ♉	22 ♒	10 ♐	26 ♓
9	19 ♒ 47	0 ♐ 33	14 ♌ 51	14 D 55	13 ♒ 12	27 ♒ 3	8 ♐ 0	21 ♏ 58	5 ♑ 35	25 ♈ 9	13 ♓ 2	20 ♑ 3	9 ♌	6 ♉	23 ♒	11 ♐	26 ♓
10	20 ♒ 48	12 ♐ 33	14 ♌ 47	14 ♌ 56	14 ♒ 54	28 ♒ 18	8 ♐ 36	22 ♏ 3	5 ♑ 40	25 ♈ 11	13 ♓ 4	20 ♑ 5	9 ♌	6 ♉	23 ♒	11 ♐	26 ♓
11	21 ♒ 49	24 ♐ 24	14 ♌ 44	14 ♌ 57	16 ♒ 36	29 ♒ 33	9 ♐ 13	22 ♏ 8	5 ♑ 46	25 ♈ 12	13 ♓ 6	20 ♑ 7	9 ♌	7 ♉	23 ♒	12 ♐	26 ♓
12	22 ♒ 49	6 ♑ 13	14 ♌ 41	14 ♌ 57	18 ♒ 20	0 ♓ 49	9 ♐ 49	22 ♏ 13	5 ♑ 52	25 ♈ 14	13 ♓ 9	20 ♑ 8	9 ♌	7 ♉	24 ♒	12 ♐	26 ♓
13	23 ♒ 50	18 ♑ 1	14 ♌ 38	14 ♌ 58	20 ♒ 4	2 ♓ 4	10 ♐ 26	22 ♏ 17	5 ♑ 57	25 ♈ 16	13 ♓ 11	20 ♑ 10	8 ♌	8 ♉	24 ♒	12 ♐	26 ♓
14	24 ♒ 51	29 ♑ 54	14 ♌ 35	14 ♌ 59	21 ♒ 49	3 ♓ 19	11 ♐ 2	22 ♏ 22	6 ♑ 3	25 ♈ 18	13 ♓ 13	20 ♑ 12	8 ♌	8 ♉	25 ♒	13 ♐	26 ♓
15	25 ♒ 51	11 ♒ 53	14 ♌ 32	14 ♌ 59	23 ♒ 35	4 ♓ 34	11 ♐ 38	22 ♏ 26	6 ♑ 8	25 ♈ 21	13 ♓ 15	20 ♑ 14	8 ♌	8 ♉	25 ♒	13 ♐	26 ♓
16	26 ♒ 52	24 ♒ 1	14 ♌ 28	14 R 59	25 ♒ 22	5 ♓ 49	12 ♐ 15	22 ♏ 30	6 ♑ 13	25 ♈ 23	13 ♓ 17	20 ♑ 15	8 ♌	9 ♉	26 ♒	14 ♐	26 ♓
17	27 ♒ 53	6 ♓ 20	14 ♌ 25	14 ♌ 58	27 ♒ 10	7 ♓ 4	12 ♐ 51	22 ♏ 34	6 ♑ 19	25 ♈ 25	13 ♓ 19	20 ♑ 17	7 ♌	9 ♉	26 ♒	14 ♐	26 ♓
18	28 ♒ 53	18 ♓ 50	14 ♌ 22	14 ♌ 57	28 ♒ 58	8 ♓ 19	13 ♐ 27	22 ♏ 37	6 ♑ 24	25 ♈ 27	13 ♓ 22	20 ♑ 19	7 ♌	10 ♉	27 ♒	15 ♐	26 ♓
19	29 ♒ 54	1 ♈ 33	14 ♌ 19	14 ♌ 55	0 ♓ 48	9 ♓ 34	14 ♐ 3	22 ♏ 41	6 ♑ 29	25 ♈ 29	13 ♓ 24	20 ♑ 20	7 ♌	10 ♉	27 ♒	15 ♐	26 ♓
20	0 ♓ 54	14 ♈ 30	14 ♌ 16	14 ♌ 53	2 ♓ 38	10 ♓ 49	14 ♐ 39	22 ♏ 44	6 ♑ 34	25 ♈ 32	13 ♓ 26	20 ♑ 22	7 ♌	11 ♉	28 ♒	15 ♐	26 ♓
21	1 ♓ 55	27 ♈ 40	14 ♌ 12	14 ♌ 50	4 ♓ 28	12 ♓ 4	15 ♐ 15	22 ♏ 47	6 ♑ 39	25 ♈ 34	13 ♓ 28	20 ♑ 24	7 ♌	11 ♉	28 ♒	16 ♐	26 ♓
22	2 ♓ 55	11 ♉ 5	14 ♌ 9	14 ♌ 48	6 ♓ 20	13 ♓ 19	15 ♐ 51	22 ♏ 50	6 ♑ 44	25 ♈ 36	13 ♓ 31	20 ♑ 25	7 ♌	11 ♉	28 ♒	16 ♐	26 ♓
23	3 ♓ 56	24 ♉ 44	14 ♌ 6	14 ♌ 47	8 ♓ 12	14 ♓ 34	16 ♐ 27	22 ♏ 53	6 ♑ 49	25 ♈ 39	13 ♓ 33	20 ♑ 27	6 ♌	12 ♉	29 ♒	17 ♐	26 ♓
24	4 ♓ 56	8 ♊ 38	14 ♌ 3	14 D 47	10 ♓ 5	15 ♓ 49	17 ♐ 3	22 ♏ 56	6 ♑ 54	25 ♈ 41	13 ♓ 35	20 ♑ 29	6 ♌	12 ♉	29 ♒	17 ♐	26 ♓
25	5 ♓ 56	22 ♊ 47	14 ♌ 0	14 ♌ 48	11 ♓ 58	17 ♓ 4	17 ♐ 39	22 ♏ 58	6 ♑ 58	25 ♈ 43	13 ♓ 37	20 ♑ 30	6 ♌	13 ♉	0 ♓	17 ♐	26 ♓
26	6 ♓ 57	7 ♋ 8	13 ♌ 57	14 ♌ 49	13 ♓ 52	18 ♓ 19	18 ♐ 14	23 ♏ 0	7 ♑ 3	25 ♈ 46	13 ♓ 40	20 ♑ 32	6 ♌	13 ♉	0 ♓	18 ♐	27 ♓
27	7 ♓ 57	21 ♋ 39	13 ♌ 53	14 ♌ 50	15 ♓ 45	19 ♓ 34	18 ♐ 50	23 ♏ 2	7 ♑ 8	25 ♈ 48	13 ♓ 42	20 ♑ 33	6 ♌	14 ♉	1 ♓	18 ♐	27 ♓
28	8 ♓ 57	6 ♌ 17	13 ♌ 50	14 ♌ 51	17 ♓ 39	20 ♓ 49	19 ♐ 26	23 ♏ 4	7 ♑ 12	25 ♈ 51	13 ♓ 44	20 ♑ 35	6 ♌	14 ♉	1 ♓	19 ♐	27 ♓

SUN INGRESS	☉ → ♓ 19日 02:18
MOON PHASE	◑ 8日 00:54 ♏　● 16日 06:05 ♒　◐ 23日 17:09 ♊

aspects

4日	00:57	☿⚹♂
4日	15:07	♀□♃
7日	10:37	♀⚹♅
11日	08:21	☉□♃
14日	07:39	☿□♃
14日	11:23	☉⚹♅
16日	00:07	☿⚹♅
16日	08:20	♀⚹♄
17日	20:20	♂□♆
17日	21:27	☉☌☿
22日	03:42	♀☌♆
22日	05:23	☿⚹♄
25日	21:02	♀□♂
25日	21:26	☿☌♆
26日	02:46	☉⚹♄
27日	19:20	♀⚹♇

2018年3月

DAY	☉	☽	☊ mean	☊ true	☿	♀	♂	♃	♄	♅	♆	♇	⚳	⚴	⚵	⚶	⚷
	° ′	° ′	° ′	° ′	° ′	° ′	° ′	° ′	° ′	° ′	° ′	° ′	°	°	°	°	°
1	9 ♓ 58	20 ♌ 55	13 ♌ 47	14 R 52	19 D 32	22 D 4	20 D 1	23 D 6	7 D 17	25 D 54	13 D 46	20 D 36	5 R	15 D	2 D	19 D	27 D
2	10 ♓ 58	5 ♍ 27	13 ♌ 44	14 ♌ 50	21 ♓ 25	23 ♓ 19	20 ♐ 37	23 ♏ 7	7 ♑ 21	25 ♈ 56	13 ♓ 49	20 ♑ 38	5 ♌	15 ♉	2 ♓	19 ♐	27 ♓
3	11 ♓ 58	19 ♍ 48	13 ♌ 41	14 ♌ 48	23 ♓ 18	24 ♓ 33	21 ♐ 12	23 ♏ 9	7 ♑ 25	25 ♈ 59	13 ♓ 51	20 ♑ 39	5 ♌	16 ♉	3 ♓	20 ♐	27 ♓
4	12 ♓ 58	3 ♎ 52	13 ♌ 38	14 ♌ 44	25 ♓ 9	25 ♓ 48	21 ♐ 48	23 ♏ 10	7 ♑ 30	26 ♈ 2	13 ♓ 53	20 ♑ 40	5 ♌	16 ♉	3 ♓	20 ♐	27 ♓
5	13 ♓ 58	17 ♎ 34	13 ♌ 34	14 ♌ 39	26 ♓ 58	27 ♓ 3	22 ♐ 23	23 ♏ 11	7 ♑ 34	26 ♈ 4	13 ♓ 56	20 ♑ 42	5 ♌	16 ♉	4 ♓	20 ♐	27 ♓
6	14 ♓ 58	0 ♏ 53	13 ♌ 31	14 ♌ 35	28 ♓ 46	28 ♓ 18	22 ♐ 58	23 ♏ 12	7 ♑ 38	26 ♈ 7	13 ♓ 58	20 ♑ 43	5 ♌	17 ♉	4 ♓	21 ♐	27 ♓
7	15 ♓ 58	13 ♏ 48	13 ♌ 28	14 ♌ 30	0 ♈ 32	29 ♓ 32	23 ♐ 34	23 ♏ 12	7 ♑ 42	26 ♈ 10	14 ♓ 0	20 ♑ 45	5 ♌	17 ♉	5 ♓	21 ♐	27 ♓
8	16 ♓ 58	26 ♏ 22	13 ♌ 25	14 ♌ 27	2 ♈ 15	0 ♈ 47	24 ♐ 9	23 ♏ 13	7 ♑ 46	26 ♈ 13	14 ♓ 2	20 ♑ 46	5 ♌	18 ♉	5 ♓	22 ♐	27 ♓
9	17 ♓ 58	8 ♐ 37	13 ♌ 22	14 ♌ 25	3 ♈ 54	2 ♈ 2	24 ♐ 44	23 ♏ 13	7 ♑ 50	26 ♈ 16	14 ♓ 5	20 ♑ 47	5 ♌	18 ♉	5 ♓	22 ♐	27 ♓
10	18 ♓ 58	20 ♐ 39	13 ♌ 18	14 D 24	5 ♈ 30	3 ♈ 16	25 ♐ 19	23 R 13	7 ♑ 53	26 ♈ 18	14 ♓ 7	20 ♑ 48	5 ♌	19 ♉	6 ♓	22 ♐	27 ♓
11	19 ♓ 58	2 ♑ 31	13 ♌ 15	14 ♌ 25	7 ♈ 1	4 ♈ 31	25 ♐ 54	23 ♏ 13	7 ♑ 57	26 ♈ 21	14 ♓ 9	20 ♑ 50	4 ♌	19 ♉	6 ♓	23 ♐	27 ♓
12	20 ♓ 58	14 ♑ 20	13 ♌ 12	14 ♌ 27	8 ♈ 28	5 ♈ 45	26 ♐ 29	23 ♏ 12	8 ♑ 1	26 ♈ 24	14 ♓ 11	20 ♑ 51	4 ♌	20 ♉	7 ♓	23 ♐	27 ♓
13	21 ♓ 58	26 ♑ 10	13 ♌ 9	14 ♌ 29	9 ♈ 49	7 ♈ 0	27 ♐ 4	23 ♏ 12	8 ♑ 4	26 ♈ 27	14 ♓ 14	20 ♑ 52	4 ♌	20 ♉	7 ♓	23 ♐	27 ♓
14	22 ♓ 58	8 ♒ 5	13 ♌ 6	14 ♌ 30	11 ♈ 4	8 ♈ 14	27 ♐ 39	23 ♏ 11	8 ♑ 7	26 ♈ 30	14 ♓ 16	20 ♑ 53	4 ♌	21 ♉	8 ♓	24 ♐	27 ♓
15	23 ♓ 58	20 ♒ 10	13 ♌ 3	14 R 30	12 ♈ 13	9 ♈ 29	28 ♐ 13	23 ♏ 10	8 ♑ 11	26 ♈ 33	14 ♓ 18	20 ♑ 54	4 ♌	21 ♉	8 ♓	24 ♐	28 ♓
16	24 ♓ 58	2 ♓ 28	12 ♌ 59	14 ♌ 28	13 ♈ 15	10 ♈ 43	28 ♐ 48	23 ♏ 9	8 ♑ 14	26 ♈ 36	14 ♓ 21	20 ♑ 55	4 ♌	22 ♉	9 ♓	24 ♐	28 ♓
17	25 ♓ 58	15 ♓ 2	12 ♌ 56	14 ♌ 24	14 ♈ 9	11 ♈ 58	29 ♐ 23	23 ♏ 8	8 ♑ 17	26 ♈ 39	14 ♓ 23	20 ♑ 57	4 ♌	22 ♉	9 ♓	25 ♐	28 ♓
18	26 ♓ 57	27 ♓ 51	12 ♌ 53	14 ♌ 19	14 ♈ 57	13 ♈ 12	29 ♐ 57	23 ♏ 6	8 ♑ 20	26 ♈ 42	14 ♓ 25	20 ♑ 58	4 ♌	23 ♉	10 ♓	25 ♐	28 ♓
19	27 ♓ 57	10 ♈ 57	12 ♌ 50	14 ♌ 12	15 ♈ 36	14 ♈ 27	0 ♑ 31	23 ♏ 4	8 ♑ 23	26 ♈ 45	14 ♓ 27	20 ♑ 59	4 ♌	23 ♉	10 ♓	25 ♐	28 ♓
20	28 ♓ 57	24 ♈ 18	12 ♌ 47	14 ♌ 4	16 ♈ 8	15 ♈ 41	1 ♑ 6	23 ♏ 3	8 ♑ 26	26 ♈ 49	14 ♓ 29	21 ♑ 0	4 D	24 ♉	11 ♓	26 ♐	28 ♓
21	29 ♓ 56	7 ♉ 52	12 ♌ 43	13 ♌ 56	16 ♈ 31	16 ♈ 55	1 ♑ 40	23 ♏ 1	8 ♑ 29	26 ♈ 52	14 ♓ 32	21 ♑ 1	4 ♌	24 ♉	11 ♓	26 ♐	28 ♓
22	0 ♈ 56	21 ♉ 37	12 ♌ 40	13 ♌ 50	16 ♈ 46	18 ♈ 10	2 ♑ 14	22 ♏ 58	8 ♑ 32	26 ♈ 55	14 ♓ 34	21 ♑ 2	4 ♌	25 ♉	12 ♓	26 ♐	28 ♓
23	1 ♈ 56	5 ♊ 30	12 ♌ 37	13 ♌ 45	16 ♈ 53	19 ♈ 24	2 ♑ 48	22 ♏ 56	8 ♑ 34	26 ♈ 58	14 ♓ 36	21 ♑ 2	4 ♌	26 ♉	12 ♓	27 ♐	28 ♓
24	2 ♈ 55	19 ♊ 30	12 ♌ 34	13 ♌ 42	16 R 53	20 ♈ 38	3 ♑ 22	22 ♏ 53	8 ♑ 37	27 ♈ 1	14 ♓ 38	21 ♑ 3	4 ♌	26 ♉	13 ♓	27 ♐	28 ♓
25	3 ♈ 55	3 ♋ 35	12 ♌ 31	13 ♌ 41	16 ♈ 44	21 ♈ 52	3 ♑ 56	22 ♏ 51	8 ♑ 39	27 ♈ 5	14 ♓ 40	21 ♑ 4	4 ♌	27 ♉	13 ♓	27 ♐	28 ♓
26	4 ♈ 54	17 ♋ 44	12 ♌ 28	13 D 42	16 ♈ 28	23 ♈ 6	4 ♑ 30	22 ♏ 48	8 ♑ 41	27 ♈ 8	14 ♓ 43	21 ♑ 5	4 ♌	27 ♉	13 ♓	27 ♐	28 ♓
27	5 ♈ 54	1 ♌ 55	12 ♌ 24	13 ♌ 43	16 ♈ 5	24 ♈ 21	5 ♑ 3	22 ♏ 44	8 ♑ 44	27 ♈ 11	14 ♓ 45	21 ♑ 6	4 ♌	28 ♉	14 ♓	28 ♐	28 ♓
28	6 ♈ 53	16 ♌ 7	12 ♌ 21	13 R 43	15 ♈ 36	25 ♈ 35	5 ♑ 37	22 ♏ 41	8 ♑ 46	27 ♈ 14	14 ♓ 47	21 ♑ 7	4 ♌	28 ♉	14 ♓	28 ♐	28 ♓
29	7 ♈ 52	0 ♍ 17	12 ♌ 18	13 ♌ 42	15 ♈ 1	26 ♈ 49	6 ♑ 10	22 ♏ 38	8 ♑ 48	27 ♈ 18	14 ♓ 49	21 ♑ 7	5 ♌	29 ♉	15 ♓	28 ♐	28 ♓
30	8 ♈ 52	14 ♍ 23	12 ♌ 15	13 ♌ 38	14 ♈ 21	28 ♈ 3	6 ♑ 43	22 ♏ 34	8 ♑ 50	27 ♈ 21	14 ♓ 51	21 ♑ 8	5 ♌	29 ♉	15 ♓	29 ♐	28 ♓
31	9 ♈ 51	28 ♍ 20	12 ♌ 12	13 ♌ 32	13 ♈ 38	29 ♈ 17	7 ♑ 17	22 ♏ 30	8 ♑ 52	27 ♈ 24	14 ♓ 53	21 ♑ 9	5 ♌	0 ♊	16 ♓	29 ♐	28 ♓

SUN INGRESS ☉ → ♈ 21日 01:15

MOON PHASE ○ 2日 09:51 ♍ ◑ 9日 20:20 ♐ ● 17日 22:11 ♓ ◐ 25日 00:35 ♋ ○ 31日 21:37 ♎

aspects		
1日	08:56	☿□♂
1日	13:42	☿⚹♇
1日	20:22	♀△♃
2日	22:05	☿△♃
4日	22:54	☉☌♆
5日	03:05	☿☌♀
11日	16:00	☿□♄
11日	20:23	♂△♅
11日	20:56	☉⚹♇
13日	21:39	♀□♄
14日	05:06	☉△♃
20日	13:03	☿☌♀
24日	08:17	♀□♇
25日	01:08	☉□♂
29日	09:47	♀☌♅
29日	23:16	☉□♄

2018年4月

DAY	☉	☽	☊ mean	☊ true	☿	♀	♂	♃	♄	♅	♆	♇	⚳	⚴	⚵	⚶	⚷
	° ′	° ′	° ′	° ′	° ′	° ′	° ′	° ′	° ′	° ′	° ′	° ′	°	°	°	°	°
1	10 ♈ 50	12 ♎ 6	12 ♌ 9	13 R 24	12 R 51	0 D 31	7 D 50	22 R 26	8 D 53	27 D 27	14 D 55	21 D 10	5 D	0 D	16 D	29 D	29 D
2	11 ♈ 49	25 ♎ 35	12 ♌ 5	13 ♌ 14	12 ♈ 2	1 ♉ 45	8 ♑ 23	22 ♏ 22	8 ♑ 55	27 ♈ 31	14 ♓ 58	21 ♑ 10	5 ♌	1 ♊	17 ♓	29 ♐	29 ♓
3	12 ♈ 48	8 ♏ 46	12 ♌ 2	13 ♌ 4	11 ♈ 13	2 ♉ 58	8 ♑ 56	22 ♏ 18	8 ♑ 57	27 ♈ 34	15 ♓ 0	21 ♑ 11	5 ♌	1 ♊	17 ♓	0 ♑	29 ♓
4	13 ♈ 48	21 ♏ 38	11 ♌ 59	12 ♌ 54	10 ♈ 23	4 ♉ 12	9 ♑ 28	22 ♏ 13	8 ♑ 58	27 ♈ 38	15 ♓ 2	21 ♑ 11	5 ♌	2 ♊	18 ♓	0 ♑	29 ♓
5	14 ♈ 47	4 ♐ 11	11 ♌ 56	12 ♌ 45	9 ♈ 34	5 ♉ 26	10 ♑ 1	22 ♏ 9	8 ♑ 59	27 ♈ 41	15 ♓ 4	21 ♑ 12	5 ♌	3 ♊	18 ♓	0 ♑	29 ♓
6	15 ♈ 46	16 ♐ 27	11 ♌ 53	12 ♌ 39	8 ♈ 48	6 ♉ 40	10 ♑ 34	22 ♏ 4	9 ♑ 1	27 ♈ 44	15 ♓ 6	21 ♑ 12	5 ♌	3 ♊	19 ♓	0 ♑	29 ♓
7	16 ♈ 45	28 ♐ 29	11 ♌ 49	12 ♌ 35	8 ♈ 4	7 ♉ 54	11 ♑ 6	21 ♏ 59	9 ♑ 2	27 ♈ 48	15 ♓ 8	21 ♑ 13	5 ♌	4 ♊	19 ♓	1 ♑	29 ♓
8	17 ♈ 44	10 ♑ 23	11 ♌ 46	12 ♌ 33	7 ♈ 23	9 ♉ 7	11 ♑ 38	21 ♏ 54	9 ♑ 3	27 ♈ 51	15 ♓ 10	21 ♑ 13	6 ♌	4 ♊	20 ♓	1 ♑	29 ♓
9	18 ♈ 43	22 ♑ 11	11 ♌ 43	12 D 33	6 ♈ 46	10 ♉ 21	12 ♑ 10	21 ♏ 49	9 ♑ 4	27 ♈ 54	15 ♓ 12	21 ♑ 14	6 ♌	5 ♊	20 ♓	1 ♑	29 ♓
10	19 ♈ 42	4 ♒ 2	11 ♌ 40	12 ♌ 33	6 ♈ 14	11 ♉ 35	12 ♑ 42	21 ♏ 43	9 ♑ 5	27 ♈ 58	15 ♓ 14	21 ♑ 14	6 ♌	5 ♊	21 ♓	1 ♑	29 ♓
11	20 ♈ 41	15 ♒ 58	11 ♌ 37	12 R 33	5 ♈ 46	12 ♉ 48	13 ♑ 14	21 ♏ 38	9 ♑ 6	28 ♈ 1	15 ♓ 16	21 ♑ 15	6 ♌	6 ♊	21 ♓	1 ♑	29 ♓
12	21 ♈ 40	28 ♒ 7	11 ♌ 34	12 ♌ 32	5 ♈ 24	14 ♉ 2	13 ♑ 46	21 ♏ 32	9 ♑ 6	28 ♈ 5	15 ♓ 18	21 ♑ 15	6 ♌	6 ♊	22 ♓	2 ♑	29 ♓
13	22 ♈ 38	10 ♓ 32	11 ♌ 30	12 ♌ 29	5 ♈ 6	15 ♉ 15	14 ♑ 18	21 ♏ 26	9 ♑ 7	28 ♈ 8	15 ♓ 20	21 ♑ 15	6 ♌	7 ♊	22 ♓	2 ♑	29 ♓
14	23 ♈ 37	23 ♓ 16	11 ♌ 27	12 ♌ 23	4 ♈ 54	16 ♉ 29	14 ♑ 49	21 ♏ 20	9 ♑ 7	28 ♈ 12	15 ♓ 21	21 ♑ 16	6 ♌	8 ♊	22 ♓	2 ♑	29 ♓
15	24 ♈ 36	6 ♈ 21	11 ♌ 24	12 ♌ 15	4 ♈ 48	17 ♉ 42	15 ♑ 20	21 ♏ 14	9 ♑ 8	28 ♈ 15	15 ♓ 23	21 ♑ 16	7 ♌	8 ♊	23 ♓	2 ♑	29 ♓
16	25 ♈ 35	19 ♈ 47	11 ♌ 21	12 ♌ 4	4 D 46	18 ♉ 56	15 ♑ 51	21 ♏ 8	9 ♑ 8	28 ♈ 18	15 ♓ 25	21 ♑ 16	7 ♌	9 ♊	23 ♓	2 ♑	29 ♓
17	26 ♈ 34	3 ♉ 33	11 ♌ 18	11 ♌ 52	4 ♈ 50	20 ♉ 9	16 ♑ 22	21 ♏ 2	9 ♑ 8	28 ♈ 22	15 ♓ 27	21 ♑ 16	7 ♌	9 ♊	24 ♓	3 ♑	29 ♓
18	27 ♈ 32	17 ♉ 34	11 ♌ 14	11 ♌ 41	4 ♈ 59	21 ♉ 22	16 ♑ 53	20 ♏ 56	9 ♑ 8	28 ♈ 25	15 ♓ 29	21 ♑ 16	7 ♌	10 ♊	24 ♓	3 ♑	0 ♈
19	28 ♈ 31	1 ♊ 45	11 ♌ 11	11 ♌ 30	5 ♈ 13	22 ♉ 36	17 ♑ 24	20 ♏ 49	9 R 8	28 ♈ 29	15 ♓ 31	21 ♑ 16	7 ♌	10 ♊	25 ♓	3 ♑	0 ♈
20	29 ♈ 30	16 ♊ 2	11 ♌ 8	11 ♌ 22	5 ♈ 31	23 ♉ 49	17 ♑ 54	20 ♏ 43	9 ♑ 8	28 ♈ 32	15 ♓ 32	21 ♑ 17	7 ♌	11 ♊	25 ♓	3 ♑	0 ♈
21	0 ♉ 28	0 ♋ 20	11 ♌ 5	11 ♌ 17	5 ♈ 55	25 ♉ 2	18 ♑ 24	20 ♏ 36	9 ♑ 8	28 ♈ 36	15 ♓ 34	21 ♑ 17	8 ♌	12 ♊	26 ♓	3 ♑	0 ♈
22	1 ♉ 27	14 ♋ 34	11 ♌ 2	11 ♌ 14	6 ♈ 22	26 ♉ 15	18 ♑ 54	20 ♏ 29	9 ♑ 8	28 ♈ 39	15 ♓ 36	21 ♑ 17	8 ♌	12 ♊	26 ♓	3 ♑	0 ♈
23	2 ♉ 25	28 ♋ 44	10 ♌ 59	11 ♌ 14	6 ♈ 54	27 ♉ 28	19 ♑ 24	20 ♏ 22	9 ♑ 7	28 ♈ 43	15 ♓ 38	21 ♑ 17	8 ♌	13 ♊	27 ♓	3 ♑	0 ♈
24	3 ♉ 24	12 ♌ 47	10 ♌ 55	11 ♌ 14	7 ♈ 30	28 ♉ 41	19 ♑ 54	20 ♏ 15	9 ♑ 7	28 ♈ 46	15 ♓ 39	21 R 17	8 ♌	13 ♊	27 ♓	4 ♑	0 ♈
25	4 ♉ 22	26 ♌ 43	10 ♌ 52	11 ♌ 13	8 ♈ 10	29 ♉ 54	20 ♑ 23	20 ♏ 8	9 ♑ 6	28 ♈ 49	15 ♓ 41	21 ♑ 17	9 ♌	14 ♊	28 ♓	4 ♑	0 ♈
26	5 ♉ 21	10 ♍ 32	10 ♌ 49	11 ♌ 11	8 ♈ 53	1 ♊ 7	20 ♑ 52	20 ♏ 1	9 ♑ 6	28 ♈ 53	15 ♓ 43	21 ♑ 17	9 ♌	14 ♊	28 ♓	4 ♑	0 ♈
27	6 ♉ 19	24 ♍ 13	10 ♌ 46	11 ♌ 6	9 ♈ 40	2 ♊ 20	21 ♑ 21	19 ♏ 54	9 ♑ 5	28 ♈ 56	15 ♓ 44	21 ♑ 17	9 ♌	15 ♊	29 ♓	4 ♑	0 ♈
28	7 ♉ 18	7 ♎ 45	10 ♌ 43	10 ♌ 58	10 ♈ 30	3 ♊ 33	21 ♑ 50	19 ♏ 47	9 ♑ 4	29 ♈ 0	15 ♓ 46	21 ♑ 16	9 ♌	16 ♊	29 ♓	4 ♑	0 ♈
29	8 ♉ 16	21 ♎ 6	10 ♌ 40	10 ♌ 48	11 ♈ 24	4 ♊ 46	22 ♑ 19	19 ♏ 39	9 ♑ 3	29 ♈ 3	15 ♓ 47	21 ♑ 16	9 ♌	16 ♊	0 ♈	4 ♑	0 ♈
30	9 ♉ 14	4 ♏ 15	10 ♌ 36	10 ♌ 35	12 ♈ 21	5 ♊ 59	22 ♑ 47	19 ♏ 32	9 ♑ 2	29 ♈ 6	15 ♓ 49	21 ♑ 16	10 ♌	17 ♊	0 ♈	4 ♑	0 ♈

SUN INGRESS ☉ → ♉ 20日 12:12

MOON PHASE ◑ 8日 16:17 ♑ ● 16日 10:57 ♈ ◐ 23日 06:45 ♌ ○ 30日 09:58 ♏

aspects		
2日	02:53	☉☌☿
3日	00:44	♂☌♄
4日	16:05	☿□♂
5日	17:22	☿□♄
7日	22:37	♀△♄
11日	13:54	☉□♇
11日	15:03	♀△♂
13日	01:26	♀⚹♆
14日	18:58	♃⚹♇
15日	02:27	♂⚹♆
17日	16:00	♀☍♃
17日	22:04	♀△♇
18日	23:00	☉☌♅
24日	14:13	♂⚹♃
26日	06:28	☿□♄
26日	20:00	♂☌♇
29日	19:04	☉△♄

2018年5月

DAY	☉	☽	☊ mean	☊ true	☿	♀	♂	♃	♄	♅	♆	♇	⚳	⚴	⚵	⚶	⚷
	° ′	° ′	° ′	° ′	° ′	° ′	° ′	° ′	° ′	° ′	° ′	° ′	°	°	°	°	°
1	10 ♉ 12	17 ♏ 10	10 ♌ 33	10 R 22	13 D 21	7 D 12	23 D 15	19 R 25	9 R 1	29 D 10	15 D 50	21 R 16	10 D	17 D	1 D	4 D	0 D
2	11 ♉ 11	29 ♏ 49	10 ♌ 30	10 ♌ 9	14 ♈ 23	8 ♊ 24	23 ♑ 43	19 ♏ 17	9 ♑ 0	29 ♈ 13	15 ♓ 52	21 ♑ 16	10 ♌	18 ♊	1 ♈	4 ♑	0 ♈
3	12 ♉ 9	12 ♐ 14	10 ♌ 27	9 ♌ 58	15 ♈ 29	9 ♊ 37	24 ♑ 11	19 ♏ 10	8 ♑ 58	29 ♈ 17	15 ♓ 53	21 ♑ 15	10 ♌	18 ♊	2 ♈	4 ♑	0 ♈
4	13 ♉ 7	24 ♐ 25	10 ♌ 24	9 ♌ 49	16 ♈ 37	10 ♊ 50	24 ♑ 38	19 ♏ 2	8 ♑ 57	29 ♈ 20	15 ♓ 55	21 ♑ 15	11 ♌	19 ♊	2 ♈	4 ♑	0 ♈
5	14 ♉ 5	6 ♑ 25	10 ♌ 20	9 ♌ 43	17 ♈ 47	12 ♊ 2	25 ♑ 6	18 ♏ 54	8 ♑ 55	29 ♈ 23	15 ♓ 56	21 ♑ 15	11 ♌	20 ♊	3 ♈	4 ♑	0 ♈
6	15 ♉ 3	18 ♑ 17	10 ♌ 17	9 ♌ 40	19 ♈ 0	13 ♊ 15	25 ♑ 33	18 ♏ 47	8 ♑ 54	29 ♈ 27	15 ♓ 58	21 ♑ 14	11 ♌	20 ♊	3 ♈	4 ♑	0 ♈
7	16 ♉ 1	0 ♒ 5	10 ♌ 14	9 ♌ 38	20 ♈ 16	14 ♊ 27	25 ♑ 59	18 ♏ 39	8 ♑ 52	29 ♈ 30	15 ♓ 59	21 ♑ 14	11 ♌	21 ♊	3 ♈	4 ♑	0 ♈
8	17 ♉ 0	11 ♒ 55	10 ♌ 11	9 D 38	21 ♈ 34	15 ♊ 40	26 ♑ 26	18 ♏ 32	8 ♑ 50	29 ♈ 33	16 ♓ 0	21 ♑ 13	12 ♌	21 ♊	4 ♈	4 ♑	1 ♈
9	17 ♉ 58	23 ♒ 52	10 ♌ 8	9 R 38	22 ♈ 54	16 ♊ 52	26 ♑ 52	18 ♏ 24	8 ♑ 48	29 ♈ 37	16 ♓ 2	21 ♑ 13	12 ♌	22 ♊	4 ♈	4 R	1 ♈
10	18 ♉ 56	6 ♓ 0	10 ♌ 5	9 ♌ 37	24 ♈ 16	18 ♊ 4	27 ♑ 18	18 ♏ 16	8 ♑ 46	29 ♈ 40	16 ♓ 3	21 ♑ 13	12 ♌	23 ♊	5 ♈	4 ♑	1 ♈
11	19 ♉ 54	18 ♓ 27	10 ♌ 1	9 ♌ 34	25 ♈ 41	19 ♊ 17	27 ♑ 43	18 ♏ 9	8 ♑ 44	29 ♈ 43	16 ♓ 4	21 ♑ 12	13 ♌	23 ♊	5 ♈	4 ♑	1 ♈
12	20 ♉ 52	1 ♈ 15	9 ♌ 58	9 ♌ 29	27 ♈ 8	20 ♊ 29	28 ♑ 8	18 ♏ 1	8 ♑ 42	29 ♈ 47	16 ♓ 5	21 ♑ 12	13 ♌	24 ♊	6 ♈	4 ♑	1 ♈
13	21 ♉ 50	14 ♈ 28	9 ♌ 55	9 ♌ 21	28 ♈ 37	21 ♊ 41	28 ♑ 33	17 ♏ 53	8 ♑ 40	29 ♈ 50	16 ♓ 7	21 ♑ 11	13 ♌	24 ♊	6 ♈	4 ♑	1 ♈
14	22 ♉ 48	28 ♈ 7	9 ♌ 52	9 ♌ 11	0 ♉ 8	22 ♊ 53	28 ♑ 58	17 ♏ 46	8 ♑ 37	29 ♈ 53	16 ♓ 8	21 ♑ 10	13 ♌	25 ♊	7 ♈	4 ♑	1 ♈
15	23 ♉ 45	12 ♉ 9	9 ♌ 49	9 ♌ 0	1 ♉ 42	24 ♊ 5	29 ♑ 22	17 ♏ 38	8 ♑ 35	29 ♈ 56	16 ♓ 9	21 ♑ 10	14 ♌	25 ♊	7 ♈	4 ♑	1 ♈
16	24 ♉ 43	26 ♉ 32	9 ♌ 46	8 ♌ 49	3 ♉ 17	25 ♊ 17	29 ♑ 46	17 ♏ 31	8 ♑ 32	29 ♈ 59	16 ♓ 10	21 ♑ 9	14 ♌	26 ♊	8 ♈	4 ♑	1 ♈
17	25 ♉ 41	11 ♊ 8	9 ♌ 42	8 ♌ 39	4 ♉ 55	26 ♊ 29	0 ♒ 9	17 ♏ 23	8 ♑ 30	0 ♉ 3	16 ♓ 11	21 ♑ 8	14 ♌	27 ♊	8 ♈	4 ♑	1 ♈
18	26 ♉ 39	25 ♊ 50	9 ♌ 39	8 ♌ 32	6 ♉ 35	27 ♊ 41	0 ♒ 33	17 ♏ 16	8 ♑ 27	0 ♉ 6	16 ♓ 12	21 ♑ 8	15 ♌	27 ♊	9 ♈	4 ♑	1 ♈
19	27 ♉ 37	10 ♋ 31	9 ♌ 36	8 ♌ 26	8 ♉ 17	28 ♊ 53	0 ♒ 55	17 ♏ 8	8 ♑ 25	0 ♉ 9	16 ♓ 13	21 ♑ 7	15 ♌	28 ♊	9 ♈	4 ♑	1 ♈
20	28 ♉ 35	25 ♋ 4	9 ♌ 33	8 ♌ 24	10 ♉ 1	0 ♋ 5	1 ♒ 18	17 ♏ 1	8 ♑ 22	0 ♉ 12	16 ♓ 14	21 ♑ 6	15 ♌	28 ♊	10 ♈	4 ♑	1 ♈
21	29 ♉ 32	9 ♌ 26	9 ♌ 30	8 D 23	11 ♉ 47	1 ♋ 17	1 ♒ 40	16 ♏ 53	8 ♑ 19	0 ♉ 15	16 ♓ 15	21 ♑ 6	16 ♌	29 ♊	10 ♈	4 ♑	1 ♈
22	0 ♊ 30	23 ♌ 34	9 ♌ 26	8 ♌ 24	13 ♉ 35	2 ♋ 28	2 ♒ 1	16 ♏ 46	8 ♑ 16	0 ♉ 18	16 ♓ 16	21 ♑ 5	16 ♌	0 ♋	11 ♈	4 ♑	1 ♈
23	1 ♊ 28	7 ♍ 27	9 ♌ 23	8 R 24	15 ♉ 25	3 ♋ 40	2 ♒ 23	16 ♏ 39	8 ♑ 13	0 ♉ 21	16 ♓ 17	21 ♑ 4	16 ♌	0 ♋	11 ♈	4 ♑	1 ♈
24	2 ♊ 26	21 ♍ 6	9 ♌ 20	8 ♌ 22	17 ♉ 17	4 ♋ 52	2 ♒ 44	16 ♏ 32	8 ♑ 10	0 ♉ 24	16 ♓ 18	21 ♑ 3	17 ♌	1 ♋	12 ♈	3 ♑	1 ♈
25	3 ♊ 23	4 ♎ 31	9 ♌ 17	8 ♌ 19	19 ♉ 12	6 ♋ 3	3 ♒ 4	16 ♏ 25	8 ♑ 7	0 ♉ 27	16 ♓ 19	21 ♑ 2	17 ♌	1 ♋	12 ♈	3 ♑	1 ♈
26	4 ♊ 21	17 ♎ 43	9 ♌ 14	8 ♌ 12	21 ♉ 8	7 ♋ 15	3 ♒ 24	16 ♏ 18	8 ♑ 3	0 ♉ 30	16 ♓ 19	21 ♑ 1	17 ♌	2 ♋	12 ♈	3 ♑	1 ♈
27	5 ♊ 18	0 ♏ 43	9 ♌ 11	8 ♌ 4	23 ♉ 7	8 ♋ 26	3 ♒ 44	16 ♏ 11	8 ♑ 0	0 ♉ 33	16 ♓ 20	21 ♑ 1	17 ♌	2 ♋	13 ♈	3 ♑	1 ♈
28	6 ♊ 16	13 ♏ 31	9 ♌ 7	7 ♌ 54	25 ♉ 7	9 ♋ 37	4 ♒ 3	16 ♏ 4	7 ♑ 57	0 ♉ 36	16 ♓ 21	21 ♑ 0	18 ♌	3 ♋	13 ♈	3 ♑	1 ♈
29	7 ♊ 14	26 ♏ 6	9 ♌ 4	7 ♌ 43	27 ♉ 9	10 ♋ 49	4 ♒ 22	15 ♏ 57	7 ♑ 53	0 ♉ 39	16 ♓ 22	20 ♑ 59	18 ♌	4 ♋	14 ♈	3 ♑	1 ♈
30	8 ♊ 11	8 ♐ 30	9 ♌ 1	7 ♌ 32	29 ♉ 13	12 ♋ 0	4 ♒ 40	15 ♏ 51	7 ♑ 50	0 ♉ 42	16 ♓ 22	20 ♑ 58	18 ♌	4 ♋	14 ♈	3 ♑	1 ♈
31	9 ♊ 9	20 ♐ 43	8 ♌ 58	7 ♌ 23	1 ♊ 19	13 ♋ 11	4 ♒ 57	15 ♏ 44	7 ♑ 46	0 ♉ 45	16 ♓ 23	20 ♑ 57	19 ♌	5 ♋	15 ♈	2 ♑	1 ♈

SUN INGRESS	☉ → ♊ 21日 11:15
MOON PHASE	◑ 8日 11:09 ♒　● 15日 20:48 ♉　◐ 22日 12:49 ♍　○ 29日 23:19 ♐

aspects		
6日	22:56	☉⚹♆
7日	17:52	☿□♇
8日	06:58	♀□♆
9日	09:39	☉☍♃
12日	08:10	☉△♇
12日	22:30	☿□♂
13日	19:50	☿☌♅
16日	16:04	♂□♅
19日	01:49	☿△♄
20日	02:30	♀⚹♅
23日	11:13	☿⚹♆
23日	14:54	☿☍♃
24日	11:39	☉△♂
25日	18:52	♃△♆
25日	22:38	☿△♇
26日	15:40	♀☍♄

2018年6月

DAY	☉	☽	☊ mean	☊ true	☿	♀	♂	♃	♄	♅	♆	♇	⚳	⚴	⚵	⚶	⚷
	° ′	° ′	° ′	° ′	° ′	° ′	° ′	° ′	° ′	° ′	° ′	° ′	°	°	°	°	°
1	10 ♊ 6	2 ♑ 46	8 ♌ 55	7 R 16	3 D 27	14 D 22	5 D 15	15 R 38	7 R 43	0 D 48	16 D 24	20 R 56	19 D	5 D	15 D	2 R	1 D
2	11 ♊ 4	14 ♑ 41	8 ♌ 52	7 ♌ 11	5 ♊ 35	15 ♋ 33	5 ♒ 32	15 ♏ 31	7 ♑ 39	0 ♉ 51	16 ♓ 24	20 ♑ 55	20 ♌	6 ♋	16 ♈	2 ♑	1 ♈
3	12 ♊ 1	26 ♑ 30	8 ♌ 48	7 ♌ 8	7 ♊ 45	16 ♋ 44	5 ♒ 48	15 ♏ 25	7 ♑ 35	0 ♉ 54	16 ♓ 25	20 ♑ 54	20 ♌	7 ♋	16 ♈	2 ♑	1 ♈
4	12 ♊ 59	8 ♒ 17	8 ♌ 45	7 D 8	9 ♊ 56	17 ♋ 55	6 ♒ 4	15 ♏ 19	7 ♑ 32	0 ♉ 56	16 ♓ 25	20 ♑ 53	20 ♌	7 ♋	17 ♈	2 ♑	1 ♈
5	13 ♊ 56	20 ♒ 7	8 ♌ 42	7 ♌ 8	12 ♊ 7	19 ♋ 6	6 ♒ 19	15 ♏ 13	7 ♑ 28	0 ♉ 59	16 ♓ 26	20 ♑ 52	21 ♌	8 ♋	17 ♈	1 ♑	2 ♈
6	14 ♊ 54	2 ♓ 3	8 ♌ 39	7 ♌ 10	14 ♊ 19	20 ♋ 16	6 ♒ 33	15 ♏ 7	7 ♑ 24	1 ♉ 2	16 ♓ 26	20 ♑ 50	21 ♌	8 ♋	18 ♈	1 ♑	2 ♈
7	15 ♊ 51	14 ♓ 11	8 ♌ 36	7 ♌ 10	16 ♊ 31	21 ♋ 27	6 ♒ 47	15 ♏ 1	7 ♑ 20	1 ♉ 4	16 ♓ 27	20 ♑ 49	21 ♌	9 ♋	18 ♈	1 ♑	2 ♈
8	16 ♊ 48	26 ♓ 36	8 ♌ 32	7 R 10	18 ♊ 43	22 ♋ 37	7 ♒ 1	14 ♏ 56	7 ♑ 16	1 ♉ 7	16 ♓ 27	20 ♑ 48	22 ♌	10 ♋	19 ♈	1 ♑	2 ♈
9	17 ♊ 46	9 ♈ 24	8 ♌ 29	7 ♌ 7	20 ♊ 55	23 ♋ 48	7 ♒ 14	14 ♏ 50	7 ♑ 12	1 ♉ 10	16 ♓ 27	20 ♑ 47	22 ♌	10 ♋	19 ♈	1 ♑	2 ♈
10	18 ♊ 43	22 ♈ 36	8 ♌ 26	7 ♌ 3	23 ♊ 6	24 ♋ 58	7 ♒ 26	14 ♏ 45	7 ♑ 8	1 ♉ 12	16 ♓ 28	20 ♑ 46	22 ♌	11 ♋	20 ♈	0 ♑	2 ♈
11	19 ♊ 41	6 ♉ 17	8 ♌ 23	6 ♌ 58	25 ♊ 16	26 ♋ 9	7 ♒ 38	14 ♏ 40	7 ♑ 4	1 ♉ 15	16 ♓ 28	20 ♑ 45	23 ♌	11 ♋	20 ♈	0 ♑	2 ♈
12	20 ♊ 38	20 ♉ 25	8 ♌ 20	6 ♌ 51	27 ♊ 25	27 ♋ 19	7 ♒ 49	14 ♏ 35	7 ♑ 0	1 ♉ 17	16 ♓ 28	20 ♑ 43	23 ♌	12 ♋	20 ♈	0 ♑	2 ♈
13	21 ♊ 35	4 ♊ 57	8 ♌ 17	6 ♌ 44	29 ♊ 33	28 ♋ 29	7 ♒ 59	14 ♏ 30	6 ♑ 56	1 ♉ 20	16 ♓ 28	20 ♑ 42	23 ♌	12 ♋	21 ♈	0 ♑	2 ♈
14	22 ♊ 33	19 ♊ 47	8 ♌ 13	6 ♌ 37	1 ♋ 39	29 ♋ 39	8 ♒ 9	14 ♏ 25	6 ♑ 51	1 ♉ 22	16 ♓ 29	20 ♑ 41	24 ♌	13 ♋	21 ♈	29 ♐	2 ♈
15	23 ♊ 30	4 ♋ 48	8 ♌ 10	6 ♌ 33	3 ♋ 44	0 ♌ 49	8 ♒ 18	14 ♏ 21	6 ♑ 47	1 ♉ 25	16 ♓ 29	20 ♑ 40	24 ♌	14 ♋	22 ♈	29 ♐	2 ♈
16	24 ♊ 27	19 ♋ 49	8 ♌ 7	6 ♌ 30	5 ♋ 47	1 ♌ 59	8 ♒ 26	14 ♏ 16	6 ♑ 43	1 ♉ 27	16 ♓ 29	20 ♑ 38	25 ♌	14 ♋	22 ♈	29 ♐	2 ♈
17	25 ♊ 25	4 ♌ 44	8 ♌ 4	6 ♌ 29	7 ♋ 47	3 ♌ 9	8 ♒ 34	14 ♏ 12	6 ♑ 39	1 ♉ 29	16 ♓ 29	20 ♑ 37	25 ♌	15 ♋	23 ♈	29 ♐	2 ♈
18	26 ♊ 22	19 ♌ 23	8 ♌ 1	6 D 29	9 ♋ 46	4 ♌ 19	8 ♒ 41	14 ♏ 8	6 ♑ 34	1 ♉ 32	16 ♓ 29	20 ♑ 36	25 ♌	15 ♋	23 ♈	29 ♐	2 ♈
19	27 ♊ 19	3 ♍ 45	7 ♌ 58	6 ♌ 30	11 ♋ 43	5 ♌ 29	8 ♒ 48	14 ♏ 4	6 ♑ 30	1 ♉ 34	16 ♓ 29	20 ♑ 35	26 ♌	16 ♋	24 ♈	28 ♐	2 ♈
20	28 ♊ 17	17 ♍ 45	7 ♌ 54	6 ♌ 32	13 ♋ 37	6 ♌ 38	8 ♒ 53	14 ♏ 0	6 ♑ 26	1 ♉ 36	16 R 29	20 ♑ 33	26 ♌	17 ♋	24 ♈	28 ♐	2 ♈
21	29 ♊ 14	1 ♎ 24	7 ♌ 51	6 R 32	15 ♋ 29	7 ♌ 48	8 ♒ 58	13 ♏ 56	6 ♑ 21	1 ♉ 38	16 ♓ 29	20 ♑ 32	26 ♌	17 ♋	25 ♈	28 ♐	2 ♈
22	0 ♋ 11	14 ♎ 44	7 ♌ 48	6 ♌ 31	17 ♋ 19	8 ♌ 57	9 ♒ 2	13 ♏ 53	6 ♑ 17	1 ♉ 41	16 ♓ 29	20 ♑ 31	27 ♌	18 ♋	25 ♈	28 ♐	2 ♈
23	1 ♋ 8	27 ♎ 45	7 ♌ 45	6 ♌ 28	19 ♋ 7	10 ♌ 6	9 ♒ 6	13 ♏ 50	6 ♑ 13	1 ♉ 43	16 ♓ 29	20 ♑ 29	27 ♌	18 ♋	26 ♈	27 ♐	2 ♈
24	2 ♋ 6	10 ♏ 31	7 ♌ 42	6 ♌ 24	20 ♋ 52	11 ♌ 16	9 ♒ 9	13 ♏ 46	6 ♑ 8	1 ♉ 45	16 ♓ 29	20 ♑ 28	28 ♌	19 ♋	26 ♈	27 ♐	2 ♈
25	3 ♋ 3	23 ♏ 2	7 ♌ 38	6 ♌ 19	22 ♋ 35	12 ♌ 25	9 ♒ 11	13 ♏ 43	6 ♑ 4	1 ♉ 47	16 ♓ 29	20 ♑ 26	28 ♌	20 ♋	26 ♈	27 ♐	2 ♈
26	4 ♋ 0	5 ♐ 22	7 ♌ 35	6 ♌ 14	24 ♋ 16	13 ♌ 34	9 ♒ 12	13 ♏ 41	5 ♑ 59	1 ♉ 49	16 ♓ 28	20 ♑ 25	28 ♌	20 ♋	27 ♈	27 ♐	2 ♈
27	4 ♋ 57	17 ♐ 32	7 ♌ 32	6 ♌ 9	25 ♋ 55	14 ♌ 43	9 ♒ 13	13 ♏ 38	5 ♑ 55	1 ♉ 51	16 ♓ 28	20 ♑ 24	29 ♌	21 ♋	27 ♈	26 ♐	2 ♈
28	5 ♋ 54	29 ♐ 33	7 ♌ 29	6 ♌ 4	27 ♋ 31	15 ♌ 51	9 R 12	13 ♏ 36	5 ♑ 51	1 ♉ 53	16 ♓ 28	20 ♑ 22	29 ♌	21 ♋	28 ♈	26 ♐	2 ♈
29	6 ♋ 52	11 ♑ 28	7 ♌ 26	6 ♌ 0	29 ♋ 5	17 ♌ 0	9 ♒ 11	13 ♏ 33	5 ♑ 46	1 ♉ 55	16 ♓ 28	20 ♑ 21	0 ♍	22 ♋	28 ♈	26 ♐	2 ♈
30	7 ♋ 49	23 ♑ 18	7 ♌ 23	5 ♌ 58	0 ♌ 36	18 ♌ 9	9 ♒ 10	13 ♏ 31	5 ♑ 42	1 ♉ 57	16 ♓ 27	20 ♑ 19	0 ♍	22 ♋	29 ♈	26 ♐	2 ♈

SUN INGRESS	☉ → ♋ 21日 19:07
MOON PHASE	◑ 7日 03:32 ♓　● 14日 04:43 ♊　◐ 20日 19:51 ♍　○ 28日 13:53 ♑

aspects		
1日	23:13	☿△♂
1日	23:29	♀△♃
2日	17:26	♀△♆
6日	11:02	☉☌☿
6日	11:25	♀☍♇
6日	23:07	☿□♆
7日	14:58	☉□♆
13日	20:41	☿⚹♅
15日	12:33	♀□♅
16日	10:47	☿☍♄
20日	04:43	☿△♃
21日	12:59	☿△♆
22日	01:54	♀☍♂
23日	14:58	☉⚹♅
23日	18:27	☿☍♇
26日	02:19	♀□♃
27日	22:28	☉☍♄
30日	22:01	☿□♅

2018年7月

DAY	☉	☽	☊ mean	☊ true	☿	♀	♂	♃	♄	♅	♆	♇	⚳	⚴	⚵	⚶	⚷
	° ′	° ′	° ′	° ′	° ′	° ′	° ′	° ′	° ′	° ′	° ′	° ′	°	°	°	°	°
1	8 ♋ 46	5 ♒ 6	7 ♌ 19	5 R 58	2 D 5	19 D 17	9 R 7	13 R 29	5 R 37	1 D 58	16 R 27	20 R 18	0 D	23 D	29 D	25 R	2 D
2	9 ♋ 43	16 ♒ 53	7 ♌ 16	5 D 58	3 ♌ 32	20 ♌ 25	9 ♒ 4	13 ♏ 28	5 ♑ 33	2 ♉ 0	16 ♓ 26	20 ♑ 17	1 ♍	24 ♋	0 ♉	25 ♐	2 ♈
3	10 ♋ 40	28 ♒ 45	7 ♌ 13	5 ♌ 59	4 ♌ 57	21 ♌ 33	9 ♒ 0	13 ♏ 26	5 ♑ 28	2 ♉ 2	16 ♓ 26	20 ♑ 15	1 ♍	24 ♋	0 ♉	25 ♐	2 ♈
4	11 ♋ 38	10 ♓ 43	7 ♌ 10	6 ♌ 1	6 ♌ 18	22 ♌ 42	8 ♒ 55	13 ♏ 25	5 ♑ 24	2 ♉ 3	16 ♓ 26	20 ♑ 14	2 ♍	25 ♋	1 ♉	25 ♐	2 ♈
5	12 ♋ 35	22 ♓ 52	7 ♌ 7	6 ♌ 3	7 ♌ 38	23 ♌ 49	8 ♒ 50	13 ♏ 24	5 ♑ 20	2 ♉ 5	16 ♓ 25	20 ♑ 12	2 ♍	25 ♋	1 ♉	25 ♐	2 ♈
6	13 ♋ 32	5 ♈ 18	7 ♌ 4	6 ♌ 4	8 ♌ 55	24 ♌ 57	8 ♒ 44	13 ♏ 23	5 ♑ 15	2 ♉ 7	16 ♓ 25	20 ♑ 11	2 ♍	26 ♋	1 ♉	24 ♐	2 R
7	14 ♋ 29	18 ♈ 3	7 ♌ 0	6 R 4	10 ♌ 9	26 ♌ 5	8 ♒ 37	13 ♏ 22	5 ♑ 11	2 ♉ 8	16 ♓ 24	20 ♑ 9	3 ♍	26 ♋	2 ♉	24 ♐	2 ♈
8	15 ♋ 26	1 ♉ 11	6 ♌ 57	6 ♌ 3	11 ♌ 21	27 ♌ 13	8 ♒ 29	13 ♏ 21	5 ♑ 7	2 ♉ 10	16 ♓ 24	20 ♑ 8	3 ♍	27 ♋	2 ♉	24 ♐	2 ♈
9	16 ♋ 24	14 ♉ 47	6 ♌ 54	6 ♌ 1	12 ♌ 30	28 ♌ 20	8 ♒ 21	13 ♏ 21	5 ♑ 2	2 ♉ 11	16 ♓ 23	20 ♑ 6	4 ♍	28 ♋	3 ♉	24 ♐	2 ♈
10	17 ♋ 21	28 ♉ 49	6 ♌ 51	5 ♌ 59	13 ♌ 36	29 ♌ 27	8 ♒ 12	13 ♏ 20	4 ♑ 58	2 ♉ 13	16 ♓ 22	20 ♑ 5	4 ♍	28 ♋	3 ♉	24 ♐	2 ♈
11	18 ♋ 18	13 ♊ 18	6 ♌ 48	5 ♌ 57	14 ♌ 39	0 ♍ 34	8 ♒ 2	13 ♏ 20	4 ♑ 54	2 ♉ 14	16 ♓ 22	20 ♑ 3	4 ♍	29 ♋	4 ♉	24 ♐	2 ♈
12	19 ♋ 15	28 ♊ 8	6 ♌ 44	5 ♌ 55	15 ♌ 40	1 ♍ 41	7 ♒ 52	13 D 20	4 ♑ 50	2 ♉ 15	16 ♓ 21	20 ♑ 2	5 ♍	29 ♋	4 ♉	23 ♐	2 ♈
13	20 ♋ 13	13 ♋ 9	6 ♌ 41	5 ♌ 53	16 ♌ 37	2 ♍ 48	7 ♒ 41	13 ♏ 20	4 ♑ 45	2 ♉ 17	16 ♓ 20	20 ♑ 1	5 ♍	0 ♌	4 ♉	23 ♐	2 ♈
14	21 ♋ 10	28 ♋ 24	6 ♌ 38	5 ♌ 53	17 ♌ 31	3 ♍ 55	7 ♒ 29	13 ♏ 21	4 ♑ 41	2 ♉ 18	16 ♓ 19	19 ♑ 59	6 ♍	0 ♌	5 ♉	23 ♐	2 ♈
15	22 ♋ 7	13 ♌ 32	6 ♌ 35	5 D 53	18 ♌ 22	5 ♍ 2	7 ♒ 17	13 ♏ 22	4 ♑ 37	2 ♉ 19	16 ♓ 19	19 ♑ 58	6 ♍	1 ♌	5 ♉	23 ♐	2 ♈
16	23 ♋ 4	28 ♌ 27	6 ♌ 32	5 ♌ 53	19 ♌ 10	6 ♍ 8	7 ♒ 4	13 ♏ 22	4 ♑ 33	2 ♉ 20	16 ♓ 18	19 ♑ 56	7 ♍	2 ♌	6 ♉	23 ♐	2 ♈
17	24 ♋ 2	13 ♍ 3	6 ♌ 29	5 ♌ 54	19 ♌ 54	7 ♍ 14	6 ♒ 51	13 ♏ 23	4 ♑ 29	2 ♉ 21	16 ♓ 17	19 ♑ 55	7 ♍	2 ♌	6 ♉	23 ♐	2 ♈
18	24 ♋ 59	27 ♍ 15	6 ♌ 25	5 ♌ 55	20 ♌ 34	8 ♍ 20	6 ♒ 37	13 ♏ 25	4 ♑ 25	2 ♉ 22	16 ♓ 16	19 ♑ 53	7 ♍	3 ♌	7 ♉	23 ♐	2 ♈
19	25 ♋ 56	11 ♎ 3	6 ♌ 22	5 ♌ 56	21 ♌ 11	9 ♍ 26	6 ♒ 23	13 ♏ 26	4 ♑ 21	2 ♉ 23	16 ♓ 15	19 ♑ 52	8 ♍	3 ♌	7 ♉	22 ♐	2 ♈
20	26 ♋ 53	24 ♎ 25	6 ♌ 19	5 ♌ 56	21 ♌ 43	10 ♍ 32	6 ♒ 8	13 ♏ 27	4 ♑ 17	2 ♉ 24	16 ♓ 14	19 ♑ 50	8 ♍	4 ♌	7 ♉	22 ♐	2 ♈
21	27 ♋ 51	7 ♏ 25	6 ♌ 16	5 R 56	22 ♌ 12	11 ♍ 37	5 ♒ 53	13 ♏ 29	4 ♑ 13	2 ♉ 25	16 ♓ 13	19 ♑ 49	9 ♍	4 ♌	8 ♉	22 ♐	2 ♈
22	28 ♋ 48	20 ♏ 4	6 ♌ 13	5 ♌ 55	22 ♌ 36	12 ♍ 43	5 ♒ 38	13 ♏ 31	4 ♑ 9	2 ♉ 26	16 ♓ 13	19 ♑ 47	9 ♍	5 ♌	8 ♉	22 ♐	2 ♈
23	29 ♋ 45	2 ♐ 27	6 ♌ 9	5 ♌ 55	22 ♌ 55	13 ♍ 48	5 ♒ 22	13 ♏ 33	4 ♑ 6	2 ♉ 27	16 ♓ 12	19 ♑ 46	9 ♍	6 ♌	9 ♉	22 ♐	2 ♈
24	0 ♌ 42	14 ♐ 37	6 ♌ 6	5 ♌ 54	23 ♌ 10	14 ♍ 53	5 ♒ 6	13 ♏ 35	4 ♑ 2	2 ♉ 28	16 ♓ 11	19 ♑ 45	10 ♍	6 ♌	9 ♉	22 ♐	2 ♈
25	1 ♌ 40	26 ♐ 37	6 ♌ 3	5 ♌ 54	23 ♌ 21	15 ♍ 58	4 ♒ 50	13 ♏ 38	3 ♑ 58	2 ♉ 28	16 ♓ 9	19 ♑ 43	10 ♍	7 ♌	10 ♉	22 ♐	2 ♈
26	2 ♌ 37	8 ♑ 30	6 ♌ 0	5 ♌ 53	23 ♌ 26	17 ♍ 2	4 ♒ 34	13 ♏ 40	3 ♑ 55	2 ♉ 29	16 ♓ 8	19 ♑ 42	11 ♍	7 ♌	10 ♉	22 ♐	2 ♈
27	3 ♌ 34	20 ♑ 19	5 ♌ 57	5 ♌ 53	23 R 26	18 ♍ 6	4 ♒ 18	13 ♏ 43	3 ♑ 51	2 ♉ 30	16 ♓ 7	19 ♑ 40	11 ♍	8 ♌	10 ♉	22 ♐	2 ♈
28	4 ♌ 32	2 ♒ 7	5 ♌ 54	5 ♌ 53	23 ♌ 22	19 ♍ 10	4 ♒ 2	13 ♏ 46	3 ♑ 48	2 ♉ 30	16 ♓ 6	19 ♑ 39	12 ♍	8 ♌	11 ♉	22 ♐	2 ♈
29	5 ♌ 29	13 ♒ 56	5 ♌ 50	5 D 53	23 ♌ 12	20 ♍ 14	3 ♒ 45	13 ♏ 49	3 ♑ 44	2 ♉ 31	16 ♓ 5	19 ♑ 37	12 ♍	9 ♌	11 ♉	22 ♐	2 ♈
30	6 ♌ 26	25 ♒ 47	5 ♌ 47	5 R 53	22 ♌ 57	21 ♍ 18	3 ♒ 29	13 ♏ 52	3 ♑ 41	2 ♉ 31	16 ♓ 4	19 ♑ 36	12 ♍	10 ♌	12 ♉	22 ♐	2 ♈
31	7 ♌ 24	7 ♓ 45	5 ♌ 44	5 ♌ 53	22 ♌ 38	22 ♍ 21	3 ♒ 12	13 ♏ 56	3 ♑ 38	2 ♉ 32	16 ♓ 3	19 ♑ 35	13 ♍	10 ♌	12 ♉	22 ♐	2 ♈

SUN INGRESS	☉ → ♌ 23日 06:00
MOON PHASE	◑ 6日 16:51 ♈　● 13日 11:48 ♋　◐ 20日 04:52 ♎　○ 28日 05:20 ♒

aspects		
5日	20:05	☉△♃
5日	20:48	☿☍♂
8日	23:42	☉△♆
9日	18:14	♀□♃
12日	12:26	♀△♅
12日	19:04	☉☍♇
14日	15:44	♀△♄
22日	18:21	♀⚹♃
25日	04:23	♀☍♆
25日	20:36	☉□♅
27日	14:13	☉☍♂
28日	10:26	♀△♇

2018年8月

DAY	☉	☽	☊ mean	☊ true	☿	♀	♂	♃	♄	♅	♆	♇	⚳	⚴	⚵	⚶	⚷
	° ′	° ′	° ′	° ′	° ′	° ′	° ′	° ′	° ′	° ′	° ′	° ′	°	°	°	°	°
1	8 ♌ 21	19 ♓ 50	5 ♌ 41	5 R 52	22 R 13	23 D 24	2 R 56	13 D 59	3 R 34	2 D 32	16 R 2	19 R 33	13 D	11 D	12 D	22 R	2 R
2	9 ♌ 18	2 ♈ 6	5 ♌ 38	5 ♌ 52	21 ♌ 44	24 ♍ 27	2 ♒ 40	14 ♏ 3	3 ♑ 31	2 ♉ 32	16 ♓ 0	19 ♑ 32	14 ♍	11 ♌	13 ♉	22 D	2 ♈
3	10 ♌ 16	14 ♈ 36	5 ♌ 35	5 ♌ 52	21 ♌ 11	25 ♍ 30	2 ♒ 24	14 ♏ 7	3 ♑ 28	2 ♉ 33	15 ♓ 59	19 ♑ 31	14 ♍	12 ♌	13 ♉	22 ♐	2 ♈
4	11 ♌ 13	27 ♈ 22	5 ♌ 31	5 ♌ 51	20 ♌ 33	26 ♍ 32	2 ♒ 9	14 ♏ 11	3 ♑ 25	2 ♉ 33	15 ♓ 58	19 ♑ 29	15 ♍	12 ♌	14 ♉	22 ♐	2 ♈
5	12 ♌ 11	10 ♉ 29	5 ♌ 28	5 ♌ 51	19 ♌ 53	27 ♍ 34	1 ♒ 53	14 ♏ 15	3 ♑ 22	2 ♉ 33	15 ♓ 57	19 ♑ 28	15 ♍	13 ♌	14 ♉	22 ♐	2 ♈
6	13 ♌ 8	23 ♉ 57	5 ♌ 25	5 D 51	19 ♌ 9	28 ♍ 36	1 ♒ 38	14 ♏ 20	3 ♑ 19	2 ♉ 33	15 ♓ 55	19 ♑ 27	15 ♍	13 ♌	14 ♉	22 ♐	2 ♈
7	14 ♌ 6	7 ♊ 50	5 ♌ 22	5 ♌ 52	18 ♌ 24	29 ♍ 38	1 ♒ 23	14 ♏ 24	3 ♑ 16	2 ♉ 33	15 ♓ 54	19 ♑ 25	16 ♍	14 ♌	15 ♉	22 ♐	1 ♈
8	15 ♌ 3	22 ♊ 6	5 ♌ 19	5 ♌ 52	17 ♌ 37	0 ♎ 39	1 ♒ 9	14 ♏ 29	3 ♑ 14	2 ♉ 33	15 ♓ 53	19 ♑ 24	16 ♍	15 ♌	15 ♉	22 ♐	1 ♈
9	16 ♌ 1	6 ♋ 44	5 ♌ 15	5 ♌ 53	16 ♌ 49	1 ♎ 40	0 ♒ 55	14 ♏ 34	3 ♑ 11	2 R 33	15 ♓ 51	19 ♑ 23	17 ♍	15 ♌	16 ♉	22 ♐	1 ♈
10	16 ♌ 58	21 ♋ 39	5 ♌ 12	5 ♌ 54	16 ♌ 2	2 ♎ 41	0 ♒ 42	14 ♏ 39	3 ♑ 8	2 ♉ 33	15 ♓ 50	19 ♑ 21	17 ♍	16 ♌	16 ♉	22 ♐	1 ♈
11	17 ♌ 56	6 ♌ 44	5 ♌ 9	5 R 54	15 ♌ 16	3 ♎ 41	0 ♒ 29	14 ♏ 44	3 ♑ 6	2 ♉ 33	15 ♓ 48	19 ♑ 20	18 ♍	16 ♌	16 ♉	22 ♐	1 ♈
12	18 ♌ 53	21 ♌ 51	5 ♌ 6	5 ♌ 54	14 ♌ 32	4 ♎ 41	0 ♒ 17	14 ♏ 49	3 ♑ 4	2 ♉ 33	15 ♓ 47	19 ♑ 19	18 ♍	17 ♌	17 ♉	22 ♐	1 ♈
13	19 ♌ 51	6 ♍ 51	5 ♌ 3	5 ♌ 53	13 ♌ 52	5 ♎ 41	0 ♒ 5	14 ♏ 55	3 ♑ 1	2 ♉ 33	15 ♓ 46	19 ♑ 18	19 ♍	17 ♌	17 ♉	22 ♐	1 ♈
14	20 ♌ 49	21 ♍ 35	5 ♌ 0	5 ♌ 51	13 ♌ 15	6 ♎ 40	29 ♑ 54	15 ♏ 1	2 ♑ 59	2 ♉ 32	15 ♓ 44	19 ♑ 17	19 ♍	18 ♌	17 ♉	22 ♐	1 ♈
15	21 ♌ 46	5 ♎ 58	4 ♌ 56	5 ♌ 49	12 ♌ 42	7 ♎ 39	29 ♑ 43	15 ♏ 6	2 ♑ 57	2 ♉ 32	15 ♓ 43	19 ♑ 15	19 ♍	18 ♌	18 ♉	22 ♐	1 ♈
16	22 ♌ 44	19 ♎ 54	4 ♌ 53	5 ♌ 47	12 ♌ 16	8 ♎ 38	29 ♑ 33	15 ♏ 12	2 ♑ 55	2 ♉ 32	15 ♓ 41	19 ♑ 14	20 ♍	19 ♌	18 ♉	22 ♐	1 ♈
17	23 ♌ 41	3 ♏ 23	4 ♌ 50	5 ♌ 45	11 ♌ 55	9 ♎ 36	29 ♑ 24	15 ♏ 18	2 ♑ 53	2 ♉ 31	15 ♓ 40	19 ♑ 13	20 ♍	19 ♌	18 ♉	23 ♐	1 ♈
18	24 ♌ 39	16 ♏ 25	4 ♌ 47	5 ♌ 44	11 ♌ 40	10 ♎ 34	29 ♑ 16	15 ♏ 25	2 ♑ 51	2 ♉ 31	15 ♓ 38	19 ♑ 12	21 ♍	20 ♌	19 ♉	23 ♐	1 ♈
19	25 ♌ 37	29 ♏ 5	4 ♌ 44	5 D 44	11 ♌ 32	11 ♎ 31	29 ♑ 9	15 ♏ 31	2 ♑ 49	2 ♉ 30	15 ♓ 37	19 ♑ 11	21 ♍	21 ♌	19 ♉	23 ♐	1 ♈
20	26 ♌ 35	11 ♐ 25	4 ♌ 41	5 ♌ 45	11 D 32	12 ♎ 28	29 ♑ 2	15 ♏ 38	2 ♑ 47	2 ♉ 30	15 ♓ 35	19 ♑ 10	22 ♍	21 ♌	20 ♉	23 ♐	1 ♈
21	27 ♌ 32	23 ♐ 31	4 ♌ 37	5 ♌ 46	11 ♌ 39	13 ♎ 24	28 ♑ 56	15 ♏ 44	2 ♑ 46	2 ♉ 29	15 ♓ 34	19 ♑ 9	22 ♍	22 ♌	20 ♉	23 ♐	1 ♈
22	28 ♌ 30	5 ♑ 26	4 ♌ 34	5 ♌ 48	11 ♌ 54	14 ♎ 20	28 ♑ 51	15 ♏ 51	2 ♑ 44	2 ♉ 28	15 ♓ 32	19 ♑ 8	23 ♍	22 ♌	20 ♉	23 ♐	1 ♈
23	29 ♌ 28	17 ♑ 15	4 ♌ 31	5 ♌ 49	12 ♌ 16	15 ♎ 16	28 ♑ 46	15 ♏ 58	2 ♑ 43	2 ♉ 28	15 ♓ 30	19 ♑ 6	23 ♍	23 ♌	21 ♉	23 ♐	1 ♈
24	0 ♍ 26	29 ♑ 3	4 ♌ 28	5 ♌ 51	12 ♌ 46	16 ♎ 11	28 ♑ 42	16 ♏ 5	2 ♑ 41	2 ♉ 27	15 ♓ 29	19 ♑ 5	23 ♍	23 ♌	21 ♉	24 ♐	1 ♈
25	1 ♍ 23	10 ♒ 52	4 ♌ 25	5 R 51	13 ♌ 24	17 ♎ 5	28 ♑ 40	16 ♏ 12	2 ♑ 40	2 ♉ 26	15 ♓ 27	19 ♑ 4	24 ♍	24 ♌	21 ♉	24 ♐	1 ♈
26	2 ♍ 21	22 ♒ 45	4 ♌ 21	5 ♌ 49	14 ♌ 9	17 ♎ 59	28 ♑ 38	16 ♏ 20	2 ♑ 39	2 ♉ 25	15 ♓ 26	19 ♑ 3	24 ♍	24 ♌	22 ♉	24 ♐	1 ♈
27	3 ♍ 19	4 ♓ 44	4 ♌ 18	5 ♌ 47	15 ♌ 1	18 ♎ 53	28 ♑ 36	16 ♏ 27	2 ♑ 38	2 ♉ 24	15 ♓ 24	19 ♑ 3	25 ♍	25 ♌	22 ♉	24 ♐	1 ♈
28	4 ♍ 17	16 ♓ 52	4 ♌ 15	5 ♌ 43	16 ♌ 0	19 ♎ 46	28 D 36	16 ♏ 35	2 ♑ 37	2 ♉ 23	15 ♓ 22	19 ♑ 2	25 ♍	25 ♌	22 ♉	24 ♐	1 ♈
29	5 ♍ 15	29 ♓ 10	4 ♌ 12	5 ♌ 39	17 ♌ 6	20 ♎ 38	28 ♑ 37	16 ♏ 42	2 ♑ 36	2 ♉ 23	15 ♓ 21	19 ♑ 1	26 ♍	26 ♌	22 ♉	24 ♐	1 ♈
30	6 ♍ 13	11 ♈ 40	4 ♌ 9	5 ♌ 34	18 ♌ 19	21 ♎ 29	28 ♑ 38	16 ♏ 50	2 ♑ 35	2 ♉ 21	15 ♓ 19	19 ♑ 0	26 ♍	26 ♌	23 ♉	25 ♐	1 ♈
31	7 ♍ 11	24 ♈ 22	4 ♌ 6	5 ♌ 29	19 ♌ 37	22 ♎ 20	28 ♑ 40	16 ♏ 58	2 ♑ 34	2 ♉ 20	15 ♓ 18	18 ♑ 59	27 ♍	27 ♌	23 ♉	25 ♐	1 ♈

SUN INGRESS	☉ → ♍ 23日 13:08
MOON PHASE	◑ 5日 03:18 ♉　● 11日 18:58 ♌　◐ 18日 16:48 ♏　○ 26日 20:56 ♓

aspects		
2日	11:39	♂□♅
7日	08:27	☉□♃
8日	09:33	♀△♂
9日	11:06	☉☌☿
10日	10:34	♀□♄
11日	15:32	☿□♃
19日	00:35	☿⚹♀
19日	16:44	♃△♆
26日	01:38	☉△♅
26日	07:07	☉△♄
27日	04:21	☿□♇
28日	14:32	☿□♃

2018年9月

DAY	☉	☽	☊ mean	☊ true	☿	♀	♂	♃	♄	♅	♆	♇	⚳	⚴	⚵	⚶	⚷
	° ′	° ′	° ′	° ′	° ′	° ′	° ′	° ′	° ′	° ′	° ′	° ′	°	°	°	°	°
1	8 ♍ 9	7 ♉ 18	4 ♌ 2	5 R 24	21 D 1	23 D 11	28 D 43	17 D 6	2 R 34	2 R 19	15 R 16	18 R 58	27 D	27 D	23 D	25 D	1 R
2	9 ♍ 7	20 ♉ 29	3 ♌ 59	5 ♌ 22	22 ♌ 30	24 ♎ 0	28 ♑ 46	17 ♏ 15	2 ♑ 33	2 ♉ 18	15 ♓ 14	18 ♑ 57	27 ♍	28 ♌	24 ♉	25 ♐	1 ♈
3	10 ♍ 5	3 ♊ 56	3 ♌ 56	5 ♌ 20	24 ♌ 4	24 ♎ 49	28 ♑ 51	17 ♏ 23	2 ♑ 33	2 ♉ 17	15 ♓ 13	18 ♑ 56	28 ♍	29 ♌	24 ♉	25 ♐	1 ♈
4	11 ♍ 3	17 ♊ 41	3 ♌ 53	5 D 20	25 ♌ 42	25 ♎ 37	28 ♑ 56	17 ♏ 31	2 ♑ 32	2 ♉ 16	15 ♓ 11	18 ♑ 56	28 ♍	29 ♌	24 ♉	26 ♐	0 ♈
5	12 ♍ 1	1 ♋ 44	3 ♌ 50	5 ♌ 21	27 ♌ 23	26 ♎ 25	29 ♑ 2	17 ♏ 40	2 ♑ 32	2 ♉ 14	15 ♓ 9	18 ♑ 55	29 ♍	0 ♍	25 ♉	26 ♐	0 ♈
6	12 ♍ 59	16 ♋ 4	3 ♌ 47	5 ♌ 23	29 ♌ 8	27 ♎ 11	29 ♑ 9	17 ♏ 49	2 ♑ 32	2 ♉ 13	15 ♓ 8	18 ♑ 54	29 ♍	0 ♍	25 ♉	26 ♐	0 ♈
7	13 ♍ 58	0 ♌ 40	3 ♌ 43	5 ♌ 23	0 ♍ 55	27 ♎ 57	29 ♑ 17	17 ♏ 58	2 D 32	2 ♉ 12	15 ♓ 6	18 ♑ 53	0 ♎	1 ♍	25 ♉	26 ♐	0 ♈
8	14 ♍ 56	15 ♌ 27	3 ♌ 40	5 R 23	2 ♍ 44	28 ♎ 42	29 ♑ 25	18 ♏ 6	2 ♑ 32	2 ♉ 10	15 ♓ 4	18 ♑ 53	0 ♎	1 ♍	25 ♉	27 ♐	0 ♈
9	15 ♍ 54	0 ♍ 19	3 ♌ 37	5 ♌ 21	4 ♍ 35	29 ♎ 26	29 ♑ 34	18 ♏ 16	2 ♑ 32	2 ♉ 9	15 ♓ 3	18 ♑ 52	1 ♎	2 ♍	26 ♉	27 ♐	0 ♈
10	16 ♍ 52	15 ♍ 8	3 ♌ 34	5 ♌ 17	6 ♍ 28	0 ♏ 9	29 ♑ 44	18 ♏ 25	2 ♑ 33	2 ♉ 7	15 ♓ 1	18 ♑ 52	1 ♎	2 ♍	26 ♉	27 ♐	0 ♈
11	17 ♍ 51	29 ♍ 48	3 ♌ 31	5 ♌ 11	8 ♍ 21	0 ♏ 52	29 ♑ 55	18 ♏ 34	2 ♑ 33	2 ♉ 6	15 ♓ 0	18 ♑ 51	1 ♎	3 ♍	26 ♉	27 ♐	0 ♈
12	18 ♍ 49	14 ♎ 9	3 ♌ 27	5 ♌ 5	10 ♍ 15	1 ♏ 33	0 ♒ 6	18 ♏ 43	2 ♑ 33	2 ♉ 4	14 ♓ 58	18 ♑ 50	2 ♎	3 ♍	26 ♉	28 ♐	0 ♈
13	19 ♍ 48	28 ♎ 8	3 ♌ 24	4 ♌ 57	12 ♍ 9	2 ♏ 13	0 ♒ 18	18 ♏ 53	2 ♑ 34	2 ♉ 3	14 ♓ 56	18 ♑ 50	2 ♎	4 ♍	27 ♉	28 ♐	0 ♈
14	20 ♍ 46	11 ♏ 41	3 ♌ 21	4 ♌ 51	14 ♍ 4	2 ♏ 52	0 ♒ 31	19 ♏ 2	2 ♑ 35	2 ♉ 1	14 ♓ 55	18 ♑ 49	3 ♎	4 ♍	27 ♉	28 ♐	0 ♈
15	21 ♍ 44	24 ♏ 47	3 ♌ 18	4 ♌ 46	15 ♍ 58	3 ♏ 30	0 ♒ 45	19 ♏ 12	2 ♑ 35	1 ♉ 59	14 ♓ 53	18 ♑ 49	3 ♎	5 ♍	27 ♉	28 ♐	0 ♈
16	22 ♍ 43	7 ♐ 29	3 ♌ 15	4 ♌ 43	17 ♍ 52	4 ♏ 7	0 ♒ 59	19 ♏ 22	2 ♑ 36	1 ♉ 58	14 ♓ 51	18 ♑ 48	4 ♎	5 ♍	27 ♉	29 ♐	0 ♈
17	23 ♍ 41	19 ♐ 51	3 ♌ 12	4 ♌ 42	19 ♍ 45	4 ♏ 42	1 ♒ 14	19 ♏ 32	2 ♑ 37	1 ♉ 56	14 ♓ 50	18 ♑ 48	4 ♎	6 ♍	27 ♉	29 ♐	0 ♈
18	24 ♍ 40	1 ♑ 56	3 ♌ 8	4 D 42	21 ♍ 38	5 ♏ 17	1 ♒ 30	19 ♏ 42	2 ♑ 38	1 ♉ 54	14 ♓ 48	18 ♑ 48	5 ♎	6 ♍	28 ♉	29 ♐	0 ♈
19	25 ♍ 38	13 ♑ 50	3 ♌ 5	4 ♌ 43	23 ♍ 30	5 ♏ 49	1 ♒ 46	19 ♏ 52	2 ♑ 39	1 ♉ 52	14 ♓ 46	18 ♑ 47	5 ♎	7 ♍	28 ♉	0 ♑	0 ♈
20	26 ♍ 37	25 ♑ 38	3 ♌ 2	4 ♌ 44	25 ♍ 22	6 ♏ 21	2 ♒ 3	20 ♏ 2	2 ♑ 41	1 ♉ 50	14 ♓ 45	18 ♑ 47	6 ♎	7 ♍	28 ♉	0 ♑	0 ♈
21	27 ♍ 36	7 ♒ 26	2 ♌ 59	4 R 44	27 ♍ 12	6 ♏ 51	2 ♒ 21	20 ♏ 12	2 ♑ 42	1 ♉ 49	14 ♓ 43	18 ♑ 46	6 ♎	8 ♍	28 ♉	0 ♑	0 ♈
22	28 ♍ 34	19 ♒ 18	2 ♌ 56	4 ♌ 43	29 ♍ 2	7 ♏ 20	2 ♒ 39	20 ♏ 23	2 ♑ 43	1 ♉ 47	14 ♓ 42	18 ♑ 46	6 ♎	8 ♍	28 ♉	1 ♑	0 ♈
23	29 ♍ 33	1 ♓ 16	2 ♌ 52	4 ♌ 40	0 ♎ 51	7 ♏ 47	2 ♒ 58	20 ♏ 33	2 ♑ 45	1 ♉ 45	14 ♓ 40	18 ♑ 46	7 ♎	9 ♍	29 ♉	1 ♑	0 ♈
24	0 ♎ 32	13 ♓ 26	2 ♌ 49	4 ♌ 34	2 ♎ 39	8 ♏ 12	3 ♒ 17	20 ♏ 44	2 ♑ 46	1 ♉ 43	14 ♓ 38	18 ♑ 46	7 ♎	9 ♍	29 ♉	1 ♑	0 ♈
25	1 ♎ 30	25 ♓ 47	2 ♌ 46	4 ♌ 26	4 ♎ 26	8 ♏ 36	3 ♒ 37	20 ♏ 54	2 ♑ 48	1 ♉ 41	14 ♓ 37	18 ♑ 46	8 ♎	10 ♍	29 ♉	2 ♑	0 ♈
26	2 ♎ 29	8 ♈ 23	2 ♌ 43	4 ♌ 16	6 ♎ 12	8 ♏ 58	3 ♒ 57	21 ♏ 5	2 ♑ 50	1 ♉ 39	14 ♓ 35	18 ♑ 45	8 ♎	10 ♍	29 ♉	2 ♑	0 ♈
27	3 ♎ 28	21 ♈ 11	2 ♌ 40	4 ♌ 5	7 ♎ 57	9 ♏ 18	4 ♒ 18	21 ♏ 16	2 ♑ 52	1 ♉ 37	14 ♓ 34	18 ♑ 45	9 ♎	11 ♍	29 ♉	2 ♑	29 ♓
28	4 ♎ 27	4 ♉ 13	2 ♌ 37	3 ♌ 55	9 ♎ 41	9 ♏ 36	4 ♒ 40	21 ♏ 27	2 ♑ 54	1 ♉ 35	14 ♓ 32	18 ♑ 45	9 ♎	11 ♍	29 ♉	2 ♑	29 ♓
29	5 ♎ 25	17 ♉ 27	2 ♌ 33	3 ♌ 46	11 ♎ 24	9 ♏ 53	5 ♒ 2	21 ♏ 38	2 ♑ 56	1 ♉ 32	14 ♓ 31	18 ♑ 45	10 ♎	12 ♍	29 ♉	3 ♑	29 ♓
30	6 ♎ 24	0 ♊ 53	2 ♌ 30	3 ♌ 39	13 ♎ 6	10 ♏ 7	5 ♒ 24	21 ♏ 49	2 ♑ 58	1 ♉ 30	14 ♓ 29	18 ♑ 45	10 ♎	12 ♍	29 ♉	3 ♑	29 ♓

SUN INGRESS	☉ → ♎ 23日 10:54
MOON PHASE	◑ 3日 11:37 ♊　● 10日 03:01 ♍　◐ 17日 08:15 ♐　○ 25日 11:52 ♈

aspects		
3日	21:58	☿⚹♀
7日	16:41	☿△♅
7日	21:20	☿△♄
8日	03:27	☉☍♆
9日	05:38	♀□♂
11日	21:10	☉⚹♃
12日	00:31	☉△♇
12日	16:55	♃⚹♇
12日	18:02	♀☍♅
13日	12:58	♀⚹♄
14日	10:31	☿☍♆
16日	11:54	☿△♇
16日	20:51	☿⚹♃
19日	08:01	♂□♅
21日	10:52	☉☌☿
24日	01:46	☿□♄
24日	10:30	☿△♂
26日	08:51	☉□♄
28日	08:35	☉△♂

2018年10月

DAY	☉	☽	☊ mean	☊ true	☿	♀	♂	♃	♄	♅	♆	♇	⚳	⚴	⚵	⚶	⚷
	° ′	° ′	° ′	° ′	° ′	° ′	° ′	° ′	° ′	° ′	° ′	° ′	°	°	°	°	°
1	7 ♎ 23	14 ♊ 29	2 ♌ 27	3 R 34	14 D 47	10 D 20	5 D 48	22 D 0	3 D 0	1 R 28	14 R 28	18 R 45	11 D	13 D	0 D	4 D	29 R
2	8 ♎ 22	28 ♊ 15	2 ♌ 24	3 ♌ 32	16 ♎ 28	10 ♏ 30	6 ♒ 11	22 ♏ 11	3 ♑ 3	1 ♉ 26	14 ♓ 26	18 D 45	11 ♎	13 ♍	0 ♊	4 ♑	29 ♓
3	9 ♎ 21	12 ♋ 12	2 ♌ 21	3 D 31	18 ♎ 8	10 ♏ 38	6 ♒ 35	22 ♏ 22	3 ♑ 5	1 ♉ 24	14 ♓ 25	18 ♑ 45	11 ♎	14 ♍	0 ♊	4 ♑	29 ♓
4	10 ♎ 20	26 ♋ 19	2 ♌ 18	3 ♌ 32	19 ♎ 46	10 ♏ 44	7 ♒ 0	22 ♏ 34	3 ♑ 8	1 ♉ 22	14 ♓ 23	18 ♑ 45	12 ♎	14 ♍	0 ♊	5 ♑	29 ♓
5	11 ♎ 19	10 ♌ 35	2 ♌ 14	3 R 32	21 ♎ 24	10 ♏ 48	7 ♒ 24	22 ♏ 45	3 ♑ 10	1 ♉ 19	14 ♓ 22	18 ♑ 45	12 ♎	15 ♍	0 ♊	5 ♑	29 ♓
6	12 ♎ 19	24 ♌ 59	2 ♌ 11	3 ♌ 30	23 ♎ 1	10 ♏ 50	7 ♒ 50	22 ♏ 57	3 ♑ 13	1 ♉ 17	14 ♓ 20	18 ♑ 45	13 ♎	15 ♍	0 ♊	5 ♑	29 ♓
7	13 ♎ 18	9 ♍ 27	2 ♌ 8	3 ♌ 26	24 ♎ 38	10 R 49	8 ♒ 16	23 ♏ 8	3 ♑ 16	1 ♉ 15	14 ♓ 19	18 ♑ 45	13 ♎	16 ♍	0 ♊	6 ♑	29 ♓
8	14 ♎ 17	23 ♍ 54	2 ♌ 5	3 ♌ 19	26 ♎ 13	10 ♏ 46	8 ♒ 42	23 ♏ 20	3 ♑ 19	1 ♉ 12	14 ♓ 18	18 ♑ 46	14 ♎	16 ♍	0 ♊	6 ♑	29 ♓
9	15 ♎ 16	8 ♎ 14	2 ♌ 2	3 ♌ 9	27 ♎ 48	10 ♏ 40	9 ♒ 9	23 ♏ 31	3 ♑ 22	1 ♉ 10	14 ♓ 16	18 ♑ 46	14 ♎	17 ♍	0 ♊	6 ♑	29 ♓
10	16 ♎ 15	22 ♎ 22	1 ♌ 58	2 ♌ 58	29 ♎ 22	10 ♏ 33	9 ♒ 36	23 ♏ 43	3 ♑ 25	1 ♉ 8	14 ♓ 15	18 ♑ 46	15 ♎	17 ♍	0 ♊	7 ♑	29 ♓
11	17 ♎ 15	6 ♏ 12	1 ♌ 55	2 ♌ 46	0 ♏ 55	10 ♏ 22	10 ♒ 3	23 ♏ 55	3 ♑ 28	1 ♉ 5	14 ♓ 14	18 ♑ 46	15 ♎	18 ♍	0 ♊	7 ♑	29 ♓
12	18 ♎ 14	19 ♏ 40	1 ♌ 52	2 ♌ 35	2 ♏ 28	10 ♏ 10	10 ♒ 31	24 ♏ 7	3 ♑ 32	1 ♉ 3	14 ♓ 12	18 ♑ 47	15 ♎	18 ♍	0 ♊	7 ♑	29 ♓
13	19 ♎ 13	2 ♐ 45	1 ♌ 49	2 ♌ 26	3 ♏ 59	9 ♏ 55	10 ♒ 59	24 ♏ 19	3 ♑ 35	1 ♉ 1	14 ♓ 11	18 ♑ 47	16 ♎	19 ♍	0 R	8 ♑	29 ♓
14	20 ♎ 13	15 ♐ 27	1 ♌ 46	2 ♌ 19	5 ♏ 30	9 ♏ 37	11 ♒ 28	24 ♏ 31	3 ♑ 38	0 ♉ 58	14 ♓ 10	18 ♑ 47	16 ♎	19 ♍	0 ♊	8 ♑	29 ♓
15	21 ♎ 12	27 ♐ 49	1 ♌ 43	2 ♌ 14	7 ♏ 1	9 ♏ 17	11 ♒ 57	24 ♏ 43	3 ♑ 42	0 ♉ 56	14 ♓ 9	18 ♑ 48	17 ♎	20 ♍	0 ♊	9 ♑	29 ♓
16	22 ♎ 12	9 ♑ 55	1 ♌ 39	2 ♌ 12	8 ♏ 30	8 ♏ 55	12 ♒ 26	24 ♏ 55	3 ♑ 45	0 ♉ 53	14 ♓ 7	18 ♑ 48	17 ♎	20 ♍	0 ♊	9 ♑	29 ♓
17	23 ♎ 11	21 ♑ 49	1 ♌ 36	2 ♌ 12	9 ♏ 59	8 ♏ 31	12 ♒ 56	25 ♏ 7	3 ♑ 49	0 ♉ 51	14 ♓ 6	18 ♑ 48	18 ♎	21 ♍	0 ♊	9 ♑	29 ♓
18	24 ♎ 11	3 ♒ 38	1 ♌ 33	2 ♌ 12	11 ♏ 28	8 ♏ 5	13 ♒ 26	25 ♏ 20	3 ♑ 53	0 ♉ 49	14 ♓ 5	18 ♑ 49	18 ♎	21 ♍	0 ♊	10 ♑	29 ♓
19	25 ♎ 10	15 ♒ 26	1 ♌ 30	2 ♌ 11	12 ♏ 55	7 ♏ 37	13 ♒ 57	25 ♏ 32	3 ♑ 57	0 ♉ 46	14 ♓ 4	18 ♑ 49	19 ♎	22 ♍	0 ♊	10 ♑	29 ♓
20	26 ♎ 10	27 ♒ 20	1 ♌ 27	2 ♌ 9	14 ♏ 22	7 ♏ 7	14 ♒ 27	25 ♏ 44	4 ♑ 1	0 ♉ 44	14 ♓ 3	18 ♑ 50	19 ♎	22 ♍	0 ♊	11 ♑	28 ♓
21	27 ♎ 10	9 ♓ 23	1 ♌ 24	2 ♌ 4	15 ♏ 48	6 ♏ 36	14 ♒ 58	25 ♏ 57	4 ♑ 5	0 ♉ 41	14 ♓ 2	18 ♑ 51	20 ♎	22 ♍	0 ♊	11 ♑	28 ♓
22	28 ♎ 9	21 ♓ 40	1 ♌ 20	1 ♌ 57	17 ♏ 13	6 ♏ 3	15 ♒ 29	26 ♏ 9	4 ♑ 9	0 ♉ 39	14 ♓ 0	18 ♑ 51	20 ♎	23 ♍	0 ♊	11 ♑	28 ♓
23	29 ♎ 9	4 ♈ 14	1 ♌ 17	1 ♌ 47	18 ♏ 37	5 ♏ 29	16 ♒ 1	26 ♏ 22	4 ♑ 13	0 ♉ 36	13 ♓ 59	18 ♑ 52	20 ♎	23 ♍	0 ♊	12 ♑	28 ♓
24	0 ♏ 9	17 ♈ 5	1 ♌ 14	1 ♌ 35	20 ♏ 1	4 ♏ 54	16 ♒ 33	26 ♏ 34	4 ♑ 17	0 ♉ 34	13 ♓ 58	18 ♑ 52	21 ♎	24 ♍	0 ♊	12 ♑	28 ♓
25	1 ♏ 8	0 ♉ 14	1 ♌ 11	1 ♌ 22	21 ♏ 23	4 ♏ 18	17 ♒ 5	26 ♏ 47	4 ♑ 22	0 ♉ 31	13 ♓ 57	18 ♑ 53	21 ♎	24 ♍	29 ♉	13 ♑	28 ♓
26	2 ♏ 8	13 ♉ 40	1 ♌ 8	1 ♌ 9	22 ♏ 45	3 ♏ 42	17 ♒ 37	27 ♏ 0	4 ♑ 26	0 ♉ 29	13 ♓ 56	18 ♑ 54	22 ♎	25 ♍	29 ♉	13 ♑	28 ♓
27	3 ♏ 8	27 ♉ 19	1 ♌ 4	0 ♌ 57	24 ♏ 6	3 ♏ 5	18 ♒ 10	27 ♏ 12	4 ♑ 30	0 ♉ 26	13 ♓ 55	18 ♑ 55	22 ♎	25 ♍	29 ♉	13 ♑	28 ♓
28	4 ♏ 8	11 ♊ 8	1 ♌ 1	0 ♌ 48	25 ♏ 25	2 ♏ 28	18 ♒ 43	27 ♏ 25	4 ♑ 35	0 ♉ 24	13 ♓ 55	18 ♑ 55	23 ♎	26 ♍	29 ♉	14 ♑	28 ♓
29	5 ♏ 8	25 ♊ 4	0 ♌ 58	0 ♌ 42	26 ♏ 44	1 ♏ 52	19 ♒ 16	27 ♏ 38	4 ♑ 40	0 ♉ 22	13 ♓ 54	18 ♑ 56	23 ♎	26 ♍	29 ♉	14 ♑	28 ♓
30	6 ♏ 7	9 ♋ 5	0 ♌ 55	0 ♌ 38	28 ♏ 1	1 ♏ 16	19 ♒ 49	27 ♏ 51	4 ♑ 44	0 ♉ 19	13 ♓ 53	18 ♑ 57	24 ♎	27 ♍	29 ♉	15 ♑	28 ♓
31	7 ♏ 7	23 ♋ 8	0 ♌ 52	0 ♌ 37	29 ♏ 17	0 ♏ 40	20 ♒ 23	28 ♏ 4	4 ♑ 49	0 ♉ 17	13 ♓ 52	18 ♑ 58	24 ♎	27 ♍	29 ♉	15 ♑	28 ♓

SUN INGRESS	☉ → ♏ 23日 20:22
MOON PHASE	◑ 2日 18:45 ♋　● 9日 12:47 ♎　◐ 17日 03:02 ♑　○ 25日 01:45 ♉

aspects		
3日	09:04	☿□♇
11日	02:36	☿☍♅
11日	11:29	♀□♂
12日	13:11	☉□♇
12日	17:20	☿⚹♄
16日	05:21	☿☌♀
19日	18:47	☿△♆
20日	02:23	☿□♂
23日	04:14	☿⚹♇
24日	09:47	☉☍♅
24日	21:52	♀⚹♄
26日	23:16	☉☌♀
28日	11:52	☉⚹♄
29日	20:05	☿☌♃
31日	17:45	♀☍♅

2018年11月

DAY	☉	☽	☊ mean	☊ true	☿	♀	♂	♃	♄	♅	♆	♇	⚳	⚴	⚵	⚶	⚷
	° ′	° ′	° ′	° ′	° ′	° ′	° ′	° ′	° ′	° ′	° ′	° ′	°	°	°	°	°
1	8 ♏ 7	7 ♌ 13	0 ♌ 49	0 D 37	0 D 31	0 R 6	20 D 57	28 D 16	4 D 54	0 R 14	13 R 51	18 D 59	24 D	28 D	29 R	16 D	28 R
2	9 ♏ 7	21 ♌ 18	0 ♌ 45	0 R 37	1 ♐ 44	29 ♎ 33	21 ♒ 31	28 ♏ 29	4 ♑ 59	0 ♉ 12	13 ♓ 50	19 ♑ 0	25 ♎	28 ♍	28 ♉	16 ♑	28 ♓
3	10 ♏ 7	5 ♍ 24	0 ♌ 42	0 ♌ 35	2 ♐ 55	29 ♎ 1	22 ♒ 5	28 ♏ 42	5 ♑ 4	0 ♉ 9	13 ♓ 50	19 ♑ 1	25 ♎	28 ♍	28 ♉	16 ♑	28 ♓
4	11 ♏ 8	19 ♍ 28	0 ♌ 39	0 ♌ 30	4 ♐ 4	28 ♎ 31	22 ♒ 40	28 ♏ 55	5 ♑ 9	0 ♉ 7	13 ♓ 49	19 ♑ 2	26 ♎	29 ♍	28 ♉	17 ♑	28 ♓
5	12 ♏ 8	3 ♎ 29	0 ♌ 36	0 ♌ 23	5 ♐ 11	28 ♎ 3	23 ♒ 14	29 ♏ 8	5 ♑ 14	0 ♉ 5	13 ♓ 48	19 ♑ 3	26 ♎	29 ♍	28 ♉	17 ♑	28 ♓
6	13 ♏ 8	17 ♎ 23	0 ♌ 33	0 ♌ 13	6 ♐ 16	27 ♎ 36	23 ♒ 49	29 ♏ 21	5 ♑ 19	0 ♉ 2	13 ♓ 48	19 ♑ 4	27 ♎	0 ♎	28 ♉	18 ♑	28 ♓
7	14 ♏ 8	1 ♏ 6	0 ♌ 29	0 ♌ 1	7 ♐ 17	27 ♎ 11	24 ♒ 24	29 ♏ 35	5 ♑ 24	0 ♉ 0	13 ♓ 47	19 ♑ 5	27 ♎	0 ♎	27 ♉	18 ♑	28 ♓
8	15 ♏ 8	14 ♏ 36	0 ♌ 26	29 ♋ 48	8 ♐ 16	26 ♎ 49	24 ♒ 59	29 ♏ 48	5 ♑ 30	29 ♈ 58	13 ♓ 46	19 ♑ 6	28 ♎	1 ♎	27 ♉	19 ♑	28 ♓
9	16 ♏ 8	27 ♏ 49	0 ♌ 23	29 ♋ 36	9 ♐ 11	26 ♎ 29	25 ♒ 35	0 ♐ 1	5 ♑ 35	29 ♈ 55	13 ♓ 46	19 ♑ 7	28 ♎	1 ♎	27 ♉	19 ♑	28 ♓
10	17 ♏ 9	10 ♐ 44	0 ♌ 20	29 ♋ 26	10 ♐ 3	26 ♎ 11	26 ♒ 11	0 ♐ 14	5 ♑ 40	29 ♈ 53	13 ♓ 45	19 ♑ 8	28 ♎	2 ♎	27 ♉	19 ♑	28 ♓
11	18 ♏ 9	23 ♐ 20	0 ♌ 17	29 ♋ 18	10 ♐ 50	25 ♎ 56	26 ♒ 46	0 ♐ 27	5 ♑ 46	29 ♈ 51	13 ♓ 45	19 ♑ 9	29 ♎	2 ♎	27 ♉	20 ♑	28 ♓
12	19 ♏ 9	5 ♑ 39	0 ♌ 14	29 ♋ 13	11 ♐ 32	25 ♎ 43	27 ♒ 23	0 ♐ 40	5 ♑ 51	29 ♈ 48	13 ♓ 44	19 ♑ 10	29 ♎	2 ♎	26 ♉	20 ♑	28 ♓
13	20 ♏ 10	17 ♑ 43	0 ♌ 10	29 ♋ 10	12 ♐ 9	25 ♎ 32	27 ♒ 59	0 ♐ 54	5 ♑ 57	29 ♈ 46	13 ♓ 44	19 ♑ 11	0 ♏	3 ♎	26 ♉	21 ♑	28 ♓
14	21 ♏ 10	29 ♑ 37	0 ♌ 7	29 D 10	12 ♐ 39	25 ♎ 24	28 ♒ 35	1 ♐ 7	6 ♑ 3	29 ♈ 44	13 ♓ 43	19 ♑ 13	0 ♏	3 ♎	26 ♉	21 ♑	28 ♓
15	22 ♏ 11	11 ♒ 26	0 ♌ 4	29 ♋ 10	13 ♐ 3	25 ♎ 18	29 ♒ 12	1 ♐ 20	6 ♑ 8	29 ♈ 42	13 ♓ 43	19 ♑ 14	1 ♏	4 ♎	26 ♉	22 ♑	28 ♓
16	23 ♏ 11	23 ♒ 14	0 ♌ 1	29 R 10	13 ♐ 20	25 ♎ 15	29 ♒ 48	1 ♐ 33	6 ♑ 14	29 ♈ 39	13 ♓ 43	19 ♑ 15	1 ♏	4 ♎	26 ♉	22 ♑	28 ♓
17	24 ♏ 11	5 ♓ 7	29 ♋ 58	29 ♋ 10	13 ♐ 28	25 D 14	0 ♓ 25	1 ♐ 47	6 ♑ 20	29 ♈ 37	13 ♓ 42	19 ♑ 17	2 ♏	5 ♎	25 ♉	23 ♑	28 ♓
18	25 ♏ 12	17 ♓ 11	29 ♋ 55	29 ♋ 7	13 R 28	25 ♎ 16	1 ♓ 2	2 ♐ 0	6 ♑ 26	29 ♈ 35	13 ♓ 42	19 ♑ 18	2 ♏	5 ♎	25 ♉	23 ♑	28 ♓
19	26 ♏ 12	29 ♓ 31	29 ♋ 51	29 ♋ 2	13 ♐ 17	25 ♎ 20	1 ♓ 39	2 ♐ 13	6 ♑ 32	29 ♈ 33	13 ♓ 42	19 ♑ 19	2 ♏	5 ♎	25 ♉	23 ♑	28 ♓
20	27 ♏ 13	12 ♈ 10	29 ♋ 48	28 ♋ 55	12 ♐ 57	25 ♎ 26	2 ♓ 16	2 ♐ 27	6 ♑ 38	29 ♈ 31	13 ♓ 42	19 ♑ 21	3 ♏	6 ♎	25 ♉	24 ♑	28 ♓
21	28 ♏ 13	25 ♈ 10	29 ♋ 45	28 ♋ 45	12 ♐ 26	25 ♎ 35	2 ♓ 54	2 ♐ 40	6 ♑ 44	29 ♈ 29	13 ♓ 41	19 ♑ 22	3 ♏	6 ♎	24 ♉	24 ♑	28 ♓
22	29 ♏ 14	8 ♉ 34	29 ♋ 42	28 ♋ 35	11 ♐ 45	25 ♎ 46	3 ♓ 31	2 ♐ 54	6 ♑ 50	29 ♈ 27	13 ♓ 41	19 ♑ 23	4 ♏	7 ♎	24 ♉	25 ♑	28 ♓
23	0 ♐ 15	22 ♉ 19	29 ♋ 39	28 ♋ 25	10 ♐ 53	25 ♎ 59	4 ♓ 9	3 ♐ 7	6 ♑ 56	29 ♈ 25	13 ♓ 41	19 ♑ 25	4 ♏	7 ♎	24 ♉	25 ♑	28 ♓
24	1 ♐ 15	6 ♊ 22	29 ♋ 35	28 ♋ 16	9 ♐ 52	26 ♎ 14	4 ♓ 47	3 ♐ 20	7 ♑ 2	29 ♈ 23	13 ♓ 41	19 ♑ 26	5 ♏	7 ♎	24 ♉	26 ♑	28 ♓
25	2 ♐ 16	20 ♊ 38	29 ♋ 32	28 ♋ 8	8 ♐ 43	26 ♎ 31	5 ♓ 24	3 ♐ 34	7 ♑ 8	29 ♈ 21	13 ♓ 41	19 ♑ 28	5 ♏	8 ♎	23 ♉	26 ♑	27 ♓
26	3 ♐ 16	5 ♋ 1	29 ♋ 29	28 ♋ 4	7 ♐ 26	26 ♎ 50	6 ♓ 2	3 ♐ 47	7 ♑ 14	29 ♈ 19	13 D 41	19 ♑ 29	5 ♏	8 ♎	23 ♉	27 ♑	27 ♓
27	4 ♐ 17	19 ♋ 27	29 ♋ 26	28 ♋ 1	6 ♐ 6	27 ♎ 12	6 ♓ 40	4 ♐ 1	7 ♑ 21	29 ♈ 17	13 ♓ 41	19 ♑ 31	6 ♏	9 ♎	23 ♉	27 ♑	27 ♓
28	5 ♐ 18	3 ♌ 50	29 ♋ 23	28 D 1	4 ♐ 44	27 ♎ 35	7 ♓ 18	4 ♐ 14	7 ♑ 27	29 ♈ 15	13 ♓ 41	19 ♑ 32	6 ♏	9 ♎	23 ♉	28 ♑	27 ♓
29	6 ♐ 19	18 ♌ 7	29 ♋ 20	28 ♋ 2	3 ♐ 22	28 ♎ 0	7 ♓ 57	4 ♐ 27	7 ♑ 33	29 ♈ 13	13 ♓ 41	19 ♑ 34	7 ♏	9 ♎	23 ♉	28 ♑	27 ♓
30	7 ♐ 19	2 ♍ 16	29 ♋ 16	28 ♋ 3	2 ♐ 5	28 ♎ 27	8 ♓ 35	4 ♐ 41	7 ♑ 40	29 ♈ 11	13 ♓ 41	19 ♑ 36	7 ♏	10 ♎	22 ♉	28 ♑	27 ♓

SUN INGRESS	☉ → ♐ 22日 18:01
MOON PHASE	◑ 1日 01:40 ♌　● 8日 01:02 ♏　◐ 15日 23:54 ♒　○ 23日 14:39 ♊　◑ 30日 09:19 ♍

aspects		
6日	15:40	☉△♆
10日	00:12	♀△♂
12日	00:22	☉⚹♇
15日	18:31	♂⚹♅
20日	10:31	♂□♃
26日	15:33	☉☌♃
26日	17:06	☿□♂
27日	18:15	☉☌☿
28日	06:31	♂⚹♄
28日	07:27	☿☌♃

2018年12月

DAY	☉	☽	☊ mean	☊ true	☿	♀	♂	♃	♄	♅	♆	♇	⚳	⚴	⚵	⚶	⚷
	° ′	° ′	° ′	° ′	° ′	° ′	° ′	° ′	° ′	° ′	° ′	° ′	°	°	°	°	°
1	8 ♐ 20	16 ♍ 16	29 ♋ 13	28 R 3	0 R 53	28 D 55	9 D 13	4 D 54	7 D 46	29 R 10	13 D 42	19 D 37	8 D	10 D	22 R	29 D	27 R
2	9 ♐ 21	0 ♎ 6	29 ♋ 10	28 ♋ 1	29 ♏ 50	29 ♎ 25	9 ♓ 52	5 ♐ 8	7 ♑ 53	29 ♈ 8	13 ♓ 42	19 ♑ 39	8 ♏	11 ♎	22 ♉	29 ♑	27 ♓
3	10 ♐ 22	13 ♎ 46	29 ♋ 7	27 ♋ 57	28 ♏ 57	29 ♎ 57	10 ♓ 31	5 ♐ 21	7 ♑ 59	29 ♈ 6	13 ♓ 42	19 ♑ 40	8 ♏	11 ♎	22 ♉	0 ♒	27 ♓
4	11 ♐ 23	27 ♎ 15	29 ♋ 4	27 ♋ 50	28 ♏ 15	0 ♏ 30	11 ♓ 9	5 ♐ 34	8 ♑ 6	29 ♈ 5	13 ♓ 42	19 ♑ 42	9 ♏	11 ♎	22 ♉	0 ♒	27 ♓
5	12 ♐ 24	10 ♏ 33	29 ♋ 1	27 ♋ 43	27 ♏ 44	1 ♏ 5	11 ♓ 48	5 ♐ 48	8 ♑ 13	29 ♈ 3	13 ♓ 43	19 ♑ 44	9 ♏	12 ♎	22 ♉	1 ♒	27 ♓
6	13 ♐ 24	23 ♏ 38	28 ♋ 57	27 ♋ 34	27 ♏ 24	1 ♏ 41	12 ♓ 27	6 ♐ 1	8 ♑ 19	29 ♈ 1	13 ♓ 43	19 ♑ 45	10 ♏	12 ♎	21 ♉	1 ♒	27 ♓
7	14 ♐ 25	6 ♐ 30	28 ♋ 54	27 ♋ 26	27 ♏ 16	2 ♏ 18	13 ♓ 6	6 ♐ 14	8 ♑ 26	29 ♈ 0	13 ♓ 43	19 ♑ 47	10 ♏	12 ♎	21 ♉	2 ♒	27 ♓
8	15 ♐ 26	19 ♐ 7	28 ♋ 51	27 ♋ 19	27 D 19	2 ♏ 57	13 ♓ 45	6 ♐ 28	8 ♑ 33	28 ♈ 58	13 ♓ 44	19 ♑ 49	11 ♏	13 ♎	21 ♉	2 ♒	27 ♓
9	16 ♐ 27	1 ♑ 31	28 ♋ 48	27 ♋ 14	27 ♏ 31	3 ♏ 37	14 ♓ 24	6 ♐ 41	8 ♑ 39	28 ♈ 57	13 ♓ 44	19 ♑ 51	11 ♏	13 ♎	21 ♉	3 ♒	27 ♓
10	17 ♐ 28	13 ♑ 42	28 ♋ 45	27 ♋ 11	27 ♏ 52	4 ♏ 18	15 ♓ 4	6 ♐ 54	8 ♑ 46	28 ♈ 56	13 ♓ 45	19 ♑ 52	11 ♏	14 ♎	21 ♉	3 ♒	27 D
11	18 ♐ 29	25 ♑ 42	28 ♋ 41	27 ♋ 10	28 ♏ 22	5 ♏ 0	15 ♓ 43	7 ♐ 8	8 ♑ 53	28 ♈ 54	13 ♓ 45	19 ♑ 54	12 ♏	14 ♎	21 ♉	4 ♒	27 ♓
12	19 ♐ 30	7 ♒ 34	28 ♋ 38	27 D 11	28 ♏ 59	5 ♏ 43	16 ♓ 22	7 ♐ 21	9 ♑ 0	28 ♈ 53	13 ♓ 46	19 ♑ 56	12 ♏	14 ♎	21 ♉	4 ♒	27 ♓
13	20 ♐ 31	19 ♒ 21	28 ♋ 35	27 ♋ 12	29 ♏ 42	6 ♏ 28	17 ♓ 2	7 ♐ 34	9 ♑ 6	28 ♈ 52	13 ♓ 46	19 ♑ 58	13 ♏	15 ♎	20 ♉	5 ♒	27 ♓
14	21 ♐ 32	1 ♓ 9	28 ♋ 32	27 ♋ 14	0 ♐ 32	7 ♏ 13	17 ♓ 41	7 ♐ 48	9 ♑ 13	28 ♈ 50	13 ♓ 47	20 ♑ 0	13 ♏	15 ♎	20 ♉	5 ♒	27 ♓
15	22 ♐ 33	13 ♓ 1	28 ♋ 29	27 ♋ 16	1 ♐ 26	7 ♏ 59	18 ♓ 21	8 ♐ 1	9 ♑ 20	28 ♈ 49	13 ♓ 48	20 ♑ 1	14 ♏	15 ♎	20 ♉	6 ♒	27 ♓
16	23 ♐ 34	25 ♓ 3	28 ♋ 26	27 R 16	2 ♐ 25	8 ♏ 47	19 ♓ 0	8 ♐ 14	9 ♑ 27	28 ♈ 48	13 ♓ 48	20 ♑ 3	14 ♏	16 ♎	20 ♉	6 ♒	27 ♓
17	24 ♐ 35	7 ♈ 20	28 ♋ 22	27 ♋ 15	3 ♐ 28	9 ♏ 35	19 ♓ 40	8 ♐ 27	9 ♑ 34	28 ♈ 47	13 ♓ 49	20 ♑ 5	14 ♏	16 ♎	20 ♉	7 ♒	27 ♓
18	25 ♐ 36	19 ♈ 56	28 ♋ 19	27 ♋ 13	4 ♐ 34	10 ♏ 24	20 ♓ 20	8 ♐ 40	9 ♑ 41	28 ♈ 46	13 ♓ 50	20 ♑ 7	15 ♏	16 ♎	20 ♉	7 ♒	27 ♓
19	26 ♐ 38	2 ♉ 57	28 ♋ 16	27 ♋ 9	5 ♐ 43	11 ♏ 14	21 ♓ 0	8 ♐ 53	9 ♑ 48	28 ♈ 45	13 ♓ 51	20 ♑ 9	15 ♏	17 ♎	20 ♉	7 ♒	27 ♓
20	27 ♐ 39	16 ♉ 23	28 ♋ 13	27 ♋ 5	6 ♐ 55	12 ♏ 5	21 ♓ 39	9 ♐ 7	9 ♑ 55	28 ♈ 44	13 ♓ 52	20 ♑ 11	16 ♏	17 ♎	20 ♉	8 ♒	27 ♓
21	28 ♐ 40	0 ♊ 15	28 ♋ 10	27 ♋ 0	8 ♐ 9	12 ♏ 56	22 ♓ 19	9 ♐ 20	10 ♑ 2	28 ♈ 43	13 ♓ 52	20 ♑ 13	16 ♏	17 ♎	20 ♉	8 ♒	27 ♓
22	29 ♐ 41	14 ♊ 30	28 ♋ 7	26 ♋ 56	9 ♐ 26	13 ♏ 49	22 ♓ 59	9 ♐ 33	10 ♑ 9	28 ♈ 42	13 ♓ 53	20 ♑ 15	16 ♏	18 ♎	20 ♉	9 ♒	27 ♓
23	0 ♑ 42	29 ♊ 6	28 ♋ 3	26 ♋ 53	10 ♐ 44	14 ♏ 42	23 ♓ 39	9 ♐ 46	10 ♑ 16	28 ♈ 42	13 ♓ 54	20 ♑ 17	17 ♏	18 ♎	20 ♉	9 ♒	27 ♓
24	1 ♑ 43	13 ♋ 53	28 ♋ 0	26 ♋ 51	12 ♐ 3	15 ♏ 35	24 ♓ 19	9 ♐ 59	10 ♑ 23	28 ♈ 41	13 ♓ 55	20 ♑ 19	17 ♏	18 ♎	20 ♉	10 ♒	27 ♓
25	2 ♑ 44	28 ♋ 46	27 ♋ 57	26 D 50	13 ♐ 24	16 ♏ 30	24 ♓ 59	10 ♐ 12	10 ♑ 30	28 ♈ 40	13 ♓ 56	20 ♑ 21	18 ♏	19 ♎	20 D	10 ♒	28 ♓
26	3 ♑ 45	13 ♌ 36	27 ♋ 54	26 ♋ 51	14 ♐ 46	17 ♏ 25	25 ♓ 39	10 ♐ 24	10 ♑ 37	28 ♈ 39	13 ♓ 57	20 ♑ 22	18 ♏	19 ♎	20 ♉	11 ♒	28 ♓
27	4 ♑ 46	28 ♌ 17	27 ♋ 51	26 ♋ 52	16 ♐ 9	18 ♏ 20	26 ♓ 19	10 ♐ 37	10 ♑ 44	28 ♈ 39	13 ♓ 58	20 ♑ 24	18 ♏	19 ♎	20 ♉	11 ♒	28 ♓
28	5 ♑ 47	12 ♍ 43	27 ♋ 47	26 ♋ 54	17 ♐ 33	19 ♏ 17	27 ♓ 0	10 ♐ 50	10 ♑ 51	28 ♈ 38	13 ♓ 59	20 ♑ 26	19 ♏	20 ♎	20 ♉	12 ♒	28 ♓
29	6 ♑ 48	26 ♍ 52	27 ♋ 44	26 ♋ 55	18 ♐ 58	20 ♏ 13	27 ♓ 40	11 ♐ 3	10 ♑ 58	28 ♈ 38	14 ♓ 0	20 ♑ 28	19 ♏	20 ♎	20 ♉	12 ♒	28 ♓
30	7 ♑ 50	10 ♎ 42	27 ♋ 41	26 R 55	20 ♐ 24	21 ♏ 11	28 ♓ 20	11 ♐ 16	11 ♑ 5	28 ♈ 37	14 ♓ 2	20 ♑ 30	20 ♏	20 ♎	20 ♉	13 ♒	28 ♓
31	8 ♑ 51	24 ♎ 14	27 ♋ 38	26 ♋ 54	21 ♐ 51	22 ♏ 9	29 ♓ 0	11 ♐ 28	11 ♑ 12	28 ♈ 37	14 ♓ 3	20 ♑ 32	20 ♏	21 ♎	20 ♉	13 ♒	28 ♓

SUN INGRESS	☉ → ♑ 22日 07:23
MOON PHASE	● 7日 16:20 ♐　◐ 15日 20:49 ♓　○ 23日 02:48 ♋　◑ 29日 18:34 ♎

aspects		
1日	11:13	♀☍♅
3日	09:34	☉□♂
6日	07:22	☉□♆
7日	23:11	♂☌♆
16日	23:27	♀⚹♄
17日	15:57	♂⚹♇
21日	01:22	☉△♅
22日	02:11	♀△♆
22日	02:37	☿☌♃
25日	09:32	☿□♆
29日	06:31	♀⚹♇

2019年1月

DAY	☉	☽	☊ mean	☊ true	☿	♀	♂	♃	♄	♅	♆	♇	⚳	⚴	⚵	⚶	⚷
	° ′	° ′	° ′	° ′	° ′	° ′	° ′	° ′	° ′	° ′	° ′	° ′	°	°	°	°	°
1	9 ♑ 52	7 ♏ 28	27 ♋ 35	26 R 53	23 D 18	23 D 7	29 D 40	11 D 41	11 D 19	28 R 37	14 D 4	20 D 34	20 D	21 D	20 D	14 D	28 D
2	10 ♑ 53	20 ♏ 26	27 ♋ 32	26 ♋ 51	24 ♐ 46	24 ♏ 6	0 ♈ 21	11 ♐ 54	11 ♑ 27	28 ♈ 36	14 ♓ 5	20 ♑ 36	21 ♏	21 ♎	20 ♉	14 ♒	28 ♓
3	11 ♑ 54	3 ♐ 10	27 ♋ 28	26 ♋ 48	26 ♐ 14	25 ♏ 5	1 ♈ 1	12 ♐ 6	11 ♑ 34	28 ♈ 36	14 ♓ 6	20 ♑ 38	21 ♏	21 ♎	20 ♉	15 ♒	28 ♓
4	12 ♑ 55	15 ♐ 41	27 ♋ 25	26 ♋ 46	27 ♐ 43	26 ♏ 5	1 ♈ 42	12 ♐ 19	11 ♑ 41	28 ♈ 36	14 ♓ 8	20 ♑ 40	22 ♏	22 ♎	20 ♉	15 ♒	28 ♓
5	13 ♑ 57	28 ♐ 0	27 ♋ 22	26 ♋ 44	29 ♐ 12	27 ♏ 6	2 ♈ 22	12 ♐ 31	11 ♑ 48	28 ♈ 36	14 ♓ 9	20 ♑ 42	22 ♏	22 ♎	20 ♉	16 ♒	28 ♓
6	14 ♑ 58	10 ♑ 9	27 ♋ 19	26 ♋ 43	0 ♑ 42	28 ♏ 6	3 ♈ 2	12 ♐ 43	11 ♑ 55	28 ♈ 36	14 ♓ 10	20 ♑ 44	22 ♏	22 ♎	21 ♉	16 ♒	28 ♓
7	15 ♑ 59	22 ♑ 10	27 ♋ 16	26 ♋ 42	2 ♑ 12	29 ♏ 7	3 ♈ 43	12 ♐ 56	12 ♑ 2	28 ♈ 36	14 ♓ 12	20 ♑ 46	23 ♏	23 ♎	21 ♉	17 ♒	28 ♓
8	17 ♑ 0	4 ♒ 4	27 ♋ 13	26 D 42	3 ♑ 43	0 ♐ 9	4 ♈ 23	13 ♐ 8	12 ♑ 9	28 D 36	14 ♓ 13	20 ♑ 48	23 ♏	23 ♎	21 ♉	17 ♒	28 ♓
9	18 ♑ 1	15 ♒ 53	27 ♋ 9	26 ♋ 43	5 ♑ 14	1 ♐ 11	5 ♈ 4	13 ♐ 20	12 ♑ 16	28 ♈ 36	14 ♓ 15	20 ♑ 51	23 ♏	23 ♎	21 ♉	18 ♒	28 ♓
10	19 ♑ 3	27 ♒ 40	27 ♋ 6	26 ♋ 44	6 ♑ 46	2 ♐ 13	5 ♈ 44	13 ♐ 32	12 ♑ 23	28 ♈ 36	14 ♓ 16	20 ♑ 53	24 ♏	23 ♎	21 ♉	18 ♒	28 ♓
11	20 ♑ 4	9 ♓ 28	27 ♋ 3	26 ♋ 45	8 ♑ 18	3 ♐ 16	6 ♈ 25	13 ♐ 45	12 ♑ 30	28 ♈ 36	14 ♓ 18	20 ♑ 55	24 ♏	24 ♎	21 ♉	19 ♒	28 ♓
12	21 ♑ 5	21 ♓ 21	27 ♋ 0	26 ♋ 45	9 ♑ 50	4 ♐ 19	7 ♈ 5	13 ♐ 57	12 ♑ 37	28 ♈ 36	14 ♓ 19	20 ♑ 57	25 ♏	24 ♎	21 ♉	19 ♒	28 ♓
13	22 ♑ 6	3 ♈ 22	26 ♋ 57	26 ♋ 46	11 ♑ 23	5 ♐ 22	7 ♈ 46	14 ♐ 9	12 ♑ 44	28 ♈ 36	14 ♓ 21	20 ♑ 59	25 ♏	24 ♎	22 ♉	20 ♒	28 ♓
14	23 ♑ 7	15 ♈ 36	26 ♋ 53	26 ♋ 46	12 ♑ 57	6 ♐ 26	8 ♈ 27	14 ♐ 20	12 ♑ 51	28 ♈ 37	14 ♓ 22	21 ♑ 1	25 ♏	24 ♎	22 ♉	20 ♒	28 ♓
15	24 ♑ 8	28 ♈ 8	26 ♋ 50	26 R 46	14 ♑ 31	7 ♐ 29	9 ♈ 7	14 ♐ 32	12 ♑ 58	28 ♈ 37	14 ♓ 24	21 ♑ 3	26 ♏	25 ♎	22 ♉	21 ♒	28 ♓
16	25 ♑ 9	11 ♉ 1	26 ♋ 47	26 ♋ 46	16 ♑ 5	8 ♐ 34	9 ♈ 48	14 ♐ 44	13 ♑ 5	28 ♈ 38	14 ♓ 25	21 ♑ 5	26 ♏	25 ♎	22 ♉	21 ♒	28 ♓
17	26 ♑ 10	24 ♉ 19	26 ♋ 44	26 ♋ 46	17 ♑ 40	9 ♐ 38	10 ♈ 28	14 ♐ 56	13 ♑ 12	28 ♈ 38	14 ♓ 27	21 ♑ 7	26 ♏	25 ♎	22 ♉	22 ♒	28 ♓
18	27 ♑ 12	8 ♊ 4	26 ♋ 41	26 D 46	19 ♑ 15	10 ♐ 43	11 ♈ 9	15 ♐ 7	13 ♑ 19	28 ♈ 39	14 ♓ 29	21 ♑ 9	27 ♏	25 ♎	22 ♉	22 ♒	28 ♓
19	28 ♑ 13	22 ♊ 17	26 ♋ 38	26 ♋ 46	20 ♑ 51	11 ♐ 48	11 ♈ 50	15 ♐ 19	13 ♑ 26	28 ♈ 39	14 ♓ 30	21 ♑ 11	27 ♏	25 ♎	23 ♉	23 ♒	28 ♓
20	29 ♑ 14	6 ♋ 54	26 ♋ 34	26 ♋ 46	22 ♑ 27	12 ♐ 53	12 ♈ 30	15 ♐ 30	13 ♑ 33	28 ♈ 40	14 ♓ 32	21 ♑ 13	27 ♏	26 ♎	23 ♉	23 ♒	28 ♓
21	0 ♒ 15	21 ♋ 52	26 ♋ 31	26 ♋ 46	24 ♑ 4	13 ♐ 59	13 ♈ 11	15 ♐ 42	13 ♑ 40	28 ♈ 40	14 ♓ 34	21 ♑ 15	28 ♏	26 ♎	23 ♉	24 ♒	28 ♓
22	1 ♒ 16	7 ♌ 1	26 ♋ 28	26 R 46	25 ♑ 42	15 ♐ 4	13 ♈ 52	15 ♐ 53	13 ♑ 47	28 ♈ 41	14 ♓ 36	21 ♑ 17	28 ♏	26 ♎	23 ♉	24 ♒	28 ♓
23	2 ♒ 17	22 ♌ 12	26 ♋ 25	26 ♋ 46	27 ♑ 20	16 ♐ 10	14 ♈ 32	16 ♐ 4	13 ♑ 54	28 ♈ 42	14 ♓ 37	21 ♑ 19	28 ♏	26 ♎	24 ♉	25 ♒	28 ♓
24	3 ♒ 18	7 ♍ 16	26 ♋ 22	26 ♋ 45	28 ♑ 58	17 ♐ 17	15 ♈ 13	16 ♐ 16	14 ♑ 1	28 ♈ 43	14 ♓ 39	21 ♑ 21	29 ♏	26 ♎	24 ♉	25 ♒	28 ♓
25	4 ♒ 19	22 ♍ 5	26 ♋ 19	26 ♋ 45	0 ♒ 38	18 ♐ 23	15 ♈ 53	16 ♐ 27	14 ♑ 8	28 ♈ 44	14 ♓ 41	21 ♑ 23	29 ♏	27 ♎	24 ♉	26 ♒	28 ♓
26	5 ♒ 20	6 ♎ 33	26 ♋ 15	26 ♋ 44	2 ♒ 17	19 ♐ 30	16 ♈ 34	16 ♐ 38	14 ♑ 14	28 ♈ 45	14 ♓ 43	21 ♑ 25	29 ♏	27 ♎	24 ♉	26 ♒	28 ♓
27	6 ♒ 21	20 ♎ 35	26 ♋ 12	26 ♋ 43	3 ♒ 58	20 ♐ 36	17 ♈ 15	16 ♐ 49	14 ♑ 21	28 ♈ 46	14 ♓ 45	21 ♑ 27	0 ♐	27 ♎	25 ♉	27 ♒	28 ♓
28	7 ♒ 22	4 ♏ 12	26 ♋ 9	26 ♋ 42	5 ♒ 39	21 ♐ 44	17 ♈ 55	16 ♐ 59	14 ♑ 28	28 ♈ 47	14 ♓ 47	21 ♑ 29	0 ♐	27 ♎	25 ♉	27 ♒	28 ♓
29	8 ♒ 23	17 ♏ 24	26 ♋ 6	26 D 43	7 ♒ 21	22 ♐ 51	18 ♈ 36	17 ♐ 10	14 ♑ 35	28 ♈ 48	14 ♓ 48	21 ♑ 31	0 ♐	27 ♎	25 ♉	28 ♒	29 ♓
30	9 ♒ 24	0 ♐ 14	26 ♋ 3	26 ♋ 43	9 ♒ 3	23 ♐ 58	19 ♈ 17	17 ♐ 21	14 ♑ 41	28 ♈ 49	14 ♓ 50	21 ♑ 33	1 ♐	27 ♎	25 ♉	28 ♒	29 ♓
31	10 ♒ 25	12 ♐ 46	25 ♋ 59	26 ♋ 44	10 ♒ 46	25 ♐ 6	19 ♈ 57	17 ♐ 31	14 ♑ 48	28 ♈ 50	14 ♓ 52	21 ♑ 35	1 ♐	28 ♎	26 ♉	29 ♒	29 ♓

SUN INGRESS	☉ → ♒ 20日 17:59
MOON PHASE	● 6日 10:28 ♑ ◐ 14日 15:45 ♈ ○ 21日 14:16 ♌ ◑ 28日 06:10 ♏

aspects

2日	14:50	☉☌♄
4日	14:13	☿△♅
5日	04:57	☉⚹♆
8日	19:05	☿□♂
11日	20:38	☉☌♇
13日	22:31	☿☌♄
14日	03:58	♃□♆
14日	22:13	☿⚹♆
19日	01:49	♀△♂
19日	05:03	☿☌♇
19日	10:31	☉□♅
21日	13:15	♀□♆
21日	20:48	♂□♄
22日	21:26	♀☌♃
23日	20:13	☿□♅
26日	02:53	♂△♃
30日	11:52	☉☌☿
31日	23:15	♄⚹♆

2019年2月

DAY	☉	☽	☊ mean	☊ true	☿	♀	♂	♃	♄	♅	♆	♇	⚳	⚴	⚵	⚶	⚷
	° ′	° ′	° ′	° ′	° ′	° ′	° ′	° ′	° ′	° ′	° ′	° ′	°	°	°	°	°
1	11 ♒ 26	25 ♐ 3	25 ♋ 56	26 D 46	12 D 30	26 D 14	20 D 38	17 D 42	14 D 54	28 D 51	14 D 54	21 D 37	1 D	28 D	26 D	29 D	29 D
2	12 ♒ 27	7 ♑ 8	25 ♋ 53	26 ♋ 47	14 ♒ 14	27 ♐ 22	21 ♈ 19	17 ♐ 52	15 ♑ 1	28 ♈ 53	14 ♓ 56	21 ♑ 38	2 ♐	28 ♎	26 ♉	0 ♓	29 ♓
3	13 ♒ 28	19 ♑ 5	25 ♋ 50	26 ♋ 48	15 ♒ 59	28 ♐ 30	21 ♈ 59	18 ♐ 2	15 ♑ 8	28 ♈ 54	14 ♓ 58	21 ♑ 40	2 ♐	28 ♎	27 ♉	0 ♓	29 ♓
4	14 ♒ 28	0 ♒ 57	25 ♋ 47	26 R 48	17 ♒ 45	29 ♐ 38	22 ♈ 40	18 ♐ 13	15 ♑ 14	28 ♈ 55	15 ♓ 0	21 ♑ 42	2 ♐	28 ♎	27 ♉	1 ♓	29 ♓
5	15 ♒ 29	12 ♒ 46	25 ♋ 44	26 ♋ 47	19 ♒ 31	0 ♑ 47	23 ♈ 20	18 ♐ 23	15 ♑ 21	28 ♈ 57	15 ♓ 2	21 ♑ 44	3 ♐	28 ♎	27 ♉	1 ♓	29 ♓
6	16 ♒ 30	24 ♒ 34	25 ♋ 40	26 ♋ 45	21 ♒ 18	1 ♑ 55	24 ♈ 1	18 ♐ 33	15 ♑ 27	28 ♈ 58	15 ♓ 4	21 ♑ 46	3 ♐	28 ♎	28 ♉	2 ♓	29 ♓
7	17 ♒ 31	6 ♓ 23	25 ♋ 37	26 ♋ 42	23 ♒ 5	3 ♑ 4	24 ♈ 42	18 ♐ 42	15 ♑ 33	29 ♈ 0	15 ♓ 6	21 ♑ 48	3 ♐	28 ♎	28 ♉	2 ♓	29 ♓
8	18 ♒ 32	18 ♓ 15	25 ♋ 34	26 ♋ 39	24 ♒ 53	4 ♑ 13	25 ♈ 22	18 ♐ 52	15 ♑ 40	29 ♈ 2	15 ♓ 9	21 ♑ 50	4 ♐	29 ♎	28 ♉	3 ♓	29 ♓
9	19 ♒ 33	0 ♈ 13	25 ♋ 31	26 ♋ 35	26 ♒ 41	5 ♑ 22	26 ♈ 3	19 ♐ 2	15 ♑ 46	29 ♈ 3	15 ♓ 11	21 ♑ 52	4 ♐	29 ♎	29 ♉	3 ♓	29 ♓
10	20 ♒ 33	12 ♈ 18	25 ♋ 28	26 ♋ 31	28 ♒ 30	6 ♑ 31	26 ♈ 44	19 ♐ 11	15 ♑ 52	29 ♈ 5	15 ♓ 13	21 ♑ 53	4 ♐	29 ♎	29 ♉	4 ♓	29 ♓
11	21 ♒ 34	24 ♈ 34	25 ♋ 24	26 ♋ 28	0 ♓ 18	7 ♑ 40	27 ♈ 24	19 ♐ 21	15 ♑ 59	29 ♈ 7	15 ♓ 15	21 ♑ 55	4 ♐	29 ♎	29 ♉	4 ♓	29 ♓
12	22 ♒ 35	7 ♉ 4	25 ♋ 21	26 ♋ 25	2 ♓ 7	8 ♑ 49	28 ♈ 5	19 ♐ 30	16 ♑ 5	29 ♈ 8	15 ♓ 17	21 ♑ 57	5 ♐	29 ♎	0 ♊	5 ♓	29 ♓
13	23 ♒ 36	19 ♉ 52	25 ♋ 18	26 ♋ 24	3 ♓ 55	9 ♑ 59	28 ♈ 45	19 ♐ 39	16 ♑ 11	29 ♈ 10	15 ♓ 19	21 ♑ 59	5 ♐	29 ♎	0 ♊	5 ♓	29 ♓
14	24 ♒ 36	3 ♊ 1	25 ♋ 15	26 D 25	5 ♓ 44	11 ♑ 8	29 ♈ 26	19 ♐ 48	16 ♑ 17	29 ♈ 12	15 ♓ 21	22 ♑ 1	5 ♐	29 ♎	0 ♊	6 ♓	29 ♓
15	25 ♒ 37	16 ♊ 34	25 ♋ 12	26 ♋ 26	7 ♓ 31	12 ♑ 18	0 ♉ 7	19 ♐ 57	16 ♑ 23	29 ♈ 14	15 ♓ 23	22 ♑ 2	6 ♐	29 ♎	1 ♊	6 ♓	29 ♓
16	26 ♒ 38	0 ♋ 33	25 ♋ 9	26 ♋ 27	9 ♓ 18	13 ♑ 28	0 ♉ 47	20 ♐ 6	16 ♑ 29	29 ♈ 16	15 ♓ 26	22 ♑ 4	6 ♐	29 ♎	1 ♊	7 ♓	29 ♓
17	27 ♒ 38	14 ♋ 58	25 ♋ 5	26 ♋ 29	11 ♓ 3	14 ♑ 38	1 ♉ 28	20 ♐ 15	16 ♑ 35	29 ♈ 18	15 ♓ 28	22 ♑ 6	6 ♐	29 ♎	1 ♊	7 ♓	29 ♓
18	28 ♒ 39	29 ♋ 46	25 ♋ 2	26 R 29	12 ♓ 47	15 ♑ 48	2 ♉ 8	20 ♐ 23	16 ♑ 41	29 ♈ 20	15 ♓ 30	22 ♑ 8	6 ♐	29 ♎	2 ♊	8 ♓	29 ♓
19	29 ♒ 39	14 ♌ 52	24 ♋ 59	26 ♋ 28	14 ♓ 29	16 ♑ 58	2 ♉ 49	20 ♐ 32	16 ♑ 47	29 ♈ 22	15 ♓ 32	22 ♑ 9	7 ♐	29 ♎	2 ♊	8 ♓	0 ♈
20	0 ♓ 40	0 ♍ 8	24 ♋ 56	26 ♋ 25	16 ♓ 8	18 ♑ 8	3 ♉ 29	20 ♐ 40	16 ♑ 52	29 ♈ 24	15 ♓ 34	22 ♑ 11	7 ♐	29 R	3 ♊	9 ♓	0 ♈
21	1 ♓ 40	15 ♍ 23	24 ♋ 53	26 ♋ 21	17 ♓ 44	19 ♑ 18	4 ♉ 10	20 ♐ 48	16 ♑ 58	29 ♈ 26	15 ♓ 37	22 ♑ 13	7 ♐	29 ♎	3 ♊	9 ♓	0 ♈
22	2 ♓ 41	0 ♎ 26	24 ♋ 50	26 ♋ 15	19 ♓ 17	20 ♑ 29	4 ♉ 50	20 ♐ 56	17 ♑ 4	29 ♈ 28	15 ♓ 39	22 ♑ 14	7 ♐	29 ♎	3 ♊	9 ♓	0 ♈
23	3 ♓ 41	15 ♎ 10	24 ♋ 46	26 ♋ 9	20 ♓ 46	21 ♑ 39	5 ♉ 30	21 ♐ 4	17 ♑ 9	29 ♈ 31	15 ♓ 41	22 ♑ 16	8 ♐	29 ♎	4 ♊	10 ♓	0 ♈
24	4 ♓ 41	29 ♎ 27	24 ♋ 43	26 ♋ 4	22 ♓ 10	22 ♑ 49	6 ♉ 11	21 ♐ 12	17 ♑ 15	29 ♈ 33	15 ♓ 43	22 ♑ 18	8 ♐	29 ♎	4 ♊	10 ♓	0 ♈
25	5 ♓ 42	13 ♏ 15	24 ♋ 40	26 ♋ 0	23 ♓ 29	24 ♑ 0	6 ♉ 51	21 ♐ 20	17 ♑ 21	29 ♈ 35	15 ♓ 46	22 ♑ 19	8 ♐	29 ♎	5 ♊	11 ♓	0 ♈
26	6 ♓ 42	26 ♏ 34	24 ♋ 37	25 ♋ 58	24 ♓ 41	25 ♑ 11	7 ♉ 32	21 ♐ 27	17 ♑ 26	29 ♈ 38	15 ♓ 48	22 ♑ 21	8 ♐	29 ♎	5 ♊	11 ♓	0 ♈
27	7 ♓ 42	9 ♐ 26	24 ♋ 34	25 D 58	25 ♓ 47	26 ♑ 22	8 ♉ 12	21 ♐ 35	17 ♑ 31	29 ♈ 40	15 ♓ 50	22 ♑ 22	9 ♐	29 ♎	5 ♊	12 ♓	0 ♈
28	8 ♓ 43	21 ♐ 56	24 ♋ 30	25 ♋ 58	26 ♓ 46	27 ♑ 32	8 ♉ 52	21 ♐ 42	17 ♑ 37	29 ♈ 42	15 ♓ 52	22 ♑ 24	9 ♐	29 ♎	6 ♊	12 ♓	0 ♈

SUN INGRESS	☉ → ♓ 19日 08:04
MOON PHASE	● 5日 06:03 ♒ ◐ 13日 07:26 ♉ ○ 20日 00:53 ♍ ◑ 26日 20:28 ♐

aspects

2日	12:20	♂□♇
3日	08:42	♀△♅
4日	06:54	☿⚹♃
8日	09:32	☉⚹♃
8日	10:25	☿⚹♂
10日	07:53	☿⚹♅
13日	15:21	♂☌♅
17日	17:44	♀⚹♆
18日	16:55	☉⚹♅
18日	19:52	♀☌♄
19日	15:37	☿☌♆
20日	11:39	☿⚹♄
23日	05:40	☿□♃
23日	12:53	♀☌♇
24日	02:18	☿⚹♇
28日	11:33	☉⚹♂

2019年3月

DAY	☉	☽	☊ mean	☊ true	☿	♀	♂	♃	♄	♅	♆	♇	⚳	⚴	⚵	⚶	⚷
	° ′	° ′	° ′	° ′	° ′	° ′	° ′	° ′	° ′	° ′	° ′	° ′	°	°	°	°	°
1	9 ♓ 43	4 ♑ 8	24 ♋ 27	26 D 0	27 D 36	28 D 43	9 D 33	21 D 49	17 D 42	29 D 45	15 D 55	22 D 25	9 D	29 R	6 D	13 D	0 D
2	10 ♓ 43	16 ♑ 7	24 ♋ 24	26 ♋ 1	28 ♓ 19	29 ♑ 54	10 ♉ 13	21 ♐ 56	17 ♑ 47	29 ♈ 47	15 ♓ 57	22 ♑ 27	9 ♐	28 ♎	7 ♊	13 ♓	0 ♈
3	11 ♓ 44	27 ♑ 58	24 ♋ 21	26 R 2	28 ♓ 52	1 ♒ 5	10 ♉ 53	22 ♐ 3	17 ♑ 52	29 ♈ 50	15 ♓ 59	22 ♑ 28	10 ♐	28 ♎	7 ♊	14 ♓	0 ♈
4	12 ♓ 44	9 ♒ 46	24 ♋ 18	26 ♋ 1	29 ♓ 17	2 ♒ 16	11 ♉ 34	22 ♐ 10	17 ♑ 57	29 ♈ 52	16 ♓ 1	22 ♑ 30	10 ♐	28 ♎	7 ♊	14 ♓	0 ♈
5	13 ♓ 44	21 ♒ 32	24 ♋ 15	25 ♋ 57	29 ♓ 32	3 ♒ 28	12 ♉ 14	22 ♐ 16	18 ♑ 2	29 ♈ 55	16 ♓ 4	22 ♑ 31	10 ♐	28 ♎	8 ♊	15 ♓	0 ♈
6	14 ♓ 44	3 ♓ 21	24 ♋ 11	25 ♋ 52	29 ♓ 38	4 ♒ 39	12 ♉ 54	22 ♐ 23	18 ♑ 7	29 ♈ 58	16 ♓ 6	22 ♑ 32	10 ♐	28 ♎	8 ♊	15 ♓	0 ♈
7	15 ♓ 44	15 ♓ 15	24 ♋ 8	25 ♋ 44	29 R 35	5 ♒ 50	13 ♉ 34	22 ♐ 29	18 ♑ 12	0 ♉ 0	16 ♓ 8	22 ♑ 34	10 ♐	28 ♎	9 ♊	16 ♓	0 ♈
8	16 ♓ 44	27 ♓ 15	24 ♋ 5	25 ♋ 34	29 ♓ 23	7 ♒ 2	14 ♉ 15	22 ♐ 35	18 ♑ 17	0 ♉ 3	16 ♓ 11	22 ♑ 35	11 ♐	28 ♎	9 ♊	16 ♓	0 ♈
9	17 ♓ 44	9 ♈ 22	24 ♋ 2	25 ♋ 24	29 ♓ 2	8 ♒ 13	14 ♉ 55	22 ♐ 41	18 ♑ 22	0 ♉ 6	16 ♓ 13	22 ♑ 37	11 ♐	28 ♎	10 ♊	17 ♓	1 ♈
10	18 ♓ 44	21 ♈ 38	23 ♋ 59	25 ♋ 14	28 ♓ 32	9 ♒ 24	15 ♉ 35	22 ♐ 47	18 ♑ 26	0 ♉ 8	16 ♓ 15	22 ♑ 38	11 ♐	27 ♎	10 ♊	17 ♓	1 ♈
11	19 ♓ 44	4 ♉ 4	23 ♋ 56	25 ♋ 5	27 ♓ 56	10 ♒ 36	16 ♉ 15	22 ♐ 52	18 ♑ 31	0 ♉ 11	16 ♓ 17	22 ♑ 39	11 ♐	27 ♎	10 ♊	18 ♓	1 ♈
12	20 ♓ 44	16 ♉ 42	23 ♋ 52	24 ♋ 57	27 ♓ 13	11 ♒ 47	16 ♉ 55	22 ♐ 58	18 ♑ 35	0 ♉ 14	16 ♓ 20	22 ♑ 40	11 ♐	27 ♎	11 ♊	18 ♓	1 ♈
13	21 ♓ 44	29 ♉ 34	23 ♋ 49	24 ♋ 53	26 ♓ 24	12 ♒ 59	17 ♉ 36	23 ♐ 3	18 ♑ 40	0 ♉ 17	16 ♓ 22	22 ♑ 42	11 ♐	27 ♎	11 ♊	19 ♓	1 ♈
14	22 ♓ 44	12 ♊ 41	23 ♋ 46	24 ♋ 50	25 ♓ 32	14 ♒ 11	18 ♉ 16	23 ♐ 8	18 ♑ 44	0 ♉ 20	16 ♓ 24	22 ♑ 43	12 ♐	27 ♎	12 ♊	19 ♓	1 ♈
15	23 ♓ 44	26 ♊ 7	23 ♋ 43	24 D 50	24 ♓ 36	15 ♒ 22	18 ♉ 56	23 ♐ 13	18 ♑ 48	0 ♉ 23	16 ♓ 26	22 ♑ 44	12 ♐	27 ♎	12 ♊	20 ♓	1 ♈
16	24 ♓ 44	9 ♋ 53	23 ♋ 40	24 ♋ 50	23 ♓ 39	16 ♒ 34	19 ♉ 36	23 ♐ 18	18 ♑ 53	0 ♉ 26	16 ♓ 29	22 ♑ 45	12 ♐	26 ♎	13 ♊	20 ♓	1 ♈
17	25 ♓ 43	24 ♋ 2	23 ♋ 36	24 ♋ 51	22 ♓ 42	17 ♒ 46	20 ♉ 16	23 ♐ 22	18 ♑ 57	0 ♉ 29	16 ♓ 31	22 ♑ 46	12 ♐	26 ♎	13 ♊	21 ♓	1 ♈
18	26 ♓ 43	8 ♌ 31	23 ♋ 33	24 R 50	21 ♓ 45	18 ♒ 58	20 ♉ 56	23 ♐ 27	19 ♑ 1	0 ♉ 31	16 ♓ 33	22 ♑ 47	12 ♐	26 ♎	13 ♊	21 ♓	1 ♈
19	27 ♓ 43	23 ♌ 20	23 ♋ 30	24 ♋ 47	20 ♓ 51	20 ♒ 9	21 ♉ 36	23 ♐ 31	19 ♑ 5	0 ♉ 34	16 ♓ 35	22 ♑ 48	12 ♐	26 ♎	14 ♊	22 ♓	1 ♈
20	28 ♓ 43	8 ♍ 20	23 ♋ 27	24 ♋ 42	19 ♓ 59	21 ♒ 21	22 ♉ 16	23 ♐ 35	19 ♑ 9	0 ♉ 38	16 ♓ 38	22 ♑ 50	12 ♐	26 ♎	14 ♊	22 ♓	1 ♈
21	29 ♓ 42	23 ♍ 26	23 ♋ 24	24 ♋ 34	19 ♓ 11	22 ♒ 33	22 ♉ 56	23 ♐ 39	19 ♑ 12	0 ♉ 41	16 ♓ 40	22 ♑ 51	13 ♐	25 ♎	15 ♊	23 ♓	1 ♈
22	0 ♈ 42	8 ♎ 26	23 ♋ 21	24 ♋ 24	18 ♓ 28	23 ♒ 45	23 ♉ 36	23 ♐ 43	19 ♑ 16	0 ♉ 44	16 ♓ 42	22 ♑ 52	13 ♐	25 ♎	15 ♊	23 ♓	1 ♈
23	1 ♈ 41	23 ♎ 11	23 ♋ 17	24 ♋ 14	17 ♓ 50	24 ♒ 57	24 ♉ 16	23 ♐ 47	19 ♑ 20	0 ♉ 47	16 ♓ 44	22 ♑ 53	13 ♐	25 ♎	16 ♊	24 ♓	1 ♈
24	2 ♈ 41	7 ♏ 34	23 ♋ 14	24 ♋ 4	17 ♓ 18	26 ♒ 9	24 ♉ 56	23 ♐ 50	19 ♑ 23	0 ♉ 50	16 ♓ 47	22 ♑ 53	13 ♐	25 ♎	16 ♊	24 ♓	1 ♈
25	3 ♈ 40	21 ♏ 29	23 ♋ 11	23 ♋ 55	16 ♓ 51	27 ♒ 21	25 ♉ 36	23 ♐ 53	19 ♑ 27	0 ♉ 53	16 ♓ 49	22 ♑ 54	13 ♐	24 ♎	17 ♊	25 ♓	1 ♈
26	4 ♈ 40	4 ♐ 55	23 ♋ 8	23 ♋ 49	16 ♓ 31	28 ♒ 33	26 ♉ 15	23 ♐ 56	19 ♑ 30	0 ♉ 56	16 ♓ 51	22 ♑ 55	13 ♐	24 ♎	17 ♊	25 ♓	2 ♈
27	5 ♈ 39	17 ♐ 53	23 ♋ 5	23 ♋ 46	16 ♓ 16	29 ♒ 45	26 ♉ 55	23 ♐ 59	19 ♑ 33	0 ♉ 59	16 ♓ 53	22 ♑ 56	13 ♐	24 ♎	18 ♊	26 ♓	2 ♈
28	6 ♈ 39	0 ♑ 27	23 ♋ 1	23 ♋ 45	16 ♓ 8	0 ♓ 57	27 ♉ 35	24 ♐ 2	19 ♑ 37	1 ♉ 3	16 ♓ 55	22 ♑ 57	13 ♐	23 ♎	18 ♊	26 ♓	2 ♈
29	7 ♈ 38	12 ♑ 41	22 ♋ 58	23 D 44	16 D 5	2 ♓ 10	28 ♉ 15	24 ♐ 4	19 ♑ 40	1 ♉ 6	16 ♓ 58	22 ♑ 58	13 ♐	23 ♎	19 ♊	27 ♓	2 ♈
30	8 ♈ 37	24 ♑ 40	22 ♋ 55	23 R 45	16 ♓ 8	3 ♓ 22	28 ♉ 55	24 ♐ 7	19 ♑ 43	1 ♉ 9	17 ♓ 0	22 ♑ 59	13 ♐	23 ♎	19 ♊	27 ♓	2 ♈
31	9 ♈ 37	6 ♒ 31	22 ♋ 52	23 ♋ 44	16 ♓ 17	4 ♓ 34	29 ♉ 34	24 ♐ 9	19 ♑ 46	1 ♉ 12	17 ♓ 2	22 ♑ 59	13 ♐	23 ♎	19 ♊	28 ♓	2 ♈

SUN INGRESS ☉ → ♈ 21日 06 : 58

MOON PHASE ● 7日 01 : 04 ♓ ◐ 14日 19 : 27 ♊ ○ 21日 10 : 43 ♎ ◑ 28日 13 : 10 ♑

aspects		
1日	21 : 32	♀□♅
7日	10 : 00	☉☌♆
9日	16 : 10	☉⚹♄
11日	01 : 20	♂⚹♆
13日	23 : 29	☉⚹♇
14日	10 : 29	☉□♃
14日	19 : 02	♂△♄
15日	10 : 48	☉☌☿
16日	08 : 17	☿□♃
16日	22 : 08	☿⚹♇
18日	12 : 23	☿⚹♂
20日	20 : 41	♂△♇
20日	23 : 27	☿⚹♄
21日	17 : 07	♀□♂
21日	23 : 17	♀⚹♃
25日	02 : 28	☿☌♆
28日	01 : 45	♀⚹♅

2019年4月

DAY	☉	☽	☊ mean	☊ true	☿	♀	♂	♃	♄	♅	♆	♇	⚳	⚴	⚵	⚶	⚷
	° ′	° ′	° ′	° ′	° ′	° ′	° ′	° ′	° ′	° ′	° ′	° ′	°	°	°	°	°
1	10 ♈ 36	18 ♒ 18	22 ♋ 49	23 R 41	16 D 31	5 D 46	0 D 14	24 D 11	19 D 49	1 D 15	17 D 4	23 D 0	14 D	22 R	20 D	28 D	2 D
2	11 ♈ 35	0 ♓ 5	22 ♋ 46	23 ♋ 36	16 ♓ 50	6 ♓ 59	0 ♊ 54	24 ♐ 13	19 ♑ 51	1 ♉ 19	17 ♓ 6	23 ♑ 1	14 ♐	22 ♎	20 ♊	29 ♓	2 ♈
3	12 ♈ 34	11 ♓ 58	22 ♋ 42	23 ♋ 28	17 ♓ 14	8 ♓ 11	1 ♊ 33	24 ♐ 14	19 ♑ 54	1 ♉ 22	17 ♓ 8	23 ♑ 1	14 ♐	22 ♎	21 ♊	29 ♓	2 ♈
4	13 ♈ 34	23 ♓ 58	22 ♋ 39	23 ♋ 18	17 ♓ 42	9 ♓ 23	2 ♊ 13	24 ♐ 16	19 ♑ 57	1 ♉ 25	17 ♓ 10	23 ♑ 2	14 ♐	21 ♎	21 ♊	29 ♓	2 ♈
5	14 ♈ 33	6 ♈ 7	22 ♋ 36	23 ♋ 5	18 ♓ 15	10 ♓ 36	2 ♊ 53	24 ♐ 17	19 ♑ 59	1 ♉ 29	17 ♓ 12	23 ♑ 3	14 ♐	21 ♎	22 ♊	0 ♈	2 ♈
6	15 ♈ 32	18 ♈ 28	22 ♋ 33	22 ♋ 51	18 ♓ 51	11 ♓ 48	3 ♊ 32	24 ♐ 18	20 ♑ 2	1 ♉ 32	17 ♓ 14	23 ♑ 3	14 ♐	21 ♎	22 ♊	0 ♈	2 ♈
7	16 ♈ 31	0 ♉ 59	22 ♋ 30	22 ♋ 38	19 ♓ 32	13 ♓ 1	4 ♊ 12	24 ♐ 19	20 ♑ 4	1 ♉ 35	17 ♓ 17	23 ♑ 4	14 ♐	20 ♎	23 ♊	1 ♈	2 ♈
8	17 ♈ 30	13 ♉ 42	22 ♋ 27	22 ♋ 25	20 ♓ 16	14 ♓ 13	4 ♊ 52	24 ♐ 20	20 ♑ 6	1 ♉ 39	17 ♓ 19	23 ♑ 4	14 ♐	20 ♎	23 ♊	1 ♈	2 ♈
9	18 ♈ 29	26 ♉ 36	22 ♋ 23	22 ♋ 15	21 ♓ 4	15 ♓ 25	5 ♊ 31	24 ♐ 20	20 ♑ 8	1 ♉ 42	17 ♓ 21	23 ♑ 5	14 ♐	20 ♎	24 ♊	2 ♈	2 ♈
10	19 ♈ 28	9 ♊ 41	22 ♋ 20	22 ♋ 8	21 ♓ 56	16 ♓ 38	6 ♊ 11	24 ♐ 20	20 ♑ 10	1 ♉ 45	17 ♓ 23	23 ♑ 5	14 R	20 ♎	24 ♊	2 ♈	2 ♈
11	20 ♈ 27	22 ♊ 59	22 ♋ 17	22 ♋ 4	22 ♓ 50	17 ♓ 50	6 ♊ 50	24 ♐ 21	20 ♑ 12	1 ♉ 49	17 ♓ 25	23 ♑ 6	14 ♐	19 ♎	25 ♊	3 ♈	2 ♈
12	21 ♈ 26	6 ♋ 29	22 ♋ 14	22 ♋ 2	23 ♓ 47	19 ♓ 3	7 ♊ 30	24 R 20	20 ♑ 14	1 ♉ 52	17 ♓ 27	23 ♑ 6	14 ♐	19 ♎	25 ♊	3 ♈	3 ♈
13	22 ♈ 25	20 ♋ 13	22 ♋ 11	22 ♋ 2	24 ♓ 47	20 ♓ 15	8 ♊ 9	24 ♐ 20	20 ♑ 16	1 ♉ 56	17 ♓ 29	23 ♑ 6	14 ♐	19 ♎	26 ♊	4 ♈	3 ♈
14	23 ♈ 24	4 ♌ 12	22 ♋ 7	22 ♋ 1	25 ♓ 50	21 ♓ 28	8 ♊ 49	24 ♐ 20	20 ♑ 17	1 ♉ 59	17 ♓ 30	23 ♑ 7	14 ♐	18 ♎	26 ♊	4 ♈	3 ♈
15	24 ♈ 22	18 ♌ 25	22 ♋ 4	22 ♋ 0	26 ♓ 56	22 ♓ 40	9 ♊ 28	24 ♐ 19	20 ♑ 19	2 ♉ 3	17 ♓ 32	23 ♑ 7	14 ♐	18 ♎	27 ♊	5 ♈	3 ♈
16	25 ♈ 21	2 ♍ 53	22 ♋ 1	21 ♋ 57	28 ♓ 4	23 ♓ 53	10 ♊ 7	24 ♐ 18	20 ♑ 20	2 ♉ 6	17 ♓ 34	23 ♑ 7	14 ♐	18 ♎	27 ♊	5 ♈	3 ♈
17	26 ♈ 20	17 ♍ 31	21 ♋ 58	21 ♋ 51	29 ♓ 14	25 ♓ 6	10 ♊ 47	24 ♐ 17	20 ♑ 22	2 ♉ 9	17 ♓ 36	23 ♑ 8	14 ♐	17 ♎	28 ♊	6 ♈	3 ♈
18	27 ♈ 19	2 ♎ 13	21 ♋ 55	21 ♋ 42	0 ♈ 27	26 ♓ 18	11 ♊ 26	24 ♐ 16	20 ♑ 23	2 ♉ 13	17 ♓ 38	23 ♑ 8	14 ♐	17 ♎	28 ♊	6 ♈	3 ♈
19	28 ♈ 17	16 ♎ 53	21 ♋ 52	21 ♋ 31	1 ♈ 42	27 ♓ 31	12 ♊ 6	24 ♐ 15	20 ♑ 24	2 ♉ 16	17 ♓ 40	23 ♑ 8	13 ♐	17 ♎	28 ♊	7 ♈	3 ♈
20	29 ♈ 16	1 ♏ 23	21 ♋ 48	21 ♋ 19	2 ♈ 59	28 ♓ 43	12 ♊ 45	24 ♐ 13	20 ♑ 25	2 ♉ 20	17 ♓ 42	23 ♑ 8	13 ♐	16 ♎	29 ♊	7 ♈	3 ♈
21	0 ♉ 14	15 ♏ 36	21 ♋ 45	21 ♋ 8	4 ♈ 18	29 ♓ 56	13 ♊ 24	24 ♐ 11	20 ♑ 26	2 ♉ 23	17 ♓ 43	23 ♑ 8	13 ♐	16 ♎	29 ♊	8 ♈	3 ♈
22	1 ♉ 13	29 ♏ 26	21 ♋ 42	20 ♋ 59	5 ♈ 39	1 ♈ 9	14 ♊ 3	24 ♐ 9	20 ♑ 27	2 ♉ 27	17 ♓ 45	23 ♑ 8	13 ♐	16 ♎	0 ♋	8 ♈	3 ♈
23	2 ♉ 11	12 ♐ 51	21 ♋ 39	20 ♋ 51	7 ♈ 3	2 ♈ 21	14 ♊ 43	24 ♐ 7	20 ♑ 28	2 ♉ 30	17 ♓ 47	23 ♑ 9	13 ♐	16 ♎	0 ♋	8 ♈	3 ♈
24	3 ♉ 10	25 ♐ 50	21 ♋ 36	20 ♋ 47	8 ♈ 28	3 ♈ 34	15 ♊ 22	24 ♐ 5	20 ♑ 29	2 ♉ 33	17 ♓ 49	23 ♑ 9	13 ♐	15 ♎	1 ♋	9 ♈	3 ♈
25	4 ♉ 8	8 ♑ 27	21 ♋ 33	20 ♋ 44	9 ♈ 55	4 ♈ 47	16 ♊ 1	24 ♐ 2	20 ♑ 29	2 ♉ 37	17 ♓ 51	23 ♑ 9	13 ♐	15 ♎	1 ♋	9 ♈	3 ♈
26	5 ♉ 7	20 ♑ 43	21 ♋ 29	20 D 44	11 ♈ 24	5 ♈ 59	16 ♊ 40	24 ♐ 0	20 ♑ 30	2 ♉ 40	17 ♓ 52	23 R 9	13 ♐	15 ♎	2 ♋	10 ♈	3 ♈
27	6 ♉ 5	2 ♒ 45	21 ♋ 26	20 ♋ 44	12 ♈ 55	7 ♈ 12	17 ♊ 19	23 ♐ 57	20 ♑ 30	2 ♉ 44	17 ♓ 54	23 ♑ 9	13 ♐	15 ♎	2 ♋	10 ♈	3 ♈
28	7 ♉ 4	14 ♒ 38	21 ♋ 23	20 R 44	14 ♈ 27	8 ♈ 25	17 ♊ 59	23 ♐ 54	20 ♑ 30	2 ♉ 47	17 ♓ 56	23 ♑ 8	13 ♐	14 ♎	3 ♋	11 ♈	3 ♈
29	8 ♉ 2	26 ♒ 27	21 ♋ 20	20 ♋ 42	16 ♈ 2	9 ♈ 37	18 ♊ 38	23 ♐ 51	20 ♑ 31	2 ♉ 51	17 ♓ 57	23 ♑ 8	13 ♐	14 ♎	3 ♋	11 ♈	3 ♈
30	9 ♉ 0	8 ♓ 17	21 ♋ 17	20 ♋ 39	17 ♈ 38	10 ♈ 50	19 ♊ 17	23 ♐ 47	20 ♑ 31	2 ♉ 54	17 ♓ 59	23 ♑ 8	12 ♐	14 ♎	4 ♋	12 ♈	3 ♈

SUN INGRESS ☉ → ♉ 20日 17 : 55

MOON PHASE ● 5日 17 : 50 ♈ ◐ 13日 04 : 06 ♋ ○ 19日 20 : 12 ♎ ◑ 27日 07 : 18 ♒

aspects		
2日	18 : 36	☿☌♆
7日	18 : 18	☿⚹♄
10日	15 : 13	♀☌♆
10日	17 : 47	☉□♄
11日	06 : 45	☿⚹♇
12日	13 : 18	☿□♃
13日	00 : 08	♀⚹♄
13日	17 : 07	☉□♇
14日	22 : 41	☉△♃
15日	08 : 52	♀⚹♇
16日	08 : 15	♀□♃
23日	08 : 07	☉☌♅
27日	22 : 04	♂□♆

2019年5月

DAY	☉	☽	☊ mean	☊ true	☿	♀	♂	♃	♄	♅	♆	♇	⚳	⚴	⚵	⚶	⚷
	° ′	° ′	° ′	° ′	° ′	° ′	° ′	° ′	° ′	° ′	° ′	° ′	°	°	°	°	°
1	9 ♉ 59	20 ♓ 14	21 ♋ 13	20 R 32	19 D 16	12 D 3	19 D 56	23 R 44	20 R 31	2 D 58	18 D 0	23 R 8	12 R	14 R	4 D	12 D	4 D
2	10 ♉ 57	2 ♈ 20	21 ♋ 10	20 ♋ 24	20 ♈ 56	13 ♈ 16	20 ♊ 35	23 ♐ 40	20 ♑ 31	3 ♉ 1	18 ♓ 2	23 ♑ 8	12 ♐	13 ♎	5 ♋	13 ♈	4 ♈
3	11 ♉ 55	14 ♈ 38	21 ♋ 7	20 ♋ 13	22 ♈ 38	14 ♈ 29	21 ♊ 14	23 ♐ 36	20 ♑ 30	3 ♉ 4	18 ♓ 3	23 ♑ 8	12 ♐	13 ♎	5 ♋	13 ♈	4 ♈
4	12 ♉ 53	27 ♈ 11	21 ♋ 4	20 ♋ 1	24 ♈ 22	15 ♈ 41	21 ♊ 53	23 ♐ 32	20 ♑ 30	3 ♉ 8	18 ♓ 5	23 ♑ 7	12 ♐	13 ♎	6 ♋	14 ♈	4 ♈
5	13 ♉ 52	9 ♉ 59	21 ♋ 1	19 ♋ 50	26 ♈ 7	16 ♈ 54	22 ♊ 32	23 ♐ 28	20 ♑ 30	3 ♉ 11	18 ♓ 6	23 ♑ 7	12 ♐	13 ♎	6 ♋	14 ♈	4 ♈
6	14 ♉ 50	23 ♉ 1	20 ♋ 58	19 ♋ 39	27 ♈ 55	18 ♈ 7	23 ♊ 11	23 ♐ 24	20 ♑ 29	3 ♉ 15	18 ♓ 8	23 ♑ 7	12 ♐	12 ♎	7 ♋	14 ♈	4 ♈
7	15 ♉ 48	6 ♊ 17	20 ♋ 54	19 ♋ 30	29 ♈ 44	19 ♈ 20	23 ♊ 50	23 ♐ 19	20 ♑ 29	3 ♉ 18	18 ♓ 9	23 ♑ 7	11 ♐	12 ♎	7 ♋	15 ♈	4 ♈
8	16 ♉ 46	19 ♊ 44	20 ♋ 51	19 ♋ 24	1 ♉ 35	20 ♈ 33	24 ♊ 29	23 ♐ 14	20 ♑ 28	3 ♉ 21	18 ♓ 11	23 ♑ 6	11 ♐	12 ♎	8 ♋	15 ♈	4 ♈
9	17 ♉ 44	3 ♋ 21	20 ♋ 48	19 ♋ 21	3 ♉ 28	21 ♈ 45	25 ♊ 8	23 ♐ 10	20 ♑ 27	3 ♉ 25	18 ♓ 12	23 ♑ 6	11 ♐	12 ♎	8 ♋	16 ♈	4 ♈
10	18 ♉ 42	17 ♋ 7	20 ♋ 45	19 ♋ 20	5 ♉ 22	22 ♈ 58	25 ♊ 47	23 ♐ 5	20 ♑ 26	3 ♉ 28	18 ♓ 13	23 ♑ 5	11 ♐	12 ♎	9 ♋	16 ♈	4 ♈
11	19 ♉ 40	1 ♌ 1	20 ♋ 42	19 D 20	7 ♉ 19	24 ♈ 11	26 ♊ 26	22 ♐ 59	20 ♑ 25	3 ♉ 31	18 ♓ 15	23 ♑ 5	11 ♐	12 ♎	9 ♋	17 ♈	4 ♈
12	20 ♉ 38	15 ♌ 3	20 ♋ 39	19 ♋ 21	9 ♉ 17	25 ♈ 24	27 ♊ 5	22 ♐ 54	20 ♑ 24	3 ♉ 35	18 ♓ 16	23 ♑ 4	10 ♐	11 ♎	10 ♋	17 ♈	4 ♈
13	21 ♉ 36	29 ♌ 11	20 ♋ 35	19 R 21	11 ♉ 17	26 ♈ 37	27 ♊ 43	22 ♐ 49	20 ♑ 23	3 ♉ 38	18 ♓ 17	23 ♑ 4	10 ♐	11 ♎	10 ♋	18 ♈	4 ♈
14	22 ♉ 34	13 ♍ 25	20 ♋ 32	19 ♋ 19	13 ♉ 19	27 ♈ 50	28 ♊ 22	22 ♐ 43	20 ♑ 22	3 ♉ 41	18 ♓ 19	23 ♑ 3	10 ♐	11 ♎	11 ♋	18 ♈	4 ♈
15	23 ♉ 32	27 ♍ 42	20 ♋ 29	19 ♋ 15	15 ♉ 22	29 ♈ 3	29 ♊ 1	22 ♐ 37	20 ♑ 20	3 ♉ 45	18 ♓ 20	23 ♑ 3	10 ♐	11 ♎	11 ♋	18 ♈	4 ♈
16	24 ♉ 30	11 ♎ 59	20 ♋ 26	19 ♋ 9	17 ♉ 27	0 ♉ 15	29 ♊ 40	22 ♐ 32	20 ♑ 19	3 ♉ 48	18 ♓ 21	23 ♑ 2	10 ♐	11 ♎	12 ♋	19 ♈	4 ♈
17	25 ♉ 28	26 ♎ 12	20 ♋ 23	19 ♋ 1	19 ♉ 34	1 ♉ 28	0 ♋ 19	22 ♐ 26	20 ♑ 17	3 ♉ 51	18 ♓ 22	23 ♑ 2	9 ♐	11 ♎	12 ♋	19 ♈	4 ♈
18	26 ♉ 25	10 ♏ 16	20 ♋ 19	18 ♋ 53	21 ♉ 41	2 ♉ 41	0 ♋ 57	22 ♐ 20	20 ♑ 16	3 ♉ 55	18 ♓ 23	23 ♑ 1	9 ♐	11 ♎	13 ♋	20 ♈	4 ♈
19	27 ♉ 23	24 ♏ 7	20 ♋ 16	18 ♋ 44	23 ♉ 50	3 ♉ 54	1 ♋ 36	22 ♐ 13	20 ♑ 14	3 ♉ 58	18 ♓ 24	23 ♑ 0	9 ♐	10 ♎	13 ♋	20 ♈	4 ♈
20	28 ♉ 21	7 ♐ 39	20 ♋ 13	18 ♋ 37	26 ♉ 0	5 ♉ 7	2 ♋ 15	22 ♐ 7	20 ♑ 12	4 ♉ 1	18 ♓ 25	23 ♑ 0	9 ♐	10 ♎	14 ♋	21 ♈	4 ♈
21	29 ♉ 19	20 ♐ 52	20 ♋ 10	18 ♋ 32	28 ♉ 11	6 ♉ 20	2 ♋ 54	22 ♐ 1	20 ♑ 10	4 ♉ 4	18 ♓ 26	22 ♑ 59	9 ♐	10 ♎	14 ♋	21 ♈	4 ♈
22	0 ♊ 16	3 ♑ 45	20 ♋ 7	18 ♋ 29	0 ♊ 22	7 ♉ 33	3 ♋ 32	21 ♐ 54	20 ♑ 8	4 ♉ 7	18 ♓ 27	22 ♑ 58	8 ♐	10 ♎	15 ♋	22 ♈	4 ♈
23	1 ♊ 14	16 ♑ 18	20 ♋ 4	18 ♋ 28	2 ♊ 34	8 ♉ 46	4 ♋ 11	21 ♐ 48	20 ♑ 6	4 ♉ 11	18 ♓ 28	22 ♑ 58	8 ♐	10 ♎	15 ♋	22 ♈	5 ♈
24	2 ♊ 12	28 ♑ 34	20 ♋ 0	18 D 28	4 ♊ 45	9 ♉ 59	4 ♋ 50	21 ♐ 41	20 ♑ 4	4 ♉ 14	18 ♓ 29	22 ♑ 57	8 ♐	10 ♎	16 ♋	22 ♈	5 ♈
25	3 ♊ 9	10 ♒ 37	19 ♋ 57	18 ♋ 29	6 ♊ 57	11 ♉ 12	5 ♋ 28	21 ♐ 34	20 ♑ 2	4 ♉ 17	18 ♓ 30	22 ♑ 56	8 ♐	10 ♎	16 ♋	23 ♈	5 ♈
26	4 ♊ 7	22 ♒ 32	19 ♋ 54	18 ♋ 31	9 ♊ 8	12 ♉ 25	6 ♋ 7	21 ♐ 27	20 ♑ 0	4 ♉ 20	18 ♓ 31	22 ♑ 55	8 ♐	10 ♎	17 ♋	23 ♈	5 ♈
27	5 ♊ 5	4 ♓ 22	19 ♋ 51	18 ♋ 31	11 ♊ 18	13 ♉ 38	6 ♋ 45	21 ♐ 20	19 ♑ 57	4 ♉ 23	18 ♓ 32	22 ♑ 54	7 ♐	10 ♎	17 ♋	24 ♈	5 ♈
28	6 ♊ 2	16 ♓ 15	19 ♋ 48	18 R 31	13 ♊ 27	14 ♉ 51	7 ♋ 24	21 ♐ 13	19 ♑ 55	4 ♉ 26	18 ♓ 33	22 ♑ 54	7 ♐	10 ♎	18 ♋	24 ♈	5 ♈
29	7 ♊ 0	28 ♓ 13	19 ♋ 44	18 ♋ 29	15 ♊ 34	16 ♉ 4	8 ♋ 3	21 ♐ 6	19 ♑ 52	4 ♉ 29	18 ♓ 34	22 ♑ 53	7 ♐	10 ♎	18 ♋	25 ♈	5 ♈
30	7 ♊ 57	10 ♈ 23	19 ♋ 41	18 ♋ 25	17 ♊ 41	17 ♉ 17	8 ♋ 41	20 ♐ 59	19 ♑ 49	4 ♉ 32	18 ♓ 34	22 ♑ 52	7 ♐	10 ♎	19 ♋	25 ♈	5 ♈
31	8 ♊ 55	22 ♈ 47	19 ♋ 38	18 ♋ 19	19 ♊ 45	18 ♉ 30	9 ♋ 20	20 ♐ 51	19 ♑ 47	4 ♉ 35	18 ♓ 35	22 ♑ 51	6 ♐	10 ♎	19 ♋	25 ♈	5 ♈

SUN INGRESS	☉ → ♊ 21日 16:59
MOON PHASE	● 5日 07:45 ♉　◐ 12日 10:12 ♌　○ 19日 06:11 ♏　◑ 27日 01:33 ♓

aspects		
1日	15:38	☿⚹♂
1日	17:50	☿□♄
3日	06:51	☿□♇
3日	12:59	☿△♃
6日	06:57	♂☍♃
7日	22:26	♀□♄
8日	23:23	☿☌♅
9日	11:52	☉⚹♆
10日	01:56	♀△♃
10日	02:20	♀□♇
11日	18:19	☉△♄
14日	12:07	☉△♇
14日	22:58	♀⚹♂
16日	10:20	☿⚹♆
17日	08:09	☿△♄
18日	14:48	☿△♇
19日	01:17	♀☌♅
21日	22:07	☉☌☿
22日	23:46	♂⚹♅
30日	10:22	☿□♆
31日	01:50	♀⚹♆
31日	12:12	☿☍♃

2019年6月

DAY	☉	☽	☊ mean	☊ true	☿	♀	♂	♃	♄	♅	♆	♇	⚳	⚴	⚵	⚶	⚷
	° ′	° ′	° ′	° ′	° ′	° ′	° ′	° ′	° ′	° ′	° ′	° ′	°	°	°	°	°
1	9 ♊ 53	5 ♉ 28	19 ♋ 35	18 R 13	21 D 48	19 D 43	9 D 58	20 R 44	19 R 44	4 D 38	18 D 36	22 R 50	6 R	10 D	20 D	26 D	5 D
2	10 ♊ 50	18 ♉ 28	19 ♋ 32	18 ♋ 7	23 ♊ 48	20 ♉ 56	10 ♋ 37	20 ♐ 37	19 ♑ 41	4 ♉ 41	18 ♓ 36	22 ♑ 49	6 ♐	10 ♎	20 ♋	26 ♈	5 ♈
3	11 ♊ 48	1 ♊ 47	19 ♋ 29	18 ♋ 1	25 ♊ 46	22 ♉ 9	11 ♋ 15	20 ♐ 29	19 ♑ 38	4 ♉ 44	18 ♓ 37	22 ♑ 48	6 ♐	10 ♎	20 ♋	27 ♈	5 ♈
4	12 ♊ 45	15 ♊ 24	19 ♋ 25	17 ♋ 56	27 ♊ 42	23 ♉ 22	11 ♋ 54	20 ♐ 22	19 ♑ 35	4 ♉ 47	18 ♓ 38	22 ♑ 47	6 ♐	10 ♎	21 ♋	27 ♈	5 ♈
5	13 ♊ 43	29 ♊ 15	19 ♋ 22	17 ♋ 53	29 ♊ 36	24 ♉ 35	12 ♋ 32	20 ♐ 14	19 ♑ 32	4 ♉ 50	18 ♓ 38	22 ♑ 46	5 ♐	10 ♎	21 ♋	28 ♈	5 ♈
6	14 ♊ 40	13 ♋ 17	19 ♋ 19	17 ♋ 52	1 ♋ 27	25 ♉ 48	13 ♋ 11	20 ♐ 7	19 ♑ 29	4 ♉ 53	18 ♓ 39	22 ♑ 45	5 ♐	10 ♎	22 ♋	28 ♈	5 ♈
7	15 ♊ 38	27 ♋ 28	19 ♋ 16	17 D 52	3 ♋ 15	27 ♉ 1	13 ♋ 49	19 ♐ 59	19 ♑ 26	4 ♉ 55	18 ♓ 39	22 ♑ 44	5 ♐	10 ♎	22 ♋	28 ♈	5 ♈
8	16 ♊ 35	11 ♌ 43	19 ♋ 13	17 ♋ 54	5 ♋ 1	28 ♉ 14	14 ♋ 27	19 ♐ 51	19 ♑ 22	4 ♉ 58	18 ♓ 40	22 ♑ 43	5 ♐	10 ♎	23 ♋	29 ♈	5 ♈
9	17 ♊ 32	25 ♌ 59	19 ♋ 10	17 ♋ 55	6 ♋ 45	29 ♉ 27	15 ♋ 6	19 ♐ 44	19 ♑ 19	5 ♉ 1	18 ♓ 40	22 ♑ 41	4 ♐	10 ♎	23 ♋	29 ♈	5 ♈
10	18 ♊ 30	10 ♍ 14	19 ♋ 6	17 ♋ 56	8 ♋ 25	0 ♊ 40	15 ♋ 44	19 ♐ 36	19 ♑ 16	5 ♉ 4	18 ♓ 41	22 ♑ 40	4 ♐	10 ♎	24 ♋	0 ♉	5 ♈
11	19 ♊ 27	24 ♍ 25	19 ♋ 3	17 R 56	10 ♋ 3	1 ♊ 53	16 ♋ 23	19 ♐ 28	19 ♑ 12	5 ♉ 6	18 ♓ 41	22 ♑ 39	4 ♐	10 ♎	24 ♋	0 ♉	5 ♈
12	20 ♊ 25	8 ♎ 30	19 ♋ 0	17 ♋ 55	11 ♋ 38	3 ♊ 7	17 ♋ 1	19 ♐ 21	19 ♑ 9	5 ♉ 9	18 ♓ 41	22 ♑ 38	4 ♐	10 ♎	25 ♋	0 ♉	5 ♈
13	21 ♊ 22	22 ♎ 28	18 ♋ 57	17 ♋ 53	13 ♋ 11	4 ♊ 20	17 ♋ 39	19 ♐ 13	19 ♑ 5	5 ♉ 12	18 ♓ 42	22 ♑ 37	4 ♐	10 ♎	25 ♋	1 ♉	5 ♈
14	22 ♊ 19	6 ♏ 17	18 ♋ 54	17 ♋ 50	14 ♋ 41	5 ♊ 33	18 ♋ 18	19 ♐ 5	19 ♑ 1	5 ♉ 14	18 ♓ 42	22 ♑ 36	3 ♐	11 ♎	26 ♋	1 ♉	5 ♈
15	23 ♊ 16	19 ♏ 54	18 ♋ 50	17 ♋ 46	16 ♋ 8	6 ♊ 46	18 ♋ 56	18 ♐ 58	18 ♑ 58	5 ♉ 17	18 ♓ 42	22 ♑ 34	3 ♐	11 ♎	26 ♋	2 ♉	5 ♈
16	24 ♊ 14	3 ♐ 17	18 ♋ 47	17 ♋ 43	17 ♋ 32	7 ♊ 59	19 ♋ 34	18 ♐ 50	18 ♑ 54	5 ♉ 19	18 ♓ 42	22 ♑ 33	3 ♐	11 ♎	27 ♋	2 ♉	5 ♈
17	25 ♊ 11	16 ♐ 27	18 ♋ 44	17 ♋ 40	18 ♋ 54	9 ♊ 12	20 ♋ 13	18 ♐ 43	18 ♑ 50	5 ♉ 22	18 ♓ 43	22 ♑ 32	3 ♐	11 ♎	27 ♋	2 ♉	5 ♈
18	26 ♊ 8	29 ♐ 21	18 ♋ 41	17 ♋ 38	20 ♋ 12	10 ♊ 25	20 ♋ 51	18 ♐ 35	18 ♑ 46	5 ♉ 24	18 ♓ 43	22 ♑ 31	3 ♐	11 ♎	28 ♋	3 ♉	5 ♈
19	27 ♊ 6	11 ♑ 59	18 ♋ 38	17 ♋ 37	21 ♋ 28	11 ♊ 39	21 ♋ 29	18 ♐ 28	18 ♑ 42	5 ♉ 27	18 ♓ 43	22 ♑ 29	3 ♐	11 ♎	28 ♋	3 ♉	5 ♈
20	28 ♊ 3	24 ♑ 23	18 ♋ 35	17 D 37	22 ♋ 40	12 ♊ 52	22 ♋ 8	18 ♐ 20	18 ♑ 38	5 ♉ 29	18 ♓ 43	22 ♑ 28	2 ♐	11 ♎	29 ♋	4 ♉	5 ♈
21	29 ♊ 0	6 ♒ 34	18 ♋ 31	17 ♋ 38	23 ♋ 50	14 ♊ 5	22 ♋ 46	18 ♐ 13	18 ♑ 34	5 ♉ 32	18 ♓ 43	22 ♑ 27	2 ♐	11 ♎	29 ♋	4 ♉	5 ♈
22	29 ♊ 57	18 ♒ 35	18 ♋ 28	17 ♋ 39	24 ♋ 57	15 ♊ 18	23 ♋ 24	18 ♐ 5	18 ♑ 30	5 ♉ 34	18 R 43	22 ♑ 26	2 ♐	11 ♎	0 ♌	4 ♉	5 ♈
23	0 ♋ 55	0 ♓ 29	18 ♋ 25	17 ♋ 40	26 ♋ 0	16 ♊ 32	24 ♋ 2	17 ♐ 58	18 ♑ 26	5 ♉ 36	18 ♓ 43	22 ♑ 24	2 ♐	12 ♎	0 ♌	5 ♉	5 ♈
24	1 ♋ 52	12 ♓ 20	18 ♋ 22	17 ♋ 42	27 ♋ 1	17 ♊ 45	24 ♋ 41	17 ♐ 51	18 ♑ 22	5 ♉ 38	18 ♓ 43	22 ♑ 23	2 ♐	12 ♎	1 ♌	5 ♉	5 ♈
25	2 ♋ 49	24 ♓ 12	18 ♋ 19	17 ♋ 42	27 ♋ 57	18 ♊ 58	25 ♋ 19	17 ♐ 44	18 ♑ 18	5 ♉ 41	18 ♓ 43	22 ♑ 22	2 ♐	12 ♎	1 ♌	6 ♉	5 ♈
26	3 ♋ 46	6 ♈ 11	18 ♋ 16	17 R 43	28 ♋ 51	20 ♊ 11	25 ♋ 57	17 ♐ 36	18 ♑ 14	5 ♉ 43	18 ♓ 43	22 ♑ 20	2 ♐	12 ♎	2 ♌	6 ♉	5 ♈
27	4 ♋ 44	18 ♈ 21	18 ♋ 12	17 ♋ 42	29 ♋ 41	21 ♊ 25	26 ♋ 35	17 ♐ 29	18 ♑ 10	5 ♉ 45	18 ♓ 43	22 ♑ 19	1 ♐	12 ♎	2 ♌	6 ♉	5 ♈
28	5 ♋ 41	0 ♉ 46	18 ♋ 9	17 ♋ 41	0 ♌ 27	22 ♊ 38	27 ♋ 13	17 ♐ 22	18 ♑ 5	5 ♉ 47	18 ♓ 42	22 ♑ 17	1 ♐	12 ♎	3 ♌	7 ♉	5 ♈
29	6 ♋ 38	13 ♉ 29	18 ♋ 6	17 ♋ 40	1 ♌ 10	23 ♊ 52	27 ♋ 52	17 ♐ 16	18 ♑ 1	5 ♉ 49	18 ♓ 42	22 ♑ 16	1 ♐	13 ♎	3 ♌	7 ♉	5 ♈
30	7 ♋ 35	26 ♉ 35	18 ♋ 3	17 ♋ 39	1 ♌ 49	25 ♊ 5	28 ♋ 30	17 ♐ 9	17 ♑ 57	5 ♉ 51	18 ♓ 42	22 ♑ 15	1 ♐	13 ♎	4 ♌	7 ♉	5 ♈

SUN INGRESS	☉ → ♋ 22日 00:54
MOON PHASE	● 3日 19:02 ♊　◐ 10日 14:59 ♍　○ 17日 17:31 ♐　◑ 25日 18:46 ♈

aspects		
1日	00:26	♀△♄
3日	12:42	♀△♇
7日	23:16	☿⚹♅
10日	04:34	☉□♆
11日	00:28	☉☍♃
14日	15:11	♂△♆
15日	00:50	♂☍♄
16日	20:43	☿△♆
16日	23:01	☿☍♄
17日	00:22	♃□♆
18日	20:47	♄⚹♆
19日	01:04	☿☌♂
19日	19:56	☿☍♇
20日	12:26	♂☍♇
24日	01:45	♀☍♃
24日	18:58	♀□♆
28日	02:45	☉⚹♅

2019年7月

DAY	☉	☽	☊		☿	♀	♂	♃	♄	♅	♆	♇	⚳	⚴	⚵	⚶	⚷
			mean	true													
	° ′	° ′	° ′	° ′	° ′	° ′	° ′	° ′	° ′	° ′	° ′	° ′	°	°	°	°	°
1	8 ♋ 32	10 ♊ 3	18 ♋ 0	17 R 38	2 D 24	26 D 18	29 D 8	17 R 2	17 R 52	5 D 53	18 R 42	22 R 13	1 R	13 D	4 D	8 D	5 D
2	9 ♋ 30	23 ♊ 53	17 ♋ 56	17 ♋ 37	2 ♌ 55	27 ♊ 32	29 ♋ 46	16 ♐ 55	17 ♑ 48	5 ♉ 55	18 ♓ 41	22 ♑ 12	1 ♐	13 ♎	5 ♌	8 ♉	5 ♈
3	10 ♋ 27	8 ♋ 4	17 ♋ 53	17 ♋ 36	3 ♌ 21	28 ♊ 45	0 ♌ 24	16 ♐ 49	17 ♑ 44	5 ♉ 57	18 ♓ 41	22 ♑ 10	1 ♐	13 ♎	5 ♌	9 ♉	5 ♈
4	11 ♋ 24	22 ♋ 30	17 ♋ 50	17 D 36	3 ♌ 43	29 ♊ 59	1 ♌ 3	16 ♐ 43	17 ♑ 39	5 ♉ 59	18 ♓ 41	22 ♑ 9	1 ♐	14 ♎	6 ♌	9 ♉	5 ♈
5	12 ♋ 21	7 ♌ 7	17 ♋ 47	17 ♋ 36	4 ♌ 1	1 ♋ 12	1 ♌ 41	16 ♐ 36	17 ♑ 35	6 ♉ 1	18 ♓ 40	22 ♑ 8	1 ♐	14 ♎	6 ♌	9 ♉	5 ♈
6	13 ♋ 19	21 ♌ 48	17 ♋ 44	17 ♋ 37	4 ♌ 14	2 ♋ 26	2 ♌ 19	16 ♐ 30	17 ♑ 31	6 ♉ 3	18 ♓ 40	22 ♑ 6	0 ♐	14 ♎	6 ♌	10 ♉	5 ♈
7	14 ♋ 16	6 ♍ 26	17 ♋ 41	17 ♋ 37	4 ♌ 23	3 ♋ 39	2 ♌ 57	16 ♐ 24	17 ♑ 26	6 ♉ 4	18 ♓ 39	22 ♑ 5	0 ♐	14 ♎	7 ♌	10 ♉	5 ♈
8	15 ♋ 13	20 ♍ 57	17 ♋ 37	17 ♋ 37	4 ♌ 27	4 ♋ 53	3 ♌ 35	16 ♐ 18	17 ♑ 22	6 ♉ 6	18 ♓ 39	22 ♑ 3	0 ♐	14 ♎	7 ♌	10 ♉	5 ♈
9	16 ♋ 10	5 ♎ 16	17 ♋ 34	17 ♋ 37	4 R 26	6 ♋ 6	4 ♌ 13	16 ♐ 12	17 ♑ 17	6 ♉ 8	18 ♓ 38	22 ♑ 2	0 ♐	15 ♎	8 ♌	11 ♉	5 ♈
10	17 ♋ 7	19 ♎ 20	17 ♋ 31	17 R 37	4 ♌ 21	7 ♋ 20	4 ♌ 51	16 ♐ 7	17 ♑ 13	6 ♉ 9	18 ♓ 38	22 ♑ 0	0 ♐	15 ♎	8 ♌	11 ♉	5 R
11	18 ♋ 5	3 ♏ 9	17 ♋ 28	17 D 37	4 ♌ 11	8 ♋ 33	5 ♌ 30	16 ♐ 1	17 ♑ 8	6 ♉ 11	18 ♓ 37	21 ♑ 59	0 ♐	15 ♎	9 ♌	11 ♉	5 ♈
12	19 ♋ 2	16 ♏ 41	17 ♋ 25	17 ♋ 38	3 ♌ 56	9 ♋ 47	6 ♌ 8	15 ♐ 56	17 ♑ 4	6 ♉ 12	18 ♓ 37	21 ♑ 57	0 ♐	15 ♎	9 ♌	12 ♉	5 ♈
13	19 ♋ 59	29 ♏ 57	17 ♋ 22	17 ♋ 38	3 ♌ 37	11 ♋ 0	6 ♌ 46	15 ♐ 50	17 ♑ 0	6 ♉ 14	18 ♓ 36	21 ♑ 56	0 ♐	16 ♎	10 ♌	12 ♉	5 ♈
14	20 ♋ 56	12 ♐ 58	17 ♋ 18	17 ♋ 38	3 ♌ 14	12 ♋ 14	7 ♌ 24	15 ♐ 45	16 ♑ 55	6 ♉ 15	18 ♓ 35	21 ♑ 55	0 ♐	16 ♎	10 ♌	12 ♉	5 ♈
15	21 ♋ 53	25 ♐ 44	17 ♋ 15	17 ♋ 38	2 ♌ 46	13 ♋ 27	8 ♌ 2	15 ♐ 40	16 ♑ 51	6 ♉ 17	18 ♓ 35	21 ♑ 53	0 ♐	16 ♎	11 ♌	13 ♉	5 ♈
16	22 ♋ 51	8 ♑ 18	17 ♋ 12	17 ♋ 39	2 ♌ 16	14 ♋ 41	8 ♌ 40	15 ♐ 36	16 ♑ 46	6 ♉ 18	18 ♓ 34	21 ♑ 52	0 ♐	16 ♎	11 ♌	13 ♉	5 ♈
17	23 ♋ 48	20 ♑ 40	17 ♋ 9	17 R 39	1 ♌ 42	15 ♋ 55	9 ♌ 18	15 ♐ 31	16 ♑ 42	6 ♉ 19	18 ♓ 33	21 ♑ 50	0 ♐	17 ♎	12 ♌	14 ♉	5 ♈
18	24 ♋ 45	2 ♒ 52	17 ♋ 6	17 ♋ 38	1 ♌ 5	17 ♋ 8	9 ♌ 56	15 ♐ 26	16 ♑ 38	6 ♉ 21	18 ♓ 32	21 ♑ 49	0 ♐	17 ♎	12 ♌	14 ♉	5 ♈
19	25 ♋ 42	14 ♒ 55	17 ♋ 2	17 ♋ 38	0 ♌ 26	18 ♋ 22	10 ♌ 34	15 ♐ 22	16 ♑ 33	6 ♉ 22	18 ♓ 31	21 ♑ 47	0 D	17 ♎	13 ♌	14 ♉	5 ♈
20	26 ♋ 40	26 ♒ 52	16 ♋ 59	17 ♋ 37	29 ♋ 46	19 ♋ 36	11 ♌ 12	15 ♐ 18	16 ♑ 29	6 ♉ 23	18 ♓ 31	21 ♑ 46	0 ♐	17 ♎	13 ♌	15 ♉	5 ♈
21	27 ♋ 37	8 ♓ 44	16 ♋ 56	17 ♋ 35	29 ♋ 5	20 ♋ 49	11 ♌ 50	15 ♐ 14	16 ♑ 25	6 ♉ 24	18 ♓ 30	21 ♑ 44	0 ♐	18 ♎	14 ♌	15 ♉	5 ♈
22	28 ♋ 34	20 ♓ 35	16 ♋ 53	17 ♋ 34	28 ♋ 24	22 ♋ 3	12 ♌ 29	15 ♐ 10	16 ♑ 20	6 ♉ 25	18 ♓ 29	21 ♑ 43	0 ♐	18 ♎	14 ♌	15 ♉	5 ♈
23	29 ♋ 31	2 ♈ 27	16 ♋ 50	17 ♋ 33	27 ♋ 44	23 ♋ 17	13 ♌ 7	15 ♐ 6	16 ♑ 16	6 ♉ 26	18 ♓ 28	21 ♑ 41	0 ♐	18 ♎	15 ♌	15 ♉	5 ♈
24	0 ♌ 29	14 ♈ 26	16 ♋ 47	17 ♋ 32	27 ♋ 4	24 ♋ 31	13 ♌ 45	15 ♐ 3	16 ♑ 12	6 ♉ 27	18 ♓ 27	21 ♑ 40	0 ♐	18 ♎	15 ♌	16 ♉	5 ♈
25	1 ♌ 26	26 ♈ 34	16 ♋ 43	17 ♋ 31	26 ♋ 27	25 ♋ 44	14 ♌ 23	15 ♐ 0	16 ♑ 8	6 ♉ 28	18 ♓ 26	21 ♑ 39	0 ♐	19 ♎	16 ♌	16 ♉	5 ♈
26	2 ♌ 23	8 ♉ 56	16 ♋ 40	17 D 31	25 ♋ 53	26 ♋ 58	15 ♌ 1	14 ♐ 56	16 ♑ 4	6 ♉ 29	18 ♓ 25	21 ♑ 37	0 ♐	19 ♎	16 ♌	16 ♉	5 ♈
27	3 ♌ 20	21 ♉ 37	16 ♋ 37	17 ♋ 32	25 ♋ 22	28 ♋ 12	15 ♌ 39	14 ♐ 53	15 ♑ 59	6 ♉ 30	18 ♓ 24	21 ♑ 36	0 ♐	19 ♎	16 ♌	17 ♉	5 ♈
28	4 ♌ 18	4 ♊ 40	16 ♋ 34	17 ♋ 33	24 ♋ 55	29 ♋ 26	16 ♌ 17	14 ♐ 50	15 ♑ 55	6 ♉ 31	18 ♓ 23	21 ♑ 34	0 ♐	20 ♎	17 ♌	17 ♉	5 ♈
29	5 ♌ 15	18 ♊ 8	16 ♋ 31	17 ♋ 34	24 ♋ 33	0 ♌ 40	16 ♌ 55	14 ♐ 48	15 ♑ 51	6 ♉ 31	18 ♓ 22	21 ♑ 33	0 ♐	20 ♎	17 ♌	17 ♉	5 ♈
30	6 ♌ 12	2 ♋ 2	16 ♋ 28	17 ♋ 35	24 ♋ 15	1 ♌ 54	17 ♌ 33	14 ♐ 45	15 ♑ 47	6 ♉ 32	18 ♓ 21	21 ♑ 31	0 ♐	20 ♎	18 ♌	18 ♉	5 ♈
31	7 ♌ 10	16 ♋ 22	16 ♋ 24	17 ♋ 36	24 ♋ 3	3 ♌ 8	18 ♌ 11	14 ♐ 43	15 ♑ 43	6 ♉ 33	18 ♓ 20	21 ♑ 30	1 ♐	21 ♎	18 ♌	18 ♉	5 ♈
SUN INGRESS	☉ → ♌ 23日 11:50																
MOON PHASE	● 3日 04:16 ♋	◐ 9日 19:55 ♎	○ 17日 06:38 ♑	◑ 25日 10:18 ♉													

aspects		
9日	00:32	♀⚹♅
9日	07:27	☿☌♂
10日	02:07	☉☍♄
11日	13:31	☉△♆
12日	03:01	♂□♅
14日	23:51	☉☍♇
17日	14:34	♀☍♄
19日	03:03	♀△♆
21日	17:32	♀☍♇
21日	21:34	☉☌☿
25日	09:26	☿☌♀
25日	21:23	♂△♃
30日	08:14	☉□♅

2019年8月

DAY	☉	☽	☊		☿	♀	♂	♃	♄	♅	♆	♇	⚳	⚴	⚵	⚶	⚷
			mean	true													
	° ′	° ′	° ′	° ′	° ′	° ′	° ′	° ′	° ′	° ′	° ′	° ′	°	°	°	°	°
1	8 ♌ 7	1 ♌ 2	16 ♋ 21	17 R 35	23 R 57	4 D 22	18 D 49	14 R 41	15 R 39	6 D 33	18 R 18	21 R 29	1 D	21 D	19 D	18 D	5 R
2	9 ♌ 5	15 ♌ 59	16 ♋ 18	17 ♋ 34	23 D 57	5 ♌ 36	19 ♌ 27	14 ♐ 39	15 ♑ 36	6 ♉ 34	18 ♓ 17	21 ♑ 27	1 ♐	21 ♎	19 ♌	19 ♉	5 ♈
3	10 ♌ 2	1 ♍ 2	16 ♋ 15	17 ♋ 31	24 ♋ 3	6 ♌ 50	20 ♌ 5	14 ♐ 37	15 ♑ 32	6 ♉ 34	18 ♓ 16	21 ♑ 26	1 ♐	21 ♎	20 ♌	19 ♉	5 ♈
4	11 ♌ 0	16 ♍ 4	16 ♋ 12	17 ♋ 28	24 ♋ 15	8 ♌ 3	20 ♌ 44	14 ♐ 36	15 ♑ 28	6 ♉ 35	18 ♓ 15	21 ♑ 25	1 ♐	22 ♎	20 ♌	19 ♉	5 ♈
5	11 ♌ 57	0 ♎ 55	16 ♋ 8	17 ♋ 25	24 ♋ 34	9 ♌ 17	21 ♌ 22	14 ♐ 34	15 ♑ 24	6 ♉ 35	18 ♓ 14	21 ♑ 23	1 ♐	22 ♎	21 ♌	19 ♉	5 ♈
6	12 ♌ 54	15 ♎ 29	16 ♋ 5	17 ♋ 23	24 ♋ 59	10 ♌ 32	22 ♌ 0	14 ♐ 33	15 ♑ 20	6 ♉ 35	18 ♓ 12	21 ♑ 22	1 ♐	22 ♎	21 ♌	20 ♉	5 ♈
7	13 ♌ 52	29 ♎ 41	16 ♋ 2	17 ♋ 21	25 ♋ 31	11 ♌ 46	22 ♌ 38	14 ♐ 32	15 ♑ 17	6 ♉ 36	18 ♓ 11	21 ♑ 21	1 ♐	23 ♎	22 ♌	20 ♉	5 ♈
8	14 ♌ 49	13 ♏ 30	15 ♋ 59	17 ♋ 20	26 ♋ 9	13 ♌ 0	23 ♌ 16	14 ♐ 31	15 ♑ 13	6 ♉ 36	18 ♓ 10	21 ♑ 19	1 ♐	23 ♎	22 ♌	20 ♉	5 ♈
9	15 ♌ 47	26 ♏ 56	15 ♋ 56	17 D 21	26 ♋ 54	14 ♌ 14	23 ♌ 54	14 ♐ 31	15 ♑ 10	6 ♉ 36	18 ♓ 9	21 ♑ 18	1 ♐	23 ♎	22 ♌	20 ♉	5 ♈
10	16 ♌ 44	10 ♐ 0	15 ♋ 53	17 ♋ 22	27 ♋ 45	15 ♌ 28	24 ♌ 32	14 ♐ 30	15 ♑ 6	6 ♉ 36	18 ♓ 7	21 ♑ 17	2 ♐	24 ♎	23 ♌	21 ♉	5 ♈
11	17 ♌ 42	22 ♐ 45	15 ♋ 49	17 ♋ 23	28 ♋ 43	16 ♌ 42	25 ♌ 10	14 ♐ 30	15 ♑ 3	6 ♉ 36	18 ♓ 6	21 ♑ 15	2 ♐	24 ♎	23 ♌	21 ♉	5 ♈
12	18 ♌ 39	5 ♑ 16	15 ♋ 46	17 ♋ 25	29 ♋ 46	17 ♌ 56	25 ♌ 48	14 D 30	15 ♑ 0	6 ♉ 36	18 ♓ 4	21 ♑ 14	2 ♐	24 ♎	24 ♌	21 ♉	5 ♈
13	19 ♌ 37	17 ♑ 34	15 ♋ 43	17 R 25	0 ♌ 56	19 ♌ 10	26 ♌ 26	14 ♐ 30	14 ♑ 56	6 R 36	18 ♓ 3	21 ♑ 13	2 ♐	25 ♎	24 ♌	21 ♉	5 ♈
14	20 ♌ 35	29 ♑ 42	15 ♋ 40	17 ♋ 25	2 ♌ 11	20 ♌ 24	27 ♌ 4	14 ♐ 30	14 ♑ 53	6 ♉ 36	18 ♓ 2	21 ♑ 12	2 ♐	25 ♎	25 ♌	22 ♉	5 ♈
15	21 ♌ 32	11 ♒ 43	15 ♋ 37	17 ♋ 22	3 ♌ 31	21 ♌ 38	27 ♌ 42	14 ♐ 31	14 ♑ 50	6 ♉ 36	18 ♓ 0	21 ♑ 10	2 ♐	25 ♎	25 ♌	22 ♉	5 ♈
16	22 ♌ 30	23 ♒ 39	15 ♋ 34	17 ♋ 18	4 ♌ 57	22 ♌ 52	28 ♌ 21	14 ♐ 31	14 ♑ 47	6 ♉ 36	17 ♓ 59	21 ♑ 9	2 ♐	26 ♎	26 ♌	22 ♉	5 ♈
17	23 ♌ 27	5 ♓ 31	15 ♋ 30	17 ♋ 13	6 ♌ 28	24 ♌ 7	28 ♌ 59	14 ♐ 32	14 ♑ 44	6 ♉ 36	17 ♓ 57	21 ♑ 8	3 ♐	26 ♎	26 ♌	22 ♉	5 ♈
18	24 ♌ 25	17 ♓ 22	15 ♋ 27	17 ♋ 6	8 ♌ 3	25 ♌ 21	29 ♌ 37	14 ♐ 33	14 ♑ 41	6 ♉ 36	17 ♓ 56	21 ♑ 7	3 ♐	26 ♎	27 ♌	23 ♉	5 ♈
19	25 ♌ 23	29 ♓ 14	15 ♋ 24	16 ♋ 59	9 ♌ 42	26 ♌ 35	0 ♍ 15	14 ♐ 34	14 ♑ 38	6 ♉ 35	17 ♓ 54	21 ♑ 6	3 ♐	27 ♎	27 ♌	23 ♉	5 ♈
20	26 ♌ 20	11 ♈ 8	15 ♋ 21	16 ♋ 53	11 ♌ 25	27 ♌ 49	0 ♍ 53	14 ♐ 36	14 ♑ 36	6 ♉ 35	17 ♓ 53	21 ♑ 5	3 ♐	27 ♎	28 ♌	23 ♉	5 ♈
21	27 ♌ 18	23 ♈ 8	15 ♋ 18	16 ♋ 47	13 ♌ 12	29 ♌ 3	1 ♍ 31	14 ♐ 37	14 ♑ 33	6 ♉ 35	17 ♓ 51	21 ♑ 3	3 ♐	27 ♎	28 ♌	23 ♉	5 ♈
22	28 ♌ 16	5 ♉ 16	15 ♋ 14	16 ♋ 43	15 ♌ 1	0 ♍ 18	2 ♍ 9	14 ♐ 39	14 ♑ 30	6 ♉ 34	17 ♓ 50	21 ♑ 2	3 ♐	28 ♎	28 ♌	23 ♉	5 ♈
23	29 ♌ 14	17 ♉ 37	15 ♋ 11	16 ♋ 40	16 ♌ 53	1 ♍ 32	2 ♍ 47	14 ♐ 41	14 ♑ 28	6 ♉ 34	17 ♓ 48	21 ♑ 1	4 ♐	28 ♎	29 ♌	24 ♉	5 ♈
24	0 ♍ 11	0 ♊ 13	15 ♋ 8	16 ♋ 39	18 ♌ 48	2 ♍ 46	3 ♍ 26	14 ♐ 43	14 ♑ 26	6 ♉ 33	17 ♓ 47	21 ♑ 0	4 ♐	29 ♎	29 ♌	24 ♉	5 ♈
25	1 ♍ 9	13 ♊ 11	15 ♋ 5	16 D 40	20 ♌ 43	4 ♍ 1	4 ♍ 4	14 ♐ 45	14 ♑ 23	6 ♉ 33	17 ♓ 45	20 ♑ 59	4 ♐	29 ♎	0 ♍	24 ♉	5 ♈
26	2 ♍ 7	26 ♊ 32	15 ♋ 2	16 ♋ 41	22 ♌ 41	5 ♍ 15	4 ♍ 42	14 ♐ 48	14 ♑ 21	6 ♉ 32	17 ♓ 44	20 ♑ 58	4 ♐	29 ♎	0 ♍	24 ♉	5 ♈
27	3 ♍ 5	10 ♋ 20	14 ♋ 59	16 ♋ 42	24 ♌ 39	6 ♍ 29	5 ♍ 20	14 ♐ 51	14 ♑ 19	6 ♉ 31	17 ♓ 42	20 ♑ 57	4 ♐	0 ♏	1 ♍	24 ♉	4 ♈
28	4 ♍ 3	24 ♋ 36	14 ♋ 55	16 R 42	26 ♌ 37	7 ♍ 44	5 ♍ 58	14 ♐ 53	14 ♑ 17	6 ♉ 31	17 ♓ 40	20 ♑ 56	5 ♐	0 ♏	1 ♍	25 ♉	4 ♈
29	5 ♍ 1	9 ♌ 17	14 ♋ 52	16 ♋ 40	28 ♌ 36	8 ♍ 58	6 ♍ 36	14 ♐ 56	14 ♑ 15	6 ♉ 30	17 ♓ 39	20 ♑ 55	5 ♐	0 ♏	2 ♍	25 ♉	4 ♈
30	5 ♍ 59	24 ♌ 19	14 ♋ 49	16 ♋ 36	0 ♍ 35	10 ♍ 12	7 ♍ 15	15 ♐ 0	14 ♑ 13	6 ♉ 29	17 ♓ 37	20 ♑ 54	5 ♐	1 ♏	2 ♍	25 ♉	4 ♈
31	6 ♍ 57	9 ♍ 34	14 ♋ 46	16 ♋ 30	2 ♍ 34	11 ♍ 27	7 ♍ 53	15 ♐ 3	14 ♑ 11	6 ♉ 28	17 ♓ 36	20 ♑ 53	5 ♐	1 ♏	2 ♍	25 ♉	4 ♈
SUN INGRESS	☉ → ♍ 23日 19:02																
MOON PHASE	● 1日 12:12 ♌	◐ 8日 02:31 ♏	○ 15日 21:29 ♒	◑ 23日 23:56 ♊	● 30日 19:37 ♍												

aspects		
2日	19:00	♀□♅
7日	16:31	☉△♃
9日	05:28	♀△♃
14日	15:07	☉☌♀
17日	02:08	☿□♅
21日	19:05	☿△♃
25日	02:05	♀☌♂
27日	00:39	♀△♅
28日	19:53	♂△♅
30日	12:15	☉△♅

2019年9月

DAY	☉	☽	☊ mean	☊ true	☿	♀	♂	♃	♄	♅	♆	♇	⚳	⚴	⚵	⚶	⚷
	° ′	° ′	° ′	° ′	° ′	° ′	° ′	° ′	° ′	° ′	° ′	° ′	°	°	°	°	°
1	7 ♍ 55	24 ♍ 50	14 ♋ 43	16 R 23	4 D 32	12 D 41	8 D 31	15 D 7	14 R 9	6 R 27	17 R 34	20 R 53	5 D	1 D	3 D	25 D	4 R
2	8 ♍ 53	9 ♎ 58	14 ♋ 39	16 ♋ 15	6 ♍ 30	13 ♍ 56	9 ♍ 9	15 ♐ 10	14 ♑ 8	6 ♉ 26	17 ♓ 32	20 ♑ 52	6 ♐	2 ♏	3 ♍	25 ♉	4 ♈
3	9 ♍ 51	24 ♎ 47	14 ♋ 36	16 ♋ 8	8 ♍ 27	15 ♍ 10	9 ♍ 48	15 ♐ 14	14 ♑ 6	6 ♉ 25	17 ♓ 31	20 ♑ 51	6 ♐	2 ♏	4 ♍	26 ♉	4 ♈
4	10 ♍ 49	9 ♏ 12	14 ♋ 33	16 ♋ 2	10 ♍ 24	16 ♍ 24	10 ♍ 26	15 ♐ 18	14 ♑ 5	6 ♉ 24	17 ♓ 29	20 ♑ 50	6 ♐	3 ♏	4 ♍	26 ♉	4 ♈
5	11 ♍ 47	23 ♏ 8	14 ♋ 30	15 ♋ 58	12 ♍ 19	17 ♍ 39	11 ♍ 4	15 ♐ 22	14 ♑ 3	6 ♉ 23	17 ♓ 27	20 ♑ 49	6 ♐	3 ♏	5 ♍	26 ♉	4 ♈
6	12 ♍ 45	6 ♐ 35	14 ♋ 27	15 ♋ 57	14 ♍ 13	18 ♍ 53	11 ♍ 42	15 ♐ 27	14 ♑ 2	6 ♉ 22	17 ♓ 26	20 ♑ 48	7 ♐	3 ♏	5 ♍	26 ♉	4 ♈
7	13 ♍ 44	19 ♐ 37	14 ♋ 24	15 D 57	16 ♍ 7	20 ♍ 8	12 ♍ 21	15 ♐ 31	14 ♑ 1	6 ♉ 21	17 ♓ 24	20 ♑ 48	7 ♐	4 ♏	6 ♍	26 ♉	4 ♈
8	14 ♍ 42	2 ♑ 17	14 ♋ 20	15 ♋ 57	17 ♍ 59	21 ♍ 22	12 ♍ 59	15 ♐ 36	14 ♑ 0	6 ♉ 19	17 ♓ 23	20 ♑ 47	7 ♐	4 ♏	6 ♍	26 ♉	4 ♈
9	15 ♍ 40	14 ♑ 39	14 ♋ 17	15 ♋ 58	19 ♍ 50	22 ♍ 37	13 ♍ 37	15 ♐ 41	13 ♑ 59	6 ♉ 18	17 ♓ 21	20 ♑ 46	7 ♐	4 ♏	6 ♍	26 ♉	4 ♈
10	16 ♍ 38	26 ♑ 47	14 ♋ 14	15 R 57	21 ♍ 40	23 ♍ 51	14 ♍ 15	15 ♐ 46	13 ♑ 58	6 ♉ 17	17 ♓ 19	20 ♑ 46	8 ♐	5 ♏	7 ♍	26 ♉	4 ♈
11	17 ♍ 37	8 ♒ 47	14 ♋ 11	15 ♋ 55	23 ♍ 29	25 ♍ 6	14 ♍ 54	15 ♐ 51	13 ♑ 57	6 ♉ 16	17 ♓ 18	20 ♑ 45	8 ♐	5 ♏	7 ♍	27 ♉	4 ♈
12	18 ♍ 35	20 ♒ 40	14 ♋ 8	15 ♋ 50	25 ♍ 17	26 ♍ 20	15 ♍ 32	15 ♐ 57	13 ♑ 56	6 ♉ 14	17 ♓ 16	20 ♑ 44	8 ♐	6 ♏	8 ♍	27 ♉	4 ♈
13	19 ♍ 33	2 ♓ 32	14 ♋ 5	15 ♋ 42	27 ♍ 3	27 ♍ 35	16 ♍ 10	16 ♐ 2	13 ♑ 56	6 ♉ 13	17 ♓ 14	20 ♑ 44	8 ♐	6 ♏	8 ♍	27 ♉	4 ♈
14	20 ♍ 32	14 ♓ 23	14 ♋ 1	15 ♋ 32	28 ♍ 49	28 ♍ 49	16 ♍ 49	16 ♐ 8	13 ♑ 55	6 ♉ 11	17 ♓ 13	20 ♑ 43	9 ♐	6 ♏	9 ♍	27 ♉	4 ♈
15	21 ♍ 30	26 ♓ 15	13 ♋ 58	15 ♋ 20	0 ♎ 33	0 ♎ 3	17 ♍ 27	16 ♐ 14	13 ♑ 55	6 ♉ 10	17 ♓ 11	20 ♑ 43	9 ♐	7 ♏	9 ♍	27 ♉	4 ♈
16	22 ♍ 28	8 ♈ 11	13 ♋ 55	15 ♋ 7	2 ♎ 16	1 ♎ 18	18 ♍ 5	16 ♐ 20	13 ♑ 54	6 ♉ 8	17 ♓ 9	20 ♑ 42	9 ♐	7 ♏	9 ♍	27 ♉	4 ♈
17	23 ♍ 27	20 ♈ 10	13 ♋ 52	14 ♋ 55	3 ♎ 59	2 ♎ 32	18 ♍ 44	16 ♐ 26	13 ♑ 54	6 ♉ 7	17 ♓ 8	20 ♑ 42	9 ♐	8 ♏	10 ♍	27 ♉	4 ♈
18	24 ♍ 25	2 ♉ 16	13 ♋ 49	14 ♋ 44	5 ♎ 40	3 ♎ 47	19 ♍ 22	16 ♐ 32	13 ♑ 54	6 ♉ 5	17 ♓ 6	20 ♑ 41	10 ♐	8 ♏	10 ♍	27 ♉	4 ♈
19	25 ♍ 24	14 ♉ 29	13 ♋ 45	14 ♋ 35	7 ♎ 20	5 ♎ 2	20 ♍ 0	16 ♐ 39	13 D 54	6 ♉ 3	17 ♓ 4	20 ♑ 41	10 ♐	8 ♏	11 ♍	27 ♉	4 ♈
20	26 ♍ 22	26 ♉ 53	13 ♋ 42	14 ♋ 29	8 ♎ 59	6 ♎ 16	20 ♍ 39	16 ♐ 45	13 ♑ 54	6 ♉ 2	17 ♓ 3	20 ♑ 40	10 ♐	9 ♏	11 ♍	27 ♉	3 ♈
21	27 ♍ 21	9 ♊ 30	13 ♋ 39	14 ♋ 26	10 ♎ 37	7 ♎ 31	21 ♍ 17	16 ♐ 52	13 ♑ 54	6 ♉ 0	17 ♓ 1	20 ♑ 40	10 ♐	9 ♏	12 ♍	27 ♉	3 ♈
22	28 ♍ 20	22 ♊ 24	13 ♋ 36	14 ♋ 24	12 ♎ 14	8 ♎ 45	21 ♍ 56	16 ♐ 59	13 ♑ 55	5 ♉ 58	17 ♓ 0	20 ♑ 40	11 ♐	10 ♏	12 ♍	27 ♉	3 ♈
23	29 ♍ 18	5 ♋ 39	13 ♋ 33	14 D 24	13 ♎ 50	10 ♎ 0	22 ♍ 34	17 ♐ 6	13 ♑ 55	5 ♉ 56	16 ♓ 58	20 ♑ 39	11 ♐	10 ♏	13 ♍	27 ♉	3 ♈
24	0 ♎ 17	19 ♋ 17	13 ♋ 30	14 R 24	15 ♎ 25	11 ♎ 14	23 ♍ 13	17 ♐ 13	13 ♑ 55	5 ♉ 54	16 ♓ 56	20 ♑ 39	11 ♐	10 ♏	13 ♍	27 ♉	3 ♈
25	1 ♎ 16	3 ♌ 22	13 ♋ 26	14 ♋ 23	16 ♎ 59	12 ♎ 29	23 ♍ 51	17 ♐ 20	13 ♑ 56	5 ♉ 53	16 ♓ 55	20 ♑ 39	12 ♐	11 ♏	13 ♍	27 R	3 ♈
26	2 ♎ 15	17 ♌ 52	13 ♋ 23	14 ♋ 20	18 ♎ 32	13 ♎ 43	24 ♍ 30	17 ♐ 28	13 ♑ 57	5 ♉ 51	16 ♓ 53	20 ♑ 38	12 ♐	11 ♏	14 ♍	27 ♉	3 ♈
27	3 ♎ 13	2 ♍ 44	13 ♋ 20	14 ♋ 14	20 ♎ 4	14 ♎ 58	25 ♍ 8	17 ♐ 36	13 ♑ 57	5 ♉ 49	16 ♓ 52	20 ♑ 38	12 ♐	12 ♏	14 ♍	27 ♉	3 ♈
28	4 ♎ 12	17 ♍ 53	13 ♋ 17	14 ♋ 5	21 ♎ 36	16 ♎ 13	25 ♍ 47	17 ♐ 43	13 ♑ 58	5 ♉ 47	16 ♓ 50	20 ♑ 38	12 ♐	12 ♏	15 ♍	27 ♉	3 ♈
29	5 ♎ 11	3 ♎ 9	13 ♋ 14	13 ♋ 55	23 ♎ 6	17 ♎ 27	26 ♍ 25	17 ♐ 51	13 ♑ 59	5 ♉ 45	16 ♓ 48	20 ♑ 38	13 ♐	12 ♏	15 ♍	27 ♉	3 ♈
30	6 ♎ 10	18 ♎ 20	13 ♋ 11	13 ♋ 44	24 ♎ 35	18 ♎ 42	27 ♍ 4	17 ♐ 59	14 ♑ 0	5 ♉ 43	16 ♓ 47	20 ♑ 38	13 ♐	13 ♏	15 ♍	27 ♉	3 ♈

SUN INGRESS	☉ → ♎23日 16:50
MOON PHASE	◐ 6日 12:10 ♐　○ 14日 13:33 ♓　◑ 22日 11:41 ♊　● 29日 03:26 ♎

aspects		
1日	23:11	☿△♅
2日	03:49	♀△♄
2日	19:43	☉☌♂
3日	01:26	♀□♃
4日	00:40	☿☌♂
4日	10:40	☉☌☿
4日	20:26	♀☍♆
5日	21:37	☿△♄
6日	16:11	☿□♃
7日	06:56	☉△♄
7日	12:46	♀△♇
7日	16:19	☿☍♆
9日	00:27	☉□♃
9日	12:09	☿△♇
9日	13:14	♂△♄
10日	16:24	☉☍♆
12日	18:06	♂□♃
14日	00:11	☿☌♀
14日	04:42	☉△♇
14日	14:25	♂☍♆
20日	00:54	♂△♇
22日	01:44	♃□♆
23日	01:19	☿□♄
25日	06:01	☿⚹♃
26日	04:20	♀□♄
27日	08:52	☿□♇
29日	08:41	♀⚹♃

2019年10月

DAY	☉	☽	☊ mean	☊ true	☿	♀	♂	♃	♄	♅	♆	♇	⚳	⚴	⚵	⚶	⚷
	° ′	° ′	° ′	° ′	° ′	° ′	° ′	° ′	° ′	° ′	° ′	° ′	°	°	°	°	°
1	7 ♎ 9	3 ♏ 16	13 ♋ 7	13 R 33	26 D 4	19 D 56	27 D 42	18 D 7	14 D 1	5 R 41	16 R 45	20 R 38	13 D	13 D	16 D	27 R	3 R
2	8 ♎ 8	17 ♏ 48	13 ♋ 4	13 ♋ 24	27 ♎ 31	21 ♎ 11	28 ♍ 21	18 ♐ 16	14 ♑ 3	5 ♉ 39	16 ♓ 44	20 ♑ 38	14 ♐	14 ♏	16 ♍	27 ♉	3 ♈
3	9 ♎ 7	1 ♐ 52	13 ♋ 1	13 ♋ 18	28 ♎ 58	22 ♎ 25	28 ♍ 59	18 ♐ 24	14 ♑ 4	5 ♉ 36	16 ♓ 42	20 ♑ 38	14 ♐	14 ♏	17 ♍	27 ♉	3 ♈
4	10 ♎ 6	15 ♐ 27	12 ♋ 58	13 ♋ 14	0 ♏ 24	23 ♎ 40	29 ♍ 38	18 ♐ 33	14 ♑ 6	5 ♉ 34	16 ♓ 41	20 D 38	14 ♐	14 ♏	17 ♍	27 ♉	3 ♈
5	11 ♎ 5	28 ♐ 32	12 ♋ 55	13 ♋ 12	1 ♏ 48	24 ♎ 55	0 ♎ 17	18 ♐ 41	14 ♑ 7	5 ♉ 32	16 ♓ 39	20 ♑ 38	15 ♐	15 ♏	18 ♍	27 ♉	3 ♈
6	12 ♎ 4	11 ♑ 13	12 ♋ 51	13 ♋ 12	3 ♏ 12	26 ♎ 9	0 ♎ 55	18 ♐ 50	14 ♑ 9	5 ♉ 30	16 ♓ 38	20 ♑ 38	15 ♐	15 ♏	18 ♍	27 ♉	3 ♈
7	13 ♎ 3	23 ♑ 34	12 ♋ 48	13 ♋ 12	4 ♏ 34	27 ♎ 24	1 ♎ 34	18 ♐ 59	14 ♑ 11	5 ♉ 28	16 ♓ 37	20 ♑ 38	15 ♐	16 ♏	18 ♍	27 ♉	3 ♈
8	14 ♎ 3	5 ♒ 40	12 ♋ 45	13 ♋ 11	5 ♏ 56	28 ♎ 38	2 ♎ 13	19 ♐ 8	14 ♑ 12	5 ♉ 26	16 ♓ 35	20 ♑ 38	16 ♐	16 ♏	19 ♍	26 ♉	3 ♈
9	15 ♎ 2	17 ♒ 36	12 ♋ 42	13 ♋ 8	7 ♏ 16	29 ♎ 53	2 ♎ 51	19 ♐ 17	14 ♑ 14	5 ♉ 23	16 ♓ 34	20 ♑ 38	16 ♐	16 ♏	19 ♍	26 ♉	3 ♈
10	16 ♎ 1	29 ♒ 27	12 ♋ 39	13 ♋ 2	8 ♏ 35	1 ♏ 8	3 ♎ 30	19 ♐ 26	14 ♑ 16	5 ♉ 21	16 ♓ 32	20 ♑ 38	16 ♐	17 ♏	20 ♍	26 ♉	3 ♈
11	17 ♎ 0	11 ♓ 17	12 ♋ 36	12 ♋ 53	9 ♏ 53	2 ♏ 22	4 ♎ 9	19 ♐ 36	14 ♑ 18	5 ♉ 19	16 ♓ 31	20 ♑ 38	17 ♐	17 ♏	20 ♍	26 ♉	3 ♈
12	18 ♎ 0	23 ♓ 9	12 ♋ 32	12 ♋ 42	11 ♏ 10	3 ♏ 37	4 ♎ 47	19 ♐ 45	14 ♑ 21	5 ♉ 16	16 ♓ 30	20 ♑ 39	17 ♐	18 ♏	20 ♍	26 ♉	3 ♈
13	18 ♎ 59	5 ♈ 6	12 ♋ 29	12 ♋ 28	12 ♏ 25	4 ♏ 51	5 ♎ 26	19 ♐ 55	14 ♑ 23	5 ♉ 14	16 ♓ 28	20 ♑ 39	17 ♐	18 ♏	21 ♍	26 ♉	2 ♈
14	19 ♎ 58	17 ♈ 8	12 ♋ 26	12 ♋ 14	13 ♏ 39	6 ♏ 6	6 ♎ 5	20 ♐ 4	14 ♑ 25	5 ♉ 12	16 ♓ 27	20 ♑ 39	18 ♐	19 ♏	21 ♍	26 ♉	2 ♈
15	20 ♎ 58	29 ♈ 17	12 ♋ 23	12 ♋ 0	14 ♏ 51	7 ♏ 20	6 ♎ 44	20 ♐ 14	14 ♑ 28	5 ♉ 9	16 ♓ 26	20 ♑ 39	18 ♐	19 ♏	22 ♍	26 ♉	2 ♈
16	21 ♎ 57	11 ♉ 34	12 ♋ 20	11 ♋ 48	16 ♏ 2	8 ♏ 35	7 ♎ 22	20 ♐ 24	14 ♑ 30	5 ♉ 7	16 ♓ 24	20 ♑ 40	18 ♐	19 ♏	22 ♍	25 ♉	2 ♈
17	22 ♎ 56	23 ♉ 59	12 ♋ 16	11 ♋ 37	17 ♏ 10	9 ♏ 50	8 ♎ 1	20 ♐ 34	14 ♑ 33	5 ♉ 5	16 ♓ 23	20 ♑ 40	19 ♐	20 ♏	22 ♍	25 ♉	2 ♈
18	23 ♎ 56	6 ♊ 34	12 ♋ 13	11 ♋ 30	18 ♏ 17	11 ♏ 4	8 ♎ 40	20 ♐ 44	14 ♑ 36	5 ♉ 2	16 ♓ 22	20 ♑ 41	19 ♐	20 ♏	23 ♍	25 ♉	2 ♈
19	24 ♎ 55	19 ♊ 20	12 ♋ 10	11 ♋ 26	19 ♏ 21	12 ♏ 19	9 ♎ 19	20 ♐ 55	14 ♑ 39	5 ♉ 0	16 ♓ 21	20 ♑ 41	19 ♐	21 ♏	23 ♍	25 ♉	2 ♈
20	25 ♎ 55	2 ♋ 20	12 ♋ 7	11 ♋ 24	20 ♏ 23	13 ♏ 33	9 ♎ 58	21 ♐ 5	14 ♑ 42	4 ♉ 57	16 ♓ 19	20 ♑ 41	20 ♐	21 ♏	24 ♍	25 ♉	2 ♈
21	26 ♎ 55	15 ♋ 35	12 ♋ 4	11 D 24	21 ♏ 23	14 ♏ 48	10 ♎ 37	21 ♐ 15	14 ♑ 45	4 ♉ 55	16 ♓ 18	20 ♑ 42	20 ♐	21 ♏	24 ♍	25 ♉	2 ♈
22	27 ♎ 54	29 ♋ 9	12 ♋ 1	11 R 24	22 ♏ 19	16 ♏ 2	11 ♎ 15	21 ♐ 26	14 ♑ 48	4 ♉ 53	16 ♓ 17	20 ♑ 43	20 ♐	22 ♏	24 ♍	24 ♉	2 ♈
23	28 ♎ 54	13 ♌ 3	11 ♋ 57	11 ♋ 23	23 ♏ 12	17 ♏ 17	11 ♎ 54	21 ♐ 37	14 ♑ 51	4 ♉ 50	16 ♓ 16	20 ♑ 43	21 ♐	22 ♏	25 ♍	24 ♉	2 ♈
24	29 ♎ 54	27 ♌ 17	11 ♋ 54	11 ♋ 21	24 ♏ 2	18 ♏ 32	12 ♎ 33	21 ♐ 47	14 ♑ 54	4 ♉ 48	16 ♓ 15	20 ♑ 44	21 ♐	23 ♏	25 ♍	24 ♉	2 ♈
25	0 ♏ 53	11 ♍ 51	11 ♋ 51	11 ♋ 16	24 ♏ 48	19 ♏ 46	13 ♎ 12	21 ♐ 58	14 ♑ 58	4 ♉ 45	16 ♓ 14	20 ♑ 44	21 ♐	23 ♏	26 ♍	24 ♉	2 ♈
26	1 ♏ 53	26 ♍ 41	11 ♋ 48	11 ♋ 8	25 ♏ 29	21 ♏ 1	13 ♎ 51	22 ♐ 9	15 ♑ 1	4 ♉ 43	16 ♓ 13	20 ♑ 45	22 ♐	24 ♏	26 ♍	24 ♉	2 ♈
27	2 ♏ 53	11 ♎ 38	11 ♋ 45	10 ♋ 58	26 ♏ 6	22 ♏ 15	14 ♎ 30	22 ♐ 20	15 ♑ 5	4 ♉ 40	16 ♓ 12	20 ♑ 46	22 ♐	24 ♏	26 ♍	23 ♉	2 ♈
28	3 ♏ 53	26 ♎ 35	11 ♋ 42	10 ♋ 48	26 ♏ 37	23 ♏ 30	15 ♎ 9	22 ♐ 31	15 ♑ 9	4 ♉ 38	16 ♓ 11	20 ♑ 46	22 ♐	24 ♏	27 ♍	23 ♉	2 ♈
29	4 ♏ 53	11 ♏ 23	11 ♋ 38	10 ♋ 37	27 ♏ 3	24 ♏ 44	15 ♎ 48	22 ♐ 42	15 ♑ 12	4 ♉ 35	16 ♓ 10	20 ♑ 47	23 ♐	25 ♏	27 ♍	23 ♉	2 ♈
30	5 ♏ 53	25 ♏ 52	11 ♋ 35	10 ♋ 29	27 ♏ 22	25 ♏ 59	16 ♎ 27	22 ♐ 54	15 ♑ 16	4 ♉ 33	16 ♓ 9	20 ♑ 48	23 ♐	25 ♏	27 ♍	23 ♉	2 ♈
31	6 ♏ 53	9 ♐ 56	11 ♋ 32	10 ♋ 23	27 ♏ 33	27 ♏ 14	17 ♎ 6	23 ♐ 5	15 ♑ 20	4 ♉ 30	16 ♓ 8	20 ♑ 49	23 ♐	26 ♏	28 ♍	22 ♉	2 ♈

SUN INGRESS	☉ → ♏24日 02:20
MOON PHASE	◐ 6日 01:47 ♑　○ 14日 06:08 ♈　◑ 21日 21:39 ♋　● 28日 12:38 ♏

aspects		
1日	13:18	♀□♇
7日	15:17	☿☍♅
8日	04:07	☉□♄
13日	07:07	♀☍♅
14日	03:02	☉⚹♃
14日	15:56	☿⚹♄
14日	16:38	☉□♇
16日	07:45	☿△♆
20日	07:21	☿⚹♇
20日	22:59	♀⚹♄
22日	04:40	♀△♆
25日	18:52	♀⚹♇
27日	23:31	♂□♄
28日	17:15	☉☍♅
31日	07:05	☿☌♀

2019年11月

DAY	☉	☽	☊ mean	☊ true	☿	♀	♂	♃	♄	♅	♆	♇	⚳	⚴	⚵	⚶	⚷
	° ′	° ′	° ′	° ′	° ′	° ′	° ′	° ′	° ′	° ′	° ′	° ′	°	°	°	°	°
1	7 ♏ 53	23 ♐ 33	11 ♋ 29	10 R 19	27 D 38	28 D 28	17 D 45	23 D 16	15 D 24	4 R 28	16 R 7	20 D 49	24 D	26 D	28 D	22 R	2 R
2	8 ♏ 53	6 ♑ 43	11 ♋ 26	10 ♋ 18	27 R 34	29 ♏ 43	18 ♎ 25	23 ♐ 28	15 ♑ 28	4 ♉ 25	16 ♓ 6	20 ♑ 50	24 ♐	27 ♏	29 ♍	22 ♉	2 ♈
3	9 ♏ 53	19 ♑ 28	11 ♋ 22	10 D 18	27 ♏ 21	0 ♐ 57	19 ♎ 4	23 ♐ 39	15 ♑ 32	4 ♉ 23	16 ♓ 5	20 ♑ 51	24 ♐	27 ♏	29 ♍	22 ♉	2 ♈
4	10 ♏ 53	1 ♒ 52	11 ♋ 19	10 ♋ 19	26 ♏ 59	2 ♐ 12	19 ♎ 43	23 ♐ 51	15 ♑ 36	4 ♉ 21	16 ♓ 5	20 ♑ 52	25 ♐	27 ♏	29 ♍	21 ♉	2 ♈
5	11 ♏ 53	14 ♒ 1	11 ♋ 16	10 R 19	26 ♏ 27	3 ♐ 26	20 ♎ 22	24 ♐ 3	15 ♑ 41	4 ♉ 18	16 ♓ 4	20 ♑ 53	25 ♐	28 ♏	0 ♎	21 ♉	2 ♈
6	12 ♏ 53	25 ♒ 58	11 ♋ 13	10 ♋ 18	25 ♏ 46	4 ♐ 41	21 ♎ 1	24 ♐ 15	15 ♑ 45	4 ♉ 16	16 ♓ 3	20 ♑ 54	26 ♐	28 ♏	0 ♎	21 ♉	2 ♈
7	13 ♏ 53	7 ♓ 50	11 ♋ 10	10 ♋ 15	24 ♏ 55	5 ♐ 55	21 ♎ 40	24 ♐ 27	15 ♑ 49	4 ♉ 13	16 ♓ 2	20 ♑ 55	26 ♐	29 ♏	0 ♎	21 ♉	2 ♈
8	14 ♏ 53	19 ♓ 41	11 ♋ 7	10 ♋ 9	23 ♏ 55	7 ♐ 10	22 ♎ 20	24 ♐ 39	15 ♑ 54	4 ♉ 11	16 ♓ 2	20 ♑ 56	26 ♐	29 ♏	1 ♎	20 ♉	1 ♈
9	15 ♏ 54	1 ♈ 35	11 ♋ 3	10 ♋ 2	22 ♏ 48	8 ♐ 24	22 ♎ 59	24 ♐ 51	15 ♑ 59	4 ♉ 8	16 ♓ 1	20 ♑ 57	27 ♐	0 ♐	1 ♎	20 ♉	1 ♈
10	16 ♏ 54	13 ♈ 35	11 ♋ 0	9 ♋ 52	21 ♏ 34	9 ♐ 39	23 ♎ 38	25 ♐ 3	16 ♑ 3	4 ♉ 6	16 ♓ 1	20 ♑ 58	27 ♐	0 ♐	2 ♎	20 ♉	1 ♈
11	17 ♏ 54	25 ♈ 45	10 ♋ 57	9 ♋ 42	20 ♏ 16	10 ♐ 53	24 ♎ 17	25 ♐ 15	16 ♑ 8	4 ♉ 4	16 ♓ 0	20 ♑ 59	27 ♐	0 ♐	2 ♎	20 ♉	1 ♈
12	18 ♏ 54	8 ♉ 5	10 ♋ 54	9 ♋ 32	18 ♏ 57	12 ♐ 8	24 ♎ 57	25 ♐ 27	16 ♑ 13	4 ♉ 1	15 ♓ 59	21 ♑ 0	28 ♐	1 ♐	2 ♎	19 ♉	1 ♈
13	19 ♏ 55	20 ♉ 36	10 ♋ 51	9 ♋ 23	17 ♏ 37	13 ♐ 22	25 ♎ 36	25 ♐ 40	16 ♑ 18	3 ♉ 59	15 ♓ 59	21 ♑ 1	28 ♐	1 ♐	3 ♎	19 ♉	1 ♈
14	20 ♏ 55	3 ♊ 19	10 ♋ 48	9 ♋ 16	16 ♏ 21	14 ♐ 37	26 ♎ 15	25 ♐ 52	16 ♑ 23	3 ♉ 57	15 ♓ 58	21 ♑ 3	29 ♐	2 ♐	3 ♎	19 ♉	1 ♈
15	21 ♏ 55	16 ♊ 13	10 ♋ 44	9 ♋ 11	15 ♏ 11	15 ♐ 51	26 ♎ 54	26 ♐ 4	16 ♑ 28	3 ♉ 54	15 ♓ 58	21 ♑ 4	29 ♐	2 ♐	3 ♎	19 ♉	1 ♈
16	22 ♏ 56	29 ♊ 18	10 ♋ 41	9 ♋ 9	14 ♏ 8	17 ♐ 6	27 ♎ 34	26 ♐ 17	16 ♑ 33	3 ♉ 52	15 ♓ 58	21 ♑ 5	29 ♐	3 ♐	4 ♎	18 ♉	1 ♈
17	23 ♏ 56	12 ♋ 35	10 ♋ 38	9 D 8	13 ♏ 15	18 ♐ 20	28 ♎ 13	26 ♐ 29	16 ♑ 38	3 ♉ 50	15 ♓ 57	21 ♑ 6	0 ♑	3 ♐	4 ♎	18 ♉	1 ♈
18	24 ♏ 57	26 ♋ 3	10 ♋ 35	9 ♋ 9	12 ♏ 33	19 ♐ 35	28 ♎ 53	26 ♐ 42	16 ♑ 43	3 ♉ 48	15 ♓ 57	21 ♑ 7	0 ♑	3 ♐	4 ♎	18 ♉	1 ♈
19	25 ♏ 57	9 ♌ 44	10 ♋ 32	9 ♋ 11	12 ♏ 2	20 ♐ 49	29 ♎ 32	26 ♐ 55	16 ♑ 48	3 ♉ 45	15 ♓ 56	21 ♑ 9	0 ♑	4 ♐	5 ♎	18 ♉	1 ♈
20	26 ♏ 58	23 ♌ 37	10 ♋ 28	9 ♋ 12	11 ♏ 42	22 ♐ 4	0 ♏ 12	27 ♐ 8	16 ♑ 54	3 ♉ 43	15 ♓ 56	21 ♑ 10	1 ♑	4 ♐	5 ♎	17 ♉	1 ♈
21	27 ♏ 58	7 ♍ 42	10 ♋ 25	9 R 11	11 ♏ 35	23 ♐ 18	0 ♏ 51	27 ♐ 20	16 ♑ 59	3 ♉ 41	15 ♓ 56	21 ♑ 11	1 ♑	5 ♐	5 ♎	17 ♉	1 ♈
22	28 ♏ 59	22 ♍ 0	10 ♋ 22	9 ♋ 9	11 D 38	24 ♐ 32	1 ♏ 31	27 ♐ 33	17 ♑ 4	3 ♉ 39	15 ♓ 56	21 ♑ 13	2 ♑	5 ♐	6 ♎	17 ♉	1 ♈
23	0 ♐ 0	6 ♎ 26	10 ♋ 19	9 ♋ 5	11 ♏ 52	25 ♐ 47	2 ♏ 10	27 ♐ 46	17 ♑ 10	3 ♉ 37	15 ♓ 55	21 ♑ 14	2 ♑	6 ♐	6 ♎	17 ♉	1 ♈
24	1 ♐ 0	20 ♎ 56	10 ♋ 16	9 ♋ 0	12 ♏ 16	27 ♐ 1	2 ♏ 50	27 ♐ 59	17 ♑ 16	3 ♉ 34	15 ♓ 55	21 ♑ 16	2 ♑	6 ♐	6 ♎	16 ♉	1 ♈
25	2 ♐ 1	5 ♏ 26	10 ♋ 13	8 ♋ 54	12 ♏ 48	28 ♐ 16	3 ♏ 29	28 ♐ 12	17 ♑ 21	3 ♉ 32	15 ♓ 55	21 ♑ 17	3 ♑	6 ♐	7 ♎	16 ♉	1 ♈
26	3 ♐ 2	19 ♏ 49	10 ♋ 9	8 ♋ 48	13 ♏ 29	29 ♐ 30	4 ♏ 9	28 ♐ 25	17 ♑ 27	3 ♉ 30	15 ♓ 55	21 ♑ 18	3 ♑	7 ♐	7 ♎	16 ♉	1 ♈
27	4 ♐ 2	3 ♐ 59	10 ♋ 6	8 ♋ 43	14 ♏ 16	0 ♑ 45	4 ♏ 48	28 ♐ 38	17 ♑ 33	3 ♉ 28	15 ♓ 55	21 ♑ 20	3 ♑	7 ♐	7 ♎	16 ♉	1 ♈
28	5 ♐ 3	17 ♐ 51	10 ♋ 3	8 ♋ 40	15 ♏ 9	1 ♑ 59	5 ♏ 28	28 ♐ 51	17 ♑ 38	3 ♉ 26	15 D 55	21 ♑ 21	4 ♑	8 ♐	8 ♎	15 ♉	1 ♈
29	6 ♐ 4	1 ♑ 22	10 ♋ 0	8 ♋ 38	16 ♏ 8	3 ♑ 13	6 ♏ 8	29 ♐ 5	17 ♑ 44	3 ♉ 24	15 ♓ 55	21 ♑ 23	4 ♑	8 ♐	8 ♎	15 ♉	1 ♈
30	7 ♐ 5	14 ♑ 29	9 ♋ 57	8 D 38	17 ♏ 12	4 ♑ 28	6 ♏ 47	29 ♐ 18	17 ♑ 50	3 ♉ 22	15 ♓ 55	21 ♑ 24	5 ♑	9 ♐	8 ♎	15 ♉	1 ♈

SUN INGRESS	☉ → ♐ 22日 23:59
MOON PHASE	◐ 4日 19:23 ♒　○ 12日 22:34 ♉　◑ 20日 06:11 ♌　● 27日 00:05 ♐

aspects

5日	19:28	♂□♇
9日	02:06	☉⚹♄
9日	02:56	☉△♆
9日	11:46	♄⚹♆
10日	11:09	☿⚹♇
12日	00:22	☉☌☿
13日	03:21	♂⚹♃
13日	23:35	☿⚹♄
14日	03:00	☉⚹♇
14日	07:34	☿△♆
15日	02:06	♀□♆
24日	22:34	♀☌♃
25日	01:51	♂☍♅
28日	18:51	☿△♆
29日	03:28	♀△♅
30日	15:13	☿⚹♄

2019年12月

DAY	☉	☽	☊ mean	☊ true	☿	♀	♂	♃	♄	♅	♆	♇	⚳	⚴	⚵	⚶	⚷
	° ′	° ′	° ′	° ′	° ′	° ′	° ′	° ′	° ′	° ′	° ′	° ′	°	°	°	°	°
1	8 ♐ 5	27 ♑ 16	9 ♋ 54	8 D 39	18 D 19	5 D 42	7 D 27	29 D 31	17 D 56	3 R 20	15 D 55	21 D 26	5 D	9 D	9 D	15 R	1 R
2	9 ♐ 6	9 ♒ 42	9 ♋ 50	8 ♋ 41	19 ♏ 30	6 ♑ 56	8 ♏ 7	29 ♐ 44	18 ♑ 2	3 ♉ 19	15 ♓ 55	21 ♑ 28	5 ♑	9 ♐	9 ♎	15 ♉	1 ♈
3	10 ♐ 7	21 ♒ 53	9 ♋ 47	8 ♋ 43	20 ♏ 44	8 ♑ 11	8 ♏ 46	29 ♐ 58	18 ♑ 8	3 ♉ 17	15 ♓ 56	21 ♑ 29	6 ♑	10 ♐	9 ♎	14 ♉	1 ♈
4	11 ♐ 8	3 ♓ 53	9 ♋ 44	8 ♋ 44	22 ♏ 1	9 ♑ 25	9 ♏ 26	0 ♑ 11	18 ♑ 14	3 ♉ 15	15 ♓ 56	21 ♑ 31	6 ♑	10 ♐	10 ♎	14 ♉	1 ♈
5	12 ♐ 9	15 ♓ 47	9 ♋ 41	8 R 44	23 ♏ 20	10 ♑ 39	10 ♏ 6	0 ♑ 24	18 ♑ 21	3 ♉ 13	15 ♓ 56	21 ♑ 32	7 ♑	11 ♐	10 ♎	14 ♉	1 ♈
6	13 ♐ 10	27 ♓ 39	9 ♋ 38	8 ♋ 43	24 ♏ 41	11 ♑ 54	10 ♏ 46	0 ♑ 38	18 ♑ 27	3 ♉ 11	15 ♓ 56	21 ♑ 34	7 ♑	11 ♐	10 ♎	14 ♉	1 ♈
7	14 ♐ 11	9 ♈ 34	9 ♋ 34	8 ♋ 41	26 ♏ 4	13 ♑ 8	11 ♏ 25	0 ♑ 51	18 ♑ 33	3 ♉ 10	15 ♓ 56	21 ♑ 36	7 ♑	12 ♐	10 ♎	14 ♉	1 ♈
8	15 ♐ 11	21 ♈ 37	9 ♋ 31	8 ♋ 38	27 ♏ 27	14 ♑ 22	12 ♏ 5	1 ♑ 5	18 ♑ 39	3 ♉ 8	15 ♓ 57	21 ♑ 37	8 ♑	12 ♐	11 ♎	13 ♉	1 ♈
9	16 ♐ 12	3 ♉ 51	9 ♋ 28	8 ♋ 34	28 ♏ 53	15 ♑ 36	12 ♏ 45	1 ♑ 18	18 ♑ 46	3 ♉ 6	15 ♓ 57	21 ♑ 39	8 ♑	12 ♐	11 ♎	13 ♉	1 ♈
10	17 ♐ 13	16 ♉ 19	9 ♋ 25	8 ♋ 30	0 ♐ 19	16 ♑ 50	13 ♏ 25	1 ♑ 32	18 ♑ 52	3 ♉ 5	15 ♓ 58	21 ♑ 41	9 ♑	13 ♐	11 ♎	13 ♉	1 ♈
11	18 ♐ 14	29 ♉ 2	9 ♋ 22	8 ♋ 27	1 ♐ 46	18 ♑ 5	14 ♏ 5	1 ♑ 46	18 ♑ 58	3 ♉ 3	15 ♓ 58	21 ♑ 43	9 ♑	13 ♐	12 ♎	13 ♉	1 ♈
12	19 ♐ 15	12 ♊ 2	9 ♋ 19	8 ♋ 25	3 ♐ 13	19 ♑ 19	14 ♏ 45	1 ♑ 59	19 ♑ 5	3 ♉ 2	15 ♓ 58	21 ♑ 44	9 ♑	14 ♐	12 ♎	13 ♉	1 ♈
13	20 ♐ 16	25 ♊ 18	9 ♋ 15	8 ♋ 23	4 ♐ 42	20 ♑ 33	15 ♏ 25	2 ♑ 13	19 ♑ 11	3 ♉ 0	15 ♓ 59	21 ♑ 46	10 ♑	14 ♐	12 ♎	13 ♉	1 ♈
14	21 ♐ 17	8 ♋ 48	9 ♋ 12	8 D 23	6 ♐ 11	21 ♑ 47	16 ♏ 5	2 ♑ 26	19 ♑ 18	2 ♉ 59	16 ♓ 0	21 ♑ 48	10 ♑	15 ♐	12 ♎	13 ♉	1 D
15	22 ♐ 18	22 ♋ 32	9 ♋ 9	8 ♋ 23	7 ♐ 40	23 ♑ 1	16 ♏ 45	2 ♑ 40	19 ♑ 24	2 ♉ 58	16 ♓ 0	21 ♑ 50	10 ♑	15 ♐	13 ♎	12 ♉	1 ♈
16	23 ♐ 19	6 ♌ 25	9 ♋ 6	8 ♋ 24	9 ♐ 10	24 ♑ 15	17 ♏ 25	2 ♑ 54	19 ♑ 31	2 ♉ 56	16 ♓ 1	21 ♑ 51	11 ♑	15 ♐	13 ♎	12 ♉	1 ♈
17	24 ♐ 20	20 ♌ 26	9 ♋ 3	8 ♋ 25	10 ♐ 40	25 ♑ 29	18 ♏ 5	3 ♑ 7	19 ♑ 38	2 ♉ 55	16 ♓ 1	21 ♑ 53	11 ♑	16 ♐	13 ♎	12 ♉	1 ♈
18	25 ♐ 21	4 ♍ 33	9 ♋ 0	8 ♋ 26	12 ♐ 11	26 ♑ 43	18 ♏ 45	3 ♑ 21	19 ♑ 44	2 ♉ 54	16 ♓ 2	21 ♑ 55	12 ♑	16 ♐	13 ♎	12 ♉	1 ♈
19	26 ♐ 22	18 ♍ 43	8 ♋ 56	8 ♋ 27	13 ♐ 42	27 ♑ 57	19 ♏ 25	3 ♑ 35	19 ♑ 51	2 ♉ 53	16 ♓ 3	21 ♑ 57	12 ♑	17 ♐	14 ♎	12 ♉	1 ♈
20	27 ♐ 23	2 ♎ 54	8 ♋ 53	8 R 27	15 ♐ 13	29 ♑ 11	20 ♏ 5	3 ♑ 49	19 ♑ 58	2 ♉ 51	16 ♓ 3	21 ♑ 59	12 ♑	17 ♐	14 ♎	12 ♉	1 ♈
21	28 ♐ 24	17 ♎ 5	8 ♋ 50	8 ♋ 27	16 ♐ 45	0 ♒ 25	20 ♏ 45	4 ♑ 3	20 ♑ 5	2 ♉ 50	16 ♓ 4	22 ♑ 1	13 ♑	18 ♐	14 ♎	12 ♉	1 ♈
22	29 ♐ 26	1 ♏ 12	8 ♋ 47	8 ♋ 26	18 ♐ 16	1 ♒ 39	21 ♏ 25	4 ♑ 16	20 ♑ 11	2 ♉ 49	16 ♓ 5	22 ♑ 3	13 ♑	18 ♐	14 ♎	12 ♉	1 ♈
23	0 ♑ 27	15 ♏ 13	8 ♋ 44	8 ♋ 25	19 ♐ 48	2 ♒ 53	22 ♏ 5	4 ♑ 30	20 ♑ 18	2 ♉ 48	16 ♓ 6	22 ♑ 4	14 ♑	18 ♐	15 ♎	12 ♉	1 ♈
24	1 ♑ 28	29 ♏ 5	8 ♋ 40	8 ♋ 24	21 ♐ 21	4 ♒ 7	22 ♏ 45	4 ♑ 44	20 ♑ 25	2 ♉ 47	16 ♓ 7	22 ♑ 6	14 ♑	19 ♐	15 ♎	12 ♉	1 ♈
25	2 ♑ 29	12 ♐ 47	8 ♋ 37	8 ♋ 23	22 ♐ 53	5 ♒ 21	23 ♏ 26	4 ♑ 58	20 ♑ 32	2 ♉ 46	16 ♓ 8	22 ♑ 8	14 ♑	19 ♐	15 ♎	12 ♉	1 ♈
26	3 ♑ 30	26 ♐ 15	8 ♋ 34	8 ♋ 23	24 ♐ 26	6 ♒ 34	24 ♏ 6	5 ♑ 12	20 ♑ 39	2 ♉ 46	16 ♓ 9	22 ♑ 10	15 ♑	20 ♐	15 ♎	12 ♉	1 ♈
27	4 ♑ 31	9 ♑ 27	8 ♋ 31	8 D 22	25 ♐ 59	7 ♒ 48	24 ♏ 46	5 ♑ 25	20 ♑ 46	2 ♉ 45	16 ♓ 10	22 ♑ 12	15 ♑	20 ♐	16 ♎	12 ♉	1 ♈
28	5 ♑ 32	22 ♑ 24	8 ♋ 28	8 ♋ 23	27 ♐ 32	9 ♒ 2	25 ♏ 26	5 ♑ 39	20 ♑ 53	2 ♉ 44	16 ♓ 11	22 ♑ 14	16 ♑	21 ♐	16 ♎	12 ♉	1 ♈
29	6 ♑ 34	5 ♒ 3	8 ♋ 25	8 ♋ 23	29 ♐ 5	10 ♒ 16	26 ♏ 7	5 ♑ 53	21 ♑ 0	2 ♉ 43	16 ♓ 12	22 ♑ 16	16 ♑	21 ♐	16 ♎	12 ♉	1 ♈
30	7 ♑ 35	17 ♒ 28	8 ♋ 21	8 ♋ 23	0 ♑ 39	11 ♒ 29	26 ♏ 47	6 ♑ 7	21 ♑ 7	2 ♉ 43	16 ♓ 13	22 ♑ 18	16 ♑	21 ♐	16 ♎	12 ♉	1 ♈
31	8 ♑ 36	29 ♒ 39	8 ♋ 18	8 R 23	2 ♑ 13	12 ♒ 43	27 ♏ 27	6 ♑ 21	21 ♑ 14	2 ♉ 42	16 ♓ 14	22 ♑ 20	17 ♑	22 ♐	17 ♎	12 D	1 ♈

SUN INGRESS	☉ → ♑ 22日 13:19
MOON PHASE	◐ 4日 15:58 ♓　○ 12日 14:12 ♊　◑ 19日 13:57 ♍　● 26日 14:13 ♑

aspects

3日	14:23	☿⚹♇
4日	00:47	♀⚹♂
8日	18:00	☉□♆
9日	06:49	♀⚹♆
11日	19:05	♀☌♄
13日	20:55	♂△♆
14日	00:16	♀☌♇
16日	04:01	♃△♅
19日	19:00	♂⚹♄
20日	13:19	☿□♆
22日	22:31	♀□♅
22日	23:33	♂⚹♇
25日	06:44	☉△♅
28日	03:26	☉☌♃
31日	07:22	☿△♅

2020年1月

DAY	☉	☽	☊ mean	☊ true	☿	♀	♂	♃	♄	♅	♆	♇	⚳	⚴	⚵	⚶	⚷
	° ′	° ′	° ′	° ′	° ′	° ′	° ′	° ′	° ′	° ′	° ′	° ′	°	°	°	°	°
1	9 ♑ 37	11 ♓ 39	8 ♋ 15	8 R 23	3 D 47	13 D 56	28 D 7	6 D 35	21 D 21	2 R 41	16 D 15	22 D 22	17 D	22 D	17 D	12 D	1 D
2	10 ♑ 38	23 ♓ 34	8 ♋ 12	8 ♋ 23	5 ♑ 22	15 ♒ 10	28 ♏ 48	6 ♑ 48	21 ♑ 28	2 ♉ 41	16 ♓ 16	22 ♑ 24	18 ♑	23 ♐	17 ♎	12 ♉	1 ♈
3	11 ♑ 39	5 ♈ 26	8 ♋ 9	8 ♋ 23	6 ♑ 56	16 ♒ 24	29 ♏ 28	7 ♑ 2	21 ♑ 35	2 ♉ 40	16 ♓ 17	22 ♑ 26	18 ♑	23 ♐	17 ♎	12 ♉	1 ♈
4	12 ♑ 41	17 ♈ 20	8 ♋ 6	8 D 23	8 ♑ 32	17 ♒ 37	0 ♐ 9	7 ♑ 16	21 ♑ 42	2 ♉ 40	16 ♓ 19	22 ♑ 28	18 ♑	23 ♐	17 ♎	12 ♉	1 ♈
5	13 ♑ 42	29 ♈ 22	8 ♋ 2	8 ♋ 23	10 ♑ 7	18 ♒ 50	0 ♐ 49	7 ♑ 30	21 ♑ 49	2 ♉ 40	16 ♓ 20	22 ♑ 30	19 ♑	24 ♐	18 ♎	12 ♉	1 ♈
6	14 ♑ 43	11 ♉ 35	7 ♋ 59	8 ♋ 23	11 ♑ 43	20 ♒ 4	1 ♐ 29	7 ♑ 44	21 ♑ 56	2 ♉ 39	16 ♓ 21	22 ♑ 32	19 ♑	24 ♐	18 ♎	12 ♉	1 ♈
7	15 ♑ 44	24 ♉ 4	7 ♋ 56	8 ♋ 24	13 ♑ 19	21 ♒ 17	2 ♐ 10	7 ♑ 57	22 ♑ 3	2 ♉ 39	16 ♓ 22	22 ♑ 34	20 ♑	25 ♐	18 ♎	12 ♉	1 ♈
8	16 ♑ 45	6 ♊ 53	7 ♋ 53	8 ♋ 25	14 ♑ 56	22 ♒ 30	2 ♐ 50	8 ♑ 11	22 ♑ 10	2 ♉ 39	16 ♓ 24	22 ♑ 36	20 ♑	25 ♐	18 ♎	12 ♉	1 ♈
9	17 ♑ 46	20 ♊ 2	7 ♋ 50	8 ♋ 26	16 ♑ 33	23 ♒ 43	3 ♐ 31	8 ♑ 25	22 ♑ 17	2 ♉ 39	16 ♓ 25	22 ♑ 38	20 ♑	26 ♐	18 ♎	12 ♉	1 ♈
10	18 ♑ 48	3 ♋ 34	7 ♋ 46	8 ♋ 26	18 ♑ 10	24 ♒ 57	4 ♐ 11	8 ♑ 39	22 ♑ 24	2 ♉ 39	16 ♓ 26	22 ♑ 40	21 ♑	26 ♐	18 ♎	12 ♉	1 ♈
11	19 ♑ 49	17 ♋ 27	7 ♋ 43	8 R 26	19 ♑ 48	26 ♒ 10	4 ♐ 52	8 ♑ 52	22 ♑ 31	2 ♉ 38	16 ♓ 28	22 ♑ 42	21 ♑	26 ♐	19 ♎	12 ♉	1 ♈
12	20 ♑ 50	1 ♌ 37	7 ♋ 40	8 ♋ 25	21 ♑ 26	27 ♒ 23	5 ♐ 32	9 ♑ 6	22 ♑ 38	2 D 39	16 ♓ 29	22 ♑ 44	22 ♑	27 ♐	19 ♎	12 ♉	1 ♈
13	21 ♑ 51	16 ♌ 1	7 ♋ 37	8 ♋ 24	23 ♑ 5	28 ♒ 36	6 ♐ 13	9 ♑ 20	22 ♑ 45	2 ♉ 39	16 ♓ 31	22 ♑ 46	22 ♑	27 ♐	19 ♎	12 ♉	1 ♈
14	22 ♑ 52	0 ♍ 32	7 ♋ 34	8 ♋ 22	24 ♑ 44	29 ♒ 48	6 ♐ 54	9 ♑ 33	22 ♑ 53	2 ♉ 39	16 ♓ 32	22 ♑ 48	22 ♑	28 ♐	19 ♎	12 ♉	1 ♈
15	23 ♑ 53	15 ♍ 5	7 ♋ 31	8 ♋ 20	26 ♑ 24	1 ♓ 1	7 ♐ 34	9 ♑ 47	23 ♑ 0	2 ♉ 39	16 ♓ 34	22 ♑ 50	23 ♑	28 ♐	19 ♎	12 ♉	1 ♈
16	24 ♑ 54	29 ♍ 34	7 ♋ 27	8 ♋ 18	28 ♑ 4	2 ♓ 14	8 ♐ 15	10 ♑ 1	23 ♑ 7	2 ♉ 39	16 ♓ 35	22 ♑ 52	23 ♑	28 ♐	19 ♎	13 ♉	1 ♈
17	25 ♑ 55	13 ♎ 54	7 ♋ 24	8 ♋ 17	29 ♑ 45	3 ♓ 27	8 ♐ 55	10 ♑ 14	23 ♑ 14	2 ♉ 39	16 ♓ 37	22 ♑ 54	24 ♑	29 ♐	20 ♎	13 ♉	1 ♈
18	26 ♑ 56	28 ♎ 3	7 ♋ 21	8 D 17	1 ♒ 26	4 ♓ 39	9 ♐ 36	10 ♑ 28	23 ♑ 21	2 ♉ 40	16 ♓ 39	22 ♑ 56	24 ♑	29 ♐	20 ♎	13 ♉	1 ♈
19	27 ♑ 58	11 ♏ 58	7 ♋ 18	8 ♋ 17	3 ♒ 7	5 ♓ 52	10 ♐ 17	10 ♑ 42	23 ♑ 28	2 ♉ 40	16 ♓ 40	22 ♑ 58	24 ♑	0 ♑	20 ♎	13 ♉	2 ♈
20	28 ♑ 59	25 ♏ 40	7 ♋ 15	8 ♋ 18	4 ♒ 49	7 ♓ 4	10 ♐ 58	10 ♑ 55	23 ♑ 35	2 ♉ 40	16 ♓ 42	23 ♑ 0	25 ♑	0 ♑	20 ♎	13 ♉	2 ♈
21	0 ♒ 0	9 ♐ 7	7 ♋ 12	8 ♋ 20	6 ♒ 31	8 ♓ 17	11 ♐ 38	11 ♑ 9	23 ♑ 42	2 ♉ 41	16 ♓ 44	23 ♑ 2	25 ♑	0 ♑	20 ♎	13 ♉	2 ♈
22	1 ♒ 1	22 ♐ 22	7 ♋ 8	8 ♋ 21	8 ♒ 14	9 ♓ 29	12 ♐ 19	11 ♑ 22	23 ♑ 49	2 ♉ 41	16 ♓ 45	23 ♑ 4	26 ♑	1 ♑	20 ♎	13 ♉	2 ♈
23	2 ♒ 2	5 ♑ 24	7 ♋ 5	8 ♋ 22	9 ♒ 57	10 ♓ 41	13 ♐ 0	11 ♑ 35	23 ♑ 56	2 ♉ 42	16 ♓ 47	23 ♑ 6	26 ♑	1 ♑	20 ♎	14 ♉	2 ♈
24	3 ♒ 3	18 ♑ 14	7 ♋ 2	8 R 22	11 ♒ 40	11 ♓ 53	13 ♐ 41	11 ♑ 49	24 ♑ 4	2 ♉ 43	16 ♓ 49	23 ♑ 8	26 ♑	2 ♑	20 ♎	14 ♉	2 ♈
25	4 ♒ 4	0 ♒ 52	6 ♋ 59	8 ♋ 20	13 ♒ 24	13 ♓ 6	14 ♐ 22	12 ♑ 2	24 ♑ 11	2 ♉ 43	16 ♓ 50	23 ♑ 10	27 ♑	2 ♑	20 ♎	14 ♉	2 ♈
26	5 ♒ 5	13 ♒ 18	6 ♋ 56	8 ♋ 17	15 ♒ 7	14 ♓ 18	15 ♐ 2	12 ♑ 16	24 ♑ 18	2 ♉ 44	16 ♓ 52	23 ♑ 12	27 ♑	2 ♑	21 ♎	14 ♉	2 ♈
27	6 ♒ 6	25 ♒ 34	6 ♋ 52	8 ♋ 12	16 ♒ 51	15 ♓ 30	15 ♐ 43	12 ♑ 29	24 ♑ 25	2 ♉ 45	16 ♓ 54	23 ♑ 14	28 ♑	3 ♑	21 ♎	14 ♉	2 ♈
28	7 ♒ 7	7 ♓ 41	6 ♋ 49	8 ♋ 7	18 ♒ 34	16 ♓ 41	16 ♐ 24	12 ♑ 42	24 ♑ 32	2 ♉ 46	16 ♓ 56	23 ♑ 16	28 ♑	3 ♑	21 ♎	14 ♉	2 ♈
29	8 ♒ 8	19 ♓ 40	6 ♋ 46	8 ♋ 2	20 ♒ 17	17 ♓ 53	17 ♐ 5	12 ♑ 55	24 ♑ 39	2 ♉ 47	16 ♓ 58	23 ♑ 18	28 ♑	4 ♑	21 ♎	15 ♉	2 ♈
30	9 ♒ 9	1 ♈ 33	6 ♋ 43	7 ♋ 56	21 ♒ 59	19 ♓ 5	17 ♐ 46	13 ♑ 9	24 ♑ 46	2 ♉ 47	17 ♓ 0	23 ♑ 20	29 ♑	4 ♑	21 ♎	15 ♉	2 ♈
31	10 ♒ 10	13 ♈ 24	6 ♋ 40	7 ♋ 52	23 ♒ 41	20 ♓ 16	18 ♐ 27	13 ♑ 22	24 ♑ 53	2 ♉ 48	17 ♓ 2	23 ♑ 22	29 ♑	4 ♑	21 ♎	15 ♉	2 ♈

SUN INGRESS	☉ → ♒ 20日 23:55
MOON PHASE	◐ 3日 13:45 ♈　○ 11日 04:21 ♋　◑ 17日 21:58 ♎　● 25日 06:42 ♒

aspects		
3日	01:42	☿☌♃
7日	15:21	☉⚹♆
8日	22:03	☿⚹♆
11日	00:19	☉☌☿
12日	18:51	☿☌♄
12日	19:14	☿☌♇
13日	02:00	♄☌♇
13日	22:21	☉☌♇
14日	00:16	☉☌♄
16日	08:18	♀⚹♅
18日	17:32	☿□♅
23日	15:54	☉□♅
23日	22:07	♀⚹♃
25日	22:10	☿⚹♂
27日	10:37	♀□♂
28日	05:00	♀☌♆
28日	19:34	♂□♆

2020年2月

DAY	☉	☽	☊ mean	☊ true	☿	♀	♂	♃	♄	♅	♆	♇	⚳	⚴	⚵	⚶	⚷
	° ′	° ′	° ′	° ′	° ′	° ′	° ′	° ′	° ′	° ′	° ′	° ′	°	°	°	°	°
1	11 ♒ 11	25 ♈ 17	6 ♋ 37	7 R 49	25 D 21	21 D 28	19 D 8	13 D 35	25 D 0	2 D 49	17 D 3	23 D 24	0 D	5 D	21 D	15 D	2 D
2	12 ♒ 12	7 ♉ 16	6 ♋ 33	7 ♋ 48	27 ♒ 0	22 ♓ 39	19 ♐ 49	13 ♑ 48	25 ♑ 6	2 ♉ 51	17 ♓ 5	23 ♑ 26	0 ♒	5 ♑	21 ♎	15 ♉	2 ♈
3	13 ♒ 13	19 ♉ 25	6 ♋ 30	7 D 48	28 ♒ 38	23 ♓ 50	20 ♐ 30	14 ♑ 1	25 ♑ 13	2 ♉ 52	17 ♓ 7	23 ♑ 28	0 ♒	5 ♑	21 ♎	16 ♉	2 ♈
4	14 ♒ 14	1 ♊ 50	6 ♋ 27	7 ♋ 49	0 ♓ 13	25 ♓ 1	21 ♐ 11	14 ♑ 14	25 ♑ 20	2 ♉ 53	17 ♓ 9	23 ♑ 29	1 ♒	6 ♑	21 ♎	16 ♉	2 ♈
5	15 ♒ 15	14 ♊ 35	6 ♋ 24	7 ♋ 51	1 ♓ 45	26 ♓ 12	21 ♐ 52	14 ♑ 27	25 ♑ 27	2 ♉ 54	17 ♓ 11	23 ♑ 31	1 ♒	6 ♑	21 ♎	16 ♉	2 ♈
6	16 ♒ 15	27 ♊ 44	6 ♋ 21	7 ♋ 52	3 ♓ 14	27 ♓ 23	22 ♐ 33	14 ♑ 39	25 ♑ 34	2 ♉ 55	17 ♓ 13	23 ♑ 33	2 ♒	7 ♑	21 ♎	16 ♉	2 ♈
7	17 ♒ 16	11 ♋ 19	6 ♋ 17	7 R 52	4 ♓ 40	28 ♓ 34	23 ♐ 14	14 ♑ 52	25 ♑ 41	2 ♉ 57	17 ♓ 15	23 ♑ 35	2 ♒	7 ♑	21 ♎	16 ♉	2 ♈
8	18 ♒ 17	25 ♋ 22	6 ♋ 14	7 ♋ 51	6 ♓ 1	29 ♓ 45	23 ♐ 55	15 ♑ 5	25 ♑ 47	2 ♉ 58	17 ♓ 17	23 ♑ 37	2 ♒	7 ♑	21 ♎	17 ♉	2 ♈
9	19 ♒ 18	9 ♌ 50	6 ♋ 11	7 ♋ 48	7 ♓ 17	0 ♈ 55	24 ♐ 36	15 ♑ 18	25 ♑ 54	3 ♉ 0	17 ♓ 19	23 ♑ 39	3 ♒	8 ♑	21 ♎	17 ♉	2 ♈
10	20 ♒ 19	24 ♌ 37	6 ♋ 8	7 ♋ 43	8 ♓ 27	2 ♈ 6	25 ♐ 17	15 ♑ 30	26 ♑ 1	3 ♉ 1	17 ♓ 22	23 ♑ 41	3 ♒	8 ♑	21 R	17 ♉	2 ♈
11	21 ♒ 19	9 ♍ 36	6 ♋ 5	7 ♋ 36	9 ♓ 30	3 ♈ 16	25 ♐ 58	15 ♑ 43	26 ♑ 8	3 ♉ 3	17 ♓ 24	23 ♑ 43	4 ♒	8 ♑	21 ♎	17 ♉	2 ♈
12	22 ♒ 20	24 ♍ 37	6 ♋ 2	7 ♋ 29	10 ♓ 26	4 ♈ 26	26 ♐ 39	15 ♑ 55	26 ♑ 14	3 ♉ 4	17 ♓ 26	23 ♑ 44	4 ♒	9 ♑	21 ♎	18 ♉	2 ♈
13	23 ♒ 21	9 ♎ 32	5 ♋ 58	7 ♋ 22	11 ♓ 14	5 ♈ 36	27 ♐ 21	16 ♑ 8	26 ♑ 21	3 ♉ 6	17 ♓ 28	23 ♑ 46	4 ♒	9 ♑	21 ♎	18 ♉	3 ♈
14	24 ♒ 21	24 ♎ 12	5 ♋ 55	7 ♋ 17	11 ♓ 53	6 ♈ 46	28 ♐ 2	16 ♑ 20	26 ♑ 27	3 ♉ 7	17 ♓ 30	23 ♑ 48	5 ♒	10 ♑	21 ♎	18 ♉	3 ♈
15	25 ♒ 22	8 ♏ 33	5 ♋ 52	7 ♋ 14	12 ♓ 23	7 ♈ 55	28 ♐ 43	16 ♑ 32	26 ♑ 34	3 ♉ 9	17 ♓ 32	23 ♑ 50	5 ♒	10 ♑	21 ♎	18 ♉	3 ♈
16	26 ♒ 23	22 ♏ 31	5 ♋ 49	7 ♋ 12	12 ♓ 42	9 ♈ 5	29 ♐ 24	16 ♑ 45	26 ♑ 40	3 ♉ 11	17 ♓ 34	23 ♑ 52	5 ♒	10 ♑	21 ♎	19 ♉	3 ♈
17	27 ♒ 23	6 ♐ 7	5 ♋ 46	7 D 12	12 ♓ 52	10 ♈ 14	0 ♑ 5	16 ♑ 57	26 ♑ 47	3 ♉ 13	17 ♓ 36	23 ♑ 53	6 ♒	11 ♑	21 ♎	19 ♉	3 ♈
18	28 ♒ 24	19 ♐ 23	5 ♋ 43	7 ♋ 14	12 R 51	11 ♈ 23	0 ♑ 47	17 ♑ 9	26 ♑ 53	3 ♉ 15	17 ♓ 39	23 ♑ 55	6 ♒	11 ♑	21 ♎	19 ♉	3 ♈
19	29 ♒ 24	2 ♑ 21	5 ♋ 39	7 ♋ 14	12 ♓ 40	12 ♈ 32	1 ♑ 28	17 ♑ 21	27 ♑ 0	3 ♉ 16	17 ♓ 41	23 ♑ 57	7 ♒	11 ♑	21 ♎	19 ♉	3 ♈
20	0 ♓ 25	15 ♑ 3	5 ♋ 36	7 R 14	12 ♓ 18	13 ♈ 41	2 ♑ 9	17 ♑ 33	27 ♑ 6	3 ♉ 18	17 ♓ 43	23 ♑ 58	7 ♒	12 ♑	21 ♎	20 ♉	3 ♈
21	1 ♓ 25	27 ♑ 34	5 ♋ 33	7 ♋ 12	11 ♓ 47	14 ♈ 50	2 ♑ 51	17 ♑ 45	27 ♑ 12	3 ♉ 20	17 ♓ 45	24 ♑ 0	7 ♒	12 ♑	21 ♎	20 ♉	3 ♈
22	2 ♓ 26	9 ♒ 54	5 ♋ 30	7 ♋ 7	11 ♓ 7	15 ♈ 59	3 ♑ 32	17 ♑ 57	27 ♑ 19	3 ♉ 22	17 ♓ 47	24 ♑ 2	8 ♒	12 ♑	21 ♎	20 ♉	3 ♈
23	3 ♓ 26	22 ♒ 7	5 ♋ 27	7 ♋ 0	10 ♓ 20	17 ♈ 7	4 ♑ 13	18 ♑ 8	27 ♑ 25	3 ♉ 24	17 ♓ 50	24 ♑ 3	8 ♒	13 ♑	21 ♎	21 ♉	3 ♈
24	4 ♓ 27	4 ♓ 12	5 ♋ 23	6 ♋ 50	9 ♓ 26	18 ♈ 15	4 ♑ 55	18 ♑ 20	27 ♑ 31	3 ♉ 27	17 ♓ 52	24 ♑ 5	9 ♒	13 ♑	20 ♎	21 ♉	3 ♈
25	5 ♓ 27	16 ♓ 12	5 ♋ 20	6 ♋ 39	8 ♓ 26	19 ♈ 23	5 ♑ 36	18 ♑ 32	27 ♑ 37	3 ♉ 29	17 ♓ 54	24 ♑ 7	9 ♒	13 ♑	20 ♎	21 ♉	3 ♈
26	6 ♓ 28	28 ♓ 7	5 ♋ 17	6 ♋ 27	7 ♓ 23	20 ♈ 31	6 ♑ 17	18 ♑ 43	27 ♑ 43	3 ♉ 31	17 ♓ 56	24 ♑ 8	9 ♒	14 ♑	20 ♎	21 ♉	3 ♈
27	7 ♓ 28	9 ♈ 59	5 ♋ 14	6 ♋ 15	6 ♓ 19	21 ♈ 39	6 ♑ 59	18 ♑ 54	27 ♑ 49	3 ♉ 33	17 ♓ 58	24 ♑ 10	10 ♒	14 ♑	20 ♎	22 ♉	3 ♈
28	8 ♓ 28	21 ♈ 50	5 ♋ 11	6 ♋ 4	5 ♓ 14	22 ♈ 46	7 ♑ 40	19 ♑ 6	27 ♑ 55	3 ♉ 35	18 ♓ 1	24 ♑ 11	10 ♒	15 ♑	20 ♎	22 ♉	3 ♈
29	9 ♓ 29	3 ♉ 43	5 ♋ 8	5 ♋ 56	4 ♓ 10	23 ♈ 53	8 ♑ 22	19 ♑ 17	28 ♑ 1	3 ♉ 38	18 ♓ 3	24 ♑ 13	10 ♒	15 ♑	20 ♎	22 ♉	3 ♈

SUN INGRESS	☉ → ♓ 19日 13:57
MOON PHASE	◐ 2日 10:42 ♉　○ 9日 16:33 ♌　◑ 16日 07:17 ♏　● 24日 00:32 ♓

aspects		
2日	16:07	♀⚹♇
4日	07:02	♀⚹♄
5日	18:43	☿⚹♅
21日	00:56	♃⚹♆
21日	18:10	♂△♅
22日	23:13	☉⚹♅
24日	01:59	♀□♃
25日	11:06	☉⚹♂
26日	10:45	☉☌☿
26日	14:59	☿⚹♂
29日	07:08	♀□♇
29日	12:13	☿⚹♅

2020年3月

DAY	☉	☽	☊ mean	☊ true	☿	♀	♂	♃	♄	♅	♆	♇	⚳	⚴	⚵	⚶	⚷
	° ′	° ′	° ′	° ′	° ′	° ′	° ′	° ′	° ′	° ′	° ′	° ′	°	°	°	°	°
1	10 ♓ 29	15 ♉ 40	5 ♋ 4	5 R 50	3 R 9	25 D 0	9 D 3	19 D 28	28 D 7	3 D 40	18 D 5	24 D 14	11 D	15 D	20 R	23 D	3 D
2	11 ♓ 29	27 ♉ 47	5 ♋ 1	5 ♋ 47	2 ♓ 12	26 ♈ 7	9 ♑ 44	19 ♑ 39	28 ♑ 13	3 ♉ 42	18 ♓ 8	24 ♑ 16	11 ♒	16 ♑	20 ♎	23 ♉	3 ♈
3	12 ♓ 29	10 ♊ 7	4 ♋ 58	5 ♋ 46	1 ♓ 20	27 ♈ 14	10 ♑ 26	19 ♑ 50	28 ♑ 19	3 ♉ 45	18 ♓ 10	24 ♑ 17	12 ♒	16 ♑	19 ♎	23 ♉	4 ♈
4	13 ♓ 29	22 ♊ 45	4 ♋ 55	5 D 47	0 ♓ 34	28 ♈ 20	11 ♑ 7	20 ♑ 1	28 ♑ 25	3 ♉ 47	18 ♓ 12	24 ♑ 19	12 ♒	16 ♑	19 ♎	24 ♉	4 ♈
5	14 ♓ 30	5 ♋ 48	4 ♋ 52	5 ♋ 47	29 ♒ 53	29 ♈ 26	11 ♑ 49	20 ♑ 12	28 ♑ 30	3 ♉ 50	18 ♓ 14	24 ♑ 20	12 ♒	16 ♑	19 ♎	24 ♉	4 ♈
6	15 ♓ 30	19 ♋ 17	4 ♋ 49	5 R 46	29 ♒ 20	0 ♉ 32	12 ♑ 30	20 ♑ 22	28 ♑ 36	3 ♉ 52	18 ♓ 17	24 ♑ 22	13 ♒	17 ♑	19 ♎	24 ♉	4 ♈
7	16 ♓ 30	3 ♌ 16	4 ♋ 45	5 ♋ 43	28 ♒ 53	1 ♉ 38	13 ♑ 12	20 ♑ 33	28 ♑ 41	3 ♉ 55	18 ♓ 19	24 ♑ 23	13 ♒	17 ♑	19 ♎	25 ♉	4 ♈
8	17 ♓ 30	17 ♌ 44	4 ♋ 42	5 ♋ 38	28 ♒ 33	2 ♉ 43	13 ♑ 53	20 ♑ 43	28 ♑ 47	3 ♉ 57	18 ♓ 21	24 ♑ 24	13 ♒	17 ♑	19 ♎	25 ♉	4 ♈
9	18 ♓ 30	2 ♍ 38	4 ♋ 39	5 ♋ 30	28 ♒ 20	3 ♉ 48	14 ♑ 35	20 ♑ 54	28 ♑ 52	4 ♉ 0	18 ♓ 23	24 ♑ 26	14 ♒	18 ♑	19 ♎	25 ♉	4 ♈
10	19 ♓ 30	17 ♍ 50	4 ♋ 36	5 ♋ 20	28 ♒ 13	4 ♉ 53	15 ♑ 16	21 ♑ 4	28 ♑ 58	4 ♉ 3	18 ♓ 26	24 ♑ 27	14 ♒	18 ♑	18 ♎	26 ♉	4 ♈
11	20 ♓ 30	3 ♎ 9	4 ♋ 33	5 ♋ 9	28 D 13	5 ♉ 57	15 ♑ 58	21 ♑ 14	29 ♑ 3	4 ♉ 5	18 ♓ 28	24 ♑ 28	15 ♒	18 ♑	18 ♎	26 ♉	4 ♈
12	21 ♓ 30	18 ♎ 25	4 ♋ 29	4 ♋ 59	28 ♒ 19	7 ♉ 1	16 ♑ 40	21 ♑ 24	29 ♑ 8	4 ♉ 8	18 ♓ 30	24 ♑ 30	15 ♒	19 ♑	18 ♎	26 ♉	4 ♈
13	22 ♓ 29	3 ♏ 25	4 ♋ 26	4 ♋ 50	28 ♒ 31	8 ♉ 5	17 ♑ 21	21 ♑ 34	29 ♑ 13	4 ♉ 11	18 ♓ 33	24 ♑ 31	15 ♒	19 ♑	18 ♎	27 ♉	4 ♈
14	23 ♓ 29	18 ♏ 3	4 ♋ 23	4 ♋ 43	28 ♒ 48	9 ♉ 9	18 ♑ 3	21 ♑ 44	29 ♑ 19	4 ♉ 14	18 ♓ 35	24 ♑ 32	16 ♒	19 ♑	18 ♎	27 ♉	4 ♈
15	24 ♓ 29	2 ♐ 14	4 ♋ 20	4 ♋ 40	29 ♒ 10	10 ♉ 12	18 ♑ 44	21 ♑ 54	29 ♑ 24	4 ♉ 16	18 ♓ 37	24 ♑ 33	16 ♒	20 ♑	17 ♎	27 ♉	4 ♈
16	25 ♓ 29	15 ♐ 57	4 ♋ 17	4 ♋ 38	29 ♒ 38	11 ♉ 15	19 ♑ 26	22 ♑ 3	29 ♑ 29	4 ♉ 19	18 ♓ 39	24 ♑ 35	16 ♒	20 ♑	17 ♎	28 ♉	4 ♈
17	26 ♓ 29	29 ♐ 13	4 ♋ 14	4 D 38	0 ♓ 10	12 ♉ 18	20 ♑ 8	22 ♑ 13	29 ♑ 33	4 ♉ 22	18 ♓ 42	24 ♑ 36	17 ♒	20 ♑	17 ♎	28 ♉	4 ♈
18	27 ♓ 28	12 ♑ 7	4 ♋ 10	4 R 38	0 ♓ 46	13 ♉ 20	20 ♑ 49	22 ♑ 22	29 ♑ 38	4 ♉ 25	18 ♓ 44	24 ♑ 37	17 ♒	20 ♑	17 ♎	28 ♉	4 ♈
19	28 ♓ 28	24 ♑ 41	4 ♋ 7	4 ♋ 37	1 ♓ 26	14 ♉ 22	21 ♑ 31	22 ♑ 32	29 ♑ 43	4 ♉ 28	18 ♓ 46	24 ♑ 38	18 ♒	21 ♑	17 ♎	29 ♉	4 ♈
20	29 ♓ 28	7 ♒ 2	4 ♋ 4	4 ♋ 33	2 ♓ 11	15 ♉ 23	22 ♑ 13	22 ♑ 41	29 ♑ 48	4 ♉ 31	18 ♓ 48	24 ♑ 39	18 ♒	21 ♑	16 ♎	29 ♉	5 ♈
21	0 ♈ 27	19 ♒ 11	4 ♋ 1	4 ♋ 27	2 ♓ 58	16 ♉ 25	22 ♑ 54	22 ♑ 50	29 ♑ 52	4 ♉ 34	18 ♓ 51	24 ♑ 40	18 ♒	21 ♑	16 ♎	29 ♉	5 ♈
22	1 ♈ 27	1 ♓ 13	3 ♋ 58	4 ♋ 18	3 ♓ 49	17 ♉ 25	23 ♑ 36	22 ♑ 59	29 ♑ 57	4 ♉ 37	18 ♓ 53	24 ♑ 41	19 ♒	22 ♑	16 ♎	0 ♊	5 ♈
23	2 ♈ 26	13 ♓ 10	3 ♋ 55	4 ♋ 6	4 ♓ 44	18 ♉ 26	24 ♑ 18	23 ♑ 7	0 ♒ 2	4 ♉ 40	18 ♓ 55	24 ♑ 42	19 ♒	22 ♑	16 ♎	0 ♊	5 ♈
24	3 ♈ 26	25 ♓ 4	3 ♋ 51	3 ♋ 52	5 ♓ 41	19 ♉ 26	24 ♑ 59	23 ♑ 16	0 ♒ 6	4 ♉ 43	18 ♓ 57	24 ♑ 43	19 ♒	22 ♑	15 ♎	0 ♊	5 ♈
25	4 ♈ 25	6 ♈ 56	3 ♋ 48	3 ♋ 37	6 ♓ 41	20 ♉ 25	25 ♑ 41	23 ♑ 25	0 ♒ 10	4 ♉ 46	19 ♓ 0	24 ♑ 44	20 ♒	22 ♑	15 ♎	1 ♊	5 ♈
26	5 ♈ 25	18 ♈ 48	3 ♋ 45	3 ♋ 22	7 ♓ 43	21 ♉ 25	26 ♑ 23	23 ♑ 33	0 ♒ 15	4 ♉ 49	19 ♓ 2	24 ♑ 45	20 ♒	23 ♑	15 ♎	1 ♊	5 ♈
27	6 ♈ 24	0 ♉ 41	3 ♋ 42	3 ♋ 9	8 ♓ 48	22 ♉ 23	27 ♑ 4	23 ♑ 41	0 ♒ 19	4 ♉ 52	19 ♓ 4	24 ♑ 46	20 ♒	23 ♑	15 ♎	1 ♊	5 ♈
28	7 ♈ 24	12 ♉ 37	3 ♋ 39	2 ♋ 59	9 ♓ 56	23 ♉ 22	27 ♑ 46	23 ♑ 49	0 ♒ 23	4 ♉ 55	19 ♓ 6	24 ♑ 47	21 ♒	23 ♑	15 ♎	2 ♊	5 ♈
29	8 ♈ 23	24 ♉ 38	3 ♋ 35	2 ♋ 51	11 ♓ 6	24 ♉ 19	28 ♑ 28	23 ♑ 57	0 ♒ 27	4 ♉ 59	19 ♓ 8	24 ♑ 47	21 ♒	23 ♑	14 ♎	2 ♊	5 ♈
30	9 ♈ 22	6 ♊ 47	3 ♋ 32	2 ♋ 46	12 ♓ 18	25 ♉ 17	29 ♑ 10	24 ♑ 5	0 ♒ 31	5 ♉ 2	19 ♓ 11	24 ♑ 48	21 ♒	24 ♑	14 ♎	3 ♊	5 ♈
31	10 ♈ 22	19 ♊ 7	3 ♋ 29	2 ♋ 44	13 ♓ 32	26 ♉ 13	29 ♑ 51	24 ♑ 13	0 ♒ 35	5 ♉ 5	19 ♓ 13	24 ♑ 49	22 ♒	24 ♑	14 ♎	3 ♊	5 ♈

SUN INGRESS	☉ → ♈ 20日 12:49
MOON PHASE	◐ 3日 04:57 ♊ ○ 10日 02:48 ♍ ◑ 16日 18:34 ♐ ● 24日 18:28 ♈

aspects		
4日	01:45	♀□♄
5日	06:24	☿⚹♀
8日	21:23	☉☌♆
9日	04:38	♀☌♅
11日	21:27	☉⚹♃
14日	19:32	♂⚹♆
15日	01:47	☉⚹♇
20日	08:50	☉⚹♄
20日	20:35	♂☌♃
22日	22:19	☿⚹♅
23日	12:08	♀⚹♆
23日	14:21	♂☌♇
28日	13:24	♀△♃
29日	11:57	♀△♇

2020年4月

DAY	☉	☽	☊ mean	☊ true	☿	♀	♂	♃	♄	♅	♆	♇	⚳	⚴	⚵	⚶	⚷
	° ′	° ′	° ′	° ′	° ′	° ′	° ′	° ′	° ′	° ′	° ′	° ′	°	°	°	°	°
1	11 ♈ 21	1 ♋ 44	3 ♋ 26	2 R 43	14 D 48	27 D 9	0 D 33	24 D 20	0 D 39	5 D 8	19 D 15	24 D 50	22 D	24 D	14 R	3 D	5 D
2	12 ♈ 20	14 ♋ 41	3 ♋ 23	2 ♋ 43	16 ♓ 5	28 ♉ 5	1 ♒ 15	24 ♑ 28	0 ♒ 42	5 ♉ 11	19 ♓ 17	24 ♑ 50	22 ♒	24 ♑	13 ♎	4 ♊	5 ♈
3	13 ♈ 19	28 ♋ 3	3 ♋ 20	2 ♋ 43	17 ♓ 25	29 ♉ 0	1 ♒ 56	24 ♑ 35	0 ♒ 46	5 ♉ 15	19 ♓ 19	24 ♑ 51	23 ♒	25 ♑	13 ♎	4 ♊	5 ♈
4	14 ♈ 19	11 ♌ 52	3 ♋ 16	2 ♋ 40	18 ♓ 47	29 ♉ 55	2 ♒ 38	24 ♑ 42	0 ♒ 49	5 ♉ 18	19 ♓ 21	24 ♑ 52	23 ♒	25 ♑	13 ♎	4 ♊	5 ♈
5	15 ♈ 18	26 ♌ 10	3 ♋ 13	2 ♋ 36	20 ♓ 10	0 ♊ 48	3 ♒ 20	24 ♑ 49	0 ♒ 53	5 ♉ 21	19 ♓ 23	24 ♑ 52	23 ♒	25 ♑	13 ♎	5 ♊	5 ♈
6	16 ♈ 17	10 ♍ 54	3 ♋ 10	2 ♋ 28	21 ♓ 35	1 ♊ 42	4 ♒ 2	24 ♑ 56	0 ♒ 56	5 ♉ 24	19 ♓ 25	24 ♑ 53	24 ♒	25 ♑	12 ♎	5 ♊	6 ♈
7	17 ♈ 16	26 ♍ 0	3 ♋ 7	2 ♋ 19	23 ♓ 2	2 ♊ 34	4 ♒ 43	25 ♑ 3	1 ♒ 0	5 ♉ 28	19 ♓ 27	24 ♑ 54	24 ♒	26 ♑	12 ♎	6 ♊	6 ♈
8	18 ♈ 15	11 ♎ 19	3 ♋ 4	2 ♋ 8	24 ♓ 30	3 ♊ 26	5 ♒ 25	25 ♑ 10	1 ♒ 3	5 ♉ 31	19 ♓ 30	24 ♑ 54	24 ♒	26 ♑	12 ♎	6 ♊	6 ♈
9	19 ♈ 14	26 ♎ 38	3 ♋ 0	1 ♋ 58	26 ♓ 0	4 ♊ 17	6 ♒ 7	25 ♑ 16	1 ♒ 6	5 ♉ 34	19 ♓ 32	24 ♑ 55	25 ♒	26 ♑	12 ♎	6 ♊	6 ♈
10	20 ♈ 13	11 ♏ 47	2 ♋ 57	1 ♋ 49	27 ♓ 32	5 ♊ 7	6 ♒ 48	25 ♑ 22	1 ♒ 9	5 ♉ 38	19 ♓ 34	24 ♑ 55	25 ♒	26 ♑	11 ♎	7 ♊	6 ♈
11	21 ♈ 11	26 ♏ 36	2 ♋ 54	1 ♋ 42	29 ♓ 5	5 ♊ 57	7 ♒ 30	25 ♑ 28	1 ♒ 12	5 ♉ 41	19 ♓ 36	24 ♑ 56	25 ♒	26 ♑	11 ♎	7 ♊	6 ♈
12	22 ♈ 10	10 ♐ 59	2 ♋ 51	1 ♋ 38	0 ♈ 40	6 ♊ 46	8 ♒ 12	25 ♑ 34	1 ♒ 15	5 ♉ 44	19 ♓ 38	24 ♑ 56	26 ♒	27 ♑	11 ♎	8 ♊	6 ♈
13	23 ♈ 9	24 ♐ 52	2 ♋ 48	1 ♋ 37	2 ♈ 16	7 ♊ 34	8 ♒ 53	25 ♑ 40	1 ♒ 18	5 ♉ 48	19 ♓ 40	24 ♑ 56	26 ♒	27 ♑	11 ♎	8 ♊	6 ♈
14	24 ♈ 8	8 ♑ 16	2 ♋ 45	1 D 37	3 ♈ 54	8 ♊ 21	9 ♒ 35	25 ♑ 46	1 ♒ 20	5 ♉ 51	19 ♓ 42	24 ♑ 57	26 ♒	27 ♑	11 ♎	8 ♊	6 ♈
15	25 ♈ 7	21 ♑ 14	2 ♋ 41	1 ♋ 37	5 ♈ 34	9 ♊ 7	10 ♒ 17	25 ♑ 51	1 ♒ 23	5 ♉ 55	19 ♓ 44	24 ♑ 57	27 ♒	27 ♑	10 ♎	9 ♊	6 ♈
16	26 ♈ 5	3 ♒ 50	2 ♋ 38	1 R 37	7 ♈ 15	9 ♊ 53	10 ♒ 59	25 ♑ 56	1 ♒ 25	5 ♉ 58	19 ♓ 45	24 ♑ 58	27 ♒	27 ♑	10 ♎	9 ♊	6 ♈
17	27 ♈ 4	16 ♒ 9	2 ♋ 35	1 ♋ 35	8 ♈ 58	10 ♊ 37	11 ♒ 40	26 ♑ 2	1 ♒ 28	6 ♉ 1	19 ♓ 47	24 ♑ 58	27 ♒	28 ♑	10 ♎	9 ♊	6 ♈
18	28 ♈ 3	28 ♒ 15	2 ♋ 32	1 ♋ 31	10 ♈ 42	11 ♊ 21	12 ♒ 22	26 ♑ 7	1 ♒ 30	6 ♉ 5	19 ♓ 49	24 ♑ 58	28 ♒	28 ♑	10 ♎	10 ♊	6 ♈
19	29 ♈ 1	10 ♓ 12	2 ♋ 29	1 ♋ 24	12 ♈ 28	12 ♊ 3	13 ♒ 4	26 ♑ 11	1 ♒ 32	6 ♉ 8	19 ♓ 51	24 ♑ 58	28 ♒	28 ♑	9 ♎	10 ♊	6 ♈
20	0 ♉ 0	22 ♓ 5	2 ♋ 26	1 ♋ 15	14 ♈ 16	12 ♊ 44	13 ♒ 45	26 ♑ 16	1 ♒ 34	6 ♉ 12	19 ♓ 53	24 ♑ 58	28 ♒	28 ♑	9 ♎	11 ♊	6 ♈
21	0 ♉ 59	3 ♈ 56	2 ♋ 22	1 ♋ 5	16 ♈ 5	13 ♊ 25	14 ♒ 27	26 ♑ 20	1 ♒ 36	6 ♉ 15	19 ♓ 55	24 ♑ 59	29 ♒	28 ♑	9 ♎	11 ♊	6 ♈
22	1 ♉ 57	15 ♈ 48	2 ♋ 19	0 ♋ 53	17 ♈ 56	14 ♊ 4	15 ♒ 8	26 ♑ 25	1 ♒ 38	6 ♉ 19	19 ♓ 57	24 ♑ 59	29 ♒	28 ♑	9 ♎	11 ♊	6 ♈
23	2 ♉ 56	27 ♈ 42	2 ♋ 16	0 ♋ 42	19 ♈ 48	14 ♊ 42	15 ♒ 50	26 ♑ 29	1 ♒ 40	6 ♉ 22	19 ♓ 58	24 ♑ 59	29 ♒	29 ♑	9 ♎	12 ♊	6 ♈
24	3 ♉ 54	9 ♉ 40	2 ♋ 13	0 ♋ 32	21 ♈ 42	15 ♊ 19	16 ♒ 32	26 ♑ 33	1 ♒ 42	6 ♉ 26	20 ♓ 0	24 ♑ 59	29 ♒	29 ♑	8 ♎	12 ♊	7 ♈
25	4 ♉ 53	21 ♉ 44	2 ♋ 10	0 ♋ 24	23 ♈ 38	15 ♊ 54	17 ♒ 13	26 ♑ 37	1 ♒ 44	6 ♉ 29	20 ♓ 2	24 ♑ 59	0 ♓	29 ♑	8 ♎	13 ♊	7 ♈
26	5 ♉ 51	3 ♊ 54	2 ♋ 6	0 ♋ 18	25 ♈ 35	16 ♊ 28	17 ♒ 55	26 ♑ 40	1 ♒ 45	6 ♉ 32	20 ♓ 4	24 ♑ 59	0 ♓	29 ♑	8 ♎	13 ♊	7 ♈
27	6 ♉ 50	16 ♊ 12	2 ♋ 3	0 ♋ 15	27 ♈ 34	17 ♊ 1	18 ♒ 36	26 ♑ 44	1 ♒ 47	6 ♉ 36	20 ♓ 5	24 R 59	0 ♓	29 ♑	8 ♎	13 ♊	7 ♈
28	7 ♉ 48	28 ♊ 42	2 ♋ 0	0 ♋ 13	29 ♈ 35	17 ♊ 32	19 ♒ 18	26 ♑ 47	1 ♒ 48	6 ♉ 39	20 ♓ 7	24 ♑ 59	1 ♓	29 ♑	8 ♎	14 ♊	7 ♈
29	8 ♉ 46	11 ♋ 25	1 ♋ 57	0 D 14	1 ♉ 37	18 ♊ 2	19 ♒ 59	26 ♑ 50	1 ♒ 49	6 ♉ 43	20 ♓ 9	24 ♑ 59	1 ♓	29 ♑	8 ♎	14 ♊	7 ♈
30	9 ♉ 45	24 ♋ 25	1 ♋ 54	0 ♋ 15	3 ♉ 40	18 ♊ 30	20 ♒ 41	26 ♑ 53	1 ♒ 50	6 ♉ 46	20 ♓ 10	24 ♑ 59	1 ♓	29 ♑	7 ♎	15 ♊	7 ♈

SUN INGRESS	☉ → ♉ 19日 23:45
MOON PHASE	◐ 1日 19:21 ♋ ○ 8日 11:35 ♎ ◑ 15日 07:56 ♑ ● 23日 11:26 ♉

aspects		
1日	03:31	♂☌♄
4日	10:15	☿☌♆
5日	02:10	♀△♄
5日	11:45	♃☌♇
8日	03:51	♂□♅
8日	06:28	☿⚹♇
8日	11:20	☿⚹♃
12日	08:58	☿⚹♄
14日	20:07	☉□♇
15日	19:59	☉□♃
18日	14:36	☿⚹♀
19日	12:55	☿⚹♂
21日	16:00	☉□♄
25日	16:36	☿□♇
26日	13:31	☿□♃
26日	18:01	☉☌♅
29日	02:28	☿□♄

2020年5月

DAY	☉	☽	☊ mean	☊ true	☿	♀	♂	♃	♄	♅	♆	♇	⚳	⚴	⚵	⚶	⚷
	° ′	° ′	° ′	° ′	° ′	° ′	° ′	° ′	° ′	° ′	° ′	° ′	°	°	°	°	°
1	10 ♉ 43	7 ♌ 45	1 ♋ 51	0 D 16	5 D 45	18 D 57	21 D 22	26 D 56	1 D 52	6 D 50	20 D 12	24 R 59	1 D	0 D	7 R	15 D	7 D
2	11 ♉ 41	21 ♌ 28	1 ♋ 47	0 R 15	7 ♉ 51	19 ♊ 22	22 ♒ 3	26 ♑ 58	1 ♒ 52	6 ♉ 53	20 ♓ 14	24 ♑ 59	2 ♓	0 ♒	7 ♎	16 ♊	7 ♈
3	12 ♉ 39	5 ♍ 34	1 ♋ 44	0 ♋ 13	9 ♉ 58	19 ♊ 45	22 ♒ 45	27 ♑ 0	1 ♒ 53	6 ♉ 57	20 ♓ 15	24 ♑ 58	2 ♓	0 ♒	7 ♎	16 ♊	7 ♈
4	13 ♉ 38	20 ♍ 3	1 ♋ 41	0 ♋ 9	12 ♉ 7	20 ♊ 7	23 ♒ 26	27 ♑ 3	1 ♒ 54	7 ♉ 0	20 ♓ 17	24 ♑ 58	2 ♓	0 ♒	7 ♎	16 ♊	7 ♈
5	14 ♉ 36	4 ♎ 52	1 ♋ 38	0 ♋ 3	14 ♉ 16	20 ♊ 26	24 ♒ 7	27 ♑ 5	1 ♒ 55	7 ♉ 3	20 ♓ 18	24 ♑ 58	3 ♓	0 ♒	7 ♎	17 ♊	7 ♈
6	15 ♉ 34	19 ♎ 53	1 ♋ 35	29 ♊ 57	16 ♉ 25	20 ♊ 44	24 ♒ 49	27 ♑ 6	1 ♒ 55	7 ♉ 7	20 ♓ 20	24 ♑ 58	3 ♓	0 ♒	7 ♎	17 ♊	7 ♈
7	16 ♉ 32	4 ♏ 58	1 ♋ 32	29 ♊ 50	18 ♉ 36	21 ♊ 0	25 ♒ 30	27 ♑ 8	1 ♒ 56	7 ♉ 10	20 ♓ 21	24 ♑ 57	3 ♓	0 ♒	7 ♎	18 ♊	7 ♈
8	17 ♉ 30	19 ♏ 58	1 ♋ 28	29 ♊ 45	20 ♉ 46	21 ♊ 13	26 ♒ 11	27 ♑ 9	1 ♒ 56	7 ♉ 14	20 ♓ 23	24 ♑ 57	3 ♓	0 ♒	6 ♎	18 ♊	7 ♈
9	18 ♉ 28	4 ♐ 43	1 ♋ 25	29 ♊ 41	22 ♉ 56	21 ♊ 25	26 ♒ 52	27 ♑ 11	1 ♒ 57	7 ♉ 17	20 ♓ 24	24 ♑ 57	4 ♓	0 ♒	6 ♎	18 ♊	7 ♈
10	19 ♉ 26	19 ♐ 7	1 ♋ 22	29 ♊ 39	25 ♉ 6	21 ♊ 34	27 ♒ 34	27 ♑ 12	1 ♒ 57	7 ♉ 21	20 ♓ 25	24 ♑ 56	4 ♓	0 ♒	6 ♎	19 ♊	7 ♈
11	20 ♉ 24	3 ♑ 4	1 ♋ 19	29 D 38	27 ♉ 15	21 ♊ 42	28 ♒ 15	27 ♑ 12	1 ♒ 57	7 ♉ 24	20 ♓ 27	24 ♑ 56	4 ♓	0 ♒	6 ♎	19 ♊	7 ♈
12	21 ♉ 22	16 ♑ 35	1 ♋ 16	29 ♊ 39	29 ♉ 23	21 ♊ 47	28 ♒ 56	27 ♑ 13	1 R 57	7 ♉ 27	20 ♓ 28	24 ♑ 55	4 ♓	0 ♒	6 ♎	20 ♊	7 ♈
13	22 ♉ 20	29 ♑ 39	1 ♋ 12	29 ♊ 41	1 ♊ 29	21 ♊ 49	29 ♒ 37	27 ♑ 14	1 ♒ 57	7 ♉ 31	20 ♓ 29	24 ♑ 55	5 ♓	0 ♒	6 ♎	20 ♊	7 ♈
14	23 ♉ 18	12 ♒ 20	1 ♋ 9	29 ♊ 42	3 ♊ 35	21 R 50	0 ♓ 18	27 ♑ 14	1 ♒ 57	7 ♉ 34	20 ♓ 31	24 ♑ 54	5 ♓	0 ♒	6 ♎	21 ♊	8 ♈
15	24 ♉ 15	24 ♒ 42	1 ♋ 6	29 R 43	5 ♊ 38	21 ♊ 48	0 ♓ 59	27 R 14	1 ♒ 56	7 ♉ 37	20 ♓ 32	24 ♑ 54	5 ♓	0 ♒	6 ♎	21 ♊	8 ♈
16	25 ♉ 13	6 ♓ 50	1 ♋ 3	29 ♊ 42	7 ♊ 39	21 ♊ 43	1 ♓ 40	27 ♑ 14	1 ♒ 56	7 ♉ 41	20 ♓ 33	24 ♑ 53	5 ♓	0 ♒	6 ♎	21 ♊	8 ♈
17	26 ♉ 11	18 ♓ 48	1 ♋ 0	29 ♊ 40	9 ♊ 39	21 ♊ 37	2 ♓ 21	27 ♑ 14	1 ♒ 55	7 ♉ 44	20 ♓ 34	24 ♑ 53	6 ♓	0 ♒	6 ♎	22 ♊	8 ♈
18	27 ♉ 9	0 ♈ 41	0 ♋ 57	29 ♊ 36	11 ♊ 35	21 ♊ 27	3 ♓ 1	27 ♑ 13	1 ♒ 55	7 ♉ 47	20 ♓ 36	24 ♑ 52	6 ♓	0 R	6 ♎	22 ♊	8 ♈
19	28 ♉ 7	12 ♈ 33	0 ♋ 53	29 ♊ 31	13 ♊ 29	21 ♊ 16	3 ♓ 42	27 ♑ 12	1 ♒ 54	7 ♉ 51	20 ♓ 37	24 ♑ 52	6 ♓	0 ♒	6 ♎	23 ♊	8 ♈
20	29 ♉ 5	24 ♈ 26	0 ♋ 50	29 ♊ 26	15 ♊ 21	21 ♊ 2	4 ♓ 23	27 ♑ 12	1 ♒ 53	7 ♉ 54	20 ♓ 38	24 ♑ 51	6 ♓	0 ♒	5 ♎	23 ♊	8 ♈
21	0 ♊ 2	6 ♉ 24	0 ♋ 47	29 ♊ 21	17 ♊ 10	20 ♊ 45	5 ♓ 4	27 ♑ 10	1 ♒ 53	7 ♉ 57	20 ♓ 39	24 ♑ 50	7 ♓	0 ♒	5 ♎	23 ♊	8 ♈
22	1 ♊ 0	18 ♉ 29	0 ♋ 44	29 ♊ 16	18 ♊ 55	20 ♊ 27	5 ♓ 44	27 ♑ 9	1 ♒ 52	8 ♉ 0	20 ♓ 40	24 ♑ 50	7 ♓	0 ♒	5 ♎	24 ♊	8 ♈
23	1 ♊ 58	0 ♊ 43	0 ♋ 41	29 ♊ 13	20 ♊ 38	20 ♊ 6	6 ♓ 25	27 ♑ 8	1 ♒ 51	8 ♉ 4	20 ♓ 41	24 ♑ 49	7 ♓	0 ♒	5 ♎	24 ♊	8 ♈
24	2 ♊ 55	13 ♊ 6	0 ♋ 37	29 ♊ 10	22 ♊ 18	19 ♊ 42	7 ♓ 5	27 ♑ 6	1 ♒ 49	8 ♉ 7	20 ♓ 42	24 ♑ 48	7 ♓	0 ♒	5 ♎	25 ♊	8 ♈
25	3 ♊ 53	25 ♊ 41	0 ♋ 34	29 ♊ 9	23 ♊ 54	19 ♊ 17	7 ♓ 46	27 ♑ 4	1 ♒ 48	8 ♉ 10	20 ♓ 43	24 ♑ 47	7 ♓	0 ♒	5 ♎	25 ♊	8 ♈
26	4 ♊ 51	8 ♋ 27	0 ♋ 31	29 D 9	25 ♊ 28	18 ♊ 50	8 ♓ 26	27 ♑ 2	1 ♒ 47	8 ♉ 13	20 ♓ 44	24 ♑ 47	8 ♓	0 ♒	5 ♎	26 ♊	8 ♈
27	5 ♊ 48	21 ♋ 27	0 ♋ 28	29 ♊ 11	26 ♊ 58	18 ♊ 20	9 ♓ 6	27 ♑ 0	1 ♒ 45	8 ♉ 16	20 ♓ 45	24 ♑ 46	8 ♓	0 ♒	5 ♎	26 ♊	8 ♈
28	6 ♊ 46	4 ♌ 41	0 ♋ 25	29 ♊ 12	28 ♊ 25	17 ♊ 49	9 ♓ 46	26 ♑ 58	1 ♒ 44	8 ♉ 20	20 ♓ 46	24 ♑ 45	8 ♓	0 ♒	5 D	26 ♊	8 ♈
29	7 ♊ 44	18 ♌ 10	0 ♋ 22	29 ♊ 13	29 ♊ 49	17 ♊ 17	10 ♓ 27	26 ♑ 55	1 ♒ 42	8 ♉ 23	20 ♓ 47	24 ♑ 44	8 ♓	0 ♒	5 ♎	27 ♊	8 ♈
30	8 ♊ 41	1 ♍ 55	0 ♋ 18	29 ♊ 14	1 ♋ 9	16 ♊ 43	11 ♓ 7	26 ♑ 53	1 ♒ 41	8 ♉ 26	20 ♓ 47	24 ♑ 43	8 ♓	0 ♒	5 ♎	27 ♊	8 ♈
31	9 ♊ 39	15 ♍ 56	0 ♋ 15	29 R 14	2 ♋ 26	16 ♊ 8	11 ♓ 47	26 ♑ 50	1 ♒ 39	8 ♉ 29	20 ♓ 48	24 ♑ 42	9 ♓	0 ♒	5 ♎	28 ♊	8 ♈

SUN INGRESS	☉ → ♊ 20日 22:49
MOON PHASE	◐ 1日 05:38 ♌　○ 7日 19:45 ♏　◑ 14日 23:03 ♒　● 23日 02:39 ♊　◐ 30日 12:30 ♍

aspects		
1日	12:41	☿☌♅
4日	12:53	♀□♆
5日	06:42	☉☌☿
7日	19:42	☿⚹♆
9日	22:17	☿△♇
10日	23:36	☿△♃
11日	01:16	☉⚹♆
11日	16:33	☿□♂
13日	05:14	☿△♄
15日	15:49	☉△♇
18日	01:40	☉△♃
21日	08:03	♀□♆
22日	17:41	☿☌♀
22日	21:02	☉△♄
23日	00:43	☿□♆
25日	15:48	♂⚹♅

2020年6月

DAY	☉	☽	☊ mean	☊ true	☿	♀	♂	♃	♄	♅	♆	♇	⚳	⚴	⚵	⚶	⚷
	° ′	° ′	° ′	° ′	° ′	° ′	° ′	° ′	° ′	° ′	° ′	° ′	°	°	°	°	°
1	10 ♊ 36	0 ♎ 13	0 ♋ 12	29 R 13	3 D 40	15 R 32	12 D 26	26 R 47	1 R 37	8 D 32	20 D 49	24 R 41	9 D	0 R	5 D	28 D	8 D
2	11 ♊ 34	14 ♎ 42	0 ♋ 9	29 ♊ 12	4 ♋ 50	14 ♊ 55	13 ♓ 6	26 ♑ 43	1 ♒ 35	8 ♉ 35	20 ♓ 50	24 ♑ 40	9 ♓	0 ♒	5 ♎	29 ♊	8 ♈
3	12 ♊ 31	29 ♎ 20	0 ♋ 6	29 ♊ 10	5 ♋ 57	14 ♊ 17	13 ♓ 46	26 ♑ 40	1 ♒ 33	8 ♉ 38	20 ♓ 50	24 ♑ 39	9 ♓	0 ♒	5 ♎	29 ♊	8 ♈
4	13 ♊ 29	14 ♏ 0	0 ♋ 3	29 ♊ 8	7 ♋ 0	13 ♊ 39	14 ♓ 26	26 ♑ 36	1 ♒ 31	8 ♉ 41	20 ♓ 51	24 ♑ 38	9 ♓	29 ♑	5 ♎	29 ♊	8 ♈
5	14 ♊ 26	28 ♏ 37	29 ♊ 59	29 ♊ 6	7 ♋ 59	13 ♊ 2	15 ♓ 5	26 ♑ 33	1 ♒ 28	8 ♉ 44	20 ♓ 51	24 ♑ 37	9 ♓	29 ♑	6 ♎	0 ♋	8 ♈
6	15 ♊ 23	13 ♐ 3	29 ♊ 56	29 ♊ 5	8 ♋ 55	12 ♊ 24	15 ♓ 45	26 ♑ 29	1 ♒ 26	8 ♉ 47	20 ♓ 52	24 ♑ 36	10 ♓	29 ♑	6 ♎	0 ♋	8 ♈
7	16 ♊ 21	27 ♐ 14	29 ♊ 53	29 ♊ 5	9 ♋ 47	11 ♊ 47	16 ♓ 24	26 ♑ 24	1 ♒ 24	8 ♉ 50	20 ♓ 53	24 ♑ 35	10 ♓	29 ♑	6 ♎	1 ♋	8 ♈
8	17 ♊ 18	11 ♑ 5	29 ♊ 50	29 D 5	10 ♋ 35	11 ♊ 11	17 ♓ 3	26 ♑ 20	1 ♒ 21	8 ♉ 53	20 ♓ 53	24 ♑ 34	10 ♓	29 ♑	6 ♎	1 ♋	8 ♈
9	18 ♊ 16	24 ♑ 33	29 ♊ 47	29 ♊ 6	11 ♋ 19	10 ♊ 35	17 ♓ 43	26 ♑ 16	1 ♒ 19	8 ♉ 56	20 ♓ 54	24 ♑ 33	10 ♓	29 ♑	6 ♎	2 ♋	8 ♈
10	19 ♊ 13	7 ♒ 38	29 ♊ 43	29 ♊ 6	12 ♋ 0	10 ♊ 1	18 ♓ 22	26 ♑ 11	1 ♒ 16	8 ♉ 58	20 ♓ 54	24 ♑ 32	10 ♓	29 ♑	6 ♎	2 ♋	8 ♈
11	20 ♊ 10	20 ♒ 23	29 ♊ 40	29 ♊ 7	12 ♋ 36	9 ♊ 28	19 ♓ 1	26 ♑ 6	1 ♒ 13	9 ♉ 1	20 ♓ 55	24 ♑ 31	10 ♓	28 ♑	6 ♎	2 ♋	9 ♈
12	21 ♊ 8	2 ♓ 48	29 ♊ 37	29 ♊ 8	13 ♋ 7	8 ♊ 57	19 ♓ 39	26 ♑ 2	1 ♒ 11	9 ♉ 4	20 ♓ 55	24 ♑ 30	11 ♓	28 ♑	6 ♎	3 ♋	9 ♈
13	22 ♊ 5	14 ♓ 59	29 ♊ 34	29 ♊ 8	13 ♋ 35	8 ♊ 27	20 ♓ 18	25 ♑ 56	1 ♒ 8	9 ♉ 7	20 ♓ 55	24 ♑ 29	11 ♓	28 ♑	6 ♎	3 ♋	9 ♈
14	23 ♊ 2	26 ♓ 59	29 ♊ 31	29 R 8	13 ♋ 58	7 ♊ 59	20 ♓ 57	25 ♑ 51	1 ♒ 5	9 ♉ 9	20 ♓ 56	24 ♑ 28	11 ♓	28 ♑	6 ♎	4 ♋	9 ♈
15	24 ♊ 0	8 ♈ 53	29 ♊ 28	29 ♊ 8	14 ♋ 16	7 ♊ 33	21 ♓ 35	25 ♑ 46	1 ♒ 2	9 ♉ 12	20 ♓ 56	24 ♑ 26	11 ♓	28 ♑	6 ♎	4 ♋	9 ♈
16	24 ♊ 57	20 ♈ 46	29 ♊ 24	29 ♊ 8	14 ♋ 30	7 ♊ 10	22 ♓ 14	25 ♑ 40	0 ♒ 59	9 ♉ 15	20 ♓ 56	24 ♑ 25	11 ♓	28 ♑	6 ♎	5 ♋	9 ♈
17	25 ♊ 54	2 ♉ 41	29 ♊ 21	29 ♊ 7	14 ♋ 40	6 ♊ 48	22 ♓ 52	25 ♑ 35	0 ♒ 56	9 ♉ 17	20 ♓ 56	24 ♑ 24	11 ♓	27 ♑	6 ♎	5 ♋	9 ♈
18	26 ♊ 52	14 ♉ 43	29 ♊ 18	29 ♊ 7	14 ♋ 45	6 ♊ 29	23 ♓ 30	25 ♑ 29	0 ♒ 52	9 ♉ 20	20 ♓ 57	24 ♑ 23	11 ♓	27 ♑	7 ♎	5 ♋	9 ♈
19	27 ♊ 49	26 ♉ 55	29 ♊ 15	29 ♊ 7	14 R 45	6 ♊ 12	24 ♓ 8	25 ♑ 23	0 ♒ 49	9 ♉ 23	20 ♓ 57	24 ♑ 21	11 ♓	27 ♑	7 ♎	6 ♋	9 ♈
20	28 ♊ 46	9 ♊ 19	29 ♊ 12	29 ♊ 7	14 ♋ 41	5 ♊ 57	24 ♓ 46	25 ♑ 17	0 ♒ 46	9 ♉ 25	20 ♓ 57	24 ♑ 20	11 ♓	27 ♑	7 ♎	6 ♋	9 ♈
21	29 ♊ 43	21 ♊ 57	29 ♊ 9	29 D 7	14 ♋ 32	5 ♊ 45	25 ♓ 24	25 ♑ 11	0 ♒ 42	9 ♉ 28	20 ♓ 57	24 ♑ 19	12 ♓	26 ♑	7 ♎	7 ♋	9 ♈
22	0 ♋ 41	4 ♋ 50	29 ♊ 5	29 R 7	14 ♋ 20	5 ♊ 35	26 ♓ 1	25 ♑ 5	0 ♒ 39	9 ♉ 30	20 ♓ 57	24 ♑ 18	12 ♓	26 ♑	7 ♎	7 ♋	9 ♈
23	1 ♋ 38	17 ♋ 59	29 ♊ 2	29 ♊ 7	14 ♋ 3	5 ♊ 28	26 ♓ 39	24 ♑ 58	0 ♒ 35	9 ♉ 32	20 ♓ 57	24 ♑ 16	12 ♓	26 ♑	7 ♎	8 ♋	9 ♈
24	2 ♋ 35	1 ♌ 22	28 ♊ 59	29 ♊ 6	13 ♋ 42	5 ♊ 23	27 ♓ 16	24 ♑ 52	0 ♒ 32	9 ♉ 35	20 R 57	24 ♑ 15	12 ♓	26 ♑	7 ♎	8 ♋	9 ♈
25	3 ♋ 33	14 ♌ 59	28 ♊ 56	29 ♊ 6	13 ♋ 18	5 ♊ 20	27 ♓ 53	24 ♑ 45	0 ♒ 28	9 ♉ 37	20 ♓ 57	24 ♑ 14	12 ♓	26 ♑	7 ♎	9 ♋	9 ♈
26	4 ♋ 30	28 ♌ 47	28 ♊ 53	29 ♊ 5	12 ♋ 50	5 D 20	28 ♓ 30	24 ♑ 38	0 ♒ 24	9 ♉ 39	20 ♓ 57	24 ♑ 12	12 ♓	25 ♑	8 ♎	9 ♋	9 ♈
27	5 ♋ 27	12 ♍ 46	28 ♊ 49	29 ♊ 5	12 ♋ 20	5 ♊ 22	29 ♓ 7	24 ♑ 31	0 ♒ 21	9 ♉ 42	20 ♓ 57	24 ♑ 11	12 ♓	25 ♑	8 ♎	9 ♋	9 ♈
28	6 ♋ 24	26 ♍ 53	28 ♊ 46	29 ♊ 5	11 ♋ 48	5 ♊ 26	29 ♓ 43	24 ♑ 25	0 ♒ 17	9 ♉ 44	20 ♓ 57	24 ♑ 10	12 ♓	25 ♑	8 ♎	10 ♋	9 ♈
29	7 ♋ 21	11 ♎ 5	28 ♊ 43	29 D 4	11 ♋ 14	5 ♊ 32	0 ♈ 20	24 ♑ 18	0 ♒ 13	9 ♉ 46	20 ♓ 57	24 ♑ 8	12 ♓	25 ♑	8 ♎	10 ♋	9 ♈
30	8 ♋ 19	25 ♎ 21	28 ♊ 40	29 ♊ 5	10 ♋ 38	5 ♊ 41	0 ♈ 56	24 ♑ 10	0 ♒ 9	9 ♉ 48	20 ♓ 56	24 ♑ 7	12 ♓	24 ♑	8 ♎	11 ♋	9 ♈

SUN INGRESS	☉ → ♋ 21日 06:44
MOON PHASE	○ 6日 04:12 ♐　◑ 13日 15:24 ♓　● 21日 15:41 ♋　◐ 28日 17:16 ♎

aspects		
3日	09:41	♀□♂
4日	02:44	☉☌♀
5日	20:05	☿⚹♅
7日	04:11	☉□♂
11日	18:38	☉□♆
13日	23:13	♂☌♆
19日	08:08	♂⚹♇
20日	16:56	♂⚹♃
28日	19:59	♂⚹♄
30日	14:47	♃☌♇

2020年7月

DAY	☉	☽	☊ mean	☊ true	☿	♀	♂	♃	♄	♅	♆	♇	⚳	⚴	⚵	⚶	⚷
	° ′	° ′	° ′	° ′	° ′	° ′	° ′	° ′	° ′	° ′	° ′	° ′	°	°	°	°	°
1	9 ♋ 16	9 ♏ 38	28 ♊ 37	29 D 5	10 R 2	5 D 51	1 D 32	24 R 3	0 R 5	9 D 51	20 R 56	24 R 6	12 D	24 R	8 D	11 D	9 D
2	10 ♋ 13	23 ♏ 53	28 ♊ 34	29 ♊ 6	9 ♋ 26	6 ♊ 4	2 ♈ 8	23 ♑ 56	0 ♒ 1	9 ♉ 53	20 ♓ 56	24 ♑ 4	12 ♓	24 ♑	8 ♎	12 ♋	9 ♈
3	11 ♋ 10	8 ♐ 2	28 ♊ 30	29 ♊ 7	8 ♋ 50	6 ♊ 19	2 ♈ 43	23 ♑ 49	29 ♑ 57	9 ♉ 55	20 ♓ 56	24 ♑ 3	12 ♓	24 ♑	9 ♎	12 ♋	9 ♈
4	12 ♋ 7	22 ♐ 2	28 ♊ 27	29 ♊ 8	8 ♋ 16	6 ♊ 35	3 ♈ 19	23 ♑ 41	29 ♑ 53	9 ♉ 57	20 ♓ 55	24 ♑ 1	12 ♓	23 ♑	9 ♎	12 ♋	9 ♈
5	13 ♋ 5	5 ♑ 50	28 ♊ 24	29 R 8	7 ♋ 44	6 ♊ 54	3 ♈ 54	23 ♑ 34	29 ♑ 49	9 ♉ 59	20 ♓ 55	24 ♑ 0	12 ♓	23 ♑	9 ♎	13 ♋	9 ♈
6	14 ♋ 2	19 ♑ 23	28 ♊ 21	29 ♊ 7	7 ♋ 14	7 ♊ 14	4 ♈ 29	23 ♑ 26	29 ♑ 45	10 ♉ 1	20 ♓ 55	23 ♑ 58	12 ♓	23 ♑	9 ♎	13 ♋	9 ♈
7	14 ♋ 59	2 ♒ 39	28 ♊ 18	29 ♊ 5	6 ♋ 47	7 ♊ 36	5 ♈ 4	23 ♑ 19	29 ♑ 40	10 ♉ 2	20 ♓ 54	23 ♑ 57	12 ♓	22 ♑	9 ♎	14 ♋	9 ♈
8	15 ♋ 56	15 ♒ 38	28 ♊ 15	29 ♊ 3	6 ♋ 23	8 ♊ 0	5 ♈ 38	23 ♑ 11	29 ♑ 36	10 ♉ 4	20 ♓ 54	23 ♑ 56	12 R	22 ♑	9 ♎	14 ♋	9 ♈
9	16 ♋ 53	28 ♒ 19	28 ♊ 11	29 ♊ 1	6 ♋ 3	8 ♊ 26	6 ♈ 13	23 ♑ 4	29 ♑ 32	10 ♉ 6	20 ♓ 53	23 ♑ 54	12 ♓	22 ♑	10 ♎	15 ♋	9 ♈
10	17 ♋ 50	10 ♓ 44	28 ♊ 8	28 ♊ 58	5 ♋ 48	8 ♊ 53	6 ♈ 47	22 ♑ 56	29 ♑ 28	10 ♉ 8	20 ♓ 53	23 ♑ 53	12 ♓	22 ♑	10 ♎	15 ♋	9 ♈
11	18 ♋ 48	22 ♓ 55	28 ♊ 5	28 ♊ 56	5 ♋ 37	9 ♊ 21	7 ♈ 21	22 ♑ 48	29 ♑ 23	10 ♉ 10	20 ♓ 52	23 ♑ 51	12 ♓	21 ♑	10 ♎	16 ♋	9 ♈
12	19 ♋ 45	4 ♈ 56	28 ♊ 2	28 ♊ 54	5 ♋ 30	9 ♊ 51	7 ♈ 54	22 ♑ 41	29 ♑ 19	10 ♉ 11	20 ♓ 52	23 ♑ 50	12 ♓	21 ♑	10 ♎	16 ♋	9 ♈
13	20 ♋ 42	16 ♈ 50	27 ♊ 59	28 ♊ 53	5 D 29	10 ♊ 23	8 ♈ 28	22 ♑ 33	29 ♑ 15	10 ♉ 13	20 ♓ 51	23 ♑ 48	12 ♓	21 ♑	10 ♎	16 ♋	9 R
14	21 ♋ 39	28 ♈ 43	27 ♊ 55	28 D 54	5 ♋ 33	10 ♊ 56	9 ♈ 1	22 ♑ 25	29 ♑ 10	10 ♉ 15	20 ♓ 50	23 ♑ 47	12 ♓	21 ♑	11 ♎	17 ♋	9 ♈
15	22 ♋ 37	10 ♉ 39	27 ♊ 52	28 ♊ 55	5 ♋ 43	11 ♊ 30	9 ♈ 34	22 ♑ 18	29 ♑ 6	10 ♉ 16	20 ♓ 50	23 ♑ 46	12 ♓	20 ♑	11 ♎	17 ♋	9 ♈
16	23 ♋ 34	22 ♉ 42	27 ♊ 49	28 ♊ 56	5 ♋ 57	12 ♊ 5	10 ♈ 6	22 ♑ 10	29 ♑ 1	10 ♉ 18	20 ♓ 49	23 ♑ 44	12 ♓	20 ♑	11 ♎	18 ♋	9 ♈
17	24 ♋ 31	4 ♊ 58	27 ♊ 46	28 ♊ 58	6 ♋ 18	12 ♊ 42	10 ♈ 38	22 ♑ 2	28 ♑ 57	10 ♉ 19	20 ♓ 48	23 ♑ 43	12 ♓	20 ♑	11 ♎	18 ♋	9 ♈
18	25 ♋ 28	17 ♊ 29	27 ♊ 43	28 ♊ 59	6 ♋ 44	13 ♊ 20	11 ♈ 10	21 ♑ 54	28 ♑ 53	10 ♉ 21	20 ♓ 48	23 ♑ 41	12 ♓	19 ♑	11 ♎	19 ♋	9 ♈
19	26 ♋ 26	0 ♋ 19	27 ♊ 40	28 R 59	7 ♋ 15	13 ♊ 59	11 ♈ 42	21 ♑ 47	28 ♑ 48	10 ♉ 22	20 ♓ 47	23 ♑ 40	12 ♓	19 ♑	12 ♎	19 ♋	9 ♈
20	27 ♋ 23	13 ♋ 29	27 ♊ 36	28 ♊ 59	7 ♋ 52	14 ♊ 39	12 ♈ 13	21 ♑ 39	28 ♑ 44	10 ♉ 23	20 ♓ 46	23 ♑ 38	12 ♓	19 ♑	12 ♎	19 ♋	9 ♈
21	28 ♋ 20	26 ♋ 59	27 ♊ 33	28 ♊ 57	8 ♋ 34	15 ♊ 20	12 ♈ 44	21 ♑ 31	28 ♑ 39	10 ♉ 24	20 ♓ 45	23 ♑ 37	12 ♓	19 ♑	12 ♎	20 ♋	9 ♈
22	29 ♋ 17	10 ♌ 48	27 ♊ 30	28 ♊ 53	9 ♋ 21	16 ♊ 2	13 ♈ 15	21 ♑ 24	28 ♑ 35	10 ♉ 26	20 ♓ 44	23 ♑ 35	12 ♓	18 ♑	12 ♎	20 ♋	9 ♈
23	0 ♌ 15	24 ♌ 52	27 ♊ 27	28 ♊ 49	10 ♋ 14	16 ♊ 45	13 ♈ 46	21 ♑ 16	28 ♑ 30	10 ♉ 27	20 ♓ 44	23 ♑ 34	12 ♓	18 ♑	13 ♎	21 ♋	9 ♈
24	1 ♌ 12	9 ♍ 7	27 ♊ 24	28 ♊ 44	11 ♋ 13	17 ♊ 29	14 ♈ 16	21 ♑ 9	28 ♑ 26	10 ♉ 28	20 ♓ 43	23 ♑ 33	12 ♓	18 ♑	13 ♎	21 ♋	9 ♈
25	2 ♌ 9	23 ♍ 28	27 ♊ 21	28 ♊ 40	12 ♋ 16	18 ♊ 14	14 ♈ 45	21 ♑ 1	28 ♑ 22	10 ♉ 29	20 ♓ 42	23 ♑ 31	11 ♓	18 ♑	13 ♎	22 ♋	9 ♈
26	3 ♌ 7	7 ♎ 50	27 ♊ 17	28 ♊ 36	13 ♋ 25	18 ♊ 59	15 ♈ 15	20 ♑ 54	28 ♑ 17	10 ♉ 30	20 ♓ 41	23 ♑ 30	11 ♓	17 ♑	13 ♎	22 ♋	9 ♈
27	4 ♌ 4	22 ♎ 10	27 ♊ 14	28 ♊ 34	14 ♋ 38	19 ♊ 46	15 ♈ 43	20 ♑ 46	28 ♑ 13	10 ♉ 31	20 ♓ 40	23 ♑ 28	11 ♓	17 ♑	13 ♎	23 ♋	9 ♈
28	5 ♌ 1	6 ♏ 23	27 ♊ 11	28 D 34	15 ♋ 57	20 ♊ 33	16 ♈ 12	20 ♑ 39	28 ♑ 8	10 ♉ 32	20 ♓ 39	23 ♑ 27	11 ♓	17 ♑	14 ♎	23 ♋	9 ♈
29	5 ♌ 59	20 ♏ 27	27 ♊ 8	28 ♊ 34	17 ♋ 20	21 ♊ 21	16 ♈ 40	20 ♑ 32	28 ♑ 4	10 ♉ 33	20 ♓ 38	23 ♑ 25	11 ♓	17 ♑	14 ♎	23 ♋	9 ♈
30	6 ♌ 56	4 ♐ 23	27 ♊ 5	28 ♊ 36	18 ♋ 48	22 ♊ 10	17 ♈ 8	20 ♑ 25	28 ♑ 0	10 ♉ 34	20 ♓ 37	23 ♑ 24	11 ♓	16 ♑	14 ♎	24 ♋	9 ♈
31	7 ♌ 53	18 ♐ 8	27 ♊ 1	28 ♊ 37	20 ♋ 21	22 ♊ 59	17 ♈ 35	20 ♑ 18	27 ♑ 55	10 ♉ 35	20 ♓ 36	23 ♑ 23	11 ♓	16 ♑	14 ♎	24 ♋	9 ♈
SUN INGRESS	☉ → ♌ 22日 17:37																
MOON PHASE	○ 5日 13:44 ♑	◑ 13日 08:29 ♈	● 21日 02:33 ♋	◐ 27日 21:32 ♏													

aspects		
1日	07:13	☿⚹♅
1日	11:53	☉☌☿
1日	15:07	☉⚹♅
8日	19:42	☿□♂
13日	03:43	☉△♆
14日	16:59	☉☍♃
16日	04:13	☉☍♇
21日	07:28	☉☍♄
23日	05:25	☿⚹♅
28日	01:07	♃⚹♆
28日	02:48	♀□♆
28日	06:46	♀□♂
30日	23:17	☿☍♃
31日	03:45	☿△♆

2020年8月

DAY	☉	☽	☊ mean	☊ true	☿	♀	♂	♃	♄	♅	♆	♇	⚳	⚴	⚵	⚶	⚷
	° ′	° ′	° ′	° ′	° ′	° ′	° ′	° ′	° ′	° ′	° ′	° ′	°	°	°	°	°
1	8 ♌ 51	1 ♑ 42	26 ♊ 58	28 R 37	21 D 57	23 D 50	18 D 2	20 R 11	27 R 51	10 D 35	20 R 34	23 R 21	11 R	16 R	15 D	25 D	9 R
2	9 ♌ 48	15 ♑ 5	26 ♊ 55	28 ♊ 36	23 ♋ 38	24 ♊ 40	18 ♈ 29	20 ♑ 4	27 ♑ 47	10 ♉ 36	20 ♓ 33	23 ♑ 20	10 ♓	16 ♑	15 ♎	25 ♋	9 ♈
3	10 ♌ 46	28 ♑ 16	26 ♊ 52	28 ♊ 33	25 ♋ 22	25 ♊ 32	18 ♈ 55	19 ♑ 57	27 ♑ 42	10 ♉ 37	20 ♓ 32	23 ♑ 18	10 ♓	15 ♑	15 ♎	26 ♋	9 ♈
4	11 ♌ 43	11 ♒ 14	26 ♊ 49	28 ♊ 28	27 ♋ 10	26 ♊ 24	19 ♈ 21	19 ♑ 50	27 ♑ 38	10 ♉ 37	20 ♓ 31	23 ♑ 17	10 ♓	15 ♑	15 ♎	26 ♋	9 ♈
5	12 ♌ 40	23 ♒ 59	26 ♊ 46	28 ♊ 21	29 ♋ 1	27 ♊ 17	19 ♈ 46	19 ♑ 44	27 ♑ 34	10 ♉ 38	20 ♓ 30	23 ♑ 16	10 ♓	15 ♑	16 ♎	27 ♋	9 ♈
6	13 ♌ 38	6 ♓ 31	26 ♊ 42	28 ♊ 13	0 ♌ 54	28 ♊ 10	20 ♈ 11	19 ♑ 37	27 ♑ 30	10 ♉ 39	20 ♓ 29	23 ♑ 14	10 ♓	15 ♑	16 ♎	27 ♋	9 ♈
7	14 ♌ 35	18 ♓ 50	26 ♊ 39	28 ♊ 5	2 ♌ 50	29 ♊ 4	20 ♈ 35	19 ♑ 31	27 ♑ 26	10 ♉ 39	20 ♓ 27	23 ♑ 13	10 ♓	15 ♑	16 ♎	27 ♋	9 ♈
8	15 ♌ 33	0 ♈ 58	26 ♊ 36	27 ♊ 57	4 ♌ 48	29 ♊ 59	20 ♈ 59	19 ♑ 24	27 ♑ 21	10 ♉ 39	20 ♓ 26	23 ♑ 12	9 ♓	14 ♑	16 ♎	28 ♋	9 ♈
9	16 ♌ 30	12 ♈ 56	26 ♊ 33	27 ♊ 51	6 ♌ 48	0 ♋ 54	21 ♈ 22	19 ♑ 18	27 ♑ 17	10 ♉ 40	20 ♓ 25	23 ♑ 10	9 ♓	14 ♑	17 ♎	28 ♋	9 ♈
10	17 ♌ 28	24 ♈ 49	26 ♊ 30	27 ♊ 46	8 ♌ 49	1 ♋ 49	21 ♈ 45	19 ♑ 12	27 ♑ 13	10 ♉ 40	20 ♓ 23	23 ♑ 9	9 ♓	14 ♑	17 ♎	29 ♋	9 ♈
11	18 ♌ 25	6 ♉ 41	26 ♊ 27	27 ♊ 43	10 ♌ 51	2 ♋ 45	22 ♈ 7	19 ♑ 6	27 ♑ 9	10 ♉ 40	20 ♓ 22	23 ♑ 8	9 ♓	14 ♑	17 ♎	29 ♋	9 ♈
12	19 ♌ 23	18 ♉ 35	26 ♊ 23	27 ♊ 42	12 ♌ 54	3 ♋ 42	22 ♈ 29	19 ♑ 1	27 ♑ 5	10 ♉ 41	20 ♓ 21	23 ♑ 7	9 ♓	14 ♑	18 ♎	0 ♌	9 ♈
13	20 ♌ 20	0 ♊ 37	26 ♊ 20	27 D 43	14 ♌ 57	4 ♋ 39	22 ♈ 50	18 ♑ 55	27 ♑ 2	10 ♉ 41	20 ♓ 19	23 ♑ 5	9 ♓	14 ♑	18 ♎	0 ♌	9 ♈
14	21 ♌ 18	12 ♊ 52	26 ♊ 17	27 ♊ 44	17 ♌ 0	5 ♋ 36	23 ♈ 11	18 ♑ 50	26 ♑ 58	10 ♉ 41	20 ♓ 18	23 ♑ 4	8 ♓	13 ♑	18 ♎	0 ♌	8 ♈
15	22 ♌ 16	25 ♊ 25	26 ♊ 14	27 ♊ 45	19 ♌ 3	6 ♋ 34	23 ♈ 31	18 ♑ 44	26 ♑ 54	10 ♉ 41	20 ♓ 17	23 ♑ 3	8 ♓	13 ♑	18 ♎	1 ♌	8 ♈
16	23 ♌ 13	8 ♋ 20	26 ♊ 11	27 R 44	21 ♌ 6	7 ♋ 32	23 ♈ 51	18 ♑ 39	26 ♑ 50	10 R 41	20 ♓ 15	23 ♑ 2	8 ♓	13 ♑	19 ♎	1 ♌	8 ♈
17	24 ♌ 11	21 ♋ 39	26 ♊ 7	27 ♊ 42	23 ♌ 7	8 ♋ 31	24 ♈ 10	18 ♑ 34	26 ♑ 46	10 ♉ 41	20 ♓ 14	23 ♑ 0	8 ♓	13 ♑	19 ♎	2 ♌	8 ♈
18	25 ♌ 9	5 ♌ 24	26 ♊ 4	27 ♊ 37	25 ♌ 9	9 ♋ 30	24 ♈ 28	18 ♑ 29	26 ♑ 43	10 ♉ 41	20 ♓ 12	22 ♑ 59	8 ♓	13 ♑	19 ♎	2 ♌	8 ♈
19	26 ♌ 7	19 ♌ 34	26 ♊ 1	27 ♊ 30	27 ♌ 9	10 ♋ 30	24 ♈ 45	18 ♑ 24	26 ♑ 39	10 ♉ 41	20 ♓ 11	22 ♑ 58	7 ♓	13 ♑	19 ♎	3 ♌	8 ♈
20	27 ♌ 4	4 ♍ 2	25 ♊ 58	27 ♊ 21	29 ♌ 8	11 ♋ 30	25 ♈ 2	18 ♑ 20	26 ♑ 36	10 ♉ 41	20 ♓ 9	22 ♑ 57	7 ♓	13 ♑	20 ♎	3 ♌	8 ♈
21	28 ♌ 2	18 ♍ 44	25 ♊ 55	27 ♊ 12	1 ♍ 6	12 ♋ 30	25 ♈ 19	18 ♑ 16	26 ♑ 32	10 ♉ 40	20 ♓ 8	22 ♑ 56	7 ♓	13 ♑	20 ♎	3 ♌	8 ♈
22	29 ♌ 0	3 ♎ 32	25 ♊ 52	27 ♊ 3	3 ♍ 3	13 ♋ 30	25 ♈ 34	18 ♑ 11	26 ♑ 29	10 ♉ 40	20 ♓ 6	22 ♑ 55	7 ♓	12 ♑	20 ♎	4 ♌	8 ♈
23	29 ♌ 58	18 ♎ 16	25 ♊ 48	26 ♊ 56	4 ♍ 58	14 ♋ 31	25 ♈ 49	18 ♑ 7	26 ♑ 26	10 ♉ 40	20 ♓ 5	22 ♑ 54	6 ♓	12 ♑	21 ♎	4 ♌	8 ♈
24	0 ♍ 56	2 ♏ 51	25 ♊ 45	26 ♊ 51	6 ♍ 52	15 ♋ 32	26 ♈ 3	18 ♑ 3	26 ♑ 22	10 ♉ 39	20 ♓ 3	22 ♑ 53	6 ♓	12 ♑	21 ♎	5 ♌	8 ♈
25	1 ♍ 53	17 ♏ 12	25 ♊ 42	26 ♊ 48	8 ♍ 45	16 ♋ 34	26 ♈ 17	18 ♑ 0	26 ♑ 19	10 ♉ 39	20 ♓ 2	22 ♑ 52	6 ♓	12 ♑	21 ♎	5 ♌	8 ♈
26	2 ♍ 51	1 ♐ 16	25 ♊ 39	26 ♊ 47	10 ♍ 37	17 ♋ 36	26 ♈ 30	17 ♑ 56	26 ♑ 16	10 ♉ 39	20 ♓ 0	22 ♑ 50	6 ♓	12 ♑	22 ♎	6 ♌	8 ♈
27	3 ♍ 49	15 ♐ 2	25 ♊ 36	26 D 47	12 ♍ 27	18 ♋ 38	26 ♈ 42	17 ♑ 53	26 ♑ 13	10 ♉ 38	19 ♓ 59	22 ♑ 49	6 ♓	12 ♑	22 ♎	6 ♌	8 ♈
28	4 ♍ 47	28 ♐ 32	25 ♊ 33	26 R 47	14 ♍ 17	19 ♋ 40	26 ♈ 53	17 ♑ 50	26 ♑ 10	10 ♉ 37	19 ♓ 57	22 ♑ 48	5 ♓	12 ♑	22 ♎	7 ♌	8 ♈
29	5 ♍ 45	11 ♑ 48	25 ♊ 29	26 ♊ 47	16 ♍ 4	20 ♋ 43	27 ♈ 4	17 ♑ 47	26 ♑ 7	10 ♉ 37	19 ♓ 55	22 ♑ 47	5 ♓	12 ♑	22 ♎	7 ♌	8 ♈
30	6 ♍ 43	24 ♑ 50	25 ♊ 26	26 ♊ 44	17 ♍ 51	21 ♋ 46	27 ♈ 13	17 ♑ 44	26 ♑ 4	10 ♉ 36	19 ♓ 54	22 ♑ 47	5 ♓	12 ♑	23 ♎	7 ♌	8 ♈
31	7 ♍ 41	7 ♒ 40	25 ♊ 23	26 ♊ 38	19 ♍ 36	22 ♋ 50	27 ♈ 22	17 ♑ 41	26 ♑ 1	10 ♉ 35	19 ♓ 52	22 ♑ 46	5 ♓	12 ♑	23 ♎	8 ♌	8 ♈
SUN INGRESS	☉ → ♍ 23日 00:45																
MOON PHASE	○ 4日 00:59 ♒	◑ 12日 01:45 ♉	● 19日 11:42 ♌	◐ 26日 02:57 ♐													

aspects		
1日	19:52	☿☍♇
2日	20:19	☉□♅
4日	06:00	☿☍♄
4日	22:07	♂□♃
10日	21:52	☿□♅
13日	16:14	♂□♇
16日	23:02	☉△♂
17日	14:29	☿△♂
18日	00:07	☉☌☿
19日	04:28	♀⚹♅
25日	03:20	♂□♄
26日	00:18	☿△♅
26日	07:26	♀☍♃
28日	06:13	♀△♆
29日	22:28	♀☍♄
30日	22:31	♀☍♇
31日	03:44	☿☍♆

2020年9月

DAY	☉	☽	☊ mean	☊ true	☿	♀	♂	♃	♄	♅	♆	♇	⚳	⚴	⚵	⚶	⚷
	° ′	° ′	° ′	° ′	° ′	° ′	° ′	° ′	° ′	° ′	° ′	° ′	°	°	°	°	°
1	8 ♍ 39	20 ♒ 19	25 ♊ 20	26 R 29	21 D 20	23 D 53	27 D 31	17 R 39	25 R 59	10 R 35	19 R 51	22 R 45	4 R	12 R	23 D	8 D	8 R
2	9 ♍ 37	2 ♓ 48	25 ♊ 17	26 ♊ 18	23 ♍ 2	24 ♋ 57	27 ♈ 38	17 ♑ 36	25 ♑ 56	10 ♉ 34	19 ♓ 49	22 ♑ 44	4 ♓	12 ♑	24 ♎	9 ♌	8 ♈
3	10 ♍ 35	15 ♓ 7	25 ♊ 13	26 ♊ 6	24 ♍ 44	26 ♋ 1	27 ♈ 45	17 ♑ 34	25 ♑ 54	10 ♉ 33	19 ♓ 47	22 ♑ 43	4 ♓	12 ♑	24 ♎	9 ♌	8 ♈
4	11 ♍ 33	27 ♓ 18	25 ♊ 10	25 ♊ 53	26 ♍ 24	27 ♋ 6	27 ♈ 51	17 ♑ 32	25 ♑ 51	10 ♉ 32	19 ♓ 46	22 ♑ 42	4 ♓	12 ♑	24 ♎	10 ♌	8 ♈
5	12 ♍ 31	9 ♈ 19	25 ♊ 7	25 ♊ 40	28 ♍ 3	28 ♋ 10	27 ♈ 56	17 ♑ 31	25 ♑ 49	10 ♉ 31	19 ♓ 44	22 ♑ 41	4 ♓	12 ♑	25 ♎	10 ♌	8 ♈
6	13 ♍ 29	21 ♈ 14	25 ♊ 4	25 ♊ 29	29 ♍ 40	29 ♋ 15	28 ♈ 0	17 ♑ 29	25 ♑ 47	10 ♉ 30	19 ♓ 43	22 ♑ 40	3 ♓	12 ♑	25 ♎	10 ♌	8 ♈
7	14 ♍ 28	3 ♉ 5	25 ♊ 1	25 ♊ 20	1 ♎ 17	0 ♌ 20	28 ♈ 3	17 ♑ 28	25 ♑ 44	10 ♉ 29	19 ♓ 41	22 ♑ 40	3 ♓	12 D	25 ♎	11 ♌	8 ♈
8	15 ♍ 26	14 ♉ 55	24 ♊ 58	25 ♊ 14	2 ♎ 52	1 ♌ 26	28 ♈ 6	17 ♑ 27	25 ♑ 42	10 ♉ 28	19 ♓ 39	22 ♑ 39	3 ♓	12 ♑	25 ♎	11 ♌	8 ♈
9	16 ♍ 24	26 ♉ 47	24 ♊ 54	25 ♊ 11	4 ♎ 26	2 ♌ 31	28 ♈ 7	17 ♑ 26	25 ♑ 40	10 ♉ 27	19 ♓ 38	22 ♑ 38	3 ♓	12 ♑	26 ♎	12 ♌	8 ♈
10	17 ♍ 22	8 ♊ 46	24 ♊ 51	25 ♊ 9	5 ♎ 59	3 ♌ 37	28 ♈ 8	17 ♑ 25	25 ♑ 38	10 ♉ 26	19 ♓ 36	22 ♑ 38	3 ♓	12 ♑	26 ♎	12 ♌	8 ♈
11	18 ♍ 21	20 ♊ 59	24 ♊ 48	25 D 9	7 ♎ 31	4 ♌ 43	28 R 8	17 ♑ 24	25 ♑ 37	10 ♉ 25	19 ♓ 34	22 ♑ 37	2 ♓	12 ♑	26 ♎	13 ♌	8 ♈
12	19 ♍ 19	3 ♋ 29	24 ♊ 45	25 R 9	9 ♎ 2	5 ♌ 49	28 ♈ 7	17 ♑ 24	25 ♑ 35	10 ♉ 23	19 ♓ 33	22 ♑ 36	2 ♓	12 ♑	27 ♎	13 ♌	7 ♈
13	20 ♍ 17	16 ♋ 21	24 ♊ 42	25 ♊ 8	10 ♎ 31	6 ♌ 56	28 ♈ 5	17 ♑ 24	25 ♑ 33	10 ♉ 22	19 ♓ 31	22 ♑ 36	2 ♓	12 ♑	27 ♎	13 ♌	7 ♈
14	21 ♍ 16	29 ♋ 41	24 ♊ 38	25 ♊ 5	12 ♎ 0	8 ♌ 3	28 ♈ 2	17 D 24	25 ♑ 32	10 ♉ 21	19 ♓ 29	22 ♑ 35	2 ♓	12 ♑	27 ♎	14 ♌	7 ♈
15	22 ♍ 14	13 ♌ 30	24 ♊ 35	24 ♊ 59	13 ♎ 27	9 ♌ 9	27 ♈ 58	17 ♑ 24	25 ♑ 30	10 ♉ 19	19 ♓ 28	22 ♑ 34	2 ♓	12 ♑	28 ♎	14 ♌	7 ♈
16	23 ♍ 13	27 ♌ 48	24 ♊ 32	24 ♊ 51	14 ♎ 53	10 ♌ 16	27 ♈ 54	17 ♑ 25	25 ♑ 29	10 ♉ 18	19 ♓ 26	22 ♑ 34	1 ♓	12 ♑	28 ♎	15 ♌	7 ♈
17	24 ♍ 11	12 ♍ 31	24 ♊ 29	24 ♊ 40	16 ♎ 18	11 ♌ 24	27 ♈ 48	17 ♑ 25	25 ♑ 28	10 ♉ 16	19 ♓ 24	22 ♑ 33	1 ♓	12 ♑	28 ♎	15 ♌	7 ♈
18	25 ♍ 10	27 ♍ 31	24 ♊ 26	24 ♊ 29	17 ♎ 41	12 ♌ 31	27 ♈ 42	17 ♑ 26	25 ♑ 26	10 ♉ 15	19 ♓ 23	22 ♑ 33	1 ♓	12 ♑	29 ♎	15 ♌	7 ♈
19	26 ♍ 8	12 ♎ 40	24 ♊ 23	24 ♊ 18	19 ♎ 3	13 ♌ 39	27 ♈ 35	17 ♑ 27	25 ♑ 25	10 ♉ 13	19 ♓ 21	22 ♑ 32	1 ♓	12 ♑	29 ♎	16 ♌	7 ♈
20	27 ♍ 7	27 ♎ 46	24 ♊ 19	24 ♊ 8	20 ♎ 25	14 ♌ 47	27 ♈ 26	17 ♑ 28	25 ♑ 24	10 ♉ 12	19 ♓ 19	22 ♑ 32	1 ♓	12 ♑	29 ♎	16 ♌	7 ♈
21	28 ♍ 6	12 ♏ 41	24 ♊ 16	24 ♊ 1	21 ♎ 44	15 ♌ 55	27 ♈ 18	17 ♑ 29	25 ♑ 23	10 ♉ 10	19 ♓ 18	22 ♑ 31	0 ♓	12 ♑	0 ♏	17 ♌	7 ♈
22	29 ♍ 4	27 ♏ 17	24 ♊ 13	23 ♊ 57	23 ♎ 3	17 ♌ 3	27 ♈ 8	17 ♑ 31	25 ♑ 23	10 ♉ 9	19 ♓ 16	22 ♑ 31	0 ♓	12 ♑	0 ♏	17 ♌	7 ♈
23	0 ♎ 3	11 ♐ 30	24 ♊ 10	23 ♊ 56	24 ♎ 20	18 ♌ 11	26 ♈ 57	17 ♑ 33	25 ♑ 22	10 ♉ 7	19 ♓ 15	22 ♑ 31	0 ♓	12 ♑	0 ♏	18 ♌	7 ♈
24	1 ♎ 2	25 ♐ 19	24 ♊ 7	23 D 55	25 ♎ 35	19 ♌ 20	26 ♈ 46	17 ♑ 35	25 ♑ 21	10 ♉ 5	19 ♓ 13	22 ♑ 30	0 ♓	13 ♑	1 ♏	18 ♌	7 ♈
25	2 ♎ 1	8 ♑ 46	24 ♊ 4	23 R 55	26 ♎ 49	20 ♌ 28	26 ♈ 34	17 ♑ 37	25 ♑ 21	10 ♉ 3	19 ♓ 11	22 ♑ 30	0 ♓	13 ♑	1 ♏	18 ♌	7 ♈
26	2 ♎ 59	21 ♑ 52	24 ♊ 0	23 ♊ 54	28 ♎ 1	21 ♌ 37	26 ♈ 21	17 ♑ 39	25 ♑ 20	10 ♉ 2	19 ♓ 10	22 ♑ 30	0 ♓	13 ♑	1 ♏	19 ♌	7 ♈
27	3 ♎ 58	4 ♒ 42	23 ♊ 57	23 ♊ 51	29 ♎ 12	22 ♌ 46	26 ♈ 8	17 ♑ 42	25 ♑ 20	10 ♉ 0	19 ♓ 8	22 ♑ 30	0 ♓	13 ♑	1 ♏	19 ♌	7 ♈
28	4 ♎ 57	17 ♒ 18	23 ♊ 54	23 ♊ 45	0 ♏ 20	23 ♌ 55	25 ♈ 54	17 ♑ 44	25 ♑ 20	9 ♉ 58	19 ♓ 7	22 ♑ 29	29 ♒	13 ♑	2 ♏	20 ♌	7 ♈
29	5 ♎ 56	29 ♒ 42	23 ♊ 51	23 ♊ 36	1 ♏ 27	25 ♌ 4	25 ♈ 39	17 ♑ 47	25 ♑ 20	9 ♉ 56	19 ♓ 5	22 ♑ 29	29 ♒	13 ♑	2 ♏	20 ♌	7 ♈
30	6 ♎ 55	11 ♓ 57	23 ♊ 48	23 ♊ 25	2 ♏ 31	26 ♌ 14	25 ♈ 24	17 ♑ 50	25 D 20	9 ♉ 54	19 ♓ 3	22 ♑ 29	29 ♒	13 ♑	2 ♏	20 ♌	7 ♈

SUN INGRESS	☉ → ♎ 22日 22:31
MOON PHASE	○ 2日 14:22 ♓　◑ 10日 18:26 ♊　● 17日 20:00 ♍　◐ 24日 10:55 ♑

aspects

1日	19:42	☿△♇
2日	21:18	♀☍♄
2日	23:09	☉△♅
3日	16:23	☿△♄
4日	18:12	♀□♂
5日	05:32	☿⚹♀
10日	01:04	☉△♃
12日	05:26	☉☍♆
15日	08:09	☉△♇
16日	00:29	♀□♅
17日	19:35	☿□♃
18日	06:36	☉△♄
21日	14:21	☿□♇
23日	19:38	☿□♄
24日	19:53	☿☍♂
29日	10:01	♀△♂
30日	06:50	♂□♄

2020年10月

DAY	☉	☽	☊ mean	☊ true	☿	♀	♂	♃	♄	♅	♆	♇	⚳	⚴	⚵	⚶	⚷
	° ′	° ′	° ′	° ′	° ′	° ′	° ′	° ′	° ′	° ′	° ′	° ′	°	°	°	°	°
1	7 ♎ 54	24 ♓ 5	23 ♊ 44	23 R 12	3 D 34	27 D 23	25 R 8	17 D 54	25 D 20	9 R 52	19 R 2	22 R 29	29 R	13 D	3 D	21 D	7 R
2	8 ♎ 53	6 ♈ 6	23 ♊ 41	22 ♊ 58	4 ♏ 34	28 ♌ 33	24 ♈ 52	17 ♑ 57	25 ♑ 20	9 ♉ 50	19 ♓ 0	22 ♑ 29	29 ♒	14 ♑	3 ♏	21 ♌	7 ♈
3	9 ♎ 52	18 ♈ 2	23 ♊ 38	22 ♊ 45	5 ♏ 31	29 ♌ 43	24 ♈ 35	18 ♑ 1	25 ♑ 20	9 ♉ 48	18 ♓ 59	22 ♑ 29	29 ♒	14 ♑	3 ♏	22 ♌	7 ♈
4	10 ♎ 51	29 ♈ 53	23 ♊ 35	22 ♊ 34	6 ♏ 25	0 ♍ 53	24 ♈ 18	18 ♑ 5	25 ♑ 21	9 ♉ 46	18 ♓ 57	22 ♑ 29	29 ♒	14 ♑	4 ♏	22 ♌	6 ♈
5	11 ♎ 50	11 ♉ 43	23 ♊ 32	22 ♊ 24	7 ♏ 16	2 ♍ 3	24 ♈ 0	18 ♑ 9	25 ♑ 21	9 ♉ 44	18 ♓ 56	22 D 29	29 ♒	14 ♑	4 ♏	23 ♌	6 ♈
6	12 ♎ 49	23 ♉ 33	23 ♊ 29	22 ♊ 18	8 ♏ 4	3 ♍ 13	23 ♈ 42	18 ♑ 13	25 ♑ 22	9 ♉ 42	18 ♓ 54	22 ♑ 29	29 ♒	14 ♑	4 ♏	23 ♌	6 ♈
7	13 ♎ 48	5 ♊ 26	23 ♊ 25	22 ♊ 14	8 ♏ 48	4 ♍ 23	23 ♈ 24	18 ♑ 17	25 ♑ 22	9 ♉ 40	18 ♓ 53	22 ♑ 29	29 ♒	14 ♑	5 ♏	23 ♌	6 ♈
8	14 ♎ 47	17 ♊ 25	23 ♊ 22	22 ♊ 13	9 ♏ 28	5 ♍ 34	23 ♈ 5	18 ♑ 22	25 ♑ 23	9 ♉ 37	18 ♓ 51	22 ♑ 29	28 ♒	14 ♑	5 ♏	24 ♌	6 ♈
9	15 ♎ 47	29 ♊ 36	23 ♊ 19	22 D 13	10 ♏ 3	6 ♍ 44	22 ♈ 47	18 ♑ 26	25 ♑ 24	9 ♉ 35	18 ♓ 50	22 ♑ 29	28 ♒	15 ♑	5 ♏	24 ♌	6 ♈
10	16 ♎ 46	12 ♋ 3	23 ♊ 16	22 ♊ 13	10 ♏ 34	7 ♍ 55	22 ♈ 28	18 ♑ 31	25 ♑ 25	9 ♉ 33	18 ♓ 49	22 ♑ 29	28 ♒	15 ♑	6 ♏	25 ♌	6 ♈
11	17 ♎ 45	24 ♋ 52	23 ♊ 13	22 R 13	10 ♏ 59	9 ♍ 6	22 ♈ 8	18 ♑ 36	25 ♑ 26	9 ♉ 31	18 ♓ 47	22 ♑ 29	28 ♒	15 ♑	6 ♏	25 ♌	6 ♈
12	18 ♎ 45	8 ♌ 6	23 ♊ 10	22 ♊ 12	11 ♏ 19	10 ♍ 17	21 ♈ 49	18 ♑ 41	25 ♑ 27	9 ♉ 29	18 ♓ 46	22 ♑ 29	28 ♒	15 ♑	6 ♏	25 ♌	6 ♈
13	19 ♎ 44	21 ♌ 48	23 ♊ 6	22 ♊ 8	11 ♏ 32	11 ♍ 28	21 ♈ 30	18 ♑ 47	25 ♑ 29	9 ♉ 26	18 ♓ 44	22 ♑ 30	28 ♒	15 ♑	7 ♏	26 ♌	6 ♈
14	20 ♎ 43	6 ♍ 1	23 ♊ 3	22 ♊ 1	11 ♏ 39	12 ♍ 39	21 ♈ 11	18 ♑ 52	25 ♑ 30	9 ♉ 24	18 ♓ 43	22 ♑ 30	28 ♒	15 ♑	7 ♏	26 ♌	6 ♈
15	21 ♎ 43	20 ♍ 41	23 ♊ 0	21 ♊ 53	11 R 38	13 ♍ 51	20 ♈ 52	18 ♑ 58	25 ♑ 32	9 ♉ 22	18 ♓ 42	22 ♑ 30	28 ♒	16 ♑	7 ♏	27 ♌	6 ♈
16	22 ♎ 42	5 ♎ 44	22 ♊ 57	21 ♊ 44	11 ♏ 30	15 ♍ 2	20 ♈ 33	19 ♑ 4	25 ♑ 33	9 ♉ 19	18 ♓ 40	22 ♑ 31	28 ♒	16 ♑	8 ♏	27 ♌	6 ♈
17	23 ♎ 42	21 ♎ 0	22 ♊ 54	21 ♊ 35	11 ♏ 14	16 ♍ 14	20 ♈ 14	19 ♑ 10	25 ♑ 35	9 ♉ 17	18 ♓ 39	22 ♑ 31	28 ♒	16 ♑	8 ♏	27 ♌	6 ♈
18	24 ♎ 41	6 ♏ 18	22 ♊ 50	21 ♊ 27	10 ♏ 49	17 ♍ 25	19 ♈ 56	19 ♑ 16	25 ♑ 37	9 ♉ 15	18 ♓ 38	22 ♑ 31	28 ♒	16 ♑	8 ♏	28 ♌	6 ♈
19	25 ♎ 41	21 ♏ 28	22 ♊ 47	21 ♊ 22	10 ♏ 15	18 ♍ 37	19 ♈ 37	19 ♑ 22	25 ♑ 38	9 ♉ 12	18 ♓ 37	22 ♑ 32	28 ♒	16 ♑	9 ♏	28 ♌	6 ♈
20	26 ♎ 41	6 ♐ 19	22 ♊ 44	21 ♊ 19	9 ♏ 33	19 ♍ 49	19 ♈ 19	19 ♑ 29	25 ♑ 40	9 ♉ 10	18 ♓ 35	22 ♑ 32	28 D	17 ♑	9 ♏	28 ♌	6 ♈
21	27 ♎ 40	20 ♐ 46	22 ♊ 41	21 ♊ 18	8 ♏ 42	21 ♍ 1	19 ♈ 2	19 ♑ 36	25 ♑ 42	9 ♉ 8	18 ♓ 34	22 ♑ 33	28 ♒	17 ♑	10 ♏	29 ♌	6 ♈
22	28 ♎ 40	4 ♑ 46	22 ♊ 38	21 D 18	7 ♏ 44	22 ♍ 13	18 ♈ 45	19 ♑ 42	25 ♑ 45	9 ♉ 5	18 ♓ 33	22 ♑ 33	28 ♒	17 ♑	10 ♏	29 ♌	6 ♈
23	29 ♎ 40	18 ♑ 19	22 ♊ 35	21 ♊ 19	6 ♏ 39	23 ♍ 25	18 ♈ 28	19 ♑ 49	25 ♑ 47	9 ♉ 3	18 ♓ 32	22 ♑ 34	28 ♒	17 ♑	10 ♏	0 ♍	6 ♈
24	0 ♏ 39	1 ♒ 28	22 ♊ 31	21 R 20	5 ♏ 28	24 ♍ 37	18 ♈ 12	19 ♑ 57	25 ♑ 49	9 ♉ 0	18 ♓ 31	22 ♑ 34	28 ♒	17 ♑	11 ♏	0 ♍	6 ♈
25	1 ♏ 39	14 ♒ 15	22 ♊ 28	21 ♊ 19	4 ♏ 14	25 ♍ 50	17 ♈ 57	20 ♑ 4	25 ♑ 52	8 ♉ 58	18 ♓ 30	22 ♑ 35	28 ♒	18 ♑	11 ♏	0 ♍	6 ♈
26	2 ♏ 39	26 ♒ 45	22 ♊ 25	21 ♊ 16	2 ♏ 58	27 ♍ 2	17 ♈ 42	20 ♑ 11	25 ♑ 54	8 ♉ 55	18 ♓ 29	22 ♑ 35	28 ♒	18 ♑	11 ♏	1 ♍	6 ♈
27	3 ♏ 39	9 ♓ 1	22 ♊ 22	21 ♊ 11	1 ♏ 43	28 ♍ 15	17 ♈ 27	20 ♑ 19	25 ♑ 57	8 ♉ 53	18 ♓ 27	22 ♑ 36	28 ♒	18 ♑	12 ♏	1 ♍	6 ♈
28	4 ♏ 39	21 ♓ 7	22 ♊ 19	21 ♊ 4	0 ♏ 30	29 ♍ 27	17 ♈ 13	20 ♑ 27	26 ♑ 0	8 ♉ 50	18 ♓ 26	22 ♑ 37	28 ♒	18 ♑	12 ♏	2 ♍	5 ♈
29	5 ♏ 38	3 ♈ 6	22 ♊ 15	20 ♊ 56	29 ♎ 22	0 ♎ 40	17 ♈ 0	20 ♑ 34	26 ♑ 2	8 ♉ 48	18 ♓ 25	22 ♑ 37	28 ♒	19 ♑	12 ♏	2 ♍	5 ♈
30	6 ♏ 38	15 ♈ 1	22 ♊ 12	20 ♊ 47	28 ♎ 22	1 ♎ 53	16 ♈ 48	20 ♑ 42	26 ♑ 5	8 ♉ 46	18 ♓ 24	22 ♑ 38	28 ♒	19 ♑	13 ♏	2 ♍	5 ♈
31	7 ♏ 38	26 ♈ 53	22 ♊ 9	20 ♊ 38	27 ♎ 31	3 ♎ 5	16 ♈ 36	20 ♑ 51	26 ♑ 8	8 ♉ 43	18 ♓ 24	22 ♑ 39	29 ♒	19 ♑	13 ♏	3 ♍	5 ♈

SUN INGRESS	☉ → ♏ 23日 07:59
MOON PHASE	○ 2日 06:05 ♈　◑ 10日 09:39 ♋　● 17日 04:31 ♎　◐ 23日 22:23 ♒　○ 31日 23:49 ♉

aspects

8日	05:55	☿☍♅
9日	22:09	♂□♇
11日	08:08	♀△♅
11日	22:34	☉□♃
12日	16:06	♃⚹♆
13日	01:39	☿⚹♀
14日	08:26	☉☍♂
15日	19:15	☉□♇
18日	22:58	☉□♄
18日	23:49	♀☍♆
19日	14:38	♂□♃
19日	16:35	♀△♃
20日	11:54	☿☍♅
22日	06:42	♀△♇
25日	00:41	♀△♄
26日	03:23	☉☌☿

2020年11月

DAY	☉	☽	☊ mean	☊ true	☿	♀	♂	♃	♄	♅	♆	♇	⚳	⚴	⚵	⚶	⚷
	° ′	° ′	° ′	° ′	° ′	° ′	° ′	° ′	° ′	° ′	° ′	° ′	°	°	°	°	°
1	8 ♏ 38	8 ♉ 43	22 ♊ 6	20 R 31	26 R 49	4 D 18	16 R 25	20 D 59	26 D 11	8 R 41	18 R 23	22 D 40	29 D	19 D	13 D	3 D	5 R
2	9 ♏ 38	20 ♉ 35	22 ♊ 3	20 ♊ 25	26 ♎ 19	5 ♎ 31	16 ♈ 15	21 ♑ 7	26 ♑ 15	8 ♉ 38	18 ♓ 22	22 ♑ 40	29 ♒	19 ♑	14 ♏	3 ♍	5 ♈
3	10 ♏ 38	2 ♊ 29	22 ♊ 0	20 ♊ 21	26 ♎ 0	6 ♎ 44	16 ♈ 6	21 ♑ 16	26 ♑ 18	8 ♉ 36	18 ♓ 21	22 ♑ 41	29 ♒	20 ♑	14 ♏	4 ♍	5 ♈
4	11 ♏ 38	14 ♊ 28	21 ♊ 56	20 ♊ 19	25 ♎ 53	7 ♎ 57	15 ♈ 57	21 ♑ 25	26 ♑ 21	8 ♉ 33	18 ♓ 20	22 ♑ 42	29 ♒	20 ♑	14 ♏	4 ♍	5 ♈
5	12 ♏ 39	26 ♊ 33	21 ♊ 53	20 D 19	25 D 58	9 ♎ 11	15 ♈ 49	21 ♑ 33	26 ♑ 25	8 ♉ 31	18 ♓ 19	22 ♑ 43	29 ♒	20 ♑	15 ♏	4 ♍	5 ♈
6	13 ♏ 39	8 ♋ 50	21 ♊ 50	20 ♊ 21	26 ♎ 13	10 ♎ 24	15 ♈ 42	21 ♑ 42	26 ♑ 28	8 ♉ 28	18 ♓ 18	22 ♑ 44	29 ♒	20 ♑	15 ♏	5 ♍	5 ♈
7	14 ♏ 39	21 ♋ 20	21 ♊ 47	20 ♊ 22	26 ♎ 38	11 ♎ 37	15 ♈ 36	21 ♑ 51	26 ♑ 32	8 ♉ 26	18 ♓ 18	22 ♑ 45	29 ♒	21 ♑	15 ♏	5 ♍	5 ♈
8	15 ♏ 39	4 ♌ 8	21 ♊ 44	20 ♊ 24	27 ♎ 12	12 ♎ 51	15 ♈ 30	22 ♑ 1	26 ♑ 35	8 ♉ 23	18 ♓ 17	22 ♑ 46	29 ♒	21 ♑	16 ♏	5 ♍	5 ♈
9	16 ♏ 39	17 ♌ 17	21 ♊ 41	20 R 24	27 ♎ 55	14 ♎ 4	15 ♈ 25	22 ♑ 10	26 ♑ 39	8 ♉ 21	18 ♓ 16	22 ♑ 47	29 ♒	21 ♑	16 ♏	6 ♍	5 ♈
10	17 ♏ 40	0 ♍ 51	21 ♊ 37	20 ♊ 24	28 ♎ 45	15 ♎ 18	15 ♈ 21	22 ♑ 19	26 ♑ 43	8 ♉ 19	18 ♓ 16	22 ♑ 48	0 ♓	22 ♑	16 ♏	6 ♍	5 ♈
11	18 ♏ 40	14 ♍ 51	21 ♊ 34	20 ♊ 21	29 ♎ 42	16 ♎ 31	15 ♈ 18	22 ♑ 29	26 ♑ 47	8 ♉ 16	18 ♓ 15	22 ♑ 49	0 ♓	22 ♑	17 ♏	7 ♍	5 ♈
12	19 ♏ 40	29 ♍ 17	21 ♊ 31	20 ♊ 18	0 ♏ 45	17 ♎ 45	15 ♈ 16	22 ♑ 39	26 ♑ 51	8 ♉ 14	18 ♓ 14	22 ♑ 50	0 ♓	22 ♑	17 ♏	7 ♍	5 ♈
13	20 ♏ 41	14 ♎ 6	21 ♊ 28	20 ♊ 14	1 ♏ 52	18 ♎ 59	15 ♈ 14	22 ♑ 49	26 ♑ 55	8 ♉ 11	18 ♓ 14	22 ♑ 51	0 ♓	22 ♑	17 ♏	7 ♍	5 ♈
14	21 ♏ 41	29 ♎ 10	21 ♊ 25	20 ♊ 9	3 ♏ 4	20 ♎ 12	15 ♈ 14	22 ♑ 59	26 ♑ 59	8 ♉ 9	18 ♓ 13	22 ♑ 52	0 ♓	23 ♑	18 ♏	8 ♍	5 ♈
15	22 ♏ 41	14 ♏ 21	21 ♊ 21	20 ♊ 6	4 ♏ 20	21 ♎ 26	15 D 14	23 ♑ 9	27 ♑ 4	8 ♉ 6	18 ♓ 13	22 ♑ 53	0 ♓	23 ♑	18 ♏	8 ♍	5 ♈
16	23 ♏ 42	29 ♏ 30	21 ♊ 18	20 ♊ 3	5 ♏ 39	22 ♎ 40	15 ♈ 15	23 ♑ 19	27 ♑ 8	8 ♉ 4	18 ♓ 12	22 ♑ 54	0 ♓	23 ♑	18 ♏	8 ♍	5 ♈
17	24 ♏ 42	14 ♐ 27	21 ♊ 15	20 ♊ 2	7 ♏ 1	23 ♎ 54	15 ♈ 16	23 ♑ 29	27 ♑ 12	8 ♉ 2	18 ♓ 12	22 ♑ 56	0 ♓	23 ♑	19 ♏	9 ♍	5 ♈
18	25 ♏ 43	29 ♐ 3	21 ♊ 12	20 D 2	8 ♏ 24	25 ♎ 8	15 ♈ 19	23 ♑ 39	27 ♑ 17	7 ♉ 59	18 ♓ 11	22 ♑ 57	1 ♓	24 ♑	19 ♏	9 ♍	5 ♈
19	26 ♏ 43	13 ♑ 14	21 ♊ 9	20 ♊ 3	9 ♏ 50	26 ♎ 22	15 ♈ 22	23 ♑ 50	27 ♑ 21	7 ♉ 57	18 ♓ 11	22 ♑ 58	1 ♓	24 ♑	19 ♏	9 ♍	5 ♈
20	27 ♏ 44	26 ♑ 58	21 ♊ 6	20 ♊ 5	11 ♏ 17	27 ♎ 36	15 ♈ 26	24 ♑ 1	27 ♑ 26	7 ♉ 55	18 ♓ 11	22 ♑ 59	1 ♓	24 ♑	20 ♏	10 ♍	5 ♈
21	28 ♏ 45	10 ♒ 14	21 ♊ 2	20 ♊ 6	12 ♏ 46	28 ♎ 50	15 ♈ 31	24 ♑ 11	27 ♑ 31	7 ♉ 53	18 ♓ 10	23 ♑ 1	1 ♓	25 ♑	20 ♏	10 ♍	5 ♈
22	29 ♏ 45	23 ♒ 7	20 ♊ 59	20 ♊ 7	14 ♏ 16	0 ♏ 5	15 ♈ 36	24 ♑ 22	27 ♑ 36	7 ♉ 50	18 ♓ 10	23 ♑ 2	1 ♓	25 ♑	20 ♏	10 ♍	5 ♈
23	0 ♐ 46	5 ♓ 39	20 ♊ 56	20 R 7	15 ♏ 46	1 ♏ 19	15 ♈ 43	24 ♑ 33	27 ♑ 40	7 ♉ 48	18 ♓ 10	23 ♑ 3	2 ♓	25 ♑	21 ♏	10 ♍	5 ♈
24	1 ♐ 46	17 ♓ 54	20 ♊ 53	20 ♊ 6	17 ♏ 17	2 ♏ 33	15 ♈ 50	24 ♑ 44	27 ♑ 45	7 ♉ 46	18 ♓ 10	23 ♑ 5	2 ♓	25 ♑	21 ♏	11 ♍	5 ♈
25	2 ♐ 47	29 ♓ 57	20 ♊ 50	20 ♊ 5	18 ♏ 49	3 ♏ 47	15 ♈ 57	24 ♑ 55	27 ♑ 50	7 ♉ 44	18 ♓ 10	23 ♑ 6	2 ♓	26 ♑	21 ♏	11 ♍	5 ♈
26	3 ♐ 48	11 ♈ 52	20 ♊ 47	20 ♊ 2	20 ♏ 22	5 ♏ 2	16 ♈ 6	25 ♑ 6	27 ♑ 55	7 ♉ 42	18 ♓ 9	23 ♑ 8	2 ♓	26 ♑	22 ♏	11 ♍	5 ♈
27	4 ♐ 48	23 ♈ 43	20 ♊ 43	20 ♊ 0	21 ♏ 54	6 ♏ 16	16 ♈ 15	25 ♑ 18	28 ♑ 1	7 ♉ 39	18 ♓ 9	23 ♑ 9	2 ♓	26 ♑	22 ♏	12 ♍	5 ♈
28	5 ♐ 49	5 ♉ 33	20 ♊ 40	19 ♊ 57	23 ♏ 27	7 ♏ 30	16 ♈ 25	25 ♑ 29	28 ♑ 6	7 ♉ 37	18 ♓ 9	23 ♑ 11	2 ♓	27 ♑	22 ♏	12 ♍	5 ♈
29	6 ♐ 50	17 ♉ 25	20 ♊ 37	19 ♊ 55	25 ♏ 0	8 ♏ 45	16 ♈ 35	25 ♑ 41	28 ♑ 11	7 ♉ 35	18 ♓ 9	23 ♑ 12	3 ♓	27 ♑	23 ♏	12 ♍	5 ♈
30	7 ♐ 51	29 ♉ 22	20 ♊ 34	19 ♊ 54	26 ♏ 34	9 ♏ 59	16 ♈ 46	25 ♑ 52	28 ♑ 16	7 ♉ 33	18 D 9	23 ♑ 13	3 ♓	27 ♑	23 ♏	13 ♍	5 ♈

SUN INGRESS	☉ → ♐ 22日 05:40
MOON PHASE	◑ 8日 22:46 ♌　● 15日 14:07 ♏　◐ 22日 13:45 ♓　○ 30日 18:30 ♊

aspects

1日	00:53	☉☍♅
2日	04:06	☿□♄
6日	18:12	☿□♄
10日	01:09	♀☍♂
10日	14:12	☉△♆
13日	06:39	♃☌♇
15日	04:48	☉⚹♇
15日	12:58	☉⚹♃
16日	04:43	♀□♇
16日	14:33	♀□♃
17日	17:07	☿☍♅
19日	16:18	☉⚹♄
19日	20:29	♀□♄
24日	13:40	☿△♆
27日	19:38	☿⚹♇
28日	02:11	♀☍♅
29日	11:51	☿⚹♃

2020年12月

DAY	☉	☽	☊ mean	☊ true	☿	♀	♂	♃	♄	♅	♆	♇	⚳	⚴	⚵	⚶	⚷
	° ′	° ′	° ′	° ′	° ′	° ′	° ′	° ′	° ′	° ′	° ′	° ′	°	°	°	°	°
1	8 ♐ 51	11 ♊ 24	20 ♊ 31	19 R 53	28 D 7	11 D 14	16 D 58	26 D 4	28 D 22	7 R 31	18 D 9	23 D 15	3 D	27 D	23 D	13 D	5 R
2	9 ♐ 52	23 ♊ 34	20 ♊ 27	19 D 53	29 ♏ 41	12 ♏ 28	17 ♈ 10	26 ♑ 16	28 ♑ 27	7 ♉ 29	18 ♓ 9	23 ♑ 17	3 ♓	28 ♑	24 ♏	13 ♍	5 ♈
3	10 ♐ 53	5 ♋ 54	20 ♊ 24	19 ♊ 53	1 ♐ 14	13 ♏ 43	17 ♈ 23	26 ♑ 28	28 ♑ 33	7 ♉ 27	18 ♓ 9	23 ♑ 18	4 ♓	28 ♑	24 ♏	13 ♍	5 ♈
4	11 ♐ 54	18 ♋ 24	20 ♊ 21	19 ♊ 54	2 ♐ 48	14 ♏ 58	17 ♈ 37	26 ♑ 39	28 ♑ 38	7 ♉ 25	18 ♓ 10	23 ♑ 20	4 ♓	28 ♑	24 ♏	14 ♍	5 ♈
5	12 ♐ 55	1 ♌ 8	20 ♊ 18	19 ♊ 55	4 ♐ 22	16 ♏ 12	17 ♈ 51	26 ♑ 51	28 ♑ 44	7 ♉ 23	18 ♓ 10	23 ♑ 21	4 ♓	29 ♑	25 ♏	14 ♍	5 ♈
6	13 ♐ 56	14 ♌ 5	20 ♊ 15	19 ♊ 56	5 ♐ 55	17 ♏ 27	18 ♈ 6	27 ♑ 4	28 ♑ 50	7 ♉ 22	18 ♓ 10	23 ♑ 23	4 ♓	29 ♑	25 ♏	14 ♍	4 ♈
7	14 ♐ 57	27 ♌ 20	20 ♊ 12	19 ♊ 56	7 ♐ 29	18 ♏ 42	18 ♈ 21	27 ♑ 16	28 ♑ 55	7 ♉ 20	18 ♓ 10	23 ♑ 25	4 ♓	29 ♑	25 ♏	15 ♍	4 ♈
8	15 ♐ 57	10 ♍ 52	20 ♊ 8	19 ♊ 56	9 ♐ 3	19 ♏ 56	18 ♈ 37	27 ♑ 28	29 ♑ 1	7 ♉ 18	18 ♓ 11	23 ♑ 26	5 ♓	0 ♒	26 ♏	15 ♍	4 ♈
9	16 ♐ 58	24 ♍ 42	20 ♊ 5	19 R 56	10 ♐ 36	21 ♏ 11	18 ♈ 53	27 ♑ 40	29 ♑ 7	7 ♉ 16	18 ♓ 11	23 ♑ 28	5 ♓	0 ♒	26 ♏	15 ♍	4 ♈
10	17 ♐ 59	8 ♎ 52	20 ♊ 2	19 ♊ 56	12 ♐ 10	22 ♏ 26	19 ♈ 10	27 ♑ 53	29 ♑ 13	7 ♉ 15	18 ♓ 11	23 ♑ 30	5 ♓	0 ♒	26 ♏	15 ♍	4 ♈
11	19 ♐ 0	23 ♎ 18	19 ♊ 59	19 ♊ 56	13 ♐ 44	23 ♏ 41	19 ♈ 27	28 ♑ 5	29 ♑ 19	7 ♉ 13	18 ♓ 12	23 ♑ 31	5 ♓	0 ♒	27 ♏	16 ♍	4 ♈
12	20 ♐ 1	7 ♏ 59	19 ♊ 56	19 D 56	15 ♐ 18	24 ♏ 56	19 ♈ 45	28 ♑ 18	29 ♑ 25	7 ♉ 11	18 ♓ 12	23 ♑ 33	6 ♓	1 ♒	27 ♏	16 ♍	4 ♈
13	21 ♐ 2	22 ♏ 47	19 ♊ 53	19 ♊ 56	16 ♐ 52	26 ♏ 11	20 ♈ 4	28 ♑ 30	29 ♑ 31	7 ♉ 10	18 ♓ 12	23 ♑ 35	6 ♓	1 ♒	27 ♏	16 ♍	4 ♈
14	22 ♐ 3	7 ♐ 37	19 ♊ 49	19 ♊ 56	18 ♐ 26	27 ♏ 25	20 ♈ 22	28 ♑ 43	29 ♑ 37	7 ♉ 8	18 ♓ 13	23 ♑ 36	6 ♓	1 ♒	28 ♏	16 ♍	4 ♈
15	23 ♐ 5	22 ♐ 21	19 ♊ 46	19 R 56	20 ♐ 0	28 ♏ 40	20 ♈ 42	28 ♑ 56	29 ♑ 43	7 ♉ 7	18 ♓ 13	23 ♑ 38	6 ♓	2 ♒	28 ♏	16 ♍	4 ♈
16	24 ♐ 6	6 ♑ 52	19 ♊ 43	19 ♊ 56	21 ♐ 34	29 ♏ 55	21 ♈ 2	29 ♑ 9	29 ♑ 50	7 ♉ 5	18 ♓ 14	23 ♑ 40	7 ♓	2 ♒	28 ♏	17 ♍	4 ♈
17	25 ♐ 7	21 ♑ 3	19 ♊ 40	19 ♊ 56	23 ♐ 9	1 ♐ 10	21 ♈ 22	29 ♑ 22	29 ♑ 56	7 ♉ 4	18 ♓ 15	23 ♑ 42	7 ♓	2 ♒	29 ♏	17 ♍	4 D
18	26 ♐ 8	4 ♒ 52	19 ♊ 37	19 ♊ 55	24 ♐ 43	2 ♐ 25	21 ♈ 42	29 ♑ 34	0 ♒ 2	7 ♉ 2	18 ♓ 15	23 ♑ 44	7 ♓	3 ♒	29 ♏	17 ♍	4 ♈
19	27 ♐ 9	18 ♒ 16	19 ♊ 33	19 ♊ 54	26 ♐ 18	3 ♐ 40	22 ♈ 3	29 ♑ 47	0 ♒ 8	7 ♉ 1	18 ♓ 16	23 ♑ 45	8 ♓	3 ♒	29 ♏	17 ♍	4 ♈
20	28 ♐ 10	1 ♓ 15	19 ♊ 30	19 ♊ 53	27 ♐ 52	4 ♐ 55	22 ♈ 25	0 ♒ 1	0 ♒ 15	7 ♉ 0	18 ♓ 17	23 ♑ 47	8 ♓	3 ♒	0 ♐	18 ♍	4 ♈
21	29 ♐ 11	13 ♓ 52	19 ♊ 27	19 ♊ 52	29 ♐ 27	6 ♐ 10	22 ♈ 47	0 ♒ 14	0 ♒ 21	6 ♉ 58	18 ♓ 17	23 ♑ 49	8 ♓	4 ♒	0 ♐	18 ♍	4 ♈
22	0 ♑ 12	26 ♓ 11	19 ♊ 24	19 ♊ 52	1 ♑ 2	7 ♐ 25	23 ♈ 9	0 ♒ 27	0 ♒ 28	6 ♉ 57	18 ♓ 18	23 ♑ 51	8 ♓	4 ♒	0 ♐	18 ♍	4 ♈
23	1 ♑ 13	8 ♈ 15	19 ♊ 21	19 D 52	2 ♑ 38	8 ♐ 40	23 ♈ 32	0 ♒ 40	0 ♒ 34	6 ♉ 56	18 ♓ 19	23 ♑ 53	9 ♓	4 ♒	1 ♐	18 ♍	4 ♈
24	2 ♑ 14	20 ♈ 10	19 ♊ 18	19 ♊ 53	4 ♑ 13	9 ♐ 55	23 ♈ 55	0 ♒ 53	0 ♒ 41	6 ♉ 55	18 ♓ 20	23 ♑ 55	9 ♓	5 ♒	1 ♐	18 ♍	4 ♈
25	3 ♑ 15	2 ♉ 0	19 ♊ 14	19 ♊ 54	5 ♑ 49	11 ♐ 10	24 ♈ 18	1 ♒ 7	0 ♒ 47	6 ♉ 54	18 ♓ 21	23 ♑ 57	9 ♓	5 ♒	1 ♐	19 ♍	4 ♈
26	4 ♑ 17	13 ♉ 50	19 ♊ 11	19 ♊ 55	7 ♑ 25	12 ♐ 25	24 ♈ 42	1 ♒ 20	0 ♒ 54	6 ♉ 53	18 ♓ 21	23 ♑ 58	10 ♓	5 ♒	2 ♐	19 ♍	4 ♈
27	5 ♑ 18	25 ♉ 44	19 ♊ 8	19 ♊ 57	9 ♑ 1	13 ♐ 40	25 ♈ 6	1 ♒ 33	1 ♒ 1	6 ♉ 52	18 ♓ 22	24 ♑ 0	10 ♓	6 ♒	2 ♐	19 ♍	4 ♈
28	6 ♑ 19	7 ♊ 45	19 ♊ 5	19 ♊ 58	10 ♑ 37	14 ♐ 56	25 ♈ 30	1 ♒ 47	1 ♒ 7	6 ♉ 51	18 ♓ 23	24 ♑ 2	10 ♓	6 ♒	2 ♐	19 ♍	5 ♈
29	7 ♑ 20	19 ♊ 57	19 ♊ 2	19 ♊ 58	12 ♑ 14	16 ♐ 11	25 ♈ 55	2 ♒ 1	1 ♒ 14	6 ♉ 50	18 ♓ 24	24 ♑ 4	10 ♓	6 ♒	3 ♐	19 ♍	5 ♈
30	8 ♑ 21	2 ♋ 21	18 ♊ 59	19 R 58	13 ♑ 51	17 ♐ 26	26 ♈ 20	2 ♒ 14	1 ♒ 21	6 ♉ 49	18 ♓ 25	24 ♑ 6	11 ♓	7 ♒	3 ♐	19 ♍	5 ♈
31	9 ♑ 22	14 ♋ 59	18 ♊ 55	19 ♊ 56	15 ♑ 28	18 ♐ 41	26 ♈ 46	2 ♒ 28	1 ♒ 28	6 ♉ 48	18 ♓ 26	24 ♑ 8	11 ♓	7 ♒	3 ♐	19 ♍	5 ♈

SUN INGRESS	☉ → ♑ 21日 19:02
MOON PHASE	◑ 8日 09:36 ♍　● 15日 01:16 ♐　◐ 22日 08:41 ♈　○ 30日 12:28 ♋

aspects

1日	04:01	☿⚹♄
6日	13:53	♀△♆
10日	04:41	☉□♆
10日	20:52	♀⚹♇
11日	15:01	☉△♂
13日	20:39	☿□♆
15日	05:58	♀⚹♃
15日	13:24	☿△♂
15日	22:00	♀⚹♄
20日	12:26	☉☌☿
22日	03:21	♃☌♄
23日	23:53	♂□♇
25日	16:05	☿△♅
28日	12:26	☉△♅
30日	19:19	♀□♆

2021年1月

DAY	☉	☽	☊ mean	☊ true	☿	♀	♂	♃	♄	♅	♆	♇	⚳	⚴	⚵	⚶	⚷
	° ′	° ′	° ′	° ′	° ′	° ′	° ′	° ′	° ′	° ′	° ′	° ′	°	°	°	°	°
1	10 ♑ 23	27 ♋ 51	18 ♊ 52	19 R 54	17 D 6	19 D 56	27 D 11	2 D 41	1 D 34	6 R 48	18 D 27	24 D 10	11 D	7 D	4 D	20 D	5 D
2	11 ♑ 25	10 ♌ 56	18 ♊ 49	19 ♊ 50	18 ♑ 44	21 ♐ 11	27 ♈ 37	2 ♒ 55	1 ♒ 41	6 ♉ 47	18 ♓ 29	24 ♑ 12	12 ♓	8 ♒	4 ♐	20 ♍	5 ♈
3	12 ♑ 26	24 ♌ 16	18 ♊ 46	19 ♊ 47	20 ♑ 21	22 ♐ 26	28 ♈ 3	3 ♒ 9	1 ♒ 48	6 ♉ 46	18 ♓ 30	24 ♑ 14	12 ♓	8 ♒	4 ♐	20 ♍	5 ♈
4	13 ♑ 27	7 ♍ 47	18 ♊ 43	19 ♊ 43	22 ♑ 0	23 ♐ 41	28 ♈ 30	3 ♒ 23	1 ♒ 55	6 ♉ 46	18 ♓ 31	24 ♑ 16	12 ♓	8 ♒	5 ♐	20 ♍	5 ♈
5	14 ♑ 28	21 ♍ 30	18 ♊ 39	19 ♊ 41	23 ♑ 38	24 ♐ 57	28 ♈ 57	3 ♒ 36	2 ♒ 2	6 ♉ 45	18 ♓ 32	24 ♑ 18	13 ♓	9 ♒	5 ♐	20 ♍	5 ♈
6	15 ♑ 29	5 ♎ 24	18 ♊ 36	19 ♊ 39	25 ♑ 16	26 ♐ 12	29 ♈ 24	3 ♒ 50	2 ♒ 9	6 ♉ 45	18 ♓ 33	24 ♑ 20	13 ♓	9 ♒	5 ♐	20 ♍	5 ♈
7	16 ♑ 30	19 ♎ 26	18 ♊ 33	19 D 39	26 ♑ 55	27 ♐ 27	29 ♈ 51	4 ♒ 4	2 ♒ 16	6 ♉ 44	18 ♓ 35	24 ♑ 22	13 ♓	9 ♒	5 ♐	20 ♍	5 ♈
8	17 ♑ 31	3 ♏ 37	18 ♊ 30	19 ♊ 40	28 ♑ 33	28 ♐ 42	0 ♉ 19	4 ♒ 18	2 ♒ 23	6 ♉ 44	18 ♓ 36	24 ♑ 24	14 ♓	10 ♒	6 ♐	20 ♍	5 ♈
9	18 ♑ 33	17 ♏ 54	18 ♊ 27	19 ♊ 41	0 ♒ 12	29 ♐ 57	0 ♉ 46	4 ♒ 32	2 ♒ 30	6 ♉ 44	18 ♓ 37	24 ♑ 26	14 ♓	10 ♒	6 ♐	20 ♍	5 ♈
10	19 ♑ 34	2 ♐ 14	18 ♊ 24	19 ♊ 43	1 ♒ 50	1 ♑ 13	1 ♉ 14	4 ♒ 46	2 ♒ 37	6 ♉ 43	18 ♓ 39	24 ♑ 28	14 ♓	10 ♒	6 ♐	21 ♍	5 ♈
11	20 ♑ 35	16 ♐ 35	18 ♊ 20	19 ♊ 43	3 ♒ 28	2 ♑ 28	1 ♉ 43	5 ♒ 0	2 ♒ 44	6 ♉ 43	18 ♓ 40	24 ♑ 30	15 ♓	11 ♒	7 ♐	21 ♍	5 ♈
12	21 ♑ 36	0 ♑ 53	18 ♊ 17	19 R 43	5 ♒ 6	3 ♑ 43	2 ♉ 11	5 ♒ 14	2 ♒ 51	6 ♉ 43	18 ♓ 41	24 ♑ 32	15 ♓	11 ♒	7 ♐	21 ♍	5 ♈
13	22 ♑ 37	15 ♑ 3	18 ♊ 14	19 ♊ 41	6 ♒ 43	4 ♑ 58	2 ♉ 40	5 ♒ 28	2 ♒ 58	6 ♉ 43	18 ♓ 43	24 ♑ 34	15 ♓	11 ♒	7 ♐	21 ♍	5 ♈
14	23 ♑ 38	29 ♑ 0	18 ♊ 11	19 ♊ 37	8 ♒ 19	6 ♑ 13	3 ♉ 9	5 ♒ 42	3 ♒ 5	6 ♉ 43	18 ♓ 44	24 ♑ 36	16 ♓	12 ♒	8 ♐	21 ♍	5 ♈
15	24 ♑ 40	12 ♒ 40	18 ♊ 8	19 ♊ 32	9 ♒ 54	7 ♑ 29	3 ♉ 38	5 ♒ 56	3 ♒ 12	6 D 43	18 ♓ 46	24 ♑ 38	16 ♓	12 ♒	8 ♐	21 ♍	5 ♈
16	25 ♑ 41	26 ♒ 1	18 ♊ 5	19 ♊ 25	11 ♒ 28	8 ♑ 44	4 ♉ 7	6 ♒ 10	3 ♒ 19	6 ♉ 43	18 ♓ 47	24 ♑ 40	16 ♓	12 ♒	8 ♐	21 ♍	5 ♈
17	26 ♑ 42	9 ♓ 0	18 ♊ 1	19 ♊ 19	13 ♒ 1	9 ♑ 59	4 ♉ 37	6 ♒ 24	3 ♒ 26	6 ♉ 43	18 ♓ 49	24 ♑ 42	17 ♓	13 ♒	8 ♐	21 ♍	5 ♈
18	27 ♑ 43	21 ♓ 40	17 ♊ 58	19 ♊ 13	14 ♒ 31	11 ♑ 14	5 ♉ 6	6 ♒ 39	3 ♒ 33	6 ♉ 43	18 ♓ 50	24 ♑ 44	17 ♓	13 ♒	9 ♐	21 ♍	5 ♈
19	28 ♑ 44	4 ♈ 1	17 ♊ 55	19 ♊ 8	15 ♒ 59	12 ♑ 30	5 ♉ 36	6 ♒ 53	3 ♒ 41	6 ♉ 43	18 ♓ 52	24 ♑ 46	17 ♓	13 ♒	9 ♐	21 ♍	5 ♈
20	29 ♑ 45	16 ♈ 7	17 ♊ 52	19 ♊ 5	17 ♒ 24	13 ♑ 45	6 ♉ 6	7 ♒ 7	3 ♒ 48	6 ♉ 44	18 ♓ 54	24 ♑ 48	18 ♓	14 ♒	9 ♐	21 R	5 ♈
21	0 ♒ 46	28 ♈ 3	17 ♊ 49	19 ♊ 4	18 ♒ 45	15 ♑ 0	6 ♉ 37	7 ♒ 21	3 ♒ 55	6 ♉ 44	18 ♓ 55	24 ♑ 50	18 ♓	14 ♒	10 ♐	21 ♍	5 ♈
22	1 ♒ 47	9 ♉ 53	17 ♊ 45	19 D 4	20 ♒ 3	16 ♑ 15	7 ♉ 7	7 ♒ 35	4 ♒ 2	6 ♉ 44	18 ♓ 57	24 ♑ 52	18 ♓	14 ♒	10 ♐	21 ♍	5 ♈
23	2 ♒ 48	21 ♉ 43	17 ♊ 42	19 ♊ 6	21 ♒ 15	17 ♑ 30	7 ♉ 38	7 ♒ 49	4 ♒ 9	6 ♉ 45	18 ♓ 59	24 ♑ 54	19 ♓	15 ♒	10 ♐	21 ♍	5 ♈
24	3 ♒ 49	3 ♊ 37	17 ♊ 39	19 ♊ 7	22 ♒ 22	18 ♑ 46	8 ♉ 9	8 ♒ 4	4 ♒ 16	6 ♉ 45	19 ♓ 0	24 ♑ 56	19 ♓	15 ♒	10 ♐	21 ♍	5 ♈
25	4 ♒ 50	15 ♊ 41	17 ♊ 36	19 ♊ 8	23 ♒ 23	20 ♑ 1	8 ♉ 40	8 ♒ 18	4 ♒ 23	6 ♉ 46	19 ♓ 2	24 ♑ 58	19 ♓	15 ♒	11 ♐	21 ♍	5 ♈
26	5 ♒ 51	27 ♊ 59	17 ♊ 33	19 R 8	24 ♒ 17	21 ♑ 16	9 ♉ 11	8 ♒ 32	4 ♒ 31	6 ♉ 46	19 ♓ 4	25 ♑ 0	20 ♓	16 ♒	11 ♐	21 ♍	5 ♈
27	6 ♒ 52	10 ♋ 34	17 ♊ 30	19 ♊ 5	25 ♒ 2	22 ♑ 31	9 ♉ 42	8 ♒ 46	4 ♒ 38	6 ♉ 47	19 ♓ 6	25 ♑ 2	20 ♓	16 ♒	11 ♐	21 ♍	5 ♈
28	7 ♒ 53	23 ♋ 28	17 ♊ 26	19 ♊ 1	25 ♒ 39	23 ♑ 46	10 ♉ 13	9 ♒ 1	4 ♒ 45	6 ♉ 47	19 ♓ 7	25 ♑ 4	20 ♓	16 ♒	12 ♐	21 ♍	5 ♈
29	8 ♒ 54	6 ♌ 42	17 ♊ 23	18 ♊ 54	26 ♒ 6	25 ♑ 2	10 ♉ 45	9 ♒ 15	4 ♒ 52	6 ♉ 48	19 ♓ 9	25 ♑ 6	21 ♓	17 ♒	12 ♐	21 ♍	5 ♈
30	9 ♒ 55	20 ♌ 14	17 ♊ 20	18 ♊ 46	26 ♒ 23	26 ♑ 17	11 ♉ 17	9 ♒ 29	4 ♒ 59	6 ♉ 49	19 ♓ 11	25 ♑ 8	21 ♓	17 ♒	12 ♐	20 ♍	5 ♈
31	10 ♒ 56	4 ♍ 1	17 ♊ 17	18 ♊ 36	26 ♒ 29	27 ♑ 32	11 ♉ 48	9 ♒ 43	5 ♒ 6	6 ♉ 50	19 ♓ 13	25 ♑ 9	21 ♓	17 ♒	12 ♐	20 ♍	5 ♈

SUN INGRESS: ☉ → ♒ 20日 05:40

MOON PHASE: ◑ 6日 18:37 ♎ ● 13日 14:00 ♑ ◐ 21日 06:01 ♉ ○ 29日 04:16 ♌

aspects		
1日	20:18	☿⚹♆
5日	09:58	☿☌♇
9日	01:53	☉⚹♆
9日	11:45	☿□♂
10日	00:53	♀△♂
10日	12:17	☿☌♄
12日	02:19	☿☌♃
13日	00:00	☿□♅
13日	20:02	♂□♄
14日	09:22	♀△♅
14日	23:19	☉☌♇
18日	07:50	♃□♅
21日	05:38	♂☌♅
23日	16:49	♂□♃
24日	04:49	♀⚹♆
24日	12:01	☉☌♄
26日	21:48	☉□♅
29日	01:18	♀☌♇
29日	10:40	☉☌♃

2021年2月

DAY	☉	☽	☊ mean	☊ true	☿	♀	♂	♃	♄	♅	♆	♇	⚳	⚴	⚵	⚶	⚷
	° ′	° ′	° ′	° ′	° ′	° ′	° ′	° ′	° ′	° ′	° ′	° ′	°	°	°	°	°
1	11 ♒ 57	18 ♍ 0	17 ♊ 14	18 R 28	26 R 24	28 D 47	12 D 20	9 D 58	5 D 13	6 D 51	19 D 15	25 D 11	22 D	18 D	13 D	20 R	5 D
2	12 ♒ 58	2 ♎ 6	17 ♊ 11	18 ♊ 20	26 ♒ 7	0 ♒ 2	12 ♉ 53	10 ♒ 12	5 ♒ 20	6 ♉ 52	19 ♓ 17	25 ♑ 13	22 ♓	18 ♒	13 ♐	20 ♍	5 ♈
3	13 ♒ 59	16 ♎ 16	17 ♊ 7	18 ♊ 14	25 ♒ 40	1 ♒ 18	13 ♉ 25	10 ♒ 26	5 ♒ 28	6 ♉ 53	19 ♓ 19	25 ♑ 15	23 ♓	18 ♒	13 ♐	20 ♍	5 ♈
4	15 ♒ 0	0 ♏ 26	17 ♊ 4	18 ♊ 11	25 ♒ 2	2 ♒ 33	13 ♉ 57	10 ♒ 40	5 ♒ 35	6 ♉ 54	19 ♓ 21	25 ♑ 17	23 ♓	19 ♒	13 ♐	20 ♍	6 ♈
5	16 ♒ 0	14 ♏ 35	17 ♊ 1	18 ♊ 10	24 ♒ 14	3 ♒ 48	14 ♉ 29	10 ♒ 55	5 ♒ 42	6 ♉ 55	19 ♓ 23	25 ♑ 19	23 ♓	19 ♒	14 ♐	20 ♍	6 ♈
6	17 ♒ 1	28 ♏ 40	16 ♊ 58	18 D 11	23 ♒ 18	5 ♒ 3	15 ♉ 2	11 ♒ 9	5 ♒ 49	6 ♉ 56	19 ♓ 25	25 ♑ 21	24 ♓	19 ♒	14 ♐	20 ♍	6 ♈
7	18 ♒ 2	12 ♐ 40	16 ♊ 55	18 ♊ 11	22 ♒ 15	6 ♒ 18	15 ♉ 35	11 ♒ 23	5 ♒ 56	6 ♉ 57	19 ♓ 27	25 ♑ 23	24 ♓	20 ♒	14 ♐	20 ♍	6 ♈
8	19 ♒ 3	26 ♐ 36	16 ♊ 51	18 R 11	21 ♒ 8	7 ♒ 33	16 ♉ 7	11 ♒ 37	6 ♒ 3	6 ♉ 58	19 ♓ 29	25 ♑ 25	24 ♓	20 ♒	14 ♐	19 ♍	6 ♈
9	20 ♒ 4	10 ♑ 26	16 ♊ 48	18 ♊ 9	19 ♒ 57	8 ♒ 49	16 ♉ 40	11 ♒ 52	6 ♒ 10	6 ♉ 59	19 ♓ 31	25 ♑ 27	25 ♓	20 ♒	15 ♐	19 ♍	6 ♈
10	21 ♒ 4	24 ♑ 8	16 ♊ 45	18 ♊ 4	18 ♒ 45	10 ♒ 4	17 ♉ 13	12 ♒ 6	6 ♒ 17	7 ♉ 1	19 ♓ 33	25 ♑ 28	25 ♓	21 ♒	15 ♐	19 ♍	6 ♈
11	22 ♒ 5	7 ♒ 41	16 ♊ 42	17 ♊ 56	17 ♒ 35	11 ♒ 19	17 ♉ 46	12 ♒ 20	6 ♒ 24	7 ♉ 2	19 ♓ 35	25 ♑ 30	26 ♓	21 ♒	15 ♐	19 ♍	6 ♈
12	23 ♒ 6	21 ♒ 1	16 ♊ 39	17 ♊ 46	16 ♒ 27	12 ♒ 34	18 ♉ 20	12 ♒ 34	6 ♒ 31	7 ♉ 4	19 ♓ 37	25 ♑ 32	26 ♓	21 ♒	15 ♐	19 ♍	6 ♈
13	24 ♒ 7	4 ♓ 7	16 ♊ 36	17 ♊ 34	15 ♒ 23	13 ♒ 49	18 ♉ 53	12 ♒ 48	6 ♒ 38	7 ♉ 5	19 ♓ 39	25 ♑ 34	26 ♓	22 ♒	16 ♐	19 ♍	6 ♈
14	25 ♒ 7	16 ♓ 58	16 ♊ 32	17 ♊ 22	14 ♒ 25	15 ♒ 4	19 ♉ 26	13 ♒ 2	6 ♒ 45	7 ♉ 7	19 ♓ 41	25 ♑ 36	27 ♓	22 ♒	16 ♐	18 ♍	6 ♈
15	26 ♒ 8	29 ♓ 32	16 ♊ 29	17 ♊ 10	13 ♒ 33	16 ♒ 19	20 ♉ 0	13 ♒ 16	6 ♒ 52	7 ♉ 8	19 ♓ 43	25 ♑ 37	27 ♓	22 ♒	16 ♐	18 ♍	6 ♈
16	27 ♒ 9	11 ♈ 50	16 ♊ 26	17 ♊ 0	12 ♒ 49	17 ♒ 35	20 ♉ 33	13 ♒ 31	6 ♒ 59	7 ♉ 10	19 ♓ 45	25 ♑ 39	27 ♓	23 ♒	16 ♐	18 ♍	6 ♈
17	28 ♒ 9	23 ♈ 55	16 ♊ 23	16 ♊ 52	12 ♒ 12	18 ♒ 50	21 ♉ 7	13 ♒ 45	7 ♒ 5	7 ♉ 11	19 ♓ 47	25 ♑ 41	28 ♓	23 ♒	17 ♐	18 ♍	6 ♈
18	29 ♒ 10	5 ♉ 50	16 ♊ 20	16 ♊ 47	11 ♒ 43	20 ♒ 5	21 ♉ 41	13 ♒ 59	7 ♒ 12	7 ♉ 13	19 ♓ 50	25 ♑ 43	28 ♓	23 ♒	17 ♐	18 ♍	6 ♈
19	0 ♓ 10	17 ♉ 40	16 ♊ 17	16 ♊ 44	11 ♒ 22	21 ♒ 20	22 ♉ 15	14 ♒ 13	7 ♒ 19	7 ♉ 15	19 ♓ 52	25 ♑ 44	29 ♓	24 ♒	17 ♐	17 ♍	6 ♈
20	1 ♓ 11	29 ♉ 28	16 ♊ 13	16 ♊ 44	11 ♒ 8	22 ♒ 35	22 ♉ 49	14 ♒ 27	7 ♒ 26	7 ♉ 17	19 ♓ 54	25 ♑ 46	29 ♓	24 ♒	17 ♐	17 ♍	6 ♈
21	2 ♓ 11	11 ♊ 22	16 ♊ 10	16 D 44	11 ♒ 1	23 ♒ 50	23 ♉ 23	14 ♒ 41	7 ♒ 32	7 ♉ 18	19 ♓ 56	25 ♑ 48	29 ♓	24 ♒	18 ♐	17 ♍	6 ♈
22	3 ♓ 12	23 ♊ 25	16 ♊ 7	16 R 44	11 D 2	25 ♒ 5	23 ♉ 57	14 ♒ 54	7 ♒ 39	7 ♉ 20	19 ♓ 58	25 ♑ 49	0 ♈	25 ♒	18 ♐	17 ♍	6 ♈
23	4 ♓ 12	5 ♋ 44	16 ♊ 4	16 ♊ 42	11 ♒ 9	26 ♒ 20	24 ♉ 31	15 ♒ 8	7 ♒ 46	7 ♉ 22	20 ♓ 1	25 ♑ 51	0 ♈	25 ♒	18 ♐	16 ♍	6 ♈
24	5 ♓ 13	18 ♋ 24	16 ♊ 1	16 ♊ 39	11 ♒ 23	27 ♒ 35	25 ♉ 5	15 ♒ 22	7 ♒ 52	7 ♉ 24	20 ♓ 3	25 ♑ 53	0 ♈	25 ♒	18 ♐	16 ♍	6 ♈
25	6 ♓ 13	1 ♌ 26	15 ♊ 57	16 ♊ 32	11 ♒ 42	28 ♒ 50	25 ♉ 40	15 ♒ 36	7 ♒ 59	7 ♉ 26	20 ♓ 5	25 ♑ 54	1 ♈	26 ♒	18 ♐	16 ♍	7 ♈
26	7 ♓ 13	14 ♌ 54	15 ♊ 54	16 ♊ 23	12 ♒ 7	0 ♓ 5	26 ♉ 14	15 ♒ 50	8 ♒ 6	7 ♉ 28	20 ♓ 7	25 ♑ 56	1 ♈	26 ♒	19 ♐	16 ♍	7 ♈
27	8 ♓ 14	28 ♌ 45	15 ♊ 51	16 ♊ 12	12 ♒ 37	1 ♓ 20	26 ♉ 48	16 ♒ 4	8 ♒ 12	7 ♉ 30	20 ♓ 9	25 ♑ 58	2 ♈	26 ♒	19 ♐	15 ♍	7 ♈
28	9 ♓ 14	12 ♍ 57	15 ♊ 48	16 ♊ 0	13 ♒ 11	2 ♓ 35	27 ♉ 23	16 ♒ 17	8 ♒ 19	7 ♉ 33	20 ♓ 12	25 ♑ 59	2 ♈	27 ♒	19 ♐	15 ♍	7 ♈

SUN INGRESS: ☉ → ♓ 18日 19:44

MOON PHASE: ◑ 5日 02:37 ♏ ● 12日 04:06 ♒ ◐ 20日 03:47 ♊ ○ 27日 17:17 ♍

aspects		
1日	19:34	☉□♂
6日	16:07	♀☌♄
7日	12:33	♀□♅
8日	22:48	☉☌☿
10日	21:16	☿□♂
12日	00:00	♀☌♃
13日	16:48	☿☌♀
14日	11:13	♂⚹♆
15日	06:40	☿☌♃
18日	04:08	♄□♅
20日	08:04	♀□♂
25日	10:52	♂△♇
26日	06:13	☉⚹♅

2021年3月

DAY	☉	☽	☊ mean	☊ true	☿	♀	♂	♃	♄	♅	♆	♇	⚳	⚴	⚵	⚶	⚷
	° ′	° ′	° ′	° ′	° ′	° ′	° ′	° ′	° ′	° ′	° ′	° ′	°	°	°	°	°
1	10 ♓ 14	27 ♍ 24	15 ♊ 45	15 R 48	13 D 50	3 D 50	27 D 57	16 D 31	8 D 25	7 D 35	20 D 14	26 D 1	2 D	27 D	19 D	15 R	7 D
2	11 ♓ 14	11 ♎ 59	15 ♊ 42	15 ♊ 37	14 ♒ 33	5 ♓ 5	28 ♉ 32	16 ♒ 45	8 ♒ 32	7 ♉ 37	20 ♓ 16	26 ♑ 2	3 ♈	27 ♒	19 ♐	15 ♍	7 ♈
3	12 ♓ 14	26 ♎ 34	15 ♊ 38	15 ♊ 29	15 ♒ 20	6 ♓ 20	29 ♉ 7	16 ♒ 58	8 ♒ 38	7 ♉ 39	20 ♓ 18	26 ♑ 4	3 ♈	28 ♒	20 ♐	14 ♍	7 ♈
4	13 ♓ 15	11 ♏ 5	15 ♊ 35	15 ♊ 24	16 ♒ 10	7 ♓ 35	29 ♉ 41	17 ♒ 12	8 ♒ 44	7 ♉ 41	20 ♓ 21	26 ♑ 5	4 ♈	28 ♒	20 ♐	14 ♍	7 ♈
5	14 ♓ 15	25 ♏ 26	15 ♊ 32	15 ♊ 22	17 ♒ 3	8 ♓ 50	0 ♊ 16	17 ♒ 25	8 ♒ 51	7 ♉ 44	20 ♓ 23	26 ♑ 7	4 ♈	28 ♒	20 ♐	14 ♍	7 ♈
6	15 ♓ 15	9 ♐ 34	15 ♊ 29	15 ♊ 21	18 ♒ 0	10 ♓ 5	0 ♊ 51	17 ♒ 39	8 ♒ 57	7 ♉ 46	20 ♓ 25	26 ♑ 8	4 ♈	29 ♒	20 ♐	14 ♍	7 ♈
7	16 ♓ 15	23 ♐ 29	15 ♊ 26	15 ♊ 21	18 ♒ 59	11 ♓ 20	1 ♊ 26	17 ♒ 52	9 ♒ 3	7 ♉ 49	20 ♓ 27	26 ♑ 10	5 ♈	29 ♒	20 ♐	13 ♍	7 ♈
8	17 ♓ 15	7 ♑ 12	15 ♊ 22	15 ♊ 20	20 ♒ 1	12 ♓ 35	2 ♊ 1	18 ♒ 6	9 ♒ 9	7 ♉ 51	20 ♓ 30	26 ♑ 11	5 ♈	29 ♒	20 ♐	13 ♍	7 ♈
9	18 ♓ 15	20 ♑ 43	15 ♊ 19	15 ♊ 17	21 ♒ 5	13 ♓ 49	2 ♊ 36	18 ♒ 19	9 ♒ 15	7 ♉ 53	20 ♓ 32	26 ♑ 12	5 ♈	0 ♓	21 ♐	13 ♍	7 ♈
10	19 ♓ 15	4 ♒ 2	15 ♊ 16	15 ♊ 12	22 ♒ 12	15 ♓ 4	3 ♊ 11	18 ♒ 32	9 ♒ 21	7 ♉ 56	20 ♓ 34	26 ♑ 14	6 ♈	0 ♓	21 ♐	13 ♍	7 ♈
11	20 ♓ 15	17 ♒ 11	15 ♊ 13	15 ♊ 3	23 ♒ 21	16 ♓ 19	3 ♊ 46	18 ♒ 45	9 ♒ 27	7 ♉ 59	20 ♓ 37	26 ♑ 15	6 ♈	0 ♓	21 ♐	12 ♍	7 ♈
12	21 ♓ 15	0 ♓ 8	15 ♊ 10	14 ♊ 52	24 ♒ 32	17 ♓ 34	4 ♊ 21	18 ♒ 59	9 ♒ 33	8 ♉ 1	20 ♓ 39	26 ♑ 16	7 ♈	1 ♓	21 ♐	12 ♍	7 ♈
13	22 ♓ 15	12 ♓ 54	15 ♊ 7	14 ♊ 38	25 ♒ 45	18 ♓ 49	4 ♊ 56	19 ♒ 12	9 ♒ 39	8 ♉ 4	20 ♓ 41	26 ♑ 18	7 ♈	1 ♓	21 ♐	12 ♍	7 ♈
14	23 ♓ 15	25 ♓ 28	15 ♊ 3	14 ♊ 24	27 ♒ 0	20 ♓ 4	5 ♊ 32	19 ♒ 25	9 ♒ 45	8 ♉ 6	20 ♓ 43	26 ♑ 19	7 ♈	1 ♓	21 ♐	12 ♍	7 ♈
15	24 ♓ 15	7 ♈ 50	15 ♊ 0	14 ♊ 11	28 ♒ 17	21 ♓ 19	6 ♊ 7	19 ♒ 38	9 ♒ 51	8 ♉ 9	20 ♓ 46	26 ♑ 20	8 ♈	2 ♓	21 ♐	11 ♍	7 ♈
16	25 ♓ 14	20 ♈ 1	14 ♊ 57	13 ♊ 59	29 ♒ 35	22 ♓ 33	6 ♊ 42	19 ♒ 51	9 ♒ 57	8 ♉ 12	20 ♓ 48	26 ♑ 21	8 ♈	2 ♓	22 ♐	11 ♍	8 ♈
17	26 ♓ 14	2 ♉ 1	14 ♊ 54	13 ♊ 50	0 ♓ 55	23 ♓ 48	7 ♊ 18	20 ♒ 4	10 ♒ 2	8 ♉ 15	20 ♓ 50	26 ♑ 22	9 ♈	2 ♓	22 ♐	11 ♍	8 ♈
18	27 ♓ 14	13 ♉ 53	14 ♊ 51	13 ♊ 43	2 ♓ 16	25 ♓ 3	7 ♊ 53	20 ♒ 17	10 ♒ 8	8 ♉ 17	20 ♓ 53	26 ♑ 24	9 ♈	3 ♓	22 ♐	11 ♍	8 ♈
19	28 ♓ 14	25 ♉ 41	14 ♊ 48	13 ♊ 40	3 ♓ 40	26 ♓ 18	8 ♊ 29	20 ♒ 29	10 ♒ 13	8 ♉ 20	20 ♓ 55	26 ♑ 25	9 ♈	3 ♓	22 ♐	10 ♍	8 ♈
20	29 ♓ 13	7 ♊ 28	14 ♊ 44	13 ♊ 38	5 ♓ 4	27 ♓ 32	9 ♊ 4	20 ♒ 42	10 ♒ 19	8 ♉ 23	20 ♓ 57	26 ♑ 26	10 ♈	3 ♓	22 ♐	10 ♍	8 ♈
21	0 ♈ 13	19 ♊ 20	14 ♊ 41	13 D 38	6 ♓ 30	28 ♓ 47	9 ♊ 40	20 ♒ 55	10 ♒ 24	8 ♉ 26	20 ♓ 59	26 ♑ 27	10 ♈	4 ♓	22 ♐	10 ♍	8 ♈
22	1 ♈ 12	1 ♋ 22	14 ♊ 38	13 R 39	7 ♓ 58	0 ♈ 2	10 ♊ 15	21 ♒ 7	10 ♒ 30	8 ♉ 29	21 ♓ 2	26 ♑ 28	11 ♈	4 ♓	22 ♐	10 ♍	8 ♈
23	2 ♈ 12	13 ♋ 39	14 ♊ 35	13 ♊ 38	9 ♓ 27	1 ♈ 16	10 ♊ 51	21 ♒ 20	10 ♒ 35	8 ♉ 32	21 ♓ 4	26 ♑ 29	11 ♈	4 ♓	22 ♐	9 ♍	8 ♈
24	3 ♈ 12	26 ♋ 16	14 ♊ 32	13 ♊ 36	10 ♓ 58	2 ♈ 31	11 ♊ 26	21 ♒ 32	10 ♒ 40	8 ♉ 35	21 ♓ 6	26 ♑ 30	11 ♈	5 ♓	23 ♐	9 ♍	8 ♈
25	4 ♈ 11	9 ♌ 19	14 ♊ 28	13 ♊ 31	12 ♓ 29	3 ♈ 46	12 ♊ 2	21 ♒ 44	10 ♒ 46	8 ♉ 38	21 ♓ 8	26 ♑ 31	12 ♈	5 ♓	23 ♐	9 ♍	8 ♈
26	5 ♈ 10	22 ♌ 49	14 ♊ 25	13 ♊ 24	14 ♓ 3	5 ♈ 0	12 ♊ 38	21 ♒ 57	10 ♒ 51	8 ♉ 41	21 ♓ 11	26 ♑ 32	12 ♈	5 ♓	23 ♐	9 ♍	8 ♈
27	6 ♈ 10	6 ♍ 47	14 ♊ 22	13 ♊ 15	15 ♓ 37	6 ♈ 15	13 ♊ 14	22 ♒ 9	10 ♒ 56	8 ♉ 44	21 ♓ 13	26 ♑ 33	13 ♈	6 ♓	23 ♐	9 ♍	8 ♈
28	7 ♈ 9	21 ♍ 12	14 ♊ 19	13 ♊ 4	17 ♓ 13	7 ♈ 30	13 ♊ 49	22 ♒ 21	11 ♒ 1	8 ♉ 47	21 ♓ 15	26 ♑ 34	13 ♈	6 ♓	23 ♐	8 ♍	8 ♈
29	8 ♈ 9	5 ♎ 57	14 ♊ 16	12 ♊ 54	18 ♓ 50	8 ♈ 44	14 ♊ 25	22 ♒ 33	11 ♒ 6	8 ♉ 50	21 ♓ 17	26 ♑ 35	13 ♈	6 ♓	23 ♐	8 ♍	8 ♈
30	9 ♈ 8	20 ♎ 53	14 ♊ 13	12 ♊ 45	20 ♓ 29	9 ♈ 59	15 ♊ 1	22 ♒ 45	11 ♒ 11	8 ♉ 53	21 ♓ 19	26 ♑ 36	14 ♈	6 ♓	23 ♐	8 ♍	8 ♈
31	10 ♈ 7	5 ♏ 54	14 ♊ 9	12 ♊ 38	22 ♓ 9	11 ♈ 13	15 ♊ 37	22 ♒ 57	11 ♒ 15	8 ♉ 56	21 ♓ 22	26 ♑ 36	14 ♈	7 ♓	23 ♐	8 ♍	8 ♈

SUN INGRESS	☉ → ♈ 20日 18:37
MOON PHASE	◑ 6日 10:30 ♐ ● 13日 19:21 ♓ ◐ 21日 23:40 ♋ ○ 29日 03:48 ♎

aspects		
4日	02:09	♀⚹♅
5日	12:27	☿☌♃
11日	09:01	☉☌♆
14日	13:08	♀☌♆
17日	03:26	☉⚹♇
19日	02:20	♀⚹♇
22日	08:35	☿⚹♅
22日	11:35	♂△♄
24日	12:26	☿□♂
26日	15:58	☉☌♀
30日	12:24	☿☌♆
31日	00:47	♀⚹♄

2021年4月

DAY	☉	☽	☊ mean	☊ true	☿	♀	♂	♃	♄	♅	♆	♇	⚳	⚴	⚵	⚶	⚷
	° ′	° ′	° ′	° ′	° ′	° ′	° ′	° ′	° ′	° ′	° ′	° ′	°	°	°	°	°
1	11 ♈ 6	20 ♏ 48	14 ♊ 6	12 R 34	23 D 50	12 D 28	16 D 13	23 D 9	11 D 20	8 D 59	21 D 24	26 D 37	15 D	7 D	23 D	8 R	8 D
2	12 ♈ 6	5 ♐ 29	14 ♊ 3	12 ♊ 32	25 ♓ 33	13 ♈ 42	16 ♊ 49	23 ♒ 21	11 ♒ 25	9 ♉ 2	21 ♓ 26	26 ♑ 38	15 ♈	7 ♓	23 ♐	8 ♍	9 ♈
3	13 ♈ 5	19 ♐ 52	14 ♊ 0	12 D 32	27 ♓ 17	14 ♈ 57	17 ♊ 24	23 ♒ 32	11 ♒ 29	9 ♉ 5	21 ♓ 28	26 ♑ 39	15 ♈	8 ♓	23 ♐	7 ♍	9 ♈
4	14 ♈ 4	3 ♑ 56	13 ♊ 57	12 ♊ 33	29 ♓ 3	16 ♈ 11	18 ♊ 0	23 ♒ 44	11 ♒ 34	9 ♉ 9	21 ♓ 30	26 ♑ 39	16 ♈	8 ♓	23 ♐	7 ♍	9 ♈
5	15 ♈ 3	17 ♑ 39	13 ♊ 54	12 R 33	0 ♈ 50	17 ♈ 26	18 ♊ 36	23 ♒ 55	11 ♒ 38	9 ♉ 12	21 ♓ 32	26 ♑ 40	16 ♈	8 ♓	23 ♐	7 ♍	9 ♈
6	16 ♈ 2	1 ♒ 4	13 ♊ 50	12 ♊ 32	2 ♈ 39	18 ♈ 40	19 ♊ 12	24 ♒ 7	11 ♒ 43	9 ♉ 15	21 ♓ 34	26 ♑ 41	17 ♈	9 ♓	23 ♐	7 ♍	9 ♈
7	17 ♈ 1	14 ♒ 12	13 ♊ 47	12 ♊ 29	4 ♈ 29	19 ♈ 54	19 ♊ 48	24 ♒ 18	11 ♒ 47	9 ♉ 18	21 ♓ 37	26 ♑ 41	17 ♈	9 ♓	23 ♐	7 ♍	9 ♈
8	18 ♈ 0	27 ♒ 4	13 ♊ 44	12 ♊ 23	6 ♈ 20	21 ♈ 9	20 ♊ 25	24 ♒ 29	11 ♒ 51	9 ♉ 22	21 ♓ 39	26 ♑ 42	17 ♈	9 ♓	23 ♐	7 ♍	9 ♈
9	18 ♈ 59	9 ♓ 44	13 ♊ 41	12 ♊ 16	8 ♈ 13	22 ♈ 23	21 ♊ 1	24 ♒ 40	11 ♒ 55	9 ♉ 25	21 ♓ 41	26 ♑ 43	18 ♈	9 ♓	23 ♐	7 ♍	9 ♈
10	19 ♈ 58	22 ♓ 12	13 ♊ 38	12 ♊ 6	10 ♈ 7	23 ♈ 38	21 ♊ 37	24 ♒ 51	11 ♒ 59	9 ♉ 28	21 ♓ 43	26 ♑ 43	18 ♈	10 ♓	24 ♐	7 ♍	9 ♈
11	20 ♈ 57	4 ♈ 29	13 ♊ 34	11 ♊ 56	12 ♈ 3	24 ♈ 52	22 ♊ 13	25 ♒ 2	12 ♒ 3	9 ♉ 31	21 ♓ 45	26 ♑ 44	19 ♈	10 ♓	24 ♐	7 ♍	9 ♈
12	21 ♈ 56	16 ♈ 38	13 ♊ 31	11 ♊ 47	14 ♈ 0	26 ♈ 6	22 ♊ 49	25 ♒ 13	12 ♒ 7	9 ♉ 35	21 ♓ 47	26 ♑ 44	19 ♈	10 ♓	24 ♐	7 ♍	9 ♈
13	22 ♈ 55	28 ♈ 38	13 ♊ 28	11 ♊ 39	15 ♈ 58	27 ♈ 21	23 ♊ 25	25 ♒ 24	12 ♒ 11	9 ♉ 38	21 ♓ 49	26 ♑ 45	19 ♈	11 ♓	24 R	6 ♍	9 ♈
14	23 ♈ 54	10 ♉ 32	13 ♊ 25	11 ♊ 32	17 ♈ 58	28 ♈ 35	24 ♊ 1	25 ♒ 34	12 ♒ 15	9 ♉ 41	21 ♓ 51	26 ♑ 45	20 ♈	11 ♓	24 ♐	6 ♍	9 ♈
15	24 ♈ 52	22 ♉ 21	13 ♊ 22	11 ♊ 28	20 ♈ 0	29 ♈ 49	24 ♊ 38	25 ♒ 45	12 ♒ 19	9 ♉ 45	21 ♓ 53	26 ♑ 45	20 ♈	11 ♓	24 ♐	6 ♍	9 ♈
16	25 ♈ 51	4 ♊ 7	13 ♊ 19	11 ♊ 26	22 ♈ 2	1 ♉ 3	25 ♊ 14	25 ♒ 55	12 ♒ 22	9 ♉ 48	21 ♓ 55	26 ♑ 46	21 ♈	12 ♓	24 ♐	6 ♍	9 ♈
17	26 ♈ 50	15 ♊ 55	13 ♊ 15	11 D 26	24 ♈ 6	2 ♉ 18	25 ♊ 50	26 ♒ 6	12 ♒ 26	9 ♉ 52	21 ♓ 57	26 ♑ 46	21 ♈	12 ♓	23 ♐	6 ♍	9 ♈
18	27 ♈ 49	27 ♊ 47	13 ♊ 12	11 ♊ 27	26 ♈ 11	3 ♉ 32	26 ♊ 26	26 ♒ 16	12 ♒ 29	9 ♉ 55	21 ♓ 59	26 ♑ 46	21 ♈	12 ♓	23 ♐	6 ♍	9 ♈
19	28 ♈ 47	9 ♋ 49	13 ♊ 9	11 ♊ 28	28 ♈ 17	4 ♉ 46	27 ♊ 3	26 ♒ 26	12 ♒ 32	9 ♉ 58	22 ♓ 1	26 ♑ 47	22 ♈	12 ♓	23 ♐	6 ♍	10 ♈
20	29 ♈ 46	22 ♋ 5	13 ♊ 6	11 ♊ 29	0 ♉ 23	6 ♉ 0	27 ♊ 39	26 ♒ 36	12 ♒ 36	10 ♉ 2	22 ♓ 3	26 ♑ 47	22 ♈	13 ♓	23 ♐	6 ♍	10 ♈
21	0 ♉ 45	4 ♌ 40	13 ♊ 3	11 R 30	2 ♉ 31	7 ♉ 14	28 ♊ 15	26 ♒ 46	12 ♒ 39	10 ♉ 5	22 ♓ 4	26 ♑ 47	22 ♈	13 ♓	23 ♐	6 D	10 ♈
22	1 ♉ 43	17 ♌ 38	12 ♊ 59	11 ♊ 28	4 ♉ 38	8 ♉ 28	28 ♊ 52	26 ♒ 55	12 ♒ 42	10 ♉ 9	22 ♓ 6	26 ♑ 47	23 ♈	13 ♓	23 ♐	6 ♍	10 ♈
23	2 ♉ 42	1 ♍ 3	12 ♊ 56	11 ♊ 25	6 ♉ 46	9 ♉ 43	29 ♊ 28	27 ♒ 5	12 ♒ 45	10 ♉ 12	22 ♓ 8	26 ♑ 48	23 ♈	14 ♓	23 ♐	6 ♍	10 ♈
24	3 ♉ 40	14 ♍ 57	12 ♊ 53	11 ♊ 21	8 ♉ 54	10 ♉ 57	0 ♋ 4	27 ♒ 14	12 ♒ 48	10 ♉ 15	22 ♓ 10	26 ♑ 48	24 ♈	14 ♓	23 ♐	6 ♍	10 ♈
25	4 ♉ 38	29 ♍ 20	12 ♊ 50	11 ♊ 16	11 ♉ 2	12 ♉ 11	0 ♋ 41	27 ♒ 24	12 ♒ 50	10 ♉ 19	22 ♓ 12	26 ♑ 48	24 ♈	14 ♓	23 ♐	6 ♍	10 ♈
26	5 ♉ 37	14 ♎ 6	12 ♊ 47	11 ♊ 11	13 ♉ 9	13 ♉ 25	1 ♋ 17	27 ♒ 33	12 ♒ 53	10 ♉ 22	22 ♓ 14	26 ♑ 48	24 ♈	14 ♓	23 ♐	6 ♍	10 ♈
27	6 ♉ 35	29 ♎ 10	12 ♊ 44	11 ♊ 6	15 ♉ 15	14 ♉ 39	1 ♋ 54	27 ♒ 42	12 ♒ 56	10 ♉ 26	22 ♓ 15	26 ♑ 48	25 ♈	15 ♓	23 ♐	6 ♍	10 ♈
28	7 ♉ 34	14 ♏ 22	12 ♊ 40	11 ♊ 2	17 ♉ 20	15 ♉ 53	2 ♋ 30	27 ♒ 51	12 ♒ 58	10 ♉ 29	22 ♓ 17	26 ♑ 48	25 ♈	15 ♓	23 ♐	6 ♍	10 ♈
29	8 ♉ 32	29 ♏ 33	12 ♊ 37	11 ♊ 0	19 ♉ 23	17 ♉ 7	3 ♋ 6	28 ♒ 0	13 ♒ 1	10 ♉ 33	22 ♓ 19	26 R 48	26 ♈	15 ♓	23 ♐	6 ♍	10 ♈
30	9 ♉ 30	14 ♐ 32	12 ♊ 34	11 D 0	21 ♉ 24	18 ♉ 21	3 ♋ 43	28 ♒ 9	13 ♒ 3	10 ♉ 36	22 ♓ 21	26 ♑ 48	26 ♈	15 ♓	23 ♐	7 ♍	10 ♈

SUN INGRESS	☉ → ♉ 20日 05:33
MOON PHASE	◑ 4日 19:02 ♑ ● 12日 11:31 ♈ ◐ 20日 15:59 ♌ ○ 27日 12:31 ♏

aspects		
1日	06:05	☉⚹♄
2日	15:04	☿⚹♇
6日	20:18	♀⚹♂
10日	04:18	♂□♆
11日	00:09	☿⚹♄
11日	03:53	♀⚹♃
12日	12:20	♀□♇
14日	08:09	☉⚹♂
16日	01:59	☉⚹♃
16日	22:27	☉□♇
17日	14:14	♂△♃
18日	01:00	☿⚹♃
18日	04:09	☿⚹♂
18日	06:49	☿□♇
19日	10:50	☉☌☿
23日	10:01	♀☌♅
24日	15:42	☿☌♅
25日	13:22	♀□♄
25日	20:58	☿□♄
26日	07:19	☿☌♀
30日	11:27	☿⚹♆

2021年5月

DAY	☉	☽	☊ mean	☊ true	☿	♀	♂	♃	♄	♅	♆	♇	⚳	⚴	⚵	⚶	⚷
	° ′	° ′	° ′	° ′	° ′	° ′	° ′	° ′	° ′	° ′	° ′	° ′	°	°	°	°	°
1	10 ♉ 28	29 ♐ 14	12 ♊ 31	11 D 1	23 D 23	19 D 35	4 D 19	28 D 18	13 D 5	10 D 40	22 D 22	26 R 48	26 D	16 D	23 R	7 D	10 D
2	11 ♉ 27	13 ♑ 32	12 ♊ 28	11 ♊ 2	25 ♉ 20	20 ♉ 49	4 ♋ 56	28 ♒ 26	13 ♒ 7	10 ♉ 43	22 ♓ 24	26 ♑ 48	27 ♈	16 ♓	23 ♐	7 ♍	10 ♈
3	12 ♉ 25	27 ♑ 26	12 ♊ 25	11 ♊ 4	27 ♉ 15	22 ♉ 2	5 ♋ 32	28 ♒ 34	13 ♒ 9	10 ♉ 47	22 ♓ 26	26 ♑ 48	27 ♈	16 ♓	22 ♐	7 ♍	10 ♈
4	13 ♉ 23	10 ♒ 55	12 ♊ 21	11 ♊ 4	29 ♉ 6	23 ♉ 16	6 ♋ 9	28 ♒ 43	13 ♒ 11	10 ♉ 50	22 ♓ 27	26 ♑ 48	28 ♈	16 ♓	22 ♐	7 ♍	10 ♈
5	14 ♉ 21	24 ♒ 1	12 ♊ 18	11 R 4	0 ♊ 54	24 ♉ 30	6 ♋ 45	28 ♒ 51	13 ♒ 13	10 ♉ 53	22 ♓ 29	26 ♑ 47	28 ♈	17 ♓	22 ♐	7 ♍	10 ♈
6	15 ♉ 19	6 ♓ 48	12 ♊ 15	11 ♊ 2	2 ♊ 39	25 ♉ 44	7 ♋ 22	28 ♒ 59	13 ♒ 15	10 ♉ 57	22 ♓ 30	26 ♑ 47	28 ♈	17 ♓	22 ♐	7 ♍	10 ♈
7	16 ♉ 18	19 ♓ 18	12 ♊ 12	11 ♊ 0	4 ♊ 21	26 ♉ 58	7 ♋ 58	29 ♒ 7	13 ♒ 17	11 ♉ 0	22 ♓ 32	26 ♑ 47	29 ♈	17 ♓	22 ♐	7 ♍	10 ♈
8	17 ♉ 16	1 ♈ 35	12 ♊ 9	10 ♊ 56	5 ♊ 59	28 ♉ 12	8 ♋ 35	29 ♒ 14	13 ♒ 18	11 ♉ 4	22 ♓ 33	26 ♑ 47	29 ♈	17 ♓	22 ♐	7 ♍	11 ♈
9	18 ♉ 14	13 ♈ 41	12 ♊ 5	10 ♊ 53	7 ♊ 33	29 ♉ 26	9 ♋ 11	29 ♒ 22	13 ♒ 20	11 ♉ 7	22 ♓ 35	26 ♑ 46	0 ♉	18 ♓	22 ♐	7 ♍	11 ♈
10	19 ♉ 12	25 ♈ 39	12 ♊ 2	10 ♊ 49	9 ♊ 4	0 ♊ 39	9 ♋ 48	29 ♒ 29	13 ♒ 21	11 ♉ 11	22 ♓ 36	26 ♑ 46	0 ♉	18 ♓	22 ♐	8 ♍	11 ♈
11	20 ♉ 10	7 ♉ 31	11 ♊ 59	10 ♊ 46	10 ♊ 31	1 ♊ 53	10 ♋ 25	29 ♒ 36	13 ♒ 23	11 ♉ 14	22 ♓ 38	26 ♑ 46	0 ♉	18 ♓	21 ♐	8 ♍	11 ♈
12	21 ♉ 8	19 ♉ 20	11 ♊ 56	10 ♊ 44	11 ♊ 54	3 ♊ 7	11 ♋ 1	29 ♒ 44	13 ♒ 24	11 ♉ 18	22 ♓ 39	26 ♑ 45	1 ♉	18 ♓	21 ♐	8 ♍	11 ♈
13	22 ♉ 6	1 ♊ 7	11 ♊ 53	10 ♊ 42	13 ♊ 14	4 ♊ 21	11 ♋ 38	29 ♒ 51	13 ♒ 25	11 ♉ 21	22 ♓ 40	26 ♑ 45	1 ♉	19 ♓	21 ♐	8 ♍	11 ♈
14	23 ♉ 4	12 ♊ 55	11 ♊ 50	10 D 42	14 ♊ 29	5 ♊ 34	12 ♋ 15	29 ♒ 57	13 ♒ 26	11 ♉ 24	22 ♓ 42	26 ♑ 44	2 ♉	19 ♓	21 ♐	8 ♍	11 ♈
15	24 ♉ 2	24 ♊ 46	11 ♊ 46	10 ♊ 43	15 ♊ 40	6 ♊ 48	12 ♋ 51	0 ♓ 4	13 ♒ 27	11 ♉ 28	22 ♓ 43	26 ♑ 44	2 ♉	19 ♓	21 ♐	8 ♍	11 ♈
16	24 ♉ 59	6 ♋ 44	11 ♊ 43	10 ♊ 44	16 ♊ 47	8 ♊ 2	13 ♋ 28	0 ♓ 11	13 ♒ 28	11 ♉ 31	22 ♓ 44	26 ♑ 44	2 ♉	19 ♓	21 ♐	9 ♍	11 ♈
17	25 ♉ 57	18 ♋ 51	11 ♊ 40	10 ♊ 45	17 ♊ 50	9 ♊ 15	14 ♋ 5	0 ♓ 17	13 ♒ 28	11 ♉ 35	22 ♓ 46	26 ♑ 43	3 ♉	20 ♓	20 ♐	9 ♍	11 ♈
18	26 ♉ 55	1 ♌ 10	11 ♊ 37	10 ♊ 46	18 ♊ 49	10 ♊ 29	14 ♋ 41	0 ♓ 23	13 ♒ 29	11 ♉ 38	22 ♓ 47	26 ♑ 42	3 ♉	20 ♓	20 ♐	9 ♍	11 ♈
19	27 ♉ 53	13 ♌ 46	11 ♊ 34	10 ♊ 47	19 ♊ 43	11 ♊ 43	15 ♋ 18	0 ♓ 29	13 ♒ 29	11 ♉ 41	22 ♓ 48	26 ♑ 42	4 ♉	20 ♓	20 ♐	9 ♍	11 ♈
20	28 ♉ 51	26 ♌ 42	11 ♊ 31	10 ♊ 47	20 ♊ 34	12 ♊ 56	15 ♋ 55	0 ♓ 35	13 ♒ 30	11 ♉ 45	22 ♓ 49	26 ♑ 41	4 ♉	20 ♓	20 ♐	9 ♍	11 ♈
21	29 ♉ 48	10 ♍ 2	11 ♊ 27	10 R 47	21 ♊ 19	14 ♊ 10	16 ♋ 31	0 ♓ 41	13 ♒ 30	11 ♉ 48	22 ♓ 50	26 ♑ 41	4 ♉	21 ♓	20 ♐	10 ♍	11 ♈
22	0 ♊ 46	23 ♍ 47	11 ♊ 24	10 ♊ 47	22 ♊ 0	15 ♊ 24	17 ♋ 8	0 ♓ 46	13 ♒ 30	11 ♉ 51	22 ♓ 52	26 ♑ 40	5 ♉	21 ♓	19 ♐	10 ♍	11 ♈
23	1 ♊ 44	7 ♎ 58	11 ♊ 21	10 ♊ 46	22 ♊ 37	16 ♊ 37	17 ♋ 45	0 ♓ 52	13 ♒ 31	11 ♉ 55	22 ♓ 53	26 ♑ 39	5 ♉	21 ♓	19 ♐	10 ♍	11 ♈
24	2 ♊ 41	22 ♎ 34	11 ♊ 18	10 ♊ 45	23 ♊ 9	17 ♊ 51	18 ♋ 22	0 ♓ 57	13 R 31	11 ♉ 58	22 ♓ 54	26 ♑ 39	5 ♉	21 ♓	19 ♐	10 ♍	11 ♈
25	3 ♊ 39	7 ♏ 29	11 ♊ 15	10 ♊ 44	23 ♊ 36	19 ♊ 4	18 ♋ 58	1 ♓ 2	13 ♒ 30	12 ♉ 1	22 ♓ 55	26 ♑ 38	6 ♉	21 ♓	19 ♐	10 ♍	11 ♈
26	4 ♊ 37	22 ♏ 37	11 ♊ 11	10 ♊ 43	23 ♊ 59	20 ♊ 18	19 ♋ 35	1 ♓ 7	13 ♒ 30	12 ♉ 4	22 ♓ 56	26 ♑ 37	6 ♉	22 ♓	19 ♐	11 ♍	11 ♈
27	5 ♊ 34	7 ♐ 48	11 ♊ 8	10 ♊ 43	24 ♊ 17	21 ♊ 31	20 ♋ 12	1 ♓ 11	13 ♒ 30	12 ♉ 8	22 ♓ 57	26 ♑ 36	7 ♉	22 ♓	18 ♐	11 ♍	11 ♈
28	6 ♊ 32	22 ♐ 54	11 ♊ 5	10 D 43	24 ♊ 30	22 ♊ 44	20 ♋ 49	1 ♓ 16	13 ♒ 30	12 ♉ 11	22 ♓ 58	26 ♑ 36	7 ♉	22 ♓	18 ♐	11 ♍	11 ♈
29	7 ♊ 29	7 ♑ 46	11 ♊ 2	10 ♊ 44	24 ♊ 39	23 ♊ 58	21 ♋ 25	1 ♓ 20	13 ♒ 29	12 ♉ 14	22 ♓ 59	26 ♑ 35	7 ♉	22 ♓	18 ♐	11 ♍	11 ♈
30	8 ♊ 27	22 ♑ 16	10 ♊ 59	10 ♊ 44	24 ♊ 42	25 ♊ 11	22 ♋ 2	1 ♓ 25	13 ♒ 29	12 ♉ 17	23 ♓ 0	26 ♑ 34	8 ♉	22 ♓	18 ♐	12 ♍	12 ♈
31	9 ♊ 25	6 ♒ 21	10 ♊ 56	10 ♊ 44	24 R 41	26 ♊ 25	22 ♋ 39	1 ♓ 29	13 ♒ 28	12 ♉ 21	23 ♓ 0	26 ♑ 33	8 ♉	23 ♓	18 ♐	12 ♍	12 ♈

SUN INGRESS ☉ → ♊ 21日 04:37

MOON PHASE ◑ 4日 04:50 ♒ ● 12日 04:00 ♉ ◐ 20日 04:12 ♌ ○ 26日 20:14 ♐

aspects		
1日	04:54	☉☌♅
2日	18:19	☿△♇
3日	07:39	♀⚹♆
3日	18:34	☿□♃
3日	19:02	☉□♄
6日	20:25	♀△♇
8日	22:38	♀□♃
12日	11:48	♂⚹♅
13日	03:34	☿△♄
13日	14:45	☉⚹♆
17日	18:49	☉△♇
20日	10:58	♀△♄
22日	00:04	☉□♃
23日	11:43	☿□♆
28日	04:25	♀□♆
29日	14:13	☿☌♀
31日	14:16	♂△♆

2021年6月

DAY	☉	☽	☊ mean	☊ true	☿	♀	♂	♃	♄	♅	♆	♇	⚳	⚴	⚵	⚶	⚷
	° ′	° ′	° ′	° ′	° ′	° ′	° ′	° ′	° ′	° ′	° ′	° ′	°	°	°	°	°
1	10 ♊ 22	19 ♒ 59	10 ♊ 52	10 D 44	24 R 36	27 D 38	23 D 16	1 D 32	13 R 27	12 D 24	23 D 1	26 R 32	8 D	23 D	17 R	12 D	12 D
2	11 ♊ 20	3 ♓ 11	10 ♊ 49	10 R 44	24 ♊ 26	28 ♊ 51	23 ♋ 53	1 ♓ 36	13 ♒ 26	12 ♉ 27	23 ♓ 2	26 ♑ 31	9 ♉	23 ♓	17 ♐	12 ♍	12 ♈
3	12 ♊ 17	16 ♓ 0	10 ♊ 46	10 D 44	24 ♊ 13	0 ♋ 5	24 ♋ 30	1 ♓ 40	13 ♒ 25	12 ♉ 30	23 ♓ 3	26 ♑ 31	9 ♉	23 ♓	17 ♐	13 ♍	12 ♈
4	13 ♊ 14	28 ♓ 28	10 ♊ 43	10 ♊ 44	23 ♊ 55	1 ♋ 18	25 ♋ 6	1 ♓ 43	13 ♒ 24	12 ♉ 33	23 ♓ 4	26 ♑ 30	10 ♉	23 ♓	17 ♐	13 ♍	12 ♈
5	14 ♊ 12	10 ♈ 40	10 ♊ 40	10 ♊ 44	23 ♊ 34	2 ♋ 31	25 ♋ 43	1 ♓ 46	13 ♒ 23	12 ♉ 36	23 ♓ 4	26 ♑ 29	10 ♉	23 ♓	16 ♐	13 ♍	12 ♈
6	15 ♊ 9	22 ♈ 40	10 ♊ 37	10 ♊ 45	23 ♊ 9	3 ♋ 45	26 ♋ 20	1 ♓ 49	13 ♒ 22	12 ♉ 39	23 ♓ 5	26 ♑ 28	10 ♉	24 ♓	16 ♐	14 ♍	12 ♈
7	16 ♊ 7	4 ♉ 33	10 ♊ 33	10 ♊ 45	22 ♊ 42	4 ♋ 58	26 ♋ 57	1 ♓ 52	13 ♒ 21	12 ♉ 42	23 ♓ 6	26 ♑ 27	11 ♉	24 ♓	16 ♐	14 ♍	12 ♈
8	17 ♊ 4	16 ♉ 21	10 ♊ 30	10 ♊ 46	22 ♊ 13	6 ♋ 11	27 ♋ 34	1 ♓ 54	13 ♒ 19	12 ♉ 45	23 ♓ 6	26 ♑ 26	11 ♉	24 ♓	16 ♐	14 ♍	12 ♈
9	18 ♊ 2	28 ♉ 8	10 ♊ 27	10 ♊ 46	21 ♊ 41	7 ♋ 24	28 ♋ 11	1 ♓ 57	13 ♒ 18	12 ♉ 48	23 ♓ 7	26 ♑ 25	12 ♉	24 ♓	16 ♐	14 ♍	12 ♈
10	18 ♊ 59	9 ♊ 57	10 ♊ 24	10 ♊ 47	21 ♊ 9	8 ♋ 38	28 ♋ 48	1 ♓ 59	13 ♒ 16	12 ♉ 51	23 ♓ 7	26 ♑ 24	12 ♉	24 ♓	15 ♐	15 ♍	12 ♈
11	19 ♊ 56	21 ♊ 50	10 ♊ 21	10 R 46	20 ♊ 35	9 ♋ 51	29 ♋ 25	2 ♓ 1	13 ♒ 15	12 ♉ 54	23 ♓ 8	26 ♑ 22	12 ♉	24 ♓	15 ♐	15 ♍	12 ♈
12	20 ♊ 54	3 ♋ 49	10 ♊ 17	10 ♊ 46	20 ♊ 2	11 ♋ 4	0 ♌ 2	2 ♓ 3	13 ♒ 13	12 ♉ 57	23 ♓ 8	26 ♑ 21	13 ♉	25 ♓	15 ♐	15 ♍	12 ♈
13	21 ♊ 51	15 ♋ 57	10 ♊ 14	10 ♊ 45	19 ♊ 28	12 ♋ 17	0 ♌ 39	2 ♓ 4	13 ♒ 11	13 ♉ 0	23 ♓ 9	26 ♑ 20	13 ♉	25 ♓	15 ♐	16 ♍	12 ♈
14	22 ♊ 49	28 ♋ 15	10 ♊ 11	10 ♊ 43	18 ♊ 56	13 ♋ 30	1 ♌ 16	2 ♓ 6	13 ♒ 9	13 ♉ 3	23 ♓ 9	26 ♑ 19	13 ♉	25 ♓	14 ♐	16 ♍	12 ♈
15	23 ♊ 46	10 ♌ 45	10 ♊ 8	10 ♊ 41	18 ♊ 25	14 ♋ 43	1 ♌ 53	2 ♓ 7	13 ♒ 7	13 ♉ 6	23 ♓ 9	26 ♑ 18	14 ♉	25 ♓	14 ♐	16 ♍	12 ♈
16	24 ♊ 43	23 ♌ 30	10 ♊ 5	10 ♊ 40	17 ♊ 57	15 ♋ 56	2 ♌ 30	2 ♓ 8	13 ♒ 5	13 ♉ 8	23 ♓ 10	26 ♑ 17	14 ♉	25 ♓	14 ♐	17 ♍	12 ♈
17	25 ♊ 41	6 ♍ 31	10 ♊ 2	10 ♊ 38	17 ♊ 30	17 ♋ 9	3 ♌ 7	2 ♓ 9	13 ♒ 3	13 ♉ 11	23 ♓ 10	26 ♑ 16	14 ♉	25 ♓	14 ♐	17 ♍	12 ♈
18	26 ♊ 38	19 ♍ 51	9 ♊ 58	10 ♊ 37	17 ♊ 7	18 ♋ 22	3 ♌ 44	2 ♓ 10	13 ♒ 0	13 ♉ 14	23 ♓ 10	26 ♑ 14	15 ♉	25 ♓	13 ♐	17 ♍	12 ♈
19	27 ♊ 35	3 ♎ 30	9 ♊ 55	10 D 37	16 ♊ 47	19 ♋ 35	4 ♌ 21	2 ♓ 10	12 ♒ 58	13 ♉ 17	23 ♓ 11	26 ♑ 13	15 ♉	26 ♓	13 ♐	18 ♍	12 ♈
20	28 ♊ 32	17 ♎ 30	9 ♊ 52	10 ♊ 38	16 ♊ 31	20 ♋ 48	4 ♌ 58	2 ♓ 10	12 ♒ 56	13 ♉ 19	23 ♓ 11	26 ♑ 12	16 ♉	26 ♓	13 ♐	18 ♍	12 ♈
21	29 ♊ 30	1 ♏ 49	9 ♊ 49	10 ♊ 39	16 ♊ 19	22 ♋ 1	5 ♌ 35	2 ♓ 11	12 ♒ 53	13 ♉ 22	23 ♓ 11	26 ♑ 11	16 ♉	26 ♓	13 ♐	18 ♍	12 ♈
22	0 ♋ 27	16 ♏ 27	9 ♊ 46	10 ♊ 40	16 ♊ 11	23 ♋ 14	6 ♌ 12	2 R 10	12 ♒ 50	13 ♉ 24	23 ♓ 11	26 ♑ 9	16 ♉	26 ♓	13 ♐	19 ♍	12 ♈
23	1 ♋ 24	1 ♐ 17	9 ♊ 43	10 ♊ 41	16 ♊ 7	24 ♋ 27	6 ♌ 49	2 ♓ 10	12 ♒ 48	13 ♉ 27	23 ♓ 11	26 ♑ 8	17 ♉	26 ♓	12 ♐	19 ♍	12 ♈
24	2 ♋ 21	16 ♐ 14	9 ♊ 39	10 R 41	16 D 8	25 ♋ 40	7 ♌ 26	2 ♓ 10	12 ♒ 45	13 ♉ 30	23 ♓ 11	26 ♑ 7	17 ♉	26 ♓	12 ♐	19 ♍	12 ♈
25	3 ♋ 19	1 ♑ 11	9 ♊ 36	10 ♊ 41	16 ♊ 14	26 ♋ 53	8 ♌ 3	2 ♓ 9	12 ♒ 42	13 ♉ 32	23 ♓ 11	26 ♑ 6	17 ♉	26 ♓	12 ♐	20 ♍	12 ♈
26	4 ♋ 16	15 ♑ 59	9 ♊ 33	10 ♊ 38	16 ♊ 24	28 ♋ 6	8 ♌ 40	2 ♓ 8	12 ♒ 39	13 ♉ 35	23 ♓ 11	26 ♑ 4	18 ♉	26 ♓	12 ♐	20 ♍	12 ♈
27	5 ♋ 13	0 ♒ 30	9 ♊ 30	10 ♊ 36	16 ♊ 39	29 ♋ 19	9 ♌ 17	2 ♓ 7	12 ♒ 36	13 ♉ 37	23 R 11	26 ♑ 3	18 ♉	26 ♓	12 ♐	21 ♍	12 ♈
28	6 ♋ 10	14 ♒ 40	9 ♊ 27	10 ♊ 32	16 ♊ 59	0 ♌ 32	9 ♌ 55	2 ♓ 6	12 ♒ 33	13 ♉ 39	23 ♓ 11	26 ♑ 2	18 ♉	27 ♓	11 ♐	21 ♍	12 ♈
29	7 ♋ 7	28 ♒ 24	9 ♊ 23	10 ♊ 28	17 ♊ 24	1 ♌ 44	10 ♌ 32	2 ♓ 4	12 ♒ 30	13 ♉ 42	23 ♓ 11	26 ♑ 0	19 ♉	27 ♓	11 ♐	21 ♍	12 ♈
30	8 ♋ 5	11 ♓ 41	9 ♊ 20	10 ♊ 25	17 ♊ 53	2 ♌ 57	11 ♌ 9	2 ♓ 3	12 ♒ 27	13 ♉ 44	23 ♓ 11	25 ♑ 59	19 ♉	27 ♓	11 ♐	22 ♍	12 ♈

SUN INGRESS ☉ → ♋ 21日 12:32

MOON PHASE ◑ 2日 16:24 ♓ ● 10日 19:52 ♊ ◐ 18日 12:54 ♍ ○ 25日 03:40 ♑

aspects		
4日	04:06	☉△♄
4日	08:33	♀△♃
6日	04:05	☿□♆
6日	04:45	♂☍♇
11日	10:13	☉☌☿
13日	14:38	♀⚹♅
14日	08:40	☉□♆
15日	07:01	♄□♅
21日	22:57	♀△♆
23日	19:11	☉△♃
24日	08:39	♀☍♇

2021年7月

DAY	☉	☽	☊ mean	☊ true	☿	♀	♂	♃	♄	♅	♆	♇	⚳	⚴	⚵	⚶	⚷
1	9 ♋ 2	24 ♓ 33	9 ♊ 17	10 R 23	18 D 28	4 D 10	11 D 46	2 R 1	12 R 23	13 D 47	23 R 11	25 R 58	19 D	27 D	11 R	22 D	12 D
2	9 ♋ 59	7 ♈ 4	9 ♊ 14	10 ♊ 22	19 ♊ 6	5 ♌ 22	12 ♌ 23	1 ♓ 59	12 ♒ 20	13 ♉ 49	23 ♓ 11	25 ♑ 56	20 ♉	27 ♓	11 ♐	22 ♍	12 ♈
3	10 ♋ 56	19 ♈ 16	9 ♊ 11	10 D 23	19 ♊ 50	6 ♌ 35	13 ♌ 0	1 ♓ 57	12 ♒ 17	13 ♉ 51	23 ♓ 11	25 ♑ 55	20 ♉	27 ♓	11 ♐	23 ♍	12 ♈
4	11 ♋ 53	1 ♉ 15	9 ♊ 8	10 ♊ 24	20 ♊ 38	7 ♌ 48	13 ♌ 38	1 ♓ 54	12 ♒ 13	13 ♉ 53	23 ♓ 10	25 ♑ 54	21 ♉	27 ♓	10 ♐	23 ♍	12 ♈
5	12 ♋ 51	13 ♉ 6	9 ♊ 4	10 ♊ 26	21 ♊ 31	9 ♌ 0	14 ♌ 15	1 ♓ 52	12 ♒ 10	13 ♉ 55	23 ♓ 10	25 ♑ 52	21 ♉	27 ♓	10 ♐	24 ♍	12 ♈
6	13 ♋ 48	24 ♉ 53	9 ♊ 1	10 ♊ 27	22 ♊ 28	10 ♌ 13	14 ♌ 52	1 ♓ 49	12 ♒ 6	13 ♉ 57	23 ♓ 10	25 ♑ 51	21 ♉	27 ♓	10 ♐	24 ♍	12 ♈
7	14 ♋ 45	6 ♊ 41	8 ♊ 58	10 ♊ 28	23 ♊ 29	11 ♌ 26	15 ♌ 29	1 ♓ 46	12 ♒ 2	14 ♉ 0	23 ♓ 10	25 ♑ 49	22 ♉	27 ♓	10 ♐	24 ♍	12 ♈
8	15 ♋ 42	18 ♊ 34	8 ♊ 55	10 R 28	24 ♊ 35	12 ♌ 38	16 ♌ 7	1 ♓ 43	11 ♒ 59	14 ♉ 2	23 ♓ 9	25 ♑ 48	22 ♉	27 ♓	10 ♐	25 ♍	12 ♈
9	16 ♋ 39	0 ♋ 34	8 ♊ 52	10 ♊ 26	25 ♊ 45	13 ♌ 51	16 ♌ 44	1 ♓ 40	11 ♒ 55	14 ♉ 4	23 ♓ 9	25 ♑ 46	22 ♉	27 ♓	10 ♐	25 ♍	12 ♈
10	17 ♋ 37	12 ♋ 45	8 ♊ 49	10 ♊ 22	26 ♊ 59	15 ♌ 3	17 ♌ 21	1 ♓ 36	11 ♒ 51	14 ♉ 6	23 ♓ 8	25 ♑ 45	23 ♉	27 ♓	9 ♐	26 ♍	12 ♈
11	18 ♋ 34	25 ♋ 7	8 ♊ 45	10 ♊ 17	28 ♊ 17	16 ♌ 16	17 ♌ 59	1 ♓ 33	11 ♒ 47	14 ♉ 8	23 ♓ 8	25 ♑ 44	23 ♉	27 ♓	9 ♐	26 ♍	12 ♈
12	19 ♋ 31	7 ♌ 42	8 ♊ 42	10 ♊ 11	29 ♊ 40	17 ♌ 28	18 ♌ 36	1 ♓ 29	11 ♒ 43	14 ♉ 9	23 ♓ 7	25 ♑ 42	23 ♉	27 ♓	9 ♐	26 ♍	12 ♈
13	20 ♋ 28	20 ♌ 31	8 ♊ 39	10 ♊ 4	1 ♋ 6	18 ♌ 40	19 ♌ 13	1 ♓ 25	11 ♒ 39	14 ♉ 11	23 ♓ 7	25 ♑ 41	24 ♉	27 ♓	9 ♐	27 ♍	12 ♈
14	21 ♋ 26	3 ♍ 32	8 ♊ 36	9 ♊ 58	2 ♋ 37	19 ♌ 53	19 ♌ 51	1 ♓ 20	11 ♒ 35	14 ♉ 13	23 ♓ 6	25 ♑ 39	24 ♉	27 ♓	9 ♐	27 ♍	12 ♈
15	22 ♋ 23	16 ♍ 47	8 ♊ 33	9 ♊ 52	4 ♋ 11	21 ♌ 5	20 ♌ 28	1 ♓ 16	11 ♒ 31	14 ♉ 15	23 ♓ 6	25 ♑ 38	24 ♉	27 R	9 ♐	28 ♍	12 ♈
16	23 ♋ 20	0 ♎ 16	8 ♊ 29	9 ♊ 48	5 ♋ 49	22 ♌ 18	21 ♌ 6	1 ♓ 12	11 ♒ 27	14 ♉ 16	23 ♓ 5	25 ♑ 36	25 ♉	27 ♓	9 ♐	28 ♍	12 ♈
17	24 ♋ 17	13 ♎ 57	8 ♊ 26	9 ♊ 46	7 ♋ 31	23 ♌ 30	21 ♌ 43	1 ♓ 7	11 ♒ 23	14 ♉ 18	23 ♓ 5	25 ♑ 35	25 ♉	27 ♓	9 ♐	28 ♍	12 R
18	25 ♋ 15	27 ♎ 52	8 ♊ 23	9 D 45	9 ♋ 16	24 ♌ 42	22 ♌ 20	1 ♓ 2	11 ♒ 19	14 ♉ 20	23 ♓ 4	25 ♑ 34	25 ♉	27 ♓	9 ♐	29 ♍	12 ♈
19	26 ♋ 12	11 ♏ 59	8 ♊ 20	9 ♊ 46	11 ♋ 4	25 ♌ 54	22 ♌ 58	0 ♓ 57	11 ♒ 15	14 ♉ 21	23 ♓ 3	25 ♑ 32	26 ♉	27 ♓	9 ♐	29 ♍	12 ♈
20	27 ♋ 9	26 ♏ 19	8 ♊ 17	9 ♊ 47	12 ♋ 56	27 ♌ 6	23 ♌ 35	0 ♓ 52	11 ♒ 10	14 ♉ 23	23 ♓ 2	25 ♑ 31	26 ♉	27 ♓	8 ♐	0 ♎	12 ♈
21	28 ♋ 6	10 ♐ 47	8 ♊ 14	9 R 48	14 ♋ 50	28 ♌ 19	24 ♌ 13	0 ♓ 46	11 ♒ 6	14 ♉ 24	23 ♓ 2	25 ♑ 29	26 ♉	27 ♓	8 ♐	0 ♎	12 ♈
22	29 ♋ 4	25 ♐ 22	8 ♊ 10	9 ♊ 47	16 ♋ 47	29 ♌ 31	24 ♌ 50	0 ♓ 41	11 ♒ 2	14 ♉ 26	23 ♓ 1	25 ♑ 28	27 ♉	27 ♓	8 ♐	1 ♎	12 ♈
23	0 ♌ 1	9 ♑ 58	8 ♊ 7	9 ♊ 44	18 ♋ 46	0 ♍ 43	25 ♌ 28	0 ♓ 35	10 ♒ 58	14 ♉ 27	23 ♓ 0	25 ♑ 26	27 ♉	27 ♓	8 ♐	1 ♎	12 ♈
24	0 ♌ 58	24 ♑ 28	8 ♊ 4	9 ♊ 38	20 ♋ 47	1 ♍ 55	26 ♌ 5	0 ♓ 30	10 ♒ 53	14 ♉ 29	22 ♓ 59	25 ♑ 25	27 ♉	27 ♓	8 ♐	1 ♎	12 ♈
25	1 ♌ 55	8 ♒ 48	8 ♊ 1	9 ♊ 31	22 ♋ 50	3 ♍ 7	26 ♌ 43	0 ♓ 24	10 ♒ 49	14 ♉ 30	22 ♓ 58	25 ♑ 24	27 ♉	27 ♓	8 ♐	2 ♎	12 ♈
26	2 ♌ 53	22 ♒ 50	7 ♊ 58	9 ♊ 23	24 ♋ 54	4 ♍ 19	27 ♌ 20	0 ♓ 18	10 ♒ 44	14 ♉ 31	22 ♓ 57	25 ♑ 22	28 ♉	27 ♓	8 ♐	2 ♎	12 ♈
27	3 ♌ 50	6 ♓ 30	7 ♊ 55	9 ♊ 14	27 ♋ 0	5 ♍ 31	27 ♌ 58	0 ♓ 12	10 ♒ 40	14 ♉ 32	22 ♓ 57	25 ♑ 21	28 ♉	27 ♓	8 ♐	3 ♎	12 ♈
28	4 ♌ 47	19 ♓ 47	7 ♊ 51	9 ♊ 6	29 ♋ 6	6 ♍ 42	28 ♌ 36	0 ♓ 5	10 ♒ 36	14 ♉ 34	22 ♓ 56	25 ♑ 19	28 ♉	27 ♓	8 ♐	3 ♎	12 ♈
29	5 ♌ 45	2 ♈ 40	7 ♊ 48	9 ♊ 0	1 ♌ 12	7 ♍ 54	29 ♌ 13	29 ♒ 59	10 ♒ 31	14 ♉ 35	22 ♓ 55	25 ♑ 18	29 ♉	27 ♓	8 ♐	4 ♎	12 ♈
30	6 ♌ 42	15 ♈ 11	7 ♊ 45	8 ♊ 55	3 ♌ 19	9 ♍ 6	29 ♌ 51	29 ♒ 52	10 ♒ 27	14 ♉ 36	22 ♓ 54	25 ♑ 16	29 ♉	27 ♓	8 ♐	4 ♎	12 ♈
31	7 ♌ 39	27 ♈ 25	7 ♊ 42	8 ♊ 53	5 ♌ 25	10 ♍ 18	0 ♍ 28	29 ♒ 46	10 ♒ 22	14 ♉ 37	22 ♓ 53	25 ♑ 15	29 ♉	26 ♓	8 ♐	4 ♎	12 ♈

SUN INGRESS: ☉ → ♌ 22日 23:26

MOON PHASE: ◑ 2日 06:10 ♈　● 10日 10:16 ♋　◐ 17日 19:10 ♎　○ 24日 11:37 ♒　◑ 31日 22:16 ♉

aspects		
1日	22:08	♂☍♄
4日	10:40	♂□♅
6日	04:14	☉⚹♅
6日	16:40	♀□♆
7日	11:36	♀☍♄
9日	04:25	♀□♅
13日	04:45	♀△♃
13日	22:33	♀☌♂
15日	17:49	☉△♆
18日	07:46	☉☍♇
20日	18:38	☿⚹♅
22日	21:45	♀☍♃
25日	01:35	☿△♆
26日	05:15	☿☍♇
30日	00:50	♂☍♃

2021年8月

DAY	☉	☽	☊ mean	☊ true	☿	♀	♂	♃	♄	♅	♆	♇	⚳	⚴	⚵	⚶	⚷
1	8 ♌ 37	9 ♉ 24	7 ♊ 39	8 D 52	7 D 31	11 D 29	1 D 6	29 R 39	10 R 18	14 D 38	22 R 52	25 R 14	0 D	26 R	8 R	5 D	12 R
2	9 ♌ 34	21 ♉ 15	7 ♊ 35	8 ♊ 53	9 ♌ 37	12 ♍ 41	1 ♍ 44	29 ♒ 32	10 ♒ 13	14 ♉ 39	22 ♓ 51	25 ♑ 12	0 ♊	26 ♓	8 ♐	5 ♎	12 ♈
3	10 ♌ 32	3 ♊ 3	7 ♊ 32	8 ♊ 54	11 ♌ 41	13 ♍ 53	2 ♍ 22	29 ♒ 25	10 ♒ 9	14 ♉ 40	22 ♓ 49	25 ♑ 11	0 ♊	26 ♓	8 ♐	6 ♎	12 ♈
4	11 ♌ 29	14 ♊ 53	7 ♊ 29	8 R 54	13 ♌ 45	15 ♍ 4	2 ♍ 59	29 ♒ 18	10 ♒ 4	14 ♉ 40	22 ♓ 48	25 ♑ 9	0 ♊	26 ♓	8 D	6 ♎	12 ♈
5	12 ♌ 26	26 ♊ 50	7 ♊ 26	8 ♊ 52	15 ♌ 47	16 ♍ 16	3 ♍ 37	29 ♒ 11	10 ♒ 0	14 ♉ 41	22 ♓ 47	25 ♑ 8	1 ♊	26 ♓	8 ♐	7 ♎	12 ♈
6	13 ♌ 24	8 ♋ 58	7 ♊ 23	8 ♊ 48	17 ♌ 49	17 ♍ 27	4 ♍ 15	29 ♒ 4	9 ♒ 56	14 ♉ 42	22 ♓ 46	25 ♑ 7	1 ♊	26 ♓	8 ♐	7 ♎	12 ♈
7	14 ♌ 21	21 ♋ 20	7 ♊ 20	8 ♊ 42	19 ♌ 48	18 ♍ 39	4 ♍ 53	28 ♒ 56	9 ♒ 51	14 ♉ 43	22 ♓ 45	25 ♑ 5	1 ♊	26 ♓	8 ♐	8 ♎	12 ♈
8	15 ♌ 19	3 ♌ 57	7 ♊ 16	8 ♊ 33	21 ♌ 47	19 ♍ 50	5 ♍ 30	28 ♒ 49	9 ♒ 47	14 ♉ 43	22 ♓ 44	25 ♑ 4	2 ♊	26 ♓	8 ♐	8 ♎	12 ♈
9	16 ♌ 16	16 ♌ 52	7 ♊ 13	8 ♊ 22	23 ♌ 44	21 ♍ 2	6 ♍ 8	28 ♒ 41	9 ♒ 42	14 ♉ 44	22 ♓ 42	25 ♑ 3	2 ♊	25 ♓	8 ♐	9 ♎	12 ♈
10	17 ♌ 14	0 ♍ 2	7 ♊ 10	8 ♊ 11	25 ♌ 40	22 ♍ 13	6 ♍ 46	28 ♒ 34	9 ♒ 38	14 ♉ 44	22 ♓ 41	25 ♑ 1	2 ♊	25 ♓	8 ♐	9 ♎	12 ♈
11	18 ♌ 12	13 ♍ 27	7 ♊ 7	8 ♊ 0	27 ♌ 34	23 ♍ 24	7 ♍ 24	28 ♒ 26	9 ♒ 33	14 ♉ 45	22 ♓ 40	25 ♑ 0	2 ♊	25 ♓	8 ♐	9 ♎	12 ♈
12	19 ♌ 9	27 ♍ 4	7 ♊ 4	7 ♊ 50	29 ♌ 27	24 ♍ 35	8 ♍ 2	28 ♒ 19	9 ♒ 29	14 ♉ 45	22 ♓ 39	24 ♑ 59	3 ♊	25 ♓	8 ♐	10 ♎	12 ♈
13	20 ♌ 7	10 ♎ 50	7 ♊ 1	7 ♊ 43	1 ♍ 18	25 ♍ 47	8 ♍ 40	28 ♒ 11	9 ♒ 25	14 ♉ 46	22 ♓ 37	24 ♑ 58	3 ♊	25 ♓	8 ♐	10 ♎	12 ♈
14	21 ♌ 4	24 ♎ 44	6 ♊ 57	7 ♊ 38	3 ♍ 8	26 ♍ 58	9 ♍ 18	28 ♒ 3	9 ♒ 20	14 ♉ 46	22 ♓ 36	24 ♑ 56	3 ♊	25 ♓	8 ♐	11 ♎	12 ♈
15	22 ♌ 2	8 ♏ 44	6 ♊ 54	7 ♊ 36	4 ♍ 57	28 ♍ 9	9 ♍ 56	27 ♒ 55	9 ♒ 16	14 ♉ 46	22 ♓ 35	24 ♑ 55	3 ♊	24 ♓	8 ♐	11 ♎	12 ♈
16	23 ♌ 0	22 ♏ 49	6 ♊ 51	7 ♊ 35	6 ♍ 43	29 ♍ 20	10 ♍ 34	27 ♒ 48	9 ♒ 12	14 ♉ 47	22 ♓ 33	24 ♑ 54	4 ♊	24 ♓	8 ♐	12 ♎	12 ♈
17	23 ♌ 57	6 ♐ 57	6 ♊ 48	7 D 35	8 ♍ 29	0 ♎ 31	11 ♍ 12	27 ♒ 40	9 ♒ 8	14 ♉ 47	22 ♓ 32	24 ♑ 53	4 ♊	24 ♓	8 ♐	12 ♎	12 ♈
18	24 ♌ 55	21 ♐ 8	6 ♊ 45	7 R 35	10 ♍ 13	1 ♎ 42	11 ♍ 50	27 ♒ 32	9 ♒ 3	14 ♉ 47	22 ♓ 30	24 ♑ 51	4 ♊	24 ♓	8 ♐	13 ♎	12 ♈
19	25 ♌ 53	5 ♑ 20	6 ♊ 41	7 ♊ 32	11 ♍ 55	2 ♎ 52	12 ♍ 28	27 ♒ 24	8 ♒ 59	14 ♉ 47	22 ♓ 29	24 ♑ 50	5 ♊	24 ♓	8 ♐	13 ♎	12 ♈
20	26 ♌ 50	19 ♑ 31	6 ♊ 38	7 ♊ 28	13 ♍ 36	4 ♎ 3	13 ♍ 6	27 ♒ 16	8 ♒ 55	14 ♉ 47	22 ♓ 27	24 ♑ 49	5 ♊	23 ♓	9 ♐	14 ♎	12 ♈
21	27 ♌ 48	3 ♒ 37	6 ♊ 35	7 ♊ 20	15 ♍ 16	5 ♎ 14	13 ♍ 44	27 ♒ 8	8 ♒ 51	14 R 47	22 ♓ 26	24 ♑ 48	5 ♊	23 ♓	9 ♐	14 ♎	12 ♈
22	28 ♌ 46	17 ♒ 34	6 ♊ 32	7 ♊ 10	16 ♍ 54	6 ♎ 25	14 ♍ 22	27 ♒ 1	8 ♒ 47	14 ♉ 47	22 ♓ 25	24 ♑ 47	5 ♊	23 ♓	9 ♐	15 ♎	12 ♈
23	29 ♌ 44	1 ♓ 18	6 ♊ 29	6 ♊ 58	18 ♍ 30	7 ♎ 35	15 ♍ 0	26 ♒ 53	8 ♒ 43	14 ♉ 47	22 ♓ 23	24 ♑ 46	5 ♊	23 ♓	9 ♐	15 ♎	12 ♈
24	0 ♍ 41	14 ♓ 44	6 ♊ 26	6 ♊ 46	20 ♍ 6	8 ♎ 46	15 ♍ 38	26 ♒ 45	8 ♒ 39	14 ♉ 47	22 ♓ 22	24 ♑ 44	6 ♊	23 ♓	9 ♐	16 ♎	12 ♈
25	1 ♍ 39	27 ♓ 52	6 ♊ 22	6 ♊ 34	21 ♍ 40	9 ♎ 56	16 ♍ 17	26 ♒ 37	8 ♒ 35	14 ♉ 47	22 ♓ 20	24 ♑ 43	6 ♊	22 ♓	9 ♐	16 ♎	12 ♈
26	2 ♍ 37	10 ♈ 39	6 ♊ 19	6 ♊ 25	23 ♍ 12	11 ♎ 6	16 ♍ 55	26 ♒ 29	8 ♒ 31	14 ♉ 46	22 ♓ 19	24 ♑ 42	6 ♊	22 ♓	9 ♐	17 ♎	12 ♈
27	3 ♍ 35	23 ♈ 8	6 ♊ 16	6 ♊ 17	24 ♍ 44	12 ♎ 17	17 ♍ 33	26 ♒ 21	8 ♒ 27	14 ♉ 46	22 ♓ 17	24 ♑ 41	6 ♊	22 ♓	9 ♐	17 ♎	12 ♈
28	4 ♍ 33	5 ♉ 20	6 ♊ 13	6 ♊ 12	26 ♍ 13	13 ♎ 27	18 ♍ 11	26 ♒ 14	8 ♒ 23	14 ♉ 46	22 ♓ 15	24 ♑ 40	7 ♊	22 ♓	9 ♐	17 ♎	12 ♈
29	5 ♍ 31	17 ♉ 19	6 ♊ 10	6 ♊ 10	27 ♍ 42	14 ♎ 37	18 ♍ 50	26 ♒ 6	8 ♒ 20	14 ♉ 45	22 ♓ 14	24 ♑ 39	7 ♊	21 ♓	10 ♐	18 ♎	12 ♈
30	6 ♍ 29	29 ♉ 10	6 ♊ 6	6 ♊ 9	29 ♍ 9	15 ♎ 47	19 ♍ 28	25 ♒ 58	8 ♒ 16	14 ♉ 45	22 ♓ 12	24 ♑ 38	7 ♊	21 ♓	10 ♐	18 ♎	12 ♈
31	7 ♍ 27	10 ♊ 58	6 ♊ 3	6 ♊ 9	0 ♎ 34	16 ♎ 57	20 ♍ 6	25 ♒ 51	8 ♒ 12	14 ♉ 44	22 ♓ 11	24 ♑ 37	7 ♊	21 ♓	10 ♐	19 ♎	12 ♈

SUN INGRESS: ☉ → ♍ 23日 06:35

MOON PHASE: ● 8日 22:50 ♌　◐ 16日 00:19 ♏　○ 22日 21:02 ♒　◑ 30日 16:13 ♊

aspects		
1日	23:08	☉☌☿
2日	06:50	☿☍♄
2日	15:14	☉☍♄
3日	15:54	♀△♅
4日	10:57	☿□♅
7日	08:57	☉□♅
10日	09:20	♀☍♆
11日	10:20	☿☍♃
12日	07:46	♀△♇
19日	12:28	☿☌♂
20日	09:29	☉☍♃
20日	17:06	☿△♅
22日	15:38	♂△♅
23日	21:48	♀△♄
25日	10:14	☿☍♆
26日	23:23	☿△♇

2021年9月

DAY	☉	☽	☊ mean	☊ true	☿	♀	♂	♃	♄	♅	♆	♇	⚳	⚴	⚵	⚶	⚷
	° ′	° ′	° ′	° ′	° ′	° ′	° ′	° ′	° ′	° ′	° ′	° ′	°	°	°	°	°
1	8 ♍ 25	22 ♊ 49	6 ♊ 0	6 R 9	1 D 59	18 D 7	20 D 45	25 R 43	8 R 9	14 R 44	22 R 9	24 R 36	7 D	21 R	10 D	19 D	12 R
2	9 ♍ 23	4 ♋ 48	5 ♊ 57	6 ♊ 7	3 ♎ 21	19 ♎ 17	21 ♍ 23	25 ♒ 36	8 ♒ 5	14 ♉ 43	22 ♓ 8	24 ♑ 35	8 ♊	21 ♓	10 ♐	20 ♎	12 ♈
3	10 ♍ 21	17 ♋ 0	5 ♊ 54	6 ♊ 3	4 ♎ 42	20 ♎ 27	22 ♍ 1	25 ♒ 28	8 ♒ 2	14 ♉ 43	22 ♓ 6	24 ♑ 34	8 ♊	20 ♓	10 ♐	20 ♎	11 ♈
4	11 ♍ 19	29 ♋ 29	5 ♊ 51	5 ♊ 56	6 ♎ 2	21 ♎ 37	22 ♍ 40	25 ♒ 21	7 ♒ 59	14 ♉ 42	22 ♓ 4	24 ♑ 34	8 ♊	20 ♓	10 ♐	21 ♎	11 ♈
5	12 ♍ 17	12 ♌ 18	5 ♊ 47	5 ♊ 47	7 ♎ 20	22 ♎ 47	23 ♍ 18	25 ♒ 14	7 ♒ 55	14 ♉ 41	22 ♓ 3	24 ♑ 33	8 ♊	20 ♓	11 ♐	21 ♎	11 ♈
6	13 ♍ 15	25 ♌ 28	5 ♊ 44	5 ♊ 35	8 ♎ 37	23 ♎ 56	23 ♍ 57	25 ♒ 7	7 ♒ 52	14 ♉ 40	22 ♓ 1	24 ♑ 32	8 ♊	19 ♓	11 ♐	22 ♎	11 ♈
7	14 ♍ 14	8 ♍ 59	5 ♊ 41	5 ♊ 23	9 ♎ 51	25 ♎ 6	24 ♍ 35	25 ♒ 0	7 ♒ 49	14 ♉ 39	21 ♓ 59	24 ♑ 31	9 ♊	19 ♓	11 ♐	22 ♎	11 ♈
8	15 ♍ 12	22 ♍ 48	5 ♊ 38	5 ♊ 11	11 ♎ 4	26 ♎ 15	25 ♍ 14	24 ♒ 53	7 ♒ 46	14 ♉ 39	21 ♓ 58	24 ♑ 30	9 ♊	19 ♓	11 ♐	23 ♎	11 ♈
9	16 ♍ 10	6 ♎ 50	5 ♊ 35	5 ♊ 1	12 ♎ 16	27 ♎ 25	25 ♍ 53	24 ♒ 46	7 ♒ 43	14 ♉ 38	21 ♓ 56	24 ♑ 29	9 ♊	19 ♓	11 ♐	23 ♎	11 ♈
10	17 ♍ 9	21 ♎ 2	5 ♊ 32	4 ♊ 52	13 ♎ 25	28 ♎ 34	26 ♍ 31	24 ♒ 39	7 ♒ 40	14 ♉ 37	21 ♓ 55	24 ♑ 29	9 ♊	18 ♓	11 ♐	24 ♎	11 ♈
11	18 ♍ 7	5 ♏ 18	5 ♊ 28	4 ♊ 47	14 ♎ 32	29 ♎ 43	27 ♍ 10	24 ♒ 33	7 ♒ 37	14 ♉ 36	21 ♓ 53	24 ♑ 28	9 ♊	18 ♓	12 ♐	24 ♎	11 ♈
12	19 ♍ 5	19 ♏ 34	5 ♊ 25	4 ♊ 45	15 ♎ 37	0 ♏ 52	27 ♍ 48	24 ♒ 26	7 ♒ 34	14 ♉ 35	21 ♓ 51	24 ♑ 27	9 ♊	18 ♓	12 ♐	25 ♎	11 ♈
13	20 ♍ 4	3 ♐ 48	5 ♊ 22	4 ♊ 44	16 ♎ 40	2 ♏ 1	28 ♍ 27	24 ♒ 20	7 ♒ 32	14 ♉ 34	21 ♓ 50	24 ♑ 27	10 ♊	18 ♓	12 ♐	25 ♎	11 ♈
14	21 ♍ 2	17 ♐ 57	5 ♊ 19	4 D 44	17 ♎ 40	3 ♏ 10	29 ♍ 6	24 ♒ 13	7 ♒ 29	14 ♉ 32	21 ♓ 48	24 ♑ 26	10 ♊	17 ♓	12 ♐	26 ♎	11 ♈
15	22 ♍ 0	2 ♑ 0	5 ♊ 16	4 R 44	18 ♎ 38	4 ♏ 19	29 ♍ 45	24 ♒ 7	7 ♒ 26	14 ♉ 31	21 ♓ 46	24 ♑ 25	10 ♊	17 ♓	12 ♐	26 ♎	11 ♈
16	22 ♍ 59	15 ♑ 57	5 ♊ 12	4 ♊ 42	19 ♎ 33	5 ♏ 28	0 ♎ 23	24 ♒ 1	7 ♒ 24	14 ♉ 30	21 ♓ 45	24 ♑ 25	10 ♊	17 ♓	13 ♐	27 ♎	11 ♈
17	23 ♍ 57	29 ♑ 46	5 ♊ 9	4 ♊ 37	20 ♎ 26	6 ♏ 37	1 ♎ 2	23 ♒ 55	7 ♒ 22	14 ♉ 29	21 ♓ 43	24 ♑ 24	10 ♊	17 ♓	13 ♐	27 ♎	11 ♈
18	24 ♍ 56	13 ♒ 28	5 ♊ 6	4 ♊ 30	21 ♎ 15	7 ♏ 45	1 ♎ 41	23 ♒ 50	7 ♒ 19	14 ♉ 27	21 ♓ 41	24 ♑ 24	10 ♊	16 ♓	13 ♐	28 ♎	11 ♈
19	25 ♍ 54	26 ♒ 59	5 ♊ 3	4 ♊ 21	22 ♎ 0	8 ♏ 54	2 ♎ 20	23 ♒ 44	7 ♒ 17	14 ♉ 26	21 ♓ 40	24 ♑ 23	10 ♊	16 ♓	13 ♐	28 ♎	11 ♈
20	26 ♍ 53	10 ♓ 19	5 ♊ 0	4 ♊ 10	22 ♎ 42	10 ♏ 2	2 ♎ 59	23 ♒ 39	7 ♒ 15	14 ♉ 25	21 ♓ 38	24 ♑ 23	10 ♊	16 ♓	13 ♐	29 ♎	11 ♈
21	27 ♍ 52	23 ♓ 25	4 ♊ 57	3 ♊ 59	23 ♎ 20	11 ♏ 10	3 ♎ 38	23 ♒ 34	7 ♒ 13	14 ♉ 23	21 ♓ 36	24 ♑ 22	11 ♊	16 ♓	14 ♐	29 ♎	11 ♈
22	28 ♍ 50	6 ♈ 16	4 ♊ 53	3 ♊ 48	23 ♎ 54	12 ♏ 18	4 ♎ 17	23 ♒ 28	7 ♒ 11	14 ♉ 22	21 ♓ 35	24 ♑ 22	11 ♊	15 ♓	14 ♐	0 ♏	11 ♈
23	29 ♍ 49	18 ♈ 52	4 ♊ 50	3 ♊ 38	24 ♎ 23	13 ♏ 26	4 ♎ 56	23 ♒ 24	7 ♒ 9	14 ♉ 20	21 ♓ 33	24 ♑ 21	11 ♊	15 ♓	14 ♐	0 ♏	11 ♈
24	0 ♎ 48	1 ♉ 12	4 ♊ 47	3 ♊ 31	24 ♎ 48	14 ♏ 34	5 ♎ 35	23 ♒ 19	7 ♒ 7	14 ♉ 19	21 ♓ 31	24 ♑ 21	11 ♊	15 ♓	14 ♐	1 ♏	11 ♈
25	1 ♎ 46	13 ♉ 19	4 ♊ 44	3 ♊ 27	25 ♎ 6	15 ♏ 42	6 ♎ 14	23 ♒ 14	7 ♒ 6	14 ♉ 17	21 ♓ 30	24 ♑ 20	11 ♊	15 ♓	14 ♐	2 ♏	11 ♈
26	2 ♎ 45	25 ♉ 15	4 ♊ 41	3 ♊ 25	25 ♎ 20	16 ♏ 49	6 ♎ 53	23 ♒ 10	7 ♒ 4	14 ♉ 15	21 ♓ 28	24 ♑ 20	11 ♊	14 ♓	15 ♐	2 ♏	11 ♈
27	3 ♎ 44	7 ♊ 4	4 ♊ 38	3 D 24	25 ♎ 27	17 ♏ 57	7 ♎ 32	23 ♒ 5	7 ♒ 3	14 ♉ 14	21 ♓ 27	24 ♑ 20	11 ♊	14 ♓	15 ♐	3 ♏	10 ♈
28	4 ♎ 43	18 ♊ 52	4 ♊ 34	3 ♊ 25	25 R 27	19 ♏ 4	8 ♎ 11	23 ♒ 1	7 ♒ 1	14 ♉ 12	21 ♓ 25	24 ♑ 20	11 ♊	14 ♓	15 ♐	3 ♏	10 ♈
29	5 ♎ 42	0 ♋ 42	4 ♊ 31	3 ♊ 26	25 ♎ 21	20 ♏ 11	8 ♎ 50	22 ♒ 57	7 ♒ 0	14 ♉ 10	21 ♓ 23	24 ♑ 19	11 ♊	14 ♓	15 ♐	4 ♏	10 ♈
30	6 ♎ 41	12 ♋ 41	4 ♊ 28	3 R 26	25 ♎ 8	21 ♏ 18	9 ♎ 29	22 ♒ 54	6 ♒ 59	14 ♉ 8	21 ♓ 22	24 ♑ 19	11 ♊	13 ♓	16 ♐	4 ♏	10 ♈

SUN INGRESS	☉ → ♎ 23日 04:21
MOON PHASE	● 7日 09:52 ♍　◐ 14日 05:39 ♐　○ 21日 08:55 ♓　◑ 29日 10:57 ♋

aspects		
3日	02:43	♂☍♆
5日	10:31	☿△♄
6日	12:07	♀□♇
6日	21:20	♂△♇
6日	22:05	♀△♃
7日	10:29	☉△♅
14日	18:21	☉☍♆
17日	10:53	☉△♇
17日	15:15	♀□♄
21日	07:53	☿△♃
22日	22:12	☿□♇
23日	18:41	♀☍♅
26日	06:50	♂△♄
30日	01:14	♀△♆
30日	07:19	☉△♄

2021年10月

DAY	☉	☽	☊ mean	☊ true	☿	♀	♂	♃	♄	♅	♆	♇	⚳	⚴	⚵	⚶	⚷
	° ′	° ′	° ′	° ′	° ′	° ′	° ′	° ′	° ′	° ′	° ′	° ′	°	°	°	°	°
1	7 ♎ 39	24 ♋ 53	4 ♊ 25	3 R 24	24 R 47	22 D 25	10 D 8	22 R 50	6 R 58	14 R 7	21 R 20	24 R 19	11 D	13 R	16 D	5 D	10 R
2	8 ♎ 38	7 ♌ 23	4 ♊ 22	3 ♊ 20	24 ♎ 18	23 ♏ 32	10 ♎ 48	22 ♒ 47	6 ♒ 57	14 ♉ 5	21 ♓ 19	24 ♑ 19	11 ♊	13 ♓	16 ♐	5 ♏	10 ♈
3	9 ♎ 38	20 ♌ 16	4 ♊ 18	3 ♊ 15	23 ♎ 42	24 ♏ 39	11 ♎ 27	22 ♒ 44	6 ♒ 56	14 ♉ 3	21 ♓ 17	24 ♑ 19	12 ♊	13 ♓	16 ♐	6 ♏	10 ♈
4	10 ♎ 37	3 ♍ 34	4 ♊ 15	3 ♊ 7	22 ♎ 58	25 ♏ 45	12 ♎ 6	22 ♒ 41	6 ♒ 55	14 ♉ 1	21 ♓ 16	24 ♑ 18	12 ♊	13 ♓	17 ♐	6 ♏	10 ♈
5	11 ♎ 36	17 ♍ 17	4 ♊ 12	2 ♊ 58	22 ♎ 7	26 ♏ 51	12 ♎ 46	22 ♒ 38	6 ♒ 54	13 ♉ 59	21 ♓ 14	24 ♑ 18	12 ♊	12 ♓	17 ♐	7 ♏	10 ♈
6	12 ♎ 35	1 ♎ 22	4 ♊ 9	2 ♊ 50	21 ♎ 10	27 ♏ 58	13 ♎ 25	22 ♒ 35	6 ♒ 54	13 ♉ 57	21 ♓ 12	24 ♑ 18	12 ♊	12 ♓	17 ♐	7 ♏	10 ♈
7	13 ♎ 34	15 ♎ 46	4 ♊ 6	2 ♊ 42	20 ♎ 7	29 ♏ 4	14 ♎ 4	22 ♒ 33	6 ♒ 53	13 ♉ 55	21 ♓ 11	24 ♑ 18	12 ♊	12 ♓	17 ♐	8 ♏	10 ♈
8	14 ♎ 33	0 ♏ 23	4 ♊ 3	2 ♊ 37	19 ♎ 0	0 ♐ 10	14 ♎ 44	22 ♒ 31	6 ♒ 53	13 ♉ 53	21 ♓ 9	24 D 18	12 ♊	12 ♓	18 ♐	8 ♏	10 ♈
9	15 ♎ 32	15 ♏ 5	3 ♊ 59	2 ♊ 33	17 ♎ 50	1 ♐ 15	15 ♎ 23	22 ♒ 29	6 ♒ 53	13 ♉ 51	21 ♓ 8	24 ♑ 18	12 ♊	12 ♓	18 ♐	9 ♏	10 ♈
10	16 ♎ 32	29 ♏ 45	3 ♊ 56	2 ♊ 32	16 ♎ 39	2 ♐ 21	16 ♎ 3	22 ♒ 27	6 ♒ 52	13 ♉ 49	21 ♓ 7	24 ♑ 18	12 R	11 ♓	18 ♐	9 ♏	10 ♈
11	17 ♎ 31	14 ♐ 18	3 ♊ 53	2 D 32	15 ♎ 29	3 ♐ 26	16 ♎ 42	22 ♒ 25	6 ♒ 52	13 ♉ 47	21 ♓ 5	24 ♑ 19	12 ♊	11 ♓	19 ♐	10 ♏	10 ♈
12	18 ♎ 30	28 ♐ 40	3 ♊ 50	2 ♊ 34	14 ♎ 21	4 ♐ 31	17 ♎ 22	22 ♒ 24	6 D 52	13 ♉ 44	21 ♓ 4	24 ♑ 19	12 ♊	11 ♓	19 ♐	10 ♏	10 ♈
13	19 ♎ 30	12 ♑ 48	3 ♊ 47	2 ♊ 35	13 ♎ 19	5 ♐ 36	18 ♎ 2	22 ♒ 22	6 ♒ 52	13 ♉ 42	21 ♓ 2	24 ♑ 19	12 ♊	11 ♓	19 ♐	11 ♏	10 ♈
14	20 ♎ 29	26 ♑ 41	3 ♊ 44	2 R 35	12 ♎ 23	6 ♐ 41	18 ♎ 41	22 ♒ 21	6 ♒ 53	13 ♉ 40	21 ♓ 1	24 ♑ 19	12 ♊	11 ♓	19 ♐	11 ♏	10 ♈
15	21 ♎ 29	10 ♒ 19	3 ♊ 40	2 ♊ 33	11 ♎ 36	7 ♐ 45	19 ♎ 21	22 ♒ 21	6 ♒ 53	13 ♉ 38	20 ♓ 59	24 ♑ 19	12 ♊	10 ♓	20 ♐	12 ♏	10 ♈
16	22 ♎ 28	23 ♒ 44	3 ♊ 37	2 ♊ 30	10 ♎ 57	8 ♐ 49	20 ♎ 1	22 ♒ 20	6 ♒ 53	13 ♉ 36	20 ♓ 58	24 ♑ 20	11 ♊	10 ♓	20 ♐	12 ♏	10 ♈
17	23 ♎ 28	6 ♓ 54	3 ♊ 34	2 ♊ 24	10 ♎ 30	9 ♐ 53	20 ♎ 40	22 ♒ 20	6 ♒ 54	13 ♉ 33	20 ♓ 57	24 ♑ 20	11 ♊	10 ♓	20 ♐	13 ♏	10 ♈
18	24 ♎ 27	19 ♓ 51	3 ♊ 31	2 ♊ 18	10 ♎ 13	10 ♐ 57	21 ♎ 20	22 ♒ 19	6 ♒ 54	13 ♉ 31	20 ♓ 55	24 ♑ 20	11 ♊	10 ♓	21 ♐	13 ♏	10 ♈
19	25 ♎ 27	2 ♈ 36	3 ♊ 28	2 ♊ 12	10 ♎ 7	12 ♐ 1	22 ♎ 0	22 D 19	6 ♒ 55	13 ♉ 29	20 ♓ 54	24 ♑ 20	11 ♊	10 ♓	21 ♐	14 ♏	9 ♈
20	26 ♎ 26	15 ♈ 7	3 ♊ 24	2 ♊ 5	10 D 12	13 ♐ 4	22 ♎ 40	22 ♒ 19	6 ♒ 56	13 ♉ 26	20 ♓ 53	24 ♑ 21	11 ♊	10 ♓	21 ♐	15 ♏	9 ♈
21	27 ♎ 26	27 ♈ 27	3 ♊ 21	2 ♊ 0	10 ♎ 29	14 ♐ 7	23 ♎ 20	22 ♒ 20	6 ♒ 57	13 ♉ 24	20 ♓ 52	24 ♑ 21	11 ♊	10 ♓	21 ♐	15 ♏	9 ♈
22	28 ♎ 25	9 ♉ 36	3 ♊ 18	1 ♊ 56	10 ♎ 55	15 ♐ 9	24 ♎ 0	22 ♒ 20	6 ♒ 58	13 ♉ 22	20 ♓ 50	24 ♑ 22	11 ♊	10 ♓	22 ♐	16 ♏	9 ♈
23	29 ♎ 25	21 ♉ 36	3 ♊ 15	1 ♊ 54	11 ♎ 31	16 ♐ 12	24 ♎ 40	22 ♒ 21	6 ♒ 59	13 ♉ 19	20 ♓ 49	24 ♑ 22	11 ♊	9 ♓	22 ♐	16 ♏	9 ♈
24	0 ♏ 25	3 ♊ 28	3 ♊ 12	1 D 53	12 ♎ 15	17 ♐ 14	25 ♎ 20	22 ♒ 22	7 ♒ 0	13 ♉ 17	20 ♓ 48	24 ♑ 23	11 ♊	9 ♓	22 ♐	17 ♏	9 ♈
25	1 ♏ 25	15 ♊ 16	3 ♊ 9	1 ♊ 54	13 ♎ 8	18 ♐ 16	26 ♎ 0	22 ♒ 23	7 ♒ 1	13 ♉ 14	20 ♓ 47	24 ♑ 23	11 ♊	9 ♓	23 ♐	17 ♏	9 ♈
26	2 ♏ 24	27 ♊ 3	3 ♊ 5	1 ♊ 56	14 ♎ 7	19 ♐ 17	26 ♎ 40	22 ♒ 25	7 ♒ 3	13 ♉ 12	20 ♓ 46	24 ♑ 24	11 ♊	9 ♓	23 ♐	18 ♏	9 ♈
27	3 ♏ 24	8 ♋ 52	3 ♊ 2	1 ♊ 58	15 ♎ 13	20 ♐ 18	27 ♎ 20	22 ♒ 26	7 ♒ 4	13 ♉ 10	20 ♓ 45	24 ♑ 24	11 ♊	9 ♓	23 ♐	18 ♏	9 ♈
28	4 ♏ 24	20 ♋ 50	2 ♊ 59	1 ♊ 59	16 ♎ 24	21 ♐ 19	28 ♎ 0	22 ♒ 28	7 ♒ 6	13 ♉ 7	20 ♓ 43	24 ♑ 25	11 ♊	9 ♓	24 ♐	19 ♏	9 ♈
29	5 ♏ 24	3 ♌ 0	2 ♊ 56	2 ♊ 0	17 ♎ 40	22 ♐ 20	28 ♎ 40	22 ♒ 30	7 ♒ 8	13 ♉ 5	20 ♓ 42	24 ♑ 25	10 ♊	9 ♓	24 ♐	19 ♏	9 ♈
30	6 ♏ 24	15 ♌ 27	2 ♊ 53	2 R 0	19 ♎ 0	23 ♐ 20	29 ♎ 20	22 ♒ 32	7 ♒ 9	13 ♉ 2	20 ♓ 41	24 ♑ 26	10 ♊	9 ♓	24 ♐	20 ♏	9 ♈
31	7 ♏ 24	28 ♌ 17	2 ♊ 49	1 ♊ 58	20 ♎ 24	24 ♐ 20	0 ♏ 1	22 ♒ 35	7 ♒ 11	13 ♉ 0	20 ♓ 40	24 ♑ 27	10 ♊	9 ♓	24 ♐	20 ♏	9 ♈

SUN INGRESS	☉ → ♏ 23日 13:51
MOON PHASE	● 6日 20:05 ♎　◐ 13日 12:25 ♑　○ 20日 23:57 ♈　◑ 29日 05:05 ♌

aspects		
1日	08:31	♀□♃
1日	23:26	☿□♇
2日	16:48	♀⚹♇
4日	09:05	☿△♃
8日	13:01	☉☌♂
10日	01:18	☉☌☿
10日	07:49	☿☌♂
14日	04:27	♀⚹♄
15日	20:46	☉△♃
17日	10:24	☿⚹♀
17日	21:13	☉□♇
19日	11:37	♂△♃
22日	13:20	♂□♇
27日	10:06	♀□♆
29日	04:16	♀⚹♃
30日	18:53	☉□♄

2021年11月

DAY	☉	☽	☊ mean	☊ true	☿	♀	♂	♃	♄	♅	♆	♇	⚳	⚴	⚵	⚶	⚷
	° ′	° ′	° ′	° ′	° ′	° ′	° ′	° ′	° ′	° ′	° ′	° ′	°	°	°	°	°
1	8 ♏ 24	11 ♍ 31	2 ♊ 46	1 R 56	21 D 50	25 D 19	0 D 41	22 D 37	7 D 13	12 R 57	20 R 39	24 D 27	10 R	9 R	25 D	21 D	9 R
2	9 ♏ 24	25 ♍ 13	2 ♊ 43	1 ♊ 52	23 ♎ 19	26 ♐ 18	1 ♏ 21	22 ♒ 40	7 ♒ 15	12 ♉ 55	20 ♓ 38	24 ♑ 28	10 ♊	9 ♓	25 ♐	21 ♏	9 ♈
3	10 ♏ 24	9 ♎ 22	2 ♊ 40	1 ♊ 49	24 ♎ 49	27 ♐ 17	2 ♏ 2	22 ♒ 43	7 ♒ 18	12 ♉ 52	20 ♓ 37	24 ♑ 29	10 ♊	9 ♓	25 ♐	22 ♏	9 ♈
4	11 ♏ 24	23 ♎ 55	2 ♊ 37	1 ♊ 46	26 ♎ 21	28 ♐ 15	2 ♏ 42	22 ♒ 46	7 ♒ 20	12 ♉ 50	20 ♓ 37	24 ♑ 30	10 ♊	9 ♓	26 ♐	23 ♏	9 ♈
5	12 ♏ 24	8 ♏ 46	2 ♊ 34	1 ♊ 44	27 ♎ 55	29 ♐ 12	3 ♏ 22	22 ♒ 49	7 ♒ 22	12 ♉ 47	20 ♓ 36	24 ♑ 31	9 ♊	9 ♓	26 ♐	23 ♏	9 ♈
6	13 ♏ 24	23 ♏ 48	2 ♊ 30	1 ♊ 43	29 ♎ 29	0 ♑ 10	4 ♏ 3	22 ♒ 53	7 ♒ 25	12 ♉ 45	20 ♓ 35	24 ♑ 31	9 ♊	9 ♓	26 ♐	24 ♏	9 ♈
7	14 ♏ 24	8 ♐ 51	2 ♊ 27	1 D 43	1 ♏ 5	1 ♑ 6	4 ♏ 43	22 ♒ 57	7 ♒ 27	12 ♉ 42	20 ♓ 34	24 ♑ 32	9 ♊	9 ♓	27 ♐	24 ♏	9 ♈
8	15 ♏ 25	23 ♐ 48	2 ♊ 24	1 ♊ 44	2 ♏ 41	2 ♑ 3	5 ♏ 24	23 ♒ 1	7 ♒ 30	12 ♉ 40	20 ♓ 33	24 ♑ 33	9 ♊	9 ♓	27 ♐	25 ♏	9 ♈
9	16 ♏ 25	8 ♑ 30	2 ♊ 21	1 ♊ 45	4 ♏ 17	2 ♑ 58	6 ♏ 4	23 ♒ 5	7 ♒ 33	12 ♉ 38	20 ♓ 32	24 ♑ 34	9 ♊	9 D	27 ♐	25 ♏	9 ♈
10	17 ♏ 25	22 ♑ 54	2 ♊ 18	1 ♊ 46	5 ♏ 54	3 ♑ 54	6 ♏ 45	23 ♒ 9	7 ♒ 36	12 ♉ 35	20 ♓ 32	24 ♑ 35	8 ♊	9 ♓	28 ♐	26 ♏	9 ♈
11	18 ♏ 25	6 ♒ 56	2 ♊ 15	1 ♊ 47	7 ♏ 31	4 ♑ 48	7 ♏ 26	23 ♒ 14	7 ♒ 39	12 ♉ 33	20 ♓ 31	24 ♑ 36	8 ♊	9 ♓	28 ♐	26 ♏	9 ♈
12	19 ♏ 26	20 ♒ 36	2 ♊ 11	1 R 47	9 ♏ 8	5 ♑ 42	8 ♏ 6	23 ♒ 18	7 ♒ 42	12 ♉ 30	20 ♓ 30	24 ♑ 37	8 ♊	9 ♓	28 ♐	27 ♏	9 ♈
13	20 ♏ 26	3 ♓ 54	2 ♊ 8	1 ♊ 47	10 ♏ 44	6 ♑ 36	8 ♏ 47	23 ♒ 23	7 ♒ 45	12 ♉ 28	20 ♓ 30	24 ♑ 38	8 ♊	9 ♓	29 ♐	27 ♏	9 ♈
14	21 ♏ 27	16 ♓ 53	2 ♊ 5	1 ♊ 46	12 ♏ 21	7 ♑ 28	9 ♏ 28	23 ♒ 28	7 ♒ 48	12 ♉ 25	20 ♓ 29	24 ♑ 39	8 ♊	9 ♓	29 ♐	28 ♏	9 ♈
15	22 ♏ 27	29 ♓ 34	2 ♊ 2	1 ♊ 45	13 ♏ 58	8 ♑ 20	10 ♏ 9	23 ♒ 33	7 ♒ 51	12 ♉ 23	20 ♓ 28	24 ♑ 40	7 ♊	9 ♓	29 ♐	28 ♏	8 ♈
16	23 ♏ 27	12 ♈ 2	1 ♊ 59	1 ♊ 44	15 ♏ 35	9 ♑ 12	10 ♏ 50	23 ♒ 39	7 ♒ 55	12 ♉ 20	20 ♓ 28	24 ♑ 41	7 ♊	9 ♓	0 ♑	29 ♏	8 ♈
17	24 ♏ 28	24 ♈ 17	1 ♊ 55	1 ♊ 43	17 ♏ 11	10 ♑ 2	11 ♏ 30	23 ♒ 44	7 ♒ 58	12 ♉ 18	20 ♓ 27	24 ♑ 43	7 ♊	9 ♓	0 ♑	0 ♐	8 ♈
18	25 ♏ 28	6 ♉ 23	1 ♊ 52	1 ♊ 42	18 ♏ 48	10 ♑ 52	12 ♏ 11	23 ♒ 50	8 ♒ 2	12 ♉ 16	20 ♓ 27	24 ♑ 44	7 ♊	9 ♓	0 ♑	0 ♐	8 ♈
19	26 ♏ 29	18 ♉ 21	1 ♊ 49	1 ♊ 41	20 ♏ 24	11 ♑ 41	12 ♏ 52	23 ♒ 56	8 ♒ 6	12 ♉ 13	20 ♓ 26	24 ♑ 45	7 ♊	9 ♓	1 ♑	1 ♐	8 ♈
20	27 ♏ 29	0 ♊ 13	1 ♊ 46	1 ♊ 41	22 ♏ 0	12 ♑ 29	13 ♏ 33	24 ♒ 2	8 ♒ 9	12 ♉ 11	20 ♓ 26	24 ♑ 46	6 ♊	9 ♓	1 ♑	1 ♐	8 ♈
21	28 ♏ 30	12 ♊ 2	1 ♊ 43	1 D 41	23 ♏ 36	13 ♑ 17	14 ♏ 14	24 ♒ 8	8 ♒ 13	12 ♉ 8	20 ♓ 26	24 ♑ 47	6 ♊	9 ♓	1 ♑	2 ♐	8 ♈
22	29 ♏ 30	23 ♊ 49	1 ♊ 40	1 ♊ 41	25 ♏ 11	14 ♑ 3	14 ♏ 55	24 ♒ 15	8 ♒ 17	12 ♉ 6	20 ♓ 25	24 ♑ 49	6 ♊	9 ♓	2 ♑	2 ♐	8 ♈
23	0 ♐ 31	5 ♋ 38	1 ♊ 36	1 ♊ 42	26 ♏ 47	14 ♑ 49	15 ♏ 36	24 ♒ 21	8 ♒ 21	12 ♉ 4	20 ♓ 25	24 ♑ 50	6 ♊	9 ♓	2 ♑	3 ♐	8 ♈
24	1 ♐ 32	17 ♋ 30	1 ♊ 33	1 ♊ 42	28 ♏ 22	15 ♑ 33	16 ♏ 18	24 ♒ 28	8 ♒ 25	12 ♉ 2	20 ♓ 25	24 ♑ 51	5 ♊	9 ♓	3 ♑	3 ♐	8 ♈
25	2 ♐ 32	29 ♋ 30	1 ♊ 30	1 R 42	29 ♏ 57	16 ♑ 17	16 ♏ 59	24 ♒ 35	8 ♒ 29	11 ♉ 59	20 ♓ 24	24 ♑ 53	5 ♊	9 ♓	3 ♑	4 ♐	8 ♈
26	3 ♐ 33	11 ♌ 41	1 ♊ 27	1 ♊ 42	1 ♐ 32	17 ♑ 0	17 ♏ 40	24 ♒ 42	8 ♒ 33	11 ♉ 57	20 ♓ 24	24 ♑ 54	5 ♊	9 ♓	3 ♑	4 ♐	8 ♈
27	4 ♐ 34	24 ♌ 6	1 ♊ 24	1 ♊ 41	3 ♐ 7	17 ♑ 41	18 ♏ 21	24 ♒ 49	8 ♒ 38	11 ♉ 55	20 ♓ 24	24 ♑ 55	5 ♊	10 ♓	3 ♑	5 ♐	8 ♈
28	5 ♐ 34	6 ♍ 50	1 ♊ 21	1 D 41	4 ♐ 41	18 ♑ 21	19 ♏ 2	24 ♒ 56	8 ♒ 42	11 ♉ 53	20 ♓ 24	24 ♑ 57	4 ♊	10 ♓	4 ♑	5 ♐	8 ♈
29	6 ♐ 35	19 ♍ 56	1 ♊ 17	1 ♊ 41	6 ♐ 16	19 ♑ 0	19 ♏ 44	25 ♒ 4	8 ♒ 47	11 ♉ 50	20 ♓ 24	24 ♑ 58	4 ♊	10 ♓	4 ♑	6 ♐	8 ♈
30	7 ♐ 36	3 ♎ 28	1 ♊ 14	1 ♊ 42	7 ♐ 50	19 ♑ 38	20 ♏ 25	25 ♒ 12	8 ♒ 51	11 ♉ 48	20 ♓ 24	25 ♑ 0	4 ♊	10 ♓	5 ♑	7 ♐	8 ♈

SUN INGRESS	☉ → ♐ 22日 11:34
MOON PHASE	● 5日 06:14 ♏ ◐ 11日 21:46 ♒ ○ 19日 17:57 ♉ ◑ 27日 21:27 ♍

aspects		
1日	13:18	☿△♃
2日	18:39	♀□♇
5日	08:58	☉☍♅
7日	00:59	☿⚹♀
10日	21:57	☿☌♂
11日	02:04	☿□♄
11日	08:14	♂□♄
13日	01:24	☉△♆
14日	00:57	☿☍♅
16日	04:58	☉□♃
17日	06:02	☉⚹♇
18日	02:23	♂☍♅
19日	00:38	☿△♆
19日	15:08	♀△♅
21日	08:43	☿□♃
21日	18:14	☿⚹♇
29日	13:40	☉☌☿
29日	23:10	♂△♆
30日	16:19	☿⚹♄

2021年12月

DAY	☉	☽	☊ mean	☊ true	☿	♀	♂	♃	♄	♅	♆	♇	⚳	⚴	⚵	⚶	⚷
	° ′	° ′	° ′	° ′	° ′	° ′	° ′	° ′	° ′	° ′	° ′	° ′	°	°	°	°	°
1	8 ♐ 37	17 ♎ 27	1 ♊ 11	1 D 42	9 D 25	20 D 15	21 D 7	25 D 20	8 D 56	11 R 46	20 R 24	25 D 1	4 R	10 D	5 D	7 D	8 R
2	9 ♐ 37	1 ♏ 52	1 ♊ 8	1 ♊ 43	10 ♐ 59	20 ♑ 50	21 ♏ 48	25 ♒ 28	9 ♒ 1	11 ♉ 44	20 D 24	25 ♑ 3	4 ♊	10 ♓	5 ♑	8 ♐	8 ♈
3	10 ♐ 38	16 ♏ 40	1 ♊ 5	1 ♊ 44	12 ♐ 33	21 ♑ 24	22 ♏ 30	25 ♒ 36	9 ♒ 5	11 ♉ 42	20 ♓ 24	25 ♑ 4	3 ♊	10 ♓	6 ♑	8 ♐	8 ♈
4	11 ♐ 39	1 ♐ 45	1 ♊ 1	1 ♊ 44	14 ♐ 7	21 ♑ 57	23 ♏ 11	25 ♒ 44	9 ♒ 10	11 ♉ 40	20 ♓ 24	25 ♑ 6	3 ♊	10 ♓	6 ♑	9 ♐	8 ♈
5	12 ♐ 40	16 ♐ 59	0 ♊ 58	1 R 44	15 ♐ 41	22 ♑ 28	23 ♏ 53	25 ♒ 52	9 ♒ 15	11 ♉ 38	20 ♓ 24	25 ♑ 7	3 ♊	11 ♓	7 ♑	9 ♐	8 ♈
6	13 ♐ 41	2 ♑ 12	0 ♊ 55	1 ♊ 43	17 ♐ 15	22 ♑ 57	24 ♏ 34	26 ♒ 1	9 ♒ 20	11 ♉ 36	20 ♓ 24	25 ♑ 9	3 ♊	11 ♓	7 ♑	10 ♐	8 ♈
7	14 ♐ 42	17 ♑ 13	0 ♊ 52	1 ♊ 41	18 ♐ 49	23 ♑ 25	25 ♏ 16	26 ♒ 10	9 ♒ 25	11 ♉ 34	20 ♓ 24	25 ♑ 10	2 ♊	11 ♓	7 ♑	10 ♐	8 ♈
8	15 ♐ 43	1 ♒ 56	0 ♊ 49	1 ♊ 40	20 ♐ 23	23 ♑ 51	25 ♏ 58	26 ♒ 19	9 ♒ 30	11 ♉ 32	20 ♓ 24	25 ♑ 12	2 ♊	11 ♓	8 ♑	11 ♐	8 ♈
9	16 ♐ 44	16 ♒ 13	0 ♊ 46	1 ♊ 38	21 ♐ 57	24 ♑ 16	26 ♏ 39	26 ♒ 28	9 ♒ 36	11 ♉ 30	20 ♓ 25	25 ♑ 14	2 ♊	11 ♓	8 ♑	11 ♐	8 ♈
10	17 ♐ 45	0 ♓ 3	0 ♊ 42	1 ♊ 36	23 ♐ 31	24 ♑ 38	27 ♏ 21	26 ♒ 37	9 ♒ 41	11 ♉ 28	20 ♓ 25	25 ♑ 15	2 ♊	11 ♓	8 ♑	12 ♐	8 ♈
11	18 ♐ 46	13 ♓ 26	0 ♊ 39	1 ♊ 36	25 ♐ 6	24 ♑ 59	28 ♏ 3	26 ♒ 46	9 ♒ 46	11 ♉ 26	20 ♓ 25	25 ♑ 17	2 ♊	11 ♓	9 ♑	12 ♐	8 ♈
12	19 ♐ 47	26 ♓ 24	0 ♊ 36	1 D 36	26 ♐ 40	25 ♑ 18	28 ♏ 45	26 ♒ 55	9 ♒ 52	11 ♉ 24	20 ♓ 25	25 ♑ 19	1 ♊	12 ♓	9 ♑	13 ♐	8 ♈
13	20 ♐ 48	9 ♈ 1	0 ♊ 33	1 ♊ 37	28 ♐ 14	25 ♑ 34	29 ♏ 27	27 ♒ 5	9 ♒ 57	11 ♉ 23	20 ♓ 26	25 ♑ 20	1 ♊	12 ♓	9 ♑	14 ♐	8 ♈
14	21 ♐ 49	21 ♈ 19	0 ♊ 30	1 ♊ 38	29 ♐ 48	25 ♑ 49	0 ♐ 8	27 ♒ 14	10 ♒ 2	11 ♉ 21	20 ♓ 26	25 ♑ 22	1 ♊	12 ♓	10 ♑	14 ♐	8 ♈
15	22 ♐ 50	3 ♉ 25	0 ♊ 27	1 ♊ 40	1 ♑ 23	26 ♑ 1	0 ♐ 50	27 ♒ 24	10 ♒ 8	11 ♉ 19	20 ♓ 27	25 ♑ 24	1 ♊	12 ♓	10 ♑	15 ♐	8 ♈
16	23 ♐ 51	15 ♉ 21	0 ♊ 23	1 ♊ 41	2 ♑ 57	26 ♑ 11	1 ♐ 32	27 ♒ 34	10 ♒ 14	11 ♉ 18	20 ♓ 27	25 ♑ 25	1 ♊	12 ♓	11 ♑	15 ♐	8 ♈
17	24 ♐ 52	27 ♉ 11	0 ♊ 20	1 ♊ 42	4 ♑ 31	26 ♑ 19	2 ♐ 14	27 ♒ 44	10 ♒ 19	11 ♉ 16	20 ♓ 28	25 ♑ 27	0 ♊	13 ♓	11 ♑	16 ♐	8 ♈
18	25 ♐ 53	8 ♊ 59	0 ♊ 17	1 R 42	6 ♑ 6	26 ♑ 25	2 ♐ 56	27 ♒ 54	10 ♒ 25	11 ♉ 14	20 ♓ 28	25 ♑ 29	0 ♊	13 ♓	11 ♑	16 ♐	8 ♈
19	26 ♐ 54	20 ♊ 47	0 ♊ 14	1 ♊ 41	7 ♑ 40	26 ♑ 28	3 ♐ 39	28 ♒ 5	10 ♒ 31	11 ♉ 13	20 ♓ 29	25 ♑ 31	0 ♊	13 ♓	12 ♑	17 ♐	8 ♈
20	27 ♐ 55	2 ♋ 37	0 ♊ 11	1 ♊ 38	9 ♑ 15	26 R 29	4 ♐ 21	28 ♒ 15	10 ♒ 37	11 ♉ 11	20 ♓ 29	25 ♑ 32	0 ♊	13 ♓	12 ♑	17 ♐	8 ♈
21	28 ♐ 56	14 ♋ 31	0 ♊ 7	1 ♊ 34	10 ♑ 49	26 ♑ 27	5 ♐ 3	28 ♒ 25	10 ♒ 43	11 ♉ 10	20 ♓ 30	25 ♑ 34	0 ♊	13 ♓	13 ♑	18 ♐	8 D
22	29 ♐ 57	26 ♋ 31	0 ♊ 4	1 ♊ 29	12 ♑ 23	26 ♑ 23	5 ♐ 45	28 ♒ 36	10 ♒ 49	11 ♉ 9	20 ♓ 31	25 ♑ 36	29 ♉	14 ♓	13 ♑	18 ♐	8 ♈
23	0 ♑ 58	8 ♌ 39	0 ♊ 1	1 ♊ 23	13 ♑ 57	26 ♑ 16	6 ♐ 27	28 ♒ 47	10 ♒ 55	11 ♉ 7	20 ♓ 31	25 ♑ 38	29 ♉	14 ♓	13 ♑	19 ♐	8 ♈
24	1 ♑ 59	20 ♌ 57	29 ♉ 58	1 ♊ 18	15 ♑ 31	26 ♑ 7	7 ♐ 10	28 ♒ 58	11 ♒ 1	11 ♉ 6	20 ♓ 32	25 ♑ 40	29 ♉	14 ♓	14 ♑	20 ♐	8 ♈
25	3 ♑ 0	3 ♍ 27	29 ♉ 55	1 ♊ 14	17 ♑ 4	25 ♑ 56	7 ♐ 52	29 ♒ 8	11 ♒ 7	11 ♉ 5	20 ♓ 33	25 ♑ 42	29 ♉	14 ♓	14 ♑	20 ♐	8 ♈
26	4 ♑ 1	16 ♍ 11	29 ♉ 52	1 ♊ 11	18 ♑ 37	25 ♑ 41	8 ♐ 34	29 ♒ 20	11 ♒ 13	11 ♉ 3	20 ♓ 34	25 ♑ 43	29 ♉	14 ♓	14 ♑	21 ♐	8 ♈
27	5 ♑ 3	29 ♍ 13	29 ♉ 48	1 ♊ 9	20 ♑ 10	25 ♑ 25	9 ♐ 17	29 ♒ 31	11 ♒ 19	11 ♉ 2	20 ♓ 35	25 ♑ 45	29 ♉	15 ♓	15 ♑	21 ♐	8 ♈
28	6 ♑ 4	12 ♎ 36	29 ♉ 45	1 D 9	21 ♑ 42	25 ♑ 6	9 ♐ 59	29 ♒ 42	11 ♒ 26	11 ♉ 1	20 ♓ 35	25 ♑ 47	29 ♉	15 ♓	15 ♑	22 ♐	8 ♈
29	7 ♑ 5	26 ♎ 20	29 ♉ 42	1 ♊ 10	23 ♑ 13	24 ♑ 45	10 ♐ 42	29 ♒ 53	11 ♒ 32	11 ♉ 0	20 ♓ 36	25 ♑ 49	28 ♉	15 ♓	16 ♑	22 ♐	8 ♈
30	8 ♑ 6	10 ♏ 28	29 ♉ 39	1 ♊ 12	24 ♑ 43	24 ♑ 21	11 ♐ 24	0 ♓ 5	11 ♒ 38	10 ♉ 59	20 ♓ 37	25 ♑ 51	28 ♉	15 ♓	16 ♑	23 ♐	8 ♈
31	9 ♑ 7	25 ♏ 0	29 ♉ 36	1 ♊ 13	26 ♑ 11	23 ♑ 56	12 ♐ 7	0 ♓ 16	11 ♒ 45	10 ♉ 58	20 ♓ 38	25 ♑ 53	28 ♉	16 ♓	16 ♑	23 ♐	8 ♈

SUN INGRESS	☉ → ♑ 22日 00:59
MOON PHASE	● 4日 16:43 ♐ ◐ 11日 10:35 ♓ ○ 19日 13:35 ♊ ◑ 27日 11:24 ♎

aspects		
1日	05:46	♀⚹♆
1日	08:15	☉⚹♄
6日	20:41	♂⚹♇
8日	00:16	☿□♆
8日	15:21	♂□♃
12日	01:29	♀☌♇
12日	04:24	☿⚹♃
12日	15:21	☉□♆
20日	09:32	☉⚹♃
21日	05:18	☿△♅
24日	16:17	♄□♅
25日	21:02	♀☌♇
27日	06:29	☿⚹♆
29日	19:28	☿☌♀
30日	09:22	♂⚹♄
30日	18:54	☿☌♇

2022年1月

DAY	☉	☽	☊		☿	♀	♂	♃	♄	♅	♆	♇	⚳	⚴	⚵	⚶	⚷
			mean	true													
	° ′	° ′	° ′	° ′	° ′	° ′	° ′	° ′	° ′	° ′	° ′	° ′	°	°	°	°	°
1	10 ♑ 8	9 ♐ 50	29 ♉ 33	1 R 13	27 D 38	23 R 28	12 D 49	0 D 28	11 D 51	10 R 57	20 D 39	25 D 55	28 R	16 D	17 D	24 D	8 D
2	11 ♑ 9	24 ♐ 55	29 ♉ 29	1 ♊ 11	29 ♑ 3	22 ♑ 59	13 ♐ 32	0 ♓ 40	11 ♒ 58	10 ♉ 56	20 ♓ 40	25 ♑ 57	28 ♉	16 ♓	17 ♑	24 ♐	8 ♈
3	12 ♑ 11	10 ♑ 5	29 ♉ 26	1 ♊ 7	0 ♒ 26	22 ♑ 28	14 ♐ 15	0 ♓ 51	12 ♒ 4	10 ♉ 55	20 ♓ 41	25 ♑ 59	28 ♉	16 ♓	18 ♑	25 ♐	8 ♈
4	13 ♑ 12	25 ♑ 11	29 ♉ 23	1 ♊ 1	1 ♒ 46	21 ♑ 55	14 ♐ 58	1 ♓ 3	12 ♒ 11	10 ♉ 54	20 ♓ 42	26 ♑ 1	28 ♉	17 ♓	18 ♑	25 ♐	8 ♈
5	14 ♑ 13	10 ♒ 2	29 ♉ 20	0 ♊ 54	3 ♒ 3	21 ♑ 21	15 ♐ 40	1 ♓ 15	12 ♒ 17	10 ♉ 54	20 ♓ 44	26 ♑ 3	28 ♉	17 ♓	18 ♑	26 ♐	8 ♈
6	15 ♑ 14	24 ♒ 31	29 ♉ 17	0 ♊ 47	4 ♒ 16	20 ♑ 46	16 ♐ 23	1 ♓ 27	12 ♒ 24	10 ♉ 53	20 ♓ 45	26 ♑ 5	28 ♉	17 ♓	19 ♑	27 ♐	8 ♈
7	16 ♑ 15	8 ♓ 33	29 ♉ 13	0 ♊ 40	5 ♒ 25	20 ♑ 11	17 ♐ 6	1 ♓ 40	12 ♒ 31	10 ♉ 52	20 ♓ 46	26 ♑ 7	28 ♉	17 ♓	19 ♑	27 ♐	8 ♈
8	17 ♑ 17	22 ♓ 5	29 ♉ 10	0 ♊ 35	6 ♒ 29	19 ♑ 34	17 ♐ 49	1 ♓ 52	12 ♒ 38	10 ♉ 52	20 ♓ 47	26 ♑ 8	28 ♉	18 ♓	19 ♑	28 ♐	8 ♈
9	18 ♑ 18	5 ♈ 9	29 ♉ 7	0 ♊ 32	7 ♒ 26	18 ♑ 58	18 ♐ 32	2 ♓ 4	12 ♒ 44	10 ♉ 51	20 ♓ 48	26 ♑ 10	28 ♉	18 ♓	20 ♑	28 ♐	8 ♈
10	19 ♑ 19	17 ♈ 48	29 ♉ 4	0 ♊ 31	8 ♒ 17	18 ♑ 21	19 ♐ 15	2 ♓ 17	12 ♒ 51	10 ♉ 51	20 ♓ 50	26 ♑ 12	28 ♉	18 ♓	20 ♑	29 ♐	8 ♈
11	20 ♑ 20	0 ♉ 6	29 ♉ 1	0 D 32	9 ♒ 0	17 ♑ 44	19 ♐ 58	2 ♓ 29	12 ♒ 58	10 ♉ 50	20 ♓ 51	26 ♑ 14	28 ♉	18 ♓	21 ♑	29 ♐	8 ♈
12	21 ♑ 21	12 ♉ 9	28 ♉ 58	0 ♊ 33	9 ♒ 35	17 ♑ 8	20 ♐ 41	2 ♓ 42	13 ♒ 5	10 ♉ 50	20 ♓ 52	26 ♑ 16	28 ♉	19 ♓	21 ♑	0 ♑	8 ♈
13	22 ♑ 22	24 ♉ 2	28 ♉ 54	0 ♊ 34	10 ♒ 0	16 ♑ 33	21 ♐ 24	2 ♓ 54	13 ♒ 12	10 ♉ 50	20 ♓ 54	26 ♑ 18	27 ♉	19 ♓	21 ♑	0 ♑	8 ♈
14	23 ♑ 23	5 ♊ 49	28 ♉ 51	0 R 34	10 ♒ 16	15 ♑ 58	22 ♐ 7	3 ♓ 7	13 ♒ 18	10 ♉ 49	20 ♓ 55	26 ♑ 20	27 ♉	19 ♓	22 ♑	1 ♑	8 ♈
15	24 ♑ 24	17 ♊ 35	28 ♉ 48	0 ♊ 32	10 R 20	15 ♑ 24	22 ♐ 50	3 ♓ 20	13 ♒ 25	10 ♉ 49	20 ♓ 57	26 ♑ 22	27 ♉	20 ♓	22 ♑	1 ♑	8 ♈
16	25 ♑ 26	29 ♊ 25	28 ♉ 45	0 ♊ 28	10 ♒ 12	14 ♑ 52	23 ♐ 33	3 ♓ 33	13 ♒ 32	10 ♉ 49	20 ♓ 58	26 ♑ 24	27 D	20 ♓	23 ♑	2 ♑	8 ♈
17	26 ♑ 27	11 ♋ 20	28 ♉ 42	0 ♊ 21	9 ♒ 53	14 ♑ 22	24 ♐ 16	3 ♓ 46	13 ♒ 39	10 ♉ 49	21 ♓ 0	26 ♑ 26	27 ♉	20 ♓	23 ♑	2 ♑	8 ♈
18	27 ♑ 28	23 ♋ 23	28 ♉ 39	0 ♊ 12	9 ♒ 22	13 ♑ 53	25 ♐ 0	3 ♓ 59	13 ♒ 46	10 ♉ 49	21 ♓ 1	26 ♑ 28	27 ♉	21 ♓	23 ♑	3 ♑	8 ♈
19	28 ♑ 29	5 ♌ 35	28 ♉ 35	0 ♊ 1	8 ♒ 40	13 ♑ 26	25 ♐ 43	4 ♓ 12	13 ♒ 53	10 ♉ 49	21 ♓ 3	26 ♑ 30	28 ♉	21 ♓	24 ♑	3 ♑	8 ♈
20	29 ♑ 30	17 ♌ 57	28 ♉ 32	29 ♉ 50	7 ♒ 48	13 ♑ 1	26 ♐ 26	4 ♓ 25	14 ♒ 0	10 D 49	21 ♓ 4	26 ♑ 32	28 ♉	21 ♓	24 ♑	4 ♑	8 ♈
21	0 ♒ 31	0 ♍ 30	28 ♉ 29	29 ♉ 38	6 ♒ 47	12 ♑ 39	27 ♐ 10	4 ♓ 38	14 ♒ 7	10 ♉ 49	21 ♓ 6	26 ♑ 34	28 ♉	21 ♓	25 ♑	4 ♑	8 ♈
22	1 ♒ 32	13 ♍ 14	28 ♉ 26	29 ♉ 28	5 ♒ 38	12 ♑ 19	27 ♐ 53	4 ♓ 51	14 ♒ 14	10 ♉ 49	21 ♓ 7	26 ♑ 36	28 ♉	22 ♓	25 ♑	5 ♑	8 ♈
23	2 ♒ 33	26 ♍ 10	28 ♉ 23	29 ♉ 20	4 ♒ 24	12 ♑ 1	28 ♐ 36	5 ♓ 5	14 ♒ 22	10 ♉ 49	21 ♓ 9	26 ♑ 38	28 ♉	22 ♓	25 ♑	6 ♑	8 ♈
24	3 ♒ 34	9 ♎ 18	28 ♉ 19	29 ♉ 15	3 ♒ 8	11 ♑ 45	29 ♐ 20	5 ♓ 18	14 ♒ 29	10 ♉ 49	21 ♓ 11	26 ♑ 40	28 ♉	22 ♓	26 ♑	6 ♑	8 ♈
25	4 ♒ 35	22 ♎ 40	28 ♉ 16	29 ♉ 12	1 ♒ 51	11 ♑ 32	0 ♑ 3	5 ♓ 32	14 ♒ 36	10 ♉ 50	21 ♓ 12	26 ♑ 42	28 ♉	23 ♓	26 ♑	7 ♑	9 ♈
26	5 ♒ 36	6 ♏ 18	28 ♉ 13	29 D 12	0 ♒ 36	11 ♑ 21	0 ♑ 47	5 ♓ 45	14 ♒ 43	10 ♉ 50	21 ♓ 14	26 ♑ 44	28 ♉	23 ♓	27 ♑	7 ♑	9 ♈
27	6 ♒ 37	20 ♏ 13	28 ♉ 10	29 ♉ 12	29 ♑ 25	11 ♑ 13	1 ♑ 30	5 ♓ 59	14 ♒ 50	10 ♉ 50	21 ♓ 16	26 ♑ 46	28 ♉	23 ♓	27 ♑	8 ♑	9 ♈
28	7 ♒ 38	4 ♐ 25	28 ♉ 7	29 R 12	28 ♑ 19	11 ♑ 8	2 ♑ 14	6 ♓ 12	14 ♒ 57	10 ♉ 51	21 ♓ 17	26 ♑ 48	28 ♉	24 ♓	27 ♑	8 ♑	9 ♈
29	8 ♒ 39	18 ♐ 54	28 ♉ 4	29 ♉ 11	27 ♑ 20	11 ♑ 5	2 ♑ 58	6 ♓ 26	15 ♒ 4	10 ♉ 51	21 ♓ 19	26 ♑ 50	28 ♉	24 ♓	28 ♑	9 ♑	9 ♈
30	9 ♒ 40	3 ♑ 36	28 ♉ 0	29 ♉ 7	26 ♑ 29	11 D 4	3 ♑ 41	6 ♓ 39	15 ♒ 12	10 ♉ 52	21 ♓ 21	26 ♑ 52	28 ♉	24 ♓	28 ♑	9 ♑	9 ♈
31	10 ♒ 41	18 ♑ 25	27 ♉ 57	29 ♉ 0	25 ♑ 47	11 ♑ 6	4 ♑ 25	6 ♓ 53	15 ♒ 19	10 ♉ 52	21 ♓ 23	26 ♑ 54	28 ♉	25 ♓	29 ♑	10 ♑	9 ♈
SUN INGRESS	☉ → ♒ 20日 11:39																
MOON PHASE	● 3日 03:33 ♑ ◐ 10日 03:11 ♈ ○ 18日 08:48 ♋ ◑ 25日 22:41 ♏																

aspects		
1日	18:50	☉△♅
6日	01:03	♀⚹♆
9日	09:48	☉☌♀
11日	12:28	☉⚹♆
12日	06:43	♂□♆
16日	23:51	☉☌♇
23日	19:28	☉☌☿
29日	13:16	☿☌♇
31日	04:32	☉□♅

2022年2月

DAY	☉	☽	☊		☿	♀	♂	♃	♄	♅	♆	♇	⚳	⚴	⚵	⚶	⚷
			mean	true													
	° ′	° ′	° ′	° ′	° ′	° ′	° ′	° ′	° ′	° ′	° ′	° ′	°	°	°	°	°
1	11 ♒ 42	3 ♒ 15	27 ♉ 54	28 R 50	25 R 13	11 D 10	5 D 9	7 D 7	15 D 26	10 D 53	21 D 25	26 D 56	28 D	25 D	29 D	10 D	9 D
2	12 ♒ 43	17 ♒ 57	27 ♉ 51	28 ♉ 39	24 ♑ 48	11 ♑ 17	5 ♑ 53	7 ♓ 21	15 ♒ 33	10 ♉ 54	21 ♓ 27	26 ♑ 58	28 ♉	25 ♓	29 ♑	11 ♑	9 ♈
3	13 ♒ 44	2 ♓ 23	27 ♉ 48	28 ♉ 27	24 ♑ 31	11 ♑ 26	6 ♑ 37	7 ♓ 35	15 ♒ 40	10 ♉ 54	21 ♓ 28	27 ♑ 0	29 ♉	26 ♓	0 ♒	11 ♑	9 ♈
4	14 ♒ 45	16 ♓ 25	27 ♉ 45	28 ♉ 16	24 ♑ 23	11 ♑ 37	7 ♑ 20	7 ♓ 49	15 ♒ 47	10 ♉ 55	21 ♓ 30	27 ♑ 2	29 ♉	26 ♓	0 ♒	12 ♑	9 ♈
5	15 ♒ 46	0 ♈ 2	27 ♉ 41	28 ♉ 7	24 D 23	11 ♑ 50	8 ♑ 4	8 ♓ 3	15 ♒ 55	10 ♉ 56	21 ♓ 32	27 ♑ 3	29 ♉	26 ♓	1 ♒	12 ♑	9 ♈
6	16 ♒ 46	13 ♈ 11	27 ♉ 38	28 ♉ 0	24 ♑ 30	12 ♑ 5	8 ♑ 48	8 ♓ 17	16 ♒ 2	10 ♉ 57	21 ♓ 34	27 ♑ 5	29 ♉	27 ♓	1 ♒	13 ♑	9 ♈
7	17 ♒ 47	25 ♈ 54	27 ♉ 35	27 ♉ 56	24 ♑ 44	12 ♑ 22	9 ♑ 32	8 ♓ 31	16 ♒ 9	10 ♉ 58	21 ♓ 36	27 ♑ 7	29 ♉	27 ♓	1 ♒	13 ♑	9 ♈
8	18 ♒ 48	8 ♉ 16	27 ♉ 32	27 ♉ 54	25 ♑ 4	12 ♑ 42	10 ♑ 16	8 ♓ 45	16 ♒ 16	10 ♉ 59	21 ♓ 38	27 ♑ 9	29 ♉	27 ♓	2 ♒	14 ♑	9 ♈
9	19 ♒ 49	20 ♉ 21	27 ♉ 29	27 D 54	25 ♑ 30	13 ♑ 3	11 ♑ 0	8 ♓ 59	16 ♒ 23	11 ♉ 0	21 ♓ 40	27 ♑ 11	29 ♉	28 ♓	2 ♒	14 ♑	9 ♈
10	20 ♒ 50	2 ♊ 14	27 ♉ 25	27 R 54	26 ♑ 1	13 ♑ 26	11 ♑ 44	9 ♓ 13	16 ♒ 31	11 ♉ 1	21 ♓ 42	27 ♑ 13	0 ♊	28 ♓	3 ♒	15 ♑	9 ♈
11	21 ♒ 50	14 ♊ 2	27 ♉ 22	27 ♉ 53	26 ♑ 37	13 ♑ 51	12 ♑ 28	9 ♓ 27	16 ♒ 38	11 ♉ 2	21 ♓ 44	27 ♑ 15	0 ♊	28 ♓	3 ♒	15 ♑	9 ♈
12	22 ♒ 51	25 ♊ 50	27 ♉ 19	27 ♉ 50	27 ♑ 18	14 ♑ 17	13 ♑ 12	9 ♓ 41	16 ♒ 45	11 ♉ 4	21 ♓ 46	27 ♑ 16	0 ♊	29 ♓	3 ♒	16 ♑	9 ♈
13	23 ♒ 52	7 ♋ 42	27 ♉ 16	27 ♉ 45	28 ♑ 3	14 ♑ 45	13 ♑ 57	9 ♓ 56	16 ♒ 52	11 ♉ 5	21 ♓ 48	27 ♑ 18	0 ♊	29 ♓	4 ♒	16 ♑	9 ♈
14	24 ♒ 52	19 ♋ 42	27 ♉ 13	27 ♉ 36	28 ♑ 52	15 ♑ 15	14 ♑ 41	10 ♓ 10	16 ♒ 59	11 ♉ 6	21 ♓ 50	27 ♑ 20	0 ♊	29 ♓	4 ♒	17 ♑	9 ♈
15	25 ♒ 53	1 ♌ 54	27 ♉ 10	27 ♉ 26	29 ♑ 44	15 ♑ 46	15 ♑ 25	10 ♓ 24	17 ♒ 6	11 ♉ 8	21 ♓ 52	27 ♑ 22	0 ♊	0 ♈	5 ♒	18 ♑	9 ♈
16	26 ♒ 54	14 ♌ 18	27 ♉ 6	27 ♉ 13	0 ♒ 39	16 ♑ 19	16 ♑ 9	10 ♓ 38	17 ♒ 14	11 ♉ 9	21 ♓ 54	27 ♑ 24	1 ♊	0 ♈	5 ♒	18 ♑	9 ♈
17	27 ♒ 54	26 ♌ 57	27 ♉ 3	26 ♉ 59	1 ♒ 38	16 ♑ 53	16 ♑ 53	10 ♓ 53	17 ♒ 21	11 ♉ 10	21 ♓ 57	27 ♑ 25	1 ♊	0 ♈	5 ♒	19 ♑	9 ♈
18	28 ♒ 55	9 ♍ 49	27 ♉ 0	26 ♉ 45	2 ♒ 39	17 ♑ 29	17 ♑ 38	11 ♓ 7	17 ♒ 28	11 ♉ 12	21 ♓ 59	27 ♑ 27	1 ♊	1 ♈	6 ♒	19 ♑	9 ♈
19	29 ♒ 55	22 ♍ 55	26 ♉ 57	26 ♉ 32	3 ♒ 42	18 ♑ 6	18 ♑ 22	11 ♓ 21	17 ♒ 35	11 ♉ 13	22 ♓ 1	27 ♑ 29	1 ♊	1 ♈	6 ♒	20 ♑	10 ♈
20	0 ♓ 56	6 ♎ 11	26 ♉ 54	26 ♉ 22	4 ♒ 48	18 ♑ 44	19 ♑ 6	11 ♓ 36	17 ♒ 42	11 ♉ 15	22 ♓ 3	27 ♑ 31	1 ♊	1 ♈	7 ♒	20 ♑	10 ♈
21	1 ♓ 56	19 ♎ 38	26 ♉ 51	26 ♉ 16	5 ♒ 56	19 ♑ 23	19 ♑ 51	11 ♓ 50	17 ♒ 49	11 ♉ 17	22 ♓ 5	27 ♑ 32	2 ♊	2 ♈	7 ♒	21 ♑	10 ♈
22	2 ♓ 57	3 ♏ 14	26 ♉ 47	26 ♉ 12	7 ♒ 7	20 ♑ 4	20 ♑ 35	12 ♓ 5	17 ♒ 56	11 ♉ 18	22 ♓ 7	27 ♑ 34	2 ♊	2 ♈	7 ♒	21 ♑	10 ♈
23	3 ♓ 57	16 ♏ 59	26 ♉ 44	26 ♉ 10	8 ♒ 19	20 ♑ 45	21 ♑ 20	12 ♓ 19	18 ♒ 3	11 ♉ 20	22 ♓ 9	27 ♑ 36	2 ♊	3 ♈	8 ♒	22 ♑	10 ♈
24	4 ♓ 57	0 ♐ 53	26 ♉ 41	26 D 10	9 ♒ 33	21 ♑ 28	22 ♑ 4	12 ♓ 33	18 ♒ 10	11 ♉ 22	22 ♓ 12	27 ♑ 37	2 ♊	3 ♈	8 ♒	22 ♑	10 ♈
25	5 ♓ 58	14 ♐ 56	26 ♉ 38	26 R 10	10 ♒ 48	22 ♑ 12	22 ♑ 49	12 ♓ 48	18 ♒ 17	11 ♉ 24	22 ♓ 14	27 ♑ 39	3 ♊	3 ♈	9 ♒	23 ♑	10 ♈
26	6 ♓ 58	29 ♐ 8	26 ♉ 35	26 ♉ 8	12 ♒ 6	22 ♑ 57	23 ♑ 33	13 ♓ 2	18 ♒ 24	11 ♉ 26	22 ♓ 16	27 ♑ 41	3 ♊	4 ♈	9 ♒	23 ♑	10 ♈
27	7 ♓ 59	13 ♑ 27	26 ♉ 31	26 ♉ 5	13 ♒ 24	23 ♑ 43	24 ♑ 18	13 ♓ 17	18 ♒ 31	11 ♉ 28	22 ♓ 18	27 ♑ 42	3 ♊	4 ♈	9 ♒	24 ♑	10 ♈
28	8 ♓ 59	27 ♑ 50	26 ♉ 28	25 ♉ 58	14 ♒ 45	24 ♑ 29	25 ♑ 3	13 ♓ 31	18 ♒ 38	11 ♉ 30	22 ♓ 21	27 ♑ 44	3 ♊	4 ♈	10 ♒	24 ♑	10 ♈
SUN INGRESS	☉ → ♓ 19日 01:43																
MOON PHASE	● 1日 14:46 ♒ ◐ 8日 22:50 ♉ ○ 17日 01:56 ♌ ◑ 24日 07:32 ♐																

aspects		
4日	22:38	♂⚹♃
5日	04:05	☉☌♄
8日	23:57	♂△♅
11日	23:04	☿☌♇
16日	23:29	♀☌♂
18日	09:13	♃⚹♅
24日	04:12	♂⚹♆
25日	01:04	♀⚹♆
25日	11:22	☿□♅

2022年3月

DAY	☉	☽	☊		☿	♀	♂	♃	♄	♅	♆	♇	⚳	⚴	⚵	⚶	⚷
			mean	true													
	° ′	° ′	° ′	° ′	° ′	° ′	° ′	° ′	° ′	° ′	° ′	° ′	°	°	°	°	°
1	9 ♓ 59	12 ♒ 13	26 ♉ 25	25 R 49	16 D 6	25 D 17	25 D 47	13 D 46	18 D 45	11 D 32	22 D 23	27 D 45	3 D	5 D	10 D	25 D	10 D
2	10 ♓ 59	26 ♒ 31	26 ♉ 22	25 ♉ 37	17 ♒ 29	26 ♑ 5	26 ♑ 32	14 ♓ 0	18 ♒ 52	11 ♉ 34	22 ♓ 25	27 ♑ 47	4 ♊	5 ♈	11 ♒	25 ♑	10 ♈
3	12 ♓ 0	10 ♓ 36	26 ♉ 19	25 ♉ 25	18 ♒ 54	26 ♑ 54	27 ♑ 17	14 ♓ 15	18 ♒ 59	11 ♉ 36	22 ♓ 27	27 ♑ 48	4 ♊	5 ♈	11 ♒	26 ♑	10 ♈
4	13 ♓ 0	24 ♓ 25	26 ♉ 16	25 ♉ 14	20 ♒ 19	27 ♑ 44	28 ♑ 1	14 ♓ 29	19 ♒ 5	11 ♉ 38	22 ♓ 30	27 ♑ 50	4 ♊	6 ♈	11 ♒	26 ♑	10 ♈
5	14 ♓ 0	7 ♈ 52	26 ♉ 12	25 ♉ 4	21 ♒ 46	28 ♑ 35	28 ♑ 46	14 ♓ 44	19 ♒ 12	11 ♉ 40	22 ♓ 32	27 ♑ 51	4 ♊	6 ♈	12 ♒	27 ♑	10 ♈
6	15 ♓ 0	20 ♈ 57	26 ♉ 9	24 ♉ 57	23 ♒ 14	29 ♑ 26	29 ♑ 31	14 ♓ 58	19 ♒ 19	11 ♉ 42	22 ♓ 34	27 ♑ 53	5 ♊	7 ♈	12 ♒	27 ♑	10 ♈
7	16 ♓ 0	3 ♉ 40	26 ♉ 6	24 ♉ 52	24 ♒ 43	0 ♒ 18	0 ♒ 16	15 ♓ 13	19 ♒ 26	11 ♉ 44	22 ♓ 36	27 ♑ 54	5 ♊	7 ♈	12 ♒	27 ♑	10 ♈
8	17 ♓ 0	16 ♉ 3	26 ♉ 3	24 ♉ 50	26 ♒ 14	1 ♒ 11	1 ♒ 0	15 ♓ 28	19 ♒ 32	11 ♉ 47	22 ♓ 39	27 ♑ 56	5 ♊	7 ♈	13 ♒	28 ♑	10 ♈
9	18 ♓ 0	28 ♉ 10	26 ♉ 0	24 D 50	27 ♒ 46	2 ♒ 4	1 ♒ 45	15 ♓ 42	19 ♒ 39	11 ♉ 49	22 ♓ 41	27 ♑ 57	6 ♊	8 ♈	13 ♒	28 ♑	10 ♈
10	19 ♓ 0	10 ♊ 6	25 ♉ 56	24 ♉ 50	29 ♒ 18	2 ♒ 58	2 ♒ 30	15 ♓ 57	19 ♒ 46	11 ♉ 51	22 ♓ 43	27 ♑ 59	6 ♊	8 ♈	14 ♒	29 ♑	11 ♈
11	20 ♓ 0	21 ♊ 55	25 ♉ 53	24 R 50	0 ♓ 52	3 ♒ 52	3 ♒ 15	16 ♓ 11	19 ♒ 52	11 ♉ 54	22 ♓ 45	28 ♑ 0	6 ♊	9 ♈	14 ♒	29 ♑	11 ♈
12	21 ♓ 0	3 ♋ 44	25 ♉ 50	24 ♉ 49	2 ♓ 28	4 ♒ 47	4 ♒ 0	16 ♓ 26	19 ♒ 59	11 ♉ 56	22 ♓ 48	28 ♑ 1	6 ♊	9 ♈	14 ♒	0 ♒	11 ♈
13	22 ♓ 0	15 ♋ 38	25 ♉ 47	24 ♉ 47	4 ♓ 4	5 ♒ 43	4 ♒ 45	16 ♓ 40	20 ♒ 5	11 ♉ 59	22 ♓ 50	28 ♑ 3	7 ♊	9 ♈	15 ♒	0 ♒	11 ♈
14	23 ♓ 0	27 ♋ 42	25 ♉ 44	24 ♉ 41	5 ♓ 41	6 ♒ 39	5 ♒ 30	16 ♓ 55	20 ♒ 12	12 ♉ 1	22 ♓ 52	28 ♑ 4	7 ♊	10 ♈	15 ♒	1 ♒	11 ♈
15	24 ♓ 0	9 ♌ 59	25 ♉ 41	24 ♉ 34	7 ♓ 20	7 ♒ 36	6 ♒ 15	17 ♓ 9	20 ♒ 18	12 ♉ 4	22 ♓ 54	28 ♑ 5	7 ♊	10 ♈	16 ♒	1 ♒	11 ♈
16	25 ♓ 0	22 ♌ 32	25 ♉ 37	24 ♉ 24	9 ♓ 0	8 ♒ 33	7 ♒ 0	17 ♓ 23	20 ♒ 24	12 ♉ 6	22 ♓ 57	28 ♑ 7	8 ♊	10 ♈	16 ♒	2 ♒	11 ♈
17	25 ♓ 59	5 ♍ 24	25 ♉ 34	24 ♉ 14	10 ♓ 41	9 ♒ 30	7 ♒ 45	17 ♓ 38	20 ♒ 31	12 ♉ 9	22 ♓ 59	28 ♑ 8	8 ♊	11 ♈	16 ♒	2 ♒	11 ♈
18	26 ♓ 59	18 ♍ 34	25 ♉ 31	24 ♉ 3	12 ♓ 23	10 ♒ 28	8 ♒ 30	17 ♓ 52	20 ♒ 37	12 ♉ 12	23 ♓ 1	28 ♑ 9	8 ♊	11 ♈	17 ♒	3 ♒	11 ♈
19	27 ♓ 59	2 ♎ 1	25 ♉ 28	23 ♉ 54	14 ♓ 7	11 ♒ 27	9 ♒ 15	18 ♓ 7	20 ♒ 43	12 ♉ 14	23 ♓ 4	28 ♑ 10	8 ♊	12 ♈	17 ♒	3 ♒	11 ♈
20	28 ♓ 59	15 ♎ 42	25 ♉ 25	23 ♉ 47	15 ♓ 51	12 ♒ 26	10 ♒ 0	18 ♓ 21	20 ♒ 49	12 ♉ 17	23 ♓ 6	28 ♑ 11	9 ♊	12 ♈	18 ♒	4 ♒	11 ♈
21	29 ♓ 58	29 ♎ 34	25 ♉ 22	23 ♉ 42	17 ♓ 37	13 ♒ 25	10 ♒ 45	18 ♓ 35	20 ♒ 56	12 ♉ 20	23 ♓ 8	28 ♑ 12	9 ♊	12 ♈	18 ♒	4 ♒	11 ♈
22	0 ♈ 58	13 ♏ 34	25 ♉ 18	23 ♉ 39	19 ♓ 24	14 ♒ 25	11 ♒ 30	18 ♓ 50	21 ♒ 2	12 ♉ 22	23 ♓ 10	28 ♑ 14	9 ♊	13 ♈	18 ♒	5 ♒	11 ♈
23	1 ♈ 57	27 ♏ 39	25 ♉ 15	23 D 39	21 ♓ 13	15 ♒ 25	12 ♒ 15	19 ♓ 4	21 ♒ 8	12 ♉ 25	23 ♓ 13	28 ♑ 15	10 ♊	13 ♈	19 ♒	5 ♒	11 ♈
24	2 ♈ 57	11 ♐ 47	25 ♉ 12	23 ♉ 40	23 ♓ 3	16 ♒ 25	13 ♒ 0	19 ♓ 18	21 ♒ 14	12 ♉ 28	23 ♓ 15	28 ♑ 16	10 ♊	14 ♈	19 ♒	6 ♒	11 ♈
25	3 ♈ 56	25 ♐ 56	25 ♉ 9	23 ♉ 41	24 ♓ 54	17 ♒ 26	13 ♒ 45	19 ♓ 33	21 ♒ 20	12 ♉ 31	23 ♓ 17	28 ♑ 17	10 ♊	14 ♈	19 ♒	6 ♒	11 ♈
26	4 ♈ 56	10 ♑ 4	25 ♉ 6	23 R 41	26 ♓ 46	18 ♒ 27	14 ♒ 31	19 ♓ 47	21 ♒ 26	12 ♉ 34	23 ♓ 19	28 ♑ 18	11 ♊	14 ♈	20 ♒	6 ♒	11 ♈
27	5 ♈ 55	24 ♑ 11	25 ♉ 2	23 ♉ 39	28 ♓ 40	19 ♒ 29	15 ♒ 16	20 ♓ 1	21 ♒ 31	12 ♉ 37	23 ♓ 22	28 ♑ 19	11 ♊	15 ♈	20 ♒	7 ♒	11 ♈
28	6 ♈ 55	8 ♒ 14	24 ♉ 59	23 ♉ 36	0 ♈ 34	20 ♒ 30	16 ♒ 1	20 ♓ 16	21 ♒ 37	12 ♉ 40	23 ♓ 24	28 ♑ 20	11 ♊	15 ♈	21 ♒	7 ♒	12 ♈
29	7 ♈ 54	22 ♒ 11	24 ♉ 56	23 ♉ 30	2 ♈ 31	21 ♒ 32	16 ♒ 46	20 ♓ 30	21 ♒ 43	12 ♉ 43	23 ♓ 26	28 ♑ 21	12 ♊	16 ♈	21 ♒	8 ♒	12 ♈
30	8 ♈ 53	6 ♓ 0	24 ♉ 53	23 ♉ 23	4 ♈ 28	22 ♒ 35	17 ♒ 32	20 ♓ 44	21 ♒ 49	12 ♉ 46	23 ♓ 28	28 ♑ 21	12 ♊	16 ♈	21 ♒	8 ♒	12 ♈
31	9 ♈ 53	19 ♓ 38	24 ♉ 50	23 ♉ 16	6 ♈ 26	23 ♒ 37	18 ♒ 17	20 ♓ 58	21 ♒ 54	12 ♉ 49	23 ♓ 31	28 ♑ 22	12 ♊	17 ♈	22 ♒	9 ♒	12 ♈

SUN INGRESS	☉ → ♈ 21日 00:33
MOON PHASE	● 3日 02:35 ♓ ◐ 10日 19:45 ♊ ○ 18日 16:17 ♍ ◑ 25日 14:37 ♑

aspects		
2日	14:05	☉⚹♅
3日	01:33	☿☌♄
3日	17:43	♂☌♇
4日	02:56	♀☌♇
5日	23:07	☉☌♃
6日	16:13	♀☌♂
13日	20:43	☉☌♆
17日	21:14	☿⚹♅
19日	04:37	☉⚹♇
19日	20:17	♀□♅
21日	15:06	☿☌♃
23日	05:44	♂□♅
24日	02:44	☿☌♆
26日	19:35	☿⚹♇
29日	04:27	♀☌♄

2022年4月

DAY	☉	☽	☊		☿	♀	♂	♃	♄	♅	♆	♇	⚳	⚴	⚵	⚶	⚷
			mean	true													
	° ′	° ′	° ′	° ′	° ′	° ′	° ′	° ′	° ′	° ′	° ′	° ′	°	°	°	°	°
1	10 ♈ 52	3 ♈ 2	24 ♉ 47	23 R 9	8 D 26	24 D 40	19 D 2	21 D 12	22 D 0	12 D 52	23 D 33	28 D 23	13 D	17 D	22 D	9 D	12 D
2	11 ♈ 51	16 ♈ 10	24 ♉ 43	23 ♉ 2	10 ♈ 27	25 ♒ 44	19 ♒ 47	21 ♓ 26	22 ♒ 5	12 ♉ 55	23 ♓ 35	28 ♑ 24	13 ♊	17 ♈	23 ♒	10 ♒	12 ♈
3	12 ♈ 50	29 ♈ 1	24 ♉ 40	22 ♉ 58	12 ♈ 29	26 ♒ 47	20 ♒ 33	21 ♓ 40	22 ♒ 11	12 ♉ 58	23 ♓ 37	28 ♑ 25	13 ♊	18 ♈	23 ♒	10 ♒	12 ♈
4	13 ♈ 50	11 ♉ 35	24 ♉ 37	22 ♉ 56	14 ♈ 32	27 ♒ 51	21 ♒ 18	21 ♓ 54	22 ♒ 16	13 ♉ 1	23 ♓ 39	28 ♑ 26	14 ♊	18 ♈	23 ♒	11 ♒	12 ♈
5	14 ♈ 49	23 ♉ 53	24 ♉ 34	22 D 55	16 ♈ 35	28 ♒ 55	22 ♒ 3	22 ♓ 8	22 ♒ 21	13 ♉ 4	23 ♓ 41	28 ♑ 26	14 ♊	19 ♈	24 ♒	11 ♒	12 ♈
6	15 ♈ 48	5 ♊ 59	24 ♉ 31	22 ♉ 56	18 ♈ 39	29 ♒ 59	22 ♒ 49	22 ♓ 22	22 ♒ 27	13 ♉ 7	23 ♓ 44	28 ♑ 27	14 ♊	19 ♈	24 ♒	11 ♒	12 ♈
7	16 ♈ 47	17 ♊ 54	24 ♉ 28	22 ♉ 57	20 ♈ 44	1 ♓ 3	23 ♒ 34	22 ♓ 36	22 ♒ 32	13 ♉ 10	23 ♓ 46	28 ♑ 28	15 ♊	19 ♈	24 ♒	12 ♒	12 ♈
8	17 ♈ 46	29 ♊ 45	24 ♉ 24	22 ♉ 59	22 ♈ 49	2 ♓ 8	24 ♒ 19	22 ♓ 50	22 ♒ 37	13 ♉ 14	23 ♓ 48	28 ♑ 28	15 ♊	20 ♈	25 ♒	12 ♒	12 ♈
9	18 ♈ 45	11 ♋ 35	24 ♉ 21	23 ♉ 0	24 ♈ 54	3 ♓ 12	25 ♒ 5	23 ♓ 4	22 ♒ 42	13 ♉ 17	23 ♓ 50	28 ♑ 29	15 ♊	20 ♈	25 ♒	13 ♒	12 ♈
10	19 ♈ 44	23 ♋ 29	24 ♉ 18	23 R 0	26 ♈ 58	4 ♓ 17	25 ♒ 50	23 ♓ 17	22 ♒ 47	13 ♉ 20	23 ♓ 52	28 ♑ 30	16 ♊	21 ♈	25 ♒	13 ♒	12 ♈
11	20 ♈ 43	5 ♌ 33	24 ♉ 15	22 ♉ 59	29 ♈ 2	5 ♓ 23	26 ♒ 35	23 ♓ 31	22 ♒ 52	13 ♉ 23	23 ♓ 54	28 ♑ 30	16 ♊	21 ♈	26 ♒	14 ♒	12 ♈
12	21 ♈ 42	17 ♌ 51	24 ♉ 12	22 ♉ 57	1 ♉ 5	6 ♓ 28	27 ♒ 21	23 ♓ 45	22 ♒ 57	13 ♉ 27	23 ♓ 56	28 ♑ 31	16 ♊	21 ♈	26 ♒	14 ♒	12 ♈
13	22 ♈ 41	0 ♍ 28	24 ♉ 8	22 ♉ 53	3 ♉ 7	7 ♓ 33	28 ♒ 6	23 ♓ 58	23 ♒ 2	13 ♉ 30	23 ♓ 58	28 ♑ 31	17 ♊	22 ♈	27 ♒	14 ♒	12 ♈
14	23 ♈ 40	13 ♍ 25	24 ♉ 5	22 ♉ 48	5 ♉ 7	8 ♓ 39	28 ♒ 51	24 ♓ 12	23 ♒ 6	13 ♉ 33	24 ♓ 0	28 ♑ 32	17 ♊	22 ♈	27 ♒	15 ♒	13 ♈
15	24 ♈ 38	26 ♍ 44	24 ♉ 2	22 ♉ 44	7 ♉ 6	9 ♓ 45	29 ♒ 37	24 ♓ 26	23 ♒ 11	13 ♉ 36	24 ♓ 2	28 ♑ 32	18 ♊	23 ♈	27 ♒	15 ♒	13 ♈
16	25 ♈ 37	10 ♎ 26	23 ♉ 59	22 ♉ 40	9 ♉ 2	10 ♓ 51	0 ♓ 22	24 ♓ 39	23 ♒ 15	13 ♉ 40	24 ♓ 4	28 ♑ 33	18 ♊	23 ♈	28 ♒	16 ♒	13 ♈
17	26 ♈ 36	24 ♎ 27	23 ♉ 56	22 ♉ 37	10 ♉ 55	11 ♓ 57	1 ♓ 7	24 ♓ 52	23 ♒ 20	13 ♉ 43	24 ♓ 6	28 ♑ 33	18 ♊	24 ♈	28 ♒	16 ♒	13 ♈
18	27 ♈ 34	8 ♏ 43	23 ♉ 53	22 ♉ 35	12 ♉ 46	13 ♓ 4	1 ♓ 53	25 ♓ 6	23 ♒ 24	13 ♉ 47	24 ♓ 8	28 ♑ 33	19 ♊	24 ♈	28 ♒	17 ♒	13 ♈
19	28 ♈ 33	23 ♏ 10	23 ♉ 49	22 D 34	14 ♉ 33	14 ♓ 10	2 ♓ 38	25 ♓ 19	23 ♒ 29	13 ♉ 50	24 ♓ 10	28 ♑ 34	19 ♊	24 ♈	29 ♒	17 ♒	13 ♈
20	29 ♈ 32	7 ♐ 42	23 ♉ 46	22 ♉ 35	16 ♉ 17	15 ♓ 17	3 ♓ 23	25 ♓ 32	23 ♒ 33	13 ♉ 53	24 ♓ 12	28 ♑ 34	19 ♊	25 ♈	29 ♒	17 ♒	13 ♈
21	0 ♉ 30	22 ♐ 14	23 ♉ 43	22 ♉ 36	17 ♉ 58	16 ♓ 24	4 ♓ 9	25 ♓ 46	23 ♒ 37	13 ♉ 57	24 ♓ 14	28 ♑ 34	20 ♊	25 ♈	29 ♒	18 ♒	13 ♈
22	1 ♉ 29	6 ♑ 41	23 ♉ 40	22 ♉ 37	19 ♉ 34	17 ♓ 31	4 ♓ 54	25 ♓ 59	23 ♒ 41	14 ♉ 0	24 ♓ 16	28 ♑ 34	20 ♊	26 ♈	0 ♓	18 ♒	13 ♈
23	2 ♉ 27	20 ♑ 59	23 ♉ 37	22 ♉ 38	21 ♉ 6	18 ♓ 38	5 ♓ 40	26 ♓ 12	23 ♒ 45	14 ♉ 3	24 ♓ 18	28 ♑ 35	21 ♊	26 ♈	0 ♓	19 ♒	13 ♈
24	3 ♉ 26	5 ♒ 6	23 ♉ 34	22 R 39	22 ♉ 34	19 ♓ 45	6 ♓ 25	26 ♓ 25	23 ♒ 49	14 ♉ 7	24 ♓ 20	28 ♑ 35	21 ♊	27 ♈	1 ♓	19 ♒	13 ♈
25	4 ♉ 24	19 ♒ 0	23 ♉ 30	22 ♉ 38	23 ♉ 57	20 ♓ 53	7 ♓ 10	26 ♓ 38	23 ♒ 53	14 ♉ 10	24 ♓ 22	28 ♑ 35	21 ♊	27 ♈	1 ♓	19 ♒	13 ♈
26	5 ♉ 23	2 ♓ 41	23 ♉ 27	22 ♉ 37	25 ♉ 16	22 ♓ 0	7 ♓ 56	26 ♓ 51	23 ♒ 57	14 ♉ 14	24 ♓ 24	28 ♑ 35	22 ♊	27 ♈	1 ♓	20 ♒	13 ♈
27	6 ♉ 21	16 ♓ 8	23 ♉ 24	22 ♉ 35	26 ♉ 30	23 ♓ 8	8 ♓ 41	27 ♓ 3	24 ♒ 1	14 ♉ 17	24 ♓ 25	28 ♑ 35	22 ♊	28 ♈	2 ♓	20 ♒	13 ♈
28	7 ♉ 20	29 ♓ 21	23 ♉ 21	22 ♉ 33	27 ♉ 39	24 ♓ 16	9 ♓ 26	27 ♓ 16	24 ♒ 4	14 ♉ 21	24 ♓ 27	28 ♑ 35	22 ♊	28 ♈	2 ♓	20 ♒	13 ♈
29	8 ♉ 18	12 ♈ 21	23 ♉ 18	22 ♉ 31	28 ♉ 43	25 ♓ 24	10 ♓ 12	27 ♓ 29	24 ♒ 8	14 ♉ 24	24 ♓ 29	28 ♑ 35	23 ♊	29 ♈	2 ♓	21 ♒	13 ♈
30	9 ♉ 16	25 ♈ 6	23 ♉ 14	22 ♉ 29	29 ♉ 42	26 ♓ 32	10 ♓ 57	27 ♓ 42	24 ♒ 11	14 ♉ 28	24 ♓ 31	28 ♑ 35	23 ♊	29 ♈	3 ♓	21 ♒	13 ♈

SUN INGRESS	☉ → ♉ 20日 11:24
MOON PHASE	● 1日 15:24 ♈ ◐ 9日 15:47 ♋ ○ 17日 03:55 ♎ ◑ 23日 20:56 ♒

aspects		
3日	08:11	☉☌☿
5日	10:51	♂☌♄
7日	21:38	☿⚹♄
9日	03:19	☿⚹♂
10日	17:46	☿□♇
12日	23:42	♃☌♆
13日	09:14	☉⚹♄
18日	10:09	☿⚹♀
18日	13:51	☿☌♅
18日	16:15	♀⚹♅
19日	00:14	☉□♇
24日	22:50	☿□♄
25日	07:37	☿⚹♆
27日	14:12	☿⚹♃
28日	04:12	♀☌♆
28日	21:05	☿△♇

2022年5月

DAY	☉	☽	☊ mean	☊ true	☿	♀	♂	♃	♄	♅	♆	♇	⚳	⚴	⚵	⚶	⚷
	° ′	° ′	° ′	° ′	° ′	° ′	° ′	° ′	° ′	° ′	° ′	° ′	°	°	°	°	°
1	10 ♉ 15	7 ♉ 38	23 ♉ 11	22 R 28	0 D 37	27 D 40	11 D 42	27 D 54	24 D 15	14 D 31	24 D 32	28 R 35	24 D	0 D	3 D	22 D	13 D
2	11 ♉ 13	19 ♉ 58	23 ♉ 8	22 ♉ 28	1 ♊ 26	28 ♓ 48	12 ♓ 28	28 ♓ 7	24 ♒ 18	14 ♉ 34	24 ♓ 34	28 ♑ 35	24 ♊	0 ♉	3 ♓	22 ♒	14 ♈
3	12 ♉ 11	2 ♊ 7	23 ♉ 5	22 D 28	2 ♊ 10	29 ♓ 56	13 ♓ 13	28 ♓ 19	24 ♒ 21	14 ♉ 38	24 ♓ 36	28 ♑ 35	24 ♊	0 ♉	4 ♓	22 ♒	14 ♈
4	13 ♉ 9	14 ♊ 7	23 ♉ 2	22 ♉ 28	2 ♊ 48	1 ♈ 5	13 ♓ 58	28 ♓ 31	24 ♒ 24	14 ♉ 41	24 ♓ 38	28 ♑ 35	25 ♊	1 ♉	4 ♓	23 ♒	14 ♈
5	14 ♉ 8	26 ♊ 0	22 ♉ 59	22 ♉ 29	3 ♊ 22	2 ♈ 13	14 ♓ 44	28 ♓ 44	24 ♒ 27	14 ♉ 45	24 ♓ 39	28 ♑ 35	25 ♊	1 ♉	4 ♓	23 ♒	14 ♈
6	15 ♉ 6	7 ♋ 50	22 ♉ 55	22 ♉ 30	3 ♊ 50	3 ♈ 22	15 ♓ 29	28 ♓ 56	24 ♒ 30	14 ♉ 48	24 ♓ 41	28 ♑ 35	26 ♊	2 ♉	5 ♓	23 ♒	14 ♈
7	16 ♉ 4	19 ♋ 40	22 ♉ 52	22 ♉ 31	4 ♊ 13	4 ♈ 30	16 ♓ 14	29 ♓ 8	24 ♒ 33	14 ♉ 52	24 ♓ 42	28 ♑ 35	26 ♊	2 ♉	5 ♓	24 ♒	14 ♈
8	17 ♉ 2	1 ♌ 34	22 ♉ 49	22 ♉ 31	4 ♊ 30	5 ♈ 39	16 ♓ 59	29 ♓ 20	24 ♒ 36	14 ♉ 55	24 ♓ 44	28 ♑ 35	26 ♊	3 ♉	5 ♓	24 ♒	14 ♈
9	18 ♉ 0	13 ♌ 37	22 ♉ 46	22 ♉ 31	4 ♊ 42	6 ♈ 48	17 ♓ 44	29 ♓ 32	24 ♒ 38	14 ♉ 59	24 ♓ 46	28 ♑ 34	27 ♊	3 ♉	6 ♓	25 ♒	14 ♈
10	18 ♉ 58	25 ♌ 54	22 ♉ 43	22 R 31	4 ♊ 49	7 ♈ 57	18 ♓ 29	29 ♓ 44	24 ♒ 41	15 ♉ 2	24 ♓ 47	28 ♑ 34	27 ♊	4 ♉	6 ♓	25 ♒	14 ♈
11	19 ♉ 56	8 ♍ 28	22 ♉ 39	22 ♉ 31	4 R 51	9 ♈ 6	19 ♓ 15	29 ♓ 55	24 ♒ 43	15 ♉ 6	24 ♓ 49	28 ♑ 34	28 ♊	4 ♉	6 ♓	25 ♒	14 ♈
12	20 ♉ 54	21 ♍ 24	22 ♉ 36	22 ♉ 31	4 ♊ 48	10 ♈ 15	20 ♓ 0	0 ♈ 7	24 ♒ 46	15 ♉ 9	24 ♓ 50	28 ♑ 33	28 ♊	4 ♉	7 ♓	26 ♒	14 ♈
13	21 ♉ 52	4 ♎ 43	22 ♉ 33	22 ♉ 31	4 ♊ 40	11 ♈ 24	20 ♓ 45	0 ♈ 19	24 ♒ 48	15 ♉ 13	24 ♓ 51	28 ♑ 33	28 ♊	5 ♉	7 ♓	26 ♒	14 ♈
14	22 ♉ 50	18 ♎ 29	22 ♉ 30	22 D 31	4 ♊ 27	12 ♈ 33	21 ♓ 30	0 ♈ 30	24 ♒ 50	15 ♉ 16	24 ♓ 53	28 ♑ 33	29 ♊	5 ♉	7 ♓	26 ♒	14 ♈
15	23 ♉ 48	2 ♏ 38	22 ♉ 27	22 ♉ 31	4 ♊ 11	13 ♈ 43	22 ♓ 15	0 ♈ 42	24 ♒ 52	15 ♉ 19	24 ♓ 54	28 ♑ 32	29 ♊	6 ♉	8 ♓	27 ♒	14 ♈
16	24 ♉ 46	17 ♏ 10	22 ♉ 24	22 ♉ 31	3 ♊ 50	14 ♈ 52	23 ♓ 0	0 ♈ 53	24 ♒ 54	15 ♉ 23	24 ♓ 56	28 ♑ 32	0 ♋	6 ♉	8 ♓	27 ♒	14 ♈
17	25 ♉ 43	1 ♐ 57	22 ♉ 20	22 R 31	3 ♊ 26	16 ♈ 1	23 ♓ 45	1 ♈ 4	24 ♒ 56	15 ♉ 26	24 ♓ 57	28 ♑ 31	0 ♋	7 ♉	8 ♓	27 ♒	14 ♈
18	26 ♉ 41	16 ♐ 53	22 ♉ 17	22 ♉ 31	2 ♊ 58	17 ♈ 11	24 ♓ 30	1 ♈ 15	24 ♒ 58	15 ♉ 30	24 ♓ 58	28 ♑ 31	0 ♋	7 ♉	9 ♓	27 ♒	14 ♈
19	27 ♉ 39	1 ♑ 50	22 ♉ 14	22 ♉ 30	2 ♊ 28	18 ♈ 21	25 ♓ 15	1 ♈ 26	25 ♒ 0	15 ♉ 33	25 ♓ 0	28 ♑ 30	1 ♋	8 ♉	9 ♓	28 ♒	14 ♈
20	28 ♉ 37	16 ♑ 40	22 ♉ 11	22 ♉ 30	1 ♊ 57	19 ♈ 30	26 ♓ 0	1 ♈ 37	25 ♒ 2	15 ♉ 37	25 ♓ 1	28 ♑ 30	1 ♋	8 ♉	9 ♓	28 ♒	14 ♈
21	29 ♉ 35	1 ♒ 16	22 ♉ 8	22 ♉ 29	1 ♊ 23	20 ♈ 40	26 ♓ 45	1 ♈ 48	25 ♒ 3	15 ♉ 40	25 ♓ 2	28 ♑ 29	2 ♋	8 ♉	9 ♓	28 ♒	14 ♈
22	0 ♊ 32	15 ♒ 34	22 ♉ 5	22 ♉ 29	0 ♊ 49	21 ♈ 50	27 ♓ 30	1 ♈ 59	25 ♒ 5	15 ♉ 43	25 ♓ 3	28 ♑ 29	2 ♋	9 ♉	10 ♓	29 ♒	15 ♈
23	1 ♊ 30	29 ♒ 31	22 ♉ 1	22 ♉ 28	0 ♊ 14	23 ♈ 0	28 ♓ 14	2 ♈ 9	25 ♒ 6	15 ♉ 47	25 ♓ 4	28 ♑ 28	3 ♋	9 ♉	10 ♓	29 ♒	15 ♈
24	2 ♊ 28	13 ♓ 7	21 ♉ 58	22 D 28	29 ♉ 40	24 ♈ 10	28 ♓ 59	2 ♈ 20	25 ♒ 7	15 ♉ 50	25 ♓ 6	28 ♑ 28	3 ♋	10 ♉	10 ♓	29 ♒	15 ♈
25	3 ♊ 25	26 ♓ 22	21 ♉ 55	22 ♉ 29	29 ♉ 7	25 ♈ 20	29 ♓ 44	2 ♈ 30	25 ♒ 8	15 ♉ 53	25 ♓ 7	28 ♑ 27	3 ♋	10 ♉	11 ♓	0 ♓	15 ♈
26	4 ♊ 23	9 ♈ 19	21 ♉ 52	22 ♉ 30	28 ♉ 35	26 ♈ 30	0 ♈ 29	2 ♈ 41	25 ♒ 9	15 ♉ 57	25 ♓ 8	28 ♑ 26	4 ♋	11 ♉	11 ♓	0 ♓	15 ♈
27	5 ♊ 21	22 ♈ 0	21 ♉ 49	22 ♉ 31	28 ♉ 5	27 ♈ 40	1 ♈ 13	2 ♈ 51	25 ♒ 10	16 ♉ 0	25 ♓ 9	28 ♑ 26	4 ♋	11 ♉	11 ♓	0 ♓	15 ♈
28	6 ♊ 18	4 ♉ 27	21 ♉ 45	22 ♉ 32	27 ♉ 37	28 ♈ 50	1 ♈ 58	3 ♈ 1	25 ♒ 11	16 ♉ 3	25 ♓ 10	28 ♑ 25	5 ♋	12 ♉	11 ♓	0 ♓	15 ♈
29	7 ♊ 16	16 ♉ 42	21 ♉ 42	22 ♉ 33	27 ♉ 13	0 ♉ 0	2 ♈ 43	3 ♈ 11	25 ♒ 12	16 ♉ 7	25 ♓ 11	28 ♑ 24	5 ♋	12 ♉	12 ♓	1 ♓	15 ♈
30	8 ♊ 13	28 ♉ 48	21 ♉ 39	22 R 33	26 ♉ 52	1 ♉ 10	3 ♈ 27	3 ♈ 21	25 ♒ 13	16 ♉ 10	25 ♓ 12	28 ♑ 23	5 ♋	13 ♉	12 ♓	1 ♓	15 ♈
31	9 ♊ 11	10 ♊ 47	21 ♉ 36	22 ♉ 32	26 ♉ 34	2 ♉ 21	4 ♈ 12	3 ♈ 31	25 ♒ 13	16 ♉ 13	25 ♓ 13	28 ♑ 22	6 ♋	13 ♉	12 ♓	1 ♓	15 ♈

SUN INGRESS ☉ → ♊ 21日 10:22

MOON PHASE ● 1日 05:28 ♉　◐ 9日 09:21 ♌　○ 16日 13:14 ♏　◑ 23日 03:43 ♓　● 30日 20:30 ♊

aspects		
1日	06:14	♀☌♃
1日	19:37	♀⚹♇
4日	07:34	♃⚹♇
5日	00:47	♂⚹♅
5日	16:22	☉☌♅
6日	15:01	☿⚹♀
7日	18:48	☉⚹♂
16日	03:49	☉□♄
16日	04:15	☉⚹♆
18日	15:33	♂☌♆
19日	21:11	☉△♇
20日	10:33	☿⚹♃
22日	04:18	☉☌☿
23日	07:15	♂⚹♇
23日	20:05	☉⚹♃
24日	12:27	☿⚹♂
24日	20:06	☿⚹♄
26日	06:49	☿△♇
27日	15:29	♀□♇
29日	19:31	♂☌♃

2022年6月

DAY	☉	☽	☊ mean	☊ true	☿	♀	♂	♃	♄	♅	♆	♇	⚳	⚴	⚵	⚶	⚷
	° ′	° ′	° ′	° ′	° ′	° ′	° ′	° ′	° ′	° ′	° ′	° ′	°	°	°	°	°
1	10 ♊ 9	22 ♊ 41	21 ♉ 33	22 R 30	26 R 21	3 D 31	4 D 56	3 D 40	25 D 14	16 D 16	25 D 14	28 R 22	6 D	13 D	13 D	1 D	15 D
2	11 ♊ 6	4 ♋ 31	21 ♉ 30	22 ♉ 28	26 ♉ 11	4 ♉ 42	5 ♈ 41	3 ♈ 50	25 ♒ 14	16 ♉ 20	25 ♓ 15	28 ♑ 21	7 ♋	14 ♉	13 ♓	2 ♓	15 ♈
3	12 ♊ 4	16 ♋ 21	21 ♉ 26	22 ♉ 25	26 ♉ 6	5 ♉ 52	6 ♈ 25	3 ♈ 59	25 ♒ 14	16 ♉ 23	25 ♓ 15	28 ♑ 20	7 ♋	14 ♉	13 ♓	2 ♓	15 ♈
4	13 ♊ 1	28 ♋ 12	21 ♉ 23	22 ♉ 21	26 D 5	7 ♉ 3	7 ♈ 10	4 ♈ 8	25 ♒ 15	16 ♉ 26	25 ♓ 16	28 ♑ 19	8 ♋	15 ♉	13 ♓	2 ♓	15 ♈
5	13 ♊ 59	10 ♌ 7	21 ♉ 20	22 ♉ 18	26 ♉ 8	8 ♉ 13	7 ♈ 54	4 ♈ 18	25 ♒ 15	16 ♉ 29	25 ♓ 17	28 ♑ 18	8 ♋	15 ♉	14 ♓	2 ♓	15 ♈
6	14 ♊ 56	22 ♌ 11	21 ♉ 17	22 ♉ 16	26 ♉ 16	9 ♉ 24	8 ♈ 38	4 ♈ 27	25 R 15	16 ♉ 32	25 ♓ 18	28 ♑ 17	8 ♋	16 ♉	14 ♓	3 ♓	15 ♈
7	15 ♊ 54	4 ♍ 26	21 ♉ 14	22 ♉ 14	26 ♉ 29	10 ♉ 34	9 ♈ 22	4 ♈ 35	25 ♒ 15	16 ♉ 36	25 ♓ 18	28 ♑ 16	9 ♋	16 ♉	14 ♓	3 ♓	15 ♈
8	16 ♊ 51	16 ♍ 57	21 ♉ 11	22 D 14	26 ♉ 46	11 ♉ 45	10 ♈ 6	4 ♈ 44	25 ♒ 14	16 ♉ 39	25 ♓ 19	28 ♑ 15	9 ♋	17 ♉	14 ♓	3 ♓	15 ♈
9	17 ♊ 48	29 ♍ 47	21 ♉ 7	22 ♉ 14	27 ♉ 7	12 ♉ 56	10 ♈ 50	4 ♈ 53	25 ♒ 14	16 ♉ 42	25 ♓ 20	28 ♑ 14	10 ♋	17 ♉	15 ♓	3 ♓	15 ♈
10	18 ♊ 46	13 ♎ 1	21 ♉ 4	22 ♉ 16	27 ♉ 33	14 ♉ 7	11 ♈ 34	5 ♈ 1	25 ♒ 14	16 ♉ 45	25 ♓ 20	28 ♑ 13	10 ♋	18 ♉	15 ♓	3 ♓	15 ♈
11	19 ♊ 43	26 ♎ 41	21 ♉ 1	22 ♉ 17	28 ♉ 3	15 ♉ 18	12 ♈ 18	5 ♈ 10	25 ♒ 13	16 ♉ 48	25 ♓ 21	28 ♑ 12	11 ♋	18 ♉	15 ♓	4 ♓	15 ♈
12	20 ♊ 40	10 ♏ 49	20 ♉ 58	22 ♉ 18	28 ♉ 38	16 ♉ 28	13 ♈ 2	5 ♈ 18	25 ♒ 12	16 ♉ 51	25 ♓ 22	28 ♑ 11	11 ♋	18 ♉	15 ♓	4 ♓	15 ♈
13	21 ♊ 38	25 ♏ 21	20 ♉ 55	22 R 19	29 ♉ 16	17 ♉ 39	13 ♈ 46	5 ♈ 26	25 ♒ 12	16 ♉ 54	25 ♓ 22	28 ♑ 10	11 ♋	19 ♉	16 ♓	4 ♓	15 ♈
14	22 ♊ 35	10 ♐ 16	20 ♉ 51	22 ♉ 18	29 ♉ 59	18 ♉ 50	14 ♈ 30	5 ♈ 34	25 ♒ 11	16 ♉ 57	25 ♓ 23	28 ♑ 9	12 ♋	19 ♉	16 ♓	4 ♓	15 ♈
15	23 ♊ 32	25 ♐ 24	20 ♉ 48	22 ♉ 15	0 ♊ 45	20 ♉ 1	15 ♈ 14	5 ♈ 42	25 ♒ 10	17 ♉ 0	25 ♓ 23	28 ♑ 8	12 ♋	20 ♉	16 ♓	4 ♓	15 ♈
16	24 ♊ 30	10 ♑ 38	20 ♉ 45	22 ♉ 11	1 ♊ 36	21 ♉ 12	15 ♈ 57	5 ♈ 49	25 ♒ 9	17 ♉ 3	25 ♓ 23	28 ♑ 7	13 ♋	20 ♉	16 ♓	5 ♓	15 ♈
17	25 ♊ 27	25 ♑ 47	20 ♉ 42	22 ♉ 7	2 ♊ 30	22 ♉ 23	16 ♈ 41	5 ♈ 57	25 ♒ 8	17 ♉ 6	25 ♓ 24	28 ♑ 6	13 ♋	21 ♉	16 ♓	5 ♓	15 ♈
18	26 ♊ 24	10 ♒ 41	20 ♉ 39	22 ♉ 2	3 ♊ 28	23 ♉ 35	17 ♈ 24	6 ♈ 4	25 ♒ 7	17 ♉ 9	25 ♓ 24	28 ♑ 4	14 ♋	21 ♉	17 ♓	5 ♓	15 ♈
19	27 ♊ 21	25 ♒ 14	20 ♉ 36	21 ♉ 58	4 ♊ 30	24 ♉ 46	18 ♈ 8	6 ♈ 12	25 ♒ 6	17 ♉ 11	25 ♓ 25	28 ♑ 3	14 ♋	22 ♉	17 ♓	5 ♓	16 ♈
20	28 ♊ 19	9 ♓ 20	20 ♉ 32	21 ♉ 55	5 ♊ 36	25 ♉ 57	18 ♈ 51	6 ♈ 19	25 ♒ 4	17 ♉ 14	25 ♓ 25	28 ♑ 2	14 ♋	22 ♉	17 ♓	5 ♓	16 ♈
21	29 ♊ 16	22 ♓ 59	20 ♉ 29	21 ♉ 54	6 ♊ 45	27 ♉ 8	19 ♈ 35	6 ♈ 26	25 ♒ 3	17 ♉ 17	25 ♓ 25	28 ♑ 1	15 ♋	23 ♉	17 ♓	5 ♓	16 ♈
22	0 ♋ 13	6 ♈ 13	20 ♉ 26	21 D 54	7 ♊ 58	28 ♉ 20	20 ♈ 18	6 ♈ 32	25 ♒ 1	17 ♉ 20	25 ♓ 25	28 ♑ 0	15 ♋	23 ♉	18 ♓	5 ♓	16 ♈
23	1 ♋ 11	19 ♈ 3	20 ♉ 23	21 ♉ 55	9 ♊ 14	29 ♉ 31	21 ♈ 1	6 ♈ 39	25 ♒ 0	17 ♉ 23	25 ♓ 26	27 ♑ 58	16 ♋	24 ♉	18 ♓	6 ♓	16 ♈
24	2 ♋ 8	1 ♉ 34	20 ♉ 20	21 ♉ 56	10 ♊ 33	0 ♊ 42	21 ♈ 44	6 ♈ 46	24 ♒ 58	17 ♉ 25	25 ♓ 26	27 ♑ 57	16 ♋	24 ♉	18 ♓	6 ♓	16 ♈
25	3 ♋ 5	13 ♉ 49	20 ♉ 17	21 ♉ 58	11 ♊ 56	1 ♊ 54	22 ♈ 27	6 ♈ 52	24 ♒ 56	17 ♉ 28	25 ♓ 26	27 ♑ 56	17 ♋	25 ♉	18 ♓	6 ♓	16 ♈
26	4 ♋ 2	25 ♉ 53	20 ♉ 13	21 R 58	13 ♊ 23	3 ♊ 5	23 ♈ 10	6 ♈ 58	24 ♒ 54	17 ♉ 31	25 ♓ 26	27 ♑ 55	17 ♋	25 ♉	18 ♓	6 ♓	16 ♈
27	5 ♋ 0	7 ♊ 50	20 ♉ 10	21 ♉ 56	14 ♊ 52	4 ♊ 17	23 ♈ 53	7 ♈ 4	24 ♒ 52	17 ♉ 33	25 ♓ 26	27 ♑ 53	18 ♋	25 ♉	18 ♓	6 ♓	16 ♈
28	5 ♋ 57	19 ♊ 42	20 ♉ 7	21 ♉ 53	16 ♊ 26	5 ♊ 28	24 ♈ 36	7 ♈ 10	24 ♒ 50	17 ♉ 36	25 ♓ 26	27 ♑ 52	18 ♋	26 ♉	19 ♓	6 ♓	16 ♈
29	6 ♋ 54	1 ♋ 32	20 ♉ 4	21 ♉ 48	18 ♊ 2	6 ♊ 40	25 ♈ 19	7 ♈ 16	24 ♒ 48	17 ♉ 38	25 R 26	27 ♑ 51	18 ♋	26 ♉	19 ♓	6 ♓	16 ♈
30	7 ♋ 51	13 ♋ 21	20 ♉ 1	21 ♉ 40	19 ♊ 41	7 ♊ 52	26 ♈ 1	7 ♈ 21	24 ♒ 46	17 ♉ 41	25 ♓ 26	27 ♑ 49	19 ♋	27 ♉	19 ♓	6 ♓	16 ♈

SUN INGRESS ☉ → ♋ 21日 18:14

MOON PHASE ◐ 7日 23:48 ♍　○ 14日 20:52 ♐　◑ 21日 12:11 ♓　● 29日 11:52 ♋

aspects		
11日	06:21	☿△♇
12日	07:58	♀☌♅
16日	16:13	☉△♄
16日	22:41	☉□♆
19日	06:32	♀□♄
19日	13:06	☿⚹♆
20日	16:44	☿⚹♃
21日	17:24	♀△♇
28日	07:29	♂⚹♄
29日	09:59	☉□♃
29日	12:52	☿⚹♃

2022年7月

DAY	☉	☽	☊ mean	☊ true	☿	♀	♂	♃	♄	♅	♆	♇	⚳	⚴	⚵	⚶	⚷
	° ′	° ′	° ′	° ′	° ′	° ′	° ′	° ′	° ′	° ′	° ′	° ′	°	°	°	°	°
1	8 ♋ 48	25 ♋ 12	19 ♉ 57	21 R 32	21 D 24	9 D 3	26 D 44	7 D 26	24 R 43	17 D 43	25 R 26	27 R 48	19 D	27 D	19 D	6 D	16 D
2	9 ♋ 46	7 ♌ 7	19 ♉ 54	21 ♉ 23	23 ♊ 10	10 ♊ 15	27 ♈ 26	7 ♈ 32	24 ♒ 41	17 ♉ 46	25 ♓ 26	27 ♑ 47	20 ♋	28 ♉	19 ♓	6 ♓	16 ♈
3	10 ♋ 43	19 ♌ 7	19 ♉ 51	21 ♉ 14	24 ♊ 59	11 ♊ 27	28 ♈ 9	7 ♈ 37	24 ♒ 38	17 ♉ 48	25 ♓ 26	27 ♑ 45	20 ♋	28 ♉	19 ♓	6 ♓	16 ♈
4	11 ♋ 40	1 ♍ 15	19 ♉ 48	21 ♉ 7	26 ♊ 50	12 ♊ 39	28 ♈ 51	7 ♈ 41	24 ♒ 36	17 ♉ 50	25 ♓ 26	27 ♑ 44	21 ♋	29 ♉	19 ♓	6 ♓	16 ♈
5	12 ♋ 37	13 ♍ 33	19 ♉ 45	21 ♉ 1	28 ♊ 45	13 ♊ 51	29 ♈ 33	7 ♈ 46	24 ♒ 33	17 ♉ 53	25 ♓ 25	27 ♑ 43	21 ♋	29 ♉	20 ♓	6 ♓	16 ♈
6	13 ♋ 35	26 ♍ 4	19 ♉ 42	20 ♉ 57	0 ♋ 42	15 ♊ 2	0 ♉ 15	7 ♈ 50	24 ♒ 30	17 ♉ 55	25 ♓ 25	27 ♑ 41	21 ♋	0 ♊	20 ♓	6 ♓	16 ♈
7	14 ♋ 32	8 ♎ 52	19 ♉ 38	20 ♉ 56	2 ♋ 41	16 ♊ 14	0 ♉ 57	7 ♈ 55	24 ♒ 27	17 ♉ 57	25 ♓ 25	27 ♑ 40	22 ♋	0 ♊	20 ♓	6 ♓	16 ♈
8	15 ♋ 29	22 ♎ 1	19 ♉ 35	20 D 56	4 ♋ 43	17 ♊ 26	1 ♉ 39	7 ♈ 59	24 ♒ 24	18 ♉ 0	25 ♓ 25	27 ♑ 39	22 ♋	1 ♊	20 ♓	6 ♓	16 ♈
9	16 ♋ 26	5 ♏ 32	19 ♉ 32	20 ♉ 57	6 ♋ 46	18 ♊ 38	2 ♉ 21	8 ♈ 3	24 ♒ 21	18 ♉ 2	25 ♓ 24	27 ♑ 37	23 ♋	1 ♊	20 ♓	6 R	16 ♈
10	17 ♋ 23	19 ♏ 30	19 ♉ 29	20 ♉ 57	8 ♋ 51	19 ♊ 50	3 ♉ 2	8 ♈ 7	24 ♒ 18	18 ♉ 4	25 ♓ 24	27 ♑ 36	23 ♋	2 ♊	20 ♓	6 ♓	16 ♈
11	18 ♋ 21	3 ♐ 53	19 ♉ 26	20 R 57	10 ♋ 58	21 ♊ 2	3 ♉ 44	8 ♈ 10	24 ♒ 15	18 ♉ 6	25 ♓ 24	27 ♑ 34	24 ♋	2 ♊	20 ♓	6 ♓	16 ♈
12	19 ♋ 18	18 ♐ 41	19 ♉ 23	20 ♉ 54	13 ♋ 5	22 ♊ 14	4 ♉ 25	8 ♈ 14	24 ♒ 12	18 ♉ 8	25 ♓ 23	27 ♑ 33	24 ♋	3 ♊	20 ♓	6 ♓	16 ♈
13	20 ♋ 15	3 ♑ 47	19 ♉ 19	20 ♉ 49	15 ♋ 14	23 ♊ 27	5 ♉ 7	8 ♈ 17	24 ♒ 9	18 ♉ 10	25 ♓ 23	27 ♑ 32	25 ♋	3 ♊	20 ♓	6 ♓	16 ♈
14	21 ♋ 12	19 ♑ 2	19 ♉ 16	20 ♉ 42	17 ♋ 23	24 ♊ 39	5 ♉ 48	8 ♈ 20	24 ♒ 5	18 ♉ 12	25 ♓ 22	27 ♑ 30	25 ♋	4 ♊	21 ♓	6 ♓	16 ♈
15	22 ♋ 9	4 ♒ 17	19 ♉ 13	20 ♉ 33	19 ♋ 32	25 ♊ 51	6 ♉ 29	8 ♈ 23	24 ♒ 2	18 ♉ 14	25 ♓ 22	27 ♑ 29	25 ♋	4 ♊	21 ♓	6 ♓	16 ♈
16	23 ♋ 7	19 ♒ 21	19 ♉ 10	20 ♉ 24	21 ♋ 41	27 ♊ 3	7 ♉ 10	8 ♈ 25	23 ♒ 59	18 ♉ 16	25 ♓ 21	27 ♑ 27	26 ♋	4 ♊	21 ♓	6 ♓	16 ♈
17	24 ♋ 4	4 ♓ 4	19 ♉ 7	20 ♉ 16	23 ♋ 50	28 ♊ 15	7 ♉ 51	8 ♈ 28	23 ♒ 55	18 ♉ 18	25 ♓ 21	27 ♑ 26	26 ♋	5 ♊	21 ♓	6 ♓	16 ♈
18	25 ♋ 1	18 ♓ 19	19 ♉ 3	20 ♉ 9	25 ♋ 58	29 ♊ 28	8 ♉ 32	8 ♈ 30	23 ♒ 52	18 ♉ 20	25 ♓ 20	27 ♑ 24	27 ♋	5 ♊	21 ♓	6 ♓	16 ♈
19	25 ♋ 58	2 ♈ 5	19 ♉ 0	20 ♉ 5	28 ♋ 6	0 ♋ 40	9 ♉ 12	8 ♈ 32	23 ♒ 48	18 ♉ 21	25 ♓ 19	27 ♑ 23	27 ♋	6 ♊	21 ♓	6 ♓	16 ♈
20	26 ♋ 55	15 ♈ 22	18 ♉ 57	20 ♉ 2	0 ♌ 12	1 ♋ 53	9 ♉ 53	8 ♈ 34	23 ♒ 44	18 ♉ 23	25 ♓ 19	27 ♑ 22	28 ♋	6 ♊	21 ♓	6 ♓	16 ♈
21	27 ♋ 53	28 ♈ 13	18 ♉ 54	20 D 2	2 ♌ 18	3 ♋ 5	10 ♉ 33	8 ♈ 36	23 ♒ 40	18 ♉ 25	25 ♓ 18	27 ♑ 20	28 ♋	7 ♊	21 ♓	6 ♓	16 R
22	28 ♋ 50	10 ♉ 42	18 ♉ 51	20 ♉ 2	4 ♌ 22	4 ♋ 17	11 ♉ 14	8 ♈ 37	23 ♒ 37	18 ♉ 26	25 ♓ 17	27 ♑ 19	29 ♋	7 ♊	21 ♓	6 ♓	16 ♈
23	29 ♋ 47	22 ♉ 53	18 ♉ 48	20 R 2	6 ♌ 24	5 ♋ 30	11 ♉ 54	8 ♈ 39	23 ♒ 33	18 ♉ 28	25 ♓ 17	27 ♑ 17	29 ♋	8 ♊	21 ♓	6 ♓	16 ♈
24	0 ♌ 45	4 ♊ 53	18 ♉ 44	20 ♉ 1	8 ♌ 26	6 ♋ 43	12 ♉ 34	8 ♈ 40	23 ♒ 29	18 ♉ 30	25 ♓ 16	27 ♑ 16	29 ♋	8 ♊	21 ♓	5 ♓	16 ♈
25	1 ♌ 42	16 ♊ 45	18 ♉ 41	19 ♉ 58	10 ♌ 25	7 ♋ 55	13 ♉ 14	8 ♈ 41	23 ♒ 25	18 ♉ 31	25 ♓ 15	27 ♑ 14	0 ♌	9 ♊	21 ♓	5 ♓	16 ♈
26	2 ♌ 39	28 ♊ 34	18 ♉ 38	19 ♉ 52	12 ♌ 23	9 ♋ 8	13 ♉ 54	8 ♈ 42	23 ♒ 21	18 ♉ 33	25 ♓ 14	27 ♑ 13	0 ♌	9 ♊	21 R	5 ♓	16 ♈
27	3 ♌ 37	10 ♋ 23	18 ♉ 35	19 ♉ 44	14 ♌ 20	10 ♋ 21	14 ♉ 33	8 ♈ 42	23 ♒ 17	18 ♉ 34	25 ♓ 13	27 ♑ 11	1 ♌	10 ♊	21 ♓	5 ♓	16 ♈
28	4 ♌ 34	22 ♋ 15	18 ♉ 32	19 ♉ 33	16 ♌ 15	11 ♋ 33	15 ♉ 13	8 ♈ 42	23 ♒ 13	18 ♉ 35	25 ♓ 13	27 ♑ 10	1 ♌	10 ♊	21 ♓	5 ♓	16 ♈
29	5 ♌ 31	4 ♌ 11	18 ♉ 29	19 ♉ 21	18 ♌ 8	12 ♋ 46	15 ♉ 52	8 ♈ 43	23 ♒ 8	18 ♉ 37	25 ♓ 12	27 ♑ 9	2 ♌	11 ♊	21 ♓	5 ♓	16 ♈
30	6 ♌ 29	16 ♌ 13	18 ♉ 25	19 ♉ 7	19 ♌ 59	13 ♋ 59	16 ♉ 31	8 R 43	23 ♒ 4	18 ♉ 38	25 ♓ 11	27 ♑ 7	2 ♌	11 ♊	21 ♓	5 ♓	16 ♈
31	7 ♌ 26	28 ♌ 22	18 ♉ 22	18 ♉ 54	21 ♌ 49	15 ♋ 12	17 ♉ 10	8 ♈ 42	23 ♒ 0	18 ♉ 39	25 ♓ 10	27 ♑ 6	3 ♌	12 ♊	21 ♓	4 ♓	16 ♈

SUN INGRESS: ☉ → ♌ 23日 05:07

MOON PHASE: ◐ 7日 11:14 ♎　○ 14日 03:37 ♑　◑ 20日 23:18 ♈　● 29日 02:55 ♌

aspects		
2日	11:14	♂□♇
2日	19:39	☿△♄
3日	05:53	☿□♆
5日	15:37	☿⚹♂
9日	15:14	☿□♃
10日	17:39	☉⚹♅
13日	13:28	♀△♄
14日	09:17	☿⚹♅
14日	14:24	♀□♆
17日	04:38	☉☌☿
17日	16:53	☿△♆
18日	07:55	☉△♆
18日	16:01	☿☍♇
20日	10:39	☉☍♇
24日	02:52	☿△♃
25日	15:13	♀□♃
27日	04:13	☿□♂
29日	06:16	☿□♅
31日	15:05	☿☍♄

2022年8月

DAY	☉	☽	☊ mean	☊ true	☿	♀	♂	♃	♄	♅	♆	♇	⚳	⚴	⚵	⚶	⚷
	° ′	° ′	° ′	° ′	° ′	° ′	° ′	° ′	° ′	° ′	° ′	° ′	°	°	°	°	°
1	8 ♌ 23	10 ♍ 40	18 ♉ 19	18 R 43	23 D 37	16 D 25	17 D 49	8 R 42	22 R 56	18 D 41	25 R 9	27 R 4	3 D	12 D	21 R	4 R	16 R
2	9 ♌ 21	23 ♍ 7	18 ♉ 16	18 ♉ 34	25 ♌ 24	17 ♋ 38	18 ♉ 28	8 ♈ 41	22 ♒ 52	18 ♉ 42	25 ♓ 8	27 ♑ 3	3 ♌	13 ♊	21 ♓	4 ♓	16 ♈
3	10 ♌ 18	5 ♎ 46	18 ♉ 13	18 ♉ 27	27 ♌ 9	18 ♋ 51	19 ♉ 6	8 ♈ 40	22 ♒ 47	18 ♉ 43	25 ♓ 7	27 ♑ 2	4 ♌	13 ♊	21 ♓	4 ♓	16 ♈
4	11 ♌ 16	18 ♎ 38	18 ♉ 9	18 ♉ 24	28 ♌ 52	20 ♋ 4	19 ♉ 45	8 ♈ 39	22 ♒ 43	18 ♉ 44	25 ♓ 6	27 ♑ 0	4 ♌	14 ♊	21 ♓	4 ♓	16 ♈
5	12 ♌ 13	1 ♏ 46	18 ♉ 6	18 ♉ 22	0 ♍ 33	21 ♋ 17	20 ♉ 23	8 ♈ 38	22 ♒ 38	18 ♉ 45	25 ♓ 5	26 ♑ 59	5 ♌	14 ♊	21 ♓	3 ♓	16 ♈
6	13 ♌ 11	15 ♏ 14	18 ♉ 3	18 D 22	2 ♍ 13	22 ♋ 30	21 ♉ 1	8 ♈ 37	22 ♒ 34	18 ♉ 46	25 ♓ 3	26 ♑ 57	5 ♌	15 ♊	21 ♓	3 ♓	16 ♈
7	14 ♌ 8	29 ♏ 2	18 ♉ 0	18 R 22	3 ♍ 51	23 ♋ 43	21 ♉ 39	8 ♈ 35	22 ♒ 30	18 ♉ 47	25 ♓ 2	26 ♑ 56	6 ♌	15 ♊	20 ♓	3 ♓	16 ♈
8	15 ♌ 6	13 ♐ 13	17 ♉ 57	18 ♉ 20	5 ♍ 28	24 ♋ 56	22 ♉ 17	8 ♈ 33	22 ♒ 25	18 ♉ 48	25 ♓ 1	26 ♑ 55	6 ♌	15 ♊	20 ♓	3 ♓	16 ♈
9	16 ♌ 3	27 ♐ 45	17 ♉ 54	18 ♉ 17	7 ♍ 3	26 ♋ 9	22 ♉ 54	8 ♈ 31	22 ♒ 21	18 ♉ 48	25 ♓ 0	26 ♑ 53	7 ♌	16 ♊	20 ♓	3 ♓	16 ♈
10	17 ♌ 1	12 ♑ 36	17 ♉ 50	18 ♉ 11	8 ♍ 36	27 ♋ 22	23 ♉ 31	8 ♈ 29	22 ♒ 16	18 ♉ 49	24 ♓ 59	26 ♑ 52	7 ♌	16 ♊	20 ♓	2 ♓	16 ♈
11	17 ♌ 58	27 ♑ 38	17 ♉ 47	18 ♉ 2	10 ♍ 8	28 ♋ 36	24 ♉ 9	8 ♈ 26	22 ♒ 12	18 ♉ 50	24 ♓ 58	26 ♑ 51	8 ♌	17 ♊	20 ♓	2 ♓	16 ♈
12	18 ♌ 56	12 ♒ 43	17 ♉ 44	17 ♉ 52	11 ♍ 38	29 ♋ 49	24 ♉ 46	8 ♈ 24	22 ♒ 7	18 ♉ 51	24 ♓ 56	26 ♑ 49	8 ♌	17 ♊	20 ♓	2 ♓	16 ♈
13	19 ♌ 53	27 ♒ 41	17 ♉ 41	17 ♉ 41	13 ♍ 7	1 ♌ 2	25 ♉ 22	8 ♈ 21	22 ♒ 3	18 ♉ 51	24 ♓ 55	26 ♑ 48	8 ♌	18 ♊	20 ♓	2 ♓	16 ♈
14	20 ♌ 51	12 ♓ 22	17 ♉ 38	17 ♉ 30	14 ♍ 34	2 ♌ 16	25 ♉ 59	8 ♈ 18	21 ♒ 58	18 ♉ 52	24 ♓ 54	26 ♑ 47	9 ♌	18 ♊	20 ♓	1 ♓	16 ♈
15	21 ♌ 48	26 ♓ 40	17 ♉ 35	17 ♉ 21	15 ♍ 59	3 ♌ 29	26 ♉ 36	8 ♈ 15	21 ♒ 54	18 ♉ 52	24 ♓ 52	26 ♑ 46	9 ♌	19 ♊	20 ♓	1 ♓	16 ♈
16	22 ♌ 46	10 ♈ 29	17 ♉ 31	17 ♉ 15	17 ♍ 22	4 ♌ 42	27 ♉ 12	8 ♈ 12	21 ♒ 49	18 ♉ 53	24 ♓ 51	26 ♑ 44	10 ♌	19 ♊	19 ♓	1 ♓	16 ♈
17	23 ♌ 44	23 ♈ 50	17 ♉ 28	17 ♉ 11	18 ♍ 44	5 ♌ 56	27 ♉ 48	8 ♈ 8	21 ♒ 45	18 ♉ 53	24 ♓ 50	26 ♑ 43	10 ♌	20 ♊	19 ♓	1 ♓	16 ♈
18	24 ♌ 41	6 ♉ 44	17 ♉ 25	17 ♉ 10	20 ♍ 4	7 ♌ 9	28 ♉ 24	8 ♈ 4	21 ♒ 40	18 ♉ 54	24 ♓ 48	26 ♑ 42	11 ♌	20 ♊	19 ♓	0 ♓	16 ♈
19	25 ♌ 39	19 ♉ 15	17 ♉ 22	17 D 10	21 ♍ 22	8 ♌ 23	28 ♉ 59	8 ♈ 0	21 ♒ 36	18 ♉ 54	24 ♓ 47	26 ♑ 41	11 ♌	21 ♊	19 ♓	0 ♓	16 ♈
20	26 ♌ 37	1 ♊ 27	17 ♉ 19	17 R 10	22 ♍ 38	9 ♌ 37	29 ♉ 35	7 ♈ 56	21 ♒ 31	18 ♉ 54	24 ♓ 46	26 ♑ 39	12 ♌	21 ♊	19 ♓	0 ♓	16 ♈
21	27 ♌ 34	13 ♊ 27	17 ♉ 15	17 ♉ 9	23 ♍ 53	10 ♌ 50	0 ♊ 10	7 ♈ 52	21 ♒ 27	18 ♉ 54	24 ♓ 44	26 ♑ 38	12 ♌	22 ♊	19 ♓	0 ♓	16 ♈
22	28 ♌ 32	25 ♊ 19	17 ♉ 12	17 ♉ 6	25 ♍ 5	12 ♌ 4	0 ♊ 45	7 ♈ 48	21 ♒ 23	18 ♉ 55	24 ♓ 43	26 ♑ 37	12 ♌	22 ♊	18 ♓	29 ♒	15 ♈
23	29 ♌ 30	7 ♋ 9	17 ♉ 9	17 ♉ 1	26 ♍ 16	13 ♌ 18	1 ♊ 20	7 ♈ 43	21 ♒ 18	18 ♉ 55	24 ♓ 41	26 ♑ 36	13 ♌	23 ♊	18 ♓	29 ♒	15 ♈
24	0 ♍ 28	18 ♋ 59	17 ♉ 6	16 ♉ 53	27 ♍ 24	14 ♌ 31	1 ♊ 54	7 ♈ 38	21 ♒ 14	18 ♉ 55	24 ♓ 40	26 ♑ 35	13 ♌	23 ♊	18 ♓	29 ♒	15 ♈
25	1 ♍ 26	0 ♌ 55	17 ♉ 3	16 ♉ 43	28 ♍ 30	15 ♌ 45	2 ♊ 28	7 ♈ 33	21 ♒ 9	18 R 55	24 ♓ 38	26 ♑ 34	14 ♌	24 ♊	18 ♓	29 ♒	15 ♈
26	2 ♍ 24	12 ♌ 58	17 ♉ 0	16 ♉ 30	29 ♍ 34	16 ♌ 59	3 ♊ 2	7 ♈ 28	21 ♒ 5	18 ♉ 55	24 ♓ 37	26 ♑ 33	14 ♌	24 ♊	18 ♓	28 ♒	15 ♈
27	3 ♍ 21	25 ♌ 10	16 ♉ 56	16 ♉ 18	0 ♎ 35	18 ♌ 13	3 ♊ 36	7 ♈ 23	21 ♒ 1	18 ♉ 55	24 ♓ 35	26 ♑ 31	15 ♌	25 ♊	17 ♓	28 ♒	15 ♈
28	4 ♍ 19	7 ♍ 32	16 ♉ 53	16 ♉ 5	1 ♎ 34	19 ♌ 27	4 ♊ 10	7 ♈ 18	20 ♒ 56	18 ♉ 55	24 ♓ 34	26 ♑ 30	15 ♌	25 ♊	17 ♓	28 ♒	15 ♈
29	5 ♍ 17	20 ♍ 4	16 ♉ 50	15 ♉ 54	2 ♎ 29	20 ♌ 41	4 ♊ 43	7 ♈ 12	20 ♒ 52	18 ♉ 54	24 ♓ 32	26 ♑ 29	16 ♌	25 ♊	17 ♓	28 ♒	15 ♈
30	6 ♍ 15	2 ♎ 48	16 ♉ 47	15 ♉ 45	3 ♎ 23	21 ♌ 55	5 ♊ 16	7 ♈ 6	20 ♒ 48	18 ♉ 54	24 ♓ 31	26 ♑ 28	16 ♌	26 ♊	17 ♓	27 ♒	15 ♈
31	7 ♍ 13	15 ♎ 42	16 ♉ 44	15 ♉ 39	4 ♎ 13	23 ♌ 9	5 ♊ 49	7 ♈ 0	20 ♒ 43	18 ♉ 54	24 ♓ 29	26 ♑ 27	16 ♌	26 ♊	16 ♓	27 ♒	15 ♈

SUN INGRESS: ☉ → ♍ 23日 12:16

MOON PHASE: ◐ 5日 20:06 ♏　○ 12日 10:36 ♒　◑ 19日 13:36 ♉　● 27日 17:17 ♍

aspects		
1日	07:36	☉△♃
2日	08:53	♂☌♅
2日	21:25	♀⚹♅
3日	11:00	♀⚹♂
8日	01:43	♀△♆
8日	04:57	♂□♄
9日	14:18	♀☍♇
11日	21:53	☉□♅
12日	06:44	♂⚹♆
15日	02:11	☉☍♄
15日	06:28	♂△♇
17日	02:46	☿△♅
18日	17:03	♀△♃
21日	16:41	☿☍♆
23日	06:59	☿△♇
27日	13:34	♀□♅
27日	14:28	☉□♂
29日	03:28	♀☍♄

2022年9月

DAY	☉	☽	☊ mean	☊ true	☿	♀	♂	♃	♄	♅	♆	♇	⚳	⚴	⚵	⚶	⚷
	° ′	° ′	° ′	° ′	° ′	° ′	° ′	° ′	° ′	° ′	° ′	° ′	°	°	°	°	°
1	8 ♍ 11	28 ♎ 47	16 ♉ 41	15 R 35	4 D 59	24 D 23	6 D 21	6 R 54	20 R 39	18 R 53	24 R 28	26 R 26	17 D	27 D	16 R	27 R	15 R
2	9 ♍ 9	12 ♏ 6	16 ♉ 37	15 ♉ 34	5 ♎ 43	25 ♌ 37	6 ♊ 53	6 ♈ 48	20 ♒ 35	18 ♉ 53	24 ♓ 26	26 ♑ 25	17 ♌	27 ♊	16 ♓	27 ♒	15 ♈
3	10 ♍ 7	25 ♏ 37	16 ♉ 34	15 D 34	6 ♎ 22	26 ♌ 51	7 ♊ 25	6 ♈ 42	20 ♒ 31	18 ♉ 53	24 ♓ 25	26 ♑ 24	18 ♌	28 ♊	16 ♓	27 ♒	15 ♈
4	11 ♍ 6	9 ♐ 24	16 ♉ 31	15 ♉ 35	6 ♎ 58	28 ♌ 5	7 ♊ 57	6 ♈ 35	20 ♒ 27	18 ♉ 52	24 ♓ 23	26 ♑ 23	18 ♌	28 ♊	16 ♓	26 ♒	15 ♈
5	12 ♍ 4	23 ♐ 27	16 ♉ 28	15 R 34	7 ♎ 30	29 ♌ 19	8 ♊ 28	6 ♈ 29	20 ♒ 23	18 ♉ 52	24 ♓ 21	26 ♑ 23	19 ♌	29 ♊	15 ♓	26 ♒	15 ♈
6	13 ♍ 2	7 ♑ 45	16 ♉ 25	15 ♉ 32	7 ♎ 57	0 ♍ 33	8 ♊ 59	6 ♈ 22	20 ♒ 19	18 ♉ 51	24 ♓ 20	26 ♑ 22	19 ♌	29 ♊	15 ♓	26 ♒	15 ♈
7	14 ♍ 0	22 ♑ 15	16 ♉ 21	15 ♉ 27	8 ♎ 19	1 ♍ 47	9 ♊ 30	6 ♈ 15	20 ♒ 15	18 ♉ 51	24 ♓ 18	26 ♑ 21	20 ♌	0 ♋	15 ♓	26 ♒	15 ♈
8	14 ♍ 58	6 ♒ 55	16 ♉ 18	15 ♉ 20	8 ♎ 36	3 ♍ 2	10 ♊ 0	6 ♈ 8	20 ♒ 11	18 ♉ 50	24 ♓ 17	26 ♑ 20	20 ♌	0 ♋	15 ♓	25 ♒	15 ♈
9	15 ♍ 56	21 ♒ 37	16 ♉ 15	15 ♉ 12	8 ♎ 48	4 ♍ 16	10 ♊ 30	6 ♈ 1	20 ♒ 7	18 ♉ 49	24 ♓ 15	26 ♑ 19	20 ♌	1 ♋	14 ♓	25 ♒	15 ♈
10	16 ♍ 55	6 ♓ 15	16 ♉ 12	15 ♉ 2	8 ♎ 54	5 ♍ 30	11 ♊ 0	5 ♈ 54	20 ♒ 4	18 ♉ 48	24 ♓ 13	26 ♑ 18	21 ♌	1 ♋	14 ♓	25 ♒	15 ♈
11	17 ♍ 53	20 ♓ 40	16 ♉ 9	14 ♉ 54	8 R 54	6 ♍ 45	11 ♊ 29	5 ♈ 47	20 ♒ 0	18 ♉ 48	24 ♓ 12	26 ♑ 18	21 ♌	2 ♋	14 ♓	25 ♒	15 ♈
12	18 ♍ 51	4 ♈ 47	16 ♉ 6	14 ♉ 47	8 ♎ 48	7 ♍ 59	11 ♊ 58	5 ♈ 40	19 ♒ 56	18 ♉ 47	24 ♓ 10	26 ♑ 17	22 ♌	2 ♋	14 ♓	25 ♒	15 ♈
13	19 ♍ 50	18 ♈ 31	16 ♉ 2	14 ♉ 41	8 ♎ 36	9 ♍ 13	12 ♊ 27	5 ♈ 32	19 ♒ 53	18 ♉ 46	24 ♓ 8	26 ♑ 16	22 ♌	2 ♋	13 ♓	25 ♒	15 ♈
14	20 ♍ 48	1 ♉ 49	15 ♉ 59	14 ♉ 39	8 ♎ 16	10 ♍ 28	12 ♊ 56	5 ♈ 25	19 ♒ 49	18 ♉ 45	24 ♓ 7	26 ♑ 15	23 ♌	3 ♋	13 ♓	24 ♒	15 ♈
15	21 ♍ 46	14 ♉ 44	15 ♉ 56	14 D 38	7 ♎ 50	11 ♍ 42	13 ♊ 24	5 ♈ 17	19 ♒ 46	18 ♉ 44	24 ♓ 5	26 ♑ 15	23 ♌	3 ♋	13 ♓	24 ♒	15 ♈
16	22 ♍ 45	27 ♉ 17	15 ♉ 53	14 ♉ 38	7 ♎ 18	12 ♍ 57	13 ♊ 51	5 ♈ 10	19 ♒ 42	18 ♉ 43	24 ♓ 3	26 ♑ 14	24 ♌	4 ♋	13 ♓	24 ♒	15 ♈
17	23 ♍ 43	9 ♊ 32	15 ♉ 50	14 ♉ 39	6 ♎ 38	14 ♍ 11	14 ♊ 19	5 ♈ 2	19 ♒ 39	18 ♉ 42	24 ♓ 2	26 ♑ 13	24 ♌	4 ♋	12 ♓	24 ♒	15 ♈
18	24 ♍ 42	21 ♊ 34	15 ♉ 46	14 ♉ 40	5 ♎ 53	15 ♍ 26	14 ♊ 46	4 ♈ 54	19 ♒ 36	18 ♉ 41	24 ♓ 0	26 ♑ 13	24 ♌	5 ♋	12 ♓	24 ♒	15 ♈
19	25 ♍ 40	3 ♋ 28	15 ♉ 43	14 R 40	5 ♎ 1	16 ♍ 40	15 ♊ 12	4 ♈ 47	19 ♒ 32	18 ♉ 39	23 ♓ 58	26 ♑ 12	25 ♌	5 ♋	12 ♓	24 ♒	14 ♈
20	26 ♍ 39	15 ♋ 19	15 ♉ 40	14 ♉ 38	4 ♎ 5	17 ♍ 55	15 ♊ 38	4 ♈ 39	19 ♒ 29	18 ♉ 38	23 ♓ 57	26 ♑ 12	25 ♌	6 ♋	12 ♓	23 ♒	14 ♈
21	27 ♍ 38	27 ♋ 12	15 ♉ 37	14 ♉ 34	3 ♎ 5	19 ♍ 9	16 ♊ 4	4 ♈ 31	19 ♒ 26	18 ♉ 37	23 ♓ 55	26 ♑ 11	26 ♌	6 ♋	11 ♓	23 ♒	14 ♈
22	28 ♍ 36	9 ♌ 11	15 ♉ 34	14 ♉ 28	2 ♎ 1	20 ♍ 24	16 ♊ 29	4 ♈ 23	19 ♒ 23	18 ♉ 36	23 ♓ 53	26 ♑ 11	26 ♌	6 ♋	11 ♓	23 ♒	14 ♈
23	29 ♍ 35	21 ♌ 20	15 ♉ 31	14 ♉ 21	0 ♎ 56	21 ♍ 39	16 ♊ 54	4 ♈ 15	19 ♒ 20	18 ♉ 34	23 ♓ 52	26 ♑ 10	27 ♌	7 ♋	11 ♓	23 ♒	14 ♈
24	0 ♎ 34	3 ♍ 40	15 ♉ 27	14 ♉ 13	29 ♍ 52	22 ♍ 53	17 ♊ 19	4 ♈ 7	19 ♒ 17	18 ♉ 33	23 ♓ 50	26 ♑ 10	27 ♌	7 ♋	11 ♓	23 ♒	14 ♈
25	1 ♎ 32	16 ♍ 15	15 ♉ 24	14 ♉ 5	28 ♍ 48	24 ♍ 8	17 ♊ 43	3 ♈ 59	19 ♒ 15	18 ♉ 31	23 ♓ 48	26 ♑ 9	27 ♌	8 ♋	11 ♓	23 ♒	14 ♈
26	2 ♎ 31	29 ♍ 4	15 ♉ 21	13 ♉ 58	27 ♍ 48	25 ♍ 23	18 ♊ 6	3 ♈ 51	19 ♒ 12	18 ♉ 30	23 ♓ 47	26 ♑ 9	28 ♌	8 ♋	10 ♓	23 ♒	14 ♈
27	3 ♎ 30	12 ♎ 7	15 ♉ 18	13 ♉ 52	26 ♍ 53	26 ♍ 38	18 ♊ 29	3 ♈ 43	19 ♒ 9	18 ♉ 28	23 ♓ 45	26 ♑ 9	28 ♌	9 ♋	10 ♓	23 ♒	14 ♈
28	4 ♎ 29	25 ♎ 23	15 ♉ 15	13 ♉ 49	26 ♍ 4	27 ♍ 52	18 ♊ 52	3 ♈ 35	19 ♒ 7	18 ♉ 27	23 ♓ 44	26 ♑ 8	29 ♌	9 ♋	10 ♓	23 ♒	14 ♈
29	5 ♎ 28	8 ♏ 51	15 ♉ 12	13 ♉ 48	25 ♍ 23	29 ♍ 7	19 ♊ 14	3 ♈ 27	19 ♒ 5	18 ♉ 25	23 ♓ 42	26 ♑ 8	29 ♌	10 ♋	10 ♓	23 ♒	14 ♈
30	6 ♎ 27	22 ♏ 30	15 ♉ 8	13 D 48	24 ♍ 51	0 ♎ 22	19 ♊ 35	3 ♈ 19	19 ♒ 2	18 ♉ 24	23 ♓ 40	26 ♑ 8	0 ♍	10 ♋	10 ♓	23 ♒	14 ♈

SUN INGRESS	☉ → ♎ 23日 10:04
MOON PHASE	◐ 4日 03:08 ♐　○ 10日 18:59 ♓　◑ 18日 06:52 ♊　● 26日 06:54 ♎

aspects		
1日	20:52	♂⚹♃
3日	10:49	☿☍♃
11日	22:09	☉△♅
17日	03:49	♀□♂
17日	07:21	☉☍♆
19日	07:34	☿☍♃
19日	12:58	☉△♇
20日	13:44	♀△♅
23日	15:50	☉☌☿
24日	17:51	♀☍♆
26日	14:46	♀△♇
27日	02:59	☿☌♀
27日	04:33	☉☍♃
27日	21:56	☿△♇
28日	14:49	♂△♄

2022年10月

DAY	☉	☽	☊ mean	☊ true	☿	♀	♂	♃	♄	♅	♆	♇	⚳	⚴	⚵	⚶	⚷
	° ′	° ′	° ′	° ′	° ′	° ′	° ′	° ′	° ′	° ′	° ′	° ′	°	°	°	°	°
1	7 ♎ 26	6 ♐ 18	15 ♉ 5	13 D 49	24 R 27	1 D 37	19 D 57	3 R 11	19 R 0	18 R 22	23 R 39	26 R 7	0 D	10 D	9 R	23 R	14 R
2	8 ♎ 25	20 ♐ 15	15 ♉ 2	13 ♉ 50	24 ♍ 14	2 ♎ 52	20 ♊ 17	3 ♈ 3	18 ♒ 58	18 ♉ 20	23 ♓ 37	26 ♑ 7	0 ♍	11 ♋	9 ♓	23 ♒	14 ♈
3	9 ♎ 24	4 ♑ 20	14 ♉ 59	13 ♉ 51	24 D 12	4 ♎ 6	20 ♊ 37	2 ♈ 55	18 ♒ 56	18 ♉ 19	23 ♓ 36	26 ♑ 7	1 ♍	11 ♋	9 ♓	23 ♒	14 ♈
4	10 ♎ 23	18 ♑ 31	14 ♉ 56	13 R 51	24 ♍ 20	5 ♎ 21	20 ♊ 57	2 ♈ 47	18 ♒ 54	18 ♉ 17	23 ♓ 34	26 ♑ 7	1 ♍	12 ♋	9 ♓	22 ♒	14 ♈
5	11 ♎ 22	2 ♒ 46	14 ♉ 52	13 ♉ 50	24 ♍ 38	6 ♎ 36	21 ♊ 16	2 ♈ 39	18 ♒ 52	18 ♉ 15	23 ♓ 32	26 ♑ 7	2 ♍	12 ♋	9 ♓	22 ♒	14 ♈
6	12 ♎ 21	17 ♒ 3	14 ♉ 49	13 ♉ 47	25 ♍ 5	7 ♎ 51	21 ♊ 34	2 ♈ 31	18 ♒ 50	18 ♉ 13	23 ♓ 31	26 ♑ 7	2 ♍	12 ♋	9 ♓	22 ♒	14 ♈
7	13 ♎ 20	1 ♓ 18	14 ♉ 46	13 ♉ 42	25 ♍ 43	9 ♎ 6	21 ♊ 52	2 ♈ 23	18 ♒ 49	18 ♉ 11	23 ♓ 29	26 ♑ 7	3 ♍	13 ♋	8 ♓	22 D	14 ♈
8	14 ♎ 19	15 ♓ 28	14 ♉ 43	13 ♉ 38	26 ♍ 29	10 ♎ 21	22 ♊ 9	2 ♈ 16	18 ♒ 47	18 ♉ 9	23 ♓ 28	26 ♑ 6	3 ♍	13 ♋	8 ♓	22 ♒	14 ♈
9	15 ♎ 18	29 ♓ 27	14 ♉ 40	13 ♉ 34	27 ♍ 23	11 ♎ 36	22 ♊ 26	2 ♈ 8	18 ♒ 45	18 ♉ 7	23 ♓ 26	26 ♑ 6	3 ♍	14 ♋	8 ♓	23 ♒	14 ♈
10	16 ♎ 18	13 ♈ 12	14 ♉ 37	13 ♉ 30	28 ♍ 25	12 ♎ 51	22 ♊ 42	2 ♈ 0	18 ♒ 44	18 ♉ 5	23 ♓ 25	26 D 6	4 ♍	14 ♋	8 ♓	23 ♒	14 ♈
11	17 ♎ 17	26 ♈ 39	14 ♉ 33	13 ♉ 28	29 ♍ 33	14 ♎ 6	22 ♊ 57	1 ♈ 53	18 ♒ 43	18 ♉ 3	23 ♓ 23	26 ♑ 7	4 ♍	14 ♋	8 ♓	23 ♒	14 ♈
12	18 ♎ 16	9 ♉ 47	14 ♉ 30	13 ♉ 27	0 ♎ 47	15 ♎ 21	23 ♊ 12	1 ♈ 46	18 ♒ 42	18 ♉ 1	23 ♓ 22	26 ♑ 7	5 ♍	15 ♋	8 ♓	23 ♒	13 ♈
13	19 ♎ 15	22 ♉ 36	14 ♉ 27	13 D 27	2 ♎ 6	16 ♎ 36	23 ♊ 26	1 ♈ 38	18 ♒ 40	17 ♉ 59	23 ♓ 20	26 ♑ 7	5 ♍	15 ♋	8 ♓	23 ♒	13 ♈
14	20 ♎ 15	5 ♊ 6	14 ♉ 24	13 ♉ 28	3 ♎ 30	17 ♎ 51	23 ♊ 40	1 ♈ 31	18 ♒ 39	17 ♉ 57	23 ♓ 19	26 ♑ 7	6 ♍	16 ♋	8 ♓	23 ♒	13 ♈
15	21 ♎ 14	17 ♊ 21	14 ♉ 21	13 ♉ 30	4 ♎ 57	19 ♎ 6	23 ♊ 53	1 ♈ 24	18 ♒ 39	17 ♉ 55	23 ♓ 18	26 ♑ 7	6 ♍	16 ♋	8 ♓	23 ♒	13 ♈
16	22 ♎ 14	29 ♊ 24	14 ♉ 18	13 ♉ 31	6 ♎ 28	20 ♎ 21	24 ♊ 5	1 ♈ 17	18 ♒ 38	17 ♉ 53	23 ♓ 16	26 ♑ 7	6 ♍	16 ♋	7 ♓	23 ♒	13 ♈
17	23 ♎ 13	11 ♋ 19	14 ♉ 14	13 ♉ 33	8 ♎ 1	21 ♎ 36	24 ♊ 16	1 ♈ 10	18 ♒ 37	17 ♉ 51	23 ♓ 15	26 ♑ 7	7 ♍	17 ♋	7 ♓	23 ♒	13 ♈
18	24 ♎ 13	23 ♋ 11	14 ♉ 11	13 ♉ 33	9 ♎ 36	22 ♎ 51	24 ♊ 27	1 ♈ 3	18 ♒ 36	17 ♉ 48	23 ♓ 13	26 ♑ 8	7 ♍	17 ♋	7 ♓	23 ♒	13 ♈
19	25 ♎ 12	5 ♌ 5	14 ♉ 8	13 R 33	11 ♎ 13	24 ♎ 6	24 ♊ 37	0 ♈ 56	18 ♒ 36	17 ♉ 46	23 ♓ 12	26 ♑ 8	8 ♍	17 ♋	7 ♓	23 ♒	13 ♈
20	26 ♎ 12	17 ♌ 5	14 ♉ 5	13 ♉ 32	12 ♎ 52	25 ♎ 21	24 ♊ 46	0 ♈ 50	18 ♒ 35	17 ♉ 44	23 ♓ 11	26 ♑ 8	8 ♍	18 ♋	7 ♓	23 ♒	13 ♈
21	27 ♎ 11	29 ♌ 16	14 ♉ 2	13 ♉ 30	14 ♎ 31	26 ♎ 36	24 ♊ 55	0 ♈ 44	18 ♒ 35	17 ♉ 42	23 ♓ 9	26 ♑ 8	8 ♍	18 ♋	7 ♓	23 ♒	13 ♈
22	28 ♎ 11	11 ♍ 41	13 ♉ 58	13 ♉ 28	16 ♎ 12	27 ♎ 52	25 ♊ 3	0 ♈ 37	18 ♒ 35	17 ♉ 39	23 ♓ 8	26 ♑ 9	9 ♍	18 ♋	7 ♓	23 ♒	13 ♈
23	29 ♎ 11	24 ♍ 23	13 ♉ 55	13 ♉ 25	17 ♎ 53	29 ♎ 7	25 ♊ 10	0 ♈ 31	18 ♒ 35	17 ♉ 37	23 ♓ 7	26 ♑ 9	9 ♍	19 ♋	7 ♓	24 ♒	13 ♈
24	0 ♏ 10	7 ♎ 25	13 ♉ 52	13 ♉ 24	19 ♎ 34	0 ♏ 22	25 ♊ 16	0 ♈ 25	18 D 35	17 ♉ 35	23 ♓ 6	26 ♑ 10	10 ♍	19 ♋	7 D	24 ♒	13 ♈
25	1 ♏ 10	20 ♎ 45	13 ♉ 49	13 ♉ 22	21 ♎ 15	1 ♏ 37	25 ♊ 21	0 ♈ 19	18 ♒ 35	17 ♉ 32	23 ♓ 4	26 ♑ 10	10 ♍	19 ♋	7 ♓	24 ♒	13 ♈
26	2 ♏ 10	4 ♏ 24	13 ♉ 46	13 ♉ 21	22 ♎ 57	2 ♏ 52	25 ♊ 26	0 ♈ 14	18 ♒ 35	17 ♉ 30	23 ♓ 3	26 ♑ 11	11 ♍	20 ♋	7 ♓	24 ♒	13 ♈
27	3 ♏ 10	18 ♏ 18	13 ♉ 43	13 D 21	24 ♎ 38	4 ♏ 7	25 ♊ 30	0 ♈ 8	18 ♒ 35	17 ♉ 28	23 ♓ 2	26 ♑ 11	11 ♍	20 ♋	7 ♓	24 ♒	13 ♈
28	4 ♏ 10	2 ♐ 25	13 ♉ 39	13 ♉ 22	26 ♎ 19	5 ♏ 23	25 ♊ 33	0 ♈ 3	18 ♒ 36	17 ♉ 25	23 ♓ 1	26 ♑ 12	11 ♍	20 ♋	7 ♓	24 ♒	13 ♈
29	5 ♏ 10	16 ♐ 39	13 ♉ 36	13 ♉ 22	28 ♎ 0	6 ♏ 38	25 ♊ 35	29 ♓ 57	18 ♒ 36	17 ♉ 23	23 ♓ 0	26 ♑ 12	12 ♍	21 ♋	7 ♓	24 ♒	13 ♈
30	6 ♏ 10	0 ♑ 59	13 ♉ 33	13 ♉ 23	29 ♎ 41	7 ♏ 53	25 ♊ 36	29 ♓ 52	18 ♒ 37	17 ♉ 21	22 ♓ 59	26 ♑ 13	12 ♍	21 ♋	7 ♓	25 ♒	13 ♈
31	7 ♏ 10	15 ♑ 18	13 ♉ 30	13 ♉ 24	1 ♏ 22	9 ♏ 8	25 R 36	29 ♓ 47	18 ♒ 38	17 ♉ 18	22 ♓ 57	26 ♑ 13	13 ♍	21 ♋	7 ♓	25 ♒	13 ♈

SUN INGRESS	☉ → ♏ 23日 19:36
MOON PHASE	◐ 3日 09:14 ♑　○ 10日 05:55 ♈　◑ 18日 02:15 ♋　● 25日 19:49 ♏

aspects		
2日	03:12	♀☍♃
7日	12:56	☿△♇
12日	10:07	☉△♄
12日	14:46	♂□♆
12日	16:24	☿☍♃
14日	15:21	♀△♄
18日	07:05	☉△♂
19日	11:21	♀△♂
19日	22:33	☉□♇
20日	15:03	♀□♇
23日	06:18	☉☌♀
23日	10:00	☿△♄
27日	12:37	☿△♂
27日	22:09	☿□♇

2022年11月

DAY	☉	☽	☊ mean	☊ true	☿	♀	♂	♃	♄	♅	♆	♇	⚳	⚴	⚵	⚶	⚷
	° ′	° ′	° ′	° ′	° ′	° ′	° ′	° ′	° ′	° ′	° ′	° ′	°	°	°	°	°
1	8 ♏ 10	29 ♑ 34	13 ♉ 27	13 D 24	3 D 2	10 D 23	25 R 36	29 R 43	18 D 39	17 R 16	22 R 56	26 D 14	13 D	21 D	7 D	25 D	13 R
2	9 ♏ 10	13 ♒ 45	13 ♉ 24	13 R 24	4 ♏ 41	11 ♏ 39	25 ♊ 34	29 ♓ 38	18 ♒ 39	17 ♉ 13	22 ♓ 55	26 ♑ 15	13 ♍	22 ♋	8 ♓	25 ♒	13 ♈
3	10 ♏ 10	27 ♒ 48	13 ♉ 20	13 ♉ 24	6 ♏ 21	12 ♏ 54	25 ♊ 32	29 ♓ 34	18 ♒ 40	17 ♉ 11	22 ♓ 54	26 ♑ 15	14 ♍	22 ♋	8 ♓	25 ♒	13 ♈
4	11 ♏ 10	11 ♓ 41	13 ♉ 17	13 ♉ 24	8 ♏ 0	14 ♏ 9	25 ♊ 29	29 ♓ 30	18 ♒ 42	17 ♉ 8	22 ♓ 53	26 ♑ 16	14 ♍	22 ♋	8 ♓	25 ♒	12 ♈
5	12 ♏ 10	25 ♓ 24	13 ♉ 14	13 ♉ 23	9 ♏ 38	15 ♏ 24	25 ♊ 25	29 ♓ 26	18 ♒ 43	17 ♉ 6	22 ♓ 52	26 ♑ 17	14 ♍	23 ♋	8 ♓	26 ♒	12 ♈
6	13 ♏ 10	8 ♈ 55	13 ♉ 11	13 ♉ 23	11 ♏ 16	16 ♏ 40	25 ♊ 20	29 ♓ 22	18 ♒ 44	17 ♉ 3	22 ♓ 52	26 ♑ 18	15 ♍	23 ♋	8 ♓	26 ♒	12 ♈
7	14 ♏ 10	22 ♈ 13	13 ♉ 8	13 D 23	12 ♏ 54	17 ♏ 55	25 ♊ 15	29 ♓ 18	18 ♒ 46	17 ♉ 1	22 ♓ 51	26 ♑ 19	15 ♍	23 ♋	8 ♓	26 ♒	12 ♈
8	15 ♏ 10	5 ♉ 17	13 ♉ 4	13 ♉ 24	14 ♏ 31	19 ♏ 10	25 ♊ 8	29 ♓ 15	18 ♒ 47	16 ♉ 58	22 ♓ 50	26 ♑ 19	16 ♍	23 ♋	8 ♓	26 ♒	12 ♈
9	16 ♏ 10	18 ♉ 7	13 ♉ 1	13 R 24	16 ♏ 8	20 ♏ 25	25 ♊ 1	29 ♓ 12	18 ♒ 49	16 ♉ 56	22 ♓ 49	26 ♑ 20	16 ♍	24 ♋	8 ♓	26 ♒	12 ♈
10	17 ♏ 11	0 ♊ 43	12 ♉ 58	13 ♉ 23	17 ♏ 44	21 ♏ 40	24 ♊ 52	29 ♓ 9	18 ♒ 50	16 ♉ 53	22 ♓ 48	26 ♑ 21	16 ♍	24 ♋	8 ♓	27 ♒	12 ♈
11	18 ♏ 11	13 ♊ 6	12 ♉ 55	13 ♉ 23	19 ♏ 20	22 ♏ 56	24 ♊ 43	29 ♓ 6	18 ♒ 52	16 ♉ 51	22 ♓ 47	26 ♑ 22	17 ♍	24 ♋	9 ♓	27 ♒	12 ♈
12	19 ♏ 11	25 ♊ 17	12 ♉ 52	13 ♉ 22	20 ♏ 56	24 ♏ 11	24 ♊ 33	29 ♓ 3	18 ♒ 54	16 ♉ 48	22 ♓ 47	26 ♑ 23	17 ♍	24 ♋	9 ♓	27 ♒	12 ♈
13	20 ♏ 11	7 ♋ 18	12 ♉ 49	13 ♉ 21	22 ♏ 32	25 ♏ 26	24 ♊ 22	29 ♓ 1	18 ♒ 56	16 ♉ 46	22 ♓ 46	26 ♑ 24	18 ♍	24 ♋	9 ♓	27 ♒	12 ♈
14	21 ♏ 12	19 ♋ 13	12 ♉ 45	13 ♉ 20	24 ♏ 7	26 ♏ 41	24 ♊ 10	28 ♓ 59	18 ♒ 58	16 ♉ 43	22 ♓ 45	26 ♑ 25	18 ♍	24 ♋	9 ♓	28 ♒	12 ♈
15	22 ♏ 12	1 ♌ 5	12 ♉ 42	13 ♉ 19	25 ♏ 41	27 ♏ 57	23 ♊ 57	28 ♓ 56	19 ♒ 1	16 ♉ 41	22 ♓ 45	26 ♑ 26	18 ♍	25 ♋	9 ♓	28 ♒	12 ♈
16	23 ♏ 13	12 ♌ 58	12 ♉ 39	13 ♉ 19	27 ♏ 16	29 ♏ 12	23 ♊ 44	28 ♓ 55	19 ♒ 3	16 ♉ 39	22 ♓ 44	26 ♑ 27	19 ♍	25 ♋	9 ♓	28 ♒	12 ♈
17	24 ♏ 13	24 ♌ 56	12 ♉ 36	13 D 19	28 ♏ 50	0 ♐ 27	23 ♊ 30	28 ♓ 53	19 ♒ 5	16 ♉ 36	22 ♓ 43	26 ♑ 28	19 ♍	25 ♋	10 ♓	28 ♒	12 ♈
18	25 ♏ 14	7 ♍ 4	12 ♉ 33	13 ♉ 19	0 ♐ 24	1 ♐ 43	23 ♊ 15	28 ♓ 52	19 ♒ 8	16 ♉ 34	22 ♓ 43	26 ♑ 29	19 ♍	25 ♋	10 ♓	29 ♒	12 ♈
19	26 ♏ 14	19 ♍ 27	12 ♉ 29	13 ♉ 20	1 ♐ 58	2 ♐ 58	22 ♊ 59	28 ♓ 50	19 ♒ 11	16 ♉ 31	22 ♓ 42	26 ♑ 30	20 ♍	25 ♋	10 ♓	29 ♒	12 ♈
20	27 ♏ 15	2 ♎ 9	12 ♉ 26	13 ♉ 21	3 ♐ 31	4 ♐ 13	22 ♊ 42	28 ♓ 49	19 ♒ 13	16 ♉ 29	22 ♓ 42	26 ♑ 32	20 ♍	25 ♋	10 ♓	29 ♒	12 ♈
21	28 ♏ 15	15 ♎ 14	12 ♉ 23	13 ♉ 22	5 ♐ 5	5 ♐ 28	22 ♊ 25	28 ♓ 49	19 ♒ 16	16 ♉ 26	22 ♓ 41	26 ♑ 33	20 ♍	26 ♋	10 ♓	29 ♒	12 ♈
22	29 ♏ 16	28 ♎ 42	12 ♉ 20	13 ♉ 23	6 ♐ 38	6 ♐ 44	22 ♊ 7	28 ♓ 48	19 ♒ 19	16 ♉ 24	22 ♓ 41	26 ♑ 34	21 ♍	26 ♋	11 ♓	0 ♓	12 ♈
23	0 ♐ 16	12 ♏ 35	12 ♉ 17	13 ♉ 24	8 ♐ 11	7 ♐ 59	21 ♊ 48	28 ♓ 48	19 ♒ 22	16 ♉ 22	22 ♓ 40	26 ♑ 35	21 ♍	26 ♋	11 ♓	0 ♓	12 ♈
24	1 ♐ 17	26 ♏ 50	12 ♉ 14	13 R 23	9 ♐ 44	9 ♐ 14	21 ♊ 29	28 ♓ 47	19 ♒ 25	16 ♉ 19	22 ♓ 40	26 ♑ 36	22 ♍	26 ♋	11 ♓	0 ♓	12 ♈
25	2 ♐ 18	11 ♐ 22	12 ♉ 10	13 ♉ 22	11 ♐ 16	10 ♐ 30	21 ♊ 9	28 D 47	19 ♒ 28	16 ♉ 17	22 ♓ 40	26 ♑ 38	22 ♍	26 ♋	11 ♓	1 ♓	12 ♈
26	3 ♐ 18	26 ♐ 6	12 ♉ 7	13 ♉ 19	12 ♐ 49	11 ♐ 45	20 ♊ 49	28 ♓ 48	19 ♒ 31	16 ♉ 14	22 ♓ 39	26 ♑ 39	22 ♍	26 ♋	12 ♓	1 ♓	12 ♈
27	4 ♐ 19	10 ♑ 55	12 ♉ 4	13 ♉ 17	14 ♐ 21	13 ♐ 0	20 ♊ 28	28 ♓ 48	19 ♒ 35	16 ♉ 12	22 ♓ 39	26 ♑ 40	23 ♍	26 ♋	12 ♓	1 ♓	12 ♈
28	5 ♐ 20	25 ♑ 39	12 ♉ 1	13 ♉ 14	15 ♐ 53	14 ♐ 16	20 ♊ 7	28 ♓ 49	19 ♒ 38	16 ♉ 10	22 ♓ 39	26 ♑ 42	23 ♍	26 ♋	12 ♓	1 ♓	12 ♈
29	6 ♐ 21	10 ♒ 13	11 ♉ 58	13 ♉ 11	17 ♐ 25	15 ♐ 31	19 ♊ 45	28 ♓ 50	19 ♒ 42	16 ♉ 7	22 ♓ 39	26 ♑ 43	23 ♍	26 ♋	12 ♓	2 ♓	12 ♈
30	7 ♐ 21	24 ♒ 33	11 ♉ 55	13 ♉ 9	18 ♐ 57	16 ♐ 46	19 ♊ 23	28 ♓ 51	19 ♒ 45	16 ♉ 5	22 ♓ 39	26 ♑ 44	24 ♍	26 ♋	13 ♓	2 ♓	12 ♈

SUN INGRESS	☉ → ♐ 22日 17:20
MOON PHASE	◐ 1日 15:37 ♒ ○ 8日 20:02 ♉ ◑ 16日 22:27 ♌ ● 24日 07:57 ♐ ◐ 30日 23:36 ♓

aspects

6日	07:22	♀☍♅
7日	16:34	♀□♄
9日	01:43	☉☌☿
9日	11:40	☿☍♅
9日	17:26	☉☍♅
10日	16:52	☿□♄
10日	21:22	♀△♆
11日	17:04	☉□♄
13日	03:36	☿△♆
13日	18:41	♀⚹♇
15日	11:27	☿⚹♇
15日	12:44	☉△♆
15日	18:36	♀△♃
17日	00:43	☿△♃
19日	06:38	☉⚹♇
20日	00:44	♂□♆
21日	13:07	☉△♃
22日	07:55	☿☌♀
29日	02:56	♂△♄
30日	05:30	☿☍♂
30日	13:18	☿⚹♄

2022年12月

DAY	☉	☽	☊ mean	☊ true	☿	♀	♂	♃	♄	♅	♆	♇	⚳	⚴	⚵	⚶	⚷
	° ′	° ′	° ′	° ′	° ′	° ′	° ′	° ′	° ′	° ′	° ′	° ′	°	°	°	°	°
1	8 ♐ 22	8 ♓ 35	11 ♉ 51	13 D 9	20 D 28	18 D 1	19 R 0	28 D 52	19 D 49	16 R 3	22 R 38	26 D 46	24 D	26 R	13 D	2 D	12 R
2	9 ♐ 23	22 ♓ 18	11 ♉ 48	13 ♉ 9	22 ♐ 0	19 ♐ 17	18 ♊ 38	28 ♓ 54	19 ♒ 53	16 ♉ 1	22 ♓ 38	26 ♑ 47	24 ♍	26 ♋	13 ♓	3 ♓	12 ♈
3	10 ♐ 24	5 ♈ 44	11 ♉ 45	13 ♉ 11	23 ♐ 31	20 ♐ 32	18 ♊ 15	28 ♓ 55	19 ♒ 57	15 ♉ 59	22 ♓ 38	26 ♑ 49	25 ♍	26 ♋	13 ♓	3 ♓	12 ♈
4	11 ♐ 25	18 ♈ 53	11 ♉ 42	13 ♉ 13	25 ♐ 2	21 ♐ 47	17 ♊ 52	28 ♓ 57	20 ♒ 1	15 ♉ 56	22 ♓ 38	26 ♑ 50	25 ♍	26 ♋	14 ♓	3 ♓	12 ♈
5	12 ♐ 25	1 ♉ 47	11 ♉ 39	13 ♉ 14	26 ♐ 33	23 ♐ 3	17 ♊ 29	28 ♓ 59	20 ♒ 5	15 ♉ 54	22 D 38	26 ♑ 52	25 ♍	26 ♋	14 ♓	4 ♓	12 ♈
6	13 ♐ 26	14 ♉ 29	11 ♉ 35	13 R 14	28 ♐ 3	24 ♐ 18	17 ♊ 6	29 ♓ 2	20 ♒ 9	15 ♉ 52	22 ♓ 38	26 ♑ 53	26 ♍	26 ♋	14 ♓	4 ♓	12 ♈
7	14 ♐ 27	26 ♉ 59	11 ♉ 32	13 ♉ 14	29 ♐ 33	25 ♐ 33	16 ♊ 43	29 ♓ 4	20 ♒ 13	15 ♉ 50	22 ♓ 38	26 ♑ 55	26 ♍	26 ♋	15 ♓	4 ♓	12 ♈
8	15 ♐ 28	9 ♊ 20	11 ♉ 29	13 ♉ 11	1 ♑ 2	26 ♐ 48	16 ♊ 19	29 ♓ 7	20 ♒ 18	15 ♉ 48	22 ♓ 38	26 ♑ 56	26 ♍	26 ♋	15 ♓	5 ♓	12 ♈
9	16 ♐ 29	21 ♊ 32	11 ♉ 26	13 ♉ 7	2 ♑ 31	28 ♐ 4	15 ♊ 56	29 ♓ 10	20 ♒ 22	15 ♉ 46	22 ♓ 39	26 ♑ 58	26 ♍	26 ♋	15 ♓	5 ♓	12 ♈
10	17 ♐ 30	3 ♋ 36	11 ♉ 23	13 ♉ 1	4 ♑ 0	29 ♐ 19	15 ♊ 33	29 ♓ 13	20 ♒ 26	15 ♉ 44	22 ♓ 39	26 ♑ 59	27 ♍	26 ♋	16 ♓	5 ♓	12 ♈
11	18 ♐ 31	15 ♋ 34	11 ♉ 20	12 ♉ 54	5 ♑ 28	0 ♑ 34	15 ♊ 11	29 ♓ 16	20 ♒ 31	15 ♉ 42	22 ♓ 39	27 ♑ 1	27 ♍	25 ♋	16 ♓	6 ♓	12 ♈
12	19 ♐ 32	27 ♋ 27	11 ♉ 16	12 ♉ 47	6 ♑ 54	1 ♑ 50	14 ♊ 48	29 ♓ 20	20 ♒ 36	15 ♉ 40	22 ♓ 39	27 ♑ 3	27 ♍	25 ♋	16 ♓	6 ♓	11 ♈
13	20 ♐ 33	9 ♌ 18	11 ♉ 13	12 ♉ 40	8 ♑ 20	3 ♑ 5	14 ♊ 26	29 ♓ 23	20 ♒ 40	15 ♉ 38	22 ♓ 39	27 ♑ 4	28 ♍	25 ♋	17 ♓	6 ♓	11 ♈
14	21 ♐ 34	21 ♌ 10	11 ♉ 10	12 ♉ 35	9 ♑ 45	4 ♑ 20	14 ♊ 4	29 ♓ 27	20 ♒ 45	15 ♉ 36	22 ♓ 40	27 ♑ 6	28 ♍	25 ♋	17 ♓	7 ♓	11 ♈
15	22 ♐ 35	3 ♍ 7	11 ♉ 7	12 ♉ 31	11 ♑ 8	5 ♑ 35	13 ♊ 43	29 ♓ 31	20 ♒ 50	15 ♉ 34	22 ♓ 40	27 ♑ 8	28 ♍	25 ♋	17 ♓	7 ♓	11 ♈
16	23 ♐ 36	15 ♍ 11	11 ♉ 4	12 ♉ 29	12 ♑ 30	6 ♑ 51	13 ♊ 21	29 ♓ 35	20 ♒ 55	15 ♉ 32	22 ♓ 41	27 ♑ 9	29 ♍	25 ♋	18 ♓	7 ♓	11 ♈
17	24 ♐ 37	27 ♍ 29	11 ♉ 1	12 D 28	13 ♑ 50	8 ♑ 6	13 ♊ 1	29 ♓ 40	21 ♒ 0	15 ♉ 31	22 ♓ 41	27 ♑ 11	29 ♍	24 ♋	18 ♓	8 ♓	11 ♈
18	25 ♐ 38	10 ♎ 5	10 ♉ 57	12 ♉ 29	15 ♑ 8	9 ♑ 21	12 ♊ 41	29 ♓ 45	21 ♒ 5	15 ♉ 29	22 ♓ 41	27 ♑ 13	29 ♍	24 ♋	18 ♓	8 ♓	11 ♈
19	26 ♐ 39	23 ♎ 4	10 ♉ 54	12 ♉ 31	16 ♑ 22	10 ♑ 36	12 ♊ 21	29 ♓ 49	21 ♒ 10	15 ♉ 27	22 ♓ 42	27 ♑ 15	29 ♍	24 ♋	19 ♓	8 ♓	11 ♈
20	27 ♐ 40	6 ♏ 28	10 ♉ 51	12 ♉ 32	17 ♑ 34	11 ♑ 52	12 ♊ 2	29 ♓ 54	21 ♒ 15	15 ♉ 26	22 ♓ 42	27 ♑ 16	0 ♎	24 ♋	19 ♓	9 ♓	11 ♈
21	28 ♐ 41	20 ♏ 21	10 ♉ 48	12 R 32	18 ♑ 43	13 ♑ 7	11 ♊ 43	0 ♈ 0	21 ♒ 20	15 ♉ 24	22 ♓ 43	27 ♑ 18	0 ♎	24 ♋	20 ♓	9 ♓	11 ♈
22	29 ♐ 42	4 ♐ 42	10 ♉ 45	12 ♉ 29	19 ♑ 47	14 ♑ 22	11 ♊ 26	0 ♈ 5	21 ♒ 26	15 ♉ 22	22 ♓ 44	27 ♑ 20	0 ♎	23 ♋	20 ♓	10 ♓	11 ♈
23	0 ♑ 43	19 ♐ 28	10 ♉ 41	12 ♉ 25	20 ♑ 46	15 ♑ 37	11 ♊ 8	0 ♈ 11	21 ♒ 31	15 ♉ 21	22 ♓ 44	27 ♑ 22	0 ♎	23 ♋	20 ♓	10 ♓	11 ♈
24	1 ♑ 44	4 ♑ 31	10 ♉ 38	12 ♉ 19	21 ♑ 40	16 ♑ 53	10 ♊ 52	0 ♈ 16	21 ♒ 37	15 ♉ 19	22 ♓ 45	27 ♑ 23	1 ♎	23 ♋	21 ♓	10 ♓	11 D
25	2 ♑ 46	19 ♑ 43	10 ♉ 35	12 ♉ 11	22 ♑ 28	18 ♑ 8	10 ♊ 36	0 ♈ 22	21 ♒ 42	15 ♉ 18	22 ♓ 46	27 ♑ 25	1 ♎	23 ♋	21 ♓	11 ♓	11 ♈
26	3 ♑ 47	4 ♒ 53	10 ♉ 32	12 ♉ 3	23 ♑ 8	19 ♑ 23	10 ♊ 21	0 ♈ 28	21 ♒ 48	15 ♉ 16	22 ♓ 46	27 ♑ 27	1 ♎	22 ♋	21 ♓	11 ♓	11 ♈
27	4 ♑ 48	19 ♒ 51	10 ♉ 29	11 ♉ 55	23 ♑ 40	20 ♑ 38	10 ♊ 7	0 ♈ 35	21 ♒ 53	15 ♉ 15	22 ♓ 47	27 ♑ 29	1 ♎	22 ♋	22 ♓	11 ♓	11 ♈
28	5 ♑ 49	4 ♓ 29	10 ♉ 26	11 ♉ 49	24 ♑ 4	21 ♑ 54	9 ♊ 53	0 ♈ 41	21 ♒ 59	15 ♉ 14	22 ♓ 48	27 ♑ 31	2 ♎	22 ♋	22 ♓	12 ♓	11 ♈
29	6 ♑ 50	18 ♓ 42	10 ♉ 22	11 ♉ 45	24 ♑ 18	23 ♑ 9	9 ♊ 40	0 ♈ 48	22 ♒ 5	15 ♉ 12	22 ♓ 49	27 ♑ 33	2 ♎	21 ♋	23 ♓	12 ♓	11 ♈
30	7 ♑ 51	2 ♈ 29	10 ♉ 19	11 ♉ 43	24 R 21	24 ♑ 24	9 ♊ 29	0 ♈ 54	22 ♒ 11	15 ♉ 11	22 ♓ 50	27 ♑ 35	2 ♎	21 ♋	23 ♓	13 ♓	11 ♈
31	8 ♑ 52	15 ♈ 51	10 ♉ 16	11 D 44	24 ♑ 12	25 ♑ 39	9 ♊ 17	1 ♈ 1	22 ♒ 16	15 ♉ 10	22 ♓ 50	27 ♑ 36	2 ♎	21 ♋	23 ♓	13 ♓	11 ♈

SUN INGRESS	☉ → ♑ 22日 06:48
MOON PHASE	○ 8日 13:08 ♊ ◑ 16日 17:56 ♍ ● 23日 19:17 ♑ ◐ 30日 10:20 ♈

aspects

1日	14:28	♀☍♂
2日	10:08	☿□♆
2日	12:10	♀⚹♄
4日	16:12	♀□♆
6日	16:05	☿□♃
8日	14:42	☉☍♂
9日	21:55	♀□♃
13日	03:12	☉⚹♄
15日	02:10	☉□♆
18日	06:37	☿△♅
22日	09:51	☉□♃
22日	18:48	♀△♅
25日	10:17	☿⚹♆
28日	17:32	♀⚹♆
29日	22:58	☿☌♀

2023年1月

DAY	☉	☽	☊ mean	☊ true	☿	♀	♂	♃	♄	♅	♆	♇	⚳	⚴	⚵	⚶	⚷
	° ′	° ′	° ′	° ′	° ′	° ′	° ′	° ′	° ′	° ′	° ′	° ′	°	°	°	°	°
1	9 ♑ 54	28 ♈ 51	10 ♉ 13	11 D 44	23 R 52	26 D 54	9 R 7	1 D 8	22 D 22	15 R 9	22 D 51	27 D 38	3 D	20 R	24 D	13 D	11 D
2	10 ♑ 55	11 ♉ 32	10 ♉ 10	11 ♉ 45	23 ♑ 20	28 ♑ 9	8 ♊ 58	1 ♈ 16	22 ♒ 28	15 ♉ 8	22 ♓ 52	27 ♑ 40	3 ♎	20 ♋	24 ♓	14 ♓	11 ♈
3	11 ♑ 56	23 ♉ 59	10 ♉ 7	11 R 44	22 ♑ 37	29 ♑ 25	8 ♊ 49	1 ♈ 23	22 ♒ 34	15 ♉ 7	22 ♓ 53	27 ♑ 42	3 ♎	20 ♋	25 ♓	14 ♓	11 ♈
4	12 ♑ 57	6 ♊ 14	10 ♉ 3	11 ♉ 41	21 ♑ 42	0 ♒ 40	8 ♊ 41	1 ♈ 31	22 ♒ 41	15 ♉ 6	22 ♓ 54	27 ♑ 44	3 ♎	19 ♋	25 ♓	15 ♓	11 ♈
5	13 ♑ 58	18 ♊ 21	10 ♉ 0	11 ♉ 35	20 ♑ 38	1 ♒ 55	8 ♊ 34	1 ♈ 38	22 ♒ 47	15 ♉ 5	22 ♓ 55	27 ♑ 46	3 ♎	19 ♋	26 ♓	15 ♓	12 ♈
6	14 ♑ 59	0 ♋ 22	9 ♉ 57	11 ♉ 27	19 ♑ 27	3 ♒ 10	8 ♊ 28	1 ♈ 46	22 ♒ 53	15 ♉ 4	22 ♓ 56	27 ♑ 48	4 ♎	19 ♋	26 ♓	15 ♓	12 ♈
7	16 ♑ 0	12 ♋ 19	9 ♉ 54	11 ♉ 15	18 ♑ 10	4 ♒ 25	8 ♊ 23	1 ♈ 54	22 ♒ 59	15 ♉ 3	22 ♓ 58	27 ♑ 50	4 ♎	18 ♋	26 ♓	16 ♓	12 ♈
8	17 ♑ 2	24 ♋ 13	9 ♉ 51	11 ♉ 3	16 ♑ 49	5 ♒ 40	8 ♊ 18	2 ♈ 2	23 ♒ 5	15 ♉ 2	22 ♓ 59	27 ♑ 52	4 ♎	18 ♋	27 ♓	16 ♓	12 ♈
9	18 ♑ 3	6 ♌ 6	9 ♉ 48	10 ♉ 49	15 ♑ 29	6 ♒ 55	8 ♊ 14	2 ♈ 11	23 ♒ 12	15 ♉ 1	23 ♓ 0	27 ♑ 54	4 ♎	18 ♋	27 ♓	17 ♓	12 ♈
10	19 ♑ 4	17 ♌ 58	9 ♉ 44	10 ♉ 36	14 ♑ 10	8 ♒ 10	8 ♊ 11	2 ♈ 19	23 ♒ 18	15 ♉ 1	23 ♓ 1	27 ♑ 56	4 ♎	17 ♋	28 ♓	17 ♓	12 ♈
11	20 ♑ 5	29 ♌ 52	9 ♉ 41	10 ♉ 25	12 ♑ 56	9 ♒ 25	8 ♊ 9	2 ♈ 28	23 ♒ 25	15 ♉ 0	23 ♓ 2	27 ♑ 58	4 ♎	17 ♋	28 ♓	17 ♓	12 ♈
12	21 ♑ 6	11 ♍ 50	9 ♉ 38	10 ♉ 15	11 ♑ 49	10 ♒ 40	8 ♊ 8	2 ♈ 37	23 ♒ 31	14 ♉ 59	23 ♓ 4	27 ♑ 59	5 ♎	17 ♋	29 ♓	18 ♓	12 ♈
13	22 ♑ 7	23 ♍ 55	9 ♉ 35	10 ♉ 9	10 ♑ 49	11 ♒ 55	8 ♊ 7	2 ♈ 45	23 ♒ 38	14 ♉ 59	23 ♓ 5	28 ♑ 1	5 ♎	16 ♋	29 ♓	18 ♓	12 ♈
14	23 ♑ 8	6 ♎ 11	9 ♉ 32	10 ♉ 6	9 ♑ 58	13 ♒ 10	8 D 7	2 ♈ 55	23 ♒ 44	14 ♉ 58	23 ♓ 6	28 ♑ 3	5 ♎	16 ♋	0 ♈	19 ♓	12 ♈
15	24 ♑ 9	18 ♎ 42	9 ♉ 28	10 ♉ 4	9 ♑ 17	14 ♒ 25	8 ♊ 8	3 ♈ 4	23 ♒ 51	14 ♉ 58	23 ♓ 8	28 ♑ 5	5 ♎	16 ♋	0 ♈	19 ♓	12 ♈
16	25 ♑ 11	1 ♏ 33	9 ♉ 25	10 D 4	8 ♑ 46	15 ♒ 40	8 ♊ 10	3 ♈ 13	23 ♒ 57	14 ♉ 57	23 ♓ 9	28 ♑ 7	5 ♎	15 ♋	1 ♈	19 ♓	12 ♈
17	26 ♑ 12	14 ♏ 48	9 ♉ 22	10 R 4	8 ♑ 24	16 ♒ 55	8 ♊ 13	3 ♈ 22	24 ♒ 4	14 ♉ 57	23 ♓ 10	28 ♑ 9	5 ♎	15 ♋	1 ♈	20 ♓	12 ♈
18	27 ♑ 13	28 ♏ 31	9 ♉ 19	10 ♉ 3	8 ♑ 11	18 ♒ 10	8 ♊ 16	3 ♈ 32	24 ♒ 11	14 ♉ 57	23 ♓ 12	28 ♑ 11	5 ♎	15 ♋	2 ♈	20 ♓	12 ♈
19	28 ♑ 14	12 ♐ 43	9 ♉ 16	10 ♉ 0	8 D 8	19 ♒ 25	8 ♊ 20	3 ♈ 42	24 ♒ 18	14 ♉ 56	23 ♓ 13	28 ♑ 13	6 ♎	15 ♋	2 ♈	21 ♓	12 ♈
20	29 ♑ 15	27 ♐ 23	9 ♉ 13	9 ♉ 54	8 ♑ 12	20 ♒ 40	8 ♊ 24	3 ♈ 52	24 ♒ 24	14 ♉ 56	23 ♓ 15	28 ♑ 15	6 ♎	14 ♋	2 ♈	21 ♓	12 ♈
21	0 ♒ 16	12 ♑ 27	9 ♉ 9	9 ♉ 45	8 ♑ 25	21 ♒ 55	8 ♊ 30	4 ♈ 1	24 ♒ 31	14 ♉ 56	23 ♓ 16	28 ♑ 17	6 ♎	14 ♋	3 ♈	22 ♓	12 ♈
22	1 ♒ 17	27 ♑ 46	9 ♉ 6	9 ♉ 34	8 ♑ 44	23 ♒ 10	8 ♊ 36	4 ♈ 12	24 ♒ 38	14 ♉ 56	23 ♓ 18	28 ♑ 19	6 ♎	14 ♋	3 ♈	22 ♓	12 ♈
23	2 ♒ 18	13 ♒ 8	9 ♉ 3	9 ♉ 22	9 ♑ 10	24 ♒ 24	8 ♊ 42	4 ♈ 22	24 ♒ 45	14 ♉ 56	23 ♓ 19	28 ♑ 21	6 ♎	13 ♋	4 ♈	22 ♓	12 ♈
24	3 ♒ 19	28 ♒ 22	9 ♉ 0	9 ♉ 11	9 ♑ 42	25 ♒ 39	8 ♊ 50	4 ♈ 32	24 ♒ 52	14 D 56	23 ♓ 21	28 ♑ 23	6 ♎	13 ♋	4 ♈	23 ♓	12 ♈
25	4 ♒ 20	13 ♓ 16	8 ♉ 57	9 ♉ 2	10 ♑ 19	26 ♒ 54	8 ♊ 58	4 ♈ 42	24 ♒ 59	14 ♉ 56	23 ♓ 23	28 ♑ 25	6 ♎	13 ♋	5 ♈	23 ♓	12 ♈
26	5 ♒ 21	27 ♓ 45	8 ♉ 53	8 ♉ 55	11 ♑ 1	28 ♒ 9	9 ♊ 7	4 ♈ 53	25 ♒ 6	14 ♉ 56	23 ♓ 24	28 ♑ 27	6 ♎	13 ♋	5 ♈	24 ♓	12 ♈
27	6 ♒ 22	11 ♈ 44	8 ♉ 50	8 ♉ 51	11 ♑ 48	29 ♒ 24	9 ♊ 16	5 ♈ 4	25 ♒ 13	14 ♉ 56	23 ♓ 26	28 ♑ 29	6 ♎	12 ♋	6 ♈	24 ♓	12 ♈
28	7 ♒ 23	25 ♈ 13	8 ♉ 47	8 ♉ 50	12 ♑ 38	0 ♓ 38	9 ♊ 26	5 ♈ 14	25 ♒ 20	14 ♉ 56	23 ♓ 28	28 ♑ 31	6 ♎	12 ♋	6 ♈	24 ♓	12 ♈
29	8 ♒ 24	8 ♉ 15	8 ♉ 44	8 D 49	13 ♑ 32	1 ♓ 53	9 ♊ 36	5 ♈ 25	25 ♒ 27	14 ♉ 57	23 ♓ 29	28 ♑ 33	6 ♎	12 ♋	7 ♈	25 ♓	12 ♈
30	9 ♒ 25	20 ♉ 55	8 ♉ 41	8 R 49	14 ♑ 29	3 ♓ 8	9 ♊ 47	5 ♈ 36	25 ♒ 34	14 ♉ 57	23 ♓ 31	28 ♑ 35	6 ♎	12 ♋	7 ♈	25 ♓	12 ♈
31	10 ♒ 26	3 ♊ 17	8 ♉ 38	8 ♉ 48	15 ♑ 30	4 ♓ 22	9 ♊ 59	5 ♈ 47	25 ♒ 41	14 ♉ 57	23 ♓ 33	28 ♑ 37	6 ♎	12 ♋	8 ♈	26 ♓	12 ♈

SUN INGRESS	☉ → ♒ 20日 17:29
MOON PHASE	○ 7日 08:08 ♋　◑ 15日 11:10 ♎　● 22日 05:53 ♒　◐ 29日 00:19 ♉

aspects		
1日	14:25	♀☌♇
2日	15:44	☿⚹♆
4日	18:08	♀⚹♃
6日	01:43	☉△♅
7日	21:57	☉☌☿
9日	08:23	☿△♅
10日	00:22	♀△♂
13日	23:12	☉⚹♆
15日	10:22	♀□♅
18日	23:45	☉☌♇
23日	07:13	♀☌♄
25日	10:30	☉⚹♃
30日	10:46	☉△♂
30日	11:17	☿△♅

2023年2月

DAY	☉	☽	☊ mean	☊ true	☿	♀	♂	♃	♄	♅	♆	♇	⚳	⚴	⚵	⚶	⚷
	° ′	° ′	° ′	° ′	° ′	° ′	° ′	° ′	° ′	° ′	° ′	° ′	°	°	°	°	°
1	11 ♒ 27	15 ♊ 25	8 ♉ 34	8 R 44	16 D 32	5 D 37	10 D 11	5 D 59	25 D 48	14 D 58	23 D 35	28 D 39	6 D	11 R	8 D	26 D	12 D
2	12 ♒ 28	27 ♊ 25	8 ♉ 31	8 ♉ 37	17 ♑ 38	6 ♓ 51	10 ♊ 24	6 ♈ 10	25 ♒ 55	14 ♉ 58	23 ♓ 37	28 ♑ 41	6 ♎	11 ♋	9 ♈	27 ♓	12 ♈
3	13 ♒ 29	9 ♋ 19	8 ♉ 28	8 ♉ 28	18 ♑ 45	8 ♓ 6	10 ♊ 38	6 ♈ 21	26 ♒ 2	14 ♉ 59	23 ♓ 38	28 ♑ 42	6 ♎	11 ♋	9 ♈	27 ♓	12 ♈
4	14 ♒ 30	21 ♋ 11	8 ♉ 25	8 ♉ 16	19 ♑ 55	9 ♓ 20	10 ♊ 52	6 ♈ 33	26 ♒ 9	15 ♉ 0	23 ♓ 40	28 ♑ 44	6 ♎	11 ♋	10 ♈	28 ♓	12 ♈
5	15 ♒ 31	3 ♌ 3	8 ♉ 22	8 ♉ 1	21 ♑ 7	10 ♓ 35	11 ♊ 6	6 ♈ 44	26 ♒ 16	15 ♉ 0	23 ♓ 42	28 ♑ 46	6 R	11 ♋	10 ♈	28 ♓	12 ♈
6	16 ♒ 31	14 ♌ 57	8 ♉ 19	7 ♉ 47	22 ♑ 20	11 ♓ 49	11 ♊ 21	6 ♈ 56	26 ♒ 24	15 ♉ 1	23 ♓ 44	28 ♑ 48	6 ♎	11 ♋	11 ♈	28 ♓	12 ♈
7	17 ♒ 32	26 ♌ 53	8 ♉ 15	7 ♉ 32	23 ♑ 35	13 ♓ 4	11 ♊ 36	7 ♈ 8	26 ♒ 31	15 ♉ 2	23 ♓ 46	28 ♑ 50	6 ♎	10 ♋	11 ♈	29 ♓	12 ♈
8	18 ♒ 33	8 ♍ 53	8 ♉ 12	7 ♉ 19	24 ♑ 52	14 ♓ 18	11 ♊ 52	7 ♈ 20	26 ♒ 38	15 ♉ 2	23 ♓ 48	28 ♑ 52	6 ♎	10 ♋	12 ♈	29 ♓	12 ♈
9	19 ♒ 34	20 ♍ 58	8 ♉ 9	7 ♉ 9	26 ♑ 10	15 ♓ 32	12 ♊ 8	7 ♈ 32	26 ♒ 45	15 ♉ 3	23 ♓ 50	28 ♑ 54	6 ♎	10 ♋	13 ♈	0 ♈	12 ♈
10	20 ♒ 35	3 ♎ 10	8 ♉ 6	7 ♉ 1	27 ♑ 29	16 ♓ 47	12 ♊ 25	7 ♈ 44	26 ♒ 52	15 ♉ 4	23 ♓ 52	28 ♑ 56	6 ♎	10 ♋	13 ♈	0 ♈	12 ♈
11	21 ♒ 35	15 ♎ 32	8 ♉ 3	6 ♉ 57	28 ♑ 50	18 ♓ 1	12 ♊ 42	7 ♈ 56	27 ♒ 0	15 ♉ 5	23 ♓ 54	28 ♑ 58	6 ♎	10 ♋	14 ♈	1 ♈	12 ♈
12	22 ♒ 36	28 ♎ 6	7 ♉ 59	6 ♉ 55	0 ♒ 12	19 ♓ 15	13 ♊ 0	8 ♈ 8	27 ♒ 7	15 ♉ 6	23 ♓ 56	28 ♑ 59	6 ♎	10 ♋	14 ♈	1 ♈	13 ♈
13	23 ♒ 37	10 ♏ 56	7 ♉ 56	6 D 55	1 ♒ 35	20 ♓ 29	13 ♊ 18	8 ♈ 20	27 ♒ 14	15 ♉ 7	23 ♓ 58	29 ♑ 1	6 ♎	10 ♋	15 ♈	1 ♈	13 ♈
14	24 ♒ 37	24 ♏ 6	7 ♉ 53	6 ♉ 55	2 ♒ 59	21 ♓ 43	13 ♊ 36	8 ♈ 33	27 ♒ 21	15 ♉ 8	24 ♓ 0	29 ♑ 3	6 ♎	10 ♋	15 ♈	2 ♈	13 ♈
15	25 ♒ 38	7 ♐ 39	7 ♉ 50	6 R 54	4 ♒ 25	22 ♓ 58	13 ♊ 55	8 ♈ 45	27 ♒ 29	15 ♉ 9	24 ♓ 2	29 ♑ 5	6 ♎	10 ♋	16 ♈	2 ♈	13 ♈
16	26 ♒ 39	21 ♐ 38	7 ♉ 47	6 ♉ 52	5 ♒ 51	24 ♓ 12	14 ♊ 15	8 ♈ 58	27 ♒ 36	15 ♉ 11	24 ♓ 4	29 ♑ 7	6 ♎	10 ♋	16 ♈	3 ♈	13 ♈
17	27 ♒ 39	6 ♑ 3	7 ♉ 44	6 ♉ 47	7 ♒ 19	25 ♓ 26	14 ♊ 34	9 ♈ 10	27 ♒ 43	15 ♉ 12	24 ♓ 6	29 ♑ 8	6 ♎	10 D	17 ♈	3 ♈	13 ♈
18	28 ♒ 40	20 ♑ 51	7 ♉ 40	6 ♉ 40	8 ♒ 47	26 ♓ 40	14 ♊ 54	9 ♈ 23	27 ♒ 51	15 ♉ 13	24 ♓ 8	29 ♑ 10	6 ♎	10 ♋	17 ♈	4 ♈	13 ♈
19	29 ♒ 40	5 ♒ 57	7 ♉ 37	6 ♉ 30	10 ♒ 16	27 ♓ 54	15 ♊ 15	9 ♈ 36	27 ♒ 58	15 ♉ 14	24 ♓ 10	29 ♑ 12	6 ♎	10 ♋	18 ♈	4 ♈	13 ♈
20	0 ♓ 41	21 ♒ 10	7 ♉ 34	6 ♉ 20	11 ♒ 47	29 ♓ 7	15 ♊ 35	9 ♈ 48	28 ♒ 5	15 ♉ 16	24 ♓ 12	29 ♑ 14	6 ♎	10 ♋	18 ♈	5 ♈	13 ♈
21	1 ♓ 41	6 ♓ 21	7 ♉ 31	6 ♉ 10	13 ♒ 18	0 ♈ 21	15 ♊ 56	10 ♈ 1	28 ♒ 12	15 ♉ 17	24 ♓ 14	29 ♑ 15	5 ♎	10 ♋	19 ♈	5 ♈	13 ♈
22	2 ♓ 42	21 ♓ 18	7 ♉ 28	6 ♉ 2	14 ♒ 51	1 ♈ 35	16 ♊ 18	10 ♈ 14	28 ♒ 20	15 ♉ 19	24 ♓ 17	29 ♑ 17	5 ♎	10 ♋	19 ♈	5 ♈	13 ♈
23	3 ♓ 42	5 ♈ 53	7 ♉ 25	5 ♉ 55	16 ♒ 24	2 ♈ 49	16 ♊ 40	10 ♈ 27	28 ♒ 27	15 ♉ 20	24 ♓ 19	29 ♑ 19	5 ♎	10 ♋	20 ♈	6 ♈	13 ♈
24	4 ♓ 43	20 ♈ 0	7 ♉ 21	5 ♉ 52	17 ♒ 58	4 ♈ 3	17 ♊ 2	10 ♈ 40	28 ♒ 34	15 ♉ 22	24 ♓ 21	29 ♑ 20	5 ♎	10 ♋	21 ♈	6 ♈	13 ♈
25	5 ♓ 43	3 ♉ 39	7 ♉ 18	5 ♉ 51	19 ♒ 34	5 ♈ 16	17 ♊ 24	10 ♈ 53	28 ♒ 41	15 ♉ 24	24 ♓ 23	29 ♑ 22	5 ♎	10 ♋	21 ♈	7 ♈	13 ♈
26	6 ♓ 44	16 ♉ 49	7 ♉ 15	5 D 51	21 ♒ 10	6 ♈ 30	17 ♊ 47	11 ♈ 7	28 ♒ 48	15 ♉ 25	24 ♓ 25	29 ♑ 24	5 ♎	10 ♋	22 ♈	7 ♈	13 ♈
27	7 ♓ 44	29 ♉ 35	7 ♉ 12	5 ♉ 52	22 ♒ 47	7 ♈ 43	18 ♊ 10	11 ♈ 20	28 ♒ 56	15 ♉ 27	24 ♓ 27	29 ♑ 25	5 ♎	10 ♋	22 ♈	8 ♈	13 ♈
28	8 ♓ 44	12 ♊ 0	7 ♉ 9	5 R 52	24 ♒ 25	8 ♈ 57	18 ♊ 34	11 ♈ 33	29 ♒ 3	15 ♉ 29	24 ♓ 30	29 ♑ 27	4 ♎	11 ♋	23 ♈	8 ♈	13 ♈

SUN INGRESS	☉ → ♓ 19日 07:34
MOON PHASE	○ 6日 03:28 ♌　◑ 14日 01:01 ♏　● 20日 16:06 ♓　◐ 27日 17:05 ♊

aspects		
4日	11:51	☉□♅
5日	12:29	♀□♂
7日	03:26	☿⚹♆
8日	14:29	♀⚹♅
11日	02:16	☿☌♇
15日	21:25	♀☌♆
17日	01:48	☉☌♄
18日	11:14	☿⚹♃
20日	02:05	♀⚹♇
22日	07:22	☿□♅
23日	05:14	☿△♂

2023年3月

DAY	☉	☽	☊ mean	☊ true	☿	♀	♂	♃	♄	♅	♆	♇	⚳	⚴	⚵	⚶	⚷
	° ′	° ′	° ′	° ′	° ′	° ′	° ′	° ′	° ′	° ′	° ′	° ′	°	°	°	°	°
1	9 ♓ 45	24 ♊ 9	7 ♉ 5	5 R 51	26 D 5	10 D 10	18 D 57	11 D 47	29 D 10	15 D 31	24 D 32	29 D 29	4 R	11 D	23 D	9 D	13 D
2	10 ♓ 45	6 ♋ 8	7 ♉ 2	5 ♉ 48	27 ♒ 45	11 ♈ 24	19 ♊ 21	12 ♈ 0	29 ♒ 17	15 ♉ 32	24 ♓ 34	29 ♑ 30	4 ♎	11 ♋	24 ♈	9 ♈	13 ♈
3	11 ♓ 45	18 ♋ 1	6 ♉ 59	5 ♉ 42	29 ♒ 26	12 ♈ 37	19 ♊ 45	12 ♈ 14	29 ♒ 24	15 ♉ 34	24 ♓ 36	29 ♑ 32	4 ♎	11 ♋	24 ♈	9 ♈	13 ♈
4	12 ♓ 45	29 ♋ 52	6 ♉ 56	5 ♉ 34	1 ♓ 8	13 ♈ 50	20 ♊ 10	12 ♈ 27	29 ♒ 32	15 ♉ 36	24 ♓ 38	29 ♑ 33	4 ♎	11 ♋	25 ♈	10 ♈	13 ♈
5	13 ♓ 45	11 ♌ 44	6 ♉ 53	5 ♉ 24	2 ♓ 52	15 ♈ 3	20 ♊ 34	12 ♈ 41	29 ♒ 39	15 ♉ 38	24 ♓ 41	29 ♑ 35	4 ♎	11 ♋	26 ♈	10 ♈	14 ♈
6	14 ♓ 45	23 ♌ 40	6 ♉ 50	5 ♉ 14	4 ♓ 36	16 ♈ 17	20 ♊ 59	12 ♈ 54	29 ♒ 46	15 ♉ 40	24 ♓ 43	29 ♑ 36	3 ♎	11 ♋	26 ♈	11 ♈	14 ♈
7	15 ♓ 46	5 ♍ 42	6 ♉ 46	5 ♉ 4	6 ♓ 22	17 ♈ 30	21 ♊ 25	13 ♈ 8	29 ♒ 53	15 ♉ 42	24 ♓ 45	29 ♑ 38	3 ♎	12 ♋	27 ♈	11 ♈	14 ♈
8	16 ♓ 46	17 ♍ 51	6 ♉ 43	4 ♉ 56	8 ♓ 8	18 ♈ 43	21 ♊ 50	13 ♈ 22	0 ♓ 0	15 ♉ 45	24 ♓ 47	29 ♑ 39	3 ♎	12 ♋	27 ♈	12 ♈	14 ♈
9	17 ♓ 46	0 ♎ 8	6 ♉ 40	4 ♉ 49	9 ♓ 56	19 ♈ 56	22 ♊ 16	13 ♈ 35	0 ♓ 7	15 ♉ 47	24 ♓ 50	29 ♑ 41	3 ♎	12 ♋	28 ♈	12 ♈	14 ♈
10	18 ♓ 46	12 ♎ 34	6 ♉ 37	4 ♉ 44	11 ♓ 45	21 ♈ 8	22 ♊ 42	13 ♈ 49	0 ♓ 14	15 ♉ 49	24 ♓ 52	29 ♑ 42	3 ♎	12 ♋	28 ♈	13 ♈	14 ♈
11	19 ♓ 46	25 ♎ 10	6 ♉ 34	4 ♉ 42	13 ♓ 35	22 ♈ 21	23 ♊ 8	14 ♈ 3	0 ♓ 21	15 ♉ 51	24 ♓ 54	29 ♑ 43	2 ♎	12 ♋	29 ♈	13 ♈	14 ♈
12	20 ♓ 45	7 ♏ 58	6 ♉ 31	4 D 41	15 ♓ 26	23 ♈ 34	23 ♊ 34	14 ♈ 17	0 ♓ 28	15 ♉ 53	24 ♓ 57	29 ♑ 45	2 ♎	12 ♋	29 ♈	14 ♈	14 ♈
13	21 ♓ 45	20 ♏ 59	6 ♉ 27	4 ♉ 42	17 ♓ 18	24 ♈ 47	24 ♊ 1	14 ♈ 31	0 ♓ 35	15 ♉ 56	24 ♓ 59	29 ♑ 46	2 ♎	13 ♋	0 ♉	14 ♈	14 ♈
14	22 ♓ 45	4 ♐ 15	6 ♉ 24	4 ♉ 44	19 ♓ 11	25 ♈ 59	24 ♊ 27	14 ♈ 45	0 ♓ 42	15 ♉ 58	25 ♓ 1	29 ♑ 48	2 ♎	13 ♋	1 ♉	14 ♈	14 ♈
15	23 ♓ 45	17 ♐ 49	6 ♉ 21	4 ♉ 45	21 ♓ 5	27 ♈ 12	24 ♊ 54	14 ♈ 59	0 ♓ 49	16 ♉ 0	25 ♓ 3	29 ♑ 49	1 ♎	13 ♋	1 ♉	15 ♈	14 ♈
16	24 ♓ 45	1 ♑ 41	6 ♉ 18	4 R 45	23 ♓ 1	28 ♈ 24	25 ♊ 22	15 ♈ 13	0 ♓ 56	16 ♉ 3	25 ♓ 6	29 ♑ 50	1 ♎	13 ♋	2 ♉	15 ♈	14 ♈
17	25 ♓ 45	15 ♑ 53	6 ♉ 15	4 ♉ 43	24 ♓ 57	29 ♈ 37	25 ♊ 49	15 ♈ 27	1 ♓ 2	16 ♉ 5	25 ♓ 8	29 ♑ 51	1 ♎	14 ♋	2 ♉	16 ♈	14 ♈
18	26 ♓ 44	0 ♒ 21	6 ♉ 11	4 ♉ 40	26 ♓ 55	0 ♉ 49	26 ♊ 17	15 ♈ 41	1 ♓ 9	16 ♉ 8	25 ♓ 10	29 ♑ 53	1 ♎	14 ♋	3 ♉	16 ♈	14 ♈
19	27 ♓ 44	15 ♒ 3	6 ♉ 8	4 ♉ 35	28 ♓ 53	2 ♉ 1	26 ♊ 44	15 ♈ 55	1 ♓ 16	16 ♉ 10	25 ♓ 12	29 ♑ 54	1 ♎	14 ♋	3 ♉	17 ♈	14 ♈
20	28 ♓ 44	29 ♒ 52	6 ♉ 5	4 ♉ 29	0 ♈ 52	3 ♉ 13	27 ♊ 12	16 ♈ 10	1 ♓ 23	16 ♉ 13	25 ♓ 15	29 ♑ 55	0 ♎	14 ♋	4 ♉	17 ♈	14 ♈
21	29 ♓ 44	14 ♓ 41	6 ♉ 2	4 ♉ 24	2 ♈ 52	4 ♉ 26	27 ♊ 40	16 ♈ 24	1 ♓ 29	16 ♉ 16	25 ♓ 17	29 ♑ 56	0 ♎	15 ♋	5 ♉	18 ♈	14 ♈
22	0 ♈ 43	29 ♓ 22	5 ♉ 59	4 ♉ 20	4 ♈ 52	5 ♉ 38	28 ♊ 9	16 ♈ 38	1 ♓ 36	16 ♉ 18	25 ♓ 19	29 ♑ 57	0 ♎	15 ♋	5 ♉	18 ♈	14 ♈
23	1 ♈ 43	13 ♈ 48	5 ♉ 56	4 ♉ 16	6 ♈ 53	6 ♉ 50	28 ♊ 37	16 ♈ 52	1 ♓ 43	16 ♉ 21	25 ♓ 22	29 ♑ 59	0 ♎	15 ♋	6 ♉	19 ♈	15 ♈
24	2 ♈ 42	27 ♈ 52	5 ♉ 52	4 ♉ 15	8 ♈ 54	8 ♉ 1	29 ♊ 6	17 ♈ 6	1 ♓ 49	16 ♉ 24	25 ♓ 24	0 ♒ 0	29 ♍	15 ♋	6 ♉	19 ♈	15 ♈
25	3 ♈ 42	11 ♉ 31	5 ♉ 49	4 D 15	10 ♈ 55	9 ♉ 13	29 ♊ 34	17 ♈ 21	1 ♓ 56	16 ♉ 26	25 ♓ 26	0 ♒ 1	29 ♍	16 ♋	7 ♉	19 ♈	15 ♈
26	4 ♈ 41	24 ♉ 46	5 ♉ 46	4 ♉ 16	12 ♈ 56	10 ♉ 25	0 ♋ 3	17 ♈ 35	2 ♓ 2	16 ♉ 29	25 ♓ 28	0 ♒ 2	29 ♍	16 ♋	7 ♉	20 ♈	15 ♈
27	5 ♈ 41	7 ♊ 36	5 ♉ 43	4 ♉ 18	14 ♈ 56	11 ♉ 37	0 ♋ 33	17 ♈ 49	2 ♓ 9	16 ♉ 32	25 ♓ 31	0 ♒ 3	29 ♍	16 ♋	8 ♉	20 ♈	15 ♈
28	6 ♈ 40	20 ♊ 7	5 ♉ 40	4 ♉ 19	16 ♈ 55	12 ♉ 48	1 ♋ 2	18 ♈ 4	2 ♓ 15	16 ♉ 35	25 ♓ 33	0 ♒ 4	28 ♍	17 ♋	9 ♉	21 ♈	15 ♈
29	7 ♈ 40	2 ♋ 20	5 ♉ 36	4 ♉ 20	18 ♈ 53	14 ♉ 0	1 ♋ 31	18 ♈ 18	2 ♓ 22	16 ♉ 38	25 ♓ 35	0 ♒ 5	28 ♍	17 ♋	9 ♉	21 ♈	15 ♈
30	8 ♈ 39	14 ♋ 22	5 ♉ 33	4 R 20	20 ♈ 50	15 ♉ 11	2 ♋ 1	18 ♈ 33	2 ♓ 28	16 ♉ 40	25 ♓ 37	0 ♒ 6	28 ♍	17 ♋	10 ♉	22 ♈	15 ♈
31	9 ♈ 38	26 ♋ 16	5 ♉ 30	4 ♉ 19	22 ♈ 44	16 ♉ 22	2 ♋ 30	18 ♈ 47	2 ♓ 34	16 ♉ 43	25 ♓ 40	0 ♒ 7	28 ♍	17 ♋	10 ♉	22 ♈	15 ♈

SUN INGRESS	☉ → ♈ 21日 06:24
MOON PHASE	○ 7日 21:40 ♍ ◑ 15日 11:08 ♐ ● 22日 02:23 ♈ ◐ 29日 11:32 ♋

aspects		
2日	14:36	♀☌♃
2日	23:34	☿☌♄
6日	22:42	☉⚹♅
12日	00:05	♀⚹♂
12日	06:05	☿⚹♅
15日	08:39	♂□♆
16日	08:39	☉☌♆
17日	02:13	☿☌♆
17日	03:10	☉□♂
17日	04:59	♀□♇
17日	13:49	☿□♂
17日	19:45	☉☌☿
18日	07:25	♀⚹♄
19日	12:24	☿⚹♇
21日	05:12	☉⚹♇
28日	15:51	☿☌♃
31日	04:03	♂△♄
31日	07:26	♀☌♅

2023年4月

DAY	☉	☽	☊ mean	☊ true	☿	♀	♂	♃	♄	♅	♆	♇	⚳	⚴	⚵	⚶	⚷
	° ′	° ′	° ′	° ′	° ′	° ′	° ′	° ′	° ′	° ′	° ′	° ′	°	°	°	°	°
1	10 ♈ 38	8 ♌ 8	5 ♉ 27	4 R 17	24 D 36	17 D 33	3 D 0	19 D 1	2 D 41	16 D 46	25 D 42	0 D 7	28 R	18 D	11 D	23 D	15 D
2	11 ♈ 37	20 ♌ 2	5 ♉ 24	4 ♉ 14	26 ♈ 25	18 ♉ 44	3 ♋ 30	19 ♈ 16	2 ♓ 47	16 ♉ 49	25 ♓ 44	0 ♒ 8	27 ♍	18 ♋	12 ♉	23 ♈	15 ♈
3	12 ♈ 36	2 ♍ 1	5 ♉ 21	4 ♉ 10	28 ♈ 11	19 ♉ 55	4 ♋ 0	19 ♈ 30	2 ♓ 53	16 ♉ 52	25 ♓ 46	0 ♒ 9	27 ♍	18 ♋	12 ♉	24 ♈	15 ♈
4	13 ♈ 35	14 ♍ 9	5 ♉ 17	4 ♉ 7	29 ♈ 54	21 ♉ 6	4 ♋ 31	19 ♈ 45	2 ♓ 59	16 ♉ 55	25 ♓ 48	0 ♒ 10	27 ♍	19 ♋	13 ♉	24 ♈	15 ♈
5	14 ♈ 34	26 ♍ 27	5 ♉ 14	4 ♉ 4	1 ♉ 32	22 ♉ 17	5 ♋ 1	19 ♈ 59	3 ♓ 5	16 ♉ 58	25 ♓ 51	0 ♒ 11	27 ♍	19 ♋	13 ♉	24 ♈	15 ♈
6	15 ♈ 33	8 ♎ 57	5 ♉ 11	4 ♉ 1	3 ♉ 6	23 ♉ 28	5 ♋ 31	20 ♈ 14	3 ♓ 11	17 ♉ 1	25 ♓ 53	0 ♒ 12	27 ♍	19 ♋	14 ♉	25 ♈	15 ♈
7	16 ♈ 32	21 ♎ 40	5 ♉ 8	4 ♉ 0	4 ♉ 36	24 ♉ 38	6 ♋ 2	20 ♈ 28	3 ♓ 17	17 ♉ 4	25 ♓ 55	0 ♒ 12	26 ♍	20 ♋	14 ♉	25 ♈	15 ♈
8	17 ♈ 32	4 ♏ 37	5 ♉ 5	4 D 0	6 ♉ 1	25 ♉ 49	6 ♋ 33	20 ♈ 43	3 ♓ 23	17 ♉ 8	25 ♓ 57	0 ♒ 13	26 ♍	20 ♋	15 ♉	26 ♈	15 ♈
9	18 ♈ 30	17 ♏ 46	5 ♉ 2	4 ♉ 0	7 ♉ 20	26 ♉ 59	7 ♋ 4	20 ♈ 57	3 ♓ 29	17 ♉ 11	25 ♓ 59	0 ♒ 14	26 ♍	20 ♋	16 ♉	26 ♈	16 ♈
10	19 ♈ 29	1 ♐ 9	4 ♉ 58	4 ♉ 1	8 ♉ 34	28 ♉ 9	7 ♋ 34	21 ♈ 11	3 ♓ 35	17 ♉ 14	26 ♓ 1	0 ♒ 14	26 ♍	21 ♋	16 ♉	27 ♈	16 ♈
11	20 ♈ 28	14 ♐ 44	4 ♉ 55	4 ♉ 2	9 ♉ 43	29 ♉ 19	8 ♋ 6	21 ♈ 26	3 ♓ 41	17 ♉ 17	26 ♓ 3	0 ♒ 15	26 ♍	21 ♋	17 ♉	27 ♈	16 ♈
12	21 ♈ 27	28 ♐ 31	4 ♉ 52	4 ♉ 3	10 ♉ 46	0 ♊ 29	8 ♋ 37	21 ♈ 40	3 ♓ 46	17 ♉ 20	26 ♓ 6	0 ♒ 16	25 ♍	21 ♋	17 ♉	28 ♈	16 ♈
13	22 ♈ 26	12 ♑ 29	4 ♉ 49	4 ♉ 4	11 ♉ 42	1 ♊ 39	9 ♋ 8	21 ♈ 55	3 ♓ 52	17 ♉ 23	26 ♓ 8	0 ♒ 16	25 ♍	22 ♋	18 ♉	28 ♈	16 ♈
14	23 ♈ 25	26 ♑ 37	4 ♉ 46	4 R 4	12 ♉ 33	2 ♊ 49	9 ♋ 39	22 ♈ 9	3 ♓ 57	17 ♉ 27	26 ♓ 10	0 ♒ 17	25 ♍	22 ♋	19 ♉	29 ♈	16 ♈
15	24 ♈ 24	10 ♒ 53	4 ♉ 42	4 ♉ 4	13 ♉ 18	3 ♊ 59	10 ♋ 11	22 ♈ 24	4 ♓ 3	17 ♉ 30	26 ♓ 12	0 ♒ 17	25 ♍	23 ♋	19 ♉	29 ♈	16 ♈
16	25 ♈ 23	25 ♒ 14	4 ♉ 39	4 ♉ 3	13 ♉ 56	5 ♊ 8	10 ♋ 42	22 ♈ 38	4 ♓ 8	17 ♉ 33	26 ♓ 14	0 ♒ 18	25 ♍	23 ♋	20 ♉	29 ♈	16 ♈
17	26 ♈ 21	9 ♓ 37	4 ♉ 36	4 ♉ 2	14 ♉ 29	6 ♊ 18	11 ♋ 14	22 ♈ 53	4 ♓ 14	17 ♉ 36	26 ♓ 16	0 ♒ 18	25 ♍	23 ♋	20 ♉	0 ♉	16 ♈
18	27 ♈ 20	23 ♓ 57	4 ♉ 33	4 ♉ 1	14 ♉ 55	7 ♊ 27	11 ♋ 46	23 ♈ 7	4 ♓ 19	17 ♉ 40	26 ♓ 18	0 ♒ 18	25 ♍	24 ♋	21 ♉	0 ♉	16 ♈
19	28 ♈ 19	8 ♈ 11	4 ♉ 30	4 ♉ 0	15 ♉ 14	8 ♊ 36	12 ♋ 18	23 ♈ 22	4 ♓ 24	17 ♉ 43	26 ♓ 20	0 ♒ 19	24 ♍	24 ♋	21 ♉	1 ♉	16 ♈
20	29 ♈ 17	22 ♈ 13	4 ♉ 27	4 ♉ 0	15 ♉ 28	9 ♊ 45	12 ♋ 50	23 ♈ 36	4 ♓ 30	17 ♉ 46	26 ♓ 22	0 ♒ 19	24 ♍	24 ♋	22 ♉	1 ♉	16 ♈
21	0 ♉ 16	5 ♉ 59	4 ♉ 23	4 D 0	15 ♉ 35	10 ♊ 54	13 ♋ 22	23 ♈ 51	4 ♓ 35	17 ♉ 50	26 ♓ 24	0 ♒ 20	24 ♍	25 ♋	23 ♉	2 ♉	16 ♈
22	1 ♉ 15	19 ♉ 28	4 ♉ 20	4 ♉ 0	15 R 37	12 ♊ 3	13 ♋ 54	24 ♈ 5	4 ♓ 40	17 ♉ 53	26 ♓ 26	0 ♒ 20	24 ♍	25 ♋	23 ♉	2 ♉	16 ♈
23	2 ♉ 13	2 ♊ 36	4 ♉ 17	4 ♉ 0	15 ♉ 32	13 ♊ 11	14 ♋ 26	24 ♈ 19	4 ♓ 45	17 ♉ 56	26 ♓ 28	0 ♒ 20	24 ♍	26 ♋	24 ♉	3 ♉	16 ♈
24	3 ♉ 12	15 ♊ 26	4 ♉ 14	4 ♉ 0	15 ♉ 22	14 ♊ 20	14 ♋ 58	24 ♈ 34	4 ♓ 50	18 ♉ 0	26 ♓ 30	0 ♒ 20	24 ♍	26 ♋	24 ♉	3 ♉	16 ♈
25	4 ♉ 10	27 ♊ 57	4 ♉ 11	4 R 1	15 ♉ 7	15 ♊ 28	15 ♋ 31	24 ♈ 48	4 ♓ 55	18 ♉ 3	26 ♓ 32	0 ♒ 21	24 ♍	26 ♋	25 ♉	4 ♉	16 ♈
26	5 ♉ 9	10 ♋ 13	4 ♉ 8	4 ♉ 0	14 ♉ 47	16 ♊ 36	16 ♋ 3	25 ♈ 3	4 ♓ 59	18 ♉ 7	26 ♓ 34	0 ♒ 21	24 ♍	27 ♋	26 ♉	4 ♉	17 ♈
27	6 ♉ 7	22 ♋ 17	4 ♉ 4	4 ♉ 0	14 ♉ 22	17 ♊ 44	16 ♋ 36	25 ♈ 17	5 ♓ 4	18 ♉ 10	26 ♓ 35	0 ♒ 21	24 ♍	27 ♋	26 ♉	4 ♉	17 ♈
28	7 ♉ 6	4 ♌ 13	4 ♉ 1	4 ♉ 0	13 ♉ 54	18 ♊ 52	17 ♋ 9	25 ♈ 31	5 ♓ 9	18 ♉ 13	26 ♓ 37	0 ♒ 21	24 ♍	27 ♋	27 ♉	5 ♉	17 ♈
29	8 ♉ 4	16 ♌ 6	3 ♉ 58	4 D 0	13 ♉ 22	20 ♊ 0	17 ♋ 41	25 ♈ 46	5 ♓ 13	18 ♉ 17	26 ♓ 39	0 ♒ 21	24 ♍	28 ♋	27 ♉	5 ♉	17 ♈
30	9 ♉ 2	28 ♌ 0	3 ♉ 55	4 ♉ 1	12 ♉ 48	21 ♊ 7	18 ♋ 14	26 ♈ 0	5 ♓ 18	18 ♉ 20	26 ♓ 41	0 ♒ 21	23 ♍	28 ♋	28 ♉	6 ♉	17 ♈

SUN INGRESS	☉ → ♉ 20日 17:13
MOON PHASE	○ 6日 13:34 ♎ ◑ 13日 18:11 ♑ ● 20日 13:12 ♈ ◐ 28日 06:20 ♌

aspects		
4日	03:55	☿□♇
6日	01:21	☿⚹♄
8日	02:58	♀⚹♅
8日	15:29	☿⚹♂
11日	19:15	♀△♇
12日	07:07	☉☌♃
15日	01:39	♀□♄
21日	01:27	☉□♇
24日	12:19	☿⚹♂
25日	19:48	☉⚹♄
30日	05:05	♂⚹♅

2023年5月

DAY	☉	☽	☊ mean	☊ true	☿	♀	♂	♃	♄	♅	♆	♇	⚳	⚴	⚵	⚶	⚷
	° ′	° ′	° ′	° ′	° ′	° ′	° ′	° ′	° ′	° ′	° ′	° ′	°	°	°	°	°
1	10 ♉ 1	10 ♍ 1	3 ♉ 52	4 D 1	12 R 11	22 D 15	18 D 47	26 D 14	5 D 22	18 D 24	26 D 43	0 D 21	23 R	29 D	29 D	6 D	17 D
2	10 ♉ 59	22 ♍ 12	3 ♉ 48	4 ♉ 2	11 ♉ 33	23 ♊ 22	19 ♋ 20	26 ♈ 28	5 ♓ 26	18 ♉ 27	26 ♓ 44	0 ♒ 21	23 ♍	29 ♋	29 ♉	7 ♉	17 ♈
3	11 ♉ 57	4 ♎ 36	3 ♉ 45	4 ♉ 2	10 ♉ 54	24 ♊ 29	19 ♋ 53	26 ♈ 43	5 ♓ 31	18 ♉ 31	26 ♓ 46	0 R 21	23 ♍	29 ♋	0 ♊	7 ♉	17 ♈
4	12 ♉ 55	17 ♎ 16	3 ♉ 42	4 ♉ 3	10 ♉ 15	25 ♊ 36	20 ♋ 26	26 ♈ 57	5 ♓ 35	18 ♉ 34	26 ♓ 48	0 ♒ 21	23 ♍	0 ♌	0 ♊	8 ♉	17 ♈
5	13 ♉ 53	0 ♏ 15	3 ♉ 39	4 ♉ 3	9 ♉ 37	26 ♊ 42	20 ♋ 59	27 ♈ 11	5 ♓ 39	18 ♉ 38	26 ♓ 50	0 ♒ 21	23 ♍	0 ♌	1 ♊	8 ♉	17 ♈
6	14 ♉ 51	13 ♏ 32	3 ♉ 36	4 R 3	9 ♉ 1	27 ♊ 49	21 ♋ 32	27 ♈ 25	5 ♓ 43	18 ♉ 41	26 ♓ 51	0 ♒ 21	23 ♍	1 ♌	2 ♊	8 ♉	17 ♈
7	15 ♉ 50	27 ♏ 6	3 ♉ 33	4 ♉ 3	8 ♉ 26	28 ♊ 55	22 ♋ 6	27 ♈ 39	5 ♓ 47	18 ♉ 45	26 ♓ 53	0 ♒ 21	23 ♍	1 ♌	2 ♊	9 ♉	17 ♈
8	16 ♉ 48	10 ♐ 55	3 ♉ 29	4 ♉ 1	7 ♉ 54	0 ♋ 1	22 ♋ 39	27 ♈ 53	5 ♓ 51	18 ♉ 48	26 ♓ 55	0 ♒ 21	23 D	2 ♌	3 ♊	9 ♉	17 ♈
9	17 ♉ 46	24 ♐ 57	3 ♉ 26	4 ♉ 0	7 ♉ 24	1 ♋ 7	23 ♋ 13	28 ♈ 7	5 ♓ 55	18 ♉ 51	26 ♓ 56	0 ♒ 21	23 ♍	2 ♌	3 ♊	10 ♉	17 ♈
10	18 ♉ 44	9 ♑ 8	3 ♉ 23	3 ♉ 58	6 ♉ 59	2 ♋ 13	23 ♋ 46	28 ♈ 21	5 ♓ 58	18 ♉ 55	26 ♓ 58	0 ♒ 20	23 ♍	2 ♌	4 ♊	10 ♉	17 ♈
11	19 ♉ 42	23 ♑ 24	3 ♉ 20	3 ♉ 56	6 ♉ 37	3 ♋ 18	24 ♋ 20	28 ♈ 35	6 ♓ 2	18 ♉ 58	26 ♓ 59	0 ♒ 20	23 ♍	3 ♌	4 ♊	11 ♉	17 ♈
12	20 ♉ 40	7 ♒ 40	3 ♉ 17	3 ♉ 55	6 ♉ 19	4 ♋ 23	24 ♋ 53	28 ♈ 49	6 ♓ 6	19 ♉ 2	27 ♓ 1	0 ♒ 20	23 ♍	3 ♌	5 ♊	11 ♉	17 ♈
13	21 ♉ 38	21 ♒ 55	3 ♉ 14	3 D 55	6 ♉ 5	5 ♋ 28	25 ♋ 27	29 ♈ 3	6 ♓ 9	19 ♉ 5	27 ♓ 2	0 ♒ 20	23 ♍	4 ♌	6 ♊	12 ♉	17 ♈
14	22 ♉ 36	6 ♓ 6	3 ♉ 10	3 ♉ 55	5 ♉ 56	6 ♋ 33	26 ♋ 1	29 ♈ 17	6 ♓ 12	19 ♉ 9	27 ♓ 4	0 ♒ 19	23 ♍	4 ♌	6 ♊	12 ♉	17 ♈
15	23 ♉ 34	20 ♓ 9	3 ♉ 7	3 ♉ 56	5 ♉ 51	7 ♋ 38	26 ♋ 35	29 ♈ 31	6 ♓ 16	19 ♉ 12	27 ♓ 5	0 ♒ 19	24 ♍	4 ♌	7 ♊	13 ♉	18 ♈
16	24 ♉ 31	4 ♈ 5	3 ♉ 4	3 ♉ 58	5 D 51	8 ♋ 42	27 ♋ 8	29 ♈ 44	6 ♓ 19	19 ♉ 16	27 ♓ 7	0 ♒ 19	24 ♍	5 ♌	7 ♊	13 ♉	18 ♈
17	25 ♉ 29	17 ♈ 51	3 ♉ 1	3 ♉ 59	5 ♉ 56	9 ♋ 46	27 ♋ 42	29 ♈ 58	6 ♓ 22	19 ♉ 19	27 ♓ 8	0 ♒ 18	24 ♍	5 ♌	8 ♊	13 ♉	18 ♈
18	26 ♉ 27	1 ♉ 25	2 ♉ 58	4 ♉ 0	6 ♉ 5	10 ♋ 50	28 ♋ 16	0 ♉ 12	6 ♓ 25	19 ♉ 23	27 ♓ 10	0 ♒ 18	24 ♍	6 ♌	9 ♊	14 ♉	18 ♈
19	27 ♉ 25	14 ♉ 48	2 ♉ 54	3 R 59	6 ♉ 18	11 ♋ 53	28 ♋ 50	0 ♉ 26	6 ♓ 28	19 ♉ 26	27 ♓ 11	0 ♒ 17	24 ♍	6 ♌	9 ♊	14 ♉	18 ♈
20	28 ♉ 23	27 ♉ 56	2 ♉ 51	3 ♉ 58	6 ♉ 37	12 ♋ 56	29 ♋ 25	0 ♉ 39	6 ♓ 31	19 ♉ 30	27 ♓ 12	0 ♒ 17	24 ♍	7 ♌	10 ♊	15 ♉	18 ♈
21	29 ♉ 21	10 ♊ 51	2 ♉ 48	3 ♉ 55	6 ♉ 59	13 ♋ 59	29 ♋ 59	0 ♉ 53	6 ♓ 34	19 ♉ 33	27 ♓ 14	0 ♒ 16	24 ♍	7 ♌	10 ♊	15 ♉	18 ♈
22	0 ♊ 18	23 ♊ 30	2 ♉ 45	3 ♉ 51	7 ♉ 26	15 ♋ 2	0 ♌ 33	1 ♉ 6	6 ♓ 36	19 ♉ 37	27 ♓ 15	0 ♒ 16	24 ♍	7 ♌	11 ♊	16 ♉	18 ♈
23	1 ♊ 16	5 ♋ 56	2 ♉ 42	3 ♉ 47	7 ♉ 57	16 ♋ 5	1 ♌ 7	1 ♉ 20	6 ♓ 39	19 ♉ 40	27 ♓ 16	0 ♒ 15	24 ♍	8 ♌	12 ♊	16 ♉	18 ♈
24	2 ♊ 14	18 ♋ 9	2 ♉ 39	3 ♉ 42	8 ♉ 32	17 ♋ 7	1 ♌ 42	1 ♉ 33	6 ♓ 41	19 ♉ 43	27 ♓ 17	0 ♒ 15	24 ♍	8 ♌	12 ♊	16 ♉	18 ♈
25	3 ♊ 12	0 ♌ 12	2 ♉ 35	3 ♉ 38	9 ♉ 11	18 ♋ 9	2 ♌ 16	1 ♉ 46	6 ♓ 44	19 ♉ 47	27 ♓ 18	0 ♒ 14	24 ♍	9 ♌	13 ♊	17 ♉	18 ♈
26	4 ♊ 9	12 ♌ 8	2 ♉ 32	3 ♉ 35	9 ♉ 54	19 ♋ 10	2 ♌ 51	2 ♉ 0	6 ♓ 46	19 ♉ 50	27 ♓ 20	0 ♒ 14	24 ♍	9 ♌	13 ♊	17 ♉	18 ♈
27	5 ♊ 7	24 ♌ 1	2 ♉ 29	3 ♉ 33	10 ♉ 40	20 ♋ 11	3 ♌ 25	2 ♉ 13	6 ♓ 48	19 ♉ 54	27 ♓ 21	0 ♒ 13	25 ♍	10 ♌	14 ♊	18 ♉	18 ♈
28	6 ♊ 4	5 ♍ 54	2 ♉ 26	3 ♉ 32	11 ♉ 30	21 ♋ 12	4 ♌ 0	2 ♉ 26	6 ♓ 50	19 ♉ 57	27 ♓ 22	0 ♒ 12	25 ♍	10 ♌	14 ♊	18 ♉	18 ♈
29	7 ♊ 2	17 ♍ 54	2 ♉ 23	3 D 32	12 ♉ 24	22 ♋ 13	4 ♌ 34	2 ♉ 39	6 ♓ 52	20 ♉ 0	27 ♓ 23	0 ♒ 11	25 ♍	10 ♌	15 ♊	19 ♉	18 ♈
30	8 ♊ 0	0 ♎ 4	2 ♉ 20	3 ♉ 34	13 ♉ 21	23 ♋ 13	5 ♌ 9	2 ♉ 52	6 ♓ 54	20 ♉ 4	27 ♓ 24	0 ♒ 11	25 ♍	11 ♌	16 ♊	19 ♉	18 ♈
31	8 ♊ 57	12 ♎ 30	2 ♉ 16	3 ♉ 35	14 ♉ 21	24 ♋ 13	5 ♌ 44	3 ♉ 5	6 ♓ 56	20 ♉ 7	27 ♓ 25	0 ♒ 10	25 ♍	11 ♌	16 ♊	20 ♉	18 ♈

SUN INGRESS	☉ → ♊ 21日 16:09
MOON PHASE	○ 6日 02:34 ♏ ◑ 12日 23:28 ♒ ● 20日 00:53 ♉ ◐ 28日 00:22 ♍

aspects		
2日	08:28	☉☌☿
5日	02:40	♀□♆
5日	13:03	♀⚹♃
10日	04:56	☉☌♅
12日	17:42	☿⚹♄
13日	11:44	☿⚹♀
13日	15:57	♀△♄
15日	22:45	♂△♆
18日	10:11	♃□♇
18日	18:00	☉⚹♆
19日	15:40	☿⚹♄
21日	12:12	♂☍♇
21日	22:58	☉△♇
22日	14:57	☉⚹♂
23日	14:13	♂□♃
26日	16:37	♀⚹♅
28日	19:46	☉□♄

2023年6月

DAY	☉	☽	☊ mean	☊ true	☿	♀	♂	♃	♄	♅	♆	♇	⚳	⚴	⚵	⚶	⚷
	° ′	° ′	° ′	° ′	° ′	° ′	° ′	° ′	° ′	° ′	° ′	° ′	°	°	°	°	°
1	9 ♊ 55	25 ♎ 15	2 ♉ 13	3 D 37	15 D 24	25 D 12	6 D 18	3 D 18	6 D 58	20 D 10	27 D 26	0 R 9	25 D	12 D	17 D	20 D	18 D
2	10 ♊ 52	8 ♏ 23	2 ♉ 10	3 R 37	16 ♉ 31	26 ♋ 11	6 ♌ 53	3 ♉ 31	6 ♓ 59	20 ♉ 14	27 ♓ 27	0 ♒ 8	25 ♍	12 ♌	17 ♊	20 ♉	18 ♈
3	11 ♊ 50	21 ♏ 54	2 ♉ 7	3 ♉ 36	17 ♉ 40	27 ♋ 9	7 ♌ 28	3 ♉ 44	7 ♓ 1	20 ♉ 17	27 ♓ 28	0 ♒ 8	26 ♍	13 ♌	18 ♊	21 ♉	18 ♈
4	12 ♊ 47	5 ♐ 48	2 ♉ 4	3 ♉ 32	18 ♉ 53	28 ♋ 7	8 ♌ 3	3 ♉ 57	7 ♓ 2	20 ♉ 20	27 ♓ 29	0 ♒ 7	26 ♍	13 ♌	19 ♊	21 ♉	18 ♈
5	13 ♊ 45	20 ♐ 2	2 ♉ 0	3 ♉ 28	20 ♉ 9	29 ♋ 5	8 ♌ 38	4 ♉ 10	7 ♓ 4	20 ♉ 23	27 ♓ 30	0 ♒ 6	26 ♍	13 ♌	19 ♊	22 ♉	18 ♈
6	14 ♊ 42	4 ♑ 32	1 ♉ 57	3 ♉ 22	21 ♉ 27	0 ♌ 2	9 ♌ 13	4 ♉ 22	7 ♓ 5	20 ♉ 27	27 ♓ 30	0 ♒ 5	26 ♍	14 ♌	20 ♊	22 ♉	19 ♈
7	15 ♊ 39	19 ♑ 11	1 ♉ 54	3 ♉ 16	22 ♉ 49	0 ♌ 59	9 ♌ 48	4 ♉ 35	7 ♓ 6	20 ♉ 30	27 ♓ 31	0 ♒ 4	26 ♍	14 ♌	20 ♊	23 ♉	19 ♈
8	16 ♊ 37	3 ♒ 51	1 ♉ 51	3 ♉ 10	24 ♉ 13	1 ♌ 55	10 ♌ 23	4 ♉ 47	7 ♓ 7	20 ♉ 33	27 ♓ 32	0 ♒ 3	26 ♍	15 ♌	21 ♊	23 ♉	19 ♈
9	17 ♊ 34	18 ♒ 26	1 ♉ 48	3 ♉ 5	25 ♉ 40	2 ♌ 51	10 ♌ 58	5 ♉ 0	7 ♓ 8	20 ♉ 36	27 ♓ 33	0 ♒ 2	27 ♍	15 ♌	21 ♊	23 ♉	19 ♈
10	18 ♊ 32	2 ♓ 50	1 ♉ 45	3 ♉ 2	27 ♉ 10	3 ♌ 47	11 ♌ 33	5 ♉ 12	7 ♓ 9	20 ♉ 40	27 ♓ 33	0 ♒ 1	27 ♍	16 ♌	22 ♊	24 ♉	19 ♈
11	19 ♊ 29	17 ♓ 1	1 ♉ 41	3 ♉ 1	28 ♉ 42	4 ♌ 41	12 ♌ 8	5 ♉ 24	7 ♓ 10	20 ♉ 43	27 ♓ 34	0 ♒ 0	27 ♍	16 ♌	23 ♊	24 ♉	19 ♈
12	20 ♊ 26	0 ♈ 57	1 ♉ 38	3 D 1	0 ♊ 18	5 ♌ 36	12 ♌ 44	5 ♉ 37	7 ♓ 10	20 ♉ 46	27 ♓ 35	29 ♑ 59	27 ♍	17 ♌	23 ♊	25 ♉	19 ♈
13	21 ♊ 24	14 ♈ 37	1 ♉ 35	3 ♉ 3	1 ♊ 56	6 ♌ 29	13 ♌ 19	5 ♉ 49	7 ♓ 11	20 ♉ 49	27 ♓ 35	29 ♑ 58	27 ♍	17 ♌	24 ♊	25 ♉	19 ♈
14	22 ♊ 21	28 ♈ 3	1 ♉ 32	3 ♉ 3	3 ♊ 37	7 ♌ 22	13 ♌ 54	6 ♉ 1	7 ♓ 11	20 ♉ 52	27 ♓ 36	29 ♑ 57	28 ♍	17 ♌	24 ♊	26 ♉	19 ♈
15	23 ♊ 18	11 ♉ 15	1 ♉ 29	3 R 3	5 ♊ 20	8 ♌ 15	14 ♌ 30	6 ♉ 13	7 ♓ 12	20 ♉ 55	27 ♓ 36	29 ♑ 56	28 ♍	18 ♌	25 ♊	26 ♉	19 ♈
16	24 ♊ 16	24 ♉ 14	1 ♉ 26	3 ♉ 1	7 ♊ 7	9 ♌ 7	15 ♌ 5	6 ♉ 25	7 ♓ 12	20 ♉ 58	27 ♓ 37	29 ♑ 55	28 ♍	18 ♌	26 ♊	26 ♉	19 ♈
17	25 ♊ 13	7 ♊ 2	1 ♉ 22	2 ♉ 57	8 ♊ 56	9 ♌ 58	15 ♌ 41	6 ♉ 37	7 ♓ 12	21 ♉ 1	27 ♓ 37	29 ♑ 54	28 ♍	19 ♌	26 ♊	27 ♉	19 ♈
18	26 ♊ 10	19 ♊ 38	1 ♉ 19	2 ♉ 50	10 ♊ 47	10 ♌ 48	16 ♌ 16	6 ♉ 48	7 ♓ 12	21 ♉ 4	27 ♓ 38	29 ♑ 53	29 ♍	19 ♌	27 ♊	27 ♉	19 ♈
19	27 ♊ 8	2 ♋ 4	1 ♉ 16	2 ♉ 41	12 ♊ 41	11 ♌ 38	16 ♌ 52	7 ♉ 0	7 R 12	21 ♉ 7	27 ♓ 38	29 ♑ 52	29 ♍	20 ♌	27 ♊	28 ♉	19 ♈
20	28 ♊ 5	14 ♋ 20	1 ♉ 13	2 ♉ 31	14 ♊ 38	12 ♌ 27	17 ♌ 27	7 ♉ 12	7 ♓ 12	21 ♉ 10	27 ♓ 39	29 ♑ 51	29 ♍	20 ♌	28 ♊	28 ♉	19 ♈
21	29 ♊ 2	26 ♋ 27	1 ♉ 10	2 ♉ 21	16 ♊ 36	13 ♌ 16	18 ♌ 3	7 ♉ 23	7 ♓ 12	21 ♉ 13	27 ♓ 39	29 ♑ 49	29 ♍	21 ♌	28 ♊	29 ♉	19 ♈
22	0 ♋ 0	8 ♌ 26	1 ♉ 6	2 ♉ 11	18 ♊ 37	14 ♌ 3	18 ♌ 39	7 ♉ 34	7 ♓ 11	21 ♉ 16	27 ♓ 39	29 ♑ 48	0 ♎	21 ♌	29 ♊	29 ♉	19 ♈
23	0 ♋ 57	20 ♌ 20	1 ♉ 3	2 ♉ 3	20 ♊ 40	14 ♌ 50	19 ♌ 14	7 ♉ 46	7 ♓ 11	21 ♉ 19	27 ♓ 40	29 ♑ 47	0 ♎	22 ♌	0 ♋	29 ♉	19 ♈
24	1 ♋ 54	2 ♍ 10	1 ♉ 0	1 ♉ 57	22 ♊ 45	15 ♌ 36	19 ♌ 50	7 ♉ 57	7 ♓ 10	21 ♉ 22	27 ♓ 40	29 ♑ 46	0 ♎	22 ♌	0 ♋	0 ♊	19 ♈
25	2 ♋ 51	14 ♍ 2	0 ♉ 57	1 ♉ 52	24 ♊ 52	16 ♌ 21	20 ♌ 26	8 ♉ 8	7 ♓ 10	21 ♉ 24	27 ♓ 40	29 ♑ 45	0 ♎	22 ♌	1 ♋	0 ♊	19 ♈
26	3 ♋ 49	26 ♍ 0	0 ♉ 54	1 ♉ 51	27 ♊ 0	17 ♌ 6	21 ♌ 2	8 ♉ 19	7 ♓ 9	21 ♉ 27	27 ♓ 40	29 ♑ 43	1 ♎	23 ♌	1 ♋	1 ♊	19 ♈
27	4 ♋ 46	8 ♎ 8	0 ♉ 51	1 D 50	29 ♊ 9	17 ♌ 49	21 ♌ 38	8 ♉ 30	7 ♓ 8	21 ♉ 30	27 ♓ 40	29 ♑ 42	1 ♎	23 ♌	2 ♋	1 ♊	19 ♈
28	5 ♋ 43	20 ♎ 31	0 ♉ 47	1 ♉ 51	1 ♋ 19	18 ♌ 31	22 ♌ 14	8 ♉ 41	7 ♓ 7	21 ♉ 33	27 ♓ 41	29 ♑ 41	1 ♎	24 ♌	2 ♋	2 ♊	19 ♈
29	6 ♋ 40	3 ♏ 15	0 ♉ 44	1 R 51	3 ♋ 29	19 ♌ 12	22 ♌ 50	8 ♉ 51	7 ♓ 6	21 ♉ 35	27 ♓ 41	29 ♑ 40	1 ♎	24 ♌	3 ♋	2 ♊	19 ♈
30	7 ♋ 37	16 ♏ 24	0 ♉ 41	1 ♉ 50	5 ♋ 40	19 ♌ 53	23 ♌ 26	9 ♉ 2	7 ♓ 5	21 ♉ 38	27 ♓ 41	29 ♑ 38	2 ♎	25 ♌	4 ♋	2 ♊	19 ♈

SUN INGRESS	☉ → ♋ 21日 23:58
MOON PHASE	○ 4日 12:42 ♐ ◑ 11日 04:31 ♓ ● 18日 13:37 ♊ ◐ 26日 16:50 ♎

aspects		
3日	07:43	♀△♆
5日	04:49	☿☌♅
6日	01:05	♀☍♇
10日	06:14	☿⚹♆
11日	19:26	☿△♇
12日	00:40	♀□♃
16日	01:10	☿□♄
18日	00:29	☿⚹♀
19日	12:54	☉□♆
20日	00:53	♃⚹♄
22日	00:23	☿⚹♂
26日	07:36	☿□♆
26日	18:23	♂□♅
29日	10:43	☉△♄
30日	15:24	☿△♄

2023年7月

DAY	☉	☽	☊ mean	☊ true	☿	♀	♂	♃	♄	♅	♆	♇	⚳	⚴	⚵	⚶	⚷
	° ′	° ′	° ′	° ′	° ′	° ′	° ′	° ′	° ′	° ′	° ′	° ′	°	°	°	°	°
1	8 ♋ 35	0 ♐ 0	0 ♉ 38	1 R 47	7 D 51	20 D 32	24 D 2	9 D 13	7 R 4	21 D 41	27 D 41	29 R 37	2 D	25 D	4 D	3 D	19 D
2	9 ♋ 32	14 ♐ 4	0 ♉ 35	1 ♉ 42	10 ♋ 2	21 ♌ 10	24 ♌ 38	9 ♉ 23	7 ♓ 3	21 ♉ 43	27 R 41	29 ♑ 36	2 ♎	26 ♌	5 ♋	3 ♊	19 ♈
3	10 ♋ 29	28 ♐ 34	0 ♉ 32	1 ♉ 34	12 ♋ 13	21 ♌ 46	25 ♌ 14	9 ♉ 33	7 ♓ 1	21 ♉ 46	27 ♓ 41	29 ♑ 34	2 ♎	26 ♌	5 ♋	4 ♊	19 ♈
4	11 ♋ 26	13 ♑ 24	0 ♉ 28	1 ♉ 25	14 ♋ 22	22 ♌ 22	25 ♌ 50	9 ♉ 43	7 ♓ 0	21 ♉ 48	27 ♓ 41	29 ♑ 33	3 ♎	26 ♌	6 ♋	4 ♊	19 ♈
5	12 ♋ 23	28 ♑ 25	0 ♉ 25	1 ♉ 15	16 ♋ 31	22 ♌ 56	26 ♌ 26	9 ♉ 54	6 ♓ 58	21 ♉ 51	27 ♓ 40	29 ♑ 32	3 ♎	27 ♌	6 ♋	4 ♊	19 ♈
6	13 ♋ 21	13 ♒ 29	0 ♉ 22	1 ♉ 6	18 ♋ 38	23 ♌ 29	27 ♌ 3	10 ♉ 3	6 ♓ 56	21 ♉ 53	27 ♓ 40	29 ♑ 30	3 ♎	27 ♌	7 ♋	5 ♊	19 ♈
7	14 ♋ 18	28 ♒ 26	0 ♉ 19	0 ♉ 58	20 ♋ 45	24 ♌ 1	27 ♌ 39	10 ♉ 13	6 ♓ 55	21 ♉ 56	27 ♓ 40	29 ♑ 29	4 ♎	28 ♌	8 ♋	5 ♊	19 ♈
8	15 ♋ 15	13 ♓ 7	0 ♉ 16	0 ♉ 52	22 ♋ 50	24 ♌ 31	28 ♌ 15	10 ♉ 23	6 ♓ 53	21 ♉ 58	27 ♓ 40	29 ♑ 28	4 ♎	28 ♌	8 ♋	6 ♊	19 ♈
9	16 ♋ 12	27 ♓ 27	0 ♉ 12	0 ♉ 49	24 ♋ 53	25 ♌ 0	28 ♌ 52	10 ♉ 33	6 ♓ 51	22 ♉ 1	27 ♓ 40	29 ♑ 26	4 ♎	29 ♌	9 ♋	6 ♊	19 ♈
10	17 ♋ 9	11 ♈ 25	0 ♉ 9	0 ♉ 48	26 ♋ 54	25 ♌ 27	29 ♌ 28	10 ♉ 42	6 ♓ 49	22 ♉ 3	27 ♓ 39	29 ♑ 25	5 ♎	29 ♌	9 ♋	6 ♊	19 ♈
11	18 ♋ 7	25 ♈ 1	0 ♉ 6	0 D 48	28 ♋ 54	25 ♌ 52	0 ♍ 5	10 ♉ 52	6 ♓ 47	22 ♉ 5	27 ♓ 39	29 ♑ 23	5 ♎	0 ♍	10 ♋	7 ♊	19 ♈
12	19 ♋ 4	8 ♉ 17	0 ♉ 3	0 R 48	0 ♌ 53	26 ♌ 16	0 ♍ 41	11 ♉ 1	6 ♓ 45	22 ♉ 7	27 ♓ 39	29 ♑ 22	5 ♎	0 ♍	10 ♋	7 ♊	19 ♈
13	20 ♋ 1	21 ♉ 15	0 ♉ 0	0 ♉ 46	2 ♌ 49	26 ♌ 39	1 ♍ 18	11 ♉ 10	6 ♓ 42	22 ♉ 10	27 ♓ 38	29 ♑ 21	5 ♎	1 ♍	11 ♋	8 ♊	19 ♈
14	20 ♋ 58	3 ♊ 59	29 ♈ 57	0 ♉ 43	4 ♌ 43	26 ♌ 59	1 ♍ 54	11 ♉ 19	6 ♓ 40	22 ♉ 12	27 ♓ 38	29 ♑ 19	6 ♎	1 ♍	11 ♋	8 ♊	19 ♈
15	21 ♋ 55	16 ♊ 30	29 ♈ 53	0 ♉ 36	6 ♌ 36	27 ♌ 18	2 ♍ 31	11 ♉ 28	6 ♓ 37	22 ♉ 14	27 ♓ 38	29 ♑ 18	6 ♎	1 ♍	12 ♋	8 ♊	19 ♈
16	22 ♋ 53	28 ♊ 51	29 ♈ 50	0 ♉ 27	8 ♌ 27	27 ♌ 35	3 ♍ 7	11 ♉ 37	6 ♓ 35	22 ♉ 16	27 ♓ 37	29 ♑ 16	6 ♎	2 ♍	13 ♋	9 ♊	19 ♈
17	23 ♋ 50	11 ♋ 4	29 ♈ 47	0 ♉ 16	10 ♌ 16	27 ♌ 50	3 ♍ 44	11 ♉ 45	6 ♓ 32	22 ♉ 18	27 ♓ 37	29 ♑ 15	7 ♎	2 ♍	13 ♋	9 ♊	19 ♈
18	24 ♋ 47	23 ♋ 10	29 ♈ 44	0 ♉ 2	12 ♌ 3	28 ♌ 3	4 ♍ 21	11 ♉ 54	6 ♓ 29	22 ♉ 20	27 ♓ 36	29 ♑ 14	7 ♎	3 ♍	14 ♋	10 ♊	19 ♈
19	25 ♋ 45	5 ♌ 9	29 ♈ 41	29 ♈ 49	13 ♌ 48	28 ♌ 13	4 ♍ 58	12 ♉ 2	6 ♓ 27	22 ♉ 22	27 ♓ 36	29 ♑ 12	7 ♎	3 ♍	14 ♋	10 ♊	19 ♈
20	26 ♋ 42	17 ♌ 3	29 ♈ 38	29 ♈ 35	15 ♌ 31	28 ♌ 22	5 ♍ 35	12 ♉ 10	6 ♓ 24	22 ♉ 24	27 ♓ 35	29 ♑ 11	8 ♎	4 ♍	15 ♋	10 ♊	19 ♈
21	27 ♋ 39	28 ♌ 54	29 ♈ 34	29 ♈ 24	17 ♌ 13	28 ♌ 29	6 ♍ 11	12 ♉ 19	6 ♓ 21	22 ♉ 26	27 ♓ 34	29 ♑ 9	8 ♎	4 ♍	15 ♋	11 ♊	19 ♈
22	28 ♋ 36	10 ♍ 44	29 ♈ 31	29 ♈ 14	18 ♌ 52	28 ♌ 33	6 ♍ 48	12 ♉ 27	6 ♓ 18	22 ♉ 28	27 ♓ 34	29 ♑ 8	8 ♎	5 ♍	16 ♋	11 ♊	19 ♈
23	29 ♋ 34	22 ♍ 35	29 ♈ 28	29 ♈ 8	20 ♌ 30	28 ♌ 35	7 ♍ 25	12 ♉ 34	6 ♓ 15	22 ♉ 30	27 ♓ 33	29 ♑ 6	9 ♎	5 ♍	16 ♋	12 ♊	19 ♈
24	0 ♌ 31	4 ♎ 32	29 ♈ 25	29 ♈ 4	22 ♌ 6	28 R 35	8 ♍ 2	12 ♉ 42	6 ♓ 12	22 ♉ 31	27 ♓ 32	29 ♑ 5	9 ♎	6 ♍	17 ♋	12 ♊	19 R
25	1 ♌ 28	16 ♎ 39	29 ♈ 22	29 ♈ 3	23 ♌ 40	28 ♌ 33	8 ♍ 39	12 ♉ 50	6 ♓ 8	22 ♉ 33	27 ♓ 32	29 ♑ 4	9 ♎	6 ♍	18 ♋	12 ♊	19 ♈
26	2 ♌ 26	28 ♎ 59	29 ♈ 18	29 D 2	25 ♌ 12	28 ♌ 28	9 ♍ 16	12 ♉ 57	6 ♓ 5	22 ♉ 35	27 ♓ 31	29 ♑ 2	10 ♎	7 ♍	18 ♋	13 ♊	19 ♈
27	3 ♌ 23	11 ♏ 40	29 ♈ 15	29 R 2	26 ♌ 42	28 ♌ 21	9 ♍ 53	13 ♉ 4	6 ♓ 2	22 ♉ 36	27 ♓ 30	29 ♑ 1	10 ♎	7 ♍	19 ♋	13 ♊	19 ♈
28	4 ♌ 20	24 ♏ 45	29 ♈ 12	29 ♈ 1	28 ♌ 10	28 ♌ 11	10 ♍ 31	13 ♉ 11	5 ♓ 58	22 ♉ 38	27 ♓ 29	28 ♑ 59	10 ♎	7 ♍	19 ♋	13 ♊	19 ♈
29	5 ♌ 17	8 ♐ 18	29 ♈ 9	28 ♈ 58	29 ♌ 36	27 ♌ 59	11 ♍ 8	13 ♉ 18	5 ♓ 55	22 ♉ 40	27 ♓ 29	28 ♑ 58	11 ♎	8 ♍	20 ♋	14 ♊	19 ♈
30	6 ♌ 15	22 ♐ 20	29 ♈ 6	28 ♈ 53	1 ♍ 1	27 ♌ 45	11 ♍ 45	13 ♉ 25	5 ♓ 51	22 ♉ 41	27 ♓ 28	28 ♑ 56	11 ♎	8 ♍	20 ♋	14 ♊	19 ♈
31	7 ♌ 12	6 ♑ 52	29 ♈ 3	28 ♈ 45	2 ♍ 23	27 ♌ 28	12 ♍ 22	13 ♉ 32	5 ♓ 47	22 ♉ 42	27 ♓ 27	28 ♑ 55	11 ♎	9 ♍	21 ♋	15 ♊	19 ♈

SUN INGRESS	☉ → ♌ 23日 10:50
MOON PHASE	○ 3日 20:38 ♑ ◑ 10日 10:48 ♈ ● 18日 03:32 ♋ ◐ 26日 07:07 ♏

aspects

1日	14:06	☉☌☿
1日	16:10	☿⚹♃
1日	19:26	☉⚹♃
2日	23:34	♀□♅
7日	13:55	☿⚹♅
10日	08:57	☿△♆
11日	05:48	☿☍♇
15日	08:03	☉⚹♅
17日	21:49	☿□♃
20日	22:07	☉△♆
21日	05:39	♂☍♄
22日	12:53	☉☍♇
24日	06:39	☿□♅
28日	00:16	☿☌♀

2023年8月

DAY	☉	☽	☊ mean	☊ true	☿	♀	♂	♃	♄	♅	♆	♇	⚳	⚴	⚵	⚶	⚷
	° ′	° ′	° ′	° ′	° ′	° ′	° ′	° ′	° ′	° ′	° ′	° ′	°	°	°	°	°
1	8 ♌ 10	21 ♑ 48	28 ♈ 59	28 R 35	3 D 44	27 R 9	13 D 0	13 D 38	5 R 44	22 D 44	27 R 26	28 R 54	12 D	9 D	21 D	15 D	19 R
2	9 ♌ 7	7 ♒ 1	28 ♈ 56	28 ♈ 25	5 ♍ 2	26 ♌ 47	13 ♍ 37	13 ♉ 44	5 ♓ 40	22 ♉ 45	27 ♓ 25	28 ♑ 52	12 ♎	10 ♍	22 ♋	15 ♊	19 ♈
3	10 ♌ 4	22 ♒ 19	28 ♈ 53	28 ♈ 15	6 ♍ 18	26 ♌ 24	14 ♍ 14	13 ♉ 51	5 ♓ 36	22 ♉ 47	27 ♓ 24	28 ♑ 51	13 ♎	10 ♍	22 ♋	16 ♊	19 ♈
4	11 ♌ 2	7 ♓ 31	28 ♈ 50	28 ♈ 6	7 ♍ 32	25 ♌ 58	14 ♍ 52	13 ♉ 57	5 ♓ 32	22 ♉ 48	27 ♓ 23	28 ♑ 49	13 ♎	11 ♍	23 ♋	16 ♊	19 ♈
5	11 ♌ 59	22 ♓ 28	28 ♈ 47	28 ♈ 0	8 ♍ 44	25 ♌ 31	15 ♍ 29	14 ♉ 2	5 ♓ 28	22 ♉ 49	27 ♓ 22	28 ♑ 48	13 ♎	11 ♍	24 ♋	16 ♊	19 ♈
6	12 ♌ 56	7 ♈ 2	28 ♈ 44	27 ♈ 56	9 ♍ 54	25 ♌ 1	16 ♍ 7	14 ♉ 8	5 ♓ 24	22 ♉ 50	27 ♓ 21	28 ♑ 47	14 ♎	12 ♍	24 ♋	17 ♊	19 ♈
7	13 ♌ 54	21 ♈ 10	28 ♈ 40	27 ♈ 55	11 ♍ 1	24 ♌ 30	16 ♍ 44	14 ♉ 14	5 ♓ 20	22 ♉ 51	27 ♓ 20	28 ♑ 45	14 ♎	12 ♍	25 ♋	17 ♊	19 ♈
8	14 ♌ 51	4 ♉ 51	28 ♈ 37	27 D 55	12 ♍ 6	23 ♌ 58	17 ♍ 22	14 ♉ 19	5 ♓ 16	22 ♉ 53	27 ♓ 19	28 ♑ 44	14 ♎	12 ♍	25 ♋	18 ♊	19 ♈
9	15 ♌ 49	18 ♉ 7	28 ♈ 34	27 R 55	13 ♍ 8	23 ♌ 24	17 ♍ 59	14 ♉ 24	5 ♓ 12	22 ♉ 54	27 ♓ 18	28 ♑ 43	15 ♎	13 ♍	26 ♋	18 ♊	19 ♈
10	16 ♌ 46	1 ♊ 1	28 ♈ 31	27 ♈ 54	14 ♍ 8	22 ♌ 49	18 ♍ 37	14 ♉ 29	5 ♓ 8	22 ♉ 55	27 ♓ 16	28 ♑ 41	15 ♎	13 ♍	26 ♋	18 ♊	19 ♈
11	17 ♌ 44	13 ♊ 37	28 ♈ 28	27 ♈ 51	15 ♍ 4	22 ♌ 13	19 ♍ 15	14 ♉ 34	5 ♓ 4	22 ♉ 55	27 ♓ 15	28 ♑ 40	15 ♎	14 ♍	27 ♋	19 ♊	19 ♈
12	18 ♌ 42	25 ♊ 58	28 ♈ 24	27 ♈ 46	15 ♍ 58	21 ♌ 36	19 ♍ 52	14 ♉ 39	5 ♓ 0	22 ♉ 56	27 ♓ 14	28 ♑ 39	16 ♎	14 ♍	27 ♋	19 ♊	19 ♈
13	19 ♌ 39	8 ♋ 10	28 ♈ 21	27 ♈ 38	16 ♍ 49	20 ♌ 59	20 ♍ 30	14 ♉ 43	4 ♓ 55	22 ♉ 57	27 ♓ 13	28 ♑ 37	16 ♎	15 ♍	28 ♋	19 ♊	19 ♈
14	20 ♌ 37	20 ♋ 13	28 ♈ 18	27 ♈ 28	17 ♍ 36	20 ♌ 22	21 ♍ 8	14 ♉ 47	4 ♓ 51	22 ♉ 58	27 ♓ 12	28 ♑ 36	17 ♎	15 ♍	28 ♋	20 ♊	19 ♈
15	21 ♌ 34	2 ♌ 11	28 ♈ 15	27 ♈ 16	18 ♍ 21	19 ♌ 45	21 ♍ 46	14 ♉ 51	4 ♓ 47	22 ♉ 59	27 ♓ 10	28 ♑ 35	17 ♎	16 ♍	29 ♋	20 ♊	19 ♈
16	22 ♌ 32	14 ♌ 4	28 ♈ 12	27 ♈ 4	19 ♍ 1	19 ♌ 8	22 ♍ 24	14 ♉ 55	4 ♓ 42	22 ♉ 59	27 ♓ 9	28 ♑ 33	17 ♎	16 ♍	29 ♋	20 ♊	19 ♈
17	23 ♌ 30	25 ♌ 56	28 ♈ 9	26 ♈ 52	19 ♍ 38	18 ♌ 31	23 ♍ 2	14 ♉ 59	4 ♓ 38	23 ♉ 0	27 ♓ 8	28 ♑ 32	18 ♎	17 ♍	0 ♌	21 ♊	19 ♈
18	24 ♌ 27	7 ♍ 46	28 ♈ 5	26 ♈ 42	20 ♍ 11	17 ♌ 55	23 ♍ 40	15 ♉ 3	4 ♓ 33	23 ♉ 1	27 ♓ 7	28 ♑ 31	18 ♎	17 ♍	0 ♌	21 ♊	19 ♈
19	25 ♌ 25	19 ♍ 38	28 ♈ 2	26 ♈ 34	20 ♍ 39	17 ♌ 21	24 ♍ 18	15 ♉ 6	4 ♓ 29	23 ♉ 1	27 ♓ 5	28 ♑ 30	18 ♎	18 ♍	1 ♌	21 ♊	19 ♈
20	26 ♌ 23	1 ♎ 32	27 ♈ 59	26 ♈ 29	21 ♍ 3	16 ♌ 47	24 ♍ 56	15 ♉ 9	4 ♓ 25	23 ♉ 2	27 ♓ 4	28 ♑ 28	19 ♎	18 ♍	1 ♌	22 ♊	19 ♈
21	27 ♌ 21	13 ♎ 33	27 ♈ 56	26 ♈ 26	21 ♍ 23	16 ♌ 14	25 ♍ 34	15 ♉ 12	4 ♓ 20	23 ♉ 2	27 ♓ 2	28 ♑ 27	19 ♎	18 ♍	2 ♌	22 ♊	19 ♈
22	28 ♌ 18	25 ♎ 42	27 ♈ 53	26 ♈ 25	21 ♍ 37	15 ♌ 43	26 ♍ 12	15 ♉ 15	4 ♓ 16	23 ♉ 3	27 ♓ 1	28 ♑ 26	20 ♎	19 ♍	3 ♌	22 ♊	19 ♈
23	29 ♌ 16	8 ♏ 5	27 ♈ 49	26 D 25	21 ♍ 47	15 ♌ 14	26 ♍ 50	15 ♉ 18	4 ♓ 11	23 ♉ 3	27 ♓ 0	28 ♑ 25	20 ♎	19 ♍	3 ♌	23 ♊	19 ♈
24	0 ♍ 14	20 ♏ 45	27 ♈ 46	26 ♈ 26	21 ♍ 51	14 ♌ 47	27 ♍ 29	15 ♉ 20	4 ♓ 6	23 ♉ 3	26 ♓ 58	28 ♑ 24	20 ♎	20 ♍	4 ♌	23 ♊	19 ♈
25	1 ♍ 12	3 ♐ 46	27 ♈ 43	26 R 26	21 R 49	14 ♌ 21	28 ♍ 7	15 ♉ 23	4 ♓ 2	23 ♉ 4	26 ♓ 57	28 ♑ 22	21 ♎	20 ♍	4 ♌	23 ♊	19 ♈
26	2 ♍ 10	17 ♐ 13	27 ♈ 40	26 ♈ 25	21 ♍ 41	13 ♌ 58	28 ♍ 45	15 ♉ 25	3 ♓ 57	23 ♉ 4	26 ♓ 55	28 ♑ 21	21 ♎	21 ♍	5 ♌	24 ♊	19 ♈
27	3 ♍ 7	1 ♑ 7	27 ♈ 37	26 ♈ 22	21 ♍ 28	13 ♌ 37	29 ♍ 24	15 ♉ 26	3 ♓ 53	23 ♉ 4	26 ♓ 54	28 ♑ 20	22 ♎	21 ♍	5 ♌	24 ♊	19 ♈
28	4 ♍ 5	15 ♑ 30	27 ♈ 34	26 ♈ 17	21 ♍ 9	13 ♌ 18	0 ♎ 2	15 ♉ 28	3 ♓ 48	23 ♉ 4	26 ♓ 52	28 ♑ 19	22 ♎	22 ♍	6 ♌	24 ♊	19 ♈
29	5 ♍ 3	0 ♒ 17	27 ♈ 30	26 ♈ 10	20 ♍ 43	13 ♌ 1	0 ♎ 41	15 ♉ 30	3 ♓ 44	23 ♉ 4	26 ♓ 51	28 ♑ 18	22 ♎	22 ♍	6 ♌	25 ♊	19 ♈
30	6 ♍ 1	15 ♒ 24	27 ♈ 27	26 ♈ 3	20 ♍ 12	12 ♌ 47	1 ♎ 19	15 ♉ 31	3 ♓ 39	23 R 4	26 ♓ 49	28 ♑ 17	23 ♎	23 ♍	7 ♌	25 ♊	19 ♈
31	6 ♍ 59	0 ♓ 40	27 ♈ 24	25 ♈ 56	19 ♍ 35	12 ♌ 35	1 ♎ 58	15 ♉ 32	3 ♓ 35	23 ♉ 4	26 ♓ 48	28 ♑ 16	23 ♎	23 ♍	7 ♌	25 ♊	19 ♈

SUN INGRESS	☉ → ♍ 23日 18:01
MOON PHASE	○ 2日 03:31 ♒ ◑ 8日 19:28 ♉ ● 16日 18:38 ♌ ◐ 24日 18:57 ♐ ○ 31日 10:35 ♓

aspects

2日	05:45	♂△♃
2日	11:18	☿☍♄
7日	09:03	☉□♃
9日	20:09	♀□♅
10日	09:47	☿△♃
13日	20:16	☉☌♀
16日	11:35	☉□♅
16日	22:54	♂△♅
22日	21:16	♀□♃
23日	05:34	♂☍♆
25日	09:23	♂△♇
27日	17:28	☉☍♄

2023年9月

DAY	☉	☽	☊ mean	☊ true	☿	♀	♂	♃	♄	♅	♆	♇	⚳	⚴	⚵	⚶	⚷
	° ′	° ′	° ′	° ′	° ′	° ′	° ′	° ′	° ′	° ′	° ′	° ′	°	°	°	°	°
1	7 ♍ 57	15 ♓ 55	27 ♈ 21	25 R 50	18 R 53	12 R 26	2 D 36	15 D 33	3 R 30	23 R 4	26 R 46	28 R 15	23 D	24 D	8 D	26 D	19 R
2	8 ♍ 55	0 ♈ 59	27 ♈ 18	25 ♈ 45	18 ♍ 6	12 ♌ 19	3 ♎ 15	15 ♉ 34	3 ♓ 26	23 ♉ 4	26 ♓ 45	28 ♑ 14	24 ♎	24 ♍	8 ♌	26 ♊	19 ♈
3	9 ♍ 53	15 ♈ 42	27 ♈ 15	25 ♈ 43	17 ♍ 15	12 ♌ 14	3 ♎ 54	15 ♉ 34	3 ♓ 21	23 ♉ 4	26 ♓ 43	28 ♑ 13	24 ♎	24 ♍	9 ♌	26 ♊	19 ♈
4	10 ♍ 51	0 ♉ 0	27 ♈ 11	25 D 43	16 ♍ 20	12 ♌ 12	4 ♎ 32	15 ♉ 34	3 ♓ 17	23 ♉ 3	26 ♓ 42	28 ♑ 12	25 ♎	25 ♍	9 ♌	27 ♊	19 ♈
5	11 ♍ 49	13 ♉ 50	27 ♈ 8	25 ♈ 44	15 ♍ 24	12 D 12	5 ♎ 11	15 R 34	3 ♓ 12	23 ♉ 3	26 ♓ 40	28 ♑ 11	25 ♎	25 ♍	10 ♌	27 ♊	19 ♈
6	12 ♍ 47	27 ♉ 12	27 ♈ 5	25 ♈ 45	14 ♍ 25	12 ♌ 15	5 ♎ 50	15 ♉ 34	3 ♓ 8	23 ♉ 3	26 ♓ 38	28 ♑ 10	25 ♎	26 ♍	10 ♌	27 ♊	19 ♈
7	13 ♍ 46	10 ♊ 10	27 ♈ 2	25 ♈ 46	13 ♍ 27	12 ♌ 19	6 ♎ 29	15 ♉ 34	3 ♓ 3	23 ♉ 2	26 ♓ 37	28 ♑ 9	26 ♎	26 ♍	11 ♌	27 ♊	19 ♈
8	14 ♍ 44	22 ♊ 46	26 ♈ 59	25 R 46	12 ♍ 30	12 ♌ 26	7 ♎ 8	15 ♉ 33	2 ♓ 59	23 ♉ 2	26 ♓ 35	28 ♑ 8	26 ♎	27 ♍	11 ♌	28 ♊	19 ♈
9	15 ♍ 42	5 ♋ 6	26 ♈ 55	25 ♈ 44	11 ♍ 35	12 ♌ 36	7 ♎ 46	15 ♉ 33	2 ♓ 55	23 ♉ 1	26 ♓ 34	28 ♑ 7	27 ♎	27 ♍	12 ♌	28 ♊	19 ♈
10	16 ♍ 40	17 ♋ 13	26 ♈ 52	25 ♈ 40	10 ♍ 45	12 ♌ 47	8 ♎ 25	15 ♉ 32	2 ♓ 50	23 ♉ 1	26 ♓ 32	28 ♑ 7	27 ♎	28 ♍	12 ♌	28 ♊	19 ♈
11	17 ♍ 39	29 ♋ 12	26 ♈ 49	25 ♈ 35	9 ♍ 59	13 ♌ 1	9 ♎ 5	15 ♉ 31	2 ♓ 46	23 ♉ 0	26 ♓ 30	28 ♑ 6	27 ♎	28 ♍	13 ♌	29 ♊	18 ♈
12	18 ♍ 37	11 ♌ 5	26 ♈ 46	25 ♈ 29	9 ♍ 19	13 ♌ 16	9 ♎ 44	15 ♉ 29	2 ♓ 42	22 ♉ 59	26 ♓ 29	28 ♑ 5	28 ♎	29 ♍	13 ♌	29 ♊	18 ♈
13	19 ♍ 35	22 ♌ 56	26 ♈ 43	25 ♈ 22	8 ♍ 47	13 ♌ 34	10 ♎ 23	15 ♉ 28	2 ♓ 37	22 ♉ 59	26 ♓ 27	28 ♑ 4	28 ♎	29 ♍	14 ♌	29 ♊	18 ♈
14	20 ♍ 34	4 ♍ 47	26 ♈ 40	25 ♈ 15	8 ♍ 22	13 ♌ 53	11 ♎ 2	15 ♉ 26	2 ♓ 33	22 ♉ 58	26 ♓ 25	28 ♑ 3	29 ♎	29 ♍	14 ♌	29 ♊	18 ♈
15	21 ♍ 32	16 ♍ 40	26 ♈ 36	25 ♈ 10	8 ♍ 7	14 ♌ 14	11 ♎ 41	15 ♉ 24	2 ♓ 29	22 ♉ 57	26 ♓ 24	28 ♑ 3	29 ♎	0 ♎	15 ♌	0 ♋	18 ♈
16	22 ♍ 31	28 ♍ 37	26 ♈ 33	25 ♈ 6	8 ♍ 0	14 ♌ 37	12 ♎ 20	15 ♉ 22	2 ♓ 25	22 ♉ 56	26 ♓ 22	28 ♑ 2	0 ♏	0 ♎	15 ♌	0 ♋	18 ♈
17	23 ♍ 29	10 ♎ 40	26 ♈ 30	25 ♈ 3	8 D 3	15 ♌ 2	13 ♎ 0	15 ♉ 20	2 ♓ 21	22 ♉ 56	26 ♓ 21	28 ♑ 1	0 ♏	1 ♎	16 ♌	0 ♋	18 ♈
18	24 ♍ 28	22 ♎ 50	26 ♈ 27	25 ♈ 2	8 ♍ 15	15 ♌ 28	13 ♎ 39	15 ♉ 17	2 ♓ 17	22 ♉ 55	26 ♓ 19	28 ♑ 1	0 ♏	1 ♎	16 ♌	0 ♋	18 ♈
19	25 ♍ 26	5 ♏ 10	26 ♈ 24	25 D 2	8 ♍ 36	15 ♌ 56	14 ♎ 18	15 ♉ 15	2 ♓ 13	22 ♉ 54	26 ♓ 17	28 ♑ 0	1 ♏	2 ♎	16 ♌	1 ♋	18 ♈
20	26 ♍ 25	17 ♏ 42	26 ♈ 21	25 ♈ 4	9 ♍ 7	16 ♌ 26	14 ♎ 58	15 ♉ 12	2 ♓ 9	22 ♉ 53	26 ♓ 16	27 ♑ 59	1 ♏	2 ♎	17 ♌	1 ♋	18 ♈
21	27 ♍ 23	0 ♐ 29	26 ♈ 17	25 ♈ 5	9 ♍ 46	16 ♌ 57	15 ♎ 37	15 ♉ 9	2 ♓ 5	22 ♉ 51	26 ♓ 14	27 ♑ 59	2 ♏	3 ♎	17 ♌	1 ♋	18 ♈
22	28 ♍ 22	13 ♐ 33	26 ♈ 14	25 ♈ 7	10 ♍ 34	17 ♌ 29	16 ♎ 17	15 ♉ 5	2 ♓ 1	22 ♉ 50	26 ♓ 12	27 ♑ 58	2 ♏	3 ♎	18 ♌	1 ♋	18 ♈
23	29 ♍ 21	26 ♐ 58	26 ♈ 11	25 ♈ 7	11 ♍ 30	18 ♌ 3	16 ♎ 57	15 ♉ 2	1 ♓ 57	22 ♉ 49	26 ♓ 11	27 ♑ 58	2 ♏	4 ♎	18 ♌	2 ♋	18 ♈
24	0 ♎ 19	10 ♑ 44	26 ♈ 8	25 R 7	12 ♍ 34	18 ♌ 38	17 ♎ 36	14 ♉ 58	1 ♓ 53	22 ♉ 48	26 ♓ 9	27 ♑ 57	3 ♏	4 ♎	19 ♌	2 ♋	18 ♈
25	1 ♎ 18	24 ♑ 54	26 ♈ 5	25 ♈ 6	13 ♍ 49	19 ♌ 14	18 ♎ 16	14 ♉ 54	1 ♓ 50	22 ♉ 47	26 ♓ 7	27 ♑ 57	3 ♏	5 ♎	19 ♌	2 ♋	18 ♈
26	2 ♎ 17	9 ♒ 24	26 ♈ 1	25 ♈ 3	15 ♍ 0	19 ♌ 52	18 ♎ 56	14 ♉ 50	1 ♓ 46	22 ♉ 45	26 ♓ 6	27 ♑ 56	4 ♏	5 ♎	20 ♌	2 ♋	18 ♈
27	3 ♎ 16	24 ♒ 12	25 ♈ 58	25 ♈ 0	16 ♍ 22	20 ♌ 31	19 ♎ 35	14 ♉ 46	1 ♓ 43	22 ♉ 44	26 ♓ 4	27 ♑ 56	4 ♏	5 ♎	20 ♌	3 ♋	18 ♈
28	4 ♎ 15	9 ♓ 11	25 ♈ 55	24 ♈ 58	17 ♍ 48	21 ♌ 11	20 ♎ 15	14 ♉ 42	1 ♓ 39	22 ♉ 43	26 ♓ 2	27 ♑ 56	5 ♏	6 ♎	21 ♌	3 ♋	18 ♈
29	5 ♎ 13	24 ♓ 12	25 ♈ 52	24 ♈ 55	19 ♍ 19	21 ♌ 52	20 ♎ 55	14 ♉ 37	1 ♓ 36	22 ♉ 41	26 ♓ 1	27 ♑ 55	5 ♏	6 ♎	21 ♌	3 ♋	18 ♈
30	6 ♎ 12	9 ♈ 7	25 ♈ 49	24 ♈ 54	20 ♍ 53	22 ♌ 35	21 ♎ 35	14 ♉ 32	1 ♓ 33	22 ♉ 40	25 ♓ 59	27 ♑ 55	5 ♏	7 ♎	22 ♌	3 ♋	18 ♈

SUN INGRESS	☉→♎23日 15:50
MOON PHASE	◑ 7日 07:21 ♊　● 15日 10:40 ♍　◐ 23日 04:32 ♐　○ 29日 18:57 ♈

aspects

4日	19:29	☿△♃
6日	20:09	☉☌☿
8日	20:13	☉△♃
16日	10:24	☉△♅
17日	15:10	♀□♃
19日	20:18	☉☍♆
21日	14:21	☉△♇
25日	21:10	☿△♃
30日	02:53	♀□♅

2023年10月

DAY	☉	☽	☊ mean	☊ true	☿	♀	♂	♃	♄	♅	♆	♇	⚳	⚴	⚵	⚶	⚷
	° ′	° ′	° ′	° ′	° ′	° ′	° ′	° ′	° ′	° ′	° ′	° ′	°	°	°	°	°
1	7 ♎ 11	23 ♈ 48	25 ♈ 46	24 R 53	22 D 30	23 D 18	22 D 15	14 R 27	1 R 29	22 R 38	25 R 57	27 R 55	6 D	7 D	22 D	3 D	18 R
2	8 ♎ 10	8 ♉ 8	25 ♈ 42	24 D 54	24 ♍ 10	24 ♌ 2	22 ♎ 55	14 ♉ 22	1 ♓ 26	22 ♉ 37	25 ♓ 56	27 ♑ 54	6 ♏	8 ♎	23 ♌	4 ♋	18 ♈
3	9 ♎ 9	22 ♉ 3	25 ♈ 39	24 ♈ 55	25 ♍ 52	24 ♌ 48	23 ♎ 35	14 ♉ 17	1 ♓ 23	22 ♉ 35	25 ♓ 54	27 ♑ 54	7 ♏	8 ♎	23 ♌	4 ♋	18 ♈
4	10 ♎ 8	5 ♊ 32	25 ♈ 36	24 ♈ 56	27 ♍ 35	25 ♌ 34	24 ♎ 15	14 ♉ 12	1 ♓ 20	22 ♉ 34	25 ♓ 53	27 ♑ 54	7 ♏	9 ♎	23 ♌	4 ♋	18 ♈
5	11 ♎ 7	18 ♊ 36	25 ♈ 33	24 ♈ 57	29 ♍ 19	26 ♌ 21	24 ♎ 55	14 ♉ 6	1 ♓ 17	22 ♉ 32	25 ♓ 51	27 ♑ 54	7 ♏	9 ♎	24 ♌	4 ♋	17 ♈
6	12 ♎ 6	1 ♋ 17	25 ♈ 30	24 ♈ 58	1 ♎ 5	27 ♌ 9	25 ♎ 35	14 ♉ 0	1 ♓ 14	22 ♉ 30	25 ♓ 49	27 ♑ 53	8 ♏	10 ♎	24 ♌	4 ♋	17 ♈
7	13 ♎ 5	13 ♋ 39	25 ♈ 27	24 R 58	2 ♎ 51	27 ♌ 58	26 ♎ 15	13 ♉ 54	1 ♓ 11	22 ♉ 29	25 ♓ 48	27 ♑ 53	8 ♏	10 ♎	25 ♌	5 ♋	17 ♈
8	14 ♎ 5	25 ♋ 47	25 ♈ 23	24 ♈ 58	4 ♎ 37	28 ♌ 47	26 ♎ 56	13 ♉ 48	1 ♓ 9	22 ♉ 27	25 ♓ 46	27 ♑ 53	9 ♏	10 ♎	25 ♌	5 ♋	17 ♈
9	15 ♎ 4	7 ♌ 45	25 ♈ 20	24 ♈ 57	6 ♎ 23	29 ♌ 38	27 ♎ 36	13 ♉ 42	1 ♓ 6	22 ♉ 25	25 ♓ 45	27 ♑ 53	9 ♏	11 ♎	26 ♌	5 ♋	17 ♈
10	16 ♎ 3	19 ♌ 37	25 ♈ 17	24 ♈ 56	8 ♎ 10	0 ♍ 29	28 ♎ 17	13 ♉ 36	1 ♓ 3	22 ♉ 23	25 ♓ 43	27 ♑ 53	10 ♏	11 ♎	26 ♌	5 ♋	17 ♈
11	17 ♎ 2	1 ♍ 28	25 ♈ 14	24 ♈ 55	9 ♎ 56	1 ♍ 21	28 ♎ 57	13 ♉ 30	1 ♓ 1	22 ♉ 21	25 ♓ 42	27 ♑ 53	10 ♏	12 ♎	27 ♌	5 ♋	17 ♈
12	18 ♎ 2	13 ♍ 20	25 ♈ 11	24 ♈ 54	11 ♎ 42	2 ♍ 14	29 ♎ 37	13 ♉ 23	0 ♓ 59	22 ♉ 19	25 ♓ 40	27 D 53	10 ♏	12 ♎	27 ♌	5 ♋	17 ♈
13	19 ♎ 1	25 ♍ 18	25 ♈ 7	24 ♈ 53	13 ♎ 28	3 ♍ 7	0 ♏ 18	13 ♉ 16	0 ♓ 56	22 ♉ 17	25 ♓ 39	27 ♑ 53	11 ♏	13 ♎	27 ♌	5 ♋	17 ♈
14	20 ♎ 0	7 ♎ 23	25 ♈ 4	24 ♈ 52	15 ♎ 13	4 ♍ 1	0 ♏ 59	13 ♉ 9	0 ♓ 54	22 ♉ 15	25 ♓ 37	27 ♑ 53	11 ♏	13 ♎	28 ♌	6 ♋	17 ♈
15	21 ♎ 0	19 ♎ 37	25 ♈ 1	24 ♈ 52	16 ♎ 58	4 ♍ 55	1 ♏ 39	13 ♉ 2	0 ♓ 52	22 ♉ 13	25 ♓ 36	27 ♑ 53	12 ♏	14 ♎	28 ♌	6 ♋	17 ♈
16	21 ♎ 59	2 ♏ 3	24 ♈ 58	24 D 52	18 ♎ 42	5 ♍ 51	2 ♏ 20	12 ♉ 55	0 ♓ 50	22 ♉ 11	25 ♓ 34	27 ♑ 53	12 ♏	14 ♎	29 ♌	6 ♋	17 ♈
17	22 ♎ 59	14 ♏ 40	24 ♈ 55	24 ♈ 52	20 ♎ 25	6 ♍ 46	3 ♏ 1	12 ♉ 48	0 ♓ 48	22 ♉ 9	25 ♓ 33	27 ♑ 53	13 ♏	15 ♎	29 ♌	6 ♋	17 ♈
18	23 ♎ 58	27 ♏ 30	24 ♈ 52	24 ♈ 52	22 ♎ 8	7 ♍ 43	3 ♏ 41	12 ♉ 41	0 ♓ 46	22 ♉ 7	25 ♓ 31	27 ♑ 54	13 ♏	15 ♎	0 ♍	6 ♋	17 ♈
19	24 ♎ 58	10 ♐ 34	24 ♈ 48	24 R 52	23 ♎ 50	8 ♍ 40	4 ♏ 22	12 ♉ 33	0 ♓ 44	22 ♉ 5	25 ♓ 30	27 ♑ 54	13 ♏	15 ♎	0 ♍	6 ♋	17 ♈
20	25 ♎ 57	23 ♐ 52	24 ♈ 45	24 ♈ 52	25 ♎ 32	9 ♍ 37	5 ♏ 3	12 ♉ 26	0 ♓ 43	22 ♉ 3	25 ♓ 29	27 ♑ 54	14 ♏	16 ♎	0 ♍	6 ♋	17 ♈
21	26 ♎ 57	7 ♑ 25	24 ♈ 42	24 ♈ 52	27 ♎ 13	10 ♍ 35	5 ♏ 44	12 ♉ 18	0 ♓ 41	22 ♉ 1	25 ♓ 27	27 ♑ 54	14 ♏	16 ♎	1 ♍	6 ♋	17 ♈
22	27 ♎ 57	21 ♑ 12	24 ♈ 39	24 ♈ 52	28 ♎ 54	11 ♍ 33	6 ♏ 25	12 ♉ 11	0 ♓ 40	21 ♉ 59	25 ♓ 26	27 ♑ 55	15 ♏	17 ♎	1 ♍	6 ♋	17 ♈
23	28 ♎ 56	5 ♒ 13	24 ♈ 36	24 D 52	0 ♏ 33	12 ♍ 32	7 ♏ 6	12 ♉ 3	0 ♓ 39	21 ♉ 56	25 ♓ 25	27 ♑ 55	15 ♏	17 ♎	2 ♍	7 ♋	17 ♈
24	29 ♎ 56	19 ♒ 28	24 ♈ 32	24 ♈ 52	2 ♏ 13	13 ♍ 31	7 ♏ 47	11 ♉ 55	0 ♓ 37	21 ♉ 54	25 ♓ 23	27 ♑ 55	16 ♏	18 ♎	2 ♍	7 ♋	17 ♈
25	0 ♏ 56	3 ♓ 53	24 ♈ 29	24 ♈ 53	3 ♏ 51	14 ♍ 31	8 ♏ 28	11 ♉ 47	0 ♓ 36	21 ♉ 52	25 ♓ 22	27 ♑ 56	16 ♏	18 ♎	2 ♍	7 ♋	17 ♈
26	1 ♏ 56	18 ♓ 26	24 ♈ 26	24 ♈ 53	5 ♏ 29	15 ♍ 31	9 ♏ 9	11 ♉ 39	0 ♓ 35	21 ♉ 50	25 ♓ 21	27 ♑ 56	16 ♏	19 ♎	3 ♍	7 ♋	17 ♈
27	2 ♏ 55	3 ♈ 1	24 ♈ 23	24 ♈ 53	7 ♏ 7	16 ♍ 32	9 ♏ 51	11 ♉ 31	0 ♓ 34	21 ♉ 47	25 ♓ 20	27 ♑ 57	17 ♏	19 ♎	3 ♍	7 ♋	16 ♈
28	3 ♏ 55	17 ♈ 33	24 ♈ 20	24 ♈ 54	8 ♏ 44	17 ♍ 33	10 ♏ 32	11 ♉ 23	0 ♓ 33	21 ♉ 45	25 ♓ 18	27 ♑ 57	17 ♏	19 ♎	4 ♍	7 ♋	16 ♈
29	4 ♏ 55	1 ♉ 56	24 ♈ 17	24 R 54	10 ♏ 20	18 ♍ 35	11 ♏ 13	11 ♉ 15	0 ♓ 33	21 ♉ 43	25 ♓ 17	27 ♑ 58	18 ♏	20 ♎	4 ♍	7 ♋	16 ♈
30	5 ♏ 55	16 ♉ 5	24 ♈ 13	24 ♈ 54	11 ♏ 56	19 ♍ 36	11 ♏ 55	11 ♉ 7	0 ♓ 32	21 ♉ 40	25 ♓ 16	27 ♑ 58	18 ♏	20 ♎	4 ♍	7 ♋	16 ♈
31	6 ♏ 55	29 ♉ 55	24 ♈ 10	24 ♈ 54	13 ♏ 31	20 ♍ 39	12 ♏ 36	10 ♉ 59	0 ♓ 31	21 ♉ 38	25 ♓ 15	27 ♑ 59	19 ♏	21 ♎	5 ♍	7 ♋	16 ♈

SUN INGRESS	☉→♏24日 01:21
MOON PHASE	◑ 6日 22:47 ♋　● 15日 02:55 ♎　◐ 22日 12:29 ♑　○ 29日 05:24 ♉

aspects

1日	01:56	☿△♅
3日	00:35	☿☍♆
4日	04:20	☿△♇
9日	10:05	♂□♇
10日	15:11	♀☍♄
13日	21:29	♂△♄
20日	14:38	☉☌☿
21日	09:51	☿□♇
21日	23:09	☉□♇
22日	13:33	♀△♃
23日	01:12	☿△♄
24日	16:14	☉△♄
29日	01:03	♂☍♃
29日	12:45	☿☍♃
29日	23:22	☿☌♂
31日	21:51	♀△♅

2023年11月

DAY	☉	☽	☊ mean	☊ true	☿	♀	♂	♃	♄	♅	♆	♇	⚳	⚴	⚵	⚶	⚷
	° ′	° ′	° ′	° ′	° ′	° ′	° ′	° ′	° ′	° ′	° ′	° ′	°	°	°	°	°
1	7 ♏ 55	13 ♊ 24	24 ♈ 7	24 R 51	15 D 6	21 D 41	13 D 17	10 R 51	0 R 31	21 R 36	25 R 14	27 D 59	19 D	21 D	5 D	7 D	16 R
2	8 ♏ 55	26 ♊ 30	24 ♈ 4	24 ♈ 49	16 ♏ 41	22 ♍ 44	13 ♏ 59	10 ♉ 43	0 ♓ 31	21 ♉ 33	25 ♓ 13	28 ♑ 0	19 ♏	22 ♎	6 ♍	7 ♋	16 ♈
3	9 ♏ 55	9 ♋ 15	24 ♈ 1	24 ♈ 47	18 ♏ 15	23 ♍ 48	14 ♏ 41	10 ♉ 35	0 ♓ 30	21 ♉ 31	25 ♓ 12	28 ♑ 0	20 ♏	22 ♎	6 ♍	7 ♋	16 ♈
4	10 ♏ 55	21 ♋ 41	23 ♈ 58	24 ♈ 45	19 ♏ 48	24 ♍ 51	15 ♏ 22	10 ♉ 27	0 ♓ 30	21 ♉ 28	25 ♓ 11	28 ♑ 1	20 ♏	23 ♎	6 ♍	7 R	16 ♈
5	11 ♏ 55	3 ♌ 51	23 ♈ 54	24 ♈ 44	21 ♏ 21	25 ♍ 55	16 ♏ 4	10 ♉ 18	0 D 30	21 ♉ 26	25 ♓ 10	28 ♑ 2	21 ♏	23 ♎	7 ♍	7 ♋	16 ♈
6	12 ♏ 55	15 ♌ 50	23 ♈ 51	24 D 44	22 ♏ 54	27 ♍ 0	16 ♏ 46	10 ♉ 10	0 ♓ 30	21 ♉ 23	25 ♓ 9	28 ♑ 3	21 ♏	23 ♎	7 ♍	7 ♋	16 ♈
7	13 ♏ 55	27 ♌ 42	23 ♈ 48	24 ♈ 45	24 ♏ 26	28 ♍ 4	17 ♏ 27	10 ♉ 2	0 ♓ 31	21 ♉ 21	25 ♓ 8	28 ♑ 3	22 ♏	24 ♎	7 ♍	7 ♋	16 ♈
8	14 ♏ 56	9 ♍ 32	23 ♈ 45	24 ♈ 46	25 ♏ 58	29 ♍ 9	18 ♏ 9	9 ♉ 54	0 ♓ 31	21 ♉ 18	25 ♓ 7	28 ♑ 4	22 ♏	24 ♎	8 ♍	7 ♋	16 ♈
9	15 ♏ 56	21 ♍ 26	23 ♈ 42	24 ♈ 48	27 ♏ 30	0 ♎ 14	18 ♏ 51	9 ♉ 46	0 ♓ 31	21 ♉ 16	25 ♓ 6	28 ♑ 5	22 ♏	25 ♎	8 ♍	7 ♋	16 ♈
10	16 ♏ 56	3 ♎ 27	23 ♈ 38	24 ♈ 49	29 ♏ 1	1 ♎ 20	19 ♏ 33	9 ♉ 38	0 ♓ 32	21 ♉ 13	25 ♓ 5	28 ♑ 6	23 ♏	25 ♎	8 ♍	7 ♋	16 ♈
11	17 ♏ 56	15 ♎ 39	23 ♈ 35	24 ♈ 51	0 ♐ 32	2 ♎ 26	20 ♏ 15	9 ♉ 30	0 ♓ 32	21 ♉ 11	25 ♓ 4	28 ♑ 7	23 ♏	26 ♎	9 ♍	7 ♋	16 ♈
12	18 ♏ 57	28 ♎ 5	23 ♈ 32	24 R 51	2 ♐ 2	3 ♎ 32	20 ♏ 57	9 ♉ 22	0 ♓ 33	21 ♉ 8	25 ♓ 3	28 ♑ 7	24 ♏	26 ♎	9 ♍	7 ♋	16 ♈
13	19 ♏ 57	10 ♏ 46	23 ♈ 29	24 ♈ 50	3 ♐ 32	4 ♎ 38	21 ♏ 39	9 ♉ 14	0 ♓ 34	21 ♉ 6	25 ♓ 2	28 ♑ 8	24 ♏	27 ♎	9 ♍	7 ♋	16 ♈
14	20 ♏ 57	23 ♏ 45	23 ♈ 26	24 ♈ 48	5 ♐ 2	5 ♎ 45	22 ♏ 21	9 ♉ 6	0 ♓ 35	21 ♉ 3	25 ♓ 2	28 ♑ 9	25 ♏	27 ♎	10 ♍	7 ♋	16 ♈
15	21 ♏ 58	6 ♐ 59	23 ♈ 23	24 ♈ 44	6 ♐ 31	6 ♎ 51	23 ♏ 3	8 ♉ 58	0 ♓ 36	21 ♉ 1	25 ♓ 1	28 ♑ 10	25 ♏	27 ♎	10 ♍	7 ♋	16 ♈
16	22 ♏ 58	20 ♐ 29	23 ♈ 19	24 ♈ 40	8 ♐ 0	7 ♎ 58	23 ♏ 46	8 ♉ 51	0 ♓ 37	20 ♉ 59	25 ♓ 0	28 ♑ 11	25 ♏	28 ♎	10 ♍	6 ♋	16 ♈
17	23 ♏ 59	4 ♑ 11	23 ♈ 16	24 ♈ 35	9 ♐ 29	9 ♎ 6	24 ♏ 28	8 ♉ 43	0 ♓ 38	20 ♉ 56	24 ♓ 59	28 ♑ 12	26 ♏	28 ♎	11 ♍	6 ♋	16 ♈
18	24 ♏ 59	18 ♑ 4	23 ♈ 13	24 ♈ 31	10 ♐ 57	10 ♎ 13	25 ♏ 10	8 ♉ 36	0 ♓ 40	20 ♉ 54	24 ♓ 59	28 ♑ 13	26 ♏	29 ♎	11 ♍	6 ♋	16 ♈
19	26 ♏ 0	2 ♒ 4	23 ♈ 10	24 ♈ 27	12 ♐ 24	11 ♎ 21	25 ♏ 53	8 ♉ 28	0 ♓ 41	20 ♉ 51	24 ♓ 58	28 ♑ 14	27 ♏	29 ♎	11 ♍	6 ♋	16 ♈
20	27 ♏ 0	16 ♒ 9	23 ♈ 7	24 ♈ 25	13 ♐ 51	12 ♎ 29	26 ♏ 35	8 ♉ 21	0 ♓ 43	20 ♉ 49	24 ♓ 58	28 ♑ 16	27 ♏	0 ♏	12 ♍	6 ♋	16 ♈
21	28 ♏ 1	0 ♓ 18	23 ♈ 4	24 D 25	15 ♐ 18	13 ♎ 37	27 ♏ 18	8 ♉ 14	0 ♓ 44	20 ♉ 46	24 ♓ 57	28 ♑ 17	28 ♏	0 ♏	12 ♍	6 ♋	16 ♈
22	29 ♏ 1	14 ♓ 28	23 ♈ 0	24 ♈ 26	16 ♐ 43	14 ♎ 45	28 ♏ 0	8 ♉ 6	0 ♓ 46	20 ♉ 44	24 ♓ 57	28 ♑ 18	28 ♏	0 ♏	12 ♍	6 ♋	16 ♈
23	0 ♐ 2	28 ♓ 37	22 ♈ 57	24 ♈ 27	18 ♐ 8	15 ♎ 53	28 ♏ 43	7 ♉ 59	0 ♓ 48	20 ♉ 41	24 ♓ 56	28 ♑ 19	28 ♏	1 ♏	13 ♍	6 ♋	15 ♈
24	1 ♐ 3	12 ♈ 45	22 ♈ 54	24 ♈ 29	19 ♐ 33	17 ♎ 2	29 ♏ 25	7 ♉ 53	0 ♓ 50	20 ♉ 39	24 ♓ 56	28 ♑ 20	29 ♏	1 ♏	13 ♍	5 ♋	15 ♈
25	2 ♐ 3	26 ♈ 48	22 ♈ 51	24 R 29	20 ♐ 56	18 ♎ 11	0 ♐ 8	7 ♉ 46	0 ♓ 52	20 ♉ 36	24 ♓ 55	28 ♑ 21	29 ♏	2 ♏	13 ♍	5 ♋	15 ♈
26	3 ♐ 4	10 ♉ 44	22 ♈ 48	24 ♈ 28	22 ♐ 18	19 ♎ 20	0 ♐ 51	7 ♉ 39	0 ♓ 54	20 ♉ 34	24 ♓ 55	28 ♑ 23	0 ♐	2 ♏	14 ♍	5 ♋	15 ♈
27	4 ♐ 4	24 ♉ 30	22 ♈ 44	24 ♈ 25	23 ♐ 39	20 ♎ 29	1 ♐ 33	7 ♉ 33	0 ♓ 56	20 ♉ 31	24 ♓ 54	28 ♑ 24	0 ♐	3 ♏	14 ♍	5 ♋	15 ♈
28	5 ♐ 5	8 ♊ 4	22 ♈ 41	24 ♈ 20	24 ♐ 59	21 ♎ 38	2 ♐ 16	7 ♉ 26	0 ♓ 59	20 ♉ 29	24 ♓ 54	28 ♑ 25	1 ♐	3 ♏	14 ♍	5 ♋	15 ♈
29	6 ♐ 6	21 ♊ 21	22 ♈ 38	24 ♈ 13	26 ♐ 18	22 ♎ 48	2 ♐ 59	7 ♉ 20	1 ♓ 1	20 ♉ 27	24 ♓ 54	28 ♑ 27	1 ♐	3 ♏	14 ♍	5 ♋	15 ♈
30	7 ♐ 7	4 ♋ 21	22 ♈ 35	24 ♈ 5	27 ♐ 34	23 ♎ 58	3 ♐ 42	7 ♉ 14	1 ♓ 4	20 ♉ 24	24 ♓ 54	28 ♑ 28	1 ♐	4 ♏	15 ♍	4 ♋	15 ♈

SUN INGRESS: ☉ → ♐ 22日 23:02

MOON PHASE: ◑ 5日 17:37 ♌　● 13日 18:27 ♏　◐ 20日 19:50 ♒　○ 27日 18:16 ♊

aspects

3日	14:03	☉☍♃
4日	07:06	♀☍♆
5日	01:07	☿☍♅
6日	23:38	♀△♇
7日	10:37	☿△♆
9日	09:17	☿⚹♇
11日	00:07	☿□♄
12日	06:11	♂☍♅
14日	02:21	☉☍♅
15日	21:49	☿⚹♀
17日	17:36	♂△♆
17日	23:52	☉△♆
18日	14:42	☉☌♂
21日	06:27	☉⚹♇
22日	10:18	♂⚹♇
23日	18:47	☉□♄
26日	01:57	♂□♄
27日	22:28	☿□♆

2023年12月

DAY	☉	☽	☊ mean	☊ true	☿	♀	♂	♃	♄	♅	♆	♇	⚳	⚴	⚵	⚶	⚷
	° ′	° ′	° ′	° ′	° ′	° ′	° ′	° ′	° ′	° ′	° ′	° ′	°	°	°	°	°
1	8 ♐ 7	17 ♋ 3	22 ♈ 32	23 R 57	28 D 49	25 D 7	4 D 25	7 R 8	1 D 6	20 R 22	24 R 53	28 D 29	2 D	4 D	15 D	4 R	15 R
2	9 ♐ 8	29 ♋ 29	22 ♈ 29	23 ♈ 50	0 ♑ 1	26 ♎ 17	5 ♐ 8	7 ♉ 2	1 ♓ 9	20 ♉ 20	24 ♓ 53	28 ♑ 31	2 ♐	5 ♏	15 ♍	4 ♋	15 ♈
3	10 ♐ 9	11 ♌ 39	22 ♈ 25	23 ♈ 44	1 ♑ 11	27 ♎ 28	5 ♐ 51	6 ♉ 57	1 ♓ 12	20 ♉ 17	24 ♓ 53	28 ♑ 32	3 ♐	5 ♏	16 ♍	4 ♋	15 ♈
4	11 ♐ 10	23 ♌ 38	22 ♈ 22	23 ♈ 40	2 ♑ 17	28 ♎ 38	6 ♐ 34	6 ♉ 51	1 ♓ 15	20 ♉ 15	24 ♓ 53	28 ♑ 33	3 ♐	6 ♏	16 ♍	4 ♋	15 ♈
5	12 ♐ 11	5 ♍ 30	22 ♈ 19	23 ♈ 38	3 ♑ 20	29 ♎ 48	7 ♐ 17	6 ♉ 46	1 ♓ 18	20 ♉ 13	24 ♓ 53	28 ♑ 35	4 ♐	6 ♏	16 ♍	3 ♋	15 ♈
6	13 ♐ 12	17 ♍ 20	22 ♈ 16	23 D 38	4 ♑ 20	0 ♏ 59	8 ♐ 1	6 ♉ 41	1 ♓ 21	20 ♉ 11	24 ♓ 53	28 ♑ 36	4 ♐	6 ♏	16 ♍	3 ♋	15 ♈
7	14 ♐ 12	29 ♍ 13	22 ♈ 13	23 ♈ 39	5 ♑ 14	2 ♏ 9	8 ♐ 44	6 ♉ 36	1 ♓ 24	20 ♉ 8	24 D 53	28 ♑ 38	4 ♐	7 ♏	17 ♍	3 ♋	15 ♈
8	15 ♐ 13	11 ♎ 14	22 ♈ 10	23 ♈ 40	6 ♑ 4	3 ♏ 20	9 ♐ 27	6 ♉ 31	1 ♓ 27	20 ♉ 6	24 ♓ 53	28 ♑ 39	5 ♐	7 ♏	17 ♍	3 ♋	15 ♈
9	16 ♐ 14	23 ♎ 28	22 ♈ 6	23 ♈ 40	6 ♑ 47	4 ♏ 31	10 ♐ 11	6 ♉ 26	1 ♓ 31	20 ♉ 4	24 ♓ 53	28 ♑ 41	5 ♐	8 ♏	17 ♍	2 ♋	15 ♈
10	17 ♐ 15	6 ♏ 0	22 ♈ 3	23 R 40	7 ♑ 24	5 ♏ 42	10 ♐ 54	6 ♉ 22	1 ♓ 34	20 ♉ 2	24 ♓ 53	28 ♑ 42	6 ♐	8 ♏	17 ♍	2 ♋	15 ♈
11	18 ♐ 16	18 ♏ 53	22 ♈ 0	23 ♈ 37	7 ♑ 54	6 ♏ 53	11 ♐ 38	6 ♉ 18	1 ♓ 38	20 ♉ 0	24 ♓ 53	28 ♑ 44	6 ♐	9 ♏	17 ♍	2 ♋	15 ♈
12	19 ♐ 17	2 ♐ 8	21 ♈ 57	23 ♈ 31	8 ♑ 15	8 ♏ 5	12 ♐ 21	6 ♉ 14	1 ♓ 41	19 ♉ 58	24 ♓ 53	28 ♑ 46	6 ♐	9 ♏	18 ♍	2 ♋	15 ♈
13	20 ♐ 18	15 ♐ 45	21 ♈ 54	23 ♈ 23	8 ♑ 26	9 ♏ 16	13 ♐ 5	6 ♉ 10	1 ♓ 45	19 ♉ 56	24 ♓ 53	28 ♑ 47	7 ♐	9 ♏	18 ♍	2 ♋	15 ♈
14	21 ♐ 19	29 ♐ 41	21 ♈ 50	23 ♈ 14	8 R 28	10 ♏ 28	13 ♐ 48	6 ♉ 6	1 ♓ 49	19 ♉ 53	24 ♓ 54	28 ♑ 49	7 ♐	10 ♏	18 ♍	1 ♋	15 ♈
15	22 ♐ 20	13 ♑ 53	21 ♈ 47	23 ♈ 3	8 ♑ 19	11 ♏ 39	14 ♐ 32	6 ♉ 2	1 ♓ 53	19 ♉ 51	24 ♓ 54	28 ♑ 50	8 ♐	10 ♏	18 ♍	1 ♋	15 ♈
16	23 ♐ 21	28 ♑ 14	21 ♈ 44	22 ♈ 54	7 ♑ 59	12 ♏ 51	15 ♐ 16	5 ♉ 59	1 ♓ 57	19 ♉ 50	24 ♓ 54	28 ♑ 52	8 ♐	11 ♏	18 ♍	1 ♋	15 ♈
17	24 ♐ 22	12 ♒ 39	21 ♈ 41	22 ♈ 46	7 ♑ 27	14 ♏ 3	15 ♐ 59	5 ♉ 56	2 ♓ 1	19 ♉ 48	24 ♓ 55	28 ♑ 54	9 ♐	11 ♏	19 ♍	0 ♋	15 ♈
18	25 ♐ 23	27 ♒ 2	21 ♈ 38	22 ♈ 40	6 ♑ 44	15 ♏ 15	16 ♐ 43	5 ♉ 53	2 ♓ 5	19 ♉ 46	24 ♓ 55	28 ♑ 55	9 ♐	11 ♏	19 ♍	0 ♋	15 ♈
19	26 ♐ 25	11 ♓ 18	21 ♈ 35	22 ♈ 37	5 ♑ 49	16 ♏ 27	17 ♐ 27	5 ♉ 51	2 ♓ 10	19 ♉ 44	24 ♓ 55	28 ♑ 57	9 ♐	12 ♏	19 ♍	0 ♋	15 ♈
20	27 ♐ 26	25 ♓ 27	21 ♈ 31	22 ♈ 36	4 ♑ 45	17 ♏ 39	18 ♐ 11	5 ♉ 48	2 ♓ 14	19 ♉ 42	24 ♓ 56	28 ♑ 59	10 ♐	12 ♏	19 ♍	0 ♋	15 ♈
21	28 ♐ 27	9 ♈ 25	21 ♈ 28	22 D 36	3 ♑ 33	18 ♏ 51	18 ♐ 55	5 ♉ 46	2 ♓ 18	19 ♉ 40	24 ♓ 56	29 ♑ 0	10 ♐	13 ♏	19 ♍	29 ♊	15 ♈
22	29 ♐ 28	23 ♈ 14	21 ♈ 25	22 R 36	2 ♑ 14	20 ♏ 3	19 ♐ 39	5 ♉ 44	2 ♓ 23	19 ♉ 38	24 ♓ 57	29 ♑ 2	11 ♐	13 ♏	20 ♍	29 ♊	15 ♈
23	0 ♑ 29	6 ♉ 54	21 ♈ 22	22 ♈ 35	0 ♑ 52	21 ♏ 15	20 ♐ 23	5 ♉ 42	2 ♓ 27	19 ♉ 37	24 ♓ 57	29 ♑ 4	11 ♐	13 ♏	20 ♍	29 ♊	15 ♈
24	1 ♑ 30	20 ♉ 24	21 ♈ 19	22 ♈ 32	29 ♐ 30	22 ♏ 28	21 ♐ 7	5 ♉ 40	2 ♓ 32	19 ♉ 35	24 ♓ 58	29 ♑ 6	11 ♐	14 ♏	20 ♍	29 ♊	15 ♈
25	2 ♑ 31	3 ♊ 44	21 ♈ 16	22 ♈ 26	28 ♐ 9	23 ♏ 40	21 ♐ 51	5 ♉ 39	2 ♓ 37	19 ♉ 33	24 ♓ 59	29 ♑ 8	12 ♐	14 ♏	20 ♍	28 ♊	15 ♈
26	3 ♑ 32	16 ♊ 53	21 ♈ 12	22 ♈ 17	26 ♐ 53	24 ♏ 52	22 ♐ 35	5 ♉ 37	2 ♓ 42	19 ♉ 32	24 ♓ 59	29 ♑ 9	12 ♐	15 ♏	20 ♍	28 ♊	15 ♈
27	4 ♑ 33	29 ♊ 51	21 ♈ 9	22 ♈ 6	25 ♐ 44	26 ♏ 5	23 ♐ 20	5 ♉ 36	2 ♓ 47	19 ♉ 30	25 ♓ 0	29 ♑ 11	13 ♐	15 ♏	20 ♍	28 ♊	15 ♈
28	5 ♑ 34	12 ♋ 37	21 ♈ 6	21 ♈ 53	24 ♐ 43	27 ♏ 18	24 ♐ 4	5 ♉ 36	2 ♓ 52	19 ♉ 29	25 ♓ 1	29 ♑ 13	13 ♐	15 ♏	20 ♍	28 ♊	15 D
29	6 ♑ 36	25 ♋ 9	21 ♈ 3	21 ♈ 39	23 ♐ 52	28 ♏ 30	24 ♐ 48	5 ♉ 35	2 ♓ 57	19 ♉ 27	25 ♓ 1	29 ♑ 15	14 ♐	16 ♏	20 ♍	27 ♊	15 ♈
30	7 ♑ 37	7 ♌ 28	21 ♈ 0	21 ♈ 26	23 ♐ 11	29 ♏ 43	25 ♐ 32	5 ♉ 35	3 ♓ 2	19 ♉ 26	25 ♓ 2	29 ♑ 17	14 ♐	16 ♏	21 ♍	27 ♊	15 ♈
31	8 ♑ 38	19 ♌ 35	20 ♈ 56	21 ♈ 15	22 ♐ 41	0 ♐ 56	26 ♐ 17	5 ♉ 34	3 ♓ 7	19 ♉ 24	25 ♓ 3	29 ♑ 18	14 ♐	17 ♏	21 ♍	27 ♊	15 ♈

SUN INGRESS: ☉ → ♑ 22日 12:27

MOON PHASE: ◑ 5日 14:49 ♍　● 13日 08:32 ♐　◐ 20日 03:39 ♓　○ 27日 09:33 ♋

aspects

3日	00:27	☿⚹♄
3日	22:30	♀□♇
6日	07:52	♀△♄
8日	13:09	☿△♃
10日	12:35	♀☍♃
12日	04:17	☿⚹♀
17日	12:43	☉□♆
18日	23:28	☿△♃
21日	16:04	♀☍♅
21日	21:34	☿⚹♄
23日	03:54	☉☌☿
25日	02:28	☉⚹♄
26日	02:15	♀△♆
27日	16:43	☿□♆
28日	00:28	☉△♃
28日	09:31	☿☌♂
29日	07:16	♂□♆
29日	15:01	♀⚹♇

2024年1月

DAY	☉	☽	☊ mean	☊ true	☿	♀	♂	♃	♄	♅	♆	♇	⚳	⚴	⚵	⚶	⚷
	° ′	° ′	° ′	° ′	° ′	° ′	° ′	° ′	° ′	° ′	° ′	° ′	°	°	°	°	°
1	9 ♑ 39	1 ♍ 32	20 ♈ 53	21 R 7	22 R 21	2 D 9	27 D 1	5 D 34	3 D 12	19 R 23	25 D 4	29 D 20	15 D	17 D	21 D	27 R	15 D
2	10 ♑ 40	13 ♍ 23	20 ♈ 50	21 ♈ 1	22 ♐ 12	3 ♐ 22	27 ♐ 46	5 ♉ 35	3 ♓ 17	19 ♉ 22	25 ♓ 5	29 ♑ 22	15 ♐	17 ♏	21 ♍	26 ♊	15 ♈
3	11 ♑ 41	25 ♍ 11	20 ♈ 47	20 ♈ 58	22 D 11	4 ♐ 35	28 ♐ 30	5 ♉ 35	3 ♓ 23	19 ♉ 20	25 ♓ 6	29 ♑ 24	16 ♐	18 ♏	21 ♍	26 ♊	15 ♈
4	12 ♑ 42	7 ♎ 1	20 ♈ 44	20 ♈ 57	22 ♐ 20	5 ♐ 48	29 ♐ 15	5 ♉ 36	3 ♓ 28	19 ♉ 19	25 ♓ 6	29 ♑ 26	16 ♐	18 ♏	21 ♍	26 ♊	15 ♈
5	13 ♑ 44	19 ♎ 0	20 ♈ 41	20 D 57	22 ♐ 37	7 ♐ 1	0 ♑ 0	5 ♉ 36	3 ♓ 34	19 ♉ 18	25 ♓ 7	29 ♑ 28	16 ♐	18 ♏	21 ♍	26 ♊	15 ♈
6	14 ♑ 45	1 ♏ 12	20 ♈ 37	20 R 57	23 ♐ 2	8 ♐ 14	0 ♑ 44	5 ♉ 38	3 ♓ 39	19 ♉ 17	25 ♓ 8	29 ♑ 30	17 ♐	19 ♏	21 ♍	25 ♊	15 ♈
7	15 ♑ 46	13 ♏ 43	20 ♈ 34	20 ♈ 55	23 ♐ 33	9 ♐ 28	1 ♑ 29	5 ♉ 39	3 ♓ 45	19 ♉ 16	25 ♓ 9	29 ♑ 32	17 ♐	19 ♏	21 ♍	25 ♊	15 ♈
8	16 ♑ 47	26 ♏ 37	20 ♈ 31	20 ♈ 51	24 ♐ 10	10 ♐ 41	2 ♑ 14	5 ♉ 40	3 ♓ 51	19 ♉ 15	25 ♓ 11	29 ♑ 33	18 ♐	20 ♏	21 ♍	25 ♊	15 ♈
9	17 ♑ 48	9 ♐ 58	20 ♈ 28	20 ♈ 44	24 ♐ 52	11 ♐ 54	2 ♑ 59	5 ♉ 42	3 ♓ 56	19 ♉ 14	25 ♓ 12	29 ♑ 35	18 ♐	20 ♏	21 ♍	25 ♊	15 ♈
10	18 ♑ 49	23 ♐ 47	20 ♈ 25	20 ♈ 35	25 ♐ 40	13 ♐ 8	3 ♑ 43	5 ♉ 44	4 ♓ 2	19 ♉ 13	25 ♓ 13	29 ♑ 37	18 ♐	20 ♏	21 ♍	25 ♊	15 ♈
11	19 ♑ 51	8 ♑ 1	20 ♈ 22	20 ♈ 23	26 ♐ 31	14 ♐ 21	4 ♑ 28	5 ♉ 46	4 ♓ 8	19 ♉ 12	25 ♓ 14	29 ♑ 39	19 ♐	21 ♏	21 ♍	24 ♊	15 ♈
12	20 ♑ 52	22 ♑ 36	20 ♈ 18	20 ♈ 11	27 ♐ 27	15 ♐ 34	5 ♑ 13	5 ♉ 48	4 ♓ 14	19 ♉ 11	25 ♓ 15	29 ♑ 41	19 ♐	21 ♏	21 ♍	24 ♊	15 ♈
13	21 ♑ 53	7 ♒ 24	20 ♈ 15	19 ♈ 59	28 ♐ 26	16 ♐ 48	5 ♑ 58	5 ♉ 51	4 ♓ 20	19 ♉ 10	25 ♓ 16	29 ♑ 43	20 ♐	21 ♏	21 ♍	24 ♊	15 ♈
14	22 ♑ 54	22 ♒ 17	20 ♈ 12	19 ♈ 48	29 ♐ 28	18 ♐ 1	6 ♑ 43	5 ♉ 53	4 ♓ 26	19 ♉ 10	25 ♓ 18	29 ♑ 45	20 ♐	22 ♏	21 R	24 ♊	15 ♈
15	23 ♑ 55	7 ♓ 5	20 ♈ 9	19 ♈ 41	0 ♑ 33	19 ♐ 15	7 ♑ 28	5 ♉ 56	4 ♓ 32	19 ♉ 9	25 ♓ 19	29 ♑ 47	20 ♐	22 ♏	21 ♍	24 ♊	15 ♈
16	24 ♑ 56	21 ♓ 42	20 ♈ 6	19 ♈ 36	1 ♑ 40	20 ♐ 29	8 ♑ 13	5 ♉ 59	4 ♓ 39	19 ♉ 8	25 ♓ 20	29 ♑ 49	21 ♐	22 ♏	21 ♍	23 ♊	15 ♈
17	25 ♑ 57	6 ♈ 3	20 ♈ 2	19 ♈ 34	2 ♑ 50	21 ♐ 42	8 ♑ 58	6 ♉ 2	4 ♓ 45	19 ♉ 8	25 ♓ 22	29 ♑ 51	21 ♐	23 ♏	21 ♍	23 ♊	15 ♈
18	26 ♑ 58	20 ♈ 6	19 ♈ 59	19 D 34	4 ♑ 1	22 ♐ 56	9 ♑ 44	6 ♉ 6	4 ♓ 51	19 ♉ 7	25 ♓ 23	29 ♑ 53	22 ♐	23 ♏	21 ♍	23 ♊	15 ♈
19	28 ♑ 0	3 ♉ 52	19 ♈ 56	19 R 34	5 ♑ 15	24 ♐ 10	10 ♑ 29	6 ♉ 10	4 ♓ 57	19 ♉ 7	25 ♓ 24	29 ♑ 55	22 ♐	24 ♏	21 ♍	23 ♊	15 ♈
20	29 ♑ 1	17 ♉ 20	19 ♈ 53	19 ♈ 33	6 ♑ 30	25 ♐ 23	11 ♑ 14	6 ♉ 13	5 ♓ 4	19 ♉ 6	25 ♓ 26	29 ♑ 57	22 ♐	24 ♏	21 ♍	23 ♊	15 ♈
21	0 ♒ 2	0 ♊ 34	19 ♈ 50	19 ♈ 29	7 ♑ 47	26 ♐ 37	11 ♑ 59	6 ♉ 18	5 ♓ 10	19 ♉ 6	25 ♓ 27	29 ♑ 59	23 ♐	24 ♏	21 ♍	23 ♊	15 ♈
22	1 ♒ 3	13 ♊ 34	19 ♈ 47	19 ♈ 23	9 ♑ 5	27 ♐ 51	12 ♑ 45	6 ♉ 22	5 ♓ 17	19 ♉ 6	25 ♓ 29	0 ♒ 1	23 ♐	25 ♏	21 ♍	22 ♊	15 ♈
23	2 ♒ 4	26 ♊ 22	19 ♈ 43	19 ♈ 14	10 ♑ 24	29 ♐ 5	13 ♑ 30	6 ♉ 26	5 ♓ 23	19 ♉ 5	25 ♓ 30	0 ♒ 3	24 ♐	25 ♏	21 ♍	22 ♊	15 ♈
24	3 ♒ 5	9 ♋ 0	19 ♈ 40	19 ♈ 3	11 ♑ 45	0 ♑ 18	14 ♑ 15	6 ♉ 31	5 ♓ 30	19 ♉ 5	25 ♓ 32	0 ♒ 5	24 ♐	25 ♏	21 ♍	22 ♊	15 ♈
25	4 ♒ 6	21 ♋ 28	19 ♈ 37	18 ♈ 49	13 ♑ 6	1 ♑ 32	15 ♑ 1	6 ♉ 36	5 ♓ 36	19 ♉ 5	25 ♓ 33	0 ♒ 7	24 ♐	26 ♏	21 ♍	22 ♊	15 ♈
26	5 ♒ 7	3 ♌ 46	19 ♈ 34	18 ♈ 35	14 ♑ 29	2 ♑ 46	15 ♑ 46	6 ♉ 41	5 ♓ 43	19 ♉ 5	25 ♓ 35	0 ♒ 8	25 ♐	26 ♏	21 ♍	22 ♊	15 ♈
27	6 ♒ 8	15 ♌ 54	19 ♈ 31	18 ♈ 22	15 ♑ 53	4 ♑ 0	16 ♑ 32	6 ♉ 46	5 ♓ 49	19 ♉ 5	25 ♓ 37	0 ♒ 10	25 ♐	26 ♏	21 ♍	22 ♊	15 ♈
28	7 ♒ 9	27 ♌ 55	19 ♈ 28	18 ♈ 10	17 ♑ 17	5 ♑ 14	17 ♑ 17	6 ♉ 51	5 ♓ 56	19 D 5	25 ♓ 38	0 ♒ 12	25 ♐	27 ♏	21 ♍	22 ♊	15 ♈
29	8 ♒ 10	9 ♍ 48	19 ♈ 24	18 ♈ 1	18 ♑ 43	6 ♑ 28	18 ♑ 3	6 ♉ 57	6 ♓ 3	19 ♉ 5	25 ♓ 40	0 ♒ 14	26 ♐	27 ♏	20 ♍	22 ♊	15 ♈
30	9 ♒ 11	21 ♍ 37	19 ♈ 21	17 ♈ 55	20 ♑ 9	7 ♑ 42	18 ♑ 48	7 ♉ 2	6 ♓ 10	19 ♉ 5	25 ♓ 41	0 ♒ 16	26 ♐	27 ♏	20 ♍	22 ♊	15 ♈
31	10 ♒ 12	3 ♎ 24	19 ♈ 18	17 ♈ 52	21 ♑ 37	8 ♑ 56	19 ♑ 34	7 ♉ 8	6 ♓ 16	19 ♉ 5	25 ♓ 43	0 ♒ 18	27 ♐	27 ♏	20 ♍	22 ♊	15 ♈

SUN INGRESS ☉ → ♒ 20日 23:07

MOON PHASE ◑ 4日 12:30 ♎ ● 11日 20:57 ♑ ◐ 18日 12:52 ♈ ○ 26日 02:54 ♌

aspects		
1日	22:26	♀□♄
9日	10:24	☿□♆
10日	09:07	☉△♅
10日	11:40	♂⚹♄
12日	19:42	♂△♃
16日	09:38	☉⚹♆
18日	17:49	☿⚹♄
19日	18:31	☿△♃
20日	00:49	♀□♆
20日	22:46	☉☌♇
27日	16:19	☉□♃
27日	23:59	☿☌♂
28日	15:04	♀⚹♄
29日	06:07	☿△♅
29日	10:02	♀△♃
30日	08:41	♂△♅

2024年2月

DAY	☉	☽	☊ mean	☊ true	☿	♀	♂	♃	♄	♅	♆	♇	⚳	⚴	⚵	⚶	⚷
	° ′	° ′	° ′	° ′	° ′	° ′	° ′	° ′	° ′	° ′	° ′	° ′	°	°	°	°	°
1	11 ♒ 13	15 ♎ 14	19 ♈ 15	17 R 51	23 D 5	10 D 10	20 D 20	7 D 14	6 D 23	19 D 5	25 D 45	0 D 20	27 D	28 D	20 R	21 R	16 D
2	12 ♒ 13	27 ♎ 10	19 ♈ 12	17 D 51	24 ♑ 34	11 ♑ 24	21 ♑ 6	7 ♉ 20	6 ♓ 30	19 ♉ 6	25 ♓ 47	0 ♒ 22	27 ♐	28 ♏	20 ♍	21 ♊	16 ♈
3	13 ♒ 14	9 ♏ 20	19 ♈ 8	17 ♈ 51	26 ♑ 4	12 ♑ 38	21 ♑ 51	7 ♉ 27	6 ♓ 37	19 ♉ 6	25 ♓ 48	0 ♒ 24	28 ♐	28 ♏	20 ♍	21 ♊	16 ♈
4	14 ♒ 15	21 ♏ 46	19 ♈ 5	17 R 51	27 ♑ 34	13 ♑ 52	22 ♑ 37	7 ♉ 33	6 ♓ 44	19 ♉ 6	25 ♓ 50	0 ♒ 26	28 ♐	29 ♏	20 ♍	21 ♊	16 ♈
5	15 ♒ 16	4 ♐ 36	19 ♈ 2	17 ♈ 49	29 ♑ 5	15 ♑ 6	23 ♑ 23	7 ♉ 40	6 ♓ 51	19 ♉ 7	25 ♓ 52	0 ♒ 28	28 ♐	29 ♏	19 ♍	21 ♊	16 ♈
6	16 ♒ 17	17 ♐ 53	18 ♈ 59	17 ♈ 45	0 ♒ 37	16 ♑ 20	24 ♑ 9	7 ♉ 47	6 ♓ 58	19 ♉ 7	25 ♓ 54	0 ♒ 30	29 ♐	29 ♏	19 ♍	21 ♊	16 ♈
7	17 ♒ 18	1 ♑ 40	18 ♈ 56	17 ♈ 39	2 ♒ 10	17 ♑ 34	24 ♑ 55	7 ♉ 54	7 ♓ 5	19 ♉ 8	25 ♓ 56	0 ♒ 32	29 ♐	0 ♐	19 ♍	21 ♊	16 ♈
8	18 ♒ 19	15 ♑ 55	18 ♈ 53	17 ♈ 30	3 ♒ 44	18 ♑ 49	25 ♑ 41	8 ♉ 1	7 ♓ 12	19 ♉ 8	25 ♓ 58	0 ♒ 33	0 ♑	0 ♐	19 ♍	21 ♊	16 ♈
9	19 ♒ 19	0 ♒ 37	18 ♈ 49	17 ♈ 21	5 ♒ 18	20 ♑ 3	26 ♑ 26	8 ♉ 8	7 ♓ 19	19 ♉ 9	26 ♓ 0	0 ♒ 35	0 ♑	0 ♐	19 ♍	21 D	16 ♈
10	20 ♒ 20	15 ♒ 38	18 ♈ 46	17 ♈ 11	6 ♒ 53	21 ♑ 17	27 ♑ 12	8 ♉ 16	7 ♓ 26	19 ♉ 9	26 ♓ 1	0 ♒ 37	0 ♑	0 ♐	19 ♍	21 ♊	16 ♈
11	21 ♒ 21	0 ♓ 49	18 ♈ 43	17 ♈ 3	8 ♒ 29	22 ♑ 31	27 ♑ 58	8 ♉ 23	7 ♓ 33	19 ♉ 10	26 ♓ 3	0 ♒ 39	1 ♑	1 ♐	18 ♍	21 ♊	16 ♈
12	22 ♒ 22	15 ♓ 59	18 ♈ 40	16 ♈ 57	10 ♒ 6	23 ♑ 45	28 ♑ 44	8 ♉ 31	7 ♓ 41	19 ♉ 11	26 ♓ 5	0 ♒ 41	1 ♑	1 ♐	18 ♍	21 ♊	16 ♈
13	23 ♒ 22	0 ♈ 58	18 ♈ 37	16 ♈ 54	11 ♒ 43	24 ♑ 59	29 ♑ 31	8 ♉ 39	7 ♓ 48	19 ♉ 12	26 ♓ 7	0 ♒ 43	1 ♑	1 ♐	18 ♍	21 ♊	16 ♈
14	24 ♒ 23	15 ♈ 39	18 ♈ 34	16 ♈ 53	13 ♒ 22	26 ♑ 14	0 ♒ 17	8 ♉ 47	7 ♓ 55	19 ♉ 13	26 ♓ 9	0 ♒ 44	2 ♑	2 ♐	18 ♍	21 ♊	16 ♈
15	25 ♒ 24	29 ♈ 58	18 ♈ 30	16 D 53	15 ♒ 1	27 ♑ 28	1 ♒ 3	8 ♉ 55	8 ♓ 2	19 ♉ 14	26 ♓ 11	0 ♒ 46	2 ♑	2 ♐	18 ♍	21 ♊	16 ♈
16	26 ♒ 24	13 ♉ 53	18 ♈ 27	16 ♈ 55	16 ♒ 41	28 ♑ 42	1 ♒ 49	9 ♉ 4	8 ♓ 9	19 ♉ 15	26 ♓ 13	0 ♒ 48	2 ♑	2 ♐	17 ♍	21 ♊	16 ♈
17	27 ♒ 25	27 ♉ 25	18 ♈ 24	16 R 55	18 ♒ 22	29 ♑ 56	2 ♒ 35	9 ♉ 12	8 ♓ 17	19 ♉ 16	26 ♓ 15	0 ♒ 50	3 ♑	2 ♐	17 ♍	21 ♊	16 ♈
18	28 ♒ 26	10 ♊ 35	18 ♈ 21	16 ♈ 54	20 ♒ 4	1 ♒ 10	3 ♒ 21	9 ♉ 21	8 ♓ 24	19 ♉ 17	26 ♓ 17	0 ♒ 52	3 ♑	3 ♐	17 ♍	22 ♊	16 ♈
19	29 ♒ 26	23 ♊ 27	18 ♈ 18	16 ♈ 51	21 ♒ 46	2 ♒ 25	4 ♒ 7	9 ♉ 30	8 ♓ 31	19 ♉ 18	26 ♓ 20	0 ♒ 53	3 ♑	3 ♐	17 ♍	22 ♊	16 ♈
20	0 ♓ 27	6 ♋ 3	18 ♈ 14	16 ♈ 46	23 ♒ 30	3 ♒ 39	4 ♒ 54	9 ♉ 39	8 ♓ 38	19 ♉ 19	26 ♓ 22	0 ♒ 55	4 ♑	3 ♐	16 ♍	22 ♊	16 ♈
21	1 ♓ 27	18 ♋ 27	18 ♈ 11	16 ♈ 40	25 ♒ 14	4 ♒ 53	5 ♒ 40	9 ♉ 48	8 ♓ 46	19 ♉ 20	26 ♓ 24	0 ♒ 57	4 ♑	3 ♐	16 ♍	22 ♊	16 ♈
22	2 ♓ 28	0 ♌ 40	18 ♈ 8	16 ♈ 32	27 ♒ 0	6 ♒ 7	6 ♒ 26	9 ♉ 57	8 ♓ 53	19 ♉ 22	26 ♓ 26	0 ♒ 59	4 ♑	3 ♐	16 ♍	22 ♊	16 ♈
23	3 ♓ 28	12 ♌ 45	18 ♈ 5	16 ♈ 23	28 ♒ 46	7 ♒ 21	7 ♒ 12	10 ♉ 6	9 ♓ 0	19 ♉ 23	26 ♓ 28	1 ♒ 0	5 ♑	4 ♐	16 ♍	22 ♊	16 ♈
24	4 ♓ 28	24 ♌ 43	18 ♈ 2	16 ♈ 15	0 ♓ 33	8 ♒ 36	7 ♒ 59	10 ♉ 15	9 ♓ 8	19 ♉ 24	26 ♓ 30	1 ♒ 2	5 ♑	4 ♐	15 ♍	22 ♊	16 ♈
25	5 ♓ 29	6 ♍ 37	17 ♈ 59	16 ♈ 8	2 ♓ 21	9 ♒ 50	8 ♒ 45	10 ♉ 25	9 ♓ 15	19 ♉ 26	26 ♓ 32	1 ♒ 4	5 ♑	4 ♐	15 ♍	22 ♊	16 ♈
26	6 ♓ 29	18 ♍ 26	17 ♈ 55	16 ♈ 2	4 ♓ 11	11 ♒ 4	9 ♒ 31	10 ♉ 35	9 ♓ 22	19 ♉ 27	26 ♓ 34	1 ♒ 5	6 ♑	4 ♐	15 ♍	22 ♊	17 ♈
27	7 ♓ 30	0 ♎ 15	17 ♈ 52	15 ♈ 59	6 ♓ 1	12 ♒ 18	10 ♒ 18	10 ♉ 44	9 ♓ 30	19 ♉ 29	26 ♓ 37	1 ♒ 7	6 ♑	5 ♐	15 ♍	22 ♊	17 ♈
28	8 ♓ 30	12 ♎ 4	17 ♈ 49	15 ♈ 58	7 ♓ 52	13 ♒ 33	11 ♒ 4	10 ♉ 54	9 ♓ 37	19 ♉ 30	26 ♓ 39	1 ♒ 9	6 ♑	5 ♐	14 ♍	23 ♊	17 ♈
29	9 ♓ 30	23 ♎ 56	17 ♈ 46	15 D 58	9 ♓ 44	14 ♒ 47	11 ♒ 51	11 ♉ 4	9 ♓ 44	19 ♉ 32	26 ♓ 41	1 ♒ 10	7 ♑	5 ♐	14 ♍	23 ♊	17 ♈

SUN INGRESS ☉ → ♓ 19日 13:13

MOON PHASE ◑ 3日 08:18 ♏ ● 10日 07:59 ♒ ◐ 17日 00:01 ♉ ○ 24日 21:30 ♍

aspects		
2日	19:55	☿⚹♆
5日	21:58	☿☌♇
8日	06:25	♀△♅
8日	09:20	♂⚹♆
8日	19:46	☉□♅
10日	22:25	☿□♃
13日	22:36	♀⚹♆
14日	15:06	♂☌♇
17日	12:53	☿□♅
17日	17:49	♀☌♇
22日	16:15	♀☌♂
25日	13:01	♀□♃
27日	17:30	♂□♃
28日	17:43	☉☌☿
29日	00:08	☿☌♄
29日	06:26	☉☌♄
29日	18:53	☿⚹♃

1900 ～1910
1911 ～1920
1921 ～1930
1931 ～1940
1941 ～1950
1951 ～1960
1961 ～1970
1971 ～1980
1981 ～1990
1991 ～2000
2001 ～2010
2011 ～2020
2021 ～2030
2031 ～2040
2041 ～2050

2024年3月

DAY	☉	☽	☊ mean	☊ true	☿	♀	♂	♃	♄	♅	♆	♇	⚳	⚴	⚵	⚶	⚷
	° ′	° ′	° ′	° ′	° ′	° ′	° ′	° ′	° ′	° ′	° ′	° ′	°	°	°	°	°
1	10 ♓ 30	5 ♏ 56	17 ♈ 43	15 D 59	11 D 36	16 D 1	12 D 37	11 D 15	9 D 52	19 D 34	26 D 43	1 D 12	7 D	5 D	14 R	23 D	17 D
2	11 ♓ 31	18 ♏ 7	17 ♈ 40	16 ♈ 1	13 ♓ 30	17 ♒ 16	13 ♒ 24	11 ♉ 25	9 ♓ 59	19 ♉ 35	26 ♓ 45	1 ♒ 13	7 ♑	5 ♐	14 ♍	23 ♊	17 ♈
3	12 ♓ 31	0 ♐ 33	17 ♈ 36	16 ♈ 2	15 ♓ 24	18 ♒ 30	14 ♒ 10	11 ♉ 35	10 ♓ 6	19 ♉ 37	26 ♓ 48	1 ♒ 15	8 ♑	6 ♐	13 ♍	23 ♊	17 ♈
4	13 ♓ 31	13 ♐ 19	17 ♈ 33	16 ♈ 3	17 ♓ 19	19 ♒ 44	14 ♒ 57	11 ♉ 46	10 ♓ 14	19 ♉ 39	26 ♓ 50	1 ♒ 17	8 ♑	6 ♐	13 ♍	23 ♊	17 ♈
5	14 ♓ 31	26 ♐ 29	17 ♈ 30	16 R 2	19 ♓ 15	20 ♒ 58	15 ♒ 43	11 ♉ 56	10 ♓ 21	19 ♉ 41	26 ♓ 52	1 ♒ 18	8 ♑	6 ♐	13 ♍	23 ♊	17 ♈
6	15 ♓ 31	10 ♑ 7	17 ♈ 27	16 ♈ 0	21 ♓ 11	22 ♒ 13	16 ♒ 30	12 ♉ 7	10 ♓ 28	19 ♉ 43	26 ♓ 54	1 ♒ 20	9 ♑	6 ♐	13 ♍	24 ♊	17 ♈
7	16 ♓ 31	24 ♑ 12	17 ♈ 24	15 ♈ 57	23 ♓ 8	23 ♒ 27	17 ♒ 16	12 ♉ 18	10 ♓ 35	19 ♉ 45	26 ♓ 56	1 ♒ 21	9 ♑	6 ♐	12 ♍	24 ♊	17 ♈
8	17 ♓ 31	8 ♒ 45	17 ♈ 20	15 ♈ 53	25 ♓ 4	24 ♒ 41	18 ♒ 3	12 ♉ 29	10 ♓ 43	19 ♉ 47	26 ♓ 59	1 ♒ 23	9 ♑	6 ♐	12 ♍	24 ♊	17 ♈
9	18 ♓ 31	23 ♒ 40	17 ♈ 17	15 ♈ 49	27 ♓ 1	25 ♒ 55	18 ♒ 49	12 ♉ 40	10 ♓ 50	19 ♉ 49	27 ♓ 1	1 ♒ 24	10 ♑	7 ♐	12 ♍	24 ♊	17 ♈
10	19 ♓ 31	8 ♓ 50	17 ♈ 14	15 ♈ 45	28 ♓ 57	27 ♒ 10	19 ♒ 36	12 ♉ 51	10 ♓ 57	19 ♉ 51	27 ♓ 3	1 ♒ 25	10 ♑	7 ♐	12 ♍	24 ♊	17 ♈
11	20 ♓ 31	24 ♓ 5	17 ♈ 11	15 ♈ 43	0 ♈ 52	28 ♒ 24	20 ♒ 23	13 ♉ 2	11 ♓ 5	19 ♉ 53	27 ♓ 5	1 ♒ 27	10 ♑	7 ♐	11 ♍	24 ♊	17 ♈
12	21 ♓ 31	9 ♈ 15	17 ♈ 8	15 ♈ 42	2 ♈ 47	29 ♒ 38	21 ♒ 9	13 ♉ 13	11 ♓ 12	19 ♉ 55	27 ♓ 8	1 ♒ 28	10 ♑	7 ♐	11 ♍	25 ♊	17 ♈
13	22 ♓ 31	24 ♈ 12	17 ♈ 5	15 D 42	4 ♈ 40	0 ♓ 53	21 ♒ 56	13 ♉ 24	11 ♓ 19	19 ♉ 57	27 ♓ 10	1 ♒ 30	11 ♑	7 ♐	11 ♍	25 ♊	17 ♈
14	23 ♓ 31	8 ♉ 46	17 ♈ 1	15 ♈ 43	6 ♈ 32	2 ♓ 7	22 ♒ 42	13 ♉ 36	11 ♓ 26	19 ♉ 59	27 ♓ 12	1 ♒ 31	11 ♑	7 ♐	11 ♍	25 ♊	17 ♈
15	24 ♓ 31	22 ♉ 56	16 ♈ 58	15 ♈ 44	8 ♈ 21	3 ♓ 21	23 ♒ 29	13 ♉ 48	11 ♓ 34	20 ♉ 2	27 ♓ 15	1 ♒ 32	11 ♑	7 ♐	10 ♍	25 ♊	17 ♈
16	25 ♓ 31	6 ♊ 39	16 ♈ 55	15 ♈ 46	10 ♈ 8	4 ♓ 35	24 ♒ 16	13 ♉ 59	11 ♓ 41	20 ♉ 4	27 ♓ 17	1 ♒ 34	12 ♑	7 ♐	10 ♍	26 ♊	18 ♈
17	26 ♓ 30	19 ♊ 56	16 ♈ 52	15 ♈ 46	11 ♈ 52	5 ♓ 50	25 ♒ 2	14 ♉ 11	11 ♓ 48	20 ♉ 6	27 ♓ 19	1 ♒ 35	12 ♑	7 ♐	10 ♍	26 ♊	18 ♈
18	27 ♓ 30	2 ♋ 49	16 ♈ 49	15 R 46	13 ♈ 33	7 ♓ 4	25 ♒ 49	14 ♉ 23	11 ♓ 55	20 ♉ 9	27 ♓ 21	1 ♒ 36	12 ♑	8 ♐	10 ♍	26 ♊	18 ♈
19	28 ♓ 30	15 ♋ 23	16 ♈ 45	15 ♈ 46	15 ♈ 9	8 ♓ 18	26 ♒ 36	14 ♉ 35	12 ♓ 2	20 ♉ 11	27 ♓ 24	1 ♒ 37	12 ♑	8 ♐	10 ♍	26 ♊	18 ♈
20	29 ♓ 29	27 ♋ 41	16 ♈ 42	15 ♈ 44	16 ♈ 41	9 ♓ 32	27 ♒ 22	14 ♉ 47	12 ♓ 9	20 ♉ 13	27 ♓ 26	1 ♒ 39	13 ♑	8 ♐	9 ♍	26 ♊	18 ♈
21	0 ♈ 29	9 ♌ 47	16 ♈ 39	15 ♈ 42	18 ♈ 9	10 ♓ 47	28 ♒ 9	14 ♉ 59	12 ♓ 17	20 ♉ 16	27 ♓ 28	1 ♒ 40	13 ♑	8 ♐	9 ♍	27 ♊	18 ♈
22	1 ♈ 29	21 ♌ 44	16 ♈ 36	15 ♈ 40	19 ♈ 30	12 ♓ 1	28 ♒ 56	15 ♉ 11	12 ♓ 24	20 ♉ 18	27 ♓ 31	1 ♒ 41	13 ♑	8 ♐	9 ♍	27 ♊	18 ♈
23	2 ♈ 28	3 ♍ 36	16 ♈ 33	15 ♈ 38	20 ♈ 47	13 ♓ 15	29 ♒ 42	15 ♉ 23	12 ♓ 31	20 ♉ 21	27 ♓ 33	1 ♒ 42	13 ♑	8 ♐	9 ♍	27 ♊	18 ♈
24	3 ♈ 28	15 ♍ 25	16 ♈ 30	15 ♈ 36	21 ♈ 57	14 ♓ 29	0 ♓ 29	15 ♉ 35	12 ♓ 38	20 ♉ 24	27 ♓ 35	1 ♒ 43	14 ♑	8 ♐	9 ♍	27 ♊	18 ♈
25	4 ♈ 27	27 ♍ 13	16 ♈ 26	15 ♈ 35	23 ♈ 0	15 ♓ 43	1 ♓ 16	15 ♉ 48	12 ♓ 45	20 ♉ 26	27 ♓ 37	1 ♒ 44	14 ♑	8 ♐	8 ♍	28 ♊	18 ♈
26	5 ♈ 27	9 ♎ 4	16 ♈ 23	15 ♈ 34	23 ♈ 57	16 ♓ 58	2 ♓ 2	16 ♉ 0	12 ♓ 52	20 ♉ 29	27 ♓ 40	1 ♒ 45	14 ♑	8 ♐	8 ♍	28 ♊	18 ♈
27	6 ♈ 26	20 ♎ 58	16 ♈ 20	15 D 34	24 ♈ 47	18 ♓ 12	2 ♓ 49	16 ♉ 12	12 ♓ 59	20 ♉ 32	27 ♓ 42	1 ♒ 46	14 ♑	8 ♐	8 ♍	28 ♊	18 ♈
28	7 ♈ 25	2 ♏ 59	16 ♈ 17	15 ♈ 34	25 ♈ 30	19 ♓ 26	3 ♓ 36	16 ♉ 25	13 ♓ 6	20 ♉ 34	27 ♓ 44	1 ♒ 47	15 ♑	8 ♐	8 ♍	28 ♊	18 ♈
29	8 ♈ 25	15 ♏ 8	16 ♈ 14	15 ♈ 35	26 ♈ 5	20 ♓ 40	4 ♓ 23	16 ♉ 38	13 ♓ 12	20 ♉ 37	27 ♓ 46	1 ♒ 48	15 ♑	8 ♐	8 ♍	29 ♊	18 ♈
30	9 ♈ 24	27 ♏ 28	16 ♈ 11	15 ♈ 36	26 ♈ 33	21 ♓ 54	5 ♓ 9	16 ♉ 50	13 ♓ 19	20 ♉ 40	27 ♓ 49	1 ♒ 49	15 ♑	8 R	8 ♍	29 ♊	18 ♈
31	10 ♈ 23	10 ♐ 2	16 ♈ 7	15 ♈ 36	26 ♈ 53	23 ♓ 9	5 ♓ 56	17 ♉ 3	13 ♓ 26	20 ♉ 43	27 ♓ 51	1 ♒ 50	15 ♑	8 ♐	7 ♍	29 ♊	18 ♈

SUN INGRESS	☉ → ♈ 20日 12:06
MOON PHASE	◑ 4日 00:23 ♐ ● 10日 18:00 ♓ ◐ 17日 13:10 ♊ ○ 25日 16:00 ♎

aspects

1日	21:15	☉⚹♃
3日	22:17	♀□♅
5日	05:24	☿⚹♅
9日	00:06	☿☌♆
10日	07:55	♂□♅
10日	08:01	☉⚹♅
11日	07:21	☿⚹♇
17日	20:22	☉☌♆
22日	05:03	☉⚹♇
22日	08:10	♀☌♄
25日	01:37	♀⚹♃
28日	22:59	♀⚹♅

2024年4月

DAY	☉	☽	☊ mean	☊ true	☿	♀	♂	♃	♄	♅	♆	♇	⚳	⚴	⚵	⚶	⚷
	° ′	° ′	° ′	° ′	° ′	° ′	° ′	° ′	° ′	° ′	° ′	° ′	°	°	°	°	°
1	11 ♈ 22	22 ♐ 52	16 ♈ 4	15 D 37	27 D 7	24 D 23	6 D 43	17 D 16	13 D 33	20 D 46	27 D 53	1 D 51	16 D	8 R	7 R	0 D	18 D
2	12 ♈ 22	6 ♑ 1	16 ♈ 1	15 ♈ 37	27 ♈ 12	25 ♓ 37	7 ♓ 29	17 ♉ 29	13 ♓ 40	20 ♉ 48	27 ♓ 55	1 ♒ 52	16 ♑	8 ♐	7 ♍	0 ♋	18 ♈
3	13 ♈ 21	19 ♑ 32	15 ♈ 58	15 R 37	27 R 11	26 ♓ 51	8 ♓ 16	17 ♉ 42	13 ♓ 46	20 ♉ 51	27 ♓ 57	1 ♒ 53	16 ♑	8 ♐	7 ♍	0 ♋	19 ♈
4	14 ♈ 20	3 ♒ 26	15 ♈ 55	15 ♈ 37	27 ♈ 3	28 ♓ 5	9 ♓ 3	17 ♉ 55	13 ♓ 53	20 ♉ 54	28 ♓ 0	1 ♒ 54	16 ♑	8 ♐	7 ♍	0 ♋	19 ♈
5	15 ♈ 19	17 ♒ 42	15 ♈ 51	15 ♈ 37	26 ♈ 48	29 ♓ 19	9 ♓ 49	18 ♉ 8	14 ♓ 0	20 ♉ 57	28 ♓ 2	1 ♒ 55	16 ♑	8 ♐	7 ♍	1 ♋	19 ♈
6	16 ♈ 18	2 ♓ 19	15 ♈ 48	15 D 37	26 ♈ 27	0 ♈ 33	10 ♓ 36	18 ♉ 21	14 ♓ 6	21 ♉ 0	28 ♓ 4	1 ♒ 55	17 ♑	8 ♐	7 ♍	1 ♋	19 ♈
7	17 ♈ 17	17 ♓ 12	15 ♈ 45	15 ♈ 37	26 ♈ 0	1 ♈ 48	11 ♓ 23	18 ♉ 34	14 ♓ 13	21 ♉ 3	28 ♓ 6	1 ♒ 56	17 ♑	8 ♐	7 ♍	1 ♋	19 ♈
8	18 ♈ 16	2 ♈ 15	15 ♈ 42	15 ♈ 37	25 ♈ 29	3 ♈ 2	12 ♓ 9	18 ♉ 47	14 ♓ 19	21 ♉ 6	28 ♓ 8	1 ♒ 57	17 ♑	8 ♐	6 ♍	2 ♋	19 ♈
9	19 ♈ 15	17 ♈ 18	15 ♈ 39	15 R 37	24 ♈ 53	4 ♈ 16	12 ♓ 56	19 ♉ 0	14 ♓ 26	21 ♉ 9	28 ♓ 11	1 ♒ 57	17 ♑	8 ♐	6 ♍	2 ♋	19 ♈
10	20 ♈ 14	2 ♉ 14	15 ♈ 36	15 ♈ 37	24 ♈ 13	5 ♈ 30	13 ♓ 43	19 ♉ 14	14 ♓ 32	21 ♉ 12	28 ♓ 13	1 ♒ 58	17 ♑	8 ♐	6 ♍	2 ♋	19 ♈
11	21 ♈ 13	16 ♉ 53	15 ♈ 32	15 ♈ 37	23 ♈ 31	6 ♈ 44	14 ♓ 29	19 ♉ 27	14 ♓ 39	21 ♉ 16	28 ♓ 15	1 ♒ 59	18 ♑	8 ♐	6 ♍	3 ♋	19 ♈
12	22 ♈ 12	1 ♊ 11	15 ♈ 29	15 ♈ 36	22 ♈ 47	7 ♈ 58	15 ♓ 16	19 ♉ 40	14 ♓ 45	21 ♉ 19	28 ♓ 17	1 ♒ 59	18 ♑	7 ♐	6 ♍	3 ♋	19 ♈
13	23 ♈ 11	15 ♊ 3	15 ♈ 26	15 ♈ 35	22 ♈ 2	9 ♈ 12	16 ♓ 3	19 ♉ 54	14 ♓ 51	21 ♉ 22	28 ♓ 19	2 ♒ 0	18 ♑	7 ♐	6 ♍	3 ♋	19 ♈
14	24 ♈ 10	28 ♊ 29	15 ♈ 23	15 ♈ 34	21 ♈ 17	10 ♈ 26	16 ♓ 49	20 ♉ 7	14 ♓ 58	21 ♉ 25	28 ♓ 21	2 ♒ 1	18 ♑	7 ♐	6 ♍	3 ♋	19 ♈
15	25 ♈ 9	11 ♋ 29	15 ♈ 20	15 ♈ 33	20 ♈ 32	11 ♈ 40	17 ♓ 36	20 ♉ 21	15 ♓ 4	21 ♉ 28	28 ♓ 23	2 ♒ 1	18 ♑	7 ♐	6 ♍	4 ♋	19 ♈
16	26 ♈ 7	24 ♋ 7	15 ♈ 17	15 ♈ 33	19 ♈ 49	12 ♈ 54	18 ♓ 22	20 ♉ 34	15 ♓ 10	21 ♉ 31	28 ♓ 25	2 ♒ 2	19 ♑	7 ♐	6 ♍	4 ♋	19 ♈
17	27 ♈ 6	6 ♌ 25	15 ♈ 13	15 D 33	19 ♈ 8	14 ♈ 9	19 ♓ 9	20 ♉ 48	15 ♓ 16	21 ♉ 35	28 ♓ 27	2 ♒ 2	19 ♑	7 ♐	6 ♍	4 ♋	19 ♈
18	28 ♈ 5	18 ♌ 30	15 ♈ 10	15 ♈ 34	18 ♈ 30	15 ♈ 23	19 ♓ 55	21 ♉ 2	15 ♓ 22	21 ♉ 38	28 ♓ 30	2 ♒ 2	19 ♑	7 ♐	6 ♍	5 ♋	19 ♈
19	29 ♈ 3	0 ♍ 24	15 ♈ 7	15 ♈ 35	17 ♈ 55	16 ♈ 37	20 ♓ 42	21 ♉ 15	15 ♓ 28	21 ♉ 41	28 ♓ 32	2 ♒ 3	19 ♑	6 ♐	6 ♍	5 ♋	19 ♈
20	0 ♉ 2	12 ♍ 13	15 ♈ 4	15 ♈ 36	17 ♈ 25	17 ♈ 51	21 ♓ 28	21 ♉ 29	15 ♓ 34	21 ♉ 44	28 ♓ 34	2 ♒ 3	19 ♑	6 ♐	6 ♍	5 ♋	20 ♈
21	1 ♉ 1	24 ♍ 1	15 ♈ 1	15 ♈ 38	16 ♈ 58	19 ♈ 5	22 ♓ 15	21 ♉ 43	15 ♓ 40	21 ♉ 48	28 ♓ 36	2 ♒ 4	19 ♑	6 ♐	6 ♍	6 ♋	20 ♈
22	1 ♉ 59	5 ♎ 51	14 ♈ 57	15 ♈ 39	16 ♈ 37	20 ♈ 19	23 ♓ 1	21 ♉ 57	15 ♓ 46	21 ♉ 51	28 ♓ 38	2 ♒ 4	19 ♑	6 ♐	6 ♍	6 ♋	20 ♈
23	2 ♉ 58	17 ♎ 46	14 ♈ 54	15 R 39	16 ♈ 20	21 ♈ 33	23 ♓ 48	22 ♉ 10	15 ♓ 52	21 ♉ 54	28 ♓ 39	2 ♒ 4	20 ♑	6 ♐	6 D	6 ♋	20 ♈
24	3 ♉ 56	29 ♎ 50	14 ♈ 51	15 ♈ 38	16 ♈ 8	22 ♈ 47	24 ♓ 34	22 ♉ 24	15 ♓ 57	21 ♉ 58	28 ♓ 41	2 ♒ 5	20 ♑	6 ♐	6 ♍	7 ♋	20 ♈
25	4 ♉ 54	12 ♏ 2	14 ♈ 48	15 ♈ 37	16 ♈ 0	24 ♈ 0	25 ♓ 21	22 ♉ 38	16 ♓ 3	22 ♉ 1	28 ♓ 43	2 ♒ 5	20 ♑	5 ♐	6 ♍	7 ♋	20 ♈
26	5 ♉ 53	24 ♏ 27	14 ♈ 45	15 ♈ 34	15 D 58	25 ♈ 14	26 ♓ 7	22 ♉ 52	16 ♓ 9	22 ♉ 4	28 ♓ 45	2 ♒ 5	20 ♑	5 ♐	6 ♍	8 ♋	20 ♈
27	6 ♉ 51	7 ♐ 3	14 ♈ 42	15 ♈ 31	16 ♈ 1	26 ♈ 28	26 ♓ 53	23 ♉ 6	16 ♓ 14	22 ♉ 8	28 ♓ 47	2 ♒ 5	20 ♑	5 ♐	6 ♍	8 ♋	20 ♈
28	7 ♉ 50	19 ♐ 53	14 ♈ 38	15 ♈ 28	16 ♈ 9	27 ♈ 42	27 ♓ 40	23 ♉ 20	16 ♓ 20	22 ♉ 11	28 ♓ 49	2 ♒ 5	20 ♑	5 ♐	6 ♍	8 ♋	20 ♈
29	8 ♉ 48	2 ♑ 56	14 ♈ 35	15 ♈ 25	16 ♈ 22	28 ♈ 56	28 ♓ 26	23 ♉ 34	16 ♓ 25	22 ♉ 15	28 ♓ 51	2 ♒ 5	20 ♑	4 ♐	6 ♍	9 ♋	20 ♈
30	9 ♉ 46	16 ♑ 15	14 ♈ 32	15 ♈ 22	16 ♈ 39	0 ♉ 10	29 ♓ 12	23 ♉ 48	16 ♓ 30	22 ♉ 18	28 ♓ 53	2 ♒ 6	20 ♑	4 ♐	6 ♍	9 ♋	20 ♈

SUN INGRESS	☉ → ♉ 19日 23:00
MOON PHASE	◑ 2日 12:14 ♑ ● 9日 03:21 ♈ ◐ 16日 04:13 ♋ ○ 24日 08:49 ♏

aspects

3日	22:11	♀☌♆
7日	02:46	♀⚹♇
11日	05:36	♂☌♄
12日	08:03	☉☌☿
19日	18:00	☿☌♀
20日	00:29	♂⚹♃
20日	08:56	♂⚹♅
21日	11:27	♃☌♅
22日	02:02	☉□♇
29日	13:31	♂☌♆

2024年5月

DAY	☉	☽	☊ mean	☊ true	☿	♀	♂	♃	♄	♅	♆	♇	⚳	⚴	⚵	⚶	⚷
	° ′	° ′	° ′	° ′	° ′	° ′	° ′	° ′	° ′	° ′	° ′	° ′	°	°	°	°	°
1	10 ♉ 44	29 ♑ 48	14 ♈ 29	15 R 20	17 D 1	1 D 24	29 D 58	24 D 2	16 D 36	22 D 21	28 D 55	2 D 6	20 D	4 R	6 D	9 D	20 D
2	11 ♉ 43	13 ♒ 38	14 ♈ 26	15 D 20	17 ♈ 27	2 ♉ 38	0 ♈ 45	24 ♉ 16	16 ♓ 41	22 ♉ 25	28 ♓ 56	2 ♒ 6	20 ♑	4 ♐	6 ♍	10 ♋	20 ♈
3	12 ♉ 41	27 ♒ 42	14 ♈ 23	15 ♈ 21	17 ♈ 58	3 ♉ 52	1 ♈ 31	24 ♉ 30	16 ♓ 46	22 ♉ 28	28 ♓ 58	2 ♒ 6	21 ♑	4 ♐	6 ♍	10 ♋	20 ♈
4	13 ♉ 39	12 ♓ 1	14 ♈ 19	15 ♈ 22	18 ♈ 32	5 ♉ 6	2 ♈ 17	24 ♉ 44	16 ♓ 51	22 ♉ 32	29 ♓ 0	2 R 6	21 ♑	3 ♐	6 ♍	10 ♋	20 ♈
5	14 ♉ 37	26 ♓ 32	14 ♈ 16	15 ♈ 23	19 ♈ 11	6 ♉ 20	3 ♈ 3	24 ♉ 58	16 ♓ 56	22 ♉ 35	29 ♓ 2	2 ♒ 6	21 ♑	3 ♐	6 ♍	11 ♋	20 ♈
6	15 ♉ 35	11 ♈ 11	14 ♈ 13	15 ♈ 24	19 ♈ 53	7 ♉ 34	3 ♈ 49	25 ♉ 12	17 ♓ 1	22 ♉ 39	29 ♓ 3	2 ♒ 6	21 ♑	3 ♐	6 ♍	11 ♋	20 ♈
7	16 ♉ 34	25 ♈ 54	14 ♈ 10	15 R 24	20 ♈ 39	8 ♉ 48	4 ♈ 35	25 ♉ 26	17 ♓ 6	22 ♉ 42	29 ♓ 5	2 ♒ 6	21 ♑	2 ♐	6 ♍	12 ♋	21 ♈
8	17 ♉ 32	10 ♉ 32	14 ♈ 7	15 ♈ 22	21 ♈ 28	10 ♉ 1	5 ♈ 22	25 ♉ 40	17 ♓ 11	22 ♉ 46	29 ♓ 7	2 ♒ 5	21 ♑	2 ♐	7 ♍	12 ♋	21 ♈
9	18 ♉ 30	25 ♉ 1	14 ♈ 3	15 ♈ 19	22 ♈ 21	11 ♉ 15	6 ♈ 8	25 ♉ 54	17 ♓ 16	22 ♉ 49	29 ♓ 8	2 ♒ 5	21 ♑	2 ♐	7 ♍	12 ♋	21 ♈
10	19 ♉ 28	9 ♊ 14	14 ♈ 0	15 ♈ 14	23 ♈ 16	12 ♉ 29	6 ♈ 54	26 ♉ 8	17 ♓ 20	22 ♉ 53	29 ♓ 10	2 ♒ 5	21 ♑	2 ♐	7 ♍	13 ♋	21 ♈
11	20 ♉ 26	23 ♊ 5	13 ♈ 57	15 ♈ 9	24 ♈ 15	13 ♉ 43	7 ♈ 40	26 ♉ 22	17 ♓ 25	22 ♉ 56	29 ♓ 12	2 ♒ 5	21 ♑	1 ♐	7 ♍	13 ♋	21 ♈
12	21 ♉ 24	6 ♋ 33	13 ♈ 54	15 ♈ 3	25 ♈ 17	14 ♉ 57	8 ♈ 25	26 ♉ 37	17 ♓ 30	23 ♉ 0	29 ♓ 13	2 ♒ 5	21 ♑	1 ♐	7 ♍	13 ♋	21 ♈
13	22 ♉ 22	19 ♋ 37	13 ♈ 51	14 ♈ 58	26 ♈ 22	16 ♉ 11	9 ♈ 11	26 ♉ 51	17 ♓ 34	23 ♉ 3	29 ♓ 15	2 ♒ 4	21 ♑	1 ♐	7 ♍	14 ♋	21 ♈
14	23 ♉ 20	2 ♌ 17	13 ♈ 48	14 ♈ 55	27 ♈ 30	17 ♉ 25	9 ♈ 57	27 ♉ 5	17 ♓ 38	23 ♉ 7	29 ♓ 16	2 ♒ 4	21 ♑	0 ♐	7 ♍	14 ♋	21 ♈
15	24 ♉ 18	14 ♌ 38	13 ♈ 44	14 ♈ 52	28 ♈ 40	18 ♉ 38	10 ♈ 43	27 ♉ 19	17 ♓ 43	23 ♉ 10	29 ♓ 18	2 ♒ 4	21 ♑	0 ♐	7 ♍	15 ♋	21 ♈
16	25 ♉ 15	26 ♌ 44	13 ♈ 41	14 D 52	29 ♈ 53	19 ♉ 52	11 ♈ 29	27 ♉ 33	17 ♓ 47	23 ♉ 14	29 ♓ 19	2 ♒ 3	21 R	0 ♐	7 ♍	15 ♋	21 ♈
17	26 ♉ 13	8 ♍ 39	13 ♈ 38	14 ♈ 53	1 ♉ 9	21 ♉ 6	12 ♈ 15	27 ♉ 47	17 ♓ 51	23 ♉ 17	29 ♓ 21	2 ♒ 3	21 ♑	0 ♐	8 ♍	15 ♋	21 ♈
18	27 ♉ 11	20 ♍ 28	13 ♈ 35	14 ♈ 54	2 ♉ 27	22 ♉ 20	13 ♈ 0	28 ♉ 2	17 ♓ 55	23 ♉ 20	29 ♓ 22	2 ♒ 3	21 ♑	29 ♏	8 ♍	16 ♋	21 ♈
19	28 ♉ 9	2 ♎ 16	13 ♈ 32	14 ♈ 56	3 ♉ 47	23 ♉ 34	13 ♈ 46	28 ♉ 16	17 ♓ 59	23 ♉ 24	29 ♓ 23	2 ♒ 2	21 ♑	29 ♏	8 ♍	16 ♋	21 ♈
20	29 ♉ 7	14 ♎ 9	13 ♈ 28	14 ♈ 56	5 ♉ 10	24 ♉ 48	14 ♈ 31	28 ♉ 30	18 ♓ 3	23 ♉ 27	29 ♓ 25	2 ♒ 2	21 ♑	29 ♏	8 ♍	17 ♋	21 ♈
21	0 ♊ 4	26 ♎ 10	13 ♈ 25	14 R 56	6 ♉ 36	26 ♉ 1	15 ♈ 17	28 ♉ 44	18 ♓ 7	23 ♉ 31	29 ♓ 26	2 ♒ 1	21 ♑	28 ♏	8 ♍	17 ♋	21 ♈
22	1 ♊ 2	8 ♏ 22	13 ♈ 22	14 ♈ 53	8 ♉ 4	27 ♉ 15	16 ♈ 3	28 ♉ 58	18 ♓ 11	23 ♉ 34	29 ♓ 27	2 ♒ 1	21 ♑	28 ♏	8 ♍	17 ♋	21 ♈
23	2 ♊ 0	20 ♏ 49	13 ♈ 19	14 ♈ 48	9 ♉ 34	28 ♉ 29	16 ♈ 48	29 ♉ 12	18 ♓ 14	23 ♉ 38	29 ♓ 29	2 ♒ 0	21 ♑	28 ♏	8 ♍	18 ♋	21 ♈
24	2 ♊ 57	3 ♐ 31	13 ♈ 16	14 ♈ 42	11 ♉ 6	29 ♉ 43	17 ♈ 33	29 ♉ 26	18 ♓ 18	23 ♉ 41	29 ♓ 30	2 ♒ 0	21 ♑	27 ♏	9 ♍	18 ♋	21 ♈
25	3 ♊ 55	16 ♐ 28	13 ♈ 13	14 ♈ 34	12 ♉ 41	0 ♊ 56	18 ♈ 19	29 ♉ 41	18 ♓ 21	23 ♉ 45	29 ♓ 31	1 ♒ 59	21 ♑	27 ♏	9 ♍	19 ♋	21 ♈
26	4 ♊ 53	29 ♐ 40	13 ♈ 9	14 ♈ 25	14 ♉ 18	2 ♊ 10	19 ♈ 4	29 ♉ 55	18 ♓ 25	23 ♉ 48	29 ♓ 32	1 ♒ 59	21 ♑	27 ♏	9 ♍	19 ♋	21 ♈
27	5 ♊ 50	13 ♑ 5	13 ♈ 6	14 ♈ 17	15 ♉ 58	3 ♊ 24	19 ♈ 50	0 ♊ 9	18 ♓ 28	23 ♉ 52	29 ♓ 34	1 ♒ 58	21 ♑	27 ♏	9 ♍	19 ♋	22 ♈
28	6 ♊ 48	26 ♑ 43	13 ♈ 3	14 ♈ 10	17 ♉ 40	4 ♊ 38	20 ♈ 35	0 ♊ 23	18 ♓ 31	23 ♉ 55	29 ♓ 35	1 ♒ 57	21 ♑	26 ♏	9 ♍	20 ♋	22 ♈
29	7 ♊ 45	10 ♒ 30	13 ♈ 0	14 ♈ 5	19 ♉ 24	5 ♊ 51	21 ♈ 20	0 ♊ 37	18 ♓ 34	23 ♉ 58	29 ♓ 36	1 ♒ 57	20 ♑	26 ♏	9 ♍	20 ♋	22 ♈
30	8 ♊ 43	24 ♒ 25	12 ♈ 57	14 ♈ 2	21 ♉ 10	7 ♊ 5	22 ♈ 5	0 ♊ 51	18 ♓ 37	24 ♉ 2	29 ♓ 37	1 ♒ 56	20 ♑	26 ♏	10 ♍	21 ♋	22 ♈
31	9 ♊ 40	8 ♓ 28	12 ♈ 54	14 ♈ 1	22 ♉ 59	8 ♊ 19	22 ♈ 50	1 ♊ 5	18 ♓ 40	24 ♉ 5	29 ♓ 38	1 ♒ 55	20 ♑	25 ♏	10 ♍	21 ♋	22 ♈

SUN INGRESS	☉ → ♊ 20日 21:59
MOON PHASE	◑ 1日 20:27 ♒ ● 8日 12:22 ♉ ◐ 15日 20:48 ♌ ○ 23日 22:53 ♐ ◑ 31日 02:12 ♓

aspects		
1日	13:30	♀□♇
3日	18:06	♂⚹♇
7日	14:42	☉⚹♄
13日	18:14	☉☌♅
14日	04:45	♀⚹♄
17日	16:44	☿□♇
18日	20:41	♀☌♅
19日	03:46	☉☌♃
20日	07:45	☉⚹♆
23日	00:14	☉△♇
23日	17:29	♀☌♃
23日	19:51	♀⚹♆
24日	06:44	♃⚹♆
25日	20:16	♀△♇
28日	12:22	☿⚹♄
31日	14:54	☿☌♅

2024年6月

DAY	☉	☽	☊ mean	☊ true	☿	♀	♂	♃	♄	♅	♆	♇	⚳	⚴	⚵	⚶	⚷
	° ′	° ′	° ′	° ′	° ′	° ′	° ′	° ′	° ′	° ′	° ′	° ′	°	°	°	°	°
1	10 ♊ 38	22 ♓ 37	12 ♈ 50	14 D 2	24 D 50	9 D 33	23 D 35	1 D 19	18 D 43	24 D 9	29 D 39	1 R 54	20 R	25 R	10 D	21 D	22 D
2	11 ♊ 36	6 ♈ 50	12 ♈ 47	14 ♈ 2	26 ♉ 43	10 ♊ 46	24 ♈ 20	1 ♊ 33	18 ♓ 46	24 ♉ 12	29 ♓ 40	1 ♒ 54	20 ♑	25 ♏	10 ♍	22 ♋	22 ♈
3	12 ♊ 33	21 ♈ 7	12 ♈ 44	14 R 2	28 ♉ 38	12 ♊ 0	25 ♈ 5	1 ♊ 47	18 ♓ 49	24 ♉ 15	29 ♓ 41	1 ♒ 53	20 ♑	25 ♏	10 ♍	22 ♋	22 ♈
4	13 ♊ 31	5 ♉ 24	12 ♈ 41	14 ♈ 1	0 ♊ 36	13 ♊ 14	25 ♈ 50	2 ♊ 1	18 ♓ 51	24 ♉ 19	29 ♓ 42	1 ♒ 52	20 ♑	24 ♏	11 ♍	23 ♋	22 ♈
5	14 ♊ 28	19 ♉ 38	12 ♈ 38	13 ♈ 56	2 ♊ 36	14 ♊ 28	26 ♈ 35	2 ♊ 15	18 ♓ 54	24 ♉ 22	29 ♓ 43	1 ♒ 51	20 ♑	24 ♏	11 ♍	23 ♋	22 ♈
6	15 ♊ 25	3 ♊ 44	12 ♈ 34	13 ♈ 50	4 ♊ 37	15 ♊ 41	27 ♈ 20	2 ♊ 29	18 ♓ 56	24 ♉ 25	29 ♓ 44	1 ♒ 50	20 ♑	24 ♏	11 ♍	23 ♋	22 ♈
7	16 ♊ 23	17 ♊ 39	12 ♈ 31	13 ♈ 41	6 ♊ 41	16 ♊ 55	28 ♈ 5	2 ♊ 43	18 ♓ 59	24 ♉ 29	29 ♓ 45	1 ♒ 49	20 ♑	24 ♏	11 ♍	24 ♋	22 ♈
8	17 ♊ 20	1 ♋ 18	12 ♈ 28	13 ♈ 31	8 ♊ 46	18 ♊ 9	28 ♈ 50	2 ♊ 57	19 ♓ 1	24 ♉ 32	29 ♓ 45	1 ♒ 49	19 ♑	23 ♏	11 ♍	24 ♋	22 ♈
9	18 ♊ 18	14 ♋ 38	12 ♈ 25	13 ♈ 20	10 ♊ 53	19 ♊ 23	29 ♈ 34	3 ♊ 11	19 ♓ 3	24 ♉ 35	29 ♓ 46	1 ♒ 48	19 ♑	23 ♏	12 ♍	25 ♋	22 ♈
10	19 ♊ 15	27 ♋ 37	12 ♈ 22	13 ♈ 10	13 ♊ 2	20 ♊ 36	0 ♉ 19	3 ♊ 25	19 ♓ 5	24 ♉ 38	29 ♓ 47	1 ♒ 47	19 ♑	23 ♏	12 ♍	25 ♋	22 ♈
11	20 ♊ 13	10 ♌ 15	12 ♈ 19	13 ♈ 2	15 ♊ 11	21 ♊ 50	1 ♉ 3	3 ♊ 39	19 ♓ 7	24 ♉ 42	29 ♓ 48	1 ♒ 46	19 ♑	23 ♏	12 ♍	26 ♋	22 ♈
12	21 ♊ 10	22 ♌ 35	12 ♈ 15	12 ♈ 56	17 ♊ 22	23 ♊ 4	1 ♉ 48	3 ♊ 52	19 ♓ 9	24 ♉ 45	29 ♓ 48	1 ♒ 45	19 ♑	22 ♏	12 ♍	26 ♋	22 ♈
13	22 ♊ 7	4 ♍ 41	12 ♈ 12	12 ♈ 53	19 ♊ 33	24 ♊ 18	2 ♉ 32	4 ♊ 6	19 ♓ 11	24 ♉ 48	29 ♓ 49	1 ♒ 44	19 ♑	22 ♏	13 ♍	26 ♋	22 ♈
14	23 ♊ 5	16 ♍ 36	12 ♈ 9	12 ♈ 51	21 ♊ 45	25 ♊ 31	3 ♉ 17	4 ♊ 20	19 ♓ 12	24 ♉ 51	29 ♓ 50	1 ♒ 43	18 ♑	22 ♏	13 ♍	27 ♋	22 ♈
15	24 ♊ 2	28 ♍ 25	12 ♈ 6	12 D 51	23 ♊ 57	26 ♊ 45	4 ♉ 1	4 ♊ 34	19 ♓ 14	24 ♉ 54	29 ♓ 50	1 ♒ 42	18 ♑	22 ♏	13 ♍	27 ♋	22 ♈
16	24 ♊ 59	10 ♎ 14	12 ♈ 3	12 ♈ 51	26 ♊ 9	27 ♊ 59	4 ♉ 45	4 ♊ 47	19 ♓ 15	24 ♉ 58	29 ♓ 51	1 ♒ 41	18 ♑	22 ♏	13 ♍	28 ♋	22 ♈
17	25 ♊ 57	22 ♎ 9	12 ♈ 0	12 R 51	28 ♊ 21	29 ♊ 12	5 ♉ 29	5 ♊ 1	19 ♓ 17	25 ♉ 1	29 ♓ 51	1 ♒ 40	18 ♑	21 ♏	14 ♍	28 ♋	22 ♈
18	26 ♊ 54	4 ♏ 14	11 ♈ 56	12 ♈ 49	0 ♋ 32	0 ♋ 26	6 ♉ 13	5 ♊ 14	19 ♓ 18	25 ♉ 4	29 ♓ 52	1 ♒ 38	18 ♑	21 ♏	14 ♍	29 ♋	22 ♈
19	27 ♊ 51	16 ♏ 33	11 ♈ 53	12 ♈ 45	2 ♋ 42	1 ♋ 40	6 ♉ 57	5 ♊ 28	19 ♓ 19	25 ♉ 7	29 ♓ 52	1 ♒ 37	18 ♑	21 ♏	14 ♍	29 ♋	22 ♈
20	28 ♊ 48	29 ♏ 11	11 ♈ 50	12 ♈ 38	4 ♋ 51	2 ♋ 54	7 ♉ 41	5 ♊ 42	19 ♓ 20	25 ♉ 10	29 ♓ 53	1 ♒ 36	17 ♑	21 ♏	14 ♍	29 ♋	22 ♈
21	29 ♊ 46	12 ♐ 8	11 ♈ 47	12 ♈ 29	6 ♋ 58	4 ♋ 7	8 ♉ 25	5 ♊ 55	19 ♓ 21	25 ♉ 13	29 ♓ 53	1 ♒ 35	17 ♑	21 ♏	15 ♍	0 ♌	22 ♈
22	0 ♋ 43	25 ♐ 25	11 ♈ 44	12 ♈ 18	9 ♋ 5	5 ♋ 21	9 ♉ 9	6 ♊ 9	19 ♓ 22	25 ♉ 16	29 ♓ 54	1 ♒ 34	17 ♑	21 ♏	15 ♍	0 ♌	23 ♈
23	1 ♋ 40	9 ♑ 0	11 ♈ 41	12 ♈ 7	11 ♋ 9	6 ♋ 35	9 ♉ 53	6 ♊ 22	19 ♓ 23	25 ♉ 19	29 ♓ 54	1 ♒ 33	17 ♑	20 ♏	15 ♍	1 ♌	23 ♈
24	2 ♋ 37	22 ♑ 51	11 ♈ 37	11 ♈ 55	13 ♋ 12	7 ♋ 48	10 ♉ 37	6 ♊ 35	19 ♓ 23	25 ♉ 22	29 ♓ 54	1 ♒ 32	17 ♑	20 ♏	15 ♍	1 ♌	23 ♈
25	3 ♋ 34	6 ♒ 54	11 ♈ 34	11 ♈ 45	15 ♋ 13	9 ♋ 2	11 ♉ 20	6 ♊ 49	19 ♓ 24	25 ♉ 25	29 ♓ 54	1 ♒ 30	16 ♑	20 ♏	16 ♍	2 ♌	23 ♈
26	4 ♋ 32	21 ♒ 3	11 ♈ 31	11 ♈ 38	17 ♋ 12	10 ♋ 16	12 ♉ 4	7 ♊ 2	19 ♓ 24	25 ♉ 28	29 ♓ 55	1 ♒ 29	16 ♑	20 ♏	16 ♍	2 ♌	23 ♈
27	5 ♋ 29	5 ♓ 15	11 ♈ 28	11 ♈ 33	19 ♋ 9	11 ♋ 30	12 ♉ 48	7 ♊ 15	19 ♓ 25	25 ♉ 31	29 ♓ 55	1 ♒ 28	16 ♑	20 ♏	16 ♍	2 ♌	23 ♈
28	6 ♋ 26	19 ♓ 27	11 ♈ 25	11 ♈ 31	21 ♋ 5	12 ♋ 43	13 ♉ 31	7 ♊ 28	19 ♓ 25	25 ♉ 33	29 ♓ 55	1 ♒ 27	16 ♑	20 ♏	16 ♍	3 ♌	23 ♈
29	7 ♋ 23	3 ♈ 37	11 ♈ 21	11 ♈ 30	22 ♋ 58	13 ♋ 57	14 ♉ 14	7 ♊ 41	19 ♓ 25	25 ♉ 36	29 ♓ 55	1 ♒ 25	16 ♑	20 ♏	17 ♍	3 ♌	23 ♈
30	8 ♋ 21	17 ♈ 43	11 ♈ 18	11 ♈ 30	24 ♋ 49	15 ♋ 11	14 ♉ 58	7 ♊ 55	19 ♓ 25	25 ♉ 39	29 ♓ 55	1 ♒ 24	15 ♑	20 ♏	17 ♍	4 ♌	23 ♈

SUN INGRESS	☉ → ♋ 21日 05:51
MOON PHASE	● 6日 21:37 ♊ ◐ 14日 14:18 ♍ ○ 22日 10:08 ♑ ◑ 29日 06:53 ♈

aspects		
3日	09:13	♃△♇
3日	12:57	☿⚹♆
4日	15:12	☿△♇
4日	19:23	☿☌♃
5日	00:34	☉☌♀
8日	17:25	♀□♄
9日	19:36	☉□♄
11日	22:22	♂□♇
12日	19:48	☿□♄
15日	01:33	☉☌☿
17日	12:46	♀□♆
17日	16:41	☿□♆
17日	21:43	☿☌♀
21日	03:12	☉□♆
22日	01:23	☿⚹♂
27日	03:10	☿△♄
29日	13:49	♀⚹♂
30日	11:20	☿⚹♅

2024年7月

DAY	☉	☽	☊ mean	☊ true	☿	♀	♂	♃	♄	♅	♆	♇	⚳	⚴	⚵	⚶	⚷
	° ′	° ′	° ′	° ′	° ′	° ′	° ′	° ′	° ′	° ′	° ′	° ′	°	°	°	°	°
1	9 ♋ 18	1 ♉ 44	11 ♈ 15	11 R 29	26 D 37	16 D 24	15 D 41	8 D 8	19 R 25	25 D 42	29 D 55	1 R 23	15 R	20 R	17 D	4 D	23 D
2	10 ♋ 15	15 ♉ 41	11 ♈ 12	11 ♈ 27	28 ♋ 24	17 ♋ 38	16 ♉ 24	8 ♊ 21	19 ♓ 25	25 ♉ 44	29 ♓ 55	1 ♒ 22	15 ♑	20 ♏	17 ♍	5 ♌	23 ♈
3	11 ♋ 12	29 ♉ 31	11 ♈ 9	11 ♈ 21	0 ♌ 9	18 ♋ 52	17 ♉ 7	8 ♊ 34	19 ♓ 25	25 ♉ 47	29 R 55	1 ♒ 20	15 ♑	19 ♏	18 ♍	5 ♌	23 ♈
4	12 ♋ 9	13 ♊ 13	11 ♈ 6	11 ♈ 13	1 ♌ 51	20 ♋ 6	17 ♉ 50	8 ♊ 46	19 ♓ 24	25 ♉ 50	29 ♓ 55	1 ♒ 19	14 ♑	19 ♏	18 ♍	5 ♌	23 ♈
5	13 ♋ 7	26 ♊ 44	11 ♈ 2	11 ♈ 3	3 ♌ 32	21 ♋ 19	18 ♉ 33	8 ♊ 59	19 ♓ 24	25 ♉ 52	29 ♓ 55	1 ♒ 18	14 ♑	19 ♏	18 ♍	6 ♌	23 ♈
6	14 ♋ 4	10 ♋ 2	10 ♈ 59	10 ♈ 50	5 ♌ 10	22 ♋ 33	19 ♉ 16	9 ♊ 12	19 ♓ 23	25 ♉ 55	29 ♓ 55	1 ♒ 16	14 ♑	19 ♏	19 ♍	6 ♌	23 ♈
7	15 ♋ 1	23 ♋ 5	10 ♈ 56	10 ♈ 38	6 ♌ 46	23 ♋ 47	19 ♉ 59	9 ♊ 25	19 ♓ 23	25 ♉ 58	29 ♓ 55	1 ♒ 15	14 ♑	19 ♏	19 ♍	7 ♌	23 ♈
8	15 ♋ 58	5 ♌ 51	10 ♈ 53	10 ♈ 26	8 ♌ 20	25 ♋ 1	20 ♉ 42	9 ♊ 37	19 ♓ 22	26 ♉ 0	29 ♓ 55	1 ♒ 14	14 ♑	19 ♏	19 ♍	7 ♌	23 ♈
9	16 ♋ 56	18 ♌ 21	10 ♈ 50	10 ♈ 16	9 ♌ 52	26 ♋ 14	21 ♉ 24	9 ♊ 50	19 ♓ 21	26 ♉ 3	29 ♓ 55	1 ♒ 12	13 ♑	19 ♏	19 ♍	8 ♌	23 ♈
10	17 ♋ 53	0 ♍ 36	10 ♈ 47	10 ♈ 8	11 ♌ 22	27 ♋ 28	22 ♉ 7	10 ♊ 3	19 ♓ 20	26 ♉ 5	29 ♓ 55	1 ♒ 11	13 ♑	19 ♏	20 ♍	8 ♌	23 ♈
11	18 ♋ 50	12 ♍ 38	10 ♈ 43	10 ♈ 3	12 ♌ 49	28 ♋ 42	22 ♉ 49	10 ♊ 15	19 ♓ 19	26 ♉ 7	29 ♓ 54	1 ♒ 9	13 ♑	19 D	20 ♍	9 ♌	23 ♈
12	19 ♋ 47	24 ♍ 32	10 ♈ 40	10 ♈ 0	14 ♌ 14	29 ♋ 55	23 ♉ 32	10 ♊ 27	19 ♓ 18	26 ♉ 10	29 ♓ 54	1 ♒ 8	13 ♑	19 ♏	20 ♍	9 ♌	23 ♈
13	20 ♋ 44	6 ♎ 20	10 ♈ 37	10 ♈ 0	15 ♌ 37	1 ♌ 9	24 ♉ 14	10 ♊ 40	19 ♓ 17	26 ♉ 12	29 ♓ 54	1 ♒ 7	12 ♑	19 ♏	21 ♍	10 ♌	23 ♈
14	21 ♋ 42	18 ♎ 9	10 ♈ 34	10 D 0	16 ♌ 58	2 ♌ 23	24 ♉ 56	10 ♊ 52	19 ♓ 16	26 ♉ 15	29 ♓ 53	1 ♒ 5	12 ♑	19 ♏	21 ♍	10 ♌	23 ♈
15	22 ♋ 39	0 ♏ 3	10 ♈ 31	9 R 59	18 ♌ 16	3 ♌ 37	25 ♉ 39	11 ♊ 4	19 ♓ 14	26 ♉ 17	29 ♓ 53	1 ♒ 4	12 ♑	19 ♏	21 ♍	10 ♌	23 ♈
16	23 ♋ 36	12 ♏ 9	10 ♈ 27	9 ♈ 58	19 ♌ 32	4 ♌ 50	26 ♉ 21	11 ♊ 16	19 ♓ 13	26 ♉ 19	29 ♓ 53	1 ♒ 2	12 ♑	19 ♏	22 ♍	11 ♌	23 ♈
17	24 ♋ 33	24 ♏ 31	10 ♈ 24	9 ♈ 55	20 ♌ 46	6 ♌ 4	27 ♉ 3	11 ♊ 28	19 ♓ 11	26 ♉ 21	29 ♓ 52	1 ♒ 1	12 ♑	19 ♏	22 ♍	11 ♌	23 ♈
18	25 ♋ 31	7 ♐ 14	10 ♈ 21	9 ♈ 49	21 ♌ 57	7 ♌ 18	27 ♉ 44	11 ♊ 40	19 ♓ 9	26 ♉ 23	29 ♓ 52	1 ♒ 0	11 ♑	19 ♏	22 ♍	12 ♌	23 ♈
19	26 ♋ 28	20 ♐ 20	10 ♈ 18	9 ♈ 41	23 ♌ 5	8 ♌ 32	28 ♉ 26	11 ♊ 52	19 ♓ 8	26 ♉ 26	29 ♓ 51	0 ♒ 58	11 ♑	20 ♏	22 ♍	12 ♌	23 ♈
20	27 ♋ 25	3 ♑ 51	10 ♈ 15	9 ♈ 31	24 ♌ 11	9 ♌ 45	29 ♉ 8	12 ♊ 4	19 ♓ 6	26 ♉ 28	29 ♓ 51	0 ♒ 57	11 ♑	20 ♏	23 ♍	13 ♌	23 ♈
21	28 ♋ 22	17 ♑ 44	10 ♈ 12	9 ♈ 20	25 ♌ 14	10 ♌ 59	29 ♉ 50	12 ♊ 16	19 ♓ 4	26 ♉ 30	29 ♓ 50	0 ♒ 55	11 ♑	20 ♏	23 ♍	13 ♌	23 ♈
22	29 ♋ 20	1 ♒ 57	10 ♈ 8	9 ♈ 10	26 ♌ 14	12 ♌ 13	0 ♊ 31	12 ♊ 27	19 ♓ 2	26 ♉ 32	29 ♓ 50	0 ♒ 54	11 ♑	20 ♏	23 ♍	14 ♌	23 ♈
23	0 ♌ 17	16 ♒ 24	10 ♈ 5	9 ♈ 1	27 ♌ 12	13 ♌ 26	1 ♊ 13	12 ♊ 39	19 ♓ 0	26 ♉ 34	29 ♓ 49	0 ♒ 53	10 ♑	20 ♏	24 ♍	14 ♌	23 ♈
24	1 ♌ 14	0 ♓ 59	10 ♈ 2	8 ♈ 54	28 ♌ 6	14 ♌ 40	1 ♊ 54	12 ♊ 51	18 ♓ 57	26 ♉ 36	29 ♓ 48	0 ♒ 51	10 ♑	20 ♏	24 ♍	14 ♌	23 ♈
25	2 ♌ 11	15 ♓ 34	9 ♈ 59	8 ♈ 49	28 ♌ 57	15 ♌ 54	2 ♊ 35	13 ♊ 2	18 ♓ 55	26 ♉ 37	29 ♓ 48	0 ♒ 50	10 ♑	20 ♏	24 ♍	15 ♌	23 ♈
26	3 ♌ 9	0 ♈ 4	9 ♈ 56	8 ♈ 48	29 ♌ 45	17 ♌ 8	3 ♊ 16	13 ♊ 13	18 ♓ 53	26 ♉ 39	29 ♓ 47	0 ♒ 48	10 ♑	20 ♏	25 ♍	15 ♌	23 ♈
27	4 ♌ 6	14 ♈ 26	9 ♈ 53	8 D 47	0 ♍ 29	18 ♌ 21	3 ♊ 58	13 ♊ 25	18 ♓ 50	26 ♉ 41	29 ♓ 46	0 ♒ 47	10 ♑	20 ♏	25 ♍	16 ♌	23 R
28	5 ♌ 3	28 ♈ 36	9 ♈ 49	8 ♈ 48	1 ♍ 10	19 ♌ 35	4 ♊ 39	13 ♊ 36	18 ♓ 48	26 ♉ 43	29 ♓ 45	0 ♒ 45	10 ♑	20 ♏	25 ♍	16 ♌	23 ♈
29	6 ♌ 1	12 ♉ 34	9 ♈ 46	8 R 48	1 ♍ 47	20 ♌ 49	5 ♊ 19	13 ♊ 47	18 ♓ 45	26 ♉ 45	29 ♓ 45	0 ♒ 44	9 ♑	20 ♏	26 ♍	17 ♌	23 ♈
30	6 ♌ 58	26 ♉ 20	9 ♈ 43	8 ♈ 46	2 ♍ 20	22 ♌ 2	6 ♊ 0	13 ♊ 58	18 ♓ 42	26 ♉ 46	29 ♓ 44	0 ♒ 43	9 ♑	21 ♏	26 ♍	17 ♌	23 ♈
31	7 ♌ 55	9 ♊ 53	9 ♈ 40	8 ♈ 42	2 ♍ 49	23 ♌ 16	6 ♊ 41	14 ♊ 9	18 ♓ 39	26 ♉ 48	29 ♓ 43	0 ♒ 41	9 ♑	21 ♏	26 ♍	18 ♌	23 ♈

SUN INGRESS: ☉ → ♌ 22日 16:44

MOON PHASE: ● 6日 07:57 ♋ ◐ 14日 07:49 ♎ ○ 21日 19:17 ♑ ◑ 28日 11:51 ♉

aspects		
2日	20:53	☿△♆
3日	10:41	♀△♄
3日	16:27	☿☍♇
6日	04:02	♂⚹♄
8日	20:04	♀⚹♅
8日	23:26	☿⚹♃
11日	12:05	☉△♄
11日	23:32	♀△♆
12日	23:12	♀☍♇
15日	23:05	♂☌♅
18日	23:00	☉⚹♅
21日	00:17	♂⚹♆
22日	05:43	♀⚹♃
22日	07:21	☿□♅
22日	12:25	☉△♆
22日	12:48	♂△♇
23日	14:38	☉☍♇
26日	11:33	☉⚹♂

2024年8月

DAY	☉	☽	☊ mean	☊ true	☿	♀	♂	♃	♄	♅	♆	♇	⚳	⚴	⚵	⚶	⚷
	° ′	° ′	° ′	° ′	° ′	° ′	° ′	° ′	° ′	° ′	° ′	° ′	°	°	°	°	°
1	8 ♌ 53	23 ♊ 13	9 ♈ 37	8 R 36	3 D 13	24 D 30	7 D 22	14 D 20	18 R 36	26 D 49	29 R 42	0 R 40	9 R	21 D	27 D	18 D	23 R
2	9 ♌ 50	6 ♋ 22	9 ♈ 33	8 ♈ 28	3 ♍ 33	25 ♌ 43	8 ♊ 2	14 ♊ 30	18 ♓ 33	26 ♉ 51	29 ♓ 41	0 ♒ 38	9 ♑	21 ♏	27 ♍	19 ♌	23 ♈
3	10 ♌ 48	19 ♋ 18	9 ♈ 30	8 ♈ 18	3 ♍ 49	26 ♌ 57	8 ♊ 43	14 ♊ 41	18 ♓ 30	26 ♉ 52	29 ♓ 40	0 ♒ 37	9 ♑	21 ♏	27 ♍	19 ♌	23 ♈
4	11 ♌ 45	2 ♌ 1	9 ♈ 27	8 ♈ 8	3 ♍ 59	28 ♌ 11	9 ♊ 23	14 ♊ 51	18 ♓ 27	26 ♉ 54	29 ♓ 39	0 ♒ 36	9 ♑	21 ♏	28 ♍	20 ♌	23 ♈
5	12 ♌ 43	14 ♌ 31	9 ♈ 24	7 ♈ 58	4 ♍ 5	29 ♌ 25	10 ♊ 3	15 ♊ 2	18 ♓ 24	26 ♉ 55	29 ♓ 38	0 ♒ 34	8 ♑	21 ♏	28 ♍	20 ♌	23 ♈
6	13 ♌ 40	26 ♌ 49	9 ♈ 21	7 ♈ 50	4 R 5	0 ♍ 38	10 ♊ 43	15 ♊ 12	18 ♓ 21	26 ♉ 57	29 ♓ 37	0 ♒ 33	8 ♑	22 ♏	28 ♍	20 ♌	23 ♈
7	14 ♌ 38	8 ♍ 55	9 ♈ 18	7 ♈ 44	4 ♍ 0	1 ♍ 52	11 ♊ 23	15 ♊ 22	18 ♓ 17	26 ♉ 58	29 ♓ 36	0 ♒ 32	8 ♑	22 ♏	28 ♍	21 ♌	23 ♈
8	15 ♌ 35	20 ♍ 51	9 ♈ 14	7 ♈ 40	3 ♍ 50	3 ♍ 6	12 ♊ 3	15 ♊ 32	18 ♓ 14	26 ♉ 59	29 ♓ 35	0 ♒ 30	8 ♑	22 ♏	29 ♍	21 ♌	23 ♈
9	16 ♌ 33	2 ♎ 41	9 ♈ 11	7 ♈ 39	3 ♍ 35	4 ♍ 19	12 ♊ 43	15 ♊ 42	18 ♓ 11	27 ♉ 0	29 ♓ 34	0 ♒ 29	8 ♑	22 ♏	29 ♍	22 ♌	23 ♈
10	17 ♌ 30	14 ♎ 28	9 ♈ 8	7 D 39	3 ♍ 14	5 ♍ 33	13 ♊ 23	15 ♊ 52	18 ♓ 7	27 ♉ 2	29 ♓ 33	0 ♒ 27	8 ♑	22 ♏	29 ♍	22 ♌	23 ♈
11	18 ♌ 28	26 ♎ 16	9 ♈ 5	7 ♈ 40	2 ♍ 48	6 ♍ 47	14 ♊ 2	16 ♊ 2	18 ♓ 3	27 ♉ 3	29 ♓ 32	0 ♒ 26	8 ♑	22 ♏	0 ♎	23 ♌	23 ♈
12	19 ♌ 25	8 ♏ 9	9 ♈ 2	7 ♈ 41	2 ♍ 17	8 ♍ 0	14 ♊ 42	16 ♊ 12	18 ♓ 0	27 ♉ 4	29 ♓ 31	0 ♒ 25	8 ♑	23 ♏	0 ♎	23 ♌	23 ♈
13	20 ♌ 23	20 ♏ 14	8 ♈ 58	7 ♈ 42	1 ♍ 41	9 ♍ 14	15 ♊ 21	16 ♊ 21	17 ♓ 56	27 ♉ 5	29 ♓ 29	0 ♒ 23	8 ♑	23 ♏	0 ♎	24 ♌	23 ♈
14	21 ♌ 20	2 ♐ 35	8 ♈ 55	7 R 41	1 ♍ 1	10 ♍ 28	16 ♊ 0	16 ♊ 31	17 ♓ 52	27 ♉ 6	29 ♓ 28	0 ♒ 22	7 ♑	23 ♏	1 ♎	24 ♌	23 ♈
15	22 ♌ 18	15 ♐ 17	8 ♈ 52	7 ♈ 39	0 ♍ 17	11 ♍ 41	16 ♊ 39	16 ♊ 40	17 ♓ 48	27 ♉ 7	29 ♓ 27	0 ♒ 21	7 ♑	23 ♏	1 ♎	25 ♌	23 ♈
16	23 ♌ 16	28 ♐ 24	8 ♈ 49	7 ♈ 34	29 ♌ 30	12 ♍ 55	17 ♊ 18	16 ♊ 49	17 ♓ 44	27 ♉ 8	29 ♓ 26	0 ♒ 20	7 ♑	23 ♏	1 ♎	25 ♌	23 ♈
17	24 ♌ 13	11 ♑ 58	8 ♈ 46	7 ♈ 29	28 ♌ 41	14 ♍ 8	17 ♊ 57	16 ♊ 58	17 ♓ 40	27 ♉ 8	29 ♓ 25	0 ♒ 18	7 ♑	24 ♏	2 ♎	26 ♌	23 ♈
18	25 ♌ 11	25 ♑ 59	8 ♈ 43	7 ♈ 22	27 ♌ 50	15 ♍ 22	18 ♊ 36	17 ♊ 7	17 ♓ 36	27 ♉ 9	29 ♓ 23	0 ♒ 17	7 ♑	24 ♏	2 ♎	26 ♌	23 ♈
19	26 ♌ 9	10 ♒ 24	8 ♈ 39	7 ♈ 16	26 ♌ 59	16 ♍ 36	19 ♊ 15	17 ♊ 16	17 ♓ 32	27 ♉ 10	29 ♓ 22	0 ♒ 16	7 ♑	24 ♏	3 ♎	27 ♌	23 ♈
20	27 ♌ 6	25 ♒ 7	8 ♈ 36	7 ♈ 10	26 ♌ 7	17 ♍ 49	19 ♊ 53	17 ♊ 25	17 ♓ 28	27 ♉ 11	29 ♓ 21	0 ♒ 15	7 ♑	24 ♏	3 ♎	27 ♌	23 ♈
21	28 ♌ 4	10 ♓ 2	8 ♈ 33	7 ♈ 6	25 ♌ 18	19 ♍ 3	20 ♊ 32	17 ♊ 33	17 ♓ 24	27 ♉ 11	29 ♓ 19	0 ♒ 13	7 ♑	25 ♏	3 ♎	27 ♌	23 ♈
22	29 ♌ 2	25 ♓ 0	8 ♈ 30	7 ♈ 4	24 ♌ 30	20 ♍ 16	21 ♊ 10	17 ♊ 42	17 ♓ 20	27 ♉ 12	29 ♓ 18	0 ♒ 12	7 ♑	25 ♏	4 ♎	28 ♌	23 ♈
23	0 ♍ 0	9 ♈ 53	8 ♈ 27	7 D 4	23 ♌ 47	21 ♍ 30	21 ♊ 48	17 ♊ 50	17 ♓ 16	27 ♉ 12	29 ♓ 17	0 ♒ 11	7 ♑	25 ♏	4 ♎	28 ♌	23 ♈
24	0 ♍ 58	24 ♈ 33	8 ♈ 24	7 ♈ 4	23 ♌ 7	22 ♍ 43	22 ♊ 26	17 ♊ 58	17 ♓ 11	27 ♉ 13	29 ♓ 15	0 ♒ 10	7 ♑	25 ♏	4 ♎	29 ♌	23 ♈
25	1 ♍ 55	8 ♉ 57	8 ♈ 20	7 ♈ 6	22 ♌ 33	23 ♍ 57	23 ♊ 4	18 ♊ 6	17 ♓ 7	27 ♉ 13	29 ♓ 14	0 ♒ 9	7 ♑	26 ♏	5 ♎	29 ♌	23 ♈
26	2 ♍ 53	23 ♉ 2	8 ♈ 17	7 ♈ 7	22 ♌ 5	25 ♍ 10	23 ♊ 42	18 ♊ 14	17 ♓ 3	27 ♉ 14	29 ♓ 12	0 ♒ 7	7 ♑	26 ♏	5 ♎	0 ♍	23 ♈
27	3 ♍ 51	6 ♊ 48	8 ♈ 14	7 R 7	21 ♌ 44	26 ♍ 24	24 ♊ 20	18 ♊ 22	16 ♓ 58	27 ♉ 14	29 ♓ 11	0 ♒ 6	7 D	26 ♏	5 ♎	0 ♍	23 ♈
28	4 ♍ 49	20 ♊ 14	8 ♈ 11	7 ♈ 6	21 ♌ 30	27 ♍ 37	24 ♊ 57	18 ♊ 29	16 ♓ 54	27 ♉ 14	29 ♓ 9	0 ♒ 5	7 ♑	26 ♏	6 ♎	1 ♍	23 ♈
29	5 ♍ 47	3 ♋ 22	8 ♈ 8	7 ♈ 4	21 ♌ 24	28 ♍ 51	25 ♊ 34	18 ♊ 37	16 ♓ 49	27 ♉ 14	29 ♓ 8	0 ♒ 4	7 ♑	27 ♏	6 ♎	1 ♍	23 ♈
30	6 ♍ 45	16 ♋ 14	8 ♈ 4	7 ♈ 0	21 D 26	0 ♎ 4	26 ♊ 12	18 ♊ 44	16 ♓ 45	27 ♉ 15	29 ♓ 6	0 ♒ 3	7 ♑	27 ♏	6 ♎	2 ♍	23 ♈
31	7 ♍ 43	28 ♋ 52	8 ♈ 1	6 ♈ 56	21 ♌ 36	1 ♎ 18	26 ♊ 49	18 ♊ 51	16 ♓ 40	27 ♉ 15	29 ♓ 5	0 ♒ 2	7 ♑	27 ♏	7 ♎	2 ♍	23 ♈

SUN INGRESS: ☉ → ♍ 22日 23:55

MOON PHASE: ● 4日 20:13 ♌ ◐ 13日 00:19 ♏ ○ 20日 03:26 ♒ ◑ 26日 18:26 ♊

aspects		
2日	22:27	♀□♅
7日	22:37	☉⚹♃
8日	12:12	☿☌♀
15日	00:22	♂☌♃
16日	14:30	♂□♄
18日	18:47	☿□♅
19日	10:58	☉☌☿
19日	14:53	♀□♃
19日	17:30	♀☍♄
20日	01:46	☉□♅
20日	06:46	♃□♄
23日	12:21	♀□♂
24日	13:31	☿⚹♂
27日	16:24	♀△♅
29日	05:25	♀☍♆
29日	23:32	♀△♇

2024年9月

DAY	☉	☽	☊ mean	☊ true	☿	♀	♂	♃	♄	♅	♆	♇	⚳	⚴	⚵	⚶	⚷
	° ′	° ′	° ′	° ′	° ′	° ′	° ′	° ′	° ′	° ′	° ′	° ′	°	°	°	°	°
1	8 ♍ 41	11 ♌ 18	7 ♈ 58	6 R 51	21 D 55	2 D 31	27 D 26	18 D 58	16 R 36	27 D 15	29 R 3	0 R 1	7 D	27 D	7 D	3 D	22 R
2	9 ♍ 39	23 ♌ 32	7 ♈ 55	6 ♈ 46	22 ♌ 22	3 ♎ 45	28 ♊ 3	19 ♊ 5	16 ♓ 31	27 ♉ 15	29 ♓ 2	0 ♒ 0	7 ♑	28 ♏	7 ♎	3 ♍	22 ♈
3	10 ♍ 37	5 ♍ 37	7 ♈ 52	6 ♈ 43	22 ♌ 57	4 ♎ 58	28 ♊ 39	19 ♊ 12	16 ♓ 27	27 R 15	29 ♓ 0	29 ♑ 59	7 ♑	28 ♏	8 ♎	4 ♍	22 ♈
4	11 ♍ 35	17 ♍ 33	7 ♈ 49	6 ♈ 40	23 ♌ 40	6 ♎ 12	29 ♊ 16	19 ♊ 19	16 ♓ 22	27 ♉ 15	28 ♓ 59	29 ♑ 58	7 ♑	28 ♏	8 ♎	4 ♍	22 ♈
5	12 ♍ 34	29 ♍ 24	7 ♈ 45	6 ♈ 39	24 ♌ 31	7 ♎ 25	29 ♊ 52	19 ♊ 25	16 ♓ 18	27 ♉ 15	28 ♓ 57	29 ♑ 57	7 ♑	28 ♏	8 ♎	5 ♍	22 ♈
6	13 ♍ 32	11 ♎ 12	7 ♈ 42	6 D 38	25 ♌ 30	8 ♎ 39	0 ♋ 29	19 ♊ 31	16 ♓ 13	27 ♉ 14	28 ♓ 56	29 ♑ 56	7 ♑	29 ♏	8 ♎	5 ♍	22 ♈
7	14 ♍ 30	22 ♎ 58	7 ♈ 39	6 ♈ 39	26 ♌ 35	9 ♎ 52	1 ♋ 5	19 ♊ 37	16 ♓ 8	27 ♉ 14	28 ♓ 54	29 ♑ 55	7 ♑	29 ♏	9 ♎	5 ♍	22 ♈
8	15 ♍ 28	4 ♏ 46	7 ♈ 36	6 ♈ 41	27 ♌ 47	11 ♎ 5	1 ♋ 41	19 ♊ 43	16 ♓ 4	27 ♉ 14	28 ♓ 52	29 ♑ 54	7 ♑	29 ♏	9 ♎	6 ♍	22 ♈
9	16 ♍ 26	16 ♏ 41	7 ♈ 33	6 ♈ 42	29 ♌ 5	12 ♎ 19	2 ♋ 16	19 ♊ 49	15 ♓ 59	27 ♉ 14	28 ♓ 51	29 ♑ 53	8 ♑	0 ♐	10 ♎	6 ♍	22 ♈
10	17 ♍ 25	28 ♏ 46	7 ♈ 30	6 ♈ 44	0 ♍ 29	13 ♎ 32	2 ♋ 52	19 ♊ 55	15 ♓ 55	27 ♉ 13	28 ♓ 49	29 ♑ 52	8 ♑	0 ♐	10 ♎	7 ♍	22 ♈
11	18 ♍ 23	11 ♐ 5	7 ♈ 26	6 ♈ 45	1 ♍ 57	14 ♎ 45	3 ♋ 27	20 ♊ 0	15 ♓ 50	27 ♉ 13	28 ♓ 48	29 ♑ 52	8 ♑	0 ♐	10 ♎	7 ♍	22 ♈
12	19 ♍ 21	23 ♐ 44	7 ♈ 23	6 R 45	3 ♍ 30	15 ♎ 59	4 ♋ 3	20 ♊ 5	15 ♓ 45	27 ♉ 12	28 ♓ 46	29 ♑ 51	8 ♑	0 ♐	11 ♎	8 ♍	22 ♈
13	20 ♍ 20	6 ♑ 46	7 ♈ 20	6 ♈ 44	5 ♍ 7	17 ♎ 12	4 ♋ 38	20 ♊ 11	15 ♓ 41	27 ♉ 12	28 ♓ 44	29 ♑ 50	8 ♑	1 ♐	11 ♎	8 ♍	22 ♈
14	21 ♍ 18	20 ♑ 14	7 ♈ 17	6 ♈ 43	6 ♍ 48	18 ♎ 25	5 ♋ 13	20 ♊ 16	15 ♓ 36	27 ♉ 11	28 ♓ 43	29 ♑ 49	8 ♑	1 ♐	12 ♎	9 ♍	22 ♈
15	22 ♍ 17	4 ♒ 10	7 ♈ 14	6 ♈ 41	8 ♍ 31	19 ♎ 39	5 ♋ 47	20 ♊ 20	15 ♓ 32	27 ♉ 11	28 ♓ 41	29 ♑ 48	8 ♑	1 ♐	12 ♎	9 ♍	22 ♈
16	23 ♍ 15	18 ♒ 33	7 ♈ 10	6 ♈ 39	10 ♍ 17	20 ♎ 52	6 ♋ 22	20 ♊ 25	15 ♓ 27	27 ♉ 10	28 ♓ 39	29 ♑ 48	8 ♑	2 ♐	12 ♎	10 ♍	22 ♈
17	24 ♍ 14	3 ♓ 19	7 ♈ 7	6 ♈ 38	12 ♍ 4	22 ♎ 5	6 ♋ 56	20 ♊ 29	15 ♓ 23	27 ♉ 9	28 ♓ 38	29 ♑ 47	8 ♑	2 ♐	13 ♎	10 ♍	22 ♈
18	25 ♍ 12	18 ♓ 22	7 ♈ 4	6 ♈ 37	13 ♍ 53	23 ♎ 18	7 ♋ 31	20 ♊ 34	15 ♓ 18	27 ♉ 9	28 ♓ 36	29 ♑ 46	9 ♑	2 ♐	13 ♎	11 ♍	22 ♈
19	26 ♍ 11	3 ♈ 32	7 ♈ 1	6 ♈ 36	15 ♍ 43	24 ♎ 32	8 ♋ 5	20 ♊ 38	15 ♓ 14	27 ♉ 8	28 ♓ 34	29 ♑ 46	9 ♑	3 ♐	13 ♎	11 ♍	22 ♈
20	27 ♍ 9	18 ♈ 42	6 ♈ 58	6 D 36	17 ♍ 34	25 ♎ 45	8 ♋ 39	20 ♊ 42	15 ♓ 9	27 ♉ 7	28 ♓ 33	29 ♑ 45	9 ♑	3 ♐	14 ♎	12 ♍	22 ♈
21	28 ♍ 8	3 ♉ 42	6 ♈ 55	6 ♈ 37	19 ♍ 25	26 ♎ 58	9 ♋ 12	20 ♊ 45	15 ♓ 5	27 ♉ 6	28 ♓ 31	29 ♑ 44	9 ♑	3 ♐	14 ♎	12 ♍	22 ♈
22	29 ♍ 6	18 ♉ 23	6 ♈ 51	6 ♈ 38	21 ♍ 17	28 ♎ 11	9 ♋ 46	20 ♊ 49	15 ♓ 0	27 ♉ 5	28 ♓ 29	29 ♑ 44	9 ♑	4 ♐	14 ♎	13 ♍	22 ♈
23	0 ♎ 5	2 ♊ 42	6 ♈ 48	6 ♈ 38	23 ♍ 8	29 ♎ 24	10 ♋ 19	20 ♊ 52	14 ♓ 56	27 ♉ 4	28 ♓ 28	29 ♑ 43	9 ♑	4 ♐	15 ♎	13 ♍	22 ♈
24	1 ♎ 4	16 ♊ 36	6 ♈ 45	6 ♈ 39	24 ♍ 59	0 ♏ 37	10 ♋ 52	20 ♊ 55	14 ♓ 52	27 ♉ 3	28 ♓ 26	29 ♑ 43	9 ♑	4 ♐	15 ♎	14 ♍	22 ♈
25	2 ♎ 3	0 ♋ 5	6 ♈ 42	6 ♈ 39	26 ♍ 50	1 ♏ 50	11 ♋ 25	20 ♊ 58	14 ♓ 47	27 ♉ 2	28 ♓ 24	29 ♑ 42	9 ♑	5 ♐	15 ♎	14 ♍	22 ♈
26	3 ♎ 1	13 ♋ 11	6 ♈ 39	6 R 39	28 ♍ 41	3 ♏ 3	11 ♋ 58	21 ♊ 1	14 ♓ 43	27 ♉ 1	28 ♓ 23	29 ♑ 42	10 ♑	5 ♐	16 ♎	14 ♍	22 ♈
27	4 ♎ 0	25 ♋ 55	6 ♈ 36	6 ♈ 39	0 ♎ 31	4 ♏ 17	12 ♋ 31	21 ♊ 4	14 ♓ 39	27 ♉ 0	28 ♓ 21	29 ♑ 41	10 ♑	5 ♐	16 ♎	15 ♍	22 ♈
28	4 ♎ 59	8 ♌ 23	6 ♈ 32	6 ♈ 38	2 ♎ 20	5 ♏ 30	13 ♋ 3	21 ♊ 6	14 ♓ 35	26 ♉ 58	28 ♓ 19	29 ♑ 41	10 ♑	6 ♐	16 ♎	15 ♍	21 ♈
29	5 ♎ 58	20 ♌ 36	6 ♈ 29	6 ♈ 38	4 ♎ 9	6 ♏ 43	13 ♋ 35	21 ♊ 8	14 ♓ 31	26 ♉ 57	28 ♓ 18	29 ♑ 41	10 ♑	6 ♐	17 ♎	16 ♍	21 ♈
30	6 ♎ 57	2 ♍ 39	6 ♈ 26	6 D 38	5 ♎ 57	7 ♏ 56	14 ♋ 7	21 ♊ 10	14 ♓ 27	26 ♉ 56	28 ♓ 16	29 ♑ 40	10 ♑	6 ♐	17 ♎	16 ♍	21 ♈

SUN INGRESS	☉ → ♎ 22日 21:43
MOON PHASE	● 3日 10:55 ♍　◐ 11日 15:05 ♐　○ 18日 11:34 ♓　◑ 25日 03:50 ♋

aspects		
3日	13:10	♂□♆
7日	13:21	☿□♅
8日	13:35	☉☍♄
12日	12:42	☿⚹♂
12日	19:53	☉□♃
15日	14:35	♀△♃
18日	17:51	☿☍♄
19日	23:04	☉△♅
21日	09:17	☉☍♆
21日	17:50	☿□♃
22日	15:12	☉△♇
23日	06:15	♀□♇
25日	02:27	☿△♅
25日	20:07	☿☍♆
26日	13:14	☿△♇
30日	13:06	♂△♄

2024年10月

DAY	☉	☽	☊ mean	☊ true	☿	♀	♂	♃	♄	♅	♆	♇	⚳	⚴	⚵	⚶	⚷
	° ′	° ′	° ′	° ′	° ′	° ′	° ′	° ′	° ′	° ′	° ′	° ′	°	°	°	°	°
1	7 ♎ 56	14 ♍ 34	6 ♈ 23	6 D 38	7 D 44	9 D 9	14 D 39	21 D 12	14 R 23	26 R 54	28 R 15	29 R 40	10 D	7 D	18 D	17 D	21 R
2	8 ♎ 55	26 ♍ 24	6 ♈ 20	6 ♈ 38	9 ♎ 30	10 ♏ 22	15 ♋ 10	21 ♊ 14	14 ♓ 19	26 ♉ 53	28 ♓ 13	29 ♑ 40	11 ♑	7 ♐	18 ♎	17 ♍	21 ♈
3	9 ♎ 54	8 ♎ 11	6 ♈ 16	6 R 38	11 ♎ 15	11 ♏ 35	15 ♋ 41	21 ♊ 15	14 ♓ 15	26 ♉ 51	28 ♓ 11	29 ♑ 39	11 ♑	7 ♐	18 ♎	18 ♍	21 ♈
4	10 ♎ 53	19 ♎ 58	6 ♈ 13	6 ♈ 38	13 ♎ 0	12 ♏ 48	16 ♋ 12	21 ♊ 17	14 ♓ 11	26 ♉ 50	28 ♓ 10	29 ♑ 39	11 ♑	8 ♐	19 ♎	18 ♍	21 ♈
5	11 ♎ 52	1 ♏ 47	6 ♈ 10	6 ♈ 38	14 ♎ 44	14 ♏ 0	16 ♋ 43	21 ♊ 18	14 ♓ 7	26 ♉ 48	28 ♓ 8	29 ♑ 39	11 ♑	8 ♐	19 ♎	19 ♍	21 ♈
6	12 ♎ 51	13 ♏ 40	6 ♈ 7	6 ♈ 37	16 ♎ 27	15 ♏ 13	17 ♋ 14	21 ♊ 18	14 ♓ 3	26 ♉ 47	28 ♓ 6	29 ♑ 39	11 ♑	8 ♐	19 ♎	19 ♍	21 ♈
7	13 ♎ 50	25 ♏ 40	6 ♈ 4	6 ♈ 36	18 ♎ 9	16 ♏ 26	17 ♋ 44	21 ♊ 19	14 ♓ 0	26 ♉ 45	28 ♓ 5	29 ♑ 38	12 ♑	9 ♐	20 ♎	20 ♍	21 ♈
8	14 ♎ 50	7 ♐ 50	6 ♈ 1	6 ♈ 35	19 ♎ 50	17 ♏ 39	18 ♋ 14	21 ♊ 19	13 ♓ 56	26 ♉ 44	28 ♓ 3	29 ♑ 38	12 ♑	9 ♐	20 ♎	20 ♍	21 ♈
9	15 ♎ 49	20 ♐ 12	5 ♈ 57	6 ♈ 34	21 ♎ 31	18 ♏ 52	18 ♋ 43	21 ♊ 20	13 ♓ 52	26 ♉ 42	28 ♓ 2	29 ♑ 38	12 ♑	9 ♐	20 ♎	21 ♍	21 ♈
10	16 ♎ 48	2 ♑ 51	5 ♈ 54	6 ♈ 33	23 ♎ 10	20 ♏ 5	19 ♋ 13	21 R 20	13 ♓ 49	26 ♉ 40	28 ♓ 0	29 ♑ 38	12 ♑	10 ♐	21 ♎	21 ♍	21 ♈
11	17 ♎ 47	15 ♑ 48	5 ♈ 51	6 ♈ 33	24 ♎ 49	21 ♏ 17	19 ♋ 42	21 ♊ 20	13 ♓ 45	26 ♉ 38	27 ♓ 59	29 ♑ 38	12 ♑	10 ♐	21 ♎	22 ♍	21 ♈
12	18 ♎ 47	29 ♑ 8	5 ♈ 48	6 D 33	26 ♎ 28	22 ♏ 30	20 ♋ 11	21 ♊ 19	13 ♓ 42	26 ♉ 37	27 ♓ 57	29 ♑ 38	13 ♑	10 ♐	21 ♎	22 ♍	21 ♈
13	19 ♎ 46	12 ♒ 53	5 ♈ 45	6 ♈ 34	28 ♎ 5	23 ♏ 43	20 ♋ 40	21 ♊ 19	13 ♓ 39	26 ♉ 35	27 ♓ 56	29 D 38	13 ♑	11 ♐	22 ♎	23 ♍	21 ♈
14	20 ♎ 46	27 ♒ 2	5 ♈ 41	6 ♈ 35	29 ♎ 42	24 ♏ 56	21 ♋ 8	21 ♊ 18	13 ♓ 36	26 ♉ 33	27 ♓ 54	29 ♑ 38	13 ♑	11 ♐	22 ♎	23 ♍	21 ♈
15	21 ♎ 45	11 ♓ 36	5 ♈ 38	6 ♈ 36	1 ♏ 18	26 ♏ 8	21 ♋ 36	21 ♊ 17	13 ♓ 33	26 ♉ 31	27 ♓ 53	29 ♑ 38	13 ♑	11 ♐	23 ♎	24 ♍	21 ♈
16	22 ♎ 44	26 ♓ 30	5 ♈ 35	6 ♈ 37	2 ♏ 53	27 ♏ 21	22 ♋ 4	21 ♊ 16	13 ♓ 30	26 ♉ 29	27 ♓ 51	29 ♑ 38	14 ♑	12 ♐	23 ♎	24 ♍	21 ♈
17	23 ♎ 44	11 ♈ 37	5 ♈ 32	6 R 37	4 ♏ 28	28 ♏ 33	22 ♋ 31	21 ♊ 14	13 ♓ 27	26 ♉ 27	27 ♓ 50	29 ♑ 38	14 ♑	12 ♐	23 ♎	24 ♍	21 ♈
18	24 ♎ 43	26 ♈ 50	5 ♈ 29	6 ♈ 36	6 ♏ 2	29 ♏ 46	22 ♋ 59	21 ♊ 13	13 ♓ 24	26 ♉ 25	27 ♓ 48	29 ♑ 38	14 ♑	13 ♐	24 ♎	25 ♍	21 ♈
19	25 ♎ 43	11 ♉ 58	5 ♈ 26	6 ♈ 35	7 ♏ 36	0 ♐ 59	23 ♋ 25	21 ♊ 11	13 ♓ 21	26 ♉ 23	27 ♓ 47	29 ♑ 39	14 ♑	13 ♐	24 ♎	25 ♍	21 ♈
20	26 ♎ 43	26 ♉ 52	5 ♈ 22	6 ♈ 32	9 ♏ 8	2 ♐ 11	23 ♋ 52	21 ♊ 9	13 ♓ 18	26 ♉ 21	27 ♓ 45	29 ♑ 39	14 ♑	13 ♐	24 ♎	26 ♍	20 ♈
21	27 ♎ 42	11 ♊ 24	5 ♈ 19	6 ♈ 29	10 ♏ 41	3 ♐ 24	24 ♋ 18	21 ♊ 7	13 ♓ 16	26 ♉ 19	27 ♓ 44	29 ♑ 39	15 ♑	14 ♐	25 ♎	26 ♍	20 ♈
22	28 ♎ 42	25 ♊ 30	5 ♈ 16	6 ♈ 26	12 ♏ 12	4 ♐ 36	24 ♋ 44	21 ♊ 5	13 ♓ 13	26 ♉ 17	27 ♓ 43	29 ♑ 39	15 ♑	14 ♐	25 ♎	27 ♍	20 ♈
23	29 ♎ 41	9 ♋ 8	5 ♈ 13	6 ♈ 24	13 ♏ 43	5 ♐ 48	25 ♋ 10	21 ♊ 2	13 ♓ 11	26 ♉ 15	27 ♓ 41	29 ♑ 40	15 ♑	14 ♐	25 ♎	27 ♍	20 ♈
24	0 ♏ 41	22 ♋ 18	5 ♈ 10	6 ♈ 23	15 ♏ 14	7 ♐ 1	25 ♋ 35	20 ♊ 59	13 ♓ 8	26 ♉ 13	27 ♓ 40	29 ♑ 40	16 ♑	15 ♐	26 ♎	28 ♍	20 ♈
25	1 ♏ 41	5 ♌ 3	5 ♈ 7	6 D 23	16 ♏ 44	8 ♐ 13	26 ♋ 0	20 ♊ 56	13 ♓ 6	26 ♉ 10	27 ♓ 39	29 ♑ 40	16 ♑	15 ♐	26 ♎	28 ♍	20 ♈
26	2 ♏ 41	17 ♌ 28	5 ♈ 3	6 ♈ 23	18 ♏ 13	9 ♐ 25	26 ♋ 25	20 ♊ 53	13 ♓ 4	26 ♉ 8	27 ♓ 37	29 ♑ 41	16 ♑	15 ♐	26 ♎	29 ♍	20 ♈
27	3 ♏ 41	29 ♌ 36	5 ♈ 0	6 ♈ 25	19 ♏ 42	10 ♐ 38	26 ♋ 49	20 ♊ 50	13 ♓ 2	26 ♉ 6	27 ♓ 36	29 ♑ 41	16 ♑	16 ♐	27 ♎	29 ♍	20 ♈
28	4 ♏ 41	11 ♍ 33	4 ♈ 57	6 ♈ 27	21 ♏ 10	11 ♐ 50	27 ♋ 13	20 ♊ 46	13 ♓ 0	26 ♉ 4	27 ♓ 35	29 ♑ 42	17 ♑	16 ♐	27 ♎	0 ♎	20 ♈
29	5 ♏ 40	23 ♍ 22	4 ♈ 54	6 ♈ 28	22 ♏ 37	13 ♐ 2	27 ♋ 36	20 ♊ 42	12 ♓ 58	26 ♉ 1	27 ♓ 34	29 ♑ 42	17 ♑	17 ♐	27 ♎	0 ♎	20 ♈
30	6 ♏ 40	5 ♎ 9	4 ♈ 51	6 ♈ 29	24 ♏ 4	14 ♐ 14	27 ♋ 59	20 ♊ 39	12 ♓ 56	25 ♉ 59	27 ♓ 32	29 ♑ 42	17 ♑	17 ♐	28 ♎	1 ♎	20 ♈
31	7 ♏ 40	16 ♎ 56	4 ♈ 47	6 R 29	25 ♏ 30	15 ♐ 27	28 ♋ 22	20 ♊ 34	12 ♓ 54	25 ♉ 57	27 ♓ 31	29 ♑ 43	17 ♑	17 ♐	28 ♎	1 ♎	20 ♈

SUN INGRESS	☉ → ♏ 23日 07:14
MOON PHASE	● 3日 03:49 ♎　◐ 11日 03:55 ♑　○ 17日 20:26 ♈　◑ 24日 17:03 ♌

aspects		
1日	06:09	☉☌☿
5日	02:04	♀△♄
6日	15:37	☿□♂
8日	19:22	♀△♂
8日	21:23	☿△♃
13日	23:03	☿□♇
14日	12:52	☉△♃
14日	17:16	☉□♂
15日	07:22	♀☍♅
16日	09:49	♀△♆
17日	21:31	♀⚹♇
22日	15:35	☿△♄
22日	23:15	☉□♇
25日	09:13	♂⚹♅
28日	21:31	♂△♆
28日	22:35	♀□♄
31日	07:15	☿☍♅

2024年11月

DAY	☉	☽	☊ mean	☊ true	☿	♀	♂	♃	♄	♅	♆	♇	⚳	⚴	⚵	⚶	⚷
	° ′	° ′	° ′	° ′	° ′	° ′	° ′	° ′	° ′	° ′	° ′	° ′	°	°	°	°	°
1	8 ♏ 40	28 ♎ 46	4 ♈ 44	6 R 26	26 D 56	16 D 39	28 D 44	20 R 30	12 R 53	25 R 54	27 R 30	29 D 44	18 D	18 D	29 D	2 D	20 R
2	9 ♏ 40	10 ♏ 41	4 ♈ 41	6 ♈ 23	28 ♏ 21	17 ♐ 51	29 ♋ 6	20 ♊ 26	12 ♓ 51	25 ♉ 52	27 ♓ 29	29 ♑ 44	18 ♑	18 ♐	29 ♎	2 ♎	20 ♈
3	10 ♏ 40	22 ♏ 44	4 ♈ 38	6 ♈ 17	29 ♏ 45	19 ♐ 3	29 ♋ 27	20 ♊ 21	12 ♓ 50	25 ♉ 50	27 ♓ 28	29 ♑ 45	18 ♑	18 ♐	29 ♎	2 ♎	20 ♈
4	11 ♏ 41	4 ♐ 56	4 ♈ 35	6 ♈ 11	1 ♐ 8	20 ♐ 15	29 ♋ 48	20 ♊ 16	12 ♓ 49	25 ♉ 47	27 ♓ 27	29 ♑ 45	19 ♑	19 ♐	0 ♏	3 ♎	20 ♈
5	12 ♏ 41	17 ♐ 17	4 ♈ 32	6 ♈ 4	2 ♐ 30	21 ♐ 27	0 ♌ 9	20 ♊ 11	12 ♓ 47	25 ♉ 45	27 ♓ 26	29 ♑ 46	19 ♑	19 ♐	0 ♏	3 ♎	20 ♈
6	13 ♏ 41	29 ♐ 51	4 ♈ 28	5 ♈ 58	3 ♐ 52	22 ♐ 39	0 ♌ 29	20 ♊ 6	12 ♓ 46	25 ♉ 42	27 ♓ 25	29 ♑ 47	19 ♑	20 ♐	0 ♏	4 ♎	20 ♈
7	14 ♏ 41	12 ♑ 37	4 ♈ 25	5 ♈ 52	5 ♐ 12	23 ♐ 51	0 ♌ 48	20 ♊ 1	12 ♓ 45	25 ♉ 40	27 ♓ 24	29 ♑ 47	19 ♑	20 ♐	1 ♏	4 ♎	20 ♈
8	15 ♏ 41	25 ♑ 37	4 ♈ 22	5 ♈ 49	6 ♐ 31	25 ♐ 3	1 ♌ 8	19 ♊ 55	12 ♓ 44	25 ♉ 38	27 ♓ 23	29 ♑ 48	20 ♑	20 ♐	1 ♏	5 ♎	20 ♈
9	16 ♏ 42	8 ♒ 54	4 ♈ 19	5 ♈ 47	7 ♐ 49	26 ♐ 14	1 ♌ 26	19 ♊ 50	12 ♓ 44	25 ♉ 35	27 ♓ 22	29 ♑ 49	20 ♑	21 ♐	1 ♏	5 ♎	20 ♈
10	17 ♏ 42	22 ♒ 30	4 ♈ 16	5 D 46	9 ♐ 6	27 ♐ 26	1 ♌ 44	19 ♊ 44	12 ♓ 43	25 ♉ 33	27 ♓ 21	29 ♑ 50	20 ♑	21 ♐	2 ♏	6 ♎	20 ♈
11	18 ♏ 42	6 ♓ 25	4 ♈ 13	5 ♈ 47	10 ♐ 21	28 ♐ 38	2 ♌ 2	19 ♊ 38	12 ♓ 42	25 ♉ 30	27 ♓ 20	29 ♑ 51	21 ♑	22 ♐	2 ♏	6 ♎	20 ♈
12	19 ♏ 42	20 ♓ 40	4 ♈ 9	5 ♈ 49	11 ♐ 35	29 ♐ 49	2 ♌ 19	19 ♊ 32	12 ♓ 42	25 ♉ 28	27 ♓ 19	29 ♑ 51	21 ♑	22 ♐	2 ♏	7 ♎	20 ♈
13	20 ♏ 43	5 ♈ 14	4 ♈ 6	5 ♈ 49	12 ♐ 46	1 ♑ 1	2 ♌ 36	19 ♊ 25	12 ♓ 42	25 ♉ 25	27 ♓ 18	29 ♑ 52	21 ♑	22 ♐	3 ♏	7 ♎	19 ♈
14	21 ♏ 43	20 ♈ 2	4 ♈ 3	5 R 49	13 ♐ 56	2 ♑ 12	2 ♌ 52	19 ♊ 19	12 ♓ 41	25 ♉ 23	27 ♓ 17	29 ♑ 53	22 ♑	23 ♐	3 ♏	8 ♎	19 ♈
15	22 ♏ 44	5 ♉ 0	4 ♈ 0	5 ♈ 46	15 ♐ 3	3 ♑ 24	3 ♌ 7	19 ♊ 13	12 ♓ 41	25 ♉ 20	27 ♓ 17	29 ♑ 54	22 ♑	23 ♐	3 ♏	8 ♎	19 ♈
16	23 ♏ 44	19 ♉ 59	3 ♈ 57	5 ♈ 40	16 ♐ 7	4 ♑ 35	3 ♌ 23	19 ♊ 6	12 D 41	25 ♉ 18	27 ♓ 16	29 ♑ 55	22 ♑	23 ♐	4 ♏	9 ♎	19 ♈
17	24 ♏ 44	4 ♊ 50	3 ♈ 53	5 ♈ 33	17 ♐ 9	5 ♑ 46	3 ♌ 37	18 ♊ 59	12 ♓ 41	25 ♉ 15	27 ♓ 15	29 ♑ 56	23 ♑	24 ♐	4 ♏	9 ♎	19 ♈
18	25 ♏ 45	19 ♊ 24	3 ♈ 50	5 ♈ 25	18 ♐ 6	6 ♑ 58	3 ♌ 51	18 ♊ 52	12 ♓ 41	25 ♉ 13	27 ♓ 14	29 ♑ 57	23 ♑	24 ♐	4 ♏	9 ♎	19 ♈
19	26 ♏ 45	3 ♋ 36	3 ♈ 47	5 ♈ 17	19 ♐ 0	8 ♑ 9	4 ♌ 4	18 ♊ 45	12 ♓ 42	25 ♉ 10	27 ♓ 14	29 ♑ 58	23 ♑	25 ♐	5 ♏	10 ♎	19 ♈
20	27 ♏ 46	17 ♋ 21	3 ♈ 44	5 ♈ 9	19 ♐ 50	9 ♑ 20	4 ♌ 17	18 ♊ 38	12 ♓ 42	25 ♉ 8	27 ♓ 13	29 ♑ 59	23 ♑	25 ♐	5 ♏	10 ♎	19 ♈
21	28 ♏ 46	0 ♌ 37	3 ♈ 41	5 ♈ 4	20 ♐ 34	10 ♑ 31	4 ♌ 29	18 ♊ 31	12 ♓ 42	25 ♉ 5	27 ♓ 12	0 ♒ 0	24 ♑	25 ♐	5 ♏	11 ♎	19 ♈
22	29 ♏ 47	13 ♌ 27	3 ♈ 38	5 ♈ 0	21 ♐ 13	11 ♑ 42	4 ♌ 41	18 ♊ 24	12 ♓ 43	25 ♉ 3	27 ♓ 12	0 ♒ 1	24 ♑	26 ♐	6 ♏	11 ♎	19 ♈
23	0 ♐ 48	25 ♌ 54	3 ♈ 34	4 ♈ 58	21 ♐ 46	12 ♑ 53	4 ♌ 51	18 ♊ 16	12 ♓ 44	25 ♉ 0	27 ♓ 11	0 ♒ 3	24 ♑	26 ♐	6 ♏	12 ♎	19 ♈
24	1 ♐ 48	8 ♍ 3	3 ♈ 31	4 D 58	22 ♐ 12	14 ♑ 3	5 ♌ 2	18 ♊ 9	12 ♓ 44	24 ♉ 58	27 ♓ 11	0 ♒ 4	25 ♑	27 ♐	6 ♏	12 ♎	19 ♈
25	2 ♐ 49	19 ♍ 59	3 ♈ 28	4 ♈ 59	22 ♐ 29	15 ♑ 14	5 ♌ 11	18 ♊ 1	12 ♓ 45	24 ♉ 55	27 ♓ 10	0 ♒ 5	25 ♑	27 ♐	7 ♏	13 ♎	19 ♈
26	3 ♐ 50	1 ♎ 48	3 ♈ 25	5 ♈ 0	22 ♐ 39	16 ♑ 25	5 ♌ 20	17 ♊ 53	12 ♓ 46	24 ♉ 53	27 ♓ 10	0 ♒ 6	25 ♑	27 ♐	7 ♏	13 ♎	19 ♈
27	4 ♐ 50	13 ♎ 34	3 ♈ 22	5 R 0	22 R 39	17 ♑ 35	5 ♌ 28	17 ♊ 46	12 ♓ 47	24 ♉ 50	27 ♓ 10	0 ♒ 7	26 ♑	28 ♐	7 ♏	14 ♎	19 ♈
28	5 ♐ 51	25 ♎ 22	3 ♈ 19	4 ♈ 57	22 ♐ 28	18 ♑ 46	5 ♌ 36	17 ♊ 38	12 ♓ 49	24 ♉ 48	27 ♓ 9	0 ♒ 9	26 ♑	28 ♐	8 ♏	14 ♎	19 ♈
29	6 ♐ 52	7 ♏ 17	3 ♈ 15	4 ♈ 52	22 ♐ 7	19 ♑ 56	5 ♌ 43	17 ♊ 30	12 ♓ 50	24 ♉ 45	27 ♓ 9	0 ♒ 10	26 ♑	29 ♐	8 ♏	14 ♎	19 ♈
30	7 ♐ 53	19 ♏ 21	3 ♈ 12	4 ♈ 45	21 ♐ 36	21 ♑ 6	5 ♌ 49	17 ♊ 22	12 ♓ 51	24 ♉ 43	27 ♓ 9	0 ♒ 11	27 ♑	29 ♐	8 ♏	15 ♎	19 ♈

SUN INGRESS: ☉ → ♐ 22日 04:56

MOON PHASE: ● 1日 21:47 ♏ ◐ 9日 14:55 ♒ ○ 16日 06:28 ♉ ◑ 23日 10:28 ♍

aspects		
1日	09:34	☿△♆
2日	17:21	☿△♂
3日	00:03	☿⚹♇
3日	20:37	♂☍♇
4日	00:25	♀☍♃
5日	02:36	☉△♄
9日	22:15	♀□♆
12日	22:22	♀□♄
17日	11:45	☉☍♅
18日	17:55	☿☍♃
19日	11:08	☉△♆
22日	05:50	☉⚹♇
22日	20:55	♀⚹♄
27日	17:06	☉△♂

2024年12月

DAY	☉	☽	☊ mean	☊ true	☿	♀	♂	♃	♄	♅	♆	♇	⚳	⚴	⚵	⚶	⚷
	° ′	° ′	° ′	° ′	° ′	° ′	° ′	° ′	° ′	° ′	° ′	° ′	°	°	°	°	°
1	8 ♐ 53	1 ♐ 36	3 ♈ 9	4 R 35	20 R 53	22 D 17	5 D 54	17 R 14	12 D 53	24 R 41	27 R 8	0 D 13	27 D	29 D	9 D	15 D	19 R
2	9 ♐ 54	14 ♐ 3	3 ♈ 6	4 ♈ 23	20 ♐ 0	23 ♑ 27	5 ♌ 58	17 ♊ 6	12 ♓ 55	24 ♉ 38	27 ♓ 8	0 ♒ 14	27 ♑	0 ♑	9 ♏	16 ♎	19 ♈
3	10 ♐ 55	26 ♐ 43	3 ♈ 3	4 ♈ 10	18 ♐ 56	24 ♑ 37	6 ♌ 2	16 ♊ 58	12 ♓ 56	24 ♉ 36	27 ♓ 8	0 ♒ 15	28 ♑	0 ♑	9 ♏	16 ♎	19 ♈
4	11 ♐ 56	9 ♑ 35	2 ♈ 59	3 ♈ 58	17 ♐ 45	25 ♑ 47	6 ♌ 5	16 ♊ 50	12 ♓ 58	24 ♉ 33	27 ♓ 8	0 ♒ 17	28 ♑	1 ♑	10 ♏	17 ♎	19 ♈
5	12 ♐ 57	22 ♑ 39	2 ♈ 56	3 ♈ 47	16 ♐ 27	26 ♑ 56	6 ♌ 8	16 ♊ 41	13 ♓ 0	24 ♉ 31	27 ♓ 8	0 ♒ 18	29 ♑	1 ♑	10 ♏	17 ♎	19 ♈
6	13 ♐ 58	5 ♒ 54	2 ♈ 53	3 ♈ 39	15 ♐ 6	28 ♑ 6	6 ♌ 9	16 ♊ 33	13 ♓ 2	24 ♉ 29	27 ♓ 7	0 ♒ 20	29 ♑	1 ♑	10 ♏	18 ♎	19 ♈
7	14 ♐ 59	19 ♒ 20	2 ♈ 50	3 ♈ 34	13 ♐ 43	29 ♑ 15	6 ♌ 10	16 ♊ 25	13 ♓ 4	24 ♉ 26	27 ♓ 7	0 ♒ 21	29 ♑	2 ♑	11 ♏	18 ♎	19 ♈
8	16 ♐ 0	2 ♓ 57	2 ♈ 47	3 ♈ 31	12 ♐ 21	0 ♒ 25	6 R 10	16 ♊ 17	13 ♓ 7	24 ♉ 24	27 ♓ 7	0 ♒ 22	0 ♒	2 ♑	11 ♏	18 ♎	19 ♈
9	17 ♐ 1	16 ♓ 46	2 ♈ 44	3 ♈ 31	11 ♐ 4	1 ♒ 34	6 ♌ 9	16 ♊ 9	13 ♓ 9	24 ♉ 22	27 D 7	0 ♒ 24	0 ♒	3 ♑	11 ♏	19 ♎	19 ♈
10	18 ♐ 2	0 ♈ 48	2 ♈ 40	3 D 31	9 ♐ 54	2 ♒ 43	6 ♌ 7	16 ♊ 1	13 ♓ 11	24 ♉ 20	27 ♓ 7	0 ♒ 25	0 ♒	3 ♑	12 ♏	19 ♎	19 ♈
11	19 ♐ 3	15 ♈ 2	2 ♈ 37	3 R 30	8 ♐ 52	3 ♒ 52	6 ♌ 4	15 ♊ 52	13 ♓ 14	24 ♉ 17	27 ♓ 7	0 ♒ 27	1 ♒	3 ♑	12 ♏	20 ♎	19 ♈
12	20 ♐ 4	29 ♈ 26	2 ♈ 34	3 ♈ 28	8 ♐ 0	5 ♒ 1	6 ♌ 1	15 ♊ 44	13 ♓ 17	24 ♉ 15	27 ♓ 8	0 ♒ 29	1 ♒	4 ♑	12 ♏	20 ♎	19 ♈
13	21 ♐ 5	13 ♉ 59	2 ♈ 31	3 ♈ 23	7 ♐ 19	6 ♒ 10	5 ♌ 57	15 ♊ 36	13 ♓ 19	24 ♉ 13	27 ♓ 8	0 ♒ 30	1 ♒	4 ♑	13 ♏	21 ♎	19 ♈
14	22 ♐ 6	28 ♉ 34	2 ♈ 28	3 ♈ 16	6 ♐ 50	7 ♒ 18	5 ♌ 52	15 ♊ 28	13 ♓ 22	24 ♉ 11	27 ♓ 8	0 ♒ 32	2 ♒	5 ♑	13 ♏	21 ♎	19 ♈
15	23 ♐ 7	13 ♊ 5	2 ♈ 25	3 ♈ 5	6 ♐ 31	8 ♒ 27	5 ♌ 46	15 ♊ 20	13 ♓ 25	24 ♉ 9	27 ♓ 8	0 ♒ 33	2 ♒	5 ♑	13 ♏	22 ♎	19 ♈
16	24 ♐ 8	27 ♊ 25	2 ♈ 21	2 ♈ 53	6 ♐ 24	9 ♒ 35	5 ♌ 39	15 ♊ 12	13 ♓ 28	24 ♉ 7	27 ♓ 8	0 ♒ 35	2 ♒	5 ♑	14 ♏	22 ♎	19 ♈
17	25 ♐ 9	11 ♋ 28	2 ♈ 18	2 ♈ 40	6 D 26	10 ♒ 43	5 ♌ 32	15 ♊ 4	13 ♓ 31	24 ♉ 5	27 ♓ 9	0 ♒ 37	3 ♒	6 ♑	14 ♏	22 ♎	19 ♈
18	26 ♐ 10	25 ♋ 10	2 ♈ 15	2 ♈ 29	6 ♐ 38	11 ♒ 51	5 ♌ 23	14 ♊ 56	13 ♓ 35	24 ♉ 3	27 ♓ 9	0 ♒ 38	3 ♒	6 ♑	14 ♏	23 ♎	19 ♈
19	27 ♐ 11	8 ♌ 26	2 ♈ 12	2 ♈ 19	6 ♐ 59	12 ♒ 58	5 ♌ 14	14 ♊ 48	13 ♓ 38	24 ♉ 1	27 ♓ 9	0 ♒ 40	4 ♒	6 ♑	15 ♏	23 ♎	19 ♈
20	28 ♐ 12	21 ♌ 18	2 ♈ 9	2 ♈ 12	7 ♐ 27	14 ♒ 6	5 ♌ 4	14 ♊ 41	13 ♓ 41	23 ♉ 59	27 ♓ 10	0 ♒ 42	4 ♒	7 ♑	15 ♏	24 ♎	19 ♈
21	29 ♐ 13	3 ♍ 48	2 ♈ 5	2 ♈ 8	8 ♐ 3	15 ♒ 13	4 ♌ 53	14 ♊ 33	13 ♓ 45	23 ♉ 57	27 ♓ 10	0 ♒ 43	4 ♒	7 ♑	15 ♏	24 ♎	19 ♈
22	0 ♑ 14	15 ♍ 59	2 ♈ 2	2 ♈ 6	8 ♐ 44	16 ♒ 20	4 ♌ 41	14 ♊ 25	13 ♓ 48	23 ♉ 55	27 ♓ 11	0 ♒ 45	5 ♒	8 ♑	15 ♏	24 ♎	19 ♈
23	1 ♑ 15	27 ♍ 57	1 ♈ 59	2 ♈ 5	9 ♐ 32	17 ♒ 27	4 ♌ 29	14 ♊ 18	13 ♓ 52	23 ♉ 53	27 ♓ 11	0 ♒ 47	5 ♒	8 ♑	16 ♏	25 ♎	19 ♈
24	2 ♑ 16	9 ♎ 47	1 ♈ 56	2 ♈ 5	10 ♐ 24	18 ♒ 33	4 ♌ 16	14 ♊ 10	13 ♓ 56	23 ♉ 51	27 ♓ 12	0 ♒ 48	5 ♒	8 ♑	16 ♏	25 ♎	19 ♈
25	3 ♑ 17	21 ♎ 34	1 ♈ 53	2 ♈ 4	11 ♐ 21	19 ♒ 40	4 ♌ 2	14 ♊ 3	14 ♓ 0	23 ♉ 50	27 ♓ 12	0 ♒ 50	6 ♒	9 ♑	16 ♏	26 ♎	19 ♈
26	4 ♑ 18	3 ♏ 24	1 ♈ 50	2 ♈ 1	12 ♐ 21	20 ♒ 46	3 ♌ 47	13 ♊ 56	14 ♓ 4	23 ♉ 48	27 ♓ 13	0 ♒ 52	6 ♒	9 ♑	17 ♏	26 ♎	19 ♈
27	5 ♑ 20	15 ♏ 22	1 ♈ 46	1 ♈ 56	13 ♐ 25	21 ♒ 52	3 ♌ 31	13 ♊ 49	14 ♓ 8	23 ♉ 46	27 ♓ 13	0 ♒ 54	6 ♒	10 ♑	17 ♏	27 ♎	19 ♈
28	6 ♑ 21	27 ♏ 33	1 ♈ 43	1 ♈ 48	14 ♐ 32	22 ♒ 58	3 ♌ 15	13 ♊ 42	14 ♓ 12	23 ♉ 44	27 ♓ 14	0 ♒ 55	7 ♒	10 ♑	17 ♏	27 ♎	19 ♈
29	7 ♑ 22	9 ♐ 58	1 ♈ 40	1 ♈ 37	15 ♐ 41	24 ♒ 3	2 ♌ 57	13 ♊ 35	14 ♓ 16	23 ♉ 43	27 ♓ 15	0 ♒ 57	7 ♒	10 ♑	18 ♏	27 ♎	19 ♈
30	8 ♑ 23	22 ♐ 40	1 ♈ 37	1 ♈ 24	16 ♐ 53	25 ♒ 8	2 ♌ 40	13 ♊ 28	14 ♓ 20	23 ♉ 41	27 ♓ 15	0 ♒ 59	8 ♒	11 ♑	18 ♏	28 ♎	19 ♈
31	9 ♑ 24	5 ♑ 38	1 ♈ 34	1 ♈ 10	18 ♐ 7	26 ♒ 13	2 ♌ 21	13 ♊ 21	14 ♓ 25	23 ♉ 40	27 ♓ 16	1 ♒ 1	8 ♒	11 ♑	18 ♏	28 ♎	19 D

SUN INGRESS: ☉ → ♑ 21日 18:20

MOON PHASE: ● 1日 15:21 ♐ ◐ 9日 00:26 ♓ ○ 15日 18:01 ♊ ◑ 23日 07:18 ♎ ● 31日 07:27 ♑

aspects		
2日	23:43	♀△♅
4日	19:16	☿☍♃
5日	01:18	☉□♄
5日	03:52	♀⚹♆
6日	11:18	☉☌☿
7日	10:53	☿□♄
7日	23:08	♀☌♇
8日	05:58	☉☍♃
12日	19:46	♀☍♂
13日	16:45	☿⚹♀
18日	23:29	☉□♆
20日	11:11	♀△♃
25日	07:00	♃□♄
27日	07:48	☿☍♃
27日	16:29	☿□♄
28日	16:42	♀□♅

2025年1月

DAY	☉	☽	☊ mean	☊ true	☿	♀	♂	♃	♄	♅	♆	♇	⚳	⚴	⚵	⚶	⚷
1	10♑25	18♑53	1♈31	0 R 57	19 D 23	27 D 18	2 R 2	13 R 15	14 D 29	23 R 38	27 D 17	1 D 3	8 D	12 D	18 D	29 D	19 D
2	11♑27	2♒21	1♈27	0♈45	20♐40	28♒22	1♌42	13♊8	14♓34	23♉37	27♓18	1♒5	9♒	12♑	19♏	29♎	19♈
3	12♑28	16♒0	1♈24	0♈36	21♐59	29♒27	1♌22	13♊2	14♓38	23♉35	27♓19	1♒6	9♒	12♑	19♏	29♎	19♈
4	13♑29	29♒47	1♈21	0♈30	23♐19	0♓30	1♌1	12♊56	14♓43	23♉34	27♓20	1♒8	10♒	13♑	19♏	0♏	19♈
5	14♑30	13♓41	1♈18	0♈26	24♐41	1♓34	0♌40	12♊50	14♓48	23♉33	27♓21	1♒10	10♒	13♑	20♏	0♏	19♈
6	15♑31	27♓39	1♈15	0♈26	26♐3	2♓37	0♌18	12♊44	14♓53	23♉31	27♓22	1♒12	10♒	14♑	20♏	1♏	19♈
7	16♑32	11♈41	1♈11	0 D 26	27♐26	3♓40	29♋56	12♊39	14♓58	23♉30	27♓23	1♒14	11♒	14♑	20♏	1♏	19♈
8	17♑34	25♈46	1♈8	0 R 25	28♐50	4♓42	29♋33	12♊33	15♓3	23♉29	27♓24	1♒16	11♒	14♑	20♏	1♏	19♈
9	18♑35	9♉54	1♈5	0♈24	0♑16	5♓44	29♋10	12♊28	15♓8	23♉28	27♓25	1♒18	11♒	15♑	21♏	2♏	19♈
10	19♑36	24♉2	1♈2	0♈20	1♑41	6♓46	28♋47	12♊23	15♓13	23♉27	27♓26	1♒20	12♒	15♑	21♏	2♏	19♈
11	20♑37	8♊10	0♈59	0♈13	3♑8	7♓47	28♋23	12♊18	15♓18	23♉26	27♓27	1♒21	12♒	16♑	21♏	2♏	19♈
12	21♑38	22♊13	0♈56	0♈3	4♑35	8♓48	28♋0	12♊13	15♓23	23♉25	27♓28	1♒23	13♒	16♑	21♏	3♏	19♈
13	22♑39	6♋7	0♈52	29♓52	6♑3	9♓48	27♋36	12♊9	15♓29	23♉24	27♓29	1♒25	13♒	16♑	22♏	3♏	19♈
14	23♑40	19♋48	0♈49	29♓40	7♑32	10♓48	27♋12	12♊4	15♓34	23♉23	27♓30	1♒27	13♒	17♑	22♏	4♏	19♈
15	24♑41	3♌12	0♈46	29♓29	9♑1	11♓47	26♋48	12♊0	15♓40	23♉22	27♓32	1♒29	14♒	17♑	22♏	4♏	19♈
16	25♑42	16♌18	0♈43	29♓20	10♑30	12♓46	26♋24	11♊56	15♓45	23♉21	27♓33	1♒31	14♒	17♑	22♏	4♏	19♈
17	26♑44	29♌4	0♈40	29♓13	12♑1	13♓45	26♋0	11♊52	15♓51	23♉20	27♓34	1♒33	14♒	18♑	23♏	5♏	19♈
18	27♑45	11♍31	0♈37	29♓9	13♑31	14♓43	25♋36	11♊48	15♓57	23♉20	27♓36	1♒35	15♒	18♑	23♏	5♏	19♈
19	28♑46	23♍43	0♈33	29♓7	15♑3	15♓40	25♋12	11♊45	16♓2	23♉19	27♓37	1♒37	15♒	19♑	23♏	5♏	19♈
20	29♑47	5♎41	0♈30	29 D 7	16♑35	16♓37	24♋48	11♊42	16♓8	23♉18	27♓38	1♒39	16♒	19♑	23♏	6♏	19♈
21	0♒48	17♎32	0♈27	29♓8	18♑7	17♓33	24♋25	11♊39	16♓14	23♉18	27♓40	1♒41	16♒	19♑	24♏	6♏	19♈
22	1♒49	29♎20	0♈24	29♓9	19♑40	18♓29	24♋2	11♊36	16♓20	23♉17	27♓41	1♒43	16♒	20♑	24♏	6♏	19♈
23	2♒50	11♏11	0♈21	29 R 9	21♑14	19♓24	23♋39	11♊33	16♓26	23♉17	27♓43	1♒45	17♒	20♑	24♏	7♏	19♈
24	3♒51	23♏10	0♈17	29♓6	22♑48	20♓19	23♋17	11♊30	16♓32	23♉17	27♓44	1♒47	17♒	21♑	24♏	7♏	19♈
25	4♒52	5♐23	0♈14	29♓2	24♑23	21♓12	22♋55	11♊28	16♓38	23♉16	27♓46	1♒48	18♒	21♑	25♏	7♏	19♈
26	5♒53	17♐52	0♈11	28♓55	25♑59	22♓5	22♋33	11♊26	16♓44	23♉16	27♓47	1♒50	18♒	21♑	25♏	8♏	19♈
27	6♒54	0♑42	0♈8	28♓47	27♑35	22♓58	22♋12	11♊24	16♓51	23♉16	27♓49	1♒52	18♒	22♑	25♏	8♏	19♈
28	7♒55	13♑53	0♈5	28♓38	29♑11	23♓50	21♋51	11♊22	16♓57	23♉15	27♓50	1♒54	19♒	22♑	25♏	8♏	19♈
29	8♒56	27♑24	0♈2	28♓28	0♒49	24♓40	21♋31	11♊21	17♓3	23♉15	27♓52	1♒56	19♒	22♑	25♏	9♏	19♈
30	9♒57	11♒15	29♓58	28♓20	2♒27	25♓31	21♋11	11♊20	17♓10	23♉15	27♓54	1♒58	20♒	23♑	26♏	9♏	19♈
31	10♒58	25♒20	29♓55	28♓14	4♒5	26♓20	20♋52	11♊19	17♓16	23♉15	27♓55	2♒0	20♒	23♑	26♏	9♏	19♈
SUN INGRESS	☉→♒ 20日 05:00																
MOON PHASE	◐ 7日 08:56 ♈	○ 14日 07:27 ♋	◑ 22日 05:31 ♏	● 29日 21:36 ♒													

aspects

3日	16:22	♂☍♇
5日	07:36	☉⚹♄
6日	22:56	☿□♆
13日	06:16	♂△♆
13日	17:14	☉△♅
15日	04:48	♀□♃
16日	11:39	☉☍♂
17日	20:20	☉⚹♆
19日	10:26	♀☌♄
19日	16:38	☿⚹♄
20日	01:32	☿⚹♀
21日	21:29	☉☌♇
24日	00:08	♂⚹♅
24日	05:49	☿☍♂
24日	07:07	☿△♅
26日	08:54	♀△♂
27日	03:33	♀⚹♆
27日	08:11	♀⚹♅
29日	16:52	☿☌♇
31日	07:59	☉△♃

2025年2月

DAY	☉	☽	☊ mean	☊ true	☿	♀	♂	♃	♄	♅	♆	♇	⚳	⚴	⚵	⚶	⚷
1	11♒59	9♓35	29♓52	28 R 10	5 D 45	27 D 8	20 R 34	11 R 18	17 D 22	23 D 15	27 D 57	2 D 2	20 D	24 D	26 D	10 D	19 D
2	13♒0	23♓55	29♓49	28♓9	7♒25	27♓56	20♋16	11♊17	17♓29	23♉15	27♓59	2♒4	21♒	24♑	26♏	10♏	19♈
3	14♒1	8♈16	29♓46	28 D 9	9♒6	28♓42	19♋59	11♊17	17♓36	23♉15	28♓0	2♒6	21♒	24♑	27♏	10♏	19♈
4	15♒2	22♈33	29♓43	28♓10	10♒47	29♓28	19♋43	11♊16	17♓42	23♉16	28♓2	2♒8	22♒	25♑	27♏	11♏	19♈
5	16♒2	6♉45	29♓39	28♓12	12♒29	0♈12	19♋28	11 D 16	17♓49	23♉16	28♓4	2♒10	22♒	25♑	27♏	11♏	19♈
6	17♒3	20♉50	29♓36	28 R 12	14♒12	0♈56	19♋13	11♊16	17♓55	23♉16	28♓6	2♒11	22♒	25♑	27♏	11♏	19♈
7	18♒4	4♊47	29♓33	28♓11	15♒56	1♈38	18♋59	11♊17	18♓2	23♉16	28♓8	2♒13	23♒	26♑	27♏	11♏	19♈
8	19♒5	18♊35	29♓30	28♓7	17♒41	2♈20	18♋45	11♊17	18♓9	23♉17	28♓9	2♒15	23♒	26♑	27♏	12♏	19♈
9	20♒6	2♋13	29♓27	28♓3	19♒26	3♈0	18♋33	11♊18	18♓16	23♉17	28♓11	2♒17	23♒	27♑	28♏	12♏	19♈
10	21♒6	15♋39	29♓23	27♓57	21♒12	3♈39	18♋21	11♊19	18♓23	23♉18	28♓13	2♒19	24♒	27♑	28♏	12♏	19♈
11	22♒7	28♋54	29♓20	27♓50	22♒59	4♈16	18♋10	11♊20	18♓30	23♉18	28♓15	2♒21	24♒	27♑	28♏	12♏	19♈
12	23♒8	11♌52	29♓17	27♓44	24♒46	4♈52	18♋0	11♊22	18♓36	23♉19	28♓17	2♒23	25♒	28♑	28♏	13♏	19♈
13	24♒8	24♌41	29♓14	27♓39	26♒34	5♈27	17♋51	11♊23	18♓43	23♉20	28♓19	2♒24	25♒	28♑	28♏	13♏	19♈
14	25♒9	7♍13	29♓11	27♓36	28♒23	6♈0	17♋42	11♊25	18♓50	23♉20	28♓21	2♒26	25♒	28♑	29♏	13♏	19♈
15	26♒10	19♍31	29♓8	27♓34	0♓13	6♈32	17♋35	11♊27	18♓57	23♉21	28♓23	2♒28	26♒	29♑	29♏	13♏	19♈
16	27♒10	1♎37	29♓4	27 D 34	2♓3	7♈3	17♋28	11♊29	19♓4	23♉22	28♓25	2♒30	26♒	29♑	29♏	14♏	20♈
17	28♒11	13♎34	29♓1	27♓35	3♓54	7♈31	17♋22	11♊31	19♓11	23♉23	28♓27	2♒32	27♒	29♑	29♏	14♏	20♈
18	29♒11	25♎25	28♓58	27♓36	5♓45	7♈58	17♋16	11♊34	19♓19	23♉24	28♓29	2♒33	27♒	0♒	29♏	14♏	20♈
19	0♓12	7♏13	28♓55	27♓38	7♓36	8♈24	17♋12	11♊37	19♓26	23♉25	28♓31	2♒35	27♒	0♒	29♏	14♏	20♈
20	1♓12	19♏4	28♓52	27♓40	9♓27	8♈47	17♋8	11♊39	19♓33	23♉26	28♓33	2♒37	28♒	1♒	29♏	15♏	20♈
21	2♓13	1♐3	28♓49	27♓40	11♓19	9♈9	17♋5	11♊43	19♓40	23♉27	28♓35	2♒39	28♒	1♒	0♐	15♏	20♈
22	3♓13	13♐13	28♓45	27 R 40	13♓10	9♈28	17♋3	11♊46	19♓47	23♉28	28♓37	2♒40	29♒	1♒	0♐	15♏	20♈
23	4♓14	25♐41	28♓42	27♓38	15♓1	9♈46	17♋1	11♊49	19♓54	23♉29	28♓39	2♒42	29♒	2♒	0♐	15♏	20♈
24	5♓14	8♑30	28♓39	27♓36	16♓51	10♈2	17♋0	11♊53	20♓2	23♉30	28♓41	2♒44	29♒	2♒	0♐	15♏	20♈
25	6♓15	21♑43	28♓36	27♓33	18♓41	10♈15	17 D 1	11♊57	20♓9	23♉32	28♓44	2♒46	0♓	2♒	0♐	16♏	20♈
26	7♓15	5♒21	28♓33	27♓30	20♓29	10♈27	17♋1	12♊1	20♓16	23♉33	28♓46	2♒47	0♓	3♒	0♐	16♏	20♈
27	8♓15	19♒23	28♓29	27♓27	22♓15	10♈36	17♋3	12♊5	20♓23	23♉34	28♓48	2♒49	1♓	3♒	0♐	16♏	20♈
28	9♓16	3♓45	28♓26	27♓25	23♓58	10♈43	17♋5	12♊10	20♓31	23♉36	28♓50	2♒50	1♓	3♒	0♐	16♏	20♈
SUN INGRESS	☉→♓ 18日 19:06																
MOON PHASE	◐ 5日 17:02 ♉	○ 12日 22:53 ♌	◑ 21日 02:32 ♐	● 28日 09:45 ♓													

aspects

2日	01:33	♀☌♆
4日	06:52	☿△♃
7日	21:15	♀⚹♇
9日	21:08	☉☌☿
9日	22:15	♂△♄
11日	04:28	☿□♅
12日	04:30	☉□♅
21日	05:14	☿□♃
24日	01:58	☿△♂
25日	21:02	☿☌♄
27日	18:38	☿⚹♅

2025年3月

DAY	☉	☽	☊ mean	☊ true	☿	♀	♂	♃	♄	♅	♆	♇	⚳	⚴	⚵	⚶	⚷
	° ′	° ′	° ′	° ′	° ′	° ′	° ′	° ′	° ′	° ′	° ′	° ′	°	°	°	°	°
1	10 ♓ 16	18 ♓ 23	28 ♓ 23	27 R 24	25 D 39	10 D 47	17 D 8	12 D 14	20 D 38	23 D 37	28 D 52	2 D 52	1 D	4 D	0 D	16 D	20 D
2	11 ♓ 16	3 ♈ 10	28 ♓ 20	27 D 24	27 ♓ 17	10 ♈ 49	17 ♋ 12	12 ♊ 19	20 ♓ 45	23 ♉ 39	28 ♓ 54	2 ♒ 54	2 ♓	4 ♒	1 ♐	16 ♏	20 ♈
3	12 ♓ 16	17 ♈ 58	28 ♓ 17	27 ♓ 24	28 ♓ 52	10 R 49	17 ♋ 16	12 ♊ 24	20 ♓ 53	23 ♉ 40	28 ♓ 57	2 ♒ 55	2 ♓	4 ♒	1 ♐	17 ♏	20 ♈
4	13 ♓ 16	2 ♉ 40	28 ♓ 14	27 ♓ 25	0 ♈ 21	10 ♈ 46	17 ♋ 21	12 ♊ 29	21 ♓ 0	23 ♉ 42	28 ♓ 59	2 ♒ 57	3 ♓	5 ♒	1 ♐	17 ♏	20 ♈
5	14 ♓ 17	17 ♉ 12	28 ♓ 10	27 ♓ 26	1 ♈ 46	10 ♈ 41	17 ♋ 27	12 ♊ 34	21 ♓ 8	23 ♉ 43	29 ♓ 1	2 ♒ 58	3 ♓	5 ♒	1 ♐	17 ♏	20 ♈
6	15 ♓ 17	1 ♊ 29	28 ♓ 7	27 ♓ 27	3 ♈ 6	10 ♈ 34	17 ♋ 33	12 ♊ 40	21 ♓ 15	23 ♉ 45	29 ♓ 3	3 ♒ 0	3 ♓	5 ♒	1 ♐	17 ♏	20 ♈
7	16 ♓ 17	15 ♊ 28	28 ♓ 4	27 ♓ 28	4 ♈ 19	10 ♈ 23	17 ♋ 40	12 ♊ 45	21 ♓ 22	23 ♉ 47	29 ♓ 5	3 ♒ 1	4 ♓	6 ♒	1 ♐	17 ♏	20 ♈
8	17 ♓ 17	29 ♊ 10	28 ♓ 1	27 R 27	5 ♈ 26	10 ♈ 11	17 ♋ 48	12 ♊ 51	21 ♓ 30	23 ♉ 49	29 ♓ 8	3 ♒ 3	4 ♓	6 ♒	1 ♐	17 ♏	20 ♈
9	18 ♓ 17	12 ♋ 34	27 ♓ 58	27 ♓ 27	6 ♈ 25	9 ♈ 55	17 ♋ 56	12 ♊ 57	21 ♓ 37	23 ♉ 51	29 ♓ 10	3 ♒ 4	4 ♓	6 ♒	1 ♐	17 ♏	20 ♈
10	19 ♓ 17	25 ♋ 41	27 ♓ 55	27 ♓ 26	7 ♈ 17	9 ♈ 38	18 ♋ 5	13 ♊ 3	21 ♓ 44	23 ♉ 52	29 ♓ 12	3 ♒ 6	5 ♓	7 ♒	1 ♐	17 ♏	21 ♈
11	20 ♓ 17	8 ♌ 33	27 ♓ 51	27 ♓ 25	8 ♈ 1	9 ♈ 17	18 ♋ 14	13 ♊ 9	21 ♓ 52	23 ♉ 54	29 ♓ 14	3 ♒ 7	5 ♓	7 ♒	1 ♐	17 ♏	21 ♈
12	21 ♓ 17	21 ♌ 12	27 ♓ 48	27 ♓ 24	8 ♈ 37	8 ♈ 55	18 ♋ 24	13 ♊ 16	21 ♓ 59	23 ♉ 56	29 ♓ 17	3 ♒ 9	6 ♓	7 ♒	1 ♐	18 ♏	21 ♈
13	22 ♓ 17	3 ♍ 38	27 ♓ 45	27 ♓ 23	8 ♈ 56	8 ♈ 30	18 ♋ 35	13 ♊ 23	22 ♓ 7	23 ♉ 58	29 ♓ 19	3 ♒ 10	6 ♓	8 ♒	1 ♐	18 ♏	21 ♈
14	23 ♓ 16	15 ♍ 54	27 ♓ 42	27 ♓ 23	9 ♈ 23	8 ♈ 3	18 ♋ 46	13 ♊ 29	22 ♓ 14	24 ♉ 0	29 ♓ 21	3 ♒ 12	6 ♓	8 ♒	1 ♐	18 ♏	21 ♈
15	24 ♓ 16	28 ♍ 0	27 ♓ 39	27 D 23	9 ♈ 33	7 ♈ 35	18 ♋ 57	13 ♊ 36	22 ♓ 21	24 ♉ 2	29 ♓ 23	3 ♒ 13	7 ♓	8 ♒	1 ♐	18 ♏	21 ♈
16	25 ♓ 16	9 ♎ 58	27 ♓ 35	27 ♓ 23	9 R 34	7 ♈ 4	19 ♋ 10	13 ♊ 43	22 ♓ 29	24 ♉ 5	29 ♓ 26	3 ♒ 14	7 ♓	9 ♒	1 ♐	18 ♏	21 ♈
17	26 ♓ 16	21 ♎ 51	27 ♓ 32	27 ♓ 23	9 ♈ 27	6 ♈ 32	19 ♋ 22	13 ♊ 50	22 ♓ 36	24 ♉ 7	29 ♓ 28	3 ♒ 15	8 ♓	9 ♒	1 ♐	18 ♏	21 ♈
18	27 ♓ 15	3 ♏ 41	27 ♓ 29	27 ♓ 23	9 ♈ 12	5 ♈ 58	19 ♋ 36	13 ♊ 58	22 ♓ 44	24 ♉ 9	29 ♓ 30	3 ♒ 17	8 ♓	9 ♒	1 ♐	18 ♏	21 ♈
19	28 ♓ 15	15 ♏ 30	27 ♓ 26	27 R 23	8 ♈ 49	5 ♈ 23	19 ♋ 49	14 ♊ 5	22 ♓ 51	24 ♉ 11	29 ♓ 33	3 ♒ 18	8 ♓	10 ♒	1 ♐	18 ♏	21 ♈
20	29 ♓ 15	27 ♏ 22	27 ♓ 23	27 ♓ 23	8 ♈ 19	4 ♈ 47	20 ♋ 4	14 ♊ 13	22 ♓ 58	24 ♉ 13	29 ♓ 35	3 ♒ 19	9 ♓	10 ♒	1 ♐	18 ♏	21 ♈
21	0 ♈ 14	9 ♐ 21	27 ♓ 20	27 ♓ 23	7 ♈ 43	4 ♈ 10	20 ♋ 18	14 ♊ 21	23 ♓ 6	24 ♉ 16	29 ♓ 37	3 ♒ 21	9 ♓	10 ♒	1 R	18 ♏	21 ♈
22	1 ♈ 14	21 ♐ 30	27 ♓ 16	27 ♓ 22	7 ♈ 2	3 ♈ 32	20 ♋ 33	14 ♊ 28	23 ♓ 13	24 ♉ 18	29 ♓ 39	3 ♒ 22	9 ♓	10 ♒	1 ♐	18 R	21 ♈
23	2 ♈ 14	3 ♑ 55	27 ♓ 13	27 D 22	6 ♈ 16	2 ♈ 55	20 ♋ 49	14 ♊ 36	23 ♓ 21	24 ♉ 21	29 ♓ 42	3 ♒ 23	10 ♓	11 ♒	1 ♐	18 ♏	21 ♈
24	3 ♈ 13	16 ♑ 39	27 ♓ 10	27 ♓ 22	5 ♈ 27	2 ♈ 17	21 ♋ 5	14 ♊ 45	23 ♓ 28	24 ♉ 23	29 ♓ 44	3 ♒ 24	10 ♓	11 ♒	1 ♐	18 ♏	21 ♈
25	4 ♈ 13	29 ♑ 46	27 ♓ 7	27 ♓ 23	4 ♈ 35	1 ♈ 39	21 ♋ 21	14 ♊ 53	23 ♓ 35	24 ♉ 26	29 ♓ 46	3 ♒ 25	11 ♓	11 ♒	1 ♐	18 ♏	21 ♈
26	5 ♈ 12	13 ♒ 19	27 ♓ 4	27 ♓ 24	3 ♈ 42	1 ♈ 2	21 ♋ 38	15 ♊ 1	23 ♓ 43	24 ♉ 28	29 ♓ 48	3 ♒ 26	11 ♓	12 ♒	1 ♐	18 ♏	21 ♈
27	6 ♈ 11	27 ♒ 18	27 ♓ 0	27 ♓ 24	2 ♈ 49	0 ♈ 26	21 ♋ 56	15 ♊ 10	23 ♓ 50	24 ♉ 31	29 ♓ 51	3 ♒ 27	11 ♓	12 ♒	1 ♐	18 ♏	21 ♈
28	7 ♈ 11	11 ♓ 44	26 ♓ 57	27 ♓ 25	1 ♈ 57	29 ♓ 50	22 ♋ 13	15 ♊ 19	23 ♓ 57	24 ♉ 33	29 ♓ 53	3 ♒ 28	12 ♓	12 ♒	1 ♐	18 ♏	22 ♈
29	8 ♈ 10	26 ♓ 30	26 ♓ 54	27 ♓ 25	1 ♈ 7	29 ♓ 16	22 ♋ 31	15 ♊ 27	24 ♓ 4	24 ♉ 36	29 ♓ 55	3 ♒ 29	12 ♓	13 ♒	1 ♐	18 ♏	22 ♈
30	9 ♈ 10	11 ♈ 32	26 ♓ 51	27 R 25	0 ♈ 20	28 ♓ 43	22 ♋ 50	15 ♊ 36	24 ♓ 12	24 ♉ 38	29 ♓ 58	3 ♒ 30	13 ♓	13 ♒	1 ♐	18 ♏	22 ♈
31	10 ♈ 9	26 ♈ 41	26 ♓ 48	27 ♓ 24	29 ♓ 37	28 ♓ 12	23 ♋ 9	15 ♊ 46	24 ♓ 19	24 ♉ 41	0 ♈ 0	3 ♒ 31	13 ♓	13 ♒	1 ♐	18 ♏	22 ♈

SUN INGRESS	☉ → ♈ 20日 18:01
MOON PHASE	◐ 7日 01:31 ♊ ○ 14日 15:54 ♍ ◑ 22日 20:29 ♑ ● 29日 19:58 ♈

aspects		
3日	01:22	☿☌♆
3日	03:19	☉□♃
5日	22:13	☿⚹♇
8日	14:13	☉△♂
12日	07:55	☿☌♀
12日	19:29	☉☌♄
14日	18:17	☉⚹♅
20日	08:25	☉☌♆
22日	06:32	♀⚹♇
23日	10:08	☉☌♀
24日	04:32	☉⚹♇
25日	04:48	☉☌☿
26日	07:02	☿⚹♇
27日	22:13	♀☌♆
30日	11:47	☿☌♆

2025年4月

DAY	☉	☽	☊ mean	☊ true	☿	♀	♂	♃	♄	♅	♆	♇	⚳	⚴	⚵	⚶	⚷
	° ′	° ′	° ′	° ′	° ′	° ′	° ′	° ′	° ′	° ′	° ′	° ′	°	°	°	°	°
1	11 ♈ 8	11 ♉ 46	26 ♓ 45	27 R 23	28 R 58	27 R 42	23 D 28	15 D 55	24 D 26	24 D 44	0 D 2	3 D 32	13 D	13 D	1 R	18 R	22 D
2	12 ♈ 7	26 ♉ 40	26 ♓ 41	27 ♓ 21	28 ♓ 23	27 ♓ 14	23 ♋ 48	16 ♊ 4	24 ♓ 33	24 ♉ 47	0 ♈ 4	3 ♒ 33	14 ♓	14 ♒	1 ♐	17 ♏	22 ♈
3	13 ♈ 7	11 ♊ 15	26 ♓ 38	27 ♓ 19	27 ♓ 54	26 ♓ 48	24 ♋ 8	16 ♊ 13	24 ♓ 41	24 ♉ 49	0 ♈ 7	3 ♒ 34	14 ♓	14 ♒	1 ♐	17 ♏	22 ♈
4	14 ♈ 6	25 ♊ 27	26 ♓ 35	27 ♓ 18	27 ♓ 30	26 ♓ 25	24 ♋ 28	16 ♊ 23	24 ♓ 48	24 ♉ 52	0 ♈ 9	3 ♒ 35	14 ♓	14 ♒	1 ♐	17 ♏	22 ♈
5	15 ♈ 5	9 ♋ 14	26 ♓ 32	27 ♓ 17	27 ♓ 11	26 ♓ 3	24 ♋ 49	16 ♊ 33	24 ♓ 55	24 ♉ 55	0 ♈ 11	3 ♒ 36	15 ♓	15 ♒	1 ♐	17 ♏	22 ♈
6	16 ♈ 4	22 ♋ 36	26 ♓ 29	27 D 17	26 ♓ 58	25 ♓ 44	25 ♋ 10	16 ♊ 42	25 ♓ 2	24 ♉ 58	0 ♈ 13	3 ♒ 37	15 ♓	15 ♒	1 ♐	17 ♏	22 ♈
7	17 ♈ 3	5 ♌ 36	26 ♓ 26	27 ♓ 18	26 ♓ 51	25 ♓ 27	25 ♋ 31	16 ♊ 52	25 ♓ 9	25 ♉ 1	0 ♈ 15	3 ♒ 38	15 ♓	15 ♒	1 ♐	17 ♏	22 ♈
8	18 ♈ 2	18 ♌ 16	26 ♓ 22	27 ♓ 19	26 D 49	25 ♓ 13	25 ♋ 53	17 ♊ 2	25 ♓ 16	25 ♉ 4	0 ♈ 18	3 ♒ 38	16 ♓	15 ♒	0 ♐	17 ♏	22 ♈
9	19 ♈ 1	0 ♍ 41	26 ♓ 19	27 ♓ 21	26 ♓ 53	25 ♓ 1	26 ♋ 15	17 ♊ 12	25 ♓ 23	25 ♉ 7	0 ♈ 20	3 ♒ 39	16 ♓	16 ♒	0 ♐	17 ♏	22 ♈
10	20 ♈ 0	12 ♍ 52	26 ♓ 16	27 ♓ 22	27 ♓ 2	24 ♓ 51	26 ♋ 37	17 ♊ 23	25 ♓ 30	25 ♉ 10	0 ♈ 22	3 ♒ 40	17 ♓	16 ♒	0 ♐	16 ♏	22 ♈
11	20 ♈ 59	24 ♍ 55	26 ♓ 13	27 ♓ 23	27 ♓ 15	24 ♓ 44	27 ♋ 0	17 ♊ 33	25 ♓ 37	25 ♉ 13	0 ♈ 24	3 ♒ 40	17 ♓	16 ♒	0 ♐	16 ♏	22 ♈
12	21 ♈ 58	6 ♎ 51	26 ♓ 10	27 R 22	27 ♓ 34	24 ♓ 39	27 ♋ 23	17 ♊ 43	25 ♓ 44	25 ♉ 16	0 ♈ 26	3 ♒ 41	17 ♓	16 ♒	0 ♐	16 ♏	22 ♈
13	22 ♈ 57	18 ♎ 42	26 ♓ 6	27 ♓ 21	27 ♓ 58	24 ♓ 37	27 ♋ 46	17 ♊ 54	25 ♓ 51	25 ♉ 19	0 ♈ 28	3 ♒ 42	18 ♓	16 ♒	0 ♐	16 ♏	22 ♈
14	23 ♈ 55	0 ♏ 32	26 ♓ 3	27 ♓ 18	28 ♓ 26	24 D 37	28 ♋ 9	18 ♊ 4	25 ♓ 58	25 ♉ 22	0 ♈ 31	3 ♒ 42	18 ♓	17 ♒	0 ♐	16 ♏	22 ♈
15	24 ♈ 54	12 ♏ 22	26 ♓ 0	27 ♓ 14	28 ♓ 58	24 ♓ 40	28 ♋ 33	18 ♊ 15	26 ♓ 5	25 ♉ 25	0 ♈ 33	3 ♒ 43	18 ♓	17 ♒	0 ♐	16 ♏	23 ♈
16	25 ♈ 53	24 ♏ 14	25 ♓ 57	27 ♓ 9	29 ♓ 34	24 ♓ 45	28 ♋ 57	18 ♊ 26	26 ♓ 11	25 ♉ 28	0 ♈ 35	3 ♒ 43	19 ♓	17 ♒	29 ♏	15 ♏	23 ♈
17	26 ♈ 52	6 ♐ 10	25 ♓ 54	27 ♓ 4	0 ♈ 14	24 ♓ 52	29 ♋ 21	18 ♊ 37	26 ♓ 18	25 ♉ 31	0 ♈ 37	3 ♒ 44	19 ♓	18 ♒	29 ♏	15 ♏	23 ♈
18	27 ♈ 50	18 ♐ 12	25 ♓ 51	26 ♓ 59	0 ♈ 58	25 ♓ 1	29 ♋ 46	18 ♊ 47	26 ♓ 25	25 ♉ 34	0 ♈ 39	3 ♒ 45	20 ♓	18 ♒	29 ♏	15 ♏	23 ♈
19	28 ♈ 49	0 ♑ 24	25 ♓ 47	26 ♓ 54	1 ♈ 46	25 ♓ 13	0 ♌ 11	18 ♊ 58	26 ♓ 31	25 ♉ 38	0 ♈ 41	3 ♒ 45	20 ♓	18 ♒	29 ♏	15 ♏	23 ♈
20	29 ♈ 47	12 ♑ 49	25 ♓ 44	26 ♓ 52	2 ♈ 36	25 ♓ 27	0 ♌ 35	19 ♊ 10	26 ♓ 38	25 ♉ 41	0 ♈ 43	3 ♒ 45	20 ♓	18 ♒	29 ♏	15 ♏	23 ♈
21	0 ♉ 46	25 ♑ 30	25 ♓ 41	26 ♓ 50	3 ♈ 30	25 ♓ 42	1 ♌ 1	19 ♊ 21	26 ♓ 45	25 ♉ 44	0 ♈ 45	3 ♒ 46	21 ♓	19 ♒	29 ♏	14 ♏	23 ♈
22	1 ♉ 45	8 ♒ 31	25 ♓ 38	26 D 50	4 ♈ 27	26 ♓ 0	1 ♌ 26	19 ♊ 32	26 ♓ 51	25 ♉ 47	0 ♈ 47	3 ♒ 46	21 ♓	19 ♒	28 ♏	14 ♏	23 ♈
23	2 ♉ 43	21 ♒ 55	25 ♓ 35	26 ♓ 51	5 ♈ 27	26 ♓ 19	1 ♌ 52	19 ♊ 43	26 ♓ 58	25 ♉ 51	0 ♈ 49	3 ♒ 47	21 ♓	19 ♒	28 ♏	14 ♏	23 ♈
24	3 ♉ 42	5 ♓ 45	25 ♓ 32	26 ♓ 53	6 ♈ 30	26 ♓ 41	2 ♌ 18	19 ♊ 55	27 ♓ 4	25 ♉ 54	0 ♈ 51	3 ♒ 47	22 ♓	19 ♒	28 ♏	14 ♏	23 ♈
25	4 ♉ 40	20 ♓ 1	25 ♓ 28	26 ♓ 54	7 ♈ 36	27 ♓ 4	2 ♌ 44	20 ♊ 6	27 ♓ 11	25 ♉ 57	0 ♈ 53	3 ♒ 47	22 ♓	19 ♒	28 ♏	13 ♏	23 ♈
26	5 ♉ 39	4 ♈ 41	25 ♓ 25	26 R 54	8 ♈ 44	27 ♓ 29	3 ♌ 10	20 ♊ 18	27 ♓ 17	26 ♉ 0	0 ♈ 55	3 ♒ 47	22 ♓	20 ♒	28 ♏	13 ♏	23 ♈
27	6 ♉ 37	19 ♈ 41	25 ♓ 22	26 ♓ 52	9 ♈ 54	27 ♓ 55	3 ♌ 37	20 ♊ 30	27 ♓ 23	26 ♉ 4	0 ♈ 57	3 ♒ 48	23 ♓	20 ♒	28 ♏	13 ♏	23 ♈
28	7 ♉ 35	4 ♉ 54	25 ♓ 19	26 ♓ 49	11 ♈ 7	28 ♓ 23	4 ♌ 3	20 ♊ 41	27 ♓ 30	26 ♉ 7	0 ♈ 59	3 ♒ 48	23 ♓	20 ♒	27 ♏	13 ♏	23 ♈
29	8 ♉ 34	20 ♉ 9	25 ♓ 16	26 ♓ 43	12 ♈ 23	28 ♓ 53	4 ♌ 30	20 ♊ 53	27 ♓ 36	26 ♉ 11	1 ♈ 1	3 ♒ 48	23 ♓	20 ♒	27 ♏	13 ♏	23 ♈
30	9 ♉ 32	5 ♊ 17	25 ♓ 12	26 ♓ 37	13 ♈ 40	29 ♓ 24	4 ♌ 57	21 ♊ 5	27 ♓ 42	26 ♉ 14	1 ♈ 3	3 ♒ 48	24 ♓	20 ♒	27 ♏	12 ♏	23 ♈

SUN INGRESS	☉ → ♉ 20日 04:56
MOON PHASE	◐ 5日 11:14 ♋ ○ 13日 09:22 ♎ ◑ 21日 10:35 ♒ ● 28日 04:31 ♉

aspects		
5日	01:21	♄⚹♅
5日	08:05	♂⚹♅
5日	10:08	♂△♄
6日	18:45	☉⚹♃
6日	21:14	♀△♂
7日	20:01	♀☌♄
8日	13:48	♀⚹♅
17日	13:11	☿☌♆
20日	07:53	♂△♆
21日	03:21	☿⚹♅
21日	06:40	☿⚹♇
21日	10:34	☉□♂
24日	02:10	☉□♇
25日	09:02	♀☌♄
27日	10:06	♂☍♇

2025年5月

DAY	☉	☽	☊ mean	☊ true	☿	♀	♂	♃	♄	♅	♆	♇	⚳	⚴	⚵	⚶	⚷
	° ′	° ′	° ′	° ′	° ′	° ′	° ′	° ′	° ′	° ′	° ′	° ′	°	°	°	°	°
1	10 ♉ 30	20 ♊ 6	25 ♓ 9	26 R 30	15 D 0	29 D 56	5 D 25	21 D 17	27 D 48	26 D 17	1 D 5	3 D 48	24 D	21 D	27 R	12 R	24 D
2	11 ♉ 29	4 ♋ 31	25 ♓ 6	26 ♓ 25	16 ♈ 22	0 ♈ 30	5 ♌ 52	21 ♊ 29	27 ♓ 54	26 ♉ 21	1 ♈ 6	3 ♒ 48	24 ♓	21 ♒	27 ♏	12 ♏	24 ♈
3	12 ♉ 27	18 ♋ 28	25 ♓ 3	26 ♓ 20	17 ♈ 46	1 ♈ 5	6 ♌ 20	21 ♊ 41	28 ♓ 0	26 ♉ 24	1 ♈ 8	3 ♒ 49	25 ♓	21 ♒	26 ♏	12 ♏	24 ♈
4	13 ♉ 25	1 ♌ 56	25 ♓ 0	26 ♓ 18	19 ♈ 12	1 ♈ 42	6 ♌ 48	21 ♊ 53	28 ♓ 6	26 ♉ 28	1 ♈ 10	3 ♒ 49	25 ♓	21 ♒	26 ♏	11 ♏	24 ♈
5	14 ♉ 23	14 ♌ 57	24 ♓ 57	26 D 17	20 ♈ 40	2 ♈ 19	7 ♌ 16	22 ♊ 6	28 ♓ 12	26 ♉ 31	1 ♈ 12	3 ♒ 49	25 ♓	21 ♒	26 ♏	11 ♏	24 ♈
6	15 ♉ 21	27 ♌ 35	24 ♓ 53	26 ♓ 18	22 ♈ 10	2 ♈ 58	7 ♌ 44	22 ♊ 18	28 ♓ 18	26 ♉ 34	1 ♈ 14	3 R 49	26 ♓	22 ♒	26 ♏	11 ♏	24 ♈
7	16 ♉ 20	9 ♍ 54	24 ♓ 50	26 ♓ 19	23 ♈ 42	3 ♈ 38	8 ♌ 13	22 ♊ 30	28 ♓ 24	26 ♉ 38	1 ♈ 15	3 ♒ 49	26 ♓	22 ♒	26 ♏	11 ♏	24 ♈
8	17 ♉ 18	21 ♍ 59	24 ♓ 47	26 ♓ 20	25 ♈ 17	4 ♈ 18	8 ♌ 41	22 ♊ 43	28 ♓ 29	26 ♉ 41	1 ♈ 17	3 ♒ 49	27 ♓	22 ♒	25 ♏	10 ♏	24 ♈
9	18 ♉ 16	3 ♎ 54	24 ♓ 44	26 R 20	26 ♈ 53	5 ♈ 0	9 ♌ 10	22 ♊ 55	28 ♓ 35	26 ♉ 45	1 ♈ 19	3 ♒ 48	27 ♓	22 ♒	25 ♏	10 ♏	24 ♈
10	19 ♉ 14	15 ♎ 44	24 ♓ 41	26 ♓ 18	28 ♈ 31	5 ♈ 43	9 ♌ 39	23 ♊ 8	28 ♓ 41	26 ♉ 48	1 ♈ 20	3 ♒ 48	27 ♓	22 ♒	25 ♏	10 ♏	24 ♈
11	20 ♉ 12	27 ♎ 33	24 ♓ 37	26 ♓ 13	0 ♉ 11	6 ♈ 27	10 ♌ 8	23 ♊ 20	28 ♓ 46	26 ♉ 52	1 ♈ 22	3 ♒ 48	28 ♓	22 ♒	25 ♏	10 ♏	24 ♈
12	21 ♉ 10	9 ♏ 22	24 ♓ 34	26 ♓ 7	1 ♉ 53	7 ♈ 12	10 ♌ 37	23 ♊ 33	28 ♓ 52	26 ♉ 55	1 ♈ 24	3 ♒ 48	28 ♓	22 ♒	24 ♏	9 ♏	24 ♈
13	22 ♉ 8	21 ♏ 15	24 ♓ 31	25 ♓ 58	3 ♉ 37	7 ♈ 57	11 ♌ 7	23 ♊ 46	28 ♓ 57	26 ♉ 59	1 ♈ 25	3 ♒ 48	28 ♓	23 ♒	24 ♏	9 ♏	24 ♈
14	23 ♉ 5	3 ♐ 12	24 ♓ 28	25 ♓ 48	5 ♉ 23	8 ♈ 44	11 ♌ 36	23 ♊ 58	29 ♓ 3	27 ♉ 2	1 ♈ 27	3 ♒ 48	28 ♓	23 ♒	24 ♏	9 ♏	24 ♈
15	24 ♉ 3	15 ♐ 16	24 ♓ 25	25 ♓ 37	7 ♉ 11	9 ♈ 31	12 ♌ 6	24 ♊ 11	29 ♓ 8	27 ♉ 6	1 ♈ 28	3 ♒ 47	29 ♓	23 ♒	24 ♏	9 ♏	24 ♈
16	25 ♉ 1	27 ♐ 27	24 ♓ 22	25 ♓ 26	9 ♉ 1	10 ♈ 19	12 ♌ 36	24 ♊ 24	29 ♓ 13	27 ♉ 9	1 ♈ 30	3 ♒ 47	29 ♓	23 ♒	23 ♏	8 ♏	24 ♈
17	25 ♉ 59	9 ♑ 48	24 ♓ 18	25 ♓ 17	10 ♉ 54	11 ♈ 8	13 ♌ 6	24 ♊ 37	29 ♓ 18	27 ♉ 13	1 ♈ 32	3 ♒ 47	29 ♓	23 ♒	23 ♏	8 ♏	24 ♈
18	26 ♉ 57	22 ♑ 20	24 ♓ 15	25 ♓ 10	12 ♉ 48	11 ♈ 57	13 ♌ 36	24 ♊ 50	29 ♓ 23	27 ♉ 16	1 ♈ 33	3 ♒ 46	0 ♈	23 ♒	23 ♏	8 ♏	24 ♈
19	27 ♉ 55	5 ♒ 5	24 ♓ 12	25 ♓ 5	14 ♉ 44	12 ♈ 48	14 ♌ 6	25 ♊ 3	29 ♓ 28	27 ♉ 20	1 ♈ 34	3 ♒ 46	0 ♈	23 ♒	23 ♏	8 ♏	25 ♈
20	28 ♉ 52	18 ♒ 5	24 ♓ 9	25 ♓ 3	16 ♉ 41	13 ♈ 39	14 ♌ 36	25 ♊ 16	29 ♓ 33	27 ♉ 23	1 ♈ 36	3 ♒ 46	0 ♈	24 ♒	23 ♏	8 ♏	25 ♈
21	29 ♉ 50	1 ♓ 25	24 ♓ 6	25 D 2	18 ♉ 41	14 ♈ 30	15 ♌ 7	25 ♊ 29	29 ♓ 38	27 ♉ 27	1 ♈ 37	3 ♒ 45	1 ♈	24 ♒	22 ♏	7 ♏	25 ♈
22	0 ♊ 48	15 ♓ 5	24 ♓ 3	25 ♓ 3	20 ♉ 43	15 ♈ 22	15 ♌ 38	25 ♊ 42	29 ♓ 43	27 ♉ 30	1 ♈ 39	3 ♒ 45	1 ♈	24 ♒	22 ♏	7 ♏	25 ♈
23	1 ♊ 46	29 ♓ 9	23 ♓ 59	25 R 3	22 ♉ 46	16 ♈ 15	16 ♌ 8	25 ♊ 55	29 ♓ 48	27 ♉ 34	1 ♈ 40	3 ♒ 44	1 ♈	24 ♒	22 ♏	7 ♏	25 ♈
24	2 ♊ 43	13 ♈ 35	23 ♓ 56	25 ♓ 2	24 ♉ 51	17 ♈ 9	16 ♌ 39	26 ♊ 8	29 ♓ 53	27 ♉ 37	1 ♈ 41	3 ♒ 44	2 ♈	24 ♒	22 ♏	7 ♏	25 ♈
25	3 ♊ 41	28 ♈ 21	23 ♓ 53	24 ♓ 58	26 ♉ 58	18 ♈ 2	17 ♌ 10	26 ♊ 21	29 ♓ 57	27 ♉ 41	1 ♈ 43	3 ♒ 43	2 ♈	24 ♒	21 ♏	7 ♏	25 ♈
26	4 ♊ 39	13 ♉ 23	23 ♓ 50	24 ♓ 52	29 ♉ 6	18 ♈ 57	17 ♌ 42	26 ♊ 34	0 ♈ 2	27 ♉ 44	1 ♈ 44	3 ♒ 43	2 ♈	24 ♒	21 ♏	7 ♏	25 ♈
27	5 ♊ 36	28 ♉ 31	23 ♓ 47	24 ♓ 44	1 ♊ 15	19 ♈ 52	18 ♌ 13	26 ♊ 48	0 ♈ 6	27 ♉ 47	1 ♈ 45	3 ♒ 42	3 ♈	24 ♒	21 ♏	6 ♏	25 ♈
28	6 ♊ 34	13 ♊ 35	23 ♓ 43	24 ♓ 34	3 ♊ 25	20 ♈ 47	18 ♌ 44	27 ♊ 1	0 ♈ 10	27 ♉ 51	1 ♈ 46	3 ♒ 41	3 ♈	24 ♒	21 ♏	6 ♏	25 ♈
29	7 ♊ 32	28 ♊ 26	23 ♓ 40	24 ♓ 23	5 ♊ 36	21 ♈ 43	19 ♌ 16	27 ♊ 14	0 ♈ 15	27 ♉ 54	1 ♈ 48	3 ♒ 41	3 ♈	24 ♒	21 ♏	6 ♏	25 ♈
30	8 ♊ 29	12 ♋ 56	23 ♓ 37	24 ♓ 14	7 ♊ 48	22 ♈ 40	19 ♌ 47	27 ♊ 28	0 ♈ 19	27 ♉ 58	1 ♈ 49	3 ♒ 40	3 ♈	24 ♒	20 ♏	6 ♏	25 ♈
31	9 ♊ 27	26 ♋ 58	23 ♓ 34	24 ♓ 6	10 ♊ 0	23 ♈ 36	20 ♌ 19	27 ♊ 41	0 ♈ 23	28 ♉ 1	1 ♈ 50	3 ♒ 39	4 ♈	24 ♒	20 ♏	6 ♏	25 ♈

SUN INGRESS	☉ → ♊ 21日 03:54
MOON PHASE	◐ 4日 22:51 ♌ ○ 13日 01:56 ♏ ◑ 20日 20:58 ♒ ● 27日 12:02 ♊

aspects

3日	02:07	♀☌♆
6日	02:22	☿⚹♃
7日	06:32	♀⚹♇
13日	02:23	☿□♇
18日	08:32	☉☌♅
18日	13:36	☿□♂
20日	18:39	☉⚹♄
22日	16:42	♀△♂
22日	21:40	☉⚹♆
25日	00:55	☉△♇
25日	08:15	☿☌♅
26日	10:46	☿⚹♄
27日	05:37	☿⚹♆
28日	02:56	☿△♇
30日	13:13	☉☌☿

2025年6月

DAY	☉	☽	☊ mean	☊ true	☿	♀	♂	♃	♄	♅	♆	♇	⚳	⚴	⚵	⚶	⚷
	° ′	° ′	° ′	° ′	° ′	° ′	° ′	° ′	° ′	° ′	° ′	° ′	°	°	°	°	°
1	10 ♊ 24	10 ♌ 32	23 ♓ 31	24 R 0	12 D 12	24 D 34	20 D 51	27 D 54	0 D 27	28 D 5	1 D 51	3 R 39	4 D	25 D	20 R	6 R	25 D
2	11 ♊ 22	23 ♌ 37	23 ♓ 28	23 ♓ 57	14 ♊ 24	25 ♈ 31	21 ♌ 23	28 ♊ 8	0 ♈ 31	28 ♉ 8	1 ♈ 52	3 ♒ 38	4 ♈	25 ♒	20 ♏	6 ♏	25 ♈
3	12 ♊ 19	6 ♍ 17	23 ♓ 24	23 ♓ 56	16 ♊ 35	26 ♈ 29	21 ♌ 55	28 ♊ 21	0 ♈ 35	28 ♉ 12	1 ♈ 53	3 ♒ 37	5 ♈	25 ♒	20 ♏	5 ♏	25 ♈
4	13 ♊ 17	18 ♍ 36	23 ♓ 21	23 D 56	18 ♊ 46	27 ♈ 28	22 ♌ 27	28 ♊ 35	0 ♈ 39	28 ♉ 15	1 ♈ 54	3 ♒ 37	5 ♈	25 ♒	19 ♏	5 ♏	25 ♈
5	14 ♊ 14	0 ♎ 40	23 ♓ 18	23 R 56	20 ♊ 55	28 ♈ 27	23 ♌ 0	28 ♊ 48	0 ♈ 43	28 ♉ 18	1 ♈ 55	3 ♒ 36	5 ♈	25 ♒	19 ♏	5 ♏	25 ♈
6	15 ♊ 12	12 ♎ 35	23 ♓ 15	23 ♓ 55	23 ♊ 4	29 ♈ 26	23 ♌ 32	29 ♊ 2	0 ♈ 46	28 ♉ 22	1 ♈ 56	3 ♒ 35	5 ♈	25 ♒	19 ♏	5 ♏	25 ♈
7	16 ♊ 9	24 ♎ 24	23 ♓ 12	23 ♓ 52	25 ♊ 11	0 ♉ 25	24 ♌ 5	29 ♊ 15	0 ♈ 50	28 ♉ 25	1 ♈ 57	3 ♒ 34	6 ♈	25 ♒	19 ♏	5 ♏	25 ♈
8	17 ♊ 6	6 ♏ 12	23 ♓ 9	23 ♓ 46	27 ♊ 16	1 ♉ 25	24 ♌ 37	29 ♊ 29	0 ♈ 53	28 ♉ 29	1 ♈ 58	3 ♒ 33	6 ♈	25 ♒	19 ♏	5 ♏	25 ♈
9	18 ♊ 4	18 ♏ 4	23 ♓ 5	23 ♓ 37	29 ♊ 19	2 ♉ 25	25 ♌ 10	29 ♊ 42	0 ♈ 57	28 ♉ 32	1 ♈ 59	3 ♒ 32	6 ♈	25 ♒	19 ♏	5 ♏	26 ♈
10	19 ♊ 1	0 ♐ 2	23 ♓ 2	23 ♓ 26	1 ♋ 20	3 ♉ 26	25 ♌ 43	29 ♊ 56	1 ♈ 0	28 ♉ 35	2 ♈ 0	3 ♒ 31	7 ♈	25 R	18 ♏	5 ♏	26 ♈
11	19 ♊ 59	12 ♐ 7	22 ♓ 59	23 ♓ 14	3 ♋ 20	4 ♉ 26	26 ♌ 16	0 ♋ 10	1 ♈ 3	28 ♉ 39	2 ♈ 0	3 ♒ 31	7 ♈	25 ♒	18 ♏	5 ♏	26 ♈
12	20 ♊ 56	24 ♐ 22	22 ♓ 56	23 ♓ 0	5 ♋ 17	5 ♉ 27	26 ♌ 49	0 ♋ 23	1 ♈ 6	28 ♉ 42	2 ♈ 1	3 ♒ 30	7 ♈	25 ♒	18 ♏	5 ♏	26 ♈
13	21 ♊ 53	6 ♑ 47	22 ♓ 53	22 ♓ 47	7 ♋ 12	6 ♉ 29	27 ♌ 22	0 ♋ 37	1 ♈ 9	28 ♉ 45	2 ♈ 2	3 ♒ 29	7 ♈	25 ♒	18 ♏	5 ♏	26 ♈
14	22 ♊ 51	19 ♑ 22	22 ♓ 49	22 ♓ 36	9 ♋ 4	7 ♉ 30	27 ♌ 55	0 ♋ 51	1 ♈ 12	28 ♉ 48	2 ♈ 3	3 ♒ 28	8 ♈	25 ♒	18 ♏	5 ♏	26 ♈
15	23 ♊ 48	2 ♒ 8	22 ♓ 46	22 ♓ 27	10 ♋ 54	8 ♉ 32	28 ♌ 28	1 ♋ 4	1 ♈ 15	28 ♉ 52	2 ♈ 3	3 ♒ 27	8 ♈	25 ♒	18 ♏	5 ♏	26 ♈
16	24 ♊ 45	15 ♒ 5	22 ♓ 43	22 ♓ 20	12 ♋ 42	9 ♉ 35	29 ♌ 1	1 ♋ 18	1 ♈ 18	28 ♉ 55	2 ♈ 4	3 ♒ 26	8 ♈	25 ♒	17 ♏	5 D	26 ♈
17	25 ♊ 42	28 ♒ 15	22 ♓ 40	22 ♓ 17	14 ♋ 28	10 ♉ 37	29 ♌ 35	1 ♋ 32	1 ♈ 20	28 ♉ 58	2 ♈ 5	3 ♒ 25	8 ♈	25 ♒	17 ♏	5 ♏	26 ♈
18	26 ♊ 40	11 ♓ 39	22 ♓ 37	22 ♓ 15	16 ♋ 11	11 ♉ 40	0 ♍ 8	1 ♋ 45	1 ♈ 23	29 ♉ 1	2 ♈ 5	3 ♒ 24	9 ♈	25 ♒	17 ♏	5 ♏	26 ♈
19	27 ♊ 37	25 ♓ 18	22 ♓ 34	22 D 15	17 ♋ 51	12 ♉ 43	0 ♍ 42	1 ♋ 59	1 ♈ 25	29 ♉ 4	2 ♈ 6	3 ♒ 23	9 ♈	24 ♒	17 ♏	5 ♏	26 ♈
20	28 ♊ 34	9 ♈ 14	22 ♓ 30	22 R 15	19 ♋ 29	13 ♉ 46	1 ♍ 16	2 ♋ 13	1 ♈ 28	29 ♉ 8	2 ♈ 6	3 ♒ 21	9 ♈	24 ♒	17 ♏	5 ♏	26 ♈
21	29 ♊ 32	23 ♈ 28	22 ♓ 27	22 ♓ 13	21 ♋ 5	14 ♉ 49	1 ♍ 50	2 ♋ 26	1 ♈ 30	29 ♉ 11	2 ♈ 7	3 ♒ 20	9 ♈	24 ♒	17 ♏	5 ♏	26 ♈
22	0 ♋ 29	7 ♉ 57	22 ♓ 24	22 ♓ 10	22 ♋ 38	15 ♉ 53	2 ♍ 24	2 ♋ 40	1 ♈ 32	29 ♉ 14	2 ♈ 7	3 ♒ 19	10 ♈	24 ♒	17 ♏	5 ♏	26 ♈
23	1 ♋ 26	22 ♉ 38	22 ♓ 21	22 ♓ 4	24 ♋ 9	16 ♉ 57	2 ♍ 58	2 ♋ 54	1 ♈ 34	29 ♉ 17	2 ♈ 8	3 ♒ 18	10 ♈	24 ♒	17 ♏	5 ♏	26 ♈
24	2 ♋ 23	7 ♊ 26	22 ♓ 18	21 ♓ 55	25 ♋ 37	18 ♉ 1	3 ♍ 32	3 ♋ 7	1 ♈ 36	29 ♉ 20	2 ♈ 8	3 ♒ 17	10 ♈	24 ♒	17 ♏	5 ♏	26 ♈
25	3 ♋ 21	22 ♊ 12	22 ♓ 15	21 ♓ 44	27 ♋ 2	19 ♉ 5	4 ♍ 6	3 ♋ 21	1 ♈ 38	29 ♉ 23	2 ♈ 8	3 ♒ 16	10 ♈	24 ♒	16 ♏	5 ♏	26 ♈
26	4 ♋ 18	6 ♋ 50	22 ♓ 11	21 ♓ 33	28 ♋ 25	20 ♉ 10	4 ♍ 40	3 ♋ 35	1 ♈ 40	29 ♉ 26	2 ♈ 9	3 ♒ 15	10 ♈	24 ♒	16 ♏	5 ♏	26 ♈
27	5 ♋ 15	21 ♋ 10	22 ♓ 8	21 ♓ 23	29 ♋ 46	21 ♉ 14	5 ♍ 14	3 ♋ 49	1 ♈ 42	29 ♉ 29	2 ♈ 9	3 ♒ 13	11 ♈	24 ♒	16 ♏	5 ♏	26 ♈
28	6 ♋ 12	5 ♌ 8	22 ♓ 5	21 ♓ 15	1 ♌ 4	22 ♉ 19	5 ♍ 49	4 ♋ 2	1 ♈ 43	29 ♉ 32	2 ♈ 9	3 ♒ 12	11 ♈	24 ♒	16 ♏	6 ♏	26 ♈
29	7 ♋ 10	18 ♌ 40	22 ♓ 2	21 ♓ 8	2 ♌ 19	23 ♉ 24	6 ♍ 23	4 ♋ 16	1 ♈ 45	29 ♉ 35	2 ♈ 9	3 ♒ 11	11 ♈	24 ♒	16 ♏	6 ♏	26 ♈
30	8 ♋ 7	1 ♍ 45	21 ♓ 59	21 ♓ 5	3 ♌ 31	24 ♉ 30	6 ♍ 58	4 ♋ 30	1 ♈ 46	29 ♉ 38	2 ♈ 10	3 ♒ 10	11 ♈	23 ♒	16 ♏	6 ♏	26 ♈

SUN INGRESS	☉ → ♋ 21日 11:42
MOON PHASE	◐ 3日 12:41 ♍ ○ 11日 16:44 ♐ ◑ 19日 04:19 ♓ ● 25日 19:31 ♋

aspects

5日	11:32	♀⚹♃
6日	07:10	☿⚹♂
9日	05:12	☿☌♃
9日	19:48	☿□♄
10日	02:21	♀□♇
10日	07:55	☿□♆
12日	04:41	☿⚹♀
15日	18:47	♂□♅
15日	23:36	♃□♄
19日	12:16	♃□♆
22日	19:32	♂⚹♃
23日	03:36	☉□♄
23日	17:29	☉□♆
25日	00:17	☉☌♃
26日	18:45	☿⚹♅
26日	23:11	☉⚹♂
28日	12:53	☿△♄
28日	20:58	☿△♆
29日	16:57	☿☍♇

2025年7月

DAY	☉	☽	☊ mean	☊ true	☿	♀	♂	♃	♄	♅	♆	♇	⚳	⚴	⚵	⚶	⚷
	° ′	° ′	° ′	° ′	° ′	° ′	° ′	° ′	° ′	° ′	° ′	° ′	°	°	°	°	°
1	9 ♋ 4	14 ♍ 27	21 ♓ 56	21 R 3	4 D 41	25 D 35	7 D 33	4 D 43	1 D 48	29 D 41	2 D 10	3 R 8	12 D	23 R	16 R	6 D	26 D
2	10 ♋ 1	26 ♍ 49	21 ♓ 52	21 D 3	5 ♌ 47	26 ♉ 40	8 ♍ 7	4 ♋ 57	1 ♈ 49	29 ♉ 44	2 ♈ 10	3 ♒ 7	12 ♈	23 ♒	16 ♏	6 ♏	26 ♈
3	10 ♋ 59	8 ♎ 55	21 ♓ 49	21 ♓ 4	6 ♌ 51	27 ♉ 46	8 ♍ 42	5 ♋ 11	1 ♈ 50	29 ♉ 47	2 ♈ 10	3 ♒ 6	12 ♈	23 ♒	16 ♏	6 ♏	26 ♈
4	11 ♋ 56	20 ♎ 50	21 ♓ 46	21 R 3	7 ♌ 51	28 ♉ 52	9 ♍ 17	5 ♋ 24	1 ♈ 51	29 ♉ 49	2 ♈ 10	3 ♒ 5	12 ♈	23 ♒	16 ♏	6 ♏	26 ♈
5	12 ♋ 53	2 ♏ 41	21 ♓ 43	21 ♓ 1	8 ♌ 49	29 ♉ 58	9 ♍ 52	5 ♋ 38	1 ♈ 52	29 ♉ 52	2 ♈ 10	3 ♒ 3	12 ♈	23 ♒	16 ♏	6 ♏	26 ♈
6	13 ♋ 50	14 ♏ 32	21 ♓ 40	20 ♓ 57	9 ♌ 43	1 ♊ 4	10 ♍ 27	5 ♋ 52	1 ♈ 53	29 ♉ 55	2 R 10	3 ♒ 2	13 ♈	23 ♒	16 ♏	7 ♏	26 ♈
7	14 ♋ 47	26 ♏ 27	21 ♓ 36	20 ♓ 51	10 ♌ 34	2 ♊ 11	11 ♍ 2	6 ♋ 5	1 ♈ 53	29 ♉ 58	2 ♈ 10	3 ♒ 1	13 ♈	22 ♒	16 ♏	7 ♏	26 ♈
8	15 ♋ 45	8 ♐ 30	21 ♓ 33	20 ♓ 42	11 ♌ 21	3 ♊ 17	11 ♍ 37	6 ♋ 19	1 ♈ 54	0 ♊ 0	2 ♈ 10	2 ♒ 59	13 ♈	22 ♒	16 ♏	7 ♏	26 ♈
9	16 ♋ 42	20 ♐ 44	21 ♓ 30	20 ♓ 32	12 ♌ 5	4 ♊ 24	12 ♍ 13	6 ♋ 32	1 ♈ 55	0 ♊ 3	2 ♈ 10	2 ♒ 58	13 ♈	22 ♒	16 ♏	7 ♏	26 ♈
10	17 ♋ 39	3 ♑ 10	21 ♓ 27	20 ♓ 21	12 ♌ 45	5 ♊ 30	12 ♍ 48	6 ♋ 46	1 ♈ 55	0 ♊ 6	2 ♈ 10	2 ♒ 57	13 ♈	22 ♒	16 ♏	7 ♏	26 ♈
11	18 ♋ 36	15 ♑ 50	21 ♓ 24	20 ♓ 10	13 ♌ 21	6 ♊ 37	13 ♍ 23	6 ♋ 59	1 ♈ 55	0 ♊ 8	2 ♈ 10	2 ♒ 55	13 ♈	22 ♒	16 ♏	7 ♏	26 ♈
12	19 ♋ 33	28 ♑ 43	21 ♓ 21	20 ♓ 0	13 ♌ 53	7 ♊ 44	13 ♍ 59	7 ♋ 13	1 ♈ 55	0 ♊ 11	2 ♈ 9	2 ♒ 54	14 ♈	22 ♒	16 D	8 ♏	27 ♈
13	20 ♋ 31	11 ♒ 49	21 ♓ 17	19 ♓ 53	14 ♌ 21	8 ♊ 52	14 ♍ 35	7 ♋ 26	1 ♈ 56	0 ♊ 13	2 ♈ 9	2 ♒ 53	14 ♈	21 ♒	16 ♏	8 ♏	27 ♈
14	21 ♋ 28	25 ♒ 6	21 ♓ 14	19 ♓ 48	14 ♌ 44	9 ♊ 59	15 ♍ 10	7 ♋ 40	1 R 56	0 ♊ 16	2 ♈ 9	2 ♒ 51	14 ♈	21 ♒	16 ♏	8 ♏	27 ♈
15	22 ♋ 25	8 ♓ 35	21 ♓ 11	19 ♓ 46	15 ♌ 3	11 ♊ 6	15 ♍ 46	7 ♋ 53	1 ♈ 55	0 ♊ 18	2 ♈ 9	2 ♒ 50	14 ♈	21 ♒	16 ♏	8 ♏	27 ♈
16	23 ♋ 22	22 ♓ 13	21 ♓ 8	19 D 45	15 ♌ 18	12 ♊ 14	16 ♍ 22	8 ♋ 7	1 ♈ 55	0 ♊ 21	2 ♈ 8	2 ♒ 48	14 ♈	21 ♒	16 ♏	8 ♏	27 ♈
17	24 ♋ 19	6 ♈ 2	21 ♓ 5	19 ♓ 46	15 ♌ 28	13 ♊ 22	16 ♍ 57	8 ♋ 20	1 ♈ 55	0 ♊ 23	2 ♈ 8	2 ♒ 47	14 ♈	21 ♒	16 ♏	9 ♏	27 ♈
18	25 ♋ 17	20 ♈ 1	21 ♓ 1	19 ♓ 46	15 ♌ 33	14 ♊ 30	17 ♍ 33	8 ♋ 34	1 ♈ 55	0 ♊ 25	2 ♈ 7	2 ♒ 46	15 ♈	20 ♒	16 ♏	9 ♏	27 ♈
19	26 ♋ 14	4 ♉ 9	20 ♓ 58	19 R 46	15 R 34	15 ♊ 38	18 ♍ 9	8 ♋ 47	1 ♈ 54	0 ♊ 28	2 ♈ 7	2 ♒ 44	15 ♈	20 ♒	16 ♏	9 ♏	27 ♈
20	27 ♋ 11	18 ♉ 25	20 ♓ 55	19 ♓ 44	15 ♌ 29	16 ♊ 46	18 ♍ 45	9 ♋ 0	1 ♈ 53	0 ♊ 30	2 ♈ 7	2 ♒ 43	15 ♈	20 ♒	16 ♏	9 ♏	27 ♈
21	28 ♋ 9	2 ♊ 46	20 ♓ 52	19 ♓ 41	15 ♌ 20	17 ♊ 54	19 ♍ 22	9 ♋ 14	1 ♈ 53	0 ♊ 32	2 ♈ 6	2 ♒ 41	15 ♈	20 ♒	16 ♏	10 ♏	27 ♈
22	29 ♋ 6	17 ♊ 10	20 ♓ 49	19 ♓ 35	15 ♌ 5	19 ♊ 2	19 ♍ 58	9 ♋ 27	1 ♈ 52	0 ♊ 34	2 ♈ 6	2 ♒ 40	15 ♈	19 ♒	16 ♏	10 ♏	27 ♈
23	0 ♌ 3	1 ♋ 31	20 ♓ 46	19 ♓ 28	14 ♌ 46	20 ♊ 11	20 ♍ 34	9 ♋ 40	1 ♈ 51	0 ♊ 37	2 ♈ 5	2 ♒ 39	15 ♈	19 ♒	16 ♏	10 ♏	27 ♈
24	1 ♌ 0	15 ♋ 44	20 ♓ 42	19 ♓ 20	14 ♌ 23	21 ♊ 19	21 ♍ 10	9 ♋ 53	1 ♈ 50	0 ♊ 39	2 ♈ 4	2 ♒ 37	15 ♈	19 ♒	16 ♏	10 ♏	27 ♈
25	1 ♌ 58	29 ♋ 43	20 ♓ 39	19 ♓ 13	13 ♌ 55	22 ♊ 28	21 ♍ 47	10 ♋ 6	1 ♈ 49	0 ♊ 41	2 ♈ 4	2 ♒ 36	15 ♈	19 ♒	16 ♏	11 ♏	27 ♈
26	2 ♌ 55	13 ♌ 25	20 ♓ 36	19 ♓ 7	13 ♌ 23	23 ♊ 37	22 ♍ 23	10 ♋ 20	1 ♈ 48	0 ♊ 43	2 ♈ 3	2 ♒ 34	15 ♈	19 ♒	16 ♏	11 ♏	27 ♈
27	3 ♌ 52	26 ♌ 45	20 ♓ 33	19 ♓ 2	12 ♌ 48	24 ♊ 46	23 ♍ 0	10 ♋ 33	1 ♈ 46	0 ♊ 45	2 ♈ 3	2 ♒ 33	16 ♈	18 ♒	16 ♏	11 ♏	27 ♈
28	4 ♌ 50	9 ♍ 45	20 ♓ 30	19 ♓ 0	12 ♌ 9	25 ♊ 55	23 ♍ 37	10 ♋ 46	1 ♈ 45	0 ♊ 47	2 ♈ 2	2 ♒ 32	16 ♈	18 ♒	16 ♏	12 ♏	27 ♈
29	5 ♌ 47	22 ♍ 23	20 ♓ 27	19 D 0	11 ♌ 28	27 ♊ 4	24 ♍ 13	10 ♋ 59	1 ♈ 44	0 ♊ 49	2 ♈ 1	2 ♒ 30	16 ♈	18 ♒	17 ♏	12 ♏	27 ♈
30	6 ♌ 45	4 ♎ 44	20 ♓ 23	19 ♓ 1	10 ♌ 45	28 ♊ 13	24 ♍ 50	11 ♋ 12	1 ♈ 42	0 ♊ 51	2 ♈ 0	2 ♒ 29	16 ♈	18 ♒	17 ♏	12 ♏	27 ♈
31	7 ♌ 42	16 ♎ 51	20 ♓ 20	19 ♓ 2	10 ♌ 1	29 ♊ 22	25 ♍ 27	11 ♋ 25	1 ♈ 40	0 ♊ 52	2 ♈ 0	2 ♒ 27	16 ♈	17 ♒	17 ♏	12 ♏	27 R

SUN INGRESS	☉ → ♌ 22日 22:29
MOON PHASE	◐ 3日 04:30 ♎　○ 11日 05:37 ♑　◑ 18日 09:37 ♈　● 25日 04:11 ♌

aspects		
4日	21:45	♀☌♅
6日	17:43	♀⚹♄
6日	23:47	♀⚹♆
7日	17:44	♀△♇
18日	22:37	☿⚹♀
23日	14:32	☉⚹♅
23日	17:23	♀□♂
24日	20:24	☉△♄
25日	02:32	☉△♆
25日	15:33	☉☍♇

2025年8月

DAY	☉	☽	☊ mean	☊ true	☿	♀	♂	♃	♄	♅	♆	♇	⚳	⚴	⚵	⚶	⚷
	° ′	° ′	° ′	° ′	° ′	° ′	° ′	° ′	° ′	° ′	° ′	° ′	°	°	°	°	°
1	8 ♌ 39	28 ♎ 48	20 ♓ 17	19 D 4	9 R 16	0 D 31	26 D 4	11 D 37	1 R 39	0 D 54	1 R 59	2 R 26	16 D	17 R	17 D	13 D	27 R
2	9 ♌ 37	10 ♏ 40	20 ♓ 14	19 R 4	8 ♌ 32	1 ♋ 41	26 ♍ 41	11 ♋ 50	1 ♈ 37	0 ♊ 56	1 ♈ 58	2 ♒ 25	16 ♈	17 ♒	17 ♏	13 ♏	27 ♈
3	10 ♌ 34	22 ♏ 32	20 ♓ 11	19 ♓ 3	7 ♌ 49	2 ♋ 50	27 ♍ 18	12 ♋ 3	1 ♈ 35	0 ♊ 58	1 ♈ 57	2 ♒ 23	16 ♈	16 ♒	17 ♏	13 ♏	27 ♈
4	11 ♌ 32	4 ♐ 29	20 ♓ 7	19 ♓ 1	7 ♌ 8	4 ♋ 0	27 ♍ 55	12 ♋ 16	1 ♈ 33	0 ♊ 59	1 ♈ 56	2 ♒ 22	16 ♈	16 ♒	17 ♏	14 ♏	27 ♈
5	12 ♌ 29	16 ♐ 36	20 ♓ 4	18 ♓ 57	6 ♌ 29	5 ♋ 10	28 ♍ 32	12 ♋ 28	1 ♈ 30	1 ♊ 1	1 ♈ 55	2 ♒ 20	16 ♈	16 ♒	17 ♏	14 ♏	27 ♈
6	13 ♌ 26	28 ♐ 55	20 ♓ 1	18 ♓ 52	5 ♌ 55	6 ♋ 20	29 ♍ 9	12 ♋ 41	1 ♈ 28	1 ♊ 2	1 ♈ 54	2 ♒ 19	16 ♈	16 ♒	17 ♏	14 ♏	27 ♈
7	14 ♌ 24	11 ♑ 30	19 ♓ 58	18 ♓ 46	5 ♌ 24	7 ♋ 30	29 ♍ 46	12 ♋ 54	1 ♈ 26	1 ♊ 4	1 ♈ 53	2 ♒ 18	16 ♈	15 ♒	17 ♏	15 ♏	27 ♈
8	15 ♌ 21	24 ♑ 23	19 ♓ 55	18 ♓ 41	4 ♌ 58	8 ♋ 40	0 ♎ 24	13 ♋ 6	1 ♈ 24	1 ♊ 5	1 ♈ 52	2 ♒ 16	16 ♈	15 ♒	18 ♏	15 ♏	27 ♈
9	16 ♌ 19	7 ♒ 33	19 ♓ 52	18 ♓ 36	4 ♌ 38	9 ♋ 50	1 ♎ 1	13 ♋ 19	1 ♈ 21	1 ♊ 7	1 ♈ 51	2 ♒ 15	16 ♈	15 ♒	18 ♏	15 ♏	27 ♈
10	17 ♌ 16	20 ♒ 59	19 ♓ 48	18 ♓ 32	4 ♌ 24	11 ♋ 0	1 ♎ 39	13 ♋ 31	1 ♈ 18	1 ♊ 8	1 ♈ 50	2 ♒ 14	16 ♈	15 ♒	18 ♏	16 ♏	27 ♈
11	18 ♌ 14	4 ♓ 40	19 ♓ 45	18 ♓ 30	4 ♌ 16	12 ♋ 10	2 ♎ 16	13 ♋ 44	1 ♈ 16	1 ♊ 10	1 ♈ 49	2 ♒ 12	16 ♈	14 ♒	18 ♏	16 ♏	27 ♈
12	19 ♌ 11	18 ♓ 34	19 ♓ 42	18 D 29	4 D 15	13 ♋ 21	2 ♎ 54	13 ♋ 56	1 ♈ 13	1 ♊ 11	1 ♈ 48	2 ♒ 11	16 ♈	14 ♒	18 ♏	16 ♏	27 ♈
13	20 ♌ 9	2 ♈ 36	19 ♓ 39	18 ♓ 30	4 ♌ 20	14 ♋ 31	3 ♎ 32	14 ♋ 8	1 ♈ 10	1 ♊ 12	1 ♈ 47	2 ♒ 9	16 R	14 ♒	18 ♏	17 ♏	27 ♈
14	21 ♌ 7	16 ♈ 45	19 ♓ 36	18 ♓ 31	4 ♌ 33	15 ♋ 42	4 ♎ 9	14 ♋ 20	1 ♈ 7	1 ♊ 13	1 ♈ 46	2 ♒ 8	16 ♈	14 ♒	18 ♏	17 ♏	27 ♈
15	22 ♌ 4	0 ♉ 58	19 ♓ 33	18 ♓ 32	4 ♌ 53	16 ♋ 52	4 ♎ 47	14 ♋ 32	1 ♈ 4	1 ♊ 14	1 ♈ 45	2 ♒ 7	16 ♈	13 ♒	19 ♏	17 ♏	27 ♈
16	23 ♌ 2	15 ♉ 11	19 ♓ 29	18 ♓ 33	5 ♌ 20	18 ♋ 3	5 ♎ 25	14 ♋ 44	1 ♈ 1	1 ♊ 16	1 ♈ 44	2 ♒ 6	16 ♈	13 ♒	19 ♏	18 ♏	27 ♈
17	24 ♌ 0	29 ♉ 24	19 ♓ 26	18 R 33	5 ♌ 54	19 ♋ 14	6 ♎ 3	14 ♋ 56	0 ♈ 58	1 ♊ 17	1 ♈ 42	2 ♒ 4	16 ♈	13 ♒	19 ♏	18 ♏	27 ♈
18	24 ♌ 57	13 ♊ 33	19 ♓ 23	18 ♓ 32	6 ♌ 35	20 ♋ 25	6 ♎ 41	15 ♋ 8	0 ♈ 55	1 ♊ 18	1 ♈ 41	2 ♒ 3	16 ♈	13 ♒	19 ♏	18 ♏	27 ♈
19	25 ♌ 55	27 ♊ 37	19 ♓ 20	18 ♓ 30	7 ♌ 24	21 ♋ 36	7 ♎ 19	15 ♋ 20	0 ♈ 51	1 ♊ 19	1 ♈ 40	2 ♒ 2	16 ♈	12 ♒	19 ♏	19 ♏	27 ♈
20	26 ♌ 53	11 ♋ 32	19 ♓ 17	18 ♓ 28	8 ♌ 19	22 ♋ 47	7 ♎ 57	15 ♋ 32	0 ♈ 48	1 ♊ 20	1 ♈ 39	2 ♒ 0	16 ♈	12 ♒	19 ♏	19 ♏	26 ♈
21	27 ♌ 50	25 ♋ 18	19 ♓ 13	18 ♓ 25	9 ♌ 21	23 ♋ 58	8 ♎ 35	15 ♋ 44	0 ♈ 45	1 ♊ 20	1 ♈ 37	1 ♒ 59	16 ♈	12 ♒	20 ♏	19 ♏	26 ♈
22	28 ♌ 48	8 ♌ 50	19 ♓ 10	18 ♓ 22	10 ♌ 29	25 ♋ 9	9 ♎ 14	15 ♋ 56	0 ♈ 41	1 ♊ 21	1 ♈ 36	1 ♒ 58	16 ♈	12 ♒	20 ♏	20 ♏	26 ♈
23	29 ♌ 46	22 ♌ 8	19 ♓ 7	18 ♓ 20	11 ♌ 43	26 ♋ 21	9 ♎ 52	16 ♋ 7	0 ♈ 38	1 ♊ 22	1 ♈ 35	1 ♒ 57	16 ♈	11 ♒	20 ♏	20 ♏	26 ♈
24	0 ♍ 44	5 ♍ 10	19 ♓ 4	18 ♓ 19	13 ♌ 3	27 ♋ 32	10 ♎ 30	16 ♋ 19	0 ♈ 34	1 ♊ 23	1 ♈ 33	1 ♒ 56	16 ♈	11 ♒	20 ♏	21 ♏	26 ♈
25	1 ♍ 42	17 ♍ 56	19 ♓ 1	18 ♓ 18	14 ♌ 28	28 ♋ 44	11 ♎ 9	16 ♋ 30	0 ♈ 30	1 ♊ 23	1 ♈ 32	1 ♒ 54	16 ♈	11 ♒	20 ♏	21 ♏	26 ♈
26	2 ♍ 40	0 ♎ 26	18 ♓ 58	18 D 18	15 ♌ 59	29 ♋ 55	11 ♎ 47	16 ♋ 41	0 ♈ 26	1 ♊ 24	1 ♈ 30	1 ♒ 53	16 ♈	11 ♒	21 ♏	21 ♏	26 ♈
27	3 ♍ 38	12 ♎ 42	18 ♓ 54	18 ♓ 19	17 ♌ 33	1 ♌ 7	12 ♎ 26	16 ♋ 53	0 ♈ 23	1 ♊ 24	1 ♈ 29	1 ♒ 52	16 ♈	11 ♒	21 ♏	22 ♏	26 ♈
28	4 ♍ 36	24 ♎ 47	18 ♓ 51	18 ♓ 21	19 ♌ 12	2 ♌ 19	13 ♎ 4	17 ♋ 4	0 ♈ 19	1 ♊ 25	1 ♈ 28	1 ♒ 51	16 ♈	10 ♒	21 ♏	22 ♏	26 ♈
29	5 ♍ 34	6 ♏ 43	18 ♓ 48	18 ♓ 22	20 ♌ 55	3 ♌ 30	13 ♎ 43	17 ♋ 15	0 ♈ 15	1 ♊ 25	1 ♈ 26	1 ♒ 50	15 ♈	10 ♒	21 ♏	23 ♏	26 ♈
30	6 ♍ 31	18 ♏ 35	18 ♓ 45	18 ♓ 23	22 ♌ 41	4 ♌ 42	14 ♎ 22	17 ♋ 26	0 ♈ 11	1 ♊ 26	1 ♈ 25	1 ♒ 49	15 ♈	10 ♒	21 ♏	23 ♏	26 ♈
31	7 ♍ 30	0 ♐ 27	18 ♓ 42	18 ♓ 23	24 ♌ 30	5 ♌ 54	15 ♎ 1	17 ♋ 37	0 ♈ 7	1 ♊ 26	1 ♈ 23	1 ♒ 48	15 ♈	10 ♒	22 ♏	23 ♏	26 ♈

SUN INGRESS	☉ → ♍ 23日 05:34
MOON PHASE	◐ 1日 21:41 ♏　○ 9日 16:55 ♒　◑ 16日 14:12 ♉　● 23日 15:06 ♍　◐ 31日 15:25 ♐

aspects		
1日	08:41	☉☌☿
1日	22:34	♀□♄
2日	05:49	♀□♆
9日	03:45	♂△♅
9日	11:52	♂☍♄
10日	07:13	♂☍♆
10日	21:29	♂△♇
12日	12:32	♄⚹♅
12日	14:30	♀☌♃
15日	11:05	☿⚹♂
18日	14:33	☿⚹♂
24日	16:15	☉□♅
26日	09:56	♀△♄
27日	05:58	♀⚹♅
27日	07:18	♀△♆
27日	14:54	♀☍♇
29日	09:09	♅⚹♆

2025年9月

DAY	☉	☽	☊ mean	☊ true	☿	♀	♂	♃	♄	♅	♆	♇	⚳	⚴	⚵	⚶	⚷
	° ′	° ′	° ′	° ′	° ′	° ′	° ′	° ′	° ′	° ′	° ′	° ′	°	°	°	°	°
1	8 ♍ 28	12 ♐ 24	18 ♓ 39	18 R 23	26 D 20	7 D 6	15 D 40	17 D 48	0 R 2	1 D 27	1 R 22	1 R 46	15 R	9 R	22 D	24 D	26 R
2	9 ♍ 26	24 ♐ 30	18 ♓ 35	18 ♓ 23	28 ♌ 13	8 ♌ 18	16 ♎ 19	17 ♋ 59	29 ♓ 58	1 ♊ 27	1 ♈ 20	1 ♒ 45	15 ♈	9 ♒	22 ♏	24 ♏	26 ♈
3	10 ♍ 24	6 ♑ 50	18 ♓ 32	18 ♓ 22	0 ♍ 7	9 ♌ 30	16 ♎ 58	18 ♋ 9	29 ♓ 54	1 ♊ 27	1 ♈ 19	1 ♒ 44	15 ♈	9 ♒	22 ♏	25 ♏	26 ♈
4	11 ♍ 22	19 ♑ 28	18 ♓ 29	18 ♓ 22	2 ♍ 2	10 ♌ 42	17 ♎ 37	18 ♋ 20	29 ♓ 50	1 ♊ 27	1 ♈ 17	1 ♒ 43	15 ♈	9 ♒	22 ♏	25 ♏	26 ♈
5	12 ♍ 20	2 ♒ 26	18 ♓ 26	18 ♓ 21	3 ♍ 58	11 ♌ 55	18 ♎ 16	18 ♋ 30	29 ♓ 46	1 ♊ 27	1 ♈ 16	1 ♒ 42	15 ♈	9 ♒	23 ♏	25 ♏	26 ♈
6	13 ♍ 18	15 ♒ 46	18 ♓ 23	18 ♓ 20	5 ♍ 54	13 ♌ 7	18 ♎ 55	18 ♋ 41	29 ♓ 41	1 ♊ 27	1 ♈ 14	1 ♒ 41	14 ♈	9 ♒	23 ♏	26 ♏	26 ♈
7	14 ♍ 16	29 ♒ 28	18 ♓ 19	18 ♓ 20	7 ♍ 51	14 ♌ 19	19 ♎ 34	18 ♋ 51	29 ♓ 37	1 R 27	1 ♈ 13	1 ♒ 40	14 ♈	8 ♒	23 ♏	26 ♏	26 ♈
8	15 ♍ 14	13 ♓ 30	18 ♓ 16	18 ♓ 20	9 ♍ 47	15 ♌ 32	20 ♎ 14	19 ♋ 1	29 ♓ 32	1 ♊ 27	1 ♈ 11	1 ♒ 39	14 ♈	8 ♒	23 ♏	27 ♏	26 ♈
9	16 ♍ 13	27 ♓ 49	18 ♓ 13	18 D 20	11 ♍ 43	16 ♌ 44	20 ♎ 53	19 ♋ 11	29 ♓ 28	1 ♊ 27	1 ♈ 9	1 ♒ 39	14 ♈	8 ♒	24 ♏	27 ♏	26 ♈
10	17 ♍ 11	12 ♈ 19	18 ♓ 10	18 ♓ 20	13 ♍ 39	17 ♌ 57	21 ♎ 33	19 ♋ 21	29 ♓ 24	1 ♊ 27	1 ♈ 8	1 ♒ 38	14 ♈	8 ♒	24 ♏	28 ♏	26 ♈
11	18 ♍ 9	26 ♈ 55	18 ♓ 7	18 ♓ 20	15 ♍ 33	19 ♌ 10	22 ♎ 12	19 ♋ 31	29 ♓ 19	1 ♊ 27	1 ♈ 6	1 ♒ 37	14 ♈	8 ♒	24 ♏	28 ♏	26 ♈
12	19 ♍ 7	11 ♉ 31	18 ♓ 4	18 R 20	17 ♍ 28	20 ♌ 22	22 ♎ 52	19 ♋ 41	29 ♓ 14	1 ♊ 27	1 ♈ 5	1 ♒ 36	13 ♈	8 ♒	24 ♏	28 ♏	26 ♈
13	20 ♍ 6	26 ♉ 1	18 ♓ 0	18 ♓ 20	19 ♍ 21	21 ♌ 35	23 ♎ 31	19 ♋ 51	29 ♓ 10	1 ♊ 26	1 ♈ 3	1 ♒ 35	13 ♈	8 ♒	25 ♏	29 ♏	26 ♈
14	21 ♍ 4	10 ♊ 21	17 ♓ 57	18 ♓ 19	21 ♍ 14	22 ♌ 48	24 ♎ 11	20 ♋ 0	29 ♓ 5	1 ♊ 26	1 ♈ 1	1 ♒ 34	13 ♈	7 ♒	25 ♏	29 ♏	26 ♈
15	22 ♍ 3	24 ♊ 28	17 ♓ 54	18 D 19	23 ♍ 5	24 ♌ 1	24 ♎ 51	20 ♋ 10	29 ♓ 1	1 ♊ 26	1 ♈ 0	1 ♒ 33	13 ♈	7 ♒	25 ♏	0 ♐	26 ♈
16	23 ♍ 1	8 ♋ 21	17 ♓ 51	18 ♓ 19	24 ♍ 56	25 ♌ 14	25 ♎ 31	20 ♋ 19	28 ♓ 56	1 ♊ 25	0 ♈ 58	1 ♒ 33	13 ♈	7 ♒	25 ♏	0 ♐	26 ♈
17	24 ♍ 0	21 ♋ 59	17 ♓ 48	18 ♓ 20	26 ♍ 45	26 ♌ 27	26 ♎ 11	20 ♋ 28	28 ♓ 52	1 ♊ 25	0 ♈ 56	1 ♒ 32	13 ♈	7 ♒	26 ♏	1 ♐	26 ♈
18	24 ♍ 58	5 ♌ 21	17 ♓ 45	18 ♓ 20	28 ♍ 34	27 ♌ 40	26 ♎ 51	20 ♋ 37	28 ♓ 47	1 ♊ 24	0 ♈ 55	1 ♒ 31	12 ♈	7 ♒	26 ♏	1 ♐	26 ♈
19	25 ♍ 57	18 ♌ 29	17 ♓ 41	18 ♓ 21	0 ♎ 21	28 ♌ 53	27 ♎ 31	20 ♋ 46	28 ♓ 42	1 ♊ 23	0 ♈ 53	1 ♒ 31	12 ♈	7 ♒	26 ♏	1 ♐	26 ♈
20	26 ♍ 55	1 ♍ 23	17 ♓ 38	18 ♓ 22	2 ♎ 8	0 ♍ 7	28 ♎ 11	20 ♋ 55	28 ♓ 38	1 ♊ 23	0 ♈ 51	1 ♒ 30	12 ♈	7 ♒	26 ♏	2 ♐	26 ♈
21	27 ♍ 54	14 ♍ 4	17 ♓ 35	18 ♓ 22	3 ♎ 53	1 ♍ 20	28 ♎ 51	21 ♋ 4	28 ♓ 33	1 ♊ 22	0 ♈ 50	1 ♒ 29	12 ♈	7 ♒	27 ♏	2 ♐	26 ♈
22	28 ♍ 53	26 ♍ 33	17 ♓ 32	18 R 22	5 ♎ 38	2 ♍ 33	29 ♎ 31	21 ♋ 13	28 ♓ 28	1 ♊ 21	0 ♈ 48	1 ♒ 29	12 ♈	7 ♒	27 ♏	3 ♐	26 ♈
23	29 ♍ 51	8 ♎ 51	17 ♓ 29	18 ♓ 21	7 ♎ 21	3 ♍ 47	0 ♏ 11	21 ♋ 21	28 ♓ 24	1 ♊ 21	0 ♈ 46	1 ♒ 28	11 ♈	7 ♒	27 ♏	3 ♐	25 ♈
24	0 ♎ 50	20 ♎ 59	17 ♓ 25	18 ♓ 20	9 ♎ 4	5 ♍ 0	0 ♏ 52	21 ♋ 30	28 ♓ 19	1 ♊ 20	0 ♈ 45	1 ♒ 27	11 ♈	6 ♒	27 ♏	4 ♐	25 ♈
25	1 ♎ 49	2 ♏ 59	17 ♓ 22	18 ♓ 18	10 ♎ 45	6 ♍ 14	1 ♏ 32	21 ♋ 38	28 ♓ 14	1 ♊ 19	0 ♈ 43	1 ♒ 27	11 ♈	6 ♒	28 ♏	4 ♐	25 ♈
26	2 ♎ 48	14 ♏ 53	17 ♓ 19	18 ♓ 16	12 ♎ 26	7 ♍ 27	2 ♏ 13	21 ♋ 46	28 ♓ 10	1 ♊ 18	0 ♈ 41	1 ♒ 26	11 ♈	6 ♒	28 ♏	5 ♐	25 ♈
27	3 ♎ 47	26 ♏ 44	17 ♓ 16	18 ♓ 14	14 ♎ 6	8 ♍ 41	2 ♏ 53	21 ♋ 54	28 ♓ 5	1 ♊ 17	0 ♈ 40	1 ♒ 26	10 ♈	6 ♒	28 ♏	5 ♐	25 ♈
28	4 ♎ 45	8 ♐ 35	17 ♓ 13	18 ♓ 12	15 ♎ 44	9 ♍ 55	3 ♏ 34	22 ♋ 2	28 ♓ 0	1 ♊ 16	0 ♈ 38	1 ♒ 25	10 ♈	6 ♒	28 ♏	6 ♐	25 ♈
29	5 ♎ 44	20 ♐ 30	17 ♓ 10	18 ♓ 10	17 ♎ 22	11 ♍ 8	4 ♏ 15	22 ♋ 10	27 ♓ 56	1 ♊ 15	0 ♈ 36	1 ♒ 25	10 ♈	6 ♒	29 ♏	6 ♐	25 ♈
30	6 ♎ 43	2 ♑ 34	17 ♓ 6	18 ♓ 10	18 ♎ 59	12 ♍ 22	4 ♏ 55	22 ♋ 17	27 ♓ 51	1 ♊ 14	0 ♈ 35	1 ♒ 24	10 ♈	6 ♒	29 ♏	6 ♐	25 ♈

SUN INGRESS: ☉ → ♎ 23日 03:19

MOON PHASE: ○ 8日 03:09 ♓　◑ 14日 19:33 ♊　● 22日 04:54 ♍　◐ 30日 08:54 ♑

aspects		
3日	16:40	☿□♅
5日	11:59	♂□♃
12日	16:30	☉⚹♃
13日	06:53	☿⚹♃
13日	19:52	☉☌☿
16日	12:04	♀⚹♂
18日	02:47	☿☍♄
19日	07:01	☿☍♆
19日	13:52	☿△♅
19日	15:27	☿△♇
21日	00:42	♀□♅
21日	14:46	☉☍♄
23日	21:54	☉☍♆
24日	11:55	☉△♅
24日	15:05	☉△♇
24日	20:52	♂□♇

2025年10月

DAY	☉	☽	☊ mean	☊ true	☿	♀	♂	♃	♄	♅	♆	♇	⚳	⚴	⚵	⚶	⚷
	° ′	° ′	° ′	° ′	° ′	° ′	° ′	° ′	° ′	° ′	° ′	° ′	°	°	°	°	°
1	7 ♎ 42	14 ♑ 50	17 ♓ 3	18 D 10	20 D 35	13 D 36	5 D 36	22 D 25	27 R 47	1 R 13	0 R 33	1 R 24	10 R	6 R	29 D	7 D	25 R
2	8 ♎ 41	27 ♑ 24	17 ♓ 0	18 ♓ 11	22 ♎ 10	14 ♍ 50	6 ♏ 17	22 ♋ 32	27 ♓ 42	1 ♊ 11	0 ♈ 32	1 ♒ 24	9 ♈	6 ♒	0 ♐	7 ♐	25 ♈
3	9 ♎ 40	10 ♒ 20	16 ♓ 57	18 ♓ 12	23 ♎ 44	16 ♍ 4	6 ♏ 58	22 ♋ 39	27 ♓ 38	1 ♊ 10	0 ♈ 30	1 ♒ 23	9 ♈	6 ♒	0 ♐	8 ♐	25 ♈
4	10 ♎ 39	23 ♒ 40	16 ♓ 54	18 ♓ 13	25 ♎ 18	17 ♍ 18	7 ♏ 39	22 ♋ 46	27 ♓ 33	1 ♊ 9	0 ♈ 28	1 ♒ 23	9 ♈	6 ♒	0 ♐	8 ♐	25 ♈
5	11 ♎ 38	7 ♓ 27	16 ♓ 50	18 ♓ 15	26 ♎ 50	18 ♍ 32	8 ♏ 20	22 ♋ 53	27 ♓ 29	1 ♊ 7	0 ♈ 27	1 ♒ 23	9 ♈	6 D	0 ♐	9 ♐	25 ♈
6	12 ♎ 37	21 ♓ 39	16 ♓ 47	18 R 15	28 ♎ 22	19 ♍ 46	9 ♏ 1	23 ♋ 0	27 ♓ 24	1 ♊ 6	0 ♈ 25	1 ♒ 23	8 ♈	6 ♒	1 ♐	9 ♐	25 ♈
7	13 ♎ 36	6 ♈ 14	16 ♓ 44	18 ♓ 14	29 ♎ 53	21 ♍ 0	9 ♏ 42	23 ♋ 6	27 ♓ 20	1 ♊ 5	0 ♈ 23	1 ♒ 22	8 ♈	6 ♒	1 ♐	10 ♐	25 ♈
8	14 ♎ 36	21 ♈ 6	16 ♓ 41	18 ♓ 12	1 ♏ 23	22 ♍ 14	10 ♏ 23	23 ♋ 13	27 ♓ 16	1 ♊ 3	0 ♈ 22	1 ♒ 22	8 ♈	6 ♒	1 ♐	10 ♐	25 ♈
9	15 ♎ 35	6 ♉ 8	16 ♓ 38	18 ♓ 8	2 ♏ 53	23 ♍ 28	11 ♏ 5	23 ♋ 19	27 ♓ 11	1 ♊ 2	0 ♈ 20	1 ♒ 22	8 ♈	6 ♒	2 ♐	11 ♐	25 ♈
10	16 ♎ 34	21 ♉ 10	16 ♓ 35	18 ♓ 4	4 ♏ 21	24 ♍ 43	11 ♏ 46	23 ♋ 25	27 ♓ 7	1 ♊ 0	0 ♈ 19	1 ♒ 22	8 ♈	6 ♒	2 ♐	11 ♐	25 ♈
11	17 ♎ 33	6 ♊ 3	16 ♓ 31	18 ♓ 0	5 ♏ 49	25 ♍ 57	12 ♏ 27	23 ♋ 31	27 ♓ 3	0 ♊ 58	0 ♈ 17	1 ♒ 22	7 ♈	6 ♒	2 ♐	12 ♐	25 ♈
12	18 ♎ 33	20 ♊ 40	16 ♓ 28	17 ♓ 57	7 ♏ 16	27 ♍ 11	13 ♏ 9	23 ♋ 37	26 ♓ 59	0 ♊ 57	0 ♈ 16	1 ♒ 22	7 ♈	6 ♒	3 ♐	12 ♐	25 ♈
13	19 ♎ 32	4 ♋ 56	16 ♓ 25	17 ♓ 55	8 ♏ 42	28 ♍ 26	13 ♏ 50	23 ♋ 42	26 ♓ 55	0 ♊ 55	0 ♈ 14	1 ♒ 22	7 ♈	6 ♒	3 ♐	13 ♐	25 ♈
14	20 ♎ 31	18 ♋ 50	16 ♓ 22	17 ♓ 54	10 ♏ 7	29 ♍ 40	14 ♏ 32	23 ♋ 48	26 ♓ 50	0 ♊ 53	0 ♈ 12	1 ♒ 22	7 ♈	6 ♒	3 ♐	13 ♐	25 ♈
15	21 ♎ 31	2 ♌ 20	16 ♓ 19	17 D 54	11 ♏ 32	0 ♎ 54	15 ♏ 14	23 ♋ 53	26 ♓ 46	0 ♊ 52	0 ♈ 11	1 D 22	6 ♈	6 ♒	3 ♐	14 ♐	25 ♈
16	22 ♎ 30	15 ♌ 30	16 ♓ 16	17 ♓ 56	12 ♏ 55	2 ♎ 9	15 ♏ 55	23 ♋ 58	26 ♓ 42	0 ♊ 50	0 ♈ 9	1 ♒ 22	6 ♈	7 ♒	4 ♐	14 ♐	24 ♈
17	23 ♎ 30	28 ♌ 21	16 ♓ 12	17 ♓ 57	14 ♏ 18	3 ♎ 23	16 ♏ 37	24 ♋ 3	26 ♓ 39	0 ♊ 48	0 ♈ 8	1 ♒ 22	6 ♈	7 ♒	4 ♐	15 ♐	24 ♈
18	24 ♎ 29	10 ♍ 57	16 ♓ 9	17 ♓ 59	15 ♏ 39	4 ♎ 38	17 ♏ 19	24 ♋ 8	26 ♓ 35	0 ♊ 46	0 ♈ 6	1 ♒ 22	6 ♈	7 ♒	4 ♐	15 ♐	24 ♈
19	25 ♎ 29	23 ♍ 21	16 ♓ 6	17 R 59	17 ♏ 0	5 ♎ 53	18 ♏ 1	24 ♋ 13	26 ♓ 31	0 ♊ 44	0 ♈ 5	1 ♒ 22	6 ♈	7 ♒	5 ♐	16 ♐	24 ♈
20	26 ♎ 28	5 ♎ 34	16 ♓ 3	17 ♓ 57	18 ♏ 19	7 ♎ 7	18 ♏ 43	24 ♋ 17	26 ♓ 27	0 ♊ 42	0 ♈ 3	1 ♒ 22	5 ♈	7 ♒	5 ♐	16 ♐	24 ♈
21	27 ♎ 28	17 ♎ 39	16 ♓ 0	17 ♓ 53	19 ♏ 37	8 ♎ 22	19 ♏ 25	24 ♋ 21	26 ♓ 24	0 ♊ 40	0 ♈ 2	1 ♒ 22	5 ♈	7 ♒	5 ♐	17 ♐	24 ♈
22	28 ♎ 28	29 ♎ 39	15 ♓ 56	17 ♓ 48	20 ♏ 54	9 ♎ 37	20 ♏ 7	24 ♋ 26	26 ♓ 20	0 ♊ 38	0 ♈ 1	1 ♒ 22	5 ♈	7 ♒	6 ♐	17 ♐	24 ♈
23	29 ♎ 28	11 ♏ 33	15 ♓ 53	17 ♓ 41	22 ♏ 10	10 ♎ 51	20 ♏ 49	24 ♋ 30	26 ♓ 16	0 ♊ 36	29 ♓ 59	1 ♒ 23	5 ♈	7 ♒	6 ♐	18 ♐	24 ♈
24	0 ♏ 27	23 ♏ 25	15 ♓ 50	17 ♓ 32	23 ♏ 24	12 ♎ 6	21 ♏ 32	24 ♋ 33	26 ♓ 13	0 ♊ 34	29 ♓ 58	1 ♒ 23	5 ♈	7 ♒	6 ♐	18 ♐	24 ♈
25	1 ♏ 27	5 ♐ 16	15 ♓ 47	17 ♓ 24	24 ♏ 36	13 ♎ 21	22 ♏ 14	24 ♋ 37	26 ♓ 10	0 ♊ 32	29 ♓ 56	1 ♒ 23	5 ♈	7 ♒	7 ♐	19 ♐	24 ♈
26	2 ♏ 27	17 ♐ 8	15 ♓ 44	17 ♓ 16	25 ♏ 47	14 ♎ 36	22 ♏ 56	24 ♋ 40	26 ♓ 6	0 ♊ 30	29 ♓ 55	1 ♒ 23	4 ♈	7 ♒	7 ♐	19 ♐	24 ♈
27	3 ♏ 27	29 ♐ 3	15 ♓ 41	17 ♓ 9	26 ♏ 56	15 ♎ 51	23 ♏ 39	24 ♋ 43	26 ♓ 3	0 ♊ 28	29 ♓ 54	1 ♒ 24	4 ♈	7 ♒	7 ♐	19 ♐	24 ♈
28	4 ♏ 27	11 ♑ 6	15 ♓ 37	17 ♓ 4	28 ♏ 3	17 ♎ 5	24 ♏ 21	24 ♋ 46	26 ♓ 0	0 ♊ 26	29 ♓ 52	1 ♒ 24	4 ♈	8 ♒	8 ♐	20 ♐	24 ♈
29	5 ♏ 26	23 ♑ 19	15 ♓ 34	17 ♓ 1	29 ♏ 8	18 ♎ 20	25 ♏ 4	24 ♋ 49	25 ♓ 57	0 ♊ 24	29 ♓ 51	1 ♒ 25	4 ♈	8 ♒	8 ♐	20 ♐	24 ♈
30	6 ♏ 26	5 ♒ 47	15 ♓ 31	17 ♓ 0	0 ♐ 10	19 ♎ 35	25 ♏ 46	24 ♋ 52	25 ♓ 54	0 ♊ 22	29 ♓ 50	1 ♒ 25	4 ♈	8 ♒	8 ♐	21 ♐	24 ♈
31	7 ♏ 26	18 ♒ 36	15 ♓ 28	17 D 1	1 ♐ 9	20 ♎ 50	26 ♏ 29	24 ♋ 54	25 ♓ 51	0 ♊ 19	29 ♓ 49	1 ♒ 25	4 ♈	8 ♒	9 ♐	21 ♐	24 ♈

SUN INGRESS: ☉ → ♏ 23日 12:51

MOON PHASE: ○ 7日 12:47 ♈　◑ 14日 03:12 ♋　● 21日 21:25 ♎　◐ 30日 01:21 ♒

aspects		
2日	05:59	☿□♃
7日	23:41	☿□♇
8日	20:41	♀⚹♃
11日	20:11	♀☍♄
14日	10:16	♀☍♆
14日	23:10	♀△♅
15日	08:45	♀△♇
17日	14:43	☉□♃
20日	15:52	☿☌♂
24日	22:25	☉□♇
25日	00:08	☿△♃
26日	06:17	☿△♄
28日	15:19	♂△♃
29日	16:26	☿△♆
30日	04:05	♂△♄
30日	04:36	☿☍♅
31日	07:06	☿⚹♇

2025年11月

DAY	☉	☽	☊ mean	☊ true	☿	♀	♂	♃	♄	♅	♆	♇	⚳	⚴	⚵	⚶	⚷
	° ′	° ′	° ′	° ′	° ′	° ′	° ′	° ′	° ′	° ′	° ′	° ′	°	°	°	°	°
1	8 ♏ 26	1 ♓ 48	15 ♓ 25	17 D 2	2 D 5	22 D 5	27 D 12	24 D 57	25 R 48	0 R 17	29 R 47	1 D 26	3 R	8 D	9 D	22 D	24 R
2	9 ♏ 26	15 ♓ 28	15 ♓ 22	17 ♓ 2	2 ♐ 57	23 ♎ 20	27 ♏ 54	24 ♋ 59	25 ♓ 46	0 ♊ 15	29 ♓ 46	1 ♒ 26	3 ♈	8 ♒	9 ♐	22 ♐	24 ♈
3	10 ♏ 26	29 ♓ 36	15 ♓ 18	17 R 2	3 ♐ 46	24 ♎ 35	28 ♏ 37	25 ♋ 1	25 ♓ 43	0 ♊ 12	29 ♓ 45	1 ♒ 27	3 ♈	8 ♒	10 ♐	23 ♐	24 ♈
4	11 ♏ 26	14 ♈ 12	15 ♓ 15	16 ♓ 59	4 ♐ 30	25 ♎ 50	29 ♏ 20	25 ♋ 2	25 ♓ 40	0 ♊ 10	29 ♓ 44	1 ♒ 28	3 ♈	9 ♒	10 ♐	24 ♐	24 ♈
5	12 ♏ 26	29 ♈ 12	15 ♓ 12	16 ♓ 54	5 ♐ 9	27 ♎ 5	0 ♐ 3	25 ♋ 4	25 ♓ 38	0 ♊ 8	29 ♓ 43	1 ♒ 28	3 ♈	9 ♒	10 ♐	24 ♐	24 ♈
6	13 ♏ 27	14 ♉ 27	15 ♓ 9	16 ♓ 46	5 ♐ 43	28 ♎ 20	0 ♐ 46	25 ♋ 5	25 ♓ 36	0 ♊ 5	29 ♓ 42	1 ♒ 29	3 ♈	9 ♒	11 ♐	25 ♐	24 ♈
7	14 ♏ 27	29 ♉ 47	15 ♓ 6	16 ♓ 38	6 ♐ 11	29 ♎ 36	1 ♐ 29	25 ♋ 6	25 ♓ 33	0 ♊ 3	29 ♓ 41	1 ♒ 29	3 ♈	9 ♒	11 ♐	25 ♐	23 ♈
8	15 ♏ 27	15 ♊ 0	15 ♓ 2	16 ♓ 29	6 ♐ 32	0 ♏ 51	2 ♐ 12	25 ♋ 7	25 ♓ 31	0 ♊ 1	29 ♓ 40	1 ♒ 30	3 ♈	9 ♒	11 ♐	26 ♐	23 ♈
9	16 ♏ 27	29 ♊ 56	14 ♓ 59	16 ♓ 20	6 ♐ 45	2 ♏ 6	2 ♐ 55	25 ♋ 8	25 ♓ 29	29 ♉ 58	29 ♓ 39	1 ♒ 31	3 ♈	9 ♒	12 ♐	26 ♐	23 ♈
10	17 ♏ 27	14 ♋ 28	14 ♓ 56	16 ♓ 14	6 ♐ 51	3 ♏ 21	3 ♐ 39	25 ♋ 8	25 ♓ 27	29 ♉ 56	29 ♓ 38	1 ♒ 32	3 ♈	9 ♒	12 ♐	27 ♐	23 ♈
11	18 ♏ 28	28 ♋ 31	14 ♓ 53	16 ♓ 10	6 R 48	4 ♏ 36	4 ♐ 22	25 ♋ 9	25 ♓ 25	29 ♉ 53	29 ♓ 37	1 ♒ 32	2 ♈	10 ♒	12 ♐	27 ♐	23 ♈
12	19 ♏ 28	12 ♌ 6	14 ♓ 50	16 ♓ 8	6 ♐ 36	5 ♏ 51	5 ♐ 5	25 ♋ 9	25 ♓ 23	29 ♉ 51	29 ♓ 36	1 ♒ 33	2 ♈	10 ♒	13 ♐	28 ♐	23 ♈
13	20 ♏ 28	25 ♌ 15	14 ♓ 47	16 D 8	6 ♐ 14	7 ♏ 7	5 ♐ 49	25 R 9	25 ♓ 22	29 ♉ 48	29 ♓ 35	1 ♒ 34	2 ♈	10 ♒	13 ♐	28 ♐	23 ♈
14	21 ♏ 29	8 ♍ 0	14 ♓ 43	16 ♓ 8	5 ♐ 41	8 ♏ 22	6 ♐ 32	25 ♋ 8	25 ♓ 20	29 ♉ 46	29 ♓ 34	1 ♒ 35	2 ♈	10 ♒	13 ♐	29 ♐	23 ♈
15	22 ♏ 29	20 ♍ 27	14 ♓ 40	16 R 8	4 ♐ 59	9 ♏ 37	7 ♐ 16	25 ♋ 8	25 ♓ 19	29 ♉ 44	29 ♓ 33	1 ♒ 36	2 ♈	10 ♒	14 ♐	29 ♐	23 ♈
16	23 ♏ 30	2 ♎ 40	14 ♓ 37	16 ♓ 7	4 ♐ 7	10 ♏ 52	7 ♐ 59	25 ♋ 7	25 ♓ 17	29 ♉ 41	29 ♓ 32	1 ♒ 37	2 ♈	11 ♒	14 ♐	0 ♑	23 ♈
17	24 ♏ 30	14 ♎ 43	14 ♓ 34	16 ♓ 3	3 ♐ 5	12 ♏ 8	8 ♐ 43	25 ♋ 6	25 ♓ 16	29 ♉ 39	29 ♓ 31	1 ♒ 38	2 ♈	11 ♒	14 ♐	0 ♑	23 ♈
18	25 ♏ 30	26 ♎ 39	14 ♓ 31	15 ♓ 57	1 ♐ 56	13 ♏ 23	9 ♐ 27	25 ♋ 5	25 ♓ 15	29 ♉ 36	29 ♓ 31	1 ♒ 38	2 ♈	11 ♒	15 ♐	1 ♑	23 ♈
19	26 ♏ 31	8 ♏ 32	14 ♓ 28	15 ♓ 47	0 ♐ 40	14 ♏ 38	10 ♐ 11	25 ♋ 4	25 ♓ 14	29 ♉ 34	29 ♓ 30	1 ♒ 39	2 ♈	11 ♒	15 ♐	1 ♑	23 ♈
20	27 ♏ 32	20 ♏ 24	14 ♓ 24	15 ♓ 35	29 ♏ 20	15 ♏ 54	10 ♐ 54	25 ♋ 2	25 ♓ 13	29 ♉ 31	29 ♓ 29	1 ♒ 40	2 ♈	11 ♒	15 ♐	2 ♑	23 ♈
21	28 ♏ 32	2 ♐ 15	14 ♓ 21	15 ♓ 21	27 ♏ 59	17 ♏ 9	11 ♐ 38	25 ♋ 1	25 ♓ 12	29 ♉ 28	29 ♓ 29	1 ♒ 42	2 ♈	12 ♒	16 ♐	2 ♑	23 ♈
22	29 ♏ 33	14 ♐ 8	14 ♓ 18	15 ♓ 7	26 ♏ 39	18 ♏ 24	12 ♐ 22	24 ♋ 59	25 ♓ 11	29 ♉ 26	29 ♓ 28	1 ♒ 43	2 ♈	12 ♒	16 ♐	3 ♑	23 ♈
23	0 ♐ 33	26 ♐ 4	14 ♓ 15	14 ♓ 53	25 ♏ 22	19 ♏ 40	13 ♐ 6	24 ♋ 57	25 ♓ 11	29 ♉ 23	29 ♓ 27	1 ♒ 44	2 D	12 ♒	16 ♐	3 ♑	23 ♈
24	1 ♐ 34	8 ♑ 4	14 ♓ 12	14 ♓ 41	24 ♏ 12	20 ♏ 55	13 ♐ 50	24 ♋ 54	25 ♓ 10	29 ♉ 21	29 ♓ 27	1 ♒ 45	2 ♈	12 ♒	17 ♐	4 ♑	23 ♈
25	2 ♐ 35	20 ♑ 10	14 ♓ 8	14 ♓ 31	23 ♏ 10	22 ♏ 11	14 ♐ 35	24 ♋ 52	25 ♓ 10	29 ♉ 18	29 ♓ 26	1 ♒ 46	2 ♈	12 ♒	17 ♐	4 ♑	23 ♈
26	3 ♐ 35	2 ♒ 26	14 ♓ 5	14 ♓ 25	22 ♏ 17	23 ♏ 26	15 ♐ 19	24 ♋ 49	25 ♓ 9	29 ♉ 16	29 ♓ 26	1 ♒ 47	2 ♈	13 ♒	17 ♐	5 ♑	23 ♈
27	4 ♐ 36	14 ♒ 54	14 ♓ 2	14 ♓ 21	21 ♏ 36	24 ♏ 41	16 ♐ 3	24 ♋ 46	25 ♓ 9	29 ♉ 13	29 ♓ 25	1 ♒ 48	2 ♈	13 ♒	18 ♐	5 ♑	23 ♈
28	5 ♐ 37	27 ♒ 38	13 ♓ 59	14 ♓ 20	21 ♏ 7	25 ♏ 57	16 ♐ 47	24 ♋ 43	25 ♓ 9	29 ♉ 11	29 ♓ 25	1 ♒ 49	2 ♈	13 ♒	18 ♐	6 ♑	23 ♈
29	6 ♐ 38	10 ♓ 42	13 ♓ 56	14 D 20	20 ♏ 49	27 ♏ 12	17 ♐ 32	24 ♋ 40	25 D 9	29 ♉ 8	29 ♓ 24	1 ♒ 51	2 ♈	13 ♒	18 ♐	6 ♑	23 ♈
30	7 ♐ 38	24 ♓ 11	13 ♓ 53	14 R 20	20 ♏ 42	28 ♏ 28	18 ♐ 16	24 ♋ 37	25 ♓ 9	29 ♉ 6	29 ♓ 24	1 ♒ 52	2 ♈	13 ♒	19 ♐	7 ♑	23 ♈

SUN INGRESS	☉ → ♐ 22日 10:35
MOON PHASE	○ 5日 22:19 ♉ ◑ 12日 14:28 ♌ ● 20日 15:47 ♏ ◐ 28日 15:59 ♓

aspects	
3日 08:17	♀□♃
4日 12:59	♂△♆
5日 02:30	♂☍♅
7日 00:11	♂⚹♇
8日 12:44	♀□♇
13日 08:16	☿☌♂
17日 14:08	☉△♃
17日 17:56	☉△♄
18日 05:36	☿⚹♇
19日 20:45	☿☍♅
19日 21:22	☿△♆
20日 18:23	☉☌☿
20日 23:39	♅⚹♆
21日 21:26	☉☍♅
21日 22:05	☉△♆
23日 03:45	☿△♄
23日 08:37	☿△♃
24日 04:20	☉⚹♇
25日 10:52	☿☌♀
27日 01:32	♀△♃
27日 08:48	♀△♄
30日 11:49	♀☍♅
30日 17:48	♀△♆

2025年12月

DAY	☉	☽	☊ mean	☊ true	☿	♀	♂	♃	♄	♅	♆	♇	⚳	⚴	⚵	⚶	⚷
	° ′	° ′	° ′	° ′	° ′	° ′	° ′	° ′	° ′	° ′	° ′	° ′	°	°	°	°	°
1	8 ♐ 39	8 ♈ 7	13 ♓ 49	14 R 18	20 D 46	29 D 43	19 D 1	24 R 33	25 D 9	29 R 3	29 R 24	1 D 53	2 D	14 D	19 D	7 D	23 R
2	9 ♐ 40	22 ♈ 30	13 ♓ 46	14 ♓ 14	21 ♏ 0	0 ♐ 59	19 ♐ 45	24 ♋ 29	25 ♓ 10	29 ♉ 1	29 ♓ 23	1 ♒ 54	2 ♈	14 ♒	19 ♐	8 ♑	23 ♈
3	10 ♐ 41	7 ♉ 19	13 ♓ 43	14 ♓ 8	21 ♏ 24	2 ♐ 14	20 ♐ 30	24 ♋ 25	25 ♓ 10	28 ♉ 59	29 ♓ 23	1 ♒ 56	2 ♈	14 ♒	20 ♐	8 ♑	23 ♈
4	11 ♐ 42	22 ♉ 28	13 ♓ 40	13 ♓ 58	21 ♏ 55	3 ♐ 29	21 ♐ 14	24 ♋ 21	25 ♓ 11	28 ♉ 56	29 ♓ 23	1 ♒ 57	2 ♈	14 ♒	20 ♐	9 ♑	23 ♈
5	12 ♐ 42	7 ♊ 48	13 ♓ 37	13 ♓ 47	22 ♏ 35	4 ♐ 45	21 ♐ 59	24 ♋ 17	25 ♓ 11	28 ♉ 54	29 ♓ 22	1 ♒ 58	3 ♈	15 ♒	21 ♐	9 ♑	22 ♈
6	13 ♐ 43	23 ♊ 6	13 ♓ 34	13 ♓ 35	23 ♏ 20	6 ♐ 0	22 ♐ 44	24 ♋ 12	25 ♓ 12	28 ♉ 51	29 ♓ 22	2 ♒ 0	3 ♈	15 ♒	21 ♐	10 ♑	22 ♈
7	14 ♐ 44	8 ♋ 12	13 ♓ 30	13 ♓ 24	24 ♏ 12	7 ♐ 16	23 ♐ 28	24 ♋ 7	25 ♓ 13	28 ♉ 49	29 ♓ 22	2 ♒ 1	3 ♈	15 ♒	21 ♐	10 ♑	22 ♈
8	15 ♐ 45	22 ♋ 55	13 ♓ 27	13 ♓ 15	25 ♏ 9	8 ♐ 31	24 ♐ 13	24 ♋ 3	25 ♓ 14	28 ♉ 47	29 ♓ 22	2 ♒ 3	3 ♈	15 ♒	22 ♐	11 ♑	22 ♈
9	16 ♐ 46	7 ♌ 11	13 ♓ 24	13 ♓ 9	26 ♏ 10	9 ♐ 47	24 ♐ 58	23 ♋ 58	25 ♓ 15	28 ♉ 44	29 ♓ 22	2 ♒ 4	3 ♈	16 ♒	22 ♐	12 ♑	22 ♈
10	17 ♐ 47	20 ♌ 55	13 ♓ 21	13 ♓ 5	27 ♏ 16	11 ♐ 2	25 ♐ 43	23 ♋ 52	25 ♓ 16	28 ♉ 42	29 ♓ 22	2 ♒ 6	3 ♈	16 ♒	22 ♐	12 ♑	22 ♈
11	18 ♐ 48	4 ♍ 11	13 ♓ 18	13 ♓ 4	28 ♏ 24	12 ♐ 18	26 ♐ 28	23 ♋ 47	25 ♓ 17	28 ♉ 40	29 D 22	2 ♒ 7	3 ♈	16 ♒	23 ♐	13 ♑	22 ♈
12	19 ♐ 49	16 ♍ 59	13 ♓ 14	13 D 4	29 ♏ 36	13 ♐ 33	27 ♐ 13	23 ♋ 41	25 ♓ 19	28 ♉ 37	29 ♓ 22	2 ♒ 9	3 ♈	16 ♒	23 ♐	13 ♑	22 ♈
13	20 ♐ 50	29 ♍ 27	13 ♓ 11	13 R 4	0 ♐ 50	14 ♐ 49	27 ♐ 58	23 ♋ 36	25 ♓ 20	28 ♉ 35	29 ♓ 22	2 ♒ 10	3 ♈	17 ♒	23 ♐	14 ♑	22 ♈
14	21 ♐ 51	11 ♎ 38	13 ♓ 8	13 ♓ 2	2 ♐ 7	16 ♐ 4	28 ♐ 43	23 ♋ 30	25 ♓ 22	28 ♉ 33	29 ♓ 22	2 ♒ 12	3 ♈	17 ♒	24 ♐	14 ♑	22 ♈
15	22 ♐ 52	23 ♎ 37	13 ♓ 5	12 ♓ 59	3 ♐ 25	17 ♐ 20	29 ♐ 28	23 ♋ 24	25 ♓ 24	28 ♉ 30	29 ♓ 22	2 ♒ 13	4 ♈	17 ♒	24 ♐	15 ♑	22 ♈
16	23 ♐ 53	5 ♏ 30	13 ♓ 2	12 ♓ 52	4 ♐ 45	18 ♐ 35	0 ♑ 14	23 ♋ 18	25 ♓ 25	28 ♉ 28	29 ♓ 22	2 ♒ 15	4 ♈	17 ♒	24 ♐	15 ♑	22 ♈
17	24 ♐ 54	17 ♏ 20	12 ♓ 59	12 ♓ 43	6 ♐ 7	19 ♐ 51	0 ♑ 59	23 ♋ 12	25 ♓ 27	28 ♉ 26	29 ♓ 23	2 ♒ 16	4 ♈	18 ♒	25 ♐	16 ♑	22 ♈
18	25 ♐ 55	29 ♏ 11	12 ♓ 55	12 ♓ 31	7 ♐ 30	21 ♐ 6	1 ♑ 44	23 ♋ 5	25 ♓ 29	28 ♉ 24	29 ♓ 23	2 ♒ 18	4 ♈	18 ♒	25 ♐	16 ♑	22 ♈
19	26 ♐ 56	11 ♐ 4	12 ♓ 52	12 ♓ 17	8 ♐ 54	22 ♐ 22	2 ♑ 30	22 ♋ 59	25 ♓ 31	28 ♉ 22	29 ♓ 23	2 ♒ 20	4 ♈	18 ♒	26 ♐	17 ♑	22 ♈
20	27 ♐ 57	23 ♐ 2	12 ♓ 49	12 ♓ 2	10 ♐ 18	23 ♐ 37	3 ♑ 15	22 ♋ 52	25 ♓ 34	28 ♉ 20	29 ♓ 23	2 ♒ 21	4 ♈	19 ♒	26 ♐	17 ♑	22 ♈
21	28 ♐ 58	5 ♑ 6	12 ♓ 46	11 ♓ 48	11 ♐ 44	24 ♐ 53	4 ♑ 0	22 ♋ 45	25 ♓ 36	28 ♉ 18	29 ♓ 24	2 ♒ 23	4 ♈	19 ♒	26 ♐	18 ♑	22 ♈
22	29 ♐ 59	17 ♑ 16	12 ♓ 43	11 ♓ 36	13 ♐ 11	26 ♐ 8	4 ♑ 46	22 ♋ 38	25 ♓ 38	28 ♉ 16	29 ♓ 24	2 ♒ 25	5 ♈	19 ♒	27 ♐	18 ♑	22 ♈
23	1 ♑ 1	29 ♑ 33	12 ♓ 40	11 ♓ 26	14 ♐ 38	27 ♐ 24	5 ♑ 32	22 ♋ 31	25 ♓ 41	28 ♉ 14	29 ♓ 24	2 ♒ 26	5 ♈	19 ♒	27 ♐	19 ♑	22 ♈
24	2 ♑ 2	11 ♒ 59	12 ♓ 36	11 ♓ 19	16 ♐ 6	28 ♐ 39	6 ♑ 17	22 ♋ 24	25 ♓ 44	28 ♉ 12	29 ♓ 25	2 ♒ 28	5 ♈	20 ♒	27 ♐	19 ♑	22 ♈
25	3 ♑ 3	24 ♒ 36	12 ♓ 33	11 ♓ 16	17 ♐ 34	29 ♐ 55	7 ♑ 3	22 ♋ 17	25 ♓ 46	28 ♉ 10	29 ♓ 25	2 ♒ 30	5 ♈	20 ♒	28 ♐	20 ♑	22 ♈
26	4 ♑ 4	7 ♓ 26	12 ♓ 30	11 ♓ 14	19 ♐ 3	1 ♑ 11	7 ♑ 48	22 ♋ 10	25 ♓ 49	28 ♉ 8	29 ♓ 26	2 ♒ 31	5 ♈	20 ♒	28 ♐	20 ♑	22 ♈
27	5 ♑ 5	20 ♓ 31	12 ♓ 27	11 D 15	20 ♐ 32	2 ♑ 26	8 ♑ 34	22 ♋ 2	25 ♓ 52	28 ♉ 6	29 ♓ 26	2 ♒ 33	5 ♈	21 ♒	28 ♐	21 ♑	22 ♈
28	6 ♑ 6	3 ♈ 55	12 ♓ 24	11 ♓ 15	22 ♐ 2	3 ♑ 42	9 ♑ 20	21 ♋ 55	25 ♓ 55	28 ♉ 4	29 ♓ 27	2 ♒ 35	6 ♈	21 ♒	29 ♐	21 ♑	22 ♈
29	7 ♑ 7	17 ♈ 41	12 ♓ 20	11 R 15	23 ♐ 32	4 ♑ 57	10 ♑ 6	21 ♋ 47	25 ♓ 58	28 ♉ 2	29 ♓ 28	2 ♒ 37	6 ♈	21 ♒	29 ♐	22 ♑	22 ♈
30	8 ♑ 8	1 ♉ 48	12 ♓ 17	11 ♓ 12	25 ♐ 2	6 ♑ 13	10 ♑ 52	21 ♋ 39	26 ♓ 1	28 ♉ 0	29 ♓ 28	2 ♒ 38	6 ♈	21 ♒	0 ♑	23 ♑	22 ♈
31	9 ♑ 10	16 ♉ 18	12 ♓ 14	11 ♓ 7	26 ♐ 33	7 ♑ 28	11 ♑ 38	21 ♋ 32	26 ♓ 5	27 ♉ 59	29 ♓ 29	2 ♒ 40	6 ♈	22 ♒	0 ♑	23 ♑	22 ♈

SUN INGRESS	☉ → ♑ 22日 00:03
MOON PHASE	○ 5日 08:14 ♊ ◑ 12日 05:51 ♍ ● 20日 10:43 ♐ ◐ 28日 04:10 ♈

aspects	
2日 18:07	♀⚹♇
6日 22:05	☿△♃
8日 01:58	☿△♄
9日 09:16	♂□♄
11日 04:59	☿☍♅
11日 19:19	☿△♆
14日 01:32	☿⚹♇
14日 20:44	♂□♆
17日 13:34	☉□♄
21日 10:02	☉□♆
21日 14:09	♀□♄
24日 14:31	♀□♆
30日 16:15	☿□♄

2026年1月

DAY	☉	☽	☊ mean	☊ true	☿	♀	♂	♃	♄	♅	♆	♇	⚳	⚴	⚵	⚶	⚷
	° ′	° ′	° ′	° ′	° ′	° ′	° ′	° ′	° ′	° ′	° ′	° ′	°	°	°	°	°
1	10 ♑ 11	1 ♊ 6	12 ♓ 11	11 R 0	28 D 4	8 D 44	12 D 24	21 R 24	26 D 8	27 R 57	29 D 30	2 D 42	6 D	22 D	0 D	24 D	22 R
2	11 ♑ 12	16 ♊ 6	12 ♓ 8	10 ♓ 51	29 ♐ 36	9 ♑ 59	13 ♑ 10	21 ♋ 16	26 ♓ 12	27 ♉ 55	29 ♓ 30	2 ♒ 44	7 ♈	22 ♒	1 ♑	24 ♑	22 ♈
3	12 ♑ 13	1 ♋ 9	12 ♓ 5	10 ♓ 42	1 ♑ 8	11 ♑ 15	13 ♑ 56	21 ♋ 8	26 ♓ 15	27 ♉ 54	29 ♓ 31	2 ♒ 46	7 ♈	23 ♒	1 ♑	25 ♑	22 D
4	13 ♑ 14	16 ♋ 6	12 ♓ 1	10 ♓ 33	2 ♑ 40	12 ♑ 30	14 ♑ 42	21 ♋ 0	26 ♓ 19	27 ♉ 52	29 ♓ 32	2 ♒ 47	7 ♈	23 ♒	1 ♑	25 ♑	22 ♈
5	14 ♑ 15	0 ♌ 46	11 ♓ 58	10 ♓ 25	4 ♑ 13	13 ♑ 46	15 ♑ 28	20 ♋ 52	26 ♓ 23	27 ♉ 51	29 ♓ 33	2 ♒ 49	7 ♈	23 ♒	2 ♑	26 ♑	22 ♈
6	15 ♑ 16	15 ♌ 3	11 ♓ 55	10 ♓ 20	5 ♑ 46	15 ♑ 1	16 ♑ 14	20 ♋ 44	26 ♓ 27	27 ♉ 49	29 ♓ 34	2 ♒ 51	8 ♈	23 ♒	2 ♑	26 ♑	22 ♈
7	16 ♑ 17	28 ♌ 54	11 ♓ 52	10 ♓ 17	7 ♑ 19	16 ♑ 17	17 ♑ 0	20 ♋ 36	26 ♓ 31	27 ♉ 48	29 ♓ 35	2 ♒ 53	8 ♈	24 ♒	2 ♑	27 ♑	22 ♈
8	17 ♑ 19	12 ♍ 16	11 ♓ 49	10 D 17	8 ♑ 53	17 ♑ 32	17 ♑ 46	20 ♋ 28	26 ♓ 35	27 ♉ 46	29 ♓ 36	2 ♒ 55	8 ♈	24 ♒	3 ♑	27 ♑	22 ♈
9	18 ♑ 20	25 ♍ 12	11 ♓ 46	10 ♓ 17	10 ♑ 27	18 ♑ 47	18 ♑ 33	20 ♋ 20	26 ♓ 39	27 ♉ 45	29 ♓ 37	2 ♒ 57	8 ♈	24 ♒	3 ♑	28 ♑	22 ♈
10	19 ♑ 21	7 ♎ 45	11 ♓ 42	10 ♓ 19	12 ♑ 2	20 ♑ 3	19 ♑ 19	20 ♋ 12	26 ♓ 43	27 ♉ 44	29 ♓ 38	2 ♒ 59	9 ♈	25 ♒	3 ♑	28 ♑	22 ♈
11	20 ♑ 22	20 ♎ 0	11 ♓ 39	10 ♓ 19	13 ♑ 37	21 ♑ 18	20 ♑ 5	20 ♋ 4	26 ♓ 47	27 ♉ 43	29 ♓ 39	3 ♒ 0	9 ♈	25 ♒	4 ♑	29 ♑	22 ♈
12	21 ♑ 23	2 ♏ 2	11 ♓ 36	10 R 18	15 ♑ 12	22 ♑ 34	20 ♑ 52	19 ♋ 56	26 ♓ 52	27 ♉ 41	29 ♓ 40	3 ♒ 2	9 ♈	25 ♒	4 ♑	29 ♑	22 ♈
13	22 ♑ 24	13 ♏ 55	11 ♓ 33	10 ♓ 16	16 ♑ 48	23 ♑ 49	21 ♑ 38	19 ♋ 48	26 ♓ 56	27 ♉ 40	29 ♓ 41	3 ♒ 4	9 ♈	26 ♒	5 ♑	0 ♒	22 ♈
14	23 ♑ 25	25 ♏ 46	11 ♓ 30	10 ♓ 11	18 ♑ 24	25 ♑ 5	22 ♑ 24	19 ♋ 40	27 ♓ 1	27 ♉ 39	29 ♓ 42	3 ♒ 6	10 ♈	26 ♒	5 ♑	0 ♒	22 ♈
15	24 ♑ 27	7 ♐ 38	11 ♓ 26	10 ♓ 4	20 ♑ 1	26 ♑ 20	23 ♑ 11	19 ♋ 32	27 ♓ 5	27 ♉ 38	29 ♓ 43	3 ♒ 8	10 ♈	26 ♒	5 ♑	1 ♒	22 ♈
16	25 ♑ 28	19 ♐ 34	11 ♓ 23	9 ♓ 56	21 ♑ 38	27 ♑ 36	23 ♑ 57	19 ♋ 24	27 ♓ 10	27 ♉ 37	29 ♓ 44	3 ♒ 10	10 ♈	27 ♒	6 ♑	1 ♒	22 ♈
17	26 ♑ 29	1 ♑ 37	11 ♓ 20	9 ♓ 47	23 ♑ 16	28 ♑ 51	24 ♑ 44	19 ♋ 16	27 ♓ 15	27 ♉ 36	29 ♓ 45	3 ♒ 12	10 ♈	27 ♒	6 ♑	2 ♒	22 ♈
18	27 ♑ 30	13 ♑ 49	11 ♓ 17	9 ♓ 39	24 ♑ 54	0 ♒ 7	25 ♑ 31	19 ♋ 8	27 ♓ 20	27 ♉ 35	29 ♓ 47	3 ♒ 14	11 ♈	27 ♒	6 ♑	3 ♒	22 ♈
19	28 ♑ 31	26 ♑ 12	11 ♓ 14	9 ♓ 31	26 ♑ 33	1 ♒ 22	26 ♑ 17	19 ♋ 0	27 ♓ 25	27 ♉ 34	29 ♓ 48	3 ♒ 16	11 ♈	27 ♒	7 ♑	3 ♒	22 ♈
20	29 ♑ 32	8 ♒ 45	11 ♓ 11	9 ♓ 26	28 ♑ 13	2 ♒ 38	27 ♑ 4	18 ♋ 52	27 ♓ 30	27 ♉ 33	29 ♓ 49	3 ♒ 18	11 ♈	28 ♒	7 ♑	4 ♒	22 ♈
21	0 ♒ 33	21 ♒ 29	11 ♓ 7	9 ♓ 22	29 ♑ 52	3 ♒ 53	27 ♑ 50	18 ♋ 44	27 ♓ 35	27 ♉ 33	29 ♓ 51	3 ♒ 20	11 ♈	28 ♒	7 ♑	4 ♒	22 ♈
22	1 ♒ 34	4 ♓ 25	11 ♓ 4	9 ♓ 20	1 ♒ 33	5 ♒ 8	28 ♑ 37	18 ♋ 36	27 ♓ 40	27 ♉ 32	29 ♓ 52	3 ♒ 21	12 ♈	28 ♒	8 ♑	5 ♒	22 ♈
23	2 ♒ 35	17 ♓ 33	11 ♓ 1	9 D 20	3 ♒ 14	6 ♒ 24	29 ♑ 24	18 ♋ 29	27 ♓ 45	27 ♉ 31	29 ♓ 53	3 ♒ 23	12 ♈	29 ♒	8 ♑	5 ♒	22 ♈
24	3 ♒ 36	0 ♈ 52	10 ♓ 58	9 ♓ 22	4 ♒ 56	7 ♒ 39	0 ♒ 11	18 ♋ 21	27 ♓ 51	27 ♉ 31	29 ♓ 55	3 ♒ 25	12 ♈	29 ♒	8 ♑	6 ♒	22 ♈
25	4 ♒ 37	14 ♈ 25	10 ♓ 55	9 ♓ 23	6 ♒ 38	8 ♒ 55	0 ♒ 57	18 ♋ 13	27 ♓ 56	27 ♉ 30	29 ♓ 56	3 ♒ 27	13 ♈	29 ♒	9 ♑	6 ♒	22 ♈
26	5 ♒ 38	28 ♈ 12	10 ♓ 52	9 ♓ 25	8 ♒ 21	10 ♒ 10	1 ♒ 44	18 ♋ 6	28 ♓ 2	27 ♉ 29	29 ♓ 58	3 ♒ 29	13 ♈	0 ♓	9 ♑	7 ♒	22 ♈
27	6 ♒ 39	12 ♉ 13	10 ♓ 48	9 R 25	10 ♒ 4	11 ♒ 25	2 ♒ 31	17 ♋ 59	28 ♓ 7	27 ♉ 29	29 ♓ 59	3 ♒ 31	13 ♈	0 ♓	10 ♑	7 ♒	22 ♈
28	7 ♒ 40	26 ♉ 27	10 ♓ 45	9 ♓ 23	11 ♒ 48	12 ♒ 41	3 ♒ 18	17 ♋ 51	28 ♓ 13	27 ♉ 29	0 ♈ 1	3 ♒ 33	13 ♈	0 ♓	10 ♑	8 ♒	22 ♈
29	8 ♒ 41	10 ♊ 53	10 ♓ 42	9 ♓ 20	13 ♒ 32	13 ♒ 56	4 ♒ 5	17 ♋ 44	28 ♓ 18	27 ♉ 28	0 ♈ 2	3 ♒ 35	14 ♈	1 ♓	10 ♑	8 ♒	22 ♈
30	9 ♒ 42	25 ♊ 25	10 ♓ 39	9 ♓ 17	15 ♒ 17	15 ♒ 11	4 ♒ 52	17 ♋ 37	28 ♓ 24	27 ♉ 28	0 ♈ 4	3 ♒ 37	14 ♈	1 ♓	11 ♑	9 ♒	22 ♈
31	10 ♒ 43	10 ♋ 0	10 ♓ 36	9 ♓ 12	17 ♒ 3	16 ♒ 27	5 ♒ 39	17 ♋ 30	28 ♓ 30	27 ♉ 28	0 ♈ 6	3 ♒ 39	14 ♈	1 ♓	11 ♑	9 ♒	22 ♈

SUN INGRESS	☉ → ♒ 20日 10:45
MOON PHASE	○ 3日 19:03 ♋ ◑ 11日 00:48 ♎ ● 19日 04:52 ♑ ◐ 26日 13:47 ♉

aspects

1日	22:33	☿□♆
7日	01:36	☉☌♀
8日	11:43	♀☌♂
9日	20:41	☉☌♂
10日	02:35	♀☍♃
10日	17:42	☉☍♃
10日	23:25	♂☍♃
14日	17:17	☿☍♃
15日	15:19	♀⚹♄
16日	00:22	♀△♅
17日	17:34	♀⚹♆
17日	19:42	☉⚹♄
18日	01:59	☉△♅
18日	16:41	☿☌♂
19日	13:09	☿⚹♄
19日	14:38	☿△♅
20日	06:55	☉⚹♆
20日	13:05	♀☌♇
20日	14:20	♄⚹♅
20日	14:57	♂△♅
20日	15:02	♂⚹♄
20日	23:34	☿⚹♆
22日	00:49	☉☌☿
23日	02:15	☿☌♇
23日	15:40	♂⚹♆
23日	19:29	☉☌♇
28日	08:02	♂☌♇
29日	19:17	☿☌♀

2026年2月

DAY	☉	☽	☊ mean	☊ true	☿	♀	♂	♃	♄	♅	♆	♇	⚳	⚴	⚵	⚶	⚷
	° ′	° ′	° ′	° ′	° ′	° ′	° ′	° ′	° ′	° ′	° ′	° ′	°	°	°	°	°
1	11 ♒ 44	24 ♋ 30	10 ♓ 32	9 R 8	18 D 48	17 D 42	6 D 26	17 R 24	28 D 36	27 R 27	0 D 7	3 D 41	15 D	2 D	11 D	10 D	22 D
2	12 ♒ 45	8 ♌ 50	10 ♓ 29	9 ♓ 5	20 ♒ 34	18 ♒ 57	7 ♒ 13	17 ♋ 17	28 ♓ 42	27 ♉ 27	0 ♈ 9	3 ♒ 43	15 ♈	2 ♓	12 ♑	10 ♒	23 ♈
3	13 ♒ 46	22 ♌ 53	10 ♓ 26	9 ♓ 2	22 ♒ 21	20 ♒ 12	8 ♒ 0	17 ♋ 10	28 ♓ 48	27 ♉ 27	0 ♈ 11	3 ♒ 44	15 ♈	2 ♓	12 ♑	11 ♒	23 ♈
4	14 ♒ 47	6 ♍ 36	10 ♓ 23	9 ♓ 2	24 ♒ 7	21 ♒ 28	8 ♒ 47	17 ♋ 4	28 ♓ 54	27 ♉ 27	0 ♈ 12	3 ♒ 46	16 ♈	3 ♓	12 ♑	11 ♒	23 ♈
5	15 ♒ 48	19 ♍ 57	10 ♓ 20	9 D 2	25 ♒ 53	22 ♒ 43	9 ♒ 34	16 ♋ 58	29 ♓ 0	27 D 27	0 ♈ 14	3 ♒ 48	16 ♈	3 ♓	13 ♑	12 ♒	23 ♈
6	16 ♒ 48	2 ♎ 55	10 ♓ 17	9 ♓ 3	27 ♒ 39	23 ♒ 58	10 ♒ 21	16 ♋ 52	29 ♓ 6	27 ♉ 27	0 ♈ 16	3 ♒ 50	16 ♈	3 ♓	13 ♑	12 ♒	23 ♈
7	17 ♒ 49	15 ♎ 32	10 ♓ 13	9 ♓ 5	29 ♒ 25	25 ♒ 13	11 ♒ 8	16 ♋ 46	29 ♓ 12	27 ♉ 27	0 ♈ 18	3 ♒ 52	17 ♈	4 ♓	13 ♑	13 ♒	23 ♈
8	18 ♒ 50	27 ♎ 51	10 ♓ 10	9 ♓ 6	1 ♓ 10	26 ♒ 29	11 ♒ 55	16 ♋ 40	29 ♓ 18	27 ♉ 27	0 ♈ 19	3 ♒ 54	17 ♈	4 ♓	14 ♑	14 ♒	23 ♈
9	19 ♒ 51	9 ♏ 57	10 ♓ 7	9 ♓ 7	2 ♓ 55	27 ♒ 44	12 ♒ 42	16 ♋ 34	29 ♓ 25	27 ♉ 28	0 ♈ 21	3 ♒ 56	17 ♈	4 ♓	14 ♑	14 ♒	23 ♈
10	20 ♒ 51	21 ♏ 54	10 ♓ 4	9 R 8	4 ♓ 38	28 ♒ 59	13 ♒ 29	16 ♋ 28	29 ♓ 31	27 ♉ 28	0 ♈ 23	3 ♒ 58	18 ♈	5 ♓	14 ♑	15 ♒	23 ♈
11	21 ♒ 52	3 ♐ 46	10 ♓ 1	9 ♓ 7	6 ♓ 20	0 ♓ 14	14 ♒ 16	16 ♋ 23	29 ♓ 37	27 ♉ 28	0 ♈ 25	3 ♒ 59	18 ♈	5 ♓	15 ♑	15 ♒	23 ♈
12	22 ♒ 53	15 ♐ 39	9 ♓ 58	9 ♓ 6	7 ♓ 59	1 ♓ 29	15 ♒ 3	16 ♋ 18	29 ♓ 44	27 ♉ 29	0 ♈ 27	4 ♒ 1	18 ♈	5 ♓	15 ♑	16 ♒	23 ♈
13	23 ♒ 54	27 ♐ 37	9 ♓ 54	9 ♓ 4	9 ♓ 37	2 ♓ 45	15 ♒ 50	16 ♋ 13	29 ♓ 50	27 ♉ 29	0 ♈ 29	4 ♒ 3	19 ♈	6 ♓	15 ♑	16 ♒	23 ♈
14	24 ♒ 54	9 ♑ 44	9 ♓ 51	9 ♓ 2	11 ♓ 11	4 ♓ 0	16 ♒ 38	16 ♋ 8	29 ♓ 57	27 ♉ 30	0 ♈ 31	4 ♒ 5	19 ♈	6 ♓	16 ♑	17 ♒	23 ♈
15	25 ♒ 55	22 ♑ 2	9 ♓ 48	9 ♓ 0	12 ♓ 42	5 ♓ 15	17 ♒ 25	16 ♋ 3	0 ♈ 4	27 ♉ 30	0 ♈ 33	4 ♒ 7	19 ♈	6 ♓	16 ♑	17 ♒	23 ♈
16	26 ♒ 56	4 ♒ 35	9 ♓ 45	8 ♓ 58	14 ♓ 9	6 ♓ 30	18 ♒ 12	15 ♋ 58	0 ♈ 10	27 ♉ 31	0 ♈ 34	4 ♒ 9	20 ♈	7 ♓	16 ♑	18 ♒	23 ♈
17	27 ♒ 56	17 ♒ 23	9 ♓ 42	8 ♓ 57	15 ♓ 31	7 ♓ 45	18 ♒ 59	15 ♋ 54	0 ♈ 17	27 ♉ 31	0 ♈ 36	4 ♒ 10	20 ♈	7 ♓	17 ♑	18 ♒	23 ♈
18	28 ♒ 57	0 ♓ 28	9 ♓ 38	8 ♓ 56	16 ♓ 48	9 ♓ 0	19 ♒ 46	15 ♋ 50	0 ♈ 24	27 ♉ 32	0 ♈ 38	4 ♒ 12	20 ♈	7 ♓	17 ♑	19 ♒	23 ♈
19	29 ♒ 57	13 ♓ 47	9 ♓ 35	8 D 56	17 ♓ 59	10 ♓ 15	20 ♒ 34	15 ♋ 46	0 ♈ 30	27 ♉ 33	0 ♈ 40	4 ♒ 14	21 ♈	8 ♓	17 ♑	19 ♒	23 ♈
20	0 ♓ 58	27 ♓ 21	9 ♓ 32	8 ♓ 56	19 ♓ 3	11 ♓ 30	21 ♒ 21	15 ♋ 42	0 ♈ 37	27 ♉ 33	0 ♈ 42	4 ♒ 16	21 ♈	8 ♓	18 ♑	20 ♒	23 ♈
21	1 ♓ 58	11 ♈ 6	9 ♓ 29	8 ♓ 57	20 ♓ 0	12 ♓ 45	22 ♒ 8	15 ♋ 38	0 ♈ 44	27 ♉ 34	0 ♈ 45	4 ♒ 17	21 ♈	8 ♓	18 ♑	20 ♒	23 ♈
22	2 ♓ 59	25 ♈ 1	9 ♓ 26	8 ♓ 58	20 ♓ 48	14 ♓ 0	22 ♒ 55	15 ♋ 35	0 ♈ 51	27 ♉ 35	0 ♈ 47	4 ♒ 19	22 ♈	9 ♓	18 ♑	21 ♒	23 ♈
23	3 ♓ 59	9 ♉ 4	9 ♓ 23	8 ♓ 58	21 ♓ 28	15 ♓ 15	23 ♒ 43	15 ♋ 31	0 ♈ 58	27 ♉ 36	0 ♈ 49	4 ♒ 21	22 ♈	9 ♓	19 ♑	21 ♒	23 ♈
24	5 ♓ 0	23 ♉ 13	9 ♓ 19	8 ♓ 58	21 ♓ 59	16 ♓ 30	24 ♒ 30	15 ♋ 28	1 ♈ 5	27 ♉ 37	0 ♈ 51	4 ♒ 23	22 ♈	9 ♓	19 ♑	22 ♒	23 ♈
25	6 ♓ 0	7 ♊ 24	9 ♓ 16	8 R 58	22 ♓ 20	17 ♓ 45	25 ♒ 17	15 ♋ 25	1 ♈ 12	27 ♉ 38	0 ♈ 53	4 ♒ 24	23 ♈	10 ♓	19 ♑	22 ♒	23 ♈
26	7 ♓ 0	21 ♊ 36	9 ♓ 13	8 ♓ 58	22 ♓ 31	19 ♓ 0	26 ♒ 5	15 ♋ 23	1 ♈ 19	27 ♉ 39	0 ♈ 55	4 ♒ 26	23 ♈	10 ♓	20 ♑	23 ♒	23 ♈
27	8 ♓ 1	5 ♋ 47	9 ♓ 10	8 ♓ 58	22 R 33	20 ♓ 15	26 ♒ 52	15 ♋ 20	1 ♈ 26	27 ♉ 40	0 ♈ 57	4 ♒ 28	23 ♈	10 ♓	20 ♑	23 ♒	23 ♈
28	9 ♓ 1	19 ♋ 54	9 ♓ 7	8 D 58	22 ♓ 25	21 ♓ 30	27 ♒ 39	15 ♋ 18	1 ♈ 33	27 ♉ 42	0 ♈ 59	4 ♒ 29	24 ♈	11 ♓	20 ♑	24 ♒	23 ♈

SUN INGRESS	☉ → ♓ 19日 00:52
MOON PHASE	○ 2日 07:09 ♌ ◑ 9日 21:43 ♏ ● 17日 21:01 ♒ ◐ 24日 21:27 ♊

aspects

5日	21:14	☿□♅
8日	18:49	♀□♅
16日	14:02	☉□♅
17日	06:31	☿△♃
21日	01:53	♄☌♆
23日	05:02	♀△♃
28日	01:21	♂□♅
28日	14:35	☿☌♀

2026年3月

DAY	☉	☽	☊ mean	☊ true	☿	♀	♂	♃	♄	♅	♆	♇	⚳	⚴	⚵	⚶	⚷
	° ′	° ′	° ′	° ′	° ′	° ′	° ′	° ′	° ′	° ′	° ′	° ′	°	°	°	°	°
1	10 ♓ 1	3 ♌ 54	9 ♓ 4	8 D 58	22 R 7	22 D 44	28 D 26	15 R 16	1 D 40	27 D 43	1 D 1	4 D 31	24 D	11 D	21 D	24 D	24 D
2	11 ♓ 2	17 ♌ 44	9 ♓ 0	8 ♓ 58	21 ♓ 40	23 ♓ 59	29 ♒ 14	15 ♋ 14	1 ♈ 47	27 ♉ 44	1 ♈ 3	4 ♒ 33	24 ♈	11 ♓	21 ♑	25 ♒	24 ♈
3	12 ♓ 2	1 ♍ 22	8 ♓ 57	8 ♓ 59	21 ♓ 5	25 ♓ 14	0 ♓ 1	15 ♋ 12	1 ♈ 55	27 ♉ 46	1 ♈ 6	4 ♒ 34	25 ♈	12 ♓	21 ♑	25 ♒	24 ♈
4	13 ♓ 2	14 ♍ 45	8 ♓ 54	8 R 59	20 ♓ 23	26 ♓ 29	0 ♓ 48	15 ♋ 10	2 ♈ 2	27 ♉ 47	1 ♈ 8	4 ♒ 36	25 ♈	12 ♓	22 ♑	26 ♒	24 ♈
5	14 ♓ 2	27 ♍ 52	8 ♓ 51	8 ♓ 58	19 ♓ 34	27 ♓ 43	1 ♓ 36	15 ♋ 9	2 ♈ 9	27 ♉ 48	1 ♈ 10	4 ♒ 37	26 ♈	12 ♓	22 ♑	26 ♒	24 ♈
6	15 ♓ 2	10 ♎ 43	8 ♓ 48	8 ♓ 58	18 ♓ 40	28 ♓ 58	2 ♓ 23	15 ♋ 8	2 ♈ 16	27 ♉ 50	1 ♈ 12	4 ♒ 39	26 ♈	13 ♓	22 ♑	27 ♒	24 ♈
7	16 ♓ 2	23 ♎ 17	8 ♓ 44	8 ♓ 57	17 ♓ 42	0 ♈ 13	3 ♓ 10	15 ♋ 7	2 ♈ 24	27 ♉ 51	1 ♈ 14	4 ♒ 40	26 ♈	13 ♓	23 ♑	27 ♒	24 ♈
8	17 ♓ 2	5 ♏ 36	8 ♓ 41	8 ♓ 56	16 ♓ 42	1 ♈ 27	3 ♓ 57	15 ♋ 6	2 ♈ 31	27 ♉ 53	1 ♈ 17	4 ♒ 42	27 ♈	13 ♓	23 ♑	28 ♒	24 ♈
9	18 ♓ 2	17 ♏ 43	8 ♓ 38	8 ♓ 55	15 ♓ 41	2 ♈ 42	4 ♓ 45	15 ♋ 5	2 ♈ 38	27 ♉ 55	1 ♈ 19	4 ♒ 43	27 ♈	14 ♓	23 ♑	28 ♒	24 ♈
10	19 ♓ 2	29 ♏ 42	8 ♓ 35	8 ♓ 54	14 ♓ 41	3 ♈ 57	5 ♓ 32	15 ♋ 5	2 ♈ 46	27 ♉ 56	1 ♈ 21	4 ♒ 45	27 ♈	14 ♓	24 ♑	29 ♒	24 ♈
11	20 ♓ 2	11 ♐ 35	8 ♓ 32	8 ♓ 53	13 ♓ 43	5 ♈ 11	6 ♓ 19	15 ♋ 5	2 ♈ 53	27 ♉ 58	1 ♈ 23	4 ♒ 46	28 ♈	14 ♓	24 ♑	29 ♒	24 ♈
12	21 ♓ 2	23 ♐ 28	8 ♓ 29	8 D 53	12 ♓ 47	6 ♈ 26	7 ♓ 6	15 D 5	3 ♈ 0	28 ♉ 0	1 ♈ 26	4 ♒ 48	28 ♈	15 ♓	24 ♑	0 ♓	24 ♈
13	22 ♓ 2	5 ♑ 26	8 ♓ 25	8 ♓ 53	11 ♓ 56	7 ♈ 40	7 ♓ 54	15 ♋ 5	3 ♈ 8	28 ♉ 2	1 ♈ 28	4 ♒ 49	29 ♈	15 ♓	25 ♑	0 ♓	24 ♈
14	23 ♓ 2	17 ♑ 33	8 ♓ 22	8 ♓ 54	11 ♓ 9	8 ♈ 55	8 ♓ 41	15 ♋ 5	3 ♈ 15	28 ♉ 4	1 ♈ 30	4 ♒ 51	29 ♈	15 ♓	25 ♑	1 ♓	24 ♈
15	24 ♓ 2	29 ♑ 53	8 ♓ 19	8 ♓ 56	10 ♓ 28	10 ♈ 9	9 ♓ 28	15 ♋ 6	3 ♈ 22	28 ♉ 5	1 ♈ 32	4 ♒ 52	29 ♈	16 ♓	25 ♑	1 ♓	24 ♈
16	25 ♓ 1	12 ♒ 30	8 ♓ 16	8 ♓ 57	9 ♓ 52	11 ♈ 24	10 ♓ 15	15 ♋ 7	3 ♈ 30	28 ♉ 7	1 ♈ 35	4 ♒ 53	0 ♉	16 ♓	26 ♑	2 ♓	24 ♈
17	26 ♓ 1	25 ♒ 27	8 ♓ 13	8 ♓ 58	9 ♓ 23	12 ♈ 38	11 ♓ 3	15 ♋ 8	3 ♈ 37	28 ♉ 9	1 ♈ 37	4 ♒ 55	0 ♉	16 ♓	26 ♑	2 ♓	24 ♈
18	27 ♓ 1	8 ♓ 46	8 ♓ 9	8 ♓ 58	9 ♓ 0	13 ♈ 52	11 ♓ 50	15 ♋ 9	3 ♈ 45	28 ♉ 11	1 ♈ 39	4 ♒ 56	0 ♉	17 ♓	26 ♑	3 ♓	24 ♈
19	28 ♓ 1	22 ♓ 26	8 ♓ 6	8 R 58	8 ♓ 44	15 ♈ 7	12 ♓ 37	15 ♋ 10	3 ♈ 52	28 ♉ 14	1 ♈ 41	4 ♒ 57	1 ♉	17 ♓	26 ♑	3 ♓	24 ♈
20	29 ♓ 0	6 ♈ 25	8 ♓ 3	8 ♓ 56	8 ♓ 33	16 ♈ 21	13 ♓ 24	15 ♋ 12	4 ♈ 0	28 ♉ 16	1 ♈ 44	4 ♒ 59	1 ♉	17 ♓	27 ♑	4 ♓	24 ♈
21	0 ♈ 0	20 ♈ 39	8 ♓ 0	8 ♓ 54	8 ♓ 29	17 ♈ 35	14 ♓ 11	15 ♋ 13	4 ♈ 7	28 ♉ 18	1 ♈ 46	5 ♒ 0	2 ♉	18 ♓	27 ♑	4 ♓	25 ♈
22	1 ♈ 0	5 ♉ 4	7 ♓ 57	8 ♓ 51	8 D 31	18 ♈ 50	14 ♓ 58	15 ♋ 15	4 ♈ 15	28 ♉ 20	1 ♈ 48	5 ♒ 1	2 ♉	18 ♓	27 ♑	5 ♓	25 ♈
23	1 ♈ 59	19 ♉ 33	7 ♓ 54	8 ♓ 48	8 ♓ 38	20 ♈ 4	15 ♓ 46	15 ♋ 18	4 ♈ 22	28 ♉ 22	1 ♈ 50	5 ♒ 2	2 ♉	18 ♓	28 ♑	5 ♓	25 ♈
24	2 ♈ 59	4 ♊ 1	7 ♓ 50	8 ♓ 45	8 ♓ 52	21 ♈ 18	16 ♓ 33	15 ♋ 20	4 ♈ 30	28 ♉ 25	1 ♈ 53	5 ♒ 3	3 ♉	19 ♓	28 ♑	6 ♓	25 ♈
25	3 ♈ 58	18 ♊ 24	7 ♓ 47	8 ♓ 43	9 ♓ 10	22 ♈ 32	17 ♓ 20	15 ♋ 22	4 ♈ 37	28 ♉ 27	1 ♈ 55	5 ♒ 5	3 ♉	19 ♓	28 ♑	6 ♓	25 ♈
26	4 ♈ 58	2 ♋ 37	7 ♓ 44	8 ♓ 42	9 ♓ 33	23 ♈ 46	18 ♓ 7	15 ♋ 25	4 ♈ 45	28 ♉ 29	1 ♈ 57	5 ♒ 6	3 ♉	19 ♓	28 ♑	7 ♓	25 ♈
27	5 ♈ 57	16 ♋ 39	7 ♓ 41	8 D 43	10 ♓ 1	25 ♈ 0	18 ♓ 54	15 ♋ 28	4 ♈ 52	28 ♉ 32	2 ♈ 0	5 ♒ 7	4 ♉	20 ♓	29 ♑	7 ♓	25 ♈
28	6 ♈ 57	0 ♌ 28	7 ♓ 38	8 ♓ 44	10 ♓ 33	26 ♈ 14	19 ♓ 41	15 ♋ 31	5 ♈ 0	28 ♉ 34	2 ♈ 2	5 ♒ 8	4 ♉	20 ♓	29 ♑	8 ♓	25 ♈
29	7 ♈ 56	14 ♌ 5	7 ♓ 35	8 ♓ 45	11 ♓ 10	27 ♈ 28	20 ♓ 28	15 ♋ 34	5 ♈ 7	28 ♉ 37	2 ♈ 4	5 ♒ 9	5 ♉	20 ♓	29 ♑	8 ♓	25 ♈
30	8 ♈ 55	27 ♌ 28	7 ♓ 31	8 ♓ 47	11 ♓ 51	28 ♈ 42	21 ♓ 15	15 ♋ 38	5 ♈ 15	28 ♉ 39	2 ♈ 6	5 ♒ 10	5 ♉	21 ♓	0 ♒	9 ♓	25 ♈
31	9 ♈ 55	10 ♍ 40	7 ♓ 28	8 R 47	12 ♓ 35	29 ♈ 56	22 ♓ 2	15 ♋ 41	5 ♈ 22	28 ♉ 42	2 ♈ 9	5 ♒ 11	5 ♉	21 ♓	0 ♒	9 ♓	25 ♈
SUN INGRESS	☉ → ♈ 20日 23:46																
MOON PHASE	○ 3日 20:38 ♍	◑ 11日 18:38 ♐	● 19日 10:23 ♓	◐ 26日 04:17 ♋													

aspects		
5日	01:41	♀⚹♅
6日	02:14	☉△♃
7日	20:02	☉☌☿
7日	20:27	♀☌♆
8日	22:40	♀☌♄
9日	14:24	☿△♃
10日	15:52	♀⚹♇
15日	17:08	☿☌♂
19日	01:09	♀□♃
19日	05:20	☉⚹♅
22日	09:01	♂△♃
22日	20:19	☉☌♆
25日	17:55	☉☌♄
26日	03:17	☉⚹♇
29日	07:13	♄⚹♇

2026年4月

DAY	☉	☽	☊ mean	☊ true	☿	♀	♂	♃	♄	♅	♆	♇	⚳	⚴	⚵	⚶	⚷
	° ′	° ′	° ′	° ′	° ′	° ′	° ′	° ′	° ′	° ′	° ′	° ′	°	°	°	°	°
1	10 ♈ 54	23 ♍ 39	7 ♓ 25	8 R 46	13 D 23	1 D 10	22 D 49	15 D 45	5 D 30	28 D 44	2 D 11	5 D 12	6 D	21 D	0 D	10 D	25 D
2	11 ♈ 53	6 ♎ 27	7 ♓ 22	8 ♓ 44	14 ♓ 14	2 ♉ 24	23 ♓ 36	15 ♋ 49	5 ♈ 37	28 ♉ 47	2 ♈ 13	5 ♒ 13	6 ♉	22 ♓	0 ♒	10 ♓	25 ♈
3	12 ♈ 52	19 ♎ 2	7 ♓ 19	8 ♓ 39	15 ♓ 8	3 ♉ 38	24 ♓ 23	15 ♋ 53	5 ♈ 44	28 ♉ 49	2 ♈ 15	5 ♒ 14	7 ♉	22 ♓	1 ♒	11 ♓	25 ♈
4	13 ♈ 51	1 ♏ 26	7 ♓ 15	8 ♓ 34	16 ♓ 5	4 ♉ 52	25 ♓ 10	15 ♋ 57	5 ♈ 52	28 ♉ 52	2 ♈ 18	5 ♒ 15	7 ♉	22 ♓	1 ♒	11 ♓	25 ♈
5	14 ♈ 50	13 ♏ 40	7 ♓ 12	8 ♓ 27	17 ♓ 5	6 ♉ 6	25 ♓ 57	16 ♋ 2	5 ♈ 59	28 ♉ 55	2 ♈ 20	5 ♒ 16	7 ♉	23 ♓	1 ♒	12 ♓	25 ♈
6	15 ♈ 50	25 ♏ 44	7 ♓ 9	8 ♓ 20	18 ♓ 8	7 ♉ 19	26 ♓ 43	16 ♋ 6	6 ♈ 7	28 ♉ 58	2 ♈ 22	5 ♒ 17	8 ♉	23 ♓	1 ♒	12 ♓	25 ♈
7	16 ♈ 49	7 ♐ 41	7 ♓ 6	8 ♓ 14	19 ♓ 13	8 ♉ 33	27 ♓ 30	16 ♋ 11	6 ♈ 14	29 ♉ 0	2 ♈ 24	5 ♒ 18	8 ♉	23 ♓	2 ♒	13 ♓	26 ♈
8	17 ♈ 48	19 ♐ 34	7 ♓ 3	8 ♓ 9	20 ♓ 21	9 ♉ 47	28 ♓ 17	16 ♋ 16	6 ♈ 22	29 ♉ 3	2 ♈ 27	5 ♒ 18	9 ♉	24 ♓	2 ♒	13 ♓	26 ♈
9	18 ♈ 47	1 ♑ 27	7 ♓ 0	8 ♓ 6	21 ♓ 31	11 ♉ 0	29 ♓ 4	16 ♋ 21	6 ♈ 29	29 ♉ 6	2 ♈ 29	5 ♒ 19	9 ♉	24 ♓	2 ♒	14 ♓	26 ♈
10	19 ♈ 46	13 ♑ 23	6 ♓ 56	8 ♓ 4	22 ♓ 43	12 ♉ 14	29 ♓ 51	16 ♋ 26	6 ♈ 36	29 ♉ 9	2 ♈ 31	5 ♒ 20	9 ♉	24 ♓	2 ♒	14 ♓	26 ♈
11	20 ♈ 44	25 ♑ 27	6 ♓ 53	8 D 4	23 ♓ 58	13 ♉ 27	0 ♈ 37	16 ♋ 32	6 ♈ 44	29 ♉ 12	2 ♈ 33	5 ♒ 21	10 ♉	25 ♓	3 ♒	15 ♓	26 ♈
12	21 ♈ 43	7 ♒ 45	6 ♓ 50	8 ♓ 5	25 ♓ 15	14 ♉ 41	1 ♈ 24	16 ♋ 37	6 ♈ 51	29 ♉ 15	2 ♈ 35	5 ♒ 21	10 ♉	25 ♓	3 ♒	15 ♓	26 ♈
13	22 ♈ 42	20 ♒ 21	6 ♓ 47	8 ♓ 6	26 ♓ 33	15 ♉ 54	2 ♈ 11	16 ♋ 43	6 ♈ 58	29 ♉ 18	2 ♈ 37	5 ♒ 22	11 ♉	25 ♓	3 ♒	15 ♓	26 ♈
14	23 ♈ 41	3 ♓ 19	6 ♓ 44	8 ♓ 7	27 ♓ 54	17 ♉ 8	2 ♈ 57	16 ♋ 49	7 ♈ 6	29 ♉ 21	2 ♈ 40	5 ♒ 23	11 ♉	25 ♓	3 ♒	16 ♓	26 ♈
15	24 ♈ 40	16 ♓ 42	6 ♓ 41	8 R 7	29 ♓ 16	18 ♉ 21	3 ♈ 44	16 ♋ 55	7 ♈ 13	29 ♉ 24	2 ♈ 42	5 ♒ 23	11 ♉	26 ♓	4 ♒	16 ♓	26 ♈
16	25 ♈ 39	0 ♈ 32	6 ♓ 37	8 ♓ 5	0 ♈ 41	19 ♉ 34	4 ♈ 30	17 ♋ 1	7 ♈ 20	29 ♉ 27	2 ♈ 44	5 ♒ 24	12 ♉	26 ♓	4 ♒	17 ♓	26 ♈
17	26 ♈ 37	14 ♈ 48	6 ♓ 34	8 ♓ 1	2 ♈ 7	20 ♉ 48	5 ♈ 17	17 ♋ 8	7 ♈ 27	29 ♉ 30	2 ♈ 46	5 ♒ 24	12 ♉	26 ♓	4 ♒	17 ♓	26 ♈
18	27 ♈ 36	29 ♈ 24	6 ♓ 31	7 ♓ 54	3 ♈ 35	22 ♉ 1	6 ♈ 3	17 ♋ 14	7 ♈ 35	29 ♉ 33	2 ♈ 48	5 ♒ 25	13 ♉	27 ♓	4 ♒	18 ♓	26 ♈
19	28 ♈ 35	14 ♉ 15	6 ♓ 28	7 ♓ 47	5 ♈ 5	23 ♉ 14	6 ♈ 50	17 ♋ 21	7 ♈ 42	29 ♉ 36	2 ♈ 50	5 ♒ 26	13 ♉	27 ♓	5 ♒	18 ♓	26 ♈
20	29 ♈ 33	29 ♉ 11	6 ♓ 25	7 ♓ 39	6 ♈ 36	24 ♉ 27	7 ♈ 36	17 ♋ 28	7 ♈ 49	29 ♉ 39	2 ♈ 52	5 ♒ 26	13 ♉	27 ♓	5 ♒	19 ♓	26 ♈
21	0 ♉ 32	14 ♊ 5	6 ♓ 21	7 ♓ 31	8 ♈ 9	25 ♉ 41	8 ♈ 23	17 ♋ 34	7 ♈ 56	29 ♉ 42	2 ♈ 54	5 ♒ 27	14 ♉	28 ♓	5 ♒	19 ♓	26 ♈
22	1 ♉ 31	28 ♊ 47	6 ♓ 18	7 ♓ 26	9 ♈ 44	26 ♉ 54	9 ♈ 9	17 ♋ 42	8 ♈ 3	29 ♉ 45	2 ♈ 56	5 ♒ 27	14 ♉	28 ♓	5 ♒	20 ♓	26 ♈
23	2 ♉ 29	13 ♋ 12	6 ♓ 15	7 ♓ 22	11 ♈ 21	28 ♉ 7	9 ♈ 55	17 ♋ 49	8 ♈ 10	29 ♉ 48	2 ♈ 59	5 ♒ 27	15 ♉	28 ♓	5 ♒	20 ♓	26 ♈
24	3 ♉ 28	27 ♋ 17	6 ♓ 12	7 ♓ 20	12 ♈ 59	29 ♉ 20	10 ♈ 42	17 ♋ 56	8 ♈ 17	29 ♉ 52	3 ♈ 1	5 ♒ 28	15 ♉	29 ♓	6 ♒	21 ♓	27 ♈
25	4 ♉ 26	11 ♌ 2	6 ♓ 9	7 D 20	14 ♈ 39	0 ♊ 33	11 ♈ 28	18 ♋ 4	8 ♈ 24	29 ♉ 55	3 ♈ 3	5 ♒ 28	15 ♉	29 ♓	6 ♒	21 ♓	27 ♈
26	5 ♉ 25	24 ♌ 27	6 ♓ 6	7 ♓ 21	16 ♈ 21	1 ♊ 46	12 ♈ 14	18 ♋ 11	8 ♈ 31	29 ♉ 58	3 ♈ 5	5 ♒ 28	16 ♉	29 ♓	6 ♒	22 ♓	27 ♈
27	6 ♉ 23	7 ♍ 35	6 ♓ 2	7 R 21	18 ♈ 5	2 ♊ 59	13 ♈ 0	18 ♋ 19	8 ♈ 38	0 ♊ 1	3 ♈ 7	5 ♒ 29	16 ♉	0 ♈	6 ♒	22 ♓	27 ♈
28	7 ♉ 21	20 ♍ 27	5 ♓ 59	7 ♓ 21	19 ♈ 50	4 ♊ 11	13 ♈ 47	18 ♋ 27	8 ♈ 45	0 ♊ 5	3 ♈ 9	5 ♒ 29	17 ♉	0 ♈	6 ♒	22 ♓	27 ♈
29	8 ♉ 20	3 ♎ 7	5 ♓ 56	7 ♓ 18	21 ♈ 37	5 ♊ 24	14 ♈ 33	18 ♋ 35	8 ♈ 52	0 ♊ 8	3 ♈ 10	5 ♒ 29	17 ♉	0 ♈	7 ♒	23 ♓	27 ♈
30	9 ♉ 18	15 ♎ 36	5 ♓ 53	7 ♓ 12	23 ♈ 26	6 ♊ 37	15 ♈ 19	18 ♋ 43	8 ♈ 59	0 ♊ 11	3 ♈ 12	5 ♒ 29	17 ♉	1 ♈	7 ♒	23 ♓	27 ♈
SUN INGRESS	☉ → ♉ 20日 10:39																
MOON PHASE	○ 2日 11:12 ♎	◑ 10日 13:51 ♑	● 17日 20:52 ♈	◐ 24日 11:31 ♌													

aspects		
3日	20:29	☿△♃
4日	07:38	♀□♇
6日	07:23	☉□♃
9日	01:12	♂⚹♅
13日	14:30	♂☌♆
13日	17:21	♀⚹♃
15日	02:10	☿⚹♅
17日	03:56	♂⚹♇
17日	11:02	☿☌♆
19日	05:35	☿⚹♇
20日	07:44	♂☌♄
20日	20:22	☿☌♄
21日	06:45	☿☌♂
24日	10:58	♀☌♅
26日	01:33	☉□♇
27日	02:43	♀⚹♆
27日	03:33	☿□♃
29日	01:40	♀△♇

2026年5月

DAY	☉	☽	☊		☿	♀	♂	♃	♄	♅	♆	♇	⚳	⚴	⚵	⚶	⚷
			mean	true													
	° ′	° ′	° ′	° ′	° ′	° ′	° ′	° ′	° ′	° ′	° ′	° ′	°	°	°	°	°
1	10 ♉ 16	27 ♎ 56	5 ♓ 50	7 R 4	25 D 16	7 D 50	16 D 5	18 D 51	9 D 6	0 D 15	3 D 14	5 D 30	18 D	1 D	7 D	24 D	27 D
2	11 ♉ 15	10 ♏ 8	5 ♓ 46	6 ♓ 53	27 ♈ 8	9 ♊ 2	16 ♈ 51	19 ♋ 0	9 ♈ 13	0 ♊ 18	3 ♈ 16	5 ♒ 30	18 ♉	1 ♈	7 ♒	24 ♓	27 ♈
3	12 ♉ 13	22 ♏ 13	5 ♓ 43	6 ♓ 42	29 ♈ 2	10 ♊ 15	17 ♈ 37	19 ♋ 8	9 ♈ 19	0 ♊ 21	3 ♈ 18	5 ♒ 30	19 ♉	1 ♈	7 ♒	25 ♓	27 ♈
4	13 ♉ 11	4 ♐ 12	5 ♓ 40	6 ♓ 29	0 ♉ 58	11 ♊ 27	18 ♈ 22	19 ♋ 17	9 ♈ 26	0 ♊ 25	3 ♈ 20	5 ♒ 30	19 ♉	2 ♈	8 ♒	25 ♓	27 ♈
5	14 ♉ 9	16 ♐ 6	5 ♓ 37	6 ♓ 18	2 ♉ 55	12 ♊ 40	19 ♈ 8	19 ♋ 25	9 ♈ 33	0 ♊ 28	3 ♈ 22	5 ♒ 30	20 ♉	2 ♈	8 ♒	26 ♓	27 ♈
6	15 ♉ 7	27 ♐ 58	5 ♓ 34	6 ♓ 7	4 ♉ 54	13 ♊ 52	19 ♈ 54	19 ♋ 34	9 ♈ 39	0 ♊ 32	3 ♈ 24	5 ♒ 30	20 ♉	2 ♈	8 ♒	26 ♓	27 ♈
7	16 ♉ 5	9 ♑ 50	5 ♓ 31	6 ♓ 0	6 ♉ 55	15 ♊ 5	20 ♈ 40	19 ♋ 43	9 ♈ 46	0 ♊ 35	3 ♈ 25	5 ♒ 30	20 ♉	3 ♈	8 ♒	26 ♓	27 ♈
8	17 ♉ 3	21 ♑ 45	5 ♓ 27	5 ♓ 54	8 ♉ 58	16 ♊ 17	21 ♈ 26	19 ♋ 52	9 ♈ 52	0 ♊ 38	3 ♈ 27	5 R 30	21 ♉	3 ♈	8 ♒	27 ♓	27 ♈
9	18 ♉ 1	3 ♒ 48	5 ♓ 24	5 ♓ 51	11 ♉ 1	17 ♊ 29	22 ♈ 11	20 ♋ 2	9 ♈ 59	0 ♊ 42	3 ♈ 29	5 ♒ 30	21 ♉	3 ♈	8 ♒	27 ♓	27 ♈
10	19 ♉ 0	16 ♒ 3	5 ♓ 21	5 ♓ 50	13 ♉ 7	18 ♊ 41	22 ♈ 57	20 ♋ 11	10 ♈ 5	0 ♊ 45	3 ♈ 31	5 ♒ 30	22 ♉	4 ♈	8 ♒	28 ♓	27 ♈
11	19 ♉ 58	28 ♒ 35	5 ♓ 18	5 D 51	15 ♉ 14	19 ♊ 54	23 ♈ 42	20 ♋ 20	10 ♈ 11	0 ♊ 49	3 ♈ 32	5 ♒ 30	22 ♉	4 ♈	9 ♒	28 ♓	28 ♈
12	20 ♉ 55	11 ♓ 29	5 ♓ 15	5 R 51	17 ♉ 22	21 ♊ 6	24 ♈ 28	20 ♋ 30	10 ♈ 18	0 ♊ 52	3 ♈ 34	5 ♒ 30	22 ♉	4 ♈	9 ♒	29 ♓	28 ♈
13	21 ♉ 53	24 ♓ 50	5 ♓ 12	5 ♓ 49	19 ♉ 31	22 ♊ 18	25 ♈ 14	20 ♋ 39	10 ♈ 24	0 ♊ 56	3 ♈ 36	5 ♒ 30	23 ♉	5 ♈	9 ♒	29 ♓	28 ♈
14	22 ♉ 51	8 ♈ 39	5 ♓ 8	5 ♓ 46	21 ♉ 41	23 ♊ 30	25 ♈ 59	20 ♋ 49	10 ♈ 30	0 ♊ 59	3 ♈ 37	5 ♒ 29	23 ♉	5 ♈	9 ♒	29 ♓	28 ♈
15	23 ♉ 49	22 ♈ 58	5 ♓ 5	5 ♓ 40	23 ♉ 51	24 ♊ 42	26 ♈ 44	20 ♋ 59	10 ♈ 36	1 ♊ 3	3 ♈ 39	5 ♒ 29	24 ♉	5 ♈	9 ♒	0 ♈	28 ♈
16	24 ♉ 47	7 ♉ 43	5 ♓ 2	5 ♓ 32	26 ♉ 2	25 ♊ 54	27 ♈ 30	21 ♋ 9	10 ♈ 43	1 ♊ 6	3 ♈ 41	5 ♒ 29	24 ♉	5 ♈	9 ♒	0 ♈	28 ♈
17	25 ♉ 45	22 ♉ 47	4 ♓ 59	5 ♓ 22	28 ♉ 13	27 ♊ 6	28 ♈ 15	21 ♋ 19	10 ♈ 49	1 ♊ 10	3 ♈ 42	5 ♒ 29	24 ♉	6 ♈	9 ♒	1 ♈	28 ♈
18	26 ♉ 43	8 ♊ 1	4 ♓ 56	5 ♓ 11	0 ♊ 24	28 ♊ 18	29 ♈ 0	21 ♋ 29	10 ♈ 55	1 ♊ 13	3 ♈ 44	5 ♒ 28	25 ♉	6 ♈	9 ♒	1 ♈	28 ♈
19	27 ♉ 41	23 ♊ 13	4 ♓ 52	5 ♓ 0	2 ♊ 35	29 ♊ 29	29 ♈ 46	21 ♋ 39	11 ♈ 1	1 ♊ 17	3 ♈ 45	5 ♒ 28	25 ♉	6 ♈	10 ♒	2 ♈	28 ♈
20	28 ♉ 39	8 ♋ 14	4 ♓ 49	4 ♓ 52	4 ♊ 45	0 ♋ 41	0 ♉ 31	21 ♋ 49	11 ♈ 6	1 ♊ 20	3 ♈ 47	5 ♒ 28	26 ♉	7 ♈	10 ♒	2 ♈	28 ♈
21	29 ♉ 36	22 ♋ 56	4 ♓ 46	4 ♓ 46	6 ♊ 54	1 ♋ 53	1 ♉ 16	22 ♋ 0	11 ♈ 12	1 ♊ 24	3 ♈ 48	5 ♒ 27	26 ♉	7 ♈	10 ♒	2 ♈	28 ♈
22	0 ♊ 34	7 ♌ 12	4 ♓ 43	4 ♓ 43	9 ♊ 2	3 ♋ 4	2 ♉ 1	22 ♋ 10	11 ♈ 18	1 ♊ 27	3 ♈ 50	5 ♒ 27	26 ♉	7 ♈	10 ♒	3 ♈	28 ♈
23	1 ♊ 32	21 ♌ 2	4 ♓ 40	4 ♓ 41	11 ♊ 9	4 ♋ 16	2 ♉ 46	22 ♋ 21	11 ♈ 24	1 ♊ 31	3 ♈ 51	5 ♒ 27	27 ♉	7 ♈	10 ♒	3 ♈	28 ♈
24	2 ♊ 30	4 ♍ 27	4 ♓ 37	4 D 41	13 ♊ 13	5 ♋ 27	3 ♉ 31	22 ♋ 31	11 ♈ 29	1 ♊ 34	3 ♈ 53	5 ♒ 26	27 ♉	8 ♈	10 ♒	4 ♈	28 ♈
25	3 ♊ 27	17 ♍ 29	4 ♓ 33	4 R 41	15 ♊ 16	6 ♋ 39	4 ♉ 16	22 ♋ 42	11 ♈ 35	1 ♊ 38	3 ♈ 54	5 ♒ 26	28 ♉	8 ♈	10 ♒	4 ♈	28 ♈
26	4 ♊ 25	0 ♎ 13	4 ♓ 30	4 ♓ 39	17 ♊ 17	7 ♋ 50	5 ♉ 1	22 ♋ 53	11 ♈ 41	1 ♊ 41	3 ♈ 55	5 ♒ 25	28 ♉	8 ♈	10 ♒	4 ♈	28 ♈
27	5 ♊ 22	12 ♎ 42	4 ♓ 27	4 ♓ 36	19 ♊ 15	9 ♋ 1	5 ♉ 45	23 ♋ 4	11 ♈ 46	1 ♊ 45	3 ♈ 57	5 ♒ 25	29 ♉	9 ♈	10 ♒	5 ♈	28 ♈
28	6 ♊ 20	24 ♎ 59	4 ♓ 24	4 ♓ 29	21 ♊ 11	10 ♋ 13	6 ♉ 30	23 ♋ 15	11 ♈ 51	1 ♊ 48	3 ♈ 58	5 ♒ 24	29 ♉	9 ♈	10 ♒	5 ♈	28 ♈
29	7 ♊ 18	7 ♏ 7	4 ♓ 21	4 ♓ 20	23 ♊ 5	11 ♋ 24	7 ♉ 15	23 ♋ 26	11 ♈ 57	1 ♊ 52	3 ♈ 59	5 ♒ 23	29 ♉	9 ♈	10 ♒	6 ♈	29 ♈
30	8 ♊ 15	19 ♏ 9	4 ♓ 18	4 ♓ 8	24 ♊ 56	12 ♋ 35	7 ♉ 59	23 ♋ 37	12 ♈ 2	1 ♊ 55	4 ♈ 0	5 ♒ 23	0 ♊	9 ♈	10 ♒	6 ♈	29 ♈
31	9 ♊ 13	1 ♐ 7	4 ♓ 14	3 ♓ 55	26 ♊ 44	13 ♋ 46	8 ♉ 44	23 ♋ 48	12 ♈ 7	1 ♊ 59	4 ♈ 2	5 ♒ 22	0 ♊	10 ♈	10 ♒	6 ♈	29 ♈

SUN INGRESS	☉ → ♊ 21日 09:36
MOON PHASE	○ 2日 02:23 ♏　◑ 10日 06:10 ♒　● 17日 05:01 ♉　◐ 23日 20:11 ♍　○ 31日 17:45 ♐

aspects		
2日	03:45	♀⚹♄
5日	11:08	♂□♃
6日	07:08	☿□♇
11日	11:14	☉⚹♃
13日	13:44	☿⚹♃
14日	23:24	☉☌☿
18日	09:10	☿☌♅
19日	13:05	☿⚹♆
19日	14:37	♀⚹♂
20日	07:53	☿△♇
22日	15:32	♀□♆
22日	23:26	☉☌♅
23日	03:03	☿⚹♄
25日	11:22	☉⚹♆
26日	13:02	♂□♇
27日	00:53	☉△♇
29日	12:03	♀□♄

2026年6月

DAY	☉	☽	☊		☿	♀	♂	♃	♄	♅	♆	♇	⚳	⚴	⚵	⚶	⚷
			mean	true													
	° ′	° ′	° ′	° ′	° ′	° ′	° ′	° ′	° ′	° ′	° ′	° ′	°	°	°	°	°
1	10 ♊ 10	13 ♐ 1	4 ♓ 11	3 R 41	28 D 30	14 D 57	9 D 28	23 D 59	12 D 12	2 D 2	4 D 3	5 R 22	1 D	10 D	10 D	7 D	29 D
2	11 ♊ 8	24 ♐ 53	4 ♓ 8	3 ♓ 28	0 ♋ 13	16 ♋ 8	10 ♉ 13	24 ♋ 11	12 ♈ 17	2 ♊ 6	4 ♈ 4	5 ♒ 21	1 ♊	10 ♈	10 ♒	7 ♈	29 ♈
3	12 ♊ 5	6 ♑ 46	4 ♓ 5	3 ♓ 16	1 ♋ 52	17 ♋ 18	10 ♉ 57	24 ♋ 22	12 ♈ 22	2 ♊ 9	4 ♈ 5	5 ♒ 20	1 ♊	10 ♈	10 ♒	8 ♈	29 ♈
4	13 ♊ 3	18 ♑ 39	4 ♓ 2	3 ♓ 7	3 ♋ 30	18 ♋ 29	11 ♉ 42	24 ♋ 34	12 ♈ 27	2 ♊ 12	4 ♈ 6	5 ♒ 20	2 ♊	11 ♈	10 ♒	8 ♈	29 ♈
5	14 ♊ 0	0 ♒ 37	3 ♓ 58	3 ♓ 0	5 ♋ 4	19 ♋ 40	12 ♉ 26	24 ♋ 45	12 ♈ 32	2 ♊ 16	4 ♈ 7	5 ♒ 19	2 ♊	11 ♈	10 ♒	8 ♈	29 ♈
6	14 ♊ 58	12 ♒ 42	3 ♓ 55	2 ♓ 57	6 ♋ 35	20 ♋ 50	13 ♉ 10	24 ♋ 57	12 ♈ 37	2 ♊ 19	4 ♈ 8	5 ♒ 18	3 ♊	11 ♈	11 ♒	9 ♈	29 ♈
7	15 ♊ 55	24 ♒ 58	3 ♓ 52	2 ♓ 55	8 ♋ 4	22 ♋ 1	13 ♉ 54	25 ♋ 8	12 ♈ 42	2 ♊ 23	4 ♈ 9	5 ♒ 17	3 ♊	12 ♈	10 R	9 ♈	29 ♈
8	16 ♊ 52	7 ♓ 29	3 ♓ 49	2 D 55	9 ♋ 29	23 ♋ 11	14 ♉ 38	25 ♋ 20	12 ♈ 46	2 ♊ 26	4 ♈ 10	5 ♒ 16	3 ♊	12 ♈	10 ♒	10 ♈	29 ♈
9	17 ♊ 50	20 ♓ 20	3 ♓ 46	2 R 55	10 ♋ 51	24 ♋ 21	15 ♉ 23	25 ♋ 32	12 ♈ 51	2 ♊ 30	4 ♈ 11	5 ♒ 16	4 ♊	12 ♈	10 ♒	10 ♈	29 ♈
10	18 ♊ 47	3 ♈ 36	3 ♓ 43	2 ♓ 54	12 ♋ 11	25 ♋ 32	16 ♉ 7	25 ♋ 44	12 ♈ 55	2 ♊ 33	4 ♈ 12	5 ♒ 15	4 ♊	12 ♈	10 ♒	10 ♈	29 ♈
11	19 ♊ 45	17 ♈ 19	3 ♓ 39	2 ♓ 52	13 ♋ 27	26 ♋ 42	16 ♉ 51	25 ♋ 56	13 ♈ 0	2 ♊ 36	4 ♈ 13	5 ♒ 14	5 ♊	13 ♈	10 ♒	11 ♈	29 ♈
12	20 ♊ 42	1 ♉ 31	3 ♓ 36	2 ♓ 47	14 ♋ 41	27 ♋ 52	17 ♉ 34	26 ♋ 8	13 ♈ 4	2 ♊ 40	4 ♈ 14	5 ♒ 13	5 ♊	13 ♈	10 ♒	11 ♈	29 ♈
13	21 ♊ 39	16 ♉ 10	3 ♓ 33	2 ♓ 40	15 ♋ 51	29 ♋ 2	18 ♉ 18	26 ♋ 20	13 ♈ 8	2 ♊ 43	4 ♈ 15	5 ♒ 12	5 ♊	13 ♈	10 ♒	11 ♈	29 ♈
14	22 ♊ 37	1 ♊ 12	3 ♓ 30	2 ♓ 30	16 ♋ 57	0 ♌ 12	19 ♉ 2	26 ♋ 32	13 ♈ 12	2 ♊ 47	4 ♈ 15	5 ♒ 11	6 ♊	13 ♈	10 ♒	12 ♈	29 ♈
15	23 ♊ 34	16 ♊ 27	3 ♓ 27	2 ♓ 21	18 ♋ 1	1 ♌ 22	19 ♉ 46	26 ♋ 44	13 ♈ 16	2 ♊ 50	4 ♈ 16	5 ♒ 10	6 ♊	14 ♈	10 ♒	12 ♈	29 ♈
16	24 ♊ 31	1 ♋ 45	3 ♓ 24	2 ♓ 11	19 ♋ 1	2 ♌ 31	20 ♉ 30	26 ♋ 56	13 ♈ 20	2 ♊ 53	4 ♈ 17	5 ♒ 9	7 ♊	14 ♈	10 ♒	13 ♈	29 ♈
17	25 ♊ 29	16 ♋ 55	3 ♓ 20	2 ♓ 3	19 ♋ 58	3 ♌ 41	21 ♉ 13	27 ♋ 8	13 ♈ 24	2 ♊ 57	4 ♈ 17	5 ♒ 8	7 ♊	14 ♈	10 ♒	13 ♈	29 ♈
18	26 ♊ 26	1 ♌ 47	3 ♓ 17	1 ♓ 58	20 ♋ 51	4 ♌ 51	21 ♉ 57	27 ♋ 21	13 ♈ 28	3 ♊ 0	4 ♈ 18	5 ♒ 7	8 ♊	14 ♈	10 ♒	13 ♈	29 ♈
19	27 ♊ 23	16 ♌ 14	3 ♓ 14	1 ♓ 55	21 ♋ 40	6 ♌ 0	22 ♉ 40	27 ♋ 33	13 ♈ 32	3 ♊ 3	4 ♈ 19	5 ♒ 6	8 ♊	15 ♈	10 ♒	14 ♈	29 ♈
20	28 ♊ 21	0 ♍ 13	3 ♓ 11	1 ♓ 54	22 ♋ 26	7 ♌ 10	23 ♉ 24	27 ♋ 45	13 ♈ 35	3 ♊ 6	4 ♈ 19	5 ♒ 5	8 ♊	15 ♈	10 ♒	14 ♈	29 ♈
21	29 ♊ 18	13 ♍ 44	3 ♓ 8	1 D 54	23 ♋ 8	8 ♌ 19	24 ♉ 7	27 ♋ 58	13 ♈ 39	3 ♊ 10	4 ♈ 20	5 ♒ 4	9 ♊	15 ♈	10 ♒	14 ♈	0 ♉
22	0 ♋ 15	26 ♍ 50	3 ♓ 4	1 ♓ 55	23 ♋ 46	9 ♌ 28	24 ♉ 50	28 ♋ 10	13 ♈ 42	3 ♊ 13	4 ♈ 20	5 ♒ 3	9 ♊	15 ♈	10 ♒	15 ♈	0 ♉
23	1 ♋ 12	9 ♎ 33	3 ♓ 1	1 R 54	24 ♋ 20	10 ♌ 37	25 ♉ 33	28 ♋ 23	13 ♈ 46	3 ♊ 16	4 ♈ 21	5 ♒ 2	10 ♊	15 ♈	10 ♒	15 ♈	0 ♉
24	2 ♋ 10	21 ♎ 59	2 ♓ 58	1 ♓ 52	24 ♋ 50	11 ♌ 46	26 ♉ 17	28 ♋ 35	13 ♈ 49	3 ♊ 19	4 ♈ 21	5 ♒ 1	10 ♊	16 ♈	10 ♒	15 ♈	0 ♉
25	3 ♋ 7	4 ♏ 11	2 ♓ 55	1 ♓ 48	25 ♋ 15	12 ♌ 55	27 ♉ 0	28 ♋ 48	13 ♈ 52	3 ♊ 22	4 ♈ 22	5 ♒ 0	10 ♊	16 ♈	9 ♒	16 ♈	0 ♉
26	4 ♋ 4	16 ♏ 14	2 ♓ 52	1 ♓ 42	25 ♋ 36	14 ♌ 4	27 ♉ 43	29 ♋ 1	13 ♈ 55	3 ♊ 25	4 ♈ 22	4 ♒ 58	11 ♊	16 ♈	9 ♒	16 ♈	0 ♉
27	5 ♋ 1	28 ♏ 10	2 ♓ 49	1 ♓ 33	25 ♋ 53	15 ♌ 12	28 ♉ 26	29 ♋ 13	13 ♈ 59	3 ♊ 29	4 ♈ 23	4 ♒ 57	11 ♊	16 ♈	9 ♒	16 ♈	0 ♉
28	5 ♋ 59	10 ♐ 3	2 ♓ 45	1 ♓ 23	26 ♋ 5	16 ♌ 21	29 ♉ 9	29 ♋ 26	14 ♈ 1	3 ♊ 32	4 ♈ 23	4 ♒ 56	12 ♊	16 ♈	9 ♒	17 ♈	0 ♉
29	6 ♋ 56	21 ♐ 55	2 ♓ 42	1 ♓ 13	26 ♋ 12	17 ♌ 29	29 ♉ 52	29 ♋ 39	14 ♈ 4	3 ♊ 35	4 ♈ 23	4 ♒ 55	12 ♊	17 ♈	9 ♒	17 ♈	0 ♉
30	7 ♋ 53	3 ♑ 48	2 ♓ 39	1 ♓ 3	26 ♋ 15	18 ♌ 37	0 ♊ 34	29 ♋ 52	14 ♈ 7	3 ♊ 38	4 ♈ 24	4 ♒ 54	12 ♊	17 ♈	9 ♒	17 ♈	0 ♉

SUN INGRESS	☉ → ♋ 21日 17:24
MOON PHASE	◑ 8日 19:00 ♓　● 15日 11:54 ♊　◐ 22日 06:55 ♎　○ 30日 08:56 ♑

aspects		
3日	07:49	☉⚹♄
4日	09:18	☿□♆
10日	04:59	♀☌♃
10日	14:39	☿□♄
16日	07:53	♀⚹♅
17日	12:41	♀△♆
18日	05:38	♀☍♇
25日	21:02	♀△♄
26日	07:38	☉□♆
28日	13:51	♂⚹♃

2026年7月

DAY	☉	☽	☊ mean	☊ true	☿	♀	♂	♃	♄	♅	♆	♇	⚳	⚴	⚵	⚶	⚷
	° ′	° ′	° ′	° ′	° ′	° ′	° ′	° ′	° ′	° ′	° ′	° ′	°	°	°	°	°
1	8♋50	15♑44	2♓36	0 R 55	26 R 13	19 D 46	1 D 17	0 D 4	14 D 10	3 D 41	4 D 24	4 R 53	13 D	17 D	9 R	18 D	0 D
2	9♋47	27♑43	2♓33	0♓48	26♋7	20♌54	2♊0	0♌17	14♈12	3♊44	4♈24	4♒51	13♊	17♈	8♒	18♈	0♉
3	10♋45	9♒48	2♓30	0♓44	25♋56	22♌1	2♊42	0♌30	14♈15	3♊47	4♈24	4♒50	14♊	18♈	8♒	18♈	0♉
4	11♋42	22♒1	2♓26	0♓42	25♋41	23♌9	3♊25	0♌43	14♈17	3♊50	4♈24	4♒49	14♊	18♈	8♒	18♈	0♉
5	12♋39	4♓24	2♓23	0 D 41	25♋21	24♌17	4♊7	0♌56	14♈19	3♊53	4♈24	4♒48	14♊	18♈	8♒	19♈	0♉
6	13♋36	17♓2	2♓20	0♓42	24♋58	25♌24	4♊50	1♌9	14♈22	3♊56	4♈25	4♒46	15♊	18♈	8♒	19♈	0♉
7	14♋33	29♓56	2♓17	0♓43	24♋31	26♌32	5♊32	1♌22	14♈24	3♊58	4♈25	4♒45	15♊	18♈	8♒	19♈	0♉
8	15♋31	13♈11	2♓14	0♓44	24♋1	27♌39	6♊14	1♌35	14♈26	4♊1	4 R 25	4♒44	16♊	18♈	7♒	20♈	0♉
9	16♋28	26♈48	2♓10	0 R 44	23♋28	28♌46	6♊57	1♌48	14♈28	4♊4	4♈25	4♒42	16♊	19♈	7♒	20♈	0♉
10	17♋25	10♉51	2♓7	0♓41	22♋52	29♌53	7♊39	2♌1	14♈29	4♊7	4♈25	4♒41	16♊	19♈	7♒	20♈	0♉
11	18♋22	25♉17	2♓4	0♓38	22♋15	1♍0	8♊21	2♌14	14♈31	4♊10	4♈24	4♒40	17♊	19♈	7♒	20♈	0♉
12	19♋20	10♊4	2♓1	0♓32	21♋37	2♍6	9♊3	2♌27	14♈33	4♊12	4♈24	4♒38	17♊	19♈	7♒	21♈	0♉
13	20♋17	25♊6	1♓58	0♓27	20♋58	3♍13	9♊45	2♌40	14♈34	4♊15	4♈24	4♒37	18♊	19♈	6♒	21♈	0♉
14	21♋14	10♋13	1♓55	0♓21	20♋20	4♍19	10♊27	2♌54	14♈36	4♊18	4♈24	4♒36	18♊	19♈	6♒	21♈	0♉
15	22♋11	25♋17	1♓51	0♓16	19♋42	5♍25	11♊8	3♌7	14♈37	4♊20	4♈24	4♒34	18♊	20♈	6♒	21♈	0♉
16	23♋9	10♌6	1♓48	0♓13	19♋6	6♍31	11♊50	3♌20	14♈38	4♊23	4♈24	4♒33	19♊	20♈	6♒	22♈	0♉
17	24♋6	24♌36	1♓45	0♓12	18♋32	7♍37	12♊32	3♌33	14♈39	4♊25	4♈23	4♒32	19♊	20♈	6♒	22♈	0♉
18	25♋3	8♍40	1♓42	0 D 12	18♋1	8♍43	13♊13	3♌46	14♈40	4♊28	4♈23	4♒30	20♊	20♈	5♒	22♈	0♉
19	26♋0	22♍17	1♓39	0♓13	17♋33	9♍48	13♊55	4♌0	14♈41	4♊30	4♈23	4♒29	20♊	20♈	5♒	22♈	0♉
20	26♋58	5♎28	1♓36	0♓15	17♋8	10♍53	14♊36	4♌13	14♈42	4♊33	4♈22	4♒27	20♊	20♈	5♒	23♈	0♉
21	27♋55	18♎16	1♓32	0♓16	16♋49	11♍59	15♊18	4♌26	14♈43	4♊35	4♈22	4♒26	21♊	20♈	5♒	23♈	0♉
22	28♋52	0♏44	1♓29	0 R 16	16♋33	13♍3	15♊59	4♌39	14♈43	4♊38	4♈21	4♒25	21♊	21♈	4♒	23♈	0♉
23	29♋49	12♏56	1♓26	0♓15	16♋23	14♍8	16♊40	4♌53	14♈44	4♊40	4♈21	4♒23	22♊	21♈	4♒	23♈	0♉
24	0♌47	24♏58	1♓23	0♓13	16♋19	15♍13	17♊22	5♌6	14♈44	4♊42	4♈20	4♒22	22♊	21♈	4♒	24♈	0♉
25	1♌44	6♐53	1♓20	0♓10	16 D 20	16♍17	18♊3	5♌19	14♈44	4♊45	4♈20	4♒20	22♊	21♈	4♒	24♈	0♉
26	2♌41	18♐45	1♓16	0♓6	16♋27	17♍21	18♊44	5♌33	14♈44	4♊47	4♈19	4♒19	23♊	21♈	3♒	24♈	0♉
27	3♌39	0♑37	1♓13	0♓1	16♋39	18♍25	19♊25	5♌46	14♈44	4♊49	4♈19	4♒18	23♊	21♈	3♒	24♈	0♉
28	4♌36	12♑33	1♓10	29♒57	16♋58	19♍28	20♊6	5♌59	14 R 44	4♊51	4♈18	4♒16	23♊	21♈	3♒	24♈	0♉
29	5♌33	24♑34	1♓7	29♒53	17♋23	20♍31	20♊46	6♌12	14♈44	4♊53	4♈17	4♒15	24♊	21♈	3♒	25♈	0♉
30	6♌31	6♒42	1♓4	29♒51	17♋53	21♍34	21♊27	6♌26	14♈44	4♊55	4♈17	4♒13	24♊	21♈	3♒	25♈	0♉
31	7♌28	18♒59	1♓1	29♒49	18♋30	22♍37	22♊8	6♌39	14♈44	4♊57	4♈16	4♒12	25♊	22♈	2♒	25♈	0♉

SUN INGRESS	☉→♌23日 04:13
MOON PHASE	◑ 8日 04:29 ♈　● 14日 18:43 ♋　◐ 21日 20:05 ♎　○ 29日 23:35 ♒

aspects		
4日	15:08	♂☌♅
5日	09:44	♂⚹♆
5日	22:07	♂△♇
6日	19:47	☉□♄
13日	10:26	☉☌☿
13日	23:27	♀□♅
16日	05:32	♅⚹♆
18日	13:46	♅△♇
20日	03:11	♂⚹♄
20日	16:23	♃△♆
20日	23:46	♃☍♇
21日	20:11	♃⚹♅
25日	01:13	☿⚹♀
25日	14:49	♆⚹♇
27日	15:55	☉☍♇
27日	16:37	☉△♆
28日	06:37	☉⚹♅
29日	16:10	♀□♂
29日	21:18	☉☌♃

2026年8月

DAY	☉	☽	☊ mean	☊ true	☿	♀	♂	♃	♄	♅	♆	♇	⚳	⚴	⚵	⚶	⚷
	° ′	° ′	° ′	° ′	° ′	° ′	° ′	° ′	° ′	° ′	° ′	° ′	°	°	°	°	°
1	8♌25	1♓26	0♓57	29 D 49	19 D 13	23 D 40	22 D 48	6 D 52	14 R 43	4 D 59	4 R 15	4 R 11	25 D	22 D	2 R	25 D	0 D
2	9♌23	14♓5	0♓54	29♒49	20♋2	24♍42	23♊29	7♌6	14♈43	5♊1	4♈15	4♒9	25♊	22♈	2♒	25♈	0♉
3	10♌20	26♓57	0♓51	29♒50	20♋57	25♍44	24♊9	7♌19	14♈42	5♊3	4♈14	4♒8	26♊	22♈	2♒	25♈	0♉
4	11♌18	10♈4	0♓48	29♒52	21♋57	26♍46	24♊50	7♌32	14♈41	5♊5	4♈13	4♒6	26♊	22♈	1♒	26♈	0♉
5	12♌15	23♈26	0♓45	29♒53	23♋3	27♍47	25♊30	7♌45	14♈41	5♊7	4♈12	4♒5	27♊	22♈	1♒	26♈	0 R
6	13♌12	7♉6	0♓42	29♒54	24♋15	28♍48	26♊10	7♌59	14♈40	5♊9	4♈11	4♒4	27♊	22♈	1♒	26♈	0♉
7	14♌10	21♉3	0♓38	29 R 54	25♋32	29♍49	26♊51	8♌12	14♈39	5♊10	4♈10	4♒2	27♊	22♈	1♒	26♈	0♉
8	15♌7	5♊17	0♓35	29♒53	26♋55	0♎49	27♊31	8♌25	14♈37	5♊12	4♈9	4♒1	28♊	22♈	0♒	26♈	0♉
9	16♌5	19♊46	0♓32	29♒52	28♋22	1♎50	28♊11	8♌38	14♈36	5♊14	4♈8	3♒59	28♊	22♈	0♒	26♈	0♉
10	17♌2	4♋26	0♓29	29♒50	29♋54	2♎49	28♊51	8♌52	14♈35	5♊15	4♈7	3♒58	28♊	22♈	0♒	26♈	0♉
11	18♌0	19♋10	0♓26	29♒49	1♌30	3♎49	29♊30	9♌5	14♈33	5♊17	4♈6	3♒57	29♊	22♈	0♒	26♈	0♉
12	18♌58	3♌53	0♓22	29♒48	3♌10	4♎48	0♋10	9♌18	14♈32	5♊18	4♈5	3♒55	29♊	22♈	29♑	27♈	0♉
13	19♌55	18♌27	0♓19	29♒47	4♌55	5♎47	0♋50	9♌31	14♈30	5♊20	4♈4	3♒54	0♋	22♈	29♑	27♈	0♉
14	20♌53	2♍46	0♓16	29 D 47	6♌42	6♎45	1♋30	9♌44	14♈28	5♊21	4♈3	3♒53	0♋	22♈	29♑	27♈	0♉
15	21♌50	16♍46	0♓13	29♒47	8♌33	7♎43	2♋9	9♌57	14♈27	5♊23	4♈2	3♒51	0♋	22 R	29♑	27♈	0♉
16	22♌48	0♎22	0♓10	29♒48	10♌26	8♎41	2♋49	10♌11	14♈25	5♊24	4♈1	3♒50	1♋	22♈	29♑	27♈	0♉
17	23♌46	13♎35	0♓7	29♒48	12♌21	9♎38	3♋28	10♌24	14♈23	5♊25	4♈0	3♒49	1♋	22♈	28♑	27♈	0♉
18	24♌44	26♎26	0♓3	29♒49	14♌18	10♎34	4♋7	10♌37	14♈20	5♊27	3♈59	3♒47	1♋	22♈	28♑	27♈	0♉
19	25♌41	8♏57	0♓0	29♒49	16♌17	11♎31	4♋47	10♌50	14♈18	5♊28	3♈57	3♒46	2♋	22♈	28♑	27♈	0♉
20	26♌39	21♏12	29♒57	29♒49	18♌16	12♎26	5♋26	11♌3	14♈16	5♊29	3♈56	3♒45	2♋	22♈	28♑	27♈	0♉
21	27♌37	3♐14	29♒54	29 R 49	20♌17	13♎22	6♋5	11♌16	14♈14	5♊30	3♈55	3♒44	2♋	22♈	28♑	27♈	0♉
22	28♌34	15♐10	29♒51	29♒49	22♌17	14♎17	6♋44	11♌29	14♈11	5♊31	3♈54	3♒42	3♋	22♈	28♑	27♈	0♉
23	29♌32	27♐2	29♒48	29♒49	24♌18	15♎11	7♋23	11♌42	14♈9	5♊32	3♈52	3♒41	3♋	22♈	27♑	27♈	0♉
24	0♍30	8♑56	29♒44	29 D 49	26♌19	16♎4	8♋1	11♌55	14♈6	5♊33	3♈51	3♒40	3♋	22♈	27♑	27♈	0♉
25	1♍28	20♑54	29♒41	29♒49	28♌19	16♎58	8♋40	12♌8	14♈3	5♊34	3♈50	3♒39	4♋	22♈	27♑	27♈	0♉
26	2♍26	3♒2	29♒38	29♒50	0♍19	17♎50	9♋19	12♌20	14♈0	5♊35	3♈48	3♒38	4♋	22♈	27♑	27♈	0♉
27	3♍24	15♒20	29♒35	29♒50	2♍18	18♎42	9♋57	12♌33	13♈57	5♊35	3♈47	3♒36	5♋	22♈	27♑	27 R	0♉
28	4♍22	27♒51	29♒32	29♒50	4♍16	19♎33	10♋36	12♌46	13♈54	5♊36	3♈46	3♒35	5♋	22♈	27♑	27♈	0♉
29	5♍19	10♓37	29♒28	29 R 50	6♍14	20♎24	11♋14	12♌59	13♈51	5♊37	3♈44	3♒34	5♋	22♈	26♑	27♈	0♉
30	6♍17	23♓37	29♒25	29♒50	8♍10	21♎14	11♋52	13♌11	13♈48	5♊38	3♈43	3♒33	6♋	21♈	26♑	27♈	0♉
31	7♍15	6♈51	29♒22	29♒49	10♍5	22♎3	12♋31	13♌24	13♈45	5♊38	3♈41	3♒32	6♋	21♈	26♑	27♈	0♉

SUN INGRESS	☉→♍23日 11:19
MOON PHASE	◑ 6日 11:21 ♉　● 13日 02:36 ♌　◐ 20日 11:46 ♏　○ 28日 13:18 ♓

aspects		
7日	11:44	☉△♄
11日	03:09	♀△♇
11日	07:02	♀☍♆
12日	10:20	☿☍♇
12日	12:39	☿△♆
12日	12:46	♀△♅
13日	05:48	☿⚹♅
14日	01:23	☿⚹♀
15日	20:23	☿☌♃
17日	18:53	♂□♆
18日	00:27	☿△♄
18日	01:16	♀⚹♃
21日	21:43	♀☍♄
28日	02:04	☉☌☿
28日	16:25	☿□♅
29日	07:19	☉□♅

2026年9月

DAY	☉	☽	☊ mean	☊ true	☿	♀	♂	♃	♄	♅	♆	♇	⚳	⚴	⚵	⚶	⚷
	° ′	° ′	° ′	° ′	° ′	° ′	° ′	° ′	° ′	° ′	° ′	° ′	°	°	°	°	°
1	8 ♍ 13	20 ♈ 19	29 ♒ 19	29 R 48	11 D 59	22 D 52	13 D 9	13 D 37	13 R 42	5 D 39	3 R 40	3 R 31	6 D	21 R	26 R	27 R	0 R
2	9 ♍ 11	3 ♉ 59	29 ♒ 16	29 ♒ 47	13 ♍ 52	23 ♎ 40	13 ♋ 47	13 ♌ 49	13 ♈ 38	5 ♊ 39	3 ♈ 39	3 ♒ 30	7 ♋	21 ♈	26 ♑	27 ♈	0 ♉
3	10 ♍ 9	17 ♉ 51	29 ♒ 13	29 ♒ 46	15 ♍ 44	24 ♎ 27	14 ♋ 25	14 ♌ 2	13 ♈ 35	5 ♊ 40	3 ♈ 37	3 ♒ 28	7 ♋	21 ♈	26 ♑	27 ♈	0 ♉
4	11 ♍ 8	1 ♊ 53	29 ♒ 9	29 ♒ 45	17 ♍ 34	25 ♎ 13	15 ♋ 3	14 ♌ 14	13 ♈ 31	5 ♊ 40	3 ♈ 36	3 ♒ 27	7 ♋	21 ♈	26 ♑	27 ♈	0 ♉
5	12 ♍ 6	16 ♊ 2	29 ♒ 6	29 D 45	19 ♍ 23	25 ♎ 58	15 ♋ 41	14 ♌ 27	13 ♈ 28	5 ♊ 40	3 ♈ 34	3 ♒ 26	8 ♋	21 ♈	26 ♑	27 ♈	0 ♉
6	13 ♍ 4	0 ♋ 17	29 ♒ 3	29 ♒ 46	21 ♍ 11	26 ♎ 43	16 ♋ 18	14 ♌ 39	13 ♈ 24	5 ♊ 41	3 ♈ 33	3 ♒ 25	8 ♋	21 ♈	26 ♑	27 ♈	0 ♉
7	14 ♍ 2	14 ♋ 36	29 ♒ 0	29 ♒ 46	22 ♍ 58	27 ♎ 26	16 ♋ 56	14 ♌ 52	13 ♈ 20	5 ♊ 41	3 ♈ 31	3 ♒ 24	8 ♋	20 ♈	26 ♑	27 ♈	0 ♉
8	15 ♍ 0	28 ♋ 54	28 ♒ 57	29 ♒ 48	24 ♍ 44	28 ♎ 9	17 ♋ 33	15 ♌ 4	13 ♈ 16	5 ♊ 41	3 ♈ 29	3 ♒ 23	9 ♋	20 ♈	25 ♑	27 ♈	0 ♉
9	15 ♍ 59	13 ♌ 10	28 ♒ 54	29 ♒ 49	26 ♍ 28	28 ♎ 51	18 ♋ 11	15 ♌ 16	13 ♈ 13	5 ♊ 41	3 ♈ 28	3 ♒ 22	9 ♋	20 ♈	25 ♑	27 ♈	0 ♉
10	16 ♍ 57	27 ♌ 19	28 ♒ 50	29 ♒ 49	28 ♍ 12	29 ♎ 31	18 ♋ 48	15 ♌ 29	13 ♈ 9	5 ♊ 41	3 ♈ 26	3 ♒ 21	9 ♋	20 ♈	25 ♑	26 ♈	0 ♉
11	17 ♍ 55	11 ♍ 16	28 ♒ 47	29 R 49	29 ♍ 54	0 ♏ 11	19 ♋ 25	15 ♌ 41	13 ♈ 5	5 ♊ 41	3 ♈ 25	3 ♒ 21	10 ♋	20 ♈	25 ♑	26 ♈	0 ♉
12	18 ♍ 54	25 ♍ 0	28 ♒ 44	29 ♒ 47	1 ♎ 35	0 ♏ 49	20 ♋ 2	15 ♌ 53	13 ♈ 1	5 R 41	3 ♈ 23	3 ♒ 20	10 ♋	20 ♈	25 ♑	26 ♈	0 ♉
13	19 ♍ 52	8 ♎ 26	28 ♒ 41	29 ♒ 45	3 ♎ 15	1 ♏ 27	20 ♋ 39	16 ♌ 5	12 ♈ 57	5 ♊ 41	3 ♈ 22	3 ♒ 19	10 ♋	19 ♈	25 ♑	26 ♈	0 ♉
14	20 ♍ 50	21 ♎ 34	28 ♒ 38	29 ♒ 42	4 ♎ 53	2 ♏ 3	21 ♋ 16	16 ♌ 17	12 ♈ 52	5 ♊ 41	3 ♈ 20	3 ♒ 18	11 ♋	19 ♈	25 ♑	26 ♈	0 ♉
15	21 ♍ 49	4 ♏ 22	28 ♒ 34	29 ♒ 39	6 ♎ 31	2 ♏ 38	21 ♋ 53	16 ♌ 29	12 ♈ 48	5 ♊ 41	3 ♈ 18	3 ♒ 17	11 ♋	19 ♈	25 ♑	26 ♈	0 ♉
16	22 ♍ 47	16 ♏ 53	28 ♒ 31	29 ♒ 36	8 ♎ 8	3 ♏ 11	22 ♋ 30	16 ♌ 41	12 ♈ 44	5 ♊ 41	3 ♈ 17	3 ♒ 16	11 ♋	19 ♈	25 ♑	26 ♈	0 ♉
17	23 ♍ 46	29 ♏ 8	28 ♒ 28	29 ♒ 33	9 ♎ 43	3 ♏ 44	23 ♋ 6	16 ♌ 53	12 ♈ 40	5 ♊ 40	3 ♈ 15	3 ♒ 16	11 ♋	19 ♈	25 ♑	25 ♈	0 ♉
18	24 ♍ 44	11 ♐ 12	28 ♒ 25	29 ♒ 31	11 ♎ 18	4 ♏ 14	23 ♋ 43	17 ♌ 4	12 ♈ 35	5 ♊ 40	3 ♈ 13	3 ♒ 15	12 ♋	18 ♈	25 D	25 ♈	0 ♉
19	25 ♍ 43	23 ♐ 7	28 ♒ 22	29 ♒ 30	12 ♎ 51	4 ♏ 44	24 ♋ 19	17 ♌ 16	12 ♈ 31	5 ♊ 40	3 ♈ 12	3 ♒ 14	12 ♋	18 ♈	25 ♑	25 ♈	29 ♈
20	26 ♍ 41	4 ♑ 59	28 ♒ 19	29 D 30	14 ♎ 24	5 ♏ 12	24 ♋ 56	17 ♌ 28	12 ♈ 26	5 ♊ 39	3 ♈ 10	3 ♒ 13	12 ♋	18 ♈	25 ♑	25 ♈	29 ♈
21	27 ♍ 40	16 ♑ 52	28 ♒ 15	29 ♒ 32	15 ♎ 55	5 ♏ 38	25 ♋ 32	17 ♌ 39	12 ♈ 22	5 ♊ 39	3 ♈ 8	3 ♒ 13	13 ♋	18 ♈	25 ♑	25 ♈	29 ♈
22	28 ♍ 39	28 ♑ 52	28 ♒ 12	29 ♒ 33	17 ♎ 25	6 ♏ 3	26 ♋ 8	17 ♌ 51	12 ♈ 18	5 ♊ 38	3 ♈ 7	3 ♒ 12	13 ♋	17 ♈	25 ♑	25 ♈	29 ♈
23	29 ♍ 37	11 ♒ 3	28 ♒ 9	29 ♒ 35	18 ♎ 55	6 ♏ 26	26 ♋ 44	18 ♌ 2	12 ♈ 13	5 ♊ 38	3 ♈ 5	3 ♒ 11	13 ♋	17 ♈	25 ♑	24 ♈	29 ♈
24	0 ♎ 36	23 ♒ 28	28 ♒ 6	29 ♒ 36	20 ♎ 23	6 ♏ 47	27 ♋ 20	18 ♌ 14	12 ♈ 8	5 ♊ 37	3 ♈ 3	3 ♒ 11	14 ♋	17 ♈	25 ♑	24 ♈	29 ♈
25	1 ♎ 35	6 ♓ 11	28 ♒ 3	29 R 36	21 ♎ 50	7 ♏ 6	27 ♋ 56	18 ♌ 25	12 ♈ 4	5 ♊ 36	3 ♈ 2	3 ♒ 10	14 ♋	17 ♈	25 ♑	24 ♈	29 ♈
26	2 ♎ 33	19 ♓ 13	27 ♒ 59	29 ♒ 34	23 ♎ 16	7 ♏ 24	28 ♋ 31	18 ♌ 36	11 ♈ 59	5 ♊ 36	3 ♈ 0	3 ♒ 9	14 ♋	16 ♈	25 ♑	24 ♈	29 ♈
27	3 ♎ 32	2 ♈ 35	27 ♒ 56	29 ♒ 31	24 ♎ 41	7 ♏ 39	29 ♋ 7	18 ♌ 47	11 ♈ 55	5 ♊ 35	2 ♈ 58	3 ♒ 9	14 ♋	16 ♈	25 ♑	24 ♈	29 ♈
28	4 ♎ 31	16 ♈ 16	27 ♒ 53	29 ♒ 27	26 ♎ 5	7 ♏ 53	29 ♋ 42	18 ♌ 58	11 ♈ 50	5 ♊ 34	2 ♈ 57	3 ♒ 8	15 ♋	16 ♈	26 ♑	23 ♈	29 ♈
29	5 ♎ 30	0 ♉ 11	27 ♒ 50	29 ♒ 21	27 ♎ 28	8 ♏ 4	0 ♌ 17	19 ♌ 9	11 ♈ 45	5 ♊ 33	2 ♈ 55	3 ♒ 8	15 ♋	16 ♈	26 ♑	23 ♈	29 ♈
30	6 ♎ 29	14 ♉ 19	27 ♒ 47	29 ♒ 15	28 ♎ 50	8 ♏ 14	0 ♌ 53	19 ♌ 20	11 ♈ 41	5 ♊ 32	2 ♈ 53	3 ♒ 7	15 ♋	15 ♈	26 ♑	23 ♈	29 ♈

SUN INGRESS	☉ → ♎ 23日 09:05
MOON PHASE	◑ 4日 16:51 ♊　● 11日 12:27 ♍　◐ 19日 05:43 ♐　○ 27日 01:49 ♈

aspects		
1日	07:17	♃△♄
1日	18:59	♂□♄
1日	22:21	☿⚹♂
13日	00:59	☿△♇
13日	01:38	☿☍♆
14日	11:40	☿△♅
15日	04:53	☉⚹♂
16日	03:35	♀□♇
16日	10:47	♆⚹♇
18日	19:01	☿☍♄
22日	07:51	☿⚹♃
26日	10:36	☉☍♆
26日	14:35	☉△♇
29日	01:22	☉△♅

2026年10月

DAY	☉	☽	☊ mean	☊ true	☿	♀	♂	♃	♄	♅	♆	♇	⚳	⚴	⚵	⚶	⚷
	° ′	° ′	° ′	° ′	° ′	° ′	° ′	° ′	° ′	° ′	° ′	° ′	°	°	°	°	°
1	7 ♎ 28	28 ♉ 33	27 ♒ 44	29 R 10	0 D 10	8 D 21	1 D 28	19 D 31	11 R 36	5 R 31	2 R 52	3 R 7	15 D	15 R	26 D	23 R	29 R
2	8 ♎ 27	12 ♊ 50	27 ♒ 40	29 ♒ 6	1 ♏ 30	8 ♏ 26	2 ♌ 3	19 ♌ 42	11 ♈ 31	5 ♊ 30	2 ♈ 50	3 ♒ 7	16 ♋	15 ♈	26 ♑	22 ♈	29 ♈
3	9 ♎ 26	27 ♊ 5	27 ♒ 37	29 ♒ 4	2 ♏ 48	8 ♏ 28	2 ♌ 37	19 ♌ 52	11 ♈ 27	5 ♊ 29	2 ♈ 49	3 ♒ 6	16 ♋	14 ♈	26 ♑	22 ♈	29 ♈
4	10 ♎ 25	11 ♋ 17	27 ♒ 34	29 D 3	4 ♏ 4	8 R 29	3 ♌ 12	20 ♌ 3	11 ♈ 22	5 ♊ 28	2 ♈ 47	3 ♒ 6	16 ♋	14 ♈	26 ♑	22 ♈	29 ♈
5	11 ♎ 24	25 ♋ 23	27 ♒ 31	29 ♒ 4	5 ♏ 20	8 ♏ 27	3 ♌ 47	20 ♌ 13	11 ♈ 17	5 ♊ 27	2 ♈ 45	3 ♒ 6	17 ♋	14 ♈	26 ♑	22 ♈	29 ♈
6	12 ♎ 23	9 ♌ 21	27 ♒ 28	29 ♒ 5	6 ♏ 33	8 ♏ 23	4 ♌ 21	20 ♌ 24	11 ♈ 12	5 ♊ 26	2 ♈ 44	3 ♒ 5	17 ♋	14 ♈	26 ♑	21 ♈	29 ♈
7	13 ♎ 22	23 ♌ 12	27 ♒ 25	29 ♒ 6	7 ♏ 46	8 ♏ 16	4 ♌ 56	20 ♌ 34	11 ♈ 8	5 ♊ 25	2 ♈ 42	3 ♒ 5	17 ♋	13 ♈	26 ♑	21 ♈	29 ♈
8	14 ♎ 21	6 ♍ 54	27 ♒ 21	29 R 6	8 ♏ 56	8 ♏ 7	5 ♌ 30	20 ♌ 44	11 ♈ 3	5 ♊ 23	2 ♈ 40	3 ♒ 5	17 ♋	13 ♈	27 ♑	21 ♈	29 ♈
9	15 ♎ 21	20 ♍ 25	27 ♒ 18	29 ♒ 4	10 ♏ 5	7 ♏ 55	6 ♌ 4	20 ♌ 54	10 ♈ 58	5 ♊ 22	2 ♈ 39	3 ♒ 4	18 ♋	13 ♈	27 ♑	21 ♈	29 ♈
10	16 ♎ 20	3 ♎ 46	27 ♒ 15	29 ♒ 0	11 ♏ 11	7 ♏ 42	6 ♌ 38	21 ♌ 4	10 ♈ 54	5 ♊ 21	2 ♈ 37	3 ♒ 4	18 ♋	12 ♈	27 ♑	20 ♈	29 ♈
11	17 ♎ 19	16 ♎ 54	27 ♒ 12	28 ♒ 53	12 ♏ 16	7 ♏ 26	7 ♌ 12	21 ♌ 14	10 ♈ 49	5 ♊ 19	2 ♈ 36	3 ♒ 4	18 ♋	12 ♈	27 ♑	20 ♈	29 ♈
12	18 ♎ 18	29 ♎ 48	27 ♒ 9	28 ♒ 45	13 ♏ 18	7 ♏ 7	7 ♌ 45	21 ♌ 24	10 ♈ 44	5 ♊ 18	2 ♈ 34	3 ♒ 4	18 ♋	12 ♈	27 ♑	20 ♈	29 ♈
13	19 ♎ 18	12 ♏ 28	27 ♒ 5	28 ♒ 35	14 ♏ 18	6 ♏ 46	8 ♌ 19	21 ♌ 34	10 ♈ 40	5 ♊ 16	2 ♈ 32	3 ♒ 4	18 ♋	12 ♈	27 ♑	20 ♈	28 ♈
14	20 ♎ 17	24 ♏ 53	27 ♒ 2	28 ♒ 26	15 ♏ 15	6 ♏ 23	8 ♌ 52	21 ♌ 43	10 ♈ 35	5 ♊ 15	2 ♈ 31	3 ♒ 4	19 ♋	11 ♈	27 ♑	19 ♈	28 ♈
15	21 ♎ 17	7 ♐ 6	26 ♒ 59	28 ♒ 17	16 ♏ 9	5 ♏ 58	9 ♌ 25	21 ♌ 53	10 ♈ 30	5 ♊ 13	2 ♈ 29	3 ♒ 4	19 ♋	11 ♈	28 ♑	19 ♈	28 ♈
16	22 ♎ 16	19 ♐ 7	26 ♒ 56	28 ♒ 10	16 ♏ 59	5 ♏ 31	9 ♌ 58	22 ♌ 2	10 ♈ 26	5 ♊ 12	2 ♈ 28	3 ♒ 4	19 ♋	11 ♈	28 ♑	19 ♈	28 ♈
17	23 ♎ 16	1 ♑ 0	26 ♒ 53	28 ♒ 5	17 ♏ 46	5 ♏ 3	10 ♌ 31	22 ♌ 11	10 ♈ 21	5 ♊ 10	2 ♈ 26	3 D 4	19 ♋	10 ♈	28 ♑	19 ♈	28 ♈
18	24 ♎ 15	12 ♑ 50	26 ♒ 50	28 ♒ 2	18 ♏ 29	4 ♏ 32	11 ♌ 4	22 ♌ 21	10 ♈ 17	5 ♊ 8	2 ♈ 25	3 ♒ 4	20 ♋	10 ♈	28 ♑	18 ♈	28 ♈
19	25 ♎ 15	24 ♑ 42	26 ♒ 46	28 ♒ 1	19 ♏ 7	4 ♏ 0	11 ♌ 37	22 ♌ 30	10 ♈ 12	5 ♊ 7	2 ♈ 23	3 ♒ 4	20 ♋	10 ♈	28 ♑	18 ♈	28 ♈
20	26 ♎ 14	6 ♒ 40	26 ♒ 43	28 D 2	19 ♏ 41	3 ♏ 27	12 ♌ 9	22 ♌ 39	10 ♈ 8	5 ♊ 5	2 ♈ 22	3 ♒ 4	20 ♋	10 ♈	29 ♑	18 ♈	28 ♈
21	27 ♎ 14	18 ♒ 49	26 ♒ 40	28 ♒ 3	20 ♏ 9	2 ♏ 52	12 ♌ 41	22 ♌ 47	10 ♈ 3	5 ♊ 3	2 ♈ 20	3 ♒ 4	20 ♋	9 ♈	29 ♑	18 ♈	28 ♈
22	28 ♎ 14	1 ♓ 16	26 ♒ 37	28 R 3	20 ♏ 32	2 ♏ 17	13 ♌ 14	22 ♌ 56	9 ♈ 59	5 ♊ 1	2 ♈ 19	3 ♒ 4	20 ♋	9 ♈	29 ♑	17 ♈	28 ♈
23	29 ♎ 13	14 ♓ 3	26 ♒ 34	28 ♒ 2	20 ♏ 48	1 ♏ 41	13 ♌ 45	23 ♌ 5	9 ♈ 55	4 ♊ 59	2 ♈ 17	3 ♒ 4	20 ♋	9 ♈	29 ♑	17 ♈	28 ♈
24	0 ♏ 13	27 ♓ 15	26 ♒ 31	27 ♒ 58	20 ♏ 56	1 ♏ 4	14 ♌ 17	23 ♌ 13	9 ♈ 50	4 ♊ 57	2 ♈ 16	3 ♒ 4	21 ♋	8 ♈	29 ♑	17 ♈	28 ♈
25	1 ♏ 13	10 ♈ 52	26 ♒ 27	27 ♒ 52	20 R 58	0 ♏ 27	14 ♌ 49	23 ♌ 21	9 ♈ 46	4 ♊ 55	2 ♈ 14	3 ♒ 5	21 ♋	8 ♈	0 ♒	17 ♈	28 ♈
26	2 ♏ 12	24 ♈ 54	26 ♒ 24	27 ♒ 44	20 ♏ 51	29 ♎ 51	15 ♌ 20	23 ♌ 30	9 ♈ 42	4 ♊ 53	2 ♈ 13	3 ♒ 5	21 ♋	8 ♈	0 ♒	16 ♈	28 ♈
27	3 ♏ 12	9 ♉ 15	26 ♒ 21	27 ♒ 34	20 ♏ 36	29 ♎ 14	15 ♌ 52	23 ♌ 38	9 ♈ 38	4 ♊ 51	2 ♈ 12	3 ♒ 5	21 ♋	8 ♈	0 ♒	16 ♈	28 ♈
28	4 ♏ 12	23 ♉ 51	26 ♒ 18	27 ♒ 23	20 ♏ 11	28 ♎ 38	16 ♌ 23	23 ♌ 46	9 ♈ 34	4 ♊ 49	2 ♈ 10	3 ♒ 6	21 ♋	7 ♈	0 ♒	16 ♈	28 ♈
29	5 ♏ 12	8 ♊ 34	26 ♒ 15	27 ♒ 13	19 ♏ 38	28 ♎ 3	16 ♌ 54	23 ♌ 53	9 ♈ 30	4 ♊ 47	2 ♈ 9	3 ♒ 6	21 ♋	7 ♈	1 ♒	16 ♈	28 ♈
30	6 ♏ 12	23 ♊ 15	26 ♒ 11	27 ♒ 5	18 ♏ 55	27 ♎ 29	17 ♌ 24	24 ♌ 1	9 ♈ 26	4 ♊ 45	2 ♈ 8	3 ♒ 6	22 ♋	7 ♈	1 ♒	15 ♈	28 ♈
31	7 ♏ 12	7 ♋ 48	26 ♒ 8	26 ♒ 59	18 ♏ 4	26 ♎ 57	17 ♌ 55	24 ♌ 9	9 ♈ 22	4 ♊ 43	2 ♈ 6	3 ♒ 7	22 ♋	7 ♈	1 ♒	15 ♈	28 ♈

SUN INGRESS	☉ → ♏ 23日 18:38
MOON PHASE	◑ 3日 22:25 ♋　● 11日 00:50 ♎　◐ 19日 01:12 ♑　○ 26日 13:12 ♉

aspects		
2日	18:14	☿□♂
3日	05:43	☿□♇
3日	07:18	♂△♆
3日	19:39	♂☍♇
4日	21:29	☉☍♄
7日	09:10	☿☌♀
7日	19:42	♂⚹♅
11日	06:31	♀□♂
15日	17:22	☉⚹♃
16日	17:33	♂△♄
20日	15:56	♀□♇
24日	12:44	☉☌♀
26日	21:12	☉□♇
31日	02:20	☿□♂

2026年11月

DAY	☉	☽	☊ mean	☊ true	☿	♀	♂	♃	♄	♅	♆	♇	⚳	⚴	⚵	⚶	⚷
	° ′	° ′	° ′	° ′	° ′	° ′	° ′	° ′	° ′	° ′	° ′	° ′	°	°	°	°	°
1	8 ♏ 12	22 ♋ 9	26 ♒ 5	26 R 56	17 R 4	26 R 26	18 D 25	24 D 16	9 R 18	4 R 41	2 R 5	3 D 7	22 D	6 R	1 D	15 R	28 R
2	9 ♏ 12	6 ♌ 15	26 ♒ 2	26 ♒ 55	15 ♏ 56	25 ♎ 56	18 ♌ 56	24 ♌ 23	9 ♈ 14	4 ♊ 39	2 ♈ 4	3 ♒ 8	22 ♋	6 ♈	2 ♒	15 ♈	28 ♈
3	10 ♏ 12	20 ♌ 5	25 ♒ 59	26 D 56	14 ♏ 44	25 ♎ 28	19 ♌ 26	24 ♌ 31	9 ♈ 11	4 ♊ 36	2 ♈ 3	3 ♒ 8	22 ♋	6 ♈	2 ♒	15 ♈	28 ♈
4	11 ♏ 12	3 ♍ 40	25 ♒ 56	26 R 55	13 ♏ 27	25 ♎ 3	19 ♌ 55	24 ♌ 38	9 ♈ 7	4 ♊ 34	2 ♈ 1	3 ♒ 9	22 ♋	6 ♈	2 ♒	15 ♈	27 ♈
5	12 ♏ 12	17 ♍ 2	25 ♒ 52	26 ♒ 54	12 ♏ 8	24 ♎ 39	20 ♌ 25	24 ♌ 44	9 ♈ 3	4 ♊ 32	2 ♈ 0	3 ♒ 9	22 ♋	6 ♈	2 ♒	14 ♈	27 ♈
6	13 ♏ 12	0 ♎ 11	25 ♒ 49	26 ♒ 50	10 ♏ 51	24 ♎ 17	20 ♌ 54	24 ♌ 51	9 ♈ 0	4 ♊ 30	1 ♈ 59	3 ♒ 10	23 ♋	5 ♈	3 ♒	14 ♈	27 ♈
7	14 ♏ 12	13 ♎ 10	25 ♒ 46	26 ♒ 43	9 ♏ 37	23 ♎ 58	21 ♌ 24	24 ♌ 58	8 ♈ 57	4 ♊ 27	1 ♈ 58	3 ♒ 10	23 ♋	5 ♈	3 ♒	14 ♈	27 ♈
8	15 ♏ 12	25 ♎ 57	25 ♒ 43	26 ♒ 33	8 ♏ 28	23 ♎ 41	21 ♌ 53	25 ♌ 4	8 ♈ 53	4 ♊ 25	1 ♈ 57	3 ♒ 11	23 ♋	5 ♈	3 ♒	14 ♈	27 ♈
9	16 ♏ 13	8 ♏ 33	25 ♒ 40	26 ♒ 21	7 ♏ 27	23 ♎ 27	22 ♌ 21	25 ♌ 10	8 ♈ 50	4 ♊ 23	1 ♈ 56	3 ♒ 11	23 ♋	5 ♈	3 ♒	14 ♈	27 ♈
10	17 ♏ 13	20 ♏ 59	25 ♒ 37	26 ♒ 7	6 ♏ 35	23 ♎ 15	22 ♌ 50	25 ♌ 16	8 ♈ 47	4 ♊ 20	1 ♈ 55	3 ♒ 12	23 ♋	5 ♈	4 ♒	14 ♈	27 ♈
11	18 ♏ 13	3 ♐ 15	25 ♒ 33	25 ♒ 52	5 ♏ 55	23 ♎ 5	23 ♌ 18	25 ♌ 22	8 ♈ 44	4 ♊ 18	1 ♈ 54	3 ♒ 13	23 ♋	4 ♈	4 ♒	13 ♈	27 ♈
12	19 ♏ 14	15 ♐ 21	25 ♒ 30	25 ♒ 39	5 ♏ 25	22 ♎ 58	23 ♌ 46	25 ♌ 28	8 ♈ 41	4 ♊ 16	1 ♈ 53	3 ♒ 14	23 ♋	4 ♈	4 ♒	13 ♈	27 ♈
13	20 ♏ 14	27 ♐ 18	25 ♒ 27	25 ♒ 27	5 ♏ 8	22 ♎ 54	24 ♌ 14	25 ♌ 34	8 ♈ 38	4 ♊ 13	1 ♈ 52	3 ♒ 14	23 ♋	4 ♈	5 ♒	13 ♈	27 ♈
14	21 ♏ 14	9 ♑ 9	25 ♒ 24	25 ♒ 19	5 ♏ 2	22 ♎ 52	24 ♌ 41	25 ♌ 39	8 ♈ 35	4 ♊ 11	1 ♈ 51	3 ♒ 15	23 ♋	4 ♈	5 ♒	13 ♈	27 ♈
15	22 ♏ 15	20 ♑ 56	25 ♒ 21	25 ♒ 13	5 D 7	22 D 52	25 ♌ 9	25 ♌ 45	8 ♈ 32	4 ♊ 8	1 ♈ 50	3 ♒ 16	23 ♋	4 ♈	5 ♒	13 ♈	27 ♈
16	23 ♏ 15	2 ♒ 45	25 ♒ 17	25 ♒ 9	5 ♏ 22	22 ♎ 54	25 ♌ 36	25 ♌ 50	8 ♈ 29	4 ♊ 6	1 ♈ 49	3 ♒ 17	23 ♋	4 ♈	6 ♒	13 ♈	27 ♈
17	24 ♏ 16	14 ♒ 40	25 ♒ 14	25 ♒ 8	5 ♏ 48	22 ♎ 59	26 ♌ 2	25 ♌ 55	8 ♈ 27	4 ♊ 3	1 ♈ 48	3 ♒ 18	23 ♋	4 ♈	6 ♒	13 ♈	27 ♈
18	25 ♏ 16	26 ♒ 46	25 ♒ 11	25 ♒ 8	6 ♏ 22	23 ♎ 7	26 ♌ 29	25 ♌ 59	8 ♈ 24	4 ♊ 1	1 ♈ 47	3 ♒ 19	23 ♋	4 ♈	6 ♒	13 ♈	27 ♈
19	26 ♏ 17	9 ♓ 8	25 ♒ 8	25 ♒ 8	7 ♏ 4	23 ♎ 16	26 ♌ 55	26 ♌ 4	8 ♈ 22	3 ♊ 58	1 ♈ 46	3 ♒ 20	23 ♋	3 ♈	7 ♒	13 ♈	27 ♈
20	27 ♏ 17	21 ♓ 53	25 ♒ 5	25 ♒ 6	7 ♏ 53	23 ♎ 28	27 ♌ 21	26 ♌ 9	8 ♈ 20	3 ♊ 56	1 ♈ 45	3 ♒ 20	23 ♋	3 ♈	7 ♒	12 ♈	27 ♈
21	28 ♏ 18	5 ♈ 4	25 ♒ 2	25 ♒ 2	8 ♏ 49	23 ♎ 42	27 ♌ 47	26 ♌ 13	8 ♈ 18	3 ♊ 53	1 ♈ 45	3 ♒ 21	23 ♋	3 ♈	7 ♒	12 ♈	27 ♈
22	29 ♏ 18	18 ♈ 44	24 ♒ 58	24 ♒ 56	9 ♏ 50	23 ♎ 58	28 ♌ 12	26 ♌ 17	8 ♈ 16	3 ♊ 51	1 ♈ 44	3 ♒ 22	23 ♋	3 ♈	8 ♒	12 ♈	27 ♈
23	0 ♐ 19	2 ♉ 53	24 ♒ 55	24 ♒ 47	10 ♏ 56	24 ♎ 16	28 ♌ 37	26 ♌ 21	8 ♈ 14	3 ♊ 48	1 ♈ 43	3 ♒ 23	23 R	3 ♈	8 ♒	12 ♈	27 ♈
24	1 ♐ 19	17 ♉ 29	24 ♒ 52	24 ♒ 36	12 ♏ 6	24 ♎ 36	29 ♌ 2	26 ♌ 25	8 ♈ 12	3 ♊ 46	1 ♈ 43	3 ♒ 25	23 ♋	3 ♈	8 ♒	12 ♈	27 ♈
25	2 ♐ 20	2 ♊ 24	24 ♒ 49	24 ♒ 24	13 ♏ 19	24 ♎ 58	29 ♌ 27	26 ♌ 28	8 ♈ 10	3 ♊ 43	1 ♈ 42	3 ♒ 26	23 ♋	3 ♈	9 ♒	12 ♈	27 ♈
26	3 ♐ 21	17 ♊ 30	24 ♒ 46	24 ♒ 12	14 ♏ 36	25 ♎ 22	29 ♌ 51	26 ♌ 32	8 ♈ 8	3 ♊ 41	1 ♈ 41	3 ♒ 27	23 ♋	3 ♈	9 ♒	12 ♈	27 ♈
27	4 ♐ 21	2 ♋ 36	24 ♒ 43	24 ♒ 3	15 ♏ 55	25 ♎ 48	0 ♍ 15	26 ♌ 35	8 ♈ 7	3 ♊ 38	1 ♈ 41	3 ♒ 28	23 ♋	3 ♈	9 ♒	12 ♈	27 ♈
28	5 ♐ 22	17 ♋ 33	24 ♒ 39	23 ♒ 56	17 ♏ 16	26 ♎ 15	0 ♍ 38	26 ♌ 38	8 ♈ 5	3 ♊ 36	1 ♈ 40	3 ♒ 29	23 ♋	3 ♈	10 ♒	12 ♈	26 ♈
29	6 ♐ 23	2 ♌ 12	24 ♒ 36	23 ♒ 52	18 ♏ 39	26 ♎ 44	1 ♍ 2	26 ♌ 41	8 ♈ 4	3 ♊ 33	1 ♈ 40	3 ♒ 30	23 ♋	3 ♈	10 ♒	12 D	26 ♈
30	7 ♐ 23	16 ♌ 31	24 ♒ 33	23 ♒ 51	20 ♏ 4	27 ♎ 15	1 ♍ 25	26 ♌ 43	8 ♈ 2	3 ♊ 31	1 ♈ 39	3 ♒ 31	23 ♋	3 ♈	10 ♒	12 ♈	26 ♈

SUN INGRESS ☉ → ♐ 22日 16:23

MOON PHASE ◑ 2日 05:28 ♌ ● 9日 16:02 ♏ ◐ 17日 20:48 ♒ ○ 24日 23:53 ♊

aspects		
4日	19:31	♀⚹♃
4日	23:24	☉☌☿
10日	15:48	♀⚹♂
16日	15:24	♂☌♃
18日	18:39	☉□♃
20日	02:49	☉□♂
24日	09:08	☉△♆
26日	02:28	☉⚹♇
26日	07:41	☉☍♅
28日	21:05	♀⚹♃
29日	20:21	♅△♇
30日	15:06	☉△♄

2026年12月

DAY	☉	☽	☊ mean	☊ true	☿	♀	♂	♃	♄	♅	♆	♇	⚳	⚴	⚵	⚶	⚷
	° ′	° ′	° ′	° ′	° ′	° ′	° ′	° ′	° ′	° ′	° ′	° ′	°	°	°	°	°
1	8 ♐ 24	0 ♍ 27	24 ♒ 30	23 D 51	21 D 30	27 D 47	1 D 47	26 D 46	8 R 1	3 R 28	1 R 39	3 D 33	23 R	3 R	11 D	12 D	26 R
2	9 ♐ 25	14 ♍ 1	24 ♒ 27	23 R 51	22 ♏ 57	28 ♎ 21	2 ♍ 9	26 ♌ 48	8 ♈ 0	3 ♊ 26	1 ♈ 38	3 ♒ 34	23 ♋	3 D	11 ♒	12 ♈	26 ♈
3	10 ♐ 26	27 ♍ 14	24 ♒ 23	23 ♒ 50	24 ♏ 25	28 ♎ 56	2 ♍ 31	26 ♌ 50	7 ♈ 59	3 ♊ 23	1 ♈ 38	3 ♒ 35	23 ♋	3 ♈	11 ♒	12 ♈	26 ♈
4	11 ♐ 27	10 ♎ 11	24 ♒ 20	23 ♒ 46	25 ♏ 54	29 ♎ 32	2 ♍ 53	26 ♌ 52	7 ♈ 58	3 ♊ 21	1 ♈ 38	3 ♒ 36	23 ♋	3 ♈	12 ♒	12 ♈	26 ♈
5	12 ♐ 28	22 ♎ 54	24 ♒ 17	23 ♒ 40	27 ♏ 23	0 ♏ 10	3 ♍ 14	26 ♌ 54	7 ♈ 58	3 ♊ 18	1 ♈ 37	3 ♒ 38	23 ♋	3 ♈	12 ♒	12 ♈	26 ♈
6	13 ♐ 28	5 ♏ 24	24 ♒ 14	23 ♒ 31	28 ♏ 53	0 ♏ 50	3 ♍ 35	26 ♌ 56	7 ♈ 57	3 ♊ 16	1 ♈ 37	3 ♒ 39	23 ♋	3 ♈	12 ♒	12 ♈	26 ♈
7	14 ♐ 29	17 ♏ 44	24 ♒ 11	23 ♒ 20	0 ♐ 24	1 ♏ 30	3 ♍ 55	26 ♌ 57	7 ♈ 56	3 ♊ 13	1 ♈ 37	3 ♒ 40	23 ♋	3 ♈	13 ♒	12 ♈	26 ♈
8	15 ♐ 30	29 ♏ 56	24 ♒ 8	23 ♒ 7	1 ♐ 55	2 ♏ 12	4 ♍ 15	26 ♌ 58	7 ♈ 56	3 ♊ 11	1 ♈ 37	3 ♒ 42	23 ♋	3 ♈	13 ♒	12 ♈	26 ♈
9	16 ♐ 31	12 ♐ 1	24 ♒ 4	22 ♒ 53	3 ♐ 26	2 ♏ 54	4 ♍ 34	26 ♌ 59	7 ♈ 56	3 ♊ 8	1 ♈ 37	3 ♒ 43	23 ♋	3 ♈	14 ♒	13 ♈	26 ♈
10	17 ♐ 32	23 ♐ 59	24 ♒ 1	22 ♒ 41	4 ♐ 58	3 ♏ 38	4 ♍ 54	27 ♌ 0	7 ♈ 55	3 ♊ 6	1 ♈ 36	3 ♒ 44	22 ♋	3 ♈	14 ♒	13 ♈	26 ♈
11	18 ♐ 33	5 ♑ 51	23 ♒ 58	22 ♒ 30	6 ♐ 29	4 ♏ 23	5 ♍ 12	27 ♌ 0	7 ♈ 55	3 ♊ 4	1 ♈ 36	3 ♒ 46	22 ♋	3 ♈	14 ♒	13 ♈	26 ♈
12	19 ♐ 34	17 ♑ 40	23 ♒ 55	22 ♒ 21	8 ♐ 1	5 ♏ 9	5 ♍ 31	27 ♌ 1	7 D 55	3 ♊ 1	1 ♈ 36	3 ♒ 47	22 ♋	3 ♈	15 ♒	13 ♈	26 ♈
13	20 ♐ 35	29 ♑ 27	23 ♒ 52	22 ♒ 16	9 ♐ 34	5 ♏ 55	5 ♍ 48	27 ♌ 1	7 ♈ 56	2 ♊ 59	1 ♈ 36	3 ♒ 49	22 ♋	3 ♈	15 ♒	13 ♈	26 ♈
14	21 ♐ 36	11 ♒ 16	23 ♒ 49	22 ♒ 13	11 ♐ 6	6 ♏ 43	6 ♍ 6	27 R 1	7 ♈ 56	2 ♊ 56	1 D 36	3 ♒ 50	22 ♋	3 ♈	16 ♒	13 ♈	26 ♈
15	22 ♐ 37	23 ♒ 11	23 ♒ 45	22 D 12	12 ♐ 39	7 ♏ 32	6 ♍ 23	27 ♌ 1	7 ♈ 56	2 ♊ 54	1 ♈ 36	3 ♒ 52	22 ♋	3 ♈	16 ♒	13 ♈	26 ♈
16	23 ♐ 38	5 ♓ 15	23 ♒ 42	22 ♒ 13	14 ♐ 11	8 ♏ 21	6 ♍ 39	27 ♌ 0	7 ♈ 57	2 ♊ 52	1 ♈ 36	3 ♒ 53	22 ♋	4 ♈	16 ♒	13 ♈	26 ♈
17	24 ♐ 39	17 ♓ 34	23 ♒ 39	22 ♒ 14	15 ♐ 44	9 ♏ 11	6 ♍ 55	27 ♌ 0	7 ♈ 57	2 ♊ 50	1 ♈ 37	3 ♒ 55	21 ♋	4 ♈	17 ♒	13 ♈	26 ♈
18	25 ♐ 40	0 ♈ 13	23 ♒ 36	22 R 14	17 ♐ 17	10 ♏ 3	7 ♍ 10	26 ♌ 59	7 ♈ 58	2 ♊ 47	1 ♈ 37	3 ♒ 56	21 ♋	4 ♈	17 ♒	13 ♈	26 ♈
19	26 ♐ 41	13 ♈ 17	23 ♒ 33	22 ♒ 12	18 ♐ 50	10 ♏ 54	7 ♍ 25	26 ♌ 58	7 ♈ 59	2 ♊ 45	1 ♈ 37	3 ♒ 58	21 ♋	4 ♈	18 ♒	14 ♈	26 ♈
20	27 ♐ 43	26 ♈ 49	23 ♒ 29	22 ♒ 9	20 ♐ 23	11 ♏ 47	7 ♍ 40	26 ♌ 57	7 ♈ 59	2 ♊ 43	1 ♈ 37	4 ♒ 0	21 ♋	4 ♈	18 ♒	14 ♈	26 ♈
21	28 ♐ 44	10 ♉ 52	23 ♒ 26	22 ♒ 3	21 ♐ 57	12 ♏ 40	7 ♍ 54	26 ♌ 55	8 ♈ 0	2 ♊ 41	1 ♈ 37	4 ♒ 1	21 ♋	4 ♈	18 ♒	14 ♈	26 ♈
22	29 ♐ 45	25 ♉ 24	23 ♒ 23	21 ♒ 55	23 ♐ 30	13 ♏ 34	8 ♍ 7	26 ♌ 54	8 ♈ 2	2 ♊ 38	1 ♈ 38	4 ♒ 3	20 ♋	4 ♈	19 ♒	14 ♈	26 ♈
23	0 ♑ 46	10 ♊ 20	23 ♒ 20	21 ♒ 47	25 ♐ 4	14 ♏ 29	8 ♍ 20	26 ♌ 52	8 ♈ 3	2 ♊ 36	1 ♈ 38	4 ♒ 5	20 ♋	4 ♈	19 ♒	14 ♈	26 ♈
24	1 ♑ 47	25 ♊ 33	23 ♒ 17	21 ♒ 39	26 ♐ 38	15 ♏ 24	8 ♍ 32	26 ♌ 50	8 ♈ 4	2 ♊ 34	1 ♈ 38	4 ♒ 6	20 ♋	5 ♈	20 ♒	14 ♈	26 ♈
25	2 ♑ 48	10 ♋ 52	23 ♒ 14	21 ♒ 32	28 ♐ 12	16 ♏ 20	8 ♍ 44	26 ♌ 48	8 ♈ 6	2 ♊ 32	1 ♈ 39	4 ♒ 8	20 ♋	5 ♈	20 ♒	15 ♈	26 ♈
26	3 ♑ 49	26 ♋ 6	23 ♒ 10	21 ♒ 28	29 ♐ 46	17 ♏ 16	8 ♍ 55	26 ♌ 45	8 ♈ 7	2 ♊ 30	1 ♈ 39	4 ♒ 10	20 ♋	5 ♈	20 ♒	15 ♈	26 ♈
27	4 ♑ 50	11 ♌ 4	23 ♒ 7	21 ♒ 25	1 ♑ 21	18 ♏ 13	9 ♍ 6	26 ♌ 43	8 ♈ 9	2 ♊ 28	1 ♈ 40	4 ♒ 11	19 ♋	5 ♈	21 ♒	15 ♈	26 ♈
28	5 ♑ 51	25 ♌ 41	23 ♒ 4	21 D 25	2 ♑ 56	19 ♏ 11	9 ♍ 16	26 ♌ 40	8 ♈ 11	2 ♊ 26	1 ♈ 40	4 ♒ 13	19 ♋	5 ♈	21 ♒	15 ♈	26 ♈
29	6 ♑ 52	9 ♍ 52	23 ♒ 1	21 ♒ 26	4 ♑ 31	20 ♏ 9	9 ♍ 25	26 ♌ 37	8 ♈ 12	2 ♊ 24	1 ♈ 41	4 ♒ 15	19 ♋	6 ♈	22 ♒	15 ♈	26 ♈
30	7 ♑ 54	23 ♍ 36	22 ♒ 58	21 ♒ 27	6 ♑ 6	21 ♏ 8	9 ♍ 34	26 ♌ 34	8 ♈ 14	2 ♊ 22	1 ♈ 41	4 ♒ 16	19 ♋	6 ♈	22 ♒	15 ♈	26 ♈
31	8 ♑ 55	6 ♎ 54	22 ♒ 55	21 ♒ 28	7 ♑ 42	22 ♏ 7	9 ♍ 42	26 ♌ 31	8 ♈ 16	2 ♊ 20	1 ♈ 42	4 ♒ 18	19 ♋	6 ♈	23 ♒	16 ♈	26 ♈

SUN INGRESS ☉ → ♑ 22日 05:50

MOON PHASE ◑ 1日 15:08 ♍ ● 9日 09:52 ♐ ◐ 17日 14:42 ♓ ○ 24日 10:28 ♋ ◑ 31日 03:59 ♎

aspects		
4日	16:03	☿□♃
5日	04:29	♂□♅
7日	19:15	☿△♆
8日	19:29	☿☍♅
9日	04:32	☿⚹♇
9日	22:41	☿□♂
10日	03:38	♀□♇
11日	22:25	☿△♄
12日	18:15	♀⚹♂
19日	06:21	☉△♃
23日	20:37	☉□♆
24日	03:03	☿△♃
27日	04:47	☿□♆
30日	08:28	☉□♄
31日	08:55	☿□♄
31日	21:03	☉△♂

2027年1月

DAY	☉	☽	☊ mean	☊ true	☿	♀	♂	♃	♄	♅	♆	♇	⚳	⚴	⚵	⚶	⚷
	° ′	° ′	° ′	° ′	° ′	° ′	° ′	° ′	° ′	° ′	° ′	° ′	°	°	°	°	°
1	9 ♑ 56	19 ♎ 51	22 ♒ 51	21 R 28	9 D 18	23 D 6	9 D 49	26 R 27	8 D 19	2 R 18	1 D 42	4 D 20	18 R	6 D	23 D	16 D	26 R
2	10 ♑ 57	2 ♏ 28	22 ♒ 48	21 ♒ 25	10 ♑ 54	24 ♏ 7	9 ♍ 56	26 ♌ 24	8 ♈ 21	2 ♊ 17	1 ♈ 43	4 ♒ 22	18 ♋	6 ♈	23 ♒	16 ♈	26 ♈
3	11 ♑ 58	14 ♏ 50	22 ♒ 45	21 ♒ 21	12 ♑ 30	25 ♏ 7	10 ♍ 2	26 ♌ 20	8 ♈ 23	2 ♊ 15	1 ♈ 44	4 ♒ 23	18 ♋	7 ♈	24 ♒	16 ♈	26 ♈
4	12 ♑ 59	27 ♏ 0	22 ♒ 42	21 ♒ 15	14 ♑ 7	26 ♏ 8	10 ♍ 7	26 ♌ 16	8 ♈ 26	2 ♊ 13	1 ♈ 44	4 ♒ 25	18 ♋	7 ♈	24 ♒	16 ♈	26 ♈
5	14 ♑ 0	9 ♐ 2	22 ♒ 39	21 ♒ 8	15 ♑ 45	27 ♏ 9	10 ♍ 12	26 ♌ 12	8 ♈ 28	2 ♊ 11	1 ♈ 45	4 ♒ 27	17 ♋	7 ♈	25 ♒	17 ♈	26 ♈
6	15 ♑ 2	20 ♐ 57	22 ♒ 35	21 ♒ 1	17 ♑ 22	28 ♏ 11	10 ♍ 16	26 ♌ 7	8 ♈ 31	2 ♊ 10	1 ♈ 46	4 ♒ 29	17 ♋	7 ♈	25 ♒	17 ♈	26 ♈
7	16 ♑ 3	2 ♑ 49	22 ♒ 32	20 ♒ 54	19 ♑ 0	29 ♏ 13	10 ♍ 19	26 ♌ 3	8 ♈ 34	2 ♊ 8	1 ♈ 47	4 ♒ 31	17 ♋	7 ♈	26 ♒	17 ♈	26 D
8	17 ♑ 4	14 ♑ 38	22 ♒ 29	20 ♒ 48	20 ♑ 39	0 ♐ 15	10 ♍ 22	25 ♌ 58	8 ♈ 37	2 ♊ 6	1 ♈ 48	4 ♒ 33	17 ♋	8 ♈	26 ♒	17 ♈	26 ♈
9	18 ♑ 5	26 ♑ 27	22 ♒ 26	20 ♒ 44	22 ♑ 18	1 ♐ 18	10 ♍ 24	25 ♌ 53	8 ♈ 40	2 ♊ 5	1 ♈ 49	4 ♒ 34	16 ♋	8 ♈	27 ♒	18 ♈	26 ♈
10	19 ♑ 6	8 ♒ 18	22 ♒ 23	20 ♒ 41	23 ♑ 57	2 ♐ 21	10 ♍ 25	25 ♌ 48	8 ♈ 43	2 ♊ 3	1 ♈ 50	4 ♒ 36	16 ♋	8 ♈	27 ♒	18 ♈	26 ♈
11	20 ♑ 7	20 ♒ 12	22 ♒ 20	20 ♒ 40	25 ♑ 36	3 ♐ 25	10 R 25	25 ♌ 43	8 ♈ 46	2 ♊ 2	1 ♈ 50	4 ♒ 38	16 ♋	8 ♈	28 ♒	18 ♈	26 ♈
12	21 ♑ 9	2 ♓ 12	22 ♒ 16	20 D 41	27 ♑ 16	4 ♐ 29	10 ♍ 25	25 ♌ 37	8 ♈ 49	2 ♊ 0	1 ♈ 51	4 ♒ 40	16 ♋	9 ♈	28 ♒	18 ♈	26 ♈
13	22 ♑ 10	14 ♓ 22	22 ♒ 13	20 ♒ 43	28 ♑ 56	5 ♐ 33	10 ♍ 24	25 ♌ 32	8 ♈ 53	1 ♊ 59	1 ♈ 53	4 ♒ 42	16 ♋	9 ♈	28 ♒	19 ♈	26 ♈
14	23 ♑ 11	26 ♓ 44	22 ♒ 10	20 ♒ 44	0 ♒ 37	6 ♐ 37	10 ♍ 22	25 ♌ 26	8 ♈ 56	1 ♊ 58	1 ♈ 54	4 ♒ 44	15 ♋	9 ♈	29 ♒	19 ♈	26 ♈
15	24 ♑ 12	9 ♈ 24	22 ♒ 7	20 ♒ 46	2 ♒ 18	7 ♐ 42	10 ♍ 19	25 ♌ 20	9 ♈ 0	1 ♊ 56	1 ♈ 55	4 ♒ 46	15 ♋	9 ♈	29 ♒	19 ♈	26 ♈
16	25 ♑ 13	22 ♈ 23	22 ♒ 4	20 ♒ 47	3 ♒ 59	8 ♐ 46	10 ♍ 15	25 ♌ 15	9 ♈ 3	1 ♊ 55	1 ♈ 56	4 ♒ 47	15 ♋	10 ♈	0 ♓	19 ♈	26 ♈
17	26 ♑ 14	5 ♉ 47	22 ♒ 1	20 R 46	5 ♒ 40	9 ♐ 52	10 ♍ 11	25 ♌ 8	9 ♈ 7	1 ♊ 54	1 ♈ 57	4 ♒ 49	15 ♋	10 ♈	0 ♓	20 ♈	26 ♈
18	27 ♑ 15	19 ♉ 36	21 ♒ 57	20 ♒ 45	7 ♒ 21	10 ♐ 57	10 ♍ 6	25 ♌ 2	9 ♈ 11	1 ♊ 53	1 ♈ 58	4 ♒ 51	14 ♋	10 ♈	1 ♓	20 ♈	26 ♈
19	28 ♑ 16	3 ♊ 52	21 ♒ 54	20 ♒ 42	9 ♒ 2	12 ♐ 3	10 ♍ 0	24 ♌ 56	9 ♈ 15	1 ♊ 52	1 ♈ 59	4 ♒ 53	14 ♋	11 ♈	1 ♓	20 ♈	26 ♈
20	29 ♑ 18	18 ♊ 33	21 ♒ 51	20 ♒ 40	10 ♒ 44	13 ♐ 8	9 ♍ 53	24 ♌ 49	9 ♈ 19	1 ♊ 51	2 ♈ 1	4 ♒ 55	14 ♋	11 ♈	2 ♓	21 ♈	26 ♈
21	0 ♒ 19	3 ♋ 33	21 ♒ 48	20 ♒ 37	12 ♒ 25	14 ♐ 15	9 ♍ 46	24 ♌ 43	9 ♈ 23	1 ♊ 50	2 ♈ 2	4 ♒ 57	14 ♋	11 ♈	2 ♓	21 ♈	26 ♈
22	1 ♒ 20	18 ♋ 44	21 ♒ 45	20 ♒ 34	14 ♒ 5	15 ♐ 21	9 ♍ 37	24 ♌ 36	9 ♈ 27	1 ♊ 49	2 ♈ 3	4 ♒ 59	14 ♋	12 ♈	3 ♓	21 ♈	26 ♈
23	2 ♒ 21	3 ♌ 57	21 ♒ 41	20 ♒ 33	15 ♒ 45	16 ♐ 27	9 ♍ 28	24 ♌ 29	9 ♈ 32	1 ♊ 48	2 ♈ 4	5 ♒ 1	13 ♋	12 ♈	3 ♓	21 ♈	26 ♈
24	3 ♒ 22	19 ♌ 1	21 ♒ 38	20 ♒ 32	17 ♒ 24	17 ♐ 34	9 ♍ 18	24 ♌ 22	9 ♈ 36	1 ♊ 47	2 ♈ 6	5 ♒ 3	13 ♋	12 ♈	4 ♓	22 ♈	26 ♈
25	4 ♒ 23	3 ♍ 49	21 ♒ 35	20 D 32	19 ♒ 2	18 ♐ 41	9 ♍ 7	24 ♌ 15	9 ♈ 40	1 ♊ 46	2 ♈ 7	5 ♒ 5	13 ♋	12 ♈	4 ♓	22 ♈	26 ♈
26	5 ♒ 24	18 ♍ 13	21 ♒ 32	20 ♒ 33	20 ♒ 39	19 ♐ 48	8 ♍ 56	24 ♌ 8	9 ♈ 45	1 ♊ 46	2 ♈ 9	5 ♒ 7	13 ♋	13 ♈	4 ♓	22 ♈	26 ♈
27	6 ♒ 25	2 ♎ 10	21 ♒ 29	20 ♒ 35	22 ♒ 14	20 ♐ 56	8 ♍ 44	24 ♌ 1	9 ♈ 50	1 ♊ 45	2 ♈ 10	5 ♒ 8	13 ♋	13 ♈	5 ♓	23 ♈	26 ♈
28	7 ♒ 26	15 ♎ 40	21 ♒ 26	20 ♒ 36	23 ♒ 47	22 ♐ 3	8 ♍ 31	23 ♌ 54	9 ♈ 54	1 ♊ 44	2 ♈ 12	5 ♒ 10	12 ♋	13 ♈	5 ♓	23 ♈	26 ♈
29	8 ♒ 27	28 ♎ 44	21 ♒ 22	20 ♒ 36	25 ♒ 17	23 ♐ 11	8 ♍ 17	23 ♌ 46	9 ♈ 59	1 ♊ 44	2 ♈ 13	5 ♒ 12	12 ♋	14 ♈	6 ♓	23 ♈	26 ♈
30	9 ♒ 28	11 ♏ 25	21 ♒ 19	20 R 37	26 ♒ 44	24 ♐ 19	8 ♍ 2	23 ♌ 39	10 ♈ 4	1 ♊ 43	2 ♈ 15	5 ♒ 14	12 ♋	14 ♈	6 ♓	24 ♈	26 ♈
31	10 ♒ 29	23 ♏ 47	21 ♒ 16	20 ♒ 36	28 ♒ 8	25 ♐ 27	7 ♍ 47	23 ♌ 31	10 ♈ 9	1 ♊ 43	2 ♈ 16	5 ♒ 16	12 ♋	14 ♈	7 ♓	24 ♈	26 ♈

SUN INGRESS ☉ → ♒ 20日 16:30

MOON PHASE ● 8日 05:24 ♑ ◐ 16日 05:34 ♈ ○ 22日 21:17 ♌ ◑ 29日 19:55 ♏

aspects		
1日	08:30	☿△♂
2日	02:08	☉☌☿
4日	02:56	♀□♃
9日	11:45	♀△♆
9日	17:20	♀☍♅
12日	04:27	♀⚹♇
14日	18:29	☿⚹♆
14日	19:02	☿△♅
15日	18:31	♅⚹♆
16日	06:39	♀△♄
16日	11:49	☿☌♇
17日	06:38	♀□♂
19日	03:06	☿⚹♄
22日	11:19	☉△♅
22日	17:30	☉⚹♆
24日	07:33	☿⚹♀
25日	17:02	☉☌♇
28日	01:37	☿☍♃
29日	11:13	♀△♃
30日	15:36	☉⚹♄

2027年2月

DAY	☉	☽	☊ mean	☊ true	☿	♀	♂	♃	♄	♅	♆	♇	⚳	⚴	⚵	⚶	⚷
	° ′	° ′	° ′	° ′	° ′	° ′	° ′	° ′	° ′	° ′	° ′	° ′	°	°	°	°	°
1	11 ♒ 29	5 ♐ 55	21 ♒ 13	20 R 35	29 D 27	26 D 35	7 R 31	23 R 24	10 D 14	1 R 42	2 D 18	5 D 18	12 R	15 D	7 D	24 D	26 D
2	12 ♒ 30	17 ♐ 52	21 ♒ 10	20 ♒ 34	0 ♓ 41	27 ♐ 44	7 ♍ 14	23 ♌ 16	10 ♈ 19	1 ♊ 42	2 ♈ 19	5 ♒ 20	11 ♋	15 ♈	8 ♓	24 ♈	26 ♈
3	13 ♒ 31	29 ♐ 43	21 ♒ 7	20 ♒ 33	1 ♓ 49	28 ♐ 52	6 ♍ 57	23 ♌ 8	10 ♈ 24	1 ♊ 41	2 ♈ 21	5 ♒ 22	11 ♋	16 ♈	8 ♓	25 ♈	26 ♈
4	14 ♒ 32	11 ♑ 32	21 ♒ 3	20 ♒ 32	2 ♓ 50	0 ♑ 1	6 ♍ 39	23 ♌ 0	10 ♈ 29	1 ♊ 41	2 ♈ 23	5 ♒ 24	11 ♋	16 ♈	9 ♓	25 ♈	26 ♈
5	15 ♒ 33	23 ♑ 21	21 ♒ 0	20 ♒ 32	3 ♓ 44	1 ♑ 10	6 ♍ 20	22 ♌ 53	10 ♈ 35	1 ♊ 41	2 ♈ 24	5 ♒ 26	11 ♋	16 ♈	9 ♓	25 ♈	26 ♈
6	16 ♒ 34	5 ♒ 12	20 ♒ 57	20 ♒ 31	4 ♓ 30	2 ♑ 19	6 ♍ 1	22 ♌ 45	10 ♈ 40	1 ♊ 41	2 ♈ 26	5 ♒ 27	11 ♋	17 ♈	10 ♓	26 ♈	26 ♈
7	17 ♒ 35	17 ♒ 9	20 ♒ 54	20 ♒ 31	5 ♓ 7	3 ♑ 28	5 ♍ 41	22 ♌ 37	10 ♈ 46	1 ♊ 41	2 ♈ 28	5 ♒ 29	11 ♋	17 ♈	10 ♓	26 ♈	26 ♈
8	18 ♒ 36	29 ♒ 13	20 ♒ 51	20 D 31	5 ♓ 35	4 ♑ 37	5 ♍ 20	22 ♌ 29	10 ♈ 51	1 ♊ 40	2 ♈ 29	5 ♒ 31	11 ♋	17 ♈	11 ♓	26 ♈	26 ♈
9	19 ♒ 36	11 ♓ 26	20 ♒ 47	20 ♒ 31	5 ♓ 52	5 ♑ 46	4 ♍ 59	22 ♌ 21	10 ♈ 57	1 D 40	2 ♈ 31	5 ♒ 33	11 ♋	18 ♈	11 ♓	27 ♈	26 ♈
10	20 ♒ 37	23 ♓ 49	20 ♒ 44	20 R 31	5 ♓ 58	6 ♑ 56	4 ♍ 38	22 ♌ 13	11 ♈ 2	1 ♊ 40	2 ♈ 33	5 ♒ 35	10 ♋	18 ♈	12 ♓	27 ♈	26 ♈
11	21 ♒ 38	6 ♈ 25	20 ♒ 41	20 ♒ 31	5 R 54	8 ♑ 5	4 ♍ 16	22 ♌ 5	11 ♈ 8	1 ♊ 41	2 ♈ 35	5 ♒ 37	10 ♋	18 ♈	12 ♓	27 ♈	26 ♈
12	22 ♒ 39	19 ♈ 15	20 ♒ 38	20 ♒ 31	5 ♓ 39	9 ♑ 15	3 ♍ 54	21 ♌ 57	11 ♈ 14	1 ♊ 41	2 ♈ 37	5 ♒ 39	10 ♋	19 ♈	13 ♓	28 ♈	26 ♈
13	23 ♒ 39	2 ♉ 20	20 ♒ 35	20 ♒ 31	5 ♓ 13	10 ♑ 25	3 ♍ 31	21 ♌ 49	11 ♈ 20	1 ♊ 41	2 ♈ 38	5 ♒ 40	10 ♋	19 ♈	13 ♓	28 ♈	26 ♈
14	24 ♒ 40	15 ♉ 44	20 ♒ 32	20 ♒ 30	4 ♓ 38	11 ♑ 35	3 ♍ 8	21 ♌ 41	11 ♈ 26	1 ♊ 41	2 ♈ 40	5 ♒ 42	10 ♋	20 ♈	14 ♓	29 ♈	26 ♈
15	25 ♒ 41	29 ♉ 26	20 ♒ 28	20 D 30	3 ♓ 53	12 ♑ 45	2 ♍ 45	21 ♌ 33	11 ♈ 32	1 ♊ 41	2 ♈ 42	5 ♒ 44	10 ♋	20 ♈	14 ♓	29 ♈	26 ♈
16	26 ♒ 41	13 ♊ 27	20 ♒ 25	20 ♒ 31	3 ♓ 1	13 ♑ 55	2 ♍ 21	21 ♌ 25	11 ♈ 38	1 ♊ 42	2 ♈ 44	5 ♒ 46	10 ♋	20 ♈	15 ♓	29 ♈	27 ♈
17	27 ♒ 42	27 ♊ 48	20 ♒ 22	20 ♒ 31	2 ♓ 2	15 ♑ 5	1 ♍ 58	21 ♌ 17	11 ♈ 44	1 ♊ 42	2 ♈ 46	5 ♒ 48	10 ♋	21 ♈	15 ♓	0 ♉	27 ♈
18	28 ♒ 42	12 ♋ 24	20 ♒ 19	20 ♒ 32	0 ♓ 58	16 ♑ 15	1 ♍ 34	21 ♌ 10	11 ♈ 50	1 ♊ 43	2 ♈ 48	5 ♒ 49	10 ♋	21 ♈	16 ♓	0 ♉	27 ♈
19	29 ♒ 43	27 ♋ 12	20 ♒ 16	20 ♒ 33	29 ♒ 52	17 ♑ 26	1 ♍ 10	21 ♌ 2	11 ♈ 56	1 ♊ 43	2 ♈ 50	5 ♒ 51	10 ♋	22 ♈	16 ♓	0 ♉	27 ♈
20	0 ♓ 43	12 ♌ 5	20 ♒ 13	20 ♒ 33	28 ♒ 44	18 ♑ 36	0 ♍ 46	20 ♌ 54	12 ♈ 3	1 ♊ 44	2 ♈ 52	5 ♒ 53	10 ♋	22 ♈	17 ♓	1 ♉	27 ♈
21	1 ♓ 44	26 ♌ 56	20 ♒ 9	20 R 33	27 ♒ 36	19 ♑ 46	0 ♍ 23	20 ♌ 46	12 ♈ 9	1 ♊ 44	2 ♈ 54	5 ♒ 55	10 ♋	22 ♈	17 ♓	1 ♉	27 ♈
22	2 ♓ 44	11 ♍ 37	20 ♒ 6	20 ♒ 33	26 ♒ 31	20 ♑ 57	29 ♌ 59	20 ♌ 39	12 ♈ 15	1 ♊ 45	2 ♈ 56	5 ♒ 57	10 ♋	23 ♈	18 ♓	1 ♉	27 ♈
23	3 ♓ 45	26 ♍ 1	20 ♒ 3	20 ♒ 31	25 ♒ 29	22 ♑ 8	29 ♌ 35	20 ♌ 31	12 ♈ 22	1 ♊ 46	2 ♈ 58	5 ♒ 58	10 ♋	23 ♈	18 ♓	2 ♉	27 ♈
24	4 ♓ 45	10 ♎ 3	20 ♒ 0	20 ♒ 29	24 ♒ 32	23 ♑ 18	29 ♌ 11	20 ♌ 24	12 ♈ 28	1 ♊ 47	3 ♈ 0	6 ♒ 0	10 ♋	24 ♈	19 ♓	2 ♉	27 ♈
25	5 ♓ 46	23 ♎ 40	19 ♒ 57	20 ♒ 27	23 ♒ 41	24 ♑ 29	28 ♌ 48	20 ♌ 16	12 ♈ 35	1 ♊ 47	3 ♈ 2	6 ♒ 2	10 D	24 ♈	19 ♓	3 ♉	27 ♈
26	6 ♓ 46	6 ♏ 52	19 ♒ 53	20 ♒ 25	22 ♒ 56	25 ♑ 40	28 ♌ 25	20 ♌ 9	12 ♈ 41	1 ♊ 48	3 ♈ 4	6 ♒ 3	10 ♋	25 ♈	20 ♓	3 ♉	27 ♈
27	7 ♓ 46	19 ♏ 40	19 ♒ 50	20 ♒ 24	22 ♒ 18	26 ♑ 51	28 ♌ 2	20 ♌ 1	12 ♈ 48	1 ♊ 49	3 ♈ 6	6 ♒ 5	10 ♋	25 ♈	20 ♓	3 ♉	27 ♈
28	8 ♓ 47	2 ♐ 7	19 ♒ 47	20 ♒ 23	21 ♒ 47	28 ♑ 2	27 ♌ 39	19 ♌ 54	12 ♈ 55	1 ♊ 50	3 ♈ 8	6 ♒ 7	10 ♋	25 ♈	21 ♓	4 ♉	27 ♈

SUN INGRESS ☉ → ♓ 19日 06:33

MOON PHASE ● 7日 00:56 ♒ ◐ 14日 16:58 ♉ ○ 21日 08:23 ♍ ◑ 28日 14:16 ♐

aspects		
2日	21:18	☿□♅
6日	02:34	♀□♆
7日	16:15	☿☍♂
8日	11:29	♀△♂
9日	02:14	☿⚹♀
11日	09:29	☉☍♃
13日	20:40	♀□♄
17日	02:42	☿☍♂
17日	07:38	☿□♅
17日	15:33	♂□♅
19日	01:39	☉☌☿
20日	00:51	☉☍♂
21日	00:11	☉□♅

2027年3月

DAY	☉	☽	☊ mean	☊ true	☿	♀	♂	♃	♄	♅	♆	♇	⚳	⚴	⚵	⚶	⚷
	° ′	° ′	° ′	° ′	° ′	° ′	° ′	° ′	° ′	° ′	° ′	° ′	°	°	°	°	°
1	9 ♓ 47	14 ♐ 17	19 ♒ 44	20 D 23	21 R 23	29 D 13	27 R 17	19 R 47	13 D 1	1 D 51	3 D 10	6 D 8	10 D	26 D	21 D	4 D	27 D
2	10 ♓ 47	26 ♐ 14	19 ♒ 41	20 ♒ 23	21 ♒ 7	0 ♒ 25	26 ♌ 55	19 ♌ 40	13 ♈ 8	1 ♊ 52	3 ♈ 13	6 ♒ 10	10 ♋	26 ♈	22 ♓	4 ♉	27 ♈
3	11 ♓ 47	8 ♑ 5	19 ♒ 38	20 ♒ 25	20 ♒ 58	1 ♒ 36	26 ♌ 33	19 ♌ 33	13 ♈ 15	1 ♊ 53	3 ♈ 15	6 ♒ 12	10 ♋	27 ♈	22 ♓	5 ♉	27 ♈
4	12 ♓ 48	19 ♑ 53	19 ♒ 34	20 ♒ 27	20 D 55	2 ♒ 47	26 ♌ 12	19 ♌ 26	13 ♈ 22	1 ♊ 55	3 ♈ 17	6 ♒ 13	10 ♋	27 ♈	23 ♓	5 ♉	27 ♈
5	13 ♓ 48	1 ♒ 43	19 ♒ 31	20 ♒ 28	20 ♒ 59	3 ♒ 59	25 ♌ 51	19 ♌ 20	13 ♈ 29	1 ♊ 56	3 ♈ 19	6 ♒ 15	10 ♋	28 ♈	23 ♓	6 ♉	27 ♈
6	14 ♓ 48	13 ♒ 38	19 ♒ 28	20 ♒ 29	21 ♒ 9	5 ♒ 10	25 ♌ 31	19 ♌ 13	13 ♈ 36	1 ♊ 57	3 ♈ 21	6 ♒ 16	10 ♋	28 ♈	24 ♓	6 ♉	27 ♈
7	15 ♓ 48	25 ♒ 43	19 ♒ 25	20 R 29	21 ♒ 25	6 ♒ 21	25 ♌ 12	19 ♌ 7	13 ♈ 43	1 ♊ 58	3 ♈ 23	6 ♒ 18	10 ♋	28 ♈	24 ♓	6 ♉	27 ♈
8	16 ♓ 48	7 ♓ 59	19 ♒ 22	20 ♒ 28	21 ♒ 46	7 ♒ 33	24 ♌ 53	19 ♌ 0	13 ♈ 50	2 ♊ 0	3 ♈ 26	6 ♒ 20	10 ♋	29 ♈	25 ♓	7 ♉	27 ♈
9	17 ♓ 48	20 ♓ 28	19 ♒ 18	20 ♒ 26	22 ♒ 12	8 ♒ 45	24 ♌ 34	18 ♌ 54	13 ♈ 57	2 ♊ 1	3 ♈ 28	6 ♒ 21	10 ♋	29 ♈	26 ♓	7 ♉	27 ♈
10	18 ♓ 48	3 ♈ 10	19 ♒ 15	20 ♒ 22	22 ♒ 43	9 ♒ 56	24 ♌ 17	18 ♌ 48	14 ♈ 4	2 ♊ 3	3 ♈ 30	6 ♒ 23	10 ♋	0 ♉	26 ♓	7 ♉	27 ♈
11	19 ♓ 48	16 ♈ 7	19 ♒ 12	20 ♒ 17	23 ♒ 19	11 ♒ 8	24 ♌ 0	18 ♌ 42	14 ♈ 11	2 ♊ 4	3 ♈ 32	6 ♒ 24	10 ♋	0 ♉	27 ♓	8 ♉	28 ♈
12	20 ♓ 48	29 ♈ 17	19 ♒ 9	20 ♒ 12	23 ♒ 59	12 ♒ 20	23 ♌ 43	18 ♌ 36	14 ♈ 18	2 ♊ 6	3 ♈ 34	6 ♒ 25	11 ♋	1 ♉	27 ♓	8 ♉	28 ♈
13	21 ♓ 48	12 ♉ 41	19 ♒ 6	20 ♒ 7	24 ♒ 42	13 ♒ 31	23 ♌ 28	18 ♌ 31	14 ♈ 25	2 ♊ 7	3 ♈ 37	6 ♒ 27	11 ♋	1 ♉	28 ♓	9 ♉	28 ♈
14	22 ♓ 48	26 ♉ 17	19 ♒ 3	20 ♒ 3	25 ♒ 30	14 ♒ 43	23 ♌ 13	18 ♌ 25	14 ♈ 32	2 ♊ 9	3 ♈ 39	6 ♒ 28	11 ♋	2 ♉	28 ♓	9 ♉	28 ♈
15	23 ♓ 48	10 ♊ 4	18 ♒ 59	20 ♒ 1	26 ♒ 20	15 ♒ 55	22 ♌ 58	18 ♌ 20	14 ♈ 40	2 ♊ 11	3 ♈ 41	6 ♒ 30	11 ♋	2 ♉	29 ♓	9 ♉	28 ♈
16	24 ♓ 48	24 ♊ 1	18 ♒ 56	20 ♒ 0	27 ♒ 14	17 ♒ 7	22 ♌ 45	18 ♌ 14	14 ♈ 47	2 ♊ 13	3 ♈ 43	6 ♒ 31	11 ♋	3 ♉	29 ♓	10 ♉	28 ♈
17	25 ♓ 47	8 ♋ 9	18 ♒ 53	20 D 1	28 ♒ 11	18 ♒ 19	22 ♌ 32	18 ♌ 9	14 ♈ 54	2 ♊ 14	3 ♈ 46	6 ♒ 33	11 ♋	3 ♉	0 ♈	10 ♉	28 ♈
18	26 ♓ 47	22 ♋ 25	18 ♒ 50	20 ♒ 2	29 ♒ 10	19 ♒ 31	22 ♌ 20	18 ♌ 5	15 ♈ 2	2 ♊ 16	3 ♈ 48	6 ♒ 34	11 ♋	4 ♉	0 ♈	11 ♉	28 ♈
19	27 ♓ 47	6 ♌ 47	18 ♒ 47	20 ♒ 3	0 ♓ 13	20 ♒ 43	22 ♌ 9	18 ♌ 0	15 ♈ 9	2 ♊ 18	3 ♈ 50	6 ♒ 35	11 ♋	4 ♉	1 ♈	11 ♉	28 ♈
20	28 ♓ 46	21 ♌ 13	18 ♒ 44	20 R 4	1 ♓ 17	21 ♒ 55	21 ♌ 59	17 ♌ 55	15 ♈ 16	2 ♊ 20	3 ♈ 52	6 ♒ 37	12 ♋	4 ♉	1 ♈	11 ♉	28 ♈
21	29 ♓ 46	5 ♍ 37	18 ♒ 40	20 ♒ 3	2 ♓ 24	23 ♒ 7	21 ♌ 49	17 ♌ 51	15 ♈ 24	2 ♊ 22	3 ♈ 55	6 ♒ 38	12 ♋	5 ♉	2 ♈	12 ♉	28 ♈
22	0 ♈ 46	19 ♍ 57	18 ♒ 37	20 ♒ 0	3 ♓ 34	24 ♒ 19	21 ♌ 41	17 ♌ 47	15 ♈ 31	2 ♊ 24	3 ♈ 57	6 ♒ 39	12 ♋	5 ♉	2 ♈	12 ♉	28 ♈
23	1 ♈ 45	4 ♎ 5	18 ♒ 34	19 ♒ 55	4 ♓ 45	25 ♒ 31	21 ♌ 33	17 ♌ 43	15 ♈ 38	2 ♊ 26	3 ♈ 59	6 ♒ 40	12 ♋	6 ♉	3 ♈	13 ♉	28 ♈
24	2 ♈ 45	17 ♎ 57	18 ♒ 31	19 ♒ 49	5 ♓ 58	26 ♒ 43	21 ♌ 25	17 ♌ 39	15 ♈ 46	2 ♊ 28	4 ♈ 2	6 ♒ 42	12 ♋	6 ♉	3 ♈	13 ♉	28 ♈
25	3 ♈ 44	1 ♏ 30	18 ♒ 28	19 ♒ 41	7 ♓ 14	27 ♒ 55	21 ♌ 19	17 ♌ 35	15 ♈ 53	2 ♊ 30	4 ♈ 4	6 ♒ 43	12 ♋	7 ♉	4 ♈	13 ♉	28 ♈
26	4 ♈ 44	14 ♏ 41	18 ♒ 24	19 ♒ 34	8 ♓ 31	29 ♒ 8	21 ♌ 13	17 ♌ 31	16 ♈ 1	2 ♊ 33	4 ♈ 6	6 ♒ 44	13 ♋	7 ♉	5 ♈	14 ♉	28 ♈
27	5 ♈ 43	27 ♏ 31	18 ♒ 21	19 ♒ 27	9 ♓ 50	0 ♓ 20	21 ♌ 8	17 ♌ 28	16 ♈ 8	2 ♊ 35	4 ♈ 8	6 ♒ 45	13 ♋	8 ♉	5 ♈	14 ♉	28 ♈
28	6 ♈ 43	10 ♐ 0	18 ♒ 18	19 ♒ 21	11 ♓ 11	1 ♓ 32	21 ♌ 4	17 ♌ 25	16 ♈ 16	2 ♊ 37	4 ♈ 11	6 ♒ 46	13 ♋	8 ♉	6 ♈	15 ♉	28 ♈
29	7 ♈ 42	22 ♐ 12	18 ♒ 15	19 ♒ 18	12 ♓ 34	2 ♓ 44	21 ♌ 1	17 ♌ 22	16 ♈ 23	2 ♊ 39	4 ♈ 13	6 ♒ 47	13 ♋	9 ♉	6 ♈	15 ♉	28 ♈
30	8 ♈ 41	4 ♑ 12	18 ♒ 12	19 ♒ 16	13 ♓ 58	3 ♓ 57	20 ♌ 58	17 ♌ 19	16 ♈ 31	2 ♊ 42	4 ♈ 15	6 ♒ 48	13 ♋	9 ♉	7 ♈	16 ♉	29 ♈
31	9 ♈ 41	16 ♑ 3	18 ♒ 9	19 D 17	15 ♓ 24	5 ♓ 9	20 ♌ 57	17 ♌ 16	16 ♈ 38	2 ♊ 44	4 ♈ 17	6 ♒ 49	14 ♋	10 ♉	7 ♈	16 ♉	29 ♈
SUN INGRESS	☉ → ♈ 21日 05:24																
MOON PHASE	● 8日 18:29 ♓	◐ 16日 01:25 ♊	○ 22日 19:43 ♎	◑ 30日 09:54 ♑													

aspects		
3日	06:00	♀△♅
4日	10:17	♀⚹♆
6日	22:48	♀☌♇
11日	17:31	☿☍♂
13日	20:02	♀⚹♄
16日	21:05	♀☍♃
20日	01:15	♀☍♂
20日	23:10	☿□♅
23日	17:06	☉⚹♅
25日	08:13	☉☌♆
28日	01:31	☉⚹♇
28日	22:18	♀□♅

2027年4月

DAY	☉	☽	☊ mean	☊ true	☿	♀	♂	♃	♄	♅	♆	♇	⚳	⚴	⚵	⚶	⚷
	° ′	° ′	° ′	° ′	° ′	° ′	° ′	° ′	° ′	° ′	° ′	° ′	°	°	°	°	°
1	10 ♈ 40	27 ♑ 52	18 ♒ 5	19 D 18	16 D 51	6 D 21	20 R 55	17 R 14	16 D 46	2 D 47	4 D 20	6 D 50	14 D	10 D	8 D	16 D	29 D
2	11 ♈ 39	9 ♒ 43	18 ♒ 2	19 ♒ 19	18 ♓ 20	7 ♓ 34	20 D 55	17 ♌ 12	16 ♈ 53	2 ♊ 49	4 ♈ 22	6 ♒ 51	14 ♋	11 ♉	8 ♈	17 ♉	29 ♈
3	12 ♈ 38	21 ♒ 41	17 ♒ 59	19 R 19	19 ♓ 50	8 ♓ 46	20 ♌ 55	17 ♌ 10	17 ♈ 1	2 ♊ 51	4 ♈ 24	6 ♒ 52	14 ♋	11 ♉	9 ♈	17 ♉	29 ♈
4	13 ♈ 37	3 ♓ 52	17 ♒ 56	19 ♒ 18	21 ♓ 22	9 ♓ 59	20 ♌ 57	17 ♌ 8	17 ♈ 9	2 ♊ 54	4 ♈ 26	6 ♒ 53	14 ♋	12 ♉	9 ♈	18 ♉	29 ♈
5	14 ♈ 37	16 ♓ 18	17 ♒ 53	19 ♒ 14	22 ♓ 56	11 ♓ 11	20 ♌ 58	17 ♌ 6	17 ♈ 16	2 ♊ 57	4 ♈ 29	6 ♒ 54	15 ♋	12 ♉	10 ♈	18 ♉	29 ♈
6	15 ♈ 36	29 ♓ 1	17 ♒ 49	19 ♒ 9	24 ♓ 31	12 ♓ 24	21 ♌ 1	17 ♌ 5	17 ♈ 24	2 ♊ 59	4 ♈ 31	6 ♒ 55	15 ♋	13 ♉	10 ♈	18 ♉	29 ♈
7	16 ♈ 35	12 ♈ 4	17 ♒ 46	19 ♒ 1	26 ♓ 7	13 ♓ 36	21 ♌ 4	17 ♌ 3	17 ♈ 31	3 ♊ 2	4 ♈ 33	6 ♒ 56	15 ♋	13 ♉	11 ♈	19 ♉	29 ♈
8	17 ♈ 34	25 ♈ 24	17 ♒ 43	18 ♒ 51	27 ♓ 45	14 ♓ 49	21 ♌ 8	17 ♌ 2	17 ♈ 39	3 ♊ 4	4 ♈ 35	6 ♒ 57	15 ♋	14 ♉	12 ♈	19 ♉	29 ♈
9	18 ♈ 33	9 ♉ 0	17 ♒ 40	18 ♒ 41	29 ♓ 25	16 ♓ 1	21 ♌ 13	17 ♌ 1	17 ♈ 46	3 ♊ 7	4 ♈ 38	6 ♒ 58	16 ♋	14 ♉	12 ♈	20 ♉	29 ♈
10	19 ♈ 32	22 ♉ 49	17 ♒ 37	18 ♒ 31	1 ♈ 6	17 ♓ 14	21 ♌ 18	17 ♌ 0	17 ♈ 54	3 ♊ 10	4 ♈ 40	6 ♒ 59	16 ♋	15 ♉	13 ♈	20 ♉	29 ♈
11	20 ♈ 31	6 ♊ 47	17 ♒ 34	18 ♒ 23	2 ♈ 48	18 ♓ 27	21 ♌ 24	17 ♌ 0	18 ♈ 2	3 ♊ 13	4 ♈ 42	6 ♒ 59	16 ♋	15 ♉	13 ♈	21 ♉	29 ♈
12	21 ♈ 30	20 ♊ 52	17 ♒ 30	18 ♒ 17	4 ♈ 32	19 ♓ 39	21 ♌ 31	16 ♌ 59	18 ♈ 9	3 ♊ 15	4 ♈ 44	7 ♒ 0	16 ♋	16 ♉	14 ♈	21 ♉	29 ♈
13	22 ♈ 29	4 ♋ 59	17 ♒ 27	18 ♒ 13	6 ♈ 17	20 ♓ 52	21 ♌ 38	16 ♌ 59	18 ♈ 17	3 ♊ 18	4 ♈ 46	7 ♒ 1	17 ♋	17 ♉	14 ♈	21 ♉	29 ♈
14	23 ♈ 27	19 ♋ 7	17 ♒ 24	18 ♒ 12	8 ♈ 4	22 ♓ 4	21 ♌ 46	16 D 59	18 ♈ 24	3 ♊ 21	4 ♈ 49	7 ♒ 2	17 ♋	17 ♉	15 ♈	22 ♉	29 ♈
15	24 ♈ 26	3 ♌ 14	17 ♒ 21	18 D 12	9 ♈ 53	23 ♓ 17	21 ♌ 54	16 ♌ 59	18 ♈ 32	3 ♊ 24	4 ♈ 51	7 ♒ 2	17 ♋	18 ♉	15 ♈	22 ♉	0 ♉
16	25 ♈ 25	17 ♌ 19	17 ♒ 18	18 ♒ 13	11 ♈ 43	24 ♓ 30	22 ♌ 3	17 ♌ 0	18 ♈ 39	3 ♊ 27	4 ♈ 53	7 ♒ 3	18 ♋	18 ♉	16 ♈	23 ♉	0 ♉
17	26 ♈ 24	1 ♍ 22	17 ♒ 15	18 R 12	13 ♈ 34	25 ♓ 42	22 ♌ 13	17 ♌ 0	18 ♈ 47	3 ♊ 30	4 ♈ 55	7 ♒ 4	18 ♋	19 ♉	16 ♈	23 ♉	0 ♉
18	27 ♈ 22	15 ♍ 20	17 ♒ 11	18 ♒ 9	15 ♈ 27	26 ♓ 55	22 ♌ 23	17 ♌ 1	18 ♈ 54	3 ♊ 33	4 ♈ 57	7 ♒ 4	18 ♋	19 ♉	17 ♈	23 ♉	0 ♉
19	28 ♈ 21	29 ♍ 13	17 ♒ 8	18 ♒ 4	17 ♈ 22	28 ♓ 8	22 ♌ 34	17 ♌ 2	19 ♈ 2	3 ♊ 36	4 ♈ 59	7 ♒ 5	18 ♋	20 ♉	18 ♈	24 ♉	0 ♉
20	29 ♈ 20	12 ♎ 56	17 ♒ 5	17 ♒ 56	19 ♈ 18	29 ♓ 20	22 ♌ 45	17 ♌ 3	19 ♈ 9	3 ♊ 39	5 ♈ 2	7 ♒ 5	19 ♋	20 ♉	18 ♈	24 ♉	0 ♉
21	0 ♉ 18	26 ♎ 28	17 ♒ 2	17 ♒ 45	21 ♈ 16	0 ♈ 33	22 ♌ 57	17 ♌ 5	19 ♈ 17	3 ♊ 42	5 ♈ 4	7 ♒ 6	19 ♋	21 ♉	19 ♈	25 ♉	0 ♉
22	1 ♉ 17	9 ♏ 44	16 ♒ 59	17 ♒ 34	23 ♈ 15	1 ♈ 46	23 ♌ 10	17 ♌ 6	19 ♈ 24	3 ♊ 45	5 ♈ 6	7 ♒ 6	19 ♋	21 ♉	19 ♈	25 ♉	0 ♉
23	2 ♉ 15	22 ♏ 45	16 ♒ 55	17 ♒ 21	25 ♈ 16	2 ♈ 58	23 ♌ 23	17 ♌ 8	19 ♈ 32	3 ♊ 48	5 ♈ 8	7 ♒ 7	20 ♋	22 ♉	20 ♈	26 ♉	0 ♉
24	3 ♉ 14	5 ♐ 27	16 ♒ 52	17 ♒ 10	27 ♈ 18	4 ♈ 11	23 ♌ 36	17 ♌ 10	19 ♈ 39	3 ♊ 51	5 ♈ 10	7 ♒ 7	20 ♋	22 ♉	20 ♈	26 ♉	0 ♉
25	4 ♉ 12	17 ♐ 53	16 ♒ 49	17 ♒ 0	29 ♈ 22	5 ♈ 24	23 ♌ 50	17 ♌ 12	19 ♈ 47	3 ♊ 54	5 ♈ 12	7 ♒ 8	20 ♋	23 ♉	21 ♈	26 ♉	0 ♉
26	5 ♉ 11	0 ♑ 4	16 ♒ 46	16 ♒ 53	1 ♉ 26	6 ♈ 37	24 ♌ 5	17 ♌ 14	19 ♈ 54	3 ♊ 58	5 ♈ 14	7 ♒ 8	20 ♋	23 ♉	21 ♈	27 ♉	0 ♉
27	6 ♉ 9	12 ♑ 3	16 ♒ 43	16 ♒ 49	3 ♉ 32	7 ♈ 49	24 ♌ 19	17 ♌ 16	20 ♈ 1	4 ♊ 1	5 ♈ 16	7 ♒ 8	21 ♋	24 ♉	22 ♈	27 ♉	0 ♉
28	7 ♉ 8	23 ♑ 54	16 ♒ 40	16 ♒ 46	5 ♉ 39	9 ♈ 2	24 ♌ 35	17 ♌ 19	20 ♈ 9	4 ♊ 4	5 ♈ 18	7 ♒ 9	21 ♋	24 ♉	23 ♈	28 ♉	0 ♉
29	8 ♉ 6	5 ♒ 42	16 ♒ 36	16 ♒ 46	7 ♉ 47	10 ♈ 15	24 ♌ 51	17 ♌ 21	20 ♈ 16	4 ♊ 7	5 ♈ 20	7 ♒ 9	21 ♋	25 ♉	23 ♈	28 ♉	0 ♉
30	9 ♉ 4	17 ♒ 34	16 ♒ 33	16 ♒ 46	9 ♉ 56	11 ♈ 28	25 ♌ 7	17 ♌ 24	20 ♈ 24	4 ♊ 10	5 ♈ 22	7 ♒ 9	22 ♋	26 ♉	24 ♈	29 ♉	0 ♉
SUN INGRESS	☉ → ♉ 20日 16:17																
MOON PHASE	● 7日 08:51 ♈	◐ 14日 07:56 ♋	○ 21日 07:27 ♏	◑ 29日 05:18 ♒													

aspects		
3日	21:59	♃△♄
7日	11:18	☉△♃
8日	02:18	☉☌♄
11日	05:54	☿⚹♅
12日	00:26	☉△♂
12日	02:54	☿☌♆
13日	09:54	☿⚹♇
18日	19:48	☿△♃
19日	22:03	☿☌♄
21日	22:47	☿△♂
23日	17:08	♀⚹♅
24日	19:56	♀☌♆
26日	10:20	♀⚹♇
28日	00:25	☉□♇
28日	16:47	☿□♇
29日	06:22	☉☌☿

2027年5月

DAY	☉	☽	☊ mean	☊ true	☿	♀	♂	♃	♄	♅	♆	♇	⚳	⚴	⚵	⚶	⚷
	° ′	° ′	° ′	° ′	° ′	° ′	° ′	° ′	° ′	° ′	° ′	° ′	°	°	°	°	°
1	10 ♉ 3	29 ♒ 33	16 ♒ 30	16 R 45	12 D 5	12 D 41	25 D 24	17 D 27	20 D 31	4 D 14	5 D 24	7 D 9	22 D	26 D	24 D	29 D	0 D
2	11 ♉ 1	11 ♓ 46	16 ♒ 27	16 ♒ 43	14 ♉ 14	13 ♈ 54	25 ♌ 41	17 ♌ 31	20 ♈ 38	4 ♊ 17	5 ♈ 26	7 ♒ 10	22 ♋	27 ♉	25 ♈	29 ♉	1 ♉
3	11 ♉ 59	24 ♓ 18	16 ♒ 24	16 ♒ 39	16 ♉ 24	15 ♈ 6	25 ♌ 58	17 ♌ 34	20 ♈ 45	4 ♊ 20	5 ♈ 28	7 ♒ 10	23 ♋	27 ♉	25 ♈	0 ♊	1 ♉
4	12 ♉ 57	7 ♈ 10	16 ♒ 21	16 ♒ 32	18 ♉ 33	16 ♈ 19	26 ♌ 16	17 ♌ 38	20 ♈ 53	4 ♊ 24	5 ♈ 30	7 ♒ 10	23 ♋	28 ♉	26 ♈	0 ♊	1 ♉
5	13 ♉ 55	20 ♈ 26	16 ♒ 17	16 ♒ 23	20 ♉ 41	17 ♈ 32	26 ♌ 35	17 ♌ 42	21 ♈ 0	4 ♊ 27	5 ♈ 32	7 ♒ 10	23 ♋	28 ♉	26 ♈	1 ♊	1 ♉
6	14 ♉ 54	4 ♉ 5	16 ♒ 14	16 ♒ 12	22 ♉ 49	18 ♈ 45	26 ♌ 54	17 ♌ 45	21 ♈ 7	4 ♊ 30	5 ♈ 33	7 ♒ 10	24 ♋	29 ♉	27 ♈	1 ♊	1 ♉
7	15 ♉ 52	18 ♉ 4	16 ♒ 11	15 ♒ 59	24 ♉ 55	19 ♈ 58	27 ♌ 13	17 ♌ 50	21 ♈ 14	4 ♊ 34	5 ♈ 35	7 ♒ 10	24 ♋	29 ♉	28 ♈	2 ♊	1 ♉
8	16 ♉ 50	2 ♊ 19	16 ♒ 8	15 ♒ 48	27 ♉ 1	21 ♈ 11	27 ♌ 32	17 ♌ 54	21 ♈ 21	4 ♊ 37	5 ♈ 37	7 ♒ 10	24 ♋	0 ♊	28 ♈	2 ♊	1 ♉
9	17 ♉ 48	16 ♊ 44	16 ♒ 5	15 ♒ 38	29 ♉ 4	22 ♈ 24	27 ♌ 52	17 ♌ 58	21 ♈ 28	4 ♊ 40	5 ♈ 39	7 R 10	25 ♋	1 ♊	29 ♈	2 ♊	1 ♉
10	18 ♉ 46	1 ♋ 13	16 ♒ 1	15 ♒ 30	1 ♊ 5	23 ♈ 37	28 ♌ 13	18 ♌ 3	21 ♈ 35	4 ♊ 44	5 ♈ 41	7 ♒ 10	25 ♋	1 ♊	29 ♈	3 ♊	1 ♉
11	19 ♉ 44	15 ♋ 39	15 ♒ 58	15 ♒ 26	3 ♊ 4	24 ♈ 50	28 ♌ 33	18 ♌ 8	21 ♈ 42	4 ♊ 47	5 ♈ 42	7 ♒ 10	25 ♋	2 ♊	0 ♉	3 ♊	1 ♉
12	20 ♉ 42	29 ♋ 59	15 ♒ 55	15 ♒ 24	5 ♊ 1	26 ♈ 2	28 ♌ 55	18 ♌ 13	21 ♈ 49	4 ♊ 51	5 ♈ 44	7 ♒ 10	26 ♋	2 ♊	0 ♉	4 ♊	1 ♉
13	21 ♉ 40	14 ♌ 11	15 ♒ 52	15 ♒ 23	6 ♊ 55	27 ♈ 15	29 ♌ 16	18 ♌ 18	21 ♈ 56	4 ♊ 54	5 ♈ 46	7 ♒ 10	26 ♋	3 ♊	1 ♉	4 ♊	1 ♉
14	22 ♉ 38	28 ♌ 12	15 ♒ 49	15 ♒ 23	8 ♊ 46	28 ♈ 28	29 ♌ 38	18 ♌ 23	22 ♈ 3	4 ♊ 58	5 ♈ 48	7 ♒ 10	27 ♋	3 ♊	2 ♉	5 ♊	1 ♉
15	23 ♉ 36	12 ♍ 3	15 ♒ 46	15 ♒ 22	10 ♊ 34	29 ♈ 41	0 ♍ 0	18 ♌ 28	22 ♈ 10	5 ♊ 1	5 ♈ 49	7 ♒ 10	27 ♋	4 ♊	2 ♉	5 ♊	1 ♉
16	24 ♉ 34	25 ♍ 43	15 ♒ 42	15 ♒ 19	12 ♊ 19	0 ♉ 54	0 ♍ 22	18 ♌ 34	22 ♈ 17	5 ♊ 4	5 ♈ 51	7 ♒ 9	27 ♋	4 ♊	3 ♉	6 ♊	1 ♉
17	25 ♉ 32	9 ♎ 14	15 ♒ 39	15 ♒ 14	14 ♊ 1	2 ♉ 7	0 ♍ 45	18 ♌ 39	22 ♈ 24	5 ♊ 8	5 ♈ 53	7 ♒ 9	28 ♋	5 ♊	3 ♉	6 ♊	1 ♉
18	26 ♉ 29	22 ♎ 33	15 ♒ 36	15 ♒ 6	15 ♊ 40	3 ♉ 20	1 ♍ 8	18 ♌ 45	22 ♈ 30	5 ♊ 11	5 ♈ 54	7 ♒ 9	28 ♋	6 ♊	4 ♉	6 ♊	1 ♉
19	27 ♉ 27	5 ♏ 41	15 ♒ 33	14 ♒ 55	17 ♊ 15	4 ♉ 33	1 ♍ 31	18 ♌ 51	22 ♈ 37	5 ♊ 15	5 ♈ 56	7 ♒ 9	28 ♋	6 ♊	4 ♉	7 ♊	2 ♉
20	28 ♉ 25	18 ♏ 37	15 ♒ 30	14 ♒ 43	18 ♊ 47	5 ♉ 46	1 ♍ 55	18 ♌ 57	22 ♈ 44	5 ♊ 18	5 ♈ 57	7 ♒ 8	29 ♋	7 ♊	5 ♉	7 ♊	2 ♉
21	29 ♉ 23	1 ♐ 20	15 ♒ 27	14 ♒ 30	20 ♊ 16	6 ♉ 59	2 ♍ 19	19 ♌ 4	22 ♈ 50	5 ♊ 22	5 ♈ 59	7 ♒ 8	29 ♋	7 ♊	5 ♉	8 ♊	2 ♉
22	0 ♊ 20	13 ♐ 49	15 ♒ 23	14 ♒ 19	21 ♊ 41	8 ♉ 12	2 ♍ 43	19 ♌ 10	22 ♈ 57	5 ♊ 25	6 ♈ 0	7 ♒ 8	29 ♋	8 ♊	6 ♉	8 ♊	2 ♉
23	1 ♊ 18	26 ♐ 6	15 ♒ 20	14 ♒ 9	23 ♊ 2	9 ♉ 25	3 ♍ 7	19 ♌ 17	23 ♈ 3	5 ♊ 29	6 ♈ 2	7 ♒ 7	0 ♌	8 ♊	7 ♉	9 ♊	2 ♉
24	2 ♊ 16	8 ♑ 10	15 ♒ 17	14 ♒ 1	24 ♊ 20	10 ♉ 38	3 ♍ 32	19 ♌ 23	23 ♈ 10	5 ♊ 32	6 ♈ 3	7 ♒ 7	0 ♌	9 ♊	7 ♉	9 ♊	2 ♉
25	3 ♊ 13	20 ♑ 6	15 ♒ 14	13 ♒ 56	25 ♊ 35	11 ♉ 51	3 ♍ 57	19 ♌ 30	23 ♈ 16	5 ♊ 36	6 ♈ 5	7 ♒ 7	1 ♌	10 ♊	8 ♉	9 ♊	2 ♉
26	4 ♊ 11	1 ♒ 55	15 ♒ 11	13 ♒ 53	26 ♊ 45	13 ♉ 4	4 ♍ 22	19 ♌ 37	23 ♈ 23	5 ♊ 39	6 ♈ 6	7 ♒ 6	1 ♌	10 ♊	8 ♉	10 ♊	2 ♉
27	5 ♊ 9	13 ♒ 43	15 ♒ 7	13 ♒ 53	27 ♊ 52	14 ♉ 17	4 ♍ 48	19 ♌ 44	23 ♈ 29	5 ♊ 43	6 ♈ 8	7 ♒ 6	1 ♌	11 ♊	9 ♉	10 ♊	2 ♉
28	6 ♊ 6	25 ♒ 34	15 ♒ 4	13 D 53	28 ♊ 55	15 ♉ 30	5 ♍ 13	19 ♌ 51	23 ♈ 35	5 ♊ 46	6 ♈ 9	7 ♒ 5	2 ♌	11 ♊	9 ♉	11 ♊	2 ♉
29	7 ♊ 4	7 ♓ 33	15 ♒ 1	13 R 53	29 ♊ 54	16 ♉ 43	5 ♍ 39	19 ♌ 59	23 ♈ 42	5 ♊ 50	6 ♈ 10	7 ♒ 5	2 ♌	12 ♊	10 ♉	11 ♊	2 ♉
30	8 ♊ 1	19 ♓ 46	14 ♒ 58	13 ♒ 53	0 ♋ 50	17 ♉ 56	6 ♍ 6	20 ♌ 6	23 ♈ 48	5 ♊ 54	6 ♈ 12	7 ♒ 4	2 ♌	13 ♊	11 ♉	12 ♊	2 ♉
31	8 ♊ 59	2 ♈ 17	14 ♒ 55	13 ♒ 50	1 ♋ 41	19 ♉ 9	6 ♍ 32	20 ♌ 14	23 ♈ 54	5 ♊ 57	6 ♈ 13	7 ♒ 4	3 ♌	13 ♊	11 ♉	12 ♊	2 ♉

SUN INGRESS	☉ → ♊ 21日 15:18
MOON PHASE	● 6日 19:58 ♉ ◐ 13日 13:44 ♌ ○ 20日 19:59 ♏ ◑ 28日 22:58 ♓

aspects		
3日	13:28	☿□♃
5日	03:16	♀△♃
8日	03:48	♀☌♄
8日	07:22	☿□♂
9日	04:38	☉□♃
11日	21:49	☿☌♅
12日	09:13	☿⚹♆
13日	03:14	☿△♇
15日	08:46	♀△♂
20日	02:55	☿⚹♃
21日	03:03	♀□♇
23日	00:22	☿⚹♄
26日	08:14	☉□♂
27日	15:12	☉☌♅
28日	01:08	☉⚹♆
29日	00:20	☉△♇
29日	11:14	♂□♅
31日	23:47	♀□♃

2027年6月

DAY	☉	☽	☊ mean	☊ true	☿	♀	♂	♃	♄	♅	♆	♇	⚳	⚴	⚵	⚶	⚷
	° ′	° ′	° ′	° ′	° ′	° ′	° ′	° ′	° ′	° ′	° ′	° ′	°	°	°	°	°
1	9 ♊ 57	15 ♈ 12	14 ♒ 52	13 R 46	2 D 28	20 D 22	6 D 59	20 D 21	24 D 0	6 D 1	6 D 14	7 R 3	3 D	14 D	12 D	12 D	2 D
2	10 ♊ 54	28 ♈ 33	14 ♒ 48	13 ♒ 39	3 ♋ 11	21 ♉ 35	7 ♍ 26	20 ♌ 29	24 ♈ 6	6 ♊ 4	6 ♈ 15	7 ♒ 2	4 ♌	14 ♊	12 ♉	13 ♊	2 ♉
3	11 ♊ 52	12 ♉ 21	14 ♒ 45	13 ♒ 30	3 ♋ 50	22 ♉ 48	7 ♍ 53	20 ♌ 37	24 ♈ 12	6 ♊ 8	6 ♈ 17	7 ♒ 2	4 ♌	15 ♊	13 ♉	13 ♊	2 ♉
4	12 ♊ 49	26 ♉ 33	14 ♒ 42	13 ♒ 21	4 ♋ 25	24 ♉ 1	8 ♍ 20	20 ♌ 45	24 ♈ 18	6 ♊ 11	6 ♈ 18	7 ♒ 1	4 ♌	15 ♊	13 ♉	14 ♊	2 ♉
5	13 ♊ 47	11 ♊ 6	14 ♒ 39	13 ♒ 11	4 ♋ 55	25 ♉ 14	8 ♍ 48	20 ♌ 54	24 ♈ 24	6 ♊ 15	6 ♈ 19	7 ♒ 0	5 ♌	16 ♊	14 ♉	14 ♊	2 ♉
6	14 ♊ 44	25 ♊ 53	14 ♒ 36	13 ♒ 4	5 ♋ 21	26 ♉ 28	9 ♍ 16	21 ♌ 2	24 ♈ 29	6 ♊ 18	6 ♈ 20	7 ♒ 0	5 ♌	17 ♊	14 ♉	15 ♊	2 ♉
7	15 ♊ 42	10 ♋ 45	14 ♒ 33	12 ♒ 58	5 ♋ 42	27 ♉ 41	9 ♍ 44	21 ♌ 10	24 ♈ 35	6 ♊ 22	6 ♈ 21	6 ♒ 59	6 ♌	17 ♊	15 ♉	15 ♊	3 ♉
8	16 ♊ 39	25 ♋ 34	14 ♒ 29	12 ♒ 54	5 ♋ 59	28 ♉ 54	10 ♍ 12	21 ♌ 19	24 ♈ 41	6 ♊ 25	6 ♈ 22	6 ♒ 58	6 ♌	18 ♊	16 ♉	15 ♊	3 ♉
9	17 ♊ 36	10 ♌ 14	14 ♒ 26	12 ♒ 53	6 ♋ 11	0 ♊ 7	10 ♍ 41	21 ♌ 28	24 ♈ 46	6 ♊ 28	6 ♈ 23	6 ♒ 57	6 ♌	18 ♊	16 ♉	16 ♊	3 ♉
10	18 ♊ 34	24 ♌ 39	14 ♒ 23	12 D 54	6 ♋ 18	1 ♊ 20	11 ♍ 9	21 ♌ 36	24 ♈ 52	6 ♊ 32	6 ♈ 24	6 ♒ 57	7 ♌	19 ♊	17 ♉	16 ♊	3 ♉
11	19 ♊ 31	8 ♍ 48	14 ♒ 20	12 ♒ 54	6 ♋ 21	2 ♊ 33	11 ♍ 38	21 ♌ 45	24 ♈ 57	6 ♊ 35	6 ♈ 25	6 ♒ 56	7 ♌	20 ♊	17 ♉	17 ♊	3 ♉
12	20 ♊ 29	22 ♍ 39	14 ♒ 17	12 R 55	6 R 19	3 ♊ 46	12 ♍ 7	21 ♌ 54	25 ♈ 3	6 ♊ 39	6 ♈ 26	6 ♒ 55	8 ♌	20 ♊	18 ♉	17 ♊	3 ♉
13	21 ♊ 26	6 ♎ 12	14 ♒ 13	12 ♒ 54	6 ♋ 13	5 ♊ 0	12 ♍ 37	22 ♌ 3	25 ♈ 8	6 ♊ 42	6 ♈ 27	6 ♒ 54	8 ♌	21 ♊	18 ♉	18 ♊	3 ♉
14	22 ♊ 23	19 ♎ 30	14 ♒ 10	12 ♒ 51	6 ♋ 3	6 ♊ 13	13 ♍ 6	22 ♌ 13	25 ♈ 13	6 ♊ 46	6 ♈ 28	6 ♒ 53	8 ♌	21 ♊	19 ♉	18 ♊	3 ♉
15	23 ♊ 21	2 ♏ 32	14 ♒ 7	12 ♒ 46	5 ♋ 49	7 ♊ 26	13 ♍ 36	22 ♌ 22	25 ♈ 18	6 ♊ 49	6 ♈ 29	6 ♒ 52	9 ♌	22 ♊	20 ♉	19 ♊	3 ♉
16	24 ♊ 18	15 ♏ 21	14 ♒ 4	12 ♒ 39	5 ♋ 30	8 ♊ 39	14 ♍ 6	22 ♌ 31	25 ♈ 24	6 ♊ 53	6 ♈ 29	6 ♒ 51	9 ♌	22 ♊	20 ♉	19 ♊	3 ♉
17	25 ♊ 15	27 ♏ 58	14 ♒ 1	12 ♒ 31	5 ♋ 8	9 ♊ 52	14 ♍ 36	22 ♌ 41	25 ♈ 29	6 ♊ 56	6 ♈ 30	6 ♒ 50	10 ♌	23 ♊	21 ♉	19 ♊	3 ♉
18	26 ♊ 12	10 ♐ 23	13 ♒ 58	12 ♒ 22	4 ♋ 43	11 ♊ 6	15 ♍ 6	22 ♌ 50	25 ♈ 34	6 ♊ 59	6 ♈ 31	6 ♒ 49	10 ♌	24 ♊	21 ♉	20 ♊	3 ♉
19	27 ♊ 10	22 ♐ 38	13 ♒ 54	12 ♒ 14	4 ♋ 15	12 ♊ 19	15 ♍ 36	23 ♌ 0	25 ♈ 38	7 ♊ 3	6 ♈ 32	6 ♒ 48	11 ♌	24 ♊	22 ♉	20 ♊	3 ♉
20	28 ♊ 7	4 ♑ 43	13 ♒ 51	12 ♒ 8	3 ♋ 44	13 ♊ 32	16 ♍ 7	23 ♌ 10	25 ♈ 43	7 ♊ 6	6 ♈ 32	6 ♒ 47	11 ♌	25 ♊	22 ♉	21 ♊	3 ♉
21	29 ♊ 4	16 ♑ 40	13 ♒ 48	12 ♒ 3	3 ♋ 12	14 ♊ 45	16 ♍ 37	23 ♌ 20	25 ♈ 48	7 ♊ 9	6 ♈ 33	6 ♒ 46	11 ♌	25 ♊	23 ♉	21 ♊	3 ♉
22	0 ♋ 1	28 ♑ 31	13 ♒ 45	12 ♒ 0	2 ♋ 38	15 ♊ 59	17 ♍ 8	23 ♌ 30	25 ♈ 53	7 ♊ 13	6 ♈ 34	6 ♒ 45	12 ♌	26 ♊	24 ♉	22 ♊	3 ♉
23	0 ♋ 59	10 ♒ 18	13 ♒ 42	11 ♒ 59	2 ♋ 4	17 ♊ 12	17 ♍ 39	23 ♌ 40	25 ♈ 57	7 ♊ 16	6 ♈ 34	6 ♒ 44	12 ♌	27 ♊	24 ♉	22 ♊	3 ♉
24	1 ♋ 56	22 ♒ 6	13 ♒ 39	11 D 59	1 ♋ 29	18 ♊ 25	18 ♍ 10	23 ♌ 50	26 ♈ 2	7 ♊ 19	6 ♈ 35	6 ♒ 43	13 ♌	27 ♊	25 ♉	22 ♊	3 ♉
25	2 ♋ 53	3 ♓ 57	13 ♒ 35	12 ♒ 1	0 ♋ 55	19 ♊ 39	18 ♍ 42	24 ♌ 0	26 ♈ 6	7 ♊ 22	6 ♈ 35	6 ♒ 42	13 ♌	28 ♊	25 ♉	23 ♊	3 ♉
26	3 ♋ 50	15 ♓ 56	13 ♒ 32	12 ♒ 2	0 ♋ 21	20 ♊ 52	19 ♍ 13	24 ♌ 10	26 ♈ 11	7 ♊ 26	6 ♈ 36	6 ♒ 41	13 ♌	28 ♊	26 ♉	23 ♊	3 ♉
27	4 ♋ 48	28 ♓ 9	13 ♒ 29	12 ♒ 4	29 ♊ 50	22 ♊ 5	19 ♍ 45	24 ♌ 21	26 ♈ 15	7 ♊ 29	6 ♈ 36	6 ♒ 40	14 ♌	29 ♊	26 ♉	24 ♊	3 ♉
28	5 ♋ 45	10 ♈ 39	13 ♒ 26	12 R 4	29 ♊ 20	23 ♊ 19	20 ♍ 17	24 ♌ 31	26 ♈ 19	7 ♊ 32	6 ♈ 37	6 ♒ 39	14 ♌	0 ♋	27 ♉	24 ♊	3 ♉
29	6 ♋ 42	23 ♈ 31	13 ♒ 23	12 ♒ 2	28 ♊ 53	24 ♊ 32	20 ♍ 48	24 ♌ 42	26 ♈ 23	7 ♊ 35	6 ♈ 37	6 ♒ 38	15 ♌	0 ♋	28 ♉	25 ♊	3 ♉
30	7 ♋ 39	6 ♉ 50	13 ♒ 19	12 ♒ 0	28 ♊ 29	25 ♊ 45	21 ♍ 21	24 ♌ 52	26 ♈ 27	7 ♊ 38	6 ♈ 37	6 ♒ 36	15 ♌	1 ♋	28 ♉	25 ♊	3 ♉

SUN INGRESS	☉ → ♋ 21日 23:11
MOON PHASE	● 5日 04:40 ♊ ◐ 11日 19:56 ♍ ○ 19日 09:44 ♐ ◑ 27日 13:54 ♈

aspects		
6日	19:08	♅⚹♆
13日	18:38	☉⚹♃
14日	04:57	♀⚹♆
14日	11:19	♀☌♅
14日	13:04	♀△♇
15日	17:13	♅△♇
17日	06:09	☉⚹♄
23日	15:29	♀□♂
23日	17:00	☉☌☿
28日	21:51	☉□♆
29日	03:44	☿⚹♃
29日	09:09	♆⚹♇
30日	14:26	♀⚹♄

2027年7月

DAY	☉	☽	☊ mean	☊ true	☿	♀	♂	♃	♄	♅	♆	♇	⚳	⚴	⚵	⚶	⚷
	° ′	° ′	° ′	° ′	° ′	° ′	° ′	° ′	° ′	° ′	° ′	° ′	°	°	°	°	°
1	8 ♋ 37	20 ♉ 36	13 ♒ 16	11 R 56	28 R 8	26 D 59	21 D 53	25 D 3	26 D 31	7 D 42	6 D 38	6 R 35	16 D	1 D	29 D	25 D	4 D
2	9 ♋ 34	4 ♊ 50	13 ♒ 13	11 ♒ 51	27 ♊ 52	28 ♊ 12	22 ♍ 25	25 ♌ 14	26 ♈ 35	7 ♊ 45	6 ♈ 38	6 ♒ 34	16 ♌	2 ♋	29 ♉	26 ♊	4 ♉
3	10 ♋ 31	19 ♊ 27	13 ♒ 10	11 ♒ 47	27 ♊ 39	29 ♊ 26	22 ♍ 58	25 ♌ 25	26 ♈ 39	7 ♊ 48	6 ♈ 38	6 ♒ 33	16 ♌	3 ♋	0 ♊	26 ♊	4 ♉
4	11 ♋ 28	4 ♋ 23	13 ♒ 7	11 ♒ 43	27 ♊ 31	0 ♋ 39	23 ♍ 30	25 ♌ 36	26 ♈ 42	7 ♊ 51	6 ♈ 38	6 ♒ 32	17 ♌	3 ♋	0 ♊	27 ♊	4 ♉
5	12 ♋ 25	19 ♋ 29	13 ♒ 4	11 ♒ 40	27 ♊ 28	1 ♋ 53	24 ♍ 3	25 ♌ 47	26 ♈ 46	7 ♊ 54	6 ♈ 39	6 ♒ 30	17 ♌	4 ♋	1 ♊	27 ♊	4 ♉
6	13 ♋ 23	4 ♌ 36	13 ♒ 0	11 ♒ 39	27 D 29	3 ♋ 6	24 ♍ 36	25 ♌ 58	26 ♈ 50	7 ♊ 57	6 ♈ 39	6 ♒ 29	18 ♌	4 ♋	1 ♊	28 ♊	4 ♉
7	14 ♋ 20	19 ♌ 34	12 ♒ 57	11 D 39	27 ♊ 36	4 ♋ 20	25 ♍ 9	26 ♌ 9	26 ♈ 53	8 ♊ 0	6 ♈ 39	6 ♒ 28	18 ♌	5 ♋	2 ♊	28 ♊	4 ♉
8	15 ♋ 17	4 ♍ 17	12 ♒ 54	11 ♒ 40	27 ♊ 47	5 ♋ 33	25 ♍ 42	26 ♌ 20	26 ♈ 56	8 ♊ 3	6 ♈ 39	6 ♒ 26	19 ♌	6 ♋	3 ♊	28 ♊	4 ♉
9	16 ♋ 14	18 ♍ 39	12 ♒ 51	11 ♒ 41	28 ♊ 4	6 ♋ 47	26 ♍ 16	26 ♌ 32	27 ♈ 0	8 ♊ 6	6 ♈ 39	6 ♒ 25	19 ♌	6 ♋	3 ♊	29 ♊	4 ♉
10	17 ♋ 12	2 ♎ 39	12 ♒ 48	11 ♒ 42	28 ♊ 26	8 ♋ 0	26 ♍ 49	26 ♌ 43	27 ♈ 3	8 ♊ 9	6 ♈ 39	6 ♒ 24	20 ♌	7 ♋	4 ♊	29 ♊	4 ♉
11	18 ♋ 9	16 ♎ 15	12 ♒ 45	11 ♒ 43	28 ♊ 52	9 ♋ 14	27 ♍ 23	26 ♌ 54	27 ♈ 6	8 ♊ 12	6 R 39	6 ♒ 23	20 ♌	7 ♋	4 ♊	0 ♋	4 ♉
12	19 ♋ 6	29 ♎ 30	12 ♒ 41	11 R 43	29 ♊ 24	10 ♋ 28	27 ♍ 57	27 ♌ 6	27 ♈ 9	8 ♊ 15	6 ♈ 39	6 ♒ 21	20 ♌	8 ♋	5 ♊	0 ♋	4 ♉
13	20 ♋ 3	12 ♏ 25	12 ♒ 38	11 ♒ 41	0 ♋ 1	11 ♋ 41	28 ♍ 30	27 ♌ 17	27 ♈ 12	8 ♊ 17	6 ♈ 39	6 ♒ 20	21 ♌	9 ♋	5 ♊	1 ♋	4 ♉
14	21 ♋ 0	25 ♏ 2	12 ♒ 35	11 ♒ 39	0 ♋ 44	12 ♋ 55	29 ♍ 4	27 ♌ 29	27 ♈ 14	8 ♊ 20	6 ♈ 39	6 ♒ 19	21 ♌	9 ♋	6 ♊	1 ♋	4 ♉
15	21 ♋ 58	7 ♐ 26	12 ♒ 32	11 ♒ 36	1 ♋ 31	14 ♋ 8	29 ♍ 39	27 ♌ 41	27 ♈ 17	8 ♊ 23	6 ♈ 39	6 ♒ 17	22 ♌	10 ♋	7 ♊	1 ♋	4 ♉
16	22 ♋ 55	19 ♐ 38	12 ♒ 29	11 ♒ 33	2 ♋ 23	15 ♋ 22	0 ♎ 13	27 ♌ 52	27 ♈ 20	8 ♊ 26	6 ♈ 39	6 ♒ 16	22 ♌	10 ♋	7 ♊	2 ♋	4 ♉
17	23 ♋ 52	1 ♑ 40	12 ♒ 25	11 ♒ 31	3 ♋ 20	16 ♋ 36	0 ♎ 47	28 ♌ 4	27 ♈ 22	8 ♊ 28	6 ♈ 38	6 ♒ 15	23 ♌	11 ♋	8 ♊	2 ♋	4 ♉
18	24 ♋ 49	13 ♑ 36	12 ♒ 22	11 ♒ 28	4 ♋ 22	17 ♋ 49	1 ♎ 22	28 ♌ 16	27 ♈ 25	8 ♊ 31	6 ♈ 38	6 ♒ 13	23 ♌	12 ♋	8 ♊	3 ♋	4 ♉
19	25 ♋ 46	25 ♑ 26	12 ♒ 19	11 ♒ 27	5 ♋ 29	19 ♋ 3	1 ♎ 56	28 ♌ 28	27 ♈ 27	8 ♊ 34	6 ♈ 38	6 ♒ 12	23 ♌	12 ♋	9 ♊	3 ♋	4 ♉
20	26 ♋ 44	7 ♒ 14	12 ♒ 16	11 ♒ 26	6 ♋ 40	20 ♋ 17	2 ♎ 31	28 ♌ 40	27 ♈ 29	8 ♊ 36	6 ♈ 38	6 ♒ 10	24 ♌	13 ♋	9 ♊	4 ♋	4 ♉
21	27 ♋ 41	19 ♒ 2	12 ♒ 13	11 D 26	7 ♋ 56	21 ♋ 31	3 ♎ 6	28 ♌ 52	27 ♈ 31	8 ♊ 39	6 ♈ 37	6 ♒ 9	24 ♌	13 ♋	10 ♊	4 ♋	4 ♉
22	28 ♋ 38	0 ♓ 52	12 ♒ 10	11 ♒ 27	9 ♋ 17	22 ♋ 44	3 ♎ 41	29 ♌ 4	27 ♈ 33	8 ♊ 42	6 ♈ 37	6 ♒ 8	25 ♌	14 ♋	10 ♊	4 ♋	4 ♉
23	29 ♋ 35	12 ♓ 47	12 ♒ 6	11 ♒ 28	10 ♋ 42	23 ♋ 58	4 ♎ 16	29 ♌ 16	27 ♈ 35	8 ♊ 44	6 ♈ 37	6 ♒ 6	25 ♌	15 ♋	11 ♊	5 ♋	4 ♉
24	0 ♌ 33	24 ♓ 50	12 ♒ 3	11 ♒ 29	12 ♋ 12	25 ♋ 12	4 ♎ 51	29 ♌ 28	27 ♈ 37	8 ♊ 47	6 ♈ 36	6 ♒ 5	26 ♌	15 ♋	12 ♊	5 ♋	4 ♉
25	1 ♌ 30	7 ♈ 5	12 ♒ 0	11 ♒ 30	13 ♋ 45	26 ♋ 26	5 ♎ 26	29 ♌ 40	27 ♈ 39	8 ♊ 49	6 ♈ 36	6 ♒ 4	26 ♌	16 ♋	12 ♊	6 ♋	4 ♉
26	2 ♌ 27	19 ♈ 36	11 ♒ 57	11 ♒ 31	15 ♋ 23	27 ♋ 39	6 ♎ 2	29 ♌ 52	27 ♈ 40	8 ♊ 51	6 ♈ 35	6 ♒ 2	27 ♌	16 ♋	13 ♊	6 ♋	4 ♉
27	3 ♌ 25	2 ♉ 27	11 ♒ 54	11 ♒ 31	17 ♋ 4	28 ♋ 53	6 ♎ 37	0 ♍ 5	27 ♈ 42	8 ♊ 54	6 ♈ 35	6 ♒ 1	27 ♌	17 ♋	13 ♊	6 ♋	4 ♉
28	4 ♌ 22	15 ♉ 40	11 ♒ 51	11 R 31	18 ♋ 49	0 ♌ 7	7 ♎ 13	0 ♍ 17	27 ♈ 43	8 ♊ 56	6 ♈ 34	5 ♒ 59	27 ♌	18 ♋	14 ♊	7 ♋	4 ♉
29	5 ♌ 19	29 ♉ 19	11 ♒ 47	11 ♒ 30	20 ♋ 38	1 ♌ 21	7 ♎ 48	0 ♍ 29	27 ♈ 45	8 ♊ 58	6 ♈ 34	5 ♒ 58	28 ♌	18 ♋	14 ♊	7 ♋	4 ♉
30	6 ♌ 17	13 ♊ 24	11 ♒ 44	11 ♒ 30	22 ♋ 29	2 ♌ 35	8 ♎ 24	0 ♍ 42	27 ♈ 46	9 ♊ 1	6 ♈ 33	5 ♒ 57	28 ♌	19 ♋	15 ♊	8 ♋	4 ♉
31	7 ♌ 14	27 ♊ 54	11 ♒ 41	11 ♒ 29	24 ♋ 24	3 ♌ 49	9 ♎ 0	0 ♍ 54	27 ♈ 47	9 ♊ 3	6 ♈ 32	5 ♒ 55	29 ♌	19 ♋	15 ♊	8 ♋	4 ♉

SUN INGRESS	☉ → ♌ 23日 10:04
MOON PHASE	● 4日 12:02 ♋　◐ 11日 03:39 ♎　○ 19日 00:45 ♑　◑ 27日 01:55 ♉

aspects		
1日	18:22	☿☌♀
8日	21:28	♀□♆
12日	08:16	♃△♄
19日	23:06	☿□♆
20日	19:49	☉□♄
26日	00:20	♀□♄
26日	00:25	♂△♇
26日	22:24	♂☍♆
29日	15:48	☉☍♇
30日	06:44	☉△♆
31日	02:00	♂△♅

2027年8月

DAY	☉	☽	☊ mean	☊ true	☿	♀	♂	♃	♄	♅	♆	♇	⚳	⚴	⚵	⚶	⚷
	° ′	° ′	° ′	° ′	° ′	° ′	° ′	° ′	° ′	° ′	° ′	° ′	°	°	°	°	°
1	8 ♌ 11	12 ♋ 45	11 ♒ 38	11 R 29	26 D 21	5 D 3	9 D 36	1 D 7	27 D 48	9 D 5	6 R 32	5 R 54	29 D	20 D	16 D	9 D	4 D
2	9 ♌ 9	27 ♋ 50	11 ♒ 35	11 ♒ 29	28 ♋ 20	6 ♌ 17	10 ♎ 12	1 ♍ 19	27 ♈ 49	9 ♊ 7	6 ♈ 31	5 ♒ 52	0 ♍	20 ♋	16 ♊	9 ♋	4 ♉
3	10 ♌ 6	13 ♌ 1	11 ♒ 31	11 D 29	0 ♌ 20	7 ♌ 31	10 ♎ 49	1 ♍ 32	27 ♈ 50	9 ♊ 9	6 ♈ 30	5 ♒ 51	0 ♍	21 ♋	17 ♊	9 ♋	4 ♉
4	11 ♌ 4	28 ♌ 9	11 ♒ 28	11 ♒ 29	2 ♌ 23	8 ♌ 45	11 ♎ 25	1 ♍ 44	27 ♈ 50	9 ♊ 11	6 ♈ 29	5 ♒ 50	1 ♍	22 ♋	18 ♊	10 ♋	4 ♉
5	12 ♌ 1	13 ♍ 4	11 ♒ 25	11 R 29	4 ♌ 26	9 ♌ 59	12 ♎ 1	1 ♍ 57	27 ♈ 51	9 ♊ 13	6 ♈ 29	5 ♒ 48	1 ♍	22 ♋	18 ♊	10 ♋	4 ♉
6	12 ♌ 59	27 ♍ 39	11 ♒ 22	11 ♒ 29	6 ♌ 30	11 ♌ 13	12 ♎ 38	2 ♍ 10	27 ♈ 51	9 ♊ 15	6 ♈ 28	5 ♒ 47	2 ♍	23 ♋	19 ♊	11 ♋	4 ♉
7	13 ♌ 56	11 ♎ 50	11 ♒ 19	11 ♒ 29	8 ♌ 35	12 ♌ 27	13 ♎ 15	2 ♍ 22	27 ♈ 52	9 ♊ 17	6 ♈ 27	5 ♒ 45	2 ♍	23 ♋	19 ♊	11 ♋	4 ♉
8	14 ♌ 54	25 ♎ 35	11 ♒ 16	11 ♒ 28	10 ♌ 39	13 ♌ 41	13 ♎ 51	2 ♍ 35	27 ♈ 52	9 ♊ 19	6 ♈ 26	5 ♒ 44	2 ♍	24 ♋	20 ♊	11 ♋	4 ♉
9	15 ♌ 51	8 ♏ 53	11 ♒ 12	11 ♒ 28	12 ♌ 44	14 ♌ 55	14 ♎ 28	2 ♍ 48	27 ♈ 52	9 ♊ 21	6 ♈ 25	5 ♒ 43	3 ♍	25 ♋	20 ♊	12 ♋	4 R
10	16 ♌ 49	21 ♏ 48	11 ♒ 9	11 D 28	14 ♌ 48	16 ♌ 9	15 ♎ 5	3 ♍ 0	27 ♈ 52	9 ♊ 23	6 ♈ 24	5 ♒ 41	3 ♍	25 ♋	21 ♊	12 ♋	4 ♉
11	17 ♌ 46	4 ♐ 22	11 ♒ 6	11 ♒ 28	16 ♌ 52	17 ♌ 23	15 ♎ 42	3 ♍ 13	27 R 52	9 ♊ 25	6 ♈ 23	5 ♒ 40	4 ♍	26 ♋	21 ♊	13 ♋	4 ♉
12	18 ♌ 44	16 ♐ 38	11 ♒ 3	11 ♒ 29	18 ♌ 55	18 ♌ 37	16 ♎ 20	3 ♍ 26	27 ♈ 52	9 ♊ 26	6 ♈ 22	5 ♒ 39	4 ♍	26 ♋	22 ♊	13 ♋	4 ♉
13	19 ♌ 41	28 ♐ 43	11 ♒ 0	11 ♒ 30	20 ♌ 56	19 ♌ 51	16 ♎ 57	3 ♍ 39	27 ♈ 52	9 ♊ 28	6 ♈ 21	5 ♒ 37	5 ♍	27 ♋	22 ♊	14 ♋	4 ♉
14	20 ♌ 39	10 ♑ 38	10 ♒ 57	11 ♒ 31	22 ♌ 57	21 ♌ 6	17 ♎ 34	3 ♍ 52	27 ♈ 52	9 ♊ 30	6 ♈ 20	5 ♒ 36	5 ♍	28 ♋	23 ♊	14 ♋	4 ♉
15	21 ♌ 36	22 ♑ 28	10 ♒ 53	11 ♒ 31	24 ♌ 57	22 ♌ 20	18 ♎ 12	4 ♍ 4	27 ♈ 51	9 ♊ 31	6 ♈ 19	5 ♒ 35	6 ♍	28 ♋	23 ♊	14 ♋	4 ♉
16	22 ♌ 34	4 ♒ 15	10 ♒ 50	11 ♒ 32	26 ♌ 56	23 ♌ 34	18 ♎ 49	4 ♍ 17	27 ♈ 51	9 ♊ 33	6 ♈ 18	5 ♒ 33	6 ♍	29 ♋	24 ♊	15 ♋	4 ♉
17	23 ♌ 32	16 ♒ 4	10 ♒ 47	11 R 32	28 ♌ 53	24 ♌ 48	19 ♎ 27	4 ♍ 30	27 ♈ 50	9 ♊ 34	6 ♈ 17	5 ♒ 32	7 ♍	29 ♋	25 ♊	15 ♋	4 ♉
18	24 ♌ 29	27 ♒ 55	10 ♒ 44	11 ♒ 31	0 ♍ 49	26 ♌ 2	20 ♎ 5	4 ♍ 43	27 ♈ 49	9 ♊ 36	6 ♈ 16	5 ♒ 31	7 ♍	0 ♌	25 ♊	16 ♋	4 ♉
19	25 ♌ 27	9 ♓ 51	10 ♒ 41	11 ♒ 30	2 ♍ 44	27 ♌ 16	20 ♎ 42	4 ♍ 56	27 ♈ 48	9 ♊ 37	6 ♈ 15	5 ♒ 29	7 ♍	1 ♌	26 ♊	16 ♋	4 ♉
20	26 ♌ 25	21 ♓ 55	10 ♒ 37	11 ♒ 28	4 ♍ 37	28 ♌ 31	21 ♎ 20	5 ♍ 9	27 ♈ 47	9 ♊ 39	6 ♈ 14	5 ♒ 28	8 ♍	1 ♌	26 ♊	16 ♋	4 ♉
21	27 ♌ 22	4 ♈ 8	10 ♒ 34	11 ♒ 26	6 ♍ 29	29 ♌ 45	21 ♎ 58	5 ♍ 22	27 ♈ 46	9 ♊ 40	6 ♈ 13	5 ♒ 27	8 ♍	2 ♌	27 ♊	17 ♋	4 ♉
22	28 ♌ 20	16 ♈ 32	10 ♒ 31	11 ♒ 24	8 ♍ 19	0 ♍ 59	22 ♎ 36	5 ♍ 35	27 ♈ 45	9 ♊ 41	6 ♈ 11	5 ♒ 25	9 ♍	2 ♌	27 ♊	17 ♋	4 ♉
23	29 ♌ 18	29 ♈ 10	10 ♒ 28	11 ♒ 21	10 ♍ 8	2 ♍ 13	23 ♎ 15	5 ♍ 48	27 ♈ 44	9 ♊ 42	6 ♈ 10	5 ♒ 24	9 ♍	3 ♌	28 ♊	18 ♋	4 ♉
24	0 ♍ 16	12 ♉ 4	10 ♒ 25	11 ♒ 20	11 ♍ 56	3 ♍ 28	23 ♎ 53	6 ♍ 1	27 ♈ 42	9 ♊ 44	6 ♈ 9	5 ♒ 23	10 ♍	3 ♌	28 ♊	18 ♋	4 ♉
25	1 ♍ 14	25 ♉ 16	10 ♒ 22	11 ♒ 19	13 ♍ 42	4 ♍ 42	24 ♎ 31	6 ♍ 14	27 ♈ 41	9 ♊ 45	6 ♈ 8	5 ♒ 22	10 ♍	4 ♌	29 ♊	18 ♋	4 ♉
26	2 ♍ 11	8 ♊ 49	10 ♒ 18	11 D 19	15 ♍ 27	5 ♍ 56	25 ♎ 10	6 ♍ 27	27 ♈ 39	9 ♊ 46	6 ♈ 6	5 ♒ 21	11 ♍	5 ♌	29 ♊	19 ♋	4 ♉
27	3 ♍ 9	22 ♊ 42	10 ♒ 15	11 ♒ 20	17 ♍ 11	7 ♍ 11	25 ♎ 48	6 ♍ 40	27 ♈ 38	9 ♊ 47	6 ♈ 5	5 ♒ 19	11 ♍	5 ♌	0 ♋	19 ♋	4 ♉
28	4 ♍ 7	6 ♋ 58	10 ♒ 12	11 ♒ 21	18 ♍ 53	8 ♍ 25	26 ♎ 27	6 ♍ 53	27 ♈ 36	9 ♊ 48	6 ♈ 4	5 ♒ 18	12 ♍	6 ♌	0 ♋	20 ♋	4 ♉
29	5 ♍ 5	21 ♋ 33	10 ♒ 9	11 ♒ 22	20 ♍ 34	9 ♍ 39	27 ♎ 6	7 ♍ 6	27 ♈ 34	9 ♊ 49	6 ♈ 2	5 ♒ 17	12 ♍	6 ♌	1 ♋	20 ♋	4 ♉
30	6 ♍ 3	6 ♌ 23	10 ♒ 6	11 ♒ 23	22 ♍ 14	10 ♍ 54	27 ♎ 45	7 ♍ 19	27 ♈ 32	9 ♊ 50	6 ♈ 1	5 ♒ 16	12 ♍	7 ♌	1 ♋	20 ♋	4 ♉
31	7 ♍ 1	21 ♌ 23	10 ♒ 3	11 R 23	23 ♍ 52	12 ♍ 8	28 ♎ 24	7 ♍ 32	27 ♈ 30	9 ♊ 50	6 ♈ 0	5 ♒ 15	13 ♍	7 ♌	2 ♋	21 ♋	4 ♉

SUN INGRESS	☉ → ♍ 23日 17:14
MOON PHASE	● 2日 19:05 ♌　◐ 9日 13:54 ♏　○ 17日 16:28 ♒　◑ 25日 11:27 ♊

aspects		
1日	16:14	♀☍♇
1日	17:48	☿□♄
1日	23:18	☉⚹♅
2日	04:33	♀△♆
4日	08:54	♀⚹♅
5日	00:16	☉⚹♂
5日	15:45	☿☍♇
5日	23:35	☿△♆
7日	08:23	☿⚹♅
8日	06:48	♀⚹♂
10日	04:48	☿⚹♂
11日	15:30	☿☌♀
11日	20:02	☉☌☿
12日	09:21	☉☌♀
16日	11:07	☿△♄
19日	10:09	♀△♄
20日	07:47	☿☌♃
21日	09:41	☉△♄
22日	18:15	☿□♅
26日	12:00	♀☌♃
29日	03:04	♀□♅
29日	16:36	♂☍♄
31日	16:30	☉☌♃

2027年9月

DAY	☉	☽	☊ mean	☊ true	☿	♀	♂	♃	♄	♅	♆	♇	⚳	⚴	⚵	⚶	⚷
	° ′	° ′	° ′	° ′	° ′	° ′	° ′	° ′	° ′	° ′	° ′	° ′	°	°	°	°	°
1	7 ♍ 59	6 ♍ 25	9 ♒ 59	11 R 21	25 D 29	13 D 23	29 D 3	7 D 45	27 R 28	9 D 51	5 R 58	5 R 13	13 D	8 D	2 D	21 D	4 R
2	8 ♍ 57	21 ♍ 20	9 ♒ 56	11 ♒ 19	27 ♍ 5	14 ♍ 37	29 ♎ 42	7 ♍ 58	27 ♈ 26	9 ♊ 52	5 ♈ 57	5 ♒ 12	14 ♍	9 ♌	3 ♋	21 ♋	4 ♉
3	9 ♍ 55	5 ♎ 59	9 ♒ 53	11 ♒ 15	28 ♍ 39	15 ♍ 51	0 ♏ 21	8 ♍ 11	27 ♈ 23	9 ♊ 53	5 ♈ 55	5 ♒ 11	14 ♍	9 ♌	3 ♋	22 ♋	4 ♉
4	10 ♍ 54	20 ♎ 17	9 ♒ 50	11 ♒ 11	0 ♎ 13	17 ♍ 6	1 ♏ 0	8 ♍ 24	27 ♈ 21	9 ♊ 53	5 ♈ 54	5 ♒ 10	15 ♍	10 ♌	4 ♋	22 ♋	4 ♉
5	11 ♍ 52	4 ♏ 9	9 ♒ 47	11 ♒ 6	1 ♎ 45	18 ♍ 20	1 ♏ 40	8 ♍ 37	27 ♈ 18	9 ♊ 54	5 ♈ 52	5 ♒ 9	15 ♍	10 ♌	4 ♋	23 ♋	4 ♉
6	12 ♍ 50	17 ♏ 33	9 ♒ 43	11 ♒ 3	3 ♎ 15	19 ♍ 35	2 ♏ 19	8 ♍ 50	27 ♈ 16	9 ♊ 54	5 ♈ 51	5 ♒ 8	16 ♍	11 ♌	5 ♋	23 ♋	4 ♉
7	13 ♍ 48	0 ♐ 31	9 ♒ 40	11 ♒ 1	4 ♎ 45	20 ♍ 49	2 ♏ 59	9 ♍ 3	27 ♈ 13	9 ♊ 55	5 ♈ 49	5 ♒ 7	16 ♍	11 ♌	5 ♋	23 ♋	4 ♉
8	14 ♍ 46	13 ♐ 6	9 ♒ 37	11 ♒ 0	6 ♎ 13	22 ♍ 4	3 ♏ 38	9 ♍ 16	27 ♈ 10	9 ♊ 55	5 ♈ 48	5 ♒ 6	17 ♍	12 ♌	6 ♋	24 ♋	4 ♉
9	15 ♍ 44	25 ♐ 22	9 ♒ 34	11 D 0	7 ♎ 40	23 ♍ 18	4 ♏ 18	9 ♍ 29	27 ♈ 7	9 ♊ 56	5 ♈ 46	5 ♒ 5	17 ♍	13 ♌	6 ♋	24 ♋	4 ♉
10	16 ♍ 43	7 ♑ 23	9 ♒ 31	11 ♒ 2	9 ♎ 6	24 ♍ 32	4 ♏ 58	9 ♍ 42	27 ♈ 4	9 ♊ 56	5 ♈ 45	5 ♒ 4	18 ♍	13 ♌	7 ♋	25 ♋	4 ♉
11	17 ♍ 41	19 ♑ 16	9 ♒ 28	11 ♒ 3	10 ♎ 30	25 ♍ 47	5 ♏ 38	9 ♍ 55	27 ♈ 1	9 ♊ 56	5 ♈ 43	5 ♒ 3	18 ♍	14 ♌	7 ♋	25 ♋	4 ♉
12	18 ♍ 39	1 ♒ 4	9 ♒ 24	11 ♒ 5	11 ♎ 53	27 ♍ 1	6 ♏ 18	10 ♍ 8	26 ♈ 58	9 ♊ 56	5 ♈ 42	5 ♒ 2	18 ♍	14 ♌	8 ♋	25 ♋	4 ♉
13	19 ♍ 38	12 ♒ 51	9 ♒ 21	11 R 5	13 ♎ 15	28 ♍ 16	6 ♏ 58	10 ♍ 21	26 ♈ 55	9 ♊ 57	5 ♈ 40	5 ♒ 1	19 ♍	15 ♌	8 ♋	26 ♋	4 ♉
14	20 ♍ 36	24 ♒ 42	9 ♒ 18	11 ♒ 4	14 ♎ 35	29 ♍ 30	7 ♏ 38	10 ♍ 34	26 ♈ 52	9 ♊ 57	5 ♈ 38	5 ♒ 0	19 ♍	15 ♌	9 ♋	26 ♋	4 ♉
15	21 ♍ 34	6 ♓ 40	9 ♒ 15	11 ♒ 1	15 ♎ 54	0 ♎ 45	8 ♏ 18	10 ♍ 47	26 ♈ 48	9 ♊ 57	5 ♈ 37	5 ♒ 0	20 ♍	16 ♌	9 ♋	26 ♋	4 ♉
16	22 ♍ 33	18 ♓ 46	9 ♒ 12	10 ♒ 56	17 ♎ 11	1 ♎ 59	8 ♏ 58	11 ♍ 0	26 ♈ 45	9 R 57	5 ♈ 35	4 ♒ 59	20 ♍	16 ♌	10 ♋	27 ♋	4 ♉
17	23 ♍ 31	1 ♈ 3	9 ♒ 8	10 ♒ 50	18 ♎ 27	3 ♎ 14	9 ♏ 39	11 ♍ 13	26 ♈ 41	9 ♊ 57	5 ♈ 34	4 ♒ 58	21 ♍	17 ♌	10 ♋	27 ♋	3 ♉
18	24 ♍ 30	13 ♈ 32	9 ♒ 5	10 ♒ 42	19 ♎ 41	4 ♎ 28	10 ♏ 19	11 ♍ 26	26 ♈ 38	9 ♊ 57	5 ♈ 32	4 ♒ 57	21 ♍	18 ♌	11 ♋	28 ♋	3 ♉
19	25 ♍ 28	26 ♈ 13	9 ♒ 2	10 ♒ 34	20 ♎ 54	5 ♎ 43	11 ♏ 0	11 ♍ 39	26 ♈ 34	9 ♊ 57	5 ♈ 30	4 ♒ 56	22 ♍	18 ♌	11 ♋	28 ♋	3 ♉
20	26 ♍ 27	9 ♉ 6	8 ♒ 59	10 ♒ 27	22 ♎ 5	6 ♎ 57	11 ♏ 40	11 ♍ 51	26 ♈ 30	9 ♊ 56	5 ♈ 29	4 ♒ 55	22 ♍	19 ♌	12 ♋	28 ♋	3 ♉
21	27 ♍ 25	22 ♉ 12	8 ♒ 56	10 ♒ 21	23 ♎ 13	8 ♎ 12	12 ♏ 21	12 ♍ 4	26 ♈ 26	9 ♊ 56	5 ♈ 27	4 ♒ 55	23 ♍	19 ♌	12 ♋	29 ♋	3 ♉
22	28 ♍ 24	5 ♊ 31	8 ♒ 53	10 ♒ 16	24 ♎ 20	9 ♎ 26	13 ♏ 2	12 ♍ 17	26 ♈ 23	9 ♊ 56	5 ♈ 25	4 ♒ 54	23 ♍	20 ♌	12 ♋	29 ♋	3 ♉
23	29 ♍ 23	19 ♊ 4	8 ♒ 49	10 ♒ 14	25 ♎ 25	10 ♎ 41	13 ♏ 43	12 ♍ 30	26 ♈ 19	9 ♊ 56	5 ♈ 24	4 ♒ 53	24 ♍	20 ♌	13 ♋	29 ♋	3 ♉
24	0 ♎ 21	2 ♋ 52	8 ♒ 46	10 D 13	26 ♎ 28	11 ♎ 55	14 ♏ 24	12 ♍ 43	26 ♈ 15	9 ♊ 55	5 ♈ 22	4 ♒ 53	24 ♍	21 ♌	13 ♋	0 ♌	3 ♉
25	1 ♎ 20	16 ♋ 55	8 ♒ 43	10 ♒ 14	27 ♎ 28	13 ♎ 10	15 ♏ 5	12 ♍ 55	26 ♈ 11	9 ♊ 55	5 ♈ 20	4 ♒ 52	24 ♍	21 ♌	14 ♋	0 ♌	3 ♉
26	2 ♎ 19	1 ♌ 11	8 ♒ 40	10 ♒ 15	28 ♎ 25	14 ♎ 25	15 ♏ 46	13 ♍ 8	26 ♈ 6	9 ♊ 54	5 ♈ 19	4 ♒ 51	25 ♍	22 ♌	14 ♋	0 ♌	3 ♉
27	3 ♎ 18	15 ♌ 41	8 ♒ 37	10 R 15	29 ♎ 20	15 ♎ 39	16 ♏ 27	13 ♍ 21	26 ♈ 2	9 ♊ 54	5 ♈ 17	4 ♒ 51	25 ♍	22 ♌	15 ♋	1 ♌	3 ♉
28	4 ♎ 17	0 ♍ 19	8 ♒ 34	10 ♒ 14	0 ♏ 12	16 ♎ 54	17 ♏ 8	13 ♍ 33	25 ♈ 58	9 ♊ 53	5 ♈ 15	4 ♒ 50	26 ♍	23 ♌	15 ♋	1 ♌	3 ♉
29	5 ♎ 16	15 ♍ 2	8 ♒ 30	10 ♒ 10	1 ♏ 0	18 ♎ 8	17 ♏ 50	13 ♍ 46	25 ♈ 54	9 ♊ 52	5 ♈ 14	4 ♒ 50	26 ♍	24 ♌	16 ♋	1 ♌	3 ♉
30	6 ♎ 14	29 ♍ 41	8 ♒ 27	10 ♒ 3	1 ♏ 45	19 ♎ 23	18 ♏ 31	13 ♍ 58	25 ♈ 49	9 ♊ 52	5 ♈ 12	4 ♒ 49	27 ♍	24 ♌	16 ♋	2 ♌	3 ♉

SUN INGRESS	☉ → ♎23日 15:01
MOON PHASE	● 1日 02:41 ♍ ◐ 8日 03:31 ♐ ○ 16日 08:03 ♓ ◑ 23日 19:20 ♋ ● 30日 11:36 ♎

aspects		
2日	22:51	☉□♅
7日	05:56	☿△♇
7日	17:12	☿☍♆
10日	03:39	♂□♇
10日	14:18	☿△♅
11日	01:41	♃□♅
18日	09:11	♀△♇
18日	20:06	♀☍♆
20日	09:29	♂⚹♃
22日	09:29	♀△♅
23日	19:14	☿☍♄
28日	13:34	☉△♇
28日	23:19	☉☍♆

2027年10月

DAY	☉	☽	☊ mean	☊ true	☿	♀	♂	♃	♄	♅	♆	♇	⚳	⚴	⚵	⚶	⚷
	° ′	° ′	° ′	° ′	° ′	° ′	° ′	° ′	° ′	° ′	° ′	° ′	°	°	°	°	°
1	7 ♎ 13	14 ♎ 11	8 ♒ 24	9 R 55	2 D 26	20 D 37	19 D 13	14 D 11	25 R 45	9 R 51	5 R 10	4 R 49	27 D	25 D	16 D	2 D	3 R
2	8 ♎ 12	28 ♎ 23	8 ♒ 21	9 ♒ 45	3 ♏ 3	21 ♎ 52	19 ♏ 54	14 ♍ 23	25 ♈ 41	9 ♊ 50	5 ♈ 9	4 ♒ 48	28 ♍	25 ♌	17 ♋	3 ♌	3 ♉
3	9 ♎ 11	12 ♏ 14	8 ♒ 18	9 ♒ 36	3 ♏ 36	23 ♎ 6	20 ♏ 36	14 ♍ 36	25 ♈ 36	9 ♊ 49	5 ♈ 7	4 ♒ 48	28 ♍	26 ♌	17 ♋	3 ♌	3 ♉
4	10 ♎ 10	25 ♏ 39	8 ♒ 14	9 ♒ 27	4 ♏ 3	24 ♎ 21	21 ♏ 18	14 ♍ 48	25 ♈ 32	9 ♊ 48	5 ♈ 5	4 ♒ 47	29 ♍	26 ♌	18 ♋	3 ♌	3 ♉
5	11 ♎ 10	8 ♐ 39	8 ♒ 11	9 ♒ 20	4 ♏ 25	25 ♎ 35	22 ♏ 0	15 ♍ 0	25 ♈ 27	9 ♊ 48	5 ♈ 4	4 ♒ 47	29 ♍	27 ♌	18 ♋	4 ♌	3 ♉
6	12 ♎ 9	21 ♐ 16	8 ♒ 8	9 ♒ 16	4 ♏ 42	26 ♎ 50	22 ♏ 42	15 ♍ 13	25 ♈ 23	9 ♊ 47	5 ♈ 2	4 ♒ 47	29 ♍	27 ♌	19 ♋	4 ♌	3 ♉
7	13 ♎ 8	3 ♑ 33	8 ♒ 5	9 ♒ 14	4 ♏ 52	28 ♎ 5	23 ♏ 24	15 ♍ 25	25 ♈ 18	9 ♊ 45	5 ♈ 1	4 ♒ 46	0 ♎	28 ♌	19 ♋	4 ♌	3 ♉
8	14 ♎ 7	15 ♑ 35	8 ♒ 2	9 D 13	4 R 55	29 ♎ 19	24 ♏ 6	15 ♍ 37	25 ♈ 13	9 ♊ 44	4 ♈ 59	4 ♒ 46	0 ♎	28 ♌	19 ♋	5 ♌	3 ♉
9	15 ♎ 6	27 ♑ 27	7 ♒ 59	9 ♒ 14	4 ♏ 51	0 ♏ 34	24 ♏ 48	15 ♍ 49	25 ♈ 9	9 ♊ 43	4 ♈ 57	4 ♒ 46	1 ♎	29 ♌	20 ♋	5 ♌	3 ♉
10	16 ♎ 5	9 ♒ 15	7 ♒ 55	9 ♒ 14	4 ♏ 40	1 ♏ 48	25 ♏ 30	16 ♍ 1	25 ♈ 4	9 ♊ 42	4 ♈ 56	4 ♒ 45	1 ♎	29 ♌	20 ♋	5 ♌	3 ♉
11	17 ♎ 5	21 ♒ 4	7 ♒ 52	9 R 13	4 ♏ 21	3 ♏ 3	26 ♏ 12	16 ♍ 13	24 ♈ 59	9 ♊ 41	4 ♈ 54	4 ♒ 45	2 ♎	0 ♍	21 ♋	6 ♌	3 ♉
12	18 ♎ 4	2 ♓ 58	7 ♒ 49	9 ♒ 11	3 ♏ 53	4 ♏ 17	26 ♏ 55	16 ♍ 25	24 ♈ 55	9 ♊ 40	4 ♈ 52	4 ♒ 45	2 ♎	0 ♍	21 ♋	6 ♌	2 ♉
13	19 ♎ 3	15 ♓ 2	7 ♒ 46	9 ♒ 5	3 ♏ 18	5 ♏ 32	27 ♏ 37	16 ♍ 37	24 ♈ 50	9 ♊ 38	4 ♈ 51	4 ♒ 45	3 ♎	1 ♍	21 ♋	6 ♌	2 ♉
14	20 ♎ 3	27 ♓ 19	7 ♒ 43	8 ♒ 57	2 ♏ 34	6 ♏ 46	28 ♏ 20	16 ♍ 49	24 ♈ 45	9 ♊ 37	4 ♈ 49	4 ♒ 45	3 ♎	1 ♍	22 ♋	6 ♌	2 ♉
15	21 ♎ 2	9 ♈ 51	7 ♒ 39	8 ♒ 47	1 ♏ 42	8 ♏ 1	29 ♏ 2	17 ♍ 1	24 ♈ 40	9 ♊ 36	4 ♈ 48	4 ♒ 45	4 ♎	2 ♍	22 ♋	7 ♌	2 ♉
16	22 ♎ 1	22 ♈ 38	7 ♒ 36	8 ♒ 35	0 ♏ 44	9 ♏ 16	29 ♏ 45	17 ♍ 13	24 ♈ 36	9 ♊ 34	4 ♈ 46	4 ♒ 44	4 ♎	2 ♍	22 ♋	7 ♌	2 ♉
17	23 ♎ 1	5 ♉ 40	7 ♒ 33	8 ♒ 22	29 ♎ 39	10 ♏ 30	0 ♐ 28	17 ♍ 25	24 ♈ 31	9 ♊ 33	4 ♈ 44	4 ♒ 44	5 ♎	3 ♍	23 ♋	7 ♌	2 ♉
18	24 ♎ 0	18 ♉ 55	7 ♒ 30	8 ♒ 10	28 ♎ 29	11 ♏ 45	1 ♐ 10	17 ♍ 36	24 ♈ 26	9 ♊ 31	4 ♈ 43	4 ♒ 44	5 ♎	3 ♍	23 ♋	8 ♌	2 ♉
19	25 ♎ 0	2 ♊ 23	7 ♒ 27	8 ♒ 0	27 ♎ 16	12 ♏ 59	1 ♐ 53	17 ♍ 48	24 ♈ 21	9 ♊ 30	4 ♈ 41	4 D 44	5 ♎	4 ♍	24 ♋	8 ♌	2 ♉
20	26 ♎ 0	16 ♊ 0	7 ♒ 24	7 ♒ 52	26 ♎ 2	14 ♏ 14	2 ♐ 36	18 ♍ 0	24 ♈ 17	9 ♊ 28	4 ♈ 40	4 ♒ 44	6 ♎	4 ♍	24 ♋	8 ♌	2 ♉
21	26 ♎ 59	29 ♊ 45	7 ♒ 20	7 ♒ 47	24 ♎ 49	15 ♏ 28	3 ♐ 19	18 ♍ 11	24 ♈ 12	9 ♊ 26	4 ♈ 38	4 ♒ 44	6 ♎	5 ♍	24 ♋	9 ♌	2 ♉
22	27 ♎ 59	13 ♋ 38	7 ♒ 17	7 ♒ 45	23 ♎ 39	16 ♏ 43	4 ♐ 2	18 ♍ 22	24 ♈ 7	9 ♊ 25	4 ♈ 37	4 ♒ 45	7 ♎	5 ♍	25 ♋	9 ♌	2 ♉
23	28 ♎ 58	27 ♋ 37	7 ♒ 14	7 ♒ 44	22 ♎ 34	17 ♏ 57	4 ♐ 45	18 ♍ 34	24 ♈ 2	9 ♊ 23	4 ♈ 35	4 ♒ 45	7 ♎	6 ♍	25 ♋	9 ♌	2 ♉
24	29 ♎ 58	11 ♌ 43	7 ♒ 11	7 ♒ 44	21 ♎ 36	19 ♏ 12	5 ♐ 29	18 ♍ 45	23 ♈ 58	9 ♊ 21	4 ♈ 34	4 ♒ 45	8 ♎	6 ♍	25 ♋	9 ♌	2 ♉
25	0 ♏ 58	25 ♌ 54	7 ♒ 8	7 ♒ 44	20 ♎ 47	20 ♏ 26	6 ♐ 12	18 ♍ 56	23 ♈ 53	9 ♊ 19	4 ♈ 32	4 ♒ 45	8 ♎	7 ♍	26 ♋	10 ♌	2 ♉
26	1 ♏ 58	10 ♍ 10	7 ♒ 5	7 ♒ 41	20 ♎ 8	21 ♏ 41	6 ♐ 55	19 ♍ 7	23 ♈ 48	9 ♊ 18	4 ♈ 31	4 ♒ 45	9 ♎	7 ♍	26 ♋	10 ♌	2 ♉
27	2 ♏ 58	24 ♍ 26	7 ♒ 1	7 ♒ 35	19 ♎ 40	22 ♏ 55	7 ♐ 39	19 ♍ 18	23 ♈ 43	9 ♊ 16	4 ♈ 29	4 ♒ 45	9 ♎	8 ♍	26 ♋	10 ♌	2 ♉
28	3 ♏ 57	8 ♎ 40	6 ♒ 58	7 ♒ 27	19 ♎ 24	24 ♏ 10	8 ♐ 22	19 ♍ 29	23 ♈ 39	9 ♊ 14	4 ♈ 28	4 ♒ 46	9 ♎	8 ♍	26 ♋	11 ♌	2 ♉
29	4 ♏ 57	22 ♎ 47	6 ♒ 55	7 ♒ 15	19 D 18	25 ♏ 24	9 ♐ 6	19 ♍ 40	23 ♈ 34	9 ♊ 12	4 ♈ 27	4 ♒ 46	10 ♎	9 ♍	27 ♋	11 ♌	2 ♉
30	5 ♏ 57	6 ♏ 42	6 ♒ 52	7 ♒ 3	19 ♎ 24	26 ♏ 39	9 ♐ 50	19 ♍ 51	23 ♈ 29	9 ♊ 10	4 ♈ 25	4 ♒ 46	10 ♎	9 ♍	27 ♋	11 ♌	2 ♉
31	6 ♏ 57	20 ♏ 19	6 ♒ 49	6 ♒ 50	19 ♎ 41	27 ♏ 54	10 ♐ 33	20 ♍ 2	23 ♈ 25	9 ♊ 8	4 ♈ 24	4 ♒ 47	11 ♎	10 ♍	27 ♋	11 ♌	2 ♉

SUN INGRESS	☉ → ♏24日 00:33
MOON PHASE	◐ 7日 20:47 ♑ ○ 15日 22:47 ♈ ◑ 23日 02:29 ♋ ● 29日 22:36 ♏

aspects		
3日	15:11	☉△♅
4日	21:30	♀☍♄
6日	09:33	☿□♇
9日	14:24	☿□♇
11日	18:32	☿☌♀
12日	08:53	♀□♇
16日	23:28	♆⚹♇
18日	09:36	☉☍♄
20日	00:31	☉☌☿
21日	13:32	☿☍♄
22日	18:32	♂△♆
22日	23:35	♂⚹♇
23日	13:51	♀⚹♃
28日	19:27	☉□♇
29日	03:07	♂☍♅

2027年11月

DAY	☉	☽	☊ mean	☊ true	☿	♀	♂	♃	♄	♅	♆	♇	⚳	⚴	⚵	⚶	⚷
	° ′	° ′	° ′	° ′	° ′	° ′	° ′	° ′	° ′	° ′	° ′	° ′	°	°	°	°	°
1	7 ♏ 57	3 ♐ 37	6 ♒ 45	6 R 38	20 D 8	29 D 8	11 D 17	20 D 13	23 R 20	9 R 6	4 R 23	4 D 47	11 D	10 D	28 D	12 D	2 R
2	8 ♏ 57	16 ♐ 33	6 ♒ 42	6 ♒ 28	20 ♎ 44	0 ♐ 23	12 ♐ 1	20 ♍ 23	23 ♈ 16	9 ♊ 4	4 ♈ 21	4 ♒ 47	12 ♎	10 ♍	28 ♋	12 ♌	2 ♉
3	9 ♏ 57	29 ♐ 8	6 ♒ 39	6 ♒ 21	21 ♎ 28	1 ♐ 37	12 ♐ 45	20 ♍ 34	23 ♈ 11	9 ♊ 2	4 ♈ 20	4 ♒ 48	12 ♎	11 ♍	28 ♋	12 ♌	1 ♉
4	10 ♏ 57	11 ♑ 24	6 ♒ 36	6 ♒ 17	22 ♎ 20	2 ♐ 52	13 ♐ 29	20 ♍ 44	23 ♈ 7	9 ♊ 0	4 ♈ 19	4 ♒ 48	13 ♎	11 ♍	28 ♋	12 ♌	1 ♉
5	11 ♏ 57	23 ♑ 26	6 ♒ 33	6 ♒ 15	23 ♎ 19	4 ♐ 6	14 ♐ 13	20 ♍ 54	23 ♈ 2	8 ♊ 57	4 ♈ 18	4 ♒ 49	13 ♎	12 ♍	29 ♋	13 ♌	1 ♉
6	12 ♏ 58	5 ♒ 19	6 ♒ 30	6 ♒ 14	24 ♎ 24	5 ♐ 21	14 ♐ 57	21 ♍ 5	22 ♈ 58	8 ♊ 55	4 ♈ 16	4 ♒ 49	13 ♎	12 ♍	29 ♋	13 ♌	1 ♉
7	13 ♏ 58	17 ♒ 7	6 ♒ 26	6 ♒ 14	25 ♎ 34	6 ♐ 35	15 ♐ 41	21 ♍ 15	22 ♈ 54	8 ♊ 53	4 ♈ 15	4 ♒ 50	14 ♎	13 ♍	29 ♋	13 ♌	1 ♉
8	14 ♏ 58	28 ♒ 56	6 ♒ 23	6 ♒ 14	26 ♎ 48	7 ♐ 50	16 ♐ 26	21 ♍ 25	22 ♈ 50	8 ♊ 51	4 ♈ 14	4 ♒ 50	14 ♎	13 ♍	29 ♋	13 ♌	1 ♉
9	15 ♏ 58	10 ♓ 52	6 ♒ 20	6 ♒ 11	28 ♎ 6	9 ♐ 4	17 ♐ 10	21 ♍ 35	22 ♈ 45	8 ♊ 49	4 ♈ 13	4 ♒ 51	15 ♎	14 ♍	0 ♌	14 ♌	1 ♉
10	16 ♏ 58	22 ♓ 59	6 ♒ 17	6 ♒ 6	29 ♎ 27	10 ♐ 18	17 ♐ 54	21 ♍ 44	22 ♈ 41	8 ♊ 46	4 ♈ 12	4 ♒ 52	15 ♎	14 ♍	0 ♌	14 ♌	1 ♉
11	17 ♏ 59	5 ♈ 23	6 ♒ 14	5 ♒ 59	0 ♏ 51	11 ♐ 33	18 ♐ 39	21 ♍ 54	22 ♈ 37	8 ♊ 44	4 ♈ 11	4 ♒ 52	16 ♎	14 ♍	0 ♌	14 ♌	1 ♉
12	18 ♏ 59	18 ♈ 5	6 ♒ 11	5 ♒ 49	2 ♏ 17	12 ♐ 47	19 ♐ 23	22 ♍ 4	22 ♈ 33	8 ♊ 42	4 ♈ 9	4 ♒ 53	16 ♎	15 ♍	0 ♌	14 ♌	1 ♉
13	19 ♏ 59	1 ♉ 7	6 ♒ 7	5 ♒ 37	3 ♏ 45	14 ♐ 2	20 ♐ 8	22 ♍ 13	22 ♈ 29	8 ♊ 39	4 ♈ 8	4 ♒ 54	17 ♎	15 ♍	1 ♌	14 ♌	1 ♉
14	21 ♏ 0	14 ♉ 29	6 ♒ 4	5 ♒ 24	5 ♏ 14	15 ♐ 16	20 ♐ 52	22 ♍ 23	22 ♈ 25	8 ♊ 37	4 ♈ 7	4 ♒ 54	17 ♎	16 ♍	1 ♌	15 ♌	1 ♉
15	22 ♏ 0	28 ♉ 8	6 ♒ 1	5 ♒ 12	6 ♏ 45	16 ♐ 31	21 ♐ 37	22 ♍ 32	22 ♈ 21	8 ♊ 35	4 ♈ 6	4 ♒ 55	17 ♎	16 ♍	1 ♌	15 ♌	1 ♉
16	23 ♏ 0	12 ♊ 1	5 ♒ 58	5 ♒ 2	8 ♏ 17	17 ♐ 45	22 ♐ 22	22 ♍ 41	22 ♈ 18	8 ♊ 32	4 ♈ 5	4 ♒ 56	18 ♎	17 ♍	1 ♌	15 ♌	1 ♉
17	24 ♏ 1	26 ♊ 5	5 ♒ 55	4 ♒ 54	9 ♏ 49	19 ♐ 0	23 ♐ 7	22 ♍ 50	22 ♈ 14	8 ♊ 30	4 ♈ 4	4 ♒ 57	18 ♎	17 ♍	1 ♌	15 ♌	1 ♉
18	25 ♏ 1	10 ♋ 13	5 ♒ 51	4 ♒ 49	11 ♏ 23	20 ♐ 14	23 ♐ 52	22 ♍ 59	22 ♈ 10	8 ♊ 27	4 ♈ 4	4 ♒ 58	19 ♎	17 ♍	1 ♌	15 ♌	1 ♉
19	26 ♏ 2	24 ♋ 24	5 ♒ 48	4 ♒ 47	12 ♏ 56	21 ♐ 28	24 ♐ 36	23 ♍ 8	22 ♈ 7	8 ♊ 25	4 ♈ 3	4 ♒ 58	19 ♎	18 ♍	2 ♌	16 ♌	1 ♉
20	27 ♏ 2	8 ♌ 35	5 ♒ 45	4 D 46	14 ♏ 31	22 ♐ 43	25 ♐ 21	23 ♍ 17	22 ♈ 3	8 ♊ 22	4 ♈ 2	4 ♒ 59	20 ♎	18 ♍	2 ♌	16 ♌	1 ♉
21	28 ♏ 3	22 ♌ 42	5 ♒ 42	4 ♒ 47	16 ♏ 5	23 ♐ 57	26 ♐ 7	23 ♍ 26	22 ♈ 0	8 ♊ 20	4 ♈ 1	5 ♒ 0	20 ♎	19 ♍	2 ♌	16 ♌	1 ♉
22	29 ♏ 3	6 ♍ 47	5 ♒ 39	4 R 47	17 ♏ 40	25 ♐ 11	26 ♐ 52	23 ♍ 34	21 ♈ 57	8 ♊ 17	4 ♈ 0	5 ♒ 1	20 ♎	19 ♍	2 ♌	16 ♌	1 ♉
23	0 ♐ 4	20 ♍ 47	5 ♒ 36	4 ♒ 45	19 ♏ 14	26 ♐ 26	27 ♐ 37	23 ♍ 43	21 ♈ 53	8 ♊ 15	3 ♈ 59	5 ♒ 2	21 ♎	19 ♍	2 ♌	16 ♌	1 ♉
24	1 ♐ 5	4 ♎ 42	5 ♒ 32	4 ♒ 41	20 ♏ 49	27 ♐ 40	28 ♐ 22	23 ♍ 51	21 ♈ 50	8 ♊ 12	3 ♈ 59	5 ♒ 3	21 ♎	20 ♍	2 ♌	16 ♌	1 ♉
25	2 ♐ 5	18 ♎ 30	5 ♒ 29	4 ♒ 34	22 ♏ 24	28 ♐ 54	29 ♐ 7	23 ♍ 59	21 ♈ 47	8 ♊ 10	3 ♈ 58	5 ♒ 4	22 ♎	20 ♍	2 ♌	16 ♌	1 ♉
26	3 ♐ 6	2 ♏ 10	5 ♒ 26	4 ♒ 24	23 ♏ 59	0 ♑ 9	29 ♐ 53	24 ♍ 7	21 ♈ 44	8 ♊ 7	3 ♈ 57	5 ♒ 5	22 ♎	21 ♍	2 ♌	17 ♌	0 ♉
27	4 ♐ 7	15 ♏ 38	5 ♒ 23	4 ♒ 14	25 ♏ 34	1 ♑ 23	0 ♑ 38	24 ♍ 15	21 ♈ 41	8 ♊ 5	3 ♈ 57	5 ♒ 6	23 ♎	21 ♍	2 ♌	17 ♌	0 ♉
28	5 ♐ 7	28 ♏ 54	5 ♒ 20	4 ♒ 3	27 ♏ 8	2 ♑ 38	1 ♑ 23	24 ♍ 23	21 ♈ 38	8 ♊ 2	3 ♈ 56	5 ♒ 7	23 ♎	21 ♍	3 ♌	17 ♌	0 ♉
29	6 ♐ 8	11 ♐ 54	5 ♒ 17	3 ♒ 53	28 ♏ 43	3 ♑ 52	2 ♑ 9	24 ♍ 31	21 ♈ 36	8 ♊ 0	3 ♈ 55	5 ♒ 8	23 ♎	22 ♍	3 ♌	17 ♌	0 ♉
30	7 ♐ 9	24 ♐ 37	5 ♒ 13	3 ♒ 44	0 ♐ 18	5 ♑ 6	2 ♑ 55	24 ♍ 38	21 ♈ 33	7 ♊ 57	3 ♈ 55	5 ♒ 10	24 ♎	22 ♍	3 ♌	17 ♌	0 ♉

SUN INGRESS	☉ → ♐ 22日 22:16
MOON PHASE	◐ 6日 17:00 ♒ ○ 14日 12:26 ♉ ◑ 21日 09:48 ♌ ● 28日 12:24 ♐

aspects		
4日	17:55	☿☍♄
5日	03:38	♀△♆
5日	13:50	♀⚹♇
8日	19:09	♀☍♅
13日	18:39	☿□♇
15日	15:08	☉⚹♃
15日	21:53	♂△♄
16日	13:07	♂□♃
19日	11:51	♀△♄
20日	12:35	♀□♃
25日	10:36	♀☌♂
26日	02:20	☿⚹♃
26日	20:08	☉△♆
28日	00:01	☉⚹♇
29日	01:11	♀□♆
30日	18:22	☉☍♅

2027年12月

DAY	☉	☽	☊ mean	☊ true	☿	♀	♂	♃	♄	♅	♆	♇	⚳	⚴	⚵	⚶	⚷
	° ′	° ′	° ′	° ′	° ′	° ′	° ′	° ′	° ′	° ′	° ′	° ′	°	°	°	°	°
1	8 ♐ 10	7 ♑ 4	5 ♒ 10	3 R 38	1 D 52	6 D 20	3 D 40	24 D 45	21 R 31	7 R 55	3 R 54	5 D 11	24 D	22 D	3 D	17 D	0 R
2	9 ♐ 10	19 ♑ 16	5 ♒ 7	3 ♒ 35	3 ♐ 27	7 ♑ 35	4 ♑ 26	24 ♍ 53	21 ♈ 28	7 ♊ 52	3 ♈ 54	5 ♒ 12	25 ♎	23 ♍	3 ♌	17 ♌	0 ♉
3	10 ♐ 11	1 ♒ 16	5 ♒ 4	3 ♒ 33	5 ♐ 1	8 ♑ 49	5 ♑ 12	25 ♍ 0	21 ♈ 26	7 ♊ 50	3 ♈ 53	5 ♒ 13	25 ♎	23 ♍	3 ♌	17 ♌	0 ♉
4	11 ♐ 12	13 ♒ 8	5 ♒ 1	3 D 34	6 ♐ 35	10 ♑ 3	5 ♑ 57	25 ♍ 7	21 ♈ 24	7 ♊ 47	3 ♈ 53	5 ♒ 14	25 ♎	24 ♍	3 ♌	18 ♌	0 ♉
5	12 ♐ 13	24 ♒ 55	4 ♒ 57	3 ♒ 35	8 ♐ 10	11 ♑ 17	6 ♑ 43	25 ♍ 13	21 ♈ 21	7 ♊ 45	3 ♈ 53	5 ♒ 16	26 ♎	24 ♍	3 ♌	18 ♌	0 ♉
6	13 ♐ 14	6 ♓ 44	4 ♒ 54	3 ♒ 36	9 ♐ 44	12 ♑ 32	7 ♑ 29	25 ♍ 20	21 ♈ 19	7 ♊ 42	3 ♈ 52	5 ♒ 17	26 ♎	24 ♍	3 R	18 ♌	0 ♉
7	14 ♐ 15	18 ♓ 39	4 ♒ 51	3 R 36	11 ♐ 18	13 ♑ 46	8 ♑ 15	25 ♍ 27	21 ♈ 17	7 ♊ 40	3 ♈ 52	5 ♒ 18	27 ♎	25 ♍	3 ♌	18 ♌	0 ♉
8	15 ♐ 16	0 ♈ 45	4 ♒ 48	3 ♒ 35	12 ♐ 52	15 ♑ 0	9 ♑ 1	25 ♍ 33	21 ♈ 16	7 ♊ 37	3 ♈ 52	5 ♒ 20	27 ♎	25 ♍	3 ♌	18 ♌	0 ♉
9	16 ♐ 17	13 ♈ 9	4 ♒ 45	3 ♒ 31	14 ♐ 27	16 ♑ 14	9 ♑ 47	25 ♍ 39	21 ♈ 14	7 ♊ 35	3 ♈ 51	5 ♒ 21	28 ♎	25 ♍	3 ♌	18 ♌	0 ♉
10	17 ♐ 18	25 ♈ 53	4 ♒ 42	3 ♒ 26	16 ♐ 1	17 ♑ 28	10 ♑ 33	25 ♍ 45	21 ♈ 12	7 ♊ 32	3 ♈ 51	5 ♒ 22	28 ♎	26 ♍	3 ♌	18 ♌	0 ♉
11	18 ♐ 18	9 ♉ 1	4 ♒ 38	3 ♒ 19	17 ♐ 35	18 ♑ 42	11 ♑ 19	25 ♍ 51	21 ♈ 11	7 ♊ 30	3 ♈ 51	5 ♒ 24	28 ♎	26 ♍	3 ♌	18 ♌	0 ♉
12	19 ♐ 19	22 ♉ 33	4 ♒ 35	3 ♒ 11	19 ♐ 9	19 ♑ 56	12 ♑ 5	25 ♍ 57	21 ♈ 9	7 ♊ 27	3 ♈ 51	5 ♒ 25	29 ♎	26 ♍	3 ♌	18 ♌	0 ♉
13	20 ♐ 20	6 ♊ 28	4 ♒ 32	3 ♒ 4	20 ♐ 44	21 ♑ 11	12 ♑ 51	26 ♍ 3	21 ♈ 8	7 ♊ 25	3 ♈ 51	5 ♒ 26	29 ♎	26 ♍	3 ♌	18 ♌	0 ♉
14	21 ♐ 21	20 ♊ 43	4 ♒ 29	2 ♒ 57	22 ♐ 18	22 ♑ 25	13 ♑ 38	26 ♍ 8	21 ♈ 7	7 ♊ 22	3 ♈ 51	5 ♒ 28	0 ♏	27 ♍	2 ♌	18 ♌	0 ♉
15	22 ♐ 22	5 ♋ 12	4 ♒ 26	2 ♒ 52	23 ♐ 52	23 ♑ 39	14 ♑ 24	26 ♍ 13	21 ♈ 6	7 ♊ 20	3 ♈ 51	5 ♒ 29	0 ♏	27 ♍	2 ♌	18 ♌	0 ♉
16	23 ♐ 23	19 ♋ 49	4 ♒ 23	2 ♒ 50	25 ♐ 27	24 ♑ 53	15 ♑ 10	26 ♍ 18	21 ♈ 5	7 ♊ 17	3 D 51	5 ♒ 31	0 ♏	27 ♍	2 ♌	18 ♌	0 ♉
17	24 ♐ 24	4 ♌ 27	4 ♒ 19	2 D 49	27 ♐ 2	26 ♑ 7	15 ♑ 57	26 ♍ 23	21 ♈ 4	7 ♊ 15	3 ♈ 51	5 ♒ 32	1 ♏	28 ♍	2 ♌	18 R	0 ♉
18	25 ♐ 25	19 ♌ 0	4 ♒ 16	2 ♒ 50	28 ♐ 37	27 ♑ 20	16 ♑ 43	26 ♍ 28	21 ♈ 3	7 ♊ 13	3 ♈ 51	5 ♒ 34	1 ♏	28 ♍	2 ♌	18 ♌	0 ♉
19	26 ♐ 26	3 ♍ 25	4 ♒ 13	2 ♒ 51	0 ♑ 12	28 ♑ 34	17 ♑ 29	26 ♍ 33	21 ♈ 2	7 ♊ 10	3 ♈ 51	5 ♒ 35	1 ♏	28 ♍	2 ♌	18 ♌	0 ♉
20	27 ♐ 28	17 ♍ 37	4 ♒ 10	2 ♒ 53	1 ♑ 47	29 ♑ 48	18 ♑ 16	26 ♍ 37	21 ♈ 2	7 ♊ 8	3 ♈ 51	5 ♒ 37	2 ♏	28 ♍	2 ♌	18 ♌	0 ♉
21	28 ♐ 29	1 ♎ 36	4 ♒ 7	2 R 53	3 ♑ 22	1 ♒ 2	19 ♑ 2	26 ♍ 42	21 ♈ 1	7 ♊ 6	3 ♈ 51	5 ♒ 39	2 ♏	29 ♍	2 ♌	18 ♌	0 ♉
22	29 ♐ 30	15 ♎ 21	4 ♒ 3	2 ♒ 52	4 ♑ 57	2 ♒ 16	19 ♑ 49	26 ♍ 46	21 ♈ 1	7 ♊ 3	3 ♈ 51	5 ♒ 40	3 ♏	29 ♍	2 ♌	18 ♌	0 ♉
23	0 ♑ 31	28 ♎ 52	4 ♒ 0	2 ♒ 49	6 ♑ 33	3 ♒ 30	20 ♑ 36	26 ♍ 50	21 ♈ 1	7 ♊ 1	3 ♈ 52	5 ♒ 42	3 ♏	29 ♍	1 ♌	18 ♌	0 ♉
24	1 ♑ 32	12 ♏ 10	3 ♒ 57	2 ♒ 45	8 ♑ 9	4 ♒ 43	21 ♑ 22	26 ♍ 53	21 ♈ 1	6 ♊ 59	3 ♈ 52	5 ♒ 43	3 ♏	0 ♎	1 ♌	18 ♌	0 ♉
25	2 ♑ 33	25 ♏ 14	3 ♒ 54	2 ♒ 40	9 ♑ 45	5 ♒ 57	22 ♑ 9	26 ♍ 57	21 D 1	6 ♊ 57	3 ♈ 52	5 ♒ 45	4 ♏	0 ♎	1 ♌	18 ♌	0 ♉
26	3 ♑ 34	8 ♐ 5	3 ♒ 51	2 ♒ 35	11 ♑ 21	7 ♒ 11	22 ♑ 56	27 ♍ 0	21 ♈ 1	6 ♊ 54	3 ♈ 52	5 ♒ 47	4 ♏	0 ♎	1 ♌	18 ♌	0 ♉
27	4 ♑ 35	20 ♐ 44	3 ♒ 48	2 ♒ 30	12 ♑ 57	8 ♒ 25	23 ♑ 42	27 ♍ 4	21 ♈ 1	6 ♊ 52	3 ♈ 53	5 ♒ 48	5 ♏	0 ♎	1 ♌	18 ♌	0 ♉
28	5 ♑ 37	3 ♑ 10	3 ♒ 44	2 ♒ 26	14 ♑ 34	9 ♒ 38	24 ♑ 29	27 ♍ 7	21 ♈ 1	6 ♊ 50	3 ♈ 53	5 ♒ 50	5 ♏	0 ♎	0 ♌	18 ♌	0 ♉
29	6 ♑ 38	15 ♑ 24	3 ♒ 41	2 ♒ 23	16 ♑ 10	10 ♒ 52	25 ♑ 16	27 ♍ 10	21 ♈ 2	6 ♊ 48	3 ♈ 54	5 ♒ 52	5 ♏	1 ♎	0 ♌	17 ♌	0 ♉
30	7 ♑ 39	27 ♑ 28	3 ♒ 38	2 ♒ 22	17 ♑ 47	12 ♒ 5	26 ♑ 3	27 ♍ 12	21 ♈ 2	6 ♊ 46	3 ♈ 54	5 ♒ 53	6 ♏	1 ♎	0 ♌	17 ♌	0 ♉
31	8 ♑ 40	9 ♒ 23	3 ♒ 35	2 D 22	19 ♑ 23	13 ♒ 19	26 ♑ 50	27 ♍ 15	21 ♈ 3	6 ♊ 44	3 ♈ 55	5 ♒ 55	6 ♏	1 ♎	0 ♌	17 ♌	0 ♉

SUN INGRESS	☉ → ♑ 22日 11:42
MOON PHASE	◐ 6日 14:22 ♓ ○ 14日 01:08 ♊ ◑ 20日 18:11 ♍ ● 28日 05:12 ♑

aspects		
1日	07:24	♂□♆
2日	06:53	☿△♆
3日	03:06	☿⚹♇
4日	17:47	☿☍♅
12日	07:17	☉☌☿
12日	23:12	♀□♄
13日	06:07	☿△♄
13日	18:23	☉△♄
16日	13:46	☿□♃
17日	05:53	♀△♃
19日	02:42	☉□♃
21日	07:22	☿□♆
23日	07:09	♀⚹♆
23日	13:01	♂□♄
24日	19:56	♀☌♇
25日	18:48	♀△♅
26日	07:12	☉□♆
31日	13:33	♂△♃

2028年1月

DAY	☉	☽	☊ mean	☊ true	☿	♀	♂	♃	♄	♅	♆	♇	⚳	⚴	⚵	⚶	⚷
	° ′	° ′	° ′	° ′	° ′	° ′	° ′	° ′	° ′	° ′	° ′	° ′	°	°	°	°	°
1	9 ♑ 41	21 ♒ 13	3 ♒ 32	2 D 23	21 D 0	14 D 32	27 D 37	27 D 17	21 D 4	6 R 42	3 D 55	5 D 57	6 D	1 D	0 R	17 R	0 R
2	10 ♑ 42	3 ♓ 0	3 ♒ 29	2 ♒ 25	22 ♑ 37	15 ♒ 46	28 ♑ 24	27 ♍ 19	21 ♈ 5	6 ♊ 40	3 ♈ 56	5 ♒ 59	7 ♏	1 ♎	29 ♋	17 ♌	0 ♉
3	11 ♑ 44	14 ♓ 48	3 ♒ 25	2 ♒ 27	24 ♑ 13	16 ♒ 59	29 ♑ 10	27 ♍ 21	21 ♈ 6	6 ♊ 38	3 ♈ 56	6 ♒ 0	7 ♏	2 ♎	29 ♋	17 ♌	0 ♉
4	12 ♑ 45	26 ♓ 42	3 ♒ 22	2 ♒ 28	25 ♑ 49	18 ♒ 13	29 ♑ 57	27 ♍ 23	21 ♈ 7	6 ♊ 36	3 ♈ 57	6 ♒ 2	7 ♏	2 ♎	29 ♋	17 ♌	0 ♉
5	13 ♑ 46	8 ♈ 46	3 ♒ 19	2 ♒ 29	27 ♑ 25	19 ♒ 26	0 ♒ 45	27 ♍ 25	21 ♈ 8	6 ♊ 34	3 ♈ 58	6 ♒ 4	8 ♏	2 ♎	29 ♋	17 ♌	0 ♉
6	14 ♑ 47	21 ♈ 6	3 ♒ 16	2 R 29	29 ♑ 0	20 ♒ 39	1 ♒ 32	27 ♍ 26	21 ♈ 9	6 ♊ 32	3 ♈ 58	6 ♒ 6	8 ♏	2 ♎	29 ♋	16 ♌	0 ♉
7	15 ♑ 48	3 ♉ 46	3 ♒ 13	2 ♒ 28	0 ♒ 35	21 ♒ 52	2 ♒ 19	27 ♍ 27	21 ♈ 11	6 ♊ 31	3 ♈ 59	6 ♒ 7	8 ♏	2 ♎	28 ♋	16 ♌	0 ♉
8	16 ♑ 49	16 ♉ 49	3 ♒ 9	2 ♒ 27	2 ♒ 9	23 ♒ 5	3 ♒ 6	27 ♍ 28	21 ♈ 12	6 ♊ 29	4 ♈ 0	6 ♒ 9	9 ♏	2 ♎	28 ♋	16 ♌	0 ♉
9	17 ♑ 50	0 ♊ 19	3 ♒ 6	2 ♒ 25	3 ♒ 42	24 ♒ 18	3 ♒ 53	27 ♍ 29	21 ♈ 14	6 ♊ 27	4 ♈ 1	6 ♒ 11	9 ♏	3 ♎	28 ♋	16 ♌	0 ♉
10	18 ♑ 52	14 ♊ 16	3 ♒ 3	2 ♒ 23	5 ♒ 13	25 ♒ 31	4 ♒ 40	27 ♍ 30	21 ♈ 16	6 ♊ 25	4 ♈ 2	6 ♒ 13	10 ♏	3 ♎	28 ♋	16 ♌	0 ♉
11	19 ♑ 53	28 ♊ 38	3 ♒ 0	2 ♒ 21	6 ♒ 43	26 ♒ 44	5 ♒ 27	27 ♍ 30	21 ♈ 18	6 ♊ 24	4 ♈ 3	6 ♒ 15	10 ♏	3 ♎	27 ♋	16 ♌	0 D
12	20 ♑ 54	13 ♋ 21	2 ♒ 57	2 ♒ 20	8 ♒ 11	27 ♒ 57	6 ♒ 14	27 ♍ 30	21 ♈ 20	6 ♊ 22	4 ♈ 3	6 ♒ 16	10 ♏	3 ♎	27 ♋	15 ♌	0 ♉
13	21 ♑ 55	28 ♋ 18	2 ♒ 54	2 ♒ 20	9 ♒ 36	29 ♒ 10	7 ♒ 2	27 R 30	21 ♈ 22	6 ♊ 21	4 ♈ 4	6 ♒ 18	11 ♏	3 ♎	27 ♋	15 ♌	0 ♉
14	22 ♑ 56	13 ♌ 20	2 ♒ 50	2 D 20	10 ♒ 59	0 ♓ 23	7 ♒ 49	27 ♍ 30	21 ♈ 24	6 ♊ 19	4 ♈ 5	6 ♒ 20	11 ♏	3 ♎	27 ♋	15 ♌	0 ♉
15	23 ♑ 57	28 ♌ 20	2 ♒ 47	2 ♒ 20	12 ♒ 18	1 ♓ 35	8 ♒ 36	27 ♍ 30	21 ♈ 26	6 ♊ 18	4 ♈ 6	6 ♒ 22	11 ♏	3 ♎	26 ♋	15 ♌	0 ♉
16	24 ♑ 58	13 ♍ 9	2 ♒ 44	2 ♒ 21	13 ♒ 33	2 ♓ 48	9 ♒ 23	27 ♍ 29	21 ♈ 29	6 ♊ 16	4 ♈ 7	6 ♒ 24	12 ♏	3 ♎	26 ♋	15 ♌	0 ♉
17	25 ♑ 59	27 ♍ 41	2 ♒ 41	2 ♒ 22	14 ♒ 44	4 ♓ 1	10 ♒ 11	27 ♍ 28	21 ♈ 31	6 ♊ 15	4 ♈ 9	6 ♒ 26	12 ♏	3 ♎	26 ♋	14 ♌	0 ♉
18	27 ♑ 0	11 ♎ 53	2 ♒ 38	2 ♒ 22	15 ♒ 49	5 ♓ 13	10 ♒ 58	27 ♍ 28	21 ♈ 34	6 ♊ 13	4 ♈ 10	6 ♒ 28	12 ♏	4 ♎	25 ♋	14 ♌	0 ♉
19	28 ♑ 2	25 ♎ 42	2 ♒ 35	2 ♒ 22	16 ♒ 47	6 ♓ 25	11 ♒ 45	27 ♍ 26	21 ♈ 37	6 ♊ 12	4 ♈ 11	6 ♒ 29	12 ♏	4 ♎	25 ♋	14 ♌	0 ♉
20	29 ♑ 3	9 ♏ 10	2 ♒ 31	2 R 22	17 ♒ 39	7 ♓ 38	12 ♒ 33	27 ♍ 25	21 ♈ 39	6 ♊ 11	4 ♈ 12	6 ♒ 31	13 ♏	4 ♎	25 ♋	14 ♌	0 ♉
21	0 ♒ 4	22 ♏ 16	2 ♒ 28	2 ♒ 22	18 ♒ 23	8 ♓ 50	13 ♒ 20	27 ♍ 24	21 ♈ 42	6 ♊ 10	4 ♈ 13	6 ♒ 33	13 ♏	4 ♎	25 ♋	13 ♌	0 ♉
22	1 ♒ 5	5 ♐ 5	2 ♒ 25	2 ♒ 22	18 ♒ 58	10 ♓ 2	14 ♒ 7	27 ♍ 22	21 ♈ 45	6 ♊ 8	4 ♈ 14	6 ♒ 35	13 ♏	4 ♎	24 ♋	13 ♌	0 ♉
23	2 ♒ 6	17 ♐ 38	2 ♒ 22	2 ♒ 22	19 ♒ 23	11 ♓ 14	14 ♒ 55	27 ♍ 20	21 ♈ 48	6 ♊ 7	4 ♈ 16	6 ♒ 37	14 ♏	4 ♎	24 ♋	13 ♌	0 ♉
24	3 ♒ 7	29 ♐ 59	2 ♒ 19	2 D 22	19 ♒ 37	12 ♓ 26	15 ♒ 42	27 ♍ 18	21 ♈ 52	6 ♊ 6	4 ♈ 17	6 ♒ 39	14 ♏	4 ♎	24 ♋	13 ♌	0 ♉
25	4 ♒ 8	12 ♑ 8	2 ♒ 15	2 ♒ 22	19 R 41	13 ♓ 38	16 ♒ 30	27 ♍ 16	21 ♈ 55	6 ♊ 5	4 ♈ 18	6 ♒ 41	14 ♏	4 ♎	24 ♋	12 ♌	0 ♉
26	5 ♒ 9	24 ♑ 10	2 ♒ 12	2 ♒ 22	19 ♒ 34	14 ♓ 50	17 ♒ 17	27 ♍ 13	21 ♈ 58	6 ♊ 4	4 ♈ 20	6 ♒ 43	15 ♏	4 R	24 ♋	12 ♌	0 ♉
27	6 ♒ 10	6 ♒ 5	2 ♒ 9	2 R 22	19 ♒ 14	16 ♓ 2	18 ♒ 4	27 ♍ 11	22 ♈ 2	6 ♊ 3	4 ♈ 21	6 ♒ 45	15 ♏	4 ♎	23 ♋	12 ♌	0 ♉
28	7 ♒ 11	17 ♒ 55	2 ♒ 6	2 ♒ 22	18 ♒ 44	17 ♓ 13	18 ♒ 52	27 ♍ 8	22 ♈ 5	6 ♊ 2	4 ♈ 22	6 ♒ 46	15 ♏	4 ♎	23 ♋	12 ♌	0 ♉
29	8 ♒ 12	29 ♒ 43	2 ♒ 3	2 ♒ 21	18 ♒ 3	18 ♓ 25	19 ♒ 39	27 ♍ 5	22 ♈ 9	6 ♊ 2	4 ♈ 24	6 ♒ 48	15 ♏	4 ♎	23 ♋	11 ♌	0 ♉
30	9 ♒ 13	11 ♓ 31	2 ♒ 0	2 ♒ 20	17 ♒ 12	19 ♓ 36	20 ♒ 27	27 ♍ 2	22 ♈ 13	6 ♊ 1	4 ♈ 25	6 ♒ 50	16 ♏	4 ♎	23 ♋	11 ♌	0 ♉
31	10 ♒ 14	23 ♓ 22	1 ♒ 56	2 ♒ 19	16 ♒ 12	20 ♓ 48	21 ♒ 14	26 ♍ 58	22 ♈ 17	6 ♊ 0	4 ♈ 27	6 ♒ 52	16 ♏	4 ♎	22 ♋	11 ♌	0 ♉

SUN INGRESS	☉ → ♒ 20日 22:22
MOON PHASE	◐ 5日 10:40 ♈ ○ 12日 13:03 ♋ ◑ 19日 04:26 ♎ ● 27日 00:12 ♒

aspects		
1日	01:00	☿□♄
4日	23:53	☿△♃
6日	10:11	♀⚹♄
9日	04:07	♂⚹♆
9日	05:00	☿⚹♆
9日	05:56	☿☌♂
10日	16:10	☿☌♇
10日	18:51	☿△♅
12日	01:06	♂☌♇
12日	03:47	♂△♅
12日	10:33	☉□♄
13日	15:39	♅△♇
18日	10:29	☉△♃
18日	19:39	♀□♅
25日	04:08	☉⚹♆
26日	21:23	☉△♅
27日	14:03	☉☌♇
27日	21:44	☿☌♂

2028年2月

DAY	☉	☽	☊ mean	☊ true	☿	♀	♂	♃	♄	♅	♆	♇	⚳	⚴	⚵	⚶	⚷
	° ′	° ′	° ′	° ′	° ′	° ′	° ′	° ′	° ′	° ′	° ′	° ′	°	°	°	°	°
1	11 ♒ 15	5 ♈ 18	1 ♒ 53	2 R 18	15 R 6	21 D 59	22 D 2	26 R 55	22 D 21	5 R 59	4 D 28	6 D 54	16 D	4 R	22 R	11 R	0 D
2	12 ♒ 16	17 ♈ 23	1 ♒ 50	2 ♒ 17	13 ♒ 55	23 ♓ 10	22 ♒ 49	26 ♍ 51	22 ♈ 25	5 ♊ 59	4 ♈ 30	6 ♒ 56	16 ♏	4 ♎	22 ♋	10 ♌	0 ♉
3	13 ♒ 17	29 ♈ 40	1 ♒ 47	2 ♒ 16	12 ♒ 42	24 ♓ 21	23 ♒ 37	26 ♍ 47	22 ♈ 29	5 ♊ 58	4 ♈ 31	6 ♒ 58	17 ♏	3 ♎	22 ♋	10 ♌	0 ♉
4	14 ♒ 18	12 ♉ 15	1 ♒ 44	2 ♒ 16	11 ♒ 28	25 ♓ 32	24 ♒ 24	26 ♍ 43	22 ♈ 33	5 ♊ 58	4 ♈ 33	7 ♒ 0	17 ♏	3 ♎	22 ♋	10 ♌	0 ♉
5	15 ♒ 18	25 ♉ 11	1 ♒ 41	2 D 16	10 ♒ 15	26 ♓ 43	25 ♒ 12	26 ♍ 39	22 ♈ 38	5 ♊ 57	4 ♈ 34	7 ♒ 2	17 ♏	3 ♎	22 ♋	9 ♌	0 ♉
6	16 ♒ 19	8 ♊ 30	1 ♒ 37	2 ♒ 17	9 ♒ 6	27 ♓ 53	25 ♒ 59	26 ♍ 34	22 ♈ 42	5 ♊ 57	4 ♈ 36	7 ♒ 3	17 ♏	3 ♎	21 ♋	9 ♌	0 ♉
7	17 ♒ 20	22 ♊ 17	1 ♒ 34	2 ♒ 18	8 ♒ 2	29 ♓ 4	26 ♒ 47	26 ♍ 30	22 ♈ 47	5 ♊ 56	4 ♈ 38	7 ♒ 5	18 ♏	3 ♎	21 ♋	9 ♌	0 ♉
8	18 ♒ 21	6 ♋ 30	1 ♒ 31	2 ♒ 19	7 ♒ 5	0 ♈ 14	27 ♒ 34	26 ♍ 25	22 ♈ 51	5 ♊ 56	4 ♈ 39	7 ♒ 7	18 ♏	3 ♎	21 ♋	9 ♌	0 ♉
9	19 ♒ 22	21 ♋ 9	1 ♒ 28	2 ♒ 20	6 ♒ 14	1 ♈ 24	28 ♒ 22	26 ♍ 20	22 ♈ 56	5 ♊ 56	4 ♈ 41	7 ♒ 9	18 ♏	3 ♎	21 ♋	8 ♌	0 ♉
10	20 ♒ 22	6 ♌ 9	1 ♒ 25	2 R 20	5 ♒ 31	2 ♈ 34	29 ♒ 9	26 ♍ 15	23 ♈ 1	5 ♊ 56	4 ♈ 43	7 ♒ 11	18 ♏	3 ♎	21 ♋	8 ♌	0 ♉
11	21 ♒ 23	21 ♌ 21	1 ♒ 21	2 ♒ 19	4 ♒ 57	3 ♈ 44	29 ♒ 56	26 ♍ 10	23 ♈ 5	5 ♊ 56	4 ♈ 45	7 ♒ 13	19 ♏	3 ♎	21 ♋	8 ♌	0 ♉
12	22 ♒ 24	6 ♍ 37	1 ♒ 18	2 ♒ 18	4 ♒ 30	4 ♈ 54	0 ♓ 44	26 ♍ 5	23 ♈ 10	5 ♊ 55	4 ♈ 46	7 ♒ 15	19 ♏	2 ♎	20 ♋	8 ♌	0 ♉
13	23 ♒ 25	21 ♍ 46	1 ♒ 15	2 ♒ 15	4 ♒ 12	6 ♈ 4	1 ♓ 31	25 ♍ 59	23 ♈ 15	5 ♊ 55	4 ♈ 48	7 ♒ 16	19 ♏	2 ♎	20 ♋	7 ♌	0 ♉
14	24 ♒ 25	6 ♎ 38	1 ♒ 12	2 ♒ 12	4 ♒ 2	7 ♈ 13	2 ♓ 19	25 ♍ 54	23 ♈ 20	5 D 55	4 ♈ 50	7 ♒ 18	19 ♏	2 ♎	20 ♋	7 ♌	0 ♉
15	25 ♒ 26	21 ♎ 8	1 ♒ 9	2 ♒ 9	3 D 59	8 ♈ 23	3 ♓ 6	25 ♍ 48	23 ♈ 25	5 ♊ 55	4 ♈ 52	7 ♒ 20	20 ♏	2 ♎	20 ♋	7 ♌	0 ♉
16	26 ♒ 26	5 ♏ 11	1 ♒ 6	2 ♒ 6	4 ♒ 3	9 ♈ 32	3 ♓ 54	25 ♍ 42	23 ♈ 31	5 ♊ 56	4 ♈ 54	7 ♒ 22	20 ♏	2 ♎	20 ♋	7 ♌	0 ♉
17	27 ♒ 27	18 ♏ 45	1 ♒ 2	2 ♒ 5	4 ♒ 14	10 ♈ 41	4 ♓ 41	25 ♍ 36	23 ♈ 36	5 ♊ 56	4 ♈ 56	7 ♒ 24	20 ♏	1 ♎	20 ♋	7 ♌	0 ♉
18	28 ♒ 28	1 ♐ 53	0 ♒ 59	2 D 5	4 ♒ 31	11 ♈ 50	5 ♓ 29	25 ♍ 30	23 ♈ 41	5 ♊ 56	4 ♈ 58	7 ♒ 26	20 ♏	1 ♎	20 ♋	6 ♌	0 ♉
19	29 ♒ 28	14 ♐ 38	0 ♒ 56	2 ♒ 6	4 ♒ 54	12 ♈ 59	6 ♓ 16	25 ♍ 23	23 ♈ 47	5 ♊ 56	4 ♈ 59	7 ♒ 27	20 ♏	1 ♎	20 ♋	6 ♌	0 ♉
20	0 ♓ 29	27 ♐ 3	0 ♒ 53	2 ♒ 7	5 ♒ 22	14 ♈ 7	7 ♓ 3	25 ♍ 17	23 ♈ 52	5 ♊ 57	5 ♈ 1	7 ♒ 29	20 ♏	1 ♎	20 ♋	6 ♌	0 ♉
21	1 ♓ 29	9 ♑ 14	0 ♒ 50	2 ♒ 9	5 ♒ 55	15 ♈ 15	7 ♓ 51	25 ♍ 10	23 ♈ 58	5 ♊ 57	5 ♈ 3	7 ♒ 31	21 ♏	1 ♎	20 ♋	6 ♌	0 ♉
22	2 ♓ 30	21 ♑ 13	0 ♒ 47	2 ♒ 11	6 ♒ 33	16 ♈ 24	8 ♓ 38	25 ♍ 4	24 ♈ 4	5 ♊ 57	5 ♈ 5	7 ♒ 33	21 ♏	0 ♎	20 ♋	5 ♌	0 ♉
23	3 ♓ 30	3 ♒ 5	0 ♒ 43	2 R 11	7 ♒ 15	17 ♈ 32	9 ♓ 26	24 ♍ 57	24 ♈ 9	5 ♊ 58	5 ♈ 7	7 ♒ 34	21 ♏	0 ♎	20 ♋	5 ♌	0 ♉
24	4 ♓ 31	14 ♒ 54	0 ♒ 40	2 ♒ 10	8 ♒ 1	18 ♈ 39	10 ♓ 13	24 ♍ 50	24 ♈ 15	5 ♊ 58	5 ♈ 9	7 ♒ 36	21 ♏	0 ♎	20 ♋	5 ♌	0 ♉
25	5 ♓ 31	26 ♒ 41	0 ♒ 37	2 ♒ 8	8 ♒ 51	19 ♈ 47	11 ♓ 0	24 ♍ 43	24 ♈ 21	5 ♊ 59	5 ♈ 11	7 ♒ 38	21 ♏	0 ♎	20 ♋	5 ♌	0 ♉
26	6 ♓ 31	8 ♓ 30	0 ♒ 34	2 ♒ 3	9 ♒ 44	20 ♈ 55	11 ♓ 48	24 ♍ 36	24 ♈ 27	6 ♊ 0	5 ♈ 13	7 ♒ 40	21 ♏	29 ♍	20 ♋	5 ♌	1 ♉
27	7 ♓ 32	20 ♓ 22	0 ♒ 31	1 ♒ 57	10 ♒ 40	22 ♈ 2	12 ♓ 35	24 ♍ 29	24 ♈ 33	6 ♊ 0	5 ♈ 15	7 ♒ 41	22 ♏	29 ♍	20 D	5 ♌	1 ♉
28	8 ♓ 32	2 ♈ 18	0 ♒ 27	1 ♒ 51	11 ♒ 38	23 ♈ 9	13 ♓ 22	24 ♍ 22	24 ♈ 39	6 ♊ 1	5 ♈ 17	7 ♒ 43	22 ♏	29 ♍	20 ♋	4 ♌	1 ♉
29	9 ♓ 32	14 ♈ 22	0 ♒ 24	1 ♒ 43	12 ♒ 40	24 ♈ 15	14 ♓ 10	24 ♍ 14	24 ♈ 45	6 ♊ 2	5 ♈ 20	7 ♒ 45	22 ♏	28 ♍	20 ♋	4 ♌	1 ♉

SUN INGRESS	☉ → ♓ 19日 12:26
MOON PHASE	◐ 4日 04:10 ♉ ○ 11日 00:03 ♌ ◑ 17日 17:08 ♏ ● 25日 19:37 ♓

aspects		
1日	10:34	♂⚹♄
2日	17:47	☉☌☿
4日	22:49	♀☍♃
7日	22:53	☿☌♇
9日	09:45	☿△♅
11日	09:28	☿⚹♆
11日	17:51	☿⚹♀
11日	21:16	♀☌♆
12日	20:02	☉⚹♄
12日	21:04	♀⚹♅
14日	01:45	♀⚹♇
18日	13:56	♂□♅
19日	05:34	☿⚹♆
21日	01:04	☿△♅
23日	10:37	☿☌♇
25日	11:14	☉□♅
29日	11:41	♀☌♄

2028年3月

DAY	☉	☽	☊ mean	☊ true	☿	♀	♂	♃	♄	♅	♆	♇	⚳	⚴	⚵	⚶	⚷
	° ′	° ′	° ′	° ′	° ′	° ′	° ′	° ′	° ′	° ′	° ′	° ′	°	°	°	°	°
1	10 ♓ 33	26 ♈ 34	0 ♒ 21	1 R 36	13 D 44	25 D 22	14 D 57	24 R 7	24 D 51	6 D 3	5 D 22	7 D 46	22 D	28 R	20 D	4 R	1 D
2	11 ♓ 33	8 ♉ 56	0 ♒ 18	1 ♒ 31	14 ♒ 50	26 ♈ 28	15 ♓ 44	24 ♍ 0	24 ♈ 57	6 ♊ 4	5 ♈ 24	7 ♒ 48	22 ♏	28 ♍	20 ♋	4 ♌	1 ♉
3	12 ♓ 33	21 ♉ 33	0 ♒ 15	1 ♒ 27	15 ♒ 59	27 ♈ 34	16 ♓ 31	23 ♍ 52	25 ♈ 4	6 ♊ 5	5 ♈ 26	7 ♒ 49	22 ♏	28 ♍	20 ♋	4 ♌	1 ♉
4	13 ♓ 33	4 ♊ 25	0 ♒ 12	1 ♒ 25	17 ♒ 9	28 ♈ 40	17 ♓ 19	23 ♍ 45	25 ♈ 10	6 ♊ 6	5 ♈ 28	7 ♒ 51	22 ♏	27 ♍	20 ♋	4 ♌	1 ♉
5	14 ♓ 33	17 ♊ 37	0 ♒ 8	1 D 24	18 ♒ 22	29 ♈ 46	18 ♓ 6	23 ♍ 37	25 ♈ 16	6 ♊ 7	5 ♈ 30	7 ♒ 53	22 ♏	27 ♍	20 ♋	4 ♌	1 ♉
6	15 ♓ 34	1 ♋ 12	0 ♒ 5	1 ♒ 25	19 ♒ 36	0 ♉ 51	18 ♓ 53	23 ♍ 29	25 ♈ 23	6 ♊ 8	5 ♈ 32	7 ♒ 54	23 ♏	27 ♍	20 ♋	3 ♌	1 ♉
7	16 ♓ 34	15 ♋ 11	0 ♒ 2	1 ♒ 26	20 ♒ 52	1 ♉ 56	19 ♓ 40	23 ♍ 22	25 ♈ 29	6 ♊ 9	5 ♈ 35	7 ♒ 56	23 ♏	26 ♍	20 ♋	3 ♌	1 ♉
8	17 ♓ 34	29 ♋ 34	29 ♑ 59	1 ♒ 27	22 ♒ 10	3 ♉ 1	20 ♓ 27	23 ♍ 14	25 ♈ 36	6 ♊ 10	5 ♈ 37	7 ♒ 57	23 ♏	26 ♍	20 ♋	3 ♌	1 ♉
9	18 ♓ 34	14 ♌ 19	29 ♑ 56	1 R 26	23 ♒ 29	4 ♉ 5	21 ♓ 14	23 ♍ 6	25 ♈ 42	6 ♊ 11	5 ♈ 39	7 ♒ 59	23 ♏	26 ♍	20 ♋	3 ♌	1 ♉
10	19 ♓ 34	29 ♌ 22	29 ♑ 53	1 ♒ 24	24 ♒ 50	5 ♉ 10	22 ♓ 1	22 ♍ 58	25 ♈ 49	6 ♊ 13	5 ♈ 41	8 ♒ 0	23 ♏	25 ♍	20 ♋	3 ♌	1 ♉
11	20 ♓ 34	14 ♍ 34	29 ♑ 49	1 ♒ 19	26 ♒ 12	6 ♉ 13	22 ♓ 48	22 ♍ 51	25 ♈ 56	6 ♊ 14	5 ♈ 43	8 ♒ 2	23 ♏	25 ♍	20 ♋	3 ♌	1 ♉
12	21 ♓ 33	29 ♍ 46	29 ♑ 46	1 ♒ 12	27 ♒ 36	7 ♉ 17	23 ♓ 35	22 ♍ 43	26 ♈ 2	6 ♊ 16	5 ♈ 45	8 ♒ 3	23 ♏	25 ♍	20 ♋	3 ♌	1 ♉
13	22 ♓ 33	14 ♎ 47	29 ♑ 43	1 ♒ 4	29 ♒ 1	8 ♉ 20	24 ♓ 22	22 ♍ 35	26 ♈ 9	6 ♊ 17	5 ♈ 48	8 ♒ 5	23 ♏	24 ♍	20 ♋	3 ♌	1 ♉
14	23 ♓ 33	29 ♎ 28	29 ♑ 40	0 ♒ 56	0 ♓ 28	9 ♉ 23	25 ♓ 9	22 ♍ 27	26 ♈ 16	6 ♊ 18	5 ♈ 50	8 ♒ 6	23 ♏	24 ♍	21 ♋	3 ♌	1 ♉
15	24 ♓ 33	13 ♏ 42	29 ♑ 37	0 ♒ 48	1 ♓ 56	10 ♉ 26	25 ♓ 56	22 ♍ 19	26 ♈ 23	6 ♊ 20	5 ♈ 52	8 ♒ 8	23 ♏	24 ♍	21 ♋	3 ♌	1 ♉
16	25 ♓ 33	27 ♏ 27	29 ♑ 33	0 ♒ 43	3 ♓ 25	11 ♉ 28	26 ♓ 43	22 ♍ 12	26 ♈ 30	6 ♊ 22	5 ♈ 54	8 ♒ 9	23 ♏	23 ♍	21 ♋	3 ♌	1 ♉
17	26 ♓ 32	10 ♐ 42	29 ♑ 30	0 ♒ 39	4 ♓ 56	12 ♉ 30	27 ♓ 30	22 ♍ 4	26 ♈ 37	6 ♊ 23	5 ♈ 57	8 ♒ 10	23 ♏	23 ♍	21 ♋	3 ♌	1 ♉
18	27 ♓ 32	23 ♐ 30	29 ♑ 27	0 ♒ 38	6 ♓ 28	13 ♉ 31	28 ♓ 17	21 ♍ 56	26 ♈ 44	6 ♊ 25	5 ♈ 59	8 ♒ 12	23 ♏	23 ♍	21 ♋	3 ♌	2 ♉
19	28 ♓ 32	5 ♑ 56	29 ♑ 24	0 D 38	8 ♓ 1	14 ♉ 32	29 ♓ 4	21 ♍ 48	26 ♈ 51	6 ♊ 27	6 ♈ 1	8 ♒ 13	23 ♏	22 ♍	21 ♋	3 ♌	2 ♉
20	29 ♓ 31	18 ♑ 5	29 ♑ 21	0 ♒ 39	9 ♓ 36	15 ♉ 33	29 ♓ 51	21 ♍ 41	26 ♈ 58	6 ♊ 29	6 ♈ 3	8 ♒ 14	23 R	22 ♍	21 ♋	3 D	2 ♉
21	0 ♈ 31	0 ♒ 1	29 ♑ 18	0 ♒ 40	11 ♓ 11	16 ♉ 33	0 ♈ 37	21 ♍ 33	27 ♈ 5	6 ♊ 30	6 ♈ 6	8 ♒ 16	23 ♏	22 ♍	22 ♋	3 ♌	2 ♉
22	1 ♈ 31	11 ♒ 50	29 ♑ 14	0 R 39	12 ♓ 49	17 ♉ 33	1 ♈ 24	21 ♍ 25	27 ♈ 12	6 ♊ 32	6 ♈ 8	8 ♒ 17	23 ♏	21 ♍	22 ♋	3 ♌	2 ♉
23	2 ♈ 30	23 ♒ 37	29 ♑ 11	0 ♒ 36	14 ♓ 27	18 ♉ 33	2 ♈ 11	21 ♍ 18	27 ♈ 19	6 ♊ 34	6 ♈ 10	8 ♒ 18	23 ♏	21 ♍	22 ♋	3 ♌	2 ♉
24	3 ♈ 30	5 ♓ 24	29 ♑ 8	0 ♒ 31	16 ♓ 7	19 ♉ 32	2 ♈ 57	21 ♍ 10	27 ♈ 26	6 ♊ 36	6 ♈ 12	8 ♒ 20	23 ♏	21 ♍	22 ♋	3 ♌	2 ♉
25	4 ♈ 29	17 ♓ 16	29 ♑ 5	0 ♒ 23	17 ♓ 48	20 ♉ 30	3 ♈ 44	21 ♍ 3	27 ♈ 34	6 ♊ 38	6 ♈ 15	8 ♒ 21	23 ♏	21 ♍	22 ♋	3 ♌	2 ♉
26	5 ♈ 29	29 ♓ 14	29 ♑ 2	0 ♒ 12	19 ♓ 30	21 ♉ 28	4 ♈ 31	20 ♍ 55	27 ♈ 41	6 ♊ 40	6 ♈ 17	8 ♒ 22	23 ♏	20 ♍	22 ♋	3 ♌	2 ♉
27	6 ♈ 28	11 ♈ 21	28 ♑ 58	0 ♒ 0	21 ♓ 13	22 ♉ 26	5 ♈ 17	20 ♍ 48	27 ♈ 48	6 ♊ 42	6 ♈ 19	8 ♒ 23	23 ♏	20 ♍	23 ♋	3 ♌	2 ♉
28	7 ♈ 28	23 ♈ 36	28 ♑ 55	29 ♑ 47	22 ♓ 58	23 ♉ 23	6 ♈ 4	20 ♍ 41	27 ♈ 56	6 ♊ 44	6 ♈ 22	8 ♒ 24	23 ♏	20 ♍	23 ♋	3 ♌	2 ♉
29	8 ♈ 27	6 ♉ 1	28 ♑ 52	29 ♑ 35	24 ♓ 44	24 ♉ 20	6 ♈ 50	20 ♍ 34	28 ♈ 3	6 ♊ 47	6 ♈ 24	8 ♒ 25	23 ♏	19 ♍	23 ♋	3 ♌	2 ♉
30	9 ♈ 26	18 ♉ 37	28 ♑ 49	29 ♑ 24	26 ♓ 32	25 ♉ 16	7 ♈ 37	20 ♍ 27	28 ♈ 10	6 ♊ 49	6 ♈ 26	8 ♒ 26	23 ♏	19 ♍	23 ♋	3 ♌	2 ♉
31	10 ♈ 26	1 ♊ 24	28 ♑ 46	29 ♑ 16	28 ♓ 21	26 ♉ 11	8 ♈ 23	20 ♍ 20	28 ♈ 18	6 ♊ 51	6 ♈ 28	8 ♒ 28	23 ♏	19 ♍	23 ♋	3 ♌	2 ♉

SUN INGRESS	☉ → ♈ 20日 11:17
MOON PHASE	◐ 4日 18:02 ♊ ○ 11日 10:06 ♍ ◑ 18日 08:23 ♐ ● 26日 13:31 ♈

aspects		
10日	18:45	☿⚹♄
11日	00:58	♂☍♃
12日	18:02	♀□♇
13日	00:37	☉☍♃
17日	23:13	☿□♅
21日	11:36	☉☌♂
25日	11:51	♀△♃
26日	18:33	☿☍♃
26日	20:16	☉☌♆
27日	05:53	☉⚹♅
28日	09:41	♂☌♆
28日	12:14	☿⚹♀
28日	22:00	♂⚹♅
28日	23:20	☉⚹♇
31日	02:20	♂⚹♇

2028年4月

DAY	☉	☽	☊ mean	☊ true	☿	♀	♂	♃	♄	♅	♆	♇	⚳	⚴	⚵	⚶	⚷
	° ′	° ′	° ′	° ′	° ′	° ′	° ′	° ′	° ′	° ′	° ′	° ′	°	°	°	°	°
1	11 ♈ 25	14 ♊ 24	28 ♑ 43	29 R 11	0 D 11	27 D 6	9 D 10	20 R 13	28 D 25	6 D 53	6 D 31	8 D 29	23 R	19 R	24 D	3 D	2 D
2	12 ♈ 24	27 ♊ 38	28 ♑ 39	29 ♑ 8	2 ♈ 3	28 ♉ 1	9 ♈ 56	20 ♍ 6	28 ♈ 33	6 ♊ 56	6 ♈ 33	8 ♒ 30	23 ♏	18 ♍	24 ♋	3 ♌	2 ♉
3	13 ♈ 23	11 ♋ 8	28 ♑ 36	29 ♑ 7	3 ♈ 56	28 ♉ 54	10 ♈ 42	19 ♍ 59	28 ♈ 40	6 ♊ 58	6 ♈ 35	8 ♒ 31	22 ♏	18 ♍	24 ♋	3 ♌	2 ♉
4	14 ♈ 22	24 ♋ 57	28 ♑ 33	29 D 7	5 ♈ 50	29 ♉ 48	11 ♈ 28	19 ♍ 53	28 ♈ 47	7 ♊ 0	6 ♈ 37	8 ♒ 32	22 ♏	18 ♍	24 ♋	3 ♌	2 ♉
5	15 ♈ 22	9 ♌ 5	28 ♑ 30	29 R 7	7 ♈ 46	0 ♊ 40	12 ♈ 15	19 ♍ 46	28 ♈ 55	7 ♊ 3	6 ♈ 40	8 ♒ 33	22 ♏	18 ♍	25 ♋	4 ♌	3 ♉
6	16 ♈ 21	23 ♌ 31	28 ♑ 27	29 ♑ 5	9 ♈ 43	1 ♊ 32	13 ♈ 1	19 ♍ 40	29 ♈ 2	7 ♊ 5	6 ♈ 42	8 ♒ 33	22 ♏	17 ♍	25 ♋	4 ♌	3 ♉
7	17 ♈ 20	8 ♍ 14	28 ♑ 24	29 ♑ 1	11 ♈ 42	2 ♊ 23	13 ♈ 47	19 ♍ 34	29 ♈ 10	7 ♊ 8	6 ♈ 44	8 ♒ 34	22 ♏	17 ♍	25 ♋	4 ♌	3 ♉
8	18 ♈ 19	23 ♍ 7	28 ♑ 20	28 ♑ 54	13 ♈ 42	3 ♊ 13	14 ♈ 33	19 ♍ 27	29 ♈ 18	7 ♊ 10	6 ♈ 46	8 ♒ 35	22 ♏	17 ♍	25 ♋	4 ♌	3 ♉
9	19 ♈ 18	8 ♎ 3	28 ♑ 17	28 ♑ 44	15 ♈ 43	4 ♊ 2	15 ♈ 19	19 ♍ 21	29 ♈ 25	7 ♊ 13	6 ♈ 49	8 ♒ 36	22 ♏	17 ♍	26 ♋	4 ♌	3 ♉
10	20 ♈ 16	22 ♎ 54	28 ♑ 14	28 ♑ 33	17 ♈ 45	4 ♊ 51	16 ♈ 5	19 ♍ 16	29 ♈ 33	7 ♊ 16	6 ♈ 51	8 ♒ 37	22 ♏	17 ♍	26 ♋	4 ♌	3 ♉
11	21 ♈ 15	7 ♏ 29	28 ♑ 11	28 ♑ 22	19 ♈ 48	5 ♊ 39	16 ♈ 51	19 ♍ 10	29 ♈ 40	7 ♊ 18	6 ♈ 53	8 ♒ 38	22 ♏	16 ♍	26 ♋	4 ♌	3 ♉
12	22 ♈ 14	21 ♏ 43	28 ♑ 8	28 ♑ 11	21 ♈ 52	6 ♊ 26	17 ♈ 37	19 ♍ 4	29 ♈ 48	7 ♊ 21	6 ♈ 55	8 ♒ 38	21 ♏	16 ♍	26 ♋	5 ♌	3 ♉
13	23 ♈ 13	5 ♐ 30	28 ♑ 4	28 ♑ 2	23 ♈ 58	7 ♊ 12	18 ♈ 23	18 ♍ 59	29 ♈ 55	7 ♊ 24	6 ♈ 58	8 ♒ 39	21 ♏	16 ♍	27 ♋	5 ♌	3 ♉
14	24 ♈ 12	18 ♐ 50	28 ♑ 1	27 ♑ 56	26 ♈ 3	7 ♊ 57	19 ♈ 9	18 ♍ 54	0 ♉ 3	7 ♊ 26	7 ♈ 0	8 ♒ 40	21 ♏	16 ♍	27 ♋	5 ♌	3 ♉
15	25 ♈ 11	1 ♑ 43	27 ♑ 58	27 ♑ 53	28 ♈ 10	8 ♊ 41	19 ♈ 54	18 ♍ 48	0 ♉ 11	7 ♊ 29	7 ♈ 2	8 ♒ 41	21 ♏	16 ♍	27 ♋	5 ♌	3 ♉
16	26 ♈ 9	14 ♑ 12	27 ♑ 55	27 ♑ 51	0 ♉ 16	9 ♊ 24	20 ♈ 40	18 ♍ 43	0 ♉ 18	7 ♊ 32	7 ♈ 4	8 ♒ 41	21 ♏	16 ♍	27 ♋	5 ♌	3 ♉
17	27 ♈ 8	26 ♑ 23	27 ♑ 52	27 ♑ 51	2 ♉ 23	10 ♊ 6	21 ♈ 26	18 ♍ 38	0 ♉ 26	7 ♊ 35	7 ♈ 6	8 ♒ 42	21 ♏	16 ♍	28 ♋	5 ♌	3 ♉
18	28 ♈ 7	8 ♒ 21	27 ♑ 49	27 ♑ 51	4 ♉ 30	10 ♊ 47	22 ♈ 12	18 ♍ 34	0 ♉ 34	7 ♊ 38	7 ♈ 8	8 ♒ 43	20 ♏	15 ♍	28 ♋	6 ♌	3 ♉
19	29 ♈ 5	20 ♒ 12	27 ♑ 45	27 ♑ 50	6 ♉ 36	11 ♊ 27	22 ♈ 57	18 ♍ 29	0 ♉ 41	7 ♊ 41	7 ♈ 11	8 ♒ 43	20 ♏	15 ♍	28 ♋	6 ♌	3 ♉
20	0 ♉ 4	1 ♓ 59	27 ♑ 42	27 ♑ 47	8 ♉ 41	12 ♊ 6	23 ♈ 43	18 ♍ 25	0 ♉ 49	7 ♊ 44	7 ♈ 13	8 ♒ 44	20 ♏	15 ♍	29 ♋	6 ♌	3 ♉
21	1 ♉ 3	13 ♓ 49	27 ♑ 39	27 ♑ 41	10 ♉ 45	12 ♊ 44	24 ♈ 28	18 ♍ 21	0 ♉ 57	7 ♊ 47	7 ♈ 15	8 ♒ 44	20 ♏	15 ♍	29 ♋	6 ♌	4 ♉
22	2 ♉ 1	25 ♓ 46	27 ♑ 36	27 ♑ 32	12 ♉ 48	13 ♊ 20	25 ♈ 14	18 ♍ 17	1 ♉ 4	7 ♊ 50	7 ♈ 17	8 ♒ 45	20 ♏	15 ♍	29 ♋	6 ♌	4 ♉
23	3 ♉ 0	7 ♈ 51	27 ♑ 33	27 ♑ 21	14 ♉ 49	13 ♊ 55	25 ♈ 59	18 ♍ 13	1 ♉ 12	7 ♊ 53	7 ♈ 19	8 ♒ 45	19 ♏	15 ♍	29 ♋	7 ♌	4 ♉
24	3 ♉ 58	20 ♈ 8	27 ♑ 29	27 ♑ 9	16 ♉ 47	14 ♊ 29	26 ♈ 45	18 ♍ 9	1 ♉ 20	7 ♊ 56	7 ♈ 21	8 ♒ 46	19 ♏	15 ♍	0 ♌	7 ♌	4 ♉
25	4 ♉ 57	2 ♉ 38	27 ♑ 26	26 ♑ 55	18 ♉ 44	15 ♊ 1	27 ♈ 30	18 ♍ 5	1 ♉ 27	7 ♊ 59	7 ♈ 23	8 ♒ 46	19 ♏	15 ♍	0 ♌	7 ♌	4 ♉
26	5 ♉ 55	15 ♉ 20	27 ♑ 23	26 ♑ 42	20 ♉ 37	15 ♊ 32	28 ♈ 15	18 ♍ 2	1 ♉ 35	8 ♊ 2	7 ♈ 25	8 ♒ 46	19 ♏	15 ♍	0 ♌	7 ♌	4 ♉
27	6 ♉ 54	28 ♉ 14	27 ♑ 20	26 ♑ 31	22 ♉ 28	16 ♊ 1	29 ♈ 0	17 ♍ 59	1 ♉ 42	8 ♊ 5	7 ♈ 27	8 ♒ 47	19 ♏	15 ♍	1 ♌	8 ♌	4 ♉
28	7 ♉ 52	11 ♊ 20	27 ♑ 17	26 ♑ 22	24 ♉ 16	16 ♊ 29	29 ♈ 46	17 ♍ 56	1 ♉ 50	8 ♊ 8	7 ♈ 29	8 ♒ 47	18 ♏	15 ♍	1 ♌	8 ♌	4 ♉
29	8 ♉ 50	24 ♊ 37	27 ♑ 14	26 ♑ 16	26 ♉ 0	16 ♊ 55	0 ♉ 31	17 ♍ 53	1 ♉ 58	8 ♊ 11	7 ♈ 31	8 ♒ 47	18 ♏	15 ♍	1 ♌	8 ♌	4 ♉
30	9 ♉ 49	8 ♋ 5	27 ♑ 10	26 ♑ 12	27 ♉ 41	17 ♊ 20	1 ♉ 16	17 ♍ 50	2 ♉ 5	8 ♊ 14	7 ♈ 33	8 ♒ 48	18 ♏	15 ♍	2 ♌	8 ♌	4 ♉

SUN INGRESS	☉ → ♉ 19日 22:09
MOON PHASE	◐ 3日 04:15 ♋ ○ 9日 19:26 ♎ ◑ 17日 01:37 ♑ ● 25日 04:47 ♉

aspects		
4日	09:59	☿☌♆
4日	14:52	☿⚹♅
5日	09:36	☿⚹♇
8日	16:30	☿☌♂
12日	07:56	☉☌☿
12日	16:13	♀⚹♆
13日	06:47	♀☌♅
14日	23:49	♀△♇
16日	00:24	☿☌♄
20日	00:33	☿□♇
20日	21:10	☉☌♄
24日	16:18	☿△♃
28日	22:50	☉□♇

2028年5月

DAY	☉	☽	☊ mean	☊ true	☿	♀	♂	♃	♄	♅	♆	♇	⚳	⚴	⚵	⚶	⚷
	° ′	° ′	° ′	° ′	° ′	° ′	° ′	° ′	° ′	° ′	° ′	° ′	°	°	°	°	°
1	10 ♉ 47	21 ♋ 44	27 ♑ 7	26 R 11	29 D 18	17 D 43	2 D 1	17 R 48	2 D 13	8 D 18	7 D 35	8 D 48	18 R	15 R	2 D	9 D	4 D
2	11 ♉ 45	5 ♌ 34	27 ♑ 4	26 D 11	0 ♊ 51	18 ♊ 4	2 ♉ 46	17 ♍ 45	2 ♉ 21	8 ♊ 21	7 ♈ 37	8 ♒ 48	17 ♏	15 ♍	2 ♌	9 ♌	4 ♉
3	12 ♉ 43	19 ♌ 35	27 ♑ 1	26 R 11	2 ♊ 20	18 ♊ 23	3 ♉ 31	17 ♍ 43	2 ♉ 28	8 ♊ 24	7 ♈ 39	8 ♒ 48	17 ♏	15 D	3 ♌	9 ♌	4 ♉
4	13 ♉ 42	3 ♍ 48	26 ♑ 58	26 ♑ 10	3 ♊ 45	18 ♊ 40	4 ♉ 16	17 ♍ 41	2 ♉ 36	8 ♊ 27	7 ♈ 41	8 ♒ 49	17 ♏	15 ♍	3 ♌	9 ♌	4 ♉
5	14 ♉ 40	18 ♍ 11	26 ♑ 55	26 ♑ 6	5 ♊ 5	18 ♊ 55	5 ♉ 1	17 ♍ 40	2 ♉ 43	8 ♊ 31	7 ♈ 43	8 ♒ 49	17 ♏	15 ♍	3 ♌	10 ♌	4 ♉
6	15 ♉ 38	2 ♎ 41	26 ♑ 51	26 ♑ 0	6 ♊ 22	19 ♊ 8	5 ♉ 45	17 ♍ 38	2 ♉ 51	8 ♊ 34	7 ♈ 45	8 ♒ 49	17 ♏	15 ♍	3 ♌	10 ♌	4 ♉
7	16 ♉ 36	17 ♎ 12	26 ♑ 48	25 ♑ 52	7 ♊ 34	19 ♊ 19	6 ♉ 30	17 ♍ 37	2 ♉ 58	8 ♊ 37	7 ♈ 47	8 ♒ 49	16 ♏	15 ♍	4 ♌	10 ♌	4 ♉
8	17 ♉ 34	1 ♏ 38	26 ♑ 45	25 ♑ 42	8 ♊ 42	19 ♊ 28	7 ♉ 15	17 ♍ 35	3 ♉ 6	8 ♊ 41	7 ♈ 49	8 ♒ 49	16 ♏	15 ♍	4 ♌	10 ♌	5 ♉
9	18 ♉ 32	15 ♏ 54	26 ♑ 42	25 ♑ 31	9 ♊ 45	19 ♊ 34	7 ♉ 59	17 ♍ 34	3 ♉ 13	8 ♊ 44	7 ♈ 51	8 ♒ 49	16 ♏	15 ♍	4 ♌	11 ♌	5 ♉
10	19 ♉ 30	29 ♏ 53	26 ♑ 39	25 ♑ 21	10 ♊ 44	19 ♊ 39	8 ♉ 44	17 ♍ 34	3 ♉ 21	8 ♊ 47	7 ♈ 52	8 R 49	16 ♏	15 ♍	5 ♌	11 ♌	5 ♉
11	20 ♉ 28	13 ♐ 30	26 ♑ 35	25 ♑ 13	11 ♊ 39	19 ♊ 41	9 ♉ 28	17 ♍ 33	3 ♉ 28	8 ♊ 51	7 ♈ 54	8 ♒ 49	15 ♏	15 ♍	5 ♌	11 ♌	5 ♉
12	21 ♉ 26	26 ♐ 45	26 ♑ 32	25 ♑ 7	12 ♊ 28	19 R 40	10 ♉ 13	17 ♍ 32	3 ♉ 36	8 ♊ 54	7 ♈ 56	8 ♒ 49	15 ♏	15 ♍	5 ♌	12 ♌	5 ♉
13	22 ♉ 24	9 ♑ 36	26 ♑ 29	25 ♑ 4	13 ♊ 13	19 ♊ 37	10 ♉ 57	17 ♍ 32	3 ♉ 43	8 ♊ 58	7 ♈ 58	8 ♒ 49	15 ♏	15 ♍	6 ♌	12 ♌	5 ♉
14	23 ♉ 22	22 ♑ 6	26 ♑ 26	25 ♑ 3	13 ♊ 53	19 ♊ 32	11 ♉ 42	17 ♍ 32	3 ♉ 50	9 ♊ 1	7 ♈ 59	8 ♒ 49	15 ♏	15 ♍	6 ♌	12 ♌	5 ♉
15	24 ♉ 20	4 ♒ 19	26 ♑ 23	25 D 3	14 ♊ 28	19 ♊ 25	12 ♉ 26	17 D 32	3 ♉ 58	9 ♊ 4	8 ♈ 1	8 ♒ 49	15 ♏	15 ♍	7 ♌	13 ♌	5 ♉
16	25 ♉ 17	16 ♒ 19	26 ♑ 20	25 ♑ 4	14 ♊ 59	19 ♊ 15	13 ♉ 10	17 ♍ 32	4 ♉ 5	9 ♊ 8	8 ♈ 3	8 ♒ 49	14 ♏	15 ♍	7 ♌	13 ♌	5 ♉
17	26 ♉ 15	28 ♒ 12	26 ♑ 16	25 R 4	15 ♊ 24	19 ♊ 2	13 ♉ 55	17 ♍ 33	4 ♉ 12	9 ♊ 11	8 ♈ 5	8 ♒ 48	14 ♏	15 ♍	7 ♌	13 ♌	5 ♉
18	27 ♉ 13	10 ♓ 2	26 ♑ 13	25 ♑ 3	15 ♊ 45	18 ♊ 47	14 ♉ 39	17 ♍ 33	4 ♉ 20	9 ♊ 15	8 ♈ 6	8 ♒ 48	14 ♏	15 ♍	8 ♌	14 ♌	5 ♉
19	28 ♉ 11	21 ♓ 54	26 ♑ 10	25 ♑ 0	16 ♊ 0	18 ♊ 30	15 ♉ 23	17 ♍ 34	4 ♉ 27	9 ♊ 18	8 ♈ 8	8 ♒ 48	14 ♏	16 ♍	8 ♌	14 ♌	5 ♉
20	29 ♉ 9	3 ♈ 54	26 ♑ 7	24 ♑ 55	16 ♊ 11	18 ♊ 10	16 ♉ 7	17 ♍ 35	4 ♉ 34	9 ♊ 22	8 ♈ 9	8 ♒ 48	14 ♏	16 ♍	8 ♌	14 ♌	5 ♉
21	0 ♊ 6	16 ♈ 6	26 ♑ 4	24 ♑ 48	16 ♊ 17	17 ♊ 49	16 ♉ 51	17 ♍ 36	4 ♉ 41	9 ♊ 25	8 ♈ 11	8 ♒ 47	13 ♏	16 ♍	9 ♌	14 ♌	5 ♉
22	1 ♊ 4	28 ♈ 31	26 ♑ 1	24 ♑ 40	16 R 18	17 ♊ 25	17 ♉ 35	17 ♍ 37	4 ♉ 48	9 ♊ 29	8 ♈ 13	8 ♒ 47	13 ♏	16 ♍	9 ♌	15 ♌	5 ♉
23	2 ♊ 2	11 ♉ 13	25 ♑ 57	24 ♑ 30	16 ♊ 15	16 ♊ 59	18 ♉ 19	17 ♍ 39	4 ♉ 56	9 ♊ 32	8 ♈ 14	8 ♒ 47	13 ♏	16 ♍	9 ♌	15 ♌	5 ♉
24	2 ♊ 59	24 ♉ 11	25 ♑ 54	24 ♑ 21	16 ♊ 7	16 ♊ 31	19 ♉ 3	17 ♍ 41	5 ♉ 3	9 ♊ 36	8 ♈ 16	8 ♒ 46	13 ♏	16 ♍	10 ♌	15 ♌	5 ♉
25	3 ♊ 57	7 ♊ 25	25 ♑ 51	24 ♑ 13	15 ♊ 54	16 ♊ 1	19 ♉ 46	17 ♍ 42	5 ♉ 10	9 ♊ 39	8 ♈ 17	8 ♒ 46	13 ♏	16 ♍	10 ♌	16 ♌	6 ♉
26	4 ♊ 55	20 ♊ 54	25 ♑ 48	24 ♑ 7	15 ♊ 38	15 ♊ 29	20 ♉ 30	17 ♍ 44	5 ♉ 17	9 ♊ 43	8 ♈ 18	8 ♒ 45	12 ♏	17 ♍	10 ♌	16 ♌	6 ♉
27	5 ♊ 52	4 ♋ 34	25 ♑ 45	24 ♑ 3	15 ♊ 18	14 ♊ 56	21 ♉ 14	17 ♍ 47	5 ♉ 24	9 ♊ 46	8 ♈ 20	8 ♒ 45	12 ♏	17 ♍	11 ♌	17 ♌	6 ♉
28	6 ♊ 50	18 ♋ 25	25 ♑ 41	24 ♑ 2	14 ♊ 54	14 ♊ 22	21 ♉ 57	17 ♍ 49	5 ♉ 31	9 ♊ 50	8 ♈ 21	8 ♒ 45	12 ♏	17 ♍	11 ♌	17 ♌	6 ♉
29	7 ♊ 48	2 ♌ 23	25 ♑ 38	24 D 2	14 ♊ 28	13 ♊ 47	22 ♉ 41	17 ♍ 52	5 ♉ 37	9 ♊ 53	8 ♈ 23	8 ♒ 44	12 ♏	17 ♍	12 ♌	17 ♌	6 ♉
30	8 ♊ 45	16 ♌ 26	25 ♑ 35	24 ♑ 3	13 ♊ 59	13 ♊ 10	23 ♉ 24	17 ♍ 54	5 ♉ 44	9 ♊ 57	8 ♈ 24	8 ♒ 44	12 ♏	17 ♍	12 ♌	18 ♌	6 ♉
31	9 ♊ 43	0 ♍ 34	25 ♑ 32	24 ♑ 4	13 ♊ 28	12 ♊ 33	24 ♉ 8	17 ♍ 57	5 ♉ 51	10 ♊ 0	8 ♈ 25	8 ♒ 43	12 ♏	17 ♍	12 ♌	18 ♌	6 ♉

SUN INGRESS	☉ → ♊ 20日 21:09
MOON PHASE	◐ 2日 11:25 ♌　○ 9日 04:49 ♏　◑ 16日 19:43 ♒　● 24日 17:16 ♊　◐ 31日 16:36 ♍

aspects

1日	05:11	♀□♃
1日	07:41	♂☌♄
7日	04:28	☿⚹♆
7日	23:26	☿☌♅
8日	00:38	☉△♃
8日	02:32	☿△♇
10日	02:44	♂□♇
10日	12:07	♅△♇
21日	12:15	♀□♃
22日	01:28	♂△♃
25日	09:54	☿☌♀
29日	14:57	☉⚹♆
29日	23:18	☉△♇
31日	07:48	☉☌♅

2028年6月

DAY	☉	☽	☊ mean	☊ true	☿	♀	♂	♃	♄	♅	♆	♇	⚳	⚴	⚵	⚶	⚷
	° ′	° ′	° ′	° ′	° ′	° ′	° ′	° ′	° ′	° ′	° ′	° ′	°	°	°	°	°
1	10 ♊ 40	14 ♍ 45	25 ♑ 29	24 R 4	12 R 56	11 R 56	24 D 51	18 D 0	5 D 58	10 D 4	8 D 27	8 R 42	11 R	18 D	13 D	18 D	6 D
2	11 ♊ 38	28 ♍ 56	25 ♑ 26	24 ♑ 3	12 ♊ 22	11 ♊ 18	25 ♉ 35	18 ♍ 4	6 ♉ 5	10 ♊ 7	8 ♈ 28	8 ♒ 42	11 ♏	18 ♍	13 ♌	19 ♌	6 ♉
3	12 ♊ 35	13 ♎ 7	25 ♑ 22	24 ♑ 0	11 ♊ 49	10 ♊ 40	26 ♉ 18	18 ♍ 7	6 ♉ 11	10 ♊ 11	8 ♈ 29	8 ♒ 41	11 ♏	18 ♍	13 ♌	19 ♌	6 ♉
4	13 ♊ 33	27 ♎ 13	25 ♑ 19	23 ♑ 55	11 ♊ 15	10 ♊ 3	27 ♉ 1	18 ♍ 10	6 ♉ 18	10 ♊ 14	8 ♈ 30	8 ♒ 41	11 ♏	18 ♍	14 ♌	19 ♌	6 ♉
5	14 ♊ 30	11 ♏ 13	25 ♑ 16	23 ♑ 50	10 ♊ 43	9 ♊ 26	27 ♉ 44	18 ♍ 14	6 ♉ 25	10 ♊ 18	8 ♈ 32	8 ♒ 40	11 ♏	18 ♍	14 ♌	20 ♌	6 ♉
6	15 ♊ 28	25 ♏ 1	25 ♑ 13	23 ♑ 43	10 ♊ 12	8 ♊ 50	28 ♉ 27	18 ♍ 18	6 ♉ 31	10 ♊ 21	8 ♈ 33	8 ♒ 39	11 ♏	19 ♍	14 ♌	20 ♌	6 ♉
7	16 ♊ 25	8 ♐ 36	25 ♑ 10	23 ♑ 38	9 ♊ 42	8 ♊ 15	29 ♉ 11	18 ♍ 22	6 ♉ 38	10 ♊ 25	8 ♈ 34	8 ♒ 38	11 ♏	19 ♍	15 ♌	21 ♌	6 ♉
8	17 ♊ 22	21 ♐ 54	25 ♑ 7	23 ♑ 33	9 ♊ 16	7 ♊ 41	29 ♉ 54	18 ♍ 26	6 ♉ 44	10 ♊ 28	8 ♈ 35	8 ♒ 38	11 ♏	19 ♍	15 ♌	21 ♌	6 ♉
9	18 ♊ 20	4 ♑ 54	25 ♑ 3	23 ♑ 30	8 ♊ 51	7 ♊ 8	0 ♊ 36	18 ♍ 31	6 ♉ 51	10 ♊ 32	8 ♈ 36	8 ♒ 37	10 ♏	19 ♍	16 ♌	21 ♌	6 ♉
10	19 ♊ 17	17 ♑ 36	25 ♑ 0	23 ♑ 29	8 ♊ 31	6 ♊ 38	1 ♊ 19	18 ♍ 35	6 ♉ 57	10 ♊ 35	8 ♈ 37	8 ♒ 36	10 ♏	19 ♍	16 ♌	22 ♌	6 ♉
11	20 ♊ 14	0 ♒ 1	24 ♑ 57	23 D 29	8 ♊ 13	6 ♊ 8	2 ♊ 2	18 ♍ 40	7 ♉ 3	10 ♊ 39	8 ♈ 38	8 ♒ 35	10 ♏	20 ♍	16 ♌	22 ♌	6 ♉
12	21 ♊ 12	12 ♒ 12	24 ♑ 54	23 ♑ 30	8 ♊ 0	5 ♊ 41	2 ♊ 45	18 ♍ 45	7 ♉ 9	10 ♊ 42	8 ♈ 39	8 ♒ 35	10 ♏	20 ♍	17 ♌	22 ♌	7 ♉
13	22 ♊ 9	24 ♒ 12	24 ♑ 51	23 ♑ 31	7 ♊ 51	5 ♊ 16	3 ♊ 28	18 ♍ 50	7 ♉ 16	10 ♊ 46	8 ♈ 40	8 ♒ 34	10 ♏	20 ♍	17 ♌	23 ♌	7 ♉
14	23 ♊ 6	6 ♓ 5	24 ♑ 47	23 ♑ 33	7 ♊ 46	4 ♊ 53	4 ♊ 10	18 ♍ 55	7 ♉ 22	10 ♊ 49	8 ♈ 41	8 ♒ 33	10 ♏	20 ♍	18 ♌	23 ♌	7 ♉
15	24 ♊ 4	17 ♓ 56	24 ♑ 44	23 ♑ 34	7 D 45	4 ♊ 32	4 ♊ 53	19 ♍ 0	7 ♉ 28	10 ♊ 53	8 ♈ 42	8 ♒ 32	10 ♏	21 ♍	18 ♌	24 ♌	7 ♉
16	25 ♊ 1	29 ♓ 50	24 ♑ 41	23 R 34	7 ♊ 49	4 ♊ 14	5 ♊ 36	19 ♍ 6	7 ♉ 34	10 ♊ 56	8 ♈ 43	8 ♒ 31	10 ♏	21 ♍	18 ♌	24 ♌	7 ♉
17	25 ♊ 58	11 ♈ 52	24 ♑ 38	23 ♑ 33	7 ♊ 58	3 ♊ 57	6 ♊ 18	19 ♍ 11	7 ♉ 40	11 ♊ 0	8 ♈ 43	8 ♒ 30	10 ♏	21 ♍	19 ♌	24 ♌	7 ♉
18	26 ♊ 56	24 ♈ 5	24 ♑ 35	23 ♑ 31	8 ♊ 11	3 ♊ 44	7 ♊ 1	19 ♍ 17	7 ♉ 46	11 ♊ 3	8 ♈ 44	8 ♒ 29	10 ♏	21 ♍	19 ♌	25 ♌	7 ♉
19	27 ♊ 53	6 ♉ 35	24 ♑ 32	23 ♑ 28	8 ♊ 29	3 ♊ 32	7 ♊ 43	19 ♍ 23	7 ♉ 52	11 ♊ 7	8 ♈ 45	8 ♒ 28	10 ♏	22 ♍	19 ♌	25 ♌	7 ♉
20	28 ♊ 50	19 ♉ 23	24 ♑ 28	23 ♑ 24	8 ♊ 51	3 ♊ 23	8 ♊ 25	19 ♍ 29	7 ♉ 57	11 ♊ 10	8 ♈ 46	8 ♒ 27	10 ♏	22 ♍	20 ♌	26 ♌	7 ♉
21	29 ♊ 48	2 ♊ 32	24 ♑ 25	23 ♑ 20	9 ♊ 18	3 ♊ 16	9 ♊ 8	19 ♍ 35	8 ♉ 3	11 ♊ 13	8 ♈ 46	8 ♒ 26	10 ♏	22 ♍	20 ♌	26 ♌	7 ♉
22	0 ♋ 45	16 ♊ 1	24 ♑ 22	23 ♑ 17	9 ♊ 49	3 ♊ 12	9 ♊ 50	19 ♍ 41	8 ♉ 9	11 ♊ 17	8 ♈ 47	8 ♒ 25	10 ♏	22 ♍	21 ♌	26 ♌	7 ♉
23	1 ♋ 42	29 ♊ 50	24 ♑ 19	23 ♑ 15	10 ♊ 25	3 ♊ 10	10 ♊ 32	19 ♍ 48	8 ♉ 14	11 ♊ 20	8 ♈ 48	8 ♒ 24	10 ♏	23 ♍	21 ♌	27 ♌	7 ♉
24	2 ♋ 39	13 ♋ 54	24 ♑ 16	23 ♑ 14	11 ♊ 5	3 D 11	11 ♊ 14	19 ♍ 54	8 ♉ 20	11 ♊ 24	8 ♈ 48	8 ♒ 23	10 ♏	23 ♍	21 ♌	27 ♌	7 ♉
25	3 ♋ 37	28 ♋ 11	24 ♑ 13	23 D 14	11 ♊ 50	3 ♊ 14	11 ♊ 56	20 ♍ 1	8 ♉ 25	11 ♊ 27	8 ♈ 49	8 ♒ 22	10 D	23 ♍	22 ♌	28 ♌	7 ♉
26	4 ♋ 34	12 ♌ 34	24 ♑ 9	23 ♑ 14	12 ♊ 39	3 ♊ 19	12 ♊ 38	20 ♍ 8	8 ♉ 31	11 ♊ 30	8 ♈ 49	8 ♒ 21	10 ♏	24 ♍	22 ♌	28 ♌	7 ♉
27	5 ♋ 31	27 ♌ 1	24 ♑ 6	23 ♑ 15	13 ♊ 32	3 ♊ 26	13 ♊ 20	20 ♍ 15	8 ♉ 36	11 ♊ 33	8 ♈ 50	8 ♒ 20	10 ♏	24 ♍	23 ♌	29 ♌	7 ♉
28	6 ♋ 28	11 ♍ 25	24 ♑ 3	23 ♑ 17	14 ♊ 29	3 ♊ 35	14 ♊ 2	20 ♍ 22	8 ♉ 41	11 ♊ 37	8 ♈ 50	8 ♒ 19	10 ♏	24 ♍	23 ♌	29 ♌	7 ♉
29	7 ♋ 26	25 ♍ 45	24 ♑ 0	23 ♑ 17	15 ♊ 30	3 ♊ 46	14 ♊ 44	20 ♍ 29	8 ♉ 46	11 ♊ 40	8 ♈ 51	8 ♒ 18	10 ♏	24 ♍	23 ♌	29 ♌	7 ♉
30	8 ♋ 23	9 ♎ 56	23 ♑ 57	23 R 18	16 ♊ 35	4 ♊ 0	15 ♊ 26	20 ♍ 37	8 ♉ 52	11 ♊ 43	8 ♈ 51	8 ♒ 16	10 ♏	25 ♍	24 ♌	0 ♍	7 ♉

SUN INGRESS	☉ → ♋ 21日 05:02
MOON PHASE	○ 7日 15:08 ♐　◑ 15日 13:27 ♓　● 23日 03:27 ♋　◐ 29日 21:10 ♎

aspects

1日	19:00	☉☌♀
2日	11:46	☉☌☿
3日	17:14	♀☌♅
5日	17:07	☿☌♅
6日	07:26	♀△♇
6日	11:21	♀⚹♆
9日	05:00	☉□♃
9日	13:37	♆⚹♇
9日	16:39	☿⚹♆
9日	16:56	☿△♇
14日	15:58	♀☌♂
18日	23:39	☿△♇
19日	18:39	☿⚹♆
20日	01:02	♂△♇
20日	11:42	♂⚹♆
21日	21:51	☿☌♂
24日	05:45	♂☌♅
24日	10:59	☿☌♅
24日	12:02	♄□♇
25日	23:26	☿☌♂
30日	12:01	☉□♆
30日	13:17	☉⚹♄

2028年7月

DAY	☉	☽	☊ mean	☊ true	☿	♀	♂	♃	♄	♅	♆	♇	⚳	⚴	⚵	⚶	⚷
	° ′	° ′	° ′	° ′	° ′	° ′	° ′	° ′	° ′	° ′	° ′	° ′	°	°	°	°	°
1	9 ♋ 20	23 ♎ 57	23 ♑ 53	23 R 17	17 D 44	4 D 15	16 D 8	20 D 44	8 D 57	11 D 47	8 D 52	8 R 15	10 D	25 D	24 D	0 D	7 D
2	10 ♋ 17	7 ♏ 46	23 ♑ 50	23 ♑ 16	18 ♊ 57	4 ♊ 32	16 ♊ 49	20 ♍ 52	9 ♉ 2	11 ♊ 50	8 ♈ 52	8 ♒ 14	10 ♏	25 ♍	25 ♌	1 ♍	7 ♉
3	11 ♋ 14	21 ♏ 23	23 ♑ 47	23 ♑ 15	20 ♊ 14	4 ♊ 52	17 ♊ 31	20 ♍ 59	9 ♉ 6	11 ♊ 53	8 ♈ 52	8 ♒ 13	10 ♏	26 ♍	25 ♌	1 ♍	7 ♉
4	12 ♋ 12	4 ♐ 46	23 ♑ 44	23 ♑ 13	21 ♊ 35	5 ♊ 12	18 ♊ 12	21 ♍ 7	9 ♉ 11	11 ♊ 56	8 ♈ 52	8 ♒ 12	10 ♏	26 ♍	25 ♌	2 ♍	7 ♉
5	13 ♋ 9	17 ♐ 55	23 ♑ 41	23 ♑ 12	23 ♊ 0	5 ♊ 35	18 ♊ 54	21 ♍ 15	9 ♉ 16	11 ♊ 59	8 ♈ 53	8 ♒ 10	10 ♏	26 ♍	26 ♌	2 ♍	7 ♉
6	14 ♋ 6	0 ♑ 50	23 ♑ 38	23 ♑ 11	24 ♊ 28	5 ♊ 59	19 ♊ 35	21 ♍ 23	9 ♉ 21	12 ♊ 2	8 ♈ 53	8 ♒ 9	10 ♏	27 ♍	26 ♌	2 ♍	7 ♉
7	15 ♋ 3	13 ♑ 31	23 ♑ 34	23 ♑ 11	26 ♊ 0	6 ♊ 25	20 ♊ 17	21 ♍ 32	9 ♉ 25	12 ♊ 5	8 ♈ 53	8 ♒ 8	10 ♏	27 ♍	27 ♌	3 ♍	8 ♉
8	16 ♋ 0	25 ♑ 59	23 ♑ 31	23 D 11	27 ♊ 36	6 ♊ 53	20 ♊ 58	21 ♍ 40	9 ♉ 30	12 ♊ 9	8 ♈ 53	8 ♒ 7	10 ♏	27 ♍	27 ♌	3 ♍	8 ♉
9	16 ♋ 57	8 ♒ 14	23 ♑ 28	23 ♑ 11	29 ♊ 15	7 ♊ 22	21 ♊ 39	21 ♍ 48	9 ♉ 34	12 ♊ 12	8 ♈ 53	8 ♒ 5	10 ♏	28 ♍	27 ♌	4 ♍	8 ♉
10	17 ♋ 55	20 ♒ 19	23 ♑ 25	23 ♑ 11	0 ♋ 57	7 ♊ 53	22 ♊ 21	21 ♍ 57	9 ♉ 39	12 ♊ 15	8 ♈ 53	8 ♒ 4	10 ♏	28 ♍	28 ♌	4 ♍	8 ♉
11	18 ♋ 52	2 ♓ 17	23 ♑ 22	23 ♑ 12	2 ♋ 43	8 ♊ 24	23 ♊ 2	22 ♍ 5	9 ♉ 43	12 ♊ 18	8 ♈ 54	8 ♒ 3	10 ♏	28 ♍	28 ♌	5 ♍	8 ♉
12	19 ♋ 49	14 ♓ 9	23 ♑ 19	23 ♑ 12	4 ♋ 32	8 ♊ 58	23 ♊ 43	22 ♍ 14	9 ♉ 47	12 ♊ 21	8 R 54	8 ♒ 2	10 ♏	29 ♍	28 ♌	5 ♍	8 ♉
13	20 ♋ 46	26 ♓ 0	23 ♑ 15	23 ♑ 12	6 ♋ 24	9 ♊ 32	24 ♊ 24	22 ♍ 23	9 ♉ 51	12 ♊ 24	8 ♈ 53	8 ♒ 0	11 ♏	29 ♍	29 ♌	5 ♍	8 ♉
14	21 ♋ 43	7 ♈ 54	23 ♑ 12	23 ♑ 13	8 ♋ 18	10 ♊ 8	25 ♊ 5	22 ♍ 32	9 ♉ 55	12 ♊ 26	8 ♈ 53	7 ♒ 59	11 ♏	29 ♍	29 ♌	6 ♍	8 ♉
15	22 ♋ 41	19 ♈ 55	23 ♑ 9	23 ♑ 13	10 ♋ 16	10 ♊ 45	25 ♊ 46	22 ♍ 41	9 ♉ 59	12 ♊ 29	8 ♈ 53	7 ♒ 58	11 ♏	0 ♎	0 ♍	6 ♍	8 ♉
16	23 ♋ 38	2 ♉ 7	23 ♑ 6	23 ♑ 13	12 ♋ 15	11 ♊ 23	26 ♊ 27	22 ♍ 50	10 ♉ 3	12 ♊ 32	8 ♈ 53	7 ♒ 56	11 ♏	0 ♎	0 ♍	7 ♍	8 ♉
17	24 ♋ 35	14 ♉ 36	23 ♑ 3	23 ♑ 13	14 ♋ 17	12 ♊ 3	27 ♊ 8	23 ♍ 0	10 ♉ 7	12 ♊ 35	8 ♈ 53	7 ♒ 55	11 ♏	0 ♎	0 ♍	7 ♍	8 ♉
18	25 ♋ 32	27 ♉ 24	22 ♑ 59	23 ♑ 13	16 ♋ 21	12 ♊ 43	27 ♊ 49	23 ♍ 9	10 ♉ 10	12 ♊ 38	8 ♈ 53	7 ♒ 54	11 ♏	1 ♎	1 ♍	8 ♍	8 ♉
19	26 ♋ 30	10 ♊ 36	22 ♑ 56	23 ♑ 13	18 ♋ 26	13 ♊ 24	28 ♊ 29	23 ♍ 18	10 ♉ 14	12 ♊ 41	8 ♈ 53	7 ♒ 52	11 ♏	1 ♎	1 ♍	8 ♍	8 ♉
20	27 ♋ 27	24 ♊ 11	22 ♑ 53	23 ♑ 14	20 ♋ 33	14 ♊ 7	29 ♊ 10	23 ♍ 28	10 ♉ 17	12 ♊ 43	8 ♈ 52	7 ♒ 51	11 ♏	1 ♎	2 ♍	9 ♍	8 ♉
21	28 ♋ 24	8 ♋ 11	22 ♑ 50	23 ♑ 14	22 ♋ 39	14 ♊ 50	29 ♊ 51	23 ♍ 38	10 ♉ 21	12 ♊ 46	8 ♈ 52	7 ♒ 50	12 ♏	2 ♎	2 ♍	9 ♍	8 ♉
22	29 ♋ 22	22 ♋ 32	22 ♑ 47	23 ♑ 14	24 ♋ 46	15 ♊ 34	0 ♋ 31	23 ♍ 47	10 ♉ 24	12 ♊ 49	8 ♈ 52	7 ♒ 48	12 ♏	2 ♎	2 ♍	9 ♍	8 ♉
23	0 ♌ 19	7 ♌ 10	22 ♑ 44	23 R 14	26 ♋ 54	16 ♊ 20	1 ♋ 12	23 ♍ 57	10 ♉ 27	12 ♊ 51	8 ♈ 52	7 ♒ 47	12 ♏	2 ♎	3 ♍	10 ♍	8 ♉
24	1 ♌ 16	21 ♌ 59	22 ♑ 40	23 ♑ 13	29 ♋ 2	17 ♊ 6	1 ♋ 52	24 ♍ 7	10 ♉ 31	12 ♊ 54	8 ♈ 51	7 ♒ 45	12 ♏	3 ♎	3 ♍	10 ♍	8 ♉
25	2 ♌ 13	6 ♍ 51	22 ♑ 37	23 ♑ 12	1 ♌ 9	17 ♊ 52	2 ♋ 33	24 ♍ 17	10 ♉ 34	12 ♊ 57	8 ♈ 51	7 ♒ 44	12 ♏	3 ♎	4 ♍	11 ♍	8 ♉
26	3 ♌ 11	21 ♍ 38	22 ♑ 34	23 ♑ 11	3 ♌ 16	18 ♊ 40	3 ♋ 13	24 ♍ 27	10 ♉ 37	12 ♊ 59	8 ♈ 50	7 ♒ 43	12 ♏	3 ♎	4 ♍	11 ♍	8 ♉
27	4 ♌ 8	6 ♎ 15	22 ♑ 31	23 ♑ 10	5 ♌ 22	19 ♊ 28	3 ♋ 53	24 ♍ 38	10 ♉ 39	13 ♊ 2	8 ♈ 50	7 ♒ 41	13 ♏	4 ♎	4 ♍	12 ♍	8 ♉
28	5 ♌ 6	20 ♎ 35	22 ♑ 28	23 ♑ 10	7 ♌ 28	20 ♊ 17	4 ♋ 34	24 ♍ 48	10 ♉ 42	13 ♊ 4	8 ♈ 49	7 ♒ 40	13 ♏	4 ♎	5 ♍	12 ♍	8 ♉
29	6 ♌ 3	4 ♏ 37	22 ♑ 25	23 ♑ 9	9 ♌ 32	21 ♊ 7	5 ♋ 14	24 ♍ 58	10 ♉ 45	13 ♊ 7	8 ♈ 49	7 ♒ 38	13 ♏	5 ♎	5 ♍	13 ♍	8 ♉
30	7 ♌ 0	18 ♏ 19	22 ♑ 21	23 D 9	11 ♌ 35	21 ♊ 57	5 ♋ 54	25 ♍ 9	10 ♉ 47	13 ♊ 9	8 ♈ 48	7 ♒ 37	13 ♏	5 ♎	6 ♍	13 ♍	8 ♉
31	7 ♌ 58	1 ♐ 42	22 ♑ 18	23 ♑ 10	13 ♌ 36	22 ♊ 49	6 ♋ 34	25 ♍ 19	10 ♉ 50	13 ♊ 11	8 ♈ 48	7 ♒ 36	13 ♏	5 ♎	6 ♍	14 ♍	8 ♉

SUN INGRESS	☉ → ♌ 22日 15:54
MOON PHASE	○ 7日 03:10 ♑　◑ 15日 05:56 ♈　● 22日 12:01 ♋　◐ 29日 02:40 ♏

aspects		
3日	14:57	☿□♃
9日	06:27	♂□♃
10日	08:33	♀△♇
11日	21:02	♀⚹♆
14日	07:14	☿□♆
14日	20:32	☿⚹♄
15日	00:13	☉⚹♃
17日	20:47	♀☌♅
21日	12:00	☿⚹♃
25日	22:08	☉☌☿
28日	02:20	☿☍♇
28日	15:43	☿△♆
29日	14:32	☿□♄
30日	15:04	☉☍♇
30日	18:58	☿⚹♅
31日	20:44	☉△♆

2028年8月

DAY	☉	☽	☊ mean	☊ true	☿	♀	♂	♃	♄	♅	♆	♇	⚳	⚴	⚵	⚶	⚷
	° ′	° ′	° ′	° ′	° ′	° ′	° ′	° ′	° ′	° ′	° ′	° ′	°	°	°	°	°
1	8 ♌ 55	14 ♐ 47	22 ♑ 15	23 D 11	15 D 37	23 D 40	7 D 14	25 D 30	10 D 52	13 D 14	8 R 47	7 R 34	13 D	6 D	6 D	14 D	8 D
2	9 ♌ 52	27 ♐ 36	22 ♑ 12	23 ♑ 13	17 ♌ 35	24 ♊ 33	7 ♋ 54	25 ♍ 40	10 ♉ 54	13 ♊ 16	8 ♈ 46	7 ♒ 33	14 ♏	6 ♎	7 ♍	15 ♍	8 ♉
3	10 ♌ 50	10 ♑ 11	22 ♑ 9	23 ♑ 14	19 ♌ 33	25 ♊ 26	8 ♋ 34	25 ♍ 51	10 ♉ 57	13 ♊ 18	8 ♈ 46	7 ♒ 32	14 ♏	6 ♎	7 ♍	15 ♍	8 ♉
4	11 ♌ 47	22 ♑ 34	22 ♑ 5	23 ♑ 14	21 ♌ 28	26 ♊ 19	9 ♋ 14	26 ♍ 2	10 ♉ 59	13 ♊ 21	8 ♈ 45	7 ♒ 30	14 ♏	7 ♎	8 ♍	16 ♍	8 ♉
5	12 ♌ 45	4 ♒ 47	22 ♑ 2	23 R 14	23 ♌ 23	27 ♊ 13	9 ♋ 54	26 ♍ 13	11 ♉ 1	13 ♊ 23	8 ♈ 44	7 ♒ 29	14 ♏	7 ♎	8 ♍	16 ♍	8 ♉
6	13 ♌ 42	16 ♒ 52	21 ♑ 59	23 ♑ 12	25 ♌ 15	28 ♊ 8	10 ♋ 33	26 ♍ 24	11 ♉ 2	13 ♊ 25	8 ♈ 44	7 ♒ 27	15 ♏	8 ♎	9 ♍	16 ♍	8 ♉
7	14 ♌ 40	28 ♒ 50	21 ♑ 56	23 ♑ 10	27 ♌ 6	29 ♊ 3	11 ♋ 13	26 ♍ 35	11 ♉ 4	13 ♊ 27	8 ♈ 43	7 ♒ 26	15 ♏	8 ♎	9 ♍	17 ♍	8 ♉
8	15 ♌ 37	10 ♓ 43	21 ♑ 53	23 ♑ 7	28 ♌ 56	29 ♊ 58	11 ♋ 53	26 ♍ 46	11 ♉ 6	13 ♊ 29	8 ♈ 42	7 ♒ 25	15 ♏	8 ♎	9 ♍	17 ♍	8 ♉
9	16 ♌ 34	22 ♓ 35	21 ♑ 50	23 ♑ 3	0 ♍ 44	0 ♋ 55	12 ♋ 32	26 ♍ 57	11 ♉ 7	13 ♊ 31	8 ♈ 41	7 ♒ 23	15 ♏	9 ♎	10 ♍	18 ♍	8 ♉
10	17 ♌ 32	4 ♈ 26	21 ♑ 46	22 ♑ 59	2 ♍ 30	1 ♋ 51	13 ♋ 12	27 ♍ 9	11 ♉ 9	13 ♊ 33	8 ♈ 40	7 ♒ 22	15 ♏	9 ♎	10 ♍	18 ♍	8 ♉
11	18 ♌ 30	16 ♈ 20	21 ♑ 43	22 ♑ 55	4 ♍ 15	2 ♋ 48	13 ♋ 51	27 ♍ 20	11 ♉ 10	13 ♊ 35	8 ♈ 39	7 ♒ 21	16 ♏	9 ♎	11 ♍	19 ♍	8 ♉
12	19 ♌ 27	28 ♈ 20	21 ♑ 40	22 ♑ 53	5 ♍ 58	3 ♋ 46	14 ♋ 31	27 ♍ 31	11 ♉ 11	13 ♊ 37	8 ♈ 38	7 ♒ 19	16 ♏	10 ♎	11 ♍	19 ♍	8 ♉
13	20 ♌ 25	10 ♉ 31	21 ♑ 37	22 ♑ 51	7 ♍ 40	4 ♋ 44	15 ♋ 10	27 ♍ 43	11 ♉ 13	13 ♊ 39	8 ♈ 37	7 ♒ 18	16 ♏	10 ♎	11 ♍	20 ♍	8 R
14	21 ♌ 22	22 ♉ 56	21 ♑ 34	22 D 50	9 ♍ 20	5 ♋ 42	15 ♋ 49	27 ♍ 54	11 ♉ 14	13 ♊ 41	8 ♈ 36	7 ♒ 16	16 ♏	11 ♎	12 ♍	20 ♍	8 ♉
15	22 ♌ 20	5 ♊ 41	21 ♑ 31	22 ♑ 51	10 ♍ 59	6 ♋ 41	16 ♋ 29	28 ♍ 6	11 ♉ 15	13 ♊ 42	8 ♈ 35	7 ♒ 15	17 ♏	11 ♎	12 ♍	21 ♍	8 ♉
16	23 ♌ 18	18 ♊ 47	21 ♑ 27	22 ♑ 53	12 ♍ 36	7 ♋ 40	17 ♋ 8	28 ♍ 17	11 ♉ 15	13 ♊ 44	8 ♈ 34	7 ♒ 14	17 ♏	11 ♎	13 ♍	21 ♍	8 ♉
17	24 ♌ 15	2 ♋ 20	21 ♑ 24	22 ♑ 54	14 ♍ 12	8 ♋ 40	17 ♋ 47	28 ♍ 29	11 ♉ 16	13 ♊ 46	8 ♈ 33	7 ♒ 12	17 ♏	12 ♎	13 ♍	22 ♍	8 ♉
18	25 ♌ 13	16 ♋ 19	21 ♑ 21	22 ♑ 55	15 ♍ 46	9 ♋ 40	18 ♋ 26	28 ♍ 41	11 ♉ 17	13 ♊ 47	8 ♈ 32	7 ♒ 11	17 ♏	12 ♎	13 ♍	22 ♍	8 ♉
19	26 ♌ 11	0 ♌ 45	21 ♑ 18	22 R 55	17 ♍ 19	10 ♋ 40	19 ♋ 5	28 ♍ 53	11 ♉ 17	13 ♊ 49	8 ♈ 31	7 ♒ 10	18 ♏	13 ♎	14 ♍	23 ♍	8 ♉
20	27 ♌ 8	15 ♌ 33	21 ♑ 15	22 ♑ 53	18 ♍ 50	11 ♋ 41	19 ♋ 44	29 ♍ 4	11 ♉ 18	13 ♊ 50	8 ♈ 30	7 ♒ 9	18 ♏	13 ♎	14 ♍	23 ♍	8 ♉
21	28 ♌ 6	0 ♍ 38	21 ♑ 11	22 ♑ 50	20 ♍ 20	12 ♋ 42	20 ♋ 23	29 ♍ 16	11 ♉ 18	13 ♊ 52	8 ♈ 29	7 ♒ 7	18 ♏	13 ♎	15 ♍	24 ♍	8 ♉
22	29 ♌ 4	15 ♍ 49	21 ♑ 8	22 ♑ 46	21 ♍ 48	13 ♋ 43	21 ♋ 2	29 ♍ 28	11 ♉ 18	13 ♊ 53	8 ♈ 28	7 ♒ 6	18 ♏	14 ♎	15 ♍	24 ♍	8 ♉
23	0 ♍ 2	0 ♎ 58	21 ♑ 5	22 ♑ 40	23 ♍ 15	14 ♋ 45	21 ♋ 41	29 ♍ 40	11 ♉ 18	13 ♊ 55	8 ♈ 26	7 ♒ 5	19 ♏	14 ♎	15 ♍	25 ♍	8 ♉
24	1 ♍ 0	15 ♎ 53	21 ♑ 2	22 ♑ 35	24 ♍ 40	15 ♋ 47	22 ♋ 20	29 ♍ 52	11 R 18	13 ♊ 56	8 ♈ 25	7 ♒ 3	19 ♏	15 ♎	16 ♍	25 ♍	8 ♉
25	1 ♍ 58	0 ♏ 28	20 ♑ 59	22 ♑ 31	26 ♍ 4	16 ♋ 49	22 ♋ 58	0 ♎ 4	11 ♉ 18	13 ♊ 57	8 ♈ 24	7 ♒ 2	19 ♏	15 ♎	16 ♍	26 ♍	8 ♉
26	2 ♍ 55	14 ♏ 39	20 ♑ 56	22 ♑ 27	27 ♍ 26	17 ♋ 51	23 ♋ 37	0 ♎ 17	11 ♉ 18	13 ♊ 59	8 ♈ 23	7 ♒ 1	20 ♏	15 ♎	17 ♍	26 ♍	8 ♉
27	3 ♍ 53	28 ♏ 23	20 ♑ 52	22 ♑ 26	28 ♍ 47	18 ♋ 54	24 ♋ 16	0 ♎ 29	11 ♉ 18	14 ♊ 0	8 ♈ 21	7 ♒ 0	20 ♏	16 ♎	17 ♍	27 ♍	8 ♉
28	4 ♍ 51	11 ♐ 42	20 ♑ 49	22 D 26	0 ♎ 6	19 ♋ 57	24 ♋ 54	0 ♎ 41	11 ♉ 17	14 ♊ 1	8 ♈ 20	6 ♒ 59	20 ♏	16 ♎	17 ♍	27 ♍	8 ♉
29	5 ♍ 49	24 ♐ 38	20 ♑ 46	22 ♑ 27	1 ♎ 23	21 ♋ 1	25 ♋ 33	0 ♎ 53	11 ♉ 17	14 ♊ 2	8 ♈ 19	6 ♒ 57	20 ♏	17 ♎	18 ♍	28 ♍	8 ♉
30	6 ♍ 47	7 ♑ 16	20 ♑ 43	22 ♑ 29	2 ♎ 38	22 ♋ 4	26 ♋ 11	1 ♎ 6	11 ♉ 16	14 ♊ 3	8 ♈ 17	6 ♒ 56	21 ♏	17 ♎	18 ♍	28 ♍	8 ♉
31	7 ♍ 45	19 ♑ 37	20 ♑ 40	22 ♑ 29	3 ♎ 52	23 ♋ 8	26 ♋ 49	1 ♎ 18	11 ♉ 15	14 ♊ 4	8 ♈ 16	6 ♒ 55	21 ♏	17 ♎	19 ♍	29 ♍	8 ♉

SUN INGRESS	☉ → ♍ 22日 23:01
MOON PHASE	○ 5日 17:09 ♒　◑ 13日 20:45 ♉　● 20日 19:44 ♌　◐ 27日 10:36 ♐

aspects		
3日	02:57	☉□♄
3日	06:57	♂□♆
3日	14:30	♀□♃
5日	16:33	☉⚹♅
6日	18:22	♂⚹♄
9日	05:16	☿⚹♀
15日	03:57	☿△♄
16日	17:21	☿□♅
16日	21:27	♀□♆
19日	14:52	♀⚹♄
21日	01:36	☿⚹♂
28日	13:02	☿☌♃

2028年9月

DAY	☉	☽	☊ mean	☊ true	☿	♀	♂	♃	♄	♅	♆	♇	⚳	⚴	⚵	⚶	⚷
	° ′	° ′	° ′	° ′	° ′	° ′	° ′	° ′	° ′	° ′	° ′	° ′	°	°	°	°	°
1	8 ♍ 43	1 ♒ 47	20 ♑ 37	22 R 29	5 D 4	24 D 12	27 D 28	1 D 30	11 R 14	14 D 5	8 R 15	6 R 54	21 D	18 D	19 D	29 D	8 R
2	9 ♍ 41	13 ♒ 49	20 ♑ 33	22 ♑ 27	6 ♎ 13	25 ♋ 17	28 ♋ 6	1 ♎ 43	11 ♉ 13	14 ♊ 6	8 ♈ 13	6 ♒ 53	22 ♏	18 ♎	19 ♍	0 ♎	8 ♉
3	10 ♍ 39	25 ♒ 45	20 ♑ 30	22 ♑ 22	7 ♎ 21	26 ♋ 21	28 ♋ 44	1 ♎ 55	11 ♉ 12	14 ♊ 7	8 ♈ 12	6 ♒ 52	22 ♏	19 ♎	20 ♍	0 ♎	8 ♉
4	11 ♍ 37	7 ♓ 38	20 ♑ 27	22 ♑ 15	8 ♎ 26	27 ♋ 26	29 ♋ 22	2 ♎ 8	11 ♉ 11	14 ♊ 8	8 ♈ 10	6 ♒ 51	22 ♏	19 ♎	20 ♍	1 ♎	8 ♉
5	12 ♍ 36	19 ♓ 30	20 ♑ 24	22 ♑ 7	9 ♎ 30	28 ♋ 31	0 ♌ 0	2 ♎ 20	11 ♉ 10	14 ♊ 9	8 ♈ 9	6 ♒ 50	22 ♏	19 ♎	21 ♍	1 ♎	8 ♉
6	13 ♍ 34	1 ♈ 21	20 ♑ 21	21 ♑ 57	10 ♎ 30	29 ♋ 37	0 ♌ 38	2 ♎ 33	11 ♉ 8	14 ♊ 9	8 ♈ 8	6 ♒ 49	23 ♏	20 ♎	21 ♍	2 ♎	8 ♉
7	14 ♍ 32	13 ♈ 15	20 ♑ 17	21 ♑ 47	11 ♎ 29	0 ♌ 42	1 ♌ 16	2 ♎ 45	11 ♉ 7	14 ♊ 10	8 ♈ 6	6 ♒ 47	23 ♏	20 ♎	21 ♍	2 ♎	8 ♉
8	15 ♍ 30	25 ♈ 12	20 ♑ 14	21 ♑ 38	12 ♎ 24	1 ♌ 48	1 ♌ 54	2 ♎ 58	11 ♉ 5	14 ♊ 11	8 ♈ 5	6 ♒ 46	23 ♏	21 ♎	22 ♍	3 ♎	8 ♉
9	16 ♍ 28	7 ♉ 15	20 ♑ 11	21 ♑ 30	13 ♎ 17	2 ♌ 54	2 ♌ 32	3 ♎ 11	11 ♉ 4	14 ♊ 11	8 ♈ 3	6 ♒ 45	24 ♏	21 ♎	22 ♍	3 ♎	8 ♉
10	17 ♍ 27	19 ♉ 27	20 ♑ 8	21 ♑ 24	14 ♎ 6	4 ♌ 1	3 ♌ 10	3 ♎ 23	11 ♉ 2	14 ♊ 12	8 ♈ 1	6 ♒ 44	24 ♏	22 ♎	23 ♍	4 ♎	8 ♉
11	18 ♍ 25	1 ♊ 52	20 ♑ 5	21 ♑ 20	14 ♎ 53	5 ♌ 7	3 ♌ 47	3 ♎ 36	11 ♉ 0	14 ♊ 12	8 ♈ 0	6 ♒ 43	24 ♏	22 ♎	23 ♍	4 ♎	8 ♉
12	19 ♍ 23	14 ♊ 32	20 ♑ 2	21 ♑ 19	15 ♎ 35	6 ♌ 14	4 ♌ 25	3 ♎ 49	10 ♉ 58	14 ♊ 13	7 ♈ 58	6 ♒ 43	25 ♏	22 ♎	23 ♍	5 ♎	8 ♉
13	20 ♍ 22	27 ♊ 33	19 ♑ 58	21 D 19	16 ♎ 14	7 ♌ 21	5 ♌ 2	4 ♎ 2	10 ♉ 56	14 ♊ 13	7 ♈ 57	6 ♒ 42	25 ♏	23 ♎	24 ♍	5 ♎	8 ♉
14	21 ♍ 20	10 ♋ 57	19 ♑ 55	21 ♑ 20	16 ♎ 49	8 ♌ 28	5 ♌ 40	4 ♎ 14	10 ♉ 54	14 ♊ 13	7 ♈ 55	6 ♒ 41	25 ♏	23 ♎	24 ♍	6 ♎	8 ♉
15	22 ♍ 19	24 ♋ 48	19 ♑ 52	21 R 20	17 ♎ 20	9 ♌ 35	6 ♌ 17	4 ♎ 27	10 ♉ 52	14 ♊ 13	7 ♈ 54	6 ♒ 40	26 ♏	24 ♎	24 ♍	6 ♎	8 ♉
16	23 ♍ 17	9 ♌ 6	19 ♑ 49	21 ♑ 19	17 ♎ 46	10 ♌ 42	6 ♌ 55	4 ♎ 40	10 ♉ 49	14 ♊ 14	7 ♈ 52	6 ♒ 39	26 ♏	24 ♎	25 ♍	7 ♎	8 ♉
17	24 ♍ 16	23 ♌ 50	19 ♑ 46	21 ♑ 15	18 ♎ 6	11 ♌ 50	7 ♌ 32	4 ♎ 53	10 ♉ 47	14 ♊ 14	7 ♈ 50	6 ♒ 38	26 ♏	24 ♎	25 ♍	7 ♎	8 ♉
18	25 ♍ 14	8 ♍ 55	19 ♑ 42	21 ♑ 9	18 ♎ 22	12 ♌ 58	8 ♌ 10	5 ♎ 6	10 ♉ 44	14 ♊ 14	7 ♈ 49	6 ♒ 37	27 ♏	25 ♎	26 ♍	8 ♎	7 ♉
19	26 ♍ 13	24 ♍ 11	19 ♑ 39	21 ♑ 1	18 ♎ 32	14 ♌ 6	8 ♌ 47	5 ♎ 19	10 ♉ 41	14 ♊ 14	7 ♈ 47	6 ♒ 36	27 ♏	25 ♎	26 ♍	8 ♎	7 ♉
20	27 ♍ 11	9 ♎ 29	19 ♑ 36	20 ♑ 51	18 ♎ 35	15 ♌ 14	9 ♌ 24	5 ♎ 32	10 ♉ 39	14 R 14	7 ♈ 46	6 ♒ 36	27 ♏	26 ♎	26 ♍	9 ♎	7 ♉
21	28 ♍ 10	24 ♎ 37	19 ♑ 33	20 ♑ 41	18 R 32	16 ♌ 22	10 ♌ 1	5 ♎ 44	10 ♉ 36	14 ♊ 14	7 ♈ 44	6 ♒ 35	28 ♏	26 ♎	27 ♍	9 ♎	7 ♉
22	29 ♍ 9	9 ♏ 25	19 ♑ 30	20 ♑ 32	18 ♎ 23	17 ♌ 31	10 ♌ 38	5 ♎ 57	10 ♉ 33	14 ♊ 14	7 ♈ 42	6 ♒ 34	28 ♏	27 ♎	27 ♍	10 ♎	7 ♉
23	0 ♎ 7	23 ♏ 47	19 ♑ 27	20 ♑ 25	18 ♎ 6	18 ♌ 39	11 ♌ 15	6 ♎ 10	10 ♉ 30	14 ♊ 14	7 ♈ 41	6 ♒ 33	28 ♏	27 ♎	28 ♍	10 ♎	7 ♉
24	1 ♎ 6	7 ♐ 39	19 ♑ 23	20 ♑ 21	17 ♎ 42	19 ♌ 48	11 ♌ 52	6 ♎ 23	10 ♉ 27	14 ♊ 13	7 ♈ 39	6 ♒ 33	29 ♏	27 ♎	28 ♍	11 ♎	7 ♉
25	2 ♎ 5	21 ♐ 2	19 ♑ 20	20 ♑ 19	17 ♎ 11	20 ♌ 57	12 ♌ 29	6 ♎ 36	10 ♉ 24	14 ♊ 13	7 ♈ 37	6 ♒ 32	29 ♏	28 ♎	28 ♍	11 ♎	7 ♉
26	3 ♎ 4	3 ♑ 58	19 ♑ 17	20 D 18	16 ♎ 33	22 ♌ 6	13 ♌ 5	6 ♎ 49	10 ♉ 20	14 ♊ 13	7 ♈ 36	6 ♒ 31	29 ♏	28 ♎	29 ♍	12 ♎	7 ♉
27	4 ♎ 3	16 ♑ 32	19 ♑ 14	20 ♑ 19	15 ♎ 47	23 ♌ 15	13 ♌ 42	7 ♎ 2	10 ♉ 17	14 ♊ 12	7 ♈ 34	6 ♒ 31	0 ♐	29 ♎	29 ♍	12 ♎	7 ♉
28	5 ♎ 1	28 ♑ 48	19 ♑ 11	20 R 18	14 ♎ 56	24 ♌ 25	14 ♌ 19	7 ♎ 15	10 ♉ 14	14 ♊ 12	7 ♈ 32	6 ♒ 30	0 ♐	29 ♎	0 ♎	13 ♎	7 ♉
29	6 ♎ 0	10 ♒ 52	19 ♑ 8	20 ♑ 17	13 ♎ 58	25 ♌ 34	14 ♌ 55	7 ♎ 28	10 ♉ 10	14 ♊ 12	7 ♈ 31	6 ♒ 30	0 ♐	0 ♏	0 ♎	13 ♎	7 ♉
30	6 ♎ 59	22 ♒ 48	19 ♑ 4	20 ♑ 12	12 ♎ 56	26 ♌ 44	15 ♌ 32	7 ♎ 41	10 ♉ 7	14 ♊ 11	7 ♈ 29	6 ♒ 29	1 ♐	0 ♏	0 ♎	14 ♎	7 ♉

SUN INGRESS	☉ → ♎ 22日 20:45
MOON PHASE	○ 4日 08:47 ♓ ◑ 12日 09:45 ♊ ● 19日 03:23 ♍ ◐ 25日 22:10 ♑

aspects

2日	13:43	☿△♇
3日	13:19	☉△♄
3日	18:12	☿☍♆
6日	14:50	☉□♅
8日	04:50	♀☌♂
9日	07:21	♀⚹♃
10日	02:38	♀△♅
10日	13:19	♂⚹♃
12日	10:12	♀☍♇
13日	12:40	♀△♆
15日	13:58	♂☍♇
16日	02:19	♀□♄
17日	11:14	♂△♆
19日	02:52	♀⚹♅
21日	20:58	☿□♄
22日	14:51	☿⚹♀
24日	16:45	♃△♇
27日	19:41	♂⚹♅
28日	09:35	☿⚹♂
28日	18:30	☿△♅
29日	04:15	♃☍♆
29日	11:51	☉△♇
30日	11:47	☉☍♆
30日	21:50	☉☌♃

2028年10月

DAY	☉	☽	☊ mean	☊ true	☿	♀	♂	♃	♄	♅	♆	♇	⚳	⚴	⚵	⚶	⚷
	° ′	° ′	° ′	° ′	° ′	° ′	° ′	° ′	° ′	° ′	° ′	° ′	°	°	°	°	°
1	7 ♎ 58	4 ♓ 39	19 ♑ 1	20 R 6	11 R 50	27 D 54	16 D 8	7 D 54	10 R 3	14 R 11	7 R 27	6 R 29	1 D	0 D	1 D	14 D	7 R
2	8 ♎ 57	16 ♓ 30	18 ♑ 58	19 ♑ 56	10 ♎ 42	29 ♌ 4	16 ♌ 44	8 ♎ 7	9 ♉ 59	14 ♊ 10	7 ♈ 26	6 ♒ 28	1 ♐	1 ♏	1 ♎	15 ♎	7 ♉
3	9 ♎ 56	28 ♓ 22	18 ♑ 55	19 ♑ 44	9 ♎ 33	0 ♍ 14	17 ♌ 21	8 ♎ 20	9 ♉ 55	14 ♊ 9	7 ♈ 24	6 ♒ 28	2 ♐	1 ♏	2 ♎	15 ♎	7 ♉
4	10 ♎ 55	10 ♈ 17	18 ♑ 52	19 ♑ 30	8 ♎ 26	1 ♍ 24	17 ♌ 57	8 ♎ 33	9 ♉ 52	14 ♊ 9	7 ♈ 22	6 ♒ 27	2 ♐	2 ♏	2 ♎	16 ♎	7 ♉
5	11 ♎ 54	22 ♈ 16	18 ♑ 48	19 ♑ 16	7 ♎ 22	2 ♍ 34	18 ♌ 33	8 ♎ 46	9 ♉ 48	14 ♊ 8	7 ♈ 21	6 ♒ 27	2 ♐	2 ♏	2 ♎	16 ♎	7 ♉
6	12 ♎ 53	4 ♉ 21	18 ♑ 45	19 ♑ 2	6 ♎ 23	3 ♍ 45	19 ♌ 9	8 ♎ 59	9 ♉ 44	14 ♊ 7	7 ♈ 19	6 ♒ 26	3 ♐	3 ♏	2 ♎	17 ♎	7 ♉
7	13 ♎ 53	16 ♉ 32	18 ♑ 42	18 ♑ 50	5 ♎ 30	4 ♍ 55	19 ♌ 45	9 ♎ 12	9 ♉ 40	14 ♊ 6	7 ♈ 17	6 ♒ 26	3 ♐	3 ♏	3 ♎	17 ♎	7 ♉
8	14 ♎ 52	28 ♉ 52	18 ♑ 39	18 ♑ 41	4 ♎ 46	6 ♍ 6	20 ♌ 21	9 ♎ 25	9 ♉ 36	14 ♊ 5	7 ♈ 16	6 ♒ 26	4 ♐	3 ♏	3 ♎	18 ♎	7 ♉
9	15 ♎ 51	11 ♊ 23	18 ♑ 36	18 ♑ 35	4 ♎ 11	7 ♍ 17	20 ♌ 57	9 ♎ 38	9 ♉ 31	14 ♊ 4	7 ♈ 14	6 ♒ 25	4 ♐	4 ♏	4 ♎	18 ♎	7 ♉
10	16 ♎ 50	24 ♊ 6	18 ♑ 33	18 ♑ 31	3 ♎ 46	8 ♍ 28	21 ♌ 33	9 ♎ 51	9 ♉ 27	14 ♊ 3	7 ♈ 12	6 ♒ 25	4 ♐	4 ♏	4 ♎	19 ♎	7 ♉
11	17 ♎ 50	7 ♋ 6	18 ♑ 29	18 ♑ 30	3 ♎ 32	9 ♍ 39	22 ♌ 8	10 ♎ 4	9 ♉ 23	14 ♊ 2	7 ♈ 11	6 ♒ 25	5 ♐	5 ♏	5 ♎	19 ♎	7 ♉
12	18 ♎ 49	20 ♋ 24	18 ♑ 26	18 ♑ 30	3 D 29	10 ♍ 50	22 ♌ 44	10 ♎ 17	9 ♉ 19	14 ♊ 1	7 ♈ 9	6 ♒ 25	5 ♐	5 ♏	5 ♎	20 ♎	7 ♉
13	19 ♎ 48	4 ♌ 5	18 ♑ 23	18 ♑ 30	3 ♎ 36	12 ♍ 1	23 ♌ 19	10 ♎ 30	9 ♉ 14	14 ♊ 0	7 ♈ 8	6 ♒ 25	5 ♐	6 ♏	5 ♎	20 ♎	6 ♉
14	20 ♎ 48	18 ♌ 10	18 ♑ 20	18 ♑ 28	3 ♎ 54	13 ♍ 13	23 ♌ 55	10 ♎ 43	9 ♉ 10	13 ♊ 59	7 ♈ 6	6 ♒ 24	6 ♐	6 ♏	6 ♎	21 ♎	6 ♉
15	21 ♎ 47	2 ♍ 39	18 ♑ 17	18 ♑ 24	4 ♎ 22	14 ♍ 24	24 ♌ 30	10 ♎ 55	9 ♉ 5	13 ♊ 57	7 ♈ 4	6 ♒ 24	6 ♐	7 ♏	6 ♎	22 ♎	6 ♉
16	22 ♎ 47	17 ♍ 29	18 ♑ 14	18 ♑ 17	5 ♎ 0	15 ♍ 36	25 ♌ 6	11 ♎ 8	9 ♉ 1	13 ♊ 56	7 ♈ 3	6 ♒ 24	6 ♐	7 ♏	7 ♎	22 ♎	6 ♉
17	23 ♎ 46	2 ♎ 34	18 ♑ 10	18 ♑ 8	5 ♎ 46	16 ♍ 48	25 ♌ 41	11 ♎ 21	8 ♉ 56	13 ♊ 55	7 ♈ 1	6 ♒ 24	7 ♐	7 ♏	7 ♎	23 ♎	6 ♉
18	24 ♎ 46	17 ♎ 44	18 ♑ 7	17 ♑ 56	6 ♎ 40	18 ♍ 0	26 ♌ 16	11 ♎ 34	8 ♉ 52	13 ♊ 53	7 ♈ 0	6 ♒ 24	7 ♐	8 ♏	7 ♎	23 ♎	6 ♉
19	25 ♎ 45	2 ♏ 49	18 ♑ 4	17 ♑ 45	7 ♎ 41	19 ♍ 12	26 ♌ 51	11 ♎ 47	8 ♉ 47	13 ♊ 52	6 ♈ 58	6 ♒ 24	8 ♐	8 ♏	8 ♎	24 ♎	6 ♉
20	26 ♎ 45	17 ♏ 38	18 ♑ 1	17 ♑ 34	8 ♎ 49	20 ♍ 24	27 ♌ 26	12 ♎ 0	8 ♉ 42	13 ♊ 51	6 ♈ 56	6 D 24	8 ♐	9 ♏	8 ♎	24 ♎	6 ♉
21	27 ♎ 45	2 ♐ 5	17 ♑ 58	17 ♑ 26	10 ♎ 2	21 ♍ 36	28 ♌ 1	12 ♎ 12	8 ♉ 38	13 ♊ 49	6 ♈ 55	6 ♒ 24	8 ♐	9 ♏	8 ♎	25 ♎	6 ♉
22	28 ♎ 44	16 ♐ 3	17 ♑ 54	17 ♑ 20	11 ♎ 20	22 ♍ 48	28 ♌ 36	12 ♎ 25	8 ♉ 33	13 ♊ 48	6 ♈ 53	6 ♒ 24	9 ♐	10 ♏	9 ♎	25 ♎	6 ♉
23	29 ♎ 44	29 ♐ 32	17 ♑ 51	17 ♑ 17	12 ♎ 42	24 ♍ 0	29 ♌ 10	12 ♎ 38	8 ♉ 28	13 ♊ 46	6 ♈ 52	6 ♒ 24	9 ♐	10 ♏	9 ♎	26 ♎	6 ♉
24	0 ♏ 44	12 ♑ 33	17 ♑ 48	17 ♑ 16	14 ♎ 7	25 ♍ 13	29 ♌ 45	12 ♎ 50	8 ♉ 23	13 ♊ 44	6 ♈ 50	6 ♒ 24	9 ♐	11 ♏	10 ♎	26 ♎	6 ♉
25	1 ♏ 44	25 ♑ 10	17 ♑ 45	17 D 16	15 ♎ 36	26 ♍ 25	0 ♍ 19	13 ♎ 3	8 ♉ 19	13 ♊ 43	6 ♈ 49	6 ♒ 24	10 ♐	11 ♏	10 ♎	27 ♎	6 ♉
26	2 ♏ 43	7 ♒ 27	17 ♑ 42	17 R 16	17 ♎ 7	27 ♍ 38	0 ♍ 54	13 ♎ 16	8 ♉ 14	13 ♊ 41	6 ♈ 47	6 ♒ 25	10 ♐	11 ♏	10 ♎	27 ♎	6 ♉
27	3 ♏ 43	19 ♒ 31	17 ♑ 39	17 ♑ 15	18 ♎ 40	28 ♍ 50	1 ♍ 28	13 ♎ 28	8 ♉ 9	13 ♊ 39	6 ♈ 46	6 ♒ 25	11 ♐	12 ♏	11 ♎	28 ♎	6 ♉
28	4 ♏ 43	1 ♓ 25	17 ♑ 35	17 ♑ 11	20 ♎ 14	0 ♎ 3	2 ♍ 2	13 ♎ 41	8 ♉ 4	13 ♊ 37	6 ♈ 45	6 ♒ 25	11 ♐	12 ♏	11 ♎	28 ♎	6 ♉
29	5 ♏ 43	13 ♓ 16	17 ♑ 32	17 ♑ 6	21 ♎ 50	1 ♎ 16	2 ♍ 36	13 ♎ 53	7 ♉ 59	13 ♊ 36	6 ♈ 43	6 ♒ 25	11 ♐	13 ♏	11 ♎	29 ♎	6 ♉
30	6 ♏ 43	25 ♓ 7	17 ♑ 29	16 ♑ 57	23 ♎ 27	2 ♎ 29	3 ♍ 11	14 ♎ 6	7 ♉ 55	13 ♊ 34	6 ♈ 42	6 ♒ 25	12 ♐	13 ♏	12 ♎	29 ♎	6 ♉
31	7 ♏ 43	7 ♈ 1	17 ♑ 26	16 ♑ 46	25 ♎ 4	3 ♎ 42	3 ♍ 44	14 ♎ 18	7 ♉ 50	13 ♊ 32	6 ♈ 40	6 ♒ 26	12 ♐	14 ♏	12 ♎	0 ♏	6 ♉

SUN INGRESS	☉ → ♏ 23日 06:13
MOON PHASE	○ 4日 01:25 ♈ ◑ 11日 20:57 ♋ ● 18日 11:56 ♎ ◐ 25日 13:53 ♒

aspects

2日	19:37	☉☌☿
3日	21:47	☿☌♃
5日	00:24	☿☍♆
5日	22:23	☿△♇
7日	05:23	☉△♅
10日	18:53	♀△♄
14日	15:07	♀□♅
17日	17:16	☿△♇
18日	07:48	☿☍♆
21日	15:36	☉⚹♂
22日	22:36	☿☌♃
23日	17:42	☿△♅
27日	18:05	♃△♅
29日	16:59	☉□♇
31日	02:33	☉☍♄

2028年11月

DAY	☉	☽	☊ mean	☊ true	☿	♀	♂	♃	♄	♅	♆	♇	⚳	⚴	⚵	⚶	⚷
	° ′	° ′	° ′	° ′	° ′	° ′	° ′	° ′	° ′	° ′	° ′	° ′	°	°	°	°	°
1	8 ♏ 43	19 ♈ 1	17 ♑ 23	16 R 34	26 D 42	4 D 55	4 D 18	14 D 31	7 R 45	13 R 30	6 R 39	6 D 26	13 D	14 D	12 D	0 D	6 R
2	9 ♏ 43	1 ♉ 9	17 ♑ 19	16 ♑ 21	28 ♎ 21	6 ♎ 8	4 ♍ 52	14 ♎ 43	7 ♉ 40	13 ♊ 28	6 ♈ 38	6 ♒ 26	13 ♐	14 ♏	13 ♎	1 ♏	6 ♉
3	10 ♏ 43	13 ♉ 25	17 ♑ 16	16 ♑ 8	29 ♎ 59	7 ♎ 21	5 ♍ 26	14 ♎ 56	7 ♉ 35	13 ♊ 26	6 ♈ 36	6 ♒ 27	13 ♐	15 ♏	13 ♎	1 ♏	6 ♉
4	11 ♏ 43	25 ♉ 50	17 ♑ 13	15 ♑ 58	1 ♏ 38	8 ♎ 34	5 ♍ 59	15 ♎ 8	7 ♉ 30	13 ♊ 24	6 ♈ 35	6 ♒ 27	14 ♐	15 ♏	14 ♎	2 ♏	5 ♉
5	12 ♏ 43	8 ♊ 25	17 ♑ 10	15 ♑ 50	3 ♏ 17	9 ♎ 47	6 ♍ 33	15 ♎ 20	7 ♉ 26	13 ♊ 22	6 ♈ 34	6 ♒ 28	14 ♐	16 ♏	14 ♎	3 ♏	5 ♉
6	13 ♏ 43	21 ♊ 10	17 ♑ 7	15 ♑ 44	4 ♏ 55	11 ♎ 1	7 ♍ 6	15 ♎ 32	7 ♉ 21	13 ♊ 20	6 ♈ 33	6 ♒ 28	15 ♐	16 ♏	14 ♎	3 ♏	5 ♉
7	14 ♏ 43	4 ♋ 7	17 ♑ 4	15 ♑ 41	6 ♏ 34	12 ♎ 14	7 ♍ 39	15 ♎ 44	7 ♉ 16	13 ♊ 18	6 ♈ 31	6 ♒ 29	15 ♐	17 ♏	15 ♎	4 ♏	5 ♉
8	15 ♏ 44	17 ♋ 16	17 ♑ 0	15 D 41	8 ♏ 12	13 ♎ 28	8 ♍ 12	15 ♎ 57	7 ♉ 11	13 ♊ 16	6 ♈ 30	6 ♒ 29	15 ♐	17 ♏	15 ♎	4 ♏	5 ♉
9	16 ♏ 44	0 ♌ 39	16 ♑ 57	15 ♑ 41	9 ♏ 51	14 ♎ 41	8 ♍ 45	16 ♎ 9	7 ♉ 7	13 ♊ 13	6 ♈ 29	6 ♒ 30	16 ♐	18 ♏	15 ♎	5 ♏	5 ♉
10	17 ♏ 44	14 ♌ 18	16 ♑ 54	15 ♑ 42	11 ♏ 29	15 ♎ 55	9 ♍ 18	16 ♎ 21	7 ♉ 2	13 ♊ 11	6 ♈ 28	6 ♒ 30	16 ♐	18 ♏	16 ♎	5 ♏	5 ♉
11	18 ♏ 44	28 ♌ 14	16 ♑ 51	15 R 42	13 ♏ 6	17 ♎ 9	9 ♍ 51	16 ♎ 33	6 ♉ 57	13 ♊ 9	6 ♈ 27	6 ♒ 31	16 ♐	18 ♏	16 ♎	6 ♏	5 ♉
12	19 ♏ 45	12 ♍ 28	16 ♑ 48	15 ♑ 39	14 ♏ 44	18 ♎ 22	10 ♍ 24	16 ♎ 44	6 ♉ 52	13 ♊ 7	6 ♈ 25	6 ♒ 32	17 ♐	19 ♏	16 ♎	6 ♏	5 ♉
13	20 ♏ 45	26 ♍ 57	16 ♑ 45	15 ♑ 35	16 ♏ 21	19 ♎ 36	10 ♍ 56	16 ♎ 56	6 ♉ 48	13 ♊ 4	6 ♈ 24	6 ♒ 32	17 ♐	19 ♏	17 ♎	7 ♏	5 ♉
14	21 ♏ 45	11 ♎ 38	16 ♑ 41	15 ♑ 28	17 ♏ 58	20 ♎ 50	11 ♍ 29	17 ♎ 8	6 ♉ 43	13 ♊ 2	6 ♈ 23	6 ♒ 33	18 ♐	20 ♏	17 ♎	7 ♏	5 ♉
15	22 ♏ 46	26 ♎ 25	16 ♑ 38	15 ♑ 20	19 ♏ 34	22 ♎ 4	12 ♍ 1	17 ♎ 20	6 ♉ 39	13 ♊ 0	6 ♈ 22	6 ♒ 34	18 ♐	20 ♏	17 ♎	8 ♏	5 ♉
16	23 ♏ 46	11 ♏ 10	16 ♑ 35	15 ♑ 11	21 ♏ 11	23 ♎ 18	12 ♍ 33	17 ♎ 32	6 ♉ 34	12 ♊ 57	6 ♈ 21	6 ♒ 35	18 ♐	21 ♏	18 ♎	8 ♏	5 ♉
17	24 ♏ 47	25 ♏ 44	16 ♑ 32	15 ♑ 3	22 ♏ 47	24 ♎ 32	13 ♍ 5	17 ♎ 43	6 ♉ 30	12 ♊ 55	6 ♈ 20	6 ♒ 35	19 ♐	21 ♏	18 ♎	9 ♏	5 ♉
18	25 ♏ 47	10 ♐ 1	16 ♑ 29	14 ♑ 57	24 ♏ 22	25 ♎ 46	13 ♍ 37	17 ♎ 55	6 ♉ 25	12 ♊ 53	6 ♈ 19	6 ♒ 36	19 ♐	22 ♏	18 ♎	9 ♏	5 ♉
19	26 ♏ 48	23 ♐ 56	16 ♑ 25	14 ♑ 53	25 ♏ 58	27 ♎ 0	14 ♍ 9	18 ♎ 6	6 ♉ 21	12 ♊ 50	6 ♈ 18	6 ♒ 37	20 ♐	22 ♏	19 ♎	10 ♏	5 ♉
20	27 ♏ 48	7 ♑ 25	16 ♑ 22	14 ♑ 51	27 ♏ 33	28 ♎ 14	14 ♍ 41	18 ♎ 18	6 ♉ 16	12 ♊ 48	6 ♈ 17	6 ♒ 38	20 ♐	22 ♏	19 ♎	10 ♏	5 ♉
21	28 ♏ 49	20 ♑ 29	16 ♑ 19	14 D 51	29 ♏ 8	29 ♎ 29	15 ♍ 12	18 ♎ 29	6 ♉ 12	12 ♊ 45	6 ♈ 17	6 ♒ 39	20 ♐	23 ♏	19 ♎	11 ♏	5 ♉
22	29 ♏ 50	3 ♒ 10	16 ♑ 16	14 ♑ 52	0 ♐ 43	0 ♏ 43	15 ♍ 44	18 ♎ 40	6 ♉ 8	12 ♊ 43	6 ♈ 16	6 ♒ 40	21 ♐	23 ♏	20 ♎	11 ♏	5 ♉
23	0 ♐ 50	15 ♒ 31	16 ♑ 13	14 ♑ 53	2 ♐ 18	1 ♏ 57	16 ♍ 15	18 ♎ 51	6 ♉ 4	12 ♊ 41	6 ♈ 15	6 ♒ 41	21 ♐	24 ♏	20 ♎	12 ♏	5 ♉
24	1 ♐ 51	27 ♒ 38	16 ♑ 10	14 ♑ 54	3 ♐ 52	3 ♏ 12	16 ♍ 46	19 ♎ 3	6 ♉ 0	12 ♊ 38	6 ♈ 14	6 ♒ 42	22 ♐	24 ♏	20 ♎	13 ♏	5 ♉
25	2 ♐ 52	9 ♓ 34	16 ♑ 6	14 R 54	5 ♐ 26	4 ♏ 26	17 ♍ 17	19 ♎ 14	5 ♉ 56	12 ♊ 36	6 ♈ 13	6 ♒ 43	22 ♐	25 ♏	21 ♎	13 ♏	5 ♉
26	3 ♐ 52	21 ♓ 26	16 ♑ 3	14 ♑ 52	7 ♐ 0	5 ♏ 40	17 ♍ 48	19 ♎ 25	5 ♉ 52	12 ♊ 33	6 ♈ 13	6 ♒ 44	22 ♐	25 ♏	21 ♎	14 ♏	4 ♉
27	4 ♐ 53	3 ♈ 18	16 ♑ 0	14 ♑ 48	8 ♐ 34	6 ♏ 55	18 ♍ 18	19 ♎ 35	5 ♉ 48	12 ♊ 31	6 ♈ 12	6 ♒ 45	23 ♐	26 ♏	21 ♎	14 ♏	4 ♉
28	5 ♐ 54	15 ♈ 14	15 ♑ 57	14 ♑ 43	10 ♐ 8	8 ♏ 9	18 ♍ 49	19 ♎ 46	5 ♉ 44	12 ♊ 28	6 ♈ 11	6 ♒ 46	23 ♐	26 ♏	22 ♎	15 ♏	4 ♉
29	6 ♐ 54	27 ♈ 19	15 ♑ 54	14 ♑ 37	11 ♐ 42	9 ♏ 24	19 ♍ 19	19 ♎ 57	5 ♉ 40	12 ♊ 26	6 ♈ 11	6 ♒ 47	24 ♐	26 ♏	22 ♎	15 ♏	4 ♉
30	7 ♐ 55	9 ♉ 33	15 ♑ 51	14 ♑ 30	13 ♐ 16	10 ♏ 38	19 ♍ 49	20 ♎ 8	5 ♉ 36	12 ♊ 23	6 ♈ 10	6 ♒ 48	24 ♐	27 ♏	22 ♎	16 ♏	4 ♉

SUN INGRESS	☉ → ♐ 22日 03:54
MOON PHASE	○ 2日 18:17 ♉　◑ 10日 06:26 ♌　● 16日 22:18 ♏　◐ 24日 09:14 ♓

aspects		
2日	06:12	♀△♇
2日	09:39	♀☍♆
6日	09:19	♂△♄
6日	22:42	☿□♇
7日	09:45	☿☍♄
7日	20:07	♀△♅
7日	23:58	☿⚹♂
8日	10:33	♆⚹♇
10日	09:58	♀☌♃
15日	21:54	♄□♇
16日	16:50	♂□♅
20日	10:39	☉☌☿
25日	11:55	☿△♆
25日	19:39	☿⚹♇
26日	03:28	♀☍♄
26日	20:40	♀□♇
28日	06:54	☉△♆
28日	20:54	☉⚹♇
29日	10:52	☿☍♅

2028年12月

DAY	☉	☽	☊ mean	☊ true	☿	♀	♂	♃	♄	♅	♆	♇	⚳	⚴	⚵	⚶	⚷
	° ′	° ′	° ′	° ′	° ′	° ′	° ′	° ′	° ′	° ′	° ′	° ′	°	°	°	°	°
1	8 ♐ 56	22 ♉ 1	15 ♑ 47	14 R 23	14 D 49	11 D 53	20 D 19	20 D 18	5 R 33	12 R 20	6 R 10	6 D 49	24 D	27 D	23 D	16 D	4 R
2	9 ♐ 57	4 ♊ 41	15 ♑ 44	14 ♑ 17	16 ♐ 23	13 ♏ 7	20 ♍ 49	20 ♎ 29	5 ♉ 29	12 ♊ 18	6 ♈ 9	6 ♒ 50	25 ♐	28 ♏	23 ♎	17 ♏	4 ♉
3	10 ♐ 58	17 ♊ 36	15 ♑ 41	14 ♑ 13	17 ♐ 56	14 ♏ 22	21 ♍ 19	20 ♎ 39	5 ♉ 26	12 ♊ 15	6 ♈ 9	6 ♒ 51	25 ♐	28 ♏	23 ♎	17 ♏	4 ♉
4	11 ♐ 58	0 ♋ 43	15 ♑ 38	14 ♑ 10	19 ♐ 29	15 ♏ 37	21 ♍ 48	20 ♎ 49	5 ♉ 22	12 ♊ 13	6 ♈ 8	6 ♒ 53	26 ♐	29 ♏	24 ♎	18 ♏	4 ♉
5	12 ♐ 59	14 ♋ 2	15 ♑ 35	14 ♑ 10	21 ♐ 3	16 ♏ 51	22 ♍ 18	21 ♎ 0	5 ♉ 19	12 ♊ 10	6 ♈ 8	6 ♒ 54	26 ♐	29 ♏	24 ♎	18 ♏	4 ♉
6	14 ♐ 0	27 ♋ 32	15 ♑ 31	14 D 10	22 ♐ 36	18 ♏ 6	22 ♍ 47	21 ♎ 10	5 ♉ 16	12 ♊ 8	6 ♈ 7	6 ♒ 55	26 ♐	29 ♏	24 ♎	19 ♏	4 ♉
7	15 ♐ 1	11 ♌ 13	15 ♑ 28	14 ♑ 12	24 ♐ 9	19 ♏ 21	23 ♍ 16	21 ♎ 20	5 ♉ 13	12 ♊ 5	6 ♈ 7	6 ♒ 56	27 ♐	0 ♐	25 ♎	19 ♏	4 ♉
8	16 ♐ 2	25 ♌ 4	15 ♑ 25	14 ♑ 13	25 ♐ 43	20 ♏ 36	23 ♍ 45	21 ♎ 30	5 ♉ 10	12 ♊ 3	6 ♈ 7	6 ♒ 58	27 ♐	0 ♐	25 ♎	20 ♏	4 ♉
9	17 ♐ 3	9 ♍ 4	15 ♑ 22	14 ♑ 14	27 ♐ 16	21 ♏ 51	24 ♍ 13	21 ♎ 40	5 ♉ 7	12 ♊ 0	6 ♈ 6	6 ♒ 59	28 ♐	1 ♐	25 ♎	20 ♏	4 ♉
10	18 ♐ 4	23 ♍ 11	15 ♑ 19	14 R 14	28 ♐ 49	23 ♏ 5	24 ♍ 42	21 ♎ 49	5 ♉ 4	11 ♊ 58	6 ♈ 6	7 ♒ 0	28 ♐	1 ♐	26 ♎	21 ♏	4 ♉
11	19 ♐ 5	7 ♎ 26	15 ♑ 16	14 ♑ 13	0 ♑ 22	24 ♏ 20	25 ♍ 10	21 ♎ 59	5 ♉ 1	11 ♊ 55	6 ♈ 6	7 ♒ 2	28 ♐	2 ♐	26 ♎	21 ♏	4 ♉
12	20 ♐ 6	21 ♎ 44	15 ♑ 12	14 ♑ 11	1 ♑ 55	25 ♏ 35	25 ♍ 38	22 ♎ 8	4 ♉ 58	11 ♊ 53	6 ♈ 5	7 ♒ 3	29 ♐	2 ♐	26 ♎	22 ♏	4 ♉
13	21 ♐ 7	6 ♏ 2	15 ♑ 9	14 ♑ 8	3 ♑ 28	26 ♏ 50	26 ♍ 6	22 ♎ 18	4 ♉ 56	11 ♊ 50	6 ♈ 5	7 ♒ 4	29 ♐	2 ♐	26 ♎	22 ♏	4 ♉
14	22 ♐ 8	20 ♏ 17	15 ♑ 6	14 ♑ 5	5 ♑ 1	28 ♏ 5	26 ♍ 33	22 ♎ 27	4 ♉ 53	11 ♊ 48	6 ♈ 5	7 ♒ 6	0 ♑	3 ♐	27 ♎	23 ♏	4 ♉
15	23 ♐ 9	4 ♐ 24	15 ♑ 3	14 ♑ 2	6 ♑ 33	29 ♏ 20	27 ♍ 1	22 ♎ 36	4 ♉ 51	11 ♊ 45	6 ♈ 5	7 ♒ 7	0 ♑	3 ♐	27 ♎	24 ♏	4 ♉
16	24 ♐ 10	18 ♐ 18	15 ♑ 0	13 ♑ 59	8 ♑ 5	0 ♐ 35	27 ♍ 28	22 ♎ 46	4 ♉ 48	11 ♊ 43	6 ♈ 5	7 ♒ 9	1 ♑	4 ♐	27 ♎	24 ♏	4 ♉
17	25 ♐ 11	1 ♑ 55	14 ♑ 57	13 ♑ 58	9 ♑ 37	1 ♐ 50	27 ♍ 55	22 ♎ 54	4 ♉ 46	11 ♊ 40	6 ♈ 5	7 ♒ 10	1 ♑	4 ♐	28 ♎	25 ♏	4 ♉
18	26 ♐ 12	15 ♑ 14	14 ♑ 53	13 D 57	11 ♑ 9	3 ♐ 5	28 ♍ 22	23 ♎ 3	4 ♉ 44	11 ♊ 38	6 D 5	7 ♒ 12	1 ♑	5 ♐	28 ♎	25 ♏	4 ♉
19	27 ♐ 13	28 ♑ 13	14 ♑ 50	13 ♑ 58	12 ♑ 40	4 ♐ 20	28 ♍ 48	23 ♎ 12	4 ♉ 42	11 ♊ 35	6 ♈ 5	7 ♒ 13	2 ♑	5 ♐	28 ♎	26 ♏	4 ♉
20	28 ♐ 14	10 ♒ 53	14 ♑ 47	13 ♑ 59	14 ♑ 10	5 ♐ 35	29 ♍ 14	23 ♎ 21	4 ♉ 40	11 ♊ 33	6 ♈ 5	7 ♒ 15	2 ♑	6 ♐	28 ♎	26 ♏	4 ♉
21	29 ♐ 15	23 ♒ 15	14 ♑ 44	14 ♑ 0	15 ♑ 40	6 ♐ 50	29 ♍ 40	23 ♎ 29	4 ♉ 38	11 ♊ 31	6 ♈ 5	7 ♒ 16	3 ♑	6 ♐	29 ♎	27 ♏	4 ♉
22	0 ♑ 17	5 ♓ 24	14 ♑ 41	14 ♑ 2	17 ♑ 9	8 ♐ 5	0 ♎ 6	23 ♎ 38	4 ♉ 37	11 ♊ 28	6 ♈ 5	7 ♒ 18	3 ♑	6 ♐	29 ♎	27 ♏	4 ♉
23	1 ♑ 18	17 ♓ 23	14 ♑ 37	14 ♑ 3	18 ♑ 36	9 ♐ 20	0 ♎ 32	23 ♎ 46	4 ♉ 35	11 ♊ 26	6 ♈ 6	7 ♒ 19	3 ♑	7 ♐	29 ♎	28 ♏	4 ♉
24	2 ♑ 19	29 ♓ 16	14 ♑ 34	14 ♑ 3	20 ♑ 2	10 ♐ 35	0 ♎ 57	23 ♎ 54	4 ♉ 34	11 ♊ 23	6 ♈ 6	7 ♒ 21	4 ♑	7 ♐	0 ♏	28 ♏	4 ♉
25	3 ♑ 20	11 ♈ 8	14 ♑ 31	14 R 3	21 ♑ 27	11 ♐ 50	1 ♎ 22	24 ♎ 2	4 ♉ 32	11 ♊ 21	6 ♈ 6	7 ♒ 23	4 ♑	8 ♐	0 ♏	29 ♏	4 ♉
26	4 ♑ 21	23 ♈ 5	14 ♑ 28	14 ♑ 2	22 ♑ 49	13 ♐ 5	1 ♎ 47	24 ♎ 10	4 ♉ 31	11 ♊ 19	6 ♈ 6	7 ♒ 24	5 ♑	8 ♐	0 ♏	29 ♏	4 ♉
27	5 ♑ 22	5 ♉ 10	14 ♑ 25	14 ♑ 2	24 ♑ 10	14 ♐ 21	2 ♎ 11	24 ♎ 18	4 ♉ 30	11 ♊ 17	6 ♈ 7	7 ♒ 26	5 ♑	8 ♐	0 ♏	0 ♐	4 ♉
28	6 ♑ 23	17 ♉ 27	14 ♑ 22	14 ♑ 0	25 ♑ 27	15 ♐ 36	2 ♎ 35	24 ♎ 25	4 ♉ 29	11 ♊ 14	6 ♈ 7	7 ♒ 27	5 ♑	9 ♐	1 ♏	0 ♐	4 ♉
29	7 ♑ 24	0 ♊ 1	14 ♑ 18	13 ♑ 59	26 ♑ 42	16 ♐ 51	2 ♎ 59	24 ♎ 33	4 ♉ 28	11 ♊ 12	6 ♈ 7	7 ♒ 29	6 ♑	9 ♐	1 ♏	1 ♐	4 ♉
30	8 ♑ 25	12 ♊ 52	14 ♑ 15	13 ♑ 59	27 ♑ 52	18 ♐ 6	3 ♎ 23	24 ♎ 40	4 ♉ 27	11 ♊ 10	6 ♈ 8	7 ♒ 31	6 ♑	10 ♐	1 ♏	1 ♐	3 ♉
31	9 ♑ 27	26 ♊ 2	14 ♑ 12	13 ♑ 58	28 ♑ 59	19 ♐ 21	3 ♎ 46	24 ♎ 47	4 ♉ 26	11 ♊ 8	6 ♈ 8	7 ♒ 32	7 ♑	10 ♐	1 ♏	2 ♐	3 ♉

SUN INGRESS	☉ → ♑ 21日 17:19
MOON PHASE	○ 2日 10:40 ♊　◑ 9日 14:39 ♍　● 16日 11:06 ♐　◐ 24日 06:45 ♈

aspects		
4日	05:28	☉☍♅
4日	23:05	☿⚹♃
6日	04:00	☿□♂
12日	01:24	♀⚹♂
13日	22:08	☿△♄
14日	08:58	☉⚹♃
14日	16:44	☿□♆
20日	09:38	♀△♆
21日	08:31	♀⚹♇
21日	16:59	☉□♂
24日	14:55	♀☍♅
26日	03:53	☉△♄
27日	02:39	☿□♃
27日	17:35	☉□♆

2029年1月

DAY	☉	☽	☊ mean	☊ true	☿	♀	♂	♃	♄	♅	♆	♇	⚳	⚴	⚵	⚶	⚷
	° ′	° ′	° ′	° ′	° ′	° ′	° ′	° ′	° ′	° ′	° ′	° ′	°	°	°	°	°
1	10 ♑ 28	9 ♋ 31	14 ♑ 9	13 R 58	0 D 0	20 D 36	4 D 9	24 D 54	4 R 26	11 R 6	6 D 9	7 D 34	7 D	11 D	2 D	2 D	3 R
2	11 ♑ 29	23 ♋ 16	14 ♑ 6	13 D 58	0 ♒ 55	21 ♐ 51	4 ♎ 32	25 ♎ 1	4 ♉ 25	11 ♊ 4	6 ♈ 9	7 ♒ 36	7 ♑	11 ♐	2 ♏	3 ♐	3 ♉
3	12 ♑ 30	7 ♌ 15	14 ♑ 3	13 ♑ 58	1 ♒ 44	23 ♐ 7	4 ♎ 54	25 ♎ 8	4 ♉ 25	11 ♊ 2	6 ♈ 10	7 ♒ 38	8 ♑	11 ♐	2 ♏	3 ♐	3 ♉
4	13 ♑ 31	21 ♌ 25	13 ♑ 59	13 ♑ 58	2 ♒ 25	24 ♐ 22	5 ♎ 16	25 ♎ 15	4 ♉ 25	10 ♊ 59	6 ♈ 10	7 ♒ 39	8 ♑	12 ♐	2 ♏	4 ♐	3 ♉
5	14 ♑ 32	5 ♍ 41	13 ♑ 56	13 R 58	2 ♒ 58	25 ♐ 37	5 ♎ 38	25 ♎ 21	4 ♉ 25	10 ♊ 57	6 ♈ 11	7 ♒ 41	9 ♑	12 ♐	3 ♏	4 ♐	3 ♉
6	15 ♑ 33	19 ♍ 58	13 ♑ 53	13 ♑ 58	3 ♒ 21	26 ♐ 52	5 ♎ 59	25 ♎ 28	4 D 24	10 ♊ 55	6 ♈ 12	7 ♒ 43	9 ♑	13 ♐	3 ♏	5 ♐	3 ♉
7	16 ♑ 35	4 ♎ 15	13 ♑ 50	13 ♑ 58	3 ♒ 35	28 ♐ 7	6 ♎ 20	25 ♎ 34	4 ♉ 25	10 ♊ 54	6 ♈ 12	7 ♒ 45	9 ♑	13 ♐	3 ♏	5 ♐	3 ♉
8	17 ♑ 36	18 ♎ 27	13 ♑ 47	13 D 58	3 R 37	29 ♐ 23	6 ♎ 41	25 ♎ 40	4 ♉ 25	10 ♊ 52	6 ♈ 13	7 ♒ 46	10 ♑	13 ♐	3 ♏	6 ♐	3 ♉
9	18 ♑ 37	2 ♏ 33	13 ♑ 43	13 ♑ 58	3 ♒ 28	0 ♑ 38	7 ♎ 2	25 ♎ 46	4 ♉ 25	10 ♊ 50	6 ♈ 14	7 ♒ 48	10 ♑	14 ♐	4 ♏	6 ♐	3 ♉
10	19 ♑ 38	16 ♏ 31	13 ♑ 40	13 ♑ 58	3 ♒ 7	1 ♑ 53	7 ♎ 22	25 ♎ 52	4 ♉ 25	10 ♊ 48	6 ♈ 15	7 ♒ 50	11 ♑	14 ♐	4 ♏	7 ♐	3 ♉
11	20 ♑ 39	0 ♐ 19	13 ♑ 37	13 ♑ 59	2 ♒ 34	3 ♑ 8	7 ♎ 41	25 ♎ 57	4 ♉ 26	10 ♊ 46	6 ♈ 16	7 ♒ 52	11 ♑	15 ♐	4 ♏	7 ♐	3 ♉
12	21 ♑ 40	13 ♐ 56	13 ♑ 34	14 ♑ 0	1 ♒ 50	4 ♑ 23	8 ♎ 0	26 ♎ 3	4 ♉ 27	10 ♊ 44	6 ♈ 16	7 ♒ 54	11 ♑	15 ♐	4 ♏	8 ♐	3 ♉
13	22 ♑ 41	27 ♐ 21	13 ♑ 31	14 ♑ 0	0 ♒ 55	5 ♑ 39	8 ♎ 19	26 ♎ 8	4 ♉ 27	10 ♊ 43	6 ♈ 17	7 ♒ 55	12 ♑	16 ♐	4 ♏	8 ♐	3 ♉
14	23 ♑ 43	10 ♑ 34	13 ♑ 28	14 ♑ 1	29 ♑ 52	6 ♑ 54	8 ♎ 38	26 ♎ 13	4 ♉ 28	10 ♊ 41	6 ♈ 18	7 ♒ 57	12 ♑	16 ♐	5 ♏	9 ♐	3 D
15	24 ♑ 44	23 ♑ 33	13 ♑ 24	14 R 1	28 ♑ 41	8 ♑ 9	8 ♎ 56	26 ♎ 18	4 ♉ 29	10 ♊ 39	6 ♈ 19	7 ♒ 59	13 ♑	16 ♐	5 ♏	9 ♐	3 ♉
16	25 ♑ 45	6 ♒ 18	13 ♑ 21	14 ♑ 0	27 ♑ 25	9 ♑ 24	9 ♎ 13	26 ♎ 23	4 ♉ 30	10 ♊ 38	6 ♈ 20	8 ♒ 1	13 ♑	17 ♐	5 ♏	10 ♐	3 ♉
17	26 ♑ 46	18 ♒ 49	13 ♑ 18	13 ♑ 58	26 ♑ 7	10 ♑ 40	9 ♎ 30	26 ♎ 27	4 ♉ 31	10 ♊ 36	6 ♈ 21	8 ♒ 3	13 ♑	17 ♐	5 ♏	10 ♐	3 ♉
18	27 ♑ 47	1 ♓ 7	13 ♑ 15	13 ♑ 56	24 ♑ 48	11 ♑ 55	9 ♎ 47	26 ♎ 32	4 ♉ 33	10 ♊ 35	6 ♈ 22	8 ♒ 5	14 ♑	18 ♐	5 ♏	11 ♐	3 ♉
19	28 ♑ 48	13 ♓ 14	13 ♑ 12	13 ♑ 54	23 ♑ 32	13 ♑ 10	10 ♎ 3	26 ♎ 36	4 ♉ 34	10 ♊ 33	6 ♈ 23	8 ♒ 7	14 ♑	18 ♐	6 ♏	11 ♐	3 ♉
20	29 ♑ 49	25 ♓ 13	13 ♑ 9	13 ♑ 52	22 ♑ 20	14 ♑ 25	10 ♎ 19	26 ♎ 40	4 ♉ 36	10 ♊ 32	6 ♈ 25	8 ♒ 8	15 ♑	18 ♐	6 ♏	12 ♐	3 ♉
21	0 ♒ 50	7 ♈ 6	13 ♑ 5	13 ♑ 50	21 ♑ 14	15 ♑ 41	10 ♎ 34	26 ♎ 44	4 ♉ 37	10 ♊ 30	6 ♈ 26	8 ♒ 10	15 ♑	19 ♐	6 ♏	12 ♐	3 ♉
22	1 ♒ 51	18 ♈ 58	13 ♑ 2	13 ♑ 48	20 ♑ 16	16 ♑ 56	10 ♎ 49	26 ♎ 48	4 ♉ 39	10 ♊ 29	6 ♈ 27	8 ♒ 12	15 ♑	19 ♐	6 ♏	13 ♐	3 ♉
23	2 ♒ 52	0 ♉ 52	12 ♑ 59	13 ♑ 48	19 ♑ 26	18 ♑ 11	11 ♎ 3	26 ♎ 51	4 ♉ 41	10 ♊ 28	6 ♈ 28	8 ♒ 14	16 ♑	20 ♐	6 ♏	13 ♐	3 ♉
24	3 ♒ 54	12 ♉ 55	12 ♑ 56	13 D 48	18 ♑ 45	19 ♑ 26	11 ♎ 17	26 ♎ 55	4 ♉ 43	10 ♊ 27	6 ♈ 29	8 ♒ 16	16 ♑	20 ♐	6 ♏	14 ♐	3 ♉
25	4 ♒ 55	25 ♉ 10	12 ♑ 53	13 ♑ 49	18 ♑ 14	20 ♑ 42	11 ♎ 31	26 ♎ 58	4 ♉ 45	10 ♊ 25	6 ♈ 31	8 ♒ 18	17 ♑	20 ♐	7 ♏	14 ♐	3 ♉
26	5 ♒ 56	7 ♊ 42	12 ♑ 49	13 ♑ 51	17 ♑ 51	21 ♑ 57	11 ♎ 44	27 ♎ 1	4 ♉ 47	10 ♊ 24	6 ♈ 32	8 ♒ 20	17 ♑	21 ♐	7 ♏	15 ♐	3 ♉
27	6 ♒ 56	20 ♊ 35	12 ♑ 46	13 ♑ 52	17 ♑ 37	23 ♑ 12	11 ♎ 56	27 ♎ 4	4 ♉ 49	10 ♊ 23	6 ♈ 33	8 ♒ 22	17 ♑	21 ♐	7 ♏	15 ♐	3 ♉
28	7 ♒ 57	3 ♋ 52	12 ♑ 43	13 ♑ 53	17 ♑ 32	24 ♑ 27	12 ♎ 8	27 ♎ 7	4 ♉ 52	10 ♊ 22	6 ♈ 35	8 ♒ 23	18 ♑	21 ♐	7 ♏	16 ♐	3 ♉
29	8 ♒ 58	17 ♋ 33	12 ♑ 40	13 R 54	17 D 35	25 ♑ 42	12 ♎ 19	27 ♎ 9	4 ♉ 54	10 ♊ 21	6 ♈ 36	8 ♒ 25	18 ♑	22 ♐	7 ♏	16 ♐	4 ♉
30	9 ♒ 59	1 ♌ 37	12 ♑ 37	13 ♑ 53	17 ♑ 45	26 ♑ 58	12 ♎ 29	27 ♎ 11	4 ♉ 57	10 ♊ 20	6 ♈ 37	8 ♒ 27	19 ♑	22 ♐	7 ♏	17 ♐	4 ♉
31	11 ♒ 0	16 ♌ 2	12 ♑ 34	13 ♑ 50	18 ♑ 2	28 ♑ 13	12 ♎ 40	27 ♎ 14	5 ♉ 0	10 ♊ 19	6 ♈ 39	8 ♒ 29	19 ♑	23 ♐	8 ♏	17 ♐	4 ♉

SUN INGRESS	☉ → ♒ 20日 04:01
MOON PHASE	○ 1日 01:48 ♋　◑ 7日 22:26 ♎　● 15日 02:24 ♑　◐ 23日 04:23 ♉　○ 30日 15:03 ♌

aspects

4日 18:32 ♀⚹♃
6日 14:32 ♂☍♆
11日 14:42 ♂△♇
12日 00:59 ♀△♄
13日 12:28 ♀□♆
15日 19:17 ♀□♂
16日 16:05 ☉□♃
16日 17:16 ☉☌☿
16日 18:04 ☿□♃
20日 18:25 ♂△♅
23日 15:19 ☿☌♀
24日 20:05 ☉□♄
26日 14:39 ☉⚹♆
28日 10:32 ☉☌♇
30日 04:33 ♀□♃
30日 08:05 ☉△♅

2029年2月

DAY	☉	☽	☊ mean	☊ true	☿	♀	♂	♃	♄	♅	♆	♇	⚳	⚴	⚵	⚶	⚷
	° ′	° ′	° ′	° ′	° ′	° ′	° ′	° ′	° ′	° ′	° ′	° ′	°	°	°	°	°
1	12 ♒ 1	0 ♍ 41	12 ♑ 30	13 R 47	18 D 25	29 D 28	12 D 49	27 D 16	5 D 2	10 R 18	6 D 40	8 D 31	19 D	23 D	8 D	18 D	4 D
2	13 ♒ 2	15 ♍ 27	12 ♑ 27	13 ♑ 42	18 ♑ 54	0 ♒ 43	12 ♎ 58	27 ♎ 17	5 ♉ 5	10 ♊ 18	6 ♈ 42	8 ♒ 33	20 ♑	23 ♐	8 ♏	18 ♐	4 ♉
3	14 ♒ 3	0 ♎ 12	12 ♑ 24	13 ♑ 38	19 ♑ 29	1 ♒ 58	13 ♎ 6	27 ♎ 19	5 ♉ 8	10 ♊ 17	6 ♈ 43	8 ♒ 35	20 ♑	24 ♐	8 ♏	19 ♐	4 ♉
4	15 ♒ 4	14 ♎ 50	12 ♑ 21	13 ♑ 34	20 ♑ 8	3 ♒ 14	13 ♎ 14	27 ♎ 20	5 ♉ 11	10 ♊ 16	6 ♈ 45	8 ♒ 37	21 ♑	24 ♐	8 ♏	19 ♐	4 ♉
5	16 ♒ 5	29 ♎ 15	12 ♑ 18	13 ♑ 31	20 ♑ 52	4 ♒ 29	13 ♎ 21	27 ♎ 22	5 ♉ 15	10 ♊ 16	6 ♈ 46	8 ♒ 38	21 ♑	24 ♐	8 ♏	20 ♐	4 ♉
6	17 ♒ 5	13 ♏ 23	12 ♑ 15	13 ♑ 30	21 ♑ 40	5 ♒ 44	13 ♎ 28	27 ♎ 23	5 ♉ 18	10 ♊ 15	6 ♈ 48	8 ♒ 40	21 ♑	25 ♐	8 ♏	20 ♐	4 ♉
7	18 ♒ 6	27 ♏ 14	12 ♑ 11	13 D 31	22 ♑ 31	6 ♒ 59	13 ♎ 33	27 ♎ 23	5 ♉ 21	10 ♊ 14	6 ♈ 50	8 ♒ 42	22 ♑	25 ♐	8 ♏	21 ♐	4 ♉
8	19 ♒ 7	10 ♐ 47	12 ♑ 8	13 ♑ 32	23 ♑ 26	8 ♒ 14	13 ♎ 39	27 ♎ 24	5 ♉ 25	10 ♊ 14	6 ♈ 51	8 ♒ 44	22 ♑	26 ♐	8 ♏	21 ♐	4 ♉
9	20 ♒ 8	24 ♐ 4	12 ♑ 5	13 ♑ 33	24 ♑ 24	9 ♒ 29	13 ♎ 43	27 ♎ 25	5 ♉ 28	10 ♊ 13	6 ♈ 53	8 ♒ 46	22 ♑	26 ♐	9 ♏	22 ♐	4 ♉
10	21 ♒ 8	7 ♑ 6	12 ♑ 2	13 ♑ 35	25 ♑ 24	10 ♒ 45	13 ♎ 47	27 ♎ 25	5 ♉ 32	10 ♊ 13	6 ♈ 55	8 ♒ 48	23 ♑	26 ♐	9 ♏	22 ♐	4 ♉
11	22 ♒ 9	19 ♑ 55	11 ♑ 59	13 R 35	26 ♑ 28	12 ♒ 0	13 ♎ 50	27 R 25	5 ♉ 36	10 ♊ 13	6 ♈ 56	8 ♒ 50	23 ♑	27 ♐	9 ♏	23 ♐	4 ♉
12	23 ♒ 10	2 ♒ 32	11 ♑ 55	13 ♑ 33	27 ♑ 33	13 ♒ 15	13 ♎ 52	27 ♎ 25	5 ♉ 40	10 ♊ 12	6 ♈ 58	8 ♒ 51	24 ♑	27 ♐	9 ♏	23 ♐	4 ♉
13	24 ♒ 11	14 ♒ 59	11 ♑ 52	13 ♑ 29	28 ♑ 41	14 ♒ 30	13 ♎ 54	27 ♎ 25	5 ♉ 44	10 ♊ 12	7 ♈ 0	8 ♒ 53	24 ♑	27 ♐	9 ♏	24 ♐	4 ♉
14	25 ♒ 11	27 ♒ 17	11 ♑ 49	13 ♑ 23	29 ♑ 51	15 ♒ 45	13 ♎ 55	27 ♎ 24	5 ♉ 48	10 ♊ 12	7 ♈ 2	8 ♒ 55	24 ♑	28 ♐	9 ♏	24 ♐	4 ♉
15	26 ♒ 12	9 ♓ 26	11 ♑ 46	13 ♑ 15	1 ♒ 3	17 ♒ 0	13 R 55	27 ♎ 23	5 ♉ 52	10 ♊ 12	7 ♈ 4	8 ♒ 57	25 ♑	28 ♐	9 ♏	25 ♐	4 ♉
16	27 ♒ 13	21 ♓ 28	11 ♑ 43	13 ♑ 7	2 ♒ 16	18 ♒ 16	13 ♎ 54	27 ♎ 22	5 ♉ 56	10 ♊ 12	7 ♈ 5	8 ♒ 59	25 ♑	28 ♐	9 ♏	25 ♐	4 ♉
17	28 ♒ 13	3 ♈ 25	11 ♑ 40	12 ♑ 58	3 ♒ 32	19 ♒ 31	13 ♎ 53	27 ♎ 21	6 ♉ 0	10 D 12	7 ♈ 7	9 ♒ 0	26 ♑	29 ♐	9 ♏	25 ♐	4 ♉
18	29 ♒ 14	15 ♈ 17	11 ♑ 36	12 ♑ 49	4 ♒ 48	20 ♒ 46	13 ♎ 51	27 ♎ 20	6 ♉ 5	10 ♊ 12	7 ♈ 9	9 ♒ 2	26 ♑	29 ♐	9 ♏	26 ♐	4 ♉
19	0 ♓ 14	27 ♈ 8	11 ♑ 33	12 ♑ 43	6 ♒ 7	22 ♒ 1	13 ♎ 48	27 ♎ 19	6 ♉ 9	10 ♊ 12	7 ♈ 11	9 ♒ 4	26 ♑	29 ♐	9 ♏	26 ♐	4 ♉
20	1 ♓ 15	9 ♉ 1	11 ♑ 30	12 ♑ 38	7 ♒ 27	23 ♒ 16	13 ♎ 44	27 ♎ 17	6 ♉ 14	10 ♊ 12	7 ♈ 13	9 ♒ 6	27 ♑	0 ♑	9 ♏	27 ♐	4 ♉
21	2 ♓ 15	21 ♉ 1	11 ♑ 27	12 ♑ 35	8 ♒ 48	24 ♒ 31	13 ♎ 40	27 ♎ 15	6 ♉ 19	10 ♊ 12	7 ♈ 15	9 ♒ 8	27 ♑	0 ♑	9 ♏	27 ♐	4 ♉
22	3 ♓ 16	3 ♊ 11	11 ♑ 24	12 D 34	10 ♒ 10	25 ♒ 46	13 ♎ 35	27 ♎ 13	6 ♉ 23	10 ♊ 13	7 ♈ 17	9 ♒ 9	27 ♑	0 ♑	9 ♏	28 ♐	4 ♉
23	4 ♓ 16	15 ♊ 38	11 ♑ 21	12 ♑ 35	11 ♒ 34	27 ♒ 1	13 ♎ 29	27 ♎ 11	6 ♉ 28	10 ♊ 13	7 ♈ 19	9 ♒ 11	28 ♑	1 ♑	9 ♏	28 ♐	4 ♉
24	5 ♓ 17	28 ♊ 26	11 ♑ 17	12 ♑ 36	12 ♒ 59	28 ♒ 16	13 ♎ 22	27 ♎ 9	6 ♉ 33	10 ♊ 13	7 ♈ 21	9 ♒ 13	28 ♑	1 ♑	9 ♏	29 ♐	4 ♉
25	6 ♓ 17	11 ♋ 38	11 ♑ 14	12 ♑ 36	14 ♒ 25	29 ♒ 31	13 ♎ 15	27 ♎ 6	6 ♉ 38	10 ♊ 14	7 ♈ 23	9 ♒ 15	29 ♑	1 ♑	9 ♏	29 ♐	4 ♉
26	7 ♓ 17	25 ♋ 19	11 ♑ 11	12 R 36	15 ♒ 52	0 ♓ 46	13 ♎ 6	27 ♎ 3	6 ♉ 43	10 ♊ 14	7 ♈ 25	9 ♒ 16	29 ♑	2 ♑	9 R	0 ♑	4 ♉
27	8 ♓ 18	9 ♌ 29	11 ♑ 8	12 ♑ 33	17 ♒ 20	2 ♓ 1	12 ♎ 57	27 ♎ 0	6 ♉ 48	10 ♊ 15	7 ♈ 27	9 ♒ 18	29 ♑	2 ♑	9 ♏	0 ♑	4 ♉
28	9 ♓ 18	24 ♌ 5	11 ♑ 5	12 ♑ 27	18 ♒ 50	3 ♓ 16	12 ♎ 48	26 ♎ 57	6 ♉ 54	10 ♊ 15	7 ♈ 29	9 ♒ 20	0 ♒	2 ♑	9 ♏	0 ♑	4 ♉

SUN INGRESS	☉ → ♓ 18日 18:08
MOON PHASE	◑ 6日 06:52 ♏　● 13日 19:31 ♒　◐ 22日 00:10 ♊

aspects

1日 22:10 ☉△♂
5日 15:17 ♀□♄
6日 20:55 ♀⚹♆
8日 09:43 ♀☌♇
9日 13:57 ♀△♅
11日 20:57 ☿□♃
12日 12:09 ♀△♂
16日 03:50 ☉△♃
19日 00:50 ☿□♄
19日 19:49 ☿⚹♆
21日 05:58 ☿☌♇
22日 00:44 ☿△♅
23日 03:04 ♀△♃
24日 06:07 ☿△♂
25日 09:12 ☉⚹♄
28日 23:05 ☉□♅

2029年3月

DAY	☉	☽	☊ mean	☊ true	☿	♀	♂	♃	♄	♅	♆	♇	⚳	⚴	⚵	⚶	⚷
	° ′	° ′	° ′	° ′	° ′	° ′	° ′	° ′	° ′	° ′	° ′	° ′	°	°	°	°	°
1	10♓18	9♍2	11♑1	12 R 20	20 D 20	4 D 31	12 R 37	26 R 54	6 D 59	10 D 16	7 D 31	9 D 21	0 D	3 D	9 R	1 D	4 D
2	11♓18	24♍11	10♑58	12♑11	21♒52	5♓46	12♎26	26♎51	7♉4	10♊16	7♈33	9♒23	0♒	3♑	9♏	1♑	4♉
3	12♓18	9♎22	10♑55	12♑2	23♒24	7♓1	12♎14	26♎47	7♉10	10♊17	7♈35	9♒25	1♒	3♑	9♏	2♑	4♉
4	13♓19	24♎24	10♑52	11♑53	24♒58	8♓16	12♎1	26♎43	7♉15	10♊18	7♈37	9♒26	1♒	4♑	9♏	2♑	5♉
5	14♓19	9♏9	10♑49	11♑46	26♒33	9♓31	11♎47	26♎39	7♉21	10♊19	7♈39	9♒28	1♒	4♑	9♏	3♑	5♉
6	15♓19	23♏32	10♑46	11♑42	28♒9	10♓46	11♎33	26♎35	7♉27	10♊20	7♈41	9♒29	2♒	4♑	9♏	3♑	5♉
7	16♓19	7♐28	10♑42	11♑40	29♒46	12♓1	11♎18	26♎31	7♉32	10♊21	7♈43	9♒31	2♒	4♑	9♏	3♑	5♉
8	17♓19	21♐0	10♑39	11 D 40	1♓24	13♓16	11♎2	26♎26	7♉38	10♊22	7♈46	9♒33	3♒	5♑	9♏	4♑	5♉
9	18♓19	4♑10	10♑36	11♑40	3♓4	14♓31	10♎46	26♎22	7♉44	10♊23	7♈48	9♒34	3♒	5♑	9♏	4♑	5♉
10	19♓19	17♑0	10♑33	11 R 40	4♓44	15♓45	10♎29	26♎17	7♉50	10♊24	7♈50	9♒36	3♒	5♑	9♏	5♑	5♉
11	20♓19	29♑34	10♑30	11♑39	6♓26	17♓0	10♎11	26♎12	7♉56	10♊25	7♈52	9♒37	4♒	6♑	9♏	5♑	5♉
12	21♓19	11♒56	10♑26	11♑35	8♓8	18♓15	9♎53	26♎7	8♉2	10♊26	7♈54	9♒39	4♒	6♑	9♏	5♑	5♉
13	22♓19	24♒9	10♑23	11♑28	9♓52	19♓30	9♎34	26♎2	8♉8	10♊27	7♈57	9♒40	4♒	6♑	9♏	6♑	5♉
14	23♓19	6♓14	10♑20	11♑18	11♓37	20♓45	9♎14	25♎56	8♉14	10♊29	7♈59	9♒42	5♒	7♑	9♏	6♑	5♉
15	24♓18	18♓14	10♑17	11♑6	13♓23	22♓0	8♎54	25♎51	8♉20	10♊30	8♈1	9♒43	5♒	7♑	8♏	7♑	5♉
16	25♓18	0♈10	10♑14	10♑52	15♓11	23♓14	8♎34	25♎45	8♉27	10♊31	8♈3	9♒44	5♒	7♑	8♏	7♑	5♉
17	26♓18	12♈3	10♑11	10♑38	16♓59	24♓29	8♎13	25♎40	8♉33	10♊33	8♈5	9♒46	6♒	7♑	8♏	8♑	5♉
18	27♓18	23♈55	10♑7	10♑25	18♓49	25♓44	7♎51	25♎34	8♉39	10♊34	8♈8	9♒47	6♒	8♑	8♏	8♑	5♉
19	28♓18	5♉46	10♑4	10♑13	20♓40	26♓59	7♎30	25♎28	8♉46	10♊36	8♈10	9♒49	6♒	8♑	8♏	8♑	5♉
20	29♓17	17♉41	10♑1	10♑4	22♓32	28♓13	7♎7	25♎21	8♉52	10♊37	8♈12	9♒50	7♒	8♑	8♏	9♑	5♉
21	0♈17	29♉41	9♑58	9♑58	24♓25	29♓28	6♎45	25♎15	8♉59	10♊39	8♈14	9♒51	7♒	8♑	8♏	9♑	5♉
22	1♈16	11♊50	9♑55	9♑54	26♓20	0♈43	6♎22	25♎9	9♉6	10♊41	8♈17	9♒53	7♒	9♑	8♏	9♑	5♉
23	2♈16	24♊14	9♑52	9♑53	28♓16	1♈58	5♎59	25♎2	9♉12	10♊42	8♈19	9♒54	8♒	9♑	7♏	10♑	5♉
24	3♈16	6♋56	9♑48	9 D 53	0♈13	3♈12	5♎36	24♎56	9♉19	10♊44	8♈21	9♒55	8♒	9♑	7♏	10♑	6♉
25	4♈15	20♋2	9♑45	9 R 53	2♈11	4♈27	5♎13	24♎49	9♉26	10♊46	8♈23	9♒56	8♒	9♑	7♏	11♑	6♉
26	5♈14	3♌35	9♑42	9♑51	4♈10	5♈42	4♎50	24♎42	9♉33	10♊48	8♈26	9♒58	9♒	9♑	7♏	11♑	6♉
27	6♈14	17♌37	9♑39	9♑48	6♈10	6♈56	4♎26	24♎35	9♉39	10♊50	8♈28	9♒59	9♒	10♑	7♏	11♑	6♉
28	7♈13	2♍9	9♑36	9♑41	8♈11	8♈11	4♎3	24♎28	9♉46	10♊52	8♈30	10♒0	9♒	10♑	7♏	12♑	6♉
29	8♈13	17♍6	9♑32	9♑32	10♈13	9♈25	3♎40	24♎21	9♉53	10♊54	8♈33	10♒1	10♒	10♑	6♏	12♑	6♉
30	9♈12	2♎21	9♑29	9♑22	12♈15	10♈40	3♎16	24♎14	10♉0	10♊56	8♈35	10♒2	10♒	10♑	6♏	12♑	6♉
31	10♈11	17♎43	9♑26	9♑10	14♈18	11♈54	2♎53	24♎7	10♉7	10♊58	8♈37	10♒3	10♒	11♑	6♏	13♑	6♉

SUN INGRESS: ☉ → ♈ 20日 17:02

MOON PHASE: ○ 1日 02:10 ♍ ◑ 7日 16:51 ♐ ● 15日 13:19 ♓ ◐ 23日 16:33 ♋ ○ 30日 11:26 ♎

aspects		
3日	02:59	♀⚹♄
5日	01:28	☿△♃
5日	15:30	♀□♅
10日	06:27	♂△♅
11日	22:24	☿⚹♄
12日	16:39	♂△♇
13日	08:10	☿□♅
17日	07:29	♂☍♆
24日	05:11	☉☌♀
25日	11:17	♀☍♂
25日	16:48	☉☍♂
26日	06:40	☿☍♂
27日	01:33	☉☌☿
27日	23:54	☿☌♀
28日	03:54	☿☌♆
28日	06:30	♀☌♆
28日	21:42	☿⚹♇
29日	08:12	☿⚹♅
29日	08:24	☉☌♆
29日	11:43	♀⚹♇
30日	05:16	♀⚹♅
30日	08:11	♄□♇
30日	20:46	☉⚹♇
31日	19:36	☉⚹♅

2029年4月

DAY	☉	☽	☊ mean	☊ true	☿	♀	♂	♃	♄	♅	♆	♇	⚳	⚴	⚵	⚶	⚷
	° ′	° ′	° ′	° ′	° ′	° ′	° ′	° ′	° ′	° ′	° ′	° ′	°	°	°	°	°
1	11♈10	3♏0	9♑23	9 R 0	16 D 21	13 D 9	2 R 30	23 R 59	10 D 14	11 D 0	8 D 39	10 D 4	11 D	11 D	6 R	13 D	6 D
2	12♈10	18♏1	9♑20	8♑51	18♈24	14♈23	2♎8	23♎52	10♉21	11♊2	8♈42	10♒5	11♒	11♑	6♏	13♑	6♉
3	13♈9	2♐39	9♑17	8♑45	20♈27	15♈38	1♎45	23♎45	10♉28	11♊4	8♈44	10♒6	11♒	11♑	6♏	14♑	6♉
4	14♈8	16♐48	9♑13	8♑42	22♈30	16♈52	1♎23	23♎37	10♉36	11♊6	8♈46	10♒8	11♒	11♑	5♏	14♑	6♉
5	15♈7	0♑28	9♑10	8♑41	24♈32	18♈7	1♎1	23♎30	10♉43	11♊9	8♈48	10♒8	12♒	11♑	5♏	14♑	6♉
6	16♈6	13♑41	9♑7	8 D 40	26♈33	19♈21	0♎40	23♎22	10♉50	11♊11	8♈51	10♒9	12♒	12♑	5♏	15♑	6♉
7	17♈5	26♑30	9♑4	8 R 40	28♈32	20♈35	0♎19	23♎15	10♉57	11♊13	8♈53	10♒10	12♒	12♑	5♏	15♑	6♉
8	18♈4	9♒0	9♑1	8♑39	0♉29	21♈50	29♍58	23♎7	11♉5	11♊16	8♈55	10♒11	13♒	12♑	5♏	15♑	6♉
9	19♈3	21♒16	8♑58	8♑35	2♉25	23♈4	29♍38	22♎59	11♉12	11♊18	8♈57	10♒12	13♒	12♑	4♏	16♑	6♉
10	20♈2	3♓21	8♑54	8♑28	4♉17	24♈19	29♍18	22♎52	11♉19	11♊21	9♈0	10♒13	13♒	12♑	4♏	16♑	7♉
11	21♈1	15♓19	8♑51	8♑19	6♉7	25♈33	28♍59	22♎44	11♉27	11♊23	9♈2	10♒14	14♒	12♑	4♏	16♑	7♉
12	22♈0	27♓12	8♑48	8♑7	7♉54	26♈47	28♍41	22♎36	11♉34	11♊26	9♈4	10♒15	14♒	13♑	4♏	17♑	7♉
13	22♈59	9♈4	8♑45	7♑54	9♉37	28♈2	28♍23	22♎28	11♉42	11♊28	9♈6	10♒16	14♒	13♑	3♏	17♑	7♉
14	23♈58	20♈56	8♑42	7♑40	11♉16	29♈16	28♍5	22♎21	11♉49	11♊31	9♈9	10♒16	14♒	13♑	3♏	17♑	7♉
15	24♈56	2♉49	8♑38	7♑27	12♉50	0♉30	27♍49	22♎13	11♉57	11♊34	9♈11	10♒17	15♒	13♑	3♏	18♑	7♉
16	25♈55	14♉45	8♑35	7♑15	14♉21	1♉44	27♍33	22♎5	12♉4	11♊36	9♈13	10♒18	15♒	13♑	3♏	18♑	7♉
17	26♈54	26♉45	8♑32	7♑6	15♉47	2♉59	27♍18	21♎58	12♉12	11♊39	9♈15	10♒18	15♒	13♑	3♏	18♑	7♉
18	27♈53	8♊51	8♑29	7♑0	17♉8	4♉13	27♍3	21♎50	12♉19	11♊42	9♈17	10♒19	16♒	13♑	2♏	18♑	7♉
19	28♈51	21♊6	8♑26	6♑57	18♉24	5♉27	26♍50	21♎42	12♉27	11♊45	9♈20	10♒20	16♒	13♑	2♏	19♑	7♉
20	29♈50	3♋33	8♑23	6♑56	19♉35	6♉41	26♍37	21♎35	12♉34	11♊47	9♈22	10♒20	16♒	13♑	2♏	19♑	7♉
21	0♉49	16♋16	8♑19	6 D 56	20♉41	7♉55	26♍24	21♎27	12♉42	11♊50	9♈24	10♒21	16♒	14♑	2♏	19♑	7♉
22	1♉47	29♋19	8♑16	6♑56	21♉42	9♉9	26♍13	21♎20	12♉49	11♊53	9♈26	10♒21	17♒	14♑	1♏	19♑	7♉
23	2♉46	12♌45	8♑13	6 R 56	22♉37	10♉24	26♍2	21♎12	12♉57	11♊56	9♈28	10♒22	17♒	14♑	1♏	20♑	7♉
24	3♉44	26♌38	8♑10	6♑54	23♉26	11♉38	25♍52	21♎5	13♉5	11♊59	9♈30	10♒22	17♒	14♑	1♏	20♑	7♉
25	4♉43	10♍57	8♑7	6♑49	24♉10	12♉52	25♍43	20♎58	13♉12	12♊2	9♈32	10♒23	17♒	14♑	1♏	20♑	7♉
26	5♉41	25♍41	8♑3	6♑43	24♉49	14♉6	25♍35	20♎50	13♉20	12♊5	9♈34	10♒23	18♒	14♑	1♏	20♑	8♉
27	6♉39	10♎44	8♑0	6♑35	25♉21	15♉20	25♍28	20♎43	13♉28	12♊8	9♈37	10♒24	18♒	14♑	0♏	21♑	8♉
28	7♉38	25♎58	7♑57	6♑26	25♉48	16♉34	25♍21	20♎36	13♉35	12♊11	9♈39	10♒24	18♒	14♑	0♏	21♑	8♉
29	8♉36	11♏12	7♑54	6♑17	26♉9	17♉48	25♍15	20♎29	13♉43	12♊14	9♈41	10♒24	18♒	14♑	0♏	21♑	8♉
30	9♉34	26♏15	7♑51	6♑10	26♉25	19♉2	25♍10	20♎22	13♉51	12♊17	9♈43	10♒25	19♒	14♑	0♏	21♑	8♉

SUN INGRESS: ☉ → ♉ 20日 03:55

MOON PHASE: ◑ 6日 04:51 ♑ ● 14日 06:40 ♈ ◐ 22日 04:50 ♌ ○ 28日 19:36 ♏

aspects		
4日	12:25	☿☍♃
8日	22:32	♀☍♃
12日	13:04	☉☍♃
13日	09:24	☿□♇
14日	09:03	☿☌♄
22日	23:28	♀□♇
25日	07:29	♀☌♄
27日	04:10	☿△♂
30日	20:56	☉□♇

2029年5月

DAY	☉	☽	☊ mean	☊ true	☿	♀	♂	♃	♄	♅	♆	♇	⚳	⚴	⚵	⚶	⚷
	° ′	° ′	° ′	° ′	° ′	° ′	° ′	° ′	° ′	° ′	° ′	° ′	°	°	°	°	°
1	10 ♉ 33	10 ♐ 58	7 ♑ 48	6 R 6	26 D 35	20 D 16	25 R 5	20 R 15	13 D 59	12 D 20	9 D 45	10 D 25	19 D	14 D	29 R	21 D	8 D
2	11 ♉ 31	25 ♐ 15	7 ♑ 44	6 ♑ 3	26 ♉ 40	21 ♉ 29	25 ♍ 2	20 ♎ 8	14 ♉ 6	12 ♊ 23	9 ♈ 47	10 ♒ 25	19 ♒	14 ♑	29 ♎	22 ♑	8 ♉
3	12 ♉ 29	9 ♑ 4	7 ♑ 41	6 D 3	26 R 39	22 ♉ 43	24 ♍ 59	20 ♎ 2	14 ♉ 14	12 ♊ 26	9 ♈ 49	10 ♒ 26	19 ♒	14 R	29 ♎	22 ♑	8 ♉
4	13 ♉ 27	22 ♑ 24	7 ♑ 38	6 ♑ 4	26 ♉ 33	23 ♉ 57	24 ♍ 57	19 ♎ 55	14 ♉ 22	12 ♊ 30	9 ♈ 51	10 ♒ 26	19 ♒	14 ♑	29 ♎	22 ♑	8 ♉
5	14 ♉ 25	5 ♒ 19	7 ♑ 35	6 ♑ 5	26 ♉ 22	25 ♉ 11	24 ♍ 56	19 ♎ 49	14 ♉ 29	12 ♊ 33	9 ♈ 53	10 ♒ 26	20 ♒	14 ♑	29 ♎	22 ♑	8 ♉
6	15 ♉ 23	17 ♒ 53	7 ♑ 32	6 R 5	26 ♉ 6	26 ♉ 25	24 ♍ 55	19 ♎ 42	14 ♉ 37	12 ♊ 36	9 ♈ 55	10 ♒ 26	20 ♒	14 ♑	28 ♎	22 ♑	8 ♉
7	16 ♉ 22	0 ♓ 9	7 ♑ 29	6 ♑ 4	25 ♉ 46	27 ♉ 39	24 D 56	19 ♎ 36	14 ♉ 45	12 ♊ 39	9 ♈ 57	10 ♒ 26	20 ♒	14 ♑	28 ♎	23 ♑	8 ♉
8	17 ♉ 20	12 ♓ 13	7 ♑ 25	6 ♑ 1	25 ♉ 22	28 ♉ 53	24 ♍ 56	19 ♎ 30	14 ♉ 53	12 ♊ 43	9 ♈ 58	10 ♒ 27	20 ♒	14 ♑	28 ♎	23 ♑	8 ♉
9	18 ♉ 18	24 ♓ 9	7 ♑ 22	5 ♑ 56	24 ♉ 55	0 ♊ 6	24 ♍ 58	19 ♎ 24	15 ♉ 0	12 ♊ 46	10 ♈ 0	10 ♒ 27	21 ♒	14 ♑	28 ♎	23 ♑	8 ♉
10	19 ♉ 16	6 ♈ 1	7 ♑ 19	5 ♑ 49	24 ♉ 25	1 ♊ 20	25 ♍ 1	19 ♎ 18	15 ♉ 8	12 ♊ 49	10 ♈ 2	10 ♒ 27	21 ♒	14 ♑	28 ♎	23 ♑	8 ♉
11	20 ♉ 14	17 ♈ 52	7 ♑ 16	5 ♑ 41	23 ♉ 52	2 ♊ 34	25 ♍ 4	19 ♎ 12	15 ♉ 16	12 ♊ 52	10 ♈ 4	10 ♒ 27	21 ♒	14 ♑	27 ♎	23 ♑	8 ♉
12	21 ♉ 12	29 ♈ 45	7 ♑ 13	5 ♑ 32	23 ♉ 18	3 ♊ 48	25 ♍ 8	19 ♎ 7	15 ♉ 23	12 ♊ 56	10 ♈ 6	10 R 27	21 ♒	14 ♑	27 ♎	23 ♑	9 ♉
13	22 ♉ 10	11 ♉ 41	7 ♑ 9	5 ♑ 24	22 ♉ 43	5 ♊ 1	25 ♍ 12	19 ♎ 1	15 ♉ 31	12 ♊ 59	10 ♈ 8	10 ♒ 27	21 ♒	14 ♑	27 ♎	23 ♑	9 ♉
14	23 ♉ 8	23 ♉ 44	7 ♑ 6	5 ♑ 17	22 ♉ 7	6 ♊ 15	25 ♍ 18	18 ♎ 56	15 ♉ 39	13 ♊ 2	10 ♈ 9	10 ♒ 27	22 ♒	14 ♑	27 ♎	24 ♑	9 ♉
15	24 ♉ 6	5 ♊ 53	7 ♑ 3	5 ♑ 12	21 ♉ 31	7 ♊ 29	25 ♍ 24	18 ♎ 51	15 ♉ 46	13 ♊ 6	10 ♈ 11	10 ♒ 27	22 ♒	13 ♑	27 ♎	24 ♑	9 ♉
16	25 ♉ 3	18 ♊ 11	7 ♑ 0	5 ♑ 8	20 ♉ 56	8 ♊ 42	25 ♍ 30	18 ♎ 45	15 ♉ 54	13 ♊ 9	10 ♈ 13	10 ♒ 26	22 ♒	13 ♑	26 ♎	24 ♑	9 ♉
17	26 ♉ 1	0 ♋ 39	6 ♑ 57	5 ♑ 7	20 ♉ 22	9 ♊ 56	25 ♍ 38	18 ♎ 41	16 ♉ 2	13 ♊ 13	10 ♈ 15	10 ♒ 26	22 ♒	13 ♑	26 ♎	24 ♑	9 ♉
18	26 ♉ 59	13 ♋ 18	6 ♑ 54	5 D 7	19 ♉ 50	11 ♊ 10	25 ♍ 46	18 ♎ 36	16 ♉ 9	13 ♊ 16	10 ♈ 16	10 ♒ 26	22 ♒	13 ♑	26 ♎	24 ♑	9 ♉
19	27 ♉ 57	26 ♋ 12	6 ♑ 50	5 ♑ 8	19 ♉ 21	12 ♊ 23	25 ♍ 54	18 ♎ 31	16 ♉ 17	13 ♊ 20	10 ♈ 18	10 ♒ 26	22 ♒	13 ♑	26 ♎	24 ♑	9 ♉
20	28 ♉ 55	9 ♌ 21	6 ♑ 47	5 ♑ 10	18 ♉ 54	13 ♊ 37	26 ♍ 4	18 ♎ 27	16 ♉ 25	13 ♊ 23	10 ♈ 20	10 ♒ 26	23 ♒	13 ♑	26 ♎	24 ♑	9 ♉
21	29 ♉ 52	22 ♌ 49	6 ♑ 44	5 ♑ 11	18 ♉ 31	14 ♊ 50	26 ♍ 14	18 ♎ 22	16 ♉ 32	13 ♊ 26	10 ♈ 21	10 ♒ 25	23 ♒	13 ♑	26 ♎	24 ♑	9 ♉
22	0 ♊ 50	6 ♍ 37	6 ♑ 41	5 R 11	18 ♉ 11	16 ♊ 4	26 ♍ 24	18 ♎ 18	16 ♉ 40	13 ♊ 30	10 ♈ 23	10 ♒ 25	23 ♒	13 ♑	25 ♎	24 ♑	9 ♉
23	1 ♊ 48	20 ♍ 46	6 ♑ 38	5 ♑ 9	17 ♉ 55	17 ♊ 17	26 ♍ 35	18 ♎ 14	16 ♉ 47	13 ♊ 33	10 ♈ 25	10 ♒ 25	23 ♒	13 ♑	25 ♎	24 ♑	9 ♉
24	2 ♊ 46	5 ♎ 13	6 ♑ 35	5 ♑ 7	17 ♉ 44	18 ♊ 31	26 ♍ 47	18 ♎ 10	16 ♉ 55	13 ♊ 37	10 ♈ 26	10 ♒ 25	23 ♒	12 ♑	25 ♎	24 ♑	9 ♉
25	3 ♊ 43	19 ♎ 57	6 ♑ 31	5 ♑ 3	17 ♉ 36	19 ♊ 44	26 ♍ 59	18 ♎ 7	17 ♉ 2	13 ♊ 40	10 ♈ 28	10 ♒ 24	23 ♒	12 ♑	25 ♎	24 ♑	9 ♉
26	4 ♊ 41	4 ♏ 49	6 ♑ 28	4 ♑ 59	17 ♉ 33	20 ♊ 58	27 ♍ 12	18 ♎ 3	17 ♉ 10	13 ♊ 44	10 ♈ 29	10 ♒ 24	23 ♒	12 ♑	25 ♎	24 ♑	9 ♉
27	5 ♊ 38	19 ♏ 44	6 ♑ 25	4 ♑ 55	17 D 35	22 ♊ 11	27 ♍ 26	18 ♎ 0	17 ♉ 17	13 ♊ 47	10 ♈ 31	10 ♒ 23	24 ♒	12 ♑	25 ♎	24 ♑	9 ♉
28	6 ♊ 36	4 ♐ 32	6 ♑ 22	4 ♑ 51	17 ♉ 41	23 ♊ 25	27 ♍ 39	17 ♎ 57	17 ♉ 25	13 ♊ 51	10 ♈ 32	10 ♒ 23	24 ♒	12 ♑	25 ♎	24 ♑	9 ♉
29	7 ♊ 34	19 ♐ 6	6 ♑ 19	4 ♑ 49	17 ♉ 51	24 ♊ 38	27 ♍ 54	17 ♎ 54	17 ♉ 32	13 ♊ 54	10 ♈ 34	10 ♒ 23	24 ♒	12 ♑	25 ♎	24 R	10 ♉
30	8 ♊ 31	3 ♑ 19	6 ♑ 15	4 ♑ 49	18 ♉ 6	25 ♊ 51	28 ♍ 9	17 ♎ 51	17 ♉ 40	13 ♊ 58	10 ♈ 35	10 ♒ 22	24 ♒	11 ♑	24 ♎	24 ♑	10 ♉
31	9 ♊ 29	17 ♑ 8	6 ♑ 12	4 D 49	18 ♉ 25	27 ♊ 5	28 ♍ 24	17 ♎ 48	17 ♉ 47	14 ♊ 1	10 ♈ 36	10 ♒ 22	24 ♒	11 ♑	24 ♎	24 ♑	10 ♉

SUN INGRESS	☉ → ♊ 21日 02:56
MOON PHASE	◑ 5日 18:48 ♒ ● 13日 22:42 ♉ ◐ 21日 13:16 ♍ ○ 28日 03:37 ♐

aspects		
4日	19:04	♀△♂
5日	01:56	☉☌♄
5日	19:01	☿☌♀
8日	21:32	☿△♂
13日	08:26	☉☌☿
16日	12:47	☉△♂
17日	06:13	♀⚹♆
17日	09:49	♀△♇
19日	19:14	♀☌♅
23日	04:26	♆⚹♇
23日	17:35	♀△♃
31日	21:55	☉△♇

2029年6月

DAY	☉	☽	☊ mean	☊ true	☿	♀	♂	♃	♄	♅	♆	♇	⚳	⚴	⚵	⚶	⚷
	° ′	° ′	° ′	° ′	° ′	° ′	° ′	° ′	° ′	° ′	° ′	° ′	°	°	°	°	°
1	10 ♊ 26	0 ♒ 32	6 ♑ 9	4 D 50	18 D 49	28 D 18	28 D 40	17 R 46	17 D 54	14 D 5	10 D 38	10 R 21	24 D	11 R	24 R	24 R	10 D
2	11 ♊ 24	13 ♒ 32	6 ♑ 6	4 ♑ 52	19 ♉ 17	29 ♊ 31	28 ♍ 57	17 ♎ 44	18 ♉ 2	14 ♊ 9	10 ♈ 39	10 ♒ 21	24 ♒	11 ♑	24 ♎	24 ♑	10 ♉
3	12 ♊ 21	26 ♒ 10	6 ♑ 3	4 ♑ 53	19 ♉ 49	0 ♋ 45	29 ♍ 14	17 ♎ 41	18 ♉ 9	14 ♊ 12	10 ♈ 40	10 ♒ 20	24 ♒	10 ♑	24 ♎	24 ♑	10 ♉
4	13 ♊ 19	8 ♓ 30	6 ♑ 0	4 ♑ 54	20 ♉ 26	1 ♋ 58	29 ♍ 31	17 ♎ 39	18 ♉ 16	14 ♊ 16	10 ♈ 42	10 ♒ 19	24 ♒	10 ♑	24 ♎	24 ♑	10 ♉
5	14 ♊ 16	20 ♓ 36	5 ♑ 56	4 R 54	21 ♉ 6	3 ♋ 11	29 ♍ 49	17 ♎ 38	18 ♉ 23	14 ♊ 19	10 ♈ 43	10 ♒ 19	25 ♒	10 ♑	24 ♎	24 ♑	10 ♉
6	15 ♊ 13	2 ♈ 33	5 ♑ 53	4 ♑ 53	21 ♉ 50	4 ♋ 25	0 ♎ 7	17 ♎ 36	18 ♉ 31	14 ♊ 23	10 ♈ 44	10 ♒ 18	25 ♒	10 ♑	24 ♎	24 ♑	10 ♉
7	16 ♊ 11	14 ♈ 26	5 ♑ 50	4 ♑ 51	22 ♉ 38	5 ♋ 38	0 ♎ 26	17 ♎ 35	18 ♉ 38	14 ♊ 26	10 ♈ 45	10 ♒ 17	25 ♒	10 ♑	24 ♎	24 ♑	10 ♉
8	17 ♊ 8	26 ♈ 18	5 ♑ 47	4 ♑ 49	23 ♉ 30	6 ♋ 51	0 ♎ 45	17 ♎ 33	18 ♉ 45	14 ♊ 30	10 ♈ 46	10 ♒ 17	25 ♒	9 ♑	24 ♎	24 ♑	10 ♉
9	18 ♊ 6	8 ♉ 14	5 ♑ 44	4 ♑ 46	24 ♉ 25	8 ♋ 4	1 ♎ 5	17 ♎ 32	18 ♉ 52	14 ♊ 33	10 ♈ 48	10 ♒ 16	25 ♒	9 ♑	24 ♎	24 ♑	10 ♉
10	19 ♊ 3	20 ♉ 15	5 ♑ 41	4 ♑ 44	25 ♉ 24	9 ♋ 17	1 ♎ 25	17 ♎ 32	18 ♉ 59	14 ♊ 37	10 ♈ 49	10 ♒ 15	25 ♒	9 ♑	24 ♎	24 ♑	10 ♉
11	20 ♊ 1	2 ♊ 26	5 ♑ 37	4 ♑ 42	26 ♉ 27	10 ♋ 30	1 ♎ 46	17 ♎ 31	19 ♉ 6	14 ♊ 40	10 ♈ 50	10 ♒ 15	25 ♒	9 ♑	24 ♎	24 ♑	10 ♉
12	20 ♊ 58	14 ♊ 47	5 ♑ 34	4 ♑ 40	27 ♉ 32	11 ♋ 44	2 ♎ 6	17 ♎ 30	19 ♉ 13	14 ♊ 44	10 ♈ 51	10 ♒ 14	25 ♒	8 ♑	24 ♎	23 ♑	10 ♉
13	21 ♊ 55	27 ♊ 21	5 ♑ 31	4 ♑ 40	28 ♉ 42	12 ♋ 57	2 ♎ 28	17 ♎ 30	19 ♉ 20	14 ♊ 47	10 ♈ 52	10 ♒ 13	25 ♒	8 ♑	24 ♎	23 ♑	10 ♉
14	22 ♊ 53	10 ♋ 7	5 ♑ 28	4 D 39	29 ♉ 54	14 ♋ 10	2 ♎ 49	17 ♎ 30	19 ♉ 27	14 ♊ 51	10 ♈ 53	10 ♒ 12	25 ♒	8 ♑	24 ♎	23 ♑	10 ♉
15	23 ♊ 50	23 ♋ 6	5 ♑ 25	4 ♑ 40	1 ♊ 10	15 ♋ 23	3 ♎ 11	17 D 30	19 ♉ 34	14 ♊ 54	10 ♈ 54	10 ♒ 11	25 ♒	7 ♑	24 ♎	23 ♑	10 ♉
16	24 ♊ 47	6 ♌ 19	5 ♑ 21	4 ♑ 41	2 ♊ 29	16 ♋ 36	3 ♎ 34	17 ♎ 30	19 ♉ 41	14 ♊ 58	10 ♈ 55	10 ♒ 10	25 ♒	7 ♑	24 ♎	23 ♑	11 ♉
17	25 ♊ 45	19 ♌ 46	5 ♑ 18	4 ♑ 42	3 ♊ 51	17 ♋ 49	3 ♎ 57	17 ♎ 31	19 ♉ 47	15 ♊ 1	10 ♈ 56	10 ♒ 10	25 ♒	7 ♑	24 ♎	23 ♑	11 ♉
18	26 ♊ 42	3 ♍ 26	5 ♑ 15	4 ♑ 42	5 ♊ 16	19 ♋ 2	4 ♎ 20	17 ♎ 31	19 ♉ 54	15 ♊ 5	10 ♈ 57	10 ♒ 9	25 ♒	7 ♑	24 D	23 ♑	11 ♉
19	27 ♊ 39	17 ♍ 19	5 ♑ 12	4 ♑ 43	6 ♊ 44	20 ♋ 15	4 ♎ 44	17 ♎ 32	20 ♉ 1	15 ♊ 8	10 ♈ 57	10 ♒ 8	25 ♒	6 ♑	24 ♎	22 ♑	11 ♉
20	28 ♊ 36	1 ♎ 25	5 ♑ 9	4 R 43	8 ♊ 16	21 ♋ 28	5 ♎ 7	17 ♎ 33	20 ♉ 7	15 ♊ 12	10 ♈ 58	10 ♒ 7	25 R	6 ♑	24 ♎	22 ♑	11 ♉
21	29 ♊ 34	15 ♎ 41	5 ♑ 6	4 ♑ 43	9 ♊ 50	22 ♋ 41	5 ♎ 32	17 ♎ 34	20 ♉ 14	15 ♊ 15	10 ♈ 59	10 ♒ 6	25 ♒	6 ♑	24 ♎	22 ♑	11 ♉
22	0 ♋ 31	0 ♏ 5	5 ♑ 2	4 ♑ 42	11 ♊ 28	23 ♋ 54	5 ♎ 56	17 ♎ 35	20 ♉ 20	15 ♊ 19	11 ♈ 0	10 ♒ 5	25 ♒	5 ♑	24 ♎	22 ♑	11 ♉
23	1 ♋ 28	14 ♏ 33	4 ♑ 59	4 ♑ 42	13 ♊ 8	25 ♋ 6	6 ♎ 21	17 ♎ 37	20 ♉ 27	15 ♊ 22	11 ♈ 0	10 ♒ 4	25 ♒	5 ♑	24 ♎	22 ♑	11 ♉
24	2 ♋ 25	29 ♏ 1	4 ♑ 56	4 ♑ 42	14 ♊ 51	26 ♋ 19	6 ♎ 46	17 ♎ 38	20 ♉ 33	15 ♊ 26	11 ♈ 1	10 ♒ 3	25 ♒	5 ♑	24 ♎	21 ♑	11 ♉
25	3 ♋ 23	13 ♐ 24	4 ♑ 53	4 ♑ 41	16 ♊ 38	27 ♋ 32	7 ♎ 12	17 ♎ 40	20 ♉ 40	15 ♊ 29	11 ♈ 2	10 ♒ 2	25 ♒	5 ♑	24 ♎	21 ♑	11 ♉
26	4 ♋ 20	27 ♐ 36	4 ♑ 50	4 ♑ 41	18 ♊ 27	28 ♋ 45	7 ♎ 38	17 ♎ 42	20 ♉ 46	15 ♊ 32	11 ♈ 2	10 ♒ 1	25 ♒	4 ♑	24 ♎	21 ♑	11 ♉
27	5 ♋ 17	11 ♑ 33	4 ♑ 47	4 ♑ 41	20 ♊ 19	29 ♋ 58	8 ♎ 4	17 ♎ 44	20 ♉ 52	15 ♊ 36	11 ♈ 3	10 ♒ 0	25 ♒	4 ♑	24 ♎	21 ♑	11 ♉
28	6 ♋ 14	25 ♑ 12	4 ♑ 43	4 ♑ 41	22 ♊ 13	1 ♌ 10	8 ♎ 30	17 ♎ 47	20 ♉ 59	15 ♊ 39	11 ♈ 4	9 ♒ 59	25 ♒	4 ♑	24 ♎	21 ♑	11 ♉
29	7 ♋ 11	8 ♒ 31	4 ♑ 40	4 ♑ 41	24 ♊ 10	2 ♌ 23	8 ♎ 57	17 ♎ 49	21 ♉ 5	15 ♊ 43	11 ♈ 4	9 ♒ 58	25 ♒	3 ♑	24 ♎	20 ♑	11 ♉
30	8 ♋ 9	21 ♒ 29	4 ♑ 37	4 ♑ 41	26 ♊ 10	3 ♌ 36	9 ♎ 24	17 ♎ 52	21 ♉ 11	15 ♊ 46	11 ♈ 5	9 ♒ 56	25 ♒	3 ♑	24 ♎	20 ♑	11 ♉

SUN INGRESS	☉ → ♋ 21日 10:48
MOON PHASE	◑ 4日 10:19 ♓ ● 12日 12:50 ♊ ◐ 19日 18:54 ♍ ○ 26日 12:22 ♑

aspects		
1日	04:57	☉⚹♆
1日	09:19	♀□♂
5日	01:22	☉☌♅
8日	10:18	☉△♃
11日	06:27	♀□♆
16日	17:57	♀□♃
17日	02:23	☿△♂
18日	18:53	♀⚹♄
21日	03:54	☿△♇
21日	17:10	☿⚹♆
24日	08:04	☿☌♅
25日	14:05	☿△♃

2029年7月

DAY	☉	☽	☊ mean	☊ true	☿	♀	♂	♃	♄	♅	♆	♇	⚳	⚴	⚵	⚶	⚷
	° ′	° ′	° ′	° ′	° ′	° ′	° ′	° ′	° ′	° ′	° ′	° ′	°	°	°	°	°
1	9 ♋ 6	4 ♓ 8	4 ♑ 34	4 R 40	28 D 11	4 D 48	9 D 51	17 D 55	21 D 17	15 D 49	11 D 5	9 R 55	25 R	3 R	24 D	20 R	11 D
2	10 ♋ 3	16 ♓ 30	4 ♑ 31	4 ♑ 40	0 ♋ 15	6 ♌ 1	10 ♎ 19	17 ♎ 58	21 ♉ 23	15 ♊ 53	11 ♈ 5	9 ♒ 54	25 ♒	3 ♑	24 ♎	20 ♑	11 ♉
3	11 ♋ 0	28 ♓ 38	4 ♑ 27	4 ♑ 39	2 ♋ 20	7 ♌ 14	10 ♎ 46	18 ♎ 1	21 ♉ 29	15 ♊ 56	11 ♈ 6	9 ♒ 53	25 ♒	2 ♑	24 ♎	19 ♑	11 ♉
4	11 ♋ 57	10 ♈ 37	4 ♑ 24	4 ♑ 39	4 ♋ 27	8 ♌ 26	11 ♎ 15	18 ♎ 4	21 ♉ 35	15 ♊ 59	11 ♈ 6	9 ♒ 52	25 ♒	2 ♑	24 ♎	19 ♑	11 ♉
5	12 ♋ 55	22 ♈ 30	4 ♑ 21	4 D 39	6 ♋ 35	9 ♌ 39	11 ♎ 43	18 ♎ 8	21 ♉ 41	16 ♊ 2	11 ♈ 6	9 ♒ 51	24 ♒	2 ♑	24 ♎	19 ♑	11 ♉
6	13 ♋ 52	4 ♉ 23	4 ♑ 18	4 ♑ 40	8 ♋ 44	10 ♌ 51	12 ♎ 11	18 ♎ 12	21 ♉ 46	16 ♊ 6	11 ♈ 7	9 ♒ 49	24 ♒	2 ♑	24 ♎	19 ♑	11 ♉
7	14 ♋ 49	16 ♉ 20	4 ♑ 15	4 ♑ 41	10 ♋ 54	12 ♌ 4	12 ♎ 40	18 ♎ 15	21 ♉ 52	16 ♊ 9	11 ♈ 7	9 ♒ 48	24 ♒	1 ♑	25 ♎	19 ♑	11 ♉
8	15 ♋ 46	28 ♉ 26	4 ♑ 12	4 ♑ 42	13 ♋ 4	13 ♌ 16	13 ♎ 9	18 ♎ 19	21 ♉ 58	16 ♊ 12	11 ♈ 7	9 ♒ 47	24 ♒	1 ♑	25 ♎	18 ♑	11 ♉
9	16 ♋ 44	10 ♊ 43	4 ♑ 8	4 ♑ 43	15 ♋ 14	14 ♌ 29	13 ♎ 39	18 ♎ 24	22 ♉ 3	16 ♊ 15	11 ♈ 7	9 ♒ 46	24 ♒	1 ♑	25 ♎	18 ♑	11 ♉
10	17 ♋ 41	23 ♊ 15	4 ♑ 5	4 ♑ 44	17 ♋ 24	15 ♌ 41	14 ♎ 8	18 ♎ 28	22 ♉ 9	16 ♊ 18	11 ♈ 8	9 ♒ 44	24 ♒	0 ♑	25 ♎	18 ♑	12 ♉
11	18 ♋ 38	6 ♋ 3	4 ♑ 2	4 R 44	19 ♋ 34	16 ♌ 53	14 ♎ 38	18 ♎ 32	22 ♉ 14	16 ♊ 22	11 ♈ 8	9 ♒ 43	24 ♒	0 ♑	25 ♎	18 ♑	12 ♉
12	19 ♋ 35	19 ♋ 9	3 ♑ 59	4 ♑ 43	21 ♋ 42	18 ♌ 6	15 ♎ 8	18 ♎ 37	22 ♉ 19	16 ♊ 25	11 ♈ 8	9 ♒ 42	24 ♒	0 ♑	25 ♎	17 ♑	12 ♉
13	20 ♋ 32	2 ♌ 32	3 ♑ 56	4 ♑ 42	23 ♋ 50	19 ♌ 18	15 ♎ 39	18 ♎ 42	22 ♉ 25	16 ♊ 28	11 ♈ 8	9 ♒ 41	24 ♒	0 ♑	25 ♎	17 ♑	12 ♉
14	21 ♋ 30	16 ♌ 11	3 ♑ 53	4 ♑ 40	25 ♋ 57	20 ♌ 30	16 ♎ 9	18 ♎ 47	22 ♉ 30	16 ♊ 31	11 ♈ 8	9 ♒ 39	23 ♒	29 ♐	25 ♎	17 ♑	12 ♉
15	22 ♋ 27	0 ♍ 3	3 ♑ 49	4 ♑ 38	28 ♋ 2	21 ♌ 43	16 ♎ 40	18 ♎ 52	22 ♉ 35	16 ♊ 34	11 R 8	9 ♒ 38	23 ♒	29 ♐	25 ♎	17 ♑	12 ♉
16	23 ♋ 24	14 ♍ 5	3 ♑ 46	4 ♑ 36	0 ♌ 7	22 ♌ 55	17 ♎ 11	18 ♎ 57	22 ♉ 40	16 ♊ 37	11 ♈ 8	9 ♒ 37	23 ♒	29 ♐	26 ♎	16 ♑	12 ♉
17	24 ♋ 21	28 ♍ 14	3 ♑ 43	4 ♑ 34	2 ♌ 9	24 ♌ 7	17 ♎ 42	19 ♎ 3	22 ♉ 45	16 ♊ 40	11 ♈ 8	9 ♒ 35	23 ♒	29 ♐	26 ♎	16 ♑	12 ♉
18	25 ♋ 19	12 ♎ 27	3 ♑ 40	4 ♑ 32	4 ♌ 10	25 ♌ 19	18 ♎ 14	19 ♎ 8	22 ♉ 50	16 ♊ 43	11 ♈ 8	9 ♒ 34	23 ♒	29 ♐	26 ♎	16 ♑	12 ♉
19	26 ♋ 16	26 ♎ 41	3 ♑ 37	4 D 32	6 ♌ 10	26 ♌ 31	18 ♎ 45	19 ♎ 14	22 ♉ 55	16 ♊ 46	11 ♈ 8	9 ♒ 33	23 ♒	28 ♐	26 ♎	16 ♑	12 ♉
20	27 ♋ 13	10 ♏ 54	3 ♑ 33	4 ♑ 32	8 ♌ 8	27 ♌ 43	19 ♎ 17	19 ♎ 20	23 ♉ 0	16 ♊ 49	11 ♈ 7	9 ♒ 31	22 ♒	28 ♐	26 ♎	15 ♑	12 ♉
21	28 ♋ 10	25 ♏ 3	3 ♑ 30	4 ♑ 33	10 ♌ 4	28 ♌ 55	19 ♎ 49	19 ♎ 26	23 ♉ 4	16 ♊ 51	11 ♈ 7	9 ♒ 30	22 ♒	28 ♐	26 ♎	15 ♑	12 ♉
22	29 ♋ 8	9 ♐ 6	3 ♑ 27	4 ♑ 35	11 ♌ 58	0 ♍ 7	20 ♎ 22	19 ♎ 32	23 ♉ 9	16 ♊ 54	11 ♈ 7	9 ♒ 29	22 ♒	28 ♐	26 ♎	15 ♑	12 ♉
23	0 ♌ 5	23 ♐ 1	3 ♑ 24	4 ♑ 36	13 ♌ 51	1 ♍ 19	20 ♎ 54	19 ♎ 38	23 ♉ 13	16 ♊ 57	11 ♈ 7	9 ♒ 27	22 ♒	28 ♐	27 ♎	15 ♑	12 ♉
24	1 ♌ 2	6 ♑ 46	3 ♑ 21	4 R 36	15 ♌ 42	2 ♍ 31	21 ♎ 27	19 ♎ 45	23 ♉ 18	17 ♊ 0	11 ♈ 7	9 ♒ 26	22 ♒	27 ♐	27 ♎	15 ♑	12 ♉
25	2 ♌ 0	20 ♑ 20	3 ♑ 18	4 ♑ 36	17 ♌ 31	3 ♍ 43	21 ♎ 59	19 ♎ 51	23 ♉ 22	17 ♊ 3	11 ♈ 6	9 ♒ 25	22 ♒	27 ♐	27 ♎	14 ♑	12 ♉
26	2 ♌ 57	3 ♒ 40	3 ♑ 14	4 ♑ 33	19 ♌ 18	4 ♍ 55	22 ♎ 33	19 ♎ 58	23 ♉ 26	17 ♊ 5	11 ♈ 6	9 ♒ 23	21 ♒	27 ♐	27 ♎	14 ♑	12 ♉
27	3 ♌ 54	16 ♒ 45	3 ♑ 11	4 ♑ 30	21 ♌ 4	6 ♍ 7	23 ♎ 6	20 ♎ 5	23 ♉ 31	17 ♊ 8	11 ♈ 5	9 ♒ 22	21 ♒	27 ♐	27 ♎	14 ♑	12 ♉
28	4 ♌ 51	29 ♒ 34	3 ♑ 8	4 ♑ 25	22 ♌ 47	7 ♍ 19	23 ♎ 39	20 ♎ 12	23 ♉ 35	17 ♊ 11	11 ♈ 5	9 ♒ 21	21 ♒	27 ♐	27 ♎	14 ♑	12 ♉
29	5 ♌ 49	12 ♓ 8	3 ♑ 5	4 ♑ 20	24 ♌ 29	8 ♍ 30	24 ♎ 13	20 ♎ 19	23 ♉ 39	17 ♊ 13	11 ♈ 5	9 ♒ 19	21 ♒	27 ♐	28 ♎	14 ♑	12 ♉
30	6 ♌ 46	24 ♓ 27	3 ♑ 2	4 ♑ 15	26 ♌ 10	9 ♍ 42	24 ♎ 46	20 ♎ 26	23 ♉ 43	17 ♊ 16	11 ♈ 4	9 ♒ 18	21 ♒	26 ♐	28 ♎	13 ♑	12 ♉
31	7 ♌ 43	6 ♈ 34	2 ♑ 59	4 ♑ 11	27 ♌ 48	10 ♍ 54	25 ♎ 20	20 ♎ 33	23 ♉ 46	17 ♊ 18	11 ♈ 4	9 ♒ 16	20 ♒	26 ♐	28 ♎	13 ♑	12 ♉

SUN INGRESS	☉ → ♌ 22日 21:42
MOON PHASE	◑ 4日 02:57 ♈ ● 12日 00:51 ♋ ◐ 18日 23:14 ♎ ○ 25日 22:35 ♒

aspects		
1日	03:30	♂△♇
2日	12:41	☉□♂
3日	02:20	☉□♆
3日	16:46	♂☍♆
5日	03:52	♀☍♇
6日	05:09	♀△♆
7日	02:24	☿□♆
7日	20:15	♀⚹♂
8日	01:16	☿□♂
10日	05:31	☉☌☿
10日	12:14	☿□♃
10日	12:56	♀⚹♅
10日	21:28	☉□♃
12日	07:14	☿⚹♄
12日	11:07	♀⚹♃
14日	18:38	♂△♅
15日	03:42	☉⚹♄
15日	18:42	♀□♄
20日	02:21	♂☌♃
20日	17:03	☿☍♇
21日	13:14	☿△♆
24日	17:37	☿⚹♅
26日	09:37	☿⚹♃
28日	11:31	☿□♄
28日	18:04	☿⚹♂

2029年8月

DAY	☉	☽	☊ mean	☊ true	☿	♀	♂	♃	♄	♅	♆	♇	⚳	⚴	⚵	⚶	⚷
	° ′	° ′	° ′	° ′	° ′	° ′	° ′	° ′	° ′	° ′	° ′	° ′	°	°	°	°	°
1	8 ♌ 41	18 ♈ 33	2 ♑ 55	4 R 7	29 D 25	12 D 5	25 D 54	20 D 41	23 D 50	17 D 21	11 R 3	9 R 15	20 R	26 R	28 D	13 R	12 D
2	9 ♌ 38	0 ♉ 26	2 ♑ 52	4 ♑ 5	1 ♍ 0	13 ♍ 17	26 ♎ 29	20 ♎ 48	23 ♉ 54	17 ♊ 23	11 ♈ 2	9 ♒ 14	20 ♒	26 ♐	28 ♎	13 ♑	12 ♉
3	10 ♌ 36	12 ♉ 18	2 ♑ 49	4 D 5	2 ♍ 34	14 ♍ 28	27 ♎ 3	20 ♎ 56	23 ♉ 57	17 ♊ 26	11 ♈ 2	9 ♒ 12	20 ♒	26 ♐	29 ♎	13 ♑	12 ♉
4	11 ♌ 33	24 ♉ 15	2 ♑ 46	4 ♑ 6	4 ♍ 6	15 ♍ 40	27 ♎ 38	21 ♎ 4	24 ♉ 1	17 ♊ 28	11 ♈ 1	9 ♒ 11	20 ♒	26 ♐	29 ♎	13 ♑	12 ♉
5	12 ♌ 31	6 ♊ 21	2 ♑ 43	4 ♑ 7	5 ♍ 36	16 ♍ 51	28 ♎ 13	21 ♎ 12	24 ♉ 4	17 ♊ 31	11 ♈ 1	9 ♒ 9	19 ♒	26 ♐	29 ♎	12 ♑	12 ♉
6	13 ♌ 28	18 ♊ 41	2 ♑ 39	4 ♑ 9	7 ♍ 4	18 ♍ 2	28 ♎ 48	21 ♎ 20	24 ♉ 8	17 ♊ 33	11 ♈ 0	9 ♒ 8	19 ♒	26 ♐	29 ♎	12 ♑	12 ♉
7	14 ♌ 25	1 ♋ 18	2 ♑ 36	4 ♑ 9	8 ♍ 30	19 ♍ 14	29 ♎ 23	21 ♎ 28	24 ♉ 11	17 ♊ 35	10 ♈ 59	9 ♒ 7	19 ♒	26 ♐	29 ♎	12 ♑	12 ♉
8	15 ♌ 23	14 ♋ 17	2 ♑ 33	4 R 9	9 ♍ 55	20 ♍ 25	29 ♎ 58	21 ♎ 36	24 ♉ 14	17 ♊ 38	10 ♈ 58	9 ♒ 5	19 ♒	26 ♐	0 ♏	12 ♑	12 ♉
9	16 ♌ 21	27 ♋ 39	2 ♑ 30	4 ♑ 7	11 ♍ 18	21 ♍ 36	0 ♏ 33	21 ♎ 45	24 ♉ 17	17 ♊ 40	10 ♈ 58	9 ♒ 4	18 ♒	25 ♐	0 ♏	12 ♑	12 ♉
10	17 ♌ 18	11 ♌ 22	2 ♑ 27	4 ♑ 3	12 ♍ 39	22 ♍ 47	1 ♏ 9	21 ♎ 53	24 ♉ 20	17 ♊ 42	10 ♈ 57	9 ♒ 3	18 ♒	25 ♐	0 ♏	12 ♑	12 ♉
11	18 ♌ 16	25 ♌ 26	2 ♑ 24	3 ♑ 57	13 ♍ 58	23 ♍ 58	1 ♏ 45	22 ♎ 2	24 ♉ 23	17 ♊ 44	10 ♈ 56	9 ♒ 1	18 ♒	25 ♐	0 ♏	12 ♑	12 ♉
12	19 ♌ 13	9 ♍ 46	2 ♑ 20	3 ♑ 50	15 ♍ 15	25 ♍ 10	2 ♏ 21	22 ♎ 11	24 ♉ 26	17 ♊ 46	10 ♈ 55	9 ♒ 0	18 ♒	25 ♐	0 ♏	12 ♑	12 ♉
13	20 ♌ 11	24 ♍ 16	2 ♑ 17	3 ♑ 43	16 ♍ 31	26 ♍ 21	2 ♏ 57	22 ♎ 20	24 ♉ 28	17 ♊ 48	10 ♈ 54	8 ♒ 58	18 ♒	25 ♐	1 ♏	12 ♑	12 ♉
14	21 ♌ 8	8 ♎ 48	2 ♑ 14	3 ♑ 37	17 ♍ 44	27 ♍ 32	3 ♏ 33	22 ♎ 29	24 ♉ 31	17 ♊ 50	10 ♈ 53	8 ♒ 57	17 ♒	25 ♐	1 ♏	12 ♑	12 ♉
15	22 ♌ 6	23 ♎ 19	2 ♑ 11	3 ♑ 32	18 ♍ 55	28 ♍ 42	4 ♏ 9	22 ♎ 38	24 ♉ 33	17 ♊ 52	10 ♈ 52	8 ♒ 56	17 ♒	25 ♐	1 ♏	12 ♑	12 ♉
16	23 ♌ 4	7 ♏ 41	2 ♑ 8	3 ♑ 29	20 ♍ 4	29 ♍ 53	4 ♏ 46	22 ♎ 47	24 ♉ 35	17 ♊ 54	10 ♈ 51	8 ♒ 54	17 ♒	25 ♐	1 ♏	11 ♑	12 ♉
17	24 ♌ 1	21 ♏ 53	2 ♑ 5	3 ♑ 28	21 ♍ 11	1 ♎ 4	5 ♏ 23	22 ♎ 56	24 ♉ 38	17 ♊ 56	10 ♈ 50	8 ♒ 53	17 ♒	25 ♐	2 ♏	11 ♑	12 R
18	24 ♌ 59	5 ♐ 52	2 ♑ 1	3 D 28	22 ♍ 15	2 ♎ 15	5 ♏ 59	23 ♎ 6	24 ♉ 40	17 ♊ 58	10 ♈ 49	8 ♒ 52	16 ♒	25 ♐	2 ♏	11 ♑	12 ♉
19	25 ♌ 57	19 ♐ 39	1 ♑ 58	3 ♑ 29	23 ♍ 17	3 ♎ 25	6 ♏ 36	23 ♎ 15	24 ♉ 42	18 ♊ 0	10 ♈ 48	8 ♒ 50	16 ♒	25 D	2 ♏	11 ♑	12 ♉
20	26 ♌ 55	3 ♑ 12	1 ♑ 55	3 ♑ 30	24 ♍ 16	4 ♎ 36	7 ♏ 14	23 ♎ 25	24 ♉ 44	18 ♊ 1	10 ♈ 47	8 ♒ 49	16 ♒	25 ♐	2 ♏	11 ♑	12 ♉
21	27 ♌ 52	16 ♑ 34	1 ♑ 52	3 R 29	25 ♍ 12	5 ♎ 47	7 ♏ 51	23 ♎ 34	24 ♉ 46	18 ♊ 3	10 ♈ 46	8 ♒ 48	16 ♒	25 ♐	2 ♏	11 ♑	12 ♉
22	28 ♌ 50	29 ♑ 44	1 ♑ 49	3 ♑ 26	26 ♍ 6	6 ♎ 57	8 ♏ 28	23 ♎ 44	24 ♉ 47	18 ♊ 5	10 ♈ 45	8 ♒ 47	16 ♒	25 ♐	3 ♏	11 ♑	12 ♉
23	29 ♌ 48	12 ♒ 42	1 ♑ 45	3 ♑ 21	26 ♍ 56	8 ♎ 8	9 ♏ 6	23 ♎ 54	24 ♉ 49	18 ♊ 6	10 ♈ 44	8 ♒ 45	15 ♒	25 ♐	3 ♏	11 D	12 ♉
24	0 ♍ 46	25 ♒ 29	1 ♑ 42	3 ♑ 13	27 ♍ 43	9 ♎ 18	9 ♏ 43	24 ♎ 4	24 ♉ 50	18 ♊ 8	10 ♈ 43	8 ♒ 44	15 ♒	25 ♐	3 ♏	11 ♑	12 ♉
25	1 ♍ 43	8 ♓ 4	1 ♑ 39	3 ♑ 3	28 ♍ 27	10 ♎ 28	10 ♏ 21	24 ♎ 14	24 ♉ 52	18 ♊ 10	10 ♈ 42	8 ♒ 43	15 ♒	25 ♐	3 ♏	11 ♑	12 ♉
26	2 ♍ 41	20 ♓ 28	1 ♑ 36	2 ♑ 52	29 ♍ 7	11 ♎ 38	10 ♏ 59	24 ♎ 24	24 ♉ 53	18 ♊ 11	10 ♈ 40	8 ♒ 42	15 ♒	25 ♐	4 ♏	11 ♑	12 ♉
27	3 ♍ 39	2 ♈ 40	1 ♑ 33	2 ♑ 41	29 ♍ 44	12 ♎ 48	11 ♏ 37	24 ♎ 35	24 ♉ 54	18 ♊ 12	10 ♈ 39	8 ♒ 40	15 ♒	25 ♐	4 ♏	11 ♑	12 ♉
28	4 ♍ 37	14 ♈ 43	1 ♑ 30	2 ♑ 31	0 ♎ 16	13 ♎ 58	12 ♏ 15	24 ♎ 45	24 ♉ 56	18 ♊ 14	10 ♈ 38	8 ♒ 39	14 ♒	25 ♐	4 ♏	11 ♑	12 ♉
29	5 ♍ 35	26 ♈ 39	1 ♑ 26	2 ♑ 23	0 ♎ 44	15 ♎ 8	12 ♏ 53	24 ♎ 55	24 ♉ 57	18 ♊ 15	10 ♈ 37	8 ♒ 38	14 ♒	26 ♐	5 ♏	11 ♑	12 ♉
30	6 ♍ 33	8 ♉ 30	1 ♑ 23	2 ♑ 17	1 ♎ 7	16 ♎ 18	13 ♏ 32	25 ♎ 6	24 ♉ 57	18 ♊ 17	10 ♈ 35	8 ♒ 37	14 ♒	26 ♐	5 ♏	12 ♑	12 ♉
31	7 ♍ 31	20 ♉ 20	1 ♑ 20	2 ♑ 13	1 ♎ 26	17 ♎ 28	14 ♏ 10	25 ♎ 16	24 ♉ 58	18 ♊ 18	10 ♈ 34	8 ♒ 36	14 ♒	26 ♐	5 ♏	12 ♑	12 ♉

SUN INGRESS	☉ → ♍ 23日 04:51
MOON PHASE	◑ 2日 20:15 ♉ ● 10日 10:55 ♌ ◐ 17日 03:55 ♏ ○ 24日 10:51 ♓

aspects		
1日	13:56	☉☍♇
3日	10:50	☉△♆
5日	13:46	♀□♅
10日	10:20	☉⚹♅
11日	08:32	♀△♄
14日	02:09	☿□♅
15日	15:40	☉⚹♃
17日	15:40	☉□♄
20日	12:11	☿△♄
22日	11:25	♂□♇
23日	12:40	♀△♇
25日	04:31	♀☍♆
31日	17:21	♀△♅

2029年9月

DAY	☉	☽	☊		☿	♀	♂	♃	♄	♅	♆	♇	⚳	⚴	⚵	⚶	⚷
			mean	true													
	° ′	° ′	° ′	° ′	° ′	° ′	° ′	° ′	° ′	° ′	° ′	° ′	°	°	°	°	°
1	8 ♍ 29	2 ♊ 15	1 ♑ 17	2 R 12	1 D 39	18 D 38	14 D 49	25 D 27	24 D 59	18 D 19	10 R 33	8 R 34	14 R	26 D	5 D	12 D	12 R
2	9 ♍ 27	14 ♊ 18	1 ♑ 14	2 D 12	1 ♎ 47	19 ♎ 48	15 ♏ 28	25 ♎ 38	24 ♉ 59	18 ♊ 20	10 ♈ 31	8 ♒ 33	14 ♒	26 ♐	6 ♏	12 ♑	12 ♉
3	10 ♍ 25	26 ♊ 36	1 ♑ 10	2 ♑ 12	1 R 49	20 ♎ 57	16 ♏ 7	25 ♎ 49	25 ♉ 0	18 ♊ 21	10 ♈ 30	8 ♒ 32	13 ♒	26 ♐	6 ♏	12 ♑	12 ♉
4	11 ♍ 23	9 ♋ 14	1 ♑ 7	2 R 12	1 ♎ 46	22 ♎ 7	16 ♏ 46	26 ♎ 0	25 ♉ 0	18 ♊ 22	10 ♈ 28	8 ♒ 31	13 ♒	26 ♐	6 ♏	12 ♑	12 ♉
5	12 ♍ 21	22 ♋ 15	1 ♑ 4	2 ♑ 10	1 ♎ 36	23 ♎ 16	17 ♏ 25	26 ♎ 10	25 ♉ 0	18 ♊ 23	10 ♈ 27	8 ♒ 30	13 ♒	26 ♐	6 ♏	12 ♑	12 ♉
6	13 ♍ 20	5 ♌ 43	1 ♑ 1	2 ♑ 6	1 ♎ 20	24 ♎ 26	18 ♏ 4	26 ♎ 22	25 ♉ 1	18 ♊ 24	10 ♈ 26	8 ♒ 29	13 ♒	26 ♐	7 ♏	12 ♑	12 ♉
7	14 ♍ 18	19 ♌ 39	0 ♑ 58	2 ♑ 0	0 ♎ 57	25 ♎ 35	18 ♏ 44	26 ♎ 33	25 R 1	18 ♊ 25	10 ♈ 24	8 ♒ 28	13 ♒	26 ♐	7 ♏	12 ♑	12 ♉
8	15 ♍ 16	4 ♍ 0	0 ♑ 55	1 ♑ 51	0 ♎ 28	26 ♎ 44	19 ♏ 23	26 ♎ 44	25 ♉ 1	18 ♊ 26	10 ♈ 23	8 ♒ 27	13 ♒	26 ♐	7 ♏	12 ♑	12 ♉
9	16 ♍ 14	18 ♍ 42	0 ♑ 51	1 ♑ 41	29 ♍ 53	27 ♎ 53	20 ♏ 3	26 ♎ 55	25 ♉ 0	18 ♊ 27	10 ♈ 21	8 ♒ 26	12 ♒	27 ♐	7 ♏	12 ♑	12 ♉
10	17 ♍ 13	3 ♎ 36	0 ♑ 48	1 ♑ 30	29 ♍ 12	29 ♎ 2	20 ♏ 43	27 ♎ 6	25 ♉ 0	18 ♊ 28	10 ♈ 20	8 ♒ 25	12 ♒	27 ♐	8 ♏	13 ♑	12 ♉
11	18 ♍ 11	18 ♎ 34	0 ♑ 45	1 ♑ 20	28 ♍ 25	0 ♏ 11	21 ♏ 23	27 ♎ 18	25 ♉ 0	18 ♊ 28	10 ♈ 18	8 ♒ 24	12 ♒	27 ♐	8 ♏	13 ♑	12 ♉
12	19 ♍ 9	3 ♏ 27	0 ♑ 42	1 ♑ 12	27 ♍ 33	1 ♏ 20	22 ♏ 3	27 ♎ 29	24 ♉ 59	18 ♊ 29	10 ♈ 17	8 ♒ 23	12 ♒	27 ♐	8 ♏	13 ♑	12 ♉
13	20 ♍ 8	18 ♏ 6	0 ♑ 39	1 ♑ 6	26 ♍ 37	2 ♏ 29	22 ♏ 43	27 ♎ 41	24 ♉ 59	18 ♊ 30	10 ♈ 15	8 ♒ 22	12 ♒	27 ♐	9 ♏	13 ♑	12 ♉
14	21 ♍ 6	2 ♐ 28	0 ♑ 36	1 ♑ 3	25 ♍ 38	3 ♏ 38	23 ♏ 23	27 ♎ 52	24 ♉ 58	18 ♊ 30	10 ♈ 14	8 ♒ 21	12 ♒	27 ♐	9 ♏	13 ♑	12 ♉
15	22 ♍ 5	16 ♐ 29	0 ♑ 32	1 ♑ 2	24 ♍ 36	4 ♏ 46	24 ♏ 3	28 ♎ 4	24 ♉ 57	18 ♊ 31	10 ♈ 12	8 ♒ 20	12 ♒	27 ♐	9 ♏	13 ♑	12 ♉
16	23 ♍ 3	0 ♑ 10	0 ♑ 29	1 D 2	23 ♍ 34	5 ♏ 55	24 ♏ 44	28 ♎ 16	24 ♉ 56	18 ♊ 31	10 ♈ 11	8 ♒ 19	12 ♒	28 ♐	9 ♏	14 ♑	12 ♉
17	24 ♍ 2	13 ♑ 33	0 ♑ 26	1 R 2	22 ♍ 32	7 ♏ 3	25 ♏ 24	28 ♎ 28	24 ♉ 55	18 ♊ 31	10 ♈ 9	8 ♒ 18	12 ♒	28 ♐	10 ♏	14 ♑	12 ♉
18	25 ♍ 0	26 ♑ 39	0 ♑ 23	1 ♑ 0	21 ♍ 33	8 ♏ 11	26 ♏ 5	28 ♎ 40	24 ♉ 54	18 ♊ 32	10 ♈ 7	8 ♒ 17	12 ♒	28 ♐	10 ♏	14 ♑	12 ♉
19	25 ♍ 59	9 ♒ 30	0 ♑ 20	0 ♑ 55	20 ♍ 37	9 ♏ 19	26 ♏ 46	28 ♎ 51	24 ♉ 53	18 ♊ 32	10 ♈ 6	8 ♒ 16	11 ♒	28 ♐	10 ♏	14 ♑	12 ♉
20	26 ♍ 57	22 ♒ 10	0 ♑ 16	0 ♑ 48	19 ♍ 46	10 ♏ 27	27 ♏ 27	29 ♎ 3	24 ♉ 51	18 ♊ 32	10 ♈ 4	8 ♒ 15	11 ♒	28 ♐	11 ♏	14 ♑	12 ♉
21	27 ♍ 56	4 ♓ 40	0 ♑ 13	0 ♑ 38	19 ♍ 2	11 ♏ 35	28 ♏ 8	29 ♎ 15	24 ♉ 50	18 ♊ 32	10 ♈ 3	8 ♒ 15	11 ♒	28 ♐	11 ♏	15 ♑	12 ♉
22	28 ♍ 54	17 ♓ 0	0 ♑ 10	0 ♑ 26	18 ♍ 25	12 ♏ 43	28 ♏ 49	29 ♎ 27	24 ♉ 48	18 ♊ 33	10 ♈ 1	8 ♒ 14	11 ♒	29 ♐	11 ♏	15 ♑	12 ♉
23	29 ♍ 53	29 ♓ 12	0 ♑ 7	0 ♑ 12	17 ♍ 56	13 ♏ 50	29 ♏ 30	29 ♎ 40	24 ♉ 46	18 ♊ 33	9 ♈ 59	8 ♒ 13	11 ♒	29 ♐	12 ♏	15 ♑	12 ♉
24	0 ♎ 52	11 ♈ 16	0 ♑ 4	29 ♐ 58	17 ♍ 37	14 ♏ 58	0 ♐ 11	29 ♎ 52	24 ♉ 45	18 ♊ 33	9 ♈ 58	8 ♒ 12	11 ♒	29 ♐	12 ♏	15 ♑	11 ♉
25	1 ♎ 50	23 ♈ 13	0 ♑ 1	29 ♐ 44	17 ♍ 27	16 ♏ 5	0 ♐ 53	0 ♏ 4	24 ♉ 43	18 R 33	9 ♈ 56	8 ♒ 12	11 ♒	29 ♐	12 ♏	15 ♑	11 ♉
26	2 ♎ 49	5 ♉ 5	29 ♐ 57	29 ♐ 33	17 D 28	17 ♏ 12	1 ♐ 34	0 ♏ 16	24 ♉ 41	18 ♊ 33	9 ♈ 54	8 ♒ 11	11 ♒	29 ♐	12 ♏	16 ♑	11 ♉
27	3 ♎ 48	16 ♉ 55	29 ♐ 54	29 ♐ 25	17 ♍ 38	18 ♏ 20	2 ♐ 16	0 ♏ 28	24 ♉ 39	18 ♊ 32	9 ♈ 53	8 ♒ 10	11 ♒	29 ♐	13 ♏	16 ♑	11 ♉
28	4 ♎ 47	28 ♉ 44	29 ♐ 51	29 ♐ 19	17 ♍ 59	19 ♏ 26	2 ♐ 57	0 ♏ 41	24 ♉ 37	18 ♊ 32	9 ♈ 51	8 ♒ 10	11 ♒	0 ♑	13 ♏	16 ♑	11 ♉
29	5 ♎ 46	10 ♊ 37	29 ♐ 48	29 ♐ 16	18 ♍ 29	20 ♏ 33	3 ♐ 39	0 ♏ 53	24 ♉ 34	18 ♊ 32	9 ♈ 49	8 ♒ 9	11 ♒	0 ♑	13 ♏	16 ♑	11 ♉
30	6 ♎ 45	22 ♊ 39	29 ♐ 45	29 ♐ 15	19 ♍ 8	21 ♏ 40	4 ♐ 21	1 ♏ 6	24 ♉ 32	18 ♊ 32	9 ♈ 48	8 ♒ 9	11 ♒	0 ♑	14 ♏	17 ♑	11 ♉

SUN INGRESS	☉ → ♎ 23日 02:38
MOON PHASE	◑ 1日 13:33 ♊ ● 8日 19:44 ♍ ◐ 15日 10:29 ♐ ○ 23日 01:29 ♓

aspects		
7日	23:53	♀☌♃
11日	07:12	☉□♅
14日	15:53	☿△♄
15日	07:42	☿⚹♂
16日	06:10	☉☌☿
16日	07:03	♂☍♄
17日	21:29	☉△♄
18日	02:05	♀□♇
21日	16:12	☉⚹♂
21日	18:25	☿□♅
26日	06:05	☿⚹♀
29日	02:20	☿□♅

2029年10月

DAY	☉	☽	☊		☿	♀	♂	♃	♄	♅	♆	♇	⚳	⚴	⚵	⚶	⚷
			mean	true													
	° ′	° ′	° ′	° ′	° ′	° ′	° ′	° ′	° ′	° ′	° ′	° ′	°	°	°	°	°
1	7 ♎ 44	4 ♋ 54	29 ♐ 42	29 D 15	19 D 56	22 D 46	5 D 3	1 D 18	24 R 29	18 R 31	9 R 46	8 R 8	11 R	0 D	14 D	17 D	11 R
2	8 ♎ 43	17 ♋ 27	29 ♐ 38	29 R 14	20 ♍ 51	23 ♏ 53	5 ♐ 45	1 ♏ 31	24 ♉ 27	18 ♊ 31	9 ♈ 44	8 ♒ 7	11 D	1 ♑	14 ♏	17 ♑	11 ♉
3	9 ♎ 42	0 ♌ 25	29 ♐ 35	29 ♐ 13	21 ♍ 55	24 ♏ 59	6 ♐ 27	1 ♏ 43	24 ♉ 24	18 ♊ 31	9 ♈ 43	8 ♒ 7	11 ♒	1 ♑	15 ♏	17 ♑	11 ♉
4	10 ♎ 41	13 ♌ 50	29 ♐ 32	29 ♐ 9	23 ♍ 5	26 ♏ 5	7 ♐ 9	1 ♏ 56	24 ♉ 21	18 ♊ 30	9 ♈ 41	8 ♒ 6	11 ♒	1 ♑	15 ♏	18 ♑	11 ♉
5	11 ♎ 40	27 ♌ 45	29 ♐ 29	29 ♐ 3	24 ♍ 20	27 ♏ 11	7 ♐ 52	2 ♏ 8	24 ♉ 19	18 ♊ 30	9 ♈ 39	8 ♒ 6	11 ♒	1 ♑	15 ♏	18 ♑	11 ♉
6	12 ♎ 39	12 ♍ 9	29 ♐ 26	28 ♐ 55	25 ♍ 41	28 ♏ 16	8 ♐ 34	2 ♏ 21	24 ♉ 16	18 ♊ 29	9 ♈ 38	8 ♒ 6	11 ♒	1 ♑	16 ♏	18 ♑	11 ♉
7	13 ♎ 38	26 ♍ 59	29 ♐ 22	28 ♐ 44	27 ♍ 7	29 ♏ 22	9 ♐ 17	2 ♏ 34	24 ♉ 13	18 ♊ 28	9 ♈ 36	8 ♒ 5	11 ♒	2 ♑	16 ♏	18 ♑	11 ♉
8	14 ♎ 37	12 ♎ 7	29 ♐ 19	28 ♐ 33	28 ♍ 36	0 ♐ 27	9 ♐ 59	2 ♏ 46	24 ♉ 10	18 ♊ 28	9 ♈ 34	8 ♒ 5	11 ♒	2 ♑	16 ♏	19 ♑	11 ♉
9	15 ♎ 37	27 ♎ 22	29 ♐ 16	28 ♐ 23	0 ♎ 9	1 ♐ 32	10 ♐ 42	2 ♏ 59	24 ♉ 6	18 ♊ 27	9 ♈ 33	8 ♒ 4	11 ♒	2 ♑	17 ♏	19 ♑	11 ♉
10	16 ♎ 36	12 ♏ 33	29 ♐ 13	28 ♐ 15	1 ♎ 44	2 ♐ 37	11 ♐ 25	3 ♏ 12	24 ♉ 3	18 ♊ 26	9 ♈ 31	8 ♒ 4	11 ♒	2 ♑	17 ♏	19 ♑	11 ♉
11	17 ♎ 35	27 ♏ 31	29 ♐ 10	28 ♐ 9	3 ♎ 21	3 ♐ 42	12 ♐ 8	3 ♏ 25	24 ♉ 0	18 ♊ 25	9 ♈ 29	8 ♒ 4	11 ♒	3 ♑	17 ♏	20 ♑	11 ♉
12	18 ♎ 35	12 ♐ 9	29 ♐ 7	28 ♐ 6	5 ♎ 1	4 ♐ 47	12 ♐ 51	3 ♏ 38	23 ♉ 56	18 ♊ 24	9 ♈ 28	8 ♒ 3	11 ♒	3 ♑	17 ♏	20 ♑	11 ♉
13	19 ♎ 34	26 ♐ 21	29 ♐ 3	28 ♐ 5	6 ♎ 42	5 ♐ 51	13 ♐ 34	3 ♏ 51	23 ♉ 53	18 ♊ 24	9 ♈ 26	8 ♒ 3	11 ♒	3 ♑	18 ♏	20 ♑	11 ♉
14	20 ♎ 33	10 ♑ 8	29 ♐ 0	28 D 5	8 ♎ 23	6 ♐ 55	14 ♐ 17	4 ♏ 4	23 ♉ 49	18 ♊ 23	9 ♈ 24	8 ♒ 3	11 ♒	3 ♑	18 ♏	21 ♑	11 ♉
15	21 ♎ 33	23 ♑ 31	28 ♐ 57	28 R 6	10 ♎ 6	7 ♐ 59	15 ♐ 0	4 ♏ 16	23 ♉ 45	18 ♊ 22	9 ♈ 23	8 ♒ 3	11 ♒	4 ♑	18 ♏	21 ♑	11 ♉
16	22 ♎ 32	6 ♒ 32	28 ♐ 54	28 ♐ 5	11 ♎ 49	9 ♐ 2	15 ♐ 44	4 ♏ 29	23 ♉ 42	18 ♊ 20	9 ♈ 21	8 ♒ 3	12 ♒	4 ♑	19 ♏	21 ♑	11 ♉
17	23 ♎ 32	19 ♒ 15	28 ♐ 51	28 ♐ 2	13 ♎ 32	10 ♐ 6	16 ♐ 27	4 ♏ 42	23 ♉ 38	18 ♊ 19	9 ♈ 20	8 ♒ 3	12 ♒	4 ♑	19 ♏	22 ♑	11 ♉
18	24 ♎ 31	1 ♓ 44	28 ♐ 47	27 ♐ 56	15 ♎ 16	11 ♐ 9	17 ♐ 11	4 ♏ 55	23 ♉ 34	18 ♊ 18	9 ♈ 18	8 ♒ 2	12 ♒	4 ♑	19 ♏	22 ♑	11 ♉
19	25 ♎ 31	14 ♓ 1	28 ♐ 44	27 ♐ 48	16 ♎ 59	12 ♐ 12	17 ♐ 54	5 ♏ 8	23 ♉ 30	18 ♊ 17	9 ♈ 16	8 ♒ 2	12 ♒	5 ♑	20 ♏	22 ♑	10 ♉
20	26 ♎ 30	26 ♓ 9	28 ♐ 41	27 ♐ 38	18 ♎ 43	13 ♐ 14	18 ♐ 38	5 ♏ 21	23 ♉ 26	18 ♊ 16	9 ♈ 15	8 ♒ 2	12 ♒	5 ♑	20 ♏	23 ♑	10 ♉
21	27 ♎ 30	8 ♈ 11	28 ♐ 38	27 ♐ 26	20 ♎ 26	14 ♐ 16	19 ♐ 22	5 ♏ 34	23 ♉ 22	18 ♊ 14	9 ♈ 13	8 ♒ 2	12 ♒	5 ♑	20 ♏	23 ♑	10 ♉
22	28 ♎ 30	20 ♈ 7	28 ♐ 35	27 ♐ 14	22 ♎ 9	15 ♐ 18	20 ♐ 5	5 ♏ 47	23 ♉ 18	18 ♊ 13	9 ♈ 12	8 D 2	12 ♒	5 ♑	21 ♏	23 ♑	10 ♉
23	29 ♎ 29	2 ♉ 0	28 ♐ 32	27 ♐ 3	23 ♎ 51	16 ♐ 20	20 ♐ 49	6 ♏ 1	23 ♉ 14	18 ♊ 12	9 ♈ 10	8 ♒ 2	12 ♒	6 ♑	21 ♏	24 ♑	10 ♉
24	0 ♏ 29	13 ♉ 51	28 ♐ 28	26 ♐ 54	25 ♎ 33	17 ♐ 21	21 ♐ 33	6 ♏ 14	23 ♉ 9	18 ♊ 10	9 ♈ 9	8 ♒ 2	12 ♒	6 ♑	21 ♏	24 ♑	10 ♉
25	1 ♏ 29	25 ♉ 40	28 ♐ 25	26 ♐ 47	27 ♎ 15	18 ♐ 22	22 ♐ 17	6 ♏ 27	23 ♉ 5	18 ♊ 9	9 ♈ 7	8 ♒ 2	12 ♒	6 ♑	22 ♏	24 ♑	10 ♉
26	2 ♏ 29	7 ♊ 32	28 ♐ 22	26 ♐ 42	28 ♎ 56	19 ♐ 23	23 ♐ 1	6 ♏ 40	23 ♉ 1	18 ♊ 7	9 ♈ 6	8 ♒ 3	13 ♒	7 ♑	22 ♏	25 ♑	10 ♉
27	3 ♏ 28	19 ♊ 28	28 ♐ 19	26 ♐ 40	0 ♏ 37	20 ♐ 23	23 ♐ 46	6 ♏ 53	22 ♉ 56	18 ♊ 6	9 ♈ 4	8 ♒ 3	13 ♒	7 ♑	22 ♏	25 ♑	10 ♉
28	4 ♏ 28	1 ♋ 32	28 ♐ 16	26 D 40	2 ♏ 17	21 ♐ 23	24 ♐ 30	7 ♏ 6	22 ♉ 52	18 ♊ 4	9 ♈ 3	8 ♒ 3	13 ♒	7 ♑	23 ♏	25 ♑	10 ♉
29	5 ♏ 28	13 ♋ 48	28 ♐ 13	26 ♐ 41	3 ♏ 57	22 ♐ 22	25 ♐ 14	7 ♏ 19	22 ♉ 47	18 ♊ 2	9 ♈ 1	8 ♒ 3	13 ♒	7 ♑	23 ♏	26 ♑	10 ♉
30	6 ♏ 28	26 ♋ 20	28 ♐ 9	26 ♐ 42	5 ♏ 36	23 ♐ 21	25 ♐ 59	7 ♏ 32	22 ♉ 43	18 ♊ 1	9 ♈ 0	8 ♒ 3	13 ♒	8 ♑	23 ♏	26 ♑	10 ♉
31	7 ♏ 28	9 ♌ 12	28 ♐ 6	26 R 43	7 ♏ 15	24 ♐ 20	26 ♐ 43	7 ♏ 45	22 ♉ 38	17 ♊ 59	8 ♈ 58	8 ♒ 4	13 ♒	8 ♑	24 ♏	26 ♑	10 ♉

SUN INGRESS	☉ → ♏ 23日 12:08
MOON PHASE	◑ 1日 05:56 ♋ ● 8日 04:14 ♎ ◐ 14日 20:09 ♑ ○ 22日 18:27 ♈ ◑ 30日 20:32 ♌

aspects		
1日	09:48	☉△♇
2日	11:53	♀☍♄
3日	00:23	☉☍♆
4日	23:31	☿△♄
5日	07:59	♂⚹♇
7日	10:26	♂△♆
11日	14:20	☿⚹♀
11日	19:58	☉△♅
13日	19:14	☿△♇
14日	14:05	☿☍♆
15日	01:30	♀⚹♇
16日	06:56	♀△♆
19日	12:08	♂☍♅
19日	17:46	☿△♅
19日	22:01	☿⚹♂
24日	18:51	♀☍♅
31日	08:13	☉☌☿
31日	08:37	☿☌♃
31日	08:56	☉☌♃
31日	11:54	☿□♇
31日	14:16	☉□♇

2029年11月

DAY	☉	☽	☊ mean	☊ true	☿	♀	♂	♃	♄	♅	♆	♇	⚳	⚴	⚵	⚶	⚷
	° ′	° ′	° ′	° ′	° ′	° ′	° ′	° ′	° ′	° ′	° ′	° ′	°	°	°	°	°
1	8 ♏ 28	22 ♌ 30	28 ♐ 3	26 R 42	8 D 53	25 D 18	27 D 28	7 D 59	22 R 33	17 R 57	8 R 57	8 D 4	14 D	8 D	24 D	27 D	10 R
2	9 ♏ 28	6 ♍ 16	28 ♐ 0	26 ♐ 39	10 ♏ 31	26 ♐ 16	28 ♐ 12	8 ♏ 12	22 ♉ 29	17 ♊ 55	8 ♈ 55	8 ♒ 4	14 ♒	9 ♑	24 ♏	27 ♑	10 ♉
3	10 ♏ 28	20 ♍ 31	27 ♐ 57	26 ♐ 34	12 ♏ 8	27 ♐ 13	28 ♐ 57	8 ♏ 25	22 ♉ 24	17 ♊ 53	8 ♈ 54	8 ♒ 4	14 ♒	9 ♑	25 ♏	27 ♑	10 ♉
4	11 ♏ 28	5 ♎ 12	27 ♐ 53	26 ♐ 28	13 ♏ 45	28 ♐ 10	29 ♐ 42	8 ♏ 38	22 ♉ 19	17 ♊ 52	8 ♈ 53	8 ♒ 5	14 ♒	9 ♑	25 ♏	28 ♑	10 ♉
5	12 ♏ 28	20 ♎ 15	27 ♐ 50	26 ♐ 21	15 ♏ 21	29 ♐ 7	0 ♑ 27	8 ♏ 51	22 ♉ 15	17 ♊ 50	8 ♈ 51	8 ♒ 5	14 ♒	9 ♑	25 ♏	28 ♑	10 ♉
6	13 ♏ 29	5 ♏ 30	27 ♐ 47	26 ♐ 14	16 ♏ 57	0 ♑ 3	1 ♑ 11	9 ♏ 4	22 ♉ 10	17 ♊ 48	8 ♈ 50	8 ♒ 6	14 ♒	10 ♑	26 ♏	29 ♑	10 ♉
7	14 ♏ 29	20 ♏ 47	27 ♐ 44	26 ♐ 9	18 ♏ 33	0 ♑ 58	1 ♑ 56	9 ♏ 17	22 ♉ 5	17 ♊ 46	8 ♈ 49	8 ♒ 6	15 ♒	10 ♑	26 ♏	29 ♑	10 ♉
8	15 ♏ 29	5 ♐ 55	27 ♐ 41	26 ♐ 5	20 ♏ 8	1 ♑ 53	2 ♑ 41	9 ♏ 31	22 ♉ 0	17 ♊ 44	8 ♈ 48	8 ♒ 7	15 ♒	10 ♑	26 ♏	29 ♑	10 ♉
9	16 ♏ 29	20 ♐ 45	27 ♐ 38	26 ♐ 4	21 ♏ 43	2 ♑ 47	3 ♑ 27	9 ♏ 44	21 ♉ 55	17 ♊ 42	8 ♈ 46	8 ♒ 7	15 ♒	11 ♑	27 ♏	0 ♒	9 ♉
10	17 ♏ 29	5 ♑ 11	27 ♐ 34	26 D 4	23 ♏ 17	3 ♑ 41	4 ♑ 12	9 ♏ 57	21 ♉ 50	17 ♊ 40	8 ♈ 45	8 ♒ 8	15 ♒	11 ♑	27 ♏	0 ♒	9 ♉
11	18 ♏ 30	19 ♑ 10	27 ♐ 31	26 ♐ 5	24 ♏ 51	4 ♑ 34	4 ♑ 57	10 ♏ 10	21 ♉ 46	17 ♊ 38	8 ♈ 44	8 ♒ 8	15 ♒	11 ♑	27 ♏	1 ♒	9 ♉
12	19 ♏ 30	2 ♒ 41	27 ♐ 28	26 ♐ 6	26 ♏ 25	5 ♑ 26	5 ♑ 42	10 ♏ 23	21 ♉ 41	17 ♊ 35	8 ♈ 43	8 ♒ 9	16 ♒	12 ♑	28 ♏	1 ♒	9 ♉
13	20 ♏ 30	15 ♒ 47	27 ♐ 25	26 ♐ 7	27 ♏ 59	6 ♑ 18	6 ♑ 28	10 ♏ 36	21 ♉ 36	17 ♊ 33	8 ♈ 42	8 ♒ 9	16 ♒	12 ♑	28 ♏	1 ♒	9 ♉
14	21 ♏ 31	28 ♒ 31	27 ♐ 22	26 R 7	29 ♏ 32	7 ♑ 9	7 ♑ 13	10 ♏ 49	21 ♉ 31	17 ♊ 31	8 ♈ 40	8 ♒ 10	16 ♒	12 ♑	28 ♏	2 ♒	9 ♉
15	22 ♏ 31	10 ♓ 57	27 ♐ 19	26 ♐ 6	1 ♐ 5	7 ♑ 59	7 ♑ 59	11 ♏ 2	21 ♉ 26	17 ♊ 29	8 ♈ 39	8 ♒ 11	16 ♒	13 ♑	29 ♏	2 ♒	9 ♉
16	23 ♏ 32	23 ♓ 9	27 ♐ 15	26 ♐ 2	2 ♐ 37	8 ♑ 49	8 ♑ 44	11 ♏ 15	21 ♉ 21	17 ♊ 27	8 ♈ 38	8 ♒ 11	16 ♒	13 ♑	29 ♏	3 ♒	9 ♉
17	24 ♏ 32	5 ♈ 11	27 ♐ 12	25 ♐ 58	4 ♐ 10	9 ♑ 37	9 ♑ 30	11 ♏ 28	21 ♉ 16	17 ♊ 24	8 ♈ 37	8 ♒ 12	17 ♒	13 ♑	29 ♏	3 ♒	9 ♉
18	25 ♏ 33	17 ♈ 6	27 ♐ 9	25 ♐ 52	5 ♐ 42	10 ♑ 25	10 ♑ 15	11 ♏ 41	21 ♉ 11	17 ♊ 22	8 ♈ 36	8 ♒ 13	17 ♒	14 ♑	0 ♐	3 ♒	9 ♉
19	26 ♏ 33	28 ♈ 58	27 ♐ 6	25 ♐ 47	7 ♐ 13	11 ♑ 12	11 ♑ 1	11 ♏ 54	21 ♉ 6	17 ♊ 20	8 ♈ 35	8 ♒ 14	17 ♒	14 ♑	0 ♐	4 ♒	9 ♉
20	27 ♏ 34	10 ♉ 48	27 ♐ 3	25 ♐ 42	8 ♐ 45	11 ♑ 58	11 ♑ 47	12 ♏ 7	21 ♉ 2	17 ♊ 17	8 ♈ 34	8 ♒ 14	17 ♒	14 ♑	1 ♐	4 ♒	9 ♉
21	28 ♏ 34	22 ♉ 39	26 ♐ 59	25 ♐ 37	10 ♐ 16	12 ♑ 43	12 ♑ 32	12 ♏ 20	20 ♉ 57	17 ♊ 15	8 ♈ 33	8 ♒ 15	18 ♒	14 ♑	1 ♐	5 ♒	9 ♉
22	29 ♏ 35	4 ♊ 34	26 ♐ 56	25 ♐ 34	11 ♐ 47	13 ♑ 27	13 ♑ 18	12 ♏ 33	20 ♉ 52	17 ♊ 13	8 ♈ 32	8 ♒ 16	18 ♒	15 ♑	1 ♐	5 ♒	9 ♉
23	0 ♐ 35	16 ♊ 32	26 ♐ 53	25 ♐ 33	13 ♐ 18	14 ♑ 10	14 ♑ 4	12 ♏ 46	20 ♉ 47	17 ♊ 10	8 ♈ 31	8 ♒ 17	18 ♒	15 ♑	2 ♐	5 ♒	9 ♉
24	1 ♐ 36	28 ♊ 37	26 ♐ 50	25 D 32	14 ♐ 49	14 ♑ 52	14 ♑ 50	12 ♏ 58	20 ♉ 42	17 ♊ 8	8 ♈ 31	8 ♒ 18	18 ♒	15 ♑	2 ♐	6 ♒	9 ♉
25	2 ♐ 37	10 ♋ 51	26 ♐ 47	25 ♐ 33	16 ♐ 19	15 ♑ 33	15 ♑ 36	13 ♏ 11	20 ♉ 38	17 ♊ 5	8 ♈ 30	8 ♒ 19	19 ♒	16 ♑	2 ♐	6 ♒	9 ♉
26	3 ♐ 37	23 ♋ 16	26 ♐ 44	25 ♐ 35	17 ♐ 49	16 ♑ 13	16 ♑ 22	13 ♏ 24	20 ♉ 33	17 ♊ 3	8 ♈ 29	8 ♒ 20	19 ♒	16 ♑	3 ♐	7 ♒	9 ♉
27	4 ♐ 38	5 ♌ 54	26 ♐ 40	25 ♐ 36	19 ♐ 18	16 ♑ 51	17 ♑ 8	13 ♏ 37	20 ♉ 28	17 ♊ 0	8 ♈ 28	8 ♒ 21	19 ♒	16 ♑	3 ♐	7 ♒	9 ♉
28	5 ♐ 39	18 ♌ 50	26 ♐ 37	25 ♐ 38	20 ♐ 47	17 ♑ 28	17 ♑ 54	13 ♏ 49	20 ♉ 24	16 ♊ 58	8 ♈ 27	8 ♒ 22	19 ♒	17 ♑	3 ♐	8 ♒	9 ♉
29	6 ♐ 39	2 ♍ 5	26 ♐ 34	25 ♐ 38	22 ♐ 16	18 ♑ 4	18 ♑ 41	14 ♏ 2	20 ♉ 19	16 ♊ 55	8 ♈ 27	8 ♒ 23	20 ♒	17 ♑	4 ♐	8 ♒	9 ♉
30	7 ♐ 40	15 ♍ 42	26 ♐ 31	25 R 38	23 ♐ 45	18 ♑ 39	19 ♑ 27	14 ♏ 15	20 ♉ 15	16 ♊ 53	8 ♈ 26	8 ♒ 24	20 ♒	17 ♑	4 ♐	8 ♒	8 ♉

SUN INGRESS	☉ → ♐ 22日 09:49
MOON PHASE	● 6日 13:24 ♏　◐ 13日 09:35 ♒　○ 21日 13:03 ♉　◑ 29日 08:47 ♍

aspects		
1日	09:43	♃□♇
9日	02:58	☿☍♄
14日	00:00	☉☍♄
14日	21:01	♀☌♂
15日	19:04	♀□♆
15日	21:00	♂□♆
19日	15:55	☿⚹♇
19日	21:12	☿△♆
20日	06:37	♀⚹♃
20日	14:46	♂⚹♃
24日	10:03	♀☌♂
25日	12:05	☿☍♅
30日	17:34	☉⚹♇
30日	17:55	☉△♆
30日	22:35	♂△♄

2029年12月

DAY	☉	☽	☊ mean	☊ true	☿	♀	♂	♃	♄	♅	♆	♇	⚳	⚴	⚵	⚶	⚷
	° ′	° ′	° ′	° ′	° ′	° ′	° ′	° ′	° ′	° ′	° ′	° ′	°	°	°	°	°
1	8 ♐ 41	29 ♍ 43	26 ♐ 28	25 R 37	25 D 12	19 D 12	20 D 13	14 D 27	20 R 10	16 R 50	8 R 25	8 D 25	20 D	18 D	4 D	9 D	8 R
2	9 ♐ 42	14 ♎ 6	26 ♐ 25	25 ♐ 36	26 ♐ 40	19 ♑ 44	20 ♑ 59	14 ♏ 40	20 ♉ 6	16 ♊ 48	8 ♈ 25	8 ♒ 26	20 ♒	18 ♑	5 ♐	9 ♒	8 ♉
3	10 ♐ 43	28 ♎ 49	26 ♐ 21	25 ♐ 34	28 ♐ 6	20 ♑ 14	21 ♑ 46	14 ♏ 52	20 ♉ 1	16 ♊ 45	8 ♈ 24	8 ♒ 27	21 ♒	18 ♑	5 ♐	10 ♒	8 ♉
4	11 ♐ 44	13 ♏ 46	26 ♐ 18	25 ♐ 32	29 ♐ 32	20 ♑ 43	22 ♑ 32	15 ♏ 5	19 ♉ 57	16 ♊ 43	8 ♈ 24	8 ♒ 28	21 ♒	19 ♑	5 ♐	10 ♒	8 ♉
5	12 ♐ 44	28 ♏ 49	26 ♐ 15	25 ♐ 30	0 ♑ 57	21 ♑ 10	23 ♑ 19	15 ♏ 17	19 ♉ 52	16 ♊ 40	8 ♈ 23	8 ♒ 30	21 ♒	19 ♑	6 ♐	11 ♒	8 ♉
6	13 ♐ 45	13 ♐ 50	26 ♐ 12	25 ♐ 30	2 ♑ 20	21 ♑ 35	24 ♑ 5	15 ♏ 30	19 ♉ 48	16 ♊ 38	8 ♈ 23	8 ♒ 31	21 ♒	19 ♑	6 ♐	11 ♒	8 ♉
7	14 ♐ 46	28 ♐ 40	26 ♐ 9	25 D 29	3 ♑ 43	21 ♑ 58	24 ♑ 52	15 ♏ 42	19 ♉ 44	16 ♊ 35	8 ♈ 22	8 ♒ 32	22 ♒	20 ♑	6 ♐	11 ♒	8 ♉
8	15 ♐ 47	13 ♑ 10	26 ♐ 5	25 ♐ 30	5 ♑ 4	22 ♑ 20	25 ♑ 38	15 ♏ 54	19 ♉ 40	16 ♊ 33	8 ♈ 22	8 ♒ 33	22 ♒	20 ♑	7 ♐	12 ♒	8 ♉
9	16 ♐ 48	27 ♑ 17	26 ♐ 2	25 ♐ 30	6 ♑ 23	22 ♑ 40	26 ♑ 25	16 ♏ 6	19 ♉ 36	16 ♊ 30	8 ♈ 21	8 ♒ 34	22 ♒	21 ♑	7 ♐	12 ♒	8 ♉
10	17 ♐ 49	10 ♒ 58	25 ♐ 59	25 ♐ 31	7 ♑ 41	22 ♑ 58	27 ♑ 11	16 ♏ 19	19 ♉ 32	16 ♊ 28	8 ♈ 21	8 ♒ 36	23 ♒	21 ♑	7 ♐	13 ♒	8 ♉
11	18 ♐ 50	24 ♒ 13	25 ♐ 56	25 ♐ 32	8 ♑ 56	23 ♑ 13	27 ♑ 58	16 ♏ 31	19 ♉ 28	16 ♊ 25	8 ♈ 21	8 ♒ 37	23 ♒	21 ♑	8 ♐	13 ♒	8 ♉
12	19 ♐ 51	7 ♓ 3	25 ♐ 53	25 ♐ 32	10 ♑ 8	23 ♑ 27	28 ♑ 45	16 ♏ 43	19 ♉ 24	16 ♊ 22	8 ♈ 20	8 ♒ 38	23 ♒	22 ♑	8 ♐	14 ♒	8 ♉
13	20 ♐ 52	19 ♓ 32	25 ♐ 50	25 ♐ 33	11 ♑ 17	23 ♑ 38	29 ♑ 31	16 ♏ 55	19 ♉ 20	16 ♊ 20	8 ♈ 20	8 ♒ 40	24 ♒	22 ♑	8 ♐	14 ♒	8 ♉
14	21 ♐ 53	1 ♈ 45	25 ♐ 46	25 R 32	12 ♑ 23	23 ♑ 48	0 ♒ 18	17 ♏ 7	19 ♉ 16	16 ♊ 17	8 ♈ 20	8 ♒ 41	24 ♒	22 ♑	9 ♐	15 ♒	8 ♉
15	22 ♐ 54	13 ♈ 46	25 ♐ 43	25 ♐ 32	13 ♑ 25	23 ♑ 54	1 ♒ 5	17 ♏ 19	19 ♉ 13	16 ♊ 15	8 ♈ 20	8 ♒ 43	24 ♒	23 ♑	9 ♐	15 ♒	8 ♉
16	23 ♐ 55	25 ♈ 39	25 ♐ 40	25 ♐ 32	14 ♑ 22	23 ♑ 59	1 ♒ 52	17 ♏ 30	19 ♉ 9	16 ♊ 12	8 ♈ 20	8 ♒ 44	24 ♒	23 ♑	9 ♐	16 ♒	8 ♉
17	24 ♐ 56	7 ♉ 29	25 ♐ 37	25 ♐ 32	15 ♑ 13	24 ♑ 1	2 ♒ 39	17 ♏ 42	19 ♉ 6	16 ♊ 10	8 ♈ 20	8 ♒ 45	25 ♒	23 ♑	10 ♐	16 ♒	8 ♉
18	25 ♐ 57	19 ♉ 19	25 ♐ 34	25 D 32	15 ♑ 58	24 R 1	3 ♒ 26	17 ♏ 54	19 ♉ 2	16 ♊ 7	8 ♈ 19	8 ♒ 47	25 ♒	24 ♑	10 ♐	16 ♒	8 ♉
19	26 ♐ 58	1 ♊ 13	25 ♐ 31	25 ♐ 32	16 ♑ 36	23 ♑ 58	4 ♒ 12	18 ♏ 5	18 ♉ 59	16 ♊ 5	8 ♈ 19	8 ♒ 48	25 ♒	24 ♑	10 ♐	17 ♒	8 ♉
20	27 ♐ 59	13 ♊ 13	25 ♐ 27	25 ♐ 32	17 ♑ 7	23 ♑ 53	4 ♒ 59	18 ♏ 17	18 ♉ 56	16 ♊ 2	8 D 19	8 ♒ 50	26 ♒	24 ♑	11 ♐	17 ♒	8 ♉
21	29 ♐ 0	25 ♊ 22	25 ♐ 24	25 ♐ 32	17 ♑ 28	23 ♑ 45	5 ♒ 46	18 ♏ 29	18 ♉ 53	16 ♊ 0	8 ♈ 19	8 ♒ 51	26 ♒	25 ♑	11 ♐	18 ♒	8 ♉
22	0 ♑ 1	7 ♋ 41	25 ♐ 21	25 R 32	17 ♑ 40	23 ♑ 34	6 ♒ 33	18 ♏ 40	18 ♉ 50	15 ♊ 57	8 ♈ 20	8 ♒ 53	26 ♒	25 ♑	11 ♐	18 ♒	8 ♉
23	1 ♑ 3	20 ♋ 12	25 ♐ 18	25 ♐ 32	17 R 41	23 ♑ 22	7 ♒ 20	18 ♏ 51	18 ♉ 47	15 ♊ 55	8 ♈ 20	8 ♒ 54	27 ♒	25 ♑	12 ♐	19 ♒	8 ♉
24	2 ♑ 4	2 ♌ 55	25 ♐ 15	25 ♐ 31	17 ♑ 31	23 ♑ 6	8 ♒ 7	19 ♏ 3	18 ♉ 44	15 ♊ 53	8 ♈ 20	8 ♒ 56	27 ♒	26 ♑	12 ♐	19 ♒	8 ♉
25	3 ♑ 5	15 ♌ 51	25 ♐ 11	25 ♐ 30	17 ♑ 10	22 ♑ 49	8 ♒ 54	19 ♏ 14	18 ♉ 41	15 ♊ 50	8 ♈ 20	8 ♒ 57	27 ♒	26 ♑	12 ♐	20 ♒	8 ♉
26	4 ♑ 6	29 ♌ 1	25 ♐ 8	25 ♐ 29	16 ♑ 36	22 ♑ 29	9 ♒ 41	19 ♏ 25	18 ♉ 38	15 ♊ 48	8 ♈ 20	8 ♒ 59	28 ♒	26 ♑	13 ♐	20 ♒	8 ♉
27	5 ♑ 7	12 ♍ 25	25 ♐ 5	25 ♐ 28	15 ♑ 51	22 ♑ 6	10 ♒ 28	19 ♏ 36	18 ♉ 36	15 ♊ 45	8 ♈ 20	9 ♒ 1	28 ♒	27 ♑	13 ♐	21 ♒	8 ♉
28	6 ♑ 8	26 ♍ 4	25 ♐ 2	25 ♐ 27	14 ♑ 56	21 ♑ 42	11 ♒ 15	19 ♏ 47	18 ♉ 33	15 ♊ 43	8 ♈ 21	9 ♒ 2	28 ♒	27 ♑	13 ♐	21 ♒	8 ♉
29	7 ♑ 9	9 ♎ 57	24 ♐ 59	25 D 27	13 ♑ 50	21 ♑ 15	12 ♒ 3	19 ♏ 58	18 ♉ 31	15 ♊ 41	8 ♈ 21	9 ♒ 4	29 ♒	27 ♑	14 ♐	21 ♒	8 ♉
30	8 ♑ 10	24 ♎ 5	24 ♐ 56	25 ♐ 28	12 ♑ 37	20 ♑ 47	12 ♒ 50	20 ♏ 9	18 ♉ 28	15 ♊ 38	8 ♈ 21	9 ♒ 5	29 ♒	28 ♑	14 ♐	22 ♒	8 ♉
31	9 ♑ 12	8 ♏ 26	24 ♐ 52	25 ♐ 29	11 ♑ 19	20 ♑ 16	13 ♒ 37	20 ♏ 19	18 ♉ 26	15 ♊ 36	8 ♈ 22	9 ♒ 7	29 ♒	28 ♑	14 ♐	22 ♒	8 ♉

SUN INGRESS	☉ → ♑ 21日 23:14
MOON PHASE	● 5日 23:52 ♐　◐ 13日 02:49 ♓　○ 21日 07:46 ♊　◑ 28日 18:49 ♎

aspects		
1日	05:56	♆⚹♇
2日	14:53	♀△♄
8日	17:11	☉☍♅
10日	12:45	☿□♆
22日	16:02	♃☍♄
24日	06:25	♂⚹♆
25日	01:40	♂☌♇
30日	04:16	☉□♆
30日	22:16	♀⚹♃
31日	21:27	☉☌☿

2030年1月

DAY	☉	☽	☊ mean	☊ true	☿	♀	♂	♃	♄	♅	♆	♇	⚳	⚴	⚵	⚶	⚷
	° ′	° ′	° ′	° ′	° ′	° ′	° ′	° ′	° ′	° ′	° ′	° ′	°	°	°	°	°
1	10 ♑ 13	22 ♏ 57	24 ♐ 49	25 D 30	9 R 58	19 R 45	14 D 24	20 D 30	18 R 24	15 R 34	8 D 22	9 D 9	0 D	29 D	15 D	23 D	8 R
2	11 ♑ 14	7 ♐ 33	24 ♐ 46	25 ♐ 31	8 ♑ 36	19 ♑ 11	15 ♒ 11	20 ♏ 41	18 ♉ 22	15 ♊ 32	8 ♈ 22	9 ♒ 10	0 ♓	29 ♑	15 ♐	23 ♒	8 ♉
3	12 ♑ 15	22 ♐ 10	24 ♐ 43	25 ♐ 31	7 ♑ 17	18 ♑ 37	15 ♒ 58	20 ♏ 51	18 ♉ 20	15 ♊ 29	8 ♈ 23	9 ♒ 12	0 ♓	29 ♑	15 ♐	24 ♒	8 ♉
4	13 ♑ 16	6 ♑ 41	24 ♐ 40	25 R 31	6 ♑ 3	18 ♑ 2	16 ♒ 45	21 ♏ 1	18 ♉ 18	15 ♊ 27	8 ♈ 23	9 ♒ 14	1 ♓	0 ♒	16 ♐	24 ♒	7 ♉
5	14 ♑ 17	21 ♑ 1	24 ♐ 37	25 ♐ 30	4 ♑ 55	17 ♑ 26	17 ♒ 33	21 ♏ 12	18 ♉ 17	15 ♊ 25	8 ♈ 24	9 ♒ 16	1 ♓	0 ♒	16 ♐	25 ♒	7 ♉
6	15 ♑ 19	5 ♒ 3	24 ♐ 33	25 ♐ 28	3 ♑ 56	16 ♑ 49	18 ♒ 20	21 ♏ 22	18 ♉ 15	15 ♊ 23	8 ♈ 25	9 ♒ 17	1 ♓	0 ♒	16 ♐	25 ♒	7 ♉
7	16 ♑ 20	18 ♒ 44	24 ♐ 30	25 ♐ 24	3 ♑ 7	16 ♑ 13	19 ♒ 7	21 ♏ 32	18 ♉ 14	15 ♊ 21	8 ♈ 25	9 ♒ 19	2 ♓	1 ♒	17 ♐	26 ♒	7 ♉
8	17 ♑ 21	2 ♓ 3	24 ♐ 27	25 ♐ 21	2 ♑ 27	15 ♑ 36	19 ♒ 54	21 ♏ 42	18 ♉ 12	15 ♊ 19	8 ♈ 26	9 ♒ 21	2 ♓	1 ♒	17 ♐	26 ♒	7 ♉
9	18 ♑ 22	14 ♓ 58	24 ♐ 24	25 ♐ 18	1 ♑ 57	15 ♑ 0	20 ♒ 42	21 ♏ 52	18 ♉ 11	15 ♊ 17	8 ♈ 27	9 ♒ 23	2 ♓	1 ♒	17 ♐	27 ♒	7 ♉
10	19 ♑ 23	27 ♓ 32	24 ♐ 21	25 ♐ 15	1 ♑ 37	14 ♑ 24	21 ♒ 29	22 ♏ 2	18 ♉ 10	15 ♊ 15	8 ♈ 27	9 ♒ 24	3 ♓	2 ♒	18 ♐	27 ♒	7 ♉
11	20 ♑ 24	9 ♈ 48	24 ♐ 17	25 ♐ 13	1 ♑ 27	13 ♑ 49	22 ♒ 16	22 ♏ 11	18 ♉ 9	15 ♊ 13	8 ♈ 28	9 ♒ 26	3 ♓	2 ♒	18 ♐	28 ♒	7 ♉
12	21 ♑ 26	21 ♈ 50	24 ♐ 14	25 D 13	1 D 26	13 ♑ 15	23 ♒ 3	22 ♏ 21	18 ♉ 8	15 ♊ 11	8 ♈ 29	9 ♒ 28	3 ♓	2 ♒	18 ♐	28 ♒	7 ♉
13	22 ♑ 27	3 ♉ 44	24 ♐ 11	25 ♐ 13	1 ♑ 34	12 ♑ 42	23 ♒ 51	22 ♏ 30	18 ♉ 7	15 ♊ 9	8 ♈ 30	9 ♒ 30	4 ♓	3 ♒	19 ♐	29 ♒	7 ♉
14	23 ♑ 28	15 ♉ 33	24 ♐ 8	25 ♐ 15	1 ♑ 49	12 ♑ 11	24 ♒ 38	22 ♏ 40	18 ♉ 7	15 ♊ 7	8 ♈ 30	9 ♒ 31	4 ♓	3 ♒	19 ♐	29 ♒	7 ♉
15	24 ♑ 29	27 ♉ 24	24 ♐ 5	25 ♐ 17	2 ♑ 11	11 ♑ 41	25 ♒ 25	22 ♏ 49	18 ♉ 6	15 ♊ 5	8 ♈ 31	9 ♒ 33	5 ♓	3 ♒	19 ♐	29 ♒	7 ♉
16	25 ♑ 30	9 ♊ 20	24 ♐ 2	25 ♐ 19	2 ♑ 40	11 ♑ 14	26 ♒ 12	22 ♏ 58	18 ♉ 6	15 ♊ 3	8 ♈ 32	9 ♒ 35	5 ♓	4 ♒	20 ♐	0 ♓	7 ♉
17	26 ♑ 31	21 ♊ 25	23 ♐ 58	25 ♐ 20	3 ♑ 15	10 ♑ 48	27 ♒ 0	23 ♏ 7	18 ♉ 5	15 ♊ 2	8 ♈ 33	9 ♒ 37	5 ♓	4 ♒	20 ♐	0 ♓	7 ♉
18	27 ♑ 32	3 ♋ 44	23 ♐ 55	25 R 19	3 ♑ 55	10 ♑ 24	27 ♒ 47	23 ♏ 16	18 ♉ 5	15 ♊ 0	8 ♈ 34	9 ♒ 39	6 ♓	5 ♒	20 ♐	1 ♓	7 D
19	28 ♑ 33	16 ♋ 17	23 ♐ 52	25 ♐ 17	4 ♑ 40	10 ♑ 2	28 ♒ 34	23 ♏ 25	18 ♉ 5	14 ♊ 58	8 ♈ 35	9 ♒ 41	6 ♓	5 ♒	21 ♐	1 ♓	7 ♉
20	29 ♑ 34	29 ♋ 7	23 ♐ 49	25 ♐ 14	5 ♑ 29	9 ♑ 43	29 ♒ 21	23 ♏ 33	18 D 5	14 ♊ 57	8 ♈ 36	9 ♒ 42	6 ♓	5 ♒	21 ♐	2 ♓	7 ♉
21	0 ♒ 35	12 ♌ 14	23 ♐ 46	25 ♐ 9	6 ♑ 22	9 ♑ 26	0 ♓ 8	23 ♏ 42	18 ♉ 5	14 ♊ 55	8 ♈ 37	9 ♒ 44	7 ♓	6 ♒	21 ♐	2 ♓	7 ♉
22	1 ♒ 36	25 ♌ 35	23 ♐ 43	25 ♐ 3	7 ♑ 18	9 ♑ 12	0 ♓ 56	23 ♏ 50	18 ♉ 5	14 ♊ 54	8 ♈ 38	9 ♒ 46	7 ♓	6 ♒	22 ♐	3 ♓	7 ♉
23	2 ♒ 37	9 ♍ 10	23 ♐ 39	24 ♐ 56	8 ♑ 18	9 ♑ 0	1 ♓ 43	23 ♏ 58	18 ♉ 6	14 ♊ 52	8 ♈ 40	9 ♒ 48	7 ♓	6 ♒	22 ♐	3 ♓	7 ♉
24	3 ♒ 38	22 ♍ 56	23 ♐ 36	24 ♐ 50	9 ♑ 21	8 ♑ 50	2 ♓ 30	24 ♏ 7	18 ♉ 6	14 ♊ 51	8 ♈ 41	9 ♒ 50	8 ♓	7 ♒	22 ♐	4 ♓	7 ♉
25	4 ♒ 39	6 ♎ 50	23 ♐ 33	24 ♐ 45	10 ♑ 26	8 ♑ 44	3 ♓ 17	24 ♏ 15	18 ♉ 7	14 ♊ 49	8 ♈ 42	9 ♒ 52	8 ♓	7 ♒	23 ♐	4 ♓	7 ♉
26	5 ♒ 40	20 ♎ 50	23 ♐ 30	24 ♐ 43	11 ♑ 33	8 ♑ 39	4 ♓ 4	24 ♏ 23	18 ♉ 7	14 ♊ 48	8 ♈ 43	9 ♒ 54	9 ♓	7 ♒	23 ♐	5 ♓	7 ♉
27	6 ♒ 41	4 ♏ 56	23 ♐ 27	24 ♐ 41	12 ♑ 43	8 ♑ 37	4 ♓ 52	24 ♏ 30	18 ♉ 8	14 ♊ 47	8 ♈ 44	9 ♒ 55	9 ♓	8 ♒	23 ♐	5 ♓	7 ♉
28	7 ♒ 42	19 ♏ 4	23 ♐ 23	24 D 42	13 ♑ 54	8 D 38	5 ♓ 39	24 ♏ 38	18 ♉ 9	14 ♊ 45	8 ♈ 46	9 ♒ 57	9 ♓	8 ♒	23 ♐	6 ♓	7 ♉
29	8 ♒ 43	3 ♐ 13	23 ♐ 20	24 ♐ 43	15 ♑ 8	8 ♑ 41	6 ♓ 26	24 ♏ 45	18 ♉ 10	14 ♊ 44	8 ♈ 47	9 ♒ 59	10 ♓	8 ♒	24 ♐	6 ♓	7 ♉
30	9 ♒ 44	17 ♐ 23	23 ♐ 17	24 ♐ 44	16 ♑ 23	8 ♑ 46	7 ♓ 13	24 ♏ 53	18 ♉ 11	14 ♊ 43	8 ♈ 48	10 ♒ 1	10 ♓	9 ♒	24 ♐	7 ♓	7 ♉
31	10 ♒ 45	1 ♑ 31	23 ♐ 14	24 R 44	17 ♑ 39	8 ♑ 54	8 ♓ 0	25 ♏ 0	18 ♉ 12	14 ♊ 42	8 ♈ 50	10 ♒ 3	10 ♓	9 ♒	24 ♐	7 ♓	7 ♉
SUN INGRESS	☉ → ♒ 20日 09:54																
MOON PHASE	● 4日 11:49 ♑　◐ 11日 23:06 ♈　○ 20日 00:54 ♋　◑ 27日 03:14 ♏																

aspects		
2日	04:01	☿□♆
2日	09:57	♂△♅
3日	12:10	♀△♄
5日	21:42	♂□♄
6日	22:17	☉☌♀
8日	19:47	☉△♄
10日	20:53	♂□♃
13日	01:38	☉⚹♃
23日	08:30	☿□♆
23日	13:56	☿☌♀
25日	05:59	♀□♆
29日	01:27	☉⚹♆
30日	06:46	☉☌♇
30日	09:31	♀□♆
31日	10:27	☿△♄

2030年2月

DAY	☉	☽	☊ mean	☊ true	☿	♀	♂	♃	♄	♅	♆	♇	⚳	⚴	⚵	⚶	⚷
	° ′	° ′	° ′	° ′	° ′	° ′	° ′	° ′	° ′	° ′	° ′	° ′	°	°	°	°	°
1	11 ♒ 46	15 ♑ 34	23 ♐ 11	24 R 42	18 D 57	9 D 4	8 D 47	25 D 7	18 D 14	14 R 41	8 D 51	10 D 5	11 D	10 D	25 D	8 D	7 D
2	12 ♒ 47	29 ♑ 29	23 ♐ 8	24 ♐ 38	20 ♑ 16	9 ♑ 16	9 ♓ 34	25 ♏ 14	18 ♉ 15	14 ♊ 40	8 ♈ 53	10 ♒ 7	11 ♓	10 ♒	25 ♐	8 ♓	8 ♉
3	13 ♒ 48	13 ♒ 13	23 ♐ 4	24 ♐ 32	21 ♑ 37	9 ♑ 30	10 ♓ 22	25 ♏ 21	18 ♉ 17	14 ♊ 39	8 ♈ 54	10 ♒ 9	12 ♓	10 ♒	25 ♐	9 ♓	8 ♉
4	14 ♒ 49	26 ♒ 41	23 ♐ 1	24 ♐ 23	22 ♑ 59	9 ♑ 46	11 ♓ 9	25 ♏ 28	18 ♉ 18	14 ♊ 38	8 ♈ 56	10 ♒ 10	12 ♓	11 ♒	26 ♐	9 ♓	8 ♉
5	15 ♒ 50	9 ♓ 52	22 ♐ 58	24 ♐ 13	24 ♑ 21	10 ♑ 5	11 ♓ 56	25 ♏ 34	18 ♉ 20	14 ♊ 37	8 ♈ 57	10 ♒ 12	12 ♓	11 ♒	26 ♐	10 ♓	8 ♉
6	16 ♒ 51	22 ♓ 44	22 ♐ 55	24 ♐ 4	25 ♑ 45	10 ♑ 25	12 ♓ 43	25 ♏ 40	18 ♉ 22	14 ♊ 36	8 ♈ 59	10 ♒ 14	13 ♓	11 ♒	26 ♐	10 ♓	8 ♉
7	17 ♒ 52	5 ♈ 18	22 ♐ 52	23 ♐ 55	27 ♑ 10	10 ♑ 47	13 ♓ 30	25 ♏ 47	18 ♉ 24	14 ♊ 35	9 ♈ 0	10 ♒ 16	13 ♓	12 ♒	26 ♐	10 ♓	8 ♉
8	18 ♒ 52	17 ♈ 35	22 ♐ 48	23 ♐ 48	28 ♑ 36	11 ♑ 11	14 ♓ 17	25 ♏ 53	18 ♉ 26	14 ♊ 35	9 ♈ 2	10 ♒ 18	13 ♓	12 ♒	27 ♐	11 ♓	8 ♉
9	19 ♒ 53	29 ♈ 38	22 ♐ 45	23 ♐ 44	0 ♒ 3	11 ♑ 37	15 ♓ 4	25 ♏ 58	18 ♉ 28	14 ♊ 34	9 ♈ 3	10 ♒ 20	14 ♓	12 ♒	27 ♐	11 ♓	8 ♉
10	20 ♒ 54	11 ♉ 31	22 ♐ 42	23 ♐ 41	1 ♒ 31	12 ♑ 4	15 ♓ 51	26 ♏ 4	18 ♉ 31	14 ♊ 33	9 ♈ 5	10 ♒ 22	14 ♓	13 ♒	27 ♐	12 ♓	8 ♉
11	21 ♒ 55	23 ♉ 21	22 ♐ 39	23 D 41	2 ♒ 59	12 ♑ 33	16 ♓ 38	26 ♏ 10	18 ♉ 33	14 ♊ 33	9 ♈ 7	10 ♒ 23	15 ♓	13 ♒	28 ♐	12 ♓	8 ♉
12	22 ♒ 55	5 ♊ 10	22 ♐ 36	23 ♐ 41	4 ♒ 29	13 ♑ 4	17 ♓ 25	26 ♏ 15	18 ♉ 36	14 ♊ 32	9 ♈ 8	10 ♒ 25	15 ♓	13 ♒	28 ♐	13 ♓	8 ♉
13	23 ♒ 56	17 ♊ 7	22 ♐ 33	23 ♐ 42	6 ♒ 0	13 ♑ 36	18 ♓ 12	26 ♏ 20	18 ♉ 38	14 ♊ 32	9 ♈ 10	10 ♒ 27	15 ♓	14 ♒	28 ♐	13 ♓	8 ♉
14	24 ♒ 57	29 ♊ 14	22 ♐ 29	23 R 42	7 ♒ 31	14 ♑ 9	18 ♓ 58	26 ♏ 26	18 ♉ 41	14 ♊ 31	9 ♈ 12	10 ♒ 29	16 ♓	14 ♒	29 ♐	14 ♓	8 ♉
15	25 ♒ 57	11 ♋ 38	22 ♐ 26	23 ♐ 40	9 ♒ 3	14 ♑ 44	19 ♓ 45	26 ♏ 31	18 ♉ 44	14 ♊ 31	9 ♈ 14	10 ♒ 31	16 ♓	14 ♒	29 ♐	14 ♓	8 ♉
16	26 ♒ 58	24 ♋ 21	22 ♐ 23	23 ♐ 36	10 ♒ 36	15 ♑ 20	20 ♓ 32	26 ♏ 35	18 ♉ 47	14 ♊ 31	9 ♈ 15	10 ♒ 32	17 ♓	15 ♒	29 ♐	15 ♓	8 ♉
17	27 ♒ 58	7 ♌ 25	22 ♐ 20	23 ♐ 30	12 ♒ 11	15 ♑ 58	21 ♓ 19	26 ♏ 40	18 ♉ 50	14 ♊ 30	9 ♈ 17	10 ♒ 34	17 ♓	15 ♒	29 ♐	15 ♓	8 ♉
18	28 ♒ 59	20 ♌ 52	22 ♐ 17	23 ♐ 20	13 ♒ 45	16 ♑ 37	22 ♓ 6	26 ♏ 44	18 ♉ 53	14 ♊ 30	9 ♈ 19	10 ♒ 36	17 ♓	15 ♒	0 ♑	16 ♓	8 ♉
19	0 ♓ 0	4 ♍ 39	22 ♐ 14	23 ♐ 10	15 ♒ 21	17 ♑ 16	22 ♓ 52	26 ♏ 49	18 ♉ 56	14 ♊ 30	9 ♈ 21	10 ♒ 38	18 ♓	16 ♒	0 ♑	16 ♓	8 ♉
20	1 ♓ 0	18 ♍ 42	22 ♐ 10	22 ♐ 58	16 ♒ 58	17 ♑ 58	23 ♓ 39	26 ♏ 53	19 ♉ 0	14 ♊ 30	9 ♈ 23	10 ♒ 40	18 ♓	16 ♒	0 ♑	17 ♓	8 ♉
21	2 ♓ 0	2 ♎ 56	22 ♐ 7	22 ♐ 48	18 ♒ 36	18 ♑ 40	24 ♓ 26	26 ♏ 57	19 ♉ 3	14 ♊ 30	9 ♈ 24	10 ♒ 41	18 ♓	16 ♒	0 ♑	17 ♓	8 ♉
22	3 ♓ 1	17 ♎ 16	22 ♐ 4	22 ♐ 39	20 ♒ 14	19 ♑ 23	25 ♓ 12	27 ♏ 0	19 ♉ 7	14 D 30	9 ♈ 26	10 ♒ 43	19 ♓	17 ♒	1 ♑	18 ♓	8 ♉
23	4 ♓ 1	1 ♏ 37	22 ♐ 1	22 ♐ 32	21 ♒ 54	20 ♑ 7	25 ♓ 59	27 ♏ 4	19 ♉ 10	14 ♊ 30	9 ♈ 28	10 ♒ 45	19 ♓	17 ♒	1 ♑	18 ♓	8 ♉
24	5 ♓ 2	15 ♏ 53	21 ♐ 58	22 ♐ 29	23 ♒ 34	20 ♑ 53	26 ♓ 46	27 ♏ 7	19 ♉ 14	14 ♊ 30	9 ♈ 30	10 ♒ 47	20 ♓	17 ♒	1 ♑	19 ♓	8 ♉
25	6 ♓ 2	0 ♐ 4	21 ♐ 54	22 ♐ 28	25 ♒ 16	21 ♑ 39	27 ♓ 32	27 ♏ 11	19 ♉ 18	14 ♊ 30	9 ♈ 32	10 ♒ 48	20 ♓	18 ♒	1 ♑	19 ♓	8 ♉
26	7 ♓ 2	14 ♐ 7	21 ♐ 51	22 D 27	26 ♒ 58	22 ♑ 26	28 ♓ 19	27 ♏ 14	19 ♉ 22	14 ♊ 31	9 ♈ 34	10 ♒ 50	20 ♓	18 ♒	2 ♑	20 ♓	8 ♉
27	8 ♓ 3	28 ♐ 1	21 ♐ 48	22 R 28	28 ♒ 41	23 ♑ 14	29 ♓ 5	27 ♏ 17	19 ♉ 26	14 ♊ 31	9 ♈ 36	10 ♒ 52	21 ♓	18 ♒	2 ♑	20 ♓	8 ♉
28	9 ♓ 3	11 ♑ 47	21 ♐ 45	22 ♐ 26	0 ♓ 26	24 ♑ 3	29 ♓ 52	27 ♏ 19	19 ♉ 30	14 ♊ 31	9 ♈ 38	10 ♒ 53	21 ♓	19 ♒	2 ♑	21 ♓	8 ♉
SUN INGRESS	☉ → ♓ 19日 00:00																
MOON PHASE	● 3日 01:07 ♒　◐ 10日 20:49 ♉　○ 18日 15:19 ♌　◑ 25日 10:57 ♐																

aspects		
1日	11:02	♀⚹♂
3日	19:40	☉△♅
5日	22:29	☿⚹♃
7日	13:17	☉□♄
8日	08:58	♂□♅
13日	14:35	♂⚹♄
15日	02:41	☿⚹♆
15日	14:17	☉□♃
15日	22:57	☿☌♇
18日	11:14	☿△♅
21日	06:58	☿□♄
21日	14:13	♀△♄
24日	12:07	♂△♃
26日	03:45	☿□♃

2030年3月

DAY	☉	☽	☊ mean	☊ true	☿	♀	♂	♃	♄	♅	♆	♇	⚳	⚴	⚵	⚶	⚷
	° ′	° ′	° ′	° ′	° ′	° ′	° ′	° ′	° ′	° ′	° ′	° ′	°	°	°	°	°
1	10 ♓ 3	25 ♑ 25	21 ♐ 42	22 R 23	2 D 11	24 D 52	0 D 38	27 D 22	19 D 34	14 D 32	9 D 40	10 D 55	22 D	19 D	3 D	21 D	8 D
2	11 ♓ 4	8 ♒ 54	21 ♐ 39	22 ♐ 16	3 ♓ 58	25 ♑ 42	1 ♈ 24	27 ♏ 24	19 ♉ 38	14 ♊ 32	9 ♈ 42	10 ♒ 57	22 ♓	19 ♒	3 ♑	22 ♓	8 ♉
3	12 ♓ 4	22 ♒ 12	21 ♐ 35	22 ♐ 6	5 ♓ 45	26 ♑ 33	2 ♈ 11	27 ♏ 26	19 ♉ 43	14 ♊ 32	9 ♈ 44	10 ♒ 58	22 ♓	20 ♒	3 ♑	22 ♓	8 ♉
4	13 ♓ 4	5 ♓ 19	21 ♐ 32	21 ♐ 54	7 ♓ 34	27 ♑ 25	2 ♈ 57	27 ♏ 28	19 ♉ 47	14 ♊ 33	9 ♈ 46	11 ♒ 0	23 ♓	20 ♒	3 ♑	23 ♓	8 ♉
5	14 ♓ 4	18 ♓ 13	21 ♐ 29	21 ♐ 41	9 ♓ 23	28 ♑ 18	3 ♈ 43	27 ♏ 30	19 ♉ 52	14 ♊ 34	9 ♈ 48	11 ♒ 2	23 ♓	20 ♒	3 ♑	23 ♓	8 ♉
6	15 ♓ 4	0 ♈ 53	21 ♐ 26	21 ♐ 27	11 ♓ 14	29 ♑ 11	4 ♈ 30	27 ♏ 32	19 ♉ 56	14 ♊ 34	9 ♈ 51	11 ♒ 3	24 ♓	21 ♒	4 ♑	24 ♓	8 ♉
7	16 ♓ 4	13 ♈ 19	21 ♐ 23	21 ♐ 14	13 ♓ 5	0 ♒ 4	5 ♈ 16	27 ♏ 33	20 ♉ 1	14 ♊ 35	9 ♈ 53	11 ♒ 5	24 ♓	21 ♒	4 ♑	24 ♓	9 ♉
8	17 ♓ 5	25 ♈ 31	21 ♐ 20	21 ♐ 3	14 ♓ 58	0 ♒ 59	6 ♈ 2	27 ♏ 34	20 ♉ 6	14 ♊ 36	9 ♈ 55	11 ♒ 7	24 ♓	21 ♒	4 ♑	24 ♓	9 ♉
9	18 ♓ 5	7 ♉ 31	21 ♐ 16	20 ♐ 55	16 ♓ 52	1 ♒ 53	6 ♈ 48	27 ♏ 35	20 ♉ 11	14 ♊ 37	9 ♈ 57	11 ♒ 8	25 ♓	22 ♒	4 ♑	25 ♓	9 ♉
10	19 ♓ 5	19 ♉ 24	21 ♐ 13	20 ♐ 50	18 ♓ 46	2 ♒ 49	7 ♈ 34	27 ♏ 36	20 ♉ 16	14 ♊ 37	9 ♈ 59	11 ♒ 10	25 ♓	22 ♒	5 ♑	25 ♓	9 ♉
11	20 ♓ 5	1 ♊ 12	21 ♐ 10	20 ♐ 47	20 ♓ 42	3 ♒ 45	8 ♈ 20	27 ♏ 37	20 ♉ 21	14 ♊ 38	10 ♈ 1	11 ♒ 11	25 ♓	22 ♒	5 ♑	26 ♓	9 ♉
12	21 ♓ 5	13 ♊ 0	21 ♐ 7	20 ♐ 46	22 ♓ 38	4 ♒ 41	9 ♈ 6	27 ♏ 37	20 ♉ 26	14 ♊ 39	10 ♈ 3	11 ♒ 13	26 ♓	23 ♒	5 ♑	26 ♓	9 ♉
13	22 ♓ 4	24 ♊ 55	21 ♐ 4	20 ♐ 46	24 ♓ 36	5 ♒ 38	9 ♈ 52	27 ♏ 37	20 ♉ 31	14 ♊ 40	10 ♈ 6	11 ♒ 14	26 ♓	23 ♒	5 ♑	27 ♓	9 ♉
14	23 ♓ 4	7 ♋ 1	21 ♐ 0	20 ♐ 46	26 ♓ 33	6 ♒ 35	10 ♈ 38	27 R 38	20 ♉ 36	14 ♊ 41	10 ♈ 8	11 ♒ 16	27 ♓	23 ♒	6 ♑	27 ♓	9 ♉
15	24 ♓ 4	19 ♋ 24	20 ♐ 57	20 ♐ 44	28 ♓ 32	7 ♒ 33	11 ♈ 24	27 ♏ 37	20 ♉ 42	14 ♊ 42	10 ♈ 10	11 ♒ 17	27 ♓	24 ♒	6 ♑	28 ♓	9 ♉
16	25 ♓ 4	2 ♌ 9	20 ♐ 54	20 ♐ 40	0 ♈ 31	8 ♒ 32	12 ♈ 10	27 ♏ 37	20 ♉ 47	14 ♊ 44	10 ♈ 12	11 ♒ 19	27 ♓	24 ♒	6 ♑	28 ♓	9 ♉
17	26 ♓ 4	15 ♌ 20	20 ♐ 51	20 ♐ 33	2 ♈ 30	9 ♒ 30	12 ♈ 56	27 ♏ 37	20 ♉ 53	14 ♊ 45	10 ♈ 14	11 ♒ 20	28 ♓	24 ♒	6 ♑	29 ♓	9 ♉
18	27 ♓ 3	28 ♌ 56	20 ♐ 48	20 ♐ 24	4 ♈ 29	10 ♒ 29	13 ♈ 42	27 ♏ 36	20 ♉ 58	14 ♊ 46	10 ♈ 17	11 ♒ 21	28 ♓	25 ♒	6 ♑	29 ♓	9 ♉
19	28 ♓ 3	12 ♍ 59	20 ♐ 45	20 ♐ 12	6 ♈ 28	11 ♒ 29	14 ♈ 27	27 ♏ 35	21 ♉ 4	14 ♊ 47	10 ♈ 19	11 ♒ 23	29 ♓	25 ♒	7 ♑	0 ♈	9 ♉
20	29 ♓ 3	27 ♍ 23	20 ♐ 41	20 ♐ 1	8 ♈ 26	12 ♒ 29	15 ♈ 13	27 ♏ 34	21 ♉ 10	14 ♊ 49	10 ♈ 21	11 ♒ 24	29 ♓	25 ♒	7 ♑	0 ♈	9 ♉
21	0 ♈ 2	12 ♎ 3	20 ♐ 38	19 ♐ 49	10 ♈ 24	13 ♒ 29	15 ♈ 59	27 ♏ 33	21 ♉ 15	14 ♊ 50	10 ♈ 23	11 ♒ 26	29 ♓	26 ♒	7 ♑	1 ♈	9 ♉
22	1 ♈ 2	26 ♎ 50	20 ♐ 35	19 ♐ 40	12 ♈ 20	14 ♒ 30	16 ♈ 44	27 ♏ 31	21 ♉ 21	14 ♊ 52	10 ♈ 25	11 ♒ 27	0 ♈	26 ♒	7 ♑	1 ♈	9 ♉
23	2 ♈ 1	11 ♏ 36	20 ♐ 32	19 ♐ 33	14 ♈ 15	15 ♒ 31	17 ♈ 30	27 ♏ 30	21 ♉ 27	14 ♊ 53	10 ♈ 28	11 ♒ 28	0 ♈	26 ♒	7 ♑	2 ♈	9 ♉
24	3 ♈ 1	26 ♏ 15	20 ♐ 29	19 ♐ 29	16 ♈ 9	16 ♒ 32	18 ♈ 15	27 ♏ 28	21 ♉ 33	14 ♊ 55	10 ♈ 30	11 ♒ 29	1 ♈	27 ♒	8 ♑	2 ♈	9 ♉
25	4 ♈ 0	10 ♐ 40	20 ♐ 25	19 ♐ 27	17 ♈ 59	17 ♒ 34	19 ♈ 1	27 ♏ 26	21 ♉ 39	14 ♊ 56	10 ♈ 32	11 ♒ 31	1 ♈	27 ♒	8 ♑	3 ♈	9 ♉
26	5 ♈ 0	24 ♐ 50	20 ♐ 22	19 D 27	19 ♈ 47	18 ♒ 36	19 ♈ 46	27 ♏ 24	21 ♉ 45	14 ♊ 58	10 ♈ 34	11 ♒ 32	1 ♈	27 ♒	8 ♑	3 ♈	9 ♉
27	5 ♈ 59	8 ♑ 44	20 ♐ 19	19 R 27	21 ♈ 32	19 ♒ 38	20 ♈ 32	27 ♏ 22	21 ♉ 51	15 ♊ 0	10 ♈ 37	11 ♒ 33	2 ♈	28 ♒	8 ♑	4 ♈	10 ♉
28	6 ♈ 59	22 ♑ 22	20 ♐ 16	19 ♐ 26	23 ♈ 13	20 ♒ 40	21 ♈ 17	27 ♏ 19	21 ♉ 58	15 ♊ 1	10 ♈ 39	11 ♒ 34	2 ♈	28 ♒	8 ♑	4 ♈	10 ♉
29	7 ♈ 58	5 ♒ 45	20 ♐ 13	19 ♐ 23	24 ♈ 51	21 ♒ 43	22 ♈ 2	27 ♏ 16	22 ♉ 4	15 ♊ 3	10 ♈ 41	11 ♒ 36	3 ♈	28 ♒	8 ♑	5 ♈	10 ♉
30	8 ♈ 58	18 ♒ 55	20 ♐ 10	19 ♐ 17	26 ♈ 24	22 ♒ 46	22 ♈ 47	27 ♏ 14	22 ♉ 10	15 ♊ 5	10 ♈ 44	11 ♒ 37	3 ♈	28 ♒	9 ♑	5 ♈	10 ♉
31	9 ♈ 57	1 ♓ 52	20 ♐ 6	19 ♐ 9	27 ♈ 52	23 ♒ 50	23 ♈ 33	27 ♏ 11	22 ♉ 17	15 ♊ 7	10 ♈ 46	11 ♒ 38	3 ♈	29 ♒	9 ♑	5 ♈	10 ♉

SUN INGRESS ☉ → ♈ 20日 22:52

MOON PHASE ● 4日 15:34 ♓ ◐ 12日 17:47 ♊ ○ 20日 02:56 ♍ ◑ 26日 18:51 ♑

aspects		
4日	01:24	♀⚹♃
5日	11:50	☉□♅
7日	19:12	☿□♅
10日	07:54	☉☌☿
10日	19:25	☿⚹♄
11日	07:07	☉⚹♄
13日	07:13	♂☌♆
14日	12:58	☿△♃
14日	20:11	♂⚹♇
17日	18:37	♀⚹♆
18日	12:55	☉△♃
18日	21:31	♀☌♇
19日	10:52	♂⚹♅
20日	23:50	☿☌♆
21日	12:48	☿⚹♇
22日	08:54	♀△♅
23日	08:04	☿⚹♅
24日	11:15	☿⚹♀
25日	23:32	☿☌♂
29日	08:45	♀□♄
30日	01:27	♀⚹♂
31日	20:38	☉☌♆

2030年4月

DAY	☉	☽	☊ mean	☊ true	☿	♀	♂	♃	♄	♅	♆	♇	⚳	⚴	⚵	⚶	⚷
	° ′	° ′	° ′	° ′	° ′	° ′	° ′	° ′	° ′	° ′	° ′	° ′	°	°	°	°	°
1	10 ♈ 56	14 ♓ 38	20 ♐ 3	18 R 58	29 D 14	24 D 53	24 D 18	27 R 7	22 D 23	15 D 9	10 D 48	11 D 39	4 D	29 D	9 D	6 D	10 D
2	11 ♈ 55	27 ♓ 12	20 ♐ 0	18 ♐ 46	0 ♉ 32	25 ♒ 57	25 ♈ 3	27 ♏ 4	22 ♉ 30	15 ♊ 11	10 ♈ 50	11 ♒ 40	4 ♈	29 ♒	9 ♑	6 ♈	10 ♉
3	12 ♈ 55	9 ♈ 36	19 ♐ 57	18 ♐ 34	1 ♉ 43	27 ♒ 1	25 ♈ 48	27 ♏ 0	22 ♉ 36	15 ♊ 13	10 ♈ 53	11 ♒ 41	5 ♈	0 ♓	9 ♑	7 ♈	10 ♉
4	13 ♈ 54	21 ♈ 49	19 ♐ 54	18 ♐ 22	2 ♉ 49	28 ♒ 6	26 ♈ 33	26 ♏ 57	22 ♉ 43	15 ♊ 15	10 ♈ 55	11 ♒ 42	5 ♈	0 ♓	9 ♑	7 ♈	10 ♉
5	14 ♈ 53	3 ♉ 52	19 ♐ 51	18 ♐ 13	3 ♉ 49	29 ♒ 10	27 ♈ 18	26 ♏ 53	22 ♉ 49	15 ♊ 17	10 ♈ 57	11 ♒ 43	5 ♈	0 ♓	9 ♑	8 ♈	10 ♉
6	15 ♈ 52	15 ♉ 48	19 ♐ 47	18 ♐ 5	4 ♉ 42	0 ♓ 15	28 ♈ 3	26 ♏ 49	22 ♉ 56	15 ♊ 19	10 ♈ 59	11 ♒ 44	6 ♈	1 ♓	10 ♑	8 ♈	10 ♉
7	16 ♈ 51	27 ♉ 37	19 ♐ 44	18 ♐ 0	5 ♉ 28	1 ♓ 20	28 ♈ 48	26 ♏ 44	23 ♉ 3	15 ♊ 21	11 ♈ 2	11 ♒ 45	6 ♈	1 ♓	10 ♑	9 ♈	10 ♉
8	17 ♈ 50	9 ♊ 24	19 ♐ 41	17 ♐ 58	6 ♉ 8	2 ♓ 25	29 ♈ 33	26 ♏ 40	23 ♉ 10	15 ♊ 24	11 ♈ 4	11 ♒ 46	7 ♈	1 ♓	10 ♑	9 ♈	10 ♉
9	18 ♈ 49	21 ♊ 12	19 ♐ 38	17 D 58	6 ♉ 41	3 ♓ 30	0 ♉ 17	26 ♏ 35	23 ♉ 17	15 ♊ 26	11 ♈ 6	11 ♒ 47	7 ♈	1 ♓	10 ♑	10 ♈	10 ♉
10	19 ♈ 48	3 ♋ 5	19 ♐ 35	17 ♐ 59	7 ♉ 8	4 ♓ 36	1 ♉ 2	26 ♏ 31	23 ♉ 23	15 ♊ 28	11 ♈ 9	11 ♒ 48	7 ♈	2 ♓	10 ♑	10 ♈	10 ♉
11	20 ♈ 47	15 ♋ 10	19 ♐ 31	17 ♐ 59	7 ♉ 27	5 ♓ 41	1 ♉ 47	26 ♏ 26	23 ♉ 30	15 ♊ 30	11 ♈ 11	11 ♒ 49	8 ♈	2 ♓	10 ♑	11 ♈	10 ♉
12	21 ♈ 46	27 ♋ 31	19 ♐ 28	17 R 59	7 ♉ 40	6 ♓ 47	2 ♉ 31	26 ♏ 21	23 ♉ 37	15 ♊ 33	11 ♈ 13	11 ♒ 50	8 ♈	2 ♓	10 ♑	11 ♈	10 ♉
13	22 ♈ 45	10 ♌ 3	19 ♐ 25	17 ♐ 58	7 ♉ 47	7 ♓ 53	3 ♉ 16	26 ♏ 16	23 ♉ 44	15 ♊ 35	11 ♈ 15	11 ♒ 51	8 ♈	3 ♓	10 ♑	12 ♈	11 ♉
14	23 ♈ 44	23 ♌ 21	19 ♐ 22	17 ♐ 54	7 R 47	9 ♓ 0	4 ♉ 0	26 ♏ 10	23 ♉ 51	15 ♊ 38	11 ♈ 17	11 ♒ 51	9 ♈	3 ♓	11 ♑	12 ♈	11 ♉
15	24 ♈ 42	6 ♍ 57	19 ♐ 19	17 ♐ 48	7 ♉ 40	10 ♓ 6	4 ♉ 45	26 ♏ 5	23 ♉ 58	15 ♊ 40	11 ♈ 20	11 ♒ 52	9 ♈	3 ♓	11 ♑	13 ♈	11 ♉
16	25 ♈ 41	21 ♍ 2	19 ♐ 16	17 ♐ 41	7 ♉ 28	11 ♓ 12	5 ♉ 29	25 ♏ 59	24 ♉ 6	15 ♊ 43	11 ♈ 22	11 ♒ 53	10 ♈	3 ♓	11 ♑	13 ♈	11 ♉
17	26 ♈ 40	5 ♎ 33	19 ♐ 12	17 ♐ 33	7 ♉ 10	12 ♓ 19	6 ♉ 14	25 ♏ 54	24 ♉ 13	15 ♊ 45	11 ♈ 24	11 ♒ 54	10 ♈	4 ♓	11 ♑	13 ♈	11 ♉
18	27 ♈ 39	20 ♎ 25	19 ♐ 9	17 ♐ 25	6 ♉ 47	13 ♓ 26	6 ♉ 58	25 ♏ 48	24 ♉ 20	15 ♊ 48	11 ♈ 26	11 ♒ 54	10 ♈	4 ♓	11 ♑	14 ♈	11 ♉
19	28 ♈ 37	5 ♏ 29	19 ♐ 6	17 ♐ 19	6 ♉ 19	14 ♓ 33	7 ♉ 42	25 ♏ 42	24 ♉ 27	15 ♊ 51	11 ♈ 29	11 ♒ 55	11 ♈	4 ♓	11 ♑	14 ♈	11 ♉
20	29 ♈ 36	20 ♏ 36	19 ♐ 3	17 ♐ 14	5 ♉ 48	15 ♓ 40	8 ♉ 26	25 ♏ 36	24 ♉ 35	15 ♊ 53	11 ♈ 31	11 ♒ 56	11 ♈	4 ♓	11 ♑	15 ♈	11 ♉
21	0 ♉ 34	5 ♐ 36	19 ♐ 0	17 ♐ 12	5 ♉ 13	16 ♓ 47	9 ♉ 11	25 ♏ 30	24 ♉ 42	15 ♊ 56	11 ♈ 33	11 ♒ 56	12 ♈	5 ♓	11 ♑	15 ♈	11 ♉
22	1 ♉ 33	20 ♐ 22	18 ♐ 57	17 D 11	4 ♉ 35	17 ♓ 55	9 ♉ 55	25 ♏ 23	24 ♉ 49	15 ♊ 59	11 ♈ 35	11 ♒ 57	12 ♈	5 ♓	11 ♑	16 ♈	11 ♉
23	2 ♉ 31	4 ♑ 48	18 ♐ 53	17 ♐ 12	3 ♉ 55	19 ♓ 2	10 ♉ 39	25 ♏ 17	24 ♉ 57	16 ♊ 1	11 ♈ 37	11 ♒ 57	12 ♈	5 ♓	11 ♑	16 ♈	11 ♉
24	3 ♉ 30	18 ♑ 53	18 ♐ 50	17 ♐ 13	3 ♉ 14	20 ♓ 10	11 ♉ 23	25 ♏ 10	25 ♉ 4	16 ♊ 4	11 ♈ 39	11 ♒ 58	13 ♈	5 ♓	11 ♑	17 ♈	11 ♉
25	4 ♉ 28	2 ♒ 34	18 ♐ 47	17 ♐ 14	2 ♉ 33	21 ♓ 17	12 ♉ 7	25 ♏ 4	25 ♉ 11	16 ♊ 7	11 ♈ 42	11 ♒ 59	13 ♈	6 ♓	11 ♑	17 ♈	11 ♉
26	5 ♉ 27	15 ♒ 55	18 ♐ 44	17 R 14	1 ♉ 52	22 ♓ 25	12 ♉ 51	24 ♏ 57	25 ♉ 19	16 ♊ 10	11 ♈ 44	11 ♒ 59	14 ♈	6 ♓	11 ♑	18 ♈	11 ♉
27	6 ♉ 25	28 ♒ 57	18 ♐ 41	17 ♐ 11	1 ♉ 12	23 ♓ 33	13 ♉ 35	24 ♏ 50	25 ♉ 26	16 ♊ 13	11 ♈ 46	11 ♒ 59	14 ♈	6 ♓	11 ♑	18 ♈	11 ♉
28	7 ♉ 24	11 ♓ 42	18 ♐ 37	17 ♐ 7	0 ♉ 34	24 ♓ 41	14 ♉ 18	24 ♏ 43	25 ♉ 34	16 ♊ 16	11 ♈ 48	12 ♒ 0	14 ♈	6 ♓	11 ♑	19 ♈	11 ♉
29	8 ♉ 22	24 ♓ 13	18 ♐ 34	17 ♐ 2	29 ♈ 58	25 ♓ 50	15 ♉ 2	24 ♏ 36	25 ♉ 41	16 ♊ 19	11 ♈ 50	12 ♒ 0	15 ♈	7 ♓	11 ♑	19 ♈	12 ♉
30	9 ♉ 20	6 ♈ 32	18 ♐ 31	16 ♐ 55	29 ♈ 25	26 ♓ 58	15 ♉ 46	24 ♏ 29	25 ♉ 49	16 ♊ 22	11 ♈ 52	12 ♒ 1	15 ♈	7 ♓	11 ♑	19 ♈	12 ♉

SUN INGRESS ☉ → ♉ 20日 09:43

MOON PHASE ● 3日 07:02 ♈ ◐ 11日 11:57 ♋ ○ 18日 12:20 ♎ ◑ 25日 03:39 ♒

aspects		
1日	17:43	☉⚹♇
2日	23:40	♀□♃
5日	10:09	☉⚹♅
12日	21:26	☿⚹♀
17日	20:14	☿☌♂
20日	04:56	♀□♅
23日	20:14	☉☌☿
24日	10:56	♃☍♄
24日	19:27	♂□♇
28日	00:33	♀△♃
28日	20:42	♀⚹♄

2030年5月

DAY	☉	☽	☊ mean	☊ true	☿	♀	♂	♃	♄	♅	♆	♇	⚳	⚴	⚵	⚶	⚷
	° ′	° ′	° ′	° ′	° ′	° ′	° ′	° ′	° ′	° ′	° ′	° ′	°	°	°	°	°
1	10 ♉ 19	18 ♈ 41	18 ♐ 28	16 R 48	28 R 55	28 D 6	16 D 29	24 R 22	25 D 56	16 D 25	11 D 54	12 D 1	15 D	7 D	11 D	20 D	12 D
2	11 ♉ 17	0 ♉ 42	18 ♐ 25	16 ♐ 42	28 ♈ 29	29 ♓ 15	17 ♉ 13	24 ♏ 15	26 ♉ 4	16 ♊ 28	11 ♈ 56	12 ♒ 1	16 ♈	7 ♓	11 ♑	20 ♈	12 ♉
3	12 ♉ 15	12 ♉ 37	18 ♐ 22	16 ♐ 37	28 ♈ 8	0 ♈ 23	17 ♉ 57	24 ♏ 7	26 ♉ 12	16 ♊ 31	11 ♈ 58	12 ♒ 2	16 ♈	8 ♓	11 ♑	21 ♈	12 ♉
4	13 ♉ 13	24 ♉ 27	18 ♐ 18	16 ♐ 33	27 ♈ 50	1 ♈ 32	18 ♉ 40	24 ♏ 0	26 ♉ 19	16 ♊ 34	12 ♈ 0	12 ♒ 2	17 ♈	8 ♓	11 R	21 ♈	12 ♉
5	14 ♉ 12	6 ♊ 14	18 ♐ 15	16 ♐ 31	27 ♈ 37	2 ♈ 41	19 ♉ 24	23 ♏ 53	26 ♉ 27	16 ♊ 37	12 ♈ 2	12 ♒ 2	17 ♈	8 ♓	11 ♑	22 ♈	12 ♉
6	15 ♉ 10	18 ♊ 1	18 ♐ 12	16 D 30	27 ♈ 29	3 ♈ 50	20 ♉ 7	23 ♏ 45	26 ♉ 35	16 ♊ 40	12 ♈ 4	12 ♒ 2	17 ♈	8 ♓	11 ♑	22 ♈	12 ♉
7	16 ♉ 8	29 ♊ 51	18 ♐ 9	16 ♐ 31	27 ♈ 26	4 ♈ 59	20 ♉ 50	23 ♏ 38	26 ♉ 42	16 ♊ 43	12 ♈ 6	12 ♒ 3	18 ♈	9 ♓	11 ♑	23 ♈	12 ♉
8	17 ♉ 6	11 ♋ 47	18 ♐ 6	16 ♐ 33	27 D 27	6 ♈ 8	21 ♉ 34	23 ♏ 30	26 ♉ 50	16 ♊ 46	12 ♈ 8	12 ♒ 3	18 ♈	9 ♓	11 ♑	23 ♈	12 ♉
9	18 ♉ 4	23 ♋ 54	18 ♐ 2	16 ♐ 34	27 ♈ 33	7 ♈ 17	22 ♉ 17	23 ♏ 23	26 ♉ 58	16 ♊ 50	12 ♈ 10	12 ♒ 3	19 ♈	9 ♓	11 ♑	24 ♈	12 ♉
10	19 ♉ 2	6 ♌ 15	17 ♐ 59	16 ♐ 36	27 ♈ 44	8 ♈ 26	23 ♉ 0	23 ♏ 15	27 ♉ 5	16 ♊ 53	12 ♈ 12	12 ♒ 3	19 ♈	9 ♓	11 ♑	24 ♈	12 ♉
11	20 ♉ 0	18 ♌ 55	17 ♐ 56	16 ♐ 36	27 ♈ 59	9 ♈ 35	23 ♉ 43	23 ♏ 7	27 ♉ 13	16 ♊ 56	12 ♈ 14	12 ♒ 3	19 ♈	9 ♓	11 ♑	24 ♈	12 ♉
12	20 ♉ 58	1 ♍ 58	17 ♐ 53	16 R 36	28 ♈ 19	10 ♈ 45	24 ♉ 26	23 ♏ 0	27 ♉ 21	16 ♊ 59	12 ♈ 16	12 ♒ 3	20 ♈	10 ♓	11 ♑	25 ♈	12 ♉
13	21 ♉ 56	15 ♍ 28	17 ♐ 50	16 ♐ 34	28 ♈ 43	11 ♈ 54	25 ♉ 9	22 ♏ 52	27 ♉ 29	17 ♊ 3	12 ♈ 18	12 ♒ 3	20 ♈	10 ♓	11 ♑	25 ♈	12 ♉
14	22 ♉ 54	29 ♍ 26	17 ♐ 47	16 ♐ 32	29 ♈ 12	13 ♈ 3	25 ♉ 52	22 ♏ 45	27 ♉ 36	17 ♊ 6	12 ♈ 19	12 R 3	20 ♈	10 ♓	11 ♑	26 ♈	12 ♉
15	23 ♉ 52	13 ♎ 50	17 ♐ 43	16 ♐ 29	29 ♈ 44	14 ♈ 13	26 ♉ 35	22 ♏ 37	27 ♉ 44	17 ♊ 9	12 ♈ 21	12 ♒ 3	21 ♈	10 ♓	11 ♑	26 ♈	13 ♉
16	24 ♉ 50	28 ♎ 39	17 ♐ 40	16 ♐ 26	0 ♉ 21	15 ♈ 23	27 ♉ 18	22 ♏ 29	27 ♉ 52	17 ♊ 13	12 ♈ 23	12 ♒ 3	21 ♈	11 ♓	11 ♑	27 ♈	13 ♉
17	25 ♉ 48	13 ♏ 44	17 ♐ 37	16 ♐ 24	1 ♉ 1	16 ♈ 32	28 ♉ 1	22 ♏ 22	28 ♉ 0	17 ♊ 16	12 ♈ 25	12 ♒ 3	22 ♈	11 ♓	11 ♑	27 ♈	13 ♉
18	26 ♉ 45	28 ♏ 57	17 ♐ 34	16 ♐ 22	1 ♉ 45	17 ♈ 42	28 ♉ 44	22 ♏ 14	28 ♉ 7	17 ♊ 19	12 ♈ 27	12 ♒ 3	22 ♈	11 ♓	11 ♑	28 ♈	13 ♉
19	27 ♉ 43	14 ♐ 8	17 ♐ 31	16 ♐ 21	2 ♉ 33	18 ♈ 52	29 ♉ 27	22 ♏ 6	28 ♉ 15	17 ♊ 23	12 ♈ 28	12 ♒ 3	22 ♈	11 ♓	11 ♑	28 ♈	13 ♉
20	28 ♉ 41	29 ♐ 9	17 ♐ 28	16 D 22	3 ♉ 24	20 ♈ 2	0 ♊ 9	21 ♏ 59	28 ♉ 23	17 ♊ 26	12 ♈ 30	12 ♒ 3	23 ♈	11 ♓	11 ♑	28 ♈	13 ♉
21	29 ♉ 39	13 ♑ 50	17 ♐ 24	16 ♐ 23	4 ♉ 18	21 ♈ 12	0 ♊ 52	21 ♏ 51	28 ♉ 31	17 ♊ 29	12 ♈ 32	12 ♒ 2	23 ♈	11 ♓	11 ♑	29 ♈	13 ♉
22	0 ♊ 36	28 ♑ 9	17 ♐ 21	16 ♐ 24	5 ♉ 16	22 ♈ 22	1 ♊ 35	21 ♏ 44	28 ♉ 38	17 ♊ 33	12 ♈ 33	12 ♒ 2	23 ♈	12 ♓	10 ♑	29 ♈	13 ♉
23	1 ♊ 34	12 ♒ 1	17 ♐ 18	16 ♐ 25	6 ♉ 17	23 ♈ 32	2 ♊ 17	21 ♏ 36	28 ♉ 46	17 ♊ 36	12 ♈ 35	12 ♒ 2	24 ♈	12 ♓	10 ♑	0 ♉	13 ♉
24	2 ♊ 32	25 ♒ 27	17 ♐ 15	16 ♐ 25	7 ♉ 21	24 ♈ 42	3 ♊ 0	21 ♏ 29	28 ♉ 54	17 ♊ 40	12 ♈ 37	12 ♒ 2	24 ♈	12 ♓	10 ♑	0 ♉	13 ♉
25	3 ♊ 29	8 ♓ 30	17 ♐ 12	16 R 25	8 ♉ 28	25 ♈ 52	3 ♊ 42	21 ♏ 22	29 ♉ 2	17 ♊ 43	12 ♈ 38	12 ♒ 1	24 ♈	12 ♓	10 ♑	1 ♉	13 ♉
26	4 ♊ 27	21 ♓ 12	17 ♐ 8	16 ♐ 25	9 ♉ 38	27 ♈ 2	4 ♊ 24	21 ♏ 14	29 ♉ 9	17 ♊ 47	12 ♈ 40	12 ♒ 1	25 ♈	12 ♓	10 ♑	1 ♉	13 ♉
27	5 ♊ 25	3 ♈ 37	17 ♐ 5	16 ♐ 24	10 ♉ 51	28 ♈ 12	5 ♊ 7	21 ♏ 7	29 ♉ 17	17 ♊ 50	12 ♈ 41	12 ♒ 1	25 ♈	13 ♓	10 ♑	2 ♉	13 ♉
28	6 ♊ 22	15 ♈ 47	17 ♐ 2	16 ♐ 23	12 ♉ 6	29 ♈ 23	5 ♊ 49	21 ♏ 0	29 ♉ 25	17 ♊ 54	12 ♈ 43	12 ♒ 0	26 ♈	13 ♓	10 ♑	2 ♉	13 ♉
29	7 ♊ 20	27 ♈ 48	16 ♐ 59	16 ♐ 21	13 ♉ 24	0 ♉ 33	6 ♊ 31	20 ♏ 53	29 ♉ 33	17 ♊ 57	12 ♈ 44	12 ♒ 0	26 ♈	13 ♓	10 ♑	2 ♉	13 ♉
30	8 ♊ 18	9 ♉ 41	16 ♐ 56	16 ♐ 20	14 ♉ 45	1 ♉ 44	7 ♊ 13	20 ♏ 46	29 ♉ 40	18 ♊ 1	12 ♈ 46	12 ♒ 0	26 ♈	13 ♓	9 ♑	3 ♉	13 ♉
31	9 ♊ 15	21 ♉ 30	16 ♐ 53	16 ♐ 19	16 ♉ 9	2 ♉ 54	7 ♊ 56	20 ♏ 39	29 ♉ 48	18 ♊ 4	12 ♈ 47	11 ♒ 59	27 ♈	13 ♓	9 ♑	3 ♉	14 ♉

SUN INGRESS	☉ → ♊ 21日 08:41
MOON PHASE	● 2日 23:12 ♉ ◐ 11日 02:11 ♌ ○ 17日 20:19 ♏ ◑ 24日 13:57 ♓

aspects		
2日	18:24	☉□♇
5日	00:40	♆⚹♇
10日	07:01	♂☍♃
13日	03:10	♀⚹♇
13日	08:21	♀☌♆
13日	20:32	☉☍♃
16日	22:56	♂☌♄
17日	15:47	♀⚹♅
19日	15:21	☉☌♄
25日	19:49	☉☌♂
27日	22:13	☿□♇

2030年6月

DAY	☉	☽	☊ mean	☊ true	☿	♀	♂	♃	♄	♅	♆	♇	⚳	⚴	⚵	⚶	⚷
	° ′	° ′	° ′	° ′	° ′	° ′	° ′	° ′	° ′	° ′	° ′	° ′	°	°	°	°	°
1	10 ♊ 13	3 ♊ 17	16 ♐ 49	16 R 19	17 D 35	4 D 5	8 D 38	20 R 32	29 D 56	18 D 8	12 D 49	11 R 59	27 D	13 D	9 R	4 D	14 D
2	11 ♊ 10	15 ♊ 5	16 ♐ 46	16 ♐ 19	19 ♉ 4	5 ♉ 15	9 ♊ 20	20 ♏ 25	0 ♊ 3	18 ♊ 11	12 ♈ 50	11 ♒ 58	27 ♈	13 ♓	9 ♑	4 ♉	14 ♉
3	12 ♊ 8	26 ♊ 56	16 ♐ 43	16 D 19	20 ♉ 35	6 ♉ 26	10 ♊ 2	20 ♏ 18	0 ♊ 11	18 ♊ 15	12 ♈ 51	11 ♒ 58	28 ♈	14 ♓	9 ♑	5 ♉	14 ♉
4	13 ♊ 5	8 ♋ 52	16 ♐ 40	16 ♐ 19	22 ♉ 9	7 ♉ 37	10 ♊ 44	20 ♏ 12	0 ♊ 19	18 ♊ 18	12 ♈ 53	11 ♒ 57	28 ♈	14 ♓	9 ♑	5 ♉	14 ♉
5	14 ♊ 3	20 ♋ 55	16 ♐ 37	16 ♐ 19	23 ♉ 46	8 ♉ 47	11 ♊ 26	20 ♏ 5	0 ♊ 26	18 ♊ 22	12 ♈ 54	11 ♒ 56	28 ♈	14 ♓	8 ♑	5 ♉	14 ♉
6	15 ♊ 0	3 ♌ 10	16 ♐ 34	16 ♐ 19	25 ♉ 25	9 ♉ 58	12 ♊ 7	19 ♏ 59	0 ♊ 34	18 ♊ 25	12 ♈ 55	11 ♒ 56	29 ♈	14 ♓	8 ♑	6 ♉	14 ♉
7	15 ♊ 58	15 ♌ 37	16 ♐ 30	16 ♐ 20	27 ♉ 7	11 ♉ 9	12 ♊ 49	19 ♏ 53	0 ♊ 42	18 ♊ 29	12 ♈ 57	11 ♒ 55	29 ♈	14 ♓	8 ♑	6 ♉	14 ♉
8	16 ♊ 55	28 ♌ 21	16 ♐ 27	16 R 20	28 ♉ 51	12 ♉ 20	13 ♊ 31	19 ♏ 47	0 ♊ 49	18 ♊ 32	12 ♈ 58	11 ♒ 55	29 ♈	14 ♓	8 ♑	7 ♉	14 ♉
9	17 ♊ 52	11 ♍ 23	16 ♐ 24	16 ♐ 19	0 ♊ 37	13 ♉ 31	14 ♊ 13	19 ♏ 40	0 ♊ 57	18 ♊ 36	12 ♈ 59	11 ♒ 54	0 ♉	14 ♓	8 ♑	7 ♉	14 ♉
10	18 ♊ 50	24 ♍ 48	16 ♐ 21	16 D 19	2 ♊ 27	14 ♉ 41	14 ♊ 54	19 ♏ 35	1 ♊ 4	18 ♊ 40	13 ♈ 0	11 ♒ 53	0 ♉	14 ♓	8 ♑	8 ♉	14 ♉
11	19 ♊ 47	8 ♎ 36	16 ♐ 18	16 ♐ 20	4 ♊ 18	15 ♉ 52	15 ♊ 36	19 ♏ 29	1 ♊ 12	18 ♊ 43	13 ♈ 2	11 ♒ 53	1 ♉	15 ♓	7 ♑	8 ♉	14 ♉
12	20 ♊ 45	22 ♎ 48	16 ♐ 14	16 ♐ 20	6 ♊ 12	17 ♉ 3	16 ♊ 18	19 ♏ 23	1 ♊ 19	18 ♊ 47	13 ♈ 3	11 ♒ 52	1 ♉	15 ♓	7 ♑	8 ♉	14 ♉
13	21 ♊ 42	7 ♏ 22	16 ♐ 11	16 ♐ 20	8 ♊ 8	18 ♉ 14	16 ♊ 59	19 ♏ 18	1 ♊ 27	18 ♊ 50	13 ♈ 4	11 ♒ 51	1 ♉	15 ♓	7 ♑	9 ♉	14 ♉
14	22 ♊ 39	22 ♏ 14	16 ♐ 8	16 ♐ 21	10 ♊ 7	19 ♉ 26	17 ♊ 41	19 ♏ 12	1 ♊ 34	18 ♊ 54	13 ♈ 5	11 ♒ 50	2 ♉	15 ♓	7 ♑	9 ♉	14 ♉
15	23 ♊ 36	7 ♐ 17	16 ♐ 5	16 ♐ 21	12 ♊ 8	20 ♉ 37	18 ♊ 22	19 ♏ 7	1 ♊ 42	18 ♊ 57	13 ♈ 6	11 ♒ 49	2 ♉	15 ♓	6 ♑	10 ♉	14 ♉
16	24 ♊ 34	22 ♐ 24	16 ♐ 2	16 R 21	14 ♊ 10	21 ♉ 48	19 ♊ 3	19 ♏ 2	1 ♊ 49	19 ♊ 1	13 ♈ 7	11 ♒ 49	2 ♉	15 ♓	6 ♑	10 ♉	14 ♉
17	25 ♊ 31	7 ♑ 25	15 ♐ 59	16 ♐ 21	16 ♊ 15	22 ♉ 59	19 ♊ 45	18 ♏ 57	1 ♊ 56	19 ♊ 4	13 ♈ 8	11 ♒ 48	3 ♉	15 ♓	6 ♑	10 ♉	15 ♉
18	26 ♊ 28	22 ♑ 13	15 ♐ 55	16 ♐ 20	18 ♊ 21	24 ♉ 10	20 ♊ 26	18 ♏ 52	2 ♊ 4	19 ♊ 8	13 ♈ 9	11 ♒ 47	3 ♉	15 ♓	6 ♑	11 ♉	15 ♉
19	27 ♊ 26	6 ♒ 39	15 ♐ 52	16 ♐ 19	20 ♊ 29	25 ♉ 22	21 ♊ 7	18 ♏ 48	2 ♊ 11	19 ♊ 11	13 ♈ 10	11 ♒ 46	3 ♉	15 ♓	6 ♑	11 ♉	15 ♉
20	28 ♊ 23	20 ♒ 41	15 ♐ 49	16 ♐ 17	22 ♊ 38	26 ♉ 33	21 ♊ 48	18 ♏ 43	2 ♊ 18	19 ♊ 15	13 ♈ 11	11 ♒ 45	4 ♉	15 ♓	5 ♑	12 ♉	15 ♉
21	29 ♊ 20	4 ♓ 15	15 ♐ 46	16 ♐ 16	24 ♊ 48	27 ♉ 44	22 ♊ 29	18 ♏ 39	2 ♊ 26	19 ♊ 19	13 ♈ 11	11 ♒ 44	4 ♉	15 ♓	5 ♑	12 ♉	15 ♉
22	0 ♋ 17	17 ♓ 23	15 ♐ 43	16 ♐ 15	26 ♊ 59	28 ♉ 56	23 ♊ 10	18 ♏ 34	2 ♊ 33	19 ♊ 22	13 ♈ 12	11 ♒ 43	4 ♉	15 ♓	5 ♑	12 ♉	15 ♉
23	1 ♋ 15	0 ♈ 7	15 ♐ 40	16 ♐ 15	29 ♊ 11	0 ♊ 7	23 ♊ 52	18 ♏ 30	2 ♊ 40	19 ♊ 26	13 ♈ 13	11 ♒ 42	5 ♉	15 ♓	5 ♑	13 ♉	15 ♉
24	2 ♋ 12	12 ♈ 31	15 ♐ 36	16 D 15	1 ♋ 22	1 ♊ 19	24 ♊ 33	18 ♏ 27	2 ♊ 47	19 ♊ 29	13 ♈ 14	11 ♒ 41	5 ♉	15 ♓	4 ♑	13 ♉	15 ♉
25	3 ♋ 9	24 ♈ 39	15 ♐ 33	16 ♐ 16	3 ♋ 34	2 ♊ 30	25 ♊ 13	18 ♏ 23	2 ♊ 54	19 ♊ 32	13 ♈ 15	11 ♒ 40	5 ♉	15 ♓	4 ♑	14 ♉	15 ♉
26	4 ♋ 6	6 ♉ 36	15 ♐ 30	16 ♐ 17	5 ♋ 45	3 ♊ 42	25 ♊ 54	18 ♏ 19	3 ♊ 1	19 ♊ 36	13 ♈ 15	11 ♒ 39	6 ♉	16 ♓	4 ♑	14 ♉	15 ♉
27	5 ♋ 4	18 ♉ 26	15 ♐ 27	16 ♐ 19	7 ♋ 55	4 ♊ 54	26 ♊ 35	18 ♏ 16	3 ♊ 8	19 ♊ 39	13 ♈ 16	11 ♒ 38	6 ♉	16 ♓	4 ♑	14 ♉	15 ♉
28	6 ♋ 1	0 ♊ 13	15 ♐ 24	16 ♐ 20	10 ♋ 5	6 ♊ 5	27 ♊ 16	18 ♏ 13	3 ♊ 15	19 ♊ 43	13 ♈ 17	11 ♒ 37	6 ♉	16 ♓	4 ♑	15 ♉	15 ♉
29	6 ♋ 58	12 ♊ 1	15 ♐ 20	16 ♐ 21	12 ♋ 14	7 ♊ 17	27 ♊ 57	18 ♏ 10	3 ♊ 22	19 ♊ 46	13 ♈ 17	11 ♒ 36	6 ♉	16 ♓	3 ♑	15 ♉	15 ♉
30	7 ♋ 55	23 ♊ 52	15 ♐ 17	16 R 21	14 ♋ 21	8 ♊ 29	28 ♊ 38	18 ♏ 7	3 ♊ 29	19 ♊ 50	13 ♈ 18	11 ♒ 35	7 ♉	16 ♓	3 ♑	16 ♉	15 ♉

SUN INGRESS	☉ → ♋ 21日 16:31
MOON PHASE	● 1日 15:21 ♊ ◐ 9日 12:35 ♍ ○ 16日 03:41 ♐ ◑ 23日 02:19 ♈

aspects		
2日	19:48	☉△♇
2日	19:52	☿☍♃
3日	18:43	☉⚹♆
5日	17:24	♂△♇
7日	04:24	♂⚹♆
7日	15:35	♀□♇
9日	04:36	☿☌♄
9日	19:27	☉☌♅
13日	19:49	♀☍♃
14日	20:26	☿△♇
15日	11:31	☿⚹♆
15日	22:28	♂☌♅
18日	09:02	☿☌♅
19日	10:24	☿☌♂
24日	16:04	☉☌☿
25日	08:52	♀☌♄
29日	11:58	☿□♆

2030年7月

DAY	☉	☽	☊ mean	☊ true	☿	♀	♂	♃	♄	♅	♆	♇	⚳	⚴	⚵	⚶	⚷
	° ′	° ′	° ′	° ′	° ′	° ′	° ′	° ′	° ′	° ′	° ′	° ′	°	°	°	°	°
1	8♋53	5♋50	15♐14	16 R 19	16 D 27	9 D 40	29 D 18	18 R 4	3 D 36	19 D 53	13 D 18	11 R 34	7 D	16 D	3 R	16 D	15 D
2	9♋50	17♋57	15♐11	16♐17	18♋32	10♊52	29♊59	18♏2	3♊43	19♊57	13♈19	11♒33	7♉	16 R	3♑	16♉	15♉
3	10♋47	0♌14	15♐8	16♐14	20♋34	12♊4	0♋40	17♏59	3♊50	20♊0	13♈19	11♒32	8♉	16♓	2♑	17♉	15♉
4	11♋44	12♌42	15♐5	16♐10	22♋36	13♊16	1♋20	17♏57	3♊56	20♊3	13♈20	11♒31	8♉	16♓	2♑	17♉	15♉
5	12♋41	25♌23	15♐1	16♐6	24♋35	14♊28	2♋1	17♏55	4♊3	20♊7	13♈20	11♒29	8♉	16♓	2♑	18♉	15♉
6	13♋39	8♍18	14♐58	16♐2	26♋32	15♊40	2♋41	17♏53	4♊10	20♊10	13♈20	11♒28	9♉	16♓	2♑	18♉	15♉
7	14♋36	21♍28	14♐55	15♐59	28♋28	16♊52	3♋22	17♏52	4♊16	20♊13	13♈21	11♒27	9♉	16♓	1♑	18♉	15♉
8	15♋33	4♎55	14♐52	15♐57	0♌21	18♊4	4♋2	17♏50	4♊23	20♊17	13♈21	11♒26	9♉	15♓	1♑	19♉	15♉
9	16♋30	18♎38	14♐49	15 D 57	2♌13	19♊16	4♋42	17♏49	4♊29	20♊20	13♈21	11♒25	10♉	15♓	1♑	19♉	16♉
10	17♋27	2♏39	14♐46	15♐58	4♌2	20♊28	5♋23	17♏48	4♊36	20♊23	13♈22	11♒23	10♉	15♓	1♑	19♉	16♉
11	18♋25	16♏57	14♐42	15♐59	5♌50	21♊40	6♋3	17♏47	4♊42	20♊26	13♈22	11♒22	10♉	15♓	1♑	20♉	16♉
12	19♋22	1♐29	14♐39	16♐0	7♌36	22♊52	6♋43	17♏46	4♊48	20♊30	13♈22	11♒21	10♉	15♓	0♑	20♉	16♉
13	20♋19	16♐12	14♐36	16 R 1	9♌21	24♊5	7♋23	17♏46	4♊54	20♊33	13♈22	11♒20	11♉	15♓	0♑	21♉	16♉
14	21♋16	1♑1	14♐33	16♐0	11♌1	25♊17	8♋3	17♏45	5♊1	20♊36	13♈22	11♒18	11♉	15♓	0♑	21♉	16♉
15	22♋13	15♑49	14♐30	15♐58	12♌41	26♊29	8♋43	17♏45	5♊7	20♊39	13♈22	11♒17	11♉	15♓	0♑	21♉	16♉
16	23♋11	0♒28	14♐26	15♐54	14♌19	27♊41	9♋23	17 D 45	5♊13	20♊42	13♈22	11♒16	12♉	15♓	0♑	22♉	16♉
17	24♋8	14♒51	14♐23	15♐48	15♌54	28♊54	10♋3	17♏45	5♊19	20♊45	13♈22	11♒15	12♉	15♓	29♐	22♉	16♉
18	25♋5	28♒52	14♐20	15♐42	17♌28	0♋6	10♋43	17♏46	5♊25	20♊49	13 R 22	11♒13	12♉	15♓	29♐	22♉	16♉
19	26♋2	12♓29	14♐17	15♐36	19♌0	1♋19	11♋23	17♏46	5♊31	20♊52	13♈22	11♒12	12♉	15♓	29♐	23♉	16♉
20	27♋0	25♓41	14♐14	15♐31	20♌30	2♋31	12♋3	17♏47	5♊37	20♊55	13♈22	11♒11	13♉	15♓	29♐	23♉	16♉
21	27♋57	8♈28	14♐11	15♐28	21♌57	3♋44	12♋43	17♏48	5♊42	20♊58	13♈22	11♒9	13♉	15♓	29♐	23♉	16♉
22	28♋54	20♈54	14♐7	15♐26	23♌23	4♋56	13♋23	17♏49	5♊48	21♊1	13♈22	11♒8	13♉	14♓	28♐	24♉	16♉
23	29♋51	3♉2	14♐4	15 D 26	24♌47	6♋9	14♋2	17♏50	5♊54	21♊4	13♈22	11♒7	13♉	14♓	28♐	24♉	16♉
24	0♌49	14♉59	14♐1	15♐27	26♌8	7♋21	14♋42	17♏52	5♊59	21♊6	13♈22	11♒5	14♉	14♓	28♐	24♉	16♉
25	1♌46	26♉48	13♐58	15♐28	27♌28	8♋34	15♋22	17♏53	6♊5	21♊9	13♈21	11♒4	14♉	14♓	28♐	25♉	16♉
26	2♌43	8♊36	13♐55	15♐29	28♌45	9♋47	16♋2	17♏55	6♊10	21♊12	13♈21	11♒3	14♉	14♓	28♐	25♉	16♉
27	3♌41	20♊26	13♐52	15 R 29	0♍0	11♋0	16♋41	17♏57	6♊16	21♊15	13♈21	11♒1	14♉	14♓	28♐	25♉	16♉
28	4♌38	2♋23	13♐48	15♐28	1♍13	12♋12	17♋21	17♏59	6♊21	21♊18	13♈21	11♒0	15♉	14♓	28♐	26♉	16♉
29	5♌35	14♋29	13♐45	15♐24	2♍23	13♋25	18♋0	18♏2	6♊26	21♊21	13♈20	10♒59	15♉	13♓	27♐	26♉	16♉
30	6♌33	26♋49	13♐42	15♐18	3♍31	14♋38	18♋40	18♏4	6♊31	21♊23	13♈20	10♒57	15♉	13♓	27♐	26♉	16♉
31	7♌30	9♌22	13♐39	15♐10	4♍36	15♋51	19♋19	18♏7	6♊36	21♊26	13♈19	10♒56	15♉	13♓	27♐	27♉	16♉

SUN INGRESS: ☉ → ♌ 23日 03:25

MOON PHASE: ● 1日 06:34 ♋ ◐ 8日 20:01 ♎ ○ 15日 11:12 ♑ ◑ 22日 17:07 ♈ ● 30日 20:11 ♌

aspects		
1日	18:17	♀△♃
2日	13:21	♀△♇
4日	01:13	♀⚹♆
5日	16:19	☉□♆
9日	22:16	♀☌♅
10日	07:47	☿⚹♄
10日	08:26	☉△♃
14日	04:06	☿☍♇
15日	10:10	☿△♆
18日	04:38	☿□♃
20日	07:02	☿⚹♅
21日	23:36	♂□♆
28日	22:18	♀□♆
29日	00:58	♂△♃
29日	23:21	☉⚹♄

2030年8月

DAY	☉	☽	☊ mean	☊ true	☿	♀	♂	♃	♄	♅	♆	♇	⚳	⚴	⚵	⚶	⚷
	° ′	° ′	° ′	° ′	° ′	° ′	° ′	° ′	° ′	° ′	° ′	° ′	°	°	°	°	°
1	8♌27	22♌9	13♐36	15 R 1	5 D 39	17 D 4	19 D 59	18 D 10	6 D 41	21 D 29	13 R 19	10 R 54	16 D	13 R	27 R	27 D	16 D
2	9♌25	5♍11	13♐32	14♐52	6♍39	18♋17	20♋38	18♏13	6♊46	21♊32	13♈18	10♒53	16♉	13♓	27♐	27♉	16♉
3	10♌22	18♍26	13♐29	14♐43	7♍36	19♋30	21♋17	18♏16	6♊51	21♊34	13♈18	10♒52	16♉	13♓	27♐	28♉	16♉
4	11♌20	1♎52	13♐26	14♐36	8♍30	20♋43	21♋57	18♏19	6♊56	21♊37	13♈17	10♒50	16♉	12♓	27♐	28♉	16♉
5	12♌17	15♎30	13♐23	14♐31	9♍21	21♋56	22♋36	18♏23	7♊1	21♊39	13♈17	10♒49	17♉	12♓	27♐	28♉	16♉
6	13♌15	29♎18	13♐20	14♐28	10♍9	23♋9	23♋15	18♏27	7♊5	21♊42	13♈16	10♒48	17♉	12♓	27♐	29♉	16♉
7	14♌12	13♏16	13♐17	14♐27	10♍54	24♋23	23♋54	18♏31	7♊10	21♊44	13♈15	10♒46	17♉	12♓	26♐	29♉	16♉
8	15♌10	27♏23	13♐13	14 D 27	11♍35	25♋36	24♋33	18♏35	7♊14	21♊47	13♈15	10♒45	17♉	12♓	26♐	29♉	16♉
9	16♌7	11♐38	13♐10	14♐28	12♍12	26♋49	25♋12	18♏39	7♊19	21♊49	13♈14	10♒43	17♉	11♓	26♐	0♊	16♉
10	17♌5	26♐0	13♐7	14 R 27	12♍45	28♋2	25♋52	18♏43	7♊23	21♊52	13♈13	10♒42	18♉	11♓	26♐	0♊	16♉
11	18♌2	10♑25	13♐4	14♐25	13♍14	29♋16	26♋31	18♏48	7♊27	21♊54	13♈13	10♒41	18♉	11♓	26♐	0♊	16♉
12	19♌0	24♑49	13♐1	14♐20	13♍38	0♌29	27♋10	18♏52	7♊31	21♊56	13♈12	10♒39	18♉	11♓	26♐	1♊	16♉
13	19♌57	9♒7	12♐58	14♐14	13♍58	1♌42	27♋48	18♏57	7♊35	21♊58	13♈11	10♒38	18♉	11♓	26♐	1♊	16♉
14	20♌55	23♒14	12♐54	14♐3	14♍14	2♌56	28♋27	19♏2	7♊39	22♊1	13♈10	10♒37	18♉	10♓	26♐	1♊	16♉
15	21♌52	7♓4	12♐51	13♐52	14♍24	4♌9	29♋6	19♏7	7♊43	22♊3	13♈9	10♒35	19♉	10♓	26♐	1♊	16♉
16	22♌50	20♓35	12♐48	13♐42	14♍29	5♌23	29♋45	19♏13	7♊47	22♊5	13♈8	10♒34	19♉	10♓	26♐	2♊	16♉
17	23♌48	3♈43	12♐45	13♐32	14 R 28	6♌36	0♌24	19♏18	7♊50	22♊7	13♈7	10♒33	19♉	10♓	26♐	2♊	16♉
18	24♌45	16♈28	12♐42	13♐24	14♍22	7♌50	1♌3	19♏24	7♊54	22♊9	13♈6	10♒31	19♉	9♓	26♐	2♊	16♉
19	25♌43	28♈54	12♐38	13♐19	14♍11	9♌3	1♌41	19♏30	7♊57	22♊11	13♈5	10♒30	19♉	9♓	26♐	2♊	16♉
20	26♌41	11♉3	12♐35	13♐16	13♍54	10♌17	2♌20	19♏35	8♊1	22♊13	13♈4	10♒29	20♉	9♓	26♐	3♊	16♉
21	27♌38	22♉59	12♐32	13♐15	13♍31	11♌31	2♌59	19♏41	8♊4	22♊15	13♈3	10♒27	20♉	9♓	26♐	3♊	16♉
22	28♌36	4♊49	12♐29	13 D 15	13♍2	12♌44	3♌37	19♏48	8♊7	22♊17	13♈2	10♒26	20♉	8♓	26 D	3♊	16 R
23	29♌34	16♊37	12♐26	13 R 15	12♍28	13♌58	4♌16	19♏54	8♊11	22♊19	13♈1	10♒25	20♉	8♓	26♐	3♊	16♉
24	0♍32	28♊30	12♐23	13♐14	11♍50	15♌12	4♌54	20♏1	8♊14	22♊21	13♈0	10♒23	20♉	8♓	26♐	4♊	16♉
25	1♍30	10♋31	12♐19	13♐11	11♍6	16♌26	5♌33	20♏7	8♊16	22♊22	12♈59	10♒22	20♉	8♓	26♐	4♊	16♉
26	2♍28	22♋45	12♐16	13♐6	10♍18	17♌40	6♌12	20♏14	8♊19	22♊24	12♈58	10♒21	20♉	7♓	26♐	4♊	16♉
27	3♍25	5♌15	12♐13	12♐58	9♍28	18♌53	6♌50	20♏21	8♊22	22♊26	12♈57	10♒20	21♉	7♓	26♐	4♊	16♉
28	4♍23	18♌4	12♐10	12♐48	8♍34	20♌7	7♌28	20♏28	8♊25	22♊27	12♈56	10♒18	21♉	7♓	26♐	5♊	16♉
29	5♍21	1♍11	12♐7	12♐36	7♍39	21♌21	8♌7	20♏35	8♊27	22♊29	12♈54	10♒17	21♉	7♓	26♐	5♊	16♉
30	6♍19	14♍35	12♐3	12♐23	6♍44	22♌35	8♌45	20♏42	8♊30	22♊30	12♈53	10♒16	21♉	6♓	26♐	5♊	16♉
31	7♍17	28♍14	12♐0	12♐11	5♍49	23♌49	9♌23	20♏50	8♊32	22♊32	12♈52	10♒15	21♉	6♓	26♐	5♊	16♉

SUN INGRESS: ☉ → ♍ 23日 10:36

MOON PHASE: ◐ 7日 01:42 ♏ ○ 13日 19:44 ♒ ◑ 21日 10:15 ♉ ● 29日 08:07 ♍

aspects		
1日	22:33	♀△♃
2日	03:18	☿□♄
3日	11:58	☉☍♇
6日	00:35	☉△♆
6日	04:02	♀☌♂
11日	20:40	☉□♃
15日	04:30	☉⚹♅
18日	01:28	♀⚹♄
20日	03:44	♀☍♇
22日	05:47	♀△♆
28日	03:58	☿□♄
28日	07:21	♀□♃
29日	13:36	♂⚹♄
29日	22:20	♀⚹♅
30日	05:10	☉☌☿

2030年9月

DAY	☉	☽	☊ mean	☊ true	☿	♀	♂	♃	♄	♅	♆	♇	⚳	⚴	⚵	⚶	⚷
1	8♍15	12♎5	11♐57	12 R 1	4 R 56	25 D 3	10 D 2	20 D 57	8 D 34	22 D 33	12 R 50	10 R 14	21 D	6 R	26 D	6 D	16 R
2	9♍13	26♎4	11♐54	11♐54	4♍6	26♌18	10♌40	21♏5	8♊36	22♊35	12♈49	10♒12	21♉	6♓	26♐	6♊	16♉
3	10♍11	10♏7	11♐51	11♐50	3♍21	27♌32	11♌18	21♏13	8♊38	22♊36	12♈48	10♒11	21♉	5♓	26♐	6♊	16♉
4	11♍10	24♏13	11♐48	11♐47	2♍40	28♌46	11♌56	21♏21	8♊40	22♊37	12♈46	10♒10	21♉	5♓	26♐	6♊	16♉
5	12♍8	8♐20	11♐44	11♐47	2♍6	0♍0	12♌34	21♏29	8♊42	22♊39	12♈45	10♒9	22♉	5♓	26♐	6♊	16♉
6	13♍6	22♐27	11♐41	11♐47	1♍39	1♍14	13♌13	21♏37	8♊44	22♊40	12♈44	10♒8	22♉	5♓	27♐	7♊	16♉
7	14♍4	6♑33	11♐38	11♐46	1♍20	2♍28	13♌51	21♏46	8♊45	22♊41	12♈42	10♒7	22♉	4♓	27♐	7♊	16♉
8	15♍2	20♑36	11♐35	11♐43	1♍9	3♍43	14♌29	21♏54	8♊47	22♊42	12♈41	10♒6	22♉	4♓	27♐	7♊	16♉
9	16♍0	4♒35	11♐32	11♐37	1 D 6	4♍57	15♌7	22♏3	8♊48	22♊43	12♈39	10♒5	22♉	4♓	27♐	7♊	16♉
10	16♍59	18♒28	11♐29	11♐28	1♍13	6♍11	15♌45	22♏11	8♊49	22♊44	12♈38	10♒4	22♉	4♓	27♐	7♊	16♉
11	17♍57	2♓11	11♐25	11♐17	1♍28	7♍26	16♌22	22♏20	8♊51	22♊45	12♈37	10♒3	22♉	3♓	27♐	7♊	16♉
12	18♍55	15♓41	11♐22	11♐5	1♍53	8♍40	17♌0	22♏29	8♊52	22♊46	12♈35	10♒2	22♉	3♓	27♐	8♊	16♉
13	19♍54	28♓55	11♐19	10♐53	2♍26	9♍54	17♌38	22♏38	8♊53	22♊47	12♈34	10♒1	22♉	3♓	27♐	8♊	16♉
14	20♍52	11♈51	11♐16	10♐41	3♍8	11♍9	18♌16	22♏47	8♊53	22♊47	12♈32	10♒0	22♉	3♓	27♐	8♊	16♉
15	21♍50	24♈29	11♐13	10♐32	3♍58	12♍23	18♌54	22♏57	8♊54	22♊48	12♈31	9♒59	22♉	3♓	28♐	8♊	16♉
16	22♍49	6♉50	11♐9	10♐25	4♍56	13♍38	19♌31	23♏6	8♊55	22♊49	12♈29	9♒58	22♉	2♓	28♐	8♊	16♉
17	23♍47	18♉56	11♐6	10♐21	6♍1	14♍52	20♌9	23♏15	8♊55	22♊50	12♈27	9♒57	22♉	2♓	28♐	8♊	16♉
18	24♍46	0♊52	11♐3	10♐19	7♍12	16♍7	20♌47	23♏25	8♊56	22♊50	12♈26	9♒56	22♉	2♓	28♐	8♊	16♉
19	25♍44	12♊41	11♐0	10 D 19	8♍30	17♍21	21♌24	23♏35	8♊56	22♊51	12♈24	9♒55	22♉	2♓	28♐	9♊	16♉
20	26♍43	24♊29	10♐57	10♐19	9♍53	18♍36	22♌2	23♏44	8♊56	22♊51	12♈23	9♒54	22 R	1♓	28♐	9♊	16♉
21	27♍42	6♋21	10♐54	10 R 19	11♍21	19♍51	22♌40	23♏54	8♊56	22♊52	12♈21	9♒53	22♉	1♓	28♐	9♊	16♉
22	28♍40	18♋24	10♐50	10♐17	12♍53	21♍5	23♌17	24♏4	8 R 56	22♊52	12♈19	9♒53	22♉	1♓	29♐	9♊	16♉
23	29♍39	0♌41	10♐47	10♐13	14♍29	22♍20	23♌55	24♏14	8♊56	22♊52	12♈18	9♒52	22♉	1♓	29♐	9♊	16♉
24	0♎38	13♌17	10♐44	10♐6	16♍8	23♍35	24♌32	24♏25	8♊56	22♊53	12♈16	9♒51	22♉	0♓	29♐	9♊	16♉
25	1♎36	26♌14	10♐41	9♐58	17♍50	24♍49	25♌10	24♏35	8♊56	22♊53	12♈15	9♒50	22♉	0♓	29♐	9♊	16♉
26	2♎35	9♍35	10♐38	9♐47	19♍34	26♍4	25♌47	24♏45	8♊55	22♊53	12♈13	9♒49	22♉	0♓	29♐	9♊	16♉
27	3♎34	23♍18	10♐35	9♐36	21♍19	27♍19	26♌24	24♏56	8♊54	22♊53	12♈11	9♒49	22♉	0♓	29♐	9♊	16♉
28	4♎33	7♎20	10♐31	9♐26	23♍6	28♍34	27♌2	25♏6	8♊54	22♊53	12♈10	9♒48	22♉	0♓	0♑	9♊	16♉
29	5♎32	21♎37	10♐28	9♐17	24♍53	29♍48	27♌39	25♏17	8♊53	22 R 53	12♈8	9♒47	22♉	0♓	0♑	9♊	16♉
30	6♎31	6♏2	10♐25	9♐10	26♍41	1♎3	28♌16	25♏28	8♊52	22♊53	12♈6	9♒47	22♉	29♒	0♑	9♊	16♉

SUN INGRESS: ☉→♎23日 08:26

MOON PHASE: ◐ 5日 06:55 ♐　○ 12日 06:18 ♓　◑ 20日 04:56 ♊　● 27日 18:54 ♎

aspects		
1日	07:14	♂☍♇
1日	08:03	☉□♄
5日	06:29	♂△♆
6日	06:09	☿☌♀
12日	03:46	♀□♄
16日	00:02	☉□♅
16日	08:23	☉⚹♃
19日	07:42	☿□♄
21日	07:42	♂⚹♅
23日	10:26	♀□♅
23日	17:22	♂□♃
24日	18:37	♀⚹♃
27日	21:11	☿□♅
29日	05:51	☿⚹♃

2030年10月

DAY	☉	☽	☊ mean	☊ true	☿	♀	♂	♃	♄	♅	♆	♇	⚳	⚴	⚵	⚶	⚷
1	7♎30	20♏29	10♐22	9 R 7	28 D 30	2 D 18	28 D 53	25 D 38	8 R 51	22 R 53	12 R 5	9 R 46	22 R	29 R	0 D	10 D	16 R
2	8♎29	4♐54	10♐19	9♐5	0♎18	3♎33	29♌31	25♏49	8♊50	22♊53	12♈3	9♒46	22♉	29♒	0♑	10♊	16♉
3	9♎28	19♐13	10♐15	9 D 5	2♎7	4♎48	0♍8	26♏0	8♊49	22♊53	12♈1	9♒45	22♉	29♒	1♑	10♊	16♉
4	10♎27	3♑24	10♐12	9♐6	3♎55	6♎3	0♍45	26♏11	8♊47	22♊52	12♈0	9♒45	21♉	29♒	1♑	10♊	16♉
5	11♎26	17♑25	10♐9	9 R 6	5♎43	7♎18	1♍22	26♏23	8♊46	22♊52	11♈58	9♒44	21♉	29♒	1♑	10♊	16♉
6	12♎25	1♒16	10♐6	9♐4	7♎31	8♎32	1♍59	26♏34	8♊44	22♊52	11♈56	9♒44	21♉	29♒	1♑	10♊	15♉
7	13♎24	14♒57	10♐3	9♐1	9♎18	9♎47	2♍36	26♏45	8♊43	22♊51	11♈55	9♒43	21♉	28♒	2♑	10 R	15♉
8	14♎23	28♒27	10♐0	8♐54	11♎5	11♎2	3♍13	26♏56	8♊41	22♊51	11♈53	9♒43	21♉	28♒	2♑	10♊	15♉
9	15♎22	11♓45	9♐56	8♐46	12♎50	12♎17	3♍50	27♏8	8♊39	22♊50	11♈51	9♒42	21♉	28♒	2♑	10♊	15♉
10	16♎22	24♓51	9♐53	8♐37	14♎36	13♎32	4♍27	27♏19	8♊37	22♊50	11♈50	9♒42	21♉	28♒	2♑	10♊	15♉
11	17♎21	7♈43	9♐50	8♐28	16♎20	14♎47	5♍3	27♏31	8♊35	22♊49	11♈48	9♒42	21♉	28♒	3♑	10♊	15♉
12	18♎20	20♈22	9♐47	8♐19	18♎4	16♎2	5♍40	27♏43	8♊33	22♊49	11♈46	9♒41	20♉	28♒	3♑	9♊	15♉
13	19♎19	2♉47	9♐44	8♐12	19♎47	17♎17	6♍17	27♏54	8♊31	22♊48	11♈45	9♒41	20♉	28♒	3♑	9♊	15♉
14	20♎19	14♉59	9♐40	8♐7	21♎30	18♎32	6♍54	28♏6	8♊28	22♊47	11♈43	9♒41	20♉	28♒	3♑	9♊	15♉
15	21♎18	27♉1	9♐37	8♐4	23♎11	19♎47	7♍30	28♏18	8♊26	22♊46	11♈41	9♒40	20♉	28♒	3♑	9♊	15♉
16	22♎18	8♊53	9♐34	8 D 4	24♎52	21♎2	8♍7	28♏30	8♊23	22♊45	11♈40	9♒40	20♉	28♒	4♑	9♊	15♉
17	23♎17	20♊41	9♐31	8♐4	26♎33	22♎17	8♍43	28♏42	8♊21	22♊45	11♈38	9♒40	20♉	27♒	4♑	9♊	15♉
18	24♎17	2♋28	9♐28	8♐6	28♎12	23♎32	9♍20	28♏54	8♊18	22♊44	11♈37	9♒40	20♉	27♒	4♑	9♊	15♉
19	25♎16	14♋19	9♐25	8♐7	29♎51	24♎48	9♍56	29♏6	8♊15	22♊43	11♈35	9♒40	19♉	27♒	5♑	9♊	15♉
20	26♎16	26♋20	9♐21	8♐8	1♏29	26♎3	10♍33	29♏18	8♊12	22♊42	11♈33	9♒40	19♉	27♒	5♑	9♊	15♉
21	27♎15	8♌36	9♐18	8 R 7	3♏7	27♎18	11♍9	29♏31	8♊9	22♊40	11♈32	9♒39	19♉	27♒	5♑	9♊	15♉
22	28♎15	21♌11	9♐15	8♐5	4♏44	28♎33	11♍46	29♏43	8♊6	22♊39	11♈30	9♒39	19♉	27♒	5♑	9♊	15♉
23	29♎15	4♍9	9♐12	8♐1	6♏21	29♎48	12♍22	29♏55	8♊3	22♊38	11♈29	9♒39	19♉	27♒	6♑	9♊	15♉
24	0♏14	17♍33	9♐9	7♐55	7♏56	1♏3	12♍58	0♐8	8♊0	22♊37	11♈27	9 D 39	18♉	27♒	6♑	8♊	15♉
25	1♏14	1♎24	9♐6	7♐49	9♏32	2♏18	13♍35	0♐20	7♊56	22♊36	11♈25	9♒39	18♉	27♒	6♑	8♊	15♉
26	2♏14	15♎38	9♐2	7♐43	11♏6	3♏34	14♍11	0♐33	7♊53	22♊34	11♈24	9♒39	18♉	27♒	6♑	8♊	15♉
27	3♏14	0♏13	8♐59	7♐39	12♏41	4♏49	14♍47	0♐45	7♊49	22♊33	11♈22	9♒40	18♉	27♒	7♑	8♊	15♉
28	4♏14	15♏0	8♐56	7♐35	14♏14	6♏4	15♍23	0♐58	7♊46	22♊31	11♈21	9♒40	18♉	27♒	7♑	8♊	14♉
29	5♏14	29♏53	8♐53	7♐34	15♏48	7♏19	15♍59	1♐10	7♊42	22♊30	11♈19	9♒40	17♉	27 D	7♑	8♊	14♉
30	6♏14	14♐43	8♐50	7 D 34	17♏20	8♏34	16♍35	1♐23	7♊38	22♊28	11♈18	9♒40	17♉	27♒	8♑	8♊	14♉
31	7♏14	29♐24	8♐46	7♐35	18♏52	9♏49	17♍11	1♐36	7♊34	22♊27	11♈16	9♒40	17♉	27♒	8♑	7♊	14♉

SUN INGRESS: ☉→♏23日 18:00

MOON PHASE: ◐ 4日 12:56 ♑　○ 11日 19:46 ♈　◑ 19日 23:50 ♋　● 27日 05:17 ♏

aspects		
2日	08:30	☉△♄
3日	07:02	☉△♇
5日	12:45	☉☍♆
6日	03:44	♀△♄
6日	16:12	☿△♄
6日	22:37	♀△♇
7日	05:37	☿△♇
7日	22:20	☿☌♀
8日	10:48	☿☍♆
8日	15:52	♀☍♆
12日	08:47	☉☌☿
14日	18:09	☿△♅
16日	10:05	♂□♄
16日	11:04	☉△♅
17日	08:34	♀△♅
20日	20:12	☉☌♀
25日	01:57	☿□♇
29日	04:57	☿⚹♂
30日	21:01	♀□♇

2030年11月

DAY	☉	☽	☊ mean	☊ true	☿	♀	♂	♃	♄	♅	♆	♇	⚳	⚴	⚵	⚶	⚷
	° ′	° ′	° ′	° ′	° ′	° ′	° ′	° ′	° ′	° ′	° ′	° ′	°	°	°	°	°
1	8 ♏ 14	13 ♑ 51	8 ♐ 43	7 D 36	20 D 24	11 D 5	17 D 47	1 D 49	7 R 30	22 R 25	11 R 15	9 D 40	17 R	27 D	8 D	7 R	14 R
2	9 ♏ 14	28 ♑ 0	8 ♐ 40	7 ♐ 37	21 ♏ 55	12 ♏ 20	18 ♍ 23	2 ♐ 2	7 ♊ 26	22 ♊ 24	11 ♈ 13	9 ♒ 41	16 ♉	27 ♒	9 ♑	7 ♊	14 ♉
3	10 ♏ 14	11 ♒ 51	8 ♐ 37	7 R 38	23 ♏ 26	13 ♏ 35	18 ♍ 59	2 ♐ 14	7 ♊ 22	22 ♊ 22	11 ♈ 12	9 ♒ 41	16 ♉	27 ♒	9 ♑	7 ♊	14 ♉
4	11 ♏ 14	25 ♒ 24	8 ♐ 34	7 ♐ 37	24 ♏ 56	14 ♏ 50	19 ♍ 35	2 ♐ 27	7 ♊ 18	22 ♊ 20	11 ♈ 11	9 ♒ 41	16 ♉	27 ♒	9 ♑	7 ♊	14 ♉
5	12 ♏ 14	8 ♓ 40	8 ♐ 31	7 ♐ 35	26 ♏ 26	16 ♏ 6	20 ♍ 10	2 ♐ 40	7 ♊ 14	22 ♊ 19	11 ♈ 9	9 ♒ 42	16 ♉	27 ♒	9 ♑	6 ♊	14 ♉
6	13 ♏ 14	21 ♓ 40	8 ♐ 27	7 ♐ 32	27 ♏ 56	17 ♏ 21	20 ♍ 46	2 ♐ 53	7 ♊ 10	22 ♊ 17	11 ♈ 8	9 ♒ 42	16 ♉	27 ♒	10 ♑	6 ♊	14 ♉
7	14 ♏ 14	4 ♈ 25	8 ♐ 24	7 ♐ 28	29 ♏ 24	18 ♏ 36	21 ♍ 22	3 ♐ 6	7 ♊ 6	22 ♊ 15	11 ♈ 7	9 ♒ 42	15 ♉	27 ♒	10 ♑	6 ♊	14 ♉
8	15 ♏ 14	16 ♈ 58	8 ♐ 21	7 ♐ 24	0 ♐ 53	19 ♏ 51	21 ♍ 57	3 ♐ 19	7 ♊ 1	22 ♊ 13	11 ♈ 5	9 ♒ 43	15 ♉	27 ♒	10 ♑	6 ♊	14 ♉
9	16 ♏ 14	29 ♈ 19	8 ♐ 18	7 ♐ 21	2 ♐ 21	21 ♏ 6	22 ♍ 33	3 ♐ 32	6 ♊ 57	22 ♊ 11	11 ♈ 4	9 ♒ 43	15 ♉	27 ♒	11 ♑	6 ♊	14 ♉
10	17 ♏ 15	11 ♉ 29	8 ♐ 15	7 ♐ 18	3 ♐ 48	22 ♏ 22	23 ♍ 8	3 ♐ 45	6 ♊ 52	22 ♊ 9	11 ♈ 3	9 ♒ 44	15 ♉	28 ♒	11 ♑	5 ♊	14 ♉
11	18 ♏ 15	23 ♉ 31	8 ♐ 12	7 ♐ 17	5 ♐ 15	23 ♏ 37	23 ♍ 44	3 ♐ 59	6 ♊ 48	22 ♊ 7	11 ♈ 1	9 ♒ 44	14 ♉	28 ♒	11 ♑	5 ♊	14 ♉
12	19 ♏ 15	5 ♊ 25	8 ♐ 8	7 ♐ 16	6 ♐ 41	24 ♏ 52	24 ♍ 19	4 ♐ 12	6 ♊ 43	22 ♊ 5	11 ♈ 0	9 ♒ 45	14 ♉	28 ♒	12 ♑	5 ♊	14 ♉
13	20 ♏ 16	17 ♊ 15	8 ♐ 5	7 D 16	8 ♐ 7	26 ♏ 7	24 ♍ 54	4 ♐ 25	6 ♊ 39	22 ♊ 3	10 ♈ 59	9 ♒ 45	14 ♉	28 ♒	12 ♑	5 ♊	14 ♉
14	21 ♏ 16	29 ♊ 2	8 ♐ 2	7 ♐ 17	9 ♐ 32	27 ♏ 23	25 ♍ 30	4 ♐ 38	6 ♊ 34	22 ♊ 1	10 ♈ 58	9 ♒ 46	14 ♉	28 ♒	12 ♑	4 ♊	14 ♉
15	22 ♏ 16	10 ♋ 50	7 ♐ 59	7 ♐ 19	10 ♐ 56	28 ♏ 38	26 ♍ 5	4 ♐ 51	6 ♊ 29	21 ♊ 59	10 ♈ 57	9 ♒ 47	13 ♉	28 ♒	13 ♑	4 ♊	14 ♉
16	23 ♏ 17	22 ♋ 42	7 ♐ 56	7 ♐ 20	12 ♐ 19	29 ♏ 53	26 ♍ 40	5 ♐ 5	6 ♊ 25	21 ♊ 57	10 ♈ 55	9 ♒ 47	13 ♉	28 ♒	13 ♑	4 ♊	14 ♉
17	24 ♏ 17	4 ♌ 42	7 ♐ 52	7 ♐ 21	13 ♐ 41	1 ♐ 8	27 ♍ 15	5 ♐ 18	6 ♊ 20	21 ♊ 55	10 ♈ 54	9 ♒ 48	13 ♉	28 ♒	13 ♑	4 ♊	13 ♉
18	25 ♏ 18	16 ♌ 55	7 ♐ 49	7 ♐ 22	15 ♐ 3	2 ♐ 24	27 ♍ 50	5 ♐ 31	6 ♊ 15	21 ♊ 53	10 ♈ 53	9 ♒ 49	13 ♉	28 ♒	14 ♑	3 ♊	13 ♉
19	26 ♏ 18	29 ♌ 26	7 ♐ 46	7 R 22	16 ♐ 23	3 ♐ 39	28 ♍ 25	5 ♐ 45	6 ♊ 10	21 ♊ 50	10 ♈ 52	9 ♒ 49	13 ♉	28 ♒	14 ♑	3 ♊	13 ♉
20	27 ♏ 19	12 ♍ 18	7 ♐ 43	7 ♐ 22	17 ♐ 42	4 ♐ 54	29 ♍ 0	5 ♐ 58	6 ♊ 6	21 ♊ 48	10 ♈ 51	9 ♒ 50	12 ♉	29 ♒	14 ♑	3 ♊	13 ♉
21	28 ♏ 19	25 ♍ 36	7 ♐ 40	7 ♐ 21	19 ♐ 0	6 ♐ 10	29 ♍ 35	6 ♐ 11	6 ♊ 1	21 ♊ 46	10 ♈ 50	9 ♒ 51	12 ♉	29 ♒	15 ♑	3 ♊	13 ♉
22	29 ♏ 20	9 ♎ 21	7 ♐ 37	7 ♐ 20	20 ♐ 16	7 ♐ 25	0 ♎ 10	6 ♐ 25	5 ♊ 56	21 ♊ 44	10 ♈ 49	9 ♒ 52	12 ♉	29 ♒	15 ♑	2 ♊	13 ♉
23	0 ♐ 20	23 ♎ 33	7 ♐ 33	7 ♐ 19	21 ♐ 30	8 ♐ 40	0 ♎ 45	6 ♐ 38	5 ♊ 51	21 ♊ 41	10 ♈ 48	9 ♒ 52	12 ♉	29 ♒	15 ♑	2 ♊	13 ♉
24	1 ♐ 21	8 ♏ 10	7 ♐ 30	7 ♐ 18	22 ♐ 42	9 ♐ 55	1 ♎ 19	6 ♐ 52	5 ♊ 46	21 ♊ 39	10 ♈ 47	9 ♒ 53	12 ♉	29 ♒	16 ♑	2 ♊	13 ♉
25	2 ♐ 22	23 ♏ 6	7 ♐ 27	7 ♐ 18	23 ♐ 52	11 ♐ 11	1 ♎ 54	7 ♐ 5	5 ♊ 41	21 ♊ 37	10 ♈ 46	9 ♒ 54	11 ♉	29 ♒	16 ♑	2 ♊	13 ♉
26	3 ♐ 22	8 ♐ 14	7 ♐ 24	7 D 18	24 ♐ 59	12 ♐ 26	2 ♎ 28	7 ♐ 18	5 ♊ 36	21 ♊ 34	10 ♈ 45	9 ♒ 55	11 ♉	29 ♒	17 ♑	1 ♊	13 ♉
27	4 ♐ 23	23 ♐ 24	7 ♐ 21	7 ♐ 18	26 ♐ 3	13 ♐ 41	3 ♎ 3	7 ♐ 32	5 ♊ 31	21 ♊ 32	10 ♈ 45	9 ♒ 56	11 ♉	29 ♒	17 ♑	1 ♊	13 ♉
28	5 ♐ 24	8 ♑ 27	7 ♐ 18	7 ♐ 18	27 ♐ 4	14 ♐ 57	3 ♎ 37	7 ♐ 45	5 ♊ 26	21 ♊ 29	10 ♈ 44	9 ♒ 57	11 ♉	0 ♓	17 ♑	1 ♊	13 ♉
29	6 ♐ 25	23 ♑ 15	7 ♐ 14	7 ♐ 18	28 ♐ 0	16 ♐ 12	4 ♎ 12	7 ♐ 59	5 ♊ 21	21 ♊ 27	10 ♈ 43	9 ♒ 58	11 ♉	0 ♓	18 ♑	1 ♊	13 ♉
30	7 ♐ 25	7 ♒ 42	7 ♐ 11	7 R 18	28 ♐ 52	17 ♐ 27	4 ♎ 46	8 ♐ 12	5 ♊ 17	21 ♊ 25	10 ♈ 42	9 ♒ 59	10 ♉	0 ♓	18 ♑	0 ♊	13 ♉

SUN INGRESS: ☉ → ♐ 22日 15:44

MOON PHASE: ◐ 2日 20:56 ♒　○ 10日 12:30 ♉　◑ 18日 17:32 ♌　● 25日 15:46 ♐

aspects	
2日 10:54	☉□♇
8日 10:08	♂□♅
9日 23:08	☿☌♃
11日 04:04	♀⚹♂
12日 00:36	☿□♄
14日 04:07	☿⚹♇
15日 00:15	♀△♆
20日 10:05	♃☍♄
20日 21:21	♀☍♄
21日 00:40	♀☌♃
23日 03:33	☿☍♅
23日 22:19	☉⚹♂
23日 23:18	♀⚹♇
24日 16:19	♀△♆
28日 00:55	☉☍♄
30日 18:48	♂△♄
30日 23:42	☉☌♃

2030年12月

DAY	☉	☽	☊ mean	☊ true	☿	♀	♂	♃	♄	♅	♆	♇	⚳	⚴	⚵	⚶	⚷
	° ′	° ′	° ′	° ′	° ′	° ′	° ′	° ′	° ′	° ′	° ′	° ′	°	°	°	°	°
1	8 ♐ 26	21 ♒ 45	7 ♐ 8	7 R 18	29 D 39	18 D 42	5 D 20	8 D 26	5 R 12	21 R 22	10 R 42	10 D 0	10 R	0 D	18 D	0 R	13 R
2	9 ♐ 27	5 ♓ 22	7 ♐ 5	7 ♐ 18	0 ♑ 20	19 ♐ 58	5 ♎ 54	8 ♐ 39	5 ♊ 7	21 ♊ 20	10 ♈ 41	10 ♒ 1	10 ♉	0 ♓	19 ♑	0 ♊	13 ♉
3	10 ♐ 28	18 ♓ 35	7 ♐ 2	7 D 18	0 ♑ 55	21 ♐ 13	6 ♎ 28	8 ♐ 53	5 ♊ 2	21 ♊ 17	10 ♈ 40	10 ♒ 2	10 ♉	0 ♓	19 ♑	29 ♉	13 ♉
4	11 ♐ 29	1 ♈ 27	6 ♐ 58	7 ♐ 18	1 ♑ 22	22 ♐ 28	7 ♎ 2	9 ♐ 6	4 ♊ 57	21 ♊ 15	10 ♈ 40	10 ♒ 3	10 ♉	1 ♓	19 ♑	29 ♉	13 ♉
5	12 ♐ 30	14 ♈ 1	6 ♐ 55	7 ♐ 19	1 ♑ 40	23 ♐ 44	7 ♎ 36	9 ♐ 19	4 ♊ 52	21 ♊ 12	10 ♈ 39	10 ♒ 4	10 ♉	1 ♓	20 ♑	29 ♉	13 ♉
6	13 ♐ 30	26 ♈ 20	6 ♐ 52	7 ♐ 20	1 ♑ 50	24 ♐ 59	8 ♎ 10	9 ♐ 33	4 ♊ 47	21 ♊ 10	10 ♈ 38	10 ♒ 5	9 ♉	1 ♓	20 ♑	29 ♉	13 ♉
7	14 ♐ 31	8 ♉ 27	6 ♐ 49	7 ♐ 20	1 R 50	26 ♐ 14	8 ♎ 44	9 ♐ 46	4 ♊ 42	21 ♊ 7	10 ♈ 38	10 ♒ 7	9 ♉	1 ♓	21 ♑	29 ♉	13 ♉
8	15 ♐ 32	20 ♉ 25	6 ♐ 46	7 ♐ 21	1 ♑ 39	27 ♐ 29	9 ♎ 17	10 ♐ 0	4 ♊ 38	21 ♊ 4	10 ♈ 37	10 ♒ 8	9 ♉	1 ♓	21 ♑	28 ♉	13 ♉
9	16 ♐ 33	2 ♊ 18	6 ♐ 43	7 ♐ 21	1 ♑ 18	28 ♐ 45	9 ♎ 51	10 ♐ 13	4 ♊ 33	21 ♊ 2	10 ♈ 37	10 ♒ 9	9 ♉	2 ♓	21 ♑	28 ♉	12 ♉
10	17 ♐ 34	14 ♊ 7	6 ♐ 39	7 R 21	0 ♑ 44	0 ♑ 0	10 ♎ 24	10 ♐ 27	4 ♊ 28	20 ♊ 59	10 ♈ 36	10 ♒ 10	9 ♉	2 ♓	22 ♑	28 ♉	12 ♉
11	18 ♐ 35	25 ♊ 55	6 ♐ 36	7 ♐ 21	0 ♑ 0	1 ♑ 15	10 ♎ 58	10 ♐ 40	4 ♊ 23	20 ♊ 57	10 ♈ 36	10 ♒ 12	9 ♉	2 ♓	22 ♑	28 ♉	12 ♉
12	19 ♐ 36	7 ♋ 44	6 ♐ 33	7 ♐ 19	29 ♐ 5	2 ♑ 30	11 ♎ 31	10 ♐ 54	4 ♊ 19	20 ♊ 54	10 ♈ 36	10 ♒ 13	9 ♉	2 ♓	22 ♑	27 ♉	12 ♉
13	20 ♐ 37	19 ♋ 36	6 ♐ 30	7 ♐ 18	28 ♐ 0	3 ♑ 46	12 ♎ 4	11 ♐ 7	4 ♊ 14	20 ♊ 52	10 ♈ 35	10 ♒ 14	9 ♉	2 ♓	23 ♑	27 ♉	12 ♉
14	21 ♐ 38	1 ♌ 33	6 ♐ 27	7 ♐ 15	26 ♐ 47	5 ♑ 1	12 ♎ 38	11 ♐ 20	4 ♊ 9	20 ♊ 49	10 ♈ 35	10 ♒ 15	9 ♉	3 ♓	23 ♑	27 ♉	12 ♉
15	22 ♐ 39	13 ♌ 38	6 ♐ 24	7 ♐ 13	25 ♐ 28	6 ♑ 16	13 ♎ 11	11 ♐ 34	4 ♊ 5	20 ♊ 47	10 ♈ 35	10 ♒ 17	8 ♉	3 ♓	24 ♑	27 ♉	12 ♉
16	23 ♐ 40	25 ♌ 54	6 ♐ 20	7 ♐ 11	24 ♐ 5	7 ♑ 31	13 ♎ 44	11 ♐ 47	4 ♊ 0	20 ♊ 44	10 ♈ 35	10 ♒ 18	8 ♉	3 ♓	24 ♑	27 ♉	12 ♉
17	24 ♐ 41	8 ♍ 24	6 ♐ 17	7 ♐ 9	22 ♐ 42	8 ♑ 47	14 ♎ 16	12 ♐ 0	3 ♊ 56	20 ♊ 41	10 ♈ 34	10 ♒ 20	8 ♉	3 ♓	24 ♑	26 ♉	12 ♉
18	25 ♐ 42	21 ♍ 11	6 ♐ 14	7 ♐ 8	21 ♐ 22	10 ♑ 2	14 ♎ 49	12 ♐ 14	3 ♊ 52	20 ♊ 39	10 ♈ 34	10 ♒ 21	8 ♉	3 ♓	25 ♑	26 ♉	12 ♉
19	26 ♐ 43	4 ♎ 20	6 ♐ 11	7 D 9	20 ♐ 6	11 ♑ 17	15 ♎ 22	12 ♐ 27	3 ♊ 47	20 ♊ 36	10 ♈ 34	10 ♒ 22	8 ♉	4 ♓	25 ♑	26 ♉	12 ♉
20	27 ♐ 44	17 ♎ 53	6 ♐ 8	7 ♐ 9	18 ♐ 57	12 ♑ 32	15 ♎ 55	12 ♐ 40	3 ♊ 43	20 ♊ 34	10 ♈ 34	10 ♒ 24	8 ♉	4 ♓	26 ♑	26 ♉	12 ♉
21	28 ♐ 45	1 ♏ 51	6 ♐ 4	7 ♐ 11	17 ♐ 57	13 ♑ 48	16 ♎ 27	12 ♐ 53	3 ♊ 39	20 ♊ 31	10 ♈ 34	10 ♒ 25	8 ♉	4 ♓	26 ♑	26 ♉	12 ♉
22	29 ♐ 46	16 ♏ 15	6 ♐ 1	7 ♐ 12	17 ♐ 7	15 ♑ 3	17 ♎ 0	13 ♐ 7	3 ♊ 34	20 ♊ 29	10 ♈ 34	10 ♒ 27	8 ♉	4 ♓	26 ♑	26 ♉	12 ♉
23	0 ♑ 48	1 ♐ 2	5 ♐ 58	7 ♐ 13	16 ♐ 27	16 ♑ 18	17 ♎ 32	13 ♐ 20	3 ♊ 30	20 ♊ 26	10 D 34	10 ♒ 28	8 ♉	5 ♓	27 ♑	25 ♉	12 ♉
24	1 ♑ 49	16 ♐ 6	5 ♐ 55	7 R 13	15 ♐ 59	17 ♑ 33	18 ♎ 4	13 ♐ 33	3 ♊ 26	20 ♊ 24	10 ♈ 34	10 ♒ 30	8 ♉	5 ♓	27 ♑	25 ♉	12 ♉
25	2 ♑ 50	1 ♑ 20	5 ♐ 52	7 ♐ 12	15 ♐ 41	18 ♑ 49	18 ♎ 36	13 ♐ 46	3 ♊ 22	20 ♊ 21	10 ♈ 34	10 ♒ 31	8 ♉	5 ♓	28 ♑	25 ♉	12 ♉
26	3 ♑ 51	16 ♑ 33	5 ♐ 49	7 ♐ 9	15 ♐ 33	20 ♑ 4	19 ♎ 8	13 ♐ 59	3 ♊ 18	20 ♊ 19	10 ♈ 34	10 ♒ 33	8 ♉	5 ♓	28 ♑	25 ♉	12 ♉
27	4 ♑ 52	1 ♒ 35	5 ♐ 45	7 ♐ 5	15 D 36	21 ♑ 19	19 ♎ 40	14 ♐ 12	3 ♊ 15	20 ♊ 16	10 ♈ 34	10 ♒ 34	8 ♉	6 ♓	28 ♑	25 ♉	12 ♉
28	5 ♑ 53	16 ♒ 18	5 ♐ 42	7 ♐ 1	15 ♐ 47	22 ♑ 34	20 ♎ 12	14 ♐ 25	3 ♊ 11	20 ♊ 14	10 ♈ 34	10 ♒ 36	8 D	6 ♓	29 ♑	25 ♉	12 ♉
29	6 ♑ 54	0 ♓ 36	5 ♐ 39	6 ♐ 57	16 ♐ 6	23 ♑ 49	20 ♎ 43	14 ♐ 38	3 ♊ 7	20 ♊ 11	10 ♈ 35	10 ♒ 38	8 ♉	6 ♓	29 ♑	25 ♉	12 ♉
30	7 ♑ 56	14 ♓ 25	5 ♐ 36	6 ♐ 53	16 ♐ 33	25 ♑ 4	21 ♎ 15	14 ♐ 51	3 ♊ 4	20 ♊ 9	10 ♈ 35	10 ♒ 39	8 ♉	6 ♓	0 ♒	25 ♉	12 ♉
31	8 ♑ 57	27 ♓ 45	5 ♐ 33	6 ♐ 51	17 ♐ 7	26 ♑ 20	21 ♎ 46	15 ♐ 4	3 ♊ 0	20 ♊ 7	10 ♈ 35	10 ♒ 41	8 ♉	7 ♓	0 ♒	24 ♉	12 ♉

SUN INGRESS: ☉ → ♑ 22日 05:09

MOON PHASE: ◐ 2日 07:56 ♓　○ 10日 07:40 ♊　◑ 18日 09:01 ♍　● 25日 02:32 ♑　◐ 31日 22:36 ♈

aspects	
2日 13:39	☉⚹♇
3日 01:14	♀☍♅
3日 04:49	☉△♆
8日 15:43	♃⚹♇
9日 13:32	♂△♇
10日 02:48	♂⚹♃
10日 08:36	♂☍♆
10日 09:09	☿☌♀
10日 17:01	♃△♆
13日 05:35	☉☍♅
16日 04:13	☉☌☿
18日 10:17	♀□♆
18日 13:43	☿☍♅
22日 02:12	☿⚹♂
24日 17:06	♀□♂
26日 23:20	♆⚹♇
28日 01:33	♂△♅

2031年1月

DAY	☉	☽	☊ mean	☊ true	☿	♀	♂	♃	♄	♅	♆	♇	⚳	⚴	⚵	⚶	⚷
	° ′	° ′	° ′	° ′	° ′	° ′	° ′	° ′	° ′	° ′	° ′	° ′	°	°	°	°	°
1	9 ♑ 58	10 ♈ 39	5 ♐ 30	6 D 51	17 D 47	27 D 35	22 D 17	15 D 17	2 R 57	20 R 4	10 D 36	10 D 42	8 D	7 D	0 D	24 R	12 R
2	10 ♑ 59	23 ♈ 10	5 ♐ 26	6 ♐ 51	18 ♐ 32	28 ♑ 50	22 ♎ 49	15 ♐ 30	2 ♊ 53	20 ♊ 2	10 ♈ 36	10 ♒ 44	8 ♉	7 ♓	1 ♒	24 ♉	12 ♉
3	12 ♑ 0	5 ♉ 24	5 ♐ 23	6 ♐ 53	19 ♐ 22	0 ♒ 5	23 ♎ 20	15 ♐ 43	2 ♊ 50	20 ♊ 0	10 ♈ 36	10 ♒ 46	8 ♉	7 ♓	1 ♒	24 ♉	12 ♉
4	13 ♑ 1	17 ♉ 24	5 ♐ 20	6 ♐ 55	20 ♐ 16	1 ♒ 20	23 ♎ 50	15 ♐ 56	2 ♊ 47	19 ♊ 57	10 ♈ 37	10 ♒ 47	8 ♉	8 ♓	2 ♒	24 ♉	12 ♉
5	14 ♑ 2	29 ♉ 16	5 ♐ 17	6 ♐ 56	21 ♐ 14	2 ♒ 35	24 ♎ 21	16 ♐ 8	2 ♊ 44	19 ♊ 55	10 ♈ 37	10 ♒ 49	8 ♉	8 ♓	2 ♒	24 ♉	12 ♉
6	15 ♑ 4	11 ♊ 4	5 ♐ 14	6 R 56	22 ♐ 16	3 ♒ 50	24 ♎ 52	16 ♐ 21	2 ♊ 41	19 ♊ 53	10 ♈ 38	10 ♒ 51	8 ♉	8 ♓	2 ♒	24 ♉	12 ♉
7	16 ♑ 5	22 ♊ 51	5 ♐ 10	6 ♐ 55	23 ♐ 20	5 ♒ 5	25 ♎ 22	16 ♐ 34	2 ♊ 38	19 ♊ 51	10 ♈ 38	10 ♒ 52	8 ♉	8 ♓	3 ♒	24 ♉	12 ♉
8	17 ♑ 6	4 ♋ 40	5 ♐ 7	6 ♐ 51	24 ♐ 27	6 ♒ 20	25 ♎ 53	16 ♐ 46	2 ♊ 35	19 ♊ 48	10 ♈ 39	10 ♒ 54	8 ♉	9 ♓	3 ♒	24 ♉	12 ♉
9	18 ♑ 7	16 ♋ 33	5 ♐ 4	6 ♐ 46	25 ♐ 37	7 ♒ 35	26 ♎ 23	16 ♐ 59	2 ♊ 32	19 ♊ 46	10 ♈ 39	10 ♒ 56	8 ♉	9 ♓	4 ♒	24 ♉	12 ♉
10	19 ♑ 8	28 ♋ 33	5 ♐ 1	6 ♐ 38	26 ♐ 48	8 ♒ 50	26 ♎ 53	17 ♐ 11	2 ♊ 30	19 ♊ 44	10 ♈ 40	10 ♒ 58	8 ♉	9 ♓	4 ♒	24 ♉	12 ♉
11	20 ♑ 9	10 ♌ 41	4 ♐ 58	6 ♐ 30	28 ♐ 2	10 ♒ 5	27 ♎ 23	17 ♐ 23	2 ♊ 27	19 ♊ 42	10 ♈ 41	10 ♒ 59	9 ♉	10 ♓	5 ♒	24 ♉	12 ♉
12	21 ♑ 10	22 ♌ 57	4 ♐ 55	6 ♐ 21	29 ♐ 17	11 ♒ 20	27 ♎ 53	17 ♐ 36	2 ♊ 25	19 ♊ 40	10 ♈ 41	11 ♒ 1	9 ♉	10 ♓	5 ♒	24 D	12 ♉
13	22 ♑ 12	5 ♍ 23	4 ♐ 51	6 ♐ 13	0 ♑ 34	12 ♒ 35	28 ♎ 22	17 ♐ 48	2 ♊ 23	19 ♊ 38	10 ♈ 42	11 ♒ 3	9 ♉	10 ♓	5 ♒	24 ♉	12 ♉
14	23 ♑ 13	18 ♍ 2	4 ♐ 48	6 ♐ 6	1 ♑ 52	13 ♒ 50	28 ♎ 52	18 ♐ 0	2 ♊ 20	19 ♊ 36	10 ♈ 43	11 ♒ 5	9 ♉	10 ♓	6 ♒	24 ♉	12 ♉
15	24 ♑ 14	0 ♎ 53	4 ♐ 45	6 ♐ 1	3 ♑ 12	15 ♒ 5	29 ♎ 21	18 ♐ 13	2 ♊ 18	19 ♊ 34	10 ♈ 44	11 ♒ 6	9 ♉	11 ♓	6 ♒	24 ♉	12 ♉
16	25 ♑ 15	14 ♎ 0	4 ♐ 42	5 ♐ 59	4 ♑ 32	16 ♒ 20	29 ♎ 50	18 ♐ 25	2 ♊ 16	19 ♊ 32	10 ♈ 45	11 ♒ 8	9 ♉	11 ♓	7 ♒	24 ♉	12 ♉
17	26 ♑ 16	27 ♎ 26	4 ♐ 39	5 D 58	5 ♑ 54	17 ♒ 35	0 ♏ 19	18 ♐ 37	2 ♊ 14	19 ♊ 30	10 ♈ 45	11 ♒ 10	9 ♉	11 ♓	7 ♒	24 ♉	12 ♉
18	27 ♑ 17	11 ♏ 11	4 ♐ 35	5 ♐ 59	7 ♑ 17	18 ♒ 50	0 ♏ 48	18 ♐ 49	2 ♊ 13	19 ♊ 28	10 ♈ 46	11 ♒ 12	9 ♉	12 ♓	8 ♒	24 ♉	12 ♉
19	28 ♑ 18	25 ♏ 17	4 ♐ 32	6 ♐ 0	8 ♑ 41	20 ♒ 5	1 ♏ 16	19 ♐ 1	2 ♊ 11	19 ♊ 26	10 ♈ 47	11 ♒ 14	9 ♉	12 ♓	8 ♒	24 ♉	12 ♉
20	29 ♑ 19	9 ♐ 44	4 ♐ 29	6 R 0	10 ♑ 6	21 ♒ 20	1 ♏ 45	19 ♐ 13	2 ♊ 9	19 ♊ 24	10 ♈ 48	11 ♒ 15	10 ♉	12 ♓	8 ♒	24 ♉	12 ♉
21	0 ♒ 20	24 ♐ 29	4 ♐ 26	5 ♐ 58	11 ♑ 31	22 ♒ 35	2 ♏ 13	19 ♐ 24	2 ♊ 8	19 ♊ 23	10 ♈ 49	11 ♒ 17	10 ♉	13 ♓	9 ♒	24 ♉	12 ♉
22	1 ♒ 21	9 ♑ 27	4 ♐ 23	5 ♐ 55	12 ♑ 58	23 ♒ 49	2 ♏ 41	19 ♐ 36	2 ♊ 7	19 ♊ 21	10 ♈ 50	11 ♒ 19	10 ♉	13 ♓	9 ♒	24 ♉	12 D
23	2 ♒ 23	24 ♑ 30	4 ♐ 20	5 ♐ 48	14 ♑ 25	25 ♒ 4	3 ♏ 9	19 ♐ 48	2 ♊ 5	19 ♊ 19	10 ♈ 51	11 ♒ 21	10 ♉	13 ♓	10 ♒	24 ♉	12 ♉
24	3 ♒ 24	9 ♒ 29	4 ♐ 16	5 ♐ 40	15 ♑ 53	26 ♒ 19	3 ♏ 37	19 ♐ 59	2 ♊ 4	19 ♊ 18	10 ♈ 52	11 ♒ 23	10 ♉	13 ♓	10 ♒	24 ♉	12 ♉
25	4 ♒ 25	24 ♒ 14	4 ♐ 13	5 ♐ 30	17 ♑ 21	27 ♒ 34	4 ♏ 4	20 ♐ 11	2 ♊ 3	19 ♊ 16	10 ♈ 54	11 ♒ 25	10 ♉	14 ♓	10 ♒	25 ♉	12 ♉
26	5 ♒ 26	8 ♓ 38	4 ♐ 10	5 ♐ 20	18 ♑ 51	28 ♒ 49	4 ♏ 32	20 ♐ 22	2 ♊ 2	19 ♊ 14	10 ♈ 55	11 ♒ 26	11 ♉	14 ♓	11 ♒	25 ♉	12 ♉
27	6 ♒ 27	22 ♓ 35	4 ♐ 7	5 ♐ 11	20 ♑ 21	0 ♓ 3	4 ♏ 59	20 ♐ 33	2 ♊ 2	19 ♊ 13	10 ♈ 56	11 ♒ 28	11 ♉	14 ♓	11 ♒	25 ♉	12 ♉
28	7 ♒ 28	6 ♈ 3	4 ♐ 4	5 ♐ 5	21 ♑ 51	1 ♓ 18	5 ♏ 25	20 ♐ 45	2 ♊ 1	19 ♊ 11	10 ♈ 57	11 ♒ 30	11 ♉	15 ♓	12 ♒	25 ♉	12 ♉
29	8 ♒ 29	19 ♈ 3	4 ♐ 1	5 ♐ 1	23 ♑ 23	2 ♓ 33	5 ♏ 52	20 ♐ 56	2 ♊ 0	19 ♊ 10	10 ♈ 58	11 ♒ 32	11 ♉	15 ♓	12 ♒	25 ♉	12 ♉
30	9 ♒ 30	1 ♉ 38	3 ♐ 57	4 ♐ 59	24 ♑ 55	3 ♓ 47	6 ♏ 18	21 ♐ 7	2 ♊ 0	19 ♊ 9	11 ♈ 0	11 ♒ 34	11 ♉	15 ♓	13 ♒	25 ♉	12 ♉
31	10 ♒ 31	13 ♉ 54	3 ♐ 54	4 D 58	26 ♑ 27	5 ♓ 2	6 ♏ 45	21 ♐ 18	1 ♊ 59	19 ♊ 7	11 ♈ 1	11 ♒ 36	11 ♉	16 ♓	13 ♒	25 ♉	12 ♉

SUN INGRESS	☉ → ♒ 20日 15:48
MOON PHASE	○ 9日 03:25 ♋　◑ 16日 21:47 ♎　● 23日 13:31 ♒　◐ 30日 16:43 ♉

aspects		
1日	14:52	☉□♆
3日	16:10	☿☍♅
5日	02:38	♀△♄
10日	02:35	☿⚹♂
11日	11:22	♀⚹♆
11日	17:39	♀☌♇
17日	23:29	♀⚹♃
18日	11:52	♀△♅
20日	12:05	☿□♆
20日	21:03	♃☍♅
22日	17:22	☉△♄
24日	09:24	☉□♂
28日	13:41	♀□♄
31日	12:10	☉⚹♆

2031年2月

DAY	☉	☽	☊ mean	☊ true	☿	♀	♂	♃	♄	♅	♆	♇	⚳	⚴	⚵	⚶	⚷
	° ′	° ′	° ′	° ′	° ′	° ′	° ′	° ′	° ′	° ′	° ′	° ′	°	°	°	°	°
1	11 ♒ 32	25 ♉ 54	3 ♐ 51	4 D 59	28 D 1	6 D 16	7 D 11	21 D 29	1 R 59	19 R 6	11 D 2	11 D 38	12 D	16 D	14 D	25 D	12 D
2	12 ♒ 32	7 ♊ 45	3 ♐ 48	4 R 59	29 ♑ 35	7 ♓ 31	7 ♏ 36	21 ♐ 40	1 ♊ 59	19 ♊ 5	11 ♈ 4	11 ♒ 39	12 ♉	16 ♓	14 ♒	25 ♉	12 ♉
3	13 ♒ 33	19 ♊ 31	3 ♐ 45	4 ♐ 58	1 ♒ 10	8 ♓ 45	8 ♏ 2	21 ♐ 50	1 D 59	19 ♊ 4	11 ♈ 5	11 ♒ 41	12 ♉	17 ♓	14 ♒	26 ♉	12 ♉
4	14 ♒ 34	1 ♋ 19	3 ♐ 41	4 ♐ 55	2 ♒ 45	10 ♓ 0	8 ♏ 27	22 ♐ 1	1 ♊ 59	19 ♊ 2	11 ♈ 6	11 ♒ 43	12 ♉	17 ♓	15 ♒	26 ♉	12 ♉
5	15 ♒ 35	13 ♋ 11	3 ♐ 38	4 ♐ 48	4 ♒ 21	11 ♓ 14	8 ♏ 52	22 ♐ 12	1 ♊ 59	19 ♊ 1	11 ♈ 8	11 ♒ 45	13 ♉	17 ♓	15 ♒	26 ♉	12 ♉
6	16 ♒ 36	25 ♋ 11	3 ♐ 35	4 ♐ 39	5 ♒ 58	12 ♓ 29	9 ♏ 17	22 ♐ 22	2 ♊ 0	19 ♊ 0	11 ♈ 9	11 ♒ 47	13 ♉	18 ♓	16 ♒	26 ♉	12 ♉
7	17 ♒ 37	7 ♌ 20	3 ♐ 32	4 ♐ 28	7 ♒ 36	13 ♓ 43	9 ♏ 41	22 ♐ 32	2 ♊ 0	18 ♊ 59	11 ♈ 11	11 ♒ 49	13 ♉	18 ♓	16 ♒	26 ♉	12 ♉
8	18 ♒ 37	19 ♌ 41	3 ♐ 29	4 ♐ 15	9 ♒ 14	14 ♓ 57	10 ♏ 5	22 ♐ 43	2 ♊ 1	18 ♊ 58	11 ♈ 12	11 ♒ 51	13 ♉	18 ♓	17 ♒	26 ♉	12 ♉
9	19 ♒ 38	2 ♍ 14	3 ♐ 26	4 ♐ 1	10 ♒ 54	16 ♓ 11	10 ♏ 29	22 ♐ 53	2 ♊ 2	18 ♊ 57	11 ♈ 14	11 ♒ 52	13 ♉	19 ♓	17 ♒	27 ♉	12 ♉
10	20 ♒ 39	14 ♍ 58	3 ♐ 22	3 ♐ 48	12 ♒ 34	17 ♓ 26	10 ♏ 53	23 ♐ 3	2 ♊ 2	18 ♊ 56	11 ♈ 15	11 ♒ 54	14 ♉	19 ♓	17 ♒	27 ♉	12 ♉
11	21 ♒ 40	27 ♍ 54	3 ♐ 19	3 ♐ 37	14 ♒ 14	18 ♓ 40	11 ♏ 16	23 ♐ 13	2 ♊ 3	18 ♊ 56	11 ♈ 17	11 ♒ 56	14 ♉	19 ♓	18 ♒	27 ♉	12 ♉
12	22 ♒ 40	11 ♎ 1	3 ♐ 16	3 ♐ 28	15 ♒ 56	19 ♓ 54	11 ♏ 39	23 ♐ 23	2 ♊ 4	18 ♊ 55	11 ♈ 19	11 ♒ 58	14 ♉	20 ♓	18 ♒	27 ♉	12 ♉
13	23 ♒ 41	24 ♎ 19	3 ♐ 13	3 ♐ 23	17 ♒ 38	21 ♓ 8	12 ♏ 2	23 ♐ 32	2 ♊ 5	18 ♊ 54	11 ♈ 20	12 ♒ 0	14 ♉	20 ♓	19 ♒	27 ♉	12 ♉
14	24 ♒ 42	7 ♏ 49	3 ♐ 10	3 ♐ 20	19 ♒ 22	22 ♓ 22	12 ♏ 25	23 ♐ 42	2 ♊ 7	18 ♊ 54	11 ♈ 22	12 ♒ 2	15 ♉	20 ♓	19 ♒	28 ♉	12 ♉
15	25 ♒ 42	21 ♏ 31	3 ♐ 7	3 ♐ 19	21 ♒ 6	23 ♓ 36	12 ♏ 47	23 ♐ 51	2 ♊ 8	18 ♊ 53	11 ♈ 24	12 ♒ 3	15 ♉	21 ♓	20 ♒	28 ♉	12 ♉
16	26 ♒ 43	5 ♐ 27	3 ♐ 3	3 ♐ 19	22 ♒ 51	24 ♓ 50	13 ♏ 9	24 ♐ 1	2 ♊ 9	18 ♊ 52	11 ♈ 25	12 ♒ 5	15 ♉	21 ♓	20 ♒	28 ♉	12 ♉
17	27 ♒ 44	19 ♐ 37	3 ♐ 0	3 ♐ 19	24 ♒ 37	26 ♓ 4	13 ♏ 30	24 ♐ 10	2 ♊ 11	18 ♊ 52	11 ♈ 27	12 ♒ 7	15 ♉	21 ♓	21 ♒	28 ♉	12 ♉
18	28 ♒ 44	4 ♑ 0	2 ♐ 57	3 ♐ 16	26 ♒ 23	27 ♓ 18	13 ♏ 51	24 ♐ 19	2 ♊ 13	18 ♊ 51	11 ♈ 29	12 ♒ 9	16 ♉	22 ♓	21 ♒	28 ♉	12 ♉
19	29 ♒ 45	18 ♑ 34	2 ♐ 54	3 ♐ 11	28 ♒ 11	28 ♓ 32	14 ♏ 12	24 ♐ 28	2 ♊ 14	18 ♊ 51	11 ♈ 31	12 ♒ 11	16 ♉	22 ♓	21 ♒	29 ♉	12 ♉
20	0 ♓ 45	3 ♒ 12	2 ♐ 51	3 ♐ 3	29 ♒ 59	29 ♓ 46	14 ♏ 33	24 ♐ 37	2 ♊ 16	18 ♊ 51	11 ♈ 33	12 ♒ 12	16 ♉	22 ♓	22 ♒	29 ♉	12 ♉
21	1 ♓ 46	17 ♒ 50	2 ♐ 47	2 ♐ 52	1 ♓ 49	0 ♈ 59	14 ♏ 53	24 ♐ 46	2 ♊ 18	18 ♊ 50	11 ♈ 34	12 ♒ 14	16 ♉	23 ♓	22 ♒	29 ♉	12 ♉
22	2 ♓ 46	2 ♓ 19	2 ♐ 44	2 ♐ 40	3 ♓ 39	2 ♈ 13	15 ♏ 12	24 ♐ 55	2 ♊ 21	18 ♊ 50	11 ♈ 36	12 ♒ 16	17 ♉	23 ♓	23 ♒	29 ♉	12 ♉
23	3 ♓ 47	16 ♓ 33	2 ♐ 41	2 ♐ 27	5 ♓ 30	3 ♈ 27	15 ♏ 32	25 ♐ 3	2 ♊ 23	18 ♊ 50	11 ♈ 38	12 ♒ 18	17 ♉	23 ♓	23 ♒	0 ♊	12 ♉
24	4 ♓ 47	0 ♈ 25	2 ♐ 38	2 ♐ 16	7 ♓ 22	4 ♈ 40	15 ♏ 51	25 ♐ 12	2 ♊ 25	18 ♊ 50	11 ♈ 40	12 ♒ 19	17 ♉	24 ♓	24 ♒	0 ♊	12 ♉
25	5 ♓ 48	13 ♈ 52	2 ♐ 35	2 ♐ 7	9 ♓ 14	5 ♈ 54	16 ♏ 9	25 ♐ 20	2 ♊ 28	18 ♊ 50	11 ♈ 42	12 ♒ 21	18 ♉	24 ♓	24 ♒	0 ♊	12 ♉
26	6 ♓ 48	26 ♈ 54	2 ♐ 32	2 ♐ 0	11 ♓ 7	7 ♈ 8	16 ♏ 28	25 ♐ 28	2 ♊ 30	18 D 50	11 ♈ 44	12 ♒ 23	18 ♉	24 ♓	25 ♒	0 ♊	12 ♉
27	7 ♓ 48	9 ♉ 33	2 ♐ 28	1 ♐ 56	13 ♓ 1	8 ♈ 21	16 ♏ 45	25 ♐ 36	2 ♊ 33	18 ♊ 50	11 ♈ 46	12 ♒ 25	18 ♉	25 ♓	25 ♒	1 ♊	12 ♉
28	8 ♓ 49	21 ♉ 51	2 ♐ 25	1 ♐ 55	14 ♓ 55	9 ♈ 34	17 ♏ 3	25 ♐ 44	2 ♊ 36	18 ♊ 50	11 ♈ 48	12 ♒ 26	19 ♉	25 ♓	25 ♒	1 ♊	12 ♉

SUN INGRESS	☉ → ♓ 19日 05:51
MOON PHASE	○ 7日 21:46 ♌　◑ 15日 07:49 ♏　● 22日 00:48 ♓

aspects		
1日	02:26	☉☌♇
2日	02:40	♀△♂
3日	12:27	☿△♄
8日	08:05	☉△♅
8日	16:16	☿□♂
9日	04:57	☿⚹♆
9日	14:24	☿☌♇
11日	05:04	♀□♅
12日	19:53	☉⚹♃
12日	21:15	♂□♇
13日	17:32	☿△♅
15日	05:41	♀□♃
16日	17:27	☿⚹♃
20日	22:35	☉☌☿
21日	06:37	☿□♄
21日	13:23	☉□♄
22日	02:27	♀⚹♄

2031年3月

DAY	☉	☽	☊ mean	☊ true	☿	♀	♂	♃	♄	♅	♆	♇	⚳	⚴	⚵	⚶	⚷
	° ′	° ′	° ′	° ′	° ′	° ′	° ′	° ′	° ′	° ′	° ′	° ′	°	°	°	°	°
1	9♓49	3♊54	2♐22	1 D 54	16 D 49	10 D 48	17 D 20	25 D 52	2 D 38	18 D 50	11 D 50	12 D 28	19 D	25 D	26 D	1 D	12 D
2	10♓49	15♊47	2♐19	1 R 54	18♓43	12♈1	17♏36	26♐0	2♊41	18♊50	11♈52	12♒30	19♉	26♓	26♒	1♊	12♉
3	11♓49	27♊35	2♐16	1♐53	20♓38	13♈14	17♏52	26♐7	2♊44	18♊51	11♈54	12♒31	19♉	26♓	27♒	2♊	12♉
4	12♓50	9♋24	2♐13	1♐51	22♓32	14♈27	18♏8	26♐15	2♊48	18♊51	11♈56	12♒33	20♉	26♓	27♒	2♊	12♉
5	13♓50	21♋19	2♐9	1♐45	24♓25	15♈41	18♏23	26♐22	2♊51	18♊51	11♈58	12♒35	20♉	27♓	28♒	2♊	12♉
6	14♓50	3♌24	2♐6	1♐37	26♓18	16♈54	18♏37	26♐29	2♊54	18♊52	12♈0	12♒36	20♉	27♓	28♒	2♊	12♉
7	15♓50	15♌42	2♐3	1♐27	28♓10	18♈7	18♏51	26♐36	2♊58	18♊52	12♈2	12♒38	21♉	28♓	29♒	3♊	13♉
8	16♓50	28♌16	2♐0	1♐14	29♓59	19♈19	19♏5	26♐43	3♊1	18♊53	12♈4	12♒39	21♉	28♓	29♒	3♊	13♉
9	17♓50	11♍5	1♐57	1♐1	1♈47	20♈32	19♏18	26♐49	3♊5	18♊53	12♈6	12♒41	21♉	28♓	29♒	3♊	13♉
10	18♓50	24♍9	1♐53	0♐49	3♈33	21♈45	19♏31	26♐56	3♊9	18♊54	12♈8	12♒43	22♉	29♓	0♓	4♊	13♉
11	19♓50	7♎27	1♐50	0♐38	5♈15	22♈58	19♏43	27♐2	3♊12	18♊54	12♈10	12♒44	22♉	29♓	0♓	4♊	13♉
12	20♓50	20♎57	1♐47	0♐30	6♈54	24♈10	19♏55	27♐8	3♊16	18♊55	12♈12	12♒46	22♉	29♓	1♓	4♊	13♉
13	21♓50	4♏37	1♐44	0♐25	8♈29	25♈23	20♏6	27♐14	3♊20	18♊56	12♈15	12♒47	23♉	0♈	1♓	4♊	13♉
14	22♓50	18♏25	1♐41	0♐22	10♈0	26♈35	20♏16	27♐20	3♊25	18♊57	12♈17	12♒49	23♉	0♈	2♓	5♊	13♉
15	23♓49	2♐19	1♐38	0 D 22	11♈26	27♈48	20♏26	27♐26	3♊29	18♊58	12♈19	12♒50	23♉	0♈	2♓	5♊	13♉
16	24♓49	16♐19	1♐34	0♐22	12♈46	29♈0	20♏35	27♐32	3♊33	18♊59	12♈21	12♒52	24♉	1♈	3♓	5♊	13♉
17	25♓49	0♑25	1♐31	0 R 22	14♈0	0♉12	20♏44	27♐37	3♊37	19♊0	12♈23	12♒53	24♉	1♈	3♓	6♊	13♉
18	26♓49	14♑35	1♐28	0♐21	15♈8	1♉25	20♏52	27♐42	3♊42	19♊1	12♈26	12♒55	24♉	2♈	3♓	6♊	13♉
19	27♓49	28♑48	1♐25	0♐17	16♈9	2♉37	21♏0	27♐47	3♊46	19♊2	12♈28	12♒56	25♉	2♈	4♓	6♊	13♉
20	28♓48	13♒1	1♐22	0♐11	17♈2	3♉49	21♏6	27♐52	3♊51	19♊3	12♈30	12♒57	25♉	2♈	4♓	7♊	13♉
21	29♓48	27♒10	1♐18	0♐3	17♈49	5♉1	21♏13	27♐57	3♊56	19♊4	12♈32	12♒59	25♉	3♈	5♓	7♊	13♉
22	0♈48	11♓13	1♐15	29♏53	18♈28	6♉13	21♏18	28♐2	4♊1	19♊5	12♈34	13♒0	26♉	3♈	5♓	7♊	13♉
23	1♈47	25♓2	1♐12	29♏43	18♈58	7♉24	21♏23	28♐6	4♊5	19♊7	12♈37	13♒1	26♉	3♈	6♓	8♊	13♉
24	2♈47	8♈36	1♐9	29♏34	19♈21	8♉36	21♏27	28♐10	4♊10	19♊8	12♈39	13♒3	26♉	4♈	6♓	8♊	13♉
25	3♈46	21♈50	1♐6	29♏26	19♈36	9♉48	21♏31	28♐14	4♊16	19♊9	12♈41	13♒4	27♉	4♈	7♓	8♊	13♉
26	4♈46	4♉45	1♐3	29♏21	19♈43	10♉59	21♏33	28♐18	4♊21	19♊11	12♈43	13♒5	27♉	4♈	7♓	9♊	13♉
27	5♈45	17♉20	0♐59	29♏18	19 R 43	12♉11	21♏36	28♐22	4♊26	19♊12	12♈46	13♒7	27♉	5♈	8♓	9♊	14♉
28	6♈45	29♉37	0♐56	29 D 17	19♈34	13♉22	21♏37	28♐26	4♊31	19♊14	12♈48	13♒8	28♉	5♈	8♓	9♊	14♉
29	7♈44	11♊41	0♐53	29♏18	19♈19	14♉34	21♏38	28♐29	4♊36	19♊15	12♈50	13♒9	28♉	6♈	8♓	10♊	14♉
30	8♈43	23♊35	0♐50	29♏19	18♈57	15♉45	21 R 38	28♐32	4♊42	19♊17	12♈52	13♒10	29♉	6♈	9♓	10♊	14♉
31	9♈43	5♋24	0♐47	29♏20	18♈29	16♉56	21♏37	28♐35	4♊47	19♊19	12♈55	13♒11	29♉	6♈	9♓	10♊	14♉

SUN INGRESS: ☉→♈ 21日 04:41

MOON PHASE: ◐ 1日 13:02 ♊　○ 9日 13:29 ♍　◑ 16日 15:35 ♐　● 23日 12:49 ♈　◐ 31日 09:32 ♋

aspects		
1日	07:30	☿△♂
1日	20:49	♀☌♆
2日	01:27	☿□♅
2日	09:33	♀⚹♇
6日	02:29	☿□♃
7日	15:04	♀⚹♅
9日	18:14	♀⚹♄
10日	01:32	☉□♅
10日	20:33	☉△♂
14日	16:08	♀△♃
15日	16:14	☿☌♆
16日	01:52	☿⚹♇
18日	23:29	☉□♃
23日	08:03	☿⚹♅
25日	12:55	☉⚹♄
27日	19:02	☿□♇
29日	04:09	☿⚹♅

2031年4月

DAY	☉	☽	☊ mean	☊ true	☿	♀	♂	♃	♄	♅	♆	♇	⚳	⚴	⚵	⚶	⚷
	° ′	° ′	° ′	° ′	° ′	° ′	° ′	° ′	° ′	° ′	° ′	° ′	°	°	°	°	°
1	10♈42	17♋15	0♐44	29 R 20	17 R 55	18 D 7	21 R 35	28 D 38	4 D 53	19 D 20	12 D 57	13 D 13	29 D	7 D	10 D	11 D	14 D
2	11♈41	29♋12	0♐40	29♏18	17♈16	19♉18	21♏33	28♐41	4♊59	19♊22	12♈59	13♒14	0♊	7♈	10♓	11♊	14♉
3	12♈40	11♌19	0♐37	29♏14	16♈34	20♉28	21♏30	28♐43	5♊4	19♊24	13♈1	13♒15	0♊	7♈	11♓	11♊	14♉
4	13♈40	23♌41	0♐34	29♏9	15♈48	21♉39	21♏26	28♐45	5♊10	19♊26	13♈4	13♒16	0♊	8♈	11♓	12♊	14♉
5	14♈39	6♍22	0♐31	29♏2	15♈1	22♉50	21♏21	28♐48	5♊16	19♊28	13♈6	13♒17	1♊	8♈	12♓	12♊	14♉
6	15♈38	19♍22	0♐28	28♏54	14♈13	24♉0	21♏16	28♐50	5♊22	19♊30	13♈8	13♒18	1♊	9♈	12♓	12♊	14♉
7	16♈37	2♎42	0♐24	28♏47	13♈24	25♉11	21♏10	28♐51	5♊28	19♊32	13♈11	13♒19	1♊	9♈	12♓	13♊	14♉
8	17♈36	16♎21	0♐21	28♏40	12♈37	26♉21	21♏3	28♐53	5♊34	19♊34	13♈13	13♒20	2♊	9♈	13♓	13♊	14♉
9	18♈35	0♏15	0♐18	28♏36	11♈51	27♉31	20♏56	28♐54	5♊40	19♊36	13♈15	13♒21	2♊	10♈	13♓	14♊	14♉
10	19♈34	14♏21	0♐15	28♏33	11♈7	28♉41	20♏47	28♐55	5♊46	19♊38	13♈17	13♒22	3♊	10♈	14♓	14♊	14♉
11	20♈33	28♏35	0♐12	28 D 32	10♈27	29♉51	20♏38	28♐56	5♊52	19♊40	13♈20	13♒23	3♊	10♈	14♓	14♊	14♉
12	21♈32	12♐52	0♐9	28♏33	9♈51	1♊0	20♏28	28♐57	5♊59	19♊42	13♈22	13♒24	3♊	11♈	15♓	15♊	14♉
13	22♈30	27♐10	0♐5	28♏34	9♈19	2♊10	20♏18	28♐58	6♊5	19♊45	13♈24	13♒25	4♊	11♈	15♓	15♊	15♉
14	23♈29	11♑25	0♐2	28♏36	8♈51	3♊20	20♏6	28♐58	6♊11	19♊47	13♈26	13♒25	4♊	12♈	16♓	15♊	15♉
15	24♈28	25♑35	29♏59	28 R 36	8♈29	4♊29	19♏54	28♐59	6♊18	19♊49	13♈29	13♒26	5♊	12♈	16♓	16♊	15♉
16	25♈27	9♒39	29♏56	28♏35	8♈11	5♊38	19♏41	28 R 59	6♊24	19♊52	13♈31	13♒27	5♊	12♈	17♓	16♊	15♉
17	26♈26	23♒35	29♏53	28♏33	7♈59	6♊47	19♏28	28♐59	6♊31	19♊54	13♈33	13♒28	5♊	13♈	17♓	17♊	15♉
18	27♈24	7♓21	29♏50	28♏29	7♈52	7♊56	19♏13	28♐58	6♊38	19♊56	13♈35	13♒29	6♊	13♈	17♓	17♊	15♉
19	28♈23	20♓56	29♏46	28♏25	7 D 50	9♊5	18♏58	28♐58	6♊44	19♊59	13♈38	13♒29	6♊	13♈	18♓	17♊	15♉
20	29♈22	4♈19	29♏43	28♏20	7♈53	10♊14	18♏43	28♐57	6♊51	20♊1	13♈40	13♒30	6♊	14♈	18♓	18♊	15♉
21	0♉20	17♈28	29♏40	28♏16	8♈2	11♊23	18♏26	28♐56	6♊58	20♊4	13♈42	13♒31	7♊	14♈	19♓	18♊	15♉
22	1♉19	0♉22	29♏37	28♏12	8♈15	12♊31	18♏9	28♐55	7♊4	20♊6	13♈44	13♒31	7♊	15♈	19♓	18♊	15♉
23	2♉17	13♉0	29♏34	28♏10	8♈33	13♊39	17♏52	28♐54	7♊11	20♊9	13♈46	13♒32	8♊	15♈	20♓	19♊	15♉
24	3♉16	25♉25	29♏30	28♏9	8♈56	14♊48	17♏34	28♐52	7♊18	20♊12	13♈48	13♒32	8♊	15♈	20♓	19♊	15♉
25	4♉14	7♊36	29♏27	28 D 9	9♈23	15♊56	17♏15	28♐51	7♊25	20♊14	13♈51	13♒33	8♊	16♈	21♓	20♊	15♉
26	5♉13	19♊36	29♏24	28♏11	9♈54	17♊3	16♏56	28♐49	7♊32	20♊17	13♈53	13♒34	9♊	16♈	21♓	20♊	15♉
27	6♉11	1♋30	29♏21	28♏12	10♈30	18♊11	16♏37	28♐47	7♊39	20♊20	13♈55	13♒34	9♊	17♈	21♓	20♊	15♉
28	7♉10	13♋20	29♏18	28♏14	11♈9	19♊19	16♏17	28♐45	7♊46	20♊23	13♈57	13♒34	10♊	17♈	22♓	21♊	15♉
29	8♉8	25♋11	29♏15	28♏15	11♈52	20♊26	15♏56	28♐42	7♊53	20♊26	13♈59	13♒35	10♊	17♈	22♓	21♊	16♉
30	9♉6	7♌7	29♏11	28♏16	12♈38	21♊33	15♏35	28♐40	8♊1	20♊28	14♈1	13♒35	10♊	18♈	23♓	22♊	16♉

SUN INGRESS: ☉→♉ 20日 15:31

MOON PHASE: ○ 8日 02:21 ♎　◑ 14日 21:57 ♑　● 22日 01:57 ♉　◐ 30日 04:19 ♌

aspects		
3日	08:54	☉☌♆
3日	14:12	☉⚹♇
3日	19:47	♀☍♂
5日	05:01	☉☌☿
7日	02:34	☿⚹♇
7日	06:30	☿☌♆
10日	01:47	☉⚹♅
13日	07:05	♆⚹♇
16日	17:39	♀☌♄
17日	22:29	☿⚹♀
19日	14:04	☉△♃
22日	21:17	♀△♇
23日	02:29	♀⚹♆
28日	23:48	♀☌♅

2031年5月

DAY	☉	☽	☊ mean	☊ true	☿	♀	♂	♃	♄	♅	♆	♇	⚳	⚴	⚵	⚶	⚷
	° ′	° ′	° ′	° ′	° ′	° ′	° ′	° ′	° ′	° ′	° ′	° ′	°	°	°	°	°
1	10 ♉ 5	19 ♌ 14	29 ♏ 8	28 R 15	13 D 28	22 D 40	15 R 14	28 R 37	8 D 8	20 D 31	14 D 3	13 D 36	11 D	18 D	23 D	22 D	16 D
2	11 ♉ 3	1 ♍ 36	29 ♏ 5	28 ♏ 14	14 ♈ 21	23 ♊ 47	14 ♏ 53	28 ♐ 34	8 ♊ 15	20 ♊ 34	14 ♈ 5	13 ♒ 36	11 ♊	18 ♈	24 ♓	22 ♊	16 ♉
3	12 ♉ 1	14 ♍ 17	29 ♏ 2	28 ♏ 13	15 ♈ 18	24 ♊ 54	14 ♏ 31	28 ♐ 31	8 ♊ 22	20 ♊ 37	14 ♈ 8	13 ♒ 36	12 ♊	19 ♈	24 ♓	23 ♊	16 ♉
4	12 ♉ 59	27 ♍ 20	28 ♏ 59	28 ♏ 11	16 ♈ 17	26 ♊ 0	14 ♏ 10	28 ♐ 28	8 ♊ 30	20 ♊ 40	14 ♈ 10	13 ♒ 37	12 ♊	19 ♈	25 ♓	23 ♊	16 ♉
5	13 ♉ 58	10 ♎ 47	28 ♏ 55	28 ♏ 9	17 ♈ 19	27 ♊ 6	13 ♏ 48	28 ♐ 25	8 ♊ 37	20 ♊ 43	14 ♈ 12	13 ♒ 37	13 ♊	20 ♈	25 ♓	24 ♊	16 ♉
6	14 ♉ 56	24 ♎ 37	28 ♏ 52	28 ♏ 7	18 ♈ 24	28 ♊ 12	13 ♏ 26	28 ♐ 21	8 ♊ 44	20 ♊ 46	14 ♈ 14	13 ♒ 37	13 ♊	20 ♈	25 ♓	24 ♊	16 ♉
7	15 ♉ 54	8 ♏ 48	28 ♏ 49	28 ♏ 6	19 ♈ 32	29 ♊ 18	13 ♏ 4	28 ♐ 17	8 ♊ 52	20 ♊ 49	14 ♈ 16	13 ♒ 38	13 ♊	20 ♈	26 ♓	24 ♊	16 ♉
8	16 ♉ 52	23 ♏ 17	28 ♏ 46	28 ♏ 5	20 ♈ 43	0 ♋ 24	12 ♏ 42	28 ♐ 13	8 ♊ 59	20 ♊ 52	14 ♈ 18	13 ♒ 38	14 ♊	21 ♈	26 ♓	25 ♊	16 ♉
9	17 ♉ 50	7 ♐ 56	28 ♏ 43	28 D 5	21 ♈ 56	1 ♋ 29	12 ♏ 19	28 ♐ 9	9 ♊ 6	20 ♊ 55	14 ♈ 20	13 ♒ 38	14 ♊	21 ♈	27 ♓	25 ♊	16 ♉
10	18 ♉ 48	22 ♐ 40	28 ♏ 40	28 ♏ 6	23 ♈ 11	2 ♋ 34	11 ♏ 57	28 ♐ 5	9 ♊ 14	20 ♊ 58	14 ♈ 22	13 ♒ 38	15 ♊	21 ♈	27 ♓	26 ♊	16 ♉
11	19 ♉ 46	7 ♑ 23	28 ♏ 36	28 ♏ 7	24 ♈ 29	3 ♋ 39	11 ♏ 36	28 ♐ 1	9 ♊ 21	21 ♊ 2	14 ♈ 24	13 ♒ 38	15 ♊	22 ♈	28 ♓	26 ♊	16 ♉
12	20 ♉ 44	21 ♑ 57	28 ♏ 33	28 ♏ 7	25 ♈ 49	4 ♋ 44	11 ♏ 14	27 ♐ 56	9 ♊ 29	21 ♊ 5	14 ♈ 25	13 ♒ 38	15 ♊	22 ♈	28 ♓	26 ♊	16 ♉
13	21 ♉ 42	6 ♒ 19	28 ♏ 30	28 ♏ 8	27 ♈ 11	5 ♋ 48	10 ♏ 52	27 ♐ 51	9 ♊ 36	21 ♊ 8	14 ♈ 27	13 ♒ 38	16 ♊	23 ♈	29 ♓	27 ♊	16 ♉
14	22 ♉ 40	20 ♒ 26	28 ♏ 27	28 ♏ 8	28 ♈ 36	6 ♋ 53	10 ♏ 31	27 ♐ 46	9 ♊ 44	21 ♊ 11	14 ♈ 29	13 ♒ 39	16 ♊	23 ♈	29 ♓	27 ♊	17 ♉
15	23 ♉ 38	4 ♓ 16	28 ♏ 24	28 R 8	0 ♉ 3	7 ♋ 57	10 ♏ 10	27 ♐ 41	9 ♊ 52	21 ♊ 14	14 ♈ 31	13 ♒ 39	17 ♊	23 ♈	29 ♓	28 ♊	17 ♉
16	24 ♉ 36	17 ♓ 49	28 ♏ 21	28 ♏ 8	1 ♉ 32	9 ♋ 0	9 ♏ 49	27 ♐ 36	9 ♊ 59	21 ♊ 18	14 ♈ 33	13 R 39	17 ♊	24 ♈	0 ♈	28 ♊	17 ♉
17	25 ♉ 33	1 ♈ 6	28 ♏ 17	28 ♏ 7	3 ♉ 4	10 ♋ 4	9 ♏ 29	27 ♐ 31	10 ♊ 7	21 ♊ 21	14 ♈ 35	13 ♒ 38	17 ♊	24 ♈	0 ♈	28 ♊	17 ♉
18	26 ♉ 31	14 ♈ 7	28 ♏ 14	28 ♏ 7	4 ♉ 38	11 ♋ 7	9 ♏ 9	27 ♐ 25	10 ♊ 14	21 ♊ 24	14 ♈ 37	13 ♒ 38	18 ♊	25 ♈	1 ♈	29 ♊	17 ♉
19	27 ♉ 29	26 ♈ 53	28 ♏ 11	28 ♏ 7	6 ♉ 13	12 ♋ 10	8 ♏ 50	27 ♐ 20	10 ♊ 22	21 ♊ 28	14 ♈ 38	13 ♒ 38	18 ♊	25 ♈	1 ♈	29 ♊	17 ♉
20	28 ♉ 27	9 ♉ 26	28 ♏ 8	28 D 7	7 ♉ 51	13 ♋ 13	8 ♏ 31	27 ♐ 14	10 ♊ 30	21 ♊ 31	14 ♈ 40	13 ♒ 38	19 ♊	25 ♈	2 ♈	0 ♋	17 ♉
21	29 ♉ 25	21 ♉ 47	28 ♏ 5	28 ♏ 7	9 ♉ 31	14 ♋ 15	8 ♏ 12	27 ♐ 8	10 ♊ 38	21 ♊ 34	14 ♈ 42	13 ♒ 38	19 ♊	26 ♈	2 ♈	0 ♋	17 ♉
22	0 ♊ 22	3 ♊ 58	28 ♏ 1	28 R 7	11 ♉ 14	15 ♋ 17	7 ♏ 55	27 ♐ 2	10 ♊ 45	21 ♊ 38	14 ♈ 44	13 ♒ 38	20 ♊	26 ♈	3 ♈	1 ♋	17 ♉
23	1 ♊ 20	16 ♊ 0	27 ♏ 58	28 ♏ 7	12 ♉ 58	16 ♋ 19	7 ♏ 37	26 ♐ 56	10 ♊ 53	21 ♊ 41	14 ♈ 45	13 ♒ 38	20 ♊	26 ♈	3 ♈	1 ♋	17 ♉
24	2 ♊ 18	27 ♊ 56	27 ♏ 55	28 ♏ 7	14 ♉ 45	17 ♋ 20	7 ♏ 21	26 ♐ 50	11 ♊ 1	21 ♊ 44	14 ♈ 47	13 ♒ 38	20 ♊	27 ♈	3 ♈	1 ♋	17 ♉
25	3 ♊ 16	9 ♋ 47	27 ♏ 52	28 ♏ 6	16 ♉ 33	18 ♋ 21	7 ♏ 5	26 ♐ 44	11 ♊ 8	21 ♊ 48	14 ♈ 49	13 ♒ 37	21 ♊	27 ♈	4 ♈	2 ♋	17 ♉
26	4 ♊ 13	21 ♋ 36	27 ♏ 49	28 ♏ 5	18 ♉ 24	19 ♋ 22	6 ♏ 49	26 ♐ 37	11 ♊ 16	21 ♊ 51	14 ♈ 50	13 ♒ 37	21 ♊	28 ♈	4 ♈	2 ♋	17 ♉
27	5 ♊ 11	3 ♌ 27	27 ♏ 46	28 ♏ 4	20 ♉ 17	20 ♋ 22	6 ♏ 35	26 ♐ 31	11 ♊ 24	21 ♊ 55	14 ♈ 52	13 ♒ 37	22 ♊	28 ♈	5 ♈	3 ♋	17 ♉
28	6 ♊ 9	15 ♌ 24	27 ♏ 42	28 ♏ 4	22 ♉ 12	21 ♋ 22	6 ♏ 21	26 ♐ 24	11 ♊ 32	21 ♊ 58	14 ♈ 54	13 ♒ 36	22 ♊	28 ♈	5 ♈	3 ♋	17 ♉
29	7 ♊ 6	27 ♌ 30	27 ♏ 39	28 ♏ 3	24 ♉ 10	22 ♋ 22	6 ♏ 8	26 ♐ 17	11 ♊ 40	22 ♊ 2	14 ♈ 55	13 ♒ 36	22 ♊	29 ♈	6 ♈	3 ♋	18 ♉
30	8 ♊ 4	9 ♍ 49	27 ♏ 36	28 D 3	26 ♉ 9	23 ♋ 21	5 ♏ 55	26 ♐ 10	11 ♊ 47	22 ♊ 5	14 ♈ 57	13 ♒ 36	23 ♊	29 ♈	6 ♈	4 ♋	18 ♉
31	9 ♊ 1	22 ♍ 27	27 ♏ 33	28 ♏ 3	28 ♉ 10	24 ♋ 20	5 ♏ 44	26 ♐ 3	11 ♊ 55	22 ♊ 9	14 ♈ 58	13 ♒ 35	23 ♊	0 ♉	6 ♈	4 ♋	18 ♉

SUN INGRESS	☉ → ♊ 21日 14:28
MOON PHASE	○ 7日 12:39 ♏ ◑ 14日 04:07 ♒ ● 21日 16:17 ♊ ◐ 29日 20:19 ♍

aspects		
1日	03:31	☿⚹♇
1日	16:40	☿☌♆
4日	15:31	☉□♇
4日	21:03	☉☍♂
5日	11:26	♂□♇
6日	02:58	♀☍♃
8日	03:22	☿⚹♅
13日	10:45	☿△♃
16日	14:01	♀△♂
20日	08:02	☿☍♂
21日	10:41	♀□♆
23日	08:57	☿□♇
27日	02:15	☿⚹♀

2031年6月

DAY	☉	☽	☊ mean	☊ true	☿	♀	♂	♃	♄	♅	♆	♇	⚳	⚴	⚵	⚶	⚷
	° ′	° ′	° ′	° ′	° ′	° ′	° ′	° ′	° ′	° ′	° ′	° ′	°	°	°	°	°
1	9 ♊ 59	5 ♎ 26	27 ♏ 30	28 D 4	0 D 13	25 D 19	5 R 33	25 R 56	12 D 3	22 D 12	15 D 0	13 R 35	24 D	0 D	7 D	5 D	18 D
2	10 ♊ 56	18 ♎ 51	27 ♏ 27	28 ♏ 5	2 ♊ 18	26 ♋ 17	5 ♏ 23	25 ♐ 49	12 ♊ 11	22 ♊ 16	15 ♈ 1	13 ♒ 34	24 ♊	0 ♉	7 ♈	5 ♋	18 ♉
3	11 ♊ 54	2 ♏ 41	27 ♏ 23	28 ♏ 6	4 ♊ 24	27 ♋ 14	5 ♏ 14	25 ♐ 42	12 ♊ 19	22 ♊ 19	15 ♈ 3	13 ♒ 34	25 ♊	1 ♉	8 ♈	6 ♋	18 ♉
4	12 ♊ 51	16 ♏ 58	27 ♏ 20	28 ♏ 7	6 ♊ 32	28 ♋ 11	5 ♏ 5	25 ♐ 35	12 ♊ 26	22 ♊ 23	15 ♈ 4	13 ♒ 33	25 ♊	1 ♉	8 ♈	6 ♋	18 ♉
5	13 ♊ 49	1 ♐ 37	27 ♏ 17	28 R 7	8 ♊ 41	29 ♋ 8	4 ♏ 58	25 ♐ 27	12 ♊ 34	22 ♊ 26	15 ♈ 5	13 ♒ 33	25 ♊	1 ♉	9 ♈	6 ♋	18 ♉
6	14 ♊ 46	16 ♐ 33	27 ♏ 14	28 ♏ 6	10 ♊ 52	0 ♌ 4	4 ♏ 51	25 ♐ 20	12 ♊ 42	22 ♊ 30	15 ♈ 7	13 ♒ 32	26 ♊	2 ♉	9 ♈	7 ♋	18 ♉
7	15 ♊ 44	1 ♑ 38	27 ♏ 11	28 ♏ 5	13 ♊ 3	1 ♌ 0	4 ♏ 45	25 ♐ 13	12 ♊ 50	22 ♊ 33	15 ♈ 8	13 ♒ 32	26 ♊	2 ♉	9 ♈	7 ♋	18 ♉
8	16 ♊ 41	16 ♑ 43	27 ♏ 7	28 ♏ 3	15 ♊ 14	1 ♌ 55	4 ♏ 40	25 ♐ 5	12 ♊ 58	22 ♊ 37	15 ♈ 9	13 ♒ 31	27 ♊	3 ♉	10 ♈	8 ♋	18 ♉
9	17 ♊ 38	1 ♒ 39	27 ♏ 4	28 ♏ 1	17 ♊ 26	2 ♌ 50	4 ♏ 35	24 ♐ 58	13 ♊ 5	22 ♊ 40	15 ♈ 11	13 ♒ 31	27 ♊	3 ♉	10 ♈	8 ♋	18 ♉
10	18 ♊ 36	16 ♒ 19	27 ♏ 1	27 ♏ 58	19 ♊ 39	3 ♌ 44	4 ♏ 32	24 ♐ 50	13 ♊ 13	22 ♊ 44	15 ♈ 12	13 ♒ 30	28 ♊	3 ♉	11 ♈	9 ♋	18 ♉
11	19 ♊ 33	0 ♓ 37	26 ♏ 58	27 ♏ 56	21 ♊ 50	4 ♌ 37	4 ♏ 29	24 ♐ 43	13 ♊ 21	22 ♊ 47	15 ♈ 13	13 ♒ 29	28 ♊	4 ♉	11 ♈	9 ♋	18 ♉
12	20 ♊ 30	14 ♓ 32	26 ♏ 55	27 ♏ 55	24 ♊ 2	5 ♌ 30	4 ♏ 27	24 ♐ 35	13 ♊ 29	22 ♊ 51	15 ♈ 14	13 ♒ 29	28 ♊	4 ♉	11 ♈	9 ♋	18 ♉
13	21 ♊ 28	28 ♓ 2	26 ♏ 52	27 D 55	26 ♊ 13	6 ♌ 22	4 ♏ 26	24 ♐ 27	13 ♊ 36	22 ♊ 55	15 ♈ 15	13 ♒ 28	29 ♊	4 ♉	12 ♈	10 ♋	18 ♉
14	22 ♊ 25	11 ♈ 10	26 ♏ 48	27 ♏ 56	28 ♊ 22	7 ♌ 14	4 D 26	24 ♐ 20	13 ♊ 44	22 ♊ 58	15 ♈ 17	13 ♒ 27	29 ♊	5 ♉	12 ♈	10 ♋	18 ♉
15	23 ♊ 22	23 ♈ 57	26 ♏ 45	27 ♏ 58	0 ♋ 31	8 ♌ 5	4 ♏ 26	24 ♐ 12	13 ♊ 52	23 ♊ 2	15 ♈ 18	13 ♒ 26	0 ♋	5 ♉	13 ♈	11 ♋	19 ♉
16	24 ♊ 20	6 ♉ 28	26 ♏ 42	27 ♏ 59	2 ♋ 38	8 ♌ 55	4 ♏ 28	24 ♐ 4	14 ♊ 0	23 ♊ 5	15 ♈ 19	13 ♒ 26	0 ♋	6 ♉	13 ♈	11 ♋	19 ♉
17	25 ♊ 17	18 ♉ 46	26 ♏ 39	28 ♏ 1	4 ♋ 43	9 ♌ 45	4 ♏ 30	23 ♐ 57	14 ♊ 7	23 ♊ 9	15 ♈ 20	13 ♒ 25	1 ♋	6 ♉	14 ♈	12 ♋	19 ♉
18	26 ♊ 14	0 ♊ 53	26 ♏ 36	28 R 1	6 ♋ 47	10 ♌ 34	4 ♏ 33	23 ♐ 49	14 ♊ 15	23 ♊ 12	15 ♈ 21	13 ♒ 24	1 ♋	6 ♉	14 ♈	12 ♋	19 ♉
19	27 ♊ 12	12 ♊ 53	26 ♏ 33	28 ♏ 0	8 ♋ 49	11 ♌ 22	4 ♏ 36	23 ♐ 41	14 ♊ 23	23 ♊ 16	15 ♈ 22	13 ♒ 23	1 ♋	7 ♉	14 ♈	12 ♋	19 ♉
20	28 ♊ 9	24 ♊ 47	26 ♏ 29	27 ♏ 57	10 ♋ 49	12 ♌ 9	4 ♏ 41	23 ♐ 34	14 ♊ 30	23 ♊ 19	15 ♈ 23	13 ♒ 22	2 ♋	7 ♉	15 ♈	13 ♋	19 ♉
21	29 ♊ 6	6 ♋ 38	26 ♏ 26	27 ♏ 54	12 ♋ 47	12 ♌ 56	4 ♏ 46	23 ♐ 26	14 ♊ 38	23 ♊ 23	15 ♈ 24	13 ♒ 21	2 ♋	7 ♉	15 ♈	13 ♋	19 ♉
22	0 ♋ 4	18 ♋ 28	26 ♏ 23	27 ♏ 48	14 ♋ 43	13 ♌ 41	4 ♏ 52	23 ♐ 19	14 ♊ 46	23 ♊ 27	15 ♈ 25	13 ♒ 20	3 ♋	8 ♉	16 ♈	14 ♋	19 ♉
23	1 ♋ 1	0 ♌ 18	26 ♏ 20	27 ♏ 43	16 ♋ 36	14 ♌ 26	4 ♏ 59	23 ♐ 11	14 ♊ 53	23 ♊ 30	15 ♈ 26	13 ♒ 20	3 ♋	8 ♉	16 ♈	14 ♋	19 ♉
24	1 ♋ 58	12 ♌ 12	26 ♏ 17	27 ♏ 37	18 ♋ 28	15 ♌ 10	5 ♏ 6	23 ♐ 4	15 ♊ 1	23 ♊ 34	15 ♈ 26	13 ♒ 19	4 ♋	9 ♉	16 ♈	15 ♋	19 ♉
25	2 ♋ 55	24 ♌ 10	26 ♏ 13	27 ♏ 31	20 ♋ 17	15 ♌ 53	5 ♏ 14	22 ♐ 56	15 ♊ 9	23 ♊ 37	15 ♈ 27	13 ♒ 18	4 ♋	9 ♉	17 ♈	15 ♋	19 ♉
26	3 ♋ 53	6 ♍ 18	26 ♏ 10	27 ♏ 27	22 ♋ 4	16 ♌ 35	5 ♏ 23	22 ♐ 49	15 ♊ 16	23 ♊ 41	15 ♈ 28	13 ♒ 17	4 ♋	9 ♉	17 ♈	16 ♋	19 ♉
27	4 ♋ 50	18 ♍ 37	26 ♏ 7	27 ♏ 24	23 ♋ 49	17 ♌ 16	5 ♏ 33	22 ♐ 41	15 ♊ 24	23 ♊ 44	15 ♈ 29	13 ♒ 16	5 ♋	10 ♉	18 ♈	16 ♋	19 ♉
28	5 ♋ 47	1 ♎ 11	26 ♏ 4	27 ♏ 23	25 ♋ 32	17 ♌ 56	5 ♏ 43	22 ♐ 34	15 ♊ 31	23 ♊ 48	15 ♈ 29	13 ♒ 15	5 ♋	10 ♉	18 ♈	16 ♋	19 ♉
29	6 ♋ 44	14 ♎ 6	26 ♏ 1	27 D 23	27 ♋ 12	18 ♌ 35	5 ♏ 54	22 ♐ 27	15 ♊ 39	23 ♊ 51	15 ♈ 30	13 ♒ 14	6 ♋	10 ♉	18 ♈	17 ♋	19 ♉
30	7 ♋ 42	27 ♎ 23	25 ♏ 58	27 ♏ 24	28 ♋ 50	19 ♌ 12	6 ♏ 5	22 ♐ 20	15 ♊ 46	23 ♊ 55	15 ♈ 31	13 ♒ 13	6 ♋	11 ♉	19 ♈	17 ♋	19 ♉

SUN INGRESS	☉ → ♋ 21日 22:17
MOON PHASE	○ 5日 20:58 ♐ ◑ 12日 11:20 ♓ ● 20日 07:24 ♊ ◐ 28日 09:19 ♎

aspects		
3日	11:58	☉☌♄
4日	17:26	☉△♇
6日	08:48	☉⚹♆
6日	21:29	☿☌♄
7日	05:17	☿△♇
7日	23:04	☿⚹♆
9日	03:49	☉☌☿
10日	20:31	♀□♂
11日	10:40	☿☌♅
11日	23:37	♄△♇
12日	05:44	☿☍♃
14日	14:43	☉☌♅
15日	18:19	☉☍♃
16日	21:19	☿△♂
21日	06:46	♃☍♅
21日	13:08	♀☍♇
22日	08:52	☿□♆
23日	17:49	♀⚹♄
24日	09:09	♀△♆
27日	18:10	♄⚹♆
27日	21:46	☉△♂

2031年7月

DAY	☉	☽	☊ mean	☊ true	☿	♀	♂	♃	♄	♅	♆	♇	⚳	⚴	⚵	⚶	⚷
	° ′	° ′	° ′	° ′	° ′	° ′	° ′	° ′	° ′	° ′	° ′	° ′	°	°	°	°	°
1	8 ♋ 39	11 ♏ 7	25 ♏ 54	27 D 25	0 D 26	19 D 49	6 D 18	22 R 12	15 D 53	23 D 58	15 D 31	13 R 12	7 D	11 D	19 D	18 D	19 D
2	9 ♋ 36	25 ♏ 17	25 ♏ 51	27 ♏ 26	1 ♌ 59	20 ♌ 24	6 ♏ 30	22 ♐ 5	16 ♊ 1	24 ♊ 2	15 ♈ 32	13 ♒ 10	7 ♋	12 ♉	19 ♈	18 ♋	19 ♉
3	10 ♋ 33	9 ♐ 53	25 ♏ 48	27 R 25	3 ♌ 30	20 ♌ 58	6 ♏ 44	21 ♐ 58	16 ♊ 8	24 ♊ 5	15 ♈ 33	13 ♒ 9	8 ♋	12 ♉	20 ♈	19 ♋	19 ♉
4	11 ♋ 30	24 ♐ 51	25 ♏ 45	27 ♏ 23	4 ♌ 59	21 ♌ 30	6 ♏ 58	21 ♐ 52	16 ♊ 16	24 ♊ 9	15 ♈ 33	13 ♒ 8	8 ♋	12 ♉	20 ♈	19 ♋	20 ♉
5	12 ♋ 27	10 ♑ 4	25 ♏ 42	27 ♏ 19	6 ♌ 25	22 ♌ 1	7 ♏ 13	21 ♐ 45	16 ♊ 23	24 ♊ 12	15 ♈ 34	13 ♒ 7	8 ♋	13 ♉	21 ♈	19 ♋	20 ♉
6	13 ♋ 25	25 ♑ 21	25 ♏ 39	27 ♏ 13	7 ♌ 50	22 ♌ 31	7 ♏ 28	21 ♐ 38	16 ♊ 30	24 ♊ 15	15 ♈ 34	13 ♒ 6	9 ♋	13 ♉	21 ♈	20 ♋	20 ♉
7	14 ♋ 22	10 ♒ 32	25 ♏ 35	27 ♏ 6	9 ♌ 11	22 ♌ 59	7 ♏ 44	21 ♐ 32	16 ♊ 37	24 ♊ 19	15 ♈ 34	13 ♒ 5	9 ♋	13 ♉	21 ♈	20 ♋	20 ♉
8	15 ♋ 19	25 ♒ 26	25 ♏ 32	26 ♏ 59	10 ♌ 31	23 ♌ 26	8 ♏ 1	21 ♐ 25	16 ♊ 45	24 ♊ 22	15 ♈ 35	13 ♒ 4	10 ♋	14 ♉	22 ♈	21 ♋	20 ♉
9	16 ♋ 16	9 ♓ 58	25 ♏ 29	26 ♏ 53	11 ♌ 47	23 ♌ 51	8 ♏ 18	21 ♐ 19	16 ♊ 52	24 ♊ 26	15 ♈ 35	13 ♒ 3	10 ♋	14 ♉	22 ♈	21 ♋	20 ♉
10	17 ♋ 13	24 ♓ 1	25 ♏ 26	26 ♏ 49	13 ♌ 2	24 ♌ 14	8 ♏ 35	21 ♐ 12	16 ♊ 59	24 ♊ 29	15 ♈ 36	13 ♒ 1	11 ♋	14 ♉	23 ♈	22 ♋	20 ♉
11	18 ♋ 11	7 ♈ 36	25 ♏ 23	26 ♏ 47	14 ♌ 13	24 ♌ 36	8 ♏ 53	21 ♐ 6	17 ♊ 6	24 ♊ 32	15 ♈ 36	13 ♒ 0	11 ♋	15 ♉	23 ♈	22 ♋	20 ♉
12	19 ♋ 8	20 ♈ 43	25 ♏ 19	26 D 46	15 ♌ 22	24 ♌ 56	9 ♏ 12	21 ♐ 0	17 ♊ 13	24 ♊ 36	15 ♈ 36	12 ♒ 59	11 ♋	15 ♉	23 ♈	23 ♋	20 ♉
13	20 ♋ 5	3 ♉ 27	25 ♏ 16	26 ♏ 47	16 ♌ 29	25 ♌ 14	9 ♏ 31	20 ♐ 54	17 ♊ 20	24 ♊ 39	15 ♈ 36	12 ♒ 58	12 ♋	15 ♉	24 ♈	23 ♋	20 ♉
14	21 ♋ 2	15 ♉ 51	25 ♏ 13	26 ♏ 48	17 ♌ 32	25 ♌ 30	9 ♏ 51	20 ♐ 49	17 ♊ 27	24 ♊ 42	15 ♈ 37	12 ♒ 56	12 ♋	16 ♉	24 ♈	23 ♋	20 ♉
15	21 ♋ 59	28 ♉ 1	25 ♏ 10	26 R 48	18 ♌ 33	25 ♌ 44	10 ♏ 11	20 ♐ 43	17 ♊ 34	24 ♊ 46	15 ♈ 37	12 ♒ 55	13 ♋	16 ♉	24 ♈	24 ♋	20 ♉
16	22 ♋ 57	10 ♊ 0	25 ♏ 7	26 ♏ 47	19 ♌ 30	25 ♌ 56	10 ♏ 32	20 ♐ 38	17 ♊ 41	24 ♊ 49	15 ♈ 37	12 ♒ 54	13 ♋	17 ♉	25 ♈	24 ♋	20 ♉
17	23 ♋ 54	21 ♊ 52	25 ♏ 4	26 ♏ 44	20 ♌ 25	26 ♌ 6	10 ♏ 53	20 ♐ 32	17 ♊ 48	24 ♊ 52	15 ♈ 37	12 ♒ 53	14 ♋	17 ♉	25 ♈	25 ♋	20 ♉
18	24 ♋ 51	3 ♋ 42	25 ♏ 0	26 ♏ 39	21 ♌ 16	26 ♌ 14	11 ♏ 14	20 ♐ 27	17 ♊ 54	24 ♊ 55	15 ♈ 37	12 ♒ 51	14 ♋	17 ♉	25 ♈	25 ♋	20 ♉
19	25 ♋ 48	15 ♋ 31	24 ♏ 57	26 ♏ 31	22 ♌ 4	26 ♌ 20	11 ♏ 37	20 ♐ 22	18 ♊ 1	24 ♊ 58	15 ♈ 37	12 ♒ 50	14 ♋	18 ♉	26 ♈	26 ♋	20 ♉
20	26 ♋ 46	27 ♋ 22	24 ♏ 54	26 ♏ 21	22 ♌ 48	26 ♌ 24	11 ♏ 59	20 ♐ 17	18 ♊ 8	25 ♊ 2	15 R 37	12 ♒ 49	15 ♋	18 ♉	26 ♈	26 ♋	20 ♉
21	27 ♋ 43	9 ♌ 16	24 ♏ 51	26 ♏ 10	23 ♌ 29	26 ♌ 25	12 ♏ 22	20 ♐ 12	18 ♊ 15	25 ♊ 5	15 ♈ 37	12 ♒ 47	15 ♋	18 ♉	26 ♈	27 ♋	20 ♉
22	28 ♋ 40	21 ♌ 16	24 ♏ 48	25 ♏ 58	24 ♌ 6	26 R 24	12 ♏ 46	20 ♐ 8	18 ♊ 21	25 ♊ 8	15 ♈ 37	12 ♒ 46	16 ♋	19 ♉	27 ♈	27 ♋	20 ♉
23	29 ♋ 38	3 ♍ 21	24 ♏ 45	25 ♏ 47	24 ♌ 39	26 ♌ 21	13 ♏ 10	20 ♐ 3	18 ♊ 28	25 ♊ 11	15 ♈ 37	12 ♒ 45	16 ♋	19 ♉	27 ♈	27 ♋	20 ♉
24	0 ♌ 35	15 ♍ 35	24 ♏ 41	25 ♏ 38	25 ♌ 7	26 ♌ 15	13 ♏ 34	19 ♐ 59	18 ♊ 34	25 ♊ 14	15 ♈ 37	12 ♒ 43	17 ♋	19 ♉	27 ♈	28 ♋	20 ♉
25	1 ♌ 32	27 ♍ 59	24 ♏ 38	25 ♏ 31	25 ♌ 32	26 ♌ 7	13 ♏ 59	19 ♐ 55	18 ♊ 41	25 ♊ 17	15 ♈ 37	12 ♒ 42	17 ♋	20 ♉	28 ♈	28 ♋	20 ♉
26	2 ♌ 30	10 ♎ 36	24 ♏ 35	25 ♏ 27	25 ♌ 52	25 ♌ 57	14 ♏ 24	19 ♐ 51	18 ♊ 47	25 ♊ 20	15 ♈ 36	12 ♒ 41	18 ♋	20 ♉	28 ♈	29 ♋	20 ♉
27	3 ♌ 27	23 ♎ 29	24 ♏ 32	25 ♏ 25	26 ♌ 7	25 ♌ 44	14 ♏ 49	19 ♐ 47	18 ♊ 53	25 ♊ 23	15 ♈ 36	12 ♒ 39	18 ♋	20 ♉	28 ♈	29 ♋	20 ♉
28	4 ♌ 24	6 ♏ 41	24 ♏ 29	25 D 24	26 ♌ 18	25 ♌ 29	15 ♏ 15	19 ♐ 43	19 ♊ 0	25 ♊ 26	15 ♈ 36	12 ♒ 38	18 ♋	21 ♉	29 ♈	0 ♌	20 ♉
29	5 ♌ 21	20 ♏ 16	24 ♏ 25	25 ♏ 25	26 ♌ 24	25 ♌ 11	15 ♏ 42	19 ♐ 40	19 ♊ 6	25 ♊ 29	15 ♈ 36	12 ♒ 37	19 ♋	21 ♉	29 ♈	0 ♌	20 ♉
30	6 ♌ 19	4 ♐ 16	24 ♏ 22	25 R 24	26 R 25	24 ♌ 51	16 ♏ 8	19 ♐ 37	19 ♊ 12	25 ♊ 32	15 ♈ 35	12 ♒ 35	19 ♋	21 ♉	29 ♈	1 ♌	21 ♉
31	7 ♌ 16	18 ♐ 40	24 ♏ 19	25 ♏ 23	26 ♌ 20	24 ♌ 29	16 ♏ 36	19 ♐ 33	19 ♊ 18	25 ♊ 35	15 ♈ 35	12 ♒ 34	20 ♋	22 ♉	0 ♉	1 ♌	21 ♉

SUN INGRESS	☉ → ♌ 23日 09:10
MOON PHASE	○ 5日 04:01 ♑　◑ 11日 20:49 ♈　● 19日 22:40 ♋　◐ 27日 19:34 ♏

aspects		
4日	13:22	♀△♃
5日	16:26	☿□♂
8日	06:41	☉□♆
9日	23:54	☿☍♇
10日	19:18	♀⚹♅
12日	04:56	☿△♆
13日	21:46	☿⚹♄
17日	03:07	☿△♃
22日	00:26	♂□♇
24日	06:54	☿⚹♅
26日	03:50	☿☌♀
28日	03:10	♀⚹♅

2031年8月

DAY	☉	☽	☊ mean	☊ true	☿	♀	♂	♃	♄	♅	♆	♇	⚳	⚴	⚵	⚶	⚷
	° ′	° ′	° ′	° ′	° ′	° ′	° ′	° ′	° ′	° ′	° ′	° ′	°	°	°	°	°
1	8 ♌ 14	3 ♑ 28	24 ♏ 16	25 R 19	26 R 11	24 R 5	17 D 3	19 R 31	19 D 24	25 D 38	15 R 35	12 R 33	20 D	22 D	0 D	1 D	21 D
2	9 ♌ 11	18 ♑ 32	24 ♏ 13	25 ♏ 12	25 ♌ 56	23 ♌ 39	17 ♏ 31	19 ♐ 28	19 ♊ 30	25 ♊ 40	15 ♈ 34	12 ♒ 31	21 ♋	22 ♉	0 ♉	2 ♌	21 ♉
3	10 ♌ 8	3 ♒ 45	24 ♏ 10	25 ♏ 3	25 ♌ 37	23 ♌ 10	17 ♏ 59	19 ♐ 25	19 ♊ 36	25 ♊ 43	15 ♈ 34	12 ♒ 30	21 ♋	23 ♉	1 ♉	2 ♌	21 ♉
4	11 ♌ 6	18 ♒ 56	24 ♏ 6	24 ♏ 53	25 ♌ 12	22 ♌ 40	18 ♏ 27	19 ♐ 23	19 ♊ 42	25 ♊ 46	15 ♈ 33	12 ♒ 29	21 ♋	23 ♉	1 ♉	3 ♌	21 ♉
5	12 ♌ 3	3 ♓ 55	24 ♏ 3	24 ♏ 42	24 ♌ 43	22 ♌ 9	18 ♏ 56	19 ♐ 21	19 ♊ 48	25 ♊ 49	15 ♈ 33	12 ♒ 27	22 ♋	23 ♉	1 ♉	3 ♌	21 ♉
6	13 ♌ 1	18 ♓ 32	24 ♏ 0	24 ♏ 33	24 ♌ 9	21 ♌ 36	19 ♏ 25	19 ♐ 19	19 ♊ 53	25 ♊ 51	15 ♈ 32	12 ♒ 26	22 ♋	24 ♉	1 ♉	4 ♌	21 ♉
7	13 ♌ 58	2 ♈ 42	23 ♏ 57	24 ♏ 26	23 ♌ 31	21 ♌ 1	19 ♏ 55	19 ♐ 17	19 ♊ 59	25 ♊ 54	15 ♈ 32	12 ♒ 24	23 ♋	24 ♉	2 ♉	4 ♌	21 ♉
8	14 ♌ 55	16 ♈ 23	23 ♏ 54	24 ♏ 21	22 ♌ 50	20 ♌ 26	20 ♏ 25	19 ♐ 15	20 ♊ 5	25 ♊ 57	15 ♈ 31	12 ♒ 23	23 ♋	24 ♉	2 ♉	5 ♌	21 ♉
9	15 ♌ 53	29 ♈ 34	23 ♏ 50	24 ♏ 18	22 ♌ 6	19 ♌ 49	20 ♏ 55	19 ♐ 13	20 ♊ 10	25 ♊ 59	15 ♈ 30	12 ♒ 22	24 ♋	25 ♉	2 ♉	5 ♌	21 ♉
10	16 ♌ 50	12 ♉ 20	23 ♏ 47	24 ♏ 18	21 ♌ 20	19 ♌ 13	21 ♏ 25	19 ♐ 12	20 ♊ 16	26 ♊ 2	15 ♈ 30	12 ♒ 20	24 ♋	25 ♉	3 ♉	5 ♌	21 ♉
11	17 ♌ 48	24 ♉ 44	23 ♏ 44	24 ♏ 18	20 ♌ 32	18 ♌ 35	21 ♏ 56	19 ♐ 11	20 ♊ 21	26 ♊ 4	15 ♈ 29	12 ♒ 19	24 ♋	25 ♉	3 ♉	6 ♌	21 ♉
12	18 ♌ 45	6 ♊ 52	23 ♏ 41	24 ♏ 17	19 ♌ 43	17 ♌ 58	22 ♏ 27	19 ♐ 10	20 ♊ 26	26 ♊ 7	15 ♈ 28	12 ♒ 18	25 ♋	26 ♉	3 ♉	6 ♌	21 ♉
13	19 ♌ 43	18 ♊ 48	23 ♏ 38	24 ♏ 15	18 ♌ 55	17 ♌ 21	22 ♏ 58	19 ♐ 9	20 ♊ 32	26 ♊ 9	15 ♈ 28	12 ♒ 16	25 ♋	26 ♉	3 ♉	7 ♌	21 ♉
14	20 ♌ 41	0 ♋ 39	23 ♏ 35	24 ♏ 11	18 ♌ 8	16 ♌ 44	23 ♏ 30	19 ♐ 9	20 ♊ 37	26 ♊ 12	15 ♈ 27	12 ♒ 15	26 ♋	26 ♉	4 ♉	7 ♌	21 ♉
15	21 ♌ 38	12 ♋ 28	23 ♏ 31	24 ♏ 4	17 ♌ 23	16 ♌ 8	24 ♏ 2	19 ♐ 8	20 ♊ 42	26 ♊ 14	15 ♈ 26	12 ♒ 14	26 ♋	27 ♉	4 ♉	8 ♌	21 ♉
16	22 ♌ 36	24 ♋ 18	23 ♏ 28	23 ♏ 55	16 ♌ 41	15 ♌ 32	24 ♏ 34	19 ♐ 8	20 ♊ 47	26 ♊ 16	15 ♈ 25	12 ♒ 12	27 ♋	27 ♉	4 ♉	8 ♌	21 ♉
17	23 ♌ 34	6 ♌ 13	23 ♏ 25	23 ♏ 43	16 ♌ 3	14 ♌ 58	25 ♏ 6	19 D 8	20 ♊ 52	26 ♊ 19	15 ♈ 24	12 ♒ 11	27 ♋	27 ♉	4 ♉	9 ♌	21 ♉
18	24 ♌ 31	18 ♌ 14	23 ♏ 22	23 ♏ 29	15 ♌ 30	14 ♌ 24	25 ♏ 39	19 ♐ 8	20 ♊ 57	26 ♊ 21	15 ♈ 23	12 ♒ 10	27 ♋	27 ♉	5 ♉	9 ♌	21 ♉
19	25 ♌ 29	0 ♍ 23	23 ♏ 19	23 ♏ 15	15 ♌ 3	13 ♌ 52	26 ♏ 12	19 ♐ 9	21 ♊ 2	26 ♊ 23	15 ♈ 23	12 ♒ 8	28 ♋	28 ♉	5 ♉	9 ♌	21 ♉
20	26 ♌ 27	12 ♍ 39	23 ♏ 16	23 ♏ 2	14 ♌ 41	13 ♌ 22	26 ♏ 45	19 ♐ 9	21 ♊ 6	26 ♊ 25	15 ♈ 22	12 ♒ 7	28 ♋	28 ♉	5 ♉	10 ♌	21 ♉
21	27 ♌ 24	25 ♍ 6	23 ♏ 12	22 ♏ 51	14 ♌ 26	12 ♌ 54	27 ♏ 18	19 ♐ 10	21 ♊ 11	26 ♊ 28	15 ♈ 21	12 ♒ 6	29 ♋	28 ♉	5 ♉	10 ♌	21 ♉
22	28 ♌ 22	7 ♎ 42	23 ♏ 9	22 ♏ 42	14 ♌ 18	12 ♌ 27	27 ♏ 52	19 ♐ 11	21 ♊ 15	26 ♊ 30	15 ♈ 20	12 ♒ 4	29 ♋	29 ♉	6 ♉	11 ♌	21 ♉
23	29 ♌ 20	20 ♎ 29	23 ♏ 6	22 ♏ 37	14 D 18	12 ♌ 2	28 ♏ 26	19 ♐ 12	21 ♊ 20	26 ♊ 32	15 ♈ 19	12 ♒ 3	0 ♌	29 ♉	6 ♉	11 ♌	21 ♉
24	0 ♍ 18	3 ♏ 29	23 ♏ 3	22 ♏ 34	14 ♌ 25	11 ♌ 40	29 ♏ 0	19 ♐ 13	21 ♊ 24	26 ♊ 34	15 ♈ 18	12 ♒ 2	0 ♌	29 ♉	6 ♉	12 ♌	21 ♉
25	1 ♍ 16	16 ♏ 44	23 ♏ 0	22 ♏ 32	14 ♌ 40	11 ♌ 19	29 ♏ 35	19 ♐ 15	21 ♊ 29	26 ♊ 36	15 ♈ 16	12 ♒ 0	0 ♌	29 ♉	6 ♉	12 ♌	21 ♉
26	2 ♍ 14	0 ♐ 17	22 ♏ 56	22 D 32	15 ♌ 3	11 ♌ 1	0 ♐ 9	19 ♐ 16	21 ♊ 33	26 ♊ 38	15 ♈ 15	11 ♒ 59	1 ♌	0 ♊	6 ♉	13 ♌	21 ♉
27	3 ♍ 11	14 ♐ 9	22 ♏ 53	22 R 32	15 ♌ 34	10 ♌ 45	0 ♐ 44	19 ♐ 18	21 ♊ 37	26 ♊ 39	15 ♈ 14	11 ♒ 58	1 ♌	0 ♊	6 ♉	13 ♌	21 R
28	4 ♍ 9	28 ♐ 20	22 ♏ 50	22 ♏ 30	16 ♌ 12	10 ♌ 32	1 ♐ 20	19 ♐ 20	21 ♊ 41	26 ♊ 41	15 ♈ 13	11 ♒ 57	2 ♌	0 ♊	7 ♉	13 ♌	21 ♉
29	5 ♍ 7	12 ♑ 50	22 ♏ 47	22 ♏ 26	16 ♌ 58	10 ♌ 21	1 ♐ 55	19 ♐ 22	21 ♊ 45	26 ♊ 43	15 ♈ 12	11 ♒ 55	2 ♌	1 ♊	7 ♉	14 ♌	21 ♉
30	6 ♍ 5	27 ♑ 36	22 ♏ 44	22 ♏ 20	17 ♌ 51	10 ♌ 12	2 ♐ 30	19 ♐ 25	21 ♊ 49	26 ♊ 45	15 ♈ 11	11 ♒ 54	3 ♌	1 ♊	7 ♉	14 ♌	21 ♉
31	7 ♍ 3	12 ♒ 31	22 ♏ 41	22 ♏ 11	18 ♌ 52	10 ♌ 6	3 ♐ 6	19 ♐ 27	21 ♊ 52	26 ♊ 47	15 ♈ 10	11 ♒ 53	3 ♌	1 ♊	7 ♉	15 ♌	21 ♉

SUN INGRESS	☉ → ♍ 23日 16:23
MOON PHASE	○ 3日 10:45 ♒　◑ 10日 09:23 ♉　● 18日 13:32 ♌　◐ 26日 03:39 ♐

aspects		
1日	17:26	♃☍♄
2日	17:39	☿⚹♅
5日	09:51	☉☍♇
8日	00:23	♀□♂
8日	12:06	♀⚹♄
8日	14:43	☉△♆
9日	22:17	☿□♂
10日	00:19	♀△♃
11日	04:43	☿⚹♄
11日	12:00	☉☌♀
12日	10:06	☉△♃
12日	13:04	☉☌☿
12日	16:43	☿△♃
13日	22:15	☉⚹♄
16日	04:50	☿△♆
18日	05:42	♀△♆
19日	23:25	☉⚹♅
20日	17:58	☉□♂
22日	23:14	♀☍♇
26日	10:10	☿△♆
31日	13:39	☿△♃

2031年9月

DAY	☉	☽	☊ mean	☊ true	☿	♀	♂	♃	♄	♅	♆	♇	⚳	⚴	⚵	⚶	⚷
	° ′	° ′	° ′	° ′	° ′	° ′	° ′	° ′	° ′	° ′	° ′	° ′	°	°	°	°	°
1	8 ♍ 1	27 ♒ 26	22 ♏ 37	22 R 1	19 D 59	10 R 2	3 D 42	19 D 30	21 D 56	26 D 48	15 R 8	11 R 52	3 D	1 D	7 D	15 D	21 R
2	8 ♍ 59	12 ♓ 14	22 ♏ 34	21 ♏ 50	21 ♌ 12	10 ♌ 1	4 ♐ 18	19 ♐ 33	22 ♊ 0	26 ♊ 50	15 ♈ 7	11 ♒ 51	4 ♌	2 ♊	7 ♉	16 ♌	21 ♉
3	9 ♍ 57	26 ♓ 44	22 ♏ 31	21 ♏ 40	22 ♌ 32	10 D 2	4 ♐ 55	19 ♐ 36	22 ♊ 3	26 ♊ 51	15 ♈ 6	11 ♒ 49	4 ♌	2 ♊	8 ♉	16 ♌	21 ♉
4	10 ♍ 55	10 ♈ 52	22 ♏ 28	21 ♏ 33	23 ♌ 57	10 ♌ 5	5 ♐ 31	19 ♐ 40	22 ♊ 7	26 ♊ 53	15 ♈ 4	11 ♒ 48	5 ♌	2 ♊	8 ♉	17 ♌	21 ♉
5	11 ♍ 53	24 ♈ 33	22 ♏ 25	21 ♏ 27	25 ♌ 27	10 ♌ 10	6 ♐ 8	19 ♐ 43	22 ♊ 10	26 ♊ 54	15 ♈ 3	11 ♒ 47	5 ♌	2 ♊	8 ♉	17 ♌	21 ♉
6	12 ♍ 51	7 ♉ 47	22 ♏ 22	21 ♏ 25	27 ♌ 1	10 ♌ 18	6 ♐ 45	19 ♐ 47	22 ♊ 13	26 ♊ 56	15 ♈ 2	11 ♒ 46	5 ♌	3 ♊	8 ♉	17 ♌	21 ♉
7	13 ♍ 50	20 ♉ 35	22 ♏ 18	21 ♏ 24	28 ♌ 39	10 ♌ 28	7 ♐ 22	19 ♐ 50	22 ♊ 16	26 ♊ 57	15 ♈ 0	11 ♒ 45	6 ♌	3 ♊	8 ♉	18 ♌	21 ♉
8	14 ♍ 48	3 ♊ 2	22 ♏ 15	21 D 24	0 ♍ 21	10 ♌ 40	8 ♐ 0	19 ♐ 54	22 ♊ 19	26 ♊ 59	14 ♈ 59	11 ♒ 44	6 ♌	3 ♊	8 ♉	18 ♌	21 ♉
9	15 ♍ 46	15 ♊ 12	22 ♏ 12	21 ♏ 25	2 ♍ 6	10 ♌ 54	8 ♐ 37	19 ♐ 59	22 ♊ 22	27 ♊ 0	14 ♈ 58	11 ♒ 43	7 ♌	3 ♊	8 ♉	19 ♌	21 ♉
10	16 ♍ 44	27 ♊ 10	22 ♏ 9	21 R 24	3 ♍ 53	11 ♌ 10	9 ♐ 15	20 ♐ 3	22 ♊ 25	27 ♊ 1	14 ♈ 56	11 ♒ 42	7 ♌	3 ♊	8 ♉	19 ♌	21 ♉
11	17 ♍ 43	9 ♋ 2	22 ♏ 6	21 ♏ 22	5 ♍ 43	11 ♌ 28	9 ♐ 53	20 ♐ 7	22 ♊ 28	27 ♊ 2	14 ♈ 55	11 ♒ 40	8 ♌	4 ♊	8 ♉	20 ♌	21 ♉
12	18 ♍ 41	20 ♋ 52	22 ♏ 2	21 ♏ 17	7 ♍ 33	11 ♌ 48	10 ♐ 31	20 ♐ 12	22 ♊ 30	27 ♊ 3	14 ♈ 53	11 ♒ 39	8 ♌	4 ♊	9 ♉	20 ♌	21 ♉
13	19 ♍ 39	2 ♌ 45	21 ♏ 59	21 ♏ 10	9 ♍ 25	12 ♌ 10	11 ♐ 9	20 ♐ 17	22 ♊ 33	27 ♊ 4	14 ♈ 52	11 ♒ 38	8 ♌	4 ♊	9 ♉	21 ♌	21 ♉
14	20 ♍ 38	14 ♌ 44	21 ♏ 56	21 ♏ 1	11 ♍ 18	12 ♌ 34	11 ♐ 48	20 ♐ 22	22 ♊ 35	27 ♊ 5	14 ♈ 50	11 ♒ 37	9 ♌	4 ♊	9 ♉	21 ♌	21 ♉
15	21 ♍ 36	26 ♌ 53	21 ♏ 53	20 ♏ 50	13 ♍ 12	12 ♌ 59	12 ♐ 26	20 ♐ 27	22 ♊ 37	27 ♊ 6	14 ♈ 49	11 ♒ 36	9 ♌	4 ♊	9 ♉	21 ♌	21 ♉
16	22 ♍ 35	9 ♍ 12	21 ♏ 50	20 ♏ 39	15 ♍ 5	13 ♌ 26	13 ♐ 5	20 ♐ 32	22 ♊ 40	27 ♊ 7	14 ♈ 47	11 ♒ 35	10 ♌	5 ♊	9 ♉	22 ♌	21 ♉
17	23 ♍ 33	21 ♍ 43	21 ♏ 47	20 ♏ 29	16 ♍ 59	13 ♌ 54	13 ♐ 44	20 ♐ 38	22 ♊ 42	27 ♊ 8	14 ♈ 46	11 ♒ 34	10 ♌	5 ♊	9 ♉	22 ♌	21 ♉
18	24 ♍ 32	4 ♎ 26	21 ♏ 43	20 ♏ 20	18 ♍ 52	14 ♌ 24	14 ♐ 23	20 ♐ 43	22 ♊ 44	27 ♊ 9	14 ♈ 44	11 ♒ 34	10 ♌	5 ♊	9 ♉	23 ♌	21 ♉
19	25 ♍ 30	17 ♎ 21	21 ♏ 40	20 ♏ 13	20 ♍ 45	14 ♌ 56	15 ♐ 2	20 ♐ 49	22 ♊ 46	27 ♊ 10	14 ♈ 43	11 ♒ 33	11 ♌	5 ♊	9 ♉	23 ♌	21 ♉
20	26 ♍ 29	0 ♏ 27	21 ♏ 37	20 ♏ 9	22 ♍ 38	15 ♌ 29	15 ♐ 42	20 ♐ 55	22 ♊ 47	27 ♊ 11	14 ♈ 41	11 ♒ 32	11 ♌	5 ♊	9 ♉	24 ♌	21 ♉
21	27 ♍ 27	13 ♏ 44	21 ♏ 34	20 ♏ 7	24 ♍ 30	16 ♌ 3	16 ♐ 21	21 ♐ 1	22 ♊ 49	27 ♊ 11	14 ♈ 40	11 ♒ 31	12 ♌	6 ♊	9 R	24 ♌	21 ♉
22	28 ♍ 26	27 ♏ 13	21 ♏ 31	20 D 7	26 ♍ 21	16 ♌ 38	17 ♐ 1	21 ♐ 7	22 ♊ 51	27 ♊ 12	14 ♈ 38	11 ♒ 30	12 ♌	6 ♊	9 ♉	25 ♌	21 ♉
23	29 ♍ 25	10 ♐ 54	21 ♏ 27	20 ♏ 8	28 ♍ 12	17 ♌ 15	17 ♐ 41	21 ♐ 14	22 ♊ 52	27 ♊ 13	14 ♈ 37	11 ♒ 29	13 ♌	6 ♊	9 ♉	25 ♌	21 ♉
24	0 ♎ 23	24 ♐ 47	21 ♏ 24	20 ♏ 9	0 ♎ 1	17 ♌ 53	18 ♐ 21	21 ♐ 20	22 ♊ 53	27 ♊ 13	14 ♈ 35	11 ♒ 28	13 ♌	6 ♊	9 ♉	25 ♌	20 ♉
25	1 ♎ 22	8 ♑ 52	21 ♏ 21	20 R 9	1 ♎ 50	18 ♌ 33	19 ♐ 1	21 ♐ 27	22 ♊ 55	27 ♊ 14	14 ♈ 33	11 ♒ 28	13 ♌	6 ♊	9 ♉	26 ♌	20 ♉
26	2 ♎ 21	23 ♑ 8	21 ♏ 18	20 ♏ 7	3 ♎ 38	19 ♌ 13	19 ♐ 41	21 ♐ 34	22 ♊ 56	27 ♊ 14	14 ♈ 32	11 ♒ 27	14 ♌	6 ♊	9 ♉	26 ♌	20 ♉
27	3 ♎ 20	7 ♒ 33	21 ♏ 15	20 ♏ 3	5 ♎ 25	19 ♌ 54	20 ♐ 22	21 ♐ 41	22 ♊ 57	27 ♊ 14	14 ♈ 30	11 ♒ 26	14 ♌	6 ♊	9 ♉	27 ♌	20 ♉
28	4 ♎ 18	22 ♒ 3	21 ♏ 12	19 ♏ 58	7 ♎ 11	20 ♌ 37	21 ♐ 3	21 ♐ 48	22 ♊ 58	27 ♊ 15	14 ♈ 28	11 ♒ 25	15 ♌	6 ♊	9 ♉	27 ♌	20 ♉
29	5 ♎ 17	6 ♓ 32	21 ♏ 8	19 ♏ 51	8 ♎ 57	21 ♌ 20	21 ♐ 43	21 ♐ 55	22 ♊ 59	27 ♊ 15	14 ♈ 27	11 ♒ 25	15 ♌	7 ♊	8 ♉	28 ♌	20 ♉
30	6 ♎ 16	20 ♓ 55	21 ♏ 5	19 ♏ 44	10 ♎ 41	22 ♌ 5	22 ♐ 24	22 ♐ 3	22 ♊ 59	27 ♊ 15	14 ♈ 25	11 ♒ 24	15 ♌	7 ♊	8 ♉	28 ♌	20 ♉

SUN INGRESS	☉ → ♎ 23日 14:15
MOON PHASE	○ 1日 18:20 ♓ ◑ 9日 01:14 ♊ ● 17日 03:46 ♍ ◐ 24日 10:19 ♑

aspects		
2日	15:12	☿⚹♄
5日	22:41	☿⚹♅
11日	14:12	♀☍♇
13日	16:51	☉□♃
13日	17:48	♂⚹♇
14日	09:24	☿□♂
16日	02:11	☉□♄
18日	03:18	♀△♂
18日	12:35	♂△♆
18日	14:50	♀△♆
19日	00:50	☿□♃
20日	02:03	☿□♄
20日	17:22	☉□♅
22日	11:03	☿□♅
24日	10:26	☉☌☿
29日	08:43	♂☌♃
29日	22:36	♀△♃
30日	09:55	☿△♇
30日	20:54	♂☍♄

2031年10月

DAY	☉	☽	☊ mean	☊ true	☿	♀	♂	♃	♄	♅	♆	♇	⚳	⚴	⚵	⚶	⚷
	° ′	° ′	° ′	° ′	° ′	° ′	° ′	° ′	° ′	° ′	° ′	° ′	°	°	°	°	°
1	7 ♎ 15	5 ♈ 6	21 ♏ 2	19 R 37	12 D 24	22 D 51	23 D 5	22 D 10	23 D 0	27 D 15	14 R 24	11 R 23	16 D	7 D	8 R	28 D	20 R
2	8 ♎ 14	18 ♈ 59	20 ♏ 59	19 ♏ 32	14 ♎ 7	23 ♌ 37	23 ♐ 46	22 ♐ 18	23 ♊ 0	27 ♊ 15	14 ♈ 22	11 ♒ 23	16 ♌	7 ♊	8 ♉	29 ♌	20 ♉
3	9 ♎ 13	2 ♉ 31	20 ♏ 56	19 ♏ 29	15 ♎ 48	24 ♌ 24	24 ♐ 27	22 ♐ 26	23 ♊ 1	27 ♊ 15	14 ♈ 20	11 ♒ 22	16 ♌	7 ♊	8 ♉	29 ♌	20 ♉
4	10 ♎ 12	15 ♉ 40	20 ♏ 53	19 ♏ 28	17 ♎ 29	25 ♌ 13	25 ♐ 9	22 ♐ 34	23 ♊ 1	27 R 15	14 ♈ 19	11 ♒ 22	17 ♌	7 ♊	8 ♉	0 ♍	20 ♉
5	11 ♎ 11	28 ♉ 28	20 ♏ 49	19 D 28	19 ♎ 9	26 ♌ 2	25 ♐ 50	22 ♐ 42	23 ♊ 1	27 ♊ 15	14 ♈ 17	11 ♒ 21	17 ♌	7 ♊	8 ♉	0 ♍	20 ♉
6	12 ♎ 10	10 ♊ 56	20 ♏ 46	19 ♏ 29	20 ♎ 48	26 ♌ 51	26 ♐ 32	22 ♐ 50	23 R 1	27 ♊ 15	14 ♈ 15	11 ♒ 20	18 ♌	7 ♊	8 ♉	1 ♍	20 ♉
7	13 ♎ 9	23 ♊ 7	20 ♏ 43	19 ♏ 31	22 ♎ 26	27 ♌ 42	27 ♐ 14	22 ♐ 59	23 ♊ 1	27 ♊ 15	14 ♈ 14	11 ♒ 20	18 ♌	7 ♊	8 ♉	1 ♍	20 ♉
8	14 ♎ 8	5 ♋ 8	20 ♏ 40	19 ♏ 32	24 ♎ 4	28 ♌ 33	27 ♐ 55	23 ♐ 7	23 ♊ 1	27 ♊ 15	14 ♈ 12	11 ♒ 20	18 ♌	7 ♊	7 ♉	1 ♍	20 ♉
9	15 ♎ 8	17 ♋ 1	20 ♏ 37	19 R 33	25 ♎ 40	29 ♌ 25	28 ♐ 37	23 ♐ 16	23 ♊ 1	27 ♊ 15	14 ♈ 10	11 ♒ 19	19 ♌	7 ♊	7 ♉	2 ♍	20 ♉
10	16 ♎ 7	28 ♋ 53	20 ♏ 33	19 ♏ 32	27 ♎ 16	0 ♍ 18	29 ♐ 19	23 ♐ 24	23 ♊ 0	27 ♊ 14	14 ♈ 8	11 ♒ 19	19 ♌	7 ♊	7 ♉	2 ♍	20 ♉
11	17 ♎ 6	10 ♌ 47	20 ♏ 30	19 ♏ 29	28 ♎ 51	1 ♍ 12	0 ♑ 2	23 ♐ 33	23 ♊ 0	27 ♊ 14	14 ♈ 7	11 ♒ 18	20 ♌	7 ♊	7 ♉	3 ♍	20 ♉
12	18 ♎ 5	22 ♌ 50	20 ♏ 27	19 ♏ 26	0 ♏ 26	2 ♍ 6	0 ♑ 44	23 ♐ 42	22 ♊ 59	27 ♊ 13	14 ♈ 5	11 ♒ 18	20 ♌	7 ♊	7 ♉	3 ♍	20 ♉
13	19 ♎ 5	5 ♍ 3	20 ♏ 24	19 ♏ 21	1 ♏ 59	3 ♍ 0	1 ♑ 26	23 ♐ 51	22 ♊ 58	27 ♊ 13	14 ♈ 3	11 ♒ 18	20 ♌	7 R	7 ♉	4 ♍	20 ♉
14	20 ♎ 4	17 ♍ 30	20 ♏ 21	19 ♏ 16	3 ♏ 32	3 ♍ 56	2 ♑ 9	24 ♐ 1	22 ♊ 57	27 ♊ 12	14 ♈ 2	11 ♒ 17	21 ♌	7 ♊	7 ♉	4 ♍	20 ♉
15	21 ♎ 4	0 ♎ 13	20 ♏ 18	19 ♏ 11	5 ♏ 5	4 ♍ 52	2 ♑ 51	24 ♐ 10	22 ♊ 56	27 ♊ 12	14 ♈ 0	11 ♒ 17	21 ♌	7 ♊	6 ♉	4 ♍	20 ♉
16	22 ♎ 3	13 ♎ 13	20 ♏ 14	19 ♏ 7	6 ♏ 36	5 ♍ 48	3 ♑ 34	24 ♐ 20	22 ♊ 55	27 ♊ 11	13 ♈ 59	11 ♒ 17	21 ♌	7 ♊	6 ♉	5 ♍	20 ♉
17	23 ♎ 3	26 ♎ 28	20 ♏ 11	19 ♏ 4	8 ♏ 7	6 ♍ 45	4 ♑ 17	24 ♐ 29	22 ♊ 54	27 ♊ 11	13 ♈ 57	11 ♒ 16	22 ♌	7 ♊	6 ♉	5 ♍	20 ♉
18	24 ♎ 2	9 ♏ 59	20 ♏ 8	19 ♏ 3	9 ♏ 37	7 ♍ 43	5 ♑ 0	24 ♐ 39	22 ♊ 53	27 ♊ 10	13 ♈ 55	11 ♒ 16	22 ♌	7 ♊	6 ♉	6 ♍	20 ♉
19	25 ♎ 2	23 ♏ 41	20 ♏ 5	19 D 2	11 ♏ 7	8 ♍ 41	5 ♑ 43	24 ♐ 49	22 ♊ 52	27 ♊ 9	13 ♈ 54	11 ♒ 16	23 ♌	7 ♊	6 ♉	6 ♍	20 ♉
20	26 ♎ 1	7 ♐ 34	20 ♏ 2	19 ♏ 3	12 ♏ 36	9 ♍ 39	6 ♑ 26	24 ♐ 59	22 ♊ 50	27 ♊ 8	13 ♈ 52	11 ♒ 16	23 ♌	7 ♊	5 ♉	7 ♍	20 ♉
21	27 ♎ 1	21 ♐ 35	19 ♏ 59	19 ♏ 5	14 ♏ 4	10 ♍ 38	7 ♑ 9	25 ♐ 9	22 ♊ 48	27 ♊ 7	13 ♈ 50	11 ♒ 16	23 ♌	7 ♊	5 ♉	7 ♍	19 ♉
22	28 ♎ 1	5 ♑ 42	19 ♏ 55	19 ♏ 6	15 ♏ 31	11 ♍ 37	7 ♑ 53	25 ♐ 19	22 ♊ 47	27 ♊ 6	13 ♈ 49	11 ♒ 16	24 ♌	7 ♊	5 ♉	7 ♍	19 ♉
23	29 ♎ 0	19 ♑ 52	19 ♏ 52	19 ♏ 7	16 ♏ 58	12 ♍ 37	8 ♑ 36	25 ♐ 29	22 ♊ 45	27 ♊ 6	13 ♈ 47	11 ♒ 15	24 ♌	7 ♊	5 ♉	8 ♍	19 ♉
24	0 ♏ 0	4 ♒ 4	19 ♏ 49	19 R 7	18 ♏ 24	13 ♍ 38	9 ♑ 20	25 ♐ 39	22 ♊ 43	27 ♊ 4	13 ♈ 46	11 ♒ 15	24 ♌	7 ♊	4 ♉	8 ♍	19 ♉
25	1 ♏ 0	18 ♒ 15	19 ♏ 46	19 ♏ 6	19 ♏ 50	14 ♍ 38	10 ♑ 3	25 ♐ 50	22 ♊ 41	27 ♊ 3	13 ♈ 44	11 ♒ 15	25 ♌	7 ♊	4 ♉	9 ♍	19 ♉
26	1 ♏ 59	2 ♓ 24	19 ♏ 43	19 ♏ 5	21 ♏ 14	15 ♍ 40	10 ♑ 47	26 ♐ 0	22 ♊ 39	27 ♊ 2	13 ♈ 42	11 D 15	25 ♌	6 ♊	4 ♉	9 ♍	19 ♉
27	2 ♏ 59	16 ♓ 26	19 ♏ 39	19 ♏ 3	22 ♏ 38	16 ♍ 41	11 ♑ 31	26 ♐ 11	22 ♊ 37	27 ♊ 1	13 ♈ 41	11 ♒ 15	25 ♌	6 ♊	4 ♉	9 ♍	19 ♉
28	3 ♏ 59	0 ♈ 20	19 ♏ 36	19 ♏ 1	24 ♏ 1	17 ♍ 43	12 ♑ 15	26 ♐ 22	22 ♊ 34	27 ♊ 0	13 ♈ 39	11 ♒ 16	26 ♌	6 ♊	4 ♉	10 ♍	19 ♉
29	4 ♏ 59	14 ♈ 3	19 ♏ 33	18 ♏ 59	25 ♏ 22	18 ♍ 45	12 ♑ 58	26 ♐ 32	22 ♊ 32	26 ♊ 59	13 ♈ 38	11 ♒ 16	26 ♌	6 ♊	3 ♉	10 ♍	19 ♉
30	5 ♏ 59	27 ♈ 32	19 ♏ 30	18 ♏ 57	26 ♏ 43	19 ♍ 48	13 ♑ 42	26 ♐ 43	22 ♊ 29	26 ♊ 57	13 ♈ 36	11 ♒ 16	27 ♌	6 ♊	3 ♉	11 ♍	19 ♉
31	6 ♏ 59	10 ♉ 45	19 ♏ 27	18 ♏ 57	28 ♏ 3	20 ♍ 51	14 ♑ 26	26 ♐ 54	22 ♊ 27	26 ♊ 56	13 ♈ 35	11 ♒ 16	27 ♌	6 ♊	3 ♉	11 ♍	19 ♉

SUN INGRESS	☉ → ♏ 23日 23:49
MOON PHASE	○ 1日 03:57 ♈ ◑ 8日 19:50 ♋ ● 16日 17:20 ♎ ◐ 23日 16:36 ♑ ○ 30日 16:32 ♉

aspects		
1日	04:55	♀⚹♄
2日	03:29	☿☍♆
3日	11:19	♀△♂
5日	04:01	☉△♇
6日	11:19	♀⚹♅
7日	00:50	♂☍♅
7日	06:53	♃☍♄
7日	08:32	☿△♄
7日	08:42	☿⚹♃
8日	01:20	☉☍♆
9日	23:30	☿△♅
12日	08:27	☿⚹♂
14日	15:15	☿⚹♀
16日	20:42	☉△♄
18日	17:41	☉⚹♃
19日	02:25	☿□♇
21日	02:34	☉△♅
29日	20:43	♂□♆
31日	03:10	♃☍♅

2031年11月

DAY	☉	☽	☊ mean	☊ true	☿	♀	♂	♃	♄	♅	♆	♇	⚳	⚴	⚵	⚶	⚷
	° ′	° ′	° ′	° ′	° ′	° ′	° ′	° ′	° ′	° ′	° ′	° ′	°	°	°	°	°
1	7 ♏ 59	23 ♉ 41	19 ♏ 24	18 D 57	29 D 22	21 D 54	15 D 11	27 D 5	22 R 24	26 R 55	13 R 33	11 D 16	27 D	5 R	3 R	11 D	19 R
2	8 ♏ 59	6 ♊ 21	19 ♏ 20	18 ♏ 57	0 ♐ 39	22 ♍ 58	15 ♑ 55	27 ♐ 17	22 ♊ 21	26 ♊ 53	13 ♈ 32	11 ♒ 16	28 ♌	5 ♊	2 ♉	12 ♍	19 ♉
3	9 ♏ 59	18 ♊ 45	19 ♏ 17	18 ♏ 58	1 ♐ 56	24 ♍ 2	16 ♑ 39	27 ♐ 28	22 ♊ 18	26 ♊ 52	13 ♈ 30	11 ♒ 16	28 ♌	5 ♊	2 ♉	12 ♍	19 ♉
4	10 ♏ 59	0 ♋ 56	19 ♏ 14	18 ♏ 59	3 ♐ 10	25 ♍ 6	17 ♑ 23	27 ♐ 39	22 ♊ 15	26 ♊ 50	13 ♈ 29	11 ♒ 17	28 ♌	5 ♊	2 ♉	13 ♍	19 ♉
5	11 ♏ 59	12 ♋ 57	19 ♏ 11	18 ♏ 59	4 ♐ 23	26 ♍ 11	18 ♑ 8	27 ♐ 51	22 ♊ 12	26 ♊ 49	13 ♈ 27	11 ♒ 17	29 ♌	5 ♊	2 ♉	13 ♍	19 ♉
6	12 ♏ 59	24 ♋ 51	19 ♏ 8	19 ♏ 0	5 ♐ 35	27 ♍ 16	18 ♑ 52	28 ♐ 2	22 ♊ 9	26 ♊ 47	13 ♈ 26	11 ♒ 17	29 ♌	4 ♊	1 ♉	13 ♍	19 ♉
7	13 ♏ 59	6 ♌ 43	19 ♏ 4	19 ♏ 0	6 ♐ 44	28 ♍ 21	19 ♑ 37	28 ♐ 14	22 ♊ 6	26 ♊ 45	13 ♈ 25	11 ♒ 18	29 ♌	4 ♊	1 ♉	14 ♍	19 ♉
8	14 ♏ 59	18 ♌ 37	19 ♏ 1	19 R 0	7 ♐ 51	29 ♍ 27	20 ♑ 22	28 ♐ 26	22 ♊ 2	26 ♊ 44	13 ♈ 23	11 ♒ 18	0 ♍	4 ♊	1 ♉	14 ♍	19 ♉
9	16 ♏ 0	0 ♍ 39	18 ♏ 58	19 ♏ 0	8 ♐ 56	0 ♎ 32	21 ♑ 6	28 ♐ 37	21 ♊ 59	26 ♊ 42	13 ♈ 22	11 ♒ 18	0 ♍	4 ♊	1 ♉	15 ♍	19 ♉
10	17 ♏ 0	12 ♍ 52	18 ♏ 55	19 ♏ 0	9 ♐ 57	1 ♎ 39	21 ♑ 51	28 ♐ 49	21 ♊ 55	26 ♊ 40	13 ♈ 21	11 ♒ 19	0 ♍	3 ♊	1 ♉	15 ♍	19 ♉
11	18 ♏ 0	25 ♍ 21	18 ♏ 52	19 ♏ 0	10 ♐ 56	2 ♎ 45	22 ♑ 36	29 ♐ 1	21 ♊ 52	26 ♊ 38	13 ♈ 19	11 ♒ 19	0 ♍	3 ♊	0 ♉	15 ♍	18 ♉
12	19 ♏ 0	8 ♎ 9	18 ♏ 49	19 D 0	11 ♐ 51	3 ♎ 51	23 ♑ 21	29 ♐ 13	21 ♊ 48	26 ♊ 36	13 ♈ 18	11 ♒ 20	1 ♍	3 ♊	0 ♉	16 ♍	18 ♉
13	20 ♏ 1	21 ♎ 19	18 ♏ 45	19 ♏ 0	12 ♐ 42	4 ♎ 58	24 ♑ 6	29 ♐ 25	21 ♊ 44	26 ♊ 35	13 ♈ 17	11 ♒ 20	1 ♍	2 ♊	0 ♉	16 ♍	18 ♉
14	21 ♏ 1	4 ♏ 49	18 ♏ 42	19 ♏ 0	13 ♐ 29	6 ♎ 5	24 ♑ 51	29 ♐ 37	21 ♊ 40	26 ♊ 33	13 ♈ 15	11 ♒ 21	1 ♍	2 ♊	0 ♉	17 ♍	18 ♉
15	22 ♏ 2	18 ♏ 41	18 ♏ 39	19 ♏ 0	14 ♐ 11	7 ♎ 13	25 ♑ 36	29 ♐ 50	21 ♊ 36	26 ♊ 31	13 ♈ 14	11 ♒ 21	2 ♍	2 ♊	0 ♉	17 ♍	18 ♉
16	23 ♏ 2	2 ♐ 50	18 ♏ 36	19 R 0	14 ♐ 47	8 ♎ 20	26 ♑ 21	0 ♑ 2	21 ♊ 33	26 ♊ 29	13 ♈ 13	11 ♒ 22	2 ♍	2 ♊	0 ♉	17 ♍	18 ♉
17	24 ♏ 2	17 ♐ 12	18 ♏ 33	19 ♏ 0	15 ♐ 17	9 ♎ 28	27 ♑ 6	0 ♑ 14	21 ♊ 28	26 ♊ 27	13 ♈ 12	11 ♒ 23	2 ♍	1 ♊	29 ♈	18 ♍	18 ♉
18	25 ♏ 3	1 ♑ 42	18 ♏ 30	18 ♏ 59	15 ♐ 40	10 ♎ 36	27 ♑ 51	0 ♑ 27	21 ♊ 24	26 ♊ 25	13 ♈ 11	11 ♒ 23	3 ♍	1 ♊	29 ♈	18 ♍	18 ♉
19	26 ♏ 3	16 ♑ 14	18 ♏ 26	18 ♏ 58	15 ♐ 56	11 ♎ 44	28 ♑ 36	0 ♑ 39	21 ♊ 20	26 ♊ 23	13 ♈ 9	11 ♒ 24	3 ♍	1 ♊	29 ♈	19 ♍	18 ♉
20	27 ♏ 4	0 ♒ 43	18 ♏ 23	18 ♏ 57	16 ♐ 2	12 ♎ 52	29 ♑ 22	0 ♑ 52	21 ♊ 16	26 ♊ 20	13 ♈ 8	11 ♒ 25	3 ♍	0 ♊	29 ♈	19 ♍	18 ♉
21	28 ♏ 5	15 ♒ 4	18 ♏ 20	18 ♏ 57	16 R 0	14 ♎ 1	0 ♒ 7	1 ♑ 4	21 ♊ 12	26 ♊ 18	13 ♈ 7	11 ♒ 25	3 ♍	0 ♊	29 ♈	19 ♍	18 ♉
22	29 ♏ 5	29 ♒ 14	18 ♏ 17	18 D 57	15 ♐ 48	15 ♎ 9	0 ♒ 53	1 ♑ 17	21 ♊ 7	26 ♊ 16	13 ♈ 6	11 ♒ 26	4 ♍	0 ♊	29 ♈	20 ♍	18 ♉
23	0 ♐ 6	13 ♓ 11	18 ♏ 14	18 ♏ 57	15 ♐ 26	16 ♎ 18	1 ♒ 38	1 ♑ 30	21 ♊ 3	26 ♊ 14	13 ♈ 5	11 ♒ 27	4 ♍	29 ♉	29 ♈	20 ♍	18 ♉
24	1 ♐ 6	26 ♓ 54	18 ♏ 10	18 ♏ 58	14 ♐ 52	17 ♎ 27	2 ♒ 24	1 ♑ 42	20 ♊ 58	26 ♊ 12	13 ♈ 4	11 ♒ 28	4 ♍	29 ♉	28 ♈	20 ♍	18 ♉
25	2 ♐ 7	10 ♈ 24	18 ♏ 7	18 ♏ 59	14 ♐ 9	18 ♎ 36	3 ♒ 9	1 ♑ 55	20 ♊ 54	26 ♊ 9	13 ♈ 3	11 ♒ 28	5 ♍	29 ♉	28 ♈	21 ♍	18 ♉
26	3 ♐ 8	23 ♈ 40	18 ♏ 4	19 ♏ 0	13 ♐ 15	19 ♎ 46	3 ♒ 55	2 ♑ 8	20 ♊ 49	26 ♊ 7	13 ♈ 2	11 ♒ 29	5 ♍	28 ♉	28 ♈	21 ♍	18 ♉
27	4 ♐ 8	6 ♉ 43	18 ♏ 1	19 ♏ 1	12 ♐ 12	20 ♎ 55	4 ♒ 40	2 ♑ 21	20 ♊ 45	26 ♊ 5	13 ♈ 1	11 ♒ 30	5 ♍	28 ♉	28 ♈	21 ♍	18 ♉
28	5 ♐ 9	19 ♉ 33	17 ♏ 58	19 R 1	11 ♐ 0	22 ♎ 5	5 ♒ 26	2 ♑ 34	20 ♊ 40	26 ♊ 2	13 ♈ 1	11 ♒ 31	5 ♍	28 ♉	28 ♈	22 ♍	18 ♉
29	6 ♐ 10	2 ♊ 11	17 ♏ 55	19 ♏ 1	9 ♐ 42	23 ♎ 15	6 ♒ 12	2 ♑ 47	20 ♊ 35	26 ♊ 0	13 ♈ 0	11 ♒ 32	6 ♍	27 ♉	28 ♈	22 ♍	18 ♉
30	7 ♐ 10	14 ♊ 38	17 ♏ 51	18 ♏ 59	8 ♐ 20	24 ♎ 25	6 ♒ 57	3 ♑ 0	20 ♊ 31	25 ♊ 58	12 ♈ 59	11 ♒ 33	6 ♍	27 ♉	28 ♈	22 ♍	18 ♉

SUN INGRESS　☉ → ♐ 22日 21:32

MOON PHASE　◑ 7日 16:02 ♌　● 15日 06:09 ♏　◐ 21日 23:44 ♒　○ 29日 08:18 ♊

aspects		
1日	10:43	♀□♄
4日	07:13	☉□♇
5日	13:34	♀□♅
6日	20:44	♀□♃
11日	09:58	☿⚹♇
13日	16:48	☿△♆
18日	16:55	♀△♇
20日	05:38	♀☍♆
22日	10:32	☿⚹♀
26日	04:59	☿△♆
26日	20:37	♀△♄
27日	13:50	☿⚹♇
29日	02:59	☉⚹♂
30日	11:42	☉☌☿
30日	15:32	☿⚹♂

2031年12月

DAY	☉	☽	☊ mean	☊ true	☿	♀	♂	♃	♄	♅	♆	♇	⚳	⚴	⚵	⚶	⚷
	° ′	° ′	° ′	° ′	° ′	° ′	° ′	° ′	° ′	° ′	° ′	° ′	°	°	°	°	°
1	8 ♐ 11	26 ♊ 53	17 ♏ 48	18 R 57	6 R 58	25 D 35	7 D 43	3 D 13	20 R 26	25 R 55	12 R 58	11 D 34	6 D	27 R	28 R	23 D	17 R
2	9 ♐ 12	9 ♋ 0	17 ♏ 45	18 ♏ 54	5 ♐ 37	26 ♎ 45	8 ♒ 29	3 ♑ 26	20 ♊ 21	25 ♊ 53	12 ♈ 57	11 ♒ 35	6 ♍	26 ♉	28 ♈	23 ♍	17 ♉
3	10 ♐ 13	20 ♋ 58	17 ♏ 42	18 ♏ 50	4 ♐ 20	27 ♎ 56	9 ♒ 15	3 ♑ 40	20 ♊ 16	25 ♊ 51	12 ♈ 57	11 ♒ 36	7 ♍	26 ♉	28 ♈	24 ♍	17 ♉
4	11 ♐ 14	2 ♌ 51	17 ♏ 39	18 ♏ 46	3 ♐ 11	29 ♎ 6	10 ♒ 0	3 ♑ 53	20 ♊ 11	25 ♊ 48	12 ♈ 56	11 ♒ 37	7 ♍	26 ♉	28 ♈	24 ♍	17 ♉
5	12 ♐ 14	14 ♌ 43	17 ♏ 36	18 ♏ 43	2 ♐ 10	0 ♏ 17	10 ♒ 46	4 ♑ 6	20 ♊ 7	25 ♊ 46	12 ♈ 55	11 ♒ 38	7 ♍	25 ♉	28 ♈	24 ♍	17 ♉
6	13 ♐ 15	26 ♌ 36	17 ♏ 32	18 ♏ 41	1 ♐ 19	1 ♏ 28	11 ♒ 32	4 ♑ 19	20 ♊ 2	25 ♊ 43	12 ♈ 55	11 ♒ 39	7 ♍	25 ♉	28 D	25 ♍	17 ♉
7	14 ♐ 16	8 ♍ 35	17 ♏ 29	18 ♏ 40	0 ♐ 39	2 ♏ 39	12 ♒ 18	4 ♑ 33	19 ♊ 57	25 ♊ 41	12 ♈ 54	11 ♒ 40	7 ♍	25 ♉	28 ♈	25 ♍	17 ♉
8	15 ♐ 17	20 ♍ 44	17 ♏ 26	18 D 40	0 ♐ 11	3 ♏ 50	13 ♒ 4	4 ♑ 46	19 ♊ 52	25 ♊ 38	12 ♈ 53	11 ♒ 41	8 ♍	24 ♉	28 ♈	25 ♍	17 ♉
9	16 ♐ 18	3 ♎ 9	17 ♏ 23	18 ♏ 41	29 ♏ 54	5 ♏ 1	13 ♒ 50	5 ♑ 0	19 ♊ 47	25 ♊ 36	12 ♈ 53	11 ♒ 43	8 ♍	24 ♉	28 ♈	26 ♍	17 ♉
10	17 ♐ 19	15 ♎ 54	17 ♏ 20	18 ♏ 42	29 ♏ 48	6 ♏ 12	14 ♒ 36	5 ♑ 13	19 ♊ 42	25 ♊ 33	12 ♈ 52	11 ♒ 44	8 ♍	24 ♉	28 ♈	26 ♍	17 ♉
11	18 ♐ 20	29 ♎ 2	17 ♏ 16	18 ♏ 44	29 D 53	7 ♏ 24	15 ♒ 22	5 ♑ 27	19 ♊ 37	25 ♊ 31	12 ♈ 52	11 ♒ 45	8 ♍	23 ♉	28 ♈	26 ♍	17 ♉
12	19 ♐ 21	12 ♏ 37	17 ♏ 13	18 ♏ 45	0 ♐ 7	8 ♏ 35	16 ♒ 8	5 ♑ 40	19 ♊ 32	25 ♊ 28	12 ♈ 51	11 ♒ 46	8 ♍	23 ♉	28 ♈	26 ♍	17 ♉
13	20 ♐ 22	26 ♏ 38	17 ♏ 10	18 R 45	0 ♐ 30	9 ♏ 47	16 ♒ 54	5 ♑ 54	19 ♊ 27	25 ♊ 25	12 ♈ 51	11 ♒ 47	9 ♍	23 ♉	28 ♈	27 ♍	17 ♉
14	21 ♐ 23	11 ♐ 3	17 ♏ 7	18 ♏ 43	1 ♐ 1	10 ♏ 58	17 ♒ 40	6 ♑ 7	19 ♊ 22	25 ♊ 23	12 ♈ 50	11 ♒ 49	9 ♍	23 ♉	28 ♈	27 ♍	17 ♉
15	22 ♐ 24	25 ♐ 49	17 ♏ 4	18 ♏ 40	1 ♐ 39	12 ♏ 10	18 ♒ 26	6 ♑ 21	19 ♊ 17	25 ♊ 20	12 ♈ 50	11 ♒ 50	9 ♍	22 ♉	28 ♈	27 ♍	17 ♉
16	23 ♐ 25	10 ♑ 46	17 ♏ 1	18 ♏ 35	2 ♐ 23	13 ♏ 22	19 ♒ 12	6 ♑ 35	19 ♊ 12	25 ♊ 18	12 ♈ 50	11 ♒ 51	9 ♍	22 ♉	28 ♈	28 ♍	17 ♉
17	24 ♐ 26	25 ♑ 47	16 ♏ 57	18 ♏ 30	3 ♐ 13	14 ♏ 34	19 ♒ 59	6 ♑ 48	19 ♊ 7	25 ♊ 15	12 ♈ 50	11 ♒ 53	9 ♍	22 ♉	29 ♈	28 ♍	17 ♉
18	25 ♐ 27	10 ♒ 41	16 ♏ 54	18 ♏ 24	4 ♐ 8	15 ♏ 46	20 ♒ 45	7 ♑ 2	19 ♊ 2	25 ♊ 13	12 ♈ 49	11 ♒ 54	9 ♍	22 ♉	29 ♈	28 ♍	17 ♉
19	26 ♐ 28	25 ♒ 22	16 ♏ 51	18 ♏ 19	5 ♐ 7	16 ♏ 58	21 ♒ 31	7 ♑ 16	18 ♊ 57	25 ♊ 10	12 ♈ 49	11 ♒ 55	10 ♍	21 ♉	29 ♈	29 ♍	17 ♉
20	27 ♐ 30	9 ♓ 44	16 ♏ 48	18 ♏ 16	6 ♐ 10	18 ♏ 11	22 ♒ 17	7 ♑ 30	18 ♊ 53	25 ♊ 7	12 ♈ 49	11 ♒ 57	10 ♍	21 ♉	29 ♈	29 ♍	17 ♉
21	28 ♐ 31	23 ♓ 44	16 ♏ 45	18 ♏ 15	7 ♐ 16	19 ♏ 23	23 ♒ 3	7 ♑ 43	18 ♊ 48	25 ♊ 5	12 ♈ 49	11 ♒ 58	10 ♍	21 ♉	29 ♈	29 ♍	17 ♉
22	29 ♐ 32	7 ♈ 22	16 ♏ 42	18 D 15	8 ♐ 25	20 ♏ 35	23 ♒ 49	7 ♑ 57	18 ♊ 43	25 ♊ 2	12 ♈ 49	12 ♒ 0	10 ♍	21 ♉	29 ♈	29 ♍	17 ♉
23	0 ♑ 33	20 ♈ 39	16 ♏ 38	18 ♏ 16	9 ♐ 37	21 ♏ 48	24 ♒ 36	8 ♑ 11	18 ♊ 38	25 ♊ 0	12 ♈ 49	12 ♒ 1	10 ♍	21 ♉	29 ♈	0 ♎	17 ♉
24	1 ♑ 34	3 ♉ 38	16 ♏ 35	18 ♏ 18	10 ♐ 51	23 ♏ 0	25 ♒ 22	8 ♑ 25	18 ♊ 33	24 ♊ 57	12 ♈ 49	12 ♒ 3	10 ♍	21 ♉	0 ♉	0 ♎	17 ♉
25	2 ♑ 35	16 ♉ 21	16 ♏ 32	18 ♏ 18	12 ♐ 7	24 ♏ 13	26 ♒ 8	8 ♑ 39	18 ♊ 29	24 ♊ 55	12 D 49	12 ♒ 4	10 ♍	20 ♉	0 ♉	0 ♎	16 ♉
26	3 ♑ 36	28 ♉ 52	16 ♏ 29	18 R 18	13 ♐ 25	25 ♏ 26	26 ♒ 54	8 ♑ 53	18 ♊ 24	24 ♊ 52	12 ♈ 49	12 ♒ 6	11 ♍	20 ♉	0 ♉	1 ♎	16 ♉
27	4 ♑ 37	11 ♊ 12	16 ♏ 26	18 ♏ 15	14 ♐ 44	26 ♏ 38	27 ♒ 40	9 ♑ 6	18 ♊ 19	24 ♊ 50	12 ♈ 49	12 ♒ 7	11 ♍	20 ♉	0 ♉	1 ♎	16 ♉
28	5 ♑ 38	23 ♊ 24	16 ♏ 22	18 ♏ 10	16 ♐ 5	27 ♏ 51	28 ♒ 27	9 ♑ 20	18 ♊ 15	24 ♊ 47	12 ♈ 49	12 ♒ 9	11 ♍	20 ♉	0 ♉	1 ♎	16 ♉
29	6 ♑ 39	5 ♋ 29	16 ♏ 19	18 ♏ 3	17 ♐ 26	29 ♏ 4	29 ♒ 13	9 ♑ 34	18 ♊ 10	24 ♊ 45	12 ♈ 49	12 ♒ 10	11 ♍	20 ♉	1 ♉	1 ♎	16 ♉
30	7 ♑ 41	17 ♋ 29	16 ♏ 16	17 ♏ 53	18 ♐ 49	0 ♐ 17	29 ♒ 59	9 ♑ 48	18 ♊ 5	24 ♊ 42	12 ♈ 49	12 ♒ 12	11 ♍	20 ♉	1 ♉	2 ♎	16 ♉
31	8 ♑ 42	29 ♋ 24	16 ♏ 13	17 ♏ 43	20 ♐ 13	1 ♐ 30	0 ♓ 45	10 ♑ 2	18 ♊ 1	24 ♊ 40	12 ♈ 49	12 ♒ 13	11 ♍	20 ♉	1 ♉	2 ♎	16 ♉

SUN INGRESS　☉ → ♑ 22日 10:55

MOON PHASE　◑ 7日 12:19 ♍　● 14日 18:05 ♐　◐ 21日 09:00 ♓　○ 29日 02:33 ♋

aspects		
1日	06:47	♀△♅
4日	09:23	☉⚹♇
5日	15:51	☉△♆
6日	03:43	♂☌♇
7日	18:26	♂⚹♆
8日	23:33	♀⚹♃
12日	03:59	☉☍♄
14日	17:08	♀□♇
15日	23:52	♂△♄
17日	18:27	☉☍♅
23日	11:54	♂△♅
24日	23:02	☿⚹♇
25日	12:52	☿△♆
29日	07:57	♀□♂
29日	11:59	☿☍♄

2032年1月

DAY	☉	☽	☊ mean	☊ true	☿	♀	♂	♃	♄	♅	♆	♇	⚳	⚴	⚵	⚶	⚷
	° ′	° ′	° ′	° ′	° ′	° ′	° ′	° ′	° ′	° ′	° ′	° ′	°	°	°	°	°
1	9 ♑ 43	11 ♌ 17	16 ♏ 10	17 R 33	21 D 38	2 D 43	1 D 31	10 D 16	17 R 57	24 R 37	12 D 49	12 D 15	11 D	20 R	1 D	2 D	16 R
2	10 ♑ 44	23 ♌ 8	16 ♏ 7	17 ♏ 23	23 ♐ 3	3 ♐ 56	2 ♓ 18	10 ♑ 30	17 ♊ 52	24 ♊ 35	12 ♈ 50	12 ♒ 17	11 ♍	20 ♉	1 ♉	2 ♎	16 ♉
3	11 ♑ 45	5 ♍ 1	16 ♏ 3	17 ♏ 15	24 ♐ 30	5 ♐ 9	3 ♓ 4	10 ♑ 43	17 ♊ 48	24 ♊ 32	12 ♈ 50	12 ♒ 18	11 ♍	20 ♉	2 ♉	3 ♎	16 ♉
4	12 ♑ 46	16 ♍ 59	16 ♏ 0	17 ♏ 9	25 ♐ 57	6 ♐ 22	3 ♓ 50	10 ♑ 57	17 ♊ 44	24 ♊ 30	12 ♈ 50	12 ♒ 20	11 ♍	20 ♉	2 ♉	3 ♎	16 ♉
5	13 ♑ 47	29 ♍ 6	15 ♏ 57	17 ♏ 5	27 ♐ 24	7 ♐ 36	4 ♓ 36	11 ♑ 11	17 ♊ 39	24 ♊ 28	12 ♈ 51	12 ♒ 21	11 ♍	20 ♉	2 ♉	3 ♎	16 ♉
6	14 ♑ 49	11 ♎ 26	15 ♏ 54	17 ♏ 4	28 ♐ 52	8 ♐ 49	5 ♓ 22	11 ♑ 25	17 ♊ 35	24 ♊ 25	12 ♈ 51	12 ♒ 23	11 ♍	20 D	2 ♉	3 ♎	16 ♉
7	15 ♑ 50	24 ♎ 4	15 ♏ 51	17 D 4	0 ♑ 21	10 ♐ 2	6 ♓ 8	11 ♑ 39	17 ♊ 31	24 ♊ 23	12 ♈ 52	12 ♒ 25	11 ♍	20 ♉	3 ♉	3 ♎	16 ♉
8	16 ♑ 51	7 ♏ 4	15 ♏ 48	17 ♏ 5	1 ♑ 50	11 ♐ 16	6 ♓ 55	11 ♑ 53	17 ♊ 27	24 ♊ 20	12 ♈ 52	12 ♒ 26	11 ♍	20 ♉	3 ♉	4 ♎	16 ♉
9	17 ♑ 52	20 ♏ 31	15 ♏ 44	17 R 5	3 ♑ 20	12 ♐ 29	7 ♓ 41	12 ♑ 7	17 ♊ 23	24 ♊ 18	12 ♈ 53	12 ♒ 28	11 ♍	20 ♉	3 ♉	4 ♎	16 ♉
10	18 ♑ 53	4 ♐ 28	15 ♏ 41	17 ♏ 4	4 ♑ 50	13 ♐ 43	8 ♓ 27	12 ♑ 21	17 ♊ 19	24 ♊ 16	12 ♈ 53	12 ♒ 30	11 ♍	20 ♉	4 ♉	4 ♎	16 ♉
11	19 ♑ 54	18 ♐ 53	15 ♏ 38	17 ♏ 0	6 ♑ 21	14 ♐ 56	9 ♓ 13	12 ♑ 35	17 ♊ 16	24 ♊ 14	12 ♈ 54	12 ♒ 32	11 R	20 ♉	4 ♉	4 ♎	16 ♉
12	20 ♑ 56	3 ♑ 44	15 ♏ 35	16 ♏ 54	7 ♑ 52	16 ♐ 10	9 ♓ 59	12 ♑ 48	17 ♊ 12	24 ♊ 11	12 ♈ 54	12 ♒ 33	11 ♍	20 ♉	4 ♉	4 ♎	16 ♉
13	21 ♑ 57	18 ♑ 55	15 ♏ 32	16 ♏ 45	9 ♑ 24	17 ♐ 23	10 ♓ 45	13 ♑ 2	17 ♊ 8	24 ♊ 9	12 ♈ 55	12 ♒ 35	11 ♍	20 ♉	4 ♉	5 ♎	16 ♉
14	22 ♑ 58	4 ♒ 14	15 ♏ 28	16 ♏ 35	10 ♑ 56	18 ♐ 37	11 ♓ 31	13 ♑ 16	17 ♊ 5	24 ♊ 7	12 ♈ 56	12 ♒ 37	11 ♍	20 ♉	5 ♉	5 ♎	16 ♉
15	23 ♑ 59	19 ♒ 30	15 ♏ 25	16 ♏ 24	12 ♑ 28	19 ♐ 51	12 ♓ 17	13 ♑ 30	17 ♊ 1	24 ♊ 5	12 ♈ 56	12 ♒ 39	11 ♍	20 ♉	5 ♉	5 ♎	16 ♉
16	25 ♑ 0	4 ♓ 32	15 ♏ 22	16 ♏ 15	14 ♑ 1	21 ♐ 5	13 ♓ 4	13 ♑ 44	16 ♊ 58	24 ♊ 3	12 ♈ 57	12 ♒ 40	11 ♍	20 ♉	5 ♉	5 ♎	16 ♉
17	26 ♑ 1	19 ♓ 13	15 ♏ 19	16 ♏ 7	15 ♑ 35	22 ♐ 18	13 ♓ 50	13 ♑ 57	16 ♊ 55	24 ♊ 1	12 ♈ 58	12 ♒ 42	11 ♍	20 ♉	6 ♉	5 ♎	16 ♉
18	27 ♑ 3	3 ♈ 26	15 ♏ 16	16 ♏ 3	17 ♑ 9	23 ♐ 32	14 ♓ 36	14 ♑ 11	16 ♊ 52	23 ♊ 59	12 ♈ 59	12 ♒ 44	11 ♍	20 ♉	6 ♉	5 ♎	16 ♉
19	28 ♑ 4	17 ♈ 11	15 ♏ 13	16 ♏ 1	18 ♑ 44	24 ♐ 46	15 ♓ 22	14 ♑ 25	16 ♊ 48	23 ♊ 57	13 ♈ 0	12 ♒ 46	11 ♍	21 ♉	6 ♉	5 ♎	16 ♉
20	29 ♑ 5	0 ♉ 28	15 ♏ 9	16 D 0	20 ♑ 19	26 ♐ 0	16 ♓ 8	14 ♑ 39	16 ♊ 45	23 ♊ 55	13 ♈ 1	12 ♒ 47	11 ♍	21 ♉	7 ♉	6 ♎	16 ♉
21	0 ♒ 6	13 ♉ 23	15 ♏ 6	16 ♏ 0	21 ♑ 54	27 ♐ 13	16 ♓ 54	14 ♑ 52	16 ♊ 42	23 ♊ 53	13 ♈ 1	12 ♒ 49	11 ♍	21 ♉	7 ♉	6 ♎	16 ♉
22	1 ♒ 7	25 ♉ 58	15 ♏ 3	16 R 0	23 ♑ 30	28 ♐ 27	17 ♓ 40	15 ♑ 6	16 ♊ 40	23 ♊ 51	13 ♈ 2	12 ♒ 51	11 ♍	21 ♉	8 ♉	6 ♎	16 ♉
23	2 ♒ 8	8 ♊ 17	15 ♏ 0	15 ♏ 58	25 ♑ 7	29 ♐ 41	18 ♓ 25	15 ♑ 20	16 ♊ 37	23 ♊ 49	13 ♈ 3	12 ♒ 53	11 ♍	21 ♉	8 ♉	6 ♎	16 ♉
24	3 ♒ 9	20 ♊ 26	14 ♏ 57	15 ♏ 53	26 ♑ 44	0 ♑ 55	19 ♓ 11	15 ♑ 33	16 ♊ 34	23 ♊ 47	13 ♈ 4	12 ♒ 55	11 ♍	21 ♉	8 ♉	6 ♎	16 ♉
25	4 ♒ 10	2 ♋ 28	14 ♏ 54	15 ♏ 46	28 ♑ 22	2 ♑ 9	19 ♓ 57	15 ♑ 47	16 ♊ 32	23 ♊ 45	13 ♈ 5	12 ♒ 57	11 ♍	22 ♉	9 ♉	6 ♎	16 ♉
26	5 ♒ 11	14 ♋ 24	14 ♏ 50	15 ♏ 35	0 ♒ 1	3 ♑ 23	20 ♓ 43	16 ♑ 0	16 ♊ 29	23 ♊ 44	13 ♈ 7	12 ♒ 58	11 ♍	22 ♉	9 ♉	6 ♎	16 ♉
27	6 ♒ 12	26 ♋ 18	14 ♏ 47	15 ♏ 22	1 ♒ 40	4 ♑ 37	21 ♓ 29	16 ♑ 14	16 ♊ 27	23 ♊ 42	13 ♈ 8	13 ♒ 0	10 ♍	22 ♉	9 ♉	6 ♎	16 D
28	7 ♒ 13	8 ♌ 11	14 ♏ 44	15 ♏ 7	3 ♒ 20	5 ♑ 51	22 ♓ 15	16 ♑ 27	16 ♊ 25	23 ♊ 40	13 ♈ 9	13 ♒ 2	10 ♍	22 ♉	10 ♉	6 ♎	16 ♉
29	8 ♒ 14	20 ♌ 4	14 ♏ 41	14 ♏ 52	5 ♒ 0	7 ♑ 5	23 ♓ 1	16 ♑ 41	16 ♊ 23	23 ♊ 39	13 ♈ 10	13 ♒ 4	10 ♍	23 ♉	10 ♉	6 ♎	16 ♉
30	9 ♒ 15	1 ♍ 58	14 ♏ 38	14 ♏ 38	6 ♒ 41	8 ♑ 19	23 ♓ 46	16 ♑ 54	16 ♊ 21	23 ♊ 37	13 ♈ 11	13 ♒ 6	10 ♍	23 ♉	11 ♉	7 ♎	16 ♉
31	10 ♒ 16	13 ♍ 55	14 ♏ 34	14 ♏ 26	8 ♒ 23	9 ♑ 33	24 ♓ 32	17 ♑ 7	16 ♊ 19	23 ♊ 35	13 ♈ 12	13 ♒ 8	10 ♍	23 ♉	11 ♉	7 ♎	16 ♉

SUN INGRESS	☉ → ♒ 20日 21:31
MOON PHASE	◑ 6日 07:04 ♎　● 13日 05:06 ♑　◐ 19日 21:14 ♈　○ 27日 21:52 ♌

aspects

1日	16:40	☉☌♃
3日	00:43	☿☍♅
4日	01:35	☉□♆
8日	23:38	♀⚹♇
9日	07:40	♀△♆
12日	10:54	♃□♆
12日	19:17	♀☍♄
14日	18:24	☿⚹♂
15日	07:18	☿□♆
15日	18:37	☿☌♃
17日	05:47	♂⚹♃
18日	08:26	♀☍♅
20日	18:32	♂□♄
29日	19:17	♂□♅

2032年2月

DAY	☉	☽	☊ mean	☊ true	☿	♀	♂	♃	♄	♅	♆	♇	⚳	⚴	⚵	⚶	⚷
	° ′	° ′	° ′	° ′	° ′	° ′	° ′	° ′	° ′	° ′	° ′	° ′	°	°	°	°	°
1	11 ♒ 17	25 ♍ 57	14 ♏ 31	14 R 16	10 D 5	10 D 47	25 D 18	17 D 21	16 R 17	23 R 34	13 D 14	13 D 9	10 R	23 D	11 D	7 D	16 D
2	12 ♒ 18	8 ♎ 6	14 ♏ 28	14 ♏ 10	11 ♒ 48	12 ♑ 1	26 ♓ 3	17 ♑ 34	16 ♊ 15	23 ♊ 33	13 ♈ 15	13 ♒ 11	10 ♍	24 ♉	12 ♉	7 ♎	16 ♉
3	13 ♒ 19	20 ♎ 27	14 ♏ 25	14 ♏ 6	13 ♒ 32	13 ♑ 15	26 ♓ 49	17 ♑ 47	16 ♊ 14	23 ♊ 31	13 ♈ 16	13 ♒ 13	9 ♍	24 ♉	12 ♉	7 ♎	16 ♉
4	14 ♒ 19	3 ♏ 2	14 ♏ 22	14 ♏ 5	15 ♒ 16	14 ♑ 30	27 ♓ 35	18 ♑ 1	16 ♊ 12	23 ♊ 30	13 ♈ 18	13 ♒ 15	9 ♍	24 ♉	13 ♉	7 ♎	16 ♉
5	15 ♒ 20	15 ♏ 56	14 ♏ 19	14 ♏ 5	17 ♒ 2	15 ♑ 44	28 ♓ 20	18 ♑ 14	16 ♊ 11	23 ♊ 28	13 ♈ 19	13 ♒ 17	9 ♍	24 ♉	13 ♉	7 ♎	16 ♉
6	16 ♒ 21	29 ♏ 14	14 ♏ 15	14 ♏ 4	18 ♒ 47	16 ♑ 58	29 ♓ 6	18 ♑ 27	16 ♊ 10	23 ♊ 27	13 ♈ 20	13 ♒ 19	9 ♍	25 ♉	13 ♉	7 ♎	16 ♉
7	17 ♒ 22	12 ♐ 59	14 ♏ 12	14 ♏ 3	20 ♒ 34	18 ♑ 12	29 ♓ 51	18 ♑ 40	16 ♊ 8	23 ♊ 26	13 ♈ 22	13 ♒ 20	9 ♍	25 ♉	14 ♉	7 R	16 ♉
8	18 ♒ 23	27 ♐ 12	14 ♏ 9	13 ♏ 59	22 ♒ 21	19 ♑ 26	0 ♈ 37	18 ♑ 53	16 ♊ 7	23 ♊ 25	13 ♈ 23	13 ♒ 22	9 ♍	25 ♉	14 ♉	7 ♎	16 ♉
9	19 ♒ 24	11 ♑ 53	14 ♏ 6	13 ♏ 52	24 ♒ 8	20 ♑ 41	1 ♈ 22	19 ♑ 6	16 ♊ 6	23 ♊ 24	13 ♈ 25	13 ♒ 24	8 ♍	26 ♉	15 ♉	7 ♎	16 ♉
10	20 ♒ 24	26 ♑ 56	14 ♏ 3	13 ♏ 42	25 ♒ 57	21 ♑ 55	2 ♈ 8	19 ♑ 19	16 ♊ 6	23 ♊ 23	13 ♈ 26	13 ♒ 26	8 ♍	26 ♉	15 ♉	7 ♎	16 ♉
11	21 ♒ 25	12 ♒ 13	14 ♏ 0	13 ♏ 31	27 ♒ 45	23 ♑ 9	2 ♈ 53	19 ♑ 32	16 ♊ 5	23 ♊ 21	13 ♈ 28	13 ♒ 28	8 ♍	26 ♉	16 ♉	7 ♎	16 ♉
12	22 ♒ 26	27 ♒ 34	13 ♏ 56	13 ♏ 19	29 ♒ 34	24 ♑ 23	3 ♈ 39	19 ♑ 45	16 ♊ 4	23 ♊ 20	13 ♈ 29	13 ♒ 30	8 ♍	27 ♉	16 ♉	7 ♎	16 ♉
13	23 ♒ 27	12 ♓ 45	13 ♏ 53	13 ♏ 9	1 ♓ 23	25 ♑ 38	4 ♈ 24	19 ♑ 57	16 ♊ 4	23 ♊ 20	13 ♈ 31	13 ♒ 31	8 ♍	27 ♉	16 ♉	7 ♎	16 ♉
14	24 ♒ 27	27 ♓ 37	13 ♏ 50	13 ♏ 0	3 ♓ 13	26 ♑ 52	5 ♈ 9	20 ♑ 10	16 ♊ 3	23 ♊ 19	13 ♈ 33	13 ♒ 33	7 ♍	27 ♉	17 ♉	7 ♎	16 ♉
15	25 ♒ 28	12 ♈ 3	13 ♏ 47	12 ♏ 54	5 ♓ 2	28 ♑ 6	5 ♈ 54	20 ♑ 23	16 ♊ 3	23 ♊ 18	13 ♈ 34	13 ♒ 35	7 ♍	28 ♉	17 ♉	6 ♎	16 ♉
16	26 ♒ 29	25 ♈ 59	13 ♏ 44	12 ♏ 51	6 ♓ 51	29 ♑ 20	6 ♈ 40	20 ♑ 35	16 ♊ 3	23 ♊ 17	13 ♈ 36	13 ♒ 37	7 ♍	28 ♉	18 ♉	6 ♎	16 ♉
17	27 ♒ 29	9 ♉ 26	13 ♏ 40	12 ♏ 50	8 ♓ 40	0 ♒ 35	7 ♈ 25	20 ♑ 48	16 D 3	23 ♊ 16	13 ♈ 38	13 ♒ 39	7 ♍	28 ♉	18 ♉	6 ♎	16 ♉
18	28 ♒ 30	22 ♉ 25	13 ♏ 37	12 D 50	10 ♓ 28	1 ♒ 49	8 ♈ 10	21 ♑ 0	16 ♊ 3	23 ♊ 16	13 ♈ 39	13 ♒ 40	7 ♍	29 ♉	19 ♉	6 ♎	16 ♉
19	29 ♒ 30	5 ♊ 2	13 ♏ 34	12 R 50	12 ♓ 15	3 ♒ 3	8 ♈ 55	21 ♑ 13	16 ♊ 3	23 ♊ 15	13 ♈ 41	13 ♒ 42	6 ♍	29 ♉	19 ♉	6 ♎	16 ♉
20	0 ♓ 31	17 ♊ 21	13 ♏ 31	12 ♏ 49	14 ♓ 1	4 ♒ 17	9 ♈ 40	21 ♑ 25	16 ♊ 4	23 ♊ 14	13 ♈ 43	13 ♒ 44	6 ♍	0 ♊	20 ♉	6 ♎	16 ♉
21	1 ♓ 31	29 ♊ 26	13 ♏ 28	12 ♏ 45	15 ♓ 45	5 ♒ 32	10 ♈ 25	21 ♑ 37	16 ♊ 4	23 ♊ 14	13 ♈ 44	13 ♒ 46	6 ♍	0 ♊	20 ♉	6 ♎	16 ♉
22	2 ♓ 32	11 ♋ 23	13 ♏ 25	12 ♏ 39	17 ♓ 27	6 ♒ 46	11 ♈ 10	21 ♑ 49	16 ♊ 5	23 ♊ 13	13 ♈ 46	13 ♒ 48	6 ♍	0 ♊	21 ♉	6 ♎	16 ♉
23	3 ♓ 32	23 ♋ 16	13 ♏ 21	12 ♏ 30	19 ♓ 6	8 ♒ 0	11 ♈ 55	22 ♑ 2	16 ♊ 5	23 ♊ 13	13 ♈ 48	13 ♒ 49	5 ♍	1 ♊	21 ♉	6 ♎	16 ♉
24	4 ♓ 33	5 ♌ 7	13 ♏ 18	12 ♏ 19	20 ♓ 42	9 ♒ 15	12 ♈ 40	22 ♑ 14	16 ♊ 6	23 ♊ 13	13 ♈ 50	13 ♒ 51	5 ♍	1 ♊	21 ♉	5 ♎	16 ♉
25	5 ♓ 33	17 ♌ 0	13 ♏ 15	12 ♏ 6	22 ♓ 15	10 ♒ 29	13 ♈ 25	22 ♑ 26	16 ♊ 7	23 ♊ 12	13 ♈ 52	13 ♒ 53	5 ♍	2 ♊	22 ♉	5 ♎	16 ♉
26	6 ♓ 33	28 ♌ 55	13 ♏ 12	11 ♏ 53	23 ♓ 43	11 ♒ 43	14 ♈ 10	22 ♑ 38	16 ♊ 8	23 ♊ 12	13 ♈ 54	13 ♒ 55	5 ♍	2 ♊	22 ♉	5 ♎	16 ♉
27	7 ♓ 34	10 ♍ 55	13 ♏ 9	11 ♏ 41	25 ♓ 6	12 ♒ 57	14 ♈ 55	22 ♑ 49	16 ♊ 9	23 ♊ 12	13 ♈ 56	13 ♒ 56	4 ♍	2 ♊	23 ♉	5 ♎	16 ♉
28	8 ♓ 34	23 ♍ 0	13 ♏ 5	11 ♏ 30	26 ♓ 24	14 ♒ 12	15 ♈ 39	23 ♑ 1	16 ♊ 10	23 ♊ 12	13 ♈ 57	13 ♒ 58	4 ♍	3 ♊	23 ♉	5 ♎	17 ♉
29	9 ♓ 34	5 ♎ 11	13 ♏ 2	11 ♏ 22	27 ♓ 35	15 ♒ 26	16 ♈ 24	23 ♑ 13	16 ♊ 12	23 ♊ 12	13 ♈ 59	14 ♒ 0	4 ♍	3 ♊	24 ♉	5 ♎	17 ♉

SUN INGRESS	☉ → ♓ 19日 11:32
MOON PHASE	◑ 4日 22:49 ♏　● 11日 15:24 ♒　◐ 18日 12:29 ♉　○ 26日 16:43 ♍

aspects

2日	16:31	☉☌☿
2日	19:33	☿☌♇
2日	20:19	☿⚹♆
2日	21:46	☉☌♇
2日	23:04	☉⚹♆
3日	00:14	♀□♆
4日	12:35	☿△♄
5日	19:31	☉△♄
7日	10:54	♀☌♃
8日	14:07	☿△♅
11日	00:01	♆⚹♇
12日	21:14	☉△♅
21日	04:27	☿□♄
25日	03:17	☿⚹♃
25日	14:55	♂☌♆
25日	15:26	☿□♅
25日	15:26	♂⚹♇
27日	19:16	♀⚹♆
27日	19:26	♀☌♇
28日	17:05	♂⚹♄
29日	15:02	♀△♄
29日	20:15	♆⚹♇

2032年3月

DAY	☉	☽	☊ mean	☊ true	☿	♀	♂	♃	♄	♅	♆	♇	⚳	⚴	⚵	⚶	⚷
1	10 ♓ 35	17 ♎ 31	12 ♏ 59	11 R 17	28 D 40	16 D 40	17 D 9	23 D 24	16 D 13	23 R 12	14 D 1	14 D 1	4 R	4 D	24 D	5 R	17 D
2	11 ♓ 35	0 ♏ 1	12 ♏ 56	11 ♏ 14	29 ♓ 37	17 ♒ 55	17 ♈ 53	23 ♑ 36	16 ♊ 15	23 D 12	14 ♈ 3	14 ♒ 3	3 ♍	4 ♊	25 ♉	4 ♎	17 ♉
3	12 ♓ 35	12 ♏ 43	12 ♏ 53	11 D 13	0 ♈ 27	19 ♒ 9	18 ♈ 38	23 ♑ 47	16 ♊ 16	23 ♊ 12	14 ♈ 5	14 ♒ 5	3 ♍	5 ♊	25 ♉	4 ♎	17 ♉
4	13 ♓ 35	25 ♏ 41	12 ♏ 50	11 ♏ 14	1 ♈ 8	20 ♒ 23	19 ♈ 23	23 ♑ 59	16 ♊ 18	23 ♊ 12	14 ♈ 7	14 ♒ 6	3 ♍	5 ♊	26 ♉	4 ♎	17 ♉
5	14 ♓ 35	8 ♐ 58	12 ♏ 46	11 ♏ 15	1 ♈ 40	21 ♒ 38	20 ♈ 7	24 ♑ 10	16 ♊ 20	23 ♊ 12	14 ♈ 9	14 ♒ 8	3 ♍	5 ♊	26 ♉	4 ♎	17 ♉
6	15 ♓ 35	22 ♐ 36	12 ♏ 43	11 R 14	2 ♈ 4	22 ♒ 52	20 ♈ 52	24 ♑ 21	16 ♊ 22	23 ♊ 12	14 ♈ 11	14 ♒ 10	3 ♍	6 ♊	27 ♉	4 ♎	17 ♉
7	16 ♓ 35	6 ♑ 36	12 ♏ 40	11 ♏ 13	2 ♈ 18	24 ♒ 6	21 ♈ 36	24 ♑ 32	16 ♊ 24	23 ♊ 12	14 ♈ 13	14 ♒ 11	2 ♍	6 ♊	27 ♉	3 ♎	17 ♉
8	17 ♓ 36	21 ♑ 0	12 ♏ 37	11 ♏ 9	2 ♈ 23	25 ♒ 21	22 ♈ 20	24 ♑ 43	16 ♊ 26	23 ♊ 13	14 ♈ 16	14 ♒ 13	2 ♍	7 ♊	28 ♉	3 ♎	17 ♉
9	18 ♓ 36	5 ♒ 44	12 ♏ 34	11 ♏ 3	2 R 19	26 ♒ 35	23 ♈ 5	24 ♑ 54	16 ♊ 29	23 ♊ 13	14 ♈ 18	14 ♒ 14	2 ♍	7 ♊	28 ♉	3 ♎	17 ♉
10	19 ♓ 36	20 ♒ 42	12 ♏ 31	10 ♏ 55	2 ♈ 6	27 ♒ 49	23 ♈ 49	25 ♑ 5	16 ♊ 31	23 ♊ 14	14 ♈ 20	14 ♒ 16	2 ♍	8 ♊	29 ♉	3 ♎	17 ♉
11	20 ♓ 36	5 ♓ 46	12 ♏ 27	10 ♏ 47	1 ♈ 45	29 ♒ 4	24 ♈ 33	25 ♑ 15	16 ♊ 34	23 ♊ 14	14 ♈ 22	14 ♒ 18	2 ♍	8 ♊	29 ♉	2 ♎	17 ♉
12	21 ♓ 35	20 ♓ 47	12 ♏ 24	10 ♏ 39	1 ♈ 16	0 ♓ 18	25 ♈ 18	25 ♑ 26	16 ♊ 36	23 ♊ 15	14 ♈ 24	14 ♒ 19	1 ♍	9 ♊	0 ♊	2 ♎	17 ♉
13	22 ♓ 35	5 ♈ 34	12 ♏ 21	10 ♏ 33	0 ♈ 40	1 ♓ 32	26 ♈ 2	25 ♑ 37	16 ♊ 39	23 ♊ 15	14 ♈ 26	14 ♒ 21	1 ♍	9 ♊	0 ♊	2 ♎	17 ♉
14	23 ♓ 35	20 ♈ 1	12 ♏ 18	10 ♏ 29	29 ♓ 57	2 ♓ 47	26 ♈ 46	25 ♑ 47	16 ♊ 42	23 ♊ 16	14 ♈ 28	14 ♒ 22	1 ♍	10 ♊	1 ♊	2 ♎	17 ♉
15	24 ♓ 35	4 ♉ 2	12 ♏ 15	10 ♏ 27	29 ♓ 10	4 ♓ 1	27 ♈ 30	25 ♑ 57	16 ♊ 45	23 ♊ 16	14 ♈ 30	14 ♒ 24	1 ♍	10 ♊	1 ♊	1 ♎	17 ♉
16	25 ♓ 35	17 ♉ 35	12 ♏ 11	10 D 27	28 ♓ 18	5 ♓ 15	28 ♈ 14	26 ♑ 7	16 ♊ 48	23 ♊ 17	14 ♈ 33	14 ♒ 25	1 ♍	11 ♊	2 ♊	1 ♎	17 ♉
17	26 ♓ 35	0 ♊ 42	12 ♏ 8	10 ♏ 29	27 ♓ 24	6 ♓ 29	28 ♈ 58	26 ♑ 17	16 ♊ 51	23 ♊ 18	14 ♈ 35	14 ♒ 26	0 ♍	11 ♊	2 ♊	1 ♎	17 ♉
18	27 ♓ 34	13 ♊ 24	12 ♏ 5	10 ♏ 30	26 ♓ 28	7 ♓ 44	29 ♈ 42	26 ♑ 27	16 ♊ 54	23 ♊ 19	14 ♈ 37	14 ♒ 28	0 ♍	12 ♊	3 ♊	1 ♎	17 ♉
19	28 ♓ 34	25 ♊ 48	12 ♏ 2	10 ♏ 31	25 ♓ 31	8 ♓ 58	0 ♉ 26	26 ♑ 37	16 ♊ 57	23 ♊ 20	14 ♈ 39	14 ♒ 29	0 ♍	12 ♊	3 ♊	0 ♎	17 ♉
20	29 ♓ 34	7 ♋ 56	11 ♏ 59	10 R 31	24 ♓ 36	10 ♓ 12	1 ♉ 10	26 ♑ 47	17 ♊ 1	23 ♊ 21	14 ♈ 41	14 ♒ 31	0 ♍	13 ♊	4 ♊	0 ♎	17 ♉
21	0 ♈ 33	19 ♋ 54	11 ♏ 56	10 ♏ 28	23 ♓ 42	11 ♓ 26	1 ♉ 54	26 ♑ 57	17 ♊ 4	23 ♊ 22	14 ♈ 43	14 ♒ 32	0 ♍	13 ♊	4 ♊	0 ♎	17 ♉
22	1 ♈ 33	1 ♌ 46	11 ♏ 52	10 ♏ 25	22 ♓ 52	12 ♓ 41	2 ♉ 37	27 ♑ 6	17 ♊ 8	23 ♊ 23	14 ♈ 46	14 ♒ 34	0 ♍	14 ♊	5 ♊	0 ♎	17 ♉
23	2 ♈ 33	13 ♌ 38	11 ♏ 49	10 ♏ 19	22 ♓ 5	13 ♓ 55	3 ♉ 21	27 ♑ 16	17 ♊ 12	23 ♊ 24	14 ♈ 48	14 ♒ 35	0 ♍	14 ♊	5 ♊	29 ♍	18 ♉
24	3 ♈ 32	25 ♌ 32	11 ♏ 46	10 ♏ 13	21 ♓ 23	15 ♓ 9	4 ♉ 5	27 ♑ 25	17 ♊ 16	23 ♊ 25	14 ♈ 50	14 ♒ 36	29 ♌	15 ♊	6 ♊	29 ♍	18 ♉
25	4 ♈ 31	7 ♍ 31	11 ♏ 43	10 ♏ 6	20 ♓ 46	16 ♓ 23	4 ♉ 48	27 ♑ 34	17 ♊ 20	23 ♊ 26	14 ♈ 52	14 ♒ 37	29 ♌	15 ♊	6 ♊	29 ♍	18 ♉
26	5 ♈ 31	19 ♍ 37	11 ♏ 40	10 ♏ 0	20 ♓ 14	17 ♓ 38	5 ♉ 32	27 ♑ 43	17 ♊ 24	23 ♊ 28	14 ♈ 55	14 ♒ 39	29 ♌	16 ♊	7 ♊	29 ♍	18 ♉
27	6 ♈ 30	1 ♎ 52	11 ♏ 36	9 ♏ 54	19 ♓ 48	18 ♓ 52	6 ♉ 15	27 ♑ 52	17 ♊ 28	23 ♊ 29	14 ♈ 57	14 ♒ 40	29 ♌	16 ♊	7 ♊	28 ♍	18 ♉
28	7 ♈ 30	14 ♎ 18	11 ♏ 33	9 ♏ 50	19 ♓ 27	20 ♓ 6	6 ♉ 59	28 ♑ 1	17 ♊ 32	23 ♊ 30	14 ♈ 59	14 ♒ 41	29 ♌	17 ♊	8 ♊	28 ♍	18 ♉
29	8 ♈ 29	26 ♎ 54	11 ♏ 30	9 ♏ 48	19 ♓ 13	21 ♓ 20	7 ♉ 42	28 ♑ 9	17 ♊ 36	23 ♊ 32	15 ♈ 1	14 ♒ 42	29 ♌	17 ♊	8 ♊	28 ♍	18 ♉
30	9 ♈ 28	9 ♏ 42	11 ♏ 27	9 ♏ 47	19 ♓ 4	22 ♓ 35	8 ♉ 26	28 ♑ 18	17 ♊ 40	23 ♊ 33	15 ♈ 4	14 ♒ 44	29 ♌	18 ♊	9 ♊	28 ♍	18 ♉
31	10 ♈ 28	22 ♏ 42	11 ♏ 24	9 D 48	19 D 2	23 ♓ 49	9 ♉ 9	28 ♑ 26	17 ♊ 45	23 ♊ 35	15 ♈ 6	14 ♒ 45	29 ♌	18 ♊	10 ♊	27 ♍	18 ♉

SUN INGRESS ☉ → ♈ 20日 10:21

MOON PHASE ◑ 5日 10:47 ♐ ● 12日 01:24 ♓ ◐ 19日 05:56 ♊ ○ 27日 09:46 ♎

aspects		
1日	23:03	♀⚹♂
6日	06:31	♀△♅
6日	19:17	☉□♄
9日	04:32	♂⚹♅
12日	06:03	♂□♃
13日	16:05	☉□♅
16日	15:42	☉⚹♃
17日	10:10	☉☌☿
18日	00:04	☿⚹♃
21日	09:24	☿□♅
25日	19:09	♀□♄
27日	13:56	☿☌♀
30日	19:21	♀□♅

2032年4月

DAY	☉	☽	☊ mean	☊ true	☿	♀	♂	♃	♄	♅	♆	♇	⚳	⚴	⚵	⚶	⚷
1	11 ♈ 27	5 ♐ 55	11 ♏ 21	9 D 49	19 D 5	25 D 3	9 D 52	28 D 35	17 D 49	23 D 36	15 D 8	14 D 46	29 R	19 D	10 D	27 R	18 D
2	12 ♈ 26	19 ♐ 23	11 ♏ 17	9 ♏ 51	19 ♓ 13	26 ♓ 17	10 ♉ 36	28 ♑ 43	17 ♊ 54	23 ♊ 38	15 ♈ 10	14 ♒ 47	29 ♌	19 ♊	11 ♊	27 ♍	18 ♉
3	13 ♈ 25	3 ♑ 5	11 ♏ 14	9 ♏ 52	19 ♓ 27	27 ♓ 31	11 ♉ 19	28 ♑ 51	17 ♊ 59	23 ♊ 39	15 ♈ 13	14 ♒ 48	28 ♌	20 ♊	11 ♊	27 ♍	18 ♉
4	14 ♈ 24	17 ♑ 2	11 ♏ 11	9 R 52	19 ♓ 45	28 ♓ 45	12 ♉ 2	28 ♑ 59	18 ♊ 3	23 ♊ 41	15 ♈ 15	14 ♒ 49	28 ♌	20 ♊	12 ♊	26 ♍	18 ♉
5	15 ♈ 23	1 ♒ 14	11 ♏ 8	9 ♏ 51	20 ♓ 9	0 ♈ 0	12 ♉ 45	29 ♑ 7	18 ♊ 8	23 ♊ 43	15 ♈ 17	14 ♒ 50	28 ♌	21 ♊	12 ♊	26 ♍	18 ♉
6	16 ♈ 23	15 ♒ 39	11 ♏ 5	9 ♏ 50	20 ♓ 37	1 ♈ 14	13 ♉ 28	29 ♑ 14	18 ♊ 13	23 ♊ 45	15 ♈ 20	14 ♒ 52	28 ♌	21 ♊	13 ♊	26 ♍	18 ♉
7	17 ♈ 22	0 ♓ 13	11 ♏ 2	9 ♏ 47	21 ♓ 9	2 ♈ 28	14 ♉ 11	29 ♑ 22	18 ♊ 18	23 ♊ 47	15 ♈ 22	14 ♒ 53	28 ♌	22 ♊	13 ♊	26 ♍	18 ♉
8	18 ♈ 21	14 ♓ 50	10 ♏ 58	9 ♏ 44	21 ♓ 46	3 ♈ 42	14 ♉ 54	29 ♑ 29	18 ♊ 23	23 ♊ 48	15 ♈ 24	14 ♒ 54	28 ♌	22 ♊	14 ♊	26 ♍	18 ♉
9	19 ♈ 20	29 ♓ 25	10 ♏ 55	9 ♏ 41	22 ♓ 26	4 ♈ 56	15 ♉ 37	29 ♑ 36	18 ♊ 29	23 ♊ 50	15 ♈ 26	14 ♒ 55	28 ♌	23 ♊	14 ♊	25 ♍	19 ♉
10	20 ♈ 19	13 ♈ 52	10 ♏ 52	9 ♏ 39	23 ♓ 10	6 ♈ 10	16 ♉ 20	29 ♑ 43	18 ♊ 34	23 ♊ 52	15 ♈ 29	14 ♒ 55	28 ♌	23 ♊	15 ♊	25 ♍	19 ♉
11	21 ♈ 17	28 ♈ 3	10 ♏ 49	9 ♏ 38	23 ♓ 58	7 ♈ 25	17 ♉ 3	29 ♑ 50	18 ♊ 39	23 ♊ 54	15 ♈ 31	14 ♒ 56	28 ♌	24 ♊	15 ♊	25 ♍	19 ♉
12	22 ♈ 16	11 ♉ 55	10 ♏ 46	9 D 37	24 ♓ 49	8 ♈ 39	17 ♉ 46	29 ♑ 57	18 ♊ 45	23 ♊ 56	15 ♈ 33	14 ♒ 57	28 D	24 ♊	16 ♊	25 ♍	19 ♉
13	23 ♈ 15	25 ♉ 25	10 ♏ 42	9 ♏ 38	25 ♓ 43	9 ♈ 53	18 ♉ 28	0 ♒ 3	18 ♊ 50	23 ♊ 59	15 ♈ 35	14 ♒ 58	28 ♌	25 ♊	16 ♊	25 ♍	19 ♉
14	24 ♈ 14	8 ♊ 33	10 ♏ 39	9 ♏ 39	26 ♓ 40	11 ♈ 7	19 ♉ 11	0 ♒ 10	18 ♊ 56	24 ♊ 1	15 ♈ 38	14 ♒ 59	28 ♌	25 ♊	17 ♊	24 ♍	19 ♉
15	25 ♈ 13	21 ♊ 19	10 ♏ 36	9 ♏ 40	27 ♓ 40	12 ♈ 21	19 ♉ 54	0 ♒ 16	19 ♊ 1	24 ♊ 3	15 ♈ 40	15 ♒ 0	28 ♌	26 ♊	17 ♊	24 ♍	19 ♉
16	26 ♈ 12	3 ♋ 46	10 ♏ 33	9 ♏ 41	28 ♓ 43	13 ♈ 35	20 ♉ 36	0 ♒ 22	19 ♊ 7	24 ♊ 5	15 ♈ 42	15 ♒ 1	28 ♌	27 ♊	18 ♊	24 ♍	19 ♉
17	27 ♈ 10	15 ♋ 57	10 ♏ 30	9 ♏ 42	29 ♓ 48	14 ♈ 49	21 ♉ 19	0 ♒ 28	19 ♊ 13	24 ♊ 7	15 ♈ 44	15 ♒ 1	28 ♌	27 ♊	18 ♊	24 ♍	19 ♉
18	28 ♈ 9	27 ♋ 58	10 ♏ 27	9 ♏ 43	0 ♈ 56	16 ♈ 3	22 ♉ 1	0 ♒ 34	19 ♊ 18	24 ♊ 10	15 ♈ 47	15 ♒ 2	28 ♌	28 ♊	19 ♊	24 ♍	19 ♉
19	29 ♈ 8	9 ♌ 53	10 ♏ 23	9 R 42	2 ♈ 6	17 ♈ 17	22 ♉ 44	0 ♒ 40	19 ♊ 24	24 ♊ 12	15 ♈ 49	15 ♒ 3	28 ♌	28 ♊	20 ♊	24 ♍	19 ♉
20	0 ♉ 6	21 ♌ 45	10 ♏ 20	9 ♏ 42	3 ♈ 19	18 ♈ 31	23 ♉ 26	0 ♒ 45	19 ♊ 30	24 ♊ 14	15 ♈ 51	15 ♒ 4	28 ♌	29 ♊	20 ♊	23 ♍	19 ♉
21	1 ♉ 5	3 ♍ 41	10 ♏ 17	9 ♏ 41	4 ♈ 34	19 ♈ 45	24 ♉ 9	0 ♒ 50	19 ♊ 36	24 ♊ 17	15 ♈ 53	15 ♒ 4	29 ♌	29 ♊	21 ♊	23 ♍	19 ♉
22	2 ♉ 3	15 ♍ 43	10 ♏ 14	9 ♏ 40	5 ♈ 51	20 ♈ 59	24 ♉ 51	0 ♒ 55	19 ♊ 42	24 ♊ 19	15 ♈ 55	15 ♒ 5	29 ♌	0 ♋	21 ♊	23 ♍	19 ♉
23	3 ♉ 2	27 ♍ 55	10 ♏ 11	9 ♏ 39	7 ♈ 10	22 ♈ 13	25 ♉ 33	1 ♒ 0	19 ♊ 49	24 ♊ 22	15 ♈ 58	15 ♒ 6	29 ♌	0 ♋	22 ♊	23 ♍	19 ♉
24	4 ♉ 0	10 ♎ 19	10 ♏ 8	9 ♏ 38	8 ♈ 31	23 ♈ 27	26 ♉ 16	1 ♒ 5	19 ♊ 55	24 ♊ 24	16 ♈ 0	15 ♒ 6	29 ♌	1 ♋	22 ♊	23 ♍	19 ♉
25	4 ♉ 59	22 ♎ 58	10 ♏ 4	9 ♏ 37	9 ♈ 55	24 ♈ 41	26 ♉ 58	1 ♒ 10	20 ♊ 1	24 ♊ 27	16 ♈ 2	15 ♒ 7	29 ♌	1 ♋	23 ♊	23 ♍	20 ♉
26	5 ♉ 57	5 ♏ 53	10 ♏ 1	9 ♏ 37	11 ♈ 20	25 ♈ 55	27 ♉ 40	1 ♒ 14	20 ♊ 7	24 ♊ 29	16 ♈ 4	15 ♒ 7	29 ♌	2 ♋	23 ♊	23 ♍	20 ♉
27	6 ♉ 56	19 ♏ 2	9 ♏ 58	9 D 37	12 ♈ 47	27 ♈ 9	28 ♉ 22	1 ♒ 19	20 ♊ 14	24 ♊ 32	16 ♈ 6	15 ♒ 8	29 ♌	2 ♋	24 ♊	23 ♍	20 ♉
28	7 ♉ 54	2 ♐ 27	9 ♏ 55	9 ♏ 37	14 ♈ 16	28 ♈ 23	29 ♉ 4	1 ♒ 23	20 ♊ 20	24 ♊ 35	16 ♈ 8	15 ♒ 8	29 ♌	3 ♋	24 ♊	23 ♍	20 ♉
29	8 ♉ 52	16 ♐ 4	9 ♏ 52	9 ♏ 37	15 ♈ 47	29 ♈ 37	29 ♉ 46	1 ♒ 27	20 ♊ 27	24 ♊ 37	16 ♈ 11	15 ♒ 9	29 ♌	4 ♋	25 ♊	23 ♍	20 ♉
30	9 ♉ 50	29 ♐ 54	9 ♏ 48	9 R 38	17 ♈ 20	0 ♉ 51	0 ♊ 28	1 ♒ 31	20 ♊ 33	24 ♊ 40	16 ♈ 13	15 ♒ 9	29 ♌	4 ♋	25 ♊	23 ♍	20 ♉

SUN INGRESS ☉ → ♉ 19日 21:14

MOON PHASE ◑ 3日 19:10 ♑ ● 10日 11:39 ♈ ◐ 18日 00:24 ♋ ○ 26日 00:09 ♏

aspects		
4日	04:49	♀⚹♃
4日	10:22	☉⚹♇
4日	21:23	☉☌♆
7日	23:40	♂□♇
8日	01:14	☉⚹♄
10日	22:17	☿□♅
13日	18:19	☉⚹♅
17日	04:03	♀⚹♇
17日	15:36	☿⚹♃
17日	18:28	♀☌♆
20日	17:28	☉□♃
20日	20:50	♀⚹♄
24日	19:10	♀⚹♅
28日	13:53	☿⚹♇
29日	06:13	☿☌♆
30日	13:32	♀□♃

2032年5月

DAY	☉	☽	☊ mean	☊ true	☿	♀	♂	♃	♄	♅	♆	♇	⚳	⚴	⚵	⚶	⚷
	° ′	° ′	° ′	° ′	° ′	° ′	° ′	° ′	° ′	° ′	° ′	° ′	°	°	°	°	°
1	10 ♉ 49	13 ♑ 53	9 ♏ 45	9 R 37	18 D 55	2 D 5	1 D 10	1 D 34	20 D 40	24 D 43	16 D 15	15 D 10	0 D	5 D	26 D	23 R	20 D
2	11 ♉ 47	28 ♑ 0	9 ♏ 42	9 ♏ 37	20 ♈ 32	3 ♉ 19	1 ♊ 52	1 ♒ 38	20 ♊ 46	24 ♊ 46	16 ♈ 17	15 ♒ 10	0 ♍	5 ♋	26 ♊	23 ♍	20 ♉
3	12 ♉ 45	12 ♒ 11	9 ♏ 39	9 ♏ 37	22 ♈ 10	4 ♉ 33	2 ♊ 34	1 ♒ 41	20 ♊ 53	24 ♊ 49	16 ♈ 19	15 ♒ 10	0 ♍	6 ♋	27 ♊	23 ♍	20 ♉
4	13 ♉ 43	26 ♒ 26	9 ♏ 36	9 D 37	23 ♈ 51	5 ♉ 47	3 ♊ 15	1 ♒ 44	21 ♊ 0	24 ♊ 52	16 ♈ 21	15 ♒ 11	0 ♍	6 ♋	27 ♊	22 ♍	20 ♉
5	14 ♉ 42	10 ♓ 41	9 ♏ 33	9 ♏ 38	25 ♈ 33	7 ♉ 1	3 ♊ 57	1 ♒ 47	21 ♊ 7	24 ♊ 54	16 ♈ 23	15 ♒ 11	0 ♍	7 ♋	28 ♊	22 ♍	20 ♉
6	15 ♉ 40	24 ♓ 53	9 ♏ 29	9 ♏ 38	27 ♈ 17	8 ♉ 15	4 ♊ 39	1 ♒ 50	21 ♊ 13	24 ♊ 57	16 ♈ 25	15 ♒ 11	0 ♍	7 ♋	29 ♊	22 D	20 ♉
7	16 ♉ 38	8 ♈ 59	9 ♏ 26	9 ♏ 39	29 ♈ 3	9 ♉ 28	5 ♊ 20	1 ♒ 52	21 ♊ 20	25 ♊ 0	16 ♈ 27	15 ♒ 12	0 ♍	8 ♋	29 ♊	22 ♍	20 ♉
8	17 ♉ 36	22 ♈ 57	9 ♏ 23	9 ♏ 40	0 ♉ 51	10 ♉ 42	6 ♊ 2	1 ♒ 55	21 ♊ 27	25 ♊ 3	16 ♈ 29	15 ♒ 12	1 ♍	8 ♋	0 ♋	23 ♍	20 ♉
9	18 ♉ 34	6 ♉ 44	9 ♏ 20	9 ♏ 40	2 ♉ 41	11 ♉ 56	6 ♊ 44	1 ♒ 57	21 ♊ 34	25 ♊ 6	16 ♈ 31	15 ♒ 12	1 ♍	9 ♋	0 ♋	23 ♍	20 ♉
10	19 ♉ 32	20 ♉ 16	9 ♏ 17	9 R 39	4 ♉ 32	13 ♉ 10	7 ♊ 25	1 ♒ 59	21 ♊ 41	25 ♊ 9	16 ♈ 33	15 ♒ 12	1 ♍	10 ♋	1 ♋	23 ♍	21 ♉
11	20 ♉ 30	3 ♊ 32	9 ♏ 13	9 ♏ 39	6 ♉ 26	14 ♉ 24	8 ♊ 7	2 ♒ 1	21 ♊ 48	25 ♊ 12	16 ♈ 35	15 ♒ 12	1 ♍	10 ♋	1 ♋	23 ♍	21 ♉
12	21 ♉ 28	16 ♊ 30	9 ♏ 10	9 ♏ 38	8 ♉ 21	15 ♉ 38	8 ♊ 48	2 ♒ 2	21 ♊ 55	25 ♊ 15	16 ♈ 37	15 ♒ 13	1 ♍	11 ♋	2 ♋	23 ♍	21 ♉
13	22 ♉ 26	29 ♊ 12	9 ♏ 7	9 ♏ 36	10 ♉ 19	16 ♉ 52	9 ♊ 30	2 ♒ 4	22 ♊ 2	25 ♊ 19	16 ♈ 39	15 ♒ 13	2 ♍	11 ♋	2 ♋	23 ♍	21 ♉
14	23 ♉ 24	11 ♋ 38	9 ♏ 4	9 ♏ 34	12 ♉ 18	18 ♉ 6	10 ♊ 11	2 ♒ 5	22 ♊ 10	25 ♊ 22	16 ♈ 41	15 ♒ 13	2 ♍	12 ♋	3 ♋	23 ♍	21 ♉
15	24 ♉ 22	23 ♋ 50	9 ♏ 1	9 ♏ 32	14 ♉ 18	19 ♉ 19	10 ♊ 52	2 ♒ 6	22 ♊ 17	25 ♊ 25	16 ♈ 43	15 ♒ 13	2 ♍	12 ♋	3 ♋	23 ♍	21 ♉
16	25 ♉ 20	5 ♌ 51	8 ♏ 58	9 ♏ 31	16 ♉ 21	20 ♉ 33	11 ♊ 33	2 ♒ 7	22 ♊ 24	25 ♊ 28	16 ♈ 45	15 ♒ 13	2 ♍	13 ♋	4 ♋	23 ♍	21 ♉
17	26 ♉ 17	17 ♌ 47	8 ♏ 54	9 ♏ 30	18 ♉ 25	21 ♉ 47	12 ♊ 15	2 ♒ 7	22 ♊ 31	25 ♊ 31	16 ♈ 47	15 R 13	2 ♍	13 ♋	4 ♋	23 ♍	21 ♉
18	27 ♉ 15	29 ♌ 40	8 ♏ 51	9 D 29	20 ♉ 31	23 ♉ 1	12 ♊ 56	2 ♒ 8	22 ♊ 39	25 ♊ 35	16 ♈ 48	15 ♒ 13	3 ♍	14 ♋	5 ♋	23 ♍	21 ♉
19	28 ♉ 13	11 ♍ 35	8 ♏ 48	9 ♏ 30	22 ♉ 38	24 ♉ 15	13 ♊ 37	2 ♒ 8	22 ♊ 46	25 ♊ 38	16 ♈ 50	15 ♒ 13	3 ♍	14 ♋	5 ♋	23 ♍	21 ♉
20	29 ♉ 11	23 ♍ 38	8 ♏ 45	9 ♏ 31	24 ♉ 46	25 ♉ 28	14 ♊ 18	2 R 8	22 ♊ 53	25 ♊ 41	16 ♈ 52	15 ♒ 13	3 ♍	15 ♋	6 ♋	23 ♍	21 ♉
21	0 ♊ 9	5 ♎ 52	8 ♏ 42	9 ♏ 33	26 ♉ 56	26 ♉ 42	14 ♊ 59	2 ♒ 8	23 ♊ 1	25 ♊ 44	16 ♈ 54	15 ♒ 12	3 ♍	16 ♋	6 ♋	23 ♍	21 ♉
22	1 ♊ 6	18 ♎ 22	8 ♏ 39	9 ♏ 34	29 ♉ 6	27 ♉ 56	15 ♊ 40	2 ♒ 8	23 ♊ 8	25 ♊ 48	16 ♈ 56	15 ♒ 12	3 ♍	16 ♋	7 ♋	24 ♍	21 ♉
23	2 ♊ 4	1 ♏ 10	8 ♏ 35	9 ♏ 35	1 ♊ 17	29 ♉ 10	16 ♊ 21	2 ♒ 7	23 ♊ 16	25 ♊ 51	16 ♈ 57	15 ♒ 12	4 ♍	17 ♋	7 ♋	24 ♍	21 ♉
24	3 ♊ 2	14 ♏ 19	8 ♏ 32	9 R 35	3 ♊ 29	0 ♊ 24	17 ♊ 2	2 ♒ 7	23 ♊ 23	25 ♊ 54	16 ♈ 59	15 ♒ 12	4 ♍	17 ♋	8 ♋	24 ♍	22 ♉
25	3 ♊ 59	27 ♏ 48	8 ♏ 29	9 ♏ 34	5 ♊ 41	1 ♊ 37	17 ♊ 43	2 ♒ 6	23 ♊ 31	25 ♊ 58	17 ♈ 1	15 ♒ 12	4 ♍	18 ♋	9 ♋	24 ♍	22 ♉
26	4 ♊ 57	11 ♐ 37	8 ♏ 26	9 ♏ 32	7 ♊ 52	2 ♊ 51	18 ♊ 24	2 ♒ 5	23 ♊ 38	26 ♊ 1	17 ♈ 2	15 ♒ 11	4 ♍	18 ♋	9 ♋	24 ♍	22 ♉
27	5 ♊ 54	25 ♐ 43	8 ♏ 23	9 ♏ 29	10 ♊ 4	4 ♊ 5	19 ♊ 5	2 ♒ 4	23 ♊ 46	26 ♊ 4	17 ♈ 4	15 ♒ 11	5 ♍	19 ♋	10 ♋	24 ♍	22 ♉
28	6 ♊ 52	10 ♑ 0	8 ♏ 19	9 ♏ 25	12 ♊ 14	5 ♊ 19	19 ♊ 45	2 ♒ 2	23 ♊ 53	26 ♊ 8	17 ♈ 6	15 ♒ 11	5 ♍	19 ♋	10 ♋	24 ♍	22 ♉
29	7 ♊ 50	24 ♑ 24	8 ♏ 16	9 ♏ 21	14 ♊ 24	6 ♊ 32	20 ♊ 26	2 ♒ 1	24 ♊ 1	26 ♊ 11	17 ♈ 7	15 ♒ 11	5 ♍	20 ♋	11 ♋	25 ♍	22 ♉
30	8 ♊ 47	8 ♒ 50	8 ♏ 13	9 ♏ 18	16 ♊ 33	7 ♊ 46	21 ♊ 7	1 ♒ 59	24 ♊ 9	26 ♊ 15	17 ♈ 9	15 ♒ 10	5 ♍	21 ♋	11 ♋	25 ♍	22 ♉
31	9 ♊ 45	23 ♒ 13	8 ♏ 10	9 ♏ 16	18 ♊ 40	9 ♊ 0	21 ♊ 48	1 ♒ 57	24 ♊ 16	26 ♊ 18	17 ♈ 10	15 ♒ 10	6 ♍	21 ♋	12 ♋	25 ♍	22 ♉

SUN INGRESS	☉ → ♊ 20日 20:15
MOON PHASE	◑ 3日 01:01 ♒ ● 9日 22:35 ♉ ◐ 17日 18:43 ♌ ○ 25日 11:37 ♐

aspects		
1日	15:16	♂△♃
2日	03:50	☿⚹♄
4日	14:44	☿⚹♅
5日	12:17	☉□♇
8日	14:13	☿□♃
11日	15:46	♀□♇
15日	10:41	☿□♇
20日	18:10	☿☌♀
21日	07:43	♂△♇
23日	01:24	☉△♃
23日	09:04	☿△♃
23日	15:06	☉☌☿
23日	22:08	♂⚹♆
25日	09:08	♀△♃
29日	08:36	☿△♇
30日	06:51	☿⚹♆

2032年6月

DAY	☉	☽	☊ mean	☊ true	☿	♀	♂	♃	♄	♅	♆	♇	⚳	⚴	⚵	⚶	⚷
	° ′	° ′	° ′	° ′	° ′	° ′	° ′	° ′	° ′	° ′	° ′	° ′	°	°	°	°	°
1	10 ♊ 42	7 ♓ 29	8 ♏ 7	9 R 15	20 D 46	10 D 14	22 D 28	1 R 55	24 D 24	26 D 22	17 D 12	15 R 9	6 D	22 D	12 D	25 D	22 D
2	11 ♊ 40	21 ♓ 36	8 ♏ 4	9 D 15	22 ♊ 49	11 ♊ 27	23 ♊ 9	1 ♒ 52	24 ♊ 32	26 ♊ 25	17 ♈ 14	15 ♒ 9	6 ♍	22 ♋	13 ♋	25 ♍	22 ♉
3	12 ♊ 37	5 ♈ 31	8 ♏ 0	9 ♏ 16	24 ♊ 51	12 ♊ 41	23 ♊ 49	1 ♒ 50	24 ♊ 39	26 ♊ 29	17 ♈ 15	15 ♒ 9	7 ♍	23 ♋	13 ♋	26 ♍	22 ♉
4	13 ♊ 35	19 ♈ 16	7 ♏ 57	9 ♏ 18	26 ♊ 51	13 ♊ 55	24 ♊ 30	1 ♒ 47	24 ♊ 47	26 ♊ 32	17 ♈ 16	15 ♒ 8	7 ♍	23 ♋	14 ♋	26 ♍	22 ♉
5	14 ♊ 32	2 ♉ 48	7 ♏ 54	9 ♏ 19	28 ♊ 49	15 ♊ 9	25 ♊ 10	1 ♒ 44	24 ♊ 55	26 ♊ 36	17 ♈ 18	15 ♒ 8	7 ♍	24 ♋	14 ♋	26 ♍	22 ♉
6	15 ♊ 30	16 ♉ 9	7 ♏ 51	9 R 19	0 ♋ 44	16 ♊ 22	25 ♊ 51	1 ♒ 41	25 ♊ 2	26 ♊ 39	17 ♈ 19	15 ♒ 7	7 ♍	24 ♋	15 ♋	26 ♍	22 ♉
7	16 ♊ 27	29 ♉ 17	7 ♏ 48	9 ♏ 17	2 ♋ 37	17 ♊ 36	26 ♊ 31	1 ♒ 38	25 ♊ 10	26 ♊ 43	17 ♈ 21	15 ♒ 7	8 ♍	25 ♋	15 ♋	26 ♍	22 ♉
8	17 ♊ 24	12 ♊ 13	7 ♏ 45	9 ♏ 14	4 ♋ 27	18 ♊ 50	27 ♊ 12	1 ♒ 34	25 ♊ 18	26 ♊ 46	17 ♈ 22	15 ♒ 6	8 ♍	25 ♋	16 ♋	27 ♍	22 ♉
9	18 ♊ 22	24 ♊ 57	7 ♏ 41	9 ♏ 8	6 ♋ 15	20 ♊ 4	27 ♊ 52	1 ♒ 31	25 ♊ 26	26 ♊ 50	17 ♈ 23	15 ♒ 5	8 ♍	26 ♋	16 ♋	27 ♍	23 ♉
10	19 ♊ 19	7 ♋ 27	7 ♏ 38	9 ♏ 2	8 ♋ 0	21 ♊ 17	28 ♊ 32	1 ♒ 27	25 ♊ 33	26 ♊ 53	17 ♈ 25	15 ♒ 5	9 ♍	26 ♋	17 ♋	27 ♍	23 ♉
11	20 ♊ 17	19 ♋ 46	7 ♏ 35	8 ♏ 54	9 ♋ 43	22 ♊ 31	29 ♊ 12	1 ♒ 23	25 ♊ 41	26 ♊ 57	17 ♈ 26	15 ♒ 4	9 ♍	27 ♋	17 ♋	27 ♍	23 ♉
12	21 ♊ 14	1 ♌ 54	7 ♏ 32	8 ♏ 47	11 ♋ 23	23 ♊ 45	29 ♊ 53	1 ♒ 19	25 ♊ 49	27 ♊ 0	17 ♈ 27	15 ♒ 3	9 ♍	28 ♋	18 ♋	28 ♍	23 ♉
13	22 ♊ 11	13 ♌ 54	7 ♏ 29	8 ♏ 41	13 ♋ 0	24 ♊ 59	0 ♋ 33	1 ♒ 15	25 ♊ 57	27 ♊ 4	17 ♈ 28	15 ♒ 3	10 ♍	28 ♋	18 ♋	28 ♍	23 ♉
14	23 ♊ 9	25 ♌ 47	7 ♏ 25	8 ♏ 35	14 ♋ 35	26 ♊ 12	1 ♋ 13	1 ♒ 10	26 ♊ 5	27 ♊ 8	17 ♈ 30	15 ♒ 2	10 ♍	29 ♋	19 ♋	28 ♍	23 ♉
15	24 ♊ 6	7 ♍ 39	7 ♏ 22	8 ♏ 32	16 ♋ 7	27 ♊ 26	1 ♋ 53	1 ♒ 6	26 ♊ 13	27 ♊ 11	17 ♈ 31	15 ♒ 1	10 ♍	29 ♋	19 ♋	28 ♍	23 ♉
16	25 ♊ 3	19 ♍ 33	7 ♏ 19	8 ♏ 30	17 ♋ 37	28 ♊ 40	2 ♋ 33	1 ♒ 1	26 ♊ 20	27 ♊ 15	17 ♈ 32	15 ♒ 1	10 ♍	0 ♌	20 ♋	29 ♍	23 ♉
17	26 ♊ 1	1 ♎ 34	7 ♏ 16	8 D 30	19 ♋ 4	29 ♊ 53	3 ♋ 13	0 ♒ 56	26 ♊ 28	27 ♊ 18	17 ♈ 33	15 ♒ 0	11 ♍	0 ♌	21 ♋	29 ♍	23 ♉
18	26 ♊ 58	13 ♎ 47	7 ♏ 13	8 ♏ 31	20 ♋ 28	1 ♋ 7	3 ♋ 53	0 ♒ 51	26 ♊ 36	27 ♊ 22	17 ♈ 34	14 ♒ 59	11 ♍	1 ♌	21 ♋	29 ♍	23 ♉
19	27 ♊ 55	26 ♎ 17	7 ♏ 10	8 ♏ 33	21 ♋ 49	2 ♋ 21	4 ♋ 33	0 ♒ 46	26 ♊ 44	27 ♊ 25	17 ♈ 35	14 ♒ 58	11 ♍	1 ♌	22 ♋	29 ♍	23 ♉
20	28 ♊ 52	9 ♏ 8	7 ♏ 6	8 R 33	23 ♋ 8	3 ♋ 35	5 ♋ 13	0 ♒ 40	26 ♊ 52	27 ♊ 29	17 ♈ 36	14 ♒ 57	12 ♍	2 ♌	22 ♋	0 ♎	23 ♉
21	29 ♊ 50	22 ♏ 23	7 ♏ 3	8 ♏ 32	24 ♋ 24	4 ♋ 48	5 ♋ 53	0 ♒ 35	26 ♊ 59	27 ♊ 33	17 ♈ 37	14 ♒ 56	12 ♍	2 ♌	23 ♋	0 ♎	23 ♉
22	0 ♋ 47	6 ♐ 5	7 ♏ 0	8 ♏ 29	25 ♋ 36	6 ♋ 2	6 ♋ 33	0 ♒ 29	27 ♊ 7	27 ♊ 36	17 ♈ 38	14 ♒ 56	13 ♍	3 ♌	23 ♋	0 ♎	23 ♉
23	1 ♋ 44	20 ♐ 11	6 ♏ 57	8 ♏ 24	26 ♋ 46	7 ♋ 16	7 ♋ 13	0 ♒ 23	27 ♊ 15	27 ♊ 40	17 ♈ 39	14 ♒ 55	13 ♍	4 ♌	24 ♋	1 ♎	23 ♉
24	2 ♋ 41	4 ♑ 39	6 ♏ 54	8 ♏ 17	27 ♋ 53	8 ♋ 29	7 ♋ 53	0 ♒ 17	27 ♊ 23	27 ♊ 43	17 ♈ 40	14 ♒ 54	13 ♍	4 ♌	24 ♋	1 ♎	23 ♉
25	3 ♋ 39	19 ♑ 23	6 ♏ 51	8 ♏ 9	28 ♋ 57	9 ♋ 43	8 ♋ 32	0 ♒ 11	27 ♊ 31	27 ♊ 47	17 ♈ 41	14 ♒ 53	13 ♍	5 ♌	25 ♋	1 ♎	24 ♉
26	4 ♋ 36	4 ♒ 14	6 ♏ 47	8 ♏ 1	29 ♋ 57	10 ♋ 57	9 ♋ 12	0 ♒ 5	27 ♊ 38	27 ♊ 51	17 ♈ 41	14 ♒ 52	14 ♍	5 ♌	25 ♋	2 ♎	24 ♉
27	5 ♋ 33	19 ♒ 4	6 ♏ 44	7 ♏ 53	0 ♌ 54	12 ♋ 10	9 ♋ 52	29 ♑ 59	27 ♊ 46	27 ♊ 54	17 ♈ 42	14 ♒ 51	14 ♍	6 ♌	26 ♋	2 ♎	24 ♉
28	6 ♋ 30	3 ♓ 45	6 ♏ 41	7 ♏ 48	1 ♌ 48	13 ♋ 24	10 ♋ 31	29 ♑ 53	27 ♊ 54	27 ♊ 58	17 ♈ 43	14 ♒ 50	15 ♍	6 ♌	26 ♋	2 ♎	24 ♉
29	7 ♋ 27	18 ♓ 12	6 ♏ 38	7 ♏ 44	2 ♌ 39	14 ♋ 38	11 ♋ 11	29 ♑ 46	28 ♊ 2	28 ♊ 1	17 ♈ 44	14 ♒ 49	15 ♍	7 ♌	27 ♋	3 ♎	24 ♉
30	8 ♋ 25	2 ♈ 22	6 ♏ 35	7 ♏ 42	3 ♌ 26	15 ♋ 52	11 ♋ 51	29 ♑ 39	28 ♊ 9	28 ♊ 5	17 ♈ 44	14 ♒ 48	15 ♍	7 ♌	27 ♋	3 ♎	24 ♉

SUN INGRESS	☉ → ♋ 21日 04:08
MOON PHASE	◑ 1日 05:51 ♓ ● 8日 10:32 ♊ ◐ 16日 11:59 ♍ ○ 23日 20:32 ♑ ◑ 30日 11:11 ♈

aspects		
2日	05:38	☿☌♂
2日	18:07	☉☌♀
2日	21:26	☿☌♄
3日	20:03	☿☌♅
4日	12:32	♂☌♄
4日	23:40	♀△♇
5日	14:42	☉△♇
6日	18:53	♀⚹♆
7日	07:32	♂☌♅
7日	22:59	☉⚹♆
13日	21:15	♀☌♄
14日	18:57	♀☌♅
15日	22:34	☿□♆
17日	13:22	☉☌♄
18日	10:45	☉☌♅
22日	21:57	♀☌♂
26日	02:58	☿☍♃
28日	21:03	♄☌♅

2032年7月

DAY	☉	☽	☊ mean	☊ true	☿	♀	♂	♃	♄	♅	♆	♇	⚳	⚴	⚵	⚶	⚷
	° ′	° ′	° ′	° ′	° ′	° ′	° ′	° ′	° ′	° ′	° ′	° ′	°	°	°	°	°
1	9♋22	16♈12	6♏31	7 D 42	4 D 9	17 D 5	12 D 30	29 R 33	28 D 17	28 D 8	17 D 45	14 R 47	16 D	8 D	28 D	3 D	24 D
2	10♋19	29♈44	6♏28	7♏43	4♌48	18♋19	13♋10	29♑26	28♊25	28♊12	17♈46	14♒46	16♍	8♌	28♋	4♎	24♉
3	11♋16	13♉0	6♏25	7 R 43	5♌24	19♋33	13♋49	29♑19	28♊33	28♊15	17♈46	14♒45	16♍	9♌	29♋	4♎	24♉
4	12♋13	26♉1	6♏22	7♏42	5♌55	20♋46	14♋29	29♑12	28♊40	28♊19	17♈47	14♒44	17♍	9♌	29♋	4♎	24♉
5	13♋11	8♊50	6♏19	7♏38	6♌22	22♋0	15♋8	29♑5	28♊48	28♊22	17♈48	14♒43	17♍	10♌	0♌	5♎	24♉
6	14♋8	21♊27	6♏16	7♏31	6♌45	23♋14	15♋48	28♑58	28♊56	28♊26	17♈48	14♒41	17♍	10♌	0♌	5♎	24♉
7	15♋5	3♋54	6♏12	7♏22	7♌4	24♋28	16♋27	28♑50	29♊3	28♊29	17♈49	14♒40	18♍	11♌	1♌	5♎	24♉
8	16♋2	16♋11	6♏9	7♏11	7♌18	25♋41	17♋7	28♑43	29♊11	28♊33	17♈49	14♒39	18♍	12♌	1♌	6♎	24♉
9	16♋59	28♋20	6♏6	6♏59	7♌27	26♋55	17♋46	28♑36	29♊18	28♊36	17♈49	14♒38	18♍	12♌	2♌	6♎	24♉
10	17♋57	10♌22	6♏3	6♏46	7♌32	28♋9	18♋25	28♑28	29♊26	28♊40	17♈50	14♒37	19♍	13♌	2♌	6♎	24♉
11	18♋54	22♌17	6♏0	6♏35	7 R 32	29♋22	19♋5	28♑21	29♊34	28♊43	17♈50	14♒36	19♍	13♌	3♌	7♎	24♉
12	19♋51	4♍8	5♏57	6♏25	7♌27	0♌36	19♋44	28♑13	29♊41	28♊46	17♈50	14♒34	20♍	14♌	3♌	7♎	24♉
13	20♋48	15♍58	5♏53	6♏18	7♌17	1♌50	20♋23	28♑6	29♊49	28♊50	17♈51	14♒33	20♍	14♌	4♌	7♎	24♉
14	21♋46	27♍51	5♏50	6♏13	7♌3	3♌4	21♋2	27♑58	29♊56	28♊53	17♈51	14♒32	20♍	15♌	4♌	8♎	24♉
15	22♋43	9♎50	5♏47	6♏11	6♌44	4♌17	21♋42	27♑50	0♋3	28♊57	17♈51	14♒31	21♍	15♌	5♌	8♎	25♉
16	23♋40	22♎0	5♏44	6♏10	6♌21	5♌31	22♋21	27♑43	0♋11	29♊0	17♈51	14♒29	21♍	16♌	5♌	9♎	25♉
17	24♋37	4♏27	5♏41	6 D 10	5♌54	6♌45	23♋0	27♑35	0♋18	29♊3	17♈52	14♒28	21♍	16♌	6♌	9♎	25♉
18	25♋35	17♏16	5♏37	6 R 10	5♌23	7♌58	23♋39	27♑27	0♋26	29♊6	17♈52	14♒27	22♍	17♌	6♌	9♎	25♉
19	26♋32	0♐30	5♏34	6♏8	4♌49	9♌12	24♋18	27♑19	0♋33	29♊10	17♈52	14♒26	22♍	17♌	7♌	10♎	25♉
20	27♋29	14♐14	5♏31	6♏4	4♌12	10♌26	24♋57	27♑12	0♋40	29♊13	17♈52	14♒24	23♍	18♌	7♌	10♎	25♉
21	28♋26	28♐26	5♏28	5♏58	3♌33	11♌40	25♋36	27♑4	0♋47	29♊16	17♈52	14♒23	23♍	18♌	8♌	11♎	25♉
22	29♋24	13♑5	5♏25	5♏49	2♌52	12♌53	26♋15	26♑56	0♋55	29♊19	17 R 52	14♒22	23♍	19♌	8♌	11♎	25♉
23	0♌21	28♑4	5♏22	5♏38	2♌10	14♌7	26♋54	26♑48	1♋2	29♊23	17♈52	14♒20	24♍	19♌	9♌	11♎	25♉
24	1♌18	13♒15	5♏18	5♏27	1♌28	15♌21	27♋33	26♑41	1♋9	29♊26	17♈52	14♒19	24♍	20♌	9♌	12♎	25♉
25	2♌15	28♒25	5♏15	5♏18	0♌47	16♌34	28♋12	26♑33	1♋16	29♊29	17♈52	14♒18	25♍	20♌	10♌	12♎	25♉
26	3♌13	13♓26	5♏12	5♏10	0♌7	17♌48	28♋51	26♑25	1♋23	29♊32	17♈51	14♒16	25♍	21♌	10♌	13♎	25♉
27	4♌10	28♓9	5♏9	5♏4	29♋28	19♌2	29♋30	26♑18	1♋30	29♊35	17♈51	14♒15	25♍	21♌	11♌	13♎	25♉
28	5♌7	12♈29	5♏6	5♏1	28♋53	20♌15	0♌9	26♑10	1♋37	29♊38	17♈51	14♒14	26♍	22♌	11♌	13♎	25♉
29	6♌5	26♈24	5♏3	5♏0	28♋20	21♌29	0♌47	26♑3	1♋44	29♊41	17♈51	14♒12	26♍	22♌	12♌	14♎	25♉
30	7♌2	9♉55	4♏59	5♏0	27♋52	22♌43	1♌26	25♑55	1♋51	29♊44	17♈51	14♒11	27♍	23♌	12♌	14♎	25♉
31	7♌59	23♉5	4♏56	5♏0	27♋29	23♌56	2♌5	25♑48	1♋58	29♊47	17♈50	14♒10	27♍	24♌	13♌	15♎	25♉

SUN INGRESS	☉→♌ 22日 15:04
MOON PHASE	● 7日 23:41 ♋　◐ 16日 03:32 ♎　○ 23日 03:51 ♒　◑ 29日 18:25 ♉

aspects		
1日	13:06	♀□♆
9日	02:06	♂□♆
9日	21:04	☉□♆
10日	05:45	♀☍♃
11日	14:15	☉☌♂
16日	12:03	☿☌♀
19日	17:33	☉☍♃
22日	21:04	♂☍♃
23日	04:19	♀☍♇
24日	02:30	☉☌☿
26日	01:08	♀△♆
26日	23:32	☿☌♂

2032年8月

DAY	☉	☽	☊ mean	☊ true	☿	♀	♂	♃	♄	♅	♆	♇	⚳	⚴	⚵	⚶	⚷
	° ′	° ′	° ′	° ′	° ′	° ′	° ′	° ′	° ′	° ′	° ′	° ′	°	°	°	°	°
1	8♌57	5♊55	4♏53	4 R 58	27 R 10	25 D 10	2 D 44	25 R 40	2 D 5	29 D 50	17 R 50	14 R 8	27 D	24 D	13 D	15 D	25 D
2	9♌54	18♊31	4♏50	4♏54	26♋57	26♌24	3♌23	25♑33	2♋11	29♊53	17♈50	14♒7	28♍	25♌	14♌	16♎	25♉
3	10♌52	0♋54	4♏47	4♏46	26♋50	27♌37	4♌1	25♑26	2♋18	29♊56	17♈49	14♒6	28♍	25♌	14♌	16♎	25♉
4	11♌49	13♋8	4♏43	4♏36	26 D 49	28♌51	4♌40	25♑19	2♋25	29♊59	17♈49	14♒4	29♍	26♌	15♌	16♎	25♉
5	12♌46	25♋14	4♏40	4♏24	26♋54	0♍5	5♌19	25♑11	2♋31	0♋2	17♈48	14♒3	29♍	26♌	15♌	17♎	25♉
6	13♌44	7♌15	4♏37	4♏11	27♋6	1♍18	5♌57	25♑4	2♋38	0♋5	17♈48	14♒2	29♍	27♌	16♌	17♎	25♉
7	14♌41	19♌10	4♏34	3♏57	27♋25	2♍32	6♌36	24♑57	2♋45	0♋8	17♈47	14♒0	0♎	27♌	16♌	18♎	25♉
8	15♌39	1♍2	4♏31	3♏44	27♋50	3♍46	7♌15	24♑51	2♋51	0♋10	17♈47	13♒59	0♎	28♌	16♌	18♎	25♉
9	16♌36	12♍52	4♏28	3♏34	28♋22	4♍59	7♌53	24♑44	2♋57	0♋13	17♈46	13♒58	1♎	28♌	17♌	19♎	25♉
10	17♌34	24♍42	4♏24	3♏25	29♋0	6♍13	8♌32	24♑37	3♋4	0♋16	17♈46	13♒56	1♎	29♌	17♌	19♎	25♉
11	18♌32	6♎35	4♏21	3♏20	29♋46	7♍26	9♌10	24♑31	3♋10	0♋18	17♈45	13♒55	1♎	29♌	18♌	19♎	25♉
12	19♌29	18♎35	4♏18	3♏17	0♌37	8♍40	9♌49	24♑24	3♋16	0♋21	17♈44	13♒53	2♎	0♍	18♌	20♎	25♉
13	20♌27	0♏45	4♏15	3♏16	1♌35	9♍54	10♌27	24♑18	3♋22	0♋24	17♈43	13♒52	2♎	0♍	19♌	20♎	25♉
14	21♌24	13♏10	4♏12	3 D 16	2♌39	11♍7	11♌6	24♑12	3♋29	0♋26	17♈43	13♒51	3♎	1♍	19♌	21♎	25♉
15	22♌22	25♏55	4♏8	3 R 16	3♌50	12♍21	11♌44	24♑6	3♋35	0♋29	17♈42	13♒49	3♎	1♍	20♌	21♎	25♉
16	23♌20	9♐5	4♏5	3♏15	5♌6	13♍34	12♌23	24♑0	3♋41	0♋31	17♈41	13♒48	4♎	2♍	20♌	22♎	25♉
17	24♌17	22♐43	4♏2	3♏12	6♌27	14♍48	13♌1	23♑54	3♋47	0♋34	17♈40	13♒47	4♎	2♍	21♌	22♎	26♉
18	25♌15	6♑51	3♏59	3♏7	7♌54	16♍2	13♌40	23♑49	3♋52	0♋36	17♈40	13♒45	4♎	3♍	21♌	23♎	26♉
19	26♌13	21♑27	3♏56	3♏0	9♌25	17♍15	14♌18	23♑43	3♋58	0♋38	17♈39	13♒44	5♎	3♍	22♌	23♎	26♉
20	27♌10	6♒26	3♏53	2♏51	11♌1	18♍29	14♌57	23♑38	4♋4	0♋41	17♈38	13♒43	5♎	4♍	22♌	24♎	26♉
21	28♌8	21♒41	3♏49	2♏41	12♌41	19♍42	15♌35	23♑33	4♋10	0♋43	17♈37	13♒41	6♎	4♍	23♌	24♎	26♉
22	29♌6	7♓1	3♏46	2♏32	14♌25	20♍56	16♌13	23♑28	4♋15	0♋45	17♈36	13♒40	6♎	5♍	23♌	24♎	26♉
23	0♍4	22♓13	3♏43	2♏25	16♌12	22♍9	16♌52	23♑23	4♋21	0♋48	17♈35	13♒39	6♎	5♍	24♌	25♎	26♉
24	1♍1	7♈9	3♏40	2♏21	18♌2	23♍23	17♌30	23♑18	4♋26	0♋50	17♈34	13♒38	7♎	6♍	24♌	25♎	26♉
25	1♍59	21♈42	3♏37	2♏18	19♌54	24♍36	18♌8	23♑14	4♋32	0♋52	17♈33	13♒36	7♎	6♍	25♌	26♎	26♉
26	2♍57	5♉47	3♏34	2 D 18	21♌48	25♍50	18♌46	23♑9	4♋37	0♋54	17♈32	13♒35	8♎	7♍	25♌	26♎	26♉
27	3♍55	19♉24	3♏30	2♏19	23♌44	27♍3	19♌25	23♑5	4♋42	0♋56	17♈31	13♒34	8♎	7♍	25♌	27♎	26♉
28	4♍53	2♊36	3♏27	2♏19	25♌41	28♍17	20♌3	23♑1	4♋47	0♋58	17♈30	13♒32	9♎	8♍	26♌	27♎	26♉
29	5♍51	15♊26	3♏24	2 R 19	27♌38	29♍30	20♌41	22♑57	4♋53	1♋0	17♈29	13♒31	9♎	8♍	26♌	28♎	26♉
30	6♍49	27♊57	3♏21	2♏17	29♌36	0♎43	21♌19	22♑53	4♋58	1♋2	17♈27	13♒30	9♎	9♍	27♌	28♎	26♉
31	7♍47	10♋14	3♏18	2♏12	1♍35	1♎57	21♌58	22♑50	5♋2	1♋4	17♈26	13♒29	10♎	9♍	27♌	29♎	26♉

SUN INGRESS	☉→♍ 22日 22:18
MOON PHASE	● 6日 14:11 ♌　◐ 14日 16:51 ♏　○ 21日 10:46 ♒　◑ 28日 04:33 ♊

aspects		
4日	23:05	♀⚹♅
6日	07:12	☉☍♇
7日	04:29	♀⚹♄
10日	04:44	☉△♆
18日	03:22	♂☍♇
21日	13:50	☿☍♇
23日	13:24	☿☌♂
23日	18:01	☿△♆
23日	18:58	☉⚹♅
23日	22:38	♀△♃
24日	02:27	♂△♆
27日	21:30	☉⚹♄
30日	06:14	♀□♅
30日	17:37	☿⚹♅

2032年9月

DAY	☉	☽	☊ mean	☊ true	☿	♀	♂	♃	♄	♅	♆	♇	⚳	⚴	⚵	⚶	⚷
	° ′	° ′	° ′	° ′	° ′	° ′	° ′	° ′	° ′	° ′	° ′	° ′	°	°	°	°	°
1	8 ♍ 45	22 ♋ 20	3 ♏ 14	2 R 5	3 D 33	3 D 10	22 D 36	22 R 47	5 D 7	1 D 6	17 R 25	13 R 28	10 D	10 D	28 D	29 D	26 R
2	9 ♍ 43	4 ♌ 19	3 ♏ 11	1 ♏ 57	5 ♍ 31	4 ♎ 24	23 ♌ 14	22 ♑ 43	5 ♋ 12	1 ♋ 7	17 ♈ 24	13 ♒ 26	11 ♎	10 ♍	28 ♌	0 ♏	26 ♉
3	10 ♍ 41	16 ♌ 13	3 ♏ 8	1 ♏ 47	7 ♍ 29	5 ♎ 37	23 ♌ 52	22 ♑ 40	5 ♋ 17	1 ♋ 9	17 ♈ 23	13 ♒ 25	11 ♎	11 ♍	29 ♌	0 ♏	26 ♉
4	11 ♍ 39	28 ♌ 5	3 ♏ 5	1 ♏ 37	9 ♍ 26	6 ♎ 50	24 ♌ 30	22 ♑ 38	5 ♋ 21	1 ♋ 11	17 ♈ 21	13 ♒ 24	12 ♎	11 ♍	29 ♌	1 ♏	26 ♉
5	12 ♍ 37	9 ♍ 56	3 ♏ 2	1 ♏ 28	11 ♍ 22	8 ♎ 4	25 ♌ 8	22 ♑ 35	5 ♋ 26	1 ♋ 13	17 ♈ 20	13 ♒ 23	12 ♎	12 ♍	0 ♍	1 ♏	26 ♉
6	13 ♍ 36	21 ♍ 47	2 ♏ 59	1 ♏ 21	13 ♍ 17	9 ♎ 17	25 ♌ 47	22 ♑ 33	5 ♋ 30	1 ♋ 14	17 ♈ 19	13 ♒ 22	12 ♎	12 ♍	0 ♍	2 ♏	26 ♉
7	14 ♍ 34	3 ♎ 42	2 ♏ 55	1 ♏ 15	15 ♍ 12	10 ♎ 30	26 ♌ 25	22 ♑ 30	5 ♋ 35	1 ♋ 16	17 ♈ 17	13 ♒ 21	13 ♎	13 ♍	1 ♍	2 ♏	26 ♉
8	15 ♍ 32	15 ♎ 41	2 ♏ 52	1 ♏ 11	17 ♍ 5	11 ♎ 44	27 ♌ 3	22 ♑ 28	5 ♋ 39	1 ♋ 17	17 ♈ 16	13 ♒ 19	13 ♎	13 ♍	1 ♍	3 ♏	26 ♉
9	16 ♍ 30	27 ♎ 47	2 ♏ 49	1 ♏ 10	18 ♍ 57	12 ♎ 57	27 ♌ 41	22 ♑ 26	5 ♋ 43	1 ♋ 19	17 ♈ 15	13 ♒ 18	14 ♎	14 ♍	1 ♍	3 ♏	26 ♉
10	17 ♍ 29	10 ♏ 3	2 ♏ 46	1 D 10	20 ♍ 49	14 ♎ 10	28 ♌ 19	22 ♑ 25	5 ♋ 47	1 ♋ 20	17 ♈ 13	13 ♒ 17	14 ♎	14 ♍	2 ♍	4 ♏	26 ♉
11	18 ♍ 27	22 ♏ 32	2 ♏ 43	1 ♏ 12	22 ♍ 39	15 ♎ 24	28 ♌ 57	22 ♑ 23	5 ♋ 51	1 ♋ 22	17 ♈ 12	13 ♒ 16	15 ♎	15 ♍	2 ♍	4 ♏	26 ♉
12	19 ♍ 25	5 ♐ 18	2 ♏ 40	1 ♏ 13	24 ♍ 28	16 ♎ 37	29 ♌ 35	22 ♑ 22	5 ♋ 55	1 ♋ 23	17 ♈ 10	13 ♒ 15	15 ♎	15 ♍	3 ♍	5 ♏	26 ♉
13	20 ♍ 24	18 ♐ 26	2 ♏ 36	1 ♏ 14	26 ♍ 16	17 ♎ 50	0 ♍ 13	22 ♑ 21	5 ♋ 59	1 ♋ 24	17 ♈ 9	13 ♒ 14	16 ♎	16 ♍	3 ♍	5 ♏	26 ♉
14	21 ♍ 22	1 ♑ 57	2 ♏ 33	1 R 13	28 ♍ 3	19 ♎ 3	0 ♍ 51	22 ♑ 20	6 ♋ 3	1 ♋ 25	17 ♈ 7	13 ♒ 13	16 ♎	16 ♍	4 ♍	6 ♏	26 ♉
15	22 ♍ 20	15 ♑ 54	2 ♏ 30	1 ♏ 11	29 ♍ 49	20 ♎ 17	1 ♍ 29	22 ♑ 19	6 ♋ 7	1 ♋ 27	17 ♈ 6	13 ♒ 12	16 ♎	17 ♍	4 ♍	6 ♏	25 ♉
16	23 ♍ 19	0 ♒ 18	2 ♏ 27	1 ♏ 7	1 ♎ 34	21 ♎ 30	2 ♍ 7	22 ♑ 19	6 ♋ 10	1 ♋ 28	17 ♈ 5	13 ♒ 11	17 ♎	17 ♍	5 ♍	7 ♏	25 ♉
17	24 ♍ 17	15 ♒ 4	2 ♏ 24	1 ♏ 3	3 ♎ 17	22 ♎ 43	2 ♍ 45	22 ♑ 18	6 ♋ 14	1 ♋ 29	17 ♈ 3	13 ♒ 10	17 ♎	18 ♍	5 ♍	7 ♏	25 ♉
18	25 ♍ 16	0 ♓ 7	2 ♏ 20	0 ♏ 57	5 ♎ 0	23 ♎ 56	3 ♍ 23	22 ♑ 18	6 ♋ 17	1 ♋ 30	17 ♈ 2	13 ♒ 9	18 ♎	18 ♍	5 ♍	8 ♏	25 ♉
19	26 ♍ 14	15 ♓ 18	2 ♏ 17	0 ♏ 52	6 ♎ 41	25 ♎ 9	4 ♍ 1	22 D 18	6 ♋ 20	1 ♋ 31	17 ♈ 0	13 ♒ 8	18 ♎	19 ♍	6 ♍	8 ♏	25 ♉
20	27 ♍ 13	0 ♈ 27	2 ♏ 14	0 ♏ 49	8 ♎ 22	26 ♎ 22	4 ♍ 39	22 ♑ 18	6 ♋ 24	1 ♋ 32	16 ♈ 58	13 ♒ 7	19 ♎	19 ♍	6 ♍	9 ♏	25 ♉
21	28 ♍ 12	15 ♈ 25	2 ♏ 11	0 ♏ 46	10 ♎ 1	27 ♎ 35	5 ♍ 16	22 ♑ 19	6 ♋ 27	1 ♋ 33	16 ♈ 57	13 ♒ 6	19 ♎	19 ♍	7 ♍	9 ♏	25 ♉
22	29 ♍ 10	0 ♉ 3	2 ♏ 8	0 ♏ 45	11 ♎ 40	28 ♎ 48	5 ♍ 54	22 ♑ 20	6 ♋ 30	1 ♋ 33	16 ♈ 55	13 ♒ 6	19 ♎	20 ♍	7 ♍	10 ♏	25 ♉
23	0 ♎ 9	14 ♉ 17	2 ♏ 5	0 D 46	13 ♎ 17	0 ♏ 1	6 ♍ 32	22 ♑ 20	6 ♋ 32	1 ♋ 34	16 ♈ 54	13 ♒ 5	20 ♎	20 ♍	8 ♍	10 ♏	25 ♉
24	1 ♎ 8	28 ♉ 3	2 ♏ 1	0 ♏ 47	14 ♎ 54	1 ♏ 14	7 ♍ 10	22 ♑ 21	6 ♋ 35	1 ♋ 35	16 ♈ 52	13 ♒ 4	20 ♎	21 ♍	8 ♍	11 ♏	25 ♉
25	2 ♎ 6	11 ♊ 22	1 ♏ 58	0 ♏ 49	16 ♎ 30	2 ♏ 27	7 ♍ 48	22 ♑ 23	6 ♋ 38	1 ♋ 36	16 ♈ 51	13 ♒ 3	21 ♎	21 ♍	9 ♍	11 ♏	25 ♉
26	3 ♎ 5	24 ♊ 17	1 ♏ 55	0 ♏ 50	18 ♎ 4	3 ♏ 40	8 ♍ 26	22 ♑ 24	6 ♋ 41	1 ♋ 36	16 ♈ 49	13 ♒ 2	21 ♎	22 ♍	9 ♍	12 ♏	25 ♉
27	4 ♎ 4	6 ♋ 50	1 ♏ 52	0 R 50	19 ♎ 38	4 ♏ 53	9 ♍ 3	22 ♑ 26	6 ♋ 43	1 ♋ 37	16 ♈ 47	13 ♒ 2	22 ♎	22 ♍	9 ♍	12 ♏	25 ♉
28	5 ♎ 3	19 ♋ 7	1 ♏ 49	0 ♏ 49	21 ♎ 11	6 ♏ 6	9 ♍ 41	22 ♑ 27	6 ♋ 45	1 ♋ 37	16 ♈ 46	13 ♒ 1	22 ♎	23 ♍	10 ♍	13 ♏	25 ♉
29	6 ♎ 2	1 ♌ 11	1 ♏ 45	0 ♏ 47	22 ♎ 43	7 ♏ 19	10 ♍ 19	22 ♑ 29	6 ♋ 48	1 ♋ 38	16 ♈ 44	13 ♒ 0	23 ♎	23 ♍	10 ♍	13 ♏	25 ♉
30	7 ♎ 1	13 ♌ 7	1 ♏ 42	0 ♏ 44	24 ♎ 14	8 ♏ 32	10 ♍ 57	22 ♑ 32	6 ♋ 50	1 ♋ 38	16 ♈ 42	12 ♒ 59	23 ♎	24 ♍	11 ♍	14 ♏	25 ♉

SUN INGRESS	☉ → ♎ 22日 20:10
MOON PHASE	● 5日 05:56 ♍　◐ 13日 03:49 ♐　○ 19日 18:30 ♓　◑ 26日 18:12 ♋

aspects		
1日	19:58	☿⚹♄
2日	16:57	♀□♄
6日	07:47	☉☌☿
9日	06:51	♀△♇
10日	20:33	☿△♃
12日	10:46	♀☍♆
14日	22:29	♂⚹♅
14日	23:28	☉△♃
15日	22:35	☿□♅
16日	15:57	♀□♃
18日	18:48	☿□♄
22日	20:53	☿△♇
23日	00:14	♂⚹♄
24日	06:48	♀△♅
24日	11:18	☉□♅
25日	05:13	☿☍♆
28日	13:17	♀△♄
28日	20:26	☿□♃
29日	19:28	☉□♄

2032年10月

DAY	☉	☽	☊ mean	☊ true	☿	♀	♂	♃	♄	♅	♆	♇	⚳	⚴	⚵	⚶	⚷
	° ′	° ′	° ′	° ′	° ′	° ′	° ′	° ′	° ′	° ′	° ′	° ′	°	°	°	°	°
1	8 ♎ 0	24 ♌ 58	1 ♏ 39	0 R 41	25 D 44	9 D 45	11 D 35	22 D 34	6 D 52	1 D 39	16 R 41	12 R 59	23 D	24 D	11 D	14 D	25 R
2	8 ♎ 59	6 ♍ 49	1 ♏ 36	0 ♏ 37	27 ♎ 13	10 ♏ 58	12 ♍ 12	22 ♑ 36	6 ♋ 54	1 ♋ 39	16 ♈ 39	12 ♒ 58	24 ♎	25 ♍	12 ♍	15 ♏	25 ♉
3	9 ♎ 58	18 ♍ 41	1 ♏ 33	0 ♏ 33	28 ♎ 41	12 ♏ 11	12 ♍ 50	22 ♑ 39	6 ♋ 56	1 ♋ 39	16 ♈ 37	12 ♒ 58	24 ♎	25 ♍	12 ♍	15 ♏	25 ♉
4	10 ♎ 57	0 ♎ 37	1 ♏ 30	0 ♏ 31	0 ♏ 9	13 ♏ 24	13 ♍ 28	22 ♑ 42	6 ♋ 57	1 ♋ 39	16 ♈ 36	12 ♒ 57	25 ♎	26 ♍	12 ♍	16 ♏	25 ♉
5	11 ♎ 56	12 ♎ 39	1 ♏ 26	0 ♏ 29	1 ♏ 35	14 ♏ 36	14 ♍ 6	22 ♑ 45	6 ♋ 59	1 ♋ 39	16 ♈ 34	12 ♒ 56	25 ♎	26 ♍	13 ♍	16 ♏	25 ♉
6	12 ♎ 55	24 ♎ 49	1 ♏ 23	0 ♏ 28	3 ♏ 1	15 ♏ 49	14 ♍ 43	22 ♑ 49	7 ♋ 1	1 ♋ 39	16 ♈ 32	12 ♒ 56	26 ♎	27 ♍	13 ♍	17 ♏	25 ♉
7	13 ♎ 54	7 ♏ 8	1 ♏ 20	0 D 28	4 ♏ 25	17 ♏ 2	15 ♍ 21	22 ♑ 52	7 ♋ 2	1 ♋ 40	16 ♈ 31	12 ♒ 55	26 ♎	27 ♍	14 ♍	17 ♏	25 ♉
8	14 ♎ 53	19 ♏ 38	1 ♏ 17	0 ♏ 29	5 ♏ 49	18 ♏ 15	15 ♍ 59	22 ♑ 56	7 ♋ 3	1 R 40	16 ♈ 29	12 ♒ 55	27 ♎	28 ♍	14 ♍	18 ♏	25 ♉
9	15 ♎ 53	2 ♐ 20	1 ♏ 14	0 ♏ 30	7 ♏ 11	19 ♏ 27	16 ♍ 36	23 ♑ 0	7 ♋ 5	1 ♋ 39	16 ♈ 27	12 ♒ 54	27 ♎	28 ♍	15 ♍	18 ♏	25 ♉
10	16 ♎ 52	15 ♐ 17	1 ♏ 11	0 ♏ 31	8 ♏ 33	20 ♏ 40	17 ♍ 14	23 ♑ 4	7 ♋ 6	1 ♋ 39	16 ♈ 26	12 ♒ 54	27 ♎	29 ♍	15 ♍	19 ♏	25 ♉
11	17 ♎ 51	28 ♐ 31	1 ♏ 7	0 ♏ 32	9 ♏ 53	21 ♏ 53	17 ♍ 52	23 ♑ 8	7 ♋ 7	1 ♋ 39	16 ♈ 24	12 ♒ 53	28 ♎	29 ♍	15 ♍	19 ♏	25 ♉
12	18 ♎ 50	12 ♑ 2	1 ♏ 4	0 ♏ 33	11 ♏ 13	23 ♏ 5	18 ♍ 29	23 ♑ 12	7 ♋ 8	1 ♋ 39	16 ♈ 22	12 ♒ 53	28 ♎	29 ♍	16 ♍	20 ♏	25 ♉
13	19 ♎ 50	25 ♑ 53	1 ♏ 1	0 R 33	12 ♏ 31	24 ♏ 18	19 ♍ 7	23 ♑ 17	7 ♋ 8	1 ♋ 39	16 ♈ 21	12 ♒ 53	29 ♎	0 ♎	16 ♍	20 ♏	25 ♉
14	20 ♎ 49	10 ♒ 2	0 ♏ 58	0 ♏ 32	13 ♏ 48	25 ♏ 31	19 ♍ 45	23 ♑ 22	7 ♋ 9	1 ♋ 38	16 ♈ 19	12 ♒ 52	29 ♎	0 ♎	17 ♍	21 ♏	25 ♉
15	21 ♎ 49	24 ♒ 29	0 ♏ 55	0 ♏ 31	15 ♏ 3	26 ♏ 43	20 ♍ 22	23 ♑ 26	7 ♋ 9	1 ♋ 38	16 ♈ 17	12 ♒ 52	0 ♏	1 ♎	17 ♍	21 ♏	25 ♉
16	22 ♎ 48	9 ♓ 9	0 ♏ 51	0 ♏ 30	16 ♏ 17	27 ♏ 56	21 ♍ 0	23 ♑ 32	7 ♋ 10	1 ♋ 37	16 ♈ 16	12 ♒ 52	0 ♏	1 ♎	17 ♍	22 ♏	25 ♉
17	23 ♎ 48	23 ♓ 58	0 ♏ 48	0 ♏ 30	17 ♏ 29	29 ♏ 8	21 ♍ 37	23 ♑ 37	7 ♋ 10	1 ♋ 37	16 ♈ 14	12 ♒ 51	0 ♏	2 ♎	18 ♍	22 ♏	25 ♉
18	24 ♎ 47	8 ♈ 48	0 ♏ 45	0 ♏ 29	18 ♏ 40	0 ♐ 21	22 ♍ 15	23 ♑ 42	7 ♋ 10	1 ♋ 36	16 ♈ 12	12 ♒ 51	1 ♏	2 ♎	18 ♍	23 ♏	25 ♉
19	25 ♎ 47	23 ♈ 32	0 ♏ 42	0 ♏ 29	19 ♏ 49	1 ♐ 33	22 ♍ 52	23 ♑ 48	7 ♋ 10	1 ♋ 36	16 ♈ 11	12 ♒ 51	1 ♏	3 ♎	19 ♍	23 ♏	24 ♉
20	26 ♎ 46	8 ♉ 2	0 ♏ 39	0 D 29	20 ♏ 55	2 ♐ 45	23 ♍ 30	23 ♑ 54	7 R 10	1 ♋ 35	16 ♈ 9	12 ♒ 51	2 ♏	3 ♎	19 ♍	24 ♏	24 ♉
21	27 ♎ 46	22 ♉ 14	0 ♏ 36	0 ♏ 29	22 ♏ 0	3 ♐ 58	24 ♍ 7	24 ♑ 0	7 ♋ 10	1 ♋ 35	16 ♈ 8	12 ♒ 51	2 ♏	4 ♎	19 ♍	24 ♏	24 ♉
22	28 ♎ 45	6 ♊ 2	0 ♏ 32	0 ♏ 29	23 ♏ 2	5 ♐ 10	24 ♍ 45	24 ♑ 6	7 ♋ 10	1 ♋ 34	16 ♈ 6	12 ♒ 51	3 ♏	4 ♎	20 ♍	25 ♏	24 ♉
23	29 ♎ 45	19 ♊ 27	0 ♏ 29	0 ♏ 29	24 ♏ 2	6 ♐ 22	25 ♍ 22	24 ♑ 12	7 ♋ 10	1 ♋ 33	16 ♈ 4	12 ♒ 50	3 ♏	5 ♎	20 ♍	26 ♏	24 ♉
24	0 ♏ 45	2 ♋ 27	0 ♏ 26	0 R 29	24 ♏ 58	7 ♐ 35	26 ♍ 0	24 ♑ 18	7 ♋ 9	1 ♋ 32	16 ♈ 3	12 ♒ 50	4 ♏	5 ♎	21 ♍	26 ♏	24 ♉
25	1 ♏ 45	15 ♋ 5	0 ♏ 23	0 ♏ 29	25 ♏ 51	8 ♐ 47	26 ♍ 37	24 ♑ 25	7 ♋ 9	1 ♋ 31	16 ♈ 1	12 ♒ 50	4 ♏	5 ♎	21 ♍	27 ♏	24 ♉
26	2 ♏ 44	27 ♋ 25	0 ♏ 20	0 ♏ 29	26 ♏ 41	9 ♐ 59	27 ♍ 15	24 ♑ 32	7 ♋ 8	1 ♋ 30	15 ♈ 59	12 ♒ 50	4 ♏	6 ♎	21 ♍	27 ♏	24 ♉
27	3 ♏ 44	9 ♌ 30	0 ♏ 17	0 D 29	27 ♏ 27	11 ♐ 11	27 ♍ 52	24 ♑ 39	7 ♋ 7	1 ♋ 29	15 ♈ 58	12 D 50	5 ♏	6 ♎	22 ♍	28 ♏	24 ♉
28	4 ♏ 44	21 ♌ 26	0 ♏ 13	0 ♏ 29	28 ♏ 8	12 ♐ 23	28 ♍ 30	24 ♑ 46	7 ♋ 6	1 ♋ 28	15 ♈ 56	12 ♒ 50	5 ♏	7 ♎	22 ♍	28 ♏	24 ♉
29	5 ♏ 44	3 ♍ 17	0 ♏ 10	0 ♏ 30	28 ♏ 44	13 ♐ 35	29 ♍ 7	24 ♑ 53	7 ♋ 5	1 ♋ 27	15 ♈ 55	12 ♒ 50	6 ♏	7 ♎	23 ♍	29 ♏	24 ♉
30	6 ♏ 44	15 ♍ 8	0 ♏ 7	0 ♏ 30	29 ♏ 15	14 ♐ 48	29 ♍ 44	25 ♑ 0	7 ♋ 4	1 ♋ 26	15 ♈ 53	12 ♒ 50	6 ♏	8 ♎	23 ♍	29 ♏	24 ♉
31	7 ♏ 44	27 ♍ 2	0 ♏ 4	0 ♏ 31	29 ♏ 40	16 ♐ 0	0 ♎ 22	25 ♑ 8	7 ♋ 3	1 ♋ 25	15 ♈ 52	12 ♒ 51	7 ♏	8 ♎	23 ♍	0 ♐	24 ♉

SUN INGRESS	☉ → ♏ 23日 05:46
MOON PHASE	● 4日 22:26 ♎　◐ 12日 12:47 ♑　○ 19日 03:58 ♈　◑ 26日 11:28 ♌

aspects		
3日	15:17	♀□♇
4日	02:56	♀⚹♂
5日	01:12	☿△♅
6日	00:21	☉△♇
8日	21:58	☿△♄
9日	13:44	☉☍♆
12日	02:22	♀⚹♃
13日	06:47	☿□♇
16日	19:13	☉□♃
20日	18:03	♂△♃
23日	04:50	☿⚹♃
24日	18:42	☉△♅
28日	08:59	♀⚹♇
30日	07:54	☉△♄
30日	21:27	♀△♆

2032年11月

DAY	☉	☽	☊ mean	☊ true	☿	♀	♂	♃	♄	♅	♆	♇	⚳	⚴	⚵	⚶	⚷
	° ′	° ′	° ′	° ′	° ′	° ′	° ′	° ′	° ′	° ′	° ′	° ′	°	°	°	°	°
1	8♏44	9♎4	0♏1	0 D 32	29 D 58	17 D 11	0 D 59	25 D 15	7 R 2	1 R 24	15 R 50	12 D 51	7 D	9 D	24 D	0 D	24 R
2	9♏44	21♎15	29♎57	0♏32	0♐9	18♐23	1♎37	25♑23	7♋0	1♋22	15♈49	12♒51	8♏	9♎	24♍	1♐	24♉
3	10♏44	3♏38	29♎54	0 R 33	0 R 12	19♐35	2♎14	25♑31	6♋59	1♋21	15♈47	12♒51	8♏	9♎	24♍	1♐	24♉
4	11♏44	16♏14	29♎51	0♏32	0♐7	20♐47	2♎51	25♑39	6♋57	1♋20	15♈46	12♒51	8♏	10♎	25♍	2♐	24♉
5	12♏44	29♏5	29♎48	0♏31	29♏52	21♐59	3♎29	25♑47	6♋55	1♋18	15♈44	12♒52	9♏	10♎	25♍	2♐	24♉
6	13♏45	12♐9	29♎45	0♏30	29♏28	23♐11	4♎6	25♑56	6♋53	1♋17	15♈43	12♒52	9♏	11♎	26♍	3♐	24♉
7	14♏45	25♐28	29♎42	0♏28	28♏54	24♐22	4♎43	26♑4	6♋51	1♋15	15♈41	12♒52	10♏	11♎	26♍	3♐	24♉
8	15♏45	8♑59	29♎38	0♏26	28♏11	25♐34	5♎21	26♑13	6♋49	1♋14	15♈40	12♒53	10♏	12♎	26♍	4♐	24♉
9	16♏45	22♑41	29♎35	0♏24	27♏18	26♐46	5♎58	26♑22	6♋47	1♋12	15♈39	12♒53	11♏	12♎	27♍	5♐	23♉
10	17♏45	6♒35	29♎32	0♏23	26♏16	27♐57	6♎35	26♑30	6♋45	1♋11	15♈37	12♒53	11♏	13♎	27♍	5♐	23♉
11	18♏46	20♒39	29♎29	0 D 22	25♏7	29♐9	7♎12	26♑40	6♋42	1♋9	15♈36	12♒54	12♏	13♎	27♍	6♐	23♉
12	19♏46	4♓51	29♎26	0♏23	23♏52	0♑20	7♎49	26♑49	6♋40	1♋7	15♈35	12♒54	12♏	13♎	28♍	6♐	23♉
13	20♏46	19♓9	29♎22	0♏24	22♏33	1♑32	8♎27	26♑58	6♋37	1♋5	15♈33	12♒55	12♏	14♎	28♍	7♐	23♉
14	21♏47	3♈30	29♎19	0♏25	21♏12	2♑43	9♎4	27♑7	6♋34	1♋4	15♈32	12♒55	13♏	14♎	28♍	7♐	23♉
15	22♏47	17♈52	29♎16	0♏27	19♏54	3♑54	9♎41	27♑17	6♋32	1♋2	15♈31	12♒56	13♏	15♎	29♍	8♐	23♉
16	23♏48	2♉10	29♎13	0 R 27	18♏38	5♑5	10♎18	27♑27	6♋29	1♋0	15♈30	12♒56	14♏	15♎	29♍	8♐	23♉
17	24♏48	16♉19	29♎10	0♏26	17♏29	6♑16	10♎55	27♑36	6♋26	0♋58	15♈28	12♒57	14♏	16♎	29♍	9♐	23♉
18	25♏48	0♊15	29♎7	0♏24	16♏28	7♑27	11♎32	27♑46	6♋23	0♋56	15♈27	12♒57	15♏	16♎	0♎	9♐	23♉
19	26♏49	13♊55	29♎3	0♏21	15♏37	8♑38	12♎9	27♑56	6♋19	0♋54	15♈26	12♒58	15♏	16♎	0♎	10♐	23♉
20	27♏50	27♊15	29♎0	0♏16	14♏57	9♑49	12♎47	28♑6	6♋16	0♋52	15♈25	12♒59	15♏	17♎	0♎	10♐	23♉
21	28♏50	10♋15	28♎57	0♏12	14♏29	11♑0	13♎24	28♑17	6♋13	0♋50	15♈24	12♒59	16♏	17♎	1♎	11♐	23♉
22	29♏51	22♋55	28♎54	0♏7	14♏12	12♑11	14♎1	28♑27	6♋9	0♋48	15♈23	13♒0	16♏	18♎	1♎	12♐	23♉
23	0♐51	5♌17	28♎51	0♏3	14 D 7	13♑21	14♎38	28♑37	6♋6	0♋46	15♈22	13♒1	17♏	18♎	1♎	12♐	23♉
24	1♐52	17♌24	28♎48	0♏1	14♏13	14♑32	15♎15	28♑48	6♋2	0♋44	15♈20	13♒2	17♏	19♎	2♎	13♐	23♉
25	2♐53	29♌21	28♎44	0♏0	14♏29	15♑42	15♎52	28♑59	5♋59	0♋42	15♈19	13♒3	18♏	19♎	2♎	13♐	23♉
26	3♐53	11♍12	28♎41	0 D 0	14♏54	16♑53	16♎29	29♑9	5♋55	0♋39	15♈18	13♒3	18♏	19♎	2♎	14♐	23♉
27	4♐54	23♍3	28♎38	0♏1	15♏28	18♑3	17♎6	29♑20	5♋51	0♋37	15♈18	13♒4	18♏	20♎	3♎	14♐	23♉
28	5♐55	4♎57	28♎35	0♏3	16♏10	19♑13	17♎43	29♑31	5♋47	0♋35	15♈17	13♒5	19♏	20♎	3♎	15♐	22♉
29	6♐55	17♎1	28♎32	0♏5	16♏58	20♑23	18♎20	29♑42	5♋43	0♋33	15♈16	13♒6	19♏	21♎	3♎	15♐	22♉
30	7♐56	29♎19	28♎28	0♏5	17♏52	21♑33	18♎56	29♑54	5♋39	0♋30	15♈15	13♒7	20♏	21♎	4♎	16♐	22♉

SUN INGRESS	☉ → ♐ 22日 03:31
MOON PHASE	● 3日 14:45 ♏ ◐ 10日 20:33 ♒ ○ 17日 15:42 ♉ ◑ 25日 07:47 ♍

aspects		
1日	15:08	♂□♅
5日	02:55	☉□♇
9日	19:21	☿⚹♃
10日	05:45	♂□♄
12日	15:25	♀☍♅
13日	18:07	☉☌☿
17日	03:02	♀☍♄
20日	08:03	☉⚹♃
20日	08:03	♂△♇
23日	16:38	☿⚹♀
24日	03:37	♂☍♆
24日	16:21	♀□♆
25日	06:51	♀□♂

2032年12月

DAY	☉	☽	☊ mean	☊ true	☿	♀	♂	♃	♄	♅	♆	♇	⚳	⚴	⚵	⚶	⚷
	° ′	° ′	° ′	° ′	° ′	° ′	° ′	° ′	° ′	° ′	° ′	° ′	°	°	°	°	°
1	8♐57	11♏53	28♎25	0 R 5	18 D 51	22 D 43	19 D 33	0 D 5	5 R 35	0 R 28	15 R 14	13 D 8	20 D	21 D	4 D	16 D	22 R
2	9♐58	24♏45	28♎22	0♏2	19♏55	23♑53	20♎10	0♒16	5♋31	0♋26	15♈13	13♒9	21♏	22♎	4♎	17♐	22♉
3	10♐59	7♐57	28♎19	29♎57	21♏3	25♑2	20♎47	0♒28	5♋27	0♋23	15♈12	13♒10	21♏	22♎	5♎	17♐	22♉
4	12♐0	21♐27	28♎16	29♎51	22♏14	26♑12	21♎24	0♒39	5♋22	0♋21	15♈12	13♒11	22♏	23♎	5♎	18♐	22♉
5	13♐1	5♑13	28♎13	29♎44	23♏28	27♑21	22♎1	0♒51	5♋18	0♋18	15♈11	13♒12	22♏	23♎	5♎	19♐	22♉
6	14♐1	19♑11	28♎9	29♎36	24♏45	28♑31	22♎38	1♒3	5♋14	0♋16	15♈10	13♒13	22♏	23♎	5♎	19♐	22♉
7	15♐2	3♒18	28♎6	29♎29	26♏3	29♑40	23♎14	1♒15	5♋9	0♋14	15♈10	13♒14	23♏	24♎	6♎	20♐	22♉
8	16♐3	17♒29	28♎3	29♎24	27♏24	0♒49	23♎51	1♒27	5♋5	0♋11	15♈9	13♒15	23♏	24♎	6♎	20♐	22♉
9	17♐4	1♓40	28♎0	29♎21	28♏46	1♒58	24♎28	1♒39	5♋0	0♋9	15♈8	13♒16	24♏	25♎	6♎	21♐	22♉
10	18♐5	15♓50	27♎57	29♎20	0♐10	3♒7	25♎4	1♒51	4♋55	0♋6	15♈8	13♒17	24♏	25♎	7♎	21♐	22♉
11	19♐6	29♓56	27♎54	29 D 20	1♐34	4♒15	25♎41	2♒3	4♋51	0♋4	15♈7	13♒19	24♏	25♎	7♎	22♐	22♉
12	20♐7	13♈57	27♎50	29♎21	3♐0	5♒24	26♎18	2♒15	4♋46	0♋1	15♈7	13♒20	25♏	26♎	7♎	22♐	22♉
13	21♐8	27♈51	27♎47	29♎22	4♐27	6♒32	26♎54	2♒27	4♋41	29♊59	15♈6	13♒21	25♏	26♎	7♎	23♐	22♉
14	22♐9	11♉42	27♎44	29 R 21	5♐54	7♒40	27♎31	2♒40	4♋37	29♊56	15♈6	13♒22	26♏	26♎	8♎	23♐	22♉
15	23♐10	25♉24	27♎41	29♎18	7♐22	8♒48	28♎7	2♒52	4♋32	29♊54	15♈5	13♒24	26♏	27♎	8♎	24♐	22♉
16	24♐11	8♊56	27♎38	29♎13	8♐51	9♒56	28♎44	3♒5	4♋27	29♊51	15♈5	13♒25	27♏	27♎	8♎	25♐	22♉
17	25♐12	22♊15	27♎34	29♎5	10♐20	11♒3	29♎20	3♒17	4♋22	29♊48	15♈5	13♒26	27♏	28♎	8♎	25♐	22♉
18	26♐13	5♋21	27♎31	28♎55	11♐49	12♒11	29♎57	3♒30	4♋17	29♊46	15♈4	13♒28	27♏	28♎	9♎	26♐	22♉
19	27♐14	18♋12	27♎28	28♎44	13♐19	13♒18	0♏33	3♒43	4♋12	29♊43	15♈4	13♒29	28♏	28♎	9♎	26♐	21♉
20	28♐15	0♌47	27♎25	28♎32	14♐50	14♒25	1♏10	3♒56	4♋7	29♊41	15♈4	13♒30	28♏	29♎	9♎	27♐	21♉
21	29♐16	13♌6	27♎22	28♎22	16♐20	15♒32	1♏46	4♒8	4♋2	29♊38	15♈4	13♒32	29♏	29♎	9♎	27♐	21♉
22	0♑18	25♌13	27♎19	28♎14	17♐51	16♒38	2♏22	4♒21	3♋58	29♊36	15♈4	13♒33	29♏	0♏	10♎	28♐	21♉
23	1♑19	7♍9	27♎15	28♎9	19♐23	17♒44	2♏59	4♒34	3♋53	29♊33	15♈3	13♒34	29♏	0♏	10♎	28♐	21♉
24	2♑20	18♍59	27♎12	28♎6	20♐54	18♒51	3♏35	4♒47	3♋48	29♊30	15♈3	13♒36	0♐	0♏	10♎	29♐	21♉
25	3♑21	0♎48	27♎9	28♎4	22♐26	19♒56	4♏11	5♒1	3♋43	29♊28	15♈3	13♒37	0♐	1♏	10♎	29♐	21♉
26	4♑22	12♎41	27♎6	28 D 5	23♐58	21♒2	4♏48	5♒14	3♋38	29♊25	15♈3	13♒39	1♐	1♏	11♎	0♑	21♉
27	5♑23	24♎44	27♎3	28♎5	25♐30	22♒7	5♏24	5♒27	3♋33	29♊23	15 D 3	13♒40	1♐	1♏	11♎	0♑	21♉
28	6♑24	7♏2	27♎0	28 R 5	27♐3	23♒12	6♏0	5♒40	3♋28	29♊20	15♈3	13♒42	2♐	2♏	11♎	1♑	21♉
29	7♑25	19♏40	26♎56	28♎3	28♐36	24♒17	6♏36	5♒54	3♋23	29♊18	15♈3	13♒43	2♐	2♏	11♎	2♑	21♉
30	8♑27	2♐40	26♎53	27♎58	0♑9	25♒22	7♏12	6♒7	3♋18	29♊15	15♈4	13♒45	2♐	2♏	11♎	2♑	21♉
31	9♑28	16♐6	26♎50	27♎51	1♑42	26♒26	7♏48	6♒20	3♋13	29♊13	15♈4	13♒46	3♐	3♏	12♎	3♑	21♉

SUN INGRESS	☉ → ♑ 21日 16:55
MOON PHASE	● 3日 05:52 ♐ ◐ 10日 04:08 ♓ ○ 17日 05:49 ♊ ◑ 25日 05:39 ♎

aspects		
5日	04:34	☉⚹♇
7日	02:49	☉△♆
8日	15:49	♀☌♃
11日	09:16	☿⚹♃
17日	17:14	♂△♅
18日	22:29	☿⚹♀
19日	02:34	☿⚹♇
19日	04:01	♀☌♇
20日	03:47	☿△♆
20日	14:00	♀⚹♃
21日	08:10	☉☍♅
24日	07:18	♂△♄
25日	07:55	☉☍♄
27日	00:39	☉⚹♂
27日	03:21	♂□♃
29日	10:29	☿☍♅
31日	22:00	☿☍♄

2033年1月

DAY	☉	☽	☊ mean	☊ true	☿	♀	♂	♃	♄	♅	♆	♇	⚳	⚴	⚵	⚶	⚷
	° ′	° ′	° ′	° ′	° ′	° ′	° ′	° ′	° ′	° ′	° ′	° ′	°	°	°	°	°
1	10 ♑ 29	29 ♐ 56	26 ♎ 47	27 R 41	3 D 16	27 D 30	8 D 24	6 D 34	3 R 8	29 R 10	15 D 4	13 D 48	3 D	3 D	12 D	3 D	21 R
2	11 ♑ 30	14 ♑ 7	26 ♎ 44	27 ♎ 29	4 ♑ 50	28 ♒ 34	9 ♏ 0	6 ♒ 48	3 ♋ 3	29 ♊ 7	15 ♈ 4	13 ♒ 50	4 ♐	3 ♏	12 ♎	4 ♑	21 ♉
3	12 ♑ 31	28 ♑ 34	26 ♎ 40	27 ♎ 17	6 ♑ 25	29 ♒ 37	9 ♏ 36	7 ♒ 1	2 ♋ 58	29 ♊ 5	15 ♈ 4	13 ♒ 51	4 ♐	4 ♏	12 ♎	4 ♑	21 ♉
4	13 ♑ 33	13 ♒ 10	26 ♎ 37	27 ♎ 6	7 ♑ 59	0 ♓ 40	10 ♏ 12	7 ♒ 15	2 ♋ 53	29 ♊ 3	15 ♈ 5	13 ♒ 53	4 ♐	4 ♏	12 ♎	5 ♑	21 ♉
5	14 ♑ 34	27 ♒ 47	26 ♎ 34	26 ♎ 57	9 ♑ 34	1 ♓ 43	10 ♏ 48	7 ♒ 28	2 ♋ 49	29 ♊ 0	15 ♈ 5	13 ♒ 54	5 ♐	4 ♏	12 ♎	5 ♑	21 ♉
6	15 ♑ 35	12 ♓ 19	26 ♎ 31	26 ♎ 51	11 ♑ 10	2 ♓ 45	11 ♏ 24	7 ♒ 42	2 ♋ 44	28 ♊ 58	15 ♈ 5	13 ♒ 56	5 ♐	5 ♏	13 ♎	6 ♑	21 ♉
7	16 ♑ 36	26 ♓ 41	26 ♎ 28	26 ♎ 47	12 ♑ 46	3 ♓ 47	12 ♏ 0	7 ♒ 56	2 ♋ 39	28 ♊ 55	15 ♈ 6	13 ♒ 58	6 ♐	5 ♏	13 ♎	6 ♑	21 ♉
8	17 ♑ 37	10 ♈ 50	26 ♎ 25	26 ♎ 46	14 ♑ 22	4 ♓ 48	12 ♏ 36	8 ♒ 10	2 ♋ 34	28 ♊ 53	15 ♈ 6	13 ♒ 59	6 ♐	5 ♏	13 ♎	7 ♑	21 ♉
9	18 ♑ 38	24 ♈ 46	26 ♎ 21	26 D 46	15 ♑ 58	5 ♓ 49	13 ♏ 11	8 ♒ 24	2 ♋ 30	28 ♊ 50	15 ♈ 7	14 ♒ 1	6 ♐	6 ♏	13 ♎	7 ♑	21 ♉
10	19 ♑ 39	8 ♉ 28	26 ♎ 18	26 R 46	17 ♑ 35	6 ♓ 50	13 ♏ 47	8 ♒ 37	2 ♋ 25	28 ♊ 48	15 ♈ 7	14 ♒ 3	7 ♐	6 ♏	13 ♎	8 ♑	21 ♉
11	20 ♑ 41	21 ♉ 57	26 ♎ 15	26 ♎ 44	19 ♑ 13	7 ♓ 50	14 ♏ 23	8 ♒ 51	2 ♋ 20	28 ♊ 46	15 ♈ 8	14 ♒ 4	7 ♐	6 ♏	13 ♎	9 ♑	21 ♉
12	21 ♑ 42	5 ♊ 16	26 ♎ 12	26 ♎ 39	20 ♑ 51	8 ♓ 50	14 ♏ 58	9 ♒ 5	2 ♋ 16	28 ♊ 43	15 ♈ 8	14 ♒ 6	8 ♐	7 ♏	14 ♎	9 ♑	21 ♉
13	22 ♑ 43	18 ♊ 23	26 ♎ 9	26 ♎ 32	22 ♑ 29	9 ♓ 49	15 ♏ 34	9 ♒ 19	2 ♋ 11	28 ♊ 41	15 ♈ 9	14 ♒ 8	8 ♐	7 ♏	14 ♎	10 ♑	21 ♉
14	23 ♑ 44	1 ♋ 20	26 ♎ 6	26 ♎ 21	24 ♑ 8	10 ♓ 48	16 ♏ 9	9 ♒ 33	2 ♋ 7	28 ♊ 39	15 ♈ 9	14 ♒ 10	8 ♐	7 ♏	14 ♎	10 ♑	21 ♉
15	24 ♑ 45	14 ♋ 6	26 ♎ 2	26 ♎ 8	25 ♑ 47	11 ♓ 47	16 ♏ 45	9 ♒ 47	2 ♋ 3	28 ♊ 37	15 ♈ 10	14 ♒ 11	9 ♐	8 ♏	14 ♎	11 ♑	21 ♉
16	25 ♑ 46	26 ♋ 40	25 ♎ 59	25 ♎ 54	27 ♑ 27	12 ♓ 44	17 ♏ 20	10 ♒ 1	1 ♋ 58	28 ♊ 34	15 ♈ 11	14 ♒ 13	9 ♐	8 ♏	14 ♎	11 ♑	21 ♉
17	26 ♑ 47	9 ♌ 3	25 ♎ 56	25 ♎ 39	29 ♑ 7	13 ♓ 42	17 ♏ 55	10 ♒ 15	1 ♋ 54	28 ♊ 32	15 ♈ 12	14 ♒ 15	9 ♐	8 ♏	14 ♎	12 ♑	21 ♉
18	27 ♑ 48	21 ♌ 15	25 ♎ 53	25 ♎ 26	0 ♒ 48	14 ♓ 38	18 ♏ 31	10 ♒ 29	1 ♋ 50	28 ♊ 30	15 ♈ 12	14 ♒ 17	10 ♐	8 ♏	14 ♎	12 ♑	21 ♉
19	28 ♑ 49	3 ♍ 17	25 ♎ 50	25 ♎ 15	2 ♒ 29	15 ♓ 34	19 ♏ 6	10 ♒ 43	1 ♋ 46	28 ♊ 28	15 ♈ 13	14 ♒ 18	10 ♐	9 ♏	14 ♎	13 ♑	21 ♉
20	29 ♑ 50	15 ♍ 11	25 ♎ 46	25 ♎ 6	4 ♒ 11	16 ♓ 30	19 ♏ 41	10 ♒ 58	1 ♋ 41	28 ♊ 26	15 ♈ 14	14 ♒ 20	11 ♐	9 ♏	14 ♎	13 ♑	21 ♉
21	0 ♒ 52	26 ♍ 59	25 ♎ 43	25 ♎ 1	5 ♒ 53	17 ♓ 25	20 ♏ 16	11 ♒ 12	1 ♋ 37	28 ♊ 24	15 ♈ 15	14 ♒ 22	11 ♐	9 ♏	14 ♎	14 ♑	21 ♉
22	1 ♒ 53	8 ♎ 47	25 ♎ 40	24 ♎ 58	7 ♒ 35	18 ♓ 19	20 ♏ 51	11 ♒ 26	1 ♋ 34	28 ♊ 22	15 ♈ 16	14 ♒ 24	11 ♐	10 ♏	15 ♎	14 ♑	21 ♉
23	2 ♒ 54	20 ♎ 38	25 ♎ 37	24 ♎ 57	9 ♒ 18	19 ♓ 13	21 ♏ 26	11 ♒ 40	1 ♋ 30	28 ♊ 20	15 ♈ 17	14 ♒ 26	12 ♐	10 ♏	15 ♎	15 ♑	21 ♉
24	3 ♒ 55	2 ♏ 38	25 ♎ 34	24 D 57	11 ♒ 2	20 ♓ 5	22 ♏ 1	11 ♒ 54	1 ♋ 26	28 ♊ 18	15 ♈ 18	14 ♒ 27	12 ♐	10 ♏	15 ♎	16 ♑	21 ♉
25	4 ♒ 56	14 ♏ 53	25 ♎ 31	24 R 57	12 ♒ 46	20 ♓ 58	22 ♏ 36	12 ♒ 9	1 ♋ 22	28 ♊ 16	15 ♈ 19	14 ♒ 29	12 ♐	10 ♏	15 ♎	16 ♑	21 ♉
26	5 ♒ 57	27 ♏ 28	25 ♎ 27	24 ♎ 55	14 ♒ 30	21 ♓ 49	23 ♏ 11	12 ♒ 23	1 ♋ 18	28 ♊ 14	15 ♈ 20	14 ♒ 31	13 ♐	11 ♏	15 ♎	17 ♑	21 ♉
27	6 ♒ 58	10 ♐ 27	25 ♎ 24	24 ♎ 51	16 ♒ 14	22 ♓ 40	23 ♏ 46	12 ♒ 37	1 ♋ 15	28 ♊ 12	15 ♈ 21	14 ♒ 33	13 ♐	11 ♏	15 ♎	17 ♑	21 ♉
28	7 ♒ 59	23 ♐ 54	25 ♎ 21	24 ♎ 44	17 ♒ 58	23 ♓ 29	24 ♏ 21	12 ♒ 51	1 ♋ 11	28 ♊ 10	15 ♈ 22	14 ♒ 35	13 ♐	11 ♏	15 ♎	18 ♑	21 ♉
29	9 ♒ 0	7 ♑ 51	25 ♎ 18	24 ♎ 35	19 ♒ 42	24 ♓ 18	24 ♏ 56	13 ♒ 6	1 ♋ 8	28 ♊ 8	15 ♈ 23	14 ♒ 36	14 ♐	11 ♏	15 ♎	18 ♑	21 ♉
30	10 ♒ 1	22 ♑ 14	25 ♎ 15	24 ♎ 24	21 ♒ 26	25 ♓ 7	25 ♏ 30	13 ♒ 20	1 ♋ 5	28 ♊ 7	15 ♈ 24	14 ♒ 38	14 ♐	12 ♏	15 ♎	19 ♑	21 D
31	11 ♒ 2	6 ♒ 59	25 ♎ 12	24 ♎ 13	23 ♒ 10	25 ♓ 54	26 ♏ 5	13 ♒ 34	1 ♋ 2	28 ♊ 5	15 ♈ 25	14 ♒ 40	15 ♐	12 ♏	15 ♎	19 ♑	21 ♉

SUN INGRESS	☉ → ♒ 20日 03:32
MOON PHASE	● 1日 19:17 ♑　◐ 8日 12:34 ♈　○ 15日 22:07 ♋　◑ 24日 02:45 ♏　● 31日 06:59 ♒

aspects		
2日	12:19	♀△♅
5日	12:20	☉□♆
5日	23:35	♀△♄
6日	05:41	☿⚹♂
8日	11:06	☿□♆
10日	11:15	♂□♇
13日	08:56	☉☌☿
24日	14:05	☿☌♃
26日	00:20	☿☌♇
26日	11:40	☿⚹♆
31日	22:40	♀△♂

2033年2月

DAY	☉	☽	☊ mean	☊ true	☿	♀	♂	♃	♄	♅	♆	♇	⚳	⚴	⚵	⚶	⚷
	° ′	° ′	° ′	° ′	° ′	° ′	° ′	° ′	° ′	° ′	° ′	° ′	°	°	°	°	°
1	12 ♒ 3	21 ♒ 57	25 ♎ 8	24 R 2	24 D 53	26 D 40	26 D 39	13 D 49	0 R 58	28 R 3	15 D 27	14 D 42	15 D	12 D	15 D	20 D	21 D
2	13 ♒ 4	7 ♓ 0	25 ♎ 5	23 ♎ 53	26 ♒ 35	27 ♓ 25	27 ♏ 14	14 ♒ 3	0 ♋ 55	28 ♊ 2	15 ♈ 28	14 ♒ 44	15 ♐	12 ♏	15 ♎	20 ♑	21 ♉
3	14 ♒ 4	21 ♓ 57	25 ♎ 2	23 ♎ 46	28 ♒ 16	28 ♓ 9	27 ♏ 48	14 ♒ 17	0 ♋ 52	28 ♊ 0	15 ♈ 29	14 ♒ 46	16 ♐	12 ♏	15 R	21 ♑	21 ♉
4	15 ♒ 5	6 ♈ 40	24 ♎ 59	23 ♎ 43	29 ♒ 55	28 ♓ 53	28 ♏ 22	14 ♒ 31	0 ♋ 50	27 ♊ 59	15 ♈ 30	14 ♒ 47	16 ♐	13 ♏	15 ♎	21 ♑	21 ♉
5	16 ♒ 6	21 ♈ 5	24 ♎ 56	23 ♎ 42	1 ♓ 33	29 ♓ 35	28 ♏ 57	14 ♒ 46	0 ♋ 47	27 ♊ 57	15 ♈ 32	14 ♒ 49	16 ♐	13 ♏	15 ♎	22 ♑	21 ♉
6	17 ♒ 7	5 ♉ 10	24 ♎ 52	23 D 42	3 ♓ 8	0 ♈ 16	29 ♏ 31	15 ♒ 0	0 ♋ 44	27 ♊ 56	15 ♈ 33	14 ♒ 51	17 ♐	13 ♏	15 ♎	22 ♑	21 ♉
7	18 ♒ 8	18 ♉ 53	24 ♎ 49	23 R 42	4 ♓ 40	0 ♈ 55	0 ♐ 5	15 ♒ 14	0 ♋ 42	27 ♊ 54	15 ♈ 34	14 ♒ 53	17 ♐	13 ♏	15 ♎	23 ♑	21 ♉
8	19 ♒ 9	2 ♊ 17	24 ♎ 46	23 ♎ 42	6 ♓ 9	1 ♈ 34	0 ♐ 39	15 ♒ 29	0 ♋ 39	27 ♊ 53	15 ♈ 36	14 ♒ 55	17 ♐	13 ♏	15 ♎	23 ♑	21 ♉
9	20 ♒ 9	15 ♊ 23	24 ♎ 43	23 ♎ 39	7 ♓ 34	2 ♈ 11	1 ♐ 13	15 ♒ 43	0 ♋ 37	27 ♊ 52	15 ♈ 37	14 ♒ 57	18 ♐	14 ♏	15 ♎	24 ♑	21 ♉
10	21 ♒ 10	28 ♊ 15	24 ♎ 40	23 ♎ 33	8 ♓ 55	2 ♈ 47	1 ♐ 47	15 ♒ 57	0 ♋ 35	27 ♊ 50	15 ♈ 39	14 ♒ 58	18 ♐	14 ♏	15 ♎	24 ♑	21 ♉
11	22 ♒ 11	10 ♋ 54	24 ♎ 37	23 ♎ 25	10 ♓ 10	3 ♈ 21	2 ♐ 20	16 ♒ 11	0 ♋ 32	27 ♊ 49	15 ♈ 40	15 ♒ 0	18 ♐	14 ♏	15 ♎	25 ♑	21 ♉
12	23 ♒ 12	23 ♋ 22	24 ♎ 33	23 ♎ 15	11 ♓ 19	3 ♈ 54	2 ♐ 54	16 ♒ 26	0 ♋ 30	27 ♊ 48	15 ♈ 42	15 ♒ 2	19 ♐	14 ♏	15 ♎	26 ♑	21 ♉
13	24 ♒ 12	5 ♌ 40	24 ♎ 30	23 ♎ 3	12 ♓ 21	4 ♈ 25	3 ♐ 28	16 ♒ 40	0 ♋ 28	27 ♊ 47	15 ♈ 43	15 ♒ 4	19 ♐	14 ♏	15 ♎	26 ♑	21 ♉
14	25 ♒ 13	17 ♌ 50	24 ♎ 27	22 ♎ 52	13 ♓ 15	4 ♈ 55	4 ♐ 1	16 ♒ 54	0 ♋ 27	27 ♊ 46	15 ♈ 45	15 ♒ 6	19 ♐	14 ♏	15 ♎	27 ♑	21 ♉
15	26 ♒ 14	29 ♌ 51	24 ♎ 24	22 ♎ 41	14 ♓ 2	5 ♈ 23	4 ♐ 35	17 ♒ 8	0 ♋ 25	27 ♊ 45	15 ♈ 47	15 ♒ 7	20 ♐	15 ♏	14 ♎	27 ♑	21 ♉
16	27 ♒ 14	11 ♍ 47	24 ♎ 21	22 ♎ 32	14 ♓ 39	5 ♈ 50	5 ♐ 8	17 ♒ 23	0 ♋ 23	27 ♊ 44	15 ♈ 48	15 ♒ 9	20 ♐	15 ♏	14 ♎	28 ♑	21 ♉
17	28 ♒ 15	23 ♍ 37	24 ♎ 17	22 ♎ 25	15 ♓ 7	6 ♈ 14	5 ♐ 41	17 ♒ 37	0 ♋ 22	27 ♊ 43	15 ♈ 50	15 ♒ 11	20 ♐	15 ♏	14 ♎	28 ♑	21 ♉
18	29 ♒ 15	5 ♎ 25	24 ♎ 14	22 ♎ 21	15 ♓ 25	6 ♈ 37	6 ♐ 15	17 ♒ 51	0 ♋ 20	27 ♊ 42	15 ♈ 51	15 ♒ 13	21 ♐	15 ♏	14 ♎	29 ♑	21 ♉
19	0 ♓ 16	17 ♎ 13	24 ♎ 11	22 ♎ 19	15 ♓ 33	6 ♈ 58	6 ♐ 48	18 ♒ 5	0 ♋ 19	27 ♊ 41	15 ♈ 53	15 ♒ 15	21 ♐	15 ♏	14 ♎	29 ♑	21 ♉
20	1 ♓ 16	29 ♎ 5	24 ♎ 8	22 D 20	15 R 31	7 ♈ 17	7 ♐ 21	18 ♒ 19	0 ♋ 18	27 ♊ 40	15 ♈ 55	15 ♒ 16	21 ♐	15 ♏	14 ♎	0 ♒	21 ♉
21	2 ♓ 17	11 ♏ 5	24 ♎ 5	22 ♎ 21	15 ♓ 18	7 ♈ 34	7 ♐ 54	18 ♒ 33	0 ♋ 17	27 ♊ 40	15 ♈ 57	15 ♒ 18	21 ♐	15 ♏	14 ♎	0 ♒	21 ♉
22	3 ♓ 17	23 ♏ 18	24 ♎ 2	22 ♎ 22	14 ♓ 55	7 ♈ 49	8 ♐ 26	18 ♒ 47	0 ♋ 16	27 ♊ 39	15 ♈ 58	15 ♒ 20	22 ♐	16 ♏	14 ♎	1 ♒	21 ♉
23	4 ♓ 18	5 ♐ 49	23 ♎ 58	22 R 22	14 ♓ 24	8 ♈ 2	8 ♐ 59	19 ♒ 2	0 ♋ 15	27 ♊ 38	16 ♈ 0	15 ♒ 22	22 ♐	16 ♏	14 ♎	1 ♒	21 ♉
24	5 ♓ 18	18 ♐ 43	23 ♎ 55	22 ♎ 21	13 ♓ 43	8 ♈ 12	9 ♐ 32	19 ♒ 16	0 ♋ 14	27 ♊ 38	16 ♈ 2	15 ♒ 23	22 ♐	16 ♏	13 ♎	2 ♒	21 ♉
25	6 ♓ 18	2 ♑ 3	23 ♎ 52	22 ♎ 18	12 ♓ 55	8 ♈ 20	10 ♐ 4	19 ♒ 30	0 ♋ 14	27 ♊ 37	16 ♈ 4	15 ♒ 25	23 ♐	16 ♏	13 ♎	2 ♒	21 ♉
26	7 ♓ 19	15 ♑ 54	23 ♎ 49	22 ♎ 14	12 ♓ 1	8 ♈ 26	10 ♐ 37	19 ♒ 44	0 ♋ 13	27 ♊ 37	16 ♈ 6	15 ♒ 27	23 ♐	16 ♏	13 ♎	3 ♒	21 ♉
27	8 ♓ 19	0 ♒ 13	23 ♎ 46	22 ♎ 7	11 ♓ 3	8 ♈ 30	11 ♐ 9	19 ♒ 58	0 ♋ 13	27 ♊ 36	16 ♈ 8	15 ♒ 29	23 ♐	16 ♏	13 ♎	3 ♒	21 ♉
28	9 ♓ 19	14 ♒ 58	23 ♎ 43	22 ♎ 1	10 ♓ 1	8 ♈ 31	11 ♐ 41	20 ♒ 11	0 ♋ 12	27 ♊ 36	16 ♈ 9	15 ♒ 30	24 ♐	16 ♏	13 ♎	4 ♒	21 ♉

SUN INGRESS	☉ → ♓ 18日 17:33
MOON PHASE	◐ 6日 22:34 ♉　○ 14日 16:04 ♌　◑ 22日 20:53 ♐

aspects		
2日	14:01	☿□♂
2日	19:02	♀□♅
2日	20:20	☿△♅
3日	06:30	☉☌♃
3日	16:42	☉☌♇
4日	10:03	☉⚹♆
4日	12:57	☿△♄
5日	06:49	♃☌♇
6日	16:06	♀□♄
8日	13:33	♃⚹♆
16日	11:34	☉△♅
19日	01:16	☉△♄
19日	17:57	♀△♂
26日	22:23	☿□♂
28日	07:59	☉☌☿

2033年3月

DAY	☉	☽	☊		☿	♀	♂	♃	♄	♅	♆	♇	⚳	⚴	⚵	⚶	⚷
			mean	true													
	° ′	° ′	° ′	° ′	° ′	° ′	° ′	° ′	° ′	° ′	° ′	° ′	°	°	°	°	°
1	10 ♓ 20	0 ♓ 2	23 ♎ 39	21 R 54	8 R 57	8 R 30	12 D 13	20 D 25	0 R 12	27 R 36	16 D 11	15 D 32	24 D	16 D	13 R	4 D	21 D
2	11 ♓ 20	15 ♓ 16	23 ♎ 36	21 ♎ 49	7 ♓ 53	8 ♈ 27	12 ♐ 45	20 ♒ 39	0 ♋ 12	27 ♊ 36	16 ♈ 13	15 ♒ 34	24 ♐	16 ♏	13 ♎	5 ♒	21 ♉
3	12 ♓ 20	0 ♈ 29	23 ♎ 33	21 ♎ 45	6 ♓ 51	8 ♈ 20	13 ♐ 17	20 ♒ 53	0 D 12	27 ♊ 35	16 ♈ 15	15 ♒ 35	24 ♐	16 ♏	12 ♎	5 ♒	21 ♉
4	13 ♓ 20	15 ♈ 32	23 ♎ 30	21 ♎ 43	5 ♓ 51	8 ♈ 12	13 ♐ 48	21 ♒ 7	0 ♋ 12	27 ♊ 35	16 ♈ 17	15 ♒ 37	25 ♐	16 ♏	12 ♎	6 ♒	21 ♉
5	14 ♓ 21	0 ♉ 16	23 ♎ 27	21 D 43	4 ♓ 55	8 ♈ 1	14 ♐ 20	21 ♒ 21	0 ♋ 13	27 ♊ 35	16 ♈ 19	15 ♒ 39	25 ♐	16 ♏	12 ♎	6 ♒	21 ♉
6	15 ♓ 21	14 ♉ 36	23 ♎ 23	21 ♎ 45	4 ♓ 4	7 ♈ 47	14 ♐ 51	21 ♒ 34	0 ♋ 13	27 D 35	16 ♈ 21	15 ♒ 40	25 ♐	16 ♏	12 ♎	7 ♒	21 ♉
7	16 ♓ 21	28 ♉ 32	23 ♎ 20	21 ♎ 46	3 ♓ 19	7 ♈ 31	15 ♐ 23	21 ♒ 48	0 ♋ 14	27 ♊ 35	16 ♈ 23	15 ♒ 42	25 ♐	16 ♏	12 ♎	7 ♒	21 ♉
8	17 ♓ 21	12 ♊ 2	23 ♎ 17	21 ♎ 47	2 ♓ 40	7 ♈ 12	15 ♐ 54	22 ♒ 2	0 ♋ 14	27 ♊ 35	16 ♈ 25	15 ♒ 44	26 ♐	16 ♏	11 ♎	8 ♒	21 ♉
9	18 ♓ 21	25 ♊ 9	23 ♎ 14	21 R 47	2 ♓ 7	6 ♈ 51	16 ♐ 25	22 ♒ 15	0 ♋ 15	27 ♊ 35	16 ♈ 27	15 ♒ 45	26 ♐	16 R	11 ♎	8 ♒	21 ♉
10	19 ♓ 21	7 ♋ 56	23 ♎ 11	21 ♎ 46	1 ♓ 41	6 ♈ 28	16 ♐ 56	22 ♒ 29	0 ♋ 16	27 ♊ 36	16 ♈ 29	15 ♒ 47	26 ♐	16 ♏	11 ♎	9 ♒	21 ♉
11	20 ♓ 21	20 ♋ 27	23 ♎ 8	21 ♎ 42	1 ♓ 21	6 ♈ 3	17 ♐ 26	22 ♒ 42	0 ♋ 17	27 ♊ 36	16 ♈ 31	15 ♒ 48	26 ♐	16 ♏	11 ♎	9 ♒	21 ♉
12	21 ♓ 21	2 ♌ 44	23 ♎ 4	21 ♎ 38	1 ♓ 9	5 ♈ 35	17 ♐ 57	22 ♒ 56	0 ♋ 18	27 ♊ 36	16 ♈ 33	15 ♒ 50	27 ♐	16 ♏	11 ♎	10 ♒	21 ♉
13	22 ♓ 21	14 ♌ 50	23 ♎ 1	21 ♎ 33	1 ♓ 2	5 ♈ 6	18 ♐ 27	23 ♒ 9	0 ♋ 19	27 ♊ 36	16 ♈ 36	15 ♒ 51	27 ♐	16 ♏	10 ♎	10 ♒	22 ♉
14	23 ♓ 20	26 ♌ 49	22 ♎ 58	21 ♎ 28	1 D 2	4 ♈ 35	18 ♐ 58	23 ♒ 23	0 ♋ 20	27 ♊ 37	16 ♈ 38	15 ♒ 53	27 ♐	16 ♏	10 ♎	11 ♒	22 ♉
15	24 ♓ 20	8 ♍ 43	22 ♎ 55	21 ♎ 23	1 ♓ 8	4 ♈ 2	19 ♐ 28	23 ♒ 36	0 ♋ 22	27 ♊ 37	16 ♈ 40	15 ♒ 54	27 ♐	16 ♏	10 ♎	11 ♒	22 ♉
16	25 ♓ 20	20 ♍ 33	22 ♎ 52	21 ♎ 19	1 ♓ 20	3 ♈ 27	19 ♐ 58	23 ♒ 49	0 ♋ 23	27 ♊ 38	16 ♈ 42	15 ♒ 56	28 ♐	16 ♏	10 ♎	12 ♒	22 ♉
17	26 ♓ 20	2 ♎ 22	22 ♎ 49	21 ♎ 16	1 ♓ 37	2 ♈ 52	20 ♐ 27	24 ♒ 2	0 ♋ 25	27 ♊ 38	16 ♈ 44	15 ♒ 57	28 ♐	16 ♏	9 ♎	12 ♒	22 ♉
18	27 ♓ 20	14 ♎ 11	22 ♎ 45	21 ♎ 15	2 ♓ 0	2 ♈ 15	20 ♐ 57	24 ♒ 16	0 ♋ 27	27 ♊ 39	16 ♈ 46	15 ♒ 59	28 ♐	16 ♏	9 ♎	13 ♒	22 ♉
19	28 ♓ 19	26 ♎ 3	22 ♎ 42	21 D 15	2 ♓ 27	1 ♈ 38	21 ♐ 27	24 ♒ 29	0 ♋ 28	27 ♊ 40	16 ♈ 48	16 ♒ 0	28 ♐	16 ♏	9 ♎	13 ♒	22 ♉
20	29 ♓ 19	8 ♏ 0	22 ♎ 39	21 ♎ 16	2 ♓ 59	1 ♈ 1	21 ♐ 56	24 ♒ 42	0 ♋ 30	27 ♊ 40	16 ♈ 51	16 ♒ 2	28 ♐	16 ♏	9 ♎	14 ♒	22 ♉
21	0 ♈ 18	20 ♏ 6	22 ♎ 36	21 ♎ 17	3 ♓ 35	0 ♈ 23	22 ♐ 25	24 ♒ 55	0 ♋ 32	27 ♊ 41	16 ♈ 53	16 ♒ 3	29 ♐	16 ♏	9 ♎	14 ♒	22 ♉
22	1 ♈ 18	2 ♐ 23	22 ♎ 33	21 ♎ 19	4 ♓ 15	29 ♓ 45	22 ♐ 54	25 ♒ 8	0 ♋ 35	27 ♊ 42	16 ♈ 55	16 ♒ 4	29 ♐	15 ♏	8 ♎	15 ♒	22 ♉
23	2 ♈ 18	14 ♐ 56	22 ♎ 29	21 ♎ 20	4 ♓ 59	29 ♓ 8	23 ♐ 23	25 ♒ 20	0 ♋ 37	27 ♊ 43	16 ♈ 57	16 ♒ 6	29 ♐	15 ♏	8 ♎	15 ♒	22 ♉
24	3 ♈ 17	27 ♐ 48	22 ♎ 26	21 ♎ 21	5 ♓ 47	28 ♓ 31	23 ♐ 51	25 ♒ 33	0 ♋ 39	27 ♊ 44	16 ♈ 59	16 ♒ 7	29 ♐	15 ♏	8 ♎	16 ♒	22 ♉
25	4 ♈ 17	11 ♑ 3	22 ♎ 23	21 R 21	6 ♓ 38	27 ♓ 55	24 ♐ 20	25 ♒ 46	0 ♋ 42	27 ♊ 45	17 ♈ 2	16 ♒ 9	29 ♐	15 ♏	8 ♎	16 ♒	22 ♉
26	5 ♈ 16	24 ♑ 44	22 ♎ 20	21 ♎ 20	7 ♓ 32	27 ♓ 19	24 ♐ 48	25 ♒ 59	0 ♋ 44	27 ♊ 46	17 ♈ 4	16 ♒ 10	0 ♑	15 ♏	7 ♎	17 ♒	22 ♉
27	6 ♈ 16	8 ♒ 50	22 ♎ 17	21 ♎ 19	8 ♓ 29	26 ♓ 46	25 ♐ 16	26 ♒ 11	0 ♋ 47	27 ♊ 47	17 ♈ 6	16 ♒ 11	0 ♑	15 ♏	7 ♎	17 ♒	22 ♉
28	7 ♈ 15	23 ♒ 22	22 ♎ 14	21 ♎ 17	9 ♓ 29	26 ♓ 13	25 ♐ 44	26 ♒ 24	0 ♋ 50	27 ♊ 48	17 ♈ 8	16 ♒ 12	0 ♑	15 ♏	7 ♎	18 ♒	22 ♉
29	8 ♈ 14	8 ♓ 14	22 ♎ 10	21 ♎ 15	10 ♓ 31	25 ♓ 43	26 ♐ 11	26 ♒ 36	0 ♋ 53	27 ♊ 49	17 ♈ 11	16 ♒ 14	0 ♑	14 ♏	7 ♎	18 ♒	22 ♉
30	9 ♈ 14	23 ♓ 20	22 ♎ 7	21 ♎ 14	11 ♓ 36	25 ♓ 14	26 ♐ 38	26 ♒ 49	0 ♋ 56	27 ♊ 51	17 ♈ 13	16 ♒ 15	0 ♑	14 ♏	6 ♎	18 ♒	22 ♉
31	10 ♈ 13	8 ♈ 32	22 ♎ 4	21 ♎ 13	12 ♓ 44	24 ♓ 47	27 ♐ 5	27 ♒ 1	0 ♋ 59	27 ♊ 52	17 ♈ 15	16 ♒ 16	0 ♑	14 ♏	6 ♎	19 ♒	22 ♉

SUN INGRESS	☉ → ♈ 20日 16:22
MOON PHASE	● 1日 17:23 ♓　◐ 8日 10:27 ♊　○ 16日 10:37 ♍　◑ 24日 10:49 ♑　● 31日 02:51 ♈

aspects		
4日	23:27	☉□♂
7日	15:39	♂⚹♇
9日	02:02	♂△♆
18日	07:56	☉□♅
20日	18:16	♀□♄
21日	01:04	☉☌♀
21日	05:48	☉□♄
25日	06:23	♀□♅
28日	12:08	♀□♂
30日	16:37	♂⚹♃

2033年4月

DAY	☉	☽	☊		☿	♀	♂	♃	♄	♅	♆	♇	⚳	⚴	⚵	⚶	⚷
			mean	true													
	° ′	° ′	° ′	° ′	° ′	° ′	° ′	° ′	° ′	° ′	° ′	° ′	°	°	°	°	°
1	11 ♈ 12	23 ♈ 39	22 ♎ 1	21 D 13	13 D 53	24 R 22	27 D 32	27 D 13	1 D 2	27 D 53	17 D 17	16 D 17	1 D	14 R	6 R	19 D	22 D
2	12 ♈ 12	8 ♉ 33	21 ♎ 58	21 ♎ 13	15 ♓ 5	23 ♓ 59	27 ♐ 59	27 ♒ 25	1 ♋ 5	27 ♊ 55	17 ♈ 20	16 ♒ 18	1 ♑	14 ♏	6 ♎	20 ♒	23 ♉
3	13 ♈ 11	23 ♉ 6	21 ♎ 54	21 ♎ 14	16 ♓ 19	23 ♓ 38	28 ♐ 25	27 ♒ 37	1 ♋ 8	27 ♊ 56	17 ♈ 22	16 ♒ 20	1 ♑	14 ♏	5 ♎	20 ♒	23 ♉
4	14 ♈ 10	7 ♊ 14	21 ♎ 51	21 ♎ 15	17 ♓ 35	23 ♓ 20	28 ♐ 51	27 ♒ 49	1 ♋ 12	27 ♊ 57	17 ♈ 24	16 ♒ 21	1 ♑	13 ♏	5 ♎	21 ♒	23 ♉
5	15 ♈ 9	20 ♊ 55	21 ♎ 48	21 ♎ 15	18 ♓ 53	23 ♓ 4	29 ♐ 17	28 ♒ 1	1 ♋ 15	27 ♊ 59	17 ♈ 26	16 ♒ 22	1 ♑	13 ♏	5 ♎	21 ♒	23 ♉
6	16 ♈ 8	4 ♋ 10	21 ♎ 45	21 ♎ 16	20 ♓ 13	22 ♓ 51	29 ♐ 43	28 ♒ 13	1 ♋ 19	28 ♊ 1	17 ♈ 29	16 ♒ 23	1 ♑	13 ♏	5 ♎	22 ♒	23 ♉
7	17 ♈ 7	17 ♋ 1	21 ♎ 42	21 ♎ 16	21 ♓ 35	22 ♓ 40	0 ♑ 8	28 ♒ 25	1 ♋ 23	28 ♊ 2	17 ♈ 31	16 ♒ 24	1 ♑	13 ♏	4 ♎	22 ♒	23 ♉
8	18 ♈ 6	29 ♋ 31	21 ♎ 39	21 R 16	22 ♓ 58	22 ♓ 32	0 ♑ 33	28 ♒ 37	1 ♋ 27	28 ♊ 4	17 ♈ 33	16 ♒ 25	2 ♑	12 ♏	4 ♎	23 ♒	23 ♉
9	19 ♈ 5	11 ♌ 45	21 ♎ 35	21 ♎ 15	24 ♓ 24	22 ♓ 25	0 ♑ 58	28 ♒ 48	1 ♋ 31	28 ♊ 6	17 ♈ 35	16 ♒ 26	2 ♑	12 ♏	4 ♎	23 ♒	23 ♉
10	20 ♈ 4	23 ♌ 47	21 ♎ 32	21 ♎ 15	25 ♓ 51	22 ♓ 22	1 ♑ 22	29 ♒ 0	1 ♋ 35	28 ♊ 7	17 ♈ 38	16 ♒ 27	2 ♑	12 ♏	4 ♎	24 ♒	23 ♉
11	21 ♈ 3	5 ♍ 40	21 ♎ 29	21 ♎ 15	27 ♓ 19	22 ♓ 21	1 ♑ 47	29 ♒ 11	1 ♋ 39	28 ♊ 9	17 ♈ 40	16 ♒ 28	2 ♑	12 ♏	4 ♎	24 ♒	23 ♉
12	22 ♈ 2	17 ♍ 30	21 ♎ 26	21 D 15	28 ♓ 50	22 D 22	2 ♑ 10	29 ♒ 23	1 ♋ 43	28 ♊ 11	17 ♈ 42	16 ♒ 29	2 ♑	11 ♏	3 ♎	24 ♒	23 ♉
13	23 ♈ 1	29 ♍ 18	21 ♎ 23	21 ♎ 15	0 ♈ 22	22 ♓ 25	2 ♑ 34	29 ♒ 34	1 ♋ 47	28 ♊ 13	17 ♈ 44	16 ♒ 30	2 ♑	11 ♏	3 ♎	25 ♒	23 ♉
14	24 ♈ 0	11 ♎ 7	21 ♎ 20	21 ♎ 16	1 ♈ 55	22 ♓ 31	2 ♑ 57	29 ♒ 45	1 ♋ 52	28 ♊ 15	17 ♈ 47	16 ♒ 31	2 ♑	11 ♏	3 ♎	25 ♒	23 ♉
15	24 ♈ 58	23 ♎ 1	21 ♎ 16	21 R 16	3 ♈ 30	22 ♓ 39	3 ♑ 20	29 ♒ 56	1 ♋ 56	28 ♊ 17	17 ♈ 49	16 ♒ 32	2 ♑	11 ♏	3 ♎	26 ♒	23 ♉
16	25 ♈ 57	5 ♏ 1	21 ♎ 13	21 ♎ 15	5 ♈ 7	22 ♓ 49	3 ♑ 43	0 ♓ 7	2 ♋ 1	28 ♊ 19	17 ♈ 51	16 ♒ 32	2 ♑	10 ♏	3 ♎	26 ♒	23 ♉
17	26 ♈ 56	17 ♏ 9	21 ♎ 10	21 ♎ 15	6 ♈ 46	23 ♓ 2	4 ♑ 5	0 ♓ 18	2 ♋ 5	28 ♊ 21	17 ♈ 54	16 ♒ 33	2 ♑	10 ♏	2 ♎	27 ♒	23 ♉
18	27 ♈ 54	29 ♏ 27	21 ♎ 7	21 ♎ 14	8 ♈ 26	23 ♓ 16	4 ♑ 27	0 ♓ 29	2 ♋ 10	28 ♊ 23	17 ♈ 56	16 ♒ 34	2 ♑	10 ♏	2 ♎	27 ♒	24 ♉
19	28 ♈ 53	11 ♐ 57	21 ♎ 4	21 ♎ 13	10 ♈ 7	23 ♓ 32	4 ♑ 49	0 ♓ 39	2 ♋ 15	28 ♊ 25	17 ♈ 58	16 ♒ 35	2 ♑	9 ♏	2 ♎	28 ♒	24 ♉
20	29 ♈ 52	24 ♐ 41	21 ♎ 0	21 ♎ 12	11 ♈ 50	23 ♓ 51	5 ♑ 10	0 ♓ 50	2 ♋ 20	28 ♊ 27	18 ♈ 0	16 ♒ 36	3 ♑	9 ♏	2 ♎	28 ♒	24 ♉
21	0 ♉ 50	7 ♑ 40	20 ♎ 57	21 ♎ 11	13 ♈ 35	24 ♓ 11	5 ♑ 31	1 ♓ 0	2 ♋ 25	28 ♊ 30	18 ♈ 2	16 ♒ 36	3 ♑	9 ♏	2 ♎	28 ♒	24 ♉
22	1 ♉ 49	20 ♑ 57	20 ♎ 54	21 ♎ 11	15 ♈ 22	24 ♓ 33	5 ♑ 51	1 ♓ 11	2 ♋ 30	28 ♊ 32	18 ♈ 5	16 ♒ 37	3 ♑	9 ♏	1 ♎	29 ♒	24 ♉
23	2 ♉ 47	4 ♒ 33	20 ♎ 51	21 D 10	17 ♈ 10	24 ♓ 57	6 ♑ 12	1 ♓ 21	2 ♋ 35	28 ♊ 34	18 ♈ 7	16 ♒ 38	3 ♑	8 ♏	1 ♎	29 ♒	24 ♉
24	3 ♉ 46	18 ♒ 28	20 ♎ 48	21 ♎ 11	19 ♈ 0	25 ♓ 22	6 ♑ 31	1 ♓ 31	2 ♋ 40	28 ♊ 37	18 ♈ 9	16 ♒ 38	3 ♑	8 ♏	1 ♎	0 ♓	24 ♉
25	4 ♉ 44	2 ♓ 44	20 ♎ 45	21 ♎ 12	20 ♈ 52	25 ♓ 50	6 ♑ 51	1 ♓ 41	2 ♋ 45	28 ♊ 39	18 ♈ 11	16 ♒ 39	3 ♑	8 ♏	1 ♎	0 ♓	24 ♉
26	5 ♉ 43	17 ♓ 16	20 ♎ 41	21 ♎ 13	22 ♈ 45	26 ♓ 18	7 ♑ 10	1 ♓ 51	2 ♋ 51	28 ♊ 42	18 ♈ 13	16 ♒ 40	3 ♑	7 ♏	1 ♎	1 ♓	24 ♉
27	6 ♉ 41	2 ♈ 2	20 ♎ 38	21 ♎ 14	24 ♈ 40	26 ♓ 49	7 ♑ 28	2 ♓ 1	2 ♋ 56	28 ♊ 44	18 ♈ 16	16 ♒ 40	3 ♑	7 ♏	1 ♎	1 ♓	24 ♉
28	7 ♉ 40	16 ♈ 56	20 ♎ 35	21 ♎ 14	26 ♈ 36	27 ♓ 20	7 ♑ 46	2 ♓ 10	3 ♋ 2	28 ♊ 47	18 ♈ 18	16 ♒ 41	3 R	7 ♏	1 ♎	1 ♓	24 ♉
29	8 ♉ 38	1 ♉ 50	20 ♎ 32	21 R 14	28 ♈ 34	27 ♓ 53	8 ♑ 4	2 ♓ 20	3 ♋ 7	28 ♊ 49	18 ♈ 20	16 ♒ 41	3 ♑	6 ♏	0 ♎	2 ♓	24 ♉
30	9 ♉ 36	16 ♉ 37	20 ♎ 29	21 ♎ 13	0 ♉ 34	28 ♓ 28	8 ♑ 21	2 ♓ 29	3 ♋ 13	28 ♊ 52	18 ♈ 22	16 ♒ 42	3 ♑	6 ♏	0 ♎	2 ♓	24 ♉

SUN INGRESS	☉ → ♉ 20日 03:13
MOON PHASE	◐ 7日 00:13 ♋　○ 15日 04:17 ♎　◑ 22日 20:42 ♒　● 29日 11:46 ♉

aspects		
1日	19:47	♂☍♅
4日	18:19	♃△♅
6日	06:07	☉⚹♇
7日	10:01	☉☌♆
7日	16:56	☿☌♀
10日	14:46	♂☍♄
11日	13:35	☿□♅
13日	23:06	☿□♄
14日	20:42	☿□♂
18日	12:11	☉⚹♅
21日	04:56	☉⚹♃
22日	16:48	☿⚹♇
22日	18:25	☉⚹♄
23日	12:42	☿☌♆
28日	03:46	☉△♂
29日	03:04	☿⚹♅
30日	17:27	♀□♅

2033年5月

DAY	☉	☽	☊ mean	☊ true	☿	♀	♂	♃	♄	♅	♆	♇	⚳	⚴	⚵	⚶	⚷
	° ′	° ′	° ′	° ′	° ′	° ′	° ′	° ′	° ′	° ′	° ′	° ′	°	°	°	°	°
1	10 ♉ 35	1 ♊ 10	20 ♎ 25	21 R 11	2 D 35	29 D 3	8 D 37	2 D 39	3 D 19	28 D 54	18 D 24	16 D 42	3 R	6 R	0 R	3 D	24 D
2	11 ♉ 33	15 ♊ 21	20 ♎ 22	21 ♎ 8	4 ♉ 38	29 ♓ 40	8 ♑ 53	2 ♓ 48	3 ♋ 24	28 ♊ 57	18 ♈ 26	16 ♒ 43	3 ♑	5 ♏	0 ♎	3 ♓	24 ♉
3	12 ♉ 31	29 ♊ 8	20 ♎ 19	21 ♎ 5	6 ♉ 42	0 ♈ 18	9 ♑ 9	2 ♓ 57	3 ♋ 30	29 ♊ 0	18 ♈ 29	16 ♒ 43	3 ♑	5 ♏	0 ♎	3 ♓	25 ♉
4	13 ♉ 29	12 ♋ 29	20 ♎ 16	21 ♎ 3	8 ♉ 48	0 ♈ 58	9 ♑ 24	3 ♓ 6	3 ♋ 36	29 ♊ 2	18 ♈ 31	16 ♒ 43	3 ♑	5 ♏	0 ♎	4 ♓	25 ♉
5	14 ♉ 27	25 ♋ 26	20 ♎ 13	21 ♎ 0	10 ♉ 55	1 ♈ 38	9 ♑ 39	3 ♓ 15	3 ♋ 42	29 ♊ 5	18 ♈ 33	16 ♒ 44	3 ♑	5 ♏	0 ♎	4 ♓	25 ♉
6	15 ♉ 26	7 ♌ 59	20 ♎ 10	20 ♎ 59	13 ♉ 3	2 ♈ 19	9 ♑ 53	3 ♓ 23	3 ♋ 48	29 ♊ 8	18 ♈ 35	16 ♒ 44	2 ♑	4 ♏	0 ♎	5 ♓	25 ♉
7	16 ♉ 24	20 ♌ 15	20 ♎ 6	20 D 59	15 ♉ 12	3 ♈ 1	10 ♑ 6	3 ♓ 32	3 ♋ 54	29 ♊ 11	18 ♈ 37	16 ♒ 44	2 ♑	4 ♏	0 ♎	5 ♓	25 ♉
8	17 ♉ 22	2 ♍ 16	20 ♎ 3	21 ♎ 0	17 ♉ 21	3 ♈ 45	10 ♑ 19	3 ♓ 40	4 ♋ 0	29 ♊ 14	18 ♈ 39	16 ♒ 45	2 ♑	4 ♏	0 ♎	5 ♓	25 ♉
9	18 ♉ 20	14 ♍ 9	20 ♎ 0	21 ♎ 1	19 ♉ 31	4 ♈ 29	10 ♑ 32	3 ♓ 48	4 ♋ 6	29 ♊ 16	18 ♈ 41	16 ♒ 45	2 ♑	3 ♏	0 ♎	6 ♓	25 ♉
10	19 ♉ 18	25 ♍ 57	19 ♎ 57	21 ♎ 3	21 ♉ 42	5 ♈ 14	10 ♑ 44	3 ♓ 57	4 ♋ 13	29 ♊ 19	18 ♈ 43	16 ♒ 45	2 ♑	3 ♏	29 ♍	6 ♓	25 ♉
11	20 ♉ 16	7 ♎ 46	19 ♎ 54	21 ♎ 5	23 ♉ 52	6 ♈ 0	10 ♑ 55	4 ♓ 5	4 ♋ 19	29 ♊ 22	18 ♈ 45	16 ♒ 45	2 ♑	3 ♏	29 ♍	7 ♓	25 ♉
12	21 ♉ 14	19 ♎ 38	19 ♎ 51	21 ♎ 5	26 ♉ 3	6 ♈ 47	11 ♑ 6	4 ♓ 12	4 ♋ 25	29 ♊ 25	18 ♈ 47	16 ♒ 45	2 ♑	3 ♏	29 ♍	7 ♓	25 ♉
13	22 ♉ 12	1 ♏ 38	19 ♎ 47	21 R 5	28 ♉ 12	7 ♈ 35	11 ♑ 16	4 ♓ 20	4 ♋ 32	29 ♊ 28	18 ♈ 49	16 ♒ 46	2 ♑	2 ♏	29 ♍	7 ♓	25 ♉
14	23 ♉ 10	13 ♏ 49	19 ♎ 44	21 ♎ 3	0 ♊ 21	8 ♈ 23	11 ♑ 26	4 ♓ 28	4 ♋ 38	29 ♊ 31	18 ♈ 51	16 ♒ 46	2 ♑	2 ♏	29 ♍	8 ♓	25 ♉
15	24 ♉ 7	26 ♏ 11	19 ♎ 41	20 ♎ 59	2 ♊ 29	9 ♈ 12	11 ♑ 35	4 ♓ 35	4 ♋ 45	29 ♊ 34	18 ♈ 53	16 ♒ 46	2 ♑	2 ♏	29 ♍	8 ♓	25 ♉
16	25 ♉ 5	8 ♐ 46	19 ♎ 38	20 ♎ 54	4 ♊ 35	10 ♈ 2	11 ♑ 43	4 ♓ 43	4 ♋ 51	29 ♊ 37	18 ♈ 55	16 ♒ 46	2 ♑	2 ♏	29 ♍	8 ♓	25 ♉
17	26 ♉ 3	21 ♐ 35	19 ♎ 35	20 ♎ 49	6 ♊ 40	10 ♈ 52	11 ♑ 51	4 ♓ 50	4 ♋ 58	29 ♊ 41	18 ♈ 57	16 ♒ 46	1 ♑	1 ♏	29 ♍	9 ♓	26 ♉
18	27 ♉ 1	4 ♑ 38	19 ♎ 31	20 ♎ 43	8 ♊ 43	11 ♈ 44	11 ♑ 58	4 ♓ 57	5 ♋ 5	29 ♊ 44	18 ♈ 59	16 R 46	1 ♑	1 ♏	29 ♍	9 ♓	26 ♉
19	27 ♉ 59	17 ♑ 54	19 ♎ 28	20 ♎ 38	10 ♊ 44	12 ♈ 35	12 ♑ 4	5 ♓ 4	5 ♋ 11	29 ♊ 47	19 ♈ 0	16 ♒ 46	1 ♑	1 ♏	29 ♍	10 ♓	26 ♉
20	28 ♉ 57	1 ♒ 23	19 ♎ 25	20 ♎ 33	12 ♊ 42	13 ♈ 28	12 ♑ 10	5 ♓ 10	5 ♋ 18	29 ♊ 50	19 ♈ 2	16 ♒ 46	1 ♑	1 ♏	29 ♍	10 ♓	26 ♉
21	29 ♉ 54	15 ♒ 5	19 ♎ 22	20 ♎ 31	14 ♊ 39	14 ♈ 21	12 ♑ 15	5 ♓ 17	5 ♋ 25	29 ♊ 53	19 ♈ 4	16 ♒ 46	1 ♑	0 ♏	29 D	10 ♓	26 ♉
22	0 ♊ 52	28 ♒ 59	19 ♎ 19	20 ♎ 30	16 ♊ 32	15 ♈ 14	12 ♑ 19	5 ♓ 23	5 ♋ 32	29 ♊ 56	19 ♈ 6	16 ♒ 46	1 ♑	0 ♏	29 ♍	11 ♓	26 ♉
23	1 ♊ 50	13 ♓ 4	19 ♎ 16	20 D 30	18 ♊ 23	16 ♈ 9	12 ♑ 23	5 ♓ 30	5 ♋ 39	0 ♋ 0	19 ♈ 8	16 ♒ 46	1 ♑	0 ♏	29 ♍	11 ♓	26 ♉
24	2 ♊ 47	27 ♓ 20	19 ♎ 12	20 ♎ 31	20 ♊ 11	17 ♈ 3	12 ♑ 26	5 ♓ 36	5 ♋ 46	0 ♋ 3	19 ♈ 10	16 ♒ 45	1 ♑	0 ♏	29 ♍	11 ♓	26 ♉
25	3 ♊ 45	11 ♈ 44	19 ♎ 9	20 ♎ 32	21 ♊ 56	17 ♈ 59	12 ♑ 28	5 ♓ 42	5 ♋ 53	0 ♋ 6	19 ♈ 11	16 ♒ 45	0 ♑	0 ♏	29 ♍	12 ♓	26 ♉
26	4 ♊ 43	26 ♈ 13	19 ♎ 6	20 R 32	23 ♊ 38	18 ♈ 54	12 ♑ 29	5 ♓ 47	6 ♋ 0	0 ♋ 10	19 ♈ 13	16 ♒ 45	0 ♑	29 ♎	29 ♍	12 ♓	26 ♉
27	5 ♊ 40	10 ♉ 44	19 ♎ 3	20 ♎ 31	25 ♊ 17	19 ♈ 50	12 ♑ 30	5 ♓ 53	6 ♋ 7	0 ♋ 13	19 ♈ 15	16 ♒ 45	0 ♑	29 ♎	29 ♍	12 ♓	26 ♉
28	6 ♊ 38	25 ♉ 11	19 ♎ 0	20 ♎ 27	26 ♊ 53	20 ♈ 47	12 R 30	5 ♓ 58	6 ♋ 14	0 ♋ 16	19 ♈ 16	16 ♒ 45	0 ♑	29 ♎	29 ♍	13 ♓	26 ♉
29	7 ♊ 36	9 ♊ 28	18 ♎ 57	20 ♎ 21	28 ♊ 26	21 ♈ 44	12 ♑ 29	6 ♓ 4	6 ♋ 21	0 ♋ 20	19 ♈ 18	16 ♒ 44	0 ♑	29 ♎	29 ♍	13 ♓	26 ♉
30	8 ♊ 33	23 ♊ 30	18 ♎ 53	20 ♎ 14	29 ♊ 56	22 ♈ 41	12 ♑ 27	6 ♓ 9	6 ♋ 28	0 ♋ 23	19 ♈ 20	16 ♒ 44	29 ♐	29 ♎	29 ♍	13 ♓	26 ♉
31	9 ♊ 31	7 ♋ 11	18 ♎ 50	20 ♎ 6	1 ♋ 23	23 ♈ 39	12 ♑ 25	6 ♓ 14	6 ♋ 36	0 ♋ 26	19 ♈ 21	16 ♒ 44	29 ♐	29 ♎	29 ♍	14 ♓	26 ♉

SUN INGRESS	☉ → ♊ 21日 02:11
MOON PHASE	◐ 6日 15:45 ♌　○ 14日 19:42 ♏　◑ 22日 03:29 ♓　● 28日 20:36 ♊

aspects		
1日	00:42	☿⚹♃
1日	08:54	☿⚹♄
4日	07:46	☿△♂
7日	08:34	☉□♇
7日	17:13	☿□♇
8日	00:11	☉☌☿
8日	09:49	♀□♄
16日	01:27	☿□♃
18日	07:33	♀□♂
20日	17:10	☿⚹♀
22日	02:56	☿△♇
23日	10:05	☿⚹♆
23日	16:11	♀⚹♇
26日	08:19	♀☌♆
27日	05:46	☉□♃
30日	07:33	☿☌♅

2033年6月

DAY	☉	☽	☊ mean	☊ true	☿	♀	♂	♃	♄	♅	♆	♇	⚳	⚴	⚵	⚶	⚷
	° ′	° ′	° ′	° ′	° ′	° ′	° ′	° ′	° ′	° ′	° ′	° ′	°	°	°	°	°
1	10 ♊ 28	20 ♋ 31	18 ♎ 47	19 R 58	2 D 47	24 D 38	12 R 22	6 D 18	6 D 43	0 D 30	19 D 23	16 R 43	29 R	28 R	29 D	14 D	27 D
2	11 ♊ 26	3 ♌ 27	18 ♎ 44	19 ♎ 51	4 ♋ 7	25 ♈ 36	12 ♑ 18	6 ♓ 23	6 ♋ 50	0 ♋ 33	19 ♈ 24	16 ♒ 43	29 ♐	28 ♎	0 ♎	14 ♓	27 ♉
3	12 ♊ 23	16 ♌ 3	18 ♎ 41	19 ♎ 46	5 ♋ 24	26 ♈ 35	12 ♑ 13	6 ♓ 27	6 ♋ 58	0 ♋ 37	19 ♈ 26	16 ♒ 43	29 ♐	28 ♎	0 ♎	15 ♓	27 ♉
4	13 ♊ 21	28 ♌ 19	18 ♎ 37	19 ♎ 43	6 ♋ 38	27 ♈ 34	12 ♑ 8	6 ♓ 32	7 ♋ 5	0 ♋ 40	19 ♈ 28	16 ♒ 42	29 ♐	28 ♎	0 ♎	15 ♓	27 ♉
5	14 ♊ 18	10 ♍ 21	18 ♎ 34	19 ♎ 41	7 ♋ 48	28 ♈ 34	12 ♑ 2	6 ♓ 36	7 ♋ 12	0 ♋ 44	19 ♈ 29	16 ♒ 42	28 ♐	28 ♎	0 ♎	15 ♓	27 ♉
6	15 ♊ 16	22 ♍ 14	18 ♎ 31	19 D 42	8 ♋ 55	29 ♈ 34	11 ♑ 55	6 ♓ 40	7 ♋ 20	0 ♋ 47	19 ♈ 31	16 ♒ 41	28 ♐	28 ♎	0 ♎	15 ♓	27 ♉
7	16 ♊ 13	4 ♎ 3	18 ♎ 28	19 ♎ 43	9 ♋ 59	0 ♉ 34	11 ♑ 47	6 ♓ 43	7 ♋ 27	0 ♋ 51	19 ♈ 32	16 ♒ 41	28 ♐	28 ♎	0 ♎	16 ♓	27 ♉
8	17 ♊ 11	15 ♎ 53	18 ♎ 25	19 ♎ 43	10 ♋ 59	1 ♉ 35	11 ♑ 39	6 ♓ 47	7 ♋ 35	0 ♋ 54	19 ♈ 33	16 ♒ 40	28 ♐	28 ♎	0 ♎	16 ♓	27 ♉
9	18 ♊ 8	27 ♎ 49	18 ♎ 22	19 R 43	11 ♋ 55	2 ♉ 36	11 ♑ 30	6 ♓ 50	7 ♋ 42	0 ♋ 58	19 ♈ 35	16 ♒ 40	27 ♐	28 ♎	0 ♎	16 ♓	27 ♉
10	19 ♊ 5	9 ♏ 55	18 ♎ 18	19 ♎ 41	12 ♋ 48	3 ♉ 37	11 ♑ 20	6 ♓ 53	7 ♋ 50	1 ♋ 1	19 ♈ 36	16 ♒ 39	27 ♐	28 ♎	0 ♎	17 ♓	27 ♉
11	20 ♊ 3	22 ♏ 15	18 ♎ 15	19 ♎ 37	13 ♋ 36	4 ♉ 39	11 ♑ 10	6 ♓ 56	7 ♋ 57	1 ♋ 5	19 ♈ 37	16 ♒ 38	27 ♐	27 ♎	0 ♎	17 ♓	27 ♉
12	21 ♊ 0	4 ♐ 51	18 ♎ 12	19 ♎ 30	14 ♋ 21	5 ♉ 40	10 ♑ 59	6 ♓ 59	8 ♋ 5	1 ♋ 8	19 ♈ 39	16 ♒ 38	27 ♐	27 ♎	0 ♎	17 ♓	27 ♉
13	21 ♊ 57	17 ♐ 45	18 ♎ 9	19 ♎ 21	15 ♋ 2	6 ♉ 42	10 ♑ 47	7 ♓ 2	8 ♋ 13	1 ♋ 12	19 ♈ 40	16 ♒ 37	27 ♐	27 ♎	1 ♎	17 ♓	27 ♉
14	22 ♊ 55	0 ♑ 56	18 ♎ 6	19 ♎ 11	15 ♋ 39	7 ♉ 45	10 ♑ 35	7 ♓ 4	8 ♋ 20	1 ♋ 15	19 ♈ 41	16 ♒ 36	26 ♐	27 ♎	1 ♎	18 ♓	27 ♉
15	23 ♊ 52	14 ♑ 23	18 ♎ 3	19 ♎ 0	16 ♋ 11	8 ♉ 47	10 ♑ 22	7 ♓ 7	8 ♋ 28	1 ♋ 19	19 ♈ 43	16 ♒ 36	26 ♐	27 ♎	1 ♎	18 ♓	28 ♉
16	24 ♊ 49	28 ♑ 2	17 ♎ 59	18 ♎ 51	16 ♋ 40	9 ♉ 50	10 ♑ 8	7 ♓ 9	8 ♋ 35	1 ♋ 23	19 ♈ 44	16 ♒ 35	26 ♐	27 ♎	1 ♎	18 ♓	28 ♉
17	25 ♊ 47	11 ♒ 53	17 ♎ 56	18 ♎ 43	17 ♋ 4	10 ♉ 53	9 ♑ 54	7 ♓ 11	8 ♋ 43	1 ♋ 26	19 ♈ 45	16 ♒ 34	26 ♐	27 ♎	1 ♎	18 ♓	28 ♉
18	26 ♊ 44	25 ♒ 50	17 ♎ 53	18 ♎ 37	17 ♋ 23	11 ♉ 57	9 ♑ 39	7 ♓ 12	8 ♋ 51	1 ♋ 30	19 ♈ 46	16 ♒ 34	25 ♐	27 D	1 ♎	19 ♓	28 ♉
19	27 ♊ 41	9 ♓ 53	17 ♎ 50	18 ♎ 33	17 ♋ 38	13 ♉ 0	9 ♑ 24	7 ♓ 14	8 ♋ 58	1 ♋ 33	19 ♈ 47	16 ♒ 33	25 ♐	27 ♎	1 ♎	19 ♓	28 ♉
20	28 ♊ 38	23 ♓ 59	17 ♎ 47	18 ♎ 32	17 ♋ 49	14 ♉ 4	9 ♑ 8	7 ♓ 15	9 ♋ 6	1 ♋ 37	19 ♈ 48	16 ♒ 32	25 ♐	27 ♎	2 ♎	19 ♓	28 ♉
21	29 ♊ 36	8 ♈ 7	17 ♎ 43	18 D 32	17 ♋ 54	15 ♉ 8	8 ♑ 52	7 ♓ 16	9 ♋ 14	1 ♋ 40	19 ♈ 49	16 ♒ 31	25 ♐	27 ♎	2 ♎	19 ♓	28 ♉
22	0 ♋ 33	22 ♈ 16	17 ♎ 40	18 R 32	17 R 56	16 ♉ 12	8 ♑ 36	7 ♓ 17	9 ♋ 22	1 ♋ 44	19 ♈ 50	16 ♒ 30	25 ♐	27 ♎	2 ♎	20 ♓	28 ♉
23	1 ♋ 30	6 ♉ 25	17 ♎ 37	18 ♎ 31	17 ♋ 53	17 ♉ 16	8 ♑ 19	7 ♓ 18	9 ♋ 29	1 ♋ 48	19 ♈ 51	16 ♒ 30	24 ♐	27 ♎	2 ♎	20 ♓	28 ♉
24	2 ♋ 27	20 ♉ 31	17 ♎ 34	18 ♎ 28	17 ♋ 45	18 ♉ 21	8 ♑ 1	7 ♓ 18	9 ♋ 37	1 ♋ 51	19 ♈ 52	16 ♒ 29	24 ♐	27 ♎	2 ♎	20 ♓	28 ♉
25	3 ♋ 25	4 ♊ 32	17 ♎ 31	18 ♎ 22	17 ♋ 33	19 ♉ 26	7 ♑ 44	7 ♓ 19	9 ♋ 45	1 ♋ 55	19 ♈ 53	16 ♒ 28	24 ♐	27 ♎	2 ♎	20 ♓	28 ♉
26	4 ♋ 22	18 ♊ 26	17 ♎ 28	18 ♎ 14	17 ♋ 17	20 ♉ 31	7 ♑ 26	7 ♓ 19	9 ♋ 53	1 ♋ 58	19 ♈ 54	16 ♒ 27	24 ♐	28 ♎	2 ♎	20 ♓	28 ♉
27	5 ♋ 19	2 ♋ 7	17 ♎ 24	18 ♎ 3	16 ♋ 57	21 ♉ 36	7 ♑ 8	7 R 19	10 ♋ 1	2 ♋ 2	19 ♈ 55	16 ♒ 26	24 ♐	28 ♎	3 ♎	21 ♓	28 ♉
28	6 ♋ 16	15 ♋ 33	17 ♎ 21	17 ♎ 51	16 ♋ 33	22 ♉ 41	6 ♑ 49	7 ♓ 19	10 ♋ 8	2 ♋ 6	19 ♈ 56	16 ♒ 25	23 ♐	28 ♎	3 ♎	21 ♓	28 ♉
29	7 ♋ 14	28 ♋ 41	17 ♎ 18	17 ♎ 39	16 ♋ 6	23 ♉ 47	6 ♑ 31	7 ♓ 18	10 ♋ 16	2 ♋ 9	19 ♈ 57	16 ♒ 24	23 ♐	28 ♎	3 ♎	21 ♓	28 ♉
30	8 ♋ 11	11 ♌ 30	17 ♎ 15	17 ♎ 28	15 ♋ 36	24 ♉ 52	6 ♑ 13	7 ♓ 18	10 ♋ 24	2 ♋ 13	19 ♈ 58	16 ♒ 23	23 ♐	28 ♎	3 ♎	21 ♓	28 ♉

SUN INGRESS	☉ → ♋ 21日 10:01
MOON PHASE	◐ 5日 08:38 ♍　○ 13日 08:19 ♐　◑ 20日 08:29 ♓　● 27日 06:07 ♋

aspects		
3日	21:45	☿△♃
4日	10:05	☿☌♄
7日	06:50	♀⚹♅
7日	11:23	☉△♇
8日	14:36	☿☍♂
10日	13:12	☉⚹♆
13日	07:47	♀⚹♃
14日	15:26	♀⚹♄
16日	05:35	♀△♂
20日	02:13	♂☍♄
22日	06:46	♀□♇
23日	07:48	☉☌♅
23日	12:13	☿⚹♀
26日	09:15	♂⚹♃
28日	10:29	☉☍♂
29日	01:52	☉△♃

2033年7月

DAY	☉	☽	☊ mean	☊ true	☿	♀	♂	♃	♄	♅	♆	♇	⚳	⚴	⚵	⚶	⚷
	° ′	° ′	° ′	° ′	° ′	° ′	° ′	° ′	° ′	° ′	° ′	° ′	°	°	°	°	°
1	9 ♋ 8	24 ♌ 1	17 ♎ 12	17 R 19	15 R 4	25 D 58	5 R 54	7 R 17	10 D 32	2 D 16	19 D 58	16 R 22	23 R	28 D	3 D	21 D	29 D
2	10 ♋ 5	6 ♍ 15	17 ♎ 9	17 ♎ 13	14 ♋ 30	27 ♉ 4	5 ♑ 36	7 ♓ 16	10 ♋ 40	2 ♋ 20	19 ♈ 59	16 ♒ 21	23 ♐	28 ♎	4 ♎	21 ♓	29 ♉
3	11 ♋ 3	18 ♍ 17	17 ♎ 5	17 ♎ 9	13 ♋ 54	28 ♉ 10	5 ♑ 17	7 ♓ 14	10 ♋ 47	2 ♋ 23	20 ♈ 0	16 ♒ 20	22 ♐	28 ♎	4 ♎	22 ♓	29 ♉
4	12 ♋ 0	0 ♎ 9	17 ♎ 2	17 ♎ 8	13 ♋ 17	29 ♉ 16	4 ♑ 59	7 ♓ 13	10 ♋ 55	2 ♋ 27	20 ♈ 0	16 ♒ 19	22 ♐	28 ♎	4 ♎	22 ♓	29 ♉
5	12 ♋ 57	11 ♎ 57	16 ♎ 59	17 ♎ 7	12 ♋ 41	0 ♊ 23	4 ♑ 41	7 ♓ 11	11 ♋ 3	2 ♋ 31	20 ♈ 1	16 ♒ 18	22 ♐	28 ♎	4 ♎	22 ♓	29 ♉
6	13 ♋ 54	23 ♎ 48	16 ♎ 56	17 ♎ 7	12 ♋ 4	1 ♊ 29	4 ♑ 23	7 ♓ 10	11 ♋ 11	2 ♋ 34	20 ♈ 2	16 ♒ 17	22 ♐	28 ♎	4 ♎	22 ♓	29 ♉
7	14 ♋ 51	5 ♏ 45	16 ♎ 53	17 ♎ 7	11 ♋ 29	2 ♊ 36	4 ♑ 5	7 ♓ 8	11 ♋ 19	2 ♋ 38	20 ♈ 2	16 ♒ 16	22 ♐	29 ♎	5 ♎	22 ♓	29 ♉
8	15 ♋ 49	17 ♏ 54	16 ♎ 49	17 ♎ 4	10 ♋ 55	3 ♊ 43	3 ♑ 48	7 ♓ 6	11 ♋ 26	2 ♋ 41	20 ♈ 3	16 ♒ 14	21 ♐	29 ♎	5 ♎	22 ♓	29 ♉
9	16 ♋ 46	0 ♐ 21	16 ♎ 46	16 ♎ 59	10 ♋ 24	4 ♊ 50	3 ♑ 31	7 ♓ 3	11 ♋ 34	2 ♋ 45	20 ♈ 3	16 ♒ 13	21 ♐	29 ♎	5 ♎	22 ♓	29 ♉
10	17 ♋ 43	13 ♐ 7	16 ♎ 43	16 ♎ 51	9 ♋ 56	5 ♊ 57	3 ♑ 15	7 ♓ 1	11 ♋ 42	2 ♋ 48	20 ♈ 4	16 ♒ 12	21 ♐	29 ♎	5 ♎	23 ♓	29 ♉
11	18 ♋ 40	26 ♐ 15	16 ♎ 40	16 ♎ 42	9 ♋ 31	7 ♊ 4	2 ♑ 58	6 ♓ 58	11 ♋ 50	2 ♋ 52	20 ♈ 4	16 ♒ 11	21 ♐	29 ♎	5 ♎	23 ♓	29 ♉
12	19 ♋ 37	9 ♑ 45	16 ♎ 37	16 ♎ 30	9 ♋ 10	8 ♊ 11	2 ♑ 43	6 ♓ 55	11 ♋ 58	2 ♋ 55	20 ♈ 4	16 ♒ 10	21 ♐	29 ♎	6 ♎	23 ♓	29 ♉
13	20 ♋ 35	23 ♑ 34	16 ♎ 34	16 ♎ 18	8 ♋ 53	9 ♊ 19	2 ♑ 28	6 ♓ 52	12 ♋ 5	2 ♋ 59	20 ♈ 5	16 ♒ 9	21 ♐	29 ♎	6 ♎	23 ♓	29 ♉
14	21 ♋ 32	7 ♒ 39	16 ♎ 30	16 ♎ 7	8 ♋ 40	10 ♊ 27	2 ♑ 13	6 ♓ 49	12 ♋ 13	3 ♋ 2	20 ♈ 5	16 ♒ 7	20 ♐	0 ♏	6 ♎	23 ♓	29 ♉
15	22 ♋ 29	21 ♒ 55	16 ♎ 27	15 ♎ 58	8 ♋ 33	11 ♊ 34	1 ♑ 59	6 ♓ 45	12 ♋ 21	3 ♋ 6	20 ♈ 5	16 ♒ 6	20 ♐	0 ♏	6 ♎	23 ♓	29 ♉
16	23 ♋ 26	6 ♓ 16	16 ♎ 24	15 ♎ 51	8 D 30	12 ♊ 42	1 ♑ 45	6 ♓ 42	12 ♋ 28	3 ♋ 9	20 ♈ 6	16 ♒ 5	20 ♐	0 ♏	7 ♎	23 ♓	29 ♉
17	24 ♋ 23	20 ♓ 37	16 ♎ 21	15 ♎ 47	8 ♋ 33	13 ♊ 50	1 ♑ 32	6 ♓ 38	12 ♋ 36	3 ♋ 12	20 ♈ 6	16 ♒ 4	20 ♐	0 ♏	7 ♎	23 ♓	29 ♉
18	25 ♋ 21	4 ♈ 55	16 ♎ 18	15 ♎ 46	8 ♋ 41	14 ♊ 58	1 ♑ 20	6 ♓ 34	12 ♋ 44	3 ♋ 16	20 ♈ 6	16 ♒ 3	20 ♐	0 ♏	7 ♎	23 ♓	29 ♉
19	26 ♋ 18	19 ♈ 7	16 ♎ 15	15 D 45	8 ♋ 55	16 ♊ 7	1 ♑ 8	6 ♓ 30	12 ♋ 52	3 ♋ 19	20 ♈ 6	16 ♒ 1	20 ♐	0 ♏	7 ♎	23 ♓	29 ♉
20	27 ♋ 15	3 ♉ 11	16 ♎ 11	15 R 45	9 ♋ 14	17 ♊ 15	0 ♑ 57	6 ♓ 25	12 ♋ 59	3 ♋ 23	20 ♈ 6	16 ♒ 0	20 ♐	1 ♏	7 ♎	23 ♓	0 ♊
21	28 ♋ 12	17 ♉ 8	16 ♎ 8	15 ♎ 44	9 ♋ 39	18 ♊ 23	0 ♑ 47	6 ♓ 21	13 ♋ 7	3 ♋ 26	20 ♈ 7	15 ♒ 59	20 ♐	1 ♏	8 ♎	23 ♓	0 ♊
22	29 ♋ 10	0 ♊ 56	16 ♎ 5	15 ♎ 41	10 ♋ 10	19 ♊ 32	0 ♑ 38	6 ♓ 16	13 ♋ 15	3 ♋ 29	20 ♈ 7	15 ♒ 57	20 ♐	1 ♏	8 ♎	23 ♓	0 ♊
23	0 ♌ 7	14 ♊ 35	16 ♎ 2	15 ♎ 35	10 ♋ 46	20 ♊ 41	0 ♑ 29	6 ♓ 11	13 ♋ 22	3 ♋ 33	20 ♈ 7	15 ♒ 56	19 ♐	1 ♏	8 ♎	23 ♓	0 ♊
24	1 ♌ 4	28 ♊ 4	15 ♎ 59	15 ♎ 27	11 ♋ 28	21 ♊ 49	0 ♑ 21	6 ♓ 6	13 ♋ 30	3 ♋ 36	20 R 7	15 ♒ 55	19 ♐	1 ♏	8 ♎	23 ♓	0 ♊
25	2 ♌ 2	11 ♋ 22	15 ♎ 55	15 ♎ 16	12 ♋ 16	22 ♊ 58	0 ♑ 14	6 ♓ 1	13 ♋ 37	3 ♋ 39	20 ♈ 7	15 ♒ 54	19 ♐	2 ♏	9 ♎	23 R	0 ♊
26	2 ♌ 59	24 ♋ 26	15 ♎ 52	15 ♎ 5	13 ♋ 9	24 ♊ 7	0 ♑ 8	5 ♓ 56	13 ♋ 45	3 ♋ 42	20 ♈ 7	15 ♒ 52	19 ♐	2 ♏	9 ♎	23 ♓	0 ♊
27	3 ♌ 56	7 ♌ 17	15 ♎ 49	14 ♎ 53	14 ♋ 7	25 ♊ 16	0 ♑ 2	5 ♓ 50	13 ♋ 52	3 ♋ 46	20 ♈ 7	15 ♒ 51	19 ♐	2 ♏	9 ♎	23 ♓	0 ♊
28	4 ♌ 54	19 ♌ 52	15 ♎ 46	14 ♎ 42	15 ♋ 11	26 ♊ 26	29 ♐ 58	5 ♓ 45	14 ♋ 0	3 ♋ 49	20 ♈ 6	15 ♒ 50	19 ♐	2 ♏	9 ♎	23 ♓	0 ♊
29	5 ♌ 51	2 ♍ 13	15 ♎ 43	14 ♎ 33	16 ♋ 20	27 ♊ 35	29 ♐ 54	5 ♓ 39	14 ♋ 7	3 ♋ 52	20 ♈ 6	15 ♒ 48	19 ♐	3 ♏	10 ♎	23 ♓	0 ♊
30	6 ♌ 48	14 ♍ 21	15 ♎ 40	14 ♎ 27	17 ♋ 34	28 ♊ 44	29 ♐ 51	5 ♓ 33	14 ♋ 15	3 ♋ 55	20 ♈ 6	15 ♒ 47	19 ♐	3 ♏	10 ♎	23 ♓	0 ♊
31	7 ♌ 46	26 ♍ 19	15 ♎ 36	14 ♎ 23	18 ♋ 53	29 ♊ 54	29 ♐ 49	5 ♓ 27	14 ♋ 22	3 ♋ 58	20 ♈ 6	15 ♒ 46	19 ♐	3 ♏	10 ♎	23 ♓	0 ♊

SUN INGRESS: ☉ → ♌ 22日 20:52

MOON PHASE: ◐ 5日 02:12 ♎　○ 12日 18:28 ♑　◑ 19日 13:07 ♈　● 26日 17:12 ♌

aspects

2日	16:38	☉☌♄
4日	19:47	☉☌☿
7日	05:56	☿☌♄
10日	21:54	♀□♃
11日	08:24	♂☍♅
12日	11:27	☉□♆
18日	22:12	♀△♇
22日	12:09	♀⚹♆
26日	17:11	☿☌♄
30日	22:17	♀☍♂
31日	20:45	☿□♆

2033年8月

DAY	☉	☽	☊ mean	☊ true	☿	♀	♂	♃	♄	♅	♆	♇	⚳	⚴	⚵	⚶	⚷
	° ′	° ′	° ′	° ′	° ′	° ′	° ′	° ′	° ′	° ′	° ′	° ′	°	°	°	°	°
1	8 ♌ 43	8 ♎ 9	15 ♎ 33	14 R 21	20 D 17	1 D 3	29 R 47	5 R 21	14 D 30	4 D 1	20 R 6	15 R 44	19 R	3 D	10 D	23 R	0 D
2	9 ♌ 41	19 ♎ 56	15 ♎ 30	14 D 21	21 ♋ 46	2 ♋ 13	29 D 47	5 ♓ 15	14 ♋ 37	4 ♋ 4	20 ♈ 5	15 ♒ 43	19 ♐	4 ♏	11 ♎	23 ♓	0 ♊
3	10 ♌ 38	1 ♏ 45	15 ♎ 27	14 ♎ 22	23 ♋ 19	3 ♋ 23	29 ♐ 47	5 ♓ 8	14 ♋ 44	4 ♋ 8	20 ♈ 5	15 ♒ 42	19 ♐	4 ♏	11 ♎	23 ♓	0 ♊
4	11 ♌ 35	13 ♏ 42	15 ♎ 24	14 R 22	24 ♋ 56	4 ♋ 33	29 ♐ 49	5 ♓ 2	14 ♋ 51	4 ♋ 11	20 ♈ 5	15 ♒ 40	19 ♐	4 ♏	11 ♎	23 ♓	0 ♊
5	12 ♌ 33	25 ♏ 52	15 ♎ 20	14 ♎ 21	26 ♋ 38	5 ♋ 43	29 ♐ 51	4 ♓ 55	14 ♋ 59	4 ♋ 14	20 ♈ 4	15 ♒ 39	19 ♐	4 ♏	12 ♎	23 ♓	0 ♊
6	13 ♌ 30	8 ♐ 19	15 ♎ 17	14 ♎ 18	28 ♋ 23	6 ♋ 53	29 ♐ 54	4 ♓ 48	15 ♋ 6	4 ♋ 17	20 ♈ 4	15 ♒ 38	19 ♐	5 ♏	12 ♎	23 ♓	0 ♊
7	14 ♌ 28	21 ♐ 8	15 ♎ 14	14 ♎ 13	0 ♌ 11	8 ♋ 3	29 ♐ 58	4 ♓ 42	15 ♋ 13	4 ♋ 19	20 ♈ 3	15 ♒ 36	19 ♐	5 ♏	12 ♎	23 ♓	0 ♊
8	15 ♌ 25	4 ♑ 23	15 ♎ 11	14 ♎ 6	2 ♌ 2	9 ♋ 13	0 ♑ 2	4 ♓ 35	15 ♋ 20	4 ♋ 22	20 ♈ 3	15 ♒ 35	19 D	5 ♏	12 ♎	22 ♓	0 ♊
9	16 ♌ 23	18 ♑ 3	15 ♎ 8	13 ♎ 57	3 ♌ 56	10 ♋ 23	0 ♑ 8	4 ♓ 28	15 ♋ 27	4 ♋ 25	20 ♈ 2	15 ♒ 33	19 ♐	5 ♏	13 ♎	22 ♓	0 ♊
10	17 ♌ 20	2 ♒ 7	15 ♎ 5	13 ♎ 48	5 ♌ 53	11 ♋ 33	0 ♑ 14	4 ♓ 20	15 ♋ 34	4 ♋ 28	20 ♈ 2	15 ♒ 32	19 ♐	6 ♏	13 ♎	22 ♓	0 ♊
11	18 ♌ 18	16 ♒ 32	15 ♎ 1	13 ♎ 40	7 ♌ 51	12 ♋ 44	0 ♑ 21	4 ♓ 13	15 ♋ 41	4 ♋ 31	20 ♈ 1	15 ♒ 31	19 ♐	6 ♏	13 ♎	22 ♓	0 ♊
12	19 ♌ 15	1 ♓ 10	14 ♎ 58	13 ♎ 33	9 ♌ 51	13 ♋ 55	0 ♑ 29	4 ♓ 6	15 ♋ 48	4 ♋ 34	20 ♈ 1	15 ♒ 29	19 ♐	6 ♏	14 ♎	22 ♓	0 ♊
13	20 ♌ 13	15 ♓ 56	14 ♎ 55	13 ♎ 28	11 ♌ 52	15 ♋ 5	0 ♑ 38	3 ♓ 59	15 ♋ 55	4 ♋ 37	20 ♈ 0	15 ♒ 28	19 ♐	6 ♏	14 ♎	22 ♓	0 ♊
14	21 ♌ 10	0 ♈ 40	14 ♎ 52	13 ♎ 25	13 ♌ 53	16 ♋ 16	0 ♑ 47	3 ♓ 51	16 ♋ 2	4 ♋ 39	19 ♈ 59	15 ♒ 27	19 ♐	7 ♏	14 ♎	22 ♓	0 ♊
15	22 ♌ 8	15 ♈ 18	14 ♎ 49	13 D 25	15 ♌ 56	17 ♋ 27	0 ♑ 57	3 ♓ 44	16 ♋ 9	4 ♋ 42	19 ♈ 59	15 ♒ 25	19 ♐	7 ♏	14 ♎	21 ♓	0 ♊
16	23 ♌ 6	29 ♈ 44	14 ♎ 46	13 ♎ 25	17 ♌ 58	18 ♋ 38	1 ♑ 8	3 ♓ 36	16 ♋ 16	4 ♋ 45	19 ♈ 58	15 ♒ 24	19 ♐	7 ♏	15 ♎	21 ♓	0 ♊
17	24 ♌ 3	13 ♉ 55	14 ♎ 42	13 ♎ 26	20 ♌ 1	19 ♋ 49	1 ♑ 20	3 ♓ 28	16 ♋ 23	4 ♋ 47	19 ♈ 57	15 ♒ 23	19 ♐	8 ♏	15 ♎	21 ♓	0 ♊
18	25 ♌ 1	27 ♉ 51	14 ♎ 39	13 R 27	22 ♌ 3	21 ♋ 0	1 ♑ 32	3 ♓ 21	16 ♋ 29	4 ♋ 50	19 ♈ 57	15 ♒ 21	19 ♐	8 ♏	15 ♎	21 ♓	0 ♊
19	25 ♌ 59	11 ♊ 31	14 ♎ 36	13 ♎ 26	24 ♌ 5	22 ♋ 11	1 ♑ 45	3 ♓ 13	16 ♋ 36	4 ♋ 52	19 ♈ 56	15 ♒ 20	19 ♐	8 ♏	16 ♎	21 ♓	0 ♊
20	26 ♌ 56	24 ♊ 56	14 ♎ 33	13 ♎ 22	26 ♌ 6	23 ♋ 22	1 ♑ 59	3 ♓ 5	16 ♋ 43	4 ♋ 55	19 ♈ 55	15 ♒ 19	19 ♐	9 ♏	16 ♎	21 ♓	1 ♊
21	27 ♌ 54	8 ♋ 7	14 ♎ 30	13 ♎ 17	28 ♌ 6	24 ♋ 33	2 ♑ 13	2 ♓ 57	16 ♋ 49	4 ♋ 58	19 ♈ 54	15 ♒ 17	19 ♐	9 ♏	16 ♎	20 ♓	1 ♊
22	28 ♌ 52	21 ♋ 3	14 ♎ 26	13 ♎ 11	0 ♍ 5	25 ♋ 45	2 ♑ 28	2 ♓ 49	16 ♋ 56	5 ♋ 0	19 ♈ 53	15 ♒ 16	19 ♐	9 ♏	16 ♎	20 ♓	1 ♊
23	29 ♌ 50	3 ♌ 47	14 ♎ 23	13 ♎ 3	2 ♍ 3	26 ♋ 56	2 ♑ 44	2 ♓ 41	17 ♋ 2	5 ♋ 2	19 ♈ 52	15 ♒ 15	19 ♐	10 ♏	17 ♎	20 ♓	1 ♊
24	0 ♍ 48	16 ♌ 19	14 ♎ 20	12 ♎ 56	4 ♍ 0	28 ♋ 8	3 ♑ 0	2 ♓ 34	17 ♋ 9	5 ♋ 5	19 ♈ 51	15 ♒ 13	20 ♐	10 ♏	17 ♎	20 ♓	1 ♊
25	1 ♍ 46	28 ♌ 38	14 ♎ 17	12 ♎ 49	5 ♍ 56	29 ♋ 19	3 ♑ 17	2 ♓ 26	17 ♋ 15	5 ♋ 7	19 ♈ 50	15 ♒ 12	20 ♐	10 ♏	17 ♎	19 ♓	1 ♊
26	2 ♍ 43	10 ♍ 47	14 ♎ 14	12 ♎ 43	7 ♍ 51	0 ♌ 31	3 ♑ 35	2 ♓ 18	17 ♋ 21	5 ♋ 9	19 ♈ 49	15 ♒ 11	20 ♐	11 ♏	18 ♎	19 ♓	1 ♊
27	3 ♍ 41	22 ♍ 47	14 ♎ 11	12 ♎ 39	9 ♍ 44	1 ♌ 43	3 ♑ 54	2 ♓ 10	17 ♋ 27	5 ♋ 12	19 ♈ 48	15 ♒ 10	20 ♐	11 ♏	18 ♎	19 ♓	1 ♊
28	4 ♍ 39	4 ♎ 39	14 ♎ 7	12 ♎ 37	11 ♍ 36	2 ♌ 55	4 ♑ 12	2 ♓ 2	17 ♋ 34	5 ♋ 14	19 ♈ 47	15 ♒ 8	20 ♐	11 ♏	18 ♎	19 ♓	1 ♊
29	5 ♍ 37	16 ♎ 26	14 ♎ 4	12 D 37	13 ♍ 27	4 ♌ 6	4 ♑ 32	1 ♓ 54	17 ♋ 40	5 ♋ 16	19 ♈ 46	15 ♒ 7	20 ♐	12 ♏	19 ♎	19 ♓	1 ♊
30	6 ♍ 35	28 ♎ 13	14 ♎ 1	12 ♎ 38	15 ♍ 16	5 ♌ 18	4 ♑ 52	1 ♓ 46	17 ♋ 46	5 ♋ 18	19 ♈ 45	15 ♒ 6	20 ♐	12 ♏	19 ♎	18 ♓	1 ♊
31	7 ♍ 33	10 ♏ 1	13 ♎ 58	12 ♎ 40	17 ♍ 5	6 ♌ 30	5 ♑ 13	1 ♓ 38	17 ♋ 52	5 ♋ 20	19 ♈ 44	15 ♒ 5	20 ♐	12 ♏	19 ♎	18 ♓	1 ♊

SUN INGRESS: ☉ → ♍ 23日 04:01

MOON PHASE: ◐ 3日 19:25 ♏　○ 11日 03:07 ♒　◑ 17日 18:42 ♉　● 25日 06:39 ♍

aspects

3日	16:05	♀☌♅
4日	09:10	♀△♃
8日	03:55	☉☍♇
9日	05:29	♃△♆
12日	18:45	☉△♆
13日	18:52	♀☌♄
14日	18:07	☿☍♇
16日	23:20	☿△♆
17日	02:56	♀□♆
20日	19:33	☉☌☿
22日	21:35	♂⚹♃
23日	07:21	☿☍♃
23日	09:40	☿△♂
24日	13:38	☿⚹♅
25日	14:39	☉☍♃
27日	07:28	☉△♂
28日	14:55	☉⚹♅
31日	09:12	♂☍♅
31日	11:09	♀⚹♄

2033年9月

DAY	☉	☽	☊ mean	☊ true	☿	♀	♂	♃	♄	♅	♆	♇	⚳	⚴	⚵	⚶	⚷
	° ′	° ′	° ′	° ′	° ′	° ′	° ′	° ′	° ′	° ′	° ′	° ′	°	°	°	°	°
1	8 ♍ 31	21 ♏ 58	13 ♎ 55	12 D 41	18 D 52	7 D 43	5 D 34	1 R 31	17 D 58	5 D 22	19 R 43	15 R 3	20 D	13 D	20 D	18 R	1 D
2	9 ♍ 29	4 ♐ 6	13 ♎ 52	12 ♎ 42	20 ♍ 37	8 ♌ 55	5 ♑ 56	1 ♓ 23	18 ♋ 4	5 ♋ 24	19 ♈ 42	15 ♒ 2	21 ♐	13 ♏	20 ♎	18 ♓	1 ♊
3	10 ♍ 27	16 ♐ 31	13 ♎ 48	12 R 42	22 ♍ 22	10 ♌ 7	6 ♑ 19	1 ♓ 15	18 ♋ 9	5 ♋ 26	19 ♈ 41	15 ♒ 1	21 ♐	13 ♏	20 ♎	17 ♓	1 ♊
4	11 ♍ 25	29 ♐ 18	13 ♎ 45	12 ♎ 41	24 ♍ 5	11 ♌ 19	6 ♑ 42	1 ♓ 7	18 ♋ 15	5 ♋ 28	19 ♈ 39	15 ♒ 0	21 ♐	14 ♏	20 ♎	17 ♓	1 ♊
5	12 ♍ 24	12 ♑ 30	13 ♎ 42	12 ♎ 38	25 ♍ 47	12 ♌ 32	7 ♑ 5	1 ♓ 0	18 ♋ 21	5 ♋ 30	19 ♈ 38	14 ♒ 59	21 ♐	14 ♏	21 ♎	17 ♓	1 ♊
6	13 ♍ 22	26 ♑ 9	13 ♎ 39	12 ♎ 35	27 ♍ 27	13 ♌ 44	7 ♑ 29	0 ♓ 52	18 ♋ 26	5 ♋ 32	19 ♈ 37	14 ♒ 57	21 ♐	14 ♏	21 ♎	17 ♓	1 ♊
7	14 ♍ 20	10 ♒ 16	13 ♎ 36	12 ♎ 31	29 ♍ 7	14 ♌ 57	7 ♑ 53	0 ♓ 45	18 ♋ 32	5 ♋ 34	19 ♈ 36	14 ♒ 56	21 ♐	15 ♏	21 ♎	16 ♓	1 R
8	15 ♍ 18	24 ♒ 48	13 ♎ 32	12 ♎ 27	0 ♎ 45	16 ♌ 9	8 ♑ 18	0 ♓ 37	18 ♋ 37	5 ♋ 36	19 ♈ 34	14 ♒ 55	22 ♐	15 ♏	22 ♎	16 ♓	1 ♊
9	16 ♍ 16	9 ♓ 38	13 ♎ 29	12 ♎ 23	2 ♎ 22	17 ♌ 22	8 ♑ 44	0 ♓ 30	18 ♋ 43	5 ♋ 37	19 ♈ 33	14 ♒ 54	22 ♐	15 ♏	22 ♎	16 ♓	1 ♊
10	17 ♍ 15	24 ♓ 41	13 ♎ 26	12 ♎ 21	3 ♎ 58	18 ♌ 34	9 ♑ 10	0 ♓ 23	18 ♋ 48	5 ♋ 39	19 ♈ 32	14 ♒ 53	22 ♐	16 ♏	22 ♎	16 ♓	1 ♊
11	18 ♍ 13	9 ♈ 46	13 ♎ 23	12 ♎ 21	5 ♎ 33	19 ♌ 47	9 ♑ 36	0 ♓ 16	18 ♋ 53	5 ♋ 41	19 ♈ 30	14 ♒ 52	22 ♐	16 ♏	23 ♎	15 ♓	1 ♊
12	19 ♍ 11	24 ♈ 45	13 ♎ 20	12 D 21	7 ♎ 7	21 ♌ 0	10 ♑ 3	0 ♓ 9	18 ♋ 58	5 ♋ 42	19 ♈ 29	14 ♒ 51	22 ♐	16 ♏	23 ♎	15 ♓	1 ♊
13	20 ♍ 10	9 ♉ 31	13 ♎ 17	12 ♎ 22	8 ♎ 39	22 ♌ 13	10 ♑ 30	0 ♓ 2	19 ♋ 3	5 ♋ 44	19 ♈ 27	14 ♒ 50	22 ♐	17 ♏	23 ♎	15 ♓	1 ♊
14	21 ♍ 8	23 ♉ 57	13 ♎ 13	12 ♎ 23	10 ♎ 11	23 ♌ 26	10 ♑ 57	29 ♒ 55	19 ♋ 8	5 ♋ 45	19 ♈ 26	14 ♒ 49	23 ♐	17 ♏	24 ♎	15 ♓	1 ♊
15	22 ♍ 6	8 ♊ 2	13 ♎ 10	12 ♎ 24	11 ♎ 41	24 ♌ 39	11 ♑ 25	29 ♒ 48	19 ♋ 13	5 ♋ 46	19 ♈ 25	14 ♒ 48	23 ♐	17 ♏	24 ♎	14 ♓	1 ♊
16	23 ♍ 5	21 ♊ 45	13 ♎ 7	12 ♎ 25	13 ♎ 10	25 ♌ 52	11 ♑ 54	29 ♒ 41	19 ♋ 18	5 ♋ 48	19 ♈ 23	14 ♒ 47	23 ♐	18 ♏	24 ♎	14 ♓	1 ♊
17	24 ♍ 3	5 ♋ 6	13 ♎ 4	12 R 25	14 ♎ 39	27 ♌ 5	12 ♑ 23	29 ♒ 35	19 ♋ 23	5 ♋ 49	19 ♈ 22	14 ♒ 46	23 ♐	18 ♏	25 ♎	14 ♓	1 ♊
18	25 ♍ 2	18 ♋ 7	13 ♎ 1	12 ♎ 23	16 ♎ 6	28 ♌ 18	12 ♑ 52	29 ♒ 28	19 ♋ 28	5 ♋ 50	19 ♈ 20	14 ♒ 45	23 ♐	19 ♏	25 ♎	14 ♓	1 ♊
19	26 ♍ 0	0 ♌ 50	12 ♎ 57	12 ♎ 22	17 ♎ 31	29 ♌ 32	13 ♑ 21	29 ♒ 22	19 ♋ 32	5 ♋ 52	19 ♈ 19	14 ♒ 44	24 ♐	19 ♏	25 ♎	13 ♓	1 ♊
20	26 ♍ 59	13 ♌ 18	12 ♎ 54	12 ♎ 19	18 ♎ 56	0 ♍ 45	13 ♑ 51	29 ♒ 16	19 ♋ 37	5 ♋ 53	19 ♈ 17	14 ♒ 43	24 ♐	19 ♏	26 ♎	13 ♓	1 ♊
21	27 ♍ 58	25 ♌ 34	12 ♎ 51	12 ♎ 17	20 ♎ 19	1 ♍ 58	14 ♑ 21	29 ♒ 10	19 ♋ 41	5 ♋ 54	19 ♈ 16	14 ♒ 42	24 ♐	20 ♏	26 ♎	13 ♓	1 ♊
22	28 ♍ 56	7 ♍ 40	12 ♎ 48	12 ♎ 15	21 ♎ 42	3 ♍ 12	14 ♑ 52	29 ♒ 4	19 ♋ 46	5 ♋ 55	19 ♈ 14	14 ♒ 41	24 ♐	20 ♏	26 ♎	13 ♓	1 ♊
23	29 ♍ 55	19 ♍ 38	12 ♎ 45	12 ♎ 14	23 ♎ 3	4 ♍ 25	15 ♑ 23	28 ♒ 58	19 ♋ 50	5 ♋ 56	19 ♈ 13	14 ♒ 40	24 ♐	20 ♏	27 ♎	12 ♓	1 ♊
24	0 ♎ 54	1 ♎ 30	12 ♎ 42	12 ♎ 13	24 ♎ 22	5 ♍ 39	15 ♑ 54	28 ♒ 53	19 ♋ 54	5 ♋ 57	19 ♈ 11	14 ♒ 39	25 ♐	21 ♏	27 ♎	12 ♓	0 ♊
25	1 ♎ 52	13 ♎ 18	12 ♎ 38	12 D 13	25 ♎ 41	6 ♍ 52	16 ♑ 26	28 ♒ 47	19 ♋ 58	5 ♋ 58	19 ♈ 9	14 ♒ 38	25 ♐	21 ♏	27 ♎	12 ♓	0 ♊
26	2 ♎ 51	25 ♎ 5	12 ♎ 35	12 ♎ 13	26 ♎ 58	8 ♍ 6	16 ♑ 58	28 ♒ 42	20 ♋ 2	5 ♋ 59	19 ♈ 8	14 ♒ 38	25 ♐	22 ♏	28 ♎	12 ♓	0 ♊
27	3 ♎ 50	6 ♏ 52	12 ♎ 32	12 ♎ 14	28 ♎ 13	9 ♍ 20	17 ♑ 30	28 ♒ 37	20 ♋ 6	6 ♋ 0	19 ♈ 6	14 ♒ 37	25 ♐	22 ♏	28 ♎	12 ♓	0 ♊
28	4 ♎ 49	18 ♏ 44	12 ♎ 29	12 ♎ 14	29 ♎ 27	10 ♍ 33	18 ♑ 3	28 ♒ 32	20 ♋ 10	6 ♋ 0	19 ♈ 5	14 ♒ 36	26 ♐	22 ♏	28 ♎	11 ♓	0 ♊
29	5 ♎ 48	0 ♐ 42	12 ♎ 26	12 ♎ 15	0 ♏ 39	11 ♍ 47	18 ♑ 36	28 ♒ 27	20 ♋ 13	6 ♋ 1	19 ♈ 3	14 ♒ 35	26 ♐	23 ♏	29 ♎	11 ♓	0 ♊
30	6 ♎ 47	12 ♐ 52	12 ♎ 23	12 ♎ 16	1 ♏ 50	13 ♍ 1	19 ♑ 9	28 ♒ 22	20 ♋ 17	6 ♋ 2	19 ♈ 1	14 ♒ 34	26 ♐	23 ♏	29 ♎	11 ♓	0 ♊

SUN INGRESS: ☉→♎23日 01:51

MOON PHASE: ◐ 2日 11:23 ♐　○ 9日 11:20 ♓　◑ 16日 02:33 ♊　● 23日 22:39 ♎

aspects

6日	23:55	☿☍♇
10日	18:31	♀△♆
11日	01:54	☿□♅
11日	18:11	☉⚹♄
14日	17:49	☿□♂
16日	19:13	♄□♆
17日	01:54	☿△♇
18日	21:08	☿☍♃
20日	05:58	☿☍♆
20日	12:20	☿□♄
24日	06:02	♀⚹♅
27日	07:10	☿△♃
29日	05:28	☉□♅
29日	18:53	♂□♆

2033年10月

DAY	☉	☽	☊ mean	☊ true	☿	♀	♂	♃	♄	♅	♆	♇	⚳	⚴	⚵	⚶	⚷
	° ′	° ′	° ′	° ′	° ′	° ′	° ′	° ′	° ′	° ′	° ′	° ′	°	°	°	°	°
1	7 ♎ 46	25 ♐ 16	12 ♎ 19	12 D 16	2 D 59	14 D 15	19 D 42	28 R 18	20 D 21	6 D 2	19 R 0	14 R 34	26 D	23 D	29 D	11 R	0 R
2	8 ♎ 45	7 ♑ 59	12 ♎ 16	12 ♎ 16	4 ♏ 5	15 ♍ 29	20 ♑ 16	28 ♒ 14	20 ♋ 24	6 ♋ 3	18 ♈ 58	14 ♒ 33	27 ♐	24 ♏	0 ♏	11 ♓	0 ♊
3	9 ♎ 44	21 ♑ 4	12 ♎ 13	12 R 16	5 ♏ 10	16 ♍ 43	20 ♑ 50	28 ♒ 10	20 ♋ 27	6 ♋ 3	18 ♈ 57	14 ♒ 32	27 ♐	24 ♏	0 ♏	11 ♓	0 ♊
4	10 ♎ 43	4 ♒ 35	12 ♎ 10	12 ♎ 16	6 ♏ 12	17 ♍ 57	21 ♑ 24	28 ♒ 6	20 ♋ 31	6 ♋ 4	18 ♈ 55	14 ♒ 32	27 ♐	25 ♏	0 ♏	10 ♓	0 ♊
5	11 ♎ 42	18 ♒ 33	12 ♎ 7	12 ♎ 16	7 ♏ 12	19 ♍ 11	21 ♑ 59	28 ♒ 2	20 ♋ 34	6 ♋ 4	18 ♈ 53	14 ♒ 31	27 ♐	25 ♏	1 ♏	10 ♓	0 ♊
6	12 ♎ 41	2 ♓ 58	12 ♎ 3	12 D 16	8 ♏ 10	20 ♍ 25	22 ♑ 34	27 ♒ 58	20 ♋ 37	6 ♋ 5	18 ♈ 52	14 ♒ 31	28 ♐	25 ♏	1 ♏	10 ♓	0 ♊
7	13 ♎ 40	17 ♓ 45	12 ♎ 0	12 ♎ 16	9 ♏ 4	21 ♍ 39	23 ♑ 9	27 ♒ 55	20 ♋ 40	6 ♋ 5	18 ♈ 50	14 ♒ 30	28 ♐	26 ♏	1 ♏	10 ♓	0 ♊
8	14 ♎ 39	2 ♈ 49	11 ♎ 57	12 ♎ 16	9 ♏ 55	22 ♍ 53	23 ♑ 44	27 ♒ 52	20 ♋ 43	6 ♋ 5	18 ♈ 48	14 ♒ 29	28 ♐	26 ♏	2 ♏	10 ♓	0 ♊
9	15 ♎ 38	18 ♈ 2	11 ♎ 54	12 R 16	10 ♏ 43	24 ♍ 8	24 ♑ 20	27 ♒ 49	20 ♋ 45	6 ♋ 5	18 ♈ 47	14 ♒ 29	29 ♐	27 ♏	2 ♏	10 ♓	0 ♊
10	16 ♎ 38	3 ♉ 14	11 ♎ 51	12 ♎ 16	11 ♏ 27	25 ♍ 22	24 ♑ 55	27 ♒ 46	20 ♋ 48	6 ♋ 6	18 ♈ 45	14 ♒ 28	29 ♐	27 ♏	2 ♏	10 ♓	0 ♊
11	17 ♎ 37	18 ♉ 16	11 ♎ 48	12 ♎ 15	12 ♏ 7	26 ♍ 36	25 ♑ 31	27 ♒ 43	20 ♋ 51	6 ♋ 6	18 ♈ 43	14 ♒ 28	29 ♐	27 ♏	3 ♏	10 ♓	0 ♊
12	18 ♎ 36	3 ♊ 0	11 ♎ 44	12 ♎ 15	12 ♏ 42	27 ♍ 51	26 ♑ 8	27 ♒ 41	20 ♋ 53	6 ♋ 6	18 ♈ 42	14 ♒ 28	29 ♐	28 ♏	3 ♏	9 ♓	0 ♊
13	19 ♎ 36	17 ♊ 19	11 ♎ 41	12 ♎ 14	13 ♏ 13	29 ♍ 5	26 ♑ 44	27 ♒ 39	20 ♋ 55	6 R 6	18 ♈ 40	14 ♒ 27	0 ♑	28 ♏	3 ♏	9 ♓	0 ♊
14	20 ♎ 35	1 ♋ 12	11 ♎ 38	12 ♎ 13	13 ♏ 38	0 ♎ 20	27 ♑ 21	27 ♒ 37	20 ♋ 58	6 ♋ 6	18 ♈ 38	14 ♒ 27	0 ♑	29 ♏	4 ♏	9 ♓	0 ♊
15	21 ♎ 34	14 ♋ 37	11 ♎ 35	12 ♎ 13	13 ♏ 57	1 ♎ 34	27 ♑ 57	27 ♒ 35	21 ♋ 0	6 ♋ 5	18 ♈ 37	14 ♒ 26	0 ♑	29 ♏	4 ♏	9 ♓	0 ♊
16	22 ♎ 34	27 ♋ 38	11 ♎ 32	12 D 13	14 ♏ 9	2 ♎ 49	28 ♑ 34	27 ♒ 33	21 ♋ 2	6 ♋ 5	18 ♈ 35	14 ♒ 26	0 ♑	29 ♏	4 ♏	9 ♓	0 ♊
17	23 ♎ 33	10 ♌ 17	11 ♎ 29	12 ♎ 13	14 ♏ 15	4 ♎ 3	29 ♑ 11	27 ♒ 32	21 ♋ 4	6 ♋ 5	18 ♈ 33	14 ♒ 26	1 ♑	0 ♐	5 ♏	9 ♓	0 ♊
18	24 ♎ 33	22 ♌ 37	11 ♎ 25	12 ♎ 14	14 R 14	5 ♎ 18	29 ♑ 49	27 ♒ 30	21 ♋ 5	6 ♋ 5	18 ♈ 32	14 ♒ 25	1 ♑	0 ♐	5 ♏	9 ♓	0 ♊
19	25 ♎ 32	4 ♍ 44	11 ♎ 22	12 ♎ 15	14 ♏ 4	6 ♎ 32	0 ♒ 26	27 ♒ 29	21 ♋ 7	6 ♋ 4	18 ♈ 30	14 ♒ 25	1 ♑	1 ♐	5 ♏	9 ♓	0 ♊
20	26 ♎ 32	16 ♍ 41	11 ♎ 19	12 ♎ 17	13 ♏ 46	7 ♎ 47	1 ♒ 4	27 ♒ 28	21 ♋ 9	6 ♋ 4	18 ♈ 28	14 ♒ 25	2 ♑	1 ♐	6 ♏	9 ♓	0 ♊
21	27 ♎ 32	28 ♍ 32	11 ♎ 16	12 ♎ 18	13 ♏ 20	9 ♎ 2	1 ♒ 42	27 ♒ 28	21 ♋ 10	6 ♋ 3	18 ♈ 27	14 ♒ 25	2 ♑	1 ♐	6 ♏	9 ♓	0 ♊
22	28 ♎ 31	10 ♎ 19	11 ♎ 13	12 ♎ 18	12 ♏ 45	10 ♎ 17	2 ♒ 20	27 ♒ 27	21 ♋ 11	6 ♋ 3	18 ♈ 25	14 ♒ 25	2 ♑	2 ♐	6 ♏	9 ♓	0 ♊
23	29 ♎ 31	22 ♎ 6	11 ♎ 9	12 R 18	12 ♏ 1	11 ♎ 31	2 ♒ 58	27 ♒ 27	21 ♋ 13	6 ♋ 2	18 ♈ 23	14 ♒ 24	3 ♑	2 ♐	7 ♏	9 ♓	0 ♊
24	0 ♏ 31	3 ♏ 55	11 ♎ 6	12 ♎ 17	11 ♏ 8	12 ♎ 46	3 ♒ 37	27 D 27	21 ♋ 14	6 ♋ 2	18 ♈ 22	14 ♒ 24	3 ♑	3 ♐	7 ♏	9 D	0 ♊
25	1 ♏ 31	15 ♏ 48	11 ♎ 3	12 ♎ 15	10 ♏ 8	14 ♎ 1	4 ♒ 15	27 ♒ 27	21 ♋ 15	6 ♋ 1	18 ♈ 20	14 ♒ 24	3 ♑	3 ♐	7 ♏	9 ♓	29 ♉
26	2 ♏ 30	27 ♏ 47	11 ♎ 0	12 ♎ 12	9 ♏ 1	15 ♎ 16	4 ♒ 54	27 ♒ 28	21 ♋ 16	6 ♋ 0	18 ♈ 18	14 ♒ 24	4 ♑	3 ♐	8 ♏	9 ♓	29 ♉
27	3 ♏ 30	9 ♐ 53	10 ♎ 57	12 ♎ 8	7 ♏ 49	16 ♎ 31	5 ♒ 33	27 ♒ 28	21 ♋ 17	6 ♋ 0	18 ♈ 17	14 ♒ 24	4 ♑	4 ♐	8 ♏	9 ♓	29 ♉
28	4 ♏ 30	22 ♐ 10	10 ♎ 54	12 ♎ 4	6 ♏ 34	17 ♎ 46	6 ♒ 12	27 ♒ 29	21 ♋ 17	5 ♋ 59	18 ♈ 15	14 ♒ 24	4 ♑	4 ♐	8 ♏	9 ♓	29 ♉
29	5 ♏ 30	4 ♑ 40	10 ♎ 50	12 ♎ 1	5 ♏ 17	19 ♎ 1	6 ♒ 51	27 ♒ 30	21 ♋ 18	5 ♋ 58	18 ♈ 14	14 D 24	4 ♑	5 ♐	9 ♏	9 ♓	29 ♉
30	6 ♏ 30	17 ♑ 24	10 ♎ 47	11 ♎ 59	4 ♏ 1	20 ♎ 16	7 ♒ 30	27 ♒ 31	21 ♋ 18	5 ♋ 57	18 ♈ 12	14 ♒ 24	5 ♑	5 ♐	9 ♏	9 ♓	29 ♉
31	7 ♏ 30	0 ♒ 26	10 ♎ 44	11 ♎ 58	2 ♏ 49	21 ♎ 31	8 ♒ 10	27 ♒ 32	21 ♋ 19	5 ♋ 56	18 ♈ 10	14 ♒ 24	5 ♑	5 ♐	9 ♏	9 ♓	29 ♉

SUN INGRESS: ☉→♏23日 11:27

MOON PHASE: ◐ 2日 01:32 ♑　○ 8日 19:58 ♈　◑ 15日 13:47 ♋　● 23日 16:28 ♏　◐ 31日 13:46 ♒

aspects

2日	06:12	♂☍♄
3日	20:38	☿△♅
6日	03:56	♀⚹♄
7日	20:04	☉△♇
9日	07:26	♀△♂
12日	02:06	☉☍♆
14日	09:28	☉□♄
18日	15:00	☿□♅
20日	22:27	☉△♃
25日	07:25	♀△♇
28日	04:32	☿□♂
28日	09:15	♀☍♆
28日	11:03	☿△♅
28日	21:45	☉☌☿
29日	11:05	☉△♅
30日	20:13	☉□♄

2033年11月

DAY	☉	☽	☊ mean	☊ true	☿	♀	♂	♃	♄	♅	♆	♇	⚳	⚴	⚵	⚶	⚷
	° ′	° ′	° ′	° ′	° ′	° ′	° ′	° ′	° ′	° ′	° ′	° ′	°	°	°	°	°
1	8 ♏ 30	13 ♒ 49	10 ♎ 41	11 D 58	1 R 43	22 D 46	8 D 50	27 D 34	21 D 19	5 R 55	18 R 9	14 D 24	5 D	6 D	10 D	9 D	29 R
2	9 ♏ 30	27 ♒ 34	10 ♎ 38	11 ♎ 58	0 ♏ 44	24 ♎ 1	9 ♒ 29	27 ♒ 36	21 ♋ 19	5 ♋ 54	18 ♈ 7	14 ♒ 24	6 ♑	6 ♐	10 ♏	9 ♓	29 ♉
3	10 ♏ 30	11 ♓ 43	10 ♎ 34	12 ♎ 0	29 ♎ 54	25 ♎ 16	10 ♒ 9	27 ♒ 38	21 R 19	5 ♋ 53	18 ♈ 6	14 ♒ 25	6 ♑	7 ♐	11 ♏	9 ♓	29 ♉
4	11 ♏ 30	26 ♓ 13	10 ♎ 31	12 ♎ 1	29 ♎ 15	26 ♎ 31	10 ♒ 49	27 ♒ 40	21 ♋ 19	5 ♋ 52	18 ♈ 4	14 ♒ 25	6 ♑	7 ♐	11 ♏	9 ♓	29 ♉
5	12 ♏ 30	11 ♈ 3	10 ♎ 28	12 ♎ 2	28 ♎ 47	27 ♎ 46	11 ♒ 29	27 ♒ 42	21 ♋ 19	5 ♋ 51	18 ♈ 3	14 ♒ 25	7 ♑	7 ♐	11 ♏	10 ♓	29 ♉
6	13 ♏ 30	26 ♈ 6	10 ♎ 25	12 R 1	28 ♎ 31	29 ♎ 1	12 ♒ 9	27 ♒ 45	21 ♋ 19	5 ♋ 49	18 ♈ 1	14 ♒ 25	7 ♑	8 ♐	12 ♏	10 ♓	29 ♉
7	14 ♏ 30	11 ♉ 15	10 ♎ 22	11 ♎ 59	28 D 26	0 ♏ 16	12 ♒ 50	27 ♒ 48	21 ♋ 18	5 ♋ 48	18 ♈ 0	14 ♒ 25	7 ♑	8 ♐	12 ♏	10 ♓	29 ♉
8	15 ♏ 30	26 ♉ 19	10 ♎ 19	11 ♎ 55	28 ♎ 33	1 ♏ 31	13 ♒ 30	27 ♒ 51	21 ♋ 18	5 ♋ 47	17 ♈ 58	14 ♒ 26	8 ♑	9 ♐	12 ♏	10 ♓	29 ♉
9	16 ♏ 31	11 ♊ 10	10 ♎ 15	11 ♎ 50	28 ♎ 50	2 ♏ 46	14 ♒ 10	27 ♒ 54	21 ♋ 17	5 ♋ 45	17 ♈ 57	14 ♒ 26	8 ♑	9 ♐	13 ♏	10 ♓	29 ♉
10	17 ♏ 31	25 ♊ 40	10 ♎ 12	11 ♎ 45	29 ♎ 17	4 ♏ 1	14 ♒ 51	27 ♒ 57	21 ♋ 16	5 ♋ 44	17 ♈ 56	14 ♒ 26	8 ♑	10 ♐	13 ♏	10 ♓	29 ♉
11	18 ♏ 31	9 ♋ 43	10 ♎ 9	11 ♎ 39	29 ♎ 53	5 ♏ 17	15 ♒ 32	28 ♒ 1	21 ♋ 15	5 ♋ 42	17 ♈ 54	14 ♒ 27	9 ♑	10 ♐	13 ♏	10 ♓	29 ♉
12	19 ♏ 31	23 ♋ 17	10 ♎ 6	11 ♎ 35	0 ♏ 38	6 ♏ 32	16 ♒ 12	28 ♒ 5	21 ♋ 14	5 ♋ 41	17 ♈ 53	14 ♒ 27	9 ♑	10 ♐	14 ♏	10 ♓	29 ♉
13	20 ♏ 32	6 ♌ 24	10 ♎ 3	11 ♎ 32	1 ♏ 29	7 ♏ 47	16 ♒ 53	28 ♒ 8	21 ♋ 13	5 ♋ 39	17 ♈ 51	14 ♒ 28	9 ♑	11 ♐	14 ♏	10 ♓	29 ♉
14	21 ♏ 32	19 ♌ 5	10 ♎ 0	11 ♎ 31	2 ♏ 27	9 ♏ 2	17 ♒ 34	28 ♒ 13	21 ♋ 12	5 ♋ 38	17 ♈ 50	14 ♒ 28	10 ♑	11 ♐	14 ♏	11 ♓	28 ♉
15	22 ♏ 32	1 ♍ 25	9 ♎ 56	11 D 32	3 ♏ 30	10 ♏ 18	18 ♒ 15	28 ♒ 17	21 ♋ 11	5 ♋ 36	17 ♈ 49	14 ♒ 28	10 ♑	12 ♐	15 ♏	11 ♓	28 ♉
16	23 ♏ 33	13 ♍ 29	9 ♎ 53	11 ♎ 33	4 ♏ 38	11 ♏ 33	18 ♒ 56	28 ♒ 21	21 ♋ 9	5 ♋ 34	17 ♈ 48	14 ♒ 29	11 ♑	12 ♐	15 ♏	11 ♓	28 ♉
17	24 ♏ 33	25 ♍ 23	9 ♎ 50	11 ♎ 35	5 ♏ 50	12 ♏ 48	19 ♒ 38	28 ♒ 26	21 ♋ 8	5 ♋ 33	17 ♈ 46	14 ♒ 29	11 ♑	12 ♐	15 ♏	11 ♓	28 ♉
18	25 ♏ 34	7 ♎ 10	9 ♎ 47	11 ♎ 36	7 ♏ 6	14 ♏ 4	20 ♒ 19	28 ♒ 31	21 ♋ 6	5 ♋ 31	17 ♈ 45	14 ♒ 30	11 ♑	13 ♐	16 ♏	11 ♓	28 ♉
19	26 ♏ 34	18 ♎ 56	9 ♎ 44	11 R 35	8 ♏ 25	15 ♏ 19	21 ♒ 0	28 ♒ 36	21 ♋ 4	5 ♋ 29	17 ♈ 44	14 ♒ 31	12 ♑	13 ♐	16 ♏	11 ♓	28 ♉
20	27 ♏ 35	0 ♏ 45	9 ♎ 40	11 ♎ 33	9 ♏ 46	16 ♏ 34	21 ♒ 42	28 ♒ 41	21 ♋ 2	5 ♋ 27	17 ♈ 43	14 ♒ 31	12 ♑	14 ♐	16 ♏	12 ♓	28 ♉
21	28 ♏ 36	12 ♏ 39	9 ♎ 37	11 ♎ 29	11 ♏ 10	17 ♏ 50	22 ♒ 23	28 ♒ 47	21 ♋ 0	5 ♋ 25	17 ♈ 41	14 ♒ 32	12 ♑	14 ♐	17 ♏	12 ♓	28 ♉
22	29 ♏ 36	24 ♏ 40	9 ♎ 34	11 ♎ 22	12 ♏ 35	19 ♏ 5	23 ♒ 5	28 ♒ 52	20 ♋ 58	5 ♋ 23	17 ♈ 40	14 ♒ 33	13 ♑	15 ♐	17 ♏	12 ♓	28 ♉
23	0 ♐ 37	6 ♐ 51	9 ♎ 31	11 ♎ 14	14 ♏ 2	20 ♏ 20	23 ♒ 47	28 ♒ 58	20 ♋ 56	5 ♋ 22	17 ♈ 39	14 ♒ 33	13 ♑	15 ♐	17 ♏	12 ♓	28 ♉
24	1 ♐ 37	19 ♐ 12	9 ♎ 28	11 ♎ 4	15 ♏ 30	21 ♏ 36	24 ♒ 28	29 ♒ 4	20 ♋ 54	5 ♋ 20	17 ♈ 38	14 ♒ 34	13 ♑	15 ♐	18 ♏	12 ♓	28 ♉
25	2 ♐ 38	1 ♑ 44	9 ♎ 25	10 ♎ 54	17 ♏ 0	22 ♏ 51	25 ♒ 10	29 ♒ 10	20 ♋ 52	5 ♋ 17	17 ♈ 37	14 ♒ 35	14 ♑	16 ♐	18 ♏	13 ♓	28 ♉
26	3 ♐ 39	14 ♑ 28	9 ♎ 21	10 ♎ 45	18 ♏ 30	24 ♏ 7	25 ♒ 52	29 ♒ 16	20 ♋ 49	5 ♋ 15	17 ♈ 36	14 ♒ 35	14 ♑	16 ♐	18 ♏	13 ♓	28 ♉
27	4 ♐ 39	27 ♑ 24	9 ♎ 18	10 ♎ 37	20 ♏ 0	25 ♏ 22	26 ♒ 34	29 ♒ 23	20 ♋ 47	5 ♋ 13	17 ♈ 35	14 ♒ 36	14 ♑	17 ♐	19 ♏	13 ♓	28 ♉
28	5 ♐ 40	10 ♒ 33	9 ♎ 15	10 ♎ 32	21 ♏ 32	26 ♏ 37	27 ♒ 16	29 ♒ 29	20 ♋ 44	5 ♋ 11	17 ♈ 34	14 ♒ 37	15 ♑	17 ♐	19 ♏	13 ♓	28 ♉
29	6 ♐ 41	23 ♒ 56	9 ♎ 12	10 ♎ 29	23 ♏ 3	27 ♏ 53	27 ♒ 58	29 ♒ 36	20 ♋ 41	5 ♋ 9	17 ♈ 33	14 ♒ 38	15 ♑	17 ♐	19 ♏	13 ♓	28 ♉
30	7 ♐ 42	7 ♓ 34	9 ♎ 9	10 ♎ 28	24 ♏ 36	29 ♏ 8	28 ♒ 40	29 ♒ 43	20 ♋ 38	5 ♋ 7	17 ♈ 32	14 ♒ 39	16 ♑	18 ♐	20 ♏	14 ♓	28 ♉

SUN INGRESS	☉ → ♐ 22日 09:16
MOON PHASE	○ 7日 05:32 ♉ ◑ 14日 05:08 ♌ ● 22日 10:39 ♐ ◐ 30日 00:15 ♓

aspects		
1日	23:19	☉□♂
4日	22:54	♀△♃
5日	15:49	☿☌♀
6日	22:03	☉□♇
9日	09:16	♂☌♇
11日	08:04	♀△♅
13日	16:10	☉△♄
14日	08:59	♂⚹♆
16日	18:23	☿△♅
18日	08:30	♀□♇
21日	04:48	☉□♃
23日	08:33	☿□♇
23日	11:05	♀△♄
27日	11:48	☿△♄
29日	03:42	♀□♂
30日	12:07	♀□♃

2033年12月

DAY	☉	☽	☊ mean	☊ true	☿	♀	♂	♃	♄	♅	♆	♇	⚳	⚴	⚵	⚶	⚷
	° ′	° ′	° ′	° ′	° ′	° ′	° ′	° ′	° ′	° ′	° ′	° ′	°	°	°	°	°
1	8 ♐ 42	21 ♓ 29	9 ♎ 6	10 D 28	26 D 8	0 D 24	29 D 22	29 D 50	20 R 35	5 R 5	17 R 31	14 D 40	16 D	18 D	20 D	14 D	28 R
2	9 ♐ 43	5 ♈ 40	9 ♎ 2	10 ♎ 29	27 ♏ 41	1 ♐ 39	0 ♓ 5	29 ♒ 57	20 ♋ 32	5 ♋ 2	17 ♈ 30	14 ♒ 41	16 ♑	19 ♐	20 ♏	14 ♓	28 ♉
3	10 ♐ 44	20 ♈ 8	8 ♎ 59	10 R 29	29 ♏ 14	2 ♐ 55	0 ♓ 47	0 ♓ 5	20 ♋ 29	5 ♋ 0	17 ♈ 29	14 ♒ 42	17 ♑	19 ♐	21 ♏	14 ♓	27 ♉
4	11 ♐ 45	4 ♉ 49	8 ♎ 56	10 ♎ 27	0 ♐ 47	4 ♐ 10	1 ♓ 29	0 ♓ 12	20 ♋ 26	4 ♋ 58	17 ♈ 28	14 ♒ 43	17 ♑	20 ♐	21 ♏	15 ♓	27 ♉
5	12 ♐ 46	19 ♉ 37	8 ♎ 53	10 ♎ 22	2 ♐ 20	5 ♐ 26	2 ♓ 11	0 ♓ 20	20 ♋ 23	4 ♋ 56	17 ♈ 28	14 ♒ 44	17 ♑	20 ♐	21 ♏	15 ♓	27 ♉
6	13 ♐ 47	4 ♊ 26	8 ♎ 50	10 ♎ 14	3 ♐ 53	6 ♐ 41	2 ♓ 54	0 ♓ 28	20 ♋ 19	4 ♋ 53	17 ♈ 27	14 ♒ 45	18 ♑	20 ♐	22 ♏	15 ♓	27 ♉
7	14 ♐ 47	19 ♊ 7	8 ♎ 46	10 ♎ 4	5 ♐ 26	7 ♐ 56	3 ♓ 36	0 ♓ 36	20 ♋ 16	4 ♋ 51	17 ♈ 26	14 ♒ 46	18 ♑	21 ♐	22 ♏	15 ♓	27 ♉
8	15 ♐ 48	3 ♋ 33	8 ♎ 43	9 ♎ 53	7 ♐ 0	9 ♐ 12	4 ♓ 19	0 ♓ 44	20 ♋ 12	4 ♋ 48	17 ♈ 25	14 ♒ 47	18 ♑	21 ♐	22 ♏	16 ♓	27 ♉
9	16 ♐ 49	17 ♋ 37	8 ♎ 40	9 ♎ 43	8 ♐ 33	10 ♐ 27	5 ♓ 1	0 ♓ 52	20 ♋ 8	4 ♋ 46	17 ♈ 25	14 ♒ 48	19 ♑	22 ♐	23 ♏	16 ♓	27 ♉
10	17 ♐ 50	1 ♌ 15	8 ♎ 37	9 ♎ 33	10 ♐ 6	11 ♐ 43	5 ♓ 44	1 ♓ 1	20 ♋ 5	4 ♋ 44	17 ♈ 24	14 ♒ 49	19 ♑	22 ♐	23 ♏	16 ♓	27 ♉
11	18 ♐ 51	14 ♌ 26	8 ♎ 34	9 ♎ 26	11 ♐ 40	12 ♐ 58	6 ♓ 26	1 ♓ 9	20 ♋ 1	4 ♋ 41	17 ♈ 24	14 ♒ 50	20 ♑	23 ♐	23 ♏	16 ♓	27 ♉
12	19 ♐ 52	27 ♌ 12	8 ♎ 31	9 ♎ 21	13 ♐ 14	14 ♐ 14	7 ♓ 9	1 ♓ 18	19 ♋ 57	4 ♋ 39	17 ♈ 23	14 ♒ 51	20 ♑	23 ♐	24 ♏	17 ♓	27 ♉
13	20 ♐ 53	9 ♍ 35	8 ♎ 27	9 ♎ 19	14 ♐ 47	15 ♐ 29	7 ♓ 51	1 ♓ 27	19 ♋ 53	4 ♋ 36	17 ♈ 22	14 ♒ 52	20 ♑	23 ♐	24 ♏	17 ♓	27 ♉
14	21 ♐ 54	21 ♍ 42	8 ♎ 24	9 ♎ 18	16 ♐ 21	16 ♐ 45	8 ♓ 34	1 ♓ 36	19 ♋ 49	4 ♋ 34	17 ♈ 22	14 ♒ 54	21 ♑	24 ♐	24 ♏	17 ♓	27 ♉
15	22 ♐ 55	3 ♎ 36	8 ♎ 21	9 D 18	17 ♐ 55	18 ♐ 0	9 ♓ 16	1 ♓ 45	19 ♋ 45	4 ♋ 31	17 ♈ 21	14 ♒ 55	21 ♑	24 ♐	25 ♏	18 ♓	27 ♉
16	23 ♐ 56	15 ♎ 23	8 ♎ 18	9 R 18	19 ♐ 29	19 ♐ 16	9 ♓ 59	1 ♓ 54	19 ♋ 41	4 ♋ 29	17 ♈ 21	14 ♒ 56	22 ♑	25 ♐	25 ♏	18 ♓	27 ♉
17	24 ♐ 57	27 ♎ 10	8 ♎ 15	9 ♎ 17	21 ♐ 3	20 ♐ 31	10 ♓ 42	2 ♓ 4	19 ♋ 37	4 ♋ 26	17 ♈ 21	14 ♒ 57	22 ♑	25 ♐	25 ♏	18 ♓	27 ♉
18	25 ♐ 58	9 ♏ 1	8 ♎ 12	9 ♎ 13	22 ♐ 37	21 ♐ 47	11 ♓ 25	2 ♓ 13	19 ♋ 32	4 ♋ 24	17 ♈ 20	14 ♒ 59	22 ♑	25 ♐	26 ♏	19 ♓	27 ♉
19	26 ♐ 59	21 ♏ 0	8 ♎ 8	9 ♎ 6	24 ♐ 11	23 ♐ 2	12 ♓ 7	2 ♓ 23	19 ♋ 28	4 ♋ 21	17 ♈ 20	15 ♒ 0	23 ♑	26 ♐	26 ♏	19 ♓	27 ♉
20	28 ♐ 0	3 ♐ 10	8 ♎ 5	8 ♎ 57	25 ♐ 45	24 ♐ 18	12 ♓ 50	2 ♓ 33	19 ♋ 24	4 ♋ 19	17 ♈ 19	15 ♒ 1	23 ♑	26 ♐	26 ♏	19 ♓	27 ♉
21	29 ♐ 2	15 ♐ 34	8 ♎ 2	8 ♎ 45	27 ♐ 20	25 ♐ 34	13 ♓ 33	2 ♓ 43	19 ♋ 19	4 ♋ 16	17 ♈ 19	15 ♒ 3	23 ♑	27 ♐	27 ♏	19 ♓	27 ♉
22	0 ♑ 3	28 ♐ 12	7 ♎ 59	8 ♎ 31	28 ♐ 55	26 ♐ 49	14 ♓ 16	2 ♓ 53	19 ♋ 15	4 ♋ 13	17 ♈ 19	15 ♒ 4	24 ♑	27 ♐	27 ♏	20 ♓	27 ♉
23	1 ♑ 4	11 ♑ 4	7 ♎ 56	8 ♎ 17	0 ♑ 30	28 ♐ 5	14 ♓ 58	3 ♓ 3	19 ♋ 10	4 ♋ 11	17 ♈ 19	15 ♒ 5	24 ♑	27 ♐	27 ♏	20 ♓	27 ♉
24	2 ♑ 5	24 ♑ 9	7 ♎ 52	8 ♎ 4	2 ♑ 5	29 ♐ 20	15 ♓ 41	3 ♓ 13	19 ♋ 5	4 ♋ 8	17 ♈ 19	15 ♒ 7	25 ♑	28 ♐	28 ♏	20 ♓	26 ♉
25	3 ♑ 6	7 ♒ 26	7 ♎ 49	7 ♎ 53	3 ♑ 40	0 ♑ 36	16 ♓ 24	3 ♓ 23	19 ♋ 1	4 ♋ 6	17 ♈ 18	15 ♒ 8	25 ♑	28 ♐	28 ♏	21 ♓	26 ♉
26	4 ♑ 7	20 ♒ 54	7 ♎ 46	7 ♎ 44	5 ♑ 16	1 ♑ 51	17 ♓ 7	3 ♓ 34	18 ♋ 56	4 ♋ 3	17 ♈ 18	15 ♒ 10	25 ♑	29 ♐	28 ♏	21 ♓	26 ♉
27	5 ♑ 8	4 ♓ 30	7 ♎ 43	7 ♎ 39	6 ♑ 51	3 ♑ 7	17 ♓ 50	3 ♓ 45	18 ♋ 51	4 ♋ 1	17 ♈ 18	15 ♒ 11	26 ♑	29 ♐	29 ♏	21 ♓	26 ♉
28	6 ♑ 9	18 ♓ 15	7 ♎ 40	7 ♎ 37	8 ♑ 28	4 ♑ 22	18 ♓ 33	3 ♓ 55	18 ♋ 47	3 ♋ 58	17 ♈ 18	15 ♒ 12	26 ♑	0 ♑	29 ♏	22 ♓	26 ♉
29	7 ♑ 11	2 ♈ 8	7 ♎ 37	7 ♎ 36	10 ♑ 4	5 ♑ 38	19 ♓ 16	4 ♓ 6	18 ♋ 42	3 ♋ 55	17 D 18	15 ♒ 14	27 ♑	0 ♑	29 ♏	22 ♓	26 ♉
30	8 ♑ 12	16 ♈ 10	7 ♎ 33	7 ♎ 36	11 ♑ 40	6 ♑ 53	19 ♓ 59	4 ♓ 17	18 ♋ 37	3 ♋ 53	17 ♈ 18	15 ♒ 15	27 ♑	0 ♑	29 ♏	22 ♓	26 ♉
31	9 ♑ 13	0 ♉ 20	7 ♎ 30	7 ♎ 35	13 ♑ 17	8 ♑ 9	20 ♓ 41	4 ♓ 28	18 ♋ 32	3 ♋ 50	17 ♈ 18	15 ♒ 17	27 ♑	1 ♑	0 ♐	23 ♓	26 ♉

SUN INGRESS	☉ → ♑ 21日 22:46
MOON PHASE	○ 6日 16:22 ♊ ◑ 14日 00:28 ♍ ● 22日 03:46 ♑ ◐ 29日 09:20 ♈

aspects		
1日	18:58	♂☌♃
3日	14:18	☿□♃
4日	20:02	☿□♂
6日	23:15	☉⚹♇
8日	16:00	♂△♅
9日	13:50	☉△♆
12日	12:02	♀⚹♇
13日	01:20	☿⚹♇
14日	11:40	♀△♆
14日	15:30	☿△♆
15日	07:24	☿☌♀
24日	00:08	☉☌☿
24日	19:19	☿⚹♃
25日	06:16	☿☍♅
25日	08:15	☉⚹♃
25日	22:28	☉☍♅
27日	14:02	♀⚹♃
27日	16:32	♀☍♅
28日	04:37	♃△♅
28日	06:58	♂△♄

2034年1月

DAY	☉	☽	☊ mean	☊ true	☿	♀	♂	♃	♄	♅	♆	♇	⚳	⚴	⚵	⚶	⚷
1	10♑14	14♉37	7♎27	7 R 32	14 D 55	9 D 24	21 D 24	4 D 39	18 R 27	3 R 48	17 D 18	15 D 19	28 D	1 D	0 D	23 D	26 R
2	11♑15	28♉59	7♎24	7♎26	16♑32	10♑40	22♓7	4♓51	18♋22	3♋45	17♈19	15♒20	28♑	2♑	0♐	23♓	26♉
3	12♑16	13♊21	7♎21	7♎17	18♑10	11♑55	22♓50	5♓2	18♋17	3♋43	17♈19	15♒22	28♑	2♑	1♐	24♓	26♉
4	13♑17	27♊38	7♎18	7♎6	19♑48	13♑11	23♓33	5♓14	18♋13	3♋40	17♈19	15♒23	29♑	2♑	1♐	24♓	26♉
5	14♑19	11♋44	7♎14	6♎54	21♑26	14♑26	24♓16	5♓25	18♋8	3♋37	17♈19	15♒25	29♑	3♑	1♐	24♓	26♉
6	15♑20	25♋34	7♎11	6♎41	23♑5	15♑42	24♓59	5♓37	18♋3	3♋35	17♈19	15♒26	0♒	3♑	2♐	25♓	26♉
7	16♑21	9♌4	7♎8	6♎29	24♑43	16♑57	25♓42	5♓49	17♋58	3♋32	17♈20	15♒28	0♒	4♑	2♐	25♓	26♉
8	17♑22	22♌11	7♎5	6♎20	26♑22	18♑13	26♓25	6♓0	17♋53	3♋30	17♈20	15♒30	0♒	4♑	2♐	26♓	26♉
9	18♑23	4♍56	7♎2	6♎13	28♑1	19♑28	27♓8	6♓12	17♋48	3♋28	17♈20	15♒31	1♒	4♑	2♐	26♓	26♉
10	19♑24	17♍21	6♎58	6♎10	29♑41	20♑44	27♓50	6♓24	17♋43	3♋25	17♈21	15♒33	1♒	5♑	3♐	26♓	26♉
11	20♑25	29♍29	6♎55	6♎8	1♒20	21♑59	28♓33	6♓36	17♋38	3♋23	17♈21	15♒35	2♒	5♑	3♐	27♓	26♉
12	21♑26	11♎25	6♎52	6 D 8	2♒59	23♑15	29♓16	6♓49	17♋33	3♋20	17♈22	15♒36	2♒	6♑	3♐	27♓	26♉
13	22♑28	23♎14	6♎49	6 R 8	4♒38	24♑30	29♓59	7♓1	17♋28	3♋18	17♈22	15♒38	2♒	6♑	4♐	27♓	26♉
14	23♑29	5♏2	6♎46	6♎8	6♒17	25♑45	0♈42	7♓13	17♋23	3♋15	17♈23	15♒40	3♒	6♑	4♐	28♓	26♉
15	24♑30	16♏54	6♎43	6♎5	7♒55	27♑1	1♈25	7♓26	17♋18	3♋13	17♈23	15♒41	3♒	7♑	4♐	28♓	26♉
16	25♑31	28♏56	6♎39	6♎0	9♒33	28♑16	2♈8	7♓38	17♋13	3♋11	17♈24	15♒43	4♒	7♑	5♐	29♓	26♉
17	26♑32	11♐12	6♎36	5♎53	11♒9	29♑32	2♈50	7♓51	17♋8	3♋8	17♈25	15♒45	4♒	8♑	5♐	29♓	26♉
18	27♑33	23♐44	6♎33	5♎43	12♒45	0♒47	3♈33	8♓3	17♋4	3♋6	17♈25	15♒47	4♒	8♑	5♐	29♓	26♉
19	28♑34	6♑35	6♎30	5♎31	14♒20	2♒3	4♈16	8♓16	16♋59	3♋4	17♈26	15♒48	5♒	8♑	5♐	0♈	26♉
20	29♑35	19♑45	6♎27	5♎19	15♒52	3♒18	4♈59	8♓29	16♋54	3♋2	17♈27	15♒50	5♒	9♑	5♐	0♈	26♉
21	0♒37	3♒13	6♎24	5♎7	17♒23	4♒34	5♈42	8♓42	16♋49	2♋59	17♈28	15♒52	6♒	9♑	6♐	0♈	26♉
22	1♒38	16♒55	6♎20	4♎58	18♒51	5♒49	6♈24	8♓55	16♋44	2♋57	17♈28	15♒54	6♒	10♑	6♐	1♈	26♉
23	2♒39	0♓48	6♎17	4♎51	20♒16	7♒4	7♈7	9♓8	16♋40	2♋55	17♈29	15♒55	6♒	10♑	6♐	1♈	26♉
24	3♒40	14♓50	6♎14	4♎46	21♒37	8♒20	7♈50	9♓21	16♋35	2♋53	17♈30	15♒57	7♒	10♑	7♐	2♈	26♉
25	4♒41	28♓55	6♎11	4♎44	22♒54	9♒35	8♈33	9♓34	16♋31	2♋51	17♈31	15♒59	7♒	11♑	7♐	2♈	26♉
26	5♒42	13♈2	6♎8	4 D 45	24♒6	10♒51	9♈15	9♓47	16♋26	2♋49	17♈32	16♒1	8♒	11♑	7♐	2♈	26♉
27	6♒43	27♈9	6♎4	4♎45	25♒12	12♒6	9♈58	10♓1	16♋22	2♋47	17♈33	16♒3	8♒	12♑	8♐	3♈	26♉
28	7♒44	11♉15	6♎1	4 R 46	26♒12	13♒21	10♈41	10♓14	16♋17	2♋45	17♈34	16♒4	8♒	12♑	8♐	3♈	26♉
29	8♒45	25♉20	5♎58	4♎44	27♒4	14♒37	11♈24	10♓27	16♋13	2♋43	17♈35	16♒6	9♒	12♑	8♐	4♈	26♉
30	9♒46	9♊20	5♎55	4♎41	27♒48	15♒52	12♈6	10♓41	16♋8	2♋41	17♈36	16♒8	9♒	13♑	8♐	4♈	26♉
31	10♒47	23♊16	5♎52	4♎35	28♒23	17♒7	12♈49	10♓54	16♋4	2♋39	17♈37	16♒10	9♒	13♑	9♐	4♈	26♉

SUN INGRESS: ☉→♒20日 09:27

MOON PHASE: ○ 5日 04:47 ♋　◑ 12日 22:17 ♎　● 20日 19:01 ♒　◐ 27日 17:32 ♉

aspects		
2日	11:27	☿□♆
3日	01:49	☿☍♄
4日	11:09	☉☌♀
7日	07:11	♀□♆
7日	18:03	♀☍♄
7日	23:14	☉□♆
8日	01:02	☿⚹♂
8日	11:11	☉☍♄
14日	01:06	♄□♆
17日	09:31	♂□♅
19日	23:26	☿☌♇
21日	01:19	☿⚹♆
23日	02:06	♀⚹♂
30日	05:14	♀☌♇
31日	09:44	♀⚹♆

2034年2月

DAY	☉	☽	☊ mean	☊ true	☿	♀	♂	♃	♄	♅	♆	♇	⚳	⚴	⚵	⚶	⚷
1	11♒48	7♋5	5♎49	4 R 27	28 D 48	18 D 23	13 D 31	11 D 8	16 R 0	2 R 37	17 D 38	16 D 12	10 D	14 D	9 D	5 D	26 R
2	12♒48	20♋43	5♎45	4♎18	29♒3	19♒38	14♈14	11♓22	15♋56	2♋35	17♈40	16♒13	10♒	14♑	9♐	5♈	26♉
3	13♒49	4♌9	5♎42	4♎8	29 R 6	20♒53	14♈57	11♓35	15♋52	2♋34	17♈41	16♒15	11♒	14♑	9♐	6♈	26♉
4	14♒50	17♌19	5♎39	4♎0	28♒59	22♒8	15♈39	11♓49	15♋48	2♋32	17♈42	16♒17	11♒	15♑	10♐	6♈	26 D
5	15♒51	0♍12	5♎36	3♎53	28♒41	23♒24	16♈22	12♓3	15♋44	2♋30	17♈43	16♒19	11♒	15♑	10♐	6♈	26♉
6	16♒52	12♍48	5♎33	3♎49	28♒11	24♒39	17♈4	12♓16	15♋40	2♋28	17♈45	16♒21	12♒	15♑	10♐	7♈	26♉
7	17♒53	25♍8	5♎29	3♎46	27♒32	25♒54	17♈47	12♓30	15♋36	2♋27	17♈46	16♒22	12♒	16♑	10♐	7♈	26♉
8	18♒53	7♎14	5♎26	3 D 46	26♒43	27♒9	18♈29	12♓44	15♋32	2♋25	17♈47	16♒24	13♒	16♑	11♐	8♈	26♉
9	19♒54	19♎10	5♎23	3♎47	25♒47	28♒24	19♈11	12♓58	15♋29	2♋24	17♈49	16♒26	13♒	17♑	11♐	8♈	26♉
10	20♒55	1♏0	5♎20	3♎49	24♒44	29♒40	19♈54	13♓12	15♋25	2♋22	17♈50	16♒28	13♒	17♑	11♐	8♈	26♉
11	21♒56	12♏49	5♎17	3♎50	23♒36	0♓55	20♈36	13♓26	15♋21	2♋21	17♈51	16♒30	14♒	17♑	11♐	9♈	26♉
12	22♒56	24♏42	5♎14	3 R 51	22♒26	2♓10	21♈19	13♓40	15♋18	2♋19	17♈53	16♒32	14♒	18♑	11♐	9♈	26♉
13	23♒57	6♐43	5♎10	3♎49	21♒15	3♓25	22♈1	13♓54	15♋15	2♋18	17♈54	16♒33	15♒	18♑	12♐	10♈	26♉
14	24♒58	18♐59	5♎7	3♎47	20♒6	4♓40	22♈43	14♓8	15♋12	2♋17	17♈56	16♒35	15♒	18♑	12♐	10♈	26♉
15	25♒58	1♑34	5♎4	3♎42	18♒59	5♓55	23♈25	14♓22	15♋8	2♋16	17♈57	16♒37	15♒	19♑	12♐	11♈	26♉
16	26♒59	14♑29	5♎1	3♎37	17♒57	7♓10	24♈8	14♓37	15♋5	2♋14	17♈59	16♒39	16♒	19♑	12♐	11♈	26♉
17	28♒0	27♑48	4♎58	3♎31	17♒0	8♓25	24♈50	14♓51	15♋2	2♋13	18♈1	16♒41	16♒	20♑	13♐	11♈	26♉
18	29♒0	11♒29	4♎55	3♎25	16♒10	9♓40	25♈32	15♓5	14♋59	2♋12	18♈2	16♒42	17♒	20♑	13♐	12♈	26♉
19	0♓1	25♒31	4♎51	3♎20	15♒27	10♓55	26♈14	15♓19	14♋57	2♋11	18♈4	16♒44	17♒	20♑	13♐	12♈	26♉
20	1♓1	9♓49	4♎48	3♎16	14♒52	12♓10	26♈56	15♓34	14♋54	2♋10	18♈6	16♒46	17♒	21♑	13♐	13♈	26♉
21	2♓2	24♓18	4♎45	3♎14	14♒24	13♓25	27♈39	15♓48	14♋51	2♋9	18♈7	16♒48	18♒	21♑	13♐	13♈	26♉
22	3♓2	8♈51	4♎42	3 D 14	14♒3	14♓40	28♈21	16♓2	14♋49	2♋8	18♈9	16♒49	18♒	21♑	14♐	14♈	26♉
23	4♓3	23♈23	4♎39	3♎15	13♒50	15♓55	29♈3	16♓17	14♋47	2♋7	18♈11	16♒51	19♒	22♑	14♐	14♈	26♉
24	5♓3	7♉50	4♎35	3♎17	13♒45	17♓10	29♈45	16♓31	14♋44	2♋7	18♈12	16♒53	19♒	22♑	14♐	14♈	26♉
25	6♓4	22♉7	4♎32	3♎18	13 D 46	18♓25	0♉27	16♓45	14♋42	2♋6	18♈14	16♒55	19♒	22♑	14♐	15♈	26♉
26	7♓4	6♊13	4♎29	3♎19	13♒53	19♓40	1♉9	17♓0	14♋40	2♋5	18♈16	16♒56	20♒	23♑	14♐	15♈	26♉
27	8♓4	20♊7	4♎26	3 R 18	14♒7	20♓55	1♉51	17♓14	14♋38	2♋5	18♈18	16♒58	20♒	23♑	14♐	16♈	26♉
28	9♓5	3♋47	4♎23	3♎16	14♒27	22♓10	2♉33	17♓29	14♋36	2♋4	18♈20	17♒0	20♒	23♑	15♐	16♈	26♉

SUN INGRESS: ☉→♓18日 23:30

MOON PHASE: ○ 3日 19:04 ♌　◑ 11日 20:09 ♏　● 19日 08:10 ♓　◐ 26日 01:34 ♊

aspects		
4日	04:20	♂□♄
4日	22:20	♂⚹♇
5日	11:19	☉☌♇
6日	16:08	☉⚹♂
6日	21:18	☉⚹♆
6日	23:36	♂☌♆
7日	19:06	♀☌☿
11日	18:28	☉☌☿
12日	03:02	♀△♅
12日	14:19	☿⚹♂
15日	23:14	☿⚹♆
17日	08:50	☿☌♇
17日	16:10	♃△♄
21日	02:51	☉△♅
22日	02:39	♀△♄
23日	08:25	♀☌♃
27日	07:45	♂⚹♅

2034年3月

DAY	☉	☽	☊ mean	☊ true	☿	♀	♂	♃	♄	♅	♆	♇	⚳	⚴	⚵	⚶	⚷
	° ′	° ′	° ′	° ′	° ′	° ′	° ′	° ′	° ′	° ′	° ′	° ′	°	°	°	°	°
1	10 ♓ 5	17 ♋ 14	4 ♎ 20	3 R 14	14 D 52	23 D 25	3 D 15	17 D 43	14 R 34	2 R 3	18 D 22	17 D 2	21 D	24 D	15 D	17 D	26 D
2	11 ♓ 5	0 ♌ 27	4 ♎ 16	3 ♎ 10	15 ♒ 22	24 ♓ 39	3 ♉ 56	17 ♓ 58	14 ♋ 33	2 ♋ 3	18 ♈ 23	17 ♒ 3	21 ♒	24 ♑	15 ♐	17 ♈	26 ♉
3	12 ♓ 5	13 ♌ 27	4 ♎ 13	3 ♎ 7	15 ♒ 56	25 ♓ 54	4 ♉ 38	18 ♓ 12	14 ♋ 31	2 ♋ 2	18 ♈ 25	17 ♒ 5	22 ♒	24 ♑	15 ♐	17 ♈	26 ♉
4	13 ♓ 5	26 ♌ 14	4 ♎ 10	3 ♎ 4	16 ♒ 35	27 ♓ 9	5 ♉ 20	18 ♓ 27	14 ♋ 30	2 ♋ 2	18 ♈ 27	17 ♒ 7	22 ♒	25 ♑	15 ♐	18 ♈	26 ♉
5	14 ♓ 6	8 ♍ 47	4 ♎ 7	3 ♎ 2	17 ♒ 18	28 ♓ 24	6 ♉ 2	18 ♓ 41	14 ♋ 29	2 ♋ 2	18 ♈ 29	17 ♒ 8	22 ♒	25 ♑	15 ♐	18 ♈	26 ♉
6	15 ♓ 6	21 ♍ 9	4 ♎ 4	3 ♎ 0	18 ♒ 5	29 ♓ 38	6 ♉ 44	18 ♓ 56	14 ♋ 27	2 ♋ 1	18 ♈ 31	17 ♒ 10	23 ♒	25 ♑	16 ♐	19 ♈	26 ♉
7	16 ♓ 6	3 ♎ 19	4 ♎ 1	3 D 0	18 ♒ 55	0 ♈ 53	7 ♉ 25	19 ♓ 10	14 ♋ 26	2 ♋ 1	18 ♈ 33	17 ♒ 11	23 ♒	26 ♑	16 ♐	19 ♈	26 ♉
8	17 ♓ 6	15 ♎ 20	3 ♎ 57	3 ♎ 0	19 ♒ 48	2 ♈ 7	8 ♉ 7	19 ♓ 25	14 ♋ 25	2 ♋ 1	18 ♈ 35	17 ♒ 13	24 ♒	26 ♑	16 ♐	20 ♈	26 ♉
9	18 ♓ 6	27 ♎ 13	3 ♎ 54	3 ♎ 1	20 ♒ 44	3 ♈ 22	8 ♉ 48	19 ♓ 39	14 ♋ 24	2 ♋ 1	18 ♈ 37	17 ♒ 15	24 ♒	26 ♑	16 ♐	20 ♈	26 ♉
10	19 ♓ 6	9 ♏ 3	3 ♎ 51	3 ♎ 3	21 ♒ 44	4 ♈ 37	9 ♉ 30	19 ♓ 54	14 ♋ 24	2 ♋ 1	18 ♈ 39	17 ♒ 16	24 ♒	27 ♑	16 ♐	20 ♈	26 ♉
11	20 ♓ 6	20 ♏ 52	3 ♎ 48	3 ♎ 4	22 ♒ 45	5 ♈ 51	10 ♉ 12	20 ♓ 8	14 ♋ 23	2 D 1	18 ♈ 41	17 ♒ 18	25 ♒	27 ♑	16 ♐	21 ♈	26 ♉
12	21 ♓ 6	2 ♐ 45	3 ♎ 45	3 ♎ 5	23 ♒ 50	7 ♈ 6	10 ♉ 53	20 ♓ 23	14 ♋ 22	2 ♋ 1	18 ♈ 43	17 ♒ 19	25 ♒	27 ♑	16 ♐	21 ♈	26 ♉
13	22 ♓ 6	14 ♐ 46	3 ♎ 41	3 ♎ 6	24 ♒ 56	8 ♈ 20	11 ♉ 35	20 ♓ 37	14 ♋ 22	2 ♋ 1	18 ♈ 45	17 ♒ 21	25 ♒	28 ♑	17 ♐	22 ♈	26 ♉
14	23 ♓ 5	26 ♐ 59	3 ♎ 38	3 R 6	26 ♒ 5	9 ♈ 35	12 ♉ 16	20 ♓ 52	14 ♋ 22	2 ♋ 1	18 ♈ 47	17 ♒ 23	26 ♒	28 ♑	17 ♐	22 ♈	26 ♉
15	24 ♓ 5	9 ♑ 30	3 ♎ 35	3 ♎ 5	27 ♒ 16	10 ♈ 49	12 ♉ 58	21 ♓ 6	14 ♋ 21	2 ♋ 1	18 ♈ 49	17 ♒ 24	26 ♒	28 ♑	17 ♐	23 ♈	26 ♉
16	25 ♓ 5	22 ♑ 23	3 ♎ 32	3 ♎ 5	28 ♒ 29	12 ♈ 3	13 ♉ 39	21 ♓ 21	14 ♋ 21	2 ♋ 2	18 ♈ 51	17 ♒ 26	27 ♒	29 ♑	17 ♐	23 ♈	26 ♉
17	26 ♓ 5	5 ♒ 40	3 ♎ 29	3 ♎ 4	29 ♒ 44	13 ♈ 18	14 ♉ 20	21 ♓ 35	14 D 21	2 ♋ 2	18 ♈ 54	17 ♒ 27	27 ♒	29 ♑	17 ♐	24 ♈	26 ♉
18	27 ♓ 5	19 ♒ 23	3 ♎ 26	3 ♎ 3	1 ♓ 1	14 ♈ 32	15 ♉ 2	21 ♓ 50	14 ♋ 21	2 ♋ 2	18 ♈ 56	17 ♒ 29	27 ♒	29 ♑	17 ♐	24 ♈	27 ♉
19	28 ♓ 4	3 ♓ 31	3 ♎ 22	3 ♎ 2	2 ♓ 19	15 ♈ 47	15 ♉ 43	22 ♓ 4	14 ♋ 22	2 ♋ 3	18 ♈ 58	17 ♒ 30	28 ♒	0 ♒	17 ♐	24 ♈	27 ♉
20	29 ♓ 4	18 ♓ 2	3 ♎ 19	3 ♎ 2	3 ♓ 39	17 ♈ 1	16 ♉ 24	22 ♓ 19	14 ♋ 22	2 ♋ 3	19 ♈ 0	17 ♒ 31	28 ♒	0 ♒	17 ♐	25 ♈	27 ♉
21	0 ♈ 4	2 ♈ 49	3 ♎ 16	3 ♎ 2	5 ♓ 1	18 ♈ 15	17 ♉ 6	22 ♓ 33	14 ♋ 22	2 ♋ 4	19 ♈ 2	17 ♒ 33	28 ♒	0 ♒	17 ♐	25 ♈	27 ♉
22	1 ♈ 3	17 ♈ 46	3 ♎ 13	3 D 2	6 ♓ 24	19 ♈ 29	17 ♉ 47	22 ♓ 48	14 ♋ 23	2 ♋ 4	19 ♈ 4	17 ♒ 34	29 ♒	0 ♒	17 ♐	26 ♈	27 ♉
23	2 ♈ 3	2 ♉ 44	3 ♎ 10	3 ♎ 2	7 ♓ 49	20 ♈ 44	18 ♉ 28	23 ♓ 2	14 ♋ 24	2 ♋ 5	19 ♈ 7	17 ♒ 36	29 ♒	1 ♒	18 ♐	26 ♈	27 ♉
24	3 ♈ 3	17 ♉ 36	3 ♎ 6	3 ♎ 2	9 ♓ 16	21 ♈ 58	19 ♉ 9	23 ♓ 17	14 ♋ 24	2 ♋ 6	19 ♈ 9	17 ♒ 37	0 ♓	1 ♒	18 ♐	27 ♈	27 ♉
25	4 ♈ 2	2 ♊ 14	3 ♎ 3	3 R 2	10 ♓ 44	23 ♈ 12	19 ♉ 50	23 ♓ 31	14 ♋ 25	2 ♋ 6	19 ♈ 11	17 ♒ 38	0 ♓	1 ♒	18 ♐	27 ♈	27 ♉
26	5 ♈ 2	16 ♊ 34	3 ♎ 0	3 ♎ 2	12 ♓ 13	24 ♈ 26	20 ♉ 31	23 ♓ 45	14 ♋ 26	2 ♋ 7	19 ♈ 13	17 ♒ 40	0 ♓	2 ♒	18 ♐	27 ♈	27 ♉
27	6 ♈ 1	0 ♋ 33	2 ♎ 57	3 ♎ 2	13 ♓ 44	25 ♈ 40	21 ♉ 12	24 ♓ 0	14 ♋ 27	2 ♋ 8	19 ♈ 15	17 ♒ 41	1 ♓	2 ♒	18 ♐	28 ♈	27 ♉
28	7 ♈ 0	14 ♋ 11	2 ♎ 54	3 D 2	15 ♓ 16	26 ♈ 54	21 ♉ 54	24 ♓ 14	14 ♋ 29	2 ♋ 9	19 ♈ 18	17 ♒ 42	1 ♓	2 ♒	18 ♐	28 ♈	27 ♉
29	8 ♈ 0	27 ♋ 28	2 ♎ 51	3 ♎ 2	16 ♓ 49	28 ♈ 8	22 ♉ 35	24 ♓ 28	14 ♋ 30	2 ♋ 10	19 ♈ 20	17 ♒ 44	1 ♓	2 ♒	18 ♐	29 ♈	27 ♉
30	8 ♈ 59	10 ♌ 26	2 ♎ 47	3 ♎ 2	18 ♓ 24	29 ♈ 22	23 ♉ 15	24 ♓ 43	14 ♋ 31	2 ♋ 11	19 ♈ 22	17 ♒ 45	2 ♓	3 ♒	18 ♐	29 ♈	27 ♉
31	9 ♈ 58	23 ♌ 7	2 ♎ 44	3 ♎ 3	20 ♓ 1	0 ♉ 36	23 ♉ 56	24 ♓ 57	14 ♋ 33	2 ♋ 12	19 ♈ 24	17 ♒ 46	2 ♓	3 ♒	18 ♐	0 ♉	27 ♉

SUN INGRESS	☉ → ♈ 20日 22:17
MOON PHASE	○ 5日 11:10 ♍　◑ 13日 15:44 ♐　● 20日 19:14 ♓　◐ 27日 10:18 ♋

aspects

4日	18:34	☿☌♇
5日	08:58	☉△♄
6日	13:27	☿⚹♆
7日	21:56	♀□♅
11日	01:17	☉☌♃
17日	00:28	♂⚹♄
17日	20:28	♀□♄
18日	18:58	☿△♅
20日	10:05	♀⚹♇
21日	15:40	♀☌♆
21日	16:28	♂□♇
23日	00:48	☉□♅
27日	11:35	☿△♄

2034年4月

DAY	☉	☽	☊ mean	☊ true	☿	♀	♂	♃	♄	♅	♆	♇	⚳	⚴	⚵	⚶	⚷
	° ′	° ′	° ′	° ′	° ′	° ′	° ′	° ′	° ′	° ′	° ′	° ′	°	°	°	°	°
1	10 ♈ 58	5 ♍ 35	2 ♎ 41	3 D 4	21 D 38	1 D 50	24 D 37	25 D 11	14 D 35	2 D 13	19 D 27	17 D 47	2 D	3 D	18 D	0 D	27 D
2	11 ♈ 57	17 ♍ 51	2 ♎ 38	3 ♎ 5	23 ♓ 18	3 ♉ 4	25 ♉ 18	25 ♓ 25	14 ♋ 36	2 ♋ 14	19 ♈ 29	17 ♒ 49	3 ♓	4 ♒	18 ♐	1 ♉	27 ♉
3	12 ♈ 56	29 ♍ 58	2 ♎ 35	3 ♎ 5	24 ♓ 58	4 ♉ 17	25 ♉ 59	25 ♓ 40	14 ♋ 38	2 ♋ 15	19 ♈ 31	17 ♒ 50	3 ♓	4 ♒	18 ♐	1 ♉	27 ♉
4	13 ♈ 55	11 ♎ 57	2 ♎ 32	3 R 5	26 ♓ 40	5 ♉ 31	26 ♉ 40	25 ♓ 54	14 ♋ 40	2 ♋ 17	19 ♈ 33	17 ♒ 51	4 ♓	4 ♒	18 ♐	1 ♉	27 ♉
5	14 ♈ 54	23 ♎ 51	2 ♎ 28	3 ♎ 4	28 ♓ 23	6 ♉ 45	27 ♉ 21	26 ♓ 8	14 ♋ 42	2 ♋ 18	19 ♈ 36	17 ♒ 52	4 ♓	4 ♒	18 ♐	2 ♉	27 ♉
6	15 ♈ 53	5 ♏ 42	2 ♎ 25	3 ♎ 3	0 ♈ 8	7 ♉ 58	28 ♉ 1	26 ♓ 22	14 ♋ 45	2 ♋ 19	19 ♈ 38	17 ♒ 53	4 ♓	5 ♒	18 ♐	2 ♉	28 ♉
7	16 ♈ 52	17 ♏ 32	2 ♎ 22	3 ♎ 1	1 ♈ 54	9 ♉ 12	28 ♉ 42	26 ♓ 36	14 ♋ 47	2 ♋ 21	19 ♈ 40	17 ♒ 54	5 ♓	5 ♒	18 R	3 ♉	28 ♉
8	17 ♈ 51	29 ♏ 22	2 ♎ 19	2 ♎ 58	3 ♈ 42	10 ♉ 26	29 ♉ 23	26 ♓ 50	14 ♋ 49	2 ♋ 22	19 ♈ 42	17 ♒ 55	5 ♓	5 ♒	18 ♐	3 ♉	28 ♉
9	18 ♈ 50	11 ♐ 17	2 ♎ 16	2 ♎ 56	5 ♈ 31	11 ♉ 39	0 ♊ 3	27 ♓ 4	14 ♋ 52	2 ♋ 24	19 ♈ 45	17 ♒ 56	5 ♓	5 ♒	18 ♐	4 ♉	28 ♉
10	19 ♈ 49	23 ♐ 19	2 ♎ 12	2 ♎ 54	7 ♈ 22	12 ♉ 53	0 ♊ 44	27 ♓ 18	14 ♋ 54	2 ♋ 25	19 ♈ 47	17 ♒ 57	6 ♓	6 ♒	18 ♐	4 ♉	28 ♉
11	20 ♈ 48	5 ♑ 33	2 ♎ 9	2 ♎ 53	9 ♈ 14	14 ♉ 6	1 ♊ 24	27 ♓ 32	14 ♋ 57	2 ♋ 27	19 ♈ 49	17 ♒ 58	6 ♓	6 ♒	18 ♐	5 ♉	28 ♉
12	21 ♈ 47	18 ♑ 1	2 ♎ 6	2 ♎ 52	11 ♈ 8	15 ♉ 20	2 ♊ 5	27 ♓ 46	15 ♋ 0	2 ♋ 29	19 ♈ 51	17 ♒ 59	6 ♓	6 ♒	18 ♐	5 ♉	28 ♉
13	22 ♈ 46	0 ♒ 48	2 ♎ 3	2 D 52	13 ♈ 3	16 ♉ 33	2 ♊ 45	28 ♓ 0	15 ♋ 3	2 ♋ 30	19 ♈ 54	18 ♒ 0	7 ♓	6 ♒	18 ♐	5 ♉	28 ♉
14	23 ♈ 45	13 ♒ 58	2 ♎ 0	2 ♎ 53	14 ♈ 59	17 ♉ 47	3 ♊ 26	28 ♓ 14	15 ♋ 6	2 ♋ 32	19 ♈ 56	18 ♒ 1	7 ♓	7 ♒	18 ♐	6 ♉	28 ♉
15	24 ♈ 44	27 ♒ 34	1 ♎ 57	2 ♎ 54	16 ♈ 57	19 ♉ 0	4 ♊ 6	28 ♓ 27	15 ♋ 9	2 ♋ 34	19 ♈ 58	18 ♒ 2	7 ♓	7 ♒	18 ♐	6 ♉	28 ♉
16	25 ♈ 43	11 ♓ 36	1 ♎ 53	2 ♎ 56	18 ♈ 57	20 ♉ 13	4 ♊ 47	28 ♓ 41	15 ♋ 12	2 ♋ 36	20 ♈ 1	18 ♒ 3	8 ♓	7 ♒	18 ♐	7 ♉	28 ♉
17	26 ♈ 41	26 ♓ 4	1 ♎ 50	2 ♎ 57	20 ♈ 58	21 ♉ 26	5 ♊ 27	28 ♓ 55	15 ♋ 15	2 ♋ 37	20 ♈ 3	18 ♒ 4	8 ♓	7 ♒	18 ♐	7 ♉	28 ♉
18	27 ♈ 40	10 ♈ 55	1 ♎ 47	2 R 57	23 ♈ 0	22 ♉ 40	6 ♊ 7	29 ♓ 8	15 ♋ 19	2 ♋ 39	20 ♈ 5	18 ♒ 5	8 ♓	7 ♒	18 ♐	8 ♉	28 ♉
19	28 ♈ 39	26 ♈ 1	1 ♎ 44	2 ♎ 55	25 ♈ 3	23 ♉ 53	6 ♊ 48	29 ♓ 22	15 ♋ 22	2 ♋ 41	20 ♈ 7	18 ♒ 6	9 ♓	8 ♒	18 ♐	8 ♉	28 ♉
20	29 ♈ 37	11 ♉ 15	1 ♎ 41	2 ♎ 53	27 ♈ 8	25 ♉ 6	7 ♊ 28	29 ♓ 36	15 ♋ 26	2 ♋ 43	20 ♈ 10	18 ♒ 6	9 ♓	8 ♒	18 ♐	9 ♉	28 ♉
21	0 ♉ 36	26 ♉ 25	1 ♎ 37	2 ♎ 49	29 ♈ 13	26 ♉ 19	8 ♊ 8	29 ♓ 49	15 ♋ 30	2 ♋ 45	20 ♈ 12	18 ♒ 7	9 ♓	8 ♒	18 ♐	9 ♉	28 ♉
22	1 ♉ 35	11 ♊ 22	1 ♎ 34	2 ♎ 45	1 ♉ 20	27 ♉ 32	8 ♊ 49	0 ♈ 2	15 ♋ 33	2 ♋ 48	20 ♈ 14	18 ♒ 8	10 ♓	8 ♒	18 ♐	9 ♉	29 ♉
23	2 ♉ 33	25 ♊ 59	1 ♎ 31	2 ♎ 41	3 ♉ 27	28 ♉ 45	9 ♊ 29	0 ♈ 16	15 ♋ 37	2 ♋ 50	20 ♈ 16	18 ♒ 9	10 ♓	8 ♒	17 ♐	10 ♉	29 ♉
24	3 ♉ 32	10 ♋ 11	1 ♎ 28	2 ♎ 38	5 ♉ 35	29 ♉ 58	10 ♊ 9	0 ♈ 29	15 ♋ 41	2 ♋ 52	20 ♈ 18	18 ♒ 9	10 ♓	9 ♒	17 ♐	10 ♉	29 ♉
25	4 ♉ 30	23 ♋ 55	1 ♎ 25	2 ♎ 36	7 ♉ 43	1 ♊ 11	10 ♊ 49	0 ♈ 42	15 ♋ 45	2 ♋ 54	20 ♈ 21	18 ♒ 10	11 ♓	9 ♒	17 ♐	11 ♉	29 ♉
26	5 ♉ 29	7 ♌ 13	1 ♎ 22	2 D 36	9 ♉ 52	2 ♊ 24	11 ♊ 29	0 ♈ 56	15 ♋ 49	2 ♋ 56	20 ♈ 23	18 ♒ 11	11 ♓	9 ♒	17 ♐	11 ♉	29 ♉
27	6 ♉ 27	20 ♌ 6	1 ♎ 18	2 ♎ 37	12 ♉ 0	3 ♊ 37	12 ♊ 9	1 ♈ 9	15 ♋ 54	2 ♋ 59	20 ♈ 25	18 ♒ 11	11 ♓	9 ♒	17 ♐	12 ♉	29 ♉
28	7 ♉ 25	2 ♍ 40	1 ♎ 15	2 ♎ 38	14 ♉ 8	4 ♊ 49	12 ♊ 49	1 ♈ 22	15 ♋ 58	3 ♋ 1	20 ♈ 27	18 ♒ 12	12 ♓	9 ♒	17 ♐	12 ♉	29 ♉
29	8 ♉ 24	14 ♍ 57	1 ♎ 12	2 ♎ 40	16 ♉ 15	6 ♊ 2	13 ♊ 29	1 ♈ 35	16 ♋ 2	3 ♋ 3	20 ♈ 29	18 ♒ 12	12 ♓	9 ♒	17 ♐	13 ♉	29 ♉
30	9 ♉ 22	27 ♍ 2	1 ♎ 9	2 ♎ 41	18 ♉ 21	7 ♊ 15	14 ♊ 9	1 ♈ 48	16 ♋ 7	3 ♋ 6	20 ♈ 32	18 ♒ 13	12 ♓	10 ♒	17 ♐	13 ♉	29 ♉

SUN INGRESS	☉ → ♉ 20日 09:03
MOON PHASE	○ 4日 04:18 ♎　◑ 12日 07:45 ♑　● 19日 04:25 ♈　◐ 25日 20:34 ♌

aspects

1日	07:42	♀⚹♅
2日	06:33	♂⚹♃
3日	11:24	☿☌♃
3日	23:53	☿⚹♂
4日	18:56	☉□♄
7日	05:58	☿□♅
8日	01:35	☉⚹♇
9日	22:56	☉☌♆
11日	17:14	♀⚹♄
14日	01:21	☿□♄
14日	04:53	♀□♇
15日	13:10	☿⚹♇
16日	12:56	☿☌♆
22日	05:07	☉☌☿
22日	16:47	☿⚹♅
23日	07:01	☉⚹♅
24日	12:33	♀⚹♃
28日	21:32	☿⚹♄
29日	22:28	☿□♇

2034年5月

DAY	☉	☽	☊ mean	☊ true	☿	♀	♂	♃	♄	♅	♆	♇	⚳	⚴	⚵	⚶	⚷
	° ′	° ′	° ′	° ′	° ′	° ′	° ′	° ′	° ′	° ′	° ′	° ′	°	°	°	°	°
1	10 ♉ 20	8 ♎ 59	1 ♎ 6	2 R 41	20 D 25	8 D 27	14 D 49	2 D 1	16 D 11	3 D 8	20 D 34	18 D 13	13 D	10 D	17 R	13 D	29 D
2	11 ♉ 19	20 ♎ 51	1 ♎ 3	2 ♎ 39	22 ♉ 28	9 ♊ 40	15 ♊ 29	2 ♈ 14	16 ♋ 16	3 ♋ 11	20 ♈ 36	18 ♒ 14	13 ♓	10 ♒	16 ♐	14 ♉	29 ♉
3	12 ♉ 17	2 ♏ 40	0 ♎ 59	2 ♎ 36	24 ♉ 29	10 ♊ 52	16 ♊ 9	2 ♈ 26	16 ♋ 21	3 ♋ 13	20 ♈ 38	18 ♒ 14	13 ♓	10 ♒	16 ♐	14 ♉	29 ♉
4	13 ♉ 15	14 ♏ 30	0 ♎ 56	2 ♎ 30	26 ♉ 28	12 ♊ 5	16 ♊ 49	2 ♈ 39	16 ♋ 25	3 ♋ 16	20 ♈ 40	18 ♒ 15	14 ♓	10 ♒	16 ♐	15 ♉	29 ♉
5	14 ♉ 13	26 ♏ 21	0 ♎ 53	2 ♎ 23	28 ♉ 24	13 ♊ 17	17 ♊ 29	2 ♈ 52	16 ♋ 30	3 ♋ 18	20 ♈ 42	18 ♒ 15	14 ♓	10 ♒	16 ♐	15 ♉	29 ♉
6	15 ♉ 11	8 ♐ 16	0 ♎ 50	2 ♎ 15	0 ♊ 18	14 ♊ 30	18 ♊ 9	3 ♈ 4	16 ♋ 35	3 ♋ 21	20 ♈ 45	18 ♒ 15	14 ♓	10 ♒	16 ♐	16 ♉	29 ♉
7	16 ♉ 9	20 ♐ 17	0 ♎ 47	2 ♎ 7	2 ♊ 9	15 ♊ 42	18 ♊ 48	3 ♈ 17	16 ♋ 40	3 ♋ 24	20 ♈ 47	18 ♒ 16	15 ♓	11 ♒	16 ♐	16 ♉	0 ♊
8	17 ♉ 7	2 ♑ 25	0 ♎ 43	2 ♎ 0	3 ♊ 56	16 ♊ 54	19 ♊ 28	3 ♈ 29	16 ♋ 45	3 ♋ 26	20 ♈ 49	18 ♒ 16	15 ♓	11 ♒	16 ♐	17 ♉	0 ♊
9	18 ♉ 5	14 ♑ 43	0 ♎ 40	1 ♎ 54	5 ♊ 41	18 ♊ 6	20 ♊ 8	3 ♈ 42	16 ♋ 51	3 ♋ 29	20 ♈ 51	18 ♒ 16	15 ♓	11 ♒	15 ♐	17 ♉	0 ♊
10	19 ♉ 4	27 ♑ 13	0 ♎ 37	1 ♎ 49	7 ♊ 22	19 ♊ 18	20 ♊ 47	3 ♈ 54	16 ♋ 56	3 ♋ 32	20 ♈ 53	18 ♒ 17	15 ♓	11 ♒	15 ♐	17 ♉	0 ♊
11	20 ♉ 2	9 ♒ 59	0 ♎ 34	1 ♎ 47	8 ♊ 59	20 ♊ 30	21 ♊ 27	4 ♈ 6	17 ♋ 1	3 ♋ 35	20 ♈ 55	18 ♒ 17	16 ♓	11 ♒	15 ♐	18 ♉	0 ♊
12	21 ♉ 0	23 ♒ 4	0 ♎ 31	1 D 47	10 ♊ 33	21 ♊ 43	22 ♊ 7	4 ♈ 18	17 ♋ 7	3 ♋ 38	20 ♈ 57	18 ♒ 17	16 ♓	11 ♒	15 ♐	18 ♉	0 ♊
13	21 ♉ 57	6 ♓ 31	0 ♎ 28	1 ♎ 47	12 ♊ 4	22 ♊ 54	22 ♊ 46	4 ♈ 30	17 ♋ 12	3 ♋ 41	20 ♈ 59	18 ♒ 17	16 ♓	11 ♒	15 ♐	19 ♉	0 ♊
14	22 ♉ 55	20 ♓ 23	0 ♎ 24	1 ♎ 48	13 ♊ 31	24 ♊ 6	23 ♊ 26	4 ♈ 42	17 ♋ 18	3 ♋ 43	21 ♈ 1	18 ♒ 18	17 ♓	11 ♒	14 ♐	19 ♉	0 ♊
15	23 ♉ 53	4 ♈ 40	0 ♎ 21	1 R 49	14 ♊ 53	25 ♊ 18	24 ♊ 5	4 ♈ 54	17 ♋ 23	3 ♋ 46	21 ♈ 3	18 ♒ 18	17 ♓	11 ♒	14 ♐	20 ♉	0 ♊
16	24 ♉ 51	19 ♈ 20	0 ♎ 18	1 ♎ 47	16 ♊ 13	26 ♊ 30	24 ♊ 45	5 ♈ 6	17 ♋ 29	3 ♋ 49	21 ♈ 5	18 ♒ 18	17 ♓	11 ♒	14 ♐	20 ♉	0 ♊
17	25 ♉ 49	4 ♉ 20	0 ♎ 15	1 ♎ 44	17 ♊ 28	27 ♊ 42	25 ♊ 25	5 ♈ 18	17 ♋ 35	3 ♋ 52	21 ♈ 7	18 ♒ 18	18 ♓	12 ♒	14 ♐	21 ♉	0 ♊
18	26 ♉ 47	19 ♉ 31	0 ♎ 12	1 ♎ 38	18 ♊ 39	28 ♊ 54	26 ♊ 4	5 ♈ 29	17 ♋ 40	3 ♋ 55	21 ♈ 9	18 ♒ 18	18 ♓	12 ♒	14 ♐	21 ♉	0 ♊
19	27 ♉ 45	4 ♊ 45	0 ♎ 9	1 ♎ 31	19 ♊ 46	0 ♋ 5	26 ♊ 43	5 ♈ 41	17 ♋ 46	3 ♋ 58	21 ♈ 11	18 ♒ 18	18 ♓	12 ♒	13 ♐	21 ♉	0 ♊
20	28 ♉ 43	19 ♊ 50	0 ♎ 5	1 ♎ 22	20 ♊ 50	1 ♋ 17	27 ♊ 23	5 ♈ 52	17 ♋ 52	4 ♋ 1	21 ♈ 13	18 R 18	18 ♓	12 ♒	13 ♐	22 ♉	0 ♊
21	29 ♉ 40	4 ♋ 37	0 ♎ 2	1 ♎ 14	21 ♊ 49	2 ♋ 28	28 ♊ 2	6 ♈ 4	17 ♋ 58	4 ♋ 5	21 ♈ 14	18 ♒ 18	19 ♓	12 ♒	13 ♐	22 ♉	1 ♊
22	0 ♊ 38	18 ♋ 58	29 ♍ 59	1 ♎ 6	22 ♊ 44	3 ♋ 40	28 ♊ 42	6 ♈ 15	18 ♋ 4	4 ♋ 8	21 ♈ 16	18 ♒ 18	19 ♓	12 ♒	13 ♐	23 ♉	1 ♊
23	1 ♊ 36	2 ♌ 51	29 ♍ 56	1 ♎ 1	23 ♊ 34	4 ♋ 51	29 ♊ 21	6 ♈ 26	18 ♋ 11	4 ♋ 11	21 ♈ 18	18 ♒ 18	19 ♓	12 ♒	13 ♐	23 ♉	1 ♊
24	2 ♊ 34	16 ♌ 14	29 ♍ 53	0 ♎ 58	24 ♊ 21	6 ♋ 3	0 ♋ 0	6 ♈ 37	18 ♋ 17	4 ♋ 14	21 ♈ 20	18 ♒ 18	19 ♓	12 ♒	12 ♐	24 ♉	1 ♊
25	3 ♊ 31	29 ♌ 10	29 ♍ 49	0 ♎ 56	25 ♊ 3	7 ♋ 14	0 ♋ 40	6 ♈ 48	18 ♋ 23	4 ♋ 17	21 ♈ 22	18 ♒ 18	20 ♓	12 ♒	12 ♐	24 ♉	1 ♊
26	4 ♊ 29	11 ♍ 42	29 ♍ 46	0 D 56	25 ♊ 40	8 ♋ 25	1 ♋ 19	6 ♈ 59	18 ♋ 29	4 ♋ 20	21 ♈ 24	18 ♒ 17	20 ♓	12 ♒	12 ♐	25 ♉	1 ♊
27	5 ♊ 27	23 ♍ 57	29 ♍ 43	0 ♎ 57	26 ♊ 13	9 ♋ 36	1 ♋ 58	7 ♈ 10	18 ♋ 36	4 ♋ 24	21 ♈ 25	18 ♒ 17	20 ♓	12 ♒	12 ♐	25 ♉	1 ♊
28	6 ♊ 24	5 ♎ 58	29 ♍ 40	0 R 57	26 ♊ 42	10 ♋ 47	2 ♋ 38	7 ♈ 20	18 ♋ 42	4 ♋ 27	21 ♈ 27	18 ♒ 17	21 ♓	12 ♒	12 ♐	25 ♉	1 ♊
29	7 ♊ 22	17 ♎ 51	29 ♍ 37	0 ♎ 56	27 ♊ 6	11 ♋ 58	3 ♋ 17	7 ♈ 31	18 ♋ 48	4 ♋ 30	21 ♈ 29	18 ♒ 17	21 ♓	12 R	11 ♐	26 ♉	1 ♊
30	8 ♊ 19	29 ♎ 39	29 ♍ 34	0 ♎ 52	27 ♊ 25	13 ♋ 9	3 ♋ 56	7 ♈ 41	18 ♋ 55	4 ♋ 33	21 ♈ 30	18 ♒ 17	21 ♓	12 ♒	11 ♐	26 ♉	1 ♊
31	9 ♊ 17	11 ♏ 28	29 ♍ 30	0 ♎ 46	27 ♊ 39	14 ♋ 20	4 ♋ 35	7 ♈ 52	19 ♋ 2	4 ♋ 37	21 ♈ 32	18 ♒ 16	21 ♓	12 ♒	11 ♐	27 ♉	1 ♊

SUN INGRESS ☉ → ♊ 21日 07:56

MOON PHASE ○ 3日 21:15 ♏ ◑ 11日 19:56 ♒ ● 18日 12:12 ♉ ◐ 25日 08:57 ♍

aspects		
6日	04:13	♂△♇
7日	14:01	☉⚹♄
7日	17:00	♃□♅
7日	17:05	☿⚹♃
9日	03:24	♀△♇
9日	04:33	☉□♇
10日	03:25	♂⚹♆
11日	08:21	♀⚹♆
12日	17:57	♀☌♂
17日	16:42	☿△♇
20日	09:23	☿⚹♆
22日	09:46	♀☌♅
24日	13:41	♀□♃
29日	04:38	☉⚹♃
31日	01:11	♂☌♅

2034年6月

DAY	☉	☽	☊ mean	☊ true	☿	♀	♂	♃	♄	♅	♆	♇	⚳	⚴	⚵	⚶	⚷
	° ′	° ′	° ′	° ′	° ′	° ′	° ′	° ′	° ′	° ′	° ′	° ′	°	°	°	°	°
1	10 ♊ 14	23 ♏ 19	29 ♍ 27	0 R 37	27 D 49	15 D 31	5 D 14	8 D 2	19 D 8	4 D 40	21 D 34	18 R 16	22 D	12 R	11 R	27 D	1 D
2	11 ♊ 12	5 ♐ 15	29 ♍ 24	0 ♎ 26	27 ♊ 54	16 ♋ 42	5 ♋ 53	8 ♈ 12	19 ♋ 15	4 ♋ 44	21 ♈ 35	18 ♒ 16	22 ♓	12 ♒	10 ♐	28 ♉	1 ♊
3	12 ♊ 9	17 ♐ 18	29 ♍ 21	0 ♎ 13	27 R 54	17 ♋ 52	6 ♋ 32	8 ♈ 22	19 ♋ 22	4 ♋ 47	21 ♈ 37	18 ♒ 15	22 ♓	12 ♒	10 ♐	28 ♉	2 ♊
4	13 ♊ 7	29 ♐ 29	29 ♍ 18	0 ♎ 1	27 ♊ 50	19 ♋ 3	7 ♋ 11	8 ♈ 32	19 ♋ 28	4 ♋ 50	21 ♈ 39	18 ♒ 15	22 ♓	12 ♒	10 ♐	28 ♉	2 ♊
5	14 ♊ 4	11 ♑ 48	29 ♍ 15	29 ♍ 49	27 ♊ 42	20 ♋ 13	7 ♋ 50	8 ♈ 42	19 ♋ 35	4 ♋ 54	21 ♈ 40	18 ♒ 14	22 ♓	12 ♒	10 ♐	29 ♉	2 ♊
6	15 ♊ 2	24 ♑ 17	29 ♍ 11	29 ♍ 39	27 ♊ 29	21 ♋ 24	8 ♋ 29	8 ♈ 51	19 ♋ 42	4 ♋ 57	21 ♈ 42	18 ♒ 14	23 ♓	12 ♒	10 ♐	29 ♉	2 ♊
7	15 ♊ 59	6 ♒ 57	29 ♍ 8	29 ♍ 31	27 ♊ 13	22 ♋ 34	9 ♋ 8	9 ♈ 1	19 ♋ 49	5 ♋ 1	21 ♈ 43	18 ♒ 14	23 ♓	12 ♒	9 ♐	0 ♊	2 ♊
8	16 ♊ 56	19 ♒ 50	29 ♍ 5	29 ♍ 26	26 ♊ 52	23 ♋ 44	9 ♋ 47	9 ♈ 10	19 ♋ 56	5 ♋ 4	21 ♈ 45	18 ♒ 13	23 ♓	12 ♒	9 ♐	0 ♊	2 ♊
9	17 ♊ 54	2 ♓ 57	29 ♍ 2	29 ♍ 23	26 ♊ 29	24 ♋ 54	10 ♋ 26	9 ♈ 20	20 ♋ 3	5 ♋ 8	21 ♈ 46	18 ♒ 13	23 ♓	12 ♒	9 ♐	1 ♊	2 ♊
10	18 ♊ 51	16 ♓ 22	28 ♍ 59	29 ♍ 23	26 ♊ 2	26 ♋ 4	11 ♋ 5	9 ♈ 29	20 ♋ 10	5 ♋ 11	21 ♈ 48	18 ♒ 12	24 ♓	12 ♒	9 ♐	1 ♊	2 ♊
11	19 ♊ 49	0 ♈ 6	28 ♍ 55	29 ♍ 23	25 ♊ 33	27 ♋ 14	11 ♋ 44	9 ♈ 38	20 ♋ 17	5 ♋ 15	21 ♈ 49	18 ♒ 11	24 ♓	11 ♒	8 ♐	1 ♊	2 ♊
12	20 ♊ 46	14 ♈ 11	28 ♍ 52	29 ♍ 22	25 ♊ 2	28 ♋ 24	12 ♋ 23	9 ♈ 47	20 ♋ 24	5 ♋ 18	21 ♈ 50	18 ♒ 11	24 ♓	11 ♒	8 ♐	2 ♊	2 ♊
13	21 ♊ 43	28 ♈ 36	28 ♍ 49	29 ♍ 20	24 ♊ 30	29 ♋ 34	13 ♋ 2	9 ♈ 56	20 ♋ 31	5 ♋ 22	21 ♈ 52	18 ♒ 10	24 ♓	11 ♒	8 ♐	2 ♊	2 ♊
14	22 ♊ 41	13 ♉ 19	28 ♍ 46	29 ♍ 15	23 ♊ 57	0 ♌ 44	13 ♋ 41	10 ♈ 4	20 ♋ 38	5 ♋ 25	21 ♈ 53	18 ♒ 10	24 ♓	11 ♒	8 ♐	3 ♊	2 ♊
15	23 ♊ 38	28 ♉ 15	28 ♍ 43	29 ♍ 8	23 ♊ 23	1 ♌ 53	14 ♋ 20	10 ♈ 13	20 ♋ 45	5 ♋ 29	21 ♈ 54	18 ♒ 9	25 ♓	11 ♒	8 ♐	3 ♊	2 ♊
16	24 ♊ 35	13 ♊ 16	28 ♍ 40	28 ♍ 58	22 ♊ 49	3 ♌ 3	14 ♋ 59	10 ♈ 21	20 ♋ 53	5 ♋ 32	21 ♈ 56	18 ♒ 8	25 ♓	11 ♒	7 ♐	4 ♊	2 ♊
17	25 ♊ 33	28 ♊ 12	28 ♍ 36	28 ♍ 47	22 ♊ 16	4 ♌ 12	15 ♋ 37	10 ♈ 30	21 ♋ 0	5 ♋ 36	21 ♈ 57	18 ♒ 8	25 ♓	11 ♒	7 ♐	4 ♊	3 ♊
18	26 ♊ 30	12 ♋ 54	28 ♍ 33	28 ♍ 36	21 ♊ 45	5 ♌ 22	16 ♋ 16	10 ♈ 38	21 ♋ 7	5 ♋ 39	21 ♈ 58	18 ♒ 7	25 ♓	11 ♒	7 ♐	4 ♊	3 ♊
19	27 ♊ 27	27 ♋ 15	28 ♍ 30	28 ♍ 26	21 ♊ 15	6 ♌ 31	16 ♋ 55	10 ♈ 46	21 ♋ 15	5 ♋ 43	21 ♈ 59	18 ♒ 6	25 ♓	11 ♒	7 ♐	5 ♊	3 ♊
20	28 ♊ 25	11 ♌ 9	28 ♍ 27	28 ♍ 19	20 ♊ 48	7 ♌ 40	17 ♋ 34	10 ♈ 54	21 ♋ 22	5 ♋ 46	22 ♈ 0	18 ♒ 6	26 ♓	10 ♒	7 ♐	5 ♊	3 ♊
21	29 ♊ 22	24 ♌ 36	28 ♍ 24	28 ♍ 13	20 ♊ 24	8 ♌ 49	18 ♋ 13	11 ♈ 1	21 ♋ 29	5 ♋ 50	22 ♈ 2	18 ♒ 5	26 ♓	10 ♒	6 ♐	6 ♊	3 ♊
22	0 ♋ 19	7 ♍ 35	28 ♍ 21	28 ♍ 11	20 ♊ 3	9 ♌ 58	18 ♋ 51	11 ♈ 9	21 ♋ 37	5 ♋ 54	22 ♈ 3	18 ♒ 4	26 ♓	10 ♒	6 ♐	6 ♊	3 ♊
23	1 ♋ 16	20 ♍ 10	28 ♍ 17	28 ♍ 10	19 ♊ 45	11 ♌ 7	19 ♋ 30	11 ♈ 16	21 ♋ 44	5 ♋ 57	22 ♈ 4	18 ♒ 3	26 ♓	10 ♒	6 ♐	7 ♊	3 ♊
24	2 ♋ 14	2 ♎ 26	28 ♍ 14	28 ♍ 9	19 ♊ 31	12 ♌ 15	20 ♋ 9	11 ♈ 23	21 ♋ 52	6 ♋ 1	22 ♈ 5	18 ♒ 2	26 ♓	10 ♒	6 ♐	7 ♊	3 ♊
25	3 ♋ 11	14 ♎ 27	28 ♍ 11	28 ♍ 9	19 ♊ 22	13 ♌ 24	20 ♋ 47	11 ♈ 31	21 ♋ 59	6 ♋ 4	22 ♈ 6	18 ♒ 1	26 ♓	10 ♒	6 ♐	7 ♊	3 ♊
26	4 ♋ 8	26 ♎ 20	28 ♍ 8	28 ♍ 8	19 ♊ 17	14 ♌ 33	21 ♋ 26	11 ♈ 38	22 ♋ 7	6 ♋ 8	22 ♈ 7	18 ♒ 1	27 ♓	9 ♒	5 ♐	8 ♊	3 ♊
27	5 ♋ 5	8 ♏ 10	28 ♍ 5	28 ♍ 4	19 D 17	15 ♌ 41	22 ♋ 5	11 ♈ 44	22 ♋ 14	6 ♋ 12	22 ♈ 8	18 ♒ 0	27 ♓	9 ♒	5 ♐	8 ♊	3 ♊
28	6 ♋ 3	20 ♏ 0	28 ♍ 1	27 ♍ 58	19 ♊ 21	16 ♌ 49	22 ♋ 43	11 ♈ 51	22 ♋ 22	6 ♋ 15	22 ♈ 9	17 ♒ 59	27 ♓	9 ♒	5 ♐	9 ♊	3 ♊
29	7 ♋ 0	1 ♐ 55	27 ♍ 58	27 ♍ 49	19 ♊ 30	17 ♌ 57	23 ♋ 22	11 ♈ 58	22 ♋ 30	6 ♋ 19	22 ♈ 10	17 ♒ 58	27 ♓	9 ♒	5 ♐	9 ♊	3 ♊
30	7 ♋ 57	13 ♐ 57	27 ♍ 55	27 ♍ 38	19 ♊ 44	19 ♌ 5	24 ♋ 0	12 ♈ 4	22 ♋ 37	6 ♋ 22	22 ♈ 10	17 ♒ 57	27 ♓	9 ♒	5 ♐	10 ♊	3 ♊

SUN INGRESS ☉ → ♋ 21日 15:44

MOON PHASE ○ 2日 12:54 ♐ ◑ 10日 04:43 ♓ ● 16日 19:25 ♊ ◐ 23日 23:35 ♎

aspects		
4日	09:39	♀☌♄
6日	06:20	♀□♆
6日	17:48	♂□♃
9日	07:45	☉△♇
13日	03:35	☉⚹♆
14日	19:58	☉☌☿
17日	14:10	☿⚹♆
23日	03:41	♀△♃
26日	00:04	♄□♆
27日	02:02	♂□♆
27日	07:33	♂☌♄
28日	05:38	☉☌♅
29日	00:10	♀☍♇
30日	18:32	☿⚹♀

1900 ～1910
1911 ～1920
1921 ～1930
1931 ～1940
1941 ～1950
1951 ～1960
1961 ～1970
1971 ～1980
1981 ～1990
1991 ～2000
2001 ～2010
2011 ～2020
2021 ～2030
2031 ～2040
2041 ～2050

2034年7月

DAY	☉	☽	☊ mean	☊ true	☿	♀	♂	♃	♄	♅	♆	♇	⚳	⚴	⚵	⚶	⚷
	° ′	° ′	° ′	° ′	° ′	° ′	° ′	° ′	° ′	° ′	° ′	° ′	°	°	°	°	°
1	8 ♋ 54	26 ♐ 10	27 ♍ 52	27 R 25	20 D 2	20 D 13	24 D 39	12 D 10	22 D 45	6 D 26	22 D 11	17 R 56	27 D	8 R	5 R	10 D	3 D
2	9 ♋ 51	8 ♑ 33	27 ♍ 49	27 ♍ 12	20 ♊ 26	21 ♌ 21	25 ♋ 17	12 ♈ 16	22 ♋ 52	6 ♋ 30	22 ♈ 12	17 ♒ 55	27 ♓	8 ♒	4 ♐	10 ♊	4 ♊
3	10 ♋ 49	21 ♑ 7	27 ♍ 46	27 ♍ 0	20 ♊ 54	22 ♌ 28	25 ♋ 56	12 ♈ 22	23 ♋ 0	6 ♋ 33	22 ♈ 13	17 ♒ 54	27 ♓	8 ♒	4 ♐	11 ♊	4 ♊
4	11 ♋ 46	3 ♒ 53	27 ♍ 42	26 ♍ 50	21 ♊ 28	23 ♌ 36	26 ♋ 35	12 ♈ 28	23 ♋ 8	6 ♋ 37	22 ♈ 14	17 ♒ 53	28 ♓	8 ♒	4 ♐	11 ♊	4 ♊
5	12 ♋ 43	16 ♒ 49	27 ♍ 39	26 ♍ 42	22 ♊ 6	24 ♌ 43	27 ♋ 13	12 ♈ 33	23 ♋ 15	6 ♋ 40	22 ♈ 14	17 ♒ 52	28 ♓	8 ♒	4 ♐	12 ♊	4 ♊
6	13 ♋ 40	29 ♒ 58	27 ♍ 36	26 ♍ 37	22 ♊ 48	25 ♌ 50	27 ♋ 52	12 ♈ 39	23 ♋ 23	6 ♋ 44	22 ♈ 15	17 ♒ 51	28 ♓	7 ♒	4 ♐	12 ♊	4 ♊
7	14 ♋ 37	13 ♓ 18	27 ♍ 33	26 ♍ 35	23 ♊ 36	26 ♌ 57	28 ♋ 30	12 ♈ 44	23 ♋ 31	6 ♋ 48	22 ♈ 16	17 ♒ 50	28 ♓	7 ♒	4 ♐	12 ♊	4 ♊
8	15 ♋ 35	26 ♓ 50	27 ♍ 30	26 D 34	24 ♊ 28	28 ♌ 4	29 ♋ 8	12 ♈ 49	23 ♋ 39	6 ♋ 51	22 ♈ 16	17 ♒ 49	28 ♓	7 ♒	4 ♐	13 ♊	4 ♊
9	16 ♋ 32	10 ♈ 36	27 ♍ 26	26 ♍ 34	25 ♊ 24	29 ♌ 11	29 ♋ 47	12 ♈ 54	23 ♋ 46	6 ♋ 55	22 ♈ 17	17 ♒ 48	28 ♓	7 ♒	4 ♐	13 ♊	4 ♊
10	17 ♋ 29	24 ♈ 35	27 ♍ 23	26 R 34	26 ♊ 26	0 ♍ 17	0 ♌ 25	12 ♈ 59	23 ♋ 54	6 ♋ 58	22 ♈ 17	17 ♒ 46	28 ♓	6 ♒	3 ♐	14 ♊	4 ♊
11	18 ♋ 26	8 ♉ 49	27 ♍ 20	26 ♍ 33	27 ♊ 31	1 ♍ 24	1 ♌ 4	13 ♈ 3	24 ♋ 2	7 ♋ 2	22 ♈ 18	17 ♒ 45	28 ♓	6 ♒	3 ♐	14 ♊	4 ♊
12	19 ♋ 23	23 ♉ 14	27 ♍ 17	26 ♍ 29	28 ♊ 41	2 ♍ 30	1 ♌ 42	13 ♈ 8	24 ♋ 10	7 ♋ 5	22 ♈ 18	17 ♒ 44	28 ♓	6 ♒	3 ♐	15 ♊	4 ♊
13	20 ♋ 21	7 ♊ 48	27 ♍ 14	26 ♍ 23	29 ♊ 56	3 ♍ 36	2 ♌ 21	13 ♈ 12	24 ♋ 17	7 ♋ 9	22 ♈ 19	17 ♒ 43	28 ♓	6 ♒	3 ♐	15 ♊	4 ♊
14	21 ♋ 18	22 ♊ 26	27 ♍ 11	26 ♍ 15	1 ♋ 14	4 ♍ 42	2 ♌ 59	13 ♈ 16	24 ♋ 25	7 ♋ 13	22 ♈ 19	17 ♒ 42	29 ♓	5 ♒	3 ♐	15 ♊	4 ♊
15	22 ♋ 15	7 ♋ 1	27 ♍ 7	26 ♍ 5	2 ♋ 37	5 ♍ 48	3 ♌ 37	13 ♈ 20	24 ♋ 33	7 ♋ 16	22 ♈ 20	17 ♒ 41	29 ♓	5 ♒	3 ♐	16 ♊	4 ♊
16	23 ♋ 12	21 ♋ 24	27 ♍ 4	25 ♍ 55	4 ♋ 4	6 ♍ 53	4 ♌ 16	13 ♈ 23	24 ♋ 41	7 ♋ 20	22 ♈ 20	17 ♒ 39	29 ♓	5 ♒	3 ♐	16 ♊	4 ♊
17	24 ♋ 10	5 ♌ 32	27 ♍ 1	25 ♍ 47	5 ♋ 35	7 ♍ 59	4 ♌ 54	13 ♈ 27	24 ♋ 48	7 ♋ 23	22 ♈ 20	17 ♒ 38	29 ♓	5 ♒	3 ♐	17 ♊	4 ♊
18	25 ♋ 7	19 ♌ 17	26 ♍ 58	25 ♍ 40	7 ♋ 10	9 ♍ 4	5 ♌ 33	13 ♈ 30	24 ♋ 56	7 ♋ 27	22 ♈ 21	17 ♒ 37	29 ♓	4 ♒	3 ♐	17 ♊	4 ♊
19	26 ♋ 4	2 ♍ 39	26 ♍ 55	25 ♍ 35	8 ♋ 49	10 ♍ 9	6 ♌ 11	13 ♈ 33	25 ♋ 4	7 ♋ 30	22 ♈ 21	17 ♒ 36	29 ♓	4 ♒	3 ♐	17 ♊	5 ♊
20	27 ♋ 1	15 ♍ 36	26 ♍ 52	25 ♍ 33	10 ♋ 31	11 ♍ 13	6 ♌ 49	13 ♈ 36	25 ♋ 12	7 ♋ 33	22 ♈ 21	17 ♒ 35	29 ♓	4 ♒	3 ♐	18 ♊	5 ♊
21	27 ♋ 59	28 ♍ 12	26 ♍ 48	25 D 32	12 ♋ 17	12 ♍ 18	7 ♌ 28	13 ♈ 39	25 ♋ 20	7 ♋ 37	22 ♈ 21	17 ♒ 33	29 ♓	4 ♒	3 ♐	18 ♊	5 ♊
22	28 ♋ 56	10 ♎ 29	26 ♍ 45	25 ♍ 33	14 ♋ 6	13 ♍ 22	8 ♌ 6	13 ♈ 41	25 ♋ 27	7 ♋ 40	22 ♈ 21	17 ♒ 32	29 ♓	3 ♒	3 ♐	19 ♊	5 ♊
23	29 ♋ 53	22 ♎ 32	26 ♍ 42	25 ♍ 34	15 ♋ 58	14 ♍ 27	8 ♌ 44	13 ♈ 44	25 ♋ 35	7 ♋ 44	22 ♈ 22	17 ♒ 31	29 ♓	3 ♒	3 ♐	19 ♊	5 ♊
24	0 ♌ 51	4 ♏ 27	26 ♍ 39	25 R 34	17 ♋ 53	15 ♍ 30	9 ♌ 23	13 ♈ 46	25 ♋ 43	7 ♋ 47	22 ♈ 22	17 ♒ 29	29 ♓	3 ♒	2 ♐	19 ♊	5 ♊
25	1 ♌ 48	16 ♏ 18	26 ♍ 36	25 ♍ 33	19 ♋ 50	16 ♍ 34	10 ♌ 1	13 ♈ 48	25 ♋ 51	7 ♋ 51	22 ♈ 22	17 ♒ 28	29 ♓	2 ♒	2 ♐	20 ♊	5 ♊
26	2 ♌ 45	28 ♏ 10	26 ♍ 32	25 ♍ 29	21 ♋ 50	17 ♍ 38	10 ♌ 39	13 ♈ 49	25 ♋ 58	7 ♋ 54	22 ♈ 22	17 ♒ 27	29 R	2 ♒	2 ♐	20 ♊	5 ♊
27	3 ♌ 42	10 ♐ 9	26 ♍ 29	25 ♍ 24	23 ♋ 51	18 ♍ 41	11 ♌ 18	13 ♈ 51	26 ♋ 6	7 ♋ 57	22 R 22	17 ♒ 26	29 ♓	2 ♒	2 ♐	21 ♊	5 ♊
28	4 ♌ 40	22 ♐ 17	26 ♍ 26	25 ♍ 17	25 ♋ 54	19 ♍ 44	11 ♌ 56	13 ♈ 52	26 ♋ 14	8 ♋ 1	22 ♈ 22	17 ♒ 24	29 ♓	2 ♒	2 ♐	21 ♊	5 ♊
29	5 ♌ 37	4 ♑ 37	26 ♍ 23	25 ♍ 9	27 ♋ 58	20 ♍ 46	12 ♌ 34	13 ♈ 54	26 ♋ 22	8 ♋ 4	22 ♈ 22	17 ♒ 23	29 ♓	1 ♒	2 ♐	21 ♊	5 ♊
30	6 ♌ 34	17 ♑ 12	26 ♍ 20	25 ♍ 0	0 ♌ 4	21 ♍ 49	13 ♌ 12	13 ♈ 55	26 ♋ 29	8 ♋ 7	22 ♈ 22	17 ♒ 22	29 ♓	1 ♒	2 D	22 ♊	5 ♊
31	7 ♌ 32	0 ♒ 2	26 ♍ 17	24 ♍ 52	2 ♌ 9	22 ♍ 51	13 ♌ 51	13 ♈ 55	26 ♋ 37	8 ♋ 10	22 ♈ 21	17 ♒ 20	29 ♓	1 ♒	2 ♐	22 ♊	5 ♊
SUN INGRESS	☉ → ♌ 23日 02:36																
MOON PHASE	○ 2日 02:44 ♑ ◑ 9日 10:59 ♈ ● 16日 03:15 ♋ ◐ 23日 16:05 ♏ ○ 31日 14:54 ♒																

aspects		
2日	18:25	♀△♆
4日	19:33	☉□♃
5日	05:13	☿⚹♆
15日	01:54	☉□♆
16日	10:13	♀⚹♅
17日	18:48	☉☌♄
18日	04:16	☿☌♅
21日	00:48	☿⚹♀
21日	18:34	☿□♃
26日	06:23	☿□♆
28日	04:04	☿☌♄
31日	03:02	♂△♃

2034年8月

DAY	☉	☽	☊ mean	☊ true	☿	♀	♂	♃	♄	♅	♆	♇	⚳	⚴	⚵	⚶	⚷
	° ′	° ′	° ′	° ′	° ′	° ′	° ′	° ′	° ′	° ′	° ′	° ′	°	°	°	°	°
1	8 ♌ 29	13 ♒ 7	26 ♍ 13	24 R 45	4 D 15	23 D 53	14 D 29	13 D 56	26 D 45	8 D 14	22 R 21	17 R 19	29 R	1 R	2 D	23 D	5 D
2	9 ♌ 27	26 ♒ 25	26 ♍ 10	24 ♍ 40	6 ♌ 22	24 ♍ 54	15 ♌ 7	13 ♈ 56	26 ♋ 52	8 ♋ 17	22 ♈ 21	17 ♒ 18	29 ♓	0 ♒	2 ♐	23 ♊	5 ♊
3	10 ♌ 24	9 ♓ 56	26 ♍ 7	24 ♍ 37	8 ♌ 27	25 ♍ 55	15 ♌ 45	13 ♈ 57	27 ♋ 0	8 ♋ 20	22 ♈ 21	17 ♒ 16	29 ♓	0 ♒	2 ♐	23 ♊	5 ♊
4	11 ♌ 21	23 ♓ 37	26 ♍ 4	24 ♍ 36	10 ♌ 33	26 ♍ 56	16 ♌ 23	13 R 57	27 ♋ 8	8 ♋ 23	22 ♈ 21	17 ♒ 15	29 ♓	0 ♒	3 ♐	24 ♊	5 ♊
5	12 ♌ 19	7 ♈ 28	26 ♍ 1	24 D 37	12 ♌ 37	27 ♍ 57	17 ♌ 2	13 ♈ 56	27 ♋ 15	8 ♋ 26	22 ♈ 20	17 ♒ 14	29 ♓	0 ♒	3 ♐	24 ♊	5 ♊
6	13 ♌ 16	21 ♈ 26	25 ♍ 58	24 ♍ 38	14 ♌ 41	28 ♍ 57	17 ♌ 40	13 ♈ 56	27 ♋ 23	8 ♋ 29	22 ♈ 20	17 ♒ 12	28 ♓	29 ♑	3 ♐	24 ♊	5 ♊
7	14 ♌ 14	5 ♉ 31	25 ♍ 54	24 ♍ 39	16 ♌ 44	29 ♍ 57	18 ♌ 18	13 ♈ 55	27 ♋ 30	8 ♋ 33	22 ♈ 20	17 ♒ 11	28 ♓	29 ♑	3 ♐	25 ♊	5 ♊
8	15 ♌ 11	19 ♉ 42	25 ♍ 51	24 R 39	18 ♌ 45	0 ♎ 57	18 ♌ 56	13 ♈ 55	27 ♋ 38	8 ♋ 36	22 ♈ 19	17 ♒ 10	28 ♓	29 ♑	3 ♐	25 ♊	5 ♊
9	16 ♌ 9	3 ♊ 56	25 ♍ 48	24 ♍ 38	20 ♌ 45	1 ♎ 56	19 ♌ 35	13 ♈ 54	27 ♋ 45	8 ♋ 39	22 ♈ 19	17 ♒ 8	28 ♓	29 ♑	3 ♐	26 ♊	5 ♊
10	17 ♌ 6	18 ♊ 11	25 ♍ 45	24 ♍ 35	22 ♌ 45	2 ♎ 55	20 ♌ 13	13 ♈ 52	27 ♋ 53	8 ♋ 42	22 ♈ 18	17 ♒ 7	28 ♓	28 ♑	3 ♐	26 ♊	5 ♊
11	18 ♌ 4	2 ♋ 24	25 ♍ 42	24 ♍ 31	24 ♌ 42	3 ♎ 54	20 ♌ 51	13 ♈ 51	28 ♋ 0	8 ♋ 45	22 ♈ 18	17 ♒ 6	28 ♓	28 ♑	3 ♐	26 ♊	6 ♊
12	19 ♌ 1	16 ♋ 31	25 ♍ 38	24 ♍ 26	26 ♌ 38	4 ♎ 52	21 ♌ 29	13 ♈ 49	28 ♋ 8	8 ♋ 48	22 ♈ 17	17 ♒ 4	28 ♓	28 ♑	3 ♐	27 ♊	6 ♊
13	19 ♌ 59	0 ♌ 29	25 ♍ 35	24 ♍ 20	28 ♌ 33	5 ♎ 49	22 ♌ 7	13 ♈ 48	28 ♋ 15	8 ♋ 51	22 ♈ 17	17 ♒ 3	28 ♓	28 ♑	3 ♐	27 ♊	6 ♊
14	20 ♌ 57	14 ♌ 12	25 ♍ 32	24 ♍ 16	0 ♍ 27	6 ♎ 47	22 ♌ 46	13 ♈ 46	28 ♋ 23	8 ♋ 54	22 ♈ 16	17 ♒ 2	28 ♓	27 ♑	3 ♐	27 ♊	6 ♊
15	21 ♌ 54	27 ♌ 39	25 ♍ 29	24 ♍ 12	2 ♍ 19	7 ♎ 44	23 ♌ 24	13 ♈ 44	28 ♋ 30	8 ♋ 56	22 ♈ 16	17 ♒ 0	28 ♓	27 ♑	3 ♐	28 ♊	6 ♊
16	22 ♌ 52	10 ♍ 47	25 ♍ 26	24 ♍ 10	4 ♍ 9	8 ♎ 40	24 ♌ 2	13 ♈ 41	28 ♋ 38	8 ♋ 59	22 ♈ 15	16 ♒ 59	27 ♓	27 ♑	3 ♐	28 ♊	6 ♊
17	23 ♌ 49	23 ♍ 36	25 ♍ 23	24 ♍ 9	5 ♍ 58	9 ♎ 36	24 ♌ 40	13 ♈ 39	28 ♋ 45	9 ♋ 2	22 ♈ 14	16 ♒ 57	27 ♓	27 ♑	3 ♐	29 ♊	6 ♊
18	24 ♌ 47	6 ♎ 7	25 ♍ 19	24 D 9	7 ♍ 45	10 ♎ 32	25 ♌ 18	13 ♈ 36	28 ♋ 52	9 ♋ 5	22 ♈ 14	16 ♒ 56	27 ♓	27 ♑	3 ♐	29 ♊	6 ♊
19	25 ♌ 45	18 ♎ 23	25 ♍ 16	24 ♍ 11	9 ♍ 31	11 ♎ 27	25 ♌ 57	13 ♈ 33	28 ♋ 59	9 ♋ 8	22 ♈ 13	16 ♒ 55	27 ♓	26 ♑	4 ♐	29 ♊	6 ♊
20	26 ♌ 43	0 ♏ 26	25 ♍ 13	24 ♍ 12	11 ♍ 16	12 ♎ 21	26 ♌ 35	13 ♈ 30	29 ♋ 7	9 ♋ 10	22 ♈ 12	16 ♒ 53	27 ♓	26 ♑	4 ♐	0 ♋	6 ♊
21	27 ♌ 40	12 ♏ 21	25 ♍ 10	24 ♍ 14	12 ♍ 59	13 ♎ 15	27 ♌ 13	13 ♈ 26	29 ♋ 14	9 ♋ 13	22 ♈ 11	16 ♒ 52	27 ♓	26 ♑	4 ♐	0 ♋	6 ♊
22	28 ♌ 38	24 ♏ 13	25 ♍ 7	24 ♍ 15	14 ♍ 41	14 ♎ 9	27 ♌ 51	13 ♈ 23	29 ♋ 21	9 ♋ 16	22 ♈ 10	16 ♒ 51	27 ♓	26 ♑	4 ♐	0 ♋	6 ♊
23	29 ♌ 36	6 ♐ 7	25 ♍ 4	24 R 15	16 ♍ 21	15 ♎ 2	28 ♌ 29	13 ♈ 19	29 ♋ 28	9 ♋ 18	22 ♈ 10	16 ♒ 50	26 ♓	26 ♑	4 ♐	1 ♋	6 ♊
24	0 ♍ 34	18 ♐ 6	25 ♍ 0	24 ♍ 14	18 ♍ 0	15 ♎ 54	29 ♌ 7	13 ♈ 15	29 ♋ 35	9 ♋ 21	22 ♈ 9	16 ♒ 48	26 ♓	26 ♑	4 ♐	1 ♋	6 ♊
25	1 ♍ 32	0 ♑ 16	24 ♍ 57	24 ♍ 11	19 ♍ 38	16 ♎ 45	29 ♌ 46	13 ♈ 11	29 ♋ 42	9 ♋ 23	22 ♈ 8	16 ♒ 47	26 ♓	25 ♑	4 ♐	1 ♋	6 ♊
26	2 ♍ 29	12 ♑ 40	24 ♍ 54	24 ♍ 9	21 ♍ 14	17 ♎ 36	0 ♍ 24	13 ♈ 7	29 ♋ 49	9 ♋ 26	22 ♈ 7	16 ♒ 46	26 ♓	25 ♑	4 ♐	2 ♋	6 ♊
27	3 ♍ 27	25 ♑ 22	24 ♍ 51	24 ♍ 5	22 ♍ 49	18 ♎ 27	1 ♍ 2	13 ♈ 3	29 ♋ 56	9 ♋ 28	22 ♈ 6	16 ♒ 44	26 ♓	25 ♑	5 ♐	2 ♋	6 ♊
28	4 ♍ 25	8 ♒ 23	24 ♍ 48	24 ♍ 3	24 ♍ 23	19 ♎ 16	1 ♍ 40	12 ♈ 58	0 ♌ 3	9 ♋ 31	22 ♈ 5	16 ♒ 43	26 ♓	25 ♑	5 ♐	2 ♋	6 ♊
29	5 ♍ 23	21 ♒ 44	24 ♍ 44	24 ♍ 0	25 ♍ 55	20 ♎ 5	2 ♍ 18	12 ♈ 53	0 ♌ 10	9 ♋ 33	22 ♈ 4	16 ♒ 42	25 ♓	25 ♑	5 ♐	3 ♋	6 ♊
30	6 ♍ 21	5 ♓ 23	24 ♍ 41	23 ♍ 58	27 ♍ 26	20 ♎ 53	2 ♍ 57	12 ♈ 48	0 ♌ 17	9 ♋ 35	22 ♈ 3	16 ♒ 41	25 ♓	25 ♑	5 ♐	3 ♋	6 ♊
31	7 ♍ 19	19 ♓ 18	24 ♍ 38	23 ♍ 58	28 ♍ 55	21 ♎ 41	3 ♍ 35	12 ♈ 43	0 ♌ 23	9 ♋ 38	22 ♈ 2	16 ♒ 39	25 ♓	25 ♑	5 ♐	4 ♋	6 ♊
SUN INGRESS	☉ → ♍ 23日 09:47																
MOON PHASE	◑ 7日 15:50 ♉ ● 14日 12:53 ♌ ◐ 22日 09:43 ♏ ○ 30日 01:49 ♓																

aspects		
4日	05:04	♀⚹♄
4日	17:23	☉☌☿
5日	07:14	♂☍♇
5日	15:17	☿△♃
6日	16:26	☉△♃
7日	05:19	☿☍♇
8日	03:15	☿☌♂
9日	18:42	☿△♆
10日	00:18	☉☍♇
13日	05:45	♂△♆
15日	08:48	☉△♆
16日	08:34	♀□♅
18日	18:25	☿⚹♅
19日	14:21	☉☌♂
21日	04:43	♀☍♃
25日	00:41	♀△♇
31日	10:31	♀☍♆

2034年9月

DAY	☉	☽	☊ mean	☊ true	☿	♀	♂	♃	♄	♅	♆	♇	⚳	⚴	⚵	⚶	⚷
	° ′	° ′	° ′	° ′	° ′	° ′	° ′	° ′	° ′	° ′	° ′	° ′	°	°	°	°	°
1	8 ♍ 17	3 ♈ 26	24 ♍ 35	23 D 58	0 D 23	22 D 27	4 D 13	12 R 38	0 D 30	9 D 40	22 R 1	16 R 38	25 R	24 R	5 D	4 D	6 D
2	9 ♍ 15	17 ♈ 43	24 ♍ 32	23 ♍ 59	1 ♎ 50	23 ♎ 13	4 ♍ 51	12 ♈ 33	0 ♌ 37	9 ♋ 42	22 ♈ 0	16 ♒ 37	25 ♓	24 ♑	5 ♐	4 ♋	6 ♊
3	10 ♍ 13	2 ♉ 4	24 ♍ 29	24 ♍ 0	3 ♎ 15	23 ♎ 58	5 ♍ 29	12 ♈ 27	0 ♌ 43	9 ♋ 44	21 ♈ 59	16 ♒ 36	24 ♓	24 ♑	6 ♐	5 ♋	6 ♊
4	11 ♍ 11	16 ♉ 26	24 ♍ 25	24 ♍ 1	4 ♎ 39	24 ♎ 42	6 ♍ 7	12 ♈ 22	0 ♌ 50	9 ♋ 47	21 ♈ 57	16 ♒ 34	24 ♓	24 ♑	6 ♐	5 ♋	6 ♊
5	12 ♍ 9	0 ♊ 44	24 ♍ 22	24 ♍ 1	6 ♎ 1	25 ♎ 25	6 ♍ 46	12 ♈ 16	0 ♌ 57	9 ♋ 49	21 ♈ 56	16 ♒ 33	24 ♓	24 ♑	6 ♐	5 ♋	6 ♊
6	13 ♍ 7	14 ♊ 57	24 ♍ 19	24 R 2	7 ♎ 22	26 ♎ 7	7 ♍ 24	12 ♈ 10	1 ♌ 3	9 ♋ 51	21 ♈ 55	16 ♒ 32	24 ♓	24 ♑	6 ♐	5 ♋	6 ♊
7	14 ♍ 6	29 ♊ 1	24 ♍ 16	24 ♍ 1	8 ♎ 42	26 ♎ 48	8 ♍ 2	12 ♈ 4	1 ♌ 9	9 ♋ 53	21 ♈ 54	16 ♒ 31	24 ♓	24 ♑	6 ♐	6 ♋	6 ♊
8	15 ♍ 4	12 ♋ 56	24 ♍ 13	24 ♍ 0	10 ♎ 0	27 ♎ 28	8 ♍ 40	11 ♈ 57	1 ♌ 16	9 ♋ 55	21 ♈ 53	16 ♒ 30	23 ♓	24 ♑	7 ♐	6 ♋	6 ♊
9	16 ♍ 2	26 ♋ 39	24 ♍ 9	24 ♍ 0	11 ♎ 16	28 ♎ 7	9 ♍ 18	11 ♈ 51	1 ♌ 22	9 ♋ 57	21 ♈ 51	16 ♒ 29	23 ♓	24 ♑	7 ♐	6 ♋	6 ♊
10	17 ♍ 0	10 ♌ 10	24 ♍ 6	23 ♍ 59	12 ♎ 31	28 ♎ 45	9 ♍ 57	11 ♈ 44	1 ♌ 28	9 ♋ 59	21 ♈ 50	16 ♒ 27	23 ♓	24 ♑	7 ♐	7 ♋	6 ♊
11	17 ♍ 59	23 ♌ 27	24 ♍ 3	23 ♍ 58	13 ♎ 44	29 ♎ 22	10 ♍ 35	11 ♈ 38	1 ♌ 35	10 ♋ 0	21 ♈ 49	16 ♒ 26	23 ♓	24 ♑	7 ♐	7 ♋	6 ♊
12	18 ♍ 57	6 ♍ 31	24 ♍ 0	23 ♍ 57	14 ♎ 55	29 ♎ 58	11 ♍ 13	11 ♈ 31	1 ♌ 41	10 ♋ 2	21 ♈ 47	16 ♒ 25	22 ♓	23 ♑	7 ♐	7 ♋	6 ♊
13	19 ♍ 55	19 ♍ 20	23 ♍ 57	23 ♍ 57	16 ♎ 4	0 ♏ 32	11 ♍ 51	11 ♈ 24	1 ♌ 47	10 ♋ 4	21 ♈ 46	16 ♒ 24	22 ♓	23 ♑	7 ♐	8 ♋	6 R
14	20 ♍ 54	1 ♎ 54	23 ♍ 54	23 D 57	17 ♎ 12	1 ♏ 5	12 ♍ 30	11 ♈ 17	1 ♌ 53	10 ♋ 6	21 ♈ 45	16 ♒ 23	22 ♓	23 ♑	8 ♐	8 ♋	6 ♊
15	21 ♍ 52	14 ♎ 16	23 ♍ 50	23 ♍ 57	18 ♎ 17	1 ♏ 36	13 ♍ 8	11 ♈ 10	1 ♌ 59	10 ♋ 7	21 ♈ 43	16 ♒ 22	22 ♓	23 ♑	8 ♐	8 ♋	6 ♊
16	22 ♍ 51	26 ♎ 26	23 ♍ 47	23 ♍ 58	19 ♎ 20	2 ♏ 7	13 ♍ 46	11 ♈ 3	2 ♌ 5	10 ♋ 9	21 ♈ 42	16 ♒ 21	22 ♓	23 ♑	8 ♐	9 ♋	6 ♊
17	23 ♍ 49	8 ♏ 27	23 ♍ 44	23 ♍ 58	20 ♎ 20	2 ♏ 35	14 ♍ 24	10 ♈ 55	2 ♌ 10	10 ♋ 10	21 ♈ 40	16 ♒ 20	21 ♓	23 ♑	8 ♐	9 ♋	6 ♊
18	24 ♍ 48	20 ♏ 21	23 ♍ 41	23 R 58	21 ♎ 18	3 ♏ 2	15 ♍ 3	10 ♈ 48	2 ♌ 16	10 ♋ 12	21 ♈ 39	16 ♒ 19	21 ♓	23 ♑	9 ♐	9 ♋	6 ♊
19	25 ♍ 46	2 ♐ 12	23 ♍ 38	23 ♍ 57	22 ♎ 13	3 ♏ 28	15 ♍ 41	10 ♈ 40	2 ♌ 22	10 ♋ 13	21 ♈ 38	16 ♒ 18	21 ♓	23 ♑	9 ♐	10 ♋	6 ♊
20	26 ♍ 45	14 ♐ 4	23 ♍ 35	23 ♍ 57	23 ♎ 6	3 ♏ 52	16 ♍ 19	10 ♈ 33	2 ♌ 28	10 ♋ 15	21 ♈ 36	16 ♒ 17	21 ♓	23 ♑	9 ♐	10 ♋	6 ♊
21	27 ♍ 43	26 ♐ 2	23 ♍ 31	23 ♍ 57	23 ♎ 55	4 ♏ 14	16 ♍ 57	10 ♈ 25	2 ♌ 33	10 ♋ 16	21 ♈ 35	16 ♒ 16	20 ♓	23 D	9 ♐	10 ♋	6 ♊
22	28 ♍ 42	8 ♑ 11	23 ♍ 28	23 D 57	24 ♎ 40	4 ♏ 34	17 ♍ 36	10 ♈ 17	2 ♌ 39	10 ♋ 18	21 ♈ 33	16 ♒ 15	20 ♓	23 ♑	9 ♐	10 ♋	6 ♊
23	29 ♍ 41	20 ♑ 34	23 ♍ 25	23 ♍ 58	25 ♎ 23	4 ♏ 53	18 ♍ 14	10 ♈ 10	2 ♌ 44	10 ♋ 19	21 ♈ 32	16 ♒ 14	20 ♓	23 ♑	10 ♐	11 ♋	6 ♊
24	0 ♎ 39	3 ♒ 15	23 ♍ 22	23 ♍ 58	26 ♎ 1	5 ♏ 9	18 ♍ 52	10 ♈ 2	2 ♌ 49	10 ♋ 20	21 ♈ 30	16 ♒ 13	20 ♓	23 ♑	10 ♐	11 ♋	6 ♊
25	1 ♎ 38	16 ♒ 19	23 ♍ 19	23 ♍ 59	26 ♎ 34	5 ♏ 24	19 ♍ 30	9 ♈ 54	2 ♌ 55	10 ♋ 21	21 ♈ 28	16 ♒ 12	20 ♓	23 ♑	10 ♐	11 ♋	6 ♊
26	2 ♎ 37	29 ♒ 46	23 ♍ 15	24 ♍ 0	27 ♎ 3	5 ♏ 37	20 ♍ 9	9 ♈ 46	3 ♌ 0	10 ♋ 22	21 ♈ 27	16 ♒ 12	19 ♓	23 ♑	10 ♐	11 ♋	6 ♊
27	3 ♎ 36	13 ♓ 38	23 ♍ 12	24 ♍ 0	27 ♎ 27	5 ♏ 47	20 ♍ 47	9 ♈ 38	3 ♌ 5	10 ♋ 23	21 ♈ 25	16 ♒ 11	19 ♓	23 ♑	11 ♐	12 ♋	6 ♊
28	4 ♎ 35	27 ♓ 52	23 ♍ 9	24 R 0	27 ♎ 46	5 ♏ 56	21 ♍ 25	9 ♈ 30	3 ♌ 10	10 ♋ 24	21 ♈ 24	16 ♒ 10	19 ♓	23 ♑	11 ♐	12 ♋	6 ♊
29	5 ♎ 33	12 ♈ 24	23 ♍ 6	24 ♍ 0	27 ♎ 59	6 ♏ 2	22 ♍ 4	9 ♈ 22	3 ♌ 15	10 ♋ 25	21 ♈ 22	16 ♒ 9	19 ♓	24 ♑	11 ♐	12 ♋	6 ♊
30	6 ♎ 32	27 ♈ 8	23 ♍ 3	23 ♍ 59	28 ♎ 6	6 ♏ 6	22 ♍ 42	9 ♈ 14	3 ♌ 20	10 ♋ 26	21 ♈ 21	16 ♒ 8	19 ♓	24 ♑	11 ♐	13 ♋	6 ♊

SUN INGRESS	☉ → ♎23日 07:39
MOON PHASE	◑ 5日 20:41 ♊　● 13日 01:13 ♍　◐ 21日 03:39 ♐　○ 28日 11:56 ♈

aspects		
1日	02:07	☿⚹♄
2日	11:41	☉⚹♅
7日	22:20	☿□♅
9日	10:08	☿☍♃
10日	01:14	♂⚹♅
13日	06:50	☿△♇
15日	22:06	♀□♄
18日	08:40	☿☍♆
21日	23:42	♃□♅
26日	10:11	☉⚹♄

2034年10月

DAY	☉	☽	☊ mean	☊ true	☿	♀	♂	♃	♄	♅	♆	♇	⚳	⚴	⚵	⚶	⚷
	° ′	° ′	° ′	° ′	° ′	° ′	° ′	° ′	° ′	° ′	° ′	° ′	°	°	°	°	°
1	7 ♎ 31	11 ♉ 57	23 ♍ 0	23 R 57	28 R 6	6 D 7	23 D 20	9 R 6	3 D 24	10 D 27	21 R 19	16 R 8	18 R	24 D	12 D	13 D	6 R
2	8 ♎ 30	26 ♉ 43	22 ♍ 56	23 ♍ 55	27 ♎ 59	6 R 6	23 ♍ 59	8 ♈ 58	3 ♌ 29	10 ♋ 28	21 ♈ 17	16 ♒ 7	18 ♓	24 ♑	12 ♐	13 ♋	6 ♊
3	9 ♎ 29	11 ♊ 20	22 ♍ 53	23 ♍ 54	27 ♎ 44	6 ♏ 3	24 ♍ 37	8 ♈ 50	3 ♌ 34	10 ♋ 29	21 ♈ 16	16 ♒ 6	18 ♓	24 ♑	12 ♐	13 ♋	6 ♊
4	10 ♎ 28	25 ♊ 43	22 ♍ 50	23 ♍ 53	27 ♎ 22	5 ♏ 58	25 ♍ 15	8 ♈ 42	3 ♌ 38	10 ♋ 29	21 ♈ 14	16 ♒ 6	18 ♓	24 ♑	12 ♐	14 ♋	6 ♊
5	11 ♎ 27	9 ♋ 48	22 ♍ 47	23 ♍ 52	26 ♎ 52	5 ♏ 50	25 ♍ 54	8 ♈ 34	3 ♌ 43	10 ♋ 30	21 ♈ 12	16 ♒ 5	18 ♓	24 ♑	13 ♐	14 ♋	6 ♊
6	12 ♎ 26	23 ♋ 35	22 ♍ 44	23 D 52	26 ♎ 15	5 ♏ 40	26 ♍ 32	8 ♈ 26	3 ♌ 47	10 ♋ 31	21 ♈ 11	16 ♒ 4	17 ♓	24 ♑	13 ♐	14 ♋	6 ♊
7	13 ♎ 26	7 ♌ 3	22 ♍ 41	23 ♍ 53	25 ♎ 29	5 ♏ 27	27 ♍ 10	8 ♈ 18	3 ♌ 52	10 ♋ 31	21 ♈ 9	16 ♒ 4	17 ♓	24 ♑	13 ♐	14 ♋	6 ♊
8	14 ♎ 25	20 ♌ 14	22 ♍ 37	23 ♍ 55	24 ♎ 37	5 ♏ 12	27 ♍ 49	8 ♈ 10	3 ♌ 56	10 ♋ 32	21 ♈ 7	16 ♒ 3	17 ♓	24 ♑	14 ♐	14 ♋	6 ♊
9	15 ♎ 24	3 ♍ 9	22 ♍ 34	23 ♍ 56	23 ♎ 38	4 ♏ 55	28 ♍ 27	8 ♈ 2	4 ♌ 0	10 ♋ 32	21 ♈ 6	16 ♒ 2	17 ♓	24 ♑	14 ♐	15 ♋	6 ♊
10	16 ♎ 23	15 ♍ 50	22 ♍ 31	23 ♍ 57	22 ♎ 34	4 ♏ 35	29 ♍ 6	7 ♈ 54	4 ♌ 4	10 ♋ 33	21 ♈ 4	16 ♒ 2	17 ♓	24 ♑	14 ♐	15 ♋	6 ♊
11	17 ♎ 22	28 ♍ 20	22 ♍ 28	23 R 57	21 ♎ 25	4 ♏ 14	29 ♍ 44	7 ♈ 46	4 ♌ 8	10 ♋ 33	21 ♈ 2	16 ♒ 1	17 ♓	24 ♑	14 ♐	15 ♋	6 ♊
12	18 ♎ 22	10 ♎ 39	22 ♍ 25	23 ♍ 56	20 ♎ 14	3 ♏ 50	0 ♎ 22	7 ♈ 38	4 ♌ 12	10 ♋ 33	21 ♈ 1	16 ♒ 1	16 ♓	25 ♑	15 ♐	15 ♋	6 ♊
13	19 ♎ 21	22 ♎ 49	22 ♍ 21	23 ♍ 54	19 ♎ 3	3 ♏ 24	1 ♎ 1	7 ♈ 31	4 ♌ 15	10 ♋ 33	20 ♈ 59	16 ♒ 0	16 ♓	25 ♑	15 ♐	16 ♋	6 ♊
14	20 ♎ 21	4 ♏ 51	22 ♍ 18	23 ♍ 50	17 ♎ 52	2 ♏ 56	1 ♎ 39	7 ♈ 23	4 ♌ 19	10 ♋ 34	20 ♈ 57	16 ♒ 0	16 ♓	25 ♑	15 ♐	16 ♋	6 ♊
15	21 ♎ 20	16 ♏ 47	22 ♍ 15	23 ♍ 46	16 ♎ 45	2 ♏ 26	2 ♎ 18	7 ♈ 15	4 ♌ 23	10 ♋ 34	20 ♈ 56	16 ♒ 0	16 ♓	25 ♑	15 ♐	16 ♋	6 ♊
16	22 ♎ 19	28 ♏ 40	22 ♍ 12	23 ♍ 41	15 ♎ 43	1 ♏ 55	2 ♎ 56	7 ♈ 8	4 ♌ 26	10 ♋ 34	20 ♈ 54	15 ♒ 59	16 ♓	25 ♑	16 ♐	16 ♋	5 ♊
17	23 ♎ 19	10 ♐ 30	22 ♍ 9	23 ♍ 36	14 ♎ 48	1 ♏ 23	3 ♎ 35	7 ♈ 0	4 ♌ 29	10 R 34	20 ♈ 52	15 ♒ 59	16 ♓	25 ♑	16 ♐	16 ♋	5 ♊
18	24 ♎ 18	22 ♐ 22	22 ♍ 6	23 ♍ 31	14 ♎ 2	0 ♏ 49	4 ♎ 13	6 ♈ 53	4 ♌ 33	10 ♋ 34	20 ♈ 51	15 ♒ 59	16 ♓	25 ♑	16 ♐	16 ♋	5 ♊
19	25 ♎ 18	4 ♑ 18	22 ♍ 2	23 ♍ 28	13 ♎ 25	0 ♏ 14	4 ♎ 52	6 ♈ 46	4 ♌ 36	10 ♋ 34	20 ♈ 49	15 ♒ 58	16 ♓	25 ♑	17 ♐	17 ♋	5 ♊
20	26 ♎ 18	16 ♑ 23	21 ♍ 59	23 ♍ 26	12 ♎ 59	29 ♎ 38	5 ♎ 30	6 ♈ 39	4 ♌ 39	10 ♋ 34	20 ♈ 47	15 ♒ 58	15 ♓	26 ♑	17 ♐	17 ♋	5 ♊
21	27 ♎ 17	28 ♑ 42	21 ♍ 56	23 D 25	12 ♎ 45	29 ♎ 2	6 ♎ 9	6 ♈ 32	4 ♌ 42	10 ♋ 33	20 ♈ 46	15 ♒ 58	15 ♓	26 ♑	17 ♐	17 ♋	5 ♊
22	28 ♎ 17	11 ♒ 18	21 ♍ 53	23 ♍ 26	12 D 41	28 ♎ 25	6 ♎ 47	6 ♈ 25	4 ♌ 45	10 ♋ 33	20 ♈ 44	15 ♒ 57	15 ♓	26 ♑	18 ♐	17 ♋	5 ♊
23	29 ♎ 17	24 ♒ 16	21 ♍ 50	23 ♍ 27	12 ♎ 49	27 ♎ 48	7 ♎ 26	6 ♈ 18	4 ♌ 48	10 ♋ 33	20 ♈ 42	15 ♒ 57	15 ♓	26 ♑	18 ♐	17 ♋	5 ♊
24	0 ♏ 16	7 ♓ 40	21 ♍ 46	23 ♍ 29	13 ♎ 7	27 ♎ 12	8 ♎ 4	6 ♈ 11	4 ♌ 50	10 ♋ 32	20 ♈ 41	15 ♒ 57	15 ♓	26 ♑	18 ♐	17 ♋	5 ♊
25	1 ♏ 16	21 ♓ 32	21 ♍ 43	23 ♍ 30	13 ♎ 36	26 ♎ 36	8 ♎ 43	6 ♈ 4	4 ♌ 53	10 ♋ 32	20 ♈ 39	15 ♒ 57	15 ♓	26 ♑	18 ♐	18 ♋	5 ♊
26	2 ♏ 16	5 ♈ 51	21 ♍ 40	23 R 29	14 ♎ 13	26 ♎ 0	9 ♎ 21	5 ♈ 58	4 ♌ 55	10 ♋ 32	20 ♈ 37	15 ♒ 57	15 ♓	27 ♑	19 ♐	18 ♋	5 ♊
27	3 ♏ 16	20 ♈ 35	21 ♍ 37	23 ♍ 27	14 ♎ 59	25 ♎ 26	10 ♎ 0	5 ♈ 52	4 ♌ 58	10 ♋ 31	20 ♈ 36	15 ♒ 57	15 ♓	27 ♑	19 ♐	18 ♋	5 ♊
28	4 ♏ 15	5 ♉ 37	21 ♍ 34	23 ♍ 22	15 ♎ 53	24 ♎ 52	10 ♎ 38	5 ♈ 46	5 ♌ 0	10 ♋ 30	20 ♈ 34	15 ♒ 57	15 ♓	27 ♑	19 ♐	18 ♋	5 ♊
29	5 ♏ 15	20 ♉ 48	21 ♍ 31	23 ♍ 17	16 ♎ 54	24 ♎ 20	11 ♎ 17	5 ♈ 40	5 ♌ 2	10 ♋ 30	20 ♈ 33	15 ♒ 57	15 ♓	27 ♑	20 ♐	18 ♋	5 ♊
30	6 ♏ 15	5 ♊ 59	21 ♍ 27	23 ♍ 10	18 ♎ 0	23 ♎ 49	11 ♎ 55	5 ♈ 34	5 ♌ 4	10 ♋ 29	20 ♈ 31	15 D 57	15 ♓	27 ♑	20 ♐	18 ♋	5 ♊
31	7 ♏ 15	20 ♊ 58	21 ♍ 24	23 ♍ 4	19 ♎ 12	23 ♎ 20	12 ♎ 34	5 ♈ 28	5 ♌ 6	10 ♋ 28	20 ♈ 29	15 ♒ 57	15 ♓	27 ♑	20 ♐	18 ♋	5 ♊

SUN INGRESS	☉ → ♏23日 17:16
MOON PHASE	◑ 5日 03:04 ♋　● 12日 16:32 ♎　◐ 20日 21:02 ♑　○ 27日 21:42 ♉

aspects		
2日	09:58	☉☍♃
4日	00:31	☉□♅
9日	15:29	☉△♇
11日	05:12	♀□♄
11日	07:59	☿☍♆
12日	20:35	☉☌☿
14日	14:29	☉☍♆
15日	17:21	☿△♇
18日	13:21	♂⚹♄
21日	12:07	♂☍♃
22日	02:03	☉☌♀
27日	19:13	♂□♅
28日	01:25	☿△♇
28日	18:31	☉□♄
31日	23:45	☿☍♆

2034年11月

DAY	☉	☽	☊ mean	☊ true	☿	♀	♂	♃	♄	♅	♆	♇	⚳	⚴	⚵	⚶	⚷
	° ′	° ′	° ′	° ′	° ′	° ′	° ′	° ′	° ′	° ′	° ′	° ′	°	°	°	°	°
1	8 ♏ 15	5 ♋ 39	21 ♍ 21	22 R 58	20 D 29	22 R 53	13 D 13	5 R 22	5 D 8	10 R 28	20 R 28	15 D 57	15 R	28 D	21 D	18 D	5 R
2	9 ♏ 15	19 ♋ 55	21 ♍ 18	22 ♍ 54	21 ♎ 49	22 ♎ 29	13 ♎ 51	5 ♈ 17	5 ♌ 10	10 ♋ 27	20 ♈ 26	15 ♒ 57	15 ♓	28 ♑	21 ♐	18 ♋	5 ♊
3	10 ♏ 15	3 ♌ 46	21 ♍ 15	22 ♍ 53	23 ♎ 12	22 ♎ 6	14 ♎ 30	5 ♈ 12	5 ♌ 11	10 ♋ 26	20 ♈ 25	15 ♒ 57	15 ♓	28 ♑	21 ♐	19 ♋	5 ♊
4	11 ♏ 15	17 ♌ 11	21 ♍ 12	22 D 53	24 ♎ 38	21 ♎ 45	15 ♎ 9	5 ♈ 7	5 ♌ 13	10 ♋ 25	20 ♈ 23	15 ♒ 57	15 ♓	28 ♑	22 ♐	19 ♋	5 ♊
5	12 ♏ 15	0 ♍ 12	21 ♍ 8	22 ♍ 54	26 ♎ 7	21 ♎ 27	15 ♎ 47	5 ♈ 2	5 ♌ 14	10 ♋ 24	20 ♈ 22	15 ♒ 57	15 ♓	28 ♑	22 ♐	19 ♋	5 ♊
6	13 ♏ 15	12 ♍ 55	21 ♍ 5	22 ♍ 55	27 ♎ 37	21 ♎ 11	16 ♎ 26	4 ♈ 57	5 ♌ 15	10 ♋ 23	20 ♈ 20	15 ♒ 57	15 D	29 ♑	22 ♐	19 ♋	5 ♊
7	14 ♏ 15	25 ♍ 22	21 ♍ 2	22 R 55	29 ♎ 9	20 ♎ 58	17 ♎ 5	4 ♈ 52	5 ♌ 17	10 ♋ 22	20 ♈ 19	15 ♒ 57	15 ♓	29 ♑	23 ♐	19 ♋	5 ♊
8	15 ♏ 16	7 ♎ 37	20 ♍ 59	22 ♍ 54	0 ♏ 42	20 ♎ 47	17 ♎ 43	4 ♈ 48	5 ♌ 18	10 ♋ 21	20 ♈ 17	15 ♒ 58	15 ♓	29 ♑	23 ♐	19 ♋	4 ♊
9	16 ♏ 16	19 ♎ 42	20 ♍ 56	22 ♍ 50	2 ♏ 16	20 ♎ 38	18 ♎ 22	4 ♈ 44	5 ♌ 19	10 ♋ 20	20 ♈ 16	15 ♒ 58	15 ♓	29 ♑	23 ♐	19 ♋	4 ♊
10	17 ♏ 16	1 ♏ 42	20 ♍ 52	22 ♍ 44	3 ♏ 51	20 ♎ 32	19 ♎ 1	4 ♈ 40	5 ♌ 19	10 ♋ 19	20 ♈ 14	15 ♒ 58	15 ♓	0 ♒	24 ♐	19 ♋	4 ♊
11	18 ♏ 16	13 ♏ 37	20 ♍ 49	22 ♍ 36	5 ♏ 26	20 ♎ 28	19 ♎ 40	4 ♈ 36	5 ♌ 20	10 ♋ 17	20 ♈ 13	15 ♒ 59	15 ♓	0 ♒	24 ♐	19 ♋	4 ♊
12	19 ♏ 17	25 ♏ 30	20 ♍ 46	22 ♍ 25	7 ♏ 2	20 D 27	20 ♎ 18	4 ♈ 32	5 ♌ 21	10 ♋ 16	20 ♈ 11	15 ♒ 59	15 ♓	0 ♒	24 ♐	19 ♋	4 ♊
13	20 ♏ 17	7 ♐ 21	20 ♍ 43	22 ♍ 13	8 ♏ 38	20 ♎ 29	20 ♎ 57	4 ♈ 29	5 ♌ 21	10 ♋ 15	20 ♈ 10	15 ♒ 59	15 ♓	0 ♒	25 ♐	19 ♋	4 ♊
14	21 ♏ 18	19 ♐ 13	20 ♍ 40	22 ♍ 1	10 ♏ 14	20 ♎ 32	21 ♎ 36	4 ♈ 25	5 ♌ 22	10 ♋ 13	20 ♈ 9	16 ♒ 0	15 ♓	0 ♒	25 ♐	19 ♋	4 ♊
15	22 ♏ 18	1 ♑ 7	20 ♍ 37	21 ♍ 50	11 ♏ 50	20 ♎ 38	22 ♎ 15	4 ♈ 22	5 ♌ 22	10 ♋ 12	20 ♈ 7	16 ♒ 0	15 ♓	1 ♒	25 ♐	19 ♋	4 ♊
16	23 ♏ 18	13 ♑ 5	20 ♍ 33	21 ♍ 41	13 ♏ 27	20 ♎ 47	22 ♎ 53	4 ♈ 20	5 ♌ 22	10 ♋ 10	20 ♈ 6	16 ♒ 1	15 ♓	1 ♒	26 ♐	19 R	4 ♊
17	24 ♏ 19	25 ♑ 10	20 ♍ 30	21 ♍ 35	15 ♏ 3	20 ♎ 57	23 ♎ 32	4 ♈ 17	5 R 22	10 ♋ 9	20 ♈ 5	16 ♒ 1	15 ♓	1 ♒	26 ♐	19 ♋	4 ♊
18	25 ♏ 19	7 ♒ 26	20 ♍ 27	21 ♍ 31	16 ♏ 39	21 ♎ 10	24 ♎ 11	4 ♈ 14	5 ♌ 22	10 ♋ 7	20 ♈ 3	16 ♒ 2	15 ♓	1 ♒	26 ♐	19 ♋	4 ♊
19	26 ♏ 20	19 ♒ 57	20 ♍ 24	21 ♍ 29	18 ♏ 16	21 ♎ 25	24 ♎ 50	4 ♈ 12	5 ♌ 22	10 ♋ 5	20 ♈ 2	16 ♒ 2	15 ♓	2 ♒	27 ♐	19 ♋	4 ♊
20	27 ♏ 20	2 ♓ 48	20 ♍ 21	21 D 29	19 ♏ 52	21 ♎ 42	25 ♎ 29	4 ♈ 10	5 ♌ 21	10 ♋ 4	20 ♈ 1	16 ♒ 3	15 ♓	2 ♒	27 ♐	19 ♋	4 ♊
21	28 ♏ 21	16 ♓ 2	20 ♍ 18	21 ♍ 29	21 ♏ 27	22 ♎ 1	26 ♎ 7	4 ♈ 8	5 ♌ 21	10 ♋ 2	19 ♈ 59	16 ♒ 3	15 ♓	2 ♒	27 ♐	19 ♋	4 ♊
22	29 ♏ 21	29 ♓ 44	20 ♍ 14	21 R 29	23 ♏ 3	22 ♎ 21	26 ♎ 46	4 ♈ 7	5 ♌ 21	10 ♋ 0	19 ♈ 58	16 ♒ 4	15 ♓	2 ♒	28 ♐	19 ♋	4 ♊
23	0 ♐ 22	13 ♈ 55	20 ♍ 11	21 ♍ 27	24 ♏ 39	22 ♎ 44	27 ♎ 25	4 ♈ 5	5 ♌ 20	9 ♋ 59	19 ♈ 57	16 ♒ 5	16 ♓	3 ♒	28 ♐	19 ♋	4 ♊
24	1 ♐ 23	28 ♈ 33	20 ♍ 8	21 ♍ 23	26 ♏ 14	23 ♎ 9	28 ♎ 4	4 ♈ 4	5 ♌ 19	9 ♋ 57	19 ♈ 56	16 ♒ 5	16 ♓	3 ♒	28 ♐	19 ♋	4 ♊
25	2 ♐ 23	13 ♉ 36	20 ♍ 5	21 ♍ 16	27 ♏ 49	23 ♎ 35	28 ♎ 43	4 ♈ 3	5 ♌ 18	9 ♋ 55	19 ♈ 55	16 ♒ 6	16 ♓	3 ♒	29 ♐	19 ♋	4 ♊
26	3 ♐ 24	28 ♉ 53	20 ♍ 2	21 ♍ 6	29 ♏ 25	24 ♎ 3	29 ♎ 22	4 ♈ 2	5 ♌ 17	9 ♋ 53	19 ♈ 54	16 ♒ 7	16 ♓	3 ♒	29 ♐	19 ♋	4 ♊
27	4 ♐ 25	14 ♊ 16	19 ♍ 58	20 ♍ 55	0 ♐ 59	24 ♎ 33	0 ♏ 1	4 ♈ 1	5 ♌ 16	9 ♋ 51	19 ♈ 52	16 ♒ 7	16 ♓	4 ♒	29 ♐	19 ♋	3 ♊
28	5 ♐ 25	29 ♊ 31	19 ♍ 55	20 ♍ 44	2 ♐ 34	25 ♎ 4	0 ♏ 40	4 ♈ 1	5 ♌ 15	9 ♋ 49	19 ♈ 51	16 ♒ 8	16 ♓	4 ♒	0 ♑	19 ♋	3 ♊
29	6 ♐ 26	14 ♋ 28	19 ♍ 52	20 ♍ 35	4 ♐ 9	25 ♎ 37	1 ♏ 19	4 ♈ 1	5 ♌ 14	9 ♋ 47	19 ♈ 50	16 ♒ 9	16 ♓	4 ♒	0 ♑	18 ♋	3 ♊
30	7 ♐ 27	29 ♋ 0	19 ♍ 49	20 ♍ 28	5 ♐ 44	26 ♎ 11	1 ♏ 58	4 D 1	5 ♌ 12	9 ♋ 45	19 ♈ 49	16 ♒ 10	16 ♓	4 ♒	1 ♑	18 ♋	3 ♊

SUN INGRESS	☉ → ♐ 22日 15:04
MOON PHASE	◑ 3日 12:27 ♌　● 11日 10:16 ♏　◐ 19日 13:01 ♒　○ 26日 07:32 ♊

aspects		
2日	08:59	☿☌♀
3日	01:48	♃△♄
3日	04:20	☉△♅
5日	06:08	♂△♇
8日	16:49	☉□♇
10日	22:29	☿□♄
11日	19:51	♂☍♆
12日	05:42	♀☌♂
13日	23:47	☿△♅
17日	14:32	☿□♇
26日	14:54	☉△♃
27日	20:02	☉△♄
28日	21:55	☿△♃
29日	16:12	☿△♄

2034年12月

DAY	☉	☽	☊ mean	☊ true	☿	♀	♂	♃	♄	♅	♆	♇	⚳	⚴	⚵	⚶	⚷
	° ′	° ′	° ′	° ′	° ′	° ′	° ′	° ′	° ′	° ′	° ′	° ′	°	°	°	°	°
1	8 ♐ 27	13 ♌ 1	19 ♍ 46	20 R 23	7 D 18	26 D 47	2 D 36	4 D 1	5 R 11	9 R 43	19 R 48	16 D 11	17 D	5 D	1 D	18 R	3 R
2	9 ♐ 28	26 ♌ 33	19 ♍ 43	20 ♍ 21	8 ♐ 52	27 ♎ 24	3 ♏ 15	4 ♈ 1	5 ♌ 9	9 ♋ 41	19 ♈ 47	16 ♒ 11	17 ♓	5 ♒	1 ♑	18 ♋	3 ♊
3	10 ♐ 29	9 ♍ 37	19 ♍ 39	20 ♍ 20	10 ♐ 27	28 ♎ 2	3 ♏ 54	4 ♈ 2	5 ♌ 7	9 ♋ 39	19 ♈ 47	16 ♒ 12	17 ♓	5 ♒	2 ♑	18 ♋	3 ♊
4	11 ♐ 30	22 ♍ 17	19 ♍ 36	20 ♍ 20	12 ♐ 1	28 ♎ 42	4 ♏ 33	4 ♈ 3	5 ♌ 6	9 ♋ 37	19 ♈ 46	16 ♒ 13	17 ♓	6 ♒	2 ♑	18 ♋	3 ♊
5	12 ♐ 31	4 ♎ 39	19 ♍ 33	20 ♍ 20	13 ♐ 35	29 ♎ 23	5 ♏ 12	4 ♈ 4	5 ♌ 4	9 ♋ 34	19 ♈ 45	16 ♒ 14	17 ♓	6 ♒	2 ♑	18 ♋	3 ♊
6	13 ♐ 32	16 ♎ 47	19 ♍ 30	20 ♍ 17	15 ♐ 9	0 ♏ 5	5 ♏ 51	4 ♈ 5	5 ♌ 2	9 ♋ 32	19 ♈ 44	16 ♒ 15	17 ♓	6 ♒	3 ♑	18 ♋	3 ♊
7	14 ♐ 33	28 ♎ 46	19 ♍ 27	20 ♍ 12	16 ♐ 43	0 ♏ 48	6 ♏ 31	4 ♈ 7	5 ♌ 0	9 ♋ 30	19 ♈ 43	16 ♒ 16	18 ♓	6 ♒	3 ♑	17 ♋	3 ♊
8	15 ♐ 34	10 ♏ 39	19 ♍ 23	20 ♍ 4	18 ♐ 18	1 ♏ 32	7 ♏ 10	4 ♈ 8	4 ♌ 57	9 ♋ 28	19 ♈ 42	16 ♒ 17	18 ♓	7 ♒	3 ♑	17 ♋	3 ♊
9	16 ♐ 34	22 ♏ 30	19 ♍ 20	19 ♍ 52	19 ♐ 52	2 ♏ 17	7 ♏ 49	4 ♈ 10	4 ♌ 55	9 ♋ 25	19 ♈ 42	16 ♒ 18	18 ♓	7 ♒	4 ♑	17 ♋	3 ♊
10	17 ♐ 35	4 ♐ 21	19 ♍ 17	19 ♍ 39	21 ♐ 26	3 ♏ 4	8 ♏ 28	4 ♈ 12	4 ♌ 52	9 ♋ 23	19 ♈ 41	16 ♒ 19	18 ♓	7 ♒	4 ♑	17 ♋	3 ♊
11	18 ♐ 36	16 ♐ 14	19 ♍ 14	19 ♍ 24	23 ♐ 0	3 ♏ 51	9 ♏ 7	4 ♈ 14	4 ♌ 50	9 ♋ 21	19 ♈ 40	16 ♒ 20	18 ♓	7 ♒	5 ♑	17 ♋	3 ♊
12	19 ♐ 37	28 ♐ 10	19 ♍ 11	19 ♍ 8	24 ♐ 35	4 ♏ 39	9 ♏ 46	4 ♈ 17	4 ♌ 47	9 ♋ 18	19 ♈ 39	16 ♒ 21	18 ♓	8 ♒	5 ♑	17 ♋	3 ♊
13	20 ♐ 38	10 ♑ 10	19 ♍ 8	18 ♍ 54	26 ♐ 9	5 ♏ 28	10 ♏ 25	4 ♈ 20	4 ♌ 44	9 ♋ 16	19 ♈ 39	16 ♒ 23	19 ♓	8 ♒	5 ♑	16 ♋	3 ♊
14	21 ♐ 39	22 ♑ 15	19 ♍ 4	18 ♍ 42	27 ♐ 43	6 ♏ 18	11 ♏ 4	4 ♈ 23	4 ♌ 42	9 ♋ 13	19 ♈ 38	16 ♒ 24	19 ♓	8 ♒	6 ♑	16 ♋	3 ♊
15	22 ♐ 40	4 ♒ 27	19 ♍ 1	18 ♍ 33	29 ♐ 18	7 ♏ 8	11 ♏ 43	4 ♈ 26	4 ♌ 39	9 ♋ 11	19 ♈ 38	16 ♒ 25	19 ♓	9 ♒	6 ♑	16 ♋	2 ♊
16	23 ♐ 42	16 ♒ 49	18 ♍ 58	18 ♍ 26	0 ♑ 52	8 ♏ 0	12 ♏ 22	4 ♈ 29	4 ♌ 36	9 ♋ 9	19 ♈ 37	16 ♒ 26	19 ♓	9 ♒	6 ♑	16 ♋	2 ♊
17	24 ♐ 43	29 ♒ 23	18 ♍ 55	18 ♍ 23	2 ♑ 27	8 ♏ 52	13 ♏ 1	4 ♈ 32	4 ♌ 33	9 ♋ 6	19 ♈ 37	16 ♒ 27	20 ♓	9 ♒	7 ♑	16 ♋	2 ♊
18	25 ♐ 44	12 ♓ 12	18 ♍ 52	18 ♍ 22	4 ♑ 2	9 ♏ 45	13 ♏ 41	4 ♈ 36	4 ♌ 29	9 ♋ 4	19 ♈ 36	16 ♒ 29	20 ♓	10 ♒	7 ♑	15 ♋	2 ♊
19	26 ♐ 45	25 ♓ 20	18 ♍ 49	18 D 22	5 ♑ 37	10 ♏ 38	14 ♏ 20	4 ♈ 40	4 ♌ 26	9 ♋ 1	19 ♈ 36	16 ♒ 30	20 ♓	10 ♒	8 ♑	15 ♋	2 ♊
20	27 ♐ 46	8 ♈ 51	18 ♍ 45	18 R 22	7 ♑ 12	11 ♏ 33	14 ♏ 59	4 ♈ 44	4 ♌ 23	8 ♋ 59	19 ♈ 35	16 ♒ 31	20 ♓	10 ♒	8 ♑	15 ♋	2 ♊
21	28 ♐ 47	22 ♈ 48	18 ♍ 42	18 ♍ 20	8 ♑ 46	12 ♏ 27	15 ♏ 38	4 ♈ 48	4 ♌ 19	8 ♋ 56	19 ♈ 35	16 ♒ 32	20 ♓	10 ♒	8 ♑	15 ♋	2 ♊
22	29 ♐ 48	7 ♉ 11	18 ♍ 39	18 ♍ 16	10 ♑ 21	13 ♏ 23	16 ♏ 17	4 ♈ 53	4 ♌ 16	8 ♋ 53	19 ♈ 35	16 ♒ 34	21 ♓	11 ♒	9 ♑	14 ♋	2 ♊
23	0 ♑ 49	21 ♉ 57	18 ♍ 36	18 ♍ 9	11 ♑ 56	14 ♏ 19	16 ♏ 57	4 ♈ 57	4 ♌ 12	8 ♋ 51	19 ♈ 34	16 ♒ 35	21 ♓	11 ♒	9 ♑	14 ♋	2 ♊
24	1 ♑ 50	7 ♊ 1	18 ♍ 33	17 ♍ 59	13 ♑ 31	15 ♏ 16	17 ♏ 36	5 ♈ 2	4 ♌ 8	8 ♋ 48	19 ♈ 34	16 ♒ 36	21 ♓	11 ♒	9 ♑	14 ♋	2 ♊
25	2 ♑ 51	22 ♊ 15	18 ♍ 29	17 ♍ 48	15 ♑ 6	16 ♏ 13	18 ♏ 15	5 ♈ 7	4 ♌ 4	8 ♋ 46	19 ♈ 34	16 ♒ 38	21 ♓	12 ♒	10 ♑	14 ♋	2 ♊
26	3 ♑ 52	7 ♋ 28	18 ♍ 26	17 ♍ 37	16 ♑ 41	17 ♏ 11	18 ♏ 54	5 ♈ 12	4 ♌ 1	8 ♋ 43	19 ♈ 34	16 ♒ 39	22 ♓	12 ♒	10 ♑	13 ♋	2 ♊
27	4 ♑ 53	22 ♋ 28	18 ♍ 23	17 ♍ 27	18 ♑ 15	18 ♏ 9	19 ♏ 33	5 ♈ 18	3 ♌ 57	8 ♋ 41	19 ♈ 34	16 ♒ 41	22 ♓	12 ♒	11 ♑	13 ♋	2 ♊
28	5 ♑ 54	7 ♌ 6	18 ♍ 20	17 ♍ 19	19 ♑ 49	19 ♏ 8	20 ♏ 13	5 ♈ 23	3 ♌ 53	8 ♋ 38	19 ♈ 33	16 ♒ 42	22 ♓	13 ♒	11 ♑	13 ♋	2 ♊
29	6 ♑ 56	21 ♌ 17	18 ♍ 17	17 ♍ 14	21 ♑ 23	20 ♏ 7	20 ♏ 52	5 ♈ 29	3 ♌ 49	8 ♋ 36	19 ♈ 33	16 ♒ 44	22 ♓	13 ♒	11 ♑	13 ♋	2 ♊
30	7 ♑ 57	4 ♍ 58	18 ♍ 14	17 ♍ 11	22 ♑ 56	21 ♏ 7	21 ♏ 31	5 ♈ 35	3 ♌ 44	8 ♋ 33	19 ♈ 33	16 ♒ 45	23 ♓	13 ♒	12 ♑	12 ♋	2 ♊
31	8 ♑ 58	18 ♍ 10	18 ♍ 10	17 D 10	24 ♑ 28	22 ♏ 7	22 ♏ 10	5 ♈ 41	3 ♌ 40	8 ♋ 30	19 ♈ 33	16 ♒ 46	23 ♓	14 ♒	12 ♑	12 ♋	2 ♊

SUN INGRESS	☉ → ♑ 22日 04:34
MOON PHASE	◑ 3日 01:46 ♍　● 11日 05:14 ♐　◐ 19日 02:44 ♓　○ 25日 17:54 ♋

aspects		
3日	01:45	☉☌☿
4日	18:53	♂□♄
6日	16:59	☿⚹♇
8日	17:30	☉⚹♇
8日	21:25	☿△♆
11日	08:00	♂△♅
12日	00:48	☉△♆
12日	03:54	♀□♄
17日	00:34	♃△♄
17日	06:11	♀△♅
18日	09:01	☿□♃
21日	02:21	☿☍♅
22日	10:25	♂□♇
25日	10:38	♀□♇
26日	19:56	☿⚹♀
27日	10:27	☉□♃
27日	19:58	☿□♆
28日	10:21	☿⚹♂
30日	13:38	☉☍♅
31日	03:50	♀☌♂

2035年1月

DAY	☉	☽	☊ mean	☊ true	☿	♀	♂	♃	♄	♅	♆	♇	⚳	⚴	⚵	⚶	⚷
	° ′	° ′	° ′	° ′	° ′	° ′	° ′	° ′	° ′	° ′	° ′	° ′	°	°	°	°	°
1	9 ♑ 59	0 ♎ 56	18 ♍ 7	17 D 11	26 D 0	23 D 8	22 D 50	5 D 47	3 R 36	8 R 28	19 D 33	16 D 48	23 D	14 D	12 D	12 R	2 R
2	11 ♑ 0	13 ♎ 21	18 ♍ 4	17 R 11	27 ♑ 30	24 ♏ 9	23 ♏ 29	5 ♈ 53	3 ♌ 32	8 ♋ 25	19 ♈ 33	16 ♒ 49	23 ♓	14 ♒	13 ♑	12 ♋	2 ♊
3	12 ♑ 1	25 ♎ 30	18 ♍ 1	17 ♍ 10	28 ♑ 59	25 ♏ 10	24 ♏ 8	6 ♈ 0	3 ♌ 27	8 ♋ 23	19 ♈ 33	16 ♒ 51	24 ♓	14 ♒	13 ♑	11 ♋	2 ♊
4	13 ♑ 2	7 ♏ 28	17 ♍ 58	17 ♍ 7	0 ♒ 27	26 ♏ 12	24 ♏ 48	6 ♈ 7	3 ♌ 23	8 ♋ 20	19 ♈ 33	16 ♒ 53	24 ♓	15 ♒	14 ♑	11 ♋	2 ♊
5	14 ♑ 4	19 ♏ 20	17 ♍ 55	17 ♍ 1	1 ♒ 52	27 ♏ 14	25 ♏ 27	6 ♈ 14	3 ♌ 18	8 ♋ 17	19 ♈ 34	16 ♒ 54	24 ♓	15 ♒	14 ♑	11 ♋	2 ♊
6	15 ♑ 5	1 ♐ 10	17 ♍ 51	16 ♍ 53	3 ♒ 15	28 ♏ 17	26 ♏ 6	6 ♈ 21	3 ♌ 14	8 ♋ 15	19 ♈ 34	16 ♒ 56	25 ♓	15 ♒	14 ♑	11 ♋	1 ♊
7	16 ♑ 6	13 ♐ 1	17 ♍ 48	16 ♍ 42	4 ♒ 35	29 ♏ 20	26 ♏ 46	6 ♈ 28	3 ♌ 9	8 ♋ 12	19 ♈ 34	16 ♒ 57	25 ♓	16 ♒	15 ♑	10 ♋	1 ♊
8	17 ♑ 7	24 ♐ 57	17 ♍ 45	16 ♍ 30	5 ♒ 52	0 ♐ 23	27 ♏ 25	6 ♈ 35	3 ♌ 5	8 ♋ 10	19 ♈ 34	16 ♒ 59	25 ♓	16 ♒	15 ♑	10 ♋	1 ♊
9	18 ♑ 8	6 ♑ 59	17 ♍ 42	16 ♍ 18	7 ♒ 5	1 ♐ 27	28 ♏ 5	6 ♈ 43	3 ♌ 0	8 ♋ 7	19 ♈ 35	17 ♒ 0	25 ♓	16 ♒	15 ♑	10 ♋	1 ♊
10	19 ♑ 9	19 ♑ 8	17 ♍ 39	16 ♍ 7	8 ♒ 13	2 ♐ 31	28 ♏ 44	6 ♈ 51	2 ♌ 55	8 ♋ 5	19 ♈ 35	17 ♒ 2	26 ♓	17 ♒	16 ♑	9 ♋	1 ♊
11	20 ♑ 11	1 ♒ 26	17 ♍ 35	15 ♍ 57	9 ♒ 16	3 ♐ 35	29 ♏ 23	6 ♈ 58	2 ♌ 51	8 ♋ 2	19 ♈ 35	17 ♒ 4	26 ♓	17 ♒	16 ♑	9 ♋	1 ♊
12	21 ♑ 12	13 ♒ 52	17 ♍ 32	15 ♍ 50	10 ♒ 13	4 ♐ 40	0 ♐ 3	7 ♈ 6	2 ♌ 46	8 ♋ 0	19 ♈ 36	17 ♒ 5	26 ♓	17 ♒	17 ♑	9 ♋	1 ♊
13	22 ♑ 13	26 ♒ 28	17 ♍ 29	15 ♍ 46	11 ♒ 2	5 ♐ 44	0 ♐ 42	7 ♈ 15	2 ♌ 41	7 ♋ 57	19 ♈ 36	17 ♒ 7	27 ♓	18 ♒	17 ♑	9 ♋	1 ♊
14	23 ♑ 14	9 ♓ 15	17 ♍ 26	15 ♍ 44	11 ♒ 44	6 ♐ 49	1 ♐ 22	7 ♈ 23	2 ♌ 36	7 ♋ 55	19 ♈ 37	17 ♒ 9	27 ♓	18 ♒	17 ♑	8 ♋	1 ♊
15	24 ♑ 15	22 ♓ 15	17 ♍ 23	15 D 44	12 ♒ 17	7 ♐ 55	2 ♐ 1	7 ♈ 31	2 ♌ 31	7 ♋ 52	19 ♈ 37	17 ♒ 10	27 ♓	18 ♒	18 ♑	8 ♋	1 ♊
16	25 ♑ 16	5 ♈ 29	17 ♍ 20	15 ♍ 45	12 ♒ 40	9 ♐ 0	2 ♐ 40	7 ♈ 40	2 ♌ 26	7 ♋ 50	19 ♈ 38	17 ♒ 12	27 ♓	19 ♒	18 ♑	8 ♋	1 ♊
17	26 ♑ 17	19 ♈ 0	17 ♍ 16	15 ♍ 46	12 ♒ 53	10 ♐ 6	3 ♐ 20	7 ♈ 49	2 ♌ 22	7 ♋ 47	19 ♈ 38	17 ♒ 14	28 ♓	19 ♒	19 ♑	8 ♋	1 ♊
18	27 ♑ 19	2 ♉ 49	17 ♍ 13	15 R 46	12 R 55	11 ♐ 12	3 ♐ 59	7 ♈ 58	2 ♌ 17	7 ♋ 45	19 ♈ 39	17 ♒ 15	28 ♓	19 ♒	19 ♑	8 ♋	1 ♊
19	28 ♑ 20	16 ♉ 57	17 ♍ 10	15 ♍ 44	12 ♒ 45	12 ♐ 18	4 ♐ 39	8 ♈ 7	2 ♌ 12	7 ♋ 43	19 ♈ 39	17 ♒ 17	28 ♓	20 ♒	19 ♑	7 ♋	1 ♊
20	29 ♑ 21	1 ♊ 23	17 ♍ 7	15 ♍ 40	12 ♒ 24	13 ♐ 25	5 ♐ 18	8 ♈ 16	2 ♌ 7	7 ♋ 40	19 ♈ 40	17 ♒ 19	29 ♓	20 ♒	20 ♑	7 ♋	1 ♊
21	0 ♒ 22	16 ♊ 3	17 ♍ 4	15 ♍ 35	11 ♒ 51	14 ♐ 31	5 ♐ 58	8 ♈ 25	2 ♌ 2	7 ♋ 38	19 ♈ 41	17 ♒ 21	29 ♓	20 ♒	20 ♑	7 ♋	1 ♊
22	1 ♒ 23	0 ♋ 52	17 ♍ 1	15 ♍ 28	11 ♒ 7	15 ♐ 38	6 ♐ 37	8 ♈ 34	1 ♌ 57	7 ♋ 36	19 ♈ 42	17 ♒ 22	29 ♓	20 ♒	20 ♑	7 ♋	1 ♊
23	2 ♒ 24	15 ♋ 43	16 ♍ 57	15 ♍ 21	10 ♒ 13	16 ♐ 45	7 ♐ 17	8 ♈ 44	1 ♌ 52	7 ♋ 33	19 ♈ 42	17 ♒ 24	0 ♈	21 ♒	21 ♑	6 ♋	1 ♊
24	3 ♒ 25	0 ♌ 26	16 ♍ 54	15 ♍ 15	9 ♒ 10	17 ♐ 53	7 ♐ 56	8 ♈ 54	1 ♌ 47	7 ♋ 31	19 ♈ 43	17 ♒ 26	0 ♈	21 ♒	21 ♑	6 ♋	1 ♊
25	4 ♒ 26	14 ♌ 54	16 ♍ 51	15 ♍ 10	8 ♒ 1	19 ♐ 0	8 ♐ 36	9 ♈ 4	1 ♌ 42	7 ♋ 29	19 ♈ 44	17 ♒ 28	0 ♈	22 ♒	22 ♑	6 ♋	1 ♊
26	5 ♒ 27	29 ♌ 2	16 ♍ 48	15 ♍ 6	6 ♒ 47	20 ♐ 8	9 ♐ 15	9 ♈ 13	1 ♌ 37	7 ♋ 27	19 ♈ 45	17 ♒ 29	1 ♈	22 ♒	22 ♑	6 ♋	1 ♊
27	6 ♒ 28	12 ♍ 44	16 ♍ 45	15 ♍ 5	5 ♒ 31	21 ♐ 16	9 ♐ 55	9 ♈ 23	1 ♌ 32	7 ♋ 24	19 ♈ 46	17 ♒ 31	1 ♈	22 ♒	22 ♑	6 ♋	1 ♊
28	7 ♒ 29	26 ♍ 0	16 ♍ 41	15 D 6	4 ♒ 15	22 ♐ 24	10 ♐ 34	9 ♈ 34	1 ♌ 27	7 ♋ 22	19 ♈ 47	17 ♒ 33	1 ♈	23 ♒	23 ♑	5 ♋	1 ♊
29	8 ♒ 30	8 ♎ 53	16 ♍ 38	15 ♍ 7	3 ♒ 1	23 ♐ 32	11 ♐ 14	9 ♈ 44	1 ♌ 23	7 ♋ 20	19 ♈ 48	17 ♒ 35	2 ♈	23 ♒	23 ♑	5 ♋	1 ♊
30	9 ♒ 31	21 ♎ 23	16 ♍ 35	15 ♍ 9	1 ♒ 52	24 ♐ 40	11 ♐ 53	9 ♈ 54	1 ♌ 18	7 ♋ 18	19 ♈ 49	17 ♒ 37	2 ♈	23 ♒	24 ♑	5 ♋	1 ♊
31	10 ♒ 32	3 ♏ 37	16 ♍ 32	15 ♍ 10	0 ♒ 47	25 ♐ 49	12 ♐ 33	10 ♈ 5	1 ♌ 13	7 ♋ 16	19 ♈ 50	17 ♒ 38	2 ♈	24 ♒	24 ♑	5 ♋	1 ♊

SUN INGRESS ☉→♒20日 15:14

MOON PHASE ◑ 1日 19:01 ♎ ● 10日 00:03 ♑ ◐ 17日 13:45 ♈ ○ 24日 05:16 ♌ ◑ 31日 15:02 ♏

aspects		
5日	23:38	☿☍♄
8日	15:41	☿⚹♃
10日	08:32	♀△♄
10日	10:01	☉□♆
14日	14:11	♀△♃
15日	16:26	♂△♄
16日	20:56	♃□♅
19日	07:43	☿⚹♀
22日	12:24	☉☍♄
23日	14:14	♀⚹♇
24日	05:09	☿⚹♃
24日	16:30	☿⚹♂
25日	15:46	♀△♆
25日	22:43	♂△♃
26日	14:05	☉☌☿
30日	11:11	☉⚹♃
30日	13:24	☿☍♄

2035年2月

DAY	☉	☽	☊ mean	☊ true	☿	♀	♂	♃	♄	♅	♆	♇	⚳	⚴	⚵	⚶	⚷
	° ′	° ′	° ′	° ′	° ′	° ′	° ′	° ′	° ′	° ′	° ′	° ′	°	°	°	°	°
1	11 ♒ 33	15 ♏ 38	16 ♍ 29	15 R 10	29 R 50	26 D 57	13 D 12	10 D 15	1 R 8	7 R 14	19 D 51	17 D 40	3 D	24 D	24 D	5 R	1 R
2	12 ♒ 34	27 ♏ 32	16 ♍ 26	15 ♍ 9	29 ♑ 1	28 ♐ 6	13 ♐ 52	10 ♈ 26	1 ♌ 3	7 ♋ 12	19 ♈ 52	17 ♒ 42	3 ♈	24 ♒	25 ♑	5 ♋	1 ♊
3	13 ♒ 34	9 ♐ 23	16 ♍ 22	15 ♍ 6	28 ♑ 20	29 ♐ 15	14 ♐ 31	10 ♈ 37	0 ♌ 58	7 ♋ 10	19 ♈ 53	17 ♒ 44	3 ♈	25 ♒	25 ♑	5 ♋	1 ♊
4	14 ♒ 35	21 ♐ 17	16 ♍ 19	15 ♍ 2	27 ♑ 48	0 ♑ 24	15 ♐ 11	10 ♈ 48	0 ♌ 54	7 ♋ 8	19 ♈ 54	17 ♒ 46	4 ♈	25 ♒	25 ♑	4 ♋	1 ♊
5	15 ♒ 36	3 ♑ 15	16 ♍ 16	14 ♍ 57	27 ♑ 24	1 ♑ 33	15 ♐ 50	10 ♈ 59	0 ♌ 49	7 ♋ 6	19 ♈ 55	17 ♒ 47	4 ♈	25 ♒	26 ♑	4 ♋	1 ♊
6	16 ♒ 37	15 ♑ 23	16 ♍ 13	14 ♍ 52	27 ♑ 9	2 ♑ 43	16 ♐ 30	11 ♈ 10	0 ♌ 44	7 ♋ 4	19 ♈ 56	17 ♒ 49	4 ♈	26 ♒	26 ♑	4 ♋	1 ♊
7	17 ♒ 38	27 ♑ 41	16 ♍ 10	14 ♍ 47	27 ♑ 2	3 ♑ 52	17 ♐ 10	11 ♈ 21	0 ♌ 40	7 ♋ 3	19 ♈ 58	17 ♒ 51	5 ♈	26 ♒	27 ♑	4 ♋	1 ♊
8	18 ♒ 39	10 ♒ 12	16 ♍ 7	14 ♍ 43	27 D 3	5 ♑ 2	17 ♐ 49	11 ♈ 33	0 ♌ 35	7 ♋ 1	19 ♈ 59	17 ♒ 53	5 ♈	26 ♒	27 ♑	4 ♋	1 ♊
9	19 ♒ 40	22 ♒ 55	16 ♍ 3	14 ♍ 40	27 ♑ 10	6 ♑ 11	18 ♐ 29	11 ♈ 44	0 ♌ 31	6 ♋ 59	20 ♈ 0	17 ♒ 55	5 ♈	27 ♒	27 ♑	4 ♋	1 D
10	20 ♒ 40	5 ♓ 52	16 ♍ 0	14 ♍ 38	27 ♑ 25	7 ♑ 21	19 ♐ 8	11 ♈ 56	0 ♌ 26	6 ♋ 57	20 ♈ 2	17 ♒ 56	6 ♈	27 ♒	28 ♑	4 ♋	1 ♊
11	21 ♒ 41	19 ♓ 1	15 ♍ 57	14 D 38	27 ♑ 45	8 ♑ 31	19 ♐ 48	12 ♈ 7	0 ♌ 22	6 ♋ 56	20 ♈ 3	17 ♒ 58	6 ♈	27 ♒	28 ♑	4 ♋	1 ♊
12	22 ♒ 42	2 ♈ 23	15 ♍ 54	14 ♍ 39	28 ♑ 11	9 ♑ 41	20 ♐ 27	12 ♈ 19	0 ♌ 17	6 ♋ 54	20 ♈ 4	18 ♒ 0	6 ♈	28 ♒	29 ♑	4 ♋	1 ♊
13	23 ♒ 43	15 ♈ 56	15 ♍ 51	14 ♍ 40	28 ♑ 43	10 ♑ 51	21 ♐ 7	12 ♈ 31	0 ♌ 13	6 ♋ 53	20 ♈ 6	18 ♒ 2	7 ♈	28 ♒	29 ♑	4 ♋	1 ♊
14	24 ♒ 43	29 ♈ 41	15 ♍ 47	14 ♍ 42	29 ♑ 19	12 ♑ 1	21 ♐ 47	12 ♈ 43	0 ♌ 9	6 ♋ 51	20 ♈ 7	18 ♒ 4	7 ♈	28 ♒	29 ♑	4 ♋	1 ♊
15	25 ♒ 44	13 ♉ 36	15 ♍ 44	14 ♍ 43	0 ♒ 0	13 ♑ 11	22 ♐ 26	12 ♈ 55	0 ♌ 4	6 ♋ 50	20 ♈ 9	18 ♒ 5	8 ♈	29 ♒	0 ♒	4 ♋	1 ♊
16	26 ♒ 45	27 ♉ 41	15 ♍ 41	14 R 43	0 ♒ 45	14 ♑ 22	23 ♐ 6	13 ♈ 7	0 ♌ 0	6 ♋ 48	20 ♈ 10	18 ♒ 7	8 ♈	29 ♒	0 ♒	3 ♋	1 ♊
17	27 ♒ 45	11 ♊ 54	15 ♍ 38	14 ♍ 43	1 ♒ 34	15 ♑ 32	23 ♐ 45	13 ♈ 19	29 ♋ 56	6 ♋ 47	20 ♈ 12	18 ♒ 9	8 ♈	29 ♒	0 ♒	3 ♋	1 ♊
18	28 ♒ 46	26 ♊ 14	15 ♍ 35	14 ♍ 41	2 ♒ 26	16 ♑ 43	24 ♐ 25	13 ♈ 32	29 ♋ 52	6 ♋ 46	20 ♈ 13	18 ♒ 11	9 ♈	0 ♓	1 ♒	3 ♋	1 ♊
19	29 ♒ 46	10 ♋ 35	15 ♍ 32	14 ♍ 40	3 ♒ 22	17 ♑ 53	25 ♐ 4	13 ♈ 44	29 ♋ 48	6 ♋ 44	20 ♈ 15	18 ♒ 13	9 ♈	0 ♓	1 ♒	3 ♋	1 ♊
20	0 ♓ 47	24 ♋ 56	15 ♍ 28	14 ♍ 38	4 ♒ 20	19 ♑ 4	25 ♐ 44	13 ♈ 56	29 ♋ 44	6 ♋ 43	20 ♈ 16	18 ♒ 14	9 ♈	0 ♓	2 ♒	3 ♋	1 ♊
21	1 ♓ 47	9 ♌ 10	15 ♍ 25	14 ♍ 36	5 ♒ 21	20 ♑ 15	26 ♐ 24	14 ♈ 9	29 ♋ 41	6 ♋ 42	20 ♈ 18	18 ♒ 16	10 ♈	1 ♓	2 ♒	3 D	1 ♊
22	2 ♓ 48	23 ♌ 14	15 ♍ 22	14 ♍ 35	6 ♒ 25	21 ♑ 26	27 ♐ 3	14 ♈ 21	29 ♋ 37	6 ♋ 41	20 ♈ 20	18 ♒ 18	10 ♈	1 ♓	2 ♒	3 ♋	1 ♊
23	3 ♓ 48	7 ♍ 2	15 ♍ 19	14 ♍ 34	7 ♒ 30	22 ♑ 37	27 ♐ 43	14 ♈ 34	29 ♋ 33	6 ♋ 40	20 ♈ 21	18 ♒ 20	10 ♈	1 ♓	3 ♒	3 ♋	1 ♊
24	4 ♓ 49	20 ♍ 32	15 ♍ 16	14 D 34	8 ♒ 38	23 ♑ 48	28 ♐ 22	14 ♈ 47	29 ♋ 30	6 ♋ 39	20 ♈ 23	18 ♒ 21	11 ♈	2 ♓	3 ♒	3 ♋	1 ♊
25	5 ♓ 49	3 ♎ 43	15 ♍ 13	14 ♍ 35	9 ♒ 49	24 ♑ 59	29 ♐ 2	14 ♈ 59	29 ♋ 26	6 ♋ 38	20 ♈ 25	18 ♒ 23	11 ♈	2 ♓	4 ♒	3 ♋	1 ♊
26	6 ♓ 49	16 ♎ 34	15 ♍ 9	14 ♍ 35	11 ♒ 1	26 ♑ 10	29 ♐ 41	15 ♈ 12	29 ♋ 23	6 ♋ 37	20 ♈ 27	18 ♒ 25	12 ♈	2 ♓	4 ♒	4 ♋	1 ♊
27	7 ♓ 50	29 ♎ 6	15 ♍ 6	14 ♍ 36	12 ♒ 15	27 ♑ 21	0 ♑ 21	15 ♈ 25	29 ♋ 19	6 ♋ 36	20 ♈ 28	18 ♒ 26	12 ♈	3 ♓	4 ♒	4 ♋	1 ♊
28	8 ♓ 50	11 ♏ 23	15 ♍ 3	14 ♍ 37	13 ♒ 30	28 ♑ 32	1 ♑ 1	15 ♈ 38	29 ♋ 16	6 ♋ 35	20 ♈ 30	18 ♒ 28	12 ♈	3 ♓	5 ♒	4 ♋	1 ♊

SUN INGRESS ☉→♓19日 05:16

MOON PHASE ● 8日 17:22 ♒ ◐ 15日 22:16 ♉ ○ 22日 17:53 ♍

aspects		
5日	15:56	☉⚹♂
7日	05:18	☉☌♇
8日	02:20	♂⚹♇
9日	08:22	☉⚹♆
9日	16:03	♀☍♅
11日	09:33	♂△♆
14日	17:13	♀□♃
15日	02:03	☿☍♄
21日	01:08	♀□♆
25日	19:05	☉△♅
28日	14:10	♀☍♄

2035年3月

DAY	☉	☽	☊ mean	☊ true	☿	♀	♂	♃	♄	♅	♆	♇	⚳	⚴	⚵	⚶	⚷
	° ′	° ′	° ′	° ′	° ′	° ′	° ′	° ′	° ′	° ′	° ′	° ′	°	°	°	°	°
1	9 ♓ 50	23 ♏ 27	15 ♍ 0	14 D 37	14 D 47	29 D 44	1 D 40	15 D 51	29 R 13	6 R 34	20 D 32	18 D 30	13 D	3 D	5 D	4 D	1 D
2	10 ♓ 50	5 ♐ 24	14 ♍ 57	14 ♍ 37	16 ♒ 6	0 ♒ 55	2 ♑ 20	16 ♈ 4	29 ♋ 10	6 ♋ 33	20 ♈ 34	18 ♒ 32	13 ♈	4 ♓	5 ♒	4 ♋	1 ♊
3	11 ♓ 51	17 ♐ 16	14 ♍ 53	14 R 37	17 ♒ 26	2 ♒ 6	2 ♑ 59	16 ♈ 18	29 ♋ 7	6 ♋ 33	20 ♈ 36	18 ♒ 33	13 ♈	4 ♓	6 ♒	4 ♋	1 ♊
4	12 ♓ 51	29 ♐ 10	14 ♍ 50	14 ♍ 37	18 ♒ 48	3 ♒ 18	3 ♑ 39	16 ♈ 31	29 ♋ 4	6 ♋ 32	20 ♈ 37	18 ♒ 35	14 ♈	4 ♓	6 ♒	4 ♋	1 ♊
5	13 ♓ 51	11 ♑ 10	14 ♍ 47	14 ♍ 37	20 ♒ 11	4 ♒ 29	4 ♑ 18	16 ♈ 44	29 ♋ 1	6 ♋ 32	20 ♈ 39	18 ♒ 37	14 ♈	5 ♓	7 ♒	4 ♋	1 ♊
6	14 ♓ 51	23 ♑ 20	14 ♍ 44	14 D 37	21 ♒ 36	5 ♒ 41	4 ♑ 58	16 ♈ 57	28 ♋ 59	6 ♋ 31	20 ♈ 41	18 ♒ 38	15 ♈	5 ♓	7 ♒	4 ♋	1 ♊
7	15 ♓ 51	5 ♒ 44	14 ♍ 41	14 ♍ 37	23 ♒ 2	6 ♒ 53	5 ♑ 38	17 ♈ 11	28 ♋ 56	6 ♋ 31	20 ♈ 43	18 ♒ 40	15 ♈	5 ♓	7 ♒	4 ♋	1 ♊
8	16 ♓ 51	18 ♒ 23	14 ♍ 38	14 ♍ 38	24 ♒ 29	8 ♒ 4	6 ♑ 17	17 ♈ 24	28 ♋ 54	6 ♋ 30	20 ♈ 45	18 ♒ 42	15 ♈	6 ♓	8 ♒	4 ♋	1 ♊
9	17 ♓ 51	1 ♓ 21	14 ♍ 34	14 ♍ 38	25 ♒ 57	9 ♒ 16	6 ♑ 57	17 ♈ 38	28 ♋ 51	6 ♋ 30	20 ♈ 47	18 ♒ 43	16 ♈	6 ♓	8 ♒	4 ♋	1 ♊
10	18 ♓ 51	14 ♓ 37	14 ♍ 31	14 ♍ 38	27 ♒ 27	10 ♒ 28	7 ♑ 36	17 ♈ 51	28 ♋ 49	6 ♋ 29	20 ♈ 49	18 ♒ 45	16 ♈	6 ♓	8 ♒	4 ♋	1 ♊
11	19 ♓ 51	28 ♓ 11	14 ♍ 28	14 R 38	28 ♒ 57	11 ♒ 40	8 ♑ 16	18 ♈ 5	28 ♋ 47	6 ♋ 29	20 ♈ 51	18 ♒ 46	17 ♈	7 ♓	9 ♒	5 ♋	1 ♊
12	20 ♓ 51	12 ♈ 0	14 ♍ 25	14 ♍ 37	0 ♓ 29	12 ♒ 52	8 ♑ 55	18 ♈ 19	28 ♋ 45	6 ♋ 29	20 ♈ 53	18 ♒ 48	17 ♈	7 ♓	9 ♒	5 ♋	1 ♊
13	21 ♓ 51	26 ♈ 2	14 ♍ 22	14 ♍ 37	2 ♓ 2	14 ♒ 4	9 ♑ 35	18 ♈ 32	28 ♋ 43	6 ♋ 29	20 ♈ 55	18 ♒ 50	17 ♈	7 ♓	10 ♒	5 ♋	1 ♊
14	22 ♓ 51	10 ♉ 12	14 ♍ 18	14 ♍ 36	3 ♓ 37	15 ♒ 16	10 ♑ 14	18 ♈ 46	28 ♋ 41	6 ♋ 29	20 ♈ 57	18 ♒ 51	18 ♈	7 ♓	10 ♒	5 ♋	1 ♊
15	23 ♓ 51	24 ♉ 27	14 ♍ 15	14 ♍ 35	5 ♓ 12	16 ♒ 28	10 ♑ 54	19 ♈ 0	28 ♋ 39	6 ♋ 29	20 ♈ 59	18 ♒ 53	18 ♈	8 ♓	10 ♒	5 ♋	2 ♊
16	24 ♓ 51	8 ♊ 43	14 ♍ 12	14 ♍ 34	6 ♓ 49	17 ♒ 40	11 ♑ 33	19 ♈ 14	28 ♋ 37	6 D 29	21 ♈ 1	18 ♒ 54	18 ♈	8 ♓	11 ♒	5 ♋	2 ♊
17	25 ♓ 51	22 ♊ 58	14 ♍ 9	14 ♍ 33	8 ♓ 27	18 ♒ 52	12 ♑ 13	19 ♈ 28	28 ♋ 36	6 ♋ 29	21 ♈ 3	18 ♒ 56	19 ♈	8 ♓	11 ♒	5 ♋	2 ♊
18	26 ♓ 50	7 ♋ 8	14 ♍ 6	14 D 34	10 ♓ 6	20 ♒ 4	12 ♑ 52	19 ♈ 41	28 ♋ 34	6 ♋ 29	21 ♈ 5	18 ♒ 57	19 ♈	9 ♓	11 ♒	6 ♋	2 ♊
19	27 ♓ 50	21 ♋ 11	14 ♍ 3	14 ♍ 34	11 ♓ 47	21 ♒ 16	13 ♑ 32	19 ♈ 55	28 ♋ 33	6 ♋ 29	21 ♈ 8	18 ♒ 59	20 ♈	9 ♓	12 ♒	6 ♋	2 ♊
20	28 ♓ 50	5 ♌ 6	13 ♍ 59	14 ♍ 35	13 ♓ 28	22 ♒ 28	14 ♑ 11	20 ♈ 9	28 ♋ 32	6 ♋ 29	21 ♈ 10	19 ♒ 0	20 ♈	9 ♓	12 ♒	6 ♋	2 ♊
21	29 ♓ 49	18 ♌ 51	13 ♍ 56	14 ♍ 37	15 ♓ 11	23 ♒ 40	14 ♑ 50	20 ♈ 23	28 ♋ 30	6 ♋ 30	21 ♈ 12	19 ♒ 2	20 ♈	10 ♓	12 ♒	6 ♋	2 ♊
22	0 ♈ 49	2 ♍ 26	13 ♍ 53	14 ♍ 37	16 ♓ 55	24 ♒ 52	15 ♑ 30	20 ♈ 37	28 ♋ 29	6 ♋ 30	21 ♈ 14	19 ♒ 3	21 ♈	10 ♓	13 ♒	6 ♋	2 ♊
23	1 ♈ 49	15 ♍ 48	13 ♍ 50	14 R 38	18 ♓ 40	26 ♒ 5	16 ♑ 9	20 ♈ 51	28 ♋ 28	6 ♋ 30	21 ♈ 16	19 ♒ 4	21 ♈	10 ♓	13 ♒	7 ♋	2 ♊
24	2 ♈ 48	28 ♍ 57	13 ♍ 47	14 ♍ 37	20 ♓ 27	27 ♒ 17	16 ♑ 49	21 ♈ 6	28 ♋ 28	6 ♋ 31	21 ♈ 18	19 ♒ 6	22 ♈	11 ♓	14 ♒	7 ♋	2 ♊
25	3 ♈ 48	11 ♎ 52	13 ♍ 44	14 ♍ 36	22 ♓ 15	28 ♒ 29	17 ♑ 28	21 ♈ 20	28 ♋ 27	6 ♋ 31	21 ♈ 20	19 ♒ 7	22 ♈	11 ♓	14 ♒	7 ♋	2 ♊
26	4 ♈ 47	24 ♎ 33	13 ♍ 40	14 ♍ 33	24 ♓ 4	29 ♒ 42	18 ♑ 7	21 ♈ 34	28 ♋ 26	6 ♋ 32	21 ♈ 23	19 ♒ 9	22 ♈	11 ♓	14 ♒	7 ♋	2 ♊
27	5 ♈ 47	7 ♏ 0	13 ♍ 37	14 ♍ 30	25 ♓ 55	0 ♓ 54	18 ♑ 47	21 ♈ 48	28 ♋ 26	6 ♋ 32	21 ♈ 25	19 ♒ 10	23 ♈	12 ♓	15 ♒	7 ♋	2 ♊
28	6 ♈ 46	19 ♏ 14	13 ♍ 34	14 ♍ 26	27 ♓ 46	2 ♓ 6	19 ♑ 26	22 ♈ 2	28 ♋ 25	6 ♋ 33	21 ♈ 27	19 ♒ 11	23 ♈	12 ♓	15 ♒	8 ♋	2 ♊
29	7 ♈ 45	1 ♐ 18	13 ♍ 31	14 ♍ 23	29 ♓ 40	3 ♓ 19	20 ♑ 5	22 ♈ 16	28 ♋ 25	6 ♋ 34	21 ♈ 29	19 ♒ 13	24 ♈	12 ♓	15 ♒	8 ♋	2 ♊
30	8 ♈ 45	13 ♐ 15	13 ♍ 28	14 ♍ 20	1 ♈ 34	4 ♓ 31	20 ♑ 45	22 ♈ 31	28 ♋ 25	6 ♋ 35	21 ♈ 31	19 ♒ 14	24 ♈	13 ♓	16 ♒	8 ♋	2 ♊
31	9 ♈ 44	25 ♐ 8	13 ♍ 24	14 ♍ 18	3 ♈ 30	5 ♓ 44	21 ♑ 24	22 ♈ 45	28 D 25	6 ♋ 35	21 ♈ 34	19 ♒ 15	24 ♈	13 ♓	16 ♒	8 ♋	2 ♊

SUN INGRESS	☉ → ♈ 21日 04:02
MOON PHASE	◑ 2日 12:01 ♐　● 10日 08:09 ♓　◐ 17日 05:15 ♊　○ 24日 07:42 ♎

aspects

1日	23:21	☿⚹♃
3日	20:04	☿☌♇
5日	08:11	☿⚹♆
8日	07:47	♂☍♅
14日	09:56	♃⚹♇
15日	18:57	☿△♅
17日	01:21	♀☌♇
17日	14:47	♀⚹♃
18日	21:08	♀⚹♆
19日	16:47	☉△♄
20日	16:14	☿⚹♂
25日	01:31	♃☌♆
27日	18:43	☉□♅
28日	08:17	☿△♄
31日	06:24	♂□♆
31日	17:17	♀△♅

2035年4月

DAY	☉	☽	☊ mean	☊ true	☿	♀	♂	♃	♄	♅	♆	♇	⚳	⚴	⚵	⚶	⚷
	° ′	° ′	° ′	° ′	° ′	° ′	° ′	° ′	° ′	° ′	° ′	° ′	°	°	°	°	°
1	10 ♈ 43	7 ♑ 1	13 ♍ 21	14 R 17	5 D 27	6 D 56	22 D 3	22 D 59	28 D 25	6 D 36	21 D 36	19 D 16	25 D	13 D	16 D	8 D	2 D
2	11 ♈ 42	19 ♑ 0	13 ♍ 18	14 D 17	7 ♈ 25	8 ♓ 9	22 ♑ 42	23 ♈ 14	28 ♋ 25	6 ♋ 37	21 ♈ 38	19 ♒ 18	25 ♈	14 ♓	17 ♒	9 ♋	2 ♊
3	12 ♈ 42	1 ♒ 9	13 ♍ 15	14 ♍ 18	9 ♈ 24	9 ♓ 21	23 ♑ 22	23 ♈ 28	28 ♋ 26	6 ♋ 38	21 ♈ 40	19 ♒ 19	26 ♈	14 ♓	17 ♒	9 ♋	2 ♊
4	13 ♈ 41	13 ♒ 32	13 ♍ 12	14 ♍ 20	11 ♈ 25	10 ♓ 34	24 ♑ 1	23 ♈ 42	28 ♋ 26	6 ♋ 39	21 ♈ 43	19 ♒ 20	26 ♈	14 ♓	17 ♒	9 ♋	2 ♊
5	14 ♈ 40	26 ♒ 15	13 ♍ 9	14 ♍ 21	13 ♈ 27	11 ♓ 46	24 ♑ 40	23 ♈ 57	28 ♋ 26	6 ♋ 40	21 ♈ 45	19 ♒ 21	26 ♈	15 ♓	18 ♒	9 ♋	3 ♊
6	15 ♈ 39	9 ♓ 19	13 ♍ 5	14 ♍ 22	15 ♈ 29	12 ♓ 59	25 ♑ 19	24 ♈ 11	28 ♋ 27	6 ♋ 41	21 ♈ 47	19 ♒ 22	27 ♈	15 ♓	18 ♒	10 ♋	3 ♊
7	16 ♈ 38	22 ♓ 47	13 ♍ 2	14 R 22	17 ♈ 33	14 ♓ 12	25 ♑ 58	24 ♈ 25	28 ♋ 28	6 ♋ 42	21 ♈ 49	19 ♒ 23	27 ♈	15 ♓	18 ♒	10 ♋	3 ♊
8	17 ♈ 37	6 ♈ 39	12 ♍ 59	14 ♍ 20	19 ♈ 37	15 ♓ 24	26 ♑ 37	24 ♈ 40	28 ♋ 29	6 ♋ 44	21 ♈ 52	19 ♒ 24	28 ♈	16 ♓	19 ♒	10 ♋	3 ♊
9	18 ♈ 36	20 ♈ 51	12 ♍ 56	14 ♍ 17	21 ♈ 42	16 ♓ 37	27 ♑ 16	24 ♈ 54	28 ♋ 30	6 ♋ 45	21 ♈ 54	19 ♒ 26	28 ♈	16 ♓	19 ♒	10 ♋	3 ♊
10	19 ♈ 35	5 ♉ 21	12 ♍ 53	14 ♍ 12	23 ♈ 47	17 ♓ 50	27 ♑ 55	25 ♈ 9	28 ♋ 31	6 ♋ 46	21 ♈ 56	19 ♒ 27	28 ♈	16 ♓	19 ♒	11 ♋	3 ♊
11	20 ♈ 34	20 ♉ 0	12 ♍ 49	14 ♍ 7	25 ♈ 53	19 ♓ 2	28 ♑ 34	25 ♈ 23	28 ♋ 32	6 ♋ 48	21 ♈ 59	19 ♒ 28	29 ♈	16 ♓	20 ♒	11 ♋	3 ♊
12	21 ♈ 33	4 ♊ 42	12 ♍ 46	14 ♍ 1	27 ♈ 58	20 ♓ 15	29 ♑ 13	25 ♈ 38	28 ♋ 33	6 ♋ 49	22 ♈ 1	19 ♒ 29	29 ♈	17 ♓	20 ♒	11 ♋	3 ♊
13	22 ♈ 32	19 ♊ 20	12 ♍ 43	13 ♍ 57	0 ♉ 3	21 ♓ 28	29 ♑ 52	25 ♈ 52	28 ♋ 34	6 ♋ 51	22 ♈ 3	19 ♒ 30	0 ♉	17 ♓	20 ♒	12 ♋	3 ♊
14	23 ♈ 31	3 ♋ 48	12 ♍ 40	13 ♍ 53	2 ♉ 7	22 ♓ 40	0 ♒ 31	26 ♈ 7	28 ♋ 36	6 ♋ 52	22 ♈ 5	19 ♒ 31	0 ♉	17 ♓	21 ♒	12 ♋	3 ♊
15	24 ♈ 30	18 ♋ 1	12 ♍ 37	13 ♍ 52	4 ♉ 10	23 ♓ 53	1 ♒ 10	26 ♈ 21	28 ♋ 37	6 ♋ 54	22 ♈ 8	19 ♒ 32	0 ♉	18 ♓	21 ♒	12 ♋	3 ♊
16	25 ♈ 29	1 ♌ 59	12 ♍ 34	13 D 52	6 ♉ 12	25 ♓ 6	1 ♒ 49	26 ♈ 35	28 ♋ 39	6 ♋ 55	22 ♈ 10	19 ♒ 32	1 ♉	18 ♓	21 ♒	12 ♋	3 ♊
17	26 ♈ 27	15 ♌ 41	12 ♍ 30	13 ♍ 53	8 ♉ 12	26 ♓ 19	2 ♒ 27	26 ♈ 50	28 ♋ 41	6 ♋ 57	22 ♈ 12	19 ♒ 33	1 ♉	18 ♓	22 ♒	13 ♋	3 ♊
18	27 ♈ 26	29 ♌ 7	12 ♍ 27	13 ♍ 54	10 ♉ 10	27 ♓ 31	3 ♒ 6	27 ♈ 4	28 ♋ 43	6 ♋ 59	22 ♈ 14	19 ♒ 34	2 ♉	19 ♓	22 ♒	13 ♋	3 ♊
19	28 ♈ 25	12 ♍ 18	12 ♍ 24	13 ♍ 55	12 ♉ 6	28 ♓ 44	3 ♒ 45	27 ♈ 19	28 ♋ 45	7 ♋ 0	22 ♈ 17	19 ♒ 35	2 ♉	19 ♓	22 ♒	13 ♋	3 ♊
20	29 ♈ 23	25 ♍ 17	12 ♍ 21	13 R 54	13 ♉ 59	29 ♓ 57	4 ♒ 23	27 ♈ 33	28 ♋ 47	7 ♋ 2	22 ♈ 19	19 ♒ 36	2 ♉	19 ♓	23 ♒	14 ♋	3 ♊
21	0 ♉ 22	8 ♎ 4	12 ♍ 18	13 ♍ 52	15 ♉ 49	1 ♈ 10	5 ♒ 2	27 ♈ 48	28 ♋ 49	7 ♋ 4	22 ♈ 21	19 ♒ 37	3 ♉	19 ♓	23 ♒	14 ♋	4 ♊
22	1 ♉ 20	20 ♎ 40	12 ♍ 15	13 ♍ 47	17 ♉ 36	2 ♈ 22	5 ♒ 41	28 ♈ 2	28 ♋ 52	7 ♋ 6	22 ♈ 23	19 ♒ 38	3 ♉	20 ♓	23 ♒	14 ♋	4 ♊
23	2 ♉ 19	3 ♏ 6	12 ♍ 11	13 ♍ 40	19 ♉ 19	3 ♈ 35	6 ♒ 19	28 ♈ 16	28 ♋ 54	7 ♋ 8	22 ♈ 26	19 ♒ 38	4 ♉	20 ♓	24 ♒	15 ♋	4 ♊
24	3 ♉ 18	15 ♏ 23	12 ♍ 8	13 ♍ 31	20 ♉ 59	4 ♈ 48	6 ♒ 57	28 ♈ 31	28 ♋ 57	7 ♋ 10	22 ♈ 28	19 ♒ 39	4 ♉	20 ♓	24 ♒	15 ♋	4 ♊
25	4 ♉ 16	27 ♏ 30	12 ♍ 5	13 ♍ 22	22 ♉ 34	6 ♈ 1	7 ♒ 36	28 ♈ 45	28 ♋ 59	7 ♋ 12	22 ♈ 30	19 ♒ 40	4 ♉	21 ♓	24 ♒	15 ♋	4 ♊
26	5 ♉ 14	9 ♐ 31	12 ♍ 2	13 ♍ 12	24 ♉ 6	7 ♈ 14	8 ♒ 14	29 ♈ 0	29 ♋ 2	7 ♋ 14	22 ♈ 32	19 ♒ 40	5 ♉	21 ♓	25 ♒	16 ♋	4 ♊
27	6 ♉ 13	21 ♐ 25	11 ♍ 59	13 ♍ 3	25 ♉ 33	8 ♈ 27	8 ♒ 53	29 ♈ 14	29 ♋ 5	7 ♋ 16	22 ♈ 35	19 ♒ 41	5 ♉	21 ♓	25 ♒	16 ♋	4 ♊
28	7 ♉ 11	3 ♑ 17	11 ♍ 55	12 ♍ 56	26 ♉ 56	9 ♈ 39	9 ♒ 31	29 ♈ 28	29 ♋ 8	7 ♋ 18	22 ♈ 37	19 ♒ 42	6 ♉	22 ♓	25 ♒	16 ♋	4 ♊
29	8 ♉ 10	15 ♑ 10	11 ♍ 52	12 ♍ 51	28 ♉ 14	10 ♈ 52	10 ♒ 9	29 ♈ 43	29 ♋ 11	7 ♋ 20	22 ♈ 39	19 ♒ 42	6 ♉	22 ♓	26 ♒	17 ♋	4 ♊
30	9 ♉ 8	27 ♑ 7	11 ♍ 49	12 ♍ 48	29 ♉ 28	12 ♈ 5	10 ♒ 47	29 ♈ 57	29 ♋ 14	7 ♋ 23	22 ♈ 41	19 ♒ 43	6 ♉	22 ♓	26 ♒	17 ♋	4 ♊

SUN INGRESS	☉ → ♉ 20日 14:48
MOON PHASE	◑ 1日 08:06 ♑　● 8日 19:57 ♈　◐ 15日 11:54 ♋　○ 22日 22:20 ♏

aspects

1日	14:15	☿□♅
3日	06:14	♂□♃
6日	03:41	☉☌☿
7日	21:31	☿⚹♇
9日	02:19	☿☌♆
9日	20:22	☉⚹♇
10日	17:37	☿☌♃
10日	22:25	♂☍♄
12日	06:48	☿□♄
12日	11:39	☉☌♆
12日	20:59	☿□♂
16日	08:42	☿⚹♅
17日	12:12	☉☌♃
19日	00:16	♀△♄
19日	08:34	☉□♄
23日	04:32	☿□♇
26日	00:04	♀□♅
26日	04:34	♃□♄
27日	18:03	♀⚹♂
28日	03:01	☉⚹♅
29日	19:01	☿⚹♄

2035年5月

DAY	☉	☽	☊		☿	♀	♂	♃	♄	♅	♆	♇	⚳	⚴	⚵	⚶	⚷
			mean	true													
	° ′	° ′	° ′	° ′	° ′	° ′	° ′	° ′	° ′	° ′	° ′	° ′	°	°	°	°	°
1	10 ♉ 6	9 ♒ 13	11 ♍ 46	12 R 48	0 D 37	13 D 18	11 D 25	0 D 11	29 D 17	7 D 25	22 D 43	19 D 43	7 D	22 D	26 D	17 D	4 D
2	11 ♉ 4	21 ♒ 33	11 ♍ 43	12 D 48	1 ♊ 41	14 ♈ 31	12 ♒ 3	0 ♉ 26	29 ♋ 20	7 ♋ 27	22 ♈ 46	19 ♒ 44	7 ♉	23 ♓	27 ♒	18 ♋	4 ♊
3	12 ♉ 3	4 ♓ 13	11 ♍ 40	12 ♍ 49	2 ♊ 41	15 ♈ 44	12 ♒ 41	0 ♉ 40	29 ♋ 24	7 ♋ 30	22 ♈ 48	19 ♒ 44	8 ♉	23 ♓	27 ♒	18 ♋	4 ♊
4	13 ♉ 1	17 ♓ 16	11 ♍ 36	12 R 49	3 ♊ 35	16 ♈ 57	13 ♒ 19	0 ♉ 54	29 ♋ 27	7 ♋ 32	22 ♈ 50	19 ♒ 45	8 ♉	23 ♓	27 ♒	18 ♋	4 ♊
5	13 ♉ 59	0 ♈ 46	11 ♍ 33	12 ♍ 47	4 ♊ 25	18 ♈ 10	13 ♒ 57	1 ♉ 9	29 ♋ 31	7 ♋ 34	22 ♈ 52	19 ♒ 45	8 ♉	23 ♓	27 ♒	19 ♋	4 ♊
6	14 ♉ 57	14 ♈ 45	11 ♍ 30	12 ♍ 44	5 ♊ 9	19 ♈ 23	14 ♒ 35	1 ♉ 23	29 ♋ 34	7 ♋ 37	22 ♈ 54	19 ♒ 46	9 ♉	24 ♓	28 ♒	19 ♋	5 ♊
7	15 ♉ 55	29 ♈ 10	11 ♍ 27	12 ♍ 38	5 ♊ 48	20 ♈ 36	15 ♒ 13	1 ♉ 37	29 ♋ 38	7 ♋ 39	22 ♈ 56	19 ♒ 46	9 ♉	24 ♓	28 ♒	19 ♋	5 ♊
8	16 ♉ 54	13 ♉ 57	11 ♍ 24	12 ♍ 29	6 ♊ 23	21 ♈ 49	15 ♒ 50	1 ♉ 51	29 ♋ 42	7 ♋ 42	22 ♈ 58	19 ♒ 46	10 ♉	24 ♓	28 ♒	20 ♋	5 ♊
9	17 ♉ 52	28 ♉ 58	11 ♍ 21	12 ♍ 20	6 ♊ 52	23 ♈ 2	16 ♒ 28	2 ♉ 5	29 ♋ 46	7 ♋ 45	23 ♈ 1	19 ♒ 47	10 ♉	25 ♓	29 ♒	20 ♋	5 ♊
10	18 ♉ 50	14 ♊ 4	11 ♍ 17	12 ♍ 10	7 ♊ 15	24 ♈ 15	17 ♒ 5	2 ♉ 20	29 ♋ 50	7 ♋ 47	23 ♈ 3	19 ♒ 47	10 ♉	25 ♓	29 ♒	20 ♋	5 ♊
11	19 ♉ 48	29 ♊ 5	11 ♍ 14	12 ♍ 2	7 ♊ 34	25 ♈ 28	17 ♒ 43	2 ♉ 34	29 ♋ 54	7 ♋ 50	23 ♈ 5	19 ♒ 47	11 ♉	25 ♓	29 ♒	21 ♋	5 ♊
12	20 ♉ 46	13 ♋ 52	11 ♍ 11	11 ♍ 55	7 ♊ 47	26 ♈ 41	18 ♒ 20	2 ♉ 48	29 ♋ 58	7 ♋ 53	23 ♈ 7	19 ♒ 48	11 ♉	25 ♓	29 ♒	21 ♋	5 ♊
13	21 ♉ 44	28 ♋ 18	11 ♍ 8	11 ♍ 51	7 ♊ 56	27 ♈ 54	18 ♒ 57	3 ♉ 2	0 ♌ 3	7 ♋ 55	23 ♈ 9	19 ♒ 48	12 ♉	26 ♓	0 ♓	21 ♋	5 ♊
14	22 ♉ 42	12 ♌ 22	11 ♍ 5	11 ♍ 49	7 ♊ 59	29 ♈ 7	19 ♒ 34	3 ♉ 16	0 ♌ 7	7 ♋ 58	23 ♈ 11	19 ♒ 48	12 ♉	26 ♓	0 ♓	22 ♋	5 ♊
15	23 ♉ 40	26 ♌ 2	11 ♍ 1	11 D 48	7 R 57	0 ♉ 19	20 ♒ 11	3 ♉ 30	0 ♌ 12	8 ♋ 1	23 ♈ 13	19 ♒ 48	12 ♉	26 ♓	0 ♓	22 ♋	5 ♊
16	24 ♉ 38	9 ♍ 20	10 ♍ 58	11 ♍ 48	7 ♊ 51	1 ♉ 32	20 ♒ 48	3 ♉ 44	0 ♌ 16	8 ♋ 4	23 ♈ 15	19 ♒ 48	13 ♉	26 ♓	0 ♓	23 ♋	5 ♊
17	25 ♉ 35	22 ♍ 20	10 ♍ 55	11 R 48	7 ♊ 40	2 ♉ 45	21 ♒ 25	3 ♉ 58	0 ♌ 21	8 ♋ 7	23 ♈ 17	19 ♒ 49	13 ♉	27 ♓	1 ♓	23 ♋	5 ♊
18	26 ♉ 33	5 ♎ 4	10 ♍ 52	11 ♍ 46	7 ♊ 24	3 ♉ 58	22 ♒ 2	4 ♉ 11	0 ♌ 26	8 ♋ 9	23 ♈ 19	19 ♒ 49	14 ♉	27 ♓	1 ♓	23 ♋	5 ♊
19	27 ♉ 31	17 ♎ 35	10 ♍ 49	11 ♍ 42	7 ♊ 5	5 ♉ 11	22 ♒ 38	4 ♉ 25	0 ♌ 30	8 ♋ 12	23 ♈ 21	19 ♒ 49	14 ♉	27 ♓	1 ♓	24 ♋	6 ♊
20	28 ♉ 29	29 ♎ 55	10 ♍ 46	11 ♍ 34	6 ♊ 42	6 ♉ 24	23 ♒ 15	4 ♉ 39	0 ♌ 35	8 ♋ 15	23 ♈ 23	19 ♒ 49	14 ♉	27 ♓	1 ♓	24 ♋	6 ♊
21	29 ♉ 27	12 ♏ 8	10 ♍ 42	11 ♍ 24	6 ♊ 16	7 ♉ 37	23 ♒ 51	4 ♉ 53	0 ♌ 40	8 ♋ 18	23 ♈ 25	19 ♒ 49	15 ♉	28 ♓	2 ♓	24 ♋	6 ♊
22	0 ♊ 24	24 ♏ 13	10 ♍ 39	11 ♍ 12	5 ♊ 47	8 ♉ 51	24 ♒ 28	5 ♉ 7	0 ♌ 45	8 ♋ 21	23 ♈ 27	19 R 49	15 ♉	28 ♓	2 ♓	25 ♋	6 ♊
23	1 ♊ 22	6 ♐ 13	10 ♍ 36	10 ♍ 58	5 ♊ 16	10 ♉ 4	25 ♒ 4	5 ♉ 20	0 ♌ 50	8 ♋ 24	23 ♈ 29	19 ♒ 49	16 ♉	28 ♓	2 ♓	25 ♋	6 ♊
24	2 ♊ 20	18 ♐ 9	10 ♍ 33	10 ♍ 45	4 ♊ 44	11 ♉ 17	25 ♒ 40	5 ♉ 34	0 ♌ 55	8 ♋ 27	23 ♈ 30	19 ♒ 49	16 ♉	28 ♓	2 ♓	26 ♋	6 ♊
25	3 ♊ 17	0 ♑ 1	10 ♍ 30	10 ♍ 32	4 ♊ 10	12 ♉ 30	26 ♒ 16	5 ♉ 47	1 ♌ 1	8 ♋ 30	23 ♈ 32	19 ♒ 49	16 ♉	29 ♓	3 ♓	26 ♋	6 ♊
26	4 ♊ 15	11 ♑ 53	10 ♍ 26	10 ♍ 22	3 ♊ 36	13 ♉ 43	26 ♒ 52	6 ♉ 1	1 ♌ 6	8 ♋ 34	23 ♈ 34	19 ♒ 49	17 ♉	29 ♓	3 ♓	26 ♋	6 ♊
27	5 ♊ 13	23 ♑ 46	10 ♍ 23	10 ♍ 13	3 ♊ 2	14 ♉ 56	27 ♒ 28	6 ♉ 14	1 ♌ 11	8 ♋ 37	23 ♈ 36	19 ♒ 48	17 ♉	29 ♓	3 ♓	27 ♋	6 ♊
28	6 ♊ 10	5 ♒ 43	10 ♍ 20	10 ♍ 8	2 ♊ 28	16 ♉ 9	28 ♒ 3	6 ♉ 28	1 ♌ 17	8 ♋ 40	23 ♈ 38	19 ♒ 48	18 ♉	29 ♓	3 ♓	27 ♋	6 ♊
29	7 ♊ 8	17 ♒ 48	10 ♍ 17	10 ♍ 5	1 ♊ 56	17 ♉ 22	28 ♒ 39	6 ♉ 41	1 ♌ 22	8 ♋ 43	23 ♈ 39	19 ♒ 48	18 ♉	0 ♈	4 ♓	28 ♋	6 ♊
30	8 ♊ 5	0 ♓ 7	10 ♍ 14	10 ♍ 4	1 ♊ 26	18 ♉ 35	29 ♒ 14	6 ♉ 55	1 ♌ 28	8 ♋ 46	23 ♈ 41	19 ♒ 48	18 ♉	0 ♈	4 ♓	28 ♋	6 ♊
31	9 ♊ 3	12 ♓ 43	10 ♍ 11	10 ♍ 4	0 ♊ 58	19 ♉ 48	29 ♒ 49	7 ♉ 8	1 ♌ 34	8 ♋ 50	23 ♈ 43	19 ♒ 48	19 ♉	0 ♈	4 ♓	28 ♋	6 ♊
SUN INGRESS	☉ → ♊ 21日 13:43																
MOON PHASE	◑ 1日 01:53 ♒ ● 8日 05:03 ♉ ◐ 14日 19:28 ♌ ○ 22日 13:25 ♐ ◑ 30日 16:30 ♓																

aspects		
4日	21:47	☉□♂
6日	07:35	♀⚹♇
8日	23:37	♀☌♆
10日	23:50	☉□♇
14日	08:58	♂☌♇
14日	21:14	♀□♄
18日	05:15	♀☌♃
20日	05:26	♂⚹♆
21日	13:59	♀⚹♅
22日	09:32	☉⚹♄
25日	13:44	☉☌☿
29日	22:29	☿⚹♄
30日	23:50	♀□♇

2035年6月

DAY	☉	☽	☊		☿	♀	♂	♃	♄	♅	♆	♇	⚳	⚴	⚵	⚶	⚷
			mean	true													
	° ′	° ′	° ′	° ′	° ′	° ′	° ′	° ′	° ′	° ′	° ′	° ′	°	°	°	°	°
1	10 ♊ 0	25 ♓ 42	10 ♍ 7	10 R 4	0 R 32	21 D 1	0 D 24	7 D 21	1 D 39	8 D 53	23 D 45	19 R 47	19 D	0 D	4 D	29 D	7 D
2	10 ♊ 58	9 ♈ 8	10 ♍ 4	10 ♍ 2	0 ♊ 10	22 ♉ 14	0 ♓ 59	7 ♉ 34	1 ♌ 45	8 ♋ 56	23 ♈ 46	19 ♒ 47	20 ♉	1 ♈	4 ♓	29 ♋	7 ♊
3	11 ♊ 55	23 ♈ 3	10 ♍ 1	9 ♍ 58	29 ♉ 52	23 ♉ 27	1 ♓ 34	7 ♉ 47	1 ♌ 51	8 ♋ 59	23 ♈ 48	19 ♒ 47	20 ♉	1 ♈	5 ♓	0 ♌	7 ♊
4	12 ♊ 53	7 ♉ 27	9 ♍ 58	9 ♍ 51	29 ♉ 37	24 ♉ 41	2 ♓ 8	8 ♉ 0	1 ♌ 57	9 ♋ 3	23 ♈ 50	19 ♒ 46	20 ♉	1 ♈	5 ♓	0 ♌	7 ♊
5	13 ♊ 50	22 ♉ 17	9 ♍ 55	9 ♍ 42	29 ♉ 26	25 ♉ 54	2 ♓ 43	8 ♉ 13	2 ♌ 3	9 ♋ 6	23 ♈ 51	19 ♒ 46	21 ♉	1 ♈	5 ♓	0 ♌	7 ♊
6	14 ♊ 48	7 ♊ 26	9 ♍ 52	9 ♍ 32	29 ♉ 20	27 ♉ 7	3 ♓ 17	8 ♉ 26	2 ♌ 9	9 ♋ 9	23 ♈ 53	19 ♒ 46	21 ♉	1 ♈	5 ♓	1 ♌	7 ♊
7	15 ♊ 45	22 ♊ 44	9 ♍ 48	9 ♍ 21	29 D 18	28 ♉ 20	3 ♓ 51	8 ♉ 39	2 ♌ 15	9 ♋ 13	23 ♈ 54	19 ♒ 45	22 ♉	2 ♈	5 ♓	1 ♌	7 ♊
8	16 ♊ 43	7 ♋ 59	9 ♍ 45	9 ♍ 11	29 ♉ 20	29 ♉ 33	4 ♓ 25	8 ♉ 52	2 ♌ 21	9 ♋ 16	23 ♈ 56	19 ♒ 45	22 ♉	2 ♈	6 ♓	2 ♌	7 ♊
9	17 ♊ 40	23 ♋ 1	9 ♍ 42	9 ♍ 3	29 ♉ 27	0 ♊ 46	4 ♓ 58	9 ♉ 5	2 ♌ 27	9 ♋ 20	23 ♈ 57	19 ♒ 44	22 ♉	2 ♈	6 ♓	2 ♌	7 ♊
10	18 ♊ 38	7 ♌ 41	9 ♍ 39	8 ♍ 58	29 ♉ 38	2 ♊ 0	5 ♓ 32	9 ♉ 18	2 ♌ 34	9 ♋ 23	23 ♈ 59	19 ♒ 44	23 ♉	2 ♈	6 ♓	2 ♌	7 ♊
11	19 ♊ 35	21 ♌ 56	9 ♍ 36	8 ♍ 56	29 ♉ 54	3 ♊ 13	6 ♓ 5	9 ♉ 30	2 ♌ 40	9 ♋ 26	24 ♈ 0	19 ♒ 43	23 ♉	2 ♈	6 ♓	3 ♌	7 ♊
12	20 ♊ 32	5 ♍ 43	9 ♍ 32	8 ♍ 55	0 ♊ 14	4 ♊ 26	6 ♓ 38	9 ♉ 43	2 ♌ 46	9 ♋ 30	24 ♈ 2	19 ♒ 43	24 ♉	3 ♈	6 ♓	3 ♌	7 ♊
13	21 ♊ 30	19 ♍ 3	9 ♍ 29	8 D 55	0 ♊ 38	5 ♊ 39	7 ♓ 11	9 ♉ 55	2 ♌ 53	9 ♋ 33	24 ♈ 3	19 ♒ 42	24 ♉	3 ♈	7 ♓	4 ♌	7 ♊
14	22 ♊ 27	2 ♎ 1	9 ♍ 26	8 R 55	1 ♊ 7	6 ♊ 52	7 ♓ 43	10 ♉ 8	2 ♌ 59	9 ♋ 37	24 ♈ 5	19 ♒ 42	24 ♉	3 ♈	7 ♓	4 ♌	8 ♊
15	23 ♊ 24	14 ♎ 39	9 ♍ 23	8 ♍ 53	1 ♊ 41	8 ♊ 6	8 ♓ 16	10 ♉ 20	3 ♌ 6	9 ♋ 40	24 ♈ 6	19 ♒ 41	25 ♉	3 ♈	7 ♓	5 ♌	8 ♊
16	24 ♊ 22	27 ♎ 2	9 ♍ 20	8 ♍ 49	2 ♊ 18	9 ♊ 19	8 ♓ 48	10 ♉ 32	3 ♌ 12	9 ♋ 44	24 ♈ 7	19 ♒ 40	25 ♉	3 ♈	7 ♓	5 ♌	8 ♊
17	25 ♊ 19	9 ♏ 14	9 ♍ 17	8 ♍ 42	3 ♊ 0	10 ♊ 32	9 ♓ 20	10 ♉ 45	3 ♌ 19	9 ♋ 47	24 ♈ 9	19 ♒ 40	26 ♉	4 ♈	7 ♓	5 ♌	8 ♊
18	26 ♊ 16	21 ♏ 17	9 ♍ 13	8 ♍ 33	3 ♊ 46	11 ♊ 45	9 ♓ 51	10 ♉ 57	3 ♌ 26	9 ♋ 51	24 ♈ 10	19 ♒ 39	26 ♉	4 ♈	7 ♓	6 ♌	8 ♊
19	27 ♊ 14	3 ♐ 15	9 ♍ 10	8 ♍ 22	4 ♊ 36	12 ♊ 59	10 ♓ 23	11 ♉ 9	3 ♌ 32	9 ♋ 54	24 ♈ 11	19 ♒ 38	26 ♉	4 ♈	7 ♓	6 ♌	8 ♊
20	28 ♊ 11	15 ♐ 10	9 ♍ 7	8 ♍ 10	5 ♊ 29	14 ♊ 12	10 ♓ 54	11 ♉ 21	3 ♌ 39	9 ♋ 58	24 ♈ 13	19 ♒ 38	27 ♉	4 ♈	8 ♓	7 ♌	8 ♊
21	29 ♊ 8	27 ♐ 2	9 ♍ 4	7 ♍ 57	6 ♊ 27	15 ♊ 25	11 ♓ 25	11 ♉ 33	3 ♌ 46	10 ♋ 2	24 ♈ 14	19 ♒ 37	27 ♉	4 ♈	8 ♓	7 ♌	8 ♊
22	0 ♋ 5	8 ♑ 54	9 ♍ 1	7 ♍ 45	7 ♊ 28	16 ♊ 39	11 ♓ 56	11 ♉ 44	3 ♌ 53	10 ♋ 5	24 ♈ 15	19 ♒ 36	27 ♉	4 ♈	8 ♓	7 ♌	8 ♊
23	1 ♋ 3	20 ♑ 48	8 ♍ 58	7 ♍ 35	8 ♊ 33	17 ♊ 52	12 ♓ 26	11 ♉ 56	4 ♌ 0	10 ♋ 9	24 ♈ 16	19 ♒ 35	28 ♉	5 ♈	8 ♓	8 ♌	8 ♊
24	2 ♋ 0	2 ♒ 44	8 ♍ 54	7 ♍ 28	9 ♊ 42	19 ♊ 5	12 ♓ 56	12 ♉ 8	4 ♌ 7	10 ♋ 12	24 ♈ 17	19 ♒ 35	28 ♉	5 ♈	8 ♓	8 ♌	8 ♊
25	2 ♋ 57	14 ♒ 46	8 ♍ 51	7 ♍ 23	10 ♊ 55	20 ♊ 19	13 ♓ 26	12 ♉ 19	4 ♌ 14	10 ♋ 16	24 ♈ 18	19 ♒ 34	29 ♉	5 ♈	8 ♓	9 ♌	8 ♊
26	3 ♋ 54	26 ♒ 56	8 ♍ 48	7 ♍ 21	12 ♊ 11	21 ♊ 32	13 ♓ 56	12 ♉ 31	4 ♌ 21	10 ♋ 20	24 ♈ 19	19 ♒ 33	29 ♉	5 ♈	8 ♓	9 ♌	8 ♊
27	4 ♋ 51	9 ♓ 18	8 ♍ 45	7 D 20	13 ♊ 30	22 ♊ 45	14 ♓ 25	12 ♉ 42	4 ♌ 28	10 ♋ 23	24 ♈ 20	19 ♒ 32	29 ♉	5 ♈	8 ♓	10 ♌	8 ♊
28	5 ♋ 49	21 ♓ 55	8 ♍ 42	7 ♍ 21	14 ♊ 54	23 ♊ 59	14 ♓ 54	12 ♉ 53	4 ♌ 35	10 ♋ 27	24 ♈ 21	19 ♒ 31	0 ♊	5 ♈	8 ♓	10 ♌	9 ♊
29	6 ♋ 46	4 ♈ 53	8 ♍ 38	7 ♍ 21	16 ♊ 20	25 ♊ 12	15 ♓ 23	13 ♉ 5	4 ♌ 42	10 ♋ 30	24 ♈ 22	19 ♒ 30	0 ♊	5 ♈	8 ♓	11 ♌	9 ♊
30	7 ♋ 43	18 ♈ 14	8 ♍ 35	7 R 21	17 ♊ 50	26 ♊ 26	15 ♓ 51	13 ♉ 16	4 ♌ 49	10 ♋ 34	24 ♈ 23	19 ♒ 29	1 ♊	6 ♈	8 ♓	11 ♌	9 ♊
SUN INGRESS	☉ → ♋21日 21:33																
MOON PHASE	● 6日 12:20 ♊ ◐ 13日 04:50 ♍ ○ 21日 04:37 ♐ ◑ 29日 03:42 ♈																

aspects		
1日	03:26	☿□♂
7日	19:22	☿☌♀
10日	12:10	♀⚹♄
10日	14:01	♃⚹♅
11日	03:26	☉△♇
15日	05:50	♀□♂
15日	17:51	☉⚹♆
17日	11:53	☿⚹♄
17日	23:34	♂△♅
21日	09:31	♂⚹♃
24日	09:30	♀△♇
28日	00:07	☿□♂
28日	07:29	♀⚹♆

2035年7月

DAY	☉	☽	☊		☿	♀	♂	♃	♄	♅	♆	♇	⚳	⚴	⚵	⚶	⚷
			mean	true													
	° ′	° ′	° ′	° ′	° ′	° ′	° ′	° ′	° ′	° ′	° ′	° ′	°	°	°	°	°
1	8 ♋ 40	2 ♉ 1	8 ♍ 32	7 R 19	19 D 24	27 D 39	16 D 19	13 D 27	4 D 56	10 D 38	24 D 24	19 R 29	1 D	6 D	9 D	11 D	9 D
2	9 ♋ 38	16 ♉ 16	8 ♍ 29	7 ♍ 14	21 ♊ 1	28 ♊ 53	16 ♓ 46	13 ♉ 38	5 ♌ 3	10 ♋ 41	24 ♈ 25	19 ♒ 28	1 ♊	6 ♈	9 ♓	12 ♌	9 ♊
3	10 ♋ 35	0 ♊ 57	8 ♍ 26	7 ♍ 8	22 ♊ 41	0 ♋ 6	17 ♓ 14	13 ♉ 48	5 ♌ 11	10 ♋ 45	24 ♈ 26	19 ♒ 27	2 ♊	6 ♈	9 ♓	12 ♌	9 ♊
4	11 ♋ 32	15 ♊ 58	8 ♍ 23	7 ♍ 0	24 ♊ 24	1 ♋ 19	17 ♓ 40	13 ♉ 59	5 ♌ 18	10 ♋ 48	24 ♈ 27	19 ♒ 26	2 ♊	6 ♈	9 ♓	13 ♌	9 ♊
5	12 ♋ 29	1 ♋ 11	8 ♍ 19	6 ♍ 52	26 ♊ 10	2 ♋ 33	18 ♓ 7	14 ♉ 10	5 ♌ 25	10 ♋ 52	24 ♈ 28	19 ♒ 25	2 ♊	6 ♈	9 ♓	13 ♌	9 ♊
6	13 ♋ 26	16 ♋ 25	8 ♍ 16	6 ♍ 45	28 ♊ 0	3 ♋ 47	18 ♓ 33	14 ♉ 20	5 ♌ 33	10 ♋ 56	24 ♈ 28	19 ♒ 24	3 ♊	6 ♈	9 ♓	14 ♌	9 ♊
7	14 ♋ 24	1 ♌ 31	8 ♍ 13	6 ♍ 39	29 ♊ 52	5 ♋ 0	18 ♓ 59	14 ♉ 31	5 ♌ 40	10 ♋ 59	24 ♈ 29	19 ♒ 23	3 ♊	6 ♈	9 ♓	14 ♌	9 ♊
8	15 ♋ 21	16 ♌ 18	8 ♍ 10	6 ♍ 35	1 ♋ 47	6 ♋ 14	19 ♓ 24	14 ♉ 41	5 ♌ 47	11 ♋ 3	24 ♈ 30	19 ♒ 22	4 ♊	7 ♈	9 ♓	14 ♌	9 ♊
9	16 ♋ 18	0 ♍ 40	8 ♍ 7	6 ♍ 33	3 ♋ 44	7 ♋ 27	19 ♓ 49	14 ♉ 51	5 ♌ 55	11 ♋ 7	24 ♈ 30	19 ♒ 20	4 ♊	7 ♈	9 ♓	15 ♌	9 ♊
10	17 ♋ 15	14 ♍ 35	8 ♍ 4	6 D 33	5 ♋ 44	8 ♋ 41	20 ♓ 13	15 ♉ 1	6 ♌ 2	11 ♋ 10	24 ♈ 31	19 ♒ 19	4 ♊	7 ♈	9 ♓	15 ♌	9 ♊
11	18 ♋ 13	28 ♍ 2	8 ♍ 0	6 ♍ 34	7 ♋ 46	9 ♋ 54	20 ♓ 37	15 ♉ 11	6 ♌ 10	11 ♋ 14	24 ♈ 32	19 ♒ 18	5 ♊	7 ♈	9 R	16 ♌	9 ♊
12	19 ♋ 10	11 ♎ 4	7 ♍ 57	6 ♍ 35	9 ♋ 50	11 ♋ 8	21 ♓ 1	15 ♉ 21	6 ♌ 17	11 ♋ 17	24 ♈ 32	19 ♒ 17	5 ♊	7 ♈	9 ♓	16 ♌	10 ♊
13	20 ♋ 7	23 ♎ 43	7 ♍ 54	6 R 36	11 ♋ 56	12 ♋ 22	21 ♓ 24	15 ♉ 31	6 ♌ 25	11 ♋ 21	24 ♈ 33	19 ♒ 16	5 ♊	7 ♈	9 ♓	17 ♌	10 ♊
14	21 ♋ 4	6 ♏ 6	7 ♍ 51	6 ♍ 34	14 ♋ 3	13 ♋ 35	21 ♓ 46	15 ♉ 40	6 ♌ 32	11 ♋ 25	24 ♈ 33	19 ♒ 15	6 ♊	7 ♈	9 ♓	17 ♌	10 ♊
15	22 ♋ 1	18 ♏ 14	7 ♍ 48	6 ♍ 31	16 ♋ 10	14 ♋ 49	22 ♓ 8	15 ♉ 50	6 ♌ 40	11 ♋ 28	24 ♈ 34	19 ♒ 14	6 ♊	7 ♈	9 ♓	18 ♌	10 ♊
16	22 ♋ 59	0 ♐ 14	7 ♍ 44	6 ♍ 26	18 ♋ 19	16 ♋ 3	22 ♓ 30	15 ♉ 59	6 ♌ 48	11 ♋ 32	24 ♈ 34	19 ♒ 13	6 ♊	7 ♈	9 ♓	18 ♌	10 ♊
17	23 ♋ 56	12 ♐ 9	7 ♍ 41	6 ♍ 20	20 ♋ 27	17 ♋ 16	22 ♓ 51	16 ♉ 9	6 ♌ 55	11 ♋ 35	24 ♈ 35	19 ♒ 11	7 ♊	7 ♈	9 ♓	19 ♌	10 ♊
18	24 ♋ 53	24 ♐ 1	7 ♍ 38	6 ♍ 13	22 ♋ 36	18 ♋ 30	23 ♓ 11	16 ♉ 18	7 ♌ 3	11 ♋ 39	24 ♈ 35	19 ♒ 10	7 ♊	7 ♈	9 ♓	19 ♌	10 ♊
19	25 ♋ 50	5 ♑ 53	7 ♍ 35	6 ♍ 5	24 ♋ 45	19 ♋ 44	23 ♓ 32	16 ♉ 27	7 ♌ 10	11 ♋ 42	24 ♈ 35	19 ♒ 9	8 ♊	7 ♈	9 ♓	19 ♌	10 ♊
20	26 ♋ 48	17 ♑ 48	7 ♍ 32	5 ♍ 58	26 ♋ 53	20 ♋ 57	23 ♓ 51	16 ♉ 36	7 ♌ 18	11 ♋ 46	24 ♈ 36	19 ♒ 8	8 ♊	7 ♈	9 ♓	20 ♌	10 ♊
21	27 ♋ 45	29 ♑ 46	7 ♍ 29	5 ♍ 52	29 ♋ 1	22 ♋ 11	24 ♓ 10	16 ♉ 44	7 ♌ 26	11 ♋ 49	24 ♈ 36	19 ♒ 7	8 ♊	7 ♈	9 ♓	20 ♌	10 ♊
22	28 ♋ 42	11 ♒ 51	7 ♍ 25	5 ♍ 48	1 ♌ 8	23 ♋ 25	24 ♓ 28	16 ♉ 53	7 ♌ 33	11 ♋ 53	24 ♈ 36	19 ♒ 5	9 ♊	7 ♈	8 ♓	21 ♌	10 ♊
23	29 ♋ 39	24 ♒ 3	7 ♍ 22	5 ♍ 46	3 ♌ 13	24 ♋ 39	24 ♓ 46	17 ♉ 2	7 ♌ 41	11 ♋ 56	24 ♈ 36	19 ♒ 4	9 ♊	7 ♈	8 ♓	21 ♌	10 ♊
24	0 ♌ 37	6 ♓ 24	7 ♍ 19	5 D 45	5 ♌ 18	25 ♋ 52	25 ♓ 3	17 ♉ 10	7 ♌ 49	12 ♋ 0	24 ♈ 36	19 ♒ 3	9 ♊	7 ♈	8 ♓	22 ♌	10 ♊
25	1 ♌ 34	18 ♓ 56	7 ♍ 16	5 ♍ 46	7 ♌ 21	27 ♋ 6	25 ♓ 20	17 ♉ 18	7 ♌ 56	12 ♋ 3	24 ♈ 37	19 ♒ 2	10 ♊	7 ♈	8 ♓	22 ♌	10 ♊
26	2 ♌ 31	1 ♈ 43	7 ♍ 13	5 ♍ 47	9 ♌ 23	28 ♋ 20	25 ♓ 36	17 ♉ 26	8 ♌ 4	12 ♋ 7	24 ♈ 37	19 ♒ 0	10 ♊	7 ♈	8 ♓	23 ♌	10 ♊
27	3 ♌ 28	14 ♈ 46	7 ♍ 10	5 ♍ 49	11 ♌ 23	29 ♋ 34	25 ♓ 51	17 ♉ 34	8 ♌ 12	12 ♋ 10	24 ♈ 37	18 ♒ 59	10 ♊	7 ♈	8 ♓	23 ♌	10 ♊
28	4 ♌ 26	28 ♈ 8	7 ♍ 6	5 ♍ 50	13 ♌ 22	0 ♌ 48	26 ♓ 6	17 ♉ 42	8 ♌ 20	12 ♋ 14	24 ♈ 37	18 ♒ 58	11 ♊	7 R	8 ♓	24 ♌	10 ♊
29	5 ♌ 23	11 ♉ 51	7 ♍ 3	5 R 50	15 ♌ 19	2 ♌ 2	26 ♓ 20	17 ♉ 50	8 ♌ 27	12 ♋ 17	24 R 37	18 ♒ 56	11 ♊	7 ♈	8 ♓	24 ♌	11 ♊
30	6 ♌ 20	25 ♉ 57	7 ♍ 0	5 ♍ 49	17 ♌ 14	3 ♌ 16	26 ♓ 34	17 ♉ 57	8 ♌ 35	12 ♋ 20	24 ♈ 37	18 ♒ 55	11 ♊	7 ♈	8 ♓	24 ♌	11 ♊
31	7 ♌ 18	10 ♊ 22	6 ♍ 57	5 ♍ 46	19 ♌ 8	4 ♌ 30	26 ♓ 46	18 ♉ 5	8 ♌ 43	12 ♋ 24	24 ♈ 37	18 ♒ 54	12 ♊	7 ♈	7 ♓	25 ♌	11 ♊
SUN INGRESS	☉ → ♌ 23日 08:28																
MOON PHASE	● 5日 18:59 ♋	◐ 12日 16:32 ♎	○ 20日 19:36 ♑	◑ 28日 11:55 ♉													

aspects		
1日	01:11	☿△♇
3日	04:29	☉☌♅
4日	00:40	☿⚹♆
7日	03:34	☉⚹♃
12日	03:13	♀☌♅
12日	17:10	☿☌♅
13日	11:44	☿☌♀
14日	19:53	☿⚹♃
15日	04:35	☉△♂
15日	22:47	♀⚹♃
17日	16:19	☉□♆
18日	07:46	☿△♂
18日	22:10	☿□♆
19日	22:04	☉☌☿
22日	23:13	♀□♆
23日	03:13	♀△♂
25日	07:26	☿☌♄
30日	09:36	☿□♃
30日	20:56	☿☍♇

2035年8月

DAY	☉	☽	☊		☿	♀	♂	♃	♄	♅	♆	♇	⚳	⚴	⚵	⚶	⚷
			mean	true													
	° ′	° ′	° ′	° ′	° ′	° ′	° ′	° ′	° ′	° ′	° ′	° ′	°	°	°	°	°
1	8 ♌ 15	25 ♊ 5	6 ♍ 54	5 R 43	21 D 1	5 D 44	26 D 58	18 D 12	8 D 50	12 D 27	24 R 37	18 R 52	12 D	7 R	7 R	25 D	11 D
2	9 ♌ 13	10 ♋ 0	6 ♍ 50	5 ♍ 39	22 ♌ 51	6 ♌ 58	27 ♓ 9	18 ♉ 19	8 ♌ 58	12 ♋ 31	24 ♈ 37	18 ♒ 51	12 ♊	7 ♈	7 ♓	26 ♌	11 ♊
3	10 ♌ 10	24 ♋ 58	6 ♍ 47	5 ♍ 36	24 ♌ 40	8 ♌ 12	27 ♓ 20	18 ♉ 26	9 ♌ 6	12 ♋ 34	24 ♈ 36	18 ♒ 50	13 ♊	7 ♈	7 ♓	26 ♌	11 ♊
4	11 ♌ 7	9 ♌ 52	6 ♍ 44	5 ♍ 33	26 ♌ 28	9 ♌ 26	27 ♓ 30	18 ♉ 33	9 ♌ 14	12 ♋ 37	24 ♈ 36	18 ♒ 49	13 ♊	7 ♈	7 ♓	27 ♌	11 ♊
5	12 ♌ 5	24 ♌ 32	6 ♍ 41	5 ♍ 32	28 ♌ 13	10 ♌ 40	27 ♓ 39	18 ♉ 39	9 ♌ 21	12 ♋ 40	24 ♈ 36	18 ♒ 47	14 ♊	7 ♈	7 ♓	27 ♌	11 ♊
6	13 ♌ 2	8 ♍ 53	6 ♍ 38	5 D 32	29 ♌ 58	11 ♌ 54	27 ♓ 47	18 ♉ 46	9 ♌ 29	12 ♋ 44	24 ♈ 36	18 ♒ 46	14 ♊	7 ♈	7 ♓	28 ♌	11 ♊
7	14 ♌ 0	22 ♍ 50	6 ♍ 35	5 ♍ 32	1 ♍ 40	13 ♌ 8	27 ♓ 54	18 ♉ 52	9 ♌ 37	12 ♋ 47	24 ♈ 36	18 ♒ 44	14 ♊	7 ♈	6 ♓	28 ♌	11 ♊
8	14 ♌ 57	6 ♎ 21	6 ♍ 31	5 ♍ 33	3 ♍ 21	14 ♌ 22	28 ♓ 1	18 ♉ 58	9 ♌ 45	12 ♋ 50	24 ♈ 35	18 ♒ 43	15 ♊	7 ♈	6 ♓	29 ♌	11 ♊
9	15 ♌ 55	19 ♎ 27	6 ♍ 28	5 ♍ 35	5 ♍ 0	15 ♌ 36	28 ♓ 7	19 ♉ 4	9 ♌ 52	12 ♋ 53	24 ♈ 35	18 ♒ 42	15 ♊	7 ♈	6 ♓	29 ♌	11 ♊
10	16 ♌ 52	2 ♏ 11	6 ♍ 25	5 ♍ 36	6 ♍ 38	16 ♌ 50	28 ♓ 12	19 ♉ 10	10 ♌ 0	12 ♋ 56	24 ♈ 34	18 ♒ 40	15 ♊	7 ♈	6 ♓	0 ♍	11 ♊
11	17 ♌ 50	14 ♏ 36	6 ♍ 22	5 ♍ 37	8 ♍ 14	18 ♌ 4	28 ♓ 16	19 ♉ 16	10 ♌ 8	13 ♋ 0	24 ♈ 34	18 ♒ 39	16 ♊	7 ♈	6 ♓	0 ♍	11 ♊
12	18 ♌ 47	26 ♏ 46	6 ♍ 19	5 R 36	9 ♍ 48	19 ♌ 18	28 ♓ 20	19 ♉ 21	10 ♌ 15	13 ♋ 3	24 ♈ 34	18 ♒ 38	16 ♊	7 ♈	5 ♓	1 ♍	11 ♊
13	19 ♌ 45	8 ♐ 46	6 ♍ 16	5 ♍ 36	11 ♍ 21	20 ♌ 32	28 ♓ 22	19 ♉ 27	10 ♌ 23	13 ♋ 6	24 ♈ 33	18 ♒ 36	16 ♊	7 ♈	5 ♓	1 ♍	11 ♊
14	20 ♌ 43	20 ♐ 40	6 ♍ 12	5 ♍ 34	12 ♍ 53	21 ♌ 46	28 ♓ 24	19 ♉ 32	10 ♌ 31	13 ♋ 9	24 ♈ 33	18 ♒ 35	16 ♊	7 ♈	5 ♓	2 ♍	11 ♊
15	21 ♌ 40	2 ♑ 32	6 ♍ 9	5 ♍ 32	14 ♍ 22	23 ♌ 0	28 ♓ 25	19 ♉ 37	10 ♌ 38	13 ♋ 12	24 ♈ 32	18 ♒ 34	17 ♊	6 ♈	5 ♓	2 ♍	11 ♊
16	22 ♌ 38	14 ♑ 25	6 ♍ 6	5 ♍ 30	15 ♍ 51	24 ♌ 15	28 R 26	19 ♉ 42	10 ♌ 46	13 ♋ 15	24 ♈ 32	18 ♒ 32	17 ♊	6 ♈	5 ♓	2 ♍	11 ♊
17	23 ♌ 35	26 ♑ 24	6 ♍ 3	5 ♍ 28	17 ♍ 17	25 ♌ 29	28 ♓ 25	19 ♉ 46	10 ♌ 54	13 ♋ 18	24 ♈ 31	18 ♒ 31	17 ♊	6 ♈	4 ♓	3 ♍	11 ♊
18	24 ♌ 33	8 ♒ 30	6 ♍ 0	5 ♍ 27	18 ♍ 42	26 ♌ 43	28 ♓ 24	19 ♉ 51	11 ♌ 1	13 ♋ 21	24 ♈ 30	18 ♒ 30	18 ♊	6 ♈	4 ♓	3 ♍	11 ♊
19	25 ♌ 31	20 ♒ 45	5 ♍ 56	5 ♍ 26	20 ♍ 5	27 ♌ 57	28 ♓ 21	19 ♉ 55	11 ♌ 9	13 ♋ 24	24 ♈ 30	18 ♒ 28	18 ♊	6 ♈	4 ♓	4 ♍	11 ♊
20	26 ♌ 28	3 ♓ 12	5 ♍ 53	5 ♍ 26	21 ♍ 27	29 ♌ 11	28 ♓ 18	19 ♉ 59	11 ♌ 16	13 ♋ 27	24 ♈ 29	18 ♒ 27	18 ♊	6 ♈	4 ♓	4 ♍	11 ♊
21	27 ♌ 26	15 ♓ 50	5 ♍ 50	5 D 26	22 ♍ 46	0 ♍ 26	28 ♓ 14	20 ♉ 3	11 ♌ 24	13 ♋ 29	24 ♈ 28	18 ♒ 26	19 ♊	6 ♈	3 ♓	5 ♍	11 ♊
22	28 ♌ 24	28 ♓ 41	5 ♍ 47	5 ♍ 26	24 ♍ 4	1 ♍ 40	28 ♓ 10	20 ♉ 7	11 ♌ 31	13 ♋ 32	24 ♈ 28	18 ♒ 24	19 ♊	6 ♈	3 ♓	5 ♍	12 ♊
23	29 ♌ 22	11 ♈ 46	5 ♍ 44	5 ♍ 27	25 ♍ 20	2 ♍ 54	28 ♓ 4	20 ♉ 11	11 ♌ 39	13 ♋ 35	24 ♈ 27	18 ♒ 23	19 ♊	5 ♈	3 ♓	6 ♍	12 ♊
24	0 ♍ 19	25 ♈ 4	5 ♍ 41	5 ♍ 28	26 ♍ 35	4 ♍ 8	27 ♓ 58	20 ♉ 14	11 ♌ 46	13 ♋ 38	24 ♈ 26	18 ♒ 22	20 ♊	5 ♈	3 ♓	6 ♍	12 ♊
25	1 ♍ 17	8 ♉ 37	5 ♍ 37	5 ♍ 28	27 ♍ 47	5 ♍ 23	27 ♓ 51	20 ♉ 17	11 ♌ 54	13 ♋ 41	24 ♈ 25	18 ♒ 20	20 ♊	5 ♈	2 ♓	7 ♍	12 ♊
26	2 ♍ 15	22 ♉ 25	5 ♍ 34	5 ♍ 28	28 ♍ 57	6 ♍ 37	27 ♓ 43	20 ♉ 20	12 ♌ 1	13 ♋ 43	24 ♈ 24	18 ♒ 19	20 ♊	5 ♈	2 ♓	7 ♍	12 ♊
27	3 ♍ 13	6 ♊ 26	5 ♍ 31	5 R 28	0 ♎ 6	7 ♍ 51	27 ♓ 35	20 ♉ 23	12 ♌ 9	13 ♋ 46	24 ♈ 23	18 ♒ 18	20 ♊	5 ♈	2 ♓	8 ♍	12 ♊
28	4 ♍ 11	20 ♊ 40	5 ♍ 28	5 ♍ 28	1 ♎ 12	9 ♍ 6	27 ♓ 25	20 ♉ 26	12 ♌ 16	13 ♋ 48	24 ♈ 22	18 ♒ 17	21 ♊	5 ♈	2 ♓	8 ♍	12 ♊
29	5 ♍ 9	5 ♋ 4	5 ♍ 25	5 ♍ 28	2 ♎ 15	10 ♍ 20	27 ♓ 15	20 ♉ 28	12 ♌ 23	13 ♋ 51	24 ♈ 22	18 ♒ 15	21 ♊	4 ♈	1 ♓	9 ♍	12 ♊
30	6 ♍ 7	19 ♋ 35	5 ♍ 21	5 D 28	3 ♎ 17	11 ♍ 34	27 ♓ 5	20 ♉ 31	12 ♌ 31	13 ♋ 54	24 ♈ 21	18 ♒ 14	21 ♊	4 ♈	1 ♓	9 ♍	12 ♊
31	7 ♍ 5	4 ♌ 8	5 ♍ 18	5 ♍ 28	4 ♎ 15	12 ♍ 49	26 ♓ 53	20 ♉ 33	12 ♌ 38	13 ♋ 56	24 ♈ 20	18 ♒ 13	22 ♊	4 ♈	1 ♓	10 ♍	12 ♊
SUN INGRESS	☉ → ♍ 23日 15:44																
MOON PHASE	● 4日 02:11 ♌	◐ 11日 06:52 ♏	○ 19日 10:00 ♒	◑ 26日 18:07 ♊													

aspects		
1日	17:03	☉☌♄
2日	23:08	☿△♆
3日	19:43	♀☌♄
5日	23:47	♃□♇
10日	03:39	☉☌♀
11日	11:11	♀☍♇
11日	20:03	☉☍♇
12日	01:10	♀□♃
12日	15:37	☉□♃
14日	04:27	☿⚹♅
16日	05:25	♀△♆
17日	22:52	☉△♆
18日	21:00	☿△♃
25日	01:15	☿☍♂
31日	22:29	♀⚹♅

2035年9月

DAY	☉	☽	☊ mean	☊ true	☿	♀	♂	♃	♄	♅	♆	♇	⚳	⚴	⚵	⚶	⚷
	° ′	° ′	° ′	° ′	° ′	° ′	° ′	° ′	° ′	° ′	° ′	° ′	°	°	°	°	°
1	8♍3	18♌37	5♍15	5 D 28	5 D 11	14 D 3	26 R 41	20 D 35	12 D 45	13 D 59	24 R 19	18 R 12	22 D	4 R	1 R	10 D	12 D
2	9♍1	2♍58	5♍12	5♍28	6♎4	15♍17	26♓29	20♉36	12♌53	14♋1	24♈18	18♒10	22♊	4♈	0♓	11♍	12♊
3	9♍59	17♍5	5♍9	5 R 28	6♎55	16♍32	26♓15	20♉38	13♌0	14♋3	24♈16	18♒9	22♊	3♈	0♓	11♍	12♊
4	10♍57	0♎53	5♍6	5♍28	7♎41	17♍46	26♓2	20♉39	13♌7	14♋6	24♈15	18♒8	23♊	3♈	0♓	12♍	12♊
5	11♍55	14♎21	5♍2	5♍27	8♎25	19♍1	25♓47	20♉40	13♌14	14♋8	24♈14	18♒7	23♊	3♈	0♓	12♍	12♊
6	12♍53	27♎27	4♍59	5♍27	9♎5	20♍15	25♓33	20♉41	13♌21	14♋10	24♈13	18♒5	23♊	3♈	29♒	13♍	12♊
7	13♍52	10♏13	4♍56	5♍26	9♎40	21♍30	25♓18	20♉42	13♌28	14♋13	24♈12	18♒4	24♊	2♈	29♒	13♍	12♊
8	14♍50	22♏40	4♍53	5♍25	10♎12	22♍44	25♓2	20♉42	13♌35	14♋15	24♈11	18♒3	24♊	2♈	29♒	13♍	12♊
9	15♍48	4♐52	4♍50	5♍24	10♎39	23♍58	24♓46	20♉42	13♌42	14♋17	24♈10	18♒2	24♊	2♈	29♒	14♍	12♊
10	16♍46	16♐52	4♍47	5 D 24	11♎1	25♍13	24♓30	20 R 43	13♌49	14♋19	24♈8	18♒1	24♊	2♈	29♒	14♍	12♊
11	17♍44	28♐46	4♍43	5♍24	11♎18	26♍27	24♓14	20♉42	13♌56	14♋21	24♈7	18♒0	25♊	1♈	28♒	15♍	12♊
12	18♍43	10♑38	4♍40	5♍25	11♎30	27♍42	23♓58	20♉42	14♌3	14♋23	24♈6	17♒58	25♊	1♈	28♒	15♍	12♊
13	19♍41	22♑33	4♍37	5♍26	11♎36	28♍56	23♓41	20♉42	14♌10	14♋25	24♈4	17♒57	25♊	1♈	28♒	16♍	12♊
14	20♍40	4♒35	4♍34	5♍27	11 R 36	0♎11	23♓24	20♉41	14♌16	14♋27	24♈3	17♒56	25♊	1♈	28♒	16♍	12♊
15	21♍38	16♒47	4♍31	5♍29	11♎29	1♎25	23♓8	20♉40	14♌23	14♋29	24♈2	17♒55	25♊	0♈	27♒	17♍	12♊
16	22♍36	29♒13	4♍27	5♍29	11♎16	2♎40	22♓51	20♉39	14♌30	14♋31	24♈0	17♒54	26♊	0♈	27♒	17♍	12♊
17	23♍35	11♓54	4♍24	5 R 29	10♎56	3♎54	22♓34	20♉38	14♌36	14♋33	23♈59	17♒53	26♊	0♈	27♒	18♍	12♊
18	24♍33	24♓52	4♍21	5♍28	10♎30	5♎9	22♓18	20♉36	14♌43	14♋34	23♈58	17♒52	26♊	0♈	27♒	18♍	12♊
19	25♍32	8♈6	4♍18	5♍26	9♎56	6♎23	22♓1	20♉34	14♌50	14♋36	23♈56	17♒51	26♊	29♓	27♒	19♍	12♊
20	26♍30	21♈36	4♍15	5♍24	9♎15	7♎38	21♓45	20♉33	14♌56	14♋38	23♈55	17♒50	27♊	29♓	27♒	19♍	12 R
21	27♍29	5♉20	4♍12	5♍21	8♎29	8♎52	21♓29	20♉30	15♌2	14♋39	23♈53	17♒49	27♊	29♓	26♒	20♍	12♊
22	28♍27	19♉14	4♍8	5♍18	7♎36	10♎6	21♓13	20♉28	15♌9	14♋41	23♈52	17♒48	27♊	29♓	26♒	20♍	12♊
23	29♍26	3♊16	4♍5	5♍15	6♎39	11♎21	20♓58	20♉26	15♌15	14♋42	23♈50	17♒47	27♊	28♓	26♒	21♍	12♊
24	0♎25	17♊24	4♍2	5♍13	5♎37	12♎35	20♓43	20♉23	15♌21	14♋44	23♈49	17♒46	27♊	28♓	26♒	21♍	12♊
25	1♎24	1♋35	3♍59	5 D 13	4♎32	13♎50	20♓28	20♉20	15♌28	14♋45	23♈47	17♒45	28♊	28♓	26♒	22♍	12♊
26	2♎22	15♋47	3♍56	5♍13	3♎27	15♎5	20♓14	20♉17	15♌34	14♋47	23♈46	17♒44	28♊	27♓	26♒	22♍	12♊
27	3♎21	29♋57	3♍53	5♍14	2♎21	16♎19	20♓0	20♉14	15♌40	14♋48	23♈44	17♒44	28♊	27♓	25♒	23♍	12♊
28	4♎20	14♌5	3♍49	5♍16	1♎17	17♎34	19♓47	20♉10	15♌46	14♋49	23♈43	17♒43	28♊	27♓	25♒	23♍	12♊
29	5♎19	28♌7	3♍46	5♍17	0♎17	18♎48	19♓34	20♉7	15♌52	14♋50	23♈41	17♒42	28♊	27♓	25♒	24♍	12♊
30	6♎18	12♍1	3♍43	5 R 17	29♍22	20♎3	19♓22	20♉3	15♌58	14♋52	23♈40	17♒41	29♊	26♓	25♒	24♍	12♊

SUN INGRESS: ☉→♎23日 13:38

MOON PHASE: ● 2日 10:59 ♍ ◐ 9日 23:47 ♐ ○ 17日 23:23 ♓ ◑ 24日 23:39 ♋

aspects

6日	08:26	♀△♃
7日	09:02	☉⚹♅
9日	12:44	♀☍♂
14日	00:35	☉△♃
16日	04:38	☉☍♂
20日	19:29	☿☌♀
25日	16:51	♂⚹♃
25日	18:08	♀□♅
26日	10:13	♀⚹♄
26日	12:22	☉☌☿
28日	02:56	♀△♇

2035年10月

DAY	☉	☽	☊ mean	☊ true	☿	♀	♂	♃	♄	♅	♆	♇	⚳	⚴	⚵	⚶	⚷
	° ′	° ′	° ′	° ′	° ′	° ′	° ′	° ′	° ′	° ′	° ′	° ′	°	°	°	°	°
1	7♎17	25♍44	3♍40	5 R 16	28 R 33	21 D 17	19 R 10	19 R 59	16 D 3	14 D 53	23 R 38	17 R 40	29 D	26 R	25 R	25 D	12 R
2	8♎16	9♎14	3♍37	5♍12	27♍53	22♎32	18♓59	19♉54	16♌9	14♋54	23♈37	17♒40	29♊	26♓	25♒	25♍	12♊
3	9♎15	22♎30	3♍33	5♍8	27♍21	23♎46	18♓49	19♉50	16♌15	14♋55	23♈35	17♒39	29♊	26♓	25♒	26♍	12♊
4	10♎14	5♏28	3♍30	5♍2	27♍0	25♎1	18♓40	19♉45	16♌20	14♋56	23♈33	17♒38	29♊	25♓	25♒	26♍	12♊
5	11♎13	18♏9	3♍27	4♍55	26♍48	26♎15	18♓31	19♉41	16♌26	14♋57	23♈32	17♒37	29♊	25♓	25♒	27♍	12♊
6	12♎12	0♐34	3♍24	4♍49	26 D 48	27♎30	18♓23	19♉36	16♌31	14♋58	23♈30	17♒37	0♋	25♓	25♒	27♍	12♊
7	13♎11	12♐45	3♍21	4♍44	26♍57	28♎44	18♓15	19♉31	16♌37	14♋58	23♈28	17♒36	0♋	25♓	25♒	28♍	12♊
8	14♎10	24♐45	3♍18	4♍40	27♍17	29♎59	18♓9	19♉25	16♌42	14♋59	23♈27	17♒35	0♋	24♓	24♒	28♍	12♊
9	15♎9	6♑39	3♍14	4♍38	27♍47	1♏13	18♓3	19♉20	16♌47	15♋0	23♈25	17♒35	0♋	24♓	24♒	29♍	12♊
10	16♎9	18♑30	3♍11	4 D 38	28♍26	2♏28	17♓58	19♉14	16♌53	15♋0	23♈23	17♒34	0♋	24♓	24♒	29♍	12♊
11	17♎8	0♒23	3♍8	4♍39	29♍14	3♏42	17♓54	19♉9	16♌58	15♋1	23♈22	17♒34	0♋	24♓	24♒	0♎	12♊
12	18♎7	12♒25	3♍5	4♍40	0♎10	4♏57	17♓50	19♉3	17♌3	15♋2	23♈20	17♒33	0♋	23♓	24♒	0♎	12♊
13	19♎7	24♒39	3♍2	4♍42	1♎13	6♏11	17♓48	18♉57	17♌8	15♋2	23♈18	17♒33	0♋	23♓	24♒	1♎	12♊
14	20♎6	7♓11	2♍58	4 R 42	2♎22	7♏26	17♓46	18♉51	17♌12	15♋3	23♈17	17♒32	1♋	23♓	24 D	1♎	12♊
15	21♎5	20♓2	2♍55	4♍41	3♎37	8♏40	17♓45	18♉44	17♌17	15♋3	23♈15	17♒32	1♋	23♓	24♒	2♎	12♊
16	22♎5	3♈16	2♍52	4♍38	4♎57	9♏55	17 D 45	18♉38	17♌22	15♋3	23♈13	17♒31	1♋	22♓	24♒	2♎	12♊
17	23♎4	16♈52	2♍49	4♍32	6♎21	11♏10	17♓46	18♉31	17♌27	15♋4	23♈12	17♒31	1♋	22♓	24♒	3♎	12♊
18	24♎4	0♉48	2♍46	4♍25	7♎48	12♏24	17♓47	18♉24	17♌31	15♋4	23♈10	17♒31	1♋	22♓	24♒	3♎	12♊
19	25♎3	15♉0	2♍43	4♍17	9♎19	13♏38	17♓49	18♉18	17♌36	15♋4	23♈8	17♒30	1♋	22♓	25♒	4♎	11♊
20	26♎3	29♉22	2♍39	4♍8	10♎52	14♏53	17♓52	18♉11	17♌40	15♋4	23♈7	17♒30	1♋	22♓	25♒	4♎	11♊
21	27♎2	13♊49	2♍36	4♍1	12♎27	16♏7	17♓56	18♉4	17♌44	15♋4	23♈5	17♒30	1♋	21♓	25♒	5♎	11♊
22	28♎2	28♊15	2♍33	3♍55	14♎4	17♏22	18♓0	17♉56	17♌48	15 R 4	23♈3	17♒29	1♋	21♓	25♒	5♎	11♊
23	29♎2	12♋36	2♍30	3♍52	15♎42	18♏36	18♓6	17♉49	17♌53	15♋4	23♈2	17♒29	1♋	21♓	25♒	6♎	11♊
24	0♏1	26♋47	2♍27	3♍51	17♎21	19♏51	18♓12	17♉42	17♌57	15♋4	23♈0	17♒29	1♋	21♓	25♒	6♎	11♊
25	1♏1	10♌48	2♍24	3 D 51	19♎0	21♏5	18♓18	17♉34	18♌1	15♋4	22♈58	17♒29	1♋	21♓	25♒	7♎	11♊
26	2♏1	24♌38	2♍20	3♍52	20♎41	22♏20	18♓26	17♉27	18♌4	15♋4	22♈57	17♒28	1♋	20♓	25♒	7♎	11♊
27	3♏1	8♍17	2♍17	3 R 52	22♎21	23♏34	18♓34	17♉19	18♌8	15♋3	22♈55	17♒28	1♋	20♓	25♒	8♎	11♊
28	4♏1	21♍46	2♍14	3♍51	24♎2	24♏49	18♓43	17♉11	18♌12	15♋3	22♈53	17♒28	1♋	20♓	25♒	8♎	11♊
29	5♏0	5♎5	2♍11	3♍47	25♎43	26♏3	18♓52	17♉3	18♌15	15♋3	22♈52	17♒28	1♋	20♓	25♒	9♎	11♊
30	6♏0	18♎12	2♍8	3♍40	27♎23	27♏18	19♓3	16♉56	18♌19	15♋2	22♈50	17♒28	1♋	20♓	25♒	9♎	11♊
31	7♏0	1♏8	2♍4	3♍31	29♎4	28♏32	19♓14	16♉48	18♌22	15♋2	22♈49	17♒28	1 R	20♓	26♒	10♎	11♊

SUN INGRESS: ☉→♏23日 23:16

MOON PHASE: ● 1日 22:06 ♎ ◐ 9日 18:49 ♑ ○ 17日 11:35 ♈ ◑ 24日 05:56 ♌ ● 31日 11:58 ♏

aspects

2日	20:26	♀☍♆
8日	20:03	☉□♅
10日	19:25	☉⚹♄
11日	10:20	☉△♇
17日	02:57	☉☍♆
17日	21:11	♄☍♇
20日	03:34	♀△♅
21日	16:10	♂⚹♃
22日	02:21	♀□♇
22日	09:02	♀□♄
22日	10:07	♀☍♃
22日	13:15	♀△♂
22日	14:49	☿□♅
22日	16:46	♃□♄
24日	01:57	☿△♇
24日	09:00	☿⚹♄
25日	18:16	♃□♆
27日	07:56	☿☍♆

2035年11月

DAY	☉	☽	☊ mean	☊ true	☿	♀	♂	♃	♄	♅	♆	♇	⚳	⚴	⚵	⚶	⚷
1	8 ♏ 0	13 ♏ 51	2 ♍ 1	3 R 19	0 D 44	29 D 47	19 D 25	16 R 40	18 D 25	15 R 1	22 R 47	17 D 28	1 R	20 R	26 D	10 D	11 R
2	9 ♏ 0	26 ♏ 22	1 ♍ 58	3 ♍ 7	2 ♏ 24	1 ♐ 1	19 ♓ 38	16 ♉ 32	18 ♌ 29	15 ♋ 1	22 ♈ 45	17 ♒ 28	1 ♋	20 ♓	26 ♒	10 ♎	11 ♊
3	10 ♏ 0	8 ♐ 41	1 ♍ 55	2 ♍ 54	4 ♏ 4	2 ♐ 16	19 ♓ 51	16 ♉ 24	18 ♌ 32	15 ♋ 0	22 ♈ 44	17 ♒ 28	1 ♋	19 ♓	26 ♒	11 ♎	11 ♊
4	11 ♏ 0	20 ♐ 47	1 ♍ 52	2 ♍ 43	5 ♏ 44	3 ♐ 30	20 ♓ 4	16 ♉ 16	18 ♌ 35	14 ♋ 59	22 ♈ 42	17 ♒ 28	1 ♋	19 ♓	26 ♒	11 ♎	11 ♊
5	12 ♏ 1	2 ♑ 45	1 ♍ 49	2 ♍ 34	7 ♏ 23	4 ♐ 45	20 ♓ 19	16 ♉ 7	18 ♌ 37	14 ♋ 59	22 ♈ 41	17 ♒ 28	1 ♋	19 ♓	26 ♒	12 ♎	11 ♊
6	13 ♏ 1	14 ♑ 36	1 ♍ 45	2 ♍ 28	9 ♏ 1	5 ♐ 59	20 ♓ 33	15 ♉ 59	18 ♌ 40	14 ♋ 58	22 ♈ 39	17 ♒ 28	1 ♋	19 ♓	27 ♒	12 ♎	11 ♊
7	14 ♏ 1	26 ♑ 24	1 ♍ 42	2 ♍ 24	10 ♏ 40	7 ♐ 14	20 ♓ 49	15 ♉ 51	18 ♌ 43	14 ♋ 57	22 ♈ 37	17 ♒ 29	1 ♋	19 ♓	27 ♒	13 ♎	11 ♊
8	15 ♏ 1	8 ♒ 15	1 ♍ 39	2 ♍ 23	12 ♏ 18	8 ♐ 28	21 ♓ 5	15 ♉ 43	18 ♌ 45	14 ♋ 56	22 ♈ 36	17 ♒ 29	1 ♋	19 ♓	27 ♒	13 ♎	11 ♊
9	16 ♏ 1	20 ♒ 14	1 ♍ 36	2 D 23	13 ♏ 55	9 ♐ 42	21 ♓ 22	15 ♉ 35	18 ♌ 48	14 ♋ 55	22 ♈ 34	17 ♒ 29	1 ♋	19 ♓	27 ♒	14 ♎	11 ♊
10	17 ♏ 1	2 ♓ 26	1 ♍ 33	2 R 23	15 ♏ 32	10 ♐ 57	21 ♓ 39	15 ♉ 27	18 ♌ 50	14 ♋ 54	22 ♈ 33	17 ♒ 29	1 ♋	19 ♓	27 ♒	14 ♎	11 ♊
11	18 ♏ 2	14 ♓ 56	1 ♍ 29	2 ♍ 22	17 ♏ 9	12 ♐ 11	21 ♓ 57	15 ♉ 18	18 ♌ 52	14 ♋ 53	22 ♈ 31	17 ♒ 29	1 ♋	19 ♓	28 ♒	15 ♎	10 ♊
12	19 ♏ 2	27 ♓ 49	1 ♍ 26	2 ♍ 20	18 ♏ 46	13 ♐ 26	22 ♓ 15	15 ♉ 10	18 ♌ 55	14 ♋ 52	22 ♈ 30	17 ♒ 30	1 ♋	19 ♓	28 ♒	15 ♎	10 ♊
13	20 ♏ 2	11 ♈ 9	1 ♍ 23	2 ♍ 15	20 ♏ 22	14 ♐ 40	22 ♓ 34	15 ♉ 2	18 ♌ 57	14 ♋ 51	22 ♈ 29	17 ♒ 30	1 ♋	19 ♓	28 ♒	16 ♎	10 ♊
14	21 ♏ 3	24 ♈ 56	1 ♍ 20	2 ♍ 7	21 ♏ 58	15 ♐ 54	22 ♓ 53	14 ♉ 54	18 ♌ 59	14 ♋ 50	22 ♈ 27	17 ♒ 30	1 ♋	19 ♓	28 ♒	16 ♎	10 ♊
15	22 ♏ 3	9 ♉ 9	1 ♍ 17	1 ♍ 57	23 ♏ 33	17 ♐ 9	23 ♓ 13	14 ♉ 46	19 ♌ 0	14 ♋ 49	22 ♈ 26	17 ♒ 31	1 ♋	19 ♓	28 ♒	17 ♎	10 ♊
16	23 ♏ 3	23 ♉ 44	1 ♍ 14	1 ♍ 45	25 ♏ 8	18 ♐ 23	23 ♓ 33	14 ♉ 38	19 ♌ 2	14 ♋ 47	22 ♈ 24	17 ♒ 31	0 ♋	19 ♓	29 ♒	17 ♎	10 ♊
17	24 ♏ 4	8 ♊ 34	1 ♍ 10	1 ♍ 34	26 ♏ 43	19 ♐ 38	23 ♓ 54	14 ♉ 30	19 ♌ 4	14 ♋ 46	22 ♈ 23	17 ♒ 32	0 ♋	19 ♓	29 ♒	18 ♎	10 ♊
18	25 ♏ 4	23 ♊ 28	1 ♍ 7	1 ♍ 23	28 ♏ 18	20 ♐ 52	24 ♓ 15	14 ♉ 22	19 ♌ 5	14 ♋ 45	22 ♈ 22	17 ♒ 32	0 ♋	19 ♓	29 ♒	18 ♎	10 ♊
19	26 ♏ 5	8 ♋ 20	1 ♍ 4	1 ♍ 14	29 ♏ 52	22 ♐ 6	24 ♓ 37	14 ♉ 14	19 ♌ 7	14 ♋ 43	22 ♈ 20	17 ♒ 33	0 ♋	19 D	29 ♒	19 ♎	10 ♊
20	27 ♏ 5	23 ♋ 0	1 ♍ 1	1 ♍ 9	1 ♐ 26	23 ♐ 21	24 ♓ 59	14 ♉ 7	19 ♌ 8	14 ♋ 42	22 ♈ 19	17 ♒ 33	0 ♋	19 ♓	0 ♓	19 ♎	10 ♊
21	28 ♏ 6	7 ♌ 24	0 ♍ 58	1 ♍ 6	3 ♐ 0	24 ♐ 35	25 ♓ 21	13 ♉ 59	19 ♌ 9	14 ♋ 40	22 ♈ 18	17 ♒ 34	0 ♋	19 ♓	0 ♓	20 ♎	10 ♊
22	29 ♏ 6	21 ♌ 29	0 ♍ 55	1 ♍ 5	4 ♐ 34	25 ♐ 49	25 ♓ 44	13 ♉ 51	19 ♌ 10	14 ♋ 39	22 ♈ 16	17 ♒ 34	0 ♋	19 ♓	0 ♓	20 ♎	10 ♊
23	0 ♐ 7	5 ♍ 15	0 ♍ 51	1 ♍ 5	6 ♐ 7	27 ♐ 4	26 ♓ 8	13 ♉ 44	19 ♌ 11	14 ♋ 37	22 ♈ 15	17 ♒ 35	0 ♋	19 ♓	0 ♓	21 ♎	10 ♊
24	1 ♐ 8	18 ♍ 44	0 ♍ 48	1 ♍ 4	7 ♐ 41	28 ♐ 18	26 ♓ 31	13 ♉ 36	19 ♌ 12	14 ♋ 35	22 ♈ 14	17 ♒ 35	29 ♊	19 ♓	1 ♓	21 ♎	10 ♊
25	2 ♐ 8	1 ♎ 57	0 ♍ 45	1 ♍ 2	9 ♐ 14	29 ♐ 32	26 ♓ 55	13 ♉ 29	19 ♌ 13	14 ♋ 34	22 ♈ 13	17 ♒ 36	29 ♊	19 ♓	1 ♓	22 ♎	10 ♊
26	3 ♐ 9	14 ♎ 56	0 ♍ 42	0 ♍ 57	10 ♐ 47	0 ♑ 46	27 ♓ 20	13 ♉ 22	19 ♌ 13	14 ♋ 32	22 ♈ 11	17 ♒ 37	29 ♊	19 ♓	1 ♓	22 ♎	10 ♊
27	4 ♐ 10	27 ♎ 43	0 ♍ 39	0 ♍ 49	12 ♐ 20	2 ♑ 1	27 ♓ 45	13 ♉ 15	19 ♌ 14	14 ♋ 30	22 ♈ 10	17 ♒ 37	29 ♊	19 ♓	2 ♓	23 ♎	10 ♊
28	5 ♐ 10	10 ♏ 19	0 ♍ 35	0 ♍ 38	13 ♐ 53	3 ♑ 15	28 ♓ 10	13 ♉ 7	19 ♌ 14	14 ♋ 28	22 ♈ 9	17 ♒ 38	29 ♊	19 ♓	2 ♓	23 ♎	10 ♊
29	6 ♐ 11	22 ♏ 46	0 ♍ 32	0 ♍ 24	15 ♐ 25	4 ♑ 29	28 ♓ 36	13 ♉ 1	19 ♌ 14	14 ♋ 27	22 ♈ 8	17 ♒ 39	29 ♊	19 ♓	2 ♓	24 ♎	10 ♊
30	7 ♐ 12	5 ♐ 3	0 ♍ 29	0 ♍ 10	16 ♐ 58	5 ♑ 43	29 ♓ 1	12 ♉ 54	19 ♌ 14	14 ♋ 25	22 ♈ 7	17 ♒ 40	28 ♊	19 ♓	3 ♓	24 ♎	9 ♊

SUN INGRESS: ☉ → ♐ 22日 21:03

MOON PHASE: ◐ 8日 14:50 ♒ ○ 15日 22:48 ♉ ◑ 22日 14:16 ♌ ● 30日 04:37 ♐

aspects		
7日	22:04	☉△♅
8日	14:42	☉☍♃
9日	14:40	☿△♅
9日	22:40	☿☍♃
10日	11:04	☉□♇
11日	05:02	☿□♇
11日	20:56	☉□♄
12日	02:17	☿□♄
12日	10:56	☉☌☿
14日	15:15	♃⚹♅
14日	17:33	☿△♂
15日	07:06	♀⚹♇
16日	12:50	♀△♄
16日	17:56	☉△♂
19日	04:26	♀△♆
21日	21:40	♀□♂
30日	10:56	☿⚹♇

2035年12月

DAY	☉	☽	☊ mean	☊ true	☿	♀	♂	♃	♄	♅	♆	♇	⚳	⚴	⚵	⚶	⚷
1	8 ♐ 13	17 ♐ 11	0 ♍ 26	29 R 55	18 D 30	6 D 58	29 D 28	12 R 47	19 R 14	14 R 23	22 R 6	17 D 40	28 R	19 D	3 D	25 D	9 R
2	9 ♐ 13	29 ♐ 11	0 ♍ 23	29 ♌ 42	20 ♐ 2	8 ♑ 12	29 ♓ 54	12 ♉ 41	19 ♌ 14	14 ♋ 21	22 ♈ 5	17 ♒ 41	28 ♊	19 ♓	3 ♓	25 ♎	9 ♊
3	10 ♐ 14	11 ♑ 5	0 ♍ 20	29 ♌ 31	21 ♐ 35	9 ♑ 26	0 ♈ 21	12 ♉ 34	19 ♌ 14	14 ♋ 19	22 ♈ 4	17 ♒ 42	28 ♊	19 ♓	3 ♓	26 ♎	9 ♊
4	11 ♐ 15	22 ♑ 53	0 ♍ 16	29 ♌ 22	23 ♐ 6	10 ♑ 40	0 ♈ 48	12 ♉ 28	19 ♌ 14	14 ♋ 17	22 ♈ 3	17 ♒ 43	28 ♊	19 ♓	4 ♓	26 ♎	9 ♊
5	12 ♐ 16	4 ♒ 40	0 ♍ 13	29 ♌ 17	24 ♐ 38	11 ♑ 54	1 ♈ 16	12 ♉ 22	19 ♌ 14	14 ♋ 15	22 ♈ 2	17 ♒ 44	27 ♊	19 ♓	4 ♓	27 ♎	9 ♊
6	13 ♐ 17	16 ♒ 30	0 ♍ 10	29 ♌ 14	26 ♐ 10	13 ♑ 9	1 ♈ 44	12 ♉ 16	19 ♌ 13	14 ♋ 13	22 ♈ 1	17 ♒ 45	27 ♊	19 ♓	4 ♓	27 ♎	9 ♊
7	14 ♐ 18	28 ♒ 26	0 ♍ 7	29 ♌ 14	27 ♐ 41	14 ♑ 23	2 ♈ 12	12 ♉ 10	19 ♌ 12	14 ♋ 11	22 ♈ 0	17 ♒ 46	27 ♊	20 ♓	5 ♓	27 ♎	9 ♊
8	15 ♐ 19	10 ♓ 34	0 ♍ 4	29 D 14	29 ♐ 12	15 ♑ 37	2 ♈ 40	12 ♉ 4	19 ♌ 12	14 ♋ 8	21 ♈ 59	17 ♒ 47	27 ♊	20 ♓	5 ♓	28 ♎	9 ♊
9	16 ♐ 20	22 ♓ 59	0 ♍ 1	29 R 14	0 ♑ 43	16 ♑ 51	3 ♈ 9	11 ♉ 59	19 ♌ 11	14 ♋ 6	21 ♈ 59	17 ♒ 48	26 ♊	20 ♓	6 ♓	28 ♎	9 ♊
10	17 ♐ 21	5 ♈ 47	29 ♌ 57	29 ♌ 12	2 ♑ 14	18 ♑ 5	3 ♈ 38	11 ♉ 54	19 ♌ 10	14 ♋ 4	21 ♈ 58	17 ♒ 49	26 ♊	20 ♓	6 ♓	29 ♎	9 ♊
11	18 ♐ 22	19 ♈ 2	29 ♌ 54	29 ♌ 9	3 ♑ 44	19 ♑ 19	4 ♈ 7	11 ♉ 48	19 ♌ 9	14 ♋ 2	21 ♈ 57	17 ♒ 50	26 ♊	20 ♓	6 ♓	29 ♎	9 ♊
12	19 ♐ 23	2 ♉ 47	29 ♌ 51	29 ♌ 2	5 ♑ 13	20 ♑ 33	4 ♈ 37	11 ♉ 43	19 ♌ 7	14 ♋ 0	21 ♈ 56	17 ♒ 51	26 ♊	20 ♓	7 ♓	0 ♏	9 ♊
13	20 ♐ 23	17 ♉ 3	29 ♌ 48	28 ♌ 54	6 ♑ 42	21 ♑ 47	5 ♈ 6	11 ♉ 39	19 ♌ 6	13 ♋ 57	21 ♈ 56	17 ♒ 52	26 ♊	20 ♓	7 ♓	0 ♏	9 ♊
14	21 ♐ 24	1 ♊ 45	29 ♌ 45	28 ♌ 43	8 ♑ 11	23 ♑ 1	5 ♈ 36	11 ♉ 34	19 ♌ 5	13 ♋ 55	21 ♈ 55	17 ♒ 53	25 ♊	20 ♓	7 ♓	1 ♏	9 ♊
15	22 ♐ 25	16 ♊ 47	29 ♌ 41	28 ♌ 33	9 ♑ 38	24 ♑ 15	6 ♈ 6	11 ♉ 30	19 ♌ 3	13 ♋ 53	21 ♈ 54	17 ♒ 54	25 ♊	21 ♓	8 ♓	1 ♏	9 ♊
16	23 ♐ 26	2 ♋ 0	29 ♌ 38	28 ♌ 23	11 ♑ 4	25 ♑ 29	6 ♈ 37	11 ♉ 25	19 ♌ 2	13 ♋ 50	21 ♈ 54	17 ♒ 55	25 ♊	21 ♓	8 ♓	2 ♏	9 ♊
17	24 ♐ 27	17 ♋ 13	29 ♌ 35	28 ♌ 15	12 ♑ 29	26 ♑ 43	7 ♈ 7	11 ♉ 21	19 ♌ 0	13 ♋ 48	21 ♈ 53	17 ♒ 56	25 ♊	21 ♓	8 ♓	2 ♏	9 ♊
18	25 ♐ 28	2 ♌ 16	29 ♌ 32	28 ♌ 10	13 ♑ 53	27 ♑ 57	7 ♈ 38	11 ♉ 17	18 ♌ 58	13 ♋ 45	21 ♈ 52	17 ♒ 58	24 ♊	21 ♓	9 ♓	3 ♏	8 ♊
19	26 ♐ 30	17 ♌ 0	29 ♌ 29	28 ♌ 8	15 ♑ 15	29 ♑ 10	8 ♈ 9	11 ♉ 14	18 ♌ 56	13 ♋ 43	21 ♈ 52	17 ♒ 59	24 ♊	21 ♓	9 ♓	3 ♏	8 ♊
20	27 ♐ 31	1 ♍ 20	29 ♌ 26	28 D 7	16 ♑ 35	0 ♒ 24	8 ♈ 40	11 ♉ 10	18 ♌ 54	13 ♋ 41	21 ♈ 51	18 ♒ 0	24 ♊	21 ♓	10 ♓	4 ♏	8 ♊
21	28 ♐ 32	15 ♍ 16	29 ♌ 22	28 ♌ 8	17 ♑ 53	1 ♒ 38	9 ♈ 12	11 ♉ 7	18 ♌ 52	13 ♋ 38	21 ♈ 51	18 ♒ 1	24 ♊	22 ♓	10 ♓	4 ♏	8 ♊
22	29 ♐ 33	28 ♍ 48	29 ♌ 19	28 ♌ 8	19 ♑ 8	2 ♒ 52	9 ♈ 43	11 ♉ 4	18 ♌ 50	13 ♋ 36	21 ♈ 51	18 ♒ 3	23 ♊	22 ♓	10 ♓	5 ♏	8 ♊
23	0 ♑ 34	11 ♎ 57	29 ♌ 16	28 R 8	20 ♑ 20	4 ♒ 5	10 ♈ 15	11 ♉ 1	18 ♌ 47	13 ♋ 33	21 ♈ 50	18 ♒ 4	23 ♊	22 ♓	11 ♓	5 ♏	8 ♊
24	1 ♑ 35	24 ♎ 48	29 ♌ 13	28 ♌ 5	21 ♑ 28	5 ♒ 19	10 ♈ 47	10 ♉ 58	18 ♌ 45	13 ♋ 31	21 ♈ 50	18 ♒ 5	23 ♊	22 ♓	11 ♓	5 ♏	8 ♊
25	2 ♑ 36	7 ♏ 23	29 ♌ 10	28 ♌ 0	22 ♑ 32	6 ♒ 33	11 ♈ 19	10 ♉ 56	18 ♌ 42	13 ♋ 28	21 ♈ 50	18 ♒ 6	23 ♊	22 ♓	12 ♓	6 ♏	8 ♊
26	3 ♑ 37	19 ♏ 46	29 ♌ 7	27 ♌ 52	23 ♑ 31	7 ♒ 46	11 ♈ 51	10 ♉ 53	18 ♌ 40	13 ♋ 26	21 ♈ 49	18 ♒ 8	22 ♊	23 ♓	12 ♓	6 ♏	8 ♊
27	4 ♑ 38	1 ♐ 59	29 ♌ 3	27 ♌ 42	24 ♑ 24	9 ♒ 0	12 ♈ 23	10 ♉ 51	18 ♌ 37	13 ♋ 23	21 ♈ 49	18 ♒ 9	22 ♊	23 ♓	13 ♓	7 ♏	8 ♊
28	5 ♑ 40	14 ♐ 3	29 ♌ 0	27 ♌ 32	25 ♑ 11	10 ♒ 13	12 ♈ 56	10 ♉ 49	18 ♌ 34	13 ♋ 20	21 ♈ 49	18 ♒ 11	22 ♊	23 ♓	13 ♓	7 ♏	8 ♊
29	6 ♑ 41	26 ♐ 2	28 ♌ 57	27 ♌ 21	25 ♑ 50	11 ♒ 27	13 ♈ 29	10 ♉ 48	18 ♌ 31	13 ♋ 18	21 ♈ 49	18 ♒ 12	22 ♊	23 ♓	13 ♓	8 ♏	8 ♊
30	7 ♑ 42	7 ♑ 55	28 ♌ 54	27 ♌ 12	26 ♑ 21	12 ♒ 40	14 ♈ 2	10 ♉ 46	18 ♌ 28	13 ♋ 15	21 ♈ 48	18 ♒ 13	22 ♊	24 ♓	14 ♓	8 ♏	8 ♊
31	8 ♑ 43	19 ♑ 45	28 ♌ 51	27 ♌ 4	26 ♑ 42	13 ♒ 54	14 ♈ 35	10 ♉ 45	18 ♌ 25	13 ♋ 13	21 ♈ 48	18 ♒ 15	21 ♊	24 ♓	14 ♓	9 ♏	8 ♊

SUN INGRESS: ☉ → ♑ 22日 10:30

MOON PHASE: ◐ 8日 10:05 ♓ ○ 15日 09:33 ♊ ◑ 22日 01:28 ♍ ● 29日 23:30 ♑

aspects		
1日	11:31	☿△♄
3日	07:35	☿△♆
5日	08:11	♀△♃
6日	20:11	♀☍♅
10日	11:13	☉⚹♇
11日	09:19	☿□♂
11日	18:12	☉△♄
13日	02:44	♀□♆
14日	11:50	☉△♆
16日	05:38	☿△♃
17日	21:48	☿☍♅
24日	07:53	☿□♆
28日	11:32	♀□♃
28日	16:33	♂□♅

2036年1月

DAY	☉	☽	☊ mean	☊ true	☿	♀	♂	♃	♄	♅	♆	♇	⚳	⚴	⚵	⚶	⚷
	° ′	° ′	° ′	° ′	° ′	° ′	° ′	° ′	° ′	° ′	° ′	° ′	°	°	°	°	°
1	9 ♑ 44	1 ♒ 34	28 ♌ 47	26 R 58	26 D 54	15 D 7	15 D 8	10 R 44	18 R 22	13 R 10	21 R 48	18 D 16	21 R	24 D	15 D	9 D	8 R
2	10 ♑ 45	13 ♒ 22	28 ♌ 44	26 ♌ 54	26 R 54	16 ♒ 20	15 ♈ 41	10 ♉ 43	18 ♌ 19	13 ♋ 8	21 ♈ 48	18 ♒ 18	21 ♊	24 ♓	15 ♓	10 ♏	8 ♊
3	11 ♑ 47	25 ♒ 14	28 ♌ 41	26 ♌ 53	26 ♑ 43	17 ♒ 34	16 ♈ 15	10 ♉ 43	18 ♌ 15	13 ♋ 5	21 D 48	18 ♒ 19	21 ♊	24 ♓	16 ♓	10 ♏	8 ♊
4	12 ♑ 48	7 ♓ 12	28 ♌ 38	26 D 54	26 ♑ 21	18 ♒ 47	16 ♈ 49	10 ♉ 42	18 ♌ 12	13 ♋ 2	21 ♈ 48	18 ♒ 21	21 ♊	25 ♓	16 ♓	10 ♏	8 ♊
5	13 ♑ 49	19 ♓ 21	28 ♌ 35	26 ♌ 55	25 ♑ 46	20 ♒ 0	17 ♈ 22	10 ♉ 42	18 ♌ 8	13 ♋ 0	21 ♈ 48	18 ♒ 22	20 ♊	25 ♓	16 ♓	11 ♏	8 ♊
6	14 ♑ 50	1 ♈ 45	28 ♌ 32	26 ♌ 57	25 ♑ 0	21 ♒ 13	17 ♈ 56	10 D 42	18 ♌ 5	12 ♋ 57	21 ♈ 48	18 ♒ 24	20 ♊	25 ♓	17 ♓	11 ♏	8 ♊
7	15 ♑ 51	14 ♈ 28	28 ♌ 28	26 ♌ 57	24 ♑ 4	22 ♒ 26	18 ♈ 30	10 ♉ 42	18 ♌ 1	12 ♋ 55	21 ♈ 49	18 ♒ 25	20 ♊	25 ♓	17 ♓	12 ♏	7 ♊
8	16 ♑ 52	27 ♈ 35	28 ♌ 25	26 R 57	22 ♑ 58	23 ♒ 39	19 ♈ 4	10 ♉ 42	17 ♌ 57	12 ♋ 52	21 ♈ 49	18 ♒ 27	20 ♊	26 ♓	18 ♓	12 ♏	7 ♊
9	17 ♑ 53	11 ♉ 10	28 ♌ 22	26 ♌ 55	21 ♑ 45	24 ♒ 52	19 ♈ 39	10 ♉ 43	17 ♌ 53	12 ♋ 49	21 ♈ 49	18 ♒ 29	20 ♊	26 ♓	18 ♓	13 ♏	7 ♊
10	18 ♑ 55	25 ♉ 14	28 ♌ 19	26 ♌ 51	20 ♑ 28	26 ♒ 5	20 ♈ 13	10 ♉ 44	17 ♌ 49	12 ♋ 47	21 ♈ 49	18 ♒ 30	19 ♊	26 ♓	19 ♓	13 ♏	7 ♊
11	19 ♑ 56	9 ♊ 46	28 ♌ 16	26 ♌ 45	19 ♑ 8	27 ♒ 18	20 ♈ 47	10 ♉ 45	17 ♌ 45	12 ♋ 44	21 ♈ 49	18 ♒ 32	19 ♊	26 ♓	19 ♓	14 ♏	7 ♊
12	20 ♑ 57	24 ♊ 42	28 ♌ 13	26 ♌ 40	17 ♑ 48	28 ♒ 31	21 ♈ 22	10 ♉ 46	17 ♌ 41	12 ♋ 42	21 ♈ 50	18 ♒ 33	19 ♊	27 ♓	20 ♓	14 ♏	7 ♊
13	21 ♑ 58	9 ♋ 54	28 ♌ 9	26 ♌ 34	16 ♑ 31	29 ♒ 43	21 ♈ 57	10 ♉ 48	17 ♌ 37	12 ♋ 39	21 ♈ 50	18 ♒ 35	19 ♊	27 ♓	20 ♓	14 ♏	7 ♊
14	22 ♑ 59	25 ♋ 13	28 ♌ 6	26 ♌ 30	15 ♑ 18	0 ♓ 56	22 ♈ 31	10 ♉ 49	17 ♌ 33	12 ♋ 37	21 ♈ 51	18 ♒ 37	19 ♊	27 ♓	21 ♓	15 ♏	7 ♊
15	24 ♑ 0	10 ♌ 26	28 ♌ 3	26 ♌ 28	14 ♑ 13	2 ♓ 8	23 ♈ 6	10 ♉ 51	17 ♌ 29	12 ♋ 34	21 ♈ 51	18 ♒ 38	19 ♊	28 ♓	21 ♓	15 ♏	7 ♊
16	25 ♑ 1	25 ♌ 26	28 ♌ 0	26 ♌ 27	13 ♑ 15	3 ♓ 21	23 ♈ 41	10 ♉ 53	17 ♌ 24	12 ♋ 31	21 ♈ 51	18 ♒ 40	19 ♊	28 ♓	21 ♓	16 ♏	7 ♊
17	26 ♑ 2	10 ♍ 3	27 ♌ 57	26 D 27	12 ♑ 26	4 ♓ 33	24 ♈ 16	10 ♉ 55	17 ♌ 20	12 ♋ 29	21 ♈ 52	18 ♒ 42	18 ♊	28 ♓	22 ♓	16 ♏	7 ♊
18	27 ♑ 3	24 ♍ 14	27 ♌ 53	26 ♌ 29	11 ♑ 47	5 ♓ 45	24 ♈ 51	10 ♉ 58	17 ♌ 16	12 ♋ 26	21 ♈ 52	18 ♒ 43	18 ♊	28 ♓	22 ♓	16 ♏	7 ♊
19	28 ♑ 5	7 ♎ 58	27 ♌ 50	26 ♌ 30	11 ♑ 17	6 ♓ 58	25 ♈ 27	11 ♉ 1	17 ♌ 11	12 ♋ 24	21 ♈ 53	18 ♒ 45	18 ♊	29 ♓	23 ♓	17 ♏	7 ♊
20	29 ♑ 6	21 ♎ 15	27 ♌ 47	26 ♌ 32	10 ♑ 57	8 ♓ 10	26 ♈ 2	11 ♉ 3	17 ♌ 7	12 ♋ 22	21 ♈ 54	18 ♒ 47	18 ♊	29 ♓	23 ♓	17 ♏	7 ♊
21	0 ♒ 7	4 ♏ 9	27 ♌ 44	26 R 32	10 ♑ 46	9 ♓ 22	26 ♈ 37	11 ♉ 6	17 ♌ 2	12 ♋ 19	21 ♈ 54	18 ♒ 48	18 ♊	29 ♓	24 ♓	18 ♏	7 ♊
22	1 ♒ 8	16 ♏ 42	27 ♌ 41	26 ♌ 31	10 D 44	10 ♓ 34	27 ♈ 13	11 ♉ 10	16 ♌ 58	12 ♋ 17	21 ♈ 55	18 ♒ 50	18 ♊	0 ♈	24 ♓	18 ♏	7 ♊
23	2 ♒ 9	29 ♏ 0	27 ♌ 38	26 ♌ 28	10 ♑ 50	11 ♓ 46	27 ♈ 48	11 ♉ 13	16 ♌ 53	12 ♋ 14	21 ♈ 55	18 ♒ 52	18 ♊	0 ♈	25 ♓	19 ♏	7 ♊
24	3 ♒ 10	11 ♐ 6	27 ♌ 34	26 ♌ 25	11 ♑ 3	12 ♓ 58	28 ♈ 24	11 ♉ 17	16 ♌ 48	12 ♋ 12	21 ♈ 56	18 ♒ 54	18 ♊	0 ♈	25 ♓	19 ♏	7 ♊
25	4 ♒ 11	23 ♐ 3	27 ♌ 31	26 ♌ 21	11 ♑ 23	14 ♓ 9	29 ♈ 0	11 ♉ 21	16 ♌ 44	12 ♋ 10	21 ♈ 57	18 ♒ 55	18 ♊	1 ♈	26 ♓	19 ♏	7 ♊
26	5 ♒ 12	4 ♑ 55	27 ♌ 28	26 ♌ 18	11 ♑ 50	15 ♓ 21	29 ♈ 35	11 ♉ 25	16 ♌ 39	12 ♋ 7	21 ♈ 58	18 ♒ 57	18 ♊	1 ♈	26 ♓	20 ♏	7 ♊
27	6 ♒ 13	16 ♑ 44	27 ♌ 25	26 ♌ 14	12 ♑ 22	16 ♓ 32	0 ♉ 11	11 ♉ 29	16 ♌ 34	12 ♋ 5	21 ♈ 59	18 ♒ 59	18 ♊	1 ♈	27 ♓	20 ♏	7 ♊
28	7 ♒ 14	28 ♑ 33	27 ♌ 22	26 ♌ 11	13 ♑ 0	17 ♓ 44	0 ♉ 47	11 ♉ 33	16 ♌ 29	12 ♋ 3	21 ♈ 59	19 ♒ 1	18 ♊	2 ♈	27 ♓	21 ♏	7 ♊
29	8 ♒ 15	10 ♒ 23	27 ♌ 19	26 ♌ 9	13 ♑ 42	18 ♓ 55	1 ♉ 23	11 ♉ 38	16 ♌ 24	12 ♋ 0	22 ♈ 0	19 ♒ 2	17 ♊	2 ♈	28 ♓	21 ♏	7 ♊
30	9 ♒ 16	22 ♒ 17	27 ♌ 15	26 ♌ 9	14 ♑ 28	20 ♓ 6	1 ♉ 59	11 ♉ 42	16 ♌ 20	11 ♋ 58	22 ♈ 1	19 ♒ 4	17 ♊	2 ♈	28 ♓	21 ♏	7 ♊
31	10 ♒ 17	4 ♓ 17	27 ♌ 12	26 D 9	15 ♑ 19	21 ♓ 17	2 ♉ 35	11 ♉ 47	16 ♌ 15	11 ♋ 56	22 ♈ 2	19 ♒ 6	17 ♊	3 ♈	29 ♓	22 ♏	7 ♊

SUN INGRESS	☉ → ♒ 20日 21:11
MOON PHASE	◐ 7日 02:48 ♈ ○ 13日 20:16 ♋ ◑ 20日 15:46 ♎ ● 28日 19:17 ♒

aspects		
1日	00:34	♀⚹♂
1日	23:08	☉△♃
2日	03:30	♄☍♇
3日	12:59	♀☍♄
3日	15:17	♀☌♇
4日	05:30	☉☍♅
6日	05:20	♂△♄
6日	11:37	♀⚹♆
6日	20:29	♂⚹♇
8日	22:54	☿□♆
10日	03:08	☿□♂
10日	15:51	☉☌☿
12日	19:27	♂☌♆
12日	20:54	☉□♆
12日	22:47	☉□♂
16日	22:26	☿☍♅
19日	16:36	☿△♃
22日	03:29	☿⚹♀
22日	12:33	♀⚹♃
23日	09:14	♀△♅
24日	20:42	☿△♃
26日	12:36	☿☍♅

2036年2月

DAY	☉	☽	☊ mean	☊ true	☿	♀	♂	♃	♄	♅	♆	♇	⚳	⚴	⚵	⚶	⚷
	° ′	° ′	° ′	° ′	° ′	° ′	° ′	° ′	° ′	° ′	° ′	° ′	°	°	°	°	°
1	11 ♒ 18	16 ♓ 24	27 ♌ 9	26 D 10	16 D 13	22 D 28	3 D 11	11 D 53	16 R 10	11 R 54	22 D 3	19 D 8	17 R	3 D	29 D	22 D	7 R
2	12 ♒ 19	28 ♓ 42	27 ♌ 6	26 ♌ 11	17 ♑ 10	23 ♓ 39	3 ♉ 47	11 ♉ 58	16 ♌ 5	11 ♋ 52	22 ♈ 4	19 ♒ 9	17 ♊	3 ♈	0 ♈	23 ♏	7 ♊
3	13 ♒ 20	11 ♈ 13	27 ♌ 3	26 ♌ 12	18 ♑ 10	24 ♓ 50	4 ♉ 24	12 ♉ 3	16 ♌ 0	11 ♋ 49	22 ♈ 5	19 ♒ 11	17 ♊	4 ♈	0 ♈	23 ♏	7 ♊
4	14 ♒ 21	24 ♈ 0	26 ♌ 59	26 ♌ 13	19 ♑ 13	26 ♓ 1	5 ♉ 0	12 ♉ 9	15 ♌ 55	11 ♋ 47	22 ♈ 6	19 ♒ 13	17 D	4 ♈	1 ♈	23 ♏	7 ♊
5	15 ♒ 22	7 ♉ 6	26 ♌ 56	26 ♌ 14	20 ♑ 18	27 ♓ 11	5 ♉ 36	12 ♉ 15	15 ♌ 50	11 ♋ 45	22 ♈ 7	19 ♒ 15	17 ♊	4 ♈	1 ♈	24 ♏	7 ♊
6	16 ♒ 22	20 ♉ 34	26 ♌ 53	26 R 14	21 ♑ 26	28 ♓ 22	6 ♉ 13	12 ♉ 21	15 ♌ 45	11 ♋ 43	22 ♈ 9	19 ♒ 17	17 ♊	5 ♈	2 ♈	24 ♏	7 ♊
7	17 ♒ 23	4 ♊ 25	26 ♌ 50	26 ♌ 14	22 ♑ 36	29 ♓ 32	6 ♉ 49	12 ♉ 27	15 ♌ 41	11 ♋ 41	22 ♈ 10	19 ♒ 18	17 ♊	5 ♈	2 ♈	24 ♏	7 ♊
8	18 ♒ 24	18 ♊ 39	26 ♌ 47	26 ♌ 13	23 ♑ 47	0 ♈ 42	7 ♉ 26	12 ♉ 33	15 ♌ 36	11 ♋ 39	22 ♈ 11	19 ♒ 20	17 ♊	5 ♈	3 ♈	25 ♏	7 ♊
9	19 ♒ 25	3 ♋ 15	26 ♌ 44	26 ♌ 12	25 ♑ 0	1 ♈ 52	8 ♉ 2	12 ♉ 40	15 ♌ 31	11 ♋ 38	22 ♈ 12	19 ♒ 22	17 ♊	6 ♈	4 ♈	25 ♏	7 ♊
10	20 ♒ 25	18 ♋ 8	26 ♌ 40	26 ♌ 11	26 ♑ 15	3 ♈ 2	8 ♉ 39	12 ♉ 46	15 ♌ 26	11 ♋ 36	22 ♈ 13	19 ♒ 24	18 ♊	6 ♈	4 ♈	26 ♏	7 ♊
11	21 ♒ 26	3 ♌ 12	26 ♌ 37	26 ♌ 11	27 ♑ 32	4 ♈ 12	9 ♉ 16	12 ♉ 53	15 ♌ 21	11 ♋ 34	22 ♈ 15	19 ♒ 26	18 ♊	6 ♈	5 ♈	26 ♏	7 ♊
12	22 ♒ 27	18 ♌ 17	26 ♌ 34	26 ♌ 11	28 ♑ 50	5 ♈ 21	9 ♉ 52	13 ♉ 0	15 ♌ 16	11 ♋ 32	22 ♈ 16	19 ♒ 27	18 ♊	7 ♈	5 ♈	26 ♏	7 ♊
13	23 ♒ 28	3 ♍ 15	26 ♌ 31	26 D 11	0 ♒ 9	6 ♈ 30	10 ♉ 29	13 ♉ 7	15 ♌ 11	11 ♋ 30	22 ♈ 17	19 ♒ 29	18 ♊	7 ♈	6 ♈	27 ♏	7 ♊
14	24 ♒ 28	17 ♍ 57	26 ♌ 28	26 ♌ 11	1 ♒ 30	7 ♈ 40	11 ♉ 6	13 ♉ 15	15 ♌ 7	11 ♋ 29	22 ♈ 19	19 ♒ 31	18 ♊	7 ♈	6 ♈	27 ♏	7 ♊
15	25 ♒ 29	2 ♎ 17	26 ♌ 25	26 ♌ 11	2 ♒ 52	8 ♈ 49	11 ♉ 43	13 ♉ 22	15 ♌ 2	11 ♋ 27	22 ♈ 20	19 ♒ 33	18 ♊	8 ♈	7 ♈	27 ♏	7 D
16	26 ♒ 29	16 ♎ 12	26 ♌ 21	26 R 11	4 ♒ 15	9 ♈ 57	12 ♉ 20	13 ♉ 30	14 ♌ 57	11 ♋ 25	22 ♈ 22	19 ♒ 34	18 ♊	8 ♈	7 ♈	28 ♏	7 ♊
17	27 ♒ 30	29 ♎ 40	26 ♌ 18	26 ♌ 11	5 ♒ 39	11 ♈ 6	12 ♉ 56	13 ♉ 37	14 ♌ 52	11 ♋ 24	22 ♈ 23	19 ♒ 36	18 ♊	9 ♈	8 ♈	28 ♏	7 ♊
18	28 ♒ 31	12 ♏ 42	26 ♌ 15	26 ♌ 11	7 ♒ 5	12 ♈ 15	13 ♉ 33	13 ♉ 45	14 ♌ 48	11 ♋ 22	22 ♈ 25	19 ♒ 38	18 ♊	9 ♈	8 ♈	28 ♏	7 ♊
19	29 ♒ 31	25 ♏ 21	26 ♌ 12	26 ♌ 10	8 ♒ 31	13 ♈ 23	14 ♉ 10	13 ♉ 53	14 ♌ 43	11 ♋ 21	22 ♈ 26	19 ♒ 40	18 ♊	9 ♈	9 ♈	29 ♏	7 ♊
20	0 ♓ 32	7 ♐ 41	26 ♌ 9	26 D 10	9 ♒ 59	14 ♈ 31	14 ♉ 47	14 ♉ 2	14 ♌ 38	11 ♋ 19	22 ♈ 28	19 ♒ 42	18 ♊	10 ♈	9 ♈	29 ♏	7 ♊
21	1 ♓ 32	19 ♐ 46	26 ♌ 5	26 ♌ 11	11 ♒ 28	15 ♈ 39	15 ♉ 24	14 ♉ 10	14 ♌ 34	11 ♋ 18	22 ♈ 29	19 ♒ 43	18 ♊	10 ♈	10 ♈	29 ♏	7 ♊
22	2 ♓ 33	1 ♑ 41	26 ♌ 2	26 ♌ 11	12 ♒ 57	16 ♈ 47	16 ♉ 1	14 ♉ 18	14 ♌ 29	11 ♋ 16	22 ♈ 31	19 ♒ 45	19 ♊	10 ♈	10 ♈	0 ♐	7 ♊
23	3 ♓ 33	13 ♑ 30	25 ♌ 59	26 ♌ 12	14 ♒ 28	17 ♈ 55	16 ♉ 38	14 ♉ 27	14 ♌ 25	11 ♋ 15	22 ♈ 32	19 ♒ 47	19 ♊	11 ♈	11 ♈	0 ♐	7 ♊
24	4 ♓ 34	25 ♑ 18	25 ♌ 56	26 ♌ 13	16 ♒ 0	19 ♈ 2	17 ♉ 15	14 ♉ 36	14 ♌ 20	11 ♋ 14	22 ♈ 34	19 ♒ 49	19 ♊	11 ♈	12 ♈	0 ♐	7 ♊
25	5 ♓ 34	7 ♒ 8	25 ♌ 53	26 ♌ 14	17 ♒ 32	20 ♈ 9	17 ♉ 52	14 ♉ 45	14 ♌ 16	11 ♋ 13	22 ♈ 36	19 ♒ 50	19 ♊	12 ♈	12 ♈	0 ♐	7 ♊
26	6 ♓ 34	19 ♒ 2	25 ♌ 50	26 ♌ 14	19 ♒ 6	21 ♈ 16	18 ♉ 30	14 ♉ 54	14 ♌ 11	11 ♋ 11	22 ♈ 37	19 ♒ 52	19 ♊	12 ♈	13 ♈	1 ♐	7 ♊
27	7 ♓ 35	1 ♓ 5	25 ♌ 46	26 R 14	20 ♒ 41	22 ♈ 23	19 ♉ 7	15 ♉ 3	14 ♌ 7	11 ♋ 10	22 ♈ 39	19 ♒ 54	19 ♊	12 ♈	13 ♈	1 ♐	7 ♊
28	8 ♓ 35	13 ♓ 17	25 ♌ 43	26 ♌ 14	22 ♒ 16	23 ♈ 29	19 ♉ 44	15 ♉ 12	14 ♌ 3	11 ♋ 9	22 ♈ 41	19 ♒ 56	19 ♊	13 ♈	14 ♈	1 ♐	7 ♊
29	9 ♓ 35	25 ♓ 40	25 ♌ 40	26 ♌ 13	23 ♒ 53	24 ♈ 36	20 ♉ 21	15 ♉ 21	13 ♌ 59	11 ♋ 8	22 ♈ 43	19 ♒ 57	19 ♊	13 ♈	14 ♈	2 ♐	7 ♊

SUN INGRESS	☉ → ♓ 19日 11:14
MOON PHASE	◐ 5日 16:00 ♉ ○ 12日 07:08 ♌ ◑ 19日 08:46 ♏ ● 27日 13:59 ♓

aspects		
1日	03:48	♃⚹♅
1日	14:56	☉□♃
5日	10:31	☉☍♄
6日	15:00	☿□♆
8日	22:52	☉☌♇
11日	19:36	☉⚹♆
14日	14:09	♂⚹♅
17日	05:59	♀□♅
18日	10:01	♂☌♃
19日	18:51	♂□♄
20日	02:19	♀△♄
22日	19:43	♃□♄
22日	23:09	☿☍♄
22日	23:41	☿□♃
24日	17:06	♀⚹♇
25日	08:34	☿□♂
26日	11:56	☿☌♇
27日	05:59	♀☌♆
28日	06:12	☿⚹♆
28日	07:53	♂□♇

2036年3月

DAY	☉	☽	☊ mean	☊ true	☿	♀	♂	♃	♄	♅	♆	♇	⚳	⚴	⚵	⚶	⚷
	° ′	° ′	° ′	° ′	° ′	° ′	° ′	° ′	° ′	° ′	° ′	° ′	°	°	°	°	°
1	10 ♓ 36	8 ♈ 15	25 ♌ 37	26 R 11	25 D 31	25 D 42	20 D 58	15 D 31	13 R 54	11 R 7	22 D 44	19 D 59	20 D	14 D	15 D	2 D	7 D
2	11 ♓ 36	21 ♈ 2	25 ♌ 34	26 ♌ 8	27 ♒ 9	26 ♈ 48	21 ♉ 36	15 ♉ 40	13 ♌ 50	11 ♋ 6	22 ♈ 46	20 ♒ 1	20 ♊	14 ♈	15 ♈	2 ♐	7 ♊
3	12 ♓ 36	4 ♉ 4	25 ♌ 30	26 ♌ 6	28 ♒ 49	27 ♈ 53	22 ♉ 13	15 ♉ 50	13 ♌ 46	11 ♋ 5	22 ♈ 48	20 ♒ 2	20 ♊	14 ♈	16 ♈	2 ♐	7 ♊
4	13 ♓ 36	17 ♉ 20	25 ♌ 27	26 ♌ 4	0 ♓ 30	28 ♈ 58	22 ♉ 50	16 ♉ 0	13 ♌ 43	11 ♋ 5	22 ♈ 50	20 ♒ 4	20 ♊	15 ♈	17 ♈	3 ♐	7 ♊
5	14 ♓ 36	0 ♊ 51	25 ♌ 24	26 ♌ 3	2 ♓ 12	0 ♉ 3	23 ♉ 27	16 ♉ 10	13 ♌ 39	11 ♋ 4	22 ♈ 52	20 ♒ 6	20 ♊	15 ♈	17 ♈	3 ♐	7 ♊
6	15 ♓ 37	14 ♊ 38	25 ♌ 21	26 ♌ 2	3 ♓ 55	1 ♉ 8	24 ♉ 5	16 ♉ 20	13 ♌ 35	11 ♋ 3	22 ♈ 53	20 ♒ 7	21 ♊	16 ♈	18 ♈	3 ♐	7 ♊
7	16 ♓ 37	28 ♊ 40	25 ♌ 18	26 D 3	5 ♓ 39	2 ♉ 13	24 ♉ 42	16 ♉ 30	13 ♌ 31	11 ♋ 3	22 ♈ 55	20 ♒ 9	21 ♊	16 ♈	18 ♈	4 ♐	7 ♊
8	17 ♓ 37	12 ♋ 57	25 ♌ 15	26 ♌ 4	7 ♓ 24	3 ♉ 17	25 ♉ 20	16 ♉ 41	13 ♌ 28	11 ♋ 2	22 ♈ 57	20 ♒ 11	21 ♊	16 ♈	19 ♈	4 ♐	7 ♊
9	18 ♓ 37	27 ♋ 26	25 ♌ 11	26 ♌ 5	9 ♓ 10	4 ♉ 21	25 ♉ 57	16 ♉ 51	13 ♌ 24	11 ♋ 1	22 ♈ 59	20 ♒ 12	21 ♊	17 ♈	19 ♈	4 ♐	7 ♊
10	19 ♓ 37	12 ♌ 3	25 ♌ 8	26 ♌ 6	10 ♓ 57	5 ♉ 24	26 ♉ 34	17 ♉ 2	13 ♌ 21	11 ♋ 1	23 ♈ 1	20 ♒ 14	21 ♊	17 ♈	20 ♈	4 ♐	7 ♊
11	20 ♓ 37	26 ♌ 44	25 ♌ 5	26 R 7	12 ♓ 46	6 ♉ 27	27 ♉ 12	17 ♉ 12	13 ♌ 17	11 ♋ 0	23 ♈ 3	20 ♒ 15	22 ♊	18 ♈	20 ♈	4 ♐	7 ♊
12	21 ♓ 37	11 ♍ 23	25 ♌ 2	26 ♌ 6	14 ♓ 35	7 ♉ 30	27 ♉ 49	17 ♉ 23	13 ♌ 14	11 ♋ 0	23 ♈ 5	20 ♒ 17	22 ♊	18 ♈	21 ♈	5 ♐	7 ♊
13	22 ♓ 36	25 ♍ 53	24 ♌ 59	26 ♌ 4	16 ♓ 26	8 ♉ 33	28 ♉ 27	17 ♉ 34	13 ♌ 11	11 ♋ 0	23 ♈ 7	20 ♒ 19	22 ♊	18 ♈	22 ♈	5 ♐	7 ♊
14	23 ♓ 36	10 ♎ 7	24 ♌ 56	26 ♌ 1	18 ♓ 18	9 ♉ 35	29 ♉ 4	17 ♉ 45	13 ♌ 7	10 ♋ 59	23 ♈ 9	20 ♒ 20	22 ♊	19 ♈	22 ♈	5 ♐	7 ♊
15	24 ♓ 36	24 ♎ 1	24 ♌ 52	25 ♌ 56	20 ♓ 11	10 ♉ 37	29 ♉ 41	17 ♉ 56	13 ♌ 4	10 ♋ 59	23 ♈ 11	20 ♒ 22	22 ♊	19 ♈	23 ♈	5 ♐	7 ♊
16	25 ♓ 36	7 ♏ 32	24 ♌ 49	25 ♌ 52	22 ♓ 5	11 ♉ 38	0 ♊ 19	18 ♉ 7	13 ♌ 1	10 ♋ 59	23 ♈ 13	20 ♒ 23	23 ♊	20 ♈	23 ♈	6 ♐	7 ♊
17	26 ♓ 36	20 ♏ 39	24 ♌ 46	25 ♌ 47	24 ♓ 0	12 ♉ 39	0 ♊ 56	18 ♉ 18	12 ♌ 59	10 ♋ 59	23 ♈ 15	20 ♒ 25	23 ♊	20 ♈	24 ♈	6 ♐	7 ♊
18	27 ♓ 35	3 ♐ 23	24 ♌ 43	25 ♌ 44	25 ♓ 56	13 ♉ 40	1 ♊ 34	18 ♉ 29	12 ♌ 56	10 ♋ 59	23 ♈ 17	20 ♒ 26	23 ♊	21 ♈	24 ♈	6 ♐	7 ♊
19	28 ♓ 35	15 ♐ 47	24 ♌ 40	25 ♌ 41	27 ♓ 54	14 ♉ 40	2 ♊ 11	18 ♉ 41	12 ♌ 53	10 ♋ 59	23 ♈ 19	20 ♒ 28	23 ♊	21 ♈	25 ♈	6 ♐	7 ♊
20	29 ♓ 35	27 ♐ 54	24 ♌ 36	25 ♌ 40	29 ♓ 52	15 ♉ 40	2 ♊ 49	18 ♉ 52	12 ♌ 51	10 D 59	23 ♈ 22	20 ♒ 29	24 ♊	21 ♈	26 ♈	6 ♐	7 ♊
21	0 ♈ 34	9 ♑ 51	24 ♌ 33	25 D 41	1 ♈ 51	16 ♉ 39	3 ♊ 26	19 ♉ 4	12 ♌ 48	10 ♋ 59	23 ♈ 24	20 ♒ 31	24 ♊	22 ♈	26 ♈	6 ♐	7 ♊
22	1 ♈ 34	21 ♑ 40	24 ♌ 30	25 ♌ 42	3 ♈ 51	17 ♉ 38	4 ♊ 4	19 ♉ 16	12 ♌ 46	10 ♋ 59	23 ♈ 26	20 ♒ 32	24 ♊	22 ♈	27 ♈	7 ♐	7 ♊
23	2 ♈ 33	3 ♒ 29	24 ♌ 27	25 ♌ 44	5 ♈ 52	18 ♉ 37	4 ♊ 41	19 ♉ 27	12 ♌ 43	10 ♋ 59	23 ♈ 28	20 ♒ 33	24 ♊	23 ♈	27 ♈	7 ♐	7 ♊
24	3 ♈ 33	15 ♒ 20	24 ♌ 24	25 ♌ 45	7 ♈ 53	19 ♉ 35	5 ♊ 19	19 ♉ 39	12 ♌ 41	10 ♋ 59	23 ♈ 30	20 ♒ 35	25 ♊	23 ♈	28 ♈	7 ♐	8 ♊
25	4 ♈ 32	27 ♒ 20	24 ♌ 21	25 R 46	9 ♈ 54	20 ♉ 32	5 ♊ 56	19 ♉ 51	12 ♌ 39	11 ♋ 0	23 ♈ 32	20 ♒ 36	25 ♊	24 ♈	28 ♈	7 ♐	8 ♊
26	5 ♈ 32	9 ♓ 30	24 ♌ 17	25 ♌ 45	11 ♈ 56	21 ♉ 29	6 ♊ 34	20 ♉ 3	12 ♌ 37	11 ♋ 0	23 ♈ 34	20 ♒ 38	25 ♊	24 ♈	29 ♈	7 ♐	8 ♊
27	6 ♈ 31	21 ♓ 55	24 ♌ 14	25 ♌ 42	13 ♈ 58	22 ♉ 26	7 ♊ 11	20 ♉ 15	12 ♌ 35	11 ♋ 0	23 ♈ 37	20 ♒ 39	26 ♊	25 ♈	0 ♉	7 ♐	8 ♊
28	7 ♈ 31	4 ♈ 35	24 ♌ 11	25 ♌ 37	15 ♈ 59	23 ♉ 22	7 ♊ 49	20 ♉ 27	12 ♌ 33	11 ♋ 1	23 ♈ 39	20 ♒ 40	26 ♊	25 ♈	0 ♉	7 ♐	8 ♊
29	8 ♈ 30	17 ♈ 31	24 ♌ 8	25 ♌ 31	17 ♈ 59	24 ♉ 17	8 ♊ 26	20 ♉ 40	12 ♌ 32	11 ♋ 1	23 ♈ 41	20 ♒ 42	26 ♊	25 ♈	1 ♉	8 ♐	8 ♊
30	9 ♈ 29	0 ♉ 42	24 ♌ 5	25 ♌ 23	19 ♈ 59	25 ♉ 12	9 ♊ 4	20 ♉ 52	12 ♌ 30	11 ♋ 2	23 ♈ 43	20 ♒ 43	26 ♊	26 ♈	1 ♉	8 ♐	8 ♊
31	10 ♈ 29	14 ♉ 7	24 ♌ 1	25 ♌ 15	21 ♈ 57	26 ♉ 6	9 ♊ 42	21 ♉ 4	12 ♌ 29	11 ♋ 3	23 ♈ 45	20 ♒ 44	27 ♊	26 ♈	2 ♉	8 ♐	8 ♊

SUN INGRESS ☉ → ♈ 20日 10:02

MOON PHASE ◐ 6日 01:48 ♊ ○ 12日 18:09 ♍ ◑ 20日 03:38 ♐ ● 28日 05:56 ♈

aspects		
1日	08:10	☿⚹♀
1日	12:23	☉△♅
6日	20:56	☉⚹♃
10日	00:49	☿△♅
13日	16:11	☿⚹♃
15日	08:43	♀⚹♅
17日	07:20	♀□♄
19日	16:54	☉☌☿
22日	03:38	☿⚹♂
24日	02:23	♀☌♃
25日	01:44	♀□♇
25日	12:54	☿□♅
26日	07:58	☿△♄
28日	20:00	☉⚹♂
29日	04:24	♃□♇
30日	09:04	☿⚹♇
31日	13:49	☉□♅
31日	22:51	☿☌♆

2036年4月

DAY	☉	☽	☊ mean	☊ true	☿	♀	♂	♃	♄	♅	♆	♇	⚳	⚴	⚵	⚶	⚷
	° ′	° ′	° ′	° ′	° ′	° ′	° ′	° ′	° ′	° ′	° ′	° ′	°	°	°	°	°
1	11 ♈ 28	27 ♉ 44	23 ♌ 58	25 R 8	23 D 53	27 D 0	10 D 19	21 D 17	12 R 27	11 D 3	23 D 48	20 D 45	27 D	27 D	3 D	8 D	8 D
2	12 ♈ 27	11 ♊ 32	23 ♌ 55	25 ♌ 3	25 ♈ 47	27 ♉ 53	10 ♊ 57	21 ♉ 29	12 ♌ 26	11 ♋ 4	23 ♈ 50	20 ♒ 47	27 ♊	27 ♈	3 ♉	8 ♐	8 ♊
3	13 ♈ 26	25 ♊ 27	23 ♌ 52	24 ♌ 59	27 ♈ 39	28 ♉ 45	11 ♊ 34	21 ♉ 42	12 ♌ 25	11 ♋ 5	23 ♈ 52	20 ♒ 48	28 ♊	28 ♈	4 ♉	8 ♐	8 ♊
4	14 ♈ 26	9 ♋ 29	23 ♌ 49	24 ♌ 58	29 ♈ 28	29 ♉ 36	12 ♊ 12	21 ♉ 54	12 ♌ 24	11 ♋ 6	23 ♈ 54	20 ♒ 49	28 ♊	28 ♈	4 ♉	8 ♐	8 ♊
5	15 ♈ 25	23 ♋ 36	23 ♌ 46	24 D 58	1 ♉ 13	0 ♊ 27	12 ♊ 50	22 ♉ 7	12 ♌ 23	11 ♋ 6	23 ♈ 57	20 ♒ 50	28 ♊	29 ♈	5 ♉	8 ♐	8 ♊
6	16 ♈ 24	7 ♌ 48	23 ♌ 42	24 ♌ 59	2 ♉ 55	1 ♊ 17	13 ♊ 27	22 ♉ 20	12 ♌ 22	11 ♋ 7	23 ♈ 59	20 ♒ 51	28 ♊	29 ♈	5 ♉	8 ♐	8 ♊
7	17 ♈ 23	22 ♌ 1	23 ♌ 39	24 ♌ 59	4 ♉ 33	2 ♊ 7	14 ♊ 5	22 ♉ 33	12 ♌ 21	11 ♋ 8	24 ♈ 1	20 ♒ 52	29 ♊	29 ♈	6 ♉	8 ♐	8 ♊
8	18 ♈ 22	6 ♍ 16	23 ♌ 36	24 R 59	6 ♉ 6	2 ♊ 55	14 ♊ 42	22 ♉ 45	12 ♌ 20	11 ♋ 9	24 ♈ 3	20 ♒ 54	29 ♊	0 ♉	7 ♉	8 ♐	8 ♊
9	19 ♈ 21	20 ♍ 27	23 ♌ 33	24 ♌ 56	7 ♉ 35	3 ♊ 43	15 ♊ 20	22 ♉ 58	12 ♌ 20	11 ♋ 10	24 ♈ 6	20 ♒ 55	29 ♊	0 ♉	7 ♉	8 ♐	8 ♊
10	20 ♈ 20	4 ♎ 32	23 ♌ 30	24 ♌ 51	8 ♉ 59	4 ♊ 29	15 ♊ 57	23 ♉ 11	12 ♌ 20	11 ♋ 12	24 ♈ 8	20 ♒ 56	0 ♋	1 ♉	8 ♉	8 ♐	8 ♊
11	21 ♈ 19	18 ♎ 27	23 ♌ 27	24 ♌ 44	10 ♉ 18	5 ♊ 15	16 ♊ 35	23 ♉ 24	12 ♌ 19	11 ♋ 13	24 ♈ 10	20 ♒ 57	0 ♋	1 ♉	8 ♉	8 ♐	8 ♊
12	22 ♈ 17	2 ♏ 7	23 ♌ 23	24 ♌ 35	11 ♉ 32	6 ♊ 0	17 ♊ 13	23 ♉ 37	12 ♌ 19	11 ♋ 14	24 ♈ 12	20 ♒ 58	0 ♋	2 ♉	9 ♉	8 R	9 ♊
13	23 ♈ 16	15 ♏ 29	23 ♌ 20	24 ♌ 25	12 ♉ 40	6 ♊ 44	17 ♊ 50	23 ♉ 51	12 ♌ 19	11 ♋ 15	24 ♈ 15	20 ♒ 59	1 ♋	2 ♉	10 ♉	8 ♐	9 ♊
14	24 ♈ 15	28 ♏ 31	23 ♌ 17	24 ♌ 15	13 ♉ 42	7 ♊ 27	18 ♊ 28	24 ♉ 4	12 D 19	11 ♋ 17	24 ♈ 17	21 ♒ 0	1 ♋	3 ♉	10 ♉	8 ♐	9 ♊
15	25 ♈ 14	11 ♐ 14	23 ♌ 14	24 ♌ 6	14 ♉ 39	8 ♊ 9	19 ♊ 5	24 ♉ 17	12 ♌ 19	11 ♋ 18	24 ♈ 19	21 ♒ 1	1 ♋	3 ♉	11 ♉	8 ♐	9 ♊
16	26 ♈ 13	23 ♐ 38	23 ♌ 11	23 ♌ 59	15 ♉ 29	8 ♊ 49	19 ♊ 43	24 ♉ 30	12 ♌ 19	11 ♋ 19	24 ♈ 21	21 ♒ 2	2 ♋	4 ♉	11 ♉	8 ♐	9 ♊
17	27 ♈ 11	5 ♑ 46	23 ♌ 7	23 ♌ 54	16 ♉ 14	9 ♊ 29	20 ♊ 20	24 ♉ 44	12 ♌ 20	11 ♋ 21	24 ♈ 24	21 ♒ 3	2 ♋	4 ♉	12 ♉	8 ♐	9 ♊
18	28 ♈ 10	17 ♑ 43	23 ♌ 4	23 ♌ 52	16 ♉ 53	10 ♊ 8	20 ♊ 58	24 ♉ 57	12 ♌ 20	11 ♋ 23	24 ♈ 26	21 ♒ 3	2 ♋	5 ♉	13 ♉	8 ♐	9 ♊
19	29 ♈ 9	29 ♑ 33	23 ♌ 1	23 D 51	17 ♉ 25	10 ♊ 45	21 ♊ 36	25 ♉ 10	12 ♌ 21	11 ♋ 24	24 ♈ 28	21 ♒ 4	3 ♋	5 ♉	13 ♉	8 ♐	9 ♊
20	0 ♉ 7	11 ♒ 22	22 ♌ 58	23 ♌ 52	17 ♉ 52	11 ♊ 21	22 ♊ 13	25 ♉ 24	12 ♌ 21	11 ♋ 26	24 ♈ 31	21 ♒ 5	3 ♋	6 ♉	14 ♉	8 ♐	9 ♊
21	1 ♉ 6	23 ♒ 15	22 ♌ 55	23 ♌ 52	18 ♉ 12	11 ♊ 55	22 ♊ 51	25 ♉ 37	12 ♌ 22	11 ♋ 27	24 ♈ 33	21 ♒ 6	3 ♋	6 ♉	14 ♉	8 ♐	9 ♊
22	2 ♉ 4	5 ♓ 17	22 ♌ 52	23 R 51	18 ♉ 27	12 ♊ 29	23 ♊ 28	25 ♉ 51	12 ♌ 23	11 ♋ 29	24 ♈ 35	21 ♒ 7	4 ♋	6 ♉	15 ♉	8 ♐	9 ♊
23	3 ♉ 3	17 ♓ 34	22 ♌ 48	23 ♌ 49	18 ♉ 35	13 ♊ 1	24 ♊ 6	26 ♉ 4	12 ♌ 24	11 ♋ 31	24 ♈ 37	21 ♒ 8	4 ♋	7 ♉	16 ♉	8 ♐	9 ♊
24	4 ♉ 1	0 ♈ 7	22 ♌ 45	23 ♌ 44	18 R 37	13 ♊ 31	24 ♊ 43	26 ♉ 18	12 ♌ 25	11 ♋ 33	24 ♈ 40	21 ♒ 8	4 ♋	7 ♉	16 ♉	8 ♐	9 ♊
25	5 ♉ 0	13 ♈ 1	22 ♌ 42	23 ♌ 36	18 ♉ 34	14 ♊ 0	25 ♊ 21	26 ♉ 32	12 ♌ 26	11 ♋ 35	24 ♈ 42	21 ♒ 9	5 ♋	8 ♉	17 ♉	8 ♐	9 ♊
26	5 ♉ 58	26 ♈ 16	22 ♌ 39	23 ♌ 26	18 ♉ 25	14 ♊ 27	25 ♊ 59	26 ♉ 45	12 ♌ 28	11 ♋ 36	24 ♈ 44	21 ♒ 10	5 ♋	8 ♉	17 ♉	7 ♐	9 ♊
27	6 ♉ 57	9 ♉ 50	22 ♌ 36	23 ♌ 15	18 ♉ 12	14 ♊ 53	26 ♊ 36	26 ♉ 59	12 ♌ 29	11 ♋ 38	24 ♈ 46	21 ♒ 10	6 ♋	9 ♉	18 ♉	7 ♐	10 ♊
28	7 ♉ 55	23 ♉ 41	22 ♌ 33	23 ♌ 3	17 ♉ 53	15 ♊ 17	27 ♊ 14	27 ♉ 13	12 ♌ 31	11 ♋ 40	24 ♈ 48	21 ♒ 11	6 ♋	9 ♉	19 ♉	7 ♐	10 ♊
29	8 ♉ 54	7 ♊ 45	22 ♌ 29	22 ♌ 53	17 ♉ 30	15 ♊ 39	27 ♊ 51	27 ♉ 27	12 ♌ 32	11 ♋ 42	24 ♈ 51	21 ♒ 12	6 ♋	10 ♉	19 ♉	7 ♐	10 ♊
30	9 ♉ 52	21 ♊ 57	22 ♌ 26	22 ♌ 44	17 ♉ 3	16 ♊ 0	28 ♊ 29	27 ♉ 40	12 ♌ 34	11 ♋ 45	24 ♈ 53	21 ♒ 12	7 ♋	10 ♉	20 ♉	7 ♐	10 ♊

SUN INGRESS ☉ → ♉ 19日 20:50

MOON PHASE ◐ 4日 09:03 ♋ ○ 11日 05:22 ♎ ◑ 18日 23:05 ♑ ● 26日 18:33 ♉

aspects		
1日	23:26	☉△♄
4日	07:16	♂⚹♄
10日	14:56	☉⚹♇
11日	17:58	☿⚹♅
12日	16:27	☿□♄
14日	00:46	☉☌♆
18日	03:32	♂△♇
21日	19:43	♀⚹♄
23日	21:18	♂⚹♆

2036年5月

DAY	☉	☽	☊ mean	☊ true	☿	♀	♂	♃	♄	♅	♆	♇	⚳	⚴	⚵	⚶	⚷
	° ′	° ′	° ′	° ′	° ′	° ′	° ′	° ′	° ′	° ′	° ′	° ′	°	°	°	°	°
1	10 ♉ 50	6 ♋ 12	22 ♌ 23	22 R 37	16 R 33	16 D 18	29 D 7	27 D 54	12 D 36	11 D 47	24 D 55	21 D 13	7 D	11 D	20 D	7 R	10 D
2	11 ♉ 48	20 ♋ 26	22 ♌ 20	22 ♌ 34	15 ♉ 59	16 ♊ 35	29 ♊ 44	28 ♉ 8	12 ♌ 38	11 ♋ 49	24 ♈ 57	21 ♒ 13	7 ♋	11 ♉	21 ♉	7 ♐	10 ♊
3	12 ♉ 47	4 ♌ 37	22 ♌ 17	22 ♌ 33	15 ♉ 24	16 ♊ 49	0 ♋ 22	28 ♉ 22	12 ♌ 40	11 ♋ 51	24 ♈ 59	21 ♒ 14	8 ♋	12 ♉	21 ♉	6 ♐	10 ♊
4	13 ♉ 45	18 ♌ 43	22 ♌ 13	22 D 33	14 ♉ 47	17 ♊ 2	0 ♋ 59	28 ♉ 36	12 ♌ 42	11 ♋ 53	25 ♈ 2	21 ♒ 14	8 ♋	12 ♉	22 ♉	6 ♐	10 ♊
5	14 ♉ 43	2 ♍ 44	22 ♌ 10	22 R 32	14 ♉ 9	17 ♊ 12	1 ♋ 37	28 ♉ 50	12 ♌ 44	11 ♋ 56	25 ♈ 4	21 ♒ 15	8 ♋	13 ♉	23 ♉	6 ♐	10 ♊
6	15 ♉ 41	16 ♍ 38	22 ♌ 7	22 ♌ 31	13 ♉ 31	17 ♊ 20	2 ♋ 14	29 ♉ 4	12 ♌ 47	11 ♋ 58	25 ♈ 6	21 ♒ 15	9 ♋	13 ♉	23 ♉	6 ♐	10 ♊
7	16 ♉ 39	0 ♎ 26	22 ♌ 4	22 ♌ 27	12 ♉ 54	17 ♊ 26	2 ♋ 52	29 ♉ 18	12 ♌ 49	12 ♋ 0	25 ♈ 8	21 ♒ 16	9 ♋	14 ♉	24 ♉	6 ♐	10 ♊
8	17 ♉ 37	14 ♎ 5	22 ♌ 1	22 ♌ 20	12 ♉ 17	17 ♊ 30	3 ♋ 29	29 ♉ 32	12 ♌ 52	12 ♋ 3	25 ♈ 10	21 ♒ 16	10 ♋	14 ♉	24 ♉	5 ♐	10 ♊
9	18 ♉ 35	27 ♎ 35	21 ♌ 58	22 ♌ 11	11 ♉ 43	17 ♊ 31	4 ♋ 7	29 ♉ 46	12 ♌ 54	12 ♋ 5	25 ♈ 12	21 ♒ 16	10 ♋	15 ♉	25 ♉	5 ♐	10 ♊
10	19 ♉ 33	10 ♏ 53	21 ♌ 54	21 ♌ 59	11 ♉ 10	17 R 30	4 ♋ 45	0 ♊ 0	12 ♌ 57	12 ♋ 8	25 ♈ 14	21 ♒ 17	10 ♋	15 ♉	26 ♉	5 ♐	10 ♊
11	20 ♉ 31	23 ♏ 57	21 ♌ 51	21 ♌ 46	10 ♉ 41	17 ♊ 27	5 ♋ 22	0 ♊ 14	13 ♌ 0	12 ♋ 10	25 ♈ 17	21 ♒ 17	11 ♋	16 ♉	26 ♉	5 ♐	11 ♊
12	21 ♉ 29	6 ♐ 46	21 ♌ 48	21 ♌ 34	10 ♉ 15	17 ♊ 21	6 ♋ 0	0 ♊ 28	13 ♌ 3	12 ♋ 13	25 ♈ 19	21 ♒ 17	11 ♋	16 ♉	27 ♉	5 ♐	11 ♊
13	22 ♉ 27	19 ♐ 19	21 ♌ 45	21 ♌ 22	9 ♉ 52	17 ♊ 12	6 ♋ 37	0 ♊ 42	13 ♌ 6	12 ♋ 15	25 ♈ 21	21 ♒ 17	12 ♋	17 ♉	27 ♉	4 ♐	11 ♊
14	23 ♉ 25	1 ♑ 37	21 ♌ 42	21 ♌ 12	9 ♉ 34	17 ♊ 1	7 ♋ 15	0 ♊ 56	13 ♌ 9	12 ♋ 18	25 ♈ 23	21 ♒ 18	12 ♋	17 ♉	28 ♉	4 ♐	11 ♊
15	24 ♉ 23	13 ♑ 42	21 ♌ 38	21 ♌ 5	9 ♉ 19	16 ♊ 48	7 ♋ 52	1 ♊ 10	13 ♌ 12	12 ♋ 21	25 ♈ 25	21 ♒ 18	12 ♋	18 ♉	29 ♉	4 ♐	11 ♊
16	25 ♉ 21	25 ♑ 38	21 ♌ 35	21 ♌ 1	9 ♉ 9	16 ♊ 33	8 ♋ 30	1 ♊ 24	13 ♌ 15	12 ♋ 23	25 ♈ 27	21 ♒ 18	13 ♋	18 ♉	29 ♉	4 ♐	11 ♊
17	26 ♉ 19	7 ♒ 27	21 ♌ 32	20 ♌ 59	9 ♉ 4	16 ♊ 15	9 ♋ 7	1 ♊ 38	13 ♌ 19	12 ♋ 26	25 ♈ 29	21 ♒ 18	13 ♋	19 ♉	0 ♊	4 ♐	11 ♊
18	27 ♉ 16	19 ♒ 15	21 ♌ 29	20 ♌ 59	9 D 3	15 ♊ 54	9 ♋ 45	1 ♊ 52	13 ♌ 22	12 ♋ 29	25 ♈ 31	21 ♒ 18	13 ♋	19 ♉	0 ♊	3 ♐	11 ♊
19	28 ♉ 14	1 ♓ 8	21 ♌ 26	20 ♌ 59	9 ♉ 6	15 ♊ 32	10 ♋ 22	2 ♊ 6	13 ♌ 26	12 ♋ 32	25 ♈ 33	21 ♒ 18	14 ♋	20 ♉	1 ♊	3 ♐	11 ♊
20	29 ♉ 12	13 ♓ 11	21 ♌ 23	20 ♌ 58	9 ♉ 14	15 ♊ 7	11 ♋ 0	2 ♊ 20	13 ♌ 30	12 ♋ 35	25 ♈ 35	21 ♒ 18	14 ♋	20 ♉	2 ♊	3 ♐	11 ♊
21	0 ♊ 10	25 ♓ 29	21 ♌ 19	20 ♌ 56	9 ♉ 27	14 ♊ 40	11 ♋ 37	2 ♊ 34	13 ♌ 33	12 ♋ 37	25 ♈ 37	21 ♒ 19	15 ♋	21 ♉	2 ♊	3 ♐	11 ♊
22	1 ♊ 7	8 ♈ 6	21 ♌ 16	20 ♌ 51	9 ♉ 44	14 ♊ 12	12 ♋ 15	2 ♊ 48	13 ♌ 37	12 ♋ 40	25 ♈ 39	21 ♒ 19	15 ♋	21 ♉	3 ♊	2 ♐	11 ♊
23	2 ♊ 5	21 ♈ 7	21 ♌ 13	20 ♌ 44	10 ♉ 5	13 ♊ 41	12 ♋ 52	3 ♊ 3	13 ♌ 41	12 ♋ 43	25 ♈ 41	21 R 19	15 ♋	22 ♉	3 ♊	2 ♐	11 ♊
24	3 ♊ 3	4 ♉ 33	21 ♌ 10	20 ♌ 35	10 ♉ 31	13 ♊ 9	13 ♋ 30	3 ♊ 17	13 ♌ 45	12 ♋ 46	25 ♈ 43	21 ♒ 18	16 ♋	22 ♉	4 ♊	2 ♐	12 ♊
25	4 ♊ 1	18 ♉ 23	21 ♌ 7	20 ♌ 24	11 ♉ 1	12 ♊ 36	14 ♋ 8	3 ♊ 31	13 ♌ 49	12 ♋ 49	25 ♈ 44	21 ♒ 18	16 ♋	23 ♉	5 ♊	2 ♐	12 ♊
26	4 ♊ 58	2 ♊ 35	21 ♌ 4	20 ♌ 13	11 ♉ 35	12 ♊ 1	14 ♋ 45	3 ♊ 45	13 ♌ 54	12 ♋ 52	25 ♈ 46	21 ♒ 18	17 ♋	23 ♉	5 ♊	1 ♐	12 ♊
27	5 ♊ 56	17 ♊ 3	21 ♌ 0	20 ♌ 3	12 ♉ 14	11 ♊ 25	15 ♋ 23	3 ♊ 59	13 ♌ 58	12 ♋ 55	25 ♈ 48	21 ♒ 18	17 ♋	24 ♉	6 ♊	1 ♐	12 ♊
28	6 ♊ 54	1 ♋ 40	20 ♌ 57	19 ♌ 54	12 ♉ 55	10 ♊ 49	16 ♋ 0	4 ♊ 13	14 ♌ 2	12 ♋ 58	25 ♈ 50	21 ♒ 18	17 ♋	24 ♉	6 ♊	1 ♐	12 ♊
29	7 ♊ 51	16 ♋ 19	20 ♌ 54	19 ♌ 48	13 ♉ 41	10 ♊ 12	16 ♋ 38	4 ♊ 27	14 ♌ 7	13 ♋ 1	25 ♈ 52	21 ♒ 18	18 ♋	25 ♉	7 ♊	1 ♐	12 ♊
30	8 ♊ 49	0 ♌ 54	20 ♌ 51	19 ♌ 44	14 ♉ 30	9 ♊ 34	17 ♋ 15	4 ♊ 41	14 ♌ 11	13 ♋ 5	25 ♈ 54	21 ♒ 18	18 ♋	25 ♉	8 ♊	0 ♐	12 ♊
31	9 ♊ 46	15 ♌ 19	20 ♌ 48	19 ♌ 43	15 ♉ 23	8 ♊ 56	17 ♋ 53	4 ♊ 55	14 ♌ 16	13 ♋ 8	25 ♈ 55	21 ♒ 17	19 ♋	26 ♉	8 ♊	0 ♐	12 ♊

SUN INGRESS	☉ → ♊ 20日 19:44
MOON PHASE	◐ 3日 14:54 ♌ ○ 10日 17:09 ♏ ◑ 18日 17:39 ♒ ● 26日 04:16 ♊

aspects		
2日	00:12	☉⚹♅
2日	21:03	☉□♄
4日	15:33	☉☌☿
7日	02:51	☿□♄
8日	09:17	☿⚹♅
11日	18:59	☉□♇
16日	21:49	☿⚹♂
22日	17:38	♂☌♅
23日	00:01	♀⚹♄
24日	07:32	☉☌♃
28日	01:43	☿⚹♅
29日	13:54	☿□♄
30日	11:24	☉☌♀

2036年6月

DAY	☉	☽	☊ mean	☊ true	☿	♀	♂	♃	♄	♅	♆	♇	⚳	⚴	⚵	⚶	⚷
	° ′	° ′	° ′	° ′	° ′	° ′	° ′	° ′	° ′	° ′	° ′	° ′	°	°	°	°	°
1	10 ♊ 44	29 ♌ 33	20 ♌ 44	19 D 43	16 D 20	8 R 19	18 D 30	5 D 9	14 D 21	13 D 11	25 D 57	21 R 17	19 D	26 D	9 D	0 R	12 D
2	11 ♊ 41	13 ♍ 32	20 ♌ 41	19 R 44	17 ♉ 19	7 ♊ 42	19 ♋ 8	5 ♊ 23	14 ♌ 25	13 ♋ 14	25 ♈ 59	21 ♒ 17	20 ♋	27 ♉	9 ♊	0 ♐	12 ♊
3	12 ♊ 39	27 ♍ 19	20 ♌ 38	19 ♌ 43	18 ♉ 22	7 ♊ 5	19 ♋ 45	5 ♊ 37	14 ♌ 30	13 ♋ 17	26 ♈ 0	21 ♒ 17	20 ♋	28 ♉	10 ♊	29 ♏	12 ♊
4	13 ♊ 36	10 ♎ 52	20 ♌ 35	19 ♌ 40	19 ♉ 28	6 ♊ 29	20 ♋ 23	5 ♊ 51	14 ♌ 35	13 ♋ 21	26 ♈ 2	21 ♒ 16	20 ♋	28 ♉	11 ♊	29 ♏	12 ♊
5	14 ♊ 34	24 ♎ 12	20 ♌ 32	19 ♌ 34	20 ♉ 38	5 ♊ 55	21 ♋ 0	6 ♊ 5	14 ♌ 40	13 ♋ 24	26 ♈ 4	21 ♒ 16	21 ♋	29 ♉	11 ♊	29 ♏	13 ♊
6	15 ♊ 31	7 ♏ 20	20 ♌ 29	19 ♌ 27	21 ♉ 50	5 ♊ 21	21 ♋ 38	6 ♊ 19	14 ♌ 45	13 ♋ 27	26 ♈ 5	21 ♒ 16	21 ♋	29 ♉	12 ♊	29 ♏	13 ♊
7	16 ♊ 29	20 ♏ 16	20 ♌ 25	19 ♌ 17	23 ♉ 6	4 ♊ 49	22 ♋ 15	6 ♊ 33	14 ♌ 50	13 ♋ 31	26 ♈ 7	21 ♒ 15	22 ♋	0 ♊	12 ♊	29 ♏	13 ♊
8	17 ♊ 26	3 ♐ 0	20 ♌ 22	19 ♌ 6	24 ♉ 24	4 ♊ 19	22 ♋ 53	6 ♊ 47	14 ♌ 55	13 ♋ 34	26 ♈ 9	21 ♒ 15	22 ♋	0 ♊	13 ♊	28 ♏	13 ♊
9	18 ♊ 23	15 ♐ 31	20 ♌ 19	18 ♌ 56	25 ♉ 45	3 ♊ 50	23 ♋ 30	7 ♊ 1	15 ♌ 1	13 ♋ 37	26 ♈ 10	21 ♒ 14	22 ♋	1 ♊	14 ♊	28 ♏	13 ♊
10	19 ♊ 21	27 ♐ 51	20 ♌ 16	18 ♌ 46	27 ♉ 10	3 ♊ 23	24 ♋ 8	7 ♊ 15	15 ♌ 6	13 ♋ 41	26 ♈ 12	21 ♒ 14	23 ♋	1 ♊	14 ♊	28 ♏	13 ♊
11	20 ♊ 18	9 ♑ 59	20 ♌ 13	18 ♌ 38	28 ♉ 37	2 ♊ 59	24 ♋ 45	7 ♊ 29	15 ♌ 12	13 ♋ 44	26 ♈ 13	21 ♒ 13	23 ♋	2 ♊	15 ♊	28 ♏	13 ♊
12	21 ♊ 15	21 ♑ 58	20 ♌ 10	18 ♌ 32	0 ♊ 7	2 ♊ 36	25 ♋ 23	7 ♊ 43	15 ♌ 17	13 ♋ 47	26 ♈ 15	21 ♒ 13	24 ♋	2 ♊	15 ♊	28 ♏	13 ♊
13	22 ♊ 13	3 ♒ 49	20 ♌ 6	18 ♌ 29	1 ♊ 40	2 ♊ 16	26 ♋ 0	7 ♊ 57	15 ♌ 23	13 ♋ 51	26 ♈ 16	21 ♒ 12	24 ♋	3 ♊	16 ♊	27 ♏	13 ♊
14	23 ♊ 10	15 ♒ 37	20 ♌ 3	18 ♌ 28	3 ♊ 15	1 ♊ 58	26 ♋ 38	8 ♊ 11	15 ♌ 28	13 ♋ 54	26 ♈ 18	21 ♒ 12	25 ♋	3 ♊	17 ♊	27 ♏	13 ♊
15	24 ♊ 7	27 ♒ 25	20 ♌ 0	18 D 28	4 ♊ 54	1 ♊ 43	27 ♋ 15	8 ♊ 24	15 ♌ 34	13 ♋ 58	26 ♈ 19	21 ♒ 11	25 ♋	4 ♊	17 ♊	27 ♏	13 ♊
16	25 ♊ 5	9 ♓ 17	19 ♌ 57	18 ♌ 29	6 ♊ 35	1 ♊ 30	27 ♋ 53	8 ♊ 38	15 ♌ 40	14 ♋ 1	26 ♈ 20	21 ♒ 11	25 ♋	4 ♊	18 ♊	27 ♏	13 ♊
17	26 ♊ 2	21 ♓ 20	19 ♌ 54	18 ♌ 30	8 ♊ 19	1 ♊ 19	28 ♋ 30	8 ♊ 52	15 ♌ 45	14 ♋ 5	26 ♈ 22	21 ♒ 10	26 ♋	5 ♊	18 ♊	27 ♏	13 ♊
18	26 ♊ 59	3 ♈ 37	19 ♌ 50	18 R 30	10 ♊ 6	1 ♊ 11	29 ♋ 8	9 ♊ 6	15 ♌ 51	14 ♋ 8	26 ♈ 23	21 ♒ 9	26 ♋	5 ♊	19 ♊	27 ♏	14 ♊
19	27 ♊ 57	16 ♈ 13	19 ♌ 47	18 ♌ 28	11 ♊ 56	1 ♊ 5	29 ♋ 46	9 ♊ 19	15 ♌ 57	14 ♋ 12	26 ♈ 24	21 ♒ 9	27 ♋	6 ♊	19 ♊	27 ♏	14 ♊
20	28 ♊ 54	29 ♈ 14	19 ♌ 44	18 ♌ 24	13 ♊ 48	1 ♊ 2	0 ♌ 23	9 ♊ 33	16 ♌ 3	14 ♋ 15	26 ♈ 26	21 ♒ 8	27 ♋	7 ♊	20 ♊	26 ♏	14 ♊
21	29 ♊ 51	12 ♉ 42	19 ♌ 41	18 ♌ 19	15 ♊ 42	1 D 1	1 ♌ 1	9 ♊ 47	16 ♌ 9	14 ♋ 19	26 ♈ 27	21 ♒ 7	28 ♋	7 ♊	21 ♊	26 ♏	14 ♊
22	0 ♋ 48	26 ♉ 37	19 ♌ 38	18 ♌ 12	17 ♊ 40	1 ♊ 2	1 ♌ 38	10 ♊ 0	16 ♌ 15	14 ♋ 22	26 ♈ 28	21 ♒ 7	28 ♋	8 ♊	21 ♊	26 ♏	14 ♊
23	1 ♋ 46	10 ♊ 58	19 ♌ 35	18 ♌ 5	19 ♊ 39	1 ♊ 5	2 ♌ 16	10 ♊ 14	16 ♌ 22	14 ♋ 26	26 ♈ 29	21 ♒ 6	28 ♋	8 ♊	22 ♊	26 ♏	14 ♊
24	2 ♋ 43	25 ♊ 40	19 ♌ 31	17 ♌ 58	21 ♊ 41	1 ♊ 11	2 ♌ 53	10 ♊ 27	16 ♌ 28	14 ♋ 29	26 ♈ 31	21 ♒ 5	29 ♋	9 ♊	22 ♊	26 ♏	14 ♊
25	3 ♋ 40	10 ♋ 35	19 ♌ 28	17 ♌ 53	23 ♊ 44	1 ♊ 19	3 ♌ 31	10 ♊ 41	16 ♌ 34	14 ♋ 33	26 ♈ 32	21 ♒ 4	29 ♋	9 ♊	23 ♊	26 ♏	14 ♊
26	4 ♋ 37	25 ♋ 35	19 ♌ 25	17 ♌ 49	25 ♊ 49	1 ♊ 29	4 ♌ 8	10 ♊ 54	16 ♌ 40	14 ♋ 37	26 ♈ 33	21 ♒ 3	0 ♌	10 ♊	24 ♊	26 ♏	14 ♊
27	5 ♋ 35	10 ♌ 31	19 ♌ 22	17 ♌ 47	27 ♊ 56	1 ♊ 41	4 ♌ 46	11 ♊ 8	16 ♌ 47	14 ♋ 40	26 ♈ 34	21 ♒ 3	0 ♌	10 ♊	24 ♊	26 ♏	14 ♊
28	6 ♋ 32	25 ♌ 16	19 ♌ 19	17 D 47	0 ♋ 5	1 ♊ 55	5 ♌ 23	11 ♊ 21	16 ♌ 53	14 ♋ 44	26 ♈ 35	21 ♒ 2	1 ♌	11 ♊	25 ♊	26 ♏	14 ♊
29	7 ♋ 29	9 ♍ 44	19 ♌ 16	17 ♌ 48	2 ♋ 14	2 ♊ 11	6 ♌ 1	11 ♊ 34	17 ♌ 0	14 ♋ 47	26 ♈ 36	21 ♒ 1	1 ♌	11 ♊	25 ♊	26 ♏	14 ♊
30	8 ♋ 26	23 ♍ 53	19 ♌ 12	17 ♌ 49	4 ♋ 24	2 ♊ 29	6 ♌ 39	11 ♊ 48	17 ♌ 6	14 ♋ 51	26 ♈ 37	21 ♒ 0	1 ♌	12 ♊	26 ♊	26 ♏	14 ♊

SUN INGRESS	☉ → ♋ 21日 03:32
MOON PHASE	◐ 1日 20:34 ♍ ○ 9日 06:01 ♐ ◑ 17日 10:03 ♓ ● 24日 12:09 ♋

aspects		
4日	18:35	♀☌♃
5日	02:54	☉⚹♄
5日	12:45	☿□♇
5日	15:46	☿⚹♂
11日	22:59	☉△♇
13日	07:45	☿☌♀
13日	10:31	♂□♆
17日	08:28	☿☌♃
17日	08:31	☉⚹♆
21日	00:01	♀⚹♂
21日	05:51	☿⚹♄
23日	17:05	☿△♇
26日	08:17	☿⚹♆

2036年7月

DAY	☉	☽	☊ mean	☊ true	☿	♀	♂	♃	♄	♅	♆	♇	⚳	⚴	⚵	⚶	⚷
	° ′	° ′	° ′	° ′	° ′	° ′	° ′	° ′	° ′	° ′	° ′	° ′	°	°	°	°	°
1	9 ♋ 24	7 ♎ 42	19 ♌ 9	17 D 50	6 D 35	2 D 49	7 D 16	12 D 1	17 D 13	14 D 55	26 D 38	20 R 59	2 D	13 D	27 D	26 R	15 D
2	10 ♋ 21	21 ♎ 11	19 ♌ 6	17 R 50	8 ♋ 46	3 ♊ 11	7 ♌ 54	12 ♊ 14	17 ♌ 20	14 ♋ 58	26 ♈ 39	20 ♒ 58	2 ♌	13 ♊	27 ♊	26 ♏	15 ♊
3	11 ♋ 18	4 ♏ 21	19 ♌ 3	17 ♌ 48	10 ♋ 56	3 ♊ 34	8 ♌ 31	12 ♊ 27	17 ♌ 26	15 ♋ 2	26 ♈ 40	20 ♒ 57	3 ♌	14 ♊	28 ♊	26 ♏	15 ♊
4	12 ♋ 15	17 ♏ 15	19 ♌ 0	17 ♌ 44	13 ♋ 7	3 ♊ 59	9 ♌ 9	12 ♊ 40	17 ♌ 33	15 ♋ 6	26 ♈ 41	20 ♒ 56	3 ♌	14 ♊	28 ♊	26 ♏	15 ♊
5	13 ♋ 12	29 ♏ 55	18 ♌ 56	17 ♌ 39	15 ♋ 17	4 ♊ 25	9 ♌ 47	12 ♊ 53	17 ♌ 40	15 ♋ 9	26 ♈ 41	20 ♒ 55	4 ♌	15 ♊	29 ♊	25 ♏	15 ♊
6	14 ♋ 10	12 ♐ 22	18 ♌ 53	17 ♌ 33	17 ♋ 26	4 ♊ 53	10 ♌ 24	13 ♊ 6	17 ♌ 46	15 ♋ 13	26 ♈ 42	20 ♒ 54	4 ♌	15 ♊	29 ♊	26 D	15 ♊
7	15 ♋ 7	24 ♐ 38	18 ♌ 50	17 ♌ 28	19 ♋ 34	5 ♊ 23	11 ♌ 2	13 ♊ 19	17 ♌ 53	15 ♋ 16	26 ♈ 43	20 ♒ 53	5 ♌	16 ♊	0 ♋	26 ♏	15 ♊
8	16 ♋ 4	6 ♑ 44	18 ♌ 47	17 ♌ 23	21 ♋ 41	5 ♊ 54	11 ♌ 39	13 ♊ 32	18 ♌ 0	15 ♋ 20	26 ♈ 44	20 ♒ 52	5 ♌	16 ♊	1 ♋	26 ♏	15 ♊
9	17 ♋ 1	18 ♑ 42	18 ♌ 44	17 ♌ 19	23 ♋ 46	6 ♊ 26	12 ♌ 17	13 ♊ 45	18 ♌ 7	15 ♋ 24	26 ♈ 44	20 ♒ 51	5 ♌	17 ♊	1 ♋	26 ♏	15 ♊
10	17 ♋ 58	0 ♒ 35	18 ♌ 41	17 ♌ 16	25 ♋ 50	7 ♊ 0	12 ♌ 55	13 ♊ 58	18 ♌ 14	15 ♋ 27	26 ♈ 45	20 ♒ 50	6 ♌	18 ♊	2 ♋	26 ♏	15 ♊
11	18 ♋ 56	12 ♒ 23	18 ♌ 37	17 ♌ 15	27 ♋ 52	7 ♊ 35	13 ♌ 32	14 ♊ 10	18 ♌ 21	15 ♋ 31	26 ♈ 46	20 ♒ 49	6 ♌	18 ♊	2 ♋	26 ♏	15 ♊
12	19 ♋ 53	24 ♒ 10	18 ♌ 34	17 D 15	29 ♋ 53	8 ♊ 11	14 ♌ 10	14 ♊ 23	18 ♌ 28	15 ♋ 35	26 ♈ 46	20 ♒ 48	7 ♌	19 ♊	3 ♋	26 ♏	15 ♊
13	20 ♋ 50	5 ♓ 59	18 ♌ 31	17 ♌ 16	1 ♌ 52	8 ♊ 48	14 ♌ 47	14 ♊ 36	18 ♌ 35	15 ♋ 38	26 ♈ 47	20 ♒ 47	7 ♌	19 ♊	3 ♋	26 ♏	15 ♊
14	21 ♋ 47	17 ♓ 53	18 ♌ 28	17 ♌ 18	3 ♌ 50	9 ♊ 27	15 ♌ 25	14 ♊ 48	18 ♌ 42	15 ♋ 42	26 ♈ 48	20 ♒ 46	8 ♌	20 ♊	4 ♋	26 ♏	16 ♊
15	22 ♋ 44	29 ♓ 57	18 ♌ 25	17 ♌ 19	5 ♌ 45	10 ♊ 6	16 ♌ 3	15 ♊ 1	18 ♌ 49	15 ♋ 45	26 ♈ 48	20 ♒ 44	8 ♌	20 ♊	5 ♋	26 ♏	16 ♊
16	23 ♋ 42	12 ♈ 14	18 ♌ 22	17 ♌ 21	7 ♌ 39	10 ♊ 47	16 ♌ 40	15 ♊ 13	18 ♌ 57	15 ♋ 49	26 ♈ 49	20 ♒ 43	9 ♌	21 ♊	5 ♋	26 ♏	16 ♊
17	24 ♋ 39	24 ♈ 49	18 ♌ 18	17 R 21	9 ♌ 30	11 ♊ 29	17 ♌ 18	15 ♊ 25	19 ♌ 4	15 ♋ 53	26 ♈ 49	20 ♒ 42	9 ♌	21 ♊	6 ♋	26 ♏	16 ♊
18	25 ♋ 36	7 ♉ 47	18 ♌ 15	17 ♌ 21	11 ♌ 20	12 ♊ 12	17 ♌ 56	15 ♊ 38	19 ♌ 11	15 ♋ 56	26 ♈ 49	20 ♒ 41	9 ♌	22 ♊	6 ♋	26 ♏	16 ♊
19	26 ♋ 33	21 ♉ 10	18 ♌ 12	17 ♌ 19	13 ♌ 9	12 ♊ 55	18 ♌ 33	15 ♊ 50	19 ♌ 18	16 ♋ 0	26 ♈ 50	20 ♒ 40	10 ♌	23 ♊	7 ♋	26 ♏	16 ♊
20	27 ♋ 31	5 ♊ 0	18 ♌ 9	17 ♌ 17	14 ♌ 55	13 ♊ 40	19 ♌ 11	16 ♊ 2	19 ♌ 26	16 ♋ 3	26 ♈ 50	20 ♒ 39	10 ♌	23 ♊	7 ♋	26 ♏	16 ♊
21	28 ♋ 28	19 ♊ 18	18 ♌ 6	17 ♌ 15	16 ♌ 39	14 ♊ 25	19 ♌ 49	16 ♊ 14	19 ♌ 33	16 ♋ 7	26 ♈ 51	20 ♒ 37	11 ♌	24 ♊	8 ♋	26 ♏	16 ♊
22	29 ♋ 25	3 ♋ 59	18 ♌ 2	17 ♌ 12	18 ♌ 22	15 ♊ 11	20 ♌ 27	16 ♊ 26	19 ♌ 40	16 ♋ 11	26 ♈ 51	20 ♒ 36	11 ♌	24 ♊	9 ♋	27 ♏	16 ♊
23	0 ♌ 22	18 ♋ 59	17 ♌ 59	17 ♌ 11	20 ♌ 3	15 ♊ 58	21 ♌ 4	16 ♊ 38	19 ♌ 48	16 ♋ 14	26 ♈ 51	20 ♒ 35	12 ♌	25 ♊	9 ♋	27 ♏	16 ♊
24	1 ♌ 20	4 ♌ 8	17 ♌ 56	17 ♌ 9	21 ♌ 42	16 ♊ 46	21 ♌ 42	16 ♊ 50	19 ♌ 55	16 ♋ 18	26 ♈ 51	20 ♒ 34	12 ♌	25 ♊	10 ♋	27 ♏	16 ♊
25	2 ♌ 17	19 ♌ 17	17 ♌ 53	17 D 9	23 ♌ 19	17 ♊ 35	22 ♌ 20	17 ♊ 2	20 ♌ 3	16 ♋ 21	26 ♈ 51	20 ♒ 32	13 ♌	26 ♊	10 ♋	27 ♏	16 ♊
26	3 ♌ 14	4 ♍ 18	17 ♌ 50	17 ♌ 10	24 ♌ 54	18 ♊ 24	22 ♌ 58	17 ♊ 14	20 ♌ 10	16 ♋ 25	26 ♈ 52	20 ♒ 31	13 ♌	26 ♊	11 ♋	27 ♏	16 ♊
27	4 ♌ 12	19 ♍ 3	17 ♌ 47	17 ♌ 10	26 ♌ 28	19 ♊ 14	23 ♌ 35	17 ♊ 25	20 ♌ 17	16 ♋ 28	26 ♈ 52	20 ♒ 30	13 ♌	27 ♊	11 ♋	27 ♏	16 ♊
28	5 ♌ 9	3 ♎ 26	17 ♌ 43	17 ♌ 11	27 ♌ 59	20 ♊ 5	24 ♌ 13	17 ♊ 37	20 ♌ 25	16 ♋ 32	26 ♈ 52	20 ♒ 29	14 ♌	28 ♊	12 ♋	28 ♏	16 ♊
29	6 ♌ 7	17 ♎ 24	17 ♌ 40	17 ♌ 12	29 ♌ 29	20 ♊ 56	24 ♌ 51	17 ♊ 48	20 ♌ 32	16 ♋ 35	26 ♈ 52	20 ♒ 27	14 ♌	28 ♊	13 ♋	28 ♏	17 ♊
30	7 ♌ 4	0 ♏ 57	17 ♌ 37	17 ♌ 13	0 ♍ 57	21 ♊ 48	25 ♌ 29	18 ♊ 0	20 ♌ 40	16 ♋ 39	26 ♈ 52	20 ♒ 26	15 ♌	29 ♊	13 ♋	28 ♏	17 ♊
31	8 ♌ 1	14 ♏ 7	17 ♌ 34	17 R 13	2 ♍ 23	22 ♊ 41	26 ♌ 7	18 ♊ 11	20 ♌ 48	16 ♋ 42	26 R 52	20 ♒ 25	15 ♌	29 ♊	14 ♋	28 ♏	17 ♊

SUN INGRESS	☉ → ♌ 22日 14:22
MOON PHASE	◐ 1日 03:13 ♎　○ 8日 20:19 ♑　◑ 16日 23:39 ♈　● 23日 19:16 ♌　◐ 30日 11:56 ♏

aspects		
3日	07:03	☉☌☿
4日	22:33	☿☌♅
7日	04:19	☉☌♅
10日	10:49	☿□♆
12日	12:43	♂⚹♃
18日	18:55	☿⚹♀
19日	06:57	☉□♆
20日	11:28	♂☌♄
20日	17:26	☿⚹♃
22日	05:52	♂☍♇
22日	20:07	☿☌♄
23日	07:39	☿☍♇
24日	00:09	☿☌♂
24日	02:27	♀☌♃
27日	06:17	☿△♆
28日	09:52	♄☍♇
28日	10:51	♀△♇
28日	11:03	♀⚹♄

2036年8月

DAY	☉	☽	☊ mean	☊ true	☿	♀	♂	♃	♄	♅	♆	♇	⚳	⚴	⚵	⚶	⚷
	° ′	° ′	° ′	° ′	° ′	° ′	° ′	° ′	° ′	° ′	° ′	° ′	°	°	°	°	°
1	8 ♌ 59	26 ♏ 55	17 ♌ 31	17 R 12	3 D 47	23 D 34	26 D 44	18 D 22	20 D 55	16 D 46	26 R 52	20 R 23	16 D	0 D	14 D	28 D	17 D
2	9 ♌ 56	9 ♐ 26	17 ♌ 28	17 ♌ 12	5 ♍ 9	24 ♊ 27	27 ♌ 22	18 ♊ 33	21 ♌ 3	16 ♋ 49	26 ♈ 52	20 ♒ 22	16 ♌	0 ♋	15 ♋	28 ♏	17 ♊
3	10 ♌ 53	21 ♐ 42	17 ♌ 24	17 ♌ 11	6 ♍ 30	25 ♊ 22	28 ♌ 0	18 ♊ 44	21 ♌ 10	16 ♋ 52	26 ♈ 52	20 ♒ 21	17 ♌	1 ♋	15 ♋	29 ♏	17 ♊
4	11 ♌ 51	3 ♑ 47	17 ♌ 21	17 ♌ 10	7 ♍ 48	26 ♊ 16	28 ♌ 38	18 ♊ 55	21 ♌ 18	16 ♋ 56	26 ♈ 52	20 ♒ 19	17 ♌	2 ♋	16 ♋	29 ♏	17 ♊
5	12 ♌ 48	15 ♑ 44	17 ♌ 18	17 ♌ 9	9 ♍ 4	27 ♊ 12	29 ♌ 16	19 ♊ 6	21 ♌ 25	16 ♋ 59	26 ♈ 51	20 ♒ 18	18 ♌	2 ♋	16 ♋	29 ♏	17 ♊
6	13 ♌ 46	27 ♑ 35	17 ♌ 15	17 ♌ 9	10 ♍ 18	28 ♊ 7	29 ♌ 54	19 ♊ 17	21 ♌ 33	17 ♋ 3	26 ♈ 51	20 ♒ 17	18 ♌	3 ♋	17 ♋	29 ♏	17 ♊
7	14 ♌ 43	9 ♒ 23	17 ♌ 12	17 ♌ 9	11 ♍ 30	29 ♊ 4	0 ♍ 32	19 ♊ 27	21 ♌ 41	17 ♋ 6	26 ♈ 51	20 ♒ 16	18 ♌	3 ♋	18 ♋	0 ♐	17 ♊
8	15 ♌ 41	21 ♒ 11	17 ♌ 8	17 D 9	12 ♍ 39	0 ♋ 0	1 ♍ 9	19 ♊ 38	21 ♌ 48	17 ♋ 9	26 ♈ 51	20 ♒ 14	19 ♌	4 ♋	18 ♋	0 ♐	17 ♊
9	16 ♌ 38	3 ♓ 1	17 ♌ 5	17 ♌ 9	13 ♍ 46	0 ♋ 58	1 ♍ 47	19 ♊ 48	21 ♌ 56	17 ♋ 12	26 ♈ 50	20 ♒ 13	19 ♌	4 ♋	19 ♋	0 ♐	17 ♊
10	17 ♌ 36	14 ♓ 54	17 ♌ 2	17 R 9	14 ♍ 51	1 ♋ 55	2 ♍ 25	19 ♊ 59	22 ♌ 4	17 ♋ 16	26 ♈ 50	20 ♒ 11	20 ♌	5 ♋	19 ♋	0 ♐	17 ♊
11	18 ♌ 33	26 ♓ 54	16 ♌ 59	17 ♌ 9	15 ♍ 53	2 ♋ 53	3 ♍ 3	20 ♊ 9	22 ♌ 11	17 ♋ 19	26 ♈ 50	20 ♒ 10	20 ♌	5 ♋	20 ♋	0 ♐	17 ♊
12	19 ♌ 31	9 ♈ 4	16 ♌ 56	17 ♌ 9	16 ♍ 53	3 ♋ 52	3 ♍ 41	20 ♊ 19	22 ♌ 19	17 ♋ 22	26 ♈ 49	20 ♒ 9	21 ♌	6 ♋	20 ♋	1 ♐	17 ♊
13	20 ♌ 28	21 ♈ 26	16 ♌ 53	17 ♌ 8	17 ♍ 50	4 ♋ 51	4 ♍ 19	20 ♊ 29	22 ♌ 27	17 ♋ 25	26 ♈ 49	20 ♒ 7	21 ♌	7 ♋	21 ♋	1 ♐	17 ♊
14	21 ♌ 26	4 ♉ 3	16 ♌ 49	17 ♌ 8	18 ♍ 44	5 ♋ 50	4 ♍ 57	20 ♊ 39	22 ♌ 34	17 ♋ 29	26 ♈ 49	20 ♒ 6	22 ♌	7 ♋	21 ♋	1 ♐	17 ♊
15	22 ♌ 24	17 ♉ 0	16 ♌ 46	17 ♌ 8	19 ♍ 35	6 ♋ 50	5 ♍ 35	20 ♊ 49	22 ♌ 42	17 ♋ 32	26 ♈ 48	20 ♒ 5	22 ♌	8 ♋	22 ♋	2 ♐	17 ♊
16	23 ♌ 21	0 ♊ 18	16 ♌ 43	17 D 8	20 ♍ 22	7 ♋ 50	6 ♍ 13	20 ♊ 59	22 ♌ 50	17 ♋ 35	26 ♈ 48	20 ♒ 3	23 ♌	8 ♋	22 ♋	2 ♐	17 ♊
17	24 ♌ 19	13 ♊ 59	16 ♌ 40	17 ♌ 8	21 ♍ 7	8 ♋ 50	6 ♍ 51	21 ♊ 8	22 ♌ 57	17 ♋ 38	26 ♈ 47	20 ♒ 2	23 ♌	9 ♋	23 ♋	2 ♐	18 ♊
18	25 ♌ 17	28 ♊ 5	16 ♌ 37	17 ♌ 9	21 ♍ 47	9 ♋ 51	7 ♍ 29	21 ♊ 18	23 ♌ 5	17 ♋ 41	26 ♈ 46	20 ♒ 1	23 ♌	9 ♋	24 ♋	2 ♐	18 ♊
19	26 ♌ 14	12 ♋ 35	16 ♌ 34	17 ♌ 9	22 ♍ 24	10 ♋ 52	8 ♍ 7	21 ♊ 27	23 ♌ 13	17 ♋ 44	26 ♈ 46	19 ♒ 59	24 ♌	10 ♋	24 ♋	3 ♐	18 ♊
20	27 ♌ 12	27 ♋ 24	16 ♌ 30	17 ♌ 10	22 ♍ 57	11 ♋ 53	8 ♍ 45	21 ♊ 36	23 ♌ 20	17 ♋ 47	26 ♈ 45	19 ♒ 58	24 ♌	11 ♋	25 ♋	3 ♐	18 ♊
21	28 ♌ 10	12 ♌ 27	16 ♌ 27	17 ♌ 10	23 ♍ 26	12 ♋ 55	9 ♍ 23	21 ♊ 46	23 ♌ 28	17 ♋ 50	26 ♈ 44	19 ♒ 57	25 ♌	11 ♋	25 ♋	3 ♐	18 ♊
22	29 ♌ 8	27 ♌ 36	16 ♌ 24	17 R 10	23 ♍ 50	13 ♋ 57	10 ♍ 2	21 ♊ 55	23 ♌ 36	17 ♋ 53	26 ♈ 44	19 ♒ 55	25 ♌	12 ♋	26 ♋	4 ♐	18 ♊
23	0 ♍ 5	12 ♍ 42	16 ♌ 21	17 ♌ 10	24 ♍ 10	14 ♋ 59	10 ♍ 40	22 ♊ 4	23 ♌ 43	17 ♋ 56	26 ♈ 43	19 ♒ 54	26 ♌	12 ♋	26 ♋	4 ♐	18 ♊
24	1 ♍ 3	27 ♍ 35	16 ♌ 18	17 ♌ 8	24 ♍ 24	16 ♋ 2	11 ♍ 18	22 ♊ 12	23 ♌ 51	17 ♋ 59	26 ♈ 42	19 ♒ 53	26 ♌	13 ♋	27 ♋	4 ♐	18 ♊
25	2 ♍ 1	12 ♎ 8	16 ♌ 14	17 ♌ 6	24 ♍ 34	17 ♋ 5	11 ♍ 56	22 ♊ 21	23 ♌ 59	18 ♋ 2	26 ♈ 42	19 ♒ 52	27 ♌	13 ♋	27 ♋	4 ♐	18 ♊
26	2 ♍ 59	26 ♎ 16	16 ♌ 11	17 ♌ 5	24 ♍ 38	18 ♋ 8	12 ♍ 34	22 ♊ 29	24 ♌ 6	18 ♋ 4	26 ♈ 41	19 ♒ 50	27 ♌	14 ♋	28 ♋	5 ♐	18 ♊
27	3 ♍ 57	9 ♏ 57	16 ♌ 8	17 ♌ 3	24 R 36	19 ♋ 11	13 ♍ 12	22 ♊ 38	24 ♌ 14	18 ♋ 7	26 ♈ 40	19 ♒ 49	28 ♌	14 ♋	28 ♋	5 ♐	18 ♊
28	4 ♍ 55	23 ♏ 11	16 ♌ 5	17 ♌ 2	24 ♍ 28	20 ♋ 15	13 ♍ 51	22 ♊ 46	24 ♌ 21	18 ♋ 10	26 ♈ 39	19 ♒ 48	28 ♌	15 ♋	29 ♋	5 ♐	18 ♊
29	5 ♍ 53	6 ♐ 1	16 ♌ 2	17 D 1	24 ♍ 15	21 ♋ 19	14 ♍ 29	22 ♊ 54	24 ♌ 29	18 ♋ 13	26 ♈ 38	19 ♒ 46	28 ♌	16 ♋	29 ♋	6 ♐	18 ♊
30	6 ♍ 51	18 ♐ 30	15 ♌ 59	17 ♌ 2	23 ♍ 55	22 ♋ 23	15 ♍ 7	23 ♊ 2	24 ♌ 37	18 ♋ 15	26 ♈ 37	19 ♒ 45	29 ♌	16 ♋	0 ♌	6 ♐	18 ♊
31	7 ♍ 49	0 ♑ 42	15 ♌ 55	17 ♌ 3	23 ♍ 29	23 ♋ 27	15 ♍ 45	23 ♊ 10	24 ♌ 44	18 ♋ 18	26 ♈ 36	19 ♒ 44	29 ♌	17 ♋	0 ♌	6 ♐	18 ♊

SUN INGRESS	☉ → ♍ 22日 21:32
MOON PHASE	○ 7日 11:48 ♒　◑ 15日 10:35 ♉　● 22日 02:35 ♌　◐ 28日 23:43 ♐

aspects		
1日	04:46	♂△♆
4日	15:16	♀⚹♆
11日	02:25	♃△♇
11日	11:41	♀⚹♂
12日	12:53	♀⚹♅
12日	15:30	☉☍♇
13日	00:26	☉⚹♃
15日	08:52	☉☌♄
17日	01:14	☿□♃
19日	12:57	☉△♆
25日	22:41	♀☌♅
31日	00:27	☿⚹♀
31日	12:06	☿□♃

2036年9月

DAY	☉	☽	☊ mean	☊ true	☿	♀	♂	♃	♄	♅	♆	♇	⚳	⚴	⚵	⚶	⚷
	° ′	° ′	° ′	° ′	° ′	° ′	° ′	° ′	° ′	° ′	° ′	° ′	°	°	°	°	°
1	8 ♍ 47	12 ♑ 41	15 ♌ 52	17 D 4	22 R 57	24 D 32	16 D 24	23 D 18	24 D 52	18 D 21	26 R 35	19 R 43	0 D	17 D	1 D	7 D	18 D
2	9 ♍ 45	24 ♑ 33	15 ♌ 49	17 ♌ 6	22 ♍ 20	25 ♋ 37	17 ♍ 2	23 ♊ 25	24 ♌ 59	18 ♋ 23	26 ♈ 34	19 ♒ 41	0 ♍	18 ♋	1 ♌	7 ♐	18 ♊
3	10 ♍ 43	6 ♒ 21	15 ♌ 46	17 ♌ 7	21 ♍ 37	26 ♋ 42	17 ♍ 40	23 ♊ 33	25 ♌ 7	18 ♋ 26	26 ♈ 33	19 ♒ 40	1 ♍	18 ♋	2 ♌	7 ♐	18 ♊
4	11 ♍ 41	18 ♒ 8	15 ♌ 43	17 R 8	20 ♍ 49	27 ♋ 48	18 ♍ 19	23 ♊ 40	25 ♌ 14	18 ♋ 28	26 ♈ 32	19 ♒ 39	1 ♍	19 ♋	2 ♌	8 ♐	18 ♊
5	12 ♍ 39	29 ♒ 58	15 ♌ 39	17 ♌ 7	19 ♍ 57	28 ♋ 53	18 ♍ 57	23 ♊ 47	25 ♌ 22	18 ♋ 31	26 ♈ 31	19 ♒ 38	2 ♍	20 ♋	3 ♌	8 ♐	18 ♊
6	13 ♍ 37	11 ♓ 54	15 ♌ 36	17 ♌ 5	19 ♍ 1	29 ♋ 59	19 ♍ 35	23 ♊ 54	25 ♌ 29	18 ♋ 33	26 ♈ 30	19 ♒ 36	2 ♍	20 ♋	3 ♌	9 ♐	18 ♊
7	14 ♍ 35	23 ♓ 57	15 ♌ 33	17 ♌ 2	18 ♍ 3	1 ♌ 5	20 ♍ 14	24 ♊ 1	25 ♌ 36	18 ♋ 36	26 ♈ 29	19 ♒ 35	3 ♍	21 ♋	4 ♌	9 ♐	18 ♊
8	15 ♍ 34	6 ♈ 8	15 ♌ 30	16 ♌ 57	17 ♍ 4	2 ♌ 11	20 ♍ 52	24 ♊ 8	25 ♌ 44	18 ♋ 38	26 ♈ 28	19 ♒ 34	3 ♍	21 ♋	5 ♌	9 ♐	18 ♊
9	16 ♍ 32	18 ♈ 31	15 ♌ 27	16 ♌ 52	16 ♍ 5	3 ♌ 18	21 ♍ 31	24 ♊ 14	25 ♌ 51	18 ♋ 40	26 ♈ 26	19 ♒ 33	3 ♍	22 ♋	5 ♌	10 ♐	18 ♊
10	17 ♍ 30	1 ♉ 5	15 ♌ 24	16 ♌ 48	15 ♍ 7	4 ♌ 24	22 ♍ 9	24 ♊ 21	25 ♌ 59	18 ♋ 43	26 ♈ 25	19 ♒ 32	4 ♍	22 ♋	6 ♌	10 ♐	18 ♊
11	18 ♍ 28	13 ♉ 52	15 ♌ 20	16 ♌ 43	14 ♍ 11	5 ♌ 31	22 ♍ 48	24 ♊ 27	26 ♌ 6	18 ♋ 45	26 ♈ 24	19 ♒ 31	4 ♍	23 ♋	6 ♌	10 ♐	18 ♊
12	19 ♍ 27	26 ♉ 54	15 ♌ 17	16 ♌ 40	13 ♍ 20	6 ♌ 38	23 ♍ 26	24 ♊ 33	26 ♌ 13	18 ♋ 47	26 ♈ 23	19 ♒ 29	5 ♍	23 ♋	7 ♌	11 ♐	18 ♊
13	20 ♍ 25	10 ♊ 12	15 ♌ 14	16 ♌ 38	12 ♍ 34	7 ♌ 46	24 ♍ 5	24 ♊ 39	26 ♌ 20	18 ♋ 49	26 ♈ 22	19 ♒ 28	5 ♍	24 ♋	7 ♌	11 ♐	18 ♊
14	21 ♍ 24	23 ♊ 48	15 ♌ 11	16 D 37	11 ♍ 54	8 ♌ 53	24 ♍ 43	24 ♊ 45	26 ♌ 28	18 ♋ 51	26 ♈ 20	19 ♒ 27	6 ♍	25 ♋	8 ♌	12 ♐	18 ♊
15	22 ♍ 22	7 ♋ 42	15 ♌ 8	16 ♌ 38	11 ♍ 22	10 ♌ 1	25 ♍ 22	24 ♊ 50	26 ♌ 35	18 ♋ 53	26 ♈ 19	19 ♒ 26	6 ♍	25 ♋	8 ♌	12 ♐	18 ♊
16	23 ♍ 21	21 ♋ 56	15 ♌ 5	16 ♌ 40	10 ♍ 58	11 ♌ 8	26 ♍ 0	24 ♊ 56	26 ♌ 42	18 ♋ 56	26 ♈ 18	19 ♒ 25	7 ♍	26 ♋	9 ♌	12 ♐	18 ♊
17	24 ♍ 19	6 ♌ 26	15 ♌ 1	16 ♌ 41	10 ♍ 43	12 ♌ 16	26 ♍ 39	25 ♊ 1	26 ♌ 49	18 ♋ 57	26 ♈ 16	19 ♒ 24	7 ♍	26 ♋	9 ♌	13 ♐	18 ♊
18	25 ♍ 18	21 ♌ 11	14 ♌ 58	16 R 41	10 ♍ 38	13 ♌ 24	27 ♍ 18	25 ♊ 6	26 ♌ 56	18 ♋ 59	26 ♈ 15	19 ♒ 23	8 ♍	27 ♋	9 ♌	13 ♐	18 ♊
19	26 ♍ 16	6 ♍ 4	14 ♌ 55	16 ♌ 40	10 D 42	14 ♌ 33	27 ♍ 56	25 ♊ 11	27 ♌ 3	19 ♋ 1	26 ♈ 14	19 ♒ 22	8 ♍	27 ♋	10 ♌	13 ♐	18 ♊
20	27 ♍ 15	20 ♍ 59	14 ♌ 52	16 ♌ 36	10 ♍ 55	15 ♌ 41	28 ♍ 35	25 ♊ 16	27 ♌ 10	19 ♋ 3	26 ♈ 12	19 ♒ 21	8 ♍	28 ♋	10 ♌	14 ♐	18 ♊
21	28 ♍ 13	5 ♎ 46	14 ♌ 49	16 ♌ 31	11 ♍ 18	16 ♌ 50	29 ♍ 14	25 ♊ 20	27 ♌ 17	19 ♋ 5	26 ♈ 11	19 ♒ 20	9 ♍	28 ♋	11 ♌	14 ♐	18 ♊
22	29 ♍ 12	20 ♎ 19	14 ♌ 45	16 ♌ 25	11 ♍ 50	17 ♌ 59	29 ♍ 53	25 ♊ 24	27 ♌ 24	19 ♋ 7	26 ♈ 9	19 ♒ 19	9 ♍	29 ♋	11 ♌	15 ♐	18 ♊
23	0 ♎ 11	4 ♏ 30	14 ♌ 42	16 ♌ 18	12 ♍ 32	19 ♌ 8	0 ♎ 31	25 ♊ 29	27 ♌ 31	19 ♋ 8	26 ♈ 8	19 ♒ 18	10 ♍	29 ♋	12 ♌	15 ♐	18 ♊
24	1 ♎ 10	18 ♏ 16	14 ♌ 39	16 ♌ 11	13 ♍ 21	20 ♌ 17	1 ♎ 10	25 ♊ 33	27 ♌ 38	19 ♋ 10	26 ♈ 6	19 ♒ 17	10 ♍	0 ♌	12 ♌	15 ♐	18 ♊
25	2 ♎ 8	1 ♐ 35	14 ♌ 36	16 ♌ 6	14 ♍ 19	21 ♌ 26	1 ♎ 49	25 ♊ 37	27 ♌ 45	19 ♋ 12	26 ♈ 5	19 ♒ 16	11 ♍	0 ♌	13 ♌	16 ♐	18 ♊
26	3 ♎ 7	14 ♐ 28	14 ♌ 33	16 ♌ 2	15 ♍ 23	22 ♌ 35	2 ♎ 28	25 ♊ 40	27 ♌ 51	19 ♋ 13	26 ♈ 3	19 ♒ 15	11 ♍	1 ♌	13 ♌	16 ♐	18 R
27	4 ♎ 6	26 ♐ 58	14 ♌ 30	16 ♌ 0	16 ♍ 35	23 ♌ 45	3 ♎ 7	25 ♊ 44	27 ♌ 58	19 ♋ 15	26 ♈ 2	19 ♒ 14	12 ♍	2 ♌	14 ♌	17 ♐	18 ♊
28	5 ♎ 5	9 ♑ 10	14 ♌ 26	16 D 0	17 ♍ 52	24 ♌ 54	3 ♎ 46	25 ♊ 47	28 ♌ 5	19 ♋ 16	26 ♈ 0	19 ♒ 14	12 ♍	2 ♌	14 ♌	17 ♐	18 ♊
29	6 ♎ 4	21 ♑ 8	14 ♌ 23	16 ♌ 1	19 ♍ 14	26 ♌ 4	4 ♎ 24	25 ♊ 50	28 ♌ 11	19 ♋ 18	25 ♈ 59	19 ♒ 13	13 ♍	3 ♌	15 ♌	18 ♐	18 ♊
30	7 ♎ 3	2 ♒ 58	14 ♌ 20	16 ♌ 2	20 ♍ 42	27 ♌ 14	5 ♎ 3	25 ♊ 53	28 ♌ 18	19 ♋ 19	25 ♈ 57	19 ♒ 12	13 ♍	3 ♌	15 ♌	18 ♐	18 ♊

SUN INGRESS	☉ → ♎22日 19:23
MOON PHASE	○ 6日 03:45 ♓　◑ 13日 19:29 ♊　● 20日 10:51 ♍　◐ 27日 15:12 ♑

aspects		
2日	20:44	♀□♆
4日	06:28	♂⚹♅
5日	15:21	☿☌♂
6日	11:12	☿⚹♅
8日	18:25	☉☌☿
11日	07:02	☉⚹♅
13日	03:21	♄△♆
14日	00:54	♂□♃
17日	18:45	☉□♃
23日	03:37	♀☍♇
24日	00:44	☉☌♂
28日	18:58	♀⚹♃
28日	22:12	♀△♆
29日	00:56	☿⚹♅
30日	23:16	♃⚹♆

2036年10月

DAY	☉	☽	☊ mean	☊ true	☿	♀	♂	♃	♄	♅	♆	♇	⚳	⚴	⚵	⚶	⚷
	° ′	° ′	° ′	° ′	° ′	° ′	° ′	° ′	° ′	° ′	° ′	° ′	°	°	°	°	°
1	8 ♎ 2	14 ♒ 46	14 ♌ 17	16 D 3	22 D 13	28 D 24	5 D 42	25 D 56	28 D 25	19 D 20	25 R 56	19 R 11	13 D	4 D	16 D	18 D	18 R
2	9 ♎ 1	26 ♒ 35	14 ♌ 14	16 R 2	23 ♍ 47	29 ♌ 34	6 ♎ 21	25 ♊ 58	28 ♌ 31	19 ♋ 22	25 ♈ 54	19 ♒ 10	14 ♍	4 ♌	16 ♌	19 ♐	18 ♊
3	10 ♎ 0	8 ♓ 29	14 ♌ 10	15 ♌ 59	25 ♍ 24	0 ♍ 44	7 ♎ 0	26 ♊ 1	28 ♌ 37	19 ♋ 23	25 ♈ 52	19 ♒ 10	14 ♍	5 ♌	17 ♌	19 ♐	18 ♊
4	10 ♎ 59	20 ♓ 32	14 ♌ 7	15 ♌ 54	27 ♍ 4	1 ♍ 55	7 ♎ 39	26 ♊ 3	28 ♌ 44	19 ♋ 24	25 ♈ 51	19 ♒ 9	15 ♍	5 ♌	17 ♌	20 ♐	18 ♊
5	11 ♎ 58	2 ♈ 47	14 ♌ 4	15 ♌ 47	28 ♍ 45	3 ♍ 5	8 ♎ 18	26 ♊ 5	28 ♌ 50	19 ♋ 25	25 ♈ 49	19 ♒ 8	15 ♍	6 ♌	18 ♌	20 ♐	18 ♊
6	12 ♎ 57	15 ♈ 14	14 ♌ 1	15 ♌ 38	0 ♎ 28	4 ♍ 16	8 ♎ 57	26 ♊ 7	28 ♌ 56	19 ♋ 26	25 ♈ 48	19 ♒ 8	16 ♍	6 ♌	18 ♌	21 ♐	18 ♊
7	13 ♎ 56	27 ♈ 54	13 ♌ 58	15 ♌ 27	2 ♎ 12	5 ♍ 27	9 ♎ 37	26 ♊ 8	29 ♌ 3	19 ♋ 27	25 ♈ 46	19 ♒ 7	16 ♍	7 ♌	18 ♌	21 ♐	18 ♊
8	14 ♎ 55	10 ♉ 47	13 ♌ 55	15 ♌ 17	3 ♎ 57	6 ♍ 38	10 ♎ 16	26 ♊ 9	29 ♌ 9	19 ♋ 28	25 ♈ 44	19 ♒ 6	17 ♍	7 ♌	19 ♌	21 ♐	18 ♊
9	15 ♎ 54	23 ♉ 53	13 ♌ 51	15 ♌ 7	5 ♎ 42	7 ♍ 49	10 ♎ 55	26 ♊ 11	29 ♌ 15	19 ♋ 29	25 ♈ 43	19 ♒ 6	17 ♍	8 ♌	19 ♌	22 ♐	18 ♊
10	16 ♎ 53	7 ♊ 10	13 ♌ 48	14 ♌ 59	7 ♎ 28	9 ♍ 0	11 ♎ 34	26 ♊ 12	29 ♌ 21	19 ♋ 30	25 ♈ 41	19 ♒ 5	17 ♍	8 ♌	20 ♌	22 ♐	18 ♊
11	17 ♎ 53	20 ♊ 39	13 ♌ 45	14 ♌ 53	9 ♎ 13	10 ♍ 11	12 ♎ 13	26 ♊ 12	29 ♌ 27	19 ♋ 31	25 ♈ 39	19 ♒ 4	18 ♍	9 ♌	20 ♌	23 ♐	18 ♊
12	18 ♎ 52	4 ♋ 19	13 ♌ 42	14 ♌ 50	10 ♎ 59	11 ♍ 23	12 ♎ 52	26 ♊ 13	29 ♌ 33	19 ♋ 32	25 ♈ 38	19 ♒ 4	18 ♍	9 ♌	21 ♌	23 ♐	18 ♊
13	19 ♎ 51	18 ♋ 9	13 ♌ 39	14 ♌ 49	12 ♎ 44	12 ♍ 34	13 ♎ 32	26 ♊ 13	29 ♌ 39	19 ♋ 32	25 ♈ 36	19 ♒ 3	19 ♍	10 ♌	21 ♌	24 ♐	18 ♊
14	20 ♎ 51	2 ♌ 12	13 ♌ 36	14 D 49	14 ♎ 30	13 ♍ 46	14 ♎ 11	26 ♊ 14	29 ♌ 44	19 ♋ 33	25 ♈ 34	19 ♒ 3	19 ♍	10 ♌	22 ♌	24 ♐	18 ♊
15	21 ♎ 50	16 ♌ 25	13 ♌ 32	14 R 50	16 ♎ 14	14 ♍ 57	14 ♎ 50	26 R 14	29 ♌ 50	19 ♋ 34	25 ♈ 33	19 ♒ 2	20 ♍	11 ♌	22 ♌	25 ♐	18 ♊
16	22 ♎ 50	0 ♍ 47	13 ♌ 29	14 ♌ 49	17 ♎ 59	16 ♍ 9	15 ♎ 30	26 ♊ 13	29 ♌ 56	19 ♋ 34	25 ♈ 31	19 ♒ 2	20 ♍	11 ♌	22 ♌	25 ♐	18 ♊
17	23 ♎ 49	15 ♍ 16	13 ♌ 26	14 ♌ 46	19 ♎ 43	17 ♍ 21	16 ♎ 9	26 ♊ 13	0 ♍ 1	19 ♋ 35	25 ♈ 29	19 ♒ 1	21 ♍	12 ♌	23 ♌	25 ♐	18 ♊
18	24 ♎ 49	29 ♍ 47	13 ♌ 23	14 ♌ 40	21 ♎ 26	18 ♍ 33	16 ♎ 49	26 ♊ 12	0 ♍ 7	19 ♋ 35	25 ♈ 28	19 ♒ 1	21 ♍	12 ♌	23 ♌	26 ♐	18 ♊
19	25 ♎ 48	14 ♎ 15	13 ♌ 20	14 ♌ 31	23 ♎ 9	19 ♍ 45	17 ♎ 28	26 ♊ 12	0 ♍ 12	19 ♋ 35	25 ♈ 26	19 ♒ 1	21 ♍	13 ♌	24 ♌	26 ♐	18 ♊
20	26 ♎ 48	28 ♎ 33	13 ♌ 16	14 ♌ 20	24 ♎ 51	20 ♍ 57	18 ♎ 7	26 ♊ 10	0 ♍ 18	19 ♋ 36	25 ♈ 24	19 ♒ 0	22 ♍	13 ♌	24 ♌	27 ♐	18 ♊
21	27 ♎ 48	12 ♏ 34	13 ♌ 13	14 ♌ 8	26 ♎ 33	22 ♍ 10	18 ♎ 47	26 ♊ 9	0 ♍ 23	19 ♋ 36	25 ♈ 23	19 ♒ 0	22 ♍	14 ♌	24 ♌	27 ♐	18 ♊
22	28 ♎ 47	26 ♏ 15	13 ♌ 10	13 ♌ 57	28 ♎ 14	23 ♍ 22	19 ♎ 26	26 ♊ 8	0 ♍ 28	19 ♋ 36	25 ♈ 21	19 ♒ 0	23 ♍	14 ♌	25 ♌	28 ♐	18 ♊
23	29 ♎ 47	9 ♐ 32	13 ♌ 7	13 ♌ 47	29 ♎ 54	24 ♍ 34	20 ♎ 6	26 ♊ 6	0 ♍ 33	19 ♋ 36	25 ♈ 19	18 ♒ 59	23 ♍	15 ♌	25 ♌	28 ♐	18 ♊
24	0 ♏ 47	22 ♐ 25	13 ♌ 4	13 ♌ 39	1 ♏ 34	25 ♍ 47	20 ♎ 46	26 ♊ 4	0 ♍ 38	19 ♋ 36	25 ♈ 18	18 ♒ 59	24 ♍	15 ♌	26 ♌	29 ♐	18 ♊
25	1 ♏ 47	4 ♑ 57	13 ♌ 1	13 ♌ 33	3 ♏ 13	27 ♍ 0	21 ♎ 25	26 ♊ 2	0 ♍ 43	19 ♋ 36	25 ♈ 16	18 ♒ 59	24 ♍	16 ♌	26 ♌	29 ♐	18 ♊
26	2 ♏ 46	17 ♑ 9	12 ♌ 57	13 ♌ 31	4 ♏ 52	28 ♍ 12	22 ♎ 5	26 ♊ 0	0 ♍ 48	19 R 36	25 ♈ 14	18 ♒ 59	24 ♍	16 ♌	26 ♌	0 ♑	18 ♊
27	3 ♏ 46	29 ♑ 8	12 ♌ 54	13 ♌ 30	6 ♏ 30	29 ♍ 25	22 ♎ 45	25 ♊ 58	0 ♍ 53	19 ♋ 36	25 ♈ 13	18 ♒ 59	25 ♍	16 ♌	27 ♌	0 ♑	18 ♊
28	4 ♏ 46	10 ♒ 59	12 ♌ 51	13 D 30	8 ♏ 8	0 ♎ 38	23 ♎ 24	25 ♊ 55	0 ♍ 58	19 ♋ 36	25 ♈ 11	18 ♒ 59	25 ♍	17 ♌	27 ♌	1 ♑	18 ♊
29	5 ♏ 46	22 ♒ 47	12 ♌ 48	13 R 30	9 ♏ 45	1 ♎ 51	24 ♎ 4	25 ♊ 52	1 ♍ 2	19 ♋ 36	25 ♈ 9	18 ♒ 58	26 ♍	17 ♌	28 ♌	1 ♑	18 ♊
30	6 ♏ 46	4 ♓ 37	12 ♌ 45	13 ♌ 28	11 ♏ 22	3 ♎ 4	24 ♎ 44	25 ♊ 49	1 ♍ 7	19 ♋ 36	25 ♈ 8	18 ♒ 58	26 ♍	18 ♌	28 ♌	1 ♑	18 ♊
31	7 ♏ 46	16 ♓ 35	12 ♌ 42	13 ♌ 24	12 ♏ 58	4 ♎ 17	25 ♎ 23	25 ♊ 46	1 ♍ 11	19 ♋ 36	25 ♈ 6	18 ♒ 58	27 ♍	18 ♌	28 ♌	2 ♑	18 ♊

SUN INGRESS	☉ → ♏23日 04:58
MOON PHASE	○ 5日 19:15 ♈　◑ 13日 03:09 ♋　● 19日 20:49 ♎　◐ 27日 10:13 ♒

aspects		
1日	00:12	♀☌♄
3日	09:00	☿□♃
12日	04:43	☉△♇
12日	16:09	☉□♅
13日	17:12	☿☌♂
16日	14:30	☿△♇
16日	22:06	☿□♅
18日	15:12	☉☍♆
18日	20:42	♀⚹♅
19日	09:09	☉△♃
20日	07:41	☿☍♆
20日	18:30	☿△♃
21日	07:53	♂△♇
22日	05:54	♂□♅
22日	19:46	☉☌☿
23日	09:49	☿⚹♄
23日	20:11	☉⚹♄
24日	05:35	♀□♃
30日	13:52	♂☍♆
31日	12:31	♂△♃

2036年11月

DAY	☉	☽	☊		☿	♀	♂	♃	♄	♅	♆	♇	⚳	⚴	⚵	⚶	⚷
			mean	true													
	° ′	° ′	° ′	° ′	° ′	° ′	° ′	° ′	° ′	° ′	° ′	° ′	°	°	°	°	°
1	8 ♏ 46	28 ♓ 44	12 ♌ 38	13 R 18	14 D 33	5 D 30	26 D 3	25 R 43	1 D 16	19 R 35	25 R 4	18 R 58	27 D	19 D	29 D	2 D	18 R
2	9 ♏ 46	11 ♈ 9	12 ♌ 35	13 ♌ 9	16 ♏ 8	6 ♎ 43	26 ♎ 43	25 ♊ 39	1 ♍ 20	19 ♋ 35	25 ♈ 3	18 D 58	27 ♍	19 ♌	29 ♌	3 ♑	18 ♊
3	10 ♏ 46	23 ♈ 51	12 ♌ 32	12 ♌ 57	17 ♏ 43	7 ♎ 56	27 ♎ 23	25 ♊ 35	1 ♍ 24	19 ♋ 35	25 ♈ 1	18 ♒ 58	28 ♍	20 ♌	0 ♍	3 ♑	18 ♊
4	11 ♏ 46	6 ♉ 50	12 ♌ 29	12 ♌ 44	19 ♏ 17	9 ♎ 10	28 ♎ 3	25 ♊ 31	1 ♍ 29	19 ♋ 34	25 ♈ 0	18 ♒ 58	28 ♍	20 ♌	0 ♍	4 ♑	18 ♊
5	12 ♏ 46	20 ♉ 5	12 ♌ 26	12 ♌ 30	20 ♏ 51	10 ♎ 23	28 ♎ 43	25 ♊ 27	1 ♍ 33	19 ♋ 34	24 ♈ 58	18 ♒ 58	29 ♍	20 ♌	0 ♍	4 ♑	17 ♊
6	13 ♏ 46	3 ♊ 35	12 ♌ 22	12 ♌ 18	22 ♏ 24	11 ♎ 37	29 ♎ 23	25 ♊ 23	1 ♍ 37	19 ♋ 33	24 ♈ 56	18 ♒ 58	29 ♍	21 ♌	1 ♍	5 ♑	17 ♊
7	14 ♏ 46	17 ♊ 17	12 ♌ 19	12 ♌ 8	23 ♏ 57	12 ♎ 50	0 ♏ 3	25 ♊ 18	1 ♍ 40	19 ♋ 32	24 ♈ 55	18 ♒ 59	0 ♎	21 ♌	1 ♍	5 ♑	17 ♊
8	15 ♏ 47	1 ♋ 6	12 ♌ 16	12 ♌ 0	25 ♏ 30	14 ♎ 4	0 ♏ 43	25 ♊ 14	1 ♍ 44	19 ♋ 32	24 ♈ 53	18 ♒ 59	0 ♎	22 ♌	1 ♍	6 ♑	17 ♊
9	16 ♏ 47	15 ♋ 2	12 ♌ 13	11 ♌ 56	27 ♏ 2	15 ♎ 18	1 ♏ 23	25 ♊ 9	1 ♍ 48	19 ♋ 31	24 ♈ 52	18 ♒ 59	0 ♎	22 ♌	2 ♍	6 ♑	17 ♊
10	17 ♏ 47	29 ♋ 2	12 ♌ 10	11 ♌ 54	28 ♏ 34	16 ♎ 31	2 ♏ 3	25 ♊ 4	1 ♍ 52	19 ♋ 30	24 ♈ 50	18 ♒ 59	1 ♎	22 ♌	2 ♍	7 ♑	17 ♊
11	18 ♏ 47	13 ♌ 5	12 ♌ 7	11 D 54	0 ♐ 6	17 ♎ 45	2 ♏ 43	24 ♊ 59	1 ♍ 55	19 ♋ 29	24 ♈ 49	18 ♒ 59	1 ♎	23 ♌	2 ♍	7 ♑	17 ♊
12	19 ♏ 48	27 ♌ 10	12 ♌ 3	11 R 54	1 ♐ 37	18 ♎ 59	3 ♏ 23	24 ♊ 53	1 ♍ 58	19 ♋ 28	24 ♈ 47	19 ♒ 0	2 ♎	23 ♌	3 ♍	8 ♑	17 ♊
13	20 ♏ 48	11 ♍ 17	12 ♌ 0	11 ♌ 52	3 ♐ 8	20 ♎ 13	4 ♏ 3	24 ♊ 48	2 ♍ 2	19 ♋ 27	24 ♈ 46	19 ♒ 0	2 ♎	24 ♌	3 ♍	8 ♑	17 ♊
14	21 ♏ 48	25 ♍ 24	11 ♌ 57	11 ♌ 49	4 ♐ 39	21 ♎ 27	4 ♏ 44	24 ♊ 42	2 ♍ 5	19 ♋ 26	24 ♈ 44	19 ♒ 0	2 ♎	24 ♌	3 ♍	9 ♑	17 ♊
15	22 ♏ 49	9 ♎ 29	11 ♌ 54	11 ♌ 43	6 ♐ 9	22 ♎ 41	5 ♏ 24	24 ♊ 36	2 ♍ 8	19 ♋ 25	24 ♈ 43	19 ♒ 1	3 ♎	24 ♌	4 ♍	9 ♑	17 ♊
16	23 ♏ 49	23 ♎ 30	11 ♌ 51	11 ♌ 33	7 ♐ 39	23 ♎ 55	6 ♏ 4	24 ♊ 30	2 ♍ 11	19 ♋ 24	24 ♈ 41	19 ♒ 1	3 ♎	25 ♌	4 ♍	10 ♑	17 ♊
17	24 ♏ 50	7 ♏ 22	11 ♌ 47	11 ♌ 22	9 ♐ 8	25 ♎ 9	6 ♏ 44	24 ♊ 24	2 ♍ 14	19 ♋ 23	24 ♈ 40	19 ♒ 1	4 ♎	25 ♌	4 ♍	10 ♑	17 ♊
18	25 ♏ 50	21 ♏ 2	11 ♌ 44	11 ♌ 10	10 ♐ 37	26 ♎ 23	7 ♏ 25	24 ♊ 18	2 ♍ 17	19 ♋ 22	24 ♈ 39	19 ♒ 2	4 ♎	25 ♌	5 ♍	11 ♑	17 ♊
19	26 ♏ 51	4 ♐ 26	11 ♌ 41	10 ♌ 57	12 ♐ 6	27 ♎ 37	8 ♏ 5	24 ♊ 11	2 ♍ 20	19 ♋ 21	24 ♈ 37	19 ♒ 2	4 ♎	26 ♌	5 ♍	11 ♑	17 ♊
20	27 ♏ 51	17 ♐ 32	11 ♌ 38	10 ♌ 46	13 ♐ 34	28 ♎ 52	8 ♏ 46	24 ♊ 5	2 ♍ 22	19 ♋ 19	24 ♈ 36	19 ♒ 3	5 ♎	26 ♌	5 ♍	12 ♑	17 ♊
21	28 ♏ 52	0 ♑ 18	11 ♌ 35	10 ♌ 37	15 ♐ 2	0 ♏ 6	9 ♏ 26	23 ♊ 58	2 ♍ 25	19 ♋ 18	24 ♈ 35	19 ♒ 3	5 ♎	26 ♌	6 ♍	12 ♑	17 ♊
22	29 ♏ 53	12 ♑ 46	11 ♌ 32	10 ♌ 31	16 ♐ 30	1 ♏ 20	10 ♏ 7	23 ♊ 51	2 ♍ 27	19 ♋ 17	24 ♈ 33	19 ♒ 4	6 ♎	27 ♌	6 ♍	13 ♑	17 ♊
23	0 ♐ 53	24 ♑ 57	11 ♌ 28	10 ♌ 27	17 ♐ 56	2 ♏ 35	10 ♏ 47	23 ♊ 44	2 ♍ 29	19 ♋ 15	24 ♈ 32	19 ♒ 4	6 ♎	27 ♌	6 ♍	13 ♑	17 ♊
24	1 ♐ 54	6 ♒ 56	11 ♌ 25	10 ♌ 26	19 ♐ 23	3 ♏ 49	11 ♏ 28	23 ♊ 37	2 ♍ 32	19 ♋ 14	24 ♈ 31	19 ♒ 5	6 ♎	27 ♌	6 ♍	14 ♑	17 ♊
25	2 ♐ 55	18 ♒ 46	11 ♌ 22	10 D 26	20 ♐ 48	5 ♏ 3	12 ♏ 8	23 ♊ 30	2 ♍ 34	19 ♋ 12	24 ♈ 30	19 ♒ 6	7 ♎	28 ♌	7 ♍	14 ♑	16 ♊
26	3 ♐ 55	0 ♓ 34	11 ♌ 19	10 ♌ 27	22 ♐ 13	6 ♏ 18	12 ♏ 49	23 ♊ 23	2 ♍ 36	19 ♋ 11	24 ♈ 28	19 ♒ 6	7 ♎	28 ♌	7 ♍	15 ♑	16 ♊
27	4 ♐ 56	12 ♓ 24	11 ♌ 16	10 R 27	23 ♐ 36	7 ♏ 32	13 ♏ 29	23 ♊ 15	2 ♍ 38	19 ♋ 9	24 ♈ 27	19 ♒ 7	8 ♎	28 ♌	7 ♍	15 ♑	16 ♊
28	5 ♐ 57	24 ♓ 22	11 ♌ 13	10 ♌ 25	24 ♐ 59	8 ♏ 47	14 ♏ 10	23 ♊ 8	2 ♍ 39	19 ♋ 7	24 ♈ 26	19 ♒ 8	8 ♎	29 ♌	7 ♍	16 ♑	16 ♊
29	6 ♐ 57	6 ♈ 34	11 ♌ 9	10 ♌ 20	26 ♐ 21	10 ♏ 1	14 ♏ 51	23 ♊ 0	2 ♍ 41	19 ♋ 6	24 ♈ 25	19 ♒ 8	8 ♎	29 ♌	8 ♍	16 ♑	16 ♊
30	7 ♐ 58	19 ♈ 3	11 ♌ 6	10 ♌ 14	27 ♐ 41	11 ♏ 16	15 ♏ 31	22 ♊ 53	2 ♍ 43	19 ♋ 4	24 ♈ 24	19 ♒ 9	9 ♎	29 ♌	8 ♍	17 ♑	16 ♊

SUN INGRESS	☉ → ♐ 22日 02:45
MOON PHASE	○ 4日 09:44 ♉　◑ 11日 10:28 ♌　● 18日 09:14 ♏　◐ 26日 07:28 ♓

aspects		
3日	19:11	☿□♇
4日	04:17	☿△♅
9日	16:30	♂⚹♄
11日	04:50	☉□♇
11日	16:25	☉△♅
12日	00:15	♀△♇
12日	05:50	☿□♄
12日	09:26	♀□♅
13日	10:56	♃⚹♆
16日	10:34	♀△♃
16日	14:48	♀☍♆
22日	22:17	♀⚹♄
23日	19:03	☿⚹♇
24日	15:29	☉□♄
26日	18:28	☿☍♃
27日	14:28	☿△♆

2036年12月

DAY	☉	☽	☊		☿	♀	♂	♃	♄	♅	♆	♇	⚳	⚴	⚵	⚶	⚷
			mean	true													
	° ′	° ′	° ′	° ′	° ′	° ′	° ′	° ′	° ′	° ′	° ′	° ′	°	°	°	°	°
1	8 ♐ 59	1 ♉ 52	11 ♌ 3	10 R 5	29 D 0	12 D 31	16 D 12	22 R 45	2 D 44	19 R 2	24 R 23	19 D 10	9 D	0 D	8 D	17 D	16 R
2	10 ♐ 0	15 ♉ 4	11 ♌ 0	9 ♌ 55	0 ♑ 16	13 ♏ 45	16 ♏ 53	22 ♊ 37	2 ♍ 45	19 ♋ 0	24 ♈ 22	19 ♒ 11	10 ♎	0 ♍	8 ♍	18 ♑	16 ♊
3	11 ♐ 0	28 ♉ 37	10 ♌ 57	9 ♌ 44	1 ♑ 31	15 ♏ 0	17 ♏ 34	22 ♊ 30	2 ♍ 47	18 ♋ 58	24 ♈ 20	19 ♒ 11	10 ♎	0 ♍	9 ♍	18 ♑	16 ♊
4	12 ♐ 1	12 ♊ 29	10 ♌ 53	9 ♌ 34	2 ♑ 44	16 ♏ 15	18 ♏ 15	22 ♊ 22	2 ♍ 48	18 ♋ 57	24 ♈ 19	19 ♒ 12	10 ♎	0 ♍	9 ♍	19 ♑	16 ♊
5	13 ♐ 2	26 ♊ 37	10 ♌ 50	9 ♌ 26	3 ♑ 54	17 ♏ 30	18 ♏ 56	22 ♊ 14	2 ♍ 49	18 ♋ 55	24 ♈ 18	19 ♒ 13	11 ♎	1 ♍	9 ♍	19 ♑	16 ♊
6	14 ♐ 3	10 ♋ 54	10 ♌ 47	9 ♌ 20	5 ♑ 0	18 ♏ 44	19 ♏ 36	22 ♊ 6	2 ♍ 50	18 ♋ 53	24 ♈ 18	19 ♒ 14	11 ♎	1 ♍	9 ♍	20 ♑	16 ♊
7	15 ♐ 4	25 ♋ 17	10 ♌ 44	9 ♌ 17	6 ♑ 3	19 ♏ 59	20 ♏ 17	21 ♊ 58	2 ♍ 50	18 ♋ 51	24 ♈ 17	19 ♒ 15	11 ♎	1 ♍	10 ♍	20 ♑	16 ♊
8	16 ♐ 5	9 ♌ 39	10 ♌ 41	9 D 16	7 ♑ 2	21 ♏ 14	20 ♏ 58	21 ♊ 50	2 ♍ 51	18 ♋ 49	24 ♈ 16	19 ♒ 16	12 ♎	1 ♍	10 ♍	21 ♑	16 ♊
9	17 ♐ 6	23 ♌ 57	10 ♌ 38	9 ♌ 17	7 ♑ 56	22 ♏ 29	21 ♏ 39	21 ♊ 41	2 ♍ 52	18 ♋ 47	24 ♈ 15	19 ♒ 17	12 ♎	1 ♍	10 ♍	21 ♑	16 ♊
10	18 ♐ 7	8 ♍ 9	10 ♌ 34	9 ♌ 18	8 ♑ 45	23 ♏ 44	22 ♏ 20	21 ♊ 33	2 ♍ 52	18 ♋ 45	24 ♈ 14	19 ♒ 18	13 ♎	2 ♍	10 ♍	22 ♑	16 ♊
11	19 ♐ 8	22 ♍ 13	10 ♌ 31	9 R 18	9 ♑ 28	24 ♏ 59	23 ♏ 2	21 ♊ 25	2 ♍ 52	18 ♋ 42	24 ♈ 13	19 ♒ 19	13 ♎	2 ♍	10 ♍	22 ♑	16 ♊
12	20 ♐ 9	6 ♎ 9	10 ♌ 28	9 ♌ 17	10 ♑ 4	26 ♏ 14	23 ♏ 43	21 ♊ 17	2 ♍ 53	18 ♋ 40	24 ♈ 12	19 ♒ 20	13 ♎	2 ♍	11 ♍	23 ♑	15 ♊
13	21 ♐ 10	19 ♎ 55	10 ♌ 25	9 ♌ 14	10 ♑ 32	27 ♏ 28	24 ♏ 24	21 ♊ 9	2 ♍ 53	18 ♋ 38	24 ♈ 12	19 ♒ 21	14 ♎	2 ♍	11 ♍	23 ♑	15 ♊
14	22 ♐ 11	3 ♏ 32	10 ♌ 22	9 ♌ 8	10 ♑ 51	28 ♏ 43	25 ♏ 5	21 ♊ 1	2 R 53	18 ♋ 36	24 ♈ 11	19 ♒ 22	14 ♎	2 ♍	11 ♍	24 ♑	15 ♊
15	23 ♐ 12	16 ♏ 58	10 ♌ 19	9 ♌ 1	11 ♑ 1	29 ♏ 58	25 ♏ 46	20 ♊ 52	2 ♍ 53	18 ♋ 34	24 ♈ 10	19 ♒ 23	14 ♎	2 ♍	11 ♍	24 ♑	15 ♊
16	24 ♐ 13	0 ♐ 11	10 ♌ 15	8 ♌ 53	11 R 1	1 ♐ 13	26 ♏ 28	20 ♊ 44	2 ♍ 52	18 ♋ 31	24 ♈ 10	19 ♒ 24	15 ♎	3 ♍	11 ♍	25 ♑	15 ♊
17	25 ♐ 14	13 ♐ 12	10 ♌ 12	8 ♌ 44	10 ♑ 49	2 ♐ 29	27 ♏ 9	20 ♊ 36	2 ♍ 52	18 ♋ 29	24 ♈ 9	19 ♒ 26	15 ♎	3 ♍	11 ♍	25 ♑	15 ♊
18	26 ♐ 15	25 ♐ 58	10 ♌ 9	8 ♌ 37	10 ♑ 26	3 ♐ 44	27 ♏ 50	20 ♊ 28	2 ♍ 52	18 ♋ 27	24 ♈ 8	19 ♒ 27	15 ♎	3 ♍	12 ♍	26 ♑	15 ♊
19	27 ♐ 16	8 ♑ 31	10 ♌ 6	8 ♌ 31	9 ♑ 52	4 ♐ 59	28 ♏ 31	20 ♊ 20	2 ♍ 51	18 ♋ 24	24 ♈ 8	19 ♒ 28	16 ♎	3 ♍	12 ♍	26 ♑	15 ♊
20	28 ♐ 17	20 ♑ 49	10 ♌ 3	8 ♌ 27	9 ♑ 6	6 ♐ 14	29 ♏ 13	20 ♊ 12	2 ♍ 50	18 ♋ 22	24 ♈ 7	19 ♒ 29	16 ♎	3 ♍	12 ♍	27 ♑	15 ♊
21	29 ♐ 18	2 ♒ 55	9 ♌ 59	8 ♌ 26	8 ♑ 9	7 ♐ 29	29 ♏ 54	20 ♊ 4	2 ♍ 50	18 ♋ 20	24 ♈ 7	19 ♒ 30	16 ♎	3 ♍	12 ♍	27 ♑	15 ♊
22	0 ♑ 19	14 ♒ 51	9 ♌ 56	8 D 26	7 ♑ 3	8 ♐ 44	0 ♐ 36	19 ♊ 56	2 ♍ 49	18 ♋ 17	24 ♈ 6	19 ♒ 32	17 ♎	3 ♍	12 ♍	28 ♑	15 ♊
23	1 ♑ 20	26 ♒ 40	9 ♌ 53	8 ♌ 27	5 ♑ 49	9 ♐ 59	1 ♐ 17	19 ♊ 48	2 ♍ 48	18 ♋ 15	24 ♈ 6	19 ♒ 33	17 ♎	3 ♍	12 ♍	28 ♑	15 ♊
24	2 ♑ 22	8 ♓ 27	9 ♌ 50	8 ♌ 29	4 ♑ 29	11 ♐ 14	1 ♐ 59	19 ♊ 40	2 ♍ 47	18 ♋ 12	24 ♈ 5	19 ♒ 34	17 ♎	3 ♍	12 ♍	29 ♑	15 ♊
25	3 ♑ 23	20 ♓ 16	9 ♌ 47	8 ♌ 31	3 ♑ 7	12 ♐ 29	2 ♐ 40	19 ♊ 33	2 ♍ 45	18 ♋ 10	24 ♈ 5	19 ♒ 35	18 ♎	4 ♍	12 ♍	29 ♑	15 ♊
26	4 ♑ 24	2 ♈ 13	9 ♌ 44	8 ♌ 31	1 ♑ 45	13 ♐ 44	3 ♐ 22	19 ♊ 25	2 ♍ 44	18 ♋ 7	24 ♈ 5	19 ♒ 37	18 ♎	4 ♍	12 ♍	0 ♒	15 ♊
27	5 ♑ 25	14 ♈ 22	9 ♌ 40	8 R 31	0 ♑ 25	15 ♐ 0	4 ♐ 4	19 ♊ 17	2 ♍ 43	18 ♋ 5	24 ♈ 4	19 ♒ 38	18 ♎	4 ♍	13 ♍	0 ♒	15 ♊
28	6 ♑ 26	26 ♈ 49	9 ♌ 37	8 ♌ 29	29 ♐ 11	16 ♐ 15	4 ♐ 45	19 ♊ 10	2 ♍ 41	18 ♋ 2	24 ♈ 4	19 ♒ 39	19 ♎	4 ♍	13 ♍	1 ♒	15 ♊
29	7 ♑ 27	9 ♉ 38	9 ♌ 34	8 ♌ 26	28 ♐ 4	17 ♐ 30	5 ♐ 27	19 ♊ 2	2 ♍ 39	18 ♋ 0	24 ♈ 4	19 ♒ 41	19 ♎	4 ♍	13 ♍	1 ♒	14 ♊
30	8 ♑ 28	22 ♉ 51	9 ♌ 31	8 ♌ 21	27 ♐ 5	18 ♐ 45	6 ♐ 9	18 ♊ 55	2 ♍ 38	17 ♋ 57	24 ♈ 4	19 ♒ 42	19 ♎	4 R	13 ♍	2 ♒	14 ♊
31	9 ♑ 29	6 ♊ 29	9 ♌ 28	8 ♌ 17	26 ♐ 17	20 ♐ 0	6 ♐ 50	18 ♊ 48	2 ♍ 36	17 ♋ 55	24 ♈ 4	19 ♒ 44	20 ♎	4 ♍	13 ♍	2 ♒	14 ♊

SUN INGRESS	☉ → ♑ 21日 16:12
MOON PHASE	○ 3日 23:08 ♊　◑ 10日 18:18 ♍　● 18日 00:34 ♐　◐ 26日 04:44 ♈

aspects		
4日	01:21	☿△♄
4日	23:32	♂△♅
5日	10:37	♂□♇
6日	02:38	♀△♅
6日	09:41	♀□♇
7日	12:57	♀☌♂
11日	04:31	☉⚹♇
12日	23:42	☉☍♃
15日	22:44	☉△♆
17日	07:30	♀□♄
24日	09:38	☉△♄
24日	16:22	♃△♇
24日	21:24	☉☌☿
25日	02:49	♂□♄
25日	06:26	☿△♄
30日	02:57	♀☍♃
30日	18:38	♀⚹♇

2037年1月

DAY	☉	☽	☊		☿	♀	♂	♃	♄	♅	♆	♇	⚳	⚴	⚵	⚶	⚷
			mean	true													
	° ′	° ′	° ′	° ′	° ′	° ′	° ′	° ′	° ′	° ′	° ′	° ′	°	°	°	°	°
1	10 ♑ 31	20 ♊ 33	9 ♌ 25	8 R 12	25 R 38	21 D 15	7 D 32	18 R 41	2 R 34	17 R 52	24 R 3	19 D 45	20 D	4 R	13 D	3 D	14 R
2	11 ♑ 32	4 ♋ 58	9 ♌ 21	8 ♌ 9	25 ♐ 10	22 ♐ 31	8 ♐ 14	18 ♊ 34	2 ♍ 32	17 ♋ 49	24 ♈ 3	19 ♒ 47	20 ♎	4 ♍	13 ♍	3 ♒	14 ♊
3	12 ♑ 33	19 ♋ 38	9 ♌ 18	8 ♌ 6	24 ♐ 53	23 ♐ 46	8 ♐ 56	18 ♊ 27	2 ♍ 30	17 ♋ 47	24 ♈ 3	19 ♒ 48	20 ♎	4 ♍	13 ♍	4 ♒	14 ♊
4	13 ♑ 34	4 ♌ 27	9 ♌ 15	8 ♌ 5	24 ♐ 45	25 ♐ 1	9 ♐ 38	18 ♊ 20	2 ♍ 27	17 ♋ 44	24 ♈ 3	19 ♒ 50	21 ♎	3 ♍	13 ♍	4 ♒	14 ♊
5	14 ♑ 35	19 ♌ 17	9 ♌ 12	8 D 6	24 D 46	26 ♐ 16	10 ♐ 20	18 ♊ 14	2 ♍ 25	17 ♋ 42	24 D 3	19 ♒ 51	21 ♎	3 ♍	13 ♍	5 ♒	14 ♊
6	15 ♑ 36	4 ♍ 1	9 ♌ 9	8 ♌ 7	24 ♐ 56	27 ♐ 31	11 ♐ 1	18 ♊ 7	2 ♍ 23	17 ♋ 39	24 ♈ 3	19 ♒ 53	21 ♎	3 ♍	13 R	5 ♒	14 ♊
7	16 ♑ 37	18 ♍ 33	9 ♌ 5	8 ♌ 8	25 ♐ 14	28 ♐ 47	11 ♐ 43	18 ♊ 1	2 ♍ 20	17 ♋ 36	24 ♈ 3	19 ♒ 54	22 ♎	3 ♍	13 ♍	6 ♒	14 ♊
8	17 ♑ 39	2 ♎ 49	9 ♌ 2	8 ♌ 9	25 ♐ 40	0 ♑ 2	12 ♐ 25	17 ♊ 55	2 ♍ 17	17 ♋ 34	24 ♈ 4	19 ♒ 56	22 ♎	3 ♍	13 ♍	6 ♒	14 ♊
9	18 ♑ 40	16 ♎ 49	8 ♌ 59	8 ♌ 10	26 ♐ 11	1 ♑ 17	13 ♐ 8	17 ♊ 49	2 ♍ 15	17 ♋ 31	24 ♈ 4	19 ♒ 57	22 ♎	3 ♍	13 ♍	7 ♒	14 ♊
10	19 ♑ 41	0 ♏ 30	8 ♌ 56	8 R 10	26 ♐ 49	2 ♑ 32	13 ♐ 50	17 ♊ 43	2 ♍ 12	17 ♋ 29	24 ♈ 4	19 ♒ 59	22 ♎	3 ♍	13 ♍	7 ♒	14 ♊
11	20 ♑ 42	13 ♏ 53	8 ♌ 53	8 ♌ 8	27 ♐ 32	3 ♑ 48	14 ♐ 32	17 ♊ 37	2 ♍ 9	17 ♋ 26	24 ♈ 4	20 ♒ 0	23 ♎	3 ♍	13 ♍	8 ♒	14 ♊
12	21 ♑ 43	27 ♏ 0	8 ♌ 50	8 ♌ 7	28 ♐ 19	5 ♑ 3	15 ♐ 14	17 ♊ 31	2 ♍ 6	17 ♋ 23	24 ♈ 4	20 ♒ 2	23 ♎	3 ♍	13 ♍	9 ♒	14 ♊
13	22 ♑ 44	9 ♐ 53	8 ♌ 46	8 ♌ 4	29 ♐ 11	6 ♑ 18	15 ♐ 56	17 ♊ 26	2 ♍ 3	17 ♋ 21	24 ♈ 5	20 ♒ 4	23 ♎	2 ♍	13 ♍	9 ♒	14 ♊
14	23 ♑ 45	22 ♐ 31	8 ♌ 43	8 ♌ 2	0 ♑ 7	7 ♑ 33	16 ♐ 38	17 ♊ 21	1 ♍ 59	17 ♋ 18	24 ♈ 5	20 ♒ 5	23 ♎	2 ♍	13 ♍	10 ♒	14 ♊
15	24 ♑ 47	4 ♑ 57	8 ♌ 40	8 ♌ 0	1 ♑ 6	8 ♑ 49	17 ♐ 21	17 ♊ 16	1 ♍ 56	17 ♋ 16	24 ♈ 5	20 ♒ 7	24 ♎	2 ♍	13 ♍	10 ♒	14 ♊
16	25 ♑ 48	17 ♑ 13	8 ♌ 37	7 ♌ 58	2 ♑ 8	10 ♑ 4	18 ♐ 3	17 ♊ 11	1 ♍ 53	17 ♋ 13	24 ♈ 6	20 ♒ 8	24 ♎	2 ♍	13 ♍	11 ♒	14 ♊
17	26 ♑ 49	29 ♑ 19	8 ♌ 34	7 ♌ 58	3 ♑ 13	11 ♑ 19	18 ♐ 45	17 ♊ 6	1 ♍ 49	17 ♋ 11	24 ♈ 6	20 ♒ 10	24 ♎	2 ♍	12 ♍	11 ♒	14 ♊
18	27 ♑ 50	11 ♒ 16	8 ♌ 31	7 D 58	4 ♑ 20	12 ♑ 34	19 ♐ 28	17 ♊ 1	1 ♍ 46	17 ♋ 8	24 ♈ 7	20 ♒ 12	24 ♎	2 ♍	12 ♍	12 ♒	14 ♊
19	28 ♑ 51	23 ♒ 8	8 ♌ 27	7 ♌ 58	5 ♑ 30	13 ♑ 50	20 ♐ 10	16 ♊ 57	1 ♍ 42	17 ♋ 5	24 ♈ 7	20 ♒ 13	25 ♎	1 ♍	12 ♍	12 ♒	14 ♊
20	29 ♑ 52	4 ♓ 56	8 ♌ 24	7 ♌ 59	6 ♑ 41	15 ♑ 5	20 ♐ 52	16 ♊ 53	1 ♍ 38	17 ♋ 3	24 ♈ 8	20 ♒ 15	25 ♎	1 ♍	12 ♍	13 ♒	13 ♊
21	0 ♒ 53	16 ♓ 44	8 ♌ 21	7 ♌ 59	7 ♑ 54	16 ♑ 20	21 ♐ 35	16 ♊ 49	1 ♍ 35	17 ♋ 0	24 ♈ 8	20 ♒ 17	25 ♎	1 ♍	12 ♍	13 ♒	13 ♊
22	1 ♒ 54	28 ♓ 34	8 ♌ 18	8 ♌ 0	9 ♑ 9	17 ♑ 35	22 ♐ 17	16 ♊ 45	1 ♍ 31	16 ♋ 58	24 ♈ 9	20 ♒ 19	25 ♎	1 ♍	12 ♍	14 ♒	13 ♊
23	2 ♒ 55	10 ♈ 30	8 ♌ 15	8 ♌ 1	10 ♑ 26	18 ♑ 51	23 ♐ 0	16 ♊ 41	1 ♍ 27	16 ♋ 55	24 ♈ 9	20 ♒ 20	25 ♎	0 ♍	12 ♍	14 ♒	13 ♊
24	3 ♒ 56	22 ♈ 37	8 ♌ 11	8 ♌ 1	11 ♑ 44	20 ♑ 6	23 ♐ 42	16 ♊ 38	1 ♍ 23	16 ♋ 53	24 ♈ 10	20 ♒ 22	26 ♎	0 ♍	12 ♍	15 ♒	13 ♊
25	4 ♒ 57	5 ♉ 0	8 ♌ 8	8 ♌ 1	13 ♑ 3	21 ♑ 21	24 ♐ 25	16 ♊ 35	1 ♍ 19	16 ♋ 51	24 ♈ 11	20 ♒ 24	26 ♎	0 ♍	11 ♍	15 ♒	13 ♊
26	5 ♒ 58	17 ♉ 42	8 ♌ 5	8 R 1	14 ♑ 23	22 ♑ 36	25 ♐ 7	16 ♊ 32	1 ♍ 15	16 ♋ 48	24 ♈ 12	20 ♒ 25	26 ♎	0 ♍	11 ♍	16 ♒	13 ♊
27	6 ♒ 59	0 ♊ 48	8 ♌ 2	8 ♌ 1	15 ♑ 45	23 ♑ 52	25 ♐ 50	16 ♊ 29	1 ♍ 11	16 ♋ 46	24 ♈ 12	20 ♒ 27	26 ♎	29 ♌	11 ♍	16 ♒	13 ♊
28	8 ♒ 0	14 ♊ 20	7 ♌ 59	8 D 1	17 ♑ 8	25 ♑ 7	26 ♐ 33	16 ♊ 26	1 ♍ 6	16 ♋ 43	24 ♈ 13	20 ♒ 29	26 ♎	29 ♌	11 ♍	17 ♒	13 ♊
29	9 ♒ 1	28 ♊ 20	7 ♌ 56	8 ♌ 1	18 ♑ 31	26 ♑ 22	27 ♐ 15	16 ♊ 24	1 ♍ 2	16 ♋ 41	24 ♈ 14	20 ♒ 31	27 ♎	29 ♌	11 ♍	17 ♒	13 ♊
30	10 ♒ 2	12 ♋ 46	7 ♌ 52	8 ♌ 1	19 ♑ 56	27 ♑ 37	27 ♐ 58	16 ♊ 21	0 ♍ 58	16 ♋ 39	24 ♈ 15	20 ♒ 32	27 ♎	28 ♌	11 ♍	18 ♒	13 ♊
31	11 ♒ 3	27 ♋ 34	7 ♌ 49	8 ♌ 1	21 ♑ 22	28 ♑ 53	28 ♐ 41	16 ♊ 19	0 ♍ 53	16 ♋ 36	24 ♈ 16	20 ♒ 34	27 ♎	28 ♌	10 ♍	18 ♒	13 ♊

SUN INGRESS	☉ → ♒ 20日 02:53
MOON PHASE	○ 2日 11:35 ♋ ◑ 9日 03:29 ♎ ● 16日 18:34 ♑ ◐ 24日 23:55 ♉ ○ 31日 23:04 ♌

aspects		
3日	05:36	♀△♆
3日	19:06	☿☌♀
7日	22:13	☉☍♅
9日	17:40	♀△♄
14日	07:43	☉□♆
14日	21:31	♂☍♃
15日	18:29	☿△♄
19日	02:05	♂⚹♇
21日	12:26	♀☍♅
24日	16:00	♂△♆
27日	06:41	♀□♆
27日	17:10	☿☍♅

2037年2月

DAY	☉	☽	☊		☿	♀	♂	♃	♄	♅	♆	♇	⚳	⚴	⚵	⚶	⚷
			mean	true													
	° ′	° ′	° ′	° ′	° ′	° ′	° ′	° ′	° ′	° ′	° ′	° ′	°	°	°	°	°
1	12 ♒ 4	12 ♌ 37	7 ♌ 46	8 R 1	22 D 48	0 D 8	29 D 24	16 R 17	0 R 49	16 R 34	24 D 17	20 D 36	27 D	28 R	10 R	19 D	13 R
2	13 ♒ 5	27 ♌ 48	7 ♌ 43	8 ♌ 1	24 ♑ 15	1 ♒ 23	0 ♑ 6	16 ♊ 16	0 ♍ 45	16 ♋ 32	24 ♈ 18	20 ♒ 38	27 ♎	27 ♌	10 ♍	19 ♒	13 ♊
3	14 ♒ 6	12 ♍ 55	7 ♌ 40	8 ♌ 1	25 ♑ 44	2 ♒ 38	0 ♑ 49	16 ♊ 14	0 ♍ 40	16 ♋ 30	24 ♈ 19	20 ♒ 39	27 ♎	27 ♌	10 ♍	20 ♒	13 ♊
4	15 ♒ 7	27 ♍ 51	7 ♌ 37	8 ♌ 0	27 ♑ 13	3 ♒ 53	1 ♑ 32	16 ♊ 13	0 ♍ 35	16 ♋ 27	24 ♈ 20	20 ♒ 41	28 ♎	27 ♌	10 ♍	20 ♒	13 ♊
5	16 ♒ 7	12 ♎ 28	7 ♌ 33	7 ♌ 59	28 ♑ 42	5 ♒ 9	2 ♑ 15	16 ♊ 12	0 ♍ 31	16 ♋ 25	24 ♈ 21	20 ♒ 43	28 ♎	26 ♌	9 ♍	21 ♒	13 ♊
6	17 ♒ 8	26 ♎ 42	7 ♌ 30	7 ♌ 58	0 ♒ 13	6 ♒ 24	2 ♑ 58	16 ♊ 11	0 ♍ 26	16 ♋ 23	24 ♈ 22	20 ♒ 45	28 ♎	26 ♌	9 ♍	21 ♒	13 ♊
7	18 ♒ 9	10 ♏ 31	7 ♌ 27	7 ♌ 58	1 ♒ 45	7 ♒ 39	3 ♑ 41	16 ♊ 11	0 ♍ 22	16 ♋ 21	24 ♈ 23	20 ♒ 47	28 ♎	26 ♌	9 ♍	22 ♒	13 ♊
8	19 ♒ 10	23 ♏ 54	7 ♌ 24	7 D 58	3 ♒ 17	8 ♒ 54	4 ♑ 24	16 ♊ 10	0 ♍ 17	16 ♋ 19	24 ♈ 24	20 ♒ 48	28 ♎	25 ♌	9 ♍	22 ♒	13 ♊
9	20 ♒ 11	6 ♐ 55	7 ♌ 21	7 ♌ 58	4 ♒ 50	10 ♒ 9	5 ♑ 7	16 ♊ 10	0 ♍ 12	16 ♋ 17	24 ♈ 25	20 ♒ 50	28 ♎	25 ♌	9 ♍	23 ♒	13 ♊
10	21 ♒ 11	19 ♐ 36	7 ♌ 17	7 ♌ 59	6 ♒ 24	11 ♒ 25	5 ♑ 50	16 D 10	0 ♍ 7	16 ♋ 15	24 ♈ 27	20 ♒ 52	28 ♎	25 ♌	8 ♍	23 ♒	13 ♊
11	22 ♒ 12	2 ♑ 1	7 ♌ 14	8 ♌ 1	7 ♒ 58	12 ♒ 40	6 ♑ 33	16 ♊ 10	0 ♍ 3	16 ♋ 13	24 ♈ 28	20 ♒ 54	28 ♎	24 ♌	8 ♍	24 ♒	13 ♊
12	23 ♒ 13	14 ♑ 12	7 ♌ 11	8 ♌ 2	9 ♒ 34	13 ♒ 55	7 ♑ 16	16 ♊ 10	29 ♌ 58	16 ♋ 11	24 ♈ 29	20 ♒ 55	28 ♎	24 ♌	8 ♍	24 ♒	13 ♊
13	24 ♒ 14	26 ♑ 14	7 ♌ 8	8 ♌ 3	11 ♒ 10	15 ♒ 10	7 ♑ 59	16 ♊ 11	29 ♌ 53	16 ♋ 9	24 ♈ 30	20 ♒ 57	29 ♎	24 ♌	8 ♍	25 ♒	13 ♊
14	25 ♒ 14	8 ♒ 9	7 ♌ 5	8 R 3	12 ♒ 47	16 ♒ 25	8 ♑ 43	16 ♊ 12	29 ♌ 48	16 ♋ 7	24 ♈ 32	20 ♒ 59	29 ♎	23 ♌	7 ♍	25 ♒	13 ♊
15	26 ♒ 15	20 ♒ 0	7 ♌ 2	8 ♌ 3	14 ♒ 25	17 ♒ 40	9 ♑ 26	16 ♊ 13	29 ♌ 43	16 ♋ 5	24 ♈ 33	21 ♒ 1	29 ♎	23 ♌	7 ♍	26 ♒	13 ♊
16	27 ♒ 15	1 ♓ 48	6 ♌ 58	8 ♌ 1	16 ♒ 4	18 ♒ 55	10 ♑ 9	16 ♊ 14	29 ♌ 39	16 ♋ 4	24 ♈ 34	21 ♒ 3	29 ♎	23 ♌	7 ♍	26 ♒	13 ♊
17	28 ♒ 16	13 ♓ 36	6 ♌ 55	7 ♌ 59	17 ♒ 44	20 ♒ 11	10 ♑ 52	16 ♊ 15	29 ♌ 34	16 ♋ 2	24 ♈ 36	21 ♒ 4	29 ♎	22 ♌	7 ♍	27 ♒	13 ♊
18	29 ♒ 17	25 ♓ 27	6 ♌ 52	7 ♌ 55	19 ♒ 24	21 ♒ 26	11 ♑ 36	16 ♊ 17	29 ♌ 29	16 ♋ 0	24 ♈ 37	21 ♒ 6	29 ♎	22 ♌	6 ♍	27 ♒	13 ♊
19	0 ♓ 17	7 ♈ 21	6 ♌ 49	7 ♌ 51	21 ♒ 6	22 ♒ 41	12 ♑ 19	16 ♊ 19	29 ♌ 24	15 ♋ 58	24 ♈ 39	21 ♒ 8	29 ♎	22 ♌	6 ♍	28 ♒	13 D
20	1 ♓ 18	19 ♈ 21	6 ♌ 46	7 ♌ 48	22 ♒ 48	23 ♒ 56	13 ♑ 2	16 ♊ 21	29 ♌ 19	15 ♋ 57	24 ♈ 40	21 ♒ 10	29 ♎	21 ♌	6 ♍	28 ♒	13 ♊
21	2 ♓ 18	1 ♉ 31	6 ♌ 43	7 ♌ 44	24 ♒ 31	25 ♒ 11	13 ♑ 46	16 ♊ 23	29 ♌ 14	15 ♋ 55	24 ♈ 42	21 ♒ 11	29 ♎	21 ♌	5 ♍	29 ♒	13 ♊
22	3 ♓ 19	13 ♉ 54	6 ♌ 39	7 ♌ 41	26 ♒ 16	26 ♒ 26	14 ♑ 29	16 ♊ 25	29 ♌ 9	15 ♋ 54	24 ♈ 43	21 ♒ 13	29 ♎	21 ♌	5 ♍	0 ♓	13 ♊
23	4 ♓ 19	26 ♉ 33	6 ♌ 36	7 ♌ 40	28 ♒ 1	27 ♒ 41	15 ♑ 13	16 ♊ 28	29 ♌ 5	15 ♋ 52	24 ♈ 45	21 ♒ 15	29 ♎	20 ♌	5 ♍	0 ♓	13 ♊
24	5 ♓ 20	9 ♊ 31	6 ♌ 33	7 D 40	29 ♒ 47	28 ♒ 56	15 ♑ 56	16 ♊ 30	29 ♌ 0	15 ♋ 51	24 ♈ 47	21 ♒ 17	29 ♎	20 ♌	5 ♍	1 ♓	13 ♊
25	6 ♓ 20	22 ♊ 53	6 ♌ 30	7 ♌ 41	1 ♓ 34	0 ♓ 11	16 ♑ 40	16 ♊ 33	28 ♌ 55	15 ♋ 49	24 ♈ 48	21 ♒ 18	29 ♎	20 ♌	4 ♍	1 ♓	13 ♊
26	7 ♓ 20	6 ♋ 40	6 ♌ 27	7 ♌ 42	3 ♓ 22	1 ♓ 26	17 ♑ 23	16 ♊ 36	28 ♌ 50	15 ♋ 48	24 ♈ 50	21 ♒ 20	29 R	20 ♌	4 ♍	2 ♓	13 ♊
27	8 ♓ 21	20 ♋ 53	6 ♌ 23	7 ♌ 44	5 ♓ 11	2 ♓ 41	18 ♑ 7	16 ♊ 40	28 ♌ 45	15 ♋ 47	24 ♈ 51	21 ♒ 22	29 ♎	19 ♌	4 ♍	2 ♓	13 ♊
28	9 ♓ 21	5 ♌ 32	6 ♌ 20	7 ♌ 44	7 ♓ 1	3 ♓ 56	18 ♑ 50	16 ♊ 43	28 ♌ 41	15 ♋ 46	24 ♈ 53	21 ♒ 23	29 ♎	19 ♌	4 ♍	3 ♓	13 ♊

SUN INGRESS	☉ → ♓ 18日 16:58
MOON PHASE	◑ 7日 14:43 ♏ ● 15日 13:54 ♒ ◐ 23日 15:40 ♊

aspects		
2日	00:38	☿□♆
2日	19:20	♂△♄
5日	01:46	☉△♃
9日	16:03	☉☌♇
13日	06:49	☉⚹♆
13日	19:38	♀△♃
16日	02:25	☿△♃
17日	17:34	♀☌♇
18日	04:27	☉☍♄
19日	00:31	☿☌♇
20日	14:28	♀⚹♆
21日	02:28	☿⚹♆
22日	08:31	☿☌♀
23日	13:50	☿☍♄
23日	21:13	♂☍♅
24日	01:03	♀☍♄

2037年3月

DAY	☉	☽	☊ mean	☊ true	☿	♀	♂	♃	♄	♅	♆	♇	⚳	⚴	⚵	⚶	⚷
	° ′	° ′	° ′	° ′	° ′	° ′	° ′	° ′	° ′	° ′	° ′	° ′	°	°	°	°	°
1	10 ♓ 21	20 ♌ 31	6 ♌ 17	7 R 44	8 D 52	5 D 11	19 D 34	16 D 47	28 R 36	15 R 44	24 D 55	21 D 25	29 R	19 R	3 R	3 D	13 D
2	11 ♓ 21	5 ♍ 44	6 ♌ 14	7 ♌ 42	10 ♓ 44	6 ♓ 26	20 ♑ 17	16 ♊ 51	28 ♌ 31	15 ♋ 43	24 ♈ 57	21 ♒ 27	29 ♎	19 ♌	3 ♍	4 ♓	13 ♊
3	12 ♓ 21	21 ♍ 0	6 ♌ 11	7 ♌ 38	12 ♓ 37	7 ♓ 41	21 ♑ 1	16 ♊ 55	28 ♌ 27	15 ♋ 42	24 ♈ 58	21 ♒ 29	29 ♎	18 ♌	3 ♍	4 ♓	13 ♊
4	13 ♓ 22	6 ♎ 10	6 ♌ 8	7 ♌ 33	14 ♓ 30	8 ♓ 56	21 ♑ 45	16 ♊ 59	28 ♌ 22	15 ♋ 41	25 ♈ 0	21 ♒ 30	29 ♎	18 ♌	3 ♍	5 ♓	13 ♊
5	14 ♓ 22	21 ♎ 4	6 ♌ 4	7 ♌ 27	16 ♓ 25	10 ♓ 11	22 ♑ 28	17 ♊ 3	28 ♌ 17	15 ♋ 40	25 ♈ 2	21 ♒ 32	29 ♎	18 ♌	2 ♍	5 ♓	13 ♊
6	15 ♓ 22	5 ♏ 34	6 ♌ 1	7 ♌ 22	18 ♓ 20	11 ♓ 26	23 ♑ 12	17 ♊ 8	28 ♌ 13	15 ♋ 39	25 ♈ 4	21 ♒ 34	29 ♎	18 ♌	2 ♍	6 ♓	13 ♊
7	16 ♓ 22	19 ♏ 35	5 ♌ 58	7 ♌ 18	20 ♓ 16	12 ♓ 41	23 ♑ 56	17 ♊ 13	28 ♌ 8	15 ♋ 38	25 ♈ 6	21 ♒ 35	29 ♎	17 ♌	2 ♍	6 ♓	13 ♊
8	17 ♓ 22	3 ♐ 7	5 ♌ 55	7 ♌ 15	22 ♓ 12	13 ♓ 56	24 ♑ 40	17 ♊ 18	28 ♌ 4	15 ♋ 37	25 ♈ 8	21 ♒ 37	29 ♎	17 ♌	2 ♍	7 ♓	13 ♊
9	18 ♓ 22	16 ♐ 12	5 ♌ 52	7 ♌ 14	24 ♓ 9	15 ♓ 11	25 ♑ 23	17 ♊ 23	28 ♌ 0	15 ♋ 36	25 ♈ 9	21 ♒ 38	29 ♎	17 ♌	2 ♍	7 ♓	13 ♊
10	19 ♓ 22	28 ♐ 52	5 ♌ 48	7 D 14	26 ♓ 6	16 ♓ 26	26 ♑ 7	17 ♊ 28	27 ♌ 55	15 ♋ 36	25 ♈ 11	21 ♒ 40	29 ♎	17 ♌	1 ♍	8 ♓	13 ♊
11	20 ♓ 22	11 ♑ 12	5 ♌ 45	7 ♌ 15	28 ♓ 3	17 ♓ 40	26 ♑ 51	17 ♊ 34	27 ♌ 51	15 ♋ 35	25 ♈ 13	21 ♒ 42	28 ♎	17 ♌	1 ♍	8 ♓	13 ♊
12	21 ♓ 22	23 ♑ 17	5 ♌ 42	7 ♌ 17	0 ♈ 0	18 ♓ 55	27 ♑ 35	17 ♊ 39	27 ♌ 47	15 ♋ 34	25 ♈ 15	21 ♒ 43	28 ♎	17 ♌	1 ♍	9 ♓	13 ♊
13	22 ♓ 22	5 ♒ 12	5 ♌ 39	7 ♌ 18	1 ♈ 57	20 ♓ 10	28 ♑ 19	17 ♊ 45	27 ♌ 42	15 ♋ 34	25 ♈ 17	21 ♒ 45	28 ♎	16 ♌	1 ♍	9 ♓	13 ♊
14	23 ♓ 22	17 ♒ 1	5 ♌ 36	7 R 17	3 ♈ 53	21 ♓ 25	29 ♑ 3	17 ♊ 51	27 ♌ 38	15 ♋ 33	25 ♈ 19	21 ♒ 46	28 ♎	16 ♌	1 ♍	10 ♓	13 ♊
15	24 ♓ 21	28 ♒ 48	5 ♌ 33	7 ♌ 15	5 ♈ 48	22 ♓ 40	29 ♑ 47	17 ♊ 57	27 ♌ 34	15 ♋ 33	25 ♈ 21	21 ♒ 48	28 ♎	16 ♌	0 ♍	10 ♓	13 ♊
16	25 ♓ 21	10 ♓ 36	5 ♌ 29	7 ♌ 10	7 ♈ 41	23 ♓ 55	0 ♒ 31	18 ♊ 3	27 ♌ 30	15 ♋ 32	25 ♈ 23	21 ♒ 50	28 ♎	16 ♌	0 ♍	11 ♓	13 ♊
17	26 ♓ 21	22 ♓ 27	5 ♌ 26	7 ♌ 3	9 ♈ 33	25 ♓ 9	1 ♒ 15	18 ♊ 10	27 ♌ 26	15 ♋ 32	25 ♈ 25	21 ♒ 51	28 ♎	16 ♌	0 ♍	11 ♓	13 ♊
18	27 ♓ 21	4 ♈ 23	5 ♌ 23	6 ♌ 54	11 ♈ 22	26 ♓ 24	1 ♒ 59	18 ♊ 16	27 ♌ 22	15 ♋ 32	25 ♈ 27	21 ♒ 53	28 ♎	16 ♌	0 ♍	12 ♓	13 ♊
19	28 ♓ 20	16 ♈ 25	5 ♌ 20	6 ♌ 44	13 ♈ 9	27 ♓ 39	2 ♒ 43	18 ♊ 23	27 ♌ 19	15 ♋ 31	25 ♈ 29	21 ♒ 54	27 ♎	16 ♌	0 ♍	12 ♓	13 ♊
20	29 ♓ 20	28 ♈ 36	5 ♌ 17	6 ♌ 34	14 ♈ 53	28 ♓ 54	3 ♒ 27	18 ♊ 30	27 ♌ 15	15 ♋ 31	25 ♈ 31	21 ♒ 56	27 ♎	16 ♌	29 ♌	13 ♓	13 ♊
21	0 ♈ 20	10 ♉ 55	5 ♌ 14	6 ♌ 24	16 ♈ 33	0 ♈ 8	4 ♒ 11	18 ♊ 37	27 ♌ 11	15 ♋ 31	25 ♈ 33	21 ♒ 57	27 ♎	16 ♌	29 ♌	13 ♓	13 ♊
22	1 ♈ 19	23 ♉ 26	5 ♌ 10	6 ♌ 16	18 ♈ 9	1 ♈ 23	4 ♒ 55	18 ♊ 44	27 ♌ 8	15 ♋ 31	25 ♈ 35	21 ♒ 58	27 ♎	15 ♌	29 ♌	13 ♓	14 ♊
23	2 ♈ 19	6 ♊ 9	5 ♌ 7	6 ♌ 11	19 ♈ 40	2 ♈ 38	5 ♒ 39	18 ♊ 51	27 ♌ 4	15 ♋ 31	25 ♈ 38	22 ♒ 0	27 ♎	15 ♌	29 ♌	14 ♓	14 ♊
24	3 ♈ 19	19 ♊ 8	5 ♌ 4	6 ♌ 8	21 ♈ 6	3 ♈ 52	6 ♒ 23	18 ♊ 59	27 ♌ 1	15 D 31	25 ♈ 40	22 ♒ 1	27 ♎	15 ♌	29 ♌	14 ♓	14 ♊
25	4 ♈ 18	2 ♋ 24	5 ♌ 1	6 ♌ 7	22 ♈ 27	5 ♈ 7	7 ♒ 7	19 ♊ 6	26 ♌ 57	15 ♋ 31	25 ♈ 42	22 ♒ 3	26 ♎	15 ♌	29 ♌	15 ♓	14 ♊
26	5 ♈ 17	16 ♋ 1	4 ♌ 58	6 D 7	23 ♈ 43	6 ♈ 22	7 ♒ 51	19 ♊ 14	26 ♌ 54	15 ♋ 31	25 ♈ 44	22 ♒ 4	26 ♎	15 ♌	29 ♌	15 ♓	14 ♊
27	6 ♈ 17	0 ♌ 0	4 ♌ 54	6 ♌ 8	24 ♈ 52	7 ♈ 36	8 ♒ 35	19 ♊ 22	26 ♌ 51	15 ♋ 31	25 ♈ 46	22 ♒ 5	26 ♎	15 ♌	29 ♌	16 ♓	14 ♊
28	7 ♈ 16	14 ♌ 21	4 ♌ 51	6 R 8	25 ♈ 55	8 ♈ 51	9 ♒ 19	19 ♊ 30	26 ♌ 48	15 ♋ 31	25 ♈ 48	22 ♒ 7	26 ♎	15 ♌	28 ♌	16 ♓	14 ♊
29	8 ♈ 16	29 ♌ 3	4 ♌ 48	6 ♌ 6	26 ♈ 51	10 ♈ 5	10 ♒ 4	19 ♊ 38	26 ♌ 45	15 ♋ 31	25 ♈ 50	22 ♒ 8	26 ♎	15 D	28 ♌	17 ♓	14 ♊
30	9 ♈ 15	14 ♍ 1	4 ♌ 45	6 ♌ 1	27 ♈ 40	11 ♈ 20	10 ♒ 48	19 ♊ 46	26 ♌ 42	15 ♋ 32	25 ♈ 53	22 ♒ 9	25 ♎	15 ♌	28 ♌	17 ♓	14 ♊
31	10 ♈ 14	29 ♍ 8	4 ♌ 42	5 ♌ 54	28 ♈ 22	12 ♈ 34	11 ♒ 32	19 ♊ 55	26 ♌ 39	15 ♋ 32	25 ♈ 55	22 ♒ 11	25 ♎	15 ♌	28 ♌	18 ♓	14 ♊

SUN INGRESS	☉ → ♈ 20日 15:50
MOON PHASE	○ 2日 09:28 ♍　◑ 9日 04:25 ♐　● 17日 08:36 ♓　◐ 25日 03:39 ♋　○ 31日 18:53 ♎

aspects

2日	17:08	☉☌☿
4日	14:44	☿△♅
5日	08:25	☿□♃
6日	06:47	☉△♅
7日	22:11	☉□♃
8日	16:02	♂□♆
9日	08:10	♀△♅
10日	00:17	☿⚹♂
10日	21:37	♀□♃
20日	09:03	☿□♅
21日	18:15	☉☌♀
22日	09:55	☿⚹♃
24日	16:22	☿⚹♇
27日	21:20	☿☌♆
28日	21:20	☿△♄
28日	22:32	♀⚹♂

2037年4月

DAY	☉	☽	☊ mean	☊ true	☿	♀	♂	♃	♄	♅	♆	♇	⚳	⚴	⚵	⚶	⚷
	° ′	° ′	° ′	° ′	° ′	° ′	° ′	° ′	° ′	° ′	° ′	° ′	°	°	°	°	°
1	11 ♈ 13	14 ♎ 13	4 ♌ 39	5 R 45	28 D 57	13 D 49	12 D 16	20 D 3	26 R 36	15 D 32	25 D 57	22 D 12	25 R	15 D	28 R	18 D	14 D
2	12 ♈ 13	29 ♎ 8	4 ♌ 35	5 ♌ 35	29 ♈ 25	15 ♈ 3	13 ♒ 0	20 ♊ 12	26 ♌ 33	15 ♋ 33	25 ♈ 59	22 ♒ 13	25 ♎	15 ♌	28 ♌	19 ♓	14 ♊
3	13 ♈ 12	13 ♏ 43	4 ♌ 32	5 ♌ 25	29 ♈ 46	16 ♈ 18	13 ♒ 45	20 ♊ 21	26 ♌ 31	15 ♋ 33	26 ♈ 1	22 ♒ 15	25 ♎	15 ♌	28 ♌	19 ♓	14 ♊
4	14 ♈ 11	27 ♏ 51	4 ♌ 29	5 ♌ 16	29 ♈ 59	17 ♈ 32	14 ♒ 29	20 ♊ 30	26 ♌ 28	15 ♋ 34	26 ♈ 4	22 ♒ 16	24 ♎	15 ♌	28 ♌	20 ♓	14 ♊
5	15 ♈ 10	11 ♐ 31	4 ♌ 26	5 ♌ 9	0 ♉ 5	18 ♈ 47	15 ♒ 13	20 ♊ 39	26 ♌ 26	15 ♋ 35	26 ♈ 6	22 ♒ 17	24 ♎	16 ♌	28 ♌	20 ♓	14 ♊
6	16 ♈ 9	24 ♐ 41	4 ♌ 23	5 ♌ 5	0 R 4	20 ♈ 1	15 ♒ 57	20 ♊ 48	26 ♌ 24	15 ♋ 35	26 ♈ 8	22 ♒ 18	24 ♎	16 ♌	28 ♌	21 ♓	14 ♊
7	17 ♈ 8	7 ♑ 26	4 ♌ 19	5 ♌ 3	29 ♈ 57	21 ♈ 16	16 ♒ 42	20 ♊ 57	26 ♌ 21	15 ♋ 36	26 ♈ 10	22 ♒ 19	24 ♎	16 ♌	28 ♌	21 ♓	14 ♊
8	18 ♈ 7	19 ♑ 48	4 ♌ 16	5 D 3	29 ♈ 43	22 ♈ 30	17 ♒ 26	21 ♊ 7	26 ♌ 19	15 ♋ 37	26 ♈ 13	22 ♒ 20	24 ♎	16 ♌	28 ♌	22 ♓	14 ♊
9	19 ♈ 6	1 ♒ 54	4 ♌ 13	5 ♌ 3	29 ♈ 23	23 ♈ 44	18 ♒ 10	21 ♊ 16	26 ♌ 17	15 ♋ 38	26 ♈ 15	22 ♒ 22	23 ♎	16 ♌	28 ♌	22 ♓	14 ♊
10	20 ♈ 5	13 ♒ 48	4 ♌ 10	5 R 3	28 ♈ 57	24 ♈ 59	18 ♒ 55	21 ♊ 26	26 ♌ 15	15 ♋ 39	26 ♈ 17	22 ♒ 23	23 ♎	16 ♌	28 ♌	23 ♓	14 ♊
11	21 ♈ 4	25 ♒ 36	4 ♌ 7	5 ♌ 1	28 ♈ 27	26 ♈ 13	19 ♒ 39	21 ♊ 35	26 ♌ 14	15 ♋ 40	26 ♈ 19	22 ♒ 24	23 ♎	16 ♌	28 ♌	23 ♓	14 ♊
12	22 ♈ 3	7 ♓ 23	4 ♌ 4	4 ♌ 57	27 ♈ 52	27 ♈ 27	20 ♒ 23	21 ♊ 45	26 ♌ 12	15 ♋ 41	26 ♈ 22	22 ♒ 25	23 ♎	16 ♌	28 ♌	24 ♓	15 ♊
13	23 ♈ 2	19 ♓ 13	4 ♌ 0	4 ♌ 50	27 ♈ 14	28 ♈ 42	21 ♒ 8	21 ♊ 55	26 ♌ 10	15 ♋ 42	26 ♈ 24	22 ♒ 26	22 ♎	16 ♌	28 D	24 ♓	15 ♊
14	24 ♈ 1	1 ♈ 9	3 ♌ 57	4 ♌ 40	26 ♈ 33	29 ♈ 56	21 ♒ 52	22 ♊ 5	26 ♌ 9	15 ♋ 43	26 ♈ 26	22 ♒ 27	22 ♎	16 ♌	28 ♌	25 ♓	15 ♊
15	24 ♈ 59	13 ♈ 13	3 ♌ 54	4 ♌ 28	25 ♈ 50	1 ♉ 10	22 ♒ 36	22 ♊ 15	26 ♌ 8	15 ♋ 44	26 ♈ 28	22 ♒ 28	22 ♎	16 ♌	28 ♌	25 ♓	15 ♊
16	25 ♈ 58	25 ♈ 26	3 ♌ 51	4 ♌ 15	25 ♈ 6	2 ♉ 24	23 ♒ 21	22 ♊ 26	26 ♌ 6	15 ♋ 45	26 ♈ 31	22 ♒ 29	22 ♎	17 ♌	28 ♌	26 ♓	15 ♊
17	26 ♈ 57	7 ♉ 51	3 ♌ 48	4 ♌ 1	24 ♈ 22	3 ♉ 39	24 ♒ 5	22 ♊ 36	26 ♌ 5	15 ♋ 46	26 ♈ 33	22 ♒ 30	21 ♎	17 ♌	28 ♌	26 ♓	15 ♊
18	27 ♈ 56	20 ♉ 26	3 ♌ 45	3 ♌ 48	23 ♈ 39	4 ♉ 53	24 ♒ 50	22 ♊ 46	26 ♌ 4	15 ♋ 48	26 ♈ 35	22 ♒ 31	21 ♎	17 ♌	28 ♌	26 ♓	15 ♊
19	28 ♈ 54	3 ♊ 12	3 ♌ 41	3 ♌ 37	22 ♈ 56	6 ♉ 7	25 ♒ 34	22 ♊ 57	26 ♌ 3	15 ♋ 49	26 ♈ 38	22 ♒ 32	21 ♎	17 ♌	28 ♌	27 ♓	15 ♊
20	29 ♈ 53	16 ♊ 10	3 ♌ 38	3 ♌ 29	22 ♈ 16	7 ♉ 21	26 ♒ 18	23 ♊ 8	26 ♌ 2	15 ♋ 50	26 ♈ 40	22 ♒ 32	21 ♎	17 ♌	28 ♌	27 ♓	15 ♊
21	0 ♉ 52	29 ♊ 19	3 ♌ 35	3 ♌ 24	21 ♈ 38	8 ♉ 35	27 ♒ 3	23 ♊ 18	26 ♌ 1	15 ♋ 52	26 ♈ 42	22 ♒ 33	21 ♎	17 ♌	28 ♌	28 ♓	15 ♊
22	1 ♉ 50	12 ♋ 41	3 ♌ 32	3 ♌ 21	21 ♈ 4	9 ♉ 49	27 ♒ 47	23 ♊ 29	26 ♌ 1	15 ♋ 53	26 ♈ 44	22 ♒ 34	20 ♎	18 ♌	28 ♌	28 ♓	15 ♊
23	2 ♉ 49	26 ♋ 18	3 ♌ 29	3 ♌ 20	20 ♈ 34	11 ♉ 4	28 ♒ 31	23 ♊ 40	26 ♌ 0	15 ♋ 55	26 ♈ 47	22 ♒ 35	20 ♎	18 ♌	28 ♌	29 ♓	15 ♊
24	3 ♉ 47	10 ♌ 10	3 ♌ 25	3 ♌ 20	20 ♈ 7	12 ♉ 18	29 ♒ 16	23 ♊ 51	26 ♌ 0	15 ♋ 56	26 ♈ 49	22 ♒ 36	20 ♎	18 ♌	28 ♌	29 ♓	15 ♊
25	4 ♉ 46	24 ♌ 18	3 ♌ 22	3 ♌ 20	19 ♈ 45	13 ♉ 32	0 ♓ 0	24 ♊ 2	25 ♌ 59	15 ♋ 58	26 ♈ 51	22 ♒ 36	20 ♎	18 ♌	28 ♌	0 ♈	15 ♊
26	5 ♉ 44	8 ♍ 42	3 ♌ 19	3 ♌ 17	19 ♈ 28	14 ♉ 46	0 ♓ 44	24 ♊ 13	25 ♌ 59	16 ♋ 0	26 ♈ 53	22 ♒ 37	20 ♎	18 ♌	28 ♌	0 ♈	15 ♊
27	6 ♉ 42	23 ♍ 18	3 ♌ 16	3 ♌ 12	19 ♈ 15	16 ♉ 0	1 ♓ 29	24 ♊ 24	25 ♌ 59	16 ♋ 2	26 ♈ 56	22 ♒ 38	19 ♎	19 ♌	28 ♌	1 ♈	16 ♊
28	7 ♉ 41	8 ♎ 2	3 ♌ 13	3 ♌ 4	19 ♈ 8	17 ♉ 14	2 ♓ 13	24 ♊ 36	25 D 59	16 ♋ 3	26 ♈ 58	22 ♒ 39	19 ♎	19 ♌	28 ♌	1 ♈	16 ♊
29	8 ♉ 39	22 ♎ 47	3 ♌ 10	2 ♌ 54	19 ♈ 5	18 ♉ 28	2 ♓ 57	24 ♊ 47	25 ♌ 59	16 ♋ 5	27 ♈ 0	22 ♒ 39	19 ♎	19 ♌	28 ♌	2 ♈	16 ♊
30	9 ♉ 37	7 ♏ 26	3 ♌ 6	2 ♌ 43	19 D 7	19 ♉ 42	3 ♓ 42	24 ♊ 59	25 ♌ 59	16 ♋ 7	27 ♈ 2	22 ♒ 40	19 ♎	19 ♌	29 ♌	2 ♈	16 ♊

SUN INGRESS	☉ → ♉ 20日 02:40
MOON PHASE	◑ 7日 20:25 ♑　● 16日 01:07 ♈　◐ 23日 12:11 ♌　○ 30日 03:53 ♏

aspects

2日	09:34	♀□♅
5日	05:02	☉⚹♂
5日	10:07	☉□♅
6日	17:13	♀⚹♃
7日	20:53	♀⚹♇
9日	14:14	♄△♆
11日	00:13	♀△♄
11日	02:08	♀☌♆
11日	15:19	☉⚹♃
12日	05:24	☿☌♀
12日	09:04	☉⚹♇
14日	03:48	☿☌♆
14日	09:10	♂△♃
14日	14:12	☿△♄
14日	19:13	♂☌♇
15日	11:55	☉☌☿
16日	03:12	☉△♄
16日	08:16	♃△♇
16日	13:49	☉☌♆
17日	04:38	☿⚹♂
18日	23:43	☿⚹♃
19日	14:16	☿⚹♇
19日	15:27	♂☍♄
20日	12:17	♂⚹♆
27日	00:38	♀⚹♅

2037年5月

DAY	☉	☽	☊ mean	☊ true	☿	♀	♂	♃	♄	♅	♆	♇	⚳	⚴	⚵	⚶	⚷
	° ′	° ′	° ′	° ′	° ′	° ′	° ′	° ′	° ′	° ′	° ′	° ′	°	°	°	°	°
1	10 ♉ 36	21 ♏ 49	3 ♌ 3	2 R 31	19 D 15	20 D 55	4 D 26	25 D 10	26 D 0	16 D 9	27 D 5	22 D 40	19 R	19 D	29 D	2 D	16 D
2	11 ♉ 34	5 ♐ 52	3 ♌ 0	2 ♌ 21	19 ♈ 26	22 ♉ 9	5 ♓ 10	25 ♊ 22	26 ♌ 0	16 ♋ 11	27 ♈ 7	22 ♒ 41	18 ♎	20 ♌	29 ♌	3 ♈	16 ♊
3	12 ♉ 32	19 ♐ 30	2 ♌ 57	2 ♌ 13	19 ♈ 43	23 ♉ 23	5 ♓ 55	25 ♊ 33	26 ♌ 1	16 ♋ 13	27 ♈ 9	22 ♒ 42	18 ♎	20 ♌	29 ♌	3 ♈	16 ♊
4	13 ♉ 30	2 ♑ 41	2 ♌ 54	2 ♌ 8	20 ♈ 4	24 ♉ 37	6 ♓ 39	25 ♊ 45	26 ♌ 1	16 ♋ 15	27 ♈ 11	22 ♒ 42	18 ♎	20 ♌	29 ♌	4 ♈	16 ♊
5	14 ♉ 28	15 ♑ 28	2 ♌ 51	2 ♌ 5	20 ♈ 30	25 ♉ 51	7 ♓ 23	25 ♊ 57	26 ♌ 2	16 ♋ 17	27 ♈ 13	22 ♒ 43	18 ♎	20 ♌	29 ♌	4 ♈	16 ♊
6	15 ♉ 27	27 ♑ 53	2 ♌ 47	2 ♌ 4	20 ♈ 59	27 ♉ 5	8 ♓ 7	26 ♊ 9	26 ♌ 3	16 ♋ 19	27 ♈ 15	22 ♒ 43	18 ♎	21 ♌	29 ♌	5 ♈	16 ♊
7	16 ♉ 25	10 ♒ 2	2 ♌ 44	2 D 4	21 ♈ 33	28 ♉ 19	8 ♓ 52	26 ♊ 21	26 ♌ 4	16 ♋ 21	27 ♈ 18	22 ♒ 43	18 ♎	21 ♌	29 ♌	5 ♈	16 ♊
8	17 ♉ 23	21 ♒ 58	2 ♌ 41	2 R 4	22 ♈ 11	29 ♉ 32	9 ♓ 36	26 ♊ 33	26 ♌ 5	16 ♋ 24	27 ♈ 20	22 ♒ 44	17 ♎	21 ♌	0 ♍	6 ♈	16 ♊
9	18 ♉ 21	3 ♓ 48	2 ♌ 38	2 ♌ 3	22 ♈ 53	0 ♊ 46	10 ♓ 20	26 ♊ 45	26 ♌ 6	16 ♋ 26	27 ♈ 22	22 ♒ 44	17 ♎	21 ♌	0 ♍	6 ♈	16 ♊
10	19 ♉ 19	15 ♓ 37	2 ♌ 35	2 ♌ 0	23 ♈ 38	2 ♊ 0	11 ♓ 4	26 ♊ 57	26 ♌ 7	16 ♋ 28	27 ♈ 24	22 ♒ 45	17 ♎	22 ♌	0 ♍	6 ♈	16 ♊
11	20 ♉ 17	27 ♓ 30	2 ♌ 31	1 ♌ 54	24 ♈ 26	3 ♊ 14	11 ♓ 49	27 ♊ 10	26 ♌ 9	16 ♋ 31	27 ♈ 26	22 ♒ 45	17 ♎	22 ♌	0 ♍	7 ♈	17 ♊
12	21 ♉ 15	9 ♈ 31	2 ♌ 28	1 ♌ 46	25 ♈ 19	4 ♊ 27	12 ♓ 33	27 ♊ 22	26 ♌ 10	16 ♋ 33	27 ♈ 28	22 ♒ 45	17 ♎	22 ♌	0 ♍	7 ♈	17 ♊
13	22 ♉ 13	21 ♈ 43	2 ♌ 25	1 ♌ 36	26 ♈ 14	5 ♊ 41	13 ♓ 17	27 ♊ 34	26 ♌ 12	16 ♋ 35	27 ♈ 30	22 ♒ 46	17 ♎	22 ♌	0 ♍	8 ♈	17 ♊
14	23 ♉ 11	4 ♉ 7	2 ♌ 22	1 ♌ 25	27 ♈ 12	6 ♊ 55	14 ♓ 1	27 ♊ 47	26 ♌ 13	16 ♋ 38	27 ♈ 33	22 ♒ 46	17 ♎	23 ♌	0 ♍	8 ♈	17 ♊
15	24 ♉ 9	16 ♉ 46	2 ♌ 19	1 ♌ 13	28 ♈ 14	8 ♊ 8	14 ♓ 45	27 ♊ 59	26 ♌ 15	16 ♋ 40	27 ♈ 35	22 ♒ 46	17 ♎	23 ♌	1 ♍	9 ♈	17 ♊
16	25 ♉ 7	29 ♉ 40	2 ♌ 16	1 ♌ 2	29 ♈ 18	9 ♊ 22	15 ♓ 29	28 ♊ 12	26 ♌ 17	16 ♋ 43	27 ♈ 37	22 ♒ 46	16 ♎	23 ♌	1 ♍	9 ♈	17 ♊
17	26 ♉ 4	12 ♊ 46	2 ♌ 12	0 ♌ 52	0 ♉ 26	10 ♊ 36	16 ♓ 13	28 ♊ 24	26 ♌ 19	16 ♋ 45	27 ♈ 39	22 ♒ 47	16 ♎	24 ♌	1 ♍	10 ♈	17 ♊
18	27 ♉ 2	26 ♊ 5	2 ♌ 9	0 ♌ 45	1 ♉ 36	11 ♊ 49	16 ♓ 57	28 ♊ 37	26 ♌ 21	16 ♋ 48	27 ♈ 41	22 ♒ 47	16 ♎	24 ♌	1 ♍	10 ♈	17 ♊
19	28 ♉ 0	9 ♋ 34	2 ♌ 6	0 ♌ 41	2 ♉ 49	13 ♊ 3	17 ♓ 41	28 ♊ 49	26 ♌ 23	16 ♋ 51	27 ♈ 43	22 ♒ 47	16 ♎	24 ♌	1 ♍	10 ♈	17 ♊
20	28 ♉ 58	23 ♋ 14	2 ♌ 3	0 ♌ 39	4 ♉ 4	14 ♊ 16	18 ♓ 25	29 ♊ 2	26 ♌ 26	16 ♋ 53	27 ♈ 45	22 ♒ 47	16 ♎	24 ♌	2 ♍	11 ♈	17 ♊
21	29 ♉ 56	7 ♌ 2	2 ♌ 0	0 D 39	5 ♉ 22	15 ♊ 30	19 ♓ 9	29 ♊ 15	26 ♌ 28	16 ♋ 56	27 ♈ 47	22 ♒ 47	16 ♎	25 ♌	2 ♍	11 ♈	17 ♊
22	0 ♊ 53	20 ♌ 59	1 ♌ 57	0 ♌ 40	6 ♉ 43	16 ♊ 43	19 ♓ 53	29 ♊ 28	26 ♌ 30	16 ♋ 59	27 ♈ 49	22 ♒ 47	16 ♎	25 ♌	2 ♍	12 ♈	17 ♊
23	1 ♊ 51	5 ♍ 4	1 ♌ 53	0 R 40	8 ♉ 6	17 ♊ 57	20 ♓ 37	29 ♊ 41	26 ♌ 33	17 ♋ 2	27 ♈ 51	22 ♒ 47	16 ♎	25 ♌	2 ♍	12 ♈	18 ♊
24	2 ♊ 49	19 ♍ 17	1 ♌ 50	0 ♌ 39	9 ♉ 31	19 ♊ 10	21 ♓ 20	29 ♊ 53	26 ♌ 36	17 ♋ 5	27 ♈ 53	22 R 47	16 ♎	26 ♌	2 ♍	13 ♈	18 ♊
25	3 ♊ 46	3 ♎ 35	1 ♌ 47	0 ♌ 35	10 ♉ 59	20 ♊ 24	22 ♓ 4	0 ♋ 6	26 ♌ 38	17 ♋ 7	27 ♈ 55	22 ♒ 47	16 ♎	26 ♌	3 ♍	13 ♈	18 ♊
26	4 ♊ 44	17 ♎ 56	1 ♌ 44	0 ♌ 30	12 ♉ 29	21 ♊ 37	22 ♓ 48	0 ♋ 19	26 ♌ 41	17 ♋ 10	27 ♈ 57	22 ♒ 47	16 ♎	26 ♌	3 ♍	13 ♈	18 ♊
27	5 ♊ 42	2 ♏ 15	1 ♌ 41	0 ♌ 23	14 ♉ 2	22 ♊ 51	23 ♓ 32	0 ♋ 32	26 ♌ 44	17 ♋ 13	27 ♈ 58	22 ♒ 47	16 ♎	27 ♌	3 ♍	14 ♈	18 ♊
28	6 ♊ 39	16 ♏ 27	1 ♌ 37	0 ♌ 14	15 ♉ 37	24 ♊ 4	24 ♓ 15	0 ♋ 45	26 ♌ 47	17 ♋ 16	28 ♈ 0	22 ♒ 47	16 ♎	27 ♌	3 ♍	14 ♈	18 ♊
29	7 ♊ 37	0 ♐ 27	1 ♌ 34	0 ♌ 6	17 ♉ 15	25 ♊ 17	24 ♓ 59	0 ♋ 59	26 ♌ 51	17 ♋ 19	28 ♈ 2	22 ♒ 47	16 ♎	27 ♌	3 ♍	15 ♈	18 ♊
30	8 ♊ 34	14 ♐ 11	1 ♌ 31	29 ♋ 58	18 ♉ 55	26 ♊ 31	25 ♓ 43	1 ♋ 12	26 ♌ 54	17 ♋ 22	28 ♈ 4	22 ♒ 47	16 ♎	28 ♌	4 ♍	15 ♈	18 ♊
31	9 ♊ 32	27 ♐ 35	1 ♌ 28	29 ♋ 52	20 ♉ 37	27 ♊ 44	26 ♓ 26	1 ♋ 25	26 ♌ 57	17 ♋ 25	28 ♈ 6	22 ♒ 46	16 D	28 ♌	4 ♍	15 ♈	18 ♊

SUN INGRESS	☉ → ♊ 21日 01:35
MOON PHASE	◑ 7日 13:56 ♒　● 15日 14:54 ♉　◐ 22日 18:08 ♍　○ 29日 13:24 ♐

aspects		
2日	10:21	♀□♇
5日	03:39	♀□♄
5日	10:43	♃⚹♄
6日	22:36	☉⚹♅
8日	19:22	☿⚹♇
12日	15:24	♃⚹♆
12日	23:02	☿△♄
13日	13:38	☉□♇
14日	08:16	☿☌♆
14日	16:50	☿⚹♃
17日	06:15	☉□♄
17日	18:45	♂△♅
26日	22:48	♀△♇
28日	09:08	♀□♂
29日	01:06	☿⚹♅
30日	07:54	♀⚹♄
31日	07:19	♀⚹♆

2037年6月

DAY	☉	☽	☊ mean	☊ true	☿	♀	♂	♃	♄	♅	♆	♇	⚳	⚴	⚵	⚶	⚷
	° ′	° ′	° ′	° ′	° ′	° ′	° ′	° ′	° ′	° ′	° ′	° ′	°	°	°	°	°
1	10 ♊ 29	10 ♑ 38	1 ♌ 25	29 R 49	22 D 21	28 D 57	27 D 10	1 D 38	27 D 1	17 D 28	28 D 8	22 R 46	16 D	28 D	4 D	16 D	18 D
2	11 ♊ 27	23 ♑ 21	1 ♌ 22	29 ♋ 47	24 ♉ 8	0 ♋ 11	27 ♓ 53	1 ♋ 51	27 ♌ 4	17 ♋ 31	28 ♈ 9	22 ♒ 46	16 ♎	28 ♌	4 ♍	16 ♈	18 ♊
3	12 ♊ 24	5 ♒ 45	1 ♌ 18	29 D 47	25 ♉ 58	1 ♋ 24	28 ♓ 36	2 ♋ 5	27 ♌ 8	17 ♋ 34	28 ♈ 11	22 ♒ 46	16 ♎	29 ♌	5 ♍	17 ♈	18 ♊
4	13 ♊ 22	17 ♒ 54	1 ♌ 15	29 ♋ 48	27 ♉ 49	2 ♋ 37	29 ♓ 20	2 ♋ 18	27 ♌ 11	17 ♋ 38	28 ♈ 13	22 ♒ 46	16 ♎	29 ♌	5 ♍	17 ♈	19 ♊
5	14 ♊ 19	29 ♒ 52	1 ♌ 12	29 ♋ 49	29 ♉ 43	3 ♋ 50	0 ♈ 3	2 ♋ 31	27 ♌ 15	17 ♋ 41	28 ♈ 15	22 ♒ 45	16 ♎	0 ♍	5 ♍	18 ♈	19 ♊
6	15 ♊ 17	11 ♓ 44	1 ♌ 9	29 ♋ 50	1 ♊ 39	5 ♋ 3	0 ♈ 46	2 ♋ 44	27 ♌ 19	17 ♋ 44	28 ♈ 16	22 ♒ 45	16 ♎	0 ♍	5 ♍	18 ♈	19 ♊
7	16 ♊ 14	23 ♓ 35	1 ♌ 6	29 R 50	3 ♊ 37	6 ♋ 17	1 ♈ 29	2 ♋ 58	27 ♌ 23	17 ♋ 47	28 ♈ 18	22 ♒ 45	16 ♎	0 ♍	6 ♍	18 ♈	19 ♊
8	17 ♊ 12	5 ♈ 30	1 ♌ 2	29 ♋ 48	5 ♊ 38	7 ♋ 30	2 ♈ 13	3 ♋ 11	27 ♌ 27	17 ♋ 50	28 ♈ 20	22 ♒ 44	16 ♎	1 ♍	6 ♍	19 ♈	19 ♊
9	18 ♊ 9	17 ♈ 34	0 ♌ 59	29 ♋ 44	7 ♊ 40	8 ♋ 43	2 ♈ 56	3 ♋ 25	27 ♌ 31	17 ♋ 54	28 ♈ 21	22 ♒ 44	16 ♎	1 ♍	6 ♍	19 ♈	19 ♊
10	19 ♊ 6	29 ♈ 51	0 ♌ 56	29 ♋ 39	9 ♊ 44	9 ♋ 56	3 ♈ 39	3 ♋ 38	27 ♌ 35	17 ♋ 57	28 ♈ 23	22 ♒ 43	16 ♎	1 ♍	6 ♍	19 ♈	19 ♊
11	20 ♊ 4	12 ♉ 23	0 ♌ 53	29 ♋ 33	11 ♊ 50	11 ♋ 9	4 ♈ 22	3 ♋ 52	27 ♌ 40	18 ♋ 0	28 ♈ 24	22 ♒ 43	16 ♎	2 ♍	7 ♍	20 ♈	19 ♊
12	21 ♊ 1	25 ♉ 13	0 ♌ 50	29 ♋ 27	13 ♊ 58	12 ♋ 22	5 ♈ 5	4 ♋ 5	27 ♌ 44	18 ♋ 4	28 ♈ 26	22 ♒ 42	16 ♎	2 ♍	7 ♍	20 ♈	19 ♊
13	21 ♊ 59	8 ♊ 22	0 ♌ 47	29 ♋ 20	16 ♊ 7	13 ♋ 35	5 ♈ 47	4 ♋ 19	27 ♌ 48	18 ♋ 7	28 ♈ 27	22 ♒ 42	16 ♎	2 ♍	7 ♍	21 ♈	19 ♊
14	22 ♊ 56	21 ♊ 48	0 ♌ 43	29 ♋ 15	18 ♊ 17	14 ♋ 48	6 ♈ 30	4 ♋ 32	27 ♌ 53	18 ♋ 10	28 ♈ 29	22 ♒ 41	16 ♎	3 ♍	7 ♍	21 ♈	19 ♊
15	23 ♊ 53	5 ♋ 29	0 ♌ 40	29 ♋ 12	20 ♊ 28	16 ♋ 1	7 ♈ 13	4 ♋ 46	27 ♌ 57	18 ♋ 14	28 ♈ 30	22 ♒ 41	17 ♎	3 ♍	8 ♍	21 ♈	19 ♊
16	24 ♊ 51	19 ♋ 24	0 ♌ 37	29 ♋ 10	22 ♊ 39	17 ♋ 14	7 ♈ 55	4 ♋ 59	28 ♌ 2	18 ♋ 17	28 ♈ 32	22 ♒ 40	17 ♎	3 ♍	8 ♍	22 ♈	20 ♊
17	25 ♊ 48	3 ♌ 28	0 ♌ 34	29 D 9	24 ♊ 51	18 ♋ 27	8 ♈ 38	5 ♋ 13	28 ♌ 7	18 ♋ 20	28 ♈ 33	22 ♒ 40	17 ♎	4 ♍	8 ♍	22 ♈	20 ♊
18	26 ♊ 45	17 ♌ 38	0 ♌ 31	29 ♋ 10	27 ♊ 3	19 ♋ 40	9 ♈ 20	5 ♋ 26	28 ♌ 12	18 ♋ 24	28 ♈ 35	22 ♒ 39	17 ♎	4 ♍	9 ♍	23 ♈	20 ♊
19	27 ♊ 43	1 ♍ 52	0 ♌ 28	29 ♋ 12	29 ♊ 15	20 ♋ 53	10 ♈ 3	5 ♋ 40	28 ♌ 17	18 ♋ 27	28 ♈ 36	22 ♒ 39	17 ♎	4 ♍	9 ♍	23 ♈	20 ♊
20	28 ♊ 40	16 ♍ 6	0 ♌ 24	29 ♋ 13	1 ♋ 26	22 ♋ 6	10 ♈ 45	5 ♋ 54	28 ♌ 22	18 ♋ 31	28 ♈ 37	22 ♒ 38	17 ♎	5 ♍	9 ♍	23 ♈	20 ♊
21	29 ♊ 37	0 ♎ 19	0 ♌ 21	29 R 13	3 ♋ 37	23 ♋ 19	11 ♈ 27	6 ♋ 7	28 ♌ 27	18 ♋ 34	28 ♈ 39	22 ♒ 37	17 ♎	5 ♍	9 ♍	24 ♈	20 ♊
22	0 ♋ 34	14 ♎ 28	0 ♌ 18	29 ♋ 13	5 ♋ 46	24 ♋ 32	12 ♈ 9	6 ♋ 21	28 ♌ 32	18 ♋ 38	28 ♈ 40	22 ♒ 36	17 ♎	6 ♍	10 ♍	24 ♈	20 ♊
23	1 ♋ 32	28 ♎ 31	0 ♌ 15	29 ♋ 11	7 ♋ 54	25 ♋ 45	12 ♈ 51	6 ♋ 34	28 ♌ 37	18 ♋ 41	28 ♈ 41	22 ♒ 36	18 ♎	6 ♍	10 ♍	24 ♈	20 ♊
24	2 ♋ 29	12 ♏ 27	0 ♌ 12	29 ♋ 8	10 ♋ 1	26 ♋ 57	13 ♈ 33	6 ♋ 48	28 ♌ 42	18 ♋ 45	28 ♈ 43	22 ♒ 35	18 ♎	6 ♍	10 ♍	25 ♈	20 ♊
25	3 ♋ 26	26 ♏ 12	0 ♌ 8	29 ♋ 4	12 ♋ 7	28 ♋ 10	14 ♈ 15	7 ♋ 2	28 ♌ 48	18 ♋ 48	28 ♈ 44	22 ♒ 34	18 ♎	7 ♍	11 ♍	25 ♈	20 ♊
26	4 ♋ 23	9 ♐ 45	0 ♌ 5	29 ♋ 1	14 ♋ 11	29 ♋ 23	14 ♈ 57	7 ♋ 15	28 ♌ 53	18 ♋ 52	28 ♈ 45	22 ♒ 33	18 ♎	7 ♍	11 ♍	25 ♈	20 ♊
27	5 ♋ 21	23 ♐ 5	0 ♌ 2	28 ♋ 57	16 ♋ 13	0 ♌ 36	15 ♈ 38	7 ♋ 29	28 ♌ 58	18 ♋ 56	28 ♈ 46	22 ♒ 33	18 ♎	7 ♍	11 ♍	26 ♈	20 ♊
28	6 ♋ 18	6 ♑ 8	29 ♋ 59	28 ♋ 55	18 ♋ 13	1 ♌ 48	16 ♈ 20	7 ♋ 43	29 ♌ 4	18 ♋ 59	28 ♈ 47	22 ♒ 32	18 ♎	8 ♍	11 ♍	26 ♈	21 ♊
29	7 ♋ 15	18 ♑ 56	29 ♋ 56	28 ♋ 54	20 ♋ 11	3 ♌ 1	17 ♈ 1	7 ♋ 56	29 ♌ 10	19 ♋ 3	28 ♈ 48	22 ♒ 31	18 ♎	8 ♍	12 ♍	27 ♈	21 ♊
30	8 ♋ 12	1 ♒ 28	29 ♋ 53	28 D 53	22 ♋ 8	4 ♌ 13	17 ♈ 43	8 ♋ 10	29 ♌ 15	19 ♋ 6	28 ♈ 49	22 ♒ 30	19 ♎	9 ♍	12 ♍	27 ♈	21 ♊

SUN INGRESS	☉ → ♋ 21日 09:22
MOON PHASE	◑ 6日 07:49 ♓　● 14日 02:10 ♊　◐ 20日 22:45 ♍　○ 28日 00:19 ♑

aspects		
1日	05:38	☿□♇
3日	15:39	☿□♄
3日	16:17	♀☌♃
5日	06:40	☿⚹♂
9日	23:31	♂□♃
13日	17:58	☉△♇
16日	00:12	☿△♇
16日	21:37	♀☌♅
17日	18:18	☉☌☿
18日	13:00	☿⚹♄
18日	16:52	☿⚹♆
19日	15:37	☉⚹♄
19日	22:57	☉⚹♆
22日	07:13	☿☌♃
24日	01:32	♄△♆
25日	11:16	♀□♆
26日	13:36	☿□♂
28日	09:33	☿☌♅
29日	22:43	☉☌♃

2037年7月

DAY	☉	☽	☊ mean	☊ true	☿	♀	♂	♃	♄	♅	♆	♇	⚳	⚴	⚵	⚶	⚷
	° ′	° ′	° ′	° ′	° ′	° ′	° ′	° ′	° ′	° ′	° ′	° ′	°	°	°	°	°
1	9 ♋ 9	13 ♒ 45	29 ♋ 49	28 D 54	24 D 2	5 D 26	18 D 24	8 D 23	29 D 21	19 D 10	28 D 50	22 R 29	19 D	9 D	12 D	27 D	21 D
2	10 ♋ 7	25 ♒ 51	29 ♋ 46	28 ♋ 55	25 ♋ 54	6 ♌ 39	19 ♈ 5	8 ♋ 37	29 ♌ 27	19 ♋ 13	28 ♈ 51	22 ♒ 28	19 ♎	9 ♍	13 ♍	28 ♈	21 ♊
3	11 ♋ 4	7 ♓ 48	29 ♋ 43	28 ♋ 57	27 ♋ 45	7 ♌ 51	19 ♈ 46	8 ♋ 51	29 ♌ 33	19 ♋ 17	28 ♈ 52	22 ♒ 27	19 ♎	10 ♍	13 ♍	28 ♈	21 ♊
4	12 ♋ 1	19 ♓ 41	29 ♋ 40	28 ♋ 58	29 ♋ 33	9 ♌ 4	20 ♈ 27	9 ♋ 4	29 ♌ 39	19 ♋ 21	28 ♈ 53	22 ♒ 27	19 ♎	10 ♍	13 ♍	28 ♈	21 ♊
5	12 ♋ 58	1 ♈ 32	29 ♋ 37	28 ♋ 59	1 ♌ 19	10 ♌ 16	21 ♈ 8	9 ♋ 18	29 ♌ 44	19 ♋ 24	28 ♈ 54	22 ♒ 26	20 ♎	11 ♍	14 ♍	29 ♈	21 ♊
6	13 ♋ 55	13 ♈ 28	29 ♋ 34	28 ♋ 59	3 ♌ 3	11 ♌ 29	21 ♈ 49	9 ♋ 32	29 ♌ 50	19 ♋ 28	28 ♈ 55	22 ♒ 25	20 ♎	11 ♍	14 ♍	29 ♈	21 ♊
7	14 ♋ 53	25 ♈ 32	29 ♋ 30	28 R 59	4 ♌ 45	12 ♌ 41	22 ♈ 29	9 ♋ 45	29 ♌ 57	19 ♋ 32	28 ♈ 56	22 ♒ 24	20 ♎	11 ♍	14 ♍	29 ♈	21 ♊
8	15 ♋ 50	7 ♉ 49	29 ♋ 27	28 ♋ 58	6 ♌ 25	13 ♌ 53	23 ♈ 10	9 ♋ 59	0 ♍ 3	19 ♋ 35	28 ♈ 57	22 ♒ 23	20 ♎	12 ♍	14 ♍	0 ♉	21 ♊
9	16 ♋ 47	20 ♉ 24	29 ♋ 24	28 ♋ 57	8 ♌ 2	15 ♌ 6	23 ♈ 50	10 ♋ 12	0 ♍ 9	19 ♋ 39	28 ♈ 58	22 ♒ 22	20 ♎	12 ♍	15 ♍	0 ♉	21 ♊
10	17 ♋ 44	3 ♊ 18	29 ♋ 21	28 ♋ 55	9 ♌ 38	16 ♌ 18	24 ♈ 30	10 ♋ 26	0 ♍ 15	19 ♋ 43	28 ♈ 58	22 ♒ 21	21 ♎	12 ♍	15 ♍	0 ♉	22 ♊
11	18 ♋ 41	16 ♊ 35	29 ♋ 18	28 ♋ 54	11 ♌ 11	17 ♌ 30	25 ♈ 10	10 ♋ 40	0 ♍ 21	19 ♋ 46	28 ♈ 59	22 ♒ 20	21 ♎	13 ♍	15 ♍	1 ♉	22 ♊
12	19 ♋ 39	0 ♋ 14	29 ♋ 14	28 ♋ 53	12 ♌ 43	18 ♌ 43	25 ♈ 50	10 ♋ 53	0 ♍ 28	19 ♋ 50	29 ♈ 0	22 ♒ 18	21 ♎	13 ♍	16 ♍	1 ♉	22 ♊
13	20 ♋ 36	14 ♋ 14	29 ♋ 11	28 ♋ 52	14 ♌ 12	19 ♌ 55	26 ♈ 30	11 ♋ 7	0 ♍ 34	19 ♋ 53	29 ♈ 0	22 ♒ 17	21 ♎	14 ♍	16 ♍	1 ♉	22 ♊
14	21 ♋ 33	28 ♋ 31	29 ♋ 8	28 ♋ 52	15 ♌ 39	21 ♌ 7	27 ♈ 10	11 ♋ 20	0 ♍ 41	19 ♋ 57	29 ♈ 1	22 ♒ 16	21 ♎	14 ♍	16 ♍	1 ♉	22 ♊
15	22 ♋ 30	13 ♌ 1	29 ♋ 5	28 D 52	17 ♌ 4	22 ♌ 19	27 ♈ 49	11 ♋ 34	0 ♍ 47	20 ♋ 1	29 ♈ 2	22 ♒ 15	22 ♎	14 ♍	17 ♍	2 ♉	22 ♊
16	23 ♋ 28	27 ♌ 38	29 ♋ 2	28 ♋ 53	18 ♌ 27	23 ♌ 31	28 ♈ 29	11 ♋ 47	0 ♍ 54	20 ♋ 4	29 ♈ 2	22 ♒ 14	22 ♎	15 ♍	17 ♍	2 ♉	22 ♊
17	24 ♋ 25	12 ♍ 15	28 ♋ 59	28 ♋ 53	19 ♌ 47	24 ♌ 43	29 ♈ 8	12 ♋ 1	1 ♍ 0	20 ♋ 8	29 ♈ 3	22 ♒ 13	22 ♎	15 ♍	17 ♍	2 ♉	22 ♊
18	25 ♋ 22	26 ♍ 48	28 ♋ 55	28 ♋ 53	21 ♌ 6	25 ♌ 55	29 ♈ 47	12 ♋ 14	1 ♍ 7	20 ♋ 12	29 ♈ 3	22 ♒ 12	22 ♎	16 ♍	18 ♍	3 ♉	22 ♊
19	26 ♋ 19	11 ♎ 11	28 ♋ 52	28 ♋ 54	22 ♌ 21	27 ♌ 8	0 ♉ 26	12 ♋ 27	1 ♍ 14	20 ♋ 15	29 ♈ 4	22 ♒ 11	23 ♎	16 ♍	18 ♍	3 ♉	22 ♊
20	27 ♋ 17	25 ♎ 22	28 ♋ 49	28 ♋ 54	23 ♌ 35	28 ♌ 19	1 ♉ 5	12 ♋ 41	1 ♍ 20	20 ♋ 19	29 ♈ 4	22 ♒ 9	23 ♎	17 ♍	18 ♍	3 ♉	22 ♊
21	28 ♋ 14	9 ♏ 18	28 ♋ 46	28 R 54	24 ♌ 46	29 ♌ 31	1 ♉ 43	12 ♋ 54	1 ♍ 27	20 ♋ 23	29 ♈ 5	22 ♒ 8	23 ♎	17 ♍	19 ♍	3 ♉	22 ♊
22	29 ♋ 11	22 ♏ 59	28 ♋ 43	28 D 54	25 ♌ 55	0 ♍ 43	2 ♉ 22	13 ♋ 8	1 ♍ 34	20 ♋ 26	29 ♈ 5	22 ♒ 7	23 ♎	17 ♍	19 ♍	4 ♉	22 ♊
23	0 ♌ 9	6 ♐ 24	28 ♋ 40	28 ♋ 54	27 ♌ 0	1 ♍ 55	3 ♉ 0	13 ♋ 21	1 ♍ 41	20 ♋ 30	29 ♈ 5	22 ♒ 6	24 ♎	18 ♍	19 ♍	4 ♉	22 ♊
24	1 ♌ 6	19 ♐ 34	28 ♋ 36	28 ♋ 54	28 ♌ 4	3 ♍ 7	3 ♉ 38	13 ♋ 34	1 ♍ 48	20 ♋ 33	29 ♈ 6	22 ♒ 5	24 ♎	18 ♍	20 ♍	4 ♉	23 ♊
25	2 ♌ 3	2 ♑ 29	28 ♋ 33	28 ♋ 54	29 ♌ 4	4 ♍ 19	4 ♉ 16	13 ♋ 47	1 ♍ 54	20 ♋ 37	29 ♈ 6	22 ♒ 3	24 ♎	19 ♍	20 ♍	5 ♉	23 ♊
26	3 ♌ 0	15 ♑ 11	28 ♋ 30	28 ♋ 54	0 ♍ 2	5 ♍ 30	4 ♉ 54	14 ♋ 1	2 ♍ 1	20 ♋ 41	29 ♈ 6	22 ♒ 2	25 ♎	19 ♍	20 ♍	5 ♉	23 ♊
27	3 ♌ 58	27 ♑ 41	28 ♋ 27	28 ♋ 55	0 ♍ 56	6 ♍ 42	5 ♉ 31	14 ♋ 14	2 ♍ 8	20 ♋ 44	29 ♈ 6	22 ♒ 1	25 ♎	19 ♍	21 ♍	5 ♉	23 ♊
28	4 ♌ 55	9 ♒ 59	28 ♋ 24	28 R 54	1 ♍ 47	7 ♍ 54	6 ♉ 9	14 ♋ 27	2 ♍ 15	20 ♋ 48	29 ♈ 7	22 ♒ 0	25 ♎	20 ♍	21 ♍	5 ♉	23 ♊
29	5 ♌ 52	22 ♒ 7	28 ♋ 20	28 ♋ 54	2 ♍ 35	9 ♍ 5	6 ♉ 46	14 ♋ 40	2 ♍ 22	20 ♋ 51	29 ♈ 7	21 ♒ 58	25 ♎	20 ♍	21 ♍	6 ♉	23 ♊
30	6 ♌ 50	4 ♓ 7	28 ♋ 17	28 ♋ 53	3 ♍ 20	10 ♍ 17	7 ♉ 23	14 ♋ 53	2 ♍ 30	20 ♋ 55	29 ♈ 7	21 ♒ 57	26 ♎	21 ♍	22 ♍	6 ♉	23 ♊
31	7 ♌ 47	16 ♓ 2	28 ♋ 14	28 ♋ 52	4 ♍ 1	11 ♍ 28	7 ♉ 59	15 ♋ 6	2 ♍ 37	20 ♋ 58	29 ♈ 7	21 ♒ 56	26 ♎	21 ♍	22 ♍	6 ♉	23 ♊

SUN INGRESS ☉ → ♌ 22日 20:12

MOON PHASE ◑ 6日 01:00 ♈ ● 13日 11:31 ♋ ◐ 20日 03:31 ♎ ○ 27日 13:15 ♒

aspects		
2日	05:21	♂□♅
3日	15:07	☿□♆
6日	20:45	♂⚹♇
12日	04:59	☉☌♅
14日	22:41	♀☍♇
16日	20:49	♂☌♆
18日	20:34	☿☍♇
20日	11:45	♂△♄
20日	15:01	♀△♆
21日	21:21	☉□♆
22日	18:38	♀☌♄
24日	21:57	☿△♂
25日	00:48	☿△♆
28日	16:15	☿☌♄
31日	14:21	☉□♂

2037年8月

DAY	☉	☽	☊ mean	☊ true	☿	♀	♂	♃	♄	♅	♆	♇	⚳	⚴	⚵	⚶	⚷
	° ′	° ′	° ′	° ′	° ′	° ′	° ′	° ′	° ′	° ′	° ′	° ′	°	°	°	°	°
1	8 ♌ 44	27 ♓ 53	28 ♋ 11	28 R 51	4 D 38	12 D 40	8 D 36	15 D 19	2 D 44	21 D 2	29 D 7	21 R 55	26 D	21 D	22 D	6 D	23 D
2	9 ♌ 42	9 ♈ 44	28 ♋ 8	28 ♋ 49	5 ♍ 11	13 ♍ 51	9 ♉ 12	15 ♋ 32	2 ♍ 51	21 ♋ 5	29 R 7	21 ♒ 53	27 ♎	22 ♍	23 ♍	6 ♉	23 ♊
3	10 ♌ 39	21 ♈ 40	28 ♋ 5	28 ♋ 48	5 ♍ 41	15 ♍ 3	9 ♉ 49	15 ♋ 45	2 ♍ 58	21 ♋ 9	29 ♈ 7	21 ♒ 52	27 ♎	22 ♍	23 ♍	7 ♉	23 ♊
4	11 ♌ 37	3 ♉ 43	28 ♋ 1	28 ♋ 48	6 ♍ 5	16 ♍ 14	10 ♉ 25	15 ♋ 58	3 ♍ 5	21 ♋ 12	29 ♈ 7	21 ♒ 51	27 ♎	23 ♍	23 ♍	7 ♉	23 ♊
5	12 ♌ 34	15 ♉ 58	27 ♋ 58	28 D 47	6 ♍ 26	17 ♍ 25	11 ♉ 0	16 ♋ 11	3 ♍ 13	21 ♋ 16	29 ♈ 7	21 ♒ 49	27 ♎	23 ♍	24 ♍	7 ♉	23 ♊
6	13 ♌ 32	28 ♉ 30	27 ♋ 55	28 ♋ 48	6 ♍ 41	18 ♍ 36	11 ♉ 36	16 ♋ 24	3 ♍ 20	21 ♋ 19	29 ♈ 7	21 ♒ 48	28 ♎	24 ♍	24 ♍	7 ♉	23 ♊
7	14 ♌ 29	11 ♊ 22	27 ♋ 52	28 ♋ 49	6 ♍ 52	19 ♍ 48	12 ♉ 11	16 ♋ 37	3 ♍ 27	21 ♋ 23	29 ♈ 7	21 ♒ 47	28 ♎	24 ♍	24 ♍	8 ♉	24 ♊
8	15 ♌ 27	24 ♊ 38	27 ♋ 49	28 ♋ 50	6 ♍ 58	20 ♍ 59	12 ♉ 46	16 ♋ 49	3 ♍ 35	21 ♋ 26	29 ♈ 6	21 ♒ 45	28 ♎	24 ♍	25 ♍	8 ♉	24 ♊
9	16 ♌ 24	8 ♋ 20	27 ♋ 46	28 ♋ 51	6 R 59	22 ♍ 10	13 ♉ 21	17 ♋ 2	3 ♍ 42	21 ♋ 30	29 ♈ 6	21 ♒ 44	29 ♎	25 ♍	25 ♍	8 ♉	24 ♊
10	17 ♌ 22	22 ♋ 28	27 ♋ 42	28 ♋ 52	6 ♍ 54	23 ♍ 21	13 ♉ 56	17 ♋ 15	3 ♍ 49	21 ♋ 33	29 ♈ 6	21 ♒ 43	29 ♎	25 ♍	25 ♍	8 ♉	24 ♊
11	18 ♌ 19	6 ♌ 58	27 ♋ 39	28 R 52	6 ♍ 44	24 ♍ 32	14 ♉ 30	17 ♋ 27	3 ♍ 57	21 ♋ 36	29 ♈ 6	21 ♒ 41	29 ♎	26 ♍	26 ♍	8 ♉	24 ♊
12	19 ♌ 17	21 ♌ 47	27 ♋ 36	28 ♋ 51	6 ♍ 28	25 ♍ 43	15 ♉ 4	17 ♋ 40	4 ♍ 4	21 ♋ 40	29 ♈ 5	21 ♒ 40	0 ♏	26 ♍	26 ♍	8 ♉	24 ♊
13	20 ♌ 14	6 ♍ 47	27 ♋ 33	28 ♋ 49	6 ♍ 7	26 ♍ 53	15 ♉ 38	17 ♋ 52	4 ♍ 12	21 ♋ 43	29 ♈ 5	21 ♒ 39	0 ♏	27 ♍	26 ♍	9 ♉	24 ♊
14	21 ♌ 12	21 ♍ 49	27 ♋ 30	28 ♋ 46	5 ♍ 41	28 ♍ 4	16 ♉ 11	18 ♋ 5	4 ♍ 19	21 ♋ 46	29 ♈ 5	21 ♒ 37	0 ♏	27 ♍	27 ♍	9 ♉	24 ♊
15	22 ♌ 10	6 ♎ 44	27 ♋ 26	28 ♋ 43	5 ♍ 10	29 ♍ 15	16 ♉ 44	18 ♋ 17	4 ♍ 27	21 ♋ 50	29 ♈ 4	21 ♒ 36	1 ♏	27 ♍	27 ♍	9 ♉	24 ♊
16	23 ♌ 7	21 ♎ 24	27 ♋ 23	28 ♋ 40	4 ♍ 34	0 ♎ 26	17 ♉ 17	18 ♋ 29	4 ♍ 34	21 ♋ 53	29 ♈ 4	21 ♒ 35	1 ♏	28 ♍	28 ♍	9 ♉	24 ♊
17	24 ♌ 5	5 ♏ 46	27 ♋ 20	28 ♋ 38	3 ♍ 53	1 ♎ 36	17 ♉ 50	18 ♋ 42	4 ♍ 42	21 ♋ 56	29 ♈ 3	21 ♒ 33	1 ♏	28 ♍	28 ♍	9 ♉	24 ♊
18	25 ♌ 3	19 ♏ 44	27 ♋ 17	28 ♋ 37	3 ♍ 9	2 ♎ 47	18 ♉ 22	18 ♋ 54	4 ♍ 49	21 ♋ 59	29 ♈ 3	21 ♒ 32	2 ♏	29 ♍	28 ♍	9 ♉	24 ♊
19	26 ♌ 0	3 ♐ 20	27 ♋ 14	28 D 37	2 ♍ 21	3 ♎ 57	18 ♉ 54	19 ♋ 6	4 ♍ 57	22 ♋ 3	29 ♈ 2	21 ♒ 31	2 ♏	29 ♍	29 ♍	10 ♉	24 ♊
20	26 ♌ 58	16 ♐ 35	27 ♋ 11	28 ♋ 38	1 ♍ 31	5 ♎ 8	19 ♉ 26	19 ♋ 18	5 ♍ 4	22 ♋ 6	29 ♈ 2	21 ♒ 29	2 ♏	0 ♎	29 ♍	10 ♉	24 ♊
21	27 ♌ 56	29 ♐ 29	27 ♋ 7	28 ♋ 40	0 ♍ 39	6 ♎ 18	19 ♉ 57	19 ♋ 30	5 ♍ 12	22 ♋ 9	29 ♈ 1	21 ♒ 28	3 ♏	0 ♎	29 ♍	10 ♉	24 ♊
22	28 ♌ 54	12 ♑ 8	27 ♋ 4	28 ♋ 42	29 ♌ 46	7 ♎ 28	20 ♉ 28	19 ♋ 42	5 ♍ 19	22 ♋ 12	29 ♈ 1	21 ♒ 27	3 ♏	0 ♎	0 ♎	10 ♉	24 ♊
23	29 ♌ 51	24 ♑ 33	27 ♋ 1	28 ♋ 43	28 ♌ 54	8 ♎ 39	20 ♉ 59	19 ♋ 54	5 ♍ 27	22 ♋ 15	29 ♈ 0	21 ♒ 25	3 ♏	1 ♎	0 ♎	10 ♉	24 ♊
24	0 ♍ 49	6 ♒ 46	26 ♋ 58	28 R 42	28 ♌ 3	9 ♎ 49	21 ♉ 30	20 ♋ 6	5 ♍ 35	22 ♋ 18	28 ♈ 59	21 ♒ 24	4 ♏	1 ♎	0 ♎	10 ♉	24 ♊
25	1 ♍ 47	18 ♒ 52	26 ♋ 55	28 ♋ 41	27 ♌ 15	10 ♎ 59	22 ♉ 0	20 ♋ 17	5 ♍ 42	22 ♋ 21	28 ♈ 59	21 ♒ 23	4 ♏	2 ♎	1 ♎	10 ♉	25 ♊
26	2 ♍ 45	0 ♓ 51	26 ♋ 52	28 ♋ 37	26 ♌ 30	12 ♎ 9	22 ♉ 30	20 ♋ 29	5 ♍ 50	22 ♋ 24	28 ♈ 58	21 ♒ 21	4 ♏	2 ♎	1 ♎	10 ♉	25 ♊
27	3 ♍ 43	12 ♓ 46	26 ♋ 48	28 ♋ 32	25 ♌ 50	13 ♎ 19	22 ♉ 59	20 ♋ 41	5 ♍ 57	22 ♋ 27	28 ♈ 57	21 ♒ 20	5 ♏	3 ♎	1 ♎	10 ♉	25 ♊
28	4 ♍ 41	24 ♓ 38	26 ♋ 45	28 ♋ 26	25 ♌ 16	14 ♎ 29	23 ♉ 28	20 ♋ 52	6 ♍ 5	22 ♋ 30	28 ♈ 56	21 ♒ 19	5 ♏	3 ♎	2 ♎	11 ♉	25 ♊
29	5 ♍ 39	6 ♈ 29	26 ♋ 42	28 ♋ 19	24 ♌ 47	15 ♎ 38	23 ♉ 57	21 ♋ 4	6 ♍ 13	22 ♋ 33	28 ♈ 55	21 ♒ 18	5 ♏	3 ♎	2 ♎	11 ♉	25 ♊
30	6 ♍ 37	18 ♈ 21	26 ♋ 39	28 ♋ 12	24 ♌ 26	16 ♎ 48	24 ♉ 25	21 ♋ 15	6 ♍ 20	22 ♋ 36	28 ♈ 55	21 ♒ 16	6 ♏	4 ♎	2 ♎	11 ♉	25 ♊
31	7 ♍ 35	0 ♉ 17	26 ♋ 36	28 ♋ 6	24 ♌ 12	17 ♎ 58	24 ♉ 53	21 ♋ 26	6 ♍ 28	22 ♋ 39	28 ♈ 54	21 ♒ 15	6 ♏	4 ♎	3 ♎	11 ♉	25 ♊

SUN INGRESS ☉ → ♍ 23日 03:21

MOON PHASE ◑ 4日 16:51 ♉ ● 11日 19:41 ♌ ◐ 18日 09:59 ♏ ○ 26日 04:09 ♓

aspects		
3日	17:32	♀⚹♃
8日	09:47	♀⚹♅
14日	10:19	☉☍♇
15日	23:42	☿☌♄
19日	14:22	♂⚹♃
22日	02:50	☉△♆
22日	11:27	☉☌☿
22日	21:15	☿△♆
23日	19:47	♂□♇
25日	19:04	♂⚹♅
29日	16:11	☉☌♄
30日	00:31	☿□♂

2037年9月

DAY	☉	☽	☊ mean	☊ true	☿	♀	♂	♃	♄	♅	♆	♇	⚳	⚴	⚵	⚶	⚷
	° ′	° ′	° ′	° ′	° ′	° ′	° ′	° ′	° ′	° ′	° ′	° ′	°	°	°	°	°
1	8 ♍ 33	12 ♉ 21	26 ♋ 32	28 R 2	24 R 6	19 D 7	25 D 21	21 D 37	6 D 35	22 D 41	28 R 53	21 R 14	6 D	5 D	3 D	11 D	25 D
2	9 ♍ 31	24 ♉ 34	26 ♋ 29	27 ♋ 59	24 D 9	20 ♎ 17	25 ♉ 48	21 ♋ 49	6 ♍ 43	22 ♋ 44	28 ♈ 52	21 ♒ 13	7 ♏	5 ♎	4 ♎	11 ♉	25 ♊
3	10 ♍ 29	7 ♊ 3	26 ♋ 26	27 ♋ 58	24 ♌ 20	21 ♎ 26	26 ♉ 14	22 ♋ 0	6 ♍ 51	22 ♋ 47	28 ♈ 51	21 ♒ 11	7 ♏	6 ♎	4 ♎	11 ♉	25 ♊
4	11 ♍ 27	19 ♊ 50	26 ♋ 23	27 D 58	24 ♌ 39	22 ♎ 35	26 ♉ 41	22 ♋ 11	6 ♍ 58	22 ♋ 50	28 ♈ 50	21 ♒ 10	7 ♏	6 ♎	4 ♎	11 ♉	25 ♊
5	12 ♍ 25	3 ♋ 0	26 ♋ 20	27 ♋ 59	25 ♌ 7	23 ♎ 44	27 ♉ 7	22 ♋ 21	7 ♍ 6	22 ♋ 52	28 ♈ 49	21 ♒ 9	8 ♏	6 ♎	5 ♎	11 ♉	25 ♊
6	13 ♍ 23	16 ♋ 36	26 ♋ 17	28 ♋ 0	25 ♌ 43	24 ♎ 54	27 ♉ 32	22 ♋ 32	7 ♍ 13	22 ♋ 55	28 ♈ 48	21 ♒ 8	8 ♏	7 ♎	5 ♎	11 ♉	25 ♊
7	14 ♍ 21	0 ♌ 39	26 ♋ 13	28 R 1	26 ♌ 27	26 ♎ 3	27 ♉ 57	22 ♋ 43	7 ♍ 21	22 ♋ 58	28 ♈ 47	21 ♒ 6	9 ♏	7 ♎	5 ♎	11 ♉	25 ♊
8	15 ♍ 20	15 ♌ 10	26 ♋ 10	27 ♋ 59	27 ♌ 20	27 ♎ 12	28 ♉ 21	22 ♋ 54	7 ♍ 28	23 ♋ 0	28 ♈ 46	21 ♒ 5	9 ♏	8 ♎	6 ♎	11 R	25 ♊
9	16 ♍ 18	0 ♍ 4	26 ♋ 7	27 ♋ 56	28 ♌ 19	28 ♎ 20	28 ♉ 45	23 ♋ 4	7 ♍ 36	23 ♋ 3	28 ♈ 44	21 ♒ 4	9 ♏	8 ♎	6 ♎	11 ♉	25 ♊
10	17 ♍ 16	15 ♍ 14	26 ♋ 4	27 ♋ 51	29 ♌ 26	29 ♎ 29	29 ♉ 9	23 ♋ 15	7 ♍ 44	23 ♋ 5	28 ♈ 43	21 ♒ 3	10 ♏	9 ♎	6 ♎	11 ♉	25 ♊
11	18 ♍ 14	0 ♎ 31	26 ♋ 1	27 ♋ 44	0 ♍ 39	0 ♏ 38	29 ♉ 32	23 ♋ 25	7 ♍ 51	23 ♋ 8	28 ♈ 42	21 ♒ 2	10 ♏	9 ♎	7 ♎	11 ♉	25 ♊
12	19 ♍ 13	15 ♎ 44	25 ♋ 57	27 ♋ 36	1 ♍ 58	1 ♏ 46	29 ♉ 54	23 ♋ 35	7 ♍ 59	23 ♋ 10	28 ♈ 41	21 ♒ 1	10 ♏	10 ♎	7 ♎	11 ♉	25 ♊
13	20 ♍ 11	0 ♏ 41	25 ♋ 54	27 ♋ 28	3 ♍ 23	2 ♏ 55	0 ♊ 16	23 ♋ 45	8 ♍ 6	23 ♋ 12	28 ♈ 40	20 ♒ 59	11 ♏	10 ♎	8 ♎	11 ♉	25 ♊
14	21 ♍ 10	15 ♏ 17	25 ♋ 51	27 ♋ 22	4 ♍ 52	4 ♏ 3	0 ♊ 38	23 ♋ 55	8 ♍ 14	23 ♋ 15	28 ♈ 39	20 ♒ 58	11 ♏	10 ♎	8 ♎	11 ♉	25 ♊
15	22 ♍ 8	29 ♏ 25	25 ♋ 48	27 ♋ 18	6 ♍ 26	5 ♏ 11	0 ♊ 59	24 ♋ 5	8 ♍ 21	23 ♋ 17	28 ♈ 37	20 ♒ 57	11 ♏	11 ♎	8 ♎	11 ♉	25 ♊
16	23 ♍ 6	13 ♐ 5	25 ♋ 45	27 ♋ 16	8 ♍ 3	6 ♏ 19	1 ♊ 19	24 ♋ 15	8 ♍ 28	23 ♋ 19	28 ♈ 36	20 ♒ 56	12 ♏	11 ♎	9 ♎	11 ♉	25 ♊
17	24 ♍ 5	26 ♐ 18	25 ♋ 42	27 D 15	9 ♍ 44	7 ♏ 27	1 ♊ 39	24 ♋ 25	8 ♍ 36	23 ♋ 21	28 ♈ 35	20 ♒ 55	12 ♏	12 ♎	9 ♎	11 ♉	25 ♊
18	25 ♍ 4	9 ♑ 7	25 ♋ 38	27 ♋ 16	11 ♍ 27	8 ♏ 35	1 ♊ 58	24 ♋ 34	8 ♍ 43	23 ♋ 24	28 ♈ 33	20 ♒ 54	13 ♏	12 ♎	9 ♎	11 ♉	25 ♊
19	26 ♍ 2	21 ♑ 37	25 ♋ 35	27 ♋ 16	13 ♍ 13	9 ♏ 43	2 ♊ 17	24 ♋ 44	8 ♍ 51	23 ♋ 26	28 ♈ 32	20 ♒ 53	13 ♏	13 ♎	10 ♎	11 ♉	25 ♊
20	27 ♍ 1	3 ♒ 52	25 ♋ 32	27 R 16	15 ♍ 0	10 ♏ 51	2 ♊ 35	24 ♋ 53	8 ♍ 58	23 ♋ 28	28 ♈ 31	20 ♒ 52	13 ♏	13 ♎	10 ♎	10 ♉	25 ♊
21	27 ♍ 59	15 ♒ 56	25 ♋ 29	27 ♋ 15	16 ♍ 49	11 ♏ 58	2 ♊ 52	25 ♋ 2	9 ♍ 5	23 ♋ 30	28 ♈ 29	20 ♒ 51	14 ♏	13 ♎	10 ♎	10 ♉	25 ♊
22	28 ♍ 58	27 ♒ 53	25 ♋ 26	27 ♋ 10	18 ♍ 38	13 ♏ 6	3 ♊ 9	25 ♋ 12	9 ♍ 13	23 ♋ 32	28 ♈ 28	20 ♒ 50	14 ♏	14 ♎	11 ♎	10 ♉	25 ♊
23	29 ♍ 57	9 ♓ 46	25 ♋ 23	27 ♋ 3	20 ♍ 29	14 ♏ 13	3 ♊ 25	25 ♋ 21	9 ♍ 20	23 ♋ 34	28 ♈ 26	20 ♒ 49	15 ♏	14 ♎	11 ♎	10 ♉	25 ♊
24	0 ♎ 55	21 ♓ 37	25 ♋ 19	26 ♋ 54	22 ♍ 19	15 ♏ 20	3 ♊ 41	25 ♋ 30	9 ♍ 27	23 ♋ 36	28 ♈ 25	20 ♒ 48	15 ♏	15 ♎	12 ♎	10 ♉	25 ♊
25	1 ♎ 54	3 ♈ 29	25 ♋ 16	26 ♋ 43	24 ♍ 10	16 ♏ 27	3 ♊ 56	25 ♋ 38	9 ♍ 34	23 ♋ 37	28 ♈ 24	20 ♒ 47	15 ♏	15 ♎	12 ♎	10 ♉	25 ♊
26	2 ♎ 53	15 ♈ 22	25 ♋ 13	26 ♋ 30	26 ♍ 1	17 ♏ 34	4 ♊ 10	25 ♋ 47	9 ♍ 42	23 ♋ 39	28 ♈ 22	20 ♒ 46	16 ♏	16 ♎	12 ♎	10 ♉	25 ♊
27	3 ♎ 52	27 ♈ 19	25 ♋ 10	26 ♋ 17	27 ♍ 51	18 ♏ 40	4 ♊ 23	25 ♋ 56	9 ♍ 49	23 ♋ 41	28 ♈ 21	20 ♒ 45	16 ♏	16 ♎	13 ♎	10 ♉	25 ♊
28	4 ♎ 50	9 ♉ 20	25 ♋ 7	26 ♋ 6	29 ♍ 41	19 ♏ 47	4 ♊ 36	26 ♋ 4	9 ♍ 56	23 ♋ 43	28 ♈ 19	20 ♒ 44	16 ♏	17 ♎	13 ♎	9 ♉	25 ♊
29	5 ♎ 49	21 ♉ 28	25 ♋ 3	25 ♋ 56	1 ♎ 31	20 ♏ 53	4 ♊ 48	26 ♋ 12	10 ♍ 3	23 ♋ 44	28 ♈ 18	20 ♒ 43	17 ♏	17 ♎	13 ♎	9 ♉	26 ♊
30	6 ♎ 48	3 ♊ 45	25 ♋ 0	25 ♋ 49	3 ♎ 20	21 ♏ 59	5 ♊ 0	26 ♋ 20	10 ♍ 10	23 ♋ 46	28 ♈ 16	20 ♒ 43	17 ♏	17 ♎	14 ♎	9 ♉	26 ♊

SUN INGRESS	☉ → ♎ 23日 01:13
MOON PHASE	◑ 3日 07:03 ♊　● 10日 03:25 ♍　◐ 16日 19:36 ♐　○ 24日 20:31 ♈

aspects		
2日	19:00	♀△♇
3日	13:51	♀□♃
4日	05:11	♀□♅
8日	19:32	♃☌♅
8日	19:49	☿⚹♀
9日	08:17	♀☍♆
9日	09:13	☿△♆
9日	15:02	☿□♂
10日	19:40	☿⚹♀
16日	05:25	☉⚹♅
16日	06:30	☿☌♄
17日	09:39	☉⚹♃
18日	03:08	♀⚹♄
24日	16:49	☿⚹♅
25日	20:46	☿⚹♃
27日	16:38	☉△♂
28日	20:28	♀□♇

2037年10月

DAY	☉	☽	☊ mean	☊ true	☿	♀	♂	♃	♄	♅	♆	♇	⚳	⚴	⚵	⚶	⚷
	° ′	° ′	° ′	° ′	° ′	° ′	° ′	° ′	° ′	° ′	° ′	° ′	°	°	°	°	°
1	7 ♎ 47	16 ♊ 14	24 ♋ 57	25 R 45	5 D 8	23 D 5	5 D 10	26 D 28	10 D 17	23 D 48	28 R 15	20 R 42	18 D	18 D	14 D	9 R	26 D
2	8 ♎ 46	28 ♊ 59	24 ♋ 54	25 ♋ 43	6 ♎ 56	24 ♏ 11	5 ♊ 20	26 ♋ 36	10 ♍ 24	23 ♋ 49	28 ♈ 13	20 ♒ 41	18 ♏	18 ♎	14 ♎	9 ♉	26 ♊
3	9 ♎ 45	12 ♋ 9	24 ♋ 51	25 D 43	8 ♎ 43	25 ♏ 17	5 ♊ 29	26 ♋ 44	10 ♍ 31	23 ♋ 51	28 ♈ 11	20 ♒ 40	18 ♏	19 ♎	15 ♎	9 ♉	26 ♊
4	10 ♎ 44	25 ♋ 30	24 ♋ 48	25 ♋ 43	10 ♎ 29	26 ♏ 22	5 ♊ 38	26 ♋ 52	10 ♍ 38	23 ♋ 52	28 ♈ 10	20 ♒ 39	19 ♏	19 ♎	15 ♎	8 ♉	26 R
5	11 ♎ 43	9 ♌ 23	24 ♋ 44	25 R 42	12 ♎ 15	27 ♏ 28	5 ♊ 45	26 ♋ 59	10 ♍ 45	23 ♋ 53	28 ♈ 8	20 ♒ 39	19 ♏	20 ♎	16 ♎	8 ♉	26 ♊
6	12 ♎ 42	23 ♌ 42	24 ♋ 41	25 ♋ 40	14 ♎ 0	28 ♏ 33	5 ♊ 52	27 ♋ 7	10 ♍ 52	23 ♋ 55	28 ♈ 7	20 ♒ 38	20 ♏	20 ♎	16 ♎	8 ♉	26 ♊
7	13 ♎ 41	8 ♍ 27	24 ♋ 38	25 ♋ 35	15 ♎ 43	29 ♏ 38	5 ♊ 58	27 ♋ 14	10 ♍ 59	23 ♋ 56	28 ♈ 5	20 ♒ 37	20 ♏	21 ♎	16 ♎	8 ♉	26 ♊
8	14 ♎ 41	23 ♍ 31	24 ♋ 35	25 ♋ 27	17 ♎ 26	0 ♐ 43	6 ♊ 3	27 ♋ 21	11 ♍ 6	23 ♋ 57	28 ♈ 3	20 ♒ 36	20 ♏	21 ♎	17 ♎	8 ♉	26 ♊
9	15 ♎ 40	8 ♎ 46	24 ♋ 32	25 ♋ 17	19 ♎ 9	1 ♐ 47	6 ♊ 7	27 ♋ 28	11 ♍ 12	23 ♋ 58	28 ♈ 2	20 ♒ 36	21 ♏	21 ♎	17 ♎	7 ♉	26 ♊
10	16 ♎ 39	24 ♎ 2	24 ♋ 28	25 ♋ 6	20 ♎ 50	2 ♐ 51	6 ♊ 10	27 ♋ 35	11 ♍ 19	24 ♋ 0	28 ♈ 0	20 ♒ 35	21 ♏	22 ♎	17 ♎	7 ♉	25 ♊
11	17 ♎ 39	9 ♏ 8	24 ♋ 25	24 ♋ 55	22 ♎ 31	3 ♐ 55	6 ♊ 13	27 ♋ 41	11 ♍ 26	24 ♋ 1	27 ♈ 59	20 ♒ 35	22 ♏	22 ♎	18 ♎	7 ♉	25 ♊
12	18 ♎ 38	23 ♏ 52	24 ♋ 22	24 ♋ 45	24 ♎ 11	4 ♐ 59	6 ♊ 15	27 ♋ 48	11 ♍ 32	24 ♋ 2	27 ♈ 57	20 ♒ 34	22 ♏	23 ♎	18 ♎	7 ♉	25 ♊
13	19 ♎ 37	8 ♐ 10	24 ♋ 19	24 ♋ 38	25 ♎ 50	6 ♐ 3	6 ♊ 15	27 ♋ 54	11 ♍ 39	24 ♋ 3	27 ♈ 55	20 ♒ 33	22 ♏	23 ♎	18 ♎	7 ♉	25 ♊
14	20 ♎ 37	21 ♐ 58	24 ♋ 16	24 ♋ 33	27 ♎ 29	7 ♐ 6	6 R 15	28 ♋ 0	11 ♍ 45	24 ♋ 4	27 ♈ 54	20 ♒ 33	23 ♏	24 ♎	19 ♎	6 ♉	25 ♊
15	21 ♎ 36	5 ♑ 16	24 ♋ 13	24 ♋ 31	29 ♎ 6	8 ♐ 10	6 ♊ 14	28 ♋ 6	11 ♍ 52	24 ♋ 4	27 ♈ 52	20 ♒ 32	23 ♏	24 ♎	19 ♎	6 ♉	25 ♊
16	22 ♎ 36	18 ♑ 7	24 ♋ 9	24 ♋ 30	0 ♏ 43	9 ♐ 12	6 ♊ 12	28 ♋ 12	11 ♍ 58	24 ♋ 5	27 ♈ 50	20 ♒ 32	24 ♏	25 ♎	19 ♎	6 ♉	25 ♊
17	23 ♎ 35	0 ♒ 37	24 ♋ 6	24 ♋ 30	2 ♏ 20	10 ♐ 15	6 ♊ 9	28 ♋ 18	12 ♍ 5	24 ♋ 6	27 ♈ 49	20 ♒ 31	24 ♏	25 ♎	20 ♎	6 ♉	25 ♊
18	24 ♎ 35	12 ♒ 49	24 ♋ 3	24 ♋ 30	3 ♏ 56	11 ♐ 17	6 ♊ 6	28 ♋ 23	12 ♍ 11	24 ♋ 7	27 ♈ 47	20 ♒ 31	24 ♏	25 ♎	20 ♎	5 ♉	25 ♊
19	25 ♎ 34	24 ♒ 50	24 ♋ 0	24 ♋ 27	5 ♏ 31	12 ♐ 19	6 ♊ 1	28 ♋ 29	12 ♍ 17	24 ♋ 7	27 ♈ 45	20 ♒ 31	25 ♏	26 ♎	21 ♎	5 ♉	25 ♊
20	26 ♎ 34	6 ♓ 43	23 ♋ 57	24 ♋ 22	7 ♏ 5	13 ♐ 21	5 ♊ 56	28 ♋ 34	12 ♍ 23	24 ♋ 8	27 ♈ 44	20 ♒ 30	25 ♏	26 ♎	21 ♎	5 ♉	25 ♊
21	27 ♎ 33	18 ♓ 33	23 ♋ 54	24 ♋ 14	8 ♏ 39	14 ♐ 22	5 ♊ 49	28 ♋ 39	12 ♍ 29	24 ♋ 8	27 ♈ 42	20 ♒ 30	26 ♏	27 ♎	21 ♎	5 ♉	25 ♊
22	28 ♎ 33	0 ♈ 24	23 ♋ 50	24 ♋ 3	10 ♏ 12	15 ♐ 23	5 ♊ 42	28 ♋ 44	12 ♍ 35	24 ♋ 9	27 ♈ 40	20 ♒ 29	26 ♏	27 ♎	22 ♎	4 ♉	25 ♊
23	29 ♎ 33	12 ♈ 18	23 ♋ 47	23 ♋ 50	11 ♏ 45	16 ♐ 24	5 ♊ 34	28 ♋ 49	12 ♍ 41	24 ♋ 9	27 ♈ 38	20 ♒ 29	26 ♏	28 ♎	22 ♎	4 ♉	25 ♊
24	0 ♏ 32	24 ♈ 16	23 ♋ 44	23 ♋ 36	13 ♏ 17	17 ♐ 24	5 ♊ 25	28 ♋ 53	12 ♍ 47	24 ♋ 10	27 ♈ 37	20 ♒ 29	27 ♏	28 ♎	22 ♎	4 ♉	25 ♊
25	1 ♏ 32	6 ♉ 21	23 ♋ 41	23 ♋ 22	14 ♏ 48	18 ♐ 24	5 ♊ 15	28 ♋ 57	12 ♍ 53	24 ♋ 10	27 ♈ 35	20 ♒ 29	27 ♏	29 ♎	23 ♎	4 ♉	25 ♊
26	2 ♏ 32	18 ♉ 32	23 ♋ 38	23 ♋ 9	16 ♏ 19	19 ♐ 24	5 ♊ 4	29 ♋ 2	12 ♍ 59	24 ♋ 10	27 ♈ 33	20 ♒ 28	28 ♏	29 ♎	23 ♎	3 ♉	25 ♊
27	3 ♏ 32	0 ♊ 52	23 ♋ 34	22 ♋ 57	17 ♏ 50	20 ♐ 23	4 ♊ 53	29 ♋ 6	13 ♍ 5	24 ♋ 10	27 ♈ 32	20 ♒ 28	28 ♏	29 ♎	23 ♎	3 ♉	25 ♊
28	4 ♏ 31	13 ♊ 20	23 ♋ 31	22 ♋ 49	19 ♏ 20	21 ♐ 22	4 ♊ 40	29 ♋ 10	13 ♍ 11	24 ♋ 11	27 ♈ 30	20 ♒ 28	29 ♏	0 ♏	24 ♎	3 ♉	25 ♊
29	5 ♏ 31	25 ♊ 58	23 ♋ 28	22 ♋ 44	20 ♏ 49	22 ♐ 20	4 ♊ 27	29 ♋ 13	13 ♍ 16	24 ♋ 11	27 ♈ 28	20 ♒ 28	29 ♏	0 ♏	24 ♎	2 ♉	25 ♊
30	6 ♏ 31	8 ♋ 49	23 ♋ 25	22 ♋ 41	22 ♏ 18	23 ♐ 18	4 ♊ 13	29 ♋ 17	13 ♍ 22	24 ♋ 11	27 ♈ 27	20 ♒ 28	29 ♏	1 ♏	24 ♎	2 ♉	25 ♊
31	7 ♏ 31	21 ♋ 55	23 ♋ 22	22 ♋ 40	23 ♏ 46	24 ♐ 16	3 ♊ 59	29 ♋ 20	13 ♍ 27	24 R 11	27 ♈ 25	20 ♒ 28	0 ♐	1 ♏	25 ♎	2 ♉	25 ♊

SUN INGRESS	☉ → ♏ 23日 10:49
MOON PHASE	◑ 2日 19:29 ♋　● 9日 11:34 ♎　◐ 16日 09:15 ♑　○ 24日 13:36 ♉

aspects		
1日	00:28	☿△♂
1日	15:45	♀△♅
4日	07:34	☉☌☿
4日	12:12	♀△♃
9日	20:27	☿△♇
11日	21:44	☿□♅
13日	03:15	♃□♆
13日	04:38	♀☍♂
13日	22:29	☉△♇
14日	06:00	☿☍♆
14日	08:17	☿□♃
17日	12:37	☉□♅
18日	23:03	♀□♄
21日	03:21	☉☍♆
22日	04:48	☉□♃
23日	15:46	☿⚹♄
27日	01:57	♀⚹♇
28日	18:19	☿□♇
31日	06:51	☿△♅

2037年11月

DAY	☉	☽	☊		☿	♀	♂	♃	♄	♅	♆	♇	⚳	⚴	⚵	⚶	⚷
			mean	true													
	° ′	° ′	° ′	° ′	° ′	° ′	° ′	° ′	° ′	° ′	° ′	° ′	°	°	°	°	°
1	8 ♏ 31	5 ♌ 19	23 ♋ 19	22 D 41	25 D 13	25 D 13	3 R 43	29 D 23	13 D 33	24 R 11	27 R 23	20 R 27	0 D	2 D	25 D	2 R	25 R
2	9 ♏ 31	19 ♌ 3	23 ♋ 15	22 R 40	26 ♏ 40	26 ♐ 10	3 ♊ 27	29 ♋ 26	13 ♍ 38	24 ♋ 11	27 ♈ 22	20 ♒ 27	1 ♐	2 ♏	26 ♎	1 ♉	25 ♊
3	10 ♏ 31	3 ♍ 9	23 ♋ 12	22 ♋ 38	28 ♏ 7	27 ♐ 6	3 ♊ 10	29 ♋ 29	13 ♍ 43	24 ♋ 10	27 ♈ 20	20 ♒ 27	1 ♐	3 ♏	26 ♎	1 ♉	25 ♊
4	11 ♏ 31	17 ♍ 35	23 ♋ 9	22 ♋ 34	29 ♏ 32	28 ♐ 1	2 ♊ 52	29 ♋ 31	13 ♍ 49	24 ♋ 10	27 ♈ 19	20 D 27	1 ♐	3 ♏	26 ♎	1 ♉	25 ♊
5	12 ♏ 31	2 ♎ 20	23 ♋ 6	22 ♋ 27	0 ♐ 57	28 ♐ 56	2 ♊ 34	29 ♋ 34	13 ♍ 54	24 ♋ 10	27 ♈ 17	20 ♒ 27	2 ♐	3 ♏	27 ♎	1 ♉	25 ♊
6	13 ♏ 32	17 ♎ 18	23 ♋ 3	22 ♋ 18	2 ♐ 22	29 ♐ 51	2 ♊ 15	29 ♋ 36	13 ♍ 59	24 ♋ 10	27 ♈ 15	20 ♒ 27	2 ♐	4 ♏	27 ♎	0 ♉	25 ♊
7	14 ♏ 32	2 ♏ 19	23 ♋ 0	22 ♋ 8	3 ♐ 45	0 ♑ 44	1 ♊ 56	29 ♋ 38	14 ♍ 4	24 ♋ 9	27 ♈ 14	20 ♒ 28	3 ♐	4 ♏	27 ♎	0 ♉	25 ♊
8	15 ♏ 32	17 ♏ 14	22 ♋ 56	21 ♋ 57	5 ♐ 8	1 ♑ 38	1 ♊ 36	29 ♋ 39	14 ♍ 9	24 ♋ 9	27 ♈ 12	20 ♒ 28	3 ♐	5 ♏	28 ♎	0 ♉	25 ♊
9	16 ♏ 32	1 ♐ 55	22 ♋ 53	21 ♋ 48	6 ♐ 29	2 ♑ 30	1 ♊ 16	29 ♋ 41	14 ♍ 13	24 ♋ 8	27 ♈ 11	20 ♒ 28	3 ♐	5 ♏	28 ♎	0 ♉	25 ♊
10	17 ♏ 33	16 ♐ 12	22 ♋ 50	21 ♋ 41	7 ♐ 50	3 ♑ 22	0 ♊ 55	29 ♋ 42	14 ♍ 18	24 ♋ 8	27 ♈ 9	20 ♒ 28	4 ♐	6 ♏	28 ♎	0 ♉	25 ♊
11	18 ♏ 33	0 ♑ 3	22 ♋ 47	21 ♋ 36	9 ♐ 10	4 ♑ 14	0 ♊ 34	29 ♋ 44	14 ♍ 23	24 ♋ 7	27 ♈ 8	20 ♒ 28	4 ♐	6 ♏	29 ♎	29 ♈	25 ♊
12	19 ♏ 33	13 ♑ 27	22 ♋ 44	21 ♋ 34	10 ♐ 28	5 ♑ 4	0 ♊ 13	29 ♋ 45	14 ♍ 27	24 ♋ 7	27 ♈ 6	20 ♒ 28	5 ♐	7 ♏	29 ♎	29 ♈	25 ♊
13	20 ♏ 34	26 ♑ 23	22 ♋ 40	21 D 34	11 ♐ 45	5 ♑ 54	29 ♉ 51	29 ♋ 45	14 ♍ 32	24 ♋ 6	27 ♈ 4	20 ♒ 29	5 ♐	7 ♏	29 ♎	29 ♈	25 ♊
14	21 ♏ 34	8 ♒ 57	22 ♋ 37	21 ♋ 35	13 ♐ 1	6 ♑ 43	29 ♉ 29	29 ♋ 46	14 ♍ 36	24 ♋ 5	27 ♈ 3	20 ♒ 29	6 ♐	7 ♏	0 ♏	29 ♈	24 ♊
15	22 ♏ 34	21 ♒ 12	22 ♋ 34	21 ♋ 35	14 ♐ 15	7 ♑ 31	29 ♉ 7	29 ♋ 46	14 ♍ 41	24 ♋ 4	27 ♈ 2	20 ♒ 29	6 ♐	8 ♏	0 ♏	28 ♈	24 ♊
16	23 ♏ 35	3 ♓ 14	22 ♋ 31	21 R 35	15 ♐ 26	8 ♑ 18	28 ♉ 45	29 ♋ 47	14 ♍ 45	24 ♋ 3	27 ♈ 0	20 ♒ 29	6 ♐	8 ♏	0 ♏	28 ♈	24 ♊
17	24 ♏ 35	15 ♓ 8	22 ♋ 28	21 ♋ 32	16 ♐ 36	9 ♑ 5	28 ♉ 23	29 R 47	14 ♍ 49	24 ♋ 2	26 ♈ 59	20 ♒ 30	7 ♐	9 ♏	1 ♏	28 ♈	24 ♊
18	25 ♏ 36	26 ♓ 58	22 ♋ 25	21 ♋ 27	17 ♐ 43	9 ♑ 50	28 ♉ 1	29 ♋ 46	14 ♍ 53	24 ♋ 2	26 ♈ 57	20 ♒ 30	7 ♐	9 ♏	1 ♏	28 ♈	24 ♊
19	26 ♏ 36	8 ♈ 50	22 ♋ 21	21 ♋ 20	18 ♐ 48	10 ♑ 35	27 ♉ 39	29 ♋ 46	14 ♍ 57	24 ♋ 1	26 ♈ 56	20 ♒ 31	8 ♐	10 ♏	1 ♏	28 ♈	24 ♊
20	27 ♏ 37	20 ♈ 47	22 ♋ 18	21 ♋ 11	19 ♐ 49	11 ♑ 19	27 ♉ 17	29 ♋ 45	15 ♍ 1	23 ♋ 59	26 ♈ 54	20 ♒ 31	8 ♐	10 ♏	2 ♏	28 ♈	24 ♊
21	28 ♏ 37	2 ♉ 51	22 ♋ 15	21 ♋ 1	20 ♐ 47	12 ♑ 1	26 ♉ 55	29 ♋ 44	15 ♍ 5	23 ♋ 58	26 ♈ 53	20 ♒ 32	8 ♐	11 ♏	2 ♏	27 ♈	24 ♊
22	29 ♏ 38	15 ♉ 5	22 ♋ 12	20 ♋ 51	21 ♐ 41	12 ♑ 43	26 ♉ 33	29 ♋ 43	15 ♍ 9	23 ♋ 57	26 ♈ 52	20 ♒ 32	9 ♐	11 ♏	2 ♏	27 ♈	24 ♊
23	0 ♐ 38	27 ♉ 29	22 ♋ 9	20 ♋ 41	22 ♐ 30	13 ♑ 23	26 ♉ 12	29 ♋ 42	15 ♍ 12	23 ♋ 56	26 ♈ 50	20 ♒ 33	9 ♐	11 ♏	3 ♏	27 ♈	24 ♊
24	1 ♐ 39	10 ♊ 4	22 ♋ 6	20 ♋ 33	23 ♐ 14	14 ♑ 2	25 ♉ 50	29 ♋ 41	15 ♍ 16	23 ♋ 55	26 ♈ 49	20 ♒ 33	10 ♐	12 ♏	3 ♏	27 ♈	24 ♊
25	2 ♐ 40	22 ♊ 50	22 ♋ 2	20 ♋ 28	23 ♐ 52	14 ♑ 40	25 ♉ 30	29 ♋ 39	15 ♍ 19	23 ♋ 53	26 ♈ 48	20 ♒ 34	10 ♐	12 ♏	3 ♏	27 ♈	24 ♊
26	3 ♐ 40	5 ♋ 47	21 ♋ 59	20 ♋ 24	24 ♐ 24	15 ♑ 16	25 ♉ 9	29 ♋ 38	15 ♍ 22	23 ♋ 52	26 ♈ 46	20 ♒ 34	11 ♐	13 ♏	4 ♏	27 ♈	24 ♊
27	4 ♐ 41	18 ♋ 56	21 ♋ 56	20 ♋ 23	24 ♐ 49	15 ♑ 52	24 ♉ 49	29 ♋ 36	15 ♍ 26	23 ♋ 51	26 ♈ 45	20 ♒ 35	11 ♐	13 ♏	4 ♏	27 ♈	24 ♊
28	5 ♐ 42	2 ♌ 16	21 ♋ 53	20 D 24	25 ♐ 5	16 ♑ 25	24 ♉ 30	29 ♋ 33	15 ♍ 29	23 ♋ 49	26 ♈ 44	20 ♒ 36	11 ♐	14 ♏	4 ♏	26 ♈	24 ♊
29	6 ♐ 42	15 ♌ 49	21 ♋ 50	20 ♋ 25	25 ♐ 13	16 ♑ 58	24 ♉ 11	29 ♋ 31	15 ♍ 32	23 ♋ 48	26 ♈ 43	20 ♒ 36	12 ♐	14 ♏	5 ♏	26 ♈	24 ♊
30	7 ♐ 43	29 ♌ 35	21 ♋ 46	20 ♋ 26	25 R 10	17 ♑ 29	23 ♉ 52	29 ♋ 28	15 ♍ 35	23 ♋ 46	26 ♈ 42	20 ♒ 37	12 ♐	14 ♏	5 ♏	26 ♈	24 ♊

SUN INGRESS	☉ → ♐ 22日 08:38
MOON PHASE	◑ 1日 06:06 ♌　● 7日 21:03 ♏　◐ 15日 02:58 ♒　○ 23日 06:35 ♊　◑ 30日 15:06 ♍

aspects		
3日	06:07	♀△♆
3日	23:41	☿△♃
5日	22:34	☿☍♂
6日	11:49	☉⚹♄
12日	22:02	☉□♇
13日	06:05	♂⚹♃
15日	09:12	☿□♄
16日	11:13	☉△♅
19日	18:09	☉☍♂
20日	17:22	☿⚹♇
22日	02:15	☉△♃
26日	04:31	♀△♄
30日	08:28	♂⚹♅

2037年12月

DAY	☉	☽	☊		☿	♀	♂	♃	♄	♅	♆	♇	⚳	⚴	⚵	⚶	⚷
			mean	true													
	° ′	° ′	° ′	° ′	° ′	° ′	° ′	° ′	° ′	° ′	° ′	° ′	°	°	°	°	°
1	8 ♐ 44	13 ♍ 34	21 ♋ 43	20 R 26	24 R 58	17 D 58	23 R 34	29 R 26	15 D 38	23 R 45	26 R 40	20 D 38	13 D	15 D	5 D	26 R	24 R
2	9 ♐ 45	27 ♍ 47	21 ♋ 40	20 ♋ 25	24 ♐ 35	18 ♑ 26	23 ♉ 17	29 ♋ 23	15 ♍ 40	23 ♋ 43	26 ♈ 39	20 ♒ 38	13 ♐	15 ♏	6 ♏	26 ♈	24 ♊
3	10 ♐ 45	12 ♎ 11	21 ♋ 37	20 ♋ 22	24 ♐ 0	18 ♑ 52	23 ♉ 0	29 ♋ 20	15 ♍ 43	23 ♋ 41	26 ♈ 38	20 ♒ 39	13 ♐	16 ♏	6 ♏	26 ♈	23 ♊
4	11 ♐ 46	26 ♎ 42	21 ♋ 34	20 ♋ 17	23 ♐ 15	19 ♑ 16	22 ♉ 44	29 ♋ 16	15 ♍ 45	23 ♋ 40	26 ♈ 37	20 ♒ 40	14 ♐	16 ♏	6 ♏	26 ♈	23 ♊
5	12 ♐ 47	11 ♏ 16	21 ♋ 31	20 ♋ 11	22 ♐ 19	19 ♑ 39	22 ♉ 29	29 ♋ 13	15 ♍ 48	23 ♋ 38	26 ♈ 36	20 ♒ 41	14 ♐	17 ♏	7 ♏	26 ♈	23 ♊
6	13 ♐ 48	25 ♏ 46	21 ♋ 27	20 ♋ 5	21 ♐ 14	19 ♑ 59	22 ♉ 14	29 ♋ 9	15 ♍ 50	23 ♋ 36	26 ♈ 35	20 ♒ 42	15 ♐	17 ♏	7 ♏	26 ♈	23 ♊
7	14 ♐ 49	10 ♐ 6	21 ♋ 24	20 ♋ 0	20 ♐ 1	20 ♑ 18	22 ♉ 0	29 ♋ 5	15 ♍ 52	23 ♋ 34	26 ♈ 34	20 ♒ 42	15 ♐	17 ♏	7 ♏	26 ♈	23 ♊
8	15 ♐ 50	24 ♐ 9	21 ♋ 21	19 ♋ 56	18 ♐ 41	20 ♑ 35	21 ♉ 47	29 ♋ 1	15 ♍ 55	23 ♋ 32	26 ♈ 33	20 ♒ 43	16 ♐	18 ♏	8 ♏	26 ♈	23 ♊
9	16 ♐ 51	7 ♑ 52	21 ♋ 18	19 ♋ 53	17 ♐ 19	20 ♑ 50	21 ♉ 35	28 ♋ 57	15 ♍ 57	23 ♋ 31	26 ♈ 32	20 ♒ 44	16 ♐	18 ♏	8 ♏	26 ♈	23 ♊
10	17 ♐ 52	21 ♑ 12	21 ♋ 15	19 D 53	15 ♐ 56	21 ♑ 2	21 ♉ 23	28 ♋ 52	15 ♍ 58	23 ♋ 29	26 ♈ 31	20 ♒ 45	16 ♐	19 ♏	8 ♏	26 ♈	23 ♊
11	18 ♐ 53	4 ♒ 9	21 ♋ 12	19 ♋ 53	14 ♐ 36	21 ♑ 12	21 ♉ 12	28 ♋ 48	16 ♍ 0	23 ♋ 27	26 ♈ 30	20 ♒ 46	17 ♐	19 ♏	9 ♏	26 ♈	23 ♊
12	19 ♐ 54	16 ♒ 46	21 ♋ 8	19 ♋ 55	13 ♐ 20	21 ♑ 21	21 ♉ 2	28 ♋ 43	16 ♍ 2	23 ♋ 25	26 ♈ 29	20 ♒ 47	17 ♐	20 ♏	9 ♏	26 ♈	23 ♊
13	20 ♐ 55	29 ♒ 4	21 ♋ 5	19 ♋ 57	12 ♐ 12	21 ♑ 26	20 ♉ 53	28 ♋ 38	16 ♍ 4	23 ♋ 23	26 ♈ 29	20 ♒ 48	18 ♐	20 ♏	9 ♏	26 D	23 ♊
14	21 ♐ 56	11 ♓ 9	21 ♋ 2	19 ♋ 58	11 ♐ 12	21 ♑ 30	20 ♉ 45	28 ♋ 33	16 ♍ 5	23 ♋ 20	26 ♈ 28	20 ♒ 49	18 ♐	20 ♏	10 ♏	26 ♈	23 ♊
15	22 ♐ 57	23 ♓ 5	20 ♋ 59	19 R 59	10 ♐ 23	21 R 31	20 ♉ 37	28 ♋ 27	16 ♍ 6	23 ♋ 18	26 ♈ 27	20 ♒ 50	18 ♐	21 ♏	10 ♏	26 ♈	23 ♊
16	23 ♐ 58	4 ♈ 57	20 ♋ 56	19 ♋ 58	9 ♐ 45	21 ♑ 29	20 ♉ 31	28 ♋ 22	16 ♍ 8	23 ♋ 16	26 ♈ 26	20 ♒ 51	19 ♐	21 ♏	10 ♏	26 ♈	23 ♊
17	24 ♐ 59	16 ♈ 50	20 ♋ 52	19 ♋ 56	9 ♐ 18	21 ♑ 25	20 ♉ 25	28 ♋ 16	16 ♍ 9	23 ♋ 14	26 ♈ 26	20 ♒ 52	19 ♐	22 ♏	11 ♏	26 ♈	23 ♊
18	26 ♐ 0	28 ♈ 49	20 ♋ 49	19 ♋ 53	9 ♐ 1	21 ♑ 19	20 ♉ 20	28 ♋ 11	16 ♍ 10	23 ♋ 12	26 ♈ 25	20 ♒ 54	20 ♐	22 ♏	11 ♏	26 ♈	23 ♊
19	27 ♐ 1	10 ♉ 56	20 ♋ 46	19 ♋ 50	8 ♐ 56	21 ♑ 10	20 ♉ 16	28 ♋ 5	16 ♍ 11	23 ♋ 10	26 ♈ 24	20 ♒ 55	20 ♐	23 ♏	11 ♏	26 ♈	22 ♊
20	28 ♐ 2	23 ♉ 16	20 ♋ 43	19 ♋ 46	9 D 0	20 ♑ 58	20 ♉ 12	27 ♋ 59	16 ♍ 12	23 ♋ 7	26 ♈ 24	20 ♒ 56	21 ♐	23 ♏	11 ♏	26 ♈	22 ♊
21	29 ♐ 3	5 ♊ 51	20 ♋ 40	19 ♋ 43	9 ♐ 14	20 ♑ 44	20 ♉ 10	27 ♋ 52	16 ♍ 12	23 ♋ 5	26 ♈ 23	20 ♒ 57	21 ♐	23 ♏	12 ♏	26 ♈	22 ♊
22	0 ♑ 4	18 ♊ 41	20 ♋ 37	19 ♋ 40	9 ♐ 36	20 ♑ 28	20 ♉ 8	27 ♋ 46	16 ♍ 13	23 ♋ 3	26 ♈ 22	20 ♒ 58	21 ♐	24 ♏	12 ♏	26 ♈	22 ♊
23	1 ♑ 5	1 ♋ 47	20 ♋ 33	19 ♋ 38	10 ♐ 5	20 ♑ 9	20 ♉ 7	27 ♋ 40	16 ♍ 13	23 ♋ 0	26 ♈ 22	21 ♒ 0	22 ♐	24 ♏	12 ♏	26 ♈	22 ♊
24	2 ♑ 6	15 ♋ 8	20 ♋ 30	19 ♋ 37	10 ♐ 42	19 ♑ 48	20 D 7	27 ♋ 33	16 ♍ 14	22 ♋ 58	26 ♈ 21	21 ♒ 1	22 ♐	25 ♏	13 ♏	26 ♈	22 ♊
25	3 ♑ 8	28 ♋ 42	20 ♋ 27	19 D 37	11 ♐ 24	19 ♑ 25	20 ♉ 8	27 ♋ 26	16 ♍ 14	22 ♋ 56	26 ♈ 21	21 ♒ 2	23 ♐	25 ♏	13 ♏	26 ♈	22 ♊
26	4 ♑ 9	12 ♌ 28	20 ♋ 24	19 ♋ 38	12 ♐ 12	18 ♑ 59	20 ♉ 9	27 ♋ 20	16 ♍ 14	22 ♋ 53	26 ♈ 21	21 ♒ 3	23 ♐	25 ♏	13 ♏	26 ♈	22 ♊
27	5 ♑ 10	26 ♌ 23	20 ♋ 21	19 ♋ 39	13 ♐ 4	18 ♑ 32	20 ♉ 11	27 ♋ 13	16 R 14	22 ♋ 51	26 ♈ 20	21 ♒ 5	23 ♐	26 ♏	14 ♏	26 ♈	22 ♊
28	6 ♑ 11	10 ♍ 26	20 ♋ 18	19 ♋ 40	14 ♐ 1	18 ♑ 2	20 ♉ 14	27 ♋ 6	16 ♍ 14	22 ♋ 48	26 ♈ 20	21 ♒ 6	24 ♐	26 ♏	14 ♏	26 ♈	22 ♊
29	7 ♑ 12	24 ♍ 33	20 ♋ 14	19 ♋ 41	15 ♐ 2	17 ♑ 31	20 ♉ 18	26 ♋ 58	16 ♍ 14	22 ♋ 46	26 ♈ 20	21 ♒ 7	24 ♐	27 ♏	14 ♏	27 ♈	22 ♊
30	8 ♑ 13	8 ♎ 44	20 ♋ 11	19 R 41	16 ♐ 6	16 ♑ 59	20 ♉ 22	26 ♋ 51	16 ♍ 14	22 ♋ 43	26 ♈ 19	21 ♒ 9	25 ♐	27 ♏	14 ♏	27 ♈	22 ♊
31	9 ♑ 14	22 ♎ 55	20 ♋ 8	19 ♋ 41	17 ♐ 12	16 ♑ 25	20 ♉ 28	26 ♋ 44	16 ♍ 13	22 ♋ 41	26 ♈ 19	21 ♒ 10	25 ♐	27 ♏	15 ♏	27 ♈	22 ♊

SUN INGRESS	☉ → ♑ 21日 22:07
MOON PHASE	● 7日 08:38 ♐　◐ 14日 23:41 ♓　○ 22日 22:38 ♋　◑ 29日 23:04 ♎

aspects		
6日	10:43	☿⚹♇
8日	01:51	☉□♄
9日	04:42	☉☌☿
9日	23:22	☿□♄
10日	23:36	♀△♂
12日	21:18	☉⚹♇
13日	12:15	♂□♇
18日	09:38	☉△♆
23日	02:20	♀△♂
30日	02:54	☿□♄
31日	08:11	♀△♄

2038年1月

DAY	☉	☽	☊ mean	☊ true	☿	♀	♂	♃	♄	♅	♆	♇	⚳	⚴	⚵	⚶	⚷
	° ′	° ′	° ′	° ′	° ′	° ′	° ′	° ′	° ′	° ′	° ′	° ′	°	°	°	°	°
1	10 ♑ 15	7 ♏ 5	20 ♋ 5	19 R 40	18 D 22	15 R 50	20 D 33	26 R 36	16 R 13	22 R 38	26 R 19	21 D 11	26 D	28 D	15 D	27 D	22 R
2	11 ♑ 17	21 ♏ 12	20 ♋ 2	19 ♋ 39	19 ♐ 33	15 ♑ 14	20 ♉ 40	26 ♋ 29	16 ♍ 12	22 ♋ 36	26 ♈ 19	21 ♒ 13	26 ♐	28 ♏	15 ♏	27 ♈	22 ♊
3	12 ♑ 18	5 ♐ 11	19 ♋ 58	19 ♋ 38	20 ♐ 47	14 ♑ 38	20 ♉ 47	26 ♋ 21	16 ♍ 11	22 ♋ 33	26 ♈ 18	21 ♒ 14	26 ♐	29 ♏	15 ♏	27 ♈	22 ♊
4	13 ♑ 19	19 ♐ 1	19 ♋ 55	19 ♋ 38	22 ♐ 3	14 ♑ 2	20 ♉ 55	26 ♋ 14	16 ♍ 10	22 ♋ 31	26 ♈ 18	21 ♒ 16	27 ♐	29 ♏	16 ♏	27 ♈	22 ♊
5	14 ♑ 20	2 ♑ 39	19 ♋ 52	19 ♋ 37	23 ♐ 20	13 ♑ 25	21 ♉ 4	26 ♋ 6	16 ♍ 10	22 ♋ 28	26 ♈ 18	21 ♒ 17	27 ♐	0 ♐	16 ♏	27 ♈	21 ♊
6	15 ♑ 21	16 ♑ 2	19 ♋ 49	19 ♋ 37	24 ♐ 38	12 ♑ 48	21 ♉ 13	25 ♋ 58	16 ♍ 8	22 ♋ 26	26 ♈ 18	21 ♒ 19	28 ♐	0 ♐	16 ♏	28 ♈	21 ♊
7	16 ♑ 23	29 ♑ 8	19 ♋ 46	19 D 37	25 ♐ 58	12 ♑ 12	21 ♉ 23	25 ♋ 50	16 ♍ 7	22 ♋ 23	26 D 18	21 ♒ 20	28 ♐	0 ♐	17 ♏	28 ♈	21 ♊
8	17 ♑ 24	11 ♒ 57	19 ♋ 43	19 ♋ 37	27 ♐ 19	11 ♑ 37	21 ♉ 33	25 ♋ 42	16 ♍ 6	22 ♋ 20	26 ♈ 18	21 ♒ 22	28 ♐	1 ♐	17 ♏	28 ♈	21 ♊
9	18 ♑ 25	24 ♒ 30	19 ♋ 39	19 ♋ 37	28 ♐ 42	11 ♑ 3	21 ♉ 44	25 ♋ 34	16 ♍ 5	22 ♋ 18	26 ♈ 18	21 ♒ 23	29 ♐	1 ♐	17 ♏	28 ♈	21 ♊
10	19 ♑ 26	6 ♓ 48	19 ♋ 36	19 ♋ 37	0 ♑ 5	10 ♑ 29	21 ♉ 56	25 ♋ 26	16 ♍ 3	22 ♋ 15	26 ♈ 18	21 ♒ 25	29 ♐	1 ♐	17 ♏	28 ♈	21 ♊
11	20 ♑ 27	18 ♓ 54	19 ♋ 33	19 R 37	1 ♑ 29	9 ♑ 57	22 ♉ 8	25 ♋ 18	16 ♍ 2	22 ♋ 13	26 ♈ 19	21 ♒ 26	0 ♑	2 ♐	18 ♏	28 ♈	21 ♊
12	21 ♑ 28	0 ♈ 52	19 ♋ 30	19 ♋ 37	2 ♑ 54	9 ♑ 27	22 ♉ 21	25 ♋ 10	16 ♍ 0	22 ♋ 10	26 ♈ 19	21 ♒ 28	0 ♑	2 ♐	18 ♏	29 ♈	21 ♊
13	22 ♑ 29	12 ♈ 44	19 ♋ 27	19 ♋ 37	4 ♑ 19	8 ♑ 58	22 ♉ 35	25 ♋ 2	15 ♍ 58	22 ♋ 7	26 ♈ 19	21 ♒ 29	0 ♑	3 ♐	18 ♏	29 ♈	21 ♊
14	23 ♑ 31	24 ♈ 37	19 ♋ 24	19 D 37	5 ♑ 46	8 ♑ 31	22 ♉ 49	24 ♋ 54	15 ♍ 56	22 ♋ 5	26 ♈ 19	21 ♒ 31	1 ♑	3 ♐	18 ♏	29 ♈	21 ♊
15	24 ♑ 32	6 ♉ 34	19 ♋ 20	19 ♋ 37	7 ♑ 13	8 ♑ 7	23 ♉ 3	24 ♋ 46	15 ♍ 54	22 ♋ 2	26 ♈ 19	21 ♒ 33	1 ♑	3 ♐	19 ♏	29 ♈	21 ♊
16	25 ♑ 33	18 ♉ 41	19 ♋ 17	19 ♋ 37	8 ♑ 41	7 ♑ 44	23 ♉ 18	24 ♋ 38	15 ♍ 52	22 ♋ 0	26 ♈ 20	21 ♒ 34	2 ♑	4 ♐	19 ♏	29 ♈	21 ♊
17	26 ♑ 34	1 ♊ 2	19 ♋ 14	19 ♋ 38	10 ♑ 9	7 ♑ 24	23 ♉ 34	24 ♋ 30	15 ♍ 50	21 ♋ 57	26 ♈ 20	21 ♒ 36	2 ♑	4 ♐	19 ♏	0 ♉	21 ♊
18	27 ♑ 35	13 ♊ 40	19 ♋ 11	19 ♋ 39	11 ♑ 38	7 ♑ 5	23 ♉ 50	24 ♋ 22	15 ♍ 47	21 ♋ 54	26 ♈ 20	21 ♒ 38	2 ♑	5 ♐	19 ♏	0 ♉	21 ♊
19	28 ♑ 36	26 ♊ 38	19 ♋ 8	19 ♋ 40	13 ♑ 8	6 ♑ 50	24 ♉ 6	24 ♋ 14	15 ♍ 45	21 ♋ 52	26 ♈ 21	21 ♒ 39	3 ♑	5 ♐	20 ♏	0 ♉	21 ♊
20	29 ♑ 37	9 ♋ 58	19 ♋ 4	19 ♋ 40	14 ♑ 38	6 ♑ 37	24 ♉ 23	24 ♋ 6	15 ♍ 43	21 ♋ 49	26 ♈ 21	21 ♒ 41	3 ♑	5 ♐	20 ♏	0 ♉	21 ♊
21	0 ♒ 38	23 ♋ 39	19 ♋ 1	19 R 40	16 ♑ 9	6 ♑ 26	24 ♉ 41	23 ♋ 58	15 ♍ 40	21 ♋ 47	26 ♈ 22	21 ♒ 42	4 ♑	6 ♐	20 ♏	1 ♉	21 ♊
22	1 ♒ 39	7 ♌ 39	18 ♋ 58	19 ♋ 40	17 ♑ 40	6 ♑ 18	24 ♉ 58	23 ♋ 50	15 ♍ 37	21 ♋ 44	26 ♈ 22	21 ♒ 44	4 ♑	6 ♐	20 ♏	1 ♉	21 ♊
23	2 ♒ 40	21 ♌ 54	18 ♋ 55	19 ♋ 39	19 ♑ 13	6 ♑ 12	25 ♉ 17	23 ♋ 42	15 ♍ 34	21 ♋ 42	26 ♈ 23	21 ♒ 46	4 ♑	6 ♐	20 ♏	1 ♉	21 ♊
24	3 ♒ 41	6 ♍ 20	18 ♋ 52	19 ♋ 37	20 ♑ 45	6 ♑ 9	25 ♉ 36	23 ♋ 34	15 ♍ 32	21 ♋ 39	26 ♈ 24	21 ♒ 48	5 ♑	7 ♐	21 ♏	1 ♉	21 ♊
25	4 ♒ 42	20 ♍ 50	18 ♋ 49	19 ♋ 35	22 ♑ 19	6 D 8	25 ♉ 55	23 ♋ 26	15 ♍ 29	21 ♋ 36	26 ♈ 24	21 ♒ 49	5 ♑	7 ♐	21 ♏	1 ♉	21 ♊
26	5 ♒ 43	5 ♎ 19	18 ♋ 45	19 ♋ 33	23 ♑ 52	6 ♑ 10	26 ♉ 14	23 ♋ 18	15 ♍ 26	21 ♋ 34	26 ♈ 25	21 ♒ 51	6 ♑	8 ♐	21 ♏	2 ♉	20 ♊
27	6 ♒ 44	19 ♎ 42	18 ♋ 42	19 ♋ 32	25 ♑ 27	6 ♑ 14	26 ♉ 34	23 ♋ 11	15 ♍ 22	21 ♋ 31	26 ♈ 25	21 ♒ 53	6 ♑	8 ♐	21 ♏	2 ♉	20 ♊
28	7 ♒ 45	3 ♏ 56	18 ♋ 39	19 ♋ 31	27 ♑ 2	6 ♑ 20	26 ♉ 55	23 ♋ 3	15 ♍ 19	21 ♋ 29	26 ♈ 26	21 ♒ 54	6 ♑	8 ♐	22 ♏	2 ♉	20 ♊
29	8 ♒ 46	17 ♏ 58	18 ♋ 36	19 D 31	28 ♑ 38	6 ♑ 29	27 ♉ 15	22 ♋ 56	15 ♍ 16	21 ♋ 27	26 ♈ 27	21 ♒ 56	7 ♑	9 ♐	22 ♏	2 ♉	20 ♊
30	9 ♒ 47	1 ♐ 48	18 ♋ 33	19 ♋ 32	0 ♒ 14	6 ♑ 40	27 ♉ 36	22 ♋ 48	15 ♍ 13	21 ♋ 24	26 ♈ 28	21 ♒ 58	7 ♑	9 ♐	22 ♏	3 ♉	20 ♊
31	10 ♒ 48	15 ♐ 24	18 ♋ 30	19 ♋ 34	1 ♒ 51	6 ♑ 53	27 ♉ 58	22 ♋ 41	15 ♍ 9	21 ♋ 22	26 ♈ 29	22 ♒ 0	7 ♑	9 ♐	22 ♏	3 ♉	20 ♊

SUN INGRESS	☉ → ♒ 20日 08:48
MOON PHASE	● 5日 22:41 ♑ ◐ 13日 21:33 ♈ ○ 21日 12:59 ♌ ◑ 28日 07:00 ♏

aspects		
3日	08:47	♃□♆
3日	08:51	☿⚹♇
4日	10:26	☉☌♀
6日	17:00	♂□♇
6日	18:08	☉△♄
7日	05:56	☿△♆
11日	06:49	♂⚹♅
12日	15:42	☉☍♅
13日	02:35	☉△♂
15日	04:57	☉☍♃
15日	11:38	☿☌♀
16日	18:33	☉□♆
19日	07:17	♂⚹♃
20日	16:33	☿△♄
24日	13:29	☿☍♅
25日	16:00	☿☍♃
27日	14:54	☿□♆
27日	21:37	☿△♂

2038年2月

DAY	☉	☽	☊ mean	☊ true	☿	♀	♂	♃	♄	♅	♆	♇	⚳	⚴	⚵	⚶	⚷
	° ′	° ′	° ′	° ′	° ′	° ′	° ′	° ′	° ′	° ′	° ′	° ′	°	°	°	°	°
1	11 ♒ 49	28 ♐ 47	18 ♋ 26	19 D 35	3 D 29	7 D 8	28 D 20	22 R 33	15 R 6	21 R 19	26 D 29	22 D 1	8 D	10 D	22 D	3 D	20 R
2	12 ♒ 50	11 ♑ 57	18 ♋ 23	19 ♋ 36	5 ♒ 7	7 ♑ 26	28 ♉ 42	22 ♋ 26	15 ♍ 2	21 ♋ 17	26 ♈ 30	22 ♒ 3	8 ♑	10 ♐	23 ♏	4 ♉	20 ♊
3	13 ♒ 51	24 ♑ 55	18 ♋ 20	19 R 36	6 ♒ 47	7 ♑ 45	29 ♉ 4	22 ♋ 19	14 ♍ 58	21 ♋ 15	26 ♈ 31	22 ♒ 5	9 ♑	10 ♐	23 ♏	4 ♉	20 ♊
4	14 ♒ 52	7 ♒ 41	18 ♋ 17	19 ♋ 35	8 ♒ 26	8 ♑ 6	29 ♉ 27	22 ♋ 12	14 ♍ 54	21 ♋ 12	26 ♈ 32	22 ♒ 7	9 ♑	11 ♐	23 ♏	4 ♉	20 ♊
5	15 ♒ 53	20 ♒ 15	18 ♋ 14	19 ♋ 33	10 ♒ 7	8 ♑ 30	29 ♉ 50	22 ♋ 5	14 ♍ 51	21 ♋ 10	26 ♈ 33	22 ♒ 8	9 ♑	11 ♐	23 ♏	4 ♉	20 ♊
6	16 ♒ 53	2 ♓ 38	18 ♋ 10	19 ♋ 29	11 ♒ 48	8 ♑ 54	0 ♊ 14	21 ♋ 59	14 ♍ 47	21 ♋ 8	26 ♈ 34	22 ♒ 10	10 ♑	11 ♐	23 ♏	5 ♉	20 ♊
7	17 ♒ 54	14 ♓ 50	18 ♋ 7	19 ♋ 24	13 ♒ 31	9 ♑ 21	0 ♊ 37	21 ♋ 52	14 ♍ 43	21 ♋ 5	26 ♈ 35	22 ♒ 12	10 ♑	12 ♐	23 ♏	5 ♉	20 ♊
8	18 ♒ 55	26 ♓ 53	18 ♋ 4	19 ♋ 18	15 ♒ 13	9 ♑ 49	1 ♊ 1	21 ♋ 46	14 ♍ 39	21 ♋ 3	26 ♈ 36	22 ♒ 14	11 ♑	12 ♐	24 ♏	5 ♉	20 ♊
9	19 ♒ 56	8 ♈ 50	18 ♋ 1	19 ♋ 13	16 ♒ 57	10 ♑ 19	1 ♊ 26	21 ♋ 39	14 ♍ 35	21 ♋ 1	26 ♈ 37	22 ♒ 15	11 ♑	12 ♐	24 ♏	6 ♉	20 ♊
10	20 ♒ 57	20 ♈ 42	17 ♋ 58	19 ♋ 8	18 ♒ 41	10 ♑ 50	1 ♊ 50	21 ♋ 33	14 ♍ 30	20 ♋ 59	26 ♈ 39	22 ♒ 17	11 ♑	13 ♐	24 ♏	6 ♉	20 ♊
11	21 ♒ 57	2 ♉ 33	17 ♋ 55	19 ♋ 5	20 ♒ 27	11 ♑ 23	2 ♊ 15	21 ♋ 27	14 ♍ 26	20 ♋ 57	26 ♈ 40	22 ♒ 19	12 ♑	13 ♐	24 ♏	6 ♉	20 ♊
12	22 ♒ 58	14 ♉ 29	17 ♋ 51	19 ♋ 3	22 ♒ 13	11 ♑ 57	2 ♊ 41	21 ♋ 21	14 ♍ 22	20 ♋ 54	26 ♈ 41	22 ♒ 21	12 ♑	13 ♐	24 ♏	7 ♉	20 ♊
13	23 ♒ 59	26 ♉ 32	17 ♋ 48	19 D 3	23 ♒ 59	12 ♑ 33	3 ♊ 6	21 ♋ 15	14 ♍ 18	20 ♋ 52	26 ♈ 42	22 ♒ 22	12 ♑	14 ♐	24 ♏	7 ♉	20 ♊
14	24 ♒ 59	8 ♊ 49	17 ♋ 45	19 ♋ 3	25 ♒ 47	13 ♑ 10	3 ♊ 32	21 ♋ 10	14 ♍ 13	20 ♋ 50	26 ♈ 43	22 ♒ 24	13 ♑	14 ♐	25 ♏	7 ♉	20 ♊
15	26 ♒ 0	21 ♊ 23	17 ♋ 42	19 ♋ 5	27 ♒ 35	13 ♑ 48	3 ♊ 58	21 ♋ 4	14 ♍ 9	20 ♋ 48	26 ♈ 45	22 ♒ 26	13 ♑	14 ♐	25 ♏	7 ♉	20 ♊
16	27 ♒ 1	4 ♋ 20	17 ♋ 39	19 ♋ 7	29 ♒ 24	14 ♑ 27	4 ♊ 24	20 ♋ 59	14 ♍ 4	20 ♋ 46	26 ♈ 46	22 ♒ 28	14 ♑	15 ♐	25 ♏	8 ♉	20 ♊
17	28 ♒ 1	17 ♋ 43	17 ♋ 35	19 ♋ 7	1 ♓ 14	15 ♑ 8	4 ♊ 50	20 ♋ 54	14 ♍ 0	20 ♋ 45	26 ♈ 47	22 ♒ 30	14 ♑	15 ♐	25 ♏	8 ♉	20 ♊
18	29 ♒ 2	1 ♌ 32	17 ♋ 32	19 R 7	3 ♓ 5	15 ♑ 50	5 ♊ 17	20 ♋ 49	13 ♍ 55	20 ♋ 43	26 ♈ 49	22 ♒ 31	14 ♑	15 ♐	25 ♏	8 ♉	20 ♊
19	0 ♓ 2	15 ♌ 47	17 ♋ 29	19 ♋ 4	4 ♓ 56	16 ♑ 32	5 ♊ 44	20 ♋ 44	13 ♍ 51	20 ♋ 41	26 ♈ 50	22 ♒ 33	15 ♑	15 ♐	25 ♏	9 ♉	20 ♊
20	1 ♓ 3	0 ♍ 23	17 ♋ 26	19 ♋ 0	6 ♓ 47	17 ♑ 16	6 ♊ 11	20 ♋ 39	13 ♍ 46	20 ♋ 39	26 ♈ 52	22 ♒ 35	15 ♑	16 ♐	25 ♏	9 ♉	20 ♊
21	2 ♓ 3	15 ♍ 16	17 ♋ 23	18 ♋ 54	8 ♓ 39	18 ♑ 1	6 ♊ 38	20 ♋ 35	13 ♍ 42	20 ♋ 37	26 ♈ 53	22 ♒ 37	15 ♑	16 ♐	25 ♏	9 ♉	20 ♊
22	3 ♓ 4	0 ♎ 15	17 ♋ 20	18 ♋ 47	10 ♓ 31	18 ♑ 47	7 ♊ 5	20 ♋ 30	13 ♍ 37	20 ♋ 35	26 ♈ 55	22 ♒ 38	16 ♑	16 ♐	26 ♏	10 ♉	20 ♊
23	4 ♓ 4	15 ♎ 11	17 ♋ 16	18 ♋ 40	12 ♓ 23	19 ♑ 33	7 ♊ 33	20 ♋ 26	13 ♍ 32	20 ♋ 34	26 ♈ 56	22 ♒ 40	16 ♑	17 ♐	26 ♏	10 ♉	20 ♊
24	5 ♓ 5	29 ♎ 57	17 ♋ 13	18 ♋ 34	14 ♓ 16	20 ♑ 21	8 ♊ 1	20 ♋ 22	13 ♍ 28	20 ♋ 32	26 ♈ 58	22 ♒ 42	16 ♑	17 ♐	26 ♏	10 ♉	20 ♊
25	6 ♓ 5	14 ♏ 26	17 ♋ 10	18 ♋ 30	16 ♓ 8	21 ♑ 9	8 ♊ 29	20 ♋ 18	13 ♍ 23	20 ♋ 30	26 ♈ 59	22 ♒ 44	17 ♑	17 ♐	26 ♏	11 ♉	20 ♊
26	7 ♓ 5	28 ♏ 35	17 ♋ 7	18 ♋ 28	17 ♓ 59	21 ♑ 58	8 ♊ 57	20 ♋ 15	13 ♍ 18	20 ♋ 29	27 ♈ 1	22 ♒ 45	17 ♑	17 ♐	26 ♏	11 ♉	20 D
27	8 ♓ 6	12 ♐ 21	17 ♋ 4	18 D 27	19 ♓ 50	22 ♑ 48	9 ♊ 26	20 ♋ 11	13 ♍ 13	20 ♋ 27	27 ♈ 2	22 ♒ 47	17 ♑	18 ♐	26 ♏	11 ♉	20 ♊
28	9 ♓ 6	25 ♐ 47	17 ♋ 1	18 ♋ 28	21 ♓ 39	23 ♑ 39	9 ♊ 54	20 ♋ 8	13 ♍ 9	20 ♋ 26	27 ♈ 4	22 ♒ 49	18 ♑	18 ♐	26 ♏	12 ♉	20 ♊

SUN INGRESS	☉ → ♓ 18日 22:52
MOON PHASE	● 4日 14:52 ♒ ◐ 12日 18:29 ♉ ○ 20日 01:09 ♍ ◑ 26日 15:55 ♐

aspects		
11日	08:45	☉☌♇
12日	01:50	☿☌♇
12日	23:39	☉☌☿
14日	12:39	☿⚹♆
15日	11:29	♀△♄
15日	18:02	☉⚹♆
19日	13:40	☿□♂
20日	01:54	♃☌♅
23日	14:07	☿☍♄
24日	00:39	♀☍♃
24日	05:26	♀☍♅
27日	04:34	☿△♃
27日	08:04	☿△♅

2038年3月

DAY	☉	☽	☊ mean	☊ true	☿	♀	♂	♃	♄	♅	♆	♇	⚳	⚴	⚵	⚶	⚷
	° ′	° ′	° ′	° ′	° ′	° ′	° ′	° ′	° ′	° ′	° ′	° ′	°	°	°	°	°
1	10 ♓ 6	8 ♑ 54	16 ♋ 57	18 D 29	23 D 27	24 D 31	10 D 23	20 R 5	13 R 4	20 R 24	27 D 6	22 D 50	18 D	18 D	26 D	12 D	20 D
2	11 ♓ 6	21 ♑ 46	16 ♋ 54	18 R 30	25 ♓ 14	25 ♑ 23	10 ♊ 52	20 ♋ 2	12 ♍ 59	20 ♋ 23	27 ♈ 7	22 ♒ 52	19 ♑	19 ♐	26 ♏	12 ♉	20 ♊
3	12 ♓ 7	4 ♒ 24	16 ♋ 51	18 ♋ 28	26 ♓ 57	26 ♑ 16	11 ♊ 21	20 ♋ 0	12 ♍ 54	20 ♋ 22	27 ♈ 9	22 ♒ 54	19 ♑	19 ♐	26 ♏	13 ♉	20 ♊
4	13 ♓ 7	16 ♒ 51	16 ♋ 48	18 ♋ 25	28 ♓ 38	27 ♑ 9	11 ♊ 50	19 ♋ 57	12 ♍ 49	20 ♋ 20	27 ♈ 11	22 ♒ 55	19 ♑	19 ♐	26 ♏	13 ♉	20 ♊
5	14 ♓ 7	29 ♒ 9	16 ♋ 45	18 ♋ 18	0 ♈ 16	28 ♑ 3	12 ♊ 20	19 ♋ 55	12 ♍ 45	20 ♋ 19	27 ♈ 12	22 ♒ 57	20 ♑	19 ♐	26 ♏	14 ♉	20 ♊
6	15 ♓ 7	11 ♓ 19	16 ♋ 41	18 ♋ 9	1 ♈ 49	28 ♑ 58	12 ♊ 50	19 ♋ 53	12 ♍ 40	20 ♋ 18	27 ♈ 14	22 ♒ 59	20 ♑	20 ♐	27 ♏	14 ♉	20 ♊
7	16 ♓ 7	23 ♓ 22	16 ♋ 38	17 ♋ 58	3 ♈ 18	29 ♑ 53	13 ♊ 19	19 ♋ 51	12 ♍ 35	20 ♋ 17	27 ♈ 16	23 ♒ 0	20 ♑	20 ♐	27 ♏	14 ♉	20 ♊
8	17 ♓ 7	5 ♈ 20	16 ♋ 35	17 ♋ 47	4 ♈ 42	0 ♒ 49	13 ♊ 49	19 ♋ 49	12 ♍ 30	20 ♋ 16	27 ♈ 18	23 ♒ 2	21 ♑	20 ♐	27 ♏	15 ♉	20 ♊
9	18 ♓ 7	17 ♈ 14	16 ♋ 32	17 ♋ 35	6 ♈ 1	1 ♒ 45	14 ♊ 19	19 ♋ 48	12 ♍ 25	20 ♋ 15	27 ♈ 20	23 ♒ 4	21 ♑	20 ♐	27 ♏	15 ♉	20 ♊
10	19 ♓ 7	29 ♈ 5	16 ♋ 29	17 ♋ 24	7 ♈ 13	2 ♒ 42	14 ♊ 49	19 ♋ 46	12 ♍ 21	20 ♋ 14	27 ♈ 22	23 ♒ 5	21 ♑	20 ♐	27 ♏	15 ♉	20 ♊
11	20 ♓ 7	10 ♉ 57	16 ♋ 26	17 ♋ 15	8 ♈ 19	3 ♒ 39	15 ♊ 20	19 ♋ 45	12 ♍ 16	20 ♋ 13	27 ♈ 23	23 ♒ 7	22 ♑	21 ♐	27 ♏	16 ♉	20 ♊
12	21 ♓ 7	22 ♉ 51	16 ♋ 22	17 ♋ 9	9 ♈ 17	4 ♒ 36	15 ♊ 50	19 ♋ 44	12 ♍ 11	20 ♋ 12	27 ♈ 25	23 ♒ 9	22 ♑	21 ♐	27 ♏	16 ♉	20 ♊
13	22 ♓ 7	4 ♊ 52	16 ♋ 19	17 ♋ 5	10 ♈ 8	5 ♒ 35	16 ♊ 21	19 ♋ 44	12 ♍ 7	20 ♋ 11	27 ♈ 27	23 ♒ 10	22 ♑	21 ♐	27 ♏	16 ♉	20 ♊
14	23 ♓ 7	17 ♊ 5	16 ♋ 16	17 ♋ 3	10 ♈ 51	6 ♒ 33	16 ♊ 52	19 ♋ 43	12 ♍ 2	20 ♋ 10	27 ♈ 29	23 ♒ 12	23 ♑	21 ♐	27 ♏	17 ♉	20 ♊
15	24 ♓ 7	29 ♊ 34	16 ♋ 13	17 D 3	11 ♈ 26	7 ♒ 32	17 ♊ 22	19 ♋ 43	11 ♍ 57	20 ♋ 9	27 ♈ 31	23 ♒ 13	23 ♑	22 ♐	27 ♏	17 ♉	20 ♊
16	25 ♓ 7	12 ♋ 25	16 ♋ 10	17 ♋ 3	11 ♈ 53	8 ♒ 31	17 ♊ 53	19 ♋ 43	11 ♍ 53	20 ♋ 9	27 ♈ 33	23 ♒ 15	23 ♑	22 ♐	27 R	18 ♉	20 ♊
17	26 ♓ 7	25 ♋ 41	16 ♋ 7	17 R 3	12 ♈ 11	9 ♒ 31	18 ♊ 25	19 D 43	11 ♍ 48	20 ♋ 8	27 ♈ 35	23 ♒ 16	23 ♑	22 ♐	27 ♏	18 ♉	20 ♊
18	27 ♓ 6	9 ♌ 27	16 ♋ 3	17 ♋ 1	12 ♈ 20	10 ♒ 31	18 ♊ 56	19 ♋ 43	11 ♍ 43	20 ♋ 8	27 ♈ 37	23 ♒ 18	24 ♑	22 ♐	27 ♏	18 ♉	20 ♊
19	28 ♓ 6	23 ♌ 42	16 ♋ 0	16 ♋ 57	12 R 21	11 ♒ 32	19 ♊ 27	19 ♋ 44	11 ♍ 39	20 ♋ 7	27 ♈ 39	23 ♒ 19	24 ♑	22 ♐	27 ♏	19 ♉	20 ♊
20	29 ♓ 6	8 ♍ 24	15 ♋ 57	16 ♋ 50	12 ♈ 14	12 ♒ 33	19 ♊ 58	19 ♋ 44	11 ♍ 34	20 ♋ 7	27 ♈ 41	23 ♒ 21	24 ♑	22 ♐	27 ♏	19 ♉	20 ♊
21	0 ♈ 5	23 ♍ 28	15 ♋ 54	16 ♋ 41	11 ♈ 59	13 ♒ 34	20 ♊ 30	19 ♋ 45	11 ♍ 30	20 ♋ 6	27 ♈ 43	23 ♒ 22	25 ♑	23 ♐	27 ♏	19 ♉	20 ♊
22	1 ♈ 5	8 ♎ 44	15 ♋ 51	16 ♋ 30	11 ♈ 37	14 ♒ 35	21 ♊ 2	19 ♋ 46	11 ♍ 26	20 ♋ 6	27 ♈ 45	23 ♒ 24	25 ♑	23 ♐	27 ♏	20 ♉	20 ♊
23	2 ♈ 4	24 ♎ 2	15 ♋ 47	16 ♋ 19	11 ♈ 7	15 ♒ 37	21 ♊ 33	19 ♋ 47	11 ♍ 21	20 ♋ 5	27 ♈ 47	23 ♒ 25	25 ♑	23 ♐	27 ♏	20 ♉	20 ♊
24	3 ♈ 4	9 ♏ 9	15 ♋ 44	16 ♋ 10	10 ♈ 32	16 ♒ 39	22 ♊ 5	19 ♋ 49	11 ♍ 17	20 ♋ 5	27 ♈ 49	23 ♒ 27	26 ♑	23 ♐	27 ♏	21 ♉	20 ♊
25	4 ♈ 3	23 ♏ 56	15 ♋ 41	16 ♋ 3	9 ♈ 52	17 ♒ 42	22 ♊ 37	19 ♋ 50	11 ♍ 13	20 ♋ 5	27 ♈ 51	23 ♒ 28	26 ♑	23 ♐	26 ♏	21 ♉	20 ♊
26	5 ♈ 3	8 ♐ 19	15 ♋ 38	15 ♋ 58	9 ♈ 7	18 ♒ 45	23 ♊ 9	19 ♋ 52	11 ♍ 9	20 ♋ 5	27 ♈ 54	23 ♒ 30	26 ♑	23 ♐	26 ♏	21 ♉	20 ♊
27	6 ♈ 2	22 ♐ 14	15 ♋ 35	15 ♋ 56	8 ♈ 18	19 ♒ 48	23 ♊ 41	19 ♋ 54	11 ♍ 4	20 ♋ 5	27 ♈ 56	23 ♒ 31	26 ♑	24 ♐	26 ♏	22 ♉	20 ♊
28	7 ♈ 2	5 ♑ 42	15 ♋ 32	15 ♋ 55	7 ♈ 28	20 ♒ 51	24 ♊ 13	19 ♋ 56	11 ♍ 0	20 ♋ 5	27 ♈ 58	23 ♒ 32	27 ♑	24 ♐	26 ♏	22 ♉	20 ♊
29	8 ♈ 1	18 ♑ 47	15 ♋ 28	15 ♋ 55	6 ♈ 36	21 ♒ 54	24 ♊ 46	19 ♋ 59	10 ♍ 56	20 D 5	28 ♈ 0	23 ♒ 34	27 ♑	24 ♐	26 ♏	23 ♉	21 ♊
30	9 ♈ 0	1 ♒ 30	15 ♋ 25	15 ♋ 54	5 ♈ 45	22 ♒ 58	25 ♊ 18	20 ♋ 1	10 ♍ 52	20 ♋ 5	28 ♈ 2	23 ♒ 35	27 ♑	24 ♐	26 ♏	23 ♉	21 ♊
31	10 ♈ 0	13 ♒ 58	15 ♋ 22	15 ♋ 52	4 ♈ 54	24 ♒ 2	25 ♊ 51	20 ♋ 4	10 ♍ 49	20 ♋ 5	28 ♈ 4	23 ♒ 36	28 ♑	24 ♐	26 ♏	23 ♉	21 ♊

SUN INGRESS	☉ → ♈ 20日 21:40
MOON PHASE	● 6日 08:14 ♓ ◐ 14日 12:41 ♊ ○ 21日 11:09 ♎ ◑ 28日 02:35 ♑

aspects		
1日	12:56	☉□♂
2日	04:11	☿⚹♀
3日	17:32	☉☍♄
4日	00:48	♀□♆
5日	17:14	♂□♄
10日	15:18	☉△♃
11日	02:05	☉△♅
19日	17:42	☿⚹♀
26日	16:01	♂△♇
28日	05:40	☉☌☿
30日	14:05	♀☌♇
31日	06:40	♃☌♅

2038年4月

DAY	☉	☽	☊ mean	☊ true	☿	♀	♂	♃	♄	♅	♆	♇	⚳	⚴	⚵	⚶	⚷
	° ′	° ′	° ′	° ′	° ′	° ′	° ′	° ′	° ′	° ′	° ′	° ′	°	°	°	°	°
1	10 ♈ 59	26 ♒ 14	15 ♋ 19	15 R 47	4 R 5	25 D 7	26 D 23	20 D 7	10 R 45	20 D 5	28 D 6	23 D 38	28 D	24 D	26 R	24 D	21 D
2	11 ♈ 58	8 ♓ 20	15 ♋ 16	15 ♋ 39	3 ♈ 19	26 ♒ 11	26 ♊ 56	20 ♋ 10	10 ♍ 41	20 ♋ 5	28 ♈ 9	23 ♒ 39	28 ♑	24 ♐	26 ♏	24 ♉	21 ♊
3	12 ♈ 58	20 ♓ 20	15 ♋ 12	15 ♋ 28	2 ♈ 36	27 ♒ 16	27 ♊ 29	20 ♋ 13	10 ♍ 37	20 ♋ 5	28 ♈ 11	23 ♒ 40	28 ♑	24 ♐	26 ♏	25 ♉	21 ♊
4	13 ♈ 57	2 ♈ 16	15 ♋ 9	15 ♋ 14	1 ♈ 57	28 ♒ 21	28 ♊ 1	20 ♋ 17	10 ♍ 34	20 ♋ 6	28 ♈ 13	23 ♒ 41	29 ♑	24 ♐	26 ♏	25 ♉	21 ♊
5	14 ♈ 56	14 ♈ 9	15 ♋ 6	15 ♋ 0	1 ♈ 23	29 ♒ 26	28 ♊ 34	20 ♋ 20	10 ♍ 30	20 ♋ 6	28 ♈ 15	23 ♒ 43	29 ♑	24 ♐	26 ♏	25 ♉	21 ♊
6	15 ♈ 55	26 ♈ 1	15 ♋ 3	14 ♋ 45	0 ♈ 54	0 ♓ 31	29 ♊ 7	20 ♋ 24	10 ♍ 27	20 ♋ 6	28 ♈ 18	23 ♒ 44	29 ♑	25 ♐	25 ♏	26 ♉	21 ♊
7	16 ♈ 54	7 ♉ 53	15 ♋ 0	14 ♋ 32	0 ♈ 30	1 ♓ 37	29 ♊ 40	20 ♋ 28	10 ♍ 23	20 ♋ 7	28 ♈ 20	23 ♒ 45	29 ♑	25 ♐	25 ♏	26 ♉	21 ♊
8	17 ♈ 53	19 ♉ 47	14 ♋ 57	14 ♋ 20	0 ♈ 12	2 ♓ 42	0 ♋ 13	20 ♋ 32	10 ♍ 20	20 ♋ 7	28 ♈ 22	23 ♒ 46	0 ♒	25 ♐	25 ♏	27 ♉	21 ♊
9	18 ♈ 52	1 ♊ 44	14 ♋ 53	14 ♋ 12	29 ♓ 59	3 ♓ 48	0 ♋ 47	20 ♋ 36	10 ♍ 17	20 ♋ 8	28 ♈ 24	23 ♒ 47	0 ♒	25 ♐	25 ♏	27 ♉	21 ♊
10	19 ♈ 51	13 ♊ 48	14 ♋ 50	14 ♋ 6	29 ♓ 51	4 ♓ 54	1 ♋ 20	20 ♋ 41	10 ♍ 14	20 ♋ 9	28 ♈ 26	23 ♒ 49	0 ♒	25 ♐	25 ♏	27 ♉	21 ♊
11	20 ♈ 50	26 ♊ 2	14 ♋ 47	14 ♋ 3	29 D 49	6 ♓ 0	1 ♋ 53	20 ♋ 46	10 ♍ 10	20 ♋ 9	28 ♈ 29	23 ♒ 50	1 ♒	25 ♐	25 ♏	28 ♉	21 ♊
12	21 ♈ 49	8 ♋ 30	14 ♋ 44	14 ♋ 2	29 ♓ 52	7 ♓ 7	2 ♋ 27	20 ♋ 50	10 ♍ 8	20 ♋ 10	28 ♈ 31	23 ♒ 51	1 ♒	25 ♐	25 ♏	28 ♉	21 ♊
13	22 ♈ 48	21 ♋ 17	14 ♋ 41	14 D 2	0 ♈ 1	8 ♓ 13	3 ♋ 0	20 ♋ 55	10 ♍ 5	20 ♋ 11	28 ♈ 33	23 ♒ 52	1 ♒	25 ♐	24 ♏	29 ♉	21 ♊
14	23 ♈ 47	4 ♌ 27	14 ♋ 38	14 R 2	0 ♈ 14	9 ♓ 20	3 ♋ 34	21 ♋ 1	10 ♍ 2	20 ♋ 12	28 ♈ 35	23 ♒ 53	1 ♒	25 ♐	24 ♏	29 ♉	21 ♊
15	24 ♈ 45	18 ♌ 4	14 ♋ 34	14 ♋ 0	0 ♈ 33	10 ♓ 27	4 ♋ 7	21 ♋ 6	9 ♍ 59	20 ♋ 13	28 ♈ 38	23 ♒ 54	1 ♒	25 ♐	24 ♏	29 ♉	21 ♊
16	25 ♈ 44	2 ♍ 9	14 ♋ 31	13 ♋ 56	0 ♈ 56	11 ♓ 34	4 ♋ 41	21 ♋ 11	9 ♍ 56	20 ♋ 14	28 ♈ 40	23 ♒ 55	2 ♒	25 R	24 ♏	0 ♊	21 ♊
17	26 ♈ 43	16 ♍ 43	14 ♋ 28	13 ♋ 49	1 ♈ 23	12 ♓ 41	5 ♋ 15	21 ♋ 17	9 ♍ 54	20 ♋ 15	28 ♈ 42	23 ♒ 56	2 ♒	25 ♐	24 ♏	0 ♊	21 ♊
18	27 ♈ 42	1 ♎ 42	14 ♋ 25	13 ♋ 41	1 ♈ 55	13 ♓ 48	5 ♋ 48	21 ♋ 23	9 ♍ 52	20 ♋ 16	28 ♈ 45	23 ♒ 57	2 ♒	25 ♐	24 ♏	1 ♊	22 ♊
19	28 ♈ 40	16 ♎ 56	14 ♋ 22	13 ♋ 30	2 ♈ 31	14 ♓ 55	6 ♋ 22	21 ♋ 29	9 ♍ 49	20 ♋ 17	28 ♈ 47	23 ♒ 58	2 ♒	25 ♐	23 ♏	1 ♊	22 ♊
20	29 ♈ 39	2 ♏ 17	14 ♋ 18	13 ♋ 20	3 ♈ 11	16 ♓ 3	6 ♋ 56	21 ♋ 35	9 ♍ 47	20 ♋ 18	28 ♈ 49	23 ♒ 59	3 ♒	25 ♐	23 ♏	2 ♊	22 ♊
21	0 ♉ 37	17 ♏ 32	14 ♋ 15	13 ♋ 10	3 ♈ 54	17 ♓ 10	7 ♋ 30	21 ♋ 41	9 ♍ 45	20 ♋ 19	28 ♈ 51	23 ♒ 59	3 ♒	25 ♐	23 ♏	2 ♊	22 ♊
22	1 ♉ 36	2 ♐ 31	14 ♋ 12	13 ♋ 3	4 ♈ 41	18 ♓ 18	8 ♋ 4	21 ♋ 47	9 ♍ 43	20 ♋ 20	28 ♈ 54	24 ♒ 0	3 ♒	25 ♐	23 ♏	2 ♊	22 ♊
23	2 ♉ 34	17 ♐ 5	14 ♋ 9	12 ♋ 58	5 ♈ 32	19 ♓ 26	8 ♋ 38	21 ♋ 54	9 ♍ 41	20 ♋ 22	28 ♈ 56	24 ♒ 1	3 ♒	25 ♐	23 ♏	3 ♊	22 ♊
24	3 ♉ 33	1 ♑ 12	14 ♋ 6	12 ♋ 56	6 ♈ 25	20 ♓ 34	9 ♋ 12	22 ♋ 0	9 ♍ 39	20 ♋ 23	28 ♈ 58	24 ♒ 2	3 ♒	25 ♐	22 ♏	3 ♊	22 ♊
25	4 ♉ 31	14 ♑ 48	14 ♋ 3	12 D 55	7 ♈ 22	21 ♓ 42	9 ♋ 46	22 ♋ 7	9 ♍ 37	20 ♋ 25	29 ♈ 0	24 ♒ 3	4 ♒	24 ♐	22 ♏	4 ♊	22 ♊
26	5 ♉ 30	27 ♑ 58	13 ♋ 59	12 ♋ 56	8 ♈ 22	22 ♓ 50	10 ♋ 20	22 ♋ 14	9 ♍ 35	20 ♋ 26	29 ♈ 3	24 ♒ 4	4 ♒	24 ♐	22 ♏	4 ♊	22 ♊
27	6 ♉ 28	10 ♒ 44	13 ♋ 56	12 R 56	9 ♈ 24	23 ♓ 58	10 ♋ 55	22 ♋ 21	9 ♍ 34	20 ♋ 28	29 ♈ 5	24 ♒ 4	4 ♒	24 ♐	22 ♏	4 ♊	22 ♊
28	7 ♉ 27	23 ♒ 11	13 ♋ 53	12 ♋ 55	10 ♈ 29	25 ♓ 7	11 ♋ 29	22 ♋ 28	9 ♍ 32	20 ♋ 29	29 ♈ 7	24 ♒ 5	4 ♒	24 ♐	22 ♏	5 ♊	22 ♊
29	8 ♉ 25	5 ♓ 23	13 ♋ 50	12 ♋ 51	11 ♈ 37	26 ♓ 15	12 ♋ 3	22 ♋ 36	9 ♍ 31	20 ♋ 31	29 ♈ 9	24 ♒ 6	4 ♒	24 ♐	21 ♏	5 ♊	22 ♊
30	9 ♉ 23	17 ♓ 24	13 ♋ 47	12 ♋ 45	12 ♈ 48	27 ♓ 24	12 ♋ 38	22 ♋ 43	9 ♍ 30	20 ♋ 32	29 ♈ 12	24 ♒ 6	4 ♒	24 ♐	21 ♏	6 ♊	22 ♊

SUN INGRESS	☉ → ♉ 20日 08:28
MOON PHASE	● 5日 01:42 ♈ ◐ 13日 03:01 ♋ ○ 19日 19:35 ♎ ◑ 26日 15:15 ♒

aspects		
3日	09:32	♀△♂
3日	21:05	♀⚹♆
4日	09:11	♂⚹♆
7日	23:09	☿□♂
10日	07:14	☉□♅
10日	22:02	☉□♃
14日	02:33	☉⚹♇
14日	14:29	♀☍♄
19日	02:47	☉☌♆
23日	20:09	♀△♅
24日	17:53	♂⚹♄
25日	09:54	♀△♃
29日	17:37	☿□♂
30日	02:34	☉△♄

2038年5月

DAY	☉	☽	☊ mean	☊ true	☿	♀	♂	♃	♄	♅	♆	♇	⚳	⚴	⚵	⚶	⚷
	° ′	° ′	° ′	° ′	° ′	° ′	° ′	° ′	° ′	° ′	° ′	° ′	°	°	°	°	°
1	10 ♉ 22	29 ♓ 20	13 ♋ 44	12 R 37	14 D 0	28 D 33	13 D 12	22 D 51	9 R 29	20 D 34	29 D 14	24 D 7	5 D	24 R	21 R	6 D	22 D
2	11 ♉ 20	11 ♈ 12	13 ♋ 40	12 ♋ 27	15 ♈ 16	29 ♓ 41	13 ♋ 47	22 ♋ 59	9 ♍ 28	20 ♋ 36	29 ♈ 16	24 ♒ 8	5 ♒	24 ♐	21 ♏	7 ♊	22 ♊
3	12 ♉ 18	23 ♈ 3	13 ♋ 37	12 ♋ 16	16 ♈ 33	0 ♈ 50	14 ♋ 21	23 ♋ 7	9 ♍ 27	20 ♋ 38	29 ♈ 18	24 ♒ 8	5 ♒	24 ♐	21 ♏	7 ♊	23 ♊
4	13 ♉ 16	4 ♉ 55	13 ♋ 34	12 ♋ 4	17 ♈ 53	1 ♈ 59	14 ♋ 56	23 ♋ 15	9 ♍ 26	20 ♋ 39	29 ♈ 20	24 ♒ 9	5 ♒	23 ♐	20 ♏	7 ♊	23 ♊
5	14 ♉ 15	16 ♉ 51	13 ♋ 31	11 ♋ 53	19 ♈ 15	3 ♈ 8	15 ♋ 30	23 ♋ 23	9 ♍ 25	20 ♋ 41	29 ♈ 23	24 ♒ 9	5 ♒	23 ♐	20 ♏	8 ♊	23 ♊
6	15 ♉ 13	28 ♉ 50	13 ♋ 28	11 ♋ 44	20 ♈ 39	4 ♈ 17	16 ♋ 5	23 ♋ 31	9 ♍ 24	20 ♋ 43	29 ♈ 25	24 ♒ 10	5 ♒	23 ♐	20 ♏	8 ♊	23 ♊
7	16 ♉ 11	10 ♊ 55	13 ♋ 24	11 ♋ 38	22 ♈ 5	5 ♈ 27	16 ♋ 40	23 ♋ 39	9 ♍ 24	20 ♋ 45	29 ♈ 27	24 ♒ 10	6 ♒	23 ♐	20 ♏	8 ♊	23 ♊
8	17 ♉ 9	23 ♊ 8	13 ♋ 21	11 ♋ 34	23 ♈ 33	6 ♈ 36	17 ♋ 15	23 ♋ 48	9 ♍ 23	20 ♋ 47	29 ♈ 29	24 ♒ 11	6 ♒	23 ♐	19 ♏	9 ♊	23 ♊
9	18 ♉ 7	5 ♋ 30	13 ♋ 18	11 ♋ 32	25 ♈ 4	7 ♈ 45	17 ♋ 49	23 ♋ 56	9 ♍ 23	20 ♋ 49	29 ♈ 31	24 ♒ 11	6 ♒	23 ♐	19 ♏	9 ♊	23 ♊
10	19 ♉ 5	18 ♋ 5	13 ♋ 15	11 D 32	26 ♈ 36	8 ♈ 55	18 ♋ 24	24 ♋ 5	9 ♍ 23	20 ♋ 51	29 ♈ 34	24 ♒ 12	6 ♒	22 ♐	19 ♏	10 ♊	23 ♊
11	20 ♉ 3	0 ♌ 56	13 ♋ 12	11 ♋ 33	28 ♈ 11	10 ♈ 4	18 ♋ 59	24 ♋ 14	9 ♍ 23	20 ♋ 54	29 ♈ 36	24 ♒ 12	6 ♒	22 ♐	19 ♏	10 ♊	23 ♊
12	21 ♉ 1	14 ♌ 6	13 ♋ 9	11 ♋ 34	29 ♈ 47	11 ♈ 14	19 ♋ 34	24 ♋ 23	9 D 23	20 ♋ 56	29 ♈ 38	24 ♒ 12	6 ♒	22 ♐	19 ♏	11 ♊	23 ♊
13	21 ♉ 59	27 ♌ 39	13 ♋ 5	11 R 34	1 ♉ 26	12 ♈ 23	20 ♋ 9	24 ♋ 32	9 ♍ 23	20 ♋ 58	29 ♈ 40	24 ♒ 13	6 ♒	22 ♐	18 ♏	11 ♊	23 ♊
14	22 ♉ 57	11 ♍ 35	13 ♋ 2	11 ♋ 32	3 ♉ 6	13 ♈ 33	20 ♋ 44	24 ♋ 41	9 ♍ 23	21 ♋ 0	29 ♈ 42	24 ♒ 13	6 ♒	22 ♐	18 ♏	12 ♊	23 ♊
15	23 ♉ 55	25 ♍ 55	12 ♋ 59	11 ♋ 29	4 ♉ 49	14 ♈ 43	21 ♋ 19	24 ♋ 51	9 ♍ 23	21 ♋ 3	29 ♈ 44	24 ♒ 13	7 ♒	21 ♐	18 ♏	12 ♊	23 ♊
16	24 ♉ 53	10 ♎ 37	12 ♋ 56	11 ♋ 24	6 ♉ 34	15 ♈ 53	21 ♋ 54	25 ♋ 0	9 ♍ 24	21 ♋ 5	29 ♈ 46	24 ♒ 14	7 ♒	21 ♐	18 ♏	12 ♊	24 ♊
17	25 ♉ 51	25 ♎ 36	12 ♋ 53	11 ♋ 17	8 ♉ 20	17 ♈ 2	22 ♋ 29	25 ♋ 9	9 ♍ 24	21 ♋ 7	29 ♈ 48	24 ♒ 14	7 ♒	21 ♐	17 ♏	13 ♊	24 ♊
18	26 ♉ 48	10 ♏ 42	12 ♋ 49	11 ♋ 11	10 ♉ 9	18 ♈ 12	23 ♋ 4	25 ♋ 19	9 ♍ 25	21 ♋ 10	29 ♈ 51	24 ♒ 14	7 ♒	21 ♐	17 ♏	13 ♊	24 ♊
19	27 ♉ 46	25 ♏ 47	12 ♋ 46	11 ♋ 5	11 ♉ 59	19 ♈ 22	23 ♋ 40	25 ♋ 29	9 ♍ 25	21 ♋ 12	29 ♈ 53	24 ♒ 14	7 ♒	20 ♐	17 ♏	14 ♊	24 ♊
20	28 ♉ 44	10 ♐ 42	12 ♋ 43	11 ♋ 0	13 ♉ 52	20 ♈ 32	24 ♋ 15	25 ♋ 39	9 ♍ 26	21 ♋ 15	29 ♈ 55	24 ♒ 14	7 ♒	20 ♐	17 ♏	14 ♊	24 ♊
21	29 ♉ 42	25 ♐ 17	12 ♋ 40	10 ♋ 57	15 ♉ 47	21 ♈ 43	24 ♋ 50	25 ♋ 48	9 ♍ 27	21 ♋ 17	29 ♈ 57	24 ♒ 14	7 ♒	20 ♐	17 ♏	15 ♊	24 ♊
22	0 ♊ 39	9 ♑ 27	12 ♋ 37	10 ♋ 56	17 ♉ 44	22 ♈ 53	25 ♋ 25	25 ♋ 58	9 ♍ 28	21 ♋ 20	29 ♈ 59	24 ♒ 15	7 ♒	20 ♐	16 ♏	15 ♊	24 ♊
23	1 ♊ 37	23 ♑ 10	12 ♋ 34	10 D 57	19 ♉ 42	24 ♈ 3	26 ♋ 1	26 ♋ 8	9 ♍ 29	21 ♋ 23	0 ♉ 1	24 ♒ 15	7 ♒	19 ♐	16 ♏	15 ♊	24 ♊
24	2 ♊ 35	6 ♒ 26	12 ♋ 30	10 ♋ 58	21 ♉ 43	25 ♈ 13	26 ♋ 36	26 ♋ 19	9 ♍ 31	21 ♋ 25	0 ♉ 3	24 ♒ 15	7 ♒	19 ♐	16 ♏	16 ♊	24 ♊
25	3 ♊ 33	19 ♒ 17	12 ♋ 27	10 ♋ 59	23 ♉ 45	26 ♈ 24	27 ♋ 11	26 ♋ 29	9 ♍ 32	21 ♋ 28	0 ♉ 5	24 ♒ 15	7 ♒	19 ♐	16 ♏	16 ♊	24 ♊
26	4 ♊ 30	1 ♓ 48	12 ♋ 24	11 ♋ 0	25 ♉ 49	27 ♈ 34	27 ♋ 47	26 ♋ 40	9 ♍ 33	21 ♋ 31	0 ♉ 7	24 R 15	7 ♒	19 ♐	16 ♏	17 ♊	24 ♊
27	5 ♊ 28	14 ♓ 2	12 ♋ 21	11 R 0	27 ♉ 55	28 ♈ 44	28 ♋ 22	26 ♋ 50	9 ♍ 35	21 ♋ 33	0 ♉ 9	24 ♒ 15	7 ♒	18 ♐	15 ♏	17 ♊	24 ♊
28	6 ♊ 25	26 ♓ 4	12 ♋ 18	10 ♋ 58	0 ♊ 2	29 ♈ 55	28 ♋ 58	27 ♋ 0	9 ♍ 37	21 ♋ 36	0 ♉ 10	24 ♒ 15	7 ♒	18 ♐	15 ♏	18 ♊	25 ♊
29	7 ♊ 23	7 ♈ 59	12 ♋ 15	10 ♋ 55	2 ♊ 11	1 ♉ 5	29 ♋ 33	27 ♋ 11	9 ♍ 38	21 ♋ 39	0 ♉ 12	24 ♒ 15	7 ♒	18 ♐	15 ♏	18 ♊	25 ♊
30	8 ♊ 21	19 ♈ 51	12 ♋ 11	10 ♋ 50	4 ♊ 20	2 ♉ 16	0 ♌ 9	27 ♋ 22	9 ♍ 40	21 ♋ 42	0 ♉ 14	24 ♒ 14	7 ♒	17 ♐	15 ♏	18 ♊	25 ♊
31	9 ♊ 18	1 ♉ 42	12 ♋ 8	10 ♋ 45	6 ♊ 31	3 ♉ 27	0 ♌ 45	27 ♋ 32	9 ♍ 42	21 ♋ 45	0 ♉ 16	24 ♒ 14	7 ♒	17 ♐	15 ♏	19 ♊	25 ♊

SUN INGRESS	☉ → ♊ 21日 07:22
MOON PHASE	● 4日 18:19 ♉ ◐ 12日 13:17 ♌ ○ 19日 03:23 ♏ ◑ 26日 05:43 ♓

aspects	
6日 01:16	☿□♅
8日 04:16	♀□♃
8日 05:43	☉⚹♂
8日 10:01	☿⚹♇
11日 21:39	♀☌♆
11日 21:41	☉⚹♅
14日 11:56	♂☌♅
15日 07:37	☉□♇
16日 03:31	☉⚹♃
17日 14:16	☿△♄
20日 15:04	♀□♅
23日 03:59	♀⚹♇
23日 07:23	♂☌♃
23日 20:29	☿⚹♅
25日 02:08	♀□♃
25日 05:46	☿□♇
26日 08:53	♀□♂
26日 10:29	☿⚹♃
27日 07:14	☿⚹♂
28日 05:27	☿☌♆
30日 03:47	♂□♆
31日 10:18	☉□♄

2038年6月

DAY	☉	☽	☊ mean	☊ true	☿	♀	♂	♃	♄	♅	♆	♇	⚳	⚴	⚵	⚶	⚷
	° ′	° ′	° ′	° ′	° ′	° ′	° ′	° ′	° ′	° ′	° ′	° ′	°	°	°	°	°
1	10 ♊ 16	13 ♉ 37	12 ♋ 5	10 R 39	8 D 43	4 D 37	1 D 20	27 D 43	9 D 44	21 D 48	0 D 18	24 R 14	7 D	17 R	14 R	19 D	25 D
2	11 ♊ 13	25 ♉ 38	12 ♋ 2	10 ♋ 34	10 ♊ 54	5 ♉ 48	1 ♌ 56	27 ♋ 54	9 ♍ 46	21 ♋ 51	0 ♉ 20	24 ♒ 14	7 R	17 ♐	14 ♏	20 ♊	25 ♊
3	12 ♊ 11	7 ♊ 46	11 ♋ 59	10 ♋ 30	13 ♊ 7	6 ♉ 59	2 ♌ 32	28 ♋ 5	9 ♍ 48	21 ♋ 54	0 ♉ 22	24 ♒ 14	7 ♒	16 ♐	14 ♏	20 ♊	25 ♊
4	13 ♊ 8	20 ♊ 3	11 ♋ 55	10 ♋ 27	15 ♊ 19	8 ♉ 10	3 ♌ 7	28 ♋ 16	9 ♍ 51	21 ♋ 57	0 ♉ 23	24 ♒ 14	7 ♒	16 ♐	14 ♏	21 ♊	25 ♊
5	14 ♊ 6	2 ♋ 30	11 ♋ 52	10 ♋ 26	17 ♊ 30	9 ♉ 21	3 ♌ 43	28 ♋ 27	9 ♍ 53	22 ♋ 0	0 ♉ 25	24 ♒ 13	7 ♒	16 ♐	14 ♏	21 ♊	25 ♊
6	15 ♊ 3	15 ♋ 8	11 ♋ 49	10 D 26	19 ♊ 41	10 ♉ 32	4 ♌ 19	28 ♋ 39	9 ♍ 56	22 ♋ 3	0 ♉ 27	24 ♒ 13	7 ♒	15 ♐	14 ♏	21 ♊	25 ♊
7	16 ♊ 1	27 ♋ 59	11 ♋ 46	10 ♋ 27	21 ♊ 52	11 ♉ 42	4 ♌ 55	28 ♋ 50	9 ♍ 58	22 ♋ 6	0 ♉ 29	24 ♒ 13	7 ♒	15 ♐	13 ♏	22 ♊	25 ♊
8	16 ♊ 58	11 ♌ 4	11 ♋ 43	10 ♋ 28	24 ♊ 1	12 ♉ 53	5 ♌ 31	29 ♋ 1	10 ♍ 1	22 ♋ 9	0 ♉ 30	24 ♒ 12	7 ♒	15 ♐	13 ♏	22 ♊	26 ♊
9	17 ♊ 56	24 ♌ 25	11 ♋ 40	10 ♋ 30	26 ♊ 8	14 ♉ 4	6 ♌ 6	29 ♋ 13	10 ♍ 4	22 ♋ 12	0 ♉ 32	24 ♒ 12	7 ♒	15 ♐	13 ♏	23 ♊	26 ♊
10	18 ♊ 53	8 ♍ 1	11 ♋ 36	10 ♋ 31	28 ♊ 15	15 ♉ 16	6 ♌ 42	29 ♋ 24	10 ♍ 7	22 ♋ 15	0 ♉ 34	24 ♒ 12	7 ♒	14 ♐	13 ♏	23 ♊	26 ♊
11	19 ♊ 50	21 ♍ 55	11 ♋ 33	10 R 31	0 ♋ 19	16 ♉ 27	7 ♌ 18	29 ♋ 36	10 ♍ 10	22 ♋ 19	0 ♉ 35	24 ♒ 11	7 ♒	14 ♐	13 ♏	24 ♊	26 ♊
12	20 ♊ 48	6 ♎ 6	11 ♋ 30	10 ♋ 30	2 ♋ 22	17 ♉ 38	7 ♌ 54	29 ♋ 48	10 ♍ 13	22 ♋ 22	0 ♉ 37	24 ♒ 11	7 ♒	14 ♐	13 ♏	24 ♊	26 ♊
13	21 ♊ 45	20 ♎ 31	11 ♋ 27	10 ♋ 29	4 ♋ 22	18 ♉ 49	8 ♌ 30	29 ♋ 59	10 ♍ 16	22 ♋ 25	0 ♉ 38	24 ♒ 10	7 ♒	13 ♐	13 ♏	25 ♊	26 ♊
14	22 ♊ 42	5 ♏ 7	11 ♋ 24	10 ♋ 27	6 ♋ 21	20 ♉ 0	9 ♌ 6	0 ♌ 11	10 ♍ 19	22 ♋ 28	0 ♉ 40	24 ♒ 10	7 ♒	13 ♐	12 ♏	25 ♊	26 ♊
15	23 ♊ 40	19 ♏ 50	11 ♋ 21	10 ♋ 25	8 ♋ 17	21 ♉ 11	9 ♌ 42	0 ♌ 23	10 ♍ 23	22 ♋ 32	0 ♉ 42	24 ♒ 9	7 ♒	13 ♐	12 ♏	25 ♊	26 ♊
16	24 ♊ 37	4 ♐ 32	11 ♋ 17	10 ♋ 23	10 ♋ 11	22 ♉ 23	10 ♌ 18	0 ♌ 35	10 ♍ 26	22 ♋ 35	0 ♉ 43	24 ♒ 9	7 ♒	13 ♐	12 ♏	26 ♊	26 ♊
17	25 ♊ 34	19 ♐ 7	11 ♋ 14	10 ♋ 21	12 ♋ 3	23 ♉ 34	10 ♌ 55	0 ♌ 47	10 ♍ 30	22 ♋ 38	0 ♉ 45	24 ♒ 8	7 ♒	12 ♐	12 ♏	26 ♊	26 ♊
18	26 ♊ 32	3 ♑ 28	11 ♋ 11	10 ♋ 20	13 ♋ 53	24 ♉ 45	11 ♌ 31	0 ♌ 59	10 ♍ 33	22 ♋ 42	0 ♉ 46	24 ♒ 8	7 ♒	12 ♐	12 ♏	27 ♊	26 ♊
19	27 ♊ 29	17 ♑ 30	11 ♋ 8	10 D 21	15 ♋ 40	25 ♉ 57	12 ♌ 7	1 ♌ 11	10 ♍ 37	22 ♋ 45	0 ♉ 48	24 ♒ 7	7 ♒	12 ♐	12 ♏	27 ♊	27 ♊
20	28 ♊ 26	1 ♒ 10	11 ♋ 5	10 ♋ 22	17 ♋ 25	27 ♉ 8	12 ♌ 43	1 ♌ 23	10 ♍ 41	22 ♋ 48	0 ♉ 49	24 ♒ 7	6 ♒	11 ♐	12 ♏	28 ♊	27 ♊
21	29 ♊ 23	14 ♒ 27	11 ♋ 1	10 ♋ 22	19 ♋ 7	28 ♉ 20	13 ♌ 19	1 ♌ 35	10 ♍ 45	22 ♋ 52	0 ♉ 50	24 ♒ 6	6 ♒	11 ♐	12 ♏	28 ♊	27 ♊
22	0 ♋ 21	27 ♒ 21	10 ♋ 58	10 ♋ 23	20 ♋ 47	29 ♉ 31	13 ♌ 56	1 ♌ 47	10 ♍ 49	22 ♋ 55	0 ♉ 52	24 ♒ 5	6 ♒	11 ♐	12 ♏	28 ♊	27 ♊
23	1 ♋ 18	9 ♓ 55	10 ♋ 55	10 ♋ 24	22 ♋ 25	0 ♊ 43	14 ♌ 32	2 ♌ 0	10 ♍ 53	22 ♋ 59	0 ♉ 53	24 ♒ 5	6 ♒	11 ♐	12 ♏	29 ♊	27 ♊
24	2 ♋ 15	22 ♓ 13	10 ♋ 52	10 ♋ 24	24 ♋ 0	1 ♊ 54	15 ♌ 8	2 ♌ 12	10 ♍ 57	23 ♋ 2	0 ♉ 54	24 ♒ 4	6 ♒	10 ♐	11 ♏	29 ♊	27 ♊
25	3 ♋ 12	4 ♈ 17	10 ♋ 49	10 R 25	25 ♋ 33	3 ♊ 6	15 ♌ 44	2 ♌ 24	11 ♍ 1	23 ♋ 6	0 ♉ 56	24 ♒ 3	6 ♒	10 ♐	11 ♏	0 ♋	27 ♊
26	4 ♋ 10	16 ♈ 14	10 ♋ 46	10 ♋ 24	27 ♋ 3	4 ♊ 18	16 ♌ 21	2 ♌ 37	11 ♍ 5	23 ♋ 9	0 ♉ 57	24 ♒ 2	6 ♒	10 ♐	11 ♏	0 ♋	27 ♊
27	5 ♋ 7	28 ♈ 6	10 ♋ 42	10 ♋ 24	28 ♋ 31	5 ♊ 30	16 ♌ 57	2 ♌ 49	11 ♍ 10	23 ♋ 13	0 ♉ 58	24 ♒ 2	6 ♒	10 ♐	11 ♏	1 ♋	27 ♊
28	6 ♋ 4	9 ♉ 59	10 ♋ 39	10 ♋ 24	29 ♋ 56	6 ♊ 41	17 ♌ 34	3 ♌ 2	11 ♍ 14	23 ♋ 16	0 ♉ 59	24 ♒ 1	5 ♒	9 ♐	11 ♏	1 ♋	27 ♊
29	7 ♋ 1	21 ♉ 57	10 ♋ 36	10 ♋ 23	1 ♌ 19	7 ♊ 53	18 ♌ 10	3 ♌ 14	11 ♍ 19	23 ♋ 20	1 ♉ 0	24 ♒ 0	5 ♒	9 ♐	11 ♏	1 ♋	27 ♊
30	7 ♋ 59	4 ♊ 3	10 ♋ 33	10 ♋ 23	2 ♌ 39	9 ♊ 5	18 ♌ 47	3 ♌ 27	11 ♍ 23	23 ♋ 23	1 ♉ 2	23 ♒ 59	5 ♒	9 ♐	11 ♏	2 ♋	28 ♊

SUN INGRESS	☉ → ♋ 21日 15:09
MOON PHASE	● 3日 09:24 ♊ ◐ 10日 20:11 ♍ ○ 17日 11:30 ♐ ◑ 24日 21:39 ♈

aspects	
1日 11:23	☿□♄
2日 06:03	☉☌☿
5日 11:26	☿△♄
8日 02:11	☿△♇
11日 03:12	☿⚹♆
15日 12:18	☉△♇
16日 03:16	☿⚹♄
16日 04:20	☿⚹♅
16日 19:07	♃□♆
17日 11:26	♀□♇
22日 13:20	☉⚹♆
23日 08:51	☿☌♅
24日 07:02	☿⚹♃
28日 18:29	☿□♆
30日 17:23	☿☌♃

2038年7月

DAY	☉	☽	☊ mean	☊ true	☿	♀	♂	♃	♄	♅	♆	♇	⚳	⚴	⚵	⚶	⚷
	° ′	° ′	° ′	° ′	° ′	° ′	° ′	° ′	° ′	° ′	° ′	° ′	°	°	°	°	°
1	8 ♋ 56	16 ♊ 20	10 ♋ 30	10 R 22	3 D 57	10 D 17	19 D 23	3 D 39	11 D 28	23 D 27	1 D 3	23 R 58	5 R	9 R	11 R	2 D	28 D
2	9 ♋ 53	28 ♊ 50	10 ♋ 27	10 ♋ 22	5 ♌ 12	11 ♊ 29	20 ♌ 0	3 ♌ 52	11 ♍ 33	23 ♋ 31	1 ♉ 4	23 ♒ 58	5 ♒	9 ♐	11 ♏	3 ♋	28 ♊
3	10 ♋ 50	11 ♋ 34	10 ♋ 23	10 D 22	6 ♌ 24	12 ♊ 41	20 ♌ 36	4 ♌ 5	11 ♍ 38	23 ♋ 34	1 ♉ 5	23 ♒ 57	5 ♒	8 ♐	11 ♏	3 ♋	28 ♊
4	11 ♋ 47	24 ♋ 33	10 ♋ 20	10 R 22	7 ♌ 34	13 ♊ 53	21 ♌ 13	4 ♌ 17	11 ♍ 43	23 ♋ 38	1 ♉ 6	23 ♒ 56	4 ♒	8 ♐	11 ♏	4 ♋	28 ♊
5	12 ♋ 45	7 ♌ 47	10 ♋ 17	10 ♋ 22	8 ♌ 41	15 ♊ 5	21 ♌ 50	4 ♌ 30	11 ♍ 48	23 ♋ 41	1 ♉ 7	23 ♒ 55	4 ♒	8 ♐	11 ♏	4 ♋	28 ♊
6	13 ♋ 42	21 ♌ 14	10 ♋ 14	10 ♋ 22	9 ♌ 44	16 ♊ 17	22 ♌ 26	4 ♌ 43	11 ♍ 53	23 ♋ 45	1 ♉ 8	23 ♒ 54	4 ♒	8 ♐	11 ♏	4 ♋	28 ♊
7	14 ♋ 39	4 ♍ 55	10 ♋ 11	10 ♋ 22	10 ♌ 45	17 ♊ 29	23 ♌ 3	4 ♌ 56	11 ♍ 58	23 ♋ 49	1 ♉ 9	23 ♒ 53	4 ♒	8 ♐	11 D	5 ♋	28 ♊
8	15 ♋ 36	18 ♍ 46	10 ♋ 7	10 ♋ 21	11 ♌ 43	18 ♊ 41	23 ♌ 40	5 ♌ 9	12 ♍ 3	23 ♋ 52	1 ♉ 10	23 ♒ 52	4 ♒	8 ♐	11 ♏	5 ♋	28 ♊
9	16 ♋ 34	2 ♎ 48	10 ♋ 4	10 ♋ 21	12 ♌ 37	19 ♊ 53	24 ♌ 16	5 ♌ 21	12 ♍ 8	23 ♋ 56	1 ♉ 11	23 ♒ 51	4 ♒	7 ♐	11 ♏	6 ♋	28 ♊
10	17 ♋ 31	16 ♎ 58	10 ♋ 1	10 ♋ 20	13 ♌ 29	21 ♊ 5	24 ♌ 53	5 ♌ 34	12 ♍ 13	23 ♋ 59	1 ♉ 11	23 ♒ 50	3 ♒	7 ♐	11 ♏	6 ♋	28 ♊
11	18 ♋ 28	1 ♏ 13	9 ♋ 58	10 D 21	14 ♌ 16	22 ♊ 17	25 ♌ 30	5 ♌ 47	12 ♍ 19	24 ♋ 3	1 ♉ 12	23 ♒ 49	3 ♒	7 ♐	11 ♏	7 ♋	29 ♊
12	19 ♋ 25	15 ♏ 31	9 ♋ 55	10 ♋ 21	15 ♌ 0	23 ♊ 30	26 ♌ 7	6 ♌ 0	12 ♍ 24	24 ♋ 7	1 ♉ 13	23 ♒ 48	3 ♒	7 ♐	11 ♏	7 ♋	29 ♊
13	20 ♋ 22	29 ♏ 49	9 ♋ 52	10 ♋ 22	15 ♌ 41	24 ♊ 42	26 ♌ 44	6 ♌ 13	12 ♍ 30	24 ♋ 10	1 ♉ 14	23 ♒ 47	3 ♒	7 ♐	11 ♏	8 ♋	29 ♊
14	21 ♋ 20	14 ♐ 4	9 ♋ 48	10 ♋ 23	16 ♌ 17	25 ♊ 54	27 ♌ 21	6 ♌ 26	12 ♍ 35	24 ♋ 14	1 ♉ 14	23 ♒ 46	3 ♒	7 ♐	11 ♏	8 ♋	29 ♊
15	22 ♋ 17	28 ♐ 12	9 ♋ 45	10 ♋ 23	16 ♌ 50	27 ♊ 7	27 ♌ 58	6 ♌ 39	12 ♍ 41	24 ♋ 18	1 ♉ 15	23 ♒ 45	2 ♒	7 ♐	11 ♏	8 ♋	29 ♊
16	23 ♋ 14	12 ♑ 9	9 ♋ 42	10 R 24	17 ♌ 18	28 ♊ 19	28 ♌ 35	6 ♌ 52	12 ♍ 47	24 ♋ 21	1 ♉ 16	23 ♒ 44	2 ♒	7 ♐	11 ♏	9 ♋	29 ♊
17	24 ♋ 11	25 ♑ 53	9 ♋ 39	10 ♋ 23	17 ♌ 43	29 ♊ 32	29 ♌ 12	7 ♌ 5	12 ♍ 52	24 ♋ 25	1 ♉ 16	23 ♒ 43	2 ♒	7 ♐	11 ♏	9 ♋	29 ♊
18	25 ♋ 9	9 ♒ 20	9 ♋ 36	10 ♋ 22	18 ♌ 2	0 ♋ 44	29 ♌ 49	7 ♌ 19	12 ♍ 58	24 ♋ 29	1 ♉ 17	23 ♒ 41	2 ♒	6 ♐	11 ♏	10 ♋	29 ♊
19	26 ♋ 6	22 ♒ 28	9 ♋ 33	10 ♋ 20	18 ♌ 17	1 ♋ 57	0 ♍ 26	7 ♌ 32	13 ♍ 4	24 ♋ 32	1 ♉ 18	23 ♒ 40	1 ♒	6 ♐	11 ♏	10 ♋	29 ♊
20	27 ♋ 3	5 ♓ 19	9 ♋ 29	10 ♋ 18	18 ♌ 28	3 ♋ 9	1 ♍ 3	7 ♌ 45	13 ♍ 10	24 ♋ 36	1 ♉ 18	23 ♒ 39	1 ♒	6 ♐	11 ♏	11 ♋	29 ♊
21	28 ♋ 0	17 ♓ 52	9 ♋ 26	10 ♋ 16	18 ♌ 34	4 ♋ 22	1 ♍ 40	7 ♌ 58	13 ♍ 16	24 ♋ 40	1 ♉ 19	23 ♒ 38	1 ♒	6 ♐	12 ♏	11 ♋	29 ♊
22	28 ♋ 57	0 ♈ 9	9 ♋ 23	10 ♋ 13	18 R 34	5 ♋ 34	2 ♍ 17	8 ♌ 11	13 ♍ 22	24 ♋ 43	1 ♉ 19	23 ♒ 37	1 ♒	6 ♐	12 ♏	11 ♋	29 ♊
23	29 ♋ 55	12 ♈ 15	9 ♋ 20	10 ♋ 11	18 ♌ 30	6 ♋ 47	2 ♍ 54	8 ♌ 24	13 ♍ 28	24 ♋ 47	1 ♉ 19	23 ♒ 36	1 ♒	6 ♐	12 ♏	12 ♋	0 ♋
24	0 ♌ 52	24 ♈ 12	9 ♋ 17	10 ♋ 10	18 ♌ 21	8 ♋ 0	3 ♍ 31	8 ♌ 37	13 ♍ 34	24 ♋ 51	1 ♉ 20	23 ♒ 34	0 ♒	6 ♐	12 ♏	12 ♋	0 ♋
25	1 ♌ 49	6 ♉ 4	9 ♋ 13	10 D 10	18 ♌ 7	9 ♋ 12	4 ♍ 8	8 ♌ 51	13 ♍ 41	24 ♋ 54	1 ♉ 20	23 ♒ 33	0 ♒	6 ♐	12 ♏	13 ♋	0 ♋
26	2 ♌ 47	17 ♉ 58	9 ♋ 10	10 ♋ 11	17 ♌ 48	10 ♋ 25	4 ♍ 46	9 ♌ 4	13 ♍ 47	24 ♋ 58	1 ♉ 20	23 ♒ 32	0 ♒	6 ♐	12 ♏	13 ♋	0 ♋
27	3 ♌ 44	29 ♉ 57	9 ♋ 7	10 ♋ 12	17 ♌ 25	11 ♋ 38	5 ♍ 23	9 ♌ 17	13 ♍ 53	25 ♋ 2	1 ♉ 21	23 ♒ 31	0 ♒	6 ♐	12 ♏	14 ♋	0 ♋
28	4 ♌ 41	12 ♊ 6	9 ♋ 4	10 ♋ 14	16 ♌ 57	12 ♋ 51	6 ♍ 0	9 ♌ 30	14 ♍ 0	25 ♋ 5	1 ♉ 21	23 ♒ 30	29 ♑	6 ♐	12 ♏	14 ♋	0 ♋
29	5 ♌ 39	24 ♊ 29	9 ♋ 1	10 ♋ 16	16 ♌ 25	14 ♋ 4	6 ♍ 38	9 ♌ 44	14 ♍ 6	25 ♋ 9	1 ♉ 21	23 ♒ 28	29 ♑	6 D	12 ♏	14 ♋	0 ♋
30	6 ♌ 36	7 ♋ 9	8 ♋ 58	10 ♋ 16	15 ♌ 49	15 ♋ 17	7 ♍ 15	9 ♌ 57	14 ♍ 12	25 ♋ 12	1 ♉ 21	23 ♒ 27	29 ♑	6 ♐	12 ♏	15 ♋	0 ♋
31	7 ♌ 33	20 ♋ 8	8 ♋ 54	10 R 16	15 ♌ 10	16 ♋ 30	7 ♍ 52	10 ♌ 10	14 ♍ 19	25 ♋ 16	1 ♉ 22	23 ♒ 26	29 ♑	6 ♐	12 ♏	15 ♋	0 ♋

SUN INGRESS	☉ → ♌ 23日 01:59
MOON PHASE	● 2日 22:32 ♋ ◐ 10日 01:00 ♎ ○ 16日 20:48 ♑ ◑ 24日 14:39 ♉

aspects		
2日	01:27	♀□♄
3日	21:43	☉⚹♄
8日	07:50	♂☍♇
12日	05:58	♀△♇
16日	10:27	♀⚹♂
17日	06:10	☉☌♅
18日	11:00	♀⚹♆
20日	10:06	♂△♆
24日	11:42	☉□♆
29日	00:48	♀⚹♄

2038年8月

DAY	☉	☽	☊ mean	☊ true	☿	♀	♂	♃	♄	♅	♆	♇	⚳	⚴	⚵	⚶	⚷
	° ′	° ′	° ′	° ′	° ′	° ′	° ′	° ′	° ′	° ′	° ′	° ′	°	°	°	°	°
1	8 ♌ 31	3 ♌ 27	8 ♋ 51	10 R 14	14 R 29	17 D 43	8 D 30	10 D 23	14 D 25	25 D 20	1 D 22	23 R 25	29 R	6 D	13 D	16 D	0 D
2	9 ♌ 28	17 ♌ 5	8 ♋ 48	10 ♋ 11	13 ♌ 45	18 ♋ 56	9 ♍ 7	10 ♌ 37	14 ♍ 32	25 ♋ 23	1 ♉ 22	23 ♒ 23	28 ♑	6 ♐	13 ♏	16 ♋	0 ♋
3	10 ♌ 26	0 ♍ 59	8 ♋ 45	10 ♋ 7	13 ♌ 0	20 ♋ 9	9 ♍ 45	10 ♌ 50	14 ♍ 39	25 ♋ 27	1 ♉ 22	23 ♒ 22	28 ♑	6 ♐	13 ♏	17 ♋	0 ♋
4	11 ♌ 23	15 ♍ 7	8 ♋ 42	10 ♋ 3	12 ♌ 14	21 ♋ 22	10 ♍ 22	11 ♌ 3	14 ♍ 45	25 ♋ 30	1 ♉ 22	23 ♒ 21	28 ♑	6 ♐	13 ♏	17 ♋	0 ♋
5	12 ♌ 21	29 ♍ 22	8 ♋ 39	9 ♋ 58	11 ♌ 29	22 ♋ 35	11 ♍ 0	11 ♌ 16	14 ♍ 52	25 ♋ 34	1 R 22	23 ♒ 19	28 ♑	6 ♐	13 ♏	17 ♋	1 ♋
6	13 ♌ 18	13 ♎ 42	8 ♋ 35	9 ♋ 55	10 ♌ 45	23 ♋ 48	11 ♍ 38	11 ♌ 30	14 ♍ 59	25 ♋ 37	1 ♉ 22	23 ♒ 18	28 ♑	6 ♐	13 ♏	18 ♋	1 ♋
7	14 ♌ 16	28 ♎ 1	8 ♋ 32	9 ♋ 52	10 ♌ 2	25 ♋ 2	12 ♍ 15	11 ♌ 43	15 ♍ 6	25 ♋ 41	1 ♉ 22	23 ♒ 17	27 ♑	6 ♐	13 ♏	18 ♋	1 ♋
8	15 ♌ 13	12 ♏ 16	8 ♋ 29	9 ♋ 51	9 ♌ 23	26 ♋ 15	12 ♍ 53	11 ♌ 56	15 ♍ 13	25 ♋ 44	1 ♉ 22	23 ♒ 15	27 ♑	6 ♐	14 ♏	19 ♋	1 ♋
9	16 ♌ 11	26 ♏ 25	8 ♋ 26	9 D 51	8 ♌ 47	27 ♋ 28	13 ♍ 31	12 ♌ 9	15 ♍ 19	25 ♋ 48	1 ♉ 22	23 ♒ 14	27 ♑	6 ♐	14 ♏	19 ♋	1 ♋
10	17 ♌ 8	10 ♐ 26	8 ♋ 23	9 ♋ 53	8 ♌ 15	28 ♋ 41	14 ♍ 8	12 ♌ 23	15 ♍ 26	25 ♋ 51	1 ♉ 21	23 ♒ 13	27 ♑	7 ♐	14 ♏	20 ♋	1 ♋
11	18 ♌ 6	24 ♐ 17	8 ♋ 19	9 ♋ 54	7 ♌ 49	29 ♋ 55	14 ♍ 46	12 ♌ 36	15 ♍ 33	25 ♋ 55	1 ♉ 21	23 ♒ 12	27 ♑	7 ♐	14 ♏	20 ♋	1 ♋
12	19 ♌ 3	7 ♑ 59	8 ♋ 16	9 ♋ 55	7 ♌ 28	1 ♌ 8	15 ♍ 24	12 ♌ 49	15 ♍ 40	25 ♋ 58	1 ♉ 21	23 ♒ 10	26 ♑	7 ♐	14 ♏	20 ♋	1 ♋
13	20 ♌ 1	21 ♑ 31	8 ♋ 13	9 R 54	7 ♌ 13	2 ♌ 22	16 ♍ 2	13 ♌ 2	15 ♍ 47	26 ♋ 2	1 ♉ 21	23 ♒ 9	26 ♑	7 ♐	14 ♏	21 ♋	1 ♋
14	20 ♌ 58	4 ♒ 50	8 ♋ 10	9 ♋ 52	7 ♌ 4	3 ♌ 35	16 ♍ 40	13 ♌ 15	15 ♍ 54	26 ♋ 5	1 ♉ 21	23 ♒ 8	26 ♑	7 ♐	14 ♏	21 ♋	1 ♋
15	21 ♌ 56	17 ♒ 58	8 ♋ 7	9 ♋ 48	7 D 3	4 ♌ 49	17 ♍ 17	13 ♌ 29	16 ♍ 1	26 ♋ 9	1 ♉ 20	23 ♒ 6	26 ♑	7 ♐	15 ♏	22 ♋	1 ♋
16	22 ♌ 53	0 ♓ 51	8 ♋ 4	9 ♋ 41	7 ♌ 8	6 ♌ 2	17 ♍ 55	13 ♌ 42	16 ♍ 8	26 ♋ 12	1 ♉ 20	23 ♒ 5	26 ♑	7 ♐	15 ♏	22 ♋	1 ♋
17	23 ♌ 51	13 ♓ 31	8 ♋ 0	9 ♋ 34	7 ♌ 21	7 ♌ 16	18 ♍ 33	13 ♌ 55	16 ♍ 16	26 ♋ 15	1 ♉ 19	23 ♒ 4	26 ♑	7 ♐	15 ♏	22 ♋	1 ♋
18	24 ♌ 49	25 ♓ 57	7 ♋ 57	9 ♋ 26	7 ♌ 41	8 ♌ 29	19 ♍ 11	14 ♌ 8	16 ♍ 23	26 ♋ 19	1 ♉ 19	23 ♒ 2	25 ♑	7 ♐	15 ♏	23 ♋	1 ♋
19	25 ♌ 46	8 ♈ 11	7 ♋ 54	9 ♋ 18	8 ♌ 8	9 ♌ 43	19 ♍ 49	14 ♌ 21	16 ♍ 30	26 ♋ 22	1 ♉ 19	23 ♒ 1	25 ♑	7 ♐	15 ♏	23 ♋	2 ♋
20	26 ♌ 44	20 ♈ 14	7 ♋ 51	9 ♋ 11	8 ♌ 43	10 ♌ 57	20 ♍ 27	14 ♌ 34	16 ♍ 37	26 ♋ 25	1 ♉ 18	23 ♒ 0	25 ♑	8 ♐	16 ♏	24 ♋	2 ♋
21	27 ♌ 42	2 ♉ 9	7 ♋ 48	9 ♋ 6	9 ♌ 24	12 ♌ 10	21 ♍ 6	14 ♌ 47	16 ♍ 44	26 ♋ 29	1 ♉ 18	22 ♒ 58	25 ♑	8 ♐	16 ♏	24 ♋	2 ♋
22	28 ♌ 40	14 ♉ 1	7 ♋ 45	9 ♋ 3	10 ♌ 13	13 ♌ 24	21 ♍ 44	15 ♌ 0	16 ♍ 52	26 ♋ 32	1 ♉ 17	22 ♒ 57	25 ♑	8 ♐	16 ♏	25 ♋	2 ♋
23	29 ♌ 37	25 ♉ 53	7 ♋ 41	9 ♋ 1	11 ♌ 9	14 ♌ 38	22 ♍ 22	15 ♌ 13	16 ♍ 59	26 ♋ 35	1 ♉ 16	22 ♒ 56	25 ♑	8 ♐	16 ♏	25 ♋	2 ♋
24	0 ♍ 35	7 ♊ 51	7 ♋ 38	9 D 2	12 ♌ 12	15 ♌ 52	23 ♍ 0	15 ♌ 26	17 ♍ 6	26 ♋ 38	1 ♉ 16	22 ♒ 54	25 ♑	8 ♐	16 ♏	25 ♋	2 ♋
25	1 ♍ 33	19 ♊ 59	7 ♋ 35	9 ♋ 3	13 ♌ 21	17 ♌ 5	23 ♍ 38	15 ♌ 39	17 ♍ 14	26 ♋ 41	1 ♉ 15	22 ♒ 53	25 ♑	8 ♐	17 ♏	26 ♋	2 ♋
26	2 ♍ 31	2 ♋ 23	7 ♋ 32	9 ♋ 4	14 ♌ 36	18 ♌ 19	24 ♍ 16	15 ♌ 52	17 ♍ 21	26 ♋ 45	1 ♉ 15	22 ♒ 52	24 ♑	9 ♐	17 ♏	26 ♋	2 ♋
27	3 ♍ 29	15 ♋ 7	7 ♋ 29	9 R 4	15 ♌ 57	19 ♌ 33	24 ♍ 55	16 ♌ 5	17 ♍ 28	26 ♋ 48	1 ♉ 14	22 ♒ 50	24 ♑	9 ♐	17 ♏	27 ♋	2 ♋
28	4 ♍ 27	28 ♋ 14	7 ♋ 25	9 ♋ 2	17 ♌ 24	20 ♌ 47	25 ♍ 33	16 ♌ 18	17 ♍ 36	26 ♋ 51	1 ♉ 13	22 ♒ 49	24 ♑	9 ♐	17 ♏	27 ♋	2 ♋
29	5 ♍ 25	11 ♌ 47	7 ♋ 22	8 ♋ 58	18 ♌ 55	22 ♌ 1	26 ♍ 12	16 ♌ 31	17 ♍ 43	26 ♋ 54	1 ♉ 12	22 ♒ 48	24 ♑	9 ♐	17 ♏	27 ♋	2 ♋
30	6 ♍ 23	25 ♌ 44	7 ♋ 19	8 ♋ 52	20 ♌ 30	23 ♌ 15	26 ♍ 50	16 ♌ 44	17 ♍ 51	26 ♋ 57	1 ♉ 12	22 ♒ 46	24 ♑	9 ♐	18 ♏	28 ♋	2 ♋
31	7 ♍ 21	10 ♍ 2	7 ♋ 16	8 ♋ 44	22 ♌ 10	24 ♌ 29	27 ♍ 28	16 ♌ 57	17 ♍ 58	27 ♋ 0	1 ♉ 11	22 ♒ 45	24 ♑	9 ♐	18 ♏	28 ♋	2 ♋

SUN INGRESS	☉ → ♍ 23日 09:10
MOON PHASE	● 1日 09:40 ♌ ◐ 8日 05:21 ♏ ○ 15日 07:56 ♒ ◑ 23日 08:12 ♉ ● 30日 19:12 ♍

aspects		
3日	13:06	☉☌♃
4日	11:54	☉☌☿
5日	05:11	☿☌♃
7日	13:35	♀☌♅
12日	04:13	♀□♆
12日	12:43	♂☌♄
16日	04:38	☉☍♇
17日	02:08	☿☌♀
23日	14:00	♀☌♃
24日	16:40	☉△♆
27日	02:41	☿☌♃
29日	14:48	♀☍♇
30日	04:42	♂⚹♅
31日	08:10	☿☍♇

2038年9月

DAY	☉	☽	☊ mean	☊ true	☿	♀	♂	♃	♄	♅	♆	♇	⚳	⚴	⚵	⚶	⚷
	° ′	° ′	° ′	° ′	° ′	° ′	° ′	° ′	° ′	° ′	° ′	° ′	°	°	°	°	°
1	8 ♍ 19	24 ♍ 37	7 ♋ 13	8 R 34	23 D 53	25 D 44	28 D 7	17 D 9	18 D 5	27 D 3	1 R 10	22 R 44	24 R	10 D	18 D	29 D	2 D
2	9 ♍ 17	9 ♎ 20	7 ♋ 10	8 ♋ 25	25 ♌ 39	26 ♌ 58	28 ♍ 45	17 ♌ 22	18 ♍ 13	27 ♋ 6	1 ♉ 9	22 ♒ 43	24 ♑	10 ♐	18 ♏	29 ♋	2 ♋
3	10 ♍ 15	24 ♎ 3	7 ♋ 6	8 ♋ 17	27 ♌ 28	28 ♌ 12	29 ♍ 24	17 ♌ 35	18 ♍ 20	27 ♋ 9	1 ♉ 8	22 ♒ 41	24 ♑	10 ♐	18 ♏	29 ♋	2 ♋
4	11 ♍ 13	8 ♏ 41	7 ♋ 3	8 ♋ 11	29 ♌ 19	29 ♌ 26	0 ♎ 3	17 ♌ 48	18 ♍ 28	27 ♋ 12	1 ♉ 7	22 ♒ 40	24 ♑	10 ♐	19 ♏	0 ♌	2 ♋
5	12 ♍ 11	23 ♏ 6	7 ♋ 0	8 ♋ 8	1 ♍ 12	0 ♍ 40	0 ♎ 41	18 ♌ 0	18 ♍ 35	27 ♋ 14	1 ♉ 6	22 ♒ 39	24 ♑	10 ♐	19 ♏	0 ♌	2 ♋
6	13 ♍ 9	7 ♐ 17	6 ♋ 57	8 ♋ 6	3 ♍ 5	1 ♍ 54	1 ♎ 20	18 ♌ 13	18 ♍ 43	27 ♋ 17	1 ♉ 5	22 ♒ 38	24 ♑	11 ♐	19 ♏	1 ♌	3 ♋
7	14 ♍ 8	21 ♐ 11	6 ♋ 54	8 D 6	5 ♍ 0	3 ♍ 9	1 ♎ 59	18 ♌ 25	18 ♍ 50	27 ♋ 20	1 ♉ 4	22 ♒ 36	24 ♑	11 ♐	19 ♏	1 ♌	3 ♋
8	15 ♍ 6	4 ♑ 49	6 ♋ 50	8 ♋ 7	6 ♍ 55	4 ♍ 23	2 ♎ 37	18 ♌ 38	18 ♍ 58	27 ♋ 23	1 ♉ 3	22 ♒ 35	23 ♑	11 ♐	20 ♏	2 ♌	3 ♋
9	16 ♍ 4	18 ♑ 13	6 ♋ 47	8 R 6	8 ♍ 51	5 ♍ 37	3 ♎ 16	18 ♌ 50	19 ♍ 5	27 ♋ 26	1 ♉ 2	22 ♒ 34	23 ♑	11 ♐	20 ♏	2 ♌	3 ♋
10	17 ♍ 2	1 ♒ 23	6 ♋ 44	8 ♋ 4	10 ♍ 47	6 ♍ 52	3 ♎ 55	19 ♌ 3	19 ♍ 13	27 ♋ 28	1 ♉ 1	22 ♒ 33	23 ♑	11 ♐	20 ♏	2 ♌	3 ♋
11	18 ♍ 1	14 ♒ 21	6 ♋ 41	7 ♋ 59	12 ♍ 42	8 ♍ 6	4 ♎ 34	19 ♌ 15	19 ♍ 20	27 ♋ 31	1 ♉ 0	22 ♒ 32	23 ♑	12 ♐	20 ♏	3 ♌	3 ♋
12	18 ♍ 59	27 ♒ 8	6 ♋ 38	7 ♋ 52	14 ♍ 37	9 ♍ 20	5 ♎ 13	19 ♌ 27	19 ♍ 28	27 ♋ 33	0 ♉ 59	22 ♒ 31	23 ♑	12 ♐	21 ♏	3 ♌	3 ♋
13	19 ♍ 57	9 ♓ 44	6 ♋ 35	7 ♋ 41	16 ♍ 32	10 ♍ 35	5 ♎ 52	19 ♌ 40	19 ♍ 35	27 ♋ 36	0 ♉ 58	22 ♒ 29	23 ♑	12 ♐	21 ♏	4 ♌	3 ♋
14	20 ♍ 56	22 ♓ 10	6 ♋ 31	7 ♋ 29	18 ♍ 26	11 ♍ 49	6 ♎ 31	19 ♌ 52	19 ♍ 43	27 ♋ 39	0 ♉ 57	22 ♒ 28	23 D	12 ♐	21 ♏	4 ♌	3 ♋
15	21 ♍ 54	4 ♈ 25	6 ♋ 28	7 ♋ 16	20 ♍ 19	13 ♍ 4	7 ♎ 10	20 ♌ 4	19 ♍ 50	27 ♋ 41	0 ♉ 55	22 ♒ 27	23 ♑	13 ♐	21 ♏	4 ♌	3 ♋
16	22 ♍ 52	16 ♈ 32	6 ♋ 25	7 ♋ 3	22 ♍ 12	14 ♍ 18	7 ♎ 49	20 ♌ 16	19 ♍ 58	27 ♋ 44	0 ♉ 54	22 ♒ 26	23 ♑	13 ♐	22 ♏	5 ♌	3 ♋
17	23 ♍ 51	28 ♈ 30	6 ♋ 22	6 ♋ 52	24 ♍ 3	15 ♍ 33	8 ♎ 28	20 ♌ 28	20 ♍ 5	27 ♋ 46	0 ♉ 53	22 ♒ 25	23 ♑	13 ♐	22 ♏	5 ♌	3 ♋
18	24 ♍ 49	10 ♉ 23	6 ♋ 19	6 ♋ 42	25 ♍ 54	16 ♍ 47	9 ♎ 7	20 ♌ 40	20 ♍ 13	27 ♋ 48	0 ♉ 52	22 ♒ 24	23 ♑	13 ♐	22 ♏	5 ♌	3 ♋
19	25 ♍ 48	22 ♉ 12	6 ♋ 16	6 ♋ 35	27 ♍ 44	18 ♍ 2	9 ♎ 46	20 ♌ 52	20 ♍ 20	27 ♋ 51	0 ♉ 50	22 ♒ 23	23 ♑	14 ♐	22 ♏	6 ♌	3 ♋
20	26 ♍ 46	4 ♊ 3	6 ♋ 12	6 ♋ 31	29 ♍ 32	19 ♍ 16	10 ♎ 25	21 ♌ 4	20 ♍ 28	27 ♋ 53	0 ♉ 49	22 ♒ 22	24 ♑	14 ♐	23 ♏	6 ♌	3 ♋
21	27 ♍ 45	15 ♊ 58	6 ♋ 9	6 ♋ 29	1 ♎ 20	20 ♍ 31	11 ♎ 4	21 ♌ 16	20 ♍ 35	27 ♋ 55	0 ♉ 48	22 ♒ 21	24 ♑	14 ♐	23 ♏	7 ♌	3 ♋
22	28 ♍ 44	28 ♊ 3	6 ♋ 6	6 ♋ 29	3 ♎ 7	21 ♍ 46	11 ♎ 44	21 ♌ 28	20 ♍ 43	27 ♋ 57	0 ♉ 46	22 ♒ 20	24 ♑	14 ♐	23 ♏	7 ♌	3 ♋
23	29 ♍ 42	10 ♋ 24	6 ♋ 3	6 ♋ 29	4 ♎ 52	23 ♍ 0	12 ♎ 23	21 ♌ 39	20 ♍ 50	28 ♋ 0	0 ♉ 45	22 ♒ 19	24 ♑	15 ♐	24 ♏	7 ♌	3 ♋
24	0 ♎ 41	23 ♋ 6	6 ♋ 0	6 ♋ 28	6 ♎ 37	24 ♍ 15	13 ♎ 2	21 ♌ 51	20 ♍ 58	28 ♋ 2	0 ♉ 44	22 ♒ 18	24 ♑	15 ♐	24 ♏	8 ♌	3 ♋
25	1 ♎ 40	6 ♌ 13	5 ♋ 56	6 ♋ 25	8 ♎ 21	25 ♍ 30	13 ♎ 42	22 ♌ 3	21 ♍ 5	28 ♋ 4	0 ♉ 42	22 ♒ 17	24 ♑	15 ♐	24 ♏	8 ♌	3 ♋
26	2 ♎ 39	19 ♌ 48	5 ♋ 53	6 ♋ 21	10 ♎ 4	26 ♍ 45	14 ♎ 21	22 ♌ 14	21 ♍ 13	28 ♋ 6	0 ♉ 41	22 ♒ 16	24 ♑	16 ♐	24 ♏	9 ♌	3 ♋
27	3 ♎ 37	3 ♍ 53	5 ♋ 50	6 ♋ 13	11 ♎ 46	27 ♍ 59	15 ♎ 1	22 ♌ 25	21 ♍ 20	28 ♋ 8	0 ♉ 39	22 ♒ 15	24 ♑	16 ♐	25 ♏	9 ♌	3 ♋
28	4 ♎ 36	18 ♍ 24	5 ♋ 47	6 ♋ 3	13 ♎ 26	29 ♍ 14	15 ♎ 40	22 ♌ 37	21 ♍ 27	28 ♋ 10	0 ♉ 38	22 ♒ 14	24 ♑	16 ♐	25 ♏	9 ♌	3 ♋
29	5 ♎ 35	3 ♎ 17	5 ♋ 44	5 ♋ 52	15 ♎ 6	0 ♎ 29	16 ♎ 20	22 ♌ 48	21 ♍ 35	28 ♋ 12	0 ♉ 36	22 ♒ 13	24 ♑	16 ♐	25 ♏	10 ♌	3 ♋
30	6 ♎ 34	18 ♎ 21	5 ♋ 41	5 ♋ 40	16 ♎ 46	1 ♎ 44	16 ♎ 59	22 ♌ 59	21 ♍ 42	28 ♋ 14	0 ♉ 35	22 ♒ 12	24 ♑	17 ♐	26 ♏	10 ♌	3 ♋

SUN INGRESS	☉ → ♎ 23日 07:02
MOON PHASE	◐ 6日 10:50 ♐ ○ 13日 21:24 ♓ ◑ 22日 01:26 ♊ ● 29日 03:57 ♎

aspects		
4日	04:26	☿ ☌ ♀
4日	22:54	☿ △ ♆
5日	08:20	♀ △ ♆
12日	13:42	☉ ☌ ♄
14日	17:26	☿ ☌ ♄
16日	18:21	☉ ☌ ☿
19日	01:36	☿ ⚹ ♅
21日	01:32	♀ ☌ ♄
21日	04:21	☉ ⚹ ♅
26日	03:10	♃ ☍ ♇
27日	02:48	♀ ⚹ ♅
30日	05:41	☿ ☌ ♂

2038年10月

DAY	☉	☽	☊ mean	☊ true	☿	♀	♂	♃	♄	♅	♆	♇	⚳	⚴	⚵	⚶	⚷
	° ′	° ′	° ′	° ′	° ′	° ′	° ′	° ′	° ′	° ′	° ′	° ′	°	°	°	°	°
1	7 ♎ 33	3 ♏ 28	5 ♋ 37	5 R 30	18 D 24	2 D 59	17 D 39	23 D 11	21 D 50	28 D 15	0 R 33	22 R 11	24 D	17 D	26 D	10 D	3 D
2	8 ♎ 32	18 ♏ 27	5 ♋ 34	5 ♋ 22	20 ♎ 1	4 ♎ 14	18 ♎ 19	23 ♌ 22	21 ♍ 57	28 ♋ 17	0 ♉ 32	22 ♒ 10	24 ♑	17 ♐	26 ♏	11 ♌	3 ♋
3	9 ♎ 31	3 ♐ 10	5 ♋ 31	5 ♋ 17	21 ♎ 37	5 ♎ 28	18 ♎ 59	23 ♌ 33	22 ♍ 4	28 ♋ 19	0 ♉ 30	22 ♒ 10	24 ♑	18 ♐	26 ♏	11 ♌	3 ♋
4	10 ♎ 30	17 ♐ 33	5 ♋ 28	5 ♋ 14	23 ♎ 13	6 ♎ 43	19 ♎ 38	23 ♌ 43	22 ♍ 12	28 ♋ 21	0 ♉ 29	22 ♒ 9	25 ♑	18 ♐	27 ♏	12 ♌	3 ♋
5	11 ♎ 29	1 ♑ 32	5 ♋ 25	5 ♋ 14	24 ♎ 48	7 ♎ 58	20 ♎ 18	23 ♌ 54	22 ♍ 19	28 ♋ 22	0 ♉ 27	22 ♒ 8	25 ♑	18 ♐	27 ♏	12 ♌	3 ♋
6	12 ♎ 28	15 ♑ 9	5 ♋ 22	5 ♋ 14	26 ♎ 22	9 ♎ 13	20 ♎ 58	24 ♌ 5	22 ♍ 26	28 ♋ 24	0 ♉ 26	22 ♒ 7	25 ♑	18 ♐	27 ♏	12 ♌	3 ♋
7	13 ♎ 27	28 ♑ 25	5 ♋ 18	5 ♋ 13	27 ♎ 55	10 ♎ 28	21 ♎ 38	24 ♌ 16	22 ♍ 33	28 ♋ 25	0 ♉ 24	22 ♒ 6	25 ♑	19 ♐	28 ♏	13 ♌	3 ♋
8	14 ♎ 27	11 ♒ 23	5 ♋ 15	5 ♋ 11	29 ♎ 27	11 ♎ 43	22 ♎ 18	24 ♌ 26	22 ♍ 40	28 ♋ 27	0 ♉ 22	22 ♒ 6	25 ♑	19 ♐	28 ♏	13 ♌	3 ♋
9	15 ♎ 26	24 ♒ 6	5 ♋ 12	5 ♋ 6	0 ♏ 59	12 ♎ 58	22 ♎ 58	24 ♌ 37	22 ♍ 48	28 ♋ 28	0 ♉ 21	22 ♒ 5	25 ♑	19 ♐	28 ♏	13 ♌	3 ♋
10	16 ♎ 25	6 ♓ 37	5 ♋ 9	4 ♋ 58	2 ♏ 30	14 ♎ 13	23 ♎ 38	24 ♌ 47	22 ♍ 55	28 ♋ 30	0 ♉ 19	22 ♒ 4	25 ♑	20 ♐	28 ♏	14 ♌	3 ♋
11	17 ♎ 24	18 ♓ 58	5 ♋ 6	4 ♋ 47	4 ♏ 0	15 ♎ 28	24 ♎ 18	24 ♌ 57	23 ♍ 2	28 ♋ 31	0 ♉ 18	22 ♒ 4	26 ♑	20 ♐	29 ♏	14 ♌	3 ♋
12	18 ♎ 24	1 ♈ 10	5 ♋ 2	4 ♋ 34	5 ♏ 29	16 ♎ 43	24 ♎ 58	25 ♌ 8	23 ♍ 9	28 ♋ 32	0 ♉ 16	22 ♒ 3	26 ♑	20 ♐	29 ♏	15 ♌	3 ♋
13	19 ♎ 23	13 ♈ 15	4 ♋ 59	4 ♋ 21	6 ♏ 57	17 ♎ 58	25 ♎ 38	25 ♌ 18	23 ♍ 16	28 ♋ 33	0 ♉ 14	22 ♒ 3	26 ♑	21 ♐	29 ♏	15 ♌	3 R
14	20 ♎ 22	25 ♈ 14	4 ♋ 56	4 ♋ 7	8 ♏ 25	19 ♎ 13	26 ♎ 18	25 ♌ 28	23 ♍ 23	28 ♋ 35	0 ♉ 13	22 ♒ 2	26 ♑	21 ♐	0 ♐	15 ♌	3 ♋
15	21 ♎ 22	7 ♉ 8	4 ♋ 53	3 ♋ 55	9 ♏ 52	20 ♎ 28	26 ♎ 59	25 ♌ 38	23 ♍ 30	28 ♋ 36	0 ♉ 11	22 ♒ 1	26 ♑	21 ♐	0 ♐	16 ♌	3 ♋
16	22 ♎ 21	18 ♉ 58	4 ♋ 50	3 ♋ 45	11 ♏ 18	21 ♎ 43	27 ♎ 39	25 ♌ 47	23 ♍ 37	28 ♋ 37	0 ♉ 9	22 ♒ 1	26 ♑	22 ♐	0 ♐	16 ♌	3 ♋
17	23 ♎ 20	0 ♊ 47	4 ♋ 47	3 ♋ 37	12 ♏ 43	22 ♎ 58	28 ♎ 19	25 ♌ 57	23 ♍ 44	28 ♋ 38	0 ♉ 8	22 ♒ 0	26 ♑	22 ♐	1 ♐	16 ♌	3 ♋
18	24 ♎ 20	12 ♊ 37	4 ♋ 43	3 ♋ 33	14 ♏ 8	24 ♎ 13	29 ♎ 0	26 ♌ 7	23 ♍ 50	28 ♋ 39	0 ♉ 6	22 ♒ 0	27 ♑	22 ♐	1 ♐	17 ♌	3 ♋
19	25 ♎ 20	24 ♊ 33	4 ♋ 40	3 ♋ 31	15 ♏ 31	25 ♎ 28	29 ♎ 40	26 ♌ 16	23 ♍ 57	28 ♋ 40	0 ♉ 4	21 ♒ 59	27 ♑	22 ♐	1 ♐	17 ♌	3 ♋
20	26 ♎ 19	6 ♋ 37	4 ♋ 37	3 D 30	16 ♏ 54	26 ♎ 43	0 ♏ 20	26 ♌ 26	24 ♍ 4	28 ♋ 41	0 ♉ 3	21 ♒ 59	27 ♑	23 ♐	2 ♐	17 ♌	3 ♋
21	27 ♎ 19	18 ♋ 55	4 ♋ 34	3 ♋ 31	18 ♏ 15	27 ♎ 58	1 ♏ 1	26 ♌ 35	24 ♍ 11	28 ♋ 41	0 ♉ 1	21 ♒ 59	27 ♑	23 ♐	2 ♐	18 ♌	3 ♋
22	28 ♎ 18	1 ♌ 33	4 ♋ 31	3 R 31	19 ♏ 36	29 ♎ 13	1 ♏ 41	26 ♌ 44	24 ♍ 17	28 ♋ 42	29 ♈ 59	21 ♒ 58	27 ♑	23 ♐	2 ♐	18 ♌	3 ♋
23	29 ♎ 18	14 ♌ 34	4 ♋ 27	3 ♋ 30	20 ♏ 56	0 ♏ 29	2 ♏ 22	26 ♌ 53	24 ♍ 24	28 ♋ 43	29 ♈ 58	21 ♒ 58	28 ♑	24 ♐	3 ♐	18 ♌	3 ♋
24	0 ♏ 18	28 ♌ 4	4 ♋ 24	3 ♋ 27	22 ♏ 14	1 ♏ 44	3 ♏ 3	27 ♌ 2	24 ♍ 31	28 ♋ 43	29 ♈ 56	21 ♒ 57	28 ♑	24 ♐	3 ♐	19 ♌	3 ♋
25	1 ♏ 18	12 ♍ 3	4 ♋ 21	3 ♋ 21	23 ♏ 31	2 ♏ 59	3 ♏ 43	27 ♌ 11	24 ♍ 37	28 ♋ 44	29 ♈ 54	21 ♒ 57	28 ♑	24 ♐	3 ♐	19 ♌	3 ♋
26	2 ♏ 17	26 ♍ 32	4 ♋ 18	3 ♋ 13	24 ♏ 47	4 ♏ 14	4 ♏ 24	27 ♌ 20	24 ♍ 44	28 ♋ 45	29 ♈ 53	21 ♒ 57	28 ♑	25 ♐	3 ♐	19 ♌	3 ♋
27	3 ♏ 17	11 ♎ 25	4 ♋ 15	3 ♋ 4	26 ♏ 1	5 ♏ 29	5 ♏ 5	27 ♌ 28	24 ♍ 50	28 ♋ 45	29 ♈ 51	21 ♒ 57	28 ♑	25 ♐	4 ♐	20 ♌	3 ♋
28	4 ♏ 17	26 ♎ 37	4 ♋ 12	2 ♋ 55	27 ♏ 14	6 ♏ 44	5 ♏ 46	27 ♌ 37	24 ♍ 57	28 ♋ 45	29 ♈ 49	21 ♒ 56	29 ♑	25 ♐	4 ♐	20 ♌	3 ♋
29	5 ♏ 17	11 ♏ 55	4 ♋ 8	2 ♋ 46	28 ♏ 25	8 ♏ 0	6 ♏ 27	27 ♌ 45	25 ♍ 3	28 ♋ 46	29 ♈ 48	21 ♒ 56	29 ♑	26 ♐	4 ♐	20 ♌	3 ♋
30	6 ♏ 17	27 ♏ 9	4 ♋ 5	2 ♋ 40	29 ♏ 34	9 ♏ 15	7 ♏ 7	27 ♌ 53	25 ♍ 9	28 ♋ 46	29 ♈ 46	21 ♒ 56	29 ♑	26 ♐	5 ♐	21 ♌	3 ♋
31	7 ♏ 17	12 ♐ 9	4 ♋ 2	2 ♋ 36	0 ♐ 41	10 ♏ 30	7 ♏ 48	28 ♌ 2	25 ♍ 16	28 ♋ 46	29 ♈ 44	21 ♒ 56	29 ♑	26 ♐	5 ♐	21 ♌	3 ♋

SUN INGRESS	☉ → ♏ 23日 16:40
MOON PHASE	◐ 5日 18:52 ♑ ○ 13日 13:21 ♈ ◑ 21日 17:23 ♋ ● 28日 12:52 ♏

aspects		
3日	07:58	☿ △ ♇
4日	08:40	☿ ⚹ ♃
7日	08:00	☿ □ ♅
7日	16:51	♂ △ ♇
8日	14:11	☿ ☍ ♆
12日	07:41	♂ ⚹ ♃
15日	15:55	☉ △ ♇
16日	05:41	♀ △ ♇
17日	11:20	♂ □ ♅
18日	10:40	☉ ☌ ♀
19日	13:54	♂ ☍ ♆
19日	17:36	♀ ⚹ ♃
20日	03:10	☉ ⚹ ♃
21日	13:52	♀ □ ♅
22日	09:40	☉ □ ♅
22日	14:20	♀ ☍ ♆
23日	15:29	☉ ☍ ♆
23日	18:57	☿ □ ♇
25日	22:55	☿ ⚹ ♄
26日	07:02	♀ ☌ ♂
28日	08:40	☿ □ ♃
29日	07:10	☿ △ ♅

2038年11月

DAY	☉	☽	☊ mean	☊ true	☿	♀	♂	♃	♄	♅	♆	♇	⚳	⚴	⚵	⚶	⚷
	° ′	° ′	° ′	° ′	° ′	° ′	° ′	° ′	° ′	° ′	° ′	° ′	°	°	°	°	°
1	8 ♏ 17	26 ♐ 47	3 ♋ 59	2 R 34	1 D 46	11 D 45	8 D 29	28 D 10	25 D 22	28 D 47	29 R 43	21 R 56	0 D	27 D	5 D	21 D	3 R
2	9 ♏ 17	10 ♑ 59	3 ♋ 56	2 D 34	2 ♐ 48	13 ♏ 0	9 ♏ 10	28 ♌ 17	25 ♍ 28	28 ♋ 47	29 ♈ 41	21 ♒ 56	0 ♒	27 ♐	6 ♐	22 ♌	3 ♋
3	10 ♏ 17	24 ♑ 45	3 ♋ 53	2 ♋ 35	3 ♐ 47	14 ♏ 16	9 ♏ 52	28 ♌ 25	25 ♍ 34	28 ♋ 47	29 ♈ 39	21 ♒ 56	0 ♒	28 ♐	6 ♐	22 ♌	3 ♋
4	11 ♏ 17	8 ♒ 4	3 ♋ 49	2 ♋ 36	4 ♐ 43	15 ♏ 31	10 ♏ 33	28 ♌ 33	25 ♍ 40	28 ♋ 47	29 ♈ 38	21 ♒ 55	0 ♒	28 ♐	6 ♐	22 ♌	3 ♋
5	12 ♏ 17	21 ♒ 1	3 ♋ 46	2 R 36	5 ♐ 36	16 ♏ 46	11 ♏ 14	28 ♌ 40	25 ♍ 46	28 R 47	29 ♈ 36	21 ♒ 55	1 ♒	28 ♐	7 ♐	22 ♌	3 ♋
6	13 ♏ 17	3 ♓ 39	3 ♋ 43	2 ♋ 33	6 ♐ 24	18 ♏ 1	11 ♏ 55	28 ♌ 47	25 ♍ 52	28 ♋ 47	29 ♈ 34	21 D 55	1 ♒	29 ♐	7 ♐	23 ♌	3 ♋
7	14 ♏ 17	16 ♓ 2	3 ♋ 40	2 ♋ 29	7 ♐ 8	19 ♏ 16	12 ♏ 36	28 ♌ 55	25 ♍ 58	28 ♋ 47	29 ♈ 33	21 ♒ 56	1 ♒	29 ♐	7 ♐	23 ♌	3 ♋
8	15 ♏ 17	28 ♓ 13	3 ♋ 37	2 ♋ 22	7 ♐ 47	20 ♏ 32	13 ♏ 18	29 ♌ 2	26 ♍ 4	28 ♋ 47	29 ♈ 31	21 ♒ 56	1 ♒	29 ♐	8 ♐	23 ♌	3 ♋
9	16 ♏ 18	10 ♈ 16	3 ♋ 33	2 ♋ 14	8 ♐ 20	21 ♏ 47	13 ♏ 59	29 ♌ 8	26 ♍ 9	28 ♋ 46	29 ♈ 29	21 ♒ 56	2 ♒	0 ♑	8 ♐	24 ♌	3 ♋
10	17 ♏ 18	22 ♈ 13	3 ♋ 30	2 ♋ 6	8 ♐ 47	23 ♏ 2	14 ♏ 40	29 ♌ 15	26 ♍ 15	28 ♋ 46	29 ♈ 28	21 ♒ 56	2 ♒	0 ♑	8 ♐	24 ♌	3 ♋
11	18 ♏ 18	4 ♉ 6	3 ♋ 27	1 ♋ 57	9 ♐ 7	24 ♏ 17	15 ♏ 22	29 ♌ 22	26 ♍ 20	28 ♋ 46	29 ♈ 26	21 ♒ 56	2 ♒	0 ♑	9 ♐	24 ♌	3 ♋
12	19 ♏ 18	15 ♉ 57	3 ♋ 24	1 ♋ 49	9 ♐ 20	25 ♏ 32	16 ♏ 3	29 ♌ 28	26 ♍ 26	28 ♋ 45	29 ♈ 25	21 ♒ 56	2 ♒	1 ♑	9 ♐	24 ♌	3 ♋
13	20 ♏ 19	27 ♉ 47	3 ♋ 21	1 ♋ 42	9 R 24	26 ♏ 48	16 ♏ 45	29 ♌ 34	26 ♍ 31	28 ♋ 45	29 ♈ 23	21 ♒ 56	3 ♒	1 ♑	9 ♐	25 ♌	3 ♋
14	21 ♏ 19	9 ♊ 39	3 ♋ 18	1 ♋ 38	9 ♐ 20	28 ♏ 3	17 ♏ 26	29 ♌ 41	26 ♍ 37	28 ♋ 44	29 ♈ 22	21 ♒ 57	3 ♒	1 ♑	10 ♐	25 ♌	3 ♋
15	22 ♏ 19	21 ♊ 34	3 ♋ 14	1 ♋ 35	9 ♐ 6	29 ♏ 18	18 ♏ 8	29 ♌ 47	26 ♍ 42	28 ♋ 44	29 ♈ 20	21 ♒ 57	3 ♒	2 ♑	10 ♐	25 ♌	3 ♋
16	23 ♏ 20	3 ♋ 35	3 ♋ 11	1 D 35	8 ♐ 41	0 ♐ 33	18 ♏ 50	29 ♌ 52	26 ♍ 47	28 ♋ 43	29 ♈ 19	21 ♒ 57	3 ♒	2 ♑	10 ♐	25 ♌	3 ♋
17	24 ♏ 20	15 ♋ 45	3 ♋ 8	1 ♋ 36	8 ♐ 7	1 ♐ 49	19 ♏ 31	29 ♌ 58	26 ♍ 53	28 ♋ 43	29 ♈ 17	21 ♒ 57	4 ♒	2 ♑	11 ♐	26 ♌	3 ♋
18	25 ♏ 21	28 ♋ 7	3 ♋ 5	1 ♋ 37	7 ♐ 22	3 ♐ 4	20 ♏ 13	0 ♍ 4	26 ♍ 58	28 ♋ 42	29 ♈ 16	21 ♒ 58	4 ♒	3 ♑	11 ♐	26 ♌	3 ♋
19	26 ♏ 21	10 ♌ 45	3 ♋ 2	1 ♋ 39	6 ♐ 28	4 ♐ 19	20 ♏ 55	0 ♍ 9	27 ♍ 3	28 ♋ 41	29 ♈ 14	21 ♒ 58	4 ♒	3 ♑	12 ♐	26 ♌	3 ♋
20	27 ♏ 22	23 ♌ 43	2 ♋ 59	1 ♋ 40	5 ♐ 24	5 ♐ 34	21 ♏ 37	0 ♍ 14	27 ♍ 8	28 ♋ 40	29 ♈ 13	21 ♒ 58	5 ♒	4 ♑	12 ♐	26 ♌	3 ♋
21	28 ♏ 22	7 ♍ 5	2 ♋ 55	1 R 40	4 ♐ 12	6 ♐ 50	22 ♏ 19	0 ♍ 19	27 ♍ 12	28 ♋ 39	29 ♈ 11	21 ♒ 59	5 ♒	4 ♑	12 ♐	27 ♌	2 ♋
22	29 ♏ 23	20 ♍ 53	2 ♋ 52	1 ♋ 38	2 ♐ 55	8 ♐ 5	23 ♏ 1	0 ♍ 24	27 ♍ 17	28 ♋ 38	29 ♈ 10	21 ♒ 59	5 ♒	4 ♑	13 ♐	27 ♌	2 ♋
23	0 ♐ 23	5 ♎ 8	2 ♋ 49	1 ♋ 35	1 ♐ 34	9 ♐ 20	23 ♏ 43	0 ♍ 29	27 ♍ 22	28 ♋ 37	29 ♈ 9	22 ♒ 0	5 ♒	5 ♑	13 ♐	27 ♌	2 ♋
24	1 ♐ 24	19 ♎ 47	2 ♋ 46	1 ♋ 31	0 ♐ 13	10 ♐ 35	24 ♏ 25	0 ♍ 33	27 ♍ 27	28 ♋ 36	29 ♈ 7	22 ♒ 0	6 ♒	5 ♑	13 ♐	27 ♌	2 ♋
25	2 ♐ 25	4 ♏ 46	2 ♋ 43	1 ♋ 26	28 ♏ 53	11 ♐ 51	25 ♏ 7	0 ♍ 37	27 ♍ 31	28 ♋ 35	29 ♈ 6	22 ♒ 1	6 ♒	5 ♑	14 ♐	28 ♌	2 ♋
26	3 ♐ 25	19 ♏ 57	2 ♋ 39	1 ♋ 22	27 ♏ 37	13 ♐ 6	25 ♏ 49	0 ♍ 42	27 ♍ 36	28 ♋ 34	29 ♈ 4	22 ♒ 1	6 ♒	6 ♑	14 ♐	28 ♌	2 ♋
27	4 ♐ 26	5 ♐ 10	2 ♋ 36	1 ♋ 19	26 ♏ 28	14 ♐ 21	26 ♏ 31	0 ♍ 46	27 ♍ 40	28 ♋ 33	29 ♈ 3	22 ♒ 2	7 ♒	6 ♑	14 ♐	28 ♌	2 ♋
28	5 ♐ 27	20 ♐ 14	2 ♋ 33	1 ♋ 17	25 ♏ 29	15 ♐ 37	27 ♏ 13	0 ♍ 49	27 ♍ 44	28 ♋ 32	29 ♈ 2	22 ♒ 2	7 ♒	6 ♑	15 ♐	28 ♌	2 ♋
29	6 ♐ 28	5 ♑ 1	2 ♋ 30	1 D 17	24 ♏ 39	16 ♐ 52	27 ♏ 56	0 ♍ 53	27 ♍ 48	28 ♋ 31	29 ♈ 1	22 ♒ 3	7 ♒	7 ♑	15 ♐	28 ♌	2 ♋
30	7 ♐ 28	19 ♑ 25	2 ♋ 27	1 ♋ 18	24 ♏ 0	18 ♐ 7	28 ♏ 38	0 ♍ 56	27 ♍ 53	28 ♋ 29	28 ♈ 59	22 ♒ 4	8 ♒	7 ♑	15 ♐	29 ♌	2 ♋

SUN INGRESS	☉ → ♐ 22日 14:31
MOON PHASE	◐ 4日 06:23 ♒ ○ 12日 07:27 ♉ ◑ 20日 07:09 ♌ ● 26日 22:46 ♐

aspects

1日	16:00	☉☌♂
9日	02:50	♀□♇
11日	13:44	♃△♆
12日	18:24	♀⚹♄
14日	13:07	♀△♅
14日	14:57	☉□♇
15日	09:49	♀□♃
19日	17:54	☉⚹♄
19日	22:13	☿☌♀
20日	12:28	♂□♇
21日	06:41	☉△♅
23日	02:12	☉□♃
23日	11:57	☉☌☿
23日	18:17	☿□♃
25日	05:25	☿△♅
26日	00:29	☿⚹♄
26日	23:22	☿☌♂
28日	19:26	♂⚹♄
29日	19:11	♂△♅

2038年12月

DAY	☉	☽	☊ mean	☊ true	☿	♀	♂	♃	♄	♅	♆	♇	⚳	⚴	⚵	⚶	⚷
	° ′	° ′	° ′	° ′	° ′	° ′	° ′	° ′	° ′	° ′	° ′	° ′	°	°	°	°	°
1	8 ♐ 29	3 ♒ 22	2 ♋ 24	1 D 19	23 R 33	19 D 22	29 D 20	1 D 0	27 D 57	28 R 28	28 R 58	22 D 4	8 D	8 D	16 D	29 D	2 R
2	9 ♐ 30	16 ♒ 51	2 ♋ 20	1 ♋ 21	23 ♏ 18	20 ♐ 38	0 ♐ 3	1 ♍ 3	28 ♍ 1	28 ♋ 27	28 ♈ 57	22 ♒ 5	8 ♒	8 ♑	16 ♐	29 ♌	2 ♋
3	10 ♐ 31	29 ♒ 55	2 ♋ 17	1 ♋ 22	23 D 14	21 ♐ 53	0 ♐ 45	1 ♍ 6	28 ♍ 4	28 ♋ 25	28 ♈ 56	22 ♒ 6	8 ♒	8 ♑	16 ♐	29 ♌	2 ♋
4	11 ♐ 32	12 ♓ 36	2 ♋ 14	1 R 22	23 ♏ 20	23 ♐ 8	1 ♐ 28	1 ♍ 8	28 ♍ 8	28 ♋ 24	28 ♈ 55	22 ♒ 7	9 ♒	9 ♑	17 ♐	29 ♌	2 ♋
5	12 ♐ 33	24 ♓ 59	2 ♋ 11	1 ♋ 22	23 ♏ 36	24 ♐ 23	2 ♐ 10	1 ♍ 11	28 ♍ 12	28 ♋ 22	28 ♈ 54	22 ♒ 7	9 ♒	9 ♑	17 ♐	0 ♍	2 ♋
6	13 ♐ 33	7 ♈ 7	2 ♋ 8	1 ♋ 20	24 ♏ 1	25 ♐ 39	2 ♐ 53	1 ♍ 13	28 ♍ 15	28 ♋ 20	28 ♈ 52	22 ♒ 8	9 ♒	9 ♑	17 ♐	0 ♍	2 ♋
7	14 ♐ 34	19 ♈ 6	2 ♋ 5	1 ♋ 18	24 ♏ 34	26 ♐ 54	3 ♐ 36	1 ♍ 16	28 ♍ 19	28 ♋ 19	28 ♈ 51	22 ♒ 9	10 ♒	10 ♑	18 ♐	0 ♍	2 ♋
8	15 ♐ 35	0 ♉ 59	2 ♋ 1	1 ♋ 16	25 ♏ 14	28 ♐ 9	4 ♐ 18	1 ♍ 17	28 ♍ 22	28 ♋ 17	28 ♈ 50	22 ♒ 10	10 ♒	10 ♑	18 ♐	0 ♍	2 ♋
9	16 ♐ 36	12 ♉ 49	1 ♋ 58	1 ♋ 13	26 ♏ 1	29 ♐ 24	5 ♐ 1	1 ♍ 19	28 ♍ 26	28 ♋ 15	28 ♈ 49	22 ♒ 11	10 ♒	11 ♑	18 ♐	0 ♍	1 ♋
10	17 ♐ 37	24 ♉ 39	1 ♋ 55	1 ♋ 11	26 ♏ 53	0 ♑ 40	5 ♐ 44	1 ♍ 21	28 ♍ 29	28 ♋ 14	28 ♈ 48	22 ♒ 12	11 ♒	11 ♑	19 ♐	0 ♍	1 ♋
11	18 ♐ 38	6 ♊ 32	1 ♋ 52	1 ♋ 9	27 ♏ 51	1 ♑ 55	6 ♐ 27	1 ♍ 22	28 ♍ 32	28 ♋ 12	28 ♈ 47	22 ♒ 13	11 ♒	11 ♑	19 ♐	1 ♍	1 ♋
12	19 ♐ 39	18 ♊ 30	1 ♋ 49	1 ♋ 8	28 ♏ 52	3 ♑ 10	7 ♐ 9	1 ♍ 23	28 ♍ 35	28 ♋ 10	28 ♈ 46	22 ♒ 13	11 ♒	12 ♑	20 ♐	1 ♍	1 ♋
13	20 ♐ 40	0 ♋ 35	1 ♋ 45	1 ♋ 8	29 ♏ 58	4 ♑ 25	7 ♐ 52	1 ♍ 24	28 ♍ 38	28 ♋ 8	28 ♈ 46	22 ♒ 14	12 ♒	12 ♑	20 ♐	1 ♍	1 ♋
14	21 ♐ 41	12 ♋ 48	1 ♋ 42	1 D 8	1 ♐ 6	5 ♑ 41	8 ♐ 35	1 ♍ 25	28 ♍ 41	28 ♋ 6	28 ♈ 45	22 ♒ 15	12 ♒	12 ♑	20 ♐	1 ♍	1 ♋
15	22 ♐ 42	25 ♋ 12	1 ♋ 39	1 ♋ 9	2 ♐ 18	6 ♑ 56	9 ♐ 18	1 ♍ 26	28 ♍ 43	28 ♋ 4	28 ♈ 44	22 ♒ 16	12 ♒	13 ♑	21 ♐	1 ♍	1 ♋
16	23 ♐ 43	7 ♌ 47	1 ♋ 36	1 ♋ 10	3 ♐ 32	8 ♑ 11	10 ♐ 1	1 ♍ 26	28 ♍ 46	28 ♋ 2	28 ♈ 43	22 ♒ 17	13 ♒	13 ♑	21 ♐	1 ♍	1 ♋
17	24 ♐ 44	20 ♌ 36	1 ♋ 33	1 ♋ 10	4 ♐ 48	9 ♑ 26	10 ♐ 45	1 ♍ 27	28 ♍ 49	28 ♋ 0	28 ♈ 42	22 ♒ 19	13 ♒	14 ♑	21 ♐	1 ♍	1 ♋
18	25 ♐ 45	3 ♍ 40	1 ♋ 30	1 ♋ 11	6 ♐ 6	10 ♑ 41	11 ♐ 28	1 R 27	28 ♍ 51	27 ♋ 58	28 ♈ 41	22 ♒ 20	13 ♒	14 ♑	22 ♐	1 ♍	1 ♋
19	26 ♐ 46	17 ♍ 3	1 ♋ 26	1 ♋ 11	7 ♐ 26	11 ♑ 57	12 ♐ 11	1 ♍ 27	28 ♍ 53	27 ♋ 56	28 ♈ 41	22 ♒ 21	14 ♒	14 ♑	22 ♐	1 ♍	1 ♋
20	27 ♐ 47	0 ♎ 44	1 ♋ 23	1 R 11	8 ♐ 47	13 ♑ 12	12 ♐ 54	1 ♍ 26	28 ♍ 55	27 ♋ 54	28 ♈ 40	22 ♒ 22	14 ♒	15 ♑	22 ♐	1 ♍	1 ♋
21	28 ♐ 48	14 ♎ 45	1 ♋ 20	1 ♋ 11	10 ♐ 10	14 ♑ 27	13 ♐ 37	1 ♍ 26	28 ♍ 58	27 ♋ 52	28 ♈ 39	22 ♒ 23	14 ♒	15 ♑	23 ♐	2 ♍	1 ♋
22	29 ♐ 49	29 ♎ 4	1 ♋ 17	1 ♋ 11	11 ♐ 33	15 ♑ 42	14 ♐ 21	1 ♍ 25	29 ♍ 0	27 ♋ 50	28 ♈ 39	22 ♒ 24	15 ♒	15 ♑	23 ♐	2 ♍	1 ♋
23	0 ♑ 50	13 ♏ 40	1 ♋ 14	1 ♋ 11	12 ♐ 58	16 ♑ 57	15 ♐ 4	1 ♍ 24	29 ♍ 1	27 ♋ 47	28 ♈ 38	22 ♒ 25	15 ♒	16 ♑	23 ♐	2 ♍	1 ♋
24	1 ♑ 51	28 ♏ 28	1 ♋ 11	1 D 11	14 ♐ 23	18 ♑ 13	15 ♐ 48	1 ♍ 23	29 ♍ 3	27 ♋ 45	28 ♈ 38	22 ♒ 27	16 ♒	16 ♑	24 ♐	2 ♍	1 ♋
25	2 ♑ 53	13 ♐ 20	1 ♋ 7	1 ♋ 11	15 ♐ 49	19 ♑ 28	16 ♐ 31	1 ♍ 21	29 ♍ 5	27 ♋ 43	28 ♈ 37	22 ♒ 28	16 ♒	17 ♑	24 ♐	2 ♍	0 ♋
26	3 ♑ 54	28 ♐ 10	1 ♋ 4	1 ♋ 11	17 ♐ 16	20 ♑ 43	17 ♐ 15	1 ♍ 20	29 ♍ 6	27 ♋ 41	28 ♈ 37	22 ♒ 29	16 ♒	17 ♑	25 ♐	2 ♍	0 ♋
27	4 ♑ 55	12 ♑ 50	1 ♋ 1	1 R 11	18 ♐ 44	21 ♑ 58	17 ♐ 58	1 ♍ 18	29 ♍ 8	27 ♋ 38	28 ♈ 36	22 ♒ 30	17 ♒	17 ♑	25 ♐	2 ♍	0 ♋
28	5 ♑ 56	27 ♑ 13	0 ♋ 58	1 ♋ 11	20 ♐ 12	23 ♑ 13	18 ♐ 42	1 ♍ 16	29 ♍ 9	27 ♋ 36	28 ♈ 36	22 ♒ 32	17 ♒	18 ♑	25 ♐	2 ♍	0 ♋
29	6 ♑ 57	11 ♒ 15	0 ♋ 55	1 ♋ 10	21 ♐ 40	24 ♑ 28	19 ♐ 25	1 ♍ 14	29 ♍ 11	27 ♋ 34	28 ♈ 35	22 ♒ 33	17 ♒	18 ♑	26 ♐	2 ♍	0 ♋
30	7 ♑ 58	24 ♒ 51	0 ♋ 51	1 ♋ 9	23 ♐ 9	25 ♑ 44	20 ♐ 9	1 ♍ 12	29 ♍ 12	27 ♋ 31	28 ♈ 35	22 ♒ 34	18 ♒	18 ♑	26 ♐	2 ♍	0 ♋
31	9 ♑ 0	8 ♓ 2	0 ♋ 48	1 ♋ 8	24 ♐ 39	26 ♑ 59	20 ♐ 53	1 ♍ 9	29 ♍ 13	27 ♋ 29	28 ♈ 35	22 ♒ 36	18 ♒	19 ♑	26 ♐	2 R	0 ♋

SUN INGRESS	☉ → ♑ 22日 04:02
MOON PHASE	◐ 3日 21:46 ♓ ○ 12日 02:30 ♊ ◑ 19日 18:28 ♍ ● 26日 10:01 ♑

aspects

3日	04:10	♀⚹♇
3日	12:20	♂□♃
6日	23:20	♄⚹♅
8日	04:24	♀□♄
8日	12:57	♀△♆
10日	13:24	♀△♃
11日	08:13	☿△♅
11日	17:06	☿⚹♄
14日	06:32	☿□♃
14日	13:49	☉⚹♇
20日	20:35	☉△♆
21日	03:49	☉□♄
23日	12:58	☉△♃
25日	23:05	☿☌♂
29日	14:24	☿⚹♇
31日	09:17	♀☍♅

2039年1月

DAY	☉	☽	☊ mean	☊ true	☿	♀	♂	♃	♄	♅	♆	♇	⚳	⚴	⚵	⚶	⚷
	° ′	° ′	° ′	° ′	° ′	° ′	° ′	° ′	° ′	° ′	° ′	° ′	°	°	°	°	°
1	10 ♑ 1	20 ♓ 50	0 ♋ 45	1 R 8	26 D 9	28 D 14	21 D 36	1 R 7	29 D 14	27 R 26	28 R 34	22 D 37	18 D	19 D	27 D	2 R	0 R
2	11 ♑ 2	3 ♈ 17	0 ♋ 42	1 ♋ 7	27 ♐ 39	29 ♑ 29	22 ♐ 20	1 ♍ 4	29 ♍ 14	27 ♋ 24	28 ♈ 34	22 ♒ 38	19 ♒	20 ♑	27 ♐	2 ♍	0 ♋
3	12 ♑ 3	15 ♈ 28	0 ♋ 39	1 D 7	29 ♐ 10	0 ♒ 44	23 ♐ 4	1 ♍ 1	29 ♍ 15	27 ♋ 21	28 ♈ 34	22 ♒ 40	19 ♒	20 ♑	27 ♐	2 ♍	0 ♋
4	13 ♑ 4	27 ♈ 26	0 ♋ 36	1 ♋ 7	0 ♑ 41	1 ♒ 59	23 ♐ 48	0 ♍ 58	29 ♍ 16	27 ♋ 19	28 ♈ 34	22 ♒ 41	19 ♒	20 ♑	28 ♐	2 ♍	0 ♋
5	14 ♑ 5	9 ♉ 18	0 ♋ 32	1 ♋ 8	2 ♑ 13	3 ♒ 14	24 ♐ 32	0 ♍ 54	29 ♍ 16	27 ♋ 16	28 ♈ 33	22 ♒ 42	20 ♒	21 ♑	28 ♐	2 ♍	0 ♋
6	15 ♑ 6	21 ♉ 7	0 ♋ 29	1 ♋ 10	3 ♑ 44	4 ♒ 29	25 ♐ 16	0 ♍ 51	29 ♍ 17	27 ♋ 14	28 ♈ 33	22 ♒ 44	20 ♒	21 ♑	28 ♐	2 ♍	0 ♋
7	16 ♑ 8	2 ♊ 58	0 ♋ 26	1 ♋ 11	5 ♑ 17	5 ♒ 44	26 ♐ 0	0 ♍ 47	29 ♍ 17	27 ♋ 11	28 ♈ 33	22 ♒ 45	21 ♒	21 ♑	29 ♐	2 ♍	0 ♋
8	17 ♑ 9	14 ♊ 55	0 ♋ 23	1 ♋ 12	6 ♑ 49	6 ♒ 59	26 ♐ 44	0 ♍ 43	29 ♍ 17	27 ♋ 9	28 ♈ 33	22 ♒ 47	21 ♒	22 ♑	29 ♐	2 ♍	0 ♋
9	18 ♑ 10	27 ♊ 0	0 ♋ 20	1 ♋ 13	8 ♑ 23	8 ♒ 14	27 ♐ 28	0 ♍ 39	29 R 17	27 ♋ 6	28 ♈ 33	22 ♒ 48	21 ♒	22 ♑	29 ♐	2 ♍	0 ♋
10	19 ♑ 11	9 ♋ 17	0 ♋ 17	1 R 13	9 ♑ 56	9 ♒ 29	28 ♐ 12	0 ♍ 34	29 ♍ 17	27 ♋ 4	28 D 33	22 ♒ 50	22 ♒	23 ♑	0 ♑	2 ♍	29 ♊
11	20 ♑ 12	21 ♋ 46	0 ♋ 13	1 ♋ 12	11 ♑ 30	10 ♒ 44	28 ♐ 56	0 ♍ 30	29 ♍ 17	27 ♋ 1	28 ♈ 33	22 ♒ 51	22 ♒	23 ♑	0 ♑	1 ♍	29 ♊
12	21 ♑ 13	4 ♌ 29	0 ♋ 10	1 ♋ 10	13 ♑ 4	11 ♒ 59	29 ♐ 41	0 ♍ 25	29 ♍ 16	26 ♋ 58	28 ♈ 33	22 ♒ 53	22 ♒	23 ♑	1 ♑	1 ♍	29 ♊
13	22 ♑ 14	17 ♌ 26	0 ♋ 7	1 ♋ 7	14 ♑ 39	13 ♒ 14	0 ♑ 25	0 ♍ 20	29 ♍ 16	26 ♋ 56	28 ♈ 33	22 ♒ 54	23 ♒	24 ♑	1 ♑	1 ♍	29 ♊
14	23 ♑ 15	0 ♍ 36	0 ♋ 4	1 ♋ 3	16 ♑ 14	14 ♒ 29	1 ♑ 9	0 ♍ 15	29 ♍ 16	26 ♋ 53	28 ♈ 34	22 ♒ 56	23 ♒	24 ♑	1 ♑	1 ♍	29 ♊
15	24 ♑ 17	14 ♍ 0	0 ♋ 1	1 ♋ 0	17 ♑ 50	15 ♒ 44	1 ♑ 54	0 ♍ 10	29 ♍ 15	26 ♋ 51	28 ♈ 34	22 ♒ 58	24 ♒	24 ♑	2 ♑	1 ♍	29 ♊
16	25 ♑ 18	27 ♍ 35	29 ♊ 57	0 ♋ 57	19 ♑ 26	16 ♒ 59	2 ♑ 38	0 ♍ 5	29 ♍ 14	26 ♋ 48	28 ♈ 34	22 ♒ 59	24 ♒	25 ♑	2 ♑	1 ♍	29 ♊
17	26 ♑ 19	11 ♎ 22	29 ♊ 54	0 ♋ 55	21 ♑ 3	18 ♒ 14	3 ♑ 22	29 ♌ 59	29 ♍ 13	26 ♋ 45	28 ♈ 34	23 ♒ 1	24 ♒	25 ♑	2 ♑	1 ♍	29 ♊
18	27 ♑ 20	25 ♎ 20	29 ♊ 51	0 ♋ 54	22 ♑ 40	19 ♒ 29	4 ♑ 7	29 ♌ 54	29 ♍ 12	26 ♋ 43	28 ♈ 34	23 ♒ 2	25 ♒	26 ♑	3 ♑	1 ♍	29 ♊
19	28 ♑ 21	9 ♏ 27	29 ♊ 48	0 D 54	24 ♑ 17	20 ♒ 43	4 ♑ 51	29 ♌ 48	29 ♍ 11	26 ♋ 40	28 ♈ 35	23 ♒ 4	25 ♒	26 ♑	3 ♑	0 ♍	29 ♊
20	29 ♑ 22	23 ♏ 42	29 ♊ 45	0 ♋ 55	25 ♑ 56	21 ♒ 58	5 ♑ 36	29 ♌ 42	29 ♍ 10	26 ♋ 38	28 ♈ 35	23 ♒ 6	25 ♒	26 ♑	3 ♑	0 ♍	29 ♊
21	0 ♒ 23	8 ♐ 3	29 ♊ 42	0 ♋ 57	27 ♑ 34	23 ♒ 13	6 ♑ 21	29 ♌ 36	29 ♍ 9	26 ♋ 35	28 ♈ 35	23 ♒ 7	26 ♒	27 ♑	4 ♑	0 ♍	29 ♊
22	1 ♒ 24	22 ♐ 27	29 ♊ 38	0 ♋ 58	29 ♑ 14	24 ♒ 28	7 ♑ 5	29 ♌ 30	29 ♍ 8	26 ♋ 32	28 ♈ 36	23 ♒ 9	26 ♒	27 ♑	4 ♑	0 ♍	29 ♊
23	2 ♒ 25	6 ♑ 49	29 ♊ 35	0 R 58	0 ♒ 54	25 ♒ 43	7 ♑ 50	29 ♌ 24	29 ♍ 6	26 ♋ 30	28 ♈ 36	23 ♒ 11	27 ♒	27 ♑	4 ♑	0 ♍	29 ♊
24	3 ♒ 26	21 ♑ 7	29 ♊ 32	0 ♋ 57	2 ♒ 34	26 ♒ 57	8 ♑ 35	29 ♌ 17	29 ♍ 5	26 ♋ 27	28 ♈ 37	23 ♒ 12	27 ♒	28 ♑	5 ♑	0 ♍	29 ♊
25	4 ♒ 27	5 ♒ 13	29 ♊ 29	0 ♋ 54	4 ♒ 15	28 ♒ 12	9 ♑ 19	29 ♌ 11	29 ♍ 3	26 ♋ 25	28 ♈ 38	23 ♒ 14	27 ♒	28 ♑	5 ♑	29 ♌	29 ♊
26	5 ♒ 28	19 ♒ 4	29 ♊ 26	0 ♋ 49	5 ♒ 57	29 ♒ 27	10 ♑ 4	29 ♌ 4	29 ♍ 1	26 ♋ 22	28 ♈ 38	23 ♒ 16	28 ♒	29 ♑	5 ♑	29 ♌	29 ♊
27	6 ♒ 29	2 ♓ 36	29 ♊ 23	0 ♋ 43	7 ♒ 39	0 ♓ 41	10 ♑ 49	28 ♌ 57	28 ♍ 59	26 ♋ 19	28 ♈ 39	23 ♒ 17	28 ♒	29 ♑	6 ♑	29 ♌	29 ♊
28	7 ♒ 30	15 ♓ 48	29 ♊ 19	0 ♋ 36	9 ♒ 22	1 ♓ 56	11 ♑ 34	28 ♌ 50	28 ♍ 57	26 ♋ 17	28 ♈ 39	23 ♒ 19	29 ♒	29 ♑	6 ♑	29 ♌	28 ♊
29	8 ♒ 31	28 ♓ 38	29 ♊ 16	0 ♋ 30	11 ♒ 6	3 ♓ 11	12 ♑ 19	28 ♌ 43	28 ♍ 55	26 ♋ 14	28 ♈ 40	23 ♒ 21	29 ♒	0 ♒	6 ♑	29 ♌	28 ♊
30	9 ♒ 32	11 ♈ 8	29 ♊ 13	0 ♋ 25	12 ♒ 50	4 ♓ 25	13 ♑ 4	28 ♌ 36	28 ♍ 53	26 ♋ 12	28 ♈ 41	23 ♒ 22	29 ♒	0 ♒	7 ♑	28 ♌	28 ♊
31	10 ♒ 33	23 ♈ 21	29 ♊ 10	0 ♋ 22	14 ♒ 35	5 ♓ 40	13 ♑ 49	28 ♌ 29	28 ♍ 51	26 ♋ 9	28 ♈ 41	23 ♒ 24	0 ♓	0 ♒	7 ♑	28 ♌	28 ♊

SUN INGRESS: ☉→♒ 20日 14:43

MOON PHASE: ◐ 2日 16:36 ♈ ○ 10日 20:45 ♋ ◑ 18日 03:41 ♎ ● 24日 22:36 ♒

aspects

1日	06:29	♀□♆
1日	19:17	♀△♄
2日	10:09	♂⚹♇
2日	14:28	☿△♆
3日	01:22	☿□♄
4日	04:11	☿△♃
10日	11:20	♂△♆
11日	10:55	♂□♄
12日	21:45	♂△♃
17日	10:02	☉☍♅
19日	05:28	☉□♆
19日	19:26	☉△♄
20日	09:55	☿☍♅
20日	22:05	♀☌♇
21日	14:50	☿□♆
21日	22:31	☿△♄
25日	07:09	☉☌☿
25日	08:14	♀⚹♆
25日	17:19	♀☍♃
29日	10:29	♃△♆

2039年2月

DAY	☉	☽	☊ mean	☊ true	☿	♀	♂	♃	♄	♅	♆	♇	⚳	⚴	⚵	⚶	⚷
	° ′	° ′	° ′	° ′	° ′	° ′	° ′	° ′	° ′	° ′	° ′	° ′	°	°	°	°	°
1	11 ♒ 34	5 ♉ 21	29 ♊ 7	0 R 20	16 D 20	6 D 54	14 D 34	28 R 22	28 R 48	26 R 7	28 D 42	23 D 26	0 D	1 D	7 D	28 R	28 R
2	12 ♒ 35	17 ♉ 13	29 ♊ 3	0 D 20	18 ♒ 5	8 ♓ 9	15 ♑ 19	28 ♌ 14	28 ♍ 46	26 ♋ 4	28 ♈ 43	23 ♒ 28	0 ♓	1 ♒	8 ♑	28 ♌	28 ♊
3	13 ♒ 36	29 ♉ 2	29 ♊ 0	0 ♋ 21	19 ♒ 52	9 ♓ 23	16 ♑ 4	28 ♌ 7	28 ♍ 43	26 ♋ 2	28 ♈ 44	23 ♒ 29	1 ♓	1 ♒	8 ♑	28 ♌	28 ♊
4	14 ♒ 37	10 ♊ 53	28 ♊ 57	0 ♋ 22	21 ♒ 38	10 ♓ 38	16 ♑ 49	28 ♌ 0	28 ♍ 41	25 ♋ 59	28 ♈ 45	23 ♒ 31	1 ♓	2 ♒	8 ♑	27 ♌	28 ♊
5	15 ♒ 38	22 ♊ 52	28 ♊ 54	0 ♋ 24	23 ♒ 25	11 ♓ 52	17 ♑ 34	27 ♌ 52	28 ♍ 38	25 ♋ 57	28 ♈ 46	23 ♒ 33	2 ♓	2 ♒	9 ♑	27 ♌	28 ♊
6	16 ♒ 39	5 ♋ 2	28 ♊ 51	0 R 24	25 ♒ 12	13 ♓ 6	18 ♑ 19	27 ♌ 44	28 ♍ 35	25 ♋ 55	28 ♈ 47	23 ♒ 35	2 ♓	3 ♒	9 ♑	27 ♌	28 ♊
7	17 ♒ 39	17 ♋ 28	28 ♊ 48	0 ♋ 22	26 ♒ 59	14 ♓ 21	19 ♑ 5	27 ♌ 37	28 ♍ 32	25 ♋ 52	28 ♈ 48	23 ♒ 36	2 ♓	3 ♒	9 ♑	27 ♌	28 ♊
8	18 ♒ 40	0 ♌ 11	28 ♊ 44	0 ♋ 18	28 ♒ 46	15 ♓ 35	19 ♑ 50	27 ♌ 29	28 ♍ 29	25 ♋ 50	28 ♈ 49	23 ♒ 38	3 ♓	3 ♒	10 ♑	26 ♌	28 ♊
9	19 ♒ 41	13 ♌ 13	28 ♊ 41	0 ♋ 12	0 ♓ 33	16 ♓ 49	20 ♑ 35	27 ♌ 21	28 ♍ 26	25 ♋ 48	28 ♈ 50	23 ♒ 40	3 ♓	4 ♒	10 ♑	26 ♌	28 ♊
10	20 ♒ 42	26 ♌ 34	28 ♊ 38	0 ♋ 4	2 ♓ 20	18 ♓ 3	21 ♑ 20	27 ♌ 13	28 ♍ 23	25 ♋ 45	28 ♈ 51	23 ♒ 42	4 ♓	4 ♒	10 ♑	26 ♌	28 ♊
11	21 ♒ 42	10 ♍ 12	28 ♊ 35	29 ♊ 55	4 ♓ 5	19 ♓ 17	22 ♑ 6	27 ♌ 5	28 ♍ 20	25 ♋ 43	28 ♈ 52	23 ♒ 43	4 ♓	4 ♒	11 ♑	26 ♌	28 ♊
12	22 ♒ 43	24 ♍ 2	28 ♊ 32	29 ♊ 46	5 ♓ 50	20 ♓ 31	22 ♑ 51	26 ♌ 58	28 ♍ 16	25 ♋ 41	28 ♈ 53	23 ♒ 45	4 ♓	5 ♒	11 ♑	25 ♌	28 ♊
13	23 ♒ 44	8 ♎ 3	28 ♊ 28	29 ♊ 38	7 ♓ 34	21 ♓ 45	23 ♑ 36	26 ♌ 50	28 ♍ 13	25 ♋ 38	28 ♈ 54	23 ♒ 47	5 ♓	5 ♒	11 ♑	25 ♌	28 ♊
14	24 ♒ 45	22 ♎ 9	28 ♊ 25	29 ♊ 32	9 ♓ 16	22 ♓ 59	24 ♑ 22	26 ♌ 42	28 ♍ 9	25 ♋ 36	28 ♈ 55	23 ♒ 49	5 ♓	5 ♒	12 ♑	25 ♌	28 ♊
15	25 ♒ 45	6 ♏ 17	28 ♊ 22	29 ♊ 28	10 ♓ 56	24 ♓ 13	25 ♑ 7	26 ♌ 34	28 ♍ 6	25 ♋ 34	28 ♈ 56	23 ♒ 50	6 ♓	6 ♒	12 ♑	24 ♌	28 ♊
16	26 ♒ 46	20 ♏ 26	28 ♊ 19	29 ♊ 26	12 ♓ 33	25 ♓ 27	25 ♑ 53	26 ♌ 26	28 ♍ 2	25 ♋ 32	28 ♈ 58	23 ♒ 52	6 ♓	6 ♒	12 ♑	24 ♌	28 ♊
17	27 ♒ 46	4 ♐ 33	28 ♊ 16	29 D 26	14 ♓ 7	26 ♓ 41	26 ♑ 38	26 ♌ 18	27 ♍ 58	25 ♋ 30	28 ♈ 59	23 ♒ 54	6 ♓	6 ♒	13 ♑	24 ♌	28 ♊
18	28 ♒ 47	18 ♐ 36	28 ♊ 13	29 ♊ 27	15 ♓ 38	27 ♓ 55	27 ♑ 24	26 ♌ 10	27 ♍ 55	25 ♋ 28	29 ♈ 0	23 ♒ 56	7 ♓	7 ♒	13 ♑	24 ♌	28 ♊
19	29 ♒ 48	2 ♑ 37	28 ♊ 9	29 R 27	17 ♓ 4	29 ♓ 9	28 ♑ 10	26 ♌ 2	27 ♍ 51	25 ♋ 26	29 ♈ 2	23 ♒ 57	7 ♓	7 ♒	13 ♑	23 ♌	28 ♊
20	0 ♓ 48	16 ♑ 32	28 ♊ 6	29 ♊ 26	18 ♓ 26	0 ♈ 22	28 ♑ 55	25 ♌ 54	27 ♍ 47	25 ♋ 24	29 ♈ 3	23 ♒ 59	7 ♓	8 ♒	14 ♑	23 ♌	28 ♊
21	1 ♓ 49	0 ♒ 21	28 ♊ 3	29 ♊ 22	19 ♓ 42	1 ♈ 36	29 ♑ 41	25 ♌ 46	27 ♍ 43	25 ♋ 22	29 ♈ 4	24 ♒ 1	8 ♓	8 ♒	14 ♑	23 ♌	28 ♊
22	2 ♓ 49	14 ♒ 2	28 ♊ 0	29 ♊ 15	20 ♓ 51	2 ♈ 50	0 ♒ 27	25 ♌ 38	27 ♍ 39	25 ♋ 20	29 ♈ 6	24 ♒ 3	8 ♓	8 ♒	14 ♑	23 ♌	28 ♊
23	3 ♓ 50	27 ♒ 31	27 ♊ 57	29 ♊ 6	21 ♓ 54	4 ♈ 3	1 ♒ 12	25 ♌ 31	27 ♍ 35	25 ♋ 18	29 ♈ 7	24 ♒ 4	9 ♓	9 ♒	15 ♑	22 ♌	28 ♊
24	4 ♓ 50	10 ♓ 47	27 ♊ 54	28 ♊ 55	22 ♓ 49	5 ♈ 17	1 ♒ 58	25 ♌ 23	27 ♍ 31	25 ♋ 16	29 ♈ 9	24 ♒ 6	9 ♓	9 ♒	15 ♑	22 ♌	28 ♊
25	5 ♓ 50	23 ♓ 47	27 ♊ 50	28 ♊ 43	23 ♓ 36	6 ♈ 30	2 ♒ 44	25 ♌ 15	27 ♍ 27	25 ♋ 14	29 ♈ 10	24 ♒ 8	9 ♓	9 ♒	15 ♑	22 ♌	28 ♊
26	6 ♓ 51	6 ♈ 30	27 ♊ 47	28 ♊ 31	24 ♓ 15	7 ♈ 44	3 ♒ 30	25 ♌ 7	27 ♍ 22	25 ♋ 13	29 ♈ 12	24 ♒ 10	10 ♓	10 ♒	16 ♑	22 ♌	28 ♊
27	7 ♓ 51	18 ♈ 57	27 ♊ 44	28 ♊ 20	24 ♓ 44	8 ♈ 57	4 ♒ 15	25 ♌ 0	27 ♍ 18	25 ♋ 11	29 ♈ 13	24 ♒ 11	10 ♓	10 ♒	16 ♑	21 ♌	28 ♊
28	8 ♓ 51	1 ♉ 9	27 ♊ 41	28 ♊ 11	25 ♓ 4	10 ♈ 11	5 ♒ 1	24 ♌ 52	27 ♍ 14	25 ♋ 9	29 ♈ 15	24 ♒ 13	11 ♓	10 ♒	16 ♑	21 ♌	28 ♊

SUN INGRESS: ☉→♓ 19日 04:45

MOON PHASE: ◐ 1日 13:45 ♉ ○ 9日 12:39 ♌ ◑ 16日 11:35 ♏ ● 23日 12:17 ♓

aspects

5日	01:48	☿☌♇
7日	07:50	☿☍♃
8日	00:31	☿⚹♆
13日	01:12	☉☌♇
15日	13:27	♂☍♅
15日	17:01	☉☍♃
16日	01:29	♀△♅
16日	21:43	♀⚹♂
17日	23:55	♀☍♄
18日	05:22	☉⚹♆
18日	14:53	♂△♄
20日	04:09	♂□♆
28日	08:36	☿△♅

2039年3月

DAY	☉	☽	☊ mean	☊ true	☿	♀	♂	♃	♄	♅	♆	♇	⚳	⚴	⚵	⚶	⚷
	° ′	° ′	° ′	° ′	° ′	° ′	° ′	° ′	° ′	° ′	° ′	° ′	°	°	°	°	°
1	9 ♓ 52	13 ♉ 8	27 ♊ 38	28 R 5	25 D 14	11 D 24	5 D 47	24 R 45	27 R 9	25 R 7	29 D 16	24 D 15	11 D	11 D	17 D	21 R	28 R
2	10 ♓ 52	25 ♉ 0	27 ♊ 34	28 ♊ 2	25 R 14	12 ♈ 37	6 ♒ 33	24 ♌ 37	27 ♍ 5	25 ♋ 6	29 ♈ 18	24 ♒ 16	11 ♓	11 ♒	17 ♑	21 ♌	28 ♊
3	11 ♓ 52	6 ♊ 48	27 ♊ 31	28 ♊ 1	25 ♓ 5	13 ♈ 50	7 ♒ 19	24 ♌ 30	27 ♍ 0	25 ♋ 4	29 ♈ 20	24 ♒ 18	12 ♓	11 ♒	17 ♑	20 ♌	28 ♊
4	12 ♓ 52	18 ♊ 39	27 ♊ 28	28 D 1	24 ♓ 47	15 ♈ 3	8 ♒ 5	24 ♌ 23	26 ♍ 56	25 ♋ 3	29 ♈ 21	24 ♒ 20	12 ♓	12 ♒	17 ♑	20 ♌	28 ♊
5	13 ♓ 53	0 ♋ 37	27 ♊ 25	28 R 1	24 ♓ 20	16 ♈ 16	8 ♒ 51	24 ♌ 16	26 ♍ 51	25 ♋ 1	29 ♈ 23	24 ♒ 21	13 ♓	12 ♒	18 ♑	20 ♌	28 D
6	14 ♓ 53	12 ♋ 48	27 ♊ 22	28 ♊ 0	23 ♓ 45	17 ♈ 29	9 ♒ 37	24 ♌ 9	26 ♍ 47	25 ♋ 0	29 ♈ 25	24 ♒ 23	13 ♓	12 ♒	18 ♑	20 ♌	28 ♊
7	15 ♓ 53	25 ♋ 17	27 ♊ 19	27 ♊ 57	23 ♓ 3	18 ♈ 42	10 ♒ 23	24 ♌ 2	26 ♍ 42	24 ♋ 59	29 ♈ 26	24 ♒ 25	13 ♓	13 ♒	18 ♑	20 ♌	28 ♊
8	16 ♓ 53	8 ♌ 7	27 ♊ 15	27 ♊ 52	22 ♓ 14	19 ♈ 55	11 ♒ 9	23 ♌ 55	26 ♍ 38	24 ♋ 57	29 ♈ 28	24 ♒ 26	14 ♓	13 ♒	19 ♑	19 ♌	28 ♊
9	17 ♓ 53	21 ♌ 22	27 ♊ 12	27 ♊ 44	21 ♓ 21	21 ♈ 8	11 ♒ 55	23 ♌ 48	26 ♍ 33	24 ♋ 56	29 ♈ 30	24 ♒ 28	14 ♓	13 ♒	19 ♑	19 ♌	28 ♊
10	18 ♓ 53	5 ♍ 1	27 ♊ 9	27 ♊ 33	20 ♓ 24	22 ♈ 20	12 ♒ 41	23 ♌ 42	26 ♍ 28	24 ♋ 55	29 ♈ 32	24 ♒ 30	15 ♓	14 ♒	19 ♑	19 ♌	28 ♊
11	19 ♓ 53	19 ♍ 1	27 ♊ 6	27 ♊ 21	19 ♓ 25	23 ♈ 33	13 ♒ 27	23 ♌ 35	26 ♍ 24	24 ♋ 54	29 ♈ 34	24 ♒ 31	15 ♓	14 ♒	20 ♑	19 ♌	28 ♊
12	20 ♓ 53	3 ♎ 19	27 ♊ 3	27 ♊ 9	18 ♓ 26	24 ♈ 45	14 ♒ 13	23 ♌ 29	26 ♍ 19	24 ♋ 52	29 ♈ 35	24 ♒ 33	15 ♓	14 ♒	20 ♑	19 ♌	28 ♊
13	21 ♓ 53	17 ♎ 47	27 ♊ 0	26 ♊ 58	17 ♓ 26	25 ♈ 58	14 ♒ 59	23 ♌ 23	26 ♍ 14	24 ♋ 51	29 ♈ 37	24 ♒ 35	16 ♓	15 ♒	20 ♑	18 ♌	28 ♊
14	22 ♓ 52	2 ♏ 20	26 ♊ 56	26 ♊ 49	16 ♓ 29	27 ♈ 10	15 ♒ 45	23 ♌ 16	26 ♍ 9	24 ♋ 50	29 ♈ 39	24 ♒ 36	16 ♓	15 ♒	20 ♑	18 ♌	28 ♊
15	23 ♓ 52	16 ♏ 51	26 ♊ 53	26 ♊ 43	15 ♓ 35	28 ♈ 22	16 ♒ 31	23 ♌ 10	26 ♍ 5	24 ♋ 49	29 ♈ 41	24 ♒ 38	17 ♓	15 ♒	21 ♑	18 ♌	28 ♊
16	24 ♓ 52	1 ♐ 15	26 ♊ 50	26 ♊ 39	14 ♓ 44	29 ♈ 35	17 ♒ 17	23 ♌ 5	26 ♍ 0	24 ♋ 48	29 ♈ 43	24 ♒ 39	17 ♓	16 ♒	21 ♑	18 ♌	28 ♊
17	25 ♓ 52	15 ♐ 28	26 ♊ 47	26 ♊ 38	13 ♓ 58	0 ♉ 47	18 ♒ 4	22 ♌ 59	25 ♍ 55	24 ♋ 47	29 ♈ 45	24 ♒ 41	17 ♓	16 ♒	21 ♑	18 ♌	28 ♊
18	26 ♓ 52	29 ♐ 30	26 ♊ 44	26 ♊ 38	13 ♓ 18	1 ♉ 59	18 ♒ 50	22 ♌ 53	25 ♍ 50	24 ♋ 47	29 ♈ 47	24 ♒ 42	18 ♓	16 ♒	22 ♑	18 ♌	28 ♊
19	27 ♓ 51	13 ♑ 19	26 ♊ 40	26 ♊ 38	12 ♓ 43	3 ♉ 11	19 ♒ 36	22 ♌ 48	25 ♍ 46	24 ♋ 46	29 ♈ 49	24 ♒ 44	18 ♓	17 ♒	22 ♑	18 ♌	28 ♊
20	28 ♓ 51	26 ♑ 57	26 ♊ 37	26 ♊ 36	12 ♓ 15	4 ♉ 23	20 ♒ 22	22 ♌ 43	25 ♍ 41	24 ♋ 45	29 ♈ 51	24 ♒ 45	19 ♓	17 ♒	22 ♑	18 ♌	28 ♊
21	29 ♓ 51	10 ♒ 25	26 ♊ 34	26 ♊ 31	11 ♓ 52	5 ♉ 35	21 ♒ 8	22 ♌ 38	25 ♍ 36	24 ♋ 44	29 ♈ 53	24 ♒ 47	19 ♓	17 ♒	22 ♑	17 ♌	28 ♊
22	0 ♈ 50	23 ♒ 41	26 ♊ 31	26 ♊ 24	11 ♓ 36	6 ♉ 46	21 ♒ 55	22 ♌ 33	25 ♍ 31	24 ♋ 44	29 ♈ 55	24 ♒ 48	19 ♓	17 ♒	23 ♑	17 ♌	28 ♊
23	1 ♈ 50	6 ♓ 47	26 ♊ 28	26 ♊ 13	11 ♓ 26	7 ♉ 58	22 ♒ 41	22 ♌ 28	25 ♍ 27	24 ♋ 43	29 ♈ 57	24 ♒ 50	20 ♓	18 ♒	23 ♑	17 ♌	28 ♊
24	2 ♈ 50	19 ♓ 41	26 ♊ 25	26 ♊ 1	11 ♓ 22	9 ♉ 9	23 ♒ 27	22 ♌ 23	25 ♍ 22	24 ♋ 43	29 ♈ 59	24 ♒ 51	20 ♓	18 ♒	23 ♑	17 ♌	28 ♊
25	3 ♈ 49	2 ♈ 23	26 ♊ 21	25 ♊ 47	11 D 23	10 ♉ 21	24 ♒ 13	22 ♌ 19	25 ♍ 17	24 ♋ 42	0 ♉ 1	24 ♒ 53	20 ♓	18 ♒	23 ♑	17 ♌	28 ♊
26	4 ♈ 49	14 ♈ 52	26 ♊ 18	25 ♊ 34	11 ♓ 31	11 ♉ 32	25 ♒ 0	22 ♌ 14	25 ♍ 13	24 ♋ 42	0 ♉ 3	24 ♒ 54	21 ♓	19 ♒	24 ♑	17 ♌	28 ♊
27	5 ♈ 48	27 ♈ 9	26 ♊ 15	25 ♊ 21	11 ♓ 44	12 ♉ 44	25 ♒ 46	22 ♌ 10	25 ♍ 8	24 ♋ 41	0 ♉ 5	24 ♒ 56	21 ♓	19 ♒	24 ♑	17 ♌	28 ♊
28	6 ♈ 47	9 ♉ 15	26 ♊ 12	25 ♊ 11	12 ♓ 2	13 ♉ 55	26 ♒ 32	22 ♌ 6	25 ♍ 4	24 ♋ 41	0 ♉ 7	24 ♒ 57	22 ♓	19 ♒	24 ♑	17 ♌	28 ♊
29	7 ♈ 47	21 ♉ 11	26 ♊ 9	25 ♊ 4	12 ♓ 25	15 ♉ 6	27 ♒ 19	22 ♌ 3	24 ♍ 59	24 ♋ 41	0 ♉ 9	24 ♒ 58	22 ♓	20 ♒	24 ♑	17 ♌	28 ♊
30	8 ♈ 46	3 ♊ 0	26 ♊ 5	24 ♊ 59	12 ♓ 53	16 ♉ 17	28 ♒ 5	21 ♌ 59	24 ♍ 54	24 ♋ 40	0 ♉ 12	25 ♒ 0	22 ♓	20 ♒	25 ♑	17 ♌	28 ♊
31	9 ♈ 46	14 ♊ 47	26 ♊ 2	24 ♊ 57	13 ♓ 25	17 ♉ 28	28 ♒ 51	21 ♌ 56	24 ♍ 50	24 ♋ 40	0 ♉ 14	25 ♒ 1	23 ♓	20 ♒	25 ♑	17 ♌	28 ♊
SUN INGRESS	☉ → ♈ 21日 03:31																
MOON PHASE	◐ 3日 11:14 ♊	○ 11日 01:34 ♍	◑ 17日 19:07 ♐	● 25日 02:59 ♈													

aspects		
3日	01:57	☿△♅
4日	08:41	♃☍♇
10日	18:27	☉☌☿
11日	00:43	♀△♃
11日	19:47	♀⚹♇
12日	02:17	♀□♅
15日	22:28	☉△♅
16日	02:52	♀☌♆
17日	01:12	☉☍♄
22日	17:51	♂☍♃
25日	21:00	♂☌♇
25日	23:27	☿⚹♀

2039年4月

DAY	☉	☽	☊ mean	☊ true	☿	♀	♂	♃	♄	♅	♆	♇	⚳	⚴	⚵	⚶	⚷
	° ′	° ′	° ′	° ′	° ′	° ′	° ′	° ′	° ′	° ′	° ′	° ′	°	°	°	°	°
1	10 ♈ 45	26 ♊ 36	25 ♊ 59	24 D 57	14 D 2	18 D 39	29 D 38	21 R 52	24 R 45	24 R 40	0 D 16	25 D 2	23 D	20 D	25 D	17 R	28 D
2	11 ♈ 44	8 ♋ 33	25 ♊ 56	24 ♊ 57	14 ♓ 42	19 ♉ 49	0 ♓ 24	21 ♌ 49	24 ♍ 41	24 ♋ 40	0 ♉ 18	25 ♒ 4	24 ♓	21 ♒	25 ♑	17 ♌	28 ♊
3	12 ♈ 43	20 ♋ 42	25 ♊ 53	24 R 57	15 ♓ 26	21 ♉ 0	1 ♓ 10	21 ♌ 46	24 ♍ 37	24 D 40	0 ♉ 20	25 ♒ 5	24 ♓	21 ♒	26 ♑	17 D	28 ♊
4	13 ♈ 43	3 ♌ 10	25 ♊ 50	24 ♊ 55	16 ♓ 13	22 ♉ 10	1 ♓ 56	21 ♌ 44	24 ♍ 32	24 ♋ 40	0 ♉ 22	25 ♒ 6	24 ♓	21 ♒	26 ♑	17 ♌	28 ♊
5	14 ♈ 42	16 ♌ 0	25 ♊ 46	24 ♊ 51	17 ♓ 4	23 ♉ 21	2 ♓ 43	21 ♌ 41	24 ♍ 28	24 ♋ 40	0 ♉ 25	25 ♒ 7	25 ♓	22 ♒	26 ♑	17 ♌	28 ♊
6	15 ♈ 41	29 ♌ 17	25 ♊ 43	24 ♊ 45	17 ♓ 58	24 ♉ 31	3 ♓ 29	21 ♌ 39	24 ♍ 24	24 ♋ 41	0 ♉ 27	25 ♒ 9	25 ♓	22 ♒	26 ♑	17 ♌	28 ♊
7	16 ♈ 40	13 ♍ 2	25 ♊ 40	24 ♊ 37	18 ♓ 55	25 ♉ 41	4 ♓ 15	21 ♌ 37	24 ♍ 19	24 ♋ 41	0 ♉ 29	25 ♒ 10	26 ♓	22 ♒	27 ♑	17 ♌	28 ♊
8	17 ♈ 39	27 ♍ 14	25 ♊ 37	24 ♊ 27	19 ♓ 55	26 ♉ 51	5 ♓ 2	21 ♌ 35	24 ♍ 15	24 ♋ 41	0 ♉ 31	25 ♒ 11	26 ♓	22 ♒	27 ♑	17 ♌	28 ♊
9	18 ♈ 38	11 ♎ 48	25 ♊ 34	24 ♊ 16	20 ♓ 58	28 ♉ 1	5 ♓ 48	21 ♌ 33	24 ♍ 11	24 ♋ 41	0 ♉ 33	25 ♒ 12	26 ♓	23 ♒	27 ♑	17 ♌	28 ♊
10	19 ♈ 37	26 ♎ 38	25 ♊ 31	24 ♊ 7	22 ♓ 3	29 ♉ 11	6 ♓ 34	21 ♌ 31	24 ♍ 7	24 ♋ 42	0 ♉ 36	25 ♒ 13	27 ♓	23 ♒	27 ♑	17 ♌	29 ♊
11	20 ♈ 36	11 ♏ 35	25 ♊ 27	23 ♊ 59	23 ♓ 11	0 ♊ 21	7 ♓ 21	21 ♌ 30	24 ♍ 3	24 ♋ 42	0 ♉ 38	25 ♒ 15	27 ♓	23 ♒	27 ♑	17 ♌	29 ♊
12	21 ♈ 35	26 ♏ 31	25 ♊ 24	23 ♊ 54	24 ♓ 21	1 ♊ 30	8 ♓ 7	21 ♌ 29	23 ♍ 59	24 ♋ 43	0 ♉ 40	25 ♒ 16	27 ♓	24 ♒	28 ♑	17 ♌	29 ♊
13	22 ♈ 33	11 ♐ 16	25 ♊ 21	23 ♊ 51	25 ♓ 33	2 ♊ 39	8 ♓ 53	21 ♌ 28	23 ♍ 55	24 ♋ 43	0 ♉ 42	25 ♒ 17	28 ♓	24 ♒	28 ♑	17 ♌	29 ♊
14	23 ♈ 32	25 ♐ 46	25 ♊ 18	23 D 51	26 ♓ 48	3 ♊ 49	9 ♓ 40	21 ♌ 27	23 ♍ 51	24 ♋ 44	0 ♉ 45	25 ♒ 18	28 ♓	24 ♒	28 ♑	17 ♌	29 ♊
15	24 ♈ 31	9 ♑ 58	25 ♊ 15	23 ♊ 51	28 ♓ 4	4 ♊ 58	10 ♓ 26	21 ♌ 26	23 ♍ 48	24 ♋ 44	0 ♉ 47	25 ♒ 19	29 ♓	24 ♒	28 ♑	17 ♌	29 ♊
16	25 ♈ 30	23 ♑ 51	25 ♊ 11	23 ♊ 52	29 ♓ 23	6 ♊ 7	11 ♓ 12	21 ♌ 26	23 ♍ 44	24 ♋ 45	0 ♉ 49	25 ♒ 20	29 ♓	25 ♒	29 ♑	17 ♌	29 ♊
17	26 ♈ 29	7 ♒ 25	25 ♊ 8	23 R 51	0 ♈ 43	7 ♊ 16	11 ♓ 59	21 ♌ 25	23 ♍ 40	24 ♋ 46	0 ♉ 51	25 ♒ 21	29 ♓	25 ♒	29 ♑	18 ♌	29 ♊
18	27 ♈ 27	20 ♒ 42	25 ♊ 5	23 ♊ 49	2 ♈ 6	8 ♊ 24	12 ♓ 45	21 D 25	23 ♍ 37	24 ♋ 47	0 ♉ 54	25 ♒ 22	0 ♈	25 ♒	29 ♑	18 ♌	29 ♊
19	28 ♈ 26	3 ♓ 43	25 ♊ 2	23 ♊ 44	3 ♈ 31	9 ♊ 33	13 ♓ 31	21 ♌ 25	23 ♍ 33	24 ♋ 48	0 ♉ 56	25 ♒ 23	0 ♈	25 ♒	29 ♑	18 ♌	29 ♊
20	29 ♈ 25	16 ♓ 30	24 ♊ 59	23 ♊ 37	4 ♈ 57	10 ♊ 41	14 ♓ 17	21 ♌ 26	23 ♍ 30	24 ♋ 49	0 ♉ 58	25 ♒ 24	0 ♈	26 ♒	29 ♑	18 ♌	29 ♊
21	0 ♉ 23	29 ♓ 6	24 ♊ 56	23 ♊ 28	6 ♈ 25	11 ♊ 50	15 ♓ 4	21 ♌ 26	23 ♍ 27	24 ♋ 49	1 ♉ 0	25 ♒ 25	1 ♈	26 ♒	29 ♑	18 ♌	29 ♊
22	1 ♉ 22	11 ♈ 30	24 ♊ 52	23 ♊ 18	7 ♈ 55	12 ♊ 58	15 ♓ 50	21 ♌ 27	23 ♍ 24	24 ♋ 51	1 ♉ 3	25 ♒ 26	1 ♈	26 ♒	0 ♒	18 ♌	29 ♊
23	2 ♉ 20	23 ♈ 44	24 ♊ 49	23 ♊ 8	9 ♈ 27	14 ♊ 6	16 ♓ 36	21 ♌ 28	23 ♍ 20	24 ♋ 52	1 ♉ 5	25 ♒ 26	2 ♈	26 ♒	0 ♒	18 ♌	29 ♊
24	3 ♉ 19	5 ♉ 49	24 ♊ 46	23 ♊ 0	11 ♈ 0	15 ♊ 14	17 ♓ 22	21 ♌ 29	23 ♍ 17	24 ♋ 53	1 ♉ 7	25 ♒ 27	2 ♈	27 ♒	0 ♒	18 ♌	29 ♊
25	4 ♉ 17	17 ♉ 46	24 ♊ 43	22 ♊ 53	12 ♈ 36	16 ♊ 21	18 ♓ 9	21 ♌ 30	23 ♍ 14	24 ♋ 54	1 ♉ 10	25 ♒ 28	2 ♈	27 ♒	0 ♒	19 ♌	29 ♊
26	5 ♉ 16	29 ♉ 37	24 ♊ 40	22 ♊ 48	14 ♈ 13	17 ♊ 29	18 ♓ 55	21 ♌ 31	23 ♍ 11	24 ♋ 55	1 ♉ 12	25 ♒ 29	3 ♈	27 ♒	0 ♒	19 ♌	29 ♊
27	6 ♉ 14	11 ♊ 25	24 ♊ 37	22 ♊ 45	15 ♈ 52	18 ♊ 36	19 ♓ 41	21 ♌ 33	23 ♍ 9	24 ♋ 56	1 ♉ 14	25 ♒ 30	3 ♈	27 ♒	0 ♒	19 ♌	0 ♋
28	7 ♉ 13	23 ♊ 12	24 ♊ 33	22 D 44	17 ♈ 32	19 ♊ 43	20 ♓ 27	21 ♌ 35	23 ♍ 6	24 ♋ 58	1 ♉ 16	25 ♒ 30	3 ♈	28 ♒	1 ♒	19 ♌	0 ♋
29	8 ♉ 11	5 ♋ 1	24 ♊ 30	22 ♊ 45	19 ♈ 14	20 ♊ 50	21 ♓ 13	21 ♌ 37	23 ♍ 3	24 ♋ 59	1 ♉ 19	25 ♒ 31	4 ♈	28 ♒	1 ♒	19 ♌	0 ♋
30	9 ♉ 9	16 ♋ 58	24 ♊ 27	22 ♊ 46	20 ♈ 58	21 ♊ 57	21 ♓ 59	21 ♌ 39	23 ♍ 1	25 ♋ 0	1 ♉ 21	25 ♒ 32	4 ♈	28 ♒	1 ♒	19 ♌	0 ♋
SUN INGRESS	☉ → ♉ 20日 14:17																
MOON PHASE	◐ 2日 06:54 ♋	○ 9日 11:52 ♎	◑ 16日 03:06 ♑	● 23日 18:34 ♉													

aspects		
1日	20:51	♂⚹♆
2日	04:10	♄⚹♅
3日	15:12	♀□♃
5日	21:35	♀△♄
6日	03:14	♀⚹♅
6日	13:04	♀□♇
11日	17:04	☿☍♄
11日	21:41	☉△♃
12日	07:25	☿△♃
15日	05:33	☉□♅
15日	19:52	☉⚹♇
21日	15:51	☉☌♆
29日	17:07	♀⚹♃
30日	02:33	♀□♂
30日	09:24	☿△♃
30日	21:59	♀□♄

2039年5月

DAY	☉	☽	☊ mean	☊ true	☿	♀	♂	♃	♄	♅	♆	♇	⚳	⚴	⚵	⚶	⚷
	° ′	° ′	° ′	° ′	° ′	° ′	° ′	° ′	° ′	° ′	° ′	° ′	°	°	°	°	°
1	10 ♉ 8	29 ♋ 6	24 ♊ 24	22 D 48	22 D 44	23 D 4	22 D 46	21 D 41	22 R 58	25 D 2	1 D 23	25 D 33	5 D	28 D	1 D	20 D	0 D
2	11 ♉ 6	11 ♌ 32	24 ♊ 21	22 R 48	24 ♈ 32	24 ♊ 10	23 ♓ 32	21 ♌ 44	22 ♍ 56	25 ♋ 3	1 ♉ 25	25 ♒ 33	5 ♈	28 ♒	1 ♒	20 ♌	0 ♋
3	12 ♉ 4	24 ♌ 19	24 ♊ 17	22 ♊ 47	26 ♈ 21	25 ♊ 17	24 ♓ 18	21 ♌ 46	22 ♍ 53	25 ♋ 5	1 ♉ 28	25 ♒ 34	5 ♈	29 ♒	1 ♒	20 ♌	0 ♋
4	13 ♉ 2	7 ♍ 32	24 ♊ 14	22 ♊ 45	28 ♈ 12	26 ♊ 23	25 ♓ 4	21 ♌ 49	22 ♍ 51	25 ♋ 7	1 ♉ 30	25 ♒ 34	6 ♈	29 ♒	1 ♒	20 ♌	0 ♋
5	14 ♉ 1	21 ♍ 13	24 ♊ 11	22 ♊ 41	0 ♉ 5	27 ♊ 28	25 ♓ 50	21 ♌ 52	22 ♍ 49	25 ♋ 8	1 ♉ 32	25 ♒ 35	6 ♈	29 ♒	2 ♒	20 ♌	0 ♋
6	14 ♉ 59	5 ♎ 23	24 ♊ 8	22 ♊ 36	2 ♉ 0	28 ♊ 34	26 ♓ 36	21 ♌ 55	22 ♍ 47	25 ♋ 10	1 ♉ 34	25 ♒ 36	6 ♈	29 ♒	2 ♒	21 ♌	0 ♋
7	15 ♉ 57	19 ♎ 59	24 ♊ 5	22 ♊ 30	3 ♉ 56	29 ♊ 39	27 ♓ 22	21 ♌ 59	22 ♍ 45	25 ♋ 12	1 ♉ 36	25 ♒ 36	7 ♈	29 ♒	2 ♒	21 ♌	0 ♋
8	16 ♉ 55	4 ♏ 55	24 ♊ 2	22 ♊ 25	5 ♉ 54	0 ♋ 44	28 ♓ 8	22 ♌ 2	22 ♍ 43	25 ♋ 14	1 ♉ 39	25 ♒ 37	7 ♈	0 ♓	2 ♒	21 ♌	0 ♋
9	17 ♉ 53	20 ♏ 4	23 ♊ 58	22 ♊ 21	7 ♉ 54	1 ♋ 49	28 ♓ 54	22 ♌ 6	22 ♍ 42	25 ♋ 15	1 ♉ 41	25 ♒ 37	7 ♈	0 ♓	2 ♒	21 ♌	0 ♋
10	18 ♉ 51	5 ♐ 15	23 ♊ 55	22 ♊ 19	9 ♉ 56	2 ♋ 54	29 ♓ 39	22 ♌ 10	22 ♍ 40	25 ♋ 17	1 ♉ 43	25 ♒ 38	8 ♈	0 ♓	2 ♒	22 ♌	0 ♋
11	19 ♉ 49	20 ♐ 19	23 ♊ 52	22 ♊ 18	11 ♉ 59	3 ♋ 58	0 ♈ 25	22 ♌ 14	22 ♍ 39	25 ♋ 19	1 ♉ 45	25 ♒ 38	8 ♈	0 ♓	2 ♒	22 ♌	1 ♋
12	20 ♉ 47	5 ♑ 8	23 ♊ 49	22 D 18	14 ♉ 4	5 ♋ 3	1 ♈ 11	22 ♌ 18	22 ♍ 37	25 ♋ 21	1 ♉ 47	25 ♒ 38	9 ♈	0 ♓	2 ♒	22 ♌	1 ♋
13	21 ♉ 45	19 ♑ 36	23 ♊ 46	22 ♊ 19	16 ♉ 10	6 ♋ 7	1 ♈ 57	22 ♌ 22	22 ♍ 36	25 ♋ 23	1 ♉ 50	25 ♒ 39	9 ♈	1 ♓	2 ♒	22 ♌	1 ♋
14	22 ♉ 43	3 ♒ 40	23 ♊ 43	22 ♊ 21	18 ♉ 17	7 ♋ 10	2 ♈ 43	22 ♌ 27	22 ♍ 35	25 ♋ 25	1 ♉ 52	25 ♒ 39	9 ♈	1 ♓	3 ♒	23 ♌	1 ♋
15	23 ♉ 41	17 ♒ 20	23 ♊ 39	22 ♊ 22	20 ♉ 26	8 ♋ 14	3 ♈ 29	22 ♌ 31	22 ♍ 33	25 ♋ 28	1 ♉ 54	25 ♒ 39	10 ♈	1 ♓	3 ♒	23 ♌	1 ♋
16	24 ♉ 39	0 ♓ 37	23 ♊ 36	22 R 22	22 ♉ 36	9 ♋ 17	4 ♈ 14	22 ♌ 36	22 ♍ 32	25 ♋ 30	1 ♉ 56	25 ♒ 40	10 ♈	1 ♓	3 ♒	23 ♌	1 ♋
17	25 ♉ 37	13 ♓ 33	23 ♊ 33	22 ♊ 21	24 ♉ 46	10 ♋ 20	5 ♈ 0	22 ♌ 41	22 ♍ 31	25 ♋ 32	1 ♉ 58	25 ♒ 40	10 ♈	1 ♓	3 ♒	23 ♌	1 ♋
18	26 ♉ 34	26 ♓ 12	23 ♊ 30	22 ♊ 18	26 ♉ 57	11 ♋ 22	5 ♈ 46	22 ♌ 46	22 ♍ 31	25 ♋ 34	2 ♉ 0	25 ♒ 40	11 ♈	1 ♓	3 ♒	24 ♌	1 ♋
19	27 ♉ 32	8 ♈ 36	23 ♊ 27	22 ♊ 15	29 ♉ 8	12 ♋ 24	6 ♈ 31	22 ♌ 52	22 ♍ 30	25 ♋ 36	2 ♉ 2	25 ♒ 40	11 ♈	2 ♓	3 ♒	24 ♌	1 ♋
20	28 ♉ 30	20 ♈ 47	23 ♊ 23	22 ♊ 11	1 ♊ 20	13 ♋ 26	7 ♈ 17	22 ♌ 57	22 ♍ 29	25 ♋ 39	2 ♉ 4	25 ♒ 41	11 ♈	2 ♓	3 ♒	24 ♌	1 ♋
21	29 ♉ 28	2 ♉ 50	23 ♊ 20	22 ♊ 7	3 ♊ 31	14 ♋ 28	8 ♈ 3	23 ♌ 3	22 ♍ 29	25 ♋ 41	2 ♉ 6	25 ♒ 41	12 ♈	2 ♓	3 ♒	24 ♌	1 ♋
22	0 ♊ 26	14 ♉ 45	23 ♊ 17	22 ♊ 4	5 ♊ 41	15 ♋ 29	8 ♈ 48	23 ♌ 8	22 ♍ 28	25 ♋ 44	2 ♉ 8	25 ♒ 41	12 ♈	2 ♓	3 ♒	25 ♌	1 ♋
23	1 ♊ 23	26 ♉ 35	23 ♊ 14	22 ♊ 1	7 ♊ 51	16 ♋ 30	9 ♈ 34	23 ♌ 14	22 ♍ 28	25 ♋ 46	2 ♉ 10	25 ♒ 41	12 ♈	2 ♓	3 ♒	25 ♌	2 ♋
24	2 ♊ 21	8 ♊ 23	23 ♊ 11	22 ♊ 0	10 ♊ 0	17 ♋ 31	10 ♈ 19	23 ♌ 20	22 ♍ 28	25 ♋ 48	2 ♉ 13	25 ♒ 41	13 ♈	2 ♓	3 ♒	25 ♌	2 ♋
25	3 ♊ 19	20 ♊ 10	23 ♊ 8	21 ♊ 59	12 ♊ 8	18 ♋ 31	11 ♈ 4	23 ♌ 26	22 ♍ 28	25 ♋ 51	2 ♉ 15	25 ♒ 41	13 ♈	2 ♓	3 ♒	26 ♌	2 ♋
26	4 ♊ 16	1 ♋ 59	23 ♊ 4	21 D 59	14 ♊ 14	19 ♋ 31	11 ♈ 50	23 ♌ 33	22 D 28	25 ♋ 54	2 ♉ 17	25 ♒ 41	13 ♈	3 ♓	3 ♒	26 ♌	2 ♋
27	5 ♊ 14	13 ♋ 53	23 ♊ 1	22 ♊ 0	16 ♊ 18	20 ♋ 31	12 ♈ 35	23 ♌ 39	22 ♍ 28	25 ♋ 56	2 ♉ 18	25 ♒ 41	14 ♈	3 ♓	3 ♒	26 ♌	2 ♋
28	6 ♊ 12	25 ♋ 54	22 ♊ 58	22 ♊ 1	18 ♊ 20	21 ♋ 30	13 ♈ 20	23 ♌ 46	22 ♍ 28	25 ♋ 59	2 ♉ 20	25 R 41	14 ♈	3 ♓	3 ♒	27 ♌	2 ♋
29	7 ♊ 9	8 ♌ 7	22 ♊ 55	22 ♊ 3	20 ♊ 20	22 ♋ 29	14 ♈ 6	23 ♌ 52	22 ♍ 28	26 ♋ 1	2 ♉ 22	25 ♒ 41	14 ♈	3 ♓	3 R	27 ♌	2 ♋
30	8 ♊ 7	20 ♌ 34	22 ♊ 52	22 ♊ 4	22 ♊ 18	23 ♋ 27	14 ♈ 51	23 ♌ 59	22 ♍ 29	26 ♋ 4	2 ♉ 24	25 ♒ 41	15 ♈	3 ♓	3 ♒	27 ♌	2 ♋
31	9 ♊ 4	3 ♍ 20	22 ♊ 49	22 ♊ 4	24 ♊ 13	24 ♋ 25	15 ♈ 36	24 ♌ 6	22 ♍ 29	26 ♋ 7	2 ♉ 26	25 ♒ 41	15 ♈	3 ♓	3 ♒	28 ♌	2 ♋

SUN INGRESS	☉ → ♊ 21日 13:10
MOON PHASE	◐ 1日 23:07 ♌　○ 8日 20:19 ♏　◑ 15日 12:16 ♒　● 23日 10:37 ♊　◐ 31日 11:24 ♍

aspects		
1日	06:12	♂☍♄
1日	11:36	☿⚹♀
2日	07:05	☿□♅
2日	13:36	☿⚹♇
3日	06:20	♀△♇
4日	01:35	♂△♅
5日	18:33	☿☌♆
8日	20:43	♀⚹♆
13日	16:42	☉□♃
13日	20:36	☉△♄
15日	23:24	☿△♄
16日	00:06	☿□♃
16日	22:00	☉⚹♅
17日	01:26	☉□♇
17日	08:33	☿⚹♅
17日	09:55	☿□♇
17日	16:35	☉☌☿
24日	05:29	☿⚹♂
28日	23:47	♀⚹♄
30日	02:16	☿□♄
30日	22:29	☿⚹♃
31日	18:38	☿△♇

2039年6月

DAY	☉	☽	☊ mean	☊ true	☿	♀	♂	♃	♄	♅	♆	♇	⚳	⚴	⚵	⚶	⚷
	° ′	° ′	° ′	° ′	° ′	° ′	° ′	° ′	° ′	° ′	° ′	° ′	°	°	°	°	°
1	10 ♊ 2	16 ♍ 29	22 ♊ 45	22 R 4	26 D 6	25 D 23	16 D 21	24 D 13	22 D 30	26 D 10	2 D 28	25 R 41	15 D	3 D	3 R	28 D	2 D
2	10 ♊ 59	0 ♎ 3	22 ♊ 42	22 ♊ 4	27 ♊ 56	26 ♋ 20	17 ♈ 6	24 ♌ 21	22 ♍ 31	26 ♋ 12	2 ♉ 30	25 ♒ 41	16 ♈	3 ♓	3 ♒	28 ♌	2 ♋
3	11 ♊ 57	14 ♎ 3	22 ♊ 39	22 ♊ 3	29 ♊ 44	27 ♋ 16	17 ♈ 51	24 ♌ 28	22 ♍ 31	26 ♋ 15	2 ♉ 32	25 ♒ 41	16 ♈	3 ♓	3 ♒	29 ♌	3 ♋
4	12 ♊ 54	28 ♎ 29	22 ♊ 36	22 ♊ 2	1 ♋ 29	28 ♋ 12	18 ♈ 36	24 ♌ 36	22 ♍ 32	26 ♋ 18	2 ♉ 34	25 ♒ 41	16 ♈	3 ♓	3 ♒	29 ♌	3 ♋
5	13 ♊ 52	13 ♏ 16	22 ♊ 33	22 ♊ 1	3 ♋ 11	29 ♋ 8	19 ♈ 21	24 ♌ 43	22 ♍ 33	26 ♋ 21	2 ♉ 36	25 ♒ 40	17 ♈	4 ♓	3 ♒	29 ♌	3 ♋
6	14 ♊ 49	28 ♏ 20	22 ♊ 29	22 ♊ 0	4 ♋ 51	0 ♌ 3	20 ♈ 6	24 ♌ 51	22 ♍ 34	26 ♋ 24	2 ♉ 37	25 ♒ 40	17 ♈	4 ♓	3 ♒	0 ♍	3 ♋
7	15 ♊ 47	13 ♐ 32	22 ♊ 26	22 ♊ 0	6 ♋ 27	0 ♌ 57	20 ♈ 51	24 ♌ 59	22 ♍ 36	26 ♋ 27	2 ♉ 39	25 ♒ 40	17 ♈	4 ♓	3 ♒	0 ♍	3 ♋
8	16 ♊ 44	28 ♐ 42	22 ♊ 23	22 D 0	8 ♋ 1	1 ♌ 51	21 ♈ 35	25 ♌ 7	22 ♍ 37	26 ♋ 30	2 ♉ 41	25 ♒ 40	18 ♈	4 ♓	3 ♒	0 ♍	3 ♋
9	17 ♊ 42	13 ♑ 41	22 ♊ 20	22 ♊ 0	9 ♋ 32	2 ♌ 44	22 ♈ 20	25 ♌ 15	22 ♍ 38	26 ♋ 33	2 ♉ 43	25 ♒ 39	18 ♈	4 ♓	3 ♒	1 ♍	3 ♋
10	18 ♊ 39	28 ♑ 21	22 ♊ 17	22 ♊ 0	11 ♋ 0	3 ♌ 37	23 ♈ 5	25 ♌ 23	22 ♍ 40	26 ♋ 36	2 ♉ 44	25 ♒ 39	18 ♈	4 ♓	3 ♒	1 ♍	3 ♋
11	19 ♊ 36	12 ♒ 38	22 ♊ 14	22 ♊ 1	12 ♋ 26	4 ♌ 29	23 ♈ 49	25 ♌ 32	22 ♍ 42	26 ♋ 39	2 ♉ 46	25 ♒ 39	19 ♈	4 ♓	3 ♒	1 ♍	3 ♋
12	20 ♊ 34	26 ♒ 28	22 ♊ 10	22 ♊ 1	13 ♋ 48	5 ♌ 21	24 ♈ 34	25 ♌ 40	22 ♍ 43	26 ♋ 42	2 ♉ 48	25 ♒ 38	19 ♈	4 ♓	2 ♒	2 ♍	3 ♋
13	21 ♊ 31	9 ♓ 51	22 ♊ 7	22 ♊ 1	15 ♋ 7	6 ♌ 11	25 ♈ 18	25 ♌ 49	22 ♍ 45	26 ♋ 45	2 ♉ 49	25 ♒ 38	19 ♈	4 ♓	2 ♒	2 ♍	3 ♋
14	22 ♊ 28	22 ♓ 50	22 ♊ 4	22 ♊ 1	16 ♋ 24	7 ♌ 1	26 ♈ 3	25 ♌ 57	22 ♍ 47	26 ♋ 49	2 ♉ 51	25 ♒ 37	20 ♈	4 ♓	2 ♒	2 ♍	4 ♋
15	23 ♊ 26	5 ♈ 27	22 ♊ 1	22 ♊ 1	17 ♋ 37	7 ♌ 51	26 ♈ 47	26 ♌ 6	22 ♍ 49	26 ♋ 52	2 ♉ 53	25 ♒ 37	20 ♈	4 ♓	2 ♒	3 ♍	4 ♋
16	24 ♊ 23	17 ♈ 47	21 ♊ 58	22 ♊ 1	18 ♋ 47	8 ♌ 39	27 ♈ 31	26 ♌ 15	22 ♍ 51	26 ♋ 55	2 ♉ 54	25 ♒ 36	20 ♈	4 ♓	2 ♒	3 ♍	4 ♋
17	25 ♊ 20	29 ♈ 52	21 ♊ 55	22 ♊ 1	19 ♋ 54	9 ♌ 27	28 ♈ 16	26 ♌ 24	22 ♍ 53	26 ♋ 58	2 ♉ 56	25 ♒ 36	20 ♈	4 ♓	2 ♒	4 ♍	4 ♋
18	26 ♊ 18	11 ♉ 48	21 ♊ 51	22 ♊ 2	20 ♋ 58	10 ♌ 14	29 ♈ 0	26 ♌ 33	22 ♍ 56	27 ♋ 1	2 ♉ 57	25 ♒ 35	21 ♈	4 ♓	2 ♒	4 ♍	4 ♋
19	27 ♊ 15	23 ♉ 38	21 ♊ 48	22 ♊ 2	21 ♋ 58	11 ♌ 1	29 ♈ 44	26 ♌ 42	22 ♍ 58	27 ♋ 5	2 ♉ 59	25 ♒ 35	21 ♈	4 ♓	2 ♒	4 ♍	4 ♋
20	28 ♊ 12	5 ♊ 25	21 ♊ 45	22 ♊ 3	22 ♋ 56	11 ♌ 46	0 ♉ 28	26 ♌ 52	23 ♍ 1	27 ♋ 8	3 ♉ 0	25 ♒ 34	21 ♈	4 R	2 ♒	5 ♍	4 ♋
21	29 ♊ 10	17 ♊ 13	21 ♊ 42	22 ♊ 3	23 ♋ 49	12 ♌ 31	1 ♉ 12	27 ♌ 1	23 ♍ 3	27 ♋ 11	3 ♉ 2	25 ♒ 34	22 ♈	4 ♓	1 ♒	5 ♍	4 ♋
22	0 ♋ 7	29 ♊ 3	21 ♊ 39	22 R 3	24 ♋ 39	13 ♌ 14	1 ♉ 56	27 ♌ 11	23 ♍ 6	27 ♋ 15	3 ♉ 3	25 ♒ 33	22 ♈	4 ♓	1 ♒	5 ♍	4 ♋
23	1 ♋ 4	10 ♋ 58	21 ♊ 35	22 ♊ 3	25 ♋ 25	13 ♌ 57	2 ♉ 40	27 ♌ 20	23 ♍ 9	27 ♋ 18	3 ♉ 4	25 ♒ 32	22 ♈	4 ♓	1 ♒	6 ♍	4 ♋
24	2 ♋ 1	23 ♋ 0	21 ♊ 32	22 ♊ 2	26 ♋ 8	14 ♌ 38	3 ♉ 23	27 ♌ 30	23 ♍ 12	27 ♋ 22	3 ♉ 6	25 ♒ 32	22 ♈	4 ♓	1 ♒	6 ♍	4 ♋
25	2 ♋ 59	5 ♌ 12	21 ♊ 29	22 ♊ 0	26 ♋ 47	15 ♌ 19	4 ♉ 7	27 ♌ 40	23 ♍ 15	27 ♋ 25	3 ♉ 7	25 ♒ 31	23 ♈	4 ♓	1 ♒	7 ♍	5 ♋
26	3 ♋ 56	17 ♌ 35	21 ♊ 26	21 ♊ 59	27 ♋ 21	15 ♌ 59	4 ♉ 51	27 ♌ 50	23 ♍ 18	27 ♋ 28	3 ♉ 8	25 ♒ 30	23 ♈	4 ♓	1 ♒	7 ♍	5 ♋
27	4 ♋ 53	0 ♍ 11	21 ♊ 23	21 ♊ 57	27 ♋ 52	16 ♌ 37	5 ♉ 34	28 ♌ 0	23 ♍ 21	27 ♋ 32	3 ♉ 10	25 ♒ 30	23 ♈	4 ♓	1 ♒	7 ♍	5 ♋
28	5 ♋ 50	13 ♍ 3	21 ♊ 20	21 ♊ 56	28 ♋ 18	17 ♌ 14	6 ♉ 18	28 ♌ 10	23 ♍ 24	27 ♋ 35	3 ♉ 11	25 ♒ 29	24 ♈	4 ♓	0 ♒	8 ♍	5 ♋
29	6 ♋ 48	26 ♍ 13	21 ♊ 16	21 ♊ 55	28 ♋ 40	17 ♌ 50	7 ♉ 1	28 ♌ 20	23 ♍ 27	27 ♋ 39	3 ♉ 12	25 ♒ 28	24 ♈	4 ♓	0 ♒	8 ♍	5 ♋
30	7 ♋ 45	9 ♎ 43	21 ♊ 13	21 D 55	28 ♋ 57	18 ♌ 25	7 ♉ 45	28 ♌ 30	23 ♍ 31	27 ♋ 42	3 ♉ 13	25 ♒ 27	24 ♈	4 ♓	0 ♒	9 ♍	5 ♋

SUN INGRESS	☉ → ♋ 21日 20:57
MOON PHASE	○ 7日 03:47 ♐　◑ 13日 23:16 ♓　● 22日 02:21 ♋　◐ 29日 20:17 ♎

aspects		
1日	20:49	♀☌♅
4日	15:24	☿⚹♆
8日	23:09	♀□♆
11日	18:39	♃☍♇
13日	10:27	♂⚹♇
13日	20:28	♂△♃
14日	08:09	☉□♄
15日	02:47	♂□♅
17日	06:27	☉△♇
18日	07:47	☉⚹♃
20日	02:20	☿⚹♄
23日	13:59	♂☌♆
25日	03:40	☉⚹♆
26日	05:58	☿☌♅
29日	23:48	☉⚹♂

2039年7月

DAY	☉	☽	☊ mean	☊ true	☿	♀	♂	♃	♄	♅	♆	♇	⚳	⚴	⚵	⚶	⚷
	° ′	° ′	° ′	° ′	° ′	° ′	° ′	° ′	° ′	° ′	° ′	° ′	°	°	°	°	°
1	8 ♋ 42	23 ♎ 33	21 ♊ 10	21 D 55	29 D 10	18 D 58	8 D 28	28 D 41	23 D 34	27 D 46	3 D 15	25 R 27	24 D	4 R	0 R	9 D	5 D
2	9 ♋ 39	7 ♏ 45	21 ♊ 7	21 ♊ 56	29 ♋ 18	19 ♌ 31	9 ♉ 11	28 ♌ 51	23 ♍ 38	27 ♋ 49	3 ♉ 16	25 ♒ 26	25 ♈	4 ♓	0 ♒	9 ♍	5 ♋
3	10 ♋ 36	22 ♏ 16	21 ♊ 4	21 ♊ 57	29 ♋ 22	20 ♌ 1	9 ♉ 54	29 ♌ 2	23 ♍ 42	27 ♋ 53	3 ♉ 17	25 ♒ 25	25 ♈	4 ♓	29 ♑	10 ♍	5 ♋
4	11 ♋ 34	7 ♐ 4	21 ♊ 0	21 ♊ 58	29 R 21	20 ♌ 30	10 ♉ 37	29 ♌ 12	23 ♍ 45	27 ♋ 56	3 ♉ 18	25 ♒ 24	25 ♈	4 ♓	29 ♑	10 ♍	5 ♋
5	12 ♋ 31	22 ♐ 1	20 ♊ 57	21 ♊ 59	29 ♋ 15	20 ♌ 58	11 ♉ 20	29 ♌ 23	23 ♍ 49	28 ♋ 0	3 ♉ 19	25 ♒ 23	25 ♈	3 ♓	29 ♑	11 ♍	6 ♋
6	13 ♋ 28	7 ♑ 1	20 ♊ 54	21 R 58	29 ♋ 5	21 ♌ 24	12 ♉ 3	29 ♌ 34	23 ♍ 53	28 ♋ 4	3 ♉ 20	25 ♒ 22	26 ♈	3 ♓	29 ♑	11 ♍	6 ♋
7	14 ♋ 25	21 ♑ 56	20 ♊ 51	21 ♊ 57	28 ♋ 51	21 ♌ 49	12 ♉ 46	29 ♌ 44	23 ♍ 57	28 ♋ 7	3 ♉ 21	25 ♒ 21	26 ♈	3 ♓	29 ♑	12 ♍	6 ♋
8	15 ♋ 22	6 ♒ 37	20 ♊ 48	21 ♊ 54	28 ♋ 32	22 ♌ 12	13 ♉ 29	29 ♌ 55	24 ♍ 1	28 ♋ 11	3 ♉ 22	25 ♒ 20	26 ♈	3 ♓	28 ♑	12 ♍	6 ♋
9	16 ♋ 20	20 ♒ 58	20 ♊ 45	21 ♊ 51	28 ♋ 9	22 ♌ 33	14 ♉ 11	0 ♍ 6	24 ♍ 5	28 ♋ 14	3 ♉ 23	25 ♒ 19	26 ♈	3 ♓	28 ♑	12 ♍	6 ♋
10	17 ♋ 17	4 ♓ 54	20 ♊ 41	21 ♊ 47	27 ♋ 42	22 ♌ 52	14 ♉ 54	0 ♍ 17	24 ♍ 10	28 ♋ 18	3 ♉ 24	25 ♒ 18	27 ♈	3 ♓	28 ♑	13 ♍	6 ♋
11	18 ♋ 14	18 ♓ 24	20 ♊ 38	21 ♊ 44	27 ♋ 12	23 ♌ 9	15 ♉ 36	0 ♍ 28	24 ♍ 14	28 ♋ 22	3 ♉ 25	25 ♒ 17	27 ♈	3 ♓	28 ♑	13 ♍	6 ♋
12	19 ♋ 11	1 ♈ 27	20 ♊ 35	21 ♊ 42	26 ♋ 39	23 ♌ 25	16 ♉ 19	0 ♍ 39	24 ♍ 18	28 ♋ 25	3 ♉ 26	25 ♒ 16	27 ♈	3 ♓	27 ♑	14 ♍	6 ♋
13	20 ♋ 8	14 ♈ 57	20 ♊ 32	21 ♊ 41	26 ♋ 3	23 ♌ 38	17 ♉ 1	0 ♍ 51	24 ♍ 23	28 ♋ 29	3 ♉ 27	25 ♒ 15	27 ♈	3 ♓	27 ♑	14 ♍	6 ♋
14	21 ♋ 6	26 ♈ 27	20 ♊ 29	21 D 41	25 ♋ 26	23 ♌ 50	17 ♉ 43	1 ♍ 2	24 ♍ 27	28 ♋ 32	3 ♉ 27	25 ♒ 14	28 ♈	2 ♓	27 ♑	15 ♍	6 ♋
15	22 ♋ 3	8 ♉ 31	20 ♊ 26	21 ♊ 42	24 ♋ 47	23 ♌ 59	18 ♉ 25	1 ♍ 13	24 ♍ 32	28 ♋ 36	3 ♉ 28	25 ♒ 13	28 ♈	2 ♓	27 ♑	15 ♍	7 ♋
16	23 ♋ 0	20 ♉ 25	20 ♊ 22	21 ♊ 43	24 ♋ 7	24 ♌ 6	19 ♉ 7	1 ♍ 25	24 ♍ 37	28 ♋ 40	3 ♉ 29	25 ♒ 12	28 ♈	2 ♓	27 ♑	15 ♍	7 ♋
17	23 ♋ 57	2 ♊ 13	20 ♊ 19	21 ♊ 45	23 ♋ 28	24 ♌ 11	19 ♉ 49	1 ♍ 36	24 ♍ 41	28 ♋ 43	3 ♉ 30	25 ♒ 11	28 ♈	2 ♓	26 ♑	16 ♍	7 ♋
18	24 ♋ 54	14 ♊ 0	20 ♊ 16	21 ♊ 46	22 ♋ 49	24 ♌ 14	20 ♉ 31	1 ♍ 48	24 ♍ 46	28 ♋ 47	3 ♉ 30	25 ♒ 10	28 ♈	2 ♓	26 ♑	16 ♍	7 ♋
19	25 ♋ 52	25 ♊ 50	20 ♊ 13	21 R 46	22 ♋ 12	24 R 14	21 ♉ 13	1 ♍ 59	24 ♍ 51	28 ♋ 51	3 ♉ 31	25 ♒ 9	29 ♈	2 ♓	26 ♑	17 ♍	7 ♋
20	26 ♋ 49	7 ♋ 46	20 ♊ 10	21 ♊ 45	21 ♋ 36	24 ♌ 13	21 ♉ 55	2 ♍ 11	24 ♍ 56	28 ♋ 54	3 ♉ 32	25 ♒ 8	29 ♈	1 ♓	26 ♑	17 ♍	7 ♋
21	27 ♋ 46	19 ♋ 50	20 ♊ 6	21 ♊ 42	21 ♋ 4	24 ♌ 9	22 ♉ 36	2 ♍ 23	25 ♍ 1	28 ♋ 58	3 ♉ 32	25 ♒ 7	29 ♈	1 ♓	26 ♑	18 ♍	7 ♋
22	28 ♋ 44	2 ♌ 6	20 ♊ 3	21 ♊ 38	20 ♋ 35	24 ♌ 2	23 ♉ 18	2 ♍ 35	25 ♍ 6	29 ♋ 2	3 ♉ 33	25 ♒ 6	29 ♈	1 ♓	25 ♑	18 ♍	7 ♋
23	29 ♋ 41	14 ♌ 33	20 ♊ 0	21 ♊ 32	20 ♋ 9	23 ♌ 53	23 ♉ 59	2 ♍ 46	25 ♍ 12	29 ♋ 6	3 ♉ 33	25 ♒ 4	29 ♈	1 ♓	25 ♑	19 ♍	7 ♋
24	0 ♌ 38	27 ♌ 13	19 ♊ 57	21 ♊ 25	19 ♋ 48	23 ♌ 42	24 ♉ 40	2 ♍ 58	25 ♍ 17	29 ♋ 9	3 ♉ 34	25 ♒ 3	0 ♉	1 ♓	25 ♑	19 ♍	7 ♋
25	1 ♌ 36	10 ♍ 6	19 ♊ 54	21 ♊ 18	19 ♋ 32	23 ♌ 28	25 ♉ 21	3 ♍ 10	25 ♍ 22	29 ♋ 13	3 ♉ 34	25 ♒ 2	0 ♉	1 ♓	24 ♑	19 ♍	7 ♋
26	2 ♌ 33	23 ♍ 12	19 ♊ 51	21 ♊ 12	19 ♋ 20	23 ♌ 12	26 ♉ 2	3 ♍ 22	25 ♍ 28	29 ♋ 17	3 ♉ 34	25 ♒ 1	0 ♉	0 ♓	24 ♑	20 ♍	8 ♋
27	3 ♌ 30	6 ♎ 32	19 ♊ 47	21 ♊ 8	19 ♋ 15	22 ♌ 54	26 ♉ 43	3 ♍ 34	25 ♍ 33	29 ♋ 20	3 ♉ 35	25 ♒ 0	0 ♉	0 ♓	24 ♑	20 ♍	8 ♋
28	4 ♌ 27	20 ♎ 6	19 ♊ 44	21 ♊ 5	19 D 15	22 ♌ 33	27 ♉ 24	3 ♍ 46	25 ♍ 39	29 ♋ 24	3 ♉ 35	24 ♒ 58	0 ♉	0 ♓	24 ♑	21 ♍	8 ♋
29	5 ♌ 25	3 ♏ 53	19 ♊ 41	21 ♊ 4	19 ♋ 21	22 ♌ 11	28 ♉ 5	3 ♍ 59	25 ♍ 44	29 ♋ 28	3 ♉ 36	24 ♒ 57	1 ♉	0 ♓	23 ♑	21 ♍	8 ♋
30	6 ♌ 22	17 ♏ 55	19 ♊ 38	21 D 5	19 ♋ 32	21 ♌ 46	28 ♉ 45	4 ♍ 11	25 ♍ 50	29 ♋ 31	3 ♉ 36	24 ♒ 56	1 ♉	29 ♒	23 ♑	22 ♍	8 ♋
31	7 ♌ 20	2 ♐ 10	19 ♊ 35	21 ♊ 6	19 ♋ 51	21 ♌ 19	29 ♉ 26	4 ♍ 23	25 ♍ 55	29 ♋ 35	3 ♉ 36	24 ♒ 55	1 ♉	29 ♒	23 ♑	22 ♍	8 ♋

SUN INGRESS	☉ → ♌ 23日 07:48
MOON PHASE	○ 6日 11:03 ♑ ◑ 13日 12:38 ♈ ● 21日 16:53 ♋ ◐ 29日 02:49 ♏

aspects		
8日	19:07	☿☌♅
15日	08:07	☿⚹♄
16日	16:43	☉☌☿
17日	20:14	☉⚹♄
19日	18:16	☿⚹♂
22日	08:10	☉☌♅
22日	21:19	♀□♂
24日	13:04	♂□♇
25日	00:33	♂△♄
27日	00:59	♃△♆
27日	01:59	☉□♆
31日	05:50	♂⚹♅

2039年8月

DAY	☉	☽	☊ mean	☊ true	☿	♀	♂	♃	♄	♅	♆	♇	⚳	⚴	⚵	⚶	⚷
	° ′	° ′	° ′	° ′	° ′	° ′	° ′	° ′	° ′	° ′	° ′	° ′	°	°	°	°	°
1	8 ♌ 17	16 ♐ 37	19 ♊ 32	21 D 7	20 D 15	20 R 50	0 D 6	4 D 35	26 D 1	29 D 39	3 D 36	24 R 54	1 D	29 R	23 R	23 D	8 D
2	9 ♌ 14	1 ♑ 12	19 ♊ 28	21 R 6	20 ♋ 45	20 ♌ 19	0 ♊ 47	4 ♍ 48	26 ♍ 7	29 ♋ 42	3 ♉ 36	24 ♒ 52	1 ♉	29 ♒	23 ♑	23 ♍	8 ♋
3	10 ♌ 12	15 ♑ 51	19 ♊ 25	21 ♊ 4	21 ♋ 22	19 ♌ 47	1 ♊ 27	5 ♍ 0	26 ♍ 13	29 ♋ 46	3 ♉ 37	24 ♒ 51	1 ♉	29 ♒	22 ♑	24 ♍	8 ♋
4	11 ♌ 9	0 ♒ 28	19 ♊ 22	21 ♊ 0	22 ♋ 5	19 ♌ 14	2 ♊ 7	5 ♍ 12	26 ♍ 19	29 ♋ 49	3 ♉ 37	24 ♒ 50	2 ♉	28 ♒	22 ♑	24 ♍	8 ♋
5	12 ♌ 6	14 ♒ 57	19 ♊ 19	20 ♊ 53	22 ♋ 54	18 ♌ 39	2 ♊ 47	5 ♍ 25	26 ♍ 25	29 ♋ 53	3 ♉ 37	24 ♒ 48	2 ♉	28 ♒	22 ♑	25 ♍	8 ♋
6	13 ♌ 4	29 ♒ 10	19 ♊ 16	20 ♊ 45	23 ♋ 49	18 ♌ 3	3 ♊ 26	5 ♍ 37	26 ♍ 31	29 ♋ 57	3 ♉ 37	24 ♒ 47	2 ♉	28 ♒	22 ♑	25 ♍	9 ♋
7	14 ♌ 1	13 ♓ 2	19 ♊ 12	20 ♊ 37	24 ♋ 50	17 ♌ 27	4 ♊ 6	5 ♍ 50	26 ♍ 37	0 ♌ 0	3 ♉ 37	24 ♒ 46	2 ♉	28 ♒	21 ♑	25 ♍	9 ♋
8	14 ♌ 59	26 ♓ 31	19 ♊ 9	20 ♊ 29	25 ♋ 57	16 ♌ 50	4 ♊ 46	6 ♍ 2	26 ♍ 43	0 ♌ 4	3 R 37	24 ♒ 45	2 ♉	27 ♒	21 ♑	26 ♍	9 ♋
9	15 ♌ 56	9 ♈ 35	19 ♊ 6	20 ♊ 22	27 ♋ 9	16 ♌ 12	5 ♊ 25	6 ♍ 15	26 ♍ 49	0 ♌ 7	3 ♉ 37	24 ♒ 43	2 ♉	27 ♒	21 ♑	26 ♍	9 ♋
10	16 ♌ 54	22 ♈ 17	19 ♊ 3	20 ♊ 17	28 ♋ 27	15 ♌ 35	6 ♊ 5	6 ♍ 27	26 ♍ 56	0 ♌ 11	3 ♉ 37	24 ♒ 42	2 ♉	27 ♒	21 ♑	27 ♍	9 ♋
11	17 ♌ 51	4 ♉ 38	19 ♊ 0	20 ♊ 14	29 ♋ 50	14 ♌ 58	6 ♊ 44	6 ♍ 40	27 ♍ 2	0 ♌ 15	3 ♉ 37	24 ♒ 41	2 ♉	27 ♒	21 ♑	27 ♍	9 ♋
12	18 ♌ 49	16 ♉ 43	18 ♊ 57	20 ♊ 13	1 ♌ 18	14 ♌ 21	7 ♊ 23	6 ♍ 53	27 ♍ 8	0 ♌ 18	3 ♉ 36	24 ♒ 39	3 ♉	26 ♒	21 ♑	28 ♍	9 ♋
13	19 ♌ 46	28 ♉ 37	18 ♊ 53	20 D 13	2 ♌ 51	13 ♌ 45	8 ♊ 2	7 ♍ 5	27 ♍ 15	0 ♌ 22	3 ♉ 36	24 ♒ 38	3 ♉	26 ♒	20 ♑	28 ♍	9 ♋
14	20 ♌ 44	10 ♊ 25	18 ♊ 50	20 ♊ 14	4 ♌ 28	13 ♌ 9	8 ♊ 41	7 ♍ 18	27 ♍ 21	0 ♌ 25	3 ♉ 36	24 ♒ 37	3 ♉	26 ♒	20 ♑	29 ♍	9 ♋
15	21 ♌ 42	22 ♊ 14	18 ♊ 47	20 R 14	6 ♌ 9	12 ♌ 35	9 ♊ 19	7 ♍ 31	27 ♍ 28	0 ♌ 29	3 ♉ 36	24 ♒ 35	3 ♉	26 ♒	20 ♑	29 ♍	9 ♋
16	22 ♌ 39	4 ♋ 6	18 ♊ 44	20 ♊ 13	7 ♌ 54	12 ♌ 2	9 ♊ 58	7 ♍ 44	27 ♍ 34	0 ♌ 32	3 ♉ 36	24 ♒ 34	3 ♉	25 ♒	20 ♑	0 ♎	9 ♋
17	23 ♌ 37	16 ♋ 8	18 ♊ 41	20 ♊ 10	9 ♌ 42	11 ♌ 31	10 ♊ 36	7 ♍ 56	27 ♍ 41	0 ♌ 36	3 ♉ 35	24 ♒ 33	3 ♉	25 ♒	20 ♑	0 ♎	9 ♋
18	24 ♌ 35	28 ♋ 22	18 ♊ 38	20 ♊ 5	11 ♌ 33	11 ♌ 1	11 ♊ 14	8 ♍ 9	27 ♍ 47	0 ♌ 39	3 ♉ 35	24 ♒ 31	3 ♉	25 ♒	19 ♑	1 ♎	9 ♋
19	25 ♌ 32	10 ♌ 51	18 ♊ 34	19 ♊ 57	13 ♌ 26	10 ♌ 33	11 ♊ 52	8 ♍ 22	27 ♍ 54	0 ♌ 42	3 ♉ 35	24 ♒ 30	3 ♉	25 ♒	19 ♑	1 ♎	10 ♋
20	26 ♌ 30	23 ♌ 36	18 ♊ 31	19 ♊ 46	15 ♌ 22	10 ♌ 7	12 ♊ 30	8 ♍ 35	28 ♍ 1	0 ♌ 46	3 ♉ 34	24 ♒ 29	3 ♉	24 ♒	19 ♑	2 ♎	10 ♋
21	27 ♌ 28	6 ♍ 36	18 ♊ 28	19 ♊ 35	17 ♌ 19	9 ♌ 43	13 ♊ 8	8 ♍ 48	28 ♍ 7	0 ♌ 49	3 ♉ 34	24 ♒ 27	3 ♉	24 ♒	19 ♑	2 ♎	10 ♋
22	28 ♌ 26	19 ♍ 52	18 ♊ 25	19 ♊ 24	19 ♌ 17	9 ♌ 22	13 ♊ 46	9 ♍ 1	28 ♍ 14	0 ♌ 53	3 ♉ 33	24 ♒ 26	3 ♉	24 ♒	19 ♑	3 ♎	10 ♋
23	29 ♌ 23	3 ♎ 20	18 ♊ 22	19 ♊ 13	21 ♌ 16	9 ♌ 2	14 ♊ 23	9 ♍ 14	28 ♍ 21	0 ♌ 56	3 ♉ 33	24 ♒ 25	3 ♉	24 ♒	19 ♑	3 ♎	10 ♋
24	0 ♍ 21	16 ♎ 59	18 ♊ 18	19 ♊ 5	23 ♌ 16	8 ♌ 45	15 ♊ 1	9 ♍ 27	28 ♍ 28	0 ♌ 59	3 ♉ 32	24 ♒ 24	3 ♉	23 ♒	19 ♑	4 ♎	10 ♋
25	1 ♍ 19	0 ♏ 47	18 ♊ 15	18 ♊ 59	25 ♌ 16	8 ♌ 30	15 ♊ 38	9 ♍ 40	28 ♍ 35	1 ♌ 3	3 ♉ 32	24 ♒ 22	3 ♉	23 ♒	19 ♑	4 ♎	10 ♋
26	2 ♍ 17	14 ♏ 43	18 ♊ 12	18 ♊ 56	27 ♌ 17	8 ♌ 17	16 ♊ 15	9 ♍ 53	28 ♍ 41	1 ♌ 6	3 ♉ 31	24 ♒ 21	3 ♉	23 ♒	18 ♑	5 ♎	10 ♋
27	3 ♍ 15	28 ♏ 44	18 ♊ 9	18 ♊ 55	29 ♌ 17	8 ♌ 7	16 ♊ 52	10 ♍ 5	28 ♍ 48	1 ♌ 9	3 ♉ 30	24 ♒ 20	4 ♉	23 ♒	18 ♑	5 ♎	10 ♋
28	4 ♍ 13	12 ♐ 50	18 ♊ 6	18 D 55	1 ♍ 16	7 ♌ 59	17 ♊ 29	10 ♍ 18	28 ♍ 55	1 ♌ 12	3 ♉ 30	24 ♒ 18	4 ♉	22 ♒	18 ♑	6 ♎	10 ♋
29	5 ♍ 11	27 ♐ 1	18 ♊ 3	18 R 55	3 ♍ 15	7 ♌ 54	18 ♊ 5	10 ♍ 31	29 ♍ 2	1 ♌ 16	3 ♉ 29	24 ♒ 17	4 ♉	22 ♒	18 ♑	6 ♎	10 ♋
30	6 ♍ 9	11 ♑ 15	17 ♊ 59	18 ♊ 54	5 ♍ 13	7 ♌ 51	18 ♊ 41	10 ♍ 44	29 ♍ 9	1 ♌ 19	3 ♉ 28	24 ♒ 16	4 ♉	22 ♒	18 ♑	7 ♎	10 ♋
31	7 ♍ 7	25 ♑ 30	17 ♊ 56	18 ♊ 50	7 ♍ 10	7 D 50	19 ♊ 18	10 ♍ 57	29 ♍ 17	1 ♌ 22	3 ♉ 28	24 ♒ 14	4 R	22 ♒	18 ♑	7 ♎	10 ♋

SUN INGRESS	☉ → ♍ 23日 14:58
MOON PHASE	○ 4日 18:56 ♒ ◑ 12日 04:35 ♉ ● 20日 05:50 ♌ ◐ 27日 08:16 ♐

aspects		
8日	16:58	☿⚹♄
9日	04:02	☉☌♀
10日	20:43	♂□♃
11日	07:05	☿☌♅
13日	11:21	☿□♂
17日	18:03	☿⚹♂
17日	18:39	☿☌♀
17日	19:19	♀⚹♂
17日	22:41	☉☍♇
24日	13:17	☿☍♇
27日	06:24	☉△♆
29日	02:51	☿△♆
30日	22:25	☉☌☿

2039年9月

DAY	☉	☽	☊ mean	☊ true	☿	♀	♂	♃	♄	♅	♆	♇	⚳	⚴	⚵	⚶	⚷
	° ′	° ′	° ′	° ′	° ′	° ′	° ′	° ′	° ′	° ′	° ′	° ′	°	°	°	°	°
1	8 ♍ 5	9 ♒ 42	17 ♊ 53	18 R 43	9 D 7	7 D 52	19 D 54	11 D 10	29 D 24	1 D 25	3 R 27	24 R 13	4 R	21 R	18 R	8 D	11 D
2	9 ♍ 3	23 ♒ 47	17 ♊ 50	18 ♊ 34	11 ♍ 2	7 ♌ 55	20 ♊ 30	11 ♍ 23	29 ♍ 31	1 ♌ 28	3 ♉ 26	24 ♒ 12	4 ♉	21 ♒	18 ♑	8 ♎	11 ♋
3	10 ♍ 1	7 ♓ 41	17 ♊ 47	18 ♊ 23	12 ♍ 56	8 ♌ 2	21 ♊ 5	11 ♍ 37	29 ♍ 38	1 ♌ 31	3 ♉ 25	24 ♒ 11	4 ♉	21 ♒	18 ♑	9 ♎	11 ♋
4	10 ♍ 59	21 ♓ 18	17 ♊ 44	18 ♊ 10	14 ♍ 49	8 ♌ 10	21 ♊ 41	11 ♍ 50	29 ♍ 45	1 ♌ 34	3 ♉ 24	24 ♒ 9	4 ♉	21 ♒	18 ♑	9 ♎	11 ♋
5	11 ♍ 57	4 ♈ 37	17 ♊ 40	17 ♊ 59	16 ♍ 41	8 ♌ 21	22 ♊ 16	12 ♍ 3	29 ♍ 52	1 ♌ 37	3 ♉ 24	24 ♒ 8	3 ♉	20 ♒	18 ♑	10 ♎	11 ♋
6	12 ♍ 55	17 ♈ 35	17 ♊ 37	17 ♊ 48	18 ♍ 32	8 ♌ 33	22 ♊ 51	12 ♍ 16	29 ♍ 59	1 ♌ 40	3 ♉ 23	24 ♒ 7	3 ♉	20 ♒	18 ♑	10 ♎	11 ♋
7	13 ♍ 53	0 ♉ 13	17 ♊ 34	17 ♊ 40	20 ♍ 22	8 ♌ 48	23 ♊ 26	12 ♍ 29	0 ♎ 7	1 ♌ 43	3 ♉ 22	24 ♒ 6	3 ♉	20 ♒	18 ♑	11 ♎	11 ♋
8	14 ♍ 51	12 ♉ 33	17 ♊ 31	17 ♊ 34	22 ♍ 10	9 ♌ 5	24 ♊ 1	12 ♍ 42	0 ♎ 14	1 ♌ 46	3 ♉ 21	24 ♒ 4	3 ♉	20 ♒	18 ♑	11 ♎	11 ♋
9	15 ♍ 49	24 ♉ 37	17 ♊ 28	17 ♊ 31	23 ♍ 57	9 ♌ 23	24 ♊ 35	12 ♍ 55	0 ♎ 21	1 ♌ 49	3 ♉ 20	24 ♒ 3	3 ♉	20 ♒	18 ♑	12 ♎	11 ♋
10	16 ♍ 48	6 ♊ 31	17 ♊ 24	17 ♊ 30	25 ♍ 43	9 ♌ 44	25 ♊ 10	13 ♍ 8	0 ♎ 28	1 ♌ 52	3 ♉ 19	24 ♒ 2	3 ♉	19 ♒	18 ♑	12 ♎	11 ♋
11	17 ♍ 46	18 ♊ 20	17 ♊ 21	17 D 30	27 ♍ 28	10 ♌ 6	25 ♊ 44	13 ♍ 21	0 ♎ 36	1 ♌ 55	3 ♉ 18	24 ♒ 1	3 ♉	19 ♒	18 D	13 ♎	11 ♋
12	18 ♍ 44	0 ♋ 9	17 ♊ 18	17 R 30	29 ♍ 12	10 ♌ 30	26 ♊ 18	13 ♍ 34	0 ♎ 43	1 ♌ 58	3 ♉ 17	24 ♒ 0	3 ♉	19 ♒	18 ♑	13 ♎	11 ♋
13	19 ♍ 43	12 ♋ 3	17 ♊ 15	17 ♊ 28	0 ♎ 55	10 ♌ 56	26 ♊ 52	13 ♍ 47	0 ♎ 50	2 ♌ 0	3 ♉ 16	23 ♒ 58	3 ♉	19 ♒	18 ♑	14 ♎	11 ♋
14	20 ♍ 41	24 ♋ 8	17 ♊ 12	17 ♊ 25	2 ♎ 36	11 ♌ 23	27 ♊ 25	14 ♍ 0	0 ♎ 58	2 ♌ 3	3 ♉ 14	23 ♒ 57	3 ♉	19 ♒	18 ♑	14 ♎	11 ♋
15	21 ♍ 40	6 ♌ 29	17 ♊ 9	17 ♊ 19	4 ♎ 16	11 ♌ 52	27 ♊ 59	14 ♍ 13	1 ♎ 5	2 ♌ 6	3 ♉ 13	23 ♒ 56	3 ♉	18 ♒	18 ♑	15 ♎	11 ♋
16	22 ♍ 38	19 ♌ 8	17 ♊ 5	17 ♊ 10	5 ♎ 56	12 ♌ 23	28 ♊ 32	14 ♍ 26	1 ♎ 13	2 ♌ 8	3 ♉ 12	23 ♒ 55	3 ♉	18 ♒	18 ♑	15 ♎	11 ♋
17	23 ♍ 37	2 ♍ 7	17 ♊ 2	16 ♊ 59	7 ♎ 34	12 ♌ 55	29 ♊ 5	14 ♍ 39	1 ♎ 20	2 ♌ 11	3 ♉ 11	23 ♒ 54	3 ♉	18 ♒	18 ♑	16 ♎	11 ♋
18	24 ♍ 35	15 ♍ 27	16 ♊ 59	16 ♊ 47	9 ♎ 11	13 ♌ 28	29 ♊ 37	14 ♍ 51	1 ♎ 27	2 ♌ 14	3 ♉ 10	23 ♒ 53	3 ♉	18 ♒	18 ♑	16 ♎	11 ♋
19	25 ♍ 34	29 ♍ 5	16 ♊ 56	16 ♊ 35	10 ♎ 47	14 ♌ 3	0 ♋ 10	15 ♍ 4	1 ♎ 35	2 ♌ 16	3 ♉ 8	23 ♒ 52	2 ♉	18 ♒	18 ♑	17 ♎	12 ♋
20	26 ♍ 32	12 ♎ 59	16 ♊ 53	16 ♊ 23	12 ♎ 22	14 ♌ 39	0 ♋ 42	15 ♍ 17	1 ♎ 42	2 ♌ 19	3 ♉ 7	23 ♒ 51	2 ♉	18 ♒	18 ♑	17 ♎	12 ♋
21	27 ♍ 31	27 ♎ 3	16 ♊ 49	16 ♊ 14	13 ♎ 56	15 ♌ 16	1 ♋ 14	15 ♍ 30	1 ♎ 50	2 ♌ 21	3 ♉ 6	23 ♒ 50	2 ♉	17 ♒	18 ♑	18 ♎	12 ♋
22	28 ♍ 29	11 ♏ 14	16 ♊ 46	16 ♊ 8	15 ♎ 29	15 ♌ 54	1 ♋ 45	15 ♍ 43	1 ♎ 57	2 ♌ 24	3 ♉ 5	23 ♒ 48	2 ♉	17 ♒	18 ♑	18 ♎	12 ♋
23	29 ♍ 28	25 ♏ 28	16 ♊ 43	16 ♊ 4	17 ♎ 2	16 ♌ 34	2 ♋ 17	15 ♍ 56	2 ♎ 4	2 ♌ 26	3 ♉ 3	23 ♒ 47	2 ♉	17 ♒	18 ♑	19 ♎	12 ♋
24	0 ♎ 27	9 ♐ 41	16 ♊ 40	16 ♊ 3	18 ♎ 33	17 ♌ 15	2 ♋ 48	16 ♍ 9	2 ♎ 12	2 ♌ 28	3 ♉ 2	23 ♒ 46	2 ♉	17 ♒	18 ♑	19 ♎	12 ♋
25	1 ♎ 26	23 ♐ 50	16 ♊ 37	16 D 3	20 ♎ 3	17 ♌ 56	3 ♋ 19	16 ♍ 22	2 ♎ 19	2 ♌ 31	3 ♉ 1	23 ♒ 45	2 ♉	17 ♒	18 ♑	20 ♎	12 ♋
26	2 ♎ 24	7 ♑ 56	16 ♊ 34	16 R 3	21 ♎ 32	18 ♌ 39	3 ♋ 49	16 ♍ 34	2 ♎ 27	2 ♌ 33	2 ♉ 59	23 ♒ 44	1 ♉	17 ♒	18 ♑	20 ♎	12 ♋
27	3 ♎ 23	21 ♑ 57	16 ♊ 30	16 ♊ 1	23 ♎ 0	19 ♌ 23	4 ♋ 20	16 ♍ 47	2 ♎ 34	2 ♌ 35	2 ♉ 58	23 ♒ 43	1 ♉	17 ♒	18 ♑	21 ♎	12 ♋
28	4 ♎ 22	5 ♒ 52	16 ♊ 27	15 ♊ 58	24 ♎ 27	20 ♌ 8	4 ♋ 50	17 ♍ 0	2 ♎ 42	2 ♌ 37	2 ♉ 56	23 ♒ 43	1 ♉	17 ♒	19 ♑	21 ♎	12 ♋
29	5 ♎ 21	19 ♒ 40	16 ♊ 24	15 ♊ 52	25 ♎ 53	20 ♌ 54	5 ♋ 20	17 ♍ 12	2 ♎ 49	2 ♌ 39	2 ♉ 55	23 ♒ 42	1 ♉	16 ♒	19 ♑	22 ♎	12 ♋
30	6 ♎ 20	3 ♓ 19	16 ♊ 21	15 ♊ 43	27 ♎ 18	21 ♌ 40	5 ♋ 49	17 ♍ 25	2 ♎ 57	2 ♌ 42	2 ♉ 53	23 ♒ 41	1 ♉	16 ♒	19 ♑	22 ♎	12 ♋

SUN INGRESS	☉ → ♎23日 12:49
MOON PHASE	○ 3日 04:23 ♓ ◑ 10日 22:45 ♊ ● 18日 17:22 ♍ ◐ 25日 13:52 ♑

aspects		
2日	05:02	☿☌♃
5日	03:03	☉☌♃
8日	02:19	♂△♇
9日	12:43	☿□♂
12日	22:57	☿☌♄
13日	15:57	☿⚹♅
22日	11:13	☿⚹♀
22日	11:37	♂□♄
24日	10:22	♂⚹♆
26日	01:07	☉☌♄
26日	03:37	☉⚹♅
27日	04:08	♄⚹♅
27日	11:52	☿△♇
28日	23:05	☉□♂

2039年10月

DAY	☉	☽	☊ mean	☊ true	☿	♀	♂	♃	♄	♅	♆	♇	⚳	⚴	⚵	⚶	⚷
	° ′	° ′	° ′	° ′	° ′	° ′	° ′	° ′	° ′	° ′	° ′	° ′	°	°	°	°	°
1	7 ♎ 19	16 ♓ 48	16 ♊ 18	15 R 33	28 D 42	22 D 28	6 D 18	17 D 38	3 D 4	2 D 44	2 R 52	23 R 40	1 R	16 R	19 D	23 D	12 D
2	8 ♎ 18	0 ♈ 3	16 ♊ 15	15 ♊ 21	0 ♏ 5	23 ♌ 16	6 ♋ 47	17 ♍ 50	3 ♎ 11	2 ♌ 46	2 ♉ 51	23 ♒ 39	0 ♉	16 ♒	19 ♑	23 ♎	12 ♋
3	9 ♎ 17	13 ♈ 4	16 ♊ 11	15 ♊ 10	1 ♏ 26	24 ♌ 5	7 ♋ 16	18 ♍ 3	3 ♎ 19	2 ♌ 48	2 ♉ 49	23 ♒ 38	0 ♉	16 ♒	19 ♑	24 ♎	12 ♋
4	10 ♎ 16	25 ♈ 49	16 ♊ 8	15 ♊ 0	2 ♏ 47	24 ♌ 55	7 ♋ 44	18 ♍ 16	3 ♎ 26	2 ♌ 49	2 ♉ 47	23 ♒ 37	0 ♉	16 ♒	19 ♑	24 ♎	12 ♋
5	11 ♎ 15	8 ♉ 17	16 ♊ 5	14 ♊ 52	4 ♏ 6	25 ♌ 46	8 ♋ 12	18 ♍ 28	3 ♎ 34	2 ♌ 51	2 ♉ 46	23 ♒ 36	0 ♉	16 ♒	19 ♑	25 ♎	12 ♋
6	12 ♎ 14	20 ♉ 31	16 ♊ 2	14 ♊ 46	5 ♏ 24	26 ♌ 38	8 ♋ 40	18 ♍ 40	3 ♎ 41	2 ♌ 53	2 ♉ 44	23 ♒ 36	0 ♉	16 ♒	20 ♑	25 ♎	12 ♋
7	13 ♎ 13	2 ♊ 32	15 ♊ 59	14 ♊ 43	6 ♏ 41	27 ♌ 30	9 ♋ 8	18 ♍ 53	3 ♎ 48	2 ♌ 55	2 ♉ 43	23 ♒ 35	29 ♈	16 ♒	20 ♑	26 ♎	12 ♋
8	14 ♎ 12	14 ♊ 25	15 ♊ 55	14 ♊ 43	7 ♏ 57	28 ♌ 23	9 ♋ 35	19 ♍ 5	3 ♎ 56	2 ♌ 57	2 ♉ 41	23 ♒ 34	29 ♈	16 ♒	20 ♑	26 ♎	12 ♋
9	15 ♎ 11	26 ♊ 12	15 ♊ 52	14 D 43	9 ♏ 10	29 ♌ 16	10 ♋ 1	19 ♍ 18	4 ♎ 3	2 ♌ 58	2 ♉ 40	23 ♒ 33	29 ♈	16 ♒	20 ♑	27 ♎	12 ♋
10	16 ♎ 10	8 ♋ 1	15 ♊ 49	14 ♊ 44	10 ♏ 23	0 ♍ 10	10 ♋ 28	19 ♍ 30	4 ♎ 10	3 ♌ 0	2 ♉ 38	23 ♒ 33	29 ♈	16 ♒	20 ♑	28 ♎	12 ♋
11	17 ♎ 10	19 ♋ 55	15 ♊ 46	14 R 44	11 ♏ 33	1 ♍ 5	10 ♋ 54	19 ♍ 42	4 ♎ 18	3 ♌ 2	2 ♉ 37	23 ♒ 32	29 ♈	16 ♒	20 ♑	28 ♎	12 ♋
12	18 ♎ 9	2 ♌ 0	15 ♊ 43	14 ♊ 43	12 ♏ 42	2 ♍ 1	11 ♋ 19	19 ♍ 54	4 ♎ 25	3 ♌ 3	2 ♉ 35	23 ♒ 31	28 ♈	16 ♒	21 ♑	29 ♎	12 ♋
13	19 ♎ 8	14 ♌ 21	15 ♊ 40	14 ♊ 40	13 ♏ 49	2 ♍ 57	11 ♋ 45	20 ♍ 7	4 ♎ 32	3 ♌ 5	2 ♉ 33	23 ♒ 31	28 ♈	16 ♒	21 ♑	29 ♎	12 ♋
14	20 ♎ 8	27 ♌ 3	15 ♊ 36	14 ♊ 35	14 ♏ 54	3 ♍ 53	12 ♋ 10	20 ♍ 19	4 ♎ 40	3 ♌ 6	2 ♉ 32	23 ♒ 30	28 ♈	16 ♒	21 ♑	0 ♏	12 ♋
15	21 ♎ 7	10 ♍ 9	15 ♊ 33	14 ♊ 27	15 ♏ 56	4 ♍ 50	12 ♋ 34	20 ♍ 31	4 ♎ 47	3 ♌ 7	2 ♉ 30	23 ♒ 30	28 ♈	16 ♒	21 ♑	0 ♏	12 ♋
16	22 ♎ 7	23 ♍ 39	15 ♊ 30	14 ♊ 19	16 ♏ 56	5 ♍ 48	12 ♋ 58	20 ♍ 43	4 ♎ 54	3 ♌ 9	2 ♉ 28	23 ♒ 29	27 ♈	16 D	21 ♑	1 ♏	12 ♋
17	23 ♎ 6	7 ♎ 33	15 ♊ 27	14 ♊ 10	17 ♏ 53	6 ♍ 46	13 ♋ 22	20 ♍ 55	5 ♎ 1	3 ♌ 10	2 ♉ 27	23 ♒ 28	27 ♈	16 ♒	22 ♑	1 ♏	12 ♋
18	24 ♎ 6	21 ♎ 47	15 ♊ 24	14 ♊ 2	18 ♏ 47	7 ♍ 45	13 ♋ 45	21 ♍ 7	5 ♎ 9	3 ♌ 11	2 ♉ 25	23 ♒ 28	27 ♈	16 ♒	22 ♑	2 ♏	12 ♋
19	25 ♎ 5	6 ♏ 16	15 ♊ 21	13 ♊ 55	19 ♏ 37	8 ♍ 44	14 ♋ 8	21 ♍ 19	5 ♎ 16	3 ♌ 12	2 ♉ 23	23 ♒ 27	27 ♈	16 ♒	22 ♑	2 ♏	12 ♋
20	26 ♎ 5	20 ♏ 53	15 ♊ 17	13 ♊ 51	20 ♏ 24	9 ♍ 43	14 ♋ 31	21 ♍ 30	5 ♎ 23	3 ♌ 13	2 ♉ 22	23 ♒ 27	27 ♈	16 ♒	22 ♑	3 ♏	12 ♋
21	27 ♎ 4	5 ♐ 32	15 ♊ 14	13 ♊ 49	21 ♏ 7	10 ♍ 43	14 ♋ 53	21 ♍ 42	5 ♎ 30	3 ♌ 15	2 ♉ 20	23 ♒ 26	26 ♈	16 ♒	22 ♑	3 ♏	12 ♋
22	28 ♎ 4	20 ♐ 7	15 ♊ 11	13 D 49	21 ♏ 45	11 ♍ 44	15 ♋ 14	21 ♍ 54	5 ♎ 37	3 ♌ 16	2 ♉ 18	23 ♒ 26	26 ♈	16 ♒	23 ♑	4 ♏	12 ♋
23	29 ♎ 4	4 ♑ 32	15 ♊ 8	13 ♊ 50	22 ♏ 18	12 ♍ 45	15 ♋ 35	22 ♍ 5	5 ♎ 44	3 ♌ 17	2 ♉ 17	23 ♒ 26	26 ♈	16 ♒	23 ♑	4 ♏	12 ♋
24	0 ♏ 3	18 ♑ 45	15 ♊ 5	13 ♊ 51	22 ♏ 46	13 ♍ 46	15 ♋ 56	22 ♍ 17	5 ♎ 51	3 ♌ 17	2 ♉ 15	23 ♒ 25	26 ♈	16 ♒	23 ♑	5 ♏	12 R
25	1 ♏ 3	2 ♒ 45	15 ♊ 1	13 R 51	23 ♏ 8	14 ♍ 47	16 ♋ 16	22 ♍ 28	5 ♎ 58	3 ♌ 18	2 ♉ 13	23 ♒ 25	25 ♈	16 ♒	23 ♑	5 ♏	12 ♋
26	2 ♏ 3	16 ♒ 31	14 ♊ 58	13 ♊ 50	23 ♏ 23	15 ♍ 49	16 ♋ 36	22 ♍ 40	6 ♎ 5	3 ♌ 19	2 ♉ 12	23 ♒ 25	25 ♈	16 ♒	24 ♑	6 ♏	12 ♋
27	3 ♏ 3	0 ♓ 4	14 ♊ 55	13 ♊ 48	23 ♏ 31	16 ♍ 52	16 ♋ 55	22 ♍ 51	6 ♎ 12	3 ♌ 20	2 ♉ 10	23 ♒ 24	25 ♈	16 ♒	24 ♑	6 ♏	12 ♋
28	4 ♏ 3	13 ♓ 22	14 ♊ 52	13 ♊ 43	23 R 32	17 ♍ 54	17 ♋ 14	23 ♍ 2	6 ♎ 19	3 ♌ 21	2 ♉ 8	23 ♒ 24	25 ♈	16 ♒	24 ♑	7 ♏	12 ♋
29	5 ♏ 2	26 ♓ 28	14 ♊ 49	13 ♊ 37	23 ♏ 24	18 ♍ 57	17 ♋ 32	23 ♍ 14	6 ♎ 26	3 ♌ 21	2 ♉ 7	23 ♒ 24	25 ♈	16 ♒	24 ♑	8 ♏	12 ♋
30	6 ♏ 2	9 ♈ 20	14 ♊ 46	13 ♊ 30	23 ♏ 7	20 ♍ 1	17 ♋ 49	23 ♍ 25	6 ♎ 33	3 ♌ 22	2 ♉ 5	23 ♒ 24	24 ♈	16 ♒	25 ♑	8 ♏	12 ♋
31	7 ♏ 2	22 ♈ 0	14 ♊ 42	13 ♊ 23	22 ♏ 41	21 ♍ 4	18 ♋ 6	23 ♍ 36	6 ♎ 39	3 ♌ 22	2 ♉ 3	23 ♒ 23	24 ♈	16 ♒	25 ♑	9 ♏	12 ♋

SUN INGRESS	☉ → ♏23日 22:24
MOON PHASE	○ 2日 16:23 ♈ ◑ 10日 17:59 ♋ ● 18日 04:08 ♎ ◐ 24日 20:50 ♒

aspects		
2日	10:57	♀☍♇
3日	10:21	♅□♆
4日	00:10	☿☍♆
4日	00:46	☿□♅
10日	02:41	☿△♂
12日	14:16	♀△♆
17日	08:55	☉△♇
22日	08:53	☿⚹♃
26日	02:35	☿□♇
26日	03:23	☉☍♆
27日	01:46	♀⚹♂
27日	06:56	☉□♅
28日	23:41	☿□♇
29日	09:22	☿⚹♃
31日	23:16	☿⚹♀

2039年11月

DAY	☉	☽	☊ mean	☊ true	☿	♀	♂	♃	♄	♅	♆	♇	⚳	⚴	⚵	⚶	⚷
	° ′	° ′	° ′	° ′	° ′	° ′	° ′	° ′	° ′	° ′	° ′	° ′	°	°	°	°	°
1	8 ♏ 2	4 ♉ 27	14 ♊ 39	13 R 18	22 R 5	22 D 8	18 D 23	23 D 47	6 D 46	3 D 23	2 R 2	23 R 23	24 R	16 D	25 D	9 D	12 R
2	9 ♏ 2	16 ♉ 43	14 ♊ 36	13 ♊ 13	21 ♏ 21	23 ♍ 13	18 ♋ 39	23 ♍ 58	6 ♎ 53	3 ♌ 23	2 ♉ 0	23 ♒ 23	24 ♈	16 ♒	25 ♑	10 ♏	12 ♋
3	10 ♏ 2	28 ♉ 48	14 ♊ 33	13 ♊ 10	20 ♏ 27	24 ♍ 18	18 ♋ 54	24 ♍ 9	6 ♎ 59	3 ♌ 24	1 ♉ 58	23 ♒ 23	23 ♈	17 ♒	26 ♑	10 ♏	12 ♋
4	11 ♏ 2	10 ♊ 44	14 ♊ 30	13 ♊ 9	19 ♏ 25	25 ♍ 22	19 ♋ 9	24 ♍ 19	7 ♎ 6	3 ♌ 24	1 ♉ 57	23 ♒ 23	23 ♈	17 ♒	26 ♑	11 ♏	12 ♋
5	12 ♏ 2	22 ♊ 33	14 ♊ 26	13 D 10	18 ♏ 16	26 ♍ 28	19 ♋ 24	24 ♍ 30	7 ♎ 13	3 ♌ 24	1 ♉ 55	23 ♒ 23	23 ♈	17 ♒	26 ♑	11 ♏	12 ♋
6	13 ♏ 2	4 ♋ 20	14 ♊ 23	13 ♊ 11	17 ♏ 2	27 ♍ 33	19 ♋ 37	24 ♍ 41	7 ♎ 19	3 ♌ 24	1 ♉ 53	23 ♒ 23	23 ♈	17 ♒	27 ♑	12 ♏	12 ♋
7	14 ♏ 3	16 ♋ 8	14 ♊ 20	13 ♊ 13	15 ♏ 44	28 ♍ 39	19 ♋ 50	24 ♍ 51	7 ♎ 26	3 ♌ 25	1 ♉ 52	23 D 23	23 ♈	17 ♒	27 ♑	12 ♏	12 ♋
8	15 ♏ 3	28 ♋ 1	14 ♊ 17	13 ♊ 15	14 ♏ 25	29 ♍ 45	20 ♋ 3	25 ♍ 2	7 ♎ 32	3 ♌ 25	1 ♉ 50	23 ♒ 23	22 ♈	17 ♒	27 ♑	13 ♏	12 ♋
9	16 ♏ 3	10 ♌ 5	14 ♊ 14	13 ♊ 16	13 ♏ 7	0 ♎ 51	20 ♋ 14	25 ♍ 12	7 ♎ 38	3 ♌ 25	1 ♉ 48	23 ♒ 23	22 ♈	17 ♒	27 ♑	13 ♏	12 ♋
10	17 ♏ 3	22 ♌ 23	14 ♊ 11	13 R 16	11 ♏ 53	1 ♎ 58	20 ♋ 26	25 ♍ 22	7 ♎ 45	3 R 25	1 ♉ 47	23 ♒ 23	22 ♈	17 ♒	28 ♑	14 ♏	12 ♋
11	18 ♏ 3	5 ♍ 2	14 ♊ 7	13 ♊ 15	10 ♏ 46	3 ♎ 5	20 ♋ 36	25 ♍ 32	7 ♎ 51	3 ♌ 25	1 ♉ 45	23 ♒ 23	22 ♈	17 ♒	28 ♑	14 ♏	12 ♋
12	19 ♏ 4	18 ♍ 4	14 ♊ 4	13 ♊ 12	9 ♏ 47	4 ♎ 12	20 ♋ 46	25 ♍ 42	7 ♎ 57	3 ♌ 24	1 ♉ 44	23 ♒ 23	22 ♈	18 ♒	28 ♑	15 ♏	12 ♋
13	20 ♏ 4	1 ♎ 33	14 ♊ 1	13 ♊ 9	8 ♏ 57	5 ♎ 19	20 ♋ 55	25 ♍ 52	8 ♎ 3	3 ♌ 24	1 ♉ 42	23 ♒ 23	22 ♈	18 ♒	29 ♑	16 ♏	12 ♋
14	21 ♏ 5	15 ♎ 29	13 ♊ 58	13 ♊ 6	8 ♏ 19	6 ♎ 27	21 ♋ 3	26 ♍ 2	8 ♎ 10	3 ♌ 24	1 ♉ 40	23 ♒ 23	21 ♈	18 ♒	29 ♑	16 ♏	12 ♋
15	22 ♏ 5	29 ♎ 50	13 ♊ 55	13 ♊ 3	7 ♏ 52	7 ♎ 34	21 ♋ 11	26 ♍ 12	8 ♎ 16	3 ♌ 24	1 ♉ 39	23 ♒ 24	21 ♈	18 ♒	29 ♑	17 ♏	12 ♋
16	23 ♏ 5	14 ♏ 32	13 ♊ 52	13 ♊ 1	7 ♏ 37	8 ♎ 42	21 ♋ 18	26 ♍ 22	8 ♎ 22	3 ♌ 23	1 ♉ 37	23 ♒ 24	21 ♈	18 ♒	0 ♒	17 ♏	12 ♋
17	24 ♏ 6	29 ♏ 29	13 ♊ 48	12 ♊ 59	7 D 34	9 ♎ 51	21 ♋ 24	26 ♍ 31	8 ♎ 28	3 ♌ 23	1 ♉ 36	23 ♒ 24	21 ♈	18 ♒	0 ♒	18 ♏	12 ♋
18	25 ♏ 6	14 ♐ 31	13 ♊ 45	12 D 59	7 ♏ 41	10 ♎ 59	21 ♋ 29	26 ♍ 41	8 ♎ 34	3 ♌ 23	1 ♉ 34	23 ♒ 24	21 ♈	18 ♒	0 ♒	18 ♏	12 ♋
19	26 ♏ 7	29 ♐ 30	13 ♊ 42	12 ♊ 59	7 ♏ 59	12 ♎ 7	21 ♋ 34	26 ♍ 50	8 ♎ 39	3 ♌ 22	1 ♉ 33	23 ♒ 25	21 ♈	19 ♒	1 ♒	19 ♏	12 ♋
20	27 ♏ 7	14 ♑ 19	13 ♊ 39	13 ♊ 0	8 ♏ 26	13 ♎ 16	21 ♋ 37	26 ♍ 59	8 ♎ 45	3 ♌ 21	1 ♉ 31	23 ♒ 25	21 ♈	19 ♒	1 ♒	19 ♏	12 ♋
21	28 ♏ 8	28 ♑ 50	13 ♊ 36	13 ♊ 2	9 ♏ 2	14 ♎ 25	21 ♋ 40	27 ♍ 8	8 ♎ 51	3 ♌ 21	1 ♉ 30	23 ♒ 25	20 ♈	19 ♒	1 ♒	20 ♏	12 ♋
22	29 ♏ 9	13 ♒ 2	13 ♊ 32	13 ♊ 3	9 ♏ 45	15 ♎ 34	21 ♋ 43	27 ♍ 17	8 ♎ 57	3 ♌ 20	1 ♉ 28	23 ♒ 26	20 ♈	19 ♒	2 ♒	20 ♏	12 ♋
23	0 ♐ 9	26 ♒ 52	13 ♊ 29	13 ♊ 3	10 ♏ 36	16 ♎ 43	21 ♋ 44	27 ♍ 26	9 ♎ 2	3 ♌ 19	1 ♉ 27	23 ♒ 26	20 ♈	19 ♒	2 ♒	21 ♏	12 ♋
24	1 ♐ 10	10 ♓ 20	13 ♊ 26	13 R 3	11 ♏ 32	17 ♎ 53	21 ♋ 45	27 ♍ 35	9 ♎ 8	3 ♌ 19	1 ♉ 25	23 ♒ 27	20 ♈	19 ♒	2 ♒	21 ♏	12 ♋
25	2 ♐ 10	23 ♓ 29	13 ♊ 23	13 ♊ 2	12 ♏ 34	19 ♎ 2	21 R 45	27 ♍ 44	9 ♎ 13	3 ♌ 18	1 ♉ 24	23 ♒ 27	20 ♈	20 ♒	3 ♒	22 ♏	12 ♋
26	3 ♐ 11	6 ♈ 19	13 ♊ 20	13 ♊ 1	13 ♏ 40	20 ♎ 12	21 ♋ 43	27 ♍ 52	9 ♎ 18	3 ♌ 17	1 ♉ 23	23 ♒ 28	20 ♈	20 ♒	3 ♒	23 ♏	12 ♋
27	4 ♐ 12	18 ♈ 54	13 ♊ 17	13 ♊ 0	14 ♏ 50	21 ♎ 22	21 ♋ 42	28 ♍ 1	9 ♎ 24	3 ♌ 16	1 ♉ 21	23 ♒ 28	20 ♈	20 ♒	3 ♒	23 ♏	12 ♋
28	5 ♐ 12	1 ♉ 16	13 ♊ 13	12 ♊ 59	16 ♏ 3	22 ♎ 32	21 ♋ 39	28 ♍ 9	9 ♎ 29	3 ♌ 15	1 ♉ 20	23 ♒ 29	20 ♈	20 ♒	4 ♒	24 ♏	11 ♋
29	6 ♐ 13	13 ♉ 27	13 ♊ 10	12 ♊ 58	17 ♏ 20	23 ♎ 42	21 ♋ 35	28 ♍ 17	9 ♎ 34	3 ♌ 14	1 ♉ 19	23 ♒ 29	20 ♈	20 ♒	4 ♒	24 ♏	11 ♋
30	7 ♐ 14	25 ♉ 30	13 ♊ 7	12 ♊ 57	18 ♏ 38	24 ♎ 52	21 ♋ 31	28 ♍ 25	9 ♎ 39	3 ♌ 13	1 ♉ 17	23 ♒ 30	20 ♈	21 ♒	4 ♒	25 ♏	11 ♋

SUN INGRESS　☉ → ♐ 22日 20:12

MOON PHASE　○ 1日 07:36 ♉　◑ 9日 12:45 ♌　● 16日 14:45 ♏　◐ 23日 06:16 ♓

aspects		
2日	20:04	♀☌♃
4日	04:39	☿△♂
7日	17:25	☉☌☿
11日	07:03	♀⚹♅
13日	23:21	☉△♂
15日	15:59	♀☌♄
16日	07:20	☉□♇
19日	20:12	☉⚹♃
26日	02:20	☉△♅
27日	06:37	♀□♂
28日	19:39	♀△♇

2039年12月

DAY	☉	☽	☊ mean	☊ true	☿	♀	♂	♃	♄	♅	♆	♇	⚳	⚴	⚵	⚶	⚷
	° ′	° ′	° ′	° ′	° ′	° ′	° ′	° ′	° ′	° ′	° ′	° ′	°	°	°	°	°
1	8 ♐ 15	7 ♊ 25	13 ♊ 4	12 R 57	19 D 59	26 D 2	21 R 26	28 D 33	9 D 44	3 R 12	1 R 16	23 D 30	20 R	21 D	5 D	25 D	11 R
2	9 ♐ 15	19 ♊ 16	13 ♊ 1	12 D 57	21 ♏ 22	27 ♎ 13	21 ♋ 20	28 ♍ 41	9 ♎ 49	3 ♌ 11	1 ♉ 15	23 ♒ 31	19 ♈	21 ♒	5 ♒	26 ♏	11 ♋
3	10 ♐ 16	1 ♋ 4	12 ♊ 58	12 ♊ 57	22 ♏ 46	28 ♎ 24	21 ♋ 13	28 ♍ 49	9 ♎ 54	3 ♌ 9	1 ♉ 14	23 ♒ 32	19 ♈	21 ♒	6 ♒	26 ♏	11 ♋
4	11 ♐ 17	12 ♋ 52	12 ♊ 54	12 ♊ 57	24 ♏ 12	29 ♎ 35	21 ♋ 5	28 ♍ 56	9 ♎ 59	3 ♌ 8	1 ♉ 12	23 ♒ 32	19 ♈	21 ♒	6 ♒	27 ♏	11 ♋
5	12 ♐ 18	24 ♋ 42	12 ♊ 51	12 ♊ 57	25 ♏ 39	0 ♏ 45	20 ♋ 56	29 ♍ 4	10 ♎ 4	3 ♌ 7	1 ♉ 11	23 ♒ 33	19 ♈	22 ♒	6 ♒	27 ♏	11 ♋
6	13 ♐ 19	6 ♌ 37	12 ♊ 48	12 R 57	27 ♏ 6	1 ♏ 57	20 ♋ 47	29 ♍ 11	10 ♎ 8	3 ♌ 5	1 ♉ 10	23 ♒ 34	19 ♈	22 ♒	7 ♒	28 ♏	11 ♋
7	14 ♐ 20	18 ♌ 42	12 ♊ 45	12 ♊ 57	28 ♏ 35	3 ♏ 8	20 ♋ 36	29 ♍ 18	10 ♎ 13	3 ♌ 4	1 ♉ 9	23 ♒ 35	19 ♈	22 ♒	7 ♒	28 ♏	11 ♋
8	15 ♐ 20	0 ♍ 59	12 ♊ 42	12 ♊ 57	0 ♐ 4	4 ♏ 19	20 ♋ 25	29 ♍ 25	10 ♎ 17	3 ♌ 3	1 ♉ 8	23 ♒ 35	19 ♈	22 ♒	7 ♒	29 ♏	11 ♋
9	16 ♐ 21	13 ♍ 33	12 ♊ 38	12 ♊ 57	1 ♐ 33	5 ♏ 30	20 ♋ 13	29 ♍ 32	10 ♎ 22	3 ♌ 1	1 ♉ 7	23 ♒ 36	19 ♈	23 ♒	8 ♒	29 ♏	11 ♋
10	17 ♐ 22	26 ♍ 28	12 ♊ 35	12 D 57	3 ♐ 3	6 ♏ 42	20 ♋ 0	29 ♍ 38	10 ♎ 26	3 ♌ 0	1 ♉ 6	23 ♒ 37	19 D	23 ♒	8 ♒	0 ♐	11 ♋
11	18 ♐ 23	9 ♎ 47	12 ♊ 32	12 ♊ 57	4 ♐ 34	7 ♏ 54	19 ♋ 46	29 ♍ 45	10 ♎ 30	2 ♌ 58	1 ♉ 5	23 ♒ 38	19 ♈	23 ♒	9 ♒	1 ♐	11 ♋
12	19 ♐ 24	23 ♎ 33	12 ♊ 29	12 ♊ 58	6 ♐ 5	9 ♏ 5	19 ♋ 32	29 ♍ 51	10 ♎ 34	2 ♌ 56	1 ♉ 4	23 ♒ 39	19 ♈	23 ♒	9 ♒	1 ♐	11 ♋
13	20 ♐ 25	7 ♏ 46	12 ♊ 26	12 ♊ 58	7 ♐ 36	10 ♏ 17	19 ♋ 16	29 ♍ 58	10 ♎ 38	2 ♌ 55	1 ♉ 3	23 ♒ 40	19 ♈	23 ♒	9 ♒	2 ♐	11 ♋
14	21 ♐ 26	22 ♏ 25	12 ♊ 23	12 ♊ 59	9 ♐ 7	11 ♏ 29	19 ♋ 0	0 ♎ 4	10 ♎ 42	2 ♌ 53	1 ♉ 2	23 ♒ 41	19 ♈	24 ♒	10 ♒	2 ♐	11 ♋
15	22 ♐ 27	7 ♐ 23	12 ♊ 19	13 ♊ 0	10 ♐ 39	12 ♏ 41	18 ♋ 44	0 ♎ 10	10 ♎ 46	2 ♌ 51	1 ♉ 1	23 ♒ 42	19 ♈	24 ♒	10 ♒	3 ♐	11 ♋
16	23 ♐ 28	22 ♐ 34	12 ♊ 16	12 R 59	12 ♐ 11	13 ♏ 53	18 ♋ 26	0 ♎ 16	10 ♎ 50	2 ♌ 49	1 ♉ 0	23 ♒ 43	19 ♈	24 ♒	11 ♒	3 ♐	10 ♋
17	24 ♐ 29	7 ♑ 49	12 ♊ 13	12 ♊ 59	13 ♐ 43	15 ♏ 5	18 ♋ 8	0 ♎ 21	10 ♎ 54	2 ♌ 47	0 ♉ 59	23 ♒ 44	19 ♈	24 ♒	11 ♒	4 ♐	10 ♋
18	25 ♐ 31	22 ♑ 56	12 ♊ 10	12 ♊ 57	15 ♐ 15	16 ♏ 18	17 ♋ 49	0 ♎ 27	10 ♎ 57	2 ♌ 46	0 ♉ 58	23 ♒ 45	20 ♈	25 ♒	11 ♒	4 ♐	10 ♋
19	26 ♐ 32	7 ♒ 48	12 ♊ 7	12 ♊ 56	16 ♐ 48	17 ♏ 30	17 ♋ 30	0 ♎ 32	11 ♎ 1	2 ♌ 44	0 ♉ 57	23 ♒ 46	20 ♈	25 ♒	12 ♒	5 ♐	10 ♋
20	27 ♐ 33	22 ♒ 17	12 ♊ 4	12 ♊ 54	18 ♐ 21	18 ♏ 43	17 ♋ 10	0 ♎ 37	11 ♎ 4	2 ♌ 42	0 ♉ 57	23 ♒ 47	20 ♈	25 ♒	12 ♒	5 ♐	10 ♋
21	28 ♐ 34	6 ♓ 20	12 ♊ 0	12 ♊ 52	19 ♐ 53	19 ♏ 55	16 ♋ 49	0 ♎ 42	11 ♎ 8	2 ♌ 40	0 ♉ 56	23 ♒ 48	20 ♈	25 ♒	13 ♒	6 ♐	10 ♋
22	29 ♐ 35	19 ♓ 56	11 ♊ 57	12 ♊ 51	21 ♐ 26	21 ♏ 8	16 ♋ 28	0 ♎ 47	11 ♎ 11	2 ♌ 38	0 ♉ 55	23 ♒ 49	20 ♈	26 ♒	13 ♒	6 ♐	10 ♋
23	0 ♑ 36	3 ♈ 5	11 ♊ 54	12 D 51	23 ♐ 0	22 ♏ 20	16 ♋ 6	0 ♎ 52	11 ♎ 14	2 ♌ 36	0 ♉ 55	23 ♒ 50	20 ♈	26 ♒	13 ♒	7 ♐	10 ♋
24	1 ♑ 37	15 ♈ 51	11 ♊ 51	12 ♊ 52	24 ♐ 33	23 ♏ 33	15 ♋ 44	0 ♎ 56	11 ♎ 17	2 ♌ 33	0 ♉ 54	23 ♒ 51	20 ♈	26 ♒	14 ♒	7 ♐	10 ♋
25	2 ♑ 38	28 ♈ 18	11 ♊ 48	12 ♊ 53	26 ♐ 6	24 ♏ 46	15 ♋ 22	1 ♎ 0	11 ♎ 20	2 ♌ 31	0 ♉ 53	23 ♒ 53	20 ♈	26 ♒	14 ♒	8 ♐	10 ♋
26	3 ♑ 39	10 ♉ 30	11 ♊ 44	12 ♊ 55	27 ♐ 40	25 ♏ 58	14 ♋ 59	1 ♎ 5	11 ♎ 23	2 ♌ 29	0 ♉ 53	23 ♒ 54	20 ♈	27 ♒	15 ♒	9 ♐	10 ♋
27	4 ♑ 40	22 ♉ 31	11 ♊ 41	12 ♊ 56	29 ♐ 14	27 ♏ 11	14 ♋ 36	1 ♎ 8	11 ♎ 26	2 ♌ 27	0 ♉ 52	23 ♒ 55	20 ♈	27 ♒	15 ♒	9 ♐	10 ♋
28	5 ♑ 42	4 ♊ 24	11 ♊ 38	12 ♊ 57	0 ♑ 48	28 ♏ 24	14 ♋ 13	1 ♎ 12	11 ♎ 28	2 ♌ 25	0 ♉ 52	23 ♒ 56	20 ♈	27 ♒	16 ♒	10 ♐	10 ♋
29	6 ♑ 43	16 ♊ 13	11 ♊ 35	12 R 58	2 ♑ 23	29 ♏ 37	13 ♋ 49	1 ♎ 16	11 ♎ 31	2 ♌ 23	0 ♉ 51	23 ♒ 58	20 ♈	28 ♒	16 ♒	10 ♐	10 ♋
30	7 ♑ 44	28 ♊ 1	11 ♊ 32	12 ♊ 57	3 ♑ 58	0 ♐ 50	13 ♋ 25	1 ♎ 19	11 ♎ 33	2 ♌ 20	0 ♉ 51	23 ♒ 59	21 ♈	28 ♒	16 ♒	11 ♐	10 ♋
31	8 ♑ 45	9 ♋ 49	11 ♊ 29	12 ♊ 54	5 ♑ 33	2 ♐ 3	13 ♋ 1	1 ♎ 23	11 ♎ 36	2 ♌ 18	0 ♉ 50	24 ♒ 0	21 ♈	28 ♒	17 ♒	11 ♐	9 ♋

SUN INGRESS　☉ → ♑ 22日 09:40

MOON PHASE　○ 1日 01:49 ♊　◑ 9日 05:44 ♍　● 16日 01:31 ♐　◐ 22日 19:01 ♈　○ 30日 21:37 ♋

aspects		
1日	23:19	☿△♂
2日	14:33	☉⚹♄
3日	12:51	☿□♇
5日	08:32	♀☍♆
6日	22:47	♀□♅
7日	12:41	☿⚹♃
9日	22:59	☿△♅
15日	01:57	☿⚹♄
16日	05:44	☉⚹♇
18日	23:52	♀△♂
23日	06:36	☉□♃
23日	07:11	☉△♆
23日	13:13	☿⚹♇
24日	06:14	♀□♇
28日	00:49	☿△♆
28日	06:20	☿□♃
30日	09:58	♀⚹♃
31日	04:35	♀△♅

2040年1月

DAY	☉	☽	☊ mean	☊ true	☿	♀	♂	♃	♄	♅	♆	♇	⚳	⚴	⚵	⚶	⚷
	° ′	° ′	° ′	° ′	° ′	° ′	° ′	° ′	° ′	° ′	° ′	° ′	°	°	°	°	°
1	9 ♑ 46	21 ♋ 41	11 ♊ 25	12 R 51	7 D 8	3 D 17	12 R 38	1 D 26	11 D 38	2 R 16	0 R 50	24 D 2	21 D	28 D	17 D	12 D	9 R
2	10 ♑ 47	3 ♌ 37	11 ♊ 22	12 ♊ 46	8 ♑ 43	4 ♐ 30	12 ♋ 14	1 ♎ 29	11 ♎ 40	2 ♌ 13	0 ♉ 50	24 ♒ 3	21 ♈	29 ♒	18 ♒	12 ♐	9 ♋
3	11 ♑ 48	15 ♌ 40	11 ♊ 19	12 ♊ 41	10 ♑ 19	5 ♐ 43	11 ♋ 50	1 ♎ 31	11 ♎ 42	2 ♌ 11	0 ♉ 49	24 ♒ 4	21 ♈	29 ♒	18 ♒	13 ♐	9 ♋
4	12 ♑ 49	27 ♌ 52	11 ♊ 16	12 ♊ 35	11 ♑ 56	6 ♐ 56	11 ♋ 26	1 ♎ 34	11 ♎ 44	2 ♌ 8	0 ♉ 49	24 ♒ 6	21 ♈	29 ♒	19 ♒	13 ♐	9 ♋
5	13 ♑ 51	10 ♍ 15	11 ♊ 13	12 ♊ 31	13 ♑ 32	8 ♐ 10	11 ♋ 2	1 ♎ 36	11 ♎ 46	2 ♌ 6	0 ♉ 49	24 ♒ 7	21 ♈	0 ♓	19 ♒	14 ♐	9 ♋
6	14 ♑ 52	22 ♍ 51	11 ♊ 10	12 ♊ 27	15 ♑ 9	9 ♐ 23	10 ♋ 39	1 ♎ 38	11 ♎ 48	2 ♌ 4	0 ♉ 48	24 ♒ 8	22 ♈	0 ♓	19 ♒	14 ♐	9 ♋
7	15 ♑ 53	5 ♎ 43	11 ♊ 6	12 ♊ 25	16 ♑ 46	10 ♐ 37	10 ♋ 16	1 ♎ 40	11 ♎ 49	2 ♌ 1	0 ♉ 48	24 ♒ 10	22 ♈	0 ♓	20 ♒	15 ♐	9 ♋
8	16 ♑ 54	18 ♎ 55	11 ♊ 3	12 D 24	18 ♑ 24	11 ♐ 50	9 ♋ 53	1 ♎ 42	11 ♎ 51	1 ♌ 59	0 ♉ 48	24 ♒ 11	22 ♈	0 ♓	20 ♒	15 ♐	9 ♋
9	17 ♑ 55	2 ♏ 28	11 ♊ 0	12 ♊ 25	20 ♑ 2	13 ♐ 4	9 ♋ 30	1 ♎ 44	11 ♎ 52	1 ♌ 56	0 ♉ 48	24 ♒ 13	22 ♈	1 ♓	21 ♒	16 ♐	9 ♋
10	18 ♑ 56	16 ♏ 26	10 ♊ 57	12 ♊ 27	21 ♑ 41	14 ♐ 17	9 ♋ 8	1 ♎ 45	11 ♎ 54	1 ♌ 54	0 ♉ 48	24 ♒ 14	22 ♈	1 ♓	21 ♒	16 ♐	9 ♋
11	19 ♑ 57	0 ♐ 47	10 ♊ 54	12 ♊ 28	23 ♑ 20	15 ♐ 31	8 ♋ 46	1 ♎ 47	11 ♎ 55	1 ♌ 51	0 ♉ 48	24 ♒ 16	22 ♈	1 ♓	22 ♒	17 ♐	9 ♋
12	20 ♑ 59	15 ♐ 30	10 ♊ 50	12 R 28	24 ♑ 59	16 ♐ 45	8 ♋ 24	1 ♎ 48	11 ♎ 56	1 ♌ 48	0 D 48	24 ♒ 17	23 ♈	2 ♓	22 ♒	18 ♐	9 ♋
13	22 ♑ 0	0 ♑ 31	10 ♊ 47	12 ♊ 27	26 ♑ 39	17 ♐ 59	8 ♋ 3	1 ♎ 48	11 ♎ 57	1 ♌ 46	0 ♉ 48	24 ♒ 19	23 ♈	2 ♓	22 ♒	18 ♐	9 ♋
14	23 ♑ 1	15 ♑ 41	10 ♊ 44	12 ♊ 24	28 ♑ 19	19 ♐ 12	7 ♋ 43	1 ♎ 49	11 ♎ 58	1 ♌ 43	0 ♉ 48	24 ♒ 20	23 ♈	2 ♓	23 ♒	19 ♐	9 ♋
15	24 ♑ 2	0 ♒ 52	10 ♊ 41	12 ♊ 19	0 ♒ 0	20 ♐ 26	7 ♋ 23	1 ♎ 50	11 ♎ 58	1 ♌ 41	0 ♉ 48	24 ♒ 22	23 ♈	2 ♓	23 ♒	19 ♐	8 ♋
16	25 ♑ 3	15 ♒ 52	10 ♊ 38	12 ♊ 12	1 ♒ 41	21 ♐ 40	7 ♋ 3	1 ♎ 50	11 ♎ 59	1 ♌ 38	0 ♉ 48	24 ♒ 23	23 ♈	3 ♓	24 ♒	20 ♐	8 ♋
17	26 ♑ 4	0 ♓ 33	10 ♊ 35	12 ♊ 5	3 ♒ 22	22 ♐ 54	6 ♋ 45	1 R 50	12 ♎ 0	1 ♌ 36	0 ♉ 48	24 ♒ 25	24 ♈	3 ♓	24 ♒	20 ♐	8 ♋
18	27 ♑ 6	14 ♓ 48	10 ♊ 31	11 ♊ 58	5 ♒ 3	24 ♐ 8	6 ♋ 27	1 ♎ 50	12 ♎ 0	1 ♌ 33	0 ♉ 49	24 ♒ 26	24 ♈	3 ♓	25 ♒	21 ♐	8 ♋
19	28 ♑ 7	28 ♓ 34	10 ♊ 28	11 ♊ 53	6 ♒ 45	25 ♐ 21	6 ♋ 9	1 ♎ 50	12 ♎ 0	1 ♌ 30	0 ♉ 49	24 ♒ 28	24 ♈	4 ♓	25 ♒	21 ♐	8 ♋
20	29 ♑ 8	11 ♈ 52	10 ♊ 25	11 ♊ 49	8 ♒ 27	26 ♐ 35	5 ♋ 52	1 ♎ 49	12 ♎ 1	1 ♌ 28	0 ♉ 49	24 ♒ 30	24 ♈	4 ♓	26 ♒	22 ♐	8 ♋
21	0 ♒ 9	24 ♈ 42	10 ♊ 22	11 ♊ 47	10 ♒ 9	27 ♐ 49	5 ♋ 36	1 ♎ 48	12 ♎ 1	1 ♌ 25	0 ♉ 49	24 ♒ 31	24 ♈	4 ♓	26 ♒	22 ♐	8 ♋
22	1 ♒ 10	7 ♉ 9	10 ♊ 19	11 D 47	11 ♒ 51	29 ♐ 3	5 ♋ 21	1 ♎ 47	12 R 1	1 ♌ 23	0 ♉ 50	24 ♒ 33	25 ♈	5 ♓	27 ♒	23 ♐	8 ♋
23	2 ♒ 11	19 ♉ 19	10 ♊ 16	11 ♊ 48	13 ♒ 33	0 ♑ 17	5 ♋ 7	1 ♎ 46	12 ♎ 1	1 ♌ 20	0 ♉ 50	24 ♒ 34	25 ♈	5 ♓	27 ♒	23 ♐	8 ♋
24	3 ♒ 12	1 ♊ 16	10 ♊ 12	11 ♊ 50	15 ♒ 15	1 ♑ 31	4 ♋ 53	1 ♎ 45	12 ♎ 0	1 ♌ 17	0 ♉ 51	24 ♒ 36	25 ♈	5 ♓	28 ♒	24 ♐	8 ♋
25	4 ♒ 13	13 ♊ 5	10 ♊ 9	11 R 50	16 ♒ 56	2 ♑ 45	4 ♋ 40	1 ♎ 44	12 ♎ 0	1 ♌ 15	0 ♉ 51	24 ♒ 38	25 ♈	6 ♓	28 ♒	24 ♐	8 ♋
26	5 ♒ 14	24 ♊ 52	10 ♊ 6	11 ♊ 49	18 ♒ 37	3 ♑ 59	4 ♋ 28	1 ♎ 42	12 ♎ 0	1 ♌ 12	0 ♉ 52	24 ♒ 39	26 ♈	6 ♓	28 ♒	25 ♐	8 ♋
27	6 ♒ 15	6 ♋ 39	10 ♊ 3	11 ♊ 46	20 ♒ 16	5 ♑ 13	4 ♋ 17	1 ♎ 40	11 ♎ 59	1 ♌ 9	0 ♉ 52	24 ♒ 41	26 ♈	6 ♓	29 ♒	25 ♐	8 ♋
28	7 ♒ 16	18 ♋ 31	10 ♊ 0	11 ♊ 40	21 ♒ 55	6 ♑ 27	4 ♋ 6	1 ♎ 38	11 ♎ 59	1 ♌ 7	0 ♉ 53	24 ♒ 43	26 ♈	6 ♓	29 ♒	26 ♐	8 ♋
29	8 ♒ 17	0 ♌ 29	9 ♊ 56	11 ♊ 31	23 ♒ 32	7 ♑ 41	3 ♋ 56	1 ♎ 36	11 ♎ 58	1 ♌ 4	0 ♉ 53	24 ♒ 44	26 ♈	7 ♓	0 ♓	26 ♐	8 ♋
30	9 ♒ 18	12 ♌ 36	9 ♊ 53	11 ♊ 21	25 ♒ 7	8 ♑ 56	3 ♋ 47	1 ♎ 34	11 ♎ 57	1 ♌ 2	0 ♉ 54	24 ♒ 46	27 ♈	7 ♓	0 ♓	27 ♐	8 ♋
31	10 ♒ 19	24 ♌ 52	9 ♊ 50	11 ♊ 10	26 ♒ 40	10 ♑ 10	3 ♋ 39	1 ♎ 31	11 ♎ 56	0 ♌ 59	0 ♉ 54	24 ♒ 48	27 ♈	7 ♓	1 ♓	27 ♐	8 ♋

SUN INGRESS	☉ → ♒ 20日 20:20
MOON PHASE	◑ 7日 20:05 ♎　● 14日 12:25 ♑　◐ 21日 11:21 ♉　○ 29日 16:54 ♌

aspects		
2日	21:30	☉□♄
3日	00:27	☉☍♂
3日	07:12	♂□♄
3日	18:07	☿☍♂
3日	21:05	☿□♄
5日	12:22	☉☌☿
8日	00:10	♀⚹♄
12日	06:09	♃⚹♅
15日	11:33	☿□♆
15日	23:27	☿☍♅
16日	02:13	☿△♃
18日	06:16	♀⚹♇
21日	16:03	☉□♆
22日	02:17	☿△♄
22日	04:46	☉☍♅
22日	14:32	☉△♃
23日	10:46	♀△♆
24日	04:27	♀□♃
26日	08:02	♀☍♂
29日	18:32	☿☌♇

2040年2月

DAY	☉	☽	☊ mean	☊ true	☿	♀	♂	♃	♄	♅	♆	♇	⚳	⚴	⚵	⚶	⚷
	° ′	° ′	° ′	° ′	° ′	° ′	° ′	° ′	° ′	° ′	° ′	° ′	°	°	°	°	°
1	11 ♒ 20	7 ♍ 17	9 ♊ 47	10 R 58	28 D 11	11 D 24	3 R 32	1 R 28	11 R 55	0 R 57	0 D 55	24 D 50	27 D	8 D	1 D	28 D	7 R
2	12 ♒ 21	19 ♍ 54	9 ♊ 44	10 ♊ 47	29 ♒ 37	12 ♑ 38	3 ♋ 25	1 ♎ 25	11 ♎ 54	0 ♌ 54	0 ♉ 56	24 ♒ 51	27 ♈	8 ♓	2 ♓	28 ♐	7 ♋
3	13 ♒ 21	2 ♎ 42	9 ♊ 41	10 ♊ 39	1 ♓ 0	13 ♑ 52	3 ♋ 19	1 ♎ 22	11 ♎ 53	0 ♌ 51	0 ♉ 57	24 ♒ 53	28 ♈	8 ♓	2 ♓	29 ♐	7 ♋
4	14 ♒ 22	15 ♎ 42	9 ♊ 37	10 ♊ 32	2 ♓ 19	15 ♑ 6	3 ♋ 14	1 ♎ 19	11 ♎ 51	0 ♌ 49	0 ♉ 57	24 ♒ 55	28 ♈	9 ♓	3 ♓	29 ♐	7 ♋
5	15 ♒ 23	28 ♎ 56	9 ♊ 34	10 ♊ 29	3 ♓ 32	16 ♑ 21	3 ♋ 10	1 ♎ 15	11 ♎ 50	0 ♌ 46	0 ♉ 58	24 ♒ 56	28 ♈	9 ♓	3 ♓	0 ♑	7 ♋
6	16 ♒ 24	12 ♏ 26	9 ♊ 31	10 ♊ 27	4 ♓ 39	17 ♑ 35	3 ♋ 7	1 ♎ 12	11 ♎ 48	0 ♌ 44	0 ♉ 59	24 ♒ 58	28 ♈	9 ♓	4 ♓	0 ♑	7 ♋
7	17 ♒ 25	26 ♏ 12	9 ♊ 28	10 D 27	5 ♓ 39	18 ♑ 49	3 ♋ 4	1 ♎ 8	11 ♎ 46	0 ♌ 41	1 ♉ 0	25 ♒ 0	29 ♈	10 ♓	4 ♓	1 ♑	7 ♋
8	18 ♒ 26	10 ♐ 17	9 ♊ 25	10 ♊ 28	6 ♓ 32	20 ♑ 3	3 ♋ 3	1 ♎ 4	11 ♎ 45	0 ♌ 39	1 ♉ 1	25 ♒ 2	29 ♈	10 ♓	5 ♓	1 ♑	7 ♋
9	19 ♒ 26	24 ♐ 40	9 ♊ 22	10 R 27	7 ♓ 16	21 ♑ 18	3 ♋ 1	1 ♎ 0	11 ♎ 43	0 ♌ 36	1 ♉ 2	25 ♒ 3	29 ♈	10 ♓	5 ♓	2 ♑	7 ♋
10	20 ♒ 27	9 ♑ 18	9 ♊ 18	10 ♊ 24	7 ♓ 51	22 ♑ 32	3 D 1	0 ♎ 55	11 ♎ 41	0 ♌ 34	1 ♉ 3	25 ♒ 5	0 ♉	11 ♓	6 ♓	2 ♑	7 ♋
11	21 ♒ 28	24 ♑ 7	9 ♊ 15	10 ♊ 19	8 ♓ 17	23 ♑ 46	3 ♋ 2	0 ♎ 51	11 ♎ 39	0 ♌ 32	1 ♉ 4	25 ♒ 7	0 ♉	11 ♓	6 ♓	3 ♑	7 ♋
12	22 ♒ 29	9 ♒ 1	9 ♊ 12	10 ♊ 10	8 ♓ 32	25 ♑ 0	3 ♋ 3	0 ♎ 46	11 ♎ 37	0 ♌ 29	1 ♉ 5	25 ♒ 9	0 ♉	11 ♓	7 ♓	3 ♑	7 ♋
13	23 ♒ 29	23 ♒ 50	9 ♊ 9	9 ♊ 59	8 R 37	26 ♑ 15	3 ♋ 5	0 ♎ 41	11 ♎ 34	0 ♌ 27	1 ♉ 6	25 ♒ 10	1 ♉	12 ♓	7 ♓	4 ♑	7 ♋
14	24 ♒ 30	8 ♓ 26	9 ♊ 6	9 ♊ 48	8 ♓ 31	27 ♑ 29	3 ♋ 8	0 ♎ 36	11 ♎ 32	0 ♌ 25	1 ♉ 7	25 ♒ 12	1 ♉	12 ♓	8 ♓	4 ♑	7 ♋
15	25 ♒ 31	22 ♓ 42	9 ♊ 2	9 ♊ 36	8 ♓ 14	28 ♑ 43	3 ♋ 11	0 ♎ 31	11 ♎ 29	0 ♌ 22	1 ♉ 8	25 ♒ 14	1 ♉	12 ♓	8 ♓	5 ♑	7 ♋
16	26 ♒ 32	6 ♈ 32	8 ♊ 59	9 ♊ 26	7 ♓ 48	29 ♑ 58	3 ♋ 15	0 ♎ 26	11 ♎ 27	0 ♌ 20	1 ♉ 9	25 ♒ 16	1 ♉	13 ♓	8 ♓	5 ♑	7 ♋
17	27 ♒ 32	19 ♈ 54	8 ♊ 56	9 ♊ 19	7 ♓ 11	1 ♒ 12	3 ♋ 20	0 ♎ 20	11 ♎ 24	0 ♌ 18	1 ♉ 11	25 ♒ 17	2 ♉	13 ♓	9 ♓	6 ♑	7 ♋
18	28 ♒ 33	2 ♉ 49	8 ♊ 53	9 ♊ 14	6 ♓ 26	2 ♒ 26	3 ♋ 25	0 ♎ 15	11 ♎ 22	0 ♌ 16	1 ♉ 12	25 ♒ 19	2 ♉	13 ♓	9 ♓	6 ♑	7 ♋
19	29 ♒ 33	15 ♉ 21	8 ♊ 50	9 ♊ 11	5 ♓ 33	3 ♒ 41	3 ♋ 32	0 ♎ 9	11 ♎ 19	0 ♌ 13	1 ♉ 13	25 ♒ 21	2 ♉	14 ♓	10 ♓	7 ♑	7 ♋
20	0 ♓ 34	27 ♉ 33	8 ♊ 47	9 ♊ 10	4 ♓ 35	4 ♒ 55	3 ♋ 38	0 ♎ 3	11 ♎ 16	0 ♌ 11	1 ♉ 14	25 ♒ 23	3 ♉	14 ♓	10 ♓	7 ♑	7 ♋
21	1 ♓ 34	9 ♊ 31	8 ♊ 43	9 ♊ 11	3 ♓ 31	6 ♒ 9	3 ♋ 46	29 ♍ 57	11 ♎ 13	0 ♌ 9	1 ♉ 16	25 ♒ 24	3 ♉	14 ♓	11 ♓	8 ♑	7 ♋
22	2 ♓ 35	21 ♊ 21	8 ♊ 40	9 ♊ 10	2 ♓ 25	7 ♒ 24	3 ♋ 54	29 ♍ 51	11 ♎ 10	0 ♌ 7	1 ♉ 17	25 ♒ 26	3 ♉	15 ♓	11 ♓	8 ♑	7 ♋
23	3 ♓ 35	3 ♋ 9	8 ♊ 37	9 ♊ 8	1 ♓ 18	8 ♒ 38	4 ♋ 3	29 ♍ 45	11 ♎ 7	0 ♌ 5	1 ♉ 18	25 ♒ 28	4 ♉	15 ♓	12 ♓	9 ♑	7 ♋
24	4 ♓ 36	14 ♋ 58	8 ♊ 34	9 ♊ 4	0 ♓ 12	9 ♒ 52	4 ♋ 12	29 ♍ 38	11 ♎ 3	0 ♌ 3	1 ♉ 20	25 ♒ 29	4 ♉	15 ♓	12 ♓	9 ♑	7 ♋
25	5 ♓ 36	26 ♋ 53	8 ♊ 31	8 ♊ 57	29 ♒ 8	11 ♒ 7	4 ♋ 22	29 ♍ 32	11 ♎ 0	0 ♌ 1	1 ♉ 21	25 ♒ 31	4 ♉	16 ♓	13 ♓	10 ♑	7 ♋
26	6 ♓ 36	8 ♌ 59	8 ♊ 28	8 ♊ 46	28 ♒ 7	12 ♒ 21	4 ♋ 32	29 ♍ 25	10 ♎ 57	29 ♋ 59	1 ♉ 23	25 ♒ 33	5 ♉	16 ♓	13 ♓	10 ♑	7 ♋
27	7 ♓ 37	21 ♌ 16	8 ♊ 24	8 ♊ 34	27 ♒ 12	13 ♒ 35	4 ♋ 43	29 ♍ 19	10 ♎ 53	29 ♋ 57	1 ♉ 24	25 ♒ 35	5 ♉	16 ♓	14 ♓	11 ♑	7 ♋
28	8 ♓ 37	3 ♍ 46	8 ♊ 21	8 ♊ 20	26 ♒ 22	14 ♒ 50	4 ♋ 55	29 ♍ 12	10 ♎ 50	29 ♋ 55	1 ♉ 26	25 ♒ 36	5 ♉	17 ♓	14 ♓	11 ♑	7 ♋
29	9 ♓ 37	16 ♍ 30	8 ♊ 18	8 ♊ 6	25 ♒ 38	16 ♒ 4	5 ♋ 7	29 ♍ 5	10 ♎ 46	29 ♋ 53	1 ♉ 27	25 ♒ 38	6 ♉	17 ♓	15 ♓	12 ♑	6 ♋

SUN INGRESS	☉ → ♓ 19日 10:23
MOON PHASE	◑ 6日 07:32 ♏　● 12日 23:24 ♒　◐ 20日 06:33 ♊　○ 28日 09:59 ♍

aspects		
1日	09:55	♀□♄
1日	10:04	♅□♆
1日	13:38	☉△♄
2日	22:51	☿⚹♆
4日	17:04	☿△♂
14日	17:03	☉☌♇
16日	06:59	♀☍♅
16日	08:27	♀△♃
16日	23:31	♀□♆
17日	18:34	♃⚹♅
20日	16:26	☉⚹♆
20日	19:10	☿△♂
21日	22:12	☉☌☿
22日	23:58	☿⚹♆
23日	12:49	☉△♂
24日	21:56	♀△♄
28日	23:52	☿☌♇

2040年3月

DAY	☉	☽	☊ mean	☊ true	☿	♀	♂	♃	♄	♅	♆	♇	⚳	⚴	⚵	⚶	⚷
	° ′	° ′	° ′	° ′	° ′	° ′	° ′	° ′	° ′	° ′	° ′	° ′	°	°	°	°	°
1	10 ♓ 38	29 ♍ 26	8 ♊ 15	7 R 53	25 R 1	17 D 18	5 D 20	28 R 58	10 R 42	29 R 51	1 D 29	25 D 40	6 D	17 D	15 D	12 D	6 R
2	11 ♓ 38	12 ♎ 35	8 ♊ 12	7 ♊ 43	24 ♒ 31	18 ♒ 33	5 ♋ 33	28 ♍ 51	10 ♎ 39	29 ♋ 50	1 ♉ 30	25 ♒ 41	6 ♉	18 ♓	16 ♓	13 ♑	6 ♋
3	12 ♓ 38	25 ♎ 54	8 ♊ 8	7 ♊ 35	24 ♒ 8	19 ♒ 47	5 ♋ 47	28 ♍ 44	10 ♎ 35	29 ♋ 48	1 ♉ 32	25 ♒ 43	7 ♉	18 ♓	16 ♓	13 ♑	6 ♋
4	13 ♓ 38	9 ♏ 23	8 ♊ 5	7 ♊ 30	23 ♒ 52	21 ♒ 1	6 ♋ 1	28 ♍ 36	10 ♎ 31	29 ♋ 46	1 ♉ 34	25 ♒ 45	7 ♉	18 ♓	17 ♓	13 ♑	6 ♋
5	14 ♓ 38	23 ♏ 2	8 ♊ 2	7 ♊ 27	23 ♒ 43	22 ♒ 16	6 ♋ 15	28 ♍ 29	10 ♎ 27	29 ♋ 45	1 ♉ 35	25 ♒ 47	7 ♉	19 ♓	17 ♓	14 ♑	6 ♋
6	15 ♓ 38	6 ♐ 50	7 ♊ 59	7 ♊ 27	23 D 41	23 ♒ 30	6 ♋ 30	28 ♍ 22	10 ♎ 23	29 ♋ 43	1 ♉ 37	25 ♒ 48	8 ♉	19 ♓	18 ♓	14 ♑	6 ♋
7	16 ♓ 38	20 ♐ 49	7 ♊ 56	7 ♊ 27	23 ♒ 45	24 ♒ 45	6 ♋ 46	28 ♍ 14	10 ♎ 19	29 ♋ 41	1 ♉ 39	25 ♒ 50	8 ♉	19 ♓	18 ♓	15 ♑	6 ♋
8	17 ♓ 38	4 ♑ 58	7 ♊ 53	7 ♊ 26	23 ♒ 55	25 ♒ 59	7 ♋ 2	28 ♍ 7	10 ♎ 15	29 ♋ 40	1 ♉ 40	25 ♒ 51	8 ♉	20 ♓	19 ♓	15 ♑	6 ♋
9	18 ♓ 38	19 ♑ 16	7 ♊ 49	7 ♊ 23	24 ♒ 11	27 ♒ 13	7 ♋ 18	27 ♍ 59	10 ♎ 11	29 ♋ 38	1 ♉ 42	25 ♒ 53	9 ♉	20 ♓	19 ♓	16 ♑	6 ♋
10	19 ♓ 38	3 ♒ 41	7 ♊ 46	7 ♊ 18	24 ♒ 33	28 ♒ 28	7 ♋ 35	27 ♍ 51	10 ♎ 7	29 ♋ 37	1 ♉ 44	25 ♒ 55	9 ♉	20 ♓	20 ♓	16 ♑	6 ♋
11	20 ♓ 38	18 ♒ 8	7 ♊ 43	7 ♊ 9	24 ♒ 59	29 ♒ 42	7 ♋ 53	27 ♍ 44	10 ♎ 2	29 ♋ 36	1 ♉ 46	25 ♒ 56	9 ♉	21 ♓	21 ♓	17 ♑	6 ♋
12	21 ♓ 38	2 ♓ 32	7 ♊ 40	6 ♊ 59	25 ♒ 30	0 ♓ 56	8 ♋ 10	27 ♍ 36	9 ♎ 58	29 ♋ 34	1 ♉ 48	25 ♒ 58	10 ♉	21 ♓	21 ♓	17 ♑	6 D
13	22 ♓ 38	16 ♓ 47	7 ♊ 37	6 ♊ 47	26 ♒ 6	2 ♓ 11	8 ♋ 29	27 ♍ 28	9 ♎ 54	29 ♋ 33	1 ♉ 49	26 ♒ 0	10 ♉	22 ♓	22 ♓	18 ♑	6 ♋
14	23 ♓ 38	0 ♈ 46	7 ♊ 34	6 ♊ 35	26 ♒ 45	3 ♓ 25	8 ♋ 47	27 ♍ 21	9 ♎ 49	29 ♋ 32	1 ♉ 51	26 ♒ 1	10 ♉	22 ♓	22 ♓	18 ♑	6 ♋
15	24 ♓ 38	14 ♈ 26	7 ♊ 30	6 ♊ 25	27 ♒ 29	4 ♓ 39	9 ♋ 6	27 ♍ 13	9 ♎ 45	29 ♋ 31	1 ♉ 53	26 ♒ 3	11 ♉	22 ♓	23 ♓	18 ♑	6 ♋
16	25 ♓ 38	27 ♈ 43	7 ♊ 27	6 ♊ 17	28 ♒ 16	5 ♓ 54	9 ♋ 25	27 ♍ 5	9 ♎ 41	29 ♋ 30	1 ♉ 55	26 ♒ 4	11 ♉	23 ♓	23 ♓	19 ♑	6 ♋
17	26 ♓ 38	10 ♉ 36	7 ♊ 24	6 ♊ 11	29 ♒ 6	7 ♓ 8	9 ♋ 45	26 ♍ 57	9 ♎ 36	29 ♋ 28	1 ♉ 57	26 ♒ 6	12 ♉	23 ♓	24 ♓	19 ♑	6 ♋
18	27 ♓ 37	23 ♉ 9	7 ♊ 21	6 ♊ 8	0 ♓ 0	8 ♓ 22	10 ♋ 5	26 ♍ 49	9 ♎ 32	29 ♋ 27	1 ♉ 59	26 ♒ 7	12 ♉	23 ♓	24 ♓	20 ♑	6 ♋
19	28 ♓ 37	5 ♊ 23	7 ♊ 18	6 ♊ 8	0 ♓ 57	9 ♓ 37	10 ♋ 25	26 ♍ 42	9 ♎ 27	29 ♋ 26	2 ♉ 1	26 ♒ 9	12 ♉	24 ♓	25 ♓	20 ♑	6 ♋
20	29 ♓ 37	17 ♊ 24	7 ♊ 14	6 D 8	1 ♓ 56	10 ♓ 51	10 ♋ 46	26 ♍ 34	9 ♎ 22	29 ♋ 25	2 ♉ 3	26 ♒ 10	13 ♉	24 ♓	25 ♓	21 ♑	6 ♋
21	0 ♈ 36	29 ♊ 16	7 ♊ 11	6 ♊ 8	2 ♓ 58	12 ♓ 5	11 ♋ 7	26 ♍ 26	9 ♎ 18	29 ♋ 25	2 ♉ 5	26 ♒ 12	13 ♉	24 ♓	26 ♓	21 ♑	6 ♋
22	1 ♈ 36	11 ♋ 5	7 ♊ 8	6 R 8	4 ♓ 3	13 ♓ 20	11 ♋ 29	26 ♍ 18	9 ♎ 13	29 ♋ 24	2 ♉ 7	26 ♒ 13	13 ♉	25 ♓	26 ♓	22 ♑	6 ♋
23	2 ♈ 35	22 ♋ 56	7 ♊ 5	6 ♊ 6	5 ♓ 10	14 ♓ 34	11 ♋ 50	26 ♍ 11	9 ♎ 9	29 ♋ 23	2 ♉ 9	26 ♒ 15	14 ♉	25 ♓	27 ♓	22 ♑	6 ♋
24	3 ♈ 35	4 ♌ 54	7 ♊ 2	6 ♊ 1	6 ♓ 19	15 ♓ 48	12 ♋ 12	26 ♍ 3	9 ♎ 4	29 ♋ 22	2 ♉ 11	26 ♒ 16	14 ♉	25 ♓	27 ♓	22 ♑	6 ♋
25	4 ♈ 34	17 ♌ 4	6 ♊ 59	5 ♊ 54	7 ♓ 31	17 ♓ 2	12 ♋ 35	25 ♍ 55	8 ♎ 59	29 ♋ 22	2 ♉ 13	26 ♒ 18	15 ♉	26 ♓	28 ♓	23 ♑	7 ♋
26	5 ♈ 34	29 ♌ 29	6 ♊ 55	5 ♊ 45	8 ♓ 44	18 ♓ 17	12 ♋ 57	25 ♍ 48	8 ♎ 55	29 ♋ 21	2 ♉ 15	26 ♒ 19	15 ♉	26 ♓	28 ♓	23 ♑	7 ♋
27	6 ♈ 33	12 ♍ 11	6 ♊ 52	5 ♊ 35	10 ♓ 0	19 ♓ 31	13 ♋ 20	25 ♍ 40	8 ♎ 50	29 ♋ 20	2 ♉ 17	26 ♒ 21	15 ♉	26 ♓	29 ♓	24 ♑	7 ♋
28	7 ♈ 33	25 ♍ 10	6 ♊ 49	5 ♊ 24	11 ♓ 17	20 ♓ 45	13 ♋ 44	25 ♍ 33	8 ♎ 45	29 ♋ 20	2 ♉ 19	26 ♒ 22	16 ♉	27 ♓	29 ♓	24 ♑	7 ♋
29	8 ♈ 32	8 ♎ 26	6 ♊ 46	5 ♊ 15	12 ♓ 36	21 ♓ 59	14 ♋ 7	25 ♍ 25	8 ♎ 41	29 ♋ 19	2 ♉ 21	26 ♒ 23	16 ♉	27 ♓	0 ♈	24 ♑	7 ♋
30	9 ♈ 31	21 ♎ 58	6 ♊ 43	5 ♊ 6	13 ♓ 57	23 ♓ 14	14 ♋ 31	25 ♍ 18	8 ♎ 36	29 ♋ 19	2 ♉ 23	26 ♒ 25	16 ♉	27 ♓	0 ♈	25 ♑	7 ♋
31	10 ♈ 31	5 ♏ 42	6 ♊ 39	5 ♊ 1	15 ♓ 20	24 ♓ 28	14 ♋ 55	25 ♍ 10	8 ♎ 31	29 ♋ 19	2 ♉ 25	26 ♒ 26	17 ♉	28 ♓	1 ♈	25 ♑	7 ♋

SUN INGRESS	☉ → ♈ 20日 09:11
MOON PHASE	◑ 6日 16:18 ♐　● 13日 10:46 ♓　◐ 21日 02:58 ♋　○ 29日 00:11 ♎

aspects	
6日 03:33	☿☌♀
7日 21:32	♀☌♇
12日 16:55	♀⚹♆
12日 19:59	☿☌♇
16日 15:08	♂□♄
17日 06:58	☉☍♃
19日 19:33	☉△♅
19日 21:50	♀△♂
20日 02:35	☿⚹♆
29日 03:15	☉☍♄
30日 13:50	☿△♂
31日 12:31	♀☍♃

2040年4月

DAY	☉	☽	☊ mean	☊ true	☿	♀	♂	♃	♄	♅	♆	♇	⚳	⚴	⚵	⚶	⚷
	° ′	° ′	° ′	° ′	° ′	° ′	° ′	° ′	° ′	° ′	° ′	° ′	°	°	°	°	°
1	11 ♈ 30	19 ♏ 35	6 ♊ 36	4 R 57	16 D 44	25 D 42	15 D 19	25 R 3	8 R 27	29 R 18	2 D 27	26 D 27	17 D	28 D	1 D	26 D	7 D
2	12 ♈ 29	3 ♐ 36	6 ♊ 33	4 ♊ 56	18 ♓ 10	26 ♓ 56	15 ♋ 44	24 ♍ 56	8 ♎ 22	29 ♋ 18	2 ♉ 30	26 ♒ 29	18 ♉	28 ♓	2 ♈	26 ♑	7 ♋
3	13 ♈ 28	17 ♐ 40	6 ♊ 30	4 D 57	19 ♓ 38	28 ♓ 11	16 ♋ 8	24 ♍ 49	8 ♎ 17	29 ♋ 18	2 ♉ 32	26 ♒ 30	18 ♉	29 ♓	2 ♈	26 ♑	7 ♋
4	14 ♈ 27	1 ♑ 48	6 ♊ 27	4 ♊ 58	21 ♓ 7	29 ♓ 25	16 ♋ 33	24 ♍ 42	8 ♎ 13	29 ♋ 18	2 ♉ 34	26 ♒ 31	18 ♉	29 ♓	3 ♈	27 ♑	7 ♋
5	15 ♈ 26	15 ♑ 56	6 ♊ 24	4 R 58	22 ♓ 38	0 ♈ 39	16 ♋ 58	24 ♍ 35	8 ♎ 8	29 ♋ 18	2 ♉ 36	26 ♒ 33	19 ♉	29 ♓	3 ♈	27 ♑	7 ♋
6	16 ♈ 25	0 ♒ 5	6 ♊ 20	4 ♊ 57	24 ♓ 10	1 ♈ 53	17 ♋ 24	24 ♍ 28	8 ♎ 3	29 ♋ 17	2 ♉ 38	26 ♒ 34	19 ♉	0 ♈	4 ♈	28 ♑	7 ♋
7	17 ♈ 25	14 ♒ 12	6 ♊ 17	4 ♊ 55	25 ♓ 44	3 ♈ 7	17 ♋ 50	24 ♍ 21	7 ♎ 59	29 D 18	2 ♉ 40	26 ♒ 35	20 ♉	0 ♈	5 ♈	28 ♑	7 ♋
8	18 ♈ 24	28 ♒ 15	6 ♊ 14	4 ♊ 50	27 ♓ 19	4 ♈ 21	18 ♋ 16	24 ♍ 15	7 ♎ 54	29 ♋ 18	2 ♉ 43	26 ♒ 36	20 ♉	1 ♈	5 ♈	28 ♑	7 ♋
9	19 ♈ 23	12 ♓ 11	6 ♊ 11	4 ♊ 43	28 ♓ 56	5 ♈ 36	18 ♋ 42	24 ♍ 8	7 ♎ 50	29 ♋ 18	2 ♉ 45	26 ♒ 37	20 ♉	1 ♈	6 ♈	29 ♑	7 ♋
10	20 ♈ 22	25 ♓ 58	6 ♊ 8	4 ♊ 36	0 ♈ 34	6 ♈ 50	19 ♋ 8	24 ♍ 2	7 ♎ 45	29 ♋ 18	2 ♉ 47	26 ♒ 39	21 ♉	1 ♈	6 ♈	29 ♑	7 ♋
11	21 ♈ 20	9 ♈ 32	6 ♊ 5	4 ♊ 28	2 ♈ 14	8 ♈ 4	19 ♋ 35	23 ♍ 56	7 ♎ 41	29 ♋ 18	2 ♉ 49	26 ♒ 40	21 ♉	2 ♈	7 ♈	0 ♒	7 ♋
12	22 ♈ 19	22 ♈ 50	6 ♊ 1	4 ♊ 22	3 ♈ 56	9 ♈ 18	20 ♋ 1	23 ♍ 49	7 ♎ 36	29 ♋ 18	2 ♉ 52	26 ♒ 41	21 ♉	2 ♈	7 ♈	0 ♒	7 ♋
13	23 ♈ 18	5 ♉ 51	5 ♊ 58	4 ♊ 17	5 ♈ 39	10 ♈ 32	20 ♋ 28	23 ♍ 43	7 ♎ 32	29 ♋ 19	2 ♉ 54	26 ♒ 42	22 ♉	2 ♈	8 ♈	0 ♒	7 ♋
14	24 ♈ 17	18 ♉ 34	5 ♊ 55	4 ♊ 14	7 ♈ 23	11 ♈ 46	20 ♋ 55	23 ♍ 38	7 ♎ 27	29 ♋ 19	2 ♉ 56	26 ♒ 43	22 ♉	3 ♈	8 ♈	1 ♒	7 ♋
15	25 ♈ 16	1 ♊ 1	5 ♊ 52	4 ♊ 12	9 ♈ 9	13 ♈ 0	21 ♋ 23	23 ♍ 32	7 ♎ 23	29 ♋ 20	2 ♉ 58	26 ♒ 44	23 ♉	3 ♈	9 ♈	1 ♒	7 ♋
16	26 ♈ 15	13 ♊ 13	5 ♊ 49	4 D 13	10 ♈ 57	14 ♈ 15	21 ♋ 50	23 ♍ 26	7 ♎ 19	29 ♋ 20	3 ♉ 1	26 ♒ 45	23 ♉	3 ♈	9 ♈	1 ♒	7 ♋
17	27 ♈ 13	25 ♊ 13	5 ♊ 45	4 ♊ 14	12 ♈ 46	15 ♈ 29	22 ♋ 18	23 ♍ 21	7 ♎ 14	29 ♋ 21	3 ♉ 3	26 ♒ 46	23 ♉	4 ♈	10 ♈	2 ♒	7 ♋
18	28 ♈ 12	7 ♋ 5	5 ♊ 42	4 ♊ 16	14 ♈ 37	16 ♈ 43	22 ♋ 46	23 ♍ 15	7 ♎ 10	29 ♋ 21	3 ♉ 5	26 ♒ 47	24 ♉	4 ♈	10 ♈	2 ♒	7 ♋
19	29 ♈ 11	18 ♋ 55	5 ♊ 39	4 ♊ 17	16 ♈ 29	17 ♈ 57	23 ♋ 14	23 ♍ 10	7 ♎ 6	29 ♋ 22	3 ♉ 7	26 ♒ 48	24 ♉	4 ♈	11 ♈	2 ♒	7 ♋
20	0 ♉ 9	0 ♌ 47	5 ♊ 36	4 R 18	18 ♈ 23	19 ♈ 11	23 ♋ 42	23 ♍ 5	7 ♎ 2	29 ♋ 23	3 ♉ 10	26 ♒ 49	25 ♉	5 ♈	11 ♈	3 ♒	8 ♋
21	1 ♉ 8	12 ♌ 46	5 ♊ 33	4 ♊ 17	20 ♈ 18	20 ♈ 25	24 ♋ 11	23 ♍ 0	6 ♎ 58	29 ♋ 23	3 ♉ 12	26 ♒ 50	25 ♉	5 ♈	12 ♈	3 ♒	8 ♋
22	2 ♉ 6	24 ♌ 57	5 ♊ 30	4 ♊ 15	22 ♈ 15	21 ♈ 39	24 ♋ 39	22 ♍ 56	6 ♎ 54	29 ♋ 24	3 ♉ 14	26 ♒ 51	25 ♉	5 ♈	12 ♈	3 ♒	8 ♋
23	3 ♉ 5	7 ♍ 25	5 ♊ 26	4 ♊ 11	24 ♈ 14	22 ♈ 53	25 ♋ 8	22 ♍ 51	6 ♎ 50	29 ♋ 25	3 ♉ 16	26 ♒ 52	26 ♉	6 ♈	13 ♈	4 ♒	8 ♋
24	4 ♉ 3	20 ♍ 11	5 ♊ 23	4 ♊ 7	26 ♈ 14	24 ♈ 7	25 ♋ 37	22 ♍ 47	6 ♎ 46	29 ♋ 26	3 ♉ 19	26 ♒ 53	26 ♉	6 ♈	14 ♈	4 ♒	8 ♋
25	5 ♉ 2	3 ♎ 19	5 ♊ 20	4 ♊ 2	28 ♈ 16	25 ♈ 21	26 ♋ 6	22 ♍ 42	6 ♎ 42	29 ♋ 27	3 ♉ 21	26 ♒ 53	27 ♉	6 ♈	14 ♈	4 ♒	8 ♋
26	6 ♉ 0	16 ♎ 49	5 ♊ 17	3 ♊ 58	0 ♉ 19	26 ♈ 35	26 ♋ 35	22 ♍ 38	6 ♎ 38	29 ♋ 28	3 ♉ 23	26 ♒ 54	27 ♉	7 ♈	15 ♈	5 ♒	8 ♋
27	6 ♉ 59	0 ♏ 39	5 ♊ 14	3 ♊ 54	2 ♉ 23	27 ♈ 49	27 ♋ 4	22 ♍ 34	6 ♎ 35	29 ♋ 29	3 ♉ 25	26 ♒ 55	27 ♉	7 ♈	15 ♈	5 ♒	8 ♋
28	7 ♉ 57	14 ♏ 46	5 ♊ 11	3 ♊ 52	4 ♉ 28	29 ♈ 3	27 ♋ 34	22 ♍ 30	6 ♎ 31	29 ♋ 30	3 ♉ 28	26 ♒ 56	28 ♉	7 ♈	16 ♈	5 ♒	8 ♋
29	8 ♉ 55	29 ♏ 5	5 ♊ 7	3 ♊ 51	6 ♉ 35	0 ♉ 17	28 ♋ 3	22 ♍ 27	6 ♎ 27	29 ♋ 31	3 ♉ 30	26 ♒ 56	28 ♉	8 ♈	16 ♈	6 ♒	8 ♋
30	9 ♉ 54	13 ♐ 33	5 ♊ 4	3 D 51	8 ♉ 43	1 ♉ 31	28 ♋ 33	22 ♍ 23	6 ♎ 24	29 ♋ 33	3 ♉ 32	26 ♒ 57	29 ♉	8 ♈	17 ♈	6 ♒	8 ♋

SUN INGRESS	☉ → ♉ 19日 19:59
MOON PHASE	◑ 4日 23:06 ♑　● 11日 23:00 ♈　◐ 19日 22:37 ♌　○ 27日 11:37 ♏

aspects	
3日 21:43	♀△♅
6日 04:23	♀☍♃
7日 18:09	☉□♂
9日 05:21	☿△♅
10日 16:52	♀☍♄
14日 00:55	☿☍♄
16日 12:39	☉⚹♇
18日 21:18	♂⚹♃
19日 04:37	☉□♅
21日 03:45	☿☌♀
23日 04:52	☉☌♆
23日 14:14	☿□♂
24日 07:42	☿⚹♇
25日 14:05	☿□♅
25日 23:59	♀□♂
26日 06:17	♀⚹♇
27日 12:12	☿☌♆
28日 08:58	♀□♅

2040年5月

DAY	☉	☽	☊ mean	☊ true	☿	♀	♂	♃	♄	♅	♆	♇	⚳	⚴	⚵	⚶	⚷
	° ′	° ′	° ′	° ′	° ′	° ′	° ′	° ′	° ′	° ′	° ′	° ′	°	°	°	°	°
1	10 ♉ 52	28 ♐ 2	5 ♊ 1	3 D 52	10 D 51	2 D 45	29 D 3	22 R 20	6 R 20	29 D 34	3 D 34	26 D 58	29 D	8 D	17 D	6 D	8 D
2	11 ♉ 50	12 ♑ 30	4 ♊ 58	3 ♊ 54	13 ♉ 0	3 ♉ 59	29 ♋ 33	22 ♍ 17	6 ♎ 17	29 ♋ 35	3 ♉ 37	26 ♒ 59	29 ♉	9 ♈	18 ♈	7 ♒	8 ♋
3	12 ♉ 48	26 ♑ 51	4 ♊ 55	3 ♊ 55	15 ♉ 10	5 ♉ 13	0 ♌ 3	22 ♍ 14	6 ♎ 14	29 ♋ 37	3 ♉ 39	26 ♒ 59	0 ♊	9 ♈	18 ♈	7 ♒	8 ♋
4	13 ♉ 46	11 ♒ 3	4 ♊ 51	3 ♊ 55	17 ♉ 20	6 ♉ 27	0 ♌ 33	22 ♍ 11	6 ♎ 10	29 ♋ 38	3 ♉ 41	27 ♒ 0	0 ♊	9 ♈	19 ♈	7 ♒	8 ♋
5	14 ♉ 45	25 ♒ 4	4 ♊ 48	3 R 55	19 ♉ 29	7 ♉ 41	1 ♌ 4	22 ♍ 9	6 ♎ 7	29 ♋ 39	3 ♉ 43	27 ♒ 0	1 ♊	10 ♈	19 ♈	7 ♒	8 ♋
6	15 ♉ 43	8 ♓ 53	4 ♊ 45	3 ♊ 54	21 ♉ 39	8 ♉ 54	1 ♌ 34	22 ♍ 7	6 ♎ 4	29 ♋ 41	3 ♉ 46	27 ♒ 1	1 ♊	10 ♈	20 ♈	8 ♒	9 ♋
7	16 ♉ 41	22 ♓ 28	4 ♊ 42	3 ♊ 52	23 ♉ 47	10 ♉ 8	2 ♌ 5	22 ♍ 4	6 ♎ 1	29 ♋ 43	3 ♉ 48	27 ♒ 1	2 ♊	10 ♈	21 ♈	8 ♒	9 ♋
8	17 ♉ 39	5 ♈ 51	4 ♊ 39	3 ♊ 50	25 ♉ 55	11 ♉ 22	2 ♌ 36	22 ♍ 2	5 ♎ 58	29 ♋ 44	3 ♉ 50	27 ♒ 2	2 ♊	11 ♈	21 ♈	8 ♒	9 ♋
9	18 ♉ 37	18 ♈ 59	4 ♊ 36	3 ♊ 48	28 ♉ 1	12 ♉ 36	3 ♌ 7	22 ♍ 0	5 ♎ 56	29 ♋ 46	3 ♉ 52	27 ♒ 3	2 ♊	11 ♈	22 ♈	9 ♒	9 ♋
10	19 ♉ 35	1 ♉ 53	4 ♊ 32	3 ♊ 46	0 ♊ 5	13 ♉ 50	3 ♌ 38	21 ♍ 59	5 ♎ 53	29 ♋ 48	3 ♉ 54	27 ♒ 3	3 ♊	11 ♈	22 ♈	9 ♒	9 ♋
11	20 ♉ 33	14 ♉ 34	4 ♊ 29	3 ♊ 45	2 ♊ 8	15 ♉ 4	4 ♌ 9	21 ♍ 57	5 ♎ 50	29 ♋ 49	3 ♉ 57	27 ♒ 3	3 ♊	12 ♈	23 ♈	9 ♒	9 ♋
12	21 ♉ 31	27 ♉ 1	4 ♊ 26	3 ♊ 44	4 ♊ 9	16 ♉ 18	4 ♌ 40	21 ♍ 56	5 ♎ 48	29 ♋ 51	3 ♉ 59	27 ♒ 4	4 ♊	12 ♈	23 ♈	9 ♒	9 ♋
13	22 ♉ 29	9 ♊ 16	4 ♊ 23	3 D 44	6 ♊ 8	17 ♉ 32	5 ♌ 11	21 ♍ 55	5 ♎ 45	29 ♋ 53	4 ♉ 1	27 ♒ 4	4 ♊	12 ♈	24 ♈	10 ♒	9 ♋
14	23 ♉ 27	21 ♊ 21	4 ♊ 20	3 ♊ 44	8 ♊ 4	18 ♉ 46	5 ♌ 43	21 ♍ 54	5 ♎ 43	29 ♋ 55	4 ♉ 3	27 ♒ 5	4 ♊	13 ♈	24 ♈	10 ♒	9 ♋
15	24 ♉ 25	3 ♋ 18	4 ♊ 16	3 ♊ 45	9 ♊ 57	19 ♉ 59	6 ♌ 14	21 ♍ 53	5 ♎ 40	29 ♋ 57	4 ♉ 5	27 ♒ 5	5 ♊	13 ♈	25 ♈	10 ♒	9 ♋
16	25 ♉ 23	15 ♋ 9	4 ♊ 13	3 ♊ 46	11 ♊ 47	21 ♉ 13	6 ♌ 46	21 ♍ 53	5 ♎ 38	29 ♋ 59	4 ♉ 7	27 ♒ 5	5 ♊	13 ♈	25 ♈	10 ♒	9 ♋
17	26 ♉ 21	26 ♋ 59	4 ♊ 10	3 ♊ 47	13 ♊ 35	22 ♉ 27	7 ♌ 18	21 ♍ 52	5 ♎ 36	0 ♌ 1	4 ♉ 10	27 ♒ 6	6 ♊	14 ♈	26 ♈	10 ♒	9 ♋
18	27 ♉ 18	8 ♌ 51	4 ♊ 7	3 ♊ 47	15 ♊ 20	23 ♉ 41	7 ♌ 50	21 ♍ 52	5 ♎ 34	0 ♌ 3	4 ♉ 12	27 ♒ 6	6 ♊	14 ♈	27 ♈	11 ♒	9 ♋
19	28 ♉ 16	20 ♌ 50	4 ♊ 4	3 ♊ 48	17 ♊ 1	24 ♉ 55	8 ♌ 22	21 D 52	5 ♎ 32	0 ♌ 5	4 ♉ 14	27 ♒ 6	6 ♊	14 ♈	27 ♈	11 ♒	10 ♋
20	29 ♉ 14	3 ♍ 0	4 ♊ 1	3 R 48	18 ♊ 39	26 ♉ 9	8 ♌ 54	21 ♍ 52	5 ♎ 30	0 ♌ 7	4 ♉ 16	27 ♒ 6	7 ♊	15 ♈	28 ♈	11 ♒	10 ♋
21	0 ♊ 12	15 ♍ 25	3 ♊ 57	3 ♊ 48	20 ♊ 14	27 ♉ 22	9 ♌ 26	21 ♍ 53	5 ♎ 28	0 ♌ 10	4 ♉ 18	27 ♒ 6	7 ♊	15 ♈	28 ♈	11 ♒	10 ♋
22	1 ♊ 9	28 ♍ 10	3 ♊ 54	3 ♊ 47	21 ♊ 46	28 ♉ 36	9 ♌ 58	21 ♍ 53	5 ♎ 27	0 ♌ 12	4 ♉ 20	27 ♒ 7	8 ♊	15 ♈	29 ♈	11 ♒	10 ♋
23	2 ♊ 7	11 ♎ 19	3 ♊ 51	3 ♊ 47	23 ♊ 14	29 ♉ 50	10 ♌ 31	21 ♍ 54	5 ♎ 25	0 ♌ 14	4 ♉ 22	27 ♒ 7	8 ♊	16 ♈	29 ♈	12 ♒	10 ♋
24	3 ♊ 5	24 ♎ 52	3 ♊ 48	3 ♊ 47	24 ♊ 39	1 ♊ 4	11 ♌ 3	21 ♍ 55	5 ♎ 24	0 ♌ 16	4 ♉ 24	27 ♒ 7	9 ♊	16 ♈	0 ♉	12 ♒	10 ♋
25	4 ♊ 2	8 ♏ 49	3 ♊ 45	3 D 47	26 ♊ 0	2 ♊ 18	11 ♌ 36	21 ♍ 56	5 ♎ 22	0 ♌ 19	4 ♉ 26	27 ♒ 7	9 ♊	16 ♈	0 ♉	12 ♒	10 ♋
26	5 ♊ 0	23 ♏ 10	3 ♊ 42	3 ♊ 47	27 ♊ 18	3 ♊ 31	12 ♌ 8	21 ♍ 57	5 ♎ 21	0 ♌ 21	4 ♉ 28	27 ♒ 7	9 ♊	17 ♈	1 ♉	12 ♒	10 ♋
27	5 ♊ 58	7 ♐ 49	3 ♊ 38	3 R 47	28 ♊ 33	4 ♊ 45	12 ♌ 41	21 ♍ 59	5 ♎ 20	0 ♌ 24	4 ♉ 30	27 ♒ 7	10 ♊	17 ♈	1 ♉	12 ♒	10 ♋
28	6 ♊ 55	22 ♐ 40	3 ♊ 35	3 ♊ 47	29 ♊ 43	5 ♊ 59	13 ♌ 14	22 ♍ 0	5 ♎ 19	0 ♌ 26	4 ♉ 32	27 R 7	10 ♊	17 ♈	2 ♉	12 ♒	10 ♋
29	7 ♊ 53	7 ♑ 35	3 ♊ 32	3 ♊ 47	0 ♋ 50	7 ♊ 13	13 ♌ 47	22 ♍ 2	5 ♎ 18	0 ♌ 29	4 ♉ 34	27 ♒ 7	11 ♊	18 ♈	2 ♉	13 ♒	10 ♋
30	8 ♊ 50	22 ♑ 27	3 ♊ 29	3 ♊ 46	1 ♋ 54	8 ♊ 26	14 ♌ 20	22 ♍ 4	5 ♎ 17	0 ♌ 31	4 ♉ 36	27 ♒ 7	11 ♊	18 ♈	3 ♉	13 ♒	11 ♋
31	9 ♊ 48	7 ♒ 8	3 ♊ 26	3 ♊ 46	2 ♋ 53	9 ♊ 40	14 ♌ 53	22 ♍ 6	5 ♎ 16	0 ♌ 34	4 ♉ 38	27 ♒ 7	11 ♊	18 ♈	4 ♉	13 ♒	11 ♋

SUN INGRESS	☉ → ♊ 20日 18:55
MOON PHASE	◑ 4日 04:59 ♒ ● 11日 12:27 ♉ ◐ 19日 16:00 ♌ ○ 26日 20:46 ♐

aspects		
1日	00:10	☉☌☿
1日	16:36	♀☌♆
2日	01:50	♂☌♅
6日	05:08	☿△♃
8日	12:51	☿□♇
9日	20:29	☿⚹♅
10日	13:55	♂□♆
12日	08:26	☿⚹♂
12日	10:09	☉△♃
12日	19:29	☿△♄
13日	23:52	♂⚹♄
16日	12:44	♀△♃
17日	18:44	☉□♇
20日	18:47	♀□♇
20日	23:03	☉⚹♅
22日	02:01	☿□♃
23日	08:05	♀⚹♅
25日	20:29	☿△♇
26日	08:38	☉△♄
27日	11:12	♀△♄
31日	11:24	☉☌♀

2040年6月

DAY	☉	☽	☊ mean	☊ true	☿	♀	♂	♃	♄	♅	♆	♇	⚳	⚴	⚵	⚶	⚷
	° ′	° ′	° ′	° ′	° ′	° ′	° ′	° ′	° ′	° ′	° ′	° ′	°	°	°	°	°
1	10 ♊ 45	21 ♒ 33	3 ♊ 22	3 R 45	3 D 49	10 D 54	15 D 26	22 D 8	5 R 16	0 D 36	4 D 40	27 R 7	12 D	19 D	4 D	13 D	11 D
2	11 ♊ 43	5 ♓ 39	3 ♊ 19	3 ♊ 45	4 ♋ 41	12 ♊ 8	15 ♌ 59	22 ♍ 11	5 ♎ 15	0 ♌ 39	4 ♉ 42	27 ♒ 7	12 ♊	19 ♈	5 ♉	13 ♒	11 ♋
3	12 ♊ 40	19 ♓ 25	3 ♊ 16	3 D 45	5 ♋ 29	13 ♊ 21	16 ♌ 33	22 ♍ 14	5 ♎ 15	0 ♌ 42	4 ♉ 44	27 ♒ 7	13 ♊	19 ♈	5 ♉	13 ♒	11 ♋
4	13 ♊ 38	2 ♈ 50	3 ♊ 13	3 ♊ 45	6 ♋ 13	14 ♊ 35	17 ♌ 6	22 ♍ 16	5 ♎ 14	0 ♌ 45	4 ♉ 46	27 ♒ 6	13 ♊	19 ♈	6 ♉	13 ♒	11 ♋
5	14 ♊ 35	15 ♈ 57	3 ♊ 10	3 ♊ 46	6 ♋ 52	15 ♊ 49	17 ♌ 39	22 ♍ 19	5 ♎ 14	0 ♌ 47	4 ♉ 48	27 ♒ 6	14 ♊	20 ♈	6 ♉	13 ♒	11 ♋
6	15 ♊ 33	28 ♈ 46	3 ♊ 7	3 ♊ 47	7 ♋ 28	17 ♊ 3	18 ♌ 13	22 ♍ 23	5 ♎ 14	0 ♌ 50	4 ♉ 49	27 ♒ 6	14 ♊	20 ♈	7 ♉	13 ♒	11 ♋
7	16 ♊ 30	11 ♉ 21	3 ♊ 3	3 ♊ 48	7 ♋ 59	18 ♊ 16	18 ♌ 47	22 ♍ 26	5 ♎ 14	0 ♌ 53	4 ♉ 51	27 ♒ 6	14 ♊	20 ♈	7 ♉	13 ♒	11 ♋
8	17 ♊ 28	23 ♉ 43	3 ♊ 0	3 ♊ 49	8 ♋ 26	19 ♊ 30	19 ♌ 20	22 ♍ 29	5 D 14	0 ♌ 56	4 ♉ 53	27 ♒ 5	15 ♊	21 ♈	8 ♉	14 ♒	11 ♋
9	18 ♊ 25	5 ♊ 55	2 ♊ 57	3 R 49	8 ♋ 48	20 ♊ 44	19 ♌ 54	22 ♍ 33	5 ♎ 14	0 ♌ 59	4 ♉ 55	27 ♒ 5	15 ♊	21 ♈	9 ♉	14 ♒	11 ♋
10	19 ♊ 22	17 ♊ 59	2 ♊ 54	3 ♊ 49	9 ♋ 6	21 ♊ 58	20 ♌ 28	22 ♍ 37	5 ♎ 14	1 ♌ 2	4 ♉ 56	27 ♒ 5	16 ♊	21 ♈	9 ♉	14 ♒	12 ♋
11	20 ♊ 20	29 ♊ 55	2 ♊ 51	3 ♊ 47	9 ♋ 19	23 ♊ 11	21 ♌ 2	22 ♍ 41	5 ♎ 15	1 ♌ 5	4 ♉ 58	27 ♒ 5	16 ♊	22 ♈	10 ♉	14 ♒	12 ♋
12	21 ♊ 17	11 ♋ 48	2 ♊ 48	3 ♊ 45	9 ♋ 27	24 ♊ 25	21 ♌ 36	22 ♍ 45	5 ♎ 15	1 ♌ 8	5 ♉ 0	27 ♒ 4	17 ♊	22 ♈	10 ♉	14 ♒	12 ♋
13	22 ♊ 15	23 ♋ 38	2 ♊ 44	3 ♊ 42	9 ♋ 31	25 ♊ 39	22 ♌ 10	22 ♍ 49	5 ♎ 16	1 ♌ 11	5 ♉ 2	27 ♒ 4	17 ♊	22 ♈	11 ♉	14 ♒	12 ♋
14	23 ♊ 12	5 ♌ 28	2 ♊ 41	3 ♊ 39	9 R 31	26 ♊ 52	22 ♌ 44	22 ♍ 54	5 ♎ 16	1 ♌ 14	5 ♉ 3	27 ♒ 3	17 ♊	23 ♈	11 ♉	14 ♒	12 ♋
15	24 ♊ 9	17 ♌ 21	2 ♊ 38	3 ♊ 36	9 ♋ 26	28 ♊ 6	23 ♌ 18	22 ♍ 58	5 ♎ 17	1 ♌ 17	5 ♉ 5	27 ♒ 3	18 ♊	23 ♈	12 ♉	14 ♒	12 ♋
16	25 ♊ 7	29 ♌ 20	2 ♊ 35	3 ♊ 34	9 ♋ 17	29 ♊ 20	23 ♌ 53	23 ♍ 3	5 ♎ 18	1 ♌ 20	5 ♉ 6	27 ♒ 2	18 ♊	23 ♈	12 ♉	14 R	12 ♋
17	26 ♊ 4	11 ♍ 29	2 ♊ 32	3 ♊ 32	9 ♋ 3	0 ♋ 34	24 ♌ 27	23 ♍ 8	5 ♎ 19	1 ♌ 23	5 ♉ 8	27 ♒ 2	19 ♊	23 ♈	13 ♉	14 ♒	12 ♋
18	27 ♊ 1	23 ♍ 52	2 ♊ 28	3 ♊ 31	8 ♋ 46	1 ♋ 47	25 ♌ 2	23 ♍ 13	5 ♎ 20	1 ♌ 26	5 ♉ 10	27 ♒ 1	19 ♊	24 ♈	13 ♉	14 ♒	12 ♋
19	27 ♊ 58	6 ♎ 33	2 ♊ 25	3 D 31	8 ♋ 25	3 ♋ 1	25 ♌ 36	23 ♍ 18	5 ♎ 21	1 ♌ 30	5 ♉ 11	27 ♒ 1	19 ♊	24 ♈	14 ♉	14 ♒	12 ♋
20	28 ♊ 56	19 ♎ 36	2 ♊ 22	3 ♊ 32	8 ♋ 0	4 ♋ 15	26 ♌ 11	23 ♍ 24	5 ♎ 22	1 ♌ 33	5 ♉ 13	27 ♒ 0	20 ♊	24 ♈	15 ♉	14 ♒	13 ♋
21	29 ♊ 53	3 ♏ 4	2 ♊ 19	3 ♊ 34	7 ♋ 32	5 ♋ 28	26 ♌ 45	23 ♍ 29	5 ♎ 24	1 ♌ 36	5 ♉ 14	27 ♒ 0	20 ♊	25 ♈	15 ♉	14 ♒	13 ♋
22	0 ♋ 50	16 ♏ 59	2 ♊ 16	3 ♊ 35	7 ♋ 2	6 ♋ 42	27 ♌ 20	23 ♍ 35	5 ♎ 25	1 ♌ 39	5 ♉ 16	26 ♒ 59	21 ♊	25 ♈	16 ♉	14 ♒	13 ♋
23	1 ♋ 47	1 ♐ 21	2 ♊ 13	3 ♊ 36	6 ♋ 30	7 ♋ 56	27 ♌ 55	23 ♍ 41	5 ♎ 27	1 ♌ 43	5 ♉ 17	26 ♒ 59	21 ♊	25 ♈	16 ♉	14 ♒	13 ♋
24	2 ♋ 45	16 ♐ 6	2 ♊ 9	3 R 36	5 ♋ 56	9 ♋ 10	28 ♌ 30	23 ♍ 47	5 ♎ 28	1 ♌ 46	5 ♉ 18	26 ♒ 58	22 ♊	25 ♈	17 ♉	13 ♒	13 ♋
25	3 ♋ 42	1 ♑ 9	2 ♊ 6	3 ♊ 34	5 ♋ 21	10 ♋ 23	29 ♌ 5	23 ♍ 53	5 ♎ 30	1 ♌ 49	5 ♉ 20	26 ♒ 57	22 ♊	26 ♈	17 ♉	13 ♒	13 ♋
26	4 ♋ 39	16 ♑ 21	2 ♊ 3	3 ♊ 31	4 ♋ 46	11 ♋ 37	29 ♌ 40	23 ♍ 59	5 ♎ 32	1 ♌ 53	5 ♉ 21	26 ♒ 57	22 ♊	26 ♈	18 ♉	13 ♒	13 ♋
27	5 ♋ 36	1 ♒ 32	2 ♊ 0	3 ♊ 26	4 ♋ 11	12 ♋ 51	0 ♍ 15	24 ♍ 5	5 ♎ 34	1 ♌ 56	5 ♉ 23	26 ♒ 56	23 ♊	26 ♈	18 ♉	13 ♒	13 ♋
28	6 ♋ 33	16 ♒ 32	1 ♊ 57	3 ♊ 22	3 ♋ 37	14 ♋ 4	0 ♍ 50	24 ♍ 12	5 ♎ 36	1 ♌ 59	5 ♉ 24	26 ♒ 55	23 ♊	27 ♈	19 ♉	13 ♒	13 ♋
29	7 ♋ 31	1 ♓ 14	1 ♊ 54	3 ♊ 18	3 ♋ 4	15 ♋ 18	1 ♍ 25	24 ♍ 19	5 ♎ 38	2 ♌ 3	5 ♉ 25	26 ♒ 54	24 ♊	27 ♈	19 ♉	13 ♒	13 ♋
30	8 ♋ 28	15 ♓ 32	1 ♊ 50	3 ♊ 14	2 ♋ 33	16 ♋ 32	2 ♍ 0	24 ♍ 25	5 ♎ 40	2 ♌ 6	5 ♉ 26	26 ♒ 54	24 ♊	27 ♈	20 ♉	13 ♒	14 ♋

SUN INGRESS	☉ → ♋ 21日 02:46
MOON PHASE	◑ 2日 11:17 ♓ ● 10日 03:02 ♊ ◐ 18日 06:32 ♍ ○ 25日 04:19 ♑

aspects		
2日	00:25	☿⚹♆
2日	16:42	☿□♄
7日	18:10	♀⚹♂
10日	13:30	♀□♃
12日	19:24	☉⚹♂
13日	15:45	☉□♃
14日	03:31	♀△♇
18日	00:08	☉△♇
20日	19:14	♀⚹♆
20日	22:22	♀□♄
21日	09:49	♂☍♇
22日	04:34	☿☌♀
24日	18:25	☿□♄
25日	01:02	☿⚹♆
26日	01:52	☉☌☿
26日	18:08	☉⚹♆
26日	22:56	☉□♄
30日	12:28	☿⚹♂

2040年7月

DAY	☉	☽	☊ mean	☊ true	☿	♀	♂	♃	♄	♅	♆	♇	⚳	⚴	⚵	⚶	⚷
	° ′	° ′	° ′	° ′	° ′	° ′	° ′	° ′	° ′	° ′	° ′	° ′	°	°	°	°	°
1	9 ♋ 25	29 ♓ 22	1 ♊ 47	3 R 13	2 R 5	17 D 45	2 D 35	24 D 32	5 D 42	2 D 10	5 D 28	26 R 53	24 D	27 D	21 D	13 R	14 D
2	10 ♋ 22	12 ♈ 47	1 ♊ 44	3 D 12	1 ♋ 40	18 ♋ 59	3 ♍ 11	24 ♍ 39	5 ♎ 45	2 ♌ 13	5 ♉ 29	26 ♒ 52	25 ♊	28 ♈	21 ♉	13 ♒	14 ♋
3	11 ♋ 19	25 ♈ 48	1 ♊ 41	3 ♊ 13	1 ♋ 18	20 ♋ 13	3 ♍ 46	24 ♍ 47	5 ♎ 47	2 ♌ 17	5 ♉ 30	26 ♒ 51	25 ♊	28 ♈	22 ♉	13 ♒	14 ♋
4	12 ♋ 17	8 ♉ 27	1 ♊ 38	3 ♊ 14	1 ♋ 0	21 ♋ 27	4 ♍ 21	24 ♍ 54	5 ♎ 50	2 ♌ 20	5 ♉ 31	26 ♒ 50	26 ♊	28 ♈	22 ♉	12 ♒	14 ♋
5	13 ♋ 14	20 ♉ 50	1 ♊ 34	3 ♊ 16	0 ♋ 46	22 ♋ 40	4 ♍ 57	25 ♍ 1	5 ♎ 53	2 ♌ 24	5 ♉ 32	26 ♒ 50	26 ♊	28 ♈	23 ♉	12 ♒	14 ♋
6	14 ♋ 11	3 ♊ 0	1 ♊ 31	3 ♊ 16	0 ♋ 36	23 ♋ 54	5 ♍ 33	25 ♍ 9	5 ♎ 55	2 ♌ 27	5 ♉ 33	26 ♒ 49	27 ♊	29 ♈	23 ♉	12 ♒	14 ♋
7	15 ♋ 8	15 ♊ 1	1 ♊ 28	3 R 16	0 ♋ 32	25 ♋ 8	6 ♍ 8	25 ♍ 16	5 ♎ 58	2 ♌ 31	5 ♉ 34	26 ♒ 48	27 ♊	29 ♈	24 ♉	12 ♒	14 ♋
8	16 ♋ 6	26 ♊ 56	1 ♊ 25	3 ♊ 13	0 D 32	26 ♋ 21	6 ♍ 44	25 ♍ 24	6 ♎ 1	2 ♌ 34	5 ♉ 35	26 ♒ 47	27 ♊	29 ♈	24 ♉	12 ♒	14 ♋
9	17 ♋ 3	8 ♋ 47	1 ♊ 22	3 ♊ 8	0 ♋ 37	27 ♋ 35	7 ♍ 20	25 ♍ 32	6 ♎ 4	2 ♌ 38	5 ♉ 36	26 ♒ 46	28 ♊	29 ♈	25 ♉	12 ♒	14 ♋
10	18 ♋ 0	20 ♋ 37	1 ♊ 19	3 ♊ 2	0 ♋ 47	28 ♋ 49	7 ♍ 56	25 ♍ 40	6 ♎ 7	2 ♌ 42	5 ♉ 37	26 ♒ 45	28 ♊	0 ♉	25 ♉	11 ♒	15 ♋
11	18 ♋ 57	2 ♌ 27	1 ♊ 15	2 ♊ 54	1 ♋ 3	0 ♌ 2	8 ♍ 31	25 ♍ 48	6 ♎ 11	2 ♌ 45	5 ♉ 38	26 ♒ 44	29 ♊	0 ♉	26 ♉	11 ♒	15 ♋
12	19 ♋ 54	14 ♌ 19	1 ♊ 12	2 ♊ 45	1 ♋ 23	1 ♌ 16	9 ♍ 7	25 ♍ 57	6 ♎ 14	2 ♌ 49	5 ♉ 39	26 ♒ 43	29 ♊	0 ♉	26 ♉	11 ♒	15 ♋
13	20 ♋ 52	26 ♌ 16	1 ♊ 9	2 ♊ 36	1 ♋ 49	2 ♌ 30	9 ♍ 43	26 ♍ 5	6 ♎ 17	2 ♌ 52	5 ♉ 40	26 ♒ 42	29 ♊	0 ♉	27 ♉	11 ♒	15 ♋
14	21 ♋ 49	8 ♍ 19	1 ♊ 6	2 ♊ 28	2 ♋ 21	3 ♌ 44	10 ♍ 19	26 ♍ 14	6 ♎ 21	2 ♌ 56	5 ♉ 41	26 ♒ 41	0 ♋	1 ♉	28 ♉	11 ♒	15 ♋
15	22 ♋ 46	20 ♍ 31	1 ♊ 3	2 ♊ 22	2 ♋ 57	4 ♌ 57	10 ♍ 56	26 ♍ 22	6 ♎ 24	3 ♌ 0	5 ♉ 42	26 ♒ 40	0 ♋	1 ♉	28 ♉	10 ♒	15 ♋
16	23 ♋ 43	2 ♎ 55	1 ♊ 0	2 ♊ 18	3 ♋ 39	6 ♌ 11	11 ♍ 32	26 ♍ 31	6 ♎ 28	3 ♌ 3	5 ♉ 43	26 ♒ 39	1 ♋	1 ♉	29 ♉	10 ♒	15 ♋
17	24 ♋ 41	15 ♎ 34	0 ♊ 56	2 ♊ 16	4 ♋ 26	7 ♌ 25	12 ♍ 8	26 ♍ 40	6 ♎ 32	3 ♌ 7	5 ♉ 43	26 ♒ 38	1 ♋	1 ♉	29 ♉	10 ♒	15 ♋
18	25 ♋ 38	28 ♎ 32	0 ♊ 53	2 D 15	5 ♋ 18	8 ♌ 38	12 ♍ 44	26 ♍ 49	6 ♎ 36	3 ♌ 11	5 ♉ 44	26 ♒ 37	2 ♋	2 ♉	0 ♊	10 ♒	15 ♋
19	26 ♋ 35	11 ♏ 53	0 ♊ 50	2 ♊ 16	6 ♋ 15	9 ♌ 52	13 ♍ 21	26 ♍ 58	6 ♎ 40	3 ♌ 14	5 ♉ 45	26 ♒ 36	2 ♋	2 ♉	0 ♊	10 ♒	16 ♋
20	27 ♋ 32	25 ♏ 39	0 ♊ 47	2 ♊ 17	7 ♋ 17	11 ♌ 6	13 ♍ 57	27 ♍ 7	6 ♎ 44	3 ♌ 18	5 ♉ 45	26 ♒ 35	2 ♋	2 ♉	1 ♊	9 ♒	16 ♋
21	28 ♋ 30	9 ♐ 52	0 ♊ 44	2 R 17	8 ♋ 24	12 ♌ 19	14 ♍ 34	27 ♍ 16	6 ♎ 48	3 ♌ 22	5 ♉ 46	26 ♒ 33	3 ♋	2 ♉	1 ♊	9 ♒	16 ♋
22	29 ♋ 27	24 ♐ 31	0 ♊ 40	2 ♊ 15	9 ♋ 35	13 ♌ 33	15 ♍ 10	27 ♍ 25	6 ♎ 52	3 ♌ 25	5 ♉ 47	26 ♒ 32	3 ♋	2 ♉	2 ♊	9 ♒	16 ♋
23	0 ♌ 24	9 ♑ 30	0 ♊ 37	2 ♊ 11	10 ♋ 52	14 ♌ 47	15 ♍ 47	27 ♍ 35	6 ♎ 56	3 ♌ 29	5 ♉ 47	26 ♒ 31	4 ♋	3 ♉	2 ♊	9 ♒	16 ♋
24	1 ♌ 21	24 ♑ 44	0 ♊ 34	2 ♊ 4	12 ♋ 13	16 ♌ 0	16 ♍ 23	27 ♍ 44	7 ♎ 0	3 ♌ 33	5 ♉ 48	26 ♒ 30	4 ♋	3 ♉	3 ♊	8 ♒	16 ♋
25	2 ♌ 19	10 ♒ 1	0 ♊ 31	1 ♊ 56	13 ♋ 39	17 ♌ 14	17 ♍ 0	27 ♍ 54	7 ♎ 5	3 ♌ 36	5 ♉ 48	26 ♒ 29	4 ♋	3 ♉	3 ♊	8 ♒	16 ♋
26	3 ♌ 16	25 ♒ 12	0 ♊ 28	1 ♊ 47	15 ♋ 9	18 ♌ 28	17 ♍ 37	28 ♍ 4	7 ♎ 9	3 ♌ 40	5 ♉ 49	26 ♒ 28	5 ♋	3 ♉	4 ♊	8 ♒	16 ♋
27	4 ♌ 13	10 ♓ 5	0 ♊ 25	1 ♊ 39	16 ♋ 43	19 ♌ 41	18 ♍ 14	28 ♍ 13	7 ♎ 14	3 ♌ 44	5 ♉ 49	26 ♒ 26	5 ♋	4 ♉	5 ♊	8 ♒	16 ♋
28	5 ♌ 11	24 ♓ 33	0 ♊ 21	1 ♊ 32	18 ♋ 21	20 ♌ 55	18 ♍ 50	28 ♍ 23	7 ♎ 18	3 ♌ 47	5 ♉ 49	26 ♒ 25	6 ♋	4 ♉	5 ♊	7 ♒	16 ♋
29	6 ♌ 8	8 ♈ 32	0 ♊ 18	1 ♊ 26	20 ♋ 3	22 ♌ 9	19 ♍ 27	28 ♍ 33	7 ♎ 23	3 ♌ 51	5 ♉ 50	26 ♒ 24	6 ♋	4 ♉	6 ♊	7 ♒	17 ♋
30	7 ♌ 5	22 ♈ 1	0 ♊ 15	1 ♊ 23	21 ♋ 49	23 ♌ 22	20 ♍ 4	28 ♍ 43	7 ♎ 28	3 ♌ 55	5 ♉ 50	26 ♒ 23	6 ♋	4 ♉	6 ♊	7 ♒	17 ♋
31	8 ♌ 3	5 ♉ 3	0 ♊ 12	1 ♊ 22	23 ♋ 38	24 ♌ 36	20 ♍ 41	28 ♍ 54	7 ♎ 33	3 ♌ 59	5 ♉ 50	26 ♒ 22	7 ♋	4 ♉	7 ♊	7 ♒	17 ♋
SUN INGRESS	☉ → ♌ 22日 13:40																
MOON PHASE	◑ 1日 19:17 ♈ ● 9日 18:14 ♋ ◐ 17日 18:16 ♎ ○ 24日 11:05 ♒ ◑ 31日 06:05 ♉																

aspects		
6日	00:34	♂△♆
7日	03:13	♀⚹♃
13日	07:43	♀☌♅
15日	14:39	♀□♆
16日	05:53	♀⚹♄
18日	11:28	☿⚹♆
19日	10:32	☿□♄
19日	11:14	☉⚹♃
26日	10:48	☉☌♅
28日	10:50	☿⚹♂
28日	16:23	☉□♆
30日	10:15	☉⚹♄

2040年8月

DAY	☉	☽	☊ mean	☊ true	☿	♀	♂	♃	♄	♅	♆	♇	⚳	⚴	⚵	⚶	⚷
	° ′	° ′	° ′	° ′	° ′	° ′	° ′	° ′	° ′	° ′	° ′	° ′	°	°	°	°	°
1	9 ♌ 0	17 ♉ 41	0 ♊ 9	1 D 23	25 D 30	25 D 50	21 D 18	29 D 4	7 D 37	4 D 2	5 D 51	26 R 20	7 D	4 D	7 D	6 R	17 D
2	9 ♌ 57	0 ♊ 0	0 ♊ 6	1 ♊ 23	27 ♋ 25	27 ♌ 3	21 ♍ 55	29 ♍ 14	7 ♎ 42	4 ♌ 6	5 ♉ 51	26 ♒ 19	8 ♋	5 ♉	8 ♊	6 ♒	17 ♋
3	10 ♌ 55	12 ♊ 5	0 ♊ 2	1 R 23	29 ♋ 22	28 ♌ 17	22 ♍ 33	29 ♍ 25	7 ♎ 47	4 ♌ 10	5 ♉ 51	26 ♒ 18	8 ♋	5 ♉	8 ♊	6 ♒	17 ♋
4	11 ♌ 52	24 ♊ 0	29 ♉ 59	1 ♊ 20	1 ♌ 22	29 ♌ 30	23 ♍ 10	29 ♍ 35	7 ♎ 53	4 ♌ 13	5 ♉ 51	26 ♒ 17	9 ♋	5 ♉	9 ♊	6 ♒	17 ♋
5	12 ♌ 50	5 ♋ 51	29 ♉ 56	1 ♊ 15	3 ♌ 22	0 ♍ 44	23 ♍ 47	29 ♍ 46	7 ♎ 58	4 ♌ 17	5 ♉ 52	26 ♒ 15	9 ♋	5 ♉	9 ♊	5 ♒	17 ♋
6	13 ♌ 47	17 ♋ 40	29 ♉ 53	1 ♊ 8	5 ♌ 25	1 ♍ 58	24 ♍ 25	29 ♍ 56	8 ♎ 3	4 ♌ 21	5 ♉ 52	26 ♒ 14	9 ♋	5 ♉	10 ♊	5 ♒	17 ♋
7	14 ♌ 45	29 ♋ 30	29 ♉ 50	0 ♊ 58	7 ♌ 28	3 ♍ 11	25 ♍ 2	0 ♎ 7	8 ♎ 8	4 ♌ 24	5 ♉ 52	26 ♒ 13	10 ♋	5 ♉	10 ♊	5 ♒	17 ♋
8	15 ♌ 42	11 ♌ 23	29 ♉ 46	0 ♊ 46	9 ♌ 32	4 ♍ 25	25 ♍ 39	0 ♎ 18	8 ♎ 14	4 ♌ 28	5 ♉ 52	26 ♒ 11	10 ♋	6 ♉	11 ♊	5 ♒	18 ♋
9	16 ♌ 40	23 ♌ 22	29 ♉ 43	0 ♊ 33	11 ♌ 36	5 ♍ 38	26 ♍ 17	0 ♎ 29	8 ♎ 19	4 ♌ 32	5 R 52	26 ♒ 10	11 ♋	6 ♉	11 ♊	5 ♒	18 ♋
10	17 ♌ 37	5 ♍ 26	29 ♉ 40	0 ♊ 19	13 ♌ 40	6 ♍ 52	26 ♍ 55	0 ♎ 40	8 ♎ 25	4 ♌ 35	5 ♉ 52	26 ♒ 9	11 ♋	6 ♉	12 ♊	4 ♒	18 ♋
11	18 ♌ 35	17 ♍ 38	29 ♉ 37	0 ♊ 7	15 ♌ 44	8 ♍ 6	27 ♍ 32	0 ♎ 51	8 ♎ 30	4 ♌ 39	5 ♉ 52	26 ♒ 8	11 ♋	6 ♉	12 ♊	4 ♒	18 ♋
12	19 ♌ 32	29 ♍ 59	29 ♉ 34	29 ♉ 57	17 ♌ 47	9 ♍ 19	28 ♍ 10	1 ♎ 2	8 ♎ 36	4 ♌ 42	5 ♉ 52	26 ♒ 6	12 ♋	6 ♉	13 ♊	4 ♒	18 ♋
13	20 ♌ 30	12 ♎ 30	29 ♉ 31	29 ♉ 50	19 ♌ 50	10 ♍ 33	28 ♍ 48	1 ♎ 13	8 ♎ 41	4 ♌ 46	5 ♉ 51	26 ♒ 5	12 ♋	6 ♉	13 ♊	4 ♒	18 ♋
14	21 ♌ 28	25 ♎ 14	29 ♉ 27	29 ♉ 45	21 ♌ 52	11 ♍ 46	29 ♍ 25	1 ♎ 24	8 ♎ 47	4 ♌ 50	5 ♉ 51	26 ♒ 4	13 ♋	6 ♉	14 ♊	3 ♒	18 ♋
15	22 ♌ 25	8 ♏ 13	29 ♉ 24	29 ♉ 43	23 ♌ 53	13 ♍ 0	0 ♎ 3	1 ♎ 36	8 ♎ 53	4 ♌ 53	5 ♉ 51	26 ♒ 2	13 ♋	7 ♉	14 ♊	3 ♒	18 ♋
16	23 ♌ 23	21 ♏ 31	29 ♉ 21	29 ♉ 43	25 ♌ 53	14 ♍ 13	0 ♎ 41	1 ♎ 47	8 ♎ 59	4 ♌ 57	5 ♉ 51	26 ♒ 1	13 ♋	7 ♉	15 ♊	3 ♒	18 ♋
17	24 ♌ 21	5 ♐ 9	29 ♉ 18	29 ♉ 43	27 ♌ 52	15 ♍ 27	1 ♎ 19	1 ♎ 58	9 ♎ 5	5 ♌ 0	5 ♉ 51	26 ♒ 0	14 ♋	7 ♉	15 ♊	3 ♒	18 ♋
18	25 ♌ 18	19 ♐ 10	29 ♉ 15	29 ♉ 42	29 ♌ 50	16 ♍ 40	1 ♎ 57	2 ♎ 10	9 ♎ 11	5 ♌ 4	5 ♉ 50	25 ♒ 58	14 ♋	7 ♉	16 ♊	3 ♒	18 ♋
19	26 ♌ 16	3 ♑ 35	29 ♉ 12	29 ♉ 39	1 ♍ 46	17 ♍ 54	2 ♎ 35	2 ♎ 21	9 ♎ 17	5 ♌ 7	5 ♉ 50	25 ♒ 57	15 ♋	7 ♉	16 ♊	3 ♒	19 ♋
20	27 ♌ 14	18 ♑ 20	29 ♉ 8	29 ♉ 34	3 ♍ 41	19 ♍ 7	3 ♎ 13	2 ♎ 33	9 ♎ 23	5 ♌ 11	5 ♉ 50	25 ♒ 56	15 ♋	7 ♉	17 ♊	2 ♒	19 ♋
21	28 ♌ 11	3 ♒ 20	29 ♉ 5	29 ♉ 26	5 ♍ 35	20 ♍ 21	3 ♎ 52	2 ♎ 45	9 ♎ 29	5 ♌ 14	5 ♉ 49	25 ♒ 54	15 ♋	7 ♉	17 ♊	2 ♒	19 ♋
22	29 ♌ 9	18 ♒ 28	29 ♉ 2	29 ♉ 16	7 ♍ 27	21 ♍ 34	4 ♎ 30	2 ♎ 56	9 ♎ 35	5 ♌ 18	5 ♉ 49	25 ♒ 53	16 ♋	7 ♉	18 ♊	2 ♒	19 ♋
23	0 ♍ 7	3 ♓ 33	28 ♉ 59	29 ♉ 5	9 ♍ 18	22 ♍ 48	5 ♎ 8	3 ♎ 8	9 ♎ 41	5 ♌ 21	5 ♉ 48	25 ♒ 52	16 ♋	7 ♉	18 ♊	2 ♒	19 ♋
24	1 ♍ 5	18 ♓ 24	28 ♉ 56	28 ♉ 54	11 ♍ 8	24 ♍ 1	5 ♎ 46	3 ♎ 20	9 ♎ 47	5 ♌ 25	5 ♉ 48	25 ♒ 51	16 ♋	7 ♉	19 ♊	2 ♒	19 ♋
25	2 ♍ 3	2 ♈ 54	28 ♉ 52	28 ♉ 45	12 ♍ 56	25 ♍ 15	6 ♎ 25	3 ♎ 32	9 ♎ 54	5 ♌ 28	5 ♉ 47	25 ♒ 49	17 ♋	7 ♉	19 ♊	2 ♒	19 ♋
26	3 ♍ 0	16 ♈ 57	28 ♉ 49	28 ♉ 37	14 ♍ 43	26 ♍ 28	7 ♎ 3	3 ♎ 44	10 ♎ 0	5 ♌ 31	5 ♉ 47	25 ♒ 48	17 ♋	8 ♉	20 ♊	1 ♒	19 ♋
27	3 ♍ 58	0 ♉ 31	28 ♉ 46	28 ♉ 33	16 ♍ 28	27 ♍ 42	7 ♎ 42	3 ♎ 56	10 ♎ 6	5 ♌ 35	5 ♉ 46	25 ♒ 47	18 ♋	8 ♉	20 ♊	1 ♒	19 ♋
28	4 ♍ 56	13 ♉ 36	28 ♉ 43	28 ♉ 31	18 ♍ 12	28 ♍ 55	8 ♎ 20	4 ♎ 8	10 ♎ 13	5 ♌ 38	5 ♉ 46	25 ♒ 45	18 ♋	8 ♉	21 ♊	1 ♒	19 ♋
29	5 ♍ 54	26 ♉ 17	28 ♉ 40	28 ♉ 30	19 ♍ 55	0 ♎ 8	8 ♎ 59	4 ♎ 20	10 ♎ 19	5 ♌ 41	5 ♉ 45	25 ♒ 44	18 ♋	8 ♉	21 ♊	1 ♒	19 ♋
30	6 ♍ 52	8 ♊ 37	28 ♉ 37	28 ♉ 30	21 ♍ 37	1 ♎ 22	9 ♎ 38	4 ♎ 32	10 ♎ 26	5 ♌ 45	5 ♉ 44	25 ♒ 43	19 ♋	8 ♉	22 ♊	1 ♒	20 ♋
31	7 ♍ 50	20 ♊ 42	28 ♉ 33	28 ♉ 30	23 ♍ 17	2 ♎ 35	10 ♎ 16	4 ♎ 44	10 ♎ 32	5 ♌ 48	5 ♉ 44	25 ♒ 41	19 ♋	8 ♉	22 ♊	1 ♒	20 ♋
SUN INGRESS	☉ → ♍ 22日 20:53																
MOON PHASE	● 8日 09:26 ♌ ◐ 16日 03:35 ♏ ○ 22日 18:09 ♒ ◑ 29日 20:16 ♊																

aspects		
1日	09:53	♀☍♇
3日	00:30	☿⚹♃
5日	11:03	☿☌♅
6日	05:16	☿□♆
7日	08:12	☿⚹♄
9日	04:19	♀△♆
13日	14:52	☉☌☿
16日	01:34	☿☍♇
18日	11:28	♂☌♃
18日	16:17	☉☍♇
21日	03:04	☿△♆
23日	08:56	♂⚹♅
28日	20:13	☉△♆
29日	22:08	♅□♆
31日	11:53	♂☌♄

2040年9月

DAY	☉	☽	☊ mean	☊ true	☿	♀	♂	♃	♄	♅	♆	♇	⚳	⚴	⚵	⚶	⚷
	° ′	° ′	° ′	° ′	° ′	° ′	° ′	° ′	° ′	° ′	° ′	° ′	°	°	°	°	°
1	8 ♍ 48	2 ♋ 37	28 ♉ 30	28 R 28	24 D 56	3 D 48	10 D 55	4 D 56	10 D 39	5 D 51	5 R 43	25 R 40	20 D	8 D	23 D	1 R	20 D
2	9 ♍ 46	14 ♋ 28	28 ♉ 27	28 ♉ 23	26 ♍ 34	5 ♎ 2	11 ♎ 34	5 ♎ 9	10 ♎ 46	5 ♌ 54	5 ♉ 42	25 ♒ 39	20 ♋	8 ♉	23 ♊	1 ♒	20 ♋
3	10 ♍ 44	26 ♋ 17	28 ♉ 24	28 ♉ 16	28 ♍ 11	6 ♎ 15	12 ♎ 13	5 ♎ 21	10 ♎ 52	5 ♌ 58	5 ♉ 41	25 ♒ 38	20 ♋	8 ♉	24 ♊	1 ♒	20 ♋
4	11 ♍ 43	8 ♌ 10	28 ♉ 21	28 ♉ 6	29 ♍ 46	7 ♎ 28	12 ♎ 52	5 ♎ 33	10 ♎ 59	6 ♌ 1	5 ♉ 41	25 ♒ 36	21 ♋	8 R	24 ♊	1 ♒	20 ♋
5	12 ♍ 41	20 ♌ 9	28 ♉ 18	27 ♉ 54	1 ♎ 20	8 ♎ 42	13 ♎ 31	5 ♎ 46	11 ♎ 6	6 ♌ 4	5 ♉ 40	25 ♒ 35	21 ♋	8 ♉	25 ♊	1 ♒	20 ♋
6	13 ♍ 39	2 ♍ 15	28 ♉ 14	27 ♉ 41	2 ♎ 53	9 ♎ 55	14 ♎ 10	5 ♎ 58	11 ♎ 12	6 ♌ 7	5 ♉ 39	25 ♒ 34	21 ♋	8 ♉	25 ♊	0 ♒	20 ♋
7	14 ♍ 37	14 ♍ 31	28 ♉ 11	27 ♉ 28	4 ♎ 24	11 ♎ 8	14 ♎ 49	6 ♎ 11	11 ♎ 19	6 ♌ 10	5 ♉ 38	25 ♒ 33	22 ♋	8 ♉	26 ♊	0 ♒	20 ♋
8	15 ♍ 35	26 ♍ 56	28 ♉ 8	27 ♉ 16	5 ♎ 55	12 ♎ 21	15 ♎ 28	6 ♎ 23	11 ♎ 26	6 ♌ 13	5 ♉ 37	25 ♒ 31	22 ♋	8 ♉	26 ♊	0 ♒	20 ♋
9	16 ♍ 34	9 ♎ 32	28 ♉ 5	27 ♉ 6	7 ♎ 24	13 ♎ 35	16 ♎ 7	6 ♎ 36	11 ♎ 33	6 ♌ 16	5 ♉ 36	25 ♒ 30	23 ♋	8 ♉	27 ♊	0 ♒	20 ♋
10	17 ♍ 32	22 ♎ 19	28 ♉ 2	26 ♉ 59	8 ♎ 52	14 ♎ 48	16 ♎ 47	6 ♎ 48	11 ♎ 40	6 ♌ 19	5 ♉ 35	25 ♒ 29	23 ♋	8 ♉	27 ♊	0 ♒	20 ♋
11	18 ♍ 30	5 ♏ 16	27 ♉ 58	26 ♉ 55	10 ♎ 19	16 ♎ 1	17 ♎ 26	7 ♎ 1	11 ♎ 47	6 ♌ 22	5 ♉ 34	25 ♒ 28	23 ♋	8 ♉	27 ♊	0 ♒	20 ♋
12	19 ♍ 29	18 ♏ 26	27 ♉ 55	26 ♉ 53	11 ♎ 44	17 ♎ 14	18 ♎ 6	7 ♎ 14	11 ♎ 54	6 ♌ 25	5 ♉ 33	25 ♒ 27	24 ♋	8 ♉	28 ♊	0 D	21 ♋
13	20 ♍ 27	1 ♐ 49	27 ♉ 52	26 D 52	13 ♎ 8	18 ♎ 27	18 ♎ 45	7 ♎ 26	12 ♎ 1	6 ♌ 28	5 ♉ 32	25 ♒ 25	24 ♋	8 ♉	28 ♊	0 ♒	21 ♋
14	21 ♍ 25	15 ♐ 28	27 ♉ 49	26 ♉ 53	14 ♎ 31	19 ♎ 41	19 ♎ 25	7 ♎ 39	12 ♎ 8	6 ♌ 31	5 ♉ 31	25 ♒ 24	24 ♋	7 ♉	29 ♊	0 ♒	21 ♋
15	22 ♍ 24	29 ♐ 23	27 ♉ 46	26 R 53	15 ♎ 53	20 ♎ 54	20 ♎ 4	7 ♎ 52	12 ♎ 15	6 ♌ 34	5 ♉ 30	25 ♒ 23	25 ♋	7 ♉	29 ♊	0 ♒	21 ♋
16	23 ♍ 22	13 ♑ 34	27 ♉ 43	26 ♉ 51	17 ♎ 13	22 ♎ 7	20 ♎ 44	8 ♎ 4	12 ♎ 22	6 ♌ 37	5 ♉ 29	25 ♒ 22	25 ♋	7 ♉	0 ♋	0 ♒	21 ♋
17	24 ♍ 21	28 ♑ 1	27 ♉ 39	26 ♉ 47	18 ♎ 32	23 ♎ 20	21 ♎ 23	8 ♎ 17	12 ♎ 29	6 ♌ 39	5 ♉ 28	25 ♒ 21	26 ♋	7 ♉	0 ♋	0 ♒	21 ♋
18	25 ♍ 19	12 ♒ 40	27 ♉ 36	26 ♉ 41	19 ♎ 49	24 ♎ 33	22 ♎ 3	8 ♎ 30	12 ♎ 36	6 ♌ 42	5 ♉ 26	25 ♒ 20	26 ♋	7 ♉	1 ♋	1 ♒	21 ♋
19	26 ♍ 18	27 ♒ 25	27 ♉ 33	26 ♉ 33	21 ♎ 5	25 ♎ 46	22 ♎ 43	8 ♎ 43	12 ♎ 43	6 ♌ 45	5 ♉ 25	25 ♒ 19	26 ♋	7 ♉	1 ♋	1 ♒	21 ♋
20	27 ♍ 16	12 ♓ 9	27 ♉ 30	26 ♉ 24	22 ♎ 19	26 ♎ 59	23 ♎ 23	8 ♎ 56	12 ♎ 51	6 ♌ 47	5 ♉ 24	25 ♒ 18	27 ♋	7 ♉	1 ♋	1 ♒	21 ♋
21	28 ♍ 15	26 ♓ 44	27 ♉ 27	26 ♉ 15	23 ♎ 32	28 ♎ 12	24 ♎ 3	9 ♎ 8	12 ♎ 58	6 ♌ 50	5 ♉ 23	25 ♒ 16	27 ♋	7 ♉	2 ♋	1 ♒	21 ♋
22	29 ♍ 14	11 ♈ 2	27 ♉ 23	26 ♉ 7	24 ♎ 42	29 ♎ 25	24 ♎ 43	9 ♎ 21	13 ♎ 5	6 ♌ 53	5 ♉ 21	25 ♒ 15	27 ♋	7 ♉	2 ♋	1 ♒	21 ♋
23	0 ♎ 12	24 ♈ 59	27 ♉ 20	26 ♉ 1	25 ♎ 51	0 ♏ 38	25 ♎ 23	9 ♎ 34	13 ♎ 12	6 ♌ 55	5 ♉ 20	25 ♒ 14	28 ♋	6 ♉	3 ♋	1 ♒	21 ♋
24	1 ♎ 11	8 ♉ 31	27 ♉ 17	25 ♉ 57	26 ♎ 58	1 ♏ 51	26 ♎ 3	9 ♎ 47	13 ♎ 20	6 ♌ 58	5 ♉ 19	25 ♒ 13	28 ♋	6 ♉	3 ♋	1 ♒	21 ♋
25	2 ♎ 10	21 ♉ 37	27 ♉ 14	25 ♉ 56	28 ♎ 3	3 ♏ 4	26 ♎ 43	10 ♎ 0	13 ♎ 27	7 ♌ 0	5 ♉ 17	25 ♒ 12	28 ♋	6 ♉	3 ♋	1 ♒	21 ♋
26	3 ♎ 9	4 ♊ 20	27 ♉ 11	25 D 56	29 ♎ 6	4 ♏ 17	27 ♎ 23	10 ♎ 13	13 ♎ 34	7 ♌ 3	5 ♉ 16	25 ♒ 11	29 ♋	6 ♉	4 ♋	1 ♒	21 ♋
27	4 ♎ 7	16 ♊ 43	27 ♉ 8	25 ♉ 57	0 ♏ 6	5 ♏ 30	28 ♎ 3	10 ♎ 26	13 ♎ 41	7 ♌ 5	5 ♉ 15	25 ♒ 10	29 ♋	6 ♉	4 ♋	1 ♒	21 ♋
28	5 ♎ 6	28 ♊ 50	27 ♉ 4	25 ♉ 58	1 ♏ 4	6 ♏ 42	28 ♎ 44	10 ♎ 39	13 ♎ 49	7 ♌ 7	5 ♉ 13	25 ♒ 9	29 ♋	6 ♉	5 ♋	1 ♒	21 ♋
29	6 ♎ 5	10 ♋ 47	27 ♉ 1	25 R 58	1 ♏ 58	7 ♏ 55	29 ♎ 24	10 ♎ 52	13 ♎ 56	7 ♌ 10	5 ♉ 12	25 ♒ 9	0 ♌	5 ♉	5 ♋	2 ♒	22 ♋
30	7 ♎ 4	22 ♋ 39	26 ♉ 58	25 ♉ 56	2 ♏ 50	9 ♏ 8	0 ♏ 4	11 ♎ 5	14 ♎ 3	7 ♌ 12	5 ♉ 10	25 ♒ 8	0 ♌	5 ♉	5 ♋	2 ♒	22 ♋

SUN INGRESS: ☉ → ♎ 22日 18:44

MOON PHASE: ● 7日 00:13 ♍ ◐ 14日 11:07 ♐ ○ 21日 02:42 ♓ ◑ 28日 13:41 ♋

aspects		
2日	02:47	♀☌♃
2日	18:02	♀⚹♅
6日	22:31	♃⚹♅
7日	04:02	♀☌♄
8日	05:06	☿⚹♅
8日	08:51	☿☌♃
12日	03:01	☿☌♄
13日	12:32	♀☌♂
18日	15:08	♀△♇
22日	00:13	☿☌♂
22日	11:16	☿△♇
22日	19:11	♂△♇
26日	19:11	♀☍♆
28日	08:29	♀□♅
30日	03:22	☉⚹♅

2040年10月

DAY	☉	☽	☊ mean	☊ true	☿	♀	♂	♃	♄	♅	♆	♇	⚳	⚴	⚵	⚶	⚷
	° ′	° ′	° ′	° ′	° ′	° ′	° ′	° ′	° ′	° ′	° ′	° ′	°	°	°	°	°
1	8 ♎ 3	4 ♌ 30	26 ♉ 55	25 R 53	3 D 39	10 D 21	0 D 45	11 D 18	14 D 11	7 D 14	5 R 9	25 R 7	0 D	5 R	6 D	2 D	22 D
2	9 ♎ 2	16 ♌ 26	26 ♉ 52	25 ♉ 47	4 ♏ 24	11 ♏ 34	1 ♏ 25	11 ♎ 31	14 ♎ 18	7 ♌ 16	5 ♉ 8	25 ♒ 6	1 ♌	5 ♉	6 ♋	2 ♒	22 ♋
3	10 ♎ 1	28 ♌ 29	26 ♉ 49	25 ♉ 40	5 ♏ 5	12 ♏ 46	2 ♏ 6	11 ♎ 44	14 ♎ 25	7 ♌ 19	5 ♉ 6	25 ♒ 5	1 ♌	5 ♉	7 ♋	2 ♒	22 ♋
4	11 ♎ 0	10 ♍ 43	26 ♉ 45	25 ♉ 32	5 ♏ 42	13 ♏ 59	2 ♏ 47	11 ♎ 57	14 ♎ 33	7 ♌ 21	5 ♉ 5	25 ♒ 4	1 ♌	4 ♉	7 ♋	2 ♒	22 ♋
5	11 ♎ 59	23 ♍ 10	26 ♉ 42	25 ♉ 24	6 ♏ 14	15 ♏ 12	3 ♏ 27	12 ♎ 10	14 ♎ 40	7 ♌ 23	5 ♉ 3	25 ♒ 3	2 ♌	4 ♉	7 ♋	2 ♒	22 ♋
6	12 ♎ 58	5 ♎ 50	26 ♉ 39	25 ♉ 16	6 ♏ 41	16 ♏ 25	4 ♏ 8	12 ♎ 23	14 ♎ 47	7 ♌ 25	5 ♉ 2	25 ♒ 2	2 ♌	4 ♉	8 ♋	3 ♒	22 ♋
7	13 ♎ 58	18 ♎ 45	26 ♉ 36	25 ♉ 10	7 ♏ 3	17 ♏ 37	4 ♏ 49	12 ♎ 36	14 ♎ 55	7 ♌ 27	5 ♉ 0	25 ♒ 2	2 ♌	4 ♉	8 ♋	3 ♒	22 ♋
8	14 ♎ 57	1 ♏ 52	26 ♉ 33	25 ♉ 6	7 ♏ 19	18 ♏ 50	5 ♏ 30	12 ♎ 49	15 ♎ 2	7 ♌ 29	4 ♉ 58	25 ♒ 1	3 ♌	3 ♉	8 ♋	3 ♒	22 ♋
9	15 ♎ 56	15 ♏ 11	26 ♉ 29	25 ♉ 4	7 ♏ 28	20 ♏ 3	6 ♏ 11	13 ♎ 2	15 ♎ 9	7 ♌ 31	4 ♉ 57	25 ♒ 0	3 ♌	3 ♉	9 ♋	3 ♒	22 ♋
10	16 ♎ 55	28 ♏ 42	26 ♉ 26	25 D 3	7 R 31	21 ♏ 15	6 ♏ 52	13 ♎ 15	15 ♎ 17	7 ♌ 32	4 ♉ 55	24 ♒ 59	3 ♌	3 ♉	9 ♋	3 ♒	22 ♋
11	17 ♎ 55	12 ♐ 23	26 ♉ 23	25 ♉ 4	7 ♏ 26	22 ♏ 28	7 ♏ 33	13 ♎ 28	15 ♎ 24	7 ♌ 34	4 ♉ 54	24 ♒ 59	4 ♌	3 ♉	9 ♋	4 ♒	22 ♋
12	18 ♎ 54	26 ♐ 14	26 ♉ 20	25 ♉ 6	7 ♏ 14	23 ♏ 40	8 ♏ 14	13 ♎ 41	15 ♎ 32	7 ♌ 36	4 ♉ 52	24 ♒ 58	4 ♌	2 ♉	10 ♋	4 ♒	22 ♋
13	19 ♎ 53	10 ♑ 14	26 ♉ 17	25 ♉ 7	6 ♏ 54	24 ♏ 53	8 ♏ 55	13 ♎ 54	15 ♎ 39	7 ♌ 38	4 ♉ 51	24 ♒ 57	4 ♌	2 ♉	10 ♋	4 ♒	22 ♋
14	20 ♎ 53	24 ♑ 21	26 ♉ 14	25 R 7	6 ♏ 25	26 ♏ 5	9 ♏ 36	14 ♎ 7	15 ♎ 46	7 ♌ 39	4 ♉ 49	24 ♒ 57	5 ♌	2 ♉	10 ♋	4 ♒	22 ♋
15	21 ♎ 52	8 ♒ 35	26 ♉ 10	25 ♉ 6	5 ♏ 48	27 ♏ 18	10 ♏ 17	14 ♎ 20	15 ♎ 54	7 ♌ 41	4 ♉ 47	24 ♒ 56	5 ♌	1 ♉	11 ♋	4 ♒	22 ♋
16	22 ♎ 52	22 ♒ 53	26 ♉ 7	25 ♉ 4	5 ♏ 2	28 ♏ 30	10 ♏ 59	14 ♎ 32	16 ♎ 1	7 ♌ 42	4 ♉ 46	24 ♒ 56	5 ♌	1 ♉	11 ♋	5 ♒	22 ♋
17	23 ♎ 51	7 ♓ 13	26 ♉ 4	25 ♉ 0	4 ♏ 9	29 ♏ 42	11 ♏ 40	14 ♎ 45	16 ♎ 8	7 ♌ 44	4 ♉ 44	24 ♒ 55	5 ♌	1 ♉	11 ♋	5 ♒	22 ♋
18	24 ♎ 51	21 ♓ 28	26 ♉ 1	24 ♉ 55	3 ♏ 9	0 ♐ 55	12 ♏ 22	14 ♎ 58	16 ♎ 16	7 ♌ 45	4 ♉ 42	24 ♒ 55	6 ♌	1 ♉	12 ♋	5 ♒	22 ♋
19	25 ♎ 50	5 ♈ 36	25 ♉ 58	24 ♉ 51	2 ♏ 2	2 ♐ 7	13 ♏ 3	15 ♎ 11	16 ♎ 23	7 ♌ 47	4 ♉ 41	24 ♒ 54	6 ♌	0 ♉	12 ♋	5 ♒	22 ♋
20	26 ♎ 50	19 ♈ 31	25 ♉ 55	24 ♉ 47	0 ♏ 51	3 ♐ 19	13 ♏ 45	15 ♎ 24	16 ♎ 30	7 ♌ 48	4 ♉ 39	24 ♒ 54	6 ♌	0 ♉	12 ♋	6 ♒	22 ♋
21	27 ♎ 49	3 ♉ 9	25 ♉ 51	24 ♉ 44	29 ♎ 37	4 ♐ 32	14 ♏ 26	15 ♎ 37	16 ♎ 37	7 ♌ 49	4 ♉ 37	24 ♒ 53	7 ♌	0 ♉	12 ♋	6 ♒	22 ♋
22	28 ♎ 49	16 ♉ 29	25 ♉ 48	24 ♉ 42	28 ♎ 23	5 ♐ 44	15 ♏ 8	15 ♎ 50	16 ♎ 45	7 ♌ 50	4 ♉ 36	24 ♒ 53	7 ♌	29 ♈	13 ♋	6 ♒	22 ♋
23	29 ♎ 49	29 ♉ 28	25 ♉ 45	24 D 42	27 ♎ 9	6 ♐ 56	15 ♏ 50	16 ♎ 3	16 ♎ 52	7 ♌ 52	4 ♉ 34	24 ♒ 52	7 ♌	29 ♈	13 ♋	6 ♒	22 ♋
24	0 ♏ 48	12 ♊ 8	25 ♉ 42	24 ♉ 43	25 ♎ 59	8 ♐ 8	16 ♏ 31	16 ♎ 15	16 ♎ 59	7 ♌ 53	4 ♉ 32	24 ♒ 52	7 ♌	29 ♈	13 ♋	7 ♒	22 ♋
25	1 ♏ 48	24 ♊ 31	25 ♉ 39	24 ♉ 45	24 ♎ 55	9 ♐ 20	17 ♏ 13	16 ♎ 28	17 ♎ 6	7 ♌ 54	4 ♉ 31	24 ♒ 51	8 ♌	28 ♈	14 ♋	7 ♒	22 ♋
26	2 ♏ 48	6 ♋ 40	25 ♉ 35	24 ♉ 46	23 ♎ 58	10 ♐ 32	17 ♏ 55	16 ♎ 41	17 ♎ 14	7 ♌ 55	4 ♉ 29	24 ♒ 51	8 ♌	28 ♈	14 ♋	7 ♒	22 ♋
27	3 ♏ 48	18 ♋ 38	25 ♉ 32	24 ♉ 48	23 ♎ 11	11 ♐ 44	18 ♏ 37	16 ♎ 54	17 ♎ 21	7 ♌ 56	4 ♉ 27	24 ♒ 51	8 ♌	28 ♈	14 ♋	7 ♒	22 ♋
28	4 ♏ 48	0 ♌ 31	25 ♉ 29	24 ♉ 49	22 ♎ 34	12 ♐ 56	19 ♏ 19	17 ♎ 6	17 ♎ 28	7 ♌ 57	4 ♉ 26	24 ♒ 50	8 ♌	27 ♈	14 ♋	8 ♒	22 ♋
29	5 ♏ 48	12 ♌ 24	25 ♉ 26	24 R 49	22 ♎ 8	14 ♐ 8	20 ♏ 1	17 ♎ 19	17 ♎ 35	7 ♌ 58	4 ♉ 24	24 ♒ 50	9 ♌	27 ♈	14 ♋	8 ♒	22 ♋
30	6 ♏ 48	24 ♌ 20	25 ♉ 23	24 ♉ 48	21 ♎ 54	15 ♐ 20	20 ♏ 43	17 ♎ 32	17 ♎ 42	7 ♌ 58	4 ♉ 22	24 ♒ 50	9 ♌	27 ♈	15 ♋	8 ♒	22 ♋
31	7 ♏ 48	6 ♍ 25	25 ♉ 20	24 ♉ 46	21 D 51	16 ♐ 32	21 ♏ 25	17 ♎ 44	17 ♎ 49	7 ♌ 59	4 ♉ 21	24 ♒ 50	9 ♌	26 ♈	15 ♋	9 ♒	22 ♋

SUN INGRESS: ☉ → ♏ 23日 04:19

MOON PHASE: ● 6日 14:25 ♎ ◐ 13日 17:41 ♑ ○ 20日 13:49 ♈ ◑ 28日 09:26 ♌

aspects		
3日	00:47	☿☍♆
5日	05:23	☉☌♃
7日	06:21	♂☍♆
8日	02:25	☉☌♄
10日	20:58	☿☌♂
11日	00:53	♂□♅
13日	01:33	♀□♇
16日	08:12	☿☍♆
18日	01:32	☉△♇
21日	19:15	☉☌☿
23日	18:50	♀△♅
25日	01:25	☿△♇
27日	15:23	☉☍♆
31日	04:43	☉□♅
31日	20:46	♃☌♄

2040年11月

DAY	☉	☽	☊ mean	☊ true	☿	♀	♂	♃	♄	♅	♆	♇	⚳	⚴	⚵	⚶	⚷
	° ′	° ′	° ′	° ′	° ′	° ′	° ′	° ′	° ′	° ′	° ′	° ′	°	°	°	°	°
1	8 ♏ 48	18 ♍ 42	25 ♉ 16	24 R 44	21 D 59	17 D 44	22 D 8	17 D 57	17 D 56	8 D 0	4 R 19	24 R 50	9 D	26 R	15 D	9 D	22 D
2	9 ♏ 48	1 ♎ 15	25 ♉ 13	24 ♉ 41	22 ♎ 18	18 ♐ 55	22 ♏ 50	18 ♎ 10	18 ♎ 3	8 ♌ 0	4 ♉ 17	24 ♒ 49	10 ♌	26 ♈	15 ♋	9 ♒	22 ♋
3	10 ♏ 48	14 ♎ 6	25 ♉ 10	24 ♉ 39	22 ♎ 47	20 ♐ 7	23 ♏ 32	18 ♎ 22	18 ♎ 10	8 ♌ 1	4 ♉ 16	24 ♒ 49	10 ♌	26 ♈	15 ♋	9 ♒	22 R
4	11 ♏ 48	27 ♎ 16	25 ♉ 7	24 ♉ 38	23 ♎ 25	21 ♐ 19	24 ♏ 15	18 ♎ 35	18 ♎ 17	8 ♌ 2	4 ♉ 14	24 ♒ 49	10 ♌	25 ♈	16 ♋	10 ♒	22 ♋
5	12 ♏ 48	10 ♏ 44	25 ♉ 4	24 ♉ 37	24 ♎ 11	22 ♐ 30	24 ♏ 57	18 ♎ 47	18 ♎ 24	8 ♌ 2	4 ♉ 12	24 ♒ 49	10 ♌	25 ♈	16 ♋	10 ♒	22 ♋
6	13 ♏ 48	24 ♏ 29	25 ♉ 0	24 ♉ 36	25 ♎ 4	23 ♐ 42	25 ♏ 40	18 ♎ 59	18 ♎ 31	8 ♌ 3	4 ♉ 11	24 ♒ 49	11 ♌	25 ♈	16 ♋	10 ♒	22 ♋
7	14 ♏ 48	8 ♐ 27	24 ♉ 57	24 D 36	26 ♎ 4	24 ♐ 54	26 ♏ 22	19 ♎ 12	18 ♎ 38	8 ♌ 3	4 ♉ 9	24 ♒ 49	11 ♌	24 ♈	16 ♋	11 ♒	22 ♋
8	15 ♏ 48	22 ♐ 35	24 ♉ 54	24 ♉ 37	27 ♎ 9	26 ♐ 5	27 ♏ 5	19 ♎ 24	18 ♎ 45	8 ♌ 3	4 ♉ 7	24 D 49	11 ♌	24 ♈	16 ♋	11 ♒	22 ♋
9	16 ♏ 49	6 ♑ 50	24 ♉ 51	24 ♉ 38	28 ♎ 20	27 ♐ 16	27 ♏ 48	19 ♎ 36	18 ♎ 52	8 ♌ 3	4 ♉ 6	24 ♒ 49	11 ♌	24 ♈	16 ♋	11 ♒	22 ♋
10	17 ♏ 49	21 ♑ 8	24 ♉ 48	24 ♉ 39	29 ♎ 34	28 ♐ 28	28 ♏ 30	19 ♎ 49	18 ♎ 58	8 ♌ 4	4 ♉ 4	24 ♒ 49	12 ♌	23 ♈	16 ♋	12 ♒	22 ♋
11	18 ♏ 49	5 ♒ 24	24 ♉ 45	24 ♉ 39	0 ♏ 52	29 ♐ 39	29 ♏ 13	20 ♎ 1	19 ♎ 5	8 ♌ 4	4 ♉ 2	24 ♒ 49	12 ♌	23 ♈	17 ♋	12 ♒	22 ♋
12	19 ♏ 50	19 ♒ 37	24 ♉ 41	24 ♉ 39	2 ♏ 13	0 ♑ 50	29 ♏ 56	20 ♎ 13	19 ♎ 12	8 ♌ 4	4 ♉ 1	24 ♒ 49	12 ♌	23 ♈	17 ♋	12 ♒	22 ♋
13	20 ♏ 50	3 ♓ 44	24 ♉ 38	24 R 39	3 ♏ 37	2 ♑ 1	0 ♐ 39	20 ♎ 25	19 ♎ 19	8 ♌ 4	3 ♉ 59	24 ♒ 49	12 ♌	23 ♈	17 ♋	13 ♒	22 ♋
14	21 ♏ 50	17 ♓ 44	24 ♉ 35	24 ♉ 39	5 ♏ 3	3 ♑ 13	1 ♐ 22	20 ♎ 37	19 ♎ 25	8 R 4	3 ♉ 58	24 ♒ 50	12 ♌	22 ♈	17 ♋	13 ♒	22 ♋
15	22 ♏ 51	1 ♈ 33	24 ♉ 32	24 ♉ 39	6 ♏ 30	4 ♑ 24	2 ♐ 5	20 ♎ 49	19 ♎ 32	8 ♌ 4	3 ♉ 56	24 ♒ 50	12 ♌	22 ♈	17 ♋	13 ♒	22 ♋
16	23 ♏ 51	15 ♈ 12	24 ♉ 29	24 ♉ 38	8 ♏ 0	5 ♑ 35	2 ♐ 48	21 ♎ 1	19 ♎ 38	8 ♌ 4	3 ♉ 54	24 ♒ 50	13 ♌	22 ♈	17 ♋	14 ♒	22 ♋
17	24 ♏ 52	28 ♈ 39	24 ♉ 26	24 D 38	9 ♏ 30	6 ♑ 45	3 ♐ 31	21 ♎ 13	19 ♎ 45	8 ♌ 4	3 ♉ 53	24 ♒ 50	13 ♌	22 ♈	17 ♋	14 ♒	22 ♋
18	25 ♏ 52	11 ♉ 52	24 ♉ 22	24 ♉ 38	11 ♏ 1	7 ♑ 56	4 ♐ 14	21 ♎ 25	19 ♎ 51	8 ♌ 3	3 ♉ 51	24 ♒ 50	13 ♌	21 ♈	17 ♋	14 ♒	22 ♋
19	26 ♏ 53	24 ♉ 51	24 ♉ 19	24 ♉ 38	12 ♏ 33	9 ♑ 7	4 ♐ 58	21 ♎ 36	19 ♎ 58	8 ♌ 3	3 ♉ 50	24 ♒ 51	13 ♌	21 ♈	17 ♋	15 ♒	22 ♋
20	27 ♏ 53	7 ♊ 36	24 ♉ 16	24 R 38	14 ♏ 6	10 ♑ 18	5 ♐ 41	21 ♎ 48	20 ♎ 4	8 ♌ 3	3 ♉ 48	24 ♒ 51	13 ♌	21 ♈	17 ♋	15 ♒	22 ♋
21	28 ♏ 54	20 ♊ 7	24 ♉ 13	24 ♉ 38	15 ♏ 39	11 ♑ 28	6 ♐ 24	22 ♎ 0	20 ♎ 10	8 ♌ 2	3 ♉ 47	24 ♒ 51	13 ♌	21 ♈	17 ♋	15 ♒	22 ♋
22	29 ♏ 54	2 ♋ 25	24 ♉ 10	24 ♉ 37	17 ♏ 13	12 ♑ 39	7 ♐ 8	22 ♎ 11	20 ♎ 16	8 ♌ 2	3 ♉ 45	24 ♒ 52	14 ♌	21 ♈	17 ♋	16 ♒	22 ♋
23	0 ♐ 55	14 ♋ 32	24 ♉ 6	24 ♉ 37	18 ♏ 46	13 ♑ 49	7 ♐ 51	22 ♎ 23	20 ♎ 23	8 ♌ 1	3 ♉ 44	24 ♒ 52	14 ♌	20 ♈	17 R	16 ♒	22 ♋
24	1 ♐ 55	26 ♋ 30	24 ♉ 3	24 ♉ 36	20 ♏ 20	14 ♑ 59	8 ♐ 35	22 ♎ 34	20 ♎ 29	8 ♌ 1	3 ♉ 42	24 ♒ 53	14 ♌	20 ♈	17 ♋	17 ♒	22 ♋
25	2 ♐ 56	8 ♌ 23	24 ♉ 0	24 ♉ 35	21 ♏ 55	16 ♑ 9	9 ♐ 18	22 ♎ 46	20 ♎ 35	8 ♌ 0	3 ♉ 41	24 ♒ 53	14 ♌	20 ♈	17 ♋	17 ♒	22 ♋
26	3 ♐ 57	20 ♌ 15	23 ♉ 57	24 ♉ 34	23 ♏ 29	17 ♑ 19	10 ♐ 2	22 ♎ 57	20 ♎ 41	7 ♌ 59	3 ♉ 40	24 ♒ 53	14 ♌	20 ♈	17 ♋	17 ♒	22 ♋
27	4 ♐ 58	2 ♍ 10	23 ♉ 54	24 ♉ 34	25 ♏ 3	18 ♑ 29	10 ♐ 46	23 ♎ 8	20 ♎ 47	7 ♌ 59	3 ♉ 38	24 ♒ 54	14 ♌	20 ♈	17 ♋	18 ♒	22 ♋
28	5 ♐ 58	14 ♍ 13	23 ♉ 51	24 D 34	26 ♏ 38	19 ♑ 39	11 ♐ 29	23 ♎ 19	20 ♎ 53	7 ♌ 58	3 ♉ 37	24 ♒ 54	14 ♌	20 ♈	17 ♋	18 ♒	22 ♋
29	6 ♐ 59	26 ♍ 28	23 ♉ 47	24 ♉ 34	28 ♏ 12	20 ♑ 49	12 ♐ 13	23 ♎ 30	20 ♎ 59	7 ♌ 57	3 ♉ 35	24 ♒ 55	14 ♌	19 ♈	17 ♋	18 ♒	22 ♋
30	8 ♐ 0	9 ♎ 0	23 ♉ 44	24 ♉ 35	29 ♏ 46	21 ♑ 59	12 ♐ 57	23 ♎ 41	21 ♎ 5	7 ♌ 56	3 ♉ 34	24 ♒ 56	15 ♌	19 ♈	17 ♋	19 ♒	22 ♋

SUN INGRESS	☉ → ♐ 22日 02:05
MOON PHASE	● 5日 03:55 ♏　◐ 12日 00:23 ♒　○ 19日 04:06 ♉　◑ 27日 06:07 ♍

aspects

1日	04:41	♀⚹♄
1日	05:25	♀⚹♃
4日	19:23	♂□♇
5日	17:32	☿△♇
6日	22:29	♀⚹♇
13日	06:08	☿☍♆
14日	14:51	♀△♆
16日	01:07	☿□♅
16日	23:23	☉□♇
23日	05:27	♂△♅
26日	21:36	☿□♇
29日	03:36	♀□♄
29日	22:36	☉△♅

2040年12月

DAY	☉	☽	☊ mean	☊ true	☿	♀	♂	♃	♄	♅	♆	♇	⚳	⚴	⚵	⚶	⚷
	° ′	° ′	° ′	° ′	° ′	° ′	° ′	° ′	° ′	° ′	° ′	° ′	°	°	°	°	°
1	9 ♐ 1	21 ♎ 53	23 ♉ 41	24 D 37	1 D 21	23 D 8	13 D 41	23 D 52	21 D 10	7 R 55	3 R 33	24 D 56	15 D	19 R	17 R	19 D	22 R
2	10 ♐ 1	5 ♏ 9	23 ♉ 38	24 ♉ 38	2 ♐ 55	24 ♑ 18	14 ♐ 25	24 ♎ 3	21 ♎ 16	7 ♌ 54	3 ♉ 31	24 ♒ 57	15 ♌	19 ♈	17 ♋	20 ♒	22 ♋
3	11 ♐ 2	18 ♏ 49	23 ♉ 35	24 ♉ 39	4 ♐ 29	25 ♑ 27	15 ♐ 9	24 ♎ 14	21 ♎ 22	7 ♌ 53	3 ♉ 30	24 ♒ 57	15 ♌	19 ♈	17 ♋	20 ♒	22 ♋
4	12 ♐ 3	2 ♐ 52	23 ♉ 32	24 R 39	6 ♐ 3	26 ♑ 36	15 ♐ 53	24 ♎ 25	21 ♎ 27	7 ♌ 52	3 ♉ 29	24 ♒ 58	15 ♌	19 ♈	17 ♋	20 ♒	22 ♋
5	13 ♐ 4	17 ♐ 15	23 ♉ 28	24 ♉ 38	7 ♐ 38	27 ♑ 45	16 ♐ 37	24 ♎ 35	21 ♎ 33	7 ♌ 51	3 ♉ 28	24 ♒ 59	15 ♌	19 ♈	16 ♋	21 ♒	22 ♋
6	14 ♐ 5	1 ♑ 52	23 ♉ 25	24 ♉ 36	9 ♐ 12	28 ♑ 54	17 ♐ 21	24 ♎ 46	21 ♎ 38	7 ♌ 50	3 ♉ 27	25 ♒ 0	15 ♌	19 ♈	16 ♋	21 ♒	22 ♋
7	15 ♐ 6	16 ♑ 37	23 ♉ 22	24 ♉ 33	10 ♐ 46	0 ♒ 3	18 ♐ 6	24 ♎ 56	21 ♎ 43	7 ♌ 49	3 ♉ 25	25 ♒ 0	15 ♌	19 ♈	16 ♋	22 ♒	22 ♋
8	16 ♐ 7	1 ♒ 22	23 ♉ 19	24 ♉ 30	12 ♐ 20	1 ♒ 12	18 ♐ 50	25 ♎ 7	21 ♎ 49	7 ♌ 47	3 ♉ 24	25 ♒ 1	15 ♌	19 ♈	16 ♋	22 ♒	22 ♋
9	17 ♐ 8	16 ♒ 0	23 ♉ 16	24 ♉ 27	13 ♐ 54	2 ♒ 20	19 ♐ 34	25 ♎ 17	21 ♎ 54	7 ♌ 46	3 ♉ 23	25 ♒ 2	15 ♌	18 ♈	16 ♋	22 ♒	21 ♋
10	18 ♐ 9	0 ♓ 25	23 ♉ 13	24 ♉ 25	15 ♐ 28	3 ♒ 29	20 ♐ 19	25 ♎ 27	21 ♎ 59	7 ♌ 45	3 ♉ 22	25 ♒ 3	15 ♌	18 ♈	16 ♋	23 ♒	21 ♋
11	19 ♐ 10	14 ♓ 35	23 ♉ 9	24 ♉ 24	17 ♐ 3	4 ♒ 37	21 ♐ 3	25 ♎ 37	22 ♎ 4	7 ♌ 43	3 ♉ 21	25 ♒ 4	15 ♌	18 ♈	16 ♋	23 ♒	21 ♋
12	20 ♐ 11	28 ♓ 27	23 ♉ 6	24 D 24	18 ♐ 37	5 ♒ 45	21 ♐ 47	25 ♎ 47	22 ♎ 9	7 ♌ 42	3 ♉ 20	25 ♒ 4	15 ♌	18 ♈	15 ♋	24 ♒	21 ♋
13	21 ♐ 12	12 ♈ 2	23 ♉ 3	24 ♉ 25	20 ♐ 11	6 ♒ 53	22 ♐ 32	25 ♎ 57	22 ♎ 14	7 ♌ 40	3 ♉ 19	25 ♒ 5	15 ♌	18 ♈	15 ♋	24 ♒	21 ♋
14	22 ♐ 13	25 ♈ 20	23 ♉ 0	24 ♉ 27	21 ♐ 45	8 ♒ 1	23 ♐ 17	26 ♎ 7	22 ♎ 19	7 ♌ 39	3 ♉ 18	25 ♒ 6	15 ♌	18 D	15 ♋	24 ♒	21 ♋
15	23 ♐ 14	8 ♉ 23	22 ♉ 57	24 ♉ 29	23 ♐ 20	9 ♒ 8	24 ♐ 1	26 ♎ 16	22 ♎ 24	7 ♌ 37	3 ♉ 17	25 ♒ 7	15 R	18 ♈	15 ♋	25 ♒	21 ♋
16	24 ♐ 15	21 ♉ 13	22 ♉ 53	24 ♉ 29	24 ♐ 54	10 ♒ 15	24 ♐ 46	26 ♎ 26	22 ♎ 28	7 ♌ 35	3 ♉ 16	25 ♒ 8	15 ♌	18 ♈	15 ♋	25 ♒	21 ♋
17	25 ♐ 16	3 ♊ 50	22 ♉ 50	24 R 29	26 ♐ 29	11 ♒ 22	25 ♐ 31	26 ♎ 35	22 ♎ 33	7 ♌ 34	3 ♉ 15	25 ♒ 9	15 ♌	18 ♈	14 ♋	26 ♒	21 ♋
18	26 ♐ 17	16 ♊ 17	22 ♉ 47	24 ♉ 27	28 ♐ 4	12 ♒ 29	26 ♐ 15	26 ♎ 45	22 ♎ 38	7 ♌ 32	3 ♉ 14	25 ♒ 10	15 ♌	19 ♈	14 ♋	26 ♒	21 ♋
19	27 ♐ 18	28 ♊ 35	22 ♉ 44	24 ♉ 23	29 ♐ 39	13 ♒ 36	27 ♐ 0	26 ♎ 54	22 ♎ 42	7 ♌ 30	3 ♉ 13	25 ♒ 11	15 ♌	19 ♈	14 ♋	27 ♒	21 ♋
20	28 ♐ 19	10 ♋ 44	22 ♉ 41	24 ♉ 18	1 ♑ 14	14 ♒ 42	27 ♐ 45	27 ♎ 3	22 ♎ 47	7 ♌ 28	3 ♉ 13	25 ♒ 12	15 ♌	19 ♈	14 ♋	27 ♒	21 ♋
21	29 ♐ 20	22 ♋ 46	22 ♉ 38	24 ♉ 12	2 ♑ 49	15 ♒ 49	28 ♐ 30	27 ♎ 12	22 ♎ 51	7 ♌ 26	3 ♉ 12	25 ♒ 13	15 ♌	19 ♈	14 ♋	27 ♒	21 ♋
22	0 ♑ 21	4 ♌ 42	22 ♉ 34	24 ♉ 5	4 ♑ 24	16 ♒ 55	29 ♐ 15	27 ♎ 21	22 ♎ 55	7 ♌ 25	3 ♉ 11	25 ♒ 15	15 ♌	19 ♈	13 ♋	28 ♒	21 ♋
23	1 ♑ 22	16 ♌ 34	22 ♉ 31	23 ♉ 58	6 ♑ 0	18 ♒ 0	0 ♑ 0	27 ♎ 30	22 ♎ 59	7 ♌ 23	3 ♉ 10	25 ♒ 16	15 ♌	19 ♈	13 ♋	28 ♒	21 ♋
24	2 ♑ 23	28 ♌ 25	22 ♉ 28	23 ♉ 52	7 ♑ 36	19 ♒ 6	0 ♑ 45	27 ♎ 38	23 ♎ 3	7 ♌ 21	3 ♉ 10	25 ♒ 17	15 ♌	19 ♈	13 ♋	29 ♒	21 ♋
25	3 ♑ 24	10 ♍ 19	22 ♉ 25	23 ♉ 47	9 ♑ 12	20 ♒ 11	1 ♑ 30	27 ♎ 47	23 ♎ 7	7 ♌ 19	3 ♉ 9	25 ♒ 18	15 ♌	19 ♈	13 ♋	29 ♒	21 ♋
26	4 ♑ 25	22 ♍ 18	22 ♉ 22	23 ♉ 44	10 ♑ 48	21 ♒ 16	2 ♑ 15	27 ♎ 55	23 ♎ 11	7 ♌ 17	3 ♉ 8	25 ♒ 19	15 ♌	19 ♈	12 ♋	29 ♒	20 ♋
27	5 ♑ 27	4 ♎ 29	22 ♉ 18	23 ♉ 43	12 ♑ 25	22 ♒ 21	3 ♑ 0	28 ♎ 4	23 ♎ 15	7 ♌ 15	3 ♉ 8	25 ♒ 20	15 ♌	19 ♈	12 ♋	0 ♓	20 ♋
28	6 ♑ 28	16 ♎ 56	22 ♉ 15	23 D 44	14 ♑ 1	23 ♒ 25	3 ♑ 46	28 ♎ 12	23 ♎ 19	7 ♌ 12	3 ♉ 7	25 ♒ 22	15 ♌	19 ♈	12 ♋	0 ♓	20 ♋
29	7 ♑ 29	29 ♎ 43	22 ♉ 12	23 ♉ 45	15 ♑ 38	24 ♒ 29	4 ♑ 31	28 ♎ 20	23 ♎ 22	7 ♌ 10	3 ♉ 7	25 ♒ 23	15 ♌	19 ♈	12 ♋	1 ♓	20 ♋
30	8 ♑ 30	12 ♏ 54	22 ♉ 9	23 ♉ 47	17 ♑ 15	25 ♒ 33	5 ♑ 16	28 ♎ 28	23 ♎ 26	7 ♌ 8	3 ♉ 6	25 ♒ 24	14 ♌	20 ♈	11 ♋	1 ♓	20 ♋
31	9 ♑ 31	26 ♏ 33	22 ♉ 6	23 R 47	18 ♑ 52	26 ♒ 36	6 ♑ 2	28 ♎ 36	23 ♎ 29	7 ♌ 6	3 ♉ 6	25 ♒ 25	14 ♌	20 ♈	11 ♋	2 ♓	20 ♋

SUN INGRESS	☉ → ♑ 21日 15:32
MOON PHASE	● 4日 16:33 ♐　◐ 11日 08:29 ♓　○ 18日 21:15 ♊　◑ 27日 02:02 ♎

aspects

1日	18:01	♀□♃
5日	03:21	☿△♅
7日	10:20	♃△♇
9日	21:39	♀□♆
12日	13:12	♂⚹♄
13日	16:23	♀☍♅
14日	02:42	☉⚹♄
14日	09:01	☿⚹♄
14日	19:39	☉☌☿
15日	19:56	☿☌♂
16日	03:35	☿⚹♇
16日	12:18	♂⚹♇
16日	21:24	☉⚹♇
17日	01:47	☿⚹♃
17日	21:49	☉☌♂
18日	12:54	☉⚹♃
18日	19:47	♂⚹♃
21日	05:42	☿△♆
24日	18:01	☉△♆
27日	03:52	♂△♆
27日	21:26	♀△♄
29日	20:35	♀☌♇

2041年1月

DAY	☉	☽	☊ mean	☊ true	☿	♀	♂	♃	♄	♅	♆	♇	⚳	⚴	⚵	⚶	⚷
	° ′	° ′	° ′	° ′	° ′	° ′	° ′	° ′	° ′	° ′	° ′	° ′	°	°	°	°	°
1	10 ♑ 32	10 ♐ 41	22 ♉ 3	23 R 46	20 D 29	27 D 40	6 D 47	28 D 43	23 D 32	7 R 4	3 R 5	25 D 27	14 R	20 D	11 R	2 D	20 R
2	11 ♑ 34	25 ♐ 15	21 ♉ 59	23 ♉ 42	22 ♑ 7	28 ♒ 42	7 ♑ 32	28 ♎ 51	23 ♎ 36	7 ♌ 1	3 ♉ 5	25 ♒ 28	14 ♌	20 ♈	11 ♋	3 ♓	20 ♋
3	12 ♑ 35	10 ♑ 10	21 ♉ 56	23 ♉ 36	23 ♑ 44	29 ♒ 45	8 ♑ 18	28 ♎ 58	23 ♎ 39	6 ♌ 59	3 ♉ 4	25 ♒ 29	14 ♌	20 ♈	10 ♋	3 ♓	20 ♋
4	13 ♑ 36	25 ♑ 18	21 ♉ 53	23 ♉ 29	25 ♑ 21	0 ♓ 47	9 ♑ 4	29 ♎ 5	23 ♎ 42	6 ♌ 57	3 ♉ 4	25 ♒ 31	14 ♌	20 ♈	10 ♋	3 ♓	20 ♋
5	14 ♑ 37	10 ♒ 29	21 ♉ 50	23 ♉ 21	26 ♑ 58	1 ♓ 49	9 ♑ 49	29 ♎ 13	23 ♎ 45	6 ♌ 54	3 ♉ 4	25 ♒ 32	14 ♌	21 ♈	10 ♋	4 ♓	20 ♋
6	15 ♑ 38	25 ♒ 32	21 ♉ 47	23 ♉ 13	28 ♑ 35	2 ♓ 50	10 ♑ 35	29 ♎ 20	23 ♎ 48	6 ♌ 52	3 ♉ 4	25 ♒ 33	14 ♌	21 ♈	10 ♋	4 ♓	20 ♋
7	16 ♑ 39	10 ♓ 19	21 ♉ 44	23 ♉ 6	0 ♒ 12	3 ♓ 51	11 ♑ 20	29 ♎ 26	23 ♎ 51	6 ♌ 50	3 ♉ 3	25 ♒ 35	13 ♌	21 ♈	10 ♋	5 ♓	20 ♋
8	17 ♑ 41	24 ♓ 43	21 ♉ 40	23 ♉ 1	1 ♒ 48	4 ♓ 52	12 ♑ 6	29 ♎ 33	23 ♎ 53	6 ♌ 47	3 ♉ 3	25 ♒ 36	13 ♌	21 ♈	9 ♋	5 ♓	20 ♋
9	18 ♑ 42	8 ♈ 42	21 ♉ 37	22 ♉ 59	3 ♒ 23	5 ♓ 52	12 ♑ 52	29 ♎ 40	23 ♎ 56	6 ♌ 45	3 ♉ 3	25 ♒ 38	13 ♌	21 ♈	9 ♋	6 ♓	20 ♋
10	19 ♑ 43	22 ♈ 15	21 ♉ 34	22 D 59	4 ♒ 57	6 ♓ 51	13 ♑ 38	29 ♎ 46	23 ♎ 58	6 ♌ 42	3 ♉ 3	25 ♒ 39	13 ♌	22 ♈	9 ♋	6 ♓	19 ♋
11	20 ♑ 44	5 ♉ 25	21 ♉ 31	22 ♉ 59	6 ♒ 31	7 ♓ 51	14 ♑ 24	29 ♎ 52	24 ♎ 1	6 ♌ 40	3 ♉ 3	25 ♒ 41	13 ♌	22 ♈	9 ♋	7 ♓	19 ♋
12	21 ♑ 45	18 ♉ 16	21 ♉ 28	23 ♉ 0	8 ♒ 3	8 ♓ 49	15 ♑ 9	29 ♎ 58	24 ♎ 3	6 ♌ 37	3 ♉ 3	25 ♒ 42	12 ♌	22 ♈	8 ♋	7 ♓	19 ♋
13	22 ♑ 46	0 ♊ 50	21 ♉ 25	23 R 0	9 ♒ 33	9 ♓ 47	15 ♑ 55	0 ♏ 4	24 ♎ 5	6 ♌ 35	3 ♉ 3	25 ♒ 44	12 ♌	22 ♈	8 ♋	7 ♓	19 ♋
14	23 ♑ 47	13 ♊ 12	21 ♉ 21	22 ♉ 58	11 ♒ 1	10 ♓ 45	16 ♑ 41	0 ♏ 10	24 ♎ 7	6 ♌ 32	3 D 3	25 ♒ 45	12 ♌	23 ♈	8 ♋	8 ♓	19 ♋
15	24 ♑ 48	25 ♊ 24	21 ♉ 18	22 ♉ 53	12 ♒ 27	11 ♓ 42	17 ♑ 27	0 ♏ 16	24 ♎ 9	6 ♌ 30	3 ♉ 3	25 ♒ 47	12 ♌	23 ♈	8 ♋	8 ♓	19 ♋
16	25 ♑ 50	7 ♋ 29	21 ♉ 15	22 ♉ 45	13 ♒ 49	12 ♓ 39	18 ♑ 13	0 ♏ 21	24 ♎ 11	6 ♌ 27	3 ♉ 3	25 ♒ 48	12 ♌	23 ♈	8 ♋	9 ♓	19 ♋
17	26 ♑ 51	19 ♋ 29	21 ♉ 12	22 ♉ 35	15 ♒ 8	13 ♓ 35	18 ♑ 59	0 ♏ 27	24 ♎ 13	6 ♌ 25	3 ♉ 3	25 ♒ 50	11 ♌	23 ♈	7 ♋	9 ♓	19 ♋
18	27 ♑ 52	1 ♌ 25	21 ♉ 9	22 ♉ 23	16 ♒ 23	14 ♓ 30	19 ♑ 45	0 ♏ 32	24 ♎ 14	6 ♌ 22	3 ♉ 3	25 ♒ 51	11 ♌	24 ♈	7 ♋	10 ♓	19 ♋
19	28 ♑ 53	13 ♌ 18	21 ♉ 5	22 ♉ 9	17 ♒ 33	15 ♓ 25	20 ♑ 32	0 ♏ 37	24 ♎ 16	6 ♌ 20	3 ♉ 3	25 ♒ 53	11 ♌	24 ♈	7 ♋	10 ♓	19 ♋
20	29 ♑ 54	25 ♌ 11	21 ♉ 2	21 ♉ 56	18 ♒ 37	16 ♓ 19	21 ♑ 18	0 ♏ 41	24 ♎ 17	6 ♌ 17	3 ♉ 4	25 ♒ 54	11 ♌	24 ♈	7 ♋	11 ♓	19 ♋
21	0 ♒ 55	7 ♍ 3	20 ♉ 59	21 ♉ 44	19 ♒ 34	17 ♓ 12	22 ♑ 4	0 ♏ 46	24 ♎ 19	6 ♌ 14	3 ♉ 4	25 ♒ 56	11 ♌	25 ♈	7 ♋	11 ♓	19 ♋
22	1 ♒ 56	18 ♍ 58	20 ♉ 56	21 ♉ 34	20 ♒ 25	18 ♓ 5	22 ♑ 50	0 ♏ 51	24 ♎ 20	6 ♌ 12	3 ♉ 4	25 ♒ 58	10 ♌	25 ♈	7 ♋	11 ♓	19 ♋
23	2 ♒ 57	0 ♎ 59	20 ♉ 53	21 ♉ 26	21 ♒ 7	18 ♓ 56	23 ♑ 36	0 ♏ 55	24 ♎ 21	6 ♌ 9	3 ♉ 4	25 ♒ 59	10 ♌	25 ♈	6 ♋	12 ♓	19 ♋
24	3 ♒ 58	13 ♎ 8	20 ♉ 50	21 ♉ 22	21 ♒ 40	19 ♓ 47	24 ♑ 23	0 ♏ 59	24 ♎ 22	6 ♌ 6	3 ♉ 5	26 ♒ 1	10 ♌	25 ♈	6 ♋	12 ♓	18 ♋
25	4 ♒ 59	25 ♎ 31	20 ♉ 46	21 ♉ 20	22 ♒ 3	20 ♓ 38	25 ♑ 9	1 ♏ 3	24 ♎ 23	6 ♌ 4	3 ♉ 5	26 ♒ 2	10 ♌	26 ♈	6 ♋	13 ♓	18 ♋
26	6 ♒ 0	8 ♏ 12	20 ♉ 43	21 D 20	22 ♒ 15	21 ♓ 27	25 ♑ 55	1 ♏ 7	24 ♎ 24	6 ♌ 1	3 ♉ 6	26 ♒ 4	9 ♌	26 ♈	6 ♋	13 ♓	18 ♋
27	7 ♒ 1	21 ♏ 15	20 ♉ 40	21 ♉ 20	22 R 17	22 ♓ 16	26 ♑ 42	1 ♏ 11	24 ♎ 24	5 ♌ 59	3 ♉ 6	26 ♒ 6	9 ♌	26 ♈	6 ♋	14 ♓	18 ♋
28	8 ♒ 2	4 ♐ 44	20 ♉ 37	21 R 19	22 ♒ 7	23 ♓ 4	27 ♑ 28	1 ♏ 14	24 ♎ 25	5 ♌ 56	3 ♉ 7	26 ♒ 7	9 ♌	27 ♈	6 ♋	14 ♓	18 ♋
29	9 ♒ 3	18 ♐ 43	20 ♉ 34	21 ♉ 17	21 ♒ 46	23 ♓ 51	28 ♑ 15	1 ♏ 17	24 ♎ 25	5 ♌ 53	3 ♉ 7	26 ♒ 9	9 ♌	27 ♈	6 ♋	15 ♓	18 ♋
30	10 ♒ 4	3 ♑ 11	20 ♉ 30	21 ♉ 12	21 ♒ 13	24 ♓ 36	29 ♑ 1	1 ♏ 20	24 ♎ 26	5 ♌ 51	3 ♉ 8	26 ♒ 11	8 ♌	27 ♈	6 ♋	15 ♓	18 ♋
31	11 ♒ 5	18 ♑ 5	20 ♉ 27	21 ♉ 4	20 ♒ 31	25 ♓ 21	29 ♑ 48	1 ♏ 23	24 ♎ 26	5 ♌ 48	3 ♉ 8	26 ♒ 12	8 ♌	28 ♈	6 ♋	16 ♓	18 ♋

SUN INGRESS	☉ → ♒ 20日 02:13
MOON PHASE	● 3日 04:07 ♑ ◐ 9日 19:05 ♈ ○ 17日 16:11 ♋ ◑ 25日 19:33 ♏

aspects		
2日	03:38	♀△♃
2日	22:43	☿□♄
6日	05:13	♀⚹♆
6日	11:53	☿□♃
8日	18:57	☿□♆
11日	02:17	☿☍♅
14日	07:59	☉□♄
20日	20:16	☉□♃
23日	02:56	☉□♆
23日	23:39	♂□♄
26日	00:27	☉☍♅

2041年2月

DAY	☉	☽	☊ mean	☊ true	☿	♀	♂	♃	♄	♅	♆	♇	⚳	⚴	⚵	⚶	⚷
	° ′	° ′	° ′	° ′	° ′	° ′	° ′	° ′	° ′	° ′	° ′	° ′	°	°	°	°	°
1	12 ♒ 6	3 ♒ 19	20 ♉ 24	20 R 53	19 R 38	26 D 5	0 D 34	1 D 26	24 D 26	5 R 46	3 D 9	26 D 14	8 R	28 D	5 R	16 D	18 R
2	13 ♒ 7	18 ♒ 41	20 ♉ 21	20 ♉ 42	18 ♒ 38	26 ♓ 48	1 ♒ 21	1 ♏ 29	24 ♎ 26	5 ♌ 43	3 ♉ 10	26 ♒ 16	8 ♌	28 ♈	5 ♋	17 ♓	18 ♋
3	14 ♒ 8	3 ♓ 59	20 ♉ 18	20 ♉ 30	17 ♒ 32	27 ♓ 30	2 ♒ 7	1 ♏ 31	24 R 26	5 ♌ 40	3 ♉ 10	26 ♒ 18	8 ♌	29 ♈	5 ♋	17 ♓	18 ♋
4	15 ♒ 9	19 ♓ 3	20 ♉ 15	20 ♉ 20	16 ♒ 21	28 ♓ 10	2 ♒ 54	1 ♏ 33	24 ♎ 26	5 ♌ 38	3 ♉ 11	26 ♒ 19	7 ♌	29 ♈	5 ♋	17 ♓	18 ♋
5	16 ♒ 9	3 ♈ 44	20 ♉ 11	20 ♉ 13	15 ♒ 8	28 ♓ 49	3 ♒ 41	1 ♏ 35	24 ♎ 26	5 ♌ 35	3 ♉ 12	26 ♒ 21	7 ♌	0 ♉	5 ♋	18 ♓	18 ♋
6	17 ♒ 10	17 ♈ 56	20 ♉ 8	20 ♉ 8	13 ♒ 55	29 ♓ 27	4 ♒ 27	1 ♏ 37	24 ♎ 26	5 ♌ 33	3 ♉ 13	26 ♒ 23	7 ♌	0 ♉	5 ♋	18 ♓	18 ♋
7	18 ♒ 11	1 ♉ 39	20 ♉ 5	20 ♉ 6	12 ♒ 44	0 ♈ 4	5 ♒ 14	1 ♏ 39	24 ♎ 25	5 ♌ 30	3 ♉ 13	26 ♒ 24	7 ♌	0 ♉	5 ♋	19 ♓	18 ♋
8	19 ♒ 12	14 ♉ 53	20 ♉ 2	20 ♉ 5	11 ♒ 36	0 ♈ 39	6 ♒ 1	1 ♏ 40	24 ♎ 24	5 ♌ 28	3 ♉ 14	26 ♒ 26	6 ♌	1 ♉	5 ♋	19 ♓	18 ♋
9	20 ♒ 13	27 ♉ 43	19 ♉ 59	20 ♉ 5	10 ♒ 34	1 ♈ 13	6 ♒ 47	1 ♏ 41	24 ♎ 24	5 ♌ 25	3 ♉ 15	26 ♒ 28	6 ♌	1 ♉	5 D	20 ♓	17 ♋
10	21 ♒ 13	10 ♊ 14	19 ♉ 56	20 ♉ 4	9 ♒ 38	1 ♈ 46	7 ♒ 34	1 ♏ 42	24 ♎ 23	5 ♌ 23	3 ♉ 16	26 ♒ 30	6 ♌	1 ♉	5 ♋	20 ♓	17 ♋
11	22 ♒ 14	22 ♊ 29	19 ♉ 52	20 ♉ 1	8 ♒ 49	2 ♈ 16	8 ♒ 21	1 ♏ 43	24 ♎ 22	5 ♌ 20	3 ♉ 17	26 ♒ 31	6 ♌	2 ♉	5 ♋	21 ♓	17 ♋
12	23 ♒ 15	4 ♋ 33	19 ♉ 49	19 ♉ 56	8 ♒ 7	2 ♈ 46	9 ♒ 8	1 ♏ 44	24 ♎ 21	5 ♌ 18	3 ♉ 18	26 ♒ 33	6 ♌	2 ♉	5 ♋	21 ♓	17 ♋
13	24 ♒ 16	16 ♋ 30	19 ♉ 46	19 ♉ 47	7 ♒ 34	3 ♈ 13	9 ♒ 55	1 ♏ 45	24 ♎ 20	5 ♌ 15	3 ♉ 19	26 ♒ 35	5 ♌	3 ♉	5 ♋	22 ♓	17 ♋
14	25 ♒ 16	28 ♋ 24	19 ♉ 43	19 ♉ 36	7 ♒ 9	3 ♈ 39	10 ♒ 41	1 ♏ 45	24 ♎ 19	5 ♌ 13	3 ♉ 20	26 ♒ 37	5 ♌	3 ♉	5 ♋	22 ♓	17 ♋
15	26 ♒ 17	10 ♌ 16	19 ♉ 40	19 ♉ 23	6 ♒ 52	4 ♈ 3	11 ♒ 28	1 ♏ 45	24 ♎ 18	5 ♌ 10	3 ♉ 21	26 ♒ 38	5 ♌	3 ♉	5 ♋	23 ♓	17 ♋
16	27 ♒ 17	22 ♌ 9	19 ♉ 36	19 ♉ 8	6 ♒ 42	4 ♈ 25	12 ♒ 15	1 R 45	24 ♎ 16	5 ♌ 8	3 ♉ 22	26 ♒ 40	5 ♌	4 ♉	5 ♋	23 ♓	17 ♋
17	28 ♒ 18	4 ♍ 3	19 ♉ 33	18 ♉ 53	6 D 40	4 ♈ 45	13 ♒ 2	1 ♏ 45	24 ♎ 15	5 ♌ 6	3 ♉ 24	26 ♒ 42	5 ♌	4 ♉	5 ♋	24 ♓	17 ♋
18	29 ♒ 18	16 ♍ 0	19 ♉ 30	18 ♉ 40	6 ♒ 45	5 ♈ 4	13 ♒ 49	1 ♏ 44	24 ♎ 13	5 ♌ 3	3 ♉ 25	26 ♒ 43	4 ♌	5 ♉	6 ♋	24 ♓	17 ♋
19	0 ♓ 19	28 ♍ 1	19 ♉ 27	18 ♉ 28	6 ♒ 56	5 ♈ 20	14 ♒ 36	1 ♏ 44	24 ♎ 11	5 ♌ 1	3 ♉ 26	26 ♒ 45	4 ♌	5 ♉	6 ♋	24 ♓	17 ♋
20	1 ♓ 19	10 ♎ 9	19 ♉ 24	18 ♉ 20	7 ♒ 13	5 ♈ 34	15 ♒ 23	1 ♏ 43	24 ♎ 9	4 ♌ 59	3 ♉ 27	26 ♒ 47	4 ♌	6 ♉	6 ♋	25 ♓	17 ♋
21	2 ♓ 20	22 ♎ 24	19 ♉ 21	18 ♉ 14	7 ♒ 37	5 ♈ 46	16 ♒ 10	1 ♏ 42	24 ♎ 8	4 ♌ 56	3 ♉ 29	26 ♒ 49	4 ♌	6 ♉	6 ♋	25 ♓	17 ♋
22	3 ♓ 20	4 ♏ 51	19 ♉ 17	18 ♉ 12	8 ♒ 5	5 ♈ 56	16 ♒ 57	1 ♏ 41	24 ♎ 6	4 ♌ 54	3 ♉ 30	26 ♒ 50	4 ♌	6 ♉	6 ♋	26 ♓	17 ♋
23	4 ♓ 21	17 ♏ 32	19 ♉ 14	18 ♉ 11	8 ♒ 38	6 ♈ 3	17 ♒ 44	1 ♏ 39	24 ♎ 3	4 ♌ 52	3 ♉ 31	26 ♒ 52	4 ♌	7 ♉	6 ♋	26 ♓	17 ♋
24	5 ♓ 21	0 ♐ 31	19 ♉ 11	18 D 11	9 ♒ 16	6 ♈ 8	18 ♒ 31	1 ♏ 38	24 ♎ 1	4 ♌ 50	3 ♉ 32	26 ♒ 54	3 ♌	7 ♉	6 ♋	27 ♓	17 ♋
25	6 ♓ 22	13 ♐ 53	19 ♉ 8	18 R 11	9 ♒ 58	6 ♈ 11	19 ♒ 18	1 ♏ 36	23 ♎ 59	4 ♌ 48	3 ♉ 34	26 ♒ 56	3 ♌	8 ♉	6 ♋	27 ♓	17 ♋
26	7 ♓ 22	27 ♐ 41	19 ♉ 5	18 ♉ 9	10 ♒ 44	6 R 11	20 ♒ 5	1 ♏ 34	23 ♎ 57	4 ♌ 46	3 ♉ 35	26 ♒ 57	3 ♌	8 ♉	6 ♋	28 ♓	17 ♋
27	8 ♓ 22	11 ♑ 55	19 ♉ 2	18 ♉ 5	11 ♒ 34	6 ♈ 9	20 ♒ 52	1 ♏ 32	23 ♎ 54	4 ♌ 44	3 ♉ 37	26 ♒ 59	3 ♌	9 ♉	6 ♋	28 ♓	17 ♋
28	9 ♓ 23	26 ♑ 34	18 ♉ 58	17 ♉ 59	12 ♒ 27	6 ♈ 4	21 ♒ 39	1 ♏ 30	23 ♎ 52	4 ♌ 42	3 ♉ 38	27 ♒ 1	3 ♌	9 ♉	7 ♋	29 ♓	17 ♋

SUN INGRESS	☉ → ♓ 18日 16:17
MOON PHASE	● 1日 14:42 ♒ ◐ 8日 08:40 ♉ ○ 16日 11:21 ♌ ◑ 24日 09:28 ♐

aspects		
2日	04:18	♂□♃
4日	08:55	♂□♆
4日	12:59	☉☌☿
7日	07:51	♂☍♅
11日	07:20	☿☌♂
13日	01:45	☉△♄
15日	08:46	☉☌♇
17日	23:29	♀△♅
20日	09:10	☉△♃
22日	03:50	☉⚹♆

2041年3月

DAY	☉	☽	☊ mean	☊ true	☿	♀	♂	♃	♄	♅	♆	♇	⚳	⚴	⚵	⚶	⚷
	° ′	° ′	° ′	° ′	° ′	° ′	° ′	° ′	° ′	° ′	° ′	° ′	°	°	°	°	°
1	10 ♓ 23	11 ♒ 34	18 ♉ 55	17 R 50	13 D 22	5 R 57	22 D 26	1 R 27	23 R 49	4 R 40	3 D 40	27 D 2	3 R	10 D	7 D	29 D	17 R
2	11 ♓ 23	26 ♒ 46	18 ♉ 52	17 ♉ 40	14 ♒ 21	5 ♈ 48	23 ♒ 13	1 ♏ 25	23 ♎ 46	4 ♌ 38	3 ♉ 41	27 ♒ 4	3 ♌	10 ♉	7 ♋	0 ♈	17 ♋
3	12 ♓ 23	12 ♓ 0	18 ♉ 49	17 ♉ 30	15 ♒ 23	5 ♈ 36	24 ♒ 0	1 ♏ 22	23 ♎ 43	4 ♌ 36	3 ♉ 43	27 ♒ 6	2 ♌	11 ♉	7 ♋	0 ♈	17 ♋
4	13 ♓ 24	27 ♓ 6	18 ♉ 46	17 ♉ 21	16 ♒ 27	5 ♈ 21	24 ♒ 47	1 ♏ 19	23 ♎ 41	4 ♌ 34	3 ♉ 44	27 ♒ 7	2 ♌	11 ♉	7 ♋	1 ♈	17 ♋
5	14 ♓ 24	11 ♈ 53	18 ♉ 42	17 ♉ 14	17 ♒ 33	5 ♈ 4	25 ♒ 34	1 ♏ 15	23 ♎ 38	4 ♌ 32	3 ♉ 46	27 ♒ 9	2 ♌	11 ♉	7 ♋	1 ♈	17 ♋
6	15 ♓ 24	26 ♈ 14	18 ♉ 39	17 ♉ 10	18 ♒ 41	4 ♈ 45	26 ♒ 21	1 ♏ 12	23 ♎ 35	4 ♌ 30	3 ♉ 48	27 ♒ 11	2 ♌	12 ♉	8 ♋	1 ♈	17 ♋
7	16 ♓ 24	10 ♉ 6	18 ♉ 36	17 ♉ 8	19 ♒ 52	4 ♈ 23	27 ♒ 8	1 ♏ 8	23 ♎ 31	4 ♌ 28	3 ♉ 49	27 ♒ 12	2 ♌	12 ♉	8 ♋	2 ♈	16 ♋
8	17 ♓ 24	23 ♉ 29	18 ♉ 33	17 D 8	21 ♒ 4	3 ♈ 59	27 ♒ 56	1 ♏ 5	23 ♎ 28	4 ♌ 27	3 ♉ 51	27 ♒ 14	2 ♌	13 ♉	8 ♋	2 ♈	16 ♋
9	18 ♓ 24	6 ♊ 26	18 ♉ 30	17 ♉ 8	22 ♒ 19	3 ♈ 33	28 ♒ 43	1 ♏ 1	23 ♎ 25	4 ♌ 25	3 ♉ 53	27 ♒ 16	2 ♌	13 ♉	8 ♋	3 ♈	16 ♋
10	19 ♓ 24	19 ♊ 0	18 ♉ 27	17 ♉ 9	23 ♒ 35	3 ♈ 4	29 ♒ 30	0 ♏ 57	23 ♎ 21	4 ♌ 23	3 ♉ 54	27 ♒ 17	2 ♌	14 ♉	8 ♋	3 ♈	16 ♋
11	20 ♓ 24	1 ♋ 16	18 ♉ 23	17 R 8	24 ♒ 53	2 ♈ 34	0 ♓ 17	0 ♏ 52	23 ♎ 18	4 ♌ 22	3 ♉ 56	27 ♒ 19	2 ♌	14 ♉	9 ♋	4 ♈	16 ♋
12	21 ♓ 24	13 ♋ 20	18 ♉ 20	17 ♉ 6	26 ♒ 12	2 ♈ 2	1 ♓ 4	0 ♏ 48	23 ♎ 15	4 ♌ 20	3 ♉ 58	27 ♒ 21	2 ♌	15 ♉	9 ♋	4 ♈	16 ♋
13	22 ♓ 24	25 ♋ 16	18 ♉ 17	17 ♉ 1	27 ♒ 33	1 ♈ 29	1 ♓ 51	0 ♏ 44	23 ♎ 11	4 ♌ 19	4 ♉ 0	27 ♒ 22	2 ♌	15 ♉	9 ♋	5 ♈	16 ♋
14	23 ♓ 24	7 ♌ 8	18 ♉ 14	16 ♉ 53	28 ♒ 55	0 ♈ 54	2 ♓ 38	0 ♏ 39	23 ♎ 7	4 ♌ 17	4 ♉ 1	27 ♒ 24	2 ♌	16 ♉	9 ♋	5 ♈	16 ♋
15	24 ♓ 23	18 ♌ 59	18 ♉ 11	16 ♉ 44	0 ♓ 19	0 ♈ 19	3 ♓ 25	0 ♏ 34	23 ♎ 4	4 ♌ 16	4 ♉ 3	27 ♒ 25	2 ♌	16 ♉	9 ♋	6 ♈	16 ♋
16	25 ♓ 23	0 ♍ 52	18 ♉ 8	16 ♉ 34	1 ♓ 45	29 ♓ 42	4 ♓ 12	0 ♏ 29	23 ♎ 0	4 ♌ 14	4 ♉ 5	27 ♒ 27	2 ♌	17 ♉	10 ♋	6 ♈	16 ♋
17	26 ♓ 23	12 ♍ 51	18 ♉ 4	16 ♉ 24	3 ♓ 12	29 ♓ 4	4 ♓ 59	0 ♏ 24	22 ♎ 56	4 ♌ 13	4 ♉ 7	27 ♒ 29	2 D	17 ♉	10 ♋	7 ♈	16 ♋
18	27 ♓ 23	24 ♍ 55	18 ♉ 1	16 ♉ 15	4 ♓ 40	28 ♓ 27	5 ♓ 47	0 ♏ 18	22 ♎ 52	4 ♌ 12	4 ♉ 9	27 ♒ 30	2 ♌	18 ♉	10 ♋	7 ♈	16 ♋
19	28 ♓ 22	7 ♎ 6	17 ♉ 58	16 ♉ 7	6 ♓ 9	27 ♓ 49	6 ♓ 34	0 ♏ 13	22 ♎ 48	4 ♌ 11	4 ♉ 11	27 ♒ 32	2 ♌	18 ♉	10 ♋	8 ♈	16 ♋
20	29 ♓ 22	19 ♎ 26	17 ♉ 55	16 ♉ 2	7 ♓ 40	27 ♓ 11	7 ♓ 21	0 ♏ 7	22 ♎ 44	4 ♌ 9	4 ♉ 13	27 ♒ 33	2 ♌	19 ♉	11 ♋	8 ♈	16 ♋
21	0 ♈ 22	1 ♏ 55	17 ♉ 52	15 ♉ 59	9 ♓ 13	26 ♓ 34	8 ♓ 8	0 ♏ 2	22 ♎ 40	4 ♌ 8	4 ♉ 15	27 ♒ 35	2 ♌	19 ♉	11 ♋	9 ♈	16 D
22	1 ♈ 21	14 ♏ 35	17 ♉ 48	15 ♉ 58	10 ♓ 46	25 ♓ 57	8 ♓ 55	29 ♎ 56	22 ♎ 36	4 ♌ 7	4 ♉ 16	27 ♒ 36	2 ♌	20 ♉	11 ♋	9 ♈	16 ♋
23	2 ♈ 21	27 ♏ 28	17 ♉ 45	15 D 58	12 ♓ 21	25 ♓ 21	9 ♓ 42	29 ♎ 50	22 ♎ 32	4 ♌ 6	4 ♉ 18	27 ♒ 38	2 ♌	20 ♉	12 ♋	9 ♈	16 ♋
24	3 ♈ 20	10 ♐ 35	17 ♉ 42	15 ♉ 59	13 ♓ 57	24 ♓ 47	10 ♓ 29	29 ♎ 44	22 ♎ 28	4 ♌ 5	4 ♉ 20	27 ♒ 39	2 ♌	21 ♉	12 ♋	10 ♈	16 ♋
25	4 ♈ 20	24 ♐ 0	17 ♉ 39	16 ♉ 1	15 ♓ 35	24 ♓ 13	11 ♓ 16	29 ♎ 38	22 ♎ 23	4 ♌ 4	4 ♉ 22	27 ♒ 41	2 ♌	21 ♉	12 ♋	10 ♈	16 ♋
26	5 ♈ 19	7 ♑ 43	17 ♉ 36	16 R 1	17 ♓ 14	23 ♓ 42	12 ♓ 3	29 ♎ 31	22 ♎ 19	4 ♌ 3	4 ♉ 24	27 ♒ 42	2 ♌	22 ♉	12 ♋	11 ♈	16 ♋
27	6 ♈ 19	21 ♑ 46	17 ♉ 33	16 ♉ 0	18 ♓ 54	23 ♓ 12	12 ♓ 50	29 ♎ 25	22 ♎ 15	4 ♌ 2	4 ♉ 26	27 ♒ 43	2 ♌	23 ♉	13 ♋	11 ♈	16 ♋
28	7 ♈ 18	6 ♒ 9	17 ♉ 29	15 ♉ 57	20 ♓ 35	22 ♓ 43	13 ♓ 37	29 ♎ 18	22 ♎ 10	4 ♌ 2	4 ♉ 29	27 ♒ 45	2 ♌	23 ♉	13 ♋	12 ♈	16 ♋
29	8 ♈ 17	20 ♒ 47	17 ♉ 26	15 ♉ 53	22 ♓ 18	22 ♓ 17	14 ♓ 24	29 ♎ 11	22 ♎ 6	4 ♌ 1	4 ♉ 31	27 ♒ 46	2 ♌	24 ♉	13 ♋	12 ♈	16 ♋
30	9 ♈ 17	5 ♓ 36	17 ♉ 23	15 ♉ 48	24 ♓ 2	21 ♓ 53	15 ♓ 11	29 ♎ 5	22 ♎ 2	4 ♌ 0	4 ♉ 33	27 ♒ 48	2 ♌	24 ♉	13 ♋	13 ♈	16 ♋
31	10 ♈ 16	20 ♓ 29	17 ♉ 20	15 ♉ 42	25 ♓ 48	21 ♓ 31	15 ♓ 58	28 ♎ 58	21 ♎ 57	4 ♌ 0	4 ♉ 35	27 ♒ 49	3 ♌	25 ♉	14 ♋	13 ♈	16 ♋

SUN INGRESS	☉ → ♈ 20日 15:06
MOON PHASE	● 3日 00:39 ♓　◐ 10日 00:51 ♊　○ 18日 05:18 ♍　◑ 25日 19:31 ♑

aspects		
2日	16:00	♂△♄
6日	17:41	♀△♅
7日	02:07	♂☌♇
9日	20:02	☿△♄
11日	16:36	♂△♃
12日	20:48	☿☌♇
15日	03:53	☿△♃
15日	20:06	♂⚹♆
17日	15:23	☿⚹♆
18日	15:46	☉☌♀
18日	23:11	♅□♆
19日	13:20	☿☌♂
24日	17:49	☉△♅
28日	23:50	☿☌♀

2041年4月

DAY	☉	☽	☊ mean	☊ true	☿	♀	♂	♃	♄	♅	♆	♇	⚳	⚴	⚵	⚶	⚷
	° ′	° ′	° ′	° ′	° ′	° ′	° ′	° ′	° ′	° ′	° ′	° ′	°	°	°	°	°
1	11 ♈ 15	5 ♈ 17	17 ♉ 17	15 R 37	27 D 35	21 R 12	16 D 45	28 R 51	21 R 53	3 R 59	4 D 37	27 D 50	3 D	25 D	14 D	14 D	16 D
2	12 ♈ 15	19 ♈ 52	17 ♉ 13	15 ♉ 34	29 ♓ 23	20 ♓ 55	17 ♓ 32	28 ♎ 44	21 ♎ 48	3 ♌ 59	4 ♉ 39	27 ♒ 52	3 ♌	26 ♉	14 ♋	14 ♈	16 ♋
3	13 ♈ 14	4 ♉ 8	17 ♉ 10	15 ♉ 32	1 ♈ 13	20 ♓ 40	18 ♓ 19	28 ♎ 37	21 ♎ 44	3 ♌ 58	4 ♉ 41	27 ♒ 53	3 ♌	26 ♉	15 ♋	15 ♈	16 ♋
4	14 ♈ 13	18 ♉ 0	17 ♉ 7	15 D 31	3 ♈ 4	20 ♓ 27	19 ♓ 6	28 ♎ 29	21 ♎ 39	3 ♌ 58	4 ♉ 43	27 ♒ 54	3 ♌	27 ♉	15 ♋	15 ♈	16 ♋
5	15 ♈ 12	1 ♊ 27	17 ♉ 4	15 ♉ 32	4 ♈ 56	20 ♓ 18	19 ♓ 53	28 ♎ 22	21 ♎ 34	3 ♌ 57	4 ♉ 45	27 ♒ 56	3 ♌	27 ♉	15 ♋	16 ♈	17 ♋
6	16 ♈ 11	14 ♊ 29	17 ♉ 1	15 ♉ 34	6 ♈ 50	20 ♓ 10	20 ♓ 40	28 ♎ 15	21 ♎ 30	3 ♌ 57	4 ♉ 48	27 ♒ 57	3 ♌	28 ♉	16 ♋	16 ♈	17 ♋
7	17 ♈ 10	27 ♊ 9	16 ♉ 58	15 ♉ 35	8 ♈ 45	20 ♓ 5	21 ♓ 27	28 ♎ 8	21 ♎ 25	3 ♌ 57	4 ♉ 50	27 ♒ 58	3 ♌	28 ♉	16 ♋	16 ♈	17 ♋
8	18 ♈ 9	9 ♋ 30	16 ♉ 54	15 ♉ 36	10 ♈ 42	20 ♓ 3	22 ♓ 14	28 ♎ 0	21 ♎ 21	3 ♌ 57	4 ♉ 52	27 ♒ 59	3 ♌	29 ♉	16 ♋	17 ♈	17 ♋
9	19 ♈ 8	21 ♋ 37	16 ♉ 51	15 R 37	12 ♈ 40	20 D 2	23 ♓ 0	27 ♎ 53	21 ♎ 16	3 ♌ 56	4 ♉ 54	28 ♒ 1	4 ♌	0 ♊	17 ♋	17 ♈	17 ♋
10	20 ♈ 7	3 ♌ 34	16 ♉ 48	15 ♉ 36	14 ♈ 39	20 ♓ 4	23 ♓ 47	27 ♎ 45	21 ♎ 11	3 ♌ 56	4 ♉ 56	28 ♒ 2	4 ♌	0 ♊	17 ♋	18 ♈	17 ♋
11	21 ♈ 6	15 ♌ 27	16 ♉ 45	15 ♉ 34	16 ♈ 40	20 ♓ 9	24 ♓ 34	27 ♎ 37	21 ♎ 7	3 ♌ 56	4 ♉ 59	28 ♒ 3	4 ♌	1 ♊	17 ♋	18 ♈	17 ♋
12	22 ♈ 5	27 ♌ 19	16 ♉ 42	15 ♉ 31	18 ♈ 42	20 ♓ 16	25 ♓ 21	27 ♎ 30	21 ♎ 2	3 D 56	5 ♉ 1	28 ♒ 4	4 ♌	1 ♊	18 ♋	19 ♈	17 ♋
13	23 ♈ 4	9 ♍ 15	16 ♉ 39	15 ♉ 27	20 ♈ 45	20 ♓ 25	26 ♓ 8	27 ♎ 22	20 ♎ 57	3 ♌ 56	5 ♉ 3	28 ♒ 5	4 ♌	2 ♊	18 ♋	19 ♈	17 ♋
14	24 ♈ 3	21 ♍ 18	16 ♉ 35	15 ♉ 24	22 ♈ 49	20 ♓ 36	26 ♓ 54	27 ♎ 15	20 ♎ 53	3 ♌ 57	5 ♉ 5	28 ♒ 6	4 ♌	2 ♊	18 ♋	20 ♈	17 ♋
15	25 ♈ 2	3 ♎ 29	16 ♉ 32	15 ♉ 20	24 ♈ 54	20 ♓ 49	27 ♓ 41	27 ♎ 7	20 ♎ 48	3 ♌ 57	5 ♉ 7	28 ♒ 7	5 ♌	3 ♊	19 ♋	20 ♈	17 ♋
16	26 ♈ 0	15 ♎ 52	16 ♉ 29	15 ♉ 18	27 ♈ 0	21 ♓ 4	28 ♓ 28	26 ♎ 59	20 ♎ 44	3 ♌ 57	5 ♉ 10	28 ♒ 8	5 ♌	3 ♊	19 ♋	21 ♈	17 ♋
17	26 ♈ 59	28 ♎ 27	16 ♉ 26	15 ♉ 16	29 ♈ 6	21 ♓ 21	29 ♓ 14	26 ♎ 52	20 ♎ 39	3 ♌ 57	5 ♉ 12	28 ♒ 9	5 ♌	4 ♊	19 ♋	21 ♈	17 ♋
18	27 ♈ 58	11 ♏ 14	16 ♉ 23	15 ♉ 15	1 ♉ 13	21 ♓ 40	0 ♈ 1	26 ♎ 44	20 ♎ 34	3 ♌ 58	5 ♉ 14	28 ♒ 10	5 ♌	5 ♊	20 ♋	22 ♈	17 ♋
19	28 ♈ 56	24 ♏ 15	16 ♉ 19	15 D 16	3 ♉ 20	22 ♓ 1	0 ♈ 47	26 ♎ 36	20 ♎ 30	3 ♌ 58	5 ♉ 16	28 ♒ 11	5 ♌	5 ♊	20 ♋	22 ♈	17 ♋
20	29 ♈ 55	7 ♐ 29	16 ♉ 16	15 ♉ 16	5 ♉ 28	22 ♓ 24	1 ♈ 34	26 ♎ 29	20 ♎ 25	3 ♌ 58	5 ♉ 19	28 ♒ 12	6 ♌	6 ♊	20 ♋	22 ♈	17 ♋
21	0 ♉ 53	20 ♐ 56	16 ♉ 13	15 ♉ 17	7 ♉ 34	22 ♓ 49	2 ♈ 21	26 ♎ 21	20 ♎ 21	3 ♌ 59	5 ♉ 21	28 ♒ 13	6 ♌	6 ♊	21 ♋	23 ♈	17 ♋
22	1 ♉ 52	4 ♑ 35	16 ♉ 10	15 ♉ 19	9 ♉ 41	23 ♓ 15	3 ♈ 7	26 ♎ 13	20 ♎ 16	3 ♌ 59	5 ♉ 23	28 ♒ 14	6 ♌	7 ♊	21 ♋	23 ♈	17 ♋
23	2 ♉ 51	18 ♑ 27	16 ♉ 7	15 ♉ 19	11 ♉ 46	23 ♓ 43	3 ♈ 54	26 ♎ 6	20 ♎ 12	4 ♌ 0	5 ♉ 25	28 ♒ 15	6 ♌	7 ♊	21 ♋	24 ♈	17 ♋
24	3 ♉ 49	2 ♒ 30	16 ♉ 4	15 ♉ 20	13 ♉ 50	24 ♓ 12	4 ♈ 40	25 ♎ 58	20 ♎ 7	4 ♌ 1	5 ♉ 28	28 ♒ 16	6 ♌	8 ♊	22 ♋	24 ♈	17 ♋
25	4 ♉ 47	16 ♒ 43	16 ♉ 0	15 R 20	15 ♉ 52	24 ♓ 43	5 ♈ 26	25 ♎ 51	20 ♎ 3	4 ♌ 1	5 ♉ 30	28 ♒ 17	7 ♌	9 ♊	22 ♋	25 ♈	17 ♋
26	5 ♉ 46	1 ♓ 4	15 ♉ 57	15 ♉ 19	17 ♉ 53	25 ♓ 15	6 ♈ 13	25 ♎ 43	19 ♎ 59	4 ♌ 2	5 ♉ 32	28 ♒ 18	7 ♌	9 ♊	22 ♋	25 ♈	17 ♋
27	6 ♉ 44	15 ♓ 29	15 ♉ 54	15 ♉ 18	19 ♉ 51	25 ♓ 49	6 ♈ 59	25 ♎ 36	19 ♎ 54	4 ♌ 3	5 ♉ 34	28 ♒ 19	7 ♌	10 ♊	23 ♋	26 ♈	17 ♋
28	7 ♉ 43	29 ♓ 54	15 ♉ 51	15 ♉ 17	21 ♉ 47	26 ♓ 24	7 ♈ 46	25 ♎ 28	19 ♎ 50	4 ♌ 4	5 ♉ 37	28 ♒ 19	7 ♌	10 ♊	23 ♋	26 ♈	17 ♋
29	8 ♉ 41	14 ♈ 14	15 ♉ 48	15 ♉ 16	23 ♉ 40	27 ♓ 0	8 ♈ 32	25 ♎ 21	19 ♎ 46	4 ♌ 5	5 ♉ 39	28 ♒ 20	8 ♌	11 ♊	24 ♋	27 ♈	18 ♋
30	9 ♉ 39	28 ♈ 25	15 ♉ 45	15 ♉ 16	25 ♉ 30	27 ♓ 38	9 ♈ 18	25 ♎ 14	19 ♎ 42	4 ♌ 6	5 ♉ 41	28 ♒ 21	8 ♌	11 ♊	24 ♋	27 ♈	18 ♋

SUN INGRESS	☉ → ♉ 20日 01:54
MOON PHASE	● 1日 10:29 ♈　◐ 8日 18:38 ♋　○ 16日 21:00 ♎　◑ 24日 02:23 ♒　● 30日 20:46 ♉

aspects		
4日	11:33	☿△♅
5日	10:44	♀☌♂
8日	02:08	♃△♇
11日	00:12	☉☍♄
13日	02:22	☿☍♄
15日	02:42	☉☌☿
15日	23:53	☿☍♃
16日	13:07	☿⚹♇
16日	21:20	☉☍♃
18日	05:20	☉⚹♇
19日	07:06	☿□♅
19日	22:16	☿☌♆
23日	03:24	♂△♅
24日	04:52	☉□♅
25日	18:08	☉☌♆

2041年5月

DAY	☉	☽	☊ mean	☊ true	☿	♀	♂	♃	♄	♅	♆	♇	⚳	⚴	⚵	⚶	⚷
	° ′	° ′	° ′	° ′	° ′	° ′	° ′	° ′	° ′	° ′	° ′	° ′	°	°	°	°	°
1	10 ♉ 38	12 ♉ 22	15 ♉ 41	15 R 16	27 D 17	28 D 16	10 D 4	25 R 6	19 R 37	4 D 7	5 D 43	28 D 22	8 D	12 D	24 D	28 D	18 D
2	11 ♉ 36	26 ♉ 1	15 ♉ 38	15 D 16	29 ♉ 1	28 ♓ 56	10 ♈ 51	24 ♎ 59	19 ♎ 33	4 ♌ 8	5 ♉ 46	28 ♒ 22	8 ♌	13 ♊	25 ♋	28 ♈	18 ♋
3	12 ♉ 34	9 ♊ 21	15 ♉ 35	15 ♉ 16	0 ♊ 41	29 ♓ 37	11 ♈ 37	24 ♎ 52	19 ♎ 29	4 ♌ 9	5 ♉ 48	28 ♒ 23	9 ♌	13 ♊	25 ♋	28 ♈	18 ♋
4	13 ♉ 32	22 ♊ 20	15 ♉ 32	15 ♉ 16	2 ♊ 17	0 ♈ 19	12 ♈ 23	24 ♎ 45	19 ♎ 25	4 ♌ 10	5 ♉ 50	28 ♒ 24	9 ♌	14 ♊	25 ♋	29 ♈	18 ♋
5	14 ♉ 31	5 ♋ 0	15 ♉ 29	15 ♉ 16	3 ♊ 50	1 ♈ 1	13 ♈ 9	24 ♎ 38	19 ♎ 21	4 ♌ 11	5 ♉ 52	28 ♒ 24	9 ♌	14 ♊	26 ♋	29 ♈	18 ♋
6	15 ♉ 29	17 ♋ 23	15 ♉ 25	15 R 16	5 ♊ 19	1 ♈ 45	13 ♈ 55	24 ♎ 31	19 ♎ 17	4 ♌ 13	5 ♉ 55	28 ♒ 25	9 ♌	15 ♊	26 ♋	0 ♉	18 ♋
7	16 ♉ 27	29 ♋ 33	15 ♉ 22	15 ♉ 16	6 ♊ 43	2 ♈ 30	14 ♈ 41	24 ♎ 25	19 ♎ 13	4 ♌ 14	5 ♉ 57	28 ♒ 26	10 ♌	15 ♊	27 ♋	0 ♉	18 ♋
8	17 ♉ 25	11 ♌ 32	15 ♉ 19	15 ♉ 16	8 ♊ 4	3 ♈ 15	15 ♈ 27	24 ♎ 18	19 ♎ 10	4 ♌ 16	5 ♉ 59	28 ♒ 26	10 ♌	16 ♊	27 ♋	1 ♉	18 ♋
9	18 ♉ 23	23 ♌ 26	15 ♉ 16	15 D 16	9 ♊ 20	4 ♈ 2	16 ♈ 13	24 ♎ 12	19 ♎ 6	4 ♌ 17	6 ♉ 1	28 ♒ 27	10 ♌	17 ♊	27 ♋	1 ♉	18 ♋
10	19 ♉ 21	5 ♍ 20	15 ♉ 13	15 ♉ 16	10 ♊ 32	4 ♈ 49	16 ♈ 59	24 ♎ 5	19 ♎ 2	4 ♌ 18	6 ♉ 4	28 ♒ 27	11 ♌	17 ♊	28 ♋	2 ♉	18 ♋
11	20 ♉ 19	17 ♍ 17	15 ♉ 10	15 ♉ 17	11 ♊ 40	5 ♈ 37	17 ♈ 45	23 ♎ 59	18 ♎ 59	4 ♌ 20	6 ♉ 6	28 ♒ 28	11 ♌	18 ♊	28 ♋	2 ♉	18 ♋
12	21 ♉ 17	29 ♍ 22	15 ♉ 6	15 ♉ 17	12 ♊ 44	6 ♈ 26	18 ♈ 30	23 ♎ 53	18 ♎ 55	4 ♌ 22	6 ♉ 8	28 ♒ 28	11 ♌	18 ♊	29 ♋	2 ♉	18 ♋
13	22 ♉ 15	11 ♎ 38	15 ♉ 3	15 ♉ 18	13 ♊ 43	7 ♈ 15	19 ♈ 16	23 ♎ 47	18 ♎ 52	4 ♌ 23	6 ♉ 10	28 ♒ 28	12 ♌	19 ♊	29 ♋	3 ♉	18 ♋
14	23 ♉ 13	24 ♎ 10	15 ♉ 0	15 ♉ 19	14 ♊ 38	8 ♈ 5	20 ♈ 2	23 ♎ 41	18 ♎ 48	4 ♌ 25	6 ♉ 12	28 ♒ 29	12 ♌	20 ♊	29 ♋	3 ♉	19 ♋
15	24 ♉ 11	6 ♏ 58	14 ♉ 57	15 ♉ 19	15 ♊ 28	8 ♈ 56	20 ♈ 47	23 ♎ 35	18 ♎ 45	4 ♌ 27	6 ♉ 15	28 ♒ 29	12 ♌	20 ♊	0 ♌	4 ♉	19 ♋
16	25 ♉ 9	20 ♏ 4	14 ♉ 54	15 R 19	16 ♊ 13	9 ♈ 47	21 ♈ 33	23 ♎ 29	18 ♎ 42	4 ♌ 28	6 ♉ 17	28 ♒ 30	12 ♌	21 ♊	0 ♌	4 ♉	19 ♋
17	26 ♉ 6	3 ♐ 28	14 ♉ 51	15 ♉ 19	16 ♊ 54	10 ♈ 40	22 ♈ 19	23 ♎ 24	18 ♎ 38	4 ♌ 30	6 ♉ 19	28 ♒ 30	13 ♌	21 ♊	0 ♌	5 ♉	19 ♋
18	27 ♉ 4	17 ♐ 8	14 ♉ 47	15 ♉ 18	17 ♊ 30	11 ♈ 32	23 ♈ 4	23 ♎ 18	18 ♎ 35	4 ♌ 32	6 ♉ 21	28 ♒ 30	13 ♌	22 ♊	1 ♌	5 ♉	19 ♋
19	28 ♉ 2	1 ♑ 1	14 ♉ 44	15 ♉ 16	18 ♊ 2	12 ♈ 26	23 ♈ 50	23 ♎ 13	18 ♎ 32	4 ♌ 34	6 ♉ 23	28 ♒ 31	13 ♌	23 ♊	1 ♌	6 ♉	19 ♋
20	29 ♉ 0	15 ♑ 5	14 ♉ 41	15 ♉ 14	18 ♊ 28	13 ♈ 19	24 ♈ 35	23 ♎ 8	18 ♎ 29	4 ♌ 36	6 ♉ 25	28 ♒ 31	14 ♌	23 ♊	2 ♌	6 ♉	19 ♋
21	29 ♉ 58	29 ♑ 17	14 ♉ 38	15 ♉ 13	18 ♊ 50	14 ♈ 14	25 ♈ 20	23 ♎ 3	18 ♎ 26	4 ♌ 38	6 ♉ 27	28 ♒ 31	14 ♌	24 ♊	2 ♌	6 ♉	19 ♋
22	0 ♊ 55	13 ♒ 31	14 ♉ 35	15 ♉ 12	19 ♊ 7	15 ♈ 9	26 ♈ 6	22 ♎ 58	18 ♎ 24	4 ♌ 40	6 ♉ 30	28 ♒ 31	14 ♌	24 ♊	2 ♌	7 ♉	19 ♋
23	1 ♊ 53	27 ♒ 47	14 ♉ 31	15 ♉ 11	19 ♊ 19	16 ♈ 4	26 ♈ 51	22 ♎ 53	18 ♎ 21	4 ♌ 42	6 ♉ 32	28 ♒ 31	15 ♌	25 ♊	3 ♌	7 ♉	19 ♋
24	2 ♊ 51	12 ♓ 0	14 ♉ 28	15 D 11	19 ♊ 26	17 ♈ 0	27 ♈ 36	22 ♎ 49	18 ♎ 18	4 ♌ 44	6 ♉ 34	28 ♒ 32	15 ♌	26 ♊	3 ♌	8 ♉	19 ♋
25	3 ♊ 48	26 ♓ 8	14 ♉ 25	15 ♉ 12	19 ♊ 28	17 ♈ 56	28 ♈ 22	22 ♎ 45	18 ♎ 16	4 ♌ 46	6 ♉ 36	28 ♒ 32	15 ♌	26 ♊	4 ♌	8 ♉	19 ♋
26	4 ♊ 46	10 ♈ 10	14 ♉ 22	15 ♉ 13	19 R 26	18 ♈ 53	29 ♈ 7	22 ♎ 40	18 ♎ 13	4 ♌ 49	6 ♉ 38	28 ♒ 32	16 ♌	27 ♊	4 ♌	9 ♉	19 ♋
27	5 ♊ 44	24 ♈ 3	14 ♉ 19	15 ♉ 15	19 ♊ 19	19 ♈ 51	29 ♈ 52	22 ♎ 36	18 ♎ 11	4 ♌ 51	6 ♉ 40	28 ♒ 32	16 ♌	27 ♊	4 ♌	9 ♉	20 ♋
28	6 ♊ 41	7 ♉ 46	14 ♉ 16	15 ♉ 15	19 ♊ 9	20 ♈ 48	0 ♉ 37	22 ♎ 32	18 ♎ 8	4 ♌ 53	6 ♉ 42	28 ♒ 32	16 ♌	28 ♊	5 ♌	10 ♉	20 ♋
29	7 ♊ 39	21 ♉ 17	14 ♉ 12	15 R 15	18 ♊ 53	21 ♈ 46	1 ♉ 22	22 ♎ 29	18 ♎ 6	4 ♌ 55	6 ♉ 44	28 ♒ 32	17 ♌	28 ♊	5 ♌	10 ♉	20 ♋
30	8 ♊ 36	4 ♊ 35	14 ♉ 9	15 ♉ 14	18 ♊ 35	22 ♈ 45	2 ♉ 7	22 ♎ 25	18 ♎ 4	4 ♌ 58	6 ♉ 46	28 R 32	17 ♌	29 ♊	6 ♌	10 ♉	20 ♋
31	9 ♊ 34	17 ♊ 39	14 ♉ 6	15 ♉ 12	18 ♊ 12	23 ♈ 44	2 ♉ 52	22 ♎ 22	18 ♎ 2	5 ♌ 0	6 ♉ 48	28 ♒ 32	17 ♌	0 ♋	6 ♌	11 ♉	20 ♋

SUN INGRESS	☉ → ♊ 21日 00:48
MOON PHASE	◐ 8日 12:54 ♌　○ 16日 09:52 ♏　◑ 23日 07:25 ♓　● 30日 07:55 ♊

aspects		
1日	14:55	☿□♇
1日	22:04	☿⚹♀
5日	05:49	☿⚹♅
9日	08:03	♀△♅
12日	12:02	♂☍♄
18日	06:42	♂☍♃
19日	11:53	☉□♇
20日	00:58	☿△♄
25日	05:23	♂⚹♇
25日	07:47	♀☍♄
26日	01:06	☉⚹♅
26日	12:34	☿⚹♀
29日	16:25	♀☍♃
31日	10:41	☿△♄

2041年6月

DAY	☉	☽	☊ mean	☊ true	☿	♀	♂	♃	♄	♅	♆	♇	⚳	⚴	⚵	⚶	⚷
	° ′	° ′	° ′	° ′	° ′	° ′	° ′	° ′	° ′	° ′	° ′	° ′	°	°	°	°	°
1	10 ♊ 32	0 ♋ 27	14 ♉ 3	15 R 9	17 R 47	24 D 43	3 D 37	22 R 19	18 R 0	5 D 3	6 D 50	28 R 32	18 D	0 D	6 D	11 D	20 D
2	11 ♊ 29	13 ♋ 1	14 ♉ 0	15 ♉ 5	17 ♊ 19	25 ♈ 42	4 ♉ 21	22 ♎ 15	17 ♎ 58	5 ♌ 5	6 ♉ 52	28 ♒ 32	18 ♌	1 ♋	7 ♌	12 ♉	20 ♋
3	12 ♊ 27	25 ♋ 21	13 ♉ 57	15 ♉ 0	16 ♊ 49	26 ♈ 42	5 ♉ 6	22 ♎ 13	17 ♎ 57	5 ♌ 8	6 ♉ 54	28 ♒ 32	18 ♌	1 ♋	7 ♌	12 ♉	20 ♋
4	13 ♊ 24	7 ♌ 29	13 ♉ 53	14 ♉ 56	16 ♊ 17	27 ♈ 42	5 ♉ 51	22 ♎ 10	17 ♎ 55	5 ♌ 10	6 ♉ 56	28 ♒ 32	19 ♌	2 ♋	8 ♌	13 ♉	20 ♋
5	14 ♊ 22	19 ♌ 28	13 ♉ 50	14 ♉ 53	15 ♊ 44	28 ♈ 43	6 ♉ 35	22 ♎ 7	17 ♎ 53	5 ♌ 13	6 ♉ 58	28 ♒ 31	19 ♌	3 ♋	8 ♌	13 ♉	20 ♋
6	15 ♊ 19	1 ♍ 21	13 ♉ 47	14 ♉ 50	15 ♊ 10	29 ♈ 44	7 ♉ 20	22 ♎ 5	17 ♎ 52	5 ♌ 16	6 ♉ 59	28 ♒ 31	19 ♌	3 ♋	9 ♌	13 ♉	21 ♋
7	16 ♊ 17	13 ♍ 14	13 ♉ 44	14 ♉ 49	14 ♊ 37	0 ♉ 45	8 ♉ 5	22 ♎ 3	17 ♎ 51	5 ♌ 18	7 ♉ 1	28 ♒ 31	20 ♌	4 ♋	9 ♌	14 ♉	21 ♋
8	17 ♊ 14	25 ♍ 10	13 ♉ 41	14 D 50	14 ♊ 4	1 ♉ 46	8 ♉ 49	22 ♎ 1	17 ♎ 49	5 ♌ 21	7 ♉ 3	28 ♒ 31	20 ♌	4 ♋	9 ♌	14 ♉	21 ♋
9	18 ♊ 11	7 ♎ 15	13 ♉ 37	14 ♉ 51	13 ♊ 32	2 ♉ 48	9 ♉ 33	21 ♎ 59	17 ♎ 48	5 ♌ 24	7 ♉ 5	28 ♒ 31	21 ♌	5 ♋	10 ♌	15 ♉	21 ♋
10	19 ♊ 9	19 ♎ 33	13 ♉ 34	14 ♉ 52	13 ♊ 2	3 ♉ 50	10 ♉ 18	21 ♎ 57	17 ♎ 47	5 ♌ 27	7 ♉ 7	28 ♒ 30	21 ♌	6 ♋	10 ♌	15 ♉	21 ♋
11	20 ♊ 6	2 ♏ 8	13 ♉ 31	14 ♉ 54	12 ♊ 35	4 ♉ 52	11 ♉ 2	21 ♎ 56	17 ♎ 46	5 ♌ 29	7 ♉ 9	28 ♒ 30	21 ♌	6 ♋	11 ♌	16 ♉	21 ♋
12	21 ♊ 3	15 ♏ 4	13 ♉ 28	14 R 54	12 ♊ 10	5 ♉ 54	11 ♉ 46	21 ♎ 55	17 ♎ 45	5 ♌ 32	7 ♉ 10	28 ♒ 30	22 ♌	7 ♋	11 ♌	16 ♉	21 ♋
13	22 ♊ 1	28 ♏ 23	13 ♉ 25	14 ♉ 54	11 ♊ 48	6 ♉ 57	12 ♉ 30	21 ♎ 54	17 ♎ 44	5 ♌ 35	7 ♉ 12	28 ♒ 29	22 ♌	7 ♋	11 ♌	16 ♉	21 ♋
14	22 ♊ 58	12 ♐ 5	13 ♉ 22	14 ♉ 51	11 ♊ 29	8 ♉ 0	13 ♉ 14	21 ♎ 53	17 ♎ 44	5 ♌ 38	7 ♉ 14	28 ♒ 29	22 ♌	8 ♋	12 ♌	17 ♉	21 ♋
15	23 ♊ 55	26 ♐ 9	13 ♉ 18	14 ♉ 47	11 ♊ 14	9 ♉ 3	13 ♉ 58	21 ♎ 52	17 ♎ 43	5 ♌ 41	7 ♉ 15	28 ♒ 29	23 ♌	9 ♋	12 ♌	17 ♉	21 ♋
16	24 ♊ 53	10 ♑ 29	13 ♉ 15	14 ♉ 42	11 ♊ 4	10 ♉ 6	14 ♉ 42	21 ♎ 51	17 ♎ 43	5 ♌ 44	7 ♉ 17	28 ♒ 28	23 ♌	9 ♋	13 ♌	18 ♉	22 ♋
17	25 ♊ 50	25 ♑ 2	13 ♉ 12	14 ♉ 36	10 ♊ 57	11 ♉ 10	15 ♉ 26	21 ♎ 51	17 ♎ 42	5 ♌ 47	7 ♉ 19	28 ♒ 28	24 ♌	10 ♋	13 ♌	18 ♉	22 ♋
18	26 ♊ 47	9 ♒ 39	13 ♉ 9	14 ♉ 30	10 D 55	12 ♉ 14	16 ♉ 10	21 ♎ 51	17 ♎ 42	5 ♌ 50	7 ♉ 20	28 ♒ 27	24 ♌	10 ♋	13 ♌	19 ♉	22 ♋
19	27 ♊ 44	24 ♒ 14	13 ♉ 6	14 ♉ 25	10 ♊ 58	13 ♉ 18	16 ♉ 54	21 D 51	17 ♎ 42	5 ♌ 53	7 ♉ 22	28 ♒ 27	24 ♌	11 ♋	14 ♌	19 ♉	22 ♋
20	28 ♊ 42	8 ♓ 42	13 ♉ 3	14 ♉ 21	11 ♊ 5	14 ♉ 22	17 ♉ 38	21 ♎ 51	17 ♎ 42	5 ♌ 56	7 ♉ 24	28 ♒ 26	25 ♌	12 ♋	14 ♌	19 ♉	22 ♋
21	29 ♊ 39	22 ♓ 58	12 ♉ 59	14 ♉ 20	11 ♊ 17	15 ♉ 27	18 ♉ 21	21 ♎ 51	17 D 42	5 ♌ 59	7 ♉ 25	28 ♒ 26	25 ♌	12 ♋	15 ♌	20 ♉	22 ♋
22	0 ♋ 36	7 ♈ 1	12 ♉ 56	14 D 20	11 ♊ 33	16 ♉ 31	19 ♉ 5	21 ♎ 52	17 ♎ 42	6 ♌ 2	7 ♉ 27	28 ♒ 25	26 ♌	13 ♋	15 ♌	20 ♉	22 ♋
23	1 ♋ 34	20 ♈ 49	12 ♉ 53	14 ♉ 20	11 ♊ 54	17 ♉ 36	19 ♉ 49	21 ♎ 52	17 ♎ 42	6 ♌ 6	7 ♉ 28	28 ♒ 25	26 ♌	13 ♋	16 ♌	21 ♉	22 ♋
24	2 ♋ 31	4 ♉ 23	12 ♉ 50	14 ♉ 22	12 ♊ 20	18 ♉ 41	20 ♉ 32	21 ♎ 53	17 ♎ 42	6 ♌ 9	7 ♉ 30	28 ♒ 24	26 ♌	14 ♋	16 ♌	21 ♉	22 ♋
25	3 ♋ 28	17 ♉ 43	12 ♉ 47	14 R 22	12 ♊ 50	19 ♉ 47	21 ♉ 16	21 ♎ 54	17 ♎ 43	6 ♌ 12	7 ♉ 31	28 ♒ 23	27 ♌	15 ♋	16 ♌	21 ♉	22 ♋
26	4 ♋ 25	0 ♊ 51	12 ♉ 43	14 ♉ 21	13 ♊ 25	20 ♉ 52	21 ♉ 59	21 ♎ 56	17 ♎ 43	6 ♌ 15	7 ♉ 33	28 ♒ 23	27 ♌	15 ♋	17 ♌	22 ♉	23 ♋
27	5 ♋ 23	13 ♊ 47	12 ♉ 40	14 ♉ 17	14 ♊ 5	21 ♉ 58	22 ♉ 42	21 ♎ 57	17 ♎ 44	6 ♌ 19	7 ♉ 34	28 ♒ 22	27 ♌	16 ♋	17 ♌	22 ♉	23 ♋
28	6 ♋ 20	26 ♊ 31	12 ♉ 37	14 ♉ 11	14 ♊ 49	23 ♉ 3	23 ♉ 25	21 ♎ 59	17 ♎ 45	6 ♌ 22	7 ♉ 35	28 ♒ 21	28 ♌	16 ♋	18 ♌	23 ♉	23 ♋
29	7 ♋ 17	9 ♋ 4	12 ♉ 34	14 ♉ 3	15 ♊ 37	24 ♉ 9	24 ♉ 9	22 ♎ 0	17 ♎ 45	6 ♌ 25	7 ♉ 37	28 ♒ 21	28 ♌	17 ♋	18 ♌	23 ♉	23 ♋
30	8 ♋ 14	21 ♋ 27	12 ♉ 31	13 ♉ 54	16 ♊ 29	25 ♉ 15	24 ♉ 52	22 ♎ 2	17 ♎ 46	6 ♌ 29	7 ♉ 38	28 ♒ 20	29 ♌	17 ♋	19 ♌	23 ♉	23 ♋

SUN INGRESS	☉ → ♋ 21日 08:35
MOON PHASE	◐ 7日 06:40 ♍　○ 14日 19:58 ♐　◑ 21日 12:12 ♈　● 28日 20:16 ♋

aspects		
3日	00:55	♂□♅
4日	19:30	♀⚹♇
5日	12:25	♂☌♆
5日	21:39	☉☌☿
8日	14:29	☉△♄
11日	15:08	♀□♅
12日	21:02	☉△♃
13日	05:55	♀☌♆
19日	17:33	☉△♇
28日	23:29	♀☌♂
29日	08:25	☉⚹♆

2041年7月

DAY	☉	☽	☊ mean	☊ true	☿	♀	♂	♃	♄	♅	♆	♇	⚳	⚴	⚵	⚶	⚷
	° ′	° ′	° ′	° ′	° ′	° ′	° ′	° ′	° ′	° ′	° ′	° ′	°	°	°	°	°
1	9 ♋ 12	3 ♌ 39	12 ♉ 28	13 R 44	17 D 26	26 D 21	25 D 35	22 D 4	17 D 47	6 D 32	7 D 39	28 R 19	29 D	18 D	19 D	24 D	23 D
2	10 ♋ 9	15 ♌ 42	12 ♉ 24	13 ♉ 34	18 ♊ 27	27 ♉ 28	26 ♉ 18	22 ♎ 7	17 ♎ 48	6 ♌ 35	7 ♉ 41	28 ♒ 18	29 ♌	19 ♋	19 ♌	24 ♉	23 ♋
3	11 ♋ 6	27 ♌ 38	12 ♉ 21	13 ♉ 25	19 ♊ 32	28 ♉ 34	27 ♉ 1	22 ♎ 9	17 ♎ 50	6 ♌ 39	7 ♉ 42	28 ♒ 18	0 ♍	19 ♋	20 ♌	25 ♉	23 ♋
4	12 ♋ 3	9 ♍ 30	12 ♉ 18	13 ♉ 18	20 ♊ 41	29 ♉ 41	27 ♉ 43	22 ♎ 12	17 ♎ 51	6 ♌ 42	7 ♉ 43	28 ♒ 17	0 ♍	20 ♋	20 ♌	25 ♉	23 ♋
5	13 ♋ 0	21 ♍ 21	12 ♉ 15	13 ♉ 14	21 ♊ 54	0 ♊ 48	28 ♉ 26	22 ♎ 14	17 ♎ 52	6 ♌ 46	7 ♉ 44	28 ♒ 16	1 ♍	20 ♋	21 ♌	25 ♉	24 ♋
6	13 ♋ 58	3 ♎ 15	12 ♉ 12	13 ♉ 11	23 ♊ 11	1 ♊ 54	29 ♉ 9	22 ♎ 17	17 ♎ 54	6 ♌ 49	7 ♉ 45	28 ♒ 15	1 ♍	21 ♋	21 ♌	26 ♉	24 ♋
7	14 ♋ 55	15 ♎ 17	12 ♉ 9	13 D 11	24 ♊ 32	3 ♊ 2	29 ♉ 52	22 ♎ 21	17 ♎ 55	6 ♌ 53	7 ♉ 46	28 ♒ 14	2 ♍	22 ♋	21 ♌	26 ♉	24 ♋
8	15 ♋ 52	27 ♎ 33	12 ♉ 5	13 ♉ 11	25 ♊ 57	4 ♊ 9	0 ♊ 34	22 ♎ 24	17 ♎ 57	6 ♌ 56	7 ♉ 48	28 ♒ 13	2 ♍	22 ♋	22 ♌	27 ♉	24 ♋
9	16 ♋ 49	10 ♏ 7	12 ♉ 2	13 ♉ 11	27 ♊ 26	5 ♊ 16	1 ♊ 17	22 ♎ 27	17 ♎ 59	7 ♌ 0	7 ♉ 49	28 ♒ 12	2 ♍	23 ♋	22 ♌	27 ♉	24 ♋
10	17 ♋ 46	23 ♏ 4	11 ♉ 59	13 R 11	28 ♊ 58	6 ♊ 23	1 ♊ 59	22 ♎ 31	18 ♎ 1	7 ♌ 3	7 ♉ 50	28 ♒ 12	3 ♍	23 ♋	23 ♌	27 ♉	24 ♋
11	18 ♋ 44	6 ♐ 27	11 ♉ 56	13 ♉ 9	0 ♋ 34	7 ♊ 31	2 ♊ 41	22 ♎ 35	18 ♎ 3	7 ♌ 7	7 ♉ 51	28 ♒ 11	3 ♍	24 ♋	23 ♌	28 ♉	24 ♋
12	19 ♋ 41	20 ♐ 18	11 ♉ 53	13 ♉ 5	2 ♋ 14	8 ♊ 39	3 ♊ 23	22 ♎ 39	18 ♎ 5	7 ♌ 10	7 ♉ 52	28 ♒ 10	4 ♍	25 ♋	24 ♌	28 ♉	24 ♋
13	20 ♋ 38	4 ♑ 36	11 ♉ 49	12 ♉ 58	3 ♋ 57	9 ♊ 46	4 ♊ 6	22 ♎ 43	18 ♎ 7	7 ♌ 14	7 ♉ 53	28 ♒ 9	4 ♍	25 ♋	24 ♌	29 ♉	24 ♋
14	21 ♋ 35	19 ♑ 16	11 ♉ 46	12 ♉ 49	5 ♋ 43	10 ♊ 54	4 ♊ 48	22 ♎ 47	18 ♎ 9	7 ♌ 17	7 ♉ 54	28 ♒ 8	4 ♍	26 ♋	24 ♌	29 ♉	25 ♋
15	22 ♋ 32	4 ♒ 12	11 ♉ 43	12 ♉ 39	7 ♋ 33	12 ♊ 2	5 ♊ 30	22 ♎ 52	18 ♎ 12	7 ♌ 21	7 ♉ 54	28 ♒ 7	5 ♍	26 ♋	25 ♌	29 ♉	25 ♋
16	23 ♋ 30	19 ♒ 13	11 ♉ 40	12 ♉ 29	9 ♋ 25	13 ♊ 10	6 ♊ 12	22 ♎ 56	18 ♎ 14	7 ♌ 25	7 ♉ 55	28 ♒ 6	5 ♍	27 ♋	25 ♌	0 ♊	25 ♋
17	24 ♋ 27	4 ♓ 11	11 ♉ 37	12 ♉ 21	11 ♋ 21	14 ♊ 19	6 ♊ 54	23 ♎ 1	18 ♎ 17	7 ♌ 28	7 ♉ 56	28 ♒ 5	6 ♍	27 ♋	26 ♌	0 ♊	25 ♋
18	25 ♋ 24	18 ♓ 58	11 ♉ 34	12 ♉ 14	13 ♋ 18	15 ♊ 27	7 ♊ 36	23 ♎ 6	18 ♎ 19	7 ♌ 32	7 ♉ 57	28 ♒ 4	6 ♍	28 ♋	26 ♌	0 ♊	25 ♋
19	26 ♋ 21	3 ♈ 26	11 ♉ 30	12 ♉ 10	15 ♋ 18	16 ♊ 36	8 ♊ 17	23 ♎ 11	18 ♎ 22	7 ♌ 36	7 ♉ 58	28 ♒ 3	7 ♍	29 ♋	26 ♌	1 ♊	25 ♋
20	27 ♋ 19	17 ♈ 34	11 ♉ 27	12 ♉ 9	17 ♋ 21	17 ♊ 44	8 ♊ 59	23 ♎ 16	18 ♎ 25	7 ♌ 39	7 ♉ 58	28 ♒ 1	7 ♍	29 ♋	27 ♌	1 ♊	25 ♋
21	28 ♋ 16	1 ♉ 19	11 ♉ 24	12 D 8	19 ♋ 24	18 ♊ 53	9 ♊ 41	23 ♎ 21	18 ♎ 28	7 ♌ 43	7 ♉ 59	28 ♒ 0	7 ♍	0 ♌	27 ♌	2 ♊	25 ♋
22	29 ♋ 13	14 ♉ 45	11 ♉ 21	12 R 8	21 ♋ 29	20 ♊ 2	10 ♊ 22	23 ♎ 27	18 ♎ 31	7 ♌ 47	8 ♉ 0	27 ♒ 59	8 ♍	0 ♌	28 ♌	2 ♊	25 ♋
23	0 ♌ 10	27 ♉ 52	11 ♉ 18	12 ♉ 8	23 ♋ 36	21 ♊ 11	11 ♊ 4	23 ♎ 33	18 ♎ 34	7 ♌ 50	8 ♉ 0	27 ♒ 58	8 ♍	1 ♌	28 ♌	2 ♊	26 ♋
24	1 ♌ 8	10 ♊ 43	11 ♉ 15	12 ♉ 5	25 ♋ 42	22 ♊ 20	11 ♊ 45	23 ♎ 38	18 ♎ 37	7 ♌ 54	8 ♉ 1	27 ♒ 57	9 ♍	1 ♌	29 ♌	3 ♊	26 ♋
25	2 ♌ 5	23 ♊ 22	11 ♉ 11	12 ♉ 0	27 ♋ 50	23 ♊ 29	12 ♊ 26	23 ♎ 44	18 ♎ 40	7 ♌ 58	8 ♉ 2	27 ♒ 56	9 ♍	2 ♌	29 ♌	3 ♊	26 ♋
26	3 ♌ 2	5 ♋ 49	11 ♉ 8	11 ♉ 51	29 ♋ 57	24 ♊ 38	13 ♊ 7	23 ♎ 50	18 ♎ 44	8 ♌ 1	8 ♉ 2	27 ♒ 55	10 ♍	3 ♌	29 ♌	3 ♊	26 ♋
27	4 ♌ 0	18 ♋ 8	11 ♉ 5	11 ♉ 41	2 ♌ 4	25 ♊ 47	13 ♊ 49	23 ♎ 57	18 ♎ 47	8 ♌ 5	8 ♉ 3	27 ♒ 54	10 ♍	3 ♌	0 ♍	4 ♊	26 ♋
28	4 ♌ 57	0 ♌ 18	11 ♉ 2	11 ♉ 28	4 ♌ 11	26 ♊ 57	14 ♊ 30	24 ♎ 3	18 ♎ 50	8 ♌ 9	8 ♉ 3	27 ♒ 52	10 ♍	3 ♌	0 ♍	4 ♊	26 ♋
29	5 ♌ 54	12 ♌ 21	10 ♉ 59	11 ♉ 14	6 ♌ 17	28 ♊ 6	15 ♊ 11	24 ♎ 10	18 ♎ 54	8 ♌ 12	8 ♉ 4	27 ♒ 51	11 ♍	4 ♌	1 ♍	4 ♊	26 ♋
30	6 ♌ 52	24 ♌ 18	10 ♉ 55	11 ♉ 0	8 ♌ 23	29 ♊ 16	15 ♊ 52	24 ♎ 16	18 ♎ 58	8 ♌ 16	8 ♉ 4	27 ♒ 50	11 ♍	5 ♌	1 ♍	5 ♊	26 ♋
31	7 ♌ 49	6 ♍ 11	10 ♉ 52	10 ♉ 48	10 ♌ 27	0 ♋ 25	16 ♊ 33	24 ♎ 23	19 ♎ 1	8 ♌ 20	8 ♉ 4	27 ♒ 49	12 ♍	5 ♌	2 ♍	5 ♊	26 ♋

SUN INGRESS: ☉ → ♌ 22日 19:26

MOON PHASE: ◐ 6日 23:12 ♎　○ 14日 04:00 ♑　◑ 20日 18:13 ♈　● 28日 10:02 ♌

aspects		
1日	08:48	☿△♄
2日	18:04	♀□♇
4日	18:20	♂□♇
5日	06:47	☿△♃
9日	12:11	☿△♇
10日	06:14	☉□♄
10日	14:56	♀⚹♅
15日	04:44	☿⚹♆
15日	08:44	☉□♃
17日	21:44	♂⚹♅
20日	12:47	☿□♄
20日	14:50	♀△♄
22日	23:25	☿□♃
25日	05:56	♀△♃
26日	07:10	♅□♆
28日	15:57	☉☌☿
28日	18:54	♀△♇
29日	20:24	☿□♆
29日	22:40	☿☌♅
31日	06:25	☉□♆
31日	13:40	☉☌♅

2041年8月

DAY	☉	☽	☊ mean	☊ true	☿	♀	♂	♃	♄	♅	♆	♇	⚳	⚴	⚵	⚶	⚷
	° ′	° ′	° ′	° ′	° ′	° ′	° ′	° ′	° ′	° ′	° ′	° ′	°	°	°	°	°
1	8 ♌ 47	18 ♍ 1	10 ♉ 49	10 R 38	12 D 30	1 D 35	17 D 13	24 D 30	19 D 5	8 D 23	8 D 5	27 R 48	12 D	6 D	2 D	5 D	27 D
2	9 ♌ 44	29 ♍ 51	10 ♉ 46	10 ♉ 31	14 ♌ 33	2 ♋ 45	17 ♊ 54	24 ♎ 37	19 ♎ 9	8 ♌ 27	8 ♉ 5	27 ♒ 46	13 ♍	7 ♌	2 ♍	6 ♊	27 ♋
3	10 ♌ 41	11 ♎ 44	10 ♉ 43	10 ♉ 26	16 ♌ 33	3 ♋ 55	18 ♊ 34	24 ♎ 44	19 ♎ 13	8 ♌ 31	8 ♉ 5	27 ♒ 45	13 ♍	7 ♌	3 ♍	6 ♊	27 ♋
4	11 ♌ 39	23 ♎ 45	10 ♉ 40	10 ♉ 24	18 ♌ 33	5 ♋ 5	19 ♊ 15	24 ♎ 51	19 ♎ 17	8 ♌ 35	8 ♉ 6	27 ♒ 44	13 ♍	8 ♌	3 ♍	7 ♊	27 ♋
5	12 ♌ 36	5 ♏ 58	10 ♉ 36	10 ♉ 24	20 ♌ 30	6 ♋ 15	19 ♊ 55	24 ♎ 59	19 ♎ 21	8 ♌ 38	8 ♉ 6	27 ♒ 43	14 ♍	8 ♌	4 ♍	7 ♊	27 ♋
6	13 ♌ 34	18 ♏ 29	10 ♉ 33	10 ♉ 23	22 ♌ 27	7 ♋ 25	20 ♊ 35	25 ♎ 6	19 ♎ 26	8 ♌ 42	8 ♉ 6	27 ♒ 41	14 ♍	9 ♌	4 ♍	7 ♊	27 ♋
7	14 ♌ 31	1 ♐ 22	10 ♉ 30	10 ♉ 23	24 ♌ 22	8 ♋ 36	21 ♊ 16	25 ♎ 14	19 ♎ 30	8 ♌ 46	8 ♉ 6	27 ♒ 40	15 ♍	9 ♌	4 ♍	8 ♊	27 ♋
8	15 ♌ 29	14 ♐ 42	10 ♉ 27	10 ♉ 21	26 ♌ 15	9 ♋ 46	21 ♊ 56	25 ♎ 22	19 ♎ 34	8 ♌ 49	8 ♉ 6	27 ♒ 39	15 ♍	10 ♌	5 ♍	8 ♊	27 ♋
9	16 ♌ 26	28 ♐ 32	10 ♉ 24	10 D 16	28 ♌ 7	10 ♋ 57	22 ♊ 36	25 ♎ 30	19 ♎ 39	8 ♌ 53	8 ♉ 6	27 ♒ 38	16 ♍	11 ♌	5 ♍	8 ♊	27 ♋
10	17 ♌ 24	12 ♑ 52	10 ♉ 21	10 ♉ 9	29 ♌ 57	12 ♋ 7	23 ♊ 16	25 ♎ 38	19 ♎ 43	8 ♌ 57	8 ♉ 6	27 ♒ 36	16 ♍	11 ♌	6 ♍	9 ♊	28 ♋
11	18 ♌ 21	27 ♑ 38	10 ♉ 17	9 ♉ 59	1 ♍ 45	13 ♋ 18	23 ♊ 56	25 ♎ 46	19 ♎ 48	9 ♌ 0	8 ♉ 7	27 ♒ 35	16 ♍	12 ♌	6 ♍	9 ♊	28 ♋
12	19 ♌ 19	12 ♒ 43	10 ♉ 14	9 ♉ 49	3 ♍ 33	14 ♋ 28	24 ♊ 35	25 ♎ 54	19 ♎ 53	9 ♌ 4	8 R 7	27 ♒ 34	17 ♍	12 ♌	7 ♍	9 ♊	28 ♋
13	20 ♌ 16	28 ♒ 0	10 ♉ 11	9 ♉ 38	5 ♍ 18	15 ♋ 39	25 ♊ 15	26 ♎ 3	19 ♎ 57	9 ♌ 8	8 ♉ 6	27 ♒ 32	17 ♍	13 ♌	7 ♍	9 ♊	28 ♋
14	21 ♌ 14	13 ♓ 15	10 ♉ 8	9 ♉ 29	7 ♍ 2	16 ♋ 50	25 ♊ 55	26 ♎ 11	20 ♎ 2	9 ♌ 11	8 ♉ 6	27 ♒ 31	18 ♍	13 ♌	7 ♍	10 ♊	28 ♋
15	22 ♌ 12	28 ♓ 18	10 ♉ 5	9 ♉ 22	8 ♍ 45	18 ♋ 1	26 ♊ 34	26 ♎ 20	20 ♎ 7	9 ♌ 15	8 ♉ 6	27 ♒ 30	18 ♍	14 ♌	8 ♍	10 ♊	28 ♋
16	23 ♌ 9	13 ♈ 2	10 ♉ 1	9 ♉ 17	10 ♍ 26	19 ♋ 12	27 ♊ 14	26 ♎ 29	20 ♎ 12	9 ♌ 19	8 ♉ 6	27 ♒ 28	19 ♍	14 ♌	8 ♍	10 ♊	28 ♋
17	24 ♌ 7	27 ♈ 20	9 ♉ 58	9 ♉ 15	12 ♍ 5	20 ♋ 23	27 ♊ 53	26 ♎ 38	20 ♎ 17	9 ♌ 22	8 ♉ 6	27 ♒ 27	19 ♍	15 ♌	9 ♍	11 ♊	28 ♋
18	25 ♌ 4	11 ♉ 12	9 ♉ 55	9 D 15	13 ♍ 44	21 ♋ 34	28 ♊ 32	26 ♎ 46	20 ♎ 22	9 ♌ 26	8 ♉ 6	27 ♒ 26	20 ♍	16 ♌	9 ♍	11 ♊	28 ♋
19	26 ♌ 2	24 ♉ 39	9 ♉ 52	9 ♉ 15	15 ♍ 20	22 ♋ 46	29 ♊ 12	26 ♎ 56	20 ♎ 27	9 ♌ 29	8 ♉ 6	27 ♒ 25	20 ♍	16 ♌	9 ♍	11 ♊	28 ♋
20	27 ♌ 0	7 ♊ 43	9 ♉ 49	9 R 15	16 ♍ 55	23 ♋ 57	29 ♊ 51	27 ♎ 5	20 ♎ 33	9 ♌ 33	8 ♉ 6	27 ♒ 23	20 ♍	17 ♌	10 ♍	12 ♊	29 ♋
21	27 ♌ 58	20 ♊ 28	9 ♉ 46	9 ♉ 13	18 ♍ 29	25 ♋ 8	0 ♋ 30	27 ♎ 14	20 ♎ 38	9 ♌ 37	8 ♉ 5	27 ♒ 22	21 ♍	17 ♌	10 ♍	12 ♊	29 ♋
22	28 ♌ 55	2 ♋ 57	9 ♉ 42	9 ♉ 8	20 ♍ 2	26 ♋ 20	1 ♋ 9	27 ♎ 23	20 ♎ 43	9 ♌ 40	8 ♉ 5	27 ♒ 21	21 ♍	18 ♌	11 ♍	12 ♊	29 ♋
23	29 ♌ 53	15 ♋ 14	9 ♉ 39	9 ♉ 1	21 ♍ 32	27 ♋ 31	1 ♋ 47	27 ♎ 33	20 ♎ 49	9 ♌ 44	8 ♉ 4	27 ♒ 19	22 ♍	18 ♌	11 ♍	13 ♊	29 ♋
24	0 ♍ 51	27 ♋ 21	9 ♉ 36	8 ♉ 51	23 ♍ 2	28 ♋ 43	2 ♋ 26	27 ♎ 42	20 ♎ 54	9 ♌ 47	8 ♉ 4	27 ♒ 18	22 ♍	19 ♌	12 ♍	13 ♊	29 ♋
25	1 ♍ 49	9 ♌ 22	9 ♉ 33	8 ♉ 40	24 ♍ 30	29 ♋ 55	3 ♋ 5	27 ♎ 52	21 ♎ 0	9 ♌ 51	8 ♉ 3	27 ♒ 17	23 ♍	19 ♌	12 ♍	13 ♊	29 ♋
26	2 ♍ 47	21 ♌ 18	9 ♉ 30	8 ♉ 28	25 ♍ 56	1 ♌ 7	3 ♋ 43	28 ♎ 2	21 ♎ 5	9 ♌ 54	8 ♉ 3	27 ♒ 15	23 ♍	20 ♌	13 ♍	13 ♊	29 ♋
27	3 ♍ 45	3 ♍ 10	9 ♉ 26	8 ♉ 15	27 ♍ 21	2 ♌ 19	4 ♋ 22	28 ♎ 12	21 ♎ 11	9 ♌ 58	8 ♉ 2	27 ♒ 14	24 ♍	21 ♌	13 ♍	14 ♊	29 ♋
28	4 ♍ 43	15 ♍ 1	9 ♉ 23	8 ♉ 4	28 ♍ 45	3 ♌ 31	5 ♋ 0	28 ♎ 22	21 ♎ 17	10 ♌ 1	8 ♉ 2	27 ♒ 13	24 ♍	21 ♌	13 ♍	14 ♊	29 ♋
29	5 ♍ 41	26 ♍ 51	9 ♉ 20	7 ♉ 55	0 ♎ 7	4 ♌ 43	5 ♋ 38	28 ♎ 32	21 ♎ 22	10 ♌ 5	8 ♉ 1	27 ♒ 11	25 ♍	22 ♌	14 ♍	14 ♊	0 ♌
30	6 ♍ 39	8 ♎ 43	9 ♉ 17	7 ♉ 49	1 ♎ 27	5 ♌ 55	6 ♋ 16	28 ♎ 42	21 ♎ 28	10 ♌ 8	8 ♉ 1	27 ♒ 10	25 ♍	22 ♌	14 ♍	14 ♊	0 ♌
31	7 ♍ 37	20 ♎ 40	9 ♉ 14	7 ♉ 45	2 ♎ 46	7 ♌ 7	6 ♋ 54	28 ♎ 52	21 ♎ 34	10 ♌ 11	8 ♉ 0	27 ♒ 9	25 ♍	23 ♌	14 ♍	15 ♊	0 ♌

SUN INGRESS: ☉ → ♍ 23日 02:36

MOON PHASE: ◐ 5日 13:52 ♏　○ 12日 11:04 ♒　◑ 19日 02:42 ♉　● 27日 01:16 ♍

aspects		
4日	01:41	♂△♄
4日	09:25	☿⚹♄
4日	13:02	☿⚹♂
6日	13:55	♀⚹♆
7日	11:55	♀⚹♃
8日	17:48	☿☍♇
12日	15:25	☉⚹♄
14日	12:48	♂△♃
14日	14:58	☿△♆
16日	08:39	♂△♇
16日	21:51	♀□♄
20日	02:23	☉⚹♃
20日	09:28	☉☍♇
21日	17:49	♃△♇
23日	00:31	♀□♃
28日	20:47	☉⚹♂
31日	09:36	☉△♆
31日	17:35	♀□♆

2041年9月

DAY	☉	☽	☊ mean	☊ true	☿	♀	♂	♃	♄	♅	♆	♇	⚳	⚴	⚵	⚶	⚷
	° ′	° ′	° ′	° ′	° ′	° ′	° ′	° ′	° ′	° ′	° ′	° ′	°	°	°	°	°
1	8 ♍ 35	2 ♏ 43	9 ♉ 11	7 R 43	4 D 3	8 D 19	7 D 32	29 D 2	21 D 40	10 D 15	7 R 59	27 R 8	26 D	23 D	15 D	15 D	0 D
2	9 ♍ 33	14 ♏ 58	9 ♉ 7	7 D 44	5 ♎ 18	9 ♌ 31	8 ♋ 10	29 ♎ 13	21 ♎ 46	10 ♌ 18	7 ♉ 59	27 ♒ 6	26 ♍	24 ♌	15 ♍	15 ♊	0 ♌
3	10 ♍ 31	27 ♏ 29	9 ♉ 4	7 ♉ 44	6 ♎ 32	10 ♌ 44	8 ♋ 47	29 ♎ 23	21 ♎ 52	10 ♌ 21	7 ♉ 58	27 ♒ 5	27 ♍	24 ♌	16 ♍	16 ♊	0 ♌
4	11 ♍ 29	10 ♐ 19	9 ♉ 1	7 ♉ 45	7 ♎ 43	11 ♌ 56	9 ♋ 25	29 ♎ 34	21 ♎ 58	10 ♌ 25	7 ♉ 57	27 ♒ 4	27 ♍	25 ♌	16 ♍	16 ♊	0 ♌
5	12 ♍ 27	23 ♐ 34	8 ♉ 58	7 R 44	8 ♎ 53	13 ♌ 8	10 ♋ 2	29 ♎ 45	22 ♎ 4	10 ♌ 28	7 ♉ 57	27 ♒ 3	28 ♍	25 ♌	17 ♍	16 ♊	0 ♌
6	13 ♍ 25	7 ♑ 16	8 ♉ 55	7 ♉ 42	10 ♎ 1	14 ♌ 21	10 ♋ 40	29 ♎ 55	22 ♎ 11	10 ♌ 31	7 ♉ 56	27 ♒ 1	28 ♍	26 ♌	17 ♍	16 ♊	0 ♌
7	14 ♍ 23	21 ♑ 27	8 ♉ 52	7 ♉ 37	11 ♎ 6	15 ♌ 34	11 ♋ 17	0 ♏ 6	22 ♎ 17	10 ♌ 35	7 ♉ 55	27 ♒ 0	29 ♍	26 ♌	17 ♍	16 ♊	0 ♌
8	15 ♍ 22	6 ♒ 5	8 ♉ 48	7 ♉ 31	12 ♎ 10	16 ♌ 46	11 ♋ 54	0 ♏ 17	22 ♎ 23	10 ♌ 38	7 ♉ 54	26 ♒ 59	29 ♍	27 ♌	18 ♍	17 ♊	0 ♌
9	16 ♍ 20	21 ♒ 5	8 ♉ 45	7 ♉ 24	13 ♎ 11	17 ♌ 59	12 ♋ 31	0 ♏ 28	22 ♎ 29	10 ♌ 41	7 ♉ 53	26 ♒ 58	29 ♍	28 ♌	18 ♍	17 ♊	1 ♌
10	17 ♍ 18	6 ♓ 19	8 ♉ 42	7 ♉ 16	14 ♎ 9	19 ♌ 12	13 ♋ 8	0 ♏ 39	22 ♎ 36	10 ♌ 44	7 ♉ 52	26 ♒ 56	0 ♎	28 ♌	19 ♍	17 ♊	1 ♌
11	18 ♍ 16	21 ♓ 37	8 ♉ 39	7 ♉ 9	15 ♎ 4	20 ♌ 25	13 ♋ 45	0 ♏ 50	22 ♎ 42	10 ♌ 47	7 ♉ 51	26 ♒ 55	0 ♎	29 ♌	19 ♍	17 ♊	1 ♌
12	19 ♍ 15	6 ♈ 48	8 ♉ 36	7 ♉ 4	15 ♎ 57	21 ♌ 38	14 ♋ 21	1 ♏ 1	22 ♎ 49	10 ♌ 50	7 ♉ 50	26 ♒ 54	1 ♎	29 ♌	19 ♍	18 ♊	1 ♌
13	20 ♍ 13	21 ♈ 41	8 ♉ 32	7 ♉ 1	16 ♎ 47	22 ♌ 51	14 ♋ 58	1 ♏ 13	22 ♎ 55	10 ♌ 53	7 ♉ 49	26 ♒ 53	1 ♎	0 ♍	20 ♍	18 ♊	1 ♌
14	21 ♍ 11	6 ♉ 11	8 ♉ 29	7 ♉ 0	17 ♎ 33	24 ♌ 4	15 ♋ 34	1 ♏ 24	23 ♎ 2	10 ♌ 56	7 ♉ 48	26 ♒ 52	2 ♎	0 ♍	20 ♍	18 ♊	1 ♌
15	22 ♍ 10	20 ♉ 13	8 ♉ 26	7 D 1	18 ♎ 16	25 ♌ 17	16 ♋ 11	1 ♏ 35	23 ♎ 8	10 ♌ 59	7 ♉ 47	26 ♒ 50	2 ♎	1 ♍	21 ♍	18 ♊	1 ♌
16	23 ♍ 8	3 ♊ 47	8 ♉ 23	7 ♉ 2	18 ♎ 55	26 ♌ 30	16 ♋ 47	1 ♏ 47	23 ♎ 15	11 ♌ 2	7 ♉ 46	26 ♒ 49	3 ♎	1 ♍	21 ♍	18 ♊	1 ♌
17	24 ♍ 7	16 ♊ 56	8 ♉ 20	7 ♉ 3	19 ♎ 30	27 ♌ 43	17 ♋ 23	1 ♏ 58	23 ♎ 21	11 ♌ 5	7 ♉ 45	26 ♒ 48	3 ♎	2 ♍	21 ♍	19 ♊	1 ♌
18	25 ♍ 5	29 ♊ 42	8 ♉ 17	7 R 3	20 ♎ 0	28 ♌ 56	17 ♋ 59	2 ♏ 10	23 ♎ 28	11 ♌ 8	7 ♉ 44	26 ♒ 47	4 ♎	2 ♍	22 ♍	19 ♊	1 ♌
19	26 ♍ 4	12 ♋ 9	8 ♉ 13	7 ♉ 2	20 ♎ 26	0 ♍ 10	18 ♋ 35	2 ♏ 22	23 ♎ 35	11 ♌ 11	7 ♉ 43	26 ♒ 46	4 ♎	3 ♍	22 ♍	19 ♊	1 ♌
20	27 ♍ 2	24 ♋ 22	8 ♉ 10	6 ♉ 59	20 ♎ 47	1 ♍ 23	19 ♋ 10	2 ♏ 33	23 ♎ 42	11 ♌ 14	7 ♉ 42	26 ♒ 45	4 ♎	3 ♍	23 ♍	19 ♊	2 ♌
21	28 ♍ 1	6 ♌ 24	8 ♉ 7	6 ♉ 54	21 ♎ 2	2 ♍ 37	19 ♋ 46	2 ♏ 45	23 ♎ 48	11 ♌ 17	7 ♉ 41	26 ♒ 44	5 ♎	4 ♍	23 ♍	19 ♊	2 ♌
22	29 ♍ 0	18 ♌ 20	8 ♉ 4	6 ♉ 48	21 ♎ 11	3 ♍ 50	20 ♋ 21	2 ♏ 57	23 ♎ 55	11 ♌ 20	7 ♉ 39	26 ♒ 43	5 ♎	4 ♍	23 ♍	20 ♊	2 ♌
23	29 ♍ 58	0 ♍ 12	8 ♉ 1	6 ♉ 41	21 R 14	5 ♍ 4	20 ♋ 57	3 ♏ 9	24 ♎ 2	11 ♌ 22	7 ♉ 38	26 ♒ 42	6 ♎	5 ♍	24 ♍	20 ♊	2 ♌
24	0 ♎ 57	12 ♍ 2	7 ♉ 58	6 ♉ 34	21 ♎ 11	6 ♍ 17	21 ♋ 32	3 ♏ 21	24 ♎ 9	11 ♌ 25	7 ♉ 37	26 ♒ 41	6 ♎	5 ♍	24 ♍	20 ♊	2 ♌
25	1 ♎ 56	23 ♍ 54	7 ♉ 54	6 ♉ 28	21 ♎ 1	7 ♍ 31	22 ♋ 7	3 ♏ 33	24 ♎ 16	11 ♌ 28	7 ♉ 36	26 ♒ 39	7 ♎	6 ♍	25 ♍	20 ♊	2 ♌
26	2 ♎ 55	5 ♎ 48	7 ♉ 51	6 ♉ 23	20 ♎ 43	8 ♍ 45	22 ♋ 42	3 ♏ 45	24 ♎ 23	11 ♌ 30	7 ♉ 34	26 ♒ 38	7 ♎	6 ♍	25 ♍	20 ♊	2 ♌
27	3 ♎ 54	17 ♎ 46	7 ♉ 48	6 ♉ 20	20 ♎ 18	9 ♍ 58	23 ♋ 16	3 ♏ 57	24 ♎ 30	11 ♌ 33	7 ♉ 33	26 ♒ 37	8 ♎	7 ♍	25 ♍	20 ♊	2 ♌
28	4 ♎ 52	29 ♎ 51	7 ♉ 45	6 ♉ 18	19 ♎ 46	11 ♍ 12	23 ♋ 51	4 ♏ 9	24 ♎ 37	11 ♌ 36	7 ♉ 32	26 ♒ 36	8 ♎	7 ♍	26 ♍	20 ♊	2 ♌
29	5 ♎ 51	12 ♏ 5	7 ♉ 42	6 D 18	19 ♎ 7	12 ♍ 26	24 ♋ 25	4 ♏ 22	24 ♎ 44	11 ♌ 38	7 ♉ 30	26 ♒ 36	9 ♎	8 ♍	26 ♍	21 ♊	2 ♌
30	6 ♎ 50	24 ♏ 29	7 ♉ 38	6 ♉ 19	18 ♎ 20	13 ♍ 40	25 ♋ 0	4 ♏ 34	24 ♎ 51	11 ♌ 41	7 ♉ 29	26 ♒ 35	9 ♎	8 ♍	27 ♍	21 ♊	2 ♌

SUN INGRESS	☉ → ♎ 23日 00:26
MOON PHASE	◐ 4日 02:18 ♐ ○ 10日 18:23 ♓ ◑ 17日 14:32 ♊ ● 25日 17:41 ♎

aspects		
1日	17:11	♂⚹♆
2日	16:18	♀☌♅
6日	11:38	☿⚹♅
7日	09:24	☿□♂
13日	01:40	♀⚹♄
16日	06:16	♀☍♇
21日	03:22	♀⚹♃
23日	11:35	☿□♂
25日	01:29	♀△♆
29日	16:20	♂□♄

2041年10月

DAY	☉	☽	☊ mean	☊ true	☿	♀	♂	♃	♄	♅	♆	♇	⚳	⚴	⚵	⚶	⚷
	° ′	° ′	° ′	° ′	° ′	° ′	° ′	° ′	° ′	° ′	° ′	° ′	°	°	°	°	°
1	7 ♎ 49	7 ♐ 6	7 ♉ 35	6 D 21	17 R 27	14 D 54	25 D 34	4 D 46	24 D 58	11 D 43	7 R 27	26 R 34	9 D	9 D	27 D	21 D	2 D
2	8 ♎ 48	20 ♐ 1	7 ♉ 32	6 ♉ 22	16 ♎ 28	16 ♍ 8	26 ♋ 8	4 ♏ 58	25 ♎ 5	11 ♌ 46	7 ♉ 26	26 ♒ 33	10 ♎	9 ♍	27 ♍	21 ♊	2 ♌
3	9 ♎ 47	3 ♑ 15	7 ♉ 29	6 ♉ 23	15 ♎ 24	17 ♍ 22	26 ♋ 41	5 ♏ 11	25 ♎ 12	11 ♌ 48	7 ♉ 25	26 ♒ 32	10 ♎	10 ♍	28 ♍	21 ♊	2 ♌
4	10 ♎ 46	16 ♑ 51	7 ♉ 26	6 R 23	14 ♎ 17	18 ♍ 36	27 ♋ 15	5 ♏ 23	25 ♎ 19	11 ♌ 50	7 ♉ 23	26 ♒ 31	11 ♎	10 ♍	28 ♍	21 ♊	3 ♌
5	11 ♎ 45	0 ♒ 50	7 ♉ 23	6 ♉ 22	13 ♎ 8	19 ♍ 50	27 ♋ 49	5 ♏ 36	25 ♎ 26	11 ♌ 53	7 ♉ 22	26 ♒ 30	11 ♎	11 ♍	29 ♍	21 ♊	3 ♌
6	12 ♎ 44	15 ♒ 12	7 ♉ 19	6 ♉ 20	11 ♎ 59	21 ♍ 4	28 ♋ 22	5 ♏ 48	25 ♎ 34	11 ♌ 55	7 ♉ 20	26 ♒ 29	12 ♎	11 ♍	29 ♍	21 ♊	3 ♌
7	13 ♎ 44	29 ♒ 54	7 ♉ 16	6 ♉ 17	10 ♎ 51	22 ♍ 19	28 ♋ 55	6 ♏ 1	25 ♎ 41	11 ♌ 57	7 ♉ 19	26 ♒ 29	12 ♎	12 ♍	29 ♍	21 ♊	3 ♌
8	14 ♎ 43	14 ♓ 51	7 ♉ 13	6 ♉ 14	9 ♎ 47	23 ♍ 33	29 ♋ 28	6 ♏ 14	25 ♎ 48	11 ♌ 59	7 ♉ 17	26 ♒ 28	13 ♎	12 ♍	0 ♎	21 ♊	3 ♌
9	15 ♎ 42	29 ♓ 54	7 ♉ 10	6 ♉ 12	8 ♎ 48	24 ♍ 47	0 ♌ 1	6 ♏ 26	25 ♎ 55	12 ♌ 1	7 ♉ 16	26 ♒ 27	13 ♎	13 ♍	0 ♎	21 ♊	3 ♌
10	16 ♎ 41	14 ♈ 55	7 ♉ 7	6 ♉ 10	7 ♎ 57	26 ♍ 1	0 ♌ 34	6 ♏ 39	26 ♎ 2	12 ♌ 3	7 ♉ 14	26 ♒ 26	14 ♎	13 ♍	1 ♎	22 ♊	3 ♌
11	17 ♎ 40	29 ♈ 45	7 ♉ 3	6 ♉ 9	7 ♎ 13	27 ♍ 16	1 ♌ 6	6 ♏ 52	26 ♎ 10	12 ♌ 5	7 ♉ 13	26 ♒ 25	14 ♎	14 ♍	1 ♎	22 ♊	3 ♌
12	18 ♎ 40	14 ♉ 17	7 ♉ 0	6 D 9	6 ♎ 40	28 ♍ 30	1 ♌ 39	7 ♏ 4	26 ♎ 17	12 ♌ 7	7 ♉ 11	26 ♒ 25	14 ♎	14 ♍	1 ♎	22 ♊	3 ♌
13	19 ♎ 39	28 ♉ 25	6 ♉ 57	6 ♉ 10	6 ♎ 17	29 ♍ 45	2 ♌ 11	7 ♏ 17	26 ♎ 24	12 ♌ 9	7 ♉ 9	26 ♒ 24	15 ♎	15 ♍	2 ♎	22 ♊	3 ♌
14	20 ♎ 38	12 ♊ 7	6 ♉ 54	6 ♉ 11	6 ♎ 4	0 ♎ 59	2 ♌ 43	7 ♏ 30	26 ♎ 31	12 ♌ 11	7 ♉ 8	26 ♒ 23	15 ♎	15 ♍	2 ♎	22 ♊	3 ♌
15	21 ♎ 38	25 ♊ 22	6 ♉ 51	6 ♉ 12	6 D 3	2 ♎ 14	3 ♌ 15	7 ♏ 43	26 ♎ 39	12 ♌ 13	7 ♉ 6	26 ♒ 23	16 ♎	16 ♍	2 ♎	22 ♊	3 ♌
16	22 ♎ 37	8 ♋ 14	6 ♉ 48	6 ♉ 13	6 ♎ 13	3 ♎ 28	3 ♌ 46	7 ♏ 56	26 ♎ 46	12 ♌ 15	7 ♉ 5	26 ♒ 22	16 ♎	16 ♍	3 ♎	22 ♊	3 ♌
17	23 ♎ 37	20 ♋ 45	6 ♉ 44	6 ♉ 14	6 ♎ 33	4 ♎ 43	4 ♌ 18	8 ♏ 9	26 ♎ 53	12 ♌ 16	7 ♉ 3	26 ♒ 22	17 ♎	17 ♍	3 ♎	22 ♊	3 ♌
18	24 ♎ 36	2 ♌ 59	6 ♉ 41	6 R 13	7 ♎ 3	5 ♎ 58	4 ♌ 49	8 ♏ 21	27 ♎ 0	12 ♌ 18	7 ♉ 1	26 ♒ 21	17 ♎	17 ♍	4 ♎	22 ♊	3 ♌
19	25 ♎ 36	15 ♌ 1	6 ♉ 38	6 ♉ 13	7 ♎ 42	7 ♎ 12	5 ♌ 20	8 ♏ 34	27 ♎ 8	12 ♌ 20	7 ♉ 0	26 ♒ 20	18 ♎	18 ♍	4 ♎	22 R	3 ♌
20	26 ♎ 36	26 ♌ 55	6 ♉ 35	6 ♉ 12	8 ♎ 30	8 ♎ 27	5 ♌ 51	8 ♏ 47	27 ♎ 15	12 ♌ 21	6 ♉ 58	26 ♒ 20	18 ♎	18 ♍	4 ♎	22 ♊	3 ♌
21	27 ♎ 35	8 ♍ 45	6 ♉ 32	6 ♉ 11	9 ♎ 25	9 ♎ 42	6 ♌ 21	9 ♏ 0	27 ♎ 22	12 ♌ 23	6 ♉ 56	26 ♒ 19	19 ♎	19 ♍	5 ♎	22 ♊	3 ♌
22	28 ♎ 35	20 ♍ 36	6 ♉ 29	6 ♉ 9	10 ♎ 28	10 ♎ 56	6 ♌ 52	9 ♏ 13	27 ♎ 30	12 ♌ 24	6 ♉ 55	26 ♒ 19	19 ♎	19 ♍	5 ♎	22 ♊	3 ♌
23	29 ♎ 35	2 ♎ 30	6 ♉ 25	6 ♉ 8	11 ♎ 36	12 ♎ 11	7 ♌ 22	9 ♏ 26	27 ♎ 37	12 ♌ 26	6 ♉ 53	26 ♒ 18	19 ♎	20 ♍	6 ♎	22 ♊	4 ♌
24	0 ♏ 34	14 ♎ 30	6 ♉ 22	6 ♉ 8	12 ♎ 50	13 ♎ 26	7 ♌ 52	9 ♏ 40	27 ♎ 44	12 ♌ 27	6 ♉ 51	26 ♒ 18	20 ♎	20 ♍	6 ♎	22 ♊	4 ♌
25	1 ♏ 34	26 ♎ 39	6 ♉ 19	6 ♉ 7	14 ♎ 9	14 ♎ 41	8 ♌ 22	9 ♏ 53	27 ♎ 51	12 ♌ 29	6 ♉ 50	26 ♒ 18	20 ♎	21 ♍	6 ♎	22 ♊	4 ♌
26	2 ♏ 34	8 ♏ 57	6 ♉ 16	6 D 7	15 ♎ 31	15 ♎ 56	8 ♌ 51	10 ♏ 6	27 ♎ 59	12 ♌ 30	6 ♉ 48	26 ♒ 17	21 ♎	21 ♍	7 ♎	22 ♊	4 ♌
27	3 ♏ 34	21 ♏ 27	6 ♉ 13	6 ♉ 7	16 ♎ 57	17 ♎ 11	9 ♌ 20	10 ♏ 19	28 ♎ 6	12 ♌ 31	6 ♉ 46	26 ♒ 17	21 ♎	21 ♍	7 ♎	22 ♊	4 ♌
28	4 ♏ 34	4 ♐ 8	6 ♉ 9	6 ♉ 8	18 ♎ 25	18 ♎ 26	9 ♌ 49	10 ♏ 32	28 ♎ 13	12 ♌ 32	6 ♉ 45	26 ♒ 16	22 ♎	22 ♍	7 ♎	21 ♊	4 ♌
29	5 ♏ 34	17 ♐ 3	6 ♉ 6	6 ♉ 8	19 ♎ 56	19 ♎ 41	10 ♌ 18	10 ♏ 45	28 ♎ 21	12 ♌ 33	6 ♉ 43	26 ♒ 16	22 ♎	22 ♍	8 ♎	21 ♊	4 ♌
30	6 ♏ 33	0 ♑ 12	6 ♉ 3	6 R 8	21 ♎ 28	20 ♎ 56	10 ♌ 47	10 ♏ 58	28 ♎ 28	12 ♌ 34	6 ♉ 41	26 ♒ 16	23 ♎	23 ♍	8 ♎	21 ♊	4 ♌
31	7 ♏ 33	13 ♑ 36	6 ♉ 0	6 ♉ 8	23 ♎ 2	22 ♎ 11	11 ♌ 15	11 ♏ 11	28 ♎ 35	12 ♌ 35	6 ♉ 40	26 ♒ 16	23 ♎	23 ♍	9 ♎	21 ♊	4 ♌

SUN INGRESS	☉ → ♏ 23日 10:01
MOON PHASE	◐ 3日 12:32 ♑ ○ 10日 03:02 ♈ ◑ 17日 06:05 ♋ ● 25日 10:30 ♏

aspects		
5日	03:00	☉⚹♅
5日	15:24	☉☌♀
6日	01:17	☿⚹♅
12日	11:02	♃☍♆
12日	23:53	♄△♇
16日	09:54	♀⚹♂
19日	17:45	☉△♇
20日	03:09	☿☌♀
20日	18:07	☉☌♄
22日	02:16	♂□♆
23日	04:45	☿⚹♅
23日	16:32	♀⚹♅
28日	01:10	☿☌♀
30日	03:01	☉☍♆
30日	17:51	♂□♃

2041年11月

DAY	☉	☽	☊ mean	☊ true	☿	♀	♂	♃	♄	♅	♆	♇	⚳	⚴	⚵	⚶	⚷
1	8 ♏ 33	27 ♑ 15	5 ♉ 57	6 R 7	24 D 38	23 D 26	11 D 43	11 D 24	28 D 42	12 D 36	6 R 38	26 R 15	23 D	24 D	9 D	21 R	4 D
2	9 ♏ 33	11 ♒ 9	5 ♉ 54	6 D 7	26 ♎ 14	24 ♎ 41	12 ♌ 11	11 ♏ 38	28 ♎ 49	12 ♌ 37	6 ♉ 36	26 ♒ 15	24 ♎	24 ♍	9 ♎	21 ♊	4 ♌
3	10 ♏ 33	25 ♒ 17	5 ♉ 50	6 ♉ 8	27 ♎ 51	25 ♎ 56	12 ♌ 39	11 ♏ 51	28 ♎ 57	12 ♌ 38	6 ♉ 34	26 ♒ 15	24 ♎	25 ♍	10 ♎	21 ♊	4 ♌
4	11 ♏ 34	9 ♓ 39	5 ♉ 47	6 ♉ 8	29 ♎ 28	27 ♎ 11	13 ♌ 6	12 ♏ 4	29 ♎ 4	12 ♌ 39	6 ♉ 33	26 ♒ 15	25 ♎	25 ♍	10 ♎	21 ♊	4 ♌
5	12 ♏ 34	24 ♓ 11	5 ♉ 44	6 ♉ 8	1 ♏ 6	28 ♎ 26	13 ♌ 33	12 ♏ 17	29 ♎ 11	12 ♌ 40	6 ♉ 31	26 ♒ 15	25 ♎	26 ♍	10 ♎	21 ♊	4 ♌
6	13 ♏ 34	8 ♈ 48	5 ♉ 41	6 ♉ 9	2 ♏ 44	29 ♎ 41	14 ♌ 0	12 ♏ 30	29 ♎ 18	12 ♌ 40	6 ♉ 29	26 ♒ 15	26 ♎	26 ♍	11 ♎	21 ♊	4 ♌
7	14 ♏ 34	23 ♈ 25	5 ♉ 38	6 ♉ 10	4 ♏ 22	0 ♏ 56	14 ♌ 26	12 ♏ 43	29 ♎ 25	12 ♌ 41	6 ♉ 28	26 ♒ 15	26 ♎	26 ♍	11 ♎	20 ♊	4 ♌
8	15 ♏ 34	7 ♉ 56	5 ♉ 35	6 R 10	6 ♏ 0	2 ♏ 12	14 ♌ 52	12 ♏ 57	29 ♎ 32	12 ♌ 42	6 ♉ 26	26 ♒ 14	27 ♎	27 ♍	11 ♎	20 ♊	4 ♌
9	16 ♏ 34	22 ♉ 15	5 ♉ 31	6 ♉ 9	7 ♏ 38	3 ♏ 27	15 ♌ 18	13 ♏ 10	29 ♎ 40	12 ♌ 42	6 ♉ 24	26 ♒ 14	27 ♎	27 ♍	12 ♎	20 ♊	4 ♌
10	17 ♏ 35	6 ♊ 17	5 ♉ 28	6 ♉ 8	9 ♏ 16	4 ♏ 42	15 ♌ 44	13 ♏ 23	29 ♎ 47	12 ♌ 43	6 ♉ 23	26 D 14	27 ♎	28 ♍	12 ♎	20 ♊	4 ♌
11	18 ♏ 35	19 ♊ 57	5 ♉ 25	6 ♉ 7	10 ♏ 54	5 ♏ 57	16 ♌ 9	13 ♏ 36	29 ♎ 54	12 ♌ 43	6 ♉ 21	26 ♒ 15	28 ♎	28 ♍	12 ♎	20 ♊	4 ♌
12	19 ♏ 35	3 ♋ 16	5 ♉ 22	6 ♉ 5	12 ♏ 31	7 ♏ 12	16 ♌ 34	13 ♏ 49	0 ♏ 1	12 ♌ 44	6 ♉ 20	26 ♒ 15	28 ♎	29 ♍	13 ♎	20 ♊	4 ♌
13	20 ♏ 35	16 ♋ 11	5 ♉ 19	6 ♉ 3	14 ♏ 9	8 ♏ 28	16 ♌ 59	14 ♏ 2	0 ♏ 8	12 ♌ 44	6 ♉ 18	26 ♒ 15	29 ♎	29 ♍	13 ♎	19 ♊	4 ♌
14	21 ♏ 36	28 ♋ 46	5 ♉ 15	6 ♉ 2	15 ♏ 46	9 ♏ 43	17 ♌ 23	14 ♏ 16	0 ♏ 15	12 ♌ 44	6 ♉ 16	26 ♒ 15	29 ♎	29 ♍	14 ♎	19 ♊	4 ♌
15	22 ♏ 36	11 ♌ 3	5 ♉ 12	6 ♉ 0	17 ♏ 23	10 ♏ 58	17 ♌ 47	14 ♏ 29	0 ♏ 22	12 ♌ 44	6 ♉ 15	26 ♒ 15	0 ♏	0 ♎	14 ♎	19 ♊	4 ♌
16	23 ♏ 37	23 ♌ 7	5 ♉ 9	6 ♉ 0	19 ♏ 0	12 ♏ 13	18 ♌ 11	14 ♏ 42	0 ♏ 29	12 ♌ 44	6 ♉ 13	26 ♒ 15	0 ♏	0 ♎	14 ♎	19 ♊	4 R
17	24 ♏ 37	5 ♍ 1	5 ♉ 6	6 D 0	20 ♏ 36	13 ♏ 29	18 ♌ 34	14 ♏ 55	0 ♏ 35	12 ♌ 45	6 ♉ 11	26 ♒ 15	1 ♏	1 ♎	15 ♎	19 ♊	4 ♌
18	25 ♏ 38	16 ♍ 52	5 ♉ 3	6 ♉ 1	22 ♏ 12	14 ♏ 44	18 ♌ 57	15 ♏ 8	0 ♏ 42	12 ♌ 45	6 ♉ 10	26 ♒ 15	1 ♏	1 ♎	15 ♎	18 ♊	4 ♌
19	26 ♏ 38	28 ♍ 43	5 ♉ 0	6 ♉ 3	23 ♏ 48	15 ♏ 59	19 ♌ 19	15 ♏ 21	0 ♏ 49	12 R 45	6 ♉ 8	26 ♒ 16	1 ♏	2 ♎	15 ♎	18 ♊	4 ♌
20	27 ♏ 39	10 ♎ 39	4 ♉ 56	6 ♉ 5	25 ♏ 24	17 ♏ 15	19 ♌ 42	15 ♏ 34	0 ♏ 56	12 ♌ 44	6 ♉ 7	26 ♒ 16	2 ♏	2 ♎	16 ♎	18 ♊	4 ♌
21	28 ♏ 39	22 ♎ 44	4 ♉ 53	6 ♉ 6	26 ♏ 59	18 ♏ 30	20 ♌ 4	15 ♏ 47	1 ♏ 3	12 ♌ 44	6 ♉ 5	26 ♒ 16	2 ♏	2 ♎	16 ♎	18 ♊	4 ♌
22	29 ♏ 40	5 ♏ 2	4 ♉ 50	6 ♉ 7	28 ♏ 34	19 ♏ 46	20 ♌ 25	16 ♏ 0	1 ♏ 9	12 ♌ 44	6 ♉ 4	26 ♒ 17	3 ♏	3 ♎	16 ♎	18 ♊	4 ♌
23	0 ♐ 40	17 ♏ 35	4 ♉ 47	6 R 6	0 ♐ 9	21 ♏ 1	20 ♌ 46	16 ♏ 13	1 ♏ 16	12 ♌ 44	6 ♉ 2	26 ♒ 17	3 ♏	3 ♎	17 ♎	17 ♊	4 ♌
24	1 ♐ 41	0 ♐ 23	4 ♉ 44	6 ♉ 4	1 ♐ 44	22 ♏ 16	21 ♌ 7	16 ♏ 26	1 ♏ 23	12 ♌ 44	6 ♉ 1	26 ♒ 17	4 ♏	4 ♎	17 ♎	17 ♊	4 ♌
25	2 ♐ 42	13 ♐ 28	4 ♉ 41	6 ♉ 1	3 ♐ 19	23 ♏ 32	21 ♌ 27	16 ♏ 39	1 ♏ 29	12 ♌ 43	5 ♉ 59	26 ♒ 18	4 ♏	4 ♎	17 ♎	17 ♊	4 ♌
26	3 ♐ 42	26 ♐ 48	4 ♉ 37	5 ♉ 57	4 ♐ 53	24 ♏ 47	21 ♌ 47	16 ♏ 52	1 ♏ 36	12 ♌ 43	5 ♉ 58	26 ♒ 18	4 ♏	4 ♎	18 ♎	17 ♊	4 ♌
27	4 ♐ 43	10 ♑ 22	4 ♉ 34	5 ♉ 52	6 ♐ 28	26 ♏ 3	22 ♌ 6	17 ♏ 5	1 ♏ 42	12 ♌ 42	5 ♉ 56	26 ♒ 19	5 ♏	5 ♎	18 ♎	16 ♊	4 ♌
28	5 ♐ 44	24 ♑ 7	4 ♉ 31	5 ♉ 48	8 ♐ 2	27 ♏ 18	22 ♌ 25	17 ♏ 18	1 ♏ 49	12 ♌ 42	5 ♉ 55	26 ♒ 19	5 ♏	5 ♎	18 ♎	16 ♊	4 ♌
29	6 ♐ 45	8 ♒ 1	4 ♉ 28	5 ♉ 44	9 ♐ 36	28 ♏ 34	22 ♌ 44	17 ♏ 31	1 ♏ 55	12 ♌ 41	5 ♉ 54	26 ♒ 20	6 ♏	6 ♎	19 ♎	16 ♊	4 ♌
30	7 ♐ 45	22 ♒ 3	4 ♉ 25	5 ♉ 41	11 ♐ 10	29 ♏ 49	23 ♌ 2	17 ♏ 43	2 ♏ 2	12 ♌ 41	5 ♉ 52	26 ♒ 20	6 ♏	6 ♎	19 ♎	16 ♊	4 ♌

SUN INGRESS	☉ → ♐ 22日 07:49
MOON PHASE	◐ 1日 21:04 ♒　○ 8日 13:43 ♉　◑ 16日 01:06 ♌　● 24日 02:36 ♐

aspects

2日	00:20	☿△♇
2日	23:41	♂☌♅
3日	06:06	♀△♇
3日	17:34	☿☌♄
4日	15:33	☉☌♃
5日	02:29	☉□♅
5日	15:52	♀☌♄
6日	18:25	☉□♂
6日	19:35	♃□♅
8日	06:17	☿☍♆
11日	07:30	♀☍♆
12日	03:00	☿□♅
12日	22:10	☿☌♃
15日	07:55	☿□♂
16日	09:53	♀□♅
18日	09:10	♀☌♃
18日	15:06	☉□♇
20日	13:11	☿□♇
22日	17:25	♀□♂
23日	21:48	☉☌☿
27日	05:05	♀□♇
30日	23:01	☿△♅

2041年12月

DAY	☉	☽	☊ mean	☊ true	☿	♀	♂	♃	♄	♅	♆	♇	⚳	⚴	⚵	⚶	⚷
1	8 ♐ 46	6 ♓ 9	4 ♉ 21	5 R 40	12 D 44	1 D 4	23 D 19	17 D 56	2 D 8	12 R 40	5 R 51	26 D 21	7 D	6 D	19 D	15 R	4 R
2	9 ♐ 47	20 ♓ 18	4 ♉ 18	5 D 41	14 ♐ 18	2 ♐ 20	23 ♌ 36	18 ♏ 9	2 ♏ 14	12 ♌ 39	5 ♉ 49	26 ♒ 21	7 ♏	7 ♎	20 ♎	15 ♊	4 ♌
3	10 ♐ 48	4 ♈ 29	4 ♉ 15	5 ♉ 42	15 ♐ 51	3 ♐ 35	23 ♌ 53	18 ♏ 22	2 ♏ 21	12 ♌ 38	5 ♉ 48	26 ♒ 22	7 ♏	7 ♎	20 ♎	15 ♊	4 ♌
4	11 ♐ 49	18 ♈ 39	4 ♉ 12	5 ♉ 44	17 ♐ 25	4 ♐ 51	24 ♌ 9	18 ♏ 34	2 ♏ 27	12 ♌ 38	5 ♉ 47	26 ♒ 22	8 ♏	7 ♎	20 ♎	15 ♊	4 ♌
5	12 ♐ 50	2 ♉ 47	4 ♉ 9	5 ♉ 45	18 ♐ 59	6 ♐ 6	24 ♌ 25	18 ♏ 47	2 ♏ 33	12 ♌ 37	5 ♉ 46	26 ♒ 23	8 ♏	8 ♎	20 ♎	14 ♊	4 ♌
6	13 ♐ 50	16 ♉ 50	4 ♉ 6	5 R 44	20 ♐ 32	7 ♐ 22	24 ♌ 40	18 ♏ 59	2 ♏ 39	12 ♌ 36	5 ♉ 44	26 ♒ 24	9 ♏	8 ♎	21 ♎	14 ♊	4 ♌
7	14 ♐ 51	0 ♊ 45	4 ♉ 2	5 ♉ 42	22 ♐ 6	8 ♐ 37	24 ♌ 54	19 ♏ 12	2 ♏ 45	12 ♌ 35	5 ♉ 43	26 ♒ 25	9 ♏	9 ♎	21 ♎	14 ♊	4 ♌
8	15 ♐ 52	14 ♊ 28	3 ♉ 59	5 ♉ 37	23 ♐ 40	9 ♐ 53	25 ♌ 8	19 ♏ 24	2 ♏ 51	12 ♌ 34	5 ♉ 42	26 ♒ 25	10 ♏	9 ♎	21 ♎	13 ♊	4 ♌
9	16 ♐ 53	27 ♊ 55	3 ♉ 56	5 ♉ 31	25 ♐ 13	11 ♐ 8	25 ♌ 22	19 ♏ 37	2 ♏ 57	12 ♌ 33	5 ♉ 41	26 ♒ 26	10 ♏	9 ♎	22 ♎	13 ♊	4 ♌
10	17 ♐ 54	11 ♋ 6	3 ♉ 53	5 ♉ 23	26 ♐ 47	12 ♐ 24	25 ♌ 35	19 ♏ 49	3 ♏ 3	12 ♌ 32	5 ♉ 40	26 ♒ 27	10 ♏	10 ♎	22 ♎	13 ♊	4 ♌
11	18 ♐ 55	23 ♋ 58	3 ♉ 50	5 ♉ 15	28 ♐ 21	13 ♐ 39	25 ♌ 47	20 ♏ 2	3 ♏ 9	12 ♌ 30	5 ♉ 38	26 ♒ 28	11 ♏	10 ♎	22 ♎	13 ♊	3 ♌
12	19 ♐ 56	6 ♌ 33	3 ♉ 47	5 ♉ 8	29 ♐ 54	14 ♐ 55	25 ♌ 59	20 ♏ 14	3 ♏ 15	12 ♌ 29	5 ♉ 37	26 ♒ 28	11 ♏	10 ♎	23 ♎	12 ♊	3 ♌
13	20 ♐ 57	18 ♌ 50	3 ♉ 43	5 ♉ 1	1 ♑ 28	16 ♐ 10	26 ♌ 10	20 ♏ 26	3 ♏ 20	12 ♌ 28	5 ♉ 36	26 ♒ 29	12 ♏	11 ♎	23 ♎	12 ♊	3 ♌
14	21 ♐ 58	0 ♍ 55	3 ♉ 40	4 ♉ 57	3 ♑ 1	17 ♐ 26	26 ♌ 21	20 ♏ 38	3 ♏ 26	12 ♌ 26	5 ♉ 35	26 ♒ 30	12 ♏	11 ♎	23 ♎	12 ♊	3 ♌
15	22 ♐ 59	12 ♍ 50	3 ♉ 37	4 ♉ 54	4 ♑ 35	18 ♐ 41	26 ♌ 31	20 ♏ 51	3 ♏ 31	12 ♌ 25	5 ♉ 34	26 ♒ 31	13 ♏	11 ♎	23 ♎	12 ♊	3 ♌
16	24 ♐ 0	24 ♍ 39	3 ♉ 34	4 D 53	6 ♑ 8	19 ♐ 57	26 ♌ 40	21 ♏ 3	3 ♏ 37	12 ♌ 24	5 ♉ 33	26 ♒ 32	13 ♏	12 ♎	24 ♎	11 ♊	3 ♌
17	25 ♐ 1	6 ♎ 30	3 ♉ 31	4 ♉ 54	7 ♑ 41	21 ♐ 12	26 ♌ 49	21 ♏ 15	3 ♏ 42	12 ♌ 22	5 ♉ 32	26 ♒ 33	13 ♏	12 ♎	24 ♎	11 ♊	3 ♌
18	26 ♐ 2	18 ♎ 26	3 ♉ 27	4 ♉ 55	9 ♑ 14	22 ♐ 28	26 ♌ 57	21 ♏ 27	3 ♏ 48	12 ♌ 21	5 ♉ 31	26 ♒ 34	14 ♏	12 ♎	24 ♎	11 ♊	3 ♌
19	27 ♐ 3	0 ♏ 33	3 ♉ 24	4 ♉ 56	10 ♑ 47	23 ♐ 43	27 ♌ 4	21 ♏ 39	3 ♏ 53	12 ♌ 19	5 ♉ 30	26 ♒ 35	14 ♏	13 ♎	25 ♎	11 ♊	3 ♌
20	28 ♐ 4	12 ♏ 55	3 ♉ 21	4 R 56	12 ♑ 19	24 ♐ 59	27 ♌ 11	21 ♏ 51	3 ♏ 58	12 ♌ 17	5 ♉ 29	26 ♒ 36	15 ♏	13 ♎	25 ♎	10 ♊	3 ♌
21	29 ♐ 5	25 ♏ 37	3 ♉ 18	4 ♉ 54	13 ♑ 52	26 ♐ 14	27 ♌ 17	22 ♏ 2	4 ♏ 4	12 ♌ 16	5 ♉ 29	26 ♒ 37	15 ♏	13 ♎	25 ♎	10 ♊	3 ♌
22	0 ♑ 6	8 ♐ 40	3 ♉ 15	4 ♉ 49	15 ♑ 23	27 ♐ 30	27 ♌ 22	22 ♏ 14	4 ♏ 9	12 ♌ 14	5 ♉ 28	26 ♒ 38	15 ♏	14 ♎	25 ♎	10 ♊	3 ♌
23	1 ♑ 8	22 ♐ 5	3 ♉ 12	4 ♉ 42	16 ♑ 54	28 ♐ 45	27 ♌ 27	22 ♏ 26	4 ♏ 14	12 ♌ 12	5 ♉ 27	26 ♒ 39	16 ♏	14 ♎	26 ♎	10 ♊	3 ♌
24	2 ♑ 9	5 ♑ 50	3 ♉ 8	4 ♉ 33	18 ♑ 24	0 ♑ 1	27 ♌ 31	22 ♏ 37	4 ♏ 19	12 ♌ 11	5 ♉ 26	26 ♒ 40	16 ♏	14 ♎	26 ♎	10 ♊	3 ♌
25	3 ♑ 10	19 ♑ 53	3 ♉ 5	4 ♉ 23	19 ♑ 54	1 ♑ 16	27 ♌ 34	22 ♏ 49	4 ♏ 24	12 ♌ 9	5 ♉ 25	26 ♒ 41	17 ♏	15 ♎	26 ♎	9 ♊	3 ♌
26	4 ♑ 11	4 ♒ 7	3 ♉ 2	4 ♉ 13	21 ♑ 22	2 ♑ 32	27 ♌ 36	23 ♏ 1	4 ♏ 29	12 ♌ 7	5 ♉ 25	26 ♒ 42	17 ♏	15 ♎	26 ♎	9 ♊	3 ♌
27	5 ♑ 12	18 ♒ 28	2 ♉ 59	4 ♉ 4	22 ♑ 48	3 ♑ 48	27 ♌ 38	23 ♏ 12	4 ♏ 33	12 ♌ 5	5 ♉ 24	26 ♒ 44	17 ♏	15 ♎	27 ♎	9 ♊	3 ♌
28	6 ♑ 13	2 ♓ 50	2 ♉ 56	3 ♉ 57	24 ♑ 13	5 ♑ 3	27 ♌ 39	23 ♏ 23	4 ♏ 38	12 ♌ 3	5 ♉ 23	26 ♒ 45	18 ♏	16 ♎	27 ♎	9 ♊	3 ♌
29	7 ♑ 14	17 ♓ 8	2 ♉ 53	3 ♉ 53	25 ♑ 36	6 ♑ 19	27 R 39	23 ♏ 35	4 ♏ 43	12 ♌ 1	5 ♉ 23	26 ♒ 46	18 ♏	16 ♎	27 ♎	9 ♊	3 ♌
30	8 ♑ 16	1 ♈ 19	2 ♉ 49	3 ♉ 51	26 ♑ 57	7 ♑ 34	27 ♌ 38	23 ♏ 46	4 ♏ 47	11 ♌ 59	5 ♉ 22	26 ♒ 47	19 ♏	16 ♎	28 ♎	8 ♊	2 ♌
31	9 ♑ 17	15 ♈ 22	2 ♉ 46	3 D 51	28 ♑ 14	8 ♑ 50	27 ♌ 37	23 ♏ 57	4 ♏ 51	11 ♌ 57	5 ♉ 22	26 ♒ 49	19 ♏	16 ♎	28 ♎	8 ♊	2 ♌

SUN INGRESS	☉ → ♑ 21日 21:18
MOON PHASE	◐ 1日 04:48 ♓　○ 8日 02:42 ♊　◑ 15日 22:32 ♍　● 23日 17:06 ♑　◐ 30日 12:45 ♈

aspects

4日	19:02	☉△♅
9日	02:32	☿△♂
9日	18:48	☿⚹♇
10日	02:26	♀△♅
14日	06:46	☿⚹♄
15日	01:01	♂☍♇
15日	15:08	☿△♆
18日	12:45	☉⚹♇
19日	00:30	☉△♂
21日	07:18	♀⚹♇
21日	21:23	♀△♂
26日	07:29	☉⚹♄
27日	04:38	☉△♆
27日	07:39	☿⚹♃
27日	15:29	♀⚹♄
28日	06:24	♀△♆

2042年1月

DAY	☉	☽	☊ mean	☊ true	☿	♀	♂	♃	♄	♅	♆	♇	⚳	⚴	⚵	⚶	⚷
	° ′	° ′	° ′	° ′	° ′	° ′	° ′	° ′	° ′	° ′	° ′	° ′	°	°	°	°	°
1	10 ♑ 18	29 ♈ 17	2 ♉ 43	3 D 52	29 D 29	10 D 5	27 R 34	24 D 8	4 D 56	11 R 55	5 R 21	26 D 50	19 D	17 D	28 D	8 R	2 R
2	11 ♑ 19	13 ♉ 2	2 ♉ 40	3 R 51	0 ♒ 39	11 ♑ 21	27 ♌ 31	24 ♏ 19	5 ♏ 0	11 ♌ 53	5 ♉ 21	26 ♒ 51	20 ♏	17 ♎	28 ♎	8 ♊	2 ♌
3	12 ♑ 20	26 ♉ 39	2 ♉ 37	3 ♉ 49	1 ♒ 45	12 ♑ 36	27 ♌ 27	24 ♏ 30	5 ♏ 4	11 ♌ 51	5 ♉ 20	26 ♒ 52	20 ♏	17 ♎	28 ♎	8 ♊	2 ♌
4	13 ♑ 21	10 ♊ 7	2 ♉ 33	3 ♉ 44	2 ♒ 46	13 ♑ 52	27 ♌ 23	24 ♏ 40	5 ♏ 8	11 ♌ 48	5 ♉ 20	26 ♒ 54	20 ♏	17 ♎	29 ♎	8 ♊	2 ♌
5	14 ♑ 22	23 ♊ 24	2 ♉ 30	3 ♉ 36	3 ♒ 40	15 ♑ 7	27 ♌ 17	24 ♏ 51	5 ♏ 12	11 ♌ 46	5 ♉ 19	26 ♒ 55	21 ♏	18 ♎	29 ♎	7 ♊	2 ♌
6	15 ♑ 24	6 ♋ 31	2 ♉ 27	3 ♉ 26	4 ♒ 28	16 ♑ 23	27 ♌ 11	25 ♏ 2	5 ♏ 16	11 ♌ 44	5 ♉ 19	26 ♒ 56	21 ♏	18 ♎	29 ♎	7 ♊	2 ♌
7	16 ♑ 25	19 ♋ 25	2 ♉ 24	3 ♉ 13	5 ♒ 7	17 ♑ 38	27 ♌ 4	25 ♏ 12	5 ♏ 20	11 ♌ 42	5 ♉ 19	26 ♒ 58	22 ♏	18 ♎	29 ♎	7 ♊	2 ♌
8	17 ♑ 26	2 ♌ 5	2 ♉ 21	3 ♉ 0	5 ♒ 38	18 ♑ 54	26 ♌ 56	25 ♏ 23	5 ♏ 24	11 ♌ 39	5 ♉ 18	26 ♒ 59	22 ♏	18 ♎	0 ♏	7 ♊	2 ♌
9	18 ♑ 27	14 ♌ 32	2 ♉ 18	2 ♉ 46	6 ♒ 0	20 ♑ 9	26 ♌ 47	25 ♏ 33	5 ♏ 28	11 ♌ 37	5 ♉ 18	27 ♒ 1	22 ♏	19 ♎	0 ♏	7 ♊	2 ♌
10	19 ♑ 28	26 ♌ 46	2 ♉ 14	2 ♉ 35	6 ♒ 11	21 ♑ 24	26 ♌ 38	25 ♏ 43	5 ♏ 31	11 ♌ 35	5 ♉ 18	27 ♒ 2	23 ♏	19 ♎	0 ♏	7 ♊	2 ♌
11	20 ♑ 29	8 ♍ 48	2 ♉ 11	2 ♉ 25	6 R 11	22 ♑ 40	26 ♌ 27	25 ♏ 53	5 ♏ 35	11 ♌ 32	5 ♉ 18	27 ♒ 3	23 ♏	19 ♎	0 ♏	7 ♊	2 ♌
12	21 ♑ 30	20 ♍ 41	2 ♉ 8	2 ♉ 19	5 ♒ 59	23 ♑ 55	26 ♌ 16	26 ♏ 3	5 ♏ 38	11 ♌ 30	5 ♉ 18	27 ♒ 5	23 ♏	19 ♎	0 ♏	7 ♊	2 ♌
13	22 ♑ 31	2 ♎ 30	2 ♉ 5	2 ♉ 15	5 ♒ 35	25 ♑ 11	26 ♌ 4	26 ♏ 13	5 ♏ 41	11 ♌ 27	5 ♉ 18	27 ♒ 6	24 ♏	20 ♎	1 ♏	7 ♊	2 ♌
14	23 ♑ 32	14 ♎ 18	2 ♉ 2	2 ♉ 13	5 ♒ 0	26 ♑ 26	25 ♌ 52	26 ♏ 23	5 ♏ 45	11 ♌ 25	5 ♉ 18	27 ♒ 8	24 ♏	20 ♎	1 ♏	6 ♊	1 ♌
15	24 ♑ 34	26 ♎ 12	1 ♉ 59	2 D 13	4 ♒ 14	27 ♑ 42	25 ♌ 38	26 ♏ 33	5 ♏ 48	11 ♌ 23	5 ♉ 17	27 ♒ 9	25 ♏	20 ♎	1 ♏	6 ♊	1 ♌
16	25 ♑ 35	8 ♏ 17	1 ♉ 55	2 R 13	3 ♒ 17	28 ♑ 57	25 ♌ 24	26 ♏ 42	5 ♏ 51	11 ♌ 20	5 D 17	27 ♒ 11	25 ♏	20 ♎	1 ♏	6 ♊	1 ♌
17	26 ♑ 36	20 ♏ 38	1 ♉ 52	2 ♉ 12	2 ♒ 12	0 ♒ 13	25 ♌ 9	26 ♏ 52	5 ♏ 54	11 ♌ 18	5 ♉ 17	27 ♒ 12	25 ♏	20 ♎	1 ♏	6 ♊	1 ♌
18	27 ♑ 37	3 ♐ 21	1 ♉ 49	2 ♉ 9	1 ♒ 1	1 ♒ 28	24 ♌ 53	27 ♏ 1	5 ♏ 57	11 ♌ 15	5 ♉ 18	27 ♒ 14	26 ♏	21 ♎	2 ♏	6 ♊	1 ♌
19	28 ♑ 38	16 ♐ 29	1 ♉ 46	2 ♉ 3	29 ♑ 45	2 ♒ 43	24 ♌ 36	27 ♏ 11	5 ♏ 59	11 ♌ 13	5 ♉ 18	27 ♒ 15	26 ♏	21 ♎	2 ♏	6 ♊	1 ♌
20	29 ♑ 39	0 ♑ 3	1 ♉ 43	1 ♉ 55	28 ♑ 27	3 ♒ 59	24 ♌ 19	27 ♏ 20	6 ♏ 2	11 ♌ 10	5 ♉ 18	27 ♒ 17	26 ♏	21 ♎	2 ♏	6 ♊	1 ♌
21	0 ♒ 40	14 ♑ 4	1 ♉ 39	1 ♉ 44	27 ♑ 9	5 ♒ 14	24 ♌ 1	27 ♏ 29	6 ♏ 5	11 ♌ 7	5 ♉ 18	27 ♒ 18	27 ♏	21 ♎	2 ♏	6 ♊	1 ♌
22	1 ♒ 41	28 ♑ 28	1 ♉ 36	1 ♉ 31	25 ♑ 54	6 ♒ 30	23 ♌ 43	27 ♏ 38	6 ♏ 7	11 ♌ 5	5 ♉ 18	27 ♒ 20	27 ♏	21 ♎	2 ♏	6 ♊	1 ♌
23	2 ♒ 42	13 ♒ 9	1 ♉ 33	1 ♉ 19	24 ♑ 44	7 ♒ 45	23 ♌ 24	27 ♏ 47	6 ♏ 9	11 ♌ 2	5 ♉ 18	27 ♒ 22	27 ♏	21 ♎	2 ♏	6 ♊	1 ♌
24	3 ♒ 43	27 ♒ 57	1 ♉ 30	1 ♉ 8	23 ♑ 40	9 ♒ 0	23 ♌ 4	27 ♏ 55	6 ♏ 12	11 ♌ 0	5 ♉ 19	27 ♒ 23	28 ♏	22 ♎	3 ♏	6 D	1 ♌
25	4 ♒ 45	12 ♓ 46	1 ♉ 27	0 ♉ 59	22 ♑ 44	10 ♒ 16	22 ♌ 44	28 ♏ 4	6 ♏ 14	10 ♌ 57	5 ♉ 19	27 ♒ 25	28 ♏	22 ♎	3 ♏	6 ♊	1 ♌
26	5 ♒ 46	27 ♓ 27	1 ♉ 24	0 ♉ 53	21 ♑ 56	11 ♒ 31	22 ♌ 23	28 ♏ 12	6 ♏ 16	10 ♌ 54	5 ♉ 19	27 ♒ 26	28 ♏	22 ♎	3 ♏	6 ♊	1 ♌
27	6 ♒ 47	11 ♈ 54	1 ♉ 20	0 ♉ 50	21 ♑ 17	12 ♒ 47	22 ♌ 1	28 ♏ 21	6 ♏ 18	10 ♌ 52	5 ♉ 20	27 ♒ 28	29 ♏	22 ♎	3 ♏	6 ♊	1 ♌
28	7 ♒ 48	26 ♈ 5	1 ♉ 17	0 ♉ 49	20 ♑ 47	14 ♒ 2	21 ♌ 40	28 ♏ 29	6 ♏ 20	10 ♌ 49	5 ♉ 20	27 ♒ 30	29 ♏	22 ♎	3 ♏	6 ♊	0 ♌
29	8 ♒ 49	9 ♉ 59	1 ♉ 14	0 ♉ 49	20 ♑ 26	15 ♒ 17	21 ♌ 17	28 ♏ 37	6 ♏ 22	10 ♌ 47	5 ♉ 21	27 ♒ 31	29 ♏	22 ♎	3 ♏	6 ♊	0 ♌
30	9 ♒ 49	23 ♉ 36	1 ♉ 11	0 ♉ 49	20 ♑ 13	16 ♒ 33	20 ♌ 55	28 ♏ 45	6 ♏ 23	10 ♌ 44	5 ♉ 21	27 ♒ 33	0 ♐	22 ♎	3 ♏	6 ♊	0 ♌
31	10 ♒ 50	6 ♊ 57	1 ♉ 8	0 ♉ 47	20 ♑ 9	17 ♒ 48	20 ♌ 32	28 ♏ 53	6 ♏ 25	10 ♌ 41	5 ♉ 22	27 ♒ 35	0 ♐	22 ♎	3 ♏	6 ♊	0 ♌

SUN INGRESS: ☉ → ♒ 20日 07:59

MOON PHASE: ○ 6日 17:53 ♋　◑ 14日 20:24 ♎　● 22日 05:41 ♒　◐ 28日 21:48 ♉

aspects		
1日	21:16	☉☌♀
6日	15:25	♄☍♆
7日	07:59	☿□♆
7日	10:23	☿□♄
7日	16:10	♂☍♇
12日	14:24	♂□♃
12日	19:21	☿□♄
13日	13:06	☿□♆
13日	22:49	♀⚹♃
17日	07:27	☉⚹♃
17日	19:37	☿☌♀
19日	11:31	☉☌☿
19日	14:54	♃□♇
20日	18:29	☿⚹♃
21日	01:11	♀□♆
21日	16:35	♀□♄
25日	12:41	♀☍♅
25日	13:38	☉□♆
26日	12:22	☉□♄
30日	20:35	☉☍♅

2042年2月

DAY	☉	☽	☊ mean	☊ true	☿	♀	♂	♃	♄	♅	♆	♇	⚳	⚴	⚵	⚶	⚷
	° ′	° ′	° ′	° ′	° ′	° ′	° ′	° ′	° ′	° ′	° ′	° ′	°	°	°	°	°
1	11 ♒ 51	20 ♊ 6	1 ♉ 5	0 R 42	20 D 13	19 D 3	20 R 9	29 D 1	6 D 26	10 R 39	5 D 22	27 D 36	0 D	23 D	4 D	6 D	0 R
2	12 ♒ 52	3 ♋ 2	1 ♉ 1	0 ♉ 34	20 ♑ 24	20 ♒ 18	19 ♌ 45	29 ♏ 8	6 ♏ 28	10 ♌ 36	5 ♉ 23	27 ♒ 38	1 ♐	23 ♎	4 ♏	6 ♊	0 ♌
3	13 ♒ 53	15 ♋ 47	0 ♉ 58	0 ♉ 23	20 ♑ 41	21 ♒ 34	19 ♌ 22	29 ♏ 16	6 ♏ 29	10 ♌ 33	5 ♉ 23	27 ♒ 40	1 ♐	23 ♎	4 ♏	6 ♊	0 ♌
4	14 ♒ 54	28 ♋ 22	0 ♉ 55	0 ♉ 10	21 ♑ 5	22 ♒ 49	18 ♌ 58	29 ♏ 23	6 ♏ 30	10 ♌ 31	5 ♉ 24	27 ♒ 41	1 ♐	23 ♎	4 ♏	7 ♊	0 ♌
5	15 ♒ 55	10 ♌ 46	0 ♉ 52	29 ♈ 56	21 ♑ 35	24 ♒ 4	18 ♌ 34	29 ♏ 30	6 ♏ 31	10 ♌ 28	5 ♉ 25	27 ♒ 43	2 ♐	23 ♎	4 ♏	7 ♊	0 ♌
6	16 ♒ 56	23 ♌ 1	0 ♉ 49	29 ♈ 43	22 ♑ 9	25 ♒ 19	18 ♌ 10	29 ♏ 37	6 ♏ 32	10 ♌ 26	5 ♉ 25	27 ♒ 45	2 ♐	23 ♎	4 ♏	7 ♊	0 ♌
7	17 ♒ 56	5 ♍ 6	0 ♉ 45	29 ♈ 31	22 ♑ 49	26 ♒ 35	17 ♌ 46	29 ♏ 44	6 ♏ 33	10 ♌ 23	5 ♉ 26	27 ♒ 46	2 ♐	23 ♎	4 ♏	7 ♊	0 ♌
8	18 ♒ 57	17 ♍ 2	0 ♉ 42	29 ♈ 21	23 ♑ 33	27 ♒ 50	17 ♌ 22	29 ♏ 51	6 ♏ 33	10 ♌ 20	5 ♉ 27	27 ♒ 48	2 ♐	23 ♎	4 ♏	7 ♊	0 ♌
9	19 ♒ 58	28 ♍ 53	0 ♉ 39	29 ♈ 14	24 ♑ 20	29 ♒ 5	16 ♌ 58	29 ♏ 57	6 ♏ 34	10 ♌ 18	5 ♉ 28	27 ♒ 50	3 ♐	23 ♎	4 ♏	7 ♊	0 ♌
10	20 ♒ 59	10 ♎ 41	0 ♉ 36	29 ♈ 9	25 ♑ 12	0 ♓ 20	16 ♌ 34	0 ♐ 4	6 ♏ 34	10 ♌ 15	5 ♉ 29	27 ♒ 52	3 ♐	23 ♎	4 ♏	7 ♊	0 ♌
11	21 ♒ 59	22 ♎ 28	0 ♉ 33	29 ♈ 8	26 ♑ 7	1 ♓ 35	16 ♌ 11	0 ♐ 10	6 ♏ 35	10 ♌ 13	5 ♉ 30	27 ♒ 53	3 ♐	23 ♎	4 ♏	7 ♊	29 ♋
12	23 ♒ 0	4 ♏ 21	0 ♉ 30	29 D 8	27 ♑ 4	2 ♓ 50	15 ♌ 47	0 ♐ 16	6 ♏ 35	10 ♌ 10	5 ♉ 30	27 ♒ 55	4 ♐	23 ♎	4 ♏	7 ♊	29 ♋
13	24 ♒ 1	16 ♏ 24	0 ♉ 26	29 ♈ 8	28 ♑ 5	4 ♓ 5	15 ♌ 24	0 ♐ 22	6 ♏ 35	10 ♌ 8	5 ♉ 31	27 ♒ 57	4 ♐	23 R	5 ♏	7 ♊	29 ♋
14	25 ♒ 1	28 ♏ 42	0 ♉ 23	29 R 8	29 ♑ 8	5 ♓ 21	15 ♌ 1	0 ♐ 28	6 ♏ 35	10 ♌ 5	5 ♉ 32	27 ♒ 58	4 ♐	23 ♎	5 ♏	8 ♊	29 ♋
15	26 ♒ 2	11 ♐ 20	0 ♉ 20	29 ♈ 7	0 ♒ 14	6 ♓ 36	14 ♌ 39	0 ♐ 33	6 R 35	10 ♌ 3	5 ♉ 33	28 ♒ 0	4 ♐	23 ♎	5 ♏	8 ♊	29 ♋
16	27 ♒ 3	24 ♐ 24	0 ♉ 17	29 ♈ 4	1 ♒ 22	7 ♓ 51	14 ♌ 16	0 ♐ 39	6 ♏ 35	10 ♌ 0	5 ♉ 34	28 ♒ 2	5 ♐	23 ♎	5 ♏	8 ♊	29 ♋
17	28 ♒ 3	7 ♑ 57	0 ♉ 14	28 ♈ 58	2 ♒ 31	9 ♓ 6	13 ♌ 55	0 ♐ 44	6 ♏ 35	9 ♌ 58	5 ♉ 36	28 ♒ 4	5 ♐	23 ♎	5 ♏	8 ♊	29 ♋
18	29 ♒ 4	21 ♑ 58	0 ♉ 11	28 ♈ 50	3 ♒ 43	10 ♓ 21	13 ♌ 33	0 ♐ 49	6 ♏ 35	9 ♌ 55	5 ♉ 37	28 ♒ 5	5 ♐	23 ♎	5 ♏	8 ♊	29 ♋
19	0 ♓ 4	6 ♒ 28	0 ♉ 7	28 ♈ 41	4 ♒ 57	11 ♓ 36	13 ♌ 12	0 ♐ 54	6 ♏ 34	9 ♌ 53	5 ♉ 38	28 ♒ 7	5 ♐	23 ♎	5 ♏	8 ♊	29 ♋
20	1 ♓ 5	21 ♒ 20	0 ♉ 4	28 ♈ 31	6 ♒ 12	12 ♓ 51	12 ♌ 52	0 ♐ 59	6 ♏ 34	9 ♌ 50	5 ♉ 39	28 ♒ 9	6 ♐	23 ♎	5 ♏	9 ♊	29 ♋
21	2 ♓ 5	6 ♓ 26	0 ♉ 1	28 ♈ 23	7 ♒ 29	14 ♓ 6	12 ♌ 32	1 ♐ 4	6 ♏ 33	9 ♌ 48	5 ♉ 40	28 ♒ 11	6 ♐	23 ♎	5 ♏	9 ♊	29 ♋
22	3 ♓ 6	21 ♓ 35	29 ♈ 58	28 ♈ 16	8 ♒ 47	15 ♓ 21	12 ♌ 13	1 ♐ 8	6 ♏ 32	9 ♌ 46	5 ♉ 41	28 ♒ 12	6 ♐	23 ♎	5 R	9 ♊	29 ♋
23	4 ♓ 6	6 ♈ 39	29 ♈ 55	28 ♈ 12	10 ♒ 7	16 ♓ 36	11 ♌ 55	1 ♐ 13	6 ♏ 32	9 ♌ 43	5 ♉ 43	28 ♒ 14	6 ♐	23 ♎	5 ♏	9 ♊	29 ♋
24	5 ♓ 7	21 ♈ 27	29 ♈ 51	28 ♈ 10	11 ♒ 28	17 ♓ 51	11 ♌ 37	1 ♐ 17	6 ♏ 31	9 ♌ 41	5 ♉ 44	28 ♒ 16	7 ♐	23 ♎	5 ♏	9 ♊	29 ♋
25	6 ♓ 7	5 ♉ 56	29 ♈ 48	28 D 10	12 ♒ 50	19 ♓ 5	11 ♌ 19	1 ♐ 21	6 ♏ 29	9 ♌ 39	5 ♉ 45	28 ♒ 17	7 ♐	22 ♎	5 ♏	9 ♊	29 ♋
26	7 ♓ 8	20 ♉ 2	29 ♈ 45	28 ♈ 11	14 ♒ 14	20 ♓ 20	11 ♌ 3	1 ♐ 25	6 ♏ 28	9 ♌ 36	5 ♉ 47	28 ♒ 19	7 ♐	22 ♎	5 ♏	10 ♊	29 ♋
27	8 ♓ 8	3 ♊ 44	29 ♈ 42	28 ♈ 12	15 ♒ 39	21 ♓ 35	10 ♌ 47	1 ♐ 28	6 ♏ 27	9 ♌ 34	5 ♉ 48	28 ♒ 21	7 ♐	22 ♎	5 ♏	10 ♊	29 ♋
28	9 ♓ 8	17 ♊ 5	29 ♈ 39	28 R 11	17 ♒ 5	22 ♓ 50	10 ♌ 32	1 ♐ 32	6 ♏ 26	9 ♌ 32	5 ♉ 49	28 ♒ 23	8 ♐	22 ♎	5 ♏	10 ♊	28 ♋

SUN INGRESS: ☉ → ♓ 18日 22:04

MOON PHASE: ○ 5日 10:57 ♌　◑ 13日 16:16 ♏　● 20日 16:38 ♓　◐ 27日 08:29 ♊

aspects		
1日	15:57	♀☍♂
6日	21:04	☉☍♂
7日	23:30	♀☌♇
9日	18:14	♀□♃
14日	03:51	♀⚹♆
14日	23:57	♀△♄
15日	07:40	☿⚹♃
17日	00:11	☉☌♇
19日	13:24	☿□♆
19日	21:34	☉□♃
20日	06:50	☿□♄
22日	17:10	☿☍♅
24日	02:05	☿☍♂
24日	15:05	☉⚹♆
25日	08:42	☉△♄

2042年3月

DAY	☉	☽	☊ mean	☊ true	☿	♀	♂	♃	♄	♅	♆	♇	⚳	⚴	⚵	⚶	⚷
	° ′	° ′	° ′	° ′	° ′	° ′	° ′	° ′	° ′	° ′	° ′	° ′	°	°	°	°	°
1	10 ♓ 8	0 ♋ 6	29 ♈ 36	28 R 9	18 D 33	24 D 5	10 R 17	1 D 35	6 R 24	9 R 30	5 D 51	28 D 24	8 D	22 R	5 R	10 D	28 R
2	11 ♓ 9	12 ♋ 50	29 ♈ 32	28 ♈ 5	20 ♒ 1	25 ♓ 20	10 ♌ 4	1 ♐ 38	6 ♏ 23	9 ♌ 28	5 ♉ 52	28 ♒ 26	8 ♐	22 ♎	5 ♏	11 ♊	28 ♋
3	12 ♓ 9	25 ♋ 21	29 ♈ 29	27 ♈ 59	21 ♒ 31	26 ♓ 34	9 ♌ 51	1 ♐ 41	6 ♏ 21	9 ♌ 26	5 ♉ 54	28 ♒ 28	8 ♐	22 ♎	4 ♏	11 ♊	28 ♋
4	13 ♓ 9	7 ♌ 41	29 ♈ 26	27 ♈ 51	23 ♒ 2	27 ♓ 49	9 ♌ 39	1 ♐ 44	6 ♏ 19	9 ♌ 24	5 ♉ 55	28 ♒ 29	8 ♐	21 ♎	4 ♏	11 ♊	28 ♋
5	14 ♓ 9	19 ♌ 51	29 ♈ 23	27 ♈ 43	24 ♒ 34	29 ♓ 4	9 ♌ 27	1 ♐ 47	6 ♏ 17	9 ♌ 22	5 ♉ 57	28 ♒ 31	9 ♐	21 ♎	4 ♏	11 ♊	28 ♋
6	15 ♓ 9	1 ♍ 53	29 ♈ 20	27 ♈ 34	26 ♒ 7	0 ♈ 18	9 ♌ 17	1 ♐ 49	6 ♏ 15	9 ♌ 20	5 ♉ 58	28 ♒ 33	9 ♐	21 ♎	4 ♏	11 ♊	28 ♋
7	16 ♓ 9	13 ♍ 49	29 ♈ 17	27 ♈ 27	27 ♒ 41	1 ♈ 33	9 ♌ 7	1 ♐ 51	6 ♏ 13	9 ♌ 18	6 ♉ 0	28 ♒ 34	9 ♐	21 ♎	4 ♏	12 ♊	28 ♋
8	17 ♓ 9	25 ♍ 41	29 ♈ 13	27 ♈ 21	29 ♒ 16	2 ♈ 47	8 ♌ 58	1 ♐ 53	6 ♏ 11	9 ♌ 16	6 ♉ 2	28 ♒ 36	9 ♐	21 ♎	4 ♏	12 ♊	28 ♋
9	18 ♓ 9	7 ♎ 29	29 ♈ 10	27 ♈ 17	0 ♓ 53	4 ♈ 2	8 ♌ 50	1 ♐ 55	6 ♏ 9	9 ♌ 14	6 ♉ 3	28 ♒ 38	9 ♐	21 ♎	4 ♏	12 ♊	28 ♋
10	19 ♓ 9	19 ♎ 17	29 ♈ 7	27 ♈ 15	2 ♓ 30	5 ♈ 17	8 ♌ 42	1 ♐ 57	6 ♏ 7	9 ♌ 12	6 ♉ 5	28 ♒ 39	10 ♐	20 ♎	4 ♏	12 ♊	28 ♋
11	20 ♓ 9	1 ♏ 7	29 ♈ 4	27 D 14	4 ♓ 9	6 ♈ 31	8 ♌ 36	1 ♐ 58	6 ♏ 4	9 ♌ 10	6 ♉ 6	28 ♒ 41	10 ♐	20 ♎	4 ♏	13 ♊	28 ♋
12	21 ♓ 9	13 ♏ 3	29 ♈ 1	27 ♈ 15	5 ♓ 49	7 ♈ 46	8 ♌ 30	2 ♐ 0	6 ♏ 2	9 ♌ 8	6 ♉ 8	28 ♒ 43	10 ♐	20 ♎	4 ♏	13 ♊	28 ♋
13	22 ♓ 9	25 ♏ 7	28 ♈ 57	27 ♈ 17	7 ♓ 30	9 ♈ 0	8 ♌ 25	2 ♐ 1	5 ♏ 59	9 ♌ 7	6 ♉ 10	28 ♒ 44	10 ♐	20 ♎	4 ♏	13 ♊	28 ♋
14	23 ♓ 9	7 ♐ 26	28 ♈ 54	27 ♈ 19	9 ♓ 12	10 ♈ 14	8 ♌ 20	2 ♐ 2	5 ♏ 57	9 ♌ 5	6 ♉ 12	28 ♒ 46	10 ♐	19 ♎	3 ♏	13 ♊	28 ♋
15	24 ♓ 9	20 ♐ 2	28 ♈ 51	27 ♈ 20	10 ♓ 55	11 ♈ 29	8 ♌ 17	2 ♐ 3	5 ♏ 54	9 ♌ 3	6 ♉ 13	28 ♒ 47	10 ♐	19 ♎	3 ♏	14 ♊	28 ♋
16	25 ♓ 9	3 ♑ 0	28 ♈ 48	27 R 19	12 ♓ 39	12 ♈ 43	8 ♌ 14	2 ♐ 3	5 ♏ 51	9 ♌ 2	6 ♉ 15	28 ♒ 49	10 ♐	19 ♎	3 ♏	14 ♊	28 ♋
17	26 ♓ 8	16 ♑ 25	28 ♈ 45	27 ♈ 18	14 ♓ 25	13 ♈ 58	8 ♌ 12	2 ♐ 4	5 ♏ 48	9 ♌ 0	6 ♉ 17	28 ♒ 51	11 ♐	19 ♎	3 ♏	14 ♊	28 ♋
18	27 ♓ 8	0 ♒ 18	28 ♈ 42	27 ♈ 15	16 ♓ 12	15 ♈ 12	8 ♌ 11	2 ♐ 4	5 ♏ 45	8 ♌ 59	6 ♉ 19	28 ♒ 52	11 ♐	18 ♎	3 ♏	15 ♊	28 ♋
19	28 ♓ 8	14 ♒ 39	28 ♈ 38	27 ♈ 11	18 ♓ 0	16 ♈ 26	8 ♌ 10	2 R 4	5 ♏ 42	8 ♌ 57	6 ♉ 21	28 ♒ 54	11 ♐	18 ♎	3 ♏	15 ♊	28 ♋
20	29 ♓ 8	29 ♒ 24	28 ♈ 35	27 ♈ 7	19 ♓ 49	17 ♈ 40	8 D 11	2 ♐ 3	5 ♏ 39	8 ♌ 56	6 ♉ 23	28 ♒ 55	11 ♐	18 ♎	3 ♏	15 ♊	28 ♋
21	0 ♈ 7	14 ♓ 28	28 ♈ 32	27 ♈ 3	21 ♓ 40	18 ♈ 55	8 ♌ 12	2 ♐ 3	5 ♏ 36	8 ♌ 55	6 ♉ 24	28 ♒ 57	11 ♐	18 ♎	2 ♏	15 ♊	28 ♋
22	1 ♈ 7	29 ♓ 42	28 ♈ 29	27 ♈ 0	23 ♓ 32	20 ♈ 9	8 ♌ 13	2 ♐ 3	5 ♏ 32	8 ♌ 53	6 ♉ 26	28 ♒ 58	11 ♐	17 ♎	2 ♏	16 ♊	28 ♋
23	2 ♈ 6	14 ♈ 56	28 ♈ 26	26 ♈ 59	25 ♓ 25	21 ♈ 23	8 ♌ 16	2 ♐ 2	5 ♏ 29	8 ♌ 52	6 ♉ 28	29 ♒ 0	11 ♐	17 ♎	2 ♏	16 ♊	28 ♋
24	3 ♈ 6	29 ♈ 59	28 ♈ 22	26 D 58	27 ♓ 19	22 ♈ 37	8 ♌ 19	2 ♐ 1	5 ♏ 26	8 ♌ 51	6 ♉ 30	29 ♒ 1	11 ♐	17 ♎	2 ♏	16 ♊	28 ♋
25	4 ♈ 6	14 ♉ 44	28 ♈ 19	26 ♈ 59	29 ♓ 14	23 ♈ 51	8 ♌ 22	2 ♐ 0	5 ♏ 22	8 ♌ 49	6 ♉ 32	29 ♒ 3	12 ♐	16 ♎	2 ♏	17 ♊	28 ♋
26	5 ♈ 5	29 ♉ 5	28 ♈ 16	27 ♈ 0	1 ♈ 11	25 ♈ 5	8 ♌ 27	1 ♐ 58	5 ♏ 19	8 ♌ 48	6 ♉ 34	29 ♒ 4	12 ♐	16 ♎	2 ♏	17 ♊	28 ♋
27	6 ♈ 5	13 ♊ 0	28 ♈ 13	27 ♈ 2	3 ♈ 9	26 ♈ 19	8 ♌ 32	1 ♐ 57	5 ♏ 15	8 ♌ 47	6 ♉ 36	29 ♒ 6	12 ♐	16 ♎	1 ♏	17 ♊	28 ♋
28	7 ♈ 4	26 ♊ 29	28 ♈ 10	27 ♈ 3	5 ♈ 8	27 ♈ 33	8 ♌ 38	1 ♐ 55	5 ♏ 11	8 ♌ 46	6 ♉ 38	29 ♒ 7	12 ♐	16 ♎	1 ♏	18 ♊	28 ♋
29	8 ♈ 3	9 ♋ 33	28 ♈ 7	27 R 3	7 ♈ 8	28 ♈ 47	8 ♌ 44	1 ♐ 53	5 ♏ 7	8 ♌ 45	6 ♉ 40	29 ♒ 8	12 ♐	15 ♎	1 ♏	18 ♊	28 ♋
30	9 ♈ 3	22 ♋ 16	28 ♈ 3	27 ♈ 2	9 ♈ 9	0 ♉ 1	8 ♌ 51	1 ♐ 51	5 ♏ 4	8 ♌ 44	6 ♉ 42	29 ♒ 10	12 ♐	15 ♎	1 ♏	18 ♊	28 ♋
31	10 ♈ 2	4 ♌ 42	28 ♈ 0	27 ♈ 1	11 ♈ 10	1 ♉ 15	8 ♌ 59	1 ♐ 49	5 ♏ 0	8 ♌ 43	6 ♉ 44	29 ♒ 11	12 ♐	15 ♎	1 ♏	18 ♊	28 ♋

SUN INGRESS	☉ → ♈ 20日 20:53
MOON PHASE	○ 7日 05:09 ♍ ◑ 15日 08:20 ♐ ● 22日 02:22 ♈ ◐ 28日 20:59 ♋

aspects		
5日	15:54	♂☌♅
7日	06:07	♀△♃
7日	13:41	☿☌♇
9日	15:41	☿□♃
10日	11:43	♄☍♆
12日	03:04	☿△♄
12日	04:44	☿⚹♆
12日	13:20	♀△♂
13日	02:07	♀△♅
22日	22:08	☉△♃
26日	09:34	☿△♃
29日	02:49	♂☌♅
29日	07:00	♀⚹♇
29日	16:43	☉△♅
29日	18:50	☉△♂
29日	19:14	☿△♅
29日	20:23	☿△♂
29日	21:42	☉☌☿

2042年4月

DAY	☉	☽	☊ mean	☊ true	☿	♀	♂	♃	♄	♅	♆	♇	⚳	⚴	⚵	⚶	⚷
	° ′	° ′	° ′	° ′	° ′	° ′	° ′	° ′	° ′	° ′	° ′	° ′	°	°	°	°	°
1	11 ♈ 1	16 ♌ 54	27 ♈ 57	26 R 59	13 D 13	2 D 29	9 D 7	1 R 47	4 R 56	8 R 43	6 D 46	29 D 13	12 D	14 R	0 R	19 D	28 D
2	12 ♈ 0	28 ♌ 55	27 ♈ 54	26 ♈ 57	15 ♈ 16	3 ♉ 43	9 ♌ 16	1 ♐ 44	4 ♏ 52	8 ♌ 42	6 ♉ 48	29 ♒ 14	12 ♐	14 ♎	0 ♏	19 ♊	28 ♋
3	13 ♈ 0	10 ♍ 50	27 ♈ 51	26 ♈ 54	17 ♈ 20	4 ♉ 56	9 ♌ 26	1 ♐ 41	4 ♏ 48	8 ♌ 41	6 ♉ 51	29 ♒ 15	12 ♐	14 ♎	0 ♏	19 ♊	28 ♋
4	13 ♈ 59	22 ♍ 40	27 ♈ 48	26 ♈ 53	19 ♈ 24	6 ♉ 10	9 ♌ 36	1 ♐ 38	4 ♏ 44	8 ♌ 40	6 ♉ 53	29 ♒ 17	12 ♐	13 ♎	0 ♏	20 ♊	28 ♋
5	14 ♈ 58	4 ♎ 28	27 ♈ 44	26 ♈ 51	21 ♈ 27	7 ♉ 24	9 ♌ 47	1 ♐ 35	4 ♏ 40	8 ♌ 40	6 ♉ 55	29 ♒ 18	12 ♐	13 ♎	0 ♏	20 ♊	28 ♋
6	15 ♈ 57	16 ♎ 17	27 ♈ 41	26 ♈ 50	23 ♈ 31	8 ♉ 37	9 ♌ 58	1 ♐ 32	4 ♏ 35	8 ♌ 39	6 ♉ 57	29 ♒ 19	12 ♐	13 ♎	29 ♎	20 ♊	28 ♋
7	16 ♈ 56	28 ♎ 9	27 ♈ 38	26 D 50	25 ♈ 34	9 ♉ 51	10 ♌ 10	1 ♐ 28	4 ♏ 31	8 ♌ 39	6 ♉ 59	29 ♒ 20	12 ♐	12 ♎	29 ♎	21 ♊	28 ♋
8	17 ♈ 55	10 ♏ 5	27 ♈ 35	26 ♈ 50	27 ♈ 36	11 ♉ 4	10 ♌ 22	1 ♐ 25	4 ♏ 27	8 ♌ 38	7 ♉ 1	29 ♒ 22	12 R	12 ♎	29 ♎	21 ♊	28 ♋
9	18 ♈ 54	22 ♏ 9	27 ♈ 32	26 ♈ 51	29 ♈ 37	12 ♉ 18	10 ♌ 35	1 ♐ 21	4 ♏ 23	8 ♌ 38	7 ♉ 3	29 ♒ 23	12 ♐	12 ♎	29 ♎	21 ♊	28 ♋
10	19 ♈ 53	4 ♐ 22	27 ♈ 28	26 ♈ 52	1 ♉ 36	13 ♉ 31	10 ♌ 48	1 ♐ 17	4 ♏ 18	8 ♌ 38	7 ♉ 6	29 ♒ 24	12 ♐	11 ♎	28 ♎	22 ♊	28 ♋
11	20 ♈ 52	16 ♐ 48	27 ♈ 25	26 ♈ 52	3 ♉ 33	14 ♉ 45	11 ♌ 2	1 ♐ 13	4 ♏ 14	8 ♌ 37	7 ♉ 8	29 ♒ 25	12 ♐	11 ♎	28 ♎	22 ♊	28 ♋
12	21 ♈ 51	29 ♐ 29	27 ♈ 22	26 ♈ 53	5 ♉ 28	15 ♉ 58	11 ♌ 16	1 ♐ 8	4 ♏ 10	8 ♌ 37	7 ♉ 10	29 ♒ 26	12 ♐	11 ♎	28 ♎	23 ♊	28 ♋
13	22 ♈ 50	12 ♑ 29	27 ♈ 19	26 ♈ 53	7 ♉ 20	17 ♉ 12	11 ♌ 31	1 ♐ 4	4 ♏ 5	8 ♌ 37	7 ♉ 12	29 ♒ 28	12 ♐	11 ♎	28 ♎	23 ♊	28 ♋
14	23 ♈ 48	25 ♑ 49	27 ♈ 16	26 R 53	9 ♉ 9	18 ♉ 25	11 ♌ 46	0 ♐ 59	4 ♏ 1	8 ♌ 37	7 ♉ 14	29 ♒ 29	12 ♐	10 ♎	28 ♎	23 ♊	28 ♋
15	24 ♈ 47	9 ♒ 33	27 ♈ 13	26 ♈ 53	10 ♉ 55	19 ♉ 38	12 ♌ 1	0 ♐ 55	3 ♏ 56	8 ♌ 37	7 ♉ 17	29 ♒ 30	12 ♐	10 ♎	27 ♎	24 ♊	28 ♋
16	25 ♈ 46	23 ♒ 40	27 ♈ 9	26 ♈ 53	12 ♉ 38	20 ♉ 51	12 ♌ 17	0 ♐ 50	3 ♏ 52	8 ♌ 37	7 ♉ 19	29 ♒ 31	12 ♐	10 ♎	27 ♎	24 ♊	28 ♋
17	26 ♈ 45	8 ♓ 9	27 ♈ 6	26 ♈ 53	14 ♉ 16	22 ♉ 5	12 ♌ 34	0 ♐ 45	3 ♏ 47	8 D 37	7 ♉ 21	29 ♒ 32	12 ♐	9 ♎	27 ♎	24 ♊	28 ♋
18	27 ♈ 43	22 ♓ 57	27 ♈ 3	26 D 53	15 ♉ 50	23 ♉ 18	12 ♌ 51	0 ♐ 39	3 ♏ 43	8 ♌ 37	7 ♉ 23	29 ♒ 33	12 ♐	9 ♎	27 ♎	25 ♊	28 ♋
19	28 ♈ 42	7 ♈ 57	27 ♈ 0	26 ♈ 53	17 ♉ 20	24 ♉ 31	13 ♌ 8	0 ♐ 34	3 ♏ 38	8 ♌ 37	7 ♉ 25	29 ♒ 34	12 ♐	9 ♎	26 ♎	25 ♊	28 ♋
20	29 ♈ 41	23 ♈ 3	26 ♈ 57	26 ♈ 53	18 ♉ 45	25 ♉ 44	13 ♌ 26	0 ♐ 28	3 ♏ 34	8 ♌ 37	7 ♉ 28	29 ♒ 35	12 ♐	9 ♎	26 ♎	25 ♊	28 ♋
21	0 ♉ 39	8 ♉ 4	26 ♈ 54	26 R 53	20 ♉ 6	26 ♉ 57	13 ♌ 44	0 ♐ 23	3 ♏ 29	8 ♌ 37	7 ♉ 30	29 ♒ 36	12 ♐	8 ♎	26 ♎	26 ♊	28 ♋
22	1 ♉ 38	22 ♉ 53	26 ♈ 50	26 ♈ 53	21 ♉ 22	28 ♉ 10	14 ♌ 3	0 ♐ 17	3 ♏ 24	8 ♌ 37	7 ♉ 32	29 ♒ 37	11 ♐	8 ♎	26 ♎	26 ♊	28 ♋
23	2 ♉ 37	7 ♊ 22	26 ♈ 47	26 ♈ 52	22 ♉ 33	29 ♉ 23	14 ♌ 22	0 ♐ 11	3 ♏ 20	8 ♌ 38	7 ♉ 34	29 ♒ 38	11 ♐	8 ♎	25 ♎	26 ♊	28 ♋
24	3 ♉ 35	21 ♊ 26	26 ♈ 44	26 ♈ 52	23 ♉ 38	0 ♊ 36	14 ♌ 41	0 ♐ 5	3 ♏ 15	8 ♌ 38	7 ♉ 37	29 ♒ 39	11 ♐	8 ♎	25 ♎	27 ♊	28 ♋
25	4 ♉ 34	5 ♋ 4	26 ♈ 41	26 ♈ 51	24 ♉ 39	1 ♊ 49	15 ♌ 1	29 ♏ 59	3 ♏ 11	8 ♌ 39	7 ♉ 39	29 ♒ 40	11 ♐	7 ♎	25 ♎	27 ♊	28 ♋
26	5 ♉ 32	18 ♋ 16	26 ♈ 38	26 ♈ 50	25 ♉ 34	3 ♊ 1	15 ♌ 21	29 ♏ 53	3 ♏ 6	8 ♌ 39	7 ♉ 41	29 ♒ 41	11 ♐	7 ♎	25 ♎	28 ♊	28 ♋
27	6 ♉ 30	1 ♌ 4	26 ♈ 34	26 ♈ 50	26 ♉ 24	4 ♊ 14	15 ♌ 42	29 ♏ 46	3 ♏ 2	8 ♌ 40	7 ♉ 44	29 ♒ 41	11 ♐	7 ♎	25 ♎	28 ♊	28 ♋
28	7 ♉ 29	13 ♌ 31	26 ♈ 31	26 D 50	27 ♉ 8	5 ♊ 27	16 ♌ 2	29 ♏ 40	2 ♏ 57	8 ♌ 40	7 ♉ 46	29 ♒ 42	11 ♐	7 ♎	24 ♎	28 ♊	28 ♋
29	8 ♉ 27	25 ♌ 41	26 ♈ 28	26 ♈ 50	27 ♉ 47	6 ♊ 39	16 ♌ 23	29 ♏ 33	2 ♏ 52	8 ♌ 41	7 ♉ 48	29 ♒ 43	11 ♐	6 ♎	24 ♎	29 ♊	28 ♋
30	9 ♉ 26	7 ♍ 40	26 ♈ 25	26 ♈ 51	28 ♉ 20	7 ♊ 52	16 ♌ 45	29 ♏ 27	2 ♏ 48	8 ♌ 42	7 ♉ 50	29 ♒ 44	10 ♐	6 ♎	24 ♎	29 ♊	28 ♋

SUN INGRESS	☉ → ♉ 20日 07:39
MOON PHASE	○ 5日 23:15 ♎ ◑ 13日 20:08 ♑ ● 20日 11:19 ♉ ◐ 27日 11:19 ♌

aspects		
2日	21:21	♀☍♄
4日	14:18	♀☌♆
6日	00:37	♀□♅
7日	07:15	♀□♂
8日	21:13	☿⚹♇
11日	08:10	☿☍♄
12日	22:13	☿☌♆
13日	16:43	☿□♅
15日	18:16	☿□♂
19日	21:36	☉⚹♇
23日	05:03	♀□♇
23日	14:41	♀☍♃
23日	16:28	☉☍♄
27日	15:40	♃□♇
28日	07:14	☉☌♆
29日	05:44	☉□♅
30日	16:38	♀⚹♅

2042年5月

DAY	☉	☽	☊ mean	☊ true	☿	♀	♂	♃	♄	♅	♆	♇	⚳	⚴	⚵	⚶	⚷
	° ′	° ′	° ′	° ′	° ′	° ′	° ′	° ′	° ′	° ′	° ′	° ′	°	°	°	°	°
1	10 ♉ 24	19 ♍ 31	26 ♈ 22	26 D 52	28 D 48	9 D 4	17 D 7	29 R 20	2 R 43	8 D 42	7 D 53	29 D 45	10 R	6 R	24 R	29 D	29 D
2	11 ♉ 22	1 ♎ 19	26 ♈ 19	26 ♈ 54	29 ♉ 10	10 ♊ 17	17 ♌ 29	29 ♏ 13	2 ♏ 39	8 ♌ 43	7 ♉ 55	29 ♒ 45	10 ♐	6 ♎	24 ♎	0 ♋	29 ♋
3	12 ♉ 20	13 ♎ 7	26 ♈ 15	26 ♈ 55	29 ♉ 27	11 ♊ 29	17 ♌ 51	29 ♏ 6	2 ♏ 34	8 ♌ 44	7 ♉ 57	29 ♒ 46	10 ♐	6 ♎	23 ♎	0 ♋	29 ♋
4	13 ♉ 18	24 ♎ 59	26 ♈ 12	26 ♈ 55	29 ♉ 38	12 ♊ 42	18 ♌ 14	28 ♏ 59	2 ♏ 30	8 ♌ 45	7 ♉ 59	29 ♒ 47	10 ♐	6 ♎	23 ♎	1 ♋	29 ♋
5	14 ♉ 17	6 ♏ 58	26 ♈ 9	26 R 55	29 ♉ 44	13 ♊ 54	18 ♌ 37	28 ♏ 52	2 ♏ 26	8 ♌ 46	8 ♉ 2	29 ♒ 47	10 ♐	5 ♎	23 ♎	1 ♋	29 ♋
6	15 ♉ 15	19 ♏ 4	26 ♈ 6	26 ♈ 54	29 R 44	15 ♊ 6	19 ♌ 0	28 ♏ 45	2 ♏ 21	8 ♌ 47	8 ♉ 4	29 ♒ 48	10 ♐	5 ♎	23 ♎	1 ♋	29 ♋
7	16 ♉ 13	1 ♐ 21	26 ♈ 3	26 ♈ 52	29 ♉ 40	16 ♊ 18	19 ♌ 24	28 ♏ 37	2 ♏ 17	8 ♌ 48	8 ♉ 6	29 ♒ 49	9 ♐	5 ♎	23 ♎	2 ♋	29 ♋
8	17 ♉ 11	13 ♐ 50	25 ♈ 59	26 ♈ 49	29 ♉ 30	17 ♊ 31	19 ♌ 48	28 ♏ 30	2 ♏ 12	8 ♌ 49	8 ♉ 8	29 ♒ 49	9 ♐	5 ♎	22 ♎	2 ♋	29 ♋
9	18 ♉ 9	26 ♐ 31	25 ♈ 56	26 ♈ 46	29 ♉ 16	18 ♊ 43	20 ♌ 12	28 ♏ 23	2 ♏ 8	8 ♌ 51	8 ♉ 11	29 ♒ 50	9 ♐	5 ♎	22 ♎	3 ♋	29 ♋
10	19 ♉ 7	9 ♑ 26	25 ♈ 53	26 ♈ 42	28 ♉ 57	19 ♊ 55	20 ♌ 36	28 ♏ 15	2 ♏ 4	8 ♌ 52	8 ♉ 13	29 ♒ 50	9 ♐	5 ♎	22 ♎	3 ♋	29 ♋
11	20 ♉ 5	22 ♑ 36	25 ♈ 50	26 ♈ 40	28 ♉ 35	21 ♊ 7	21 ♌ 1	28 ♏ 8	2 ♏ 0	8 ♌ 53	8 ♉ 15	29 ♒ 51	9 ♐	5 ♎	22 ♎	3 ♋	29 ♋
12	21 ♉ 3	6 ♒ 1	25 ♈ 47	26 ♈ 38	28 ♉ 9	22 ♊ 19	21 ♌ 26	28 ♏ 0	1 ♏ 55	8 ♌ 54	8 ♉ 17	29 ♒ 51	8 ♐	4 ♎	22 ♎	4 ♋	29 ♋
13	22 ♉ 1	19 ♒ 43	25 ♈ 44	26 ♈ 37	27 ♉ 40	23 ♊ 31	21 ♌ 51	27 ♏ 53	1 ♏ 51	8 ♌ 56	8 ♉ 19	29 ♒ 52	8 ♐	4 ♎	21 ♎	4 ♋	29 ♋
14	22 ♉ 59	3 ♓ 41	25 ♈ 40	26 D 37	27 ♉ 9	24 ♊ 42	22 ♌ 16	27 ♏ 45	1 ♏ 47	8 ♌ 57	8 ♉ 22	29 ♒ 52	8 ♐	4 ♎	21 ♎	5 ♋	29 ♋
15	23 ♉ 57	17 ♓ 54	25 ♈ 37	26 ♈ 39	26 ♉ 35	25 ♊ 54	22 ♌ 42	27 ♏ 38	1 ♏ 43	8 ♌ 59	8 ♉ 24	29 ♒ 53	8 ♐	4 ♎	21 ♎	5 ♋	29 ♋
16	24 ♉ 55	2 ♈ 22	25 ♈ 34	26 ♈ 40	26 ♉ 1	27 ♊ 6	23 ♌ 8	27 ♏ 30	1 ♏ 39	9 ♌ 0	8 ♉ 26	29 ♒ 53	8 ♐	4 ♎	21 ♎	5 ♋	29 ♋
17	25 ♉ 53	17 ♈ 0	25 ♈ 31	26 ♈ 41	25 ♉ 26	28 ♊ 17	23 ♌ 34	27 ♏ 22	1 ♏ 35	9 ♌ 2	8 ♉ 28	29 ♒ 54	7 ♐	4 ♎	21 ♎	6 ♋	29 ♋
18	26 ♉ 50	1 ♉ 44	25 ♈ 28	26 R 41	24 ♉ 50	29 ♊ 29	24 ♌ 0	27 ♏ 15	1 ♏ 31	9 ♌ 3	8 ♉ 30	29 ♒ 54	7 ♐	4 ♎	21 ♎	6 ♋	0 ♌
19	27 ♉ 48	16 ♉ 28	25 ♈ 25	26 ♈ 40	24 ♉ 15	0 ♋ 41	24 ♌ 27	27 ♏ 7	1 ♏ 27	9 ♌ 5	8 ♉ 33	29 ♒ 54	7 ♐	4 ♎	21 ♎	7 ♋	0 ♌
20	28 ♉ 46	1 ♊ 5	25 ♈ 21	26 ♈ 37	23 ♉ 42	1 ♋ 52	24 ♌ 54	26 ♏ 59	1 ♏ 23	9 ♌ 7	8 ♉ 35	29 ♒ 55	7 ♐	4 ♎	20 ♎	7 ♋	0 ♌
21	29 ♉ 44	15 ♊ 28	25 ♈ 18	26 ♈ 33	23 ♉ 10	3 ♋ 3	25 ♌ 21	26 ♏ 52	1 ♏ 20	9 ♌ 9	8 ♉ 37	29 ♒ 55	7 ♐	4 ♎	20 ♎	7 ♋	0 ♌
22	0 ♊ 42	29 ♊ 31	25 ♈ 15	26 ♈ 28	22 ♉ 40	4 ♋ 15	25 ♌ 48	26 ♏ 44	1 ♏ 16	9 ♌ 10	8 ♉ 39	29 ♒ 55	6 ♐	4 ♎	20 ♎	8 ♋	0 ♌
23	1 ♊ 39	13 ♋ 11	25 ♈ 12	26 ♈ 23	22 ♉ 13	5 ♋ 26	26 ♌ 15	26 ♏ 37	1 ♏ 12	9 ♌ 12	8 ♉ 41	29 ♒ 55	6 ♐	4 ♎	20 ♎	8 ♋	0 ♌
24	2 ♊ 37	26 ♋ 26	25 ♈ 9	26 ♈ 18	21 ♉ 49	6 ♋ 37	26 ♌ 43	26 ♏ 29	1 ♏ 9	9 ♌ 14	8 ♉ 43	29 ♒ 55	6 ♐	4 ♎	20 ♎	9 ♋	0 ♌
25	3 ♊ 35	9 ♌ 17	25 ♈ 5	26 ♈ 14	21 ♉ 29	7 ♋ 48	27 ♌ 11	26 ♏ 21	1 ♏ 5	9 ♌ 16	8 ♉ 45	29 ♒ 56	6 ♐	4 D	20 ♎	9 ♋	0 ♌
26	4 ♊ 32	21 ♌ 47	25 ♈ 2	26 ♈ 11	21 ♉ 12	9 ♋ 0	27 ♌ 39	26 ♏ 14	1 ♏ 2	9 ♌ 18	8 ♉ 47	29 ♒ 56	5 ♐	4 ♎	20 ♎	9 ♋	0 ♌
27	5 ♊ 30	3 ♍ 59	24 ♈ 59	26 ♈ 10	20 ♉ 59	10 ♋ 11	28 ♌ 7	26 ♏ 6	0 ♏ 59	9 ♌ 20	8 ♉ 50	29 ♒ 56	5 ♐	4 ♎	20 ♎	10 ♋	0 ♌
28	6 ♊ 28	15 ♍ 58	24 ♈ 56	26 D 11	20 ♉ 51	11 ♋ 21	28 ♌ 35	25 ♏ 59	0 ♏ 55	9 ♌ 22	8 ♉ 52	29 ♒ 56	5 ♐	4 ♎	20 ♎	10 ♋	0 ♌
29	7 ♊ 25	27 ♍ 49	24 ♈ 53	26 ♈ 12	20 ♉ 47	12 ♋ 32	29 ♌ 4	25 ♏ 52	0 ♏ 52	9 ♌ 25	8 ♉ 54	29 ♒ 56	5 ♐	4 ♎	20 ♎	11 ♋	0 ♌
30	8 ♊ 23	9 ♎ 37	24 ♈ 50	26 ♈ 14	20 D 47	13 ♋ 43	29 ♌ 33	25 ♏ 44	0 ♏ 49	9 ♌ 27	8 ♉ 56	29 ♒ 56	5 ♐	4 ♎	19 ♎	11 ♋	1 ♌
31	9 ♊ 20	21 ♎ 27	24 ♈ 46	26 ♈ 15	20 ♉ 52	14 ♋ 54	0 ♍ 2	25 ♏ 37	0 ♏ 46	9 ♌ 29	8 ♉ 58	29 ♒ 56	4 ♐	4 ♎	19 ♎	12 ♋	1 ♌

SUN INGRESS	☉ → ♊ 21日 06:31
MOON PHASE	○ 5日 15:48 ♏　◑ 13日 04:17 ♒　● 19日 19:54 ♉　◐ 27日 03:17 ♍

aspects		
2日	02:29	☿☍♃
10日	20:57	♀⚹♂
12日	10:15	☿☍♃
12日	16:34	☉□♂
16日	17:03	☉☌☿
18日	08:22	♀△♇
18日	08:54	☉☍♃
18日	19:33	☿□♂
19日	14:53	♀△♄
21日	04:34	☉□♇
23日	14:32	♂□♃
25日	19:48	♀⚹♆
30日	19:18	♂☍♇
31日	03:43	☉⚹♅

2042年6月

DAY	☉	☽	☊ mean	☊ true	☿	♀	♂	♃	♄	♅	♆	♇	⚳	⚴	⚵	⚶	⚷
	° ′	° ′	° ′	° ′	° ′	° ′	° ′	° ′	° ′	° ′	° ′	° ′	°	°	°	°	°
1	10 ♊ 18	3 ♏ 23	24 ♈ 43	26 R 15	21 D 1	16 D 4	0 D 31	25 R 30	0 R 43	9 D 31	9 D 0	29 R 56	4 R	4 D	19 R	12 D	1 D
2	11 ♊ 15	15 ♏ 29	24 ♈ 40	26 ♈ 13	21 ♉ 15	17 ♋ 15	1 ♍ 0	25 ♏ 23	0 ♏ 40	9 ♌ 33	9 ♉ 2	29 ♒ 56	4 ♐	4 ♎	19 ♎	12 ♋	1 ♌
3	12 ♊ 13	27 ♏ 47	24 ♈ 37	26 ♈ 9	21 ♉ 33	18 ♋ 25	1 ♍ 30	25 ♏ 16	0 ♏ 37	9 ♌ 36	9 ♉ 4	29 ♒ 56	4 ♐	4 ♎	19 ♎	13 ♋	1 ♌
4	13 ♊ 10	10 ♐ 20	24 ♈ 34	26 ♈ 3	21 ♉ 55	19 ♋ 36	1 ♍ 59	25 ♏ 9	0 ♏ 34	9 ♌ 38	9 ♉ 6	29 ♒ 56	3 ♐	4 ♎	19 ♎	13 ♋	1 ♌
5	14 ♊ 8	23 ♐ 8	24 ♈ 31	25 ♈ 56	22 ♉ 22	20 ♋ 46	2 ♍ 29	25 ♏ 2	0 ♏ 32	9 ♌ 41	9 ♉ 8	29 ♒ 56	3 ♐	4 ♎	19 ♎	14 ♋	1 ♌
6	15 ♊ 5	6 ♑ 11	24 ♈ 27	25 ♈ 47	22 ♉ 53	21 ♋ 56	2 ♍ 59	24 ♏ 55	0 ♏ 29	9 ♌ 43	9 ♉ 9	29 ♒ 56	3 ♐	4 ♎	19 ♎	14 ♋	1 ♌
7	16 ♊ 3	19 ♑ 27	24 ♈ 24	25 ♈ 39	23 ♉ 29	23 ♋ 6	3 ♍ 29	24 ♏ 48	0 ♏ 26	9 ♌ 46	9 ♉ 11	29 ♒ 55	3 ♐	5 ♎	19 ♎	15 ♋	1 ♌
8	17 ♊ 0	2 ♒ 56	24 ♈ 21	25 ♈ 32	24 ♉ 8	24 ♋ 16	4 ♍ 0	24 ♏ 42	0 ♏ 24	9 ♌ 48	9 ♉ 13	29 ♒ 55	3 ♐	5 ♎	19 ♎	15 ♋	1 ♌
9	17 ♊ 57	16 ♒ 36	24 ♈ 18	25 ♈ 26	24 ♉ 51	25 ♋ 26	4 ♍ 30	24 ♏ 35	0 ♏ 22	9 ♌ 51	9 ♉ 15	29 ♒ 55	2 ♐	5 ♎	19 ♎	15 ♋	1 ♌
10	18 ♊ 55	0 ♓ 26	24 ♈ 15	25 ♈ 22	25 ♉ 39	26 ♋ 36	5 ♍ 1	24 ♏ 29	0 ♏ 19	9 ♌ 53	9 ♉ 17	29 ♒ 55	2 ♐	5 ♎	19 ♎	16 ♋	2 ♌
11	19 ♊ 52	14 ♓ 25	24 ♈ 11	25 ♈ 21	26 ♉ 30	27 ♋ 46	5 ♍ 31	24 ♏ 22	0 ♏ 17	9 ♌ 56	9 ♉ 19	29 ♒ 55	2 ♐	5 ♎	19 ♎	16 ♋	2 ♌
12	20 ♊ 50	28 ♓ 31	24 ♈ 8	25 D 21	27 ♉ 24	28 ♋ 56	6 ♍ 2	24 ♏ 16	0 ♏ 15	9 ♌ 59	9 ♉ 21	29 ♒ 54	2 ♐	5 ♎	19 ♎	17 ♋	2 ♌
13	21 ♊ 47	12 ♈ 43	24 ♈ 5	25 ♈ 22	28 ♉ 23	0 ♌ 5	6 ♍ 33	24 ♏ 10	0 ♏ 13	10 ♌ 1	9 ♉ 22	29 ♒ 54	2 ♐	5 ♎	19 D	17 ♋	2 ♌
14	22 ♊ 44	27 ♈ 1	24 ♈ 2	25 R 22	29 ♉ 25	1 ♌ 15	7 ♍ 4	24 ♏ 4	0 ♏ 11	10 ♌ 4	9 ♉ 24	29 ♒ 54	1 ♐	5 ♎	19 ♎	18 ♋	2 ♌
15	23 ♊ 42	11 ♉ 21	23 ♈ 59	25 ♈ 21	0 ♊ 30	2 ♌ 24	7 ♍ 36	23 ♏ 58	0 ♏ 9	10 ♌ 7	9 ♉ 26	29 ♒ 53	1 ♐	5 ♎	19 ♎	18 ♋	2 ♌
16	24 ♊ 39	25 ♉ 40	23 ♈ 56	25 ♈ 18	1 ♊ 39	3 ♌ 33	8 ♍ 7	23 ♏ 52	0 ♏ 8	10 ♌ 10	9 ♉ 28	29 ♒ 53	1 ♐	6 ♎	19 ♎	18 ♋	2 ♌
17	25 ♊ 36	9 ♊ 54	23 ♈ 52	25 ♈ 12	2 ♊ 51	4 ♌ 43	8 ♍ 39	23 ♏ 47	0 ♏ 6	10 ♌ 13	9 ♉ 29	29 ♒ 53	1 ♐	6 ♎	19 ♎	19 ♋	2 ♌
18	26 ♊ 34	23 ♊ 58	23 ♈ 49	25 ♈ 4	4 ♊ 7	5 ♌ 52	9 ♍ 11	23 ♏ 41	0 ♏ 4	10 ♌ 16	9 ♉ 31	29 ♒ 52	1 ♐	6 ♎	19 ♎	19 ♋	2 ♌
19	27 ♊ 31	7 ♋ 47	23 ♈ 46	24 ♈ 54	5 ♊ 26	7 ♌ 1	9 ♍ 42	23 ♏ 36	0 ♏ 3	10 ♌ 18	9 ♉ 33	29 ♒ 52	1 ♐	6 ♎	19 ♎	20 ♋	2 ♌
20	28 ♊ 28	21 ♋ 18	23 ♈ 43	24 ♈ 44	6 ♊ 48	8 ♌ 10	10 ♍ 14	23 ♏ 31	0 ♏ 2	10 ♌ 21	9 ♉ 34	29 ♒ 51	0 ♐	6 ♎	19 ♎	20 ♋	3 ♌
21	29 ♊ 25	4 ♌ 28	23 ♈ 40	24 ♈ 34	8 ♊ 13	9 ♌ 18	10 ♍ 47	23 ♏ 26	0 ♏ 0	10 ♌ 24	9 ♉ 36	29 ♒ 51	0 ♐	6 ♎	19 ♎	21 ♋	3 ♌
22	0 ♋ 23	17 ♌ 17	23 ♈ 37	24 ♈ 25	9 ♊ 42	10 ♌ 27	11 ♍ 19	23 ♏ 21	29 ♎ 59	10 ♌ 27	9 ♉ 38	29 ♒ 50	0 ♐	7 ♎	19 ♎	21 ♋	3 ♌
23	1 ♋ 20	29 ♌ 46	23 ♈ 33	24 ♈ 19	11 ♊ 13	11 ♌ 36	11 ♍ 51	23 ♏ 16	29 ♎ 58	10 ♌ 31	9 ♉ 39	29 ♒ 50	0 ♐	7 ♎	19 ♎	21 ♋	3 ♌
24	2 ♋ 17	11 ♍ 57	23 ♈ 30	24 ♈ 15	12 ♊ 48	12 ♌ 44	12 ♍ 24	23 ♏ 12	29 ♎ 57	10 ♌ 34	9 ♉ 41	29 ♒ 49	0 ♐	7 ♎	19 ♎	22 ♋	3 ♌
25	3 ♋ 15	23 ♍ 57	23 ♈ 27	24 ♈ 13	14 ♊ 26	13 ♌ 52	12 ♍ 56	23 ♏ 7	29 ♎ 56	10 ♌ 37	9 ♉ 42	29 ♒ 49	0 ♐	7 ♎	19 ♎	22 ♋	3 ♌
26	4 ♋ 12	5 ♎ 48	23 ♈ 24	24 D 12	16 ♊ 7	15 ♌ 1	13 ♍ 29	23 ♏ 3	29 ♎ 56	10 ♌ 40	9 ♉ 44	29 ♒ 48	0 ♐	7 ♎	19 ♎	23 ♋	3 ♌
27	5 ♋ 9	17 ♎ 36	23 ♈ 21	24 ♈ 13	17 ♊ 51	16 ♌ 9	14 ♍ 2	22 ♏ 59	29 ♎ 55	10 ♌ 43	9 ♉ 45	29 ♒ 47	29 ♏	8 ♎	19 ♎	23 ♋	3 ♌
28	6 ♋ 6	29 ♎ 28	23 ♈ 17	24 R 13	19 ♊ 38	17 ♌ 17	14 ♍ 35	22 ♏ 55	29 ♎ 54	10 ♌ 46	9 ♉ 47	29 ♒ 47	29 ♏	8 ♎	20 ♎	24 ♋	3 ♌
29	7 ♋ 3	11 ♏ 27	23 ♈ 14	24 ♈ 11	21 ♊ 28	18 ♌ 25	15 ♍ 8	22 ♏ 51	29 ♎ 54	10 ♌ 49	9 ♉ 48	29 ♒ 46	29 ♏	8 ♎	20 ♎	24 ♋	4 ♌
30	8 ♋ 1	23 ♏ 39	23 ♈ 11	24 ♈ 8	23 ♊ 20	19 ♌ 32	15 ♍ 42	22 ♏ 47	29 ♎ 53	10 ♌ 53	9 ♉ 49	29 ♒ 45	29 ♏	8 ♎	20 ♎	24 ♋	4 ♌

SUN INGRESS	☉ → ♋ 21日 14:15
MOON PHASE	○ 4日 05:48 ♐　◑ 11日 10:00 ♓　● 18日 04:48 ♊　◐ 25日 20:28 ♎

aspects		
1日	08:51	♂⚹♄
7日	17:12	☿⚹♀
8日	07:53	♀△♃
8日	16:17	☿☍♃
13日	02:40	♀□♄
14日	10:45	☿□♇
18日	16:17	♂△♆
21日	06:15	♀□♆
21日	10:29	☉△♇
21日	14:21	☉△♄
22日	00:07	♀☌♅
22日	12:31	☿⚹♅
23日	14:46	☿□♂
23日	20:34	☿⚹♀

2042年7月

DAY	☉	☽	☊ mean	☊ true	☿	♀	♂	♃	♄	♅	♆	♇	⚳	⚴	⚵	⚶	⚷
	° ′	° ′	° ′	° ′	° ′	° ′	° ′	° ′	° ′	° ′	° ′	° ′	°	°	°	°	°
1	8 ♋ 58	6 ♐ 7	23 ♈ 8	24 R 2	25 D 15	20 D 40	16 D 15	22 R 44	29 R 53	10 D 56	9 D 51	29 R 45	29 R	8 D	20 D	25 D	4 D
2	9 ♋ 55	18 ♐ 54	23 ♈ 5	23 ♈ 54	27 ♊ 13	21 ♌ 47	16 ♍ 48	22 ♏ 41	29 ♎ 53	10 ♌ 59	9 ♉ 52	29 ♒ 44	29 ♏	9 ♎	20 ♎	25 ♋	4 ♌
3	10 ♋ 52	2 ♑ 0	23 ♈ 2	23 ♈ 44	29 ♊ 13	22 ♌ 54	17 ♍ 22	22 ♏ 38	29 ♎ 53	11 ♌ 2	9 ♉ 53	29 ♒ 43	29 ♏	9 ♎	20 ♎	26 ♋	4 ♌
4	11 ♋ 49	15 ♑ 25	22 ♈ 58	23 ♈ 32	1 ♋ 15	24 ♌ 1	17 ♍ 56	22 ♏ 35	29 D 53	11 ♌ 6	9 ♉ 55	29 ♒ 42	29 ♏	9 ♎	20 ♎	26 ♋	4 ♌
5	12 ♋ 47	29 ♑ 6	22 ♈ 55	23 ♈ 20	3 ♋ 19	25 ♌ 8	18 ♍ 29	22 ♏ 32	29 ♎ 53	11 ♌ 9	9 ♉ 56	29 ♒ 42	29 ♏	9 ♎	20 ♎	27 ♋	4 ♌
6	13 ♋ 44	13 ♒ 0	22 ♈ 52	23 ♈ 10	5 ♋ 25	26 ♌ 15	19 ♍ 3	22 ♏ 29	29 ♎ 53	11 ♌ 13	9 ♉ 57	29 ♒ 41	29 ♏	10 ♎	20 ♎	27 ♋	4 ♌
7	14 ♋ 41	27 ♒ 3	22 ♈ 49	23 ♈ 1	7 ♋ 32	27 ♌ 22	19 ♍ 37	22 ♏ 27	29 ♎ 54	11 ♌ 16	9 ♉ 58	29 ♒ 40	29 ♏	10 ♎	20 ♎	28 ♋	4 ♌
8	15 ♋ 38	11 ♓ 11	22 ♈ 46	22 ♈ 56	9 ♋ 40	28 ♌ 28	20 ♍ 11	22 ♏ 25	29 ♎ 54	11 ♌ 19	10 ♉ 0	29 ♒ 39	29 ♏	10 ♎	21 ♎	28 ♋	5 ♌
9	16 ♋ 35	25 ♓ 21	22 ♈ 43	22 ♈ 52	11 ♋ 49	29 ♌ 35	20 ♍ 46	22 ♏ 23	29 ♎ 54	11 ♌ 23	10 ♉ 1	29 ♒ 38	29 ♏	10 ♎	21 ♎	28 ♋	5 ♌
10	17 ♋ 33	9 ♈ 31	22 ♈ 39	22 ♈ 51	13 ♋ 59	0 ♍ 41	21 ♍ 20	22 ♏ 21	29 ♎ 55	11 ♌ 26	10 ♉ 2	29 ♒ 37	28 ♏	11 ♎	21 ♎	29 ♋	5 ♌
11	18 ♋ 30	23 ♈ 38	22 ♈ 36	22 ♈ 51	16 ♋ 9	1 ♍ 47	21 ♍ 54	22 ♏ 19	29 ♎ 56	11 ♌ 30	10 ♉ 3	29 ♒ 36	28 ♏	11 ♎	21 ♎	29 ♋	5 ♌
12	19 ♋ 27	7 ♉ 43	22 ♈ 33	22 ♈ 51	18 ♋ 19	2 ♍ 52	22 ♍ 29	22 ♏ 17	29 ♎ 57	11 ♌ 33	10 ♉ 4	29 ♒ 35	28 ♏	11 ♎	21 ♎	0 ♌	5 ♌
13	20 ♋ 24	21 ♉ 44	22 ♈ 30	22 ♈ 49	20 ♋ 28	3 ♍ 58	23 ♍ 4	22 ♏ 16	29 ♎ 57	11 ♌ 37	10 ♉ 5	29 ♒ 35	28 ♏	11 ♎	21 ♎	0 ♌	5 ♌
14	21 ♋ 21	5 ♊ 40	22 ♈ 27	22 ♈ 45	22 ♋ 37	5 ♍ 4	23 ♍ 38	22 ♏ 15	29 ♎ 58	11 ♌ 40	10 ♉ 6	29 ♒ 34	28 ♏	12 ♎	21 ♎	1 ♌	5 ♌
15	22 ♋ 19	19 ♊ 29	22 ♈ 23	22 ♈ 38	24 ♋ 45	6 ♍ 9	24 ♍ 13	22 ♏ 14	0 ♏ 0	11 ♌ 44	10 ♉ 7	29 ♒ 33	28 ♏	12 ♎	22 ♎	1 ♌	5 ♌
16	23 ♋ 16	3 ♋ 9	22 ♈ 20	22 ♈ 28	26 ♋ 52	7 ♍ 14	24 ♍ 48	22 ♏ 13	0 ♏ 1	11 ♌ 47	10 ♉ 8	29 ♒ 32	28 D	12 ♎	22 ♎	2 ♌	5 ♌
17	24 ♋ 13	16 ♋ 36	22 ♈ 17	22 ♈ 16	28 ♋ 58	8 ♍ 19	25 ♍ 23	22 ♏ 13	0 ♏ 2	11 ♌ 51	10 ♉ 9	29 ♒ 31	28 ♏	12 ♎	22 ♎	2 ♌	6 ♌
18	25 ♋ 10	29 ♋ 49	22 ♈ 14	22 ♈ 3	1 ♌ 3	9 ♍ 23	25 ♍ 58	22 ♏ 12	0 ♏ 3	11 ♌ 55	10 ♉ 10	29 ♒ 30	28 ♏	13 ♎	22 ♎	2 ♌	6 ♌
19	26 ♋ 8	12 ♌ 45	22 ♈ 11	21 ♈ 51	3 ♌ 6	10 ♍ 28	26 ♍ 34	22 ♏ 12	0 ♏ 5	11 ♌ 58	10 ♉ 11	29 ♒ 29	28 ♏	13 ♎	22 ♎	3 ♌	6 ♌
20	27 ♋ 5	25 ♌ 24	22 ♈ 8	21 ♈ 40	5 ♌ 8	11 ♍ 32	27 ♍ 9	22 D 12	0 ♏ 6	12 ♌ 2	10 ♉ 11	29 ♒ 28	28 ♏	13 ♎	22 ♎	3 ♌	6 ♌
21	28 ♋ 2	7 ♍ 47	22 ♈ 4	21 ♈ 32	7 ♌ 8	12 ♍ 36	27 ♍ 44	22 ♏ 12	0 ♏ 8	12 ♌ 5	10 ♉ 12	29 ♒ 26	28 ♏	14 ♎	22 ♎	4 ♌	6 ♌
22	29 ♋ 0	19 ♍ 55	22 ♈ 1	21 ♈ 26	9 ♌ 7	13 ♍ 40	28 ♍ 20	22 ♏ 12	0 ♏ 10	12 ♌ 9	10 ♉ 13	29 ♒ 25	28 ♏	14 ♎	23 ♎	4 ♌	6 ♌
23	29 ♋ 57	1 ♎ 52	21 ♈ 58	21 ♈ 23	11 ♌ 4	14 ♍ 44	28 ♍ 56	22 ♏ 13	0 ♏ 12	12 ♌ 13	10 ♉ 14	29 ♒ 24	29 ♏	14 ♎	23 ♎	5 ♌	6 ♌
24	0 ♌ 54	13 ♎ 42	21 ♈ 55	21 ♈ 21	12 ♌ 59	15 ♍ 47	29 ♍ 31	22 ♏ 13	0 ♏ 14	12 ♌ 16	10 ♉ 14	29 ♒ 23	29 ♏	15 ♎	23 ♎	5 ♌	6 ♌
25	1 ♌ 51	25 ♎ 30	21 ♈ 52	21 D 21	14 ♌ 52	16 ♍ 50	0 ♎ 7	22 ♏ 14	0 ♏ 16	12 ♌ 20	10 ♉ 15	29 ♒ 22	29 ♏	15 ♎	23 ♎	6 ♌	7 ♌
26	2 ♌ 49	7 ♏ 22	21 ♈ 49	21 R 21	16 ♌ 44	17 ♍ 53	0 ♎ 43	22 ♏ 15	0 ♏ 18	12 ♌ 24	10 ♉ 16	29 ♒ 21	29 ♏	15 ♎	23 ♎	6 ♌	7 ♌
27	3 ♌ 46	19 ♏ 22	21 ♈ 45	21 ♈ 20	18 ♌ 34	18 ♍ 55	1 ♎ 19	22 ♏ 16	0 ♏ 20	12 ♌ 27	10 ♉ 16	29 ♒ 20	29 ♏	15 ♎	24 ♎	7 ♌	7 ♌
28	4 ♌ 43	1 ♐ 36	21 ♈ 42	21 ♈ 18	20 ♌ 22	19 ♍ 58	1 ♎ 55	22 ♏ 18	0 ♏ 23	12 ♌ 31	10 ♉ 17	29 ♒ 19	29 ♏	16 ♎	24 ♎	7 ♌	7 ♌
29	5 ♌ 41	14 ♐ 9	21 ♈ 39	21 ♈ 13	22 ♌ 9	21 ♍ 0	2 ♎ 31	22 ♏ 19	0 ♏ 25	12 ♌ 35	10 ♉ 17	29 ♒ 17	29 ♏	16 ♎	24 ♎	7 ♌	7 ♌
30	6 ♌ 38	27 ♐ 3	21 ♈ 36	21 ♈ 5	23 ♌ 54	22 ♍ 1	3 ♎ 8	22 ♏ 21	0 ♏ 27	12 ♌ 38	10 ♉ 18	29 ♒ 16	29 ♏	16 ♎	24 ♎	8 ♌	7 ♌
31	7 ♌ 35	10 ♑ 22	21 ♈ 33	20 ♈ 56	25 ♌ 37	23 ♍ 3	3 ♎ 44	22 ♏ 23	0 ♏ 30	12 ♌ 42	10 ♉ 18	29 ♒ 15	29 ♏	17 ♎	24 ♎	8 ♌	7 ♌
SUN INGRESS	☉ → ♌ 23日 01:06																
MOON PHASE	○ 3日 17:09 ♑　◑ 10日 14:38 ♈　● 17日 14:51 ♋　◐ 25日 14:01 ♏																

aspects		
1日	22:43	☉⚹♆
2日	18:18	♀□♃
3日	05:54	☿△♇
3日	07:53	☿△♄
8日	03:36	☿⚹♆
9日	01:17	♀☍♇
9日	07:16	♀⚹♄
11日	16:20	♂⚹♃
12日	22:43	☉☌☿
13日	19:56	☿△♃
14日	15:47	☿⚹♂
14日	22:03	☉△♃
17日	12:23	☿□♄
18日	17:26	♀△♆
20日	04:22	☉⚹♂
22日	13:37	☿□♆
23日	06:27	☉□♄
23日	14:48	☿☌♅
29日	02:23	☿□♃
30日	07:54	♀⚹♃

2042年8月

DAY	☉	☽	☊ mean	☊ true	☿	♀	♂	♃	♄	♅	♆	♇	⚳	⚴	⚵	⚶	⚷
	° ′	° ′	° ′	° ′	° ′	° ′	° ′	° ′	° ′	° ′	° ′	° ′	°	°	°	°	°
1	8 ♌ 33	24 ♑ 4	21 ♈ 29	20 R 45	27 D 18	24 D 4	4 D 20	22 D 25	0 D 33	12 D 46	10 D 19	29 R 14	29 D	17 D	25 D	9 D	7 D
2	9 ♌ 30	8 ♒ 6	21 ♈ 26	20 ♈ 34	28 ♌ 58	25 ♍ 5	4 ♎ 57	22 ♏ 27	0 ♏ 36	12 ♌ 50	10 ♉ 19	29 ♒ 13	29 ♏	17 ♎	25 ♎	9 ♌	8 ♌
3	10 ♌ 28	22 ♒ 24	21 ♈ 23	20 ♈ 24	0 ♍ 36	26 ♍ 5	5 ♎ 34	22 ♏ 30	0 ♏ 38	12 ♌ 53	10 ♉ 19	29 ♒ 11	29 ♏	18 ♎	25 ♎	10 ♌	8 ♌
4	11 ♌ 25	6 ♓ 53	21 ♈ 20	20 ♈ 16	2 ♍ 13	27 ♍ 5	6 ♎ 10	22 ♏ 32	0 ♏ 41	12 ♌ 57	10 ♉ 20	29 ♒ 10	29 ♏	18 ♎	25 ♎	10 ♌	8 ♌
5	12 ♌ 22	21 ♓ 25	21 ♈ 17	20 ♈ 11	3 ♍ 47	28 ♍ 5	6 ♎ 47	22 ♏ 35	0 ♏ 44	13 ♌ 1	10 ♉ 20	29 ♒ 9	0 ♐	18 ♎	25 ♎	11 ♌	8 ♌
6	13 ♌ 20	5 ♈ 55	21 ♈ 14	20 ♈ 8	5 ♍ 20	29 ♍ 5	7 ♎ 24	22 ♏ 38	0 ♏ 48	13 ♌ 4	10 ♉ 20	29 ♒ 8	0 ♐	19 ♎	26 ♎	11 ♌	8 ♌
7	14 ♌ 17	20 ♈ 19	21 ♈ 10	20 D 7	6 ♍ 51	0 ♎ 4	8 ♎ 1	22 ♏ 41	0 ♏ 51	13 ♌ 8	10 ♉ 21	29 ♒ 7	0 ♐	19 ♎	26 ♎	12 ♌	8 ♌
8	15 ♌ 15	4 ♉ 33	21 ♈ 7	20 ♈ 8	8 ♍ 21	1 ♎ 2	8 ♎ 38	22 ♏ 45	0 ♏ 54	13 ♌ 12	10 ♉ 21	29 ♒ 5	0 ♐	19 ♎	26 ♎	12 ♌	8 ♌
9	16 ♌ 12	18 ♉ 37	21 ♈ 4	20 R 8	9 ♍ 49	2 ♎ 1	9 ♎ 15	22 ♏ 48	0 ♏ 58	13 ♌ 15	10 ♉ 21	29 ♒ 4	0 ♐	20 ♎	26 ♎	12 ♌	8 ♌
10	17 ♌ 10	2 ♊ 28	21 ♈ 1	20 ♈ 7	11 ♍ 15	2 ♎ 59	9 ♎ 52	22 ♏ 52	1 ♏ 1	13 ♌ 19	10 ♉ 21	29 ♒ 3	0 ♐	20 ♎	26 ♎	13 ♌	8 ♌
11	18 ♌ 7	16 ♊ 9	20 ♈ 58	20 ♈ 4	12 ♍ 39	3 ♎ 56	10 ♎ 30	22 ♏ 55	1 ♏ 5	13 ♌ 23	10 ♉ 21	29 ♒ 1	0 ♐	20 ♎	27 ♎	13 ♌	9 ♌
12	19 ♌ 5	29 ♊ 37	20 ♈ 55	19 ♈ 59	14 ♍ 2	4 ♎ 53	11 ♎ 7	22 ♏ 59	1 ♏ 8	13 ♌ 27	10 ♉ 21	29 ♒ 0	0 ♐	21 ♎	27 ♎	14 ♌	9 ♌
13	20 ♌ 2	12 ♋ 54	20 ♈ 51	19 ♈ 51	15 ♍ 23	5 ♎ 50	11 ♎ 44	23 ♏ 4	1 ♏ 12	13 ♌ 30	10 ♉ 21	28 ♒ 59	1 ♐	21 ♎	27 ♎	14 ♌	9 ♌
14	21 ♌ 0	25 ♋ 59	20 ♈ 48	19 ♈ 41	16 ♍ 42	6 ♎ 46	12 ♎ 22	23 ♏ 8	1 ♏ 16	13 ♌ 34	10 R 21	28 ♒ 58	1 ♐	21 ♎	27 ♎	15 ♌	9 ♌
15	21 ♌ 58	8 ♌ 50	20 ♈ 45	19 ♈ 31	17 ♍ 59	7 ♎ 42	13 ♎ 0	23 ♏ 12	1 ♏ 20	13 ♌ 38	10 ♉ 21	28 ♒ 56	1 ♐	22 ♎	28 ♎	15 ♌	9 ♌
16	22 ♌ 55	21 ♌ 28	20 ♈ 42	19 ♈ 21	19 ♍ 14	8 ♎ 37	13 ♎ 37	23 ♏ 17	1 ♏ 24	13 ♌ 41	10 ♉ 21	28 ♒ 55	1 ♐	22 ♎	28 ♎	16 ♌	9 ♌
17	23 ♌ 53	3 ♍ 53	20 ♈ 39	19 ♈ 12	20 ♍ 27	9 ♎ 32	14 ♎ 15	23 ♏ 22	1 ♏ 28	13 ♌ 45	10 ♉ 21	28 ♒ 54	1 ♐	23 ♎	28 ♎	16 ♌	9 ♌
18	24 ♌ 51	16 ♍ 6	20 ♈ 35	19 ♈ 5	21 ♍ 38	10 ♎ 26	14 ♎ 53	23 ♏ 27	1 ♏ 32	13 ♌ 49	10 ♉ 21	28 ♒ 52	1 ♐	23 ♎	28 ♎	17 ♌	9 ♌
19	25 ♌ 48	28 ♍ 7	20 ♈ 32	19 ♈ 1	22 ♍ 47	11 ♎ 20	15 ♎ 31	23 ♏ 32	1 ♏ 36	13 ♌ 52	10 ♉ 21	28 ♒ 51	2 ♐	23 ♎	29 ♎	17 ♌	10 ♌
20	26 ♌ 46	10 ♎ 0	20 ♈ 29	18 ♈ 58	23 ♍ 54	12 ♎ 13	16 ♎ 9	23 ♏ 37	1 ♏ 40	13 ♌ 56	10 ♉ 21	28 ♒ 50	2 ♐	24 ♎	29 ♎	17 ♌	10 ♌
21	27 ♌ 44	21 ♎ 48	20 ♈ 26	18 D 58	24 ♍ 58	13 ♎ 5	16 ♎ 47	23 ♏ 42	1 ♏ 45	14 ♌ 0	10 ♉ 20	28 ♒ 49	2 ♐	24 ♎	29 ♎	18 ♌	10 ♌
22	28 ♌ 42	3 ♏ 35	20 ♈ 23	18 ♈ 59	26 ♍ 0	13 ♎ 57	17 ♎ 26	23 ♏ 48	1 ♏ 49	14 ♌ 3	10 ♉ 20	28 ♒ 47	2 ♐	24 ♎	29 ♎	18 ♌	10 ♌
23	29 ♌ 40	15 ♏ 25	20 ♈ 20	19 ♈ 0	26 ♍ 59	14 ♎ 49	18 ♎ 4	23 ♏ 54	1 ♏ 54	14 ♌ 7	10 ♉ 20	28 ♒ 46	2 ♐	25 ♎	0 ♏	19 ♌	10 ♌
24	0 ♍ 37	27 ♏ 24	20 ♈ 16	19 ♈ 1	27 ♍ 55	15 ♎ 39	18 ♎ 42	24 ♏ 0	1 ♏ 58	14 ♌ 11	10 ♉ 20	28 ♒ 45	3 ♐	25 ♎	0 ♏	19 ♌	10 ♌
25	1 ♍ 35	9 ♐ 38	20 ♈ 13	19 R 1	28 ♍ 49	16 ♎ 29	19 ♎ 21	24 ♏ 6	2 ♏ 3	14 ♌ 14	10 ♉ 19	28 ♒ 43	3 ♐	25 ♎	0 ♏	20 ♌	10 ♌
26	2 ♍ 33	22 ♐ 10	20 ♈ 10	18 ♈ 59	29 ♍ 40	17 ♎ 19	19 ♎ 59	24 ♏ 12	2 ♏ 7	14 ♌ 18	10 ♉ 19	28 ♒ 42	3 ♐	26 ♎	0 ♏	20 ♌	10 ♌
27	3 ♍ 31	5 ♑ 5	20 ♈ 7	18 ♈ 55	0 ♎ 27	18 ♎ 7	20 ♎ 38	24 ♏ 18	2 ♏ 12	14 ♌ 21	10 ♉ 18	28 ♒ 41	3 ♐	26 ♎	1 ♏	21 ♌	10 ♌
28	4 ♍ 29	18 ♑ 26	20 ♈ 4	18 ♈ 49	1 ♎ 11	18 ♎ 55	21 ♎ 17	24 ♏ 25	2 ♏ 17	14 ♌ 25	10 ♉ 18	28 ♒ 39	3 ♐	27 ♎	1 ♏	21 ♌	11 ♌
29	5 ♍ 27	2 ♒ 14	20 ♈ 1	18 ♈ 43	1 ♎ 51	19 ♎ 42	21 ♎ 55	24 ♏ 31	2 ♏ 22	14 ♌ 28	10 ♉ 18	28 ♒ 38	4 ♐	27 ♎	1 ♏	22 ♌	11 ♌
30	6 ♍ 25	16 ♒ 28	19 ♈ 57	18 ♈ 36	2 ♎ 28	20 ♎ 28	22 ♎ 34	24 ♏ 38	2 ♏ 27	14 ♌ 32	10 ♉ 17	28 ♒ 37	4 ♐	27 ♎	2 ♏	22 ♌	11 ♌
31	7 ♍ 23	1 ♓ 2	19 ♈ 54	18 ♈ 30	3 ♎ 0	21 ♎ 14	23 ♎ 13	24 ♏ 45	2 ♏ 32	14 ♌ 35	10 ♉ 16	28 ♒ 36	4 ♐	28 ♎	2 ♏	22 ♌	11 ♌
SUN INGRESS	☉ → ♍ 23日 08:17																
MOON PHASE	○ 2日 02:33 ♒　◑ 8日 19:34 ♉　● 16日 03:01 ♌　◐ 24日 06:55 ♐　○ 31日 11:02 ♓																

aspects		
2日	03:30	☿☍♇
2日	20:35	☉□♆
3日	00:34	☿⚹♄
5日	17:05	☉☌♅
9日	08:54	☿△♆
16日	02:47	♂⚹♅
16日	09:47	☉□♃
19日	17:25	☿⚹♃
22日	02:14	☉☍♇
22日	02:57	♀⚹♅
25日	12:27	☉⚹♄

2042年9月

DAY	☉	☽	☊ mean	☊ true	☿	♀	♂	♃	♄	♅	♆	♇	⚳	⚴	⚵	⚶	⚷
	° ′	° ′	° ′	° ′	° ′	° ′	° ′	° ′	° ′	° ′	° ′	° ′	°	°	°	°	°
1	8 ♍ 21	15 ♓ 51	19 ♈ 51	18 R 25	3 D 28	21 D 58	23 D 52	24 D 52	2 D 37	14 D 39	10 R 16	28 R 34	4 D	28 D	2 D	23 D	11 D
2	9 ♍ 19	0 ♈ 46	19 ♈ 48	18 ♈ 22	3 ♎ 51	22 ♎ 42	24 ♎ 31	24 ♏ 59	2 ♏ 42	14 ♌ 42	10 ♉ 15	28 ♒ 33	5 ♐	29 ♎	2 ♏	23 ♌	11 ♌
3	10 ♍ 17	15 ♈ 40	19 ♈ 45	18 ♈ 21	4 ♎ 10	23 ♎ 24	25 ♎ 10	25 ♏ 6	2 ♏ 48	14 ♌ 46	10 ♉ 15	28 ♒ 32	5 ♐	29 ♎	3 ♏	24 ♌	11 ♌
4	11 ♍ 15	0 ♉ 24	19 ♈ 41	18 D 22	4 ♎ 23	24 ♎ 6	25 ♎ 49	25 ♏ 14	2 ♏ 53	14 ♌ 49	10 ♉ 14	28 ♒ 30	5 ♐	29 ♎	3 ♏	24 ♌	11 ♌
5	12 ♍ 13	14 ♉ 54	19 ♈ 38	18 ♈ 23	4 ♎ 31	24 ♎ 47	26 ♎ 29	25 ♏ 21	2 ♏ 58	14 ♌ 53	10 ♉ 13	28 ♒ 29	5 ♐	0 ♏	3 ♏	25 ♌	12 ♌
6	13 ♍ 11	29 ♉ 7	19 ♈ 35	18 ♈ 24	4 R 33	25 ♎ 26	27 ♎ 8	25 ♏ 29	3 ♏ 4	14 ♌ 56	10 ♉ 13	28 ♒ 28	5 ♐	0 ♏	3 ♏	25 ♌	12 ♌
7	14 ♍ 9	13 ♊ 1	19 ♈ 32	18 ♈ 25	4 ♎ 29	26 ♎ 5	27 ♎ 48	25 ♏ 37	3 ♏ 9	14 ♌ 59	10 ♉ 12	28 ♒ 27	6 ♐	0 ♏	4 ♏	26 ♌	12 ♌
8	15 ♍ 7	26 ♊ 36	19 ♈ 29	18 R 24	4 ♎ 19	26 ♎ 42	28 ♎ 27	25 ♏ 45	3 ♏ 15	15 ♌ 3	10 ♉ 11	28 ♒ 25	6 ♐	1 ♏	4 ♏	26 ♌	12 ♌
9	16 ♍ 6	9 ♋ 53	19 ♈ 26	18 ♈ 22	4 ♎ 2	27 ♎ 18	29 ♎ 7	25 ♏ 53	3 ♏ 20	15 ♌ 6	10 ♉ 10	28 ♒ 24	6 ♐	1 ♏	4 ♏	27 ♌	12 ♌
10	17 ♍ 4	22 ♋ 54	19 ♈ 22	18 ♈ 19	3 ♎ 39	27 ♎ 53	29 ♎ 46	26 ♏ 1	3 ♏ 26	15 ♌ 9	10 ♉ 9	28 ♒ 23	6 ♐	2 ♏	5 ♏	27 ♌	12 ♌
11	18 ♍ 2	5 ♌ 40	19 ♈ 19	18 ♈ 15	3 ♎ 10	28 ♎ 26	0 ♏ 26	26 ♏ 9	3 ♏ 32	15 ♌ 13	10 ♉ 9	28 ♒ 22	7 ♐	2 ♏	5 ♏	27 ♌	12 ♌
12	19 ♍ 1	18 ♌ 13	19 ♈ 16	18 ♈ 10	2 ♎ 34	28 ♎ 59	1 ♏ 6	26 ♏ 18	3 ♏ 38	15 ♌ 16	10 ♉ 8	28 ♒ 21	7 ♐	2 ♏	5 ♏	28 ♌	12 ♌
13	19 ♍ 59	0 ♍ 34	19 ♈ 13	18 ♈ 5	1 ♎ 51	29 ♎ 29	1 ♏ 46	26 ♏ 26	3 ♏ 43	15 ♌ 19	10 ♉ 7	28 ♒ 19	7 ♐	3 ♏	5 ♏	28 ♌	12 ♌
14	20 ♍ 57	12 ♍ 44	19 ♈ 10	18 ♈ 1	1 ♎ 3	29 ♎ 59	2 ♏ 26	26 ♏ 35	3 ♏ 49	15 ♌ 22	10 ♉ 6	28 ♒ 18	8 ♐	3 ♏	6 ♏	29 ♌	12 ♌
15	21 ♍ 56	24 ♍ 46	19 ♈ 7	17 ♈ 57	0 ♎ 11	0 ♏ 27	3 ♏ 6	26 ♏ 44	3 ♏ 55	15 ♌ 26	10 ♉ 5	28 ♒ 17	8 ♐	4 ♏	6 ♏	29 ♌	13 ♌
16	22 ♍ 54	6 ♎ 40	19 ♈ 3	17 ♈ 56	29 ♍ 13	0 ♏ 53	3 ♏ 46	26 ♏ 53	4 ♏ 1	15 ♌ 29	10 ♉ 4	28 ♒ 16	8 ♐	4 ♏	6 ♏	0 ♍	13 ♌
17	23 ♍ 53	18 ♎ 29	19 ♈ 0	17 D 55	28 ♍ 13	1 ♏ 18	4 ♏ 26	27 ♏ 2	4 ♏ 7	15 ♌ 32	10 ♉ 3	28 ♒ 15	8 ♐	4 ♏	7 ♏	0 ♍	13 ♌
18	24 ♍ 51	0 ♏ 15	18 ♈ 57	17 ♈ 56	27 ♍ 10	1 ♏ 41	5 ♏ 7	27 ♏ 11	4 ♏ 13	15 ♌ 35	10 ♉ 2	28 ♒ 13	9 ♐	5 ♏	7 ♏	1 ♍	13 ♌
19	25 ♍ 50	12 ♏ 2	18 ♈ 54	17 ♈ 57	26 ♍ 7	2 ♏ 2	5 ♏ 47	27 ♏ 20	4 ♏ 20	15 ♌ 38	10 ♉ 1	28 ♒ 12	9 ♐	5 ♏	7 ♏	1 ♍	13 ♌
20	26 ♍ 48	23 ♏ 53	18 ♈ 51	17 ♈ 59	25 ♍ 5	2 ♏ 22	6 ♏ 28	27 ♏ 29	4 ♏ 26	15 ♌ 41	9 ♉ 59	28 ♒ 11	9 ♐	6 ♏	8 ♏	2 ♍	13 ♌
21	27 ♍ 47	5 ♐ 52	18 ♈ 47	18 ♈ 0	24 ♍ 4	2 ♏ 40	7 ♏ 8	27 ♏ 39	4 ♏ 32	15 ♌ 44	9 ♉ 58	28 ♒ 10	10 ♐	6 ♏	8 ♏	2 ♍	13 ♌
22	28 ♍ 46	18 ♐ 4	18 ♈ 44	18 ♈ 1	23 ♍ 8	2 ♏ 55	7 ♏ 49	27 ♏ 48	4 ♏ 38	15 ♌ 47	9 ♉ 57	28 ♒ 9	10 ♐	6 ♏	8 ♏	3 ♍	13 ♌
23	29 ♍ 44	0 ♑ 33	18 ♈ 41	18 R 2	22 ♍ 17	3 ♏ 9	8 ♏ 29	27 ♏ 58	4 ♏ 45	15 ♌ 50	9 ♉ 56	28 ♒ 8	10 ♐	7 ♏	8 ♏	3 ♍	13 ♌
24	0 ♎ 43	13 ♑ 24	18 ♈ 38	18 ♈ 1	21 ♍ 33	3 ♏ 21	9 ♏ 10	28 ♏ 8	4 ♏ 51	15 ♌ 53	9 ♉ 55	28 ♒ 7	10 ♐	7 ♏	9 ♏	3 ♍	14 ♌
25	1 ♎ 42	26 ♑ 40	18 ♈ 35	18 ♈ 0	20 ♍ 57	3 ♏ 30	9 ♏ 51	28 ♏ 18	4 ♏ 57	15 ♌ 56	9 ♉ 54	28 ♒ 6	11 ♐	8 ♏	9 ♏	4 ♍	14 ♌
26	2 ♎ 41	10 ♒ 23	18 ♈ 32	17 ♈ 58	20 ♍ 29	3 ♏ 38	10 ♏ 32	28 ♏ 28	5 ♏ 4	15 ♌ 58	9 ♉ 52	28 ♒ 5	11 ♐	8 ♏	9 ♏	4 ♍	14 ♌
27	3 ♎ 39	24 ♒ 34	18 ♈ 28	17 ♈ 56	20 ♍ 11	3 ♏ 43	11 ♏ 13	28 ♏ 38	5 ♏ 10	16 ♌ 1	9 ♉ 51	28 ♒ 4	11 ♐	8 ♏	10 ♏	5 ♍	14 ♌
28	4 ♎ 38	9 ♓ 10	18 ♈ 25	17 ♈ 55	20 ♍ 3	3 ♏ 46	11 ♏ 54	28 ♏ 48	5 ♏ 17	16 ♌ 4	9 ♉ 50	28 ♒ 3	12 ♐	9 ♏	10 ♏	5 ♍	14 ♌
29	5 ♎ 37	24 ♓ 6	18 ♈ 22	17 ♈ 53	20 D 5	3 R 46	12 ♏ 35	28 ♏ 58	5 ♏ 23	16 ♌ 7	9 ♉ 48	28 ♒ 2	12 ♐	9 ♏	10 ♏	6 ♍	14 ♌
30	6 ♎ 36	9 ♈ 13	18 ♈ 19	17 ♈ 53	20 ♍ 17	3 ♏ 44	13 ♏ 16	29 ♏ 9	5 ♏ 30	16 ♌ 9	9 ♉ 47	28 ♒ 1	12 ♐	10 ♏	11 ♏	6 ♍	14 ♌

SUN INGRESS	☉ → ♎ 23日 06:11
MOON PHASE	◑ 7日 02:08 ♊ ● 14日 17:50 ♍ ◐ 22日 22:20 ♐ ○ 29日 19:34 ♈

aspects

2日	23:11	☉△♆
7日	23:00	♂△♇
10日	20:46	♀△♇
16日	10:37	♂☌♄
17日	23:49	☿⚹♃
19日	03:22	☉☌☿
20日	19:58	☉⚹♃
23日	21:56	♃□♇
25日	01:31	♂☍♆

2042年10月

DAY	☉	☽	☊ mean	☊ true	☿	♀	♂	♃	♄	♅	♆	♇	⚳	⚴	⚵	⚶	⚷
	° ′	° ′	° ′	° ′	° ′	° ′	° ′	° ′	° ′	° ′	° ′	° ′	°	°	°	°	°
1	7 ♎ 35	24 ♈ 24	18 ♈ 16	17 D 53	20 D 39	3 R 40	13 D 57	29 D 19	5 D 37	16 D 12	9 R 46	28 R 0	13 D	10 D	11 D	7 D	14 D
2	8 ♎ 34	9 ♉ 28	18 ♈ 12	17 ♈ 53	21 ♍ 11	3 ♏ 34	14 ♏ 39	29 ♏ 30	5 ♏ 43	16 ♌ 15	9 ♉ 44	27 ♒ 59	13 ♐	11 ♏	11 ♏	7 ♍	14 ♌
3	9 ♎ 33	24 ♉ 18	18 ♈ 9	17 ♈ 54	21 ♍ 52	3 ♏ 25	15 ♏ 20	29 ♏ 40	5 ♏ 50	16 ♌ 17	9 ♉ 43	27 ♒ 58	13 ♐	11 ♏	12 ♏	8 ♍	14 ♌
4	10 ♎ 32	8 ♊ 47	18 ♈ 6	17 ♈ 54	22 ♍ 42	3 ♏ 13	16 ♏ 1	29 ♏ 51	5 ♏ 57	16 ♌ 20	9 ♉ 42	27 ♒ 57	13 ♐	11 ♏	12 ♏	8 ♍	14 ♌
5	11 ♎ 31	22 ♊ 52	18 ♈ 3	17 ♈ 55	23 ♍ 39	3 ♏ 0	16 ♏ 43	0 ♐ 2	6 ♏ 4	16 ♌ 22	9 ♉ 40	27 ♒ 56	14 ♐	12 ♏	12 ♏	8 ♍	15 ♌
6	12 ♎ 30	6 ♋ 32	18 ♈ 0	17 ♈ 55	24 ♍ 43	2 ♏ 43	17 ♏ 25	0 ♐ 13	6 ♏ 10	16 ♌ 25	9 ♉ 39	27 ♒ 55	14 ♐	12 ♏	13 ♏	9 ♍	15 ♌
7	13 ♎ 29	19 ♋ 48	17 ♈ 57	17 R 55	25 ♍ 54	2 ♏ 25	18 ♏ 6	0 ♐ 24	6 ♏ 17	16 ♌ 27	9 ♉ 37	27 ♒ 55	14 ♐	13 ♏	13 ♏	9 ♍	15 ♌
8	14 ♎ 28	2 ♌ 42	17 ♈ 53	17 ♈ 55	27 ♍ 11	2 ♏ 4	18 ♏ 48	0 ♐ 35	6 ♏ 24	16 ♌ 30	9 ♉ 36	27 ♒ 54	15 ♐	13 ♏	13 ♏	10 ♍	15 ♌
9	15 ♎ 27	15 ♌ 18	17 ♈ 50	17 ♈ 55	28 ♍ 33	1 ♏ 42	19 ♏ 30	0 ♐ 46	6 ♏ 31	16 ♌ 32	9 ♉ 34	27 ♒ 53	15 ♐	14 ♏	14 ♏	10 ♍	15 ♌
10	16 ♎ 27	27 ♌ 38	17 ♈ 47	17 ♈ 55	29 ♍ 58	1 ♏ 17	20 ♏ 12	0 ♐ 57	6 ♏ 38	16 ♌ 34	9 ♉ 33	27 ♒ 52	15 ♐	14 ♏	14 ♏	11 ♍	15 ♌
11	17 ♎ 26	9 ♍ 46	17 ♈ 44	17 ♈ 54	1 ♎ 28	0 ♏ 50	20 ♏ 54	1 ♐ 8	6 ♏ 45	16 ♌ 36	9 ♉ 31	27 ♒ 51	16 ♐	14 ♏	14 ♏	11 ♍	15 ♌
12	18 ♎ 25	21 ♍ 45	17 ♈ 41	17 D 54	3 ♎ 1	0 ♏ 21	21 ♏ 36	1 ♐ 20	6 ♏ 52	16 ♌ 39	9 ♉ 30	27 ♒ 51	16 ♐	15 ♏	14 ♏	12 ♍	15 ♌
13	19 ♎ 25	3 ♎ 37	17 ♈ 38	17 ♈ 55	4 ♎ 36	29 ♎ 51	22 ♏ 18	1 ♐ 31	6 ♏ 59	16 ♌ 41	9 ♉ 28	27 ♒ 50	16 ♐	15 ♏	15 ♏	12 ♍	15 ♌
14	20 ♎ 24	15 ♎ 26	17 ♈ 34	17 ♈ 55	6 ♎ 13	29 ♎ 19	23 ♏ 0	1 ♐ 43	7 ♏ 6	16 ♌ 43	9 ♉ 27	27 ♒ 49	17 ♐	16 ♏	15 ♏	12 ♍	15 ♌
15	21 ♎ 24	27 ♎ 13	17 ♈ 31	17 R 55	7 ♎ 52	28 ♎ 46	23 ♏ 42	1 ♐ 54	7 ♏ 13	16 ♌ 45	9 ♉ 25	27 ♒ 49	17 ♐	16 ♏	15 ♏	13 ♍	15 ♌
16	22 ♎ 23	9 ♏ 1	17 ♈ 28	17 ♈ 54	9 ♎ 32	28 ♎ 11	24 ♏ 25	2 ♐ 6	7 ♏ 20	16 ♌ 47	9 ♉ 23	27 ♒ 48	17 ♐	16 ♏	16 ♏	13 ♍	15 ♌
17	23 ♎ 23	20 ♏ 51	17 ♈ 25	17 ♈ 54	11 ♎ 14	27 ♎ 36	25 ♏ 7	2 ♐ 18	7 ♏ 27	16 ♌ 49	9 ♉ 22	27 ♒ 47	18 ♐	17 ♏	16 ♏	14 ♍	15 ♌
18	24 ♎ 22	2 ♐ 47	17 ♈ 22	17 ♈ 53	12 ♎ 56	27 ♎ 0	25 ♏ 49	2 ♐ 30	7 ♏ 34	16 ♌ 51	9 ♉ 20	27 ♒ 47	18 ♐	17 ♏	16 ♏	14 ♍	16 ♌
19	25 ♎ 22	14 ♐ 51	17 ♈ 18	17 ♈ 52	14 ♎ 38	26 ♎ 24	26 ♏ 32	2 ♐ 42	7 ♏ 41	16 ♌ 53	9 ♉ 19	27 ♒ 46	18 ♐	18 ♏	17 ♏	15 ♍	16 ♌
20	26 ♎ 21	27 ♐ 6	17 ♈ 15	17 ♈ 51	16 ♎ 21	25 ♎ 47	27 ♏ 15	2 ♐ 53	7 ♏ 48	16 ♌ 55	9 ♉ 17	27 ♒ 45	19 ♐	18 ♏	17 ♏	15 ♍	16 ♌
21	27 ♎ 21	9 ♑ 35	17 ♈ 12	17 ♈ 50	18 ♎ 4	25 ♎ 10	27 ♏ 57	3 ♐ 5	7 ♏ 56	16 ♌ 56	9 ♉ 15	27 ♒ 45	19 ♐	19 ♏	17 ♏	16 ♍	16 ♌
22	28 ♎ 20	22 ♑ 23	17 ♈ 9	17 ♈ 50	19 ♎ 46	24 ♎ 34	28 ♏ 40	3 ♐ 18	8 ♏ 3	16 ♌ 58	9 ♉ 14	27 ♒ 44	19 ♐	19 ♏	18 ♏	16 ♍	16 ♌
23	29 ♎ 20	5 ♒ 31	17 ♈ 6	17 D 50	21 ♎ 29	23 ♎ 58	29 ♏ 23	3 ♐ 30	8 ♏ 10	17 ♌ 0	9 ♉ 12	27 ♒ 44	20 ♐	19 ♏	18 ♏	16 ♍	16 ♌
24	0 ♏ 20	19 ♒ 4	17 ♈ 3	17 ♈ 50	23 ♎ 11	23 ♎ 23	0 ♐ 6	3 ♐ 42	8 ♏ 17	17 ♌ 2	9 ♉ 10	27 ♒ 43	20 ♐	20 ♏	18 ♏	17 ♍	16 ♌
25	1 ♏ 20	3 ♓ 3	16 ♈ 59	17 ♈ 51	24 ♎ 54	22 ♎ 49	0 ♐ 48	3 ♐ 54	8 ♏ 24	17 ♌ 3	9 ♉ 9	27 ♒ 43	21 ♐	20 ♏	19 ♏	17 ♍	16 ♌
26	2 ♏ 19	17 ♓ 26	16 ♈ 56	17 ♈ 52	26 ♎ 35	22 ♎ 16	1 ♐ 31	4 ♐ 6	8 ♏ 31	17 ♌ 5	9 ♉ 7	27 ♒ 43	21 ♐	21 ♏	19 ♏	18 ♍	16 ♌
27	3 ♏ 19	2 ♈ 12	16 ♈ 53	17 ♈ 53	28 ♎ 17	21 ♎ 44	2 ♐ 15	4 ♐ 19	8 ♏ 39	17 ♌ 6	9 ♉ 5	27 ♒ 42	21 ♐	21 ♏	19 ♏	18 ♍	16 ♌
28	4 ♏ 19	17 ♈ 16	16 ♈ 50	17 ♈ 54	29 ♎ 58	21 ♎ 14	2 ♐ 58	4 ♐ 31	8 ♏ 46	17 ♌ 8	9 ♉ 4	27 ♒ 42	22 ♐	22 ♏	20 ♏	19 ♍	16 ♌
29	5 ♏ 19	2 ♉ 28	16 ♈ 47	17 R 53	1 ♏ 38	20 ♎ 46	3 ♐ 41	4 ♐ 44	8 ♏ 53	17 ♌ 9	9 ♉ 2	27 ♒ 41	22 ♐	22 ♏	20 ♏	19 ♍	16 ♌
30	6 ♏ 19	17 ♉ 40	16 ♈ 44	17 ♈ 52	3 ♏ 18	20 ♎ 20	4 ♐ 24	4 ♐ 56	9 ♏ 0	17 ♌ 10	9 ♉ 0	27 ♒ 41	22 ♐	22 ♏	20 ♏	20 ♍	16 ♌
31	7 ♏ 19	2 ♊ 42	16 ♈ 40	17 ♈ 50	4 ♏ 58	19 ♎ 56	5 ♐ 7	5 ♐ 9	9 ♏ 7	17 ♌ 12	8 ♉ 59	27 ♒ 41	23 ♐	23 ♏	21 ♏	20 ♍	16 ♌

SUN INGRESS	☉ → ♏ 23日 15:49
MOON PHASE	◑ 6日 11:34 ♋ ● 14日 11:02 ♎ ◐ 22日 11:52 ♑ ○ 29日 04:48 ♉

aspects

4日	11:18	♂□♅
10日	03:09	☉⚹♅
10日	18:05	☿⚹♃
16日	16:19	♀△♇
19日	15:29	☉☌♀
20日	08:04	☿⚹♅
20日	17:12	♂□♇
21日	09:37	☉△♇
24日	02:02	☿☌♀
26日	15:51	☿△♇
30日	00:08	♄☍♆
31日	01:08	♂☌♃

2042年11月

DAY	☉	☽	☊ mean	☊ true	☿	♀	♂	♃	♄	♅	♆	♇	⚳	⚴	⚵	⚶	⚷
	° ′	° ′	° ′	° ′	° ′	° ′	° ′	° ′	° ′	° ′	° ′	° ′	°	°	°	°	°
1	8 ♏ 19	17 ♊ 26	16 ♈ 37	17 R 47	6 D 37	19 R 34	5 D 51	5 D 21	9 D 15	17 D 13	8 R 57	27 R 41	23 D	23 D	21 D	20 D	16 D
2	9 ♏ 19	1 ♋ 44	16 ♈ 34	17 ♈ 44	8 ♏ 16	19 ♎ 14	6 ♐ 34	5 ♐ 34	9 ♏ 22	17 ♌ 14	8 ♉ 55	27 ♒ 40	23 ♐	24 ♏	21 ♏	21 ♍	16 ♌
3	10 ♏ 19	15 ♋ 35	16 ♈ 31	17 ♈ 42	9 ♏ 54	18 ♎ 57	7 ♐ 18	5 ♐ 47	9 ♏ 29	17 ♌ 15	8 ♉ 54	27 ♒ 40	24 ♐	24 ♏	22 ♏	21 ♍	16 ♌
4	11 ♏ 19	28 ♋ 58	16 ♈ 28	17 ♈ 40	11 ♏ 32	18 ♎ 42	8 ♐ 1	6 ♐ 0	9 ♏ 36	17 ♌ 16	8 ♉ 52	27 ♒ 40	24 ♐	25 ♏	22 ♏	22 ♍	17 ♌
5	12 ♏ 19	11 ♌ 54	16 ♈ 24	17 ♈ 39	13 ♏ 9	18 ♎ 30	8 ♐ 45	6 ♐ 12	9 ♏ 44	17 ♌ 17	8 ♉ 50	27 ♒ 40	24 ♐	25 ♏	22 ♏	22 ♍	17 ♌
6	13 ♏ 19	24 ♌ 28	16 ♈ 21	17 D 40	14 ♏ 46	18 ♎ 20	9 ♐ 29	6 ♐ 25	9 ♏ 51	17 ♌ 18	8 ♉ 48	27 ♒ 40	25 ♐	26 ♏	23 ♏	23 ♍	17 ♌
7	14 ♏ 19	6 ♍ 43	16 ♈ 18	17 ♈ 41	16 ♏ 22	18 ♎ 12	10 ♐ 12	6 ♐ 38	9 ♏ 58	17 ♌ 19	8 ♉ 47	27 ♒ 39	25 ♐	26 ♏	23 ♏	23 ♍	17 ♌
8	15 ♏ 19	18 ♍ 45	16 ♈ 15	17 ♈ 43	17 ♏ 58	18 ♎ 7	10 ♐ 56	6 ♐ 51	10 ♏ 5	17 ♌ 20	8 ♉ 45	27 ♒ 39	26 ♐	26 ♏	23 ♏	23 ♍	17 ♌
9	16 ♏ 20	0 ♎ 37	16 ♈ 12	17 ♈ 45	19 ♏ 34	18 ♎ 4	11 ♐ 40	7 ♐ 4	10 ♏ 12	17 ♌ 21	8 ♉ 43	27 ♒ 39	26 ♐	27 ♏	24 ♏	24 ♍	17 ♌
10	17 ♏ 20	12 ♎ 25	16 ♈ 9	17 ♈ 46	21 ♏ 9	18 D 4	12 ♐ 24	7 ♐ 17	10 ♏ 20	17 ♌ 22	8 ♉ 42	27 ♒ 39	26 ♐	27 ♏	24 ♏	24 ♍	17 ♌
11	18 ♏ 20	24 ♎ 11	16 ♈ 5	17 R 46	22 ♏ 44	18 ♎ 7	13 ♐ 8	7 ♐ 30	10 ♏ 27	17 ♌ 22	8 ♉ 40	27 ♒ 39	27 ♐	28 ♏	25 ♏	25 ♍	17 ♌
12	19 ♏ 20	5 ♏ 59	16 ♈ 2	17 ♈ 44	24 ♏ 19	18 ♎ 11	13 ♐ 52	7 ♐ 43	10 ♏ 34	17 ♌ 23	8 ♉ 38	27 D 39	27 ♐	28 ♏	25 ♏	25 ♍	17 ♌
13	20 ♏ 21	17 ♏ 52	15 ♈ 59	17 ♈ 41	25 ♏ 53	18 ♎ 18	14 ♐ 36	7 ♐ 56	10 ♏ 41	17 ♌ 24	8 ♉ 37	27 ♒ 39	27 ♐	29 ♏	25 ♏	26 ♍	17 ♌
14	21 ♏ 21	29 ♏ 50	15 ♈ 56	17 ♈ 36	27 ♏ 27	18 ♎ 28	15 ♐ 21	8 ♐ 9	10 ♏ 48	17 ♌ 24	8 ♉ 35	27 ♒ 39	28 ♐	29 ♏	26 ♏	26 ♍	17 ♌
15	22 ♏ 22	11 ♐ 56	15 ♈ 53	17 ♈ 30	29 ♏ 1	18 ♎ 39	16 ♐ 5	8 ♐ 23	10 ♏ 56	17 ♌ 25	8 ♉ 34	27 ♒ 39	28 ♐	29 ♏	26 ♏	26 ♍	17 ♌
16	23 ♏ 22	24 ♐ 11	15 ♈ 50	17 ♈ 23	0 ♐ 34	18 ♎ 53	16 ♐ 49	8 ♐ 36	11 ♏ 3	17 ♌ 25	8 ♉ 32	27 ♒ 40	29 ♐	0 ♐	26 ♏	27 ♍	17 ♌
17	24 ♏ 22	6 ♑ 37	15 ♈ 46	17 ♈ 16	2 ♐ 7	19 ♎ 8	17 ♐ 34	8 ♐ 49	11 ♏ 10	17 ♌ 25	8 ♉ 30	27 ♒ 40	29 ♐	0 ♐	27 ♏	27 ♍	17 ♌
18	25 ♏ 23	19 ♑ 15	15 ♈ 43	17 ♈ 11	3 ♐ 40	19 ♎ 26	18 ♐ 18	9 ♐ 2	11 ♏ 17	17 ♌ 26	8 ♉ 29	27 ♒ 40	29 ♐	1 ♐	27 ♏	28 ♍	17 ♌
19	26 ♏ 23	2 ♒ 7	15 ♈ 40	17 ♈ 6	5 ♐ 13	19 ♎ 46	19 ♐ 3	9 ♐ 16	11 ♏ 24	17 ♌ 26	8 ♉ 27	27 ♒ 40	0 ♑	1 ♐	27 ♏	28 ♍	17 ♌
20	27 ♏ 24	15 ♒ 14	15 ♈ 37	17 ♈ 4	6 ♐ 45	20 ♎ 8	19 ♐ 47	9 ♐ 29	11 ♏ 31	17 ♌ 26	8 ♉ 26	27 ♒ 40	0 ♑	2 ♐	28 ♏	29 ♍	17 ♌
21	28 ♏ 25	28 ♒ 40	15 ♈ 34	17 D 3	8 ♐ 17	20 ♎ 31	20 ♐ 32	9 ♐ 42	11 ♏ 38	17 ♌ 26	8 ♉ 24	27 ♒ 41	1 ♑	2 ♐	28 ♏	29 ♍	17 ♌
22	29 ♏ 25	12 ♓ 25	15 ♈ 30	17 ♈ 3	9 ♐ 49	20 ♎ 56	21 ♐ 17	9 ♐ 56	11 ♏ 45	17 ♌ 26	8 ♉ 22	27 ♒ 41	1 ♑	2 ♐	28 ♏	29 ♍	17 ♌
23	0 ♐ 26	26 ♓ 32	15 ♈ 27	17 ♈ 5	11 ♐ 21	21 ♎ 23	22 ♐ 1	10 ♐ 9	11 ♏ 52	17 ♌ 26	8 ♉ 21	27 ♒ 41	1 ♑	3 ♐	29 ♏	0 ♎	17 ♌
24	1 ♐ 26	10 ♈ 58	15 ♈ 24	17 ♈ 6	12 ♐ 53	21 ♎ 52	22 ♐ 46	10 ♐ 22	11 ♏ 59	17 R 26	8 ♉ 19	27 ♒ 41	2 ♑	3 ♐	29 ♏	0 ♎	17 ♌
25	2 ♐ 27	25 ♈ 42	15 ♈ 21	17 R 6	14 ♐ 24	22 ♎ 22	23 ♐ 31	10 ♐ 36	12 ♏ 6	17 ♌ 26	8 ♉ 18	27 ♒ 42	2 ♑	4 ♐	29 ♏	1 ♎	17 ♌
26	3 ♐ 28	10 ♉ 39	15 ♈ 18	17 ♈ 4	15 ♐ 55	22 ♎ 54	24 ♐ 16	10 ♐ 49	12 ♏ 13	17 ♌ 26	8 ♉ 16	27 ♒ 42	2 ♑	4 ♐	0 ♐	1 ♎	17 ♌
27	4 ♐ 28	25 ♉ 41	15 ♈ 15	16 ♈ 59	17 ♐ 26	23 ♎ 27	25 ♐ 1	11 ♐ 3	12 ♏ 20	17 ♌ 26	8 ♉ 15	27 ♒ 43	3 ♑	5 ♐	0 ♐	1 ♎	17 ♌
28	5 ♐ 29	10 ♊ 39	15 ♈ 11	16 ♈ 53	18 ♐ 56	24 ♎ 2	25 ♐ 46	11 ♐ 16	12 ♏ 27	17 ♌ 26	8 ♉ 13	27 ♒ 43	3 ♑	5 ♐	0 ♐	2 ♎	17 ♌
29	6 ♐ 30	25 ♊ 24	15 ♈ 8	16 ♈ 45	20 ♐ 27	24 ♎ 38	26 ♐ 31	11 ♐ 30	12 ♏ 33	17 ♌ 25	8 ♉ 12	27 ♒ 43	4 ♑	5 ♐	1 ♐	2 ♎	17 ♌
30	7 ♐ 30	9 ♋ 48	15 ♈ 5	16 ♈ 36	21 ♐ 57	25 ♎ 16	27 ♐ 16	11 ♐ 43	12 ♏ 40	17 ♌ 25	8 ♉ 10	27 ♒ 44	4 ♑	6 ♐	1 ♐	3 ♎	17 ♌

SUN INGRESS: ☉ → ♐ 22日 13:37

MOON PHASE: ◑ 5日 00:51 ♌　● 13日 05:28 ♏　◐ 20日 23:31 ♒　○ 27日 15:05 ♊

aspects

1日	14:55	☉☍♆
2日	01:31	☉☌♄
2日	09:30	☿☍♆
2日	17:28	☿☌♄
3日	15:44	☉☌☿
7日	14:21	☿□♅
10日	00:45	☉□♅
14日	03:07	☿□♇
16日	19:30	♂△♅
20日	06:28	☉□♇
20日	23:02	♀⚹♂
22日	01:54	☿☌♃
27日	00:03	☿△♅
30日	15:00	♂⚹♇

2042年12月

DAY	☉	☽	☊ mean	☊ true	☿	♀	♂	♃	♄	♅	♆	♇	⚳	⚴	⚵	⚶	⚷
	° ′	° ′	° ′	° ′	° ′	° ′	° ′	° ′	° ′	° ′	° ′	° ′	°	°	°	°	°
1	8 ♐ 31	23 ♋ 47	15 ♈ 2	16 R 29	23 D 26	25 D 55	28 D 1	11 D 56	12 D 47	17 R 25	8 R 9	27 D 44	4 D	6 D	1 D	3 D	17 R
2	9 ♐ 32	7 ♌ 17	14 ♈ 59	16 ♈ 22	24 ♐ 55	26 ♎ 35	28 ♐ 46	12 ♐ 10	12 ♏ 54	17 ♌ 24	8 ♉ 8	27 ♒ 45	5 ♑	7 ♐	2 ♐	3 ♎	17 ♌
3	10 ♐ 33	20 ♌ 19	14 ♈ 56	16 ♈ 18	26 ♐ 24	27 ♎ 16	29 ♐ 32	12 ♐ 23	13 ♏ 0	17 ♌ 24	8 ♉ 6	27 ♒ 46	5 ♑	7 ♐	2 ♐	4 ♎	17 ♌
4	11 ♐ 34	2 ♍ 57	14 ♈ 52	16 ♈ 15	27 ♐ 52	27 ♎ 59	0 ♑ 17	12 ♐ 37	13 ♏ 7	17 ♌ 23	8 ♉ 5	27 ♒ 46	6 ♑	8 ♐	2 ♐	4 ♎	17 ♌
5	12 ♐ 35	15 ♍ 13	14 ♈ 49	16 D 15	29 ♐ 20	28 ♎ 42	1 ♑ 2	12 ♐ 50	13 ♏ 14	17 ♌ 22	8 ♉ 4	27 ♒ 47	6 ♑	8 ♐	3 ♐	5 ♎	17 ♌
6	13 ♐ 35	27 ♍ 15	14 ♈ 46	16 ♈ 16	0 ♑ 47	29 ♎ 27	1 ♑ 48	13 ♐ 4	13 ♏ 20	17 ♌ 22	8 ♉ 2	27 ♒ 47	6 ♑	9 ♐	3 ♐	5 ♎	17 ♌
7	14 ♐ 36	9 ♎ 6	14 ♈ 43	16 ♈ 17	2 ♑ 13	0 ♏ 13	2 ♑ 33	13 ♐ 17	13 ♏ 27	17 ♌ 21	8 ♉ 1	27 ♒ 48	7 ♑	9 ♐	3 ♐	5 ♎	17 ♌
8	15 ♐ 37	20 ♎ 52	14 ♈ 40	16 R 17	3 ♑ 39	0 ♏ 59	3 ♑ 19	13 ♐ 31	13 ♏ 33	17 ♌ 20	8 ♉ 0	27 ♒ 49	7 ♑	9 ♐	4 ♐	6 ♎	17 ♌
9	16 ♐ 38	2 ♏ 39	14 ♈ 36	16 ♈ 15	5 ♑ 3	1 ♏ 47	4 ♑ 5	13 ♐ 44	13 ♏ 40	17 ♌ 19	7 ♉ 59	27 ♒ 49	8 ♑	10 ♐	4 ♐	6 ♎	17 ♌
10	17 ♐ 39	14 ♏ 30	14 ♈ 33	16 ♈ 11	6 ♑ 26	2 ♏ 35	4 ♑ 50	13 ♐ 58	13 ♏ 46	17 ♌ 19	7 ♉ 57	27 ♒ 50	8 ♑	10 ♐	4 ♐	7 ♎	17 ♌
11	18 ♐ 40	26 ♏ 28	14 ♈ 30	16 ♈ 4	7 ♑ 47	3 ♏ 25	5 ♑ 36	14 ♐ 11	13 ♏ 53	17 ♌ 18	7 ♉ 56	27 ♒ 51	8 ♑	11 ♐	5 ♐	7 ♎	17 ♌
12	19 ♐ 41	8 ♐ 37	14 ♈ 27	15 ♈ 55	9 ♑ 7	4 ♏ 15	6 ♑ 22	14 ♐ 25	13 ♏ 59	17 ♌ 17	7 ♉ 55	27 ♒ 52	9 ♑	11 ♐	5 ♐	7 ♎	17 ♌
13	20 ♐ 42	20 ♐ 57	14 ♈ 24	15 ♈ 43	10 ♑ 24	5 ♏ 6	7 ♑ 8	14 ♐ 38	14 ♏ 5	17 ♌ 16	7 ♉ 54	27 ♒ 53	9 ♑	12 ♐	5 ♐	8 ♎	17 ♌
14	21 ♐ 43	3 ♑ 29	14 ♈ 21	15 ♈ 31	11 ♑ 40	5 ♏ 57	7 ♑ 53	14 ♐ 52	14 ♏ 12	17 ♌ 14	7 ♉ 53	27 ♒ 53	9 ♑	12 ♐	6 ♐	8 ♎	17 ♌
15	22 ♐ 44	16 ♑ 13	14 ♈ 17	15 ♈ 18	12 ♑ 52	6 ♏ 50	8 ♑ 39	15 ♐ 5	14 ♏ 18	17 ♌ 13	7 ♉ 52	27 ♒ 54	10 ♑	12 ♐	6 ♐	8 ♎	17 ♌
16	23 ♐ 45	29 ♑ 8	14 ♈ 14	15 ♈ 7	14 ♑ 2	7 ♏ 43	9 ♑ 25	15 ♐ 19	14 ♏ 24	17 ♌ 12	7 ♉ 50	27 ♒ 55	10 ♑	13 ♐	6 ♐	9 ♎	17 ♌
17	24 ♐ 46	12 ♒ 16	14 ♈ 11	14 ♈ 58	15 ♑ 7	8 ♏ 37	10 ♑ 11	15 ♐ 32	14 ♏ 30	17 ♌ 11	7 ♉ 49	27 ♒ 56	11 ♑	13 ♐	7 ♐	9 ♎	17 ♌
18	25 ♐ 47	25 ♒ 34	14 ♈ 8	14 ♈ 51	16 ♑ 8	9 ♏ 31	10 ♑ 57	15 ♐ 46	14 ♏ 36	17 ♌ 10	7 ♉ 48	27 ♒ 57	11 ♑	14 ♐	7 ♐	10 ♎	17 ♌
19	26 ♐ 48	9 ♓ 4	14 ♈ 5	14 ♈ 48	17 ♑ 5	10 ♏ 27	11 ♑ 43	15 ♐ 59	14 ♏ 42	17 ♌ 8	7 ♉ 47	27 ♒ 58	11 ♑	14 ♐	7 ♐	10 ♎	17 ♌
20	27 ♐ 50	22 ♓ 46	14 ♈ 2	14 ♈ 47	17 ♑ 56	11 ♏ 22	12 ♑ 29	16 ♐ 13	14 ♏ 48	17 ♌ 7	7 ♉ 46	27 ♒ 59	12 ♑	15 ♐	8 ♐	10 ♎	17 ♌
21	28 ♐ 51	6 ♈ 42	13 ♈ 58	14 D 47	18 ♑ 40	12 ♏ 19	13 ♑ 16	16 ♐ 26	14 ♏ 54	17 ♌ 5	7 ♉ 46	28 ♒ 0	12 ♑	15 ♐	8 ♐	11 ♎	17 ♌
22	29 ♐ 52	20 ♈ 51	13 ♈ 55	14 R 47	19 ♑ 17	13 ♏ 16	14 ♑ 2	16 ♐ 39	15 ♏ 0	17 ♌ 4	7 ♉ 45	28 ♒ 1	13 ♑	15 ♐	8 ♐	11 ♎	17 ♌
23	0 ♑ 53	5 ♉ 12	13 ♈ 52	14 ♈ 45	19 ♑ 45	14 ♏ 13	14 ♑ 48	16 ♐ 53	15 ♏ 6	17 ♌ 2	7 ♉ 44	28 ♒ 2	13 ♑	16 ♐	9 ♐	11 ♎	17 ♌
24	1 ♑ 54	19 ♉ 43	13 ♈ 49	14 ♈ 41	20 ♑ 5	15 ♏ 11	15 ♑ 34	17 ♐ 6	15 ♏ 11	17 ♌ 1	7 ♉ 43	28 ♒ 3	13 ♑	16 ♐	9 ♐	12 ♎	17 ♌
25	2 ♑ 55	4 ♊ 21	13 ♈ 46	14 ♈ 35	20 ♑ 15	16 ♏ 10	16 ♑ 21	17 ♐ 19	15 ♏ 17	16 ♌ 59	7 ♉ 42	28 ♒ 4	14 ♑	17 ♐	9 ♐	12 ♎	17 ♌
26	3 ♑ 56	18 ♊ 58	13 ♈ 42	14 ♈ 25	20 R 14	17 ♏ 9	17 ♑ 7	17 ♐ 33	15 ♏ 23	16 ♌ 57	7 ♉ 41	28 ♒ 5	14 ♑	17 ♐	10 ♐	12 ♎	17 ♌
27	4 ♑ 57	3 ♋ 27	13 ♈ 39	14 ♈ 14	20 ♑ 1	18 ♏ 8	17 ♑ 53	17 ♐ 46	15 ♏ 28	16 ♌ 56	7 ♉ 41	28 ♒ 6	14 ♑	18 ♐	10 ♐	13 ♎	17 ♌
28	5 ♑ 58	17 ♋ 42	13 ♈ 36	14 ♈ 1	19 ♑ 37	19 ♏ 8	18 ♑ 40	17 ♐ 59	15 ♏ 34	16 ♌ 54	7 ♉ 40	28 ♒ 7	15 ♑	18 ♐	10 ♐	13 ♎	17 ♌
29	6 ♑ 59	1 ♌ 36	13 ♈ 33	13 ♈ 49	19 ♑ 1	20 ♏ 8	19 ♑ 26	18 ♐ 12	15 ♏ 39	16 ♌ 52	7 ♉ 39	28 ♒ 9	15 ♑	18 ♐	10 ♐	13 ♎	16 ♌
30	8 ♑ 1	15 ♌ 5	13 ♈ 30	13 ♈ 38	18 ♑ 14	21 ♏ 9	20 ♑ 13	18 ♐ 25	15 ♏ 44	16 ♌ 50	7 ♉ 39	28 ♒ 10	16 ♑	19 ♐	11 ♐	14 ♎	16 ♌
31	9 ♑ 2	28 ♌ 10	13 ♈ 27	13 ♈ 30	17 ♑ 16	22 ♏ 10	20 ♑ 59	18 ♐ 38	15 ♏ 50	16 ♌ 48	7 ♉ 38	28 ♒ 11	16 ♑	19 ♐	11 ♐	14 ♎	16 ♌

SUN INGRESS: ☉ → ♑ 22日 03:03

MOON PHASE: ◑ 4日 18:18 ♍　● 12日 23:29 ♐　◐ 20日 09:27 ♓　○ 27日 02:42 ♋

aspects

3日	16:50	♀△♇
3日	22:16	☿⚹♇
4日	03:23	☿⚹♀
5日	08:04	☉☌♃
7日	12:05	☿☌♂
9日	16:00	☉△♅
11日	02:39	☿△♆
13日	23:38	♂△♆
16日	03:15	♀☍♆
16日	08:52	☿⚹♄
20日	03:43	☉⚹♇
23日	10:21	♂⚹♄
23日	15:34	♃△♅
24日	00:04	♀☌♄
25日	19:35	♀□♅
25日	21:04	♀⚹♂
28日	07:32	☿⚹♀
28日	16:58	☿☌♂
29日	15:26	☉△♆

2043年1月

DAY	☉	☽	☊ mean	☊ true	☿	♀	♂	♃	♄	♅	♆	♇	⚳	⚴	⚵	⚶	⚷
	° ′	° ′	° ′	° ′	° ′	° ′	° ′	° ′	° ′	° ′	° ′	° ′	°	°	°	°	°
1	10 ♑ 3	10 ♍ 50	13 ♈ 23	13 R 25	16 R 8	23 D 12	21 D 46	18 D 52	15 D 55	16 R 47	7 R 37	28 D 12	17 D	20 D	12 D	14 D	16 R
2	11 ♑ 4	23 ♍ 10	13 ♈ 20	13 ♈ 23	14 ♑ 54	24 ♏ 14	22 ♑ 33	19 ♐ 5	16 ♏ 0	16 ♌ 45	7 ♉ 37	28 ♒ 13	17 ♑	20 ♐	12 ♐	15 ♎	16 ♌
3	12 ♑ 5	5 ♎ 14	13 ♈ 17	13 ♈ 22	13 ♑ 35	25 ♏ 17	23 ♑ 19	19 ♐ 18	16 ♏ 5	16 ♌ 43	7 ♉ 36	28 ♒ 15	17 ♑	20 ♐	12 ♐	15 ♎	16 ♌
4	13 ♑ 6	17 ♎ 6	13 ♈ 14	13 ♈ 22	12 ♑ 14	26 ♏ 19	24 ♑ 6	19 ♐ 31	16 ♏ 10	16 ♌ 41	7 ♉ 36	28 ♒ 16	18 ♑	20 ♐	13 ♐	15 ♎	16 ♌
5	14 ♑ 7	28 ♎ 54	13 ♈ 11	13 ♈ 21	10 ♑ 53	27 ♏ 22	24 ♑ 53	19 ♐ 44	16 ♏ 15	16 ♌ 39	7 ♉ 35	28 ♒ 17	18 ♑	21 ♐	13 ♐	16 ♎	16 ♌
6	15 ♑ 9	10 ♏ 42	13 ♈ 8	13 ♈ 19	9 ♑ 35	28 ♏ 26	25 ♑ 39	19 ♐ 56	16 ♏ 20	16 ♌ 36	7 ♉ 35	28 ♒ 19	19 ♑	22 ♐	13 ♐	16 ♎	16 ♌
7	16 ♑ 10	22 ♏ 36	13 ♈ 4	13 ♈ 15	8 ♑ 22	29 ♏ 30	26 ♑ 26	20 ♐ 9	16 ♏ 25	16 ♌ 34	7 ♉ 34	28 ♒ 20	19 ♑	22 ♐	14 ♐	16 ♎	16 ♌
8	17 ♑ 11	4 ♐ 39	13 ♈ 1	13 ♈ 7	7 ♑ 17	0 ♐ 34	27 ♑ 13	20 ♐ 22	16 ♏ 29	16 ♌ 32	7 ♉ 34	28 ♒ 21	19 ♑	23 ♐	14 ♐	16 ♎	16 ♌
9	18 ♑ 12	16 ♐ 56	12 ♈ 58	12 ♈ 57	6 ♑ 20	1 ♐ 38	28 ♑ 0	20 ♐ 35	16 ♏ 34	16 ♌ 30	7 ♉ 34	28 ♒ 23	20 ♑	23 ♐	14 ♐	17 ♎	16 ♌
10	19 ♑ 13	29 ♐ 29	12 ♈ 55	12 ♈ 45	5 ♑ 33	2 ♐ 43	28 ♑ 47	20 ♐ 48	16 ♏ 38	16 ♌ 28	7 ♉ 33	28 ♒ 24	20 ♑	23 ♐	15 ♐	17 ♎	16 ♌
11	20 ♑ 15	12 ♑ 18	12 ♈ 52	12 ♈ 31	4 ♑ 55	3 ♐ 48	29 ♑ 34	21 ♐ 0	16 ♏ 43	16 ♌ 25	7 ♉ 33	28 ♒ 25	21 ♑	24 ♐	15 ♐	17 ♎	16 ♌
12	21 ♑ 16	25 ♑ 22	12 ♈ 48	12 ♈ 17	4 ♑ 28	4 ♐ 53	0 ♒ 21	21 ♐ 13	16 ♏ 47	16 ♌ 23	7 ♉ 33	28 ♒ 27	21 ♑	24 ♐	15 ♐	18 ♎	16 ♌
13	22 ♑ 17	8 ♒ 41	12 ♈ 45	12 ♈ 5	4 ♑ 10	5 ♐ 58	1 ♒ 8	21 ♐ 25	16 ♏ 52	16 ♌ 21	7 ♉ 33	28 ♒ 28	21 ♑	25 ♐	16 ♐	18 ♎	16 ♌
14	23 ♑ 18	22 ♒ 12	12 ♈ 42	11 ♈ 54	4 ♑ 1	7 ♐ 4	1 ♒ 55	21 ♐ 38	16 ♏ 56	16 ♌ 19	7 ♉ 33	28 ♒ 30	22 ♑	25 ♐	16 ♐	18 ♎	16 ♌
15	24 ♑ 19	5 ♓ 53	12 ♈ 39	11 ♈ 47	4 D 2	8 ♐ 10	2 ♒ 42	21 ♐ 50	17 ♏ 0	16 ♌ 16	7 ♉ 32	28 ♒ 31	22 ♑	25 ♐	16 ♐	18 ♎	15 ♌
16	25 ♑ 20	19 ♓ 41	12 ♈ 36	11 ♈ 43	4 ♑ 10	9 ♐ 16	3 ♒ 29	22 ♐ 3	17 ♏ 4	16 ♌ 14	7 ♉ 32	28 ♒ 33	23 ♑	26 ♐	17 ♐	19 ♎	15 ♌
17	26 ♑ 21	3 ♈ 35	12 ♈ 33	11 ♈ 41	4 ♑ 26	10 ♐ 23	4 ♒ 16	22 ♐ 15	17 ♏ 8	16 ♌ 11	7 ♉ 32	28 ♒ 34	23 ♑	26 ♐	17 ♐	19 ♎	15 ♌
18	27 ♑ 23	17 ♈ 34	12 ♈ 29	11 D 41	4 ♑ 50	11 ♐ 29	5 ♒ 3	22 ♐ 28	17 ♏ 12	16 ♌ 9	7 ♉ 32	28 ♒ 36	23 ♑	27 ♐	17 ♐	19 ♎	15 ♌
19	28 ♑ 24	1 ♉ 37	12 ♈ 26	11 R 41	5 ♑ 19	12 ♐ 36	5 ♒ 50	22 ♐ 40	17 ♏ 16	16 ♌ 7	7 D 32	28 ♒ 37	24 ♑	27 ♐	18 ♐	19 ♎	15 ♌
20	29 ♑ 25	15 ♉ 45	12 ♈ 23	11 ♈ 40	5 ♑ 54	13 ♐ 43	6 ♒ 37	22 ♐ 52	17 ♏ 19	16 ♌ 4	7 ♉ 32	28 ♒ 39	24 ♑	27 ♐	18 ♐	20 ♎	15 ♌
21	0 ♒ 26	29 ♉ 55	12 ♈ 20	11 ♈ 37	6 ♑ 35	14 ♐ 50	7 ♒ 24	23 ♐ 4	17 ♏ 23	16 ♌ 2	7 ♉ 32	28 ♒ 40	25 ♑	28 ♐	18 ♐	20 ♎	15 ♌
22	1 ♒ 27	14 ♊ 6	12 ♈ 17	11 ♈ 31	7 ♑ 20	15 ♐ 58	8 ♒ 12	23 ♐ 16	17 ♏ 27	15 ♌ 59	7 ♉ 33	28 ♒ 42	25 ♑	28 ♐	18 ♐	20 ♎	15 ♌
23	2 ♒ 28	28 ♊ 14	12 ♈ 14	11 ♈ 23	8 ♑ 9	17 ♐ 5	8 ♒ 59	23 ♐ 28	17 ♏ 30	15 ♌ 57	7 ♉ 33	28 ♒ 43	25 ♑	29 ♐	19 ♐	20 ♎	15 ♌
24	3 ♒ 29	12 ♋ 16	12 ♈ 10	11 ♈ 12	9 ♑ 2	18 ♐ 13	9 ♒ 46	23 ♐ 40	17 ♏ 33	15 ♌ 54	7 ♉ 33	28 ♒ 45	26 ♑	29 ♐	19 ♐	21 ♎	15 ♌
25	4 ♒ 30	26 ♋ 7	12 ♈ 7	11 ♈ 0	9 ♑ 59	19 ♐ 21	10 ♒ 33	23 ♐ 52	17 ♏ 37	15 ♌ 51	7 ♉ 33	28 ♒ 47	26 ♑	29 ♐	19 ♐	21 ♎	15 ♌
26	5 ♒ 31	9 ♌ 43	12 ♈ 4	10 ♈ 49	10 ♑ 58	20 ♐ 29	11 ♒ 20	24 ♐ 4	17 ♏ 40	15 ♌ 49	7 ♉ 33	28 ♒ 48	27 ♑	0 ♑	20 ♐	21 ♎	15 ♌
27	6 ♒ 32	23 ♌ 0	12 ♈ 1	10 ♈ 39	12 ♑ 1	21 ♐ 37	12 ♒ 8	24 ♐ 15	17 ♏ 43	15 ♌ 46	7 ♉ 34	28 ♒ 50	27 ♑	0 ♑	20 ♐	21 ♎	15 ♌
28	7 ♒ 33	5 ♍ 56	11 ♈ 58	10 ♈ 32	13 ♑ 6	22 ♐ 46	12 ♒ 55	24 ♐ 27	17 ♏ 46	15 ♌ 44	7 ♉ 34	28 ♒ 51	27 ♑	1 ♑	20 ♐	21 ♎	15 ♌
29	8 ♒ 34	18 ♍ 34	11 ♈ 54	10 ♈ 27	14 ♑ 13	23 ♐ 54	13 ♒ 42	24 ♐ 39	17 ♏ 49	15 ♌ 41	7 ♉ 34	28 ♒ 53	28 ♑	1 ♑	21 ♐	22 ♎	14 ♌
30	9 ♒ 35	0 ♎ 53	11 ♈ 51	10 ♈ 24	15 ♑ 22	25 ♐ 3	14 ♒ 30	24 ♐ 50	17 ♏ 52	15 ♌ 39	7 ♉ 35	28 ♒ 55	28 ♑	1 ♑	21 ♐	22 ♎	14 ♌
31	10 ♒ 36	12 ♎ 57	11 ♈ 48	10 D 24	16 ♑ 34	26 ♐ 12	15 ♒ 17	25 ♐ 1	17 ♏ 55	15 ♌ 36	7 ♉ 35	28 ♒ 56	29 ♑	2 ♑	21 ♐	22 ♎	14 ♌

SUN INGRESS: ☉→♒20日 13:41

MOON PHASE: ◑ 3日 15:07 ♎　● 11日 15:53 ♑　◐ 18日 18:04 ♈　○ 25日 15:56 ♌

aspects	
1日 04:16	☿⚹♄
3日 15:09	☉☌☿
5日 21:12	♀□♇
7日 06:15	☉⚹♄
7日 17:26	☿△♆
8日 10:18	♄□♅
21日 04:05	♂□♆
22日 00:32	☿△♅
22日 06:26	☿△♆
28日 00:28	☉□♆
29日 18:36	♀☌♃
31日 09:06	♂☍♅

2043年2月

DAY	☉	☽	☊ mean	☊ true	☿	♀	♂	♃	♄	♅	♆	♇	⚳	⚴	⚵	⚶	⚷
	° ′	° ′	° ′	° ′	° ′	° ′	° ′	° ′	° ′	° ′	° ′	° ′	°	°	°	°	°
1	11 ♒ 37	24 ♎ 51	11 ♈ 45	10 D 24	17 D 47	27 D 21	16 D 4	25 D 13	17 D 57	15 R 33	7 D 36	28 D 58	29 D	2 D	21 D	22 D	14 R
2	12 ♒ 38	6 ♏ 40	11 ♈ 42	10 ♈ 25	19 ♑ 2	28 ♐ 30	16 ♒ 52	25 ♐ 24	18 ♏ 0	15 ♌ 31	7 ♉ 36	29 ♒ 0	29 ♑	3 ♑	22 ♐	22 ♎	14 ♌
3	13 ♒ 38	18 ♏ 30	11 ♈ 39	10 R 25	20 ♑ 18	29 ♐ 39	17 ♒ 39	25 ♐ 35	18 ♏ 2	15 ♌ 28	7 ♉ 37	29 ♒ 1	0 ♒	3 ♑	22 ♐	22 ♎	14 ♌
4	14 ♒ 39	0 ♐ 24	11 ♈ 35	10 ♈ 24	21 ♑ 36	0 ♑ 49	18 ♒ 26	25 ♐ 46	18 ♏ 4	15 ♌ 25	7 ♉ 37	29 ♒ 3	0 ♒	3 ♑	22 ♐	23 ♎	14 ♌
5	15 ♒ 40	12 ♐ 30	11 ♈ 32	10 ♈ 20	22 ♑ 55	1 ♑ 58	19 ♒ 14	25 ♐ 57	18 ♏ 7	15 ♌ 23	7 ♉ 38	29 ♒ 5	1 ♒	4 ♑	23 ♐	23 ♎	14 ♌
6	16 ♒ 41	24 ♐ 50	11 ♈ 29	10 ♈ 14	24 ♑ 16	3 ♑ 8	20 ♒ 1	26 ♐ 8	18 ♏ 9	15 ♌ 20	7 ♉ 39	29 ♒ 6	1 ♒	4 ♑	23 ♐	23 ♎	14 ♌
7	17 ♒ 42	7 ♑ 29	11 ♈ 26	10 ♈ 6	25 ♑ 38	4 ♑ 18	20 ♒ 49	26 ♐ 19	18 ♏ 11	15 ♌ 18	7 ♉ 39	29 ♒ 8	1 ♒	4 ♑	23 ♐	23 ♎	14 ♌
8	18 ♒ 43	20 ♑ 28	11 ♈ 23	9 ♈ 57	27 ♑ 0	5 ♑ 28	21 ♒ 36	26 ♐ 30	18 ♏ 13	15 ♌ 15	7 ♉ 40	29 ♒ 10	2 ♒	5 ♑	23 ♐	23 ♎	14 ♌
9	19 ♒ 43	3 ♒ 49	11 ♈ 20	9 ♈ 48	28 ♑ 24	6 ♑ 38	22 ♒ 23	26 ♐ 40	18 ♏ 15	15 ♌ 12	7 ♉ 41	29 ♒ 11	2 ♒	5 ♑	24 ♐	23 ♎	14 ♌
10	20 ♒ 44	17 ♒ 28	11 ♈ 16	9 ♈ 39	29 ♑ 49	7 ♑ 48	23 ♒ 11	26 ♐ 51	18 ♏ 16	15 ♌ 10	7 ♉ 41	29 ♒ 13	3 ♒	6 ♑	24 ♐	23 ♎	14 ♌
11	21 ♒ 45	1 ♓ 24	11 ♈ 13	9 ♈ 32	1 ♒ 15	8 ♑ 58	23 ♒ 58	27 ♐ 1	18 ♏ 18	15 ♌ 7	7 ♉ 42	29 ♒ 15	3 ♒	6 ♑	24 ♐	24 ♎	13 ♌
12	22 ♒ 46	15 ♓ 32	11 ♈ 10	9 ♈ 27	2 ♒ 42	10 ♑ 8	24 ♒ 46	27 ♐ 12	18 ♏ 20	15 ♌ 4	7 ♉ 43	29 ♒ 16	3 ♒	6 ♑	25 ♐	24 ♎	13 ♌
13	23 ♒ 46	29 ♓ 47	11 ♈ 7	9 ♈ 25	4 ♒ 10	11 ♑ 19	25 ♒ 33	27 ♐ 22	18 ♏ 21	15 ♌ 2	7 ♉ 44	29 ♒ 18	4 ♒	7 ♑	25 ♐	24 ♎	13 ♌
14	24 ♒ 47	14 ♈ 5	11 ♈ 4	9 D 25	5 ♒ 39	12 ♑ 29	26 ♒ 21	27 ♐ 32	18 ♏ 22	14 ♌ 59	7 ♉ 45	29 ♒ 20	4 ♒	7 ♑	25 ♐	24 ♎	13 ♌
15	25 ♒ 48	28 ♈ 22	11 ♈ 0	9 ♈ 26	7 ♒ 9	13 ♑ 40	27 ♒ 8	27 ♐ 42	18 ♏ 24	14 ♌ 57	7 ♉ 46	29 ♒ 22	5 ♒	7 ♑	25 ♐	24 ♎	13 ♌
16	26 ♒ 48	12 ♉ 36	10 ♈ 57	9 ♈ 27	8 ♒ 40	14 ♑ 50	27 ♒ 56	27 ♐ 52	18 ♏ 25	14 ♌ 54	7 ♉ 47	29 ♒ 23	5 ♒	7 ♑	26 ♐	24 ♎	13 ♌
17	27 ♒ 49	26 ♉ 44	10 ♈ 54	9 ♈ 28	10 ♒ 11	16 ♑ 1	28 ♒ 43	28 ♐ 2	18 ♏ 26	14 ♌ 52	7 ♉ 48	29 ♒ 25	5 ♒	8 ♑	26 ♐	24 ♎	13 ♌
18	28 ♒ 50	10 ♊ 46	10 ♈ 51	9 R 27	11 ♒ 44	17 ♑ 12	29 ♒ 30	28 ♐ 11	18 ♏ 27	14 ♌ 49	7 ♉ 49	29 ♒ 27	6 ♒	8 ♑	26 ♐	24 ♎	13 ♌
19	29 ♒ 50	24 ♊ 40	10 ♈ 48	9 ♈ 25	13 ♒ 17	18 ♑ 22	0 ♓ 18	28 ♐ 21	18 ♏ 27	14 ♌ 47	7 ♉ 50	29 ♒ 28	6 ♒	9 ♑	26 ♐	24 ♎	13 ♌
20	0 ♓ 51	8 ♋ 25	10 ♈ 45	9 ♈ 20	14 ♒ 52	19 ♑ 33	1 ♓ 5	28 ♐ 30	18 ♏ 28	14 ♌ 44	7 ♉ 51	29 ♒ 30	6 ♒	9 ♑	27 ♐	24 ♎	13 ♌
21	1 ♓ 51	22 ♋ 0	10 ♈ 41	9 ♈ 15	16 ♒ 27	20 ♑ 44	1 ♓ 53	28 ♐ 40	18 ♏ 29	14 ♌ 42	7 ♉ 52	29 ♒ 32	7 ♒	10 ♑	27 ♐	24 ♎	13 ♌
22	2 ♓ 52	5 ♌ 23	10 ♈ 38	9 ♈ 9	18 ♒ 3	21 ♑ 55	2 ♓ 40	28 ♐ 49	18 ♏ 29	14 ♌ 39	7 ♉ 53	29 ♒ 34	7 ♒	10 ♑	27 ♐	24 ♎	13 ♌
23	3 ♓ 52	18 ♌ 32	10 ♈ 35	9 ♈ 2	19 ♒ 40	23 ♑ 7	3 ♓ 28	28 ♐ 58	18 ♏ 30	14 ♌ 37	7 ♉ 54	29 ♒ 35	8 ♒	10 ♑	27 ♐	24 ♎	13 ♌
24	4 ♓ 52	1 ♍ 28	10 ♈ 32	8 ♈ 57	21 ♒ 18	24 ♑ 18	4 ♓ 15	29 ♐ 7	18 ♏ 30	14 ♌ 34	7 ♉ 56	29 ♒ 37	8 ♒	11 ♑	28 ♐	24 ♎	13 ♌
25	5 ♓ 53	14 ♍ 9	10 ♈ 29	8 ♈ 53	22 ♒ 57	25 ♑ 29	5 ♓ 2	29 ♐ 16	18 ♏ 30	14 ♌ 32	7 ♉ 57	29 ♒ 39	8 ♒	11 ♑	28 ♐	24 ♎	12 ♌
26	6 ♓ 53	26 ♍ 35	10 ♈ 26	8 ♈ 51	24 ♒ 37	26 ♑ 40	5 ♓ 50	29 ♐ 25	18 ♏ 30	14 ♌ 29	7 ♉ 58	29 ♒ 40	9 ♒	11 ♑	28 ♐	24 R	12 ♌
27	7 ♓ 54	8 ♎ 48	10 ♈ 22	8 ♈ 50	26 ♒ 18	27 ♑ 52	6 ♓ 37	29 ♐ 34	18 R 30	14 ♌ 27	7 ♉ 59	29 ♒ 42	9 ♒	12 ♑	28 ♐	24 ♎	12 ♌
28	8 ♓ 54	20 ♎ 49	10 ♈ 19	8 D 50	28 ♒ 0	29 ♑ 3	7 ♓ 24	29 ♐ 42	18 ♏ 30	14 ♌ 25	8 ♉ 1	29 ♒ 44	10 ♒	12 ♑	29 ♐	24 ♎	12 ♌

SUN INGRESS: ☉→♓19日 03:41

MOON PHASE: ◑ 2日 13:14 ♏　● 10日 06:07 ♒　◐ 17日 01:59 ♉　○ 24日 06:57 ♍

aspects	
1日 03:24	☿⚹♄
2日 10:29	♀⚹♇
3日 12:19	♂□♄
4日 17:26	☉☍♅
7日 11:50	☉□♄
9日 21:50	♀△♆
15日 09:54	☿□♆
15日 21:38	♂⚹♃
17日 05:56	☉⚹♃
17日 22:01	♂☌♇
18日 15:05	☉☌♇
19日 01:42	♀⚹♄
19日 22:07	☿☍♅
21日 02:46	☉☌♂
22日 06:30	☿□♄
27日 02:25	☉⚹♆
28日 05:52	♃⚹♇
28日 18:56	♂⚹♆

2043年3月

DAY	☉	☽	☊ mean	☊ true	☿	♀	♂	♃	♄	♅	♆	♇	⚳	⚴	⚵	⚶	⚷
	° ′	° ′	° ′	° ′	° ′	° ′	° ′	° ′	° ′	° ′	° ′	° ′	°	°	°	°	°
1	9 ♓ 54	2 ♏ 43	10 ♈ 16	8 D 52	29 D 43	0 D 15	8 D 12	29 D 51	18 R 30	14 R 22	8 D 2	29 D 45	10 D	12 D	29 D	24 R	12 R
2	10 ♓ 54	14 ♏ 32	10 ♈ 13	8 ♈ 54	1 ♓ 27	1 ♒ 26	8 ♓ 59	29 ♐ 59	18 ♏ 30	14 ♌ 20	8 ♉ 4	29 ♒ 47	10 ♒	13 ♑	29 ♐	24 ♎	12 ♌
3	11 ♓ 55	26 ♏ 22	10 ♈ 10	8 ♈ 55	3 ♓ 12	2 ♒ 38	9 ♓ 47	0 ♑ 7	18 ♏ 29	14 ♌ 18	8 ♉ 5	29 ♒ 49	11 ♒	13 ♑	29 ♐	24 ♎	12 ♌
4	12 ♓ 55	8 ♐ 16	10 ♈ 6	8 ♈ 56	4 ♓ 59	3 ♒ 50	10 ♓ 34	0 ♑ 15	18 ♏ 29	14 ♌ 16	8 ♉ 6	29 ♒ 51	11 ♒	13 ♑	0 ♑	24 ♎	12 ♌
5	13 ♓ 55	20 ♐ 21	10 ♈ 3	8 R 56	6 ♓ 46	5 ♒ 1	11 ♓ 21	0 ♑ 23	18 ♏ 28	14 ♌ 13	8 ♉ 8	29 ♒ 52	11 ♒	14 ♑	0 ♑	24 ♎	12 ♌
6	14 ♓ 55	2 ♑ 40	10 ♈ 0	8 ♈ 55	8 ♓ 34	6 ♒ 13	12 ♓ 9	0 ♑ 31	18 ♏ 27	14 ♌ 11	8 ♉ 9	29 ♒ 54	12 ♒	14 ♑	0 ♑	24 ♎	12 ♌
7	15 ♓ 55	15 ♑ 18	9 ♈ 57	8 ♈ 53	10 ♓ 23	7 ♒ 25	12 ♓ 56	0 ♑ 38	18 ♏ 26	14 ♌ 9	8 ♉ 11	29 ♒ 56	12 ♒	14 ♑	0 ♑	24 ♎	12 ♌
8	16 ♓ 55	28 ♑ 19	9 ♈ 54	8 ♈ 50	12 ♓ 14	8 ♒ 37	13 ♓ 43	0 ♑ 46	18 ♏ 26	14 ♌ 7	8 ♉ 12	29 ♒ 57	13 ♒	15 ♑	0 ♑	24 ♎	12 ♌
9	17 ♓ 55	11 ♒ 44	9 ♈ 51	8 ♈ 47	14 ♓ 5	9 ♒ 49	14 ♓ 30	0 ♑ 53	18 ♏ 24	14 ♌ 5	8 ♉ 14	29 ♒ 59	13 ♒	15 ♑	1 ♑	24 ♎	12 ♌
10	18 ♓ 55	25 ♒ 34	9 ♈ 47	8 ♈ 44	15 ♓ 58	11 ♒ 1	15 ♓ 18	1 ♑ 0	18 ♏ 23	14 ♌ 3	8 ♉ 16	0 ♓ 0	13 ♒	15 ♑	1 ♑	24 ♎	12 ♌
11	19 ♓ 55	9 ♓ 45	9 ♈ 44	8 ♈ 41	17 ♓ 51	12 ♒ 13	16 ♓ 5	1 ♑ 7	18 ♏ 22	14 ♌ 1	8 ♉ 17	0 ♓ 2	14 ♒	15 ♑	1 ♑	24 ♎	12 ♌
12	20 ♓ 55	24 ♓ 14	9 ♈ 41	8 ♈ 40	19 ♓ 46	13 ♒ 25	16 ♓ 52	1 ♑ 14	18 ♏ 21	13 ♌ 59	8 ♉ 19	0 ♓ 4	14 ♒	16 ♑	1 ♑	23 ♎	12 ♌
13	21 ♓ 55	8 ♈ 55	9 ♈ 38	8 D 39	21 ♓ 41	14 ♒ 37	17 ♓ 39	1 ♑ 21	18 ♏ 19	13 ♌ 57	8 ♉ 21	0 ♓ 5	14 ♒	16 ♑	1 ♑	23 ♎	12 ♌
14	22 ♓ 55	23 ♈ 40	9 ♈ 35	8 ♈ 40	23 ♓ 38	15 ♒ 49	18 ♓ 27	1 ♑ 28	18 ♏ 18	13 ♌ 55	8 ♉ 22	0 ♓ 7	15 ♒	16 ♑	2 ♑	23 ♎	11 ♌
15	23 ♓ 55	8 ♉ 24	9 ♈ 31	8 ♈ 41	25 ♓ 35	17 ♒ 1	19 ♓ 14	1 ♑ 34	18 ♏ 16	13 ♌ 53	8 ♉ 24	0 ♓ 9	15 ♒	17 ♑	2 ♑	23 ♎	11 ♌
16	24 ♓ 55	22 ♉ 59	9 ♈ 28	8 ♈ 42	27 ♓ 33	18 ♒ 13	20 ♓ 1	1 ♑ 40	18 ♏ 14	13 ♌ 52	8 ♉ 26	0 ♓ 10	15 ♒	17 ♑	2 ♑	23 ♎	11 ♌
17	25 ♓ 55	7 ♊ 22	9 ♈ 25	8 ♈ 43	29 ♓ 32	19 ♒ 25	20 ♓ 48	1 ♑ 46	18 ♏ 13	13 ♌ 50	8 ♉ 27	0 ♓ 12	16 ♒	17 ♑	2 ♑	23 ♎	11 ♌
18	26 ♓ 54	21 ♊ 30	9 ♈ 22	8 ♈ 43	1 ♈ 31	20 ♒ 38	21 ♓ 35	1 ♑ 52	18 ♏ 11	13 ♌ 48	8 ♉ 29	0 ♓ 13	16 ♒	18 ♑	2 ♑	23 ♎	11 ♌
19	27 ♓ 54	5 ♋ 20	9 ♈ 19	8 R 43	3 ♈ 31	21 ♒ 50	22 ♓ 22	1 ♑ 58	18 ♏ 9	13 ♌ 46	8 ♉ 31	0 ♓ 15	17 ♒	18 ♑	3 ♑	22 ♎	11 ♌
20	28 ♓ 54	18 ♋ 54	9 ♈ 16	8 ♈ 43	5 ♈ 31	23 ♒ 2	23 ♓ 9	2 ♑ 4	18 ♏ 7	13 ♌ 45	8 ♉ 33	0 ♓ 16	17 ♒	18 ♑	3 ♑	22 ♎	11 ♌
21	29 ♓ 53	2 ♌ 11	9 ♈ 12	8 ♈ 42	7 ♈ 30	24 ♒ 15	23 ♓ 56	2 ♑ 9	18 ♏ 4	13 ♌ 43	8 ♉ 35	0 ♓ 18	17 ♒	18 ♑	3 ♑	22 ♎	11 ♌
22	0 ♈ 53	15 ♌ 12	9 ♈ 9	8 ♈ 41	9 ♈ 30	25 ♒ 27	24 ♓ 43	2 ♑ 15	18 ♏ 2	13 ♌ 42	8 ♉ 37	0 ♓ 19	18 ♒	19 ♑	3 ♑	22 ♎	11 ♌
23	1 ♈ 53	27 ♌ 59	9 ♈ 6	8 ♈ 40	11 ♈ 29	26 ♒ 39	25 ♓ 30	2 ♑ 20	18 ♏ 0	13 ♌ 40	8 ♉ 38	0 ♓ 21	18 ♒	19 ♑	3 ♑	22 ♎	11 ♌
24	2 ♈ 52	10 ♍ 33	9 ♈ 3	8 ♈ 39	13 ♈ 26	27 ♒ 52	26 ♓ 17	2 ♑ 25	17 ♏ 57	13 ♌ 39	8 ♉ 40	0 ♓ 22	18 ♒	19 ♑	3 ♑	21 ♎	11 ♌
25	3 ♈ 52	22 ♍ 55	9 ♈ 0	8 ♈ 39	15 ♈ 23	29 ♒ 4	27 ♓ 4	2 ♑ 30	17 ♏ 55	13 ♌ 37	8 ♉ 42	0 ♓ 24	19 ♒	19 ♑	4 ♑	21 ♎	11 ♌
26	4 ♈ 51	5 ♎ 7	8 ♈ 57	8 ♈ 38	17 ♈ 18	0 ♓ 17	27 ♓ 51	2 ♑ 35	17 ♏ 52	13 ♌ 36	8 ♉ 44	0 ♓ 25	19 ♒	20 ♑	4 ♑	21 ♎	11 ♌
27	5 ♈ 50	17 ♎ 10	8 ♈ 53	8 D 38	19 ♈ 11	1 ♓ 29	28 ♓ 38	2 ♑ 39	17 ♏ 50	13 ♌ 35	8 ♉ 46	0 ♓ 27	19 ♒	20 ♑	4 ♑	21 ♎	11 ♌
28	6 ♈ 50	29 ♎ 6	8 ♈ 50	8 ♈ 39	21 ♈ 2	2 ♓ 41	29 ♓ 25	2 ♑ 44	17 ♏ 47	13 ♌ 33	8 ♉ 48	0 ♓ 28	20 ♒	20 ♑	4 ♑	21 ♎	11 ♌
29	7 ♈ 49	10 ♏ 58	8 ♈ 47	8 ♈ 39	22 ♈ 49	3 ♓ 54	0 ♈ 11	2 ♑ 48	17 ♏ 44	13 ♌ 32	8 ♉ 50	0 ♓ 30	20 ♒	20 ♑	4 ♑	20 ♎	11 ♌
30	8 ♈ 49	22 ♏ 47	8 ♈ 44	8 R 39	24 ♈ 34	5 ♓ 7	0 ♈ 58	2 ♑ 52	17 ♏ 41	13 ♌ 31	8 ♉ 52	0 ♓ 31	20 ♒	21 ♑	4 ♑	20 ♎	11 ♌
31	9 ♈ 48	4 ♐ 37	8 ♈ 41	8 ♈ 39	26 ♈ 14	6 ♓ 19	1 ♈ 45	2 ♑ 56	17 ♏ 38	13 ♌ 30	8 ♉ 54	0 ♓ 33	21 ♒	21 ♑	5 ♑	20 ♎	11 ♌

SUN INGRESS	☉ → ♈ 21日 02:27
MOON PHASE	◑ 4日 10:07 ♐　● 11日 18:09 ♓　◐ 18日 10:02 ♊　○ 25日 23:26 ♎

aspects		
1日	00:29	☿☌♇
1日	01:47	☿⚹♃
5日	18:29	☿⚹♆
7日	15:40	♀□♆
9日	09:22	☿☌♂
9日	11:27	☉△♄
11日	06:26	☿△♄
12日	11:06	♀☍♅
13日	05:58	☉☌☿
13日	19:42	♂△♄
16日	00:23	♀□♄
18日	04:31	☿□♃
23日	12:06	☉□♃
24日	02:28	☿△♅
26日	03:00	♀☌♇
28日	00:43	♀⚹♃

2043年4月

DAY	☉	☽	☊ mean	☊ true	☿	♀	♂	♃	♄	♅	♆	♇	⚳	⚴	⚵	⚶	⚷
	° ′	° ′	° ′	° ′	° ′	° ′	° ′	° ′	° ′	° ′	° ′	° ′	°	°	°	°	°
1	10 ♈ 47	16 ♐ 32	8 ♈ 37	8 R 38	27 D 51	7 D 32	2 D 32	2 D 59	17 R 35	13 R 29	8 D 56	0 D 34	21 D	21 D	5 D	20 R	11 R
2	11 ♈ 46	28 ♐ 36	8 ♈ 34	8 ♈ 38	29 ♈ 23	8 ♓ 44	3 ♈ 18	3 ♑ 3	17 ♏ 32	13 ♌ 28	8 ♉ 58	0 ♓ 35	21 ♒	21 ♑	5 ♑	19 ♎	11 ♌
3	12 ♈ 46	10 ♑ 53	8 ♈ 31	8 ♈ 38	0 ♉ 50	9 ♓ 57	4 ♈ 5	3 ♑ 6	17 ♏ 28	13 ♌ 27	9 ♉ 0	0 ♓ 37	22 ♒	22 ♑	5 ♑	19 ♎	11 ♌
4	13 ♈ 45	23 ♑ 28	8 ♈ 28	8 D 38	2 ♉ 12	11 ♓ 10	4 ♈ 52	3 ♑ 9	17 ♏ 25	13 ♌ 26	9 ♉ 2	0 ♓ 38	22 ♒	22 ♑	5 ♑	19 ♎	11 ♌
5	14 ♈ 44	6 ♒ 24	8 ♈ 25	8 ♈ 39	3 ♉ 29	12 ♓ 22	5 ♈ 38	3 ♑ 12	17 ♏ 22	13 ♌ 25	9 ♉ 4	0 ♓ 39	22 ♒	22 ♑	5 ♑	19 ♎	11 ♌
6	15 ♈ 43	19 ♒ 44	8 ♈ 22	8 ♈ 39	4 ♉ 40	13 ♓ 35	6 ♈ 25	3 ♑ 15	17 ♏ 18	13 ♌ 24	9 ♉ 6	0 ♓ 41	23 ♒	22 ♑	5 ♑	18 ♎	11 ♌
7	16 ♈ 42	3 ♓ 31	8 ♈ 18	8 ♈ 40	5 ♉ 45	14 ♓ 48	7 ♈ 11	3 ♑ 18	17 ♏ 15	13 ♌ 23	9 ♉ 9	0 ♓ 42	23 ♒	23 ♑	5 ♑	18 ♎	11 ♌
8	17 ♈ 41	17 ♓ 44	8 ♈ 15	8 ♈ 41	6 ♉ 44	16 ♓ 0	7 ♈ 58	3 ♑ 20	17 ♏ 11	13 ♌ 23	9 ♉ 11	0 ♓ 43	23 ♒	23 ♑	5 ♑	18 ♎	11 ♌
9	18 ♈ 40	2 ♈ 21	8 ♈ 12	8 ♈ 41	7 ♉ 37	17 ♓ 13	8 ♈ 44	3 ♑ 22	17 ♏ 8	13 ♌ 22	9 ♉ 13	0 ♓ 44	24 ♒	23 ♑	6 ♑	18 ♎	11 ♌
10	19 ♈ 39	17 ♈ 15	8 ♈ 9	8 R 41	8 ♉ 23	18 ♓ 26	9 ♈ 31	3 ♑ 24	17 ♏ 4	13 ♌ 21	9 ♉ 15	0 ♓ 46	24 ♒	23 ♑	6 ♑	17 ♎	11 ♌
11	20 ♈ 38	2 ♉ 20	8 ♈ 6	8 ♈ 40	9 ♉ 3	19 ♓ 39	10 ♈ 17	3 ♑ 26	17 ♏ 0	13 ♌ 21	9 ♉ 17	0 ♓ 47	24 ♒	23 ♑	6 ♑	17 ♎	11 ♌
12	21 ♈ 37	17 ♉ 27	8 ♈ 3	8 ♈ 39	9 ♉ 36	20 ♓ 52	11 ♈ 3	3 ♑ 28	16 ♏ 56	13 ♌ 20	9 ♉ 19	0 ♓ 48	25 ♒	24 ♑	6 ♑	17 ♎	11 ♌
13	22 ♈ 36	2 ♊ 25	7 ♈ 59	8 ♈ 37	10 ♉ 3	22 ♓ 4	11 ♈ 50	3 ♑ 30	16 ♏ 52	13 ♌ 20	9 ♉ 21	0 ♓ 49	25 ♒	24 ♑	6 ♑	17 ♎	11 D
14	23 ♈ 35	17 ♊ 8	7 ♈ 56	8 ♈ 36	10 ♉ 23	23 ♓ 17	12 ♈ 36	3 ♑ 31	16 ♏ 48	13 ♌ 19	9 ♉ 24	0 ♓ 50	25 ♒	24 ♑	6 ♑	16 ♎	11 ♌
15	24 ♈ 34	1 ♋ 30	7 ♈ 53	8 ♈ 34	10 ♉ 37	24 ♓ 30	13 ♈ 22	3 ♑ 32	16 ♏ 44	13 ♌ 19	9 ♉ 26	0 ♓ 52	26 ♒	24 ♑	6 ♑	16 ♎	11 ♌
16	25 ♈ 32	15 ♋ 29	7 ♈ 50	8 ♈ 33	10 ♉ 44	25 ♓ 43	14 ♈ 8	3 ♑ 33	16 ♏ 40	13 ♌ 19	9 ♉ 28	0 ♓ 53	26 ♒	24 ♑	6 ♑	16 ♎	11 ♌
17	26 ♈ 31	29 ♋ 2	7 ♈ 47	8 D 33	10 R 45	26 ♓ 56	14 ♈ 54	3 ♑ 34	16 ♏ 36	13 ♌ 18	9 ♉ 30	0 ♓ 54	26 ♒	24 ♑	6 ♑	16 ♎	11 ♌
18	27 ♈ 30	12 ♌ 13	7 ♈ 43	8 ♈ 33	10 ♉ 39	28 ♓ 8	15 ♈ 40	3 ♑ 34	16 ♏ 32	13 ♌ 18	9 ♉ 33	0 ♓ 55	27 ♒	25 ♑	6 ♑	15 ♎	11 ♌
19	28 ♈ 29	25 ♌ 3	7 ♈ 40	8 ♈ 35	10 ♉ 28	29 ♓ 21	16 ♈ 26	3 ♑ 35	16 ♏ 28	13 ♌ 18	9 ♉ 35	0 ♓ 56	27 ♒	25 ♑	6 ♑	15 ♎	11 ♌
20	29 ♈ 27	7 ♍ 35	7 ♈ 37	8 ♈ 36	10 ♉ 12	0 ♈ 34	17 ♈ 12	3 ♑ 35	16 ♏ 24	13 ♌ 18	9 ♉ 37	0 ♓ 57	27 ♒	25 ♑	6 ♑	15 ♎	11 ♌
21	0 ♉ 26	19 ♍ 54	7 ♈ 34	8 ♈ 38	9 ♉ 50	1 ♈ 47	17 ♈ 58	3 R 35	16 ♏ 20	13 ♌ 18	9 ♉ 39	0 ♓ 58	28 ♒	25 ♑	6 ♑	15 ♎	11 ♌
22	1 ♉ 24	2 ♎ 2	7 ♈ 31	8 ♈ 39	9 ♉ 24	3 ♈ 0	18 ♈ 44	3 ♑ 35	16 ♏ 15	13 D 18	9 ♉ 41	0 ♓ 59	28 ♒	25 ♑	6 ♑	14 ♎	11 ♌
23	2 ♉ 23	14 ♎ 2	7 ♈ 28	8 R 39	8 ♉ 54	4 ♈ 13	19 ♈ 30	3 ♑ 34	16 ♏ 11	13 ♌ 18	9 ♉ 44	1 ♓ 0	28 ♒	25 ♑	6 ♑	14 ♎	11 ♌
24	3 ♉ 21	25 ♎ 56	7 ♈ 24	8 ♈ 38	8 ♉ 20	5 ♈ 26	20 ♈ 16	3 ♑ 34	16 ♏ 7	13 ♌ 18	9 ♉ 46	1 ♓ 1	28 ♒	25 ♑	6 ♑	14 ♎	11 ♌
25	4 ♉ 20	7 ♏ 47	7 ♈ 21	8 ♈ 35	7 ♉ 44	6 ♈ 38	21 ♈ 2	3 ♑ 33	16 ♏ 2	13 ♌ 18	9 ♉ 48	1 ♓ 2	29 ♒	26 ♑	6 ♑	14 ♎	11 ♌
26	5 ♉ 18	19 ♏ 37	7 ♈ 18	8 ♈ 31	7 ♉ 5	7 ♈ 51	21 ♈ 47	3 ♑ 32	15 ♏ 58	13 ♌ 19	9 ♉ 50	1 ♓ 3	29 ♒	26 ♑	6 ♑	14 ♎	11 ♌
27	6 ♉ 17	1 ♐ 27	7 ♈ 15	8 ♈ 27	6 ♉ 25	9 ♈ 4	22 ♈ 33	3 ♑ 31	15 ♏ 54	13 ♌ 19	9 ♉ 53	1 ♓ 4	29 ♒	26 ♑	6 ♑	13 ♎	11 ♌
28	7 ♉ 15	13 ♐ 21	7 ♈ 12	8 ♈ 22	5 ♉ 45	10 ♈ 17	23 ♈ 19	3 ♑ 30	15 ♏ 49	13 ♌ 19	9 ♉ 55	1 ♓ 4	0 ♓	26 ♑	6 R	13 ♎	11 ♌
29	8 ♉ 13	25 ♐ 19	7 ♈ 8	8 ♈ 17	5 ♉ 4	11 ♈ 30	24 ♈ 4	3 ♑ 28	15 ♏ 45	13 ♌ 20	9 ♉ 57	1 ♓ 5	0 ♓	26 ♑	6 ♑	13 ♎	11 ♌
30	9 ♉ 12	7 ♑ 26	7 ♈ 5	8 ♈ 13	4 ♉ 25	12 ♈ 43	24 ♈ 50	3 ♑ 27	15 ♏ 40	13 ♌ 20	9 ♉ 59	1 ♓ 6	0 ♓	26 ♑	6 ♑	13 ♎	11 ♌

SUN INGRESS	☉ → ♉ 20日 13:14
MOON PHASE	◑ 3日 03:56 ♑　● 10日 04:06 ♈　◐ 16日 19:08 ♋　○ 24日 16:22 ♏

aspects		
1日	15:26	♂□♃
2日	04:41	♀⚹♆
2日	20:08	☿⚹♇
3日	16:25	☉△♅
4日	18:27	☿△♃
8日	22:13	♀△♄
11日	10:24	☿☌♆
14日	22:26	♂△♅
21日	09:41	☿☌♆
21日	13:24	☉⚹♇
22日	11:27	♀□♃
24日	05:02	☉△♃
27日	02:04	☉☌☿
30日	12:16	♀△♅
30日	20:27	☉☌♆

2043年5月

DAY	☉	☽	☊ mean	☊ true	☿	♀	♂	♃	♄	♅	♆	♇	⚳	⚴	⚵	⚶	⚷
	° ′	° ′	° ′	° ′	° ′	° ′	° ′	° ′	° ′	° ′	° ′	° ′	°	°	°	°	°
1	10 ♉ 10	19 ♑ 44	7 ♈ 2	8 R 10	3 R 47	13 D 56	25 D 36	3 R 25	15 R 36	13 D 21	10 D 2	1 D 7	0 D	26 D	6 R	13 R	11 D
2	11 ♉ 8	2 ♒ 16	6 ♈ 59	8 ♈ 8	3 ♉ 12	15 ♈ 9	26 ♈ 21	3 ♑ 23	15 ♏ 31	13 ♌ 21	10 ♉ 4	1 ♓ 8	1 ♓	26 ♑	6 ♑	12 ♎	11 ♌
3	12 ♉ 6	15 ♒ 8	6 ♈ 56	8 D 7	2 ♉ 39	16 ♈ 22	27 ♈ 6	3 ♑ 20	15 ♏ 27	13 ♌ 22	10 ♉ 6	1 ♓ 8	1 ♓	26 ♑	6 ♑	12 ♎	11 ♌
4	13 ♉ 5	28 ♒ 21	6 ♈ 53	8 ♈ 8	2 ♉ 9	17 ♈ 35	27 ♈ 52	3 ♑ 18	15 ♏ 22	13 ♌ 22	10 ♉ 8	1 ♓ 9	1 ♓	26 ♑	6 ♑	12 ♎	11 ♌
5	14 ♉ 3	11 ♓ 59	6 ♈ 49	8 ♈ 10	1 ♉ 43	18 ♈ 48	28 ♈ 37	3 ♑ 15	15 ♏ 18	13 ♌ 23	10 ♉ 11	1 ♓ 10	2 ♓	27 ♑	6 ♑	12 ♎	11 ♌
6	15 ♉ 1	26 ♓ 3	6 ♈ 46	8 ♈ 11	1 ♉ 21	20 ♈ 1	29 ♈ 22	3 ♑ 13	15 ♏ 13	13 ♌ 24	10 ♉ 13	1 ♓ 11	2 ♓	27 ♑	6 ♑	12 ♎	11 ♌
7	15 ♉ 59	10 ♈ 33	6 ♈ 43	8 R 11	1 ♉ 3	21 ♈ 14	0 ♉ 8	3 ♑ 10	15 ♏ 9	13 ♌ 25	10 ♉ 15	1 ♓ 11	2 ♓	27 ♑	6 ♑	12 ♎	11 ♌
8	16 ♉ 57	25 ♈ 26	6 ♈ 40	8 ♈ 10	0 ♉ 49	22 ♈ 27	0 ♉ 53	3 ♑ 7	15 ♏ 4	13 ♌ 26	10 ♉ 18	1 ♓ 12	2 ♓	27 ♑	6 ♑	12 ♎	11 ♌
9	17 ♉ 55	10 ♉ 35	6 ♈ 37	8 ♈ 7	0 ♉ 41	23 ♈ 40	1 ♉ 38	3 ♑ 3	15 ♏ 0	13 ♌ 27	10 ♉ 20	1 ♓ 12	3 ♓	27 ♑	6 ♑	11 ♎	11 ♌
10	18 ♉ 53	25 ♉ 50	6 ♈ 34	8 ♈ 3	0 ♉ 36	24 ♈ 53	2 ♉ 23	3 ♑ 0	14 ♏ 55	13 ♌ 28	10 ♉ 22	1 ♓ 13	3 ♓	27 ♑	6 ♑	11 ♎	11 ♌
11	19 ♉ 52	11 ♊ 2	6 ♈ 30	7 ♈ 57	0 D 37	26 ♈ 6	3 ♉ 8	2 ♑ 56	14 ♏ 51	13 ♌ 29	10 ♉ 24	1 ♓ 14	3 ♓	27 ♑	6 ♑	11 ♎	11 ♌
12	20 ♉ 50	26 ♊ 0	6 ♈ 27	7 ♈ 50	0 ♉ 42	27 ♈ 19	3 ♉ 53	2 ♑ 52	14 ♏ 46	13 ♌ 30	10 ♉ 26	1 ♓ 14	3 ♓	27 ♑	6 ♑	11 ♎	12 ♌
13	21 ♉ 48	10 ♋ 37	6 ♈ 24	7 ♈ 45	0 ♉ 52	28 ♈ 32	4 ♉ 38	2 ♑ 48	14 ♏ 42	13 ♌ 31	10 ♉ 29	1 ♓ 15	4 ♓	27 ♑	6 ♑	11 ♎	12 ♌
14	22 ♉ 45	24 ♋ 46	6 ♈ 21	7 ♈ 40	1 ♉ 6	29 ♈ 45	5 ♉ 23	2 ♑ 44	14 ♏ 37	13 ♌ 32	10 ♉ 31	1 ♓ 15	4 ♓	27 ♑	6 ♑	11 ♎	12 ♌
15	23 ♉ 43	8 ♌ 27	6 ♈ 18	7 ♈ 37	1 ♉ 25	0 ♉ 58	6 ♉ 8	2 ♑ 40	14 ♏ 33	13 ♌ 33	10 ♉ 33	1 ♓ 16	4 ♓	27 ♑	6 ♑	11 ♎	12 ♌
16	24 ♉ 41	21 ♌ 39	6 ♈ 14	7 ♈ 36	1 ♉ 49	2 ♉ 11	6 ♉ 53	2 ♑ 35	14 ♏ 28	13 ♌ 35	10 ♉ 35	1 ♓ 16	4 ♓	27 R	5 ♑	11 ♎	12 ♌
17	25 ♉ 39	4 ♍ 27	6 ♈ 11	7 D 36	2 ♉ 16	3 ♉ 24	7 ♉ 37	2 ♑ 31	14 ♏ 24	13 ♌ 36	10 ♉ 38	1 ♓ 16	5 ♓	27 ♑	5 ♑	11 ♎	12 ♌
18	26 ♉ 37	16 ♍ 55	6 ♈ 8	7 ♈ 37	2 ♉ 48	4 ♉ 37	8 ♉ 22	2 ♑ 26	14 ♏ 19	13 ♌ 37	10 ♉ 40	1 ♓ 17	5 ♓	27 ♑	5 ♑	11 ♎	12 ♌
19	27 ♉ 35	29 ♍ 6	6 ♈ 5	7 ♈ 38	3 ♉ 23	5 ♉ 50	9 ♉ 7	2 ♑ 21	14 ♏ 15	13 ♌ 39	10 ♉ 42	1 ♓ 17	5 ♓	27 ♑	5 ♑	11 ♎	12 ♌
20	28 ♉ 33	11 ♎ 6	6 ♈ 2	7 R 39	4 ♉ 3	7 ♉ 3	9 ♉ 51	2 ♑ 16	14 ♏ 11	13 ♌ 40	10 ♉ 44	1 ♓ 17	5 ♓	27 ♑	5 ♑	11 ♎	12 ♌
21	29 ♉ 30	22 ♎ 59	5 ♈ 59	7 ♈ 37	4 ♉ 46	8 ♉ 16	10 ♉ 36	2 ♑ 11	14 ♏ 6	13 ♌ 42	10 ♉ 46	1 ♓ 18	6 ♓	27 ♑	5 ♑	11 ♎	12 ♌
22	0 ♊ 28	4 ♏ 49	5 ♈ 55	7 ♈ 34	5 ♉ 33	9 ♉ 29	11 ♉ 20	2 ♑ 6	14 ♏ 2	13 ♌ 43	10 ♉ 48	1 ♓ 18	6 ♓	27 ♑	5 ♑	11 ♎	12 ♌
23	1 ♊ 26	16 ♏ 38	5 ♈ 52	7 ♈ 28	6 ♉ 24	10 ♉ 43	12 ♉ 4	2 ♑ 0	13 ♏ 58	13 ♌ 45	10 ♉ 51	1 ♓ 18	6 ♓	27 ♑	5 ♑	11 ♎	12 ♌
24	2 ♊ 23	28 ♏ 28	5 ♈ 49	7 ♈ 20	7 ♉ 18	11 ♉ 56	12 ♉ 49	1 ♑ 54	13 ♏ 54	13 ♌ 47	10 ♉ 53	1 ♓ 19	6 ♓	27 ♑	4 ♑	11 D	12 ♌
25	3 ♊ 21	10 ♐ 23	5 ♈ 46	7 ♈ 10	8 ♉ 15	13 ♉ 9	13 ♉ 33	1 ♑ 49	13 ♏ 50	13 ♌ 48	10 ♉ 55	1 ♓ 19	6 ♓	27 ♑	4 ♑	11 ♎	12 ♌
26	4 ♊ 19	22 ♐ 23	5 ♈ 43	6 ♈ 59	9 ♉ 15	14 ♉ 22	14 ♉ 17	1 ♑ 43	13 ♏ 46	13 ♌ 50	10 ♉ 57	1 ♓ 19	7 ♓	26 ♑	4 ♑	11 ♎	12 ♌
27	5 ♊ 16	4 ♑ 29	5 ♈ 40	6 ♈ 49	10 ♉ 19	15 ♉ 35	15 ♉ 2	1 ♑ 37	13 ♏ 42	13 ♌ 52	10 ♉ 59	1 ♓ 19	7 ♓	26 ♑	4 ♑	11 ♎	12 ♌
28	6 ♊ 14	16 ♑ 44	5 ♈ 36	6 ♈ 39	11 ♉ 25	16 ♉ 48	15 ♉ 46	1 ♑ 31	13 ♏ 38	13 ♌ 54	11 ♉ 1	1 ♓ 19	7 ♓	26 ♑	4 ♑	11 ♎	13 ♌
29	7 ♊ 11	29 ♑ 9	5 ♈ 33	6 ♈ 32	12 ♉ 35	18 ♉ 1	16 ♉ 30	1 ♑ 24	13 ♏ 34	13 ♌ 56	11 ♉ 3	1 ♓ 19	7 ♓	26 ♑	4 ♑	11 ♎	13 ♌
30	8 ♊ 9	11 ♒ 46	5 ♈ 30	6 ♈ 26	13 ♉ 47	19 ♉ 14	17 ♉ 14	1 ♑ 18	13 ♏ 30	13 ♌ 58	11 ♉ 5	1 ♓ 19	7 ♓	26 ♑	4 ♑	11 ♎	13 ♌
31	9 ♊ 7	24 ♒ 38	5 ♈ 27	6 ♈ 23	15 ♉ 3	20 ♉ 27	17 ♉ 58	1 ♑ 11	13 ♏ 26	14 ♌ 0	11 ♉ 7	1 ♓ 19	8 ♓	26 ♑	3 ♑	11 ♎	13 ♌

SUN INGRESS: ☉ → ♊ 21日 12:08

MOON PHASE: ◑ 2日 17:58 ♒ ● 9日 12:21 ♉ ◐ 16日 06:04 ♌ ○ 24日 08:36 ♐

aspects	
1日 15:50	☿△♃
4日 07:24	☉□♅
6日 04:37	☉☍♄
6日 12:27	☿⚹♇
7日 22:32	☿☌♂
8日 10:13	♂⚹♇
10日 18:08	♂△♃
14日 12:02	☿⚹♇
15日 05:45	♀⚹♇
15日 12:50	☿☌♀
16日 07:32	♀△♃
17日 10:06	☿△♃
21日 06:04	♂☌♆
22日 20:54	☉□♇
23日 02:43	♀☌♆
25日 05:16	♄□♅
25日 08:14	♂☍♄
25日 08:39	♂□♅
25日 12:44	♀☍♄
25日 13:21	♀□♅
25日 20:16	♀☌♂
27日 15:11	☿☌♆
29日 18:33	☿☍♄
29日 18:34	♃⚹♇
30日 03:29	☿□♅

2043年6月

DAY	☉	☽	☊ mean	☊ true	☿	♀	♂	♃	♄	♅	♆	♇	⚳	⚴	⚵	⚶	⚷
	° ′	° ′	° ′	° ′	° ′	° ′	° ′	° ′	° ′	° ′	° ′	° ′	°	°	°	°	°
1	10 ♊ 4	7 ♓ 48	5 ♈ 24	6 R 22	16 D 21	21 D 41	18 D 42	1 R 5	13 R 22	14 D 2	11 D 9	1 D 19	8 D	26 R	3 R	11 D	13 D
2	11 ♊ 2	21 ♓ 18	5 ♈ 20	6 D 22	17 ♉ 42	22 ♉ 54	19 ♉ 26	0 ♑ 58	13 ♏ 18	14 ♌ 4	11 ♉ 11	1 R 19	8 ♓	26 ♑	3 ♑	11 ♎	13 ♌
3	11 ♊ 59	5 ♈ 12	5 ♈ 17	6 ♈ 23	19 ♉ 5	24 ♉ 7	20 ♉ 9	0 ♑ 51	13 ♏ 15	14 ♌ 6	11 ♉ 13	1 ♓ 19	8 ♓	26 ♑	3 ♑	11 ♎	13 ♌
4	12 ♊ 57	19 ♈ 29	5 ♈ 14	6 R 22	20 ♉ 31	25 ♉ 20	20 ♉ 53	0 ♑ 44	13 ♏ 11	14 ♌ 8	11 ♉ 15	1 ♓ 19	8 ♓	26 ♑	3 ♑	11 ♎	13 ♌
5	13 ♊ 54	4 ♉ 9	5 ♈ 11	6 ♈ 20	22 ♉ 0	26 ♉ 33	21 ♉ 37	0 ♑ 38	13 ♏ 7	14 ♌ 10	11 ♉ 17	1 ♓ 19	8 ♓	25 ♑	2 ♑	11 ♎	13 ♌
6	14 ♊ 52	19 ♉ 6	5 ♈ 8	6 ♈ 15	23 ♉ 32	27 ♉ 46	22 ♉ 20	0 ♑ 30	13 ♏ 4	14 ♌ 13	11 ♉ 19	1 ♓ 19	9 ♓	25 ♑	2 ♑	11 ♎	13 ♌
7	15 ♊ 49	4 ♊ 14	5 ♈ 5	6 ♈ 7	25 ♉ 6	29 ♉ 0	23 ♉ 4	0 ♑ 23	13 ♏ 0	14 ♌ 15	11 ♉ 21	1 ♓ 19	9 ♓	25 ♑	2 ♑	11 ♎	13 ♌
8	16 ♊ 47	19 ♊ 23	5 ♈ 1	5 ♈ 58	26 ♉ 43	0 ♊ 13	23 ♉ 48	0 ♑ 16	12 ♏ 57	14 ♌ 17	11 ♉ 23	1 ♓ 19	9 ♓	25 ♑	2 ♑	12 ♎	13 ♌
9	17 ♊ 44	4 ♋ 23	4 ♈ 58	5 ♈ 47	28 ♉ 23	1 ♊ 26	24 ♉ 31	0 ♑ 9	12 ♏ 54	14 ♌ 20	11 ♉ 25	1 ♓ 19	9 ♓	25 ♑	2 ♑	12 ♎	14 ♌
10	18 ♊ 41	19 ♋ 4	4 ♈ 55	5 ♈ 37	0 ♊ 5	2 ♊ 39	25 ♉ 14	0 ♑ 2	12 ♏ 50	14 ♌ 22	11 ♉ 27	1 ♓ 19	9 ♓	25 ♑	1 ♑	12 ♎	14 ♌
11	19 ♊ 39	3 ♌ 19	4 ♈ 52	5 ♈ 29	1 ♊ 49	3 ♊ 53	25 ♉ 58	29 ♐ 54	12 ♏ 47	14 ♌ 25	11 ♉ 29	1 ♓ 18	9 ♓	24 ♑	1 ♑	12 ♎	14 ♌
12	20 ♊ 36	17 ♌ 6	4 ♈ 49	5 ♈ 23	3 ♊ 37	5 ♊ 6	26 ♉ 41	29 ♐ 47	12 ♏ 44	14 ♌ 27	11 ♉ 31	1 ♓ 18	9 ♓	24 ♑	1 ♑	12 ♎	14 ♌
13	21 ♊ 34	0 ♍ 23	4 ♈ 46	5 ♈ 19	5 ♊ 26	6 ♊ 19	27 ♉ 24	29 ♐ 39	12 ♏ 41	14 ♌ 30	11 ♉ 33	1 ♓ 18	10 ♓	24 ♑	1 ♑	12 ♎	14 ♌
14	22 ♊ 31	13 ♍ 14	4 ♈ 42	5 ♈ 17	7 ♊ 19	7 ♊ 32	28 ♉ 8	29 ♐ 32	12 ♏ 38	14 ♌ 32	11 ♉ 34	1 ♓ 18	10 ♓	24 ♑	1 ♑	12 ♎	14 ♌
15	23 ♊ 28	25 ♍ 42	4 ♈ 39	5 D 17	9 ♊ 13	8 ♊ 46	28 ♉ 51	29 ♐ 24	12 ♏ 35	14 ♌ 35	11 ♉ 36	1 ♓ 17	10 ♓	24 ♑	0 ♑	13 ♎	14 ♌
16	24 ♊ 26	7 ♎ 53	4 ♈ 36	5 R 17	11 ♊ 10	9 ♊ 59	29 ♉ 34	29 ♐ 17	12 ♏ 33	14 ♌ 38	11 ♉ 38	1 ♓ 17	10 ♓	23 ♑	0 ♑	13 ♎	14 ♌
17	25 ♊ 23	19 ♎ 51	4 ♈ 33	5 ♈ 17	13 ♊ 9	11 ♊ 12	0 ♊ 17	29 ♐ 9	12 ♏ 30	14 ♌ 40	11 ♉ 40	1 ♓ 17	10 ♓	23 ♑	0 ♑	13 ♎	14 ♌
18	26 ♊ 20	1 ♏ 42	4 ♈ 30	5 ♈ 14	15 ♊ 11	12 ♊ 25	1 ♊ 0	29 ♐ 1	12 ♏ 27	14 ♌ 43	11 ♉ 42	1 ♓ 16	10 ♓	23 ♑	0 ♑	13 ♎	14 ♌
19	27 ♊ 17	13 ♏ 31	4 ♈ 26	5 ♈ 9	17 ♊ 14	13 ♊ 39	1 ♊ 43	28 ♐ 54	12 ♏ 25	14 ♌ 46	11 ♉ 43	1 ♓ 16	10 ♓	23 ♑	29 ♐	13 ♎	14 ♌
20	28 ♊ 15	25 ♏ 21	4 ♈ 23	5 ♈ 2	19 ♊ 19	14 ♊ 52	2 ♊ 25	28 ♐ 46	12 ♏ 22	14 ♌ 49	11 ♉ 45	1 ♓ 16	10 ♓	22 ♑	29 ♐	14 ♎	15 ♌
21	29 ♊ 12	7 ♐ 15	4 ♈ 20	4 ♈ 51	21 ♊ 26	16 ♊ 5	3 ♊ 8	28 ♐ 38	12 ♏ 20	14 ♌ 51	11 ♉ 47	1 ♓ 15	10 ♓	22 ♑	29 ♐	14 ♎	15 ♌
22	0 ♋ 9	19 ♐ 16	4 ♈ 17	4 ♈ 39	23 ♊ 34	17 ♊ 19	3 ♊ 51	28 ♐ 31	12 ♏ 17	14 ♌ 54	11 ♉ 48	1 ♓ 14	11 ♓	22 ♑	29 ♐	14 ♎	15 ♌
23	1 ♋ 6	1 ♑ 25	4 ♈ 14	4 ♈ 26	25 ♊ 44	18 ♊ 32	4 ♊ 34	28 ♐ 23	12 ♏ 15	14 ♌ 57	11 ♉ 50	1 ♓ 14	11 ♓	22 ♑	28 ♐	14 ♎	15 ♌
24	2 ♋ 4	13 ♑ 43	4 ♈ 11	4 ♈ 13	27 ♊ 54	19 ♊ 45	5 ♊ 16	28 ♐ 15	12 ♏ 13	15 ♌ 0	11 ♉ 52	1 ♓ 13	11 ♓	22 ♑	28 ♐	14 ♎	15 ♌
25	3 ♋ 1	26 ♑ 12	4 ♈ 7	4 ♈ 0	0 ♋ 5	20 ♊ 59	5 ♊ 59	28 ♐ 8	12 ♏ 11	15 ♌ 3	11 ♉ 53	1 ♓ 13	11 ♓	21 ♑	28 ♐	15 ♎	15 ♌
26	3 ♋ 58	8 ♒ 50	4 ♈ 4	3 ♈ 50	2 ♋ 16	22 ♊ 12	6 ♊ 41	28 ♐ 0	12 ♏ 9	15 ♌ 6	11 ♉ 55	1 ♓ 12	11 ♓	21 ♑	28 ♐	15 ♎	15 ♌
27	4 ♋ 55	21 ♒ 40	4 ♈ 1	3 ♈ 43	4 ♋ 28	23 ♊ 26	7 ♊ 24	27 ♐ 53	12 ♏ 7	15 ♌ 9	11 ♉ 56	1 ♓ 12	11 ♓	21 ♑	28 ♐	15 ♎	15 ♌
28	5 ♋ 52	4 ♓ 41	3 ♈ 58	3 ♈ 38	6 ♋ 39	24 ♊ 39	8 ♊ 6	27 ♐ 45	12 ♏ 5	15 ♌ 12	11 ♉ 58	1 ♓ 11	11 ♓	20 ♑	27 ♐	15 ♎	15 ♌
29	6 ♋ 50	17 ♓ 57	3 ♈ 55	3 ♈ 36	8 ♋ 50	25 ♊ 52	8 ♊ 48	27 ♐ 38	12 ♏ 4	15 ♌ 15	11 ♉ 59	1 ♓ 11	11 ♓	20 ♑	27 ♐	16 ♎	16 ♌
30	7 ♋ 47	1 ♈ 28	3 ♈ 52	3 ♈ 36	11 ♋ 0	27 ♊ 6	9 ♊ 31	27 ♐ 30	12 ♏ 2	15 ♌ 18	12 ♉ 1	1 ♓ 10	11 ♓	20 ♑	27 ♐	16 ♎	16 ♌

SUN INGRESS: ☉ → ♋ 21日 19:58

MOON PHASE: ◑ 1日 04:24 ♓ ● 7日 19:34 ♊ ◐ 14日 19:18 ♍ ○ 22日 23:20 ♑ ◑ 30日 11:52 ♈

aspects	
4日 11:38	☿☌♂
5日 07:04	☉⚹♅
8日 21:38	♀□♇
10日 16:58	☿□♇
14日 08:08	☿☌♀
17日 18:25	☿⚹♅
18日 09:10	♂□♇
19日 22:48	♀⚹♅
20日 11:35	☉☍♃
23日 03:10	☉△♇
24日 03:42	☿☍♃
25日 12:22	☿△♇
27日 08:55	☉☌☿
30日 07:10	♀☍♃
30日 11:26	☿⚹♆
30日 11:28	☿△♄
30日 12:37	♄☍♆

2043年7月

DAY	☉	☽	☊ mean	☊ true	☿	♀	♂	♃	♄	♅	♆	♇	⚳	⚴	⚵	⚶	⚷
	° ′	° ′	° ′	° ′	° ′	° ′	° ′	° ′	° ′	° ′	° ′	° ′	°	°	°	°	°
1	8 ♋ 44	15 ♈ 16	3 ♈ 48	3 R 36	13 D 9	28 D 19	10 D 13	27 R 23	12 R 1	15 D 21	12 D 2	1 R 9	11 D	20 R	27 R	16 D	16 D
2	9 ♋ 41	29 ♈ 22	3 ♈ 45	3 ♈ 35	15 ♋ 17	29 ♊ 33	10 ♊ 55	27 ♐ 15	11 ♏ 59	15 ♌ 25	12 ♉ 3	1 ♓ 8	11 ♓	19 ♑	26 ♐	16 ♎	16 ♌
3	10 ♋ 39	13 ♉ 46	3 ♈ 42	3 ♈ 32	17 ♋ 23	0 ♋ 46	11 ♊ 37	27 ♐ 8	11 ♏ 58	15 ♌ 28	12 ♉ 5	1 ♓ 8	11 ♓	19 ♑	26 ♐	17 ♎	16 ♌
4	11 ♋ 36	28 ♉ 25	3 ♈ 39	3 ♈ 27	19 ♋ 29	2 ♋ 0	12 ♊ 19	27 ♐ 1	11 ♏ 57	15 ♌ 31	12 ♉ 6	1 ♓ 7	11 ♓	19 ♑	26 ♐	17 ♎	16 ♌
5	12 ♋ 33	13 ♊ 14	3 ♈ 36	3 ♈ 19	21 ♋ 32	3 ♋ 13	13 ♊ 1	26 ♐ 54	11 ♏ 56	15 ♌ 34	12 ♉ 8	1 ♓ 6	11 ♓	19 ♑	26 ♐	17 ♎	16 ♌
6	13 ♋ 30	28 ♊ 5	3 ♈ 32	3 ♈ 9	23 ♋ 34	4 ♋ 27	13 ♊ 43	26 ♐ 46	11 ♏ 55	15 ♌ 38	12 ♉ 9	1 ♓ 6	11 ♓	18 ♑	26 ♐	18 ♎	16 ♌
7	14 ♋ 27	12 ♋ 50	3 ♈ 29	2 ♈ 58	25 ♋ 35	5 ♋ 41	14 ♊ 25	26 ♐ 39	11 ♏ 54	15 ♌ 41	12 ♉ 10	1 ♓ 5	11 R	18 ♑	25 ♐	18 ♎	16 ♌
8	15 ♋ 25	27 ♋ 21	3 ♈ 26	2 ♈ 47	27 ♋ 33	6 ♋ 54	15 ♊ 7	26 ♐ 33	11 ♏ 53	15 ♌ 44	12 ♉ 11	1 ♓ 4	11 ♓	18 ♑	25 ♐	18 ♎	17 ♌
9	16 ♋ 22	11 ♌ 31	3 ♈ 23	2 ♈ 38	29 ♋ 30	8 ♋ 8	15 ♊ 48	26 ♐ 26	11 ♏ 52	15 ♌ 48	12 ♉ 13	1 ♓ 3	11 ♓	17 ♑	25 ♐	18 ♎	17 ♌
10	17 ♋ 19	25 ♌ 16	3 ♈ 20	2 ♈ 31	1 ♌ 24	9 ♋ 21	16 ♊ 30	26 ♐ 19	11 ♏ 51	15 ♌ 51	12 ♉ 14	1 ♓ 2	11 ♓	17 ♑	25 ♐	19 ♎	17 ♌
11	18 ♋ 16	8 ♍ 34	3 ♈ 17	2 ♈ 27	3 ♌ 17	10 ♋ 35	17 ♊ 12	26 ♐ 12	11 ♏ 51	15 ♌ 54	12 ♉ 15	1 ♓ 1	11 ♓	17 ♑	25 ♐	19 ♎	17 ♌
12	19 ♋ 14	21 ♍ 27	3 ♈ 13	2 ♈ 25	5 ♌ 8	11 ♋ 49	17 ♊ 53	26 ♐ 6	11 ♏ 50	15 ♌ 58	12 ♉ 16	1 ♓ 0	11 ♓	17 ♑	24 ♐	19 ♎	17 ♌
13	20 ♋ 11	3 ♎ 57	3 ♈ 10	2 D 24	6 ♌ 57	13 ♋ 2	18 ♊ 35	25 ♐ 59	11 ♏ 50	16 ♌ 1	12 ♉ 17	1 ♓ 0	11 ♓	16 ♑	24 ♐	20 ♎	17 ♌
14	21 ♋ 8	16 ♎ 9	3 ♈ 7	2 ♈ 25	8 ♌ 43	14 ♋ 16	19 ♊ 16	25 ♐ 53	11 ♏ 50	16 ♌ 5	12 ♉ 18	0 ♓ 59	11 ♓	16 ♑	24 ♐	20 ♎	17 ♌
15	22 ♋ 5	28 ♎ 9	3 ♈ 4	2 R 24	10 ♌ 28	15 ♋ 30	19 ♊ 57	25 ♐ 47	11 ♏ 50	16 ♌ 8	12 ♉ 19	0 ♓ 58	11 ♓	16 ♑	24 ♐	20 ♎	17 ♌
16	23 ♋ 2	10 ♏ 2	3 ♈ 1	2 ♈ 23	12 ♌ 11	16 ♋ 43	20 ♊ 39	25 ♐ 41	11 ♏ 50	16 ♌ 11	12 ♉ 20	0 ♓ 57	11 ♓	15 ♑	24 ♐	21 ♎	17 ♌
17	24 ♋ 0	21 ♏ 52	2 ♈ 58	2 ♈ 20	13 ♌ 53	17 ♋ 57	21 ♊ 20	25 ♐ 35	11 D 50	16 ♌ 15	12 ♉ 21	0 ♓ 56	11 ♓	15 ♑	23 ♐	21 ♎	18 ♌
18	24 ♋ 57	3 ♐ 44	2 ♈ 54	2 ♈ 14	15 ♌ 32	19 ♋ 11	22 ♊ 1	25 ♐ 29	11 ♏ 50	16 ♌ 19	12 ♉ 22	0 ♓ 55	11 ♓	15 ♑	23 ♐	21 ♎	18 ♌
19	25 ♋ 54	15 ♐ 43	2 ♈ 51	2 ♈ 6	17 ♌ 9	20 ♋ 24	22 ♊ 42	25 ♐ 23	11 ♏ 50	16 ♌ 22	12 ♉ 23	0 ♓ 54	11 ♓	15 ♑	23 ♐	22 ♎	18 ♌
20	26 ♋ 51	27 ♐ 51	2 ♈ 48	1 ♈ 55	18 ♌ 44	21 ♋ 38	23 ♊ 23	25 ♐ 18	11 ♏ 50	16 ♌ 26	12 ♉ 24	0 ♓ 53	11 ♓	14 ♑	23 ♐	22 ♎	18 ♌
21	27 ♋ 49	10 ♑ 10	2 ♈ 45	1 ♈ 44	20 ♌ 17	22 ♋ 52	24 ♊ 4	25 ♐ 12	11 ♏ 51	16 ♌ 29	12 ♉ 25	0 ♓ 52	11 ♓	14 ♑	23 ♐	22 ♎	18 ♌
22	28 ♋ 46	22 ♑ 42	2 ♈ 42	1 ♈ 33	21 ♌ 49	24 ♋ 6	24 ♊ 45	25 ♐ 7	11 ♏ 51	16 ♌ 33	12 ♉ 26	0 ♓ 51	10 ♓	14 ♑	23 ♐	23 ♎	18 ♌
23	29 ♋ 43	5 ♒ 27	2 ♈ 38	1 ♈ 23	23 ♌ 18	25 ♋ 20	25 ♊ 26	25 ♐ 2	11 ♏ 52	16 ♌ 36	12 ♉ 27	0 ♓ 50	10 ♓	14 ♑	23 ♐	23 ♎	18 ♌
24	0 ♌ 40	18 ♒ 24	2 ♈ 35	1 ♈ 15	24 ♌ 46	26 ♋ 33	26 ♊ 7	24 ♐ 57	11 ♏ 53	16 ♌ 40	12 ♉ 27	0 ♓ 49	10 ♓	13 ♑	22 ♐	23 ♎	18 ♌
25	1 ♌ 38	1 ♓ 33	2 ♈ 32	1 ♈ 9	26 ♌ 11	27 ♋ 47	26 ♊ 48	24 ♐ 52	11 ♏ 53	16 ♌ 44	12 ♉ 28	0 ♓ 47	10 ♓	13 ♑	22 ♐	24 ♎	19 ♌
26	2 ♌ 35	14 ♓ 53	2 ♈ 29	1 ♈ 5	27 ♌ 34	29 ♋ 1	27 ♊ 28	24 ♐ 47	11 ♏ 54	16 ♌ 47	12 ♉ 29	0 ♓ 46	10 ♓	13 ♑	22 ♐	24 ♎	19 ♌
27	3 ♌ 32	28 ♓ 24	2 ♈ 26	1 ♈ 4	28 ♌ 56	0 ♌ 15	28 ♊ 9	24 ♐ 43	11 ♏ 55	16 ♌ 51	12 ♉ 29	0 ♓ 45	10 ♓	13 ♑	22 ♐	24 ♎	19 ♌
28	4 ♌ 30	12 ♈ 6	2 ♈ 23	1 D 5	0 ♍ 15	1 ♌ 29	28 ♊ 49	24 ♐ 38	11 ♏ 56	16 ♌ 54	12 ♉ 30	0 ♓ 44	10 ♓	12 ♑	22 ♐	25 ♎	19 ♌
29	5 ♌ 27	25 ♈ 59	2 ♈ 19	1 ♈ 5	1 ♍ 32	2 ♌ 43	29 ♊ 30	24 ♐ 34	11 ♏ 58	16 ♌ 58	12 ♉ 31	0 ♓ 43	10 ♓	12 ♑	22 ♐	25 ♎	19 ♌
30	6 ♌ 24	10 ♉ 2	2 ♈ 16	1 R 6	2 ♍ 47	3 ♌ 57	0 ♋ 10	24 ♐ 30	11 ♏ 59	17 ♌ 2	12 ♉ 31	0 ♓ 42	10 ♓	12 ♑	22 ♐	26 ♎	19 ♌
31	7 ♌ 22	24 ♉ 16	2 ♈ 13	1 ♈ 4	3 ♍ 59	5 ♌ 11	0 ♋ 51	24 ♐ 26	12 ♏ 0	17 ♌ 5	12 ♉ 32	0 ♓ 41	9 ♓	12 ♑	22 ♐	26 ♎	19 ♌

SUN INGRESS: ☉ → ♌ 23日 06:53

MOON PHASE: ● 7日 02:50 ♋ ◐ 14日 10:46 ♎ ○ 22日 12:24 ♑ ◑ 29日 17:22 ♉

aspects		
3日	06:55	♀△♇
4日	08:38	☉△♄
4日	13:05	☉⚹♆
8日	23:31	♂⚹♅
12日	00:34	♀△♄
12日	09:05	♀⚹♆
15日	18:52	☿□♄
16日	02:06	☿□♆
18日	11:56	☿☌♅
22日	11:18	♂☍♃
24日	02:54	☿△♃
25日	20:29	☿⚹♂
28日	08:53	☿☍♇
30日	18:06	♂△♇

2043年8月

DAY	☉	☽	☊ mean	☊ true	☿	♀	♂	♃	♄	♅	♆	♇	⚳	⚴	⚵	⚶	⚷
	° ′	° ′	° ′	° ′	° ′	° ′	° ′	° ′	° ′	° ′	° ′	° ′	°	°	°	°	°
1	8 ♌ 19	8 ♊ 37	2 ♈ 10	1 R 1	5 D 10	6 D 25	1 D 31	24 R 22	12 D 2	17 D 9	12 D 32	0 R 39	9 R	12 R	21 R	26 D	19 D
2	9 ♌ 16	23 ♊ 3	2 ♈ 7	0 ♈ 56	6 ♍ 18	7 ♌ 38	2 ♋ 11	24 ♐ 19	12 ♏ 3	17 ♌ 13	12 ♉ 33	0 ♓ 38	9 ♓	11 ♑	21 ♐	27 ♎	20 ♌
3	10 ♌ 14	7 ♋ 29	2 ♈ 4	0 ♈ 49	7 ♍ 23	8 ♌ 52	2 ♋ 52	24 ♐ 15	12 ♏ 5	17 ♌ 17	12 ♉ 33	0 ♓ 37	9 ♓	11 ♑	21 ♐	27 ♎	20 ♌
4	11 ♌ 11	21 ♋ 50	2 ♈ 0	0 ♈ 41	8 ♍ 26	10 ♌ 7	3 ♋ 32	24 ♐ 12	12 ♏ 7	17 ♌ 20	12 ♉ 34	0 ♓ 36	9 ♓	11 ♑	21 ♐	27 ♎	20 ♌
5	12 ♌ 9	5 ♌ 59	1 ♈ 57	0 ♈ 33	9 ♍ 26	11 ♌ 21	4 ♋ 12	24 ♐ 9	12 ♏ 9	17 ♌ 24	12 ♉ 34	0 ♓ 35	9 ♓	11 ♑	21 ♐	28 ♎	20 ♌
6	13 ♌ 6	19 ♌ 52	1 ♈ 54	0 ♈ 27	10 ♍ 23	12 ♌ 35	4 ♋ 52	24 ♐ 6	12 ♏ 11	17 ♌ 28	12 ♉ 35	0 ♓ 33	9 ♓	11 ♑	21 ♐	28 ♎	20 ♌
7	14 ♌ 4	3 ♍ 24	1 ♈ 51	0 ♈ 22	11 ♍ 17	13 ♌ 49	5 ♋ 32	24 ♐ 3	12 ♏ 13	17 ♌ 31	12 ♉ 35	0 ♓ 32	8 ♓	10 ♑	21 ♐	29 ♎	20 ♌
8	15 ♌ 1	16 ♍ 35	1 ♈ 48	0 ♈ 19	12 ♍ 9	15 ♌ 3	6 ♋ 12	24 ♐ 1	12 ♏ 15	17 ♌ 35	12 ♉ 35	0 ♓ 31	8 ♓	10 ♑	21 ♐	29 ♎	20 ♌
9	15 ♌ 59	29 ♍ 24	1 ♈ 44	0 ♈ 18	12 ♍ 57	16 ♌ 17	6 ♋ 52	23 ♐ 58	12 ♏ 17	17 ♌ 39	12 ♉ 35	0 ♓ 30	8 ♓	10 ♑	21 ♐	29 ♎	21 ♌
10	16 ♌ 56	11 ♎ 53	1 ♈ 41	0 D 19	13 ♍ 41	17 ♌ 31	7 ♋ 31	23 ♐ 56	12 ♏ 20	17 ♌ 43	12 ♉ 36	0 ♓ 28	8 ♓	10 ♑	21 ♐	0 ♏	21 ♌
11	17 ♌ 54	24 ♎ 7	1 ♈ 38	0 ♈ 20	14 ♍ 22	18 ♌ 45	8 ♋ 11	23 ♐ 54	12 ♏ 22	17 ♌ 46	12 ♉ 36	0 ♓ 27	8 ♓	10 ♑	21 ♐	0 ♏	21 ♌
12	18 ♌ 51	6 ♏ 8	1 ♈ 35	0 ♈ 21	15 ♍ 0	19 ♌ 59	8 ♋ 51	23 ♐ 52	12 ♏ 24	17 ♌ 50	12 ♉ 36	0 ♓ 26	7 ♓	10 ♑	21 ♐	1 ♏	21 ♌
13	19 ♌ 49	18 ♏ 1	1 ♈ 32	0 ♈ 22	15 ♍ 33	21 ♌ 13	9 ♋ 30	23 ♐ 51	12 ♏ 27	17 ♌ 54	12 ♉ 36	0 ♓ 25	7 ♓	10 ♑	21 ♐	1 ♏	21 ♌
14	20 ♌ 46	29 ♏ 53	1 ♈ 29	0 R 22	16 ♍ 2	22 ♌ 27	10 ♋ 10	23 ♐ 49	12 ♏ 30	17 ♌ 58	12 ♉ 36	0 ♓ 23	7 ♓	9 ♑	21 ♐	2 ♏	21 ♌
15	21 ♌ 44	11 ♐ 47	1 ♈ 25	0 ♈ 20	16 ♍ 27	23 ♌ 42	10 ♋ 49	23 ♐ 48	12 ♏ 33	18 ♌ 1	12 ♉ 36	0 ♓ 22	7 ♓	9 ♑	21 ♐	2 ♏	21 ♌
16	22 ♌ 42	23 ♐ 49	1 ♈ 22	0 ♈ 16	16 ♍ 47	24 ♌ 56	11 ♋ 29	23 ♐ 47	12 ♏ 35	18 ♌ 5	12 ♉ 36	0 ♓ 21	7 ♓	9 ♑	21 ♐	2 ♏	21 ♌
17	23 ♌ 39	6 ♑ 1	1 ♈ 19	0 ♈ 11	17 ♍ 3	26 ♌ 10	12 ♋ 8	23 ♐ 46	12 ♏ 38	18 ♌ 9	12 R 36	0 ♓ 20	6 ♓	9 ♑	21 D	3 ♏	22 ♌
18	24 ♌ 37	18 ♑ 28	1 ♈ 16	0 ♈ 5	17 ♍ 13	27 ♌ 24	12 ♋ 47	23 ♐ 46	12 ♏ 41	18 ♌ 12	12 ♉ 36	0 ♓ 18	6 ♓	9 ♑	21 ♐	3 ♏	22 ♌
19	25 ♌ 35	1 ♒ 11	1 ♈ 13	0 ♈ 0	17 ♍ 18	28 ♌ 38	13 ♋ 26	23 ♐ 45	12 ♏ 45	18 ♌ 16	12 ♉ 36	0 ♓ 17	6 ♓	9 ♑	21 ♐	4 ♏	22 ♌
20	26 ♌ 32	14 ♒ 11	1 ♈ 10	29 ♓ 54	17 R 18	29 ♌ 53	14 ♋ 6	23 ♐ 45	12 ♏ 48	18 ♌ 20	12 ♉ 36	0 ♓ 16	6 ♓	9 ♑	21 ♐	4 ♏	22 ♌
21	27 ♌ 30	27 ♒ 28	1 ♈ 6	29 ♓ 50	17 ♍ 12	1 ♍ 7	14 ♋ 45	23 ♐ 45	12 ♏ 51	18 ♌ 23	12 ♉ 36	0 ♓ 14	6 ♓	9 ♑	21 ♐	5 ♏	22 ♌
22	28 ♌ 28	11 ♓ 0	1 ♈ 3	29 ♓ 47	17 ♍ 0	2 ♍ 21	15 ♋ 24	23 D 45	12 ♏ 55	18 ♌ 27	12 ♉ 36	0 ♓ 13	5 ♓	9 ♑	21 ♐	5 ♏	22 ♌
23	29 ♌ 25	24 ♓ 45	1 ♈ 0	29 ♓ 46	16 ♍ 43	3 ♍ 35	16 ♋ 3	23 ♐ 45	12 ♏ 58	18 ♌ 31	12 ♉ 35	0 ♓ 12	5 ♓	8 ♑	21 ♐	5 ♏	22 ♌
24	0 ♍ 23	8 ♈ 40	0 ♈ 57	29 D 46	16 ♍ 20	4 ♍ 50	16 ♋ 41	23 ♐ 45	13 ♏ 2	18 ♌ 35	12 ♉ 35	0 ♓ 11	5 ♓	8 ♑	21 ♐	6 ♏	22 ♌
25	1 ♍ 21	22 ♈ 43	0 ♈ 54	29 ♓ 47	15 ♍ 51	6 ♍ 4	17 ♋ 20	23 ♐ 46	13 ♏ 5	18 ♌ 38	12 ♉ 35	0 ♓ 9	5 ♓	8 ♑	21 ♐	6 ♏	23 ♌
26	2 ♍ 19	6 ♉ 52	0 ♈ 50	29 ♓ 49	15 ♍ 16	7 ♍ 18	17 ♋ 59	23 ♐ 47	13 ♏ 9	18 ♌ 42	12 ♉ 35	0 ♓ 8	4 ♓	8 ♑	21 ♐	7 ♏	23 ♌
27	3 ♍ 17	21 ♉ 3	0 ♈ 47	29 ♓ 50	14 ♍ 37	8 ♍ 32	18 ♋ 38	23 ♐ 48	13 ♏ 13	18 ♌ 45	12 ♉ 34	0 ♓ 7	4 ♓	8 ♑	21 ♐	7 ♏	23 ♌
28	4 ♍ 15	5 ♊ 16	0 ♈ 44	29 R 50	13 ♍ 52	9 ♍ 47	19 ♋ 16	23 ♐ 49	13 ♏ 17	18 ♌ 49	12 ♉ 34	0 ♓ 5	4 ♓	8 ♑	21 ♐	8 ♏	23 ♌
29	5 ♍ 13	19 ♊ 28	0 ♈ 41	29 ♓ 50	13 ♍ 4	11 ♍ 1	19 ♋ 55	23 ♐ 50	13 ♏ 21	18 ♌ 53	12 ♉ 34	0 ♓ 4	4 ♓	8 ♑	21 ♐	8 ♏	23 ♌
30	6 ♍ 11	3 ♋ 36	0 ♈ 38	29 ♓ 48	12 ♍ 12	12 ♍ 15	20 ♋ 33	23 ♐ 52	13 ♏ 25	18 ♌ 56	12 ♉ 33	0 ♓ 3	4 ♓	8 ♑	21 ♐	9 ♏	23 ♌
31	7 ♍ 9	17 ♋ 38	0 ♈ 35	29 ♓ 45	11 ♍ 17	13 ♍ 30	21 ♋ 12	23 ♐ 54	13 ♏ 29	19 ♌ 0	12 ♉ 33	0 ♓ 1	3 ♓	8 ♑	21 ♐	9 ♏	23 ♌

SUN INGRESS: ☉ → ♍ 23日 14:09

MOON PHASE: ● 5日 11:22 ♌ ◐ 13日 03:57 ♏ ○ 21日 00:04 ♒ ◑ 27日 22:08 ♊

aspects		
5日	00:03	☉□♄
5日	10:43	☉□♆
5日	16:03	♀□♄
5日	23:59	♀□♆
7日	21:39	☉☌♀
8日	03:11	☿⚹♄
8日	13:05	☿△♆
10日	04:00	♀☌♅
10日	20:44	☉☌♅
15日	02:05	♀△♃
16日	06:19	♄☍♆
17日	02:52	☉△♃
17日	17:15	♂⚹♆
17日	20:11	♂△♄
20日	07:22	♀☍♇
23日	15:47	☿⚹♂
23日	18:51	☉☍♇
28日	16:28	☿⚹♄
29日	14:13	☿△♆
29日	23:20	☿☌♀
30日	05:43	♀△♆
30日	23:41	♀⚹♄

2043年9月

DAY	☉	☽	☊ mean	☊ true	☿	♀	♂	♃	♄	♅	♆	♇	⚳	⚴	⚵	⚶	⚷
1	8 ♍ 7	1 ♌ 31	0 ♈ 31	29 R 42	10 R 21	14 D 44	21 D 50	23 D 56	13 D 33	19 D 4	12 R 32	0 R 0	3 R	8 R	21 D	9 D	24 D
2	9 ♍ 5	15 ♌ 13	0 ♈ 28	29 ♓ 39	9 ♍ 25	15 ♍ 58	22 ♋ 28	23 ♐ 58	13 ♏ 37	19 ♌ 7	12 ♉ 32	29 ♒ 59	3 ♓	8 ♑	22 ♐	10 ♏	24 ♌
3	10 ♍ 3	28 ♌ 41	0 ♈ 25	29 ♓ 37	8 ♍ 29	17 ♍ 13	23 ♋ 6	24 ♐ 0	13 ♏ 42	19 ♌ 11	12 ♉ 31	29 ♒ 58	3 ♓	8 D	22 ♐	10 ♏	24 ♌
4	11 ♍ 1	11 ♍ 53	0 ♈ 22	29 ♓ 35	7 ♍ 35	18 ♍ 27	23 ♋ 45	24 ♐ 2	13 ♏ 46	19 ♌ 14	12 ♉ 31	29 ♒ 56	3 ♓	8 ♑	22 ♐	11 ♏	24 ♌
5	11 ♍ 59	24 ♍ 49	0 ♈ 19	29 ♓ 34	6 ♍ 45	19 ♍ 42	24 ♋ 23	24 ♐ 5	13 ♏ 51	19 ♌ 18	12 ♉ 30	29 ♒ 55	2 ♓	8 ♑	22 ♐	11 ♏	24 ♌
6	12 ♍ 57	7 ♎ 28	0 ♈ 16	29 D 34	5 ♍ 59	20 ♍ 56	25 ♋ 1	24 ♐ 8	13 ♏ 55	19 ♌ 21	12 ♉ 29	29 ♒ 54	2 ♓	8 ♑	22 ♐	12 ♏	24 ♌
7	13 ♍ 55	19 ♎ 51	0 ♈ 12	29 ♓ 35	5 ♍ 18	22 ♍ 10	25 ♋ 39	24 ♐ 11	14 ♏ 0	19 ♌ 25	12 ♉ 29	29 ♒ 53	2 ♓	8 ♑	22 ♐	12 ♏	24 ♌
8	14 ♍ 53	2 ♏ 2	0 ♈ 9	29 ♓ 36	4 ♍ 44	23 ♍ 25	26 ♋ 16	24 ♐ 14	14 ♏ 4	19 ♌ 28	12 ♉ 28	29 ♒ 51	2 ♓	8 ♑	22 ♐	13 ♏	24 ♌
9	15 ♍ 52	14 ♏ 2	0 ♈ 6	29 ♓ 38	4 ♍ 17	24 ♍ 39	26 ♋ 54	24 ♐ 17	14 ♏ 9	19 ♌ 32	12 ♉ 27	29 ♒ 50	1 ♓	8 ♑	22 ♐	13 ♏	25 ♌
10	16 ♍ 50	25 ♏ 55	0 ♈ 3	29 ♓ 39	3 ♍ 58	25 ♍ 54	27 ♋ 32	24 ♐ 21	14 ♏ 14	19 ♌ 35	12 ♉ 26	29 ♒ 49	1 ♓	8 ♑	22 ♐	14 ♏	25 ♌
11	17 ♍ 48	7 ♐ 47	0 ♈ 0	29 ♓ 39	3 ♍ 47	27 ♍ 8	28 ♋ 10	24 ♐ 25	14 ♏ 19	19 ♌ 38	12 ♉ 26	29 ♒ 48	1 ♓	8 ♑	23 ♐	14 ♏	25 ♌
12	18 ♍ 47	19 ♐ 41	29 ♓ 56	29 R 40	3 D 46	28 ♍ 23	28 ♋ 47	24 ♐ 29	14 ♏ 24	19 ♌ 42	12 ♉ 25	29 ♒ 46	1 ♓	8 ♑	23 ♐	15 ♏	25 ♌
13	19 ♍ 45	1 ♑ 43	29 ♓ 53	29 ♓ 39	3 ♍ 53	29 ♍ 37	29 ♋ 25	24 ♐ 33	14 ♏ 29	19 ♌ 45	12 ♉ 24	29 ♒ 45	1 ♓	8 ♑	23 ♐	15 ♏	25 ♌
14	20 ♍ 43	13 ♑ 56	29 ♓ 50	29 ♓ 38	4 ♍ 10	0 ♎ 51	0 ♌ 2	24 ♐ 37	14 ♏ 34	19 ♌ 49	12 ♉ 23	29 ♒ 44	0 ♓	8 ♑	23 ♐	15 ♏	25 ♌
15	21 ♍ 42	26 ♑ 24	29 ♓ 47	29 ♓ 38	4 ♍ 36	2 ♎ 6	0 ♌ 39	24 ♐ 41	14 ♏ 39	19 ♌ 52	12 ♉ 22	29 ♒ 43	0 ♓	9 ♑	23 ♐	16 ♏	25 ♌
16	22 ♍ 40	9 ♒ 12	29 ♓ 44	29 ♓ 37	5 ♍ 11	3 ♎ 20	1 ♌ 17	24 ♐ 46	14 ♏ 45	19 ♌ 55	12 ♉ 21	29 ♒ 42	0 ♓	9 ♑	23 ♐	16 ♏	25 ♌
17	23 ♍ 39	22 ♒ 21	29 ♓ 41	29 ♓ 36	5 ♍ 54	4 ♎ 35	1 ♌ 54	24 ♐ 51	14 ♏ 50	19 ♌ 58	12 ♉ 20	29 ♒ 40	0 ♓	9 ♑	23 ♐	17 ♏	26 ♌
18	24 ♍ 37	5 ♓ 51	29 ♓ 37	29 ♓ 35	6 ♍ 45	5 ♎ 49	2 ♌ 31	24 ♐ 56	14 ♏ 55	20 ♌ 2	12 ♉ 19	29 ♒ 39	0 ♓	9 ♑	24 ♐	17 ♏	26 ♌
19	25 ♍ 36	19 ♓ 43	29 ♓ 34	29 ♓ 35	7 ♍ 45	7 ♎ 4	3 ♌ 8	25 ♐ 1	15 ♏ 1	20 ♌ 5	12 ♉ 18	29 ♒ 38	0 ♓	9 ♑	24 ♐	18 ♏	26 ♌
20	26 ♍ 34	3 ♈ 52	29 ♓ 31	29 D 35	8 ♍ 51	8 ♎ 18	3 ♌ 45	25 ♐ 6	15 ♏ 6	20 ♌ 8	12 ♉ 17	29 ♒ 37	29 ♒	9 ♑	24 ♐	18 ♏	26 ♌
21	27 ♍ 33	18 ♈ 14	29 ♓ 28	29 ♓ 35	10 ♍ 4	9 ♎ 33	4 ♌ 22	25 ♐ 11	15 ♏ 12	20 ♌ 11	12 ♉ 16	29 ♒ 36	29 ♒	9 ♑	24 ♐	19 ♏	26 ♌
22	28 ♍ 31	2 ♉ 45	29 ♓ 25	29 ♓ 35	11 ♍ 22	10 ♎ 47	4 ♌ 58	25 ♐ 17	15 ♏ 17	20 ♌ 14	12 ♉ 15	29 ♒ 35	29 ♒	9 ♑	24 ♐	19 ♏	26 ♌
23	29 ♍ 30	17 ♉ 19	29 ♓ 21	29 ♓ 35	12 ♍ 46	12 ♎ 2	5 ♌ 35	25 ♐ 23	15 ♏ 23	20 ♌ 17	12 ♉ 14	29 ♒ 34	29 ♒	9 ♑	24 ♐	20 ♏	26 ♌
24	0 ♎ 29	1 ♊ 50	29 ♓ 18	29 R 35	14 ♍ 15	13 ♎ 16	6 ♌ 12	25 ♐ 29	15 ♏ 29	20 ♌ 20	12 ♉ 13	29 ♒ 33	29 ♒	9 ♑	25 ♐	20 ♏	26 ♌
25	1 ♎ 27	16 ♊ 13	29 ♓ 15	29 ♓ 35	15 ♍ 48	14 ♎ 31	6 ♌ 48	25 ♐ 35	15 ♏ 34	20 ♌ 23	12 ♉ 12	29 ♒ 31	29 ♒	10 ♑	25 ♐	21 ♏	26 ♌
26	2 ♎ 26	0 ♋ 26	29 ♓ 12	29 ♓ 35	17 ♍ 24	15 ♎ 45	7 ♌ 25	25 ♐ 41	15 ♏ 40	20 ♌ 27	12 ♉ 10	29 ♒ 30	28 ♒	10 ♑	25 ♐	21 ♏	27 ♌
27	3 ♎ 25	14 ♋ 26	29 ♓ 9	29 D 35	19 ♍ 3	16 ♎ 59	8 ♌ 1	25 ♐ 47	15 ♏ 46	20 ♌ 29	12 ♉ 9	29 ♒ 29	28 ♒	10 ♑	25 ♐	22 ♏	27 ♌
28	4 ♎ 24	28 ♋ 11	29 ♓ 6	29 ♓ 36	20 ♍ 45	18 ♎ 14	8 ♌ 38	25 ♐ 54	15 ♏ 52	20 ♌ 32	12 ♉ 8	29 ♒ 28	28 ♒	10 ♑	25 ♐	22 ♏	27 ♌
29	5 ♎ 23	11 ♌ 43	29 ♓ 2	29 ♓ 36	22 ♍ 28	19 ♎ 28	9 ♌ 14	26 ♐ 0	15 ♏ 58	20 ♌ 35	12 ♉ 7	29 ♒ 27	28 ♒	10 ♑	26 ♐	23 ♏	27 ♌
30	6 ♎ 21	24 ♌ 59	28 ♓ 59	29 ♓ 37	24 ♍ 13	20 ♎ 43	9 ♌ 50	26 ♐ 7	16 ♏ 4	20 ♌ 38	12 ♉ 5	29 ♒ 26	28 ♒	10 ♑	26 ♐	23 ♏	27 ♌

SUN INGRESS	☉ → ♎ 23日 12:06
MOON PHASE	● 3日 22:17 ♍　◐ 11日 22:00 ♐　○ 19日 10:46 ♓　◑ 26日 03:40 ♋

aspects

2日	04:16	☉☌☿
5日	12:40	☉△♆
7日	02:01	☉⚹♄
8日	16:38	♀□♃
12日	15:54	♀⚹♂
18日	08:21	☉□♃
22日	15:01	☿△♆
24日	20:24	☿⚹♄
29日	22:25	♀⚹♅

2043年10月

DAY	☉	☽	☊ mean	☊ true	☿	♀	♂	♃	♄	♅	♆	♇	⚳	⚴	⚵	⚶	⚷
1	7 ♎ 20	8 ♍ 2	28 ♓ 56	29 D 37	25 D 59	21 D 57	10 D 26	26 D 14	16 D 10	20 D 41	12 R 4	29 R 25	28 R	10 D	26 D	24 D	27 D
2	8 ♎ 19	20 ♍ 52	28 ♓ 53	29 ♓ 38	27 ♍ 46	23 ♎ 12	11 ♌ 2	26 ♐ 21	16 ♏ 16	20 ♌ 44	12 ♉ 3	29 ♒ 24	28 ♒	10 ♑	26 ♐	24 ♏	27 ♌
3	9 ♎ 18	3 ♎ 29	28 ♓ 50	29 R 38	29 ♍ 34	24 ♎ 26	11 ♌ 38	26 ♐ 28	16 ♏ 22	20 ♌ 47	12 ♉ 1	29 ♒ 23	28 ♒	11 ♑	27 ♐	25 ♏	27 ♌
4	10 ♎ 17	15 ♎ 53	28 ♓ 47	29 ♓ 37	1 ♎ 22	25 ♎ 41	12 ♌ 14	26 ♐ 36	16 ♏ 29	20 ♌ 49	12 ♉ 0	29 ♒ 23	28 ♒	11 ♑	27 ♐	25 ♏	27 ♌
5	11 ♎ 17	28 ♎ 7	28 ♓ 43	29 ♓ 36	3 ♎ 9	26 ♎ 55	12 ♌ 49	26 ♐ 43	16 ♏ 35	20 ♌ 52	11 ♉ 59	29 ♒ 22	28 ♒	11 ♑	27 ♐	26 ♏	28 ♌
6	12 ♎ 16	10 ♏ 12	28 ♓ 40	29 ♓ 35	4 ♎ 57	28 ♎ 10	13 ♌ 25	26 ♐ 51	16 ♏ 41	20 ♌ 55	11 ♉ 57	29 ♒ 21	27 ♒	11 ♑	27 ♐	26 ♏	28 ♌
7	13 ♎ 15	22 ♏ 9	28 ♓ 37	29 ♓ 33	6 ♎ 45	29 ♎ 24	14 ♌ 1	26 ♐ 59	16 ♏ 48	20 ♌ 57	11 ♉ 56	29 ♒ 20	27 ♒	11 ♑	27 ♐	27 ♏	28 ♌
8	14 ♎ 14	4 ♐ 2	28 ♓ 34	29 ♓ 30	8 ♎ 32	0 ♏ 39	14 ♌ 36	27 ♐ 7	16 ♏ 54	21 ♌ 0	11 ♉ 54	29 ♒ 19	27 ♒	11 ♑	28 ♐	27 ♏	28 ♌
9	15 ♎ 13	15 ♐ 52	28 ♓ 31	29 ♓ 28	10 ♎ 19	1 ♏ 53	15 ♌ 11	27 ♐ 15	17 ♏ 0	21 ♌ 3	11 ♉ 53	29 ♒ 18	27 ♒	12 ♑	28 ♐	28 ♏	28 ♌
10	16 ♎ 12	27 ♐ 45	28 ♓ 27	29 ♓ 27	12 ♎ 5	3 ♏ 8	15 ♌ 47	27 ♐ 23	17 ♏ 7	21 ♌ 5	11 ♉ 51	29 ♒ 17	27 ♒	12 ♑	28 ♐	28 ♏	28 ♌
11	17 ♎ 12	9 ♑ 44	28 ♓ 24	29 ♓ 26	13 ♎ 51	4 ♏ 22	16 ♌ 22	27 ♐ 31	17 ♏ 13	21 ♌ 8	11 ♉ 50	29 ♒ 17	27 ♒	12 ♑	28 ♐	29 ♏	28 ♌
12	18 ♎ 11	21 ♑ 57	28 ♓ 21	29 D 26	15 ♎ 36	5 ♏ 37	16 ♌ 57	27 ♐ 40	17 ♏ 20	21 ♌ 10	11 ♉ 48	29 ♒ 16	27 ♒	12 ♑	29 ♐	29 ♏	28 ♌
13	19 ♎ 10	4 ♒ 19	28 ♓ 18	29 ♓ 26	17 ♎ 20	6 ♏ 51	17 ♌ 32	27 ♐ 48	17 ♏ 27	21 ♌ 12	11 ♉ 47	29 ♒ 15	27 ♒	12 ♑	29 ♐	0 ♐	28 ♌
14	20 ♎ 10	17 ♒ 4	28 ♓ 15	29 ♓ 26	19 ♎ 4	8 ♏ 6	18 ♌ 7	27 ♐ 57	17 ♏ 33	21 ♌ 15	11 ♉ 45	29 ♒ 14	27 ♒	13 ♑	29 ♐	0 ♐	29 ♌
15	21 ♎ 9	0 ♓ 12	28 ♓ 12	29 ♓ 29	20 ♎ 47	9 ♏ 20	18 ♌ 41	28 ♐ 6	17 ♏ 40	21 ♌ 17	11 ♉ 44	29 ♒ 14	27 ♒	13 ♑	29 ♐	1 ♐	29 ♌
16	22 ♎ 9	13 ♓ 46	28 ♓ 8	29 ♓ 30	22 ♎ 30	10 ♏ 35	19 ♌ 16	28 ♐ 15	17 ♏ 47	21 ♌ 19	11 ♉ 42	29 ♒ 13	27 ♒	13 ♑	0 ♑	1 ♐	29 ♌
17	23 ♎ 8	27 ♓ 46	28 ♓ 5	29 ♓ 31	24 ♎ 11	11 ♏ 49	19 ♌ 51	28 ♐ 24	17 ♏ 53	21 ♌ 21	11 ♉ 41	29 ♒ 12	27 ♒	13 ♑	0 ♑	2 ♐	29 ♌
18	24 ♎ 7	12 ♈ 10	28 ♓ 2	29 R 31	25 ♎ 52	13 ♏ 4	20 ♌ 25	28 ♐ 33	18 ♏ 0	21 ♌ 24	11 ♉ 39	29 ♒ 12	27 ♒	13 ♑	0 ♑	2 ♐	29 ♌
19	25 ♎ 7	26 ♈ 54	27 ♓ 59	29 ♓ 29	27 ♎ 33	14 ♏ 18	20 ♌ 59	28 ♐ 42	18 ♏ 7	21 ♌ 26	11 ♉ 38	29 ♒ 11	27 D	14 ♑	1 ♑	3 ♐	29 ♌
20	26 ♎ 6	11 ♉ 50	27 ♓ 56	29 ♓ 26	29 ♎ 12	15 ♏ 33	21 ♌ 34	28 ♐ 52	18 ♏ 14	21 ♌ 28	11 ♉ 36	29 ♒ 10	27 ♒	14 ♑	1 ♑	3 ♐	29 ♌
21	27 ♎ 6	26 ♉ 51	27 ♓ 53	29 ♓ 22	0 ♏ 52	16 ♏ 47	22 ♌ 8	29 ♐ 1	18 ♏ 20	21 ♌ 30	11 ♉ 34	29 ♒ 10	27 ♒	14 ♑	1 ♑	4 ♐	29 ♌
22	28 ♎ 6	11 ♊ 47	27 ♓ 49	29 ♓ 18	2 ♏ 30	18 ♏ 2	22 ♌ 42	29 ♐ 11	18 ♏ 27	21 ♌ 32	11 ♉ 33	29 ♒ 9	27 ♒	14 ♑	1 ♑	4 ♐	29 ♌
23	29 ♎ 5	26 ♊ 31	27 ♓ 46	29 ♓ 15	4 ♏ 8	19 ♏ 16	23 ♌ 16	29 ♐ 21	18 ♏ 34	21 ♌ 34	11 ♉ 31	29 ♒ 9	27 ♒	15 ♑	2 ♑	5 ♐	29 ♌
24	0 ♏ 5	10 ♋ 56	27 ♓ 43	29 ♓ 12	5 ♏ 45	20 ♏ 30	23 ♌ 50	29 ♐ 31	18 ♏ 41	21 ♌ 36	11 ♉ 29	29 ♒ 8	27 ♒	15 ♑	2 ♑	5 ♐	29 ♌
25	1 ♏ 5	24 ♋ 59	27 ♓ 40	29 ♓ 10	7 ♏ 22	21 ♏ 45	24 ♌ 23	29 ♐ 41	18 ♏ 48	21 ♌ 38	11 ♉ 28	29 ♒ 8	27 ♒	15 ♑	2 ♑	6 ♐	0 ♍
26	2 ♏ 5	8 ♌ 40	27 ♓ 37	29 D 10	8 ♏ 58	22 ♏ 59	24 ♌ 57	29 ♐ 51	18 ♏ 55	21 ♌ 39	11 ♉ 26	29 ♒ 7	27 ♒	15 ♑	3 ♑	6 ♐	0 ♍
27	3 ♏ 4	22 ♌ 0	27 ♓ 33	29 ♓ 12	10 ♏ 33	24 ♏ 14	25 ♌ 30	0 ♑ 1	19 ♏ 2	21 ♌ 41	11 ♉ 24	29 ♒ 7	27 ♒	15 ♑	3 ♑	7 ♐	0 ♍
28	4 ♏ 4	5 ♍ 0	27 ♓ 30	29 ♓ 13	12 ♏ 8	25 ♏ 28	26 ♌ 4	0 ♑ 11	19 ♏ 9	21 ♌ 43	11 ♉ 23	29 ♒ 6	27 ♒	15 ♑	3 ♑	7 ♐	0 ♍
29	5 ♏ 4	17 ♍ 44	27 ♓ 27	29 ♓ 15	13 ♏ 43	26 ♏ 43	26 ♌ 37	0 ♑ 22	19 ♏ 16	21 ♌ 44	11 ♉ 21	29 ♒ 6	27 ♒	16 ♑	3 ♑	8 ♐	0 ♍
30	6 ♏ 4	0 ♎ 15	27 ♓ 24	29 R 15	15 ♏ 17	27 ♏ 57	27 ♌ 10	0 ♑ 32	19 ♏ 23	21 ♌ 46	11 ♉ 19	29 ♒ 6	27 ♒	16 ♑	4 ♑	9 ♐	0 ♍
31	7 ♏ 4	12 ♎ 34	27 ♓ 21	29 ♓ 14	16 ♏ 50	29 ♏ 12	27 ♌ 43	0 ♑ 43	19 ♏ 30	21 ♌ 48	11 ♉ 18	29 ♒ 5	27 ♒	16 ♑	4 ♑	9 ♐	0 ♍

SUN INGRESS	☉ → ♏ 23日 21:46
MOON PHASE	● 3日 12:11 ♎　◐ 11日 16:04 ♑　○ 18日 20:55 ♈　◑ 25日 11:27 ♌

aspects

1日	03:31	☿□♃
3日	15:08	♂□♆
4日	19:35	♀⚹♃
6日	22:32	♀△♇
8日	22:13	☉⚹♂
12日	19:34	♂□♄
13日	04:01	☿⚹♂
15日	03:19	☉⚹♅
15日	07:08	☿⚹♅
15日	12:13	☉☌☿
16日	21:17	♀☍♆
19日	18:29	♀⚹♃
19日	19:38	♂☌♅
19日	23:30	☿△♇
21日	19:55	♃⚹♇
22日	09:08	♀☌♄
23日	01:21	☉△♇
23日	07:26	☉⚹♃
24日	21:33	♀□♅
27日	12:40	☿☍♆
28日	20:38	♀□♂
30日	21:59	♀□♇

2043年11月

DAY	☉	☽	☊ mean	☊ true	☿	♀	♂	♃	♄	♅	♆	♇	⚳	⚴	⚵	⚶	⚷
	° ′	° ′	° ′	° ′	° ′	° ′	° ′	° ′	° ′	° ′	° ′	° ′	°	°	°	°	°
1	8 ♏ 4	24 ♎ 45	27 ♓ 18	29 R 11	18 D 23	0 D 26	28 D 16	0 D 54	19 D 37	21 D 49	11 R 16	29 R 5	27 D	17 D	4 D	10 D	0 D
2	9 ♏ 4	6 ♏ 48	27 ♓ 14	29 ♓ 6	19 ♏ 56	1 ♐ 40	28 ♌ 49	1 ♑ 4	19 ♏ 44	21 ♌ 51	11 ♉ 14	29 ♒ 5	28 ♒	17 ♑	5 ♑	10 ♐	0 ♍
3	10 ♏ 4	18 ♏ 46	27 ♓ 11	29 ♓ 0	21 ♏ 28	2 ♐ 55	29 ♌ 21	1 ♑ 15	19 ♏ 51	21 ♌ 52	11 ♉ 13	29 ♒ 4	28 ♒	17 ♑	5 ♑	11 ♐	0 ♍
4	11 ♏ 4	0 ♐ 40	27 ♓ 8	28 ♓ 52	23 ♏ 0	4 ♐ 9	29 ♌ 54	1 ♑ 26	19 ♏ 58	21 ♌ 53	11 ♉ 11	29 ♒ 4	28 ♒	17 ♑	5 ♑	11 ♐	0 ♍
5	12 ♏ 4	12 ♐ 31	27 ♓ 5	28 ♓ 43	24 ♏ 31	5 ♐ 24	0 ♍ 26	1 ♑ 37	20 ♏ 6	21 ♌ 55	11 ♉ 9	29 ♒ 4	28 ♒	18 ♑	6 ♑	12 ♐	0 ♍
6	13 ♏ 4	24 ♐ 22	27 ♓ 2	28 ♓ 35	26 ♏ 2	6 ♐ 38	0 ♍ 58	1 ♑ 49	20 ♏ 13	21 ♌ 56	11 ♉ 8	29 ♒ 4	28 ♒	18 ♑	6 ♑	12 ♐	1 ♍
7	14 ♏ 5	6 ♑ 15	26 ♓ 59	28 ♓ 27	27 ♏ 32	7 ♐ 53	1 ♍ 30	2 ♑ 0	20 ♏ 20	21 ♌ 57	11 ♉ 6	29 ♒ 4	28 ♒	18 ♑	6 ♑	13 ♐	1 ♍
8	15 ♏ 5	18 ♑ 13	26 ♓ 55	28 ♓ 22	29 ♏ 2	9 ♐ 7	2 ♍ 2	2 ♑ 11	20 ♏ 27	21 ♌ 58	11 ♉ 4	29 ♒ 3	28 ♒	18 ♑	7 ♑	13 ♐	1 ♍
9	16 ♏ 5	0 ♒ 20	26 ♓ 52	28 ♓ 18	0 ♐ 31	10 ♐ 21	2 ♍ 34	2 ♑ 23	20 ♏ 34	21 ♌ 59	11 ♉ 3	29 ♒ 3	28 ♒	19 ♑	7 ♑	14 ♐	1 ♍
10	17 ♏ 5	12 ♒ 40	26 ♓ 49	28 ♓ 17	2 ♐ 1	11 ♐ 36	3 ♍ 5	2 ♑ 34	20 ♏ 41	22 ♌ 0	11 ♉ 1	29 ♒ 3	28 ♒	19 ♑	7 ♑	14 ♐	1 ♍
11	18 ♏ 5	25 ♒ 18	26 ♓ 46	28 D 17	3 ♐ 29	12 ♐ 50	3 ♍ 37	2 ♑ 46	20 ♏ 49	22 ♌ 1	10 ♉ 59	29 ♒ 3	29 ♒	19 ♑	8 ♑	15 ♐	1 ♍
12	19 ♏ 6	8 ♓ 18	26 ♓ 43	28 ♓ 18	4 ♐ 57	14 ♐ 4	4 ♍ 8	2 ♑ 58	20 ♏ 56	22 ♌ 2	10 ♉ 58	29 ♒ 3	29 ♒	20 ♑	8 ♑	15 ♐	1 ♍
13	20 ♏ 6	21 ♓ 45	26 ♓ 39	28 ♓ 19	6 ♐ 25	15 ♐ 19	4 ♍ 39	3 ♑ 9	21 ♏ 3	22 ♌ 3	10 ♉ 56	29 D 3	29 ♒	20 ♑	8 ♑	16 ♐	1 ♍
14	21 ♏ 6	5 ♈ 40	26 ♓ 36	28 R 19	7 ♐ 52	16 ♐ 33	5 ♍ 10	3 ♑ 21	21 ♏ 10	22 ♌ 4	10 ♉ 54	29 ♒ 3	29 ♒	20 ♑	9 ♑	16 ♐	1 ♍
15	22 ♏ 7	20 ♈ 4	26 ♓ 33	28 ♓ 17	9 ♐ 18	17 ♐ 47	5 ♍ 41	3 ♑ 33	21 ♏ 17	22 ♌ 5	10 ♉ 53	29 ♒ 3	29 ♒	20 ♑	9 ♑	17 ♐	1 ♍
16	23 ♏ 7	4 ♉ 54	26 ♓ 30	28 ♓ 13	10 ♐ 44	19 ♐ 2	6 ♍ 12	3 ♑ 45	21 ♏ 24	22 ♌ 5	10 ♉ 51	29 ♒ 3	29 ♒	21 ♑	9 ♑	17 ♐	1 ♍
17	24 ♏ 8	20 ♉ 3	26 ♓ 27	28 ♓ 6	12 ♐ 9	20 ♐ 16	6 ♍ 42	3 ♑ 57	21 ♏ 32	22 ♌ 6	10 ♉ 49	29 ♒ 3	29 ♒	21 ♑	10 ♑	18 ♐	1 ♍
18	25 ♏ 8	5 ♊ 21	26 ♓ 24	27 ♓ 57	13 ♐ 34	21 ♐ 30	7 ♍ 13	4 ♑ 9	21 ♏ 39	22 ♌ 6	10 ♉ 48	29 ♒ 4	0 ♓	21 ♑	10 ♑	19 ♐	1 ♍
19	26 ♏ 8	20 ♊ 38	26 ♓ 20	27 ♓ 48	14 ♐ 58	22 ♐ 45	7 ♍ 43	4 ♑ 22	21 ♏ 46	22 ♌ 7	10 ♉ 46	29 ♒ 4	0 ♓	22 ♑	10 ♑	19 ♐	1 ♍
20	27 ♏ 9	5 ♋ 43	26 ♓ 17	27 ♓ 40	16 ♐ 20	23 ♐ 59	8 ♍ 13	4 ♑ 34	21 ♏ 53	22 ♌ 8	10 ♉ 44	29 ♒ 4	0 ♓	22 ♑	11 ♑	20 ♐	1 ♍
21	28 ♏ 10	20 ♋ 25	26 ♓ 14	27 ♓ 32	17 ♐ 42	25 ♐ 13	8 ♍ 43	4 ♑ 46	22 ♏ 0	22 ♌ 8	10 ♉ 43	29 ♒ 4	0 ♓	22 ♑	11 ♑	20 ♐	1 ♍
22	29 ♏ 10	4 ♌ 42	26 ♓ 11	27 ♓ 27	19 ♐ 3	26 ♐ 27	9 ♍ 12	4 ♑ 59	22 ♏ 7	22 ♌ 8	10 ♉ 41	29 ♒ 4	0 ♓	22 ♑	11 ♑	21 ♐	1 ♍
23	0 ♐ 11	18 ♌ 29	26 ♓ 8	27 ♓ 25	20 ♐ 22	27 ♐ 42	9 ♍ 42	5 ♑ 11	22 ♏ 15	22 ♌ 9	10 ♉ 40	29 ♒ 5	0 ♓	23 ♑	12 ♑	21 ♐	2 ♍
24	1 ♐ 11	1 ♍ 49	26 ♓ 5	27 D 24	21 ♐ 40	28 ♐ 56	10 ♍ 11	5 ♑ 24	22 ♏ 22	22 ♌ 9	10 ♉ 38	29 ♒ 5	1 ♓	23 ♑	12 ♑	22 ♐	2 ♍
25	2 ♐ 12	14 ♍ 45	26 ♓ 1	27 ♓ 25	22 ♐ 57	0 ♑ 10	10 ♍ 40	5 ♑ 36	22 ♏ 29	22 ♌ 9	10 ♉ 37	29 ♒ 5	1 ♓	23 ♑	12 ♑	22 ♐	2 ♍
26	3 ♐ 13	27 ♍ 20	25 ♓ 58	27 ♓ 25	24 ♐ 11	1 ♑ 24	11 ♍ 9	5 ♑ 49	22 ♏ 36	22 ♌ 9	10 ♉ 35	29 ♒ 5	1 ♓	24 ♑	13 ♑	23 ♐	2 ♍
27	4 ♐ 13	9 ♎ 40	25 ♓ 55	27 R 24	25 ♐ 24	2 ♑ 39	11 ♍ 38	6 ♑ 2	22 ♏ 43	22 ♌ 9	10 ♉ 33	29 ♒ 6	1 ♓	24 ♑	13 ♑	23 ♐	2 ♍
28	5 ♐ 14	21 ♎ 48	25 ♓ 52	27 ♓ 21	26 ♐ 34	3 ♑ 53	12 ♍ 6	6 ♑ 15	22 ♏ 50	22 ♌ 9	10 ♉ 32	29 ♒ 6	1 ♓	24 ♑	13 ♑	24 ♐	2 ♍
29	6 ♐ 15	3 ♏ 48	25 ♓ 49	27 ♓ 16	27 ♐ 41	5 ♑ 7	12 ♍ 35	6 ♑ 27	22 ♏ 57	22 R 9	10 ♉ 30	29 ♒ 7	2 ♓	24 ♑	14 ♑	24 ♐	2 ♍
30	7 ♐ 16	15 ♏ 44	25 ♓ 45	27 ♓ 7	28 ♐ 45	6 ♑ 21	13 ♍ 3	6 ♑ 40	23 ♏ 4	22 ♌ 9	10 ♉ 29	29 ♒ 7	2 ♓	25 ♑	14 ♑	25 ♐	2 ♍

SUN INGRESS	☉ → ♐ 22日 19:34
MOON PHASE	● 2日 04:57 ♏ ◐ 10日 09:12 ♒ ○ 17日 06:52 ♉ ◑ 23日 22:45 ♍

aspects		
1日	20:43	☿☌♄
2日	11:45	♂☍♇
3日	06:21	♀□♅
4日	02:40	☉☍♆
8日	00:24	☿□♇
8日	10:53	♂△♃
11日	03:16	☿□♂
14日	01:39	☉☌♄
14日	23:07	☉□♅
18日	11:46	♀△♅
21日	21:42	☉□♇
22日	03:13	♄□♅
24日	02:53	♀⚹♇
24日	08:56	☿△♅
24日	21:11	♂△♆
30日	07:29	♀☌♃
30日	08:44	☿⚹♇

2043年12月

DAY	☉	☽	☊ mean	☊ true	☿	♀	♂	♃	♄	♅	♆	♇	⚳	⚴	⚵	⚶	⚷
	° ′	° ′	° ′	° ′	° ′	° ′	° ′	° ′	° ′	° ′	° ′	° ′	°	°	°	°	°
1	8 ♐ 16	27 ♏ 36	25 ♓ 42	26 R 56	29 D 45	7 D 35	13 D 30	6 D 53	23 D 11	22 R 9	10 R 28	29 D 8	2 D	25 D	14 D	25 D	2 D
2	9 ♐ 17	9 ♐ 28	25 ♓ 39	26 ♓ 42	0 ♑ 42	8 ♑ 49	13 ♍ 58	7 ♑ 6	23 ♏ 18	22 ♌ 9	10 ♉ 26	29 ♒ 8	2 ♓	25 ♑	15 ♑	26 ♐	2 ♍
3	10 ♐ 18	21 ♐ 20	25 ♓ 36	26 ♓ 28	1 ♑ 33	10 ♑ 4	14 ♍ 25	7 ♑ 19	23 ♏ 25	22 ♌ 9	10 ♉ 25	29 ♒ 9	3 ♓	26 ♑	15 ♑	27 ♐	2 ♍
4	11 ♐ 19	3 ♑ 14	25 ♓ 33	26 ♓ 14	2 ♑ 20	11 ♑ 18	14 ♍ 53	7 ♑ 32	23 ♏ 32	22 ♌ 8	10 ♉ 23	29 ♒ 9	3 ♓	26 ♑	16 ♑	27 ♐	2 ♍
5	12 ♐ 20	15 ♑ 11	25 ♓ 30	26 ♓ 1	3 ♑ 0	12 ♑ 32	15 ♍ 20	7 ♑ 46	23 ♏ 39	22 ♌ 8	10 ♉ 22	29 ♒ 10	3 ♓	26 ♑	16 ♑	28 ♐	2 ♍
6	13 ♐ 21	27 ♑ 13	25 ♓ 26	25 ♓ 50	3 ♑ 33	13 ♑ 46	15 ♍ 46	7 ♑ 59	23 ♏ 46	22 ♌ 8	10 ♉ 21	29 ♒ 10	3 ♓	27 ♑	16 ♑	28 ♐	2 ♍
7	14 ♐ 22	9 ♒ 22	25 ♓ 23	25 ♓ 43	3 ♑ 59	15 ♑ 0	16 ♍ 13	8 ♑ 12	23 ♏ 53	22 ♌ 7	10 ♉ 19	29 ♒ 11	3 ♓	27 ♑	17 ♑	29 ♐	2 ♍
8	15 ♐ 22	21 ♒ 42	25 ♓ 20	25 ♓ 38	4 ♑ 16	16 ♑ 14	16 ♍ 39	8 ♑ 25	24 ♏ 0	22 ♌ 7	10 ♉ 18	29 ♒ 12	4 ♓	27 ♑	17 ♑	29 ♐	2 ♍
9	16 ♐ 23	4 ♓ 17	25 ♓ 17	25 ♓ 36	4 ♑ 24	17 ♑ 28	17 ♍ 5	8 ♑ 39	24 ♏ 7	22 ♌ 6	10 ♉ 17	29 ♒ 12	4 ♓	28 ♑	17 ♑	0 ♑	2 ♍
10	17 ♐ 24	17 ♓ 11	25 ♓ 14	25 ♓ 36	4 R 22	18 ♑ 42	17 ♍ 31	8 ♑ 52	24 ♏ 13	22 ♌ 5	10 ♉ 15	29 ♒ 13	4 ♓	28 ♑	18 ♑	0 ♑	2 ♍
11	18 ♐ 25	0 ♈ 28	25 ♓ 11	25 ♓ 36	4 ♑ 9	19 ♑ 56	17 ♍ 56	9 ♑ 5	24 ♏ 20	22 ♌ 5	10 ♉ 14	29 ♒ 14	4 ♓	28 ♑	18 ♑	1 ♑	2 ♍
12	19 ♐ 26	14 ♈ 11	25 ♓ 7	25 ♓ 35	3 ♑ 44	21 ♑ 10	18 ♍ 21	9 ♑ 19	24 ♏ 27	22 ♌ 4	10 ♉ 13	29 ♒ 14	5 ♓	29 ♑	19 ♑	1 ♑	2 ♍
13	20 ♐ 27	28 ♈ 22	25 ♓ 4	25 ♓ 32	3 ♑ 9	22 ♑ 24	18 ♍ 46	9 ♑ 32	24 ♏ 34	22 ♌ 3	10 ♉ 12	29 ♒ 15	5 ♓	29 ♑	19 ♑	2 ♑	2 ♍
14	21 ♐ 28	13 ♉ 1	25 ♓ 1	25 ♓ 26	2 ♑ 22	23 ♑ 38	19 ♍ 11	9 ♑ 46	24 ♏ 40	22 ♌ 2	10 ♉ 10	29 ♒ 16	5 ♓	29 ♑	19 ♑	2 ♑	2 ♍
15	22 ♐ 29	28 ♉ 3	24 ♓ 58	25 ♓ 18	1 ♑ 24	24 ♑ 52	19 ♍ 35	9 ♑ 59	24 ♏ 47	22 ♌ 1	10 ♉ 9	29 ♒ 17	6 ♓	0 ♒	20 ♑	3 ♑	2 ♍
16	23 ♐ 30	13 ♊ 20	24 ♓ 55	25 ♓ 7	0 ♑ 17	26 ♑ 5	19 ♍ 59	10 ♑ 13	24 ♏ 54	22 ♌ 0	10 ♉ 8	29 ♒ 18	6 ♓	0 ♒	20 ♑	4 ♑	2 ♍
17	24 ♐ 31	28 ♊ 41	24 ♓ 51	24 ♓ 55	29 ♐ 2	27 ♑ 19	20 ♍ 23	10 ♑ 27	25 ♏ 0	21 ♌ 59	10 ♉ 7	29 ♒ 18	6 ♓	0 ♒	20 ♑	4 ♑	2 R
18	25 ♐ 32	13 ♋ 55	24 ♓ 48	24 ♓ 44	27 ♐ 42	28 ♑ 33	20 ♍ 46	10 ♑ 40	25 ♏ 7	21 ♌ 58	10 ♉ 6	29 ♒ 19	6 ♓	0 ♒	21 ♑	5 ♑	2 ♍
19	26 ♐ 33	28 ♋ 50	24 ♓ 45	24 ♓ 34	26 ♐ 19	29 ♑ 47	21 ♍ 9	10 ♑ 54	25 ♏ 13	21 ♌ 57	10 ♉ 5	29 ♒ 20	7 ♓	1 ♒	21 ♑	5 ♑	2 ♍
20	27 ♐ 34	13 ♌ 19	24 ♓ 42	24 ♓ 27	24 ♐ 57	1 ♒ 1	21 ♍ 32	11 ♑ 8	25 ♏ 20	21 ♌ 56	10 ♉ 4	29 ♒ 21	7 ♓	1 ♒	22 ♑	6 ♑	2 ♍
21	28 ♐ 35	27 ♌ 18	24 ♓ 39	24 ♓ 22	23 ♐ 37	2 ♒ 14	21 ♍ 55	11 ♑ 21	25 ♏ 26	21 ♌ 55	10 ♉ 3	29 ♒ 22	7 ♓	1 ♒	22 ♑	6 ♑	2 ♍
22	29 ♐ 37	10 ♍ 47	24 ♓ 36	24 ♓ 20	22 ♐ 23	3 ♒ 28	22 ♍ 17	11 ♑ 35	25 ♏ 32	21 ♌ 54	10 ♉ 2	29 ♒ 23	7 ♓	2 ♒	22 ♑	7 ♑	2 ♍
23	0 ♑ 38	23 ♍ 47	24 ♓ 32	24 ♓ 20	21 ♐ 16	4 ♒ 41	22 ♍ 39	11 ♑ 49	25 ♏ 39	21 ♌ 52	10 ♉ 1	29 ♒ 24	8 ♓	2 ♒	23 ♑	7 ♑	2 ♍
24	1 ♑ 39	6 ♎ 24	24 ♓ 29	24 ♓ 20	20 ♐ 18	5 ♒ 55	23 ♍ 0	12 ♑ 3	25 ♏ 45	21 ♌ 51	10 ♉ 0	29 ♒ 25	8 ♓	2 ♒	23 ♑	8 ♑	2 ♍
25	2 ♑ 40	18 ♎ 43	24 ♓ 26	24 ♓ 19	19 ♐ 30	7 ♒ 9	23 ♍ 22	12 ♑ 16	25 ♏ 51	21 ♌ 50	9 ♉ 59	29 ♒ 26	8 ♓	3 ♒	24 ♑	8 ♑	2 ♍
26	3 ♑ 41	0 ♏ 47	24 ♓ 23	24 ♓ 16	18 ♐ 53	8 ♒ 22	23 ♍ 42	12 ♑ 30	25 ♏ 58	21 ♌ 48	9 ♉ 58	29 ♒ 27	9 ♓	3 ♒	24 ♑	9 ♑	2 ♍
27	4 ♑ 42	12 ♏ 43	24 ♓ 20	24 ♓ 10	18 ♐ 27	9 ♒ 35	24 ♍ 3	12 ♑ 44	26 ♏ 4	21 ♌ 47	9 ♉ 57	29 ♒ 28	9 ♓	3 ♒	24 ♑	9 ♑	2 ♍
28	5 ♑ 43	24 ♏ 35	24 ♓ 17	24 ♓ 2	18 ♐ 11	10 ♒ 49	24 ♍ 23	12 ♑ 58	26 ♏ 10	21 ♌ 45	9 ♉ 57	29 ♒ 29	9 ♓	4 ♒	25 ♑	10 ♑	2 ♍
29	6 ♑ 44	6 ♐ 25	24 ♓ 13	23 ♓ 51	18 ♐ 6	12 ♒ 2	24 ♍ 42	13 ♑ 12	26 ♏ 16	21 ♌ 44	9 ♉ 56	29 ♒ 31	9 ♓	4 ♒	25 ♑	10 ♑	2 ♍
30	7 ♑ 46	18 ♐ 17	24 ♓ 10	23 ♓ 37	18 D 10	13 ♒ 16	25 ♍ 2	13 ♑ 26	26 ♏ 22	21 ♌ 42	9 ♉ 55	29 ♒ 32	10 ♓	4 ♒	26 ♑	11 ♑	2 ♍
31	8 ♑ 47	0 ♑ 12	24 ♓ 7	23 ♓ 23	18 ♐ 23	14 ♒ 29	25 ♍ 21	13 ♑ 39	26 ♏ 28	21 ♌ 40	9 ♉ 54	29 ♒ 33	10 ♓	5 ♒	26 ♑	12 ♑	2 ♍

SUN INGRESS	☉ → ♑ 22日 09:01
MOON PHASE	● 1日 23:36 ♐ ◐ 10日 00:27 ♓ ○ 16日 17:01 ♊ ◑ 23日 14:04 ♎ ● 31日 18:47 ♑

aspects		
3日	06:41	♀△♆
8日	12:27	♀△♂
10日	04:15	☉□♂
14日	13:12	☉△♅
14日	22:20	♀⚹♄
15日	16:11	♃△♆
16日	18:58	☿⚹♇
18日	21:40	☉☌☿
21日	18:37	☉⚹♇
22日	01:27	☿□♂
22日	10:13	☿△♅
27日	07:06	♀□♆

2044年1月

DAY	☉	☽	☊ mean	☊ true	☿	♀	♂	♃	♄	♅	♆	♇	⚳	⚴	⚵	⚶	⚷
	° ′	° ′	° ′	° ′	° ′	° ′	° ′	° ′	° ′	° ′	° ′	° ′	°	°	°	°	°
1	9 ♑ 48	12 ♑ 11	24 ♓ 4	23 R 8	18 D 43	15 D 42	25 D 39	13 D 53	26 D 34	21 R 39	9 R 54	29 D 34	10 D	5 D	26 D	12 D	2 R
2	10 ♑ 49	24 ♑ 17	24 ♓ 1	22 ♓ 55	19 ♐ 11	16 ♒ 55	25 ♍ 57	14 ♑ 7	26 ♏ 40	21 ♌ 37	9 ♉ 53	29 ♒ 35	11 ♓	5 ♒	27 ♑	13 ♑	2 ♍
3	11 ♑ 50	6 ♒ 29	23 ♓ 57	22 ♓ 45	19 ♐ 46	18 ♒ 9	26 ♍ 15	14 ♑ 21	26 ♏ 45	21 ♌ 35	9 ♉ 53	29 ♒ 36	11 ♓	6 ♒	27 ♑	13 ♑	2 ♍
4	12 ♑ 52	18 ♒ 49	23 ♓ 54	22 ♓ 37	20 ♐ 26	19 ♒ 22	26 ♍ 32	14 ♑ 35	26 ♏ 51	21 ♌ 33	9 ♉ 52	29 ♒ 38	11 ♓	6 ♒	28 ♑	14 ♑	2 ♍
5	13 ♑ 53	1 ♓ 18	23 ♓ 51	22 ♓ 32	21 ♐ 12	20 ♒ 35	26 ♍ 48	14 ♑ 49	26 ♏ 57	21 ♌ 31	9 ♉ 51	29 ♒ 39	12 ♓	6 ♒	28 ♑	14 ♑	2 ♍
6	14 ♑ 54	14 ♓ 0	23 ♓ 48	22 ♓ 30	22 ♐ 2	21 ♒ 48	27 ♍ 5	15 ♑ 3	27 ♏ 2	21 ♌ 29	9 ♉ 51	29 ♒ 40	12 ♓	7 ♒	28 ♑	15 ♑	2 ♍
7	15 ♑ 55	26 ♓ 56	23 ♓ 45	22 D 30	22 ♐ 56	23 ♒ 1	27 ♍ 20	15 ♑ 17	27 ♏ 8	21 ♌ 27	9 ♉ 50	29 ♒ 42	12 ♓	7 ♒	29 ♑	15 ♑	2 ♍
8	16 ♑ 56	10 ♈ 10	23 ♓ 42	22 ♓ 30	23 ♐ 55	24 ♒ 14	27 ♍ 36	15 ♑ 31	27 ♏ 13	21 ♌ 25	9 ♉ 50	29 ♒ 43	13 ♓	7 ♒	29 ♑	16 ♑	2 ♍
9	17 ♑ 57	23 ♈ 45	23 ♓ 38	22 R 30	24 ♐ 56	25 ♒ 26	27 ♍ 50	15 ♑ 45	27 ♏ 19	21 ♌ 23	9 ♉ 50	29 ♒ 44	13 ♓	8 ♒	0 ♒	16 ♑	2 ♍
10	18 ♑ 59	7 ♉ 43	23 ♓ 35	22 ♓ 28	26 ♐ 0	26 ♒ 39	28 ♍ 5	15 ♑ 59	27 ♏ 24	21 ♌ 21	9 ♉ 49	29 ♒ 46	13 ♓	8 ♒	0 ♒	17 ♑	1 ♍
11	20 ♑ 0	22 ♉ 3	23 ♓ 32	22 ♓ 25	27 ♐ 7	27 ♒ 52	28 ♍ 19	16 ♑ 13	27 ♏ 29	21 ♌ 19	9 ♉ 49	29 ♒ 47	14 ♓	8 ♒	0 ♒	17 ♑	1 ♍
12	21 ♑ 1	6 ♊ 45	23 ♓ 29	22 ♓ 18	28 ♐ 17	29 ♒ 4	28 ♍ 32	16 ♑ 27	27 ♏ 35	21 ♌ 17	9 ♉ 48	29 ♒ 48	14 ♓	9 ♒	1 ♒	18 ♑	1 ♍
13	22 ♑ 2	21 ♊ 43	23 ♓ 26	22 ♓ 10	29 ♐ 28	0 ♓ 17	28 ♍ 45	16 ♑ 41	27 ♏ 40	21 ♌ 15	9 ♉ 48	29 ♒ 50	14 ♓	9 ♒	1 ♒	19 ♑	1 ♍
14	23 ♑ 3	6 ♋ 48	23 ♓ 23	22 ♓ 0	0 ♑ 41	1 ♓ 29	28 ♍ 57	16 ♑ 54	27 ♏ 45	21 ♌ 13	9 ♉ 48	29 ♒ 51	15 ♓	10 ♒	2 ♒	19 ♑	1 ♍
15	24 ♑ 4	21 ♋ 50	23 ♓ 19	21 ♓ 51	1 ♑ 57	2 ♓ 42	29 ♍ 9	17 ♑ 8	27 ♏ 50	21 ♌ 10	9 ♉ 48	29 ♒ 52	15 ♓	10 ♒	2 ♒	20 ♑	1 ♍
16	25 ♑ 5	6 ♌ 41	23 ♓ 16	21 ♓ 43	3 ♑ 13	3 ♓ 54	29 ♍ 20	17 ♑ 22	27 ♏ 55	21 ♌ 8	9 ♉ 48	29 ♒ 54	15 ♓	10 ♒	2 ♒	20 ♑	1 ♍
17	26 ♑ 6	21 ♌ 11	23 ♓ 13	21 ♓ 37	4 ♑ 31	5 ♓ 6	29 ♍ 30	17 ♑ 36	28 ♏ 0	21 ♌ 6	9 ♉ 47	29 ♒ 55	16 ♓	11 ♒	3 ♒	21 ♑	1 ♍
18	27 ♑ 7	5 ♍ 15	23 ♓ 10	21 ♓ 33	5 ♑ 51	6 ♓ 18	29 ♍ 40	17 ♑ 50	28 ♏ 4	21 ♌ 4	9 ♉ 47	29 ♒ 57	16 ♓	11 ♒	3 ♒	21 ♑	1 ♍
19	28 ♑ 9	18 ♍ 51	23 ♓ 7	21 ♓ 32	7 ♑ 11	7 ♓ 30	29 ♍ 50	18 ♑ 4	28 ♏ 9	21 ♌ 1	9 ♉ 47	29 ♒ 58	16 ♓	11 ♒	4 ♒	22 ♑	1 ♍
20	29 ♑ 10	2 ♎ 0	23 ♓ 3	21 D 32	8 ♑ 33	8 ♓ 42	29 ♍ 58	18 ♑ 18	28 ♏ 14	20 ♌ 59	9 ♉ 47	0 ♓ 0	17 ♓	12 ♒	4 ♒	22 ♑	1 ♍
21	0 ♒ 11	14 ♎ 43	23 ♓ 0	21 ♓ 33	9 ♑ 56	9 ♓ 54	0 ♎ 7	18 ♑ 31	28 ♏ 18	20 ♌ 57	9 D 47	0 ♓ 1	17 ♓	12 ♒	5 ♒	23 ♑	1 ♍
22	1 ♒ 12	27 ♎ 7	22 ♓ 57	21 ♓ 34	11 ♑ 19	11 ♓ 6	0 ♎ 14	18 ♑ 45	28 ♏ 23	20 ♌ 54	9 ♉ 47	0 ♓ 3	17 ♓	12 ♒	5 ♒	23 ♑	1 ♍
23	2 ♒ 13	9 ♏ 14	22 ♓ 54	21 R 34	12 ♑ 44	12 ♓ 18	0 ♎ 21	18 ♑ 59	28 ♏ 27	20 ♌ 52	9 ♉ 47	0 ♓ 4	18 ♓	13 ♒	5 ♒	24 ♑	1 ♍
24	3 ♒ 14	21 ♏ 11	22 ♓ 51	21 ♓ 32	14 ♑ 9	13 ♓ 29	0 ♎ 27	19 ♑ 13	28 ♏ 32	20 ♌ 49	9 ♉ 47	0 ♓ 6	18 ♓	13 ♒	6 ♒	24 ♑	1 ♍
25	4 ♒ 15	3 ♐ 3	22 ♓ 48	21 ♓ 28	15 ♑ 36	14 ♓ 41	0 ♎ 33	19 ♑ 27	28 ♏ 36	20 ♌ 47	9 ♉ 48	0 ♓ 8	18 ♓	13 ♒	6 ♒	25 ♑	1 ♍
26	5 ♒ 16	14 ♐ 54	22 ♓ 44	21 ♓ 22	17 ♑ 3	15 ♓ 52	0 ♎ 38	19 ♑ 40	28 ♏ 40	20 ♌ 44	9 ♉ 48	0 ♓ 9	19 ♓	14 ♒	7 ♒	25 ♑	1 ♍
27	6 ♒ 17	26 ♐ 47	22 ♓ 41	21 ♓ 14	18 ♑ 31	17 ♓ 4	0 ♎ 42	19 ♑ 54	28 ♏ 44	20 ♌ 42	9 ♉ 48	0 ♓ 11	19 ♓	14 ♒	7 ♒	26 ♑	1 ♍
28	7 ♒ 18	8 ♑ 46	22 ♓ 38	21 ♓ 5	19 ♑ 59	18 ♓ 15	0 ♎ 46	20 ♑ 8	28 ♏ 48	20 ♌ 39	9 ♉ 48	0 ♓ 12	19 ♓	14 ♒	7 ♒	27 ♑	0 ♍
29	8 ♒ 19	20 ♑ 53	22 ♓ 35	20 ♓ 57	21 ♑ 29	19 ♓ 26	0 ♎ 48	20 ♑ 21	28 ♏ 52	20 ♌ 37	9 ♉ 48	0 ♓ 14	20 ♓	15 ♒	8 ♒	27 ♑	0 ♍
30	9 ♒ 20	3 ♒ 8	22 ♓ 32	20 ♓ 49	22 ♑ 59	20 ♓ 37	0 ♎ 50	20 ♑ 35	28 ♏ 56	20 ♌ 34	9 ♉ 49	0 ♓ 15	20 ♓	15 ♒	8 ♒	28 ♑	0 ♍
31	10 ♒ 21	15 ♒ 34	22 ♓ 29	20 ♓ 42	24 ♑ 30	21 ♓ 48	0 ♎ 52	20 ♑ 48	29 ♏ 0	20 ♌ 32	9 ♉ 49	0 ♓ 17	21 ♓	15 ♒	9 ♒	28 ♑	0 ♍

SUN INGRESS	☉ → ♒ 20日 19:37
MOON PHASE	◐ 8日 13:01 ♈ ○ 15日 03:50 ♋ ◑ 22日 08:46 ♏ ● 30日 13:04 ♒

aspects		
1日	02:14	☉△♆
5日	09:14	☿△♅
5日	18:06	♀☍♅
5日	18:34	♂⚹♄
6日	04:38	☉☌♃
6日	17:59	☿⚹♀
10日	16:01	♀□♄
12日	06:20	☿□♂
12日	14:49	♀☌♇
13日	07:16	☿⚹♇
19日	00:15	☉⚹♄
20日	21:12	☿⚹♀
20日	21:36	☿△♆
20日	21:40	♀⚹♆
20日	22:11	☉△♂
28日	02:38	☿☌♃
29日	23:09	♀⚹♃
30日	11:24	☉□♆

2044年2月

DAY	☉	☽	☊ mean	☊ true	☿	♀	♂	♃	♄	♅	♆	♇	⚳	⚴	⚵	⚶	⚷
	° ′	° ′	° ′	° ′	° ′	° ′	° ′	° ′	° ′	° ′	° ′	° ′	°	°	°	°	°
1	11 ♒ 22	28 ♒ 11	22 ♓ 25	20 R 38	26 D 1	22 D 59	0 D 52	21 D 2	29 D 3	20 R 29	9 D 50	0 D 19	21 D	16 D	9 D	29 D	0 R
2	12 ♒ 23	10 ♓ 59	22 ♓ 22	20 ♓ 36	27 ♑ 33	24 ♓ 9	0 R 52	21 ♑ 15	29 ♏ 7	20 ♌ 26	9 ♉ 50	0 ♓ 20	21 ♓	16 ♒	10 ♒	29 ♑	0 ♍
3	13 ♒ 24	23 ♓ 58	22 ♓ 19	20 D 35	29 ♑ 6	25 ♓ 20	0 ♎ 51	21 ♑ 29	29 ♏ 11	20 ♌ 24	9 ♉ 50	0 ♓ 22	22 ♓	16 ♒	10 ♒	0 ♒	0 ♍
4	14 ♒ 25	7 ♈ 10	22 ♓ 16	20 ♓ 36	0 ♒ 40	26 ♓ 30	0 ♎ 50	21 ♑ 42	29 ♏ 14	20 ♌ 21	9 ♉ 51	0 ♓ 24	22 ♓	17 ♒	10 ♒	0 ♒	0 ♍
5	15 ♒ 26	20 ♈ 35	22 ♓ 13	20 ♓ 38	2 ♒ 14	27 ♓ 40	0 ♎ 47	21 ♑ 56	29 ♏ 17	20 ♌ 19	9 ♉ 51	0 ♓ 25	22 ♓	17 ♒	11 ♒	1 ♒	0 ♍
6	16 ♒ 26	4 ♉ 14	22 ♓ 9	20 ♓ 39	3 ♒ 49	28 ♓ 50	0 ♎ 44	22 ♑ 9	29 ♏ 21	20 ♌ 16	9 ♉ 52	0 ♓ 27	23 ♓	17 ♒	11 ♒	1 ♒	0 ♍
7	17 ♒ 27	18 ♉ 8	22 ♓ 6	20 R 40	5 ♒ 25	0 ♈ 0	0 ♎ 40	22 ♑ 22	29 ♏ 24	20 ♌ 13	9 ♉ 53	0 ♓ 29	23 ♓	18 ♒	12 ♒	2 ♒	0 ♍
8	18 ♒ 28	2 ♊ 16	22 ♓ 3	20 ♓ 39	7 ♒ 2	1 ♈ 10	0 ♎ 36	22 ♑ 36	29 ♏ 27	20 ♌ 11	9 ♉ 53	0 ♓ 30	23 ♓	18 ♒	12 ♒	2 ♒	0 ♍
9	19 ♒ 29	16 ♊ 38	22 ♓ 0	20 ♓ 37	8 ♒ 39	2 ♈ 20	0 ♎ 30	22 ♑ 49	29 ♏ 30	20 ♌ 8	9 ♉ 54	0 ♓ 32	24 ♓	18 ♒	13 ♒	3 ♒	0 ♍
10	20 ♒ 30	1 ♋ 10	21 ♓ 57	20 ♓ 33	10 ♒ 17	3 ♈ 30	0 ♎ 24	23 ♑ 2	29 ♏ 33	20 ♌ 5	9 ♉ 55	0 ♓ 34	24 ♓	19 ♒	13 ♒	3 ♒	0 ♍
11	21 ♒ 30	15 ♋ 47	21 ♓ 54	20 ♓ 29	11 ♒ 56	4 ♈ 39	0 ♎ 17	23 ♑ 15	29 ♏ 35	20 ♌ 3	9 ♉ 55	0 ♓ 35	25 ♓	19 ♒	13 ♒	4 ♒	29 ♌
12	22 ♒ 31	0 ♌ 23	21 ♓ 50	20 ♓ 25	13 ♒ 36	5 ♈ 48	0 ♎ 9	23 ♑ 28	29 ♏ 38	20 ♌ 0	9 ♉ 56	0 ♓ 37	25 ♓	19 ♒	14 ♒	4 ♒	29 ♌
13	23 ♒ 32	14 ♌ 51	21 ♓ 47	20 ♓ 21	15 ♒ 16	6 ♈ 57	0 ♎ 0	23 ♑ 41	29 ♏ 41	19 ♌ 57	9 ♉ 57	0 ♓ 39	25 ♓	20 ♒	14 ♒	5 ♒	29 ♌
14	24 ♒ 32	29 ♌ 5	21 ♓ 44	20 ♓ 18	16 ♒ 58	8 ♈ 6	29 ♍ 51	23 ♑ 54	29 ♏ 43	19 ♌ 55	9 ♉ 58	0 ♓ 40	26 ♓	20 ♒	15 ♒	5 ♒	29 ♌
15	25 ♒ 33	13 ♍ 0	21 ♓ 41	20 ♓ 17	18 ♒ 40	9 ♈ 15	29 ♍ 41	24 ♑ 7	29 ♏ 45	19 ♌ 52	9 ♉ 58	0 ♓ 42	26 ♓	20 ♒	15 ♒	6 ♒	29 ♌
16	26 ♒ 34	26 ♍ 33	21 ♓ 38	20 D 17	20 ♒ 23	10 ♈ 23	29 ♍ 30	24 ♑ 20	29 ♏ 48	19 ♌ 50	9 ♉ 59	0 ♓ 44	26 ♓	21 ♒	16 ♒	6 ♒	29 ♌
17	27 ♒ 34	9 ♎ 43	21 ♓ 35	20 ♓ 18	22 ♒ 7	11 ♈ 32	29 ♍ 18	24 ♑ 33	29 ♏ 50	19 ♌ 47	10 ♉ 0	0 ♓ 45	27 ♓	21 ♒	16 ♒	7 ♒	29 ♌
18	28 ♒ 35	22 ♎ 30	21 ♓ 31	20 ♓ 19	23 ♒ 52	12 ♈ 40	29 ♍ 6	24 ♑ 46	29 ♏ 52	19 ♌ 44	10 ♉ 1	0 ♓ 47	27 ♓	21 ♒	16 ♒	8 ♒	29 ♌
19	29 ♒ 35	4 ♏ 58	21 ♓ 28	20 ♓ 21	25 ♒ 37	13 ♈ 48	28 ♍ 52	24 ♑ 59	29 ♏ 54	19 ♌ 42	10 ♉ 2	0 ♓ 49	28 ♓	22 ♒	17 ♒	8 ♒	29 ♌
20	0 ♓ 36	17 ♏ 10	21 ♓ 25	20 ♓ 22	27 ♒ 24	14 ♈ 55	28 ♍ 38	25 ♑ 11	29 ♏ 56	19 ♌ 39	10 ♉ 3	0 ♓ 51	28 ♓	22 ♒	17 ♒	9 ♒	29 ♌
21	1 ♓ 36	29 ♏ 11	21 ♓ 22	20 ♓ 23	29 ♒ 11	16 ♈ 3	28 ♍ 24	25 ♑ 24	29 ♏ 58	19 ♌ 37	10 ♉ 4	0 ♓ 52	28 ♓	22 ♒	18 ♒	9 ♒	29 ♌
22	2 ♓ 37	11 ♐ 5	21 ♓ 19	20 R 23	1 ♓ 0	17 ♈ 10	28 ♍ 8	25 ♑ 36	0 ♐ 0	19 ♌ 34	10 ♉ 5	0 ♓ 54	29 ♓	23 ♒	18 ♒	10 ♒	29 ♌
23	3 ♓ 37	22 ♐ 57	21 ♓ 15	20 ♓ 22	2 ♓ 49	18 ♈ 17	27 ♍ 52	25 ♑ 49	0 ♐ 1	19 ♌ 32	10 ♉ 6	0 ♓ 56	29 ♓	23 ♒	19 ♒	10 ♒	29 ♌
24	4 ♓ 38	4 ♑ 52	21 ♓ 12	20 ♓ 20	4 ♓ 39	19 ♈ 24	27 ♍ 35	26 ♑ 1	0 ♐ 3	19 ♌ 29	10 ♉ 8	0 ♓ 57	29 ♓	23 ♒	19 ♒	11 ♒	28 ♌
25	5 ♓ 38	16 ♑ 53	21 ♓ 9	20 ♓ 18	6 ♓ 30	20 ♈ 31	27 ♍ 18	26 ♑ 14	0 ♐ 4	19 ♌ 27	10 ♉ 9	0 ♓ 59	0 ♈	24 ♒	19 ♒	11 ♒	28 ♌
26	6 ♓ 39	29 ♑ 5	21 ♓ 6	20 ♓ 15	8 ♓ 22	21 ♈ 38	27 ♍ 0	26 ♑ 26	0 ♐ 5	19 ♌ 24	10 ♉ 10	1 ♓ 1	0 ♈	24 ♒	20 ♒	12 ♒	28 ♌
27	7 ♓ 39	11 ♒ 30	21 ♓ 3	20 ♓ 13	10 ♓ 15	22 ♈ 44	26 ♍ 41	26 ♑ 38	0 ♐ 7	19 ♌ 22	10 ♉ 11	1 ♓ 3	1 ♈	25 ♒	20 ♒	12 ♒	28 ♌
28	8 ♓ 39	24 ♒ 9	21 ♓ 0	20 ♓ 12	12 ♓ 8	23 ♈ 50	26 ♍ 22	26 ♑ 50	0 ♐ 8	19 ♌ 19	10 ♉ 12	1 ♓ 4	1 ♈	25 ♒	21 ♒	13 ♒	28 ♌
29	9 ♓ 40	7 ♓ 3	20 ♓ 56	20 ♓ 11	14 ♓ 2	24 ♈ 56	26 ♍ 2	27 ♑ 2	0 ♐ 9	19 ♌ 17	10 ♉ 14	1 ♓ 6	1 ♈	25 ♒	21 ♒	13 ♒	28 ♌

SUN INGRESS	☉ → ♓ 19日 09:35
MOON PHASE	◐ 6日 22:45 ♉ ○ 13日 15:41 ♌ ◑ 21日 05:19 ♐ ● 29日 05:12 ♓

aspects		
3日	01:07	☿⚹♄
4日	02:27	☿△♂
6日	10:47	♀△♄
7日	12:52	♀☍♂
9日	14:50	☉☍♅
9日	18:23	☿□♆
14日	15:17	♂⚹♄
15日	16:26	☿☍♅
19日	07:42	☉□♄
20日	06:01	☉☌♇
21日	10:27	☿□♄
21日	22:41	☿☌♇
23日	23:15	☉☌☿
24日	01:37	♀△♅
26日	23:15	☿⚹♆
27日	02:13	♂△♃
29日	13:54	☉⚹♆

2044年3月

DAY	☉	☽	☊ mean	☊ true	☿	♀	♂	♃	♄	♅	♆	♇	⚳	⚴	⚵	⚶	⚷
	° ′	° ′	° ′	° ′	° ′	° ′	° ′	° ′	° ′	° ′	° ′	° ′	°	°	°	°	°
1	10♓40	20♓13	20♓53	20 D 11	15 D 56	26 D 1	25 R 41	27 D 14	0 D 10	19 R 14	10 D 15	1 D 8	2 D	26 D	22 D	14 D	28 R
2	11♓40	3♈37	20♓50	20♓11	17♓51	27♈6	25♍20	27♑26	0♐10	19♌12	10♉16	1♓9	2♈	26♒	22♒	14♒	28♌
3	12♓40	17♈14	20♓47	20♓12	19♓46	28♈11	24♍59	27♑38	0♐11	19♌10	10♉18	1♓11	3♈	26♒	22♒	15♒	28♌
4	13♓41	1♉2	20♓44	20♓12	21♓41	29♈16	24♍37	27♑50	0♐12	19♌7	10♉19	1♓13	3♈	27♒	23♒	15♒	28♌
5	14♓41	14♉59	20♓40	20♓13	23♓37	0♉21	24♍15	28♑1	0♐12	19♌5	10♉21	1♓14	3♈	27♒	23♒	16♒	28♌
6	15♓41	29♉4	20♓37	20♓13	25♓31	1♉25	23♍53	28♑13	0♐13	19♌3	10♉22	1♓16	4♈	27♒	24♒	16♒	28♌
7	16♓41	13♊14	20♓34	20♓13	27♓25	2♉29	23♍30	28♑25	0♐13	19♌0	10♉24	1♓18	4♈	27♒	24♒	17♒	28♌
8	17♓41	27♊27	20♓31	20 R 13	29♓18	3♉32	23♍7	28♑36	0♐13	18♌58	10♉25	1♓19	5♈	28♒	25♒	17♒	27♌
9	18♓41	11♋40	20♓28	20♓13	1♈10	4♉35	22♍44	28♑47	0♐13	18♌56	10♉27	1♓21	5♈	28♒	25♒	18♒	27♌
10	19♓41	25♋51	20♓25	20♓13	3♈0	5♉38	22♍20	28♑59	0 R 13	18♌54	10♉28	1♓23	5♈	28♒	25♒	18♒	27♌
11	20♓41	9♌57	20♓21	20 D 13	4♈48	6♉41	21♍57	29♑10	0♐13	18♌52	10♉30	1♓24	6♈	29♒	26♒	19♒	27♌
12	21♓41	23♌55	20♓18	20♓13	6♈33	7♉43	21♍33	29♑21	0♐13	18♌50	10♉31	1♓26	6♈	29♒	26♒	19♒	27♌
13	22♓41	7♍42	20♓15	20♓13	8♈15	8♉44	21♍10	29♑32	0♐12	18♌48	10♉33	1♓27	6♈	29♒	27♒	20♒	27♌
14	23♓40	21♍16	20♓12	20 R 13	9♈54	9♉46	20♍46	29♑43	0♐12	18♌46	10♉35	1♓29	7♈	0♓	27♒	20♒	27♌
15	24♓40	4♎33	20♓9	20♓13	11♈28	10♉47	20♍22	29♑53	0♐11	18♌44	10♉36	1♓31	7♈	0♓	28♒	21♒	27♌
16	25♓40	17♎33	20♓6	20♓13	12♈58	11♉47	19♍59	0♒4	0♐11	18♌42	10♉38	1♓32	8♈	0♓	28♒	21♒	27♌
17	26♓40	0♏16	20♓2	20♓12	14♈23	12♉48	19♍36	0♒15	0♐10	18♌40	10♉40	1♓34	8♈	1♓	28♒	22♒	27♌
18	27♓39	12♏43	19♓59	20♓11	15♈42	13♉47	19♍12	0♒25	0♐9	18♌38	10♉41	1♓35	8♈	1♓	29♒	22♒	27♌
19	28♓39	24♏56	19♓56	20♓10	16♈55	14♉47	18♍50	0♒36	0♐8	18♌36	10♉43	1♓37	9♈	1♓	29♒	23♒	27♌
20	29♓39	6♐59	19♓53	20♓9	18♈2	15♉45	18♍27	0♒46	0♐7	18♌34	10♉45	1♓38	9♈	2♓	0♓	23♒	27♌
21	0♈38	18♐54	19♓50	20♓8	19♈2	16♉44	18♍5	0♒56	0♐6	18♌32	10♉47	1♓40	10♈	2♓	0♓	24♒	27♌
22	1♈38	0♑47	19♓46	20♓8	19♈55	17♉42	17♍43	1♒6	0♐5	18♌31	10♉49	1♓42	10♈	2♓	1♓	24♒	27♌
23	2♈38	12♑42	19♓43	20 D 8	20♈41	18♉39	17♍21	1♒16	0♐4	18♌29	10♉50	1♓43	10♈	3♓	1♓	25♒	27♌
24	3♈37	24♑44	19♓40	20♓9	21♈19	19♉36	17♍0	1♒26	0♐2	18♌27	10♉52	1♓45	11♈	3♓	1♓	25♒	26♌
25	4♈37	6♒57	19♓37	20♓10	21♈49	20♉32	16♍39	1♒36	0♐1	18♌26	10♉54	1♓46	11♈	3♓	2♓	26♒	26♌
26	5♈36	19♒25	19♓34	20♓12	22♈12	21♉28	16♍19	1♒45	29♏59	18♌24	10♉56	1♓47	12♈	4♓	2♓	26♒	26♌
27	6♈36	2♓11	19♓31	20♓13	22♈27	22♉23	15♍59	1♒55	29♏57	18♌23	10♉58	1♓49	12♈	4♓	3♓	27♒	26♌
28	7♈35	15♓18	19♓27	20♓13	22♈34	23♉18	15♍40	2♒4	29♏56	18♌21	11♉0	1♓50	12♈	4♓	3♓	27♒	26♌
29	8♈34	28♓46	19♓24	20 R 13	22 R 33	24♉12	15♍21	2♒14	29♏54	18♌20	11♉2	1♓52	13♈	5♓	4♓	28♒	26♌
30	9♈34	12♈34	19♓21	20♓12	22♈26	25♉5	15♍3	2♒23	29♏52	18♌18	11♉4	1♓53	13♈	5♓	4♓	28♒	26♌
31	10♈33	26♈39	19♓18	20♓10	22♈11	25♉58	14♍46	2♒32	29♏50	18♌17	11♉6	1♓55	14♈	5♓	4♓	29♒	26♌

SUN INGRESS: ☉→♈ 20日 08:20

MOON PHASE: ◐ 7日 06:16 ♊ ○ 14日 04:40 ♍ ◑ 22日 01:52 ♑ ● 29日 18:25 ♈

aspects		
2日	08:54	♀□♃
5日	06:45	☿☍♂
5日	20:38	♀⚹♇
7日	13:59	☿⚹♃
8日	11:43	☿△♄
11日	21:50	☉☍♂
14日	19:44	♀☌♆
16日	14:06	♃⚹♄
20日	11:17	☉△♄
20日	12:05	☿△♅
21日	08:36	☉⚹♃
22日	00:16	♀△♂
22日	19:53	♀□♅

2044年4月

DAY	☉	☽	☊ mean	☊ true	☿	♀	♂	♃	♄	♅	♆	♇	⚳	⚴	⚵	⚶	⚷
	° ′	° ′	° ′	° ′	° ′	° ′	° ′	° ′	° ′	° ′	° ′	° ′	°	°	°	°	°
1	11♈32	10♉56	19♓15	20 R 7	21 R 49	26 D 50	14 R 29	2 D 41	29 R 48	18 R 16	11 D 8	1 D 56	14 D	5 D	5 D	29 D	26 R
2	12♈31	25♉21	19♓12	20♓4	21♈22	27♉42	14♍14	2♒50	29♏45	18♌15	11♉10	1♓57	14♈	6♓	5♓	29♒	26♌
3	13♈31	9♊48	19♓8	20♓1	20♈50	28♉32	13♍58	2♒58	29♏43	18♌13	11♉12	1♓59	15♈	6♓	6♓	0♓	26♌
4	14♈30	24♊12	19♓5	19♓59	20♈12	29♉22	13♍44	3♒7	29♏41	18♌12	11♉14	2♓0	15♈	6♓	6♓	0♓	26♌
5	15♈29	8♋29	19♓2	19♓58	19♈31	0♊11	13♍30	3♒15	29♏38	18♌11	11♉16	2♓1	16♈	7♓	7♓	1♓	26♌
6	16♈28	22♋37	18♓59	19 D 58	18♈47	1♊0	13♍17	3♒24	29♏35	18♌10	11♉18	2♓3	16♈	7♓	7♓	1♓	26♌
7	17♈27	6♌33	18♓56	19♓59	18♈1	1♊47	13♍5	3♒32	29♏33	18♌9	11♉20	2♓4	16♈	7♓	7♓	2♓	26♌
8	18♈26	20♌17	18♓52	20♓0	17♈14	2♊34	12♍53	3♒40	29♏30	18♌8	11♉22	2♓5	17♈	8♓	8♓	2♓	26♌
9	19♈25	3♍50	18♓49	20♓2	16♈26	3♊19	12♍43	3♒48	29♏27	18♌7	11♉25	2♓7	17♈	8♓	8♓	3♓	26♌
10	20♈24	17♍10	18♓46	20♓3	15♈40	4♊4	12♍33	3♒55	29♏24	18♌7	11♉27	2♓8	18♈	8♓	9♓	3♓	26♌
11	21♈23	0♎18	18♓43	20 R 2	14♈55	4♊48	12♍24	4♒3	29♏21	18♌6	11♉29	2♓9	18♈	8♓	9♓	4♓	26♌
12	22♈22	13♎13	18♓40	20♓0	14♈12	5♊30	12♍15	4♒10	29♏18	18♌5	11♉31	2♓10	18♈	9♓	10♓	4♓	26♌
13	23♈21	25♎57	18♓37	19♓57	13♈32	6♊12	12♍8	4♒18	29♏15	18♌4	11♉33	2♓11	19♈	9♓	10♓	5♓	26♌
14	24♈19	8♏28	18♓33	19♓52	12♈56	6♊52	12♍1	4♒25	29♏12	18♌4	11♉35	2♓13	19♈	9♓	10♓	5♓	26♌
15	25♈18	20♏48	18♓30	19♓45	12♈24	7♊32	11♍55	4♒32	29♏9	18♌3	11♉37	2♓14	20♈	10♓	11♓	6♓	26♌
16	26♈17	2♐57	18♓27	19♓39	11♈57	8♊10	11♍50	4♒39	29♏5	18♌3	11♉40	2♓15	20♈	10♓	11♓	6♓	26♌
17	27♈16	14♐58	18♓24	19♓33	11♈34	8♊47	11♍45	4♒45	29♏2	18♌2	11♉42	2♓16	20♈	10♓	12♓	6♓	26♌
18	28♈14	26♐53	18♓21	19♓27	11♈16	9♊22	11♍41	4♒52	28♏58	18♌2	11♉44	2♓17	21♈	10♓	12♓	7♓	26♌
19	29♈13	8♑45	18♓17	19♓23	11♈4	9♊56	11♍39	4♒58	28♏55	18♌2	11♉46	2♓18	21♈	11♓	12♓	7♓	26♌
20	0♉11	20♑39	18♓14	19♓21	10♈57	10♊29	11♍36	5♒5	28♏51	18♌1	11♉49	2♓19	22♈	11♓	13♓	8♓	26♌
21	1♉10	2♒39	18♓11	19 D 20	10 D 54	11♊1	11♍35	5♒11	28♏48	18♌1	11♉51	2♓20	22♈	11♓	13♓	8♓	26♌
22	2♉9	14♒50	18♓8	19♓21	10♈57	11♊31	11♍34	5♒17	28♏44	18♌1	11♉53	2♓21	22♈	12♓	14♓	9♓	26♌
23	3♉7	27♒16	18♓5	19♓23	11♈5	11♊59	11 D 34	5♒23	28♏40	18♌1	11♉55	2♓22	23♈	12♓	14♓	9♓	26♌
24	4♉6	10♓4	18♓2	19♓24	11♈18	12♊26	11♍35	5♒28	28♏36	18♌1	11♉57	2♓23	23♈	12♓	15♓	10♓	26♌
25	5♉4	23♓15	17♓58	19 R 24	11♈35	12♊51	11♍37	5♒34	28♏32	18♌1	12♉0	2♓24	24♈	12♓	15♓	10♓	26♌
26	6♉3	6♈51	17♓55	19♓23	11♈57	13♊14	11♍39	5♒39	28♏29	18 D 1	12♉2	2♓25	24♈	13♓	15♓	11♓	26 D
27	7♉1	20♈54	17♓52	19♓19	12♈24	13♊36	11♍42	5♒44	28♏25	18♌1	12♉4	2♓26	24♈	13♓	16♓	11♓	26♌
28	7♉59	5♉19	17♓49	19♓14	12♈54	13♊56	11♍46	5♒49	28♏21	18♌1	12♉6	2♓27	25♈	13♓	16♓	11♓	26♌
29	8♉58	20♉2	17♓46	19♓7	13♈29	14♊14	11♍50	5♒54	28♏16	18♌1	12♉9	2♓28	25♈	13♓	17♓	12♓	26♌
30	9♉56	4♊54	17♓43	18♓59	14♈8	14♊30	11♍55	5♒59	28♏12	18♌1	12♉11	2♓28	26♈	14♓	17♓	12♓	26♌

SUN INGRESS: ☉→♉ 19日 19:06

MOON PHASE: ◐ 5日 12:44 ♋ ○ 12日 18:38 ♎ ◑ 20日 20:48 ♒ ● 28日 04:41 ♉

aspects		
4日	08:27	♀☍♄
6日	19:37	☿△♅
7日	07:39	☉☌☿
7日	08:54	♀□♇
7日	16:53	☉△♅
9日	18:19	♀△♃
17日	12:47	♂△♆
20日	19:04	☿⚹♀
22日	03:03	♀□♂
22日	05:13	☉⚹♇
25日	13:24	☉□♃
30日	19:00	☿⚹♀

2044年5月

DAY	☉	☽	☊		☿	♀	♂	♃	♄	♅	♆	♇	⚳	⚴	⚵	⚶	⚷
			mean	true													
	° ′	° ′	° ′	° ′	° ′	° ′	° ′	° ′	° ′	° ′	° ′	° ′	°	°	°	°	°
1	10 ♉ 54	19 ♊ 47	17 ♓ 39	18 R 51	14 D 50	14 D 44	12 D 1	6 D 3	28 R 8	18 D 1	12 D 13	2 D 29	26 D	14 D	17 D	13 D	26 D
2	11 ♉ 53	4 ♋ 33	17 ♓ 36	18 ♓ 45	15 ♈ 36	14 ♊ 56	12 ♍ 8	6 ♒ 7	28 ♏ 4	18 ♌ 2	12 ♉ 15	2 ♓ 30	26 ♈	14 ♓	18 ♓	13 ♓	26 ♌
3	12 ♉ 51	19 ♋ 5	17 ♓ 33	18 ♓ 41	16 ♈ 26	15 ♊ 6	12 ♍ 15	6 ♒ 12	28 ♏ 0	18 ♌ 2	12 ♉ 18	2 ♓ 31	27 ♈	14 ♓	18 ♓	14 ♓	26 ♌
4	13 ♉ 49	3 ♌ 19	17 ♓ 30	18 ♓ 38	17 ♈ 19	15 ♊ 13	12 ♍ 23	6 ♒ 16	27 ♏ 55	18 ♌ 3	12 ♉ 20	2 ♓ 31	27 ♈	15 ♓	19 ♓	14 ♓	26 ♌
5	14 ♉ 47	17 ♌ 13	17 ♓ 27	18 D 38	18 ♈ 14	15 ♊ 18	12 ♍ 31	6 ♒ 19	27 ♏ 51	18 ♌ 3	12 ♉ 22	2 ♓ 32	27 ♈	15 ♓	19 ♓	14 ♓	26 ♌
6	15 ♉ 45	0 ♍ 47	17 ♓ 23	18 ♓ 38	19 ♈ 13	15 ♊ 21	12 ♍ 40	6 ♒ 23	27 ♏ 47	18 ♌ 4	12 ♉ 25	2 ♓ 33	28 ♈	15 ♓	20 ♓	15 ♓	26 ♌
7	16 ♉ 43	14 ♍ 4	17 ♓ 20	18 ♓ 39	20 ♈ 15	15 R 22	12 ♍ 50	6 ♒ 26	27 ♏ 43	18 ♌ 4	12 ♉ 27	2 ♓ 33	28 ♈	15 ♓	20 ♓	15 ♓	26 ♌
8	17 ♉ 41	27 ♍ 5	17 ♓ 17	18 R 39	21 ♈ 20	15 ♊ 20	13 ♍ 0	6 ♒ 30	27 ♏ 38	18 ♌ 5	12 ♉ 29	2 ♓ 34	29 ♈	16 ♓	20 ♓	16 ♓	26 ♌
9	18 ♉ 40	9 ♎ 53	17 ♓ 14	18 ♓ 37	22 ♈ 28	15 ♊ 16	13 ♍ 10	6 ♒ 33	27 ♏ 34	18 ♌ 6	12 ♉ 31	2 ♓ 35	29 ♈	16 ♓	21 ♓	16 ♓	26 ♌
10	19 ♉ 38	22 ♎ 30	17 ♓ 11	18 ♓ 32	23 ♈ 38	15 ♊ 9	13 ♍ 22	6 ♒ 36	27 ♏ 29	18 ♌ 7	12 ♉ 34	2 ♓ 35	29 ♈	16 ♓	21 ♓	17 ♓	26 ♌
11	20 ♉ 35	4 ♏ 56	17 ♓ 8	18 ♓ 25	24 ♈ 50	15 ♊ 0	13 ♍ 34	6 ♒ 38	27 ♏ 25	18 ♌ 7	12 ♉ 36	2 ♓ 36	0 ♉	16 ♓	22 ♓	17 ♓	26 ♌
12	21 ♉ 33	17 ♏ 13	17 ♓ 4	18 ♓ 16	26 ♈ 6	14 ♊ 48	13 ♍ 46	6 ♒ 41	27 ♏ 20	18 ♌ 8	12 ♉ 38	2 ♓ 36	0 ♉	17 ♓	22 ♓	17 ♓	26 ♌
13	22 ♉ 31	29 ♏ 23	17 ♓ 1	18 ♓ 4	27 ♈ 23	14 ♊ 34	13 ♍ 59	6 ♒ 43	27 ♏ 16	18 ♌ 9	12 ♉ 40	2 ♓ 37	1 ♉	17 ♓	22 ♓	18 ♓	26 ♌
14	23 ♉ 29	11 ♐ 25	16 ♓ 58	17 ♓ 52	28 ♈ 44	14 ♊ 18	14 ♍ 13	6 ♒ 45	27 ♏ 12	18 ♌ 10	12 ♉ 42	2 ♓ 37	1 ♉	17 ♓	23 ♓	18 ♓	26 ♌
15	24 ♉ 27	23 ♐ 22	16 ♓ 55	17 ♓ 40	0 ♉ 6	13 ♊ 59	14 ♍ 27	6 ♒ 47	27 ♏ 7	18 ♌ 11	12 ♉ 45	2 ♓ 38	1 ♉	17 ♓	23 ♓	19 ♓	26 ♌
16	25 ♉ 25	5 ♑ 15	16 ♓ 52	17 ♓ 30	1 ♉ 31	13 ♊ 38	14 ♍ 41	6 ♒ 49	27 ♏ 3	18 ♌ 12	12 ♉ 47	2 ♓ 38	2 ♉	18 ♓	24 ♓	19 ♓	26 ♌
17	26 ♉ 23	17 ♑ 6	16 ♓ 49	17 ♓ 21	2 ♉ 58	13 ♊ 15	14 ♍ 56	6 ♒ 51	26 ♏ 58	18 ♌ 13	12 ♉ 49	2 ♓ 39	2 ♉	18 ♓	24 ♓	19 ♓	26 ♌
18	27 ♉ 21	28 ♑ 59	16 ♓ 45	17 ♓ 15	4 ♉ 27	12 ♊ 49	15 ♍ 12	6 ♒ 52	26 ♏ 54	18 ♌ 15	12 ♉ 51	2 ♓ 39	3 ♉	18 ♓	24 ♓	20 ♓	26 ♌
19	28 ♉ 18	10 ♒ 58	16 ♓ 42	17 ♓ 12	5 ♉ 59	12 ♊ 22	15 ♍ 28	6 ♒ 53	26 ♏ 49	18 ♌ 16	12 ♉ 54	2 ♓ 40	3 ♉	18 ♓	25 ♓	20 ♓	26 ♌
20	29 ♉ 16	23 ♒ 6	16 ♓ 39	17 ♓ 10	7 ♉ 33	11 ♊ 53	15 ♍ 44	6 ♒ 54	26 ♏ 45	18 ♌ 17	12 ♉ 56	2 ♓ 40	3 ♉	18 ♓	25 ♓	21 ♓	26 ♌
21	0 ♊ 14	5 ♓ 30	16 ♓ 36	17 D 10	9 ♉ 9	11 ♊ 22	16 ♍ 1	6 ♒ 55	26 ♏ 40	18 ♌ 18	12 ♉ 58	2 ♓ 40	4 ♉	19 ♓	26 ♓	21 ♓	26 ♌
22	1 ♊ 12	18 ♓ 14	16 ♓ 33	17 R 11	10 ♉ 47	10 ♊ 49	16 ♍ 19	6 ♒ 56	26 ♏ 36	18 ♌ 20	13 ♉ 0	2 ♓ 41	4 ♉	19 ♓	26 ♓	21 ♓	26 ♌
23	2 ♊ 9	1 ♈ 22	16 ♓ 29	17 ♓ 10	12 ♉ 28	10 ♊ 15	16 ♍ 36	6 ♒ 56	26 ♏ 31	18 ♌ 21	13 ♉ 2	2 ♓ 41	4 ♉	19 ♓	26 ♓	22 ♓	26 ♌
24	3 ♊ 7	14 ♈ 58	16 ♓ 26	17 ♓ 7	14 ♉ 10	9 ♊ 40	16 ♍ 55	6 ♒ 57	26 ♏ 27	18 ♌ 23	13 ♉ 4	2 ♓ 41	5 ♉	19 ♓	27 ♓	22 ♓	26 ♌
25	4 ♊ 5	29 ♈ 4	16 ♓ 23	17 ♓ 2	15 ♉ 55	9 ♊ 4	17 ♍ 13	6 R 57	26 ♏ 22	18 ♌ 24	13 ♉ 7	2 ♓ 41	5 ♉	19 ♓	27 ♓	22 ♓	26 ♌
26	5 ♊ 2	13 ♉ 37	16 ♓ 20	16 ♓ 55	17 ♉ 42	8 ♊ 27	17 ♍ 32	6 ♒ 57	26 ♏ 18	18 ♌ 26	13 ♉ 9	2 ♓ 41	6 ♉	20 ♓	28 ♓	23 ♓	26 ♌
27	6 ♊ 0	28 ♉ 32	16 ♓ 17	16 ♓ 45	19 ♉ 32	7 ♊ 50	17 ♍ 52	6 ♒ 56	26 ♏ 14	18 ♌ 28	13 ♉ 11	2 ♓ 42	6 ♉	20 ♓	28 ♓	23 ♓	27 ♌
28	6 ♊ 58	13 ♊ 42	16 ♓ 14	16 ♓ 34	21 ♉ 23	7 ♊ 12	18 ♍ 12	6 ♒ 56	26 ♏ 9	18 ♌ 29	13 ♉ 13	2 ♓ 42	6 ♉	20 ♓	28 ♓	24 ♓	27 ♌
29	7 ♊ 55	28 ♊ 55	16 ♓ 10	16 ♓ 24	23 ♉ 17	6 ♊ 35	18 ♍ 32	6 ♒ 55	26 ♏ 5	18 ♌ 31	13 ♉ 15	2 ♓ 42	7 ♉	20 ♓	29 ♓	24 ♓	27 ♌
30	8 ♊ 53	14 ♋ 0	16 ♓ 7	16 ♓ 15	25 ♉ 13	5 ♊ 57	18 ♍ 53	6 ♒ 54	26 ♏ 0	18 ♌ 33	13 ♉ 17	2 ♓ 42	7 ♉	20 ♓	29 ♓	24 ♓	27 ♌
31	9 ♊ 50	28 ♋ 49	16 ♓ 4	16 ♓ 8	27 ♉ 11	5 ♊ 20	19 ♍ 14	6 ♒ 53	25 ♏ 56	18 ♌ 35	13 ♉ 19	2 ♓ 42	8 ♉	21 ♓	29 ♓	25 ♓	27 ♌

SUN INGRESS	☉ → ♊ 20日 18:01
MOON PHASE	◐ 4日 19:27 ♌ ○ 12日 09:16 ♏ ◑ 20日 13:01 ♒ ● 27日 12:39 ♊

aspects		
2日	07:02	☉△♂
2日	09:48	☉☌♆
3日	13:20	♂△♆
4日	19:13	☿△♅
8日	09:52	☉□♅
14日	04:02	♀□♂
16日	18:46	☿⚹♇
17日	13:37	☉☍♄
19日	14:09	☿□♃
23日	08:19	☿☌♆
23日	13:09	☉□♇
25日	21:19	☿△♂
26日	09:45	☿□♅
27日	23:15	☉△♃
28日	03:42	☉☌♀
28日	10:40	♀△♃
30日	09:25	☿☍♄

2044年6月

DAY	☉	☽	☊		☿	♀	♂	♃	♄	♅	♆	♇	⚳	⚴	⚵	⚶	⚷
			mean	true													
	° ′	° ′	° ′	° ′	° ′	° ′	° ′	° ′	° ′	° ′	° ′	° ′	°	°	°	°	°
1	10 ♊ 48	13 ♌ 16	16 ♓ 1	16 R 4	29 D 11	4 R 44	19 D 36	6 R 52	25 R 52	18 D 36	13 D 21	2 D 42	8 D	21 D	0 D	25 D	27 D
2	11 ♊ 45	27 ♌ 17	15 ♓ 58	16 ♓ 2	1 ♊ 12	4 ♊ 9	19 ♍ 57	6 ♒ 51	25 ♏ 48	18 ♌ 38	13 ♉ 23	2 ♓ 42	8 ♉	21 ♓	0 ♈	25 ♓	27 ♌
3	12 ♊ 43	10 ♍ 53	15 ♓ 55	16 ♓ 2	3 ♊ 16	3 ♊ 34	20 ♍ 20	6 ♒ 49	25 ♏ 43	18 ♌ 40	13 ♉ 25	2 R 42	9 ♉	21 ♓	1 ♈	26 ♓	27 ♌
4	13 ♊ 40	24 ♍ 6	15 ♓ 51	16 ♓ 1	5 ♊ 22	3 ♊ 1	20 ♍ 42	6 ♒ 47	25 ♏ 39	18 ♌ 42	13 ♉ 27	2 ♓ 42	9 ♉	21 ♓	1 ♈	26 ♓	27 ♌
5	14 ♊ 38	6 ♎ 58	15 ♓ 48	16 ♓ 0	7 ♊ 29	2 ♊ 30	21 ♍ 5	6 ♒ 45	25 ♏ 35	18 ♌ 44	13 ♉ 29	2 ♓ 42	9 ♉	21 ♓	1 ♈	26 ♓	27 ♌
6	15 ♊ 35	19 ♎ 35	15 ♓ 45	15 ♓ 58	9 ♊ 37	2 ♊ 0	21 ♍ 28	6 ♒ 43	25 ♏ 31	18 ♌ 46	13 ♉ 31	2 ♓ 42	10 ♉	22 ♓	2 ♈	27 ♓	27 ♌
7	16 ♊ 33	1 ♏ 59	15 ♓ 42	15 ♓ 52	11 ♊ 47	1 ♊ 32	21 ♍ 52	6 ♒ 41	25 ♏ 27	18 ♌ 49	13 ♉ 33	2 ♓ 42	10 ♉	22 ♓	2 ♈	27 ♓	27 ♌
8	17 ♊ 30	14 ♏ 12	15 ♓ 39	15 ♓ 44	13 ♊ 57	1 ♊ 6	22 ♍ 16	6 ♒ 38	25 ♏ 23	18 ♌ 51	13 ♉ 35	2 ♓ 42	11 ♉	22 ♓	2 ♈	27 ♓	27 ♌
9	18 ♊ 27	26 ♏ 18	15 ♓ 35	15 ♓ 33	16 ♊ 9	0 ♊ 42	22 ♍ 40	6 ♒ 35	25 ♏ 19	18 ♌ 53	13 ♉ 37	2 ♓ 42	11 ♉	22 ♓	3 ♈	28 ♓	27 ♌
10	19 ♊ 25	8 ♐ 19	15 ♓ 32	15 ♓ 20	18 ♊ 21	0 ♊ 21	23 ♍ 4	6 ♒ 32	25 ♏ 15	18 ♌ 55	13 ♉ 39	2 ♓ 41	11 ♉	22 ♓	3 ♈	28 ♓	27 ♌
11	20 ♊ 22	20 ♐ 15	15 ♓ 29	15 ♓ 6	20 ♊ 33	0 ♊ 1	23 ♍ 29	6 ♒ 29	25 ♏ 11	18 ♌ 58	13 ♉ 41	2 ♓ 41	12 ♉	22 ♓	4 ♈	28 ♓	28 ♌
12	21 ♊ 19	2 ♑ 8	15 ♓ 26	14 ♓ 53	22 ♊ 45	29 ♉ 44	23 ♍ 54	6 ♒ 26	25 ♏ 8	19 ♌ 0	13 ♉ 43	2 ♓ 41	12 ♉	22 ♓	4 ♈	29 ♓	28 ♌
13	22 ♊ 17	14 ♑ 0	15 ♓ 23	14 ♓ 40	24 ♊ 56	29 ♉ 29	24 ♍ 19	6 ♒ 23	25 ♏ 4	19 ♌ 2	13 ♉ 45	2 ♓ 41	12 ♉	23 ♓	4 ♈	29 ♓	28 ♌
14	23 ♊ 14	25 ♑ 52	15 ♓ 20	14 ♓ 30	27 ♊ 7	29 ♉ 17	24 ♍ 45	6 ♒ 19	25 ♏ 0	19 ♌ 5	13 ♉ 47	2 ♓ 41	13 ♉	23 ♓	5 ♈	29 ♓	28 ♌
15	24 ♊ 11	7 ♒ 47	15 ♓ 16	14 ♓ 23	29 ♊ 18	29 ♉ 7	25 ♍ 11	6 ♒ 15	24 ♏ 56	19 ♌ 7	13 ♉ 48	2 ♓ 40	13 ♉	23 ♓	5 ♈	0 ♈	28 ♌
16	25 ♊ 9	19 ♒ 47	15 ♓ 13	14 ♓ 18	1 ♋ 27	29 ♉ 0	25 ♍ 37	6 ♒ 11	24 ♏ 53	19 ♌ 10	13 ♉ 50	2 ♓ 40	13 ♉	23 ♓	5 ♈	0 ♈	28 ♌
17	26 ♊ 6	1 ♓ 57	15 ♓ 10	14 ♓ 16	3 ♋ 35	28 ♉ 54	26 ♍ 4	6 ♒ 7	24 ♏ 49	19 ♌ 12	13 ♉ 52	2 ♓ 40	14 ♉	23 ♓	6 ♈	0 ♈	28 ♌
18	27 ♊ 3	14 ♓ 20	15 ♓ 7	14 D 16	5 ♋ 41	28 ♉ 52	26 ♍ 30	6 ♒ 3	24 ♏ 46	19 ♌ 15	13 ♉ 54	2 ♓ 39	14 ♉	23 ♓	6 ♈	1 ♈	28 ♌
19	28 ♊ 1	27 ♓ 1	15 ♓ 4	14 ♓ 16	7 ♋ 46	28 D 51	26 ♍ 57	5 ♒ 58	24 ♏ 43	19 ♌ 18	13 ♉ 56	2 ♓ 39	15 ♉	23 ♓	6 ♈	1 ♈	28 ♌
20	28 ♊ 58	10 ♈ 5	15 ♓ 1	14 R 15	9 ♋ 49	28 ♉ 53	27 ♍ 25	5 ♒ 54	24 ♏ 39	19 ♌ 20	13 ♉ 57	2 ♓ 38	15 ♉	23 ♓	7 ♈	1 ♈	28 ♌
21	29 ♊ 55	23 ♈ 36	14 ♓ 57	14 ♓ 14	11 ♋ 50	28 ♉ 58	27 ♍ 52	5 ♒ 49	24 ♏ 36	19 ♌ 23	13 ♉ 59	2 ♓ 38	15 ♉	24 ♓	7 ♈	1 ♈	28 ♌
22	0 ♋ 52	7 ♉ 36	14 ♓ 54	14 ♓ 9	13 ♋ 49	29 ♉ 4	28 ♍ 20	5 ♒ 44	24 ♏ 33	19 ♌ 26	14 ♉ 1	2 ♓ 37	16 ♉	24 ♓	7 ♈	2 ♈	28 ♌
23	1 ♋ 50	22 ♉ 4	14 ♓ 51	14 ♓ 3	15 ♋ 46	29 ♉ 13	28 ♍ 48	5 ♒ 39	24 ♏ 30	19 ♌ 28	14 ♉ 2	2 ♓ 37	16 ♉	24 ♓	8 ♈	2 ♈	29 ♌
24	2 ♋ 47	6 ♊ 57	14 ♓ 48	13 ♓ 54	17 ♋ 41	29 ♉ 23	29 ♍ 16	5 ♒ 34	24 ♏ 27	19 ♌ 31	14 ♉ 4	2 ♓ 36	16 ♉	24 ♓	8 ♈	2 ♈	29 ♌
25	3 ♋ 44	22 ♊ 8	14 ♓ 45	13 ♓ 44	19 ♋ 34	29 ♉ 36	29 ♍ 44	5 ♒ 28	24 ♏ 24	19 ♌ 34	14 ♉ 6	2 ♓ 36	17 ♉	24 ♓	9 ♈	3 ♈	29 ♌
26	4 ♋ 41	7 ♋ 27	14 ♓ 41	13 ♓ 35	21 ♋ 25	29 ♉ 51	0 ♎ 13	5 ♒ 23	24 ♏ 21	19 ♌ 37	14 ♉ 7	2 ♓ 35	17 ♉	24 ♓	9 ♈	3 ♈	29 ♌
27	5 ♋ 39	22 ♋ 41	14 ♓ 38	13 ♓ 26	23 ♋ 14	0 ♊ 8	0 ♎ 42	5 ♒ 17	24 ♏ 18	19 ♌ 40	14 ♉ 9	2 ♓ 35	17 ♉	24 ♓	9 ♈	3 ♈	29 ♌
28	6 ♋ 36	7 ♌ 42	14 ♓ 35	13 ♓ 20	25 ♋ 0	0 ♊ 26	1 ♎ 11	5 ♒ 11	24 ♏ 15	19 ♌ 43	14 ♉ 10	2 ♓ 34	18 ♉	24 ♓	9 ♈	3 ♈	29 ♌
29	7 ♋ 33	22 ♌ 20	14 ♓ 32	13 ♓ 16	26 ♋ 44	0 ♊ 47	1 ♎ 41	5 ♒ 5	24 ♏ 13	19 ♌ 46	14 ♉ 12	2 ♓ 34	18 ♉	24 ♓	10 ♈	4 ♈	29 ♌
30	8 ♋ 30	6 ♍ 31	14 ♓ 29	13 ♓ 14	28 ♋ 26	1 ♊ 9	2 ♎ 10	4 ♒ 59	24 ♏ 10	19 ♌ 49	14 ♉ 13	2 ♓ 33	18 ♉	24 ♓	10 ♈	4 ♈	29 ♌

SUN INGRESS	☉ → ♋ 21日 01:50
MOON PHASE	◐ 3日 03:33 ♍ ○ 11日 00:15 ♐ ◑ 19日 01:59 ♓ ● 25日 19:24 ♋

aspects		
2日	17:27	☿□♇
3日	02:46	☿☌♀
4日	14:35	♀□♇
4日	15:56	☿△♃
9日	11:09	☉⚹♅
10日	06:25	☿⚹♅
10日	20:37	☉☌☿
12日	15:37	☿□♂
14日	12:18	♂⚹♄
16日	13:38	☿△♇
16日	22:06	☉□♂
22日	02:23	☿⚹♆
23日	19:40	☉△♇
24日	11:09	♀△♂
27日	14:07	☿△♄

2044年7月

DAY	☉	☽	☊ mean	☊ true	☿	♀	♂	♃	♄	♅	♆	♇	⚳	⚴	⚵	⚶	⚷
	° ′	° ′	° ′	° ′	° ′	° ′	° ′	° ′	° ′	° ′	° ′	° ′	°	°	°	°	°
1	9 ♋ 28	20 ♍ 14	14 ♓ 26	13 D 14	0 D 6	1 D 33	2 D 40	4 R 53	24 R 8	19 D 52	14 D 15	2 R 32	19 D	24 D	10 D	4 D	29 D
2	10 ♋ 25	3 ♎ 31	14 ♓ 22	13 ♓ 15	1 ♌ 43	1 ♊ 58	3 ♎ 10	4 ♒ 47	24 ♏ 5	19 ♌ 55	14 ♉ 16	2 ♓ 32	19 ♉	24 ♓	11 ♈	4 ♈	29 ♌
3	11 ♋ 22	16 ♎ 24	14 ♓ 19	13 R 15	3 ♌ 19	2 ♊ 25	3 ♎ 40	4 ♒ 40	24 ♏ 3	19 ♌ 58	14 ♉ 18	2 ♓ 31	20 ♉	24 ♓	11 ♈	5 ♈	0 ♍
4	12 ♋ 19	28 ♎ 58	14 ♓ 16	13 ♓ 13	4 ♌ 52	2 ♊ 54	4 ♎ 11	4 ♒ 34	24 ♏ 1	20 ♌ 1	14 ♉ 19	2 ♓ 30	20 ♉	24 ♓	11 ♈	5 ♈	0 ♍
5	13 ♋ 16	11 ♏ 16	14 ♓ 13	13 ♓ 10	6 ♌ 22	3 ♊ 24	4 ♎ 42	4 ♒ 27	23 ♏ 58	20 ♌ 4	14 ♉ 20	2 ♓ 30	20 ♉	24 ♓	12 ♈	5 ♈	0 ♍
6	14 ♋ 14	23 ♏ 23	14 ♓ 10	13 ♓ 4	7 ♌ 51	3 ♊ 55	5 ♎ 12	4 ♒ 20	23 ♏ 56	20 ♌ 7	14 ♉ 22	2 ♓ 29	21 ♉	24 ♓	12 ♈	5 ♈	0 ♍
7	15 ♋ 11	5 ♐ 23	14 ♓ 7	12 ♓ 56	9 ♌ 17	4 ♊ 28	5 ♎ 44	4 ♒ 14	23 ♏ 54	20 ♌ 10	14 ♉ 23	2 ♓ 28	21 ♉	24 ♓	12 ♈	5 ♈	0 ♍
8	16 ♋ 8	17 ♐ 18	14 ♓ 3	12 ♓ 46	10 ♌ 41	5 ♊ 2	6 ♎ 15	4 ♒ 7	23 ♏ 52	20 ♌ 14	14 ♉ 24	2 ♓ 27	21 ♉	25 ♓	13 ♈	6 ♈	0 ♍
9	17 ♋ 5	29 ♐ 11	14 ♓ 0	12 ♓ 36	12 ♌ 3	5 ♊ 38	6 ♎ 46	4 ♒ 0	23 ♏ 51	20 ♌ 17	14 ♉ 26	2 ♓ 26	22 ♉	25 ♓	13 ♈	6 ♈	0 ♍
10	18 ♋ 2	11 ♑ 3	13 ♓ 57	12 ♓ 26	13 ♌ 22	6 ♊ 14	7 ♎ 18	3 ♒ 53	23 ♏ 49	20 ♌ 20	14 ♉ 27	2 ♓ 26	22 ♉	25 ♓	13 ♈	6 ♈	0 ♍
11	19 ♋ 0	22 ♑ 56	13 ♓ 54	12 ♓ 16	14 ♌ 39	6 ♊ 52	7 ♎ 50	3 ♒ 45	23 ♏ 47	20 ♌ 24	14 ♉ 28	2 ♓ 25	22 ♉	25 ♓	14 ♈	6 ♈	0 ♍
12	19 ♋ 57	4 ♒ 52	13 ♓ 51	12 ♓ 9	15 ♌ 53	7 ♊ 31	8 ♎ 22	3 ♒ 38	23 ♏ 46	20 ♌ 27	14 ♉ 29	2 ♓ 24	23 ♉	25 R	14 ♈	6 ♈	1 ♍
13	20 ♋ 54	16 ♒ 53	13 ♓ 47	12 ♓ 4	17 ♌ 4	8 ♊ 11	8 ♎ 54	3 ♒ 31	23 ♏ 44	20 ♌ 30	14 ♉ 30	2 ♓ 23	23 ♉	25 ♓	14 ♈	7 ♈	1 ♍
14	21 ♋ 51	29 ♒ 0	13 ♓ 44	12 ♓ 1	18 ♌ 13	8 ♊ 52	9 ♎ 26	3 ♒ 23	23 ♏ 43	20 ♌ 34	14 ♉ 32	2 ♓ 22	23 ♉	25 ♓	14 ♈	7 ♈	1 ♍
15	22 ♋ 48	11 ♓ 17	13 ♓ 41	12 ♓ 0	19 ♌ 20	9 ♊ 34	9 ♎ 58	3 ♒ 16	23 ♏ 42	20 ♌ 37	14 ♉ 33	2 ♓ 21	24 ♉	25 ♓	15 ♈	7 ♈	1 ♍
16	23 ♋ 46	23 ♓ 46	13 ♓ 38	12 D 0	20 ♌ 23	10 ♊ 17	10 ♎ 31	3 ♒ 8	23 ♏ 41	20 ♌ 40	14 ♉ 34	2 ♓ 20	24 ♉	24 ♓	15 ♈	7 ♈	1 ♍
17	24 ♋ 43	6 ♈ 31	13 ♓ 35	12 ♓ 2	21 ♌ 24	11 ♊ 1	11 ♎ 4	3 ♒ 1	23 ♏ 39	20 ♌ 44	14 ♉ 35	2 ♓ 19	24 ♉	24 ♓	15 ♈	7 ♈	1 ♍
18	25 ♋ 40	19 ♈ 35	13 ♓ 32	12 ♓ 3	22 ♌ 22	11 ♊ 45	11 ♎ 37	2 ♒ 53	23 ♏ 38	20 ♌ 47	14 ♉ 36	2 ♓ 18	24 ♉	24 ♓	15 ♈	7 ♈	1 ♍
19	26 ♋ 37	3 ♉ 2	13 ♓ 28	12 R 3	23 ♌ 17	12 ♊ 31	12 ♎ 10	2 ♒ 46	23 ♏ 38	20 ♌ 51	14 ♉ 37	2 ♓ 17	25 ♉	24 ♓	16 ♈	8 ♈	1 ♍
20	27 ♋ 35	16 ♉ 54	13 ♓ 25	12 ♓ 1	24 ♌ 8	13 ♊ 18	12 ♎ 43	2 ♒ 38	23 ♏ 37	20 ♌ 54	14 ♉ 38	2 ♓ 16	25 ♉	24 ♓	16 ♈	8 ♈	2 ♍
21	28 ♋ 32	1 ♊ 11	13 ♓ 22	11 ♓ 58	24 ♌ 56	14 ♊ 5	13 ♎ 17	2 ♒ 30	23 ♏ 36	20 ♌ 58	14 ♉ 39	2 ♓ 15	25 ♉	24 ♓	16 ♈	8 ♈	2 ♍
22	29 ♋ 29	15 ♊ 51	13 ♓ 19	11 ♓ 53	25 ♌ 41	14 ♊ 53	13 ♎ 51	2 ♒ 22	23 ♏ 35	21 ♌ 1	14 ♉ 39	2 ♓ 14	26 ♉	24 ♓	16 ♈	8 ♈	2 ♍
23	0 ♌ 26	0 ♋ 49	13 ♓ 16	11 ♓ 47	26 ♌ 22	15 ♊ 42	14 ♎ 24	2 ♒ 15	23 ♏ 35	21 ♌ 5	14 ♉ 40	2 ♓ 13	26 ♉	24 ♓	17 ♈	8 ♈	2 ♍
24	1 ♌ 24	15 ♋ 57	13 ♓ 13	11 ♓ 41	26 ♌ 59	16 ♊ 32	14 ♎ 58	2 ♒ 7	23 ♏ 35	21 ♌ 8	14 ♉ 41	2 ♓ 12	26 ♉	24 ♓	17 ♈	8 ♈	2 ♍
25	2 ♌ 21	1 ♌ 5	13 ♓ 9	11 ♓ 36	27 ♌ 32	17 ♊ 22	15 ♎ 33	1 ♒ 59	23 ♏ 34	21 ♌ 12	14 ♉ 42	2 ♓ 11	27 ♉	24 ♓	17 ♈	8 ♈	2 ♍
26	3 ♌ 18	16 ♌ 3	13 ♓ 6	11 ♓ 32	28 ♌ 2	18 ♊ 13	16 ♎ 7	1 ♒ 51	23 ♏ 34	21 ♌ 16	14 ♉ 43	2 ♓ 10	27 ♉	24 ♓	17 ♈	8 ♈	2 ♍
27	4 ♌ 16	0 ♍ 43	13 ♓ 3	11 ♓ 30	28 ♌ 27	19 ♊ 4	16 ♎ 41	1 ♒ 44	23 ♏ 34	21 ♌ 19	14 ♉ 43	2 ♓ 9	27 ♉	24 ♓	18 ♈	9 ♈	2 ♍
28	5 ♌ 13	15 ♍ 0	13 ♓ 0	11 D 30	28 ♌ 47	19 ♊ 56	17 ♎ 16	1 ♒ 36	23 D 34	21 ♌ 23	14 ♉ 44	2 ♓ 8	28 ♉	24 ♓	18 ♈	9 ♈	3 ♍
29	6 ♌ 11	28 ♍ 49	12 ♓ 57	11 ♓ 30	29 ♌ 3	20 ♊ 49	17 ♎ 51	1 ♒ 28	23 ♏ 34	21 ♌ 26	14 ♉ 45	2 ♓ 7	28 ♉	24 ♓	18 ♈	9 ♈	3 ♍
30	7 ♌ 8	12 ♎ 12	12 ♓ 53	11 ♓ 32	29 ♌ 14	21 ♊ 42	18 ♎ 25	1 ♒ 20	23 ♏ 34	21 ♌ 30	14 ♉ 45	2 ♓ 5	28 ♉	24 ♓	18 ♈	9 ♈	3 ♍
31	8 ♌ 5	25 ♎ 10	12 ♓ 50	11 ♓ 33	29 ♌ 20	22 ♊ 36	19 ♎ 1	1 ♒ 13	23 ♏ 34	21 ♌ 34	14 ♉ 46	2 ♓ 4	28 ♉	23 ♓	18 ♈	9 ♈	3 ♍

SUN INGRESS: ☉ → ♌ 22日 12:43

MOON PHASE: ◐ 2日 13:48 ♎　○ 10日 15:21 ♑　◑ 18日 11:46 ♈　● 25日 02:10 ♌

aspects		
2日	05:09	☿⚹♀
3日	04:42	♀□♇
3日	08:17	☿⚹♂
3日	19:40	☿☍♃
4日	14:46	♂△♃
6日	03:31	☉⚹♆
6日	15:21	♀△♃
10日	20:39	☿□♆
15日	21:54	☉△♄
16日	06:59	☿☌♅
17日	06:58	♀△♂
19日	09:29	☿□♄
24日	15:54	☉☍♃
29日	18:04	♀⚹♅

2044年8月

DAY	☉	☽	☊ mean	☊ true	☿	♀	♂	♃	♄	♅	♆	♇	⚳	⚴	⚵	⚶	⚷
	° ′	° ′	° ′	° ′	° ′	° ′	° ′	° ′	° ′	° ′	° ′	° ′	°	°	°	°	°
1	9 ♌ 3	7 ♏ 46	12 ♓ 47	11 D 34	29 R 21	23 D 31	19 D 36	1 R 5	23 D 35	21 D 37	14 D 47	2 R 3	29 D	23 R	19 D	9 D	3 D
2	10 ♌ 0	20 ♏ 5	12 ♓ 44	11 R 33	29 ♌ 17	24 ♊ 26	20 ♎ 11	0 ♒ 57	23 ♏ 35	21 ♌ 41	14 ♉ 47	2 ♓ 2	29 ♉	23 ♓	19 ♈	9 ♈	3 ♍
3	10 ♌ 57	2 ♐ 12	12 ♓ 41	11 ♓ 32	29 ♌ 8	25 ♊ 21	20 ♎ 46	0 ♒ 50	23 ♏ 36	21 ♌ 45	14 ♉ 48	2 ♓ 1	29 ♉	23 ♓	19 ♈	9 ♈	3 ♍
4	11 ♌ 55	14 ♐ 9	12 ♓ 38	11 ♓ 28	28 ♌ 54	26 ♊ 17	21 ♎ 22	0 ♒ 42	23 ♏ 37	21 ♌ 48	14 ♉ 48	2 ♓ 0	0 ♊	23 ♓	19 ♈	9 ♈	3 ♍
5	12 ♌ 52	26 ♐ 2	12 ♓ 34	11 ♓ 24	28 ♌ 34	27 ♊ 13	21 ♎ 58	0 ♒ 35	23 ♏ 37	21 ♌ 52	14 ♉ 49	1 ♓ 58	0 ♊	23 ♓	19 ♈	9 ♈	4 ♍
6	13 ♌ 50	7 ♑ 54	12 ♓ 31	11 ♓ 20	28 ♌ 9	28 ♊ 10	22 ♎ 34	0 ♒ 28	23 ♏ 38	21 ♌ 56	14 ♉ 49	1 ♓ 57	0 ♊	23 ♓	20 ♈	9 ♈	4 ♍
7	14 ♌ 47	19 ♑ 48	12 ♓ 28	11 ♓ 15	27 ♌ 40	29 ♊ 7	23 ♎ 10	0 ♒ 20	23 ♏ 39	21 ♌ 59	14 ♉ 49	1 ♓ 56	0 ♊	22 ♓	20 ♈	9 ♈	4 ♍
8	15 ♌ 45	1 ♒ 45	12 ♓ 25	11 ♓ 11	27 ♌ 6	0 ♋ 5	23 ♎ 46	0 ♒ 13	23 ♏ 40	22 ♌ 3	14 ♉ 50	1 ♓ 55	1 ♊	22 ♓	20 ♈	9 R	4 ♍
9	16 ♌ 42	13 ♒ 48	12 ♓ 22	11 ♓ 8	26 ♌ 28	1 ♋ 3	24 ♎ 22	0 ♒ 6	23 ♏ 41	22 ♌ 7	14 ♉ 50	1 ♓ 53	1 ♊	22 ♓	20 ♈	9 ♈	4 ♍
10	17 ♌ 40	26 ♒ 0	12 ♓ 19	11 ♓ 6	25 ♌ 46	2 ♋ 2	24 ♎ 58	29 ♑ 59	23 ♏ 43	22 ♌ 11	14 ♉ 50	1 ♓ 52	1 ♊	22 ♓	20 ♈	9 ♈	4 ♍
11	18 ♌ 37	8 ♓ 20	12 ♓ 15	11 ♓ 5	25 ♌ 1	3 ♋ 1	25 ♎ 35	29 ♑ 52	23 ♏ 44	22 ♌ 14	14 ♉ 50	1 ♓ 51	2 ♊	22 ♓	20 ♈	9 ♈	4 ♍
12	19 ♌ 35	20 ♓ 51	12 ♓ 12	11 D 5	24 ♌ 14	4 ♋ 0	26 ♎ 11	29 ♑ 45	23 ♏ 45	22 ♌ 18	14 ♉ 51	1 ♓ 50	2 ♊	22 ♓	21 ♈	9 ♈	5 ♍
13	20 ♌ 32	3 ♈ 34	12 ♓ 9	11 ♓ 5	23 ♌ 25	5 ♋ 0	26 ♎ 48	29 ♑ 38	23 ♏ 47	22 ♌ 22	14 ♉ 51	1 ♓ 48	2 ♊	21 ♓	21 ♈	9 ♈	5 ♍
14	21 ♌ 30	16 ♈ 31	12 ♓ 6	11 ♓ 8	22 ♌ 35	6 ♋ 0	27 ♎ 25	29 ♑ 31	23 ♏ 48	22 ♌ 26	14 ♉ 51	1 ♓ 47	2 ♊	21 ♓	21 ♈	9 ♈	5 ♍
15	22 ♌ 28	29 ♈ 44	12 ♓ 3	11 ♓ 9	21 ♌ 46	7 ♋ 0	28 ♎ 2	29 ♑ 25	23 ♏ 50	22 ♌ 29	14 ♉ 51	1 ♓ 46	3 ♊	21 ♓	21 ♈	9 ♈	5 ♍
16	23 ♌ 25	13 ♉ 15	11 ♓ 59	11 ♓ 10	20 ♌ 58	8 ♋ 1	28 ♎ 39	29 ♑ 18	23 ♏ 52	22 ♌ 33	14 ♉ 51	1 ♓ 45	3 ♊	21 ♓	21 ♈	9 ♈	5 ♍
17	24 ♌ 23	27 ♉ 4	11 ♓ 56	11 R 10	20 ♌ 12	9 ♋ 2	29 ♎ 16	29 ♑ 12	23 ♏ 54	22 ♌ 37	14 ♉ 51	1 ♓ 43	3 ♊	21 ♓	21 ♈	9 ♈	5 ♍
18	25 ♌ 21	11 ♊ 11	11 ♓ 53	11 ♓ 10	19 ♌ 29	10 ♋ 4	29 ♎ 54	29 ♑ 6	23 ♏ 56	22 ♌ 41	14 R 51	1 ♓ 42	3 ♊	20 ♓	21 ♈	9 ♈	5 ♍
19	26 ♌ 18	25 ♊ 34	11 ♓ 50	11 ♓ 8	18 ♌ 50	11 ♋ 5	0 ♏ 31	29 ♑ 0	23 ♏ 58	22 ♌ 44	14 ♉ 51	1 ♓ 41	3 ♊	20 ♓	21 ♈	9 ♈	5 ♍
20	27 ♌ 16	10 ♋ 12	11 ♓ 47	11 ♓ 7	18 ♌ 16	12 ♋ 8	1 ♏ 9	28 ♑ 54	24 ♏ 0	22 ♌ 48	14 ♉ 51	1 ♓ 39	4 ♊	20 ♓	21 ♈	8 ♈	6 ♍
21	28 ♌ 14	24 ♋ 57	11 ♓ 44	11 ♓ 5	17 ♌ 48	13 ♋ 10	1 ♏ 47	28 ♑ 48	24 ♏ 3	22 ♌ 52	14 ♉ 51	1 ♓ 38	4 ♊	20 ♓	22 ♈	8 ♈	6 ♍
22	29 ♌ 12	9 ♌ 45	11 ♓ 40	11 ♓ 4	17 ♌ 26	14 ♋ 13	2 ♏ 24	28 ♑ 42	24 ♏ 5	22 ♌ 55	14 ♉ 51	1 ♓ 37	4 ♊	20 ♓	22 ♈	8 ♈	6 ♍
23	0 ♍ 9	24 ♌ 26	11 ♓ 37	11 ♓ 3	17 ♌ 11	15 ♋ 16	3 ♏ 2	28 ♑ 36	24 ♏ 7	22 ♌ 59	14 ♉ 51	1 ♓ 36	5 ♊	19 ♓	22 ♈	8 ♈	6 ♍
24	1 ♍ 7	8 ♍ 56	11 ♓ 34	11 ♓ 3	17 ♌ 3	16 ♋ 19	3 ♏ 40	28 ♑ 31	24 ♏ 10	23 ♌ 3	14 ♉ 51	1 ♓ 34	5 ♊	19 ♓	22 ♈	8 ♈	6 ♍
25	2 ♍ 5	23 ♍ 6	11 ♓ 31	11 D 3	17 D 2	17 ♋ 22	4 ♏ 19	28 ♑ 26	24 ♏ 13	23 ♌ 7	14 ♉ 50	1 ♓ 33	5 ♊	19 ♓	22 ♈	8 ♈	6 ♍
26	3 ♍ 3	6 ♎ 55	11 ♓ 28	11 ♓ 3	17 ♌ 10	18 ♋ 26	4 ♏ 57	28 ♑ 20	24 ♏ 15	23 ♌ 10	14 ♉ 50	1 ♓ 32	5 ♊	19 ♓	22 ♈	8 ♈	6 ♍
27	4 ♍ 1	20 ♎ 20	11 ♓ 25	11 ♓ 4	17 ♌ 25	19 ♋ 30	5 ♏ 35	28 ♑ 15	24 ♏ 18	23 ♌ 14	14 ♉ 50	1 ♓ 30	5 ♊	18 ♓	22 ♈	8 ♈	7 ♍
28	4 ♍ 59	3 ♏ 21	11 ♓ 21	11 ♓ 5	17 ♌ 49	20 ♋ 34	6 ♏ 14	28 ♑ 10	24 ♏ 21	23 ♌ 18	14 ♉ 50	1 ♓ 29	6 ♊	18 ♓	22 ♈	7 ♈	7 ♍
29	5 ♍ 57	16 ♏ 1	11 ♓ 18	11 ♓ 5	18 ♌ 20	21 ♋ 39	6 ♏ 53	28 ♑ 6	24 ♏ 24	23 ♌ 21	14 ♉ 49	1 ♓ 28	6 ♊	18 ♓	22 ♈	7 ♈	7 ♍
30	6 ♍ 55	28 ♏ 23	11 ♓ 15	11 ♓ 5	18 ♌ 59	22 ♋ 43	7 ♏ 31	28 ♑ 1	24 ♏ 27	23 ♌ 25	14 ♉ 49	1 ♓ 27	6 ♊	18 ♓	22 ♈	7 ♈	7 ♍
31	7 ♍ 53	10 ♐ 31	11 ♓ 12	11 R 5	19 ♌ 46	23 ♋ 48	8 ♏ 10	27 ♑ 57	24 ♏ 30	23 ♌ 29	14 ♉ 48	1 ♓ 25	6 ♊	17 ♓	22 R	7 ♈	7 ♍

SUN INGRESS: ☉ → ♍ 22日 19:54

MOON PHASE: ◐ 1日 02:40 ♏　○ 9日 06:13 ♒　◑ 16日 19:03 ♉　● 23日 10:05 ♍　◐ 30日 18:18 ♐

aspects		
4日	19:46	♂⚹♅
5日	23:50	☿⚹♀
7日	00:53	☉□♆
9日	20:10	♀△♇
10日	14:09	☿⚹♂
12日	13:36	☿□♄
14日	04:24	☿☌♅
14日	14:40	☉☌☿
15日	00:48	☉☌♅
16日	11:34	☉□♄
16日	21:34	☿□♃
20日	18:53	♂△♇
22日	14:37	♀⚹♆
24日	11:00	☉☍♇
31日	16:16	♀△♄
31日	21:57	☉⚹♂

2044年9月

DAY	☉	☽	☊ mean	☊ true	☿	♀	♂	♃	♄	♅	♆	♇	⚳	⚴	⚵	⚶	⚷
	° ′	° ′	° ′	° ′	° ′	° ′	° ′	° ′	° ′	° ′	° ′	° ′	°	°	°	°	°
1	8 ♍ 51	22 ♐ 29	11 ♓ 9	11 R 5	20 D 41	24 D 53	8 D 49	27 R 53	24 D 34	23 D 32	14 R 48	1 R 24	6 D	17 R	22 R	7 R	7 D
2	9 ♍ 49	4 ♑ 22	11 ♓ 5	11 ♓ 5	21 ♌ 42	25 ♋ 59	9 ♏ 28	27 ♑ 49	24 ♏ 37	23 ♌ 36	14 ♉ 47	1 ♓ 23	7 ♊	17 ♓	22 ♈	7 ♈	7 ♍
3	10 ♍ 47	16 ♑ 14	11 ♓ 2	11 ♓ 5	22 ♌ 51	27 ♋ 4	10 ♏ 7	27 ♑ 45	24 ♏ 40	23 ♌ 40	14 ♉ 47	1 ♓ 21	7 ♊	17 ♓	22 ♈	6 ♈	8 ♍
4	11 ♍ 45	28 ♑ 9	10 ♓ 59	11 D 5	24 ♌ 5	28 ♋ 10	10 ♏ 47	27 ♑ 41	24 ♏ 44	23 ♌ 43	14 ♉ 46	1 ♓ 20	7 ♊	16 ♓	22 ♈	6 ♈	8 ♍
5	12 ♍ 43	10 ♒ 12	10 ♓ 56	11 ♓ 5	25 ♌ 26	29 ♋ 16	11 ♏ 26	27 ♑ 38	24 ♏ 47	23 ♌ 47	14 ♉ 46	1 ♓ 19	7 ♊	16 ♓	22 ♈	6 ♈	8 ♍
6	13 ♍ 41	22 ♒ 23	10 ♓ 53	11 ♓ 6	26 ♌ 52	0 ♌ 23	12 ♏ 6	27 ♑ 34	24 ♏ 51	23 ♌ 50	14 ♉ 45	1 ♓ 18	7 ♊	16 ♓	22 ♈	6 ♈	8 ♍
7	14 ♍ 39	4 ♓ 47	10 ♓ 50	11 ♓ 6	28 ♌ 22	1 ♌ 29	12 ♏ 45	27 ♑ 31	24 ♏ 55	23 ♌ 54	14 ♉ 45	1 ♓ 16	7 ♊	16 ♓	22 ♈	6 ♈	8 ♍
8	15 ♍ 38	17 ♓ 23	10 ♓ 46	11 R 6	29 ♌ 58	2 ♌ 36	13 ♏ 25	27 ♑ 28	24 ♏ 59	23 ♌ 57	14 ♉ 44	1 ♓ 15	8 ♊	15 ♓	22 ♈	5 ♈	8 ♍
9	16 ♍ 36	0 ♈ 14	10 ♓ 43	11 ♓ 5	1 ♍ 36	3 ♌ 42	14 ♏ 5	27 ♑ 25	25 ♏ 3	24 ♌ 1	14 ♉ 43	1 ♓ 14	8 ♊	15 ♓	22 ♈	5 ♈	8 ♍
10	17 ♍ 34	13 ♈ 19	10 ♓ 40	11 ♓ 5	3 ♍ 19	4 ♌ 50	14 ♏ 45	27 ♑ 23	25 ♏ 7	24 ♌ 4	14 ♉ 43	1 ♓ 13	8 ♊	15 ♓	21 ♈	5 ♈	8 ♍
11	18 ♍ 32	26 ♈ 38	10 ♓ 37	11 ♓ 4	5 ♍ 4	5 ♌ 57	15 ♏ 25	27 ♑ 20	25 ♏ 11	24 ♌ 8	14 ♉ 42	1 ♓ 11	8 ♊	15 ♓	21 ♈	5 ♈	9 ♍
12	19 ♍ 31	10 ♉ 10	10 ♓ 34	11 ♓ 3	6 ♍ 51	7 ♌ 4	16 ♏ 5	27 ♑ 18	25 ♏ 15	24 ♌ 11	14 ♉ 41	1 ♓ 10	8 ♊	14 ♓	21 ♈	5 ♈	9 ♍
13	20 ♍ 29	23 ♉ 54	10 ♓ 30	11 ♓ 2	8 ♍ 40	8 ♌ 12	16 ♏ 45	27 ♑ 16	25 ♏ 19	24 ♌ 15	14 ♉ 40	1 ♓ 9	8 ♊	14 ♓	21 ♈	4 ♈	9 ♍
14	21 ♍ 28	7 ♊ 50	10 ♓ 27	11 ♓ 1	10 ♍ 30	9 ♌ 20	17 ♏ 25	27 ♑ 14	25 ♏ 23	24 ♌ 18	14 ♉ 39	1 ♓ 8	9 ♊	14 ♓	21 ♈	4 ♈	9 ♍
15	22 ♍ 26	21 ♊ 55	10 ♓ 24	11 ♓ 1	12 ♍ 22	10 ♌ 27	18 ♏ 6	27 ♑ 13	25 ♏ 28	24 ♌ 22	14 ♉ 39	1 ♓ 7	9 ♊	14 ♓	21 ♈	4 ♈	9 ♍
16	23 ♍ 24	6 ♋ 7	10 ♓ 21	11 D 1	14 ♍ 14	11 ♌ 36	18 ♏ 46	27 ♑ 11	25 ♏ 32	24 ♌ 25	14 ♉ 38	1 ♓ 5	9 ♊	13 ♓	21 ♈	4 ♈	9 ♍
17	24 ♍ 23	20 ♋ 26	10 ♓ 18	11 ♓ 2	16 ♍ 7	12 ♌ 44	19 ♏ 27	27 ♑ 10	25 ♏ 37	24 ♌ 29	14 ♉ 37	1 ♓ 4	9 ♊	13 ♓	21 ♈	3 ♈	9 ♍
18	25 ♍ 21	4 ♌ 47	10 ♓ 15	11 ♓ 3	18 ♍ 0	13 ♌ 52	20 ♏ 7	27 ♑ 9	25 ♏ 41	24 ♌ 32	14 ♉ 36	1 ♓ 3	9 ♊	13 ♓	21 ♈	3 ♈	10 ♍
19	26 ♍ 20	19 ♌ 7	10 ♓ 11	11 ♓ 4	19 ♍ 53	15 ♌ 1	20 ♏ 48	27 ♑ 8	25 ♏ 46	24 ♌ 35	14 ♉ 35	1 ♓ 2	9 ♊	13 ♓	20 ♈	3 ♈	10 ♍
20	27 ♍ 19	3 ♍ 22	10 ♓ 8	11 ♓ 5	21 ♍ 45	16 ♌ 10	21 ♏ 29	27 ♑ 7	25 ♏ 51	24 ♌ 39	14 ♉ 34	1 ♓ 1	9 ♊	12 ♓	20 ♈	3 ♈	10 ♍
21	28 ♍ 17	17 ♍ 29	10 ♓ 5	11 R 5	23 ♍ 38	17 ♌ 19	22 ♏ 10	27 ♑ 7	25 ♏ 55	24 ♌ 42	14 ♉ 33	1 ♓ 0	9 ♊	12 ♓	20 ♈	2 ♈	10 ♍
22	29 ♍ 16	1 ♎ 23	10 ♓ 2	11 ♓ 4	25 ♍ 29	18 ♌ 28	22 ♏ 51	27 ♑ 7	26 ♏ 0	24 ♌ 45	14 ♉ 32	0 ♓ 59	9 ♊	12 ♓	20 ♈	2 ♈	10 ♍
23	0 ♎ 15	15 ♎ 0	9 ♓ 59	11 ♓ 2	27 ♍ 21	19 ♌ 37	23 ♏ 32	27 D 6	26 ♏ 5	24 ♌ 48	14 ♉ 31	0 ♓ 57	10 ♊	12 ♓	20 ♈	2 ♈	10 ♍
24	1 ♎ 13	28 ♎ 18	9 ♓ 56	11 ♓ 0	29 ♍ 11	20 ♌ 46	24 ♏ 14	27 ♑ 7	26 ♏ 10	24 ♌ 51	14 ♉ 29	0 ♓ 56	10 ♊	11 ♓	20 ♈	2 ♈	10 ♍
25	2 ♎ 12	11 ♏ 17	9 ♓ 52	10 ♓ 56	1 ♎ 1	21 ♌ 56	24 ♏ 55	27 ♑ 7	26 ♏ 15	24 ♌ 55	14 ♉ 28	0 ♓ 55	10 ♊	11 ♓	19 ♈	1 ♈	11 ♍
26	3 ♎ 11	23 ♏ 57	9 ♓ 49	10 ♓ 53	2 ♎ 49	23 ♌ 5	25 ♏ 37	27 ♑ 7	26 ♏ 20	24 ♌ 58	14 ♉ 27	0 ♓ 54	10 ♊	11 ♓	19 ♈	1 ♈	11 ♍
27	4 ♎ 10	6 ♐ 20	9 ♓ 46	10 ♓ 50	4 ♎ 37	24 ♌ 15	26 ♏ 18	27 ♑ 8	26 ♏ 26	25 ♌ 1	14 ♉ 26	0 ♓ 53	10 ♊	11 ♓	19 ♈	1 ♈	11 ♍
28	5 ♎ 9	18 ♐ 28	9 ♓ 43	10 ♓ 48	6 ♎ 24	25 ♌ 25	27 ♏ 0	27 ♑ 9	26 ♏ 31	25 ♌ 4	14 ♉ 25	0 ♓ 52	10 ♊	10 ♓	19 ♈	0 ♈	11 ♍
29	6 ♎ 8	0 ♑ 27	9 ♓ 40	10 ♓ 47	8 ♎ 11	26 ♌ 35	27 ♏ 41	27 ♑ 10	26 ♏ 36	25 ♌ 7	14 ♉ 24	0 ♓ 51	10 ♊	10 ♓	19 ♈	0 ♈	11 ♍
30	7 ♎ 7	12 ♑ 19	9 ♓ 36	10 D 47	9 ♎ 56	27 ♌ 45	28 ♏ 23	27 ♑ 11	26 ♏ 42	25 ♌ 10	14 ♉ 22	0 ♓ 50	10 ♊	10 ♓	18 ♈	0 ♈	11 ♍

SUN INGRESS	☉ → ♎ 22日 17:47
MOON PHASE	○ 7日 20:24 ♓　◑ 15日 00:57 ♊　● 21日 20:03 ♍　◐ 29日 12:30 ♑

aspects		
3日	13:56	♀☍♃
3日	16:44	☿☌♅
4日	12:13	☿□♄
7日	02:06	☉△♆
8日	18:41	☿☍♇
9日	22:46	♂☍♆
16日	04:55	☿△♆
18日	08:47	☉⚹♄
18日	14:59	♀□♆
19日	18:31	☿⚹♂
19日	19:25	☉△♃
22日	06:58	☿⚹♄
22日	20:57	☿△♃
24日	23:44	♂□♅
26日	10:31	☉☌☿
27日	04:58	♂☌♄
27日	16:27	♀☌♅
28日	05:25	♂⚹♃
29日	00:26	♀□♄

2044年10月

DAY	☉	☽	☊ mean	☊ true	☿	♀	♂	♃	♄	♅	♆	♇	⚳	⚴	⚵	⚶	⚷
	° ′	° ′	° ′	° ′	° ′	° ′	° ′	° ′	° ′	° ′	° ′	° ′	°	°	°	°	°
1	8 ♎ 5	24 ♑ 11	9 ♓ 33	10 D 48	11 D 41	28 D 55	29 D 5	27 D 13	26 D 47	25 D 13	14 R 21	0 R 49	10 D	10 R	18 R	0 R	11 D
2	9 ♎ 4	6 ♒ 7	9 ♓ 30	10 ♓ 49	13 ♎ 24	0 ♍ 6	29 ♏ 47	27 ♑ 14	26 ♏ 53	25 ♌ 16	14 ♉ 20	0 ♓ 48	10 ♊	10 ♓	18 ♈	29 ♓	11 ♍
3	10 ♎ 3	18 ♒ 12	9 ♓ 27	10 ♓ 51	15 ♎ 7	1 ♍ 16	0 ♐ 29	27 ♑ 16	26 ♏ 58	25 ♌ 19	14 ♉ 18	0 ♓ 47	10 ♊	9 ♓	18 ♈	29 ♓	12 ♍
4	11 ♎ 3	0 ♓ 29	9 ♓ 24	10 ♓ 53	16 ♎ 49	2 ♍ 27	1 ♐ 11	27 ♑ 18	27 ♏ 4	25 ♌ 22	14 ♉ 17	0 ♓ 46	10 ♊	9 ♓	18 ♈	29 ♓	12 ♍
5	12 ♎ 2	13 ♓ 3	9 ♓ 21	10 R 53	18 ♎ 30	3 ♍ 38	1 ♐ 54	27 ♑ 21	27 ♏ 9	25 ♌ 25	14 ♉ 16	0 ♓ 45	10 ♊	9 ♓	17 ♈	29 ♓	12 ♍
6	13 ♎ 1	25 ♓ 54	9 ♓ 17	10 ♓ 52	20 ♎ 10	4 ♍ 49	2 ♐ 36	27 ♑ 23	27 ♏ 15	25 ♌ 27	14 ♉ 14	0 ♓ 44	10 ♊	9 ♓	17 ♈	29 ♓	12 ♍
7	14 ♎ 0	9 ♈ 5	9 ♓ 14	10 ♓ 49	21 ♎ 49	6 ♍ 0	3 ♐ 18	27 ♑ 26	27 ♏ 21	25 ♌ 30	14 ♉ 13	0 ♓ 44	10 ♊	9 ♓	17 ♈	28 ♓	12 ♍
8	14 ♎ 59	22 ♈ 35	9 ♓ 11	10 ♓ 45	23 ♎ 28	7 ♍ 11	4 ♐ 1	27 ♑ 28	27 ♏ 27	25 ♌ 33	14 ♉ 12	0 ♓ 43	10 R	8 ♓	17 ♈	28 ♓	12 ♍
9	15 ♎ 58	6 ♉ 21	9 ♓ 8	10 ♓ 40	25 ♎ 5	8 ♍ 22	4 ♐ 44	27 ♑ 31	27 ♏ 33	25 ♌ 36	14 ♉ 10	0 ♓ 42	10 ♊	8 ♓	16 ♈	28 ♓	12 ♍
10	16 ♎ 57	20 ♉ 20	9 ♓ 5	10 ♓ 34	26 ♎ 42	9 ♍ 33	5 ♐ 26	27 ♑ 35	27 ♏ 39	25 ♌ 38	14 ♉ 9	0 ♓ 41	10 ♊	8 ♓	16 ♈	28 ♓	12 ♍
11	17 ♎ 57	4 ♊ 28	9 ♓ 2	10 ♓ 29	28 ♎ 19	10 ♍ 45	6 ♐ 9	27 ♑ 38	27 ♏ 45	25 ♌ 41	14 ♉ 7	0 ♓ 40	10 ♊	8 ♓	16 ♈	27 ♓	13 ♍
12	18 ♎ 56	18 ♊ 42	8 ♓ 58	10 ♓ 24	29 ♎ 54	11 ♍ 56	6 ♐ 52	27 ♑ 42	27 ♏ 51	25 ♌ 44	14 ♉ 6	0 ♓ 39	10 ♊	8 ♓	16 ♈	27 ♓	13 ♍
13	19 ♎ 55	2 ♋ 56	8 ♓ 55	10 ♓ 21	1 ♏ 29	13 ♍ 8	7 ♐ 35	27 ♑ 45	27 ♏ 57	25 ♌ 46	14 ♉ 4	0 ♓ 39	10 ♊	8 ♓	15 ♈	27 ♓	13 ♍
14	20 ♎ 55	17 ♋ 9	8 ♓ 52	10 ♓ 20	3 ♏ 3	14 ♍ 20	8 ♐ 18	27 ♑ 49	28 ♏ 3	25 ♌ 49	14 ♉ 3	0 ♓ 38	10 ♊	8 ♓	15 ♈	27 ♓	13 ♍
15	21 ♎ 54	1 ♌ 17	8 ♓ 49	10 D 20	4 ♏ 36	15 ♍ 32	9 ♐ 1	27 ♑ 53	28 ♏ 9	25 ♌ 51	14 ♉ 1	0 ♓ 37	10 ♊	7 ♓	15 ♈	27 ♓	13 ♍
16	22 ♎ 54	15 ♌ 20	8 ♓ 46	10 ♓ 21	6 ♏ 9	16 ♍ 44	9 ♐ 44	27 ♑ 58	28 ♏ 15	25 ♌ 54	14 ♉ 0	0 ♓ 37	10 ♊	7 ♓	15 ♈	26 ♓	13 ♍
17	23 ♎ 53	29 ♌ 16	8 ♓ 42	10 ♓ 23	7 ♏ 41	17 ♍ 56	10 ♐ 27	28 ♑ 2	28 ♏ 21	25 ♌ 56	13 ♉ 58	0 ♓ 36	10 ♊	7 ♓	14 ♈	26 ♓	13 ♍
18	24 ♎ 53	13 ♍ 5	8 ♓ 39	10 R 23	9 ♏ 13	19 ♍ 8	11 ♐ 11	28 ♑ 7	28 ♏ 28	25 ♌ 58	13 ♉ 57	0 ♓ 35	10 ♊	7 ♓	14 ♈	26 ♓	13 ♍
19	25 ♎ 52	26 ♍ 44	8 ♓ 36	10 ♓ 22	10 ♏ 43	20 ♍ 20	11 ♐ 54	28 ♑ 11	28 ♏ 34	26 ♌ 1	13 ♉ 55	0 ♓ 35	10 ♊	7 ♓	14 ♈	26 ♓	14 ♍
20	26 ♎ 52	10 ♎ 13	8 ♓ 33	10 ♓ 18	12 ♏ 14	21 ♍ 32	12 ♐ 37	28 ♑ 16	28 ♏ 41	26 ♌ 3	13 ♉ 53	0 ♓ 34	10 ♊	7 ♓	14 ♈	26 ♓	14 ♍
21	27 ♎ 52	23 ♎ 31	8 ♓ 30	10 ♓ 13	13 ♏ 43	22 ♍ 45	13 ♐ 21	28 ♑ 22	28 ♏ 47	26 ♌ 5	13 ♉ 52	0 ♓ 33	10 ♊	7 ♓	14 ♈	26 ♓	14 ♍
22	28 ♎ 51	6 ♏ 34	8 ♓ 27	10 ♓ 5	15 ♏ 12	23 ♍ 57	14 ♐ 5	28 ♑ 27	28 ♏ 53	26 ♌ 7	13 ♉ 50	0 ♓ 33	10 ♊	7 ♓	13 ♈	26 ♓	14 ♍
23	29 ♎ 51	19 ♏ 23	8 ♓ 23	9 ♓ 56	16 ♏ 40	25 ♍ 10	14 ♐ 48	28 ♑ 32	29 ♏ 0	26 ♌ 10	13 ♉ 49	0 ♓ 32	9 ♊	6 ♓	13 ♈	25 ♓	14 ♍
24	0 ♏ 51	1 ♐ 57	8 ♓ 20	9 ♓ 46	18 ♏ 8	26 ♍ 23	15 ♐ 32	28 ♑ 38	29 ♏ 7	26 ♌ 12	13 ♉ 47	0 ♓ 32	9 ♊	6 ♓	13 ♈	25 ♓	14 ♍
25	1 ♏ 51	14 ♐ 16	8 ♓ 17	9 ♓ 37	19 ♏ 34	27 ♍ 35	16 ♐ 16	28 ♑ 44	29 ♏ 13	26 ♌ 14	13 ♉ 45	0 ♓ 31	9 ♊	6 ♓	13 ♈	25 ♓	14 ♍
26	2 ♏ 50	26 ♐ 22	8 ♓ 14	9 ♓ 29	21 ♏ 1	28 ♍ 48	17 ♐ 0	28 ♑ 50	29 ♏ 20	26 ♌ 16	13 ♉ 44	0 ♓ 31	9 ♊	6 ♓	13 ♈	25 ♓	14 ♍
27	3 ♏ 50	8 ♑ 19	8 ♓ 11	9 ♓ 24	22 ♏ 26	0 ♎ 1	17 ♐ 44	28 ♑ 56	29 ♏ 26	26 ♌ 18	13 ♉ 42	0 ♓ 30	9 ♊	6 ♓	12 ♈	25 ♓	14 ♍
28	4 ♏ 50	20 ♑ 10	8 ♓ 8	9 ♓ 20	23 ♏ 51	1 ♎ 14	18 ♐ 28	29 ♑ 2	29 ♏ 33	26 ♌ 19	13 ♉ 40	0 ♓ 30	9 ♊	6 ♓	12 ♈	25 ♓	15 ♍
29	5 ♏ 50	2 ♒ 0	8 ♓ 4	9 ♓ 19	25 ♏ 14	2 ♎ 27	19 ♐ 12	29 ♑ 9	29 ♏ 40	26 ♌ 21	13 ♉ 39	0 ♓ 29	9 ♊	6 ♓	12 ♈	25 ♓	15 ♍
30	6 ♏ 50	13 ♒ 54	8 ♓ 1	9 D 19	26 ♏ 37	3 ♎ 40	19 ♐ 56	29 ♑ 16	29 ♏ 47	26 ♌ 23	13 ♉ 37	0 ♓ 29	9 ♊	6 ♓	12 ♈	25 ♓	15 ♍
31	7 ♏ 50	25 ♒ 57	7 ♓ 58	9 ♓ 20	28 ♏ 0	4 ♎ 53	20 ♐ 41	29 ♑ 22	29 ♏ 53	26 ♌ 25	13 ♉ 35	0 ♓ 29	8 ♊	6 ♓	12 ♈	25 ♓	15 ♍

SUN INGRESS	☉ → ♏ 23日 03:26
MOON PHASE	○ 7日 09:29 ♈　◑ 14日 06:52 ♋　● 21日 08:36 ♎　◐ 29日 08:27 ♒

aspects		
1日	08:16	♀□♂
2日	14:14	♀☍♇
3日	10:00	♂□♇
8日	13:46	♃⚹♄
9日	07:42	☿⚹♅
10日	13:27	☿□♃
12日	11:22	☿△♇
13日	18:27	♀△♆
19日	03:31	☉⚹♅
21日	02:18	☿☍♆
21日	13:14	☉□♃
23日	16:26	☉△♇
26日	00:38	♀△♃
26日	11:28	♀⚹♄
29日	19:45	☿□♅

2044年11月

DAY	☉	☽	☊		☿	♀	♂	♃	♄	♅	♆	♇	⚳	⚴	⚵	⚶	⚷
			mean	true													
	° ′	° ′	° ′	° ′	° ′	° ′	° ′	° ′	° ′	° ′	° ′	° ′	°	°	°	°	°
1	8 ♏ 50	8 ♓ 15	7 ♓ 55	9 D 21	29 D 21	6 D 7	21 D 25	29 D 29	0 D 0	26 D 27	13 R 34	0 R 28	8 R	6 R	11 R	25 R	15 D
2	9 ♏ 50	20 ♓ 52	7 ♓ 52	9 R 20	0 ♐ 41	7 ♎ 20	22 ♐ 9	29 ♑ 36	0 ♐ 7	26 ♌ 28	13 ♉ 32	0 ♓ 28	8 ♊	6 ♓	11 ♈	24 ♓	15 ♍
3	10 ♏ 50	3 ♈ 52	7 ♓ 48	9 ♓ 17	2 ♐ 0	8 ♎ 33	22 ♐ 54	29 ♑ 44	0 ♐ 14	26 ♌ 30	13 ♉ 30	0 ♓ 28	8 ♊	6 ♓	11 ♈	24 ♓	15 ♍
4	11 ♏ 50	17 ♈ 16	7 ♓ 45	9 ♓ 12	3 ♐ 18	9 ♎ 47	23 ♐ 39	29 ♑ 51	0 ♐ 21	26 ♌ 31	13 ♉ 29	0 ♓ 28	8 ♊	6 ♓	11 ♈	24 ♓	15 ♍
5	12 ♏ 50	1 ♉ 5	7 ♓ 42	9 ♓ 4	4 ♐ 34	11 ♎ 0	24 ♐ 23	29 ♑ 59	0 ♐ 28	26 ♌ 33	13 ♉ 27	0 ♓ 27	8 ♊	6 ♓	11 ♈	24 ♓	15 ♍
6	13 ♏ 50	15 ♉ 16	7 ♓ 39	8 ♓ 55	5 ♐ 49	12 ♎ 14	25 ♐ 8	0 ♒ 6	0 ♐ 34	26 ♌ 34	13 ♉ 25	0 ♓ 27	7 ♊	6 D	11 ♈	24 ♓	16 ♍
7	14 ♏ 50	29 ♉ 43	7 ♓ 36	8 ♓ 44	7 ♐ 2	13 ♎ 27	25 ♐ 53	0 ♒ 14	0 ♐ 41	26 ♌ 36	13 ♉ 23	0 ♓ 27	7 ♊	6 ♓	11 ♈	24 ♓	16 ♍
8	15 ♏ 50	14 ♊ 20	7 ♓ 33	8 ♓ 34	8 ♐ 14	14 ♎ 41	26 ♐ 37	0 ♒ 22	0 ♐ 48	26 ♌ 37	13 ♉ 22	0 ♓ 27	7 ♊	6 ♓	11 ♈	24 ♓	16 ♍
9	16 ♏ 51	29 ♊ 0	7 ♓ 29	8 ♓ 25	9 ♐ 24	15 ♎ 55	27 ♐ 22	0 ♒ 30	0 ♐ 55	26 ♌ 38	13 ♉ 20	0 ♓ 27	7 ♊	6 ♓	10 ♈	24 ♓	16 ♍
10	17 ♏ 51	13 ♋ 35	7 ♓ 26	8 ♓ 18	10 ♐ 31	17 ♎ 9	28 ♐ 7	0 ♒ 39	1 ♐ 2	26 ♌ 40	13 ♉ 18	0 ♓ 27	7 ♊	6 ♓	10 ♈	24 D	16 ♍
11	18 ♏ 51	28 ♋ 0	7 ♓ 23	8 ♓ 14	11 ♐ 36	18 ♎ 23	28 ♐ 52	0 ♒ 47	1 ♐ 9	26 ♌ 41	13 ♉ 17	0 ♓ 26	6 ♊	6 ♓	10 ♈	24 ♓	16 ♍
12	19 ♏ 52	12 ♌ 12	7 ♓ 20	8 ♓ 12	12 ♐ 37	19 ♎ 37	29 ♐ 37	0 ♒ 56	1 ♐ 16	26 ♌ 42	13 ♉ 15	0 ♓ 26	6 ♊	6 ♓	10 ♈	24 ♓	16 ♍
13	20 ♏ 52	26 ♌ 9	7 ♓ 17	8 D 12	13 ♐ 36	20 ♎ 51	0 ♑ 22	1 ♒ 4	1 ♐ 23	26 ♌ 43	13 ♉ 13	0 ♓ 26	6 ♊	6 ♓	10 ♈	24 ♓	16 ♍
14	21 ♏ 52	9 ♍ 52	7 ♓ 14	8 R 12	14 ♐ 31	22 ♎ 5	1 ♑ 8	1 ♒ 13	1 ♐ 31	26 ♌ 44	13 ♉ 12	0 D 26	6 ♊	6 ♓	10 ♈	24 ♓	16 ♍
15	22 ♏ 53	23 ♍ 21	7 ♓ 10	8 ♓ 11	15 ♐ 22	23 ♎ 19	1 ♑ 53	1 ♒ 22	1 ♐ 38	26 ♌ 45	13 ♉ 10	0 ♓ 26	6 ♊	6 ♓	10 ♈	24 ♓	16 ♍
16	23 ♏ 53	6 ♎ 38	7 ♓ 7	8 ♓ 9	16 ♐ 9	24 ♎ 33	2 ♑ 38	1 ♒ 31	1 ♐ 45	26 ♌ 46	13 ♉ 8	0 ♓ 26	5 ♊	6 ♓	10 ♈	24 ♓	16 ♍
17	24 ♏ 54	19 ♎ 44	7 ♓ 4	8 ♓ 3	16 ♐ 50	25 ♎ 47	3 ♑ 24	1 ♒ 41	1 ♐ 52	26 ♌ 47	13 ♉ 7	0 ♓ 27	5 ♊	6 ♓	10 ♈	25 ♓	17 ♍
18	25 ♏ 54	2 ♏ 39	7 ♓ 1	7 ♓ 54	17 ♐ 26	27 ♎ 1	4 ♑ 9	1 ♒ 50	1 ♐ 59	26 ♌ 48	13 ♉ 5	0 ♓ 27	5 ♊	6 ♓	10 ♈	25 ♓	17 ♍
19	26 ♏ 55	15 ♏ 23	6 ♓ 58	7 ♓ 42	17 ♐ 55	28 ♎ 15	4 ♑ 55	1 ♒ 59	2 ♐ 6	26 ♌ 48	13 ♉ 3	0 ♓ 27	5 ♊	6 ♓	10 ♈	25 ♓	17 ♍
20	27 ♏ 55	27 ♏ 57	6 ♓ 54	7 ♓ 28	18 ♐ 17	29 ♎ 30	5 ♑ 40	2 ♒ 9	2 ♐ 13	26 ♌ 49	13 ♉ 2	0 ♓ 27	4 ♊	7 ♓	10 D	25 ♓	17 ♍
21	28 ♏ 56	10 ♐ 19	6 ♓ 51	7 ♓ 14	18 ♐ 31	0 ♏ 44	6 ♑ 26	2 ♒ 19	2 ♐ 20	26 ♌ 50	13 ♉ 0	0 ♓ 27	4 ♊	7 ♓	10 ♈	25 ♓	17 ♍
22	29 ♏ 56	22 ♐ 30	6 ♓ 48	7 ♓ 0	18 ♐ 36	1 ♏ 59	7 ♑ 11	2 ♒ 29	2 ♐ 27	26 ♌ 50	12 ♉ 59	0 ♓ 27	4 ♊	7 ♓	10 ♈	25 ♓	17 ♍
23	0 ♐ 57	4 ♑ 32	6 ♓ 45	6 ♓ 48	18 R 32	3 ♏ 13	7 ♑ 57	2 ♒ 39	2 ♐ 35	26 ♌ 51	12 ♉ 57	0 ♓ 28	4 ♊	7 ♓	10 ♈	25 ♓	17 ♍
24	1 ♐ 58	16 ♑ 26	6 ♓ 42	6 ♓ 38	18 ♐ 18	4 ♏ 27	8 ♑ 43	2 ♒ 49	2 ♐ 42	26 ♌ 51	12 ♉ 55	0 ♓ 28	4 ♊	7 ♓	10 ♈	25 ♓	17 ♍
25	2 ♐ 58	28 ♑ 14	6 ♓ 39	6 ♓ 31	17 ♐ 53	5 ♏ 42	9 ♑ 29	2 ♒ 59	2 ♐ 49	26 ♌ 52	12 ♉ 54	0 ♓ 28	3 ♊	7 ♓	10 ♈	25 ♓	17 ♍
26	3 ♐ 59	10 ♒ 2	6 ♓ 35	6 ♓ 27	17 ♐ 17	6 ♏ 57	10 ♑ 15	3 ♒ 9	2 ♐ 56	26 ♌ 52	12 ♉ 52	0 ♓ 28	3 ♊	7 ♓	10 ♈	25 ♓	17 ♍
27	5 ♐ 0	21 ♒ 53	6 ♓ 32	6 ♓ 25	16 ♐ 31	8 ♏ 11	11 ♑ 1	3 ♒ 20	3 ♐ 3	26 ♌ 53	12 ♉ 51	0 ♓ 29	3 ♊	7 ♓	10 ♈	25 ♓	17 ♍
28	6 ♐ 0	3 ♓ 53	6 ♓ 29	6 ♓ 25	15 ♐ 35	9 ♏ 26	11 ♑ 47	3 ♒ 30	3 ♐ 10	26 ♌ 53	12 ♉ 49	0 ♓ 29	3 ♊	7 ♓	10 ♈	26 ♓	17 ♍
29	7 ♐ 1	16 ♓ 7	6 ♓ 26	6 ♓ 25	14 ♐ 29	10 ♏ 40	12 ♑ 33	3 ♒ 41	3 ♐ 17	26 ♌ 53	12 ♉ 48	0 ♓ 30	2 ♊	7 ♓	10 ♈	26 ♓	17 ♍
30	8 ♐ 2	28 ♓ 40	6 ♓ 23	6 ♓ 24	13 ♐ 16	11 ♏ 55	13 ♑ 19	3 ♒ 52	3 ♐ 25	26 ♌ 53	12 ♉ 46	0 ♓ 30	2 ♊	8 ♓	10 ♈	26 ♓	17 ♍

SUN INGRESS: ☉ → ♐ 22日 01 : 15

MOON PHASE: ○ 5日 21 : 26 ♉ ◑ 12日 14 : 09 ♌ ● 19日 23 : 57 ♏ ◐ 28日 04 : 36 ♓

aspects		
1日	02 : 48	☿⚹♃
1日	12 : 51	☿☌♄
1日	20 : 10	☿□♇
4日	23 : 13	♄□♇
5日	14 : 19	☉☍♆
7日	23 : 51	♂△♅
13日	02 : 05	♂⚹♇
17日	19 : 36	♀⚹♅
18日	21 : 33	☉□♅
20日	18 : 29	♀△♇
21日	13 : 56	♃⚹♄
22日	11 : 10	♀□♃
22日	12 : 19	☉□♇
24日	19 : 45	☉☌♄
25日	00 : 15	☉⚹♃
29日	07 : 38	♂△♆
30日	16 : 09	♀☍♆

2044年12月

DAY	☉	☽	☊		☿	♀	♂	♃	♄	♅	♆	♇	⚳	⚴	⚵	⚶	⚷
			mean	true													
	° ′	° ′	° ′	° ′	° ′	° ′	° ′	° ′	° ′	° ′	° ′	° ′	°	°	°	°	°
1	9 ♐ 3	11 ♈ 38	6 ♓ 19	6 R 21	11 R 57	13 D 10	14 D 5	4 D 2	3 D 32	26 D 53	12 R 45	0 D 30	2 R	8 D	11 D	26 D	18 D
2	10 ♐ 4	25 ♈ 4	6 ♓ 16	6 ♓ 15	10 ♐ 34	14 ♏ 24	14 ♑ 51	4 ♒ 13	3 ♐ 39	26 R 53	12 ♉ 43	0 ♓ 31	2 ♊	8 ♓	11 ♈	26 ♓	18 ♍
3	11 ♐ 4	8 ♉ 59	6 ♓ 13	6 ♓ 7	9 ♐ 12	15 ♏ 39	15 ♑ 37	4 ♒ 24	3 ♐ 46	26 ♌ 53	12 ♉ 42	0 ♓ 31	1 ♊	8 ♓	11 ♈	26 ♓	18 ♍
4	12 ♐ 5	23 ♉ 22	6 ♓ 10	5 ♓ 56	7 ♐ 52	16 ♏ 54	16 ♑ 23	4 ♒ 36	3 ♐ 53	26 ♌ 53	12 ♉ 40	0 ♓ 32	1 ♊	8 ♓	11 ♈	26 ♓	18 ♍
5	13 ♐ 6	8 ♊ 8	6 ♓ 7	5 ♓ 44	6 ♐ 37	18 ♏ 9	17 ♑ 10	4 ♒ 47	4 ♐ 0	26 ♌ 53	12 ♉ 39	0 ♓ 32	1 ♊	8 ♓	11 ♈	27 ♓	18 ♍
6	14 ♐ 7	23 ♊ 8	6 ♓ 4	5 ♓ 32	5 ♐ 29	19 ♏ 23	17 ♑ 56	4 ♒ 58	4 ♐ 7	26 ♌ 53	12 ♉ 38	0 ♓ 33	1 ♊	8 ♓	11 ♈	27 ♓	18 ♍
7	15 ♐ 8	8 ♋ 14	6 ♓ 0	5 ♓ 22	4 ♐ 30	20 ♏ 38	18 ♑ 42	5 ♒ 10	4 ♐ 14	26 ♌ 53	12 ♉ 36	0 ♓ 34	1 ♊	9 ♓	11 ♈	27 ♓	18 ♍
8	16 ♐ 9	23 ♋ 14	5 ♓ 57	5 ♓ 14	3 ♐ 42	21 ♏ 53	19 ♑ 29	5 ♒ 21	4 ♐ 21	26 ♌ 52	12 ♉ 35	0 ♓ 34	0 ♊	9 ♓	12 ♈	27 ♓	18 ♍
9	17 ♐ 10	8 ♌ 0	5 ♓ 54	5 ♓ 9	3 ♐ 5	23 ♏ 8	20 ♑ 15	5 ♒ 33	4 ♐ 28	26 ♌ 52	12 ♉ 34	0 ♓ 35	0 ♊	9 ♓	12 ♈	27 ♓	18 ♍
10	18 ♐ 11	22 ♌ 27	5 ♓ 51	5 ♓ 7	2 ♐ 39	24 ♏ 23	21 ♑ 2	5 ♒ 44	4 ♐ 35	26 ♌ 51	12 ♉ 32	0 ♓ 36	0 ♊	9 ♓	12 ♈	28 ♓	18 ♍
11	19 ♐ 11	6 ♍ 33	5 ♓ 48	5 D 7	2 ♐ 24	25 ♏ 38	21 ♑ 48	5 ♒ 56	4 ♐ 42	26 ♌ 51	12 ♉ 31	0 ♓ 36	0 ♊	9 ♓	12 ♈	28 ♓	18 ♍
12	20 ♐ 12	20 ♍ 17	5 ♓ 45	5 ♓ 7	2 D 21	26 ♏ 53	22 ♑ 35	6 ♒ 8	4 ♐ 49	26 ♌ 50	12 ♉ 30	0 ♓ 37	0 ♊	9 ♓	12 ♈	28 ♓	18 ♍
13	21 ♐ 13	3 ♎ 40	5 ♓ 41	5 R 6	2 ♐ 27	28 ♏ 8	23 ♑ 22	6 ♒ 20	4 ♐ 56	26 ♌ 50	12 ♉ 28	0 ♓ 38	29 ♉	10 ♓	12 ♈	28 ♓	18 ♍
14	22 ♐ 14	16 ♎ 46	5 ♓ 38	5 ♓ 4	2 ♐ 43	29 ♏ 23	24 ♑ 8	6 ♒ 32	5 ♐ 3	26 ♌ 49	12 ♉ 27	0 ♓ 39	29 ♉	10 ♓	13 ♈	28 ♓	18 ♍
15	23 ♐ 16	29 ♎ 36	5 ♓ 35	4 ♓ 59	3 ♐ 7	0 ♐ 38	24 ♑ 55	6 ♒ 44	5 ♐ 10	26 ♌ 49	12 ♉ 26	0 ♓ 39	29 ♉	10 ♓	13 ♈	29 ♓	18 ♍
16	24 ♐ 17	12 ♏ 14	5 ♓ 32	4 ♓ 50	3 ♐ 39	1 ♐ 53	25 ♑ 42	6 ♒ 57	5 ♐ 17	26 ♌ 48	12 ♉ 25	0 ♓ 40	29 ♉	10 ♓	13 ♈	29 ♓	18 ♍
17	25 ♐ 18	24 ♏ 41	5 ♓ 29	4 ♓ 40	4 ♐ 18	3 ♐ 8	26 ♑ 28	7 ♒ 9	5 ♐ 24	26 ♌ 47	12 ♉ 24	0 ♓ 41	29 ♉	10 ♓	13 ♈	29 ♓	18 ♍
18	26 ♐ 19	6 ♐ 58	5 ♓ 26	4 ♓ 27	5 ♐ 3	4 ♐ 23	27 ♑ 15	7 ♒ 21	5 ♐ 31	26 ♌ 46	12 ♉ 23	0 ♓ 42	28 ♉	11 ♓	14 ♈	29 ♓	18 ♍
19	27 ♐ 20	19 ♐ 7	5 ♓ 22	4 ♓ 14	5 ♐ 54	5 ♐ 38	28 ♑ 2	7 ♒ 34	5 ♐ 37	26 ♌ 45	12 ♉ 22	0 ♓ 43	28 ♉	11 ♓	14 ♈	0 ♈	18 ♍
20	28 ♐ 21	1 ♑ 9	5 ♓ 19	4 ♓ 1	6 ♐ 49	6 ♐ 53	28 ♑ 49	7 ♒ 46	5 ♐ 44	26 ♌ 44	12 ♉ 20	0 ♓ 44	28 ♉	11 ♓	14 ♈	0 ♈	18 ♍
21	29 ♐ 22	13 ♑ 4	5 ♓ 16	3 ♓ 49	7 ♐ 48	8 ♐ 9	29 ♑ 36	7 ♒ 59	5 ♐ 51	26 ♌ 43	12 ♉ 19	0 ♓ 45	28 ♉	11 ♓	14 ♈	0 ♈	18 ♍
22	0 ♑ 23	24 ♑ 55	5 ♓ 13	3 ♓ 40	8 ♐ 51	9 ♐ 24	0 ♒ 23	8 ♒ 12	5 ♐ 58	26 ♌ 42	12 ♉ 18	0 ♓ 46	28 ♉	11 ♓	15 ♈	0 ♈	18 ♍
23	1 ♑ 24	6 ♒ 42	5 ♓ 10	3 ♓ 33	9 ♐ 57	10 ♐ 39	1 ♒ 10	8 ♒ 24	6 ♐ 4	26 ♌ 41	12 ♉ 17	0 ♓ 47	28 ♉	12 ♓	15 ♈	1 ♈	18 ♍
24	2 ♑ 25	18 ♒ 30	5 ♓ 6	3 ♓ 30	11 ♐ 7	11 ♐ 54	1 ♒ 57	8 ♒ 37	6 ♐ 11	26 ♌ 40	12 ♉ 16	0 ♓ 48	27 ♉	12 ♓	15 ♈	1 ♈	18 ♍
25	3 ♑ 27	0 ♓ 21	5 ♓ 3	3 ♓ 28	12 ♐ 18	13 ♐ 9	2 ♒ 44	8 ♒ 50	6 ♐ 18	26 ♌ 39	12 ♉ 16	0 ♓ 49	27 ♉	12 ♓	15 ♈	1 ♈	18 ♍
26	4 ♑ 28	12 ♓ 19	5 ♓ 0	3 D 28	13 ♐ 32	14 ♐ 24	3 ♒ 31	9 ♒ 3	6 ♐ 24	26 ♌ 37	12 ♉ 15	0 ♓ 50	27 ♉	12 ♓	16 ♈	1 ♈	18 ♍
27	5 ♑ 29	24 ♓ 31	4 ♓ 57	3 ♓ 29	14 ♐ 48	15 ♐ 39	4 ♒ 18	9 ♒ 16	6 ♐ 31	26 ♌ 36	12 ♉ 14	0 ♓ 51	27 ♉	13 ♓	16 ♈	2 ♈	18 ♍
28	6 ♑ 30	6 ♈ 59	4 ♓ 54	3 R 30	16 ♐ 5	16 ♐ 55	5 ♒ 5	9 ♒ 29	6 ♐ 37	26 ♌ 35	12 ♉ 13	0 ♓ 52	27 ♉	13 ♓	16 ♈	2 ♈	18 ♍
29	7 ♑ 31	19 ♈ 51	4 ♓ 51	3 ♓ 29	17 ♐ 24	18 ♐ 10	5 ♒ 52	9 ♒ 42	6 ♐ 44	26 ♌ 33	12 ♉ 12	0 ♓ 53	27 ♉	13 ♓	17 ♈	2 ♈	19 ♍
30	8 ♑ 32	3 ♉ 10	4 ♓ 47	3 ♓ 26	18 ♐ 45	19 ♐ 25	6 ♒ 39	9 ♒ 55	6 ♐ 50	26 ♌ 32	12 ♉ 11	0 ♓ 54	27 ♉	13 ♓	17 ♈	2 ♈	19 ♍
31	9 ♑ 33	16 ♉ 58	4 ♓ 44	3 ♓ 21	20 ♐ 6	20 ♐ 40	7 ♒ 26	10 ♒ 8	6 ♐ 57	26 ♌ 30	12 ♉ 11	0 ♓ 55	27 ♉	14 ♓	17 ♈	3 ♈	19 ♍

SUN INGRESS: ☉ → ♑ 21日 14 : 43

MOON PHASE: ○ 5日 08 : 33 ♊ ◑ 11日 23 : 52 ♍ ● 19日 17 : 52 ♐ ◐ 27日 22 : 59 ♈

aspects		
2日	05 : 10	☉☌☿
2日	22 : 24	♀⚹♂
6日	10 : 04	☿⚹♃
7日	06 : 26	☿☌♄
11日	23 : 13	♀□♅
15日	00 : 26	♀□♇
18日	10 : 38	☉△♅
18日	15 : 27	☿☌♄
18日	23 : 43	♀☌♄
19日	17 : 55	☿☌♀
20日	20 : 17	♀⚹♃
21日	05 : 14	☿⚹♃
22日	08 : 56	☉⚹♇
30日	06 : 31	♂⚹♄

2045年1月

DAY	☉	☽	☊ mean	☊ true	☿	♀	♂	♃	♄	♅	♆	♇	⚳	⚴	⚵	⚶	⚷
	° ′	° ′	° ′	° ′	° ′	° ′	° ′	° ′	° ′	° ′	° ′	° ′	°	°	°	°	°
1	10 ♑ 35	1 ♊ 16	4 ♓ 41	3 R 14	21 D 29	21 D 55	8 D 14	10 D 22	7 D 3	26 R 29	12 R 10	0 D 56	27 R	14 D	18 D	3 D	19 D
2	11 ♑ 36	16 ♊ 2	4 ♓ 38	3 ♓ 6	22 ♐ 52	23 ♐ 11	9 ♒ 1	10 ♒ 35	7 ♐ 10	26 ♌ 27	12 ♉ 9	0 ♓ 57	26 ♉	14 ♓	18 ♈	3 ♈	19 ♍
3	12 ♑ 37	1 ♋ 8	4 ♓ 35	2 ♓ 57	24 ♐ 17	24 ♐ 26	9 ♒ 48	10 ♒ 49	7 ♐ 16	26 ♌ 26	12 ♉ 8	0 ♓ 59	26 ♉	14 ♓	18 ♈	4 ♈	19 R
4	13 ♑ 38	16 ♋ 25	4 ♓ 32	2 ♓ 50	25 ♐ 42	25 ♐ 41	10 ♒ 35	11 ♒ 2	7 ♐ 22	26 ♌ 24	12 ♉ 8	1 ♓ 0	26 ♉	15 ♓	19 ♈	4 ♈	19 ♍
5	14 ♑ 39	1 ♌ 41	4 ♓ 28	2 ♓ 45	27 ♐ 8	26 ♐ 56	11 ♒ 23	11 ♒ 15	7 ♐ 28	26 ♌ 22	12 ♉ 7	1 ♓ 1	26 ♉	15 ♓	19 ♈	4 ♈	19 ♍
6	15 ♑ 40	16 ♌ 47	4 ♓ 25	2 ♓ 41	28 ♐ 35	28 ♐ 12	12 ♒ 10	11 ♒ 29	7 ♐ 34	26 ♌ 21	12 ♉ 7	1 ♓ 2	26 ♉	15 ♓	19 ♈	5 ♈	19 ♍
7	16 ♑ 41	1 ♍ 34	4 ♓ 22	2 ♓ 40	0 ♑ 2	29 ♐ 27	12 ♒ 57	11 ♒ 43	7 ♐ 40	26 ♌ 19	12 ♉ 6	1 ♓ 4	26 ♉	15 ♓	20 ♈	5 ♈	19 ♍
8	17 ♑ 42	15 ♍ 57	4 ♓ 19	2 D 41	1 ♑ 30	0 ♑ 42	13 ♒ 44	11 ♒ 56	7 ♐ 46	26 ♌ 17	12 ♉ 6	1 ♓ 5	26 ♉	16 ♓	20 ♈	5 ♈	18 ♍
9	18 ♑ 44	29 ♍ 53	4 ♓ 16	2 ♓ 42	2 ♑ 58	1 ♑ 57	14 ♒ 32	12 ♒ 10	7 ♐ 52	26 ♌ 15	12 ♉ 5	1 ♓ 6	26 ♉	16 ♓	20 ♈	5 ♈	18 ♍
10	19 ♑ 45	13 ♎ 23	4 ♓ 12	2 ♓ 43	4 ♑ 28	3 ♑ 13	15 ♒ 19	12 ♒ 24	7 ♐ 58	26 ♌ 13	12 ♉ 5	1 ♓ 8	26 ♉	16 ♓	21 ♈	6 ♈	18 ♍
11	20 ♑ 46	26 ♎ 30	4 ♓ 9	2 R 43	5 ♑ 57	4 ♑ 28	16 ♒ 6	12 ♒ 37	8 ♐ 4	26 ♌ 11	12 ♉ 4	1 ♓ 9	26 ♉	17 ♓	21 ♈	6 ♈	18 ♍
12	21 ♑ 47	9 ♏ 16	4 ♓ 6	2 ♓ 42	7 ♑ 27	5 ♑ 43	16 ♒ 54	12 ♒ 51	8 ♐ 10	26 ♌ 9	12 ♉ 4	1 ♓ 10	26 ♉	17 ♓	22 ♈	6 ♈	18 ♍
13	22 ♑ 48	21 ♏ 46	4 ♓ 3	2 ♓ 38	8 ♑ 58	6 ♑ 58	17 ♒ 41	13 ♒ 5	8 ♐ 16	26 ♌ 7	12 ♉ 4	1 ♓ 12	26 ♉	17 ♓	22 ♈	7 ♈	18 ♍
14	23 ♑ 49	4 ♐ 3	4 ♓ 0	2 ♓ 33	10 ♑ 29	8 ♑ 14	18 ♒ 28	13 ♒ 19	8 ♐ 22	26 ♌ 5	12 ♉ 3	1 ♓ 13	26 D	17 ♓	22 ♈	7 ♈	18 ♍
15	24 ♑ 50	16 ♐ 9	3 ♓ 57	2 ♓ 26	12 ♑ 1	9 ♑ 29	19 ♒ 16	13 ♒ 33	8 ♐ 27	26 ♌ 3	12 ♉ 3	1 ♓ 15	26 ♉	18 ♓	23 ♈	7 ♈	18 ♍
16	25 ♑ 52	28 ♐ 8	3 ♓ 53	2 ♓ 19	13 ♑ 33	10 ♑ 44	20 ♒ 3	13 ♒ 47	8 ♐ 33	26 ♌ 1	12 ♉ 3	1 ♓ 16	26 ♉	18 ♓	23 ♈	8 ♈	18 ♍
17	26 ♑ 53	10 ♑ 1	3 ♓ 50	2 ♓ 12	15 ♑ 6	12 ♑ 0	20 ♒ 51	14 ♒ 1	8 ♐ 38	25 ♌ 59	12 ♉ 3	1 ♓ 17	26 ♉	18 ♓	24 ♈	8 ♈	18 ♍
18	27 ♑ 54	21 ♑ 52	3 ♓ 47	2 ♓ 5	16 ♑ 39	13 ♑ 15	21 ♒ 38	14 ♒ 15	8 ♐ 44	25 ♌ 56	12 ♉ 3	1 ♓ 19	26 ♉	19 ♓	24 ♈	8 ♈	18 ♍
19	28 ♑ 55	3 ♒ 41	3 ♓ 44	2 ♓ 1	18 ♑ 13	14 ♑ 30	22 ♒ 25	14 ♒ 29	8 ♐ 49	25 ♌ 54	12 ♉ 2	1 ♓ 20	26 ♉	19 ♓	24 ♈	9 ♈	18 ♍
20	29 ♑ 56	15 ♒ 30	3 ♓ 41	1 ♓ 57	19 ♑ 47	15 ♑ 45	23 ♒ 13	14 ♒ 43	8 ♐ 55	25 ♌ 52	12 ♉ 2	1 ♓ 22	26 ♉	19 ♓	25 ♈	9 ♈	18 ♍
21	0 ♒ 57	27 ♒ 21	3 ♓ 38	1 ♓ 56	21 ♑ 22	17 ♑ 1	24 ♒ 0	14 ♒ 57	9 ♐ 0	25 ♌ 50	12 ♉ 2	1 ♓ 23	26 ♉	19 ♓	25 ♈	9 ♈	18 ♍
22	1 ♒ 58	9 ♓ 17	3 ♓ 34	1 D 56	22 ♑ 57	18 ♑ 16	24 ♒ 48	15 ♒ 11	9 ♐ 5	25 ♌ 47	12 ♉ 2	1 ♓ 25	26 ♉	20 ♓	26 ♈	10 ♈	18 ♍
23	2 ♒ 59	21 ♓ 21	3 ♓ 31	1 ♓ 57	24 ♑ 33	19 ♑ 31	25 ♒ 35	15 ♒ 25	9 ♐ 10	25 ♌ 45	12 D 2	1 ♓ 26	26 ♉	20 ♓	26 ♈	10 ♈	18 ♍
24	4 ♒ 0	3 ♈ 36	3 ♓ 28	1 ♓ 59	26 ♑ 10	20 ♑ 47	26 ♒ 22	15 ♒ 39	9 ♐ 15	25 ♌ 43	12 ♉ 2	1 ♓ 28	26 ♉	20 ♓	27 ♈	11 ♈	18 ♍
25	5 ♒ 1	16 ♈ 6	3 ♓ 25	2 ♓ 1	27 ♑ 47	22 ♑ 2	27 ♒ 10	15 ♒ 53	9 ♐ 21	25 ♌ 40	12 ♉ 2	1 ♓ 29	26 ♉	21 ♓	27 ♈	11 ♈	18 ♍
26	6 ♒ 2	28 ♈ 55	3 ♓ 22	2 ♓ 2	29 ♑ 25	23 ♑ 17	27 ♒ 57	16 ♒ 8	9 ♐ 25	25 ♌ 38	12 ♉ 3	1 ♓ 31	27 ♉	21 ♓	27 ♈	11 ♈	18 ♍
27	7 ♒ 3	12 ♉ 7	3 ♓ 18	2 R 2	1 ♒ 3	24 ♑ 32	28 ♒ 45	16 ♒ 22	9 ♐ 30	25 ♌ 35	12 ♉ 3	1 ♓ 32	27 ♉	21 ♓	28 ♈	12 ♈	18 ♍
28	8 ♒ 4	25 ♉ 44	3 ♓ 15	2 ♓ 1	2 ♒ 42	25 ♑ 48	29 ♒ 32	16 ♒ 36	9 ♐ 35	25 ♌ 33	12 ♉ 3	1 ♓ 34	27 ♉	22 ♓	28 ♈	12 ♈	18 ♍
29	9 ♒ 5	9 ♊ 48	3 ♓ 12	1 ♓ 59	4 ♒ 21	27 ♑ 3	0 ♓ 19	16 ♒ 50	9 ♐ 40	25 ♌ 30	12 ♉ 3	1 ♓ 36	27 ♉	22 ♓	29 ♈	12 ♈	18 ♍
30	10 ♒ 6	24 ♊ 19	3 ♓ 9	1 ♓ 56	6 ♒ 2	28 ♑ 18	1 ♓ 7	17 ♒ 5	9 ♐ 45	25 ♌ 28	12 ♉ 3	1 ♓ 37	27 ♉	22 ♓	29 ♈	13 ♈	18 ♍
31	11 ♒ 7	9 ♋ 11	3 ♓ 6	1 ♓ 53	7 ♒ 43	29 ♑ 33	1 ♓ 54	17 ♒ 19	9 ♐ 49	25 ♌ 25	12 ♉ 4	1 ♓ 39	27 ♉	23 ♓	0 ♉	13 ♈	18 ♍

SUN INGRESS	☉ → ♒ 20日 01:22
MOON PHASE	○ 3日 19:20 ♋　◑ 10日 12:31 ♎　● 18日 13:25 ♑　◐ 26日 14:08 ♉

aspects		
2日	13:01	☉△♆
3日	22:12	☿☌♀
4日	11:33	☿△♅
4日	13:23	♀△♅
4日	18:57	♂☌♃
5日	22:27	♂□♆
7日	17:07	☿⚹♇
8日	07:26	♀⚹♇
8日	16:07	♃□♆
15日	00:34	☿△♆
17日	01:00	♀△♆
23日	04:50	♂☍♅
29日	14:45	☉⚹♄
30日	15:59	♂☌♇
31日	22:24	☉□♆

2045年2月

DAY	☉	☽	☊ mean	☊ true	☿	♀	♂	♃	♄	♅	♆	♇	⚳	⚴	⚵	⚶	⚷
	° ′	° ′	° ′	° ′	° ′	° ′	° ′	° ′	° ′	° ′	° ′	° ′	°	°	°	°	°
1	12 ♒ 8	24 ♋ 19	3 ♓ 3	1 R 51	9 D 24	0 D 49	2 D 41	17 D 33	9 D 54	25 R 23	12 D 4	1 D 40	27 D	23 D	0 D	13 D	18 R
2	13 ♒ 9	9 ♌ 33	2 ♓ 59	1 ♓ 49	11 ♒ 7	2 ♒ 4	3 ♓ 29	17 ♒ 47	9 ♐ 58	25 ♌ 20	12 ♉ 4	1 ♓ 42	27 ♉	23 ♓	1 ♉	14 ♈	18 ♍
3	14 ♒ 10	24 ♌ 43	2 ♓ 56	1 ♓ 48	12 ♒ 50	3 ♒ 19	4 ♓ 16	18 ♒ 2	10 ♐ 2	25 ♌ 18	12 ♉ 5	1 ♓ 44	27 ♉	24 ♓	1 ♉	14 ♈	18 ♍
4	15 ♒ 11	9 ♍ 40	2 ♓ 53	1 D 48	14 ♒ 33	4 ♒ 34	5 ♓ 3	18 ♒ 16	10 ♐ 7	25 ♌ 15	12 ♉ 5	1 ♓ 45	28 ♉	24 ♓	1 ♉	15 ♈	18 ♍
5	16 ♒ 12	24 ♍ 16	2 ♓ 50	1 ♓ 48	16 ♒ 18	5 ♒ 49	5 ♓ 51	18 ♒ 30	10 ♐ 11	25 ♌ 13	12 ♉ 6	1 ♓ 47	28 ♉	24 ♓	2 ♉	15 ♈	17 ♍
6	17 ♒ 12	8 ♎ 26	2 ♓ 47	1 ♓ 50	18 ♒ 3	7 ♒ 5	6 ♓ 38	18 ♒ 45	10 ♐ 15	25 ♌ 10	12 ♉ 6	1 ♓ 49	28 ♉	25 ♓	2 ♉	15 ♈	17 ♍
7	18 ♒ 13	22 ♎ 9	2 ♓ 44	1 ♓ 51	19 ♒ 49	8 ♒ 20	7 ♓ 25	18 ♒ 59	10 ♐ 19	25 ♌ 7	12 ♉ 7	1 ♓ 50	28 ♉	25 ♓	3 ♉	16 ♈	17 ♍
8	19 ♒ 14	5 ♏ 25	2 ♓ 40	1 ♓ 52	21 ♒ 35	9 ♒ 35	8 ♓ 13	19 ♒ 13	10 ♐ 23	25 ♌ 5	12 ♉ 7	1 ♓ 52	28 ♉	25 ♓	3 ♉	16 ♈	17 ♍
9	20 ♒ 15	18 ♏ 17	2 ♓ 37	1 ♓ 52	23 ♒ 23	10 ♒ 50	9 ♓ 0	19 ♒ 28	10 ♐ 27	25 ♌ 2	12 ♉ 8	1 ♓ 54	28 ♉	26 ♓	4 ♉	16 ♈	17 ♍
10	21 ♒ 15	0 ♐ 48	2 ♓ 34	1 R 52	25 ♒ 10	12 ♒ 5	9 ♓ 47	19 ♒ 42	10 ♐ 31	25 ♌ 0	12 ♉ 9	1 ♓ 55	28 ♉	26 ♓	4 ♉	17 ♈	17 ♍
11	22 ♒ 16	13 ♐ 2	2 ♓ 31	1 ♓ 51	26 ♒ 59	13 ♒ 21	10 ♓ 35	19 ♒ 56	10 ♐ 35	24 ♌ 57	12 ♉ 9	1 ♓ 57	29 ♉	26 ♓	5 ♉	17 ♈	17 ♍
12	23 ♒ 17	25 ♐ 4	2 ♓ 28	1 ♓ 50	28 ♒ 48	14 ♒ 36	11 ♓ 22	20 ♒ 11	10 ♐ 38	24 ♌ 54	12 ♉ 10	1 ♓ 59	29 ♉	27 ♓	5 ♉	18 ♈	17 ♍
13	24 ♒ 18	6 ♑ 58	2 ♓ 24	1 ♓ 49	0 ♓ 37	15 ♒ 51	12 ♓ 9	20 ♒ 25	10 ♐ 42	24 ♌ 52	12 ♉ 11	2 ♓ 0	29 ♉	27 ♓	6 ♉	18 ♈	17 ♍
14	25 ♒ 18	18 ♑ 47	2 ♓ 21	1 ♓ 48	2 ♓ 27	17 ♒ 6	12 ♓ 56	20 ♒ 39	10 ♐ 45	24 ♌ 49	12 ♉ 11	2 ♓ 2	29 ♉	27 ♓	6 ♉	18 ♈	17 ♍
15	26 ♒ 19	0 ♒ 35	2 ♓ 18	1 ♓ 47	4 ♓ 17	18 ♒ 21	13 ♓ 43	20 ♒ 54	10 ♐ 49	24 ♌ 46	12 ♉ 12	2 ♓ 4	29 ♉	28 ♓	7 ♉	19 ♈	17 ♍
16	27 ♒ 20	12 ♒ 25	2 ♓ 15	1 ♓ 47	6 ♓ 7	19 ♒ 36	14 ♓ 31	21 ♒ 8	10 ♐ 52	24 ♌ 44	12 ♉ 13	2 ♓ 5	0 ♊	28 ♓	7 ♉	19 ♈	17 ♍
17	28 ♒ 20	24 ♒ 18	2 ♓ 12	1 ♓ 46	7 ♓ 57	20 ♒ 52	15 ♓ 18	21 ♒ 22	10 ♐ 55	24 ♌ 41	12 ♉ 14	2 ♓ 7	0 ♊	28 ♓	8 ♉	20 ♈	17 ♍
18	29 ♒ 21	6 ♓ 18	2 ♓ 9	1 D 46	9 ♓ 47	22 ♒ 7	16 ♓ 5	21 ♒ 36	10 ♐ 58	24 ♌ 39	12 ♉ 15	2 ♓ 9	0 ♊	29 ♓	8 ♉	20 ♈	17 ♍
19	0 ♓ 21	18 ♓ 25	2 ♓ 5	1 ♓ 47	11 ♓ 37	23 ♒ 22	16 ♓ 52	21 ♒ 51	11 ♐ 1	24 ♌ 36	12 ♉ 16	2 ♓ 10	0 ♊	29 ♓	9 ♉	20 ♈	17 ♍
20	1 ♓ 22	0 ♈ 41	2 ♓ 2	1 ♓ 47	13 ♓ 25	24 ♒ 37	17 ♓ 39	22 ♒ 5	11 ♐ 4	24 ♌ 33	12 ♉ 17	2 ♓ 12	0 ♊	29 ♓	9 ♉	21 ♈	16 ♍
21	2 ♓ 22	13 ♈ 9	1 ♓ 59	1 R 47	15 ♓ 13	25 ♒ 52	18 ♓ 26	22 ♒ 19	11 ♐ 7	24 ♌ 31	12 ♉ 18	2 ♓ 14	1 ♊	0 ♈	10 ♉	21 ♈	16 ♍
22	3 ♓ 23	25 ♈ 50	1 ♓ 56	1 ♓ 46	16 ♓ 59	27 ♒ 7	19 ♓ 13	22 ♒ 33	11 ♐ 10	24 ♌ 28	12 ♉ 19	2 ♓ 16	1 ♊	0 ♈	10 ♉	22 ♈	16 ♍
23	4 ♓ 23	8 ♉ 47	1 ♓ 53	1 ♓ 46	18 ♓ 43	28 ♒ 22	20 ♓ 0	22 ♒ 48	11 ♐ 12	24 ♌ 25	12 ♉ 20	2 ♓ 17	1 ♊	0 ♈	11 ♉	22 ♈	16 ♍
24	5 ♓ 24	22 ♉ 0	1 ♓ 49	1 ♓ 46	20 ♓ 25	29 ♒ 37	20 ♓ 47	23 ♒ 2	11 ♐ 15	24 ♌ 23	12 ♉ 21	2 ♓ 19	1 ♊	1 ♈	11 ♉	22 ♈	16 ♍
25	6 ♓ 24	5 ♊ 33	1 ♓ 46	1 ♓ 46	22 ♓ 4	0 ♓ 52	21 ♓ 34	23 ♒ 16	11 ♐ 17	24 ♌ 20	12 ♉ 22	2 ♓ 21	1 ♊	1 ♈	12 ♉	23 ♈	16 ♍
26	7 ♓ 24	19 ♊ 26	1 ♓ 43	1 D 46	23 ♓ 40	2 ♓ 7	22 ♓ 21	23 ♒ 30	11 ♐ 20	24 ♌ 18	12 ♉ 23	2 ♓ 22	2 ♊	2 ♈	12 ♉	23 ♈	16 ♍
27	8 ♓ 25	3 ♋ 38	1 ♓ 40	1 ♓ 46	25 ♓ 12	3 ♓ 22	23 ♓ 8	23 ♒ 44	11 ♐ 22	24 ♌ 15	12 ♉ 24	2 ♓ 24	2 ♊	2 ♈	13 ♉	24 ♈	16 ♍
28	9 ♓ 25	18 ♋ 9	1 ♓ 37	1 ♓ 47	26 ♓ 39	4 ♓ 37	23 ♓ 55	23 ♒ 58	11 ♐ 24	24 ♌ 13	12 ♉ 26	2 ♓ 26	2 ♊	2 ♈	13 ♉	24 ♈	16 ♍

SUN INGRESS	☉ → ♓ 18日 15:22
MOON PHASE	○ 2日 06:05 ♌　◑ 9日 04:03 ♏　● 17日 08:50 ♒　◐ 25日 01:36 ♊

aspects		
1日	07:15	☿⚹♄
2日	13:34	☿□♆
4日	20:36	☉☌☿
6日	10:59	☿☌♃
7日	23:43	☉☌♃
8日	16:13	♀⚹♄
9日	21:39	☿☍♅
10日	01:02	♀□♆
11日	00:01	♂□♄
13日	00:53	♂⚹♆
13日	12:56	☉☍♅
13日	18:26	☿☌♇
17日	12:05	♀☌♃
18日	15:59	☿□♄
19日	08:43	☿⚹♆
19日	22:53	♀☍♅
20日	20:31	☉☌♇
24日	10:01	☿☌♂
26日	04:53	♀☌♇
28日	20:55	♃☍♅

2045年3月

DAY	☉	☽	☊ mean	☊ true	☿	♀	♂	♃	♄	♅	♆	♇	⚳	⚴	⚵	⚶	⚷
	° ′	° ′	° ′	° ′	° ′	° ′	° ′	° ′	° ′	° ′	° ′	° ′	°	°	°	°	°
1	10 ♓ 25	2 ♌ 54	1 ♓ 34	1 D 48	28 D 2	5 D 52	24 D 42	24 D 12	11 D 26	24 R 10	12 D 27	2 D 27	2 D	3 D	14 D	24 D	16 R
2	11 ♓ 25	17 ♌ 47	1 ♓ 30	1 ♓ 48	29 ♓ 18	7 ♓ 7	25 ♓ 29	24 ♒ 26	11 ♐ 28	24 ♌ 8	12 ♉ 28	2 ♓ 29	3 ♊	3 ♈	14 ♉	25 ♈	16 ♍
3	12 ♓ 26	2 ♍ 42	1 ♓ 27	1 R 49	0 ♈ 29	8 ♓ 22	26 ♓ 15	24 ♒ 40	11 ♐ 30	24 ♌ 5	12 ♉ 29	2 ♓ 31	3 ♊	3 ♈	15 ♉	25 ♈	16 ♍
4	13 ♓ 26	17 ♍ 31	1 ♓ 24	1 ♓ 48	1 ♈ 32	9 ♓ 37	27 ♓ 2	24 ♒ 54	11 ♐ 32	24 ♌ 3	12 ♉ 31	2 ♓ 32	3 ♊	4 ♈	16 ♉	26 ♈	16 ♍
5	14 ♓ 26	2 ♎ 5	1 ♓ 21	1 ♓ 47	2 ♈ 28	10 ♓ 52	27 ♓ 49	25 ♒ 8	11 ♐ 33	24 ♌ 0	12 ♉ 32	2 ♓ 34	3 ♊	4 ♈	16 ♉	26 ♈	15 ♍
6	15 ♓ 26	16 ♎ 20	1 ♓ 18	1 ♓ 46	3 ♈ 16	12 ♓ 7	28 ♓ 35	25 ♒ 22	11 ♐ 35	23 ♌ 58	12 ♉ 34	2 ♓ 36	4 ♊	5 ♈	17 ♉	26 ♈	15 ♍
7	16 ♓ 26	0 ♏ 10	1 ♓ 15	1 ♓ 44	3 ♈ 56	13 ♓ 22	29 ♓ 22	25 ♒ 36	11 ♐ 36	23 ♌ 56	12 ♉ 35	2 ♓ 37	4 ♊	5 ♈	17 ♉	27 ♈	15 ♍
8	17 ♓ 26	13 ♏ 34	1 ♓ 11	1 ♓ 42	4 ♈ 28	14 ♓ 37	0 ♈ 9	25 ♒ 50	11 ♐ 38	23 ♌ 53	12 ♉ 36	2 ♓ 39	4 ♊	5 ♈	18 ♉	27 ♈	15 ♍
9	18 ♓ 26	26 ♏ 33	1 ♓ 8	1 ♓ 40	4 ♈ 50	15 ♓ 52	0 ♈ 55	26 ♒ 4	11 ♐ 39	23 ♌ 51	12 ♉ 38	2 ♓ 41	5 ♊	6 ♈	18 ♉	28 ♈	15 ♍
10	19 ♓ 26	9 ♐ 10	1 ♓ 5	1 ♓ 39	5 ♈ 3	17 ♓ 7	1 ♈ 42	26 ♒ 18	11 ♐ 40	23 ♌ 49	12 ♉ 39	2 ♓ 42	5 ♊	6 ♈	19 ♉	28 ♈	15 ♍
11	20 ♓ 26	21 ♐ 27	1 ♓ 2	1 D 38	5 R 8	18 ♓ 22	2 ♈ 28	26 ♒ 31	11 ♐ 41	23 ♌ 46	12 ♉ 41	2 ♓ 44	5 ♊	6 ♈	19 ♉	29 ♈	15 ♍
12	21 ♓ 26	3 ♑ 30	0 ♓ 59	1 ♓ 39	5 ♈ 3	19 ♓ 36	3 ♈ 15	26 ♒ 45	11 ♐ 42	23 ♌ 44	12 ♉ 42	2 ♓ 46	5 ♊	7 ♈	20 ♉	29 ♈	15 ♍
13	22 ♓ 26	15 ♑ 23	0 ♓ 55	1 ♓ 40	4 ♈ 50	20 ♓ 51	4 ♈ 1	26 ♒ 59	11 ♐ 43	23 ♌ 42	12 ♉ 44	2 ♓ 47	6 ♊	7 ♈	20 ♉	29 ♈	15 ♍
14	23 ♓ 26	27 ♑ 12	0 ♓ 52	1 ♓ 42	4 ♈ 29	22 ♓ 6	4 ♈ 48	27 ♒ 12	11 ♐ 44	23 ♌ 40	12 ♉ 46	2 ♓ 49	6 ♊	8 ♈	21 ♉	0 ♉	15 ♍
15	24 ♓ 26	9 ♒ 0	0 ♓ 49	1 ♓ 43	4 ♈ 0	23 ♓ 21	5 ♈ 34	27 ♒ 26	11 ♐ 45	23 ♌ 38	12 ♉ 47	2 ♓ 50	6 ♊	8 ♈	21 ♉	0 ♉	15 ♍
16	25 ♓ 25	20 ♒ 52	0 ♓ 46	1 ♓ 45	3 ♈ 24	24 ♓ 36	6 ♈ 21	27 ♒ 39	11 ♐ 45	23 ♌ 35	12 ♉ 49	2 ♓ 52	7 ♊	8 ♈	22 ♉	1 ♉	15 ♍
17	26 ♓ 25	2 ♓ 51	0 ♓ 43	1 R 45	2 ♈ 42	25 ♓ 51	7 ♈ 7	27 ♒ 53	11 ♐ 46	23 ♌ 33	12 ♉ 51	2 ♓ 54	7 ♊	9 ♈	22 ♉	1 ♉	15 ♍
18	27 ♓ 25	15 ♓ 0	0 ♓ 40	1 ♓ 44	1 ♈ 56	27 ♓ 5	7 ♈ 53	28 ♒ 6	11 ♐ 46	23 ♌ 31	12 ♉ 52	2 ♓ 55	7 ♊	9 ♈	23 ♉	2 ♉	14 ♍
19	28 ♓ 25	27 ♓ 21	0 ♓ 36	1 ♓ 42	1 ♈ 5	28 ♓ 20	8 ♈ 39	28 ♒ 20	11 ♐ 46	23 ♌ 29	12 ♉ 54	2 ♓ 57	7 ♊	10 ♈	24 ♉	2 ♉	14 ♍
20	29 ♓ 24	9 ♈ 55	0 ♓ 33	1 ♓ 39	0 ♈ 12	29 ♓ 35	9 ♈ 26	28 ♒ 33	11 ♐ 47	23 ♌ 27	12 ♉ 56	2 ♓ 58	8 ♊	10 ♈	24 ♉	2 ♉	14 ♍
21	0 ♈ 24	22 ♈ 42	0 ♓ 30	1 ♓ 35	29 ♓ 17	0 ♈ 50	10 ♈ 12	28 ♒ 46	11 ♐ 47	23 ♌ 25	12 ♉ 57	3 ♓ 0	8 ♊	10 ♈	25 ♉	3 ♉	14 ♍
22	1 ♈ 24	5 ♉ 44	0 ♓ 27	1 ♓ 30	28 ♓ 22	2 ♈ 4	10 ♈ 58	29 ♒ 0	11 R 47	23 ♌ 23	12 ♉ 59	3 ♓ 1	8 ♊	11 ♈	25 ♉	3 ♉	14 ♍
23	2 ♈ 23	18 ♉ 59	0 ♓ 24	1 ♓ 25	27 ♓ 27	3 ♈ 19	11 ♈ 44	29 ♒ 13	11 ♐ 46	23 ♌ 21	13 ♉ 1	3 ♓ 3	9 ♊	11 ♈	26 ♉	4 ♉	14 ♍
24	3 ♈ 23	2 ♊ 27	0 ♓ 21	1 ♓ 21	26 ♓ 35	4 ♈ 34	12 ♈ 30	29 ♒ 26	11 ♐ 46	23 ♌ 20	13 ♉ 3	3 ♓ 4	9 ♊	11 ♈	26 ♉	4 ♉	14 ♍
25	4 ♈ 22	16 ♊ 7	0 ♓ 17	1 ♓ 18	25 ♓ 46	5 ♈ 48	13 ♈ 16	29 ♒ 39	11 ♐ 46	23 ♌ 18	13 ♉ 5	3 ♓ 6	9 ♊	12 ♈	27 ♉	5 ♉	14 ♍
26	5 ♈ 22	29 ♊ 59	0 ♓ 14	1 ♓ 16	25 ♓ 0	7 ♈ 3	14 ♈ 2	29 ♒ 52	11 ♐ 45	23 ♌ 16	13 ♉ 6	3 ♓ 7	10 ♊	12 ♈	27 ♉	5 ♉	14 ♍
27	6 ♈ 21	14 ♋ 2	0 ♓ 11	1 D 17	24 ♓ 18	8 ♈ 18	14 ♈ 48	0 ♓ 5	11 ♐ 45	23 ♌ 14	13 ♉ 8	3 ♓ 9	10 ♊	13 ♈	28 ♉	5 ♉	14 ♍
28	7 ♈ 21	28 ♋ 15	0 ♓ 8	1 ♓ 18	23 ♓ 41	9 ♈ 32	15 ♈ 34	0 ♓ 18	11 ♐ 44	23 ♌ 13	13 ♉ 10	3 ♓ 10	10 ♊	13 ♈	28 ♉	6 ♉	14 ♍
29	8 ♈ 20	12 ♌ 37	0 ♓ 5	1 ♓ 19	23 ♓ 10	10 ♈ 47	16 ♈ 20	0 ♓ 31	11 ♐ 43	23 ♌ 11	13 ♉ 12	3 ♓ 12	11 ♊	13 ♈	29 ♉	6 ♉	14 ♍
30	9 ♈ 19	27 ♌ 4	0 ♓ 1	1 ♓ 20	22 ♓ 44	12 ♈ 1	17 ♈ 5	0 ♓ 43	11 ♐ 43	23 ♌ 9	13 ♉ 14	3 ♓ 13	11 ♊	14 ♈	0 ♊	7 ♉	14 ♍
31	10 ♈ 19	11 ♍ 33	29 ♒ 58	1 R 20	22 ♓ 24	13 ♈ 16	17 ♈ 51	0 ♓ 56	11 ♐ 42	23 ♌ 8	13 ♉ 16	3 ♓ 15	11 ♊	14 ♈	0 ♊	7 ♉	14 ♍

SUN INGRESS	☉ → ♈ 20日 14:07
MOON PHASE	○ 3日 16:52 ♍　◑ 10日 21:49 ♐　● 19日 02:14 ♓　◐ 26日 09:56 ♋

aspects		
2日	01:04	☉□♄
3日	01:34	☉⚹♆
5日	13:28	♀□♄
6日	08:37	♀⚹♆
13日	17:28	☿☌♂
19日	07:23	☉☌♀
20日	06:50	☿☌♀
20日	09:56	☉☌☿
23日	01:12	♂△♄
29日	18:06	♀△♄

2045年4月

DAY	☉	☽	☊ mean	☊ true	☿	♀	♂	♃	♄	♅	♆	♇	⚳	⚴	⚵	⚶	⚷
	° ′	° ′	° ′	° ′	° ′	° ′	° ′	° ′	° ′	° ′	° ′	° ′	°	°	°	°	°
1	11 ♈ 18	25 ♍ 58	29 ♒ 55	1 R 18	22 R 10	14 D 30	18 D 37	1 D 9	11 R 41	23 R 6	13 D 18	3 D 16	12 D	15 D	1 D	8 D	13 R
2	12 ♈ 17	10 ♎ 15	29 ♒ 52	1 ♓ 13	22 ♓ 1	15 ♈ 45	19 ♈ 23	1 ♓ 21	11 ♐ 40	23 ♌ 5	13 ♉ 20	3 ♓ 17	12 ♊	15 ♈	1 ♊	8 ♉	13 ♍
3	13 ♈ 16	24 ♎ 18	29 ♒ 49	1 ♓ 7	21 ♓ 58	16 ♈ 59	20 ♈ 8	1 ♓ 34	11 ♐ 38	23 ♌ 4	13 ♉ 22	3 ♓ 19	12 ♊	15 ♈	2 ♊	8 ♉	13 ♍
4	14 ♈ 15	8 ♏ 2	29 ♒ 46	1 ♓ 0	22 D 1	18 ♈ 14	20 ♈ 54	1 ♓ 46	11 ♐ 37	23 ♌ 2	13 ♉ 24	3 ♓ 20	13 ♊	16 ♈	2 ♊	9 ♉	13 ♍
5	15 ♈ 14	21 ♏ 25	29 ♒ 42	0 ♓ 53	22 ♓ 9	19 ♈ 28	21 ♈ 39	1 ♓ 58	11 ♐ 36	23 ♌ 1	13 ♉ 26	3 ♓ 21	13 ♊	16 ♈	3 ♊	9 ♉	13 ♍
6	16 ♈ 13	4 ♐ 26	29 ♒ 39	0 ♓ 46	22 ♓ 23	20 ♈ 42	22 ♈ 25	2 ♓ 11	11 ♐ 34	23 ♌ 0	13 ♉ 28	3 ♓ 23	13 ♊	17 ♈	3 ♊	10 ♉	13 ♍
7	17 ♈ 13	17 ♐ 5	29 ♒ 36	0 ♓ 40	22 ♓ 41	21 ♈ 57	23 ♈ 10	2 ♓ 23	11 ♐ 33	22 ♌ 58	13 ♉ 30	3 ♓ 24	14 ♊	17 ♈	4 ♊	10 ♉	13 ♍
8	18 ♈ 12	29 ♐ 24	29 ♒ 33	0 ♓ 36	23 ♓ 4	23 ♈ 11	23 ♈ 55	2 ♓ 35	11 ♐ 31	22 ♌ 57	13 ♉ 32	3 ♓ 25	14 ♊	17 ♈	5 ♊	11 ♉	13 ♍
9	19 ♈ 11	11 ♑ 29	29 ♒ 30	0 ♓ 34	23 ♓ 32	24 ♈ 26	24 ♈ 41	2 ♓ 47	11 ♐ 29	22 ♌ 56	13 ♉ 34	3 ♓ 27	15 ♊	18 ♈	5 ♊	11 ♉	13 ♍
10	20 ♈ 9	23 ♑ 24	29 ♒ 27	0 D 34	24 ♓ 4	25 ♈ 40	25 ♈ 26	2 ♓ 59	11 ♐ 27	22 ♌ 55	13 ♉ 36	3 ♓ 28	15 ♊	18 ♈	6 ♊	11 ♉	13 ♍
11	21 ♈ 8	5 ♒ 13	29 ♒ 23	0 ♓ 35	24 ♓ 40	26 ♈ 54	26 ♈ 11	3 ♓ 11	11 ♐ 25	22 ♌ 54	13 ♉ 39	3 ♓ 29	15 ♊	19 ♈	6 ♊	12 ♉	13 ♍
12	22 ♈ 7	17 ♒ 2	29 ♒ 20	0 ♓ 36	25 ♓ 20	28 ♈ 9	26 ♈ 57	3 ♓ 22	11 ♐ 23	22 ♌ 53	13 ♉ 41	3 ♓ 30	16 ♊	19 ♈	7 ♊	12 ♉	13 ♍
13	23 ♈ 6	28 ♒ 56	29 ♒ 17	0 ♓ 37	26 ♓ 4	29 ♈ 23	27 ♈ 42	3 ♓ 34	11 ♐ 21	22 ♌ 52	13 ♉ 43	3 ♓ 32	16 ♊	20 ♈	7 ♊	13 ♉	13 ♍
14	24 ♈ 5	11 ♓ 0	29 ♒ 14	0 R 36	26 ♓ 51	0 ♉ 37	28 ♈ 27	3 ♓ 46	11 ♐ 19	22 ♌ 51	13 ♉ 45	3 ♓ 33	16 ♊	20 ♈	8 ♊	13 ♉	13 ♍
15	25 ♈ 4	23 ♓ 18	29 ♒ 11	0 ♓ 34	27 ♓ 42	1 ♉ 51	29 ♈ 12	3 ♓ 57	11 ♐ 16	22 ♌ 50	13 ♉ 47	3 ♓ 34	17 ♊	20 ♈	8 ♊	14 ♉	13 ♍
16	26 ♈ 3	5 ♈ 51	29 ♒ 7	0 ♓ 29	28 ♓ 36	3 ♉ 6	29 ♈ 57	4 ♓ 9	11 ♐ 14	22 ♌ 50	13 ♉ 49	3 ♓ 35	17 ♊	21 ♈	9 ♊	14 ♉	13 ♍
17	27 ♈ 1	18 ♈ 43	29 ♒ 4	0 ♓ 21	29 ♓ 32	4 ♉ 20	0 ♉ 42	4 ♓ 20	11 ♐ 12	22 ♌ 49	13 ♉ 51	3 ♓ 36	17 ♊	21 ♈	10 ♊	14 ♉	13 ♍
18	28 ♈ 0	1 ♉ 52	29 ♒ 1	0 ♓ 12	0 ♈ 32	5 ♉ 34	1 ♉ 27	4 ♓ 31	11 ♐ 9	22 ♌ 48	13 ♉ 54	3 ♓ 37	18 ♊	22 ♈	10 ♊	15 ♉	13 ♍
19	28 ♈ 59	15 ♉ 18	28 ♒ 58	0 ♓ 2	1 ♈ 35	6 ♉ 48	2 ♉ 12	4 ♓ 42	11 ♐ 6	22 ♌ 48	13 ♉ 56	3 ♓ 38	18 ♊	22 ♈	11 ♊	15 ♉	13 ♍
20	29 ♈ 57	28 ♉ 59	28 ♒ 55	29 ♒ 52	2 ♈ 40	8 ♉ 2	2 ♉ 56	4 ♓ 54	11 ♐ 4	22 ♌ 47	13 ♉ 58	3 ♓ 39	19 ♊	22 ♈	11 ♊	16 ♉	12 ♍
21	0 ♉ 56	12 ♊ 50	28 ♒ 52	29 ♒ 44	3 ♈ 48	9 ♉ 16	3 ♉ 41	5 ♓ 5	11 ♐ 1	22 ♌ 46	14 ♉ 0	3 ♓ 40	19 ♊	23 ♈	12 ♊	16 ♉	12 ♍
22	1 ♉ 55	26 ♊ 49	28 ♒ 48	29 ♒ 37	4 ♈ 58	10 ♉ 30	4 ♉ 26	5 ♓ 15	10 ♐ 58	22 ♌ 46	14 ♉ 2	3 ♓ 42	19 ♊	23 ♈	12 ♊	17 ♉	12 ♍
23	2 ♉ 53	10 ♋ 53	28 ♒ 45	29 ♒ 33	6 ♈ 10	11 ♉ 45	5 ♉ 10	5 ♓ 26	10 ♐ 55	22 ♌ 46	14 ♉ 5	3 ♓ 43	20 ♊	24 ♈	13 ♊	17 ♉	12 ♍
24	3 ♉ 52	24 ♋ 59	28 ♒ 42	29 ♒ 31	7 ♈ 25	12 ♉ 59	5 ♉ 55	5 ♓ 37	10 ♐ 52	22 ♌ 45	14 ♉ 7	3 ♓ 44	20 ♊	24 ♈	13 ♊	18 ♉	12 ♍
25	4 ♉ 50	9 ♌ 7	28 ♒ 39	29 D 30	8 ♈ 42	14 ♉ 13	6 ♉ 40	5 ♓ 47	10 ♐ 49	22 ♌ 45	14 ♉ 9	3 ♓ 44	20 ♊	24 ♈	14 ♊	18 ♉	12 ♍
26	5 ♉ 49	23 ♌ 14	28 ♒ 36	29 ♒ 31	10 ♈ 2	15 ♉ 27	7 ♉ 24	5 ♓ 58	10 ♐ 46	22 ♌ 45	14 ♉ 11	3 ♓ 45	21 ♊	25 ♈	15 ♊	18 ♉	12 ♍
27	6 ♉ 47	7 ♍ 21	28 ♒ 32	29 R 31	11 ♈ 23	16 ♉ 41	8 ♉ 9	6 ♓ 8	10 ♐ 42	22 ♌ 44	14 ♉ 14	3 ♓ 46	21 ♊	25 ♈	15 ♊	19 ♉	12 ♍
28	7 ♉ 45	21 ♍ 24	28 ♒ 29	29 ♒ 29	12 ♈ 46	17 ♉ 55	8 ♉ 53	6 ♓ 18	10 ♐ 39	22 ♌ 44	14 ♉ 16	3 ♓ 47	22 ♊	26 ♈	16 ♊	19 ♉	12 ♍
29	8 ♉ 44	5 ♎ 23	28 ♒ 26	29 ♒ 25	14 ♈ 12	19 ♉ 9	9 ♉ 37	6 ♓ 29	10 ♐ 36	22 ♌ 44	14 ♉ 18	3 ♓ 48	22 ♊	26 ♈	16 ♊	20 ♉	12 ♍
30	9 ♉ 42	19 ♎ 14	28 ♒ 23	29 ♒ 18	15 ♈ 39	20 ♉ 23	10 ♉ 22	6 ♓ 39	10 ♐ 32	22 ♌ 44	14 ♉ 20	3 ♓ 49	22 ♊	27 ♈	17 ♊	20 ♉	12 ♍

SUN INGRESS	☉ → ♉ 20日 00:52
MOON PHASE	○ 2日 03:42 ♎　◑ 9日 16:52 ♑　● 17日 16:26 ♈　◐ 24日 16:11 ♌

aspects		
1日	09:06	☉△♄
6日	17:57	♂△♅
7日	19:33	♀△♅
9日	12:36	♀☌♂
12日	18:00	♃☌♇
12日	18:19	☉△♅
16日	09:41	♀⚹♇
17日	00:08	♀⚹♃
20日	23:40	♂⚹♇
23日	11:07	♂⚹♃
23日	20:37	☉⚹♇
24日	22:48	♀☌♆
26日	04:40	☉⚹♃
26日	12:35	☿△♄

2045年5月

DAY	☉	☽	☊ mean	☊ true	☿	♀	♂	♃	♄	♅	♆	♇	⚳	⚴	⚵	⚶	⚷
	° ′	° ′	° ′	° ′	° ′	° ′	° ′	° ′	° ′	° ′	° ′	° ′	°	°	°	°	°
1	10 ♉ 40	2 ♏ 55	28 ♒ 20	29 R 8	17 D 8	21 D 36	11 D 6	6 D 48	10 R 29	22 D 44	14 D 23	3 D 50	23 D	27 D	17 D	21 D	12 R
2	11 ♉ 38	16 ♏ 22	28 ♒ 17	28 ♒ 57	18 ♈ 40	22 ♉ 50	11 ♉ 50	6 ♓ 58	10 ♐ 25	22 ♌ 44	14 ♉ 25	3 ♓ 51	23 ♊	27 ♈	18 ♊	21 ♉	12 ♍
3	12 ♉ 37	29 ♏ 32	28 ♒ 13	28 ♒ 45	20 ♈ 13	24 ♉ 4	12 ♉ 34	7 ♓ 8	10 ♐ 22	22 ♌ 44	14 ♉ 27	3 ♓ 51	24 ♊	28 ♈	18 ♊	21 ♉	12 ♍
4	13 ♉ 35	12 ♐ 25	28 ♒ 10	28 ♒ 33	21 ♈ 48	25 ♉ 18	13 ♉ 18	7 ♓ 18	10 ♐ 18	22 ♌ 45	14 ♉ 29	3 ♓ 52	24 ♊	28 ♈	19 ♊	22 ♉	12 ♍
5	14 ♉ 33	24 ♐ 59	28 ♒ 7	28 ♒ 23	23 ♈ 25	26 ♉ 32	14 ♉ 2	7 ♓ 27	10 ♐ 14	22 ♌ 45	14 ♉ 32	3 ♓ 53	24 ♊	29 ♈	20 ♊	22 ♉	12 ♍
6	15 ♉ 31	7 ♑ 17	28 ♒ 4	28 ♒ 15	25 ♈ 4	27 ♉ 46	14 ♉ 46	7 ♓ 36	10 ♐ 10	22 ♌ 45	14 ♉ 34	3 ♓ 54	25 ♊	29 ♈	20 ♊	23 ♉	12 ♍
7	16 ♉ 29	19 ♑ 21	28 ♒ 1	28 ♒ 10	26 ♈ 45	28 ♉ 59	15 ♉ 30	7 ♓ 46	10 ♐ 6	22 ♌ 45	14 ♉ 36	3 ♓ 54	25 ♊	0 ♉	21 ♊	23 ♉	12 ♍
8	17 ♉ 27	1 ♒ 15	27 ♒ 58	28 ♒ 7	28 ♈ 28	0 ♊ 13	16 ♉ 14	7 ♓ 55	10 ♐ 3	22 ♌ 46	14 ♉ 38	3 ♓ 55	26 ♊	0 ♉	21 ♊	24 ♉	12 ♍
9	18 ♉ 25	13 ♒ 4	27 ♒ 54	28 ♒ 6	0 ♉ 12	1 ♊ 27	16 ♉ 58	8 ♓ 4	9 ♐ 59	22 ♌ 46	14 ♉ 41	3 ♓ 56	26 ♊	0 ♉	22 ♊	24 ♉	12 ♍
10	19 ♉ 23	24 ♒ 54	27 ♒ 51	28 D 6	1 ♉ 59	2 ♊ 41	17 ♉ 42	8 ♓ 12	9 ♐ 55	22 ♌ 47	14 ♉ 43	3 ♓ 56	26 ♊	1 ♉	22 ♊	25 ♉	12 ♍
11	20 ♉ 21	6 ♓ 49	27 ♒ 48	28 R 6	3 ♉ 47	3 ♊ 54	18 ♉ 25	8 ♓ 21	9 ♐ 51	22 ♌ 47	14 ♉ 45	3 ♓ 57	27 ♊	1 ♉	23 ♊	25 ♉	12 D
12	21 ♉ 19	18 ♓ 55	27 ♒ 45	28 ♒ 5	5 ♉ 38	5 ♊ 8	19 ♉ 9	8 ♓ 30	9 ♐ 47	22 ♌ 48	14 ♉ 47	3 ♓ 57	27 ♊	2 ♉	24 ♊	25 ♉	12 ♍
13	22 ♉ 17	1 ♈ 17	27 ♒ 42	28 ♒ 1	7 ♉ 30	6 ♊ 22	19 ♉ 53	8 ♓ 38	9 ♐ 42	22 ♌ 49	14 ♉ 50	3 ♓ 58	28 ♊	2 ♉	24 ♊	26 ♉	12 ♍
14	23 ♉ 15	13 ♈ 59	27 ♒ 38	27 ♒ 55	9 ♉ 24	7 ♊ 35	20 ♉ 36	8 ♓ 46	9 ♐ 38	22 ♌ 49	14 ♉ 52	3 ♓ 59	28 ♊	3 ♉	25 ♊	26 ♉	12 ♍
15	24 ♉ 13	27 ♈ 3	27 ♒ 35	27 ♒ 47	11 ♉ 20	8 ♊ 49	21 ♉ 20	8 ♓ 55	9 ♐ 34	22 ♌ 50	14 ♉ 54	3 ♓ 59	28 ♊	3 ♉	25 ♊	27 ♉	12 ♍
16	25 ♉ 11	10 ♉ 29	27 ♒ 32	27 ♒ 36	13 ♉ 18	10 ♊ 3	22 ♉ 3	9 ♓ 3	9 ♐ 30	22 ♌ 51	14 ♉ 56	4 ♓ 0	29 ♊	3 ♉	26 ♊	27 ♉	12 ♍
17	26 ♉ 9	24 ♉ 17	27 ♒ 29	27 ♒ 24	15 ♉ 18	11 ♊ 16	22 ♉ 46	9 ♓ 11	9 ♐ 26	22 ♌ 52	14 ♉ 59	4 ♓ 0	29 ♊	4 ♉	26 ♊	28 ♉	12 ♍
18	27 ♉ 7	8 ♊ 23	27 ♒ 26	27 ♒ 12	17 ♉ 20	12 ♊ 30	23 ♉ 30	9 ♓ 18	9 ♐ 21	22 ♌ 53	15 ♉ 1	4 ♓ 0	0 ♋	4 ♉	27 ♊	28 ♉	12 ♍
19	28 ♉ 5	22 ♊ 40	27 ♒ 23	27 ♒ 1	19 ♉ 23	13 ♊ 43	24 ♉ 13	9 ♓ 26	9 ♐ 17	22 ♌ 54	15 ♉ 3	4 ♓ 1	0 ♋	5 ♉	27 ♊	28 ♉	12 ♍
20	29 ♉ 2	7 ♋ 4	27 ♒ 19	26 ♒ 53	21 ♉ 28	14 ♊ 57	24 ♉ 56	9 ♓ 33	9 ♐ 13	22 ♌ 55	15 ♉ 5	4 ♓ 1	0 ♋	5 ♉	28 ♊	29 ♉	12 ♍
21	0 ♊ 0	21 ♋ 29	27 ♒ 16	26 ♒ 47	23 ♉ 34	16 ♊ 10	25 ♉ 40	9 ♓ 41	9 ♐ 8	22 ♌ 56	15 ♉ 7	4 ♓ 2	1 ♋	6 ♉	28 ♊	29 ♉	12 ♍
22	0 ♊ 58	5 ♌ 51	27 ♒ 13	26 ♒ 44	25 ♉ 42	17 ♊ 24	26 ♉ 23	9 ♓ 48	9 ♐ 4	22 ♌ 57	15 ♉ 10	4 ♓ 2	1 ♋	6 ♉	29 ♊	0 ♊	12 ♍
23	1 ♊ 56	20 ♌ 5	27 ♒ 10	26 ♒ 43	27 ♉ 51	18 ♊ 37	27 ♉ 6	9 ♓ 55	9 ♐ 0	22 ♌ 58	15 ♉ 12	4 ♓ 2	2 ♋	6 ♉	0 ♋	0 ♊	12 ♍
24	2 ♊ 53	4 ♍ 11	27 ♒ 7	26 ♒ 43	0 ♊ 1	19 ♊ 51	27 ♉ 49	10 ♓ 2	8 ♐ 55	22 ♌ 59	15 ♉ 14	4 ♓ 3	2 ♋	7 ♉	0 ♋	1 ♊	12 ♍
25	3 ♊ 51	18 ♍ 7	27 ♒ 4	26 ♒ 43	2 ♊ 12	21 ♊ 4	28 ♉ 32	10 ♓ 9	8 ♐ 51	23 ♌ 1	15 ♉ 16	4 ♓ 3	3 ♋	7 ♉	1 ♋	1 ♊	12 ♍
26	4 ♊ 49	1 ♎ 54	27 ♒ 0	26 ♒ 41	4 ♊ 24	22 ♊ 18	29 ♉ 15	10 ♓ 15	8 ♐ 46	23 ♌ 2	15 ♉ 18	4 ♓ 3	3 ♋	8 ♉	1 ♋	2 ♊	12 ♍
27	5 ♊ 46	15 ♎ 32	26 ♒ 57	26 ♒ 36	6 ♊ 35	23 ♊ 31	29 ♉ 58	10 ♓ 22	8 ♐ 42	23 ♌ 3	15 ♉ 20	4 ♓ 3	3 ♋	8 ♉	2 ♋	2 ♊	12 ♍
28	6 ♊ 44	29 ♎ 0	26 ♒ 54	26 ♒ 29	8 ♊ 47	24 ♊ 44	0 ♊ 41	10 ♓ 28	8 ♐ 37	23 ♌ 5	15 ♉ 23	4 ♓ 3	4 ♋	9 ♉	2 ♋	2 ♊	12 ♍
29	7 ♊ 41	12 ♏ 16	26 ♒ 51	26 ♒ 19	10 ♊ 59	25 ♊ 58	1 ♊ 23	10 ♓ 34	8 ♐ 33	23 ♌ 6	15 ♉ 25	4 ♓ 4	4 ♋	9 ♉	3 ♋	3 ♊	12 ♍
30	8 ♊ 39	25 ♏ 21	26 ♒ 48	26 ♒ 8	13 ♊ 10	27 ♊ 11	2 ♊ 6	10 ♓ 40	8 ♐ 28	23 ♌ 8	15 ♉ 27	4 ♓ 4	5 ♋	9 ♉	3 ♋	3 ♊	12 ♍
31	9 ♊ 36	8 ♐ 12	26 ♒ 44	25 ♒ 55	15 ♊ 20	28 ♊ 24	2 ♊ 49	10 ♓ 46	8 ♐ 24	23 ♌ 10	15 ♉ 29	4 ♓ 4	5 ♋	10 ♉	4 ♋	4 ♊	12 ♍

SUN INGRESS	☉ → ♊ 20日 23:45
MOON PHASE	○ 1日 14:51 ♏　◑ 9日 11:50 ♒　● 17日 03:26 ♉　◐ 23日 21:38 ♍　○ 31日 02:52 ♐

aspects		
1日	22:03	♀□♅
2日	19:42	☉☌♂
4日	14:05	☿△♅
4日	23:26	☉☌♆
5日	16:56	♂☌♆
11日	00:51	♀□♇
11日	02:07	☿⚹♇
13日	13:11	☉□♅
13日	15:30	☿⚹♃
15日	02:04	♀□♃
15日	13:55	♀☍♄
16日	20:03	☿☌♆
17日	03:01	♂□♅
18日	06:00	♃□♄
20日	16:40	☿□♅
22日	11:24	☿☌♂
25日	04:59	☉□♇
25日	20:16	☿□♇
26日	08:06	☉☌☿
26日	14:51	♀⚹♅
27日	22:15	☿☍♄
28日	19:13	☿□♃
29日	19:58	☉☍♄

2045年6月

DAY	☉	☽	☊ mean	☊ true	☿	♀	♂	♃	♄	♅	♆	♇	⚳	⚴	⚵	⚶	⚷
	° ′	° ′	° ′	° ′	° ′	° ′	° ′	° ′	° ′	° ′	° ′	° ′	°	°	°	°	°
1	10 ♊ 34	20 ♐ 50	26 ♒ 41	25 R 43	17 D 30	29 D 37	3 D 31	10 D 51	8 R 19	23 D 11	15 D 31	4 D 4	5 D	10 D	5 D	4 D	12 D
2	11 ♊ 31	3 ♑ 13	26 ♒ 38	25 ♒ 32	19 ♊ 38	0 ♋ 51	4 ♊ 14	10 ♓ 57	8 ♐ 15	23 ♌ 13	15 ♉ 33	4 ♓ 4	6 ♋	11 ♉	5 ♋	5 ♊	13 ♍
3	12 ♊ 29	15 ♑ 24	26 ♒ 35	25 ♒ 24	21 ♊ 45	2 ♋ 4	4 ♊ 56	11 ♓ 2	8 ♐ 11	23 ♌ 15	15 ♉ 35	4 ♓ 4	6 ♋	11 ♉	6 ♋	5 ♊	13 ♍
4	13 ♊ 26	27 ♑ 24	26 ♒ 32	25 ♒ 18	23 ♊ 50	3 ♋ 17	5 ♊ 39	11 ♓ 7	8 ♐ 6	23 ♌ 16	15 ♉ 37	4 ♓ 4	7 ♋	12 ♉	6 ♋	5 ♊	13 ♍
5	14 ♊ 24	9 ♒ 16	26 ♒ 29	25 ♒ 15	25 ♊ 53	4 ♋ 30	6 ♊ 21	11 ♓ 12	8 ♐ 2	23 ♌ 18	15 ♉ 39	4 R 4	7 ♋	12 ♉	7 ♋	6 ♊	13 ♍
6	15 ♊ 21	21 ♒ 4	26 ♒ 25	25 ♒ 14	27 ♊ 54	5 ♋ 43	7 ♊ 4	11 ♓ 17	7 ♐ 57	23 ♌ 20	15 ♉ 41	4 ♓ 4	8 ♋	13 ♉	7 ♋	6 ♊	13 ♍
7	16 ♊ 19	2 ♓ 53	26 ♒ 22	25 D 14	29 ♊ 53	6 ♋ 56	7 ♊ 46	11 ♓ 22	7 ♐ 53	23 ♌ 22	15 ♉ 43	4 ♓ 4	8 ♋	13 ♉	8 ♋	7 ♊	13 ♍
8	17 ♊ 16	14 ♓ 47	26 ♒ 19	25 ♒ 14	1 ♋ 50	8 ♋ 10	8 ♊ 28	11 ♓ 26	7 ♐ 49	23 ♌ 24	15 ♉ 45	4 ♓ 4	8 ♋	13 ♉	8 ♋	7 ♊	13 ♍
9	18 ♊ 13	26 ♓ 53	26 ♒ 16	25 R 14	3 ♋ 44	9 ♋ 23	9 ♊ 10	11 ♓ 30	7 ♐ 44	23 ♌ 26	15 ♉ 47	4 ♓ 4	9 ♋	14 ♉	9 ♋	8 ♊	13 ♍
10	19 ♊ 11	9 ♈ 16	26 ♒ 13	25 ♒ 12	5 ♋ 36	10 ♋ 36	9 ♊ 53	11 ♓ 34	7 ♐ 40	23 ♌ 28	15 ♉ 49	4 ♓ 4	9 ♋	14 ♉	9 ♋	8 ♊	13 ♍
11	20 ♊ 8	22 ♈ 0	26 ♒ 10	25 ♒ 8	7 ♋ 26	11 ♋ 49	10 ♊ 35	11 ♓ 38	7 ♐ 36	23 ♌ 30	15 ♉ 51	4 ♓ 3	10 ♋	15 ♉	10 ♋	8 ♊	13 ♍
12	21 ♊ 6	5 ♉ 8	26 ♒ 6	25 ♒ 2	9 ♋ 13	13 ♋ 2	11 ♊ 17	11 ♓ 42	7 ♐ 31	23 ♌ 32	15 ♉ 53	4 ♓ 3	10 ♋	15 ♉	11 ♋	9 ♊	13 ♍
13	22 ♊ 3	18 ♉ 43	26 ♒ 3	24 ♒ 54	10 ♋ 58	14 ♋ 15	11 ♊ 59	11 ♓ 46	7 ♐ 27	23 ♌ 34	15 ♉ 55	4 ♓ 3	11 ♋	16 ♉	11 ♋	9 ♊	13 ♍
14	23 ♊ 0	2 ♊ 44	26 ♒ 0	24 ♒ 44	12 ♋ 40	15 ♋ 28	12 ♊ 41	11 ♓ 49	7 ♐ 23	23 ♌ 37	15 ♉ 57	4 ♓ 3	11 ♋	16 ♉	12 ♋	10 ♊	13 ♍
15	23 ♊ 58	17 ♊ 6	25 ♒ 57	24 ♒ 35	14 ♋ 20	16 ♋ 41	13 ♊ 23	11 ♓ 52	7 ♐ 19	23 ♌ 39	15 ♉ 59	4 ♓ 3	11 ♋	17 ♉	12 ♋	10 ♊	13 ♍
16	24 ♊ 55	1 ♋ 45	25 ♒ 54	24 ♒ 26	15 ♋ 57	17 ♋ 54	14 ♊ 4	11 ♓ 55	7 ♐ 14	23 ♌ 41	16 ♉ 1	4 ♓ 2	12 ♋	17 ♉	13 ♋	11 ♊	13 ♍
17	25 ♊ 52	16 ♋ 33	25 ♒ 50	24 ♒ 19	17 ♋ 31	19 ♋ 7	14 ♊ 46	11 ♓ 58	7 ♐ 10	23 ♌ 44	16 ♉ 3	4 ♓ 2	12 ♋	17 ♉	13 ♋	11 ♊	13 ♍
18	26 ♊ 50	1 ♌ 21	25 ♒ 47	24 ♒ 15	19 ♋ 3	20 ♋ 19	15 ♊ 28	12 ♓ 1	7 ♐ 6	23 ♌ 46	16 ♉ 4	4 ♓ 2	13 ♋	18 ♉	14 ♋	12 ♊	13 ♍
19	27 ♊ 47	16 ♌ 3	25 ♒ 44	24 ♒ 13	20 ♋ 32	21 ♋ 32	16 ♊ 10	12 ♓ 3	7 ♐ 2	23 ♌ 48	16 ♉ 6	4 ♓ 1	13 ♋	18 ♉	14 ♋	12 ♊	13 ♍
20	28 ♊ 44	0 ♍ 33	25 ♒ 41	24 D 13	21 ♋ 59	22 ♋ 45	16 ♊ 51	12 ♓ 5	6 ♐ 58	23 ♌ 51	16 ♉ 8	4 ♓ 1	14 ♋	19 ♉	15 ♋	12 ♊	14 ♍
21	29 ♊ 41	14 ♍ 49	25 ♒ 38	24 ♒ 14	23 ♋ 23	23 ♋ 58	17 ♊ 33	12 ♓ 7	6 ♐ 54	23 ♌ 53	16 ♉ 10	4 ♓ 1	14 ♋	19 ♉	15 ♋	13 ♊	14 ♍
22	0 ♋ 39	28 ♍ 47	25 ♒ 35	24 ♒ 14	24 ♋ 44	25 ♋ 11	18 ♊ 14	12 ♓ 9	6 ♐ 50	23 ♌ 56	16 ♉ 11	4 ♓ 0	15 ♋	19 ♉	16 ♋	13 ♊	14 ♍
23	1 ♋ 36	12 ♎ 29	25 ♒ 31	24 R 14	26 ♋ 3	26 ♋ 23	18 ♊ 56	12 ♓ 11	6 ♐ 47	23 ♌ 58	16 ♉ 13	4 ♓ 0	15 ♋	20 ♉	16 ♋	14 ♊	14 ♍
24	2 ♋ 33	25 ♎ 55	25 ♒ 28	24 ♒ 11	27 ♋ 18	27 ♋ 36	19 ♊ 37	12 ♓ 13	6 ♐ 43	24 ♌ 1	16 ♉ 15	3 ♓ 59	15 ♋	21 ♉	17 ♋	14 ♊	14 ♍
25	3 ♋ 30	9 ♏ 7	25 ♒ 25	24 ♒ 7	28 ♋ 31	28 ♋ 49	20 ♊ 19	12 ♓ 14	6 ♐ 39	24 ♌ 4	16 ♉ 17	3 ♓ 59	16 ♋	21 ♉	18 ♋	15 ♊	14 ♍
26	4 ♋ 28	22 ♏ 4	25 ♒ 22	24 ♒ 1	29 ♋ 41	0 ♌ 2	21 ♊ 0	12 ♓ 15	6 ♐ 35	24 ♌ 6	16 ♉ 18	3 ♓ 58	16 ♋	21 ♉	18 ♋	15 ♊	14 ♍
27	5 ♋ 25	4 ♐ 49	25 ♒ 19	23 ♒ 53	0 ♌ 48	1 ♌ 14	21 ♊ 41	12 ♓ 16	6 ♐ 32	24 ♌ 9	16 ♉ 20	3 ♓ 58	17 ♋	22 ♉	19 ♋	15 ♊	14 ♍
28	6 ♋ 22	17 ♐ 21	25 ♒ 16	23 ♒ 44	1 ♌ 52	2 ♌ 27	22 ♊ 23	12 ♓ 17	6 ♐ 28	24 ♌ 12	16 ♉ 21	3 ♓ 57	17 ♋	22 ♉	19 ♋	16 ♊	14 ♍
29	7 ♋ 19	29 ♐ 42	25 ♒ 12	23 ♒ 36	2 ♌ 53	3 ♌ 39	23 ♊ 4	12 ♓ 17	6 ♐ 25	24 ♌ 15	16 ♉ 23	3 ♓ 57	18 ♋	23 ♉	20 ♋	16 ♊	14 ♍
30	8 ♋ 16	11 ♑ 53	25 ♒ 9	23 ♒ 29	3 ♌ 51	4 ♌ 52	23 ♊ 45	12 ♓ 18	6 ♐ 21	24 ♌ 18	16 ♉ 25	3 ♓ 56	18 ♋	23 ♉	20 ♋	17 ♊	14 ♍

SUN INGRESS	☉ → ♋ 21日 07:33
MOON PHASE	◑ 8日 05:22 ♓　● 15日 12:04 ♊　◐ 22日 03:28 ♎　○ 29日 16:15 ♑

aspects		
1日	08:01	☉□♃
1日	18:27	♂□♇
3日	17:28	☿⚹♅
4日	15:26	♀△♇
7日	03:38	♂☍♄
9日	04:08	☿△♇
10日	20:22	♀△♃
12日	15:49	♂□♃
13日	11:31	☿△♃
14日	09:52	♀⚹♆
14日	15:50	☉⚹♅
16日	01:01	☿⚹♆
25日	11:46	☉△♇
30日	20:27	♂⚹♅

2045年7月

DAY	☉	☽	☊ mean	☊ true	☿	♀	♂	♃	♄	♅	♆	♇	⚳	⚴	⚵	⚶	⚷
	° ′	° ′	° ′	° ′	° ′	° ′	° ′	° ′	° ′	° ′	° ′	° ′	°	°	°	°	°
1	9 ♋ 14	23 ♑ 54	25 ♒ 6	23 R 23	4 D 45	6 D 4	24 D 26	12 D 18	6 R 18	24 D 20	16 D 26	3 R 55	18 D	24 D	21 D	17 D	14 D
2	10 ♋ 11	5 ♒ 48	25 ♒ 3	23 ♒ 20	5 ♌ 36	7 ♌ 17	25 ♊ 7	12 R 18	6 ♐ 15	24 ♌ 23	16 ♉ 28	3 ♓ 55	19 ♋	24 ♉	21 ♋	17 ♊	15 ♍
3	11 ♋ 8	17 ♒ 37	25 ♒ 0	23 ♒ 18	6 ♌ 23	8 ♌ 29	25 ♊ 48	12 ♓ 18	6 ♐ 11	24 ♌ 26	16 ♉ 29	3 ♓ 54	19 ♋	25 ♉	22 ♋	18 ♊	15 ♍
4	12 ♋ 5	29 ♒ 24	24 ♒ 56	23 D 18	7 ♌ 7	9 ♌ 42	26 ♊ 29	12 ♓ 17	6 ♐ 8	24 ♌ 29	16 ♉ 31	3 ♓ 53	20 ♋	25 ♉	22 ♋	18 ♊	15 ♍
5	13 ♋ 2	11 ♓ 13	24 ♒ 53	23 ♒ 19	7 ♌ 47	10 ♌ 54	27 ♊ 10	12 ♓ 17	6 ♐ 5	24 ♌ 32	16 ♉ 32	3 ♓ 53	20 ♋	25 ♉	23 ♋	19 ♊	15 ♍
6	14 ♋ 0	23 ♓ 8	24 ♒ 50	23 ♒ 21	8 ♌ 23	12 ♌ 6	27 ♊ 51	12 ♓ 16	6 ♐ 2	24 ♌ 35	16 ♉ 33	3 ♓ 52	21 ♋	26 ♉	23 ♋	19 ♊	15 ♍
7	14 ♋ 57	5 ♈ 14	24 ♒ 47	23 ♒ 22	8 ♌ 55	13 ♌ 19	28 ♊ 32	12 ♓ 15	5 ♐ 59	24 ♌ 38	16 ♉ 35	3 ♓ 51	21 ♋	26 ♉	24 ♋	20 ♊	15 ♍
8	15 ♋ 54	17 ♈ 35	24 ♒ 44	23 R 23	9 ♌ 23	14 ♌ 31	29 ♊ 12	12 ♓ 14	5 ♐ 56	24 ♌ 41	16 ♉ 36	3 ♓ 50	22 ♋	27 ♉	24 ♋	20 ♊	15 ♍
9	16 ♋ 51	0 ♉ 17	24 ♒ 41	23 ♒ 22	9 ♌ 46	15 ♌ 43	29 ♊ 53	12 ♓ 12	5 ♐ 53	24 ♌ 45	16 ♉ 37	3 ♓ 50	22 ♋	27 ♉	25 ♋	20 ♊	15 ♍
10	17 ♋ 48	13 ♉ 23	24 ♒ 37	23 ♒ 19	10 ♌ 5	16 ♌ 56	0 ♋ 34	12 ♓ 11	5 ♐ 50	24 ♌ 48	16 ♉ 39	3 ♓ 49	22 ♋	28 ♉	25 ♋	21 ♊	15 ♍
11	18 ♋ 46	26 ♉ 57	24 ♒ 34	23 ♒ 16	10 ♌ 20	18 ♌ 8	1 ♋ 14	12 ♓ 9	5 ♐ 48	24 ♌ 51	16 ♉ 40	3 ♓ 48	23 ♋	28 ♉	26 ♋	21 ♊	15 ♍
12	19 ♋ 43	10 ♊ 58	24 ♒ 31	23 ♒ 11	10 ♌ 30	19 ♌ 20	1 ♋ 55	12 ♓ 7	5 ♐ 45	24 ♌ 54	16 ♉ 41	3 ♓ 47	23 ♋	29 ♉	27 ♋	22 ♊	15 ♍
13	20 ♋ 40	25 ♊ 26	24 ♒ 28	23 ♒ 6	10 ♌ 35	20 ♌ 32	2 ♋ 36	12 ♓ 5	5 ♐ 43	24 ♌ 57	16 ♉ 43	3 ♓ 46	24 ♋	29 ♉	27 ♋	22 ♊	16 ♍
14	21 ♋ 37	10 ♋ 14	24 ♒ 25	23 ♒ 2	10 R 36	21 ♌ 44	3 ♋ 16	12 ♓ 2	5 ♐ 40	25 ♌ 1	16 ♉ 44	3 ♓ 45	24 ♋	29 ♉	28 ♋	23 ♊	16 ♍
15	22 ♋ 35	25 ♋ 15	24 ♒ 22	22 ♒ 59	10 ♌ 31	22 ♌ 56	3 ♋ 57	12 ♓ 0	5 ♐ 38	25 ♌ 4	16 ♉ 45	3 ♓ 45	25 ♋	0 ♊	28 ♋	23 ♊	16 ♍
16	23 ♋ 32	10 ♌ 21	24 ♒ 18	22 ♒ 57	10 ♌ 22	24 ♌ 8	4 ♋ 37	11 ♓ 57	5 ♐ 36	25 ♌ 7	16 ♉ 46	3 ♓ 44	25 ♋	0 ♊	29 ♋	23 ♊	16 ♍
17	24 ♋ 29	25 ♌ 22	24 ♒ 15	22 D 56	10 ♌ 9	25 ♌ 20	5 ♋ 17	11 ♓ 54	5 ♐ 33	25 ♌ 11	16 ♉ 47	3 ♓ 43	25 ♋	1 ♊	29 ♋	24 ♊	16 ♍
18	25 ♋ 26	10 ♍ 11	24 ♒ 12	22 ♒ 57	9 ♌ 50	26 ♌ 32	5 ♋ 58	11 ♓ 51	5 ♐ 31	25 ♌ 14	16 ♉ 48	3 ♓ 42	26 ♋	1 ♊	0 ♌	24 ♊	16 ♍
19	26 ♋ 24	24 ♍ 42	24 ♒ 9	22 ♒ 58	9 ♌ 27	27 ♌ 44	6 ♋ 38	11 ♓ 48	5 ♐ 29	25 ♌ 17	16 ♉ 49	3 ♓ 41	26 ♋	2 ♊	0 ♌	25 ♊	16 ♍
20	27 ♋ 21	8 ♎ 51	24 ♒ 6	23 ♒ 0	9 ♌ 0	28 ♌ 56	7 ♋ 18	11 ♓ 44	5 ♐ 27	25 ♌ 21	16 ♉ 50	3 ♓ 40	27 ♋	2 ♊	1 ♌	25 ♊	16 ♍
21	28 ♋ 18	22 ♎ 37	24 ♒ 2	23 ♒ 1	8 ♌ 30	0 ♍ 8	7 ♋ 58	11 ♓ 41	5 ♐ 26	25 ♌ 24	16 ♉ 51	3 ♓ 39	27 ♋	3 ♊	1 ♌	25 ♊	16 ♍
22	29 ♋ 16	6 ♏ 2	23 ♒ 59	23 R 0	7 ♌ 55	1 ♍ 20	8 ♋ 38	11 ♓ 37	5 ♐ 24	25 ♌ 28	16 ♉ 52	3 ♓ 38	28 ♋	3 ♊	2 ♌	26 ♊	17 ♍
23	0 ♌ 13	19 ♏ 6	23 ♒ 56	22 ♒ 59	7 ♌ 18	2 ♍ 31	9 ♋ 18	11 ♓ 33	5 ♐ 22	25 ♌ 31	16 ♉ 53	3 ♓ 37	28 ♋	4 ♊	2 ♌	26 ♊	17 ♍
24	1 ♌ 10	1 ♐ 52	23 ♒ 53	22 ♒ 57	6 ♌ 38	3 ♍ 43	9 ♋ 58	11 ♓ 29	5 ♐ 21	25 ♌ 34	16 ♉ 54	3 ♓ 36	29 ♋	4 ♊	3 ♌	27 ♊	17 ♍
25	2 ♌ 7	14 ♐ 23	23 ♒ 50	22 ♒ 55	5 ♌ 57	4 ♍ 55	10 ♋ 38	11 ♓ 25	5 ♐ 19	25 ♌ 38	16 ♉ 55	3 ♓ 35	29 ♋	4 ♊	3 ♌	27 ♊	17 ♍
26	3 ♌ 5	26 ♐ 41	23 ♒ 47	22 ♒ 51	5 ♌ 14	6 ♍ 6	11 ♋ 18	11 ♓ 20	5 ♐ 18	25 ♌ 41	16 ♉ 56	3 ♓ 34	29 ♋	5 ♊	4 ♌	27 ♊	17 ♍
27	4 ♌ 2	8 ♑ 49	23 ♒ 43	22 ♒ 49	4 ♌ 31	7 ♍ 18	11 ♋ 58	11 ♓ 15	5 ♐ 17	25 ♌ 45	16 ♉ 57	3 ♓ 33	0 ♌	5 ♊	4 ♌	28 ♊	17 ♍
28	4 ♌ 59	20 ♑ 48	23 ♒ 40	22 ♒ 46	3 ♌ 49	8 ♍ 29	12 ♋ 38	11 ♓ 11	5 ♐ 15	25 ♌ 49	16 ♉ 57	3 ♓ 32	0 ♌	6 ♊	5 ♌	28 ♊	17 ♍
29	5 ♌ 57	2 ♒ 42	23 ♒ 37	22 ♒ 44	3 ♌ 7	9 ♍ 41	13 ♋ 18	11 ♓ 6	5 ♐ 14	25 ♌ 52	16 ♉ 58	3 ♓ 30	1 ♌	6 ♊	5 ♌	29 ♊	17 ♍
30	6 ♌ 54	14 ♒ 31	23 ♒ 34	22 ♒ 43	2 ♌ 28	10 ♍ 52	13 ♋ 57	11 ♓ 1	5 ♐ 13	25 ♌ 56	16 ♉ 59	3 ♓ 29	1 ♌	7 ♊	6 ♌	29 ♊	17 ♍
31	7 ♌ 51	26 ♒ 18	23 ♒ 31	22 D 43	1 ♌ 51	12 ♍ 4	14 ♋ 37	10 ♓ 55	5 ♐ 12	25 ♌ 59	17 ♉ 0	3 ♓ 28	2 ♌	7 ♊	6 ♌	29 ♊	18 ♍

SUN INGRESS	☉ → ♌ 22日 18:26
MOON PHASE	◑ 7日 20:30 ♈　● 14日 19:28 ♋　◐ 21日 10:52 ♎　○ 29日 07:10 ♒

aspects		
1日	04:15	♀△♄
2日	18:14	☿△♄
4日	04:58	☉△♃
8日	18:06	☉⚹♆
9日	18:19	♀□♆
14日	17:02	♂△♇
16日	20:35	♀☌♅
23日	21:35	♀☍♇
25日	08:01	♀□♄
25日	22:02	☿△♄
26日	00:59	♂△♃
27日	07:04	☉☌☿
28日	06:36	☉△♄
30日	02:34	♀☍♃

2045年8月

DAY	☉	☽	☊ mean	☊ true	☿	♀	♂	♃	♄	♅	♆	♇	⚳	⚴	⚵	⚶	⚷
	° ′	° ′	° ′	° ′	° ′	° ′	° ′	° ′	° ′	° ′	° ′	° ′	°	°	°	°	°
1	8 ♌ 49	8 ♓ 7	23 ♒ 28	22 D 44	1 R 18	13 D 15	15 D 17	10 R 50	5 R 11	26 D 3	17 D 0	3 R 27	2 D	8 D	7 D	0 D	18 D
2	9 ♌ 46	19 ♓ 58	23 ♒ 24	22 ♒ 45	0 ♌ 48	14 ♍ 26	15 ♋ 56	10 ♓ 44	5 ♐ 11	26 ♌ 6	17 ♉ 1	3 ♓ 26	3 ♌	8 ♊	7 ♌	0 ♋	18 ♍
3	10 ♌ 43	1 ♈ 57	23 ♒ 21	22 ♒ 46	0 ♌ 23	15 ♍ 37	16 ♋ 36	10 ♓ 38	5 ♐ 10	26 ♌ 10	17 ♉ 1	3 ♓ 25	3 ♌	8 ♊	8 ♌	1 ♋	18 ♍
4	11 ♌ 41	14 ♈ 5	23 ♒ 18	22 ♒ 47	0 ♌ 4	16 ♍ 49	17 ♋ 16	10 ♓ 33	5 ♐ 10	26 ♌ 14	17 ♉ 2	3 ♓ 24	4 ♌	9 ♊	8 ♌	1 ♋	18 ♍
5	12 ♌ 38	26 ♈ 28	23 ♒ 15	22 ♒ 48	29 ♋ 50	18 ♍ 0	17 ♋ 55	10 ♓ 27	5 ♐ 9	26 ♌ 17	17 ♉ 2	3 ♓ 22	4 ♌	9 ♊	9 ♌	1 ♋	18 ♍
6	13 ♌ 36	9 ♉ 8	23 ♒ 12	22 ♒ 48	29 ♋ 42	19 ♍ 11	18 ♋ 34	10 ♓ 20	5 ♐ 9	26 ♌ 21	17 ♉ 3	3 ♓ 21	4 ♌	10 ♊	9 ♌	2 ♋	18 ♍
7	14 ♌ 33	22 ♉ 11	23 ♒ 8	22 R 48	29 D 40	20 ♍ 22	19 ♋ 14	10 ♓ 14	5 ♐ 9	26 ♌ 25	17 ♉ 3	3 ♓ 20	5 ♌	10 ♊	10 ♌	2 ♋	18 ♍
8	15 ♌ 31	5 ♊ 38	23 ♒ 5	22 ♒ 48	29 ♋ 45	21 ♍ 33	19 ♋ 53	10 ♓ 8	5 ♐ 8	26 ♌ 28	17 ♉ 4	3 ♓ 19	5 ♌	11 ♊	10 ♌	3 ♋	19 ♍
9	16 ♌ 28	19 ♊ 32	23 ♒ 2	22 ♒ 47	29 ♋ 56	22 ♍ 44	20 ♋ 32	10 ♓ 1	5 ♐ 8	26 ♌ 32	17 ♉ 4	3 ♓ 18	6 ♌	11 ♊	11 ♌	3 ♋	19 ♍
10	17 ♌ 26	3 ♋ 51	22 ♒ 59	22 ♒ 46	0 ♌ 15	23 ♍ 55	21 ♋ 12	9 ♓ 55	5 D 8	26 ♌ 36	17 ♉ 5	3 ♓ 16	6 ♌	12 ♊	11 ♌	3 ♋	19 ♍
11	18 ♌ 23	18 ♋ 34	22 ♒ 56	22 ♒ 46	0 ♌ 40	25 ♍ 5	21 ♋ 51	9 ♓ 48	5 ♐ 9	26 ♌ 40	17 ♉ 5	3 ♓ 15	7 ♌	12 ♊	12 ♌	4 ♋	19 ♍
12	19 ♌ 21	3 ♌ 34	22 ♒ 53	22 ♒ 45	1 ♌ 12	26 ♍ 16	22 ♋ 30	9 ♓ 41	5 ♐ 9	26 ♌ 43	17 ♉ 5	3 ♓ 14	7 ♌	13 ♊	12 ♌	4 ♋	19 ♍
13	20 ♌ 19	18 ♌ 44	22 ♒ 49	22 ♒ 45	1 ♌ 51	27 ♍ 27	23 ♋ 9	9 ♓ 34	5 ♐ 9	26 ♌ 47	17 ♉ 5	3 ♓ 13	8 ♌	13 ♊	13 ♌	5 ♋	19 ♍
14	21 ♌ 16	3 ♍ 55	22 ♒ 46	22 D 45	2 ♌ 36	28 ♍ 37	23 ♋ 48	9 ♓ 27	5 ♐ 10	26 ♌ 51	17 ♉ 6	3 ♓ 11	8 ♌	13 ♊	13 ♌	5 ♋	19 ♍
15	22 ♌ 14	18 ♍ 57	22 ♒ 43	22 ♒ 45	3 ♌ 28	29 ♍ 48	24 ♋ 27	9 ♓ 20	5 ♐ 10	26 ♌ 55	17 ♉ 6	3 ♓ 10	8 ♌	14 ♊	14 ♌	5 ♋	20 ♍
16	23 ♌ 11	3 ♎ 41	22 ♒ 40	22 R 45	4 ♌ 27	0 ♎ 58	25 ♋ 6	9 ♓ 12	5 ♐ 11	26 ♌ 58	17 ♉ 6	3 ♓ 9	9 ♌	14 ♊	14 ♌	6 ♋	20 ♍
17	24 ♌ 9	18 ♎ 3	22 ♒ 37	22 ♒ 45	5 ♌ 32	2 ♎ 9	25 ♋ 45	9 ♓ 5	5 ♐ 11	27 ♌ 2	17 ♉ 6	3 ♓ 8	9 ♌	15 ♊	15 ♌	6 ♋	20 ♍
18	25 ♌ 7	2 ♏ 0	22 ♒ 34	22 ♒ 45	6 ♌ 43	3 ♎ 19	26 ♋ 24	8 ♓ 58	5 ♐ 12	27 ♌ 6	17 ♉ 6	3 ♓ 6	10 ♌	15 ♊	15 ♌	7 ♋	20 ♍
19	26 ♌ 5	15 ♏ 30	22 ♒ 30	22 ♒ 45	8 ♌ 0	4 ♎ 30	27 ♋ 3	8 ♓ 50	5 ♐ 13	27 ♌ 9	17 ♉ 6	3 ♓ 5	10 ♌	16 ♊	16 ♌	7 ♋	20 ♍
20	27 ♌ 2	28 ♏ 35	22 ♒ 27	22 D 45	9 ♌ 22	5 ♎ 40	27 ♋ 42	8 ♓ 43	5 ♐ 14	27 ♌ 13	17 ♉ 6	3 ♓ 4	11 ♌	16 ♊	16 ♌	7 ♋	20 ♍
21	28 ♌ 0	11 ♐ 18	22 ♒ 24	22 ♒ 45	10 ♌ 50	6 ♎ 50	28 ♋ 21	8 ♓ 35	5 ♐ 15	27 ♌ 17	17 R 6	3 ♓ 2	11 ♌	16 ♊	17 ♌	8 ♋	20 ♍
22	28 ♌ 58	23 ♐ 42	22 ♒ 21	22 ♒ 46	12 ♌ 22	8 ♎ 0	28 ♋ 59	8 ♓ 27	5 ♐ 17	27 ♌ 21	17 ♉ 6	3 ♓ 1	12 ♌	17 ♊	17 ♌	8 ♋	20 ♍
23	29 ♌ 56	5 ♑ 52	22 ♒ 18	22 ♒ 46	13 ♌ 59	9 ♎ 10	29 ♋ 38	8 ♓ 20	5 ♐ 18	27 ♌ 24	17 ♉ 6	3 ♓ 0	12 ♌	17 ♊	18 ♌	8 ♋	21 ♍
24	0 ♍ 53	17 ♑ 51	22 ♒ 14	22 ♒ 47	15 ♌ 40	10 ♎ 20	0 ♌ 17	8 ♓ 12	5 ♐ 19	27 ♌ 28	17 ♉ 6	2 ♓ 59	12 ♌	18 ♊	18 ♌	9 ♋	21 ♍
25	1 ♍ 51	29 ♑ 44	22 ♒ 11	22 ♒ 48	17 ♌ 24	11 ♎ 30	0 ♌ 55	8 ♓ 4	5 ♐ 21	27 ♌ 32	17 ♉ 6	2 ♓ 57	13 ♌	18 ♊	19 ♌	9 ♋	21 ♍
26	2 ♍ 49	11 ♒ 32	22 ♒ 8	22 ♒ 48	19 ♌ 11	12 ♎ 40	1 ♌ 34	7 ♓ 56	5 ♐ 22	27 ♌ 36	17 ♉ 6	2 ♓ 56	13 ♌	19 ♊	19 ♌	10 ♋	21 ♍
27	3 ♍ 47	23 ♒ 20	22 ♒ 5	22 R 49	21 ♌ 2	13 ♎ 49	2 ♌ 12	7 ♓ 48	5 ♐ 24	27 ♌ 39	17 ♉ 6	2 ♓ 55	14 ♌	19 ♊	20 ♌	10 ♋	21 ♍
28	4 ♍ 45	5 ♓ 9	22 ♒ 2	22 ♒ 48	22 ♌ 54	14 ♎ 59	2 ♌ 51	7 ♓ 40	5 ♐ 26	27 ♌ 43	17 ♉ 5	2 ♓ 53	14 ♌	20 ♊	20 ♌	10 ♋	21 ♍
29	5 ♍ 43	17 ♓ 2	21 ♒ 59	22 ♒ 47	24 ♌ 48	16 ♎ 8	3 ♌ 29	7 ♓ 33	5 ♐ 28	27 ♌ 47	17 ♉ 5	2 ♓ 52	15 ♌	20 ♊	21 ♌	11 ♋	21 ♍
30	6 ♍ 41	29 ♓ 1	21 ♒ 55	22 ♒ 46	26 ♌ 43	17 ♎ 18	4 ♌ 8	7 ♓ 25	5 ♐ 30	27 ♌ 51	17 ♉ 5	2 ♓ 51	15 ♌	20 ♊	21 ♌	11 ♋	22 ♍
31	7 ♍ 39	11 ♈ 8	21 ♒ 52	22 ♒ 44	28 ♌ 40	18 ♎ 27	4 ♌ 46	7 ♓ 17	5 ♐ 32	27 ♌ 54	17 ♉ 5	2 ♓ 50	16 ♌	21 ♊	22 ♌	11 ♋	22 ♍

SUN INGRESS	☉ → ♍ 23日 01:38
MOON PHASE	◑ 6日 08:56 ♉　● 13日 02:39 ♌　◐ 19日 20:55 ♏　○ 27日 23:07 ♓

aspects		
3日	15:39	♂⚹♆
4日	04:32	♀△♆
4日	20:24	♀⚹♂
9日	15:08	☉□♆
16日	16:31	☿△♄
19日	15:08	♀⚹♄
20日	04:53	☉☌♅
24日	19:54	☿□♆
26日	02:51	☉☍♇
28日	17:36	☉□♄
30日	14:19	☿☌♅
30日	16:02	☉☍♃

2045年9月

DAY	☉	☽	☊ mean	☊ true	☿	♀	♂	♃	♄	♅	♆	♇	⚳	⚴	⚵	⚶	⚷
	° ′	° ′	° ′	° ′	° ′	° ′	° ′	° ′	° ′	° ′	° ′	° ′	°	°	°	°	°
1	8 ♍ 37	23 ♈ 25	21 ♒ 49	22 R 41	0 D 37	19 D 37	5 D 24	7 R 9	5 D 34	27 D 58	17 R 4	2 R 48	16 D	21 D	22 D	12 D	22 D
2	9 ♍ 35	5 ♉ 55	21 ♒ 46	22 ♒ 39	2 ♍ 35	20 ♎ 46	6 ♌ 3	7 ♓ 1	5 ♐ 36	28 ♌ 2	17 ♉ 4	2 ♓ 47	16 ♌	22 ♊	23 ♌	12 ♋	22 ♍
3	10 ♍ 33	18 ♉ 40	21 ♒ 43	22 ♒ 37	4 ♍ 32	21 ♎ 55	6 ♌ 41	6 ♓ 53	5 ♐ 39	28 ♌ 5	17 ♉ 3	2 ♓ 46	17 ♌	22 ♊	23 ♌	13 ♋	22 ♍
4	11 ♍ 31	1 ♊ 42	21 ♒ 39	22 ♒ 36	6 ♍ 30	23 ♎ 4	7 ♌ 19	6 ♓ 45	5 ♐ 41	28 ♌ 9	17 ♉ 3	2 ♓ 44	17 ♌	23 ♊	24 ♌	13 ♋	22 ♍
5	12 ♍ 29	15 ♊ 4	21 ♒ 36	22 D 36	8 ♍ 27	24 ♎ 13	7 ♌ 57	6 ♓ 37	5 ♐ 43	28 ♌ 13	17 ♉ 2	2 ♓ 43	18 ♌	23 ♊	24 ♌	13 ♋	22 ♍
6	13 ♍ 27	28 ♊ 48	21 ♒ 33	22 ♒ 37	10 ♍ 24	25 ♎ 22	8 ♌ 35	6 ♓ 30	5 ♐ 46	28 ♌ 16	17 ♉ 2	2 ♓ 42	18 ♌	23 ♊	24 ♌	14 ♋	23 ♍
7	14 ♍ 25	12 ♋ 54	21 ♒ 30	22 ♒ 38	12 ♍ 20	26 ♎ 30	9 ♌ 13	6 ♓ 22	5 ♐ 49	28 ♌ 20	17 ♉ 1	2 ♓ 41	19 ♌	24 ♊	25 ♌	14 ♋	23 ♍
8	15 ♍ 24	27 ♋ 22	21 ♒ 27	22 ♒ 39	14 ♍ 15	27 ♎ 39	9 ♌ 51	6 ♓ 14	5 ♐ 52	28 ♌ 24	17 ♉ 1	2 ♓ 39	19 ♌	24 ♊	25 ♌	14 ♋	23 ♍
9	16 ♍ 22	12 ♌ 7	21 ♒ 24	22 ♒ 40	16 ♍ 10	28 ♎ 48	10 ♌ 29	6 ♓ 6	5 ♐ 54	28 ♌ 27	17 ♉ 0	2 ♓ 38	19 ♌	25 ♊	26 ♌	15 ♋	23 ♍
10	17 ♍ 20	27 ♌ 6	21 ♒ 20	22 R 40	18 ♍ 3	29 ♎ 56	11 ♌ 7	5 ♓ 59	5 ♐ 57	28 ♌ 31	16 ♉ 59	2 ♓ 37	20 ♌	25 ♊	26 ♌	15 ♋	23 ♍
11	18 ♍ 18	12 ♍ 11	21 ♒ 17	22 ♒ 39	19 ♍ 56	1 ♏ 4	11 ♌ 45	5 ♓ 51	6 ♐ 0	28 ♌ 35	16 ♉ 59	2 ♓ 36	20 ♌	25 ♊	27 ♌	15 ♋	23 ♍
12	19 ♍ 17	27 ♍ 12	21 ♒ 14	22 ♒ 37	21 ♍ 47	2 ♏ 13	12 ♌ 23	5 ♓ 44	6 ♐ 4	28 ♌ 38	16 ♉ 58	2 ♓ 34	21 ♌	26 ♊	27 ♌	16 ♋	23 ♍
13	20 ♍ 15	12 ♎ 1	21 ♒ 11	22 ♒ 34	23 ♍ 38	3 ♏ 21	13 ♌ 1	5 ♓ 36	6 ♐ 7	28 ♌ 42	16 ♉ 57	2 ♓ 33	21 ♌	26 ♊	28 ♌	16 ♋	24 ♍
14	21 ♍ 14	26 ♎ 30	21 ♒ 8	22 ♒ 30	25 ♍ 27	4 ♏ 29	13 ♌ 38	5 ♓ 29	6 ♐ 10	28 ♌ 45	16 ♉ 57	2 ♓ 32	22 ♌	27 ♊	28 ♌	16 ♋	24 ♍
15	22 ♍ 12	10 ♏ 34	21 ♒ 5	22 ♒ 25	27 ♍ 15	5 ♏ 37	14 ♌ 16	5 ♓ 21	6 ♐ 14	28 ♌ 49	16 ♉ 56	2 ♓ 31	22 ♌	27 ♊	29 ♌	17 ♋	24 ♍
16	23 ♍ 11	24 ♏ 11	21 ♒ 1	22 ♒ 22	29 ♍ 2	6 ♏ 44	14 ♌ 54	5 ♓ 14	6 ♐ 17	28 ♌ 52	16 ♉ 55	2 ♓ 30	23 ♌	27 ♊	29 ♌	17 ♋	24 ♍
17	24 ♍ 9	7 ♐ 21	20 ♒ 58	22 ♒ 19	0 ♎ 49	7 ♏ 52	15 ♌ 31	5 ♓ 7	6 ♐ 21	28 ♌ 56	16 ♉ 54	2 ♓ 28	23 ♌	28 ♊	0 ♍	17 ♋	24 ♍
18	25 ♍ 8	20 ♐ 6	20 ♒ 55	22 ♒ 18	2 ♎ 34	9 ♏ 0	16 ♌ 9	5 ♓ 0	6 ♐ 24	28 ♌ 59	16 ♉ 53	2 ♓ 27	23 ♌	28 ♊	0 ♍	18 ♋	24 ♍
19	26 ♍ 6	2 ♑ 30	20 ♒ 52	22 D 18	4 ♎ 18	10 ♏ 7	16 ♌ 46	4 ♓ 53	6 ♐ 28	29 ♌ 3	16 ♉ 52	2 ♓ 26	24 ♌	29 ♊	0 ♍	18 ♋	24 ♍
20	27 ♍ 5	14 ♑ 37	20 ♒ 49	22 ♒ 19	6 ♎ 1	11 ♏ 14	17 ♌ 24	4 ♓ 47	6 ♐ 32	29 ♌ 6	16 ♉ 51	2 ♓ 25	24 ♌	29 ♊	1 ♍	18 ♋	25 ♍
21	28 ♍ 3	26 ♑ 33	20 ♒ 45	22 ♒ 21	7 ♎ 43	12 ♏ 21	18 ♌ 1	4 ♓ 40	6 ♐ 36	29 ♌ 9	16 ♉ 50	2 ♓ 24	25 ♌	29 ♊	1 ♍	19 ♋	25 ♍
22	29 ♍ 2	8 ♒ 22	20 ♒ 42	22 ♒ 22	9 ♎ 24	13 ♏ 28	18 ♌ 38	4 ♓ 33	6 ♐ 40	29 ♌ 13	16 ♉ 49	2 ♓ 23	25 ♌	0 ♋	2 ♍	19 ♋	25 ♍
23	0 ♎ 1	20 ♒ 9	20 ♒ 39	22 ♒ 23	11 ♎ 3	14 ♏ 35	19 ♌ 16	4 ♓ 27	6 ♐ 44	29 ♌ 16	16 ♉ 48	2 ♓ 22	26 ♌	0 ♋	2 ♍	19 ♋	25 ♍
24	0 ♎ 59	1 ♓ 58	20 ♒ 36	22 R 23	12 ♎ 42	15 ♏ 42	19 ♌ 53	4 ♓ 21	6 ♐ 48	29 ♌ 20	16 ♉ 47	2 ♓ 20	26 ♌	1 ♋	3 ♍	20 ♋	25 ♍
25	1 ♎ 58	13 ♓ 52	20 ♒ 33	22 ♒ 20	14 ♎ 20	16 ♏ 48	20 ♌ 30	4 ♓ 14	6 ♐ 52	29 ♌ 23	16 ♉ 46	2 ♓ 19	26 ♌	1 ♋	3 ♍	20 ♋	25 ♍
26	2 ♎ 57	25 ♓ 53	20 ♒ 30	22 ♒ 16	15 ♎ 57	17 ♏ 55	21 ♌ 7	4 ♓ 8	6 ♐ 56	29 ♌ 26	16 ♉ 45	2 ♓ 18	27 ♌	1 ♋	4 ♍	20 ♋	25 ♍
27	3 ♎ 56	8 ♈ 4	20 ♒ 26	22 ♒ 10	17 ♎ 33	19 ♏ 1	21 ♌ 45	4 ♓ 3	7 ♐ 1	29 ♌ 29	16 ♉ 44	2 ♓ 17	27 ♌	2 ♋	4 ♍	21 ♋	26 ♍
28	4 ♎ 54	20 ♈ 25	20 ♒ 23	22 ♒ 3	19 ♎ 9	20 ♏ 7	22 ♌ 22	3 ♓ 57	7 ♐ 5	29 ♌ 33	16 ♉ 43	2 ♓ 16	28 ♌	2 ♋	5 ♍	21 ♋	26 ♍
29	5 ♎ 53	2 ♉ 58	20 ♒ 20	21 ♒ 55	20 ♎ 43	21 ♏ 13	22 ♌ 59	3 ♓ 51	7 ♐ 10	29 ♌ 36	16 ♉ 42	2 ♓ 15	28 ♌	2 ♋	5 ♍	21 ♋	26 ♍
30	6 ♎ 52	15 ♉ 43	20 ♒ 17	21 ♒ 47	22 ♎ 16	22 ♏ 19	23 ♌ 36	3 ♓ 46	7 ♐ 14	29 ♌ 39	16 ♉ 41	2 ♓ 14	29 ♌	3 ♋	5 ♍	21 ♋	26 ♍

SUN INGRESS	☉ → ♎ 22日 23:32
MOON PHASE	◑ 4日 19:03 ♊　● 11日 10:27 ♍　◐ 18日 10:29 ♐　○ 26日 15:11 ♈

aspects		
1日	06:26	♂△♄
2日	02:30	☿☍♇
3日	13:48	☿□♄
4日	02:56	☿☍♃
8日	16:31	♀⚹♅
9日	05:19	☉☌☿
9日	10:37	☿△♆
9日	15:36	☉△♆
10日	02:44	♃□♄
12日	07:35	♀△♇
14日	19:10	♀△♃
19日	03:49	♂□♆
20日	07:36	☿⚹♄
24日	23:16	♀☍♆
30日	09:42	☉⚹♄

2045年10月

DAY	☉	☽	☊ mean	☊ true	☿	♀	♂	♃	♄	♅	♆	♇	⚳	⚴	⚵	⚶	⚷
	° ′	° ′	° ′	° ′	° ′	° ′	° ′	° ′	° ′	° ′	° ′	° ′	°	°	°	°	°
1	7 ♎ 51	28 ♉ 40	20 ♒ 14	21 R 41	23 D 49	23 D 24	24 D 13	3 R 40	7 D 19	29 D 42	16 R 39	2 R 13	29 D	3 D	6 D	22 D	26 D
2	8 ♎ 50	11 ♊ 51	20 ♒ 11	21 ♒ 35	25 ♎ 20	24 ♏ 29	24 ♌ 49	3 ♓ 35	7 ♐ 23	29 ♌ 45	16 ♉ 38	2 ♓ 12	29 ♌	4 ♋	6 ♍	22 ♋	26 ♍
3	9 ♎ 49	25 ♊ 16	20 ♒ 7	21 ♒ 32	26 ♎ 51	25 ♏ 35	25 ♌ 26	3 ♓ 30	7 ♐ 28	29 ♌ 48	16 ♉ 37	2 ♓ 11	0 ♍	4 ♋	7 ♍	22 ♋	26 ♍
4	10 ♎ 48	8 ♋ 55	20 ♒ 4	21 ♒ 31	28 ♎ 21	26 ♏ 39	26 ♌ 3	3 ♓ 26	7 ♐ 33	29 ♌ 51	16 ♉ 36	2 ♓ 10	0 ♍	4 ♋	7 ♍	23 ♋	27 ♍
5	11 ♎ 47	22 ♋ 51	20 ♒ 1	21 D 32	29 ♎ 50	27 ♏ 44	26 ♌ 40	3 ♓ 21	7 ♐ 38	29 ♌ 54	16 ♉ 34	2 ♓ 9	1 ♍	5 ♋	8 ♍	23 ♋	27 ♍
6	12 ♎ 46	7 ♌ 2	19 ♒ 58	21 ♒ 33	1 ♏ 18	28 ♏ 49	27 ♌ 17	3 ♓ 16	7 ♐ 43	29 ♌ 57	16 ♉ 33	2 ♓ 8	1 ♍	5 ♋	8 ♍	23 ♋	27 ♍
7	13 ♎ 45	21 ♌ 27	19 ♒ 55	21 ♒ 33	2 ♏ 45	29 ♏ 53	27 ♌ 53	3 ♓ 12	7 ♐ 48	0 ♍ 0	16 ♉ 32	2 ♓ 7	2 ♍	5 ♋	8 ♍	23 ♋	27 ♍
8	14 ♎ 45	6 ♍ 4	19 ♒ 51	21 R 32	4 ♏ 12	0 ♐ 57	28 ♌ 30	3 ♓ 8	7 ♐ 53	0 ♍ 3	16 ♉ 30	2 ♓ 7	2 ♍	6 ♋	9 ♍	24 ♋	27 ♍
9	15 ♎ 44	20 ♍ 49	19 ♒ 48	21 ♒ 29	5 ♏ 37	2 ♐ 1	29 ♌ 6	3 ♓ 4	7 ♐ 58	0 ♍ 6	16 ♉ 29	2 ♓ 6	2 ♍	6 ♋	9 ♍	24 ♋	27 ♍
10	16 ♎ 43	5 ♎ 34	19 ♒ 45	21 ♒ 24	7 ♏ 2	3 ♐ 5	29 ♌ 43	3 ♓ 0	8 ♐ 4	0 ♍ 9	16 ♉ 27	2 ♓ 5	3 ♍	6 ♋	10 ♍	24 ♋	27 ♍
11	17 ♎ 43	20 ♎ 12	19 ♒ 42	21 ♒ 16	8 ♏ 26	4 ♐ 8	0 ♍ 19	2 ♓ 57	8 ♐ 9	0 ♍ 12	16 ♉ 26	2 ♓ 4	3 ♍	7 ♋	10 ♍	25 ♋	28 ♍
12	18 ♎ 42	4 ♏ 35	19 ♒ 39	21 ♒ 7	9 ♏ 48	5 ♐ 11	0 ♍ 56	2 ♓ 53	8 ♐ 14	0 ♍ 15	16 ♉ 25	2 ♓ 3	4 ♍	7 ♋	11 ♍	25 ♋	28 ♍
13	19 ♎ 41	18 ♏ 38	19 ♒ 36	20 ♒ 57	11 ♏ 10	6 ♐ 14	1 ♍ 32	2 ♓ 50	8 ♐ 20	0 ♍ 18	16 ♉ 23	2 ♓ 2	4 ♍	7 ♋	11 ♍	25 ♋	28 ♍
14	20 ♎ 41	2 ♐ 17	19 ♒ 32	20 ♒ 48	12 ♏ 30	7 ♐ 17	2 ♍ 8	2 ♓ 47	8 ♐ 25	0 ♍ 20	16 ♉ 22	2 ♓ 2	5 ♍	8 ♋	11 ♍	25 ♋	28 ♍
15	21 ♎ 40	15 ♐ 29	19 ♒ 29	20 ♒ 41	13 ♏ 50	8 ♐ 19	2 ♍ 45	2 ♓ 44	8 ♐ 31	0 ♍ 23	16 ♉ 20	2 ♓ 1	5 ♍	8 ♋	12 ♍	26 ♋	28 ♍
16	22 ♎ 40	28 ♐ 17	19 ♒ 26	20 ♒ 36	15 ♏ 8	9 ♐ 21	3 ♍ 21	2 ♓ 42	8 ♐ 36	0 ♍ 26	16 ♉ 19	2 ♓ 0	5 ♍	8 ♋	12 ♍	26 ♋	28 ♍
17	23 ♎ 39	10 ♑ 43	19 ♒ 23	20 ♒ 33	16 ♏ 25	10 ♐ 23	3 ♍ 57	2 ♓ 39	8 ♐ 42	0 ♍ 28	16 ♉ 17	1 ♓ 59	6 ♍	8 ♋	13 ♍	26 ♋	28 ♍
18	24 ♎ 39	22 ♑ 51	19 ♒ 20	20 ♒ 32	17 ♏ 40	11 ♐ 25	4 ♍ 33	2 ♓ 37	8 ♐ 48	0 ♍ 31	16 ♉ 16	1 ♓ 59	6 ♍	9 ♋	13 ♍	26 ♋	29 ♍
19	25 ♎ 38	4 ♒ 47	19 ♒ 17	20 D 32	18 ♏ 55	12 ♐ 26	5 ♍ 9	2 ♓ 35	8 ♐ 53	0 ♍ 33	16 ♉ 14	1 ♓ 58	7 ♍	9 ♋	13 ♍	27 ♋	29 ♍
20	26 ♎ 38	16 ♒ 36	19 ♒ 13	20 ♒ 33	20 ♏ 7	13 ♐ 27	5 ♍ 45	2 ♓ 33	8 ♐ 59	0 ♍ 36	16 ♉ 13	1 ♓ 57	7 ♍	9 ♋	14 ♍	27 ♋	29 ♍
21	27 ♎ 37	28 ♒ 23	19 ♒ 10	20 R 32	21 ♏ 18	14 ♐ 27	6 ♍ 21	2 ♓ 31	9 ♐ 5	0 ♍ 38	16 ♉ 11	1 ♓ 57	7 ♍	10 ♋	14 ♍	27 ♋	29 ♍
22	28 ♎ 37	10 ♓ 14	19 ♒ 7	20 ♒ 30	22 ♏ 27	15 ♐ 27	6 ♍ 57	2 ♓ 30	9 ♐ 11	0 ♍ 41	16 ♉ 9	1 ♓ 56	8 ♍	10 ♋	15 ♍	27 ♋	29 ♍
23	29 ♎ 37	22 ♓ 13	19 ♒ 4	20 ♒ 26	23 ♏ 34	16 ♐ 27	7 ♍ 32	2 ♓ 29	9 ♐ 17	0 ♍ 43	16 ♉ 8	1 ♓ 56	8 ♍	10 ♋	15 ♍	27 ♋	29 ♍
24	0 ♏ 36	4 ♈ 23	19 ♒ 1	20 ♒ 19	24 ♏ 39	17 ♐ 26	8 ♍ 8	2 ♓ 28	9 ♐ 23	0 ♍ 45	16 ♉ 6	1 ♓ 55	9 ♍	10 ♋	15 ♍	28 ♋	29 ♍
25	1 ♏ 36	16 ♈ 46	18 ♒ 57	20 ♒ 9	25 ♏ 41	18 ♐ 25	8 ♍ 44	2 ♓ 27	9 ♐ 29	0 ♍ 48	16 ♉ 5	1 ♓ 54	9 ♍	11 ♋	16 ♍	28 ♋	29 ♍
26	2 ♏ 36	29 ♈ 24	18 ♒ 54	19 ♒ 57	26 ♏ 41	19 ♐ 24	9 ♍ 19	2 ♓ 26	9 ♐ 35	0 ♍ 50	16 ♉ 3	1 ♓ 54	9 ♍	11 ♋	16 ♍	28 ♋	0 ♎
27	3 ♏ 36	12 ♉ 17	18 ♒ 51	19 ♒ 45	27 ♏ 37	20 ♐ 22	9 ♍ 55	2 ♓ 26	9 ♐ 41	0 ♍ 52	16 ♉ 1	1 ♓ 53	10 ♍	11 ♋	17 ♍	28 ♋	0 ♎
28	4 ♏ 35	25 ♉ 23	18 ♒ 48	19 ♒ 32	28 ♏ 30	21 ♐ 20	10 ♍ 30	2 ♓ 26	9 ♐ 48	0 ♍ 54	16 ♉ 0	1 ♓ 53	10 ♍	11 ♋	17 ♍	28 ♋	0 ♎
29	5 ♏ 35	8 ♊ 42	18 ♒ 45	19 ♒ 21	29 ♏ 20	22 ♐ 17	11 ♍ 6	2 D 26	9 ♐ 54	0 ♍ 56	15 ♉ 58	1 ♓ 53	11 ♍	11 ♋	17 ♍	29 ♋	0 ♎
30	6 ♏ 35	22 ♊ 12	18 ♒ 42	19 ♒ 12	0 ♐ 6	23 ♐ 14	11 ♍ 41	2 ♓ 26	10 ♐ 0	0 ♍ 58	15 ♉ 56	1 ♓ 52	11 ♍	12 ♋	18 ♍	29 ♋	0 ♎
31	7 ♏ 35	5 ♋ 51	18 ♒ 38	19 ♒ 6	0 ♐ 46	24 ♐ 10	12 ♍ 17	2 ♓ 26	10 ♐ 6	1 ♍ 0	15 ♉ 55	1 ♓ 52	11 ♍	12 ♋	18 ♍	29 ♋	0 ♎

SUN INGRESS	☉ → ♏ 23日 09:12
MOON PHASE	◑ 4日 03:31 ♋　● 10日 19:36 ♎　◐ 18日 03:55 ♑　○ 26日 06:30 ♉

aspects		
1日	10:25	☿⚹♂
2日	17:03	♀□♂
5日	01:15	☿⚹♅
6日	13:37	☿△♇
7日	02:54	♀□♅
7日	07:02	☿△♃
9日	01:42	♀□♇
9日	22:23	♀□♃
10日	18:43	♂☌♅
13日	19:35	♂☍♇
14日	23:45	♂☍♃
15日	04:49	♀☌♄
16日	21:38	☿☍♆
24日	03:46	☉⚹♅
25日	07:20	☉△♇
25日	20:14	☉△♃
26日	12:54	♂□♄
31日	09:20	☿□♅

2045年11月

DAY	☉	☽	☊ mean	☊ true	☿	♀	♂	♃	♄	♅	♆	♇	⚳	⚴	⚵	⚶	⚷
	° ′	° ′	° ′	° ′	° ′	° ′	° ′	° ′	° ′	° ′	° ′	° ′	°	°	°	°	°
1	8 ♏ 35	19 ♋ 38	18 ♒ 35	19 R 3	1 D 22	25 D 6	12 D 52	2 D 27	10 D 13	1 D 2	15 R 53	1 R 51	12 D	12 D	19 D	29 D	0 D
2	9 ♏ 35	3 ♌ 33	18 ♒ 32	19 R 2	1 ♐ 53	26 ♐ 1	13 ♍ 27	2 ♓ 28	10 ♐ 19	1 ♍ 4	15 ♉ 51	1 ♓ 51	12 ♍	12 ♋	19 ♍	29 ♋	0 ♎
3	10 ♏ 35	17 ♌ 35	18 ♒ 29	19 D 2	2 ♐ 17	26 ♐ 55	14 ♍ 2	2 ♓ 29	10 ♐ 26	1 ♍ 6	15 ♉ 50	1 ♓ 51	13 ♍	12 ♋	19 ♍	0 ♌	1 ♎
4	11 ♏ 35	1 ♍ 44	18 ♒ 26	19 R 1	2 ♐ 34	27 ♐ 49	14 ♍ 37	2 ♓ 30	10 ♐ 32	1 ♍ 8	15 ♉ 48	1 ♓ 50	13 ♍	13 ♋	20 ♍	0 ♌	1 ♎
5	12 ♏ 35	16 ♍ 0	18 ♒ 22	18 ♒ 59	2 ♐ 44	28 ♐ 43	15 ♍ 12	2 ♓ 31	10 ♐ 39	1 ♍ 10	15 ♉ 46	1 ♓ 50	13 ♍	13 ♋	20 ♍	0 ♌	1 ♎
6	13 ♏ 36	0 ♎ 19	18 ♒ 19	18 ♒ 55	2 R 46	29 ♐ 36	15 ♍ 47	2 ♓ 33	10 ♐ 45	1 ♍ 11	15 ♉ 45	1 ♓ 50	14 ♍	13 ♋	20 ♍	0 ♌	1 ♎
7	14 ♏ 36	14 ♎ 38	18 ♒ 16	18 ♒ 47	2 ♐ 39	0 ♑ 28	16 ♍ 22	2 ♓ 35	10 ♐ 52	1 ♍ 13	15 ♉ 43	1 ♓ 50	14 ♍	13 ♋	21 ♍	0 ♌	1 ♎
8	15 ♏ 36	28 ♎ 52	18 ♒ 13	18 ♒ 37	2 ♐ 23	1 ♑ 19	16 ♍ 57	2 ♓ 37	10 ♐ 59	1 ♍ 15	15 ♉ 41	1 ♓ 49	14 ♍	13 ♋	21 ♍	0 ♌	1 ♎
9	16 ♏ 36	12 ♏ 57	18 ♒ 10	18 ♒ 25	1 ♐ 57	2 ♑ 10	17 ♍ 31	2 ♓ 39	11 ♐ 5	1 ♍ 16	15 ♉ 40	1 ♓ 49	15 ♍	13 ♋	22 ♍	0 ♌	1 ♎
10	17 ♏ 36	26 ♏ 45	18 ♒ 7	18 ♒ 12	1 ♐ 21	3 ♑ 0	18 ♍ 6	2 ♓ 41	11 ♐ 12	1 ♍ 18	15 ♉ 38	1 ♓ 49	15 ♍	13 ♋	22 ♍	1 ♌	1 ♎
11	18 ♏ 37	10 ♐ 15	18 ♒ 3	17 ♒ 59	0 ♐ 35	3 ♑ 50	18 ♍ 41	2 ♓ 44	11 ♐ 19	1 ♍ 19	15 ♉ 36	1 ♓ 49	16 ♍	13 ♋	22 ♍	1 ♌	2 ♎
12	19 ♏ 37	23 ♐ 22	18 ♒ 0	17 ♒ 49	29 ♏ 40	4 ♑ 38	19 ♍ 15	2 ♓ 47	11 ♐ 25	1 ♍ 21	15 ♉ 34	1 ♓ 49	16 ♍	14 ♋	23 ♍	1 ♌	2 ♎
13	20 ♏ 37	6 ♑ 8	17 ♒ 57	17 ♒ 41	28 ♏ 36	5 ♑ 26	19 ♍ 49	2 ♓ 50	11 ♐ 32	1 ♍ 22	15 ♉ 33	1 ♓ 49	16 ♍	14 ♋	23 ♍	1 ♌	2 ♎
14	21 ♏ 38	18 ♑ 33	17 ♒ 54	17 ♒ 35	27 ♏ 25	6 ♑ 13	20 ♍ 24	2 ♓ 53	11 ♐ 39	1 ♍ 23	15 ♉ 31	1 ♓ 49	17 ♍	14 ♋	23 ♍	1 ♌	2 ♎
15	22 ♏ 38	0 ♒ 42	17 ♒ 51	17 ♒ 33	26 ♏ 9	6 ♑ 59	20 ♍ 58	2 ♓ 56	11 ♐ 46	1 ♍ 24	15 ♉ 29	1 ♓ 49	17 ♍	14 ♋	24 ♍	1 ♌	2 ♎
16	23 ♏ 39	12 ♒ 38	17 ♒ 48	17 ♒ 32	24 ♏ 49	7 ♑ 44	21 ♍ 32	3 ♓ 0	11 ♐ 53	1 ♍ 26	15 ♉ 28	1 D 49	17 ♍	14 ♋	24 ♍	1 ♌	2 ♎
17	24 ♏ 39	24 ♒ 28	17 ♒ 44	17 D 32	23 ♏ 28	8 ♑ 28	22 ♍ 6	3 ♓ 4	12 ♐ 0	1 ♍ 27	15 ♉ 26	1 ♓ 49	18 ♍	14 ♋	24 ♍	1 ♌	2 ♎
18	25 ♏ 40	6 ♓ 16	17 ♒ 41	17 R 32	22 ♏ 9	9 ♑ 11	22 ♍ 40	3 ♓ 8	12 ♐ 7	1 ♍ 28	15 ♉ 24	1 ♓ 49	18 ♍	14 ♋	25 ♍	1 ♌	2 ♎
19	26 ♏ 40	18 ♓ 8	17 ♒ 38	17 ♒ 30	20 ♏ 55	9 ♑ 53	23 ♍ 14	3 ♓ 12	12 ♐ 13	1 ♍ 29	15 ♉ 23	1 ♓ 49	19 ♍	14 ♋	25 ♍	1 ♌	2 ♎
20	27 ♏ 41	0 ♈ 9	17 ♒ 35	17 ♒ 26	19 ♏ 47	10 ♑ 34	23 ♍ 48	3 ♓ 16	12 ♐ 20	1 ♍ 30	15 ♉ 21	1 ♓ 49	19 ♍	14 R	25 ♍	1 ♌	3 ♎
21	28 ♏ 41	12 ♈ 24	17 ♒ 32	17 ♒ 19	18 ♏ 48	11 ♑ 13	24 ♍ 22	3 ♓ 21	12 ♐ 27	1 ♍ 31	15 ♉ 19	1 ♓ 49	19 ♍	14 ♋	26 ♍	2 ♌	3 ♎
22	29 ♏ 42	24 ♈ 56	17 ♒ 28	17 ♒ 10	18 ♏ 0	11 ♑ 52	24 ♍ 55	3 ♓ 25	12 ♐ 34	1 ♍ 32	15 ♉ 18	1 ♓ 49	20 ♍	14 ♋	26 ♍	2 ♌	3 ♎
23	0 ♐ 42	7 ♉ 47	17 ♒ 25	16 ♒ 58	17 ♏ 23	12 ♑ 29	25 ♍ 29	3 ♓ 30	12 ♐ 41	1 ♍ 33	15 ♉ 16	1 ♓ 50	20 ♍	14 ♋	26 ♍	2 ♌	3 ♎
24	1 ♐ 43	20 ♉ 58	17 ♒ 22	16 ♒ 45	16 ♏ 57	13 ♑ 5	26 ♍ 2	3 ♓ 35	12 ♐ 48	1 ♍ 33	15 ♉ 15	1 ♓ 50	20 ♍	14 ♋	27 ♍	2 ♌	3 ♎
25	2 ♐ 44	4 ♊ 27	17 ♒ 19	16 ♒ 33	16 ♏ 43	13 ♑ 39	26 ♍ 36	3 ♓ 41	12 ♐ 55	1 ♍ 34	15 ♉ 13	1 ♓ 50	21 ♍	14 ♋	27 ♍	2 ♌	3 ♎
26	3 ♐ 44	18 ♊ 11	17 ♒ 16	16 ♒ 22	16 D 40	14 ♑ 13	27 ♍ 9	3 ♓ 46	13 ♐ 2	1 ♍ 35	15 ♉ 11	1 ♓ 50	21 ♍	14 ♋	27 ♍	2 ♌	3 ♎
27	4 ♐ 45	2 ♋ 7	17 ♒ 13	16 ♒ 13	16 ♏ 48	14 ♑ 44	27 ♍ 42	3 ♓ 52	13 ♐ 9	1 ♍ 35	15 ♉ 10	1 ♓ 51	21 ♍	14 ♋	28 ♍	2 ♌	3 ♎
28	5 ♐ 46	16 ♋ 11	17 ♒ 9	16 ♒ 7	17 ♏ 6	15 ♑ 14	28 ♍ 15	3 ♓ 57	13 ♐ 17	1 ♍ 36	15 ♉ 8	1 ♓ 51	22 ♍	13 ♋	28 ♍	2 ♌	3 ♎
29	6 ♐ 46	0 ♌ 18	17 ♒ 6	16 ♒ 3	17 ♏ 33	15 ♑ 43	28 ♍ 48	4 ♓ 3	13 ♐ 24	1 ♍ 36	15 ♉ 7	1 ♓ 51	22 ♍	13 ♋	28 ♍	2 R	4 ♎
30	7 ♐ 47	14 ♌ 26	17 ♒ 3	16 ♒ 2	18 ♏ 8	16 ♑ 10	29 ♍ 21	4 ♓ 9	13 ♐ 31	1 ♍ 37	15 ♉ 5	1 ♓ 52	22 ♍	13 ♋	29 ♍	2 ♌	4 ♎

SUN INGRESS: ☉ → ♐ 22日 07:03

MOON PHASE: ◑ 2日 11:09 ♌ ● 9日 06:48 ♏ ◐ 17日 00:25 ♒ ○ 24日 20:43 ♊

aspects		
1日	22:32	☿□♇
3日	16:19	☿□♃
5日	22:23	♂△♆
7日	06:58	☿□♃
7日	21:42	♀△♅
8日	02:03	☉☍♆
8日	14:07	♀⚹♇
9日	05:40	☿□♇
9日	14:23	♀⚹♃
10日	01:51	☿□♅
11日	03:30	☉⚹♂
16日	11:53	☉☌☿
17日	17:18	♀⚹♂
23日	20:09	☉□♅
24日	02:46	☉□♇
26日	00:48	☉□♃
27日	19:19	♀△♆

2045年12月

DAY	☉	☽	☊ mean	☊ true	☿	♀	♂	♃	♄	♅	♆	♇	⚳	⚴	⚵	⚶	⚷
	° ′	° ′	° ′	° ′	° ′	° ′	° ′	° ′	° ′	° ′	° ′	° ′	°	°	°	°	°
1	8 ♐ 48	28 ♌ 34	17 ♒ 0	16 D 3	18 D 51	16 D 35	29 D 54	4 D 16	13 D 38	1 D 37	15 R 4	1 D 52	23 D	13 R	29 D	2 R	4 D
2	9 ♐ 49	12 ♍ 40	16 ♒ 57	16 R 3	19 ♏ 40	16 ♑ 58	0 ♎ 27	4 ♓ 22	13 ♐ 45	1 ♍ 37	15 ♉ 2	1 ♓ 53	23 ♍	13 ♋	29 ♍	2 ♌	4 ♎
3	10 ♐ 49	26 ♍ 43	16 ♒ 54	16 ♒ 2	20 ♏ 35	17 ♑ 20	1 ♎ 0	4 ♓ 29	13 ♐ 52	1 ♍ 38	15 ♉ 1	1 ♓ 53	23 ♍	13 ♋	29 ♍	2 ♌	4 ♎
4	11 ♐ 50	10 ♎ 42	16 ♒ 50	15 ♒ 58	21 ♏ 34	17 ♑ 39	1 ♎ 32	4 ♓ 36	13 ♐ 59	1 ♍ 38	14 ♉ 59	1 ♓ 53	24 ♍	13 ♋	0 ♎	2 ♌	4 ♎
5	12 ♐ 51	24 ♎ 36	16 ♒ 47	15 ♒ 52	22 ♏ 38	17 ♑ 57	2 ♎ 4	4 ♓ 43	14 ♐ 6	1 ♍ 38	14 ♉ 58	1 ♓ 54	24 ♍	12 ♋	0 ♎	2 ♌	4 ♎
6	13 ♐ 52	8 ♏ 23	16 ♒ 44	15 ♒ 45	23 ♏ 46	18 ♑ 13	2 ♎ 37	4 ♓ 50	14 ♐ 13	1 ♍ 38	14 ♉ 56	1 ♓ 54	24 ♍	12 ♋	0 ♎	1 ♌	4 ♎
7	14 ♐ 53	22 ♏ 0	16 ♒ 41	15 ♒ 34	24 ♏ 57	18 ♑ 26	3 ♎ 9	4 ♓ 57	14 ♐ 20	1 ♍ 38	14 ♉ 55	1 ♓ 55	24 ♍	12 ♋	1 ♎	1 ♌	4 ♎
8	15 ♐ 54	5 ♐ 25	16 ♒ 38	15 ♒ 23	26 ♏ 11	18 ♑ 38	3 ♎ 41	5 ♓ 4	14 ♐ 28	1 R 38	14 ♉ 53	1 ♓ 56	25 ♍	12 ♋	1 ♎	1 ♌	4 ♎
9	16 ♐ 55	18 ♐ 35	16 ♒ 34	15 ♒ 12	27 ♏ 28	18 ♑ 47	4 ♎ 13	5 ♓ 12	14 ♐ 35	1 ♍ 38	14 ♉ 52	1 ♓ 56	25 ♍	12 ♋	1 ♎	1 ♌	4 ♎
10	17 ♐ 56	1 ♑ 28	16 ♒ 31	15 ♒ 3	28 ♏ 46	18 ♑ 54	4 ♎ 45	5 ♓ 20	14 ♐ 42	1 ♍ 38	14 ♉ 51	1 ♓ 57	25 ♍	11 ♋	1 ♎	1 ♌	4 ♎
11	18 ♐ 57	14 ♑ 4	16 ♒ 28	14 ♒ 56	0 ♐ 6	18 ♑ 59	5 ♎ 17	5 ♓ 28	14 ♐ 49	1 ♍ 38	14 ♉ 49	1 ♓ 58	26 ♍	11 ♋	2 ♎	1 ♌	5 ♎
12	19 ♐ 58	26 ♑ 25	16 ♒ 25	14 ♒ 52	1 ♐ 28	19 ♑ 1	5 ♎ 48	5 ♓ 36	14 ♐ 56	1 ♍ 37	14 ♉ 48	1 ♓ 58	26 ♍	11 ♋	2 ♎	1 ♌	5 ♎
13	20 ♐ 59	8 ♒ 31	16 ♒ 22	14 ♒ 50	2 ♐ 51	19 R 1	6 ♎ 20	5 ♓ 44	15 ♐ 3	1 ♍ 37	14 ♉ 47	1 ♓ 59	26 ♍	11 ♋	2 ♎	1 ♌	5 ♎
14	22 ♐ 0	20 ♒ 26	16 ♒ 19	14 D 50	4 ♐ 16	18 ♑ 58	6 ♎ 51	5 ♓ 52	15 ♐ 10	1 ♍ 37	14 ♉ 45	2 ♓ 0	27 ♍	10 ♋	2 ♎	1 ♌	5 ♎
15	23 ♐ 1	2 ♓ 15	16 ♒ 15	14 ♒ 51	5 ♐ 41	18 ♑ 53	7 ♎ 22	6 ♓ 1	15 ♐ 17	1 ♍ 36	14 ♉ 44	2 ♓ 0	27 ♍	10 ♋	3 ♎	1 ♌	5 ♎
16	24 ♐ 2	14 ♓ 3	16 ♒ 12	14 ♒ 52	7 ♐ 7	18 ♑ 46	7 ♎ 53	6 ♓ 9	15 ♐ 24	1 ♍ 36	14 ♉ 43	2 ♓ 1	27 ♍	10 ♋	3 ♎	1 ♌	5 ♎
17	25 ♐ 3	25 ♓ 54	16 ♒ 9	14 R 52	8 ♐ 34	18 ♑ 35	8 ♎ 24	6 ♓ 18	15 ♐ 31	1 ♍ 35	14 ♉ 42	2 ♓ 2	27 ♍	10 ♋	3 ♎	0 ♌	5 ♎
18	26 ♐ 4	7 ♈ 54	16 ♒ 6	14 ♒ 51	10 ♐ 2	18 ♑ 23	8 ♎ 55	6 ♓ 27	15 ♐ 38	1 ♍ 35	14 ♉ 41	2 ♓ 3	28 ♍	9 ♋	3 ♎	0 ♌	5 ♎
19	27 ♐ 5	20 ♈ 9	16 ♒ 3	14 ♒ 49	11 ♐ 30	18 ♑ 8	9 ♎ 26	6 ♓ 36	15 ♐ 45	1 ♍ 34	14 ♉ 39	2 ♓ 4	28 ♍	9 ♋	4 ♎	0 ♌	5 ♎
20	28 ♐ 6	2 ♉ 36	16 ♒ 0	14 ♒ 44	12 ♐ 59	17 ♑ 50	9 ♎ 56	6 ♓ 45	15 ♐ 52	1 ♍ 33	14 ♉ 38	2 ♓ 4	28 ♍	9 ♋	4 ♎	0 ♌	5 ♎
21	29 ♐ 7	15 ♉ 39	15 ♒ 56	14 ♒ 37	14 ♐ 28	17 ♑ 30	10 ♎ 27	6 ♓ 55	15 ♐ 59	1 ♍ 33	14 ♉ 37	2 ♓ 5	28 ♍	8 ♋	4 ♎	0 ♌	5 ♎
22	0 ♑ 8	28 ♉ 58	15 ♒ 53	14 ♒ 29	15 ♐ 58	17 ♑ 8	10 ♎ 57	7 ♓ 4	16 ♐ 6	1 ♍ 32	14 ♉ 36	2 ♓ 6	29 ♍	8 ♋	4 ♎	0 ♌	5 ♎
23	1 ♑ 9	12 ♊ 41	15 ♒ 50	14 ♒ 22	17 ♐ 28	16 ♑ 44	11 ♎ 27	7 ♓ 14	16 ♐ 13	1 ♍ 31	14 ♉ 35	2 ♓ 7	29 ♍	8 ♋	5 ♎	29 ♋	5 ♎
24	2 ♑ 10	26 ♊ 45	15 ♒ 47	14 ♒ 15	18 ♐ 58	16 ♑ 17	11 ♎ 57	7 ♓ 23	16 ♐ 20	1 ♍ 30	14 ♉ 34	2 ♓ 8	29 ♍	7 ♋	5 ♎	29 ♋	5 ♎
25	3 ♑ 11	11 ♋ 6	15 ♒ 44	14 ♒ 9	20 ♐ 29	15 ♑ 49	12 ♎ 27	7 ♓ 33	16 ♐ 27	1 ♍ 29	14 ♉ 33	2 ♓ 9	29 ♍	7 ♋	5 ♎	29 ♋	5 ♎
26	4 ♑ 13	25 ♋ 37	15 ♒ 40	14 ♒ 6	22 ♐ 0	15 ♑ 19	12 ♎ 57	7 ♓ 43	16 ♐ 34	1 ♍ 28	14 ♉ 32	2 ♓ 10	0 ♎	7 ♋	5 ♎	29 ♋	5 ♎
27	5 ♑ 14	10 ♌ 12	15 ♒ 37	14 ♒ 5	23 ♐ 31	14 ♑ 47	13 ♎ 26	7 ♓ 53	16 ♐ 41	1 ♍ 27	14 ♉ 31	2 ♓ 11	0 ♎	6 ♋	5 ♎	29 ♋	6 ♎
28	6 ♑ 15	24 ♌ 46	15 ♒ 34	14 D 5	25 ♐ 3	14 ♑ 14	13 ♎ 55	8 ♓ 3	16 ♐ 48	1 ♍ 26	14 ♉ 30	2 ♓ 12	0 ♎	6 ♋	6 ♎	28 ♋	6 ♎
29	7 ♑ 16	9 ♍ 13	15 ♒ 31	14 ♒ 6	26 ♐ 35	13 ♑ 39	14 ♎ 25	8 ♓ 14	16 ♐ 55	1 ♍ 25	14 ♉ 29	2 ♓ 13	0 ♎	6 ♋	6 ♎	28 ♋	6 ♎
30	8 ♑ 17	23 ♍ 30	15 ♒ 28	14 ♒ 8	28 ♐ 7	13 ♑ 4	14 ♎ 54	8 ♓ 24	17 ♐ 1	1 ♍ 24	14 ♉ 28	2 ♓ 14	1 ♎	5 ♋	6 ♎	28 ♋	6 ♎
31	9 ♑ 18	7 ♎ 35	15 ♒ 25	14 ♒ 8	29 ♐ 40	12 ♑ 28	15 ♎ 22	8 ♓ 35	17 ♐ 8	1 ♍ 22	14 ♉ 28	2 ♓ 15	1 ♎	5 ♋	6 ♎	28 ♋	6 ♎

SUN INGRESS: ☉ → ♑ 21日 20:34

MOON PHASE: ◑ 1日 18:46 ♍ ● 8日 20:41 ♐ ◐ 16日 22:08 ♓ ○ 24日 09:49 ♋ ◑ 31日 03:11 ♎

aspects		
6日	09:29	☉☌♄
12日	02:38	☿□♅
12日	08:45	☿□♇
15日	06:06	☿□♃
16日	19:45	☿⚹♂
22日	02:29	☿☌♄
23日	08:23	☉△♅
23日	23:07	☉⚹♇
27日	11:42	♀△♆
28日	06:54	♀□♂
30日	03:22	☉⚹♃

2046年1月

DAY	☉	☽	☊ mean	☊ true	☿	♀	♂	♃	♄	♅	♆	♇	⚳	⚴	⚵	⚶	⚷
	° ′	° ′	° ′	° ′	° ′	° ′	° ′	° ′	° ′	° ′	° ′	° ′	°	°	°	°	°
1	10 ♑ 19	21 ♎ 28	15 ♒ 21	14 R 8	1 D 13	11 R 51	15 D 51	8 D 45	17 D 15	1 R 21	14 R 27	2 D 17	1 D	5 R	6 D	28 R	6 D
2	11 ♑ 21	5 ♏ 7	15 ♒ 18	14 ♒ 6	2 ♑ 46	11 ♑ 15	16 ♎ 20	8 ♓ 56	17 ♐ 22	1 ♍ 20	14 ♉ 26	2 ♓ 18	1 ♎	4 ♋	6 ♎	27 ♋	6 ♎
3	12 ♑ 22	18 ♏ 33	15 ♒ 15	14 ♒ 2	4 ♑ 19	10 ♑ 38	16 ♎ 48	9 ♓ 7	17 ♐ 28	1 ♍ 18	14 ♉ 25	2 ♓ 19	1 ♎	4 ♋	7 ♎	27 ♋	6 ♎
4	13 ♑ 23	1 ♐ 45	15 ♒ 12	13 ♒ 57	5 ♑ 53	10 ♑ 2	17 ♎ 16	9 ♓ 18	17 ♐ 35	1 ♍ 17	14 ♉ 25	2 ♓ 20	1 ♎	4 ♋	7 ♎	27 ♋	6 ♎
5	14 ♑ 24	14 ♐ 45	15 ♒ 9	13 ♒ 52	7 ♑ 27	9 ♑ 26	17 ♎ 44	9 ♓ 29	17 ♐ 42	1 ♍ 15	14 ♉ 24	2 ♓ 21	2 ♎	3 ♋	7 ♎	27 ♋	6 ♎
6	15 ♑ 25	27 ♐ 32	15 ♒ 6	13 ♒ 47	9 ♑ 2	8 ♑ 51	18 ♎ 12	9 ♓ 40	17 ♐ 48	1 ♍ 14	14 ♉ 23	2 ♓ 23	2 ♎	3 ♋	7 ♎	26 ♋	6 ♎
7	16 ♑ 26	10 ♑ 5	15 ♒ 2	13 ♒ 43	10 ♑ 37	8 ♑ 17	18 ♎ 39	9 ♓ 52	17 ♐ 55	1 ♍ 12	14 ♉ 23	2 ♓ 24	2 ♎	3 ♋	7 ♎	26 ♋	6 ♎
8	17 ♑ 28	22 ♑ 27	14 ♒ 59	13 ♒ 40	12 ♑ 12	7 ♑ 45	19 ♎ 6	10 ♓ 3	18 ♐ 1	1 ♍ 10	14 ♉ 22	2 ♓ 25	2 ♎	2 ♋	7 ♎	26 ♋	6 ♎
9	18 ♑ 29	4 ♒ 37	14 ♒ 56	13 ♒ 38	13 ♑ 48	7 ♑ 14	19 ♎ 33	10 ♓ 14	18 ♐ 8	1 ♍ 9	14 ♉ 22	2 ♓ 26	2 ♎	2 ♋	7 ♎	26 ♋	6 ♎
10	19 ♑ 30	16 ♒ 37	14 ♒ 53	13 D 38	15 ♑ 24	6 ♑ 44	20 ♎ 0	10 ♓ 26	18 ♐ 14	1 ♍ 7	14 ♉ 21	2 ♓ 28	3 ♎	2 ♋	8 ♎	25 ♋	6 ♎
11	20 ♑ 31	28 ♒ 29	14 ♒ 50	13 ♒ 38	17 ♑ 0	6 ♑ 16	20 ♎ 27	10 ♓ 38	18 ♐ 21	1 ♍ 5	14 ♉ 21	2 ♓ 29	3 ♎	2 ♋	8 ♎	25 ♋	6 ♎
12	21 ♑ 32	10 ♓ 18	14 ♒ 46	13 ♒ 40	18 ♑ 37	5 ♑ 51	20 ♎ 53	10 ♓ 50	18 ♐ 27	1 ♍ 3	14 ♉ 20	2 ♓ 30	3 ♎	1 ♋	8 ♎	25 ♋	6 ♎
13	22 ♑ 33	22 ♓ 5	14 ♒ 43	13 ♒ 42	20 ♑ 15	5 ♑ 27	21 ♎ 20	11 ♓ 1	18 ♐ 33	1 ♍ 2	14 ♉ 20	2 ♓ 32	3 ♎	1 ♋	8 ♎	25 ♋	6 ♎
14	23 ♑ 34	3 ♈ 56	14 ♒ 40	13 ♒ 43	21 ♑ 53	5 ♑ 5	21 ♎ 46	11 ♓ 13	18 ♐ 40	1 ♍ 0	14 ♉ 19	2 ♓ 33	3 ♎	1 ♋	8 ♎	24 ♋	6 ♎
15	24 ♑ 36	15 ♈ 54	14 ♒ 37	13 ♒ 44	23 ♑ 31	4 ♑ 46	22 ♎ 11	11 ♓ 25	18 ♐ 46	0 ♍ 58	14 ♉ 19	2 ♓ 34	3 ♎	1 ♋	8 ♎	24 ♋	6 ♎
16	25 ♑ 37	28 ♈ 6	14 ♒ 34	13 R 45	25 ♑ 10	4 ♑ 29	22 ♎ 37	11 ♓ 38	18 ♐ 52	0 ♍ 56	14 ♉ 19	2 ♓ 36	3 ♎	0 ♋	8 ♎	24 ♋	6 ♎
17	26 ♑ 38	10 ♉ 36	14 ♒ 31	13 ♒ 44	26 ♑ 49	4 ♑ 15	23 ♎ 2	11 ♓ 50	18 ♐ 58	0 ♍ 54	14 ♉ 18	2 ♓ 37	3 ♎	0 ♋	8 ♎	24 ♋	6 ♎
18	27 ♑ 39	23 ♉ 27	14 ♒ 27	13 ♒ 43	28 ♑ 29	4 ♑ 3	23 ♎ 27	12 ♓ 2	19 ♐ 4	0 ♍ 52	14 ♉ 18	2 ♓ 39	4 ♎	0 ♋	8 ♎	23 ♋	6 ♎
19	28 ♑ 40	6 ♊ 44	14 ♒ 24	13 ♒ 41	0 ♒ 9	3 ♑ 53	23 ♎ 52	12 ♓ 15	19 ♐ 10	0 ♍ 50	14 ♉ 18	2 ♓ 40	4 ♎	0 ♋	8 ♎	23 ♋	6 ♎
20	29 ♑ 41	20 ♊ 28	14 ♒ 21	13 ♒ 39	1 ♒ 50	3 ♑ 46	24 ♎ 16	12 ♓ 27	19 ♐ 16	0 ♍ 48	14 ♉ 18	2 ♓ 41	4 ♎	29 ♊	8 ♎	23 ♋	6 ♎
21	0 ♒ 42	4 ♋ 37	14 ♒ 18	13 ♒ 37	3 ♒ 31	3 ♑ 42	24 ♎ 40	12 ♓ 40	19 ♐ 22	0 ♍ 46	14 ♉ 18	2 ♓ 43	4 ♎	29 ♊	8 ♎	22 ♋	6 R
22	1 ♒ 43	19 ♋ 10	14 ♒ 15	13 ♒ 36	5 ♒ 13	3 ♑ 40	25 ♎ 4	12 ♓ 52	19 ♐ 28	0 ♍ 43	14 ♉ 18	2 ♓ 44	4 ♎	29 ♊	9 ♎	22 ♋	6 ♎
23	2 ♒ 44	3 ♌ 59	14 ♒ 12	13 ♒ 35	6 ♒ 56	3 D 40	25 ♎ 28	13 ♓ 5	19 ♐ 34	0 ♍ 41	14 ♉ 18	2 ♓ 46	4 ♎	29 ♊	9 ♎	22 ♋	6 ♎
24	3 ♒ 45	18 ♌ 58	14 ♒ 8	13 D 35	8 ♒ 39	3 ♑ 43	25 ♎ 51	13 ♓ 18	19 ♐ 40	0 ♍ 39	14 ♉ 18	2 ♓ 47	4 ♎	29 ♊	9 ♎	22 ♋	6 ♎
25	4 ♒ 46	3 ♍ 59	14 ♒ 5	13 ♒ 35	10 ♒ 22	3 ♑ 48	26 ♎ 14	13 ♓ 30	19 ♐ 46	0 ♍ 37	14 D 18	2 ♓ 49	4 ♎	29 ♊	9 ♎	21 ♋	6 ♎
26	5 ♒ 47	18 ♍ 52	14 ♒ 2	13 ♒ 36	12 ♒ 6	3 ♑ 56	26 ♎ 37	13 ♓ 43	19 ♐ 51	0 ♍ 34	14 ♉ 18	2 ♓ 50	4 ♎	29 ♊	9 ♎	21 ♋	6 ♎
27	6 ♒ 48	3 ♎ 31	13 ♒ 59	13 ♒ 37	13 ♒ 50	4 ♑ 6	27 ♎ 0	13 ♓ 56	19 ♐ 57	0 ♍ 32	14 ♉ 18	2 ♓ 52	4 ♎	28 ♊	9 ♎	21 ♋	6 ♎
28	7 ♒ 49	17 ♎ 52	13 ♒ 56	13 ♒ 37	15 ♒ 34	4 ♑ 18	27 ♎ 22	14 ♓ 9	20 ♐ 2	0 ♍ 30	14 ♉ 18	2 ♓ 54	4 ♎	28 ♊	9 ♎	21 ♋	6 ♎
29	8 ♒ 50	1 ♏ 52	13 ♒ 52	13 ♒ 37	17 ♒ 19	4 ♑ 32	27 ♎ 44	14 ♓ 22	20 ♐ 8	0 ♍ 27	14 ♉ 18	2 ♓ 55	4 ♎	28 ♊	9 R	20 ♋	6 ♎
30	9 ♒ 51	15 ♏ 30	13 ♒ 49	13 R 37	19 ♒ 4	4 ♑ 48	28 ♎ 5	14 ♓ 36	20 ♐ 13	0 ♍ 25	14 ♉ 18	2 ♓ 57	4 ♎	28 ♊	9 ♎	20 ♋	6 ♎
31	10 ♒ 52	28 ♏ 47	13 ♒ 46	13 ♒ 37	20 ♒ 49	5 ♑ 7	28 ♎ 26	14 ♓ 49	20 ♐ 19	0 ♍ 23	14 ♉ 18	2 ♓ 58	4 ♎	28 ♊	9 ♎	20 ♋	6 ♎

SUN INGRESS: ☉ → ♒ 20日 07:15

MOON PHASE: ● 7日 13:23 ♑　◐ 15日 18:42 ♈　○ 22日 21:51 ♌　◑ 29日 13:11 ♏

aspects		
1日	02:07	☿△♅
1日	16:41	☿⚹♇
1日	22:35	☉□♀
4日	21:36	♂⚹♄
4日	22:30	♀⚹♃
4日	23:59	☉△♆
5日	22:01	☿☌♀
6日	11:01	☿⚹♃
9日	08:25	☿△♆
10日	21:10	☉□♂
13日	21:40	♀□♂
16日	17:01	☉☌☿
27日	06:23	☿□♆
28日	15:25	♃⚹♆
30日	16:42	☿⚹♄

2046年2月

DAY	☉	☽	☊ mean	☊ true	☿	♀	♂	♃	♄	♅	♆	♇	⚳	⚴	⚵	⚶	⚷
	° ′	° ′	° ′	° ′	° ′	° ′	° ′	° ′	° ′	° ′	° ′	° ′	°	°	°	°	°
1	11 ♒ 53	11 ♐ 45	13 ♒ 43	13 R 37	22 D 34	5 D 27	28 D 47	15 D 2	20 D 24	0 R 20	14 D 18	3 D 0	4 D	28 R	9 R	20 R	6 R
2	12 ♒ 54	24 ♐ 27	13 ♒ 40	13 ♒ 37	24 ♒ 19	5 ♑ 49	29 ♎ 8	15 ♓ 16	20 ♐ 29	0 ♍ 18	14 ♉ 19	3 ♓ 1	4 R	28 ♊	9 ♎	20 ♋	6 ♎
3	13 ♒ 55	6 ♑ 55	13 ♒ 37	13 D 37	26 ♒ 3	6 ♑ 13	29 ♎ 28	15 ♓ 29	20 ♐ 34	0 ♍ 15	14 ♉ 19	3 ♓ 3	4 ♎	28 ♊	9 ♎	19 ♋	6 ♎
4	14 ♒ 56	19 ♑ 10	13 ♒ 33	13 ♒ 37	27 ♒ 46	6 ♑ 39	29 ♎ 47	15 ♓ 42	20 ♐ 39	0 ♍ 13	14 ♉ 19	3 ♓ 5	4 ♎	28 ♊	8 ♎	19 ♋	6 ♎
5	15 ♒ 57	1 ♒ 17	13 ♒ 30	13 ♒ 37	29 ♒ 29	7 ♑ 6	0 ♏ 7	15 ♓ 56	20 ♐ 45	0 ♍ 10	14 ♉ 20	3 ♓ 6	4 ♎	28 D	8 ♎	19 ♋	6 ♎
6	16 ♒ 57	13 ♒ 15	13 ♒ 27	13 ♒ 37	1 ♓ 10	7 ♑ 36	0 ♏ 26	16 ♓ 10	20 ♐ 50	0 ♍ 8	14 ♉ 20	3 ♓ 8	4 ♎	28 ♊	8 ♎	19 ♋	6 ♎
7	17 ♒ 58	25 ♒ 8	13 ♒ 24	13 R 37	2 ♓ 50	8 ♑ 6	0 ♏ 44	16 ♓ 23	20 ♐ 54	0 ♍ 5	14 ♉ 21	3 ♓ 10	4 ♎	28 ♊	8 ♎	19 ♋	6 ♎
8	18 ♒ 59	6 ♓ 58	13 ♒ 21	13 ♒ 37	4 ♓ 28	8 ♑ 38	1 ♏ 3	16 ♓ 37	20 ♐ 59	0 ♍ 2	14 ♉ 21	3 ♓ 11	4 ♎	28 ♊	8 ♎	18 ♋	6 ♎
9	20 ♒ 0	18 ♓ 46	13 ♒ 18	13 ♒ 36	6 ♓ 3	9 ♑ 12	1 ♏ 20	16 ♓ 51	21 ♐ 4	0 ♍ 0	14 ♉ 22	3 ♓ 13	4 ♎	28 ♊	8 ♎	18 ♋	6 ♎
10	21 ♒ 1	0 ♈ 35	13 ♒ 14	13 ♒ 35	7 ♓ 36	9 ♑ 47	1 ♏ 38	17 ♓ 4	21 ♐ 9	29 ♌ 57	14 ♉ 22	3 ♓ 14	4 ♎	28 ♊	8 ♎	18 ♋	6 ♎
11	22 ♒ 1	12 ♈ 27	13 ♒ 11	13 ♒ 34	9 ♓ 4	10 ♑ 23	1 ♏ 55	17 ♓ 18	21 ♐ 13	29 ♌ 55	14 ♉ 23	3 ♓ 16	4 ♎	28 ♊	8 ♎	18 ♋	6 ♎
12	23 ♒ 2	24 ♈ 27	13 ♒ 8	13 ♒ 33	10 ♓ 29	11 ♑ 1	2 ♏ 11	17 ♓ 32	21 ♐ 18	29 ♌ 52	14 ♉ 23	3 ♓ 18	4 ♎	28 ♊	8 ♎	18 ♋	6 ♎
13	24 ♒ 3	6 ♉ 38	13 ♒ 5	13 ♒ 32	11 ♓ 48	11 ♑ 40	2 ♏ 27	17 ♓ 46	21 ♐ 22	29 ♌ 50	14 ♉ 24	3 ♓ 19	4 ♎	28 ♊	8 ♎	18 ♋	6 ♎
14	25 ♒ 3	19 ♉ 4	13 ♒ 2	13 ♒ 31	13 ♓ 3	12 ♑ 20	2 ♏ 43	18 ♓ 0	21 ♐ 27	29 ♌ 47	14 ♉ 25	3 ♓ 21	4 ♎	28 ♊	8 ♎	17 ♋	6 ♎
15	26 ♒ 4	1 ♊ 49	12 ♒ 58	13 D 31	14 ♓ 10	13 ♑ 1	2 ♏ 58	18 ♓ 14	21 ♐ 31	29 ♌ 44	14 ♉ 26	3 ♓ 23	4 ♎	29 ♊	8 ♎	17 ♋	5 ♎
16	27 ♒ 5	14 ♊ 57	12 ♒ 55	13 ♒ 32	15 ♓ 11	13 ♑ 43	3 ♏ 12	18 ♓ 28	21 ♐ 35	29 ♌ 42	14 ♉ 26	3 ♓ 24	4 ♎	29 ♊	7 ♎	17 ♋	5 ♎
17	28 ♒ 5	28 ♊ 31	12 ♒ 52	13 ♒ 33	16 ♓ 4	14 ♑ 26	3 ♏ 26	18 ♓ 42	21 ♐ 39	29 ♌ 39	14 ♉ 27	3 ♓ 26	3 ♎	29 ♊	7 ♎	17 ♋	5 ♎
18	29 ♒ 6	12 ♋ 32	12 ♒ 49	13 ♒ 34	16 ♓ 49	15 ♑ 11	3 ♏ 40	18 ♓ 56	21 ♐ 43	29 ♌ 36	14 ♉ 28	3 ♓ 28	3 ♎	29 ♊	7 ♎	17 ♋	5 ♎
19	0 ♓ 6	26 ♋ 59	12 ♒ 46	13 ♒ 35	17 ♓ 25	15 ♑ 56	3 ♏ 53	19 ♓ 10	21 ♐ 47	29 ♌ 34	14 ♉ 29	3 ♓ 29	3 ♎	29 ♊	7 ♎	17 ♋	5 ♎
20	1 ♓ 7	11 ♌ 50	12 ♒ 43	13 ♒ 35	17 ♓ 51	16 ♑ 42	4 ♏ 6	19 ♓ 24	21 ♐ 51	29 ♌ 31	14 ♉ 30	3 ♓ 31	3 ♎	29 ♊	7 ♎	17 ♋	5 ♎
21	2 ♓ 7	26 ♌ 57	12 ♒ 39	13 R 35	18 ♓ 8	17 ♑ 29	4 ♏ 18	19 ♓ 38	21 ♐ 55	29 ♌ 28	14 ♉ 31	3 ♓ 33	3 ♎	29 ♊	7 ♎	17 ♋	5 ♎
22	3 ♓ 8	12 ♍ 12	12 ♒ 36	13 ♒ 34	18 ♓ 14	18 ♑ 17	4 ♏ 30	19 ♓ 53	21 ♐ 59	29 ♌ 26	14 ♉ 32	3 ♓ 35	3 ♎	0 ♋	7 ♎	16 ♋	5 ♎
23	4 ♓ 8	27 ♍ 25	12 ♒ 33	13 ♒ 31	18 R 10	19 ♑ 6	4 ♏ 41	20 ♓ 7	22 ♐ 3	29 ♌ 23	14 ♉ 32	3 ♓ 36	3 ♎	0 ♋	6 ♎	16 ♋	5 ♎
24	5 ♓ 9	12 ♎ 25	12 ♒ 30	13 ♒ 29	17 ♓ 56	19 ♑ 56	4 ♏ 51	20 ♓ 21	22 ♐ 6	29 ♌ 21	14 ♉ 34	3 ♓ 38	2 ♎	0 ♋	6 ♎	16 ♋	5 ♎
25	6 ♓ 9	27 ♎ 6	12 ♒ 27	13 ♒ 26	17 ♓ 33	20 ♑ 46	5 ♏ 1	20 ♓ 35	22 ♐ 10	29 ♌ 18	14 ♉ 35	3 ♓ 40	2 ♎	0 ♋	6 ♎	16 ♋	5 ♎
26	7 ♓ 9	11 ♏ 21	12 ♒ 24	13 ♒ 23	17 ♓ 1	21 ♑ 37	5 ♏ 10	20 ♓ 50	22 ♐ 13	29 ♌ 15	14 ♉ 36	3 ♓ 41	2 ♎	0 ♋	6 ♎	16 ♋	5 ♎
27	8 ♓ 10	25 ♏ 8	12 ♒ 20	13 ♒ 21	16 ♓ 20	22 ♑ 29	5 ♏ 19	21 ♓ 4	22 ♐ 16	29 ♌ 13	14 ♉ 37	3 ♓ 43	2 ♎	1 ♋	6 ♎	16 ♋	5 ♎
28	9 ♓ 10	8 ♐ 29	12 ♒ 17	13 ♒ 20	15 ♓ 32	23 ♑ 22	5 ♏ 27	21 ♓ 18	22 ♐ 20	29 ♌ 10	14 ♉ 38	3 ♓ 45	2 ♎	1 ♋	5 ♎	16 ♋	5 ♎

SUN INGRESS: ☉ → ♓ 18日 21:15

MOON PHASE: ● 6日 08:09 ♒　◐ 14日 12:20 ♉　○ 21日 08:44 ♍　◑ 28日 01:22 ♐

aspects		
3日	09:37	☉□♆
5日	03:43	♂⚹♅
5日	09:28	☿☍♅
5日	10:59	☿△♂
7日	04:47	☿☌♇
10日	03:26	☉⚹♄
12日	18:32	☿⚹♀
15日	05:46	♀⚹♆
16日	23:16	♂△♇
17日	00:22	♀△♅
18日	11:35	☉☍♅
21日	22:21	☿⚹♀
22日	10:54	☉☌♇
23日	15:37	☉△♂
24日	16:59	☿⚹♃
28日	23:42	☿⚹♆

2046年3月

DAY	☉	☽	☊ mean	☊ true	☿	♀	♂	♃	♄	♅	♆	♇	⚳	⚴	⚵	⚶	⚷
	° ′	° ′	° ′	° ′	° ′	° ′	° ′	° ′	° ′	° ′	° ′	° ′	°	°	°	°	°
1	10 ♓ 10	21 ♐ 24	12 ♒ 14	13 D 21	14 R 38	24 D 15	5 D 35	21 D 33	22 D 23	29 R 8	14 D 39	3 D 46	2 R	1 D	5 R	16 R	5 R
2	11 ♓ 11	3 ♑ 59	12 ♒ 11	13 ♒ 22	13 ♓ 40	25 ♑ 8	5 ♏ 42	21 ♓ 47	22 ♐ 26	29 ♌ 5	14 ♉ 40	3 ♓ 48	1 ♎	1 ♋	5 ♎	16 ♋	5 ♎
3	12 ♓ 11	16 ♑ 16	12 ♒ 8	13 ♒ 24	12 ♓ 39	26 ♑ 3	5 ♏ 48	22 ♓ 2	22 ♐ 29	29 ♌ 3	14 ♉ 41	3 ♓ 50	1 ♎	1 ♋	5 ♎	16 ♋	5 ♎
4	13 ♓ 11	28 ♑ 21	12 ♒ 4	13 ♒ 26	11 ♓ 36	26 ♑ 58	5 ♏ 54	22 ♓ 16	22 ♐ 32	29 ♌ 0	14 ♉ 43	3 ♓ 51	1 ♎	2 ♋	5 ♎	16 ♋	4 ♎
5	14 ♓ 11	10 ♒ 17	12 ♒ 1	13 ♒ 27	10 ♓ 34	27 ♑ 53	5 ♏ 58	22 ♓ 31	22 ♐ 35	28 ♌ 57	14 ♉ 44	3 ♓ 53	1 ♎	2 ♋	4 ♎	16 D	4 ♎
6	15 ♓ 11	22 ♒ 8	11 ♒ 58	13 R 26	9 ♓ 32	28 ♑ 49	6 ♏ 3	22 ♓ 45	22 ♐ 37	28 ♌ 55	14 ♉ 45	3 ♓ 55	1 ♎	2 ♋	4 ♎	16 ♋	4 ♎
7	16 ♓ 11	3 ♓ 56	11 ♒ 55	13 ♒ 24	8 ♓ 34	29 ♑ 46	6 ♏ 6	22 ♓ 59	22 ♐ 40	28 ♌ 52	14 ♉ 47	3 ♓ 56	0 ♎	2 ♋	4 ♎	16 ♋	4 ♎
8	17 ♓ 12	15 ♓ 44	11 ♒ 52	13 ♒ 21	7 ♓ 39	0 ♒ 43	6 ♏ 9	23 ♓ 14	22 ♐ 42	28 ♌ 50	14 ♉ 48	3 ♓ 58	0 ♎	3 ♋	4 ♎	16 ♋	4 ♎
9	18 ♓ 12	27 ♓ 34	11 ♒ 49	13 ♒ 15	6 ♓ 50	1 ♒ 41	6 ♏ 11	23 ♓ 28	22 ♐ 45	28 ♌ 48	14 ♉ 49	4 ♓ 0	0 ♎	3 ♋	4 ♎	16 ♋	4 ♎
10	19 ♓ 12	9 ♈ 27	11 ♒ 45	13 ♒ 9	6 ♓ 5	2 ♒ 39	6 ♏ 13	23 ♓ 43	22 ♐ 47	28 ♌ 45	14 ♉ 51	4 ♓ 1	0 ♎	3 ♋	3 ♎	16 ♋	4 ♎
11	20 ♓ 12	21 ♈ 27	11 ♒ 42	13 ♒ 2	5 ♓ 27	3 ♒ 37	6 ♏ 13	23 ♓ 57	22 ♐ 49	28 ♌ 43	14 ♉ 52	4 ♓ 3	0 ♎	4 ♋	3 ♎	16 ♋	4 ♎
12	21 ♓ 12	3 ♉ 33	11 ♒ 39	12 ♒ 55	4 ♓ 55	4 ♒ 36	6 R 13	24 ♓ 12	22 ♐ 51	28 ♌ 40	14 ♉ 54	4 ♓ 5	29 ♍	4 ♋	3 ♎	16 ♋	4 ♎
13	22 ♓ 11	15 ♉ 49	11 ♒ 36	12 ♒ 49	4 ♓ 29	5 ♒ 35	6 ♏ 13	24 ♓ 27	22 ♐ 53	28 ♌ 38	14 ♉ 55	4 ♓ 6	29 ♍	4 ♋	3 ♎	16 ♋	4 ♎
14	23 ♓ 11	28 ♉ 18	11 ♒ 33	12 ♒ 44	4 ♓ 11	6 ♒ 35	6 ♏ 11	24 ♓ 41	22 ♐ 55	28 ♌ 36	14 ♉ 57	4 ♓ 8	29 ♍	4 ♋	2 ♎	16 ♋	4 ♎
15	24 ♓ 11	11 ♊ 2	11 ♒ 30	12 ♒ 41	3 ♓ 58	7 ♒ 35	6 ♏ 9	24 ♓ 56	22 ♐ 57	28 ♌ 33	14 ♉ 58	4 ♓ 9	29 ♍	5 ♋	2 ♎	16 ♋	4 ♎
16	25 ♓ 11	24 ♊ 4	11 ♒ 26	12 ♒ 40	3 ♓ 52	8 ♒ 35	6 ♏ 6	25 ♓ 10	22 ♐ 59	28 ♌ 31	15 ♉ 0	4 ♓ 11	28 ♍	5 ♋	2 ♎	17 ♋	4 ♎
17	26 ♓ 11	7 ♋ 27	11 ♒ 23	12 D 41	3 D 52	9 ♒ 36	6 ♏ 2	25 ♓ 25	23 ♐ 1	28 ♌ 29	15 ♉ 2	4 ♓ 13	28 ♍	5 ♋	2 ♎	17 ♋	4 ♎
18	27 ♓ 11	21 ♋ 15	11 ♒ 20	12 ♒ 42	3 ♓ 59	10 ♒ 37	5 ♏ 58	25 ♓ 39	23 ♐ 2	28 ♌ 27	15 ♉ 3	4 ♓ 14	28 ♍	6 ♋	1 ♎	17 ♋	3 ♎
19	28 ♓ 10	5 ♌ 28	11 ♒ 17	12 ♒ 43	4 ♓ 10	11 ♒ 38	5 ♏ 52	25 ♓ 54	23 ♐ 4	28 ♌ 24	15 ♉ 5	4 ♓ 16	28 ♍	6 ♋	1 ♎	17 ♋	3 ♎
20	29 ♓ 10	20 ♌ 5	11 ♒ 14	12 R 43	4 ♓ 28	12 ♒ 40	5 ♏ 46	26 ♓ 8	23 ♐ 5	28 ♌ 22	15 ♉ 7	4 ♓ 17	28 ♍	6 ♋	1 ♎	17 ♋	3 ♎
21	0 ♈ 10	5 ♍ 2	11 ♒ 10	12 ♒ 41	4 ♓ 50	13 ♒ 42	5 ♏ 39	26 ♓ 23	23 ♐ 6	28 ♌ 20	15 ♉ 8	4 ♓ 19	27 ♍	7 ♋	1 ♎	17 ♋	3 ♎
22	1 ♈ 9	20 ♍ 12	11 ♒ 7	12 ♒ 37	5 ♓ 17	14 ♒ 45	5 ♏ 32	26 ♓ 37	23 ♐ 7	28 ♌ 18	15 ♉ 10	4 ♓ 20	27 ♍	7 ♋	0 ♎	17 ♋	3 ♎
23	2 ♈ 9	5 ♎ 27	11 ♒ 4	12 ♒ 31	5 ♓ 49	15 ♒ 47	5 ♏ 23	26 ♓ 52	23 ♐ 8	28 ♌ 16	15 ♉ 12	4 ♓ 22	27 ♍	7 ♋	0 ♎	17 ♋	3 ♎
24	3 ♈ 8	20 ♎ 35	11 ♒ 1	12 ♒ 23	6 ♓ 25	16 ♒ 50	5 ♏ 14	27 ♓ 6	23 ♐ 9	28 ♌ 14	15 ♉ 13	4 ♓ 23	27 ♍	8 ♋	0 ♎	17 ♋	3 ♎
25	4 ♈ 8	5 ♏ 26	10 ♒ 58	12 ♒ 15	7 ♓ 5	17 ♒ 53	5 ♏ 4	27 ♓ 21	23 ♐ 10	28 ♌ 12	15 ♉ 15	4 ♓ 25	26 ♍	8 ♋	0 ♎	18 ♋	3 ♎
26	5 ♈ 7	19 ♏ 53	10 ♒ 55	12 ♒ 8	7 ♓ 49	18 ♒ 57	4 ♏ 54	27 ♓ 35	23 ♐ 11	28 ♌ 10	15 ♉ 17	4 ♓ 26	26 ♍	9 ♋	29 ♍	18 ♋	3 ♎
27	6 ♈ 7	3 ♐ 51	10 ♒ 51	12 ♒ 2	8 ♓ 36	20 ♒ 0	4 ♏ 42	27 ♓ 50	23 ♐ 12	28 ♌ 8	15 ♉ 19	4 ♓ 28	26 ♍	9 ♋	29 ♍	18 ♋	3 ♎
28	7 ♈ 6	17 ♐ 20	10 ♒ 48	11 ♒ 58	9 ♓ 27	21 ♒ 4	4 ♏ 30	28 ♓ 4	23 ♐ 12	28 ♌ 6	15 ♉ 21	4 ♓ 29	26 ♍	9 ♋	29 ♍	18 ♋	3 ♎
29	8 ♈ 5	0 ♑ 20	10 ♒ 45	11 ♒ 56	10 ♓ 21	22 ♒ 9	4 ♏ 17	28 ♓ 18	23 ♐ 13	28 ♌ 4	15 ♉ 23	4 ♓ 31	25 ♍	10 ♋	29 ♍	18 ♋	3 ♎
30	9 ♈ 5	12 ♑ 56	10 ♒ 42	11 D 55	11 ♓ 17	23 ♒ 13	4 ♏ 4	28 ♓ 33	23 ♐ 13	28 ♌ 3	15 ♉ 24	4 ♓ 32	25 ♍	10 ♋	28 ♍	18 ♋	2 ♎
31	10 ♈ 4	25 ♑ 12	10 ♒ 39	11 ♒ 56	12 ♓ 17	24 ♒ 18	3 ♏ 49	28 ♓ 47	23 ♐ 13	28 ♌ 1	15 ♉ 26	4 ♓ 34	25 ♍	10 ♋	28 ♍	19 ♋	2 ♎
SUN INGRESS	☉ → ♈ 20日 19:57																
MOON PHASE	● 8日 03:15 ♓	◐ 16日 02:12 ♊	○ 22日 18:26 ♎	◑ 29日 15:57 ♑													

aspects		
3日	05:31	☉☌☿
5日	08:09	♃□♄
5日	13:24	☉⚹♆
9日	19:53	☿△♂
13日	14:45	♀□♂
13日	17:22	☉□♄
14日	04:00	☿☌♇
15日	23:30	☉☌♃
19日	09:11	☿☌♇
22日	09:12	☿△♂
22日	10:03	♀□♆
28日	01:33	♂△♇
29日	23:55	♀⚹♄

2046年4月

DAY	☉	☽	☊ mean	☊ true	☿	♀	♂	♃	♄	♅	♆	♇	⚳	⚴	⚵	⚶	⚷
	° ′	° ′	° ′	° ′	° ′	° ′	° ′	° ′	° ′	° ′	° ′	° ′	°	°	°	°	°
1	11 ♈ 3	7 ♒ 14	10 ♒ 35	11 D 57	13 D 20	25 D 23	3 R 34	29 D 2	23 D 13	27 R 59	15 D 28	4 D 35	25 R	11 D	28 R	19 D	2 R
2	12 ♈ 3	19 ♒ 6	10 ♒ 32	11 R 57	14 ♓ 25	26 ♒ 28	3 ♏ 19	29 ♓ 16	23 R 13	27 ♌ 57	15 ♉ 30	4 ♓ 37	25 ♍	11 ♋	28 ♍	19 ♋	2 ♎
3	13 ♈ 2	0 ♓ 54	10 ♒ 29	11 ♒ 55	15 ♓ 32	27 ♒ 33	3 ♏ 2	29 ♓ 30	23 ♐ 13	27 ♌ 56	15 ♉ 32	4 ♓ 38	24 ♍	12 ♋	28 ♍	19 ♋	2 ♎
4	14 ♈ 1	12 ♓ 41	10 ♒ 26	11 ♒ 50	16 ♓ 42	28 ♒ 38	2 ♏ 45	29 ♓ 45	23 ♐ 13	27 ♌ 54	15 ♉ 34	4 ♓ 39	24 ♍	12 ♋	27 ♍	19 ♋	2 ♎
5	15 ♈ 0	24 ♓ 30	10 ♒ 23	11 ♒ 43	17 ♓ 53	29 ♒ 44	2 ♏ 28	29 ♓ 59	23 ♐ 13	27 ♌ 53	15 ♉ 36	4 ♓ 41	24 ♍	12 ♋	27 ♍	19 ♋	2 ♎
6	15 ♈ 59	6 ♈ 24	10 ♒ 20	11 ♒ 34	19 ♓ 8	0 ♓ 50	2 ♏ 9	0 ♈ 13	23 ♐ 13	27 ♌ 51	15 ♉ 38	4 ♓ 42	24 ♍	13 ♋	27 ♍	20 ♋	2 ♎
7	16 ♈ 58	18 ♈ 26	10 ♒ 16	11 ♒ 22	20 ♓ 24	1 ♓ 56	1 ♏ 51	0 ♈ 27	23 ♐ 12	27 ♌ 50	15 ♉ 40	4 ♓ 43	24 ♍	13 ♋	27 ♍	20 ♋	2 ♎
8	17 ♈ 57	0 ♉ 35	10 ♒ 13	11 ♒ 10	21 ♓ 42	3 ♓ 2	1 ♏ 31	0 ♈ 41	23 ♐ 12	27 ♌ 48	15 ♉ 42	4 ♓ 45	24 ♍	13 ♋	26 ♍	20 ♋	2 ♎
9	18 ♈ 56	12 ♉ 54	10 ♒ 10	10 ♒ 57	23 ♓ 2	4 ♓ 9	1 ♏ 11	0 ♈ 56	23 ♐ 11	27 ♌ 47	15 ♉ 44	4 ♓ 46	23 ♍	14 ♋	26 ♍	20 ♋	2 ♎
10	19 ♈ 55	25 ♉ 23	10 ♒ 7	10 ♒ 46	24 ♓ 23	5 ♓ 15	0 ♏ 51	1 ♈ 10	23 ♐ 10	27 ♌ 46	15 ♉ 46	4 ♓ 47	23 ♍	14 ♋	26 ♍	21 ♋	2 ♎
11	20 ♈ 54	8 ♊ 2	10 ♒ 4	10 ♒ 37	25 ♓ 47	6 ♓ 22	0 ♏ 30	1 ♈ 24	23 ♐ 9	27 ♌ 44	15 ♉ 48	4 ♓ 48	23 ♍	15 ♋	26 ♍	21 ♋	2 ♎
12	21 ♈ 53	20 ♊ 54	10 ♒ 1	10 ♒ 31	27 ♓ 13	7 ♓ 28	0 ♏ 9	1 ♈ 38	23 ♐ 8	27 ♌ 43	15 ♉ 51	4 ♓ 50	23 ♍	15 ♋	26 ♍	21 ♋	2 ♎
13	22 ♈ 52	4 ♋ 0	9 ♒ 57	10 ♒ 27	28 ♓ 40	8 ♓ 35	29 ♎ 48	1 ♈ 52	23 ♐ 7	27 ♌ 42	15 ♉ 53	4 ♓ 51	23 ♍	16 ♋	26 ♍	21 ♋	1 ♎
14	23 ♈ 51	17 ♋ 22	9 ♒ 54	10 ♒ 26	0 ♈ 9	9 ♓ 43	29 ♎ 26	2 ♈ 6	23 ♐ 6	27 ♌ 41	15 ♉ 55	4 ♓ 52	23 ♍	16 ♋	25 ♍	21 ♋	1 ♎
15	24 ♈ 50	1 ♌ 2	9 ♒ 51	10 D 25	1 ♈ 39	10 ♓ 50	29 ♎ 4	2 ♈ 20	23 ♐ 5	27 ♌ 40	15 ♉ 57	4 ♓ 53	22 ♍	16 ♋	25 ♍	22 ♋	1 ♎
16	25 ♈ 49	15 ♌ 2	9 ♒ 48	10 R 26	3 ♈ 11	11 ♓ 57	28 ♎ 42	2 ♈ 34	23 ♐ 4	27 ♌ 39	15 ♉ 59	4 ♓ 54	22 ♍	17 ♋	25 ♍	22 ♋	1 ♎
17	26 ♈ 47	29 ♌ 21	9 ♒ 45	10 ♒ 24	4 ♈ 45	13 ♓ 5	28 ♎ 19	2 ♈ 48	23 ♐ 2	27 ♌ 38	16 ♉ 1	4 ♓ 56	22 ♍	17 ♋	25 ♍	22 ♋	1 ♎
18	27 ♈ 46	13 ♍ 59	9 ♒ 41	10 ♒ 21	6 ♈ 21	14 ♓ 12	27 ♎ 57	3 ♈ 2	23 ♐ 1	27 ♌ 37	16 ♉ 3	4 ♓ 57	22 ♍	18 ♋	25 ♍	23 ♋	1 ♎
19	28 ♈ 45	28 ♍ 51	9 ♒ 38	10 ♒ 15	7 ♈ 58	15 ♓ 20	27 ♎ 34	3 ♈ 15	22 ♐ 59	27 ♌ 36	16 ♉ 5	4 ♓ 58	22 ♍	18 ♋	25 ♍	23 ♋	1 ♎
20	29 ♈ 43	13 ♎ 49	9 ♒ 35	10 ♒ 7	9 ♈ 37	16 ♓ 28	27 ♎ 11	3 ♈ 29	22 ♐ 57	27 ♌ 35	16 ♉ 8	4 ♓ 59	22 ♍	18 ♋	24 ♍	23 ♋	1 ♎
21	0 ♉ 42	28 ♎ 46	9 ♒ 32	9 ♒ 56	11 ♈ 17	17 ♓ 36	26 ♎ 48	3 ♈ 43	22 ♐ 56	27 ♌ 34	16 ♉ 10	5 ♓ 0	22 ♍	19 ♋	24 ♍	23 ♋	1 ♎
22	1 ♉ 40	13 ♏ 31	9 ♒ 29	9 ♒ 45	13 ♈ 0	18 ♓ 44	26 ♎ 26	3 ♈ 57	22 ♐ 54	27 ♌ 34	16 ♉ 12	5 ♓ 1	22 ♍	19 ♋	24 ♍	24 ♋	1 ♎
23	2 ♉ 39	27 ♏ 57	9 ♒ 26	9 ♒ 34	14 ♈ 43	19 ♓ 52	26 ♎ 3	4 ♈ 10	22 ♐ 52	27 ♌ 33	16 ♉ 14	5 ♓ 2	22 ♍	20 ♋	24 ♍	24 ♋	1 ♎
24	3 ♉ 37	11 ♐ 58	9 ♒ 22	9 ♒ 25	16 ♈ 29	21 ♓ 0	25 ♎ 40	4 ♈ 24	22 ♐ 50	27 ♌ 32	16 ♉ 16	5 ♓ 3	22 ♍	20 ♋	24 ♍	24 ♋	1 ♎
25	4 ♉ 36	25 ♐ 31	9 ♒ 19	9 ♒ 18	18 ♈ 16	22 ♓ 9	25 ♎ 18	4 ♈ 37	22 ♐ 48	27 ♌ 32	16 ♉ 19	5 ♓ 4	21 ♍	21 ♋	24 ♍	24 ♋	1 ♎
26	5 ♉ 34	8 ♑ 35	9 ♒ 16	9 ♒ 13	20 ♈ 5	23 ♓ 17	24 ♎ 56	4 ♈ 51	22 ♐ 45	27 ♌ 31	16 ♉ 21	5 ♓ 5	21 ♍	21 ♋	24 ♍	25 ♋	1 ♎
27	6 ♉ 33	21 ♑ 15	9 ♒ 13	9 ♒ 11	21 ♈ 55	24 ♓ 26	24 ♎ 34	5 ♈ 4	22 ♐ 43	27 ♌ 31	16 ♉ 23	5 ♓ 6	21 ♍	21 ♋	24 ♍	25 ♋	1 ♎
28	7 ♉ 31	3 ♒ 34	9 ♒ 10	9 ♒ 11	23 ♈ 48	25 ♓ 34	24 ♎ 12	5 ♈ 18	22 ♐ 41	27 ♌ 30	16 ♉ 25	5 ♓ 7	21 ♍	22 ♋	24 ♍	25 ♋	1 ♎
29	8 ♉ 30	15 ♒ 38	9 ♒ 7	9 ♒ 11	25 ♈ 42	26 ♓ 43	23 ♎ 51	5 ♈ 31	22 ♐ 38	27 ♌ 30	16 ♉ 28	5 ♓ 8	21 ♍	22 ♋	23 ♍	26 ♋	0 ♎
30	9 ♉ 28	27 ♒ 31	9 ♒ 3	9 ♒ 10	27 ♈ 37	27 ♓ 52	23 ♎ 30	5 ♈ 44	22 ♐ 36	27 ♌ 30	16 ♉ 30	5 ♓ 9	21 ♍	23 ♋	23 ♍	26 ♋	0 ♎
SUN INGRESS	☉ → ♉ 20日 06:38																
MOON PHASE	● 6日 20:51 ♈	◐ 14日 12:21 ♋	○ 21日 03:20 ♏	◑ 28日 08:30 ♒													

aspects		
3日	00:07	☿⚹♆
3日	08:09	♀☍♅
6日	22:27	♀△♂
9日	02:43	☿□♄
9日	13:46	♀☌♇
13日	06:03	☉△♄
15日	12:35	☿☌♃
17日	20:15	☉△♅
18日	03:06	☉☍♂
18日	21:48	♂⚹♅
19日	16:42	♀⚹♆
25日	11:47	☉⚹♇
25日	13:16	♀□♄
27日	10:02	☿△♄
28日	04:25	☿☍♂
29日	22:27	☿△♅

2046年5月

DAY	☉	☽	☊ mean	☊ true	☿	♀	♂	♃	♄	♅	♆	♇	⚳	⚴	⚵	⚶	⚷
	° ′	° ′	° ′	° ′	° ′	° ′	° ′	° ′	° ′	° ′	° ′	° ′	°	°	°	°	°
1	10 ♉ 26	9 ♓ 19	9 ♒ 0	9 R 8	29 D 34	29 D 1	23 R 10	5 D 57	22 R 33	27 R 29	16 D 32	5 D 10	21 R	23 D	23 R	26 D	0 R
2	11 ♉ 24	21 ♓ 8	8 ♒ 57	9 ♒ 3	1 ♉ 33	0 ♈ 10	22 ♎ 50	6 ♈ 11	22 ♐ 30	27 ♌ 29	16 ♉ 34	5 ♓ 11	21 ♍	24 ♋	23 ♍	27 ♋	0 ♎
3	12 ♉ 23	3 ♈ 0	8 ♒ 54	8 ♒ 55	3 ♉ 34	1 ♈ 19	22 ♎ 30	6 ♈ 24	22 ♐ 28	27 ♌ 29	16 ♉ 37	5 ♓ 11	21 ♍	24 ♋	23 ♍	27 ♋	0 ♎
4	13 ♉ 21	15 ♈ 1	8 ♒ 51	8 ♒ 45	5 ♉ 36	2 ♈ 28	22 ♎ 11	6 ♈ 37	22 ♐ 25	27 ♌ 29	16 ♉ 39	5 ♓ 12	21 ♍	25 ♋	23 ♍	27 ♋	0 ♎
5	14 ♉ 19	27 ♈ 11	8 ♒ 47	8 ♒ 33	7 ♉ 40	3 ♈ 38	21 ♎ 52	6 ♈ 50	22 ♐ 22	27 ♌ 29	16 ♉ 41	5 ♓ 13	21 D	25 ♋	23 ♍	27 ♋	0 ♎
6	15 ♉ 17	9 ♉ 33	8 ♒ 44	8 ♒ 19	9 ♉ 45	4 ♈ 47	21 ♎ 35	7 ♈ 3	22 ♐ 19	27 D 29	16 ♉ 43	5 ♓ 14	21 ♍	25 ♋	23 ♍	28 ♋	0 ♎
7	16 ♉ 15	22 ♉ 7	8 ♒ 41	8 ♒ 6	11 ♉ 51	5 ♈ 57	21 ♎ 17	7 ♈ 16	22 ♐ 16	27 ♌ 29	16 ♉ 46	5 ♓ 14	21 ♍	26 ♋	23 ♍	28 ♋	0 ♎
8	17 ♉ 14	4 ♊ 53	8 ♒ 38	7 ♒ 54	13 ♉ 59	7 ♈ 6	21 ♎ 1	7 ♈ 28	22 ♐ 12	27 ♌ 29	16 ♉ 48	5 ♓ 15	21 ♍	26 ♋	23 ♍	28 ♋	0 ♎
9	18 ♉ 12	17 ♊ 51	8 ♒ 35	7 ♒ 44	16 ♉ 7	8 ♈ 16	20 ♎ 45	7 ♈ 41	22 ♐ 9	27 ♌ 29	16 ♉ 50	5 ♓ 16	21 ♍	27 ♋	23 ♍	29 ♋	0 ♎
10	19 ♉ 10	1 ♋ 0	8 ♒ 32	7 ♒ 37	18 ♉ 17	9 ♈ 25	20 ♎ 29	7 ♈ 54	22 ♐ 6	27 ♌ 29	16 ♉ 52	5 ♓ 16	21 ♍	27 ♋	23 ♍	29 ♋	0 ♎
11	20 ♉ 8	14 ♋ 20	8 ♒ 28	7 ♒ 33	20 ♉ 27	10 ♈ 35	20 ♎ 15	8 ♈ 6	22 ♐ 3	27 ♌ 30	16 ♉ 55	5 ♓ 17	21 ♍	28 ♋	23 ♍	29 ♋	0 ♎
12	21 ♉ 6	27 ♋ 52	8 ♒ 25	7 ♒ 31	22 ♉ 38	11 ♈ 45	20 ♎ 1	8 ♈ 19	21 ♐ 59	27 ♌ 30	16 ♉ 57	5 ♓ 18	21 ♍	28 ♋	23 ♍	0 ♌	0 ♎
13	22 ♉ 4	11 ♌ 35	8 ♒ 22	7 D 31	24 ♉ 48	12 ♈ 55	19 ♎ 48	8 ♈ 31	21 ♐ 56	27 ♌ 31	16 ♉ 59	5 ♓ 18	21 ♍	29 ♋	23 D	0 ♌	0 ♎
14	23 ♉ 2	25 ♌ 32	8 ♒ 19	7 R 31	26 ♉ 59	14 ♈ 4	19 ♎ 35	8 ♈ 44	21 ♐ 52	27 ♌ 31	17 ♉ 1	5 ♓ 19	21 ♍	29 ♋	23 ♍	0 ♌	0 ♎
15	24 ♉ 0	9 ♍ 41	8 ♒ 16	7 ♒ 30	29 ♉ 9	15 ♈ 14	19 ♎ 24	8 ♈ 56	21 ♐ 48	27 ♌ 31	17 ♉ 4	5 ♓ 19	21 ♍	0 ♌	23 ♍	1 ♌	0 ♎
16	24 ♉ 57	24 ♍ 1	8 ♒ 13	7 ♒ 27	1 ♊ 19	16 ♈ 24	19 ♎ 13	9 ♈ 8	21 ♐ 45	27 ♌ 32	17 ♉ 6	5 ♓ 20	22 ♍	0 ♌	23 ♍	1 ♌	0 ♎
17	25 ♉ 55	8 ♎ 31	8 ♒ 9	7 ♒ 22	3 ♊ 28	17 ♈ 34	19 ♎ 3	9 ♈ 20	21 ♐ 41	27 ♌ 33	17 ♉ 8	5 ♓ 20	22 ♍	0 ♌	23 ♍	2 ♌	0 ♎
18	26 ♉ 53	23 ♎ 5	8 ♒ 6	7 ♒ 14	5 ♊ 35	18 ♈ 45	18 ♎ 54	9 ♈ 32	21 ♐ 37	27 ♌ 33	17 ♉ 10	5 ♓ 21	22 ♍	1 ♌	23 ♍	2 ♌	0 ♎
19	27 ♉ 51	7 ♏ 38	8 ♒ 3	7 ♒ 5	7 ♊ 41	19 ♈ 55	18 ♎ 46	9 ♈ 44	21 ♐ 33	27 ♌ 34	17 ♉ 13	5 ♓ 21	22 ♍	1 ♌	23 ♍	2 ♌	0 ♎
20	28 ♉ 49	22 ♏ 2	8 ♒ 0	6 ♒ 54	9 ♊ 45	21 ♈ 5	18 ♎ 38	9 ♈ 56	21 ♐ 30	27 ♌ 35	17 ♉ 15	5 ♓ 22	22 ♍	2 ♌	23 ♍	3 ♌	0 ♎
21	29 ♉ 46	6 ♐ 12	7 ♒ 57	6 ♒ 44	11 ♊ 48	22 ♈ 15	18 ♎ 31	10 ♈ 8	21 ♐ 26	27 ♌ 36	17 ♉ 17	5 ♓ 22	22 ♍	2 ♌	23 ♍	3 ♌	0 ♎
22	0 ♊ 44	20 ♐ 2	7 ♒ 53	6 ♒ 36	13 ♊ 48	23 ♈ 26	18 ♎ 25	10 ♈ 20	21 ♐ 22	27 ♌ 36	17 ♉ 19	5 ♓ 23	22 ♍	3 ♌	23 ♍	3 ♌	0 ♎
23	1 ♊ 42	3 ♑ 28	7 ♒ 50	6 ♒ 29	15 ♊ 46	24 ♈ 36	18 ♎ 20	10 ♈ 31	21 ♐ 18	27 ♌ 37	17 ♉ 21	5 ♓ 23	22 ♍	3 ♌	23 ♍	4 ♌	0 ♎
24	2 ♊ 39	16 ♑ 31	7 ♒ 47	6 ♒ 25	17 ♊ 41	25 ♈ 46	18 ♎ 16	10 ♈ 43	21 ♐ 14	27 ♌ 38	17 ♉ 24	5 ♓ 23	22 ♍	4 ♌	23 ♍	4 ♌	0 ♎
25	3 ♊ 37	29 ♑ 11	7 ♒ 44	6 ♒ 23	19 ♊ 34	26 ♈ 57	18 ♎ 12	10 ♈ 54	21 ♐ 10	27 ♌ 39	17 ♉ 26	5 ♓ 24	22 ♍	4 ♌	23 ♍	4 ♌	0 ♎
26	4 ♊ 35	11 ♒ 32	7 ♒ 41	6 D 23	21 ♊ 24	28 ♈ 8	18 ♎ 9	11 ♈ 5	21 ♐ 5	27 ♌ 41	17 ♉ 28	5 ♓ 24	23 ♍	5 ♌	23 ♍	5 ♌	0 ♎
27	5 ♊ 32	23 ♒ 37	7 ♒ 38	6 ♒ 24	23 ♊ 12	29 ♈ 18	18 ♎ 7	11 ♈ 17	21 ♐ 1	27 ♌ 42	17 ♉ 30	5 ♓ 24	23 ♍	5 ♌	23 ♍	5 ♌	0 ♎
28	6 ♊ 30	5 ♓ 33	7 ♒ 34	6 ♒ 24	24 ♊ 56	0 ♉ 29	18 ♎ 6	11 ♈ 28	20 ♐ 57	27 ♌ 43	17 ♉ 32	5 ♓ 24	23 ♍	6 ♌	23 ♍	6 ♌	0 ♎
29	7 ♊ 28	17 ♓ 23	7 ♒ 31	6 R 24	26 ♊ 38	1 ♉ 39	18 ♎ 6	11 ♈ 39	20 ♐ 53	27 ♌ 44	17 ♉ 35	5 ♓ 24	23 ♍	6 ♌	24 ♍	6 ♌	0 D
30	8 ♊ 25	29 ♓ 14	7 ♒ 28	6 ♒ 21	28 ♊ 17	2 ♉ 50	18 D 6	11 ♈ 50	20 ♐ 49	27 ♌ 45	17 ♉ 37	5 ♓ 25	23 ♍	6 ♌	24 ♍	6 ♌	0 ♎
31	9 ♊ 23	11 ♈ 10	7 ♒ 25	6 ♒ 17	29 ♊ 52	4 ♉ 1	18 ♎ 7	12 ♈ 1	20 ♐ 44	27 ♌ 47	17 ♉ 39	5 ♓ 25	23 ♍	7 ♌	24 ♍	7 ♌	0 ♎

SUN INGRESS	☉ → ♊ 21日 05:28
MOON PHASE	● 6日 11:55 ♉　◐ 13日 19:24 ♌　○ 20日 12:15 ♏　◑ 28日 02:06 ♓

aspects		
3日	03:38	♂⚹♄
3日	19:18	☿⚹♇
7日	12:58	☉☌♆
8日	09:24	♀☌♃
9日	08:06	☿☌♆
10日	17:38	☉☌☿
14日	05:55	☿□♅
17日	21:18	☿□♇
18日	02:50	♀☍♂
18日	16:55	☉□♅
20日	02:16	☿⚹♃
20日	07:57	♀△♄
24日	07:01	☿△♂
25日	14:40	♀△♅
25日	19:59	☿☍♄
26日	20:30	☉□♇
29日	16:14	☿⚹♅

2046年6月

DAY	☉	☽	☊ mean	☊ true	☿	♀	♂	♃	♄	♅	♆	♇	⚳	⚴	⚵	⚶	⚷
	° ′	° ′	° ′	° ′	° ′	° ′	° ′	° ′	° ′	° ′	° ′	° ′	°	°	°	°	°
1	10 ♊ 20	23 ♈ 16	7 ♒ 22	6 R 10	1 D 25	5 D 12	18 D 9	12 D 12	20 R 40	27 D 48	17 D 41	5 D 25	24 D	7 D	24 D	7 D	0 D
2	11 ♊ 18	5 ♉ 33	7 ♒ 18	6 ♒ 2	2 ♋ 55	6 ♉ 23	18 ♎ 12	12 ♈ 22	20 ♐ 36	27 ♌ 49	17 ♉ 43	5 ♓ 25	24 ♍	8 ♌	24 ♍	8 ♌	0 ♎
3	12 ♊ 15	18 ♉ 6	7 ♒ 15	5 ♒ 52	4 ♋ 21	7 ♉ 34	18 ♎ 15	12 ♈ 33	20 ♐ 31	27 ♌ 51	17 ♉ 45	5 ♓ 25	24 ♍	8 ♌	24 ♍	8 ♌	0 ♎
4	13 ♊ 13	0 ♊ 55	7 ♒ 12	5 ♒ 43	5 ♋ 45	8 ♉ 45	18 ♎ 19	12 ♈ 43	20 ♐ 27	27 ♌ 53	17 ♉ 47	5 ♓ 25	24 ♍	9 ♌	24 ♍	8 ♌	0 ♎
5	14 ♊ 10	13 ♊ 59	7 ♒ 9	5 ♒ 35	7 ♋ 5	9 ♉ 56	18 ♎ 24	12 ♈ 54	20 ♐ 22	27 ♌ 54	17 ♉ 49	5 ♓ 25	24 ♍	9 ♌	24 ♍	9 ♌	0 ♎
6	15 ♊ 8	27 ♊ 18	7 ♒ 6	5 ♒ 28	8 ♋ 22	11 ♉ 7	18 ♎ 30	13 ♈ 4	20 ♐ 18	27 ♌ 56	17 ♉ 51	5 R 25	24 ♍	10 ♌	24 ♍	9 ♌	0 ♎
7	16 ♊ 5	10 ♋ 50	7 ♒ 3	5 ♒ 23	9 ♋ 36	12 ♉ 18	18 ♎ 36	13 ♈ 14	20 ♐ 14	27 ♌ 57	17 ♉ 53	5 ♓ 25	25 ♍	10 ♌	25 ♍	9 ♌	0 ♎
8	17 ♊ 3	24 ♋ 33	6 ♒ 59	5 ♒ 21	10 ♋ 47	13 ♉ 29	18 ♎ 44	13 ♈ 24	20 ♐ 9	27 ♌ 59	17 ♉ 55	5 ♓ 25	25 ♍	11 ♌	25 ♍	10 ♌	0 ♎
9	18 ♊ 0	8 ♌ 25	6 ♒ 56	5 D 20	11 ♋ 54	14 ♉ 40	18 ♎ 51	13 ♈ 34	20 ♐ 5	28 ♌ 1	17 ♉ 57	5 ♓ 25	25 ♍	11 ♌	25 ♍	10 ♌	0 ♎
10	18 ♊ 58	22 ♌ 24	6 ♒ 53	5 ♒ 21	12 ♋ 58	15 ♉ 51	19 ♎ 0	13 ♈ 44	20 ♐ 0	28 ♌ 3	17 ♉ 59	5 ♓ 25	25 ♍	12 ♌	25 ♍	11 ♌	0 ♎
11	19 ♊ 55	6 ♍ 28	6 ♒ 50	5 ♒ 22	13 ♋ 58	17 ♉ 2	19 ♎ 9	13 ♈ 53	19 ♐ 56	28 ♌ 5	18 ♉ 1	5 ♓ 25	25 ♍	12 ♌	25 ♍	11 ♌	0 ♎
12	20 ♊ 52	20 ♍ 37	6 ♒ 47	5 ♒ 23	14 ♋ 55	18 ♉ 14	19 ♎ 19	14 ♈ 3	19 ♐ 51	28 ♌ 7	18 ♉ 3	5 ♓ 25	26 ♍	13 ♌	25 ♍	12 ♌	0 ♎
13	21 ♊ 50	4 ♎ 50	6 ♒ 44	5 R 22	15 ♋ 48	19 ♉ 25	19 ♎ 29	14 ♈ 12	19 ♐ 47	28 ♌ 8	18 ♉ 5	5 ♓ 25	26 ♍	13 ♌	25 ♍	12 ♌	0 ♎
14	22 ♊ 47	19 ♎ 3	6 ♒ 40	5 ♒ 19	16 ♋ 37	20 ♉ 36	19 ♎ 40	14 ♈ 22	19 ♐ 43	28 ♌ 10	18 ♉ 7	5 ♓ 24	26 ♍	13 ♌	26 ♍	12 ♌	0 ♎
15	23 ♊ 44	3 ♏ 14	6 ♒ 37	5 ♒ 15	17 ♋ 23	21 ♉ 48	19 ♎ 52	14 ♈ 31	19 ♐ 38	28 ♌ 13	18 ♉ 9	5 ♓ 24	26 ♍	14 ♌	26 ♍	13 ♌	0 ♎
16	24 ♊ 42	17 ♏ 20	6 ♒ 34	5 ♒ 10	18 ♋ 4	22 ♉ 59	20 ♎ 4	14 ♈ 40	19 ♐ 34	28 ♌ 15	18 ♉ 11	5 ♓ 24	27 ♍	14 ♌	26 ♍	13 ♌	0 ♎
17	25 ♊ 39	1 ♐ 17	6 ♒ 31	5 ♒ 4	18 ♋ 42	24 ♉ 11	20 ♎ 17	14 ♈ 49	19 ♐ 29	28 ♌ 17	18 ♉ 13	5 ♓ 24	27 ♍	15 ♌	26 ♍	14 ♌	0 ♎
18	26 ♊ 36	15 ♐ 2	6 ♒ 28	4 ♒ 58	19 ♋ 15	25 ♉ 22	20 ♎ 31	14 ♈ 58	19 ♐ 25	28 ♌ 19	18 ♉ 15	5 ♓ 23	27 ♍	15 ♌	26 ♍	14 ♌	0 ♎
19	27 ♊ 33	28 ♐ 31	6 ♒ 25	4 ♒ 52	19 ♋ 44	26 ♉ 33	20 ♎ 45	15 ♈ 6	19 ♐ 21	28 ♌ 21	18 ♉ 17	5 ♓ 23	27 ♍	16 ♌	26 ♍	14 ♌	0 ♎
20	28 ♊ 31	11 ♑ 41	6 ♒ 21	4 ♒ 49	20 ♋ 9	27 ♉ 45	21 ♎ 0	15 ♈ 15	19 ♐ 16	28 ♌ 23	18 ♉ 19	5 ♓ 23	28 ♍	16 ♌	27 ♍	15 ♌	0 ♎
21	29 ♊ 28	24 ♑ 33	6 ♒ 18	4 ♒ 47	20 ♋ 30	28 ♉ 57	21 ♎ 15	15 ♈ 23	19 ♐ 12	28 ♌ 26	18 ♉ 20	5 ♓ 22	28 ♍	17 ♌	27 ♍	15 ♌	0 ♎
22	0 ♋ 25	7 ♒ 7	6 ♒ 15	4 D 46	20 ♋ 45	0 ♊ 8	21 ♎ 31	15 ♈ 32	19 ♐ 8	28 ♌ 28	18 ♉ 22	5 ♓ 22	28 ♍	17 ♌	27 ♍	16 ♌	0 ♎
23	1 ♋ 22	19 ♒ 25	6 ♒ 12	4 ♒ 47	20 ♋ 57	1 ♊ 20	21 ♎ 47	15 ♈ 40	19 ♐ 3	28 ♌ 30	18 ♉ 24	5 ♓ 22	28 ♍	18 ♌	27 ♍	16 ♌	0 ♎
24	2 ♋ 20	1 ♓ 30	6 ♒ 9	4 ♒ 49	21 ♋ 4	2 ♊ 32	22 ♎ 4	15 ♈ 48	18 ♐ 59	28 ♌ 33	18 ♉ 26	5 ♓ 21	29 ♍	18 ♌	27 ♍	17 ♌	0 ♎
25	3 ♋ 17	13 ♓ 26	6 ♒ 5	4 ♒ 50	21 R 6	3 ♊ 43	22 ♎ 21	15 ♈ 56	18 ♐ 55	28 ♌ 35	18 ♉ 27	5 ♓ 21	29 ♍	19 ♌	27 ♍	17 ♌	0 ♎
26	4 ♋ 14	25 ♓ 18	6 ♒ 2	4 ♒ 52	21 ♋ 4	4 ♊ 55	22 ♎ 39	16 ♈ 4	18 ♐ 50	28 ♌ 38	18 ♉ 29	5 ♓ 20	29 ♍	19 ♌	28 ♍	17 ♌	0 ♎
27	5 ♋ 11	7 ♈ 10	5 ♒ 59	4 R 52	20 ♋ 57	6 ♊ 7	22 ♎ 57	16 ♈ 11	18 ♐ 46	28 ♌ 40	18 ♉ 31	5 ♓ 20	29 ♍	20 ♌	28 ♍	18 ♌	0 ♎
28	6 ♋ 9	19 ♈ 8	5 ♒ 56	4 ♒ 51	20 ♋ 46	7 ♊ 19	23 ♎ 16	16 ♈ 19	18 ♐ 42	28 ♌ 43	18 ♉ 33	5 ♓ 19	0 ♎	20 ♌	28 ♍	18 ♌	1 ♎
29	7 ♋ 6	1 ♉ 15	5 ♒ 53	4 ♒ 49	20 ♋ 30	8 ♊ 31	23 ♎ 35	16 ♈ 26	18 ♐ 38	28 ♌ 46	18 ♉ 34	5 ♓ 19	0 ♎	21 ♌	28 ♍	19 ♌	1 ♎
30	8 ♋ 3	13 ♉ 37	5 ♒ 50	4 ♒ 46	20 ♋ 11	9 ♊ 43	23 ♎ 55	16 ♈ 33	18 ♐ 34	28 ♌ 48	18 ♉ 36	5 ♓ 18	0 ♎	21 ♌	28 ♍	19 ♌	1 ♎

SUN INGRESS	☉ → ♋ 21日 13:14
MOON PHASE	● 5日 00:22 ♊　◐ 12日 00:27 ♍　○ 18日 22:09 ♐　◑ 26日 19:39 ♈

aspects		
1日	04:26	♀⚹♇
3日	08:56	☉⚹♃
3日	18:19	☿△♇
10日	01:05	☉△♂
10日	21:51	☿□♃
11日	00:21	☉☍♄
11日	20:27	♀☌♆
14日	03:26	♂⚹♄
16日	04:32	☿⚹♆
19日	20:50	☉⚹♅
20日	13:18	♀□♅
26日	08:19	♀□♇
27日	03:28	☉△♇

2046年7月

DAY	☉	☽	☊ mean	☊ true	☿	♀	♂	♃	♄	♅	♆	♇	⚳	⚴	⚵	⚶	⚷
1	9 ♋ 0	26 ♉ 15	5 ♒ 46	4 R 42	19 R 48	10 D 55	24 D 16	16 D 40	18 R 30	28 D 51	18 D 37	5 R 17	0 D	21 D	29 D	20 D	1 D
2	9 ♋ 57	9 ♊ 13	5 ♒ 43	4 ♒ 38	19 ♋ 21	12 ♊ 7	24 ♎ 36	16 ♈ 47	18 ♐ 26	28 ♌ 54	18 ♉ 39	5 ♓ 17	1 ♎	22 ♌	29 ♍	20 ♌	1 ♎
3	10 ♋ 55	22 ♊ 32	5 ♒ 40	4 ♒ 35	18 ♋ 51	13 ♊ 19	24 ♎ 58	16 ♈ 54	18 ♐ 22	28 ♌ 57	18 ♉ 41	5 ♓ 16	1 ♎	22 ♌	29 ♍	20 ♌	1 ♎
4	11 ♋ 52	6 ♋ 9	5 ♒ 37	4 ♒ 32	18 ♋ 19	14 ♊ 31	25 ♎ 19	17 ♈ 0	18 ♐ 18	28 ♌ 59	18 ♉ 42	5 ♓ 16	1 ♎	23 ♌	29 ♍	21 ♌	1 ♎
5	12 ♋ 49	20 ♋ 4	5 ♒ 34	4 ♒ 31	17 ♋ 45	15 ♊ 43	25 ♎ 41	17 ♈ 6	18 ♐ 14	29 ♌ 2	18 ♉ 44	5 ♓ 15	2 ♎	23 ♌	0 ♎	21 ♌	1 ♎
6	13 ♋ 46	4 ♌ 12	5 ♒ 31	4 ♒ 30	17 ♋ 8	16 ♊ 55	26 ♎ 4	17 ♈ 13	18 ♐ 11	29 ♌ 5	18 ♉ 45	5 ♓ 14	2 ♎	24 ♌	0 ♎	22 ♌	1 ♎
7	14 ♋ 44	18 ♌ 30	5 ♒ 27	4 D 31	16 ♋ 31	18 ♊ 7	26 ♎ 27	17 ♈ 19	18 ♐ 7	29 ♌ 8	18 ♉ 46	5 ♓ 14	2 ♎	24 ♌	0 ♎	22 ♌	1 ♎
8	15 ♋ 41	2 ♍ 53	5 ♒ 24	4 ♒ 32	15 ♋ 54	19 ♊ 19	26 ♎ 50	17 ♈ 25	18 ♐ 3	29 ♌ 11	18 ♉ 48	5 ♓ 13	3 ♎	25 ♌	0 ♎	23 ♌	1 ♎
9	16 ♋ 38	17 ♍ 16	5 ♒ 21	4 ♒ 33	15 ♋ 17	20 ♊ 31	27 ♎ 14	17 ♈ 30	17 ♐ 59	29 ♌ 14	18 ♉ 49	5 ♓ 12	3 ♎	25 ♌	0 ♎	23 ♌	1 ♎
10	17 ♋ 35	1 ♎ 37	5 ♒ 18	4 ♒ 34	14 ♋ 41	21 ♊ 44	27 ♎ 38	17 ♈ 36	17 ♐ 56	29 ♌ 17	18 ♉ 51	5 ♓ 11	3 ♎	26 ♌	1 ♎	24 ♌	1 ♎
11	18 ♋ 32	15 ♎ 51	5 ♒ 15	4 ♒ 34	14 ♋ 6	22 ♊ 56	28 ♎ 2	17 ♈ 41	17 ♐ 52	29 ♌ 20	18 ♉ 52	5 ♓ 10	3 ♎	26 ♌	1 ♎	24 ♌	1 ♎
12	19 ♋ 30	29 ♎ 58	5 ♒ 11	4 R 34	13 ♋ 34	24 ♊ 8	28 ♎ 27	17 ♈ 47	17 ♐ 49	29 ♌ 23	18 ♉ 53	5 ♓ 10	4 ♎	27 ♌	1 ♎	24 ♌	1 ♎
13	20 ♋ 27	13 ♏ 54	5 ♒ 8	4 ♒ 33	13 ♋ 4	25 ♊ 21	28 ♎ 52	17 ♈ 52	17 ♐ 46	29 ♌ 26	18 ♉ 55	5 ♓ 9	4 ♎	27 ♌	1 ♎	25 ♌	2 ♎
14	21 ♋ 24	27 ♏ 38	5 ♒ 5	4 ♒ 32	12 ♋ 38	26 ♊ 33	29 ♎ 18	17 ♈ 57	17 ♐ 42	29 ♌ 29	18 ♉ 56	5 ♓ 8	4 ♎	28 ♌	2 ♎	25 ♌	2 ♎
15	22 ♋ 21	11 ♐ 10	5 ♒ 2	4 ♒ 30	12 ♋ 15	27 ♊ 46	29 ♎ 44	18 ♈ 1	17 ♐ 39	29 ♌ 32	18 ♉ 57	5 ♓ 7	5 ♎	28 ♌	2 ♎	26 ♌	2 ♎
16	23 ♋ 19	24 ♐ 29	4 ♒ 59	4 ♒ 29	11 ♋ 57	28 ♊ 58	0 ♏ 10	18 ♈ 6	17 ♐ 36	29 ♌ 35	18 ♉ 58	5 ♓ 6	5 ♎	29 ♌	2 ♎	26 ♌	2 ♎
17	24 ♋ 16	7 ♑ 33	4 ♒ 56	4 ♒ 28	11 ♋ 43	0 ♋ 11	0 ♏ 37	18 ♈ 10	17 ♐ 33	29 ♌ 39	19 ♉ 0	5 ♓ 5	5 ♎	29 ♌	2 ♎	27 ♌	2 ♎
18	25 ♋ 13	20 ♑ 23	4 ♒ 52	4 ♒ 27	11 ♋ 34	1 ♋ 23	1 ♏ 4	18 ♈ 14	17 ♐ 30	29 ♌ 42	19 ♉ 1	5 ♓ 4	6 ♎	0 ♍	3 ♎	27 ♌	2 ♎
19	26 ♋ 10	2 ♒ 59	4 ♒ 49	4 ♒ 27	11 ♋ 30	2 ♋ 36	1 ♏ 31	18 ♈ 18	17 ♐ 27	29 ♌ 45	19 ♉ 2	5 ♓ 4	6 ♎	0 ♍	3 ♎	28 ♌	2 ♎
20	27 ♋ 7	15 ♒ 22	4 ♒ 46	4 D 27	11 D 32	3 ♋ 48	1 ♏ 59	18 ♈ 22	17 ♐ 24	29 ♌ 48	19 ♉ 3	5 ♓ 3	6 ♎	0 ♍	3 ♎	28 ♌	2 ♎
21	28 ♋ 5	27 ♒ 32	4 ♒ 43	4 ♒ 27	11 ♋ 39	5 ♋ 1	2 ♏ 27	18 ♈ 26	17 ♐ 21	29 ♌ 52	19 ♉ 4	5 ♓ 2	7 ♎	1 ♍	3 ♎	28 ♌	2 ♎
22	29 ♋ 2	9 ♓ 34	4 ♒ 40	4 ♒ 28	11 ♋ 52	6 ♋ 14	2 ♏ 55	18 ♈ 29	17 ♐ 18	29 ♌ 55	19 ♉ 5	5 ♓ 1	7 ♎	1 ♍	4 ♎	29 ♌	2 ♎
23	29 ♋ 59	21 ♓ 29	4 ♒ 36	4 ♒ 28	12 ♋ 10	7 ♋ 26	3 ♏ 24	18 ♈ 33	17 ♐ 15	29 ♌ 58	19 ♉ 6	5 ♓ 0	7 ♎	2 ♍	4 ♎	29 ♌	2 ♎
24	0 ♌ 56	3 ♈ 20	4 ♒ 33	4 ♒ 29	12 ♋ 35	8 ♋ 39	3 ♏ 52	18 ♈ 36	17 ♐ 13	0 ♍ 2	19 ♉ 7	4 ♓ 59	8 ♎	2 ♍	4 ♎	0 ♍	3 ♎
25	1 ♌ 54	15 ♈ 12	4 ♒ 30	4 ♒ 29	13 ♋ 5	9 ♋ 52	4 ♏ 22	18 ♈ 39	17 ♐ 10	0 ♍ 5	19 ♉ 8	4 ♓ 58	8 ♎	3 ♍	5 ♎	0 ♍	3 ♎
26	2 ♌ 51	27 ♈ 9	4 ♒ 27	4 ♒ 29	13 ♋ 41	11 ♋ 5	4 ♏ 51	18 ♈ 42	17 ♐ 8	0 ♍ 9	19 ♉ 9	4 ♓ 57	8 ♎	3 ♍	5 ♎	1 ♍	3 ♎
27	3 ♌ 48	9 ♉ 16	4 ♒ 24	4 R 29	14 ♋ 22	12 ♋ 18	5 ♏ 21	18 ♈ 44	17 ♐ 6	0 ♍ 12	19 ♉ 10	4 ♓ 56	9 ♎	4 ♍	5 ♎	1 ♍	3 ♎
28	4 ♌ 46	21 ♉ 36	4 ♒ 21	4 D 29	15 ♋ 10	13 ♋ 30	5 ♏ 51	18 ♈ 46	17 ♐ 3	0 ♍ 16	19 ♉ 11	4 ♓ 54	9 ♎	4 ♍	5 ♎	2 ♍	3 ♎
29	5 ♌ 43	4 ♊ 15	4 ♒ 17	4 ♒ 29	16 ♋ 3	14 ♋ 43	6 ♏ 21	18 ♈ 49	17 ♐ 1	0 ♍ 19	19 ♉ 11	4 ♓ 53	10 ♎	5 ♍	6 ♎	2 ♍	3 ♎
30	6 ♌ 40	17 ♊ 15	4 ♒ 14	4 ♒ 29	17 ♋ 1	15 ♋ 56	6 ♏ 52	18 ♈ 51	16 ♐ 59	0 ♍ 23	19 ♉ 12	4 ♓ 52	10 ♎	5 ♍	6 ♎	3 ♍	3 ♎
31	7 ♌ 38	0 ♋ 39	4 ♒ 11	4 ♒ 30	18 ♋ 6	17 ♋ 9	7 ♏ 22	18 ♈ 52	16 ♐ 57	0 ♍ 26	19 ♉ 13	4 ♓ 51	10 ♎	6 ♍	6 ♎	3 ♍	3 ♎

SUN INGRESS: ☉ → ♌ 23日 00:08

MOON PHASE: ● 4日 10:38 ♋　◐ 11日 04:53 ♎　○ 18日 09:54 ♑　◑ 26日 12:19 ♉

aspects		
3日	07:51	☿⚹♆
5日	21:38	☿□♃
6日	06:29	♀⚹♃
6日	23:55	♀☍♄
8日	03:22	☉☌☿
10日	00:20	☉□♃
11日	08:23	☉⚹♆
12日	06:29	♃△♄
14日	11:46	♂⚹♅
16日	12:59	♀⚹♅
17日	13:54	♀△♂
21日	00:15	♀△♇
26日	04:25	♂△♇
30日	10:00	☉□♂
31日	16:47	☿□♃
31日	23:35	☿⚹♆

2046年8月

DAY	☉	☽	☊ mean	☊ true	☿	♀	♂	♃	♄	♅	♆	♇	⚳	⚴	⚵	⚶	⚷
1	8 ♌ 35	14 ♋ 27	4 ♒ 8	4 D 30	19 D 15	18 D 22	7 D 53	18 D 54	16 R 55	0 D 30	19 D 14	4 R 50	11 D	6 D	6 D	4 D	3 D
2	9 ♌ 33	28 ♋ 37	4 ♒ 5	4 ♒ 30	20 ♋ 30	19 ♋ 36	8 ♏ 25	18 ♈ 55	16 ♐ 53	0 ♍ 33	19 ♉ 14	4 ♓ 49	11 ♎	7 ♍	7 ♎	4 ♍	3 ♎
3	10 ♌ 30	13 ♌ 6	4 ♒ 2	4 R 30	21 ♋ 49	20 ♋ 49	8 ♏ 56	18 ♈ 57	16 ♐ 51	0 ♍ 37	19 ♉ 15	4 ♓ 48	11 ♎	7 ♍	7 ♎	5 ♍	4 ♎
4	11 ♌ 27	27 ♌ 49	3 ♒ 58	4 ♒ 30	23 ♋ 14	22 ♋ 2	9 ♏ 28	18 ♈ 58	16 ♐ 50	0 ♍ 40	19 ♉ 16	4 ♓ 47	12 ♎	8 ♍	7 ♎	5 ♍	4 ♎
5	12 ♌ 25	12 ♍ 38	3 ♒ 55	4 ♒ 29	24 ♋ 43	23 ♋ 15	10 ♏ 0	18 ♈ 58	16 ♐ 48	0 ♍ 44	19 ♉ 16	4 ♓ 46	12 ♎	8 ♍	8 ♎	5 ♍	4 ♎
6	13 ♌ 22	27 ♍ 26	3 ♒ 52	4 ♒ 28	26 ♋ 17	24 ♋ 28	10 ♏ 33	18 ♈ 59	16 ♐ 47	0 ♍ 48	19 ♉ 17	4 ♓ 44	12 ♎	8 ♍	8 ♎	6 ♍	4 ♎
7	14 ♌ 20	12 ♎ 6	3 ♒ 49	4 ♒ 27	27 ♋ 55	25 ♋ 42	11 ♏ 5	18 ♈ 59	16 ♐ 45	0 ♍ 51	19 ♉ 17	4 ♓ 43	13 ♎	9 ♍	8 ♎	6 ♍	4 ♎
8	15 ♌ 17	26 ♎ 32	3 ♒ 46	4 ♒ 26	29 ♋ 37	26 ♋ 55	11 ♏ 38	19 ♈ 0	16 ♐ 44	0 ♍ 55	19 ♉ 18	4 ♓ 42	13 ♎	9 ♍	9 ♎	7 ♍	4 ♎
9	16 ♌ 15	10 ♏ 42	3 ♒ 42	4 ♒ 26	1 ♌ 23	28 ♋ 8	12 ♏ 11	19 R 0	16 ♐ 43	0 ♍ 58	19 ♉ 18	4 ♓ 41	14 ♎	10 ♍	9 ♎	7 ♍	4 ♎
10	17 ♌ 12	24 ♏ 33	3 ♒ 39	4 D 26	3 ♌ 12	29 ♋ 22	12 ♏ 45	18 ♈ 59	16 ♐ 42	1 ♍ 2	19 ♉ 19	4 ♓ 40	14 ♎	10 ♍	9 ♎	8 ♍	4 ♎
11	18 ♌ 10	8 ♐ 6	3 ♒ 36	4 ♒ 26	5 ♌ 4	0 ♌ 35	13 ♏ 18	18 ♈ 59	16 ♐ 41	1 ♍ 6	19 ♉ 19	4 ♓ 38	14 ♎	11 ♍	9 ♎	8 ♍	4 ♎
12	19 ♌ 7	21 ♐ 20	3 ♒ 33	4 ♒ 27	6 ♌ 58	1 ♌ 48	13 ♏ 52	18 ♈ 58	16 ♐ 40	1 ♍ 9	19 ♉ 20	4 ♓ 37	15 ♎	11 ♍	10 ♎	9 ♍	5 ♎
13	20 ♌ 5	4 ♑ 17	3 ♒ 30	4 ♒ 29	8 ♌ 54	3 ♌ 2	14 ♏ 26	18 ♈ 58	16 ♐ 39	1 ♍ 13	19 ♉ 20	4 ♓ 36	15 ♎	12 ♍	10 ♎	9 ♍	5 ♎
14	21 ♌ 3	17 ♑ 1	3 ♒ 27	4 ♒ 30	10 ♌ 53	4 ♌ 15	15 ♏ 0	18 ♈ 57	16 ♐ 38	1 ♍ 17	19 ♉ 20	4 ♓ 35	15 ♎	12 ♍	10 ♎	10 ♍	5 ♎
15	22 ♌ 0	29 ♑ 31	3 ♒ 23	4 ♒ 30	12 ♌ 52	5 ♌ 29	15 ♏ 34	18 ♈ 56	16 ♐ 38	1 ♍ 21	19 ♉ 21	4 ♓ 33	16 ♎	13 ♍	11 ♎	10 ♍	5 ♎
16	22 ♌ 58	11 ♒ 50	3 ♒ 20	4 R 30	14 ♌ 53	6 ♌ 43	16 ♏ 9	18 ♈ 54	16 ♐ 37	1 ♍ 24	19 ♉ 21	4 ♓ 32	16 ♎	13 ♍	11 ♎	11 ♍	5 ♎
17	23 ♌ 55	24 ♒ 0	3 ♒ 17	4 ♒ 29	16 ♌ 55	7 ♌ 56	16 ♏ 44	18 ♈ 53	16 ♐ 37	1 ♍ 28	19 ♉ 21	4 ♓ 31	17 ♎	14 ♍	11 ♎	11 ♍	5 ♎
18	24 ♌ 53	6 ♓ 3	3 ♒ 14	4 ♒ 27	18 ♌ 57	9 ♌ 10	17 ♏ 19	18 ♈ 51	16 ♐ 36	1 ♍ 32	19 ♉ 21	4 ♓ 30	17 ♎	14 ♍	12 ♎	12 ♍	5 ♎
19	25 ♌ 51	17 ♓ 59	3 ♒ 11	4 ♒ 24	20 ♌ 58	10 ♌ 23	17 ♏ 54	18 ♈ 49	16 ♐ 36	1 ♍ 36	19 ♉ 21	4 ♓ 28	17 ♎	15 ♍	12 ♎	12 ♍	5 ♎
20	26 ♌ 48	29 ♓ 51	3 ♒ 8	4 ♒ 21	23 ♌ 0	11 ♌ 37	18 ♏ 29	18 ♈ 47	16 ♐ 36	1 ♍ 39	19 ♉ 22	4 ♓ 27	18 ♎	15 ♍	12 ♎	13 ♍	6 ♎
21	27 ♌ 46	11 ♈ 42	3 ♒ 4	4 ♒ 17	25 ♌ 2	12 ♌ 51	19 ♏ 5	18 ♈ 44	16 ♐ 36	1 ♍ 43	19 ♉ 22	4 ♓ 26	18 ♎	16 ♍	12 ♎	13 ♍	6 ♎
22	28 ♌ 44	23 ♈ 34	3 ♒ 1	4 ♒ 13	27 ♌ 3	14 ♌ 5	19 ♏ 41	18 ♈ 42	16 D 36	1 ♍ 47	19 ♉ 22	4 ♓ 25	18 ♎	16 ♍	13 ♎	14 ♍	6 ♎
23	29 ♌ 42	5 ♉ 31	2 ♒ 58	4 ♒ 10	29 ♌ 3	15 ♌ 19	20 ♏ 17	18 ♈ 39	16 ♐ 36	1 ♍ 51	19 R 22	4 ♓ 23	19 ♎	16 ♍	13 ♎	14 ♍	6 ♎
24	0 ♍ 39	17 ♉ 36	2 ♒ 55	4 ♒ 9	1 ♍ 2	16 ♌ 32	20 ♏ 53	18 ♈ 36	16 ♐ 36	1 ♍ 54	19 ♉ 22	4 ♓ 22	19 ♎	17 ♍	13 ♎	15 ♍	6 ♎
25	1 ♍ 37	29 ♉ 54	2 ♒ 52	4 ♒ 8	3 ♍ 0	17 ♌ 46	21 ♏ 29	18 ♈ 33	16 ♐ 36	1 ♍ 58	19 ♉ 22	4 ♓ 21	20 ♎	17 ♍	14 ♎	15 ♍	6 ♎
26	2 ♍ 35	12 ♊ 29	2 ♒ 48	4 D 8	4 ♍ 57	19 ♌ 0	22 ♏ 6	18 ♈ 30	16 ♐ 37	2 ♍ 2	19 ♉ 21	4 ♓ 19	20 ♎	18 ♍	14 ♎	16 ♍	6 ♎
27	3 ♍ 33	25 ♊ 25	2 ♒ 45	4 ♒ 9	6 ♍ 53	20 ♌ 14	22 ♏ 42	18 ♈ 26	16 ♐ 37	2 ♍ 6	19 ♉ 21	4 ♓ 18	20 ♎	18 ♍	14 ♎	16 ♍	6 ♎
28	4 ♍ 31	8 ♋ 45	2 ♒ 42	4 ♒ 11	8 ♍ 48	21 ♌ 28	23 ♏ 19	18 ♈ 23	16 ♐ 38	2 ♍ 9	19 ♉ 21	4 ♓ 17	21 ♎	19 ♍	15 ♎	17 ♍	7 ♎
29	5 ♍ 29	22 ♋ 32	2 ♒ 39	4 ♒ 12	10 ♍ 42	22 ♌ 42	23 ♏ 56	18 ♈ 19	16 ♐ 39	2 ♍ 13	19 ♉ 21	4 ♓ 16	21 ♎	19 ♍	15 ♎	17 ♍	7 ♎
30	6 ♍ 27	6 ♌ 46	2 ♒ 36	4 R 13	12 ♍ 34	23 ♌ 56	24 ♏ 33	18 ♈ 15	16 ♐ 40	2 ♍ 17	19 ♉ 21	4 ♓ 14	22 ♎	20 ♍	15 ♎	17 ♍	7 ♎
31	7 ♍ 25	21 ♌ 25	2 ♒ 33	4 ♒ 12	14 ♍ 26	25 ♌ 10	25 ♏ 11	18 ♈ 10	16 ♐ 40	2 ♍ 21	19 ♉ 21	4 ♓ 13	22 ♎	20 ♍	16 ♎	18 ♍	7 ♎

SUN INGRESS: ☉ → ♍ 23日 07:24

MOON PHASE: ● 2日 19:25 ♌　◐ 9日 10:15 ♏　○ 16日 23:49 ♒　◑ 25日 03:36 ♊

aspects		
1日	10:33	♀□♃
1日	16:59	♀⚹♆
9日	11:26	☉△♄
11日	20:17	☉△♃
12日	05:07	☉□♆
16日	20:26	☿△♄
16日	20:59	☿□♂
17日	22:53	☿△♃
18日	04:52	☿□♆
21日	11:15	♂☍♆
23日	15:13	☉☌☿
24日	01:13	♀△♄
24日	10:57	☿☌♅
25日	09:11	☉☌♅
25日	14:32	♀△♃
25日	16:18	☿☍♇
26日	06:54	♀□♆
27日	18:17	☉☍♇
31日	00:10	♀□♂

2046年9月

DAY	☉	☽	☊		☿	♀	♂	♃	♄	♅	♆	♇	⚳	⚴	⚵	⚶	⚷
			mean	true													
	° ′	° ′	° ′	° ′	° ′	° ′	° ′	° ′	° ′	° ′	° ′	° ′	°	°	°	°	°
1	8 ♍ 23	6 ♍ 23	2 ♒ 29	4 R 9	16 D 16	26 D 25	25 D 48	18 R 6	16 D 41	2 D 24	19 R 20	4 R 12	22 D	21 D	16 D	18 D	7 D
2	9 ♍ 21	21 ♍ 31	2 ♒ 26	4 ♒ 5	18 ♍ 4	27 ♌ 39	26 ♏ 26	18 ♈ 1	16 ♐ 43	2 ♍ 28	19 ♉ 20	4 ♓ 10	23 ♎	21 ♍	16 ♎	19 ♍	7 ♎
3	10 ♍ 19	6 ♎ 41	2 ♒ 23	4 ♒ 0	19 ♍ 52	28 ♌ 53	27 ♏ 4	17 ♈ 57	16 ♐ 44	2 ♍ 32	19 ♉ 20	4 ♓ 9	23 ♎	22 ♍	17 ♎	19 ♍	7 ♎
4	11 ♍ 17	21 ♎ 42	2 ♒ 20	3 ♒ 54	21 ♍ 38	0 ♍ 7	27 ♏ 42	17 ♈ 52	16 ♐ 45	2 ♍ 35	19 ♉ 19	4 ♓ 8	24 ♎	22 ♍	17 ♎	20 ♍	8 ♎
5	12 ♍ 15	6 ♏ 26	2 ♒ 17	3 ♒ 50	23 ♍ 23	1 ♍ 21	28 ♏ 20	17 ♈ 47	16 ♐ 46	2 ♍ 39	19 ♉ 19	4 ♓ 7	24 ♎	23 ♍	17 ♎	20 ♍	8 ♎
6	13 ♍ 14	20 ♏ 47	2 ♒ 14	3 ♒ 46	25 ♍ 6	2 ♍ 36	28 ♏ 58	17 ♈ 41	16 ♐ 48	2 ♍ 43	19 ♉ 18	4 ♓ 5	24 ♎	23 ♍	18 ♎	21 ♍	8 ♎
7	14 ♍ 12	4 ♐ 42	2 ♒ 10	3 ♒ 44	26 ♍ 49	3 ♍ 50	29 ♏ 37	17 ♈ 36	16 ♐ 50	2 ♍ 47	19 ♉ 18	4 ♓ 4	25 ♎	23 ♍	18 ♎	21 ♍	8 ♎
8	15 ♍ 10	18 ♐ 12	2 ♒ 7	3 D 44	28 ♍ 30	5 ♍ 4	0 ♐ 16	17 ♈ 30	16 ♐ 51	2 ♍ 50	19 ♉ 17	4 ♓ 3	25 ♎	24 ♍	18 ♎	22 ♍	8 ♎
9	16 ♍ 8	1 ♑ 19	2 ♒ 4	3 ♒ 45	0 ♎ 10	6 ♍ 19	0 ♐ 54	17 ♈ 25	16 ♐ 53	2 ♍ 54	19 ♉ 17	4 ♓ 2	26 ♎	24 ♍	19 ♎	22 ♍	8 ♎
10	17 ♍ 6	14 ♑ 5	2 ♒ 1	3 ♒ 46	1 ♎ 49	7 ♍ 33	1 ♐ 33	17 ♈ 19	16 ♐ 55	2 ♍ 58	19 ♉ 16	4 ♓ 0	26 ♎	25 ♍	19 ♎	23 ♍	8 ♎
11	18 ♍ 5	26 ♑ 34	1 ♒ 58	3 ♒ 47	3 ♎ 27	8 ♍ 47	2 ♐ 12	17 ♈ 13	16 ♐ 57	3 ♍ 1	19 ♉ 16	3 ♓ 59	26 ♎	25 ♍	19 ♎	23 ♍	8 ♎
12	19 ♍ 3	8 ♒ 50	1 ♒ 54	3 R 47	5 ♎ 4	10 ♍ 2	2 ♐ 52	17 ♈ 7	16 ♐ 59	3 ♍ 5	19 ♉ 15	3 ♓ 58	27 ♎	26 ♍	20 ♎	24 ♍	9 ♎
13	20 ♍ 1	20 ♒ 57	1 ♒ 51	3 ♒ 46	6 ♎ 39	11 ♍ 16	3 ♐ 31	17 ♈ 0	17 ♐ 1	3 ♍ 9	19 ♉ 14	3 ♓ 57	27 ♎	26 ♍	20 ♎	24 ♍	9 ♎
14	21 ♍ 0	2 ♓ 57	1 ♒ 48	3 ♒ 42	8 ♎ 14	12 ♍ 31	4 ♐ 11	16 ♈ 54	17 ♐ 3	3 ♍ 12	19 ♉ 14	3 ♓ 55	28 ♎	27 ♍	20 ♎	25 ♍	9 ♎
15	21 ♍ 58	14 ♓ 52	1 ♒ 45	3 ♒ 36	9 ♎ 47	13 ♍ 45	4 ♐ 50	16 ♈ 47	17 ♐ 6	3 ♍ 16	19 ♉ 13	3 ♓ 54	28 ♎	27 ♍	21 ♎	25 ♍	9 ♎
16	22 ♍ 57	26 ♓ 44	1 ♒ 42	3 ♒ 28	11 ♎ 19	15 ♍ 0	5 ♐ 30	16 ♈ 41	17 ♐ 8	3 ♍ 20	19 ♉ 12	3 ♓ 53	29 ♎	28 ♍	21 ♎	26 ♍	9 ♎
17	23 ♍ 55	8 ♈ 36	1 ♒ 39	3 ♒ 19	12 ♎ 50	16 ♍ 14	6 ♐ 10	16 ♈ 34	17 ♐ 11	3 ♍ 23	19 ♉ 11	3 ♓ 52	29 ♎	28 ♍	21 ♎	26 ♍	9 ♎
18	24 ♍ 53	20 ♈ 28	1 ♒ 35	3 ♒ 9	14 ♎ 20	17 ♍ 29	6 ♐ 50	16 ♈ 27	17 ♐ 13	3 ♍ 27	19 ♉ 11	3 ♓ 51	29 ♎	29 ♍	22 ♎	27 ♍	9 ♎
19	25 ♍ 52	2 ♉ 22	1 ♒ 32	2 ♒ 59	15 ♎ 49	18 ♍ 43	7 ♐ 30	16 ♈ 20	17 ♐ 16	3 ♍ 30	19 ♉ 10	3 ♓ 49	0 ♏	29 ♍	22 ♎	27 ♍	10 ♎
20	26 ♍ 51	14 ♉ 22	1 ♒ 29	2 ♒ 51	17 ♎ 17	19 ♍ 58	8 ♐ 11	16 ♈ 13	17 ♐ 19	3 ♍ 34	19 ♉ 9	3 ♓ 48	0 ♏	29 ♍	22 ♎	28 ♍	10 ♎
21	27 ♍ 49	26 ♉ 28	1 ♒ 26	2 ♒ 44	18 ♎ 44	21 ♍ 12	8 ♐ 51	16 ♈ 6	17 ♐ 21	3 ♍ 37	19 ♉ 8	3 ♓ 47	1 ♏	0 ♎	23 ♎	28 ♍	10 ♎
22	28 ♍ 48	8 ♊ 45	1 ♒ 23	2 ♒ 40	20 ♎ 9	22 ♍ 27	9 ♐ 32	15 ♈ 58	17 ♐ 24	3 ♍ 41	19 ♉ 7	3 ♓ 46	1 ♏	0 ♎	23 ♎	29 ♍	10 ♎
23	29 ♍ 46	21 ♊ 17	1 ♒ 19	2 ♒ 37	21 ♎ 34	23 ♍ 42	10 ♐ 12	15 ♈ 51	17 ♐ 27	3 ♍ 44	19 ♉ 6	3 ♓ 45	1 ♏	1 ♎	23 ♎	29 ♍	10 ♎
24	0 ♎ 45	4 ♋ 7	1 ♒ 16	2 D 37	22 ♎ 57	24 ♍ 57	10 ♐ 53	15 ♈ 43	17 ♐ 31	3 ♍ 48	19 ♉ 5	3 ♓ 44	2 ♏	1 ♎	24 ♎	0 ♎	10 ♎
25	1 ♎ 44	17 ♋ 20	1 ♒ 13	2 ♒ 38	24 ♎ 19	26 ♍ 11	11 ♐ 34	15 ♈ 36	17 ♐ 34	3 ♍ 51	19 ♉ 4	3 ♓ 43	2 ♏	2 ♎	24 ♎	0 ♎	10 ♎
26	2 ♎ 43	0 ♌ 59	1 ♒ 10	2 ♒ 38	25 ♎ 40	27 ♍ 26	12 ♐ 15	15 ♈ 28	17 ♐ 37	3 ♍ 55	19 ♉ 3	3 ♓ 42	3 ♏	2 ♎	24 ♎	1 ♎	11 ♎
27	3 ♎ 41	15 ♌ 5	1 ♒ 7	2 R 38	27 ♎ 0	28 ♍ 41	12 ♐ 56	15 ♈ 21	17 ♐ 41	3 ♍ 58	19 ♉ 2	3 ♓ 40	3 ♏	3 ♎	25 ♎	1 ♎	11 ♎
28	4 ♎ 40	29 ♌ 39	1 ♒ 4	2 ♒ 35	28 ♎ 18	29 ♍ 56	13 ♐ 38	15 ♈ 13	17 ♐ 44	4 ♍ 1	19 ♉ 1	3 ♓ 39	4 ♏	3 ♎	25 ♎	2 ♎	11 ♎
29	5 ♎ 39	14 ♍ 36	1 ♒ 0	2 ♒ 30	29 ♎ 35	1 ♎ 10	14 ♐ 19	15 ♈ 5	17 ♐ 48	4 ♍ 5	19 ♉ 0	3 ♓ 38	4 ♏	4 ♎	25 ♎	2 ♎	11 ♎
30	6 ♎ 38	29 ♍ 49	0 ♒ 57	2 ♒ 22	0 ♏ 51	2 ♎ 25	15 ♐ 1	14 ♈ 57	17 ♐ 51	4 ♍ 8	18 ♉ 59	3 ♓ 37	4 ♏	4 ♎	26 ♎	3 ♎	11 ♎
SUN INGRESS	☉ → ♎ 23日 05:21																
MOON PHASE	● 1日 03:25 ♍ ◐ 7日 18:06 ♐ ○ 15日 15:39 ♓ ◑ 23日 17:15 ♋ ● 30日 11:25 ♎																

aspects		
1日	05:45	☿□♄
2日	16:50	☿△♆
6日	02:31	♀☌♅
7日	04:32	♀☍♇
9日	17:37	☿⚹♂
9日	19:05	☉□♄
12日	04:56	☉△♆
12日	08:58	♂□♅
12日	22:19	♃△♄
13日	15:05	♂□♇
17日	18:49	♀□♄
19日	07:47	☿☍♃
19日	08:28	♀△♆
20日	00:28	☿⚹♄
23日	03:17	♅☍♇
29日	22:15	♂△♃

2046年10月

DAY	☉	☽	☊		☿	♀	♂	♃	♄	♅	♆	♇	⚳	⚴	⚵	⚶	⚷
			mean	true													
	° ′	° ′	° ′	° ′	° ′	° ′	° ′	° ′	° ′	° ′	° ′	° ′	°	°	°	°	°
1	7 ♎ 37	15 ♎ 8	0 ♒ 54	2 R 13	2 D 5	3 D 40	15 D 42	14 R 49	17 D 55	4 D 11	18 R 58	3 R 36	5 D	5 D	26 D	3 D	11 D
2	8 ♎ 36	0 ♏ 23	0 ♒ 51	2 ♒ 3	3 ♏ 17	4 ♎ 55	16 ♐ 24	14 ♈ 41	17 ♐ 59	4 ♍ 15	18 ♉ 57	3 ♓ 35	5 ♏	5 ♎	26 ♎	4 ♎	11 ♎
3	9 ♎ 35	15 ♏ 21	0 ♒ 48	1 ♒ 54	4 ♏ 28	6 ♎ 10	17 ♐ 6	14 ♈ 33	18 ♐ 3	4 ♍ 18	18 ♉ 55	3 ♓ 34	6 ♏	5 ♎	27 ♎	4 ♎	12 ♎
4	10 ♎ 34	29 ♏ 54	0 ♒ 45	1 ♒ 46	5 ♏ 37	7 ♎ 25	17 ♐ 48	14 ♈ 25	18 ♐ 7	4 ♍ 21	18 ♉ 54	3 ♓ 33	6 ♏	6 ♎	27 ♎	5 ♎	12 ♎
5	11 ♎ 33	14 ♐ 0	0 ♒ 41	1 ♒ 41	6 ♏ 43	8 ♎ 40	18 ♐ 30	14 ♈ 17	18 ♐ 11	4 ♍ 24	18 ♉ 53	3 ♓ 32	7 ♏	6 ♎	27 ♎	5 ♎	12 ♎
6	12 ♎ 32	27 ♐ 35	0 ♒ 38	1 ♒ 38	7 ♏ 48	9 ♎ 55	19 ♐ 12	14 ♈ 9	18 ♐ 15	4 ♍ 27	18 ♉ 52	3 ♓ 31	7 ♏	7 ♎	28 ♎	6 ♎	12 ♎
7	13 ♎ 31	10 ♑ 43	0 ♒ 35	1 ♒ 37	8 ♏ 51	11 ♎ 10	19 ♐ 55	14 ♈ 1	18 ♐ 19	4 ♍ 31	18 ♉ 50	3 ♓ 30	7 ♏	7 ♎	28 ♎	6 ♎	12 ♎
8	14 ♎ 31	23 ♑ 27	0 ♒ 32	1 D 37	9 ♏ 51	12 ♎ 24	20 ♐ 37	13 ♈ 53	18 ♐ 23	4 ♍ 34	18 ♉ 49	3 ♓ 30	8 ♏	8 ♎	28 ♎	7 ♎	12 ♎
9	15 ♎ 30	5 ♒ 51	0 ♒ 29	1 R 37	10 ♏ 48	13 ♎ 39	21 ♐ 20	13 ♈ 45	18 ♐ 28	4 ♍ 37	18 ♉ 48	3 ♓ 29	8 ♏	8 ♎	29 ♎	7 ♎	13 ♎
10	16 ♎ 29	18 ♒ 0	0 ♒ 25	1 ♒ 36	11 ♏ 43	14 ♎ 54	22 ♐ 2	13 ♈ 37	18 ♐ 32	4 ♍ 40	18 ♉ 46	3 ♓ 28	9 ♏	9 ♎	29 ♎	8 ♎	13 ♎
11	17 ♎ 28	0 ♓ 0	0 ♒ 22	1 ♒ 33	12 ♏ 34	16 ♎ 9	22 ♐ 45	13 ♈ 29	18 ♐ 37	4 ♍ 43	18 ♉ 45	3 ♓ 27	9 ♏	9 ♎	29 ♎	8 ♎	13 ♎
12	18 ♎ 28	11 ♓ 53	0 ♒ 19	1 ♒ 27	13 ♏ 22	17 ♎ 24	23 ♐ 28	13 ♈ 21	18 ♐ 41	4 ♍ 46	18 ♉ 43	3 ♓ 26	9 ♏	10 ♎	0 ♏	9 ♎	13 ♎
13	19 ♎ 27	23 ♓ 45	0 ♒ 16	1 ♒ 18	14 ♏ 6	18 ♎ 39	24 ♐ 11	13 ♈ 13	18 ♐ 46	4 ♍ 49	18 ♉ 42	3 ♓ 25	10 ♏	10 ♎	0 ♏	9 ♎	13 ♎
14	20 ♎ 26	5 ♈ 36	0 ♒ 13	1 ♒ 6	14 ♏ 45	19 ♎ 54	24 ♐ 54	13 ♈ 5	18 ♐ 50	4 ♍ 52	18 ♉ 41	3 ♓ 24	10 ♏	11 ♎	0 ♏	10 ♎	13 ♎
15	21 ♎ 26	17 ♈ 29	0 ♒ 10	0 ♒ 53	15 ♏ 21	21 ♎ 9	25 ♐ 37	12 ♈ 57	18 ♐ 55	4 ♍ 54	18 ♉ 39	3 ♓ 24	11 ♏	11 ♎	1 ♏	10 ♎	13 ♎
16	22 ♎ 25	29 ♈ 25	0 ♒ 6	0 ♒ 38	15 ♏ 51	22 ♎ 24	26 ♐ 20	12 ♈ 49	19 ♐ 0	4 ♍ 57	18 ♉ 38	3 ♓ 23	11 ♏	11 ♎	1 ♏	11 ♎	14 ♎
17	23 ♎ 25	11 ♉ 26	0 ♒ 3	0 ♒ 24	16 ♏ 15	23 ♎ 39	27 ♐ 3	12 ♈ 41	19 ♐ 5	5 ♍ 0	18 ♉ 36	3 ♓ 22	12 ♏	12 ♎	1 ♏	11 ♎	14 ♎
18	24 ♎ 24	23 ♉ 33	0 ♒ 0	0 ♒ 12	16 ♏ 34	24 ♎ 55	27 ♐ 47	12 ♈ 33	19 ♐ 10	5 ♍ 3	18 ♉ 35	3 ♓ 21	12 ♏	12 ♎	2 ♏	12 ♎	14 ♎
19	25 ♎ 24	5 ♊ 47	29 ♑ 57	0 ♒ 2	16 ♏ 46	26 ♎ 10	28 ♐ 30	12 ♈ 26	19 ♐ 15	5 ♍ 6	18 ♉ 33	3 ♓ 21	12 ♏	13 ♎	2 ♏	13 ♎	14 ♎
20	26 ♎ 23	18 ♊ 10	29 ♑ 54	29 ♑ 54	16 ♏ 51	27 ♎ 25	29 ♐ 14	12 ♈ 18	19 ♐ 20	5 ♍ 8	18 ♉ 32	3 ♓ 20	13 ♏	13 ♎	3 ♏	13 ♎	14 ♎
21	27 ♎ 23	0 ♋ 46	29 ♑ 51	29 ♑ 50	16 R 48	28 ♎ 40	29 ♐ 57	12 ♈ 10	19 ♐ 25	5 ♍ 11	18 ♉ 30	3 ♓ 19	13 ♏	14 ♎	3 ♏	14 ♎	14 ♎
22	28 ♎ 22	13 ♋ 36	29 ♑ 47	29 ♑ 48	16 ♏ 38	29 ♎ 55	0 ♑ 41	12 ♈ 3	19 ♐ 31	5 ♍ 14	18 ♉ 29	3 ♓ 19	14 ♏	14 ♎	3 ♏	14 ♎	14 ♎
23	29 ♎ 22	26 ♋ 44	29 ♑ 44	29 ♑ 48	16 ♏ 18	1 ♏ 10	1 ♑ 25	11 ♈ 56	19 ♐ 36	5 ♍ 16	18 ♉ 27	3 ♓ 18	14 ♏	15 ♎	4 ♏	15 ♎	15 ♎
24	0 ♏ 22	10 ♌ 14	29 ♑ 41	29 ♑ 47	15 ♏ 50	2 ♏ 25	2 ♑ 9	11 ♈ 48	19 ♐ 41	5 ♍ 19	18 ♉ 25	3 ♓ 17	15 ♏	15 ♎	4 ♏	15 ♎	15 ♎
25	1 ♏ 22	24 ♌ 8	29 ♑ 38	29 ♑ 46	15 ♏ 13	3 ♏ 40	2 ♑ 53	11 ♈ 41	19 ♐ 47	5 ♍ 21	18 ♉ 24	3 ♓ 17	15 ♏	15 ♎	4 ♏	16 ♎	15 ♎
26	2 ♏ 21	8 ♍ 28	29 ♑ 35	29 ♑ 43	14 ♏ 27	4 ♏ 55	3 ♑ 37	11 ♈ 34	19 ♐ 52	5 ♍ 24	18 ♉ 22	3 ♓ 16	15 ♏	16 ♎	5 ♏	16 ♎	15 ♎
27	3 ♏ 21	23 ♍ 10	29 ♑ 31	29 ♑ 37	13 ♏ 33	6 ♏ 11	4 ♑ 21	11 ♈ 27	19 ♐ 58	5 ♍ 26	18 ♉ 21	3 ♓ 16	16 ♏	16 ♎	5 ♏	17 ♎	15 ♎
28	4 ♏ 21	8 ♎ 11	29 ♑ 28	29 ♑ 29	12 ♏ 31	7 ♏ 26	5 ♑ 5	11 ♈ 20	20 ♐ 3	5 ♍ 28	18 ♉ 19	3 ♓ 15	16 ♏	17 ♎	5 ♏	17 ♎	15 ♎
29	5 ♏ 21	23 ♎ 22	29 ♑ 25	29 ♑ 18	11 ♏ 22	8 ♏ 41	5 ♑ 50	11 ♈ 14	20 ♐ 9	5 ♍ 31	18 ♉ 17	3 ♓ 15	17 ♏	17 ♎	6 ♏	18 ♎	15 ♎
30	6 ♏ 21	8 ♏ 33	29 ♑ 22	29 ♑ 6	10 ♏ 9	9 ♏ 56	6 ♑ 34	11 ♈ 7	20 ♐ 15	5 ♍ 33	18 ♉ 16	3 ♓ 14	17 ♏	18 ♎	6 ♏	18 ♎	16 ♎
31	7 ♏ 21	23 ♏ 32	29 ♑ 19	28 ♑ 55	8 ♏ 53	11 ♏ 11	7 ♑ 18	11 ♈ 1	20 ♐ 20	5 ♍ 35	18 ♉ 14	3 ♓ 14	18 ♏	18 ♎	6 ♏	19 ♎	16 ♎
SUN INGRESS	☉ → ♏ 23日 15:03																
MOON PHASE	◐ 7日 05:40 ♑ ○ 15日 08:41 ♈ ◑ 23日 05:07 ♋ ● 29日 20:16 ♏																

aspects		
2日	06:04	☿△♇
2日	20:28	☿⚹♅
4日	11:43	♂☌♄
7日	10:28	☉☍♃
9日	01:31	♀☍♃
12日	05:54	☉⚹♄
13日	02:10	♀⚹♄
16日	01:01	☉☌♀
23日	11:30	♀⚹♂
24日	16:36	♀△♇
25日	12:56	♂⚹♇
26日	09:19	♀⚹♅
26日	21:53	☉△♇
28日	13:14	♂△♅
29日	04:07	☉⚹♅
30日	02:04	☿☌♀
30日	20:23	☉⚹♂
31日	16:02	☉☌☿
31日	18:31	☿⚹♂

2046年11月

DAY	☉	☽	☊ mean	☊ true	☿	♀	♂	♃	♄	♅	♆	♇	⚳	⚴	⚵	⚶	⚷
	° ′	° ′	° ′	° ′	° ′	° ′	° ′	° ′	° ′	° ′	° ′	° ′	°	°	°	°	°
1	8 ♏ 21	8 ♐ 11	29 ♑ 16	28 R 46	7 R 35	12 D 26	8 D 3	10 R 54	20 D 26	5 D 38	18 R 12	3 R 14	18 D	19 D	7 D	19 D	16 D
2	9 ♏ 21	22 ♐ 23	29 ♑ 12	28 ♑ 39	6 ♏ 20	13 ♏ 42	8 ♑ 48	10 ♈ 48	20 ♐ 32	5 ♍ 40	18 ♉ 11	3 ♓ 13	18 ♏	19 ♎	7 ♏	20 ♎	16 ♎
3	10 ♏ 21	6 ♑ 6	29 ♑ 9	28 ♑ 35	5 ♏ 8	14 ♏ 57	9 ♑ 32	10 ♈ 42	20 ♐ 38	5 ♍ 42	18 ♉ 9	3 ♓ 13	19 ♏	20 ♎	7 ♏	20 ♎	16 ♎
4	11 ♏ 21	19 ♑ 19	29 ♑ 6	28 ♑ 33	4 ♏ 2	16 ♏ 12	10 ♑ 17	10 ♈ 36	20 ♐ 44	5 ♍ 44	18 ♉ 7	3 ♓ 12	19 ♏	20 ♎	8 ♏	21 ♎	16 ♎
5	12 ♏ 21	2 ♒ 7	29 ♑ 3	28 D 33	3 ♏ 5	17 ♏ 27	11 ♑ 2	10 ♈ 30	20 ♐ 50	5 ♍ 46	18 ♉ 6	3 ♓ 12	20 ♏	20 ♎	8 ♏	21 ♎	16 ♎
6	13 ♏ 21	14 ♒ 33	29 ♑ 0	28 R 33	2 ♏ 17	18 ♏ 42	11 ♑ 47	10 ♈ 25	20 ♐ 56	5 ♍ 48	18 ♉ 4	3 ♓ 12	20 ♏	21 ♎	8 ♏	22 ♎	17 ♎
7	14 ♏ 21	26 ♒ 42	28 ♑ 57	28 ♑ 32	1 ♏ 41	19 ♏ 58	12 ♑ 32	10 ♈ 19	21 ♐ 2	5 ♍ 50	18 ♉ 2	3 ♓ 12	21 ♏	21 ♎	9 ♏	22 ♎	17 ♎
8	15 ♏ 22	8 ♓ 41	28 ♑ 53	28 ♑ 30	1 ♏ 15	21 ♏ 13	13 ♑ 17	10 ♈ 14	21 ♐ 8	5 ♍ 52	18 ♉ 1	3 ♓ 11	21 ♏	22 ♎	9 ♏	23 ♎	17 ♎
9	16 ♏ 22	20 ♓ 33	28 ♑ 50	28 ♑ 25	1 ♏ 2	22 ♏ 28	14 ♑ 2	10 ♈ 9	21 ♐ 15	5 ♍ 53	17 ♉ 59	3 ♓ 11	22 ♏	22 ♎	9 ♏	23 ♎	17 ♎
10	17 ♏ 22	2 ♈ 23	28 ♑ 47	28 ♑ 17	1 D 0	23 ♏ 43	14 ♑ 47	10 ♈ 4	21 ♐ 21	5 ♍ 55	17 ♉ 57	3 ♓ 11	22 ♏	23 ♎	10 ♏	24 ♎	17 ♎
11	18 ♏ 22	14 ♈ 15	28 ♑ 44	28 ♑ 7	1 ♏ 9	24 ♏ 59	15 ♑ 32	9 ♈ 59	21 ♐ 27	5 ♍ 57	17 ♉ 56	3 ♓ 11	22 ♏	23 ♎	10 ♏	24 ♎	17 ♎
12	19 ♏ 22	26 ♈ 12	28 ♑ 41	27 ♑ 54	1 ♏ 28	26 ♏ 14	16 ♑ 17	9 ♈ 55	21 ♐ 34	5 ♍ 59	17 ♉ 54	3 ♓ 11	23 ♏	23 ♎	10 ♏	25 ♎	17 ♎
13	20 ♏ 23	8 ♉ 15	28 ♑ 37	27 ♑ 41	1 ♏ 57	27 ♏ 29	17 ♑ 3	9 ♈ 50	21 ♐ 40	6 ♍ 0	17 ♉ 52	3 ♓ 11	23 ♏	24 ♎	11 ♏	25 ♎	17 ♎
14	21 ♏ 23	20 ♉ 25	28 ♑ 34	27 ♑ 29	2 ♏ 35	28 ♏ 44	17 ♑ 48	9 ♈ 46	21 ♐ 46	6 ♍ 2	17 ♉ 51	3 ♓ 10	24 ♏	24 ♎	11 ♏	26 ♎	18 ♎
15	22 ♏ 23	2 ♊ 44	28 ♑ 31	27 ♑ 17	3 ♏ 20	29 ♏ 59	18 ♑ 33	9 ♈ 42	21 ♐ 53	6 ♍ 3	17 ♉ 49	3 ♓ 10	24 ♏	25 ♎	11 ♏	26 ♎	18 ♎
16	23 ♏ 24	15 ♊ 12	28 ♑ 28	27 ♑ 8	4 ♏ 13	1 ♐ 15	19 ♑ 19	9 ♈ 38	21 ♐ 59	6 ♍ 5	17 ♉ 47	3 ♓ 10	25 ♏	25 ♎	12 ♏	27 ♎	18 ♎
17	24 ♏ 24	27 ♊ 50	28 ♑ 25	27 ♑ 1	5 ♏ 11	2 ♐ 30	20 ♑ 4	9 ♈ 35	22 ♐ 6	6 ♍ 6	17 ♉ 46	3 D 10	25 ♏	26 ♎	12 ♏	27 ♎	18 ♎
18	25 ♏ 25	10 ♋ 39	28 ♑ 22	26 ♑ 58	6 ♏ 15	3 ♐ 45	20 ♑ 50	9 ♈ 31	22 ♐ 12	6 ♍ 7	17 ♉ 44	3 ♓ 10	25 ♏	26 ♎	13 ♏	28 ♎	18 ♎
19	26 ♏ 25	23 ♋ 39	28 ♑ 18	26 ♑ 56	7 ♏ 23	5 ♐ 0	21 ♑ 36	9 ♈ 28	22 ♐ 19	6 ♍ 9	17 ♉ 42	3 ♓ 10	26 ♏	27 ♎	13 ♏	28 ♎	18 ♎
20	27 ♏ 26	6 ♌ 54	28 ♑ 15	26 D 56	8 ♏ 36	6 ♐ 16	22 ♑ 21	9 ♈ 25	22 ♐ 26	6 ♍ 10	17 ♉ 41	3 ♓ 11	26 ♏	27 ♎	13 ♏	29 ♎	18 ♎
21	28 ♏ 26	20 ♌ 24	28 ♑ 12	26 ♑ 57	9 ♏ 52	7 ♐ 31	23 ♑ 7	9 ♈ 22	22 ♐ 32	6 ♍ 11	17 ♉ 39	3 ♓ 11	27 ♏	27 ♎	14 ♏	29 ♎	18 ♎
22	29 ♏ 27	4 ♍ 11	28 ♑ 9	26 R 57	11 ♏ 10	8 ♐ 46	23 ♑ 53	9 ♈ 19	22 ♐ 39	6 ♍ 12	17 ♉ 37	3 ♓ 11	27 ♏	28 ♎	14 ♏	0 ♏	19 ♎
23	0 ♐ 27	18 ♍ 18	28 ♑ 6	26 ♑ 56	12 ♏ 32	10 ♐ 1	24 ♑ 39	9 ♈ 17	22 ♐ 46	6 ♍ 13	17 ♉ 36	3 ♓ 11	28 ♏	28 ♎	14 ♏	0 ♏	19 ♎
24	1 ♐ 28	2 ♎ 41	28 ♑ 3	26 ♑ 52	13 ♏ 55	11 ♐ 16	25 ♑ 24	9 ♈ 15	22 ♐ 52	6 ♍ 15	17 ♉ 34	3 ♓ 11	28 ♏	29 ♎	15 ♏	1 ♏	19 ♎
25	2 ♐ 29	17 ♎ 19	27 ♑ 59	26 ♑ 46	15 ♏ 20	12 ♐ 32	26 ♑ 10	9 ♈ 12	22 ♐ 59	6 ♍ 16	17 ♉ 32	3 ♓ 11	28 ♏	29 ♎	15 ♏	1 ♏	19 ♎
26	3 ♐ 29	2 ♏ 7	27 ♑ 56	26 ♑ 38	16 ♏ 46	13 ♐ 47	26 ♑ 56	9 ♈ 11	23 ♐ 6	6 ♍ 16	17 ♉ 31	3 ♓ 11	29 ♏	0 ♏	15 ♏	2 ♏	19 ♎
27	4 ♐ 30	16 ♏ 57	27 ♑ 53	26 ♑ 30	18 ♏ 14	15 ♐ 2	27 ♑ 42	9 ♈ 9	23 ♐ 13	6 ♍ 17	17 ♉ 29	3 ♓ 12	29 ♏	0 ♏	16 ♏	2 ♏	19 ♎
28	5 ♐ 31	1 ♐ 39	27 ♑ 50	26 ♑ 21	19 ♏ 43	16 ♐ 18	28 ♑ 28	9 ♈ 8	23 ♐ 20	6 ♍ 18	17 ♉ 27	3 ♓ 12	0 ♐	0 ♏	16 ♏	3 ♏	19 ♎
29	6 ♐ 32	16 ♐ 8	27 ♑ 47	26 ♑ 14	21 ♏ 12	17 ♐ 33	29 ♑ 14	9 ♈ 6	23 ♐ 27	6 ♍ 19	17 ♉ 26	3 ♓ 12	0 ♐	1 ♏	16 ♏	3 ♏	19 ♎
30	7 ♐ 32	0 ♑ 15	27 ♑ 43	26 ♑ 9	22 ♏ 43	18 ♐ 48	0 ♒ 1	9 ♈ 5	23 ♐ 34	6 ♍ 20	17 ♉ 24	3 ♓ 13	1 ♐	1 ♏	17 ♏	4 ♏	20 ♎

SUN INGRESS	☉ → ♐ 22日 12:56
MOON PHASE	◐ 5日 21:28 ♒　○ 14日 02:04 ♉　◑ 21日 15:10 ♌　● 28日 06:49 ♐

aspects		
2日	12:46	☿⚹♅
4日	09:01	♂□♃
4日	20:47	☿△♇
5日	12:01	♀☍♆
10日	13:43	☉☍♆
14日	01:17	♂△♆
14日	19:11	☿△♇
17日	12:56	♀□♇
17日	21:14	☿⚹♅
19日	22:13	♀□♅
22日	10:17	♀△♃
25日	16:52	☉□♇
26日	11:56	☿☍♆
28日	18:54	☉□♅

2046年12月

DAY	☉	☽	☊ mean	☊ true	☿	♀	♂	♃	♄	♅	♆	♇	⚳	⚴	⚵	⚶	⚷
	° ′	° ′	° ′	° ′	° ′	° ′	° ′	° ′	° ′	° ′	° ′	° ′	°	°	°	°	°
1	8 ♐ 33	13 ♑ 58	27 ♑ 40	26 R 6	24 D 13	20 D 3	0 D 47	9 R 4	23 D 40	6 D 20	17 R 23	3 D 13	1 D	2 D	17 D	4 D	20 D
2	9 ♐ 34	27 ♑ 15	27 ♑ 37	26 D 6	25 ♏ 45	21 ♐ 19	1 ♒ 33	9 ♈ 4	23 ♐ 47	6 ♍ 21	17 ♉ 21	3 ♓ 13	1 ♐	2 ♏	17 ♏	5 ♏	20 ♎
3	10 ♐ 35	10 ♒ 7	27 ♑ 34	26 ♑ 6	27 ♏ 16	22 ♐ 34	2 ♒ 19	9 ♈ 3	23 ♐ 54	6 ♍ 21	17 ♉ 20	3 ♓ 14	2 ♐	3 ♏	18 ♏	5 ♏	20 ♎
4	11 ♐ 36	22 ♒ 37	27 ♑ 31	26 ♑ 8	28 ♏ 48	23 ♐ 49	3 ♒ 6	9 ♈ 3	24 ♐ 1	6 ♍ 22	17 ♉ 18	3 ♓ 14	2 ♐	3 ♏	18 ♏	6 ♏	20 ♎
5	12 ♐ 37	4 ♓ 50	27 ♑ 28	26 ♑ 9	0 ♐ 21	25 ♐ 4	3 ♒ 52	9 D 3	24 ♐ 8	6 ♍ 22	17 ♉ 17	3 ♓ 15	3 ♐	3 ♏	18 ♏	6 ♏	20 ♎
6	13 ♐ 37	16 ♓ 51	27 ♑ 24	26 R 9	1 ♐ 53	26 ♐ 20	4 ♒ 38	9 ♈ 3	24 ♐ 15	6 ♍ 23	17 ♉ 15	3 ♓ 15	3 ♐	4 ♏	19 ♏	7 ♏	20 ♎
7	14 ♐ 38	28 ♓ 45	27 ♑ 21	26 ♑ 8	3 ♐ 26	27 ♐ 35	5 ♒ 25	9 ♈ 4	24 ♐ 22	6 ♍ 23	17 ♉ 14	3 ♓ 16	4 ♐	4 ♏	19 ♏	7 ♏	20 ♎
8	15 ♐ 39	10 ♈ 36	27 ♑ 18	26 ♑ 5	4 ♐ 59	28 ♐ 50	6 ♒ 11	9 ♈ 5	24 ♐ 29	6 ♍ 23	17 ♉ 12	3 ♓ 16	4 ♐	5 ♏	19 ♏	8 ♏	20 ♎
9	16 ♐ 40	22 ♈ 29	27 ♑ 15	26 ♑ 0	6 ♐ 31	0 ♑ 5	6 ♒ 57	9 ♈ 5	24 ♐ 36	6 ♍ 23	17 ♉ 11	3 ♓ 17	4 ♐	5 ♏	20 ♏	8 ♏	21 ♎
10	17 ♐ 41	4 ♉ 29	27 ♑ 12	25 ♑ 54	8 ♐ 4	1 ♑ 20	7 ♒ 44	9 ♈ 6	24 ♐ 44	6 ♍ 24	17 ♉ 9	3 ♓ 17	5 ♐	5 ♏	20 ♏	9 ♏	21 ♎
11	18 ♐ 42	16 ♉ 37	27 ♑ 8	25 ♑ 47	9 ♐ 37	2 ♑ 36	8 ♒ 30	9 ♈ 8	24 ♐ 51	6 ♍ 24	17 ♉ 8	3 ♓ 18	5 ♐	6 ♏	20 ♏	9 ♏	21 ♎
12	19 ♐ 43	28 ♉ 57	27 ♑ 5	25 ♑ 40	11 ♐ 11	3 ♑ 51	9 ♒ 17	9 ♈ 9	24 ♐ 58	6 ♍ 24	17 ♉ 7	3 ♓ 19	6 ♐	6 ♏	21 ♏	10 ♏	21 ♎
13	20 ♐ 44	11 ♊ 30	27 ♑ 2	25 ♑ 34	12 ♐ 44	5 ♑ 6	10 ♒ 3	9 ♈ 11	25 ♐ 5	6 R 24	17 ♉ 5	3 ♓ 19	6 ♐	7 ♏	21 ♏	10 ♏	21 ♎
14	21 ♐ 45	24 ♊ 15	26 ♑ 59	25 ♑ 29	14 ♐ 17	6 ♑ 21	10 ♒ 50	9 ♈ 13	25 ♐ 12	6 ♍ 24	17 ♉ 4	3 ♓ 20	6 ♐	7 ♏	21 ♏	11 ♏	21 ♎
15	22 ♐ 46	7 ♋ 14	26 ♑ 56	25 ♑ 26	15 ♐ 51	7 ♑ 36	11 ♒ 36	9 ♈ 15	25 ♐ 19	6 ♍ 23	17 ♉ 3	3 ♓ 21	7 ♐	7 ♏	22 ♏	11 ♏	21 ♎
16	23 ♐ 47	20 ♋ 24	26 ♑ 53	25 ♑ 24	17 ♐ 24	8 ♑ 52	12 ♒ 23	9 ♈ 17	25 ♐ 26	6 ♍ 23	17 ♉ 1	3 ♓ 21	7 ♐	8 ♏	22 ♏	12 ♏	21 ♎
17	24 ♐ 48	3 ♌ 47	26 ♑ 49	25 D 24	18 ♐ 58	10 ♑ 7	13 ♒ 10	9 ♈ 20	25 ♐ 33	6 ♍ 23	17 ♉ 0	3 ♓ 22	8 ♐	8 ♏	22 ♏	12 ♏	21 ♎
18	25 ♐ 49	17 ♌ 20	26 ♑ 46	25 ♑ 26	20 ♐ 31	11 ♑ 22	13 ♒ 56	9 ♈ 22	25 ♐ 40	6 ♍ 23	16 ♉ 59	3 ♓ 23	8 ♐	9 ♏	22 ♏	13 ♏	21 ♎
19	26 ♐ 50	1 ♍ 4	26 ♑ 43	25 ♑ 27	22 ♐ 5	12 ♑ 37	14 ♒ 43	9 ♈ 25	25 ♐ 47	6 ♍ 22	16 ♉ 58	3 ♓ 24	9 ♐	9 ♏	23 ♏	13 ♏	22 ♎
20	27 ♐ 51	14 ♍ 58	26 ♑ 40	25 ♑ 29	23 ♐ 39	13 ♑ 52	15 ♒ 29	9 ♈ 28	25 ♐ 54	6 ♍ 22	16 ♉ 56	3 ♓ 25	9 ♐	9 ♏	23 ♏	14 ♏	22 ♎
21	28 ♐ 52	29 ♍ 2	26 ♑ 37	25 R 29	25 ♐ 13	15 ♑ 8	16 ♒ 16	9 ♈ 32	26 ♐ 1	6 ♍ 21	16 ♉ 55	3 ♓ 25	9 ♐	10 ♏	23 ♏	14 ♏	22 ♎
22	29 ♐ 53	13 ♎ 14	26 ♑ 34	25 ♑ 28	26 ♐ 48	16 ♑ 23	17 ♒ 3	9 ♈ 35	26 ♐ 9	6 ♍ 21	16 ♉ 54	3 ♓ 26	10 ♐	10 ♏	24 ♏	15 ♏	22 ♎
23	0 ♑ 54	27 ♎ 31	26 ♑ 30	25 ♑ 27	28 ♐ 22	17 ♑ 38	17 ♒ 49	9 ♈ 39	26 ♐ 16	6 ♍ 20	16 ♉ 53	3 ♓ 27	10 ♐	11 ♏	24 ♏	15 ♏	22 ♎
24	1 ♑ 55	11 ♏ 52	26 ♑ 27	25 ♑ 24	29 ♐ 57	18 ♑ 53	18 ♒ 36	9 ♈ 43	26 ♐ 23	6 ♍ 20	16 ♉ 52	3 ♓ 28	11 ♐	11 ♏	24 ♏	16 ♏	22 ♎
25	2 ♑ 57	26 ♏ 12	26 ♑ 24	25 ♑ 21	1 ♑ 32	20 ♑ 8	19 ♒ 23	9 ♈ 47	26 ♐ 30	6 ♍ 19	16 ♉ 51	3 ♓ 29	11 ♐	11 ♏	25 ♏	16 ♏	22 ♎
26	3 ♑ 58	10 ♐ 26	26 ♑ 21	25 ♑ 17	3 ♑ 7	21 ♑ 23	20 ♒ 10	9 ♈ 51	26 ♐ 37	6 ♍ 18	16 ♉ 50	3 ♓ 30	11 ♐	12 ♏	25 ♏	17 ♏	22 ♎
27	4 ♑ 59	24 ♐ 30	26 ♑ 18	25 ♑ 15	4 ♑ 42	22 ♑ 39	20 ♒ 56	9 ♈ 55	26 ♐ 44	6 ♍ 17	16 ♉ 49	3 ♓ 31	12 ♐	12 ♏	25 ♏	17 ♏	22 ♎
28	6 ♑ 0	8 ♑ 18	26 ♑ 15	25 ♑ 13	6 ♑ 18	23 ♑ 54	21 ♒ 43	10 ♈ 0	26 ♐ 51	6 ♍ 17	16 ♉ 48	3 ♓ 32	12 ♐	13 ♏	26 ♏	18 ♏	22 ♎
29	7 ♑ 1	21 ♑ 48	26 ♑ 11	25 ♑ 12	7 ♑ 54	25 ♑ 9	22 ♒ 30	10 ♈ 5	26 ♐ 58	6 ♍ 16	16 ♉ 47	3 ♓ 33	13 ♐	13 ♏	26 ♏	18 ♏	22 ♎
30	8 ♑ 2	4 ♒ 59	26 ♑ 8	25 D 12	9 ♑ 30	26 ♑ 24	23 ♒ 17	10 ♈ 10	27 ♐ 5	6 ♍ 15	16 ♉ 46	3 ♓ 34	13 ♐	13 ♏	26 ♏	19 ♏	22 ♎
31	9 ♑ 4	17 ♒ 49	26 ♑ 5	25 ♑ 13	11 ♑ 6	27 ♑ 39	24 ♒ 3	10 ♈ 15	27 ♐ 12	6 ♍ 14	16 ♉ 45	3 ♓ 35	14 ♐	14 ♏	27 ♏	19 ♏	23 ♎

SUN INGRESS	☉ → ♑ 22日 02:28
MOON PHASE	◐ 5日 16:56 ♓　○ 13日 18:55 ♊　◑ 20日 23:42 ♍　● 27日 19:38 ♑

aspects		
1日	12:11	☉△♃
4日	04:20	♀☌♄
6日	21:22	☿□♇
8日	21:56	☿□♅
9日	13:23	☿⚹♂
10日	16:14	☿△♃
11日	13:37	♀⚹♇
11日	19:58	♂⚹♃
14日	00:44	♀△♅
16日	08:24	♀□♃
17日	20:06	☉☌♄
21日	13:14	☿☌♄
21日	19:43	♂□♆
22日	09:53	♀△♆
25日	12:56	☉⚹♇
26日	05:52	☿⚹♇
27日	11:34	☉☌☿
27日	23:40	☿△♅
28日	06:24	☉△♅
30日	10:29	☿□♃

2047年1月

DAY	☉	☽	☊ mean	☊ true	☿	♀	♂	♃	♄	♅	♆	♇	⚳	⚴	⚵	⚶	⚷
	° ′	° ′	° ′	° ′	° ′	° ′	° ′	° ′	° ′	° ′	° ′	° ′	°	°	°	°	°
1	10 ♑ 5	0 ♓ 20	26 ♑ 2	25 D 15	12 D 43	28 D 54	24 D 50	10 D 20	27 D 19	6 R 13	16 R 44	3 D 36	14 D	14 D	27 D	20 D	23 D
2	11 ♑ 6	12 ♓ 36	25 ♑ 59	25 ♑ 16	14 ♑ 20	0 ♒ 9	25 ♒ 37	10 ♈ 26	27 ♐ 26	6 ♍ 12	16 ♉ 43	3 ♓ 37	14 ♐	14 ♏	27 ♏	20 ♏	23 ♎
3	12 ♑ 7	24 ♓ 39	25 ♑ 55	25 ♑ 17	15 ♑ 58	1 ♒ 24	26 ♒ 24	10 ♈ 32	27 ♐ 33	6 ♍ 10	16 ♉ 43	3 ♓ 38	15 ♐	15 ♏	27 ♏	21 ♏	23 ♎
4	13 ♑ 8	6 ♈ 35	25 ♑ 52	25 ♑ 18	17 ♑ 35	2 ♒ 39	27 ♒ 10	10 ♈ 38	27 ♐ 40	6 ♍ 9	16 ♉ 42	3 ♓ 40	15 ♐	15 ♏	28 ♏	21 ♏	23 ♎
5	14 ♑ 9	18 ♈ 27	25 ♑ 49	25 R 18	19 ♑ 13	3 ♒ 54	27 ♒ 57	10 ♈ 44	27 ♐ 47	6 ♍ 8	16 ♉ 41	3 ♓ 41	16 ♐	16 ♏	28 ♏	22 ♏	23 ♎
6	15 ♑ 10	0 ♉ 21	25 ♑ 46	25 ♑ 17	20 ♑ 52	5 ♒ 9	28 ♒ 44	10 ♈ 50	27 ♐ 54	6 ♍ 7	16 ♉ 40	3 ♓ 42	16 ♐	16 ♏	28 ♏	22 ♏	23 ♎
7	16 ♑ 12	12 ♉ 21	25 ♑ 43	25 ♑ 16	22 ♑ 30	6 ♒ 24	29 ♒ 31	10 ♈ 56	28 ♐ 1	6 ♍ 5	16 ♉ 40	3 ♓ 43	16 ♐	16 ♏	29 ♏	23 ♏	23 ♎
8	17 ♑ 13	24 ♉ 31	25 ♑ 40	25 ♑ 15	24 ♑ 9	7 ♒ 39	0 ♓ 18	11 ♈ 3	28 ♐ 7	6 ♍ 4	16 ♉ 39	3 ♓ 44	17 ♐	17 ♏	29 ♏	23 ♏	23 ♎
9	18 ♑ 14	6 ♊ 56	25 ♑ 36	25 ♑ 14	25 ♑ 48	8 ♒ 54	1 ♓ 4	11 ♈ 10	28 ♐ 14	6 ♍ 2	16 ♉ 38	3 ♓ 46	17 ♐	17 ♏	29 ♏	24 ♏	23 ♎
10	19 ♑ 15	19 ♊ 37	25 ♑ 33	25 ♑ 13	27 ♑ 28	10 ♒ 9	1 ♓ 51	11 ♈ 17	28 ♐ 21	6 ♍ 1	16 ♉ 38	3 ♓ 47	18 ♐	17 ♏	0 ♐	24 ♏	23 ♎
11	20 ♑ 16	2 ♋ 37	25 ♑ 30	25 ♑ 13	29 ♑ 7	11 ♒ 24	2 ♓ 38	11 ♈ 24	28 ♐ 28	5 ♍ 59	16 ♉ 37	3 ♓ 48	18 ♐	18 ♏	0 ♐	25 ♏	23 ♎
12	21 ♑ 17	15 ♋ 54	25 ♑ 27	25 ♑ 12	0 ♒ 47	12 ♒ 39	3 ♓ 24	11 ♈ 31	28 ♐ 35	5 ♍ 58	16 ♉ 37	3 ♓ 49	18 ♐	18 ♏	0 ♐	25 ♏	23 ♎
13	22 ♑ 18	29 ♋ 29	25 ♑ 24	25 D 12	2 ♒ 27	13 ♒ 54	4 ♓ 11	11 ♈ 38	28 ♐ 41	5 ♍ 56	16 ♉ 36	3 ♓ 51	19 ♐	18 ♏	0 ♐	25 ♏	23 ♎
14	23 ♑ 19	13 ♌ 20	25 ♑ 21	25 ♑ 13	4 ♒ 7	15 ♒ 9	4 ♓ 58	11 ♈ 46	28 ♐ 48	5 ♍ 54	16 ♉ 36	3 ♓ 52	19 ♐	19 ♏	1 ♐	26 ♏	23 ♎
15	24 ♑ 21	27 ♌ 22	25 ♑ 17	25 ♑ 13	5 ♒ 47	16 ♒ 24	5 ♓ 45	11 ♈ 54	28 ♐ 55	5 ♍ 53	16 ♉ 35	3 ♓ 53	20 ♐	19 ♏	1 ♐	26 ♏	23 ♎
16	25 ♑ 22	11 ♍ 32	25 ♑ 14	25 R 13	7 ♒ 27	17 ♒ 39	6 ♓ 31	12 ♈ 1	29 ♐ 1	5 ♍ 51	16 ♉ 35	3 ♓ 55	20 ♐	19 ♏	1 ♐	27 ♏	24 ♎
17	26 ♑ 23	25 ♍ 47	25 ♑ 11	25 ♑ 13	9 ♒ 6	18 ♒ 54	7 ♓ 18	12 ♈ 9	29 ♐ 8	5 ♍ 49	16 ♉ 35	3 ♓ 56	20 ♐	20 ♏	1 ♐	27 ♏	24 ♎
18	27 ♑ 24	10 ♎ 3	25 ♑ 8	25 ♑ 13	10 ♒ 45	20 ♒ 8	8 ♓ 5	12 ♈ 18	29 ♐ 14	5 ♍ 47	16 ♉ 34	3 ♓ 58	21 ♐	20 ♏	2 ♐	28 ♏	24 ♎
19	28 ♑ 25	24 ♎ 17	25 ♑ 5	25 ♑ 12	12 ♒ 23	21 ♒ 23	8 ♓ 51	12 ♈ 26	29 ♐ 21	5 ♍ 45	16 ♉ 34	3 ♓ 59	21 ♐	20 ♏	2 ♐	28 ♏	24 ♎
20	29 ♑ 26	8 ♏ 26	25 ♑ 1	25 D 12	14 ♒ 0	22 ♒ 38	9 ♓ 38	12 ♈ 34	29 ♐ 27	5 ♍ 43	16 ♉ 34	4 ♓ 0	22 ♐	21 ♏	2 ♐	29 ♏	24 ♎
21	0 ♒ 27	22 ♏ 29	24 ♑ 58	25 ♑ 13	15 ♒ 37	23 ♒ 53	10 ♓ 25	12 ♈ 43	29 ♐ 34	5 ♍ 41	16 ♉ 33	4 ♓ 2	22 ♐	21 ♏	3 ♐	29 ♏	24 ♎
22	1 ♒ 28	6 ♐ 24	24 ♑ 55	25 ♑ 13	17 ♒ 12	25 ♒ 7	11 ♓ 11	12 ♈ 52	29 ♐ 40	5 ♍ 39	16 ♉ 33	4 ♓ 3	22 ♐	21 ♏	3 ♐	0 ♐	24 ♎
23	2 ♒ 29	20 ♐ 9	24 ♑ 52	25 ♑ 14	18 ♒ 44	26 ♒ 22	11 ♓ 58	13 ♈ 1	29 ♐ 47	5 ♍ 37	16 ♉ 33	4 ♓ 5	23 ♐	22 ♏	3 ♐	0 ♐	24 ♎
24	3 ♒ 30	3 ♑ 43	24 ♑ 49	25 ♑ 15	20 ♒ 15	27 ♒ 37	12 ♓ 44	13 ♈ 10	29 ♐ 53	5 ♍ 35	16 ♉ 33	4 ♓ 6	23 ♐	22 ♏	3 ♐	1 ♐	24 ♎
25	4 ♒ 31	17 ♑ 4	24 ♑ 46	25 ♑ 15	21 ♒ 43	28 ♒ 51	13 ♓ 31	13 ♈ 19	29 ♐ 59	5 ♍ 33	16 ♉ 33	4 ♓ 8	23 ♐	22 ♏	4 ♐	1 ♐	24 ♎
26	5 ♒ 32	0 ♒ 12	24 ♑ 42	25 R 15	23 ♒ 8	0 ♓ 6	14 ♓ 18	13 ♈ 28	0 ♑ 6	5 ♍ 31	16 ♉ 33	4 ♓ 9	24 ♐	23 ♏	4 ♐	1 ♐	24 ♎
27	6 ♒ 33	13 ♒ 6	24 ♑ 39	25 ♑ 15	24 ♒ 29	1 ♓ 21	15 ♓ 4	13 ♈ 37	0 ♑ 12	5 ♍ 29	16 D 33	4 ♓ 11	24 ♐	23 ♏	4 ♐	2 ♐	24 ♎
28	7 ♒ 34	25 ♒ 46	24 ♑ 36	25 ♑ 13	25 ♒ 45	2 ♓ 35	15 ♓ 51	13 ♈ 47	0 ♑ 18	5 ♍ 27	16 ♉ 33	4 ♓ 12	25 ♐	23 ♏	4 ♐	2 ♐	24 ♎
29	8 ♒ 35	8 ♓ 12	24 ♑ 33	25 ♑ 12	26 ♒ 56	3 ♓ 50	16 ♓ 37	13 ♈ 57	0 ♑ 24	5 ♍ 25	16 ♉ 33	4 ♓ 14	25 ♐	24 ♏	5 ♐	3 ♐	24 ♎
30	9 ♒ 36	20 ♓ 25	24 ♑ 30	25 ♑ 9	28 ♒ 2	5 ♓ 4	17 ♓ 24	14 ♈ 6	0 ♑ 30	5 ♍ 22	16 ♉ 33	4 ♓ 15	25 ♐	24 ♏	5 ♐	3 ♐	24 ♎
31	10 ♒ 37	2 ♈ 28	24 ♑ 27	25 ♑ 7	29 ♒ 0	6 ♓ 19	18 ♓ 10	14 ♈ 16	0 ♑ 36	5 ♍ 20	16 ♉ 33	4 ♓ 17	26 ♐	24 ♏	5 ♐	4 ♐	24 ♎

SUN INGRESS	☉ → ♒ 20日 13:09
MOON PHASE	◐ 4日 14:30 ♈ ○ 12日 10:21 ♋ ◑ 19日 07:32 ♎ ● 26日 10:43 ♒

aspects		
1日	06:46	☉□♃
3日	10:58	☿△♆
4日	17:46	♂⚹♄
7日	10:52	☉△♆
10日	23:47	♀⚹♃
12日	13:12	♂☌♇
15日	03:39	♀□♆
15日	03:59	♂☍♅
19日	00:44	☿⚹♃
21日	14:16	☿□♆
25日	23:50	♀⚹♄
28日	21:49	♂⚹♆
29日	07:53	♀☌♇
30日	05:36	♀☍♅

2047年2月

DAY	☉	☽	☊ mean	☊ true	☿	♀	♂	♃	♄	♅	♆	♇	⚳	⚴	⚵	⚶	⚷
	° ′	° ′	° ′	° ′	° ′	° ′	° ′	° ′	° ′	° ′	° ′	° ′	°	°	°	°	°
1	11 ♒ 38	14 ♈ 24	24 ♑ 23	25 R 5	29 D 51	7 D 33	18 D 56	14 D 26	0 D 42	5 R 18	16 D 33	4 D 18	26 D	25 D	5 D	4 D	24 D
2	12 ♒ 39	26 ♈ 16	24 ♑ 20	25 ♑ 3	0 ♓ 33	8 ♓ 48	19 ♓ 43	14 ♈ 37	0 ♑ 48	5 ♍ 15	16 ♉ 33	4 ♓ 20	26 ♐	25 ♏	6 ♐	5 ♐	24 ♎
3	13 ♒ 40	8 ♉ 9	24 ♑ 17	25 ♑ 2	1 ♓ 6	10 ♓ 2	20 ♓ 29	14 ♈ 47	0 ♑ 54	5 ♍ 13	16 ♉ 34	4 ♓ 22	27 ♐	25 ♏	6 ♐	5 ♐	24 ♎
4	14 ♒ 41	20 ♉ 7	24 ♑ 14	25 D 2	1 ♓ 29	11 ♓ 16	21 ♓ 16	14 ♈ 57	1 ♑ 0	5 ♍ 11	16 ♉ 34	4 ♓ 23	27 ♐	25 ♏	6 ♐	5 ♐	24 ♎
5	15 ♒ 42	2 ♊ 15	24 ♑ 11	25 ♑ 3	1 ♓ 42	12 ♓ 31	22 ♓ 2	15 ♈ 8	1 ♑ 5	5 ♍ 8	16 ♉ 34	4 ♓ 25	28 ♐	26 ♏	6 ♐	6 ♐	24 ♎
6	16 ♒ 43	14 ♊ 38	24 ♑ 7	25 ♑ 5	1 R 44	13 ♓ 45	22 ♓ 48	15 ♈ 18	1 ♑ 11	5 ♍ 6	16 ♉ 35	4 ♓ 26	28 ♐	26 ♏	7 ♐	6 ♐	24 ♎
7	17 ♒ 44	27 ♊ 20	24 ♑ 4	25 ♑ 6	1 ♓ 35	14 ♓ 59	23 ♓ 34	15 ♈ 29	1 ♑ 17	5 ♍ 3	16 ♉ 35	4 ♓ 28	28 ♐	26 ♏	7 ♐	7 ♐	24 ♎
8	18 ♒ 44	10 ♋ 25	24 ♑ 1	25 ♑ 8	1 ♓ 15	16 ♓ 13	24 ♓ 21	15 ♈ 40	1 ♑ 22	5 ♍ 1	16 ♉ 35	4 ♓ 30	29 ♐	27 ♏	7 ♐	7 ♐	24 R
9	19 ♒ 45	23 ♋ 53	23 ♑ 58	25 ♑ 8	0 ♓ 44	17 ♓ 28	25 ♓ 7	15 ♈ 51	1 ♑ 28	4 ♍ 58	16 ♉ 36	4 ♓ 31	29 ♐	27 ♏	7 ♐	8 ♐	24 ♎
10	20 ♒ 46	7 ♌ 45	23 ♑ 55	25 R 8	0 ♓ 3	18 ♓ 42	25 ♓ 53	16 ♈ 2	1 ♑ 33	4 ♍ 56	16 ♉ 36	4 ♓ 33	29 ♐	27 ♏	7 ♐	8 ♐	24 ♎
11	21 ♒ 47	21 ♌ 58	23 ♑ 52	25 ♑ 6	29 ♒ 13	19 ♓ 56	26 ♓ 39	16 ♈ 13	1 ♑ 39	4 ♍ 53	16 ♉ 37	4 ♓ 34	0 ♑	27 ♏	8 ♐	8 ♐	24 ♎
12	22 ♒ 47	6 ♍ 29	23 ♑ 48	25 ♑ 3	28 ♒ 16	21 ♓ 10	27 ♓ 25	16 ♈ 24	1 ♑ 44	4 ♍ 51	16 ♉ 37	4 ♓ 36	0 ♑	28 ♏	8 ♐	9 ♐	24 ♎
13	23 ♒ 48	21 ♍ 10	23 ♑ 45	24 ♑ 59	27 ♒ 13	22 ♓ 24	28 ♓ 11	16 ♈ 36	1 ♑ 49	4 ♍ 48	16 ♉ 38	4 ♓ 38	0 ♑	28 ♏	8 ♐	9 ♐	24 ♎
14	24 ♒ 49	5 ♎ 54	23 ♑ 42	24 ♑ 54	26 ♒ 6	23 ♓ 38	28 ♓ 57	16 ♈ 47	1 ♑ 54	4 ♍ 46	16 ♉ 38	4 ♓ 39	1 ♑	28 ♏	8 ♐	10 ♐	24 ♎
15	25 ♒ 49	20 ♎ 34	23 ♑ 39	24 ♑ 50	24 ♒ 57	24 ♓ 52	29 ♓ 43	16 ♈ 59	1 ♑ 59	4 ♍ 43	16 ♉ 39	4 ♓ 41	1 ♑	28 ♏	8 ♐	10 ♐	24 ♎
16	26 ♒ 50	5 ♏ 4	23 ♑ 36	24 ♑ 47	23 ♒ 47	26 ♓ 5	0 ♈ 29	17 ♈ 10	2 ♑ 4	4 ♍ 40	16 ♉ 40	4 ♓ 43	1 ♑	29 ♏	9 ♐	11 ♐	24 ♎
17	27 ♒ 50	19 ♏ 19	23 ♑ 32	24 ♑ 45	22 ♒ 39	27 ♓ 19	1 ♈ 15	17 ♈ 22	2 ♑ 9	4 ♍ 38	16 ♉ 40	4 ♓ 44	2 ♑	29 ♏	9 ♐	11 ♐	24 ♎
18	28 ♒ 51	3 ♐ 18	23 ♑ 29	24 D 45	21 ♒ 33	28 ♓ 33	2 ♈ 1	17 ♈ 34	2 ♑ 14	4 ♍ 35	16 ♉ 41	4 ♓ 46	2 ♑	29 ♏	9 ♐	11 ♐	24 ♎
19	29 ♒ 52	17 ♐ 0	23 ♑ 26	24 ♑ 46	20 ♒ 33	29 ♓ 47	2 ♈ 47	17 ♈ 46	2 ♑ 19	4 ♍ 33	16 ♉ 42	4 ♓ 48	3 ♑	29 ♏	9 ♐	12 ♐	24 ♎
20	0 ♓ 52	0 ♑ 26	23 ♑ 23	24 ♑ 48	19 ♒ 37	1 ♈ 0	3 ♈ 33	17 ♈ 58	2 ♑ 24	4 ♍ 30	16 ♉ 43	4 ♓ 49	3 ♑	29 ♏	9 ♐	12 ♐	24 ♎
21	1 ♓ 53	13 ♑ 37	23 ♑ 20	24 ♑ 49	18 ♒ 49	2 ♈ 14	4 ♈ 19	18 ♈ 10	2 ♑ 29	4 ♍ 27	16 ♉ 44	4 ♓ 51	3 ♑	0 ♐	10 ♐	13 ♐	24 ♎
22	2 ♓ 53	26 ♑ 34	23 ♑ 17	24 R 50	18 ♒ 7	3 ♈ 27	5 ♈ 5	18 ♈ 22	2 ♑ 33	4 ♍ 25	16 ♉ 44	4 ♓ 53	4 ♑	0 ♐	10 ♐	13 ♐	24 ♎
23	3 ♓ 54	9 ♒ 19	23 ♑ 13	24 ♑ 48	17 ♒ 32	4 ♈ 41	5 ♈ 50	18 ♈ 34	2 ♑ 38	4 ♍ 22	16 ♉ 45	4 ♓ 54	4 ♑	0 ♐	10 ♐	13 ♐	24 ♎
24	4 ♓ 54	21 ♒ 54	23 ♑ 10	24 ♑ 45	17 ♒ 5	5 ♈ 54	6 ♈ 36	18 ♈ 47	2 ♑ 43	4 ♍ 19	16 ♉ 46	4 ♓ 56	4 ♑	0 ♐	10 ♐	14 ♐	24 ♎
25	5 ♓ 54	4 ♓ 18	23 ♑ 7	24 ♑ 40	16 ♒ 46	7 ♈ 8	7 ♈ 22	18 ♈ 59	2 ♑ 47	4 ♍ 17	16 ♉ 47	4 ♓ 58	5 ♑	0 ♐	10 ♐	14 ♐	24 ♎
26	6 ♓ 55	16 ♓ 33	23 ♑ 4	24 ♑ 33	16 ♒ 34	8 ♈ 21	8 ♈ 7	19 ♈ 11	2 ♑ 51	4 ♍ 14	16 ♉ 48	4 ♓ 59	5 ♑	1 ♐	10 ♐	14 ♐	24 ♎
27	7 ♓ 55	28 ♓ 39	23 ♑ 1	24 ♑ 25	16 ♒ 29	9 ♈ 34	8 ♈ 53	19 ♈ 24	2 ♑ 56	4 ♍ 11	16 ♉ 49	5 ♓ 1	5 ♑	1 ♐	11 ♐	15 ♐	24 ♎
28	8 ♓ 55	10 ♈ 39	22 ♑ 58	24 ♑ 16	16 D 30	10 ♈ 48	9 ♈ 39	19 ♈ 37	3 ♑ 0	4 ♍ 9	16 ♉ 50	5 ♓ 3	5 ♑	1 ♐	11 ♐	15 ♐	24 ♎

SUN INGRESS	☉ → ♓ 19日 03:10
MOON PHASE	◐ 3日 12:08 ♉ ○ 10日 23:39 ♌ ◑ 17日 15:42 ♏ ● 25日 03:25 ♓

aspects		
2日	11:59	☿⚹♄
4日	07:44	☉⚹♃
5日	20:45	☉□♆
7日	17:50	☿⚹♄
8日	07:07	♀⚹♆
14日	14:21	☉☌☿
15日	10:26	♅☍♇
18日	07:40	♂□♄
21日	05:12	♀□♄
21日	15:34	☉⚹♄
21日	16:56	☿⚹♃
23日	10:50	☉☍♅
24日	00:53	☉☌♇
24日	22:04	☿□♆
25日	12:08	♀☌♂

2047年3月

DAY	☉	☽	☊ mean	☊ true	☿	♀	♂	♃	♄	♅	♆	♇	⚳	⚴	⚵	⚶	⚷
1	9 ♓ 56	22 ♈ 33	22 ♑ 54	24 R 8	16 D 38	12 D 1	10 D 24	19 D 49	3 D 4	4 R 6	16 D 51	5 D 5	6 D	1 D	11 D	16 D	24 R
2	10 ♓ 56	4 ♉ 24	22 ♑ 51	24 ♑ 0	16 ♒ 52	13 ♈ 14	11 ♈ 10	20 ♈ 2	3 ♑ 8	4 ♍ 4	16 ♉ 53	5 ♓ 6	6 ♑	1 ♐	11 ♐	16 ♐	24 ♎
3	11 ♓ 56	16 ♉ 16	22 ♑ 48	23 ♑ 55	17 ♒ 12	14 ♈ 27	11 ♈ 55	20 ♈ 15	3 ♑ 12	4 ♍ 1	16 ♉ 54	5 ♓ 8	6 ♑	1 ♐	11 ♐	16 ♐	23 ♎
4	12 ♓ 56	28 ♉ 12	22 ♑ 45	23 ♑ 51	17 ♒ 37	15 ♈ 40	12 ♈ 40	20 ♈ 28	3 ♑ 16	3 ♍ 58	16 ♉ 55	5 ♓ 10	7 ♑	2 ♐	11 ♐	17 ♐	23 ♎
5	13 ♓ 57	10 ♊ 16	22 ♑ 42	23 ♑ 50	18 ♒ 7	16 ♈ 53	13 ♈ 26	20 ♈ 41	3 ♑ 20	3 ♍ 56	16 ♉ 56	5 ♓ 11	7 ♑	2 ♐	12 ♐	17 ♐	23 ♎
6	14 ♓ 57	22 ♊ 35	22 ♑ 38	23 D 50	18 ♒ 42	18 ♈ 6	14 ♈ 11	20 ♈ 54	3 ♑ 23	3 ♍ 53	16 ♉ 57	5 ♓ 13	7 ♑	2 ♐	12 ♐	17 ♐	23 ♎
7	15 ♓ 57	5 ♋ 12	22 ♑ 35	23 ♑ 51	19 ♒ 21	19 ♈ 18	14 ♈ 56	21 ♈ 7	3 ♑ 27	3 ♍ 51	16 ♉ 59	5 ♓ 14	8 ♑	2 ♐	12 ♐	18 ♐	23 ♎
8	16 ♓ 57	18 ♋ 13	22 ♑ 32	23 ♑ 52	20 ♒ 3	20 ♈ 31	15 ♈ 42	21 ♈ 20	3 ♑ 30	3 ♍ 48	17 ♉ 0	5 ♓ 16	8 ♑	2 ♐	12 ♐	18 ♐	23 ♎
9	17 ♓ 57	1 ♌ 40	22 ♑ 29	23 R 52	20 ♒ 50	21 ♈ 44	16 ♈ 27	21 ♈ 33	3 ♑ 34	3 ♍ 46	17 ♉ 1	5 ♓ 18	8 ♑	2 ♐	12 ♐	18 ♐	23 ♎
10	18 ♓ 57	15 ♌ 36	22 ♑ 26	23 ♑ 50	21 ♒ 40	22 ♈ 56	17 ♈ 12	21 ♈ 47	3 ♑ 37	3 ♍ 43	17 ♉ 3	5 ♓ 19	9 ♑	2 ♐	12 ♐	19 ♐	23 ♎
11	19 ♓ 57	29 ♌ 59	22 ♑ 23	23 ♑ 45	22 ♒ 33	24 ♈ 9	17 ♈ 57	22 ♈ 0	3 ♑ 40	3 ♍ 41	17 ♉ 4	5 ♓ 21	9 ♑	3 ♐	12 ♐	19 ♐	23 ♎
12	20 ♓ 57	14 ♍ 46	22 ♑ 19	23 ♑ 39	23 ♒ 30	25 ♈ 21	18 ♈ 42	22 ♈ 13	3 ♑ 44	3 ♍ 38	17 ♉ 5	5 ♓ 23	9 ♑	3 ♐	12 ♐	19 ♐	23 ♎
13	21 ♓ 57	29 ♍ 49	22 ♑ 16	23 ♑ 30	24 ♒ 29	26 ♈ 33	19 ♈ 27	22 ♈ 27	3 ♑ 47	3 ♍ 36	17 ♉ 7	5 ♓ 24	9 ♑	3 ♐	12 ♐	20 ♐	23 ♎
14	22 ♓ 57	14 ♎ 58	22 ♑ 13	23 ♑ 21	25 ♒ 30	27 ♈ 46	20 ♈ 12	22 ♈ 40	3 ♑ 50	3 ♍ 33	17 ♉ 8	5 ♓ 26	10 ♑	3 ♐	13 ♐	20 ♐	23 ♎
15	23 ♓ 56	0 ♏ 4	22 ♑ 10	23 ♑ 12	26 ♒ 35	28 ♈ 58	20 ♈ 57	22 ♈ 54	3 ♑ 53	3 ♍ 31	17 ♉ 10	5 ♓ 28	10 ♑	3 ♐	13 ♐	20 ♐	23 ♎
16	24 ♓ 56	14 ♏ 56	22 ♑ 7	23 ♑ 5	27 ♒ 41	0 ♉ 10	21 ♈ 42	23 ♈ 7	3 ♑ 56	3 ♍ 28	17 ♉ 11	5 ♓ 29	10 ♑	3 ♐	13 ♐	21 ♐	23 ♎
17	25 ♓ 56	29 ♏ 28	22 ♑ 4	23 ♑ 0	28 ♒ 50	1 ♉ 22	22 ♈ 27	23 ♈ 21	3 ♑ 58	3 ♍ 26	17 ♉ 13	5 ♓ 31	11 ♑	3 ♐	13 ♐	21 ♐	23 ♎
18	26 ♓ 56	13 ♐ 36	22 ♑ 0	22 ♑ 57	0 ♓ 1	2 ♉ 34	23 ♈ 11	23 ♈ 35	4 ♑ 1	3 ♍ 24	17 ♉ 14	5 ♓ 32	11 ♑	3 ♐	13 ♐	21 ♐	23 ♎
19	27 ♓ 56	27 ♐ 19	21 ♑ 57	22 ♑ 56	1 ♓ 14	3 ♉ 46	23 ♈ 56	23 ♈ 48	4 ♑ 4	3 ♍ 21	17 ♉ 16	5 ♓ 34	11 ♑	3 ♐	13 ♐	22 ♐	23 ♎
20	28 ♓ 55	10 ♑ 39	21 ♑ 54	22 D 56	2 ♓ 29	4 ♉ 57	24 ♈ 41	24 ♈ 2	4 ♑ 6	3 ♍ 19	17 ♉ 18	5 ♓ 35	11 ♑	3 ♐	13 ♐	22 ♐	23 ♎
21	29 ♓ 55	23 ♑ 39	21 ♑ 51	22 R 57	3 ♓ 46	6 ♉ 9	25 ♈ 26	24 ♈ 16	4 ♑ 8	3 ♍ 17	17 ♉ 19	5 ♓ 37	12 ♑	3 ♐	13 ♐	22 ♐	22 ♎
22	0 ♈ 54	6 ♒ 22	21 ♑ 48	22 ♑ 56	5 ♓ 4	7 ♉ 21	26 ♈ 10	24 ♈ 30	4 ♑ 11	3 ♍ 14	17 ♉ 21	5 ♓ 39	12 ♑	3 ♐	13 ♐	23 ♐	22 ♎
23	1 ♈ 54	18 ♒ 51	21 ♑ 44	22 ♑ 53	6 ♓ 25	8 ♉ 32	26 ♈ 55	24 ♈ 44	4 ♑ 13	3 ♍ 12	17 ♉ 23	5 ♓ 40	12 ♑	3 ♐	13 ♐	23 ♐	22 ♎
24	2 ♈ 54	1 ♓ 9	21 ♑ 41	22 ♑ 47	7 ♓ 46	9 ♉ 44	27 ♈ 39	24 ♈ 58	4 ♑ 15	3 ♍ 10	17 ♉ 24	5 ♓ 42	12 ♑	3 ♐	13 ♐	23 ♐	22 ♎
25	3 ♈ 53	13 ♓ 19	21 ♑ 38	22 ♑ 38	9 ♓ 10	10 ♉ 55	28 ♈ 24	25 ♈ 11	4 ♑ 17	3 ♍ 8	17 ♉ 26	5 ♓ 43	13 ♑	3 ♐	13 ♐	23 ♐	22 ♎
26	4 ♈ 53	25 ♓ 23	21 ♑ 35	22 ♑ 26	10 ♓ 35	12 ♉ 6	29 ♈ 8	25 ♈ 25	4 ♑ 19	3 ♍ 6	17 ♉ 28	5 ♓ 45	13 ♑	3 R	13 ♐	24 ♐	22 ♎
27	5 ♈ 52	7 ♈ 22	21 ♑ 32	22 ♑ 14	12 ♓ 2	13 ♉ 17	29 ♈ 52	25 ♈ 39	4 ♑ 21	3 ♍ 4	17 ♉ 30	5 ♓ 46	13 ♑	3 ♐	13 ♐	24 ♐	22 ♎
28	6 ♈ 52	19 ♈ 17	21 ♑ 29	22 ♑ 0	13 ♓ 30	14 ♉ 28	0 ♉ 37	25 ♈ 54	4 ♑ 22	3 ♍ 2	17 ♉ 31	5 ♓ 48	13 ♑	3 ♐	13 ♐	24 ♐	22 ♎
29	7 ♈ 51	1 ♉ 9	21 ♑ 25	21 ♑ 46	14 ♓ 59	15 ♉ 39	1 ♉ 21	26 ♈ 8	4 ♑ 24	3 ♍ 0	17 ♉ 33	5 ♓ 49	14 ♑	3 ♐	14 ♐	24 ♐	22 ♎
30	8 ♈ 50	13 ♉ 0	21 ♑ 22	21 ♑ 34	16 ♓ 30	16 ♉ 50	2 ♉ 5	26 ♈ 22	4 ♑ 25	2 ♍ 58	17 ♉ 35	5 ♓ 51	14 ♑	3 ♐	14 ♐	25 ♐	22 ♎
31	9 ♈ 50	24 ♉ 53	21 ♑ 19	21 ♑ 24	18 ♓ 3	18 ♉ 1	2 ♉ 49	26 ♈ 36	4 ♑ 27	2 ♍ 56	17 ♉ 37	5 ♓ 52	14 ♑	3 ♐	14 ♐	25 ♐	22 ♎

SUN INGRESS: ☉ → ♈ 21日 01:52

MOON PHASE: ◐ 5日 07:51 ♊ ○ 12日 10:36 ♍ ◑ 19日 01:10 ♐ ● 26日 20:43 ♈

aspects		
2日	00:24	☿□♆
7日	01:37	☿⚹♀
8日	01:14	☉⚹♆
8日	19:47	♀☌♃
10日	04:05	☿⚹♃
11日	00:27	♄△♅
18日	16:06	♀△♅
18日	17:55	♂☌♃
19日	06:11	♀△♄
20日	13:01	♀⚹♇
20日	15:15	☿☍♅
21日	07:11	☿⚹♄
22日	10:31	☿☌♇
25日	09:53	☉□♄
30日	15:42	♀☌♆
30日	17:10	☿⚹♆
30日	21:45	☿⚹♀
31日	03:12	♂△♅

2047年4月

DAY	☉	☽	☊ mean	☊ true	☿	♀	♂	♃	♄	♅	♆	♇	⚳	⚴	⚵	⚶	⚷
1	10 ♈ 49	6 ♊ 49	21 ♑ 16	21 R 17	19 D 37	19 D 11	3 D 34	26 D 50	4 D 28	2 R 54	17 D 39	5 D 53	14 D	3 R	14 D	25 D	22 R
2	11 ♈ 48	18 ♊ 53	21 ♑ 13	21 ♑ 13	21 ♓ 12	20 ♉ 22	4 ♉ 18	27 ♈ 4	4 ♑ 29	2 ♍ 52	17 ♉ 41	5 ♓ 55	15 ♑	3 ♐	14 ♐	25 ♐	22 ♎
3	12 ♈ 48	1 ♋ 9	21 ♑ 9	21 ♑ 11	22 ♓ 49	21 ♉ 32	5 ♉ 2	27 ♈ 18	4 ♑ 31	2 ♍ 50	17 ♉ 43	5 ♓ 56	15 ♑	3 ♐	14 R	26 ♐	21 ♎
4	13 ♈ 47	13 ♋ 42	21 ♑ 6	21 D 11	24 ♓ 27	22 ♉ 43	5 ♉ 46	27 ♈ 33	4 ♑ 32	2 ♍ 48	17 ♉ 45	5 ♓ 58	15 ♑	3 ♐	14 ♐	26 ♐	21 ♎
5	14 ♈ 46	26 ♋ 36	21 ♑ 3	21 R 11	26 ♓ 7	23 ♉ 53	6 ♉ 30	27 ♈ 47	4 ♑ 32	2 ♍ 46	17 ♉ 46	5 ♓ 59	15 ♑	3 ♐	14 ♐	26 ♐	21 ♎
6	15 ♈ 45	9 ♌ 56	21 ♑ 0	21 ♑ 10	27 ♓ 48	25 ♉ 3	7 ♉ 14	28 ♈ 1	4 ♑ 33	2 ♍ 45	17 ♉ 48	6 ♓ 0	15 ♑	3 ♐	14 ♐	26 ♐	21 ♎
7	16 ♈ 44	23 ♌ 46	20 ♑ 57	21 ♑ 7	29 ♓ 30	26 ♉ 13	7 ♉ 57	28 ♈ 15	4 ♑ 34	2 ♍ 43	17 ♉ 50	6 ♓ 2	16 ♑	3 ♐	13 ♐	26 ♐	21 ♎
8	17 ♈ 43	8 ♍ 5	20 ♑ 54	21 ♑ 2	1 ♈ 14	27 ♉ 23	8 ♉ 41	28 ♈ 30	4 ♑ 35	2 ♍ 41	17 ♉ 52	6 ♓ 3	16 ♑	3 ♐	13 ♐	27 ♐	21 ♎
9	18 ♈ 42	22 ♍ 51	20 ♑ 50	20 ♑ 54	3 ♈ 0	28 ♉ 32	9 ♉ 25	28 ♈ 44	4 ♑ 35	2 ♍ 40	17 ♉ 54	6 ♓ 4	16 ♑	3 ♐	13 ♐	27 ♐	21 ♎
10	19 ♈ 41	7 ♎ 59	20 ♑ 47	20 ♑ 44	4 ♈ 47	29 ♉ 42	10 ♉ 9	28 ♈ 58	4 ♑ 36	2 ♍ 38	17 ♉ 56	6 ♓ 6	16 ♑	2 ♐	13 ♐	27 ♐	21 ♎
11	20 ♈ 40	23 ♎ 19	20 ♑ 44	20 ♑ 32	6 ♈ 35	0 ♊ 51	10 ♉ 52	29 ♈ 13	4 ♑ 36	2 ♍ 37	17 ♉ 59	6 ♓ 7	16 ♑	2 ♐	13 ♐	27 ♐	21 ♎
12	21 ♈ 39	8 ♏ 39	20 ♑ 41	20 ♑ 21	8 ♈ 25	2 ♊ 0	11 ♉ 36	29 ♈ 27	4 ♑ 36	2 ♍ 35	18 ♉ 1	6 ♓ 8	16 ♑	2 ♐	13 ♐	27 ♐	21 ♎
13	22 ♈ 38	23 ♏ 48	20 ♑ 38	20 ♑ 12	10 ♈ 16	3 ♊ 10	12 ♉ 19	29 ♈ 41	4 ♑ 36	2 ♍ 34	18 ♉ 3	6 ♓ 9	17 ♑	2 ♐	13 ♐	27 ♐	21 ♎
14	23 ♈ 37	8 ♐ 35	20 ♑ 35	20 ♑ 5	12 ♈ 9	4 ♊ 19	13 ♉ 3	29 ♈ 56	4 R 36	2 ♍ 33	18 ♉ 5	6 ♓ 11	17 ♑	2 ♐	13 ♐	28 ♐	21 ♎
15	24 ♈ 35	22 ♐ 57	20 ♑ 31	20 ♑ 1	14 ♈ 3	5 ♊ 27	13 ♉ 46	0 ♉ 10	4 ♑ 36	2 ♍ 31	18 ♉ 7	6 ♓ 12	17 ♑	2 ♐	13 ♐	28 ♐	21 ♎
16	25 ♈ 34	6 ♑ 50	20 ♑ 28	19 ♑ 59	15 ♈ 59	6 ♊ 36	14 ♉ 30	0 ♉ 25	4 ♑ 36	2 ♍ 30	18 ♉ 9	6 ♓ 13	17 ♑	2 ♐	13 ♐	28 ♐	20 ♎
17	26 ♈ 33	20 ♑ 15	20 ♑ 25	19 D 59	17 ♈ 57	7 ♊ 45	15 ♉ 13	0 ♉ 39	4 ♑ 36	2 ♍ 29	18 ♉ 11	6 ♓ 14	17 ♑	1 ♐	13 ♐	28 ♐	20 ♎
18	27 ♈ 32	3 ♒ 15	20 ♑ 22	19 R 59	19 ♈ 56	8 ♊ 53	15 ♉ 56	0 ♉ 53	4 ♑ 35	2 ♍ 28	18 ♉ 13	6 ♓ 15	17 ♑	1 ♐	13 ♐	28 ♐	20 ♎
19	28 ♈ 30	15 ♒ 54	20 ♑ 19	19 ♑ 58	21 ♈ 56	10 ♊ 1	16 ♉ 40	1 ♉ 8	4 ♑ 35	2 ♍ 26	18 ♉ 15	6 ♓ 17	18 ♑	1 ♐	13 ♐	28 ♐	20 ♎
20	29 ♈ 29	28 ♒ 16	20 ♑ 15	19 ♑ 55	23 ♈ 58	11 ♊ 10	17 ♉ 23	1 ♉ 22	4 ♑ 34	2 ♍ 25	18 ♉ 17	6 ♓ 18	18 ♑	1 ♐	13 ♐	28 ♐	20 ♎
21	0 ♉ 28	10 ♓ 27	20 ♑ 12	19 ♑ 49	26 ♈ 1	12 ♊ 17	18 ♉ 6	1 ♉ 37	4 ♑ 34	2 ♍ 24	18 ♉ 20	6 ♓ 19	18 ♑	1 ♐	13 ♐	28 ♐	20 ♎
22	1 ♉ 26	22 ♓ 29	20 ♑ 9	19 ♑ 41	28 ♈ 5	13 ♊ 25	18 ♉ 49	1 ♉ 51	4 ♑ 33	2 ♍ 23	18 ♉ 22	6 ♓ 20	18 ♑	0 ♐	12 ♐	29 ♐	20 ♎
23	2 ♉ 25	4 ♈ 25	20 ♑ 6	19 ♑ 30	0 ♉ 10	14 ♊ 33	19 ♉ 32	2 ♉ 6	4 ♑ 32	2 ♍ 22	18 ♉ 24	6 ♓ 21	18 ♑	0 ♐	12 ♐	29 ♐	20 ♎
24	3 ♉ 23	16 ♈ 18	20 ♑ 3	19 ♑ 17	2 ♉ 17	15 ♊ 40	20 ♉ 15	2 ♉ 20	4 ♑ 31	2 ♍ 21	18 ♉ 26	6 ♓ 22	18 ♑	0 ♐	12 ♐	29 ♐	20 ♎
25	4 ♉ 22	28 ♈ 10	20 ♑ 0	19 ♑ 3	4 ♉ 24	16 ♊ 48	20 ♉ 58	2 ♉ 34	4 ♑ 30	2 ♍ 21	18 ♉ 28	6 ♓ 23	18 ♑	0 ♐	12 ♐	29 ♐	20 ♎
26	5 ♉ 20	10 ♉ 2	19 ♑ 56	18 ♑ 50	6 ♉ 32	17 ♊ 55	21 ♉ 41	2 ♉ 49	4 ♑ 29	2 ♍ 20	18 ♉ 31	6 ♓ 24	18 ♑	29 ♏	12 ♐	29 ♐	20 ♎
27	6 ♉ 19	21 ♉ 56	19 ♑ 53	18 ♑ 38	8 ♉ 40	19 ♊ 2	22 ♉ 24	3 ♉ 3	4 ♑ 28	2 ♍ 19	18 ♉ 33	6 ♓ 25	19 ♑	29 ♏	12 ♐	29 ♐	20 ♎
28	7 ♉ 17	3 ♊ 52	19 ♑ 50	18 ♑ 28	10 ♉ 49	20 ♊ 9	23 ♉ 7	3 ♉ 18	4 ♑ 27	2 ♍ 18	18 ♉ 35	6 ♓ 26	19 ♑	29 ♏	12 ♐	29 ♐	20 ♎
29	8 ♉ 15	15 ♊ 54	19 ♑ 47	18 ♑ 21	12 ♉ 58	21 ♊ 15	23 ♉ 50	3 ♉ 32	4 ♑ 25	2 ♍ 18	18 ♉ 37	6 ♓ 27	19 ♑	29 ♏	12 ♐	29 ♐	19 ♎
30	9 ♉ 14	28 ♊ 3	19 ♑ 44	18 ♑ 17	15 ♉ 6	22 ♊ 22	24 ♉ 32	3 ♉ 46	4 ♑ 24	2 ♍ 17	18 ♉ 39	6 ♓ 28	19 ♑	28 ♏	11 ♐	29 ♐	19 ♎

SUN INGRESS: ☉ → ♉ 20日 12:32

MOON PHASE: ◐ 4日 00:10 ♋ ○ 10日 19:35 ♎ ◑ 17日 12:29 ♑ ● 25日 13:39 ♉

aspects		
2日	06:33	♂△♄
4日	06:42	♂⚹♇
9日	21:32	☿□♄
12日	11:53	♀□♅
15日	15:49	♀□♇
21日	07:59	♂☌♆
22日	13:37	☉☌♃
22日	23:04	☉△♅
24日	00:44	☿☌♃
24日	00:56	☿△♅
24日	02:20	♃△♅
24日	23:17	☉☌☿
25日	01:12	☿△♄
25日	03:25	☉△♄
25日	22:31	☿⚹♇
27日	02:37	☉⚹♇

2047年5月

DAY	☉	☽	☊ mean	☊ true	☿	♀	♂	♃	♄	♅	♆	♇	⚳	⚴	⚵	⚶	⚷
	° ′	° ′	° ′	° ′	° ′	° ′	° ′	° ′	° ′	° ′	° ′	° ′	°	°	°	°	°
1	10 ♉ 12	10 ♋ 23	19 ♑ 41	18 R 15	17 D 14	23 D 28	25 D 15	4 D 1	4 R 22	2 R 17	18 D 42	6 D 29	19 D	28 R	11 R	29 D	19 R
2	11 ♉ 10	22 ♋ 57	19 ♑ 37	18 D 15	19 ♉ 21	24 ♊ 34	25 ♉ 58	4 ♉ 15	4 ♑ 20	2 ♍ 16	18 ♉ 44	6 ♓ 30	19 ♑	28 ♏	11 ♐	29 ♐	19 ♎
3	12 ♉ 9	5 ♌ 50	19 ♑ 34	18 ♑ 15	21 ♉ 27	25 ♊ 40	26 ♉ 40	4 ♉ 29	4 ♑ 19	2 ♍ 16	18 ♉ 46	6 ♓ 30	19 ♑	28 ♏	11 ♐	29 ♐	19 ♎
4	13 ♉ 7	19 ♌ 5	19 ♑ 31	18 R 15	23 ♉ 31	26 ♊ 45	27 ♉ 23	4 ♉ 44	4 ♑ 17	2 ♍ 16	18 ♉ 48	6 ♓ 31	19 ♑	27 ♏	11 ♐	29 R	19 ♎
5	14 ♉ 5	2 ♍ 46	19 ♑ 28	18 ♑ 13	25 ♉ 34	27 ♊ 51	28 ♉ 5	4 ♉ 58	4 ♑ 15	2 ♍ 15	18 ♉ 51	6 ♓ 32	19 ♑	27 ♏	11 ♐	29 ♐	19 ♎
6	15 ♉ 3	16 ♍ 55	19 ♑ 25	18 ♑ 10	27 ♉ 34	28 ♊ 56	28 ♉ 48	5 ♉ 12	4 ♑ 13	2 ♍ 15	18 ♉ 53	6 ♓ 33	19 ♑	27 ♏	10 ♐	29 ♐	19 ♎
7	16 ♉ 1	1 ♎ 29	19 ♑ 21	18 ♑ 4	29 ♉ 33	0 ♋ 1	29 ♉ 30	5 ♉ 27	4 ♑ 10	2 ♍ 15	18 ♉ 55	6 ♓ 34	19 ♑	27 ♏	10 ♐	29 ♐	19 ♎
8	16 ♉ 59	16 ♎ 26	19 ♑ 18	17 ♑ 56	1 ♊ 28	1 ♋ 5	0 ♊ 12	5 ♉ 41	4 ♑ 8	2 ♍ 15	18 ♉ 57	6 ♓ 34	19 ♑	27 ♏	10 ♐	29 ♐	19 ♎
9	17 ♉ 57	1 ♏ 38	19 ♑ 15	17 ♑ 47	3 ♊ 21	2 ♋ 10	0 ♊ 55	5 ♉ 55	4 ♑ 6	2 ♍ 15	19 ♉ 0	6 ♓ 35	19 ♑	26 ♏	10 ♐	29 ♐	19 ♎
10	18 ♉ 55	16 ♏ 54	19 ♑ 12	17 ♑ 39	5 ♊ 12	3 ♋ 14	1 ♊ 37	6 ♉ 9	4 ♑ 4	2 ♍ 14	19 ♉ 2	6 ♓ 36	19 ♑	26 ♏	10 ♐	29 ♐	19 ♎
11	19 ♉ 53	2 ♐ 4	19 ♑ 9	17 ♑ 31	6 ♊ 59	4 ♋ 18	2 ♊ 19	6 ♉ 24	4 ♑ 1	2 D 14	19 ♉ 4	6 ♓ 36	19 ♑	25 ♏	10 ♐	29 ♐	19 ♎
12	20 ♉ 51	16 ♐ 57	19 ♑ 6	17 ♑ 26	8 ♊ 42	5 ♋ 21	3 ♊ 1	6 ♉ 38	3 ♑ 59	2 ♍ 15	19 ♉ 6	6 ♓ 37	20 ♑	25 ♏	9 ♐	29 ♐	19 ♎
13	21 ♉ 49	1 ♑ 27	19 ♑ 2	17 ♑ 22	10 ♊ 23	6 ♋ 25	3 ♊ 43	6 ♉ 52	3 ♑ 56	2 ♍ 15	19 ♉ 9	6 ♓ 38	20 ♑	25 ♏	9 ♐	29 ♐	19 ♎
14	22 ♉ 47	15 ♑ 28	18 ♑ 59	17 ♑ 21	12 ♊ 0	7 ♋ 28	4 ♊ 25	7 ♉ 6	3 ♑ 53	2 ♍ 15	19 ♉ 11	6 ♓ 38	20 ♑	24 ♏	9 ♐	29 ♐	19 ♎
15	23 ♉ 45	29 ♑ 1	18 ♑ 56	17 D 22	13 ♊ 33	8 ♋ 31	5 ♊ 7	7 ♉ 20	3 ♑ 50	2 ♍ 15	19 ♉ 13	6 ♓ 39	20 R	24 ♏	9 ♐	29 ♐	18 ♎
16	24 ♉ 43	12 ♒ 8	18 ♑ 53	17 ♑ 23	15 ♊ 3	9 ♋ 33	5 ♊ 49	7 ♉ 34	3 ♑ 48	2 ♍ 15	19 ♉ 15	6 ♓ 39	20 ♑	24 ♏	9 ♐	28 ♐	18 ♎
17	25 ♉ 41	24 ♒ 50	18 ♑ 50	17 ♑ 23	16 ♊ 30	10 ♋ 35	6 ♊ 31	7 ♉ 48	3 ♑ 45	2 ♍ 16	19 ♉ 18	6 ♓ 40	20 ♑	23 ♏	8 ♐	28 ♐	18 ♎
18	26 ♉ 39	7 ♓ 14	18 ♑ 47	17 R 23	17 ♊ 53	11 ♋ 37	7 ♊ 13	8 ♉ 2	3 ♑ 42	2 ♍ 16	19 ♉ 20	6 ♓ 40	19 ♑	23 ♏	8 ♐	28 ♐	18 ♎
19	27 ♉ 37	19 ♓ 24	18 ♑ 43	17 ♑ 20	19 ♊ 12	12 ♋ 39	7 ♊ 55	8 ♉ 16	3 ♑ 39	2 ♍ 17	19 ♉ 22	6 ♓ 41	19 ♑	23 ♏	8 ♐	28 ♐	18 ♎
20	28 ♉ 34	1 ♈ 23	18 ♑ 40	17 ♑ 16	20 ♊ 27	13 ♋ 40	8 ♊ 37	8 ♉ 30	3 ♑ 35	2 ♍ 17	19 ♉ 24	6 ♓ 41	19 ♑	23 ♏	8 ♐	28 ♐	18 ♎
21	29 ♉ 32	13 ♈ 17	18 ♑ 37	17 ♑ 9	21 ♊ 38	14 ♋ 41	9 ♊ 18	8 ♉ 44	3 ♑ 32	2 ♍ 18	19 ♉ 27	6 ♓ 42	19 ♑	22 ♏	7 ♐	28 ♐	18 ♎
22	0 ♊ 30	25 ♈ 8	18 ♑ 34	17 ♑ 1	22 ♊ 46	15 ♋ 41	10 ♊ 0	8 ♉ 58	3 ♑ 29	2 ♍ 18	19 ♉ 29	6 ♓ 42	19 ♑	22 ♏	7 ♐	28 ♐	18 ♎
23	1 ♊ 28	7 ♉ 0	18 ♑ 31	16 ♑ 53	23 ♊ 49	16 ♋ 42	10 ♊ 42	9 ♉ 12	3 ♑ 26	2 ♍ 19	19 ♉ 31	6 ♓ 43	19 ♑	22 ♏	7 ♐	28 ♐	18 ♎
24	2 ♊ 25	18 ♉ 54	18 ♑ 27	16 ♑ 44	24 ♊ 49	17 ♋ 41	11 ♊ 23	9 ♉ 26	3 ♑ 22	2 ♍ 20	19 ♉ 33	6 ♓ 43	19 ♑	21 ♏	7 ♐	27 ♐	18 ♎
25	3 ♊ 23	0 ♊ 52	18 ♑ 24	16 ♑ 37	25 ♊ 44	18 ♋ 41	12 ♊ 5	9 ♉ 39	3 ♑ 19	2 ♍ 20	19 ♉ 36	6 ♓ 43	19 ♑	21 ♏	7 ♐	27 ♐	18 ♎
26	4 ♊ 21	12 ♊ 57	18 ♑ 21	16 ♑ 31	26 ♊ 35	19 ♋ 40	12 ♊ 46	9 ♉ 53	3 ♑ 15	2 ♍ 21	19 ♉ 38	6 ♓ 44	19 ♑	21 ♏	6 ♐	27 ♐	18 ♎
27	5 ♊ 19	25 ♊ 9	18 ♑ 18	16 ♑ 27	27 ♊ 22	20 ♋ 39	13 ♊ 28	10 ♉ 7	3 ♑ 11	2 ♍ 22	19 ♉ 40	6 ♓ 44	19 ♑	21 ♏	6 ♐	27 ♐	18 ♎
28	6 ♊ 16	7 ♋ 30	18 ♑ 15	16 ♑ 25	28 ♊ 5	21 ♋ 37	14 ♊ 9	10 ♉ 21	3 ♑ 8	2 ♍ 23	19 ♉ 42	6 ♓ 44	19 ♑	20 ♏	6 ♐	27 ♐	18 ♎
29	7 ♊ 14	20 ♋ 2	18 ♑ 12	16 D 24	28 ♊ 43	22 ♋ 35	14 ♊ 51	10 ♉ 34	3 ♑ 4	2 ♍ 24	19 ♉ 44	6 ♓ 44	19 ♑	20 ♏	6 ♐	26 ♐	18 ♎
30	8 ♊ 11	2 ♌ 46	18 ♑ 8	16 ♑ 25	29 ♊ 17	23 ♋ 32	15 ♊ 32	10 ♉ 48	3 ♑ 0	2 ♍ 25	19 ♉ 46	6 ♓ 45	19 ♑	20 ♏	5 ♐	26 ♐	18 ♎
31	9 ♊ 9	15 ♌ 47	18 ♑ 5	16 ♑ 27	29 ♊ 47	24 ♋ 29	16 ♊ 13	11 ♉ 1	2 ♑ 57	2 ♍ 26	19 ♉ 49	6 ♓ 45	19 ♑	19 ♏	5 ♐	26 ♐	18 ♎

SUN INGRESS	☉ → ♊ 21日 11:19
MOON PHASE	◐ 3日 12:26 ♌ ○ 10日 03:24 ♏ ◑ 17日 01:45 ♒ ● 25日 05:27 ♊

aspects		
1日	16:50	☿☌♆
2日	07:42	♃△♄
6日	23:07	☿☌♂
8日	09:43	☿□♅
9日	01:47	♀⚹♅
10日	02:46	☉☌♆
10日	17:58	☿☍♄
10日	18:57	☿□♇
10日	21:26	♂□♅
11日	22:41	♃⚹♇
13日	04:58	♀△♇
13日	13:19	♀⚹♃
17日	05:06	♂□♇
23日	21:30	☉□♅
25日	23:04	♀⚹♆
28日	11:42	☉□♇

2047年6月

DAY	☉	☽	☊ mean	☊ true	☿	♀	♂	♃	♄	♅	♆	♇	⚳	⚴	⚵	⚶	⚷
	° ′	° ′	° ′	° ′	° ′	° ′	° ′	° ′	° ′	° ′	° ′	° ′	°	°	°	°	°
1	10 ♊ 7	29 ♌ 5	18 ♑ 2	16 D 28	0 D 12	25 D 25	16 D 54	11 D 15	2 R 53	2 D 27	19 D 51	6 D 45	19 R	19 R	5 R	26 R	18 R
2	11 ♊ 4	12 ♍ 44	17 ♑ 59	16 R 28	0 ♋ 32	26 ♋ 21	17 ♊ 36	11 ♉ 28	2 ♑ 49	2 ♍ 28	19 ♉ 53	6 ♓ 45	19 ♑	19 ♏	5 ♐	26 ♐	18 ♎
3	12 ♊ 2	26 ♍ 44	17 ♑ 56	16 ♑ 27	0 ♋ 48	27 ♋ 17	18 ♊ 17	11 ♉ 41	2 ♑ 45	2 ♍ 30	19 ♉ 55	6 ♓ 45	18 ♑	19 ♏	5 ♐	25 ♐	18 ♎
4	12 ♊ 59	11 ♎ 4	17 ♑ 53	16 ♑ 25	0 ♋ 59	28 ♋ 12	18 ♊ 58	11 ♉ 55	2 ♑ 41	2 ♍ 31	19 ♉ 57	6 ♓ 45	18 ♑	18 ♏	4 ♐	25 ♐	18 ♎
5	13 ♊ 56	25 ♎ 43	17 ♑ 49	16 ♑ 22	1 ♋ 5	29 ♋ 6	19 ♊ 39	12 ♉ 8	2 ♑ 37	2 ♍ 32	19 ♉ 59	6 ♓ 45	18 ♑	18 ♏	4 ♐	25 ♐	18 ♎
6	14 ♊ 54	10 ♏ 34	17 ♑ 46	16 ♑ 17	1 R 7	0 ♌ 0	20 ♊ 20	12 ♉ 21	2 ♑ 33	2 ♍ 34	20 ♉ 1	6 ♓ 45	18 ♑	18 ♏	4 ♐	25 ♐	18 ♎
7	15 ♊ 51	25 ♏ 32	17 ♑ 43	16 ♑ 13	1 ♋ 4	0 ♌ 53	21 ♊ 1	12 ♉ 34	2 ♑ 29	2 ♍ 35	20 ♉ 3	6 ♓ 45	18 ♑	18 ♏	4 ♐	25 ♐	18 ♎
8	16 ♊ 49	10 ♐ 26	17 ♑ 40	16 ♑ 9	0 ♋ 57	1 ♌ 45	21 ♊ 42	12 ♉ 47	2 ♑ 24	2 ♍ 36	20 ♉ 6	6 R 45	18 ♑	18 ♏	3 ♐	24 ♐	18 ♎
9	17 ♊ 46	25 ♐ 9	17 ♑ 37	16 ♑ 7	0 ♋ 45	2 ♌ 37	22 ♊ 23	13 ♉ 0	2 ♑ 20	2 ♍ 38	20 ♉ 8	6 ♓ 45	18 ♑	17 ♏	3 ♐	24 ♐	18 ♎
10	18 ♊ 44	9 ♑ 34	17 ♑ 33	16 ♑ 6	0 ♋ 30	3 ♌ 29	23 ♊ 4	13 ♉ 13	2 ♑ 16	2 ♍ 40	20 ♉ 10	6 ♓ 45	17 ♑	17 ♏	3 ♐	24 ♐	18 ♎
11	19 ♊ 41	23 ♑ 36	17 ♑ 30	16 D 6	0 ♋ 11	4 ♌ 19	23 ♊ 44	13 ♉ 26	2 ♑ 12	2 ♍ 41	20 ♉ 12	6 ♓ 45	17 ♑	17 ♏	3 ♐	24 ♐	18 ♎
12	20 ♊ 38	7 ♒ 12	17 ♑ 27	16 ♑ 7	29 ♊ 48	5 ♌ 9	24 ♊ 25	13 ♉ 39	2 ♑ 7	2 ♍ 43	20 ♉ 14	6 ♓ 45	17 ♑	17 ♏	3 ♐	23 ♐	18 ♎
13	21 ♊ 36	20 ♒ 23	17 ♑ 24	16 ♑ 8	29 ♊ 22	5 ♌ 58	25 ♊ 6	13 ♉ 52	2 ♑ 3	2 ♍ 45	20 ♉ 16	6 ♓ 45	17 ♑	17 ♏	2 ♐	23 ♐	18 ♎
14	22 ♊ 33	3 ♓ 10	17 ♑ 21	16 ♑ 10	28 ♊ 54	6 ♌ 46	25 ♊ 47	14 ♉ 5	1 ♑ 59	2 ♍ 46	20 ♉ 18	6 ♓ 45	17 ♑	16 ♏	2 ♐	23 ♐	18 ♎
15	23 ♊ 30	15 ♓ 38	17 ♑ 18	16 ♑ 11	28 ♊ 23	7 ♌ 34	26 ♊ 27	14 ♉ 17	1 ♑ 54	2 ♍ 48	20 ♉ 20	6 ♓ 45	17 ♑	16 ♏	2 ♐	23 ♐	18 ♎
16	24 ♊ 28	27 ♓ 50	17 ♑ 14	16 R 11	27 ♊ 51	8 ♌ 21	27 ♊ 8	14 ♉ 30	1 ♑ 50	2 ♍ 50	20 ♉ 22	6 ♓ 44	16 ♑	16 ♏	2 ♐	22 ♐	18 ♎
17	25 ♊ 25	9 ♈ 51	17 ♑ 11	16 ♑ 10	27 ♊ 17	9 ♌ 7	27 ♊ 48	14 ♉ 43	1 ♑ 46	2 ♍ 52	20 ♉ 23	6 ♓ 44	16 ♑	16 ♏	2 ♐	22 ♐	18 D
18	26 ♊ 22	21 ♈ 45	17 ♑ 8	16 ♑ 8	26 ♊ 43	9 ♌ 52	28 ♊ 29	14 ♉ 55	1 ♑ 41	2 ♍ 54	20 ♉ 25	6 ♓ 44	16 ♑	16 ♏	1 ♐	22 ♐	18 ♎
19	27 ♊ 19	3 ♉ 37	17 ♑ 5	16 ♑ 6	26 ♊ 9	10 ♌ 36	29 ♊ 9	15 ♉ 8	1 ♑ 37	2 ♍ 56	20 ♉ 27	6 ♓ 44	16 ♑	16 ♏	1 ♐	22 ♐	18 ♎
20	28 ♊ 17	15 ♉ 30	17 ♑ 2	16 ♑ 3	25 ♊ 36	11 ♌ 19	29 ♊ 50	15 ♉ 20	1 ♑ 33	2 ♍ 58	20 ♉ 29	6 ♓ 43	16 ♑	15 ♏	1 ♐	21 ♐	18 ♎
21	29 ♊ 14	27 ♉ 28	16 ♑ 59	16 ♑ 1	25 ♊ 4	12 ♌ 2	0 ♋ 30	15 ♉ 32	1 ♑ 28	3 ♍ 0	20 ♉ 31	6 ♓ 43	15 ♑	15 ♏	1 ♐	21 ♐	18 ♎
22	0 ♋ 11	9 ♊ 33	16 ♑ 55	15 ♑ 58	24 ♊ 33	12 ♌ 43	1 ♋ 11	15 ♉ 44	1 ♑ 24	3 ♍ 2	20 ♉ 33	6 ♓ 43	15 ♑	15 ♏	1 ♐	21 ♐	18 ♎
23	1 ♋ 9	21 ♊ 48	16 ♑ 52	15 ♑ 57	24 ♊ 5	13 ♌ 23	1 ♋ 51	15 ♉ 56	1 ♑ 19	3 ♍ 4	20 ♉ 35	6 ♓ 42	15 ♑	15 ♏	1 ♐	21 ♐	18 ♎
24	2 ♋ 6	4 ♋ 13	16 ♑ 49	15 ♑ 56	23 ♊ 39	14 ♌ 2	2 ♋ 31	16 ♉ 8	1 ♑ 15	3 ♍ 7	20 ♉ 37	6 ♓ 42	15 ♑	15 ♏	0 ♐	20 ♐	18 ♎
25	3 ♋ 3	16 ♋ 51	16 ♑ 46	15 D 55	23 ♊ 17	14 ♌ 40	3 ♋ 12	16 ♉ 20	1 ♑ 10	3 ♍ 9	20 ♉ 38	6 ♓ 42	15 ♑	15 ♏	0 ♐	20 ♐	18 ♎
26	4 ♋ 0	29 ♋ 42	16 ♑ 43	15 ♑ 56	22 ♊ 58	15 ♌ 17	3 ♋ 52	16 ♉ 32	1 ♑ 6	3 ♍ 11	20 ♉ 40	6 ♓ 41	14 ♑	15 ♏	0 ♐	20 ♐	18 ♎
27	4 ♋ 58	12 ♌ 46	16 ♑ 39	15 ♑ 56	22 ♊ 43	15 ♌ 53	4 ♋ 32	16 ♉ 44	1 ♑ 2	3 ♍ 13	20 ♉ 42	6 ♓ 41	14 ♑	15 ♏	0 ♐	20 ♐	18 ♎
28	5 ♋ 55	26 ♌ 3	16 ♑ 36	15 ♑ 57	22 ♊ 32	16 ♌ 27	5 ♋ 12	16 ♉ 56	0 ♑ 57	3 ♍ 16	20 ♉ 44	6 ♓ 40	14 ♑	15 ♏	0 ♐	20 ♐	18 ♎
29	6 ♋ 52	9 ♍ 35	16 ♑ 33	15 ♑ 58	22 ♊ 26	17 ♌ 0	5 ♋ 52	17 ♉ 7	0 ♑ 53	3 ♍ 18	20 ♉ 45	6 ♓ 40	14 ♑	15 ♏	0 ♐	19 ♐	18 ♎
30	7 ♋ 49	23 ♍ 21	16 ♑ 30	15 ♑ 59	22 D 24	17 ♌ 32	6 ♋ 32	17 ♉ 19	0 ♑ 48	3 ♍ 21	20 ♉ 47	6 ♓ 39	14 ♑	15 ♏	29 ♏	19 ♐	18 ♎

SUN INGRESS	☉ → ♋ 21日 19:03
MOON PHASE	◐ 1日 20:54 ♍ ○ 8日 11:04 ♐ ◑ 15日 16:44 ♓ ● 23日 19:35 ♋

aspects		
5日	20:11	♄△♅
16日	13:56	☿☌♂
18日	05:33	☉☌☿
22日	06:57	♂☍♄
23日	04:08	☉☍♄
24日	22:15	♂⚹♅
25日	02:29	☉⚹♅
25日	11:56	☉☌♂
28日	18:51	☉△♇
29日	08:18	♀□♃
30日	04:03	♂△♇

2047年7月

DAY	☉	☽	☊ mean	☊ true	☿	♀	♂	♃	♄	♅	♆	♇	⚳	⚴	⚵	⚶	⚷
	° ′	° ′	° ′	° ′	° ′	° ′	° ′	° ′	° ′	° ′	° ′	° ′	°	°	°	°	°
1	8 ♋ 47	7 ♎ 21	16 ♑ 27	15 D 59	22 D 27	18 D 2	7 D 12	17 D 30	0 R 44	3 D 23	20 D 49	6 R 39	13 R	15 R	29 R	19 R	18 D
2	9 ♋ 44	21 ♎ 33	16 ♑ 24	15 R 59	22 ♊ 35	18 ♌ 31	7 ♋ 52	17 ♉ 42	0 ♑ 40	3 ♍ 26	20 ♉ 50	6 ♓ 38	13 ♑	15 ♏	29 ♏	19 ♐	18 ♎
3	10 ♋ 41	5 ♏ 55	16 ♑ 20	15 ♑ 58	22 ♊ 47	18 ♌ 58	8 ♋ 32	17 ♉ 53	0 ♑ 35	3 ♍ 28	20 ♉ 52	6 ♓ 37	13 ♑	15 ♏	29 ♏	19 ♐	18 ♎
4	11 ♋ 38	20 ♏ 24	16 ♑ 17	15 ♑ 58	23 ♊ 5	19 ♌ 24	9 ♋ 12	18 ♉ 4	0 ♑ 31	3 ♍ 31	20 ♉ 53	6 ♓ 37	13 ♑	15 ♏	29 ♏	18 ♐	18 ♎
5	12 ♋ 35	4 ♐ 55	16 ♑ 14	15 ♑ 57	23 ♊ 27	19 ♌ 48	9 ♋ 52	18 ♉ 15	0 ♑ 27	3 ♍ 34	20 ♉ 55	6 ♓ 36	13 ♑	15 ♏	29 ♏	18 ♐	18 ♎
6	13 ♋ 33	19 ♐ 24	16 ♑ 11	15 ♑ 57	23 ♊ 55	20 ♌ 10	10 ♋ 32	18 ♉ 26	0 ♑ 22	3 ♍ 36	20 ♉ 57	6 ♓ 36	12 ♑	15 ♏	29 ♏	18 ♐	18 ♎
7	14 ♋ 30	3 ♑ 45	16 ♑ 8	15 ♑ 57	24 ♊ 27	20 ♌ 30	11 ♋ 12	18 ♉ 37	0 ♑ 18	3 ♍ 39	20 ♉ 58	6 ♓ 35	12 ♑	15 D	29 ♏	18 ♐	18 ♎
8	15 ♋ 27	17 ♑ 52	16 ♑ 5	15 D 57	25 ♊ 4	20 ♌ 49	11 ♋ 52	18 ♉ 48	0 ♑ 14	3 ♍ 42	21 ♉ 0	6 ♓ 34	12 ♑	15 ♏	29 ♏	18 ♐	18 ♎
9	16 ♋ 24	1 ♒ 42	16 ♑ 1	15 R 57	25 ♊ 46	21 ♌ 6	12 ♋ 31	18 ♉ 59	0 ♑ 10	3 ♍ 45	21 ♉ 1	6 ♓ 34	12 ♑	15 ♏	29 ♏	18 ♐	18 ♎
10	17 ♋ 21	15 ♒ 12	15 ♑ 58	15 ♑ 57	26 ♊ 33	21 ♌ 20	13 ♋ 11	19 ♉ 9	0 ♑ 6	3 ♍ 48	21 ♉ 2	6 ♓ 33	11 ♑	15 ♏	28 ♏	18 ♐	18 ♎
11	18 ♋ 18	28 ♒ 21	15 ♑ 55	15 ♑ 57	27 ♊ 25	21 ♌ 33	13 ♋ 51	19 ♉ 20	0 ♑ 2	3 ♍ 50	21 ♉ 4	6 ♓ 32	11 ♑	15 ♏	28 ♏	17 ♐	18 ♎
12	19 ♋ 16	11 ♓ 9	15 ♑ 52	15 ♑ 56	28 ♊ 21	21 ♌ 44	14 ♋ 30	19 ♉ 30	29 ♐ 57	3 ♍ 53	21 ♉ 5	6 ♓ 31	11 ♑	15 ♏	28 ♏	17 ♐	18 ♎
13	20 ♋ 13	23 ♓ 39	15 ♑ 49	15 ♑ 56	29 ♊ 22	21 ♌ 53	15 ♋ 10	19 ♉ 40	29 ♐ 53	3 ♍ 56	21 ♉ 7	6 ♓ 30	11 ♑	15 ♏	28 ♏	17 ♐	18 ♎
14	21 ♋ 10	5 ♈ 53	15 ♑ 45	15 ♑ 56	0 ♋ 28	21 ♌ 59	15 ♋ 50	19 ♉ 51	29 ♐ 49	3 ♍ 59	21 ♉ 8	6 ♓ 30	11 ♑	15 ♏	28 ♏	17 ♐	18 ♎
15	22 ♋ 7	17 ♈ 56	15 ♑ 42	15 ♑ 55	1 ♋ 38	22 ♌ 3	16 ♋ 29	20 ♉ 1	29 ♐ 46	4 ♍ 2	21 ♉ 9	6 ♓ 29	10 ♑	15 ♏	28 ♏	17 ♐	18 ♎
16	23 ♋ 5	29 ♈ 51	15 ♑ 39	15 D 56	2 ♋ 52	22 ♌ 5	17 ♋ 9	20 ♉ 11	29 ♐ 42	4 ♍ 5	21 ♉ 11	6 ♓ 28	10 ♑	15 ♏	28 ♏	17 ♐	18 ♎
17	24 ♋ 2	11 ♉ 44	15 ♑ 36	15 ♑ 56	4 ♋ 11	22 R 5	17 ♋ 48	20 ♉ 20	29 ♐ 38	4 ♍ 8	21 ♉ 12	6 ♓ 27	10 ♑	15 ♏	28 ♏	17 ♐	18 ♎
18	24 ♋ 59	23 ♉ 38	15 ♑ 33	15 ♑ 57	5 ♋ 34	22 ♌ 2	18 ♋ 28	20 ♉ 30	29 ♐ 34	4 ♍ 11	21 ♉ 13	6 ♓ 26	10 ♑	15 ♏	28 ♏	17 ♐	19 ♎
19	25 ♋ 56	5 ♊ 39	15 ♑ 30	15 ♑ 57	7 ♋ 2	21 ♌ 57	19 ♋ 7	20 ♉ 40	29 ♐ 30	4 ♍ 15	21 ♉ 14	6 ♓ 25	10 ♑	15 ♏	28 ♏	17 ♐	19 ♎
20	26 ♋ 54	17 ♊ 49	15 ♑ 26	15 ♑ 58	8 ♋ 33	21 ♌ 50	19 ♋ 46	20 ♉ 49	29 ♐ 27	4 ♍ 18	21 ♉ 15	6 ♓ 24	9 ♑	15 ♏	28 ♏	17 ♐	19 ♎
21	27 ♋ 51	0 ♋ 13	15 ♑ 23	15 ♑ 59	10 ♋ 9	21 ♌ 40	20 ♋ 26	20 ♉ 59	29 ♐ 23	4 ♍ 21	21 ♉ 17	6 ♓ 23	9 ♑	15 ♏	28 ♏	16 ♐	19 ♎
22	28 ♋ 48	12 ♋ 52	15 ♑ 20	16 ♑ 0	11 ♋ 48	21 ♌ 28	21 ♋ 5	21 ♉ 8	29 ♐ 19	4 ♍ 24	21 ♉ 18	6 ♓ 23	9 ♑	15 ♏	28 ♏	16 ♐	19 ♎
23	29 ♋ 45	25 ♋ 48	15 ♑ 17	16 R 0	13 ♋ 31	21 ♌ 14	21 ♋ 44	21 ♉ 17	29 ♐ 16	4 ♍ 27	21 ♉ 19	6 ♓ 22	9 ♑	15 ♏	28 ♏	16 ♐	19 ♎
24	0 ♌ 43	9 ♌ 1	15 ♑ 14	15 ♑ 59	15 ♋ 17	20 ♌ 57	22 ♋ 24	21 ♉ 26	29 ♐ 12	4 ♍ 31	21 ♉ 20	6 ♓ 21	9 ♑	16 ♏	28 ♏	16 ♐	19 ♎
25	1 ♌ 40	22 ♌ 29	15 ♑ 11	15 ♑ 57	17 ♋ 7	20 ♌ 38	23 ♋ 3	21 ♉ 35	29 ♐ 9	4 ♍ 34	21 ♉ 21	6 ♓ 20	8 ♑	16 ♏	28 D	16 ♐	19 ♎
26	2 ♌ 37	6 ♍ 12	15 ♑ 7	15 ♑ 55	19 ♋ 0	20 ♌ 16	23 ♋ 42	21 ♉ 44	29 ♐ 6	4 ♍ 37	21 ♉ 22	6 ♓ 19	8 ♑	16 ♏	28 ♏	16 ♐	19 ♎
27	3 ♌ 35	20 ♍ 7	15 ♑ 4	15 ♑ 53	20 ♋ 55	19 ♌ 53	24 ♋ 21	21 ♉ 52	29 ♐ 2	4 ♍ 40	21 ♉ 23	6 ♓ 18	8 ♑	16 ♏	28 ♏	16 ♐	19 ♎
28	4 ♌ 32	4 ♎ 11	15 ♑ 1	15 ♑ 51	22 ♋ 53	19 ♌ 27	25 ♋ 0	22 ♉ 1	28 ♐ 59	4 ♍ 44	21 ♉ 24	6 ♓ 17	8 ♑	16 ♏	28 ♏	16 D	19 ♎
29	5 ♌ 29	18 ♎ 20	14 ♑ 58	15 ♑ 49	24 ♋ 53	19 ♌ 0	25 ♋ 40	22 ♉ 9	28 ♐ 56	4 ♍ 47	21 ♉ 25	6 ♓ 15	8 ♑	16 ♏	28 ♏	16 ♐	19 ♎
30	6 ♌ 27	2 ♏ 33	14 ♑ 55	15 ♑ 48	26 ♋ 55	18 ♌ 31	26 ♋ 19	22 ♉ 17	28 ♐ 53	4 ♍ 51	21 ♉ 25	6 ♓ 14	8 ♑	16 ♏	28 ♏	16 ♐	19 ♎
31	7 ♌ 24	16 ♏ 47	14 ♑ 51	15 D 49	28 ♋ 58	17 ♌ 59	26 ♋ 58	22 ♉ 25	28 ♐ 50	4 ♍ 54	21 ♉ 26	6 ♓ 13	7 ♑	17 ♏	28 ♏	16 ♐	19 ♎

SUN INGRESS	☉ → ♌ 23日 05:55
MOON PHASE	◐ 1日 02:36 ♎　○ 7日 19:33 ♑　◑ 15日 09:09 ♈　● 23日 07:49 ♌　◐ 30日 07:02 ♏

aspects		
8日	16:14	♀□♆
12日	07:22	☉⚹♃
13日	11:03	☿☍♄
13日	23:04	☉⚹♆
16日	23:09	☿⚹♅
18日	14:16	☿△♇
22日	02:12	♂⚹♃
22日	07:52	♂⚹♆
22日	16:36	♀□♆
22日	20:45	♀□♃
23日	05:09	♃☌♆
27日	05:42	☿⚹♆
27日	12:35	☿⚹♃
29日	13:35	☿☌♂

2047年8月

DAY	☉	☽	☊ mean	☊ true	☿	♀	♂	♃	♄	♅	♆	♇	⚳	⚴	⚵	⚶	⚷
	° ′	° ′	° ′	° ′	° ′	° ′	° ′	° ′	° ′	° ′	° ′	° ′	°	°	°	°	°
1	8 ♌ 21	0 ♐ 59	14 ♑ 48	15 D 50	1 D 2	17 R 27	27 D 37	22 D 33	28 R 47	4 D 57	21 D 27	6 R 12	7 R	17 D	28 D	16 D	19 D
2	9 ♌ 19	15 ♐ 7	14 ♑ 45	15 ♑ 51	3 ♌ 7	16 ♌ 53	28 ♋ 16	22 ♉ 41	28 ♐ 44	5 ♍ 1	21 ♉ 28	6 ♓ 11	7 ♑	17 ♏	28 ♏	16 ♐	20 ♎
3	10 ♌ 16	29 ♐ 8	14 ♑ 42	15 ♑ 52	5 ♌ 13	16 ♌ 18	28 ♋ 55	22 ♉ 49	28 ♐ 42	5 ♍ 4	21 ♉ 29	6 ♓ 10	7 ♑	17 ♏	28 ♏	17 ♐	20 ♎
4	11 ♌ 14	13 ♑ 2	14 ♑ 39	15 ♑ 53	7 ♌ 18	15 ♌ 42	29 ♋ 34	22 ♉ 56	28 ♐ 39	5 ♍ 8	21 ♉ 29	6 ♓ 9	7 ♑	17 ♏	28 ♏	17 ♐	20 ♎
5	12 ♌ 11	26 ♑ 44	14 ♑ 36	15 R 53	9 ♌ 24	15 ♌ 5	0 ♌ 13	23 ♉ 4	28 ♐ 36	5 ♍ 11	21 ♉ 30	6 ♓ 8	7 ♑	17 ♏	28 ♏	17 ♐	20 ♎
6	13 ♌ 8	10 ♒ 14	14 ♑ 32	15 ♑ 51	11 ♌ 29	14 ♌ 28	0 ♌ 51	23 ♉ 11	28 ♐ 34	5 ♍ 15	21 ♉ 31	6 ♓ 7	7 ♑	18 ♏	28 ♏	17 ♐	20 ♎
7	14 ♌ 6	23 ♒ 29	14 ♑ 29	15 ♑ 48	13 ♌ 33	13 ♌ 50	1 ♌ 30	23 ♉ 18	28 ♐ 31	5 ♍ 19	21 ♉ 31	6 ♓ 5	7 ♑	18 ♏	28 ♏	17 ♐	20 ♎
8	15 ♌ 3	6 ♓ 28	14 ♑ 26	15 ♑ 44	15 ♌ 37	13 ♌ 13	2 ♌ 9	23 ♉ 25	28 ♐ 29	5 ♍ 22	21 ♉ 32	6 ♓ 4	6 ♑	18 ♏	28 ♏	17 ♐	20 ♎
9	16 ♌ 1	19 ♓ 10	14 ♑ 23	15 ♑ 39	17 ♌ 40	12 ♌ 36	2 ♌ 48	23 ♉ 32	28 ♐ 27	5 ♍ 26	21 ♉ 32	6 ♓ 3	6 ♑	18 ♏	28 ♏	17 ♐	20 ♎
10	16 ♌ 58	1 ♈ 37	14 ♑ 20	15 ♑ 34	19 ♌ 42	11 ♌ 59	3 ♌ 27	23 ♉ 38	28 ♐ 24	5 ♍ 29	21 ♉ 33	6 ♓ 2	6 ♑	18 ♏	29 ♏	17 ♐	20 ♎
11	17 ♌ 56	13 ♈ 50	14 ♑ 16	15 ♑ 29	21 ♌ 42	11 ♌ 23	4 ♌ 5	23 ♉ 45	28 ♐ 22	5 ♍ 33	21 ♉ 34	6 ♓ 1	6 ♑	19 ♏	29 ♏	17 ♐	20 ♎
12	18 ♌ 53	25 ♈ 52	14 ♑ 13	15 ♑ 26	23 ♌ 42	10 ♌ 48	4 ♌ 44	23 ♉ 51	28 ♐ 20	5 ♍ 37	21 ♉ 34	6 ♓ 0	6 ♑	19 ♏	29 ♏	17 ♐	20 ♎
13	19 ♌ 51	7 ♉ 47	14 ♑ 10	15 ♑ 23	25 ♌ 40	10 ♌ 14	5 ♌ 23	23 ♉ 57	28 ♐ 18	5 ♍ 40	21 ♉ 34	5 ♓ 58	6 ♑	19 ♏	29 ♏	17 ♐	21 ♎
14	20 ♌ 48	19 ♉ 39	14 ♑ 7	15 ♑ 23	27 ♌ 36	9 ♌ 42	6 ♌ 1	24 ♉ 3	28 ♐ 17	5 ♍ 44	21 ♉ 35	5 ♓ 57	6 ♑	19 ♏	29 ♏	18 ♐	21 ♎
15	21 ♌ 46	1 ♊ 33	14 ♑ 4	15 D 23	29 ♌ 32	9 ♌ 11	6 ♌ 40	24 ♉ 9	28 ♐ 15	5 ♍ 48	21 ♉ 35	5 ♓ 56	6 ♑	19 ♏	29 ♏	18 ♐	21 ♎
16	22 ♌ 44	13 ♊ 34	14 ♑ 1	15 ♑ 24	1 ♍ 26	8 ♌ 42	7 ♌ 19	24 ♉ 15	28 ♐ 13	5 ♍ 51	21 ♉ 35	5 ♓ 55	6 ♑	20 ♏	29 ♏	18 ♐	21 ♎
17	23 ♌ 41	25 ♊ 46	13 ♑ 57	15 ♑ 26	3 ♍ 18	8 ♌ 14	7 ♌ 57	24 ♉ 20	28 ♐ 12	5 ♍ 55	21 ♉ 36	5 ♓ 53	6 ♑	20 ♏	29 ♏	18 ♐	21 ♎
18	24 ♌ 39	8 ♋ 14	13 ♑ 54	15 ♑ 27	5 ♍ 9	7 ♌ 49	8 ♌ 36	24 ♉ 26	28 ♐ 10	5 ♍ 59	21 ♉ 36	5 ♓ 52	6 ♑	20 ♏	29 ♏	18 ♐	21 ♎
19	25 ♌ 37	21 ♋ 2	13 ♑ 51	15 R 27	6 ♍ 59	7 ♌ 26	9 ♌ 14	24 ♉ 31	28 ♐ 9	6 ♍ 2	21 ♉ 36	5 ♓ 51	6 ♑	20 ♏	29 ♏	18 ♐	21 ♎
20	26 ♌ 34	4 ♌ 12	13 ♑ 48	15 ♑ 26	8 ♍ 47	7 ♌ 5	9 ♌ 53	24 ♉ 36	28 ♐ 7	6 ♍ 6	21 ♉ 36	5 ♓ 50	6 ♑	21 ♏	0 ♐	18 ♐	21 ♎
21	27 ♌ 32	17 ♌ 44	13 ♑ 45	15 ♑ 22	10 ♍ 33	6 ♌ 46	10 ♌ 31	24 ♉ 41	28 ♐ 6	6 ♍ 10	21 ♉ 37	5 ♓ 48	6 ♑	21 ♏	0 ♐	19 ♐	21 ♎
22	28 ♌ 30	1 ♍ 37	13 ♑ 42	15 ♑ 17	12 ♍ 19	6 ♌ 29	11 ♌ 10	24 ♉ 45	28 ♐ 5	6 ♍ 14	21 ♉ 37	5 ♓ 47	6 ♑	21 ♏	0 ♐	19 ♐	21 ♎
23	29 ♌ 28	15 ♍ 47	13 ♑ 38	15 ♑ 11	14 ♍ 3	6 ♌ 15	11 ♌ 48	24 ♉ 50	28 ♐ 4	6 ♍ 17	21 ♉ 37	5 ♓ 46	6 ♑	21 ♏	0 ♐	19 ♐	22 ♎
24	0 ♍ 26	0 ♎ 10	13 ♑ 35	15 ♑ 3	15 ♍ 45	6 ♌ 4	12 ♌ 27	24 ♉ 54	28 ♐ 3	6 ♍ 21	21 ♉ 37	5 ♓ 45	5 ♑	22 ♏	0 ♐	19 ♐	22 ♎
25	1 ♍ 23	14 ♎ 39	13 ♑ 32	14 ♑ 57	17 ♍ 26	5 ♌ 54	13 ♌ 5	24 ♉ 58	28 ♐ 2	6 ♍ 25	21 ♉ 37	5 ♓ 43	5 ♑	22 ♏	0 ♐	19 ♐	22 ♎
26	2 ♍ 21	29 ♎ 8	13 ♑ 29	14 ♑ 51	19 ♍ 6	5 ♌ 47	13 ♌ 44	25 ♉ 2	28 ♐ 1	6 ♍ 29	21 R 37	5 ♓ 42	5 D	22 ♏	0 ♐	20 ♐	22 ♎
27	3 ♍ 19	13 ♏ 33	13 ♑ 26	14 ♑ 48	20 ♍ 44	5 ♌ 43	14 ♌ 22	25 ♉ 6	28 ♐ 1	6 ♍ 32	21 ♉ 37	5 ♓ 41	5 ♑	22 ♏	1 ♐	20 ♐	22 ♎
28	4 ♍ 17	27 ♏ 48	13 ♑ 22	14 ♑ 46	22 ♍ 21	5 ♌ 40	15 ♌ 0	25 ♉ 9	28 ♐ 0	6 ♍ 36	21 ♉ 37	5 ♓ 39	6 ♑	23 ♏	1 ♐	20 ♐	22 ♎
29	5 ♍ 15	11 ♐ 53	13 ♑ 19	14 D 46	23 ♍ 57	5 D 40	15 ♌ 38	25 ♉ 13	28 ♐ 0	6 ♍ 40	21 ♉ 37	5 ♓ 38	6 ♑	23 ♏	1 ♐	20 ♐	22 ♎
30	6 ♍ 13	25 ♐ 46	13 ♑ 16	14 ♑ 47	25 ♍ 32	5 ♌ 43	16 ♌ 17	25 ♉ 16	27 ♐ 59	6 ♍ 44	21 ♉ 37	5 ♓ 37	6 ♑	23 ♏	1 ♐	21 ♐	22 ♎
31	7 ♍ 11	9 ♑ 27	13 ♑ 13	14 ♑ 48	27 ♍ 5	5 ♌ 47	16 ♌ 55	25 ♉ 19	27 ♐ 59	6 ♍ 47	21 ♉ 36	5 ♓ 36	6 ♑	24 ♏	1 ♐	21 ♐	22 ♎

SUN INGRESS	☉ → ♍ 23日 13:10
MOON PHASE	○ 6日 05:38 ♒　◑ 14日 02:33 ♉　● 21日 18:15 ♌　◐ 28日 11:49 ♐

aspects		
6日	20:04	☉☌♀
7日	02:32	☿☌♀
7日	11:45	☉☌☿
10日	22:15	☿□♆
12日	02:02	☿□♃
14日	08:12	☿△♄
14日	19:26	☉□♆
16日	16:18	♅☍♇
17日	06:19	♀☌♂
17日	17:54	☉□♃
18日	09:18	☿☍♇
18日	11:13	☿☌♅
21日	13:49	☉△♄
27日	12:57	☿△♆
29日	09:23	☉☍♇
29日	19:54	☿△♃
30日	13:34	☉☌♅
31日	14:12	☿□♄

2047年9月

DAY	☉	☽	☊ mean	☊ true	☿	♀	♂	♃	♄	♅	♆	♇	⚳	⚴	⚵	⚶	⚷
	° ′	° ′	° ′	° ′	° ′	° ′	° ′	° ′	° ′	° ′	° ′	° ′	°	°	°	°	°
1	8 ♍ 9	22 ♑ 57	13 ♑ 10	14 R 48	28 D 36	5 D 54	17 D 33	25 D 22	27 R 59	6 D 51	21 R 36	5 R 34	6 D	24 D	1 D	21 D	23 D
2	9 ♍ 7	6 ♒ 15	13 ♑ 7	14 ♑ 46	0 ♎ 7	6 ♌ 3	18 ♌ 11	25 ♉ 24	27 ♐ 59	6 ♍ 55	21 ♉ 36	5 ♓ 33	6 ♑	24 ♏	2 ♐	21 ♐	23 ♎
3	10 ♍ 5	19 ♒ 21	13 ♑ 3	14 ♑ 41	1 ♎ 36	6 ♌ 15	18 ♌ 50	25 ♉ 27	27 D 59	6 ♍ 59	21 ♉ 36	5 ♓ 32	6 ♑	24 ♏	2 ♐	21 ♐	23 ♎
4	11 ♍ 3	2 ♓ 16	13 ♑ 0	14 ♑ 34	3 ♎ 4	6 ♌ 28	19 ♌ 28	25 ♉ 29	27 ♐ 59	7 ♍ 2	21 ♉ 35	5 ♓ 31	6 ♑	25 ♏	2 ♐	22 ♐	23 ♎
5	12 ♍ 1	14 ♓ 59	12 ♑ 57	14 ♑ 25	4 ♎ 30	6 ♌ 43	20 ♌ 6	25 ♉ 31	27 ♐ 59	7 ♍ 6	21 ♉ 35	5 ♓ 29	6 ♑	25 ♏	2 ♐	22 ♐	23 ♎
6	12 ♍ 59	27 ♓ 30	12 ♑ 54	14 ♑ 15	5 ♎ 55	7 ♌ 0	20 ♌ 44	25 ♉ 33	28 ♐ 0	7 ♍ 10	21 ♉ 35	5 ♓ 28	6 ♑	25 ♏	2 ♐	22 ♐	23 ♎
7	13 ♍ 57	9 ♈ 49	12 ♑ 51	14 ♑ 4	7 ♎ 19	7 ♌ 20	21 ♌ 22	25 ♉ 35	28 ♐ 0	7 ♍ 14	21 ♉ 34	5 ♓ 27	6 ♑	26 ♏	3 ♐	23 ♐	23 ♎
8	14 ♍ 56	21 ♈ 57	12 ♑ 48	13 ♑ 54	8 ♎ 41	7 ♌ 41	22 ♌ 0	25 ♉ 36	28 ♐ 1	7 ♍ 17	21 ♉ 34	5 ♓ 25	6 ♑	26 ♏	3 ♐	23 ♐	23 ♎
9	15 ♍ 54	3 ♉ 56	12 ♑ 44	13 ♑ 45	10 ♎ 2	8 ♌ 3	22 ♌ 38	25 ♉ 38	28 ♐ 1	7 ♍ 21	21 ♉ 34	5 ♓ 24	6 ♑	26 ♏	3 ♐	23 ♐	24 ♎
10	16 ♍ 52	15 ♉ 49	12 ♑ 41	13 ♑ 38	11 ♎ 21	8 ♌ 28	23 ♌ 16	25 ♉ 39	28 ♐ 2	7 ♍ 25	21 ♉ 33	5 ♓ 23	6 ♑	27 ♏	3 ♐	23 ♐	24 ♎
11	17 ♍ 50	27 ♉ 39	12 ♑ 38	13 ♑ 33	12 ♎ 39	8 ♌ 54	23 ♌ 54	25 ♉ 39	28 ♐ 3	7 ♍ 29	21 ♉ 33	5 ♓ 22	6 ♑	27 ♏	3 ♐	24 ♐	24 ♎
12	18 ♍ 49	9 ♊ 31	12 ♑ 35	13 ♑ 31	13 ♎ 55	9 ♌ 22	24 ♌ 32	25 ♉ 40	28 ♐ 4	7 ♍ 32	21 ♉ 32	5 ♓ 20	6 ♑	27 ♏	4 ♐	24 ♐	24 ♎
13	19 ♍ 47	21 ♊ 30	12 ♑ 32	13 D 31	15 ♎ 10	9 ♌ 51	25 ♌ 10	25 ♉ 41	28 ♐ 5	7 ♍ 36	21 ♉ 31	5 ♓ 19	6 ♑	27 ♏	4 ♐	24 ♐	24 ♎
14	20 ♍ 45	3 ♋ 40	12 ♑ 28	13 ♑ 31	16 ♎ 23	10 ♌ 22	25 ♌ 48	25 ♉ 41	28 ♐ 6	7 ♍ 40	21 ♉ 31	5 ♓ 18	7 ♑	28 ♏	4 ♐	25 ♐	24 ♎
15	21 ♍ 44	16 ♋ 8	12 ♑ 25	13 R 31	17 ♎ 34	10 ♌ 55	26 ♌ 26	25 R 41	28 ♐ 7	7 ♍ 43	21 ♉ 30	5 ♓ 17	7 ♑	28 ♏	4 ♐	25 ♐	24 ♎
16	22 ♍ 42	28 ♋ 58	12 ♑ 22	13 ♑ 30	18 ♎ 43	11 ♌ 28	27 ♌ 4	25 ♉ 41	28 ♐ 8	7 ♍ 47	21 ♉ 29	5 ♓ 16	7 ♑	28 ♏	4 ♐	25 ♐	24 ♎
17	23 ♍ 41	12 ♌ 13	12 ♑ 19	13 ♑ 27	19 ♎ 51	12 ♌ 3	27 ♌ 42	25 ♉ 41	28 ♐ 10	7 ♍ 51	21 ♉ 29	5 ♓ 14	7 ♑	29 ♏	5 ♐	25 ♐	25 ♎
18	24 ♍ 39	25 ♌ 55	12 ♑ 16	13 ♑ 22	20 ♎ 56	12 ♌ 40	28 ♌ 20	25 ♉ 40	28 ♐ 11	7 ♍ 54	21 ♉ 28	5 ♓ 13	7 ♑	29 ♏	5 ♐	26 ♐	25 ♎
19	25 ♍ 38	10 ♍ 4	12 ♑ 13	13 ♑ 13	21 ♎ 59	13 ♌ 17	28 ♌ 57	25 ♉ 39	28 ♐ 13	7 ♍ 58	21 ♉ 27	5 ♓ 12	7 ♑	29 ♏	5 ♐	26 ♐	25 ♎
20	26 ♍ 36	24 ♍ 36	12 ♑ 9	13 ♑ 3	22 ♎ 59	13 ♌ 56	29 ♌ 35	25 ♉ 38	28 ♐ 14	8 ♍ 2	21 ♉ 26	5 ♓ 11	7 ♑	0 ♐	5 ♐	26 ♐	25 ♎
21	27 ♍ 35	9 ♎ 24	12 ♑ 6	12 ♑ 52	23 ♎ 58	14 ♌ 36	0 ♍ 13	25 ♉ 37	28 ♐ 16	8 ♍ 5	21 ♉ 26	5 ♓ 10	7 ♑	0 ♐	6 ♐	27 ♐	25 ♎
22	28 ♍ 34	24 ♎ 19	12 ♑ 3	12 ♑ 42	24 ♎ 53	15 ♌ 17	0 ♍ 51	25 ♉ 36	28 ♐ 18	8 ♍ 9	21 ♉ 25	5 ♓ 8	8 ♑	0 ♐	6 ♐	27 ♐	25 ♎
23	29 ♍ 32	9 ♏ 12	12 ♑ 0	12 ♑ 33	25 ♎ 45	15 ♌ 59	1 ♍ 28	25 ♉ 34	28 ♐ 20	8 ♍ 12	21 ♉ 24	5 ♓ 7	8 ♑	1 ♐	6 ♐	27 ♐	25 ♎
24	0 ♎ 31	23 ♏ 56	11 ♑ 57	12 ♑ 26	26 ♎ 34	16 ♌ 42	2 ♍ 6	25 ♉ 33	28 ♐ 22	8 ♍ 16	21 ♉ 23	5 ♓ 6	8 ♑	1 ♐	6 ♐	28 ♐	25 ♎
25	1 ♎ 30	8 ♐ 24	11 ♑ 53	12 ♑ 22	27 ♎ 20	17 ♌ 27	2 ♍ 44	25 ♉ 31	28 ♐ 24	8 ♍ 20	21 ♉ 22	5 ♓ 5	8 ♑	1 ♐	7 ♐	28 ♐	26 ♎
26	2 ♎ 29	22 ♐ 33	11 ♑ 50	12 ♑ 21	28 ♎ 2	18 ♌ 12	3 ♍ 22	25 ♉ 29	28 ♐ 27	8 ♍ 23	21 ♉ 21	5 ♓ 4	8 ♑	2 ♐	7 ♐	28 ♐	26 ♎
27	3 ♎ 27	6 ♑ 23	11 ♑ 47	12 D 21	28 ♎ 40	18 ♌ 58	3 ♍ 59	25 ♉ 26	28 ♐ 29	8 ♍ 27	21 ♉ 20	5 ♓ 3	8 ♑	2 ♐	7 ♐	29 ♐	26 ♎
28	4 ♎ 26	19 ♑ 55	11 ♑ 44	12 R 21	29 ♎ 14	19 ♌ 45	4 ♍ 37	25 ♉ 24	28 ♐ 31	8 ♍ 30	21 ♉ 19	5 ♓ 2	9 ♑	2 ♐	7 ♐	29 ♐	26 ♎
29	5 ♎ 25	3 ♒ 9	11 ♑ 41	12 ♑ 19	29 ♎ 43	20 ♌ 32	5 ♍ 14	25 ♉ 21	28 ♐ 34	8 ♍ 34	21 ♉ 18	5 ♓ 1	9 ♑	3 ♐	8 ♐	0 ♑	26 ♎
30	6 ♎ 24	16 ♒ 9	11 ♑ 38	12 ♑ 16	0 ♏ 7	21 ♌ 21	5 ♍ 52	25 ♉ 18	28 ♐ 36	8 ♍ 37	21 ♉ 17	5 ♓ 0	9 ♑	3 ♐	8 ♐	0 ♑	26 ♎

SUN INGRESS	☉ → ♎ 23日 11:07
MOON PHASE	○ 4日 17:53 ♓ ◑ 12日 20:18 ♊ ● 20日 03:31 ♍ ◐ 26日 18:28 ♑

aspects		
7日	00:16	☿⚹♀
7日	07:44	♂□♆
13日	19:31	♂□♃
14日	18:28	☉△♆
17日	18:30	♂△♄
19日	00:37	☉△♃
21日	17:26	☉□♄
26日	16:03	☿⚹♄
28日	15:28	♂☍♇
29日	22:09	♀□♆

2047年10月

DAY	☉	☽	☊ mean	☊ true	☿	♀	♂	♃	♄	♅	♆	♇	⚳	⚴	⚵	⚶	⚷
	° ′	° ′	° ′	° ′	° ′	° ′	° ′	° ′	° ′	° ′	° ′	° ′	°	°	°	°	°
1	7 ♎ 23	28 ♒ 56	11 ♑ 34	12 R 10	0 D 25	22 D 10	6 D 30	25 R 15	28 D 39	8 D 40	21 R 16	4 R 59	9 D	3 D	8 D	0 D	26 D
2	8 ♎ 22	11 ♓ 33	11 ♑ 31	12 ♑ 1	0 ♏ 38	23 ♌ 0	7 ♍ 7	25 ♉ 12	28 ♐ 42	8 ♍ 44	21 ♉ 15	4 ♓ 58	9 ♑	4 ♐	8 ♐	1 ♑	27 ♎
3	9 ♎ 21	23 ♓ 59	11 ♑ 28	11 ♑ 49	0 ♏ 44	23 ♌ 51	7 ♍ 45	25 ♉ 8	28 ♐ 45	8 ♍ 47	21 ♉ 14	4 ♓ 56	9 ♑	4 ♐	9 ♐	1 ♑	27 ♎
4	10 ♎ 20	6 ♈ 16	11 ♑ 25	11 ♑ 35	0 R 43	24 ♌ 43	8 ♍ 22	25 ♉ 4	28 ♐ 48	8 ♍ 51	21 ♉ 12	4 ♓ 55	10 ♑	5 ♐	9 ♐	1 ♑	27 ♎
5	11 ♎ 19	18 ♈ 25	11 ♑ 22	11 ♑ 21	0 ♏ 35	25 ♌ 35	9 ♍ 0	25 ♉ 1	28 ♐ 51	8 ♍ 54	21 ♉ 11	4 ♓ 54	10 ♑	5 ♐	9 ♐	2 ♑	27 ♎
6	12 ♎ 18	0 ♉ 26	11 ♑ 19	11 ♑ 7	0 ♏ 20	26 ♌ 28	9 ♍ 37	24 ♉ 56	28 ♐ 54	8 ♍ 57	21 ♉ 10	4 ♓ 54	10 ♑	5 ♐	9 ♐	2 ♑	27 ♎
7	13 ♎ 17	12 ♉ 21	11 ♑ 15	10 ♑ 55	29 ♎ 57	27 ♌ 22	10 ♍ 14	24 ♉ 52	28 ♐ 57	9 ♍ 1	21 ♉ 9	4 ♓ 53	10 ♑	6 ♐	10 ♐	2 ♑	27 ♎
8	14 ♎ 16	24 ♉ 11	11 ♑ 12	10 ♑ 45	29 ♎ 26	28 ♌ 16	10 ♍ 52	24 ♉ 48	29 ♐ 1	9 ♍ 4	21 ♉ 8	4 ♓ 52	10 ♑	6 ♐	10 ♐	3 ♑	27 ♎
9	15 ♎ 15	6 ♊ 0	11 ♑ 9	10 ♑ 39	28 ♎ 47	29 ♌ 11	11 ♍ 29	24 ♉ 43	29 ♐ 4	9 ♍ 7	21 ♉ 6	4 ♓ 51	11 ♑	6 ♐	10 ♐	3 ♑	28 ♎
10	16 ♎ 14	17 ♊ 50	11 ♑ 6	10 ♑ 35	28 ♎ 0	0 ♍ 7	12 ♍ 7	24 ♉ 38	29 ♐ 8	9 ♍ 10	21 ♉ 5	4 ♓ 50	11 ♑	7 ♐	11 ♐	4 ♑	28 ♎
11	17 ♎ 14	29 ♊ 47	11 ♑ 3	10 ♑ 33	27 ♎ 6	1 ♍ 3	12 ♍ 44	24 ♉ 34	29 ♐ 11	9 ♍ 13	21 ♉ 4	4 ♓ 49	11 ♑	7 ♐	11 ♐	4 ♑	28 ♎
12	18 ♎ 13	11 ♋ 54	10 ♑ 59	10 D 33	26 ♎ 5	1 ♍ 59	13 ♍ 21	24 ♉ 28	29 ♐ 15	9 ♍ 17	21 ♉ 2	4 ♓ 48	11 ♑	7 ♐	11 ♐	4 ♑	28 ♎
13	19 ♎ 12	24 ♋ 19	10 ♑ 56	10 R 33	24 ♎ 59	2 ♍ 57	13 ♍ 59	24 ♉ 23	29 ♐ 18	9 ♍ 20	21 ♉ 1	4 ♓ 47	12 ♑	8 ♐	11 ♐	5 ♑	28 ♎
14	20 ♎ 12	7 ♌ 4	10 ♑ 53	10 ♑ 32	23 ♎ 50	3 ♍ 54	14 ♍ 36	24 ♉ 18	29 ♐ 22	9 ♍ 23	21 ♉ 0	4 ♓ 46	12 ♑	8 ♐	12 ♐	5 ♑	28 ♎
15	21 ♎ 11	20 ♌ 16	10 ♑ 50	10 ♑ 29	22 ♎ 37	4 ♍ 52	15 ♍ 13	24 ♉ 12	29 ♐ 26	9 ♍ 26	20 ♉ 58	4 ♓ 46	12 ♑	9 ♐	12 ♐	6 ♑	28 ♎
16	22 ♎ 11	3 ♍ 58	10 ♑ 47	10 ♑ 24	21 ♎ 25	5 ♍ 51	15 ♍ 50	24 ♉ 6	29 ♐ 30	9 ♍ 29	20 ♉ 57	4 ♓ 45	12 ♑	9 ♐	12 ♐	6 ♑	29 ♎
17	23 ♎ 10	18 ♍ 9	10 ♑ 44	10 ♑ 16	20 ♎ 14	6 ♍ 50	16 ♍ 28	24 ♉ 0	29 ♐ 34	9 ♍ 32	20 ♉ 55	4 ♓ 44	13 ♑	9 ♐	13 ♐	6 ♑	29 ♎
18	24 ♎ 10	2 ♎ 48	10 ♑ 40	10 ♑ 6	19 ♎ 7	7 ♍ 50	17 ♍ 5	23 ♉ 54	29 ♐ 38	9 ♍ 35	20 ♉ 54	4 ♓ 43	13 ♑	10 ♐	13 ♐	7 ♑	29 ♎
19	25 ♎ 9	17 ♎ 48	10 ♑ 37	9 ♑ 55	18 ♎ 6	8 ♍ 50	17 ♍ 42	23 ♉ 48	29 ♐ 43	9 ♍ 38	20 ♉ 52	4 ♓ 42	13 ♑	10 ♐	13 ♐	7 ♑	29 ♎
20	26 ♎ 9	3 ♏ 0	10 ♑ 34	9 ♑ 44	17 ♎ 12	9 ♍ 50	18 ♍ 19	23 ♉ 42	29 ♐ 47	9 ♍ 41	20 ♉ 51	4 ♓ 42	13 ♑	10 ♐	14 ♐	8 ♑	29 ♎
21	27 ♎ 8	18 ♏ 13	10 ♑ 31	9 ♑ 35	16 ♎ 27	10 ♍ 51	18 ♍ 56	23 ♉ 35	29 ♐ 51	9 ♍ 43	20 ♉ 49	4 ♓ 41	14 ♑	11 ♐	14 ♐	8 ♑	29 ♎
22	28 ♎ 8	3 ♐ 17	10 ♑ 28	9 ♑ 28	15 ♎ 53	11 ♍ 53	19 ♍ 33	23 ♉ 29	29 ♐ 56	9 ♍ 46	20 ♉ 48	4 ♓ 40	14 ♑	11 ♐	14 ♐	8 ♑	29 ♎
23	29 ♎ 8	18 ♐ 3	10 ♑ 25	9 ♑ 24	15 ♎ 29	12 ♍ 54	20 ♍ 11	23 ♉ 22	0 ♑ 0	9 ♍ 49	20 ♉ 46	4 ♓ 40	14 ♑	11 ♐	14 ♐	9 ♑	0 ♏
24	0 ♏ 7	2 ♑ 26	10 ♑ 21	9 ♑ 22	15 ♎ 17	13 ♍ 56	20 ♍ 48	23 ♉ 15	0 ♑ 5	9 ♍ 52	20 ♉ 45	4 ♓ 39	14 ♑	12 ♐	15 ♐	9 ♑	0 ♏
25	1 ♏ 7	16 ♑ 24	10 ♑ 18	9 D 22	15 D 16	14 ♍ 59	21 ♍ 25	23 ♉ 8	0 ♑ 9	9 ♍ 54	20 ♉ 43	4 ♓ 39	15 ♑	12 ♐	15 ♐	10 ♑	0 ♏
26	2 ♏ 7	29 ♑ 57	10 ♑ 15	9 ♑ 23	15 ♎ 26	16 ♍ 2	22 ♍ 2	23 ♉ 1	0 ♑ 14	9 ♍ 57	20 ♉ 42	4 ♓ 38	15 ♑	13 ♐	15 ♐	10 ♑	0 ♏
27	3 ♏ 7	13 ♒ 8	10 ♑ 12	9 R 22	15 ♎ 46	17 ♍ 5	22 ♍ 39	22 ♉ 54	0 ♑ 19	10 ♍ 0	20 ♉ 40	4 ♓ 37	15 ♑	13 ♐	16 ♐	11 ♑	0 ♏
28	4 ♏ 7	26 ♒ 0	10 ♑ 9	9 ♑ 20	16 ♎ 16	18 ♍ 8	23 ♍ 16	22 ♉ 46	0 ♑ 24	10 ♍ 2	20 ♉ 38	4 ♓ 37	15 ♑	13 ♐	16 ♐	11 ♑	0 ♏
29	5 ♏ 6	8 ♓ 36	10 ♑ 5	9 ♑ 15	16 ♎ 56	19 ♍ 12	23 ♍ 52	22 ♉ 39	0 ♑ 29	10 ♍ 5	20 ♉ 37	4 ♓ 36	16 ♑	14 ♐	16 ♐	11 ♑	0 ♏
30	6 ♏ 6	21 ♓ 0	10 ♑ 2	9 ♑ 8	17 ♎ 44	20 ♍ 16	24 ♍ 29	22 ♉ 31	0 ♑ 34	10 ♍ 7	20 ♉ 35	4 ♓ 36	16 ♑	14 ♐	17 ♐	12 ♑	1 ♏
31	7 ♏ 6	3 ♈ 13	9 ♑ 59	8 ♑ 58	18 ♎ 39	21 ♍ 20	25 ♍ 6	22 ♉ 24	0 ♑ 39	10 ♍ 10	20 ♉ 34	4 ♓ 35	16 ♑	15 ♐	17 ♐	12 ♑	1 ♏

SUN INGRESS	☉ → ♏ 23日 20:48
MOON PHASE	○ 4日 08:41 ♈ ◑ 12日 13:21 ♋ ● 19日 12:27 ♎ ◐ 26日 04:12 ♒

aspects		
4日	09:13	♀□♃
4日	20:04	♂☌♅
8日	14:40	☿⚹♄
8日	17:56	☿⚹♀
8日	20:42	♀△♄
14日	21:11	♀☍♇
15日	15:41	☉☌☿
19日	19:52	♀☌♅
23日	22:15	♂△♆
23日	22:51	☉⚹♄
27日	08:12	♂△♃
28日	12:00	☉△♇
30日	07:03	♀△♆
31日	21:08	♀△♃

2047年11月

DAY	☉	☽	☊ mean	☊ true	☿	♀	♂	♃	♄	♅	♆	♇	⚳	⚴	⚵	⚶	⚷
	° ′	° ′	° ′	° ′	° ′	° ′	° ′	° ′	° ′	° ′	° ′	° ′	°	°	°	°	°
1	8 ♏ 6	15 ♈ 19	9 ♑ 56	8 R 47	19 D 40	22 D 25	25 D 43	22 R 16	0 D 44	10 D 12	20 R 32	4 R 35	17 D	15 D	17 D	13 D	1 D
2	9 ♏ 6	27 ♈ 18	9 ♑ 53	8 ♑ 35	20 ♎ 48	23 ♍ 30	26 ♍ 20	22 ♉ 8	0 ♑ 49	10 ♍ 15	20 ♉ 30	4 ♓ 34	17 ♑	15 ♐	18 ♐	13 ♑	1 ♏
3	10 ♏ 6	9 ♉ 13	9 ♑ 50	8 ♑ 23	22 ♎ 0	24 ♍ 35	26 ♍ 57	22 ♉ 1	0 ♑ 55	10 ♍ 17	20 ♉ 29	4 ♓ 34	17 ♑	16 ♐	18 ♐	14 ♑	1 ♏
4	11 ♏ 6	21 ♉ 4	9 ♑ 46	8 ♑ 13	23 ♎ 17	25 ♍ 41	27 ♍ 34	21 ♉ 53	1 ♑ 0	10 ♍ 19	20 ♉ 27	4 ♓ 34	17 ♑	16 ♐	18 ♐	14 ♑	1 ♏
5	12 ♏ 6	2 ♊ 54	9 ♑ 43	8 ♑ 5	24 ♎ 37	26 ♍ 46	28 ♍ 10	21 ♉ 45	1 ♑ 5	10 ♍ 22	20 ♉ 25	4 ♓ 33	18 ♑	16 ♐	19 ♐	14 ♑	1 ♏
6	13 ♏ 6	14 ♊ 44	9 ♑ 40	8 ♑ 0	26 ♎ 1	27 ♍ 53	28 ♍ 47	21 ♉ 37	1 ♑ 11	10 ♍ 24	20 ♉ 24	4 ♓ 33	18 ♑	17 ♐	19 ♐	15 ♑	2 ♏
7	14 ♏ 7	26 ♊ 37	9 ♑ 37	7 ♑ 57	27 ♎ 26	28 ♍ 59	29 ♍ 24	21 ♉ 29	1 ♑ 16	10 ♍ 26	20 ♉ 22	4 ♓ 33	18 ♑	17 ♐	19 ♐	15 ♑	2 ♏
8	15 ♏ 7	8 ♋ 35	9 ♑ 34	7 D 56	28 ♎ 55	0 ♎ 5	0 ♎ 0	21 ♉ 21	1 ♑ 22	10 ♍ 28	20 ♉ 20	4 ♓ 32	19 ♑	18 ♐	20 ♐	16 ♑	2 ♏
9	16 ♏ 7	20 ♋ 44	9 ♑ 31	7 ♑ 57	0 ♏ 25	1 ♎ 12	0 ♎ 37	21 ♉ 13	1 ♑ 27	10 ♍ 30	20 ♉ 19	4 ♓ 32	19 ♑	18 ♐	20 ♐	16 ♑	2 ♏
10	17 ♏ 7	3 ♌ 7	9 ♑ 27	7 ♑ 58	1 ♏ 56	2 ♎ 19	1 ♎ 14	21 ♉ 5	1 ♑ 33	10 ♍ 32	20 ♉ 17	4 ♓ 32	19 ♑	18 ♐	20 ♐	17 ♑	2 ♏
11	18 ♏ 7	15 ♌ 49	9 ♑ 24	7 ♑ 59	3 ♏ 28	3 ♎ 27	1 ♎ 50	20 ♉ 56	1 ♑ 39	10 ♍ 34	20 ♉ 15	4 ♓ 32	19 ♑	19 ♐	21 ♐	17 ♑	2 ♏
12	19 ♏ 8	28 ♌ 55	9 ♑ 21	7 R 58	5 ♏ 2	4 ♎ 34	2 ♎ 27	20 ♉ 48	1 ♑ 45	10 ♍ 36	20 ♉ 14	4 ♓ 32	20 ♑	19 ♐	21 ♐	18 ♑	2 ♏
13	20 ♏ 8	12 ♍ 27	9 ♑ 18	7 ♑ 56	6 ♏ 36	5 ♎ 42	3 ♎ 3	20 ♉ 40	1 ♑ 50	10 ♍ 38	20 ♉ 12	4 ♓ 31	20 ♑	20 ♐	21 ♐	18 ♑	3 ♏
14	21 ♏ 8	26 ♍ 29	9 ♑ 15	7 ♑ 52	8 ♏ 11	6 ♎ 50	3 ♎ 40	20 ♉ 32	1 ♑ 56	10 ♍ 40	20 ♉ 10	4 ♓ 31	20 ♑	20 ♐	22 ♐	19 ♑	3 ♏
15	22 ♏ 9	10 ♎ 59	9 ♑ 11	7 ♑ 46	9 ♏ 46	7 ♎ 58	4 ♎ 16	20 ♉ 24	2 ♑ 2	10 ♍ 41	20 ♉ 8	4 ♓ 31	21 ♑	20 ♐	22 ♐	19 ♑	3 ♏
16	23 ♏ 9	25 ♎ 54	9 ♑ 8	7 ♑ 39	11 ♏ 21	9 ♎ 6	4 ♎ 53	20 ♉ 15	2 ♑ 8	10 ♍ 43	20 ♉ 7	4 ♓ 31	21 ♑	21 ♐	22 ♐	19 ♑	3 ♏
17	24 ♏ 10	11 ♏ 5	9 ♑ 5	7 ♑ 32	12 ♏ 57	10 ♎ 15	5 ♎ 29	20 ♉ 7	2 ♑ 14	10 ♍ 45	20 ♉ 5	4 ♓ 31	21 ♑	21 ♐	23 ♐	20 ♑	3 ♏
18	25 ♏ 10	26 ♏ 23	9 ♑ 2	7 ♑ 26	14 ♏ 33	11 ♎ 24	6 ♎ 6	19 ♉ 59	2 ♑ 20	10 ♍ 46	20 ♉ 3	4 ♓ 31	22 ♑	22 ♐	23 ♐	20 ♑	3 ♏
19	26 ♏ 11	11 ♐ 37	8 ♑ 59	7 ♑ 22	16 ♏ 9	12 ♎ 32	6 ♎ 42	19 ♉ 51	2 ♑ 27	10 ♍ 48	20 ♉ 2	4 D 31	22 ♑	22 ♐	23 ♐	21 ♑	3 ♏
20	27 ♏ 11	26 ♐ 36	8 ♑ 56	7 ♑ 19	17 ♏ 44	13 ♎ 42	7 ♎ 18	19 ♉ 43	2 ♑ 33	10 ♍ 50	20 ♉ 0	4 ♓ 31	22 ♑	22 ♐	24 ♐	21 ♑	4 ♏
21	28 ♏ 12	11 ♑ 14	8 ♑ 52	7 D 19	19 ♏ 20	14 ♎ 51	7 ♎ 55	19 ♉ 35	2 ♑ 39	10 ♍ 51	19 ♉ 58	4 ♓ 31	23 ♑	23 ♐	24 ♐	22 ♑	4 ♏
22	29 ♏ 12	25 ♑ 25	8 ♑ 49	7 ♑ 20	20 ♏ 56	16 ♎ 0	8 ♎ 31	19 ♉ 27	2 ♑ 45	10 ♍ 52	19 ♉ 57	4 ♓ 31	23 ♑	23 ♐	24 ♐	22 ♑	4 ♏
23	0 ♐ 13	9 ♒ 9	8 ♑ 46	7 ♑ 21	22 ♏ 31	17 ♎ 10	9 ♎ 7	19 ♉ 19	2 ♑ 52	10 ♍ 54	19 ♉ 55	4 ♓ 31	23 ♑	24 ♐	25 ♐	23 ♑	4 ♏
24	1 ♐ 14	22 ♒ 27	8 ♑ 43	7 ♑ 23	24 ♏ 7	18 ♎ 19	9 ♎ 43	19 ♉ 11	2 ♑ 58	10 ♍ 55	19 ♉ 53	4 ♓ 31	24 ♑	24 ♐	25 ♐	23 ♑	4 ♏
25	2 ♐ 14	5 ♓ 20	8 ♑ 40	7 R 23	25 ♏ 42	19 ♎ 29	10 ♎ 20	19 ♉ 3	3 ♑ 4	10 ♍ 56	19 ♉ 52	4 ♓ 32	24 ♑	24 ♐	25 ♐	24 ♑	4 ♏
26	3 ♐ 15	17 ♓ 55	8 ♑ 36	7 ♑ 22	27 ♏ 17	20 ♎ 39	10 ♎ 56	18 ♉ 56	3 ♑ 11	10 ♍ 58	19 ♉ 50	4 ♓ 32	24 ♑	25 ♐	26 ♐	24 ♑	4 ♏
27	4 ♐ 16	0 ♈ 13	8 ♑ 33	7 ♑ 19	28 ♏ 52	21 ♎ 50	11 ♎ 32	18 ♉ 48	3 ♑ 17	10 ♍ 59	19 ♉ 48	4 ♓ 32	25 ♑	25 ♐	26 ♐	25 ♑	4 ♏
28	5 ♐ 16	12 ♈ 20	8 ♑ 30	7 ♑ 15	0 ♐ 27	23 ♎ 0	12 ♎ 8	18 ♉ 41	3 ♑ 24	11 ♍ 0	19 ♉ 47	4 ♓ 32	25 ♑	26 ♐	26 ♐	25 ♑	5 ♏
29	6 ♐ 17	24 ♈ 18	8 ♑ 27	7 ♑ 10	2 ♐ 2	24 ♎ 10	12 ♎ 44	18 ♉ 33	3 ♑ 30	11 ♍ 1	19 ♉ 45	4 ♓ 32	25 ♑	26 ♐	27 ♐	25 ♑	5 ♏
30	7 ♐ 18	6 ♉ 11	8 ♑ 24	7 ♑ 4	3 ♐ 37	25 ♎ 21	13 ♎ 20	18 ♉ 26	3 ♑ 37	11 ♍ 2	19 ♉ 44	4 ♓ 33	26 ♑	26 ♐	27 ♐	26 ♑	5 ♏

SUN INGRESS ☉ → ♐ 22日 18:38

MOON PHASE ○ 3日 01:57 ♉ ◑ 11日 04:39 ♌ ● 17日 21:58 ♏ ◐ 24日 17:40 ♓

aspects

3日	04:28	☉⚹♅
7日	19:57	♀☌♂
9日	05:56	♀□♄
9日	17:38	☿⚹♄
10日	15:06	♂□♄
11日	16:15	☿△♇
13日	01:27	☉☍♆
13日	11:11	☉☍♃
15日	14:13	☿⚹♅
17日	08:31	♃☌♆
21日	03:27	☿☍♃
21日	09:25	☿☍♆
27日	06:29	☉□♇
30日	14:13	☿□♇

2047年12月

DAY	☉	☽	☊ mean	☊ true	☿	♀	♂	♃	♄	♅	♆	♇	⚳	⚴	⚵	⚶	⚷
	° ′	° ′	° ′	° ′	° ′	° ′	° ′	° ′	° ′	° ′	° ′	° ′	°	°	°	°	°
1	8 ♐ 19	18 ♉ 2	8 ♑ 21	6 R 58	5 D 12	26 D 31	13 D 56	18 R 19	3 D 44	11 D 3	19 R 42	4 D 33	26 D	27 D	28 D	26 D	5 D
2	9 ♐ 19	29 ♉ 52	8 ♑ 17	6 ♑ 54	6 ♐ 46	27 ♎ 42	14 ♎ 32	18 ♉ 12	3 ♑ 50	11 ♍ 4	19 ♉ 40	4 ♓ 33	26 ♑	27 ♐	28 ♐	27 ♑	5 ♏
3	10 ♐ 20	11 ♊ 44	8 ♑ 14	6 ♑ 50	8 ♐ 20	28 ♎ 53	15 ♎ 8	18 ♉ 5	3 ♑ 57	11 ♍ 4	19 ♉ 39	4 ♓ 34	27 ♑	28 ♐	28 ♐	27 ♑	5 ♏
4	11 ♐ 21	23 ♊ 40	8 ♑ 11	6 ♑ 48	9 ♐ 55	0 ♏ 4	15 ♎ 43	17 ♉ 58	4 ♑ 4	11 ♍ 5	19 ♉ 37	4 ♓ 34	27 ♑	28 ♐	29 ♐	28 ♑	5 ♏
5	12 ♐ 22	5 ♋ 40	8 ♑ 8	6 ♑ 47	11 ♐ 29	1 ♏ 16	16 ♎ 19	17 ♉ 51	4 ♑ 10	11 ♍ 6	19 ♉ 36	4 ♓ 35	27 ♑	28 ♐	29 ♐	28 ♑	5 ♏
6	13 ♐ 23	17 ♋ 48	8 ♑ 5	6 D 48	13 ♐ 3	2 ♏ 27	16 ♎ 55	17 ♉ 44	4 ♑ 17	11 ♍ 7	19 ♉ 34	4 ♓ 35	28 ♑	29 ♐	29 ♐	29 ♑	6 ♏
7	14 ♐ 24	0 ♌ 5	8 ♑ 2	6 ♑ 49	14 ♐ 37	3 ♏ 38	17 ♎ 31	17 ♉ 38	4 ♑ 24	11 ♍ 7	19 ♉ 33	4 ♓ 36	28 ♑	29 ♐	0 ♑	29 ♑	6 ♏
8	15 ♐ 24	12 ♌ 35	7 ♑ 58	6 ♑ 51	16 ♐ 12	4 ♏ 50	18 ♎ 6	17 ♉ 31	4 ♑ 31	11 ♍ 8	19 ♉ 31	4 ♓ 36	28 ♑	0 ♑	0 ♑	0 ♒	6 ♏
9	16 ♐ 25	25 ♌ 21	7 ♑ 55	6 ♑ 52	17 ♐ 46	6 ♏ 1	18 ♎ 42	17 ♉ 25	4 ♑ 38	11 ♍ 8	19 ♉ 30	4 ♓ 37	29 ♑	0 ♑	0 ♑	0 ♒	6 ♏
10	17 ♐ 26	8 ♍ 26	7 ♑ 52	6 ♑ 53	19 ♐ 20	7 ♏ 13	19 ♎ 18	17 ♉ 19	4 ♑ 44	11 ♍ 9	19 ♉ 28	4 ♓ 37	29 ♑	0 ♑	1 ♑	1 ♒	6 ♏
11	18 ♐ 27	21 ♍ 52	7 ♑ 49	6 R 53	20 ♐ 54	8 ♏ 25	19 ♎ 53	17 ♉ 13	4 ♑ 51	11 ♍ 9	19 ♉ 27	4 ♓ 38	0 ♒	1 ♑	1 ♑	1 ♒	6 ♏
12	19 ♐ 28	5 ♎ 42	7 ♑ 46	6 ♑ 53	22 ♐ 29	9 ♏ 37	20 ♎ 29	17 ♉ 7	4 ♑ 58	11 ♍ 9	19 ♉ 25	4 ♓ 38	0 ♒	1 ♑	2 ♑	2 ♒	6 ♏
13	20 ♐ 29	19 ♎ 55	7 ♑ 42	6 ♑ 51	24 ♐ 3	10 ♏ 49	21 ♎ 4	17 ♉ 2	5 ♑ 5	11 ♍ 10	19 ♉ 24	4 ♓ 39	0 ♒	2 ♑	2 ♑	2 ♒	6 ♏
14	21 ♐ 30	4 ♏ 31	7 ♑ 39	6 ♑ 49	25 ♐ 38	12 ♏ 1	21 ♎ 40	16 ♉ 56	5 ♑ 12	11 ♍ 10	19 ♉ 23	4 ♓ 39	1 ♒	2 ♑	2 ♑	3 ♒	7 ♏
15	22 ♐ 31	19 ♏ 24	7 ♑ 36	6 ♑ 47	27 ♐ 12	13 ♏ 13	22 ♎ 15	16 ♉ 51	5 ♑ 19	11 ♍ 10	19 ♉ 21	4 ♓ 40	1 ♒	2 ♑	3 ♑	3 ♒	7 ♏
16	23 ♐ 32	4 ♐ 27	7 ♑ 33	6 ♑ 46	28 ♐ 47	14 ♏ 26	22 ♎ 50	16 ♉ 46	5 ♑ 26	11 ♍ 10	19 ♉ 20	4 ♓ 41	1 ♒	3 ♑	3 ♑	4 ♒	7 ♏
17	24 ♐ 33	19 ♐ 32	7 ♑ 30	6 ♑ 45	0 ♑ 22	15 ♏ 38	23 ♎ 26	16 ♉ 41	5 ♑ 33	11 ♍ 10	19 ♉ 19	4 ♓ 42	2 ♒	3 ♑	3 ♑	4 ♒	7 ♏
18	25 ♐ 34	4 ♑ 29	7 ♑ 27	6 ♑ 44	1 ♑ 56	16 ♏ 50	24 ♎ 1	16 ♉ 36	5 ♑ 40	11 R 10	19 ♉ 17	4 ♓ 42	2 ♒	4 ♑	4 ♑	5 ♒	7 ♏
19	26 ♐ 36	19 ♑ 11	7 ♑ 23	6 D 44	3 ♑ 31	18 ♏ 3	24 ♎ 36	16 ♉ 31	5 ♑ 47	11 ♍ 10	19 ♉ 16	4 ♓ 43	2 ♒	4 ♑	4 ♑	5 ♒	7 ♏
20	27 ♐ 37	3 ♒ 30	7 ♑ 20	6 ♑ 45	5 ♑ 6	19 ♏ 16	25 ♎ 11	16 ♉ 27	5 ♑ 54	11 ♍ 10	19 ♉ 15	4 ♓ 44	3 ♒	4 ♑	4 ♑	6 ♒	7 ♏
21	28 ♐ 38	17 ♒ 24	7 ♑ 17	6 ♑ 46	6 ♑ 42	20 ♏ 28	25 ♎ 46	16 ♉ 23	6 ♑ 1	11 ♍ 10	19 ♉ 14	4 ♓ 45	3 ♒	5 ♑	5 ♑	6 ♒	7 ♏
22	29 ♐ 39	0 ♓ 52	7 ♑ 14	6 ♑ 47	8 ♑ 17	21 ♏ 41	26 ♎ 21	16 ♉ 19	6 ♑ 8	11 ♍ 9	19 ♉ 12	4 ♓ 45	4 ♒	5 ♑	5 ♑	7 ♒	7 ♏
23	0 ♑ 40	13 ♓ 53	7 ♑ 11	6 ♑ 47	9 ♑ 52	22 ♏ 54	26 ♎ 56	16 ♉ 15	6 ♑ 15	11 ♍ 9	19 ♉ 11	4 ♓ 46	4 ♒	6 ♑	6 ♑	7 ♒	8 ♏
24	1 ♑ 41	26 ♓ 32	7 ♑ 8	6 ♑ 47	11 ♑ 28	24 ♏ 7	27 ♎ 31	16 ♉ 11	6 ♑ 23	11 ♍ 9	19 ♉ 10	4 ♓ 47	4 ♒	6 ♑	6 ♑	8 ♒	8 ♏
25	2 ♑ 42	8 ♈ 53	7 ♑ 4	6 R 47	13 ♑ 3	25 ♏ 20	28 ♎ 6	16 ♉ 8	6 ♑ 30	11 ♍ 8	19 ♉ 9	4 ♓ 48	5 ♒	6 ♑	6 ♑	8 ♒	8 ♏
26	3 ♑ 43	20 ♈ 59	7 ♑ 1	6 ♑ 47	14 ♑ 39	26 ♏ 33	28 ♎ 41	16 ♉ 4	6 ♑ 37	11 ♍ 8	19 ♉ 8	4 ♓ 49	5 ♒	7 ♑	7 ♑	9 ♒	8 ♏
27	4 ♑ 44	2 ♉ 55	6 ♑ 58	6 ♑ 47	16 ♑ 14	27 ♏ 46	29 ♎ 16	16 ♉ 1	6 ♑ 44	11 ♍ 7	19 ♉ 7	4 ♓ 50	5 ♒	7 ♑	7 ♑	9 ♒	8 ♏
28	5 ♑ 46	14 ♉ 45	6 ♑ 55	6 ♑ 47	17 ♑ 50	28 ♏ 59	29 ♎ 50	15 ♉ 59	6 ♑ 51	11 ♍ 7	19 ♉ 6	4 ♓ 51	6 ♒	8 ♑	7 ♑	10 ♒	8 ♏
29	6 ♑ 47	26 ♉ 35	6 ♑ 52	6 D 47	19 ♑ 25	0 ♐ 12	0 ♏ 25	15 ♉ 56	6 ♑ 58	11 ♍ 6	19 ♉ 5	4 ♓ 52	6 ♒	8 ♑	8 ♑	10 ♒	8 ♏
30	7 ♑ 48	8 ♊ 26	6 ♑ 48	6 ♑ 47	21 ♑ 0	1 ♐ 25	0 ♏ 59	15 ♉ 53	7 ♑ 5	11 ♍ 5	19 ♉ 4	4 ♓ 53	7 ♒	8 ♑	8 ♑	10 ♒	8 ♏
31	8 ♑ 49	20 ♊ 22	6 ♑ 45	6 ♑ 47	22 ♑ 35	2 ♐ 38	1 ♏ 34	15 ♉ 51	7 ♑ 12	11 ♍ 5	19 ♉ 3	4 ♓ 54	7 ♒	9 ♑	8 ♑	11 ♒	8 ♏

SUN INGRESS ☉ → ♑ 22日 08:06

MOON PHASE ○ 2日 20:54 ♊ ◑ 10日 17:28 ♍ ● 17日 08:37 ♐ ◐ 24日 10:50 ♈

aspects

3日	17:43	☉□♅
4日	18:05	☿□♅
6日	13:58	☉☌☿
7日	16:57	♀⚹♄
7日	19:21	♀△♇
8日	19:49	♄⚹♇
9日	22:58	☿⚹♂
13日	06:53	☿⚹♅
14日	08:46	☉⚹♂
17日	19:31	♀☍♃
19日	18:15	☿⚹♇
19日	23:45	♀☍♆
20日	13:02	☿☌♄
23日	19:14	☿△♅
26日	20:52	☿△♃
27日	02:12	☉⚹♇
28日	18:56	☿△♆
29日	05:02	☉☌♄

2048年1月

DAY	☉	☽	☊ mean	☊ true	☿	♀	♂	♃	♄	♅	♆	♇	⚳	⚴	⚵	⚶	⚷
	° ′	° ′	° ′	° ′	° ′	° ′	° ′	° ′	° ′	° ′	° ′	° ′	°	°	°	°	°
1	9 ♑ 50	2 ♋ 25	6 ♑ 42	6 D 47	24 D 9	3 D 52	2 D 8	15 R 49	7 D 19	11 R 4	19 R 2	4 D 55	7 D	9 D	9 D	11 D	9 D
2	10 ♑ 51	14 ♋ 38	6 ♑ 39	6 R 47	25 ♑ 43	5 ♐ 5	2 ♏ 43	15 ♉ 47	7 ♑ 26	11 ♍ 3	19 ♉ 1	4 ♓ 56	8 ♒	10 ♑	9 ♑	12 ♒	9 ♏
3	11 ♑ 52	27 ♋ 1	6 ♑ 36	6 ♑ 47	27 ♑ 16	6 ♐ 18	3 ♏ 17	15 ♉ 46	7 ♑ 33	11 ♍ 2	19 ♉ 0	4 ♓ 57	8 ♒	10 ♑	10 ♑	12 ♒	9 ♏
4	12 ♑ 53	9 ♌ 36	6 ♑ 33	6 ♑ 46	28 ♑ 48	7 ♐ 32	3 ♏ 51	15 ♉ 44	7 ♑ 41	11 ♍ 1	18 ♉ 59	4 ♓ 58	8 ♒	10 ♑	10 ♑	13 ♒	9 ♏
5	13 ♑ 55	22 ♌ 23	6 ♑ 29	6 ♑ 45	0 ♒ 19	8 ♐ 45	4 ♏ 26	15 ♉ 43	7 ♑ 48	11 ♍ 0	18 ♉ 58	4 ♓ 59	9 ♒	11 ♑	10 ♑	13 ♒	9 ♏
6	14 ♑ 56	5 ♍ 24	6 ♑ 26	6 ♑ 44	1 ♒ 48	9 ♐ 59	5 ♏ 0	15 ♉ 42	7 ♑ 55	10 ♍ 59	18 ♉ 57	5 ♓ 1	9 ♒	11 ♑	11 ♑	14 ♒	9 ♏
7	15 ♑ 57	18 ♍ 40	6 ♑ 23	6 ♑ 43	3 ♒ 16	11 ♐ 12	5 ♏ 34	15 ♉ 41	8 ♑ 2	10 ♍ 58	18 ♉ 57	5 ♓ 2	10 ♒	12 ♑	11 ♑	14 ♒	9 ♏
8	16 ♑ 58	2 ♎ 10	6 ♑ 20	6 ♑ 42	4 ♒ 42	12 ♐ 26	6 ♏ 8	15 ♉ 40	8 ♑ 9	10 ♍ 57	18 ♉ 56	5 ♓ 3	10 ♒	12 ♑	11 ♑	15 ♒	9 ♏
9	17 ♑ 59	15 ♎ 56	6 ♑ 17	6 ♑ 42	6 ♒ 5	13 ♐ 40	6 ♏ 42	15 ♉ 40	8 ♑ 16	10 ♍ 56	18 ♉ 55	5 ♓ 4	10 ♒	12 ♑	12 ♑	15 ♒	9 ♏
10	19 ♑ 0	29 ♎ 58	6 ♑ 14	6 D 42	7 ♒ 25	14 ♐ 53	7 ♏ 16	15 ♉ 40	8 ♑ 23	10 ♍ 54	18 ♉ 55	5 ♓ 5	11 ♒	13 ♑	12 ♑	16 ♒	9 ♏
11	20 ♑ 1	14 ♏ 13	6 ♑ 10	6 ♑ 43	8 ♒ 42	16 ♐ 7	7 ♏ 49	15 D 40	8 ♑ 30	10 ♍ 53	18 ♉ 54	5 ♓ 7	11 ♒	13 ♑	13 ♑	16 ♒	9 ♏
12	21 ♑ 3	28 ♏ 41	6 ♑ 7	6 ♑ 44	9 ♒ 54	17 ♐ 21	8 ♏ 23	15 ♉ 40	8 ♑ 37	10 ♍ 52	18 ♉ 53	5 ♓ 8	12 ♒	14 ♑	13 ♑	17 ♒	9 ♏
13	22 ♑ 4	13 ♐ 17	6 ♑ 4	6 ♑ 45	11 ♒ 2	18 ♐ 35	8 ♏ 57	15 ♉ 40	8 ♑ 44	10 ♍ 50	18 ♉ 53	5 ♓ 9	12 ♒	14 ♑	13 ♑	17 ♒	10 ♏
14	23 ♑ 5	27 ♐ 57	6 ♑ 1	6 ♑ 46	12 ♒ 4	19 ♐ 49	9 ♏ 30	15 ♉ 41	8 ♑ 51	10 ♍ 49	18 ♉ 52	5 ♓ 10	12 ♒	14 ♑	14 ♑	18 ♒	10 ♏
15	24 ♑ 6	12 ♑ 35	5 ♑ 58	6 R 46	12 ♒ 59	21 ♐ 2	10 ♏ 4	15 ♉ 42	8 ♑ 58	10 ♍ 47	18 ♉ 52	5 ♓ 12	13 ♒	15 ♑	14 ♑	18 ♒	10 ♏
16	25 ♑ 7	27 ♑ 3	5 ♑ 55	6 ♑ 45	13 ♒ 48	22 ♐ 16	10 ♏ 37	15 ♉ 43	9 ♑ 5	10 ♍ 46	18 ♉ 51	5 ♓ 13	13 ♒	15 ♑	14 ♑	19 ♒	10 ♏
17	26 ♑ 8	11 ♒ 17	5 ♑ 51	6 ♑ 43	14 ♒ 28	23 ♐ 30	11 ♏ 10	15 ♉ 44	9 ♑ 12	10 ♍ 44	18 ♉ 51	5 ♓ 14	13 ♒	15 ♑	15 ♑	19 ♒	10 ♏
18	27 ♑ 9	25 ♒ 10	5 ♑ 48	6 ♑ 41	14 ♒ 59	24 ♐ 44	11 ♏ 44	15 ♉ 46	9 ♑ 19	10 ♍ 42	18 ♉ 50	5 ♓ 16	14 ♒	16 ♑	15 ♑	20 ♒	10 ♏
19	28 ♑ 11	8 ♓ 41	5 ♑ 45	6 ♑ 37	15 ♒ 20	25 ♐ 58	12 ♏ 17	15 ♉ 47	9 ♑ 25	10 ♍ 41	18 ♉ 50	5 ♓ 17	14 ♒	16 ♑	16 ♑	20 ♒	10 ♏
20	29 ♑ 12	21 ♓ 48	5 ♑ 42	6 ♑ 34	15 ♒ 31	27 ♐ 12	12 ♏ 50	15 ♉ 49	9 ♑ 32	10 ♍ 39	18 ♉ 50	5 ♓ 19	15 ♒	17 ♑	16 ♑	21 ♒	10 ♏
21	0 ♒ 13	4 ♈ 32	5 ♑ 39	6 ♑ 31	15 R 30	28 ♐ 26	13 ♏ 23	15 ♉ 51	9 ♑ 39	10 ♍ 37	18 ♉ 49	5 ♓ 20	15 ♒	17 ♑	16 ♑	21 ♒	10 ♏
22	1 ♒ 14	16 ♈ 56	5 ♑ 35	6 ♑ 29	15 ♒ 18	29 ♐ 40	13 ♏ 55	15 ♉ 54	9 ♑ 46	10 ♍ 35	18 ♉ 49	5 ♓ 21	15 ♒	17 ♑	17 ♑	22 ♒	10 ♏
23	2 ♒ 15	29 ♈ 5	5 ♑ 32	6 ♑ 28	14 ♒ 54	0 ♑ 54	14 ♏ 28	15 ♉ 56	9 ♑ 53	10 ♍ 34	18 ♉ 49	5 ♓ 23	16 ♒	18 ♑	17 ♑	22 ♒	10 ♏
24	3 ♒ 16	11 ♉ 2	5 ♑ 29	6 D 28	14 ♒ 19	2 ♑ 8	15 ♏ 1	15 ♉ 59	9 ♑ 59	10 ♍ 32	18 ♉ 49	5 ♓ 24	16 ♒	18 ♑	17 ♑	23 ♒	10 ♏
25	4 ♒ 17	22 ♉ 52	5 ♑ 26	6 ♑ 29	13 ♒ 33	3 ♑ 22	15 ♏ 33	16 ♉ 2	10 ♑ 6	10 ♍ 30	18 ♉ 48	5 ♓ 26	17 ♒	19 ♑	18 ♑	23 ♒	10 ♏
26	5 ♒ 18	4 ♊ 41	5 ♑ 23	6 ♑ 31	12 ♒ 38	4 ♑ 37	16 ♏ 6	16 ♉ 5	10 ♑ 13	10 ♍ 28	18 ♉ 48	5 ♓ 27	17 ♒	19 ♑	18 ♑	24 ♒	10 ♏
27	6 ♒ 19	16 ♊ 34	5 ♑ 20	6 ♑ 33	11 ♒ 34	5 ♑ 51	16 ♏ 38	16 ♉ 8	10 ♑ 19	10 ♍ 26	18 ♉ 48	5 ♓ 29	17 ♒	19 ♑	19 ♑	24 ♒	10 ♏
28	7 ♒ 20	28 ♊ 34	5 ♑ 16	6 ♑ 34	10 ♒ 25	7 ♑ 5	17 ♏ 10	16 ♉ 11	10 ♑ 26	10 ♍ 24	18 ♉ 48	5 ♓ 30	18 ♒	20 ♑	19 ♑	25 ♒	11 ♏
29	8 ♒ 21	10 ♋ 45	5 ♑ 13	6 R 35	9 ♒ 11	8 ♑ 19	17 ♏ 43	16 ♉ 15	10 ♑ 33	10 ♍ 22	18 ♉ 48	5 ♓ 32	18 ♒	20 ♑	19 ♑	25 ♒	11 ♏
30	9 ♒ 22	23 ♋ 9	5 ♑ 10	6 ♑ 33	7 ♒ 56	9 ♑ 33	18 ♏ 15	16 ♉ 19	10 ♑ 39	10 ♍ 20	18 D 48	5 ♓ 33	19 ♒	20 ♑	20 ♑	26 ♒	11 ♏
31	10 ♒ 23	5 ♌ 50	5 ♑ 7	6 ♑ 30	6 ♒ 40	10 ♑ 47	18 ♏ 47	16 ♉ 23	10 ♑ 46	10 ♍ 18	18 ♉ 48	5 ♓ 35	19 ♒	21 ♑	20 ♑	26 ♒	11 ♏

SUN INGRESS: ☉ → ♒ 20日 18:46

MOON PHASE: ○ 1日 15:56 ♋ ◑ 9日 03:49 ♎ ● 15日 20:32 ♑ ◐ 23日 06:55 ♉ ○ 31日 09:14 ♌

aspects

1日	21:04	♀□♇
2日	04:34	☉△♅
6日	00:38	♂△♇
6日	17:51	☉△♃
6日	19:22	♀□♅
9日	18:58	☿□♂
9日	21:47	☉△♆
12日	12:29	♂⚹♄
16日	05:57	♂⚹♅
23日	09:41	☿□♂
25日	23:02	♂☍♃
26日	16:42	♀⚹♇
27日	18:05	♄△♅
29日	08:49	☉☌☿
30日	14:36	♀△♅
30日	23:21	♀☌♄
31日	01:14	♂☍♆

2048年2月

DAY	☉	☽	☊ mean	☊ true	☿	♀	♂	♃	♄	♅	♆	♇	⚳	⚴	⚵	⚶	⚷
	° ′	° ′	° ′	° ′	° ′	° ′	° ′	° ′	° ′	° ′	° ′	° ′	°	°	°	°	°
1	11 ♒ 24	18 ♌ 46	5 ♑ 4	6 R 26	5 R 28	12 D 2	19 D 18	16 D 27	10 D 52	10 R 15	18 D 48	5 D 36	19 D	21 D	20 D	27 D	11 D
2	12 ♒ 25	1 ♍ 58	5 ♑ 0	6 ♑ 20	4 ♒ 20	13 ♑ 16	19 ♏ 50	16 ♉ 31	10 ♑ 58	10 ♍ 13	18 ♉ 48	5 ♓ 38	20 ♒	22 ♑	21 ♑	27 ♒	11 ♏
3	13 ♒ 26	15 ♍ 24	4 ♑ 57	6 ♑ 13	3 ♒ 17	14 ♑ 30	20 ♏ 22	16 ♉ 36	11 ♑ 5	10 ♍ 11	18 ♉ 48	5 ♓ 39	20 ♒	22 ♑	21 ♑	28 ♒	11 ♏
4	14 ♒ 26	29 ♍ 2	4 ♑ 54	6 ♑ 7	2 ♒ 22	15 ♑ 44	20 ♏ 53	16 ♉ 41	11 ♑ 11	10 ♍ 9	18 ♉ 49	5 ♓ 41	20 ♒	22 ♑	22 ♑	28 ♒	11 ♏
5	15 ♒ 27	12 ♎ 50	4 ♑ 51	6 ♑ 2	1 ♒ 34	16 ♑ 59	21 ♏ 24	16 ♉ 46	11 ♑ 17	10 ♍ 6	18 ♉ 49	5 ♓ 42	21 ♒	23 ♑	22 ♑	29 ♒	11 ♏
6	16 ♒ 28	26 ♎ 46	4 ♑ 48	5 ♑ 58	0 ♒ 55	18 ♑ 13	21 ♏ 56	16 ♉ 51	11 ♑ 24	10 ♍ 4	18 ♉ 49	5 ♓ 44	21 ♒	23 ♑	22 ♑	29 ♒	11 ♏
7	17 ♒ 29	10 ♏ 48	4 ♑ 45	5 ♑ 57	0 ♒ 24	19 ♑ 27	22 ♏ 27	16 ♉ 56	11 ♑ 30	10 ♍ 2	18 ♉ 49	5 ♓ 46	22 ♒	23 ♑	23 ♑	0 ♓	11 ♏
8	18 ♒ 30	24 ♏ 54	4 ♑ 41	5 D 57	0 ♒ 2	20 ♑ 42	22 ♏ 58	17 ♉ 2	11 ♑ 36	9 ♍ 59	18 ♉ 50	5 ♓ 47	22 ♒	24 ♑	23 ♑	0 ♓	11 ♏
9	19 ♒ 30	9 ♐ 4	4 ♑ 38	5 ♑ 58	29 ♑ 48	21 ♑ 56	23 ♏ 29	17 ♉ 7	11 ♑ 42	9 ♍ 57	18 ♉ 50	5 ♓ 49	22 ♒	24 ♑	23 ♑	1 ♓	11 ♏
10	20 ♒ 31	23 ♐ 16	4 ♑ 35	5 ♑ 59	29 ♑ 42	23 ♑ 10	23 ♏ 59	17 ♉ 13	11 ♑ 48	9 ♍ 55	18 ♉ 50	5 ♓ 50	23 ♒	25 ♑	24 ♑	1 ♓	11 ♏
11	21 ♒ 32	7 ♑ 28	4 ♑ 32	6 R 0	29 D 43	24 ♑ 25	24 ♏ 30	17 ♉ 19	11 ♑ 54	9 ♍ 52	18 ♉ 51	5 ♓ 52	23 ♒	25 ♑	24 ♑	2 ♓	11 ♏
12	22 ♒ 33	21 ♑ 37	4 ♑ 29	5 ♑ 58	29 ♑ 51	25 ♑ 39	25 ♏ 0	17 ♉ 25	12 ♑ 0	9 ♍ 50	18 ♉ 51	5 ♓ 54	24 ♒	25 ♑	25 ♑	2 ♓	11 ♏
13	23 ♒ 33	5 ♒ 39	4 ♑ 26	5 ♑ 55	0 ♒ 6	26 ♑ 53	25 ♏ 31	17 ♉ 32	12 ♑ 6	9 ♍ 47	18 ♉ 52	5 ♓ 55	24 ♒	26 ♑	25 ♑	3 ♓	11 ♏
14	24 ♒ 34	19 ♒ 32	4 ♑ 22	5 ♑ 49	0 ♒ 27	28 ♑ 8	26 ♏ 1	17 ♉ 38	12 ♑ 12	9 ♍ 45	18 ♉ 52	5 ♓ 57	24 ♒	26 ♑	25 ♑	3 ♓	11 ♏
15	25 ♒ 35	3 ♓ 11	4 ♑ 19	5 ♑ 42	0 ♒ 54	29 ♑ 22	26 ♏ 31	17 ♉ 45	12 ♑ 18	9 ♍ 42	18 ♉ 53	5 ♓ 59	25 ♒	26 ♑	26 ♑	4 ♓	11 ♏
16	26 ♒ 36	16 ♓ 32	4 ♑ 16	5 ♑ 32	1 ♒ 26	0 ♒ 36	27 ♏ 1	17 ♉ 52	12 ♑ 24	9 ♍ 40	18 ♉ 53	6 ♓ 0	25 ♒	27 ♑	26 ♑	4 ♓	11 ♏
17	27 ♒ 36	29 ♓ 35	4 ♑ 13	5 ♑ 23	2 ♒ 2	1 ♒ 51	27 ♏ 30	17 ♉ 59	12 ♑ 29	9 ♍ 37	18 ♉ 54	6 ♓ 2	26 ♒	27 ♑	26 ♑	5 ♓	11 ♏
18	28 ♒ 37	12 ♈ 18	4 ♑ 10	5 ♑ 14	2 ♒ 43	3 ♒ 5	28 ♏ 0	18 ♉ 6	12 ♑ 35	9 ♍ 35	18 ♉ 55	6 ♓ 4	26 ♒	28 ♑	27 ♑	5 ♓	11 ♏
19	29 ♒ 37	24 ♈ 43	4 ♑ 6	5 ♑ 6	3 ♒ 28	4 ♒ 20	28 ♏ 29	18 ♉ 13	12 ♑ 41	9 ♍ 32	18 ♉ 55	6 ♓ 5	26 ♒	28 ♑	27 ♑	6 ♓	11 ♏
20	0 ♓ 38	6 ♉ 53	4 ♑ 3	5 ♑ 1	4 ♒ 17	5 ♒ 34	28 ♏ 58	18 ♉ 20	12 ♑ 46	9 ♍ 29	18 ♉ 56	6 ♓ 7	27 ♒	28 ♑	28 ♑	6 ♓	11 ♏
21	1 ♓ 38	18 ♉ 50	4 ♑ 0	4 ♑ 58	5 ♒ 9	6 ♒ 48	29 ♏ 27	18 ♉ 28	12 ♑ 52	9 ♍ 27	18 ♉ 57	6 ♓ 9	27 ♒	29 ♑	28 ♑	7 ♓	11 ♏
22	2 ♓ 39	0 ♊ 41	3 ♑ 57	4 ♑ 57	6 ♒ 4	8 ♒ 3	29 ♏ 56	18 ♉ 36	12 ♑ 57	9 ♍ 24	18 ♉ 58	6 ♓ 10	28 ♒	29 ♑	28 ♑	7 ♓	11 ♏
23	3 ♓ 39	12 ♊ 30	3 ♑ 54	4 D 57	7 ♒ 3	9 ♒ 17	0 ♐ 25	18 ♉ 44	13 ♑ 2	9 ♍ 22	18 ♉ 59	6 ♓ 12	28 ♒	29 ♑	29 ♑	8 ♓	11 ♏
24	4 ♓ 40	24 ♊ 22	3 ♑ 51	4 ♑ 58	8 ♒ 4	10 ♒ 31	0 ♐ 53	18 ♉ 52	13 ♑ 8	9 ♍ 19	18 ♉ 59	6 ♓ 14	28 ♒	0 ♒	29 ♑	8 ♓	11 ♏
25	5 ♓ 40	6 ♋ 24	3 ♑ 47	4 R 58	9 ♒ 7	11 ♒ 46	1 ♐ 22	19 ♉ 0	13 ♑ 13	9 ♍ 16	19 ♉ 0	6 ♓ 15	29 ♒	0 ♒	29 ♑	9 ♓	11 R
26	6 ♓ 40	18 ♋ 38	3 ♑ 44	4 ♑ 57	10 ♒ 13	13 ♒ 0	1 ♐ 50	19 ♉ 8	13 ♑ 18	9 ♍ 14	19 ♉ 1	6 ♓ 17	29 ♒	0 ♒	0 ♒	9 ♓	11 ♏
27	7 ♓ 41	1 ♌ 11	3 ♑ 41	4 ♑ 54	11 ♒ 21	14 ♒ 15	2 ♐ 18	19 ♉ 17	13 ♑ 23	9 ♍ 11	19 ♉ 2	6 ♓ 19	0 ♓	1 ♒	0 ♒	10 ♓	11 ♏
28	8 ♓ 41	14 ♌ 4	3 ♑ 38	4 ♑ 48	12 ♒ 31	15 ♒ 29	2 ♐ 45	19 ♉ 25	13 ♑ 28	9 ♍ 8	19 ♉ 3	6 ♓ 20	0 ♓	1 ♒	0 ♒	10 ♓	11 ♏
29	9 ♓ 41	27 ♌ 19	3 ♑ 35	4 ♑ 40	13 ♒ 43	16 ♒ 43	3 ♐ 13	19 ♉ 34	13 ♑ 33	9 ♍ 6	19 ♉ 4	6 ♓ 22	0 ♓	1 ♒	1 ♒	11 ♓	11 ♏

SUN INGRESS: ☉ → ♓ 19日 08:48

MOON PHASE: ◑ 7日 12:16 ♏ ● 14日 09:31 ♒ ◐ 22日 04:22 ♊ ○ 29日 23:37 ♍

aspects

4日	19:33	♀△♃
6日	09:52	☉□♃
6日	11:44	♀△♆
8日	07:56	☉□♆
11日	02:58	♀⚹♂
16日	19:29	☉□♂
17日	07:50	☿☌♀
25日	01:23	♃☌♆
25日	14:21	☉☌♇
28日	10:26	☉☍♅

2048年3月

DAY	☉	☽	☊ mean	☊ true	☿	♀	♂	♃	♄	♅	♆	♇	⚳	⚴	⚵	⚶	⚷
	° ′	° ′	° ′	° ′	° ′	° ′	° ′	° ′	° ′	° ′	° ′	° ′	°	°	°	°	°
1	10 ♓ 42	10 ♍ 54	3 ♑ 32	4 R 30	14 D 57	17 D 58	3 D 40	19 D 43	13 D 38	9 R 3	19 D 5	6 D 24	1 D	2 D	1 D	11 D	11 R
2	11 ♓ 42	24 ♍ 47	3 ♑ 28	4 ♑ 19	16 ♒ 13	19 ♒ 12	4 ♐ 7	19 ♉ 52	13 ♑ 43	9 ♍ 1	19 ♉ 6	6 ♓ 25	1 ♓	2 ♒	2 ♒	12 ♓	11 ♏
3	12 ♓ 42	8 ♎ 53	3 ♑ 25	4 ♑ 8	17 ♒ 30	20 ♒ 27	4 ♐ 34	20 ♉ 1	13 ♑ 48	8 ♍ 58	19 ♉ 7	6 ♓ 27	1 ♓	2 ♒	2 ♒	12 ♓	11 ♏
4	13 ♓ 42	23 ♎ 8	3 ♑ 22	3 ♑ 58	18 ♒ 49	21 ♒ 41	5 ♐ 1	20 ♉ 10	13 ♑ 52	8 ♍ 55	19 ♉ 8	6 ♓ 29	2 ♓	3 ♒	2 ♒	13 ♓	11 ♏
5	14 ♓ 42	7 ♏ 26	3 ♑ 19	3 ♑ 51	20 ♒ 9	22 ♒ 55	5 ♐ 27	20 ♉ 19	13 ♑ 57	8 ♍ 53	19 ♉ 10	6 ♓ 30	2 ♓	3 ♒	3 ♒	13 ♓	11 ♏
6	15 ♓ 42	21 ♏ 43	3 ♑ 16	3 ♑ 46	21 ♒ 31	24 ♒ 10	5 ♐ 53	20 ♉ 29	14 ♑ 2	8 ♍ 50	19 ♉ 11	6 ♓ 32	3 ♓	3 ♒	3 ♒	14 ♓	11 ♏
7	16 ♓ 42	5 ♐ 55	3 ♑ 12	3 ♑ 44	22 ♒ 54	25 ♒ 24	6 ♐ 19	20 ♉ 39	14 ♑ 6	8 ♍ 47	19 ♉ 12	6 ♓ 33	3 ♓	4 ♒	3 ♒	14 ♓	11 ♏
8	17 ♓ 42	20 ♐ 2	3 ♑ 9	3 D 44	24 ♒ 19	26 ♒ 39	6 ♐ 45	20 ♉ 48	14 ♑ 10	8 ♍ 45	19 ♉ 13	6 ♓ 35	3 ♓	4 ♒	4 ♒	15 ♓	11 ♏
9	18 ♓ 42	4 ♑ 1	3 ♑ 6	3 R 44	25 ♒ 45	27 ♒ 53	7 ♐ 11	20 ♉ 58	14 ♑ 15	8 ♍ 42	19 ♉ 15	6 ♓ 37	4 ♓	4 ♒	4 ♒	15 ♓	11 ♏
10	19 ♓ 42	17 ♑ 53	3 ♑ 3	3 ♑ 43	27 ♒ 12	29 ♒ 7	7 ♐ 36	21 ♉ 8	14 ♑ 19	8 ♍ 40	19 ♉ 16	6 ♓ 38	4 ♓	5 ♒	4 ♒	16 ♓	11 ♏
11	20 ♓ 42	1 ♒ 37	3 ♑ 0	3 ♑ 41	28 ♒ 41	0 ♓ 22	8 ♐ 1	21 ♉ 18	14 ♑ 23	8 ♍ 37	19 ♉ 17	6 ♓ 40	5 ♓	5 ♒	5 ♒	16 ♓	11 ♏
12	21 ♓ 42	15 ♒ 13	2 ♑ 57	3 ♑ 35	0 ♓ 10	1 ♓ 36	8 ♐ 25	21 ♉ 28	14 ♑ 27	8 ♍ 35	19 ♉ 19	6 ♓ 42	5 ♓	5 ♒	5 ♒	17 ♓	11 ♏
13	22 ♓ 42	28 ♒ 40	2 ♑ 53	3 ♑ 27	1 ♓ 41	2 ♓ 51	8 ♐ 50	21 ♉ 39	14 ♑ 31	8 ♍ 32	19 ♉ 20	6 ♓ 43	5 ♓	6 ♒	5 ♒	17 ♓	11 ♏
14	23 ♓ 42	11 ♓ 56	2 ♑ 50	3 ♑ 16	3 ♓ 14	4 ♓ 5	9 ♐ 14	21 ♉ 49	14 ♑ 35	8 ♍ 30	19 ♉ 21	6 ♓ 45	6 ♓	6 ♒	6 ♒	18 ♓	11 ♏
15	24 ♓ 42	24 ♓ 58	2 ♑ 47	3 ♑ 3	4 ♓ 47	5 ♓ 19	9 ♐ 38	21 ♉ 59	14 ♑ 39	8 ♍ 27	19 ♉ 23	6 ♓ 46	6 ♓	6 ♒	6 ♒	18 ♓	11 ♏
16	25 ♓ 42	7 ♈ 47	2 ♑ 44	2 ♑ 49	6 ♓ 22	6 ♓ 34	10 ♐ 1	22 ♉ 10	14 ♑ 43	8 ♍ 25	19 ♉ 24	6 ♓ 48	7 ♓	7 ♒	6 ♒	19 ♓	11 ♏
17	26 ♓ 42	20 ♈ 21	2 ♑ 41	2 ♑ 36	7 ♓ 58	7 ♓ 48	10 ♐ 25	22 ♉ 21	14 ♑ 46	8 ♍ 22	19 ♉ 26	6 ♓ 50	7 ♓	7 ♒	7 ♒	19 ♓	11 ♏
18	27 ♓ 41	2 ♉ 40	2 ♑ 37	2 ♑ 24	9 ♓ 35	9 ♓ 2	10 ♐ 48	22 ♉ 32	14 ♑ 50	8 ♍ 20	19 ♉ 27	6 ♓ 51	7 ♓	7 ♒	7 ♒	20 ♓	11 ♏
19	28 ♓ 41	14 ♉ 46	2 ♑ 34	2 ♑ 16	11 ♓ 14	10 ♓ 17	11 ♐ 10	22 ♉ 43	14 ♑ 54	8 ♍ 17	19 ♉ 29	6 ♓ 53	8 ♓	8 ♒	7 ♒	20 ♓	11 ♏
20	29 ♓ 41	26 ♉ 42	2 ♑ 31	2 ♑ 9	12 ♓ 53	11 ♓ 31	11 ♐ 33	22 ♉ 54	14 ♑ 57	8 ♍ 15	19 ♉ 31	6 ♓ 54	8 ♓	8 ♒	8 ♒	21 ♓	11 ♏
21	0 ♈ 40	8 ♊ 32	2 ♑ 28	2 ♑ 6	14 ♓ 34	12 ♓ 45	11 ♐ 55	23 ♉ 5	15 ♑ 0	8 ♍ 12	19 ♉ 32	6 ♓ 56	8 ♓	8 ♒	8 ♒	21 ♓	11 ♏
22	1 ♈ 40	20 ♊ 20	2 ♑ 25	2 ♑ 5	16 ♓ 16	14 ♓ 0	12 ♐ 16	23 ♉ 16	15 ♑ 4	8 ♍ 10	19 ♉ 34	6 ♓ 57	9 ♓	9 ♒	9 ♒	22 ♓	11 ♏
23	2 ♈ 40	2 ♋ 11	2 ♑ 22	2 D 4	18 ♓ 0	15 ♓ 14	12 ♐ 38	23 ♉ 27	15 ♑ 7	8 ♍ 8	19 ♉ 35	6 ♓ 59	9 ♓	9 ♒	9 ♒	22 ♓	11 ♏
24	3 ♈ 39	14 ♋ 11	2 ♑ 18	2 R 4	19 ♓ 44	16 ♓ 28	12 ♐ 58	23 ♉ 39	15 ♑ 10	8 ♍ 5	19 ♉ 37	7 ♓ 1	10 ♓	9 ♒	9 ♒	23 ♓	10 ♏
25	4 ♈ 39	26 ♋ 26	2 ♑ 15	2 ♑ 3	21 ♓ 30	17 ♓ 43	13 ♐ 19	23 ♉ 50	15 ♑ 13	8 ♍ 3	19 ♉ 39	7 ♓ 2	10 ♓	9 ♒	10 ♒	23 ♓	10 ♏
26	5 ♈ 38	9 ♌ 0	2 ♑ 12	2 ♑ 0	23 ♓ 18	18 ♓ 57	13 ♐ 39	24 ♉ 2	15 ♑ 16	8 ♍ 1	19 ♉ 41	7 ♓ 4	10 ♓	10 ♒	10 ♒	24 ♓	10 ♏
27	6 ♈ 37	21 ♌ 58	2 ♑ 9	1 ♑ 54	25 ♓ 6	20 ♓ 11	13 ♐ 59	24 ♉ 13	15 ♑ 19	7 ♍ 59	19 ♉ 42	7 ♓ 5	11 ♓	10 ♒	10 ♒	24 ♓	10 ♏
28	7 ♈ 37	5 ♍ 21	2 ♑ 6	1 ♑ 45	26 ♓ 56	21 ♓ 25	14 ♐ 19	24 ♉ 25	15 ♑ 21	7 ♍ 57	19 ♉ 44	7 ♓ 7	11 ♓	10 ♒	11 ♒	25 ♓	10 ♏
29	8 ♈ 36	19 ♍ 11	2 ♑ 3	1 ♑ 35	28 ♓ 48	22 ♓ 40	14 ♐ 38	24 ♉ 37	15 ♑ 24	7 ♍ 54	19 ♉ 46	7 ♓ 8	12 ♓	11 ♒	11 ♒	25 ♓	10 ♏
30	9 ♈ 35	3 ♎ 23	1 ♑ 59	1 ♑ 23	0 ♈ 40	23 ♓ 54	14 ♐ 56	24 ♉ 49	15 ♑ 26	7 ♍ 52	19 ♉ 48	7 ♓ 9	12 ♓	11 ♒	11 ♒	26 ♓	10 ♏
31	10 ♈ 35	17 ♎ 54	1 ♑ 56	1 ♑ 11	2 ♈ 34	25 ♓ 8	15 ♐ 15	25 ♉ 1	15 ♑ 29	7 ♍ 50	19 ♉ 49	7 ♓ 11	12 ♓	11 ♒	12 ♒	26 ♓	10 ♏

SUN INGRESS ☉ → ♈ 20日 07:33

MOON PHASE ◑ 7日 19:44 ♐ ● 14日 23:27 ♓ ◐ 23日 01:03 ♋ ○ 30日 11:04 ♎

aspects

1日	22:03	♀□♆
2日	14:32	♀□♃
4日	04:27	☉⚹♄
4日	06:03	☿□♆
5日	03:29	☿□♃
7日	14:04	♂□♇
9日	13:09	☉⚹♆
11日	17:12	☉⚹♃
12日	08:08	♂□♅
16日	04:45	♀☌♇
16日	06:39	☿☌♇
16日	13:06	☿☌♀
17日	05:50	☿☍♅
17日	10:40	♀☍♅
18日	22:57	☿□♂
20日	00:42	♀□♂
21日	06:23	☿⚹♄
22日	21:33	♀⚹♄
23日	22:17	☿⚹♆
26日	10:53	☿⚹♃
26日	14:26	♀⚹♆
30日	21:03	♀⚹♃

2048年4月

DAY	☉	☽	☊ mean	☊ true	☿	♀	♂	♃	♄	♅	♆	♇	⚳	⚴	⚵	⚶	⚷
	° ′	° ′	° ′	° ′	° ′	° ′	° ′	° ′	° ′	° ′	° ′	° ′	°	°	°	°	°
1	11 ♈ 34	2 ♏ 35	1 ♑ 53	1 R 1	4 D 29	26 D 22	15 D 33	25 D 13	15 D 31	7 R 48	19 D 51	7 D 12	13 D	11 D	12 D	27 D	10 R
2	12 ♈ 33	17 ♏ 20	1 ♑ 50	0 ♑ 53	6 ♈ 26	27 ♓ 37	15 ♐ 50	25 ♉ 25	15 ♑ 33	7 ♍ 46	19 ♉ 53	7 ♓ 14	13 ♓	12 ♒	12 ♒	27 ♓	10 ♏
3	13 ♈ 32	2 ♐ 0	1 ♑ 47	0 ♑ 48	8 ♈ 24	28 ♓ 51	16 ♐ 7	25 ♉ 37	15 ♑ 36	7 ♍ 44	19 ♉ 55	7 ♓ 15	13 ♓	12 ♒	12 ♒	27 ♓	10 ♏
4	14 ♈ 31	16 ♐ 30	1 ♑ 43	0 ♑ 45	10 ♈ 23	0 ♈ 5	16 ♐ 24	25 ♉ 49	15 ♑ 38	7 ♍ 42	19 ♉ 57	7 ♓ 16	14 ♓	12 ♒	13 ♒	28 ♓	10 ♏
5	15 ♈ 31	0 ♑ 47	1 ♑ 40	0 D 45	12 ♈ 23	1 ♈ 19	16 ♐ 40	26 ♉ 1	15 ♑ 40	7 ♍ 40	19 ♉ 59	7 ♓ 18	14 ♓	13 ♒	13 ♒	28 ♓	10 ♏
6	16 ♈ 30	14 ♑ 48	1 ♑ 37	0 ♑ 45	14 ♈ 25	2 ♈ 34	16 ♐ 56	26 ♉ 14	15 ♑ 42	7 ♍ 38	20 ♉ 1	7 ♓ 19	14 ♓	13 ♒	13 ♒	29 ♓	10 ♏
7	17 ♈ 29	28 ♑ 34	1 ♑ 34	0 R 44	16 ♈ 27	3 ♈ 48	17 ♐ 11	26 ♉ 26	15 ♑ 43	7 ♍ 37	20 ♉ 3	7 ♓ 21	15 ♓	13 ♒	14 ♒	29 ♓	10 ♏
8	18 ♈ 28	12 ♒ 5	1 ♑ 31	0 ♑ 42	18 ♈ 31	5 ♈ 2	17 ♐ 25	26 ♉ 39	15 ♑ 45	7 ♍ 35	20 ♉ 5	7 ♓ 22	15 ♓	13 ♒	14 ♒	0 ♈	10 ♏
9	19 ♈ 27	25 ♒ 23	1 ♑ 28	0 ♑ 38	20 ♈ 35	6 ♈ 16	17 ♐ 40	26 ♉ 51	15 ♑ 47	7 ♍ 33	20 ♉ 7	7 ♓ 23	16 ♓	14 ♒	14 ♒	0 ♈	10 ♏
10	20 ♈ 26	8 ♓ 28	1 ♑ 24	0 ♑ 30	22 ♈ 40	7 ♈ 30	17 ♐ 53	27 ♉ 4	15 ♑ 48	7 ♍ 31	20 ♉ 9	7 ♓ 25	16 ♓	14 ♒	15 ♒	1 ♈	9 ♏
11	21 ♈ 25	21 ♓ 22	1 ♑ 21	0 ♑ 20	24 ♈ 45	8 ♈ 45	18 ♐ 6	27 ♉ 17	15 ♑ 50	7 ♍ 30	20 ♉ 11	7 ♓ 26	16 ♓	14 ♒	15 ♒	1 ♈	9 ♏
12	22 ♈ 23	4 ♈ 4	1 ♑ 18	0 ♑ 9	26 ♈ 51	9 ♈ 59	18 ♐ 19	27 ♉ 30	15 ♑ 51	7 ♍ 28	20 ♉ 13	7 ♓ 27	17 ♓	14 ♒	15 ♒	2 ♈	9 ♏
13	23 ♈ 22	16 ♈ 35	1 ♑ 15	29 ♐ 57	28 ♈ 57	11 ♈ 13	18 ♐ 31	27 ♉ 42	15 ♑ 52	7 ♍ 26	20 ♉ 15	7 ♓ 28	17 ♓	15 ♒	16 ♒	2 ♈	9 ♏
14	24 ♈ 21	28 ♈ 55	1 ♑ 12	29 ♐ 45	1 ♉ 3	12 ♈ 27	18 ♐ 42	27 ♉ 55	15 ♑ 53	7 ♍ 25	20 ♉ 17	7 ♓ 30	17 ♓	15 ♒	16 ♒	3 ♈	9 ♏
15	25 ♈ 20	11 ♉ 3	1 ♑ 9	29 ♐ 34	3 ♉ 8	13 ♈ 41	18 ♐ 53	28 ♉ 8	15 ♑ 54	7 ♍ 23	20 ♉ 19	7 ♓ 31	18 ♓	15 ♒	16 ♒	3 ♈	9 ♏
16	26 ♈ 19	23 ♉ 3	1 ♑ 5	29 ♐ 26	5 ♉ 12	14 ♈ 55	19 ♐ 4	28 ♉ 21	15 ♑ 55	7 ♍ 22	20 ♉ 21	7 ♓ 32	18 ♓	15 ♒	17 ♒	4 ♈	9 ♏
17	27 ♈ 17	4 ♊ 55	1 ♑ 2	29 ♐ 21	7 ♉ 15	16 ♈ 9	19 ♐ 13	28 ♉ 34	15 ♑ 56	7 ♍ 20	20 ♉ 23	7 ♓ 33	19 ♓	16 ♒	17 ♒	4 ♈	9 ♏
18	28 ♈ 16	16 ♊ 43	0 ♑ 59	29 ♐ 18	9 ♉ 17	17 ♈ 23	19 ♐ 23	28 ♉ 47	15 ♑ 57	7 ♍ 19	20 ♉ 25	7 ♓ 34	19 ♓	16 ♒	17 ♒	5 ♈	9 ♏
19	29 ♈ 15	28 ♊ 29	0 ♑ 56	29 ♐ 17	11 ♉ 17	18 ♈ 38	19 ♐ 31	29 ♉ 0	15 ♑ 57	7 ♍ 18	20 ♉ 27	7 ♓ 35	19 ♓	16 ♒	17 ♒	5 ♈	9 ♏
20	0 ♉ 13	10 ♋ 20	0 ♑ 53	29 D 17	13 ♉ 15	19 ♈ 52	19 ♐ 39	29 ♉ 14	15 ♑ 58	7 ♍ 16	20 ♉ 29	7 ♓ 37	20 ♓	16 ♒	18 ♒	6 ♈	9 ♏
21	1 ♉ 12	22 ♋ 19	0 ♑ 49	29 ♐ 18	15 ♉ 10	21 ♈ 6	19 ♐ 46	29 ♉ 27	15 ♑ 58	7 ♍ 15	20 ♉ 32	7 ♓ 38	20 ♓	16 ♒	18 ♒	6 ♈	9 ♏
22	2 ♉ 11	4 ♌ 32	0 ♑ 46	29 R 18	17 ♉ 3	22 ♈ 20	19 ♐ 53	29 ♉ 40	15 ♑ 58	7 ♍ 14	20 ♉ 34	7 ♓ 39	20 ♓	17 ♒	18 ♒	6 ♈	9 ♏
23	3 ♉ 9	17 ♌ 4	0 ♑ 43	29 ♐ 17	18 ♉ 52	23 ♈ 34	19 ♐ 59	29 ♉ 54	15 ♑ 59	7 ♍ 13	20 ♉ 36	7 ♓ 40	21 ♓	17 ♒	19 ♒	7 ♈	8 ♏
24	4 ♉ 8	0 ♍ 0	0 ♑ 40	29 ♐ 14	20 ♉ 38	24 ♈ 48	20 ♐ 4	0 ♊ 7	15 ♑ 59	7 ♍ 12	20 ♉ 38	7 ♓ 41	21 ♓	17 ♒	19 ♒	7 ♈	8 ♏
25	5 ♉ 6	13 ♍ 23	0 ♑ 37	29 ♐ 9	22 ♉ 21	26 ♈ 2	20 ♐ 9	0 ♊ 20	15 R 59	7 ♍ 11	20 ♉ 40	7 ♓ 42	21 ♓	17 ♒	19 ♒	8 ♈	8 ♏
26	6 ♉ 4	27 ♍ 14	0 ♑ 34	29 ♐ 2	24 ♉ 0	27 ♈ 16	20 ♐ 13	0 ♊ 34	15 ♑ 59	7 ♍ 10	20 ♉ 42	7 ♓ 43	22 ♓	17 ♒	19 ♒	8 ♈	8 ♏
27	7 ♉ 3	11 ♎ 33	0 ♑ 30	28 ♐ 54	25 ♉ 35	28 ♈ 30	20 ♐ 16	0 ♊ 47	15 ♑ 59	7 ♍ 9	20 ♉ 45	7 ♓ 44	22 ♓	18 ♒	20 ♒	9 ♈	8 ♏
28	8 ♉ 1	26 ♎ 15	0 ♑ 27	28 ♐ 46	27 ♉ 6	29 ♈ 44	20 ♐ 18	1 ♊ 1	15 ♑ 58	7 ♍ 8	20 ♉ 47	7 ♓ 45	22 ♓	18 ♒	20 ♒	9 ♈	8 ♏
29	9 ♉ 0	11 ♏ 13	0 ♑ 24	28 ♐ 39	28 ♉ 33	0 ♉ 58	20 ♐ 20	1 ♊ 14	15 ♑ 58	7 ♍ 7	20 ♉ 49	7 ♓ 46	23 ♓	18 ♒	20 ♒	10 ♈	8 ♏
30	9 ♉ 58	26 ♏ 18	0 ♑ 21	28 ♐ 34	29 ♉ 55	2 ♉ 12	20 ♐ 21	1 ♊ 28	15 ♑ 57	7 ♍ 6	20 ♉ 51	7 ♓ 47	23 ♓	18 ♒	20 ♒	10 ♈	8 ♏

SUN INGRESS ☉ → ♉ 19日 18:17

MOON PHASE ◑ 6日 03:10 ♑ ● 13日 14:19 ♈ ◐ 21日 19:01 ♌ ○ 28日 20:12 ♏

aspects

5日	03:51	☉□♄
6日	14:14	☉△♂
6日	15:20	☿□♄
7日	09:39	☿△♂
7日	22:54	☉☌☿
12日	07:16	♅☍♇
16日	19:35	♀□♄
17日	00:57	☿△♅
17日	03:30	☿⚹♇
19日	19:25	♀△♂
21日	10:11	☿△♄
23日	23:57	☿☌♆
27日	02:26	☉△♅
27日	17:09	☉⚹♇

2048年5月

DAY	☉	☽	☊ mean	☊ true	☿	♀	♂	♃	♄	♅	♆	♇	⚳	⚴	⚵	⚶	⚷
	° ′	° ′	° ′	° ′	° ′	° ′	° ′	° ′	° ′	° ′	° ′	° ′	°	°	°	°	°
1	10 ♉ 56	11 ♐ 20	0 ♑ 18	28 R 30	1 D 13	3 D 26	20 D 22	1 D 42	15 R 57	7 R 6	20 D 54	7 D 48	23 D	18 D	21 D	11 D	8 R
2	11 ♉ 54	26 ♐ 11	0 ♑ 14	28 ♐ 29	2 ♊ 27	4 ♉ 40	20 R 22	1 ♊ 55	15 ♑ 56	7 ♍ 5	20 ♉ 56	7 ♓ 48	24 ♓	19 ♒	21 ♒	11 ♈	8 ♏
3	12 ♉ 53	10 ♑ 45	0 ♑ 11	28 D 30	3 ♊ 35	5 ♉ 54	20 ♐ 21	1 ♊ 9	15 ♑ 55	7 ♍ 4	20 ♉ 58	7 ♓ 49	24 ♓	19 ♒	21 ♒	12 ♈	8 ♏
4	13 ♉ 51	24 ♑ 58	0 ♑ 8	28 ♐ 31	4 ♊ 40	7 ♉ 8	20 ♐ 19	2 ♊ 23	15 ♑ 55	7 ♍ 4	21 ♉ 0	7 ♓ 50	24 ♓	19 ♒	21 ♒	12 ♈	8 ♏
5	14 ♉ 49	8 ♒ 50	0 ♑ 5	28 ♐ 32	5 ♊ 39	8 ♉ 22	20 ♐ 16	2 ♊ 36	15 ♑ 54	7 ♍ 3	21 ♉ 3	7 ♓ 51	25 ♓	19 ♒	22 ♒	12 ♈	8 ♏
6	15 ♉ 47	22 ♒ 21	0 ♑ 2	28 R 32	6 ♊ 34	9 ♉ 35	20 ♐ 13	2 ♊ 50	15 ♑ 53	7 ♍ 3	21 ♉ 5	7 ♓ 52	25 ♓	19 ♒	22 ♒	13 ♈	7 ♏
7	16 ♉ 45	5 ♓ 32	29 ♐ 59	28 ♐ 30	7 ♊ 24	10 ♉ 49	20 ♐ 9	3 ♊ 4	15 ♑ 51	7 ♍ 2	21 ♉ 7	7 ♓ 53	25 ♓	19 ♒	22 ♒	13 ♈	7 ♏
8	17 ♉ 43	18 ♓ 26	29 ♐ 55	28 ♐ 27	8 ♊ 9	12 ♉ 3	20 ♐ 4	3 ♊ 18	15 ♑ 50	7 ♍ 2	21 ♉ 9	7 ♓ 53	26 ♓	20 ♒	22 ♒	14 ♈	7 ♏
9	18 ♉ 41	1 ♈ 5	29 ♐ 52	28 ♐ 22	8 ♊ 49	13 ♉ 17	19 ♐ 58	3 ♊ 32	15 ♑ 49	7 ♍ 2	21 ♉ 12	7 ♓ 54	26 ♓	20 ♒	23 ♒	14 ♈	7 ♏
10	19 ♉ 39	13 ♈ 31	29 ♐ 49	28 ♐ 15	9 ♊ 24	14 ♉ 31	19 ♐ 52	3 ♊ 45	15 ♑ 48	7 ♍ 1	21 ♉ 14	7 ♓ 55	26 ♓	20 ♒	23 ♒	15 ♈	7 ♏
11	20 ♉ 37	25 ♈ 46	29 ♐ 46	28 ♐ 8	9 ♊ 54	15 ♉ 45	19 ♐ 45	3 ♊ 59	15 ♑ 46	7 ♍ 1	21 ♉ 16	7 ♓ 55	27 ♓	20 ♒	23 ♒	15 ♈	7 ♏
12	21 ♉ 35	7 ♉ 52	29 ♐ 43	28 ♐ 2	10 ♊ 18	16 ♉ 59	19 ♐ 37	4 ♊ 13	15 ♑ 44	7 ♍ 1	21 ♉ 18	7 ♓ 56	27 ♓	20 ♒	23 ♒	16 ♈	7 ♏
13	22 ♉ 33	19 ♉ 50	29 ♐ 40	27 ♐ 56	10 ♊ 38	18 ♉ 13	19 ♐ 28	4 ♊ 27	15 ♑ 43	7 ♍ 1	21 ♉ 21	7 ♓ 57	27 ♓	20 ♒	24 ♒	16 ♈	7 ♏
14	23 ♉ 31	1 ♊ 43	29 ♐ 36	27 ♐ 52	10 ♊ 53	19 ♉ 27	19 ♐ 19	4 ♊ 41	15 ♑ 41	7 ♍ 1	21 ♉ 23	7 ♓ 57	28 ♓	20 ♒	24 ♒	16 ♈	7 ♏
15	24 ♉ 29	13 ♊ 31	29 ♐ 33	27 ♐ 49	11 ♊ 2	20 ♉ 41	19 ♐ 8	4 ♊ 55	15 ♑ 39	7 D 1	21 ♉ 25	7 ♓ 58	28 ♓	21 ♒	24 ♒	17 ♈	7 ♏
16	25 ♉ 27	25 ♊ 18	29 ♐ 30	27 ♐ 48	11 ♊ 7	21 ♉ 54	18 ♐ 57	5 ♊ 9	15 ♑ 37	7 ♍ 1	21 ♉ 27	7 ♓ 58	28 ♓	21 ♒	24 ♒	17 ♈	7 ♏
17	26 ♉ 25	7 ♋ 6	29 ♐ 27	27 D 48	11 R 6	23 ♉ 8	18 ♐ 46	5 ♊ 23	15 ♑ 35	7 ♍ 1	21 ♉ 30	7 ♓ 59	29 ♓	21 ♒	25 ♒	18 ♈	7 ♏
18	27 ♉ 23	18 ♋ 58	29 ♐ 24	27 ♐ 50	11 ♊ 1	24 ♉ 22	18 ♐ 34	5 ♊ 37	15 ♑ 33	7 ♍ 1	21 ♉ 32	8 ♓ 0	29 ♓	21 ♒	25 ♒	18 ♈	7 ♏
19	28 ♉ 21	0 ♌ 59	29 ♐ 20	27 ♐ 51	10 ♊ 52	25 ♉ 36	18 ♐ 21	5 ♊ 51	15 ♑ 31	7 ♍ 1	21 ♉ 34	8 ♓ 0	29 ♓	21 ♒	25 ♒	19 ♈	7 ♏
20	29 ♉ 18	13 ♌ 12	29 ♐ 17	27 ♐ 53	10 ♊ 38	26 ♉ 50	18 ♐ 7	6 ♊ 5	15 ♑ 28	7 ♍ 2	21 ♉ 36	8 ♓ 1	0 ♈	21 ♒	25 ♒	19 ♈	6 ♏
21	0 ♊ 16	25 ♌ 43	29 ♐ 14	27 ♐ 54	10 ♊ 20	28 ♉ 4	17 ♐ 53	6 ♊ 19	15 ♑ 26	7 ♍ 2	21 ♉ 39	8 ♓ 1	0 ♈	21 ♒	25 ♒	20 ♈	6 ♏
22	1 ♊ 14	8 ♍ 36	29 ♐ 11	27 R 54	9 ♊ 58	29 ♉ 17	17 ♐ 38	6 ♊ 33	15 ♑ 24	7 ♍ 2	21 ♉ 41	8 ♓ 1	0 ♈	21 ♒	26 ♒	20 ♈	6 ♏
23	2 ♊ 11	21 ♍ 53	29 ♐ 8	27 ♐ 52	9 ♊ 34	0 ♊ 31	17 ♐ 22	6 ♊ 47	15 ♑ 21	7 ♍ 3	21 ♉ 43	8 ♓ 2	1 ♈	21 ♒	26 ♒	20 ♈	6 ♏
24	3 ♊ 9	5 ♎ 39	29 ♐ 5	27 ♐ 50	9 ♊ 6	1 ♊ 45	17 ♐ 6	7 ♊ 1	15 ♑ 18	7 ♍ 3	21 ♉ 45	8 ♓ 2	1 ♈	21 ♒	26 ♒	21 ♈	6 ♏
25	4 ♊ 7	19 ♎ 52	29 ♐ 1	27 ♐ 47	8 ♊ 36	2 ♊ 59	16 ♐ 50	7 ♊ 15	15 ♑ 16	7 ♍ 4	21 ♉ 47	8 ♓ 2	1 ♈	22 ♒	26 ♒	21 ♈	6 ♏
26	5 ♊ 4	4 ♏ 30	28 ♐ 58	27 ♐ 44	8 ♊ 4	4 ♊ 13	16 ♐ 33	7 ♊ 29	15 ♑ 13	7 ♍ 5	21 ♉ 50	8 ♓ 3	2 ♈	22 ♒	26 ♒	22 ♈	6 ♏
27	6 ♊ 2	19 ♏ 29	28 ♐ 55	27 ♐ 41	7 ♊ 31	5 ♊ 26	16 ♐ 15	7 ♊ 43	15 ♑ 10	7 ♍ 5	21 ♉ 52	8 ♓ 3	2 ♈	22 ♒	26 ♒	22 ♈	6 ♏
28	7 ♊ 0	4 ♐ 39	28 ♐ 52	27 ♐ 39	6 ♊ 57	6 ♊ 40	15 ♐ 57	7 ♊ 57	15 ♑ 7	7 ♍ 6	21 ♉ 54	8 ♓ 3	2 ♈	22 ♒	27 ♒	23 ♈	6 ♏
29	7 ♊ 57	19 ♐ 52	28 ♐ 49	27 ♐ 38	6 ♊ 23	7 ♊ 54	15 ♐ 39	8 ♊ 11	15 ♑ 4	7 ♍ 7	21 ♉ 56	8 ♓ 4	2 ♈	22 ♒	27 ♒	23 ♈	6 ♏
30	8 ♊ 55	4 ♑ 57	28 ♐ 46	27 D 38	5 ♊ 49	9 ♊ 8	15 ♐ 20	8 ♊ 25	15 ♑ 1	7 ♍ 7	21 ♉ 58	8 ♓ 4	3 ♈	22 ♒	27 ♒	23 ♈	6 ♏
31	9 ♊ 52	19 ♑ 47	28 ♐ 42	27 ♐ 39	5 ♊ 17	10 ♊ 21	15 ♐ 1	8 ♊ 40	14 ♑ 58	7 ♍ 8	22 ♉ 1	8 ♓ 4	3 ♈	22 ♒	27 ♒	24 ♈	6 ♏

SUN INGRESS ☉ → ♊ 20日 17:07

MOON PHASE ◑ 5日 11:22 ♒ ● 13日 05:57 ♉ ◐ 21日 09:15 ♍ ○ 28日 03:56 ♐

aspects	
1日 11:12	☿☌♃
3日 22:45	♀△♅
4日 13:59	♀✶♇
6日 02:18	☉△♄
6日 13:27	☿□♅
7日 15:19	☿□♇
11日 00:18	♀△♄
11日 16:40	☉☌♆
15日 14:54	♀☌♆
24日 03:55	♃□♅
26日 00:42	☿□♇
26日 17:34	☿☌♃
27日 17:39	☿□♅
27日 23:15	☉☌☿
28日 02:40	☉□♅
28日 03:42	☿☌♀
28日 08:29	♀□♅
28日 10:26	♃□♇
29日 02:43	☉□♇
29日 03:11	♀□♇
29日 04:51	☉☌♀
29日 07:03	♀☌♃
29日 07:53	☉☌♃

2048年6月

DAY	☉	☽	☊ mean	☊ true	☿	♀	♂	♃	♄	♅	♆	♇	⚳	⚴	⚵	⚶	⚷
	° ′	° ′	° ′	° ′	° ′	° ′	° ′	° ′	° ′	° ′	° ′	° ′	°	°	°	°	°
1	10 ♊ 50	4 ♒ 16	28 ♐ 39	27 D 40	4 R 46	11 D 35	14 R 41	8 D 54	14 R 55	7 D 9	22 D 3	8 D 4	3 D	22 D	27 D	24 D	6 R
2	11 ♊ 47	18 ♒ 20	28 ♐ 36	27 ♐ 41	4 ♊ 18	12 ♊ 49	14 ♐ 22	9 ♊ 8	14 ♑ 51	7 ♍ 10	22 ♉ 5	8 ♓ 4	4 ♈	22 ♒	27 ♒	25 ♈	6 ♏
3	12 ♊ 45	1 ♓ 57	28 ♐ 33	27 ♐ 42	3 ♊ 52	14 ♊ 3	14 ♐ 2	9 ♊ 22	14 ♑ 48	7 ♍ 11	22 ♉ 7	8 ♓ 5	4 ♈	22 ♒	28 ♒	25 ♈	6 ♏
4	13 ♊ 42	15 ♓ 11	28 ♐ 30	27 R 42	3 ♊ 29	15 ♊ 16	13 ♐ 42	9 ♊ 36	14 ♑ 45	7 ♍ 12	22 ♉ 9	8 ♓ 5	4 ♈	22 ♒	28 ♒	25 ♈	6 ♏
5	14 ♊ 40	28 ♓ 2	28 ♐ 26	27 ♐ 42	3 ♊ 9	16 ♊ 30	13 ♐ 21	9 ♊ 50	14 ♑ 41	7 ♍ 13	22 ♉ 11	8 ♓ 5	4 ♈	22 ♒	28 ♒	26 ♈	6 ♏
6	15 ♊ 37	10 ♈ 35	28 ♐ 23	27 ♐ 41	2 ♊ 53	17 ♊ 44	13 ♐ 1	10 ♊ 4	14 ♑ 38	7 ♍ 15	22 ♉ 13	8 ♓ 5	5 ♈	22 ♒	28 ♒	26 ♈	6 ♏
7	16 ♊ 35	22 ♈ 52	28 ♐ 20	27 ♐ 40	2 ♊ 41	18 ♊ 58	12 ♐ 41	10 ♊ 18	14 ♑ 34	7 ♍ 16	22 ♉ 16	8 ♓ 5	5 ♈	22 R	28 ♒	27 ♈	5 ♏
8	17 ♊ 32	4 ♉ 58	28 ♐ 17	27 ♐ 38	2 ♊ 33	20 ♊ 11	12 ♐ 20	10 ♊ 32	14 ♑ 30	7 ♍ 17	22 ♉ 18	8 R 5	5 ♈	22 ♒	28 ♒	27 ♈	5 ♏
9	18 ♊ 29	16 ♉ 55	28 ♐ 14	27 ♐ 37	2 ♊ 30	21 ♊ 25	12 ♐ 0	10 ♊ 46	14 ♑ 27	7 ♍ 18	22 ♉ 20	8 ♓ 5	6 ♈	22 ♒	28 ♒	28 ♈	5 ♏
10	19 ♊ 27	28 ♉ 46	28 ♐ 11	27 ♐ 36	2 D 31	22 ♊ 39	11 ♐ 40	11 ♊ 0	14 ♑ 23	7 ♍ 20	22 ♉ 22	8 ♓ 5	6 ♈	22 ♒	28 ♒	28 ♈	5 ♏
11	20 ♊ 24	10 ♊ 33	28 ♐ 7	27 ♐ 35	2 ♊ 36	23 ♊ 53	11 ♐ 20	11 ♊ 14	14 ♑ 19	7 ♍ 21	22 ♉ 24	8 ♓ 5	6 ♈	22 ♒	29 ♒	28 ♈	5 ♏
12	21 ♊ 22	22 ♊ 21	28 ♐ 4	27 ♐ 35	2 ♊ 46	25 ♊ 6	11 ♐ 0	11 ♊ 28	14 ♑ 15	7 ♍ 23	22 ♉ 26	8 ♓ 5	6 ♈	22 ♒	29 ♒	29 ♈	5 ♏
13	22 ♊ 19	4 ♋ 9	28 ♐ 1	27 D 35	3 ♊ 1	26 ♊ 20	10 ♐ 41	11 ♊ 41	14 ♑ 11	7 ♍ 24	22 ♉ 28	8 ♓ 4	7 ♈	22 ♒	29 ♒	29 ♈	5 ♏
14	23 ♊ 16	16 ♋ 2	27 ♐ 58	27 ♐ 35	3 ♊ 20	27 ♊ 34	10 ♐ 21	11 ♊ 55	14 ♑ 7	7 ♍ 26	22 ♉ 30	8 ♓ 4	7 ♈	22 ♒	29 ♒	0 ♉	5 ♏
15	24 ♊ 14	28 ♋ 1	27 ♐ 55	27 ♐ 35	3 ♊ 43	28 ♊ 48	10 ♐ 2	12 ♊ 9	14 ♑ 3	7 ♍ 27	22 ♉ 32	8 ♓ 4	7 ♈	22 ♒	29 ♒	0 ♉	5 ♏
16	25 ♊ 11	10 ♌ 9	27 ♐ 52	27 ♐ 36	4 ♊ 11	0 ♋ 1	9 ♐ 44	12 ♊ 23	13 ♑ 59	7 ♍ 29	22 ♉ 34	8 ♓ 4	7 ♈	22 ♒	29 ♒	0 ♉	5 ♏
17	26 ♊ 8	22 ♌ 28	27 ♐ 48	27 ♐ 36	4 ♊ 43	1 ♋ 15	9 ♐ 26	12 ♊ 37	13 ♑ 55	7 ♍ 31	22 ♉ 36	8 ♓ 4	8 ♈	22 ♒	29 ♒	1 ♉	5 ♏
18	27 ♊ 6	5 ♍ 3	27 ♐ 45	27 ♐ 36	5 ♊ 20	2 ♋ 29	9 ♐ 8	12 ♊ 51	13 ♑ 51	7 ♍ 33	22 ♉ 38	8 ♓ 4	8 ♈	22 ♒	29 ♒	1 ♉	5 ♏
19	28 ♊ 3	17 ♍ 56	27 ♐ 42	27 R 36	6 ♊ 1	3 ♋ 42	8 ♐ 51	13 ♊ 4	13 ♑ 47	7 ♍ 34	22 ♉ 40	8 ♓ 3	8 ♈	22 ♒	29 ♒	2 ♉	5 ♏
20	29 ♊ 0	1 ♎ 10	27 ♐ 39	27 D 36	6 ♊ 46	4 ♋ 56	8 ♐ 34	13 ♊ 18	13 ♑ 43	7 ♍ 36	22 ♉ 42	8 ♓ 3	8 ♈	21 ♒	29 ♒	2 ♉	5 ♏
21	29 ♊ 57	14 ♎ 48	27 ♐ 36	27 ♐ 36	7 ♊ 35	6 ♋ 10	8 ♐ 18	13 ♊ 32	13 ♑ 39	7 ♍ 38	22 ♉ 43	8 ♓ 3	9 ♈	21 ♒	29 ♒	2 ♉	5 ♏
22	0 ♋ 55	28 ♎ 50	27 ♐ 32	27 ♐ 36	8 ♊ 28	7 ♋ 23	8 ♐ 3	13 ♊ 46	13 ♑ 34	7 ♍ 40	22 ♉ 45	8 ♓ 2	9 ♈	21 ♒	29 ♒	3 ♉	5 ♏
23	1 ♋ 52	13 ♏ 15	27 ♐ 29	27 ♐ 37	9 ♊ 25	8 ♋ 37	7 ♐ 48	13 ♊ 59	13 ♑ 30	7 ♍ 42	22 ♉ 47	8 ♓ 2	9 ♈	21 ♒	29 ♒	3 ♉	5 ♏
24	2 ♋ 49	28 ♏ 1	27 ♐ 26	27 ♐ 37	10 ♊ 26	9 ♋ 51	7 ♐ 34	14 ♊ 13	13 ♑ 26	7 ♍ 44	22 ♉ 49	8 ♓ 2	9 ♈	21 ♒	29 ♒	3 ♉	5 ♏
25	3 ♋ 46	13 ♐ 2	27 ♐ 23	27 ♐ 37	11 ♊ 31	11 ♋ 5	7 ♐ 21	14 ♊ 27	13 ♑ 21	7 ♍ 46	22 ♉ 51	8 ♓ 1	9 ♈	21 ♒	29 ♒	4 ♉	5 ♏
26	4 ♋ 44	28 ♐ 9	27 ♐ 20	27 R 38	12 ♊ 40	12 ♋ 18	7 ♐ 8	14 ♊ 40	13 ♑ 17	7 ♍ 48	22 ♉ 53	8 ♓ 1	10 ♈	21 ♒	29 ♒	4 ♉	5 ♏
27	5 ♋ 41	13 ♑ 15	27 ♐ 17	27 ♐ 37	13 ♊ 52	13 ♋ 32	6 ♐ 56	14 ♊ 54	13 ♑ 13	7 ♍ 51	22 ♉ 54	8 ♓ 0	10 ♈	21 ♒	29 ♒	5 ♉	5 ♏
28	6 ♋ 38	28 ♑ 11	27 ♐ 13	27 ♐ 37	15 ♊ 8	14 ♋ 46	6 ♐ 45	15 ♊ 7	13 ♑ 8	7 ♍ 53	22 ♉ 56	8 ♓ 0	10 ♈	21 ♒	29 ♒	5 ♉	5 ♏
29	7 ♋ 35	12 ♒ 48	27 ♐ 10	27 ♐ 36	16 ♊ 28	15 ♋ 59	6 ♐ 34	15 ♊ 21	13 ♑ 4	7 ♍ 55	22 ♉ 58	7 ♓ 59	10 ♈	21 ♒	29 R	5 ♉	5 ♏
30	8 ♋ 32	27 ♒ 1	27 ♐ 7	27 ♐ 35	17 ♊ 51	17 ♋ 13	6 ♐ 24	15 ♊ 34	13 ♑ 0	7 ♍ 57	23 ♉ 0	7 ♓ 59	11 ♈	20 ♒	29 ♒	6 ♉	5 ♏

SUN INGRESS ☉ → ♋ 21日 00:53

MOON PHASE ◑ 3日 21:04 ♓ ● 11日 21:49 ♊ ◐ 19日 19:49 ♍ ○ 26日 11:07 ♑

aspects	
2日 23:46	♀☍♂
3日 23:50	☉☍♂
11日 04:36	♂☍♃
21日 01:32	☿□♅
21日 12:39	☿□♇
21日 15:20	☿☍♂
22日 01:05	♂□♇
22日 05:34	♀✶♅
22日 12:36	♀△♇
23日 08:57	♂□♅
26日 18:06	♀☍♄
27日 23:42	☿☌♃
29日 08:42	☉✶♅
29日 10:06	☉△♇
30日 13:10	♅☍♇

2048年7月

DAY	☉	☽	☊ mean	☊ true	☿	♀	♂	♃	♄	♅	♆	♇	⚳	⚴	⚵	⚶	⚷
	° ′	° ′	° ′	° ′	° ′	° ′	° ′	° ′	° ′	° ′	° ′	° ′	°	°	°	°	°
1	9 ♋ 30	10 ♓ 48	27 ♐ 4	27 R 33	19 D 18	18 D 27	6 R 15	15 D 48	12 R 55	8 D 0	23 D 1	7 R 58	11 D	20 R	29 R	6 D	5 R
2	10 ♋ 27	24 ♓ 8	27 ♐ 1	27 ♐ 32	20 ♊ 48	19 ♋ 40	6 ♐ 7	16 ♊ 1	12 ♑ 51	8 ♍ 2	23 ♉ 3	7 ♓ 58	11 ♈	20 ♒	29 ♒	6 ♉	5 ♏
3	11 ♋ 24	7 ♈ 2	26 ♐ 58	27 ♐ 32	22 ♊ 22	20 ♋ 54	6 ♐ 0	16 ♊ 14	12 ♑ 46	8 ♍ 4	23 ♉ 5	7 ♓ 57	11 ♈	20 ♒	29 ♒	7 ♉	5 ♏
4	12 ♋ 21	19 ♈ 35	26 ♐ 54	27 D 32	23 ♊ 59	22 ♋ 8	5 ♐ 53	16 ♊ 27	12 ♑ 42	8 ♍ 7	23 ♉ 6	7 ♓ 57	11 ♈	20 ♒	29 ♒	7 ♉	5 D
5	13 ♋ 18	1 ♉ 50	26 ♐ 51	27 ♐ 33	25 ♊ 40	23 ♋ 21	5 ♐ 47	16 ♊ 41	12 ♑ 37	8 ♍ 9	23 ♉ 8	7 ♓ 56	11 ♈	20 ♒	29 ♒	8 ♉	5 ♏
6	14 ♋ 16	13 ♉ 51	26 ♐ 48	27 ♐ 34	27 ♊ 24	24 ♋ 35	5 ♐ 43	16 ♊ 54	12 ♑ 33	8 ♍ 12	23 ♉ 9	7 ♓ 55	12 ♈	19 ♒	29 ♒	8 ♉	5 ♏
7	15 ♋ 13	25 ♉ 44	26 ♐ 45	27 ♐ 35	29 ♊ 11	25 ♋ 49	5 ♐ 38	17 ♊ 7	12 ♑ 29	8 ♍ 15	23 ♉ 11	7 ♓ 55	12 ♈	19 ♒	29 ♒	8 ♉	5 ♏
8	16 ♋ 10	7 ♊ 32	26 ♐ 42	27 ♐ 37	1 ♋ 1	27 ♋ 2	5 ♐ 35	17 ♊ 20	12 ♑ 24	8 ♍ 17	23 ♉ 12	7 ♓ 54	12 ♈	19 ♒	29 ♒	9 ♉	5 ♏
9	17 ♋ 7	19 ♊ 18	26 ♐ 38	27 ♐ 38	2 ♋ 54	28 ♋ 16	5 ♐ 33	17 ♊ 33	12 ♑ 20	8 ♍ 20	23 ♉ 14	7 ♓ 53	12 ♈	19 ♒	29 ♒	9 ♉	5 ♏
10	18 ♋ 4	1 ♋ 7	26 ♐ 35	27 R 38	4 ♋ 49	29 ♋ 30	5 ♐ 31	17 ♊ 46	12 ♑ 15	8 ♍ 23	23 ♉ 15	7 ♓ 53	12 ♈	19 ♒	29 ♒	9 ♉	5 ♏
11	19 ♋ 2	13 ♋ 1	26 ♐ 32	27 ♐ 37	6 ♋ 48	0 ♌ 44	5 ♐ 31	17 ♊ 59	12 ♑ 11	8 ♍ 25	23 ♉ 17	7 ♓ 52	12 ♈	18 ♒	29 ♒	10 ♉	5 ♏
12	19 ♋ 59	25 ♋ 3	26 ♐ 29	27 ♐ 35	8 ♋ 48	1 ♌ 57	5 D 31	18 ♊ 12	12 ♑ 7	8 ♍ 28	23 ♉ 18	7 ♓ 51	13 ♈	18 ♒	29 ♒	10 ♉	5 ♏
13	20 ♋ 56	7 ♌ 13	26 ♐ 26	27 ♐ 32	10 ♋ 51	3 ♌ 11	5 ♐ 32	18 ♊ 25	12 ♑ 2	8 ♍ 31	23 ♉ 20	7 ♓ 50	13 ♈	18 ♒	29 ♒	10 ♉	5 ♏
14	21 ♋ 53	19 ♌ 34	26 ♐ 23	27 ♐ 29	12 ♋ 55	4 ♌ 25	5 ♐ 34	18 ♊ 38	11 ♑ 58	8 ♍ 34	23 ♉ 21	7 ♓ 50	13 ♈	18 ♒	29 ♒	11 ♉	5 ♏
15	22 ♋ 51	2 ♍ 7	26 ♐ 19	27 ♐ 25	15 ♋ 0	5 ♌ 38	5 ♐ 36	18 ♊ 50	11 ♑ 53	8 ♍ 37	23 ♉ 22	7 ♓ 49	13 ♈	18 ♒	29 ♒	11 ♉	5 ♏
16	23 ♋ 48	14 ♍ 54	26 ♐ 16	27 ♐ 21	17 ♋ 7	6 ♌ 52	5 ♐ 40	19 ♊ 3	11 ♑ 49	8 ♍ 39	23 ♉ 24	7 ♓ 48	13 ♈	17 ♒	28 ♒	11 ♉	5 ♏
17	24 ♋ 45	27 ♍ 55	26 ♐ 13	27 ♐ 18	19 ♋ 15	8 ♌ 6	5 ♐ 44	19 ♊ 16	11 ♑ 45	8 ♍ 42	23 ♉ 25	7 ♓ 47	13 ♈	17 ♒	28 ♒	12 ♉	5 ♏
18	25 ♋ 42	11 ♎ 12	26 ♐ 10	27 ♐ 16	21 ♋ 23	9 ♌ 19	5 ♐ 49	19 ♊ 28	11 ♑ 41	8 ♍ 45	23 ♉ 26	7 ♓ 46	14 ♈	17 ♒	28 ♒	12 ♉	5 ♏
19	26 ♋ 40	24 ♎ 47	26 ♐ 7	27 ♐ 15	23 ♋ 32	10 ♌ 33	5 ♐ 55	19 ♊ 41	11 ♑ 36	8 ♍ 48	23 ♉ 28	7 ♓ 45	14 ♈	17 ♒	28 ♒	12 ♉	5 ♏
20	27 ♋ 37	8 ♏ 40	26 ♐ 4	27 D 15	25 ♋ 40	11 ♌ 47	6 ♐ 2	19 ♊ 53	11 ♑ 32	8 ♍ 51	23 ♉ 29	7 ♓ 44	14 ♈	16 ♒	28 ♒	13 ♉	5 ♏
21	28 ♋ 34	22 ♏ 51	26 ♐ 0	27 ♐ 16	27 ♋ 48	13 ♌ 0	6 ♐ 9	20 ♊ 6	11 ♑ 28	8 ♍ 54	23 ♉ 30	7 ♓ 43	14 ♈	16 ♒	28 ♒	13 ♉	5 ♏
22	29 ♋ 31	7 ♐ 19	25 ♐ 57	27 ♐ 18	29 ♋ 56	14 ♌ 14	6 ♐ 18	20 ♊ 18	11 ♑ 24	8 ♍ 58	23 ♉ 31	7 ♓ 43	14 ♈	16 ♒	28 ♒	13 ♉	5 ♏
23	0 ♌ 29	22 ♐ 0	25 ♐ 54	27 ♐ 19	2 ♌ 3	15 ♌ 28	6 ♐ 27	20 ♊ 30	11 ♑ 20	9 ♍ 1	23 ♉ 32	7 ♓ 42	14 ♈	16 ♒	27 ♒	13 ♉	5 ♏
24	1 ♌ 26	6 ♑ 50	25 ♐ 51	27 R 18	4 ♌ 9	16 ♌ 41	6 ♐ 37	20 ♊ 42	11 ♑ 16	9 ♍ 4	23 ♉ 33	7 ♓ 41	14 ♈	15 ♒	27 ♒	14 ♉	5 ♏
25	2 ♌ 23	21 ♑ 41	25 ♐ 48	27 ♐ 17	6 ♌ 14	17 ♌ 55	6 ♐ 47	20 ♊ 54	11 ♑ 12	9 ♍ 7	23 ♉ 34	7 ♓ 40	14 ♈	15 ♒	27 ♒	14 ♉	5 ♏
26	3 ♌ 21	6 ♒ 28	25 ♐ 44	27 ♐ 13	8 ♌ 17	19 ♌ 8	6 ♐ 58	21 ♊ 6	11 ♑ 8	9 ♍ 10	23 ♉ 36	7 ♓ 39	14 ♈	15 ♒	27 ♒	14 ♉	5 ♏
27	4 ♌ 18	21 ♒ 1	25 ♐ 41	27 ♐ 8	10 ♌ 20	20 ♌ 22	7 ♐ 10	21 ♊ 18	11 ♑ 4	9 ♍ 13	23 ♉ 37	7 ♓ 38	14 ♈	15 ♒	27 ♒	15 ♉	5 ♏
28	5 ♌ 15	5 ♓ 15	25 ♐ 38	27 ♐ 3	12 ♌ 20	21 ♌ 36	7 ♐ 23	21 ♊ 30	11 ♑ 0	9 ♍ 17	23 ♉ 38	7 ♓ 37	15 ♈	14 ♒	27 ♒	15 ♉	5 ♏
29	6 ♌ 12	19 ♓ 4	25 ♐ 35	26 ♐ 57	14 ♌ 20	22 ♌ 49	7 ♐ 36	21 ♊ 42	10 ♑ 56	9 ♍ 20	23 ♉ 38	7 ♓ 36	15 ♈	14 ♒	26 ♒	15 ♉	5 ♏
30	7 ♌ 10	2 ♈ 28	25 ♐ 32	26 ♐ 52	16 ♌ 18	24 ♌ 3	7 ♐ 50	21 ♊ 54	10 ♑ 53	9 ♍ 23	23 ♉ 39	7 ♓ 35	15 ♈	14 ♒	26 ♒	16 ♉	5 ♏
31	8 ♌ 7	15 ♈ 25	25 ♐ 29	26 ♐ 48	18 ♌ 14	25 ♌ 16	8 ♐ 5	22 ♊ 6	10 ♑ 49	9 ♍ 27	23 ♉ 40	7 ♓ 33	15 ♈	14 ♒	26 ♒	16 ♉	5 ♏

SUN INGRESS: ☉ → ♌ 22日 11:46

MOON PHASE: ◑ 3日 08:57 ♈ ● 11日 13:03 ♋ ◐ 19日 03:31 ♎ ○ 25日 18:33 ♒

aspects		
4日	08:04	☉☍♄
4日	19:29	♀⚹♆
11日	12:47	☿△♇
11日	19:57	☿⚹♅
13日	13:24	☿☍♄
14日	23:19	♀△♂
15日	13:40	☉⚹♆
18日	23:13	☿⚹♆
21日	15:34	☉☌☿
25日	07:04	☿△♂
27日	21:56	☿⚹♃
28日	23:07	♂□♇
29日	16:16	♀□♆
30日	22:37	☉△♂

2048年8月

DAY	☉	☽	☊ mean	☊ true	☿	♀	♂	♃	♄	♅	♆	♇	⚳	⚴	⚵	⚶	⚷
	° ′	° ′	° ′	° ′	° ′	° ′	° ′	° ′	° ′	° ′	° ′	° ′	°	°	°	°	°
1	9 ♌ 5	28 ♈ 0	25 ♐ 25	26 R 45	20 D 9	26 D 30	8 D 20	22 D 17	10 R 45	9 D 30	23 D 41	7 R 32	15 D	13 R	26 R	16 D	6 D
2	10 ♌ 2	10 ♉ 16	25 ♐ 22	26 D 45	22 ♌ 2	27 ♌ 44	8 ♐ 36	22 ♊ 29	10 ♑ 42	9 ♍ 33	23 ♉ 42	7 ♓ 31	15 ♈	13 ♒	26 ♒	16 ♉	6 ♏
3	10 ♌ 59	22 ♉ 17	25 ♐ 19	26 ♐ 45	23 ♌ 53	28 ♌ 57	8 ♐ 52	22 ♊ 40	10 ♑ 38	9 ♍ 37	23 ♉ 43	7 ♓ 30	15 ♈	13 ♒	25 ♒	17 ♉	6 ♏
4	11 ♌ 57	4 ♊ 9	25 ♐ 16	26 ♐ 47	25 ♌ 43	0 ♍ 11	9 ♐ 10	22 ♊ 51	10 ♑ 35	9 ♍ 40	23 ♉ 44	7 ♓ 29	15 ♈	13 ♒	25 ♒	17 ♉	6 ♏
5	12 ♌ 54	15 ♊ 57	25 ♐ 13	26 ♐ 48	27 ♌ 31	1 ♍ 24	9 ♐ 27	23 ♊ 3	10 ♑ 31	9 ♍ 44	23 ♉ 44	7 ♓ 28	15 ♈	12 ♒	25 ♒	17 ♉	6 ♏
6	13 ♌ 52	27 ♊ 45	25 ♐ 10	26 R 49	29 ♌ 18	2 ♍ 38	9 ♐ 46	23 ♊ 14	10 ♑ 28	9 ♍ 47	23 ♉ 45	7 ♓ 27	15 ♈	12 ♒	25 ♒	17 ♉	6 ♏
7	14 ♌ 49	9 ♋ 37	25 ♐ 6	26 ♐ 48	1 ♍ 3	3 ♍ 51	10 ♐ 5	23 ♊ 25	10 ♑ 25	9 ♍ 51	23 ♉ 46	7 ♓ 26	15 ♈	12 ♒	24 ♒	18 ♉	6 ♏
8	15 ♌ 47	21 ♋ 39	25 ♐ 3	26 ♐ 45	2 ♍ 46	5 ♍ 5	10 ♐ 24	23 ♊ 36	10 ♑ 22	9 ♍ 54	23 ♉ 46	7 ♓ 24	15 ♈	12 ♒	24 ♒	18 ♉	6 ♏
9	16 ♌ 44	3 ♌ 51	25 ♐ 0	26 ♐ 39	4 ♍ 28	6 ♍ 19	10 ♐ 44	23 ♊ 47	10 ♑ 18	9 ♍ 58	23 ♉ 47	7 ♓ 23	15 ♈	11 ♒	24 ♒	18 ♉	6 ♏
10	17 ♌ 42	16 ♌ 16	24 ♐ 57	26 ♐ 32	6 ♍ 8	7 ♍ 32	11 ♐ 5	23 ♊ 58	10 ♑ 15	10 ♍ 1	23 ♉ 47	7 ♓ 22	15 ♈	11 ♒	24 ♒	18 ♉	6 ♏
11	18 ♌ 39	28 ♌ 55	24 ♐ 54	26 ♐ 24	7 ♍ 47	8 ♍ 46	11 ♐ 26	24 ♊ 8	10 ♑ 12	10 ♍ 5	23 ♉ 48	7 ♓ 21	15 R	11 ♒	24 ♒	19 ♉	6 ♏
12	19 ♌ 37	11 ♍ 47	24 ♐ 50	26 ♐ 14	9 ♍ 24	9 ♍ 59	11 ♐ 48	24 ♊ 19	10 ♑ 9	10 ♍ 8	23 ♉ 49	7 ♓ 20	15 ♈	11 ♒	23 ♒	19 ♉	6 ♏
13	20 ♌ 35	24 ♍ 53	24 ♐ 47	26 ♐ 5	10 ♍ 59	11 ♍ 13	12 ♐ 10	24 ♊ 29	10 ♑ 7	10 ♍ 12	23 ♉ 49	7 ♓ 19	15 ♈	10 ♒	23 ♒	19 ♉	6 ♏
14	21 ♌ 32	8 ♎ 11	24 ♐ 44	25 ♐ 58	12 ♍ 33	12 ♍ 26	12 ♐ 33	24 ♊ 40	10 ♑ 4	10 ♍ 16	23 ♉ 49	7 ♓ 17	15 ♈	10 ♒	23 ♒	19 ♉	6 ♏
15	22 ♌ 30	21 ♎ 42	24 ♐ 41	25 ♐ 52	14 ♍ 6	13 ♍ 40	12 ♐ 56	24 ♊ 50	10 ♑ 1	10 ♍ 19	23 ♉ 50	7 ♓ 16	15 ♈	10 ♒	23 ♒	20 ♉	6 ♏
16	23 ♌ 27	5 ♏ 23	24 ♐ 38	25 ♐ 48	15 ♍ 37	14 ♍ 53	13 ♐ 20	25 ♊ 0	9 ♑ 59	10 ♍ 23	23 ♉ 50	7 ♓ 15	15 ♈	10 ♒	22 ♒	20 ♉	6 ♏
17	24 ♌ 25	19 ♏ 15	24 ♐ 35	25 ♐ 47	17 ♍ 6	16 ♍ 7	13 ♐ 45	25 ♊ 10	9 ♑ 56	10 ♍ 26	23 ♉ 51	7 ♓ 14	15 ♈	9 ♒	22 ♒	20 ♉	7 ♏
18	25 ♌ 23	3 ♐ 18	24 ♐ 31	25 D 47	18 ♍ 34	17 ♍ 20	14 ♐ 9	25 ♊ 20	9 ♑ 54	10 ♍ 30	23 ♉ 51	7 ♓ 12	15 ♈	9 ♒	22 ♒	20 ♉	7 ♏
19	26 ♌ 20	17 ♐ 30	24 ♐ 28	25 ♐ 47	20 ♍ 0	18 ♍ 34	14 ♐ 35	25 ♊ 30	9 ♑ 51	10 ♍ 34	23 ♉ 51	7 ♓ 11	15 ♈	9 ♒	22 ♒	20 ♉	7 ♏
20	27 ♌ 18	1 ♑ 51	24 ♐ 25	25 R 47	21 ♍ 25	19 ♍ 47	15 ♐ 0	25 ♊ 40	9 ♑ 49	10 ♍ 37	23 ♉ 51	7 ♓ 10	15 ♈	9 ♒	21 ♒	20 ♉	7 ♏
21	28 ♌ 16	16 ♑ 17	24 ♐ 22	25 ♐ 46	22 ♍ 48	21 ♍ 0	15 ♐ 26	25 ♊ 50	9 ♑ 47	10 ♍ 41	23 ♉ 52	7 ♓ 9	15 ♈	8 ♒	21 ♒	21 ♉	7 ♏
22	29 ♌ 14	0 ♒ 45	24 ♐ 19	25 ♐ 42	24 ♍ 9	22 ♍ 14	15 ♐ 53	25 ♊ 59	9 ♑ 45	10 ♍ 45	23 ♉ 52	7 ♓ 7	15 ♈	8 ♒	21 ♒	21 ♉	7 ♏
23	0 ♍ 11	15 ♒ 11	24 ♐ 16	25 ♐ 35	25 ♍ 29	23 ♍ 27	16 ♐ 20	26 ♊ 9	9 ♑ 43	10 ♍ 49	23 ♉ 52	7 ♓ 6	15 ♈	8 ♒	21 ♒	21 ♉	7 ♏
24	1 ♍ 9	29 ♒ 27	24 ♐ 12	25 ♐ 26	26 ♍ 46	24 ♍ 41	16 ♐ 47	26 ♊ 18	9 ♑ 41	10 ♍ 52	23 ♉ 52	7 ♓ 5	15 ♈	8 ♒	20 ♒	21 ♉	7 ♏
25	2 ♍ 7	13 ♓ 28	24 ♐ 9	25 ♐ 16	28 ♍ 2	25 ♍ 54	17 ♐ 15	26 ♊ 27	9 ♑ 39	10 ♍ 56	23 ♉ 52	7 ♓ 4	14 ♈	7 ♒	20 ♒	22 ♉	7 ♏
26	3 ♍ 5	27 ♓ 10	24 ♐ 6	25 ♐ 5	29 ♍ 17	27 ♍ 7	17 ♐ 43	26 ♊ 36	9 ♑ 37	11 ♍ 0	23 ♉ 52	7 ♓ 2	14 ♈	7 ♒	20 ♒	22 ♉	7 ♏
27	4 ♍ 3	10 ♈ 30	24 ♐ 3	24 ♐ 55	0 ♎ 29	28 ♍ 21	18 ♐ 12	26 ♊ 45	9 ♑ 35	11 ♍ 4	23 R 52	7 ♓ 1	14 ♈	7 ♒	20 ♒	22 ♉	7 ♏
28	5 ♍ 1	23 ♈ 27	24 ♐ 0	24 ♐ 47	1 ♎ 39	29 ♍ 34	18 ♐ 41	26 ♊ 54	9 ♑ 34	11 ♍ 7	23 ♉ 52	7 ♓ 0	14 ♈	7 ♒	19 ♒	22 ♉	7 ♏
29	5 ♍ 59	6 ♉ 1	23 ♐ 56	24 ♐ 41	2 ♎ 47	0 ♎ 47	19 ♐ 10	27 ♊ 3	9 ♑ 32	11 ♍ 11	23 ♉ 52	6 ♓ 59	14 ♈	7 ♒	19 ♒	22 ♉	8 ♏
30	6 ♍ 57	18 ♉ 18	23 ♐ 53	24 ♐ 37	3 ♎ 53	2 ♎ 1	19 ♐ 40	27 ♊ 11	9 ♑ 31	11 ♍ 15	23 ♉ 52	6 ♓ 57	14 ♈	6 ♒	19 ♒	22 ♉	8 ♏
31	7 ♍ 55	0 ♊ 19	23 ♐ 50	24 ♐ 36	4 ♎ 57	3 ♎ 14	20 ♐ 10	27 ♊ 20	9 ♑ 30	11 ♍ 19	23 ♉ 52	6 ♓ 56	14 ♈	6 ♒	19 ♒	22 ♉	8 ♏

SUN INGRESS: ☉ → ♍ 22日 19:02

MOON PHASE: ◑ 1日 23:30 ♉ ● 10日 02:58 ♌ ◐ 17日 09:31 ♏ ○ 24日 03:06 ♓ ◑ 31日 16:41 ♊

aspects		
2日	06:26	☿⚹♃
2日	21:46	☿□♆
6日	02:03	♂□♅
9日	20:47	♀☍♇
10日	17:46	☿☍♇
12日	03:08	☿☌♅
12日	03:14	☿△♄
12日	04:19	♄△♅
12日	11:05	♀△♄
12日	11:33	♀☌♅
13日	15:23	☿☌♀
13日	23:55	♀□♂
14日	03:19	☿□♂
16日	09:34	☉□♆
17日	22:48	☉⚹♃
21日	18:54	☿△♆
23日	08:06	♀△♆
23日	14:01	☿□♃
25日	12:25	♀□♃
30日	00:16	☉☍♇

2048年9月

DAY	☉	☽	☊ mean	☊ true	☿	♀	♂	♃	♄	♅	♆	♇	⚳	⚴	⚵	⚶	⚷
	° ′	° ′	° ′	° ′	° ′	° ′	° ′	° ′	° ′	° ′	° ′	° ′	°	°	°	°	°
1	8 ♍ 53	12 ♊ 11	23 ♐ 47	24 D 36	5 D 58	4 D 27	20 D 40	27 D 28	9 R 28	11 D 22	23 R 52	6 R 55	14 R	6 R	19 R	23 D	8 D
2	9 ♍ 51	23 ♊ 59	23 ♐ 44	24 ♐ 36	6 ♎ 57	5 ♎ 40	21 ♐ 11	27 ♊ 37	9 ♑ 27	11 ♍ 26	23 ♉ 52	6 ♓ 53	14 ♈	6 ♒	18 ♒	23 ♉	8 ♏
3	10 ♍ 49	5 ♋ 49	23 ♐ 41	24 R 35	7 ♎ 53	6 ♎ 54	21 ♐ 42	27 ♊ 45	9 ♑ 26	11 ♍ 30	23 ♉ 51	6 ♓ 52	13 ♈	6 ♒	18 ♒	23 ♉	8 ♏
4	11 ♍ 47	17 ♋ 45	23 ♐ 37	24 ♐ 33	8 ♎ 46	8 ♎ 7	22 ♐ 13	27 ♊ 53	9 ♑ 25	11 ♍ 34	23 ♉ 51	6 ♓ 51	13 ♈	6 ♒	18 ♒	23 ♉	8 ♏
5	12 ♍ 45	29 ♋ 52	23 ♐ 34	24 ♐ 29	9 ♎ 36	9 ♎ 20	22 ♐ 45	28 ♊ 0	9 ♑ 24	11 ♍ 37	23 ♉ 51	6 ♓ 50	13 ♈	5 ♒	18 ♒	23 ♉	8 ♏
6	13 ♍ 43	12 ♌ 14	23 ♐ 31	24 ♐ 22	10 ♎ 23	10 ♎ 33	23 ♐ 17	28 ♊ 8	9 ♑ 24	11 ♍ 41	23 ♉ 51	6 ♓ 48	13 ♈	5 ♒	17 ♒	23 ♉	8 ♏
7	14 ♍ 41	24 ♌ 53	23 ♐ 28	24 ♐ 12	11 ♎ 7	11 ♎ 47	23 ♐ 49	28 ♊ 16	9 ♑ 23	11 ♍ 45	23 ♉ 50	6 ♓ 47	13 ♈	5 ♒	17 ♒	23 ♉	8 ♏
8	15 ♍ 40	7 ♍ 49	23 ♐ 25	24 ♐ 0	11 ♎ 47	13 ♎ 0	24 ♐ 22	28 ♊ 23	9 ♑ 22	11 ♍ 49	23 ♉ 50	6 ♓ 46	13 ♈	5 ♒	17 ♒	23 ♉	9 ♏
9	16 ♍ 38	21 ♍ 4	23 ♐ 21	23 ♐ 47	12 ♎ 23	14 ♎ 13	24 ♐ 55	28 ♊ 30	9 ♑ 22	11 ♍ 52	23 ♉ 50	6 ♓ 45	12 ♈	5 ♒	17 ♒	23 ♉	9 ♏
10	17 ♍ 36	4 ♎ 33	23 ♐ 18	23 ♐ 35	12 ♎ 54	15 ♎ 26	25 ♐ 28	28 ♊ 37	9 ♑ 22	11 ♍ 56	23 ♉ 49	6 ♓ 43	12 ♈	5 ♒	17 ♒	24 ♉	9 ♏
11	18 ♍ 35	18 ♎ 16	23 ♐ 15	23 ♐ 24	13 ♎ 21	16 ♎ 39	26 ♐ 2	28 ♊ 44	9 ♑ 21	12 ♍ 0	23 ♉ 49	6 ♓ 42	12 ♈	5 ♒	17 ♒	24 ♉	9 ♏
12	19 ♍ 33	2 ♏ 8	23 ♐ 12	23 ♐ 16	13 ♎ 43	17 ♎ 52	26 ♐ 36	28 ♊ 51	9 ♑ 21	12 ♍ 4	23 ♉ 48	6 ♓ 41	12 ♈	5 ♒	16 ♒	24 ♉	9 ♏
13	20 ♍ 31	16 ♏ 6	23 ♐ 9	23 ♐ 10	14 ♎ 0	19 ♎ 5	27 ♐ 10	28 ♊ 58	9 ♑ 21	12 ♍ 8	23 ♉ 48	6 ♓ 40	12 ♈	4 ♒	16 ♒	24 ♉	9 ♏
14	21 ♍ 30	0 ♐ 9	23 ♐ 6	23 ♐ 7	14 ♎ 12	20 ♎ 18	27 ♐ 44	29 ♊ 4	9 D 21	12 ♍ 11	23 ♉ 47	6 ♓ 38	12 ♈	4 ♒	16 ♒	24 ♉	9 ♏
15	22 ♍ 28	14 ♐ 14	23 ♐ 2	23 ♐ 6	14 ♎ 18	21 ♎ 32	28 ♐ 19	29 ♊ 10	9 ♑ 21	12 ♍ 15	23 ♉ 46	6 ♓ 37	11 ♈	4 ♒	16 ♒	24 ♉	9 ♏
16	23 ♍ 27	28 ♐ 20	22 ♐ 59	23 ♐ 6	14 R 17	22 ♎ 45	28 ♐ 54	29 ♊ 16	9 ♑ 22	12 ♍ 19	23 ♉ 46	6 ♓ 36	11 ♈	4 ♒	16 ♒	24 ♉	9 ♏
17	24 ♍ 25	12 ♑ 27	22 ♐ 56	23 ♐ 6	14 ♎ 10	23 ♎ 58	29 ♐ 29	29 ♊ 22	9 ♑ 22	12 ♍ 22	23 ♉ 45	6 ♓ 35	11 ♈	4 ♒	16 ♒	24 ♉	9 ♏
18	25 ♍ 24	26 ♑ 34	22 ♐ 53	23 ♐ 3	13 ♎ 56	25 ♎ 11	0 ♑ 4	29 ♊ 28	9 ♑ 22	12 ♍ 26	23 ♉ 44	6 ♓ 34	11 ♈	4 ♒	16 ♒	24 ♉	10 ♏
19	26 ♍ 22	10 ♒ 38	22 ♐ 50	22 ♐ 59	13 ♎ 36	26 ♎ 23	0 ♑ 40	29 ♊ 34	9 ♑ 23	12 ♍ 30	23 ♉ 44	6 ♓ 32	11 ♈	4 ♒	15 ♒	24 ♉	10 ♏
20	27 ♍ 21	24 ♒ 37	22 ♐ 47	22 ♐ 51	13 ♎ 8	27 ♎ 36	1 ♑ 16	29 ♊ 40	9 ♑ 24	12 ♍ 34	23 ♉ 43	6 ♓ 31	10 ♈	4 ♒	15 ♒	24 ♉	10 ♏
21	28 ♍ 19	8 ♓ 29	22 ♐ 43	22 ♐ 41	12 ♎ 33	28 ♎ 49	1 ♑ 52	29 ♊ 45	9 ♑ 24	12 ♍ 37	23 ♉ 42	6 ♓ 30	10 ♈	4 ♒	15 ♒	24 R	10 ♏
22	29 ♍ 18	22 ♓ 8	22 ♐ 40	22 ♐ 29	11 ♎ 52	0 ♏ 2	2 ♑ 28	29 ♊ 50	9 ♑ 25	12 ♍ 41	23 ♉ 41	6 ♓ 29	10 ♈	4 ♒	15 ♒	24 ♉	10 ♏
23	0 ♎ 17	5 ♈ 33	22 ♐ 37	22 ♐ 16	11 ♎ 4	1 ♏ 15	3 ♑ 5	29 ♊ 55	9 ♑ 26	12 ♍ 44	23 ♉ 41	6 ♓ 28	10 ♈	4 ♒	15 ♒	24 ♉	10 ♏
24	1 ♎ 15	18 ♈ 39	22 ♐ 34	22 ♐ 4	10 ♎ 10	2 ♏ 28	3 ♑ 42	0 ♋ 0	9 ♑ 27	12 ♍ 48	23 ♉ 40	6 ♓ 27	9 ♈	4 ♒	15 ♒	24 ♉	10 ♏
25	2 ♎ 14	1 ♉ 27	22 ♐ 31	21 ♐ 54	9 ♎ 11	3 ♏ 41	4 ♑ 18	0 ♋ 5	9 ♑ 28	12 ♍ 52	23 ♉ 39	6 ♓ 25	9 ♈	4 ♒	15 ♒	24 ♉	10 ♏
26	3 ♎ 13	13 ♉ 57	22 ♐ 27	21 ♐ 46	8 ♎ 8	4 ♏ 54	4 ♑ 56	0 ♋ 9	9 ♑ 29	12 ♍ 55	23 ♉ 38	6 ♓ 24	9 ♈	4 ♒	15 ♒	24 ♉	11 ♏
27	4 ♎ 12	26 ♉ 11	22 ♐ 24	21 ♐ 41	7 ♎ 3	6 ♏ 6	5 ♑ 33	0 ♋ 13	9 ♑ 31	12 ♍ 59	23 ♉ 37	6 ♓ 23	9 ♈	3 ♒	15 ♒	24 ♉	11 ♏
28	5 ♎ 10	8 ♊ 11	22 ♐ 21	21 ♐ 39	5 ♎ 56	7 ♏ 19	6 ♑ 11	0 ♋ 18	9 ♑ 32	13 ♍ 3	23 ♉ 36	6 ♓ 22	9 ♈	3 ♒	15 ♒	24 ♉	11 ♏
29	6 ♎ 9	20 ♊ 2	22 ♐ 18	21 ♐ 38	4 ♎ 49	8 ♏ 32	6 ♑ 48	0 ♋ 22	9 ♑ 34	13 ♍ 6	23 ♉ 35	6 ♓ 21	8 ♈	3 ♒	15 ♒	24 ♉	11 ♏
30	7 ♎ 8	1 ♋ 50	22 ♐ 15	21 D 38	3 ♎ 45	9 ♏ 45	7 ♑ 26	0 ♋ 25	9 ♑ 35	13 ♍ 10	23 ♉ 34	6 ♓ 20	8 ♈	3 ♒	15 ♒	24 ♉	11 ♏

SUN INGRESS	☉ → ♎ 22日 17:00
MOON PHASE	● 8日 15:24 ♍ ◐ 15日 15:03 ♐ ○ 22日 13:46 ♓ ◑ 30日 11:45 ♋

aspects		
1日	14:29	☉△♄
3日	18:10	☉☌♅
4日	18:11	☿□♄
5日	01:23	♀□♄
5日	15:18	☿☌♀
16日	07:47	☉△♆
16日	18:50	♂☍♃
21日	19:41	♀△♃
22日	14:22	☉□♃
24日	17:26	☿□♄
26日	01:25	♀⚹♂
27日	05:28	♀△♇
27日	20:37	☿□♂
28日	07:05	♂⚹♇
28日	08:40	☉☌☿
29日	20:52	♀⚹♄
30日	20:54	☉□♂

2048年10月

DAY	☉	☽	☊ mean	☊ true	☿	♀	♂	♃	♄	♅	♆	♇	⚳	⚴	⚵	⚶	⚷
	° ′	° ′	° ′	° ′	° ′	° ′	° ′	° ′	° ′	° ′	° ′	° ′	°	°	°	°	°
1	8 ♎ 7	13 ♋ 40	22 ♐ 12	21 R 38	2 R 45	10 D 57	8 D 5	0 D 29	9 D 37	13 D 13	23 R 33	6 R 19	8 R	3 R	15 R	23 R	11 D
2	9 ♎ 6	25 ♋ 37	22 ♐ 8	21 ♐ 37	1 ♎ 50	12 ♏ 10	8 ♑ 43	0 ♋ 32	9 ♑ 39	13 ♍ 17	23 ♉ 32	6 ♓ 18	8 ♈	3 D	15 ♒	23 ♉	11 ♏
3	10 ♎ 5	7 ♌ 46	22 ♐ 5	21 ♐ 33	1 ♎ 2	13 ♏ 23	9 ♑ 21	0 ♋ 36	9 ♑ 41	13 ♍ 20	23 ♉ 31	6 ♓ 17	7 ♈	3 ♒	15 ♒	23 ♉	11 ♏
4	11 ♎ 4	20 ♌ 13	22 ♐ 2	21 ♐ 28	0 ♎ 23	14 ♏ 35	10 ♑ 0	0 ♋ 39	9 ♑ 43	13 ♍ 24	23 ♉ 30	6 ♓ 16	7 ♈	3 ♒	15 ♒	23 ♉	12 ♏
5	12 ♎ 3	3 ♍ 0	21 ♐ 59	21 ♐ 19	29 ♍ 52	15 ♏ 48	10 ♑ 39	0 ♋ 41	9 ♑ 45	13 ♍ 27	23 ♉ 28	6 ♓ 15	7 ♈	3 ♒	15 D	23 ♉	12 ♏
6	13 ♎ 3	16 ♍ 9	21 ♐ 56	21 ♐ 9	29 ♍ 32	17 ♏ 0	11 ♑ 18	0 ♋ 44	9 ♑ 47	13 ♍ 30	23 ♉ 27	6 ♓ 14	7 ♈	3 ♒	15 ♒	23 ♉	12 ♏
7	14 ♎ 2	29 ♍ 40	21 ♐ 52	20 ♐ 58	29 ♍ 23	18 ♏ 13	11 ♑ 57	0 ♋ 47	9 ♑ 49	13 ♍ 34	23 ♉ 26	6 ♓ 13	7 ♈	4 ♒	15 ♒	23 ♉	12 ♏
8	15 ♎ 1	13 ♎ 32	21 ♐ 49	20 ♐ 47	29 D 24	19 ♏ 25	12 ♑ 37	0 ♋ 49	9 ♑ 52	13 ♍ 37	23 ♉ 25	6 ♓ 12	6 ♈	4 ♒	15 ♒	23 ♉	12 ♏
9	16 ♎ 0	27 ♎ 39	21 ♐ 46	20 ♐ 37	29 ♍ 36	20 ♏ 38	13 ♑ 16	0 ♋ 51	9 ♑ 54	13 ♍ 41	23 ♉ 24	6 ♓ 11	6 ♈	4 ♒	15 ♒	23 ♉	12 ♏
10	16 ♎ 59	11 ♏ 58	21 ♐ 43	20 ♐ 30	29 ♍ 58	21 ♏ 50	13 ♑ 56	0 ♋ 53	9 ♑ 57	13 ♍ 44	23 ♉ 22	6 ♓ 10	6 ♈	4 ♒	15 ♒	22 ♉	12 ♏
11	17 ♎ 59	26 ♏ 21	21 ♐ 40	20 ♐ 25	0 ♎ 29	23 ♏ 3	14 ♑ 36	0 ♋ 55	9 ♑ 59	13 ♍ 47	23 ♉ 21	6 ♓ 9	6 ♈	4 ♒	15 ♒	22 ♉	12 ♏
12	18 ♎ 58	10 ♐ 45	21 ♐ 37	20 ♐ 23	1 ♎ 10	24 ♏ 15	15 ♑ 16	0 ♋ 56	10 ♑ 2	13 ♍ 50	23 ♉ 20	6 ♓ 8	5 ♈	4 ♒	15 ♒	22 ♉	13 ♏
13	19 ♎ 57	25 ♐ 5	21 ♐ 33	20 D 22	2 ♎ 0	25 ♏ 28	15 ♑ 56	0 ♋ 57	10 ♑ 5	13 ♍ 54	23 ♉ 18	6 ♓ 7	5 ♈	4 ♒	15 ♒	22 ♉	13 ♏
14	20 ♎ 57	9 ♑ 18	21 ♐ 30	20 ♐ 23	2 ♎ 57	26 ♏ 40	16 ♑ 36	0 ♋ 58	10 ♑ 8	13 ♍ 57	23 ♉ 17	6 ♓ 7	5 ♈	4 ♒	15 ♒	22 ♉	13 ♏
15	21 ♎ 56	23 ♑ 24	21 ♐ 27	20 R 23	4 ♎ 1	27 ♏ 52	17 ♑ 17	0 ♋ 59	10 ♑ 11	14 ♍ 0	23 ♉ 16	6 ♓ 6	5 ♈	4 ♒	15 ♒	22 ♉	13 ♏
16	22 ♎ 56	7 ♒ 20	21 ♐ 24	20 ♐ 22	5 ♎ 11	29 ♏ 5	17 ♑ 57	1 ♋ 0	10 ♑ 14	14 ♍ 3	23 ♉ 14	6 ♓ 5	5 ♈	4 ♒	15 ♒	21 ♉	13 ♏
17	23 ♎ 55	21 ♒ 7	21 ♐ 21	20 ♐ 19	6 ♎ 27	0 ♐ 17	18 ♑ 38	1 ♋ 1	10 ♑ 17	14 ♍ 6	23 ♉ 13	6 ♓ 4	4 ♈	4 ♒	15 ♒	21 ♉	13 ♏
18	24 ♎ 55	4 ♓ 44	21 ♐ 18	20 ♐ 14	7 ♎ 47	1 ♐ 29	19 ♑ 19	1 ♋ 1	10 ♑ 20	14 ♍ 9	23 ♉ 11	6 ♓ 3	4 ♈	4 ♒	15 ♒	21 ♉	13 ♏
19	25 ♎ 54	18 ♓ 10	21 ♐ 14	20 ♐ 6	9 ♎ 12	2 ♐ 41	20 ♑ 0	1 ♋ 1	10 ♑ 24	14 ♍ 12	23 ♉ 10	6 ♓ 3	4 ♈	4 ♒	15 ♒	21 ♉	13 ♏
20	26 ♎ 54	1 ♈ 25	21 ♐ 11	19 ♐ 57	10 ♎ 39	3 ♐ 53	20 ♑ 41	1 R 1	10 ♑ 27	14 ♍ 16	23 ♉ 8	6 ♓ 2	4 ♈	4 ♒	15 ♒	21 ♉	14 ♏
21	27 ♎ 53	14 ♈ 26	21 ♐ 8	19 ♐ 48	12 ♎ 10	5 ♐ 5	21 ♑ 22	1 ♋ 1	10 ♑ 31	14 ♍ 18	23 ♉ 7	6 ♓ 1	4 ♈	4 ♒	16 ♒	20 ♉	14 ♏
22	28 ♎ 53	27 ♈ 14	21 ♐ 5	19 ♐ 39	13 ♎ 43	6 ♐ 18	22 ♑ 4	1 ♋ 0	10 ♑ 34	14 ♍ 21	23 ♉ 5	6 ♓ 1	4 ♈	5 ♒	16 ♒	20 ♉	14 ♏
23	29 ♎ 53	9 ♉ 47	21 ♐ 2	19 ♐ 31	15 ♎ 18	7 ♐ 30	22 ♑ 45	0 ♋ 59	10 ♑ 38	14 ♍ 24	23 ♉ 4	6 ♓ 0	3 ♈	5 ♒	16 ♒	20 ♉	14 ♏
24	0 ♏ 52	22 ♉ 7	20 ♐ 58	19 ♐ 25	16 ♎ 54	8 ♐ 42	23 ♑ 27	0 ♋ 59	10 ♑ 42	14 ♍ 27	23 ♉ 2	5 ♓ 59	3 ♈	5 ♒	16 ♒	20 ♉	14 ♏
25	1 ♏ 52	4 ♊ 14	20 ♐ 55	19 ♐ 22	18 ♎ 31	9 ♐ 53	24 ♑ 8	0 ♋ 57	10 ♑ 45	14 ♍ 30	23 ♉ 1	5 ♓ 59	3 ♈	5 ♒	16 ♒	20 ♉	14 ♏
26	2 ♏ 52	16 ♊ 10	20 ♐ 52	19 ♐ 20	20 ♎ 10	11 ♐ 5	24 ♑ 50	0 ♋ 56	10 ♑ 49	14 ♍ 33	22 ♉ 59	5 ♓ 58	3 ♈	5 ♒	16 ♒	19 ♉	14 ♏
27	3 ♏ 52	28 ♊ 0	20 ♐ 49	19 D 21	21 ♎ 49	12 ♐ 17	25 ♑ 32	0 ♋ 55	10 ♑ 53	14 ♍ 36	22 ♉ 58	5 ♓ 57	3 ♈	5 ♒	16 ♒	19 ♉	15 ♏
28	4 ♏ 52	9 ♋ 47	20 ♐ 46	19 ♐ 22	23 ♎ 28	13 ♐ 29	26 ♑ 14	0 ♋ 53	10 ♑ 57	14 ♍ 39	22 ♉ 56	5 ♓ 57	3 ♈	5 ♒	17 ♒	19 ♉	15 ♏
29	5 ♏ 52	21 ♋ 36	20 ♐ 43	19 ♐ 23	25 ♎ 8	14 ♐ 41	26 ♑ 56	0 ♋ 51	11 ♑ 2	14 ♍ 41	22 ♉ 55	5 ♓ 56	2 ♈	5 ♒	17 ♒	19 ♉	15 ♏
30	6 ♏ 51	3 ♌ 32	20 ♐ 39	19 ♐ 24	26 ♎ 48	15 ♐ 52	27 ♑ 38	0 ♋ 49	11 ♑ 6	14 ♍ 44	22 ♉ 53	5 ♓ 56	2 ♈	6 ♒	17 ♒	18 ♉	15 ♏
31	7 ♏ 51	15 ♌ 40	20 ♐ 36	19 R 24	28 ♎ 28	17 ♐ 4	28 ♑ 20	0 ♋ 47	11 ♑ 10	14 ♍ 47	22 ♉ 51	5 ♓ 55	2 ♈	6 ♒	17 ♒	18 ♉	15 ♏

SUN INGRESS	☉ → ♏ 23日 02:42
MOON PHASE	● 8日 02:44 ♎ ◐ 14日 21:19 ♑ ○ 22日 03:24 ♈ ◑ 30日 07:14 ♌

aspects		
2日	13:41	☉□♄
2日	23:10	♀⚹♅
3日	12:36	♂☌♄
3日	14:19	☿□♃
9日	16:05	♂△♅
11日	05:54	♀☍♆
11日	15:57	☿□♃
19日	20:32	☿□♄
21日	18:24	♀□♇
23日	10:33	♂△♆
24日	02:24	☉△♃
29日	00:10	♀□♅
29日	01:55	☉△♇
30日	20:40	☿□♂

2048年11月

DAY	☉	☽	☊ mean	☊ true	☿	♀	♂	♃	♄	♅	♆	♇	⚳	⚴	⚵	⚶	⚷
	° ′	° ′	° ′	° ′	° ′	° ′	° ′	° ′	° ′	° ′	° ′	° ′	°	°	°	°	°
1	8 ♏ 51	28 ♌ 5	20 ♐ 33	19 R 22	0 D 8	18 D 16	29 D 3	0 R 44	11 D 15	14 D 49	22 R 50	5 R 55	2 R	6 D	17 D	18 R	15 D
2	9 ♏ 51	10 ♍ 52	20 ♐ 30	19 ♐ 18	1 ♏ 48	19 ♐ 27	29 ♑ 45	0 ♋ 42	11 ♑ 19	14 ♍ 52	22 ♉ 48	5 ♓ 54	2 ♈	6 ♒	18 ♒	18 ♉	15 ♏
3	10 ♏ 52	24 ♍ 3	20 ♐ 27	19 ♐ 13	3 ♏ 28	20 ♐ 39	0 ♒ 28	0 ♋ 39	11 ♑ 24	14 ♍ 54	22 ♉ 46	5 ♓ 54	2 ♈	6 ♒	18 ♒	17 ♉	16 ♏
4	11 ♏ 52	7 ♎ 41	20 ♐ 24	19 ♐ 7	5 ♏ 7	21 ♐ 50	1 ♒ 10	0 ♋ 36	11 ♑ 28	14 ♍ 57	22 ♉ 45	5 ♓ 54	2 ♈	6 ♒	18 ♒	17 ♉	16 ♏
5	12 ♏ 52	21 ♎ 43	20 ♐ 20	19 ♐ 1	6 ♏ 46	23 ♐ 2	1 ♒ 53	0 ♋ 32	11 ♑ 33	14 ♍ 59	22 ♉ 43	5 ♓ 53	2 ♈	6 ♒	18 ♒	17 ♉	16 ♏
6	13 ♏ 52	6 ♏ 8	20 ♐ 17	18 ♐ 56	8 ♏ 25	24 ♐ 13	2 ♒ 36	0 ♋ 29	11 ♑ 38	15 ♍ 1	22 ♉ 41	5 ♓ 53	1 ♈	7 ♒	18 ♒	17 ♉	16 ♏
7	14 ♏ 52	20 ♏ 48	20 ♐ 14	18 ♐ 52	10 ♏ 4	25 ♐ 25	3 ♒ 19	0 ♋ 25	11 ♑ 43	15 ♍ 4	22 ♉ 40	5 ♓ 53	1 ♈	7 ♒	19 ♒	16 ♉	16 ♏
8	15 ♏ 52	5 ♐ 37	20 ♐ 11	18 ♐ 50	11 ♏ 42	26 ♐ 36	4 ♒ 2	0 ♋ 21	11 ♑ 48	15 ♍ 6	22 ♉ 38	5 ♓ 52	1 ♈	7 ♒	19 ♒	16 ♉	16 ♏
9	16 ♏ 53	20 ♐ 27	20 ♐ 8	18 D 49	13 ♏ 20	27 ♐ 47	4 ♒ 45	0 ♋ 17	11 ♑ 53	15 ♍ 8	22 ♉ 36	5 ♓ 52	1 ♈	7 ♒	19 ♒	16 ♉	16 ♏
10	17 ♏ 53	5 ♑ 11	20 ♐ 4	18 ♐ 50	14 ♏ 57	28 ♐ 58	5 ♒ 28	0 ♋ 13	11 ♑ 58	15 ♍ 11	22 ♉ 35	5 ♓ 52	1 ♈	7 ♒	19 ♒	16 ♉	16 ♏
11	18 ♏ 53	19 ♑ 43	20 ♐ 1	18 ♐ 51	16 ♏ 34	0 ♑ 9	6 ♒ 11	0 ♋ 9	12 ♑ 3	15 ♍ 13	22 ♉ 33	5 ♓ 52	1 ♈	8 ♒	20 ♒	15 ♉	17 ♏
12	19 ♏ 54	3 ♒ 59	19 ♐ 58	18 ♐ 53	18 ♏ 11	1 ♑ 20	6 ♒ 54	0 ♋ 4	12 ♑ 8	15 ♍ 15	22 ♉ 31	5 ♓ 51	1 ♈	8 ♒	20 ♒	15 ♉	17 ♏
13	20 ♏ 54	17 ♒ 59	19 ♐ 55	18 ♐ 53	19 ♏ 48	2 ♑ 31	7 ♒ 38	29 ♊ 59	12 ♑ 13	15 ♍ 17	22 ♉ 30	5 ♓ 51	1 ♈	8 ♒	20 ♒	15 ♉	17 ♏
14	21 ♏ 54	1 ♓ 41	19 ♐ 52	18 R 53	21 ♏ 24	3 ♑ 42	8 ♒ 21	29 ♊ 54	12 ♑ 18	15 ♍ 19	22 ♉ 28	5 ♓ 51	1 ♈	8 ♒	20 ♒	14 ♉	17 ♏
15	22 ♏ 55	15 ♓ 5	19 ♐ 49	18 ♐ 51	23 ♏ 0	4 ♑ 53	9 ♒ 5	29 ♊ 49	12 ♑ 24	15 ♍ 21	22 ♉ 26	5 ♓ 51	1 ♈	8 ♒	21 ♒	14 ♉	17 ♏
16	23 ♏ 55	28 ♓ 14	19 ♐ 45	18 ♐ 49	24 ♏ 35	6 ♑ 4	9 ♒ 48	29 ♊ 44	12 ♑ 29	15 ♍ 23	22 ♉ 25	5 ♓ 51	1 ♈	9 ♒	21 ♒	14 ♉	17 ♏
17	24 ♏ 56	11 ♈ 8	19 ♐ 42	18 ♐ 45	26 ♏ 10	7 ♑ 14	10 ♒ 32	29 ♊ 39	12 ♑ 35	15 ♍ 25	22 ♉ 23	5 ♓ 51	1 ♈	9 ♒	21 ♒	14 ♉	17 ♏
18	25 ♏ 56	23 ♈ 48	19 ♐ 39	18 ♐ 41	27 ♏ 45	8 ♑ 25	11 ♒ 15	29 ♊ 33	12 ♑ 40	15 ♍ 27	22 ♉ 21	5 ♓ 51	1 ♈	9 ♒	21 ♒	13 ♉	18 ♏
19	26 ♏ 56	6 ♉ 16	19 ♐ 36	18 ♐ 38	29 ♏ 20	9 ♑ 35	11 ♒ 59	29 ♊ 27	12 ♑ 46	15 ♍ 28	22 ♉ 20	5 ♓ 51	1 ♈	9 ♒	22 ♒	13 ♉	18 ♏
20	27 ♏ 57	18 ♉ 32	19 ♐ 33	18 ♐ 35	0 ♐ 54	10 ♑ 46	12 ♒ 43	29 ♊ 21	12 ♑ 52	15 ♍ 30	22 ♉ 18	5 D 51	1 ♈	9 ♒	22 ♒	13 ♉	18 ♏
21	28 ♏ 58	0 ♊ 39	19 ♐ 30	18 ♐ 32	2 ♐ 29	11 ♑ 56	13 ♒ 26	29 ♊ 15	12 ♑ 57	15 ♍ 32	22 ♉ 16	5 ♓ 51	1 D	10 ♒	22 ♒	13 ♉	18 ♏
22	29 ♏ 58	12 ♊ 38	19 ♐ 26	18 ♐ 31	4 ♐ 3	13 ♑ 6	14 ♒ 10	29 ♊ 9	13 ♑ 3	15 ♍ 33	22 ♉ 14	5 ♓ 51	1 ♈	10 ♒	23 ♒	13 ♉	18 ♏
23	0 ♐ 59	24 ♊ 30	19 ♐ 23	18 D 31	5 ♐ 37	14 ♑ 16	14 ♒ 54	29 ♊ 3	13 ♑ 9	15 ♍ 35	22 ♉ 13	5 ♓ 51	1 ♈	10 ♒	23 ♒	12 ♉	18 ♏
24	1 ♐ 59	6 ♋ 18	19 ♐ 20	18 ♐ 32	7 ♐ 10	15 ♑ 26	15 ♒ 38	28 ♊ 56	13 ♑ 15	15 ♍ 36	22 ♉ 11	5 ♓ 51	1 ♈	10 ♒	23 ♒	12 ♉	18 ♏
25	3 ♐ 0	18 ♋ 5	19 ♐ 17	18 ♐ 34	8 ♐ 44	16 ♑ 36	16 ♒ 22	28 ♊ 50	13 ♑ 21	15 ♍ 38	22 ♉ 9	5 ♓ 51	1 ♈	10 ♒	23 ♒	12 ♉	19 ♏
26	4 ♐ 1	29 ♋ 55	19 ♐ 14	18 ♐ 35	10 ♐ 17	17 ♑ 46	17 ♒ 6	28 ♊ 43	13 ♑ 27	15 ♍ 39	22 ♉ 8	5 ♓ 51	1 ♈	11 ♒	24 ♒	12 ♉	19 ♏
27	5 ♐ 1	11 ♌ 50	19 ♐ 10	18 ♐ 36	11 ♐ 51	18 ♑ 56	17 ♒ 50	28 ♊ 36	13 ♑ 33	15 ♍ 41	22 ♉ 6	5 ♓ 52	1 ♈	11 ♒	24 ♒	11 ♉	19 ♏
28	6 ♐ 2	23 ♌ 57	19 ♐ 7	18 ♐ 37	13 ♐ 24	20 ♑ 5	18 ♒ 34	28 ♊ 29	13 ♑ 39	15 ♍ 42	22 ♉ 5	5 ♓ 52	1 ♈	11 ♒	24 ♒	11 ♉	19 ♏
29	7 ♐ 3	6 ♍ 18	19 ♐ 4	18 ♐ 38	14 ♐ 57	21 ♑ 15	19 ♒ 18	28 ♊ 22	13 ♑ 45	15 ♍ 43	22 ♉ 3	5 ♓ 52	1 ♈	11 ♒	25 ♒	11 ♉	19 ♏
30	8 ♐ 4	19 ♍ 0	19 ♐ 1	18 R 37	16 ♐ 30	22 ♑ 24	20 ♒ 2	28 ♊ 15	13 ♑ 51	15 ♍ 45	22 ♉ 1	5 ♓ 52	1 ♈	12 ♒	25 ♒	11 ♉	19 ♏

SUN INGRESS	☉ → ♐ 22日 00:33
MOON PHASE	● 6日 13:38 ♏ ◐ 13日 05:28 ♒ ○ 20日 20:19 ♉ ◑ 29日 01:33 ♍

aspects

1日	08:24	☿△♃
3日	13:54	☉⚹♄
4日	11:11	☿△♇
7日	04:50	☉⚹♅
8日	01:27	☿⚹♄
10日	03:22	☿⚹♅
10日	23:47	♀☍♃
14日	13:01	☉☍♆
14日	15:48	♀☍♆
14日	20:41	☉☌☿
15日	19:39	♀⚹♇
21日	22:47	♀☌♄
23日	03:41	♀□♇
24日	03:32	♀△♅
27日	19:57	☉□♇
29日	12:11	☿□♅
29日	16:16	♀△♆

2048年12月

DAY	☉	☽	☊ mean	☊ true	☿	♀	♂	♃	♄	♅	♆	♇	⚳	⚴	⚵	⚶	⚷
	° ′	° ′	° ′	° ′	° ′	° ′	° ′	° ′	° ′	° ′	° ′	° ′	°	°	°	°	°
1	9 ♐ 4	2 ♎ 5	18 ♐ 58	18 R 37	18 D 3	23 D 33	20 D 47	28 R 8	13 D 57	15 D 46	22 R 0	5 D 53	1 D	12 D	25 D	11 R	19 D
2	10 ♐ 5	15 ♎ 37	18 ♐ 55	18 ♐ 36	19 ♐ 35	24 ♑ 42	21 ♒ 31	28 ♊ 0	14 ♑ 4	15 ♍ 47	21 ♉ 58	5 ♓ 53	1 ♈	12 ♒	26 ♒	10 ♉	19 ♏
3	11 ♐ 6	29 ♎ 36	18 ♐ 51	18 ♐ 35	21 ♐ 8	25 ♑ 51	22 ♒ 15	27 ♊ 53	14 ♑ 10	15 ♍ 48	21 ♉ 56	5 ♓ 53	1 ♈	12 ♒	26 ♒	10 ♉	20 ♏
4	12 ♐ 7	14 ♏ 1	18 ♐ 48	18 ♐ 34	22 ♐ 41	27 ♑ 0	22 ♒ 59	27 ♊ 45	14 ♑ 16	15 ♍ 49	21 ♉ 55	5 ♓ 54	1 ♈	13 ♒	26 ♒	10 ♉	20 ♏
5	13 ♐ 8	28 ♏ 49	18 ♐ 45	18 ♐ 33	24 ♐ 13	28 ♑ 9	23 ♒ 44	27 ♊ 38	14 ♑ 23	15 ♍ 50	21 ♉ 53	5 ♓ 54	1 ♈	13 ♒	27 ♒	10 ♉	20 ♏
6	14 ♐ 9	13 ♐ 51	18 ♐ 42	18 ♐ 33	25 ♐ 45	29 ♑ 18	24 ♒ 28	27 ♊ 30	14 ♑ 29	15 ♍ 51	21 ♉ 52	5 ♓ 55	1 ♈	13 ♒	27 ♒	10 ♉	20 ♏
7	15 ♐ 10	29 ♐ 1	18 ♐ 39	18 D 33	27 ♐ 18	0 ♒ 26	25 ♒ 13	27 ♊ 22	14 ♑ 36	15 ♍ 51	21 ♉ 50	5 ♓ 55	2 ♈	13 ♒	28 ♒	10 ♉	20 ♏
8	16 ♐ 11	14 ♑ 7	18 ♐ 36	18 ♐ 33	28 ♐ 50	1 ♒ 34	25 ♒ 57	27 ♊ 14	14 ♑ 42	15 ♍ 52	21 ♉ 49	5 ♓ 55	2 ♈	14 ♒	28 ♒	10 ♉	20 ♏
9	17 ♐ 12	29 ♑ 2	18 ♐ 32	18 ♐ 33	0 ♑ 21	2 ♒ 42	26 ♒ 41	27 ♊ 6	14 ♑ 49	15 ♍ 53	21 ♉ 47	5 ♓ 56	2 ♈	14 ♒	28 ♒	9 ♉	20 ♏
10	18 ♐ 13	13 ♒ 39	18 ♐ 29	18 ♐ 34	1 ♑ 53	3 ♒ 50	27 ♒ 26	26 ♊ 58	14 ♑ 55	15 ♍ 54	21 ♉ 46	5 ♓ 56	2 ♈	14 ♒	29 ♒	9 ♉	20 ♏
11	19 ♐ 14	27 ♒ 53	18 ♐ 26	18 R 34	3 ♑ 24	4 ♒ 58	28 ♒ 10	26 ♊ 50	15 ♑ 2	15 ♍ 54	21 ♉ 44	5 ♓ 57	2 ♈	14 ♒	29 ♒	9 ♉	21 ♏
12	20 ♐ 15	11 ♓ 42	18 ♐ 23	18 ♐ 33	4 ♑ 55	6 ♒ 6	28 ♒ 55	26 ♊ 42	15 ♑ 9	15 ♍ 55	21 ♉ 43	5 ♓ 58	2 ♈	15 ♒	29 ♒	9 ♉	21 ♏
13	21 ♐ 16	25 ♓ 6	18 ♐ 20	18 D 33	6 ♑ 26	7 ♒ 13	29 ♒ 39	26 ♊ 34	15 ♑ 15	15 ♍ 55	21 ♉ 41	5 ♓ 58	2 ♈	15 ♒	0 ♓	9 ♉	21 ♏
14	22 ♐ 17	8 ♈ 8	18 ♐ 16	18 ♐ 34	7 ♑ 56	8 ♒ 20	0 ♓ 24	26 ♊ 26	15 ♑ 22	15 ♍ 56	21 ♉ 40	5 ♓ 59	2 ♈	15 ♒	0 ♓	9 ♉	21 ♏
15	23 ♐ 18	20 ♈ 51	18 ♐ 13	18 ♐ 34	9 ♑ 26	9 ♒ 27	1 ♓ 8	26 ♊ 18	15 ♑ 29	15 ♍ 56	21 ♉ 39	5 ♓ 59	3 ♈	15 ♒	1 ♓	9 ♉	21 ♏
16	24 ♐ 19	3 ♉ 17	18 ♐ 10	18 ♐ 35	10 ♑ 54	10 ♒ 34	1 ♓ 53	26 ♊ 10	15 ♑ 35	15 ♍ 56	21 ♉ 37	6 ♓ 0	3 ♈	16 ♒	1 ♓	9 ♉	21 ♏
17	25 ♐ 20	15 ♉ 30	18 ♐ 7	18 ♐ 35	12 ♑ 22	11 ♒ 41	2 ♓ 38	26 ♊ 1	15 ♑ 42	15 ♍ 57	21 ♉ 36	6 ♓ 1	3 ♈	16 ♒	1 ♓	9 ♉	21 ♏
18	26 ♐ 21	27 ♉ 33	18 ♐ 4	18 ♐ 36	13 ♑ 49	12 ♒ 47	3 ♓ 22	25 ♊ 53	15 ♑ 49	15 ♍ 57	21 ♉ 35	6 ♓ 2	3 ♈	16 ♒	2 ♓	9 ♉	21 ♏
19	27 ♐ 22	9 ♊ 29	18 ♐ 1	18 ♐ 37	15 ♑ 15	13 ♒ 53	4 ♓ 7	25 ♊ 45	15 ♑ 56	15 ♍ 57	21 ♉ 33	6 ♓ 2	3 ♈	17 ♒	2 ♓	9 ♉	22 ♏
20	28 ♐ 23	21 ♊ 21	17 ♐ 57	18 R 37	16 ♑ 39	14 ♒ 59	4 ♓ 51	25 ♊ 37	16 ♑ 3	15 ♍ 57	21 ♉ 32	6 ♓ 3	3 ♈	17 ♒	3 ♓	8 ♉	22 ♏
21	29 ♐ 24	3 ♋ 9	17 ♐ 54	18 ♐ 36	18 ♑ 1	16 ♒ 5	5 ♓ 36	25 ♊ 29	16 ♑ 10	15 ♍ 57	21 ♉ 31	6 ♓ 4	3 ♈	17 ♒	3 ♓	8 ♉	22 ♏
22	0 ♑ 25	14 ♋ 57	17 ♐ 51	18 ♐ 35	19 ♑ 22	17 ♒ 10	6 ♓ 21	25 ♊ 21	16 ♑ 17	15 R 57	21 ♉ 29	6 ♓ 5	4 ♈	17 ♒	3 ♓	8 ♉	22 ♏
23	1 ♑ 26	26 ♋ 47	17 ♐ 48	18 ♐ 34	20 ♑ 40	18 ♒ 15	7 ♓ 5	25 ♊ 13	16 ♑ 24	15 ♍ 57	21 ♉ 28	6 ♓ 5	4 ♈	18 ♒	4 ♓	8 ♉	22 ♏
24	2 ♑ 27	8 ♌ 41	17 ♐ 45	18 ♐ 31	21 ♑ 55	19 ♒ 20	7 ♓ 50	25 ♊ 5	16 ♑ 31	15 ♍ 57	21 ♉ 27	6 ♓ 6	4 ♈	18 ♒	4 ♓	8 ♉	22 ♏
25	3 ♑ 28	20 ♌ 41	17 ♐ 42	18 ♐ 29	23 ♑ 7	20 ♒ 25	8 ♓ 34	24 ♊ 57	16 ♑ 38	15 ♍ 57	21 ♉ 26	6 ♓ 7	4 ♈	18 ♒	5 ♓	8 ♉	22 ♏
26	4 ♑ 29	2 ♍ 50	17 ♐ 38	18 ♐ 27	24 ♑ 15	21 ♒ 29	9 ♓ 19	24 ♊ 49	16 ♑ 45	15 ♍ 56	21 ♉ 25	6 ♓ 8	4 ♈	19 ♒	5 ♓	8 ♉	22 ♏
27	5 ♑ 30	15 ♍ 13	17 ♐ 35	18 ♐ 25	25 ♑ 18	22 ♒ 33	10 ♓ 4	24 ♊ 41	16 ♑ 52	15 ♍ 56	21 ♉ 24	6 ♓ 9	5 ♈	19 ♒	5 ♓	8 D	23 ♏
28	6 ♑ 32	27 ♍ 51	17 ♐ 32	18 ♐ 24	26 ♑ 16	23 ♒ 36	10 ♓ 48	24 ♊ 33	16 ♑ 59	15 ♍ 56	21 ♉ 23	6 ♓ 10	5 ♈	19 ♒	6 ♓	8 ♉	23 ♏
29	7 ♑ 33	10 ♎ 49	17 ♐ 29	18 D 24	27 ♑ 8	24 ♒ 40	11 ♓ 33	24 ♊ 25	17 ♑ 6	15 ♍ 55	21 ♉ 21	6 ♓ 11	5 ♈	19 ♒	6 ♓	8 ♉	23 ♏
30	8 ♑ 34	24 ♎ 9	17 ♐ 26	18 ♐ 24	27 ♑ 54	25 ♒ 43	12 ♓ 17	24 ♊ 17	17 ♑ 13	15 ♍ 55	21 ♉ 20	6 ♓ 12	5 ♈	20 ♒	7 ♓	8 ♉	23 ♏
31	9 ♑ 35	7 ♏ 56	17 ♐ 22	18 ♐ 26	28 ♑ 32	26 ♒ 46	13 ♓ 2	24 ♊ 10	17 ♑ 20	15 ♍ 54	21 ♉ 19	6 ♓ 13	5 ♈	20 ♒	7 ♓	8 ♉	23 ♏

SUN INGRESS	☉ → ♑ 21日 14:02
MOON PHASE	● 6日 00:29 ♐ ◐ 12日 16:28 ♓ ○ 20日 15:38 ♊ ◑ 28日 17:31 ♎

aspects

2日	14:15	♂□♆
4日	09:26	☿⚹♂
7日	01:06	☿☍♃
7日	16:41	☉□♅
9日	11:23	♂△♃
12日	16:35	☿⚹♇
17日	14:32	☉☍♃
19日	03:38	♄△♅
19日	11:58	☿△♅
19日	12:42	☿☌♄
21日	15:17	♂☌♇
23日	15:07	☿△♆
25日	22:30	♀□♆
27日	15:24	☉⚹♇
28日	19:02	♀△♃

2049年1月

DAY	☉	☽	☊ mean	☊ true	☿	♀	♂	♃	♄	♅	♆	♇	⚳	⚴	⚵	⚶	⚷
	° ′	° ′	° ′	° ′	° ′	° ′	° ′	° ′	° ′	° ′	° ′	° ′	°	°	°	°	°
1	10 ♑ 36	22 ♏ 8	17 ♐ 19	18 D 27	29 D 1	27 D 48	13 D 47	24 R 2	17 D 27	15 R 54	21 R 18	6 D 14	6 D	20 D	8 D	8 D	23 D
2	11 ♑ 37	6 ♐ 45	17 ♐ 16	18 ♐ 28	29 ♑ 20	28 ♒ 50	14 ♓ 31	23 ♊ 55	17 ♑ 34	15 ♍ 53	21 ♉ 17	6 ♓ 15	6 ♈	21 ♒	8 ♓	9 ♉	23 ♏
3	12 ♑ 39	21 ♐ 43	17 ♐ 13	18 R 29	29 ♑ 30	29 ♒ 51	15 ♓ 16	23 ♊ 47	17 ♑ 41	15 ♍ 52	21 ♉ 17	6 ♓ 16	6 ♈	21 ♒	8 ♓	9 ♉	23 ♏
4	13 ♑ 40	6 ♑ 54	17 ♐ 10	18 ♐ 28	29 R 28	0 ♓ 53	16 ♓ 0	23 ♊ 40	17 ♑ 48	15 ♍ 52	21 ♉ 16	6 ♓ 17	6 ♈	21 ♒	9 ♓	9 ♉	23 ♏
5	14 ♑ 41	22 ♑ 9	17 ♐ 7	18 ♐ 25	29 ♑ 14	1 ♓ 53	16 ♓ 45	23 ♊ 33	17 ♑ 55	15 ♍ 51	21 ♉ 15	6 ♓ 18	7 ♈	22 ♒	9 ♓	9 ♉	24 ♏
6	15 ♑ 42	7 ♒ 18	17 ♐ 3	18 ♐ 22	28 ♑ 49	2 ♓ 54	17 ♓ 30	23 ♊ 26	18 ♑ 2	15 ♍ 50	21 ♉ 14	6 ♓ 19	7 ♈	22 ♒	10 ♓	9 ♉	24 ♏
7	16 ♑ 43	22 ♒ 12	17 ♐ 0	18 ♐ 18	28 ♑ 12	3 ♓ 54	18 ♓ 14	23 ♊ 19	18 ♑ 9	15 ♍ 49	21 ♉ 13	6 ♓ 21	7 ♈	22 ♒	10 ♓	9 ♉	24 ♏
8	17 ♑ 44	6 ♓ 42	16 ♐ 57	18 ♐ 13	27 ♑ 24	4 ♓ 53	18 ♓ 59	23 ♊ 12	18 ♑ 17	15 ♍ 48	21 ♉ 12	6 ♓ 22	7 ♈	22 ♒	11 ♓	9 ♉	24 ♏
9	18 ♑ 46	20 ♓ 44	16 ♐ 54	18 ♐ 10	26 ♑ 25	5 ♓ 52	19 ♓ 43	23 ♊ 5	18 ♑ 24	15 ♍ 47	21 ♉ 12	6 ♓ 23	7 ♈	23 ♒	11 ♓	9 ♉	24 ♏
10	19 ♑ 47	4 ♈ 18	16 ♐ 51	18 ♐ 7	25 ♑ 18	6 ♓ 51	20 ♓ 28	22 ♊ 59	18 ♑ 31	15 ♍ 46	21 ♉ 11	6 ♓ 24	8 ♈	23 ♒	12 ♓	9 ♉	24 ♏
11	20 ♑ 48	17 ♈ 24	16 ♐ 48	18 ♐ 6	24 ♑ 5	7 ♓ 49	21 ♓ 12	22 ♊ 53	18 ♑ 38	15 ♍ 45	21 ♉ 10	6 ♓ 25	8 ♈	23 ♒	12 ♓	9 ♉	24 ♏
12	21 ♑ 49	0 ♉ 5	16 ♐ 44	18 D 6	22 ♑ 47	8 ♓ 46	21 ♓ 57	22 ♊ 46	18 ♑ 45	15 ♍ 44	21 ♉ 10	6 ♓ 27	8 ♈	24 ♒	13 ♓	9 ♉	24 ♏
13	22 ♑ 50	12 ♉ 27	16 ♐ 41	18 ♐ 8	21 ♑ 27	9 ♓ 43	22 ♓ 41	22 ♊ 40	18 ♑ 52	15 ♍ 43	21 ♉ 9	6 ♓ 28	8 ♈	24 ♒	13 ♓	9 ♉	24 ♏
14	23 ♑ 51	24 ♉ 33	16 ♐ 38	18 ♐ 9	20 ♑ 8	10 ♓ 40	23 ♓ 26	22 ♊ 34	18 ♑ 59	15 ♍ 41	21 ♉ 8	6 ♓ 29	9 ♈	24 ♒	14 ♓	10 ♉	24 ♏
15	24 ♑ 52	6 ♊ 29	16 ♐ 35	18 ♐ 11	18 ♑ 52	11 ♓ 35	24 ♓ 10	22 ♊ 28	19 ♑ 6	15 ♍ 40	21 ♉ 8	6 ♓ 30	9 ♈	25 ♒	14 ♓	10 ♉	24 ♏
16	25 ♑ 53	18 ♊ 19	16 ♐ 32	18 R 12	17 ♑ 41	12 ♓ 30	24 ♓ 55	22 ♊ 23	19 ♑ 13	15 ♍ 39	21 ♉ 7	6 ♓ 32	9 ♈	25 ♒	14 ♓	10 ♉	25 ♏
17	26 ♑ 55	0 ♋ 6	16 ♐ 28	18 ♐ 11	16 ♑ 38	13 ♓ 25	25 ♓ 39	22 ♊ 17	19 ♑ 20	15 ♍ 37	21 ♉ 7	6 ♓ 33	10 ♈	25 ♒	15 ♓	10 ♉	25 ♏
18	27 ♑ 56	11 ♋ 54	16 ♐ 25	18 ♐ 8	15 ♑ 42	14 ♓ 19	26 ♓ 24	22 ♊ 12	19 ♑ 28	15 ♍ 36	21 ♉ 6	6 ♓ 34	10 ♈	26 ♒	15 ♓	10 ♉	25 ♏
19	28 ♑ 57	23 ♋ 44	16 ♐ 22	18 ♐ 3	14 ♑ 55	15 ♓ 12	27 ♓ 8	22 ♊ 7	19 ♑ 35	15 ♍ 34	21 ♉ 6	6 ♓ 36	10 ♈	26 ♒	16 ♓	10 ♉	25 ♏
20	29 ♑ 58	5 ♌ 40	16 ♐ 19	17 ♐ 56	14 ♑ 18	16 ♓ 4	27 ♓ 52	22 ♊ 2	19 ♑ 42	15 ♍ 33	21 ♉ 5	6 ♓ 37	10 ♈	26 ♒	16 ♓	10 ♉	25 ♏
21	0 ♒ 59	17 ♌ 43	16 ♐ 16	17 ♐ 48	13 ♑ 50	16 ♓ 56	28 ♓ 37	21 ♊ 57	19 ♑ 49	15 ♍ 31	21 ♉ 5	6 ♓ 39	11 ♈	26 ♒	17 ♓	11 ♉	25 ♏
22	2 ♒ 0	29 ♌ 54	16 ♐ 13	17 ♐ 40	13 ♑ 32	17 ♓ 47	29 ♓ 21	21 ♊ 52	19 ♑ 56	15 ♍ 30	21 ♉ 5	6 ♓ 40	11 ♈	27 ♒	17 ♓	11 ♉	25 ♏
23	3 ♒ 1	12 ♍ 14	16 ♐ 9	17 ♐ 31	13 ♑ 22	18 ♓ 37	0 ♈ 5	21 ♊ 47	20 ♑ 3	15 ♍ 28	21 ♉ 4	6 ♓ 41	11 ♈	27 ♒	18 ♓	11 ♉	25 ♏
24	4 ♒ 2	24 ♍ 44	16 ♐ 6	17 ♐ 24	13 D 21	19 ♓ 26	0 ♈ 49	21 ♊ 43	20 ♑ 10	15 ♍ 26	21 ♉ 4	6 ♓ 43	12 ♈	27 ♒	18 ♓	11 ♉	25 ♏
25	5 ♒ 3	7 ♎ 28	16 ♐ 3	17 ♐ 18	13 ♑ 28	20 ♓ 14	1 ♈ 34	21 ♊ 39	20 ♑ 17	15 ♍ 24	21 ♉ 4	6 ♓ 44	12 ♈	28 ♒	19 ♓	11 ♉	25 ♏
26	6 ♒ 4	20 ♎ 26	16 ♐ 0	17 ♐ 15	13 ♑ 42	21 ♓ 2	2 ♈ 18	21 ♊ 35	20 ♑ 24	15 ♍ 23	21 ♉ 4	6 ♓ 46	12 ♈	28 ♒	19 ♓	12 ♉	25 ♏
27	7 ♒ 5	3 ♏ 42	15 ♐ 57	17 ♐ 13	14 ♑ 3	21 ♓ 48	3 ♈ 2	21 ♊ 31	20 ♑ 31	15 ♍ 21	21 ♉ 4	6 ♓ 47	12 ♈	28 ♒	20 ♓	12 ♉	25 ♏
28	8 ♒ 6	17 ♏ 17	15 ♐ 54	17 D 13	14 ♑ 30	22 ♓ 34	3 ♈ 46	21 ♊ 28	20 ♑ 37	15 ♍ 19	21 ♉ 4	6 ♓ 49	13 ♈	29 ♒	20 ♓	12 ♉	26 ♏
29	9 ♒ 7	1 ♐ 13	15 ♐ 50	17 ♐ 15	15 ♑ 2	23 ♓ 18	4 ♈ 30	21 ♊ 24	20 ♑ 44	15 ♍ 17	21 ♉ 3	6 ♓ 50	13 ♈	29 ♒	21 ♓	12 ♉	26 ♏
30	10 ♒ 8	15 ♐ 32	15 ♐ 47	17 ♐ 15	15 ♑ 40	24 ♓ 1	5 ♈ 15	21 ♊ 21	20 ♑ 51	15 ♍ 15	21 ♉ 3	6 ♓ 52	13 ♈	29 ♒	21 ♓	12 ♉	26 ♏
31	11 ♒ 9	0 ♑ 10	15 ♐ 44	17 R 15	16 ♑ 23	24 ♓ 44	5 ♈ 59	21 ♊ 18	20 ♑ 58	15 ♍ 13	21 D 3	6 ♓ 53	14 ♈	0 ♓	22 ♓	13 ♉	26 ♏

SUN INGRESS	☉→♒ 20日 00:40
MOON PHASE	● 4日 11:24 ♑　◐ 11日 06:55 ♈　○ 19日 11:28 ♋　◑ 27日 06:32 ♏

aspects		
3日	19:23	♂☍♅
6日	03:05	☉△♅
6日	20:58	♂⚹♄
8日	14:16	☉☌♄
9日	12:50	♀☌♇
10日	22:51	♂⚹♆
11日	08:40	☉△♆
12日	09:38	☿⚹♂
12日	09:50	☉☌☿
12日	11:19	☉⚹♂
12日	23:24	♂□♃
13日	05:28	☿△♆
14日	19:47	☿☌♄
18日	03:04	☿△♅
18日	19:55	☿⚹♀
19日	10:01	♀☍♅
25日	01:30	♀⚹♄
26日	01:10	♀⚹♆
26日	15:58	♀□♃
29日	09:03	☿△♅
31日	18:48	♄△♆

2049年2月

DAY	☉	☽	☊ mean	☊ true	☿	♀	♂	♃	♄	♅	♆	♇	⚳	⚴	⚵	⚶	⚷
	° ′	° ′	° ′	° ′	° ′	° ′	° ′	° ′	° ′	° ′	° ′	° ′	°	°	°	°	°
1	12 ♒ 10	15 ♑ 5	15 ♐ 41	17 R 12	17 D 9	25 D 25	6 D 43	21 R 15	21 D 5	15 R 11	21 D 3	6 D 55	14 D	0 D	22 D	13 D	26 D
2	13 ♒ 11	0 ♒ 9	15 ♐ 38	17 ♐ 6	18 ♑ 0	26 ♓ 5	7 ♈ 27	21 ♊ 13	21 ♑ 12	15 ♍ 9	21 ♉ 3	6 ♓ 56	14 ♈	0 ♓	23 ♓	13 ♉	26 ♏
3	14 ♒ 12	15 ♒ 13	15 ♐ 34	16 ♐ 58	18 ♑ 54	26 ♓ 44	8 ♈ 11	21 ♊ 10	21 ♑ 18	15 ♍ 7	21 ♉ 4	6 ♓ 58	15 ♈	1 ♓	23 ♓	13 ♉	26 ♏
4	15 ♒ 12	0 ♓ 7	15 ♐ 31	16 ♐ 49	19 ♑ 51	27 ♓ 21	8 ♈ 55	21 ♊ 8	21 ♑ 25	15 ♍ 5	21 ♉ 4	6 ♓ 59	15 ♈	1 ♓	24 ♓	13 ♉	26 ♏
5	16 ♒ 13	14 ♓ 43	15 ♐ 28	16 ♐ 39	20 ♑ 51	27 ♓ 58	9 ♈ 39	21 ♊ 6	21 ♑ 32	15 ♍ 2	21 ♉ 4	7 ♓ 1	15 ♈	1 ♓	24 ♓	14 ♉	26 ♏
6	17 ♒ 14	28 ♓ 54	15 ♐ 25	16 ♐ 30	21 ♑ 54	28 ♓ 32	10 ♈ 23	21 ♊ 4	21 ♑ 39	15 ♍ 0	21 ♉ 4	7 ♓ 2	16 ♈	2 ♓	25 ♓	14 ♉	26 ♏
7	18 ♒ 15	12 ♈ 36	15 ♐ 22	16 ♐ 23	22 ♑ 59	29 ♓ 6	11 ♈ 7	21 ♊ 3	21 ♑ 45	14 ♍ 58	21 ♉ 4	7 ♓ 4	16 ♈	2 ♓	25 ♓	14 ♉	26 ♏
8	19 ♒ 16	25 ♈ 49	15 ♐ 19	16 ♐ 18	24 ♑ 7	29 ♓ 38	11 ♈ 51	21 ♊ 1	21 ♑ 52	14 ♍ 56	21 ♉ 4	7 ♓ 6	16 ♈	2 ♓	26 ♓	14 ♉	26 ♏
9	20 ♒ 17	8 ♉ 36	15 ♐ 15	16 ♐ 15	25 ♑ 17	0 ♈ 8	12 ♈ 34	21 ♊ 0	21 ♑ 58	14 ♍ 53	21 ♉ 5	7 ♓ 7	17 ♈	3 ♓	26 ♓	15 ♉	26 ♏
10	21 ♒ 17	21 ♉ 0	15 ♐ 12	16 ♐ 14	26 ♑ 28	0 ♈ 37	13 ♈ 18	20 ♊ 59	22 ♑ 5	14 ♍ 51	21 ♉ 5	7 ♓ 9	17 ♈	3 ♓	27 ♓	15 ♉	26 ♏
11	22 ♒ 18	3 ♊ 7	15 ♐ 9	16 D 15	27 ♑ 41	1 ♈ 4	14 ♈ 2	20 ♊ 58	22 ♑ 11	14 ♍ 49	21 ♉ 5	7 ♓ 10	17 ♈	3 ♓	27 ♓	15 ♉	26 ♏
12	23 ♒ 19	15 ♊ 1	15 ♐ 6	16 ♐ 15	28 ♑ 56	1 ♈ 29	14 ♈ 46	20 ♊ 58	22 ♑ 18	14 ♍ 46	21 ♉ 6	7 ♓ 12	18 ♈	4 ♓	28 ♓	15 ♉	26 ♏
13	24 ♒ 19	26 ♊ 49	15 ♐ 3	16 R 15	0 ♒ 13	1 ♈ 52	15 ♈ 29	20 ♊ 57	22 ♑ 24	14 ♍ 44	21 ♉ 6	7 ♓ 14	18 ♈	4 ♓	28 ♓	16 ♉	27 ♏
14	25 ♒ 20	8 ♋ 36	14 ♐ 59	16 ♐ 12	1 ♒ 31	2 ♈ 14	16 ♈ 13	20 ♊ 57	22 ♑ 31	14 ♍ 42	21 ♉ 7	7 ♓ 15	18 ♈	4 ♓	29 ♓	16 ♉	27 ♏
15	26 ♒ 21	20 ♋ 25	14 ♐ 56	16 ♐ 7	2 ♒ 50	2 ♈ 33	16 ♈ 57	20 D 57	22 ♑ 37	14 ♍ 39	21 ♉ 7	7 ♓ 17	19 ♈	5 ♓	29 ♓	16 ♉	27 ♏
16	27 ♒ 21	2 ♌ 20	14 ♐ 53	15 ♐ 59	4 ♒ 11	2 ♈ 51	17 ♈ 40	20 ♊ 57	22 ♑ 43	14 ♍ 37	21 ♉ 8	7 ♓ 19	19 ♈	5 ♓	0 ♈	17 ♉	27 ♏
17	28 ♒ 22	14 ♌ 24	14 ♐ 50	15 ♐ 48	5 ♒ 33	3 ♈ 6	18 ♈ 24	20 ♊ 58	22 ♑ 49	14 ♍ 34	21 ♉ 8	7 ♓ 20	19 ♈	5 ♓	1 ♈	17 ♉	27 ♏
18	29 ♒ 22	26 ♌ 39	14 ♐ 47	15 ♐ 36	6 ♒ 56	3 ♈ 20	19 ♈ 8	20 ♊ 58	22 ♑ 56	14 ♍ 32	21 ♉ 9	7 ♓ 22	20 ♈	6 ♓	1 ♈	17 ♉	27 ♏
19	0 ♓ 23	9 ♍ 4	14 ♐ 44	15 ♐ 22	8 ♒ 20	3 ♈ 31	19 ♈ 51	20 ♊ 59	23 ♑ 2	14 ♍ 29	21 ♉ 10	7 ♓ 23	20 ♈	6 ♓	2 ♈	17 ♉	27 ♏
20	1 ♓ 23	21 ♍ 41	14 ♐ 40	15 ♐ 9	9 ♒ 46	3 ♈ 40	20 ♈ 34	21 ♊ 0	23 ♑ 8	14 ♍ 27	21 ♉ 10	7 ♓ 25	20 ♈	6 ♓	2 ♈	18 ♉	27 ♏
21	2 ♓ 24	4 ♎ 28	14 ♐ 37	14 ♐ 57	11 ♒ 12	3 ♈ 46	21 ♈ 18	21 ♊ 1	23 ♑ 14	14 ♍ 24	21 ♉ 11	7 ♓ 27	21 ♈	7 ♓	3 ♈	18 ♉	27 ♏
22	3 ♓ 24	17 ♎ 27	14 ♐ 34	14 ♐ 47	12 ♒ 40	3 ♈ 50	22 ♈ 1	21 ♊ 3	23 ♑ 20	14 ♍ 22	21 ♉ 12	7 ♓ 28	21 ♈	7 ♓	3 ♈	18 ♉	27 ♏
23	4 ♓ 25	0 ♏ 38	14 ♐ 31	14 ♐ 41	14 ♒ 9	3 ♈ 52	22 ♈ 45	21 ♊ 5	23 ♑ 26	14 ♍ 19	21 ♉ 13	7 ♓ 30	21 ♈	7 ♓	4 ♈	19 ♉	27 ♏
24	5 ♓ 25	14 ♏ 0	14 ♐ 28	14 ♐ 37	15 ♒ 39	3 R 52	23 ♈ 28	21 ♊ 6	23 ♑ 32	14 ♍ 17	21 ♉ 13	7 ♓ 32	22 ♈	8 ♓	4 ♈	19 ♉	27 ♏
25	6 ♓ 26	27 ♏ 35	14 ♐ 25	14 ♐ 35	17 ♒ 10	3 ♈ 48	24 ♈ 11	21 ♊ 8	23 ♑ 38	14 ♍ 14	21 ♉ 14	7 ♓ 33	22 ♈	8 ♓	5 ♈	19 ♉	27 ♏
26	7 ♓ 26	11 ♐ 25	14 ♐ 21	14 D 35	18 ♒ 42	3 ♈ 43	24 ♈ 54	21 ♊ 11	23 ♑ 44	14 ♍ 11	21 ♉ 15	7 ♓ 35	22 ♈	8 ♓	5 ♈	19 ♉	27 ♏
27	8 ♓ 26	25 ♐ 29	14 ♐ 18	14 R 35	20 ♒ 15	3 ♈ 35	25 ♈ 38	21 ♊ 13	23 ♑ 49	14 ♍ 9	21 ♉ 16	7 ♓ 37	23 ♈	9 ♓	6 ♈	20 ♉	27 ♏
28	9 ♓ 27	9 ♑ 48	14 ♐ 15	14 ♐ 34	21 ♒ 49	3 ♈ 24	26 ♈ 21	21 ♊ 16	23 ♑ 55	14 ♍ 6	21 ♉ 17	7 ♓ 38	23 ♈	9 ♓	6 ♈	20 ♉	27 ♏

SUN INGRESS	☉→♓ 18日 14:42
MOON PHASE	● 2日 22:15 ♒　◐ 10日 00:38 ♉　○ 18日 05:47 ♌　◑ 25日 16:35 ♐

aspects		
5日	04:49	☿△♆
5日	17:23	☿☌♄
9日	16:53	☉△♃
9日	19:08	☉□♆
14日	17:26	☿⚹♀
20日	14:40	♂⚹♃
24日	02:32	♂□♄
26日	03:45	☉☌♇
27日	15:19	☿△♃
27日	15:50	☿□♆

2049年3月

DAY	☉	☽	☊		☿	♀	♂	♃	♄	♅	♆	♇	⚳	⚴	⚵	⚶	⚷
			mean	true													
	° ′	° ′	° ′	° ′	° ′	° ′	° ′	° ′	° ′	° ′	° ′	° ′	°	°	°	°	°
1	10 ♓ 27	24 ♑ 19	14 ♐ 12	14 R 30	23 D 24	3 R 11	27 D 4	21 D 18	24 D 1	14 R 3	21 D 18	7 D 40	23 D	9 D	7 D	20 D	27 D
2	11 ♓ 27	8 ♒ 59	14 ♐ 9	14 ♐ 23	25 ♒ 0	2 ♈ 55	27 ♈ 47	21 ♊ 21	24 ♑ 6	14 ♍ 1	21 ♉ 19	7 ♓ 42	24 ♈	10 ♓	8 ♈	21 ♉	27 ♏
3	12 ♓ 27	23 ♒ 41	14 ♐ 5	14 ♐ 13	26 ♒ 37	2 ♈ 38	28 ♈ 30	21 ♊ 24	24 ♑ 12	13 ♍ 58	21 ♉ 20	7 ♓ 43	24 ♈	10 ♓	8 ♈	21 ♉	27 ♏
4	13 ♓ 27	8 ♓ 18	14 ♐ 2	14 ♐ 1	28 ♒ 15	2 ♈ 17	29 ♈ 13	21 ♊ 28	24 ♑ 17	13 ♍ 56	21 ♉ 21	7 ♓ 45	25 ♈	10 ♓	9 ♈	21 ♉	27 ♏
5	14 ♓ 28	22 ♓ 42	13 ♐ 59	13 ♐ 49	29 ♒ 54	1 ♈ 55	29 ♈ 56	21 ♊ 31	24 ♑ 23	13 ♍ 53	21 ♉ 22	7 ♓ 47	25 ♈	11 ♓	9 ♈	22 ♉	27 ♏
6	15 ♓ 28	6 ♈ 47	13 ♐ 56	13 ♐ 37	1 ♓ 34	1 ♈ 30	0 ♉ 39	21 ♊ 35	24 ♑ 28	13 ♍ 50	21 ♉ 23	7 ♓ 48	25 ♈	11 ♓	10 ♈	22 ♉	27 ♏
7	16 ♓ 28	20 ♈ 27	13 ♐ 53	13 ♐ 27	3 ♓ 16	1 ♈ 3	1 ♉ 22	21 ♊ 39	24 ♑ 33	13 ♍ 48	21 ♉ 24	7 ♓ 50	26 ♈	11 ♓	10 ♈	22 ♉	27 ♏
8	17 ♓ 28	3 ♉ 42	13 ♐ 50	13 ♐ 19	4 ♓ 58	0 ♈ 34	2 ♉ 5	21 ♊ 43	24 ♑ 39	13 ♍ 45	21 ♉ 25	7 ♓ 52	26 ♈	12 ♓	11 ♈	23 ♉	27 ♏
9	18 ♓ 28	16 ♉ 31	13 ♐ 46	13 ♐ 15	6 ♓ 42	0 ♈ 3	2 ♉ 48	21 ♊ 47	24 ♑ 44	13 ♍ 42	21 ♉ 27	7 ♓ 53	26 ♈	12 ♓	11 ♈	23 ♉	27 ♏
10	19 ♓ 28	28 ♉ 59	13 ♐ 43	13 ♐ 12	8 ♓ 26	29 ♓ 31	3 ♉ 31	21 ♊ 52	24 ♑ 49	13 ♍ 40	21 ♉ 28	7 ♓ 55	27 ♈	12 ♓	12 ♈	23 ♉	27 ♏
11	20 ♓ 28	11 ♊ 8	13 ♐ 40	13 ♐ 12	10 ♓ 12	28 ♓ 57	4 ♉ 13	21 ♊ 56	24 ♑ 54	13 ♍ 37	21 ♉ 29	7 ♓ 56	27 ♈	13 ♓	12 ♈	24 ♉	27 R
12	21 ♓ 28	23 ♊ 5	13 ♐ 37	13 ♐ 12	11 ♓ 59	28 ♓ 22	4 ♉ 56	22 ♊ 1	24 ♑ 59	13 ♍ 35	21 ♉ 31	7 ♓ 58	28 ♈	13 ♓	13 ♈	24 ♉	27 ♏
13	22 ♓ 28	4 ♋ 55	13 ♐ 34	13 ♐ 11	13 ♓ 47	27 ♓ 46	5 ♉ 39	22 ♊ 6	25 ♑ 4	13 ♍ 32	21 ♉ 32	8 ♓ 0	28 ♈	13 ♓	14 ♈	24 ♉	27 ♏
14	23 ♓ 28	16 ♋ 43	13 ♐ 31	13 ♐ 9	15 ♓ 36	27 ♓ 9	6 ♉ 22	22 ♊ 11	25 ♑ 8	13 ♍ 29	21 ♉ 33	8 ♓ 1	28 ♈	14 ♓	14 ♈	25 ♉	27 ♏
15	24 ♓ 27	28 ♋ 35	13 ♐ 27	13 ♐ 5	17 ♓ 27	26 ♓ 31	7 ♉ 4	22 ♊ 16	25 ♑ 13	13 ♍ 27	21 ♉ 35	8 ♓ 3	29 ♈	14 ♓	15 ♈	25 ♉	27 ♏
16	25 ♓ 27	10 ♌ 34	13 ♐ 24	12 ♐ 58	19 ♓ 18	25 ♓ 54	7 ♉ 47	22 ♊ 22	25 ♑ 18	13 ♍ 24	21 ♉ 36	8 ♓ 5	29 ♈	14 ♓	15 ♈	25 ♉	27 ♏
17	26 ♓ 27	22 ♌ 45	13 ♐ 21	12 ♐ 48	21 ♓ 11	25 ♓ 16	8 ♉ 29	22 ♊ 28	25 ♑ 22	13 ♍ 22	21 ♉ 37	8 ♓ 6	29 ♈	15 ♓	16 ♈	26 ♉	27 ♏
18	27 ♓ 27	5 ♍ 10	13 ♐ 18	12 ♐ 36	23 ♓ 5	24 ♓ 38	9 ♉ 12	22 ♊ 33	25 ♑ 27	13 ♍ 19	21 ♉ 39	8 ♓ 8	0 ♉	15 ♓	16 ♈	26 ♉	27 ♏
19	28 ♓ 26	17 ♍ 50	13 ♐ 15	12 ♐ 23	25 ♓ 0	24 ♓ 1	9 ♉ 54	22 ♊ 39	25 ♑ 31	13 ♍ 17	21 ♉ 40	8 ♓ 9	0 ♉	15 ♓	17 ♈	27 ♉	27 ♏
20	29 ♓ 26	0 ♎ 45	13 ♐ 11	12 ♐ 10	26 ♓ 56	23 ♓ 25	10 ♉ 37	22 ♊ 45	25 ♑ 36	13 ♍ 14	21 ♉ 42	8 ♓ 11	1 ♉	16 ♓	17 ♈	27 ♉	27 ♏
21	0 ♈ 26	13 ♎ 54	13 ♐ 8	11 ♐ 59	28 ♓ 53	22 ♓ 49	11 ♉ 19	22 ♊ 52	25 ♑ 40	13 ♍ 12	21 ♉ 43	8 ♓ 12	1 ♉	16 ♓	18 ♈	27 ♉	27 ♏
22	1 ♈ 25	27 ♎ 16	13 ♐ 5	11 ♐ 50	0 ♈ 51	22 ♓ 15	12 ♉ 1	22 ♊ 58	25 ♑ 44	13 ♍ 9	21 ♉ 45	8 ♓ 14	1 ♉	16 ♓	19 ♈	28 ♉	27 ♏
23	2 ♈ 25	10 ♏ 48	13 ♐ 2	11 ♐ 44	2 ♈ 50	21 ♓ 42	12 ♉ 43	23 ♊ 5	25 ♑ 48	13 ♍ 7	21 ♉ 47	8 ♓ 15	2 ♉	17 ♓	19 ♈	28 ♉	27 ♏
24	3 ♈ 24	24 ♏ 29	12 ♐ 59	11 ♐ 40	4 ♈ 50	21 ♓ 11	13 ♉ 26	23 ♊ 11	25 ♑ 53	13 ♍ 4	21 ♉ 48	8 ♓ 17	2 ♉	17 ♓	20 ♈	28 ♉	27 ♏
25	4 ♈ 24	8 ♐ 18	12 ♐ 56	11 ♐ 39	6 ♈ 51	20 ♓ 42	14 ♉ 8	23 ♊ 18	25 ♑ 57	13 ♍ 2	21 ♉ 50	8 ♓ 19	2 ♉	17 ♓	20 ♈	29 ♉	27 ♏
26	5 ♈ 23	22 ♐ 15	12 ♐ 52	11 D 39	8 ♈ 53	20 ♓ 14	14 ♉ 50	23 ♊ 25	26 ♑ 0	13 ♍ 0	21 ♉ 51	8 ♓ 20	3 ♉	18 ♓	21 ♈	29 ♉	27 ♏
27	6 ♈ 23	6 ♑ 18	12 ♐ 49	11 ♐ 39	10 ♈ 54	19 ♓ 49	15 ♉ 32	23 ♊ 32	26 ♑ 4	12 ♍ 57	21 ♉ 53	8 ♓ 22	3 ♉	18 ♓	21 ♈	29 ♉	27 ♏
28	7 ♈ 22	20 ♑ 26	12 ♐ 46	11 R 39	12 ♈ 57	19 ♓ 26	16 ♉ 14	23 ♊ 40	26 ♑ 8	12 ♍ 55	21 ♉ 55	8 ♓ 23	4 ♉	18 ♓	22 ♈	0 ♊	27 ♏
29	8 ♈ 21	4 ♒ 40	12 ♐ 43	11 ♐ 36	14 ♈ 59	19 ♓ 5	16 ♉ 56	23 ♊ 47	26 ♑ 12	12 ♍ 53	21 ♉ 57	8 ♓ 25	4 ♉	19 ♓	23 ♈	0 ♊	27 ♏
30	9 ♈ 21	18 ♒ 56	12 ♐ 40	11 ♐ 31	17 ♈ 1	18 ♓ 46	17 ♉ 38	23 ♊ 55	26 ♑ 15	12 ♍ 50	21 ♉ 58	8 ♓ 26	4 ♉	19 ♓	23 ♈	1 ♊	27 ♏
31	10 ♈ 20	3 ♓ 11	12 ♐ 36	11 ♐ 23	19 ♈ 2	18 ♓ 30	18 ♉ 20	24 ♊ 3	26 ♑ 19	12 ♍ 48	22 ♉ 0	8 ♓ 27	5 ♉	19 ♓	24 ♈	1 ♊	27 ♏

SUN INGRESS	☉ → ♈ 20日 13:28
MOON PHASE	● 4日 09:11 ♓　◐ 11日 20:25 ♊　○ 19日 21:22 ♍　◑ 27日 00:09 ♑

aspects		
4日	10:45	☉☍♅
5日	00:51	☿⚹♂
9日	16:40	☿☌♇
12日	01:04	☉⚹♆
12日	14:29	☉□♃
12日	20:46	☿☍♅
15日	19:54	☉⚹♄
16日	06:29	☉☌♀
16日	10:27	♂⚹♇
16日	20:15	♀⚹♄
17日	05:41	☿⚹♆
17日	17:03	☿□♃
18日	14:46	☿☌♀
19日	06:50	☿⚹♄
20日	22:41	♀□♃
22日	13:44	☉☌☿
22日	21:02	♀⚹♆
23日	12:35	♂△♅
31日	04:09	♀⚹♂

2049年4月

DAY	☉	☽	☊		☿	♀	♂	♃	♄	♅	♆	♇	⚳	⚴	⚵	⚶	⚷
			mean	true													
	° ′	° ′	° ′	° ′	° ′	° ′	° ′	° ′	° ′	° ′	° ′	° ′	°	°	°	°	°
1	11 ♈ 19	17 ♓ 20	12 ♐ 33	11 R 14	21 D 3	18 R 16	19 D 2	24 D 10	26 D 22	12 R 46	22 D 2	8 D 29	5 D	20 D	24 D	1 D	27 R
2	12 ♈ 19	1 ♈ 20	12 ♐ 30	11 ♐ 4	23 ♈ 3	18 ♓ 5	19 ♉ 44	24 ♊ 18	26 ♑ 26	12 ♍ 44	22 ♉ 4	8 ♓ 30	6 ♉	20 ♓	25 ♈	2 ♊	27 ♏
3	13 ♈ 18	15 ♈ 4	12 ♐ 27	10 ♐ 54	25 ♈ 1	17 ♓ 56	20 ♉ 26	24 ♊ 27	26 ♑ 29	12 ♍ 42	22 ♉ 6	8 ♓ 32	6 ♉	20 ♓	25 ♈	2 ♊	27 ♏
4	14 ♈ 17	28 ♈ 30	12 ♐ 24	10 ♐ 46	26 ♈ 57	17 ♓ 50	21 ♉ 8	24 ♊ 35	26 ♑ 32	12 ♍ 40	22 ♉ 7	8 ♓ 33	6 ♉	21 ♓	26 ♈	2 ♊	27 ♏
5	15 ♈ 16	11 ♉ 35	12 ♐ 21	10 ♐ 40	28 ♈ 51	17 ♓ 46	21 ♉ 50	24 ♊ 43	26 ♑ 35	12 ♍ 37	22 ♉ 9	8 ♓ 35	7 ♉	21 ♓	27 ♈	3 ♊	27 ♏
6	16 ♈ 15	24 ♉ 20	12 ♐ 17	10 ♐ 37	0 ♉ 42	17 ♓ 44	22 ♉ 31	24 ♊ 52	26 ♑ 38	12 ♍ 35	22 ♉ 11	8 ♓ 36	7 ♉	21 ♓	27 ♈	3 ♊	26 ♏
7	17 ♈ 14	6 ♊ 46	12 ♐ 14	10 ♐ 35	2 ♉ 31	17 D 45	23 ♉ 13	25 ♊ 0	26 ♑ 41	12 ♍ 33	22 ♉ 13	8 ♓ 37	8 ♉	22 ♓	28 ♈	4 ♊	26 ♏
8	18 ♈ 13	18 ♊ 56	12 ♐ 11	10 D 35	4 ♉ 16	17 ♓ 48	23 ♉ 55	25 ♊ 9	26 ♑ 44	12 ♍ 31	22 ♉ 15	8 ♓ 39	8 ♉	22 ♓	28 ♈	4 ♊	26 ♏
9	19 ♈ 12	0 ♋ 54	12 ♐ 8	10 ♐ 36	5 ♉ 57	17 ♓ 54	24 ♉ 36	25 ♊ 18	26 ♑ 46	12 ♍ 29	22 ♉ 17	8 ♓ 40	8 ♉	22 ♓	29 ♈	4 ♊	26 ♏
10	20 ♈ 11	12 ♋ 46	12 ♐ 5	10 ♐ 38	7 ♉ 34	18 ♓ 1	25 ♉ 18	25 ♊ 27	26 ♑ 49	12 ♍ 27	22 ♉ 19	8 ♓ 41	9 ♉	22 ♓	29 ♈	5 ♊	26 ♏
11	21 ♈ 10	24 ♋ 35	12 ♐ 2	10 R 38	9 ♉ 7	18 ♓ 11	25 ♉ 59	25 ♊ 36	26 ♑ 52	12 ♍ 26	22 ♉ 21	8 ♓ 43	9 ♉	23 ♓	0 ♉	5 ♊	26 ♏
12	22 ♈ 9	6 ♌ 29	11 ♐ 58	10 ♐ 36	10 ♉ 35	18 ♓ 23	26 ♉ 41	25 ♊ 46	26 ♑ 54	12 ♍ 24	22 ♉ 23	8 ♓ 44	10 ♉	23 ♓	1 ♉	6 ♊	26 ♏
13	23 ♈ 8	18 ♌ 30	11 ♐ 55	10 ♐ 33	11 ♉ 58	18 ♓ 37	27 ♉ 22	25 ♊ 55	26 ♑ 56	12 ♍ 22	22 ♉ 25	8 ♓ 45	10 ♉	23 ♓	1 ♉	6 ♊	26 ♏
14	24 ♈ 7	0 ♍ 45	11 ♐ 52	10 ♐ 28	13 ♉ 16	18 ♓ 53	28 ♉ 4	26 ♊ 4	26 ♑ 59	12 ♍ 20	22 ♉ 27	8 ♓ 46	10 ♉	24 ♓	2 ♉	6 ♊	26 ♏
15	25 ♈ 6	13 ♍ 16	11 ♐ 49	10 ♐ 21	14 ♉ 30	19 ♓ 11	28 ♉ 45	26 ♊ 14	27 ♑ 1	12 ♍ 18	22 ♉ 29	8 ♓ 48	11 ♉	24 ♓	2 ♉	7 ♊	26 ♏
16	26 ♈ 4	26 ♍ 6	11 ♐ 46	10 ♐ 14	15 ♉ 37	19 ♓ 31	29 ♉ 26	26 ♊ 24	27 ♑ 3	12 ♍ 17	22 ♉ 31	8 ♓ 49	11 ♉	24 ♓	3 ♉	7 ♊	26 ♏
17	27 ♈ 3	9 ♎ 15	11 ♐ 42	10 ♐ 6	16 ♉ 39	19 ♓ 53	0 ♊ 8	26 ♊ 34	27 ♑ 5	12 ♍ 15	22 ♉ 33	8 ♓ 50	12 ♉	25 ♓	4 ♉	8 ♊	26 ♏
18	28 ♈ 2	22 ♎ 42	11 ♐ 39	10 ♐ 0	17 ♉ 36	20 ♓ 17	0 ♊ 49	26 ♊ 43	27 ♑ 7	12 ♍ 14	22 ♉ 35	8 ♓ 51	12 ♉	25 ♓	4 ♉	8 ♊	26 ♏
19	29 ♈ 0	6 ♏ 27	11 ♐ 36	9 ♐ 54	18 ♉ 26	20 ♓ 42	1 ♊ 30	26 ♊ 53	27 ♑ 8	12 ♍ 12	22 ♉ 37	8 ♓ 52	12 ♉	25 ♓	5 ♉	8 ♊	26 ♏
20	29 ♈ 59	20 ♏ 25	11 ♐ 33	9 ♐ 51	19 ♉ 11	21 ♓ 9	2 ♊ 11	27 ♊ 4	27 ♑ 10	12 ♍ 11	22 ♉ 39	8 ♓ 53	13 ♉	26 ♓	5 ♉	9 ♊	26 ♏
21	0 ♉ 58	4 ♐ 32	11 ♐ 30	9 ♐ 49	19 ♉ 50	21 ♓ 37	2 ♊ 52	27 ♊ 14	27 ♑ 12	12 ♍ 9	22 ♉ 41	8 ♓ 55	13 ♉	26 ♓	6 ♉	9 ♊	26 ♏
22	1 ♉ 56	18 ♐ 45	11 ♐ 27	9 D 49	20 ♉ 23	22 ♓ 7	3 ♊ 34	27 ♊ 24	27 ♑ 13	12 ♍ 8	22 ♉ 44	8 ♓ 56	14 ♉	26 ♓	6 ♉	10 ♊	26 ♏
23	2 ♉ 55	3 ♑ 1	11 ♐ 23	9 ♐ 51	20 ♉ 50	22 ♓ 39	4 ♊ 15	27 ♊ 35	27 ♑ 15	12 ♍ 6	22 ♉ 46	8 ♓ 57	14 ♉	27 ♓	7 ♉	10 ♊	26 ♏
24	3 ♉ 53	17 ♑ 16	11 ♐ 20	9 ♐ 52	21 ♉ 11	23 ♓ 11	4 ♊ 56	27 ♊ 45	27 ♑ 16	12 ♍ 5	22 ♉ 48	8 ♓ 58	14 ♉	27 ♓	8 ♉	10 ♊	25 ♏
25	4 ♉ 52	1 ♒ 28	11 ♐ 17	9 ♐ 53	21 ♉ 26	23 ♓ 46	5 ♊ 37	27 ♊ 56	27 ♑ 17	12 ♍ 4	22 ♉ 50	8 ♓ 59	15 ♉	27 ♓	8 ♉	11 ♊	25 ♏
26	5 ♉ 50	15 ♒ 36	11 ♐ 14	9 R 52	21 ♉ 36	24 ♓ 21	6 ♊ 18	28 ♊ 6	27 ♑ 18	12 ♍ 2	22 ♉ 52	9 ♓ 0	15 ♉	28 ♓	9 ♉	11 ♊	25 ♏
27	6 ♉ 48	29 ♒ 37	11 ♐ 11	9 ♐ 51	21 ♉ 39	24 ♓ 58	6 ♊ 59	28 ♊ 17	27 ♑ 19	12 ♍ 1	22 ♉ 54	9 ♓ 1	16 ♉	28 ♓	9 ♉	12 ♊	25 ♏
28	7 ♉ 47	13 ♓ 30	11 ♐ 8	9 ♐ 47	21 R 37	25 ♓ 36	7 ♊ 39	28 ♊ 28	27 ♑ 20	12 ♍ 0	22 ♉ 57	9 ♓ 2	16 ♉	28 ♓	10 ♉	12 ♊	25 ♏
29	8 ♉ 45	27 ♓ 14	11 ♐ 4	9 ♐ 43	21 ♉ 30	26 ♓ 15	8 ♊ 20	28 ♊ 39	27 ♑ 21	11 ♍ 59	22 ♉ 59	9 ♓ 3	16 ♉	28 ♓	11 ♉	12 ♊	25 ♏
30	9 ♉ 44	10 ♈ 46	11 ♐ 1	9 ♐ 38	21 ♉ 18	26 ♓ 55	9 ♊ 1	28 ♊ 50	27 ♑ 22	11 ♍ 58	23 ♉ 1	9 ♓ 4	17 ♉	29 ♓	11 ♉	13 ♊	25 ♏

SUN INGRESS	☉ → ♉ 20日 00:13
MOON PHASE	● 2日 20:38 ♈　◐ 10日 16:27 ♋　○ 18日 10:04 ♎　◑ 25日 06:10 ♒

aspects		
2日	16:30	☿⚹♃
3日	18:39	☿□♄
5日	11:52	♂☌♆
10日	17:33	☿⚹♇
12日	08:03	♂△♄
13日	06:58	☿△♅
16日	09:29	☉⚹♃
17日	00:44	☉□♄
23日	05:41	♀⚹♆
29日	07:25	☉⚹♇
30日	01:42	♂□♇
30日	15:39	♀⚹♄

2049年5月

DAY	☉	☽	☊ mean	☊ true	☿	♀	♂	♃	♄	♅	♆	♇	⚳	⚴	⚵	⚶	⚷
	° ′	° ′	° ′	° ′	° ′	° ′	° ′	° ′	° ′	° ′	° ′	° ′	°	°	°	°	°
1	10 ♉ 42	24 ♈ 4	10 ♐ 58	9 R 34	21 R 0	27 D 37	9 D 42	29 D 1	27 D 22	11 R 57	23 D 3	9 D 5	17 D	29 D	12 D	13 D	25 R
2	11 ♉ 40	7 ♉ 7	10 ♐ 55	9 ♐ 30	20 ♉ 39	28 ♓ 19	10 ♊ 23	29 ♊ 12	27 ♑ 23	11 ♍ 56	23 ♉ 5	9 ♓ 6	18 ♉	29 ♓	12 ♉	14 ♊	25 ♏
3	12 ♉ 38	19 ♉ 55	10 ♐ 52	9 ♐ 27	20 ♉ 13	29 ♓ 2	11 ♊ 3	29 ♊ 24	27 ♑ 23	11 ♍ 55	23 ♉ 8	9 ♓ 7	18 ♉	0 ♈	13 ♉	14 ♊	25 ♏
4	13 ♉ 37	2 ♊ 28	10 ♐ 48	9 ♐ 26	19 ♉ 44	29 ♓ 46	11 ♊ 44	29 ♊ 35	27 ♑ 24	11 ♍ 54	23 ♉ 10	9 ♓ 7	19 ♉	0 ♈	13 ♉	15 ♊	25 ♏
5	14 ♉ 35	14 ♊ 46	10 ♐ 45	9 D 26	19 ♉ 12	0 ♈ 31	12 ♊ 25	29 ♊ 46	27 ♑ 24	11 ♍ 54	23 ♉ 12	9 ♓ 8	19 ♉	0 ♈	14 ♉	15 ♊	25 ♏
6	15 ♉ 33	26 ♊ 52	10 ♐ 42	9 ♐ 27	18 ♉ 38	1 ♈ 17	13 ♊ 5	29 ♊ 58	27 ♑ 24	11 ♍ 53	23 ♉ 14	9 ♓ 9	19 ♉	1 ♈	15 ♉	15 ♊	25 ♏
7	16 ♉ 31	8 ♋ 49	10 ♐ 39	9 ♐ 28	18 ♉ 2	2 ♈ 4	13 ♊ 46	0 ♋ 10	27 R 24	11 ♍ 52	23 ♉ 17	9 ♓ 10	20 ♉	1 ♈	15 ♉	16 ♊	25 ♏
8	17 ♉ 29	20 ♋ 40	10 ♐ 36	9 ♐ 30	17 ♉ 25	2 ♈ 52	14 ♊ 26	0 ♋ 21	27 ♑ 24	11 ♍ 51	23 ♉ 19	9 ♓ 11	20 ♉	1 ♈	16 ♉	16 ♊	24 ♏
9	18 ♉ 27	2 ♌ 30	10 ♐ 33	9 ♐ 31	16 ♉ 48	3 ♈ 40	15 ♊ 7	0 ♋ 33	27 ♑ 24	11 ♍ 51	23 ♉ 21	9 ♓ 11	21 ♉	1 ♈	16 ♉	17 ♊	24 ♏
10	19 ♉ 25	14 ♌ 24	10 ♐ 29	9 ♐ 32	16 ♉ 11	4 ♈ 29	15 ♊ 47	0 ♋ 45	27 ♑ 23	11 ♍ 50	23 ♉ 23	9 ♓ 12	21 ♉	2 ♈	17 ♉	17 ♊	24 ♏
11	20 ♉ 23	26 ♌ 26	10 ♐ 26	9 R 32	15 ♉ 35	5 ♈ 19	16 ♊ 28	0 ♋ 57	27 ♑ 23	11 ♍ 50	23 ♉ 26	9 ♓ 13	21 ♉	2 ♈	18 ♉	17 ♊	24 ♏
12	21 ♉ 21	8 ♍ 40	10 ♐ 23	9 ♐ 31	15 ♉ 1	6 ♈ 9	17 ♊ 8	1 ♋ 9	27 ♑ 23	11 ♍ 49	23 ♉ 28	9 ♓ 14	22 ♉	2 ♈	18 ♉	18 ♊	24 ♏
13	22 ♉ 19	21 ♍ 12	10 ♐ 20	9 ♐ 30	14 ♉ 28	7 ♈ 1	17 ♊ 48	1 ♋ 21	27 ♑ 22	11 ♍ 49	23 ♉ 30	9 ♓ 14	22 ♉	3 ♈	19 ♉	18 ♊	24 ♏
14	23 ♉ 17	4 ♎ 4	10 ♐ 17	9 ♐ 28	13 ♉ 59	7 ♈ 52	18 ♊ 29	1 ♋ 33	27 ♑ 21	11 ♍ 49	23 ♉ 32	9 ♓ 15	23 ♉	3 ♈	19 ♉	19 ♊	24 ♏
15	24 ♉ 15	17 ♎ 19	10 ♐ 13	9 ♐ 25	13 ♉ 32	8 ♈ 45	19 ♊ 9	1 ♋ 45	27 ♑ 21	11 ♍ 49	23 ♉ 35	9 ♓ 16	23 ♉	3 ♈	20 ♉	19 ♊	24 ♏
16	25 ♉ 13	0 ♏ 57	10 ♐ 10	9 ♐ 24	13 ♉ 9	9 ♈ 38	19 ♊ 49	1 ♋ 57	27 ♑ 20	11 ♍ 48	23 ♉ 37	9 ♓ 16	23 ♉	3 ♈	21 ♉	20 ♊	24 ♏
17	26 ♉ 11	14 ♏ 57	10 ♐ 7	9 ♐ 22	12 ♉ 50	10 ♈ 31	20 ♊ 29	2 ♋ 9	27 ♑ 19	11 ♍ 48	23 ♉ 39	9 ♓ 17	24 ♉	4 ♈	21 ♉	20 ♊	24 ♏
18	27 ♉ 8	29 ♏ 16	10 ♐ 4	9 ♐ 21	12 ♉ 35	11 ♈ 25	21 ♊ 10	2 ♋ 22	27 ♑ 18	11 ♍ 48	23 ♉ 41	9 ♓ 17	24 ♉	4 ♈	22 ♉	20 ♊	24 ♏
19	28 ♉ 6	13 ♐ 48	10 ♐ 1	9 D 21	12 ♉ 24	12 ♈ 20	21 ♊ 50	2 ♋ 34	27 ♑ 17	11 ♍ 48	23 ♉ 44	9 ♓ 18	25 ♉	4 ♈	22 ♉	21 ♊	24 ♏
20	29 ♉ 4	28 ♐ 28	9 ♐ 58	9 ♐ 22	12 ♉ 17	13 ♈ 15	22 ♊ 30	2 ♋ 46	27 ♑ 15	11 D 48	23 ♉ 46	9 ♓ 18	25 ♉	5 ♈	23 ♉	21 ♊	24 ♏
21	0 ♊ 2	13 ♑ 9	9 ♐ 54	9 ♐ 22	12 D 15	14 ♈ 11	23 ♊ 10	2 ♋ 59	27 ♑ 14	11 ♍ 48	23 ♉ 48	9 ♓ 19	25 ♉	5 ♈	24 ♉	22 ♊	24 ♏
22	1 ♊ 0	27 ♑ 46	9 ♐ 51	9 ♐ 23	12 ♉ 18	15 ♈ 7	23 ♊ 50	3 ♋ 11	27 ♑ 13	11 ♍ 48	23 ♉ 50	9 ♓ 19	26 ♉	5 ♈	24 ♉	22 ♊	23 ♏
23	1 ♊ 57	12 ♒ 13	9 ♐ 48	9 ♐ 24	12 ♉ 25	16 ♈ 3	24 ♊ 30	3 ♋ 24	27 ♑ 11	11 ♍ 48	23 ♉ 53	9 ♓ 20	26 ♉	5 ♈	25 ♉	22 ♊	23 ♏
24	2 ♊ 55	26 ♒ 26	9 ♐ 45	9 ♐ 24	12 ♉ 36	17 ♈ 1	25 ♊ 10	3 ♋ 37	27 ♑ 10	11 ♍ 49	23 ♉ 55	9 ♓ 20	27 ♉	6 ♈	25 ♉	23 ♊	23 ♏
25	3 ♊ 53	10 ♓ 24	9 ♐ 42	9 R 24	12 ♉ 52	17 ♈ 58	25 ♊ 50	3 ♋ 49	27 ♑ 8	11 ♍ 49	23 ♉ 57	9 ♓ 20	27 ♉	6 ♈	26 ♉	23 ♊	23 ♏
26	4 ♊ 50	24 ♓ 6	9 ♐ 39	9 ♐ 24	13 ♉ 13	18 ♈ 56	26 ♊ 30	4 ♋ 2	27 ♑ 6	11 ♍ 49	23 ♉ 59	9 ♓ 21	28 ♉	6 ♈	27 ♉	24 ♊	23 ♏
27	5 ♊ 48	7 ♈ 32	9 ♐ 35	9 ♐ 23	13 ♉ 37	19 ♈ 54	27 ♊ 10	4 ♋ 15	27 ♑ 4	11 ♍ 50	24 ♉ 1	9 ♓ 21	28 ♉	7 ♈	27 ♉	24 ♊	23 ♏
28	6 ♊ 45	20 ♈ 42	9 ♐ 32	9 ♐ 23	14 ♉ 6	20 ♈ 53	27 ♊ 49	4 ♋ 28	27 ♑ 2	11 ♍ 50	24 ♉ 4	9 ♓ 21	28 ♉	7 ♈	28 ♉	25 ♊	23 ♏
29	7 ♊ 43	3 ♉ 37	9 ♐ 29	9 ♐ 23	14 ♉ 40	21 ♈ 52	28 ♊ 29	4 ♋ 40	27 ♑ 0	11 ♍ 50	24 ♉ 6	9 ♓ 22	29 ♉	7 ♈	28 ♉	25 ♊	23 ♏
30	8 ♊ 41	16 ♉ 18	9 ♐ 26	9 ♐ 23	15 ♉ 17	22 ♈ 51	29 ♊ 9	4 ♋ 53	26 ♑ 58	11 ♍ 51	24 ♉ 8	9 ♓ 22	29 ♉	7 ♈	29 ♉	25 ♊	23 ♏
31	9 ♊ 38	28 ♉ 47	9 ♐ 23	9 D 23	15 ♉ 58	23 ♈ 51	29 ♊ 49	5 ♋ 6	26 ♑ 56	11 ♍ 52	24 ♉ 10	9 ♓ 22	0 ♊	8 ♈	29 ♉	26 ♊	23 ♏

SUN INGRESS: ☉ → ♊ 20日 23:03

MOON PHASE: ● 2日 09:10 ♉　◐ 10日 10:57 ♌　○ 17日 20:13 ♏　◑ 24日 11:53 ♓　● 31日 22:59 ♊

aspects		
2日	06:28	☉△♅
3日	15:45	☿□♃
4日	06:02	♂□♅
7日	23:01	☉☌♀
14日	06:32	☉☌♆
18日	03:47	☉△♄
30日	17:18	☉□♇

2049年6月

DAY	☉	☽	☊ mean	☊ true	☿	♀	♂	♃	♄	♅	♆	♇	⚳	⚴	⚵	⚶	⚷
	° ′	° ′	° ′	° ′	° ′	° ′	° ′	° ′	° ′	° ′	° ′	° ′	°	°	°	°	°
1	10 ♊ 36	11 ♊ 4	9 ♐ 19	9 R 23	16 D 43	24 D 51	0 D 29	5 D 19	26 R 54	11 D 52	24 D 12	9 D 22	0 D	8 D	0 D	26 D	23 R
2	11 ♊ 33	23 ♊ 12	9 ♐ 16	9 ♐ 23	17 ♉ 31	25 ♈ 51	1 ♋ 8	5 ♋ 32	26 ♑ 51	11 ♍ 53	24 ♉ 15	9 ♓ 23	0 ♊	8 ♈	1 ♊	27 ♊	23 ♏
3	12 ♊ 31	5 ♋ 11	9 ♐ 13	9 ♐ 22	18 ♉ 24	26 ♈ 52	1 ♋ 48	5 ♋ 45	26 ♑ 49	11 ♍ 54	24 ♉ 17	9 ♓ 23	1 ♊	8 ♈	1 ♊	27 ♊	23 ♏
4	13 ♊ 28	17 ♋ 5	9 ♐ 10	9 ♐ 22	19 ♉ 19	27 ♈ 53	2 ♋ 28	5 ♋ 58	26 ♑ 46	11 ♍ 54	24 ♉ 19	9 ♓ 23	1 ♊	9 ♈	2 ♊	28 ♊	23 ♏
5	14 ♊ 26	28 ♋ 55	9 ♐ 7	9 ♐ 21	20 ♉ 18	28 ♈ 54	3 ♋ 7	6 ♋ 12	26 ♑ 44	11 ♍ 55	24 ♉ 21	9 ♓ 23	2 ♊	9 ♈	2 ♊	28 ♊	22 ♏
6	15 ♊ 23	10 ♌ 45	9 ♐ 4	9 ♐ 21	21 ♉ 21	29 ♈ 56	3 ♋ 47	6 ♋ 25	26 ♑ 41	11 ♍ 56	24 ♉ 23	9 ♓ 23	2 ♊	9 ♈	3 ♊	28 ♊	22 ♏
7	16 ♊ 21	22 ♌ 38	9 ♐ 0	9 ♐ 20	22 ♉ 27	0 ♉ 58	4 ♋ 26	6 ♋ 38	26 ♑ 38	11 ♍ 57	24 ♉ 25	9 ♓ 23	2 ♊	9 ♈	4 ♊	29 ♊	22 ♏
8	17 ♊ 18	4 ♍ 39	8 ♐ 57	9 ♐ 19	23 ♉ 36	2 ♉ 0	5 ♋ 6	6 ♋ 51	26 ♑ 35	11 ♍ 58	24 ♉ 27	9 ♓ 23	3 ♊	10 ♈	4 ♊	29 ♊	22 ♏
9	18 ♊ 16	16 ♍ 52	8 ♐ 54	9 ♐ 19	24 ♉ 48	3 ♉ 2	5 ♋ 45	7 ♋ 4	26 ♑ 32	11 ♍ 59	24 ♉ 30	9 ♓ 23	3 ♊	10 ♈	5 ♊	0 ♋	22 ♏
10	19 ♊ 13	29 ♍ 21	8 ♐ 51	9 D 19	26 ♉ 3	4 ♉ 5	6 ♋ 25	7 ♋ 18	26 ♑ 29	12 ♍ 0	24 ♉ 32	9 R 23	4 ♊	10 ♈	5 ♊	0 ♋	22 ♏
11	20 ♊ 10	12 ♎ 10	8 ♐ 48	9 ♐ 20	27 ♉ 21	5 ♉ 7	7 ♋ 4	7 ♋ 31	26 ♑ 26	12 ♍ 2	24 ♉ 34	9 ♓ 23	4 ♊	10 ♈	6 ♊	1 ♋	22 ♏
12	21 ♊ 8	25 ♎ 23	8 ♐ 45	9 ♐ 21	28 ♉ 43	6 ♉ 10	7 ♋ 44	7 ♋ 44	26 ♑ 23	12 ♍ 3	24 ♉ 36	9 ♓ 23	4 ♊	11 ♈	7 ♊	1 ♋	22 ♏
13	22 ♊ 5	9 ♏ 1	8 ♐ 41	9 ♐ 22	0 ♊ 7	7 ♉ 14	8 ♋ 23	7 ♋ 58	26 ♑ 20	12 ♍ 4	24 ♉ 38	9 ♓ 23	5 ♊	11 ♈	7 ♊	2 ♋	22 ♏
14	23 ♊ 2	23 ♏ 6	8 ♐ 38	9 ♐ 23	1 ♊ 34	8 ♉ 17	9 ♋ 3	8 ♋ 11	26 ♑ 17	12 ♍ 5	24 ♉ 40	9 ♓ 23	5 ♊	11 ♈	8 ♊	2 ♋	22 ♏
15	24 ♊ 0	7 ♐ 34	8 ♐ 35	9 ♐ 23	3 ♊ 5	9 ♉ 21	9 ♋ 42	8 ♋ 24	26 ♑ 13	12 ♍ 7	24 ♉ 42	9 ♓ 23	6 ♊	11 ♈	8 ♊	2 ♋	22 ♏
16	24 ♊ 57	22 ♐ 22	8 ♐ 32	9 R 23	4 ♊ 38	10 ♉ 25	10 ♋ 21	8 ♋ 38	26 ♑ 10	12 ♍ 8	24 ♉ 44	9 ♓ 23	6 ♊	11 ♈	9 ♊	3 ♋	22 ♏
17	25 ♊ 54	7 ♑ 22	8 ♐ 29	9 ♐ 22	6 ♊ 14	11 ♉ 29	11 ♋ 1	8 ♋ 51	26 ♑ 6	12 ♍ 10	24 ♉ 46	9 ♓ 23	6 ♊	12 ♈	10 ♊	3 ♋	22 ♏
18	26 ♊ 52	22 ♑ 27	8 ♐ 25	9 ♐ 20	7 ♊ 53	12 ♉ 33	11 ♋ 40	9 ♋ 5	26 ♑ 3	12 ♍ 11	24 ♉ 48	9 ♓ 22	7 ♊	12 ♈	10 ♊	4 ♋	22 ♏
19	27 ♊ 49	7 ♒ 26	8 ♐ 22	9 ♐ 18	9 ♊ 35	13 ♉ 38	12 ♋ 19	9 ♋ 18	25 ♑ 59	12 ♍ 13	24 ♉ 50	9 ♓ 22	7 ♊	12 ♈	11 ♊	4 ♋	22 ♏
20	28 ♊ 46	22 ♒ 12	8 ♐ 19	9 ♐ 16	11 ♊ 19	14 ♉ 43	12 ♋ 58	9 ♋ 32	25 ♑ 56	12 ♍ 14	24 ♉ 52	9 ♓ 22	8 ♊	12 ♈	11 ♊	5 ♋	22 ♏
21	29 ♊ 43	6 ♓ 40	8 ♐ 16	9 ♐ 14	13 ♊ 7	15 ♉ 48	13 ♋ 37	9 ♋ 45	25 ♑ 52	12 ♍ 16	24 ♉ 54	9 ♓ 22	8 ♊	13 ♈	12 ♊	5 ♋	22 ♏
22	0 ♋ 41	20 ♓ 44	8 ♐ 13	9 ♐ 12	14 ♊ 57	16 ♉ 53	14 ♋ 17	9 ♋ 59	25 ♑ 48	12 ♍ 18	24 ♉ 56	9 ♓ 21	9 ♊	13 ♈	13 ♊	5 ♋	22 ♏
23	1 ♋ 38	4 ♈ 25	8 ♐ 10	9 D 12	16 ♊ 49	17 ♉ 58	14 ♋ 56	10 ♋ 12	25 ♑ 44	12 ♍ 19	24 ♉ 58	9 ♓ 21	9 ♊	13 ♈	13 ♊	6 ♋	21 ♏
24	2 ♋ 35	17 ♈ 43	8 ♐ 6	9 ♐ 13	18 ♊ 45	19 ♉ 4	15 ♋ 35	10 ♋ 26	25 ♑ 41	12 ♍ 21	24 ♉ 59	9 ♓ 21	9 ♊	13 ♈	14 ♊	6 ♋	21 ♏
25	3 ♋ 32	0 ♉ 41	8 ♐ 3	9 ♐ 14	20 ♊ 42	20 ♉ 9	16 ♋ 14	10 ♋ 39	25 ♑ 37	12 ♍ 23	25 ♉ 1	9 ♓ 20	10 ♊	13 ♈	14 ♊	7 ♋	21 ♏
26	4 ♋ 30	13 ♉ 20	8 ♐ 0	9 ♐ 16	22 ♊ 43	21 ♉ 15	16 ♋ 53	10 ♋ 53	25 ♑ 33	12 ♍ 25	25 ♉ 3	9 ♓ 20	10 ♊	14 ♈	15 ♊	7 ♋	21 ♏
27	5 ♋ 27	25 ♉ 45	7 ♐ 57	9 ♐ 17	24 ♊ 45	22 ♉ 21	17 ♋ 32	11 ♋ 6	25 ♑ 29	12 ♍ 27	25 ♉ 5	9 ♓ 20	11 ♊	14 ♈	15 ♊	8 ♋	21 ♏
28	6 ♋ 24	7 ♊ 59	7 ♐ 54	9 ♐ 18	26 ♊ 49	23 ♉ 27	18 ♋ 11	11 ♋ 20	25 ♑ 25	12 ♍ 29	25 ♉ 7	9 ♓ 19	11 ♊	14 ♈	16 ♊	8 ♋	21 ♏
29	7 ♋ 21	20 ♊ 3	7 ♐ 51	9 R 17	28 ♊ 55	24 ♉ 33	18 ♋ 50	11 ♋ 34	25 ♑ 21	12 ♍ 31	25 ♉ 9	9 ♓ 19	11 ♊	14 ♈	17 ♊	8 ♋	21 ♏
30	8 ♋ 19	2 ♋ 0	7 ♐ 47	9 ♐ 15	1 ♋ 2	25 ♉ 40	19 ♋ 29	11 ♋ 47	25 ♑ 16	12 ♍ 33	25 ♉ 10	9 ♓ 18	12 ♊	14 ♈	17 ♊	9 ♋	21 ♏

SUN INGRESS: ☉ → ♋ 21日 06:47

MOON PHASE: ◐ 9日 02:56 ♍　○ 16日 04:26 ♐　◑ 22日 18:40 ♈　● 30日 13:49 ♋

aspects		
2日	08:17	☉□♅
2日	22:48	♀□♄
8日	17:50	☿☌♆
10日	07:51	☿△♄
12日	00:22	♂☌♃
13日	21:00	♀⚹♃
14日	12:25	♂△♇
15日	00:44	♀⚹♇
15日	20:28	♀⚹♂
17日	15:31	♀△♅
18日	19:58	♂⚹♅
18日	21:07	☿□♇
19日	07:02	♃△♇
20日	12:36	☿□♅
29日	13:04	♀☌♆
29日	16:03	♀△♄

2049年7月

DAY	☉	☽	☊ mean	☊ true	☿	♀	♂	♃	♄	♅	♆	♇	⚳	⚴	⚵	⚶	⚷
	° ′	° ′	° ′	° ′	° ′	° ′	° ′	° ′	° ′	° ′	° ′	° ′	°	°	°	°	°
1	9 ♋ 16	13 ♋ 53	7 ♐ 44	9 R 12	3 D 11	26 D 46	20 D 8	12 D 1	25 R 12	12 D 35	25 D 12	9 R 18	12 D	15 D	18 D	9 D	21 R
2	10 ♋ 13	25 ♋ 44	7 ♐ 41	9 ♐ 7	5 ♋ 20	27 ♉ 53	20 ♋ 47	12 ♋ 14	25 ♑ 8	12 ♍ 37	25 ♉ 14	9 ♓ 17	13 ♊	15 ♈	18 ♊	10 ♋	21 ♏
3	11 ♋ 10	7 ♌ 34	7 ♐ 38	9 ♐ 2	7 ♋ 30	29 ♉ 0	21 ♋ 26	12 ♋ 28	25 ♑ 4	12 ♍ 40	25 ♉ 16	9 ♓ 17	13 ♊	15 ♈	19 ♊	10 ♋	21 ♏
4	12 ♋ 8	19 ♌ 25	7 ♐ 35	8 ♐ 56	9 ♋ 41	0 ♊ 7	22 ♋ 5	12 ♋ 42	25 ♑ 0	12 ♍ 42	25 ♉ 17	9 ♓ 16	13 ♊	15 ♈	20 ♊	11 ♋	21 ♏
5	13 ♋ 5	1 ♍ 21	7 ♐ 31	8 ♐ 51	11 ♋ 51	1 ♊ 14	22 ♋ 44	12 ♋ 55	24 ♑ 55	12 ♍ 44	25 ♉ 19	9 ♓ 15	14 ♊	15 ♈	20 ♊	11 ♋	21 ♏
6	14 ♋ 2	13 ♍ 23	7 ♐ 28	8 ♐ 46	14 ♋ 2	2 ♊ 21	23 ♋ 23	13 ♋ 9	24 ♑ 51	12 ♍ 46	25 ♉ 21	9 ♓ 15	14 ♊	15 ♈	21 ♊	12 ♋	21 ♏
7	14 ♋ 59	25 ♍ 36	7 ♐ 25	8 ♐ 43	16 ♋ 12	3 ♊ 29	24 ♋ 2	13 ♋ 22	24 ♑ 47	12 ♍ 49	25 ♉ 22	9 ♓ 14	15 ♊	16 ♈	21 ♊	12 ♋	21 ♏
8	15 ♋ 56	8 ♎ 2	7 ♐ 22	8 ♐ 41	18 ♋ 21	4 ♊ 36	24 ♋ 40	13 ♋ 36	24 ♑ 42	12 ♍ 51	25 ♉ 24	9 ♓ 14	15 ♊	16 ♈	22 ♊	12 ♋	21 ♏
9	16 ♋ 54	20 ♎ 47	7 ♐ 19	8 D 41	20 ♋ 29	5 ♊ 44	25 ♋ 19	13 ♋ 50	24 ♑ 38	12 ♍ 54	25 ♉ 25	9 ♓ 13	15 ♊	16 ♈	22 ♊	13 ♋	21 ♏
10	17 ♋ 51	3 ♏ 54	7 ♐ 16	8 ♐ 42	22 ♋ 37	6 ♊ 51	25 ♋ 58	14 ♋ 3	24 ♑ 34	12 ♍ 56	25 ♉ 27	9 ♓ 12	16 ♊	16 ♈	23 ♊	13 ♋	21 ♏
11	18 ♋ 48	17 ♏ 25	7 ♐ 12	8 ♐ 43	24 ♋ 43	7 ♊ 59	26 ♋ 37	14 ♋ 17	24 ♑ 29	12 ♍ 59	25 ♉ 28	9 ♓ 12	16 ♊	16 ♈	24 ♊	14 ♋	21 ♏
12	19 ♋ 45	1 ♐ 24	7 ♐ 9	8 ♐ 44	26 ♋ 47	9 ♊ 7	27 ♋ 16	14 ♋ 30	24 ♑ 25	13 ♍ 1	25 ♉ 30	9 ♓ 11	17 ♊	16 ♈	24 ♊	14 ♋	21 ♏
13	20 ♋ 42	15 ♐ 50	7 ♐ 6	8 R 44	28 ♋ 51	10 ♊ 15	27 ♋ 54	14 ♋ 44	24 ♑ 20	13 ♍ 4	25 ♉ 31	9 ♓ 10	17 ♊	16 ♈	25 ♊	15 ♋	21 ♏
14	21 ♋ 40	0 ♑ 39	7 ♐ 3	8 ♐ 42	0 ♌ 52	11 ♊ 23	28 ♋ 33	14 ♋ 57	24 ♑ 16	13 ♍ 7	25 ♉ 33	9 ♓ 9	17 ♊	17 ♈	25 ♊	15 ♋	21 ♏
15	22 ♋ 37	15 ♑ 46	7 ♐ 0	8 ♐ 39	2 ♌ 52	12 ♊ 32	29 ♋ 12	15 ♋ 11	24 ♑ 11	13 ♍ 9	25 ♉ 34	9 ♓ 9	18 ♊	17 ♈	26 ♊	15 ♋	21 ♏
16	23 ♋ 34	1 ♒ 3	6 ♐ 57	8 ♐ 33	4 ♌ 50	13 ♊ 40	29 ♋ 50	15 ♋ 24	24 ♑ 7	13 ♍ 12	25 ♉ 36	9 ♓ 8	18 ♊	17 ♈	27 ♊	16 ♋	21 ♏
17	24 ♋ 31	16 ♒ 17	6 ♐ 53	8 ♐ 27	6 ♌ 47	14 ♊ 49	0 ♌ 29	15 ♋ 38	24 ♑ 3	13 ♍ 15	25 ♉ 37	9 ♓ 7	18 ♊	17 ♈	27 ♊	16 ♋	21 ♏
18	25 ♋ 29	1 ♓ 20	6 ♐ 50	8 ♐ 20	8 ♌ 41	15 ♊ 57	1 ♌ 8	15 ♋ 51	23 ♑ 58	13 ♍ 18	25 ♉ 38	9 ♓ 6	19 ♊	17 ♈	28 ♊	17 ♋	21 ♏
19	26 ♋ 26	16 ♓ 1	6 ♐ 47	8 ♐ 14	10 ♌ 34	17 ♊ 6	1 ♌ 46	16 ♋ 5	23 ♑ 54	13 ♍ 20	25 ♉ 40	9 ♓ 5	19 ♊	17 ♈	28 ♊	17 ♋	21 ♏
20	27 ♋ 23	0 ♈ 17	6 ♐ 44	8 ♐ 9	12 ♌ 25	18 ♊ 15	2 ♌ 25	16 ♋ 18	23 ♑ 49	13 ♍ 23	25 ♉ 41	9 ♓ 4	20 ♊	17 ♈	29 ♊	18 ♋	21 ♏
21	28 ♋ 20	14 ♈ 4	6 ♐ 41	8 ♐ 7	14 ♌ 14	19 ♊ 24	3 ♌ 4	16 ♋ 32	23 ♑ 45	13 ♍ 26	25 ♉ 42	9 ♓ 3	20 ♊	17 ♈	29 ♊	18 ♋	21 ♏
22	29 ♋ 18	27 ♈ 23	6 ♐ 37	8 ♐ 6	16 ♌ 1	20 ♊ 33	3 ♌ 42	16 ♋ 45	23 ♑ 40	13 ♍ 29	25 ♉ 43	9 ♓ 3	20 ♊	18 ♈	0 ♋	19 ♋	21 D
23	0 ♌ 15	10 ♉ 17	6 ♐ 34	8 D 6	17 ♌ 47	21 ♊ 42	4 ♌ 21	16 ♋ 59	23 ♑ 36	13 ♍ 32	25 ♉ 45	9 ♓ 2	21 ♊	18 ♈	1 ♋	19 ♋	21 ♏
24	1 ♌ 12	22 ♉ 49	6 ♐ 31	8 ♐ 7	19 ♌ 31	22 ♊ 51	4 ♌ 59	17 ♋ 12	23 ♑ 32	13 ♍ 35	25 ♉ 46	9 ♓ 1	21 ♊	18 ♈	1 ♋	19 ♋	21 ♏
25	2 ♌ 9	5 ♊ 6	6 ♐ 28	8 ♐ 8	21 ♌ 13	24 ♊ 0	5 ♌ 38	17 ♋ 25	23 ♑ 27	13 ♍ 38	25 ♉ 47	9 ♓ 0	22 ♊	18 ♈	2 ♋	20 ♋	21 ♏
26	3 ♌ 7	17 ♊ 10	6 ♐ 25	8 R 7	22 ♌ 53	25 ♊ 10	6 ♌ 16	17 ♋ 39	23 ♑ 23	13 ♍ 41	25 ♉ 48	8 ♓ 59	22 ♊	18 ♈	2 ♋	20 ♋	21 ♏
27	4 ♌ 4	29 ♊ 6	6 ♐ 22	8 ♐ 5	24 ♌ 31	26 ♊ 19	6 ♌ 55	17 ♋ 52	23 ♑ 19	13 ♍ 44	25 ♉ 49	8 ♓ 58	22 ♊	18 ♈	3 ♋	21 ♋	21 ♏
28	5 ♌ 1	10 ♋ 58	6 ♐ 18	8 ♐ 0	26 ♌ 8	27 ♊ 29	7 ♌ 33	18 ♋ 5	23 ♑ 14	13 ♍ 47	25 ♉ 50	8 ♓ 57	23 ♊	18 ♈	3 ♋	21 ♋	21 ♏
29	5 ♌ 59	22 ♋ 47	6 ♐ 15	7 ♐ 53	27 ♌ 43	28 ♊ 39	8 ♌ 12	18 ♋ 18	23 ♑ 10	13 ♍ 51	25 ♉ 51	8 ♓ 56	23 ♊	18 ♈	4 ♋	22 ♋	21 ♏
30	6 ♌ 56	4 ♌ 37	6 ♐ 12	7 ♐ 44	29 ♌ 16	29 ♊ 49	8 ♌ 50	18 ♋ 32	23 ♑ 6	13 ♍ 54	25 ♉ 52	8 ♓ 55	24 ♊	18 ♈	5 ♋	22 ♋	21 ♏
31	7 ♌ 54	16 ♌ 29	6 ♐ 9	7 ♐ 33	0 ♍ 47	0 ♋ 58	9 ♌ 29	18 ♋ 45	23 ♑ 1	13 ♍ 57	25 ♉ 53	8 ♓ 54	24 ♊	18 ♈	5 ♋	22 ♋	21 ♏

SUN INGRESS	☉ → ♌ 22日 17:36
MOON PHASE	◐ 8日 16:09 ♎　○ 15日 11:29 ♑　◑ 22日 03:48 ♈　● 30日 05:06 ♌

aspects		
1日	00:46	♄△♆
1日	00:47	☉△♇
3日	19:29	☿△♇
4日	00:31	♃⚹♅
4日	15:00	☉⚹♅
4日	18:45	☉☌♃
5日	09:53	☿⚹♅
5日	13:06	☿☌♃
6日	00:03	☉☌☿
8日	01:03	♂☍♄
9日	03:53	♂⚹♆
10日	21:29	☿☍♄
11日	08:51	☿⚹♆
12日	01:16	♀□♇
12日	07:58	☿☌♂
15日	13:45	♀□♅
16日	12:51	☉☍♄
18日	04:12	☉⚹♆
27日	19:31	☿□♆
31日	13:54	☿⚹♀

2049年8月

DAY	☉	☽	☊ mean	☊ true	☿	♀	♂	♃	♄	♅	♆	♇	⚳	⚴	⚵	⚶	⚷
	° ′	° ′	° ′	° ′	° ′	° ′	° ′	° ′	° ′	° ′	° ′	° ′	°	°	°	°	°
1	8 ♌ 51	28 ♌ 25	6 ♐ 6	7 R 22	2 D 16	2 D 8	10 D 7	18 D 58	22 R 57	14 D 0	25 D 54	8 R 53	24 D	18 D	6 D	23 D	21 D
2	9 ♌ 48	10 ♍ 26	6 ♐ 3	7 ♐ 11	3 ♍ 44	3 ♋ 18	10 ♌ 46	19 ♋ 11	22 ♑ 53	14 ♍ 3	25 ♉ 55	8 ♓ 52	25 ♊	18 ♈	6 ♋	23 ♋	21 ♏
3	10 ♌ 46	22 ♍ 35	5 ♐ 59	7 ♐ 1	5 ♍ 10	4 ♋ 29	11 ♌ 24	19 ♋ 24	22 ♑ 49	14 ♍ 7	25 ♉ 56	8 ♓ 50	25 ♊	18 ♈	7 ♋	24 ♋	21 ♏
4	11 ♌ 43	4 ♎ 52	5 ♐ 56	6 ♐ 53	6 ♍ 33	5 ♋ 39	12 ♌ 3	19 ♋ 37	22 ♑ 45	14 ♍ 10	25 ♉ 57	8 ♓ 49	25 ♊	18 ♈	7 ♋	24 ♋	21 ♏
5	12 ♌ 41	17 ♎ 21	5 ♐ 53	6 ♐ 48	7 ♍ 55	6 ♋ 49	12 ♌ 41	19 ♋ 50	22 ♑ 41	14 ♍ 13	25 ♉ 58	8 ♓ 48	26 ♊	18 ♈	8 ♋	25 ♋	21 ♏
6	13 ♌ 38	0 ♏ 6	5 ♐ 50	6 ♐ 45	9 ♍ 15	7 ♋ 59	13 ♌ 19	20 ♋ 3	22 ♑ 37	14 ♍ 17	25 ♉ 58	8 ♓ 47	26 ♊	18 ♈	8 ♋	25 ♋	21 ♏
7	14 ♌ 36	13 ♏ 8	5 ♐ 47	6 ♐ 44	10 ♍ 33	9 ♋ 10	13 ♌ 58	20 ♋ 16	22 ♑ 33	14 ♍ 20	25 ♉ 59	8 ♓ 46	27 ♊	19 ♈	9 ♋	26 ♋	21 ♏
8	15 ♌ 33	26 ♏ 33	5 ♐ 43	6 D 44	11 ♍ 49	10 ♋ 20	14 ♌ 36	20 ♋ 29	22 ♑ 29	14 ♍ 23	26 ♉ 0	8 ♓ 45	27 ♊	19 ♈	10 ♋	26 ♋	21 ♏
9	16 ♌ 31	10 ♐ 21	5 ♐ 40	6 R 45	13 ♍ 3	11 ♋ 31	15 ♌ 14	20 ♋ 42	22 ♑ 25	14 ♍ 27	26 ♉ 0	8 ♓ 44	27 ♊	19 ♈	10 ♋	26 ♋	21 ♏
10	17 ♌ 28	24 ♐ 36	5 ♐ 37	6 ♐ 44	14 ♍ 15	12 ♋ 42	15 ♌ 53	20 ♋ 55	22 ♑ 21	14 ♍ 30	26 ♉ 1	8 ♓ 43	28 ♊	19 R	11 ♋	27 ♋	21 ♏
11	18 ♌ 26	9 ♑ 15	5 ♐ 34	6 ♐ 40	15 ♍ 25	13 ♋ 53	16 ♌ 31	21 ♋ 7	22 ♑ 18	14 ♍ 34	26 ♉ 2	8 ♓ 41	28 ♊	19 ♈	11 ♋	27 ♋	21 ♏
12	19 ♌ 23	24 ♑ 14	5 ♐ 31	6 ♐ 35	16 ♍ 32	15 ♋ 3	17 ♌ 9	21 ♋ 20	22 ♑ 14	14 ♍ 37	26 ♉ 2	8 ♓ 40	28 ♊	19 ♈	12 ♋	28 ♋	21 ♏
13	20 ♌ 21	9 ♒ 26	5 ♐ 28	6 ♐ 26	17 ♍ 37	16 ♋ 14	17 ♌ 48	21 ♋ 33	22 ♑ 10	14 ♍ 41	26 ♉ 3	8 ♓ 39	29 ♊	19 ♈	12 ♋	28 ♋	21 ♏
14	21 ♌ 18	24 ♒ 41	5 ♐ 24	6 ♐ 16	18 ♍ 39	17 ♋ 25	18 ♌ 26	21 ♋ 45	22 ♑ 7	14 ♍ 44	26 ♉ 3	8 ♓ 38	29 ♊	18 ♈	13 ♋	29 ♋	21 ♏
15	22 ♌ 16	9 ♓ 48	5 ♐ 21	6 ♐ 6	19 ♍ 39	18 ♋ 36	19 ♌ 4	21 ♋ 58	22 ♑ 3	14 ♍ 48	26 ♉ 4	8 ♓ 37	29 ♊	18 ♈	13 ♋	29 ♋	21 ♏
16	23 ♌ 14	24 ♓ 36	5 ♐ 18	5 ♐ 56	20 ♍ 35	19 ♋ 48	19 ♌ 43	22 ♋ 11	22 ♑ 0	14 ♍ 51	26 ♉ 4	8 ♓ 35	0 ♋	18 ♈	14 ♋	29 ♋	21 ♏
17	24 ♌ 11	9 ♈ 0	5 ♐ 15	5 ♐ 48	21 ♍ 29	20 ♋ 59	20 ♌ 21	22 ♋ 23	21 ♑ 56	14 ♍ 55	26 ♉ 5	8 ♓ 34	0 ♋	18 ♈	15 ♋	0 ♌	21 ♏
18	25 ♌ 9	22 ♈ 53	5 ♐ 12	5 ♐ 43	22 ♍ 20	22 ♋ 10	20 ♌ 59	22 ♋ 35	21 ♑ 53	14 ♍ 59	26 ♉ 5	8 ♓ 33	1 ♋	18 ♈	15 ♋	0 ♌	21 ♏
19	26 ♌ 7	6 ♉ 17	5 ♐ 9	5 ♐ 39	23 ♍ 8	23 ♋ 22	21 ♌ 37	22 ♋ 48	21 ♑ 49	15 ♍ 2	26 ♉ 6	8 ♓ 32	1 ♋	18 ♈	16 ♋	1 ♌	21 ♏
20	27 ♌ 4	19 ♉ 14	5 ♐ 5	5 ♐ 38	23 ♍ 53	24 ♋ 33	22 ♌ 16	23 ♋ 0	21 ♑ 46	15 ♍ 6	26 ♉ 6	8 ♓ 31	1 ♋	18 ♈	16 ♋	1 ♌	22 ♏
21	28 ♌ 2	1 ♊ 47	5 ♐ 2	5 D 38	24 ♍ 33	25 ♋ 45	22 ♌ 54	23 ♋ 12	21 ♑ 43	15 ♍ 10	26 ♉ 6	8 ♓ 29	2 ♋	18 ♈	17 ♋	2 ♌	22 ♏
22	29 ♌ 0	14 ♊ 1	4 ♐ 59	5 R 38	25 ♍ 11	26 ♋ 56	23 ♌ 32	23 ♋ 25	21 ♑ 40	15 ♍ 13	26 ♉ 7	8 ♓ 28	2 ♋	18 ♈	17 ♋	2 ♌	22 ♏
23	29 ♌ 58	26 ♊ 3	4 ♐ 56	5 ♐ 37	25 ♍ 44	28 ♋ 8	24 ♌ 10	23 ♋ 37	21 ♑ 37	15 ♍ 17	26 ♉ 7	8 ♓ 27	2 ♋	18 ♈	18 ♋	2 ♌	22 ♏
24	0 ♍ 55	7 ♋ 56	4 ♐ 53	5 ♐ 33	26 ♍ 12	29 ♋ 20	24 ♌ 49	23 ♋ 49	21 ♑ 34	15 ♍ 21	26 ♉ 7	8 ♓ 26	3 ♋	18 ♈	18 ♋	3 ♌	22 ♏
25	1 ♍ 53	19 ♋ 46	4 ♐ 49	5 ♐ 27	26 ♍ 37	0 ♌ 32	25 ♌ 27	24 ♋ 1	21 ♑ 31	15 ♍ 24	26 ♉ 7	8 ♓ 24	3 ♋	18 ♈	19 ♋	3 ♌	22 ♏
26	2 ♍ 51	1 ♌ 35	4 ♐ 46	5 ♐ 18	26 ♍ 56	1 ♌ 43	26 ♌ 5	24 ♋ 13	21 ♑ 28	15 ♍ 28	26 ♉ 7	8 ♓ 23	3 ♋	18 ♈	19 ♋	4 ♌	22 ♏
27	3 ♍ 49	13 ♌ 27	4 ♐ 43	5 ♐ 7	27 ♍ 11	2 ♌ 55	26 ♌ 43	24 ♋ 25	21 ♑ 26	15 ♍ 32	26 ♉ 7	8 ♓ 22	4 ♋	18 ♈	20 ♋	4 ♌	22 ♏
28	4 ♍ 47	25 ♌ 24	4 ♐ 40	4 ♐ 54	27 ♍ 20	4 ♌ 8	27 ♌ 21	24 ♋ 37	21 ♑ 23	15 ♍ 35	26 ♉ 7	8 ♓ 20	4 ♋	17 ♈	20 ♋	5 ♌	22 ♏
29	5 ♍ 45	7 ♍ 28	4 ♐ 37	4 ♐ 40	27 ♍ 24	5 ♌ 20	28 ♌ 0	24 ♋ 48	21 ♑ 21	15 ♍ 39	26 ♉ 7	8 ♓ 19	4 ♋	17 ♈	21 ♋	5 ♌	22 ♏
30	6 ♍ 43	19 ♍ 40	4 ♐ 34	4 ♐ 26	27 R 22	6 ♌ 32	28 ♌ 38	25 ♋ 0	21 ♑ 18	15 ♍ 43	26 R 7	8 ♓ 18	5 ♋	17 ♈	22 ♋	5 ♌	22 ♏
31	7 ♍ 41	1 ♎ 59	4 ♐ 30	4 ♐ 14	27 ♍ 15	7 ♌ 44	29 ♌ 16	25 ♋ 12	21 ♑ 16	15 ♍ 47	26 ♉ 7	8 ♓ 17	5 ♋	17 ♈	22 ♋	6 ♌	22 ♏

SUN INGRESS	☉ → ♍ 23日 00:47
MOON PHASE	◐ 7日 02:51 ♏　○ 13日 18:19 ♒　◑ 20日 16:10 ♉　● 28日 20:18 ♍

aspects		
5日	00:15	☉☌♂
5日	15:35	☿☍♇
6日	16:00	♀△♇
10日	05:29	☿☌♅
11日	14:44	♀⚹♅
15日	07:24	♃☍♄
17日	11:36	☿△♄
17日	18:25	♀☍♄
18日	09:56	☿⚹♃
18日	10:19	♀☌♃
18日	10:54	☿⚹♀
18日	23:36	☉□♆
21日	07:18	♀⚹♆
23日	19:10	☿△♆
26日	01:28	♂□♆
31日	14:26	☉☍♇

2049年9月

DAY	☉	☽	☊ mean	☊ true	☿	♀	♂	♃	♄	♅	♆	♇	⚳	⚴	⚵	⚸	⚷
	° ′	° ′	° ′	° ′	° ′	° ′	° ′	° ′	° ′	° ′	° ′	° ′	°	°	°	°	°
1	8 ♍ 39	14 ♎ 28	4 ♐ 27	4 R 4	27 R 1	8 D 56	29 D 54	25 D 23	21 R 13	15 D 50	26 R 7	8 R 15	5 D	17 R	23 D	6 D	22 D
2	9 ♍ 37	27 ♎ 8	4 ♐ 24	3 ♐ 57	26 ♍ 41	10 ♌ 9	0 ♍ 32	25 ♋ 35	21 ♑ 11	15 ♍ 54	26 ♉ 7	8 ♓ 14	6 ♋	17 ♈	23 ♋	7 ♌	22 ♏
3	10 ♍ 35	10 ♏ 0	4 ♐ 21	3 ♐ 53	26 ♍ 14	11 ♌ 21	1 ♍ 10	25 ♋ 46	21 ♑ 9	15 ♍ 58	26 ♉ 7	8 ♓ 13	6 ♋	17 ♈	24 ♋	7 ♌	22 ♏
4	11 ♍ 33	23 ♏ 6	4 ♐ 18	3 ♐ 52	25 ♍ 42	12 ♌ 34	1 ♍ 49	25 ♋ 57	21 ♑ 7	16 ♍ 2	26 ♉ 7	8 ♓ 12	6 ♋	17 ♈	24 ♋	8 ♌	22 ♏
5	12 ♍ 31	6 ♐ 29	4 ♐ 14	3 D 51	25 ♍ 4	13 ♌ 46	2 ♍ 27	26 ♋ 8	21 ♑ 5	16 ♍ 5	26 ♉ 7	8 ♓ 10	7 ♋	16 ♈	25 ♋	8 ♌	22 ♏
6	13 ♍ 30	20 ♐ 11	4 ♐ 11	3 R 51	24 ♍ 20	14 ♌ 59	3 ♍ 5	26 ♋ 20	21 ♑ 3	16 ♍ 9	26 ♉ 7	8 ♓ 9	7 ♋	16 ♈	25 ♋	8 ♌	23 ♏
7	14 ♍ 28	4 ♑ 14	4 ♐ 8	3 ♐ 50	23 ♍ 31	16 ♌ 12	3 ♍ 43	26 ♋ 31	21 ♑ 1	16 ♍ 13	26 ♉ 6	8 ♓ 8	7 ♋	16 ♈	26 ♋	9 ♌	23 ♏
8	15 ♍ 26	18 ♑ 38	4 ♐ 5	3 ♐ 47	22 ♍ 38	17 ♌ 24	4 ♍ 21	26 ♋ 42	21 ♑ 0	16 ♍ 17	26 ♉ 6	8 ♓ 7	8 ♋	16 ♈	26 ♋	9 ♌	23 ♏
9	16 ♍ 24	3 ♒ 19	4 ♐ 2	3 ♐ 41	21 ♍ 41	18 ♌ 37	4 ♍ 59	26 ♋ 53	20 ♑ 58	16 ♍ 20	26 ♉ 6	8 ♓ 5	8 ♋	16 ♈	27 ♋	10 ♌	23 ♏
10	17 ♍ 22	18 ♒ 13	3 ♐ 59	3 ♐ 33	20 ♍ 42	19 ♌ 50	5 ♍ 37	27 ♋ 3	20 ♑ 57	16 ♍ 24	26 ♉ 5	8 ♓ 4	8 ♋	15 ♈	27 ♋	10 ♌	23 ♏
11	18 ♍ 21	3 ♓ 13	3 ♐ 55	3 ♐ 23	19 ♍ 42	21 ♌ 3	6 ♍ 16	27 ♋ 14	20 ♑ 55	16 ♍ 28	26 ♉ 5	8 ♓ 3	9 ♋	15 ♈	28 ♋	11 ♌	23 ♏
12	19 ♍ 19	18 ♓ 8	3 ♐ 52	3 ♐ 12	18 ♍ 42	22 ♌ 16	6 ♍ 54	27 ♋ 25	20 ♑ 54	16 ♍ 32	26 ♉ 5	8 ♓ 2	9 ♋	15 ♈	28 ♋	11 ♌	23 ♏
13	20 ♍ 17	2 ♈ 49	3 ♐ 49	3 ♐ 2	17 ♍ 43	23 ♌ 29	7 ♍ 32	27 ♋ 35	20 ♑ 53	16 ♍ 36	26 ♉ 4	8 ♓ 0	9 ♋	15 ♈	29 ♋	11 ♌	23 ♏
14	21 ♍ 16	17 ♈ 10	3 ♐ 46	2 ♐ 54	16 ♍ 47	24 ♌ 42	8 ♍ 10	27 ♋ 46	20 ♑ 52	16 ♍ 39	26 ♉ 4	7 ♓ 59	10 ♋	15 ♈	29 ♋	12 ♌	23 ♏
15	22 ♍ 14	1 ♉ 4	3 ♐ 43	2 ♐ 47	15 ♍ 55	25 ♌ 55	8 ♍ 48	27 ♋ 56	20 ♑ 51	16 ♍ 43	26 ♉ 3	7 ♓ 58	10 ♋	14 ♈	0 ♌	12 ♌	23 ♏
16	23 ♍ 13	14 ♉ 31	3 ♐ 40	2 ♐ 44	15 ♍ 9	27 ♌ 9	9 ♍ 26	28 ♋ 6	20 ♑ 50	16 ♍ 47	26 ♉ 2	7 ♓ 57	10 ♋	14 ♈	0 ♌	13 ♌	23 ♏
17	24 ♍ 11	27 ♉ 31	3 ♐ 36	2 ♐ 43	14 ♍ 29	28 ♌ 22	10 ♍ 4	28 ♋ 16	20 ♑ 49	16 ♍ 51	26 ♉ 2	7 ♓ 55	11 ♋	14 ♈	1 ♌	13 ♌	23 ♏
18	25 ♍ 10	10 ♊ 7	3 ♐ 33	2 D 43	13 ♍ 58	29 ♌ 35	10 ♍ 42	28 ♋ 26	20 ♑ 48	16 ♍ 54	26 ♉ 1	7 ♓ 54	11 ♋	14 ♈	1 ♌	13 ♌	24 ♏
19	26 ♍ 8	22 ♊ 24	3 ♐ 30	2 ♐ 43	13 ♍ 35	0 ♍ 49	11 ♍ 21	28 ♋ 36	20 ♑ 47	16 ♍ 58	26 ♉ 1	7 ♓ 53	11 ♋	13 ♈	2 ♌	14 ♌	24 ♏
20	27 ♍ 7	4 ♋ 27	3 ♐ 27	2 R 43	13 ♍ 20	2 ♍ 2	11 ♍ 59	28 ♋ 46	20 ♑ 47	17 ♍ 2	26 ♉ 0	7 ♓ 52	11 ♋	13 ♈	2 ♌	14 ♌	24 ♏
21	28 ♍ 5	16 ♋ 21	3 ♐ 24	2 ♐ 41	13 D 16	3 ♍ 16	12 ♍ 37	28 ♋ 56	20 ♑ 47	17 ♍ 6	25 ♉ 59	7 ♓ 51	12 ♋	13 ♈	3 ♌	15 ♌	24 ♏
22	29 ♍ 4	28 ♋ 11	3 ♐ 20	2 ♐ 37	13 ♍ 21	4 ♍ 29	13 ♍ 15	29 ♋ 6	20 ♑ 46	17 ♍ 9	25 ♉ 59	7 ♓ 49	12 ♋	13 ♈	3 ♌	15 ♌	24 ♏
23	0 ♎ 3	10 ♌ 2	3 ♐ 17	2 ♐ 31	13 ♍ 36	5 ♍ 43	13 ♍ 53	29 ♋ 15	20 ♑ 46	17 ♍ 13	25 ♉ 58	7 ♓ 48	12 ♋	12 ♈	4 ♌	15 ♌	24 ♏
24	1 ♎ 1	21 ♌ 58	3 ♐ 14	2 ♐ 22	14 ♍ 1	6 ♍ 57	14 ♍ 31	29 ♋ 25	20 ♑ 46	17 ♍ 17	25 ♉ 57	7 ♓ 47	13 ♋	12 ♈	4 ♌	16 ♌	24 ♏
25	2 ♎ 0	4 ♍ 1	3 ♐ 11	2 ♐ 11	14 ♍ 35	8 ♍ 10	15 ♍ 9	29 ♋ 34	20 ♑ 46	17 ♍ 20	25 ♉ 56	7 ♓ 46	13 ♋	12 ♈	5 ♌	16 ♌	24 ♏
26	2 ♎ 59	16 ♍ 14	3 ♐ 8	2 ♐ 0	15 ♍ 17	9 ♍ 24	15 ♍ 47	29 ♋ 43	20 D 46	17 ♍ 24	25 ♉ 55	7 ♓ 45	13 ♋	12 ♈	5 ♌	17 ♌	24 ♏
27	3 ♎ 58	28 ♍ 38	3 ♐ 5	1 ♐ 49	16 ♍ 9	10 ♍ 38	16 ♍ 25	29 ♋ 52	20 ♑ 46	17 ♍ 28	25 ♉ 54	7 ♓ 44	13 ♋	11 ♈	6 ♌	17 ♌	24 ♏
28	4 ♎ 57	11 ♎ 13	3 ♐ 1	1 ♐ 39	17 ♍ 8	11 ♍ 52	17 ♍ 4	0 ♌ 1	20 ♑ 46	17 ♍ 31	25 ♉ 54	7 ♓ 43	14 ♋	11 ♈	6 ♌	18 ♌	24 ♏
29	5 ♎ 56	24 ♎ 0	2 ♐ 58	1 ♐ 32	18 ♍ 14	13 ♍ 6	17 ♍ 42	0 ♌ 10	20 ♑ 46	17 ♍ 35	25 ♉ 53	7 ♓ 41	14 ♋	11 ♈	7 ♌	18 ♌	25 ♏
30	6 ♎ 54	6 ♏ 58	2 ♐ 55	1 ♐ 27	19 ♍ 26	14 ♍ 20	18 ♍ 20	0 ♌ 19	20 ♑ 47	17 ♍ 39	25 ♉ 52	7 ♓ 40	14 ♋	10 ♈	7 ♌	18 ♌	25 ♏

SUN INGRESS: ☉ → ♎ 22日 22:42

MOON PHASE: ◐ 5日 11:27 ♐　○ 12日 02:04 ♓　◑ 19日 08:03 ♊　● 27日 11:04 ♎

aspects		
3日	05:47	☿△♆
3日	15:59	☿⚹♃
4日	20:29	♃⚹♆
8日	22:22	☉☌♅
9日	18:00	☿△♄
11日	16:23	☉☌☿
13日	14:17	☉△♄
13日	17:21	♂☍♇
14日	03:05	☿☌♅
15日	02:30	♀□♆
18日	20:58	☉△♆
22日	00:50	☉⚹♃
22日	05:41	☿☌♂
24日	16:12	♀☍♇
27日	19:58	☿☌♂
28日	09:32	☿☌♅
28日	19:28	♂☌♅

2049年10月

DAY	☉	☽	☊ mean	☊ true	☿	♀	♂	♃	♄	♅	♆	♇	⚳	⚴	⚵	⚸	⚷
	° ′	° ′	° ′	° ′	° ′	° ′	° ′	° ′	° ′	° ′	° ′	° ′	°	°	°	°	°
1	7 ♎ 53	20 ♏ 7	2 ♐ 52	1 R 24	20 D 44	15 D 34	18 D 58	0 D 27	20 D 47	17 D 42	25 R 51	7 R 39	14 D	10 R	8 D	19 D	25 D
2	8 ♎ 52	3 ♐ 28	2 ♐ 49	1 D 23	22 ♍ 7	16 ♍ 48	19 ♍ 36	0 ♌ 36	20 ♑ 48	17 ♍ 46	25 ♉ 50	7 ♓ 38	15 ♋	10 ♈	8 ♌	19 ♌	25 ♏
3	9 ♎ 51	17 ♐ 1	2 ♐ 45	1 ♐ 24	23 ♍ 35	18 ♍ 2	20 ♍ 14	0 ♌ 44	20 ♑ 49	17 ♍ 50	25 ♉ 49	7 ♓ 37	15 ♋	10 ♈	8 ♌	20 ♌	25 ♏
4	10 ♎ 51	0 ♑ 46	2 ♐ 42	1 ♐ 25	25 ♍ 7	19 ♍ 16	20 ♍ 52	0 ♌ 52	20 ♑ 50	17 ♍ 53	25 ♉ 48	7 ♓ 36	15 ♋	9 ♈	9 ♌	20 ♌	25 ♏
5	11 ♎ 50	14 ♑ 45	2 ♐ 39	1 R 25	26 ♍ 41	20 ♍ 30	21 ♍ 30	1 ♌ 0	20 ♑ 51	17 ♍ 57	25 ♉ 46	7 ♓ 35	15 ♋	9 ♈	9 ♌	20 ♌	25 ♏
6	12 ♎ 49	28 ♑ 57	2 ♐ 36	1 ♐ 24	28 ♍ 18	21 ♍ 44	22 ♍ 8	1 ♌ 8	20 ♑ 52	18 ♍ 0	25 ♉ 45	7 ♓ 34	16 ♋	9 ♈	10 ♌	21 ♌	25 ♏
7	13 ♎ 48	13 ♒ 19	2 ♐ 33	1 ♐ 21	29 ♍ 58	22 ♍ 59	22 ♍ 46	1 ♌ 16	20 ♑ 53	18 ♍ 4	25 ♉ 44	7 ♓ 33	16 ♋	8 ♈	10 ♌	21 ♌	25 ♏
8	14 ♎ 47	27 ♒ 50	2 ♐ 30	1 ♐ 16	1 ♎ 39	24 ♍ 13	23 ♍ 25	1 ♌ 24	20 ♑ 54	18 ♍ 7	25 ♉ 43	7 ♓ 32	16 ♋	8 ♈	11 ♌	22 ♌	26 ♏
9	15 ♎ 46	12 ♓ 23	2 ♐ 26	1 ♐ 9	3 ♎ 21	25 ♍ 27	24 ♍ 3	1 ♌ 31	20 ♑ 55	18 ♍ 11	25 ♉ 42	7 ♓ 31	16 ♋	8 ♈	11 ♌	22 ♌	26 ♏
10	16 ♎ 45	26 ♓ 54	2 ♐ 23	1 ♐ 2	5 ♎ 5	26 ♍ 42	24 ♍ 41	1 ♌ 39	20 ♑ 57	18 ♍ 14	25 ♉ 41	7 ♓ 30	17 ♋	8 ♈	12 ♌	22 ♌	26 ♏
11	17 ♎ 45	11 ♈ 14	2 ♐ 20	0 ♐ 55	6 ♎ 49	27 ♍ 56	25 ♍ 19	1 ♌ 46	20 ♑ 58	18 ♍ 18	25 ♉ 39	7 ♓ 29	17 ♋	7 ♈	12 ♌	23 ♌	26 ♏
12	18 ♎ 44	25 ♈ 18	2 ♐ 17	0 ♐ 50	8 ♎ 33	29 ♍ 11	25 ♍ 57	1 ♌ 53	21 ♑ 0	18 ♍ 21	25 ♉ 38	7 ♓ 29	17 ♋	7 ♈	12 ♌	23 ♌	26 ♏
13	19 ♎ 43	9 ♉ 3	2 ♐ 14	0 ♐ 46	10 ♎ 18	0 ♎ 25	26 ♍ 35	2 ♌ 0	21 ♑ 2	18 ♍ 24	25 ♉ 37	7 ♓ 28	17 ♋	7 ♈	13 ♌	23 ♌	26 ♏
14	20 ♎ 43	22 ♉ 24	2 ♐ 11	0 ♐ 44	12 ♎ 3	1 ♎ 40	27 ♍ 13	2 ♌ 7	21 ♑ 4	18 ♍ 28	25 ♉ 35	7 ♓ 27	18 ♋	6 ♈	13 ♌	24 ♌	26 ♏
15	21 ♎ 42	5 ♊ 23	2 ♐ 7	0 D 44	13 ♎ 48	2 ♎ 54	27 ♍ 51	2 ♌ 14	21 ♑ 6	18 ♍ 31	25 ♉ 34	7 ♓ 26	18 ♋	6 ♈	14 ♌	24 ♌	26 ♏
16	22 ♎ 41	18 ♊ 0	2 ♐ 4	0 ♐ 45	15 ♎ 33	4 ♎ 9	28 ♍ 29	2 ♌ 20	21 ♑ 8	18 ♍ 34	25 ♉ 33	7 ♓ 25	18 ♋	6 ♈	14 ♌	25 ♌	26 ♏
17	23 ♎ 41	0 ♋ 19	2 ♐ 1	0 ♐ 46	17 ♎ 17	5 ♎ 23	29 ♍ 7	2 ♌ 27	21 ♑ 10	18 ♍ 38	25 ♉ 31	7 ♓ 24	18 ♋	6 ♈	15 ♌	25 ♌	27 ♏
18	24 ♎ 40	12 ♋ 25	1 ♐ 58	0 ♐ 48	19 ♎ 1	6 ♎ 38	29 ♍ 46	2 ♌ 33	21 ♑ 12	18 ♍ 41	25 ♉ 30	7 ♓ 23	18 ♋	5 ♈	15 ♌	25 ♌	27 ♏
19	25 ♎ 40	24 ♋ 21	1 ♐ 55	0 ♐ 49	20 ♎ 45	7 ♎ 53	0 ♎ 24	2 ♌ 39	21 ♑ 14	18 ♍ 44	25 ♉ 29	7 ♓ 23	19 ♋	5 ♈	15 ♌	26 ♌	27 ♏
20	26 ♎ 40	6 ♌ 13	1 ♐ 51	0 R 48	22 ♎ 28	9 ♎ 7	1 ♎ 2	2 ♌ 45	21 ♑ 17	18 ♍ 47	25 ♉ 27	7 ♓ 22	19 ♋	5 ♈	16 ♌	26 ♌	27 ♏
21	27 ♎ 39	18 ♌ 5	1 ♐ 48	0 ♐ 46	24 ♎ 10	10 ♎ 22	1 ♎ 40	2 ♌ 51	21 ♑ 19	18 ♍ 50	25 ♉ 26	7 ♓ 21	19 ♋	5 ♈	16 ♌	27 ♌	27 ♏
22	28 ♎ 39	0 ♍ 3	1 ♐ 45	0 ♐ 43	25 ♎ 53	11 ♎ 37	2 ♎ 18	2 ♌ 56	21 ♑ 22	18 ♍ 53	25 ♉ 24	7 ♓ 21	19 ♋	4 ♈	17 ♌	27 ♌	27 ♏
23	29 ♎ 39	12 ♍ 10	1 ♐ 42	0 ♐ 38	27 ♎ 34	12 ♎ 52	2 ♎ 56	3 ♌ 2	21 ♑ 24	18 ♍ 57	25 ♉ 23	7 ♓ 20	19 ♋	4 ♈	17 ♌	27 ♌	27 ♏
24	0 ♏ 38	24 ♍ 30	1 ♐ 39	0 ♐ 33	29 ♎ 15	14 ♎ 7	3 ♎ 34	3 ♌ 7	21 ♑ 27	19 ♍ 0	25 ♉ 21	7 ♓ 19	19 ♋	4 ♈	17 ♌	28 ♌	27 ♏
25	1 ♏ 38	7 ♎ 4	1 ♐ 36	0 ♐ 28	0 ♏ 55	15 ♎ 22	4 ♎ 12	3 ♌ 12	21 ♑ 30	19 ♍ 3	25 ♉ 20	7 ♓ 18	20 ♋	4 ♈	18 ♌	28 ♌	28 ♏
26	2 ♏ 38	19 ♎ 54	1 ♐ 32	0 ♐ 23	2 ♏ 35	16 ♎ 37	4 ♎ 51	3 ♌ 17	21 ♑ 33	19 ♍ 6	25 ♉ 18	7 ♓ 18	20 ♋	3 ♈	18 ♌	28 ♌	28 ♏
27	3 ♏ 38	3 ♏ 0	1 ♐ 29	0 ♐ 20	4 ♏ 15	17 ♎ 51	5 ♎ 29	3 ♌ 22	21 ♑ 36	19 ♍ 9	25 ♉ 17	7 ♓ 17	20 ♋	3 ♈	19 ♌	29 ♌	28 ♏
28	4 ♏ 38	16 ♏ 21	1 ♐ 26	0 ♐ 18	5 ♏ 53	19 ♎ 6	6 ♎ 7	3 ♌ 26	21 ♑ 39	19 ♍ 12	25 ♉ 15	7 ♓ 17	20 ♋	3 ♈	19 ♌	29 ♌	28 ♏
29	5 ♏ 38	29 ♏ 55	1 ♐ 23	0 ♐ 17	7 ♏ 32	20 ♎ 21	6 ♎ 45	3 ♌ 31	21 ♑ 42	19 ♍ 15	25 ♉ 14	7 ♓ 16	20 ♋	3 ♈	19 ♌	0 ♍	28 ♏
30	6 ♏ 37	13 ♐ 40	1 ♐ 20	0 D 17	9 ♏ 9	21 ♎ 36	7 ♎ 23	3 ♌ 35	21 ♑ 46	19 ♍ 17	25 ♉ 12	7 ♓ 16	20 ♋	2 ♈	20 ♌	0 ♍	28 ♏
31	7 ♏ 37	27 ♐ 35	1 ♐ 17	0 ♐ 19	10 ♏ 47	22 ♎ 51	8 ♎ 1	3 ♌ 39	21 ♑ 49	19 ♍ 20	25 ♉ 11	7 ♓ 15	20 ♋	2 ♈	20 ♌	0 ♍	28 ♏

SUN INGRESS: ☉ → ♏ 23日 08:24

MOON PHASE: ◐ 4日 18:38 ♑　○ 11日 11:52 ♈　◑ 19日 02:55 ♋　● 27日 01:14 ♏

aspects		
1日	00:59	☿△♄
2日	19:48	♀☌♅
3日	22:27	♂△♄
4日	10:22	☿△♆
5日	06:43	♀△♄
6日	15:54	♀☌♂
7日	20:11	☿⚹♃
9日	04:37	♀△♆
11日	12:31	♂△♆
14日	08:46	☉□♄
14日	09:45	♀⚹♃
19日	07:01	☿□♄
23日	04:03	♂⚹♃
26日	01:32	☉☌☿
26日	10:35	☿□♃
26日	17:05	☉□♃
28日	20:13	☿△♇
30日	03:05	♀□♄
30日	15:08	☉△♇

2049年11月

DAY	☉	☽	☊ mean	☊ true	☿	♀	♂	♃	♄	♅	♆	♇	⚳	⚴	⚵	⚶	⚷
	° ′	° ′	° ′	° ′	° ′	° ′	° ′	° ′	° ′	° ′	° ′	° ′	°	°	°	°	°
1	8 ♏ 37	11 ♑ 37	1 ♐ 13	0 D 20	12 D 23	24 D 7	8 D 39	3 D 43	21 D 53	19 D 23	25 R 9	7 R 15	21 D	2 R	21 D	1 D	28 D
2	9 ♏ 37	25 ♑ 44	1 ♐ 10	0 ♐ 21	13 ♏ 59	25 ♎ 22	9 ♎ 18	3 ♌ 47	21 ♑ 56	19 ♍ 26	25 ♉ 7	7 ♓ 14	21 ♋	2 ♈	21 ♌	1 ♍	29 ♏
3	10 ♏ 37	9 ♒ 54	1 ♐ 7	0 ♐ 22	15 ♏ 35	26 ♎ 37	9 ♎ 56	3 ♌ 50	22 ♑ 0	19 ♍ 28	25 ♉ 6	7 ♓ 14	21 ♋	2 ♈	21 ♌	1 ♍	29 ♏
4	11 ♏ 38	24 ♒ 6	1 ♐ 4	0 R 21	17 ♏ 11	27 ♎ 52	10 ♎ 34	3 ♌ 54	22 ♑ 4	19 ♍ 31	25 ♉ 4	7 ♓ 13	21 ♋	1 ♈	22 ♌	2 ♍	29 ♏
5	12 ♏ 38	8 ♓ 17	1 ♐ 1	0 ♐ 20	18 ♏ 45	29 ♎ 7	11 ♎ 12	3 ♌ 57	22 ♑ 7	19 ♍ 34	25 ♉ 2	7 ♓ 13	21 ♋	1 ♈	22 ♌	2 ♍	29 ♏
6	13 ♏ 38	22 ♓ 25	0 ♐ 57	0 ♐ 18	20 ♏ 20	0 ♏ 22	11 ♎ 50	4 ♌ 0	22 ♑ 11	19 ♍ 36	25 ♉ 1	7 ♓ 12	21 ♋	1 ♈	22 ♌	2 ♍	29 ♏
7	14 ♏ 38	6 ♈ 26	0 ♐ 54	0 ♐ 16	21 ♏ 54	1 ♏ 37	12 ♎ 28	4 ♌ 3	22 ♑ 15	19 ♍ 39	24 ♉ 59	7 ♓ 12	21 ♋	1 ♈	23 ♌	3 ♍	29 ♏
8	15 ♏ 38	20 ♈ 17	0 ♐ 51	0 ♐ 14	23 ♏ 28	2 ♏ 52	13 ♎ 6	4 ♌ 5	22 ♑ 19	19 ♍ 41	24 ♉ 57	7 ♓ 12	21 ♋	1 ♈	23 ♌	3 ♍	29 ♏
9	16 ♏ 38	3 ♉ 56	0 ♐ 48	0 ♐ 12	25 ♏ 1	4 ♏ 8	13 ♎ 45	4 ♌ 8	22 ♑ 23	19 ♍ 44	24 ♉ 56	7 ♓ 11	21 ♋	1 ♈	23 ♌	3 ♍	29 ♏
10	17 ♏ 38	17 ♉ 20	0 ♐ 45	0 ♐ 11	26 ♏ 34	5 ♏ 23	14 ♎ 23	4 ♌ 10	22 ♑ 28	19 ♍ 46	24 ♉ 54	7 ♓ 11	21 ♋	0 ♈	24 ♌	4 ♍	0 ♐
11	18 ♏ 39	0 ♊ 26	0 ♐ 42	0 D 11	28 ♏ 6	6 ♏ 38	15 ♎ 1	4 ♌ 12	22 ♑ 32	19 ♍ 49	24 ♉ 52	7 ♓ 11	21 ♋	0 ♈	24 ♌	4 ♍	0 ♐
12	19 ♏ 39	13 ♊ 16	0 ♐ 38	0 ♐ 11	29 ♏ 39	7 ♏ 53	15 ♎ 39	4 ♌ 14	22 ♑ 36	19 ♍ 51	24 ♉ 51	7 ♓ 11	22 ♋	0 ♈	24 ♌	4 ♍	0 ♐
13	20 ♏ 39	25 ♊ 49	0 ♐ 35	0 ♐ 12	1 ♐ 11	9 ♏ 9	16 ♎ 17	4 ♌ 15	22 ♑ 41	19 ♍ 53	24 ♉ 49	7 ♓ 10	22 ♋	0 ♈	25 ♌	5 ♍	0 ♐
14	21 ♏ 40	8 ♋ 7	0 ♐ 32	0 ♐ 13	2 ♐ 42	10 ♏ 24	16 ♎ 55	4 ♌ 17	22 ♑ 45	19 ♍ 56	24 ♉ 47	7 ♓ 10	22 ♋	0 ♈	25 ♌	5 ♍	0 ♐
15	22 ♏ 40	20 ♋ 12	0 ♐ 29	0 ♐ 14	4 ♐ 14	11 ♏ 39	17 ♎ 34	4 ♌ 18	22 ♑ 50	19 ♍ 58	24 ♉ 46	7 ♓ 10	22 ♋	0 ♈	25 ♌	5 ♍	0 ♐
16	23 ♏ 40	2 ♌ 9	0 ♐ 26	0 ♐ 15	5 ♐ 45	12 ♏ 54	18 ♎ 12	4 ♌ 19	22 ♑ 55	20 ♍ 0	24 ♉ 44	7 ♓ 10	22 ♋	0 ♈	26 ♌	6 ♍	0 ♐
17	24 ♏ 41	14 ♌ 2	0 ♐ 23	0 ♐ 15	7 ♐ 15	14 ♏ 10	18 ♎ 50	4 ♌ 20	22 ♑ 59	20 ♍ 2	24 ♉ 42	7 ♓ 10	22 ♋	0 ♈	26 ♌	6 ♍	0 ♐
18	25 ♏ 41	25 ♌ 54	0 ♐ 19	0 R 15	8 ♐ 46	15 ♏ 25	19 ♎ 28	4 ♌ 21	23 ♑ 4	20 ♍ 4	24 ♉ 41	7 ♓ 10	22 ♋	0 ♈	26 ♌	6 ♍	1 ♐
19	26 ♏ 42	7 ♍ 52	0 ♐ 16	0 ♐ 15	10 ♐ 16	16 ♏ 40	20 ♎ 6	4 ♌ 21	23 ♑ 9	20 ♍ 6	24 ♉ 39	7 ♓ 10	22 ♋	0 ♈	26 ♌	7 ♍	1 ♐
20	27 ♏ 42	19 ♍ 59	0 ♐ 13	0 ♐ 15	11 ♐ 46	17 ♏ 56	20 ♎ 44	4 ♌ 21	23 ♑ 14	20 ♍ 8	24 ♉ 37	7 ♓ 10	22 ♋	29 ♓	27 ♌	7 ♍	1 ♐
21	28 ♏ 43	2 ♎ 19	0 ♐ 10	0 ♐ 15	13 ♐ 15	19 ♏ 11	21 ♎ 23	4 R 22	23 ♑ 19	20 ♍ 10	24 ♉ 36	7 D 10	22 R	29 ♓	27 ♌	7 ♍	1 ♐
22	29 ♏ 44	14 ♎ 58	0 ♐ 7	0 ♐ 14	14 ♐ 44	20 ♏ 27	22 ♎ 1	4 ♌ 21	23 ♑ 24	20 ♍ 12	24 ♉ 34	7 ♓ 10	22 ♋	29 ♓	27 ♌	7 ♍	1 ♐
23	0 ♐ 44	27 ♎ 56	0 ♐ 3	0 D 14	16 ♐ 13	21 ♏ 42	22 ♎ 39	4 ♌ 21	23 ♑ 29	20 ♍ 14	24 ♉ 32	7 ♓ 10	22 ♋	29 ♓	27 ♌	8 ♍	1 ♐
24	1 ♐ 45	11 ♏ 15	0 ♐ 0	0 ♐ 14	17 ♐ 41	22 ♏ 57	23 ♎ 17	4 ♌ 21	23 ♑ 35	20 ♍ 16	24 ♉ 30	7 ♓ 10	22 ♋	29 ♓	28 ♌	8 ♍	1 ♐
25	2 ♐ 46	24 ♏ 55	29 ♏ 57	0 ♐ 15	19 ♐ 9	24 ♏ 13	23 ♎ 55	4 ♌ 20	23 ♑ 40	20 ♍ 17	24 ♉ 29	7 ♓ 10	22 ♋	29 ♓	28 ♌	8 ♍	1 ♐
26	3 ♐ 46	8 ♐ 54	29 ♏ 54	0 R 15	20 ♐ 36	25 ♏ 28	24 ♎ 34	4 ♌ 19	23 ♑ 45	20 ♍ 19	24 ♉ 27	7 ♓ 10	22 ♋	29 ♓	28 ♌	9 ♍	2 ♐
27	4 ♐ 47	23 ♐ 8	29 ♏ 51	0 ♐ 14	22 ♐ 2	26 ♏ 44	25 ♎ 12	4 ♌ 18	23 ♑ 51	20 ♍ 21	24 ♉ 25	7 ♓ 10	22 ♋	29 ♓	28 ♌	9 ♍	2 ♐
28	5 ♐ 48	7 ♑ 32	29 ♏ 48	0 ♐ 14	23 ♐ 28	27 ♏ 59	25 ♎ 50	4 ♌ 17	23 ♑ 56	20 ♍ 22	24 ♉ 24	7 ♓ 10	22 ♋	29 ♓	29 ♌	9 ♍	2 ♐
29	6 ♐ 48	22 ♑ 1	29 ♏ 44	0 ♐ 13	24 ♐ 53	29 ♏ 15	26 ♎ 28	4 ♌ 15	24 ♑ 2	20 ♍ 24	24 ♉ 22	7 ♓ 11	22 ♋	29 D	29 ♌	9 ♍	2 ♐
30	7 ♐ 49	6 ♒ 29	29 ♏ 41	0 ♐ 12	26 ♐ 18	0 ♐ 30	27 ♎ 6	4 ♌ 13	24 ♑ 7	20 ♍ 25	24 ♉ 20	7 ♓ 11	21 ♋	29 ♓	29 ♌	10 ♍	2 ♐

SUN INGRESS	☉ → ♐ 22日 06 : 19
MOON PHASE	◐ 3日 01 : 18 ♒ ○ 10日 00 : 37 ♉ ◑ 17日 23 : 31 ♌ ● 25日 14 : 35 ♐

aspects		
5日	12 : 38	☿⚹♅
7日	05 : 42	☿⚹♄
8日	22 : 42	☿☍♆
8日	23 : 59	♀□♃
11日	10 : 27	♀△♇
12日	05 : 01	☉⚹♅
15日	01 : 10	☿△♃
15日	04 : 15	☉⚹♄
16日	22 : 31	☿□♇
17日	00 : 32	☉☍♆
21日	19 : 17	♀⚹♅
24日	12 : 37	♂□♄
24日	12 : 43	♀⚹♄
25日	04 : 58	♀☍♆
25日	19 : 17	☿□♅
26日	12 : 44	☉△♃
29日	08 : 47	☉□♇

2049年12月

DAY	☉	☽	☊ mean	☊ true	☿	♀	♂	♃	♄	♅	♆	♇	⚳	⚴	⚵	⚶	⚷
	° ′	° ′	° ′	° ′	° ′	° ′	° ′	° ′	° ′	° ′	° ′	° ′	°	°	°	°	°
1	8 ♐ 50	20 ♒ 53	29 ♏ 38	0 R 12	27 D 41	1 D 46	27 D 45	4 R 11	24 D 13	20 D 27	24 R 19	7 D 11	21 R	29 D	29 D	10 D	2 D
2	9 ♐ 51	5 ♓ 7	29 ♏ 35	0 ♐ 11	29 ♐ 3	3 ♐ 1	28 ♎ 23	4 ♌ 9	24 ♑ 19	20 ♍ 28	24 ♉ 17	7 ♓ 11	21 ♋	29 ♓	0 ♍	10 ♍	2 ♐
3	10 ♐ 52	19 ♓ 11	29 ♏ 32	0 D 11	0 ♑ 23	4 ♐ 16	29 ♎ 1	4 ♌ 7	24 ♑ 24	20 ♍ 29	24 ♉ 16	7 ♓ 12	21 ♋	29 ♓	0 ♍	11 ♍	2 ♐
4	11 ♐ 52	3 ♈ 2	29 ♏ 28	0 ♐ 12	1 ♑ 42	5 ♐ 32	29 ♎ 39	4 ♌ 4	24 ♑ 30	20 ♍ 31	24 ♉ 14	7 ♓ 12	21 ♋	29 ♓	0 ♍	11 ♍	3 ♐
5	12 ♐ 53	16 ♈ 39	29 ♏ 25	0 ♐ 13	3 ♑ 0	6 ♐ 47	0 ♏ 17	4 ♌ 2	24 ♑ 36	20 ♍ 32	24 ♉ 12	7 ♓ 12	21 ♋	29 ♓	0 ♍	11 ♍	3 ♐
6	13 ♐ 54	0 ♉ 4	29 ♏ 22	0 ♐ 14	4 ♑ 15	8 ♐ 3	0 ♏ 55	3 ♌ 59	24 ♑ 42	20 ♍ 33	24 ♉ 11	7 ♓ 13	21 ♋	29 ♓	0 ♍	11 ♍	3 ♐
7	14 ♐ 55	13 ♉ 15	29 ♏ 19	0 ♐ 15	5 ♑ 27	9 ♐ 18	1 ♏ 34	3 ♌ 56	24 ♑ 48	20 ♍ 34	24 ♉ 9	7 ♓ 13	21 ♋	0 ♈	0 ♍	12 ♍	3 ♐
8	15 ♐ 56	26 ♉ 14	29 ♏ 16	0 ♐ 16	6 ♑ 37	10 ♐ 34	2 ♏ 12	3 ♌ 53	24 ♑ 54	20 ♍ 35	24 ♉ 8	7 ♓ 14	21 ♋	0 ♈	1 ♍	12 ♍	3 ♐
9	16 ♐ 57	9 ♊ 0	29 ♏ 13	0 R 16	7 ♑ 44	11 ♐ 49	2 ♏ 50	3 ♌ 49	25 ♑ 0	20 ♍ 36	24 ♉ 6	7 ♓ 14	21 ♋	0 ♈	1 ♍	12 ♍	3 ♐
10	17 ♐ 58	21 ♊ 34	29 ♏ 9	0 ♐ 14	8 ♑ 47	13 ♐ 5	3 ♏ 28	3 ♌ 45	25 ♑ 6	20 ♍ 37	24 ♉ 5	7 ♓ 14	20 ♋	0 ♈	1 ♍	12 ♍	3 ♐
11	18 ♐ 59	3 ♋ 57	29 ♏ 6	0 ♐ 12	9 ♑ 46	14 ♐ 20	4 ♏ 6	3 ♌ 42	25 ♑ 13	20 ♍ 38	24 ♉ 3	7 ♓ 15	20 ♋	0 ♈	1 ♍	12 ♍	4 ♐
12	20 ♐ 0	16 ♋ 9	29 ♏ 3	0 ♐ 9	10 ♑ 39	15 ♐ 36	4 ♏ 45	3 ♌ 38	25 ♑ 19	20 ♍ 39	24 ♉ 2	7 ♓ 16	20 ♋	0 ♈	1 ♍	13 ♍	4 ♐
13	21 ♐ 1	28 ♋ 12	29 ♏ 0	0 ♐ 6	11 ♑ 28	16 ♐ 51	5 ♏ 23	3 ♌ 33	25 ♑ 25	20 ♍ 40	24 ♉ 0	7 ♓ 16	20 ♋	0 ♈	1 ♍	13 ♍	4 ♐
14	22 ♐ 2	10 ♌ 8	28 ♏ 57	0 ♐ 2	12 ♑ 9	18 ♐ 7	6 ♏ 1	3 ♌ 29	25 ♑ 31	20 ♍ 40	23 ♉ 59	7 ♓ 17	20 ♋	0 ♈	1 ♍	13 ♍	4 ♐
15	23 ♐ 3	22 ♌ 0	28 ♏ 54	29 ♏ 59	12 ♑ 44	19 ♐ 22	6 ♏ 39	3 ♌ 25	25 ♑ 38	20 ♍ 41	23 ♉ 57	7 ♓ 17	20 ♋	0 ♈	2 ♍	13 ♍	4 ♐
16	24 ♐ 4	3 ♍ 51	28 ♏ 50	29 ♏ 56	13 ♑ 11	20 ♐ 38	7 ♏ 17	3 ♌ 20	25 ♑ 44	20 ♍ 42	23 ♉ 56	7 ♓ 18	20 ♋	0 ♈	2 ♍	14 ♍	4 ♐
17	25 ♐ 5	15 ♍ 47	28 ♏ 47	29 ♏ 55	13 ♑ 28	21 ♐ 53	7 ♏ 56	3 ♌ 15	25 ♑ 51	20 ♍ 42	23 ♉ 54	7 ♓ 19	19 ♋	1 ♈	2 ♍	14 ♍	4 ♐
18	26 ♐ 6	27 ♍ 51	28 ♏ 44	29 D 54	13 ♑ 36	23 ♐ 9	8 ♏ 34	3 ♌ 10	25 ♑ 57	20 ♍ 43	23 ♉ 53	7 ♓ 19	19 ♋	1 ♈	2 ♍	14 ♍	4 ♐
19	27 ♐ 7	10 ♎ 7	28 ♏ 41	29 ♏ 55	13 R 33	24 ♐ 24	9 ♏ 12	3 ♌ 5	26 ♑ 4	20 ♍ 43	23 ♉ 52	7 ♓ 20	19 ♋	1 ♈	2 ♍	14 ♍	5 ♐
20	28 ♐ 8	22 ♎ 42	28 ♏ 38	29 ♏ 56	13 ♑ 19	25 ♐ 40	9 ♏ 50	2 ♌ 59	26 ♑ 10	20 ♍ 44	23 ♉ 50	7 ♓ 21	19 ♋	1 ♈	2 ♍	14 ♍	5 ♐
21	29 ♐ 9	5 ♏ 38	28 ♏ 34	29 ♏ 58	12 ♑ 54	26 ♐ 55	10 ♏ 28	2 ♌ 54	26 ♑ 17	20 ♍ 44	23 ♉ 49	7 ♓ 21	19 ♋	1 ♈	2 ♍	14 ♍	5 ♐
22	0 ♑ 10	18 ♏ 59	28 ♏ 31	29 ♏ 59	12 ♑ 16	28 ♐ 11	11 ♏ 7	2 ♌ 48	26 ♑ 23	20 ♍ 44	23 ♉ 48	7 ♓ 22	18 ♋	1 ♈	2 ♍	15 ♍	5 ♐
23	1 ♑ 11	2 ♐ 47	28 ♏ 28	0 R 0	11 ♑ 28	29 ♐ 26	11 ♏ 45	2 ♌ 42	26 ♑ 30	20 ♍ 44	23 ♉ 46	7 ♓ 23	18 ♋	1 ♈	2 ♍	15 ♍	5 ♐
24	2 ♑ 12	17 ♐ 0	28 ♏ 25	29 ♏ 59	10 ♑ 29	0 ♑ 42	12 ♏ 23	2 ♌ 36	26 ♑ 37	20 ♍ 44	23 ♉ 45	7 ♓ 24	18 ♋	2 ♈	2 ♍	15 ♍	5 ♐
25	3 ♑ 13	1 ♑ 36	28 ♏ 22	29 ♏ 56	9 ♑ 20	1 ♑ 57	13 ♏ 1	2 ♌ 30	26 ♑ 43	20 ♍ 45	23 ♉ 44	7 ♓ 25	18 ♋	2 ♈	2 ♍	15 ♍	5 ♐
26	4 ♑ 15	16 ♑ 26	28 ♏ 19	29 ♏ 52	8 ♑ 5	3 ♑ 13	13 ♏ 39	2 ♌ 24	26 ♑ 50	20 ♍ 45	23 ♉ 43	7 ♓ 25	18 ♋	2 ♈	2 ♍	15 ♍	5 ♐
27	5 ♑ 16	1 ♒ 25	28 ♏ 15	29 ♏ 46	6 ♑ 45	4 ♑ 29	14 ♏ 17	2 ♌ 18	26 ♑ 57	20 R 45	23 ♉ 42	7 ♓ 26	17 ♋	2 ♈	2 ♍	15 ♍	5 ♐
28	6 ♑ 17	16 ♒ 21	28 ♏ 12	29 ♏ 41	5 ♑ 23	5 ♑ 44	14 ♏ 56	2 ♌ 11	27 ♑ 4	20 ♍ 44	23 ♉ 40	7 ♓ 27	17 ♋	2 ♈	2 ♍	16 ♍	6 ♐
29	7 ♑ 18	1 ♓ 8	28 ♏ 9	29 ♏ 36	4 ♑ 1	7 ♑ 0	15 ♏ 34	2 ♌ 4	27 ♑ 11	20 ♍ 44	23 ♉ 39	7 ♓ 28	17 ♋	3 ♈	2 R	16 ♍	6 ♐
30	8 ♑ 19	15 ♓ 38	28 ♏ 6	29 ♏ 32	2 ♑ 43	8 ♑ 15	16 ♏ 12	1 ♌ 58	27 ♑ 18	20 ♍ 44	23 ♉ 38	7 ♓ 29	17 ♋	3 ♈	2 ♍	16 ♍	6 ♐
31	9 ♑ 20	29 ♓ 47	28 ♏ 3	29 ♏ 30	1 ♑ 30	9 ♑ 31	16 ♏ 50	1 ♌ 51	27 ♑ 24	20 ♍ 44	23 ♉ 37	7 ♓ 30	16 ♋	3 ♈	2 ♍	16 ♍	6 ♐

SUN INGRESS	☉ → ♑ 21日 19 : 51
MOON PHASE	◐ 2日 08 : 39 ♓ ○ 9日 16 : 27 ♊ ◑ 17日 20 : 14 ♍ ● 25日 02 : 51 ♑ ◐ 31日 17 : 52 ♈

aspects		
1日	02 : 04	☿⚹♂
1日	19 : 26	♄△♆
2日	21 : 05	♀△♃
5日	07 : 59	♀□♇
8日	12 : 58	☿⚹♇
10日	09 : 51	♂□♃
12日	15 : 40	☉□♅
16日	00 : 20	♂△♇
16日	01 : 15	♀□♅
22日	19 : 33	☿⚹♂
26日	11 : 53	☿⚹♇
27日	14 : 58	☉☌☿
27日	20 : 47	☿☌♀
29日	04 : 03	☉⚹♇
29日	09 : 13	♀⚹♇
30日	06 : 53	☉☌♀

2050年1月

DAY	☉	☽	☊ mean	☊ true	☿	♀	♂	♃	♄	♅	♆	♇	⚳	⚴	⚵	⚶	⚷
	° ′	° ′	° ′	° ′	° ′	° ′	° ′	° ′	° ′	° ′	° ′	° ′	°	°	°	°	°
1	10 ♑ 22	13 ♈ 35	28 ♏ 0	29 D 29	0 R 25	10 D 46	17 D 28	1 R 44	27 D 31	20 R 44	23 R 36	7 D 31	16 R	3 D	2 R	16 D	6 D
2	11 ♑ 23	27 ♈ 3	27 ♏ 56	29 ♏ 30	29 ♐ 29	12 ♑ 2	18 ♏ 6	1 ♌ 37	27 ♑ 38	20 ♍ 43	23 ♉ 35	7 ♓ 32	16 ♋	3 ♈	2 ♍	16 ♍	6 ♐
3	12 ♑ 24	10 ♉ 11	27 ♏ 53	29 ♏ 32	28 ♐ 43	13 ♑ 17	18 ♏ 44	1 ♌ 29	27 ♑ 45	20 ♍ 43	23 ♉ 34	7 ♓ 33	16 ♋	4 ♈	2 ♍	16 ♍	6 ♐
4	13 ♑ 25	23 ♉ 3	27 ♏ 50	29 ♏ 33	28 ♐ 7	14 ♑ 33	19 ♏ 22	1 ♌ 22	27 ♑ 52	20 ♍ 42	23 ♉ 33	7 ♓ 34	16 ♋	4 ♈	2 ♍	16 ♍	6 ♐
5	14 ♑ 26	5 ♊ 41	27 ♏ 47	29 R 33	27 ♐ 41	15 ♑ 48	20 ♏ 1	1 ♌ 15	27 ♑ 59	20 ♍ 42	23 ♉ 32	7 ♓ 35	15 ♋	4 ♈	2 ♍	16 ♍	6 ♐
6	15 ♑ 27	18 ♊ 8	27 ♏ 44	29 ♏ 31	27 ♐ 25	17 ♑ 4	20 ♏ 39	1 ♌ 7	28 ♑ 6	20 ♍ 41	23 ♉ 31	7 ♓ 36	15 ♋	4 ♈	2 ♍	16 ♍	7 ♐
7	16 ♑ 28	0 ♋ 25	27 ♏ 40	29 ♏ 27	27 ♐ 19	18 ♑ 19	21 ♏ 17	1 ♌ 0	28 ♑ 13	20 ♍ 41	23 ♉ 30	7 ♓ 38	15 ♋	5 ♈	2 ♍	16 ♍	7 ♐
8	17 ♑ 29	12 ♋ 35	27 ♏ 37	29 ♏ 20	27 D 22	19 ♑ 35	21 ♏ 55	0 ♌ 52	28 ♑ 20	20 ♍ 40	23 ♉ 29	7 ♓ 39	15 ♋	5 ♈	2 ♍	17 ♍	7 ♐
9	18 ♑ 31	24 ♋ 39	27 ♏ 34	29 ♏ 12	27 ♐ 33	20 ♑ 50	22 ♏ 33	0 ♌ 44	28 ♑ 27	20 ♍ 39	23 ♉ 29	7 ♓ 40	14 ♋	5 ♈	2 ♍	17 ♍	7 ♐
10	19 ♑ 32	6 ♌ 37	27 ♏ 31	29 ♏ 2	27 ♐ 52	22 ♑ 5	23 ♏ 11	0 ♌ 37	28 ♑ 34	20 ♍ 38	23 ♉ 28	7 ♓ 41	14 ♋	5 ♈	2 ♍	17 ♍	7 ♐
11	20 ♑ 33	18 ♌ 31	27 ♏ 28	28 ♏ 51	28 ♐ 18	23 ♑ 21	23 ♏ 49	0 ♌ 29	28 ♑ 42	20 ♍ 38	23 ♉ 27	7 ♓ 42	14 ♋	6 ♈	2 ♍	17 ♍	7 ♐
12	21 ♑ 34	0 ♍ 22	27 ♏ 25	28 ♏ 41	28 ♐ 51	24 ♑ 36	24 ♏ 27	0 ♌ 21	28 ♑ 49	20 ♍ 37	23 ♉ 26	7 ♓ 43	14 ♋	6 ♈	1 ♍	17 ♍	7 ♐
13	22 ♑ 35	12 ♍ 14	27 ♏ 21	28 ♏ 32	29 ♐ 29	25 ♑ 52	25 ♏ 5	0 ♌ 13	28 ♑ 56	20 ♍ 36	23 ♉ 26	7 ♓ 45	13 ♋	6 ♈	1 ♍	17 ♍	7 ♐
14	23 ♑ 36	24 ♍ 9	27 ♏ 18	28 ♏ 25	0 ♑ 12	27 ♑ 7	25 ♏ 43	0 ♌ 5	29 ♑ 3	20 ♍ 35	23 ♉ 25	7 ♓ 46	13 ♋	6 ♈	1 ♍	17 ♍	7 ♐
15	24 ♑ 37	6 ♎ 10	27 ♏ 15	28 ♏ 21	1 ♑ 0	28 ♑ 23	26 ♏ 21	29 ♋ 57	29 ♑ 10	20 ♍ 34	23 ♉ 24	7 ♓ 47	13 ♋	7 ♈	1 ♍	17 ♍	8 ♐
16	25 ♑ 38	18 ♎ 23	27 ♏ 12	28 ♏ 19	1 ♑ 52	29 ♑ 38	26 ♏ 59	29 ♋ 49	29 ♑ 17	20 ♍ 32	23 ♉ 24	7 ♓ 48	13 ♋	7 ♈	1 ♍	17 R	8 ♐
17	26 ♑ 40	0 ♏ 51	27 ♏ 9	28 D 19	2 ♑ 47	0 ♒ 54	27 ♏ 37	29 ♋ 41	29 ♑ 24	20 ♍ 31	23 ♉ 23	7 ♓ 50	12 ♋	7 ♈	1 ♍	17 ♍	8 ♐
18	27 ♑ 41	13 ♏ 40	27 ♏ 6	28 ♏ 19	3 ♑ 46	2 ♒ 9	28 ♏ 15	29 ♋ 33	29 ♑ 31	20 ♍ 30	23 ♉ 23	7 ♓ 51	12 ♋	7 ♈	1 ♍	17 ♍	8 ♐
19	28 ♑ 42	26 ♏ 55	27 ♏ 2	28 ♏ 20	4 ♑ 48	3 ♒ 24	28 ♏ 54	29 ♋ 25	29 ♑ 39	20 ♍ 29	23 ♉ 22	7 ♓ 52	12 ♋	8 ♈	0 ♍	17 ♍	8 ♐
20	29 ♑ 43	10 ♐ 37	26 ♏ 59	28 R 19	5 ♑ 53	4 ♒ 40	29 ♏ 32	29 ♋ 17	29 ♑ 46	20 ♍ 28	23 ♉ 22	7 ♓ 54	12 ♋	8 ♈	0 ♍	17 ♍	8 ♐
21	0 ♒ 44	24 ♐ 49	26 ♏ 56	28 ♏ 16	7 ♑ 0	5 ♒ 55	0 ♐ 10	29 ♋ 9	29 ♑ 53	20 ♍ 26	23 ♉ 21	7 ♓ 55	12 ♋	8 ♈	0 ♍	17 ♍	8 ♐
22	1 ♒ 45	9 ♑ 29	26 ♏ 53	28 ♏ 11	8 ♑ 10	7 ♒ 11	0 ♐ 48	29 ♋ 1	0 ♒ 0	20 ♍ 25	23 ♉ 21	7 ♓ 56	11 ♋	9 ♈	0 ♍	17 ♍	8 ♐
23	2 ♒ 46	24 ♑ 31	26 ♏ 50	28 ♏ 3	9 ♑ 21	8 ♒ 26	1 ♐ 26	28 ♋ 53	0 ♒ 7	20 ♍ 23	23 ♉ 20	7 ♓ 58	11 ♋	9 ♈	0 ♍	17 ♍	8 ♐
24	3 ♒ 47	9 ♒ 46	26 ♏ 46	27 ♏ 53	10 ♑ 34	9 ♒ 41	2 ♐ 3	28 ♋ 45	0 ♒ 14	20 ♍ 22	23 ♉ 20	7 ♓ 59	11 ♋	9 ♈	29 ♌	16 ♍	8 ♐
25	4 ♒ 48	25 ♒ 4	26 ♏ 43	27 ♏ 43	11 ♑ 49	10 ♒ 57	2 ♐ 41	28 ♋ 37	0 ♒ 21	20 ♍ 20	23 ♉ 20	8 ♓ 1	11 ♋	10 ♈	29 ♌	16 ♍	9 ♐
26	5 ♒ 49	10 ♓ 13	26 ♏ 40	27 ♏ 33	13 ♑ 5	12 ♒ 12	3 ♐ 19	28 ♋ 29	0 ♒ 29	20 ♍ 19	23 ♉ 19	8 ♓ 2	11 ♋	10 ♈	29 ♌	16 ♍	9 ♐
27	6 ♒ 50	25 ♓ 4	26 ♏ 37	27 ♏ 25	14 ♑ 23	13 ♒ 27	3 ♐ 57	28 ♋ 21	0 ♒ 36	20 ♍ 17	23 ♉ 19	8 ♓ 3	10 ♋	10 ♈	29 ♌	16 ♍	9 ♐
28	7 ♒ 51	9 ♈ 29	26 ♏ 34	27 ♏ 19	15 ♑ 42	14 ♒ 43	4 ♐ 35	28 ♋ 13	0 ♒ 43	20 ♍ 15	23 ♉ 19	8 ♓ 5	10 ♋	11 ♈	29 ♌	16 ♍	9 ♐
29	8 ♒ 52	23 ♈ 26	26 ♏ 31	27 ♏ 16	17 ♑ 3	15 ♒ 58	5 ♐ 13	28 ♋ 5	0 ♒ 50	20 ♍ 14	23 ♉ 19	8 ♓ 6	10 ♋	11 ♈	28 ♌	16 ♍	9 ♐
30	9 ♒ 53	6 ♉ 56	26 ♏ 27	27 ♏ 15	18 ♑ 24	17 ♒ 13	5 ♐ 51	27 ♋ 57	0 ♒ 57	20 ♍ 12	23 ♉ 19	8 ♓ 8	10 ♋	11 ♈	28 ♌	16 ♍	9 ♐
31	10 ♒ 54	20 ♉ 2	26 ♏ 24	27 D 15	19 ♑ 47	18 ♒ 29	6 ♐ 29	27 ♋ 49	1 ♒ 4	20 ♍ 10	23 ♉ 19	8 ♓ 9	10 ♋	12 ♈	28 ♌	16 ♍	9 ♐

SUN INGRESS	☉ → ♒ 20日 06:33
MOON PHASE	○ 8日 10:38 ♋ ◑ 16日 15:17 ♎ ● 23日 13:56 ♒ ◐ 30日 05:47 ♉

aspects		
6日	01:35	♂⚹♅
8日	20:36	♀△♅
10日	10:24	♂☍♆
11日	01:49	☉△♅
11日	01:58	♀△♆
11日	18:07	♀⚹♂
13日	19:39	☉△♆
15日	16:39	♀☌♄
16日	03:07	♀☍♃
18日	02:13	♃☍♄
19日	12:16	☉⚹♂
19日	14:56	☉☍♃
19日	16:17	♂△♃
20日	01:18	☉☌♄
20日	11:02	♂⚹♄
21日	19:22	☿⚹♇
31日	06:33	☿△♅

2050年2月

DAY	☉	☽	☊ mean	☊ true	☿	♀	♂	♃	♄	♅	♆	♇	⚳	⚴	⚵	⚶	⚷
	° ′	° ′	° ′	° ′	° ′	° ′	° ′	° ′	° ′	° ′	° ′	° ′	°	°	°	°	°
1	11 ♒ 55	2 ♊ 46	26 ♏ 21	27 R 15	21 D 11	19 D 44	7 D 7	27 R 42	1 D 11	20 R 8	23 R 19	8 D 11	10 R	12 D	28 R	16 R	9 D
2	12 ♒ 56	15 ♊ 13	26 ♏ 18	27 ♏ 14	22 ♑ 35	20 ♒ 59	7 ♐ 44	27 ♋ 34	1 ♒ 18	20 ♍ 6	23 ♉ 19	8 ♓ 12	9 ♋	12 ♈	27 ♌	16 ♍	9 ♐
3	13 ♒ 57	27 ♊ 28	26 ♏ 15	27 ♏ 10	24 ♑ 1	22 ♒ 15	8 ♐ 22	27 ♋ 27	1 ♒ 25	20 ♍ 4	23 D 19	8 ♓ 14	9 ♋	13 ♈	27 ♌	15 ♍	9 ♐
4	14 ♒ 58	9 ♋ 34	26 ♏ 12	27 ♏ 4	25 ♑ 27	23 ♒ 30	9 ♐ 0	27 ♋ 19	1 ♒ 32	20 ♍ 2	23 ♉ 19	8 ♓ 15	9 ♋	13 ♈	27 ♌	15 ♍	9 ♐
5	15 ♒ 59	21 ♋ 34	26 ♏ 8	26 ♏ 54	26 ♑ 55	24 ♒ 45	9 ♐ 38	27 ♋ 12	1 ♒ 39	20 ♍ 0	23 ♉ 19	8 ♓ 17	9 ♋	13 ♈	27 ♌	15 ♍	9 ♐
6	16 ♒ 59	3 ♌ 30	26 ♏ 5	26 ♏ 42	28 ♑ 23	26 ♒ 0	10 ♐ 16	27 ♋ 5	1 ♒ 46	19 ♍ 58	23 ♉ 19	8 ♓ 18	9 ♋	14 ♈	26 ♌	15 ♍	10 ♐
7	18 ♒ 0	15 ♌ 23	26 ♏ 2	26 ♏ 28	29 ♑ 52	27 ♒ 15	10 ♐ 53	26 ♋ 58	1 ♒ 53	19 ♍ 56	23 ♉ 19	8 ♓ 20	9 ♋	14 ♈	26 ♌	15 ♍	10 ♐
8	19 ♒ 1	27 ♌ 16	25 ♏ 59	26 ♏ 13	1 ♒ 22	28 ♒ 31	11 ♐ 31	26 ♋ 51	2 ♒ 0	19 ♍ 54	23 ♉ 19	8 ♓ 22	9 ♋	14 ♈	26 ♌	15 ♍	10 ♐
9	20 ♒ 2	9 ♍ 9	25 ♏ 56	25 ♏ 58	2 ♒ 53	29 ♒ 46	12 ♐ 9	26 ♋ 44	2 ♒ 7	19 ♍ 52	23 ♉ 19	8 ♓ 23	9 ♋	15 ♈	26 ♌	14 ♍	10 ♐
10	21 ♒ 2	21 ♍ 4	25 ♏ 52	25 ♏ 45	4 ♒ 25	1 ♓ 1	12 ♐ 46	26 ♋ 37	2 ♒ 14	19 ♍ 50	23 ♉ 19	8 ♓ 25	9 ♋	15 ♈	25 ♌	14 ♍	10 ♐
11	22 ♒ 3	3 ♎ 2	25 ♏ 49	25 ♏ 35	5 ♒ 57	2 ♓ 16	13 ♐ 24	26 ♋ 31	2 ♒ 21	19 ♍ 48	23 ♉ 20	8 ♓ 26	8 ♋	16 ♈	25 ♌	14 ♍	10 ♐
12	23 ♒ 4	15 ♎ 7	25 ♏ 46	25 ♏ 27	7 ♒ 30	3 ♓ 31	14 ♐ 2	26 ♋ 24	2 ♒ 28	19 ♍ 46	23 ♉ 20	8 ♓ 28	8 ♋	16 ♈	25 ♌	14 ♍	10 ♐
13	24 ♒ 4	27 ♎ 20	25 ♏ 43	25 ♏ 23	9 ♒ 4	4 ♓ 46	14 ♐ 39	26 ♋ 18	2 ♒ 35	19 ♍ 43	23 ♉ 20	8 ♓ 30	8 ♋	16 ♈	25 ♌	14 ♍	10 ♐
14	25 ♒ 5	9 ♏ 47	25 ♏ 40	25 ♏ 21	10 ♒ 39	6 ♓ 1	15 ♐ 17	26 ♋ 11	2 ♒ 41	19 ♍ 41	23 ♉ 21	8 ♓ 31	8 ♋	17 ♈	24 ♌	13 ♍	10 ♐
15	26 ♒ 6	22 ♏ 32	25 ♏ 37	25 ♏ 20	12 ♒ 15	7 ♓ 16	15 ♐ 55	26 ♋ 5	2 ♒ 48	19 ♍ 39	23 ♉ 21	8 ♓ 33	8 ♋	17 ♈	24 ♌	13 ♍	10 ♐
16	27 ♒ 6	5 ♐ 38	25 ♏ 33	25 ♏ 20	13 ♒ 52	8 ♓ 31	16 ♐ 32	25 ♋ 59	2 ♒ 55	19 ♍ 36	23 ♉ 22	8 ♓ 34	8 ♋	18 ♈	24 ♌	13 ♍	10 ♐
17	28 ♒ 7	19 ♐ 10	25 ♏ 30	25 ♏ 19	15 ♒ 29	9 ♓ 46	17 ♐ 10	25 ♋ 53	3 ♒ 2	19 ♍ 34	23 ♉ 22	8 ♓ 36	8 ♋	18 ♈	23 ♌	13 ♍	10 ♐
18	29 ♒ 8	3 ♑ 11	25 ♏ 27	25 ♏ 16	17 ♒ 8	11 ♓ 1	17 ♐ 47	25 ♋ 48	3 ♒ 8	19 ♍ 32	23 ♉ 23	8 ♓ 38	8 ♋	18 ♈	23 ♌	12 ♍	10 ♐
19	0 ♓ 8	17 ♑ 40	25 ♏ 24	25 ♏ 10	18 ♒ 47	12 ♓ 16	18 ♐ 25	25 ♋ 42	3 ♒ 15	19 ♍ 29	23 ♉ 23	8 ♓ 39	8 ♋	19 ♈	23 ♌	12 ♍	10 ♐
20	1 ♓ 9	2 ♒ 34	25 ♏ 21	25 ♏ 2	20 ♒ 27	13 ♓ 31	19 ♐ 2	25 ♋ 37	3 ♒ 22	19 ♍ 27	23 ♉ 24	8 ♓ 41	8 ♋	19 ♈	23 ♌	12 ♍	10 ♐
21	2 ♓ 9	17 ♒ 47	25 ♏ 18	24 ♏ 51	22 ♒ 8	14 ♓ 46	19 ♐ 40	25 ♋ 31	3 ♒ 28	19 ♍ 24	23 ♉ 24	8 ♓ 43	8 ♋	20 ♈	22 ♌	12 ♍	10 ♐
22	3 ♓ 10	3 ♓ 8	25 ♏ 14	24 ♏ 39	23 ♒ 50	16 ♓ 1	20 ♐ 17	25 ♋ 26	3 ♒ 35	19 ♍ 22	23 ♉ 25	8 ♓ 44	8 ♋	20 ♈	22 ♌	11 ♍	11 ♐
23	4 ♓ 10	18 ♓ 25	25 ♏ 11	24 ♏ 28	25 ♒ 33	17 ♓ 16	20 ♐ 55	25 ♋ 21	3 ♒ 41	19 ♍ 19	23 ♉ 26	8 ♓ 46	8 D	20 ♈	22 ♌	11 ♍	11 ♐
24	5 ♓ 11	3 ♈ 27	25 ♏ 8	24 ♏ 19	27 ♒ 17	18 ♓ 31	21 ♐ 32	25 ♋ 17	3 ♒ 48	19 ♍ 17	23 ♉ 27	8 ♓ 47	8 ♋	21 ♈	22 ♌	11 ♍	11 ♐
25	6 ♓ 11	18 ♈ 6	25 ♏ 5	24 ♏ 12	29 ♒ 2	19 ♓ 46	22 ♐ 9	25 ♋ 12	3 ♒ 54	19 ♍ 14	23 ♉ 27	8 ♓ 49	8 ♋	21 ♈	22 ♌	11 ♍	11 ♐
26	7 ♓ 11	2 ♉ 16	25 ♏ 2	24 ♏ 8	0 ♓ 48	21 ♓ 1	22 ♐ 47	25 ♋ 8	4 ♒ 1	19 ♍ 12	23 ♉ 28	8 ♓ 51	8 ♋	22 ♈	21 ♌	10 ♍	11 ♐
27	8 ♓ 12	15 ♉ 56	24 ♏ 58	24 ♏ 7	2 ♓ 35	22 ♓ 16	23 ♐ 24	25 ♋ 4	4 ♒ 7	19 ♍ 9	23 ♉ 29	8 ♓ 52	8 ♋	22 ♈	21 ♌	10 ♍	11 ♐
28	9 ♓ 12	29 ♉ 8	24 ♏ 55	24 D 6	4 ♓ 23	23 ♓ 30	24 ♐ 1	24 ♋ 59	4 ♒ 13	19 ♍ 7	23 ♉ 30	8 ♓ 54	8 ♋	22 ♈	21 ♌	10 ♍	11 ♐

SUN INGRESS	☉ → ♓ 18日 20:34
MOON PHASE	○ 7日 05:47 ♌ ◑ 15日 07:10 ♏ ● 22日 00:03 ♓ ◐ 28日 20:29 ♊

aspects		
2日	12:12	☿△♆
2日	18:28	♂□♇
3日	20:25	♀□♆
5日	04:24	☿☍♃
8日	10:57	☿☌♄
12日	06:29	☉□♆
16日	00:58	♀☌♇
18日	15:23	☿⚹♂
20日	14:43	♂□♅
21日	18:01	☿□♆
24日	14:11	♀☍♅
27日	16:39	☉☌♇
27日	23:46	♀⚹♆
28日	19:34	♀□♂

2050年3月

DAY	☉	☽	☊ mean	☊ true	☿	♀	♂	♃	♄	♅	♆	♇	⚳	⚴	⚵	⚶	⚷
	° ′	° ′	° ′	° ′	° ′	° ′	° ′	° ′	° ′	° ′	° ′	° ′	°	°	°	°	°
1	10 ♓ 12	11 ♊ 55	24 ♏ 52	24 R 7	6 D 12	24 D 45	24 D 38	24 R 56	4 D 19	19 R 4	23 D 31	8 D 56	8 D	23 D	21 R	10 R	11 D
2	11 ♓ 13	24 ♊ 22	24 ♏ 49	24 ♏ 6	8 ♓ 2	26 ♓ 0	25 ♐ 15	24 ♋ 52	4 ♒ 26	19 ♍ 2	23 ♉ 32	8 ♓ 57	8 ♋	23 ♈	20 ♌	9 ♍	11 ♐
3	12 ♓ 13	6 ♋ 33	24 ♏ 46	24 ♏ 3	9 ♓ 52	27 ♓ 15	25 ♐ 53	24 ♋ 48	4 ♒ 32	18 ♍ 59	23 ♉ 33	8 ♓ 59	8 ♋	24 ♈	20 ♌	9 ♍	11 ♐
4	13 ♓ 13	18 ♋ 35	24 ♏ 43	23 ♏ 58	11 ♓ 44	28 ♓ 29	26 ♐ 30	24 ♋ 45	4 ♒ 38	18 ♍ 56	23 ♉ 33	9 ♓ 1	8 ♋	24 ♈	20 ♌	9 ♍	11 ♐
5	14 ♓ 13	0 ♌ 29	24 ♏ 39	23 ♏ 50	13 ♓ 37	29 ♓ 44	27 ♐ 7	24 ♋ 42	4 ♒ 44	18 ♍ 54	23 ♉ 35	9 ♓ 2	8 ♋	25 ♈	20 ♌	9 ♍	11 ♐
6	15 ♓ 13	12 ♌ 21	24 ♏ 36	23 ♏ 39	15 ♓ 31	0 ♈ 59	27 ♐ 44	24 ♋ 39	4 ♒ 50	18 ♍ 51	23 ♉ 36	9 ♓ 4	8 ♋	25 ♈	20 ♌	8 ♍	11 ♐
7	16 ♓ 13	24 ♌ 13	24 ♏ 33	23 ♏ 27	17 ♓ 25	2 ♈ 13	28 ♐ 21	24 ♋ 36	4 ♒ 56	18 ♍ 49	23 ♉ 37	9 ♓ 6	9 ♋	25 ♈	20 ♌	8 ♍	11 ♐
8	17 ♓ 13	6 ♍ 6	24 ♏ 30	23 ♏ 14	19 ♓ 21	3 ♈ 28	28 ♐ 58	24 ♋ 34	5 ♒ 2	18 ♍ 46	23 ♉ 38	9 ♓ 7	9 ♋	26 ♈	19 ♌	8 ♍	11 ♐
9	18 ♓ 13	18 ♍ 3	24 ♏ 27	23 ♏ 1	21 ♓ 17	4 ♈ 42	29 ♐ 35	24 ♋ 31	5 ♒ 8	18 ♍ 43	23 ♉ 39	9 ♓ 9	9 ♋	26 ♈	19 ♌	8 ♍	11 ♐
10	19 ♓ 13	0 ♎ 4	24 ♏ 23	22 ♏ 50	23 ♓ 13	5 ♈ 57	0 ♑ 12	24 ♋ 29	5 ♒ 14	18 ♍ 41	23 ♉ 40	9 ♓ 10	9 ♋	27 ♈	19 ♌	7 ♍	11 ♐
11	20 ♓ 13	12 ♎ 11	24 ♏ 20	22 ♏ 41	25 ♓ 11	7 ♈ 11	0 ♑ 48	24 ♋ 27	5 ♒ 19	18 ♍ 38	23 ♉ 41	9 ♓ 12	9 ♋	27 ♈	19 ♌	7 ♍	11 ♐
12	21 ♓ 13	24 ♎ 25	24 ♏ 17	22 ♏ 34	27 ♓ 8	8 ♈ 26	1 ♑ 25	24 ♋ 25	5 ♒ 25	18 ♍ 35	23 ♉ 42	9 ♓ 14	9 ♋	28 ♈	19 ♌	7 ♍	11 ♐
13	22 ♓ 13	6 ♏ 48	24 ♏ 14	22 ♏ 31	29 ♓ 6	9 ♈ 40	2 ♑ 2	24 ♋ 24	5 ♒ 31	18 ♍ 33	23 ♉ 44	9 ♓ 15	9 ♋	28 ♈	19 ♌	7 ♍	11 ♐
14	23 ♓ 13	19 ♏ 23	24 ♏ 11	22 ♏ 29	1 ♈ 4	10 ♈ 55	2 ♑ 39	24 ♋ 22	5 ♒ 36	18 ♍ 30	23 ♉ 45	9 ♓ 17	9 ♋	29 ♈	19 ♌	6 ♍	11 ♐
15	24 ♓ 13	2 ♐ 12	24 ♏ 8	22 D 30	3 ♈ 2	12 ♈ 9	3 ♑ 15	24 ♋ 21	5 ♒ 42	18 ♍ 28	23 ♉ 46	9 ♓ 19	9 ♋	29 ♈	18 ♌	6 ♍	11 ♐
16	25 ♓ 13	15 ♐ 19	24 ♏ 4	22 ♏ 31	4 ♈ 59	13 ♈ 23	3 ♑ 52	24 ♋ 20	5 ♒ 47	18 ♍ 25	23 ♉ 48	9 ♓ 20	10 ♋	0 ♉	18 ♌	6 ♍	11 ♐
17	26 ♓ 12	28 ♐ 46	24 ♏ 1	22 R 31	6 ♈ 55	14 ♈ 38	4 ♑ 29	24 ♋ 19	5 ♒ 53	18 ♍ 22	23 ♉ 49	9 ♓ 22	10 ♋	0 ♉	18 ♌	6 ♍	11 ♐
18	27 ♓ 12	12 ♑ 37	23 ♏ 58	22 ♏ 30	8 ♈ 50	15 ♈ 52	5 ♑ 5	24 ♋ 19	5 ♒ 58	18 ♍ 20	23 ♉ 50	9 ♓ 23	10 ♋	0 ♉	18 ♌	5 ♍	11 ♐
19	28 ♓ 12	26 ♑ 51	23 ♏ 55	22 ♏ 27	10 ♈ 44	17 ♈ 6	5 ♑ 42	24 ♋ 18	6 ♒ 3	18 ♍ 17	23 ♉ 52	9 ♓ 25	10 ♋	1 ♉	18 ♌	5 ♍	11 ♐
20	29 ♓ 11	11 ♒ 28	23 ♏ 52	22 ♏ 21	12 ♈ 35	18 ♈ 20	6 ♑ 18	24 ♋ 18	6 ♒ 9	18 ♍ 15	23 ♉ 53	9 ♓ 26	10 ♋	1 ♉	18 ♌	5 ♍	11 ♐
21	0 ♈ 11	26 ♒ 22	23 ♏ 49	22 ♏ 14	14 ♈ 25	19 ♈ 35	6 ♑ 55	24 D 18	6 ♒ 14	18 ♍ 12	23 ♉ 55	9 ♓ 28	10 ♋	2 ♉	18 ♌	5 ♍	11 ♐
22	1 ♈ 11	11 ♓ 26	23 ♏ 45	22 ♏ 6	16 ♈ 11	20 ♈ 49	7 ♑ 31	24 ♋ 18	6 ♒ 19	18 ♍ 10	23 ♉ 56	9 ♓ 30	11 ♋	2 ♉	18 ♌	5 ♍	11 ♐
23	2 ♈ 10	26 ♓ 32	23 ♏ 42	21 ♏ 58	17 ♈ 54	22 ♈ 3	8 ♑ 7	24 ♋ 18	6 ♒ 24	18 ♍ 7	23 ♉ 58	9 ♓ 31	11 ♋	3 ♉	18 ♌	4 ♍	11 ♐
24	3 ♈ 10	11 ♈ 28	23 ♏ 39	21 ♏ 52	19 ♈ 34	23 ♈ 17	8 ♑ 44	24 ♋ 19	6 ♒ 29	18 ♍ 4	23 ♉ 59	9 ♓ 33	11 ♋	3 ♉	18 ♌	4 ♍	11 R
25	4 ♈ 9	26 ♈ 6	23 ♏ 36	21 ♏ 47	21 ♈ 9	24 ♈ 31	9 ♑ 20	24 ♋ 20	6 ♒ 34	18 ♍ 2	24 ♉ 1	9 ♓ 34	11 ♋	4 ♉	18 ♌	4 ♍	11 ♐
26	5 ♈ 9	10 ♉ 20	23 ♏ 33	21 ♏ 44	22 ♈ 39	25 ♈ 45	9 ♑ 56	24 ♋ 21	6 ♒ 39	18 ♍ 0	24 ♉ 2	9 ♓ 36	11 ♋	4 ♉	18 ♌	4 ♍	11 ♐
27	6 ♈ 8	24 ♉ 6	23 ♏ 29	21 D 44	24 ♈ 5	26 ♈ 59	10 ♑ 32	24 ♋ 22	6 ♒ 43	17 ♍ 57	24 ♉ 4	9 ♓ 37	11 ♋	5 ♉	18 ♌	4 ♍	11 ♐
28	7 ♈ 8	7 ♊ 25	23 ♏ 26	21 ♏ 45	25 ♈ 25	28 ♈ 13	11 ♑ 8	24 ♋ 23	6 ♒ 48	17 ♍ 55	24 ♉ 6	9 ♓ 39	12 ♋	5 ♉	17 ♌	4 ♍	11 ♐
29	8 ♈ 7	20 ♊ 19	23 ♏ 23	21 ♏ 46	26 ♈ 40	29 ♈ 27	11 ♑ 44	24 ♋ 25	6 ♒ 53	17 ♍ 52	24 ♉ 7	9 ♓ 40	12 ♋	6 ♉	17 ♌	3 ♍	11 ♐
30	9 ♈ 7	2 ♋ 51	23 ♏ 20	21 ♏ 47	27 ♈ 48	0 ♉ 41	12 ♑ 20	24 ♋ 26	6 ♒ 57	17 ♍ 50	24 ♉ 9	9 ♓ 42	12 ♋	6 ♉	17 ♌	3 ♍	11 ♐
31	10 ♈ 6	15 ♋ 6	23 ♏ 17	21 R 47	28 ♈ 50	1 ♉ 55	12 ♑ 55	24 ♋ 28	7 ♒ 2	17 ♍ 47	24 ♉ 11	9 ♓ 43	12 ♋	7 ♉	17 ♌	3 ♍	11 ♐
SUN INGRESS	☉ → ♈ 20日 19:19																
MOON PHASE	○ 9日 00:22 ♍	◑ 16日 19:07 ♐	● 23日 09:40 ♈	◐ 30日 13:17 ♋													

aspects		
1日	03:10	♀△♃
2日	12:17	☿☌♇
5日	16:13	☉☌☿
7日	16:58	☿☍♅
9日	08:53	♀⚹♄
9日	11:29	☉☍♅
10日	05:30	☿⚹♆
10日	15:15	☿△♃
14日	13:09	☉⚹♆
15日	03:20	☉△♃
15日	04:06	☿□♂
16日	10:30	☿⚹♄
24日	20:19	♀□♃
25日	10:04	♂⚹♇
27日	04:58	☿□♃
27日	15:19	☉⚹♄

2050年4月

DAY	☉	☽	☊ mean	☊ true	☿	♀	♂	♃	♄	♅	♆	♇	⚳	⚴	⚵	⚶	⚷
	° ′	° ′	° ′	° ′	° ′	° ′	° ′	° ′	° ′	° ′	° ′	° ′	°	°	°	°	°
1	11 ♈ 5	27 ♋ 8	23 ♏ 14	21 R 46	29 D 46	3 D 8	13 D 31	24 D 30	7 D 6	17 R 45	24 D 13	9 D 45	13 D	7 D	17 D	3 R	11 R
2	12 ♈ 4	9 ♌ 3	23 ♏ 10	21 ♏ 42	0 ♉ 34	4 ♉ 22	14 ♑ 7	24 ♋ 32	7 ♒ 10	17 ♍ 43	24 ♉ 14	9 ♓ 46	13 ♋	8 ♉	17 ♌	3 ♍	11 ♐
3	13 ♈ 4	20 ♌ 55	23 ♏ 7	21 ♏ 37	1 ♉ 16	5 ♉ 36	14 ♑ 42	24 ♋ 35	7 ♒ 15	17 ♍ 40	24 ♉ 16	9 ♓ 47	13 ♋	8 ♉	17 ♌	3 ♍	11 ♐
4	14 ♈ 3	2 ♍ 47	23 ♏ 4	21 ♏ 31	1 ♉ 51	6 ♉ 49	15 ♑ 18	24 ♋ 37	7 ♒ 19	17 ♍ 38	24 ♉ 18	9 ♓ 49	13 ♋	9 ♉	17 ♌	3 ♍	11 ♐
5	15 ♈ 2	14 ♍ 43	23 ♏ 1	21 ♏ 24	2 ♉ 19	8 ♉ 3	15 ♑ 53	24 ♋ 40	7 ♒ 23	17 ♍ 36	24 ♉ 20	9 ♓ 50	13 ♋	9 ♉	18 ♌	3 ♍	11 ♐
6	16 ♈ 1	26 ♍ 45	22 ♏ 58	21 ♏ 18	2 ♉ 40	9 ♉ 17	16 ♑ 29	24 ♋ 43	7 ♒ 27	17 ♍ 34	24 ♉ 22	9 ♓ 52	14 ♋	10 ♉	18 ♌	2 ♍	11 ♐
7	17 ♈ 0	8 ♎ 54	22 ♏ 55	21 ♏ 12	2 ♉ 53	10 ♉ 30	17 ♑ 4	24 ♋ 46	7 ♒ 31	17 ♍ 32	24 ♉ 23	9 ♓ 53	14 ♋	10 ♉	18 ♌	2 ♍	11 ♐
8	17 ♈ 59	21 ♎ 13	22 ♏ 51	21 ♏ 7	3 ♉ 0	11 ♉ 44	17 ♑ 39	24 ♋ 50	7 ♒ 35	17 ♍ 29	24 ♉ 25	9 ♓ 54	14 ♋	11 ♉	18 ♌	2 ♍	11 ♐
9	18 ♈ 58	3 ♏ 42	22 ♏ 48	21 ♏ 4	3 R 0	12 ♉ 57	18 ♑ 14	24 ♋ 53	7 ♒ 38	17 ♍ 27	24 ♉ 27	9 ♓ 56	14 ♋	11 ♉	18 ♌	2 ♍	11 ♐
10	19 ♈ 57	16 ♏ 22	22 ♏ 45	21 ♏ 3	2 ♉ 53	14 ♉ 10	18 ♑ 49	24 ♋ 57	7 ♒ 42	17 ♍ 25	24 ♉ 29	9 ♓ 57	15 ♋	12 ♉	18 ♌	2 ♍	11 ♐
11	20 ♈ 56	29 ♏ 13	22 ♏ 42	21 D 3	2 ♉ 40	15 ♉ 24	19 ♑ 24	25 ♋ 1	7 ♒ 46	17 ♍ 23	24 ♉ 31	9 ♓ 58	15 ♋	12 ♉	18 ♌	2 ♍	11 ♐
12	21 ♈ 55	12 ♐ 18	22 ♏ 39	21 ♏ 4	2 ♉ 21	16 ♉ 37	19 ♑ 59	25 ♋ 5	7 ♒ 49	17 ♍ 21	24 ♉ 33	10 ♓ 0	15 ♋	13 ♉	18 ♌	2 ♍	11 ♐
13	22 ♈ 54	25 ♐ 37	22 ♏ 35	21 ♏ 6	1 ♉ 57	17 ♉ 50	20 ♑ 34	25 ♋ 9	7 ♒ 53	17 ♍ 19	24 ♉ 35	10 ♓ 1	16 ♋	13 ♉	18 ♌	2 ♍	11 ♐
14	23 ♈ 52	9 ♑ 11	22 ♏ 32	21 ♏ 7	1 ♉ 28	19 ♉ 4	21 ♑ 8	25 ♋ 13	7 ♒ 56	17 ♍ 17	24 ♉ 37	10 ♓ 2	16 ♋	14 ♉	18 ♌	2 ♍	11 ♐
15	24 ♈ 51	23 ♑ 1	22 ♏ 29	21 ♏ 8	0 ♉ 55	20 ♉ 17	21 ♑ 43	25 ♋ 18	7 ♒ 59	17 ♍ 15	24 ♉ 39	10 ♓ 4	16 ♋	14 ♉	18 ♌	2 ♍	11 ♐
16	25 ♈ 50	7 ♒ 7	22 ♏ 26	21 R 8	0 ♉ 18	21 ♉ 30	22 ♑ 17	25 ♋ 23	8 ♒ 2	17 ♍ 13	24 ♉ 41	10 ♓ 5	16 ♋	15 ♉	18 ♌	2 ♍	11 ♐
17	26 ♈ 49	21 ♒ 28	22 ♏ 23	21 ♏ 6	29 ♈ 38	22 ♉ 43	22 ♑ 52	25 ♋ 27	8 ♒ 5	17 ♍ 12	24 ♉ 43	10 ♓ 6	17 ♋	15 ♉	18 ♌	2 D	11 ♐
18	27 ♈ 47	6 ♓ 0	22 ♏ 20	21 ♏ 4	28 ♈ 56	23 ♉ 56	23 ♑ 26	25 ♋ 32	8 ♒ 8	17 ♍ 10	24 ♉ 45	10 ♓ 7	17 ♋	16 ♉	18 ♌	2 ♍	11 ♐
19	28 ♈ 46	20 ♓ 39	22 ♏ 16	21 ♏ 1	28 ♈ 14	25 ♉ 9	24 ♑ 0	25 ♋ 38	8 ♒ 11	17 ♍ 8	24 ♉ 47	10 ♓ 8	17 ♋	16 ♉	19 ♌	2 ♍	11 ♐
20	29 ♈ 45	5 ♈ 19	22 ♏ 13	20 ♏ 58	27 ♈ 30	26 ♉ 22	24 ♑ 34	25 ♋ 43	8 ♒ 14	17 ♍ 6	24 ♉ 49	10 ♓ 10	18 ♋	17 ♉	19 ♌	2 ♍	11 ♐
21	0 ♉ 43	19 ♈ 53	22 ♏ 10	20 ♏ 55	26 ♈ 48	27 ♉ 35	25 ♑ 8	25 ♋ 48	8 ♒ 17	17 ♍ 5	24 ♉ 51	10 ♓ 11	18 ♋	17 ♉	19 ♌	2 ♍	11 ♐
22	1 ♉ 42	4 ♉ 14	22 ♏ 7	20 ♏ 54	26 ♈ 6	28 ♉ 48	25 ♑ 42	25 ♋ 54	8 ♒ 20	17 ♍ 3	24 ♉ 53	10 ♓ 12	18 ♋	18 ♉	19 ♌	2 ♍	11 ♐
23	2 ♉ 41	18 ♉ 18	22 ♏ 4	20 ♏ 53	25 ♈ 26	0 ♊ 1	26 ♑ 16	26 ♋ 0	8 ♒ 22	17 ♍ 1	24 ♉ 55	10 ♓ 13	18 ♋	18 ♉	19 ♌	2 ♍	11 ♐
24	3 ♉ 39	2 ♊ 0	22 ♏ 0	20 D 53	24 ♈ 49	1 ♊ 14	26 ♑ 49	26 ♋ 6	8 ♒ 25	17 ♍ 0	24 ♉ 58	10 ♓ 14	19 ♋	19 ♉	19 ♌	2 ♍	10 ♐
25	4 ♉ 38	15 ♊ 19	21 ♏ 57	20 ♏ 54	24 ♈ 15	2 ♊ 26	27 ♑ 23	26 ♋ 12	8 ♒ 27	16 ♍ 58	25 ♉ 0	10 ♓ 15	19 ♋	19 ♉	19 ♌	2 ♍	10 ♐
26	5 ♉ 36	28 ♊ 15	21 ♏ 54	20 ♏ 55	23 ♈ 45	3 ♊ 39	27 ♑ 56	26 ♋ 18	8 ♒ 29	16 ♍ 57	25 ♉ 2	10 ♓ 16	19 ♋	20 ♉	20 ♌	2 ♍	10 ♐
27	6 ♉ 34	10 ♋ 51	21 ♏ 51	20 ♏ 57	23 ♈ 18	4 ♊ 52	28 ♑ 29	26 ♋ 25	8 ♒ 31	16 ♍ 55	25 ♉ 4	10 ♓ 17	20 ♋	20 ♉	20 ♌	2 ♍	10 ♐
28	7 ♉ 33	23 ♋ 9	21 ♏ 48	20 ♏ 58	22 ♈ 56	6 ♊ 4	29 ♑ 2	26 ♋ 31	8 ♒ 33	16 ♍ 54	25 ♉ 6	10 ♓ 18	20 ♋	21 ♉	20 ♌	2 ♍	10 ♐
29	8 ♉ 31	5 ♌ 15	21 ♏ 45	20 ♏ 58	22 ♈ 38	7 ♊ 17	29 ♑ 35	26 ♋ 38	8 ♒ 35	16 ♍ 53	25 ♉ 8	10 ♓ 19	20 ♋	21 ♉	20 ♌	3 ♍	10 ♐
30	9 ♉ 30	17 ♌ 12	21 ♏ 41	20 R 58	22 ♈ 26	8 ♊ 30	0 ♒ 8	26 ♋ 45	8 ♒ 37	16 ♍ 51	25 ♉ 10	10 ♓ 20	21 ♋	22 ♉	20 ♌	3 ♍	10 ♐
SUN INGRESS	☉ → ♉ 20日 06:01																
MOON PHASE	○ 7日 17:11 ♎	◑ 15日 03:23 ♑	● 21日 19:25 ♉	◐ 29日 07:08 ♌													

aspects		
4日	10:08	♀□♄
6日	11:40	♀⚹♇
7日	03:49	☉□♂
7日	17:51	♂△♅
12日	14:01	♀△♅
15日	11:48	☉□♃
17日	05:25	♀△♂
18日	16:20	☉☌☿
18日	16:30	♀☌♆
19日	10:02	♀⚹♃
20日	11:06	♂△♆
22日	06:16	☿□♃
22日	07:45	☿□♂
22日	10:12	♂☍♃
29日	01:46	☉□♄
30日	02:39	♀△♄
30日	21:11	☉⚹♇

2050年5月

DAY	☉	☽	☊ mean	☊ true	☿	♀	♂	♃	♄	♅	♆	♇	⚳	⚴	⚵	⚶	⚷
	° ′	° ′	° ′	° ′	° ′	° ′	° ′	° ′	° ′	° ′	° ′	° ′	°	°	°	°	°
1	10 ♉ 28	29 ♌ 5	21 ♏ 38	20 R 57	22 R 17	9 D 42	0 D 41	26 D 52	8 D 39	16 R 50	25 D 13	10 D 21	21 D	23 D	20 D	3 D	10 R
2	11 ♉ 26	10 ♍ 58	21 ♏ 35	20 ♏ 56	22 ♈ 14	10 ♊ 54	1 ♒ 13	26 ♋ 59	8 ♒ 41	16 ♍ 49	25 ♉ 15	10 ♓ 22	21 ♋	23 ♉	21 ♌	3 ♍	10 ♐
3	12 ♉ 24	22 ♍ 56	21 ♏ 32	20 ♏ 55	22 D 16	12 ♊ 7	1 ♒ 45	27 ♋ 6	8 ♒ 42	16 ♍ 48	25 ♉ 17	10 ♓ 23	22 ♋	24 ♉	21 ♌	3 ♍	10 ♐
4	13 ♉ 23	5 ♎ 3	21 ♏ 29	20 ♏ 54	22 ♈ 22	13 ♊ 19	2 ♒ 18	27 ♋ 13	8 ♒ 44	16 ♍ 47	25 ♉ 19	10 ♓ 24	22 ♋	24 ♉	21 ♌	3 ♍	10 ♐
5	14 ♉ 21	17 ♎ 20	21 ♏ 26	20 ♏ 53	22 ♈ 33	14 ♊ 31	2 ♒ 50	27 ♋ 21	8 ♒ 45	16 ♍ 46	25 ♉ 21	10 ♓ 25	22 ♋	25 ♉	21 ♌	3 ♍	10 ♐
6	15 ♉ 19	29 ♎ 50	21 ♏ 22	20 ♏ 53	22 ♈ 49	15 ♊ 43	3 ♒ 21	27 ♋ 29	8 ♒ 47	16 ♍ 45	25 ♉ 24	10 ♓ 26	23 ♋	25 ♉	21 ♌	3 ♍	10 ♐
7	16 ♉ 17	12 ♏ 35	21 ♏ 19	20 ♏ 52	23 ♈ 9	16 ♊ 55	3 ♒ 53	27 ♋ 36	8 ♒ 48	16 ♍ 44	25 ♉ 26	10 ♓ 26	23 ♋	26 ♉	21 ♌	3 ♍	10 ♐
8	17 ♉ 15	25 ♏ 35	21 ♏ 16	20 D 52	23 ♈ 34	18 ♊ 7	4 ♒ 25	27 ♋ 44	8 ♒ 49	16 ♍ 43	25 ♉ 28	10 ♓ 27	23 ♋	26 ♉	22 ♌	4 ♍	10 ♐
9	18 ♉ 13	8 ♐ 50	21 ♏ 13	20 ♏ 52	24 ♈ 3	19 ♊ 19	4 ♒ 56	27 ♋ 52	8 ♒ 50	16 ♍ 42	25 ♉ 30	10 ♓ 28	24 ♋	27 ♉	22 ♌	4 ♍	10 ♐
10	19 ♉ 11	22 ♐ 19	21 ♏ 10	20 ♏ 53	24 ♈ 36	20 ♊ 31	5 ♒ 27	28 ♋ 0	8 ♒ 51	16 ♍ 41	25 ♉ 33	10 ♓ 29	24 ♋	27 ♉	22 ♌	4 ♍	10 ♐
11	20 ♉ 9	6 ♑ 0	21 ♏ 6	20 ♏ 53	25 ♈ 13	21 ♊ 43	5 ♒ 58	28 ♋ 9	8 ♒ 52	16 ♍ 40	25 ♉ 35	10 ♓ 30	24 ♋	28 ♉	22 ♌	4 ♍	9 ♐
12	21 ♉ 7	19 ♑ 53	21 ♏ 3	20 R 53	25 ♈ 54	22 ♊ 55	6 ♒ 29	28 ♋ 17	8 ♒ 53	16 ♍ 40	25 ♉ 37	10 ♓ 30	25 ♋	29 ♉	23 ♌	4 ♍	9 ♐
13	22 ♉ 5	3 ♒ 54	21 ♏ 0	20 ♏ 53	26 ♈ 38	24 ♊ 7	6 ♒ 59	28 ♋ 26	8 ♒ 53	16 ♍ 39	25 ♉ 39	10 ♓ 31	25 ♋	29 ♉	23 ♌	4 ♍	9 ♐
14	23 ♉ 3	18 ♒ 3	20 ♏ 57	20 ♏ 53	27 ♈ 27	25 ♊ 19	7 ♒ 30	28 ♋ 34	8 ♒ 54	16 ♍ 39	25 ♉ 42	10 ♓ 32	25 ♋	0 ♊	23 ♌	5 ♍	9 ♐
15	24 ♉ 1	2 ♓ 17	20 ♏ 54	20 D 53	28 ♈ 18	26 ♊ 30	8 ♒ 0	28 ♋ 43	8 ♒ 54	16 ♍ 38	25 ♉ 44	10 ♓ 32	26 ♋	0 ♊	23 ♌	5 ♍	9 ♐
16	24 ♉ 59	16 ♓ 33	20 ♏ 51	20 ♏ 53	29 ♈ 13	27 ♊ 42	8 ♒ 30	28 ♋ 52	8 ♒ 54	16 ♍ 38	25 ♉ 46	10 ♓ 33	26 ♋	1 ♊	23 ♌	5 ♍	9 ♐
17	25 ♉ 57	0 ♈ 49	20 ♏ 47	20 ♏ 53	0 ♉ 11	28 ♊ 53	9 ♒ 0	29 ♋ 1	8 ♒ 55	16 ♍ 37	25 ♉ 48	10 ♓ 34	27 ♋	1 ♊	24 ♌	5 ♍	9 ♐
18	26 ♉ 54	15 ♈ 2	20 ♏ 44	20 ♏ 54	1 ♉ 12	0 ♋ 5	9 ♒ 29	29 ♋ 10	8 ♒ 55	16 ♍ 37	25 ♉ 51	10 ♓ 34	27 ♋	2 ♊	24 ♌	5 ♍	9 ♐
19	27 ♉ 52	29 ♈ 7	20 ♏ 41	20 ♏ 54	2 ♉ 16	1 ♋ 16	9 ♒ 58	29 ♋ 19	8 R 55	16 ♍ 36	25 ♉ 53	10 ♓ 35	27 ♋	2 ♊	24 ♌	6 ♍	9 ♐
20	28 ♉ 50	13 ♉ 2	20 ♏ 38	20 ♏ 55	3 ♉ 23	2 ♋ 27	10 ♒ 27	29 ♋ 28	8 ♒ 55	16 ♍ 36	25 ♉ 55	10 ♓ 35	28 ♋	3 ♊	24 ♌	6 ♍	9 ♐
21	29 ♉ 48	26 ♉ 44	20 ♏ 35	20 R 55	4 ♉ 33	3 ♋ 39	10 ♒ 56	29 ♋ 38	8 ♒ 55	16 ♍ 36	25 ♉ 57	10 ♓ 36	28 ♋	4 ♊	25 ♌	6 ♍	9 ♐
22	0 ♊ 46	10 ♊ 10	20 ♏ 32	20 ♏ 54	5 ♉ 45	4 ♋ 50	11 ♒ 25	29 ♋ 47	8 ♒ 54	16 ♍ 36	26 ♉ 0	10 ♓ 36	28 ♋	4 ♊	25 ♌	6 ♍	9 ♐
23	1 ♊ 43	23 ♊ 19	20 ♏ 28	20 ♏ 53	7 ♉ 1	6 ♋ 1	11 ♒ 53	29 ♋ 57	8 ♒ 54	16 ♍ 36	26 ♉ 2	10 ♓ 37	29 ♋	5 ♊	25 ♌	7 ♍	9 ♐
24	2 ♊ 41	6 ♋ 10	20 ♏ 25	20 ♏ 52	8 ♉ 19	7 ♋ 12	12 ♒ 21	0 ♌ 6	8 ♒ 54	16 ♍ 36	26 ♉ 4	10 ♓ 37	29 ♋	5 ♊	25 ♌	7 ♍	9 ♐
25	3 ♊ 39	18 ♋ 44	20 ♏ 22	20 ♏ 50	9 ♉ 39	8 ♋ 23	12 ♒ 49	0 ♌ 16	8 ♒ 53	16 D 36	26 ♉ 6	10 ♓ 38	0 ♌	6 ♊	26 ♌	7 ♍	9 ♐
26	4 ♊ 36	1 ♌ 3	20 ♏ 19	20 ♏ 48	11 ♉ 2	9 ♋ 34	13 ♒ 16	0 ♌ 26	8 ♒ 53	16 ♍ 36	26 ♉ 9	10 ♓ 38	0 ♌	6 ♊	26 ♌	7 ♍	8 ♐
27	5 ♊ 34	13 ♌ 9	20 ♏ 16	20 ♏ 47	12 ♉ 28	10 ♋ 45	13 ♒ 43	0 ♌ 36	8 ♒ 52	16 ♍ 36	26 ♉ 11	10 ♓ 38	0 ♌	7 ♊	26 ♌	8 ♍	8 ♐
28	6 ♊ 32	25 ♌ 7	20 ♏ 12	20 ♏ 46	13 ♉ 56	11 ♋ 56	14 ♒ 10	0 ♌ 46	8 ♒ 51	16 ♍ 36	26 ♉ 13	10 ♓ 39	1 ♌	7 ♊	26 ♌	8 ♍	8 ♐
29	7 ♊ 29	7 ♍ 0	20 ♏ 9	20 ♏ 45	15 ♉ 26	13 ♋ 6	14 ♒ 36	0 ♌ 56	8 ♒ 50	16 ♍ 36	26 ♉ 15	10 ♓ 39	1 ♌	8 ♊	27 ♌	8 ♍	8 ♐
30	8 ♊ 27	18 ♍ 54	20 ♏ 6	20 D 46	16 ♉ 59	14 ♋ 17	15 ♒ 3	1 ♌ 7	8 ♒ 49	16 ♍ 36	26 ♉ 18	10 ♓ 39	2 ♌	9 ♊	27 ♌	8 ♍	8 ♐
31	9 ♊ 24	0 ♎ 53	20 ♏ 3	20 ♏ 47	18 ♉ 35	15 ♋ 28	15 ♒ 28	1 ♌ 17	8 ♒ 48	16 ♍ 37	26 ♉ 20	10 ♓ 40	2 ♌	9 ♊	27 ♌	9 ♍	8 ♐

SUN INGRESS	☉ → ♊ 21日 04:50
MOON PHASE	○ 7日 07:25 ♏　◑ 14日 09:03 ♒　● 21日 05:50 ♊　◐ 29日 01:03 ♍

aspects		
1日	13:10	♀□♇
6日	20:10	♀□♅
7日	10:55	☉△♅
15日	13:11	☿□♃
16日	20:01	♂☌♄
16日	20:28	☉☌♆
20日	18:56	☉⚹♃
24日	10:30	☿□♄
25日	17:04	☿⚹♇
26日	21:45	♀△♇
28日	05:26	☿□♂
29日	18:11	☿△♅
30日	09:03	☉△♄
31日	23:41	♀⚹♅

2050年6月

DAY	☉	☽	☊ mean	☊ true	☿	♀	♂	♃	♄	♅	♆	♇	⚳	⚴	⚵	⚶	⚷
	° ′	° ′	° ′	° ′	° ′	° ′	° ′	° ′	° ′	° ′	° ′	° ′	°	°	°	°	°
1	10 ♊ 22	13 ♎ 1	20 ♏ 0	20 D 48	20 D 12	16 D 38	15 D 54	1 D 27	8 R 47	16 D 37	26 D 22	10 D 40	2 D	10 D	28 D	9 D	8 R
2	11 ♊ 19	25 ♎ 22	19 ♏ 57	20 ♏ 50	21 ♉ 53	17 ♋ 48	16 ♒ 19	1 ♌ 38	8 ♒ 45	16 ♍ 37	26 ♉ 24	10 ♓ 40	3 ♌	10 ♊	28 ♌	9 ♍	8 ♐
3	12 ♊ 17	8 ♏ 1	19 ♏ 53	20 ♏ 51	23 ♉ 35	18 ♋ 59	16 ♒ 44	1 ♌ 49	8 ♒ 44	16 ♍ 38	26 ♉ 26	10 ♓ 40	3 ♌	11 ♊	28 ♌	10 ♍	8 ♐
4	13 ♊ 14	20 ♏ 59	19 ♏ 50	20 R 51	25 ♉ 20	20 ♋ 9	17 ♒ 9	1 ♌ 59	8 ♒ 43	16 ♍ 39	26 ♉ 28	10 ♓ 40	3 ♌	11 ♊	28 ♌	10 ♍	8 ♐
5	14 ♊ 12	4 ♐ 17	19 ♏ 47	20 ♏ 51	27 ♉ 8	21 ♋ 19	17 ♒ 33	2 ♌ 10	8 ♒ 41	16 ♍ 39	26 ♉ 31	10 ♓ 41	4 ♌	12 ♊	29 ♌	10 ♍	8 ♐
6	15 ♊ 9	17 ♐ 54	19 ♏ 44	20 ♏ 49	28 ♉ 58	22 ♋ 29	17 ♒ 57	2 ♌ 21	8 ♒ 39	16 ♍ 40	26 ♉ 33	10 ♓ 41	4 ♌	13 ♊	29 ♌	10 ♍	8 ♐
7	16 ♊ 7	1 ♑ 50	19 ♏ 41	20 ♏ 46	0 ♊ 50	23 ♋ 39	18 ♒ 20	2 ♌ 32	8 ♒ 38	16 ♍ 40	26 ♉ 35	10 ♓ 41	5 ♌	13 ♊	29 ♌	11 ♍	8 ♐
8	17 ♊ 4	15 ♑ 59	19 ♏ 38	20 ♏ 43	2 ♊ 44	24 ♋ 49	18 ♒ 43	2 ♌ 43	8 ♒ 36	16 ♍ 41	26 ♉ 37	10 ♓ 41	5 ♌	14 ♊	0 ♍	11 ♍	8 ♐
9	18 ♊ 2	0 ♒ 18	19 ♏ 34	20 ♏ 39	4 ♊ 41	25 ♋ 58	19 ♒ 6	2 ♌ 54	8 ♒ 34	16 ♍ 42	26 ♉ 39	10 ♓ 41	5 ♌	14 ♊	0 ♍	11 ♍	7 ♐
10	18 ♊ 59	14 ♒ 41	19 ♏ 31	20 ♏ 35	6 ♊ 40	27 ♋ 8	19 ♒ 28	3 ♌ 5	8 ♒ 32	16 ♍ 43	26 ♉ 41	10 ♓ 41	6 ♌	15 ♊	0 ♍	12 ♍	7 ♐
11	19 ♊ 56	29 ♒ 3	19 ♏ 28	20 ♏ 33	8 ♊ 41	28 ♋ 18	19 ♒ 50	3 ♌ 16	8 ♒ 30	16 ♍ 44	26 ♉ 44	10 R 41	6 ♌	16 ♊	0 ♍	12 ♍	7 ♐
12	20 ♊ 54	13 ♓ 22	19 ♏ 25	20 ♏ 31	10 ♊ 44	29 ♋ 27	20 ♒ 12	3 ♌ 28	8 ♒ 27	16 ♍ 45	26 ♉ 46	10 ♓ 41	7 ♌	16 ♊	1 ♍	12 ♍	7 ♐
13	21 ♊ 51	27 ♓ 32	19 ♏ 22	20 D 31	12 ♊ 49	0 ♌ 37	20 ♒ 33	3 ♌ 39	8 ♒ 25	16 ♍ 46	26 ♉ 48	10 ♓ 41	7 ♌	17 ♊	1 ♍	13 ♍	7 ♐
14	22 ♊ 48	11 ♈ 34	19 ♏ 18	20 ♏ 32	14 ♊ 56	1 ♌ 46	20 ♒ 53	3 ♌ 50	8 ♒ 23	16 ♍ 47	26 ♉ 50	10 ♓ 41	8 ♌	17 ♊	1 ♍	13 ♍	7 ♐
15	23 ♊ 46	25 ♈ 26	19 ♏ 15	20 ♏ 34	17 ♊ 4	2 ♌ 55	21 ♒ 13	4 ♌ 2	8 ♒ 20	16 ♍ 48	26 ♉ 52	10 ♓ 41	8 ♌	18 ♊	2 ♍	13 ♍	7 ♐
16	24 ♊ 43	9 ♉ 6	19 ♏ 12	20 ♏ 35	19 ♊ 13	4 ♌ 4	21 ♒ 33	4 ♌ 14	8 ♒ 18	16 ♍ 49	26 ♉ 54	10 ♓ 41	8 ♌	18 ♊	2 ♍	14 ♍	7 ♐
17	25 ♊ 40	22 ♉ 35	19 ♏ 9	20 R 35	21 ♊ 23	5 ♌ 13	21 ♒ 52	4 ♌ 25	8 ♒ 15	16 ♍ 50	26 ♉ 56	10 ♓ 40	9 ♌	19 ♊	2 ♍	14 ♍	7 ♐
18	26 ♊ 38	5 ♊ 52	19 ♏ 6	20 ♏ 34	23 ♊ 34	6 ♌ 22	22 ♒ 11	4 ♌ 37	8 ♒ 13	16 ♍ 51	26 ♉ 58	10 ♓ 40	9 ♌	20 ♊	3 ♍	14 ♍	7 ♐
19	27 ♊ 35	18 ♊ 57	19 ♏ 3	20 ♏ 32	25 ♊ 46	7 ♌ 31	22 ♒ 29	4 ♌ 49	8 ♒ 10	16 ♍ 53	27 ♉ 0	10 ♓ 40	10 ♌	20 ♊	3 ♍	15 ♍	7 ♐
20	28 ♊ 32	1 ♋ 49	18 ♏ 59	20 ♏ 27	27 ♊ 58	8 ♌ 39	22 ♒ 46	5 ♌ 0	8 ♒ 7	16 ♍ 54	27 ♉ 2	10 ♓ 40	10 ♌	21 ♊	3 ♍	15 ♍	7 ♐
21	29 ♊ 30	14 ♋ 28	18 ♏ 56	20 ♏ 21	0 ♋ 10	9 ♌ 48	23 ♒ 3	5 ♌ 12	8 ♒ 4	16 ♍ 56	27 ♉ 4	10 ♓ 40	10 ♌	21 ♊	4 ♍	15 ♍	7 ♐
22	0 ♋ 27	26 ♋ 53	18 ♏ 53	20 ♏ 14	2 ♋ 21	10 ♌ 56	23 ♒ 20	5 ♌ 24	8 ♒ 1	16 ♍ 57	27 ♉ 6	10 ♓ 39	11 ♌	22 ♊	4 ♍	16 ♍	7 ♐
23	1 ♋ 24	9 ♌ 7	18 ♏ 50	20 ♏ 7	4 ♋ 32	12 ♌ 4	23 ♒ 35	5 ♌ 36	7 ♒ 58	16 ♍ 59	27 ♉ 8	10 ♓ 39	11 ♌	23 ♊	4 ♍	16 ♍	7 ♐
24	2 ♋ 21	21 ♌ 11	18 ♏ 47	20 ♏ 0	6 ♋ 42	13 ♌ 13	23 ♒ 51	5 ♌ 48	7 ♒ 55	17 ♍ 0	27 ♉ 10	10 ♓ 39	12 ♌	23 ♊	5 ♍	17 ♍	6 ♐
25	3 ♋ 19	3 ♍ 7	18 ♏ 44	19 ♏ 55	8 ♋ 51	14 ♌ 21	24 ♒ 6	6 ♌ 0	7 ♒ 52	17 ♍ 2	27 ♉ 12	10 ♓ 39	12 ♌	24 ♊	5 ♍	17 ♍	6 ♐
26	4 ♋ 16	14 ♍ 59	18 ♏ 40	19 ♏ 51	10 ♋ 59	15 ♌ 29	24 ♒ 20	6 ♌ 13	7 ♒ 48	17 ♍ 3	27 ♉ 14	10 ♓ 38	13 ♌	24 ♊	5 ♍	17 ♍	6 ♐
27	5 ♋ 13	26 ♍ 52	18 ♏ 37	19 ♏ 49	13 ♋ 5	16 ♌ 36	24 ♒ 33	6 ♌ 25	7 ♒ 45	17 ♍ 5	27 ♉ 15	10 ♓ 38	13 ♌	25 ♊	6 ♍	18 ♍	6 ♐
28	6 ♋ 10	8 ♎ 49	18 ♏ 34	19 D 49	15 ♋ 10	17 ♌ 44	24 ♒ 46	6 ♌ 37	7 ♒ 42	17 ♍ 7	27 ♉ 17	10 ♓ 37	13 ♌	26 ♊	6 ♍	18 ♍	6 ♐
29	7 ♋ 8	20 ♎ 55	18 ♏ 31	19 ♏ 49	17 ♋ 13	18 ♌ 52	24 ♒ 58	6 ♌ 49	7 ♒ 38	17 ♍ 9	27 ♉ 19	10 ♓ 37	14 ♌	26 ♊	6 ♍	18 ♍	6 ♐
30	8 ♋ 5	3 ♏ 17	18 ♏ 28	19 ♏ 51	19 ♋ 14	19 ♌ 59	25 ♒ 10	7 ♌ 2	7 ♒ 35	17 ♍ 10	27 ♉ 21	10 ♓ 37	14 ♌	27 ♊	6 ♍	19 ♍	6 ♐

SUN INGRESS	☉ → ♋ 21日 12:32
MOON PHASE	○ 5日 18:50 ♐　◑ 12日 13:39 ♓　● 19日 17:21 ♊　◐ 27日 18:16 ♎

aspects		
1日	07:28	☉□♇
4日	15:36	☿☌♆
7日	14:16	☉□♅
7日	23:39	☿⚹♃
9日	14:30	♀⚹♆
10日	19:58	☉△♂
10日	21:46	☿△♄
11日	23:22	☿□♇
14日	21:01	☿□♅
16日	03:58	♀☌♃
17日	06:08	☿△♂
19日	13:09	♀☍♄
20日	11:05	☉☌☿
25日	20:09	☿△♇
28日	23:10	☿⚹♅

2050年7月

DAY	☉	☽	☊ mean	☊ true	☿	♀	♂	♃	♄	♅	♆	♇	⚳	⚴	⚵	⚶	⚷
	° ′	° ′	° ′	° ′	° ′	° ′	° ′	° ′	° ′	° ′	° ′	° ′	°	°	°	°	°
1	9♋2	15♏58	18♏24	19 D 52	21 D 13	21 D 6	25 D 21	7 D 14	7 R 31	17 D 12	27 D 23	10 R 36	15 D	27 D	7 D	19 D	6 R
2	9♋59	29♏1	18♏21	19 R 51	23♋11	22♌13	25♒31	7♌26	7♒27	17♍14	27♉24	10♓36	15♌	28♊	7♍	20♍	6♐
3	10♋56	12♐30	18♏18	19♏49	25♋6	23♌20	25♒41	7♌39	7♒24	17♍16	27♉26	10♓35	16♌	28♊	7♍	20♍	6♐
4	11♋54	26♐24	18♏15	19♏45	27♋0	24♌27	25♒50	7♌51	7♒20	17♍18	27♉28	10♓35	16♌	29♊	8♍	20♍	6♐
5	12♋51	10♑41	18♏12	19♏39	28♋51	25♌33	25♒59	8♌4	7♒16	17♍20	27♉30	10♓34	16♌	0♋	8♍	21♍	6♐
6	13♋48	25♑16	18♏9	19♏31	0♌41	26♌40	26♒6	8♌17	7♒12	17♍22	27♉31	10♓33	17♌	0♋	9♍	21♍	6♐
7	14♋45	10♒2	18♏5	19♏23	2♌28	27♌46	26♒13	8♌29	7♒8	17♍25	27♉33	10♓33	17♌	1♋	9♍	22♍	6♐
8	15♋42	24♒50	18♏2	19♏15	4♌14	28♌52	26♒19	8♌42	7♒4	17♍27	27♉35	10♓32	18♌	1♋	9♍	22♍	6♐
9	16♋40	9♓34	17♏59	19♏8	5♌57	29♌58	26♒25	8♌54	7♒0	17♍29	27♉36	10♓32	18♌	2♋	10♍	22♍	6♐
10	17♋37	24♓6	17♏56	19♏4	7♌38	1♍4	26♒30	9♌7	6♒56	17♍31	27♉38	10♓31	19♌	3♋	10♍	23♍	6♐
11	18♋34	8♈22	17♏53	19♏2	9♌18	2♍9	26♒34	9♌20	6♒52	17♍34	27♉40	10♓30	19♌	3♋	10♍	23♍	6♐
12	19♋31	22♈21	17♏50	19 D 2	10♌55	3♍15	26♒37	9♌33	6♒48	17♍36	27♉41	10♓30	19♌	4♋	11♍	24♍	6♐
13	20♋28	6♉2	17♏46	19♏2	12♌30	4♍20	26♒39	9♌46	6♒44	17♍38	27♉43	10♓29	20♌	4♋	11♍	24♍	6♐
14	21♋26	19♉26	17♏43	19 R 2	14♌3	5♍25	26♒41	9♌58	6♒40	17♍41	27♉44	10♓28	20♌	5♋	11♍	24♍	5♐
15	22♋23	2♊36	17♏40	19♏2	15♌34	6♍30	26♒42	10♌11	6♒35	17♍43	27♉46	10♓27	21♌	6♋	12♍	25♍	5♐
16	23♋20	15♊32	17♏37	18♏59	17♌3	7♍34	26 R 42	10♌24	6♒31	17♍46	27♉47	10♓27	21♌	6♋	12♍	25♍	5♐
17	24♋17	28♊16	17♏34	18♏53	18♌30	8♍38	26♒41	10♌37	6♒27	17♍49	27♉48	10♓26	22♌	7♋	12♍	26♍	5♐
18	25♋15	10♋50	17♏30	18♏45	19♌54	9♍43	26♒40	10♌50	6♒23	17♍51	27♉50	10♓25	22♌	7♋	13♍	26♍	5♐
19	26♋12	23♋14	17♏27	18♏35	21♌17	10♍47	26♒37	11♌3	6♒18	17♍54	27♉51	10♓24	23♌	8♋	13♍	26♍	5♐
20	27♋9	5♌29	17♏24	18♏23	22♌37	11♍50	26♒34	11♌16	6♒14	17♍56	27♉53	10♓23	23♌	9♋	13♍	27♍	5♐
21	28♋6	17♌35	17♏21	18♏10	23♌55	12♍54	26♒31	11♌29	6♒9	17♍59	27♉54	10♓23	23♌	9♋	14♍	27♍	5♐
22	29♋4	29♌33	17♏18	17♏58	25♌11	13♍57	26♒26	11♌42	6♒5	18♍2	27♉55	10♓22	24♌	10♋	14♍	28♍	5♐
23	0♌1	11♍27	17♏15	17♏48	26♌24	15♍0	26♒21	11♌55	6♒1	18♍5	27♉57	10♓21	24♌	10♋	14♍	28♍	5♐
24	0♌58	23♍17	17♏11	17♏40	27♌35	16♍3	26♒15	12♌8	5♒56	18♍8	27♉58	10♓20	25♌	11♋	15♍	29♍	5♐
25	1♌56	5♎7	17♏8	17♏35	28♌44	17♍5	26♒8	12♌22	5♒52	18♍10	27♉59	10♓19	25♌	12♋	15♍	29♍	5♐
26	2♌53	17♎2	17♏5	17♏32	29♌50	18♍7	26♒0	12♌35	5♒47	18♍13	28♉0	10♓18	26♌	12♋	15♍	0♎	5♐
27	3♌50	29♎6	17♏2	17♏31	0♍53	19♍9	25♒52	12♌48	5♒43	18♍16	28♉1	10♓17	26♌	13♋	16♍	0♎	5♐
28	4♌48	11♏25	16♏59	17 D 31	1♍54	20♍11	25♒43	13♌1	5♒38	18♍19	28♉2	10♓16	27♌	13♋	16♍	0♎	5♐
29	5♌45	24♏3	16♏55	17 R 31	2♍51	21♍12	25♒34	13♌14	5♒34	18♍22	28♉4	10♓15	27♌	14♋	17♍	1♎	5♐
30	6♌42	7♐6	16♏52	17♏30	3♍46	22♍13	25♒24	13♌27	5♒29	18♍25	28♉5	10♓14	27♌	15♋	17♍	1♎	5♐
31	7♌40	20♐36	16♏49	17♏26	4♍38	23♍14	25♒13	13♌41	5♒25	18♍28	28♉6	10♓13	28♌	15♋	17♍	2♎	5♐

SUN INGRESS	☉ → ♌ 22日 23:21
MOON PHASE	○ 5日 03:50 ♑ ◑ 11日 18:45 ♈ ● 19日 06:16 ♋ ◐ 27日 10:04 ♏

aspects		
2日	01:23	♃☍♄
2日	15:09	☉△♇
4日	06:05	☿⚹♆
5日	10:18	♀☍♂
6日	19:11	♀□♆
9日	14:22	☿☍♄
9日	21:39	☉⚹♅
11日	00:41	☿☌♃
18日	15:45	♀☍♇
20日	18:38	☉⚹♆
22日	22:51	☿☍♂
24日	07:52	☿□♆
26日	02:29	♀☌♅
28日	19:42	☉☍♄

2050年8月

DAY	☉	☽	☊ mean	☊ true	☿	♀	♂	♃	♄	♅	♆	♇	⚳	⚴	⚵	⚶	⚷
	° ′	° ′	° ′	° ′	° ′	° ′	° ′	° ′	° ′	° ′	° ′	° ′	°	°	°	°	°
1	8♌37	4♑36	16♏46	17 R 21	5 D 26	24 D 14	25 R 2	13 D 54	5 R 21	18 D 31	28 D 7	10 R 12	28 D	16 D	18 D	2 D	5 R
2	9♌34	19♑3	16♏43	17♏12	6♍11	25♍14	24♒50	14♌7	5♒16	18♍34	28♉8	10♓11	29♌	16♋	18♍	3♎	5♐
3	10♌32	3♒53	16♏40	17♏2	6♍52	26♍14	24♒37	14♌20	5♒12	18♍38	28♉9	10♓10	29♌	17♋	18♍	3♎	5♐
4	11♌29	18♒58	16♏36	16♏51	7♍29	27♍13	24♒25	14♌33	5♒7	18♍41	28♉10	10♓9	0♍	18♋	19♍	4♎	5♐
5	12♌27	4♓8	16♏33	16♏41	8♍3	28♍12	24♒11	14♌47	5♒3	18♍44	28♉10	10♓8	0♍	18♋	19♍	4♎	5♐
6	13♌24	19♓12	16♏30	16♏32	8♍32	29♍10	23♒57	15♌0	4♒58	18♍47	28♉11	10♓7	1♍	19♋	19♍	4♎	5♐
7	14♌22	4♈2	16♏27	16♏26	8♍58	0♎8	23♒43	15♌13	4♒54	18♍51	28♉12	10♓6	1♍	19♋	20♍	5♎	5 D
8	15♌19	18♈31	16♏24	16♏22	9♍18	1♎6	23♒29	15♌26	4♒50	18♍54	28♉13	10♓4	1♍	20♋	20♍	5♎	5♐
9	16♌16	2♉37	16♏21	16♏21	9♍34	2♎3	23♒14	15♌39	4♒45	18♍57	28♉14	10♓3	2♍	20♋	21♍	6♎	5♐
10	17♌14	16♉18	16♏17	16 D 21	9♍45	3♎0	22♒59	15♌53	4♒41	19♍0	28♉14	10♓2	2♍	21♋	21♍	6♎	5♐
11	18♌12	29♉37	16♏14	16 R 20	9♍51	3♎57	22♒43	16♌6	4♒37	19♍4	28♉15	10♓1	3♍	22♋	21♍	7♎	5♐
12	19♌9	12♊37	16♏11	16♏19	9 R 52	4♎53	22♒28	16♌19	4♒32	19♍7	28♉16	10♓0	3♍	22♋	22♍	7♎	5♐
13	20♌7	25♊20	16♏8	16♏16	9♍47	5♎48	22♒12	16♌32	4♒28	19♍11	28♉17	9♓59	4♍	23♋	22♍	8♎	5♐
14	21♌4	7♋50	16♏5	16♏9	9♍37	6♎43	21♒56	16♌45	4♒24	19♍14	28♉17	9♓58	4♍	23♋	22♍	8♎	5♐
15	22♌2	20♋10	16♏1	16♏0	9♍22	7♎38	21♒40	16♌59	4♒20	19♍17	28♉18	9♓56	5♍	24♋	23♍	9♎	5♐
16	23♌0	2♌21	15♏58	15♏48	9♍0	8♎32	21♒24	17♌12	4♒16	19♍21	28♉18	9♓55	5♍	25♋	23♍	9♎	5♐
17	23♌57	14♌25	15♏55	15♏35	8♍34	9♎25	21♒8	17♌25	4♒12	19♍24	28♉19	9♓54	6♍	25♋	23♍	10♎	5♐
18	24♌55	26♌23	15♏52	15♏21	8♍2	10♎18	20♒52	17♌38	4♒8	19♍28	28♉19	9♓53	6♍	26♋	24♍	10♎	5♐
19	25♌53	8♍17	15♏49	15♏8	7♍26	11♎10	20♒37	17♌51	4♒4	19♍31	28♉20	9♓51	6♍	26♋	24♍	11♎	5♐
20	26♌50	20♍8	15♏46	14♏57	6♍44	12♎2	20♒21	18♌4	4♒0	19♍35	28♉20	9♓50	7♍	27♋	25♍	11♎	5♐
21	27♌48	1♎57	15♏42	14♏47	5♍59	12♎53	20♒6	18♌18	3♒56	19♍38	28♉21	9♓49	7♍	28♋	25♍	12♎	5♐
22	28♌46	13♎48	15♏39	14♏41	5♍11	13♎43	19♒51	18♌31	3♒52	19♍42	28♉21	9♓48	8♍	28♋	25♍	12♎	5♐
23	29♌44	25♎43	15♏36	14♏37	4♍19	14♎33	19♒36	18♌44	3♒48	19♍46	28♉21	9♓47	8♍	29♋	26♍	12♎	5♐
24	0♍42	7♏47	15♏33	14♏36	3♍27	15♎22	19♒22	18♌57	3♒44	19♍49	28♉21	9♓45	9♍	29♋	26♍	13♎	5♐
25	1♍39	20♏4	15♏30	14 D 36	2♍33	16♎10	19♒8	19♌10	3♒41	19♍53	28♉22	9♓44	9♍	0♌	26♍	13♎	5♐
26	2♍37	2♐40	15♏27	14 R 36	1♍40	16♎58	18♒55	19♌23	3♒37	19♍57	28♉22	9♓43	10♍	0♌	27♍	14♎	5♐
27	3♍35	15♐38	15♏23	14♏35	0♍48	17♎44	18♒42	19♌36	3♒34	20♍0	28♉22	9♓42	10♍	1♌	27♍	14♎	5♐
28	4♍33	29♐3	15♏20	14♏33	29♌59	18♎30	18♒30	19♌49	3♒30	20♍4	28♉22	9♓40	11♍	2♌	28♍	15♎	5♐
29	5♍31	12♑57	15♏17	14♏28	29♌14	19♎15	18♒18	20♌2	3♒27	20♍8	28♉22	9♓39	11♍	2♌	28♍	15♎	5♐
30	6♍29	27♑22	15♏14	14♏21	28♌33	19♎59	18♒7	20♌15	3♒23	20♍11	28♉22	9♓38	12♍	3♌	28♍	16♎	5♐
31	7♍27	12♒12	15♏11	14♏13	27♌58	20♎42	17♒56	20♌28	3♒20	20♍15	28♉23	9♓37	12♍	3♌	29♍	16♎	6♐

SUN INGRESS	☉ → ♍ 23日 06:32
MOON PHASE	○ 3日 11:20 ♒ ◑ 10日 01:47 ♉ ● 17日 20:47 ♌ ◐ 25日 23:55 ♐

aspects		
4日	23:27	♀△♆
8日	03:54	☉☌♃
11日	15:57	♀△♄
14日	16:51	☉☍♂
21日	13:31	☉□♆
24日	22:33	♂☍♃
25日	11:35	☉☌☿
27日	23:53	♀△♂
30日	06:45	☿□♆
30日	12:30	♀⚹♃

2050年9月

DAY	☉	☽	☊		☿	♀	♂	♃	♄	♅	♆	♇	⚳	⚴	⚵	⚶	⚷
			mean	true													
	° ′	° ′	° ′	° ′	° ′	° ′	° ′	° ′	° ′	° ′	° ′	° ′	°	°	°	°	°
1	8 ♍ 25	27 ♒ 22	15 ♏ 7	14 R 3	27 R 29	21 D 24	17 R 46	20 D 41	3 R 17	20 D 19	28 D 23	9 R 35	12 D	4 D	29 D	17 D	6 D
2	9 ♍ 23	12 ♓ 40	15 ♏ 4	13 ♏ 54	27 ♌ 8	22 ♎ 5	17 ♒ 37	20 ♌ 54	3 ♒ 14	20 ♍ 22	28 R 23	9 ♓ 34	13 ♍	5 ♌	29 ♍	17 ♎	6 ♐
3	10 ♍ 21	27 ♓ 57	15 ♏ 1	13 ♏ 46	26 ♌ 54	22 ♎ 46	17 ♒ 28	21 ♌ 6	3 ♒ 10	20 ♍ 26	28 ♉ 22	9 ♓ 33	13 ♍	5 ♌	0 ♎	18 ♎	6 ♐
4	11 ♍ 19	13 ♈ 1	14 ♏ 58	13 ♏ 40	26 ♌ 49	23 ♎ 25	17 ♒ 20	21 ♌ 19	3 ♒ 7	20 ♍ 30	28 ♉ 22	9 ♓ 31	14 ♍	6 ♌	0 ♎	18 ♎	6 ♐
5	12 ♍ 17	27 ♈ 44	14 ♏ 55	13 ♏ 37	26 D 52	24 ♎ 2	17 ♒ 13	21 ♌ 32	3 ♒ 4	20 ♍ 34	28 ♉ 22	9 ♓ 30	14 ♍	6 ♌	1 ♎	19 ♎	6 ♐
6	13 ♍ 15	12 ♉ 1	14 ♏ 52	13 ♏ 36	27 ♌ 3	24 ♎ 39	17 ♒ 7	21 ♌ 45	3 ♒ 2	20 ♍ 37	28 ♉ 22	9 ♓ 29	15 ♍	7 ♌	1 ♎	19 ♎	6 ♐
7	14 ♍ 13	25 ♉ 50	14 ♏ 48	13 D 37	27 ♌ 23	25 ♎ 15	17 ♒ 1	21 ♌ 57	2 ♒ 59	20 ♍ 41	28 ♉ 22	9 ♓ 28	15 ♍	7 ♌	1 ♎	20 ♎	6 ♐
8	15 ♍ 12	9 ♊ 13	14 ♏ 45	13 ♏ 37	27 ♌ 52	25 ♎ 49	16 ♒ 56	22 ♌ 10	2 ♒ 56	20 ♍ 45	28 ♉ 22	9 ♓ 26	16 ♍	8 ♌	2 ♎	20 ♎	6 ♐
9	16 ♍ 10	22 ♊ 13	14 ♏ 42	13 R 37	28 ♌ 30	26 ♎ 22	16 ♒ 52	22 ♌ 23	2 ♒ 53	20 ♍ 49	28 ♉ 22	9 ♓ 25	16 ♍	9 ♌	2 ♎	21 ♎	6 ♐
10	17 ♍ 8	4 ♋ 52	14 ♏ 39	13 ♏ 36	29 ♌ 15	26 ♎ 53	16 ♒ 48	22 ♌ 35	2 ♒ 51	20 ♍ 53	28 ♉ 21	9 ♓ 24	17 ♍	9 ♌	2 ♎	21 ♎	6 ♐
11	18 ♍ 6	17 ♋ 16	14 ♏ 36	13 ♏ 32	0 ♍ 9	27 ♎ 23	16 ♒ 45	22 ♌ 48	2 ♒ 48	20 ♍ 56	28 ♉ 21	9 ♓ 23	17 ♍	10 ♌	3 ♎	22 ♎	6 ♐
12	19 ♍ 5	29 ♋ 27	14 ♏ 33	13 ♏ 26	1 ♍ 10	27 ♎ 52	16 ♒ 43	23 ♌ 0	2 ♒ 46	21 ♍ 0	28 ♉ 21	9 ♓ 21	17 ♍	10 ♌	3 ♎	22 ♎	6 ♐
13	20 ♍ 3	11 ♌ 30	14 ♏ 29	13 ♏ 17	2 ♍ 18	28 ♎ 19	16 ♒ 42	23 ♌ 13	2 ♒ 44	21 ♍ 4	28 ♉ 20	9 ♓ 20	18 ♍	11 ♌	3 ♎	23 ♎	6 ♐
14	21 ♍ 2	23 ♌ 27	14 ♏ 26	13 ♏ 8	3 ♍ 32	28 ♎ 45	16 D 42	23 ♌ 25	2 ♒ 41	21 ♍ 8	28 ♉ 20	9 ♓ 19	18 ♍	11 ♌	4 ♎	23 ♎	6 ♐
15	22 ♍ 0	5 ♍ 20	14 ♏ 23	12 ♏ 58	4 ♍ 52	29 ♎ 9	16 ♒ 43	23 ♌ 38	2 ♒ 39	21 ♍ 11	28 ♉ 19	9 ♓ 18	19 ♍	12 ♌	4 ♎	24 ♎	6 ♐
16	22 ♍ 58	17 ♍ 11	14 ♏ 20	12 ♏ 48	6 ♍ 18	29 ♎ 31	16 ♒ 44	23 ♌ 50	2 ♒ 37	21 ♍ 15	28 ♉ 19	9 ♓ 16	19 ♍	12 ♌	5 ♎	24 ♎	6 ♐
17	23 ♍ 57	29 ♍ 1	14 ♏ 17	12 ♏ 40	7 ♍ 48	29 ♎ 51	16 ♒ 46	24 ♌ 2	2 ♒ 35	21 ♍ 19	28 ♉ 18	9 ♓ 15	20 ♍	13 ♌	5 ♎	25 ♎	6 ♐
18	24 ♍ 55	10 ♎ 53	14 ♏ 13	12 ♏ 33	9 ♍ 22	0 ♏ 10	16 ♒ 49	24 ♌ 14	2 ♒ 33	21 ♍ 23	28 ♉ 18	9 ♓ 14	20 ♍	14 ♌	5 ♎	25 ♎	6 ♐
19	25 ♍ 54	22 ♎ 48	14 ♏ 10	12 ♏ 29	11 ♍ 0	0 ♏ 27	16 ♒ 53	24 ♌ 26	2 ♒ 32	21 ♍ 27	28 ♉ 17	9 ♓ 13	21 ♍	14 ♌	6 ♎	26 ♎	7 ♐
20	26 ♍ 53	4 ♏ 49	14 ♏ 7	12 ♏ 27	12 ♍ 41	0 ♏ 42	16 ♒ 58	24 ♌ 39	2 ♒ 30	21 ♍ 30	28 ♉ 17	9 ♓ 12	21 ♍	15 ♌	6 ♎	26 ♎	7 ♐
21	27 ♍ 51	16 ♏ 59	14 ♏ 4	12 D 27	14 ♍ 24	0 ♏ 55	17 ♒ 3	24 ♌ 51	2 ♒ 28	21 ♍ 34	28 ♉ 16	9 ♓ 10	22 ♍	15 ♌	6 ♎	27 ♎	7 ♐
22	28 ♍ 50	29 ♏ 20	14 ♏ 1	12 ♏ 28	16 ♍ 10	1 ♏ 5	17 ♒ 9	25 ♌ 3	2 ♒ 27	21 ♍ 38	28 ♉ 15	9 ♓ 9	22 ♍	16 ♌	7 ♎	27 ♎	7 ♐
23	29 ♍ 49	11 ♐ 57	13 ♏ 58	12 ♏ 29	17 ♍ 57	1 ♏ 14	17 ♒ 16	25 ♌ 15	2 ♒ 25	21 ♍ 42	28 ♉ 15	9 ♓ 8	23 ♍	16 ♌	7 ♎	28 ♎	7 ♐
24	0 ♎ 47	24 ♐ 54	13 ♏ 54	12 ♏ 30	19 ♍ 45	1 ♏ 20	17 ♒ 24	25 ♌ 27	2 ♒ 24	21 ♍ 45	28 ♉ 14	9 ♓ 7	23 ♍	17 ♌	8 ♎	28 ♎	7 ♐
25	1 ♎ 46	8 ♑ 13	13 ♏ 51	12 R 30	21 ♍ 34	1 ♏ 24	17 ♒ 32	25 ♌ 38	2 ♒ 23	21 ♍ 49	28 ♉ 13	9 ♓ 6	23 ♍	17 ♌	8 ♎	29 ♎	7 ♐
26	2 ♎ 45	21 ♑ 59	13 ♏ 48	12 ♏ 29	23 ♍ 23	1 ♏ 26	17 ♒ 42	25 ♌ 50	2 ♒ 22	21 ♍ 53	28 ♉ 12	9 ♓ 5	24 ♍	18 ♌	8 ♎	29 ♎	7 ♐
27	3 ♎ 44	6 ♒ 11	13 ♏ 45	12 ♏ 25	25 ♍ 13	1 R 26	17 ♒ 52	26 ♌ 2	2 ♒ 21	21 ♍ 57	28 ♉ 12	9 ♓ 3	24 ♍	18 ♌	9 ♎	0 ♏	7 ♐
28	4 ♎ 42	20 ♒ 49	13 ♏ 42	12 ♏ 21	27 ♍ 3	1 ♏ 23	18 ♒ 2	26 ♌ 13	2 ♒ 20	22 ♍ 0	28 ♉ 11	9 ♓ 2	25 ♍	19 ♌	9 ♎	1 ♏	7 ♐
29	5 ♎ 41	5 ♓ 46	13 ♏ 38	12 ♏ 15	28 ♍ 53	1 ♏ 18	18 ♒ 14	26 ♌ 25	2 ♒ 19	22 ♍ 4	28 ♉ 10	9 ♓ 1	25 ♍	20 ♌	9 ♎	1 ♏	7 ♐
30	6 ♎ 40	20 ♓ 57	13 ♏ 35	12 ♏ 10	0 ♎ 43	1 ♏ 10	18 ♒ 26	26 ♌ 37	2 ♒ 18	22 ♍ 8	28 ♉ 9	9 ♓ 0	26 ♍	20 ♌	10 ♎	2 ♏	7 ♐

SUN INGRESS	☉ → ♎ 23日 04:28
MOON PHASE	○ 1日 18:30 ♓　◑ 8日 11:50 ♊　● 16日 12:48 ♍　◐ 24日 11:33 ♑

aspects		
2日	04:29	☉☍♇
8日	19:07	☿□♆
14日	02:41	☉☌♅
17日	22:01	☿☍♇
21日	10:02	☉△♆
25日	03:29	☿☌♅
25日	14:44	☉△♄
28日	14:38	☿△♆
30日	20:49	☿△♄

2050年10月

DAY	☉	☽	☊		☿	♀	♂	♃	♄	♅	♆	♇	⚳	⚴	⚵	⚶	⚷
			mean	true													
	° ′	° ′	° ′	° ′	° ′	° ′	° ′	° ′	° ′	° ′	° ′	° ′	°	°	°	°	°
1	7 ♎ 39	6 ♈ 10	13 ♏ 32	12 R 6	2 D 32	1 R 0	18 D 39	26 D 48	2 R 18	22 D 11	28 R 8	8 R 59	26 D	21 D	10 D	2 D	7 D
2	8 ♎ 38	21 ♈ 15	13 ♏ 29	12 ♏ 3	4 ♎ 21	0 ♏ 48	18 ♒ 52	26 ♌ 59	2 ♒ 17	22 ♍ 15	28 ♉ 7	8 ♓ 58	27 ♍	21 ♌	11 ♎	3 ♏	7 ♐
3	9 ♎ 37	6 ♉ 4	13 ♏ 26	12 ♏ 1	6 ♎ 9	0 ♏ 33	19 ♒ 7	27 ♌ 11	2 ♒ 17	22 ♍ 19	28 ♉ 6	8 ♓ 57	27 ♍	22 ♌	11 ♎	3 ♏	8 ♐
4	10 ♎ 36	20 ♉ 30	13 ♏ 23	12 D 1	7 ♎ 57	0 ♏ 16	19 ♒ 21	27 ♌ 22	2 ♒ 16	22 ♍ 22	28 ♉ 5	8 ♓ 56	28 ♍	22 ♌	11 ♎	4 ♏	8 ♐
5	11 ♎ 35	4 ♊ 29	13 ♏ 19	12 ♏ 3	9 ♎ 43	29 ♎ 56	19 ♒ 37	27 ♌ 33	2 ♒ 16	22 ♍ 26	28 ♉ 4	8 ♓ 55	28 ♍	23 ♌	12 ♎	4 ♏	8 ♐
6	12 ♎ 34	18 ♊ 0	13 ♏ 16	12 ♏ 4	11 ♎ 30	29 ♎ 34	19 ♒ 53	27 ♌ 44	2 ♒ 16	22 ♍ 30	28 ♉ 3	8 ♓ 54	28 ♍	23 ♌	12 ♎	5 ♏	8 ♐
7	13 ♎ 33	1 ♋ 6	13 ♏ 13	12 ♏ 6	13 ♎ 15	29 ♎ 11	20 ♒ 9	27 ♌ 55	2 D 16	22 ♍ 33	28 ♉ 2	8 ♓ 53	29 ♍	24 ♌	12 ♎	5 ♏	8 ♐
8	14 ♎ 32	13 ♋ 48	13 ♏ 10	12 ♏ 6	15 ♎ 0	28 ♎ 45	20 ♒ 27	28 ♌ 6	2 ♒ 16	22 ♍ 37	28 ♉ 1	8 ♓ 52	29 ♍	24 ♌	13 ♎	6 ♏	8 ♐
9	15 ♎ 32	26 ♋ 13	13 ♏ 7	12 R 6	16 ♎ 44	28 ♎ 17	20 ♒ 45	28 ♌ 17	2 ♒ 16	22 ♍ 40	28 ♉ 0	8 ♓ 51	0 ♎	25 ♌	13 ♎	6 ♏	8 ♐
10	16 ♎ 31	8 ♌ 22	13 ♏ 4	12 ♏ 4	18 ♎ 27	27 ♎ 47	21 ♒ 3	28 ♌ 28	2 ♒ 16	22 ♍ 44	27 ♉ 59	8 ♓ 50	0 ♎	25 ♌	14 ♎	7 ♏	8 ♐
11	17 ♎ 30	20 ♌ 22	13 ♏ 0	12 ♏ 1	20 ♎ 9	27 ♎ 16	21 ♒ 22	28 ♌ 38	2 ♒ 17	22 ♍ 48	27 ♉ 57	8 ♓ 49	1 ♎	26 ♌	14 ♎	7 ♏	8 ♐
12	18 ♎ 29	2 ♍ 15	12 ♏ 57	11 ♏ 57	21 ♎ 51	26 ♎ 44	21 ♒ 42	28 ♌ 49	2 ♒ 17	22 ♍ 51	27 ♉ 56	8 ♓ 48	1 ♎	26 ♌	14 ♎	8 ♏	8 ♐
13	19 ♎ 29	14 ♍ 5	12 ♏ 54	11 ♏ 54	23 ♎ 32	26 ♎ 10	22 ♒ 2	28 ♌ 59	2 ♒ 18	22 ♍ 55	27 ♉ 55	8 ♓ 47	2 ♎	27 ♌	15 ♎	8 ♏	8 ♐
14	20 ♎ 28	25 ♍ 56	12 ♏ 51	11 ♏ 50	25 ♎ 12	25 ♎ 35	22 ♒ 22	29 ♌ 10	2 ♒ 18	22 ♍ 58	27 ♉ 54	8 ♓ 46	2 ♎	27 ♌	15 ♎	9 ♏	9 ♐
15	21 ♎ 28	7 ♎ 49	12 ♏ 48	11 ♏ 47	26 ♎ 51	24 ♎ 59	22 ♒ 43	29 ♌ 20	2 ♒ 19	23 ♍ 1	27 ♉ 53	8 ♓ 45	3 ♎	28 ♌	15 ♎	9 ♏	9 ♐
16	22 ♎ 27	19 ♎ 47	12 ♏ 44	11 ♏ 44	28 ♎ 30	24 ♎ 23	23 ♒ 5	29 ♌ 30	2 ♒ 20	23 ♍ 5	27 ♉ 51	8 ♓ 44	3 ♎	28 ♌	16 ♎	10 ♏	9 ♐
17	23 ♎ 27	1 ♏ 52	12 ♏ 41	11 ♏ 43	0 ♏ 8	23 ♎ 47	23 ♒ 27	29 ♌ 40	2 ♒ 21	23 ♍ 8	27 ♉ 50	8 ♓ 44	3 ♎	29 ♌	16 ♎	10 ♏	9 ♐
18	24 ♎ 26	14 ♏ 4	12 ♏ 38	11 D 43	1 ♏ 45	23 ♎ 10	23 ♒ 50	29 ♌ 50	2 ♒ 22	23 ♍ 12	27 ♉ 49	8 ♓ 43	4 ♎	29 ♌	16 ♎	11 ♏	9 ♐
19	25 ♎ 26	26 ♏ 27	12 ♏ 35	11 ♏ 43	3 ♏ 22	22 ♎ 34	24 ♒ 13	0 ♍ 0	2 ♒ 23	23 ♍ 15	27 ♉ 47	8 ♓ 42	4 ♎	0 ♍	17 ♎	11 ♏	9 ♐
20	26 ♎ 25	9 ♐ 1	12 ♏ 32	11 ♏ 44	4 ♏ 58	21 ♎ 57	24 ♒ 37	0 ♍ 10	2 ♒ 24	23 ♍ 18	27 ♉ 46	8 ♓ 41	5 ♎	0 ♍	17 ♎	12 ♏	9 ♐
21	27 ♎ 25	21 ♐ 49	12 ♏ 29	11 ♏ 46	6 ♏ 33	21 ♎ 22	25 ♒ 1	0 ♍ 20	2 ♒ 26	23 ♍ 22	27 ♉ 44	8 ♓ 40	5 ♎	1 ♍	18 ♎	13 ♏	9 ♐
22	28 ♎ 25	4 ♑ 53	12 ♏ 25	11 ♏ 47	8 ♏ 8	20 ♎ 47	25 ♒ 25	0 ♍ 30	2 ♒ 27	23 ♍ 25	27 ♉ 43	8 ♓ 40	6 ♎	1 ♍	18 ♎	13 ♏	9 ♐
23	29 ♎ 24	18 ♑ 14	12 ♏ 22	11 ♏ 48	9 ♏ 42	20 ♎ 14	25 ♒ 50	0 ♍ 39	2 ♒ 29	23 ♍ 28	27 ♉ 42	8 ♓ 39	6 ♎	2 ♍	18 ♎	14 ♏	9 ♐
24	0 ♏ 24	1 ♒ 55	12 ♏ 19	11 R 48	11 ♏ 16	19 ♎ 41	26 ♒ 16	0 ♍ 49	2 ♒ 30	23 ♍ 31	27 ♉ 40	8 ♓ 38	7 ♎	2 ♍	19 ♎	14 ♏	10 ♐
25	1 ♏ 24	15 ♒ 56	12 ♏ 16	11 ♏ 47	12 ♏ 49	19 ♎ 10	26 ♒ 42	0 ♍ 58	2 ♒ 32	23 ♍ 35	27 ♉ 39	8 ♓ 38	7 ♎	3 ♍	19 ♎	15 ♏	10 ♐
26	2 ♏ 23	0 ♓ 15	12 ♏ 13	11 ♏ 47	14 ♏ 22	18 ♎ 41	27 ♒ 8	1 ♍ 7	2 ♒ 34	23 ♍ 38	27 ♉ 37	8 ♓ 37	8 ♎	3 ♍	19 ♎	15 ♏	10 ♐
27	3 ♏ 23	14 ♓ 51	12 ♏ 9	11 ♏ 46	15 ♏ 54	18 ♎ 14	27 ♒ 34	1 ♍ 16	2 ♒ 36	23 ♍ 41	27 ♉ 36	8 ♓ 36	8 ♎	4 ♍	20 ♎	16 ♏	10 ♐
28	4 ♏ 23	29 ♓ 39	12 ♏ 6	11 ♏ 45	17 ♏ 25	17 ♎ 48	28 ♒ 1	1 ♍ 25	2 ♒ 38	23 ♍ 44	27 ♉ 34	8 ♓ 36	8 ♎	4 ♍	20 ♎	16 ♏	10 ♐
29	5 ♏ 23	14 ♈ 32	12 ♏ 3	11 ♏ 44	18 ♏ 56	17 ♎ 25	28 ♒ 29	1 ♍ 34	2 ♒ 40	23 ♍ 47	27 ♉ 33	8 ♓ 35	9 ♎	5 ♍	20 ♎	17 ♏	10 ♐
30	6 ♏ 23	29 ♈ 22	12 ♏ 0	11 ♏ 44	20 ♏ 26	17 ♎ 4	28 ♒ 56	1 ♍ 43	2 ♒ 43	23 ♍ 50	27 ♉ 31	8 ♓ 34	9 ♎	5 ♍	21 ♎	17 ♏	10 ♐
31	7 ♏ 23	14 ♉ 2	11 ♏ 57	11 D 44	21 ♏ 56	16 ♎ 45	29 ♒ 24	1 ♍ 51	2 ♒ 45	23 ♍ 53	27 ♉ 30	8 ♓ 34	10 ♎	6 ♍	21 ♎	18 ♏	10 ♐

SUN INGRESS	☉ → ♏ 23日 14:11
MOON PHASE	○ 1日 02:31 ♈　◑ 8日 01:31 ♋　● 16日 05:48 ♎　◐ 23日 21:10 ♒　○ 30日 12:15 ♉

aspects		
7日	09:31	☉☌☿
7日	13:51	♃□♆
9日	00:02	♀⚹♃
11日	21:17	☿△♂
14日	04:08	☿☌♀
16日	16:29	☿⚹♃
17日	00:30	☉△♂
17日	05:01	☉☌♀
17日	07:51	♀△♂
18日	09:12	☿□♄
22日	07:56	☿△♇
24日	11:44	☉⚹♃
26日	04:26	☉□♄
27日	01:10	♂□♆

2050年11月

DAY	☉	☽	☊ mean	☊ true	☿	♀	♂	♃	♄	♅	♆	♇	⚳	⚴	⚵	⚶	⚷
	° ′	° ′	° ′	° ′	° ′	° ′	° ′	° ′	° ′	° ′	° ′	° ′	°	°	°	°	°
1	8 ♏ 23	28 ♉ 26	11 ♏ 54	11 D 44	23 D 25	16 R 29	29 D 53	2 D 0	2 D 47	23 D 56	27 R 28	8 R 33	10 D	6 D	22 D	18 D	10 D
2	9 ♏ 23	12 ♊ 27	11 ♏ 50	11 ♏ 44	24 ♏ 54	16 ♎ 15	0 ♓ 21	2 ♍ 8	2 ♒ 50	23 ♍ 59	27 ♉ 26	8 ♓ 33	11 ♎	7 ♍	22 ♎	19 ♏	10 ♐
3	10 ♏ 23	26 ♊ 4	11 ♏ 47	11 ♏ 44	26 ♏ 22	16 ♎ 3	0 ♓ 50	2 ♍ 16	2 ♒ 52	24 ♍ 2	27 ♉ 25	8 ♓ 32	11 ♎	7 ♍	22 ♎	19 ♏	11 ♐
4	11 ♏ 23	9 ♋ 15	11 ♏ 44	11 ♏ 44	27 ♏ 50	15 ♎ 54	1 ♓ 20	2 ♍ 25	2 ♒ 55	24 ♍ 5	27 ♉ 23	8 ♓ 32	12 ♎	8 ♍	23 ♎	20 ♏	11 ♐
5	12 ♏ 23	22 ♋ 4	11 ♏ 41	11 R 44	29 ♏ 17	15 ♎ 48	1 ♓ 49	2 ♍ 33	2 ♒ 58	24 ♍ 8	27 ♉ 22	8 ♓ 32	12 ♎	8 ♍	23 ♎	21 ♏	11 ♐
6	13 ♏ 23	4 ♌ 32	11 ♏ 38	11 ♏ 44	0 ♐ 44	15 ♎ 44	2 ♓ 19	2 ♍ 40	3 ♒ 1	24 ♍ 10	27 ♉ 20	8 ♓ 31	12 ♎	8 ♍	23 ♎	21 ♏	11 ♐
7	14 ♏ 23	16 ♌ 44	11 ♏ 35	11 D 44	2 ♐ 10	15 ♎ 42	2 ♓ 49	2 ♍ 48	3 ♒ 4	24 ♍ 13	27 ♉ 18	8 ♓ 31	13 ♎	9 ♍	24 ♎	22 ♏	11 ♐
8	15 ♏ 23	28 ♌ 43	11 ♏ 31	11 ♏ 44	3 ♐ 35	15 D 43	3 ♓ 20	2 ♍ 56	3 ♒ 7	24 ♍ 16	27 ♉ 17	8 ♓ 30	13 ♎	9 ♍	24 ♎	22 ♏	11 ♐
9	16 ♏ 23	10 ♍ 36	11 ♏ 28	11 ♏ 45	4 ♐ 59	15 ♎ 46	3 ♓ 50	3 ♍ 3	3 ♒ 10	24 ♍ 19	27 ♉ 15	8 ♓ 30	14 ♎	10 ♍	24 ♎	23 ♏	11 ♐
10	17 ♏ 24	22 ♍ 26	11 ♏ 25	11 ♏ 45	6 ♐ 23	15 ♎ 52	4 ♓ 21	3 ♍ 11	3 ♒ 13	24 ♍ 21	27 ♉ 13	8 ♓ 30	14 ♎	10 ♍	25 ♎	23 ♏	11 ♐
11	18 ♏ 24	4 ♎ 18	11 ♏ 22	11 ♏ 46	7 ♐ 46	16 ♎ 0	4 ♓ 53	3 ♍ 18	3 ♒ 17	24 ♍ 24	27 ♉ 12	8 ♓ 29	15 ♎	11 ♍	25 ♎	24 ♏	12 ♐
12	19 ♏ 24	16 ♎ 14	11 ♏ 19	11 ♏ 47	9 ♐ 8	16 ♎ 10	5 ♓ 24	3 ♍ 25	3 ♒ 20	24 ♍ 26	27 ♉ 10	8 ♓ 29	15 ♎	11 ♍	25 ♎	24 ♏	12 ♐
13	20 ♏ 25	28 ♎ 20	11 ♏ 15	11 ♏ 47	10 ♐ 29	16 ♎ 22	5 ♓ 56	3 ♍ 32	3 ♒ 24	24 ♍ 29	27 ♉ 8	8 ♓ 29	15 ♎	12 ♍	26 ♎	25 ♏	12 ♐
14	21 ♏ 25	10 ♏ 35	11 ♏ 12	11 ♏ 48	11 ♐ 49	16 ♎ 37	6 ♓ 28	3 ♍ 39	3 ♒ 27	24 ♍ 31	27 ♉ 7	8 ♓ 29	16 ♎	12 ♍	26 ♎	25 ♏	12 ♐
15	22 ♏ 25	23 ♏ 4	11 ♏ 9	11 R 47	13 ♐ 8	16 ♎ 53	7 ♓ 0	3 ♍ 45	3 ♒ 31	24 ♍ 34	27 ♉ 5	8 ♓ 28	16 ♎	12 ♍	26 ♎	26 ♏	12 ♐
16	23 ♏ 26	5 ♐ 45	11 ♏ 6	11 ♏ 47	14 ♐ 25	17 ♎ 12	7 ♓ 33	3 ♍ 52	3 ♒ 35	24 ♍ 36	27 ♉ 3	8 ♓ 28	17 ♎	13 ♍	27 ♎	26 ♏	12 ♐
17	24 ♏ 26	18 ♐ 41	11 ♏ 3	11 ♏ 45	15 ♐ 41	17 ♎ 32	8 ♓ 6	3 ♍ 58	3 ♒ 39	24 ♍ 39	27 ♉ 2	8 ♓ 28	17 ♎	13 ♍	27 ♎	27 ♏	12 ♐
18	25 ♏ 27	1 ♑ 50	11 ♏ 0	11 ♏ 43	16 ♐ 55	17 ♎ 55	8 ♓ 38	4 ♍ 4	3 ♒ 43	24 ♍ 41	27 ♉ 0	8 ♓ 28	18 ♎	14 ♍	28 ♎	28 ♏	12 ♐
19	26 ♏ 27	15 ♑ 12	10 ♏ 56	11 ♏ 41	18 ♐ 7	18 ♎ 19	9 ♓ 12	4 ♍ 10	3 ♒ 47	24 ♍ 43	26 ♉ 58	8 ♓ 28	18 ♎	14 ♍	28 ♎	28 ♏	12 ♐
20	27 ♏ 28	28 ♑ 47	10 ♏ 53	11 ♏ 39	19 ♐ 17	18 ♎ 45	9 ♓ 45	4 ♍ 16	3 ♒ 51	24 ♍ 45	26 ♉ 56	8 ♓ 28	18 ♎	14 ♍	28 ♎	29 ♏	13 ♐
21	28 ♏ 28	12 ♒ 34	10 ♏ 50	11 ♏ 38	20 ♐ 25	19 ♎ 13	10 ♓ 19	4 ♍ 22	3 ♒ 55	24 ♍ 48	26 ♉ 55	8 ♓ 28	19 ♎	15 ♍	29 ♎	29 ♏	13 ♐
22	29 ♏ 29	26 ♒ 32	10 ♏ 47	11 ♏ 37	21 ♐ 29	19 ♎ 42	10 ♓ 52	4 ♍ 27	3 ♒ 59	24 ♍ 50	26 ♉ 53	8 ♓ 28	19 ♎	15 ♍	29 ♎	0 ♐	13 ♐
23	0 ♐ 30	10 ♓ 40	10 ♏ 44	11 D 38	22 ♐ 31	20 ♎ 13	11 ♓ 26	4 ♍ 32	4 ♒ 4	24 ♍ 52	26 ♉ 51	8 D 28	20 ♎	16 ♍	29 ♎	0 ♐	13 ♐
24	1 ♐ 30	24 ♓ 56	10 ♏ 41	11 ♏ 39	23 ♐ 28	20 ♎ 45	12 ♓ 1	4 ♍ 38	4 ♒ 8	24 ♍ 54	26 ♉ 50	8 ♓ 28	20 ♎	16 ♍	0 ♏	1 ♐	13 ♐
25	2 ♐ 31	9 ♈ 18	10 ♏ 37	11 ♏ 40	24 ♐ 22	21 ♎ 19	12 ♓ 35	4 ♍ 43	4 ♒ 13	24 ♍ 56	26 ♉ 48	8 ♓ 28	21 ♎	16 ♍	0 ♏	1 ♐	13 ♐
26	3 ♐ 31	23 ♈ 43	10 ♏ 34	11 ♏ 41	25 ♐ 11	21 ♎ 54	13 ♓ 9	4 ♍ 48	4 ♒ 17	24 ♍ 58	26 ♉ 46	8 ♓ 28	21 ♎	17 ♍	0 ♏	2 ♐	13 ♐
27	4 ♐ 32	8 ♉ 6	10 ♏ 31	11 ♏ 42	25 ♐ 54	22 ♎ 31	13 ♓ 44	4 ♍ 52	4 ♒ 22	25 ♍ 0	26 ♉ 45	8 ♓ 28	21 ♎	17 ♍	1 ♏	2 ♐	13 ♐
28	5 ♐ 33	22 ♉ 23	10 ♏ 28	11 R 42	26 ♐ 32	23 ♎ 9	14 ♓ 19	4 ♍ 57	4 ♒ 27	25 ♍ 2	26 ♉ 43	8 ♓ 28	22 ♎	17 ♍	1 ♏	3 ♐	14 ♐
29	6 ♐ 34	6 ♊ 29	10 ♏ 25	11 ♏ 40	27 ♐ 3	23 ♎ 48	14 ♓ 54	5 ♍ 1	4 ♒ 31	25 ♍ 3	26 ♉ 41	8 ♓ 28	22 ♎	18 ♍	1 ♏	3 ♐	14 ♐
30	7 ♐ 34	20 ♊ 19	10 ♏ 21	11 ♏ 37	27 ♐ 26	24 ♎ 29	15 ♓ 29	5 ♍ 5	4 ♒ 36	25 ♍ 5	26 ♉ 40	8 ♓ 29	23 ♎	18 ♍	2 ♏	4 ♐	14 ♐

SUN INGRESS	☉ → ♐ 22日 12:06
MOON PHASE	◑ 6日 18:56 ♌　● 14日 22:41 ♏　◐ 22日 05:24 ♒　○ 29日 00:09 ♊

aspects		
1日	04:16	☉△♇
1日	08:35	☿⚹♅
3日	16:45	☿☍♆
6日	22:56	♂☍♃
7日	11:54	☿□♃
7日	15:50	☿⚹♄
7日	17:18	☿□♂
11日	12:35	☿□♇
17日	05:07	☉⚹♅
17日	16:24	♂☌♇
19日	06:08	☿⚹♀
19日	11:54	☉☍♆
25日	17:02	☿□♅
26日	19:37	☉⚹♄
27日	08:39	☉□♃
30日	21:31	☉□♇

2050年12月

DAY	☉	☽	☊ mean	☊ true	☿	♀	♂	♃	♄	♅	♆	♇	⚳	⚴	⚵	⚶	⚷
	° ′	° ′	° ′	° ′	° ′	° ′	° ′	° ′	° ′	° ′	° ′	° ′	°	°	°	°	°
1	8 ♐ 35	3 ♋ 51	10 ♏ 18	11 R 33	27 D 41	25 D 11	16 D 4	5 D 9	4 D 41	25 D 7	26 R 38	8 D 29	23 D	19 D	2 D	5 D	14 D
2	9 ♐ 36	17 ♋ 2	10 ♏ 15	11 ♏ 29	27 ♐ 47	25 ♎ 54	16 ♓ 40	5 ♍ 13	4 ♒ 46	25 ♍ 8	26 ♉ 36	8 ♓ 29	24 ♎	19 ♍	2 ♏	5 ♐	14 ♐
3	10 ♐ 37	29 ♋ 53	10 ♏ 12	11 ♏ 24	27 R 43	26 ♎ 37	17 ♓ 15	5 ♍ 17	4 ♒ 51	25 ♍ 10	26 ♉ 35	8 ♓ 29	24 ♎	19 ♍	3 ♏	6 ♐	14 ♐
4	11 ♐ 37	12 ♌ 23	10 ♏ 9	11 ♏ 20	27 ♐ 28	27 ♎ 22	17 ♓ 51	5 ♍ 20	4 ♒ 57	25 ♍ 12	26 ♉ 33	8 ♓ 30	24 ♎	20 ♍	3 ♏	6 ♐	14 ♐
5	12 ♐ 38	24 ♌ 38	10 ♏ 6	11 ♏ 17	27 ♐ 2	28 ♎ 8	18 ♓ 27	5 ♍ 24	5 ♒ 2	25 ♍ 13	26 ♉ 31	8 ♓ 30	25 ♎	20 ♍	3 ♏	7 ♐	14 ♐
6	13 ♐ 39	6 ♍ 39	10 ♏ 2	11 ♏ 15	26 ♐ 25	28 ♎ 55	19 ♓ 3	5 ♍ 27	5 ♒ 7	25 ♍ 14	26 ♉ 30	8 ♓ 30	25 ♎	20 ♍	3 ♏	7 ♐	14 ♐
7	14 ♐ 40	18 ♍ 32	9 ♏ 59	11 D 15	25 ♐ 37	29 ♎ 43	19 ♓ 39	5 ♍ 30	5 ♒ 12	25 ♍ 16	26 ♉ 28	8 ♓ 31	26 ♎	21 ♍	4 ♏	8 ♐	15 ♐
8	15 ♐ 41	0 ♎ 22	9 ♏ 56	11 ♏ 16	24 ♐ 39	0 ♏ 32	20 ♓ 15	5 ♍ 33	5 ♒ 18	25 ♍ 17	26 ♉ 27	8 ♓ 31	26 ♎	21 ♍	4 ♏	8 ♐	15 ♐
9	16 ♐ 42	12 ♎ 13	9 ♏ 53	11 ♏ 18	23 ♐ 32	1 ♏ 22	20 ♓ 51	5 ♍ 35	5 ♒ 23	25 ♍ 18	26 ♉ 25	8 ♓ 31	26 ♎	21 ♍	4 ♏	9 ♐	15 ♐
10	17 ♐ 43	24 ♎ 12	9 ♏ 50	11 ♏ 19	22 ♐ 17	2 ♏ 12	21 ♓ 28	5 ♍ 38	5 ♒ 29	25 ♍ 20	26 ♉ 24	8 ♓ 32	27 ♎	21 ♍	5 ♏	9 ♐	15 ♐
11	18 ♐ 44	6 ♏ 22	9 ♏ 47	11 ♏ 20	20 ♐ 56	3 ♏ 3	22 ♓ 4	5 ♍ 40	5 ♒ 34	25 ♍ 21	26 ♉ 22	8 ♓ 32	27 ♎	22 ♍	5 ♏	10 ♐	15 ♐
12	19 ♐ 45	18 ♏ 46	9 ♏ 43	11 R 20	19 ♐ 34	3 ♏ 56	22 ♓ 41	5 ♍ 42	5 ♒ 40	25 ♍ 22	26 ♉ 20	8 ♓ 33	28 ♎	22 ♍	5 ♏	10 ♐	15 ♐
13	20 ♐ 46	1 ♐ 29	9 ♏ 40	11 ♏ 18	18 ♐ 11	4 ♏ 48	23 ♓ 18	5 ♍ 44	5 ♒ 46	25 ♍ 23	26 ♉ 19	8 ♓ 33	28 ♎	22 ♍	6 ♏	11 ♐	15 ♐
14	21 ♐ 47	14 ♐ 29	9 ♏ 37	11 ♏ 14	16 ♐ 51	5 ♏ 42	23 ♓ 55	5 ♍ 45	5 ♒ 52	25 ♍ 24	26 ♉ 17	8 ♓ 34	28 ♎	23 ♍	6 ♏	12 ♐	15 ♐
15	22 ♐ 48	27 ♐ 49	9 ♏ 34	11 ♏ 9	15 ♐ 37	6 ♏ 36	24 ♓ 32	5 ♍ 47	5 ♒ 57	25 ♍ 25	26 ♉ 16	8 ♓ 34	29 ♎	23 ♍	6 ♏	12 ♐	16 ♐
16	23 ♐ 49	11 ♑ 25	9 ♏ 31	11 ♏ 1	14 ♐ 31	7 ♏ 31	25 ♓ 9	5 ♍ 48	6 ♒ 3	25 ♍ 26	26 ♉ 14	8 ♓ 35	29 ♎	23 ♍	7 ♏	13 ♐	16 ♐
17	24 ♐ 50	25 ♑ 15	9 ♏ 27	10 ♏ 54	13 ♐ 34	8 ♏ 26	25 ♓ 46	5 ♍ 49	6 ♒ 9	25 ♍ 27	26 ♉ 13	8 ♓ 36	0 ♏	23 ♍	7 ♏	13 ♐	16 ♐
18	25 ♐ 51	9 ♒ 15	9 ♏ 24	10 ♏ 47	12 ♐ 47	9 ♏ 22	26 ♓ 23	5 ♍ 50	6 ♒ 15	25 ♍ 27	26 ♉ 12	8 ♓ 36	0 ♏	24 ♍	7 ♏	14 ♐	16 ♐
19	26 ♐ 52	23 ♒ 22	9 ♏ 21	10 ♏ 41	12 ♐ 12	10 ♏ 19	27 ♓ 1	5 ♍ 51	6 ♒ 21	25 ♍ 28	26 ♉ 10	8 ♓ 37	0 ♏	24 ♍	8 ♏	14 ♐	16 ♐
20	27 ♐ 53	7 ♓ 31	9 ♏ 18	10 ♏ 37	11 ♐ 47	11 ♏ 16	27 ♓ 38	5 ♍ 51	6 ♒ 27	25 ♍ 29	26 ♉ 9	8 ♓ 38	1 ♏	24 ♍	8 ♏	15 ♐	16 ♐
21	28 ♐ 54	21 ♓ 40	9 ♏ 15	10 ♏ 35	11 ♐ 33	12 ♏ 14	28 ♓ 16	5 ♍ 51	6 ♒ 34	25 ♍ 29	26 ♉ 7	8 ♓ 38	1 ♏	24 ♍	8 ♏	15 ♐	16 ♐
22	29 ♐ 55	5 ♈ 48	9 ♏ 12	10 D 35	11 D 29	13 ♏ 12	28 ♓ 53	5 R 51	6 ♒ 40	25 ♍ 30	26 ♉ 6	8 ♓ 39	1 ♏	25 ♍	8 ♏	16 ♐	16 ♐
23	0 ♑ 56	19 ♈ 52	9 ♏ 8	10 ♏ 36	11 ♐ 36	14 ♏ 10	29 ♓ 31	5 ♍ 51	6 ♒ 46	25 ♍ 30	26 ♉ 5	8 ♓ 40	2 ♏	25 ♍	9 ♏	16 ♐	17 ♐
24	1 ♑ 58	3 ♉ 52	9 ♏ 5	10 ♏ 37	11 ♐ 51	15 ♏ 10	0 ♈ 9	5 ♍ 51	6 ♒ 52	25 ♍ 31	26 ♉ 3	8 ♓ 40	2 ♏	25 ♍	9 ♏	17 ♐	17 ♐
25	2 ♑ 59	17 ♉ 47	9 ♏ 2	10 R 36	12 ♐ 14	16 ♏ 9	0 ♈ 47	5 ♍ 51	6 ♒ 59	25 ♍ 31	26 ♉ 2	8 ♓ 41	3 ♏	25 ♍	9 ♏	17 ♐	17 ♐
26	4 ♑ 0	1 ♊ 36	8 ♏ 59	10 ♏ 34	12 ♐ 44	17 ♏ 9	1 ♈ 25	5 ♍ 50	7 ♒ 5	25 ♍ 31	26 ♉ 1	8 ♓ 42	3 ♏	26 ♍	10 ♏	18 ♐	17 ♐
27	5 ♑ 1	15 ♊ 15	8 ♏ 56	10 ♏ 30	13 ♐ 21	18 ♏ 10	2 ♈ 3	5 ♍ 49	7 ♒ 11	25 ♍ 32	26 ♉ 0	8 ♓ 43	3 ♏	26 ♍	10 ♏	19 ♐	17 ♐
28	6 ♑ 2	28 ♊ 44	8 ♏ 53	10 ♏ 23	14 ♐ 4	19 ♏ 11	2 ♈ 41	5 ♍ 48	7 ♒ 18	25 ♍ 32	25 ♉ 58	8 ♓ 44	4 ♏	26 ♍	10 ♏	19 ♐	17 ♐
29	7 ♑ 3	12 ♋ 0	8 ♏ 49	10 ♏ 13	14 ♐ 53	20 ♏ 12	3 ♈ 19	5 ♍ 47	7 ♒ 24	25 ♍ 32	25 ♉ 57	8 ♓ 45	4 ♏	26 ♍	10 ♏	20 ♐	17 ♐
30	8 ♑ 4	25 ♋ 0	8 ♏ 46	10 ♏ 3	15 ♐ 45	21 ♏ 14	3 ♈ 57	5 ♍ 45	7 ♒ 31	25 ♍ 32	25 ♉ 56	8 ♓ 46	4 ♏	26 ♍	11 ♏	20 ♐	17 ♐
31	9 ♑ 5	7 ♌ 44	8 ♏ 43	9 ♏ 51	16 ♐ 42	22 ♏ 16	4 ♈ 35	5 ♍ 43	7 ♒ 38	25 ♍ 32	25 ♉ 55	8 ♓ 47	5 ♏	27 ♍	11 ♏	21 ♐	17 ♐

SUN INGRESS	☉ → ♑ 22日 01:38
MOON PHASE	◑ 6日 15:27 ♍　● 14日 14:17 ♐　◐ 21日 13:14 ♓　○ 28日 14:15 ♋

aspects		
4日	02:03	☿⚹♀
7日	09:10	☿□♅
10日	10:08	☿□♂
11日	22:08	☉☌☿
14日	01:39	♀⚹♃
14日	04:54	♀□♄
16日	11:14	♂☍♅
17日	04:06	♀△♇
17日	14:35	☉□♅
17日	16:47	♂⚹♆
19日	08:39	☉□♂
27日	18:35	☉△♃
30日	16:32	☉⚹♇

ボイドタイム

moonvoid

1900年【ボイドタイム】

1月

開始日		開始時刻	サイン		終了日		終了時刻	サイン
1	月	01:01	♐	~	1	月	04:57	♑
2	火	05:05	♑	~	3	水	06:27	♒
5	金	04:09	♒	~	5	金	07:10	♓
7	日	06:04	♓	~	7	日	08:46	♈
9	火	10:03	♈	~	9	火	12:27	♉
11	木	02:50	♉	~	11	木	18:38	♊
14	日	01:30	♊	~	14	日	03:07	♋
16	火	04:19	♋	~	16	火	13:32	♌
19	金	00:52	♌	~	19	金	01:28	♍
21	日	14:05	♍	~	21	日	14:08	♎
23	火	15:27	♎	~	24	水	01:55	♏
26	金	01:53	♏	~	26	金	10:51	♐
28	日	06:31	♐	~	28	日	15:48	♑
29	月	10:21	♑	~	30	火	17:14	♒

2月

開始日		開始時刻	サイン		終了日		終了時刻	サイン
1	木	08:07	♒	~	1	木	16:48	♓
3	土	07:42	♓	~	3	土	16:39	♈
5	月	09:11	♈	~	5	月	18:42	♉
7	水	09:35	♉	~	8	木	00:08	♊
9	金	23:31	♊	~	10	土	08:51	♋
12	月	16:46	♋	~	12	月	19:50	♌
15	木	07:48	♌	~	15	木	08:01	♍
17	土	09:04	♍	~	17	土	20:37	♎
19	月	21:21	♎	~	20	火	08:45	♏
22	木	08:30	♏	~	22	木	18:54	♐
24	土	19:18	♐	~	25	日	01:34	♑
26	月	12:46	♑	~	27	火	04:16	♒

3月

開始日		開始時刻	サイン		終了日		終了時刻	サイン
1	木	03:54	♒	~	1	木	04:06	♓
3	土	00:03	♓	~	3	土	03:03	♈
4	日	17:52	♈	~	5	月	03:25	♉
6	火	04:24	♉	~	7	水	07:06	♊
9	金	11:01	♊	~	9	金	14:46	♋
11	日	05:26	♋	~	12	月	01:40	♌
14	水	02:24	♌	~	14	水	14:05	♍
16	金	17:11	♍	~	17	土	02:40	♎
19	月	03:12	♎	~	19	月	14:36	♏
20	火	20:51	♏	~	22	木	01:04	♐
23	金	22:35	♐	~	24	土	08:58	♑
25	日	19:03	♑	~	26	月	13:26	♒
28	水	05:37	♒	~	28	水	14:43	♓
30	金	13:55	♓	~	30	金	14:13	♈

4月

開始日		開始時刻	サイン		終了日		終了時刻	サイン
1	日	04:58	♈	~	1	日	14:02	♉
3	火	11:57	♉	~	3	火	16:15	♊
5	木	18:14	♊	~	5	木	22:17	♋
8	日	07:51	♋	~	8	日	08:11	♌
10	火	09:24	♌	~	10	火	20:26	♍
13	金	04:12	♍	~	13	金	09:02	♎
15	日	10:08	♎	~	15	日	20:39	♏
16	月	06:29	♏	~	18	水	06:39	♐
20	金	13:59	♐	~	20	金	14:38	♑
21	土	08:35	♑	~	22	日	20:06	♒
24	火	14:28	♒	~	24	火	23:00	♓
26	木	15:48	♓	~	27	金	00:01	♈
28	土	16:24	♈	~	29	日	00:35	♉
29	日	14:23	♉	~	1	火	02:30	♊

5月

開始日		開始時刻	サイン		終了日		終了時刻	サイン
3	木	02:27	♊	~	3	木	07:25	♋
4	金	21:16	♋	~	5	土	16:02	♌
7	月	18:02	♌	~	8	火	03:37	♍
10	木	06:45	♍	~	10	木	16:10	♎
12	土	20:28	♎	~	13	日	03:42	♏
15	火	00:36	♏	~	15	火	13:08	♐
17	木	12:17	♐	~	17	木	20:20	♑
19	土	22:09	♑	~	20	日	01:31	♒
21	月	21:44	♒	~	22	火	05:02	♓
24	木	00:19	♓	~	24	木	07:22	♈
26	土	02:24	♈	~	26	土	09:21	♉
27	日	13:47	♉	~	28	月	12:07	♊
30	水	09:43	♊	~	30	水	16:56	♋

6月

開始日		開始時刻	サイン		終了日		終了時刻	サイン
1	金	04:54	♋	~	2	土	00:45	♌
4	月	03:56	♌	~	4	月	11:35	♍
6	水	16:28	♍	~	7	木	00:00	♎
9	土	10:27	♎	~	9	土	11:46	♏
11	月	08:37	♏	~	11	月	21:06	♐
13	水	21:22	♐	~	14	木	03:32	♑
15	金	21:17	♑	~	16	土	07:39	♒
18	月	04:53	♒	~	18	月	10:28	♓
20	水	09:57	♓	~	20	水	12:58	♈
22	金	10:30	♈	~	22	金	15:54	♉
24	日	15:59	♉	~	24	日	19:52	♊
26	火	20:02	♊	~	27	水	01:28	♋
28	木	17:08	♋	~	29	金	09:19	♌

7月

開始日		開始時刻	サイン		終了日		終了時刻	サイン
1	日	14:08	♌	~	1	日	19:43	♍
4	水	02:29	♍	~	4	水	08:00	♎
6	金	15:00	♎	~	6	金	20:13	♏
8	日	03:53	♏	~	9	月	06:06	♐
11	水	08:07	♐	~	11	水	12:27	♑
12	木	22:22	♑	~	13	金	15:42	♒
15	日	13:25	♒	~	15	日	17:13	♓
17	火	14:55	♓	~	17	火	18:38	♈
19	木	21:11	♈	~	19	木	21:17	♉
21	土	22:46	♉	~	22	日	01:49	♊
24	火	07:45	♊	~	24	火	08:21	♋
24	火	23:23	♋	~	26	木	16:50	♌
29	日	02:09	♌	~	29	日	03:18	♍
31	火	14:04	♍	~	31	火	15:30	♎

8月

開始日		開始時刻	サイン		終了日		終了時刻	サイン
3	金	02:30	♎	~	3	金	04:09	♏
4	土	01:45	♏	~	5	日	15:02	♐
7	火	20:25	♐	~	7	火	22:15	♑
8	水	14:00	♑	~	10	金	01:32	♒
12	日	00:17	♒	~	12	日	02:11	♓
14	火	00:08	♓	~	14	火	02:10	♈
16	木	01:12	♈	~	16	木	03:25	♉
17	金	20:46	♉	~	18	土	07:15	♊
20	月	11:36	♊	~	20	月	13:57	♋
21	火	19:13	♋	~	22	水	23:03	♌
25	土	07:40	♌	~	25	土	09:58	♍
27	月	19:59	♍	~	27	月	22:13	♎
30	木	08:55	♎	~	30	木	11:04	♏

9月

開始日		開始時刻	サイン		終了日		終了時刻	サイン
1	土	16:28	♏	~	1	土	22:50	♐
4	火	05:41	♐	~	4	火	07:28	♑
6	木	07:31	♑	~	6	木	11:54	♒
8	土	11:20	♒	~	8	土	12:48	♓
10	月	10:36	♓	~	10	月	12:00	♈
12	水	10:21	♈	~	12	水	11:45	♉
14	金	00:24	♉	~	14	金	13:58	♊
16	日	18:09	♊	~	16	日	19:40	♋
19	水	04:02	♋	~	19	水	04:39	♌
21	金	14:20	♌	~	21	金	15:54	♍
24	月	02:47	♍	~	24	月	04:20	♎
26	水	16:34	♎	~	26	水	17:07	♏
28	金	06:31	♏	~	29	土	05:11	♐

10月

開始日		開始時刻	サイン		終了日		終了時刻	サイン
1	月	13:34	♐	~	1	月	14:57	♑
3	水	09:27	♑	~	3	水	21:04	♒
5	金	22:14	♒	~	5	金	23:23	♓
7	日	22:10	♓	~	7	日	23:07	♈
9	火	21:30	♈	~	9	火	22:17	♉
10	水	10:33	♉	~	11	木	23:02	♊
14	日	02:37	♊	~	14	日	03:02	♋
15	月	18:51	♋	~	16	火	10:54	♌
18	木	20:15	♌	~	18	木	21:53	♍
21	日	08:44	♍	~	21	日	10:25	♎
23	火	22:27	♎	~	23	火	23:05	♏
26	金	00:55	♏	~	26	金	10:51	♐
28	日	19:03	♐	~	28	日	20:48	♑
30	火	18:34	♑	~	31	水	04:03	♒

11月

開始日		開始時刻	サイン		終了日		終了時刻	サイン
2	金	06:26	♒	~	2	金	08:07	♓
4	日	07:48	♓	~	4	日	09:28	♈
6	火	07:44	♈	~	6	火	09:26	♉
7	水	22:01	♉	~	8	木	09:51	♊
10	土	10:34	♊	~	10	土	12:33	♋
11	日	21:54	♋	~	12	月	18:49	♌
15	木	02:21	♌	~	15	木	04:48	♍
17	土	14:33	♍	~	17	土	17:09	♎
20	火	03:07	♎	~	20	火	05:49	♏
22	木	16:17	♏	~	22	木	17:09	♐
24	土	23:42	♐	~	25	日	02:27	♑
27	火	04:56	♑	~	27	火	09:31	♒
29	木	11:41	♒	~	29	木	14:24	♓

12月

開始日		開始時刻	サイン		終了日		終了時刻	サイン
1	土	14:39	♓	~	1	土	17:22	♈
3	月	16:15	♈	~	3	月	19:02	♉
5	水	07:21	♉	~	5	水	20:27	♊
7	金	19:58	♊	~	7	金	23:04	♋
9	日	21:39	♋	~	10	月	04:19	♌
12	水	11:50	♌	~	12	水	13:04	♍
14	金	20:48	♍	~	15	土	00:49	♎
17	月	09:24	♎	~	17	月	13:34	♏
19	水	15:07	♏	~	20	木	00:55	♐
22	土	09:01	♐	~	22	土	09:33	♑
23	日	03:39	♑	~	24	月	15:34	♒
26	水	15:47	♒	~	26	水	19:47	♓
28	金	18:59	♓	~	28	金	23:02	♈
30	日	21:47	♈	~	31	月	01:56	♉
31	月	21:33	♉	~	2	水	04:54	♊

1901年【ボイドタイム】

1月

開始日		開始時刻	サイン		終了日		終了時刻	サイン
4	金	04:08	♊	～	4	金	08:36	♋
5	土	09:13	♋	～	6	日	13:59	♌
8	火	17:27	♌	～	8	火	22:04	♍
11	金	05:25	♍	～	11	金	09:08	♎
13	日	19:16	♎	～	13	日	21:53	♏
15	火	23:30	♏	～	16	水	09:44	♐
18	金	18:06	♐	～	18	金	18:30	♑
20	日	23:36	♑	～	20	日	23:48	♒
22	火	21:37	♒	～	23	水	02:42	♓
24	木	23:37	♓	～	25	金	04:45	♈
27	日	01:58	♈	～	27	日	07:16	♉
28	月	07:42	♉	～	29	火	10:55	♊
31	木	10:07	♊	～	31	木	15:50	♋

2月

開始日		開始時刻	サイン		終了日		終了時刻	サイン
2	土	04:33	♋	～	2	土	22:13	♌
5	火	00:16	♌	～	5	火	06:33	♍
7	木	11:11	♍	～	7	木	17:18	♎
9	土	23:06	♎	～	10	日	05:57	♏
12	火	03:12	♏	～	12	火	18:27	♐
14	木	21:46	♐	～	15	金	04:10	♑
16	土	05:12	♑	～	17	日	09:51	♒
19	火	11:45	♒	～	19	火	12:06	♓
21	木	07:05	♓	～	21	木	12:44	♈
23	土	07:53	♈	～	23	土	13:41	♉
25	月	02:21	♉	～	25	月	16:22	♊
27	水	14:58	♊	～	27	水	21:21	♋

3月

開始日		開始時刻	サイン		終了日		終了時刻	サイン
1	金	12:45	♋	～	2	土	04:31	♌
4	月	11:57	♌	～	4	月	13:37	♍
6	水	17:31	♍	～	7	木	00:37	♎
9	土	08:03	♎	～	9	土	13:12	♏
11	月	19:25	♏	～	12	火	02:04	♐
14	木	06:09	♐	～	14	木	12:57	♑
16	土	10:42	♑	～	16	土	19:57	♒
18	月	17:03	♒	～	18	月	22:52	♓
20	水	21:53	♓	～	20	水	23:06	♈
22	金	17:06	♈	～	22	金	22:42	♉
24	日	13:23	♉	～	24	日	23:38	♊
26	火	21:07	♊	～	27	水	03:15	♋
29	金	08:10	♋	～	29	金	10:01	♌
31	日	12:50	♌	～	31	日	19:30	♍

4月

開始日		開始時刻	サイン		終了日		終了時刻	サイン
3	水	00:11	♍	～	3	水	06:58	♎
5	金	12:50	♎	～	5	金	19:38	♏
7	日	18:36	♏	～	8	月	08:31	♐
10	水	13:42	♐	～	10	水	20:02	♑
12	金	20:22	♑	～	13	土	04:27	♒
15	月	03:35	♒	～	15	月	08:57	♓
17	水	05:05	♓	～	17	水	10:06	♈
19	金	06:37	♈	～	19	金	09:33	♉
21	日	00:33	♉	～	21	日	09:18	♊
23	火	06:05	♊	～	23	火	11:12	♋
24	水	15:50	♋	～	25	木	16:29	♌
27	土	19:45	♌	～	28	日	01:20	♍
30	火	07:15	♍	～	30	火	12:54	♎

5月

開始日		開始時刻	サイン		終了日		終了時刻	サイン
2	木	21:35	♎	～	3	金	01:44	♏
5	日	10:31	♏	～	5	日	14:28	♐
7	火	23:35	♐	～	8	水	01:54	♑
9	木	16:33	♑	～	10	金	10:59	♒
12	日	12:38	♒	～	12	日	16:56	♓
14	火	15:47	♓	～	14	火	19:44	♈
16	木	16:34	♈	～	16	木	20:17	♉
18	土	14:37	♉	～	18	土	20:07	♊
20	月	17:24	♊	～	20	月	21:03	♋
22	水	00:00	♋	～	23	木	00:47	♌
25	土	04:25	♌	～	25	土	08:19	♍
27	月	15:23	♍	～	27	月	19:19	♎
30	木	04:20	♎	～	30	木	08:08	♏
31	金	15:27	♏	～	1	土	20:44	♐

6月

開始日		開始時刻	サイン		終了日		終了時刻	サイン
4	火	04:28	♐	～	4	火	07:44	♑
5	水	12:44	♑	～	6	木	16:31	♒
8	土	20:13	♒	～	8	土	22:55	♓
11	火	00:34	♓	～	11	火	03:02	♈
13	木	02:55	♈	～	13	木	05:10	♉
14	金	08:28	♉	～	15	土	06:11	♊
17	月	05:22	♊	～	17	月	07:22	♋
18	火	18:40	♋	～	19	水	10:24	♌
21	金	15:05	♌	～	21	金	16:41	♍
24	月	00:48	♍	～	24	月	02:42	♎
26	水	13:29	♎	～	26	水	15:15	♏
28	金	19:38	♏	～	29	土	03:52	♐

7月

開始日		開始時刻	サイン		終了日		終了時刻	サイン
1	月	13:14	♐	～	1	月	14:32	♑
3	水	18:28	♑	～	3	水	22:34	♒
6	土	03:29	♒	～	6	土	04:23	♓
8	月	07:52	♓	～	8	月	08:37	♈
10	水	11:09	♈	～	10	水	11:45	♉
12	金	12:34	♉	～	12	金	14:11	♊
14	日	16:10	♊	～	14	日	16:31	♋
16	火	07:10	♋	～	16	火	19:54	♌
19	金	01:38	♌	～	19	金	01:43	♍
21	日	05:48	♍	～	21	日	10:55	♎
23	火	22:58	♎	～	23	火	23:01	♏
26	金	01:42	♏	～	26	金	11:46	♐
28	日	19:22	♐	～	28	日	22:34	♑
30	火	07:23	♑	～	31	水	06:10	♒

8月

開始日		開始時刻	サイン		終了日		終了時刻	サイン
1	木	14:36	♒	～	2	金	11:00	♓
3	土	23:22	♓	～	4	日	14:17	♈
6	火	06:43	♈	～	6	火	17:07	♉
8	木	15:04	♉	～	8	木	20:08	♊
10	土	03:39	♊	～	10	土	23:38	♋
12	月	05:41	♋	～	13	火	04:04	♌
14	水	17:27	♌	～	15	木	10:18	♍
17	土	03:25	♍	～	17	土	19:14	♎
19	月	22:33	♎	～	20	火	06:58	♏
22	木	16:59	♏	～	22	木	19:54	♐
25	日	02:42	♐	～	25	日	07:18	♑
27	火	09:39	♑	～	27	火	15:14	♒
29	木	16:54	♒	～	29	木	19:36	♓
31	土	02:53	♓	～	31	土	21:45	♈

9月

開始日		開始時刻	サイン		終了日		終了時刻	サイン
2	月	04:29	♈	～	2	月	23:17	♉
4	水	03:23	♉	～	5	木	01:33	♊
6	金	13:58	♊	～	7	土	05:11	♋
9	月	02:41	♋	～	9	月	10:27	♌
11	水	02:30	♌	～	11	水	17:33	♍
13	金	06:18	♍	～	14	土	02:53	♎
16	月	11:10	♎	～	16	月	14:32	♏
18	水	16:43	♏	～	19	木	03:34	♐
21	土	10:33	♐	～	21	土	15:45	♑
24	火	00:33	♑	～	24	火	00:45	♒
25	水	15:38	♒	～	26	木	05:43	♓
27	金	12:58	♓	～	28	土	07:29	♈
30	月	04:51	♈	～	30	月	07:48	♉

10月

開始日		開始時刻	サイン		終了日		終了時刻	サイン
1	火	17:12	♉	～	2	水	08:28	♊
3	木	15:33	♊	～	4	金	10:55	♋
6	日	04:45	♋	～	6	日	15:53	♌
8	火	15:02	♌	～	8	火	23:29	♍
11	金	04:52	♍	～	11	金	09:26	♎
12	土	22:21	♎	～	13	日	21:20	♏
15	火	04:52	♏	～	16	水	10:22	♐
18	金	11:01	♐	～	18	金	23:02	♑
21	月	02:57	♑	～	21	月	09:18	♒
23	水	14:12	♒	～	23	水	15:46	♓
25	金	02:34	♓	～	25	金	18:26	♈
27	日	00:13	♈	～	27	日	18:34	♉
29	火	00:49	♉	～	29	火	18:02	♊
31	木	03:38	♊	～	31	木	18:43	♋

11月

開始日		開始時刻	サイン		終了日		終了時刻	サイン
1	金	21:13	♋	～	2	土	22:10	♌
4	月	22:09	♌	～	5	火	05:07	♍
7	木	13:54	♍	～	7	木	15:16	♎
9	土	04:05	♎	～	10	日	03:30	♏
11	月	16:34	♏	～	12	火	16:33	♐
14	木	14:03	♐	～	15	金	05:10	♑
17	日	03:59	♑	～	17	日	16:04	♒
19	火	17:24	♒	～	20	水	00:04	♓
22	金	02:22	♓	～	22	金	04:32	♈
24	日	05:26	♈	～	24	日	05:52	♉
25	月	12:14	♉	～	26	火	05:25	♊
27	水	09:45	♊	～	28	木	05:02	♋
29	金	20:01	♋	～	30	土	06:44	♌

12月

開始日		開始時刻	サイン		終了日		終了時刻	サイン
1	日	21:11	♌	～	2	月	12:03	♍
4	水	19:06	♍	～	4	水	21:24	♎
6	金	08:51	♎	～	7	土	09:39	♏
8	日	18:22	♏	～	9	月	22:46	♐
11	水	11:53	♐	～	12	木	11:04	♑
13	金	20:52	♑	～	14	土	21:42	♒
16	月	18:39	♒	～	17	火	06:12	♓
19	木	05:35	♓	～	19	木	12:10	♈
21	土	13:05	♈	～	21	土	15:23	♉
23	月	03:27	♉	～	23	月	16:22	♊
25	水	13:18	♊	～	25	水	16:23	♋
27	金	09:31	♋	～	27	金	17:18	♌
29	日	20:52	♌	～	29	日	21:04	♍

1902年【ボイドタイム】

1月

開始日		開始時刻	サイン		終了日		終了時刻	サイン
1	水	04:36	♍	~	1	水	04:57	♎
3	金	16:00	♎	~	3	金	16:31	♏
5	日	22:42	♏	~	6	月	05:37	♐
8	水	17:01	♐	~	8	水	17:47	♑
10	金	16:39	♑	~	11	土	03:49	♒
13	月	10:44	♒	~	13	月	11:41	♓
15	水	16:43	♓	~	15	水	17:44	♈
17	金	21:02	♈	~	17	金	22:07	♉
19	日	22:26	♉	~	20	月	00:50	♊
22	水	01:10	♊	~	22	水	02:22	♋
23	木	22:23	♋	~	24	金	03:56	♌
26	日	05:49	♌	~	26	日	07:16	♍
28	火	12:20	♍	~	28	火	13:58	♎
30	木	22:39	♎	~	31	金	00:29	♏

2月

開始日		開始時刻	サイン		終了日		終了時刻	サイン
2	日	11:03	♏	~	2	日	13:18	♐
4	火	23:38	♐	~	5	水	01:38	♑
6	木	20:13	♑	~	7	金	11:28	♒
9	日	16:31	♒	~	9	日	18:29	♓
11	火	21:33	♓	~	11	火	23:31	♈
14	金	01:27	♈	~	14	金	03:26	♉
15	土	23:56	♉	~	16	日	06:44	♊
18	火	07:34	♊	~	18	火	09:37	♋
20	木	01:16	♋	~	20	木	12:37	♌
22	土	14:31	♌	~	22	土	16:45	♍
24	月	20:55	♍	~	24	月	23:18	♎
27	木	06:32	♎	~	27	木	09:06	♏

3月

開始日		開始時刻	サイン		終了日		終了時刻	サイン
1	土	09:51	♏	~	1	土	21:27	♐
4	火	07:26	♐	~	4	火	10:04	♑
6	木	10:24	♑	~	6	木	20:22	♒
9	日	00:54	♒	~	9	日	03:16	♓
11	火	05:05	♓	~	11	火	07:22	♈
13	木	07:42	♈	~	13	木	09:56	♉
15	土	06:36	♉	~	15	土	12:14	♊
17	月	12:49	♊	~	17	月	15:04	♋
19	水	14:54	♋	~	19	水	18:55	♌
21	金	21:52	♌	~	22	土	00:12	♍
24	月	05:06	♍	~	24	月	07:31	♎
26	水	14:51	♎	~	26	水	17:20	♏
28	金	22:17	♏	~	29	土	05:25	♐
31	月	15:46	♐	~	31	月	18:13	♑

4月

開始日		開始時刻	サイン		終了日		終了時刻	サイン
2	水	23:08	♑	~	3	木	05:21	♒
5	土	11:00	♒	~	5	土	13:04	♓
7	月	15:18	♓	~	7	月	17:12	♈
9	水	17:04	♈	~	9	水	18:50	♉
11	金	15:04	♉	~	11	金	19:37	♊
13	日	19:22	♊	~	13	日	21:04	♋
15	火	19:44	♋	~	16	水	00:19	♌
18	金	04:15	♌	~	18	金	05:58	♍
20	日	12:24	♍	~	20	日	14:05	♎
22	火	22:50	♎	~	23	水	00:28	♏
25	金	07:51	♏	~	25	金	12:37	♐
28	月	00:01	♐	~	28	月	01:27	♑
30	水	08:51	♑	~	30	水	13:17	♒

5月

開始日		開始時刻	サイン		終了日		終了時刻	サイン
2	金	21:12	♒	~	2	金	22:16	♓
5	月	02:37	♓	~	5	月	03:30	♈
7	水	04:38	♈	~	7	水	05:23	♉
9	金	02:54	♉	~	9	金	05:21	♊
11	日	04:42	♊	~	11	日	05:16	♋
13	火	03:08	♋	~	13	火	06:55	♌
15	木	11:13	♌	~	15	木	11:37	♍
17	土	19:26	♍	~	17	土	19:42	♎
20	火	06:26	♎	~	20	火	06:33	♏
22	木	14:11	♏	~	22	木	18:58	♐
24	土	21:09	♐	~	25	日	07:47	♑
27	火	14:55	♑	~	27	火	19:51	♒
29	木	17:57	♒	~	30	金	05:50	♓

6月

開始日		開始時刻	サイン		終了日		終了時刻	サイン
1	日	07:54	♓	~	1	日	12:36	♈
3	火	14:20	♈	~	3	火	15:47	♉
5	木	13:35	♉	~	5	木	16:11	♊
6	金	22:52	♊	~	7	土	15:27	♋
9	月	10:45	♋	~	9	月	15:40	♌
11	水	00:06	♌	~	11	水	18:44	♍
13	金	19:41	♍	~	14	土	01:46	♎
16	月	05:43	♎	~	16	月	12:23	♏
18	水	17:54	♏	~	19	木	00:58	♐
21	土	11:16	♐	~	21	土	13:46	♑
23	月	18:09	♑	~	24	火	01:38	♒
26	木	01:42	♒	~	26	木	11:51	♓
28	土	17:43	♓	~	28	土	19:40	♈
30	月	21:07	♈	~	1	火	00:27	♉

7月

開始日		開始時刻	サイン		終了日		終了時刻	サイン
2	水	19:07	♉	~	3	木	02:15	♊
4	金	21:41	♊	~	5	土	02:07	♋
6	日	18:24	♋	~	7	月	01:55	♌
8	火	23:42	♌	~	9	水	03:44	♍
11	金	06:32	♍	~	11	金	09:17	♎
13	日	08:48	♎	~	13	日	18:56	♏
15	火	20:29	♏	~	16	水	07:18	♐
18	金	16:47	♐	~	18	金	20:05	♑
21	月	01:45	♑	~	21	月	07:38	♒
23	水	11:19	♒	~	23	水	17:25	♓
26	土	00:59	♓	~	26	土	01:16	♈
27	日	20:02	♈	~	28	月	06:57	♉
29	火	23:35	♉	~	30	水	10:16	♊
31	木	18:04	♊	~	1	金	11:35	♋

8月

開始日		開始時刻	サイン		終了日		終了時刻	サイン
3	日	01:20	♋	~	3	日	12:07	♌
4	月	19:48	♌	~	5	火	13:43	♍
7	木	05:46	♍	~	7	木	18:15	♎
9	土	13:02	♎	~	10	日	02:43	♏
11	月	23:50	♏	~	12	火	14:27	♐
14	木	13:19	♐	~	15	金	03:10	♑
17	日	07:59	♑	~	17	日	14:38	♒
19	火	15:03	♒	~	19	火	23:51	♓
21	木	16:48	♓	~	22	金	06:57	♈
23	土	22:47	♈	~	24	日	12:20	♉
26	火	05:34	♉	~	26	火	16:14	♊
28	木	01:24	♊	~	28	木	18:50	♋
30	土	15:05	♋	~	30	土	20:46	♌

9月

開始日		開始時刻	サイン		終了日		終了時刻	サイン
1	月	05:36	♌	~	1	月	23:13	♍
4	木	02:41	♍	~	4	木	03:42	♎
5	金	19:21	♎	~	6	土	11:26	♏
8	月	09:24	♏	~	8	月	22:25	♐
11	木	04:51	♐	~	11	木	11:02	♑
13	土	05:42	♑	~	13	土	22:45	♒
15	月	12:34	♒	~	16	火	07:53	♓
18	木	03:23	♓	~	18	木	14:14	♈
20	土	03:40	♈	~	20	土	18:31	♉
22	月	19:02	♉	~	22	月	21:40	♊
24	水	18:19	♊	~	25	木	00:23	♋
27	土	00:51	♋	~	27	土	03:17	♌
28	日	13:03	♌	~	29	月	06:59	♍
30	火	20:33	♍	~	1	水	12:19	♎

10月

開始日		開始時刻	サイン		終了日		終了時刻	サイン
3	金	03:29	♎	~	3	金	20:07	♏
6	月	02:14	♏	~	6	月	06:41	♐
7	火	23:35	♐	~	8	水	19:07	♑
10	金	14:06	♑	~	11	土	07:20	♒
13	月	04:49	♒	~	13	月	17:07	♓
15	水	08:22	♓	~	15	水	23:31	♈
17	金	23:49	♈	~	18	土	02:56	♉
20	月	00:32	♉	~	20	月	04:41	♊
22	水	04:05	♊	~	22	水	06:11	♋
24	金	07:58	♋	~	24	金	08:39	♌
25	土	23:52	♌	~	26	日	12:54	♍
28	火	04:30	♍	~	28	火	19:14	♎
31	金	01:52	♎	~	31	金	03:47	♏

11月

開始日		開始時刻	サイン		終了日		終了時刻	サイン
1	土	23:05	♏	~	2	日	14:26	♐
4	火	10:34	♐	~	5	水	02:45	♑
7	金	05:23	♑	~	7	金	15:22	♒
9	日	23:33	♒	~	10	月	02:16	♓
11	火	20:56	♓	~	12	水	09:44	♈
14	金	01:43	♈	~	14	金	13:25	♉
16	日	03:23	♉	~	16	日	14:19	♊
17	月	22:04	♊	~	18	火	14:15	♋
20	木	09:43	♋	~	20	木	15:06	♌
22	土	16:47	♌	~	22	土	18:24	♍
24	月	13:28	♍	~	25	火	00:49	♎
26	水	22:34	♎	~	27	木	10:02	♏
29	土	19:11	♏	~	29	土	21:12	♐

12月

開始日		開始時刻	サイン		終了日		終了時刻	サイン
1	月	15:14	♐	~	2	火	09:33	♑
4	木	11:45	♑	~	4	木	22:17	♒
6	土	16:16	♒	~	7	日	10:02	♓
9	火	10:20	♓	~	9	火	19:04	♈
11	木	16:30	♈	~	12	金	00:12	♉
13	土	20:42	♉	~	14	日	01:38	♊
15	月	21:36	♊	~	16	火	00:56	♋
17	水	22:19	♋	~	18	木	00:13	♌
19	金	19:55	♌	~	20	土	01:40	♍
22	月	05:00	♍	~	22	月	06:46	♎
24	水	09:34	♎	~	24	水	15:40	♏
26	金	21:26	♏	~	27	土	03:10	♐
29	月	00:13	♐	~	29	月	15:44	♑
31	水	23:46	♑	~	1	木	04:20	♒

1903年【ボイドタイム】

1月

開始日		開始時刻	サイン		終了日		終了時刻	サイン
3	土	01:37	♒	~	3	土	16:12	♓
5	月	23:02	♓	~	6	火	02:15	♈
8	木	06:37	♈	~	8	木	09:09	♉
10	土	10:23	♉	~	10	土	12:19	♊
12	月	01:39	♊	~	12	月	12:29	♋
14	水	10:21	♋	~	14	水	11:28	♌
16	金	00:42	♌	~	16	金	11:33	♍
18	日	14:25	♍	~	18	日	14:48	♎
20	火	20:49	♎	~	20	火	22:15	♏
22	木	19:29	♏	~	23	金	09:15	♐
25	日	09:27	♐	~	25	日	21:55	♑
27	火	01:01	♑	~	28	水	10:27	♒
30	金	11:56	♒	~	30	金	21:56	♓

2月

開始日		開始時刻	サイン		終了日		終了時刻	サイン
1	日	20:50	♓	~	2	月	07:52	♈
4	水	08:27	♈	~	4	水	15:37	♉
6	金	14:38	♉	~	6	金	20:28	♊
8	日	17:43	♊	~	8	日	22:26	♋
9	月	23:54	♋	~	10	火	22:33	♌
12	木	19:35	♌	~	12	木	22:41	♍
14	土	15:52	♍	~	15	日	00:53	♎
17	火	05:08	♎	~	17	火	06:43	♏
19	木	15:58	♏	~	19	木	16:30	♐
21	土	18:39	♐	~	22	日	04:47	♑
24	火	06:50	♑	~	24	火	17:21	♒
26	木	19:05	♒	~	27	金	04:32	♓

3月

開始日		開始時刻	サイン		終了日		終了時刻	サイン
1	日	04:46	♓	~	1	日	13:46	♈
3	火	12:26	♈	~	3	火	21:01	♉
5	木	02:28	♉	~	6	金	02:16	♊
7	土	21:47	♊	~	8	日	05:34	♋
9	月	10:26	♋	~	10	火	07:23	♌
12	木	01:17	♌	~	12	木	08:48	♍
14	土	03:35	♍	~	14	土	11:19	♎
16	月	08:18	♎	~	16	月	16:27	♏
18	水	18:28	♏	~	19	木	01:02	♐
21	土	11:08	♐	~	21	土	12:34	♑
23	月	22:50	♑	~	24	火	01:07	♒
26	木	03:53	♒	~	26	木	12:25	♓
28	土	13:06	♓	~	28	土	21:13	♈
30	月	19:43	♈	~	31	火	03:29	♉

4月

開始日		開始時刻	サイン		終了日		終了時刻	サイン
2	木	07:35	♉	~	2	木	07:50	♊
4	土	03:36	♊	~	4	土	11:00	♋
5	日	10:51	♋	~	6	月	13:40	♌
8	水	08:59	♌	~	8	水	16:28	♍
10	金	12:30	♍	~	10	金	20:11	♎
12	日	17:42	♎	~	13	月	01:46	♏
15	水	01:43	♏	~	15	水	09:57	♐
17	金	12:46	♐	~	17	金	20:50	♑
20	月	09:10	♑	~	20	月	09:16	♒
22	水	12:04	♒	~	22	水	21:01	♓
25	土	04:03	♓	~	25	土	06:08	♈
27	月	03:47	♈	~	27	月	11:56	♉
29	水	12:01	♉	~	29	水	15:07	♊

5月

開始日		開始時刻	サイン		終了日		終了時刻	サイン
1	金	13:33	♊	~	1	金	17:02	♋
3	日	15:10	♋	~	3	日	19:03	♌
5	火	13:47	♌	~	5	火	22:09	♍
7	木	22:20	♍	~	8	金	02:52	♎
10	日	00:46	♎	~	10	日	09:27	♏
12	火	13:11	♏	~	12	火	18:03	♐
14	木	23:58	♐	~	15	金	04:46	♑
17	日	12:35	♑	~	17	日	17:05	♒
20	水	00:18	♒	~	20	水	05:22	♓
22	金	15:20	♓	~	22	金	15:22	♈
24	日	12:05	♈	~	24	日	21:41	♉
26	火	23:00	♉	~	27	水	00:28	♊
29	金	00:25	♊	~	29	金	01:10	♋
31	日	01:41	♋	~	31	日	01:42	♌

6月

開始日		開始時刻	サイン		終了日		終了時刻	サイン
1	月	17:57	♌	~	2	火	03:46	♍
3	水	21:50	♍	~	4	木	08:19	♎
6	土	08:58	♎	~	6	土	15:28	♏
8	月	23:39	♏	~	9	火	00:47	♐
10	水	23:36	♐	~	11	木	11:48	♑
13	土	07:28	♑	~	14	日	00:06	♒
15	月	23:57	♒	~	16	火	12:43	♓
18	木	15:44	♓	~	18	木	23:44	♈
21	日	04:09	♈	~	21	日	07:17	♉
22	月	22:20	♉	~	23	火	10:46	♊
25	木	00:32	♊	~	25	木	11:13	♋
26	金	23:13	♋	~	27	土	10:36	♌
28	日	23:46	♌	~	29	月	11:04	♍

7月

開始日		開始時刻	サイン		終了日		終了時刻	サイン
1	水	02:08	♍	~	1	水	14:19	♎
3	金	12:16	♎	~	3	金	20:58	♏
6	月	02:27	♏	~	6	月	06:32	♐
8	水	09:38	♐	~	8	水	17:57	♑
10	金	16:47	♑	~	11	土	06:22	♒
13	月	04:04	♒	~	13	月	19:00	♓
15	水	17:28	♓	~	16	木	06:36	♈
18	土	04:24	♈	~	18	土	15:28	♉
20	月	14:07	♉	~	20	月	20:27	♊
22	水	10:51	♊	~	22	水	21:48	♋
24	金	17:13	♋	~	24	金	21:06	♌
26	日	10:00	♌	~	26	日	20:33	♍
28	火	10:19	♍	~	28	火	22:13	♎
30	木	19:52	♎	~	31	金	03:28	♏

8月

開始日		開始時刻	サイン		終了日		終了時刻	サイン
1	土	22:20	♏	~	2	日	12:22	♐
4	火	21:17	♐	~	4	火	23:49	♑
7	金	01:20	♑	~	7	金	12:22	♒
10	月	00:29	♒	~	10	月	00:51	♓
12	水	07:27	♓	~	12	水	12:23	♈
14	金	06:22	♈	~	14	金	21:53	♉
17	月	03:32	♉	~	17	月	04:15	♊
18	火	21:54	♊	~	19	水	07:13	♋
20	木	17:32	♋	~	21	金	07:38	♌
23	日	04:51	♌	~	23	日	07:13	♍
24	月	21:25	♍	~	25	火	08:01	♎
26	水	20:59	♎	~	27	木	11:47	♏
29	土	00:47	♏	~	29	土	19:22	♐
31	月	13:34	♐	~	1	火	06:15	♑

9月

開始日		開始時刻	サイン		終了日		終了時刻	サイン
2	水	21:41	♑	~	3	木	18:45	♒
5	土	14:23	♒	~	6	日	07:08	♓
8	火	16:28	♓	~	8	火	18:13	♈
10	木	11:42	♈	~	11	金	03:23	♉
13	日	04:29	♉	~	13	日	10:12	♊
15	火	06:55	♊	~	15	火	14:28	♋
17	木	10:17	♋	~	17	木	16:30	♌
19	土	13:33	♌	~	19	土	17:20	♍
21	月	17:02	♍	~	21	月	18:28	♎
23	水	07:21	♎	~	23	水	21:33	♏
25	金	08:40	♏	~	26	土	03:54	♐
27	日	21:52	♐	~	28	月	13:46	♑
30	水	00:43	♑	~	1	木	01:59	♒

10月

開始日		開始時刻	サイン		終了日		終了時刻	サイン
2	金	22:29	♒	~	3	土	14:25	♓
5	月	09:57	♓	~	6	火	01:12	♈
7	水	19:06	♈	~	8	木	09:35	♉
9	金	14:04	♉	~	10	土	15:41	♊
12	月	06:45	♊	~	12	月	20:00	♋
14	水	04:56	♋	~	14	水	23:03	♌
16	金	12:47	♌	~	17	土	01:24	♍
18	日	15:14	♍	~	19	月	03:50	♎
21	水	00:30	♎	~	21	水	07:23	♏
22	木	16:48	♏	~	23	金	13:15	♐
25	日	08:55	♐	~	25	日	22:14	♑
27	火	16:36	♑	~	28	水	09:59	♒
30	金	16:43	♒	~	30	金	22:35	♓

11月

開始日		開始時刻	サイン		終了日		終了時刻	サイン
2	月	07:46	♓	~	2	月	09:37	♈
4	水	05:19	♈	~	4	水	17:37	♉
6	金	19:41	♉	~	6	金	22:40	♊
8	日	14:49	♊	~	9	月	01:51	♋
10	火	05:14	♋	~	11	水	04:25	♌
12	木	20:32	♌	~	13	金	07:17	♍
15	日	00:12	♍	~	15	日	10:56	♎
17	火	04:54	♎	~	17	火	15:42	♏
19	木	14:10	♏	~	19	木	22:06	♐
21	土	19:38	♐	~	22	日	06:51	♑
23	月	12:23	♑	~	24	火	18:09	♒
26	木	19:42	♒	~	27	金	06:55	♓
29	日	08:10	♓	~	29	日	18:42	♈

12月

開始日		開始時刻	サイン		終了日		終了時刻	サイン
1	火	17:38	♈	~	2	水	03:14	♉
3	木	20:01	♉	~	4	金	07:57	♊
6	日	03:08	♊	~	6	日	09:56	♋
8	火	08:03	♋	~	8	火	10:59	♌
10	木	07:20	♌	~	10	木	12:47	♍
12	土	16:12	♍	~	12	土	16:22	♎
14	月	13:49	♎	~	14	月	21:56	♏
16	水	02:25	♏	~	17	木	05:20	♐
19	土	06:27	♐	~	19	土	14:34	♑
20	日	22:11	♑	~	22	火	01:48	♒
24	木	06:40	♒	~	24	木	14:36	♓
26	土	19:42	♓	~	27	日	03:09	♈
29	火	06:15	♈	~	29	火	12:58	♉
31	木	14:46	♉	~	31	木	18:34	♊

1904年【ボイドタイム】

1月

開始日		開始時刻	サイン		終了日		終了時刻	サイン
2	土	15:01	♊	～	2	土	20:25	♋
4	月	18:55	♋	～	4	月	20:19	♌
6	水	15:21	♌	～	6	水	20:23	♍
8	金	17:20	♍	～	8	金	22:25	♎
10	日	22:11	♎	～	11	月	03:20	♏
13	水	00:37	♏	～	13	水	11:03	♐
15	金	15:55	♐	～	15	金	20:58	♑
18	月	00:46	♑	～	18	月	08:33	♒
20	水	16:37	♒	～	20	水	21:19	♓
23	土	05:49	♓	～	23	土	10:10	♈
25	月	17:16	♈	～	25	月	21:10	♉
27	水	15:00	♉	～	28	木	04:26	♊
30	土	06:32	♊	～	30	土	07:32	♋
31	日	21:10	♋	～	1	月	07:38	♌

2月

開始日		開始時刻	サイン		終了日		終了時刻	サイン
3	水	04:12	♌	～	3	水	06:45	♍
5	金	04:31	♍	～	5	金	07:02	♎
7	日	07:38	♎	～	7	日	10:09	♏
9	火	07:47	♏	～	9	火	16:49	♐
12	金	00:17	♐	～	12	金	02:41	♑
14	日	11:23	♑	～	14	日	14:37	♒
17	水	01:24	♒	～	17	水	03:28	♓
19	金	14:20	♓	～	19	金	16:11	♈
22	月	01:55	♈	～	22	月	03:31	♉
24	水	12:04	♉	～	24	水	12:05	♊
26	金	15:53	♊	～	26	金	17:01	♋
28	日	17:56	♋	～	28	日	18:37	♌

3月

開始日		開始時刻	サイン		終了日		終了時刻	サイン
1	火	17:24	♌	～	1	火	18:16	♍
3	木	17:06	♍	～	3	木	17:53	♎
5	土	18:40	♎	～	5	土	19:25	♏
6	日	22:28	♏	～	8	火	00:19	♐
10	木	08:25	♐	～	10	木	09:04	♑
12	土	02:04	♑	～	12	土	20:47	♒
15	火	09:16	♒	～	15	火	09:44	♓
17	木	21:51	♓	～	17	木	22:13	♈
20	日	08:52	♈	～	20	日	09:10	♉
22	火	11:00	♉	～	22	火	17:53	♊
24	木	23:45	♊	～	24	木	23:55	♋
26	土	12:41	♋	～	27	日	03:16	♌
29	火	04:25	♌	～	29	火	04:32	♍
31	木	04:49	♍	～	31	木	04:55	♎

4月

開始日		開始時刻	サイン		終了日		終了時刻	サイン
2	土	05:59	♎	～	2	土	06:04	♏
3	日	13:13	♏	～	4	月	09:41	♐
6	水	16:52	♐	～	6	水	16:58	♑
8	金	15:54	♑	～	9	土	03:49	♒
11	月	16:30	♒	～	11	月	16:38	♓
14	木	04:54	♓	～	14	木	05:05	♈
16	土	15:18	♈	～	16	土	15:31	♉
18	月	04:06	♉	～	18	月	23:32	♊
21	木	05:05	♊	～	21	木	05:22	♋
22	金	19:27	♋	～	23	土	09:28	♌
25	月	11:47	♌	～	25	月	12:11	♍
27	水	13:38	♍	～	27	水	14:05	♎
29	金	15:35	♎	～	29	金	16:07	♏

5月

開始日		開始時刻	サイン		終了日		終了時刻	サイン
1	日	13:11	♏	～	1	日	19:37	♐
4	水	01:13	♐	～	4	水	01:58	♑
6	金	07:47	♑	～	6	金	11:51	♒
8	日	23:13	♒	～	9	月	00:17	♓
11	水	11:40	♓	～	11	水	12:51	♈
13	金	21:56	♈	～	13	金	23:12	♉
16	月	03:28	♉	～	16	月	06:31	♊
18	水	09:58	♊	～	18	水	11:22	♋
20	金	12:35	♋	～	20	金	14:51	♌
22	日	16:13	♌	～	22	日	17:50	♍
24	火	19:04	♍	～	24	火	20:49	♎
26	木	22:15	♎	～	27	金	00:09	♏
28	土	20:38	♏	～	29	日	04:29	♐
31	火	08:33	♐	～	31	火	10:54	♑

6月

開始日		開始時刻	サイン		終了日		終了時刻	サイン
2	木	03:22	♑	～	2	木	20:14	♒
5	日	05:20	♒	～	5	日	08:16	♓
7	火	17:56	♓	～	7	火	21:02	♈
10	金	04:42	♈	～	10	金	07:50	♉
12	日	10:24	♉	～	12	日	15:07	♊
14	火	16:05	♊	～	14	火	19:11	♋
16	木	11:26	♋	～	16	木	21:27	♌
18	土	20:06	♌	～	18	土	23:26	♍
21	火	00:10	♍	～	21	火	02:12	♎
23	木	02:22	♎	～	23	木	06:10	♏
24	金	18:34	♏	～	25	土	11:32	♐
27	月	14:22	♐	～	27	月	18:40	♑
29	水	20:35	♑	～	30	木	04:08	♒

7月

開始日		開始時刻	サイン		終了日		終了時刻	サイン
2	土	10:50	♒	～	2	土	15:58	♓
4	月	23:35	♓	～	5	火	04:55	♈
7	木	11:11	♈	～	7	木	16:29	♉
9	土	06:06	♉	～	10	日	00:32	♊
12	火	00:54	♊	～	12	火	04:42	♋
14	木	02:55	♋	～	14	木	06:11	♌
16	土	03:54	♌	～	16	土	06:48	♍
18	月	03:45	♍	～	18	月	08:15	♎
20	水	09:13	♎	～	20	水	11:35	♏
22	金	15:19	♏	～	22	金	17:10	♐
24	日	23:15	♐	～	25	月	01:01	♑
27	水	09:34	♑	～	27	水	11:01	♒
29	金	21:50	♒	～	29	金	22:58	♓

8月

開始日		開始時刻	サイン		終了日		終了時刻	サイン
1	月	04:45	♓	～	1	月	12:00	♈
3	水	23:45	♈	～	4	木	00:14	♉
5	金	21:56	♉	～	6	土	09:30	♊
8	月	14:42	♊	～	8	月	14:45	♋
10	水	11:12	♋	～	10	水	16:31	♌
12	金	14:19	♌	～	12	金	16:26	♍
14	日	15:30	♍	～	14	日	16:26	♎
16	火	11:36	♎	～	16	火	18:12	♏
18	木	13:26	♏	～	18	木	22:51	♐
21	日	01:14	♐	～	21	日	06:37	♑
23	火	10:14	♑	～	23	火	17:03	♒
25	木	21:10	♒	～	26	金	05:17	♓
28	日	10:06	♓	～	28	日	18:18	♈
30	火	22:41	♈	～	31	水	06:45	♉

9月

開始日		開始時刻	サイン		終了日		終了時刻	サイン
2	金	05:57	♉	～	2	金	17:00	♊
4	日	23:28	♊	～	4	日	23:47	♋
7	水	02:24	♋	～	7	水	02:54	♌
9	金	02:39	♌	～	9	金	03:19	♍
10	土	23:46	♍	～	11	日	02:44	♎
13	火	01:56	♎	～	13	火	03:06	♏
14	水	20:26	♏	～	15	木	06:05	♐
17	土	10:46	♐	～	17	土	12:45	♑
19	月	20:24	♑	～	19	月	22:56	♒
22	木	08:16	♒	～	22	木	11:21	♓
24	土	16:27	♓	～	25	日	00:21	♈
27	火	08:30	♈	～	27	火	12:34	♉
29	木	20:29	♉	～	29	木	23:00	♊

10月

開始日		開始時刻	サイン		終了日		終了時刻	サイン
2	日	02:07	♊	～	2	日	06:51	♋
4	火	06:43	♋	～	4	火	11:39	♌
6	木	08:30	♌	～	6	木	13:36	♍
8	土	11:19	♍	～	8	土	13:45	♎
10	月	08:01	♎	～	10	月	13:44	♏
11	火	13:14	♏	～	12	水	15:26	♐
14	金	14:17	♐	～	14	金	20:31	♑
16	日	20:49	♑	～	17	月	05:40	♒
19	水	11:16	♒	～	19	水	17:51	♓
22	土	00:29	♓	～	22	土	06:52	♈
24	月	12:45	♈	～	24	月	18:45	♉
25	火	23:24	♉	～	27	木	04:38	♊
29	土	07:11	♊	～	29	土	12:24	♋
31	月	06:44	♋	～	31	月	18:05	♌

11月

開始日		開始時刻	サイン		終了日		終了時刻	サイン
2	水	17:10	♌	～	2	水	21:40	♍
4	金	19:15	♍	～	4	金	23:27	♎
6	日	20:19	♎	～	7	月	00:21	♏
8	火	13:59	♏	～	9	水	01:54	♐
11	金	01:54	♐	～	11	金	05:57	♑
13	日	09:05	♑	～	13	日	13:47	♒
15	火	21:10	♒	～	16	水	01:15	♓
18	金	12:55	♓	～	18	金	14:14	♈
20	日	22:41	♈	～	21	月	02:07	♉
22	火	07:40	♉	～	23	水	11:26	♊
25	金	15:36	♊	～	25	金	18:18	♋
27	日	07:22	♋	～	27	日	23:27	♌
30	水	01:19	♌	～	30	水	03:28	♍

12月

開始日		開始時刻	サイン		終了日		終了時刻	サイン
2	金	04:40	♍	～	2	金	06:34	♎
4	日	07:27	♎	～	4	日	09:01	♏
5	月	19:18	♏	～	6	火	11:38	♐
8	木	14:27	♐	～	8	木	15:47	♑
10	土	15:49	♑	～	10	土	22:54	♒
13	火	08:35	♒	～	13	火	09:31	♓
15	木	21:42	♓	～	15	木	22:20	♈
18	日	10:15	♈	～	18	日	10:34	♉
19	月	20:08	♉	～	20	火	19:58	♊
22	木	09:20	♊	～	23	金	02:09	♋
24	土	13:32	♋	～	25	日	06:04	♌
26	月	16:50	♌	～	27	火	09:02	♍
28	水	19:38	♍	～	29	木	11:56	♎
31	土	02:43	♎	～	31	土	15:13	♏

1905年【ボイドタイム】

1月

開始日	開始時刻	サイン		終了日	終了時刻	サイン
2 月	07:32	♏	~	2 月	19:09	♐
4 水	17:28	♐	~	5 木	00:20	♑
7 土	00:50	♑	~	7 土	07:43	♒
9 月	13:17	♒	~	9 月	17:57	♓
11 水	10:31	♓	~	12 木	06:29	♈
14 土	05:10	♈	~	14 土	19:11	♉
16 月	21:22	♉	~	17 火	05:26	♊
18 水	22:00	♊	~	19 木	11:56	♋
21 土	02:25	♋	~	21 土	15:14	♌
23 月	04:39	♌	~	23 月	16:46	♍
25 水	01:34	♍	~	25 水	18:10	♎
27 金	08:56	♎	~	27 金	20:36	♏
29 日	15:14	♏	~	30 月	00:44	♐

2月

開始日	開始時刻	サイン		終了日	終了時刻	サイン
1 水	01:53	♐	~	1 水	06:52	♑
3 金	03:52	♑	~	3 金	15:08	♒
5 日	14:41	♒	~	6 月	01:39	♓
8 水	10:37	♓	~	8 水	14:04	♈
10 金	17:27	♈	~	11 土	03:01	♉
13 月	01:35	♉	~	13 月	14:18	♊
15 水	15:03	♊	~	15 水	22:06	♋
17 金	20:06	♋	~	18 土	02:01	♌
19 日	22:02	♌	~	20 月	03:06	♍
21 火	10:37	♍	~	22 水	03:04	♎
23 木	23:45	♎	~	24 金	03:43	♏
25 土	23:32	♏	~	26 日	06:31	♐
28 火	09:27	♐	~	28 火	12:19	♑

3月

開始日	開始時刻	サイン		終了日	終了時刻	サイン
2 木	18:59	♑	~	2 木	21:05	♒
5 日	07:02	♒	~	5 日	08:12	♓
7 火	02:48	♓	~	7 火	20:46	♈
10 金	02:27	♈	~	10 金	09:43	♉
12 日	15:07	♉	~	12 日	21:36	♊
15 水	02:51	♊	~	15 水	06:48	♋
17 金	04:37	♋	~	17 金	12:19	♌
19 日	10:12	♌	~	19 日	14:19	♍
21 火	13:55	♍	~	21 火	14:04	♎
23 木	10:05	♎	~	23 木	13:26	♏
25 土	11:16	♏	~	25 土	14:26	♐
27 月	15:41	♐	~	27 月	18:41	♑
29 水	17:36	♑	~	30 木	02:48	♒

4月

開始日	開始時刻	サイン		終了日	終了時刻	サイン
1 土	12:27	♒	~	1 土	14:04	♓
3 月	16:55	♓	~	4 火	02:53	♈
6 木	14:25	♈	~	6 木	15:45	♉
9 日	02:45	♉	~	9 日	03:35	♊
11 火	13:05	♊	~	11 火	13:28	♋
13 木	10:34	♋	~	13 木	20:30	♌
15 土	15:09	♌	~	16 日	00:13	♍
17 月	15:09	♍	~	18 火	01:05	♎
19 水	22:37	♎	~	20 木	00:30	♏
21 金	13:06	♏	~	22 土	00:29	♐
23 日	10:00	♐	~	24 月	03:04	♑
25 火	18:34	♑	~	26 水	09:41	♒
28 金	02:52	♒	~	28 金	20:15	♓
30 日	13:43	♓	~	1 月	09:03	♈

5月

開始日	開始時刻	サイン		終了日	終了時刻	サイン
3 水	17:26	♈	~	3 水	21:53	♉
5 金	11:28	♉	~	6 土	09:22	♊
8 月	13:48	♊	~	8 月	19:01	♋
11 木	01:47	♋	~	11 木	02:35	♌
13 土	05:52	♌	~	13 土	07:40	♍
14 日	22:43	♍	~	15 月	10:12	♎
17 水	08:09	♎	~	17 水	10:50	♏
19 金	06:36	♏	~	19 金	11:05	♐
21 日	10:09	♐	~	21 日	12:57	♑
23 火	15:43	♑	~	23 火	18:12	♒
26 金	01:56	♒	~	26 金	03:34	♓
27 土	21:15	♓	~	28 日	15:53	♈
30 火	10:17	♈	~	31 水	04:41	♉

6月

開始日	開始時刻	サイン		終了日	終了時刻	サイン
1 木	19:54	♉	~	2 金	15:56	♊
4 日	08:03	♊	~	5 月	00:58	♋
7 水	01:26	♋	~	7 水	08:00	♌
8 木	22:06	♌	~	9 金	13:17	♍
11 日	03:01	♍	~	11 日	16:54	♎
13 火	04:25	♎	~	13 火	19:01	♏
15 木	08:34	♏	~	15 木	20:30	♐
17 土	14:51	♐	~	17 土	22:47	♑
19 月	16:15	♑	~	20 火	03:34	♒
22 木	05:18	♒	~	22 木	11:57	♓
24 土	13:00	♓	~	24 土	23:33	♈
26 月	19:08	♈	~	27 火	12:17	♉
29 木	15:31	♉	~	29 木	23:37	♊

7月

開始日	開始時刻	サイン		終了日	終了時刻	サイン
1 土	16:45	♊	~	2 日	08:18	♋
4 火	08:46	♋	~	4 火	14:28	♌
6 木	15:10	♌	~	6 木	18:54	♍
8 土	18:17	♍	~	8 土	22:17	♎
10 月	11:15	♎	~	11 火	01:05	♏
13 木	01:11	♏	~	13 木	03:47	♐
14 金	17:12	♐	~	15 土	07:13	♑
17 月	11:12	♑	~	17 月	12:29	♒
19 水	20:04	♒	~	19 水	20:36	♓
22 土	04:15	♓	~	22 土	07:40	♈
24 月	12:08	♈	~	24 月	20:16	♉
27 木	07:09	♉	~	27 木	08:02	♊
29 土	02:29	♊	~	29 土	17:01	♋
31 月	03:20	♋	~	31 月	22:47	♌

8月

開始日	開始時刻	サイン		終了日	終了時刻	サイン
2 水	18:54	♌	~	3 木	02:09	♍
5 土	01:17	♍	~	5 土	04:20	♎
6 日	17:37	♎	~	7 月	06:29	♏
8 火	21:28	♏	~	9 水	09:25	♐
11 金	00:20	♐	~	11 金	13:46	♑
13 日	11:25	♑	~	13 日	20:01	♒
15 火	22:03	♒	~	16 水	04:35	♓
18 金	11:27	♓	~	18 金	15:31	♈
21 月	03:27	♈	~	21 月	04:02	♉
23 水	15:22	♉	~	23 水	16:19	♊
26 土	00:58	♊	~	26 土	02:12	♋
27 日	21:40	♋	~	28 月	08:32	♌
30 水	09:54	♌	~	30 水	11:33	♍

9月

開始日	開始時刻	サイン		終了日	終了時刻	サイン
1 金	11:07	♍	~	1 金	12:33	♎
3 日	11:06	♎	~	3 日	13:13	♏
5 火	12:38	♏	~	5 火	15:04	♐
7 木	16:23	♐	~	7 木	19:13	♑
8 金	22:41	♑	~	10 日	02:03	♒
12 火	07:37	♒	~	12 火	11:20	♓
14 木	08:04	♓	~	14 木	22:35	♈
17 日	06:32	♈	~	17 日	11:05	♉
19 火	18:51	♉	~	19 火	23:41	♊
22 金	07:13	♊	~	22 金	10:37	♋
23 土	14:12	♋	~	24 日	18:18	♌
26 火	20:44	♌	~	26 火	22:07	♍
28 木	12:02	♍	~	28 木	22:54	♎
30 土	17:37	♎	~	30 土	22:23	♏

10月

開始日	開始時刻	サイン		終了日	終了時刻	サイン
2 月	17:30	♏	~	2 月	22:35	♐
4 水	21:05	♐	~	5 木	01:20	♑
5 木	21:54	♑	~	7 土	07:37	♒
9 月	10:32	♒	~	9 月	17:09	♓
11 水	14:08	♓	~	12 木	04:50	♈
14 土	10:14	♈	~	14 土	17:25	♉
16 月	22:43	♉	~	17 火	05:59	♊
19 木	11:00	♊	~	19 木	17:30	♋
22 日	02:27	♋	~	22 日	02:34	♌
24 火	07:48	♌	~	24 火	08:03	♍
25 水	21:49	♍	~	26 木	09:55	♎
28 土	03:28	♎	~	28 土	09:25	♏
30 月	02:32	♏	~	30 月	08:34	♐

11月

開始日	開始時刻	サイン		終了日	終了時刻	サイン
1 水	03:14	♐	~	1 水	09:38	♑
3 金	00:44	♑	~	3 金	14:19	♒
5 日	16:13	♒	~	5 日	23:06	♓
7 火	19:28	♓	~	8 水	10:48	♈
10 金	16:00	♈	~	10 金	23:32	♉
13 月	04:34	♉	~	13 月	11:55	♊
15 水	16:10	♊	~	15 水	23:14	♋
18 土	08:33	♋	~	18 土	08:50	♌
20 月	10:33	♌	~	20 月	15:48	♍
22 水	18:31	♍	~	22 水	19:29	♎
24 金	15:01	♎	~	24 金	20:19	♏
26 日	14:41	♏	~	26 日	19:48	♐
28 火	14:56	♐	~	28 火	20:03	♑
30 木	03:11	♑	~	30 木	23:11	♒

12月

開始日	開始時刻	サイン		終了日	終了時刻	サイン
3 日	00:53	♒	~	3 日	06:27	♓
5 火	17:17	♓	~	5 火	17:25	♈
8 金	00:47	♈	~	8 金	06:06	♉
10 日	17:03	♉	~	10 日	18:25	♊
13 水	00:47	♊	~	13 水	05:15	♋
15 金	11:58	♋	~	15 金	14:20	♌
17 日	18:46	♌	~	17 日	21:30	♍
19 火	23:25	♍	~	20 水	02:26	♎
22 金	03:48	♎	~	22 金	05:02	♏
24 日	03:39	♏	~	24 日	06:01	♐
26 火	04:47	♐	~	26 火	06:54	♑
28 木	05:11	♑	~	28 木	09:32	♒
30 土	13:50	♒	~	30 土	15:31	♓

1906年【ボイドタイム】

1月

開始日		開始時刻	サイン		終了日		終了時刻	サイン
2	火	01:01	♓	～	2	火	01:17	♈
4	木	12:41	♈	～	4	木	13:34	♉
7	日	01:36	♉	～	7	日	01:59	♊
9	火	02:50	♊	～	9	火	12:39	♋
11	木	14:45	♋	～	11	木	20:57	♌
13	土	21:05	♌	～	14	日	03:12	♍
16	火	01:46	♍	～	16	火	07:48	♎
18	木	05:48	♎	～	18	木	11:08	♏
20	土	12:13	♏	～	20	土	13:37	♐
22	月	00:53	♐	～	22	月	16:00	♑
24	水	16:32	♑	～	24	水	19:27	♒
26	金	18:47	♒	～	27	土	01:13	♓
29	月	03:24	♓	～	29	月	10:07	♈
31	水	14:33	♈	～	31	水	21:45	♉

2月

開始日		開始時刻	サイン		終了日		終了時刻	サイン
3	土	07:09	♉	～	3	土	10:17	♊
5	月	03:38	♊	～	5	月	21:22	♋
7	水	23:58	♋	～	8	木	05:33	♌
10	土	05:45	♌	～	10	土	10:50	♍
12	月	09:26	♍	～	12	月	14:08	♎
14	水	07:01	♎	～	14	水	16:35	♏
16	金	14:59	♏	～	16	金	19:09	♐
18	日	20:40	♐	～	18	日	22:33	♑
20	火	23:37	♑	～	21	水	03:17	♒
23	金	06:29	♒	～	23	金	09:53	♓
25	日	15:42	♓	～	25	日	18:46	♈
27	火	11:26	♈	～	28	水	05:59	♉

3月

開始日		開始時刻	サイン		終了日		終了時刻	サイン
2	金	16:30	♉	～	2	金	18:31	♊
4	日	16:28	♊	～	5	月	06:19	♋
7	水	14:35	♋	～	7	水	15:16	♌
9	金	20:27	♌	～	9	金	20:34	♍
11	日	16:10	♍	～	11	日	22:54	♎
13	火	18:57	♎	～	13	火	23:48	♏
15	木	14:37	♏	～	16	金	01:01	♐
17	土	20:57	♐	～	18	日	03:54	♑
20	火	06:07	♑	～	20	火	09:07	♒
21	水	23:17	♒	～	22	木	16:39	♓
24	土	08:16	♓	～	25	日	02:11	♈
26	月	19:05	♈	～	27	火	13:28	♉
28	水	07:45	♉	～	30	金	01:58	♊
31	土	20:21	♊	～	1	日	14:21	♋

4月

開始日		開始時刻	サイン		終了日		終了時刻	サイン
3	火	13:52	♋	～	4	水	00:31	♌
6	金	02:31	♌	～	6	金	06:54	♍
7	土	18:27	♍	～	8	日	09:26	♎
9	月	19:06	♎	～	10	火	09:30	♏
11	水	13:31	♏	～	12	木	09:09	♐
13	金	22:08	♐	～	14	土	10:24	♑
16	月	05:36	♑	～	16	月	14:39	♒
18	水	17:12	♒	～	18	水	22:11	♓
20	金	21:00	♓	～	21	土	08:16	♈
23	月	02:08	♈	～	23	月	19:56	♉
26	木	04:23	♉	～	26	木	08:29	♊
28	土	03:21	♊	～	28	土	21:03	♋

5月

開始日		開始時刻	サイン		終了日		終了時刻	サイン
1	火	05:05	♋	～	1	火	08:09	♌
3	木	00:13	♌	～	3	木	16:03	♍
5	土	05:19	♍	～	5	土	19:54	♎
7	月	06:41	♎	～	7	月	20:24	♏
8	火	23:09	♏	～	9	水	19:25	♐
11	金	09:54	♐	～	11	金	19:13	♑
13	日	17:15	♑	～	13	日	21:46	♒
15	火	16:02	♒	～	16	水	04:07	♓
18	金	06:04	♓	～	18	金	13:55	♈
20	日	09:20	♈	～	21	月	01:49	♉
22	火	06:04	♉	～	23	水	14:28	♊
26	土	00:09	♊	～	26	土	02:55	♋
27	日	20:45	♋	～	28	月	14:15	♌
30	水	17:03	♌	～	30	水	23:11	♍

6月

開始日		開始時刻	サイン		終了日		終了時刻	サイン
1	金	16:26	♍	～	2	土	04:39	♎
3	日	21:34	♎	～	4	月	06:36	♏
5	火	06:01	♏	～	6	水	06:16	♐
8	金	01:14	♐	～	8	金	05:40	♑
9	土	07:25	♑	～	10	日	06:56	♒
11	月	23:05	♒	～	12	火	11:41	♓
14	木	18:39	♓	～	14	木	20:21	♈
16	土	21:55	♈	～	17	日	07:55	♉
19	火	17:20	♉	～	19	火	20:36	♊
22	金	08:05	♊	～	22	金	08:52	♋
23	土	18:49	♋	～	24	日	19:50	♌
26	火	14:48	♌	～	27	水	04:50	♍
29	金	05:23	♍	～	29	金	11:14	♎

7月

開始日		開始時刻	サイン		終了日		終了時刻	サイン
1	日	03:40	♎	～	1	日	14:43	♏
2	月	15:32	♏	～	3	火	15:54	♐
5	木	07:02	♐	～	5	木	16:07	♑
6	金	18:25	♑	～	7	土	17:12	♒
9	月	12:34	♒	～	9	月	20:53	♓
11	水	20:16	♓	～	12	木	04:12	♈
14	土	10:14	♈	～	14	土	14:56	♉
16	月	12:37	♉	～	17	火	03:26	♊
19	木	10:38	♊	～	19	木	15:38	♋
21	土	21:59	♋	～	22	日	02:09	♌
24	火	07:47	♌	～	24	火	10:30	♍
26	木	15:06	♍	～	26	木	16:39	♎
28	土	19:53	♎	～	28	土	20:47	♏
30	月	16:41	♏	～	30	月	23:18	♐

8月

開始日		開始時刻	サイン		終了日		終了時刻	サイン
1	水	17:54	♐	～	2	木	00:59	♑
3	金	11:39	♑	～	4	土	02:58	♒
5	日	20:11	♒	～	6	月	06:37	♓
8	水	06:15	♓	～	8	水	13:08	♈
10	金	09:57	♈	～	10	金	22:56	♉
12	日	13:04	♉	～	13	月	11:04	♊
15	水	10:22	♊	～	15	水	23:24	♋
17	金	01:10	♋	～	18	土	09:51	♌
20	月	10:27	♌	～	20	月	17:31	♍
22	水	11:27	♍	～	22	水	22:41	♎
24	金	15:16	♎	～	25	土	02:11	♏
26	日	10:10	♏	～	27	月	04:56	♐
28	火	20:51	♐	～	29	水	07:39	♑
30	木	19:59	♑	～	31	金	10:57	♒

9月

開始日		開始時刻	サイン		終了日		終了時刻	サイン
2	日	04:33	♒	～	2	日	15:29	♓
4	火	10:22	♓	～	4	火	22:04	♈
7	金	05:44	♈	～	7	金	07:21	♉
9	日	14:52	♉	～	9	日	19:06	♊
12	水	06:51	♊	～	12	水	07:40	♋
13	木	22:59	♋	～	14	金	18:38	♌
16	日	15:00	♌	～	17	月	02:19	♍
18	火	21:33	♍	～	19	水	06:40	♎
20	木	22:33	♎	～	21	金	08:54	♏
23	日	09:00	♏	～	23	日	10:35	♐
25	火	02:27	♐	～	25	火	13:03	♑
26	水	21:18	♑	～	27	木	16:59	♒
29	土	11:17	♒	～	29	土	22:35	♓

10月

開始日		開始時刻	サイン		終了日		終了時刻	サイン
1	月	18:16	♓	～	2	火	05:57	♈
4	木	03:12	♈	～	4	木	15:21	♉
6	土	22:08	♉	～	7	日	02:53	♊
9	火	05:37	♊	～	9	火	15:39	♋
12	金	02:42	♋	～	12	金	03:28	♌
14	日	00:30	♌	～	14	日	12:03	♍
16	火	05:50	♍	～	16	火	16:35	♎
18	木	07:45	♎	～	18	木	18:01	♏
20	土	07:55	♏	～	20	土	18:15	♐
22	月	15:51	♐	～	22	月	19:15	♑
24	水	15:57	♑	～	24	水	22:24	♒
26	金	16:29	♒	～	27	土	04:12	♓
29	月	10:59	♓	～	29	月	12:19	♈
31	水	09:39	♈	～	31	水	22:18	♉

11月

開始日		開始時刻	サイン		終了日		終了時刻	サイン
1	木	23:07	♉	～	3	土	09:56	♊
5	月	09:26	♊	～	5	月	22:44	♋
7	水	01:51	♋	～	8	木	11:14	♌
10	土	08:44	♌	～	10	土	21:11	♍
12	月	15:28	♍	～	13	火	03:01	♎
14	水	18:04	♎	～	15	木	04:54	♏
16	金	17:36	♏	～	17	土	04:29	♐
18	日	17:12	♐	～	19	月	03:59	♑
21	水	01:03	♑	～	21	水	05:24	♒
23	金	09:39	♒	～	23	金	09:59	♓
25	日	04:51	♓	～	25	日	17:53	♈
27	火	14:42	♈	～	28	水	04:18	♉
29	木	04:27	♉	～	30	金	16:16	♊

12月

開始日		開始時刻	サイン		終了日		終了時刻	サイン
2	日	14:50	♊	～	3	月	05:02	♋
5	水	01:45	♋	～	5	水	17:37	♌
8	土	03:44	♌	～	8	土	04:30	♍
10	月	10:37	♍	～	10	月	12:01	♎
12	水	09:56	♎	～	12	水	15:32	♏
13	木	10:52	♏	～	14	金	15:55	♐
16	日	13:46	♐	～	16	日	15:03	♑
18	火	14:20	♑	～	18	火	15:03	♒
20	木	16:50	♒	～	20	木	17:48	♓
23	日	00:03	♓	～	23	日	00:18	♈
24	月	19:39	♈	～	25	火	10:16	♉
26	水	09:04	♉	～	27	木	22:24	♊
29	土	19:57	♊	～	30	日	11:12	♋
31	月	10:03	♋	～	1	火	23:29	♌

1907年【ボイドタイム】

1月

開始日		開始時刻	サイン		終了日		終了時刻	サイン
4	金	00:43	♌	～	4	金	10:19	♍
6	日	16:45	♍	～	6	日	18:42	♎
8	火	10:35	♎	～	8	火	23:56	♏
10	木	07:13	♏	～	11	金	02:08	♐
12	土	13:58	♐	～	13	日	02:22	♑
14	月	14:56	♑	～	15	火	02:20	♒
16	水	14:43	♒	～	17	木	03:56	♓
19	土	04:17	♓	～	19	土	08:43	♈
21	月	02:05	♈	～	21	月	17:22	♉
23	水	19:57	♉	～	24	木	05:05	♊
26	土	01:46	♊	～	26	土	17:56	♋
28	月	20:49	♋	～	29	火	06:01	♌
31	木	10:13	♌	～	31	木	16:12	♍

2月

開始日		開始時刻	サイン		終了日		終了時刻	サイン
2	土	21:04	♍	～	3	日	00:11	♎
5	火	02:31	♎	～	5	火	05:55	♏
6	水	14:44	♏	～	7	木	09:35	♐
9	土	00:25	♐	～	9	土	11:36	♑
10	日	11:12	♑	～	11	月	12:51	♒
13	水	02:43	♒	～	13	水	14:41	♓
15	金	04:10	♓	～	15	金	18:39	♈
17	日	21:37	♈	～	18	月	01:58	♉
19	火	07:48	♉	～	20	水	12:47	♊
22	金	08:47	♊	～	23	土	01:31	♋
24	日	20:17	♋	～	25	月	13:42	♌
27	水	07:52	♌	～	27	水	23:29	♍

3月

開始日		開始時刻	サイン		終了日		終了時刻	サイン
2	土	03:08	♍	～	2	土	06:31	♎
4	月	05:36	♎	～	4	月	11:26	♏
6	水	13:48	♏	～	6	水	15:05	♐
8	金	04:03	♐	～	8	金	18:04	♑
10	日	00:22	♑	～	10	日	20:50	♒
12	火	09:47	♒	～	12	火	23:57	♓
15	金	03:37	♓	～	15	金	04:20	♈
16	土	19:51	♈	～	17	日	11:11	♉
19	火	16:19	♉	～	19	火	21:11	♊
21	木	22:17	♊	～	22	金	09:37	♋
24	日	05:39	♋	～	24	日	22:08	♌
27	水	02:36	♌	～	27	水	08:11	♍
29	金	11:37	♍	～	29	金	14:46	♎
31	日	17:23	♎	～	31	日	18:34	♏

4月

開始日		開始時刻	サイン		終了日		終了時刻	サイン
2	火	05:05	♏	～	2	火	21:00	♐
4	木	09:42	♐	～	4	木	23:25	♑
6	土	11:08	♑	～	7	日	02:35	♒
8	月	16:37	♒	～	9	火	06:48	♓
10	水	22:49	♓	～	11	木	12:17	♈
13	土	04:35	♈	～	13	土	19:36	♉
15	月	23:24	♉	～	16	火	05:24	♊
18	木	17:20	♊	～	18	木	17:35	♋
21	日	05:37	♋	～	21	日	06:26	♌
23	火	02:09	♌	～	23	火	17:18	♍
25	木	20:01	♍	～	26	金	00:22	♎
27	土	14:41	♎	～	28	日	03:47	♏
29	月	18:31	♏	～	30	火	05:03	♐

5月

開始日		開始時刻	サイン		終了日		終了時刻	サイン
1	水	19:43	♐	～	2	木	06:00	♑
3	金	21:52	♑	～	4	土	08:08	♒
6	月	03:13	♒	～	6	月	12:13	♓
8	水	08:00	♓	～	8	水	18:21	♈
10	金	12:08	♈	～	11	土	02:29	♉
13	月	02:24	♉	～	13	月	12:41	♊
15	水	14:41	♊	～	16	木	00:50	♋
18	土	05:15	♋	～	18	土	13:53	♌
20	月	22:27	♌	～	21	火	01:38	♍
23	木	07:58	♍	～	23	木	09:54	♎
25	土	01:47	♎	～	25	土	14:03	♏
27	月	08:29	♏	～	27	月	15:06	♐
29	水	08:34	♐	～	29	水	14:55	♑
31	金	09:07	♑	～	31	金	15:27	♒

6月

開始日		開始時刻	サイン		終了日		終了時刻	サイン
2	日	05:58	♒	～	2	日	18:10	♓
4	火	17:13	♓	～	4	火	23:47	♈
6	木	18:53	♈	～	7	金	08:12	♉
9	日	12:18	♉	～	9	日	18:55	♊
12	水	00:46	♊	～	12	水	07:17	♋
14	金	14:39	♋	～	14	金	20:22	♌
16	日	21:03	♌	～	17	月	08:36	♍
19	水	12:41	♍	～	19	水	18:06	♎
21	金	21:58	♎	～	21	金	23:43	♏
23	日	21:12	♏	～	24	月	01:43	♐
25	火	21:12	♐	～	26	水	01:30	♑
27	木	20:43	♑	～	28	金	01:01	♒
29	土	15:23	♒	～	30	日	02:07	♓

7月

開始日		開始時刻	サイン		終了日		終了時刻	サイン
2	火	01:34	♓	～	2	火	06:15	♈
4	木	01:54	♈	～	4	木	13:57	♉
6	土	19:35	♉	～	7	日	00:42	♊
9	火	08:05	♊	～	9	火	13:17	♋
11	木	21:08	♋	～	12	金	01:52	♌
14	日	02:22	♌	～	14	日	14:29	♍
16	火	19:41	♍	～	17	水	00:35	♎
18	木	22:11	♎	～	19	金	07:35	♏
21	日	06:45	♏	～	21	日	11:12	♐
23	火	07:48	♐	～	23	火	12:07	♑
25	木	07:26	♑	～	25	木	11:47	♒
27	土	02:29	♒	～	27	土	12:01	♓
29	月	11:51	♓	～	29	月	14:37	♈
31	水	15:55	♈	～	31	水	20:53	♉

8月

開始日		開始時刻	サイン		終了日		終了時刻	サイン
3	土	01:49	♉	～	3	土	06:56	♊
5	月	13:07	♊	～	5	月	19:28	♋
8	木	03:33	♋	～	8	木	08:27	♌
10	土	09:16	♌	～	10	土	20:17	♍
13	火	03:36	♍	～	13	火	06:08	♎
15	木	12:06	♎	～	15	木	13:36	♏
17	土	17:56	♏	～	17	土	18:32	♐
19	月	14:44	♐	～	19	月	21:06	♑
21	水	15:36	♑	～	21	水	22:00	♒
23	金	21:15	♒	～	23	金	22:33	♓
25	日	17:18	♓	～	26	月	00:29	♈
28	水	02:18	♈	～	28	水	05:26	♉
30	金	09:26	♉	～	30	金	14:19	♊

9月

開始日		開始時刻	サイン		終了日		終了時刻	サイン
1	日	16:50	♊	～	2	月	02:23	♋
4	水	05:27	♋	～	4	水	15:21	♌
6	金	16:38	♌	～	7	土	02:56	♍
9	月	02:17	♍	～	9	月	12:08	♎
11	水	09:35	♎	～	11	水	19:02	♏
13	金	14:41	♏	～	14	土	00:08	♐
16	月	02:02	♐	～	16	月	03:46	♑
17	火	20:19	♑	～	18	水	06:13	♒
19	木	23:24	♒	～	20	金	08:03	♓
22	日	09:59	♓	～	22	日	10:26	♈
24	火	05:36	♈	～	24	火	14:55	♉
26	木	10:14	♉	～	26	木	22:49	♊
28	土	23:41	♊	～	29	日	10:10	♋

10月

開始日		開始時刻	サイン		終了日		終了時刻	サイン
1	火	10:46	♋	～	1	火	23:06	♌
4	金	07:14	♌	～	4	金	10:50	♍
6	日	11:49	♍	～	6	日	19:40	♎
8	火	20:28	♎	～	9	水	01:39	♏
11	金	02:57	♏	～	11	金	05:47	♐
13	日	01:26	♐	～	13	日	09:08	♑
15	火	09:31	♑	～	15	火	12:13	♒
17	木	06:20	♒	～	17	木	15:21	♓
19	土	09:46	♓	～	19	土	18:57	♈
21	月	18:16	♈	～	22	火	00:00	♉
23	水	18:21	♉	～	24	木	07:39	♊
26	土	07:42	♊	～	26	土	18:25	♋
29	火	02:04	♋	～	29	火	07:14	♌
31	木	17:18	♌	～	31	木	19:29	♍

11月

開始日		開始時刻	サイン		終了日		終了時刻	サイン
3	日	03:56	♍	～	3	日	04:44	♎
5	火	00:49	♎	～	5	火	10:23	♏
7	木	11:19	♏	～	7	木	13:26	♐
9	土	06:11	♐	～	9	土	15:24	♑
11	月	09:55	♑	～	11	月	17:39	♒
13	水	11:13	♒	～	13	水	20:53	♓
15	金	15:26	♓	～	16	土	01:25	♈
17	日	21:09	♈	～	18	月	07:32	♉
20	水	09:04	♉	～	20	水	15:44	♊
22	金	17:07	♊	～	23	土	02:25	♋
24	日	20:06	♋	～	25	月	15:05	♌
28	木	01:47	♌	～	28	木	03:50	♍
30	土	06:02	♍	～	30	土	14:10	♎

12月

開始日		開始時刻	サイン		終了日		終了時刻	サイン
2	月	18:36	♎	～	2	月	20:36	♏
4	水	08:05	♏	～	4	水	23:29	♐
6	金	14:36	♐	～	7	土	00:19	♑
8	日	18:44	♑	～	9	月	00:54	♒
11	水	01:39	♒	～	11	水	02:45	♓
12	木	19:58	♓	～	13	金	06:49	♈
15	日	01:58	♈	～	15	日	13:25	♉
17	火	05:16	♉	～	17	火	22:25	♊
20	金	02:55	♊	～	20	金	09:32	♋
22	日	08:30	♋	～	22	日	22:10	♌
24	火	22:14	♌	～	25	水	11:07	♍
27	金	10:05	♍	～	27	金	22:28	♎
30	月	02:23	♎	～	30	月	06:26	♏
31	火	21:49	♏	～	1	水	10:29	♐

1908年【ボイドタイム】

1月

開始日		開始時刻	サイン		終了日		終了時刻	サイン
3	金	01:51	♐	~	3	金	11:26	♑
5	日	03:50	♑	~	5	日	10:59	♒
7	火	00:19	♒	~	7	火	11:04	♓
9	木	10:49	♓	~	9	木	13:24	♈
11	土	06:48	♈	~	11	土	19:05	♉
13	月	14:05	♉	~	14	火	04:10	♊
16	木	03:52	♊	~	16	木	15:45	♋
18	土	22:36	♋	~	19	日	04:34	♌
21	火	03:33	♌	~	21	火	17:23	♍
23	木	16:30	♍	~	24	金	05:03	♎
26	日	01:21	♎	~	26	日	14:18	♏
28	火	09:45	♏	~	28	火	20:09	♐
30	木	13:09	♐	~	30	木	22:33	♑

2月

開始日		開始時刻	サイン		終了日		終了時刻	サイン
1	土	13:48	♑	~	1	土	22:32	♒
3	月	16:56	♒	~	3	月	21:51	♓
5	水	14:02	♓	~	5	水	22:32	♈
7	金	13:48	♈	~	8	土	02:25	♉
10	月	01:28	♉	~	10	月	10:23	♊
12	水	17:28	♊	~	12	水	21:48	♋
15	土	02:28	♋	~	15	土	10:47	♌
17	月	18:05	♌	~	17	月	23:29	♍
20	木	03:58	♍	~	20	木	10:49	♎
22	土	19:18	♎	~	22	土	20:14	♏
24	月	21:58	♏	~	25	火	03:16	♐
27	木	02:55	♐	~	27	木	07:29	♑
29	土	05:07	♑	~	29	土	09:05	♒

3月

開始日		開始時刻	サイン		終了日		終了時刻	サイン
1	日	21:34	♒	~	2	月	09:06	♓
4	水	06:09	♓	~	4	水	09:20	♈
6	金	02:29	♈	~	6	金	11:51	♉
8	日	15:34	♉	~	8	日	18:13	♊
11	水	02:27	♊	~	11	水	04:40	♋
13	金	15:52	♋	~	13	金	17:29	♌
15	日	15:40	♌	~	16	月	06:10	♍
18	水	16:45	♍	~	18	水	17:04	♎
20	金	12:24	♎	~	21	土	01:52	♏
22	日	13:13	♏	~	23	月	08:46	♐
25	水	01:16	♐	~	25	水	13:48	♑
27	金	04:03	♑	~	27	金	16:58	♒
29	日	08:24	♒	~	29	日	18:34	♓
31	火	11:53	♓	~	31	火	19:42	♈

4月

開始日		開始時刻	サイン		終了日		終了時刻	サイン
2	木	09:54	♈	~	2	木	22:04	♉
5	日	01:01	♉	~	5	日	03:27	♊
6	月	22:53	♊	~	7	火	12:43	♋
9	木	13:31	♋	~	10	金	00:58	♌
11	土	23:36	♌	~	12	日	13:42	♍
14	火	11:06	♍	~	15	水	00:34	♎
17	金	01:55	♎	~	17	金	08:45	♏
18	土	15:21	♏	~	19	日	14:42	♐
21	火	07:14	♐	~	21	火	19:11	♑
23	木	00:17	♑	~	23	木	22:40	♒
25	土	13:57	♒	~	26	日	01:26	♓
27	月	16:31	♓	~	28	火	03:58	♈
29	水	21:19	♈	~	30	木	07:17	♉

5月

開始日		開始時刻	サイン		終了日		終了時刻	サイン
1	金	12:59	♉	~	2	土	12:44	♊
4	月	19:04	♊	~	4	月	21:23	♋
6	水	06:32	♋	~	7	木	09:02	♌
9	土	08:31	♌	~	9	土	21:46	♍
11	月	23:33	♍	~	12	火	09:01	♎
14	木	06:50	♎	~	14	木	17:13	♏
16	土	13:32	♏	~	16	土	22:27	♐
18	月	21:13	♐	~	19	火	01:44	♑
21	木	03:02	♑	~	21	木	04:15	♒
22	金	20:12	♒	~	23	土	06:50	♓
24	日	23:20	♓	~	25	月	10:04	♈
27	水	05:22	♈	~	27	水	14:30	♉
28	木	20:42	♉	~	29	金	20:49	♊
31	日	17:54	♊	~	1	月	05:38	♋

6月

開始日		開始時刻	サイン		終了日		終了時刻	サイン
2	火	19:21	♋	~	3	水	17:00	♌
5	金	17:38	♌	~	6	土	05:43	♍
8	月	05:58	♍	~	8	月	17:34	♎
10	水	15:41	♎	~	11	木	02:30	♏
12	金	17:32	♏	~	13	土	07:53	♐
15	月	00:54	♐	~	15	月	10:26	♑
16	火	22:09	♑	~	17	水	11:35	♒
19	金	08:18	♒	~	19	金	12:52	♓
21	日	14:26	♓	~	21	日	15:28	♈
23	火	10:15	♈	~	23	火	20:10	♉
25	木	11:40	♉	~	26	金	03:16	♊
28	日	02:10	♊	~	28	日	12:45	♋
30	火	14:02	♋	~	1	水	00:15	♌

7月

開始日		開始時刻	サイン		終了日		終了時刻	サイン
3	金	02:10	♌	~	3	金	12:58	♍
5	日	22:00	♍	~	6	月	01:20	♎
8	水	11:18	♎	~	8	水	11:23	♏
9	木	18:12	♏	~	10	金	17:49	♐
12	日	12:13	♐	~	12	日	20:40	♑
14	火	06:47	♑	~	14	火	21:08	♒
16	木	12:56	♒	~	16	木	20:59	♓
18	土	13:55	♓	~	18	土	22:03	♈
20	月	21:01	♈	~	21	火	01:47	♉
23	木	08:11	♉	~	23	木	08:48	♊
25	土	09:15	♊	~	25	土	18:45	♋
27	月	01:07	♋	~	28	火	06:38	♌
30	木	09:47	♌	~	30	木	19:24	♍

8月

開始日		開始時刻	サイン		終了日		終了時刻	サイン
1	土	22:32	♍	~	2	日	07:57	♎
4	火	09:55	♎	~	4	火	18:53	♏
7	金	01:49	♏	~	7	金	02:48	♐
8	土	23:14	♐	~	9	日	06:57	♑
10	月	09:02	♑	~	11	火	07:54	♒
13	木	00:04	♒	~	13	木	07:10	♓
14	金	23:36	♓	~	15	土	06:50	♈
17	月	01:17	♈	~	17	月	08:56	♉
19	水	08:32	♉	~	19	水	14:48	♊
21	金	22:29	♊	~	22	土	00:27	♋
23	日	08:42	♋	~	24	月	12:32	♌
26	水	17:56	♌	~	27	木	01:23	♍
29	土	05:11	♍	~	29	土	13:48	♎
31	月	19:56	♎	~	1	火	00:56	♏

9月

開始日		開始時刻	サイン		終了日		終了時刻	サイン
3	木	06:05	♏	~	3	木	09:53	♐
5	土	12:59	♐	~	5	土	15:41	♑
7	月	16:58	♑	~	7	月	18:07	♒
9	水	17:01	♒	~	9	水	18:04	♓
11	金	10:42	♓	~	11	金	17:22	♈
13	日	11:12	♈	~	13	日	18:12	♉
15	火	07:32	♉	~	15	火	22:28	♊
17	木	22:52	♊	~	18	金	06:58	♋
20	日	12:07	♋	~	20	日	18:43	♌
22	火	23:09	♌	~	23	水	07:35	♍
25	金	11:31	♍	~	25	金	19:47	♎
28	月	04:07	♎	~	28	月	06:31	♏
30	水	02:51	♏	~	30	水	15:29	♐

10月

開始日		開始時刻	サイン		終了日		終了時刻	サイン
2	金	14:46	♐	~	2	金	22:13	♑
4	日	19:58	♑	~	5	月	02:17	♒
7	水	00:59	♒	~	7	水	03:50	♓
9	金	02:27	♓	~	9	金	04:02	♈
10	土	21:48	♈	~	11	日	04:43	♉
12	月	09:27	♉	~	13	火	07:55	♊
15	木	07:00	♊	~	15	木	15:01	♋
17	土	12:35	♋	~	18	日	01:51	♌
20	火	06:38	♌	~	20	火	14:33	♍
22	木	18:14	♍	~	23	金	02:43	♎
25	日	04:46	♎	~	25	日	13:00	♏
27	火	04:35	♏	~	27	火	21:12	♐
29	木	19:47	♐	~	30	金	03:35	♑

11月

開始日		開始時刻	サイン		終了日		終了時刻	サイン
1	日	02:37	♑	~	1	日	08:13	♒
3	火	09:43	♒	~	3	火	11:11	♓
5	木	05:38	♓	~	5	木	12:58	♈
7	土	11:08	♈	~	7	土	14:43	♉
8	日	19:31	♉	~	9	月	18:01	♊
12	木	00:07	♊	~	12	木	00:18	♋
13	金	18:29	♋	~	14	土	10:08	♌
16	月	13:04	♌	~	16	月	22:24	♍
19	木	02:47	♍	~	19	木	10:45	♎
21	土	15:42	♎	~	21	土	21:04	♏
23	月	04:33	♏	~	24	火	04:39	♐
26	木	04:17	♐	~	26	木	09:55	♑
28	土	13:05	♑	~	28	土	13:41	♒
30	月	08:27	♒	~	30	月	16:40	♓

12月

開始日		開始時刻	サイン		終了日		終了時刻	サイン
2	水	15:35	♓	~	2	水	19:27	♈
4	金	14:09	♈	~	4	金	22:38	♉
6	日	03:19	♉	~	7	月	03:02	♊
9	水	00:16	♊	~	9	水	09:34	♋
10	木	16:38	♋	~	11	金	18:53	♌
13	日	20:21	♌	~	14	月	06:39	♍
16	水	08:51	♍	~	16	水	19:13	♎
18	金	23:02	♎	~	19	土	06:13	♏
21	月	10:01	♏	~	21	月	14:03	♐
23	水	09:33	♐	~	23	水	18:39	♑
25	金	02:56	♑	~	25	金	21:02	♒
27	日	13:44	♒	~	27	日	22:39	♓
29	火	15:39	♓	~	30	水	00:48	♈
31	木	18:53	♈	~	1	金	04:25	♉

1909年【ボイドタイム】

1月

開始日		開始時刻	サイン		終了日		終了時刻	サイン
3	日	00:53	♉	~	3	日	09:54	♊
5	火	07:00	♊	~	5	火	17:25	♋
7	木	23:42	♋	~	8	金	03:01	♌
10	日	03:16	♌	~	10	日	14:34	♍
12	火	18:08	♍	~	13	水	03:12	♎
15	金	13:04	♎	~	15	金	15:03	♏
17	日	17:49	♏	~	18	月	00:02	♐
19	火	19:12	♐	~	20	水	05:10	♑
21	木	10:59	♑	~	22	金	07:00	♒
23	土	21:48	♒	~	24	日	07:10	♓
25	月	22:00	♓	~	26	火	07:37	♈
28	木	02:28	♈	~	28	木	10:03	♉
30	土	10:43	♉	~	30	土	15:23	♊

2月

開始日		開始時刻	サイン		終了日		終了時刻	サイン
1	月	20:36	♊	~	1	月	23:33	♋
3	水	20:12	♋	~	4	木	09:51	♌
6	土	16:20	♌	~	6	土	21:36	♍
8	月	21:55	♍	~	9	火	10:11	♎
11	木	10:22	♎	~	11	木	22:30	♏
13	土	21:46	♏	~	14	日	08:49	♐
16	火	09:41	♐	~	16	火	15:28	♑
18	木	00:26	♑	~	18	木	18:09	♒
20	土	13:54	♒	~	20	土	18:01	♓
22	月	15:11	♓	~	22	月	17:08	♈
24	水	07:31	♈	~	24	水	17:45	♉
26	金	05:35	♉	~	26	金	21:34	♊
28	日	17:58	♊	~	1	月	05:08	♋

3月

開始日		開始時刻	サイン		終了日		終了時刻	サイン
2	火	19:39	♋	~	3	水	15:41	♌
5	金	15:19	♌	~	6	土	03:48	♍
8	月	03:52	♍	~	8	月	16:24	♎
10	水	16:17	♎	~	11	木	04:41	♏
13	土	04:45	♏	~	13	土	15:38	♐
15	月	19:05	♐	~	15	月	23:47	♑
17	水	21:54	♑	~	18	木	04:10	♒
19	金	19:15	♒	~	20	土	05:08	♓
21	日	18:37	♓	~	22	月	04:18	♈
23	火	17:55	♈	~	24	水	03:50	♉
25	木	22:04	♉	~	26	金	05:56	♊
28	日	09:06	♊	~	28	日	11:56	♋
30	火	07:22	♋	~	30	火	21:44	♌

4月

開始日		開始時刻	サイン		終了日		終了時刻	サイン
1	木	21:33	♌	~	2	金	09:52	♍
4	日	16:19	♍	~	4	日	22:31	♎
7	水	06:38	♎	~	7	水	10:33	♏
9	金	20:48	♏	~	9	金	21:17	♐
11	日	18:50	♐	~	12	月	05:58	♑
13	火	23:30	♑	~	14	水	11:45	♒
16	金	06:36	♒	~	16	金	14:26	♓
18	日	05:25	♓	~	18	日	14:52	♈
20	火	13:51	♈	~	20	火	14:43	♉
22	木	01:05	♉	~	22	木	16:03	♊
24	土	10:05	♊	~	24	土	20:35	♋
26	月	11:51	♋	~	27	火	05:02	♌
29	木	05:02	♌	~	29	木	16:34	♍

5月

開始日		開始時刻	サイン		終了日		終了時刻	サイン
1	土	17:42	♍	~	2	日	05:12	♎
4	火	05:55	♎	~	4	火	17:05	♏
6	木	10:04	♏	~	7	金	03:16	♐
9	日	01:12	♐	~	9	日	11:27	♑
11	火	04:25	♑	~	11	火	17:27	♒
13	木	13:46	♒	~	13	木	21:15	♓
15	土	20:36	♓	~	15	土	23:14	♈
17	月	15:35	♈	~	18	火	00:24	♉
19	水	22:42	♉	~	20	木	02:14	♊
22	土	01:29	♊	~	22	土	06:16	♋
23	日	20:12	♋	~	24	月	13:37	♌
26	水	15:25	♌	~	27	木	00:15	♍
29	土	06:12	♍	~	29	土	12:39	♎
31	月	19:41	♎	~	1	火	00:38	♏

6月

開始日		開始時刻	サイン		終了日		終了時刻	サイン
2	水	16:31	♏	~	3	木	10:32	♐
5	土	13:17	♐	~	5	土	17:54	♑
7	月	06:14	♑	~	7	月	23:04	♒
10	木	01:37	♒	~	10	木	02:40	♓
11	金	21:16	♓	~	12	土	05:22	♈
13	日	23:49	♈	~	14	月	07:51	♉
15	火	17:56	♉	~	16	水	10:54	♊
18	金	08:28	♊	~	18	金	15:29	♋
20	日	06:31	♋	~	20	日	22:32	♌
22	火	23:32	♌	~	23	水	08:30	♍
25	金	11:33	♍	~	25	金	20:36	♎
28	月	00:04	♎	~	28	月	08:52	♏
30	水	08:04	♏	~	30	水	19:04	♐

7月

開始日		開始時刻	サイン		終了日		終了時刻	サイン
2	金	18:22	♐	~	3	土	02:05	♑
4	日	17:22	♑	~	5	月	06:14	♒
7	水	01:39	♒	~	7	水	08:41	♓
9	金	03:47	♓	~	9	金	10:46	♈
11	日	08:46	♈	~	11	日	13:30	♉
13	火	11:31	♉	~	13	火	17:31	♊
15	木	18:46	♊	~	15	木	23:08	♋
18	日	04:02	♋	~	18	日	06:42	♌
20	火	08:50	♌	~	20	火	16:32	♍
23	金	02:53	♍	~	23	金	04:26	♎
25	日	09:21	♎	~	25	日	17:02	♏
28	水	00:09	♏	~	28	水	04:01	♐
30	金	04:51	♐	~	30	金	11:32	♑

8月

開始日		開始時刻	サイン		終了日		終了時刻	サイン
1	日	03:54	♑	~	1	日	15:22	♒
3	火	10:47	♒	~	3	火	16:43	♓
5	木	11:29	♓	~	5	木	17:23	♈
7	土	13:04	♈	~	7	土	19:05	♉
9	月	05:54	♉	~	9	月	22:56	♊
11	水	22:42	♊	~	12	木	05:09	♋
14	土	00:29	♋	~	14	土	13:30	♌
16	月	16:58	♌	~	16	月	23:43	♍
19	木	04:46	♍	~	19	木	11:37	♎
21	土	19:46	♎	~	22	日	00:25	♏
23	月	15:16	♏	~	24	火	12:17	♐
26	木	14:59	♐	~	26	木	21:02	♑
28	土	16:13	♑	~	29	日	01:37	♒
30	月	21:32	♒	~	31	火	02:46	♓

9月

開始日		開始時刻	サイン		終了日		終了時刻	サイン
1	水	21:12	♓	~	2	木	02:19	♈
3	金	21:12	♈	~	4	土	02:27	♉
5	日	15:20	♉	~	6	月	04:56	♊
8	水	04:45	♊	~	8	水	10:36	♋
10	金	05:56	♋	~	10	金	19:12	♌
12	日	23:40	♌	~	13	月	05:55	♍
15	水	11:40	♍	~	15	水	18:01	♎
18	土	00:29	♎	~	18	土	06:50	♏
20	月	12:15	♏	~	20	月	19:12	♐
23	木	03:31	♐	~	23	木	05:14	♑
25	土	04:58	♑	~	25	土	11:23	♒
27	月	08:36	♒	~	27	月	13:33	♓
29	水	12:07	♓	~	29	水	13:07	♈

10月

開始日		開始時刻	サイン		終了日		終了時刻	サイン
1	金	08:20	♈	~	1	金	12:15	♉
3	日	10:16	♉	~	3	日	13:04	♊
5	火	14:35	♊	~	5	火	17:10	♋
7	木	23:11	♋	~	8	金	00:58	♌
10	日	05:48	♌	~	10	日	11:42	♍
12	火	17:39	♍	~	13	水	00:01	♎
15	金	06:22	♎	~	15	金	12:47	♏
17	日	16:37	♏	~	18	月	01:03	♐
20	水	05:30	♐	~	20	水	11:38	♑
22	金	16:03	♑	~	22	金	19:13	♒
24	日	17:43	♒	~	24	日	23:10	♓
26	火	18:49	♓	~	27	水	00:02	♈
28	木	18:16	♈	~	28	木	23:27	♉
30	土	16:25	♉	~	30	土	23:27	♊

11月

開始日		開始時刻	サイン		終了日		終了時刻	サイン
1	月	20:10	♊	~	2	火	01:57	♋
4	木	00:58	♋	~	4	木	08:11	♌
6	土	15:18	♌	~	6	土	18:05	♍
9	火	00:06	♍	~	9	火	06:20	♎
11	木	12:06	♎	~	11	木	19:05	♏
14	日	03:05	♏	~	14	日	06:58	♐
16	火	14:36	♐	~	16	火	17:10	♑
18	木	23:51	♑	~	19	金	01:05	♒
21	日	02:29	♒	~	21	日	06:21	♓
23	火	02:59	♓	~	23	火	09:02	♈
25	木	04:00	♈	~	25	木	09:58	♉
26	金	19:19	♉	~	27	土	10:32	♊
29	月	06:04	♊	~	29	月	12:27	♋

12月

開始日		開始時刻	サイン		終了日		終了時刻	サイン
1	水	08:56	♋	~	1	水	17:17	♌
3	金	18:24	♌	~	4	土	01:51	♍
6	月	05:39	♍	~	6	月	13:30	♎
8	水	18:19	♎	~	9	木	02:17	♏
10	金	16:53	♏	~	11	土	14:02	♐
13	月	16:27	♐	~	13	月	23:32	♑
15	水	11:39	♑	~	16	木	06:40	♒
18	土	04:36	♒	~	18	土	11:48	♓
20	月	11:17	♓	~	20	月	15:25	♈
22	水	17:46	♈	~	22	水	17:58	♉
24	金	03:23	♉	~	24	金	20:05	♊
26	日	15:26	♊	~	26	日	22:46	♋
28	火	09:57	♋	~	29	水	03:18	♌
31	金	02:31	♌	~	31	金	10:50	♍

1910年【ボイドタイム】

1月

開始日		開始時刻	サイン		終了日		終了時刻	サイン
2	日	17:02	♍	～	2	日	21:38	♎
5	水	01:15	♎	～	5	水	10:19	♏
7	金	15:32	♏	～	7	金	22:21	♐
10	月	03:32	♐	～	10	月	07:41	♑
12	水	02:36	♑	～	12	水	13:54	♒
14	金	17:04	♒	～	14	金	17:51	♓
16	日	12:52	♓	～	16	日	20:47	♈
18	火	19:20	♈	～	18	火	23:39	♉
21	金	02:38	♉	～	21	金	02:59	♊
23	日	06:52	♊	～	23	日	07:03	♋
24	月	21:47	♋	～	25	火	12:24	♌
27	木	10:44	♌	～	27	木	19:53	♍
29	土	20:26	♍	～	30	日	06:06	♎

2月

開始日		開始時刻	サイン		終了日		終了時刻	サイン
1	火	16:32	♎	～	1	火	18:33	♏
4	金	03:00	♏	～	4	金	07:05	♐
6	日	10:58	♐	～	6	日	17:04	♑
8	火	17:15	♑	～	8	火	23:14	♒
10	木	17:51	♒	～	11	金	02:14	♓
13	日	00:32	♓	～	13	日	03:41	♈
15	火	04:25	♈	～	15	火	05:20	♉
17	木	03:32	♉	～	17	木	08:20	♊
19	土	12:22	♊	～	19	土	13:04	♋
21	月	07:19	♋	～	21	月	19:29	♌
23	水	17:57	♌	～	24	木	03:41	♍
26	土	03:51	♍	～	26	土	13:59	♎
28	月	15:50	♎	～	1	火	02:16	♏

3月

開始日		開始時刻	サイン		終了日		終了時刻	サイン
3	木	02:43	♏	～	3	木	15:11	♐
5	土	16:18	♐	～	6	日	02:13	♑
8	火	02:13	♑	～	8	火	09:23	♒
10	木	08:09	♒	～	10	木	12:34	♓
12	土	10:59	♓	～	12	土	13:10	♈
14	月	04:56	♈	～	14	月	13:16	♉
16	水	05:13	♉	～	16	水	14:40	♊
18	金	12:37	♊	～	18	金	18:31	♋
20	日	23:23	♋	～	21	月	01:04	♌
23	水	00:05	♌	～	23	水	09:57	♍
25	金	10:37	♍	～	25	金	20:46	♎
27	日	22:46	♎	～	28	月	09:07	♏
30	水	12:29	♏	～	30	水	22:07	♐

4月

開始日		開始時刻	サイン		終了日		終了時刻	サイン
2	土	04:27	♐	～	2	土	09:56	♑
4	月	09:16	♑	～	4	月	18:33	♒
6	水	14:30	♒	～	6	水	23:02	♓
8	金	16:06	♓	～	9	土	00:06	♈
10	日	16:14	♈	～	10	日	23:33	♉
12	火	15:29	♉	～	12	火	23:27	♊
14	木	18:31	♊	～	15	金	01:34	♋
16	土	23:56	♋	～	17	日	06:56	♌
19	火	12:04	♌	～	19	火	15:35	♍
21	木	17:07	♍	～	22	金	02:45	♎
24	日	09:27	♎	～	24	日	15:19	♏
26	火	18:32	♏	～	27	水	04:14	♐
29	金	12:54	♐	～	29	金	16:13	♑

5月

開始日		開始時刻	サイン		終了日		終了時刻	サイン
1	日	22:09	♑	～	2	月	01:47	♒
4	水	04:58	♒	～	4	水	07:51	♓
6	金	08:28	♓	～	6	金	10:25	♈
8	日	08:45	♈	～	8	日	10:33	♉
10	火	02:24	♉	～	10	火	10:04	♊
12	木	09:46	♊	～	12	木	10:51	♋
14	土	13:51	♋	～	14	土	14:32	♌
16	月	21:47	♌	～	16	月	21:59	♍
19	木	02:31	♍	～	19	木	08:47	♎
21	土	12:45	♎	～	21	土	21:28	♏
24	火	00:12	♏	～	24	火	10:18	♐
26	木	13:46	♐	～	26	木	21:57	♑
28	土	21:56	♑	～	29	日	07:34	♒
31	火	07:14	♒	～	31	火	14:31	♓

6月

開始日		開始時刻	サイン		終了日		終了時刻	サイン
2	木	18:23	♓	～	2	木	18:38	♈
4	土	13:52	♈	～	4	土	20:20	♉
6	月	19:14	♉	～	6	月	20:41	♊
8	水	14:56	♊	～	8	水	21:17	♋
10	金	23:04	♋	～	10	金	23:52	♌
12	日	22:53	♌	～	13	月	05:53	♍
15	水	10:40	♍	～	15	水	15:42	♎
18	土	02:19	♎	～	18	土	04:08	♏
20	月	05:24	♏	～	20	月	16:57	♐
22	水	21:23	♐	～	23	木	04:15	♑
25	土	02:13	♑	～	25	土	13:15	♒
27	月	14:36	♒	～	27	月	20:00	♓
30	木	00:23	♓	～	30	木	00:45	♈

7月

開始日		開始時刻	サイン		終了日		終了時刻	サイン
1	金	22:14	♈	～	2	土	03:48	♉
3	日	19:21	♉	～	4	月	05:39	♊
6	水	02:46	♊	～	6	水	07:10	♋
7	木	22:47	♋	～	8	金	09:44	♌
10	日	09:13	♌	～	10	日	14:55	♍
12	火	17:43	♍	～	12	火	23:42	♎
15	金	05:30	♎	～	15	金	11:36	♏
17	日	11:34	♏	～	18	月	00:26	♐
20	水	06:04	♐	～	20	水	11:41	♑
22	金	17:36	♑	～	22	金	20:07	♒
25	月	00:36	♒	～	25	月	01:58	♓
27	水	01:23	♓	～	27	水	06:08	♈
29	金	04:49	♈	～	29	金	09:27	♉
31	日	05:44	♉	～	31	日	12:21	♊

8月

開始日		開始時刻	サイン		終了日		終了時刻	サイン
2	火	10:56	♊	～	2	火	15:11	♋
4	木	05:44	♋	～	4	木	18:41	♌
6	土	19:19	♌	～	6	土	23:59	♍
9	火	03:22	♍	～	9	火	08:13	♎
11	木	14:35	♎	～	11	木	19:35	♏
13	土	18:01	♏	～	14	日	08:27	♐
16	火	15:25	♐	～	16	火	20:06	♑
19	金	03:28	♑	～	19	金	04:32	♒
21	日	05:38	♒	～	21	日	09:41	♓
23	火	08:49	♓	～	23	火	12:42	♈
25	木	11:13	♈	～	25	木	15:03	♉
27	土	03:45	♉	～	27	土	17:44	♊
29	月	17:23	♊	～	29	月	21:14	♋
31	水	11:04	♋	～	1	木	01:49	♌

9月

開始日		開始時刻	サイン		終了日		終了時刻	サイン
3	土	03:57	♌	～	3	土	07:57	♍
5	月	12:13	♍	～	5	月	16:23	♎
7	水	23:11	♎	～	8	木	03:29	♏
10	土	09:28	♏	～	10	土	16:22	♐
13	火	00:30	♐	～	13	火	04:40	♑
15	木	05:18	♑	～	15	木	13:53	♒
17	土	15:37	♒	～	17	土	19:13	♓
19	月	18:43	♓	～	19	月	21:31	♈
21	水	19:07	♈	～	21	水	22:30	♉
23	金	23:15	♉	～	23	金	23:49	♊
25	日	23:05	♊	～	26	月	02:38	♋
27	火	15:59	♋	～	28	水	07:27	♌
30	金	10:32	♌	～	30	金	14:23	♍

10月

開始日		開始時刻	サイン		終了日		終了時刻	サイン
2	日	19:29	♍	～	2	日	23:29	♎
5	水	06:37	♎	～	5	水	10:46	♏
7	金	16:34	♏	～	7	金	23:38	♐
10	月	08:26	♐	～	10	月	12:26	♑
12	水	10:14	♑	～	12	水	22:52	♒
15	土	01:41	♒	～	15	土	05:23	♓
17	月	04:37	♓	～	17	月	08:07	♈
19	水	05:03	♈	～	19	水	08:27	♉
20	木	18:47	♉	～	21	金	08:19	♊
23	日	07:08	♊	～	23	日	09:27	♋
25	火	06:20	♋	～	25	火	13:08	♌
27	木	15:47	♌	～	27	木	19:55	♍
30	日	01:08	♍	～	30	日	05:30	♎

11月

開始日		開始時刻	サイン		終了日		終了時刻	サイン
1	火	12:39	♎	～	1	火	17:13	♏
3	木	13:13	♏	～	4	金	06:07	♐
6	日	18:48	♐	～	6	日	19:02	♑
9	水	05:08	♑	～	9	水	06:20	♒
11	金	14:14	♒	～	11	金	14:27	♓
13	日	14:38	♓	～	13	日	18:43	♈
15	火	15:52	♈	～	15	火	19:48	♉
17	木	13:54	♉	～	17	木	19:12	♊
19	土	14:50	♊	～	19	土	18:54	♋
21	月	17:36	♋	～	21	月	20:46	♌
24	木	01:48	♌	～	24	木	02:09	♍
26	土	06:09	♍	～	26	土	11:18	♎
28	月	17:48	♎	～	28	月	23:13	♏
30	水	21:25	♏	～	1	木	12:15	♐

12月

開始日		開始時刻	サイン		終了日		終了時刻	サイン
3	土	19:24	♐	～	4	日	00:58	♑
5	月	22:32	♑	～	6	火	12:17	♒
8	木	20:31	♒	～	8	木	21:20	♓
10	土	22:17	♓	～	11	日	03:22	♈
13	火	01:22	♈	～	13	火	06:14	♉
15	木	00:09	♉	～	15	木	06:40	♊
17	土	06:05	♊	～	17	土	06:12	♋
19	月	06:36	♋	～	19	月	06:49	♌
21	水	10:07	♌	～	21	水	10:26	♍
23	金	12:07	♍	～	23	金	18:11	♎
26	月	05:04	♎	～	26	月	05:37	♏
28	水	07:57	♏	～	28	水	18:42	♐
31	土	06:37	♐	～	31	土	07:14	♑

1911年【ボイドタイム】

1月

開始日		開始時刻	サイン		終了日		終了時刻	サイン
2	月	17:26	♑	~	2	月	18:03	♒
5	木	02:16	♒	~	5	木	02:51	♓
7	土	03:24	♓	~	7	土	09:34	♈
9	月	13:34	♈	~	9	月	14:02	♉
11	水	07:58	♉	~	11	水	16:17	♊
13	金	16:44	♊	~	13	金	17:04	♋
15	日	17:35	♋	~	15	日	17:50	♌
17	火	20:21	♌	~	17	火	20:31	♍
19	木	23:50	♍	~	20	金	02:48	♎
22	日	05:44	♎	~	22	日	13:06	♏
24	火	17:14	♏	~	25	水	01:55	♐
27	金	07:23	♐	~	27	金	14:31	♑
29	日	17:23	♑	~	30	月	00:58	♒

2月

開始日		開始時刻	サイン		終了日		終了時刻	サイン
1	水	02:34	♒	~	1	水	08:56	♓
3	金	08:23	♓	~	3	金	14:58	♈
5	日	13:24	♈	~	5	日	19:37	♉
7	火	17:12	♉	~	7	火	23:03	♊
9	木	18:52	♊	~	10	金	01:28	♋
12	日	00:08	♋	~	12	日	03:34	♌
13	月	23:44	♌	~	14	火	06:40	♍
16	木	06:53	♍	~	16	木	12:22	♎
18	土	18:59	♎	~	18	土	21:40	♏
21	火	04:22	♏	~	21	火	09:54	♐
23	木	14:29	♐	~	23	木	22:38	♑
26	日	05:07	♑	~	26	日	09:18	♒
28	火	09:27	♒	~	28	火	16:51	♓

3月

開始日		開始時刻	サイン		終了日		終了時刻	サイン
2	木	17:55	♓	~	2	木	21:50	♈
5	日	00:41	♈	~	5	日	01:22	♉
7	火	00:54	♉	~	7	火	04:23	♊
9	木	00:24	♊	~	9	木	07:24	♋
11	土	07:32	♋	~	11	土	10:46	♌
13	月	07:49	♌	~	13	月	15:05	♍
15	水	18:12	♍	~	15	水	21:20	♎
18	土	03:14	♎	~	18	土	06:21	♏
20	月	15:05	♏	~	20	月	18:05	♐
23	木	03:57	♐	~	23	木	06:54	♑
25	土	15:39	♑	~	25	土	18:13	♒
27	月	18:51	♒	~	28	火	02:14	♓
30	木	04:50	♓	~	30	木	06:52	♈

4月

開始日		開始時刻	サイン		終了日		終了時刻	サイン
1	土	07:22	♈	~	1	土	09:15	♉
3	月	09:03	♉	~	3	月	10:50	♊
5	水	12:08	♊	~	5	水	12:53	♋
7	金	14:34	♋	~	7	金	16:15	♌
9	日	14:16	♌	~	9	日	21:24	♍
12	水	02:57	♍	~	12	水	04:37	♎
14	金	12:29	♎	~	14	金	14:07	♏
17	月	00:11	♏	~	17	月	01:47	♐
19	水	10:15	♐	~	19	水	14:35	♑
22	土	01:08	♑	~	22	土	02:34	♒
24	月	04:43	♒	~	24	月	11:42	♓
26	水	15:52	♓	~	26	水	17:04	♈
28	金	18:07	♈	~	28	金	19:13	♉
30	日	18:35	♉	~	30	日	19:40	♊

5月

開始日		開始時刻	サイン		終了日		終了時刻	サイン
2	火	14:11	♊	~	2	火	20:07	♋
4	木	21:02	♋	~	4	木	22:10	♌
6	土	20:26	♌	~	7	日	02:50	♍
9	火	09:11	♍	~	9	火	10:27	♎
11	木	19:16	♎	~	11	木	20:36	♏
14	日	07:10	♏	~	14	日	08:33	♐
16	火	14:32	♐	~	16	火	21:21	♑
19	金	08:13	♑	~	19	金	09:41	♒
21	日	18:22	♒	~	21	日	19:54	♓
24	水	01:17	♓	~	24	水	02:41	♈
26	金	04:26	♈	~	26	金	05:49	♉
28	日	04:50	♉	~	28	日	06:13	♊
30	火	00:46	♊	~	30	火	05:38	♋

6月

開始日		開始時刻	サイン		終了日		終了時刻	サイン
1	木	04:30	♋	~	1	木	06:03	♌
3	土	04:00	♌	~	3	土	09:15	♍
5	月	14:09	♍	~	5	月	16:07	♎
8	木	00:10	♎	~	8	木	02:22	♏
10	土	12:16	♏	~	10	土	14:38	♐
12	月	21:54	♐	~	13	火	03:28	♑
15	木	13:08	♑	~	15	木	15:45	♒
17	土	21:24	♒	~	18	日	02:27	♓
20	火	07:53	♓	~	20	火	10:32	♈
22	木	14:42	♈	~	22	木	15:15	♉
24	土	14:11	♉	~	24	土	16:46	♊
26	月	12:32	♊	~	26	月	16:21	♋
28	水	13:07	♋	~	28	水	15:55	♌
30	金	13:37	♌	~	30	金	17:35	♍

7月

開始日		開始時刻	サイン		終了日		終了時刻	サイン
2	日	19:29	♍	~	2	日	23:00	♎
5	水	04:33	♎	~	5	水	08:28	♏
7	金	20:00	♏	~	7	金	20:40	♐
10	月	05:17	♐	~	10	月	09:32	♑
12	水	18:39	♑	~	12	水	21:34	♒
15	土	07:06	♒	~	15	土	08:04	♓
17	月	13:01	♓	~	17	月	16:35	♈
19	水	19:15	♈	~	19	水	22:34	♉
21	金	21:44	♉	~	22	土	01:42	♊
23	日	23:37	♊	~	24	月	02:30	♋
25	火	21:55	♋	~	26	水	02:25	♌
28	金	00:34	♌	~	28	金	03:27	♍
30	日	04:32	♍	~	30	日	07:33	♎

8月

開始日		開始時刻	サイン		終了日		終了時刻	サイン
1	火	12:36	♎	~	1	火	15:45	♏
3	木	20:59	♏	~	4	金	03:21	♐
6	日	13:04	♐	~	6	日	16:10	♑
8	火	21:27	♑	~	9	水	04:03	♒
11	金	11:16	♒	~	11	金	14:01	♓
13	日	19:27	♓	~	13	日	22:03	♈
16	水	01:46	♈	~	16	水	04:12	♉
18	金	05:45	♉	~	18	金	08:24	♊
20	日	08:58	♊	~	20	日	10:43	♋
22	火	10:43	♋	~	22	火	11:55	♌
24	木	13:14	♌	~	24	木	13:27	♍
26	土	16:08	♍	~	26	土	17:07	♎
28	月	22:00	♎	~	29	火	00:17	♏
31	木	08:42	♏	~	31	木	11:01	♐

9月

開始日		開始時刻	サイン		終了日		終了時刻	サイン
2	土	21:19	♐	~	2	土	23:38	♑
5	火	11:05	♑	~	5	火	11:36	♒
7	木	19:14	♒	~	7	木	21:18	♓
10	日	02:35	♓	~	10	日	04:32	♈
12	火	07:58	♈	~	12	火	09:50	♉
14	木	06:14	♉	~	14	木	13:48	♊
16	土	15:03	♊	~	16	土	16:48	♋
18	月	11:47	♋	~	18	月	19:18	♌
20	水	20:21	♌	~	20	水	22:06	♍
23	土	00:34	♍	~	23	土	02:22	♎
25	月	07:24	♎	~	25	月	09:17	♏
27	水	10:19	♏	~	27	水	19:22	♐
30	土	05:38	♐	~	30	土	07:39	♑

10月

開始日		開始時刻	サイン		終了日		終了時刻	サイン
2	月	10:48	♑	~	2	月	19:57	♒
5	木	04:06	♒	~	5	木	06:00	♓
7	土	11:08	♓	~	7	土	12:56	♈
9	月	15:29	♈	~	9	月	17:13	♉
11	水	12:13	♉	~	11	水	19:56	♊
13	金	20:28	♊	~	13	金	22:13	♋
15	日	17:08	♋	~	16	月	00:55	♌
18	水	02:51	♌	~	18	水	04:42	♍
20	金	08:09	♍	~	20	金	10:06	♎
22	日	15:33	♎	~	22	日	17:37	♏
24	火	18:49	♏	~	25	水	03:35	♐
27	金	13:20	♐	~	27	金	15:37	♑
29	日	19:27	♑	~	30	月	04:15	♒

11月

開始日		開始時刻	サイン		終了日		終了時刻	サイン
1	水	12:56	♒	~	1	水	15:12	♓
3	金	20:39	♓	~	3	金	22:50	♈
6	月	00:49	♈	~	6	月	02:55	♉
8	水	02:42	♉	~	8	水	04:29	♊
10	金	03:05	♊	~	10	金	05:11	♋
12	日	05:46	♋	~	12	日	06:39	♌
14	火	07:43	♌	~	14	火	10:06	♍
16	木	13:31	♍	~	16	木	16:05	♎
18	土	21:44	♎	~	19	日	00:28	♏
21	火	05:49	♏	~	21	火	10:55	♐
23	木	19:53	♐	~	23	木	22:56	♑
26	日	05:09	♑	~	26	日	11:41	♒
28	火	20:25	♒	~	28	火	23:33	♓

12月

開始日		開始時刻	サイン		終了日		終了時刻	サイン
1	金	08:05	♓	~	1	金	08:36	♈
3	日	10:51	♈	~	3	日	13:44	♉
5	火	13:26	♉	~	5	火	15:19	♊
7	木	12:09	♊	~	7	木	14:56	♋
9	土	14:21	♋	~	9	土	14:39	♌
11	月	13:19	♌	~	11	月	16:28	♍
13	水	18:10	♍	~	13	水	21:36	♎
16	土	02:26	♎	~	16	土	06:09	♏
18	月	12:09	♏	~	18	月	17:09	♐
21	木	01:20	♐	~	21	木	05:25	♑
23	土	13:34	♑	~	23	土	18:06	♒
26	火	02:05	♒	~	26	火	06:18	♓
28	木	15:14	♓	~	28	木	16:37	♈
30	土	20:16	♈	~	30	土	23:31	♉

1912年【ボイドタイム】

1月

開始日	開始時刻	サイン		終了日	終了時刻	サイン
1 月	23:39	♉	～	2 火	02:29	♊
3 水	22:49	♊	～	4 木	02:26	♋
5 金	22:57	♋	～	6 土	01:18	♌
7 日	21:30	♌	～	8 月	01:24	♍
10 水	02:29	♍	～	10 水	04:43	♎
12 金	10:00	♎	～	12 金	12:08	♏
14 日	21:01	♏	～	14 日	22:58	♐
17 水	06:20	♐	～	17 水	11:28	♑
19 金	22:46	♑	～	20 土	00:08	♒
22 月	07:00	♒	～	22 月	12:06	♓
24 水	21:58	♓	～	24 水	22:42	♈
27 土	06:25	♈	～	27 土	06:52	♉
29 月	11:30	♉	～	29 月	11:43	♊
31 水	08:48	♊	～	31 水	13:15	♋

2月

開始日	開始時刻	サイン		終了日	終了時刻	サイン
2 金	00:01	♋	～	2 金	12:48	♌
4 日	07:51	♌	～	4 日	12:23	♍
6 火	11:38	♍	～	6 火	14:13	♎
8 木	14:34	♎	～	8 木	19:54	♏
10 土	13:13	♏	～	11 日	05:36	♐
13 火	11:57	♐	～	13 火	17:52	♑
15 木	13:31	♑	～	16 金	06:34	♒
18 日	14:44	♒	～	18 日	18:14	♓
20 火	22:35	♓	～	21 水	04:17	♈
23 金	11:11	♈	～	23 金	12:27	♉
25 日	02:59	♉	～	25 日	18:15	♊
27 火	16:26	♊	～	27 火	21:30	♋
29 木	08:32	♋	～	29 木	22:43	♌

3月

開始日	開始時刻	サイン		終了日	終了時刻	サイン
2 土	18:17	♌	～	2 土	23:15	♍
4 月	19:44	♍	～	5 火	00:54	♎
6 水	23:54	♎	～	7 木	05:26	♏
9 土	00:55	♏	～	9 土	13:44	♐
11 月	23:23	♐	～	12 火	01:13	♑
13 水	22:59	♑	～	14 木	13:51	♒
16 土	19:29	♒	～	17 日	01:29	♓
19 火	07:08	♓	～	19 火	11:00	♈
21 木	12:46	♈	～	21 木	18:17	♉
23 土	07:49	♉	～	23 土	23:38	♊
25 月	22:13	♊	～	26 火	03:22	♋
27 水	21:51	♋	～	28 木	05:55	♌
30 土	03:17	♌	～	30 土	07:59	♍

4月

開始日	開始時刻	サイン		終了日	終了時刻	サイン
1 月	06:27	♍	～	1 月	10:40	♎
3 水	14:20	♎	～	3 水	15:16	♏
5 金	05:46	♏	～	5 金	22:48	♐
8 月	08:09	♐	～	8 月	09:25	♑
10 水	18:36	♑	～	10 水	21:48	♒
13 土	04:04	♒	～	13 土	09:43	♓
15 月	13:56	♓	～	15 月	19:16	♈
17 水	20:51	♈	～	18 木	01:51	♉
19 金	14:42	♉	～	20 土	06:04	♊
22 月	04:16	♊	～	22 月	08:54	♋
23 火	20:25	♋	～	24 水	11:23	♌
26 金	09:43	♌	～	26 金	14:18	♍
28 日	13:37	♍	～	28 日	18:16	♎
30 火	19:03	♎	～	30 火	23:48	♏

5月

開始日	開始時刻	サイン		終了日	終了時刻	サイン
2 木	16:15	♏	～	3 金	07:31	♐
5 日	13:04	♐	～	5 日	17:43	♑
7 火	14:48	♑	～	8 水	05:51	♒
10 金	13:18	♒	～	10 金	18:09	♓
12 日	23:50	♓	～	13 月	04:21	♈
15 水	07:24	♈	～	15 水	11:05	♉
17 金	07:13	♉	～	17 金	14:34	♊
19 日	12:23	♊	～	19 日	16:05	♋
21 火	17:06	♋	～	21 火	17:19	♌
23 木	15:59	♌	～	23 木	19:41	♍
25 土	21:01	♍	～	26 日	00:00	♎
28 火	05:56	♎	～	28 火	06:27	♏
30 木	11:30	♏	～	30 木	14:55	♐

6月

開始日	開始時刻	サイン		終了日	終了時刻	サイン
1 土	21:26	♐	～	2 日	01:18	♑
4 火	08:33	♑	～	4 火	13:19	♒
6 木	22:14	♒	～	7 金	01:56	♓
9 日	09:38	♓	～	9 日	13:04	♈
11 火	17:41	♈	～	11 火	20:47	♉
13 木	20:00	♉	～	14 金	00:33	♊
15 土	22:48	♊	～	16 日	01:25	♋
17 月	21:43	♋	～	18 火	01:17	♌
19 水	23:37	♌	～	20 木	02:10	♍
22 土	02:57	♍	～	22 土	05:34	♎
24 月	09:43	♎	～	24 月	11:58	♏
26 水	18:40	♏	～	26 水	20:59	♐
29 土	05:15	♐	～	29 土	07:50	♑

7月

開始日	開始時刻	サイン		終了日	終了時刻	サイン
1 月	18:41	♑	～	1 月	19:58	♒
4 木	07:57	♒	～	4 木	08:40	♓
6 土	20:20	♓	～	6 土	20:31	♈
9 火	03:35	♈	～	9 火	05:34	♉
11 木	03:55	♉	～	11 木	10:35	♊
13 土	10:22	♊	～	13 土	11:55	♋
15 月	02:12	♋	～	15 月	11:16	♌
17 水	10:46	♌	～	17 水	10:50	♍
19 金	12:01	♍	～	19 金	12:38	♎
21 日	16:25	♎	～	21 日	17:53	♏
23 火	21:11	♏	～	24 水	02:35	♐
26 金	13:23	♐	～	26 金	13:42	♑
28 日	13:47	♑	～	29 月	02:02	♒
31 水	13:29	♒	～	31 水	14:40	♓

8月

開始日	開始時刻	サイン		終了日	終了時刻	サイン
3 土	01:36	♓	～	3 土	02:40	♈
5 月	11:42	♈	～	5 月	12:38	♉
7 水	09:05	♉	～	7 水	19:10	♊
9 金	21:16	♊	～	9 金	21:57	♋
11 日	13:13	♋	～	11 日	22:00	♌
13 火	20:41	♌	～	13 火	21:15	♍
15 木	21:17	♍	～	15 木	21:49	♎
18 日	00:58	♎	～	18 日	01:29	♏
20 火	01:56	♏	～	20 火	08:59	♐
22 木	19:18	♐	～	22 木	19:43	♑
24 土	21:46	♑	～	25 日	08:08	♒
27 火	20:23	♒	～	27 火	20:41	♓
30 金	08:08	♓	～	30 金	08:22	♈

9月

開始日	開始時刻	サイン		終了日	終了時刻	サイン
1 日	18:10	♈	～	1 日	18:21	♉
3 火	20:00	♉	～	4 水	01:46	♊
6 金	06:01	♊	～	6 金	06:06	♋
8 日	07:34	♋	～	8 日	07:43	♌
10 火	07:50	♌	～	10 火	07:52	♍
12 木	08:01	♍	～	12 木	08:19	♎
14 土	10:31	♎	～	14 土	10:55	♏
16 月	16:29	♏	～	16 月	16:59	♐
18 水	16:54	♐	～	19 木	02:43	♑
21 土	14:09	♑	～	21 土	14:52	♒
23 月	09:12	♒	～	24 火	03:25	♓
26 木	13:56	♓	～	26 木	14:45	♈
28 土	23:15	♈	～	29 日	00:05	♉

10月

開始日	開始時刻	サイン		終了日	終了時刻	サイン
1 火	06:23	♉	～	1 火	07:13	♊
2 水	17:43	♊	～	3 木	12:10	♋
5 土	14:23	♋	～	5 土	15:12	♌
7 月	04:22	♌	～	7 月	16:55	♍
9 水	17:36	♍	～	9 水	18:25	♎
11 金	20:14	♎	～	11 金	21:05	♏
14 月	01:26	♏	～	14 月	02:19	♐
16 水	08:06	♐	～	16 水	10:57	♑
18 金	21:36	♑	～	18 金	22:31	♒
21 月	11:07	♒	～	21 月	11:08	♓
23 水	22:26	♓	～	23 水	22:30	♈
26 土	07:09	♈	～	26 土	07:15	♉
28 月	12:46	♉	～	28 月	13:23	♊
30 水	17:26	♊	～	30 水	17:36	♋

11月

開始日	開始時刻	サイン		終了日	終了時刻	サイン
1 金	20:19	♋	～	1 金	20:47	♌
3 日	23:20	♌	～	3 日	23:35	♍
6 水	02:15	♍	～	6 水	02:32	♎
8 金	06:04	♎	～	8 金	06:18	♏
10 日	11:37	♏	～	10 日	11:44	♐
12 火	19:18	♐	～	12 火	19:48	♑
14 木	22:38	♑	～	15 金	06:46	♒
17 日	18:43	♒	～	17 日	19:25	♓
20 水	06:33	♓	～	20 水	07:18	♈
22 金	15:27	♈	～	22 金	16:14	♉
24 日	14:26	♉	～	24 日	21:41	♊
26 火	23:47	♊	～	27 水	00:37	♋
29 金	00:35	♋	～	29 金	02:34	♌

12月

開始日	開始時刻	サイン		終了日	終了時刻	サイン
1 日	04:54	♌	～	1 日	04:56	♍
3 火	08:07	♍	～	3 火	08:27	♎
5 木	12:12	♎	～	5 木	13:22	♏
7 土	18:50	♏	～	7 土	19:49	♐
10 火	02:45	♐	～	10 火	04:10	♑
12 木	13:04	♑	～	12 木	14:52	♒
15 日	01:44	♒	～	15 日	03:27	♓
17 火	14:15	♓	～	17 火	16:01	♈
20 金	00:13	♈	～	20 金	01:58	♉
22 日	05:09	♉	～	22 日	07:51	♊
24 火	08:31	♊	～	24 火	10:12	♋
26 木	07:49	♋	～	26 木	10:44	♌
28 土	09:39	♌	～	28 土	11:28	♍
30 月	12:29	♍	～	30 月	13:56	♎

1913年【ボイドタイム】

1月

開始日		開始時刻	サイン		終了日		終了時刻	サイン
1	水	18:14	♎	～	1	水	18:50	♏
3	金	21:49	♏	～	4	土	02:02	♐
6	月	08:43	♐	～	6	月	11:11	♑
8	水	17:14	♑	～	8	水	22:08	♒
11	土	07:52	♒	～	11	土	10:39	♓
13	月	20:45	♓	～	13	月	23:37	♈
16	木	07:59	♈	～	16	木	10:47	♉
18	土	13:41	♉	～	18	土	18:08	♊
20	月	18:43	♊	～	20	月	21:15	♋
22	水	17:00	♋	～	22	水	21:26	♌
24	金	18:16	♌	～	24	金	20:48	♍
26	日	18:44	♍	～	26	日	21:26	♎
28	火	21:54	♎	～	29	水	00:50	♏
31	金	02:12	♏	～	31	金	07:31	♐

2月

開始日		開始時刻	サイン		終了日		終了時刻	サイン
2	日	15:31	♐	～	2	日	17:00	♑
4	火	22:49	♑	～	5	水	04:26	♒
7	金	13:25	♒	～	7	金	17:04	♓
10	月	02:19	♓	～	10	月	06:00	♈
12	水	14:11	♈	～	12	水	17:48	♉
14	金	21:54	♉	～	15	土	02:39	♊
17	月	04:16	♊	～	17	月	07:30	♋
19	水	08:20	♋	～	19	水	08:48	♌
21	金	05:07	♌	～	21	金	08:09	♍
23	日	04:30	♍	～	23	日	07:38	♎
25	火	05:52	♎	～	25	火	09:12	♏
27	木	10:27	♏	～	27	木	14:12	♐

3月

開始日		開始時刻	サイン		終了日		終了時刻	サイン
1	土	19:02	♐	～	1	土	22:53	♑
4	火	07:01	♑	～	4	火	10:22	♒
6	木	22:57	♒	～	6	木	23:11	♓
9	日	09:04	♓	～	9	日	11:58	♈
11	火	19:40	♈	～	11	火	23:36	♉
14	金	07:00	♉	～	14	金	09:01	♊
16	日	11:50	♊	～	16	日	15:21	♋
18	火	17:16	♋	～	18	火	18:28	♌
20	木	18:15	♌	～	20	木	19:09	♍
22	土	18:18	♍	～	22	土	18:55	♎
24	月	16:21	♎	～	24	月	19:37	♏
26	水	17:40	♏	～	26	水	23:00	♐
29	土	04:00	♐	～	29	土	06:09	♑
31	月	03:21	♑	～	31	月	16:54	♒

4月

開始日		開始時刻	サイン		終了日		終了時刻	サイン
3	木	01:45	♒	～	3	木	05:40	♓
5	土	14:34	♓	～	5	土	18:22	♈
8	火	01:54	♈	～	8	火	05:32	♉
10	木	13:41	♉	～	10	木	14:31	♊
12	土	20:32	♊	～	12	土	21:10	♋
14	月	14:38	♋	～	15	火	01:31	♌
17	木	00:57	♌	～	17	木	03:54	♍
19	土	02:12	♍	～	19	土	05:03	♎
21	月	03:24	♎	～	21	月	06:15	♏
22	火	21:29	♏	～	23	水	09:03	♐
25	金	11:52	♐	～	25	金	14:57	♑
27	日	11:29	♑	～	28	月	00:34	♒
30	水	09:42	♒	～	30	水	12:55	♓

5月

開始日		開始時刻	サイン		終了日		終了時刻	サイン
2	金	22:35	♓	～	3	土	01:40	♈
5	月	09:56	♈	～	5	月	12:35	♉
7	水	19:53	♉	～	7	水	20:50	♊
10	土	00:14	♊	～	10	土	02:43	♋
12	月	05:51	♋	～	12	月	06:58	♌
14	水	07:55	♌	～	14	水	10:10	♍
16	金	10:36	♍	～	16	金	12:45	♎
18	日	13:09	♎	～	18	日	15:15	♏
20	火	16:18	♏	～	20	火	18:39	♐
22	木	22:07	♐	～	23	金	00:14	♑
25	日	03:54	♑	～	25	日	09:01	♒
27	火	18:42	♒	～	27	火	20:48	♓
30	金	07:38	♓	～	30	金	09:37	♈

6月

開始日		開始時刻	サイン		終了日		終了時刻	サイン
1	日	18:59	♈	～	1	日	20:46	♉
3	火	18:04	♉	～	4	水	04:43	♊
6	金	08:16	♊	～	6	金	09:41	♋
8	日	03:11	♋	～	8	日	12:52	♌
10	火	14:19	♌	～	10	火	15:32	♍
12	木	17:19	♍	～	12	木	18:28	♎
14	土	20:57	♎	～	14	土	22:01	♏
16	月	16:54	♏	～	17	火	02:32	♐
19	木	07:45	♐	～	19	木	08:42	♑
21	土	07:09	♑	～	21	土	17:22	♒
24	火	03:58	♒	～	24	火	04:46	♓
26	木	16:58	♓	～	26	木	17:39	♈
29	日	04:51	♈	～	29	日	05:23	♉

7月

開始日		開始時刻	サイン		終了日		終了時刻	サイン
1	火	04:46	♉	～	1	火	13:48	♊
3	木	18:13	♊	～	3	木	18:30	♋
5	土	15:40	♋	～	5	土	20:40	♌
7	月	21:55	♌	～	7	月	22:01	♍
9	水	23:58	♍	～	10	木	00:00	♎
11	金	19:31	♎	～	12	土	03:27	♏
14	月	00:34	♏	～	14	月	08:38	♐
15	火	14:54	♐	～	16	水	15:40	♑
18	金	16:28	♑	～	19	土	00:49	♒
21	月	00:08	♒	～	21	月	12:13	♓
23	水	16:44	♓	～	24	木	01:07	♈
26	土	05:31	♈	～	26	土	13:30	♉
28	月	21:49	♉	～	28	月	22:58	♊
30	水	15:42	♊	～	31	木	04:24	♋

8月

開始日		開始時刻	サイン		終了日		終了時刻	サイン
2	土	00:15	♋	～	2	土	06:25	♌
4	月	02:46	♌	～	4	月	06:44	♍
6	水	07:06	♍	～	6	水	07:13	♎
8	金	03:19	♎	～	8	金	09:23	♏
10	日	07:49	♏	～	10	日	14:04	♐
11	月	23:29	♐	～	12	火	21:25	♑
15	金	00:41	♑	～	15	金	07:10	♒
17	日	05:26	♒	～	17	日	18:53	♓
20	水	01:24	♓	～	20	水	07:48	♈
22	金	17:46	♈	～	22	金	20:31	♉
25	月	01:24	♉	～	25	月	07:04	♊
26	火	16:30	♊	～	27	水	13:55	♋
29	金	12:14	♋	～	29	金	16:56	♌
31	日	03:55	♌	～	31	日	17:17	♍

9月

開始日		開始時刻	サイン		終了日		終了時刻	サイン
2	火	12:28	♍	～	2	火	16:47	♎
4	木	16:57	♎	～	4	木	17:22	♏
6	土	15:58	♏	～	6	土	20:32	♐
8	月	19:24	♐	～	9	火	03:08	♑
11	木	08:04	♑	～	11	木	12:57	♒
13	土	22:31	♒	～	14	日	00:58	♓
16	火	09:09	♓	～	16	火	13:56	♈
18	木	21:59	♈	～	19	金	02:34	♉
21	日	09:17	♉	～	21	日	13:35	♊
23	火	21:29	♊	～	23	火	21:46	♋
25	木	22:48	♋	～	26	金	02:27	♌
27	土	08:45	♌	～	28	日	04:02	♍
30	火	00:32	♍	～	30	火	03:48	♎

10月

開始日		開始時刻	サイン		終了日		終了時刻	サイン
2	木	00:15	♎	～	2	木	03:32	♏
4	土	01:45	♏	～	4	土	05:09	♐
6	月	01:59	♐	～	6	月	10:11	♑
8	水	18:29	♑	～	8	水	19:10	♒
10	金	07:05	♒	～	11	土	07:07	♓
13	月	16:21	♓	～	13	月	20:09	♈
16	木	04:51	♈	～	16	木	08:31	♉
18	土	15:43	♉	～	18	土	19:14	♊
21	火	02:34	♊	～	21	火	03:46	♋
23	木	07:52	♋	～	23	木	09:46	♌
25	土	00:46	♌	～	25	土	13:07	♍
27	月	11:26	♍	～	27	月	14:18	♎
29	水	11:39	♎	～	29	水	14:31	♏
31	金	12:33	♏	～	31	金	15:30	♐

11月

開始日		開始時刻	サイン		終了日		終了時刻	サイン
1	土	20:49	♐	～	2	日	19:09	♑
4	火	23:20	♑	～	5	水	02:45	♒
6	木	17:53	♒	～	7	金	14:02	♓
9	日	23:24	♓	～	10	月	03:02	♈
12	水	11:43	♈	～	12	水	15:17	♉
14	金	21:57	♉	～	15	土	01:25	♊
16	日	08:08	♊	～	17	月	09:18	♋
19	水	12:00	♋	～	19	水	15:18	♌
21	金	16:56	♌	～	21	金	19:41	♍
23	日	22:24	♍	～	23	日	22:31	♎
25	火	21:02	♎	～	26	水	00:14	♏
27	木	22:38	♏	～	28	金	01:55	♐
29	土	03:52	♐	～	30	日	05:12	♑

12月

開始日		開始時刻	サイン		終了日		終了時刻	サイン
2	火	07:54	♑	～	2	火	11:43	♒
4	木	11:22	♒	～	4	木	22:01	♓
7	日	07:04	♓	～	7	日	10:46	♈
9	火	18:55	♈	～	9	火	23:12	♉
12	金	06:03	♉	～	12	金	09:10	♊
14	日	00:00	♊	～	14	日	16:13	♋
16	火	17:08	♋	～	16	火	21:10	♌
18	木	17:52	♌	～	19	金	01:01	♍
21	日	01:15	♍	～	21	日	04:20	♎
23	火	03:11	♎	～	23	火	07:22	♏
25	木	06:10	♏	～	25	木	10:29	♐
27	土	02:25	♐	～	27	土	14:36	♑
29	月	16:08	♑	～	29	月	21:01	♒

1914年【ボイドタイム】

1月

開始日		開始時刻	サイン		終了日		終了時刻	サイン
1	木	06:29	♒	~	1	木	06:39	♓
3	土	18:42	♓	~	3	土	18:58	♈
6	火	07:22	♈	~	6	火	07:44	♉
8	木	12:44	♉	~	8	木	18:14	♊
11	日	00:44	♊	~	11	日	01:13	♋
13	火	01:38	♋	~	13	火	05:14	♌
15	木	07:05	♌	~	15	木	07:40	♍
17	土	09:14	♍	~	17	土	09:53	♎
19	月	12:01	♎	~	19	月	12:45	♏
21	水	16:31	♏	~	21	水	16:40	♐
23	金	21:05	♐	~	23	金	21:59	♑
25	日	22:53	♑	~	26	月	05:13	♒
28	水	13:48	♒	~	28	水	14:55	♓
31	土	01:44	♓	~	31	土	02:58	♈

2月

開始日		開始時刻	サイン		終了日		終了時刻	サイン
2	月	14:37	♈	~	2	月	15:55	♉
4	水	20:16	♉	~	5	木	03:20	♊
7	土	10:00	♊	~	7	土	11:17	♋
9	月	09:04	♋	~	9	月	15:27	♌
11	水	15:46	♌	~	11	水	17:00	♍
13	金	16:22	♍	~	13	金	17:38	♎
15	日	17:35	♎	~	15	日	18:56	♏
17	火	20:57	♏	~	17	火	22:04	♐
20	金	02:06	♐	~	20	金	03:38	♑
22	日	03:57	♑	~	22	日	11:42	♒
24	火	20:17	♒	~	24	火	22:01	♓
27	金	08:21	♓	~	27	金	10:09	♈

3月

開始日		開始時刻	サイン		終了日		終了時刻	サイン
1	日	21:18	♈	~	1	日	23:08	♉
4	水	02:49	♉	~	4	水	11:15	♊
6	金	18:52	♊	~	6	金	20:35	♋
8	日	18:33	♋	~	9	月	02:04	♌
11	水	02:32	♌	~	11	水	04:03	♍
13	金	02:29	♍	~	13	金	03:58	♎
15	日	02:10	♎	~	15	日	03:40	♏
16	月	21:31	♏	~	17	火	05:01	♐
19	木	07:43	♐	~	19	木	09:24	♑
21	土	17:00	♑	~	21	土	17:16	♒
24	火	02:12	♒	~	24	火	04:02	♓
26	木	14:40	♓	~	26	木	16:30	♈
29	日	03:38	♈	~	29	日	05:27	♉
31	火	08:38	♉	~	31	火	17:43	♊

4月

開始日		開始時刻	サイン		終了日		終了時刻	サイン
3	金	02:21	♊	~	3	金	04:00	♋
5	日	05:58	♋	~	5	日	11:06	♌
7	火	13:15	♌	~	7	火	14:37	♍
9	木	13:56	♍	~	9	木	15:13	♎
11	土	13:13	♎	~	11	土	14:28	♏
13	月	06:58	♏	~	13	月	14:23	♐
15	水	15:41	♐	~	15	水	16:59	♑
17	金	16:52	♑	~	17	金	23:32	♒
20	月	08:32	♒	~	20	月	09:53	♓
22	水	21:11	♓	~	22	水	22:30	♈
25	土	10:14	♈	~	25	土	11:28	♉
27	月	19:13	♉	~	27	月	23:30	♊
30	木	08:50	♊	~	30	木	09:51	♋

5月

開始日		開始時刻	サイン		終了日		終了時刻	サイン
2	土	09:51	♋	~	2	土	17:54	♌
4	月	22:15	♌	~	4	月	23:03	♍
7	木	00:33	♍	~	7	木	01:14	♎
9	土	00:44	♎	~	9	土	01:21	♏
10	日	18:14	♏	~	11	月	01:05	♐
13	水	02:00	♐	~	13	水	02:31	♑
14	木	23:51	♑	~	15	金	07:29	♒
17	日	16:15	♒	~	17	日	16:40	♓
20	水	04:35	♓	~	20	水	04:55	♈
22	金	17:39	♈	~	22	金	17:52	♉
24	日	21:50	♉	~	25	月	05:38	♊
27	水	00:02	♊	~	27	水	15:29	♋
29	金	16:19	♋	~	29	金	23:22	♌
31	日	20:20	♌	~	1	月	05:13	♍

6月

開始日		開始時刻	サイン		終了日		終了時刻	サイン
3	水	07:59	♍	~	3	水	08:51	♎
5	金	04:31	♎	~	5	金	10:31	♏
7	日	05:22	♏	~	7	日	11:13	♐
8	月	23:46	♐	~	9	火	12:41	♑
11	木	10:34	♑	~	11	木	16:47	♒
13	土	10:18	♒	~	14	日	00:45	♓
16	火	05:30	♓	~	16	火	12:12	♈
18	木	20:56	♈	~	19	金	01:01	♉
21	日	06:44	♉	~	21	日	12:45	♊
23	火	19:06	♊	~	23	火	22:08	♋
25	木	23:49	♋	~	26	金	05:14	♌
27	土	23:09	♌	~	28	日	10:36	♍
30	火	12:22	♍	~	30	火	14:33	♎

7月

開始日		開始時刻	サイン		終了日		終了時刻	サイン
2	木	15:46	♎	~	2	木	17:20	♏
4	土	17:52	♏	~	4	土	19:26	♐
6	月	12:42	♐	~	6	月	21:54	♑
8	水	22:42	♑	~	9	木	02:11	♒
11	土	00:22	♒	~	11	土	09:34	♓
13	月	15:31	♓	~	13	月	20:15	♈
16	木	04:14	♈	~	16	木	08:50	♉
18	土	16:30	♉	~	18	土	20:47	♊
20	月	23:24	♊	~	21	火	06:13	♋
23	木	11:38	♋	~	23	木	12:43	♌
25	土	11:39	♌	~	25	土	17:01	♍
27	月	16:58	♍	~	27	月	20:06	♎
29	水	19:46	♎	~	29	水	22:46	♏
31	金	22:43	♏	~	1	土	01:36	♐

8月

開始日		開始時刻	サイン		終了日		終了時刻	サイン
3	月	01:29	♐	~	3	月	05:15	♑
5	水	07:42	♑	~	5	水	10:28	♒
7	金	14:54	♒	~	7	金	18:04	♓
10	月	02:05	♓	~	10	月	04:26	♈
12	水	14:25	♈	~	12	水	16:47	♉
15	土	02:46	♉	~	15	土	05:07	♊
17	月	13:55	♊	~	17	月	15:12	♋
19	水	20:05	♋	~	19	水	21:53	♌
22	土	01:03	♌	~	22	土	01:31	♍
24	月	03:10	♍	~	24	月	03:19	♎
26	水	03:24	♎	~	26	水	04:44	♏
28	金	05:44	♏	~	28	金	07:00	♐
29	土	18:12	♐	~	30	日	10:58	♑

9月

開始日		開始時刻	サイン		終了日		終了時刻	サイン
1	火	15:58	♑	~	1	火	17:04	♒
3	木	17:14	♒	~	4	金	01:27	♓
6	日	11:06	♓	~	6	日	12:01	♈
8	火	23:28	♈	~	9	水	00:16	♉
11	金	12:16	♉	~	11	金	12:54	♊
13	日	02:48	♊	~	13	日	23:57	♋
16	水	07:21	♋	~	16	水	07:42	♌
17	木	22:11	♌	~	18	金	11:42	♍
20	日	12:44	♍	~	20	日	12:53	♎
22	火	12:49	♎	~	22	火	12:53	♏
23	水	13:59	♏	~	24	木	13:36	♐
26	土	12:42	♐	~	26	土	16:35	♑
28	月	21:27	♑	~	28	月	22:37	♒

10月

開始日		開始時刻	サイン		終了日		終了時刻	サイン
1	木	03:37	♒	~	1	木	07:34	♓
3	土	07:14	♓	~	3	土	18:38	♈
4	日	19:38	♈	~	6	火	06:59	♉
8	木	16:59	♉	~	8	木	19:41	♊
10	土	02:57	♊	~	11	日	07:27	♋
12	月	18:32	♋	~	13	火	16:37	♌
15	木	05:49	♌	~	15	木	22:03	♍
17	土	02:58	♍	~	17	土	23:50	♎
19	月	15:33	♎	~	19	月	23:22	♏
21	水	07:45	♏	~	21	水	22:41	♐
23	金	22:45	♐	~	23	金	23:56	♑
25	日	15:27	♑	~	26	月	04:40	♒
27	火	23:40	♒	~	28	水	13:14	♓
30	金	09:31	♓	~	31	土	00:35	♈

11月

開始日		開始時刻	サイン		終了日		終了時刻	サイン
1	日	03:17	♈	~	2	月	13:09	♉
4	水	15:23	♉	~	5	木	01:44	♊
6	金	05:08	♊	~	7	土	13:34	♋
9	月	20:57	♋	~	9	月	23:37	♌
11	水	08:36	♌	~	12	木	06:43	♍
13	金	17:37	♍	~	14	土	10:11	♎
15	日	10:02	♎	~	16	月	10:37	♏
18	水	01:01	♏	~	18	水	09:43	♐
19	木	09:33	♐	~	20	金	09:43	♑
22	日	10:48	♑	~	22	日	12:43	♒
23	月	16:54	♒	~	24	火	19:53	♓
25	水	20:26	♓	~	27	金	06:44	♈
28	土	15:38	♈	~	29	日	19:23	♉

12月

開始日		開始時刻	サイン		終了日		終了時刻	サイン
1	火	11:21	♉	~	2	水	07:54	♊
3	木	17:55	♊	~	4	金	19:20	♋
7	月	04:28	♋	~	7	月	05:14	♌
9	水	12:47	♌	~	9	水	13:04	♍
11	金	17:35	♍	~	11	金	18:10	♎
13	日	19:34	♎	~	13	日	20:24	♏
15	火	20:38	♏	~	15	火	20:41	♐
17	木	19:26	♐	~	17	木	20:47	♑
19	土	22:37	♑	~	19	土	22:48	♒
22	火	03:53	♒	~	22	火	04:25	♓
24	木	13:37	♓	~	24	木	14:03	♈
27	日	01:45	♈	~	27	日	02:19	♉
29	火	14:12	♉	~	29	火	14:54	♊
31	木	22:11	♊	~	1	金	02:02	♋

1915年【ボイドタイム】

1月

開始日	開始時刻	サイン		終了日	終了時刻	サイン
3 日	10:20	♋	～	3 日	11:13	♌
5 火	14:12	♌	～	5 火	18:29	♍
7 木	22:51	♍	～	7 木	23:54	♎
10 日	02:19	♎	～	10 日	03:26	♏
12 火	04:15	♏	～	12 火	05:25	♐
14 木	01:56	♐	～	14 木	06:53	♑
16 土	07:53	♑	～	16 土	09:18	♒
18 月	08:19	♒	～	18 月	14:15	♓
20 水	21:30	♓	～	20 水	22:43	♈
23 土	08:10	♈	～	23 土	10:13	♉
25 月	20:37	♉	～	25 月	22:49	♊
28 木	06:53	♊	～	28 木	10:08	♋
30 土	16:39	♋	～	30 土	18:56	♌

2月

開始日	開始時刻	サイン		終了日	終了時刻	サイン
2 火	00:09	♌	～	2 火	01:11	♍
4 木	03:13	♍	～	4 木	05:33	♎
6 土	07:33	♎	～	6 土	08:48	♏
8 月	09:05	♏	～	8 月	11:34	♐
10 水	06:57	♐	～	10 水	14:26	♑
12 金	15:25	♑	～	12 金	18:10	♒
14 日	15:29	♒	～	14 日	23:40	♓
17 水	04:33	♓	～	17 水	07:47	♈
19 金	17:54	♈	～	19 金	18:38	♉
22 月	03:28	♉	～	22 月	07:06	♊
24 水	17:25	♊	～	24 水	18:58	♋
27 土	00:39	♋	～	27 土	04:11	♌

3月

開始日	開始時刻	サイン		終了日	終了時刻	サイン
1 月	01:57	♌	～	1 月	10:04	♍
3 水	09:55	♍	～	3 水	13:16	♎
5 金	12:28	♎	～	5 金	15:06	♏
7 日	13:53	♏	～	7 日	16:59	♐
9 火	19:51	♐	～	9 火	20:00	♑
11 木	20:52	♑	～	12 金	00:41	♒
13 土	23:07	♒	～	14 日	07:17	♓
16 火	11:42	♓	～	16 火	15:55	♈
19 金	01:22	♈	～	19 金	02:39	♉
21 日	13:58	♉	～	21 日	14:59	♊
23 火	19:18	♊	～	24 水	03:23	♋
26 金	09:17	♋	～	26 金	13:38	♌
28 日	13:31	♌	～	28 日	20:14	♍
30 火	19:19	♍	～	30 火	23:10	♎

4月

開始日	開始時刻	サイン		終了日	終了時刻	サイン
1 木	23:46	♎	～	1 木	23:50	♏
3 土	20:17	♏	～	4 日	00:06	♐
5 月	20:11	♐	～	6 火	01:47	♑
8 木	01:51	♑	～	8 木	06:04	♒
10 土	07:32	♒	～	10 土	13:09	♓
12 月	17:57	♓	～	12 月	22:32	♈
15 木	04:57	♈	～	15 木	09:38	♉
17 土	17:14	♉	～	17 土	21:58	♊
20 火	08:12	♊	～	20 火	10:37	♋
22 木	17:26	♋	～	22 木	21:54	♌
25 日	02:43	♌	～	25 日	05:54	♍
27 火	09:46	♍	～	27 火	09:48	♎
29 木	08:15	♎	～	29 木	10:24	♏

5月

開始日	開始時刻	サイン		終了日	終了時刻	サイン
1 土	06:07	♏	～	1 土	09:38	♐
3 月	08:06	♐	～	3 月	09:40	♑
5 水	08:36	♑	～	5 水	12:24	♒
7 金	17:45	♒	～	7 金	18:41	♓
10 月	03:42	♓	～	10 月	04:10	♈
12 水	11:33	♈	～	12 水	15:41	♉
15 土	00:05	♉	～	15 土	04:10	♊
17 月	03:52	♊	～	17 月	16:48	♋
20 木	00:47	♋	～	20 木	04:32	♌
22 土	07:57	♌	～	22 土	13:47	♍
24 月	16:10	♍	～	24 月	19:17	♎
26 水	18:12	♎	～	26 水	21:03	♏
28 金	17:47	♏	～	28 金	20:28	♐
30 日	11:11	♐	～	30 日	19:40	♑

6月

開始日	開始時刻	サイン		終了日	終了時刻	サイン
1 火	18:06	♑	～	1 火	20:50	♒
2 水	23:44	♒	～	4 金	01:32	♓
6 日	07:14	♓	～	6 日	10:07	♈
8 火	18:41	♈	～	8 火	21:31	♉
11 金	07:25	♉	～	11 金	10:07	♊
13 日	15:32	♊	～	13 日	22:38	♋
16 水	07:54	♋	～	16 水	10:13	♌
18 金	11:58	♌	～	18 金	19:54	♍
21 月	00:50	♍	～	21 月	02:40	♎
23 水	04:28	♎	～	23 水	06:04	♏
25 金	05:20	♏	～	25 金	06:46	♐
27 日	02:41	♐	～	27 日	06:23	♑
29 火	05:40	♑	～	29 火	06:55	♒

7月

開始日	開始時刻	サイン		終了日	終了時刻	サイン
1 木	03:20	♒	～	1 木	10:15	♓
3 土	16:16	♓	～	3 土	17:24	♈
6 火	03:01	♈	～	6 火	04:02	♉
8 木	15:39	♉	～	8 木	16:31	♊
11 日	01:43	♊	～	11 日	04:57	♋
13 火	15:39	♋	～	13 火	16:07	♌
14 水	20:14	♌	～	16 金	01:23	♍
18 日	08:14	♍	～	18 日	08:22	♎
20 火	06:08	♎	～	20 火	12:51	♏
22 木	12:37	♏	～	22 木	15:07	♐
24 土	13:34	♐	～	24 土	16:04	♑
26 月	14:34	♑	～	26 月	17:11	♒
27 火	17:43	♒	～	28 水	20:05	♓
30 金	22:57	♓	～	31 土	02:07	♈

8月

開始日	開始時刻	サイン		終了日	終了時刻	サイン
2 月	05:56	♈	～	2 月	11:40	♉
4 水	19:52	♉	～	4 水	23:44	♊
7 土	08:05	♊	～	7 土	12:12	♋
9 月	18:53	♋	～	9 月	23:09	♌
11 水	22:11	♌	～	12 木	07:42	♍
14 土	09:25	♍	～	14 土	13:56	♎
16 月	14:45	♎	～	16 月	18:17	♏
18 水	18:43	♏	～	18 水	21:19	♐
20 金	18:26	♐	～	20 金	23:39	♑
22 日	20:27	♑	～	23 月	02:04	♒
24 火	20:50	♒	～	25 水	05:36	♓
27 金	04:26	♓	～	27 金	11:22	♈
28 土	11:50	♈	～	29 日	20:08	♉
31 火	22:57	♉	～	1 水	07:39	♊

9月

開始日	開始時刻	サイン		終了日	終了時刻	サイン
3 金	13:10	♊	～	3 金	20:13	♋
5 日	21:51	♋	～	6 月	07:25	♌
7 火	07:20	♌	～	8 水	15:43	♍
10 金	11:23	♍	～	10 金	21:01	♎
11 土	22:09	♎	～	13 月	00:15	♏
14 火	16:29	♏	～	15 水	02:42	♐
16 木	18:33	♐	～	17 金	05:21	♑
19 日	02:26	♑	～	19 日	08:50	♒
20 月	22:11	♒	～	21 火	13:33	♓
23 木	18:34	♓	～	23 木	19:56	♈
25 土	23:09	♈	～	26 日	04:35	♉
28 火	04:18	♉	～	28 火	15:43	♊
30 木	11:50	♊	～	1 金	04:21	♋

10月

開始日	開始時刻	サイン		終了日	終了時刻	サイン
3 日	10:58	♋	～	3 日	16:14	♌
4 月	23:10	♌	～	6 水	01:05	♍
7 木	14:35	♍	～	8 金	06:10	♎
9 土	19:20	♎	～	10 日	08:20	♏
11 月	17:55	♏	～	12 火	09:22	♐
14 木	07:08	♐	～	14 木	10:57	♑
15 金	22:51	♑	～	16 土	14:15	♒
18 月	07:51	♒	～	18 月	19:38	♓
20 水	07:48	♓	～	21 木	02:58	♈
23 土	09:15	♈	～	23 土	12:09	♉
25 月	02:04	♉	～	25 月	23:16	♊
27 水	21:17	♊	～	28 木	11:54	♋
30 土	07:27	♋	～	31 日	00:27	♌

11月

開始日	開始時刻	サイン		終了日	終了時刻	サイン
1 月	18:07	♌	～	2 火	10:31	♍
4 木	05:50	♍	～	4 木	16:30	♎
6 土	08:26	♎	～	6 土	18:38	♏
8 月	17:49	♏	～	8 月	18:37	♐
10 水	15:52	♐	～	10 水	18:34	♑
12 金	01:10	♑	～	12 金	20:23	♒
14 日	08:02	♒	～	15 月	01:05	♓
16 火	19:26	♓	～	17 水	08:41	♈
18 木	23:18	♈	～	19 金	18:30	♉
22 月	02:36	♉	～	22 月	05:57	♊
24 水	02:30	♊	～	24 水	18:34	♋
26 金	15:08	♋	～	27 土	07:24	♌
29 月	11:40	♌	～	29 月	18:34	♍

12月

開始日	開始時刻	サイン		終了日	終了時刻	サイン
1 水	23:32	♍	～	2 木	02:10	♎
3 金	21:46	♎	～	4 土	05:34	♏
5 日	23:19	♏	～	6 月	05:48	♐
7 火	23:16	♐	～	8 水	04:53	♑
9 木	12:05	♑	～	10 金	05:01	♒
12 日	03:28	♒	～	12 日	07:58	♓
13 月	20:38	♓	～	14 火	14:31	♈
16 木	21:05	♈	～	17 金	00:15	♉
19 日	09:38	♉	～	19 日	12:03	♊
21 火	23:02	♊	～	22 水	00:45	♋
24 金	05:57	♋	～	24 金	13:24	♌
27 月	00:09	♌	～	27 月	00:52	♍
28 火	18:18	♍	～	29 水	09:42	♎
31 金	14:37	♎	～	31 金	14:56	♏

1916年【ボイドタイム】

1月

開始日	開始時刻	サイン		終了日	終了時刻	サイン
2 日	16:25	♏	～	2 日	16:44	♐
4 火	16:01	♐	～	4 火	16:26	♑
6 木	10:50	♑	～	6 木	15:59	♒
8 土	16:26	♒	～	8 土	17:22	♓
10 月	10:31	♓	～	10 月	22:07	♈
13 木	04:33	♈	～	13 木	06:44	♉
15 土	15:11	♉	～	15 土	18:19	♊
18 火	02:55	♊	～	18 火	07:08	♋
20 木	17:28	♋	～	20 木	19:33	♌
23 日	00:08	♌	～	23 日	06:33	♍
25 火	08:27	♍	～	25 火	15:27	♎
27 木	13:23	♎	～	27 木	21:44	♏
29 土	20:28	♏	～	30 日	01:19	♐
31 月	22:43	♐	～	1 火	02:43	♑

2月

開始日	開始時刻	サイン		終了日	終了時刻	サイン
2 水	23:51	♑	～	3 木	03:10	♒
4 金	15:35	♒	～	5 土	04:17	♓
7 月	05:42	♓	～	7 月	07:46	♈
8 火	21:18	♈	～	9 水	14:51	♉
12 土	01:14	♉	～	12 土	01:31	♊
14 月	01:18	♊	～	14 月	14:13	♋
15 火	10:46	♋	～	17 木	02:39	♌
19 土	11:28	♌	～	19 土	13:09	♍
20 日	07:59	♍	～	21 月	21:14	♎
23 水	03:23	♎	～	24 木	03:09	♏
25 金	08:31	♏	～	26 土	07:21	♐
27 日	12:07	♐	～	28 月	10:14	♑
29 火	17:38	♑	～	1 水	12:18	♒

3月

開始日	開始時刻	サイン		終了日	終了時刻	サイン
3 金	00:07	♒	～	3 金	14:28	♓
4 土	12:57	♓	～	5 日	17:57	♈
7 火	18:42	♈	～	8 水	00:08	♉
9 木	19:00	♉	～	10 金	09:46	♊
12 日	14:14	♊	～	12 日	22:04	♋
14 火	21:55	♋	～	15 水	10:42	♌
16 木	21:53	♌	～	17 金	21:13	♍
20 月	02:26	♍	～	20 月	04:38	♎
22 水	09:23	♎	～	22 水	09:27	♏
24 金	12:43	♏	～	24 金	12:49	♐
25 土	19:50	♐	～	26 日	15:44	♑
28 火	18:38	♑	～	28 火	18:48	♒
30 木	10:00	♒	～	30 木	22:19	♓

4月

開始日	開始時刻	サイン		終了日	終了時刻	サイン
2 日	02:36	♓	～	2 日	02:49	♈
4 火	08:57	♈	～	4 火	09:12	♉
6 木	18:04	♉	～	6 木	18:20	♊
8 土	07:38	♊	～	9 日	06:11	♋
11 火	18:45	♋	～	11 火	19:02	♌
13 木	16:42	♌	～	14 金	06:08	♍
16 日	13:27	♍	～	16 日	13:41	♎
18 火	17:36	♎	～	18 火	17:49	♏
20 木	19:42	♏	～	20 木	19:53	♐
22 土	03:43	♐	～	22 土	21:35	♑
24 月	23:59	♑	～	25 火	00:08	♒
26 水	12:30	♒	～	27 木	04:06	♓
29 土	09:31	♓	～	29 土	09:36	♈

5月

開始日	開始時刻	サイン		終了日	終了時刻	サイン
1 月	16:47	♈	～	1 月	16:49	♉
3 水	05:51	♉	～	4 木	02:12	♊
5 金	17:43	♊	～	6 土	13:54	♋
8 月	06:47	♋	～	9 火	02:52	♌
10 水	23:04	♌	～	11 木	14:46	♍
13 土	08:20	♍	～	13 土	23:16	♎
15 月	17:28	♎	～	16 火	03:43	♏
17 水	23:11	♏	～	18 木	05:10	♐
19 金	22:44	♐	～	20 土	05:31	♑
21 日	19:11	♑	～	22 月	06:34	♒
24 水	05:37	♒	～	24 水	09:36	♓
25 木	19:38	♓	～	26 金	15:04	♈
28 日	22:43	♈	～	28 日	22:55	♉
30 火	12:44	♉	～	31 水	08:54	♊

6月

開始日	開始時刻	サイン		終了日	終了時刻	サイン
2 金	11:51	♊	～	2 金	20:47	♋
5 月	01:50	♋	～	5 月	09:48	♌
7 水	15:31	♌	～	7 水	22:16	♍
9 金	12:16	♍	～	10 土	08:00	♎
12 月	09:23	♎	～	12 月	13:41	♏
13 火	22:50	♏	～	14 水	15:41	♐
16 金	12:50	♐	～	16 金	15:33	♑
18 日	13:05	♑	～	18 日	15:17	♒
20 火	14:59	♒	～	20 火	16:40	♓
21 水	23:39	♓	～	22 木	20:56	♈
25 日	04:01	♈	～	25 日	04:26	♉
26 月	17:38	♉	～	27 火	14:44	♊
29 木	05:09	♊	～	30 金	02:55	♋

7月

開始日	開始時刻	サイン		終了日	終了時刻	サイン
1 土	16:46	♋	～	2 日	15:58	♌
4 火	09:25	♌	～	5 水	04:33	♍
7 金	03:38	♍	～	7 金	15:07	♎
9 日	18:24	♎	～	9 日	22:17	♏
11 火	13:57	♏	～	12 水	01:44	♐
13 木	17:04	♐	～	14 金	02:21	♑
15 土	18:28	♑	～	16 日	01:47	♒
17 月	07:32	♒	～	18 火	01:56	♓
20 木	00:51	♓	～	20 木	04:33	♈
22 土	08:32	♈	～	22 土	10:47	♉
24 月	12:34	♉	～	24 月	20:37	♊
26 水	09:16	♊	～	27 木	08:54	♋
29 土	06:02	♋	～	29 土	21:57	♌
31 月	10:36	♌	～	1 火	10:19	♍

8月

開始日	開始時刻	サイン		終了日	終了時刻	サイン
3 木	07:05	♍	～	3 木	20:55	♎
5 土	16:20	♎	～	6 日	04:57	♏
8 火	02:09	♏	～	8 火	09:57	♐
10 木	12:00	♐	～	10 木	12:09	♑
12 土	02:44	♑	～	12 土	12:29	♒
13 日	21:00	♒	～	14 月	12:30	♓
16 水	04:36	♓	～	16 水	14:03	♈
18 金	09:09	♈	～	18 金	18:46	♉
20 日	21:52	♉	～	21 月	03:28	♊
23 水	14:50	♊	～	23 水	15:22	♋
25 金	19:19	♋	～	26 土	04:24	♌
28 月	00:46	♌	～	28 月	16:30	♍
30 水	19:07	♍	～	31 木	02:35	♎

9月

開始日	開始時刻	サイン		終了日	終了時刻	サイン
2 土	03:42	♎	～	2 土	10:25	♏
4 月	10:04	♏	～	4 月	16:06	♐
6 水	17:02	♐	～	6 水	19:44	♑
8 金	21:24	♑	～	8 金	21:40	♒
10 日	00:49	♒	～	10 日	22:42	♓
12 火	19:58	♓	～	13 水	00:18	♈
14 木	23:56	♈	～	15 金	04:10	♉
17 日	07:31	♉	～	17 日	11:39	♊
19 火	14:35	♊	～	19 火	22:46	♋
22 金	08:55	♋	～	22 金	11:42	♌
24 日	05:18	♌	～	24 日	23:47	♍
27 水	06:55	♍	～	27 水	09:23	♎
29 金	14:19	♎	～	29 金	16:22	♏

10月

開始日	開始時刻	サイン		終了日	終了時刻	サイン
1 日	19:46	♏	～	1 日	21:29	♐
3 火	16:42	♐	～	4 水	01:24	♑
6 金	03:20	♑	～	6 金	04:29	♒
8 日	06:58	♒	～	8 日	07:01	♓
10 火	08:59	♓	～	10 火	09:41	♈
12 木	13:15	♈	～	12 木	13:46	♉
14 土	20:20	♉	～	14 土	20:39	♊
16 月	16:16	♊	～	17 火	06:59	♋
19 木	15:30	♋	～	19 木	19:41	♌
22 日	07:49	♌	～	22 日	08:04	♍
23 月	18:10	♍	～	24 火	17:46	♎
25 水	22:44	♎	～	27 金	00:10	♏
28 土	16:35	♏	～	29 日	04:08	♐
31 火	06:02	♐	～	31 火	07:01	♑

11月

開始日	開始時刻	サイン		終了日	終了時刻	サイン
2 木	08:23	♑	～	2 木	09:51	♒
4 土	11:58	♒	～	4 土	13:05	♓
5 日	10:16	♓	～	6 月	17:00	♈
8 水	19:06	♈	～	8 水	22:08	♉
10 金	05:17	♉	～	11 土	05:20	♊
13 月	10:55	♊	～	13 月	15:20	♋
15 水	22:38	♋	～	16 木	03:45	♌
18 土	10:59	♌	～	18 土	16:34	♍
20 月	23:09	♍	～	21 火	03:04	♎
23 木	04:05	♎	～	23 木	09:49	♏
24 金	13:46	♏	～	25 土	13:13	♐
27 月	13:10	♐	～	27 月	14:46	♑
29 水	09:53	♑	～	29 水	16:07	♒

12月

開始日	開始時刻	サイン		終了日	終了時刻	サイン
1 金	18:03	♒	～	1 金	18:30	♓
2 土	19:34	♓	～	3 日	22:35	♈
5 火	20:58	♈	～	6 水	04:36	♉
8 金	12:38	♉	～	8 金	12:41	♊
10 日	16:54	♊	～	10 日	23:00	♋
13 水	10:45	♋	～	13 水	11:18	♌
15 金	15:09	♌	～	16 土	00:20	♍
18 月	10:45	♍	～	18 月	11:51	♎
20 水	18:37	♎	～	20 水	19:53	♏
22 金	22:33	♏	～	22 金	23:59	♐
24 日	17:46	♐	～	25 月	01:08	♑
26 火	23:17	♑	～	27 水	01:05	♒
28 木	18:19	♒	～	29 金	01:42	♓
31 日	01:58	♓	～	31 日	04:26	♈

1917年【ボイドタイム】

1月

開始日		開始時刻	サイン		終了日		終了時刻	サイン
2	火	07:10	♈	~	2	火	10:05	♉
4	木	15:15	♉	~	4	木	18:40	♊
6	土	21:24	♊	~	7	日	05:36	♋
9	火	17:46	♋	~	9	火	18:04	♌
11	木	23:22	♌	~	12	金	07:02	♍
14	日	16:15	♍	~	14	日	19:05	♎
16	火	23:23	♎	~	17	水	04:32	♏
19	金	08:32	♏	~	19	金	10:18	♐
21	日	07:38	♐	~	21	日	12:29	♑
23	火	07:58	♑	~	23	火	12:20	♒
25	木	07:38	♒	~	25	木	11:42	♓
27	土	06:33	♓	~	27	土	12:34	♈
29	月	12:54	♈	~	29	月	16:35	♉
31	水	16:51	♉	~	1	木	00:27	♊

2月

開始日		開始時刻	サイン		終了日		終了時刻	サイン
3	土	08:40	♊	~	3	土	11:31	♋
5	月	22:06	♋	~	6	火	00:17	♌
8	木	11:45	♌	~	8	木	13:10	♍
10	土	15:47	♍	~	11	日	01:05	♎
13	火	06:31	♎	~	13	火	11:07	♏
15	木	16:36	♏	~	15	木	18:23	♐
17	土	19:22	♐	~	17	土	22:25	♑
19	月	15:03	♑	~	19	月	23:33	♒
21	水	07:55	♒	~	21	水	23:06	♓
23	金	14:06	♓	~	23	金	23:01	♈
25	日	15:39	♈	~	26	月	01:20	♉
27	火	20:55	♉	~	28	水	07:35	♊

3月

開始日		開始時刻	サイン		終了日		終了時刻	サイン
2	金	11:50	♊	~	2	金	17:53	♋
4	日	18:32	♋	~	5	月	06:36	♌
7	水	14:58	♌	~	7	水	19:30	♍
9	金	19:04	♍	~	10	土	07:02	♎
12	月	04:59	♎	~	12	月	16:41	♏
14	水	12:57	♏	~	15	木	00:19	♐
16	金	21:33	♐	~	17	土	05:39	♑
19	月	04:37	♑	~	19	月	08:33	♒
20	火	20:21	♒	~	21	水	09:32	♓
23	金	04:57	♓	~	23	金	09:54	♈
25	日	00:52	♈	~	25	日	11:36	♉
27	火	13:04	♉	~	27	火	16:29	♊
29	木	10:24	♊	~	30	金	01:29	♋

4月

開始日		開始時刻	サイン		終了日		終了時刻	サイン
1	日	00:49	♋	~	1	日	13:40	♌
3	火	11:21	♌	~	4	水	02:33	♍
6	金	01:44	♍	~	6	金	13:55	♎
8	日	19:59	♎	~	8	日	22:55	♏
10	火	18:45	♏	~	11	水	05:51	♐
12	木	22:34	♐	~	13	金	11:08	♑
15	日	05:11	♑	~	15	日	14:57	♒
17	火	11:36	♒	~	17	火	17:26	♓
19	木	09:30	♓	~	19	木	19:11	♈
21	土	20:39	♈	~	21	土	21:31	♉
23	月	15:58	♉	~	24	火	02:05	♊
25	水	21:12	♊	~	26	木	10:08	♋
28	土	15:35	♋	~	28	土	21:32	♌

5月

開始日		開始時刻	サイン		終了日		終了時刻	サイン
1	火	07:18	♌	~	1	火	10:20	♍
3	木	20:29	♍	~	3	木	21:53	♎
5	土	21:34	♎	~	6	日	06:40	♏
8	火	11:24	♏	~	8	火	12:45	♐
10	木	05:53	♐	~	10	木	17:00	♑
12	土	16:33	♑	~	12	土	20:19	♒
14	月	19:28	♒	~	14	月	23:12	♓
16	水	19:09	♓	~	17	木	02:05	♈
18	金	22:53	♈	~	19	土	05:39	♉
21	月	09:46	♉	~	21	月	10:54	♊
23	水	06:49	♊	~	23	水	18:50	♋
25	金	23:12	♋	~	26	土	05:43	♌
28	月	05:37	♌	~	28	月	18:22	♍
31	木	00:55	♍	~	31	木	06:21	♎

6月

開始日		開始時刻	サイン		終了日		終了時刻	サイン
2	土	10:54	♎	~	2	土	15:35	♏
4	月	17:28	♏	~	4	月	21:28	♐
6	水	18:01	♐	~	7	木	00:46	♑
8	金	23:43	♑	~	9	土	02:46	♒
10	日	23:35	♒	~	11	月	04:43	♓
13	水	05:11	♓	~	13	水	07:32	♈
15	金	09:50	♈	~	15	金	11:49	♉
17	日	16:27	♉	~	17	日	18:03	♊
19	火	22:01	♊	~	20	水	02:34	♋
22	金	12:52	♋	~	22	金	13:28	♌
24	日	23:40	♌	~	25	月	02:00	♍
27	水	13:15	♍	~	27	水	14:27	♎
29	金	13:06	♎	~	30	土	00:38	♏

7月

開始日		開始時刻	サイン		終了日		終了時刻	サイン
2	月	01:59	♏	~	2	月	07:15	♐
3	火	23:07	♐	~	4	水	10:26	♑
5	木	06:40	♑	~	6	金	11:26	♒
8	日	00:44	♒	~	8	日	11:54	♓
9	月	15:58	♓	~	10	火	13:26	♈
12	木	04:53	♈	~	12	木	17:14	♉
14	土	10:40	♉	~	14	土	23:48	♊
16	月	19:09	♊	~	17	火	09:01	♋
19	木	11:59	♋	~	19	木	20:18	♌
21	土	23:53	♌	~	22	日	08:52	♍
24	火	16:19	♍	~	24	火	21:33	♎
27	金	07:03	♎	~	27	金	08:41	♏
29	日	02:51	♏	~	29	日	16:39	♐
31	火	13:28	♐	~	31	火	20:49	♑

8月

開始日		開始時刻	サイン		終了日		終了時刻	サイン
1	水	04:44	♑	~	2	木	21:50	♒
4	土	08:59	♒	~	4	土	21:21	♓
5	日	11:29	♓	~	6	月	21:19	♈
8	水	09:55	♈	~	8	水	23:37	♉
10	金	14:34	♉	~	11	土	05:25	♊
12	日	22:47	♊	~	13	月	14:40	♋
15	水	08:00	♋	~	16	木	02:20	♌
18	土	03:20	♌	~	18	土	15:03	♍
20	月	23:00	♍	~	21	火	03:42	♎
23	木	14:16	♎	~	23	木	15:16	♏
25	土	22:24	♏	~	26	日	00:29	♐
27	月	14:58	♐	~	28	火	06:15	♑
29	水	17:54	♑	~	30	木	08:28	♒
31	金	18:11	♒	~	1	土	08:12	♓

9月

開始日		開始時刻	サイン		終了日		終了時刻	サイン
2	日	21:27	♓	~	3	月	07:21	♈
4	火	23:54	♈	~	5	水	08:07	♉
7	金	06:01	♉	~	7	金	12:20	♊
9	日	02:58	♊	~	9	日	20:41	♋
12	水	07:34	♋	~	12	水	08:14	♌
14	金	15:33	♌	~	14	金	21:03	♍
17	月	04:59	♍	~	17	月	09:34	♎
19	水	02:13	♎	~	19	水	20:56	♏
22	土	03:04	♏	~	22	土	06:33	♐
23	日	21:48	♐	~	24	月	13:38	♑
26	水	00:37	♑	~	26	水	17:34	♒
28	金	02:54	♒	~	28	金	18:40	♓
30	日	01:58	♓	~	30	日	18:16	♈

10月

開始日		開始時刻	サイン		終了日		終了時刻	サイン
2	火	02:22	♈	~	2	火	18:26	♉
4	木	07:47	♉	~	4	木	21:15	♊
6	土	18:23	♊	~	7	日	04:07	♋
9	火	11:40	♋	~	9	火	14:51	♌
12	金	02:59	♌	~	12	金	03:33	♍
13	土	02:22	♍	~	14	日	15:59	♎
16	火	11:40	♎	~	17	水	02:54	♏
18	木	20:12	♏	~	19	金	12:01	♐
21	日	14:14	♐	~	21	日	19:14	♑
23	火	23:37	♑	~	24	水	00:17	♒
25	木	19:40	♒	~	26	金	03:04	♓
27	土	07:26	♓	~	28	日	04:09	♈
30	火	01:34	♈	~	30	火	05:00	♉

11月

開始日		開始時刻	サイン		終了日		終了時刻	サイン
1	木	05:55	♉	~	1	木	07:27	♊
3	土	04:00	♊	~	3	土	13:10	♋
4	日	10:16	♋	~	5	月	22:43	♌
7	水	14:20	♌	~	8	木	10:57	♍
10	土	04:17	♍	~	10	土	23:27	♎
12	月	14:36	♎	~	13	火	10:13	♏
15	木	16:59	♏	~	15	木	18:37	♐
17	土	06:52	♐	~	18	日	00:56	♑
19	月	23:56	♑	~	20	火	05:39	♒
22	木	07:28	♒	~	22	木	09:05	♓
23	金	14:30	♓	~	24	土	11:36	♈
25	日	21:14	♈	~	26	月	13:56	♉
28	水	03:41	♉	~	28	水	17:14	♊
30	金	07:13	♊	~	30	金	22:49	♋

12月

開始日		開始時刻	サイン		終了日		終了時刻	サイン
3	月	02:05	♋	~	3	月	07:33	♌
5	水	18:09	♌	~	5	水	19:07	♍
7	金	06:02	♍	~	8	土	07:42	♎
10	月	00:20	♎	~	10	月	18:53	♏
12	水	09:46	♏	~	13	木	03:11	♐
14	金	18:17	♐	~	15	土	08:36	♑
16	日	21:23	♑	~	17	月	12:00	♒
19	水	08:39	♒	~	19	水	14:32	♓
21	金	15:07	♓	~	21	金	17:07	♈
23	日	04:51	♈	~	23	日	20:27	♉
25	火	15:45	♉	~	26	水	01:03	♊
27	木	23:20	♊	~	28	金	07:30	♋
30	日	09:19	♋	~	30	日	16:16	♌

1918年【ボイドタイム】

1月

開始日		開始時刻	サイン		終了日		終了時刻	サイン
1	火	11:24	♌	~	2	水	03:24	♍
4	金	11:57	♍	~	4	金	15:57	♎
6	日	17:47	♎	~	7	月	03:51	♏
9	水	11:54	♏	~	9	水	12:58	♐
11	金	13:03	♐	~	11	金	18:28	♑
13	日	07:35	♑	~	13	日	20:56	♒
15	火	18:41	♒	~	15	火	21:54	♓
17	木	17:08	♓	~	17	木	23:04	♈
19	土	23:37	♈	~	20	日	01:49	♉
22	火	04:06	♉	~	22	火	06:53	♊
24	木	10:55	♊	~	24	木	14:18	♋
25	金	08:21	♋	~	26	土	23:46	♌
29	火	04:58	♌	~	29	火	11:00	♍
30	水	17:57	♍	~	31	木	23:27	♎

2月

開始日		開始時刻	サイン		終了日		終了時刻	サイン
3	日	01:35	♎	~	3	日	11:52	♏
5	火	10:00	♏	~	5	火	22:16	♐
7	木	17:12	♐	~	8	金	04:58	♑
10	日	06:37	♑	~	10	日	07:47	♒
11	月	21:48	♒	~	12	火	07:58	♓
12	火	13:44	♓	~	14	木	07:31	♈
16	土	02:13	♈	~	16	土	08:32	♉
18	月	09:56	♉	~	18	月	12:30	♊
20	水	08:41	♊	~	20	水	19:51	♋
21	木	02:36	♋	~	23	土	05:54	♌
25	月	06:16	♌	~	25	月	17:33	♍
28	木	04:50	♍	~	28	木	06:02	♎

3月

開始日		開始時刻	サイン		終了日		終了時刻	サイン
2	土	07:48	♎	~	2	土	18:33	♏
5	火	01:37	♏	~	5	火	05:48	♐
7	木	08:41	♐	~	7	木	14:05	♑
9	土	12:04	♑	~	9	土	18:24	♒
11	月	11:30	♒	~	11	月	19:13	♓
13	水	10:03	♓	~	13	水	18:16	♈
15	金	10:21	♈	~	15	金	17:49	♉
17	日	12:37	♉	~	17	日	19:58	♊
19	火	22:30	♊	~	20	水	01:59	♋
21	木	18:56	♋	~	22	金	11:38	♌
24	日	15:08	♌	~	24	日	23:31	♍
26	火	15:16	♍	~	27	水	12:08	♎
29	金	16:37	♎	~	30	土	00:29	♏

4月

開始日		開始時刻	サイン		終了日		終了時刻	サイン
1	月	04:21	♏	~	1	月	11:48	♐
3	水	17:09	♐	~	3	水	21:00	♑
5	金	03:26	♑	~	6	土	02:57	♒
7	日	23:38	♒	~	8	月	05:23	♓
9	火	06:37	♓	~	10	水	05:19	♈
11	木	23:20	♈	~	12	金	04:41	♉
14	日	00:09	♉	~	14	日	05:38	♊
16	火	04:12	♊	~	16	火	09:58	♋
18	木	13:07	♋	~	18	木	18:20	♌
21	日	05:39	♌	~	21	日	05:47	♍
22	月	11:55	♍	~	23	火	18:26	♎
26	金	00:55	♎	~	26	金	06:38	♏
28	日	12:06	♏	~	28	日	17:31	♐
30	火	21:28	♐	~	1	水	02:34	♑

5月

開始日		開始時刻	サイン		終了日		終了時刻	サイン
3	金	01:22	♑	~	3	金	09:13	♒
5	日	08:42	♒	~	5	日	13:08	♓
6	月	13:53	♓	~	7	火	14:41	♈
9	木	11:00	♈	~	9	木	15:06	♉
11	土	11:58	♉	~	11	土	16:07	♊
13	月	15:11	♊	~	13	月	19:32	♋
15	水	14:24	♋	~	16	木	02:32	♌
18	土	08:16	♌	~	18	土	13:01	♍
20	月	22:50	♍	~	21	火	01:26	♎
23	木	09:00	♎	~	23	木	13:39	♏
25	土	19:42	♏	~	26	日	00:09	♐
28	火	04:13	♐	~	28	火	08:28	♑
30	木	05:55	♑	~	30	木	14:39	♒

6月

開始日		開始時刻	サイン		終了日		終了時刻	サイン
1	土	15:04	♒	~	1	土	18:54	♓
3	月	07:11	♓	~	3	月	21:38	♈
5	水	19:42	♈	~	5	水	23:30	♉
7	金	21:43	♉	~	8	土	01:37	♊
10	月	01:10	♊	~	10	月	05:15	♋
12	水	01:49	♋	~	12	水	11:36	♌
14	金	16:34	♌	~	14	金	21:11	♍
17	月	02:47	♍	~	17	月	09:10	♎
19	水	16:43	♎	~	19	水	21:31	♏
22	土	06:24	♏	~	22	土	08:05	♐
24	月	12:29	♐	~	24	月	15:52	♑
26	水	14:43	♑	~	26	水	21:02	♒
28	金	22:56	♒	~	29	土	00:27	♓
30	日	22:15	♓	~	1	月	03:05	♈

7月

開始日		開始時刻	サイン		終了日		終了時刻	サイン
3	水	01:42	♈	~	3	水	05:45	♉
5	金	04:25	♉	~	5	金	09:05	♊
7	日	11:14	♊	~	7	日	13:43	♋
8	月	17:21	♋	~	9	火	20:21	♌
12	金	04:56	♌	~	12	金	05:34	♍
13	土	21:39	♍	~	14	日	17:10	♎
16	火	23:38	♎	~	17	水	05:42	♏
19	金	10:51	♏	~	19	金	16:50	♐
21	日	19:02	♐	~	22	月	00:47	♑
23	火	03:17	♑	~	24	水	05:20	♒
26	金	02:22	♒	~	26	金	07:33	♓
26	金	16:58	♓	~	28	日	09:00	♈
30	火	05:15	♈	~	30	火	11:07	♉

8月

開始日		開始時刻	サイン		終了日		終了時刻	サイン
1	木	08:36	♉	~	1	木	14:49	♊
3	土	13:47	♊	~	3	土	20:22	♋
5	月	14:09	♋	~	6	火	03:50	♌
8	木	05:53	♌	~	8	木	13:18	♍
10	土	03:03	♍	~	11	日	00:46	♎
13	火	08:10	♎	~	13	火	13:28	♏
15	木	17:21	♏	~	16	金	01:23	♐
18	日	02:34	♐	~	18	日	10:18	♑
19	月	16:33	♑	~	20	火	15:12	♒
22	木	14:02	♒	~	22	木	16:49	♓
23	金	18:42	♓	~	24	土	16:57	♈
26	月	10:09	♈	~	26	月	17:36	♉
28	水	12:22	♉	~	28	水	20:20	♊
30	金	17:17	♊	~	31	土	01:51	♋
31	土	20:45	♋	~	2	月	09:54	♌

9月

開始日		開始時刻	サイン		終了日		終了時刻	サイン
4	水	10:23	♌	~	4	水	19:57	♍
5	木	20:22	♍	~	7	土	07:36	♎
9	月	12:38	♎	~	9	月	20:20	♏
12	木	08:12	♏	~	12	木	08:51	♐
14	土	09:08	♐	~	14	土	19:03	♑
16	月	11:59	♑	~	17	火	01:16	♒
18	水	18:41	♒	~	19	木	03:27	♓
20	金	22:00	♓	~	21	土	03:08	♈
22	日	17:41	♈	~	23	月	02:27	♉
24	火	19:28	♉	~	25	水	03:32	♊
26	木	21:40	♊	~	27	金	07:46	♋
29	日	12:31	♋	~	29	日	15:26	♌

10月

開始日		開始時刻	サイン		終了日		終了時刻	サイン
1	火	14:24	♌	~	2	水	01:47	♍
4	金	07:30	♍	~	4	金	13:44	♎
6	日	15:42	♎	~	7	月	02:28	♏
9	水	04:56	♏	~	9	水	15:05	♐
11	金	16:49	♐	~	12	土	02:07	♑
13	日	13:59	♑	~	14	月	09:55	♒
16	水	06:21	♒	~	16	水	13:42	♓
17	木	14:49	♓	~	18	金	14:15	♈
20	日	11:50	♈	~	20	日	13:21	♉
22	火	06:53	♉	~	22	火	13:11	♊
24	木	09:14	♊	~	24	木	15:41	♋
26	土	11:54	♋	~	26	土	21:55	♌
29	火	03:40	♌	~	29	火	07:43	♍
31	木	02:04	♍	~	31	木	19:46	♎

11月

開始日		開始時刻	サイン		終了日		終了時刻	サイン
3	日	02:26	♎	~	3	日	08:32	♏
5	火	15:11	♏	~	5	火	20:53	♐
8	金	02:36	♐	~	8	金	07:51	♑
9	土	14:23	♑	~	10	日	16:26	♒
12	火	17:37	♒	~	12	火	21:53	♓
14	木	09:04	♓	~	15	金	00:12	♈
16	土	20:50	♈	~	17	日	00:27	♉
18	月	20:49	♉	~	19	火	00:21	♊
20	水	22:13	♊	~	21	木	01:47	♋
23	土	05:57	♋	~	23	土	06:24	♌
25	月	11:03	♌	~	25	月	14:51	♍
27	水	17:10	♍	~	28	木	02:26	♎
30	土	12:10	♎	~	30	土	15:14	♏

12月

開始日		開始時刻	サイン		終了日		終了時刻	サイン
2	月	23:46	♏	~	3	火	03:21	♐
5	木	10:18	♐	~	5	木	13:42	♑
7	土	02:11	♑	~	7	土	21:53	♒
10	火	00:42	♒	~	10	火	03:48	♓
11	水	19:42	♓	~	12	木	07:34	♈
14	土	06:40	♈	~	14	土	09:36	♉
16	月	07:53	♉	~	16	月	10:50	♊
18	水	09:31	♊	~	18	水	12:36	♋
20	金	16:18	♋	~	20	金	16:26	♌
22	日	23:27	♌	~	22	日	23:34	♍
24	火	13:09	♍	~	25	水	10:11	♎
27	金	18:41	♎	~	27	金	22:49	♏
30	月	06:52	♏	~	30	月	11:04	♐

1919年【ボイドタイム】

1月

開始日		開始時刻	サイン		終了日		終了時刻	サイン
1	水	16:51	♐	~	1	水	21:02	♑
3	金	12:38	♑	~	4	土	04:16	♒
6	月	05:06	♒	~	6	月	09:19	♓
8	水	08:38	♓	~	8	水	13:01	♈
10	金	11:34	♈	~	10	金	16:02	♉
12	日	14:10	♉	~	12	日	18:50	♊
14	火	17:01	♊	~	14	火	21:57	♋
16	木	17:44	♋	~	17	金	02:17	♌
19	日	03:05	♌	~	19	日	08:58	♍
20	月	01:00	♍	~	21	火	18:43	♎
24	金	00:53	♎	~	24	金	07:00	♏
26	日	17:50	♏	~	26	日	19:36	♐
28	火	23:23	♐	~	29	水	05:54	♑
31	金	01:22	♑	~	31	金	12:45	♒

2月

開始日		開始時刻	サイン		終了日		終了時刻	サイン
2	日	15:07	♒	~	2	日	16:39	♓
3	月	04:30	♓	~	4	火	19:03	♈
6	木	16:23	♈	~	6	木	21:23	♉
8	土	19:38	♉	~	9	日	00:31	♊
11	火	00:00	♊	~	11	火	04:47	♋
12	水	02:00	♋	~	13	木	10:18	♌
15	土	12:57	♌	~	15	土	17:33	♍
17	月	02:07	♍	~	18	火	03:07	♎
20	木	10:41	♎	~	20	木	15:05	♏
22	土	23:53	♏	~	23	日	03:58	♐
25	火	11:33	♐	~	25	火	15:09	♑
27	木	11:55	♑	~	27	木	22:37	♒

3月

開始日		開始時刻	サイン		終了日		終了時刻	サイン
1	土	23:32	♒	~	2	日	02:15	♓
3	月	23:28	♓	~	4	火	03:29	♈
6	木	01:58	♈	~	6	木	04:15	♉
8	土	04:01	♉	~	8	土	06:11	♊
10	月	08:08	♊	~	10	月	10:10	♋
11	火	21:51	♋	~	12	水	16:19	♌
14	金	22:44	♌	~	15	土	00:27	♍
17	月	00:40	♍	~	17	月	10:30	♎
19	水	21:08	♎	~	19	水	22:25	♏
22	土	10:23	♏	~	22	土	11:24	♐
24	月	22:41	♐	~	24	月	23:26	♑
26	水	16:42	♑	~	27	木	08:12	♒
29	土	12:31	♒	~	29	土	12:46	♓
30	日	01:26	♓	~	31	月	13:58	♈

4月

開始日		開始時刻	サイン		終了日		終了時刻	サイン
2	水	00:38	♈	~	2	水	13:41	♉
4	金	00:26	♉	~	4	金	13:57	♊
6	日	04:16	♊	~	6	日	16:23	♋
8	火	12:08	♋	~	8	火	21:49	♌
10	木	23:31	♌	~	11	金	06:08	♍
13	日	06:16	♍	~	13	日	16:44	♎
15	火	17:25	♎	~	16	水	04:55	♏
18	金	00:21	♏	~	18	金	17:53	♐
21	月	05:38	♐	~	21	月	06:14	♑
22	火	03:08	♑	~	23	水	16:10	♒
25	金	07:05	♒	~	25	金	22:18	♓
26	土	16:41	♓	~	28	月	00:41	♈
29	火	10:57	♈	~	30	水	00:37	♉

5月

開始日		開始時刻	サイン		終了日		終了時刻	サイン
1	木	10:20	♉	~	2	金	00:01	♊
3	土	10:38	♊	~	4	日	00:51	♋
5	月	05:37	♋	~	6	火	04:39	♌
8	木	00:43	♌	~	8	木	12:01	♍
10	土	16:52	♍	~	10	土	22:33	♎
13	火	01:45	♎	~	13	火	10:58	♏
15	木	10:01	♏	~	15	木	23:55	♐
17	土	19:52	♐	~	18	日	12:07	♑
20	火	19:14	♑	~	20	火	22:24	♒
23	金	00:58	♒	~	23	金	05:46	♓
25	日	08:03	♓	~	25	日	09:48	♈
26	月	22:34	♈	~	27	火	11:03	♉
28	水	22:47	♉	~	29	木	10:54	♊
30	金	22:55	♊	~	31	土	11:05	♋

6月

開始日		開始時刻	サイン		終了日		終了時刻	サイン
2	月	12:17	♋	~	2	月	13:27	♌
4	水	06:00	♌	~	4	水	19:19	♍
7	土	01:09	♍	~	7	土	04:59	♎
9	月	03:20	♎	~	9	月	17:16	♏
11	水	16:42	♏	~	12	木	06:13	♐
14	土	07:44	♐	~	14	土	18:05	♑
16	月	08:04	♑	~	17	火	03:59	♒
19	木	05:11	♒	~	19	木	11:32	♓
21	土	14:32	♓	~	21	土	16:39	♈
23	月	10:01	♈	~	23	月	19:30	♉
25	水	11:47	♉	~	25	水	20:43	♊
27	金	12:50	♊	~	27	金	21:29	♋
29	日	15:20	♋	~	29	日	23:24	♌

7月

開始日		開始時刻	サイン		終了日		終了時刻	サイン
1	火	19:18	♌	~	2	水	04:07	♍
4	金	06:14	♍	~	4	金	12:35	♎
6	日	21:58	♎	~	7	月	00:19	♏
9	水	04:55	♏	~	9	水	13:14	♐
11	金	17:27	♐	~	12	土	00:57	♑
14	月	02:02	♑	~	14	月	10:15	♒
16	水	11:10	♒	~	16	水	17:07	♓
18	金	16:15	♓	~	18	金	22:07	♈
20	日	20:57	♈	~	21	月	01:44	♉
23	水	02:21	♉	~	23	水	04:20	♊
25	金	02:34	♊	~	25	金	06:26	♋
27	日	06:33	♋	~	27	日	09:01	♌
29	火	10:42	♌	~	29	火	13:29	♍
31	木	20:18	♍	~	31	木	21:07	♎

8月

開始日		開始時刻	サイン		終了日		終了時刻	サイン
3	日	05:59	♎	~	3	日	08:09	♏
5	火	19:09	♏	~	5	火	20:58	♐
8	金	07:44	♐	~	8	金	08:53	♑
10	日	07:21	♑	~	10	日	17:57	♒
12	火	14:06	♒	~	13	水	00:00	♓
14	木	21:03	♓	~	15	金	04:00	♈
16	土	23:48	♈	~	17	日	07:06	♉
19	火	09:54	♉	~	19	火	10:04	♊
21	木	12:56	♊	~	21	木	13:14	♋
23	土	12:11	♋	~	23	土	17:01	♌
25	月	21:31	♌	~	25	月	22:09	♍
27	水	23:38	♍	~	28	木	05:42	♎
30	土	15:11	♎	~	30	土	16:16	♏

9月

開始日		開始時刻	サイン		終了日		終了時刻	サイン
2	火	03:41	♏	~	2	火	04:59	♐
4	木	15:54	♐	~	4	木	17:22	♑
6	土	14:22	♑	~	7	日	02:55	♒
9	火	08:13	♒	~	9	火	08:46	♓
10	水	20:30	♓	~	11	木	11:49	♈
13	土	11:49	♈	~	13	土	13:36	♉
15	月	13:40	♉	~	15	月	15:36	♊
17	水	16:33	♊	~	17	水	18:40	♋
19	金	14:41	♋	~	19	金	23:08	♌
22	月	02:44	♌	~	22	月	05:16	♍
24	水	07:39	♍	~	24	水	13:25	♎
26	金	20:58	♎	~	27	土	00:00	♏
29	月	09:21	♏	~	29	月	12:37	♐

10月

開始日		開始時刻	サイン		終了日		終了時刻	サイン
1	水	22:07	♐	~	2	木	01:29	♑
3	金	02:30	♑	~	4	土	12:04	♒
6	月	15:35	♒	~	6	月	18:45	♓
7	火	14:15	♓	~	8	水	21:45	♈
10	金	19:29	♈	~	10	金	22:33	♉
12	日	19:50	♉	~	12	日	23:00	♊
14	火	21:19	♊	~	15	水	00:40	♋
16	木	14:04	♋	~	17	金	04:33	♌
19	日	07:09	♌	~	19	日	10:59	♍
20	月	16:10	♍	~	21	火	19:52	♎
24	金	05:39	♎	~	24	金	06:53	♏
26	日	15:07	♏	~	26	日	19:31	♐
29	水	04:09	♐	~	29	水	08:35	♑
31	金	13:14	♑	~	31	金	20:09	♒

11月

開始日		開始時刻	サイン		終了日		終了時刻	サイン
3	月	00:18	♒	~	3	月	04:20	♓
5	水	01:53	♓	~	5	水	08:31	♈
7	金	05:57	♈	~	7	金	09:32	♉
9	日	08:33	♉	~	9	日	09:04	♊
11	火	05:26	♊	~	11	火	09:04	♋
12	水	17:43	♋	~	13	木	11:14	♌
15	土	12:38	♌	~	15	土	16:42	♍
17	月	13:29	♍	~	18	火	01:33	♎
20	木	08:37	♎	~	20	木	12:59	♏
23	日	00:19	♏	~	23	日	01:48	♐
25	火	10:30	♐	~	25	火	14:46	♑
27	木	23:27	♑	~	28	金	02:38	♒
30	日	08:17	♒	~	30	日	12:04	♓

12月

開始日		開始時刻	サイン		終了日		終了時刻	サイン
1	月	10:40	♓	~	2	火	18:03	♈
4	木	17:23	♈	~	4	木	20:34	♉
6	土	17:37	♉	~	6	土	20:37	♊
8	月	18:36	♊	~	8	月	19:55	♋
9	火	14:15	♋	~	10	水	20:29	♌
12	金	21:02	♌	~	13	土	00:07	♍
14	日	15:02	♍	~	15	月	07:48	♎
17	水	15:50	♎	~	17	水	19:01	♏
20	土	04:56	♏	~	20	土	08:00	♐
22	月	19:55	♐	~	22	月	20:50	♑
24	水	05:56	♑	~	25	木	08:21	♒
27	土	15:37	♒	~	27	土	17:56	♓
29	月	11:51	♓	~	30	火	01:07	♈

1900～1910
1911～1920
1921～1930
1931～1940
1941～1950
1951～1960
1961～1970
1971～1980
1981～1990
1991～2000
2001～2010
2011～2020
2021～2030
2031～2040
2041～2050

1920年【ボイドタイム】

1月

開始日		開始時刻	サイン		終了日		終了時刻	サイン
1	木	03:42	♈	~	1	木	05:29	♉
3	土	05:39	♉	~	3	土	07:14	♊
5	月	05:56	♊	~	5	月	07:20	♋
6	火	13:42	♋	~	7	水	07:31	♌
9	金	08:35	♌	~	9	金	09:47	♍
10	土	19:16	♍	~	11	日	15:48	♎
14	水	01:02	♎	~	14	水	01:58	♏
16	金	14:02	♏	~	16	金	14:44	♐
19	月	03:09	♐	~	19	月	03:35	♑
21	水	14:26	♑	~	21	水	14:40	♒
23	金	17:16	♒	~	23	金	23:35	♓
26	月	00:53	♓	~	26	月	06:33	♈
28	水	09:05	♈	~	28	水	11:44	♉
29	木	11:37	♉	~	30	金	15:06	♊
31	土	13:44	♊	~	1	日	16:55	♋

2月

開始日		開始時刻	サイン		終了日		終了時刻	サイン
2	月	09:42	♋	~	3	火	18:06	♌
4	水	17:42	♌	~	5	木	20:19	♍
6	金	13:31	♍	~	8	日	01:20	♎
9	月	18:47	♎	~	10	火	10:14	♏
12	木	16:58	♏	~	12	木	22:22	♐
15	日	00:27	♐	~	15	日	11:15	♑
17	火	07:38	♑	~	17	火	22:21	♒
20	金	06:34	♒	~	20	金	06:39	♓
22	日	10:12	♓	~	22	日	12:37	♈
23	月	07:21	♈	~	24	火	17:06	♉
26	木	06:32	♉	~	26	木	20:43	♊
28	土	15:56	♊	~	28	土	23:41	♋

3月

開始日		開始時刻	サイン		終了日		終了時刻	サイン
2	火	00:00	♋	~	2	火	02:23	♌
2	火	19:34	♌	~	4	木	05:41	♍
5	金	06:12	♍	~	6	土	10:54	♎
7	日	16:40	♎	~	8	月	19:11	♏
10	水	09:19	♏	~	11	木	06:36	♐
13	土	04:58	♐	~	13	土	19:26	♑
15	月	20:25	♑	~	16	火	06:59	♒
18	木	14:28	♒	~	18	木	15:26	♓
20	土	19:55	♓	~	20	土	20:44	♈
21	日	12:12	♈	~	22	月	23:59	♉
24	水	19:22	♉	~	25	木	02:26	♊
26	金	19:21	♊	~	27	土	05:03	♋
28	日	20:23	♋	~	29	月	08:21	♌
29	月	23:41	♌	~	31	水	12:49	♍

4月

開始日		開始時刻	サイン		終了日		終了時刻	サイン
2	金	03:48	♍	~	2	金	19:00	♎
3	土	19:54	♎	~	5	月	03:34	♏
7	水	01:25	♏	~	7	水	14:42	♐
9	金	20:57	♐	~	10	土	03:25	♑
12	月	05:31	♑	~	12	月	15:32	♒
14	水	13:31	♒	~	15	木	00:51	♓
17	土	04:54	♓	~	17	土	06:30	♈
19	月	06:42	♈	~	19	月	09:09	♉
19	月	23:32	♉	~	21	水	10:15	♊
22	木	05:48	♊	~	23	金	11:23	♋
25	日	12:57	♋	~	25	日	13:49	♌
27	火	16:02	♌	~	27	火	18:22	♍
28	水	07:34	♍	~	30	金	01:19	♎

5月

開始日		開始時刻	サイン		終了日		終了時刻	サイン
2	日	04:55	♎	~	2	日	10:38	♏
3	月	10:47	♏	~	4	火	22:00	♐
7	金	02:43	♐	~	7	金	10:40	♑
9	日	12:33	♑	~	9	日	23:10	♒
11	火	22:09	♒	~	12	水	09:33	♓
14	金	03:18	♓	~	14	金	16:24	♈
16	日	07:52	♈	~	16	日	19:36	♉
18	火	15:24	♉	~	18	火	20:14	♊
20	木	07:34	♊	~	20	木	20:01	♋
22	土	14:21	♋	~	22	土	20:50	♌
24	月	09:35	♌	~	25	火	00:11	♍
26	水	20:28	♍	~	27	木	06:51	♎
28	金	23:34	♎	~	29	土	16:33	♏
30	日	17:25	♏	~	1	火	04:21	♐

6月

開始日		開始時刻	サイン		終了日		終了時刻	サイン
2	水	23:21	♐	~	3	木	17:06	♑
5	土	12:16	♑	~	6	日	05:39	♒
8	火	00:16	♒	~	8	火	16:44	♓
10	木	03:58	♓	~	11	金	00:58	♈
12	土	16:00	♈	~	13	日	05:36	♉
14	月	06:25	♉	~	15	火	06:58	♊
16	水	22:41	♊	~	17	木	06:27	♋
18	金	18:59	♋	~	19	土	06:02	♌
21	月	06:21	♌	~	21	月	07:45	♍
23	水	09:53	♍	~	23	水	13:06	♎
25	金	19:56	♎	~	25	金	22:20	♏
27	日	08:30	♏	~	28	月	10:16	♐
30	水	15:30	♐	~	30	水	23:07	♑

7月

開始日		開始時刻	サイン		終了日		終了時刻	サイン
3	土	05:43	♑	~	3	土	11:31	♒
5	月	18:42	♒	~	5	月	22:38	♓
7	水	03:43	♓	~	8	木	07:39	♈
10	土	13:21	♈	~	10	土	13:46	♉
12	月	02:04	♉	~	12	月	16:41	♊
14	水	01:54	♊	~	14	水	17:04	♋
16	金	11:07	♋	~	16	金	16:33	♌
18	日	02:51	♌	~	18	日	17:13	♍
20	火	16:05	♍	~	20	火	21:03	♎
23	金	04:20	♎	~	23	金	05:04	♏
25	日	01:57	♏	~	25	日	16:32	♐
27	火	15:47	♐	~	28	水	05:23	♑
29	木	01:38	♑	~	30	金	17:38	♒

8月

開始日		開始時刻	サイン		終了日		終了時刻	サイン
1	日	17:27	♒	~	2	月	04:19	♓
4	水	12:25	♓	~	4	水	13:11	♈
6	金	18:35	♈	~	6	金	19:57	♉
8	日	23:17	♉	~	9	月	00:16	♊
10	火	22:56	♊	~	11	水	02:12	♋
12	木	03:22	♋	~	13	金	02:42	♌
14	土	22:54	♌	~	15	日	03:28	♍
16	月	09:34	♍	~	17	火	06:29	♎
19	木	09:49	♎	~	19	木	13:13	♏
21	土	21:15	♏	~	21	土	23:46	♐
24	火	10:58	♐	~	24	火	12:23	♑
26	木	12:34	♑	~	27	金	00:37	♒
29	日	02:22	♒	~	29	日	10:56	♓
31	火	13:38	♓	~	31	火	19:04	♈

9月

開始日		開始時刻	サイン		終了日		終了時刻	サイン
1	水	17:29	♈	~	3	金	01:20	♉
5	日	04:30	♉	~	5	日	05:58	♊
6	月	07:16	♊	~	7	火	09:04	♋
8	水	10:15	♋	~	9	木	11:03	♌
10	金	07:52	♌	~	11	土	12:55	♍
13	月	03:56	♍	~	13	月	16:11	♎
14	火	14:41	♎	~	15	水	22:20	♏
17	金	20:41	♏	~	18	土	07:58	♐
20	月	13:55	♐	~	20	月	20:10	♑
23	木	07:45	♑	~	23	木	08:33	♒
25	土	07:27	♒	~	25	土	18:58	♓
27	月	03:27	♓	~	28	火	02:35	♈
29	水	15:36	♈	~	30	木	07:50	♉

10月

開始日		開始時刻	サイン		終了日		終了時刻	サイン
1	金	14:47	♉	~	2	土	11:33	♊
4	月	11:13	♊	~	4	月	14:30	♋
5	火	21:36	♋	~	6	水	17:15	♌
8	金	07:17	♌	~	8	金	20:24	♍
10	日	14:06	♍	~	11	月	00:45	♎
12	火	23:14	♎	~	13	水	07:14	♏
14	木	20:02	♏	~	15	金	16:31	♐
18	月	03:05	♐	~	18	月	04:17	♑
20	水	09:28	♑	~	20	水	16:53	♒
23	土	02:00	♒	~	23	土	03:57	♓
25	月	02:46	♓	~	25	月	11:53	♈
26	火	12:10	♈	~	27	水	16:34	♉
29	金	17:35	♉	~	29	金	19:00	♊
31	日	06:02	♊	~	31	日	20:35	♋

11月

開始日		開始時刻	サイン		終了日		終了時刻	サイン
2	火	08:11	♋	~	2	火	22:38	♌
3	水	21:55	♌	~	5	金	02:04	♍
6	土	16:39	♍	~	7	日	07:24	♎
8	月	17:23	♎	~	9	火	14:50	♏
11	木	23:04	♏	~	12	金	00:27	♐
14	日	02:12	♐	~	14	日	12:04	♑
16	火	12:07	♑	~	17	水	00:45	♒
19	金	05:12	♒	~	19	金	12:40	♓
21	日	19:36	♓	~	21	日	21:46	♈
23	火	21:42	♈	~	24	水	03:03	♉
26	金	02:42	♉	~	26	金	05:01	♊
27	土	18:49	♊	~	28	日	05:13	♋
29	月	19:11	♋	~	30	火	05:33	♌

12月

開始日		開始時刻	サイン		終了日		終了時刻	サイン
1	水	12:14	♌	~	2	木	07:46	♍
4	土	01:46	♍	~	4	土	12:51	♎
6	月	05:41	♎	~	6	月	20:52	♏
9	木	00:32	♏	~	9	木	07:10	♐
11	土	07:26	♐	~	11	土	19:00	♑
13	月	20:13	♑	~	14	火	07:40	♒
16	木	07:26	♒	~	16	木	20:04	♓
18	土	23:40	♓	~	19	日	06:31	♈
21	火	11:30	♈	~	21	火	13:23	♉
23	木	07:27	♉	~	23	木	16:16	♊
25	土	07:52	♊	~	25	土	16:14	♋
27	月	06:58	♋	~	27	月	15:17	♌
29	水	09:22	♌	~	29	水	15:38	♍
31	金	18:56	♍	~	31	金	19:07	♎

1921年【ボイドタイム】

1月

開始日		開始時刻	サイン		終了日		終了時刻	サイン
2	日	22:22	♎	～	3	月	02:28	♏
5	水	12:42	♏	～	5	水	12:58	♐
7	金	14:39	♐	～	8	土	01:10	♑
10	月	03:16	♑	～	10	月	13:50	♒
11	火	15:59	♒	～	13	木	02:11	♓
15	土	02:58	♓	～	15	土	13:16	♈
17	月	16:08	♈	～	17	月	21:41	♉
20	木	00:48	♉	～	20	木	02:24	♊
21	金	18:50	♊	～	22	土	03:36	♋
23	日	18:07	♋	～	24	月	02:46	♌
24	月	22:28	♌	～	26	水	02:05	♍
27	木	18:06	♍	～	28	金	03:47	♎
29	土	09:52	♎	～	30	日	09:25	♏

2月

開始日		開始時刻	サイン		終了日		終了時刻	サイン
1	火	15:57	♏	～	1	火	19:04	♐
4	金	01:09	♐	～	4	金	07:15	♑
6	日	08:48	♑	～	6	日	20:00	♒
8	火	09:36	♒	～	9	水	08:04	♓
11	金	16:00	♓	～	11	金	18:52	♈
13	日	16:43	♈	～	14	月	03:45	♉
16	水	03:53	♉	～	16	水	09:55	♊
18	金	11:08	♊	～	18	金	12:59	♋
20	日	02:23	♋	～	20	日	13:35	♌
21	月	18:59	♌	～	22	火	13:21	♍
24	木	02:14	♍	～	24	木	14:22	♎
26	土	04:54	♎	～	26	土	18:29	♏
28	月	12:00	♏	～	1	火	02:37	♐

3月

開始日		開始時刻	サイン		終了日		終了時刻	サイン
3	木	07:15	♐	～	3	木	14:04	♑
6	日	00:09	♑	～	6	日	02:46	♒
7	月	12:01	♒	～	8	火	14:45	♓
10	木	08:55	♓	～	11	金	00:59	♈
12	土	15:25	♈	～	13	日	09:15	♉
15	火	04:13	♉	～	15	火	15:30	♊
17	木	12:48	♊	～	17	木	19:37	♋
19	土	19:00	♋	～	19	土	21:53	♌
21	月	18:27	♌	～	21	月	23:08	♍
23	水	09:07	♍	～	24	木	00:50	♎
24	木	19:47	♎	～	26	土	04:34	♏
27	日	17:20	♏	～	28	月	11:35	♐
30	水	02:22	♐	～	30	水	21:59	♑

4月

開始日		開始時刻	サイン		終了日		終了時刻	サイン
1	金	13:59	♑	～	2	土	10:23	♒
3	日	12:13	♒	～	4	月	22:29	♓
6	水	12:39	♓	～	7	木	08:32	♈
8	金	18:04	♈	～	9	土	16:00	♉
11	月	13:52	♉	～	11	月	21:16	♊
13	水	23:45	♊	～	14	木	00:59	♋
15	金	19:11	♋	～	16	土	03:48	♌
18	月	01:28	♌	～	18	月	06:22	♍
19	火	14:14	♍	～	20	水	09:25	♎
21	木	04:22	♎	～	22	金	13:55	♏
24	日	04:38	♏	～	24	日	20:46	♐
27	水	05:26	♐	～	27	水	06:28	♑
29	金	14:38	♑	～	29	金	18:27	♒

5月

開始日		開始時刻	サイン		終了日		終了時刻	サイン
2	月	00:34	♒	～	2	月	06:47	♓
4	水	14:47	♓	～	4	水	17:14	♈
6	金	15:38	♈	～	7	土	00:32	♉
8	日	08:25	♉	～	9	月	04:52	♊
10	火	21:29	♊	～	11	水	07:20	♋
12	木	23:06	♋	～	13	金	09:17	♌
15	日	10:32	♌	～	15	日	11:52	♍
17	火	07:52	♍	～	17	火	15:47	♎
19	木	11:08	♎	～	19	木	21:22	♏
21	土	06:22	♏	～	22	日	04:53	♐
24	火	06:02	♐	～	24	火	14:35	♑
26	木	19:27	♑	～	27	金	02:18	♒
29	日	10:24	♒	～	29	日	14:51	♓
31	火	02:47	♓	～	1	水	02:06	♈

6月

開始日		開始時刻	サイン		終了日		終了時刻	サイン
2	木	13:29	♈	～	3	金	10:04	♉
4	土	18:03	♉	～	5	日	14:18	♊
7	火	02:27	♊	～	7	火	15:47	♋
8	水	21:19	♋	～	9	木	16:19	♌
11	土	08:50	♌	～	11	土	17:42	♍
13	月	14:32	♍	～	13	月	21:11	♎
15	水	23:08	♎	～	16	木	03:11	♏
17	金	13:50	♏	～	18	土	11:29	♐
20	月	18:41	♐	～	20	月	21:40	♑
22	水	14:26	♑	～	23	木	09:25	♒
24	金	19:32	♒	～	25	土	22:05	♓
27	月	15:34	♓	～	28	火	10:03	♈
30	木	00:41	♈	～	30	木	19:15	♉

7月

開始日		開始時刻	サイン		終了日		終了時刻	サイン
2	土	14:16	♉	～	3	日	00:24	♊
4	月	09:01	♊	～	5	火	01:56	♋
6	水	22:57	♋	～	7	木	01:34	♌
7	木	21:12	♌	～	9	土	01:27	♍
10	日	10:29	♍	～	11	月	03:29	♎
12	火	13:15	♎	～	13	水	08:43	♏
15	金	01:05	♏	～	15	金	17:06	♐
17	日	09:08	♐	～	18	月	03:44	♑
20	水	09:07	♑	～	20	水	15:44	♒
21	木	19:02	♒	～	23	土	04:24	♓
25	月	04:12	♓	～	25	月	16:42	♈
27	水	18:15	♈	～	28	木	02:59	♉
30	土	04:18	♉	～	30	土	09:38	♊

8月

開始日		開始時刻	サイン		終了日		終了時刻	サイン
1	月	03:33	♊	～	1	月	12:19	♋
3	水	11:50	♋	～	3	水	12:12	♌
5	金	10:19	♌	～	5	金	11:19	♍
7	日	07:57	♍	～	7	日	11:52	♎
8	月	13:21	♎	～	9	火	15:34	♏
11	木	09:49	♏	～	11	木	23:00	♐
13	土	20:16	♐	～	14	日	09:31	♑
16	火	08:47	♑	～	16	火	21:43	♒
19	金	00:28	♒	～	19	金	10:21	♓
21	日	10:54	♓	～	21	日	22:31	♈
23	火	13:33	♈	～	24	水	09:08	♉
26	金	07:26	♉	～	26	金	16:59	♊
28	日	12:50	♊	～	28	日	21:18	♋
30	火	19:43	♋	～	30	火	22:31	♌

9月

開始日		開始時刻	サイン		終了日		終了時刻	サイン
1	木	03:22	♌	～	1	木	22:07	♍
3	土	15:10	♍	～	3	土	22:06	♎
5	月	08:40	♎	～	6	火	00:25	♏
8	木	02:00	♏	～	8	木	06:21	♐
10	土	09:13	♐	～	10	土	15:59	♑
12	月	22:09	♑	～	13	火	04:02	♒
15	木	11:03	♒	～	15	木	16:40	♓
18	日	00:56	♓	～	18	日	04:30	♈
19	月	23:33	♈	～	20	火	14:42	♉
22	木	21:19	♉	～	22	木	22:42	♊
25	日	03:39	♊	～	25	日	04:07	♋
27	火	04:43	♋	～	27	火	06:58	♌
29	木	06:26	♌	～	29	木	08:02	♍

10月

開始日		開始時刻	サイン		終了日		終了時刻	サイン
1	土	07:19	♍	～	1	土	08:42	♎
2	日	09:57	♎	～	3	月	10:38	♏
5	水	14:49	♏	～	5	水	15:23	♐
7	金	23:43	♐	～	7	金	23:46	♑
9	日	06:04	♑	～	10	月	11:13	♒
11	火	23:00	♒	～	12	水	23:52	♓
14	金	20:24	♓	～	15	土	11:35	♈
17	月	07:59	♈	～	17	月	21:09	♉
20	木	02:04	♉	～	20	木	04:22	♊
22	土	05:54	♊	～	22	土	09:33	♋
23	日	22:16	♋	～	24	月	13:09	♌
25	火	15:51	♌	～	26	水	15:41	♍
28	金	07:46	♍	～	28	金	17:49	♎
29	土	20:29	♎	～	30	日	20:34	♏

11月

開始日		開始時刻	サイン		終了日		終了時刻	サイン
1	火	19:21	♏	～	2	水	01:09	♐
4	金	05:19	♐	～	4	金	08:39	♑
6	日	18:58	♑	～	6	日	19:18	♒
8	火	17:55	♒	～	9	水	07:52	♓
10	木	19:03	♓	～	11	金	19:53	♈
14	月	05:13	♈	～	14	月	05:20	♉
15	火	22:38	♉	～	16	水	11:41	♊
17	木	15:35	♊	～	18	金	15:42	♋
20	日	14:03	♋	～	20	日	18:33	♌
22	火	20:40	♌	～	22	火	21:18	♍
23	水	18:59	♍	～	25	金	00:32	♎
26	土	04:06	♎	～	27	日	04:38	♏
28	月	15:38	♏	～	29	火	10:04	♐
30	水	15:13	♐	～	1	木	17:33	♑

12月

開始日		開始時刻	サイン		終了日		終了時刻	サイン
3	土	23:22	♑	～	4	日	03:42	♒
6	火	11:41	♒	～	6	火	16:04	♓
7	水	22:19	♓	～	9	金	04:38	♈
10	土	20:46	♈	～	11	日	14:46	♉
12	月	19:54	♉	～	13	火	21:08	♊
15	木	13:01	♊	～	16	金	00:12	♋
17	土	16:42	♋	～	18	日	01:35	♌
19	月	22:14	♌	～	20	火	03:03	♍
22	木	04:53	♍	～	22	木	05:53	♎
24	土	09:51	♎	～	24	土	10:34	♏
25	日	14:41	♏	～	26	月	17:02	♐
28	水	17:16	♐	～	29	木	01:17	♑
30	金	10:05	♑	～	31	土	11:32	♒

1922年【ボイドタイム】

1月

開始日		開始時刻	サイン		終了日		終了時刻	サイン
1	日	22:01	♒	～	2	月	23:45	♓
4	水	11:06	♓	～	5	木	12:43	♈
7	土	08:47	♈	～	7	土	23:59	♉
10	火	01:25	♉	～	10	火	07:28	♊
11	水	14:50	♊	～	12	木	10:48	♋
13	金	23:36	♋	～	14	土	11:22	♌
15	日	16:34	♌	～	16	月	11:14	♍
18	水	07:25	♍	～	18	水	12:22	♎
20	金	14:59	♎	～	20	金	16:03	♏
22	日	17:25	♏	～	22	日	22:34	♐
24	火	12:43	♐	～	25	水	07:29	♑
26	木	20:08	♑	～	27	金	18:17	♒
30	月	01:15	♒	～	30	月	06:34	♓

2月

開始日		開始時刻	サイン		終了日		終了時刻	サイン
1	水	00:16	♓	～	1	水	19:36	♈
3	金	09:41	♈	～	4	土	07:41	♉
6	月	04:17	♉	～	6	月	16:42	♊
8	水	02:22	♊	～	8	水	21:31	♋
10	金	15:42	♋	～	10	金	22:40	♌
12	日	17:38	♌	～	12	日	21:59	♍
14	火	18:01	♍	～	14	火	21:35	♎
16	木	21:20	♎	～	16	木	23:23	♏
19	日	03:17	♏	～	19	日	04:32	♐
20	月	15:38	♐	～	21	火	13:06	♑
23	木	00:53	♑	～	24	金	00:13	♒
25	土	12:41	♒	～	26	日	12:46	♓
27	月	13:28	♓	～	1	水	01:42	♈

3月

開始日		開始時刻	サイン		終了日		終了時刻	サイン
2	木	13:28	♈	～	3	金	13:52	♉
5	日	03:09	♉	～	5	日	23:50	♊
7	火	16:44	♊	～	8	水	06:19	♋
10	金	01:21	♋	～	10	金	09:10	♌
11	土	21:46	♌	～	12	日	09:23	♍
13	月	20:14	♍	～	14	火	08:45	♎
16	木	04:28	♎	～	16	木	09:14	♏
18	土	12:15	♏	～	18	土	12:34	♐
20	月	17:42	♐	～	20	月	19:42	♑
22	水	02:05	♑	～	23	木	06:19	♒
24	金	13:23	♒	～	25	土	18:57	♓
27	月	03:57	♓	～	28	火	07:50	♈
29	水	23:59	♈	～	30	木	19:39	♉

4月

開始日		開始時刻	サイン		終了日		終了時刻	サイン
1	土	09:10	♉	～	2	日	05:30	♊
4	火	06:37	♊	～	4	火	12:47	♋
6	木	16:28	♋	～	6	木	17:14	♌
8	土	03:12	♌	～	8	土	19:10	♍
10	月	04:57	♍	～	10	月	19:37	♎
12	水	06:11	♎	～	12	水	20:07	♏
13	木	17:56	♏	～	14	金	22:26	♐
16	日	20:02	♐	～	17	月	04:02	♑
19	水	09:53	♑	～	19	水	13:29	♒
21	金	19:08	♒	～	22	土	01:44	♓
24	月	02:36	♓	～	24	月	14:38	♈
26	水	15:14	♈	～	27	木	02:09	♉
29	土	06:21	♉	～	29	土	11:20	♊

5月

開始日		開始時刻	サイン		終了日		終了時刻	サイン
1	月	09:07	♊	～	1	月	18:13	♋
3	水	07:52	♋	～	3	水	23:06	♌
5	金	20:15	♌	～	6	土	02:20	♍
7	日	20:31	♍	～	8	月	04:22	♎
9	火	22:08	♎	～	10	水	06:01	♏
11	木	15:05	♏	～	12	金	08:33	♐
14	日	04:31	♐	～	14	日	13:26	♑
16	火	11:00	♑	～	16	火	21:47	♒
19	金	03:16	♒	～	19	金	09:21	♓
21	日	21:30	♓	～	21	日	22:13	♈
24	水	05:22	♈	～	24	水	09:46	♉
25	木	11:31	♉	～	26	金	18:30	♊
28	日	21:12	♊	～	29	月	00:27	♋
29	月	23:56	♋	～	31	水	04:35	♌

6月

開始日		開始時刻	サイン		終了日		終了時刻	サイン
1	木	17:42	♌	～	2	金	07:49	♍
3	土	19:40	♍	～	4	日	10:44	♎
5	月	21:31	♎	～	6	火	13:43	♏
7	水	15:37	♏	～	8	木	17:19	♐
10	土	03:01	♐	～	10	土	22:31	♑
12	月	13:22	♑	～	13	火	06:26	♒
15	木	13:34	♒	～	15	木	17:26	♓
18	日	01:21	♓	～	18	日	06:13	♈
20	火	14:24	♈	～	20	火	18:10	♉
21	水	21:13	♉	～	23	金	03:03	♊
24	土	20:40	♊	～	25	日	08:28	♋
26	月	07:44	♋	～	27	火	11:29	♌
29	木	00:34	♌	～	29	木	13:37	♍

7月

開始日		開始時刻	サイン		終了日		終了時刻	サイン
1	土	02:47	♍	～	1	土	16:05	♎
3	月	06:29	♎	～	3	月	19:30	♏
5	水	02:34	♏	～	6	木	00:06	♐
7	金	20:00	♐	～	8	土	06:13	♑
9	日	12:07	♑	～	10	月	14:28	♒
12	水	22:31	♒	～	13	木	01:17	♓
14	金	20:05	♓	～	15	土	14:00	♈
17	月	14:10	♈	～	18	火	02:29	♉
20	木	05:20	♉	～	20	木	12:11	♊
21	金	15:33	♊	～	22	土	17:57	♋
23	日	17:47	♋	～	24	月	20:27	♌
25	火	21:14	♌	～	26	水	21:22	♍
28	金	10:43	♍	～	28	金	22:27	♎
30	日	21:16	♎	～	31	月	01:00	♏

8月

開始日		開始時刻	サイン		終了日		終了時刻	サイン
1	火	10:55	♏	～	2	水	05:36	♐
3	木	22:05	♐	～	4	金	12:23	♑
6	日	12:05	♑	～	6	日	21:19	♒
8	火	03:52	♒	～	9	水	08:24	♓
10	木	14:25	♓	～	11	金	21:06	♈
14	月	03:51	♈	～	14	月	09:58	♉
16	水	05:45	♉	～	16	水	20:43	♊
18	金	18:07	♊	～	19	土	03:41	♋
20	日	07:40	♋	～	21	月	06:46	♌
23	水	05:33	♌	～	23	水	07:16	♍
24	木	15:08	♍	～	25	金	07:06	♎
26	土	17:00	♎	～	27	日	08:03	♏
28	月	23:04	♏	～	29	火	11:27	♐
31	木	12:07	♐	～	31	木	17:54	♑

9月

開始日		開始時刻	サイン		終了日		終了時刻	サイン
2	土	17:14	♑	～	3	日	03:13	♒
5	火	10:02	♒	～	5	火	14:42	♓
7	木	20:54	♓	～	8	金	03:30	♈
10	日	12:42	♈	～	10	日	16:25	♉
12	火	04:53	♉	～	13	水	03:51	♊
14	木	19:40	♊	～	15	金	12:14	♋
17	日	05:07	♋	～	17	日	16:49	♌
19	火	05:02	♌	～	19	火	18:09	♍
21	木	13:38	♍	～	21	木	17:44	♎
23	土	09:56	♎	～	23	土	17:28	♏
24	日	21:46	♏	～	25	月	19:12	♐
27	水	21:30	♐	～	28	木	00:16	♑
30	土	08:16	♑	～	30	土	09:03	♒

10月

開始日		開始時刻	サイン		終了日		終了時刻	サイン
2	月	09:52	♒	～	2	月	20:41	♓
5	木	00:00	♓	～	5	木	09:37	♈
7	土	20:29	♈	～	7	土	22:21	♉
10	火	08:24	♉	～	10	火	09:45	♊
12	木	12:56	♊	～	12	木	18:53	♋
14	土	20:18	♋	～	15	日	01:02	♌
17	火	00:23	♌	～	17	火	04:05	♍
18	水	14:59	♍	～	19	木	04:44	♎
21	土	02:19	♎	～	21	土	04:27	♏
22	日	19:37	♏	～	23	月	05:06	♐
25	水	07:50	♐	～	25	水	08:34	♑
27	金	11:06	♑	～	27	金	16:01	♒
29	日	03:10	♒	～	30	月	03:08	♓
31	火	01:41	♓	～	1	水	16:05	♈

11月

開始日		開始時刻	サイン		終了日		終了時刻	サイン
3	金	12:18	♈	～	4	土	04:40	♉
5	日	16:27	♉	～	6	月	15:34	♊
8	水	23:26	♊	～	9	木	00:24	♋
10	金	07:09	♋	～	11	土	07:06	♌
12	日	16:52	♌	～	13	月	11:37	♍
14	火	23:51	♍	～	15	水	14:02	♎
16	木	19:47	♎	～	17	金	15:00	♏
19	日	09:06	♏	～	19	日	15:53	♐
20	月	22:14	♐	～	21	火	18:32	♑
23	木	10:11	♑	～	24	金	00:37	♒
26	日	03:48	♒	～	26	日	10:40	♓
27	月	08:24	♓	～	28	火	23:21	♈
30	木	19:45	♈	～	1	金	12:01	♉

12月

開始日		開始時刻	サイン		終了日		終了時刻	サイン
3	日	17:58	♉	～	3	日	22:35	♊
5	火	22:32	♊	～	6	水	06:34	♋
8	金	05:03	♋	～	8	金	12:33	♌
10	日	15:31	♌	～	10	日	17:10	♍
12	火	11:45	♍	～	12	火	20:40	♎
14	木	16:00	♎	～	14	木	23:15	♏
16	土	16:15	♏	～	17	日	01:29	♐
18	月	21:19	♐	～	19	火	04:35	♑
21	木	00:57	♑	～	21	木	10:09	♒
23	土	10:32	♒	～	23	土	19:15	♓
26	火	00:00	♓	～	26	火	07:23	♈
27	水	22:18	♈	～	28	木	20:14	♉
31	日	04:27	♉	～	31	日	07:03	♊

1923年【ボイドタイム】

1月

開始日	開始時刻	サイン		終了日	終了時刻	サイン
1 月	19:22	♊	～	2 火	14:40	♋
4 木	17:57	♋	～	4 木	19:35	♌
6 土	05:15	♌	～	6 土	23:00	♍
8 月	09:17	♍	～	9 火	01:59	♎
10 水	11:36	♎	～	11 木	05:05	♏
12 金	21:19	♏	～	13 土	08:35	♐
15 月	04:23	♐	～	15 月	12:57	♑
17 水	13:23	♑	～	17 水	19:06	♒
19 金	08:40	♒	～	20 土	03:58	♓
21 日	11:42	♓	～	22 月	15:38	♈
24 水	08:25	♈	～	25 木	04:34	♉
26 金	14:53	♉	～	27 土	16:08	♊
29 月	08:37	♊	～	30 火	00:20	♋
31 水	11:56	♋	～	1 木	04:58	♌

2月

開始日	開始時刻	サイン		終了日	終了時刻	サイン
3 土	00:34	♌	～	3 土	07:13	♍
5 月	05:42	♍	～	5 月	08:39	♎
7 水	10:19	♎	～	7 水	10:38	♏
9 金	12:41	♏	～	9 金	14:00	♐
11 日	02:58	♐	～	11 日	19:09	♑
14 水	02:06	♑	～	14 水	02:19	♒
16 金	04:07	♒	～	16 金	11:44	♓
18 日	00:19	♓	～	18 日	23:21	♈
20 火	19:25	♈	～	21 水	12:16	♉
23 金	02:08	♉	～	24 土	00:32	♊
26 月	01:33	♊	～	26 月	09:58	♋
28 水	10:38	♋	～	28 水	15:31	♌

3月

開始日	開始時刻	サイン		終了日	終了時刻	サイン
2 金	15:39	♌	～	2 金	17:42	♍
4 日	14:22	♍	～	4 日	18:01	♎
6 火	01:01	♎	～	6 火	18:17	♏
8 木	07:19	♏	～	8 木	20:06	♐
10 土	17:12	♐	～	11 日	00:35	♑
12 月	14:22	♑	～	13 火	08:03	♒
14 水	20:13	♒	～	15 木	18:09	♓
17 土	21:51	♓	～	18 日	06:07	♈
19 月	19:02	♈	～	20 火	19:01	♉
22 木	08:32	♉	～	23 金	07:34	♊
25 日	01:11	♊	～	25 日	18:06	♋
27 火	13:23	♋	～	28 水	01:14	♌
29 木	23:31	♌	～	30 金	04:37	♍
31 土	11:32	♍	～	1 日	05:07	♎

4月

開始日	開始時刻	サイン		終了日	終了時刻	サイン
2 月	08:16	♎	～	3 火	04:27	♏
4 水	15:18	♏	～	5 木	04:34	♐
6 金	08:44	♐	～	7 土	07:20	♑
9 月	04:26	♑	～	9 月	13:49	♒
11 水	17:23	♒	～	11 水	23:51	♓
14 土	09:12	♓	～	14 土	12:09	♈
16 月	15:28	♈	～	17 火	01:08	♉
18 水	18:02	♉	～	19 木	13:34	♊
21 土	11:55	♊	～	22 日	00:29	♋
24 火	02:39	♋	～	24 火	08:51	♌
25 水	23:16	♌	～	26 木	13:57	♍
28 土	08:16	♍	～	28 土	15:49	♎
29 日	16:27	♎	～	30 月	15:33	♏

5月

開始日	開始時刻	サイン		終了日	終了時刻	サイン
1 火	17:29	♏	～	2 水	15:00	♐
3 木	17:47	♐	～	4 金	16:15	♑
5 土	21:00	♑	～	6 日	21:06	♒
8 火	03:18	♒	～	9 水	06:07	♓
10 木	19:25	♓	～	11 金	18:13	♈
13 日	10:20	♈	～	14 月	07:15	♉
16 水	07:38	♉	～	16 水	19:28	♊
18 金	23:01	♊	～	19 土	06:04	♋
21 月	13:44	♋	～	21 月	14:41	♌
23 水	11:48	♌	～	23 水	20:55	♍
25 金	18:19	♍	～	26 土	00:26	♎
27 日	22:01	♎	～	28 月	01:36	♏
29 火	05:18	♏	～	30 水	01:38	♐
31 木	05:36	♐	～	1 金	02:28	♑

6月

開始日	開始時刻	サイン		終了日	終了時刻	サイン
2 土	07:53	♑	～	3 日	06:04	♒
4 月	11:41	♒	～	5 火	13:44	♓
7 木	03:55	♓	～	8 金	01:03	♈
9 土	12:03	♈	～	10 日	13:57	♉
12 火	18:40	♉	～	13 水	02:04	♊
14 木	21:42	♊	～	15 金	12:10	♋
16 土	21:09	♋	～	17 日	20:12	♌
19 火	21:22	♌	～	20 水	02:23	♍
22 金	05:45	♍	～	22 金	06:45	♎
23 土	10:18	♎	～	24 日	09:21	♏
25 月	14:20	♏	～	26 火	10:47	♐
27 水	15:38	♐	～	28 木	12:21	♑
29 金	21:07	♑	～	30 土	15:45	♒

7月

開始日	開始時刻	サイン		終了日	終了時刻	サイン
2 月	03:18	♒	～	2 月	22:29	♓
4 水	18:52	♓	～	5 木	08:52	♈
7 土	17:00	♈	～	7 土	21:26	♉
10 火	01:29	♉	～	10 火	09:38	♊
11 水	19:35	♊	～	12 木	19:35	♋
15 日	01:17	♋	～	15 日	02:54	♌
16 月	09:11	♌	～	17 火	08:11	♍
19 木	03:40	♍	～	19 木	12:06	♎
21 土	10:31	♎	～	21 土	15:09	♏
23 月	16:45	♏	～	23 月	17:44	♐
24 火	22:50	♐	～	25 水	20:33	♑
27 金	07:57	♑	～	28 土	00:43	♒
29 日	08:03	♒	～	30 月	07:24	♓

8月

開始日	開始時刻	サイン		終了日	終了時刻	サイン
1 水	10:50	♓	～	1 水	17:12	♈
3 金	13:27	♈	～	4 土	05:23	♉
6 月	12:52	♉	～	6 月	17:48	♊
8 水	04:41	♊	～	9 木	04:09	♋
10 金	11:15	♋	～	11 土	11:20	♌
12 日	20:16	♌	～	13 月	15:45	♍
14 火	19:51	♍	～	15 水	18:28	♎
17 金	09:01	♎	～	17 金	20:39	♏
19 日	15:06	♏	～	19 日	23:13	♐
21 火	22:22	♐	～	22 水	02:50	♑
23 木	22:07	♑	～	24 金	08:04	♒
26 日	10:56	♒	～	26 日	15:26	♓
27 月	22:06	♓	～	29 水	01:16	♈
31 金	12:01	♈	～	31 金	13:13	♉

9月

開始日	開始時刻	サイン		終了日	終了時刻	サイン
2 日	03:00	♉	～	3 月	01:51	♊
4 火	15:08	♊	～	5 水	13:00	♋
6 木	23:29	♋	～	7 金	20:55	♌
9 日	06:19	♌	～	10 月	01:17	♍
11 火	06:04	♍	～	12 水	03:04	♎
13 木	10:02	♎	～	14 金	03:48	♏
15 土	17:04	♏	～	16 日	05:06	♐
18 火	00:40	♐	～	18 火	08:15	♑
20 木	11:30	♑	～	20 木	13:53	♒
22 土	03:00	♒	～	22 土	22:04	♓
24 月	07:02	♓	～	25 火	08:24	♈
27 木	01:20	♈	～	27 木	20:23	♉
29 土	11:57	♉	～	30 日	09:07	♊

10月

開始日	開始時刻	サイン		終了日	終了時刻	サイン
2 火	03:31	♊	～	2 火	21:01	♋
5 金	05:49	♋	～	5 金	06:15	♌
6 土	21:19	♌	～	7 日	11:42	♍
9 火	11:45	♍	～	9 火	13:36	♎
11 木	04:46	♎	～	11 木	13:26	♏
13 土	07:46	♏	～	13 土	13:09	♐
15 月	11:22	♐	～	15 月	14:44	♑
17 水	18:35	♑	～	17 水	19:30	♒
19 金	18:02	♒	～	20 土	03:44	♓
21 日	23:45	♓	～	22 月	14:34	♈
24 水	14:26	♈	～	25 木	02:49	♉
27 土	02:35	♉	～	27 土	15:30	♊
29 月	16:41	♊	～	30 火	03:40	♋

11月

開始日	開始時刻	サイン		終了日	終了時刻	サイン
1 木	10:42	♋	～	1 木	14:01	♌
3 土	12:36	♌	～	3 土	21:08	♍
5 月	18:32	♍	～	6 火	00:25	♎
7 水	17:37	♎	～	8 木	00:38	♏
9 金	18:16	♏	～	9 金	23:38	♐
11 日	17:08	♐	～	11 日	23:38	♑
13 火	22:17	♑	～	14 水	02:40	♒
16 金	06:02	♒	～	16 金	09:47	♓
18 日	17:35	♓	～	18 日	20:26	♈
21 水	03:01	♈	～	21 水	08:54	♉
23 金	20:59	♉	～	23 金	21:33	♊
26 月	04:49	♊	～	26 月	09:28	♋
28 水	16:01	♋	～	28 水	20:02	♌

12月

開始日	開始時刻	サイン		終了日	終了時刻	サイン
1 土	00:57	♌	～	1 土	04:19	♍
2 日	12:19	♍	～	3 月	09:25	♎
5 水	08:59	♎	～	5 水	11:15	♏
6 木	19:43	♏	～	7 金	10:58	♐
9 日	08:54	♐	～	9 日	10:32	♑
11 火	10:47	♑	～	11 火	12:10	♒
13 木	16:28	♒	～	13 木	17:36	♓
15 土	11:38	♓	～	16 日	03:09	♈
18 火	15:01	♈	～	18 火	15:22	♉
20 木	12:32	♉	～	21 金	04:04	♊
22 土	20:16	♊	～	23 日	15:41	♋
25 火	23:58	♋	～	26 水	01:41	♌
27 木	15:29	♌	～	28 金	09:52	♍
30 日	10:11	♍	～	30 日	15:52	♎

1924年【ボイドタイム】

1月

開始日	開始時刻	サイン		終了日	終了時刻	サイン
1 火	16:25	♎	~	1 火	19:24	♏
3 木	19:01	♏	~	3 木	20:49	♐
5 土	05:01	♐	~	5 土	21:22	♑
7 月	19:21	♑	~	7 月	22:55	♒
9 水	15:05	♒	~	10 木	03:14	♓
12 土	01:20	♓	~	12 土	11:23	♈
14 月	08:59	♈	~	14 月	22:49	♉
17 木	07:46	♉	~	17 木	11:29	♊
19 土	02:36	♊	~	19 土	23:06	♋
21 月	04:05	♋	~	22 火	08:34	♌
23 水	20:38	♌	~	24 木	15:50	♍
25 金	19:05	♍	~	26 土	21:15	♎
28 月	06:51	♎	~	29 火	01:10	♏
30 水	09:51	♏	~	31 木	03:53	♐

2月

開始日	開始時刻	サイン		終了日	終了時刻	サイン
1 金	12:02	♐	~	2 土	06:04	♑
3 日	12:00	♑	~	4 月	08:44	♒
5 火	17:51	♒	~	6 水	13:13	♓
8 金	08:45	♓	~	8 金	20:37	♈
10 日	22:16	♈	~	11 月	07:10	♉
13 水	17:33	♉	~	13 水	19:35	♊
15 金	22:56	♊	~	16 土	07:35	♋
17 日	15:21	♋	~	18 月	17:10	♌
20 水	05:39	♌	~	20 水	23:46	♍
22 金	13:06	♍	~	23 土	03:58	♎
24 日	18:36	♎	~	25 月	06:48	♏
26 火	13:57	♏	~	27 水	09:17	♐
29 金	04:39	♐	~	29 金	12:13	♑

3月

開始日	開始時刻	サイン		終了日	終了時刻	サイン
2 日	00:07	♑	~	2 日	16:12	♒
4 火	19:16	♒	~	4 火	21:45	♓
6 木	07:40	♓	~	7 金	05:27	♈
9 日	15:01	♈	~	9 日	15:36	♉
11 火	07:45	♉	~	12 水	03:44	♊
14 金	01:50	♊	~	14 金	16:09	♋
16 日	17:59	♋	~	17 月	02:32	♌
18 火	14:22	♌	~	19 水	09:28	♍
21 金	11:08	♍	~	21 金	13:01	♎
22 土	21:23	♎	~	23 日	14:28	♏
24 月	20:29	♏	~	25 火	15:30	♐
27 木	00:15	♐	~	27 木	17:38	♑
29 土	07:41	♑	~	29 土	21:48	♒
31 月	18:27	♒	~	1 火	04:14	♓

4月

開始日	開始時刻	サイン		終了日	終了時刻	サイン
3 木	07:57	♓	~	3 木	12:46	♈
5 土	22:47	♈	~	5 土	23:12	♉
7 月	14:10	♉	~	8 火	11:14	♊
10 木	23:14	♊	~	10 木	23:53	♋
13 日	10:17	♋	~	13 日	11:16	♌
15 火	18:08	♌	~	15 火	19:22	♍
17 木	16:06	♍	~	17 木	23:28	♎
19 土	23:10	♎	~	20 日	00:25	♏
21 月	21:06	♏	~	22 火	00:05	♐
23 水	22:24	♐	~	24 木	00:33	♑
26 土	00:56	♑	~	26 土	03:31	♒
28 月	06:38	♒	~	28 月	09:40	♓
30 水	08:20	♓	~	30 水	18:40	♈

5月

開始日	開始時刻	サイン		終了日	終了時刻	サイン
3 土	01:40	♈	~	3 土	05:38	♉
4 日	22:30	♉	~	5 月	17:49	♊
8 木	01:46	♊	~	8 木	06:31	♋
10 土	13:32	♋	~	10 土	18:31	♌
12 月	22:58	♌	~	13 火	03:58	♍
14 水	22:07	♍	~	15 木	09:29	♎
17 土	06:25	♎	~	17 土	11:11	♏
19 月	06:52	♏	~	19 月	10:34	♐
21 水	04:44	♐	~	21 水	09:49	♑
23 金	05:30	♑	~	23 金	11:05	♒
25 日	09:37	♒	~	25 日	15:50	♓
27 火	07:15	♓	~	28 水	00:17	♈
30 金	04:05	♈	~	30 金	11:24	♉

6月

開始日	開始時刻	サイン		終了日	終了時刻	サイン
1 日	06:06	♉	~	1 日	23:48	♊
4 水	04:38	♊	~	4 水	12:28	♋
6 金	16:37	♋	~	7 土	00:30	♌
9 月	02:59	♌	~	9 月	10:42	♍
11 水	12:58	♍	~	11 水	17:42	♎
13 金	14:01	♎	~	13 金	20:58	♏
15 日	15:48	♏	~	15 日	21:18	♐
17 火	16:16	♐	~	17 火	20:29	♑
19 木	13:38	♑	~	19 木	20:43	♒
21 土	23:42	♒	~	21 土	23:53	♓
23 月	14:56	♓	~	24 火	06:57	♈
26 木	08:45	♈	~	26 木	17:28	♉
28 土	12:41	♉	~	29 日	05:52	♊

7月

開始日	開始時刻	サイン		終了日	終了時刻	サイン
1 火	09:39	♊	~	1 火	18:29	♋
3 木	21:34	♋	~	4 金	06:12	♌
6 日	07:58	♌	~	6 日	16:16	♍
8 火	08:21	♍	~	8 火	23:56	♎
10 木	21:16	♎	~	11 金	04:37	♏
13 日	03:38	♏	~	13 日	06:33	♐
15 火	00:07	♐	~	15 火	06:49	♑
17 木	00:27	♑	~	17 木	07:12	♒
19 土	02:31	♒	~	19 土	09:31	♓
21 月	11:34	♓	~	21 月	15:13	♈
23 水	16:57	♈	~	24 木	00:37	♉
25 金	19:49	♉	~	26 土	12:37	♊
28 月	17:59	♊	~	29 火	01:12	♋
31 木	05:40	♋	~	31 木	12:39	♌

8月

開始日	開始時刻	サイン		終了日	終了時刻	サイン
2 土	15:37	♌	~	2 土	22:06	♍
4 月	12:53	♍	~	5 火	05:21	♎
7 木	04:53	♎	~	7 木	10:25	♏
8 金	22:03	♏	~	9 土	13:33	♐
11 月	10:33	♐	~	11 月	15:21	♑
13 水	12:16	♑	~	13 水	16:53	♒
15 金	14:58	♒	~	15 金	19:29	♓
17 日	08:24	♓	~	18 月	00:33	♈
20 水	04:30	♈	~	20 水	08:55	♉
22 金	18:10	♉	~	22 金	20:15	♊
25 月	08:37	♊	~	25 月	08:49	♋
27 水	17:04	♋	~	27 水	20:20	♌
30 土	02:51	♌	~	30 土	05:20	♍

9月

開始日	開始時刻	サイン		終了日	終了時刻	サイン
1 月	05:29	♍	~	1 月	11:39	♎
3 水	14:06	♎	~	3 水	15:55	♏
5 金	14:14	♏	~	5 金	19:01	♐
7 日	20:35	♐	~	7 日	21:41	♑
9 火	23:48	♑	~	10 水	00:34	♒
12 金	03:53	♒	~	12 金	04:17	♓
13 土	15:59	♓	~	14 日	09:43	♈
16 火	09:15	♈	~	16 火	17:40	♉
18 木	19:18	♉	~	19 金	04:25	♊
21 日	12:35	♊	~	21 日	16:55	♋
23 火	07:21	♋	~	24 水	04:53	♌
26 金	05:34	♌	~	26 金	14:07	♍
28 日	00:26	♍	~	28 日	19:54	♎
30 火	15:51	♎	~	30 火	23:01	♏

10月

開始日	開始時刻	サイン		終了日	終了時刻	サイン
2 木	18:14	♏	~	3 金	00:55	♐
4 土	21:17	♐	~	5 日	03:03	♑
7 火	05:22	♑	~	7 火	06:20	♒
9 木	05:56	♒	~	9 木	11:07	♓
10 金	20:24	♓	~	11 土	17:32	♈
13 月	22:23	♈	~	14 火	01:51	♉
16 木	10:09	♉	~	16 木	12:24	♊
19 日	00:04	♊	~	19 日	00:49	♋
21 火	07:54	♋	~	21 火	13:22	♌
23 木	23:22	♌	~	23 木	23:34	♍
25 土	12:13	♍	~	26 日	05:50	♎
27 月	19:49	♎	~	28 火	08:27	♏
30 木	01:35	♏	~	30 木	09:04	♐

11月

開始日	開始時刻	サイン		終了日	終了時刻	サイン
1 土	06:18	♐	~	1 土	09:40	♑
2 日	15:16	♑	~	3 月	11:54	♒
5 水	03:07	♒	~	5 水	16:35	♓
7 金	07:37	♓	~	7 金	23:40	♈
9 日	18:20	♈	~	10 月	08:45	♉
12 水	19:20	♉	~	12 水	19:35	♊
14 金	16:51	♊	~	15 土	07:58	♋
17 月	09:30	♋	~	17 月	20:52	♌
20 木	02:38	♌	~	20 木	08:12	♍
22 土	15:17	♍	~	22 土	15:52	♎
24 月	12:30	♎	~	24 月	19:18	♏
26 水	07:52	♏	~	26 水	19:39	♐
28 金	11:44	♐	~	28 金	18:58	♑
30 日	00:43	♑	~	30 日	19:26	♒

12月

開始日	開始時刻	サイン		終了日	終了時刻	サイン
2 火	21:32	♒	~	2 火	22:39	♓
4 木	23:22	♓	~	5 金	05:11	♈
7 日	09:34	♈	~	7 日	14:34	♉
9 火	13:50	♉	~	10 水	01:53	♊
12 金	11:29	♊	~	12 金	14:22	♋
14 日	21:16	♋	~	15 月	03:14	♌
17 水	14:39	♌	~	17 水	15:08	♍
19 金	19:11	♍	~	20 土	00:16	♎
22 月	04:56	♎	~	22 月	05:26	♏
23 火	18:36	♏	~	24 水	06:56	♐
25 木	18:17	♐	~	26 金	06:19	♑
27 土	10:33	♑	~	28 日	05:42	♒
29 月	18:04	♒	~	30 火	07:07	♓

1925年【ボイドタイム】

1月

開始日	開始時刻	サイン		終了日	終了時刻	サイン
1 木	11:10	♓	~	1 木	11:58	♈
3 土	16:19	♈	~	3 土	20:32	♉
5 月	16:08	♉	~	6 火	07:53	♊
8 木	14:11	♊	~	8 木	20:33	♋
10 土	11:47	♋	~	11 日	09:15	♌
13 火	19:37	♌	~	13 火	20:55	♍
15 木	20:50	♍	~	16 金	06:34	♎
18 日	08:33	♎	~	18 日	13:12	♏
20 火	16:07	♏	~	20 火	16:35	♐
22 木	04:07	♐	~	22 木	17:23	♑
24 土	04:18	♑	~	24 土	17:10	♒
26 月	06:41	♒	~	26 月	17:46	♓
28 水	02:00	♓	~	28 水	21:00	♈
30 金	20:46	♈	~	31 土	03:59	♉

2月

開始日	開始時刻	サイン		終了日	終了時刻	サイン
1 日	22:39	♉	~	2 月	14:33	♊
5 木	02:15	♊	~	5 木	03:12	♋
7 土	15:37	♋	~	7 土	15:50	♌
9 月	09:57	♌	~	10 火	03:02	♍
11 水	17:01	♍	~	12 木	12:07	♎
14 土	09:36	♎	~	14 土	18:55	♏
16 月	18:41	♏	~	16 月	23:29	♐
19 木	01:14	♐	~	19 木	02:03	♑
20 金	11:29	♑	~	21 土	03:22	♒
22 日	19:07	♒	~	23 月	04:37	♓
24 火	15:05	♓	~	25 水	07:22	♈
27 金	00:47	♈	~	27 金	13:05	♉

3月

開始日	開始時刻	サイン		終了日	終了時刻	サイン
1 日	15:44	♉	~	1 日	22:27	♊
3 火	16:15	♊	~	4 水	10:39	♋
6 金	05:24	♋	~	6 金	23:23	♌
8 日	16:01	♌	~	9 月	10:25	♍
11 水	09:40	♍	~	11 水	18:45	♎
13 金	07:36	♎	~	14 土	00:38	♏
15 日	19:18	♏	~	16 月	04:52	♐
18 水	02:21	♐	~	18 水	08:08	♑
20 金	08:56	♑	~	20 金	10:52	♒
22 日	11:27	♒	~	22 日	13:34	♓
24 火	08:04	♓	~	24 火	17:05	♈
26 木	08:51	♈	~	26 木	22:35	♉
28 土	16:23	♉	~	29 日	07:09	♊
31 火	16:23	♊	~	31 火	18:43	♋

4月

開始日	開始時刻	サイン		終了日	終了時刻	サイン
2 木	16:37	♋	~	3 金	07:33	♌
4 土	23:23	♌	~	5 日	18:56	♍
7 火	14:05	♍	~	8 水	03:05	♎
9 木	16:28	♎	~	10 金	08:05	♏
11 土	23:29	♏	~	12 日	11:06	♐
14 火	02:10	♐	~	14 火	13:33	♑
16 木	16:01	♑	~	16 木	16:24	♒
18 土	17:16	♒	~	18 土	20:03	♓
20 月	13:19	♓	~	21 火	00:46	♈
22 水	22:40	♈	~	23 木	07:00	♉
25 土	03:35	♉	~	25 土	15:34	♊
27 月	14:30	♊	~	28 火	02:46	♋
30 木	03:25	♋	~	30 木	15:37	♌

5月

開始日	開始時刻	サイン		終了日	終了時刻	サイン
2 土	18:10	♌	~	3 日	03:39	♍
5 火	06:33	♍	~	5 火	12:27	♎
7 木	14:24	♎	~	7 木	17:23	♏
9 土	10:13	♏	~	9 土	19:28	♐
11 月	12:26	♐	~	11 月	20:31	♑
13 水	17:21	♑	~	13 水	22:09	♒
15 金	22:55	♒	~	16 土	01:24	♓
17 日	23:38	♓	~	18 月	06:35	♈
19 火	23:31	♈	~	20 水	13:42	♉
22 金	12:52	♉	~	22 金	22:51	♊
24 日	23:57	♊	~	25 月	10:08	♋
27 水	12:47	♋	~	27 水	23:00	♌
29 金	15:35	♌	~	30 土	11:36	♍

6月

開始日	開始時刻	サイン		終了日	終了時刻	サイン
1 月	12:21	♍	~	1 月	21:31	♎
3 水	14:51	♎	~	4 木	03:22	♏
6 土	02:49	♏	~	6 土	05:34	♐
8 月	03:08	♐	~	8 月	05:46	♑
9 火	22:16	♑	~	10 水	05:55	♒
11 木	15:13	♒	~	12 金	07:41	♓
14 日	03:45	♓	~	14 日	12:04	♈
16 火	08:33	♈	~	16 火	19:16	♉
18 木	19:59	♉	~	19 金	04:58	♊
21 日	15:16	♊	~	21 日	16:37	♋
24 水	02:04	♋	~	24 水	05:31	♌
25 木	23:23	♌	~	26 金	18:22	♍
28 日	20:33	♍	~	29 月	05:16	♎

7月

開始日	開始時刻	サイン		終了日	終了時刻	サイン
1 水	06:39	♎	~	1 水	12:33	♏
3 金	15:12	♏	~	3 金	15:56	♐
5 日	09:11	♐	~	5 日	16:25	♑
7 火	08:37	♑	~	7 火	15:50	♒
9 木	01:23	♒	~	9 木	16:07	♓
11 土	10:56	♓	~	11 土	18:54	♈
13 月	08:39	♈	~	14 火	01:06	♉
16 木	01:35	♉	~	16 木	10:38	♊
18 土	13:10	♊	~	18 土	22:34	♋
21 火	06:39	♋	~	21 火	11:33	♌
23 木	17:12	♌	~	24 金	00:18	♍
26 日	02:14	♍	~	26 日	11:31	♎
28 火	04:31	♎	~	28 火	19:57	♏
30 木	16:34	♏	~	31 金	00:57	♐

8月

開始日	開始時刻	サイン		終了日	終了時刻	サイン
1 土	18:47	♐	~	2 日	02:47	♑
3 月	18:49	♑	~	4 火	02:41	♒
5 水	18:47	♒	~	6 木	02:24	♓
7 金	19:14	♓	~	8 土	03:47	♈
10 月	04:53	♈	~	10 月	08:25	♉
12 水	16:13	♉	~	12 水	16:58	♊
14 金	18:00	♊	~	15 土	04:40	♋
17 月	06:47	♋	~	17 月	17:42	♌
19 水	22:14	♌	~	20 木	06:14	♍
22 土	06:25	♍	~	22 土	17:06	♎
24 月	12:02	♎	~	25 火	01:45	♏
26 水	21:47	♏	~	27 木	07:51	♐
29 土	09:02	♐	~	29 土	11:20	♑
31 月	03:12	♑	~	31 月	12:42	♒

9月

開始日	開始時刻	サイン		終了日	終了時刻	サイン
2 水	07:33	♒	~	2 水	13:03	♓
4 金	04:06	♓	~	4 金	14:03	♈
6 日	11:27	♈	~	6 日	17:28	♉
8 火	20:19	♉	~	9 水	00:40	♊
11 金	11:21	♊	~	11 金	11:36	♋
13 日	17:55	♋	~	14 月	00:31	♌
15 火	23:50	♌	~	16 水	12:57	♍
18 金	13:12	♍	~	18 金	23:19	♎
20 日	19:29	♎	~	21 月	07:19	♏
23 水	12:33	♏	~	23 水	13:18	♐
25 金	13:36	♐	~	25 金	17:38	♑
27 日	18:59	♑	~	27 日	20:30	♒
29 火	12:08	♒	~	29 火	22:20	♓

10月

開始日	開始時刻	サイン		終了日	終了時刻	サイン
1 木	12:17	♓	~	2 金	00:07	♈
3 土	16:50	♈	~	4 日	03:21	♉
5 月	22:29	♉	~	6 火	09:36	♊
8 木	07:52	♊	~	8 木	19:34	♋
11 日	06:30	♋	~	11 日	08:10	♌
13 火	09:11	♌	~	13 火	20:44	♍
15 木	16:31	♍	~	16 金	06:58	♎
18 日	03:58	♎	~	18 日	14:13	♏
20 火	09:23	♏	~	20 火	19:12	♐
22 木	20:27	♐	~	22 木	22:58	♑
24 土	12:48	♑	~	25 日	02:13	♒
26 月	19:53	♒	~	27 火	05:15	♓
28 水	18:44	♓	~	29 木	08:25	♈
31 土	02:56	♈	~	31 土	12:30	♉

11月

開始日	開始時刻	サイン		終了日	終了時刻	サイン
2 月	08:46	♉	~	2 月	18:45	♊
4 水	22:57	♊	~	5 木	04:07	♋
7 土	07:18	♋	~	7 土	16:17	♌
9 月	23:49	♌	~	10 火	05:08	♍
11 水	23:58	♍	~	12 木	15:53	♎
14 土	13:40	♎	~	14 土	23:06	♏
16 月	18:16	♏	~	17 火	03:13	♐
18 水	20:54	♐	~	19 木	05:39	♑
21 土	04:23	♑	~	21 土	07:49	♒
23 月	01:43	♒	~	23 月	10:38	♓
25 水	03:35	♓	~	25 水	14:32	♈
27 金	11:43	♈	~	27 金	19:47	♉
29 日	17:07	♉	~	30 月	02:51	♊

12月

開始日	開始時刻	サイン		終了日	終了時刻	サイン
2 水	06:51	♊	~	2 水	12:20	♋
4 金	22:06	♋	~	5 土	00:14	♌
7 月	03:13	♌	~	7 月	13:14	♍
9 水	12:45	♍	~	10 木	00:53	♎
11 金	23:29	♎	~	12 土	09:04	♏
14 月	04:31	♏	~	14 月	13:24	♐
16 水	06:20	♐	~	16 水	15:00	♑
18 金	08:35	♑	~	18 金	15:36	♒
20 日	13:09	♒	~	20 日	16:52	♓
22 火	14:04	♓	~	22 火	19:58	♈
24 木	20:11	♈	~	25 金	01:26	♉
27 日	07:55	♉	~	27 日	09:19	♊
29 火	08:40	♊	~	29 火	19:27	♋

1926年【ボイドタイム】

1月

開始日	開始時刻	サイン		終了日	終了時刻	サイン
1 金	05:00	♋	~	1 金	07:27	♌
3 日	09:06	♌	~	3 日	20:27	♍
6 水	08:42	♍	~	6 水	08:45	♎
8 金	10:13	♎	~	8 金	18:20	♏
10 日	15:13	♏	~	11 月	00:02	♐
12 火	18:46	♐	~	13 水	02:10	♑
14 木	16:32	♑	~	15 金	02:08	♒
16 土	19:26	♒	~	17 日	01:49	♓
18 月	23:16	♓	~	19 火	03:04	♈
20 水	23:58	♈	~	21 木	07:16	♉
23 土	06:28	♉	~	23 土	14:56	♊
25 月	15:28	♊	~	26 火	01:31	♋
28 木	03:32	♋	~	28 木	13:53	♌
30 土	16:47	♌	~	31 日	02:50	♍

2月

開始日	開始時刻	サイン		終了日	終了時刻	サイン
2 火	05:36	♍	~	2 火	15:11	♎
4 木	19:18	♎	~	5 金	01:40	♏
7 日	00:50	♏	~	7 日	09:03	♐
9 火	01:56	♐	~	9 火	12:50	♑
11 木	06:37	♑	~	11 木	13:38	♒
13 土	06:09	♒	~	13 土	12:58	♓
15 月	05:55	♓	~	15 月	12:48	♈
17 水	12:48	♈	~	17 水	15:09	♉
19 金	13:40	♉	~	19 金	21:23	♊
21 日	19:48	♊	~	22 月	07:29	♋
24 水	11:50	♋	~	24 水	20:01	♌
27 土	00:56	♌	~	27 土	09:00	♍

3月

開始日	開始時刻	サイン		終了日	終了時刻	サイン
1 月	13:14	♍	~	1 月	21:04	♎
3 水	17:49	♎	~	4 木	07:29	♏
6 土	08:28	♏	~	6 土	15:41	♐
8 月	12:17	♐	~	8 月	21:07	♑
10 水	17:10	♑	~	10 水	23:41	♒
12 金	17:45	♒	~	13 土	00:04	♓
14 日	17:29	♓	~	14 日	23:52	♈
16 火	16:48	♈	~	17 水	01:07	♉
19 金	00:47	♉	~	19 金	05:43	♊
21 日	14:11	♊	~	21 日	14:31	♋
23 火	18:07	♋	~	24 水	02:36	♌
26 金	07:00	♌	~	26 金	15:37	♍
28 日	19:45	♍	~	29 月	03:28	♎
31 水	03:08	♎	~	31 水	13:18	♏

4月

開始日	開始時刻	サイン		終了日	終了時刻	サイン
2 金	15:02	♏	~	2 金	21:09	♐
5 月	00:46	♐	~	5 月	03:05	♑
7 水	01:13	♑	~	7 水	07:01	♒
9 金	01:06	♒	~	9 金	09:04	♓
11 日	04:51	♓	~	11 日	10:03	♈
12 月	22:21	♈	~	13 火	11:32	♉
15 木	10:05	♉	~	15 木	15:21	♊
17 土	17:29	♊	~	17 土	22:56	♋
20 火	08:22	♋	~	20 火	10:08	♌
22 木	11:34	♌	~	22 木	23:00	♍
25 日	06:03	♍	~	25 日	10:53	♎
27 火	11:20	♎	~	27 火	20:20	♏
29 木	23:17	♏	~	30 金	03:20	♐

5月

開始日	開始時刻	サイン		終了日	終了時刻	サイン
2 日	06:13	♐	~	2 日	08:33	♑
4 火	09:02	♑	~	4 火	12:32	♒
6 木	06:19	♒	~	6 木	15:33	♓
8 土	14:49	♓	~	8 土	17:56	♈
10 月	12:06	♈	~	10 月	20:34	♉
12 水	21:47	♉	~	13 木	00:47	♊
15 土	04:53	♊	~	15 土	07:54	♋
17 月	15:21	♋	~	17 月	18:21	♌
20 木	02:48	♌	~	20 木	06:55	♍
22 土	16:28	♍	~	22 土	19:05	♎
24 月	21:50	♎	~	25 火	04:42	♏
27 木	09:09	♏	~	27 木	11:15	♐
29 土	13:30	♐	~	29 土	15:25	♑
31 月	16:33	♑	~	31 月	18:20	♒

6月

開始日	開始時刻	サイン		終了日	終了時刻	サイン
2 水	20:11	♒	~	2 水	20:54	♓
4 金	22:09	♓	~	4 金	23:46	♈
6 日	22:16	♈	~	7 月	03:29	♉
9 水	07:12	♉	~	9 水	08:44	♊
11 金	14:45	♊	~	11 金	16:15	♋
14 月	01:00	♋	~	14 月	02:30	♌
16 水	09:04	♌	~	16 水	14:49	♍
19 土	01:58	♍	~	19 土	03:20	♎
21 月	11:43	♎	~	21 月	13:41	♏
23 水	19:29	♏	~	23 水	20:36	♐
25 金	23:17	♐	~	26 土	00:19	♑
28 月	01:03	♑	~	28 月	02:02	♒
29 火	22:06	♒	~	30 水	03:14	♓

7月

開始日	開始時刻	サイン		終了日	終了時刻	サイン
2 金	04:16	♓	~	2 金	05:15	♈
4 日	03:09	♈	~	4 日	09:00	♉
6 火	13:55	♉	~	6 火	14:58	♊
8 木	22:11	♊	~	8 木	23:17	♋
11 日	08:42	♋	~	11 日	09:51	♌
13 火	14:06	♌	~	13 火	22:08	♍
16 金	09:39	♍	~	16 金	10:53	♎
18 日	13:36	♎	~	18 日	22:08	♏
21 水	04:59	♏	~	21 水	06:11	♐
23 金	09:18	♐	~	23 金	10:29	♑
25 日	10:38	♑	~	25 日	11:49	♒
27 火	06:48	♒	~	27 火	11:47	♓
29 木	10:55	♓	~	29 木	12:14	♈
31 土	13:37	♈	~	31 土	14:47	♉

8月

開始日	開始時刻	サイン		終了日	終了時刻	サイン
2 月	18:48	♉	~	2 月	20:25	♊
5 木	03:21	♊	~	5 木	05:09	♋
7 土	14:15	♋	~	7 土	16:13	♌
9 月	16:52	♌	~	10 火	04:40	♍
12 木	15:11	♍	~	12 木	17:27	♎
14 土	20:25	♎	~	15 日	05:19	♏
17 火	12:19	♏	~	17 火	14:40	♐
19 木	18:06	♐	~	19 木	20:24	♑
21 土	20:15	♑	~	21 土	22:32	♒
23 月	21:37	♒	~	23 月	22:15	♓
25 水	19:04	♓	~	25 水	21:31	♈
27 金	13:48	♈	~	27 金	22:25	♉
29 日	23:38	♉	~	30 月	02:40	♊

9月

開始日	開始時刻	サイン		終了日	終了時刻	サイン
1 水	07:25	♊	~	1 水	10:49	♋
3 金	18:19	♋	~	3 金	22:02	♌
6 月	00:55	♌	~	6 月	10:41	♍
8 水	19:17	♍	~	8 水	23:24	♎
11 土	09:38	♎	~	11 土	11:16	♏
13 月	17:07	♏	~	13 月	21:22	♐
16 木	00:27	♐	~	16 木	04:38	♑
18 土	04:21	♑	~	18 土	08:24	♒
20 月	02:13	♒	~	20 月	09:07	♓
22 水	05:19	♓	~	22 水	08:21	♈
24 金	01:23	♈	~	24 金	08:13	♉
26 日	06:04	♉	~	26 日	10:51	♊
28 火	12:15	♊	~	28 火	17:36	♋
30 木	22:21	♋	~	1 金	04:11	♌

10月

開始日	開始時刻	サイン		終了日	終了時刻	サイン
3 日	08:52	♌	~	3 日	16:50	♍
6 水	05:23	♍	~	6 水	05:29	♎
8 金	11:27	♎	~	8 金	17:00	♏
10 日	20:37	♏	~	11 月	02:55	♐
13 水	04:36	♐	~	13 水	10:48	♑
15 金	10:02	♑	~	15 金	16:03	♒
17 日	12:40	♒	~	17 日	18:30	♓
19 火	13:10	♓	~	19 火	18:57	♈
21 木	14:15	♈	~	21 木	19:02	♉
23 土	15:01	♉	~	23 土	20:51	♊
25 月	19:57	♊	~	26 火	02:09	♋
28 木	06:39	♋	~	28 木	11:31	♌
30 土	21:25	♌	~	30 土	23:44	♍

11月

開始日	開始時刻	サイン		終了日	終了時刻	サイン
2 火	04:59	♍	~	2 火	12:23	♎
4 木	17:24	♎	~	4 木	23:38	♏
7 日	03:01	♏	~	7 日	08:52	♐
9 火	10:29	♐	~	9 火	16:12	♑
11 木	17:11	♑	~	11 木	21:42	♒
13 土	21:27	♒	~	14 日	01:23	♓
16 火	00:03	♓	~	16 火	03:29	♈
17 水	23:51	♈	~	18 木	04:55	♉
20 土	04:30	♉	~	20 土	07:11	♊
22 月	06:26	♊	~	22 月	11:55	♋
24 水	18:12	♋	~	24 水	20:11	♌
27 土	06:09	♌	~	27 土	07:37	♍
29 月	19:23	♍	~	29 月	20:15	♎

12月

開始日	開始時刻	サイン		終了日	終了時刻	サイン
2 木	01:48	♎	~	2 木	07:40	♏
4 土	10:56	♏	~	4 土	16:33	♐
6 月	17:30	♐	~	6 月	22:53	♑
8 水	20:17	♑	~	9 木	03:23	♒
11 土	02:03	♒	~	11 土	06:45	♓
13 月	08:05	♓	~	13 月	09:34	♈
15 水	08:55	♈	~	15 水	12:24	♉
17 金	10:36	♉	~	17 金	16:00	♊
19 日	15:41	♊	~	19 日	21:21	♋
21 火	20:56	♋	~	22 水	05:18	♌
24 金	09:43	♌	~	24 金	16:03	♍
26 日	19:50	♍	~	27 月	04:32	♎
29 水	10:05	♎	~	29 水	16:29	♏
31 金	19:43	♏	~	1 土	01:51	♐

1927年【ボイドタイム】

1月

開始日		開始時刻	サイン		終了日		終了時刻	サイン
3	月	02:01	♐	~	3	月	07:52	♑
5	水	04:17	♑	~	5	水	11:11	♒
7	金	08:59	♒	~	7	金	13:06	♓
9	日	14:26	♓	~	9	日	15:00	♈
11	火	15:12	♈	~	11	火	17:57	♉
13	木	20:33	♉	~	13	木	22:31	♊
16	日	03:53	♊	~	16	日	05:00	♋
18	火	07:26	♋	~	18	火	13:32	♌
20	木	16:50	♌	~	21	金	00:11	♍
23	日	08:54	♍	~	23	日	12:28	♎
25	火	17:16	♎	~	26	水	00:55	♏
28	金	05:03	♏	~	28	金	11:22	♐
30	日	12:30	♐	~	30	日	18:13	♑

2月

開始日		開始時刻	サイン		終了日		終了時刻	サイン
1	火	16:10	♑	~	1	火	21:23	♒
3	木	15:35	♒	~	3	木	22:08	♓
5	土	17:34	♓	~	5	土	22:20	♈
7	月	16:49	♈	~	7	月	23:51	♉
10	木	02:25	♉	~	10	木	03:55	♊
12	土	05:55	♊	~	12	土	10:52	♋
14	月	15:18	♋	~	14	月	20:12	♌
17	木	01:52	♌	~	17	木	07:16	♍
19	土	16:43	♍	~	19	土	19:32	♎
21	月	22:56	♎	~	22	火	08:09	♏
24	木	15:42	♏	~	24	木	19:35	♐
27	日	00:32	♐	~	27	日	03:57	♑

3月

開始日		開始時刻	サイン		終了日		終了時刻	サイン
1	火	05:17	♑	~	1	火	08:15	♒
3	木	01:25	♒	~	3	木	09:06	♓
5	土	05:55	♓	~	5	土	08:20	♈
7	月	00:09	♈	~	7	月	08:08	♉
9	水	08:14	♉	~	9	水	10:30	♊
11	金	14:19	♊	~	11	金	16:30	♋
13	日	23:50	♋	~	14	月	01:53	♌
16	水	03:04	♌	~	16	水	13:23	♍
19	土	00:18	♍	~	19	土	01:49	♎
21	月	09:36	♎	~	21	月	14:22	♏
24	木	01:12	♏	~	24	木	02:07	♐
26	土	11:03	♐	~	26	土	11:40	♑
28	月	17:19	♑	~	28	月	17:40	♒
30	水	10:59	♒	~	30	水	19:53	♓

4月

開始日		開始時刻	サイン		終了日		終了時刻	サイン
1	金	04:48	♓	~	1	金	19:31	♈
3	日	09:52	♈	~	3	日	18:37	♉
5	火	10:09	♉	~	5	火	19:26	♊
7	木	13:39	♊	~	7	木	23:43	♋
9	土	14:35	♋	~	10	日	08:01	♌
12	火	13:38	♌	~	12	火	19:20	♍
15	金	05:17	♍	~	15	金	07:54	♎
17	日	12:35	♎	~	17	日	20:21	♏
19	火	20:33	♏	~	20	水	07:50	♐
22	金	06:41	♐	~	22	金	17:36	♑
24	日	10:48	♑	~	25	月	00:44	♒
26	火	18:51	♒	~	27	水	04:38	♓
28	木	18:43	♓	~	29	金	05:44	♈
30	土	20:15	♈	~	1	日	05:29	♉

5月

開始日		開始時刻	サイン		終了日		終了時刻	サイン
2	月	20:21	♉	~	3	火	05:53	♊
5	木	03:18	♊	~	5	木	08:52	♋
7	土	05:59	♋	~	7	土	15:40	♌
9	月	19:19	♌	~	10	火	02:04	♍
12	木	14:07	♍	~	12	木	14:28	♎
14	土	15:16	♎	~	15	日	02:53	♏
17	火	07:37	♏	~	17	火	13:58	♐
19	木	17:52	♐	~	19	木	23:12	♑
22	日	05:53	♑	~	22	日	06:17	♒
24	火	01:08	♒	~	24	火	11:02	♓
26	木	10:47	♓	~	26	木	13:38	♈
28	土	05:34	♈	~	28	土	14:51	♉
30	月	14:17	♉	~	30	月	16:03	♊

6月

開始日		開始時刻	サイン		終了日		終了時刻	サイン
1	水	17:34	♊	~	1	水	18:51	♋
3	金	23:53	♋	~	4	土	00:38	♌
5	日	23:03	♌	~	6	月	09:56	♍
7	火	16:48	♍	~	8	水	21:50	♎
10	金	23:18	♎	~	11	土	10:17	♏
13	月	10:46	♏	~	13	月	21:17	♐
15	水	19:54	♐	~	16	木	05:52	♑
17	金	17:22	♑	~	18	土	12:05	♒
20	月	12:40	♒	~	20	月	16:26	♓
22	水	10:34	♓	~	22	水	19:30	♈
24	金	16:30	♈	~	24	金	21:55	♉
26	日	21:57	♉	~	27	月	00:27	♊
28	火	19:13	♊	~	29	水	04:04	♋
30	木	07:01	♋	~	1	金	09:49	♌

7月

開始日		開始時刻	サイン		終了日		終了時刻	サイン
3	日	09:51	♌	~	3	日	18:28	♍
5	火	00:33	♍	~	6	水	05:48	♎
8	金	08:37	♎	~	8	金	18:18	♏
10	日	20:26	♏	~	11	月	05:38	♐
13	水	05:33	♐	~	13	水	14:07	♑
15	金	18:18	♑	~	15	金	19:32	♒
17	日	15:06	♒	~	17	日	22:44	♓
19	火	19:22	♓	~	20	水	00:59	♈
21	木	23:43	♈	~	22	金	03:25	♉
24	日	05:10	♉	~	24	日	06:47	♊
26	火	03:59	♊	~	26	火	11:32	♋
28	木	03:35	♋	~	28	木	18:01	♌
30	土	18:52	♌	~	31	日	02:43	♍

8月

開始日		開始時刻	サイン		終了日		終了時刻	サイン
1	月	21:40	♍	~	2	火	13:45	♎
4	木	18:24	♎	~	5	金	02:17	♏
7	日	06:46	♏	~	7	日	14:15	♐
9	火	16:31	♐	~	9	火	23:24	♑
12	金	03:57	♑	~	12	金	04:47	♒
14	日	01:14	♒	~	14	日	07:05	♓
15	月	23:05	♓	~	16	火	07:58	♈
18	木	03:33	♈	~	18	木	09:13	♉
20	土	06:24	♉	~	20	土	12:09	♊
22	月	13:53	♊	~	22	月	17:20	♋
24	水	14:46	♋	~	25	木	00:40	♌
27	土	03:59	♌	~	27	土	09:56	♍
29	月	08:15	♍	~	29	月	21:03	♎

9月

開始日		開始時刻	サイン		終了日		終了時刻	サイン
1	木	03:45	♎	~	1	木	09:37	♏
3	土	16:36	♏	~	3	土	22:11	♐
6	火	03:23	♐	~	6	火	08:29	♑
8	木	12:02	♑	~	8	木	14:51	♒
10	土	13:07	♒	~	10	土	17:17	♓
12	月	17:03	♓	~	12	月	17:19	♈
14	水	13:11	♈	~	14	水	17:04	♉
16	金	17:20	♉	~	16	金	18:30	♊
18	日	21:05	♊	~	18	日	22:50	♋
21	水	03:50	♋	~	21	水	06:14	♌
23	金	11:55	♌	~	23	金	16:02	♍
25	日	23:40	♍	~	26	月	03:31	♎
28	水	12:09	♎	~	28	水	16:06	♏

10月

開始日		開始時刻	サイン		終了日		終了時刻	サイン
1	土	01:09	♏	~	1	土	04:55	♐
3	月	16:02	♐	~	3	月	16:14	♑
5	水	18:23	♑	~	6	木	00:08	♒
8	土	01:05	♒	~	8	土	03:51	♓
9	日	22:24	♓	~	10	月	04:15	♈
12	水	00:52	♈	~	12	水	03:18	♉
14	金	00:46	♉	~	14	金	03:13	♊
16	日	03:19	♊	~	16	日	05:51	♋
18	火	03:33	♋	~	18	火	12:08	♌
20	木	19:07	♌	~	20	木	21:44	♍
22	土	23:16	♍	~	23	日	09:28	♎
25	火	21:27	♎	~	25	火	22:09	♏
28	金	08:27	♏	~	28	金	10:49	♐
30	日	20:11	♐	~	30	日	22:23	♑

11月

開始日		開始時刻	サイン		終了日		終了時刻	サイン
1	火	22:26	♑	~	2	水	07:27	♒
4	金	11:08	♒	~	4	金	12:57	♓
6	日	14:48	♓	~	6	日	14:54	♈
8	火	13:04	♈	~	8	火	14:38	♉
10	木	13:49	♉	~	10	木	14:04	♊
12	土	14:56	♊	~	12	土	15:16	♋
14	月	19:22	♋	~	14	月	19:49	♌
17	木	02:31	♌	~	17	木	04:14	♍
19	土	15:00	♍	~	19	土	15:42	♎
22	火	02:43	♎	~	22	火	04:27	♏
24	木	16:04	♏	~	24	木	16:54	♐
27	日	03:10	♐	~	27	日	04:02	♑
29	火	12:15	♑	~	29	火	13:07	♒

12月

開始日		開始時刻	サイン		終了日		終了時刻	サイン
1	木	18:10	♒	~	1	木	19:38	♓
3	土	22:30	♓	~	3	土	23:21	♈
5	月	23:27	♈	~	6	火	00:48	♉
8	木	00:21	♉	~	8	木	01:11	♊
10	土	01:20	♊	~	10	土	02:12	♋
12	月	04:37	♋	~	12	月	05:32	♌
14	水	10:48	♌	~	14	水	12:26	♍
16	金	21:56	♍	~	16	金	22:56	♎
19	月	09:43	♎	~	19	月	11:32	♏
21	水	23:05	♏	~	22	木	00:00	♐
24	土	09:49	♐	~	24	土	10:38	♑
26	月	18:11	♑	~	26	月	18:55	♒
28	水	23:43	♒	~	29	木	01:01	♓
31	土	04:46	♓	~	31	土	05:20	♈

1928年【ボイドタイム】

1月

開始日		開始時刻	サイン		終了日		終了時刻	サイン
2	月	06:27	♈	~	2	月	08:15	♉
4	水	09:56	♉	~	4	水	10:21	♊
6	金	12:09	♊	~	6	金	12:29	♋
8	日	15:37	♋	~	8	日	15:53	♌
10	火	19:37	♌	~	10	火	21:54	♍
13	金	07:16	♍	~	13	金	07:19	♎
15	日	16:45	♎	~	15	日	19:27	♏
18	水	06:16	♏	~	18	水	08:07	♐
20	金	17:53	♐	~	20	金	18:50	♑
23	月	02:19	♑	~	23	月	02:28	♒
25	水	04:43	♒	~	25	水	07:25	♓
27	金	06:21	♓	~	27	金	10:49	♈
29	日	10:54	♈	~	29	日	13:43	♉
31	火	13:51	♉	~	31	火	16:48	♊

2月

開始日		開始時刻	サイン		終了日		終了時刻	サイン
2	木	17:30	♊	~	2	木	20:22	♋
3	金	23:23	♋	~	5	日	00:54	♌
7	火	03:40	♌	~	7	火	07:10	♍
8	水	15:20	♍	~	9	木	16:04	♎
11	土	23:36	♎	~	12	日	03:42	♏
14	火	12:18	♏	~	14	火	16:33	♐
16	木	23:43	♐	~	17	金	03:55	♑
19	日	03:06	♑	~	19	日	11:48	♒
21	火	12:12	♒	~	21	火	16:06	♓
23	木	11:42	♓	~	23	木	18:10	♈
25	土	15:57	♈	~	25	土	19:43	♉
27	月	21:08	♉	~	27	月	22:08	♊

3月

開始日		開始時刻	サイン		終了日		終了時刻	サイン
1	木	01:23	♊	~	1	木	02:05	♋
2	金	04:53	♋	~	3	土	07:39	♌
5	月	09:55	♌	~	5	月	14:52	♍
7	水	02:18	♍	~	8	木	00:05	♎
10	土	05:57	♎	~	10	土	11:32	♏
12	月	18:39	♏	~	13	火	00:25	♐
15	木	08:27	♐	~	15	木	12:34	♑
17	土	14:54	♑	~	17	土	21:32	♒
19	月	21:13	♒	~	20	火	02:21	♓
21	水	10:07	♓	~	22	木	03:55	♈
23	金	23:08	♈	~	24	土	04:07	♉
25	日	23:43	♉	~	26	月	04:54	♊
28	水	02:11	♊	~	28	水	07:42	♋
29	木	10:01	♋	~	30	金	13:05	♌

4月

開始日		開始時刻	サイン		終了日		終了時刻	サイン
1	日	14:42	♌	~	1	日	20:54	♍
3	火	10:24	♍	~	4	水	06:48	♎
6	金	16:27	♎	~	6	金	18:28	♏
9	月	00:26	♏	~	9	月	07:21	♐
11	水	19:38	♐	~	11	水	19:57	♑
13	金	17:08	♑	~	14	土	06:08	♒
16	月	06:14	♒	~	16	月	12:20	♓
17	火	20:16	♓	~	18	水	14:41	♈
20	金	14:24	♈	~	20	金	14:37	♉
22	日	08:28	♉	~	22	日	14:10	♊
24	火	09:16	♊	~	24	火	15:15	♋
26	木	14:51	♋	~	26	木	19:12	♌
28	土	19:41	♌	~	29	日	02:29	♍
30	月	13:39	♍	~	1	火	12:37	♎

5月

開始日		開始時刻	サイン		終了日		終了時刻	サイン
3	木	18:08	♎	~	4	金	00:39	♏
6	日	06:12	♏	~	6	日	13:33	♐
8	火	18:55	♐	~	9	水	02:10	♑
11	金	11:19	♑	~	11	金	12:58	♒
13	日	14:06	♒	~	13	日	20:36	♓
15	火	22:49	♓	~	16	水	00:31	♈
17	木	19:41	♈	~	18	金	01:26	♉
19	土	22:14	♉	~	20	日	00:57	♊
21	月	20:11	♊	~	22	火	00:58	♋
23	水	23:01	♋	~	24	木	03:17	♌
26	土	05:27	♌	~	26	土	09:08	♍
28	月	17:01	♍	~	28	月	18:37	♎
31	木	04:49	♎	~	31	木	06:41	♏

6月

開始日		開始時刻	サイン		終了日		終了時刻	サイン
2	土	12:40	♏	~	2	土	19:39	♐
5	火	01:14	♐	~	5	火	08:01	♑
6	水	15:17	♑	~	7	木	18:42	♒
9	土	20:49	♒	~	10	日	02:55	♓
11	月	14:51	♓	~	12	火	08:14	♈
14	木	05:25	♈	~	14	木	10:47	♉
16	土	06:16	♉	~	16	土	11:25	♊
18	月	06:28	♊	~	18	月	11:35	♋
20	水	05:04	♋	~	20	水	13:03	♌
22	金	13:39	♌	~	22	金	17:28	♍
23	土	23:29	♍	~	25	月	01:43	♎
27	水	07:20	♎	~	27	水	13:18	♏
29	金	20:22	♏	~	30	土	02:14	♐

7月

開始日		開始時刻	サイン		終了日		終了時刻	サイン
2	月	08:49	♐	~	2	月	14:24	♑
3	火	22:43	♑	~	5	木	00:33	♒
7	土	03:29	♒	~	7	土	08:23	♓
8	日	16:17	♓	~	9	月	14:05	♈
11	水	13:29	♈	~	11	水	17:50	♉
13	金	15:53	♉	~	13	金	20:00	♊
15	日	17:21	♊	~	15	日	21:21	♋
17	火	21:28	♋	~	17	火	23:07	♌
19	木	22:49	♌	~	20	金	02:53	♍
22	日	07:54	♍	~	22	日	10:03	♎
24	火	16:32	♎	~	24	火	20:48	♏
27	金	05:25	♏	~	27	金	09:35	♐
29	日	17:55	♐	~	29	日	21:48	♑
31	火	20:53	♑	~	1	水	07:34	♒

8月

開始日		開始時刻	サイン		終了日		終了時刻	サイン
3	金	11:22	♒	~	3	金	14:35	♓
5	日	15:08	♓	~	5	日	19:34	♈
7	火	20:31	♈	~	7	火	23:19	♉
9	木	23:44	♉	~	10	金	02:23	♊
12	日	02:34	♊	~	12	日	05:04	♋
13	月	10:44	♋	~	14	火	07:58	♌
16	木	09:47	♌	~	16	木	12:08	♍
17	金	19:56	♍	~	18	土	18:54	♎
21	火	02:41	♎	~	21	火	04:58	♏
23	木	17:21	♏	~	23	木	17:30	♐
26	日	04:05	♐	~	26	日	06:00	♑
27	月	20:04	♑	~	28	火	15:58	♒
30	木	21:07	♒	~	30	木	22:32	♓

9月

開始日		開始時刻	サイン		終了日		終了時刻	サイン
1	土	18:58	♓	~	2	日	02:27	♈
4	火	04:04	♈	~	4	火	05:08	♉
6	木	06:47	♉	~	6	木	07:44	♊
8	土	10:03	♊	~	8	土	10:52	♋
9	日	18:02	♋	~	10	月	14:50	♌
12	水	19:27	♌	~	12	水	20:02	♍
14	金	10:27	♍	~	15	土	03:13	♎
17	月	12:47	♎	~	17	月	13:05	♏
20	木	01:15	♏	~	20	木	01:24	♐
22	土	11:57	♐	~	22	土	14:17	♑
24	月	17:42	♑	~	25	火	01:02	♒
27	木	06:20	♒	~	27	木	08:02	♓
29	土	08:32	♓	~	29	土	11:32	♈

10月

開始日		開始時刻	サイン		終了日		終了時刻	サイン
1	月	11:35	♈	~	1	月	13:00	♉
2	火	18:57	♉	~	3	水	14:10	♊
4	木	13:55	♊	~	5	金	16:22	♋
6	土	23:54	♋	~	7	日	20:19	♌
8	月	23:04	♌	~	10	水	02:14	♍
11	木	12:16	♍	~	12	金	10:15	♎
14	日	00:56	♎	~	14	日	20:29	♏
16	火	14:03	♏	~	17	水	08:45	♐
19	金	12:43	♐	~	19	金	21:51	♑
22	月	06:06	♑	~	22	月	09:34	♒
23	火	15:54	♒	~	24	水	17:51	♓
26	金	02:16	♓	~	26	金	22:05	♈
28	日	17:05	♈	~	28	日	23:17	♉
30	火	04:37	♉	~	30	火	23:12	♊

11月

開始日		開始時刻	サイン		終了日		終了時刻	サイン
1	木	13:44	♊	~	1	木	23:41	♋
3	土	15:43	♋	~	4	日	02:15	♌
5	月	22:04	♌	~	6	火	07:42	♍
7	水	17:47	♍	~	8	木	16:06	♎
11	日	01:16	♎	~	11	日	02:54	♏
12	月	18:35	♏	~	13	火	15:21	♐
16	金	00:25	♐	~	16	金	04:26	♑
18	日	07:27	♑	~	18	日	16:41	♒
20	火	22:35	♒	~	21	水	02:20	♓
22	木	12:59	♓	~	23	金	08:15	♈
24	土	16:54	♈	~	25	日	10:31	♉
26	月	21:37	♉	~	27	火	10:24	♊
28	水	17:29	♊	~	29	木	09:44	♋

12月

開始日		開始時刻	サイン		終了日		終了時刻	サイン
1	土	08:35	♋	~	1	土	10:29	♌
2	日	21:00	♌	~	3	月	14:17	♍
5	水	05:25	♍	~	5	水	21:53	♎
7	金	21:55	♎	~	8	土	08:47	♏
10	月	17:18	♏	~	10	月	21:30	♐
12	水	17:02	♐	~	13	木	10:30	♑
14	金	22:19	♑	~	15	土	22:36	♒
18	火	00:10	♒	~	18	火	08:50	♓
20	木	16:12	♓	~	20	木	16:16	♈
22	土	18:57	♈	~	22	土	20:26	♉
24	月	01:38	♉	~	24	月	21:41	♊
26	水	17:31	♊	~	26	水	21:17	♋
28	金	01:05	♋	~	28	金	21:08	♌
30	日	16:38	♌	~	30	日	23:13	♍

1929年【ボイドタイム】

1月

開始日	開始時刻	サイン		終了日	終了時刻	サイン
1 火	20:40	♍	~	2 水	05:09	♎
4 金	09:28	♎	~	4 金	15:11	♏
6 日	21:48	♏	~	7 月	03:51	♐
9 水	05:55	♐	~	9 水	16:52	♑
11 金	09:28	♑	~	12 土	04:34	♒
14 月	05:08	♒	~	14 月	14:22	♓
16 水	14:04	♓	~	16 水	22:08	♈
19 土	00:15	♈	~	19 土	03:38	♉
20 日	10:08	♉	~	21 月	06:44	♊
23 水	01:31	♊	~	23 水	07:53	♋
24 木	16:11	♋	~	25 金	08:17	♌
27 日	03:53	♌	~	27 日	09:48	♍
29 火	08:22	♍	~	29 火	14:20	♎
31 木	17:00	♎	~	31 木	22:58	♏

2月

開始日	開始時刻	サイン		終了日	終了時刻	サイン
2 土	20:14	♏	~	3 日	11:00	♐
5 火	18:47	♐	~	6 水	00:01	♑
7 木	09:26	♑	~	8 金	11:35	♒
10 日	16:42	♒	~	10 日	20:43	♓
13 水	00:09	♓	~	13 水	03:42	♈
15 金	05:55	♈	~	15 金	09:03	♉
17 日	09:22	♉	~	17 日	13:02	♊
19 火	13:21	♊	~	19 火	15:46	♋
20 水	20:56	♋	~	21 木	17:42	♌
23 土	19:47	♌	~	23 土	19:59	♍
25 月	22:29	♍	~	26 火	00:16	♎
28 木	07:26	♎	~	28 木	07:55	♏

3月

開始日	開始時刻	サイン		終了日	終了時刻	サイン
2 土	18:26	♏	~	2 土	19:04	♐
5 火	07:10	♐	~	5 火	07:56	♑
7 木	18:32	♑	~	7 木	19:45	♒
10 日	04:14	♒	~	10 日	04:45	♓
12 火	10:35	♓	~	12 火	10:52	♈
14 木	14:59	♈	~	14 木	15:05	♉
16 土	17:15	♉	~	16 土	18:24	♊
18 月	20:10	♊	~	18 月	21:25	♋
20 水	23:36	♋	~	21 木	00:28	♌
23 土	02:39	♌	~	23 土	04:06	♍
24 日	08:31	♍	~	25 月	09:12	♎
27 水	15:04	♎	~	27 水	16:50	♏
30 土	01:30	♏	~	30 土	03:27	♐

4月

開始日	開始時刻	サイン		終了日	終了時刻	サイン
1 月	13:58	♐	~	1 月	16:04	♑
4 木	03:56	♑	~	4 木	04:19	♒
6 土	11:48	♒	~	6 土	13:53	♓
7 日	19:31	♓	~	8 月	19:58	♈
10 水	21:18	♈	~	10 水	23:18	♉
12 金	23:12	♉	~	13 土	01:13	♊
15 月	01:00	♊	~	15 月	03:05	♋
16 火	23:09	♋	~	17 水	05:51	♌
19 金	07:48	♌	~	19 金	10:06	♍
20 土	18:26	♍	~	21 日	16:14	♎
23 火	22:00	♎	~	24 水	00:35	♏
26 金	08:33	♏	~	26 金	11:17	♐
28 日	20:56	♐	~	28 日	23:44	♑

5月

開始日	開始時刻	サイン		終了日	終了時刻	サイン
1 水	00:24	♑	~	1 水	12:20	♒
3 金	21:36	♒	~	3 金	22:52	♓
6 月	05:48	♓	~	6 月	05:52	♈
8 水	09:06	♈	~	8 水	09:19	♉
10 金	08:05	♉	~	10 金	10:23	♊
12 日	10:14	♊	~	12 日	10:45	♋
14 火	00:24	♋	~	14 火	12:04	♌
16 木	14:38	♌	~	16 木	15:34	♍
18 土	20:40	♍	~	18 土	21:53	♎
21 火	05:23	♎	~	21 火	06:54	♏
23 木	15:20	♏	~	23 木	18:05	♐
26 日	04:23	♐	~	26 日	06:35	♑
28 火	12:06	♑	~	28 火	19:18	♒
31 金	04:07	♒	~	31 金	06:38	♓

6月

開始日	開始時刻	サイン		終了日	終了時刻	サイン
2 日	12:07	♓	~	2 日	14:59	♈
4 火	17:28	♈	~	4 火	19:35	♉
6 木	19:00	♉	~	6 木	20:58	♊
8 土	18:43	♊	~	8 土	20:36	♋
10 月	19:38	♋	~	10 月	20:26	♌
12 水	20:25	♌	~	12 水	22:21	♍
14 金	23:08	♍	~	15 土	03:39	♎
17 月	10:32	♎	~	17 月	12:33	♏
19 水	22:05	♏	~	20 木	00:04	♐
22 土	10:53	♐	~	22 土	12:46	♑
24 月	00:08	♑	~	25 火	01:25	♒
27 木	11:24	♒	~	27 木	13:00	♓
29 土	15:45	♓	~	29 土	22:22	♈

7月

開始日	開始時刻	サイン		終了日	終了時刻	サイン
2 火	03:19	♈	~	2 火	04:32	♉
4 木	06:43	♉	~	4 木	07:15	♊
6 土	06:26	♊	~	6 土	07:22	♋
8 月	06:18	♋	~	8 月	06:38	♌
10 水	06:23	♌	~	10 水	07:11	♍
12 金	03:04	♍	~	12 金	10:55	♎
14 日	18:06	♎	~	14 日	18:45	♏
17 水	05:29	♏	~	17 水	06:01	♐
19 金	18:27	♐	~	19 金	18:48	♑
22 月	04:20	♑	~	22 月	07:21	♒
24 水	18:38	♒	~	24 水	18:40	♓
27 土	00:14	♓	~	27 土	04:14	♈
29 月	01:47	♈	~	29 月	11:26	♉
30 火	19:53	♉	~	31 水	15:44	♊

8月

開始日	開始時刻	サイン		終了日	終了時刻	サイン
2 金	11:39	♊	~	2 金	17:16	♋
3 土	22:55	♋	~	4 日	17:12	♌
6 火	08:07	♌	~	6 火	17:23	♍
8 木	09:57	♍	~	8 木	19:57	♎
10 土	22:44	♎	~	11 日	02:23	♏
13 火	01:05	♏	~	13 火	12:45	♐
15 木	16:51	♐	~	16 金	01:22	♑
18 日	08:51	♑	~	18 日	13:51	♒
20 火	18:42	♒	~	21 水	00:47	♓
22 木	22:23	♓	~	23 金	09:48	♈
25 日	05:52	♈	~	25 日	16:56	♉
27 火	14:33	♉	~	27 火	22:04	♊
29 木	23:33	♊	~	30 金	01:05	♋
31 土	08:40	♋	~	1 日	02:27	♌

9月

開始日	開始時刻	サイン		終了日	終了時刻	サイン
2 月	17:26	♌	~	3 火	03:28	♍
4 水	19:26	♍	~	5 木	05:52	♎
7 土	00:15	♎	~	7 土	11:21	♏
8 日	23:44	♏	~	9 月	20:39	♐
11 水	20:41	♐	~	12 木	08:46	♑
14 土	02:01	♑	~	14 土	21:18	♒
16 月	20:52	♒	~	17 火	08:08	♓
19 木	08:15	♓	~	19 木	16:31	♈
21 土	13:03	♈	~	21 土	22:46	♉
23 月	23:02	♉	~	24 火	03:26	♊
25 水	21:31	♊	~	26 木	06:53	♋
27 金	23:22	♋	~	28 土	09:29	♌
30 月	04:13	♌	~	30 月	11:53	♍

10月

開始日	開始時刻	サイン		終了日	終了時刻	サイン
2 水	06:09	♍	~	2 水	15:10	♎
4 金	18:00	♎	~	4 金	20:41	♏
6 日	09:16	♏	~	7 月	05:19	♐
9 水	07:12	♐	~	9 水	16:50	♑
11 金	08:28	♑	~	12 土	05:26	♒
14 月	08:03	♒	~	14 月	16:41	♓
16 水	17:11	♓	~	17 木	01:03	♈
18 金	23:18	♈	~	19 土	06:30	♉
20 日	16:17	♉	~	21 月	09:55	♊
23 水	11:02	♊	~	23 水	12:25	♋
24 木	21:24	♋	~	25 金	14:56	♌
27 日	12:14	♌	~	27 日	18:09	♍
29 火	16:55	♍	~	29 火	22:40	♎
31 木	23:26	♎	~	1 金	05:02	♏

11月

開始日	開始時刻	サイン		終了日	終了時刻	サイン
2 土	17:49	♏	~	3 日	13:48	♐
6 水	00:24	♐	~	6 水	00:58	♑
7 木	22:57	♑	~	8 金	13:34	♒
10 日	21:23	♒	~	11 月	01:31	♓
13 水	07:17	♓	~	13 水	10:44	♈
15 金	13:30	♈	~	15 金	16:20	♉
17 日	17:27	♉	~	17 日	18:54	♊
19 火	17:57	♊	~	19 火	19:54	♋
21 木	18:39	♋	~	21 木	20:59	♌
23 土	22:16	♌	~	23 土	23:32	♍
26 火	03:30	♍	~	26 火	04:24	♎
28 木	11:13	♎	~	28 木	11:41	♏
30 土	02:44	♏	~	30 土	21:09	♐

12月

開始日	開始時刻	サイン		終了日	終了時刻	サイン
1 日	19:59	♐	~	3 火	08:26	♑
5 木	15:50	♑	~	5 木	20:58	♒
7 土	13:13	♒	~	8 日	09:28	♓
10 火	09:10	♓	~	10 火	19:58	♈
13 金	00:06	♈	~	13 金	02:51	♉
14 土	11:39	♉	~	15 日	05:50	♊
16 月	20:38	♊	~	17 火	06:06	♋
18 水	12:07	♋	~	19 木	05:35	♌
21 土	03:44	♌	~	21 土	06:23	♍
23 月	01:04	♍	~	23 月	10:04	♎
25 水	11:02	♎	~	25 水	17:12	♏
27 金	09:18	♏	~	28 土	03:13	♐
30 月	12:22	♐	~	30 月	14:57	♑

1930年【ボイドタイム】

1月

開始日	開始時刻	サイン		終了日	終了時刻	サイン
2 木	01:30	♑	~	2 木	03:30	♒
2 木	19:10	♒	~	4 土	16:05	♓
6 月	05:11	♓	~	7 火	03:28	♈
8 水	14:52	♈	~	9 木	12:00	♉
10 金	22:50	♉	~	11 土	16:36	♊
12 日	06:08	♊	~	13 月	17:36	♋
15 水	07:21	♋	~	15 水	16:38	♌
16 木	04:50	♌	~	17 金	15:57	♍
19 日	15:05	♍	~	19 日	17:45	♎
21 火	17:11	♎	~	21 火	23:26	♏
24 金	08:53	♏	~	24 金	08:57	♐
25 土	00:55	♐	~	26 日	20:54	♑
28 火	21:44	♑	~	29 水	09:36	♒
30 木	04:07	♒	~	31 金	22:00	♓

2月

開始日	開始時刻	サイン		終了日	終了時刻	サイン
3 月	03:19	♓	~	3 月	09:24	♈
5 水	16:43	♈	~	5 水	18:50	♉
7 金	13:30	♉	~	8 土	01:09	♊
9 日	11:43	♊	~	10 月	03:56	♋
11 火	22:05	♋	~	12 水	04:01	♌
13 木	20:24	♌	~	14 金	03:15	♍
15 土	07:48	♍	~	16 日	03:51	♎
18 火	04:57	♎	~	18 火	07:45	♏
19 水	16:26	♏	~	20 木	15:49	♐
21 金	13:42	♐	~	23 日	03:14	♑
24 月	14:59	♑	~	25 火	15:58	♒
26 水	23:02	♒	~	28 金	04:14	♓

3月

開始日	開始時刻	サイン		終了日	終了時刻	サイン
1 土	15:01	♓	~	2 日	15:09	♈
4 火	06:55	♈	~	5 水	00:20	♉
6 木	21:42	♉	~	7 金	07:17	♊
9 日	09:02	♊	~	9 日	11:35	♋
11 火	09:31	♋	~	11 火	13:26	♌
13 木	08:31	♌	~	13 木	13:55	♍
15 土	03:58	♍	~	15 土	14:44	♎
16 日	20:06	♎	~	17 月	17:47	♏
19 水	20:55	♏	~	20 木	00:24	♐
21 金	13:07	♐	~	22 土	10:41	♑
24 月	12:03	♑	~	24 月	23:06	♒
26 水	07:43	♒	~	27 木	11:25	♓
28 金	21:43	♓	~	29 土	22:01	♈
31 月	17:08	♈	~	1 火	06:24	♉

4月

開始日	開始時刻	サイン		終了日	終了時刻	サイン
2 水	14:12	♉	~	3 木	12:43	♊
5 土	15:21	♊	~	5 土	17:12	♋
7 月	06:59	♋	~	7 月	20:10	♌
9 水	17:34	♌	~	9 水	22:12	♍
11 金	06:14	♍	~	12 土	00:18	♎
13 日	14:48	♎	~	14 月	03:46	♏
15 火	20:36	♏	~	16 水	09:50	♐
18 金	14:06	♐	~	18 金	19:08	♑
21 月	00:36	♑	~	21 月	06:59	♒
23 水	01:34	♒	~	23 水	19:24	♓
25 金	19:51	♓	~	26 土	06:11	♈
27 日	15:19	♈	~	28 月	14:09	♉
30 水	19:13	♉	~	30 水	19:27	♊

5月

開始日	開始時刻	サイン		終了日	終了時刻	サイン
2 金	01:32	♊	~	2 金	22:55	♋
4 日	04:44	♋	~	5 月	01:33	♌
6 火	08:27	♌	~	7 水	04:12	♍
8 木	12:14	♍	~	9 金	07:31	♎
10 土	17:07	♎	~	11 日	12:07	♏
13 火	02:29	♏	~	13 火	18:40	♐
15 木	08:54	♐	~	16 金	03:40	♑
18 日	14:14	♑	~	18 日	15:04	♒
21 水	01:21	♒	~	21 水	03:35	♓
23 金	09:52	♓	~	23 金	14:56	♈
25 日	10:48	♈	~	25 日	23:16	♉
27 火	19:10	♉	~	28 水	04:08	♊
30 金	00:53	♊	~	30 金	06:26	♋

6月

開始日	開始時刻	サイン		終了日	終了時刻	サイン
1 日	04:55	♋	~	1 日	07:46	♌
3 火	09:28	♌	~	3 火	09:38	♍
5 木	04:14	♍	~	5 木	13:05	♎
7 土	10:15	♎	~	7 土	18:31	♏
9 月	18:19	♏	~	10 火	01:57	♐
12 木	04:36	♐	~	12 木	11:21	♑
14 土	22:06	♑	~	14 土	22:40	♒
17 火	06:32	♒	~	17 火	11:13	♓
19 木	19:52	♓	~	19 木	23:16	♈
22 日	08:15	♈	~	22 日	08:36	♉
23 月	18:18	♉	~	24 火	14:01	♊
26 木	15:42	♊	~	26 木	15:58	♋
27 金	22:10	♋	~	28 土	16:07	♌
30 月	00:16	♌	~	30 月	16:29	♍

7月

開始日	開始時刻	サイン		終了日	終了時刻	サイン
2 水	09:05	♍	~	2 水	18:48	♎
4 金	22:38	♎	~	4 金	23:57	♏
6 日	21:04	♏	~	7 月	07:50	♐
9 水	04:25	♐	~	9 水	17:50	♑
12 土	01:21	♑	~	12 土	05:24	♒
14 月	17:42	♒	~	14 月	17:58	♓
16 水	19:04	♓	~	17 木	06:27	♈
19 土	08:29	♈	~	19 土	16:55	♉
21 月	20:02	♉	~	21 月	23:40	♊
23 水	02:06	♊	~	24 木	02:23	♋
25 金	09:43	♋	~	26 土	02:20	♌
27 日	02:27	♌	~	28 月	01:35	♍
29 火	09:06	♍	~	30 水	02:19	♎
31 木	18:54	♎	~	1 金	06:06	♏

8月

開始日	開始時刻	サイン		終了日	終了時刻	サイン
3 日	10:01	♏	~	3 日	13:25	♐
5 火	12:51	♐	~	5 火	23:35	♑
8 金	06:39	♑	~	8 金	11:27	♒
9 土	23:19	♒	~	11 月	00:04	♓
12 火	16:21	♓	~	13 水	12:33	♈
15 金	06:50	♈	~	15 金	23:39	♉
17 日	20:30	♉	~	18 月	07:47	♊
20 水	05:27	♊	~	20 水	12:03	♋
22 金	04:49	♋	~	22 金	12:59	♌
24 日	07:42	♌	~	24 日	12:14	♍
26 火	10:56	♍	~	26 火	11:59	♎
28 木	13:52	♎	~	28 木	14:11	♏
30 土	02:16	♏	~	30 土	20:05	♐

9月

開始日	開始時刻	サイン		終了日	終了時刻	サイン
1 月	17:59	♐	~	2 火	05:36	♑
4 木	11:09	♑	~	4 木	17:28	♒
7 日	05:27	♒	~	7 日	06:07	♓
8 月	23:23	♓	~	9 火	18:22	♈
11 木	10:55	♈	~	12 金	05:19	♉
13 土	20:30	♉	~	14 日	14:02	♊
16 火	06:12	♊	~	16 火	19:43	♋
18 木	13:16	♋	~	18 木	22:19	♌
19 金	21:14	♌	~	20 土	22:46	♍
22 月	20:41	♍	~	22 月	22:44	♎
24 水	08:35	♎	~	25 木	00:08	♏
26 金	17:31	♏	~	27 土	04:35	♐
28 日	22:33	♐	~	29 月	12:49	♑

10月

開始日	開始時刻	サイン		終了日	終了時刻	サイン
1 水	08:18	♑	~	2 木	00:10	♒
4 土	00:46	♒	~	4 土	12:49	♓
6 月	17:04	♓	~	7 火	00:53	♈
8 水	23:39	♈	~	9 木	11:15	♉
11 土	18:39	♉	~	11 土	19:30	♊
13 月	05:34	♊	~	14 火	01:30	♋
16 木	01:13	♋	~	16 木	05:20	♌
17 金	20:27	♌	~	18 土	07:27	♍
20 月	08:12	♍	~	20 月	08:44	♎
22 水	06:47	♎	~	22 水	10:33	♏
23 木	22:20	♏	~	24 金	14:24	♐
26 日	10:11	♐	~	26 日	21:28	♑
29 水	05:22	♑	~	29 水	07:55	♒
30 木	08:58	♒	~	31 金	20:24	♓

11月

開始日	開始時刻	サイン		終了日	終了時刻	サイン
2 日	14:25	♓	~	3 月	08:35	♈
5 水	01:13	♈	~	5 水	18:38	♉
7 金	09:21	♉	~	8 土	01:59	♊
8 土	23:45	♊	~	10 月	07:06	♋
11 火	19:07	♋	~	12 水	10:46	♌
14 金	04:38	♌	~	14 金	13:43	♍
16 日	13:42	♍	~	16 日	16:28	♎
18 火	03:45	♎	~	18 火	19:37	♏
20 木	19:21	♏	~	21 金	00:01	♐
21 金	22:38	♐	~	23 日	06:43	♑
25 火	12:59	♑	~	25 火	16:24	♒
27 木	22:15	♒	~	28 金	04:33	♓
30 日	08:18	♓	~	30 日	17:07	♈

12月

開始日	開始時刻	サイン		終了日	終了時刻	サイン
2 火	14:15	♈	~	3 水	03:33	♉
4 木	23:04	♉	~	5 金	10:33	♊
6 土	14:18	♊	~	7 日	14:32	♋
9 火	04:16	♋	~	9 火	16:54	♌
11 木	05:53	♌	~	11 木	19:05	♍
13 土	08:25	♍	~	13 土	22:06	♎
15 月	13:04	♎	~	16 火	02:20	♏
17 水	18:08	♏	~	18 木	07:55	♐
20 土	10:23	♐	~	20 土	15:12	♑
22 月	12:08	♑	~	23 火	00:44	♒
25 木	01:27	♒	~	25 木	12:36	♓
27 土	16:43	♓	~	28 日	01:30	♈
29 月	21:25	♈	~	30 火	12:52	♉

1931年【ボイドタイム】

1月

開始日	開始時刻	サイン		終了日	終了時刻	サイン
1 木	17:46	♉	~	1 木	20:35	♊
2 金	23:22	♊	~	4 日	00:22	♋
5 月	09:11	♋	~	6 火	01:33	♌
7 水	00:43	♌	~	8 木	02:07	♍
9 金	10:45	♍	~	10 土	03:49	♎
11 日	14:09	♎	~	12 月	07:41	♏
14 水	00:03	♏	~	14 水	13:51	♐
15 木	11:40	♐	~	16 金	22:02	♑
19 月	03:35	♑	~	19 月	08:05	♒
20 火	09:34	♒	~	21 水	19:56	♓
23 金	11:36	♓	~	24 土	08:56	♈
26 月	00:18	♈	~	26 月	21:11	♉
28 水	10:39	♉	~	29 木	06:19	♊
30 金	23:06	♊	~	31 土	11:10	♋

2月

開始日	開始時刻	サイン		終了日	終了時刻	サイン
1 日	19:14	♋	~	2 月	12:25	♌
4 水	07:45	♌	~	4 水	11:57	♍
6 金	11:11	♍	~	6 金	11:55	♎
8 日	05:30	♎	~	8 日	14:05	♏
10 火	16:16	♏	~	10 火	19:22	♐
12 木	13:19	♐	~	13 金	03:40	♑
14 土	16:46	♑	~	15 日	14:15	♒
17 火	22:10	♒	~	18 水	02:24	♓
20 金	13:37	♓	~	20 金	15:22	♈
23 月	01:14	♈	~	23 月	03:55	♉
25 水	10:56	♉	~	25 水	14:14	♊
27 金	09:46	♊	~	27 金	20:48	♋

3月

開始日	開始時刻	サイン		終了日	終了時刻	サイン
1 日	19:44	♋	~	1 日	23:26	♌
2 月	21:06	♌	~	3 火	23:22	♍
5 木	21:52	♍	~	5 木	22:33	♎
7 土	18:48	♎	~	7 土	23:03	♏
9 月	21:57	♏	~	10 火	02:31	♐
11 水	14:15	♐	~	12 木	09:40	♑
14 土	15:20	♑	~	14 土	20:04	♒
16 月	00:19	♒	~	17 火	08:27	♓
19 木	17:33	♓	~	19 木	21:25	♈
22 日	06:39	♈	~	22 日	09:45	♉
24 火	18:07	♉	~	24 火	20:20	♊
26 木	16:23	♊	~	27 金	04:05	♋
29 日	08:02	♋	~	29 日	08:30	♌
31 火	08:24	♌	~	31 火	09:59	♍

4月

開始日	開始時刻	サイン		終了日	終了時刻	サイン
1 水	21:50	♍	~	2 木	09:50	♎
3 金	21:47	♎	~	4 土	09:51	♏
5 日	23:19	♏	~	6 月	11:53	♐
7 火	16:51	♐	~	8 水	17:21	♑
10 金	12:39	♑	~	11 土	02:41	♒
12 日	21:54	♒	~	13 月	14:50	♓
15 水	13:36	♓	~	16 木	03:49	♈
18 土	09:59	♈	~	18 土	15:51	♉
20 月	12:49	♉	~	21 火	01:57	♊
23 木	02:22	♊	~	23 木	09:43	♋
25 土	13:09	♋	~	25 土	15:05	♌
26 日	19:23	♌	~	27 月	18:11	♍
29 水	08:34	♍	~	29 水	19:36	♎

5月

開始日	開始時刻	サイン		終了日	終了時刻	サイン
1 金	09:27	♎	~	1 金	20:27	♏
3 日	10:54	♏	~	3 日	22:15	♐
5 火	03:21	♐	~	6 水	02:36	♑
7 木	21:42	♑	~	8 金	10:38	♒
9 土	21:48	♒	~	10 日	22:03	♓
12 火	21:10	♓	~	13 水	10:58	♈
15 金	09:26	♈	~	15 金	22:55	♉
18 月	00:28	♉	~	18 月	08:27	♊
20 水	13:26	♊	~	20 水	15:27	♋
22 金	08:14	♋	~	22 金	20:28	♌
24 日	08:40	♌	~	25 月	00:08	♍
26 火	14:51	♍	~	27 水	02:52	♎
28 木	17:37	♎	~	29 金	05:09	♏
30 土	21:58	♏	~	31 日	07:49	♐

6月

開始日	開始時刻	サイン		終了日	終了時刻	サイン
2 火	03:54	♐	~	2 火	12:08	♑
4 木	05:16	♑	~	4 木	19:24	♒
7 日	01:53	♒	~	7 日	06:02	♓
9 火	11:29	♓	~	9 火	18:45	♈
11 木	15:33	♈	~	12 金	06:55	♉
14 日	14:44	♉	~	14 日	16:23	♊
16 火	12:01	♊	~	16 火	22:39	♋
18 木	15:48	♋	~	19 金	02:37	♌
21 日	02:52	♌	~	21 日	05:33	♍
22 月	23:13	♍	~	23 火	08:24	♎
25 木	05:07	♎	~	25 木	11:35	♏
27 土	07:39	♏	~	27 土	15:27	♐
29 月	01:02	♐	~	29 月	20:36	♑

7月

開始日	開始時刻	サイン		終了日	終了時刻	サイン
1 水	21:22	♑	~	2 木	03:57	♒
3 金	23:36	♒	~	4 土	14:10	♓
6 月	21:49	♓	~	7 火	02:41	♈
9 木	14:10	♈	~	9 木	15:15	♉
11 土	22:50	♉	~	12 日	01:15	♊
13 月	12:35	♊	~	14 火	07:31	♋
16 木	10:13	♋	~	16 木	10:42	♌
17 金	18:47	♌	~	18 土	12:23	♍
20 月	07:53	♍	~	20 月	14:07	♎
22 水	14:16	♎	~	22 水	16:57	♏
24 金	12:05	♏	~	24 金	21:19	♐
26 日	21:00	♐	~	27 月	03:23	♑
29 水	07:00	♑	~	29 水	11:25	♒
31 金	00:48	♒	~	31 金	21:46	♓

8月

開始日	開始時刻	サイン		終了日	終了時刻	サイン
3 月	09:54	♓	~	3 月	10:11	♈
5 水	04:53	♈	~	5 水	23:06	♉
7 金	16:48	♉	~	8 土	10:02	♊
9 日	21:58	♊	~	10 月	17:11	♋
12 水	05:44	♋	~	12 水	20:32	♌
14 金	05:27	♌	~	14 金	21:26	♍
16 日	07:38	♍	~	16 日	21:46	♎
18 火	13:36	♎	~	18 火	23:11	♏
20 木	20:36	♏	~	21 金	02:48	♐
23 日	06:47	♐	~	23 日	08:59	♑
25 火	01:16	♑	~	25 火	17:39	♒
27 木	06:37	♒	~	28 金	04:28	♓
29 土	23:49	♓	~	30 日	16:57	♈

9月

開始日	開始時刻	サイン		終了日	終了時刻	サイン
1 火	12:58	♈	~	2 水	06:00	♉
4 金	01:22	♉	~	4 金	17:44	♊
6 日	12:35	♊	~	7 月	02:16	♋
8 火	20:44	♋	~	9 水	06:48	♌
11 金	00:52	♌	~	11 金	08:05	♍
12 土	18:46	♍	~	13 日	07:44	♎
15 火	04:55	♎	~	15 火	07:41	♏
17 木	01:20	♏	~	17 木	09:40	♐
19 土	11:24	♐	~	19 土	14:49	♑
21 月	18:20	♑	~	21 月	23:19	♒
23 水	10:47	♒	~	24 木	10:29	♓
26 土	06:54	♓	~	26 土	23:10	♈
28 月	19:57	♈	~	29 火	12:08	♉

10月

開始日	開始時刻	サイン		終了日	終了時刻	サイン
1 木	11:25	♉	~	2 金	00:04	♊
4 日	06:47	♊	~	4 日	09:39	♋
6 火	01:53	♋	~	6 火	15:50	♌
8 木	04:26	♌	~	8 木	18:35	♍
10 土	06:19	♍	~	10 土	18:51	♎
12 月	13:23	♎	~	12 月	18:18	♏
14 水	05:55	♏	~	14 水	18:52	♐
16 金	07:32	♐	~	16 金	22:19	♑
18 日	18:20	♑	~	19 月	05:40	♒
21 水	13:33	♒	~	21 水	16:33	♓
23 金	18:59	♓	~	24 土	05:22	♈
26 月	02:23	♈	~	26 月	18:13	♉
29 木	03:18	♉	~	29 木	05:49	♊
30 金	20:45	♊	~	31 土	15:27	♋

11月

開始日	開始時刻	サイン		終了日	終了時刻	サイン
2 月	09:54	♋	~	2 月	22:40	♌
4 水	20:15	♌	~	5 木	03:09	♍
7 土	03:08	♍	~	7 土	05:04	♎
8 日	16:44	♎	~	9 月	05:22	♏
10 火	16:49	♏	~	11 水	05:40	♐
12 木	17:14	♐	~	13 金	07:53	♑
14 土	23:02	♑	~	15 日	13:41	♒
17 火	11:13	♒	~	17 火	23:33	♓
20 金	05:05	♓	~	20 金	12:09	♈
22 日	09:08	♈	~	23 月	01:01	♉
24 火	21:08	♉	~	25 水	12:13	♊
27 金	10:15	♊	~	27 金	21:10	♋
29 日	13:27	♋	~	30 月	04:07	♌

12月

開始日	開始時刻	サイン		終了日	終了時刻	サイン
1 火	21:56	♌	~	2 水	09:17	♍
4 金	04:40	♍	~	4 金	12:45	♎
6 日	09:35	♎	~	6 日	14:44	♏
8 火	03:55	♏	~	8 火	16:05	♐
10 木	05:47	♐	~	10 木	18:18	♑
12 土	08:11	♑	~	12 土	23:11	♒
14 月	17:30	♒	~	15 火	07:51	♓
17 木	07:43	♓	~	17 木	19:50	♈
20 日	02:25	♈	~	20 日	08:46	♉
22 火	10:59	♉	~	22 火	20:00	♊
24 木	18:23	♊	~	25 金	04:23	♋
26 土	22:05	♋	~	27 日	10:17	♌
29 火	00:53	♌	~	29 火	14:42	♍
31 木	07:23	♍	~	31 木	18:18	♎

1932年【ボイドタイム】

1月

開始日	開始時刻	サイン		終了日	終了時刻	サイン
2 土	11:00	♎	～	2 土	21:25	♏
4 月	14:18	♏	～	5 火	00:16	♐
6 水	13:58	♐	～	7 木	03:38	♑
8 金	23:03	♑	～	9 土	08:44	♒
11 月	09:30	♒	～	11 月	16:50	♓
14 木	02:15	♓	～	14 木	04:08	♈
16 土	14:10	♈	～	16 土	17:03	♉
19 火	04:07	♉	～	19 火	04:48	♊
20 水	18:51	♊	～	21 木	13:23	♋
23 土	12:21	♋	～	23 土	18:40	♌
25 月	03:56	♌	～	25 月	21:48	♍
27 水	18:53	♍	～	28 木	00:08	♎
29 金	21:50	♎	～	30 土	02:44	♏

2月

開始日	開始時刻	サイン		終了日	終了時刻	サイン
1 月	01:35	♏	～	1 月	06:08	♐
2 火	14:06	♐	～	3 水	10:40	♑
5 金	12:57	♑	～	5 金	16:49	♒
7 日	01:55	♒	～	8 月	01:16	♓
10 水	09:11	♓	～	10 水	12:18	♈
12 金	22:31	♈	～	13 土	01:06	♉
15 月	11:32	♉	～	15 月	13:28	♊
17 水	18:25	♊	～	17 水	23:03	♋
20 土	04:01	♋	～	20 土	04:50	♌
22 月	03:41	♌	～	22 月	07:26	♍
24 水	08:20	♍	～	24 水	08:23	♎
25 木	17:18	♎	～	26 金	09:21	♏
27 土	19:00	♏	～	28 日	11:39	♐
29 月	22:27	♐	～	1 火	16:07	♑

3月

開始日	開始時刻	サイン		終了日	終了時刻	サイン
3 木	09:54	♑	～	3 木	23:01	♒
6 日	00:30	♒	～	6 日	08:16	♓
8 火	13:09	♓	～	8 火	19:36	♈
10 木	12:08	♈	～	11 金	08:20	♉
13 日	05:03	♉	～	13 日	21:04	♊
15 火	21:41	♊	～	16 水	07:47	♋
18 金	10:00	♋	～	18 金	14:57	♌
19 土	22:26	♌	～	20 日	18:19	♍
22 火	03:16	♍	～	22 火	18:57	♎
24 木	05:03	♎	～	24 木	18:36	♏
26 土	08:26	♏	～	26 土	19:08	♐
28 月	13:50	♐	～	28 月	22:09	♑
30 水	23:07	♑	～	31 木	04:31	♒

4月

開始日	開始時刻	サイン		終了日	終了時刻	サイン
2 土	07:38	♒	～	2 土	14:06	♓
5 火	01:09	♓	～	5 火	01:54	♈
7 木	00:29	♈	～	7 木	14:45	♉
9 土	07:13	♉	～	10 日	03:28	♊
11 月	22:03	♊	～	12 火	14:48	♋
14 木	12:15	♋	～	14 木	23:23	♌
16 土	22:03	♌	～	17 日	04:22	♍
18 月	13:46	♍	～	19 火	06:01	♎
20 水	13:51	♎	～	21 木	05:34	♏
22 金	13:05	♏	～	23 土	04:58	♐
24 日	13:46	♐	～	25 月	06:16	♑
26 火	17:32	♑	～	27 水	11:05	♒
29 金	07:35	♒	～	29 金	19:56	♓

5月

開始日	開始時刻	サイン		終了日	終了時刻	サイン
1 日	23:42	♓	～	2 月	07:47	♈
4 水	17:22	♈	～	4 水	20:47	♉
6 金	13:37	♉	～	7 土	09:21	♊
9 月	15:56	♊	～	9 月	20:35	♋
12 木	04:54	♋	～	12 木	05:48	♌
14 土	07:42	♌	～	14 土	12:14	♍
16 月	06:53	♍	～	16 月	15:33	♎
18 水	02:31	♎	～	18 水	16:16	♏
20 金	14:08	♏	～	20 金	15:49	♐
22 日	02:27	♐	～	22 日	16:13	♑
24 火	04:57	♑	～	24 火	19:31	♒
26 木	11:24	♒	～	27 金	02:58	♓
28 土	19:12	♓	～	29 日	14:10	♈
31 火	10:52	♈	～	1 水	03:05	♉

6月

開始日	開始時刻	サイン		終了日	終了時刻	サイン
2 木	20:51	♉	～	3 金	15:33	♊
5 日	11:19	♊	～	6 月	02:22	♋
7 火	20:54	♋	～	8 水	11:15	♌
10 金	04:28	♌	～	10 金	18:07	♍
12 日	09:53	♍	～	12 日	22:42	♎
14 火	15:22	♎	～	15 水	01:01	♏
16 木	18:50	♏	～	17 金	01:46	♐
18 土	21:38	♐	～	19 日	02:32	♑
21 火	03:10	♑	～	21 火	05:13	♒
22 水	22:07	♒	～	23 木	11:26	♓
25 土	04:08	♓	～	25 土	21:35	♈
27 月	19:52	♈	～	28 火	10:09	♉
30 木	15:27	♉	～	30 木	22:36	♊

7月

開始日	開始時刻	サイン		終了日	終了時刻	サイン
2 土	19:51	♊	～	3 日	09:07	♋
5 火	04:39	♋	～	5 火	17:19	♌
7 木	11:23	♌	～	7 木	23:34	♍
9 土	13:33	♍	～	10 日	04:13	♎
11 月	20:38	♎	～	12 火	07:28	♏
13 水	23:41	♏	～	14 木	09:39	♐
16 土	10:31	♐	～	16 土	11:36	♑
18 月	06:06	♑	～	18 月	14:45	♒
20 水	18:34	♒	～	20 水	20:35	♓
23 土	05:24	♓	～	23 土	05:53	♈
25 月	16:28	♈	～	25 月	17:55	♉
28 木	00:12	♉	～	28 木	06:27	♊
30 土	12:09	♊	～	30 土	17:08	♋

8月

開始日	開始時刻	サイン		終了日	終了時刻	サイン
1 月	12:53	♋	～	2 火	00:58	♌
4 木	05:05	♌	～	4 木	06:16	♍
5 金	20:44	♍	～	6 土	09:57	♎
8 月	11:39	♎	～	8 月	12:50	♏
10 水	15:09	♏	～	10 水	15:33	♐
12 金	16:26	♐	～	12 金	18:39	♑
14 日	22:45	♑	～	14 日	22:55	♒
16 火	20:40	♒	～	17 水	05:14	♓
19 金	13:34	♓	～	19 金	14:19	♈
22 月	00:52	♈	～	22 月	01:57	♉
24 水	13:12	♉	～	24 水	14:34	♊
26 金	12:24	♊	～	27 土	01:51	♋
29 月	08:21	♋	～	29 月	10:04	♌
31 水	02:50	♌	～	31 水	14:59	♍

9月

開始日	開始時刻	サイン		終了日	終了時刻	サイン
2 金	15:37	♍	～	2 金	17:33	♎
4 日	17:03	♎	～	4 日	19:07	♏
6 火	18:46	♏	～	6 火	21:01	♐
8 木	22:14	♐	～	9 金	00:12	♑
11 日	02:34	♑	～	11 日	05:17	♒
12 月	22:42	♒	～	13 火	12:32	♓
15 木	18:49	♓	～	15 木	22:02	♈
18 日	06:08	♈	～	18 日	09:34	♉
20 火	21:52	♉	～	20 火	22:15	♊
23 金	09:47	♊	～	23 金	10:14	♋
25 日	17:07	♋	～	25 日	19:33	♌
27 火	11:22	♌	～	28 水	01:08	♍
30 金	00:17	♍	～	30 金	03:23	♎

10月

開始日	開始時刻	サイン		終了日	終了時刻	サイン
2 日	00:42	♎	～	2 日	03:45	♏
4 火	00:58	♏	～	4 火	04:03	♐
6 木	03:10	♐	～	6 木	06:01	♑
8 土	07:22	♑	～	8 土	10:45	♒
10 月	07:01	♒	～	10 月	18:27	♓
13 木	01:02	♓	～	13 木	04:37	♈
15 土	12:52	♈	～	15 土	16:25	♉
18 火	01:36	♉	～	18 火	05:04	♊
20 木	10:20	♊	～	20 木	17:27	♋
23 日	02:13	♋	～	23 日	03:58	♌
24 月	18:57	♌	～	25 火	11:04	♍
27 木	11:57	♍	～	27 木	14:16	♎
29 土	12:26	♎	～	29 土	14:31	♏
31 月	11:44	♏	～	31 月	13:41	♐

11月

開始日	開始時刻	サイン		終了日	終了時刻	サイン
2 水	03:52	♐	～	2 水	13:55	♑
4 金	15:18	♑	～	4 金	17:07	♒
6 日	16:59	♒	～	7 月	00:07	♓
9 水	08:55	♓	～	9 水	10:25	♈
11 金	21:21	♈	～	11 金	22:34	♉
14 月	10:21	♉	～	14 月	11:14	♊
16 水	03:54	♊	～	16 水	23:33	♋
19 土	10:26	♋	～	19 土	10:36	♌
21 月	16:57	♌	～	21 月	19:09	♍
23 水	12:35	♍	～	24 木	00:09	♎
25 金	22:49	♎	～	26 土	01:39	♏
27 日	14:22	♏	～	28 月	00:59	♐
29 火	09:40	♐	～	30 水	00:17	♑

12月

開始日	開始時刻	サイン		終了日	終了時刻	サイン
1 木	14:12	♑	～	2 金	01:47	♒
3 土	12:22	♒	～	4 日	07:09	♓
6 火	03:04	♓	～	6 火	16:36	♈
8 木	14:40	♈	～	9 金	04:42	♉
11 日	03:20	♉	～	11 日	17:27	♊
13 火	14:00	♊	～	14 水	05:29	♋
16 金	02:48	♋	～	16 金	16:13	♌
18 日	18:22	♌	～	19 月	01:10	♍
21 水	06:36	♍	～	21 水	07:33	♎
22 木	22:50	♎	～	23 金	10:54	♏
25 日	00:22	♏	～	25 日	11:43	♐
27 火	00:22	♐	～	27 火	11:32	♑
29 木	00:55	♑	～	29 木	12:24	♒
30 金	21:34	♒	～	31 土	16:17	♓

1933年【ボイドタイム】

1月

開始日		開始時刻	サイン		終了日		終了時刻	サイン
2	月	11:12	♓	~	3	火	00:14	♈
5	木	00:51	♈	~	5	木	11:37	♉
7	土	10:42	♉	~	8	日	00:20	♊
10	火	00:31	♊	~	10	火	12:17	♋
12	木	09:30	♋	~	12	木	22:27	♌
14	土	11:19	♌	~	15	日	06:43	♍
17	火	06:31	♍	~	17	火	13:04	♎
19	木	15:15	♎	~	19	木	17:25	♏
21	土	08:16	♏	~	21	土	19:55	♐
23	月	09:39	♐	~	23	月	21:19	♑
25	水	15:43	♑	~	25	水	22:57	♒
27	金	08:41	♒	~	28	土	02:32	♓
29	日	19:22	♓	~	30	月	09:22	♈

2月

開始日		開始時刻	サイン		終了日		終了時刻	サイン
1	水	03:44	♈	~	1	水	19:41	♉
3	金	22:16	♉	~	4	土	08:06	♊
6	月	04:17	♊	~	6	月	20:14	♋
8	水	14:41	♋	~	9	木	06:17	♌
11	土	02:09	♌	~	11	土	13:44	♍
13	月	04:28	♍	~	13	月	19:00	♎
15	水	16:13	♎	~	15	水	22:47	♏
17	金	23:08	♏	~	18	土	01:43	♐
19	日	12:31	♐	~	20	月	04:23	♑
21	火	17:02	♑	~	22	水	07:30	♒
23	木	19:34	♒	~	24	金	11:57	♓
26	日	02:56	♓	~	26	日	18:43	♈
28	火	21:03	♈	~	1	水	04:21	♉

3月

開始日		開始時刻	サイン		終了日		終了時刻	サイン
3	金	15:50	♉	~	3	金	16:18	♊
5	日	11:05	♊	~	6	月	04:44	♋
7	火	22:47	♋	~	8	水	15:19	♌
10	金	07:13	♌	~	10	金	22:43	♍
12	日	12:12	♍	~	13	月	03:04	♎
14	火	15:33	♎	~	15	水	05:28	♏
16	木	23:56	♏	~	17	金	07:19	♐
19	日	06:04	♐	~	19	日	09:48	♑
20	月	23:38	♑	~	21	火	13:40	♒
23	木	04:59	♒	~	23	木	19:16	♓
25	土	22:03	♓	~	26	日	02:50	♈
27	月	21:39	♈	~	28	火	12:33	♉
30	木	17:29	♉	~	31	金	00:14	♊

4月

開始日		開始時刻	サイン		終了日		終了時刻	サイン
2	日	03:39	♊	~	2	日	12:51	♋
4	火	14:06	♋	~	5	水	00:17	♌
6	木	19:38	♌	~	7	金	08:34	♍
9	日	04:28	♍	~	9	日	13:01	♎
11	火	03:26	♎	~	11	火	14:33	♏
13	木	09:34	♏	~	13	木	14:53	♐
15	土	12:40	♐	~	15	土	15:54	♑
17	月	18:41	♑	~	17	月	19:03	♒
19	水	23:10	♒	~	20	木	00:55	♓
21	金	16:40	♓	~	22	土	09:15	♈
24	月	07:35	♈	~	24	月	19:32	♉
26	水	13:54	♉	~	27	木	07:19	♊
29	土	08:15	♊	~	29	土	19:59	♋

5月

開始日		開始時刻	サイン		終了日		終了時刻	サイン
1	月	20:55	♋	~	2	火	08:07	♌
4	木	07:23	♌	~	4	木	17:42	♍
6	土	08:24	♍	~	6	土	23:18	♎
8	月	20:01	♎	~	9	火	01:08	♏
10	水	15:18	♏	~	11	木	00:44	♐
12	金	16:08	♐	~	13	土	00:16	♑
15	月	00:48	♑	~	15	月	01:46	♒
16	火	21:50	♒	~	17	水	06:34	♓
19	金	10:09	♓	~	19	金	14:46	♈
21	日	16:20	♈	~	22	月	01:27	♉
24	水	06:02	♉	~	24	水	13:32	♊
26	金	17:23	♊	~	27	土	02:13	♋
29	月	06:06	♋	~	29	月	14:34	♌
31	水	17:13	♌	~	1	木	01:07	♍

6月

開始日		開始時刻	サイン		終了日		終了時刻	サイン
2	金	18:47	♍	~	3	土	08:16	♎
5	月	04:55	♎	~	5	月	11:26	♏
6	火	22:54	♏	~	7	水	11:33	♐
9	金	04:38	♐	~	9	金	10:34	♑
11	日	04:39	♑	~	11	日	10:42	♒
13	火	07:29	♒	~	13	火	13:50	♓
15	木	08:25	♓	~	15	木	20:51	♈
18	日	00:24	♈	~	18	日	07:13	♉
20	火	03:53	♉	~	20	火	19:26	♊
23	金	01:32	♊	~	23	金	08:07	♋
25	日	15:48	♋	~	25	日	20:18	♌
28	水	01:02	♌	~	28	水	07:02	♍
30	金	08:28	♍	~	30	金	15:12	♎

7月

開始日		開始時刻	サイン		終了日		終了時刻	サイン
2	日	18:34	♎	~	2	日	19:58	♏
4	火	19:22	♏	~	4	火	21:33	♐
6	木	20:53	♐	~	6	木	21:16	♑
8	土	16:29	♑	~	8	土	21:06	♒
10	月	18:13	♒	~	10	月	23:02	♓
12	水	15:29	♓	~	13	木	04:32	♈
15	土	08:28	♈	~	15	土	13:50	♉
17	月	13:55	♉	~	18	火	01:45	♊
20	木	09:02	♊	~	20	木	14:26	♋
23	日	01:03	♋	~	23	日	02:20	♌
25	火	07:35	♌	~	25	火	12:36	♍
27	木	08:23	♍	~	27	木	20:45	♎
29	土	21:50	♎	~	30	日	02:22	♏
31	月	18:24	♏	~	1	火	05:28	♐

8月

開始日		開始時刻	サイン		終了日		終了時刻	サイン
3	木	02:28	♐	~	3	木	06:41	♑
5	土	03:08	♑	~	5	土	07:23	♒
7	月	04:47	♒	~	7	月	09:11	♓
9	水	02:13	♓	~	9	水	13:41	♈
11	金	16:43	♈	~	11	金	21:45	♉
13	日	21:32	♉	~	14	月	08:58	♊
16	水	16:10	♊	~	16	水	21:33	♋
19	土	04:05	♋	~	19	土	09:23	♌
21	月	14:47	♌	~	21	月	19:08	♍
23	水	19:45	♍	~	24	木	02:30	♎
26	土	07:21	♎	~	26	土	07:45	♏
28	月	06:35	♏	~	28	月	11:22	♐
30	水	09:55	♐	~	30	水	13:53	♑

9月

開始日		開始時刻	サイン		終了日		終了時刻	サイン
1	金	12:47	♑	~	1	金	16:00	♒
3	日	13:38	♒	~	3	日	18:45	♓
5	火	21:27	♓	~	5	火	23:16	♈
8	金	00:44	♈	~	8	金	06:36	♉
10	日	05:45	♉	~	10	日	17:02	♊
12	火	22:53	♊	~	13	水	05:26	♋
15	金	16:49	♋	~	15	金	17:31	♌
17	日	20:52	♌	~	18	月	03:14	♍
20	水	03:21	♍	~	20	水	09:52	♎
22	金	07:57	♎	~	22	金	14:01	♏
24	日	07:37	♏	~	24	日	16:50	♐
26	火	13:10	♐	~	26	火	19:24	♑
28	木	16:00	♑	~	28	木	22:28	♒
30	土	19:44	♒	~	1	日	02:28	♓

10月

開始日		開始時刻	サイン		終了日		終了時刻	サイン
2	月	23:04	♓	~	3	火	07:52	♈
5	木	10:54	♈	~	5	木	15:19	♉
7	土	22:37	♉	~	8	日	01:19	♊
10	火	04:59	♊	~	10	火	13:30	♋
12	木	17:25	♋	~	13	金	02:03	♌
15	日	04:03	♌	~	15	日	12:25	♍
17	火	09:48	♍	~	17	火	19:08	♎
19	木	14:47	♎	~	19	木	22:28	♏
21	土	15:18	♏	~	21	土	23:55	♐
24	火	00:53	♐	~	24	火	01:14	♑
25	水	19:32	♑	~	26	木	03:49	♒
28	土	04:11	♒	~	28	土	08:18	♓
30	月	05:02	♓	~	30	月	14:41	♈

11月

開始日		開始時刻	サイン		終了日		終了時刻	サイン
1	水	13:10	♈	~	1	水	22:54	♉
3	金	22:42	♉	~	4	土	09:03	♊
6	月	20:40	♊	~	6	月	21:06	♋
8	水	23:17	♋	~	9	木	09:59	♌
11	土	10:45	♌	~	11	土	21:25	♍
13	月	21:21	♍	~	14	火	05:13	♎
16	木	04:28	♎	~	16	木	08:53	♏
18	土	05:55	♏	~	18	土	09:35	♐
20	月	00:09	♐	~	20	月	09:24	♑
22	水	09:05	♑	~	22	水	10:22	♒
24	金	03:27	♒	~	24	金	13:51	♓
26	日	10:09	♓	~	26	日	20:14	♈
28	火	18:32	♈	~	29	水	05:04	♉

12月

開始日		開始時刻	サイン		終了日		終了時刻	サイン
1	金	06:34	♉	~	1	金	15:45	♊
3	日	15:25	♊	~	4	月	03:54	♋
6	水	05:30	♋	~	6	水	16:50	♌
8	金	20:05	♌	~	9	土	05:01	♍
11	月	11:52	♍	~	11	月	14:20	♎
13	水	09:42	♎	~	13	水	19:28	♏
15	金	11:37	♏	~	15	金	20:50	♐
17	日	11:52	♐	~	17	日	20:09	♑
19	火	10:20	♑	~	19	火	19:38	♒
21	木	19:47	♒	~	21	木	21:16	♓
23	土	19:32	♓	~	24	日	02:16	♈
26	火	07:21	♈	~	26	火	10:43	♉
28	木	09:49	♉	~	28	木	21:44	♊
31	日	03:56	♊	~	31	日	10:07	♋

1934年【ボイドタイム】

1月

開始日		開始時刻	サイン		終了日		終了時刻	サイン
2	火	10:37	♋	～	2	火	22:57	♌
4	木	22:09	♌	～	5	金	11:10	♍
7	日	09:35	♍	～	7	日	21:21	♎
9	火	17:06	♎	～	10	水	04:12	♏
11	木	20:52	♏	～	12	金	07:19	♐
13	土	21:24	♐	～	14	日	07:38	♑
15	月	22:37	♑	～	16	火	06:57	♒
17	水	20:43	♒	～	18	木	07:18	♓
20	土	09:09	♓	～	20	土	10:29	♈
22	月	05:26	♈	～	22	月	17:27	♉
24	水	14:53	♉	～	25	木	03:55	♊
27	土	03:40	♊	～	27	土	16:25	♋
29	月	16:38	♋	～	30	火	05:13	♌

2月

開始日		開始時刻	サイン		終了日		終了時刻	サイン
1	木	12:16	♌	～	1	木	17:01	♍
3	土	14:06	♍	～	4	日	03:00	♎
6	火	08:07	♎	～	6	火	10:32	♏
8	木	03:26	♏	～	8	木	15:15	♐
10	土	07:41	♐	～	10	土	17:24	♑
12	月	08:34	♑	～	12	月	17:58	♒
14	水	09:43	♒	～	14	水	18:28	♓
16	金	08:41	♓	～	16	金	20:40	♈
19	月	00:48	♈	～	19	月	02:04	♉
20	火	21:26	♉	～	21	水	11:17	♊
23	金	12:24	♊	～	23	金	23:23	♋
26	月	01:30	♋	～	26	月	12:14	♌
28	水	13:35	♌	～	28	水	23:47	♍

3月

開始日		開始時刻	サイン		終了日		終了時刻	サイン
2	金	19:26	♍	～	3	土	09:03	♎
5	月	06:59	♎	～	5	月	16:00	♏
7	水	11:04	♏	～	7	水	20:59	♐
9	金	17:44	♐	～	10	土	00:23	♑
11	日	22:58	♑	～	12	月	02:37	♒
13	火	20:48	♒	～	14	水	04:26	♓
15	木	21:08	♓	～	16	金	07:01	♈
18	日	03:54	♈	～	18	日	11:47	♉
20	火	18:04	♉	～	20	火	19:52	♊
22	木	22:56	♊	～	23	金	07:14	♋
25	日	12:00	♋	～	25	日	20:04	♌
28	水	00:15	♌	～	28	水	07:45	♍
30	金	02:45	♍	～	30	金	16:38	♎

4月

開始日		開始時刻	サイン		終了日		終了時刻	サイン
1	日	16:17	♎	～	1	日	22:36	♏
3	火	22:18	♏	～	4	水	02:38	♐
6	金	04:53	♐	～	6	金	05:46	♑
8	日	03:15	♑	～	8	日	08:44	♒
10	火	06:34	♒	～	10	火	11:53	♓
12	木	07:47	♓	～	12	木	15:41	♈
14	土	15:47	♈	～	14	土	20:56	♉
16	月	21:01	♉	～	17	火	04:42	♊
19	木	12:12	♊	～	19	木	15:27	♋
22	日	02:46	♋	～	22	日	04:11	♌
24	火	11:51	♌	～	24	火	16:21	♍
26	木	11:47	♍	～	27	金	01:33	♎
29	日	03:37	♎	～	29	日	07:08	♏

5月

開始日		開始時刻	サイン		終了日		終了時刻	サイン
1	火	04:58	♏	～	1	火	10:03	♐
3	木	08:56	♐	～	3	木	11:54	♑
5	土	11:50	♑	～	5	土	14:07	♒
7	月	14:46	♒	～	7	月	17:27	♓
9	水	09:16	♓	～	9	水	22:09	♈
12	土	02:01	♈	～	12	土	04:25	♉
14	月	08:08	♉	～	14	月	12:39	♊
16	水	21:13	♊	～	16	水	23:18	♋
19	土	10:05	♋	～	19	土	11:56	♌
22	火	00:19	♌	～	22	火	00:36	♍
23	水	21:27	♍	～	24	木	10:44	♎
26	土	15:56	♎	～	26	土	16:53	♏
28	月	16:18	♏	～	28	月	19:29	♐
30	水	19:40	♐	～	30	水	20:13	♑

6月

開始日		開始時刻	サイン		終了日		終了時刻	サイン
1	金	20:32	♑	～	1	金	20:56	♒
3	日	22:52	♒	～	3	日	23:07	♓
5	火	15:29	♓	～	6	水	03:32	♈
8	金	06:54	♈	～	8	金	10:18	♉
10	日	15:43	♉	～	10	日	19:14	♊
13	水	02:35	♊	～	13	水	06:15	♋
15	金	05:33	♋	～	15	金	18:54	♌
18	月	04:03	♌	～	18	月	07:52	♍
20	水	15:36	♍	～	20	水	19:00	♎
22	金	22:54	♎	～	23	土	02:26	♏
25	月	02:28	♏	～	25	月	05:50	♐
27	水	03:05	♐	～	27	水	06:25	♑
28	木	20:29	♑	～	29	金	06:03	♒

7月

開始日		開始時刻	サイン		終了日		終了時刻	サイン
1	日	02:59	♒	～	1	日	06:39	♓
2	月	23:01	♓	～	3	火	09:40	♈
5	木	11:24	♈	～	5	木	15:48	♉
7	土	20:07	♉	～	8	日	00:56	♊
10	火	07:09	♊	～	10	火	12:21	♋
12	木	13:13	♋	～	13	金	01:08	♌
15	日	13:07	♌	～	15	日	14:08	♍
17	火	14:37	♍	～	18	水	01:48	♎
20	金	04:48	♎	～	20	金	10:32	♏
22	日	13:11	♏	～	22	日	15:29	♐
24	火	11:36	♐	～	24	火	17:04	♑
26	木	08:05	♑	～	26	木	16:44	♒
28	土	10:30	♒	～	28	土	16:21	♓
30	月	08:42	♓	～	30	月	17:46	♈

8月

開始日		開始時刻	サイン		終了日		終了時刻	サイン
1	水	15:19	♈	～	1	水	22:26	♉
3	金	22:55	♉	～	4	土	06:49	♊
6	月	09:39	♊	～	6	月	18:14	♋
9	木	04:35	♋	～	9	木	07:09	♌
11	土	10:39	♌	～	11	土	20:00	♍
13	月	21:46	♍	～	14	火	07:34	♎
16	木	13:31	♎	～	16	木	16:52	♏
18	土	14:34	♏	～	18	土	23:13	♐
20	月	21:04	♐	～	21	火	02:28	♑
22	水	19:38	♑	～	23	木	03:19	♒
25	土	01:53	♒	～	25	土	03:09	♓
26	日	23:32	♓	～	27	月	03:45	♈
29	水	04:57	♈	～	29	水	06:55	♉
31	金	05:14	♉	～	31	金	13:56	♊

9月

開始日		開始時刻	サイン		終了日		終了時刻	サイン
2	日	12:09	♊	～	3	月	00:41	♋
5	水	04:23	♋	～	5	水	13:33	♌
7	金	16:49	♌	～	8	土	02:17	♍
10	月	12:16	♍	～	10	月	13:24	♎
12	水	14:12	♎	～	12	水	22:20	♏
14	金	21:20	♏	～	15	土	05:04	♐
17	月	00:47	♐	～	17	月	09:37	♑
19	水	05:05	♑	～	19	水	12:07	♒
21	金	06:17	♒	～	21	金	13:15	♓
23	日	13:19	♓	～	23	日	14:14	♈
25	火	10:54	♈	～	25	火	16:48	♉
27	木	14:56	♉	～	27	木	22:34	♊
30	日	06:21	♊	～	30	日	08:15	♋

10月

開始日		開始時刻	サイン		終了日		終了時刻	サイン
2	火	16:53	♋	～	2	火	20:45	♌
5	金	06:48	♌	～	5	金	09:32	♍
7	日	12:37	♍	～	7	日	20:21	♎
10	水	03:58	♎	～	10	水	04:32	♏
12	金	03:43	♏	～	12	金	10:33	♐
14	日	14:46	♐	～	14	日	15:05	♑
16	火	18:06	♑	～	16	火	18:33	♒
18	木	20:35	♒	～	18	木	21:11	♓
20	土	16:51	♓	～	20	土	23:29	♈
23	火	01:41	♈	～	23	火	02:35	♉
25	木	00:48	♉	～	25	木	07:59	♊
27	土	15:24	♊	～	27	土	16:47	♋
30	火	03:05	♋	～	30	火	04:43	♌

11月

開始日		開始時刻	サイン		終了日		終了時刻	サイン
1	木	15:47	♌	～	1	木	17:37	♍
3	土	21:07	♍	～	4	日	04:42	♎
6	火	10:33	♎	～	6	火	12:33	♏
8	木	10:41	♏	～	8	木	17:34	♐
10	土	18:48	♐	～	10	土	20:57	♑
12	月	21:35	♑	～	12	月	23:53	♒
15	木	00:30	♒	～	15	木	02:57	♓
16	金	23:31	♓	～	17	土	06:27	♈
19	月	07:59	♈	～	19	月	10:47	♉
21	水	14:31	♉	～	21	水	16:48	♊
23	金	22:04	♊	～	24	土	01:26	♋
26	月	09:15	♋	～	26	月	12:55	♌
28	水	22:02	♌	～	29	木	01:53	♍

12月

開始日		開始時刻	サイン		終了日		終了時刻	サイン
1	土	05:32	♍	～	1	土	13:40	♎
3	月	18:24	♎	～	3	月	22:07	♏
6	木	01:19	♏	～	6	木	02:53	♐
8	土	02:04	♐	～	8	土	05:10	♑
10	月	05:16	♑	～	10	月	06:35	♒
12	水	04:46	♒	～	12	水	08:32	♓
14	金	07:10	♓	～	14	金	11:52	♈
16	日	12:47	♈	～	16	日	16:57	♉
18	火	15:42	♉	～	18	火	23:59	♊
21	金	05:53	♊	～	21	金	09:12	♋
23	日	15:45	♋	～	23	日	20:38	♌
26	水	04:33	♌	～	26	水	09:33	♍
28	金	12:47	♍	～	28	金	22:00	♎
31	月	03:03	♎	～	31	月	07:42	♏

1935年【ボイドタイム】

1月

開始日	開始時刻	サイン		終了日	終了時刻	サイン
2 水	05:14	♏	~	2 水	13:28	♐
4 金	11:38	♐	~	4 金	15:45	♑
6 日	12:03	♑	~	6 日	16:05	♒
8 火	12:14	♒	~	8 火	16:18	♓
10 木	09:45	♓	~	10 木	18:04	♈
12 土	20:42	♈	~	12 土	22:25	♉
14 月	22:55	♉	~	15 火	05:44	♊
17 木	10:48	♊	~	17 木	15:38	♋
20 日	00:44	♋	~	20 日	03:28	♌
22 火	11:27	♌	~	22 火	16:20	♍
24 木	18:31	♍	~	25 金	05:00	♎
27 日	11:33	♎	~	27 日	15:47	♏
29 火	19:44	♏	~	29 火	23:12	♐

2月

開始日	開始時刻	サイン		終了日	終了時刻	サイン
1 金	01:21	♐	~	1 金	02:48	♑
2 土	23:57	♑	~	3 日	03:27	♒
5 火	00:53	♒	~	5 火	02:48	♓
6 水	17:53	♓	~	7 木	02:50	♈
9 土	04:09	♈	~	9 土	05:23	♉
11 月	10:47	♉	~	11 月	11:36	♊
13 水	21:08	♊	~	13 水	21:25	♋
16 土	05:55	♋	~	16 土	09:36	♌
18 月	20:17	♌	~	18 月	22:34	♍
20 水	23:31	♍	~	21 木	11:03	♎
23 土	19:05	♎	~	23 土	22:05	♏
26 火	06:22	♏	~	26 火	06:41	♐
28 木	09:44	♐	~	28 木	12:06	♑

3月

開始日	開始時刻	サイン		終了日	終了時刻	サイン
2 土	12:12	♑	~	2 土	14:17	♒
4 月	12:21	♒	~	4 月	14:14	♓
6 水	04:12	♓	~	6 水	13:41	♈
8 金	13:02	♈	~	8 金	14:44	♉
10 日	08:21	♉	~	10 日	19:12	♊
13 水	02:19	♊	~	13 水	03:52	♋
15 金	14:27	♋	~	15 金	15:49	♌
18 月	03:46	♌	~	18 月	04:52	♍
20 水	14:31	♍	~	20 水	17:09	♎
23 土	03:11	♎	~	23 土	03:45	♏
25 月	00:59	♏	~	25 月	12:25	♐
27 水	18:44	♐	~	27 水	18:49	♑
29 金	12:16	♑	~	29 金	22:42	♒
31 日	12:13	♒	~	1 月	00:15	♓

4月

開始日	開始時刻	サイン		終了日	終了時刻	サイン
2 火	14:38	♓	~	3 水	00:32	♈
4 木	15:08	♈	~	5 金	01:19	♉
6 土	21:57	♉	~	7 日	04:36	♊
8 月	12:01	♊	~	9 火	11:50	♋
11 木	10:30	♋	~	11 木	22:53	♌
14 日	05:50	♌	~	14 日	11:48	♍
16 火	11:49	♍	~	17 水	00:02	♎
19 金	06:09	♎	~	19 金	10:10	♏
21 日	06:50	♏	~	21 日	18:07	♐
23 火	20:20	♐	~	24 水	00:14	♑
25 木	18:11	♑	~	26 金	04:44	♒
27 土	14:53	♒	~	28 日	07:41	♓
29 月	23:25	♓	~	30 火	09:27	♈

5月

開始日	開始時刻	サイン		終了日	終了時刻	サイン
2 木	01:04	♈	~	2 木	11:10	♉
4 土	03:56	♉	~	4 土	14:27	♊
6 月	08:01	♊	~	6 月	20:51	♋
8 水	19:06	♋	~	9 木	06:56	♌
11 土	18:11	♌	~	11 土	19:27	♍
13 月	20:03	♍	~	14 火	07:49	♎
16 木	06:46	♎	~	16 木	17:55	♏
18 土	18:57	♏	~	19 日	01:14	♐
20 月	11:49	♐	~	21 火	06:21	♑
23 木	00:16	♑	~	23 木	10:09	♒
25 土	05:18	♒	~	25 土	13:14	♓
27 月	12:03	♓	~	27 月	16:00	♈
29 水	18:25	♈	~	29 水	19:00	♉
31 金	13:18	♉	~	31 金	23:12	♊

6月

開始日	開始時刻	サイン		終了日	終了時刻	サイン
1 土	20:19	♊	~	3 月	05:44	♋
5 水	09:25	♋	~	5 水	15:20	♌
6 木	21:35	♌	~	8 土	03:26	♍
10 月	05:12	♍	~	10 月	16:00	♎
12 水	16:24	♎	~	13 木	02:36	♏
15 土	00:27	♏	~	15 土	09:58	♐
17 月	05:20	♐	~	17 月	14:22	♑
19 水	08:17	♑	~	19 水	16:57	♒
21 金	18:18	♒	~	21 金	18:57	♓
23 日	18:46	♓	~	23 日	21:22	♈
25 火	20:20	♈	~	26 水	00:55	♉
27 木	21:10	♉	~	28 金	06:07	♊
30 日	05:19	♊	~	30 日	13:27	♋

7月

開始日	開始時刻	サイン		終了日	終了時刻	サイン
2 火	13:44	♋	~	2 火	23:14	♌
5 金	05:38	♌	~	5 金	11:09	♍
7 日	15:35	♍	~	7 日	23:53	♎
10 水	05:31	♎	~	10 水	11:16	♏
12 金	11:08	♏	~	12 金	19:28	♐
14 日	10:20	♐	~	15 月	00:04	♑
16 火	18:36	♑	~	17 水	01:54	♒
18 木	16:55	♒	~	19 金	02:31	♓
20 土	22:24	♓	~	21 日	03:33	♈
23 火	04:42	♈	~	23 火	06:22	♉
25 木	04:01	♉	~	25 木	11:43	♊
27 土	17:16	♊	~	27 土	19:44	♋
29 月	21:58	♋	~	30 火	06:05	♌
31 水	09:52	♌	~	1 木	18:08	♍

8月

開始日	開始時刻	サイン		終了日	終了時刻	サイン
3 土	22:53	♍	~	4 日	06:56	♎
6 火	11:15	♎	~	6 火	18:58	♏
8 木	21:16	♏	~	9 金	04:26	♐
10 土	19:41	♐	~	11 日	10:11	♑
13 火	06:17	♑	~	13 火	12:23	♒
15 木	06:16	♒	~	15 木	12:20	♓
17 土	06:07	♓	~	17 土	11:56	♈
19 月	07:07	♈	~	19 月	13:08	♉
21 水	12:17	♉	~	21 水	17:26	♊
24 土	00:26	♊	~	24 土	01:18	♋
26 月	05:14	♋	~	26 月	12:01	♌
27 火	21:58	♌	~	29 木	00:21	♍
31 土	06:28	♍	~	31 土	13:09	♎

9月

開始日	開始時刻	サイン		終了日	終了時刻	サイン
2 月	18:55	♎	~	3 火	01:23	♏
5 木	05:43	♏	~	5 木	11:49	♐
6 金	17:46	♐	~	7 土	19:09	♑
9 月	17:34	♑	~	9 月	22:45	♒
11 水	17:46	♒	~	11 水	23:16	♓
13 金	19:03	♓	~	13 金	22:21	♈
15 日	17:18	♈	~	15 日	22:11	♉
17 火	19:38	♉	~	18 水	00:49	♊
19 木	23:22	♊	~	20 金	07:28	♋
22 日	14:24	♋	~	22 日	17:51	♌
24 火	23:41	♌	~	25 水	06:19	♍
27 金	13:25	♍	~	27 金	19:06	♎
30 月	01:36	♎	~	30 月	07:07	♏

10月

開始日	開始時刻	サイン		終了日	終了時刻	サイン
2 水	12:23	♏	~	2 水	17:42	♐
3 木	22:40	♐	~	5 土	02:03	♑
7 月	02:41	♑	~	7 月	07:21	♒
8 火	22:41	♒	~	9 水	09:28	♓
11 金	05:08	♓	~	11 金	09:21	♈
13 日	08:34	♈	~	13 日	08:54	♉
15 火	05:49	♉	~	15 火	10:18	♊
17 木	07:08	♊	~	17 木	15:22	♋
19 土	19:28	♋	~	20 日	00:36	♌
22 火	07:53	♌	~	22 火	12:45	♍
24 木	20:18	♍	~	25 金	01:32	♎
27 日	10:47	♎	~	27 日	13:16	♏
29 火	18:52	♏	~	29 火	23:18	♐
31 木	16:16	♐	~	1 金	07:32	♑

11月

開始日	開始時刻	サイン		終了日	終了時刻	サイン
3 日	11:19	♑	~	3 日	13:39	♒
5 火	15:55	♒	~	5 火	17:21	♓
7 木	18:17	♓	~	7 木	18:55	♈
9 土	17:52	♈	~	9 土	19:30	♉
11 月	16:28	♉	~	11 月	20:53	♊
13 水	00:52	♊	~	14 木	00:57	♋
16 土	03:45	♋	~	16 土	08:52	♌
18 月	09:35	♌	~	18 月	20:11	♍
21 木	03:52	♍	~	21 木	08:53	♎
23 土	15:16	♎	~	23 土	20:37	♏
26 火	00:59	♏	~	26 火	06:09	♐
27 水	14:51	♐	~	28 木	13:29	♑
30 土	14:04	♑	~	30 土	19:01	♒

12月

開始日	開始時刻	サイン		終了日	終了時刻	サイン
2 月	10:40	♒	~	2 月	23:04	♓
4 水	22:27	♓	~	5 木	01:54	♈
7 土	03:30	♈	~	7 土	04:04	♉
9 月	01:38	♉	~	9 月	06:37	♊
10 火	12:10	♊	~	11 水	10:55	♋
13 金	12:28	♋	~	13 金	18:08	♌
15 日	19:21	♌	~	16 月	04:33	♍
18 水	16:53	♍	~	18 水	16:59	♎
21 土	00:47	♎	~	21 土	05:04	♏
23 月	08:48	♏	~	23 月	14:46	♐
24 火	21:41	♐	~	25 水	21:28	♑
27 金	20:10	♑	~	28 土	01:47	♒
29 日	18:20	♒	~	30 月	04:43	♓

1936年【ボイドタイム】

1月

開始日		開始時刻	サイン		終了日		終了時刻	サイン
1	水	01:37	♓	～	1	水	07:16	♈
3	金	04:24	♈	～	3	金	10:12	♉
5	日	11:10	♉	～	5	日	14:05	♊
7	火	08:44	♊	～	7	火	19:30	♋
9	木	20:22	♋	～	10	金	03:03	♌
12	日	09:06	♌	～	12	日	13:06	♍
14	火	17:50	♍	～	15	水	01:11	♎
17	金	06:15	♎	～	17	金	13:39	♏
19	日	20:51	♏	～	20	月	00:12	♐
21	火	15:25	♐	～	22	水	07:19	♑
24	金	04:34	♑	～	24	金	11:03	♒
26	日	07:19	♒	～	26	日	12:36	♓
28	火	12:44	♓	～	28	火	13:37	♈
30	木	08:53	♈	～	30	木	15:38	♉

2月

開始日		開始時刻	サイン		終了日		終了時刻	サイン
1	土	12:32	♉	～	1	土	19:39	♊
3	月	03:57	♊	～	4	火	01:59	♋
6	木	02:34	♋	～	6	木	10:27	♌
7	金	22:47	♌	～	8	土	20:49	♍
11	火	00:15	♍	～	11	火	08:46	♎
13	木	12:48	♎	～	13	木	21:25	♏
16	日	00:45	♏	～	16	日	08:57	♐
18	火	14:26	♐	～	18	火	17:22	♑
20	木	19:31	♑	～	20	木	21:48	♒
22	土	08:21	♒	～	22	土	22:56	♓
24	月	15:30	♓	～	24	月	22:36	♈
26	水	15:29	♈	～	26	水	22:52	♉
28	金	17:39	♉	～	29	土	01:31	♊

3月

開始日		開始時刻	サイン		終了日		終了時刻	サイン
1	日	16:43	♊	～	2	月	07:26	♋
4	水	07:28	♋	～	4	水	16:21	♌
6	金	12:28	♌	～	7	土	03:19	♍
9	月	06:02	♍	～	9	月	15:27	♎
11	水	23:04	♎	～	12	木	04:04	♏
14	土	07:06	♏	～	14	土	16:07	♐
16	月	23:31	♐	～	17	火	01:52	♑
19	木	04:27	♑	～	19	木	07:53	♒
20	金	23:48	♒	～	21	土	10:00	♓
23	月	02:01	♓	～	23	月	09:32	♈
25	水	01:01	♈	～	25	水	08:38	♉
27	金	01:28	♉	～	27	金	09:32	♊
29	日	08:37	♊	～	29	日	13:53	♋
31	火	20:00	♋	～	31	火	22:04	♌

4月

開始日		開始時刻	サイン		終了日		終了時刻	サイン
2	木	21:48	♌	～	3	金	09:08	♍
5	日	11:44	♍	～	5	日	21:32	♎
8	水	00:19	♎	～	8	水	10:06	♏
10	金	20:44	♏	～	10	金	22:04	♐
12	日	22:13	♐	～	13	月	08:24	♑
15	水	07:07	♑	～	15	水	15:50	♒
17	金	14:39	♒	～	17	金	19:38	♓
19	日	12:40	♓	～	19	日	20:21	♈
21	火	12:03	♈	～	21	火	19:38	♉
23	木	11:48	♉	～	23	木	19:38	♊
25	土	12:07	♊	～	25	土	22:23	♋
27	月	20:06	♋	～	28	火	05:04	♌
30	木	12:40	♌	～	30	木	15:23	♍

5月

開始日		開始時刻	サイン		終了日		終了時刻	サイン
2	土	18:10	♍	～	3	日	03:44	♎
5	火	15:51	♎	～	5	火	16:17	♏
7	木	19:37	♏	～	8	金	03:55	♐
10	日	00:53	♐	～	10	日	13:58	♑
12	火	20:37	♑	～	12	火	21:48	♒
14	木	15:12	♒	～	15	金	02:53	♓
16	土	21:45	♓	～	17	日	05:15	♈
18	月	22:33	♈	～	19	火	05:48	♉
21	木	05:34	♉	～	21	木	06:13	♊
22	金	18:32	♊	～	23	土	08:20	♋
25	月	05:37	♋	～	25	月	13:42	♌
27	水	16:35	♌	～	27	水	22:49	♍
30	土	01:57	♍	～	30	土	10:39	♎

6月

開始日		開始時刻	サイン		終了日		終了時刻	サイン
1	月	14:38	♎	～	1	月	23:12	♏
4	木	02:24	♏	～	4	木	10:38	♐
6	土	04:43	♐	～	6	土	20:04	♑
8	月	19:51	♑	～	9	火	03:18	♒
10	水	14:16	♒	～	11	木	08:28	♓
13	土	05:01	♓	～	13	土	11:47	♈
15	月	07:15	♈	～	15	月	13:49	♉
17	水	09:00	♉	～	17	水	15:30	♊
19	金	14:14	♊	～	19	金	18:09	♋
21	日	16:13	♋	～	21	日	23:07	♌
24	水	04:32	♌	～	24	水	07:16	♍
26	金	11:01	♍	～	26	金	18:24	♎
28	日	23:36	♎	～	29	月	06:53	♏

7月

開始日		開始時刻	サイン		終了日		終了時刻	サイン
1	水	11:31	♏	～	1	水	18:28	♐
3	金	13:36	♐	～	4	土	03:35	♑
6	月	03:51	♑	～	6	月	09:57	♒
8	水	11:56	♒	～	8	水	14:11	♓
10	金	11:34	♓	～	10	金	17:11	♈
12	日	14:16	♈	～	12	日	19:47	♉
14	火	17:11	♉	～	14	火	22:39	♊
16	木	13:12	♊	～	17	金	02:28	♋
19	日	02:23	♋	～	19	日	07:59	♌
20	月	12:15	♌	～	21	火	15:54	♍
23	木	20:39	♍	～	24	金	02:31	♎
26	日	09:05	♎	～	26	日	14:55	♏
28	火	21:23	♏	～	29	水	02:57	♐
30	木	21:18	♐	～	31	金	12:25	♑

8月

開始日		開始時刻	サイン		終了日		終了時刻	サイン
2	日	13:44	♑	～	2	日	18:26	♒
4	火	09:34	♒	～	4	火	21:37	♓
6	木	19:07	♓	～	6	木	23:22	♈
8	土	23:13	♈	～	9	日	01:12	♉
11	火	03:31	♉	～	11	火	04:13	♊
12	水	17:24	♊	～	13	木	08:53	♋
15	土	11:01	♋	～	15	土	15:21	♌
17	月	12:20	♌	～	17	月	23:45	♍
20	木	05:52	♍	～	20	木	10:18	♎
22	土	20:57	♎	～	22	土	22:37	♏
25	火	06:57	♏	～	25	火	11:10	♐
27	木	21:01	♐	～	27	木	21:36	♑
30	日	00:42	♑	～	30	日	04:13	♒
31	月	06:19	♒	～	1	火	07:06	♓

9月

開始日		開始時刻	サイン		終了日		終了時刻	サイン
3	木	04:40	♓	～	3	木	07:44	♈
5	土	05:02	♈	～	5	土	08:05	♉
7	月	06:49	♉	～	7	月	09:55	♊
8	火	19:27	♊	～	9	水	14:17	♋
11	金	17:59	♋	～	11	金	21:14	♌
13	日	14:07	♌	～	14	月	06:21	♍
16	水	13:56	♍	～	16	水	17:13	♎
19	土	02:18	♎	～	19	土	05:33	♏
21	月	15:16	♏	～	21	月	18:25	♐
24	木	02:22	♐	～	24	木	05:54	♑
26	土	11:13	♑	～	26	土	13:54	♒
28	月	16:43	♒	～	28	月	17:40	♓
30	水	15:54	♓	～	30	水	18:11	♈

10月

開始日		開始時刻	サイン		終了日		終了時刻	サイン
2	金	15:12	♈	～	2	金	17:26	♉
4	日	15:20	♉	～	4	日	17:38	♊
6	火	01:20	♊	～	6	火	20:30	♋
9	金	00:15	♋	～	9	金	02:46	♌
10	土	15:57	♌	～	11	日	12:02	♍
13	火	20:43	♍	～	13	火	23:20	♎
16	金	09:10	♎	～	16	金	11:48	♏
18	日	22:03	♏	～	19	月	00:39	♐
21	水	07:24	♐	～	21	水	12:38	♑
23	金	21:53	♑	～	23	金	22:01	♒
25	日	13:54	♒	～	26	月	03:29	♓
28	水	03:09	♓	～	28	水	05:10	♈
30	金	02:37	♈	～	30	金	04:35	♉

11月

開始日		開始時刻	サイン		終了日		終了時刻	サイン
1	日	01:50	♉	～	1	日	03:50	♊
2	月	18:26	♊	～	3	火	05:01	♋
5	木	07:21	♋	～	5	木	09:38	♌
7	土	07:36	♌	～	7	土	18:01	♍
10	火	02:43	♍	～	10	火	05:16	♎
12	木	15:16	♎	～	12	木	17:53	♏
15	日	03:57	♏	～	15	日	06:34	♐
17	火	11:49	♐	～	17	火	18:21	♑
20	金	01:40	♑	～	20	金	04:12	♒
22	日	10:18	♒	～	22	日	11:05	♓
24	火	12:19	♓	～	24	火	14:38	♈
26	木	13:18	♈	～	26	木	15:30	♉
28	土	12:56	♉	～	28	土	15:12	♊
30	月	14:53	♊	～	30	月	15:41	♋

12月

開始日		開始時刻	サイン		終了日		終了時刻	サイン
2	水	16:08	♋	～	2	水	18:44	♌
4	金	07:04	♌	～	5	土	01:31	♍
7	月	08:52	♍	～	7	月	11:56	♎
9	水	22:10	♎	～	10	木	00:29	♏
12	土	09:53	♏	～	12	土	13:08	♐
14	月	08:25	♐	～	15	火	00:26	♑
17	木	06:31	♑	～	17	木	09:43	♒
19	土	11:22	♒	～	19	土	16:44	♓
21	月	20:29	♓	～	21	月	21:27	♈
23	水	21:04	♈	～	24	木	00:06	♉
25	金	22:22	♉	～	26	土	01:25	♊
27	日	17:59	♊	～	28	月	02:37	♋
30	水	01:53	♋	～	30	水	05:15	♌

1937年【ボイドタイム】

1月

開始日	開始時刻	サイン		終了日	終了時刻	サイン
1 金	05:44	♌	~	1 金	10:46	♍
3 日	15:56	♍	~	3 日	19:56	♎
6 水	07:30	♎	~	6 水	07:59	♏
8 金	16:24	♏	~	8 金	20:44	♐
10 日	10:11	♐	~	11 月	07:54	♑
13 水	12:16	♑	~	13 水	16:26	♒
14 木	02:42	♒	~	15 金	22:29	♓
17 日	22:45	♓	~	18 月	02:49	♈
20 水	05:02	♈	~	20 水	06:08	♉
22 金	04:46	♉	~	22 金	08:54	♊
23 土	17:30	♊	~	24 日	11:39	♋
26 火	10:43	♋	~	26 火	15:09	♌
27 水	10:33	♌	~	28 木	20:31	♍
30 土	23:44	♍	~	31 日	04:50	♎

2月

開始日	開始時刻	サイン		終了日	終了時刻	サイン
2 火	10:45	♎	~	2 火	16:11	♏
4 木	23:26	♏	~	5 金	05:00	♐
6 土	22:27	♐	~	7 日	16:35	♑
9 火	19:48	♑	~	10 水	01:01	♒
11 木	16:34	♒	~	12 金	06:11	♓
14 日	09:10	♓	~	14 日	09:13	♈
16 火	06:35	♈	~	16 火	11:35	♉
18 木	12:49	♉	~	18 木	14:23	♊
20 土	04:37	♊	~	20 土	18:05	♋
22 月	17:22	♋	~	22 月	22:52	♌
24 水	18:03	♌	~	25 木	05:05	♍
27 土	07:23	♍	~	27 土	13:27	♎

3月

開始日	開始時刻	サイン		終了日	終了時刻	サイン
1 月	17:59	♎	~	2 火	00:24	♏
4 木	06:47	♏	~	4 木	13:09	♐
6 土	21:42	♐	~	7 日	01:24	♑
9 火	10:02	♑	~	9 火	10:36	♒
11 木	14:48	♒	~	11 木	15:51	♓
13 土	12:29	♓	~	13 土	18:01	♈
15 月	13:24	♈	~	15 月	18:55	♉
17 水	14:39	♉	~	17 水	20:20	♊
19 金	20:45	♊	~	19 金	23:26	♋
21 日	23:03	♋	~	22 月	04:36	♌
22 月	18:05	♌	~	24 水	11:45	♍
26 金	14:05	♍	~	26 金	20:48	♎
29 月	00:54	♎	~	29 月	07:52	♏
31 水	14:36	♏	~	31 水	20:33	♐

4月

開始日	開始時刻	サイン		終了日	終了時刻	サイン
3 土	04:03	♐	~	3 土	09:17	♑
5 月	15:17	♑	~	5 月	19:39	♒
7 水	02:01	♒	~	8 木	02:00	♓
10 土	01:33	♓	~	10 土	04:29	♈
11 日	23:04	♈	~	12 月	04:40	♉
14 水	02:28	♉	~	14 水	04:35	♊
16 金	04:21	♊	~	16 金	06:03	♋
18 日	08:44	♋	~	18 日	10:12	♌
20 火	16:55	♌	~	20 火	17:17	♍
23 金	02:18	♍	~	23 金	02:52	♎
25 日	07:38	♎	~	25 日	14:22	♏
27 火	20:35	♏	~	28 水	03:06	♐
29 木	22:25	♐	~	30 金	15:57	♑

5月

開始日	開始時刻	サイン		終了日	終了時刻	サイン
2 日	21:26	♑	~	3 月	03:09	♒
4 火	23:35	♒	~	5 水	10:58	♓
7 金	10:06	♓	~	7 金	14:48	♈
9 日	11:09	♈	~	9 日	15:33	♉
11 火	10:38	♉	~	11 火	14:57	♊
12 水	22:13	♊	~	13 木	15:01	♋
15 土	17:13	♋	~	15 土	17:28	♌
17 月	21:41	♌	~	17 月	23:20	♍
20 木	05:29	♍	~	20 木	08:35	♎
22 土	14:45	♎	~	22 土	20:19	♏
25 火	03:26	♏	~	25 火	09:11	♐
27 木	11:27	♐	~	27 木	21:54	♑
30 日	03:23	♑	~	30 日	09:14	♒

6月

開始日	開始時刻	サイン		終了日	終了時刻	サイン
1 火	14:06	♒	~	1 火	17:58	♓
3 木	18:21	♓	~	3 木	23:23	♈
5 土	20:55	♈	~	6 日	01:37	♉
7 月	21:17	♉	~	8 火	01:46	♊
9 水	05:43	♊	~	10 木	01:32	♋
11 金	22:09	♋	~	12 土	02:45	♌
14 月	06:58	♌	~	14 月	07:02	♍
16 水	10:05	♍	~	16 水	15:09	♎
18 金	21:21	♎	~	19 土	02:32	♏
21 月	10:20	♏	~	21 月	15:26	♐
23 水	00:34	♐	~	24 木	03:59	♑
26 土	10:18	♑	~	26 土	14:55	♒
28 月	12:18	♒	~	28 月	23:38	♓

7月

開始日	開始時刻	サイン		終了日	終了時刻	サイン
1 木	04:50	♓	~	1 木	05:51	♈
3 土	05:51	♈	~	3 土	09:35	♉
5 月	07:45	♉	~	5 月	11:16	♊
6 火	14:10	♊	~	7 水	11:54	♋
9 金	09:36	♋	~	9 金	13:00	♌
11 日	00:00	♌	~	11 日	16:16	♍
13 火	19:27	♍	~	13 火	23:05	♎
16 金	05:55	♎	~	16 金	09:37	♏
18 日	18:43	♏	~	18 日	22:21	♐
20 火	08:36	♐	~	21 水	10:51	♑
23 金	18:12	♑	~	23 金	21:21	♒
25 日	19:05	♒	~	26 月	05:22	♓
28 水	08:34	♓	~	28 水	11:16	♈
30 金	13:01	♈	~	30 金	15:32	♉

8月

開始日	開始時刻	サイン		終了日	終了時刻	サイン
1 日	16:08	♉	~	1 日	18:30	♊
3 火	17:49	♊	~	3 火	20:35	♋
5 木	20:26	♋	~	5 木	22:36	♌
8 日	00:56	♌	~	8 日	01:55	♍
10 火	05:48	♍	~	10 火	07:59	♎
12 木	15:26	♎	~	12 木	17:37	♏
15 日	03:53	♏	~	15 日	06:00	♐
17 火	05:40	♐	~	17 火	18:38	♑
20 金	03:21	♑	~	20 金	05:06	♒
22 日	09:47	♒	~	22 日	12:29	♓
24 火	16:00	♓	~	24 火	17:24	♈
26 木	19:40	♈	~	26 木	20:58	♉
28 土	22:50	♉	~	29 日	00:02	♊
31 火	02:22	♊	~	31 火	03:04	♋

9月

開始日	開始時刻	サイン		終了日	終了時刻	サイン
2 木	05:45	♋	~	2 木	06:22	♌
3 金	05:52	♌	~	4 土	10:35	♍
6 月	15:52	♍	~	6 月	16:49	♎
9 木	01:06	♎	~	9 木	02:00	♏
11 土	13:10	♏	~	11 土	14:00	♐
13 月	11:48	♐	~	14 火	02:52	♑
16 木	13:16	♑	~	16 木	13:52	♒
18 土	06:42	♒	~	18 土	21:20	♓
21 火	01:07	♓	~	21 火	01:32	♈
23 木	03:30	♈	~	23 木	03:50	♉
25 土	05:29	♉	~	25 土	05:47	♊
27 月	04:22	♊	~	27 月	08:25	♋
29 水	12:03	♋	~	29 水	12:15	♌
30 木	11:08	♌	~	1 金	17:30	♍

10月

開始日	開始時刻	サイン		終了日	終了時刻	サイン
4 月	00:26	♍	~	4 月	00:32	♎
6 水	09:53	♎	~	6 水	09:56	♏
8 金	00:49	♏	~	8 金	21:45	♐
10 日	13:51	♐	~	11 月	10:48	♑
13 水	06:09	♑	~	13 水	22:38	♒
15 金	15:27	♒	~	16 土	07:04	♓
18 月	07:54	♓	~	18 月	11:33	♈
20 水	06:47	♈	~	20 水	13:10	♉
22 金	13:14	♉	~	22 金	13:41	♊
24 日	14:08	♊	~	24 日	14:47	♋
26 火	16:49	♋	~	26 火	17:43	♌
27 水	14:46	♌	~	28 木	23:02	♍
31 日	05:20	♍	~	31 日	06:48	♎

11月

開始日	開始時刻	サイン		終了日	終了時刻	サイン
2 火	02:22	♎	~	2 火	16:49	♏
5 金	02:44	♏	~	5 金	04:47	♐
7 日	15:33	♐	~	7 日	17:51	♑
10 水	03:54	♑	~	10 水	06:20	♒
12 金	14:46	♒	~	12 金	16:08	♓
14 日	19:36	♓	~	14 日	22:00	♈
16 火	13:16	♈	~	17 水	00:13	♉
18 木	21:48	♉	~	19 金	00:11	♊
20 土	21:19	♊	~	20 土	23:48	♋
23 火	00:48	♋	~	23 火	00:56	♌
24 水	02:39	♌	~	25 木	04:56	♍
27 土	12:19	♍	~	27 土	12:22	♎
29 月	22:40	♎	~	29 月	22:47	♏

12月

開始日	開始時刻	サイン		終了日	終了時刻	サイン
2 木	10:56	♏	~	2 木	11:06	♐
4 土	20:47	♐	~	5 日	00:08	♑
7 火	12:22	♑	~	7 火	12:41	♒
9 木	04:31	♒	~	9 木	23:22	♓
12 日	06:31	♓	~	12 日	06:56	♈
14 火	10:24	♈	~	14 火	10:51	♉
16 木	11:14	♉	~	16 木	11:43	♊
18 土	08:48	♊	~	18 土	11:04	♋
20 月	10:46	♋	~	20 月	10:49	♌
22 水	12:45	♌	~	22 水	12:58	♍
24 金	18:03	♍	~	24 金	18:54	♎
27 月	03:46	♎	~	27 月	04:45	♏
29 水	16:06	♏	~	29 水	17:13	♐

1938年【ボイドタイム】

1月

開始日		開始時刻	サイン		終了日		終了時刻	サイン
1	土	04:32	♐	~	1	土	06:18	♑
3	月	17:14	♑	~	3	月	18:32	♒
4	火	13:52	♒	~	6	木	05:07	♓
8	土	12:41	♓	~	8	土	13:30	♈
10	月	18:00	♈	~	10	月	19:07	♉
12	水	21:36	♉	~	12	水	21:51	♊
14	金	08:00	♊	~	14	金	22:22	♋
16	日	20:40	♋	~	16	日	22:10	♌
17	月	13:48	♌	~	18	火	23:13	♍
21	金	01:36	♍	~	21	金	03:28	♎
23	日	10:58	♎	~	23	日	11:56	♏
25	火	21:33	♏	~	25	火	23:52	♐
28	金	09:08	♐	~	28	金	12:59	♑
30	日	22:33	♑	~	31	月	01:01	♒
31	月	22:35	♒	~	2	水	10:59	♓

2月

開始日		開始時刻	サイン		終了日		終了時刻	サイン
4	金	16:26	♓	~	4	金	18:55	♈
6	日	22:30	♈	~	7	月	00:59	♉
9	水	02:40	♉	~	9	水	05:09	♊
10	木	19:03	♊	~	11	金	07:27	♋
13	日	06:04	♋	~	13	日	08:34	♌
15	火	06:53	♌	~	15	火	09:58	♍
17	木	10:38	♍	~	17	木	13:29	♎
19	土	17:29	♎	~	19	土	20:38	♏
22	火	04:10	♏	~	22	火	07:34	♐
24	木	09:30	♐	~	24	木	20:29	♑
27	日	05:06	♑	~	27	日	08:37	♒

3月

開始日		開始時刻	サイン		終了日		終了時刻	サイン
1	火	02:19	♒	~	1	火	18:14	♓
3	木	21:56	♓	~	4	金	01:17	♈
6	日	03:11	♈	~	6	日	06:30	♉
8	火	07:15	♉	~	8	火	10:34	♊
10	木	11:01	♊	~	10	木	13:47	♋
12	土	16:21	♋	~	12	土	16:24	♌
14	月	00:54	♌	~	14	月	19:06	♍
16	水	19:34	♍	~	16	水	23:09	♎
19	土	02:04	♎	~	19	土	05:54	♏
21	月	11:55	♏	~	21	月	16:02	♐
23	水	10:51	♐	~	24	木	04:33	♑
26	土	12:46	♑	~	26	土	16:57	♒
28	月	16:21	♒	~	29	火	02:53	♓
31	木	05:46	♓	~	31	木	09:34	♈

4月

開始日		開始時刻	サイン		終了日		終了時刻	サイン
2	土	10:03	♈	~	2	土	13:44	♉
4	月	12:56	♉	~	4	月	16:34	♊
6	水	09:07	♊	~	6	水	19:08	♋
8	金	18:23	♋	~	8	金	22:05	♌
10	日	16:56	♌	~	11	月	01:52	♍
13	水	03:09	♍	~	13	水	07:03	♎
15	金	10:18	♎	~	15	金	14:22	♏
17	日	20:05	♏	~	18	月	00:20	♐
20	水	11:11	♐	~	20	水	12:32	♑
22	金	23:33	♑	~	23	土	01:11	♒
25	月	10:00	♒	~	25	月	11:54	♓
27	水	15:24	♓	~	27	水	19:09	♈
29	金	19:45	♈	~	29	金	23:02	♉

5月

開始日		開始時刻	サイン		終了日		終了時刻	サイン
1	日	22:03	♉	~	2	月	00:46	♊
3	火	23:37	♊	~	4	水	01:51	♋
6	金	00:17	♋	~	6	金	03:43	♌
8	日	05:54	♌	~	8	日	07:18	♍
10	火	09:28	♍	~	10	火	13:06	♎
12	木	20:51	♎	~	12	木	21:17	♏
15	日	03:53	♏	~	15	日	07:41	♐
17	火	00:13	♐	~	17	火	19:52	♑
20	金	04:55	♑	~	20	金	08:38	♒
22	日	14:24	♒	~	22	日	20:09	♓
25	水	01:23	♓	~	25	水	04:36	♈
27	金	06:21	♈	~	27	金	09:18	♉
29	日	08:08	♉	~	29	日	10:53	♊
31	火	03:06	♊	~	31	火	10:53	♋

6月

開始日		開始時刻	サイン		終了日		終了時刻	サイン
2	木	08:31	♋	~	2	木	11:09	♌
4	土	09:54	♌	~	4	土	13:22	♍
6	月	17:44	♍	~	6	月	18:36	♎
9	木	00:11	♎	~	9	木	03:02	♏
11	土	11:08	♏	~	11	土	13:58	♐
13	月	08:47	♐	~	14	火	02:22	♑
16	木	12:30	♑	~	16	木	15:08	♒
18	土	20:14	♒	~	19	日	03:03	♓
21	火	10:51	♓	~	21	火	12:40	♈
23	木	16:52	♈	~	23	木	18:51	♉
25	土	19:40	♉	~	25	土	21:26	♊
27	月	03:20	♊	~	27	月	21:28	♋
29	水	19:13	♋	~	29	水	20:46	♌

7月

開始日		開始時刻	サイン		終了日		終了時刻	サイン
1	金	00:28	♌	~	1	金	21:24	♍
3	日	23:36	♍	~	4	月	01:10	♎
6	水	07:17	♎	~	6	水	08:50	♏
8	金	18:18	♏	~	8	金	19:46	♐
10	日	23:50	♐	~	11	月	08:23	♑
13	水	19:54	♑	~	13	水	21:06	♒
15	金	08:48	♒	~	16	土	08:56	♓
18	月	18:10	♓	~	18	月	19:03	♈
21	木	01:49	♈	~	21	木	02:32	♉
23	土	06:40	♉	~	23	土	06:44	♊
25	月	03:42	♊	~	25	月	07:55	♋
27	水	07:05	♋	~	27	水	07:27	♌
28	木	12:01	♌	~	29	金	07:18	♍
31	日	09:24	♍	~	31	日	09:36	♎

8月

開始日		開始時刻	サイン		終了日		終了時刻	サイン
2	火	15:45	♎	~	2	火	15:50	♏
5	金	00:46	♏	~	5	金	02:03	♐
7	日	12:40	♐	~	7	日	14:34	♑
9	火	06:17	♑	~	10	水	03:16	♒
12	金	11:42	♒	~	12	金	14:46	♓
14	日	05:01	♓	~	15	月	00:35	♈
17	水	04:29	♈	~	17	水	08:26	♉
19	金	09:35	♉	~	19	金	13:52	♊
21	日	12:22	♊	~	21	日	16:40	♋
23	火	01:25	♋	~	23	火	17:28	♌
25	木	12:27	♌	~	25	木	17:43	♍
27	土	02:54	♍	~	27	土	19:27	♎
29	月	17:30	♎	~	30	火	00:27	♏

9月

開始日		開始時刻	サイン		終了日		終了時刻	サイン
1	木	01:28	♏	~	1	木	09:29	♐
3	土	21:07	♐	~	3	土	21:31	♑
6	火	07:57	♑	~	6	火	10:11	♒
8	木	19:49	♒	~	8	木	21:29	♓
10	土	13:13	♓	~	11	日	06:41	♈
13	火	03:53	♈	~	13	火	13:55	♉
15	木	09:16	♉	~	15	木	19:24	♊
17	土	13:00	♊	~	17	土	23:10	♋
19	月	18:25	♋	~	20	火	01:27	♌
21	水	16:31	♌	~	22	木	03:02	♍
23	金	14:24	♍	~	24	土	05:20	♎
25	日	21:56	♎	~	26	月	09:57	♏
28	水	06:38	♏	~	28	水	18:03	♐

10月

開始日		開始時刻	サイン		終了日		終了時刻	サイン
1	土	03:54	♐	~	1	土	05:21	♑
3	月	03:32	♑	~	3	月	17:59	♒
5	水	19:15	♒	~	6	木	05:28	♓
8	土	07:52	♓	~	8	土	14:23	♈
10	月	07:24	♈	~	10	月	20:44	♉
13	木	00:04	♉	~	13	木	01:11	♊
14	金	16:45	♊	~	15	土	04:32	♋
17	月	02:18	♋	~	17	月	07:20	♌
19	水	00:59	♌	~	19	水	10:10	♍
21	金	09:02	♍	~	21	金	13:44	♎
23	日	17:42	♎	~	23	日	19:01	♏
25	火	12:33	♏	~	26	水	02:55	♐
27	木	22:44	♐	~	28	金	13:39	♑
30	日	10:52	♑	~	31	月	02:09	♒

11月

開始日		開始時刻	サイン		終了日		終了時刻	サイン
1	火	23:42	♒	~	2	水	14:10	♓
4	金	16:13	♓	~	4	金	23:36	♈
6	日	17:14	♈	~	7	月	05:42	♉
8	火	21:23	♉	~	9	水	09:04	♊
10	木	23:46	♊	~	11	金	11:00	♋
13	日	00:49	♋	~	13	日	12:51	♌
15	火	04:36	♌	~	15	火	15:39	♍
17	木	18:17	♍	~	17	木	20:04	♎
19	土	15:20	♎	~	20	日	02:27	♏
22	火	09:04	♏	~	22	火	10:57	♐
24	木	10:40	♐	~	24	木	21:38	♑
26	土	21:08	♑	~	27	日	09:59	♒
29	火	17:53	♒	~	29	火	22:31	♓

12月

開始日		開始時刻	サイン		終了日		終了時刻	サイン
2	金	07:28	♓	~	2	金	09:03	♈
4	日	15:35	♈	~	4	日	16:02	♉
6	火	12:41	♉	~	6	火	19:19	♊
8	木	17:48	♊	~	8	木	20:08	♋
10	土	18:42	♋	~	10	土	20:18	♌
12	月	16:30	♌	~	12	月	21:38	♍
14	水	13:36	♍	~	15	木	01:28	♎
17	土	03:52	♎	~	17	土	08:14	♏
19	月	13:47	♏	~	19	月	17:32	♐
22	木	03:06	♐	~	22	木	04:40	♑
24	土	03:30	♑	~	24	土	17:00	♒
27	火	04:33	♒	~	27	火	05:42	♓
29	木	08:17	♓	~	29	木	17:15	♈
30	金	23:53	♈	~	1	日	01:48	♉

1939年【ボイドタイム】

1月

開始日	開始時刻	サイン		終了日	終了時刻	サイン
3 火	03:46	♉	～	3 火	06:20	♊
4 水	20:38	♊	～	5 木	07:21	♋
6 金	20:02	♋	～	7 土	06:33	♌
8 日	22:22	♌	～	9 月	06:09	♍
11 水	04:47	♍	～	11 水	08:11	♎
12 木	22:10	♎	～	13 金	13:55	♏
15 日	11:34	♏	～	15 日	23:11	♐
17 火	21:05	♐	～	18 水	10:44	♑
20 金	22:26	♑	～	20 金	23:16	♒
23 月	03:41	♒	～	23 月	11:52	♓
25 水	18:53	♓	～	25 水	23:43	♈
27 金	17:34	♈	～	28 土	09:30	♉
30 月	08:08	♉	～	30 月	15:51	♊

2月

開始日	開始時刻	サイン		終了日	終了時刻	サイン
1 水	09:13	♊	～	1 水	18:23	♋
3 金	07:00	♋	～	3 金	18:07	♌
5 日	15:10	♌	～	5 日	17:03	♍
7 火	05:41	♍	～	7 火	17:30	♎
9 木	21:17	♎	～	9 木	21:23	♏
12 日	05:13	♏	～	12 日	05:25	♐
14 火	05:07	♐	～	14 火	16:42	♑
17 金	04:58	♑	～	17 金	05:23	♒
19 日	17:28	♒	～	19 日	17:53	♓
22 水	04:49	♓	～	22 水	05:24	♈
24 金	14:41	♈	～	24 金	15:20	♉
26 日	22:07	♉	～	26 日	22:48	♊
28 火	14:02	♊	～	1 水	03:07	♋

3月

開始日	開始時刻	サイン		終了日	終了時刻	サイン
3 金	03:47	♋	～	3 金	04:31	♌
4 土	12:42	♌	～	5 日	04:18	♍
7 火	03:36	♍	～	7 火	04:26	♎
9 木	06:04	♎	～	9 木	07:00	♏
11 土	12:20	♏	～	11 土	13:24	♐
13 月	14:31	♐	～	13 月	23:36	♑
16 木	10:45	♑	～	16 木	12:02	♒
18 土	21:23	♒	～	19 日	00:32	♓
21 火	11:27	♓	～	21 火	11:42	♈
23 木	19:40	♈	～	23 木	20:59	♉
26 日	02:57	♉	～	26 日	04:15	♊
28 火	01:50	♊	～	28 火	09:20	♋
30 木	11:00	♋	～	30 木	12:16	♌
31 金	20:36	♌	～	1 土	13:40	♍

4月

開始日	開始時刻	サイン		終了日	終了時刻	サイン
3 月	13:33	♍	～	3 月	14:49	♎
5 水	16:02	♎	～	5 水	17:22	♏
7 金	21:22	♏	～	7 金	22:48	♐
9 日	18:21	♐	～	10 月	07:48	♑
12 水	17:59	♑	～	12 水	19:34	♒
14 金	19:09	♒	～	15 土	08:05	♓
17 月	17:43	♓	～	17 月	19:14	♈
20 木	02:31	♈	～	20 木	03:58	♉
22 土	08:55	♉	～	22 土	10:17	♊
24 月	11:38	♊	～	24 月	14:44	♋
26 水	16:39	♋	～	26 水	17:56	♌
28 金	08:45	♌	～	28 金	20:27	♍
30 日	21:49	♍	～	30 日	23:03	♎

5月

開始日	開始時刻	サイン		終了日	終了時刻	サイン
3 水	01:23	♎	～	3 水	02:37	♏
5 金	06:57	♏	～	5 金	08:12	♐
7 日	14:54	♐	～	7 日	16:35	♑
10 水	02:57	♑	～	10 水	03:42	♒
12 金	08:27	♒	～	12 金	16:10	♓
15 月	02:35	♓	～	15 月	03:42	♈
17 水	11:29	♈	～	17 水	12:29	♉
19 金	17:14	♉	～	19 金	18:07	♊
21 日	14:19	♊	～	21 日	21:24	♋
23 火	22:50	♋	～	23 火	23:34	♌
25 木	19:34	♌	～	26 金	01:52	♍
28 日	04:28	♍	～	28 日	05:07	♎
30 火	09:13	♎	～	30 火	09:48	♏

6月

開始日	開始時刻	サイン		終了日	終了時刻	サイン
1 木	15:44	♏	～	1 木	16:16	♐
3 土	19:32	♐	～	4 日	00:51	♑
6 火	11:19	♑	～	6 火	11:41	♒
8 木	19:30	♒	～	9 金	00:05	♓
11 日	12:02	♓	～	11 日	12:11	♈
13 火	21:41	♈	～	13 火	21:44	♉
15 木	11:03	♉	～	16 金	03:33	♊
18 日	03:48	♊	～	18 日	06:07	♋
20 火	04:59	♋	～	20 火	06:59	♌
22 木	07:19	♌	～	22 木	07:57	♍
23 金	18:32	♍	～	24 土	10:31	♎
26 月	14:08	♎	～	26 月	15:26	♏
28 水	16:54	♏	～	28 水	22:40	♐

7月

開始日	開始時刻	サイン		終了日	終了時刻	サイン
1 土	07:12	♐	～	1 土	07:54	♑
3 月	18:32	♑	～	3 月	18:55	♒
6 木	07:14	♒	～	6 木	07:18	♓
8 土	18:04	♓	～	8 土	19:51	♈
10 月	04:49	♈	～	11 火	06:28	♉
12 水	21:27	♉	～	13 木	13:21	♊
15 土	01:23	♊	～	15 土	16:17	♋
17 月	06:02	♋	～	17 月	16:31	♌
19 水	02:14	♌	～	19 水	16:08	♍
21 金	13:00	♍	～	21 金	17:11	♎
23 日	20:34	♎	～	23 日	21:05	♏
26 水	02:07	♏	～	26 水	04:11	♐
28 金	02:34	♐	～	28 金	13:52	♑
30 日	20:30	♑	～	31 月	01:16	♒

8月

開始日	開始時刻	サイン		終了日	終了時刻	サイン
1 火	23:59	♒	～	2 水	13:42	♓
4 金	19:07	♓	～	5 土	02:23	♈
7 月	05:43	♈	～	7 月	13:48	♉
9 水	13:42	♉	～	9 水	22:07	♊
11 金	12:25	♊	～	12 土	02:22	♋
13 日	18:41	♋	～	14 月	03:10	♌
15 火	13:36	♌	～	16 水	02:20	♍
17 木	16:43	♍	～	18 金	02:04	♎
19 土	20:44	♎	～	20 日	04:21	♏
22 火	06:20	♏	～	22 火	10:15	♐
24 木	12:58	♐	～	24 木	19:34	♑
26 土	19:02	♑	～	27 日	07:10	♒
29 火	03:27	♒	～	29 火	19:43	♓
31 木	20:47	♓	～	1 金	08:16	♈

9月

開始日	開始時刻	サイン		終了日	終了時刻	サイン
3 日	09:12	♈	～	3 日	19:48	♉
5 火	23:54	♉	～	6 水	05:03	♊
7 木	22:08	♊	～	8 金	10:53	♋
10 日	06:21	♋	～	10 日	13:12	♌
12 火	00:18	♌	～	12 火	13:10	♍
14 木	07:31	♍	～	14 木	12:39	♎
16 土	09:18	♎	～	16 土	13:44	♏
18 月	14:28	♏	～	18 月	18:03	♐
20 水	19:34	♐	～	21 木	02:12	♑
23 土	13:17	♑	～	23 土	13:25	♒
26 火	01:33	♒	～	26 火	02:01	♓
28 木	01:18	♓	～	28 木	14:23	♈

10月

開始日	開始時刻	サイン		終了日	終了時刻	サイン
1 日	00:24	♈	～	1 日	01:29	♉
2 月	22:43	♉	～	3 火	10:39	♊
5 木	15:42	♊	～	5 木	17:17	♋
7 土	19:24	♋	～	7 土	21:11	♌
9 月	20:48	♌	～	9 月	22:47	♍
11 水	13:29	♍	～	11 水	23:16	♎
13 金	23:13	♎	～	14 土	00:19	♏
15 日	17:15	♏	～	16 月	03:37	♐
18 水	06:51	♐	～	18 水	10:23	♑
20 金	16:35	♑	～	20 金	20:41	♒
23 月	06:10	♒	～	23 月	09:06	♓
25 水	10:18	♓	～	25 水	21:29	♈
28 土	03:04	♈	～	28 土	08:10	♉
30 月	16:28	♉	～	30 月	16:32	♊

11月

開始日	開始時刻	サイン		終了日	終了時刻	サイン
1 水	22:19	♊	～	1 水	22:42	♋
4 土	02:23	♋	～	4 土	03:02	♌
6 月	03:00	♌	～	6 月	05:58	♍
8 水	06:59	♍	～	8 水	08:04	♎
10 金	04:06	♎	～	10 金	10:15	♏
12 日	12:12	♏	～	12 日	13:42	♐
14 火	17:57	♐	～	14 火	19:43	♑
17 金	03:00	♑	～	17 金	05:01	♒
19 日	16:33	♒	～	19 日	17:01	♓
22 水	03:22	♓	～	22 水	05:37	♈
24 金	07:37	♈	～	24 金	16:24	♉
26 日	22:07	♉	～	27 月	00:10	♊
29 水	03:16	♊	～	29 水	05:12	♋

12月

開始日	開始時刻	サイン		終了日	終了時刻	サイン
1 金	06:45	♋	～	1 金	08:35	♌
3 日	02:54	♌	～	3 日	11:24	♍
5 火	12:45	♍	～	5 火	14:23	♎
7 木	08:59	♎	～	7 木	17:58	♏
9 土	21:11	♏	～	9 土	22:33	♐
12 火	03:40	♐	～	12 火	04:52	♑
14 木	12:44	♑	～	14 木	13:43	♒
16 土	14:15	♒	～	17 日	01:15	♓
19 火	13:47	♓	～	19 火	14:04	♈
21 木	23:14	♈	～	22 金	01:33	♉
24 日	06:26	♉	～	24 日	09:38	♊
26 火	06:24	♊	～	26 火	14:04	♋
28 木	08:41	♋	～	28 木	16:06	♌
30 土	08:15	♌	～	30 土	17:30	♍

1940年【ボイドタイム】

1月

開始日		開始時刻	サイン		終了日		終了時刻	サイン
1	月	16:38	♍	～	1	月	19:44	♎
3	水	15:40	♎	～	3	水	23:37	♏
5	金	21:03	♏	～	6	土	05:13	♐
8	月	04:03	♐	～	8	月	12:31	♑
10	水	12:55	♑	～	10	水	21:43	♒
12	金	22:17	♒	～	13	土	09:04	♓
15	月	12:37	♓	～	15	月	21:56	♈
18	木	08:49	♈	～	18	木	10:16	♉
20	土	17:59	♉	～	20	土	19:33	♊
22	月	16:37	♊	～	23	火	00:36	♋
25	木	00:02	♋	～	25	木	02:11	♌
26	金	18:32	♌	～	27	土	02:13	♍
28	日	18:56	♍	～	29	月	02:44	♎
30	火	21:25	♎	～	31	水	05:18	♏

2月

開始日		開始時刻	サイン		終了日		終了時刻	サイン
2	金	01:51	♏	～	2	金	10:37	♐
4	日	10:20	♐	～	4	日	18:28	♑
6	火	20:18	♑	～	7	水	04:22	♒
9	金	08:03	♒	～	9	金	15:59	♓
12	月	03:41	♓	～	12	月	04:50	♈
14	水	13:40	♈	～	14	水	17:37	♉
16	金	21:55	♉	～	17	土	04:11	♊
19	月	09:24	♊	～	19	月	10:47	♋
21	水	08:29	♋	～	21	水	13:20	♌
23	金	08:49	♌	～	23	金	13:12	♍
25	日	04:01	♍	～	25	日	12:30	♎
27	火	09:14	♎	～	27	火	13:14	♏
29	木	12:22	♏	～	29	木	16:55	♐

3月

開始日		開始時刻	サイン		終了日		終了時刻	サイン
2	土	22:34	♐	～	3	日	00:03	♑
5	火	06:45	♑	～	5	火	10:08	♒
7	木	19:12	♒	～	7	木	22:08	♓
10	日	09:24	♓	～	10	日	11:02	♈
12	火	21:57	♈	～	12	火	23:45	♉
15	金	02:26	♉	～	15	金	10:54	♊
17	日	18:19	♊	～	17	日	18:58	♋
19	火	23:05	♋	～	19	火	23:16	♌
21	木	11:53	♌	～	22	金	00:21	♍
23	土	14:12	♍	～	23	土	23:48	♎
25	月	03:27	♎	～	25	月	23:34	♏
27	水	19:26	♏	～	28	木	01:32	♐
29	金	19:31	♐	～	30	土	07:00	♑

4月

開始日		開始時刻	サイン		終了日		終了時刻	サイン
1	月	15:34	♑	～	1	月	16:14	♒
4	木	01:56	♒	～	4	木	04:12	♓
6	土	04:04	♓	～	6	土	17:11	♈
8	月	11:28	♈	～	9	火	05:39	♉
11	木	03:49	♉	～	11	木	16:33	♊
13	土	17:06	♊	～	14	日	01:05	♋
16	火	03:50	♋	～	16	火	06:45	♌
18	木	05:43	♌	～	18	木	09:35	♍
19	金	23:29	♍	～	20	土	10:24	♎
22	月	01:11	♎	～	22	月	10:34	♏
24	水	00:22	♏	～	24	水	11:49	♐
26	金	07:17	♐	～	26	金	15:50	♑
28	日	15:32	♑	～	28	日	23:40	♒

5月

開始日		開始時刻	サイン		終了日		終了時刻	サイン
1	水	03:37	♒	～	1	水	10:57	♓
3	金	18:22	♓	～	3	金	23:53	♈
6	月	11:08	♈	～	6	月	12:13	♉
8	水	08:59	♉	～	8	水	22:34	♊
11	土	04:13	♊	～	11	土	06:34	♋
13	月	11:03	♋	～	13	月	12:23	♌
15	水	15:53	♌	～	15	水	16:18	♍
17	金	18:26	♍	～	17	金	18:41	♎
18	土	07:11	♎	～	19	日	20:13	♏
21	火	21:49	♏	～	21	火	22:01	♐
23	木	12:53	♐	～	24	金	01:35	♑
25	土	18:44	♑	～	26	日	08:20	♒
28	火	04:28	♒	～	28	火	18:40	♓
30	木	17:04	♓	～	31	金	07:19	♈

6月

開始日		開始時刻	サイン		終了日		終了時刻	サイン
2	日	08:20	♈	～	2	日	19:45	♉
4	火	17:03	♉	～	5	水	05:50	♊
6	木	23:53	♊	～	7	金	13:03	♋
9	日	06:43	♋	～	9	日	18:01	♌
11	火	10:48	♌	～	11	火	21:42	♍
13	木	14:08	♍	～	14	金	00:44	♎
15	土	17:29	♎	～	16	日	03:32	♏
17	月	20:16	♏	～	18	火	06:35	♐
20	木	08:01	♐	～	20	木	10:45	♑
22	土	08:55	♑	～	22	土	17:16	♒
24	月	15:45	♒	～	25	火	02:56	♓
27	木	06:46	♓	～	27	木	15:14	♈
29	土	22:57	♈	～	30	日	03:53	♉

7月

開始日		開始時刻	サイン		終了日		終了時刻	サイン
2	火	12:42	♉	～	2	火	14:16	♊
4	木	08:37	♊	～	4	木	21:11	♋
6	土	16:26	♋	～	7	日	01:13	♌
9	火	01:33	♌	～	9	火	03:45	♍
11	木	02:43	♍	～	11	木	06:08	♎
13	土	04:43	♎	～	13	土	09:08	♏
15	月	04:41	♏	～	15	月	13:06	♐
17	水	12:35	♐	～	17	水	18:18	♑
19	金	18:55	♑	～	20	土	01:23	♒
22	月	05:04	♒	～	22	月	10:59	♓
24	水	18:26	♓	～	24	水	23:02	♈
27	土	08:03	♈	～	27	土	11:57	♉
29	月	14:44	♉	～	29	月	23:05	♊

8月

開始日		開始時刻	サイン		終了日		終了時刻	サイン
1	木	06:22	♊	～	1	木	06:33	♋
3	土	03:14	♋	～	3	土	10:21	♌
5	月	05:02	♌	～	5	月	11:51	♍
7	水	06:21	♍	～	7	水	12:51	♎
9	金	10:35	♎	～	9	金	14:47	♏
11	日	17:50	♏	～	11	日	18:30	♐
13	火	16:55	♐	～	14	水	00:16	♑
16	金	00:36	♑	～	16	金	08:08	♒
18	日	16:28	♒	～	18	日	18:11	♓
20	火	22:18	♓	～	21	水	06:15	♈
22	木	14:45	♈	～	23	金	19:18	♉
25	日	23:37	♉	～	26	月	07:14	♊
28	水	10:53	♊	～	28	水	15:54	♋
30	金	13:58	♋	～	30	金	20:32	♌

9月

開始日		開始時刻	サイン		終了日		終了時刻	サイン
1	日	15:43	♌	～	1	日	21:58	♍
3	火	15:45	♍	～	3	火	21:55	♎
5	木	16:52	♎	～	5	木	22:17	♏
7	土	22:40	♏	～	8	日	00:37	♐
9	月	20:32	♐	～	10	火	05:46	♑
12	木	06:24	♑	～	12	木	13:52	♒
14	土	16:38	♒	～	15	日	00:26	♓
17	火	04:42	♓	～	17	火	12:44	♈
18	水	07:50	♈	～	20	金	01:46	♉
22	日	12:00	♉	～	22	日	14:06	♊
24	火	15:26	♊	～	24	火	23:58	♋
26	木	22:56	♋	～	27	金	06:10	♌
29	日	01:51	♌	～	29	日	08:42	♍

10月

開始日		開始時刻	サイン		終了日		終了時刻	サイン
1	火	03:52	♍	～	1	火	08:47	♎
3	木	06:50	♎	～	3	木	08:13	♏
5	土	08:13	♏	～	5	土	08:55	♐
7	月	05:15	♐	～	7	月	12:29	♑
9	水	12:10	♑	～	9	水	19:45	♒
11	金	21:20	♒	～	12	土	06:18	♓
14	月	11:04	♓	～	14	月	18:51	♈
16	水	17:15	♈	～	17	木	07:50	♉
19	土	12:45	♉	～	19	土	20:00	♊
22	火	02:50	♊	～	22	火	06:19	♋
24	木	07:32	♋	～	24	木	13:52	♌
26	土	11:21	♌	～	26	土	18:11	♍
28	月	15:05	♍	～	28	月	19:38	♎
29	火	20:19	♎	～	30	水	19:26	♏

11月

開始日		開始時刻	サイン		終了日		終了時刻	サイン
1	金	18:43	♏	～	1	金	19:22	♐
3	日	15:55	♐	～	3	日	21:23	♑
5	火	21:17	♑	～	6	水	03:04	♒
8	金	02:19	♒	～	8	金	12:47	♓
10	日	19:09	♓	～	11	月	01:14	♈
13	水	03:40	♈	～	13	水	14:14	♉
15	金	20:23	♉	～	16	土	02:01	♊
18	月	08:27	♊	～	18	月	11:53	♋
20	水	19:17	♋	～	20	水	19:39	♌
22	金	16:07	♌	～	23	土	01:12	♍
24	日	23:57	♍	～	25	月	04:26	♎
25	月	11:30	♎	～	27	水	05:45	♏
29	金	02:07	♏	～	29	金	06:19	♐

12月

開始日		開始時刻	サイン		終了日		終了時刻	サイン
1	日	03:32	♐	～	1	日	07:51	♑
3	火	07:40	♑	～	3	火	12:13	♒
5	木	08:24	♒	～	5	木	20:36	♓
8	日	03:28	♓	～	8	日	08:27	♈
9	月	19:30	♈	～	10	火	21:28	♉
13	金	04:28	♉	～	13	金	09:09	♊
15	日	13:54	♊	～	15	日	18:21	♋
17	火	21:02	♋	～	18	水	01:17	♌
20	金	04:22	♌	～	20	金	06:36	♍
22	日	06:38	♍	～	22	日	10:38	♎
23	月	22:15	♎	～	24	火	13:31	♏
26	木	11:45	♏	～	26	木	15:37	♐
28	土	14:55	♐	～	28	土	17:59	♑
30	月	18:02	♑	～	30	月	22:09	♒

1941年【ボイドタイム】

1月

開始日		開始時刻	サイン		終了日		終了時刻	サイン
2	木	01:34	♒	～	2	木	05:36	♓
4	土	15:50	♓	～	4	土	16:35	♈
6	月	09:29	♈	～	7	火	05:29	♉
9	木	12:52	♉	～	9	木	17:28	♊
11	土	22:12	♊	～	12	日	02:34	♋
14	火	04:28	♋	～	14	火	08:40	♌
15	水	23:24	♌	～	16	木	12:46	♍
18	土	11:59	♍	～	18	土	16:01	♎
20	月	19:01	♎	～	20	月	19:05	♏
22	水	18:04	♏	～	22	水	22:17	♐
24	金	21:41	♐	～	25	土	02:02	♑
27	月	02:34	♑	～	27	月	07:07	♒
28	火	23:46	♒	～	29	水	14:35	♓
31	金	19:52	♓	～	1	土	01:03	♈

2月

開始日		開始時刻	サイン		終了日		終了時刻	サイン
3	月	12:21	♈	～	3	月	13:42	♉
5	水	22:51	♉	～	6	木	02:10	♊
8	土	06:50	♊	～	8	土	11:58	♋
10	月	13:15	♋	～	10	月	18:08	♌
12	水	14:45	♌	～	12	水	21:22	♍
14	金	19:05	♍	～	14	金	23:08	♎
16	日	23:17	♎	～	17	月	00:53	♏
19	水	03:07	♏	～	19	水	03:38	♐
21	金	02:33	♐	～	21	金	07:55	♑
23	日	08:23	♑	～	23	日	14:02	♒
25	火	08:06	♒	～	25	火	22:19	♓
28	金	02:33	♓	～	28	金	08:55	♈

3月

開始日		開始時刻	サイン		終了日		終了時刻	サイン
2	日	20:11	♈	～	2	日	21:24	♉
5	水	03:30	♉	～	5	水	10:13	♊
7	金	20:42	♊	～	7	金	21:05	♋
9	日	22:08	♋	～	10	月	04:20	♌
12	水	05:58	♌	～	12	水	07:52	♍
14	金	03:06	♍	～	14	金	08:52	♎
16	日	08:41	♎	～	16	日	09:04	♏
18	火	04:51	♏	～	18	火	10:09	♐
20	木	11:51	♐	～	20	木	13:26	♑
22	土	12:32	♑	～	22	土	19:35	♒
24	月	15:37	♒	～	25	火	04:31	♓
27	木	07:47	♓	～	27	木	15:40	♈
29	土	22:43	♈	～	30	日	04:14	♉

4月

開始日		開始時刻	サイン		終了日		終了時刻	サイン
1	火	15:24	♉	～	1	火	17:07	♊
3	木	20:38	♊	～	4	金	04:45	♋
6	日	05:42	♋	～	6	日	13:27	♌
8	火	08:04	♌	～	8	火	18:22	♍
10	木	14:45	♍	～	10	木	19:55	♎
12	土	06:15	♎	～	12	土	19:32	♏
14	月	12:03	♏	～	14	月	19:08	♐
16	水	13:31	♐	～	16	水	20:39	♑
18	金	22:02	♑	～	19	土	01:32	♒
20	日	23:47	♒	～	21	月	10:08	♓
23	水	12:19	♓	～	23	水	21:35	♈
25	金	20:19	♈	～	26	土	10:23	♉
28	月	13:41	♉	～	28	月	23:12	♊

5月

開始日		開始時刻	サイン		終了日		終了時刻	サイン
1	木	01:34	♊	～	1	木	10:57	♋
3	土	11:49	♋	～	3	土	20:35	♌
5	月	19:06	♌	～	6	火	03:07	♍
7	水	22:54	♍	～	8	木	06:12	♎
9	金	23:27	♎	～	10	土	06:35	♏
12	月	01:14	♏	～	12	月	05:50	♐
14	水	03:20	♐	～	14	水	06:04	♑
16	金	04:47	♑	～	16	金	09:16	♒
18	日	12:47	♒	～	18	日	16:34	♓
21	水	02:05	♓	～	21	水	03:35	♈
22	木	16:31	♈	～	23	金	16:27	♉
26	月	04:50	♉	～	26	月	05:11	♊
28	水	12:07	♊	～	28	水	16:37	♋
30	金	20:27	♋	～	31	土	02:16	♌

6月

開始日		開始時刻	サイン		終了日		終了時刻	サイン
2	月	04:20	♌	～	2	月	09:39	♍
4	水	09:29	♍	～	4	水	14:18	♎
6	金	12:32	♎	～	6	金	16:14	♏
8	日	12:17	♏	～	8	日	16:24	♐
10	火	08:16	♐	～	10	火	16:32	♑
12	木	14:38	♑	～	12	木	18:42	♒
14	土	20:25	♒	～	15	日	00:34	♓
17	火	06:21	♓	～	17	火	10:31	♈
19	木	18:20	♈	～	19	木	23:04	♉
22	日	08:04	♉	～	22	日	11:45	♊
24	火	13:35	♊	～	24	火	22:52	♋
27	金	04:57	♋	～	27	金	07:56	♌
29	日	12:23	♌	～	29	日	15:04	♍

7月

開始日		開始時刻	サイン		終了日		終了時刻	サイン
1	火	19:29	♍	～	1	火	20:18	♎
2	水	15:12	♎	～	3	木	23:35	♏
5	土	23:18	♏	～	6	日	01:14	♐
7	月	18:24	♐	～	8	火	02:21	♑
10	木	02:54	♑	～	10	木	04:37	♒
12	土	08:04	♒	～	12	土	09:43	♓
14	月	17:01	♓	～	14	月	18:35	♈
16	水	17:07	♈	～	17	木	06:31	♉
19	土	17:58	♉	～	19	土	19:10	♊
21	月	21:27	♊	～	22	火	06:16	♋
24	木	14:01	♋	～	24	木	14:49	♌
26	土	20:26	♌	～	26	土	21:04	♍
29	火	01:12	♍	～	29	火	01:41	♎
30	水	08:24	♎	～	31	木	05:10	♏

8月

開始日		開始時刻	サイン		終了日		終了時刻	サイン
2	土	07:34	♏	～	2	土	07:50	♐
4	月	03:11	♐	～	4	月	10:18	♑
6	水	13:28	♑	～	6	水	13:33	♒
8	金	14:25	♒	～	8	金	18:52	♓
10	日	22:46	♓	～	11	月	03:14	♈
12	火	17:19	♈	～	13	水	14:33	♉
15	金	23:01	♉	～	16	土	03:10	♊
18	月	07:24	♊	～	18	月	14:38	♋
20	水	22:13	♋	～	20	水	23:16	♌
23	土	03:34	♌	～	23	土	04:54	♍
25	月	05:28	♍	～	25	月	08:22	♎
26	火	22:48	♎	～	27	水	10:49	♏
29	金	10:31	♏	～	29	金	13:14	♐
31	日	10:34	♐	～	31	日	16:18	♑

9月

開始日		開始時刻	サイン		終了日		終了時刻	サイン
2	火	17:57	♑	～	2	火	20:40	♒
5	金	00:07	♒	～	5	金	02:53	♓
7	日	08:39	♓	～	7	日	11:29	♈
9	火	09:55	♈	～	9	火	22:33	♉
12	金	08:09	♉	～	12	金	11:07	♊
14	日	21:39	♊	～	14	日	23:10	♋
17	水	05:50	♋	～	17	水	08:37	♌
19	金	11:50	♌	～	19	金	14:30	♍
21	日	14:43	♍	～	21	日	17:18	♎
23	火	07:28	♎	～	23	火	18:24	♏
25	木	16:42	♏	～	25	木	19:25	♐
27	土	19:52	♐	～	27	土	21:45	♑
29	月	23:07	♑	～	30	火	02:18	♒

10月

開始日		開始時刻	サイン		終了日		終了時刻	サイン
2	木	05:50	♒	～	2	木	09:19	♓
4	土	14:50	♓	～	4	土	18:38	♈
6	月	12:44	♈	～	7	火	05:53	♉
9	木	18:09	♉	～	9	木	18:23	♊
12	日	03:16	♊	～	12	日	06:54	♋
14	火	17:01	♋	～	14	火	17:30	♌
17	金	00:02	♌	～	17	金	00:37	♍
19	日	03:16	♍	～	19	日	03:55	♎
20	月	23:19	♎	～	21	火	04:26	♏
23	木	03:11	♏	～	23	木	04:01	♐
25	土	02:24	♐	～	25	土	04:41	♑
27	月	06:52	♑	～	27	月	08:03	♒
29	水	13:26	♒	～	29	水	14:52	♓
31	金	22:59	♓	～	1	土	00:39	♈

11月

開始日		開始時刻	サイン		終了日		終了時刻	サイン
3	月	05:58	♈	～	3	月	12:20	♉
5	水	22:51	♉	～	6	木	00:53	♊
8	土	11:34	♊	～	8	土	13:27	♋
10	月	23:08	♋	～	11	火	00:50	♌
13	木	07:03	♌	～	13	木	09:30	♍
15	土	13:06	♍	～	15	土	14:23	♎
16	日	22:17	♎	～	17	月	15:41	♏
19	水	13:53	♏	～	19	水	14:54	♐
21	金	13:14	♐	～	21	金	14:12	♑
23	日	14:49	♑	～	23	日	15:47	♒
25	火	17:44	♒	～	25	火	21:10	♓
28	金	05:32	♓	～	28	金	06:27	♈
30	日	06:53	♈	～	30	日	18:19	♉

12月

開始日		開始時刻	サイン		終了日		終了時刻	サイン
3	水	06:40	♉	～	3	水	07:01	♊
5	金	18:42	♊	～	5	金	19:22	♋
8	月	06:08	♋	～	8	月	06:44	♌
10	水	11:37	♌	～	10	水	16:13	♍
12	金	22:21	♍	～	12	金	22:47	♎
14	日	12:07	♎	～	15	月	01:52	♏
17	水	01:52	♏	～	17	水	02:11	♐
19	金	01:09	♐	～	19	金	01:27	♑
21	日	01:37	♑	～	21	日	01:54	♒
23	火	00:23	♒	～	23	火	05:34	♓
25	木	13:08	♓	～	25	木	13:25	♈
27	土	09:59	♈	～	28	日	00:44	♉
30	火	13:12	♉	～	30	火	13:28	♊

1942年【ボイドタイム】

1月

開始日		開始時刻	サイン		終了日		終了時刻	サイン
2	金	01:27	♊	~	2	金	01:42	♋
4	日	12:18	♋	~	4	日	12:33	♌
6	火	16:37	♌	~	6	火	21:43	♍
9	金	04:33	♍	~	9	金	04:49	♎
11	日	08:36	♎	~	11	日	09:25	♏
13	火	11:15	♏	~	13	火	11:32	♐
15	木	11:50	♐	~	15	木	12:08	♑
17	土	12:33	♑	~	17	土	12:53	♒
19	月	09:32	♒	~	19	月	15:44	♓
21	水	21:41	♓	~	21	水	22:09	♈
23	金	14:10	♈	~	24	土	08:19	♉
26	月	20:08	♉	~	26	月	20:45	♊
29	木	08:23	♊	~	29	木	09:04	♋
31	土	18:54	♋	~	31	土	19:38	♌

2月

開始日		開始時刻	サイン		終了日		終了時刻	サイン
2	月	22:03	♌	~	3	火	03:58	♍
5	木	09:30	♍	~	5	木	10:19	♎
7	土	04:37	♎	~	7	土	14:57	♏
9	月	17:13	♏	~	9	月	18:07	♐
11	水	19:21	♐	~	11	水	20:20	♑
13	金	21:25	♑	~	13	金	22:28	♒
15	日	19:35	♒	~	16	月	01:51	♓
18	水	06:27	♓	~	18	水	07:47	♈
19	木	06:59	♈	~	20	金	16:58	♉
23	月	03:07	♉	~	23	月	04:48	♊
25	水	15:29	♊	~	25	水	17:16	♋
28	土	02:16	♋	~	28	土	04:07	♌

3月

開始日		開始時刻	サイン		終了日		終了時刻	サイン
2	月	06:16	♌	~	2	月	12:07	♍
4	水	15:31	♍	~	4	水	17:24	♎
5	木	22:58	♎	~	6	金	20:51	♏
8	日	21:28	♏	~	8	日	23:29	♐
11	水	00:02	♐	~	11	水	02:09	♑
13	金	03:15	♑	~	13	金	05:31	♒
15	日	05:11	♒	~	15	日	10:10	♓
17	火	14:03	♓	~	17	火	16:42	♈
18	水	19:44	♈	~	20	金	01:40	♉
22	日	09:53	♉	~	22	日	13:01	♊
24	火	22:16	♊	~	25	水	01:34	♋
27	金	09:47	♋	~	27	金	13:05	♌
29	日	17:08	♌	~	29	日	21:37	♍
31	火	23:29	♍	~	1	水	02:37	♎

4月

開始日		開始時刻	サイン		終了日		終了時刻	サイン
2	木	22:58	♎	~	3	金	04:55	♏
5	日	04:41	♏	~	5	日	06:05	♐
7	火	04:22	♐	~	7	火	07:42	♑
9	木	07:31	♑	~	9	木	10:57	♒
11	土	12:57	♒	~	11	土	16:20	♓
13	月	20:32	♓	~	13	月	23:50	♈
15	水	23:33	♈	~	16	木	09:19	♉
18	土	17:37	♉	~	18	土	20:38	♊
21	火	04:27	♊	~	21	火	09:11	♋
23	木	18:56	♋	~	23	木	21:22	♌
26	日	06:38	♌	~	26	日	07:03	♍
28	火	11:09	♍	~	28	火	12:51	♎
30	木	00:15	♎	~	30	木	15:00	♏

5月

開始日		開始時刻	サイン		終了日		終了時刻	サイン
2	土	13:52	♏	~	2	土	15:04	♐
4	月	11:35	♐	~	4	月	15:05	♑
6	水	16:23	♑	~	6	水	16:56	♒
8	金	21:39	♒	~	8	金	21:44	♓
11	月	05:02	♓	~	11	月	05:32	♈
13	水	03:14	♈	~	13	水	15:38	♉
15	金	21:43	♉	~	16	土	03:16	♊
18	月	10:10	♊	~	18	月	15:50	♋
21	木	02:27	♋	~	21	木	04:22	♌
23	土	07:12	♌	~	23	土	15:08	♍
25	月	17:17	♍	~	25	月	22:23	♎
27	水	20:22	♎	~	28	木	01:33	♏
29	金	21:06	♏	~	30	土	01:40	♐
31	日	22:04	♐	~	1	月	00:44	♑

6月

開始日		開始時刻	サイン		終了日		終了時刻	サイン
2	火	20:13	♑	~	3	水	01:00	♒
5	金	01:56	♒	~	5	金	04:15	♓
7	日	09:43	♓	~	7	日	11:12	♈
9	火	20:50	♈	~	9	火	21:17	♉
12	金	06:22	♉	~	12	金	09:12	♊
14	日	15:57	♊	~	14	日	21:51	♋
17	水	04:31	♋	~	17	水	10:20	♌
19	金	16:28	♌	~	19	金	21:34	♍
22	月	05:44	♍	~	22	月	06:05	♎
23	火	12:38	♎	~	24	水	10:51	♏
26	金	08:29	♏	~	26	金	12:10	♐
28	日	07:05	♐	~	28	日	11:31	♑
30	火	06:32	♑	~	30	火	11:01	♒

7月

開始日		開始時刻	サイン		終了日		終了時刻	サイン
1	水	17:49	♒	~	2	木	12:47	♓
4	土	13:08	♓	~	4	土	18:11	♈
6	月	12:17	♈	~	7	火	03:23	♉
9	木	09:48	♉	~	9	木	15:11	♊
12	日	00:34	♊	~	12	日	03:52	♋
14	火	11:00	♋	~	14	火	16:09	♌
16	木	10:26	♌	~	17	金	03:09	♍
19	日	07:26	♍	~	19	日	12:03	♎
21	火	14:12	♎	~	21	火	18:03	♏
23	木	20:57	♏	~	23	木	20:59	♐
25	土	17:54	♐	~	25	土	21:39	♑
27	月	17:56	♑	~	27	月	21:38	♒
29	水	19:45	♒	~	29	水	22:50	♓
31	金	23:00	♓	~	1	土	02:56	♈

8月

開始日		開始時刻	サイン		終了日		終了時刻	サイン
2	日	00:18	♈	~	3	月	10:48	♉
5	水	17:47	♉	~	5	水	21:55	♊
8	土	06:30	♊	~	8	土	10:31	♋
10	月	18:53	♋	~	10	月	22:40	♌
13	木	08:51	♌	~	13	木	09:10	♍
15	土	14:16	♍	~	15	土	17:32	♎
17	月	12:15	♎	~	17	月	23:39	♏
20	木	00:49	♏	~	20	木	03:36	♐
22	土	03:13	♐	~	22	土	05:47	♑
24	月	04:41	♑	~	24	月	07:08	♒
25	火	02:18	♒	~	26	水	08:56	♓
28	金	10:17	♓	~	28	金	12:40	♈
29	土	19:52	♈	~	30	日	19:30	♉

9月

開始日		開始時刻	サイン		終了日		終了時刻	サイン
2	水	03:20	♉	~	2	水	05:41	♊
4	金	15:49	♊	~	4	金	18:01	♋
7	月	04:17	♋	~	7	月	06:16	♌
9	水	13:08	♌	~	9	水	16:32	♍
11	金	22:36	♍	~	12	土	00:06	♎
13	日	11:32	♎	~	14	月	05:20	♏
16	水	07:50	♏	~	16	水	08:59	♐
18	金	10:49	♐	~	18	金	11:49	♑
20	日	13:36	♑	~	20	日	14:28	♒
22	火	06:50	♒	~	22	火	17:35	♓
24	木	21:20	♓	~	24	木	21:58	♈
26	土	20:39	♈	~	27	日	04:35	♉
29	火	13:45	♉	~	29	火	14:06	♊

10月

開始日		開始時刻	サイン		終了日		終了時刻	サイン
2	金	01:54	♊	~	2	金	02:04	♋
4	日	13:02	♋	~	4	日	14:36	♌
6	火	11:03	♌	~	7	水	01:14	♍
8	木	20:28	♍	~	9	金	08:34	♎
11	日	01:42	♎	~	11	日	12:47	♏
13	火	04:43	♏	~	13	火	15:11	♐
15	木	01:40	♐	~	15	木	17:14	♑
17	土	09:56	♑	~	17	土	20:02	♒
19	月	15:45	♒	~	20	火	00:06	♓
21	水	19:34	♓	~	22	木	05:38	♈
24	土	02:45	♈	~	24	土	12:53	♉
26	月	12:03	♉	~	26	月	22:19	♊
29	木	04:24	♊	~	29	木	10:01	♋
31	土	20:50	♋	~	31	土	22:49	♌

11月

開始日		開始時刻	サイン		終了日		終了時刻	サイン
2	月	20:38	♌	~	3	火	10:20	♍
5	木	09:34	♍	~	5	木	18:22	♎
7	土	14:19	♎	~	7	土	22:28	♏
9	月	16:02	♏	~	9	月	23:48	♐
10	火	17:06	♐	~	12	木	00:19	♑
13	金	17:49	♑	~	14	土	01:49	♒
15	日	15:56	♒	~	16	月	05:29	♓
18	水	02:42	♓	~	18	水	11:31	♈
20	金	10:25	♈	~	20	金	19:39	♉
23	月	05:24	♉	~	23	月	05:36	♊
24	火	00:42	♊	~	25	水	17:18	♋
27	金	19:43	♋	~	28	土	06:10	♌
29	日	20:01	♌	~	30	月	18:30	♍

12月

開始日		開始時刻	サイン		終了日		終了時刻	サイン
2	水	17:52	♍	~	3	木	03:56	♎
4	金	23:34	♎	~	5	土	09:07	♏
7	月	01:21	♏	~	7	月	10:35	♐
8	火	20:05	♐	~	9	水	10:08	♑
11	金	04:25	♑	~	11	金	09:58	♒
13	日	08:41	♒	~	13	日	11:57	♓
15	火	16:34	♓	~	15	火	17:05	♈
17	木	15:06	♈	~	18	金	01:17	♉
19	土	22:06	♉	~	20	日	11:47	♊
21	月	02:43	♊	~	22	火	23:47	♋
24	木	21:21	♋	~	25	金	12:36	♌
26	土	03:09	♌	~	28	月	01:11	♍
29	火	22:14	♍	~	30	水	11:45	♎

1943年【ボイドタイム】

1月

開始日		開始時刻	サイン		終了日		終了時刻	サイン
1	金	13:07	♎	~	1	金	18:41	♏
3	日	10:27	♏	~	3	日	21:35	♐
4	月	20:07	♐	~	5	火	21:36	♑
7	木	18:41	♑	~	7	木	20:43	♒
8	金	23:39	♒	~	9	土	21:04	♓
11	月	07:16	♓	~	12	火	00:21	♈
13	水	16:48	♈	~	14	木	07:22	♉
16	土	07:36	♉	~	16	土	17:40	♊
18	月	17:32	♊	~	19	火	05:54	♋
20	水	20:22	♋	~	21	木	18:45	♌
24	日	02:37	♌	~	24	日	07:04	♍
26	火	17:08	♍	~	26	火	17:48	♎
29	金	00:31	♎	~	29	金	01:52	♏
31	日	03:06	♏	~	31	日	06:35	♐

2月

開始日		開始時刻	サイン		終了日		終了時刻	サイン
1	月	00:56	♐	~	2	火	08:16	♑
4	木	00:30	♑	~	4	木	08:11	♒
5	金	08:29	♒	~	6	土	08:08	♓
8	月	01:47	♓	~	8	月	10:01	♈
10	水	07:55	♈	~	10	水	15:18	♉
12	金	19:18	♉	~	13	土	00:26	♊
15	月	02:37	♊	~	15	月	12:25	♋
17	水	03:20	♋	~	18	木	01:19	♌
18	木	12:51	♌	~	20	土	13:21	♍
22	月	15:54	♍	~	22	月	23:31	♎
24	水	14:37	♎	~	25	木	07:26	♏
27	土	00:02	♏	~	27	土	13:00	♐
28	日	13:13	♐	~	1	月	16:20	♑

3月

開始日		開始時刻	サイン		終了日		終了時刻	サイン
3	水	11:18	♑	~	3	水	17:57	♒
5	金	03:07	♒	~	5	金	18:55	♓
7	日	19:18	♓	~	7	日	20:42	♈
9	火	20:03	♈	~	10	水	00:54	♉
11	木	13:06	♉	~	12	金	08:40	♊
14	日	04:30	♊	~	14	日	19:52	♋
16	火	22:44	♋	~	17	水	08:42	♌
19	金	14:11	♌	~	19	金	20:44	♍
21	日	03:30	♍	~	22	月	06:22	♎
23	火	10:50	♎	~	24	水	13:24	♏
26	金	10:24	♏	~	26	金	18:24	♐
27	土	18:54	♐	~	28	日	22:06	♑
30	火	00:43	♑	~	31	水	00:58	♒

4月

開始日		開始時刻	サイン		終了日		終了時刻	サイン
1	木	06:27	♒	~	2	金	03:28	♓
3	土	06:19	♓	~	4	日	06:18	♈
5	月	18:32	♈	~	6	火	10:38	♉
8	木	04:02	♉	~	8	木	17:42	♊
10	土	21:01	♊	~	11	日	04:04	♋
13	火	09:52	♋	~	13	火	16:40	♌
16	金	04:57	♌	~	16	金	05:00	♍
18	日	14:39	♍	~	18	日	14:42	♎
20	火	20:10	♎	~	20	火	21:05	♏
23	金	00:43	♏	~	23	金	00:57	♐
25	日	03:22	♐	~	25	日	03:40	♑
27	火	05:59	♑	~	27	火	06:22	♒
29	木	06:21	♒	~	29	木	09:37	♓

5月

開始日		開始時刻	サイン		終了日		終了時刻	サイン
1	土	13:07	♓	~	1	土	13:40	♈
3	月	00:36	♈	~	3	月	18:58	♉
6	木	01:32	♉	~	6	木	02:17	♊
8	土	11:25	♊	~	8	土	12:18	♋
10	月	23:41	♋	~	11	火	00:39	♌
12	水	18:52	♌	~	13	木	13:22	♍
15	土	22:43	♍	~	15	土	23:45	♎
17	月	14:57	♎	~	18	火	06:20	♏
20	木	08:33	♏	~	20	木	09:34	♐
22	土	09:58	♐	~	22	土	11:01	♑
24	月	11:19	♑	~	24	月	12:24	♒
25	火	12:12	♒	~	26	水	14:59	♓
28	金	18:04	♓	~	28	金	19:17	♈
30	日	13:44	♈	~	31	月	01:26	♉

6月

開始日		開始時刻	サイン		終了日		終了時刻	サイン
2	水	08:09	♉	~	2	水	09:30	♊
4	金	18:20	♊	~	4	金	19:46	♋
7	月	06:44	♋	~	7	月	08:04	♌
9	水	16:22	♌	~	9	水	21:04	♍
12	土	06:58	♍	~	12	土	08:23	♎
14	月	09:41	♎	~	14	月	16:00	♏
16	水	18:24	♏	~	16	水	19:37	♐
18	金	19:21	♐	~	18	金	20:30	♑
20	日	19:26	♑	~	20	日	20:34	♒
22	火	02:38	♒	~	22	火	21:37	♓
24	木	23:41	♓	~	25	金	00:53	♈
27	日	05:16	♈	~	27	日	06:53	♉
29	火	14:45	♉	~	29	火	15:28	♊

7月

開始日		開始時刻	サイン		終了日		終了時刻	サイン
2	金	01:00	♊	~	2	金	02:14	♋
4	日	13:29	♋	~	4	日	14:40	♌
7	水	01:59	♌	~	7	水	03:46	♍
9	金	14:44	♍	~	9	金	15:45	♎
11	日	06:31	♎	~	12	月	00:41	♏
14	水	04:52	♏	~	14	水	05:38	♐
16	金	06:28	♐	~	16	金	07:08	♑
18	日	06:11	♑	~	18	日	06:46	♒
19	月	16:23	♒	~	20	火	06:31	♓
22	木	07:39	♓	~	22	木	08:09	♈
23	金	21:54	♈	~	24	土	12:54	♉
26	月	20:43	♉	~	26	月	21:04	♊
29	木	07:49	♊	~	29	木	08:05	♋
31	土	20:35	♋	~	31	土	20:44	♌

8月

開始日		開始時刻	サイン		終了日		終了時刻	サイン
2	月	23:51	♌	~	3	火	09:46	♍
5	木	08:00	♍	~	5	木	21:52	♎
7	土	18:55	♎	~	8	日	07:41	♏
9	月	23:02	♏	~	10	火	14:09	♐
12	木	06:39	♐	~	12	木	17:10	♑
14	土	08:17	♑	~	14	土	17:37	♒
16	月	09:47	♒	~	16	月	17:07	♓
18	水	11:58	♓	~	18	水	17:33	♈
20	金	14:11	♈	~	20	金	20:40	♉
23	月	02:11	♉	~	23	月	03:35	♊
25	水	09:47	♊	~	25	水	14:08	♋
27	金	02:45	♋	~	28	土	02:50	♌
30	月	05:58	♌	~	30	月	15:48	♍

9月

開始日		開始時刻	サイン		終了日		終了時刻	サイン
1	水	18:20	♍	~	2	木	03:34	♎
4	土	04:46	♎	~	4	土	13:21	♏
5	日	16:18	♏	~	6	月	20:39	♐
8	水	17:55	♐	~	9	木	01:14	♑
10	金	04:36	♑	~	11	土	03:19	♒
12	日	21:17	♒	~	13	月	03:47	♓
14	火	21:43	♓	~	15	水	04:09	♈
16	木	23:38	♈	~	17	金	06:15	♉
19	日	02:21	♉	~	19	日	11:43	♊
21	火	16:06	♊	~	21	火	21:11	♋
22	水	06:59	♋	~	24	金	09:35	♌
26	日	15:22	♌	~	26	日	22:31	♍
29	水	03:39	♍	~	29	水	09:57	♎

10月

開始日		開始時刻	サイン		終了日		終了時刻	サイン
1	金	12:38	♎	~	1	金	19:05	♏
3	日	16:29	♏	~	4	月	02:04	♐
6	水	01:16	♐	~	6	水	07:12	♑
8	金	03:58	♑	~	8	金	10:40	♒
10	日	07:10	♒	~	10	日	12:45	♓
12	火	08:37	♓	~	12	火	14:13	♈
14	木	10:40	♈	~	14	木	16:27	♉
16	土	06:42	♉	~	16	土	21:08	♊
18	月	22:48	♊	~	19	火	05:29	♋
21	木	10:42	♋	~	21	木	17:13	♌
24	日	05:14	♌	~	24	日	06:11	♍
26	火	10:36	♍	~	26	火	17:39	♎
28	木	19:26	♎	~	29	金	02:15	♏
30	土	21:43	♏	~	31	日	08:15	♐

11月

開始日		開始時刻	サイン		終了日		終了時刻	サイン
2	火	05:56	♐	~	2	火	12:37	♑
4	木	06:54	♑	~	4	木	16:10	♒
6	土	12:23	♒	~	6	土	19:17	♓
8	月	20:04	♓	~	8	月	22:11	♈
10	水	18:10	♈	~	11	木	01:33	♉
12	金	22:27	♉	~	13	土	06:32	♊
15	月	06:13	♊	~	15	月	14:23	♋
17	水	22:15	♋	~	18	木	01:28	♌
20	土	07:43	♌	~	20	土	14:22	♍
23	火	01:19	♍	~	23	火	02:20	♎
25	木	04:39	♎	~	25	木	11:10	♏
27	土	10:40	♏	~	27	土	16:36	♐
29	月	14:10	♐	~	29	月	19:44	♑

12月

開始日		開始時刻	サイン		終了日		終了時刻	サイン
1	水	08:22	♑	~	1	水	22:02	♒
3	金	19:18	♒	~	4	土	00:37	♓
5	日	21:18	♓	~	6	月	04:01	♈
8	水	08:13	♈	~	8	水	08:31	♉
10	金	09:06	♉	~	10	金	14:33	♊
12	日	17:08	♊	~	12	日	22:47	♋
13	月	13:20	♋	~	15	水	09:38	♌
17	金	16:21	♌	~	17	金	22:23	♍
20	月	05:03	♍	~	20	月	10:56	♎
22	水	20:16	♎	~	22	水	20:47	♏
24	金	21:17	♏	~	25	土	02:45	♐
27	月	00:06	♐	~	27	月	05:25	♑
28	火	21:14	♑	~	29	水	06:22	♒
31	金	01:42	♒	~	31	金	07:18	♓

1944年【ボイドタイム】

1月

開始日	開始時刻	サイン		終了日	終了時刻	サイン
2 日	06:58	♓	~	2 日	09:35	♈
4 火	07:28	♈	~	4 火	13:59	♉
6 木	13:39	♉	~	6 木	20:45	♊
8 土	22:05	♊	~	9 日	05:49	♋
10 月	19:09	♋	~	11 火	16:58	♌
13 木	20:39	♌	~	14 金	05:39	♍
16 日	07:46	♍	~	16 日	18:30	♎
19 水	00:31	♎	~	19 水	05:28	♏
21 金	12:52	♏	~	21 金	12:54	♐
23 日	07:25	♐	~	23 日	16:27	♑
24 月	08:20	♑	~	25 火	17:10	♒
27 木	15:05	♒	~	27 木	16:49	♓
29 土	01:09	♓	~	29 土	17:16	♈
31 月	09:03	♈	~	31 月	20:08	♉

2月

開始日	開始時刻	サイン		終了日	終了時刻	サイン
2 水	13:59	♉	~	3 木	02:18	♊
4 金	22:07	♊	~	5 土	11:41	♋
7 月	08:39	♋	~	7 月	23:21	♌
9 水	20:41	♌	~	10 木	12:09	♍
12 土	04:13	♍	~	13 日	00:55	♎
15 火	02:27	♎	~	15 火	12:25	♏
17 木	16:41	♏	~	17 木	21:16	♐
20 日	02:28	♐	~	20 日	02:34	♑
20 日	08:54	♑	~	22 火	04:28	♒
23 水	13:21	♒	~	24 木	04:10	♓
25 金	11:09	♓	~	26 土	03:32	♈
27 日	15:07	♈	~	28 月	04:37	♉

3月

開始日	開始時刻	サイン		終了日	終了時刻	サイン
1 水	01:44	♉	~	1 水	09:07	♊
2 木	21:58	♊	~	3 金	17:39	♋
4 土	20:47	♋	~	6 月	05:20	♌
7 火	22:14	♌	~	8 水	18:19	♍
10 金	13:29	♍	~	11 土	06:56	♎
13 月	08:14	♎	~	13 月	18:13	♏
16 木	00:05	♏	~	16 木	03:32	♐
18 土	05:05	♐	~	18 土	10:14	♑
20 月	12:57	♑	~	20 月	13:56	♒
22 水	09:56	♒	~	22 水	15:00	♓
24 金	11:18	♓	~	24 金	14:43	♈
26 日	13:11	♈	~	26 日	15:02	♉
27 月	20:14	♉	~	28 火	17:59	♊
30 木	08:40	♊	~	31 金	01:00	♋

4月

開始日	開始時刻	サイン		終了日	終了時刻	サイン
2 日	05:16	♋	~	2 日	11:55	♌
4 火	07:14	♌	~	5 水	00:50	♍
7 金	04:16	♍	~	7 金	13:23	♎
9 日	08:15	♎	~	10 月	00:13	♏
11 火	08:43	♏	~	12 水	09:03	♐
14 金	04:38	♐	~	14 金	15:57	♑
16 日	13:59	♑	~	16 日	20:47	♒
18 火	20:39	♒	~	18 火	23:29	♓
20 木	12:49	♓	~	21 金	00:36	♈
22 土	13:55	♈	~	23 日	01:29	♉
24 月	06:08	♉	~	25 火	03:59	♊
26 水	21:36	♊	~	27 木	09:50	♋
29 土	04:51	♋	~	29 土	19:37	♌

5月

開始日	開始時刻	サイン		終了日	終了時刻	サイン
1 月	23:50	♌	~	2 火	08:05	♍
4 木	09:01	♍	~	4 木	20:41	♎
6 土	20:39	♎	~	7 日	07:19	♏
9 火	00:50	♏	~	9 火	15:28	♐
11 木	12:37	♐	~	11 木	21:34	♑
13 土	16:59	♑	~	14 日	02:11	♒
15 月	21:55	♒	~	16 火	05:36	♓
18 木	03:25	♓	~	18 木	08:04	♈
20 土	07:42	♈	~	20 土	10:16	♉
22 月	13:00	♉	~	22 月	13:27	♊
24 水	12:42	♊	~	24 水	19:05	♋
26 金	21:15	♋	~	27 土	04:05	♌
29 月	15:46	♌	~	29 月	15:59	♍
31 水	23:31	♍	~	1 木	04:38	♎

6月

開始日	開始時刻	サイン		終了日	終了時刻	サイン
3 土	11:15	♎	~	3 土	15:33	♏
5 月	06:57	♏	~	5 月	23:28	♐
8 木	01:50	♐	~	8 木	04:42	♑
10 土	03:42	♑	~	10 土	08:13	♒
12 月	09:09	♒	~	12 月	10:59	♓
14 水	12:19	♓	~	14 水	13:42	♈
16 金	15:57	♈	~	16 金	16:53	♉
18 日	08:43	♉	~	18 日	21:12	♊
21 水	01:59	♊	~	21 水	03:29	♋
21 水	06:13	♋	~	23 金	12:26	♌
25 日	15:54	♌	~	25 日	23:59	♍
26 月	21:09	♍	~	28 水	12:41	♎
30 金	14:28	♎	~	1 土	00:11	♏

7月

開始日	開始時刻	サイン		終了日	終了時刻	サイン
3 月	00:19	♏	~	3 月	08:39	♐
5 水	06:34	♐	~	5 水	13:43	♑
7 金	00:23	♑	~	7 金	16:15	♒
9 日	14:45	♒	~	9 日	17:40	♓
11 火	06:21	♓	~	11 火	19:19	♈
13 木	17:54	♈	~	13 木	22:17	♉
15 土	23:40	♉	~	16 日	03:12	♊
18 火	07:17	♊	~	18 火	10:22	♋
20 木	14:42	♋	~	20 木	19:52	♌
23 日	06:06	♌	~	23 日	07:25	♍
24 月	07:18	♍	~	25 火	20:09	♎
28 金	04:58	♎	~	28 金	08:17	♏
29 土	12:58	♏	~	30 日	17:51	♐

8月

開始日	開始時刻	サイン		終了日	終了時刻	サイン
1 火	02:25	♐	~	1 火	23:43	♑
2 水	22:20	♑	~	4 金	02:11	♒
5 土	16:13	♒	~	6 日	02:36	♓
7 月	03:59	♓	~	8 火	02:44	♈
10 木	02:37	♈	~	10 木	04:20	♉
11 金	12:26	♉	~	12 土	08:39	♊
13 日	22:27	♊	~	14 月	16:04	♋
16 水	09:53	♋	~	17 木	02:09	♌
19 土	05:24	♌	~	19 土	14:01	♍
21 月	16:46	♍	~	22 火	02:46	♎
23 水	04:44	♎	~	24 木	15:14	♏
26 土	22:52	♏	~	27 日	01:53	♐
29 火	09:12	♐	~	29 火	09:13	♑
31 木	04:21	♑	~	31 木	12:45	♒

9月

開始日	開始時刻	サイン		終了日	終了時刻	サイン
1 金	10:03	♒	~	2 土	13:15	♓
3 日	17:02	♓	~	4 月	12:28	♈
5 火	09:07	♈	~	6 水	12:29	♉
7 木	12:20	♉	~	8 金	15:14	♊
9 土	21:02	♊	~	10 日	21:48	♋
12 火	10:31	♋	~	13 水	07:51	♌
14 木	10:00	♌	~	15 金	20:01	♍
17 日	21:37	♍	~	18 月	08:49	♎
19 火	23:54	♎	~	20 水	21:12	♏
23 土	07:51	♏	~	23 土	08:17	♐
25 月	09:36	♐	~	25 月	16:56	♑
27 水	20:31	♑	~	27 水	22:11	♒
29 金	08:05	♒	~	29 金	23:59	♓

10月

開始日	開始時刻	サイン		終了日	終了時刻	サイン
1 日	12:53	♓	~	1 日	23:31	♈
3 火	11:38	♈	~	3 火	22:47	♉
4 水	23:02	♉	~	6 金	00:00	♊
7 土	21:33	♊	~	8 日	04:57	♋
10 火	09:26	♋	~	10 火	14:04	♌
13 金	00:55	♌	~	13 金	02:05	♍
14 土	18:15	♍	~	15 日	14:56	♎
17 火	14:34	♎	~	18 水	03:04	♏
20 金	07:13	♏	~	20 金	13:51	♐
22 日	20:52	♐	~	22 日	22:49	♑
24 火	09:23	♑	~	25 水	05:20	♒
26 木	03:17	♒	~	27 金	08:54	♓
28 土	17:12	♓	~	29 日	09:55	♈
30 月	05:46	♈	~	31 火	09:46	♉

11月

開始日	開始時刻	サイン		終了日	終了時刻	サイン
1 水	18:36	♉	~	2 木	10:29	♊
3 金	21:44	♊	~	4 土	14:05	♋
6 月	08:40	♋	~	6 月	21:45	♌
9 木	03:50	♌	~	9 木	09:00	♍
11 土	08:37	♍	~	11 土	21:46	♎
14 火	03:43	♎	~	14 火	09:49	♏
16 木	07:29	♏	~	16 木	20:03	♐
18 土	15:33	♐	~	19 日	04:21	♑
21 火	08:09	♑	~	21 火	10:48	♒
23 木	12:11	♒	~	23 木	15:19	♓
25 土	17:34	♓	~	25 土	17:58	♈
27 月	09:37	♈	~	27 月	19:23	♉
29 水	11:53	♉	~	29 水	20:56	♊

12月

開始日	開始時刻	サイン		終了日	終了時刻	サイン
2 土	00:15	♊	~	2 土	00:17	♋
3 日	21:43	♋	~	4 月	06:54	♌
5 火	07:01	♌	~	6 水	17:05	♍
8 金	23:09	♍	~	9 土	05:29	♎
10 日	18:12	♎	~	11 月	17:43	♏
13 水	20:29	♏	~	14 木	03:51	♐
16 土	04:42	♐	~	16 土	11:23	♑
18 月	10:36	♑	~	18 月	16:45	♒
20 水	17:51	♒	~	20 水	20:40	♓
22 金	18:18	♓	~	22 金	23:43	♈
25 月	00:50	♈	~	25 月	02:25	♉
27 水	00:23	♉	~	27 水	05:27	♊
29 金	04:42	♊	~	29 金	09:45	♋
31 日	11:13	♋	~	31 日	16:20	♌

1945年【ボイドタイム】

1月

開始日		開始時刻	サイン		終了日		終了時刻	サイン
2	火	20:59	♌	~	3	水	01:50	♍
5	金	12:44	♍	~	5	金	13:45	♎
7	日	14:27	♎	~	8	月	02:14	♏
10	水	08:07	♏	~	10	水	12:56	♐
12	金	17:12	♐	~	12	金	20:29	♑
14	日	20:38	♑	~	15	月	00:58	♒
15	月	17:08	♒	~	17	水	03:28	♓
19	金	02:29	♓	~	19	金	05:22	♈
19	金	22:34	♈	~	21	日	07:49	♉
23	火	06:52	♉	~	23	火	11:36	♊
25	木	12:03	♊	~	25	木	17:06	♋
27	土	19:08	♋	~	28	日	00:34	♌
28	日	18:04	♌	~	30	火	10:10	♍

2月

開始日		開始時刻	サイン		終了日		終了時刻	サイン
1	木	19:57	♍	~	1	木	21:47	♎
4	日	05:40	♎	~	4	日	10:23	♏
6	火	15:09	♏	~	6	火	21:58	♐
8	木	23:45	♐	~	9	金	06:30	♑
11	日	06:36	♑	~	11	日	11:13	♒
13	火	02:33	♒	~	13	火	12:53	♓
15	木	06:22	♓	~	15	木	13:13	♈
17	土	10:51	♈	~	17	土	14:06	♉
19	月	08:54	♉	~	19	月	17:02	♊
21	水	15:32	♊	~	21	水	22:43	♋
23	金	21:06	♋	~	24	土	06:59	♌
25	日	23:58	♌	~	26	月	17:14	♍
28	水	17:24	♍	~	1	木	04:58	♎

3月

開始日		開始時刻	サイン		終了日		終了時刻	サイン
3	土	07:30	♎	~	3	土	17:33	♏
5	月	17:05	♏	~	6	火	05:46	♐
8	木	12:22	♐	~	8	木	15:38	♑
10	土	20:50	♑	~	10	土	21:41	♒
12	月	06:59	♒	~	12	月	23:51	♓
14	水	12:51	♓	~	14	水	23:33	♈
16	金	11:43	♈	~	16	金	22:55	♉
18	日	19:50	♉	~	19	月	00:05	♊
21	水	04:11	♊	~	21	水	04:32	♋
22	木	20:11	♋	~	23	金	12:33	♌
25	日	08:19	♌	~	25	日	23:12	♍
27	火	16:46	♍	~	28	水	11:16	♎
30	金	17:34	♎	~	30	金	23:51	♏

4月

開始日		開始時刻	サイン		終了日		終了時刻	サイン
1	日	16:35	♏	~	2	月	12:09	♐
4	水	18:47	♐	~	4	水	22:52	♑
7	土	01:44	♑	~	7	土	06:29	♒
9	月	09:07	♒	~	9	月	10:11	♓
10	火	17:34	♓	~	11	水	10:39	♈
13	金	05:09	♈	~	13	金	09:41	♉
14	土	15:35	♉	~	15	日	09:32	♊
17	火	06:06	♊	~	17	火	12:14	♋
19	木	16:46	♋	~	19	木	18:53	♌
21	土	13:16	♌	~	22	日	05:04	♍
24	火	03:04	♍	~	24	火	17:16	♎
26	木	08:49	♎	~	27	金	05:53	♏
29	日	12:14	♏	~	29	日	17:57	♐

5月

開始日		開始時刻	サイン		終了日		終了時刻	サイン
2	水	03:01	♐	~	2	水	04:41	♑
3	木	15:29	♑	~	4	金	13:07	♒
6	日	00:21	♒	~	6	日	18:22	♓
8	火	00:04	♓	~	8	火	20:26	♈
10	木	09:17	♈	~	10	木	20:25	♉
12	土	05:21	♉	~	12	土	20:13	♊
14	月	17:19	♊	~	14	月	21:52	♋
16	水	18:02	♋	~	17	木	02:58	♌
19	土	07:12	♌	~	19	土	11:57	♍
20	日	22:44	♍	~	21	月	23:44	♎
23	水	20:00	♎	~	24	木	12:22	♏
25	金	23:49	♏	~	27	日	00:12	♐
29	火	00:39	♐	~	29	火	10:25	♑
31	木	12:13	♑	~	31	木	18:36	♒

6月

開始日		開始時刻	サイン		終了日		終了時刻	サイン
2	土	21:15	♒	~	3	日	00:26	♓
4	月	07:46	♓	~	5	火	03:52	♈
6	水	23:26	♈	~	7	木	05:24	♉
8	金	11:20	♉	~	9	土	06:16	♊
11	月	07:19	♊	~	11	月	08:03	♋
12	火	16:17	♋	~	13	水	12:21	♌
15	金	07:40	♌	~	15	金	20:08	♍
18	月	03:54	♍	~	18	月	07:07	♎
20	水	16:47	♎	~	20	水	19:37	♏
22	金	10:57	♏	~	23	土	07:28	♐
24	日	22:03	♐	~	25	月	17:15	♑
27	水	06:42	♑	~	28	木	00:37	♒
29	金	14:58	♒	~	30	土	05:52	♓

7月

開始日		開始時刻	サイン		終了日		終了時刻	サイン
2	月	03:52	♓	~	2	月	09:30	♈
3	火	10:41	♈	~	4	水	12:05	♉
6	金	11:37	♉	~	6	金	14:21	♊
8	日	02:42	♊	~	8	日	17:11	♋
10	火	07:12	♋	~	10	火	21:44	♌
12	木	14:22	♌	~	13	金	04:59	♍
15	日	03:23	♍	~	15	日	15:14	♎
17	火	16:00	♎	~	18	水	03:30	♏
20	金	11:06	♏	~	20	金	15:37	♐
22	日	18:11	♐	~	23	月	01:30	♑
24	火	21:44	♑	~	25	水	08:17	♒
26	木	19:14	♒	~	27	金	12:27	♓
29	日	06:27	♓	~	29	日	15:08	♈
31	火	09:06	♈	~	31	火	17:30	♉

8月

開始日		開始時刻	サイン		終了日		終了時刻	サイン
2	木	12:50	♉	~	2	木	20:24	♊
4	土	17:20	♊	~	5	日	00:24	♋
6	月	23:21	♋	~	7	火	05:53	♌
8	水	12:15	♌	~	9	木	13:25	♍
11	土	18:00	♍	~	11	土	23:22	♎
13	月	15:30	♎	~	14	火	11:25	♏
16	木	20:27	♏	~	16	木	23:57	♐
19	日	08:07	♐	~	19	日	10:32	♑
21	火	16:08	♑	~	21	火	17:33	♒
23	木	21:03	♒	~	23	木	21:06	♓
25	土	12:09	♓	~	25	土	22:31	♈
27	月	17:23	♈	~	27	月	23:34	♉
29	水	23:56	♉	~	30	木	01:48	♊
31	金	22:10	♊	~	1	土	06:01	♋

9月

開始日		開始時刻	サイン		終了日		終了時刻	サイン
2	日	20:22	♋	~	3	月	12:21	♌
5	水	17:45	♌	~	5	水	20:37	♍
7	金	14:39	♍	~	8	土	06:49	♎
10	月	02:40	♎	~	10	月	18:49	♏
12	水	15:55	♏	~	13	木	07:38	♐
15	土	02:38	♐	~	15	土	19:12	♑
17	月	16:30	♑	~	18	火	03:21	♒
19	水	20:47	♒	~	20	木	07:20	♓
22	土	05:45	♓	~	22	土	08:12	♈
24	月	06:22	♈	~	24	月	07:54	♉
26	水	03:14	♉	~	26	水	08:33	♊
27	木	13:53	♊	~	28	金	11:39	♋
30	日	06:01	♋	~	30	日	17:48	♌

10月

開始日		開始時刻	サイン		終了日		終了時刻	サイン
2	火	02:29	♌	~	3	水	02:35	♍
5	金	01:14	♍	~	5	金	13:18	♎
7	日	13:24	♎	~	8	月	01:25	♏
10	水	02:29	♏	~	10	水	14:18	♐
12	金	18:06	♐	~	13	土	02:34	♑
15	月	01:48	♑	~	15	月	12:08	♒
17	水	05:41	♒	~	17	水	17:35	♓
19	金	10:25	♓	~	19	金	19:10	♈
21	日	14:31	♈	~	21	日	18:31	♉
23	火	09:22	♉	~	23	火	17:50	♊
24	水	21:30	♊	~	25	木	19:12	♋
27	土	14:40	♋	~	27	土	23:56	♌
29	月	16:43	♌	~	30	火	08:13	♍

11月

開始日		開始時刻	サイン		終了日		終了時刻	サイン
1	木	12:33	♍	~	1	木	19:09	♎
4	日	02:35	♎	~	4	日	07:30	♏
6	火	17:05	♏	~	6	火	20:19	♐
8	木	23:23	♐	~	9	金	08:36	♑
11	日	18:44	♑	~	11	日	19:00	♒
13	火	08:34	♒	~	14	水	02:06	♓
15	木	20:48	♓	~	16	金	05:25	♈
17	土	21:32	♈	~	18	日	05:49	♉
20	火	00:13	♉	~	20	火	05:03	♊
21	水	13:37	♊	~	22	木	05:15	♋
23	金	22:49	♋	~	24	土	08:13	♌
26	月	01:38	♌	~	26	月	15:00	♍
28	水	14:20	♍	~	29	木	01:19	♎

12月

開始日		開始時刻	サイン		終了日		終了時刻	サイン
1	土	02:17	♎	~	1	土	13:44	♏
3	月	19:25	♏	~	4	火	02:31	♐
5	水	20:29	♐	~	6	木	14:24	♑
8	土	13:06	♑	~	9	日	00:35	♒
10	月	17:17	♒	~	11	火	08:21	♓
13	木	02:26	♓	~	13	木	13:16	♈
15	土	04:58	♈	~	15	土	15:31	♉
17	月	05:32	♉	~	17	月	16:04	♊
19	水	11:17	♊	~	19	水	16:28	♋
21	金	07:13	♋	~	21	金	18:31	♌
23	日	12:11	♌	~	23	日	23:45	♍
25	火	21:34	♍	~	26	水	08:46	♎
28	金	19:36	♎	~	28	金	20:44	♏
31	月	06:48	♏	~	31	月	09:33	♐

1946年【ボイドタイム】

1月

開始日		開始時刻	サイン		終了日		終了時刻	サイン
2	水	11:15	♐	〜	2	水	21:12	♑
5	土	00:54	♑	〜	5	土	06:39	♒
7	月	07:02	♒	〜	7	月	13:48	♓
9	水	18:26	♓	〜	9	水	18:57	♈
11	金	15:27	♈	〜	11	金	22:26	♉
13	日	14:02	♉	〜	14	月	00:43	♊
15	火	20:18	♊	〜	16	水	02:33	♋
17	木	23:46	♋	〜	18	金	05:04	♌
20	日	03:31	♌	〜	20	日	09:41	♍
22	火	15:58	♍	〜	22	火	17:32	♎
24	木	22:23	♎	〜	25	金	04:41	♏
27	日	10:04	♏	〜	27	日	17:28	♐
29	火	23:38	♐	〜	30	水	05:19	♑

2月

開始日		開始時刻	サイン		終了日		終了時刻	サイン
1	金	09:11	♑	〜	1	金	14:24	♒
3	日	15:42	♒	〜	3	日	20:33	♓
5	火	06:42	♓	〜	6	水	00:39	♈
7	木	23:16	♈	〜	8	金	03:48	♉
9	土	16:52	♉	〜	10	日	06:46	♊
12	火	05:27	♊	〜	12	火	10:00	♋
14	木	09:13	♋	〜	14	木	13:51	♌
16	土	14:13	♌	〜	16	土	19:04	♍
18	月	05:30	♍	〜	19	火	02:37	♎
21	木	07:32	♎	〜	21	木	13:06	♏
23	土	02:25	♏	〜	24	日	01:42	♐
26	火	08:08	♐	〜	26	火	14:02	♑
28	木	17:49	♑	〜	28	木	23:35	♒

3月

開始日		開始時刻	サイン		終了日		終了時刻	サイン
2	土	23:48	♒	〜	3	日	05:26	♓
4	月	16:38	♓	〜	5	火	08:24	♈
7	木	04:22	♈	〜	7	木	10:09	♉
9	土	05:56	♉	〜	9	土	12:13	♊
11	月	14:05	♊	〜	11	月	15:29	♋
13	水	13:07	♋	〜	13	水	20:15	♌
15	金	18:50	♌	〜	16	土	02:33	♍
18	月	04:11	♍	〜	18	月	10:41	♎
20	水	11:51	♎	〜	20	水	21:05	♏
22	金	09:52	♏	〜	23	土	09:31	♐
25	月	11:51	♐	〜	25	月	22:19	♑
27	水	22:26	♑	〜	28	木	08:52	♒
30	土	05:18	♒	〜	30	土	15:27	♓

4月

開始日		開始時刻	サイン		終了日		終了時刻	サイン
1	月	03:55	♓	〜	1	月	18:17	♈
3	水	15:24	♈	〜	3	水	18:57	♉
5	金	16:33	♉	〜	5	金	19:26	♊
7	日	17:31	♊	〜	7	日	21:22	♋
9	火	21:23	♋	〜	10	水	01:38	♌
11	木	18:47	♌	〜	12	金	08:21	♍
14	日	14:51	♍	〜	14	日	17:14	♎
16	火	22:45	♎	〜	17	水	04:04	♏
19	金	13:18	♏	〜	19	金	16:31	♐
21	日	12:09	♐	〜	22	月	05:29	♑
24	水	03:23	♑	〜	24	水	16:57	♒
26	金	18:06	♒	〜	27	土	00:55	♓
29	月	03:20	♓	〜	29	月	04:46	♈
30	火	14:04	♈	〜	1	水	05:32	♉

5月

開始日		開始時刻	サイン		終了日		終了時刻	サイン
2	木	12:31	♉	〜	3	金	05:04	♊
4	土	12:55	♊	〜	5	日	05:24	♋
6	月	17:45	♋	〜	7	火	08:05	♌
9	木	05:45	♌	〜	9	木	13:58	♍
11	土	04:05	♍	〜	11	土	22:54	♎
13	月	15:06	♎	〜	14	火	10:09	♏
16	木	11:52	♏	〜	16	木	22:47	♐
18	土	21:57	♐	〜	19	日	11:43	♑
21	火	23:21	♑	〜	21	火	23:32	♒
24	金	08:14	♒	〜	24	金	08:40	♓
26	日	09:52	♓	〜	26	日	14:06	♈
28	火	02:44	♈	〜	28	火	16:05	♉
30	木	03:20	♉	〜	30	木	15:55	♊
31	金	22:03	♊	〜	1	土	15:29	♋

6月

開始日		開始時刻	サイン		終了日		終了時刻	サイン
3	月	04:04	♋	〜	3	月	16:40	♌
5	水	05:34	♌	〜	5	水	20:58	♍
7	金	18:13	♍	〜	8	土	04:58	♎
10	月	04:16	♎	〜	10	月	16:05	♏
12	水	19:49	♏	〜	13	木	04:51	♐
15	土	11:42	♐	〜	15	土	17:40	♑
18	火	04:19	♑	〜	18	火	05:17	♒
20	木	14:35	♒	〜	20	木	14:44	♓
22	土	11:55	♓	〜	22	土	21:20	♈
24	月	16:42	♈	〜	25	火	00:57	♉
26	水	23:30	♉	〜	27	木	02:08	♊
28	金	08:03	♊	〜	29	土	02:11	♋
30	日	19:47	♋	〜	1	月	02:48	♌

7月

開始日		開始時刻	サイン		終了日		終了時刻	サイン
2	火	10:31	♌	〜	3	水	05:46	♍
5	金	05:23	♍	〜	5	金	12:22	♎
7	日	15:56	♎	〜	7	日	22:42	♏
10	水	05:06	♏	〜	10	水	11:21	♐
12	金	21:04	♐	〜	13	土	00:06	♑
15	月	06:35	♑	〜	15	月	11:18	♒
17	水	00:56	♒	〜	17	水	20:16	♓
19	金	23:44	♓	〜	20	土	03:00	♈
22	月	04:58	♈	〜	22	月	07:36	♉
24	水	08:14	♉	〜	24	水	10:19	♊
25	木	20:27	♊	〜	26	金	11:45	♋
28	日	11:47	♋	〜	28	日	12:58	♌
29	月	22:58	♌	〜	30	火	15:33	♍

8月

開始日		開始時刻	サイン		終了日		終了時刻	サイン
1	木	20:48	♍	〜	1	木	21:06	♎
3	土	12:29	♎	〜	4	日	06:24	♏
6	火	14:23	♏	〜	6	火	18:37	♐
9	金	06:34	♐	〜	9	金	07:24	♑
11	日	02:40	♑	〜	11	日	18:25	♒
13	火	12:21	♒	〜	14	水	02:42	♓
15	木	16:38	♓	〜	16	金	08:38	♈
18	日	02:57	♈	〜	18	日	13:00	♉
20	火	10:16	♉	〜	20	火	16:23	♊
22	木	16:45	♊	〜	22	木	19:07	♋
24	土	11:25	♋	〜	24	土	21:39	♌
26	月	15:03	♌	〜	27	火	00:55	♍
28	水	14:39	♍	〜	29	木	06:16	♎
31	土	05:21	♎	〜	31	土	14:50	♏

9月

開始日		開始時刻	サイン		終了日		終了時刻	サイン
2	月	22:10	♏	〜	3	火	02:32	♐
5	木	11:37	♐	〜	5	木	15:25	♑
7	土	19:53	♑	〜	8	日	02:42	♒
10	火	05:11	♒	〜	10	火	10:47	♓
12	木	01:21	♓	〜	12	木	15:50	♈
14	土	15:17	♈	〜	14	土	19:04	♉
16	月	10:57	♉	〜	16	月	21:46	♊
18	水	22:20	♊	〜	19	木	00:43	♋
21	土	02:34	♋	〜	21	土	04:14	♌
23	月	07:44	♌	〜	23	月	08:39	♍
24	火	23:40	♍	〜	25	水	14:41	♎
27	金	07:27	♎	〜	27	金	23:13	♏
29	日	13:42	♏	〜	30	月	10:33	♐

10月

開始日		開始時刻	サイン		終了日		終了時刻	サイン
2	水	06:47	♐	〜	2	水	23:30	♑
5	土	01:52	♑	〜	5	土	11:28	♒
7	月	18:49	♒	〜	7	月	20:10	♓
9	水	19:07	♓	〜	10	木	01:06	♈
11	金	13:38	♈	〜	12	土	03:21	♉
14	月	02:39	♉	〜	14	月	04:38	♊
15	火	16:26	♊	〜	16	水	06:24	♋
17	木	22:28	♋	〜	18	金	09:36	♌
20	日	07:16	♌	〜	20	日	14:36	♍
22	火	05:52	♍	〜	22	火	21:34	♎
24	木	14:16	♎	〜	25	金	06:42	♏
27	日	10:26	♏	〜	27	日	18:04	♐
29	火	13:25	♐	〜	30	水	07:00	♑

11月

開始日		開始時刻	サイン		終了日		終了時刻	サイン
1	金	11:32	♑	〜	1	金	19:37	♒
4	月	01:24	♒	〜	4	月	05:33	♓
6	水	10:35	♓	〜	6	水	11:29	♈
7	木	23:12	♈	〜	8	金	13:50	♉
10	日	12:47	♉	〜	10	日	14:08	♊
11	月	23:42	♊	〜	12	火	14:16	♋
14	木	10:54	♋	〜	14	木	15:54	♌
16	土	12:38	♌	〜	16	土	20:06	♍
18	月	18:39	♍	〜	19	火	03:13	♎
20	水	18:45	♎	〜	21	木	12:59	♏
23	土	17:53	♏	〜	24	日	00:45	♐
25	月	18:15	♐	〜	26	火	13:41	♑
28	木	10:25	♑	〜	29	金	02:31	♒
30	土	20:28	♒	〜	1	日	13:31	♓

12月

開始日		開始時刻	サイン		終了日		終了時刻	サイン
3	火	05:35	♓	〜	3	火	21:06	♈
5	木	09:05	♈	〜	6	金	00:49	♉
7	土	15:57	♉	〜	8	日	01:31	♊
9	月	15:07	♊	〜	10	火	00:51	♋
11	水	21:58	♋	〜	12	木	00:47	♌
13	金	22:03	♌	〜	14	土	03:10	♍
16	月	06:57	♍	〜	16	月	09:08	♎
18	水	09:53	♎	〜	18	水	18:44	♏
20	金	09:57	♏	〜	21	土	06:49	♐
22	日	22:07	♐	〜	23	月	19:51	♑
25	水	16:58	♑	〜	26	木	08:30	♒
28	土	07:41	♒	〜	28	土	19:44	♓
30	月	20:06	♓	〜	31	火	04:32	♈

1947年【ボイドタイム】

1月

開始日		開始時刻	サイン		終了日		終了時刻	サイン
2	木	07:03	♈	~	2	木	10:07	♉
4	土	10:22	♉	~	4	土	12:27	♊
5	日	18:41	♊	~	6	月	12:29	♋
7	火	22:22	♋	~	8	水	11:54	♌
9	木	23:10	♌	~	10	金	12:45	♍
12	日	02:53	♍	~	12	日	16:55	♎
14	火	11:56	♎	~	15	水	01:16	♏
17	金	04:38	♏	~	17	金	13:04	♐
19	日	02:23	♐	~	20	月	02:11	♑
22	水	09:13	♑	~	22	水	14:38	♒
24	金	13:48	♒	~	25	土	01:24	♓
26	日	23:36	♓	~	27	月	10:11	♈
29	水	00:44	♈	~	29	水	16:46	♉
31	金	12:11	♉	~	31	金	20:53	♊

2月

開始日		開始時刻	サイン		終了日		終了時刻	サイン
2	日	15:50	♊	~	2	日	22:39	♋
4	火	15:36	♋	~	4	火	23:02	♌
6	木	18:52	♌	~	6	木	23:43	♍
8	土	19:20	♍	~	9	日	02:40	♎
10	月	16:01	♎	~	11	火	09:29	♏
13	木	12:44	♏	~	13	木	20:16	♐
16	日	01:21	♐	~	16	日	09:13	♑
18	火	15:00	♑	~	18	火	21:40	♒
21	金	01:55	♒	~	21	金	07:58	♓
23	日	10:25	♓	~	23	日	15:59	♈
25	火	11:27	♈	~	25	火	22:09	♉
27	木	21:57	♉	~	28	金	02:48	♊

3月

開始日		開始時刻	サイン		終了日		終了時刻	サイン
2	日	02:00	♊	~	2	日	06:00	♋
4	火	05:24	♋	~	4	火	08:01	♌
6	木	05:30	♌	~	6	木	09:47	♍
8	土	08:29	♍	~	8	土	12:52	♎
9	日	20:28	♎	~	10	月	18:52	♏
12	水	23:44	♏	~	13	木	04:35	♐
15	土	03:27	♐	~	15	土	17:01	♑
18	火	00:41	♑	~	18	火	05:36	♒
20	木	11:14	♒	~	20	木	15:58	♓
22	土	18:48	♓	~	22	土	23:24	♈
24	月	14:41	♈	~	25	火	04:30	♉
27	木	03:40	♉	~	27	木	08:17	♊
29	土	07:26	♊	~	29	土	11:27	♋
31	月	09:30	♋	~	31	月	14:23	♌

4月

開始日		開始時刻	サイン		終了日		終了時刻	サイン
2	水	12:24	♌	~	2	水	17:31	♍
4	金	16:10	♍	~	4	金	21:40	♎
6	日	06:41	♎	~	7	月	03:57	♏
9	水	08:40	♏	~	9	水	13:13	♐
12	土	00:39	♐	~	12	土	01:09	♑
14	月	07:44	♑	~	14	月	13:52	♒
16	水	16:59	♒	~	17	木	00:48	♓
19	土	00:41	♓	~	19	土	08:26	♈
20	日	17:57	♈	~	21	月	12:57	♉
23	水	11:24	♉	~	23	水	15:28	♊
24	木	23:21	♊	~	25	金	17:23	♋
27	日	10:58	♋	~	27	日	19:45	♌
29	火	13:49	♌	~	29	火	23:16	♍

5月

開始日		開始時刻	サイン		終了日		終了時刻	サイン
1	木	18:10	♍	~	2	金	04:25	♎
4	日	10:58	♎	~	4	日	11:36	♏
6	火	08:57	♏	~	6	火	21:10	♐
8	木	13:10	♐	~	9	金	08:56	♑
11	日	07:46	♑	~	11	日	21:42	♒
13	火	22:07	♒	~	14	水	09:21	♓
16	金	07:22	♓	~	16	金	17:57	♈
18	日	19:27	♈	~	18	日	22:52	♉
20	火	22:43	♉	~	21	水	00:52	♊
22	木	10:15	♊	~	23	金	01:28	♋
24	土	12:16	♋	~	25	日	02:19	♌
26	月	13:47	♌	~	27	火	04:51	♍
28	水	17:36	♍	~	29	木	09:55	♎
31	土	09:06	♎	~	31	土	17:43	♏

6月

開始日		開始時刻	サイン		終了日		終了時刻	サイン
2	月	09:04	♏	~	3	火	03:55	♐
4	水	22:29	♐	~	5	木	15:52	♑
7	土	11:59	♑	~	8	日	04:39	♒
10	火	07:14	♒	~	10	火	16:48	♓
12	木	23:38	♓	~	13	金	02:35	♈
14	土	19:37	♈	~	15	日	08:46	♉
16	月	17:47	♉	~	17	火	11:23	♊
19	木	06:26	♊	~	19	木	11:33	♋
20	金	23:39	♋	~	21	土	11:07	♌
23	月	01:58	♌	~	23	月	12:02	♍
25	水	07:59	♍	~	25	水	15:52	♎
27	金	16:36	♎	~	27	金	23:18	♏
30	月	08:05	♏	~	30	月	09:47	♐

7月

開始日		開始時刻	サイン		終了日		終了時刻	サイン
2	水	07:52	♐	~	2	水	22:04	♑
5	土	04:06	♑	~	5	土	10:51	♒
7	月	20:25	♒	~	7	月	23:04	♓
9	水	23:24	♓	~	10	木	09:35	♈
12	土	05:32	♈	~	12	土	17:13	♉
14	月	07:44	♉	~	14	月	21:18	♊
16	水	12:17	♊	~	16	水	22:15	♋
18	金	13:15	♋	~	18	金	21:35	♌
20	日	11:37	♌	~	20	日	21:20	♍
22	火	21:34	♍	~	22	火	23:34	♎
24	木	18:54	♎	~	25	金	05:42	♏
27	日	00:07	♏	~	27	日	15:41	♐
29	火	16:47	♐	~	30	水	04:02	♑

8月

開始日		開始時刻	サイン		終了日		終了時刻	サイン
1	金	14:50	♑	~	1	金	16:51	♒
3	日	18:18	♒	~	4	月	04:50	♓
6	水	05:19	♓	~	6	水	15:21	♈
8	金	17:19	♈	~	8	金	23:44	♉
10	日	09:20	♉	~	11	月	05:18	♊
13	水	06:45	♊	~	13	水	07:50	♋
14	木	14:29	♋	~	15	金	08:07	♌
17	日	00:12	♌	~	17	日	07:50	♍
19	火	01:12	♍	~	19	火	09:05	♎
21	木	08:25	♎	~	21	木	13:45	♏
23	土	21:40	♏	~	23	土	22:35	♐
26	火	09:43	♐	~	26	火	10:32	♑
28	木	03:44	♑	~	28	木	23:19	♒
31	日	02:36	♒	~	31	日	11:04	♓

9月

開始日		開始時刻	サイン		終了日		終了時刻	サイン
2	火	12:59	♓	~	2	火	21:04	♈
4	木	21:29	♈	~	5	金	05:11	♉
6	土	20:17	♉	~	7	日	11:19	♊
9	火	08:17	♊	~	9	火	15:13	♋
11	木	15:22	♋	~	11	木	17:04	♌
13	土	11:21	♌	~	13	土	17:52	♍
15	月	12:38	♍	~	15	月	19:17	♎
17	水	16:10	♎	~	17	水	23:11	♏
19	金	22:44	♏	~	20	土	06:50	♐
22	月	14:42	♐	~	22	月	17:59	♑
24	水	22:53	♑	~	25	木	06:39	♒
27	土	10:52	♒	~	27	土	18:25	♓
30	火	02:28	♓	~	30	火	03:59	♈

10月

開始日		開始時刻	サイン		終了日		終了時刻	サイン
2	木	04:18	♈	~	2	木	11:16	♉
4	土	09:46	♉	~	4	土	16:45	♊
6	月	14:12	♊	~	6	月	20:48	♋
8	水	18:25	♋	~	8	水	23:42	♌
10	金	21:23	♌	~	11	土	01:58	♍
13	月	00:35	♍	~	13	月	04:32	♎
15	水	01:50	♎	~	15	水	08:46	♏
17	金	13:12	♏	~	17	金	15:54	♐
19	日	18:23	♐	~	20	月	02:15	♑
22	水	13:50	♑	~	22	水	14:40	♒
24	金	18:47	♒	~	25	土	02:47	♓
27	月	04:50	♓	~	27	月	12:32	♈
29	水	11:54	♈	~	29	水	19:17	♉
31	金	09:24	♉	~	31	金	23:37	♊

11月

開始日		開始時刻	サイン		終了日		終了時刻	サイン
2	日	19:24	♊	~	3	月	02:33	♋
5	水	00:56	♋	~	5	水	05:04	♌
7	金	00:30	♌	~	7	金	07:56	♍
9	日	04:01	♍	~	9	日	11:43	♎
11	火	08:58	♎	~	11	火	17:03	♏
13	木	10:26	♏	~	14	金	00:34	♐
16	日	01:30	♐	~	16	日	10:38	♑
18	火	12:32	♑	~	18	火	22:46	♒
21	金	06:44	♒	~	21	金	11:17	♓
23	日	12:33	♓	~	23	日	21:54	♈
26	水	01:13	♈	~	26	水	05:07	♉
28	金	06:42	♉	~	28	金	08:56	♊
30	日	09:39	♊	~	30	日	10:32	♋

12月

開始日		開始時刻	サイン		終了日		終了時刻	サイン
1	月	21:00	♋	~	2	火	11:31	♌
4	木	04:26	♌	~	4	木	13:24	♍
6	土	13:43	♍	~	6	土	17:15	♎
8	月	13:19	♎	~	8	月	23:25	♏
10	水	17:47	♏	~	11	木	07:50	♐
13	土	07:01	♐	~	13	土	18:15	♑
15	月	05:22	♑	~	16	火	06:17	♒
18	木	09:21	♒	~	18	木	19:00	♓
21	日	02:43	♓	~	21	日	06:38	♈
23	火	11:19	♈	~	23	火	15:12	♉
25	木	06:38	♉	~	25	木	19:48	♊
27	土	10:55	♊	~	27	土	21:04	♋
28	日	17:37	♋	~	29	月	20:42	♌
31	水	10:17	♌	~	31	水	20:48	♍

1948年【ボイドタイム】

1月

開始日		開始時刻	サイン		終了日		終了時刻	サイン
2	金	11:55	♍	～	2	金	23:10	♎
4	日	16:41	♎	～	5	月	04:51	♏
6	火	21:40	♏	～	7	水	13:41	♐
9	金	11:08	♐	～	10	土	00:41	♑
12	月	04:00	♑	～	12	月	12:54	♒
14	水	16:09	♒	～	15	木	01:36	♓
17	土	05:02	♓	～	17	土	13:44	♈
19	月	20:32	♈	～	19	月	23:43	♉
21	水	13:41	♉	～	22	木	06:02	♊
23	金	20:26	♊	～	24	土	08:24	♋
25	日	05:11	♋	～	26	月	08:00	♌
27	火	19:15	♌	～	28	水	06:56	♍
29	木	19:07	♍	～	30	金	07:30	♎

2月

開始日		開始時刻	サイン		終了日		終了時刻	サイン
1	日	09:00	♎	～	1	日	11:28	♏
2	月	23:55	♏	～	3	火	19:26	♐
5	木	15:16	♐	～	6	金	06:30	♑
8	日	09:51	♑	～	8	日	18:59	♒
10	火	17:28	♒	～	11	水	07:37	♓
13	金	06:31	♓	～	13	金	19:38	♈
16	月	03:37	♈	～	16	月	06:09	♉
18	水	10:55	♉	～	18	水	13:56	♊
20	金	12:58	♊	～	20	金	18:09	♋
21	土	15:04	♋	～	22	日	19:07	♌
24	火	12:10	♌	～	24	火	18:23	♍
26	木	10:36	♍	～	26	木	18:05	♎
28	土	12:53	♎	～	28	土	20:24	♏

3月

開始日		開始時刻	サイン		終了日		終了時刻	サイン
1	月	13:57	♏	～	2	火	02:42	♐
4	木	05:24	♐	～	4	木	12:51	♑
6	土	21:04	♑	～	7	日	01:15	♒
9	火	07:31	♒	～	9	火	13:54	♓
11	木	19:50	♓	～	12	金	01:33	♈
14	日	06:35	♈	～	14	日	11:41	♉
16	火	16:05	♉	～	16	火	19:46	♊
18	木	21:27	♊	～	19	金	01:14	♋
19	金	23:09	♋	～	21	日	03:58	♌
23	火	01:37	♌	～	23	火	04:43	♍
25	木	02:07	♍	～	25	木	05:02	♎
27	土	04:00	♎	～	27	土	06:50	♏
28	日	22:22	♏	～	29	月	11:47	♐
31	水	17:48	♐	～	31	水	20:34	♑

4月

開始日		開始時刻	サイン		終了日		終了時刻	サイン
3	土	04:42	♑	～	3	土	08:19	♒
5	月	18:29	♒	～	5	月	20:56	♓
8	木	06:13	♓	～	8	木	08:29	♈
10	土	15:54	♈	～	10	土	17:59	♉
12	月	05:30	♉	～	13	火	01:20	♊
15	木	04:50	♊	～	15	木	06:42	♋
17	土	04:42	♋	～	17	土	10:16	♌
19	月	10:42	♌	～	19	月	12:31	♍
21	水	12:25	♍	～	21	水	14:17	♎
23	金	14:50	♎	～	23	金	16:50	♏
25	日	06:55	♏	～	25	日	21:32	♐
28	水	02:52	♐	～	28	水	05:22	♑
29	木	02:28	♑	～	30	金	16:16	♒

5月

開始日		開始時刻	サイン		終了日		終了時刻	サイン
3	月	01:39	♒	～	3	月	04:44	♓
5	水	13:18	♓	～	5	水	16:29	♈
7	金	22:24	♈	～	8	土	01:48	♉
10	月	02:04	♉	～	10	月	08:20	♊
12	水	08:57	♊	～	12	水	12:39	♋
14	金	03:37	♋	～	14	金	15:39	♌
16	日	16:30	♌	～	16	日	18:15	♍
18	火	16:31	♍	～	18	火	21:07	♎
20	木	19:52	♎	～	21	金	00:56	♏
22	土	06:37	♏	～	23	日	06:22	♐
25	火	07:45	♐	～	25	火	14:08	♑
26	水	10:04	♑	～	28	金	00:31	♒
30	日	04:53	♒	～	30	日	12:46	♓

6月

開始日		開始時刻	サイン		終了日		終了時刻	サイン
1	火	16:36	♓	～	2	水	00:55	♈
4	金	02:18	♈	～	4	金	10:44	♉
5	土	19:26	♉	～	6	日	17:07	♊
8	火	13:20	♊	～	8	火	20:29	♋
9	水	13:50	♋	～	10	木	22:12	♌
12	土	17:08	♌	～	12	土	23:49	♍
14	月	19:54	♍	～	15	火	02:34	♎
17	木	00:23	♎	～	17	木	07:04	♏
18	金	17:11	♏	～	19	土	13:29	♐
21	月	15:13	♐	～	21	月	21:51	♑
23	水	05:44	♑	～	24	木	08:16	♒
26	土	13:57	♒	～	26	土	20:24	♓
29	火	08:42	♓	～	29	火	08:56	♈

7月

開始日		開始時刻	サイン		終了日		終了時刻	サイン
1	木	17:42	♈	～	1	木	19:40	♉
3	土	12:34	♉	～	4	日	02:48	♊
6	火	03:17	♊	～	6	火	06:07	♋
7	水	22:01	♋	～	8	木	06:53	♌
10	土	05:34	♌	～	10	土	07:04	♍
12	月	04:41	♍	～	12	月	08:31	♎
14	水	08:39	♎	～	14	水	12:28	♏
16	金	18:16	♏	～	16	金	19:11	♐
19	月	00:34	♐	～	19	月	04:14	♑
21	水	11:31	♑	～	21	水	15:03	♒
23	金	23:55	♒	～	24	土	03:13	♓
26	月	12:56	♓	～	26	月	15:58	♈
29	木	00:54	♈	～	29	木	03:34	♉
31	土	01:39	♉	～	31	土	12:02	♊

8月

開始日		開始時刻	サイン		終了日		終了時刻	サイン
2	月	15:35	♊	～	2	月	16:21	♋
3	火	10:04	♋	～	4	水	17:14	♌
6	金	15:02	♌	～	6	金	16:33	♍
8	日	15:05	♍	～	8	日	16:30	♎
10	火	17:37	♎	～	10	火	18:57	♏
12	木	16:04	♏	～	13	金	00:50	♐
15	日	08:45	♐	～	15	日	09:52	♑
16	月	21:55	♑	～	17	火	21:03	♒
20	金	08:38	♒	～	20	金	09:24	♓
22	日	21:32	♓	～	22	日	22:06	♈
25	水	09:41	♈	～	25	水	10:04	♉
27	金	14:21	♉	～	27	金	19:40	♊
30	月	01:30	♊	～	30	月	01:34	♋

9月

開始日		開始時刻	サイン		終了日		終了時刻	サイン
1	水	00:34	♋	～	1	水	03:42	♌
3	金	02:27	♌	～	3	金	03:21	♍
4	土	20:08	♍	～	5	日	02:36	♎
7	火	01:00	♎	～	7	火	03:34	♏
9	木	05:35	♏	～	9	木	07:52	♐
11	土	14:05	♐	～	11	土	15:57	♑
13	月	07:06	♑	～	14	火	02:59	♒
16	木	14:44	♒	～	16	木	15:27	♓
18	土	18:43	♓	～	19	日	04:02	♈
21	火	02:28	♈	～	21	火	15:46	♉
22	水	22:40	♉	～	24	金	01:40	♊
26	日	06:27	♊	～	26	日	08:46	♋
27	月	12:36	♋	～	28	火	12:35	♌
30	木	01:20	♌	～	30	木	13:41	♍

10月

開始日		開始時刻	サイン		終了日		終了時刻	サイン
2	土	01:13	♍	～	2	土	13:30	♎
4	月	09:20	♎	～	4	月	13:59	♏
6	水	16:30	♏	～	6	水	16:55	♐
8	金	10:44	♐	～	8	金	23:31	♑
11	月	00:25	♑	～	11	月	09:43	♒
13	水	16:23	♒	～	13	水	22:04	♓
16	土	08:49	♓	～	16	土	10:37	♈
18	月	18:58	♈	～	18	月	21:54	♉
20	水	05:27	♉	～	21	木	07:15	♊
23	土	13:48	♊	～	23	土	14:22	♋
25	月	04:15	♋	～	25	月	19:10	♌
27	水	15:43	♌	～	27	水	21:54	♍
29	金	17:49	♍	～	29	金	23:16	♎
31	日	19:39	♎	～	1	月	00:32	♏

11月

開始日		開始時刻	サイン		終了日		終了時刻	サイン
2	火	04:06	♏	～	3	水	03:11	♐
5	金	04:46	♐	～	5	金	08:40	♑
7	日	09:59	♑	～	7	日	17:42	♒
10	水	04:48	♒	～	10	水	05:34	♓
12	金	16:55	♓	～	12	金	18:13	♈
15	月	05:16	♈	～	15	月	05:25	♉
17	水	03:31	♉	～	17	水	14:02	♊
19	金	19:47	♊	～	19	金	20:12	♋
21	日	23:08	♋	～	22	月	00:33	♌
24	水	03:10	♌	～	24	水	03:49	♍
26	金	05:47	♍	～	26	金	06:33	♎
28	日	08:24	♎	～	28	日	09:19	♏
29	月	13:33	♏	～	30	火	12:52	♐

12月

開始日		開始時刻	サイン		終了日		終了時刻	サイン
2	木	17:00	♐	～	2	木	18:17	♑
3	金	21:19	♑	～	5	日	02:32	♒
7	火	11:58	♒	～	7	火	13:46	♓
10	金	00:29	♓	～	10	金	02:30	♈
12	日	12:00	♈	～	12	日	14:09	♉
14	火	08:13	♉	～	14	火	22:45	♊
17	金	01:46	♊	～	17	金	04:01	♋
19	日	03:51	♋	～	19	日	07:03	♌
21	火	07:36	♌	～	21	火	09:19	♍
23	木	09:19	♍	～	23	木	12:00	♎
25	土	12:45	♎	～	25	土	15:39	♏
27	月	08:16	♏	～	27	月	20:29	♐
29	水	23:23	♐	～	30	木	02:47	♑

1949年【ボイドタイム】

1月

開始日		開始時刻	サイン		終了日		終了時刻	サイン
1	土	05:16	♑	～	1	土	11:08	♒
3	月	17:53	♒	～	3	月	21:59	♓
6	木	09:33	♓	～	6	木	10:41	♈
8	土	18:35	♈	～	8	土	23:03	♉
10	月	13:02	♉	～	11	火	08:31	♊
13	木	13:32	♊	～	13	木	13:57	♋
15	土	06:59	♋	～	15	土	16:08	♌
17	月	12:41	♌	～	17	月	16:52	♍
19	水	16:13	♍	～	19	水	18:03	♎
21	金	16:16	♎	～	21	金	21:00	♏
23	日	07:58	♏	～	24	月	02:09	♐
26	水	04:00	♐	～	26	水	09:22	♑
27	木	18:28	♑	～	28	金	18:27	♒
30	日	23:26	♒	～	31	月	05:27	♓

2月

開始日		開始時刻	サイン		終了日		終了時刻	サイン
2	水	11:48	♓	～	2	水	18:05	♈
5	土	02:50	♈	～	5	土	06:57	♉
7	月	10:36	♉	～	7	月	17:41	♊
9	水	21:15	♊	～	10	木	00:23	♋
11	金	09:55	♋	～	12	土	03:01	♌
13	日	21:49	♌	～	14	月	03:06	♍
15	火	21:21	♍	～	16	水	02:44	♎
18	金	01:43	♎	～	18	金	03:53	♏
19	土	16:35	♏	～	20	日	07:50	♐
22	火	08:23	♐	～	22	火	14:51	♑
24	木	09:31	♑	～	25	金	00:26	♒
27	日	04:56	♒	～	27	日	11:54	♓

3月

開始日		開始時刻	サイン		終了日		終了時刻	サイン
1	火	17:30	♓	～	2	水	00:36	♈
4	金	06:29	♈	～	4	金	13:33	♉
6	日	13:59	♉	～	7	月	01:06	♊
9	水	03:01	♊	～	9	水	09:22	♋
11	金	05:23	♋	～	11	金	13:34	♌
13	日	11:25	♌	～	13	日	14:25	♍
15	火	08:14	♍	～	15	火	13:40	♎
17	木	07:52	♎	～	17	木	13:26	♏
19	土	12:25	♏	～	19	土	15:31	♐
21	月	20:26	♐	～	21	月	21:05	♑
24	木	00:54	♑	～	24	木	06:11	♒
26	土	11:11	♒	～	26	土	17:50	♓
29	火	02:45	♓	～	29	火	06:42	♈
31	木	16:19	♈	～	31	木	19:30	♉

4月

開始日		開始時刻	サイン		終了日		終了時刻	サイン
3	日	04:39	♉	～	3	日	07:03	♊
5	火	15:59	♊	～	5	火	16:10	♋
7	木	20:54	♋	～	7	木	22:00	♌
10	日	00:04	♌	～	10	日	00:32	♍
12	火	00:35	♍	～	12	火	00:48	♎
13	水	23:48	♎	～	14	木	00:28	♏
16	土	00:36	♏	～	16	土	01:24	♐
18	月	04:19	♐	～	18	月	05:16	♑
20	水	12:27	♑	～	20	水	13:00	♒
22	金	22:53	♒	～	23	土	00:08	♓
25	月	08:08	♓	～	25	月	13:01	♈
28	木	00:19	♈	～	28	木	01:41	♉
30	土	11:27	♉	～	30	土	12:48	♊

5月

開始日		開始時刻	サイン		終了日		終了時刻	サイン
2	月	20:26	♊	～	2	月	21:44	♋
4	水	05:47	♋	～	5	木	04:12	♌
7	土	07:04	♌	～	7	土	08:12	♍
9	月	07:13	♍	～	9	月	10:07	♎
11	水	09:54	♎	～	11	水	10:54	♏
13	金	11:00	♏	～	13	金	11:57	♐
15	日	14:02	♐	～	15	日	14:57	♑
17	火	13:44	♑	～	17	火	21:19	♒
20	金	06:40	♒	～	20	金	07:27	♓
22	日	17:51	♓	～	22	日	20:02	♈
25	水	08:17	♈	～	25	水	08:42	♉
27	金	19:15	♉	～	27	金	19:27	♊
30	月	02:25	♊	～	30	月	03:39	♋
31	火	21:27	♋	～	1	水	09:36	♌

6月

開始日		開始時刻	サイン		終了日		終了時刻	サイン
3	金	13:11	♌	～	3	金	13:54	♍
5	日	16:28	♍	～	5	日	16:58	♎
7	火	19:10	♎	～	7	火	19:14	♏
9	木	20:44	♏	～	9	木	21:24	♐
11	土	06:45	♐	～	12	日	00:40	♑
12	日	22:33	♑	～	14	火	06:27	♒
16	木	04:34	♒	～	16	木	15:39	♓
18	土	21:29	♓	～	19	日	03:45	♈
21	火	15:35	♈	～	21	火	16:31	♉
23	木	05:50	♉	～	24	金	03:20	♊
25	土	07:24	♊	～	26	日	11:02	♋
28	火	15:55	♋	～	28	火	16:01	♌
29	水	18:40	♌	～	30	木	19:27	♍

7月

開始日		開始時刻	サイン		終了日		終了時刻	サイン
2	土	21:28	♍	～	2	土	22:22	♎
5	火	00:03	♎	～	5	火	01:22	♏
7	木	02:59	♏	～	7	木	04:45	♐
9	土	05:16	♐	～	9	土	09:03	♑
11	月	12:16	♑	～	11	月	15:09	♒
13	水	10:39	♒	～	14	木	00:02	♓
16	土	07:19	♓	～	16	土	11:43	♈
18	月	19:33	♈	～	19	火	00:36	♉
21	木	07:47	♉	～	21	木	11:58	♊
23	土	12:07	♊	～	23	土	19:52	♋
25	月	18:31	♋	～	26	火	00:19	♌
27	水	02:55	♌	～	28	木	02:36	♍
29	金	21:49	♍	～	30	土	04:20	♎
31	日	23:39	♎	～	1	月	06:44	♏

8月

開始日		開始時刻	サイン		終了日		終了時刻	サイン
3	水	02:41	♏	～	3	水	10:25	♐
4	木	23:44	♐	～	5	金	15:36	♑
7	日	13:20	♑	～	7	日	22:34	♒
9	火	05:05	♒	～	10	水	07:46	♓
12	金	08:16	♓	～	12	金	19:20	♈
14	日	20:35	♈	～	15	月	08:18	♉
17	水	12:23	♉	～	17	水	20:23	♊
20	土	03:36	♊	～	20	土	05:15	♋
21	日	23:07	♋	～	22	月	10:08	♌
23	火	13:58	♌	～	24	水	11:56	♍
26	金	06:22	♍	～	26	金	12:25	♎
28	日	02:20	♎	～	28	日	13:20	♏
30	火	06:57	♏	～	30	火	16:01	♐
31	水	21:31	♐	～	1	木	21:05	♑

9月

開始日		開始時刻	サイン		終了日		終了時刻	サイン
4	日	00:22	♑	～	4	日	04:37	♒
5	月	16:44	♒	～	6	火	14:27	♓
8	木	11:09	♓	～	9	金	02:14	♈
11	日	05:56	♈	～	11	日	15:13	♉
13	火	12:33	♉	～	14	水	03:47	♊
15	木	23:29	♊	～	16	金	13:52	♋
18	日	11:00	♋	～	18	日	20:05	♌
20	火	04:27	♌	～	20	火	22:34	♍
22	木	21:21	♍	～	22	木	22:42	♎
24	土	10:10	♎	～	24	土	22:21	♏
26	月	10:45	♏	～	26	月	23:21	♐
28	水	05:16	♐	～	29	木	03:07	♑
30	金	20:14	♑	～	1	土	10:14	♒

10月

開始日		開始時刻	サイン		終了日		終了時刻	サイン
3	月	02:52	♒	～	3	月	20:20	♓
5	水	20:57	♓	～	6	木	08:28	♈
8	土	07:02	♈	～	8	土	21:27	♉
10	月	20:11	♉	～	11	火	10:03	♊
13	木	04:58	♊	～	13	木	20:51	♋
15	土	16:44	♋	～	16	日	04:35	♌
17	月	23:31	♌	～	18	火	08:43	♍
19	水	23:54	♍	～	20	木	09:48	♎
22	土	06:22	♎	～	22	土	09:19	♏
24	月	06:12	♏	～	24	月	09:08	♐
26	水	10:12	♐	～	26	水	11:11	♑
28	金	07:06	♑	～	28	金	16:50	♒
30	日	11:27	♒	～	31	月	02:22	♓

11月

開始日		開始時刻	サイン		終了日		終了時刻	サイン
2	水	05:06	♓	～	2	水	14:35	♈
5	土	00:09	♈	～	5	土	03:37	♉
7	月	08:01	♉	～	7	月	15:56	♊
9	水	03:41	♊	～	10	木	02:35	♋
12	土	05:00	♋	～	12	土	11:01	♌
14	月	00:47	♌	～	14	月	16:43	♍
16	水	15:21	♍	～	16	水	19:36	♎
18	金	16:45	♎	～	18	金	20:19	♏
20	日	17:14	♏	～	20	日	20:16	♐
22	火	01:45	♐	～	22	火	21:20	♑
24	木	23:20	♑	～	25	金	01:25	♒
26	土	10:58	♒	～	27	日	09:36	♓
29	火	20:47	♓	～	29	火	21:18	♈

12月

開始日		開始時刻	サイン		終了日		終了時刻	サイン
2	金	02:02	♈	～	2	金	10:22	♉
4	日	19:17	♉	～	4	日	22:29	♊
6	火	16:57	♊	～	7	水	08:32	♋
9	金	02:26	♋	～	9	金	16:28	♌
11	日	22:30	♌	～	11	日	22:32	♍
13	火	17:20	♍	～	14	水	02:45	♎
15	木	17:40	♎	～	16	金	05:14	♏
18	日	00:41	♏	～	18	日	06:32	♐
20	火	03:55	♐	～	20	火	08:00	♑
22	木	08:21	♑	～	22	木	11:25	♒
23	金	19:46	♒	～	24	土	18:20	♓
26	月	13:20	♓	～	27	火	05:05	♈
29	木	09:42	♈	～	29	木	17:58	♉

1950年【ボイドタイム】

1月

開始日	開始時刻	サイン		終了日	終了時刻	サイン
1 日	04:44	♉	～	1 日	06:13	♊
2 月	19:55	♊	～	3 火	15:57	♋
5 木	03:48	♋	～	5 木	22:58	♌
7 土	07:51	♌	～	8 日	04:06	♍
9 月	13:45	♍	～	10 火	08:09	♎
11 水	19:31	♎	～	12 木	11:28	♏
14 土	02:23	♏	～	14 土	14:17	♐
15 日	22:44	♐	～	16 月	17:07	♑
18 水	16:59	♑	～	18 水	21:07	♒
20 金	04:24	♒	～	21 土	03:42	♓
22 日	20:29	♓	～	23 月	13:38	♈
25 水	04:37	♈	～	26 木	02:08	♉
27 金	16:08	♉	～	28 土	14:43	♊
30 月	03:09	♊	～	31 火	00:50	♋

2月

開始日	開始時刻	サイン		終了日	終了時刻	サイン
1 水	11:04	♋	～	2 木	07:34	♌
3 金	13:48	♌	～	4 土	11:37	♍
5 日	23:11	♍	～	6 月	14:19	♎
8 水	04:40	♎	～	8 水	16:51	♏
10 金	11:07	♏	～	10 金	19:52	♐
12 日	11:11	♐	～	12 日	23:45	♑
14 火	06:54	♑	～	15 水	04:58	♒
17 金	07:53	♒	～	17 金	12:11	♓
18 土	21:17	♓	～	19 日	22:01	♈
21 火	10:58	♈	～	22 水	10:12	♉
24 金	01:05	♉	～	24 金	23:03	♊
26 日	14:12	♊	～	27 月	10:04	♋
28 火	17:48	♋	～	1 水	17:31	♌

3月

開始日	開始時刻	サイン		終了日	終了時刻	サイン
3 金	08:07	♌	～	3 金	21:25	♍
5 日	00:27	♍	～	5 日	23:01	♎
7 火	23:01	♎	～	7 火	23:56	♏
9 木	12:38	♏	～	10 金	01:38	♐
11 土	16:27	♐	～	12 日	05:07	♑
13 月	20:55	♑	～	14 火	10:53	♒
16 木	07:08	♒	～	16 木	19:00	♓
19 日	00:20	♓	～	19 日	05:21	♈
21 火	07:08	♈	～	21 火	17:32	♉
24 金	02:50	♉	～	24 金	06:28	♊
26 日	10:22	♊	～	26 日	18:17	♋
29 水	02:52	♋	～	29 水	03:05	♌
31 金	02:47	♌	～	31 金	08:01	♍

4月

開始日	開始時刻	サイン		終了日	終了時刻	サイン
2 日	06:58	♍	～	2 日	09:41	♎
4 火	06:04	♎	～	4 火	09:36	♏
6 木	08:37	♏	～	6 木	09:37	♐
8 土	10:04	♐	～	8 土	11:30	♑
10 月	08:29	♑	～	10 月	16:25	♒
12 水	23:38	♒	～	13 木	00:38	♓
15 土	00:17	♓	～	15 土	11:32	♈
17 月	17:25	♈	～	18 火	00:00	♉
19 水	23:17	♉	～	20 木	12:55	♊
22 土	10:53	♊	～	23 日	01:02	♋
24 月	23:08	♋	～	25 火	10:58	♌
27 木	09:34	♌	～	27 木	17:30	♍
29 土	14:52	♍	～	29 土	20:26	♎
30 日	22:00	♎	～	1 月	20:38	♏

5月

開始日	開始時刻	サイン		終了日	終了時刻	サイン
3 水	15:55	♏	～	3 水	19:51	♐
5 金	19:28	♐	～	5 金	20:08	♑
7 日	17:59	♑	～	7 日	23:22	♒
9 火	23:14	♒	～	10 水	06:34	♓
12 金	07:18	♓	～	12 金	17:19	♈
14 日	01:11	♈	～	15 月	05:59	♉
17 水	09:54	♉	～	17 水	18:53	♊
19 金	17:52	♊	～	20 土	06:51	♋
22 月	05:28	♋	～	22 月	17:07	♌
24 水	06:49	♌	～	25 木	00:51	♍
26 金	20:49	♍	～	27 土	05:27	♎
28 日	23:39	♎	～	29 月	07:01	♏
31 水	00:29	♏	～	31 水	06:44	♐

6月

開始日	開始時刻	サイン		終了日	終了時刻	サイン
2 金	01:01	♐	～	2 金	06:27	♑
4 日	03:37	♑	～	4 日	08:18	♒
5 月	22:21	♒	～	6 火	13:57	♓
8 木	21:23	♓	～	8 木	23:44	♈
10 土	13:18	♈	～	11 日	12:13	♉
13 火	22:37	♉	～	14 水	01:05	♊
16 金	00:53	♊	～	16 金	12:45	♋
18 日	00:45	♋	～	18 日	22:38	♌
21 水	04:28	♌	～	21 水	06:32	♍
23 金	02:27	♍	～	23 金	12:10	♎
24 土	16:33	♎	～	25 日	15:19	♏
27 火	16:08	♏	～	27 火	16:26	♐
29 木	04:29	♐	～	29 木	16:49	♑
30 金	16:36	♑	～	1 土	18:20	♒

7月

開始日	開始時刻	サイン		終了日	終了時刻	サイン
2 日	23:03	♒	～	3 月	22:52	♓
5 水	01:59	♓	～	6 木	07:25	♈
7 金	16:38	♈	～	8 土	19:14	♉
10 月	05:49	♉	～	11 火	08:02	♊
12 水	19:24	♊	～	13 木	19:34	♋
16 日	00:46	♋	～	16 日	04:53	♌
18 火	01:05	♌	～	18 火	12:06	♍
20 木	12:04	♍	～	20 木	17:34	♎
22 土	20:56	♎	～	22 土	21:27	♏
24 月	02:38	♏	～	24 月	23:56	♐
26 水	10:38	♐	～	27 木	01:40	♑
28 金	14:38	♑	～	29 土	03:56	♒
31 月	01:11	♒	～	31 月	08:19	♓

8月

開始日	開始時刻	サイン		終了日	終了時刻	サイン
1 火	15:53	♓	～	2 水	16:03	♈
4 金	19:40	♈	～	5 土	03:06	♉
6 日	15:00	♉	～	7 月	15:44	♊
10 木	02:18	♊	～	10 木	03:27	♋
12 土	01:28	♋	～	12 土	12:37	♌
14 月	01:48	♌	～	14 月	19:04	♍
16 水	04:39	♍	～	16 水	23:31	♎
18 金	18:03	♎	～	19 土	02:49	♏
21 月	00:35	♏	～	21 月	05:36	♐
23 水	07:03	♐	～	23 水	08:23	♑
25 金	08:44	♑	～	25 金	11:53	♒
26 土	20:02	♒	～	27 日	17:02	♓
29 火	06:38	♓	～	30 水	00:45	♈
31 木	12:25	♈	～	1 金	11:19	♉

9月

開始日	開始時刻	サイン		終了日	終了時刻	サイン
3 日	05:48	♉	～	3 日	23:46	♊
6 水	01:10	♊	～	6 水	11:54	♋
8 金	05:51	♋	～	8 金	21:35	♌
10 日	08:46	♌	～	11 月	03:55	♍
13 水	04:43	♍	～	13 水	07:28	♎
14 木	14:56	♎	～	15 金	09:27	♏
17 日	10:50	♏	～	17 日	11:13	♐
19 火	13:03	♐	～	19 火	13:49	♑
21 木	13:49	♑	～	21 木	18:00	♒
23 土	22:31	♒	～	24 日	00:10	♓
25 月	20:47	♓	～	26 火	08:32	♈
28 木	16:32	♈	～	28 木	19:09	♉

10月

開始日	開始時刻	サイン		終了日	終了時刻	サイン
1 日	04:24	♉	～	1 日	07:27	♊
3 火	17:48	♊	～	3 火	20:00	♋
5 木	21:15	♋	～	6 金	06:40	♌
8 日	10:23	♌	～	8 日	13:54	♍
10 火	10:09	♍	～	10 火	17:29	♎
12 木	15:01	♎	～	12 木	18:31	♏
14 土	15:07	♏	～	14 土	18:44	♐
16 月	16:04	♐	～	16 月	19:55	♑
18 水	17:28	♑	～	18 水	23:27	♒
21 土	01:26	♒	～	21 土	05:53	♓
23 月	09:26	♓	～	23 月	14:59	♈
25 水	21:14	♈	～	26 木	02:03	♉
28 土	09:42	♉	～	28 土	14:23	♊
30 月	22:57	♊	～	31 火	03:04	♋

11月

開始日	開始時刻	サイン		終了日	終了時刻	サイン
2 木	11:11	♋	～	2 木	14:38	♌
4 土	20:54	♌	～	4 土	23:21	♍
7 火	01:58	♍	～	7 火	04:11	♎
9 木	02:15	♎	～	9 木	05:29	♏
11 土	03:26	♏	～	11 土	04:52	♐
13 月	03:17	♐	～	13 月	04:26	♑
15 水	05:30	♑	～	15 水	06:15	♒
17 金	08:55	♒	～	17 金	11:39	♓
19 日	20:27	♓	～	19 日	20:40	♈
22 水	06:00	♈	～	22 水	08:08	♉
24 金	18:59	♉	～	24 金	20:39	♊
27 月	08:06	♊	～	27 月	09:14	♋
28 火	22:45	♋	～	29 水	21:02	♌

12月

開始日	開始時刻	サイン		終了日	終了時刻	サイン
1 金	21:04	♌	～	2 土	06:54	♍
4 月	10:57	♍	～	4 月	13:29	♎
6 水	04:00	♎	～	6 水	16:20	♏
8 金	07:09	♏	～	8 金	16:17	♐
10 日	05:04	♐	～	10 日	15:17	♑
12 火	11:21	♑	～	12 火	15:35	♒
14 木	17:45	♒	～	14 木	19:11	♓
16 土	14:56	♓	～	17 日	02:59	♈
19 火	06:59	♈	～	19 火	14:10	♉
21 木	05:52	♉	～	22 金	02:50	♊
23 土	18:28	♊	～	24 日	15:18	♋
26 火	05:46	♋	～	27 水	02:46	♌
28 木	16:43	♌	～	29 金	12:42	♍
31 日	01:34	♍	～	31 日	20:20	♎

1951年【ボイドタイム】

1月

開始日	開始時刻	サイン		終了日	終了時刻	サイン
2 火	12:38	♎	～	3 水	00:58	♏
4 木	19:38	♏	～	5 金	02:39	♐
6 土	09:48	♐	～	7 日	02:32	♑
8 月	09:35	♑	～	9 火	02:36	♒
10 水	12:09	♒	～	11 木	04:56	♓
12 金	19:07	♓	～	13 土	11:06	♈
15 月	09:26	♈	～	15 月	21:11	♉
18 木	03:10	♉	～	18 木	09:36	♊
20 土	18:43	♊	～	20 土	22:07	♋
22 月	12:47	♋	～	23 火	09:12	♌
25 木	01:34	♌	～	25 木	18:26	♍
26 金	15:07	♍	～	28 日	01:46	♎
30 火	02:27	♎	～	30 火	07:04	♏
31 水	15:28	♏	～	1 木	10:17	♐

2月

開始日	開始時刻	サイン		終了日	終了時刻	サイン
2 金	18:37	♐	～	3 土	11:53	♑
5 月	01:19	♑	～	5 月	13:04	♒
6 火	21:31	♒	～	7 水	15:29	♓
9 金	19:57	♓	～	9 金	20:43	♈
11 日	13:20	♈	～	12 月	05:34	♉
14 水	05:55	♉	～	14 水	17:19	♊
17 土	00:07	♊	～	17 土	05:52	♋
19 月	01:55	♋	～	19 月	17:01	♌
21 水	05:44	♌	～	22 木	01:43	♍
24 土	05:33	♍	～	24 土	08:02	♎
26 月	04:21	♎	～	26 月	12:31	♏
28 水	14:56	♏	～	28 水	15:50	♐

3月

開始日	開始時刻	サイン		終了日	終了時刻	サイン
2 金	00:09	♐	～	2 金	18:30	♑
4 日	02:40	♑	～	4 日	21:11	♒
6 火	05:44	♒	～	7 水	00:46	♓
9 金	06:04	♓	～	9 金	06:16	♈
10 土	17:26	♈	～	11 日	14:33	♉
14 水	00:39	♉	～	14 水	01:36	♊
16 金	12:45	♊	～	16 金	14:06	♋
19 月	00:03	♋	～	19 月	01:45	♌
21 水	09:46	♌	～	21 水	10:39	♍
23 金	14:13	♍	～	23 金	16:21	♎
25 日	00:18	♎	～	25 日	19:36	♏
27 火	19:05	♏	～	27 火	21:41	♐
29 木	20:57	♐	～	29 木	23:51	♑
31 土	23:47	♑	～	1 日	03:03	♒

4月

開始日	開始時刻	サイン		終了日	終了時刻	サイン
2 月	21:14	♒	～	3 火	07:45	♓
5 木	10:10	♓	～	5 木	14:16	♈
7 土	18:34	♈	～	7 土	22:53	♉
10 火	04:35	♉	～	10 火	09:41	♊
12 木	17:47	♊	～	12 木	22:05	♋
15 日	09:30	♋	～	15 日	10:18	♌
17 火	13:17	♌	～	17 火	20:08	♍
20 金	01:27	♍	～	20 金	02:14	♎
21 土	08:42	♎	～	22 日	04:55	♏
24 火	00:07	♏	～	24 火	05:40	♐
26 木	00:32	♐	～	26 木	06:20	♑
28 土	02:19	♑	～	28 土	08:33	♒
29 日	15:10	♒	～	30 月	13:14	♓

5月

開始日	開始時刻	サイン		終了日	終了時刻	サイン
2 水	13:12	♓	～	2 水	20:27	♈
5 土	03:36	♈	～	5 土	05:47	♉
7 月	08:47	♉	～	7 月	16:51	♊
10 木	02:04	♊	～	10 木	05:13	♋
12 土	15:37	♋	～	12 土	17:50	♌
15 火	04:29	♌	～	15 火	04:44	♍
17 木	06:01	♍	～	17 木	12:06	♎
18 金	18:27	♎	～	19 土	15:24	♏
21 月	15:17	♏	～	21 月	15:44	♐
23 水	08:05	♐	～	23 水	15:07	♑
25 金	08:20	♑	～	25 金	15:42	♒
26 土	21:23	♒	～	27 日	19:06	♓
29 火	17:32	♓	～	30 水	01:54	♈
31 木	21:33	♈	～	1 金	11:34	♉

6月

開始日	開始時刻	サイン		終了日	終了時刻	サイン
3 日	14:32	♉	～	3 日	23:03	♊
6 水	02:35	♊	～	6 水	11:32	♋
8 金	21:10	♋	～	9 土	00:12	♌
10 日	13:10	♌	～	11 月	11:47	♍
13 水	12:40	♍	～	13 水	20:31	♎
15 金	13:50	♎	～	16 土	01:17	♏
17 日	19:48	♏	～	18 月	02:27	♐
19 火	21:35	♐	～	20 水	01:38	♑
21 木	18:38	♑	～	22 金	01:04	♒
24 日	01:04	♒	～	24 日	02:49	♓
26 火	01:12	♓	～	26 火	08:14	♈
28 木	09:24	♈	～	28 木	17:18	♉
30 土	21:39	♉	～	1 日	04:52	♊

7月

開始日	開始時刻	サイン		終了日	終了時刻	サイン
3 火	16:32	♊	～	3 火	17:28	♋
5 木	23:23	♋	～	6 金	06:01	♌
7 土	18:45	♌	～	8 日	17:36	♍
10 火	21:29	♍	～	11 水	03:05	♎
12 木	13:56	♎	～	13 金	09:19	♏
15 日	07:39	♏	～	15 日	12:03	♐
17 火	08:14	♐	～	17 火	12:15	♑
19 木	07:55	♑	～	19 木	11:42	♒
20 金	20:09	♒	～	21 土	12:29	♓
23 月	15:40	♓	～	23 月	16:22	♈
25 水	18:34	♈	～	26 木	00:07	♉
28 土	07:53	♉	～	28 土	11:08	♊
30 月	20:53	♊	～	30 月	23:43	♋

8月

開始日	開始時刻	サイン		終了日	終了時刻	サイン
2 木	09:49	♋	～	2 木	12:08	♌
4 土	02:12	♌	～	4 土	23:19	♍
7 火	07:17	♍	～	7 火	08:35	♎
9 木	04:11	♎	～	9 木	15:24	♏
11 土	19:07	♏	～	11 土	19:31	♐
13 月	21:16	♐	～	13 月	21:19	♑
15 水	18:42	♑	～	15 水	21:53	♒
17 金	11:59	♒	～	17 金	22:53	♓
19 日	04:44	♓	～	20 月	01:59	♈
22 水	04:33	♈	～	22 水	08:27	♉
23 木	22:25	♉	～	24 金	18:28	♊
26 日	10:18	♊	～	27 月	06:45	♋
28 火	18:28	♋	～	29 水	19:10	♌
31 金	10:43	♌	～	1 土	06:00	♍

9月

開始日	開始時刻	サイン		終了日	終了時刻	サイン
2 日	06:44	♍	～	3 月	14:32	♎
5 水	03:17	♎	～	5 水	20:49	♏
7 金	08:21	♏	～	8 土	01:12	♐
9 日	11:47	♐	～	10 月	04:07	♑
11 火	10:23	♑	～	12 水	06:12	♒
13 木	16:17	♒	～	14 金	08:22	♓
15 土	21:38	♓	～	16 日	11:48	♈
18 火	00:23	♈	～	18 火	17:42	♉
20 木	20:19	♉	～	21 金	02:47	♊
23 日	13:13	♊	～	23 日	14:35	♋
25 火	04:09	♋	～	26 水	03:08	♌
28 金	05:33	♌	～	28 金	14:06	♍
30 日	14:20	♍	～	30 日	22:09	♎

10月

開始日	開始時刻	サイン		終了日	終了時刻	サイン
3 水	00:51	♎	～	3 水	03:24	♏
5 金	06:41	♏	～	5 金	06:49	♐
6 土	18:19	♐	～	7 日	09:30	♑
8 月	17:46	♑	～	9 火	12:19	♒
11 木	00:24	♒	～	11 木	15:47	♓
12 金	16:03	♓	～	13 土	20:20	♈
15 月	11:57	♈	～	16 火	02:37	♉
17 水	18:28	♉	～	18 木	11:22	♊
20 土	14:43	♊	～	20 土	22:43	♋
23 火	08:55	♋	～	23 火	11:25	♌
25 木	06:04	♌	～	25 木	23:02	♍
27 土	08:26	♍	～	28 日	07:26	♎
29 月	21:21	♎	～	30 火	12:10	♏

11月

開始日	開始時刻	サイン		終了日	終了時刻	サイン
1 木	00:17	♏	～	1 木	14:20	♐
3 土	04:54	♐	～	3 土	15:40	♑
5 月	10:06	♑	～	5 月	17:43	♒
7 水	19:22	♒	～	7 水	21:23	♓
10 土	02:48	♓	～	10 土	02:53	♈
11 日	18:19	♈	～	12 月	10:08	♉
14 水	07:42	♉	～	14 水	19:16	♊
16 金	21:30	♊	～	17 土	06:28	♋
19 月	13:14	♋	～	19 月	19:12	♌
22 木	05:01	♌	～	22 木	07:36	♍
24 土	01:12	♍	～	24 土	17:09	♎
26 月	12:59	♎	～	26 月	22:32	♏
28 水	10:34	♏	～	29 木	00:20	♐
30 金	22:41	♐	～	1 土	00:23	♑

12月

開始日	開始時刻	サイン		終了日	終了時刻	サイン
2 日	14:09	♑	～	3 月	00:45	♒
4 火	20:18	♒	～	5 水	03:08	♓
6 木	02:01	♓	～	7 金	08:18	♈
9 日	00:02	♈	～	9 日	16:05	♉
11 火	09:17	♉	～	12 水	01:54	♊
14 金	10:09	♊	～	14 金	13:23	♋
16 日	08:22	♋	～	17 月	02:05	♌
19 水	07:12	♌	～	19 水	14:53	♍
21 金	23:37	♍	～	22 土	01:41	♎
23 日	17:23	♎	～	24 月	08:39	♏
25 火	21:06	♏	～	26 水	11:27	♐
27 木	21:59	♐	～	28 金	11:24	♑
30 日	03:01	♑	～	30 日	10:36	♒

1952年【ボイドタイム】

1月

開始日		開始時刻	サイン		終了日		終了時刻	サイン
1	火	07:32	♒	~	1	火	11:11	♓
2	水	18:33	♓	~	3	木	14:42	♈
5	土	07:58	♈	~	5	土	21:44	♉
7	月	14:15	♉	~	8	火	07:43	♊
10	木	11:46	♊	~	10	木	19:35	♋
13	日	01:12	♋	~	13	日	08:20	♌
15	火	16:30	♌	~	15	火	21:01	♍
18	金	01:33	♍	~	18	金	08:20	♎
20	日	15:09	♎	~	20	日	16:45	♏
22	火	05:37	♏	~	22	火	21:23	♐
24	木	16:04	♐	~	24	木	22:39	♑
26	土	09:03	♑	~	26	土	22:07	♒
28	月	08:26	♒	~	28	月	21:46	♓
30	水	13:15	♓	~	30	水	23:33	♈

2月

開始日		開始時刻	サイン		終了日		終了時刻	サイン
2	土	00:47	♈	~	2	土	04:51	♉
3	日	19:29	♉	~	4	月	13:55	♊
6	水	08:55	♊	~	7	木	01:44	♋
8	金	21:37	♋	~	9	土	14:36	♌
11	月	10:15	♌	~	12	火	03:02	♍
13	水	19:30	♍	~	14	木	14:01	♎
16	土	16:24	♎	~	16	土	22:45	♏
19	火	03:01	♏	~	19	火	04:43	♐
20	水	17:36	♐	~	21	木	07:50	♑
22	金	19:01	♑	~	23	土	08:49	♒
24	日	19:14	♒	~	25	月	09:01	♓
26	火	07:58	♓	~	27	水	10:12	♈
28	木	22:45	♈	~	29	金	14:02	♉

3月

開始日		開始時刻	サイン		終了日		終了時刻	サイン
2	日	02:22	♉	~	2	日	21:37	♊
4	火	20:32	♊	~	5	水	08:41	♋
7	金	20:38	♋	~	7	金	21:31	♌
9	日	16:14	♌	~	10	月	09:52	♍
12	水	03:14	♍	~	12	水	20:17	♎
14	金	23:53	♎	~	15	土	04:21	♏
17	月	03:22	♏	~	17	月	10:16	♐
19	水	11:39	♐	~	19	水	14:20	♑
21	金	01:41	♑	~	21	金	16:55	♒
23	日	03:58	♒	~	23	日	18:39	♓
25	火	01:16	♓	~	25	火	20:34	♈
27	木	10:20	♈	~	28	金	00:06	♉
29	土	10:49	♉	~	30	日	06:36	♊

4月

開始日		開始時刻	サイン		終了日		終了時刻	サイン
1	火	03:18	♊	~	1	火	16:39	♋
3	木	16:41	♋	~	4	金	05:10	♌
6	日	06:39	♌	~	6	日	17:41	♍
9	水	00:52	♍	~	9	水	03:56	♎
11	金	03:22	♎	~	11	金	11:14	♏
12	土	21:14	♏	~	13	日	16:08	♐
15	火	14:05	♐	~	15	火	19:42	♑
17	木	18:07	♑	~	17	木	22:44	♒
20	日	00:51	♒	~	20	日	01:41	♓
21	月	01:52	♓	~	22	火	04:57	♈
24	木	07:08	♈	~	24	木	09:15	♉
25	金	19:34	♉	~	26	土	15:41	♊
29	火	01:00	♊	~	29	火	01:06	♋

5月

開始日		開始時刻	サイン		終了日		終了時刻	サイン
1	木	04:19	♋	~	1	木	13:13	♌
4	日	00:08	♌	~	4	日	01:58	♍
5	月	06:23	♍	~	6	火	12:39	♎
8	木	03:39	♎	~	8	木	19:49	♏
10	土	05:15	♏	~	10	土	23:51	♐
12	月	21:12	♐	~	13	火	02:09	♑
14	水	17:17	♑	~	15	木	04:15	♒
16	金	23:39	♒	~	17	土	07:06	♓
19	月	07:24	♓	~	19	月	11:07	♈
20	火	21:22	♈	~	21	水	16:30	♉
23	金	10:28	♉	~	23	金	23:38	♊
25	日	12:14	♊	~	26	月	09:06	♋
28	水	20:08	♋	~	28	水	21:00	♌
31	土	06:55	♌	~	31	土	09:57	♍

6月

開始日		開始時刻	サイン		終了日		終了時刻	サイン
1	日	10:22	♍	~	2	月	21:26	♎
4	水	09:58	♎	~	5	木	05:20	♏
6	金	15:20	♏	~	7	土	09:21	♐
8	日	17:32	♐	~	9	月	10:47	♑
10	火	17:37	♑	~	11	水	11:27	♒
13	金	07:16	♒	~	13	金	13:01	♓
15	日	05:27	♓	~	15	日	16:29	♈
17	火	14:49	♈	~	17	火	22:11	♉
19	木	10:30	♉	~	20	金	06:04	♊
21	土	19:52	♊	~	22	日	16:04	♋
24	火	05:44	♋	~	25	水	04:03	♌
26	木	20:19	♌	~	27	金	17:07	♍
30	月	03:09	♍	~	30	月	05:19	♎

7月

開始日		開始時刻	サイン		終了日		終了時刻	サイン
1	火	19:40	♎	~	2	水	14:26	♏
4	金	02:10	♏	~	4	金	19:27	♐
6	日	04:50	♐	~	6	日	21:03	♑
8	火	03:34	♑	~	8	火	20:55	♒
10	木	05:02	♒	~	10	木	21:00	♓
12	土	13:37	♓	~	12	土	22:56	♈
14	月	23:11	♈	~	15	火	03:46	♉
17	木	00:13	♉	~	17	木	11:38	♊
19	土	07:27	♊	~	19	土	22:05	♋
22	火	08:30	♋	~	22	火	10:21	♌
24	木	15:02	♌	~	24	木	23:25	♍
26	土	11:23	♍	~	27	日	11:54	♎
29	火	16:41	♎	~	29	火	22:05	♏
31	木	23:24	♏	~	1	金	04:38	♐

8月

開始日		開始時刻	サイン		終了日		終了時刻	サイン
3	日	01:44	♐	~	3	日	07:28	♑
4	月	14:36	♑	~	5	火	07:42	♒
7	木	00:32	♒	~	7	木	07:05	♓
8	金	14:01	♓	~	9	土	07:34	♈
10	日	20:23	♈	~	11	月	10:46	♉
13	水	01:31	♉	~	13	水	17:37	♊
15	金	12:31	♊	~	16	土	03:53	♋
18	月	04:35	♋	~	18	月	16:19	♌
21	木	00:20	♌	~	21	木	05:23	♍
23	土	12:14	♍	~	23	土	17:42	♎
25	月	11:55	♎	~	26	火	04:11	♏
27	水	20:37	♏	~	28	木	11:54	♐
30	土	07:05	♐	~	30	土	16:24	♑

9月

開始日		開始時刻	サイン		終了日		終了時刻	サイン
1	月	13:45	♑	~	1	月	18:03	♒
3	水	06:44	♒	~	3	水	18:00	♓
5	金	03:22	♓	~	5	金	17:58	♈
7	日	19:37	♈	~	7	日	19:48	♉
9	火	10:28	♉	~	10	水	01:06	♊
11	木	18:52	♊	~	12	金	10:24	♋
14	日	04:18	♋	~	14	日	22:39	♌
16	火	19:51	♌	~	17	水	11:42	♍
19	金	16:21	♍	~	19	金	23:42	♎
21	日	19:06	♎	~	22	月	09:44	♏
24	水	03:36	♏	~	24	水	17:33	♐
26	金	20:23	♐	~	26	金	23:06	♑
28	日	10:56	♑	~	29	月	02:25	♒
30	火	15:43	♒	~	1	水	03:53	♓

10月

開始日		開始時刻	サイン		終了日		終了時刻	サイン
2	木	17:20	♓	~	3	金	04:34	♈
4	土	21:00	♈	~	5	日	06:06	♉
6	月	21:13	♉	~	7	火	10:15	♊
9	木	14:11	♊	~	9	木	18:16	♋
11	土	12:18	♋	~	12	日	05:51	♌
14	火	04:19	♌	~	14	火	18:51	♍
16	木	16:32	♍	~	17	金	06:45	♎
19	日	07:42	♎	~	19	日	16:10	♏
21	火	21:42	♏	~	21	火	23:12	♐
23	木	16:11	♐	~	24	金	04:29	♑
25	土	18:26	♑	~	26	日	08:28	♒
28	火	01:02	♒	~	28	火	11:23	♓
30	木	08:36	♓	~	30	木	13:35	♈

11月

開始日		開始時刻	サイン		終了日		終了時刻	サイン
1	土	04:20	♈	~	1	土	15:59	♉
3	月	07:55	♉	~	3	月	20:02	♊
5	水	14:20	♊	~	6	木	03:13	♋
7	金	22:35	♋	~	8	土	13:57	♌
10	月	12:59	♌	~	11	火	02:47	♍
13	木	08:04	♍	~	13	木	14:58	♎
15	土	23:49	♎	~	16	日	00:19	♏
18	火	00:59	♏	~	18	火	06:34	♐
19	水	23:05	♐	~	20	木	10:41	♑
22	土	13:34	♑	~	22	土	13:52	♒
24	月	05:27	♒	~	24	月	16:55	♓
25	火	23:46	♓	~	26	水	20:10	♈
28	金	12:33	♈	~	28	金	23:55	♉
30	日	16:49	♉	~	1	月	04:53	♊

12月

開始日		開始時刻	サイン		終了日		終了時刻	サイン
3	水	00:41	♊	~	3	水	12:09	♋
5	金	10:46	♋	~	5	金	22:23	♌
7	日	23:30	♌	~	8	月	10:58	♍
10	水	23:09	♍	~	10	水	23:36	♎
12	金	23:52	♎	~	13	土	09:39	♏
15	月	03:56	♏	~	15	月	16:00	♐
17	水	11:12	♐	~	17	水	19:18	♑
19	金	13:21	♑	~	19	金	21:03	♒
21	日	22:09	♒	~	21	日	22:46	♓
23	火	03:35	♓	~	24	水	01:30	♈
25	木	22:29	♈	~	26	金	05:46	♉
28	日	07:37	♉	~	28	日	11:48	♊
30	火	19:11	♊	~	30	火	19:54	♋

1953年【ボイドタイム】

1月

開始日	開始時刻	サイン		終了日	終了時刻	サイン
1 木	22:53	♋	~	2 金	06:18	♌
4 日	15:57	♌	~	4 日	18:41	♍
6 火	04:22	♍	~	7 水	07:37	♎
9 金	12:18	♎	~	9 金	18:44	♏
11 日	13:12	♏	~	12 月	02:15	♐
14 水	00:39	♐	~	14 水	05:55	♑
16 金	02:00	♑	~	16 金	06:58	♒
18 日	02:17	♒	~	18 日	07:07	♓
20 火	07:26	♓	~	20 火	08:09	♈
22 木	06:18	♈	~	22 木	11:21	♉
24 土	12:19	♉	~	24 土	17:21	♊
26 月	20:44	♊	~	27 火	02:07	♋
29 木	07:37	♋	~	29 木	13:06	♌
31 土	20:04	♌	~	1 日	01:36	♍

2月

開始日	開始時刻	サイン		終了日	終了時刻	サイン
3 火	06:36	♍	~	3 火	14:32	♎
5 木	21:03	♎	~	6 金	02:21	♏
7 土	20:45	♏	~	8 日	11:21	♐
10 火	11:51	♐	~	10 火	16:32	♑
12 木	13:50	♑	~	12 木	18:17	♒
14 土	13:35	♒	~	14 土	17:58	♓
15 日	17:35	♓	~	16 月	17:31	♈
18 水	17:51	♈	~	18 水	18:51	♉
20 金	08:45	♉	~	20 金	23:27	♊
23 月	02:03	♊	~	23 月	07:48	♋
25 水	12:58	♋	~	25 水	19:06	♌
28 土	01:27	♌	~	28 土	07:51	♍

3月

開始日	開始時刻	サイン		終了日	終了時刻	サイン
2 月	20:01	♍	~	2 月	20:41	♎
5 木	01:54	♎	~	5 木	08:31	♏
7 土	02:12	♏	~	7 土	18:20	♐
9 月	21:30	♐	~	10 火	01:10	♑
12 木	02:48	♑	~	12 木	04:38	♒
14 土	04:46	♒	~	14 土	05:17	♓
15 日	20:05	♓	~	16 月	04:39	♈
18 水	01:37	♈	~	18 水	04:45	♉
20 金	05:44	♉	~	20 金	07:35	♊
22 日	06:18	♊	~	22 日	14:30	♋
24 火	16:16	♋	~	25 水	01:15	♌
27 金	04:34	♌	~	27 金	14:04	♍
29 日	08:15	♍	~	30 月	02:52	♎

4月

開始日	開始時刻	サイン		終了日	終了時刻	サイン
1 水	13:39	♎	~	1 水	14:20	♏
3 金	08:25	♏	~	3 金	23:59	♐
6 月	03:08	♐	~	6 月	07:29	♑
8 水	06:18	♑	~	8 水	12:28	♒
10 金	06:59	♒	~	10 金	14:50	♓
12 日	06:26	♓	~	12 日	15:19	♈
14 火	05:48	♈	~	14 火	15:32	♉
16 木	14:48	♉	~	16 木	17:27	♊
18 土	19:20	♊	~	18 土	22:53	♋
20 月	23:50	♋	~	21 火	08:27	♌
23 木	13:10	♌	~	23 木	20:53	♍
26 日	03:14	♍	~	26 日	09:41	♎
28 火	07:07	♎	~	28 火	20:52	♏

5月

開始日	開始時刻	サイン		終了日	終了時刻	サイン
1 金	05:20	♏	~	1 金	05:53	♐
2 土	23:29	♐	~	3 日	12:55	♑
5 火	16:26	♑	~	5 火	18:13	♒
7 木	20:55	♒	~	7 木	21:47	♓
9 土	23:48	♓	~	9 土	23:49	♈
11 月	12:03	♈	~	12 火	01:12	♉
13 水	14:05	♉	~	14 木	03:27	♊
15 金	17:26	♊	~	16 土	08:17	♋
18 月	10:37	♋	~	18 月	16:47	♌
21 木	03:20	♌	~	21 木	04:31	♍
22 金	12:52	♍	~	23 土	17:16	♎
25 月	12:59	♎	~	26 火	04:33	♏
27 水	20:19	♏	~	28 木	13:09	♐
30 土	10:48	♐	~	30 土	19:17	♑

6月

開始日	開始時刻	サイン		終了日	終了時刻	サイン
1 月	18:22	♑	~	1 月	23:46	♒
4 木	00:49	♒	~	4 木	03:12	♓
6 土	04:13	♓	~	6 土	06:02	♈
8 月	01:19	♈	~	8 月	08:42	♉
9 火	20:42	♉	~	10 水	12:03	♊
12 金	14:57	♊	~	12 金	17:18	♋
14 日	08:38	♋	~	15 月	01:28	♌
17 水	03:08	♌	~	17 水	12:37	♍
19 金	21:01	♍	~	20 土	01:17	♎
22 月	02:22	♎	~	22 月	12:58	♏
24 水	17:37	♏	~	24 水	21:48	♐
26 金	12:28	♐	~	27 土	03:29	♑
28 日	15:48	♑	~	29 月	06:52	♒
30 火	21:19	♒	~	1 水	09:09	♓

7月

開始日	開始時刻	サイン		終了日	終了時刻	サイン
3 金	03:18	♓	~	3 金	11:24	♈
5 日	00:06	♈	~	5 日	14:24	♉
7 火	18:38	♉	~	7 火	18:43	♊
9 木	09:50	♊	~	10 金	00:55	♋
11 土	16:28	♋	~	12 日	09:28	♌
14 火	04:21	♌	~	14 火	20:29	♍
16 木	20:06	♍	~	17 金	09:04	♎
19 日	13:47	♎	~	19 日	21:17	♏
22 水	04:35	♏	~	22 水	06:59	♐
23 木	23:22	♐	~	24 金	13:07	♑
26 日	12:05	♑	~	26 日	16:03	♒
28 火	04:38	♒	~	28 火	17:07	♓
30 木	16:19	♓	~	30 木	17:56	♈

8月

開始日	開始時刻	サイン		終了日	終了時刻	サイン
1 土	16:47	♈	~	1 土	19:57	♉
3 月	19:55	♉	~	4 火	00:11	♊
5 水	17:11	♊	~	6 木	07:00	♋
8 土	12:32	♋	~	8 土	16:16	♌
10 月	13:02	♌	~	11 火	03:34	♍
12 水	21:12	♍	~	13 木	16:09	♎
15 土	14:28	♎	~	16 日	04:44	♏
18 火	05:08	♏	~	18 火	15:30	♐
20 木	17:33	♐	~	20 木	22:53	♑
22 土	15:15	♑	~	23 日	02:29	♒
24 月	16:46	♒	~	25 火	03:12	♓
26 水	20:03	♓	~	27 木	02:46	♈
29 土	00:24	♈	~	29 土	03:10	♉
31 月	05:47	♉	~	31 月	06:07	♊

9月

開始日	開始時刻	サイン		終了日	終了時刻	サイン
2 水	01:48	♊	~	2 水	12:30	♋
4 金	11:18	♋	~	4 金	22:05	♌
6 日	23:24	♌	~	7 月	09:48	♍
9 水	11:08	♍	~	9 水	22:28	♎
12 土	07:30	♎	~	12 土	11:06	♏
14 月	22:17	♏	~	14 月	22:32	♐
16 水	23:35	♐	~	17 木	07:21	♑
19 土	05:41	♑	~	19 土	12:30	♒
21 月	08:05	♒	~	21 月	14:07	♓
23 水	13:15	♓	~	23 水	13:31	♈
25 金	07:31	♈	~	25 金	12:45	♉
27 日	04:10	♉	~	27 日	14:01	♊
29 火	13:49	♊	~	29 火	18:57	♋

10月

開始日	開始時刻	サイン		終了日	終了時刻	サイン
1 木	22:58	♋	~	2 金	03:54	♌
4 日	14:16	♌	~	4 日	15:41	♍
6 火	21:04	♍	~	7 水	04:28	♎
9 金	13:41	♎	~	9 金	16:57	♏
11 日	17:33	♏	~	12 月	04:20	♐
14 水	11:55	♐	~	14 水	13:52	♑
16 金	19:14	♑	~	16 金	20:35	♒
18 日	23:06	♒	~	18 日	23:56	♓
20 火	18:46	♓	~	21 水	00:27	♈
22 木	21:55	♈	~	22 木	23:47	♉
24 土	15:33	♉	~	25 日	00:04	♊
26 月	20:46	♊	~	27 火	03:24	♋
29 木	08:08	♋	~	29 木	10:55	♌
31 土	21:58	♌	~	31 土	22:05	♍

11月

開始日	開始時刻	サイン		終了日	終了時刻	サイン
3 火	02:32	♍	~	3 火	10:51	♎
5 木	14:42	♎	~	5 木	23:12	♏
8 日	08:57	♏	~	8 日	10:07	♐
10 火	15:51	♐	~	10 火	19:19	♑
12 木	17:44	♑	~	13 金	02:31	♒
14 土	22:38	♒	~	15 日	07:18	♓
17 火	00:57	♓	~	17 火	09:36	♈
19 木	02:11	♈	~	19 木	10:15	♉
21 土	08:12	♉	~	21 土	10:55	♊
23 月	04:54	♊	~	23 月	13:32	♋
25 水	10:21	♋	~	25 水	19:41	♌
27 金	19:54	♌	~	28 土	05:41	♍
30 月	04:25	♍	~	30 月	18:06	♎

12月

開始日	開始時刻	サイン		終了日	終了時刻	サイン
2 水	20:57	♎	~	3 木	06:31	♏
5 土	16:13	♏	~	5 土	17:09	♐
7 月	16:56	♐	~	8 火	01:33	♑
10 木	06:10	♑	~	10 木	08:00	♒
12 土	04:53	♒	~	12 土	12:47	♓
14 月	02:57	♓	~	14 月	16:07	♈
16 水	14:04	♈	~	16 水	18:23	♉
18 金	11:55	♉	~	18 金	20:28	♊
20 日	20:43	♊	~	20 日	23:40	♋
22 火	21:29	♋	~	23 水	05:23	♌
25 金	06:07	♌	~	25 金	14:24	♍
27 日	21:00	♍	~	28 月	02:11	♎
30 水	13:00	♎	~	30 水	14:43	♏

1954年【ボイドタイム】

1月

開始日		開始時刻	サイン		終了日		終了時刻	サイン
1	金	15:29	♏	～	2	土	01:40	♐
4	月	02:16	♐	～	4	月	09:46	♑
6	水	08:02	♑	～	6	水	15:10	♒
8	金	11:50	♒	～	8	金	18:43	♓
10	日	06:30	♓	～	10	日	21:27	♈
12	火	17:22	♈	～	13	水	00:10	♉
14	木	17:58	♉	～	15	金	03:30	♊
17	日	00:58	♊	～	17	日	08:01	♋
19	火	11:36	♋	～	19	火	14:25	♌
21	木	15:36	♌	～	21	木	23:14	♍
23	土	15:39	♍	～	24	日	10:30	♎
26	火	15:06	♎	～	26	火	23:04	♏
28	木	23:18	♏	～	29	金	10:43	♐
31	日	12:12	♐	～	31	日	19:27	♑

2月

開始日		開始時刻	サイン		終了日		終了時刻	サイン
2	火	17:49	♑	～	3	水	00:38	♒
4	木	22:11	♒	～	5	金	03:04	♓
7	日	01:22	♓	～	7	日	04:15	♈
8	月	23:08	♈	～	9	火	05:47	♉
10	水	22:39	♉	～	11	木	08:55	♊
13	土	08:58	♊	～	13	土	14:10	♋
15	月	14:01	♋	～	15	月	21:36	♌
18	木	04:17	♌	～	18	木	07:01	♍
19	金	21:26	♍	～	20	土	18:15	♎
22	月	22:22	♎	～	23	火	06:44	♏
25	木	06:05	♏	～	25	木	19:01	♐
27	土	21:03	♐	～	28	日	04:58	♑

3月

開始日		開始時刻	サイン		終了日		終了時刻	サイン
2	火	03:42	♑	～	2	火	11:07	♒
4	木	06:32	♒	～	4	木	13:33	♓
6	土	02:37	♓	～	6	土	13:41	♈
8	月	06:32	♈	～	8	月	13:33	♉
10	水	12:40	♉	～	10	水	15:07	♊
12	金	11:39	♊	～	12	金	19:38	♋
14	日	18:46	♋	～	15	月	03:17	♌
17	水	04:26	♌	～	17	水	13:22	♍
19	金	21:42	♍	～	20	土	00:58	♎
22	月	04:00	♎	～	22	月	13:26	♏
24	水	11:44	♏	～	25	木	01:56	♐
27	土	03:42	♐	～	27	土	12:56	♑
29	月	11:54	♑	～	29	月	20:38	♒
31	水	16:06	♒	～	1	木	00:17	♓

4月

開始日		開始時刻	サイン		終了日		終了時刻	サイン
2	金	18:12	♓	～	3	土	00:41	♈
4	日	18:37	♈	～	4	日	23:43	♉
6	火	11:50	♉	～	6	火	23:40	♊
8	木	23:45	♊	～	9	金	02:29	♋
11	日	01:14	♋	～	11	日	09:06	♌
13	火	08:44	♌	～	13	火	19:03	♍
15	木	15:42	♍	～	16	金	06:58	♎
18	日	14:48	♎	～	18	日	19:33	♏
20	火	17:03	♏	～	21	水	07:55	♐
23	金	08:26	♐	～	23	金	19:12	♑
25	日	20:14	♑	～	26	月	04:03	♒
28	水	07:16	♒	～	28	水	09:22	♓
30	金	03:05	♓	～	30	金	11:09	♈

5月

開始日		開始時刻	サイン		終了日		終了時刻	サイン
2	日	03:29	♈	～	2	日	10:43	♉
3	月	22:12	♉	～	4	火	10:07	♊
6	木	05:04	♊	～	6	木	11:30	♋
8	土	05:44	♋	～	8	土	16:29	♌
10	月	19:47	♌	～	11	火	01:23	♍
13	木	08:18	♍	～	13	木	13:04	♎
15	土	22:00	♎	～	16	日	01:42	♏
18	火	06:47	♏	～	18	火	13:54	♐
20	木	23:19	♐	～	21	金	00:49	♑
22	土	22:09	♑	～	23	日	09:49	♒
25	火	05:00	♒	～	25	火	16:09	♓
27	木	09:51	♓	～	27	木	19:32	♈
29	土	17:17	♈	～	29	土	20:34	♉
31	月	08:56	♉	～	31	月	20:41	♊

6月

開始日		開始時刻	サイン		終了日		終了時刻	サイン
2	水	11:03	♊	～	2	水	21:46	♋
4	金	14:06	♋	～	5	土	01:35	♌
6	日	20:45	♌	～	7	月	09:07	♍
9	水	02:21	♍	～	9	水	19:59	♎
11	金	19:13	♎	～	12	土	08:30	♏
14	月	12:11	♏	～	14	月	20:38	♐
16	水	21:05	♐	～	17	木	07:06	♑
19	土	03:08	♑	～	19	土	15:26	♒
21	月	20:50	♒	～	21	月	21:37	♓
23	水	11:56	♓	～	24	木	01:44	♈
25	金	17:01	♈	～	26	土	04:09	♉
27	日	18:27	♉	～	28	月	05:42	♊
29	火	20:20	♊	～	30	水	07:36	♋

7月

開始日		開始時刻	サイン		終了日		終了時刻	サイン
1	木	23:29	♋	～	2	金	11:17	♌
4	日	17:21	♌	～	4	日	17:56	♍
7	水	01:57	♍	～	7	水	03:54	♎
9	金	12:47	♎	～	9	金	16:04	♏
12	月	00:21	♏	～	12	月	04:19	♐
14	水	09:26	♐	～	14	水	14:40	♑
16	金	10:11	♑	～	16	金	22:20	♒
18	日	21:21	♒	～	19	月	03:33	♓
21	水	02:47	♓	～	21	水	07:08	♈
23	金	09:14	♈	～	23	金	09:53	♉
25	日	02:12	♉	～	25	日	12:31	♊
27	火	08:11	♊	～	27	火	15:41	♋
29	木	09:45	♋	～	29	木	20:11	♌
31	土	18:40	♌	～	1	日	02:50	♍

8月

開始日		開始時刻	サイン		終了日		終了時刻	サイン
3	火	03:51	♍	～	3	火	12:14	♎
5	木	15:51	♎	～	6	金	00:03	♏
8	日	10:25	♏	～	8	日	12:33	♐
10	火	16:42	♐	～	10	火	23:21	♑
12	木	21:50	♑	～	13	金	06:55	♒
15	日	06:50	♒	～	15	日	11:17	♓
17	火	10:07	♓	～	17	火	13:38	♈
19	木	12:48	♈	～	19	木	15:26	♉
21	土	13:51	♉	～	21	土	17:57	♊
23	月	21:32	♊	～	23	月	21:50	♋
25	水	19:33	♋	～	26	木	03:23	♌
28	土	01:20	♌	～	28	土	10:44	♍
30	月	12:15	♍	～	30	月	20:12	♎

9月

開始日		開始時刻	サイン		終了日		終了時刻	サイン
1	水	23:50	♎	～	2	木	07:49	♏
4	土	12:47	♏	～	4	土	20:33	♐
7	火	08:08	♐	～	7	火	08:10	♑
9	木	09:57	♑	～	9	木	16:31	♒
11	土	13:10	♒	～	11	土	20:55	♓
13	月	16:49	♓	～	13	月	22:23	♈
15	水	17:20	♈	～	15	水	22:45	♉
17	金	18:28	♉	～	17	金	23:55	♊
19	日	20:11	♊	～	20	月	03:13	♋
22	水	06:00	♋	～	22	水	09:04	♌
24	金	09:12	♌	～	24	金	17:11	♍
26	日	21:26	♍	～	27	月	03:11	♎
29	水	09:07	♎	～	29	水	14:52	♏

10月

開始日		開始時刻	サイン		終了日		終了時刻	サイン
1	金	22:02	♏	～	2	土	03:42	♐
4	月	08:15	♐	～	4	月	16:05	♑
6	水	20:49	♑	～	7	木	01:46	♒
9	土	00:41	♒	～	9	土	07:17	♓
11	月	05:22	♓	～	11	月	08:59	♈
13	水	05:22	♈	～	13	水	08:32	♉
15	金	05:15	♉	～	15	金	08:10	♊
17	日	03:37	♊	～	17	日	09:50	♋
19	火	13:20	♋	～	19	火	14:41	♌
21	木	22:13	♌	～	21	木	22:45	♍
24	日	07:13	♍	～	24	日	09:12	♎
26	火	19:32	♎	～	26	火	21:11	♏
29	金	09:39	♏	～	29	金	09:59	♐
31	日	15:47	♐	～	31	日	22:37	♑

11月

開始日		開始時刻	サイン		終了日		終了時刻	サイン
3	水	08:38	♑	～	3	水	09:23	♒
5	金	15:48	♒	～	5	金	16:35	♓
7	日	19:21	♓	～	7	日	19:43	♈
9	火	19:34	♈	～	9	火	19:49	♉
11	木	18:40	♉	～	11	木	18:51	♊
13	土	13:38	♊	～	13	土	19:00	♋
15	月	21:56	♋	～	15	月	22:03	♌
17	水	22:55	♌	～	18	木	04:53	♍
20	土	14:53	♍	～	20	土	15:03	♎
23	火	02:59	♎	～	23	火	03:13	♏
25	木	15:41	♏	～	25	木	16:02	♐
27	土	22:45	♐	～	28	日	04:24	♑
30	火	14:39	♑	～	30	火	15:20	♒

12月

開始日		開始時刻	サイン		終了日		終了時刻	サイン
2	木	21:17	♒	～	2	木	23:39	♓
5	日	03:36	♓	～	5	日	04:36	♈
7	火	05:14	♈	～	7	火	06:23	♉
9	木	04:57	♉	～	9	木	06:17	♊
11	土	02:08	♊	～	11	土	06:07	♋
13	月	05:51	♋	～	13	月	07:49	♌
15	水	08:36	♌	～	15	水	12:54	♍
17	金	18:50	♍	～	17	金	21:52	♎
20	月	06:07	♎	～	20	月	09:44	♏
22	水	18:27	♏	～	22	水	22:35	♐
25	土	06:28	♐	～	25	土	10:41	♑
27	月	17:02	♑	～	27	月	21:01	♒
30	木	01:25	♒	～	30	木	05:10	♓

1955年【ボイドタイム】

1月

開始日		開始時刻	サイン		終了日		終了時刻	サイン
1	土	05:26	♓	～	1	土	10:57	♈
3	月	11:06	♈	～	3	月	14:25	♉
5	水	14:40	♉	～	5	水	16:05	♊
7	金	13:53	♊	～	7	金	17:01	♋
9	日	15:31	♋	～	9	日	18:42	♌
11	火	19:23	♌	～	11	火	22:43	♍
14	金	04:21	♍	～	14	金	06:15	♎
16	日	13:36	♎	～	16	日	17:15	♏
19	水	01:35	♏	～	19	水	06:02	♐
21	金	14:38	♐	～	21	金	18:10	♑
24	月	00:38	♑	～	24	月	03:59	♒
26	水	08:00	♒	～	26	水	11:11	♓
28	金	07:53	♓	～	28	金	16:20	♈
30	日	17:05	♈	～	30	日	20:06	♉

2月

開始日		開始時刻	サイン		終了日		終了時刻	サイン
1	火	21:37	♉	～	1	火	23:03	♊
4	金	01:00	♊	～	4	金	01:37	♋
6	日	01:26	♋	～	6	日	04:29	♌
8	火	05:33	♌	～	8	火	08:43	♍
10	木	05:32	♍	～	10	木	15:34	♎
12	土	22:02	♎	～	13	日	01:39	♏
15	火	05:08	♏	～	15	火	14:08	♐
17	木	22:53	♐	～	18	金	02:35	♑
20	日	09:00	♑	～	20	日	12:34	♒
22	火	15:46	♒	～	22	火	19:10	♓
24	木	13:08	♓	～	24	木	23:07	♈
26	土	22:27	♈	～	27	日	01:47	♉
28	月	20:20	♉	～	1	火	04:24	♊

3月

開始日		開始時刻	サイン		終了日		終了時刻	サイン
3	木	04:09	♊	～	3	木	07:40	♋
5	土	08:10	♋	～	5	土	11:49	♌
7	月	13:20	♌	～	7	月	17:09	♍
9	水	12:48	♍	～	10	木	00:20	♎
12	土	05:44	♎	～	12	土	10:05	♏
14	月	13:17	♏	～	14	月	22:14	♐
17	木	08:50	♐	～	17	木	11:02	♑
19	土	17:56	♑	～	19	土	21:47	♒
22	火	00:28	♒	～	22	火	04:45	♓
23	水	21:28	♓	～	24	木	08:10	♈
26	土	05:24	♈	～	26	土	09:32	♉
28	月	05:34	♉	～	28	月	10:42	♊
30	水	12:24	♊	～	30	水	13:06	♋

4月

開始日		開始時刻	サイン		終了日		終了時刻	サイン
1	金	12:35	♋	～	1	金	17:21	♌
3	日	18:29	♌	～	3	日	23:31	♍
6	水	04:43	♍	～	6	水	07:34	♎
8	金	12:00	♎	～	8	金	17:38	♏
11	月	05:32	♏	～	11	月	05:42	♐
13	水	12:35	♐	～	13	水	18:41	♑
16	土	00:22	♑	～	16	土	06:20	♒
18	月	09:25	♒	～	18	月	14:29	♓
20	水	09:09	♓	～	20	水	18:30	♈
22	金	14:16	♈	～	22	金	19:30	♉
24	日	18:58	♉	～	24	日	19:24	♊
26	火	14:36	♊	～	26	火	20:09	♋
28	木	17:12	♋	～	28	木	23:09	♌
30	土	22:35	♌	～	1	日	04:58	♍

5月

開始日		開始時刻	サイン		終了日		終了時刻	サイン
3	火	01:59	♍	～	3	火	13:26	♎
5	木	16:56	♎	～	6	金	00:04	♏
8	日	00:46	♏	～	8	日	12:19	♐
10	火	17:44	♐	～	11	水	01:19	♑
13	金	06:00	♑	～	13	金	13:30	♒
15	日	15:44	♒	～	15	日	22:54	♓
17	火	21:07	♓	～	18	水	04:21	♈
19	木	23:48	♈	～	20	金	06:12	♉
21	土	23:32	♉	～	22	日	05:57	♊
24	火	03:08	♊	～	24	火	05:33	♋
26	木	01:12	♋	～	26	木	06:53	♌
28	土	05:42	♌	～	28	土	11:16	♍
30	月	15:17	♍	～	30	月	19:08	♎

6月

開始日		開始時刻	サイン		終了日		終了時刻	サイン
2	木	03:13	♎	～	2	木	05:54	♏
4	土	15:01	♏	～	4	土	18:24	♐
7	火	04:23	♐	～	7	火	07:21	♑
9	木	18:07	♑	～	9	木	19:30	♒
12	日	01:43	♒	～	12	日	05:32	♓
14	火	04:52	♓	～	14	火	12:24	♈
16	木	08:57	♈	～	16	木	15:50	♉
18	土	10:12	♉	～	18	土	16:37	♊
20	月	13:11	♊	～	20	月	16:15	♋
22	水	10:24	♋	～	22	水	16:37	♌
24	金	11:37	♌	～	24	金	19:26	♍
26	日	19:18	♍	～	27	月	01:56	♎
29	水	05:21	♎	～	29	水	12:05	♏

7月

開始日		開始時刻	サイン		終了日		終了時刻	サイン
1	金	17:58	♏	～	2	土	00:34	♐
4	月	04:19	♐	～	4	月	13:30	♑
6	水	19:31	♑	～	7	木	01:19	♒
9	土	02:33	♒	～	9	土	11:09	♓
11	月	13:45	♓	～	11	月	18:33	♈
13	水	23:17	♈	～	13	水	23:21	♉
15	金	21:46	♉	～	16	土	01:43	♊
17	日	19:13	♊	～	18	月	02:30	♋
19	火	23:33	♋	～	20	水	03:04	♌
21	木	21:30	♌	～	22	金	05:07	♍
24	日	06:49	♍	～	24	日	10:16	♎
26	火	15:55	♎	～	26	火	19:19	♏
29	金	04:11	♏	～	29	金	07:24	♐
31	日	11:53	♐	～	31	日	20:19	♑

8月

開始日		開始時刻	サイン		終了日		終了時刻	サイン
3	水	05:23	♑	～	3	水	07:52	♒
5	金	09:33	♒	～	5	金	17:05	♓
7	日	22:13	♓	～	8	月	00:00	♈
10	水	03:33	♈	～	10	水	05:03	♉
12	金	07:19	♉	～	12	金	08:34	♊
14	日	09:08	♊	～	14	日	10:51	♋
16	火	11:45	♋	～	16	火	12:34	♌
18	木	08:49	♌	～	18	木	14:58	♍
20	土	19:07	♍	～	20	土	19:34	♎
23	火	03:24	♎	～	23	火	03:38	♏
25	木	13:33	♏	～	25	木	15:04	♐
27	土	21:16	♐	～	28	日	03:57	♑
30	火	08:10	♑	～	30	火	15:36	♒

9月

開始日		開始時刻	サイン		終了日		終了時刻	サイン
1	木	18:35	♒	～	2	金	00:23	♓
3	土	05:43	♓	～	4	日	06:24	♈
6	火	05:26	♈	～	6	火	10:37	♉
8	木	08:58	♉	～	8	木	13:59	♊
10	土	12:08	♊	～	10	土	17:01	♋
12	月	14:11	♋	～	12	月	20:02	♌
14	水	18:49	♌	～	14	水	23:34	♍
16	金	23:19	♍	～	17	土	04:36	♎
19	月	07:21	♎	～	19	月	12:19	♏
21	水	18:25	♏	～	21	水	23:12	♐
24	土	07:01	♐	～	24	土	12:01	♑
26	月	18:43	♑	～	27	火	00:08	♒
29	木	05:57	♒	～	29	木	09:13	♓

10月

開始日		開始時刻	サイン		終了日		終了時刻	サイン
1	土	00:26	♓	～	1	土	14:47	♈
3	月	15:17	♈	～	3	月	17:52	♉
5	水	16:23	♉	～	5	水	20:00	♊
7	金	18:49	♊	～	7	金	22:23	♋
9	日	21:23	♋	～	10	月	01:42	♌
12	水	03:24	♌	～	12	水	06:12	♍
13	木	17:39	♍	～	14	金	12:14	♎
16	日	16:46	♎	～	16	日	20:24	♏
19	水	03:26	♏	～	19	水	07:08	♐
21	金	16:12	♐	～	21	金	19:52	♑
24	月	08:04	♑	～	24	月	08:33	♒
26	水	15:25	♒	～	26	水	18:38	♓
28	金	09:44	♓	～	29	土	00:47	♈
31	月	00:47	♈	～	31	月	03:30	♉

11月

開始日		開始時刻	サイン		終了日		終了時刻	サイン
2	水	01:47	♉	～	2	水	04:23	♊
4	金	02:44	♊	～	4	金	05:12	♋
6	日	06:58	♋	～	6	日	07:20	♌
8	火	11:03	♌	～	8	火	11:37	♍
10	木	05:12	♍	～	10	木	18:16	♎
13	日	02:20	♎	～	13	日	03:13	♏
15	火	13:54	♏	～	15	火	14:17	♐
18	金	00:49	♐	～	18	金	02:59	♑
20	日	14:01	♑	～	20	日	15:59	♒
23	水	02:29	♒	～	23	水	03:11	♓
25	金	03:58	♓	～	25	金	10:48	♈
27	日	13:12	♈	～	27	日	14:27	♉
29	火	12:58	♉	～	29	火	15:11	♊

12月

開始日		開始時刻	サイン		終了日		終了時刻	サイン
1	木	13:47	♊	～	1	木	14:47	♋
3	土	14:12	♋	～	3	土	15:08	♌
5	月	16:58	♌	～	5	月	17:50	♍
7	水	16:47	♍	～	7	水	23:49	♎
10	土	08:17	♎	～	10	土	09:00	♏
12	月	17:42	♏	～	12	月	20:34	♐
15	木	08:55	♐	～	15	木	09:24	♑
17	土	21:59	♑	～	17	土	22:20	♒
20	火	09:50	♒	～	20	火	10:02	♓
22	木	18:39	♓	～	22	木	19:06	♈
24	土	21:55	♈	～	25	日	00:34	♉
27	火	00:02	♉	～	27	火	02:34	♊
28	水	23:48	♊	～	29	木	02:18	♋
30	金	23:36	♋	～	31	土	01:36	♌

1956年【ボイドタイム】

1月

開始日	開始時刻	サイン		終了日	終了時刻	サイン
2 月	00:45	♌	~	2 月	02:31	♍
4 水	05:17	♍	~	4 水	06:44	♎
6 金	11:42	♎	~	6 金	15:00	♏
9 月	01:47	♏	~	9 月	02:33	♐
11 水	11:55	♐	~	11 水	15:34	♑
14 土	03:54	♑	~	14 土	04:20	♒
16 月	12:16	♒	~	16 月	15:48	♓
18 水	20:18	♓	~	19 木	01:18	♈
21 土	07:58	♈	~	21 土	08:12	♉
23 月	11:15	♉	~	23 月	12:06	♊
25 水	12:10	♊	~	25 水	13:20	♋
26 木	05:29	♋	~	27 金	13:07	♌
29 日	11:23	♌	~	29 日	13:18	♍
31 火	15:41	♍	~	31 火	15:56	♎

2月

開始日	開始時刻	サイン		終了日	終了時刻	サイン
2 木	22:28	♎	~	2 木	22:33	♏
5 日	08:32	♏	~	5 日	09:13	♐
7 火	17:26	♐	~	7 火	22:09	♑
10 金	09:47	♑	~	10 金	10:52	♒
12 日	17:01	♒	~	12 日	21:52	♓
15 水	06:20	♓	~	15 水	06:49	♈
17 金	12:20	♈	~	17 金	13:49	♉
19 日	18:21	♉	~	19 日	18:51	♊
21 火	17:16	♊	~	21 火	21:50	♋
23 木	21:29	♋	~	23 木	23:11	♌
25 土	20:28	♌	~	26 日	00:05	♍
28 火	01:01	♍	~	28 火	02:21	♎

3月

開始日	開始時刻	サイン		終了日	終了時刻	サイン
1 木	05:28	♎	~	1 木	07:45	♏
3 土	14:34	♏	~	3 土	17:10	♐
6 火	00:16	♐	~	6 火	05:33	♑
8 木	15:26	♑	~	8 木	18:20	♒
11 日	03:12	♒	~	11 日	05:12	♓
13 火	10:36	♓	~	13 火	13:27	♈
15 木	19:24	♈	~	15 木	19:32	♉
17 土	21:22	♉	~	18 日	00:12	♊
20 火	03:30	♊	~	20 火	03:48	♋
22 木	06:09	♋	~	22 木	06:31	♌
24 土	08:26	♌	~	24 土	08:53	♍
26 月	08:59	♍	~	26 月	12:00	♎
28 水	16:38	♎	~	28 水	17:19	♏
30 金	22:29	♏	~	31 土	01:56	♐

4月

開始日	開始時刻	サイン		終了日	終了時刻	サイン
2 月	12:38	♐	~	2 月	13:38	♑
5 木	01:17	♑	~	5 木	02:25	♒
7 土	12:25	♒	~	7 土	13:38	♓
9 月	18:32	♓	~	9 月	21:47	♈
12 木	01:45	♈	~	12 木	03:04	♉
14 土	05:16	♉	~	14 土	06:31	♊
16 月	07:48	♊	~	16 月	09:15	♋
18 水	10:27	♋	~	18 水	12:01	♌
20 金	13:36	♌	~	20 金	15:17	♍
22 日	16:40	♍	~	22 日	19:37	♎
24 火	23:43	♎	~	25 水	01:45	♏
27 金	07:22	♏	~	27 金	10:26	♐
29 日	19:16	♐	~	29 日	21:45	♑

5月

開始日	開始時刻	サイン		終了日	終了時刻	サイン
2 水	07:50	♑	~	2 水	10:28	♒
4 金	19:36	♒	~	4 金	22:16	♓
7 月	05:31	♓	~	7 月	07:06	♈
9 水	10:10	♈	~	9 水	12:24	♉
11 金	12:58	♉	~	11 金	15:01	♊
13 日	13:45	♊	~	13 日	16:21	♋
15 火	17:43	♋	~	15 火	17:52	♌
17 木	20:14	♌	~	17 木	20:40	♍
20 日	00:41	♍	~	20 日	01:26	♎
22 火	06:51	♎	~	22 火	08:27	♏
24 木	16:18	♏	~	24 木	17:47	♐
27 日	01:24	♐	~	27 日	05:12	♑
29 火	16:45	♑	~	29 火	17:52	♒

6月

開始日	開始時刻	サイン		終了日	終了時刻	サイン
1 金	03:34	♒	~	1 金	06:10	♓
3 日	15:27	♓	~	3 日	16:05	♈
5 火	21:58	♈	~	5 火	22:22	♉
8 金	00:57	♉	~	8 金	01:10	♊
9 土	22:17	♊	~	10 日	01:42	♋
11 月	22:26	♋	~	12 火	01:45	♌
13 水	23:23	♌	~	14 木	03:04	♍
16 土	02:51	♍	~	16 土	06:59	♎
18 月	09:50	♎	~	18 月	14:03	♏
20 水	18:49	♏	~	20 水	23:56	♐
23 土	07:07	♐	~	23 土	11:43	♑
25 月	19:45	♑	~	26 火	00:26	♒
28 木	09:28	♒	~	28 木	12:55	♓
30 土	17:44	♓	~	30 土	23:43	♈

7月

開始日	開始時刻	サイン		終了日	終了時刻	サイン
3 火	05:50	♈	~	3 火	07:26	♉
5 木	10:36	♉	~	5 木	11:26	♊
7 土	12:08	♊	~	7 土	12:20	♋
9 月	07:59	♋	~	9 月	11:42	♌
11 水	07:45	♌	~	11 水	11:35	♍
13 金	07:42	♍	~	13 金	13:55	♎
15 日	15:34	♎	~	15 日	19:57	♏
18 水	00:08	♏	~	18 水	05:38	♐
20 金	12:58	♐	~	20 金	17:41	♑
23 月	01:48	♑	~	23 月	06:29	♒
25 水	14:16	♒	~	25 水	18:51	♓
27 金	22:28	♓	~	28 土	05:54	♈
30 月	10:32	♈	~	30 月	14:41	♉

8月

開始日	開始時刻	サイン		終了日	終了時刻	サイン
1 水	16:11	♉	~	1 水	20:16	♊
3 金	21:39	♊	~	3 金	22:33	♋
5 日	19:02	♋	~	5 日	22:27	♌
7 火	18:26	♌	~	7 火	21:50	♍
9 木	16:32	♍	~	9 木	22:51	♎
11 土	23:39	♎	~	12 日	03:21	♏
14 火	08:12	♏	~	14 火	12:00	♐
16 木	20:01	♐	~	16 木	23:48	♑
19 日	08:44	♑	~	19 日	12:38	♒
21 火	21:37	♒	~	22 水	00:48	♓
24 金	05:16	♓	~	24 金	11:30	♈
26 日	17:30	♈	~	26 日	20:24	♉
29 水	00:22	♉	~	29 水	03:00	♊
31 金	04:29	♊	~	31 金	06:52	♋

9月

開始日	開始時刻	サイン		終了日	終了時刻	サイン
2 日	05:40	♋	~	2 日	08:14	♌
4 火	06:18	♌	~	4 火	08:21	♍
6 木	04:47	♍	~	6 木	09:05	♎
8 土	11:57	♎	~	8 土	12:27	♏
10 月	17:44	♏	~	10 月	19:46	♐
13 木	04:46	♐	~	13 木	06:46	♑
15 土	17:02	♑	~	15 土	19:28	♒
18 火	05:54	♒	~	18 火	07:34	♓
20 木	14:23	♓	~	20 木	17:48	♈
23 日	00:44	♈	~	23 日	02:01	♉
25 火	07:17	♉	~	25 火	08:25	♊
27 木	12:01	♊	~	27 木	13:00	♋
29 土	14:35	♋	~	29 土	15:49	♌

10月

開始日	開始時刻	サイン		終了日	終了時刻	サイン
1 月	16:40	♌	~	1 月	17:25	♍
3 水	17:52	♍	~	3 水	19:02	♎
5 金	21:43	♎	~	5 金	22:19	♏
8 月	04:15	♏	~	8 月	04:46	♐
10 水	14:21	♐	~	10 水	14:48	♑
13 土	02:39	♑	~	13 土	03:10	♒
15 月	15:12	♒	~	15 月	15:25	♓
17 水	08:25	♓	~	18 木	01:36	♈
20 土	09:06	♈	~	20 土	09:08	♉
22 月	00:16	♉	~	22 月	14:29	♊
24 水	05:14	♊	~	24 水	18:24	♋
26 金	09:46	♋	~	26 金	21:27	♌
28 日	15:28	♌	~	29 月	00:10	♍
31 水	00:47	♍	~	31 水	03:10	♎
31 水	15:04	♎	~	2 金	07:25	♏

11月

開始日	開始時刻	サイン		終了日	終了時刻	サイン
4 日	03:28	♏	~	4 日	13:57	♐
6 火	13:12	♐	~	6 火	23:24	♑
9 金	01:40	♑	~	9 金	11:20	♒
11 日	00:09	♒	~	11 日	23:51	♓
14 水	03:03	♓	~	14 水	10:37	♈
15 木	19:44	♈	~	16 金	18:13	♉
18 日	21:44	♉	~	18 日	22:45	♊
20 火	20:29	♊	~	21 水	01:18	♋
22 木	22:53	♋	~	23 金	03:10	♌
25 日	03:57	♌	~	25 日	05:32	♍
27 火	05:46	♍	~	27 火	09:11	♎
28 水	10:19	♎	~	29 木	14:35	♏

12月

開始日	開始時刻	サイン		終了日	終了時刻	サイン
1 土	19:27	♏	~	1 土	21:59	♐
4 火	05:34	♐	~	4 火	07:36	♑
6 木	19:13	♑	~	6 木	19:17	♒
8 土	02:51	♒	~	9 日	07:57	♓
11 火	19:16	♓	~	11 火	19:37	♈
13 木	11:49	♈	~	14 金	04:16	♉
16 日	00:15	♉	~	16 日	09:07	♊
18 火	04:06	♊	~	18 火	10:52	♋
19 水	12:30	♋	~	20 木	11:12	♌
21 金	00:08	♌	~	22 土	11:56	♍
24 月	00:03	♍	~	24 月	14:39	♎
26 水	09:14	♎	~	26 水	20:09	♏
28 金	20:43	♏	~	29 土	04:20	♐
30 日	04:20	♐	~	31 月	14:37	♑

1957年【ボイドタイム】

1月

開始日		開始時刻	サイン		終了日		終了時刻	サイン
2	水	21:04	♑	～	3	木	02:25	♒
4	金	17:35	♒	～	5	土	15:05	♓
7	月	15:58	♓	～	8	火	03:23	♈
10	木	06:29	♈	～	10	木	13:27	♉
12	土	04:29	♉	～	12	土	19:44	♊
14	月	07:41	♊	～	14	月	22:06	♋
16	水	15:21	♋	～	16	水	21:51	♌
18	金	20:57	♌	～	18	金	21:04	♍
19	土	15:50	♍	～	20	日	21:55	♎
23	水	01:45	♎	～	23	水	02:03	♏
25	金	09:28	♏	～	25	金	09:52	♐
27	日	20:01	♐	～	27	日	20:33	♑
29	火	13:23	♑	～	30	水	08:42	♒

2月

開始日		開始時刻	サイン		終了日		終了時刻	サイン
1	金	20:34	♒	～	1	金	21:21	♓
4	月	04:38	♓	～	4	月	09:42	♈
6	水	19:39	♈	～	6	水	20:38	♉
9	土	03:34	♉	～	9	土	04:35	♊
11	月	07:37	♊	～	11	月	08:39	♋
11	月	22:51	♋	～	13	水	09:19	♌
15	金	07:10	♌	～	15	金	08:17	♍
16	土	05:02	♍	～	17	日	07:50	♎
19	火	08:41	♎	～	19	火	10:06	♏
21	木	16:04	♏	～	21	木	16:23	♐
24	日	01:37	♐	～	24	日	02:27	♑
26	火	13:18	♑	～	26	火	14:43	♒

3月

開始日		開始時刻	サイン		終了日		終了時刻	サイン
1	金	01:17	♒	～	1	金	03:25	♓
3	日	12:59	♓	～	3	日	15:31	♈
6	水	00:04	♈	～	6	水	02:21	♉
8	金	08:47	♉	～	8	金	11:04	♊
10	日	14:31	♊	～	10	日	16:45	♋
12	火	15:15	♋	～	12	火	19:12	♌
14	木	17:09	♌	～	14	木	19:20	♍
16	土	17:25	♍	～	16	土	18:59	♎
18	月	17:46	♎	～	18	月	20:15	♏
21	木	00:27	♏	～	21	木	00:54	♐
23	土	06:32	♐	～	23	土	09:35	♑
25	月	20:03	♑	～	25	月	21:18	♒
28	木	06:39	♒	～	28	木	10:00	♓
30	土	12:37	♓	～	30	土	21:55	♈

4月

開始日		開始時刻	サイン		終了日		終了時刻	サイン
2	火	04:51	♈	～	2	火	08:11	♉
4	木	13:13	♉	～	4	木	16:31	♊
6	土	19:25	♊	～	6	土	22:38	♋
8	月	16:37	♋	～	9	火	02:25	♌
11	木	01:08	♌	～	11	木	04:13	♍
12	金	19:01	♍	～	13	土	05:09	♎
15	月	03:31	♎	～	15	月	06:46	♏
17	水	07:14	♏	～	17	水	10:43	♐
19	金	16:09	♐	～	19	金	18:08	♑
21	日	14:56	♑	～	22	月	04:54	♒
24	水	13:18	♒	～	24	水	17:23	♓
26	金	19:10	♓	～	27	土	05:22	♈
29	月	11:25	♈	～	29	月	15:18	♉

5月

開始日		開始時刻	サイン		終了日		終了時刻	サイン
1	水	19:02	♉	～	1	水	22:47	♊
4	土	03:10	♊	～	4	土	04:09	♋
5	日	18:25	♋	～	6	月	07:54	♌
8	水	07:07	♌	～	8	水	10:37	♍
10	金	05:29	♍	～	10	金	12:58	♎
12	日	12:15	♎	～	12	日	15:49	♏
14	火	16:32	♏	～	14	火	20:14	♐
16	木	23:20	♐	～	17	金	03:14	♑
19	日	08:44	♑	～	19	日	13:13	♒
21	火	21:12	♒	～	22	水	01:21	♓
23	木	21:21	♓	～	24	金	13:34	♈
26	日	19:55	♈	～	26	日	23:44	♉
29	水	03:13	♉	～	29	水	06:47	♊
31	金	07:43	♊	～	31	金	11:06	♋

6月

開始日		開始時刻	サイン		終了日		終了時刻	サイン
2	日	00:31	♋	～	2	日	13:46	♌
4	火	12:45	♌	～	4	火	16:00	♍
6	木	17:37	♍	～	6	木	18:46	♎
8	土	19:24	♎	～	8	土	22:41	♏
11	火	00:50	♏	～	11	火	04:10	♐
13	木	08:13	♐	～	13	木	11:37	♑
15	土	13:37	♑	～	15	土	21:24	♒
18	火	09:11	♒	～	18	火	09:15	♓
20	木	20:27	♓	～	20	木	21:46	♈
23	日	08:28	♈	～	23	日	08:39	♉
25	火	13:18	♉	～	25	火	16:07	♊
27	木	19:48	♊	～	27	木	20:01	♋
29	土	21:17	♋	～	29	土	21:31	♌

7月

開始日		開始時刻	サイン		終了日		終了時刻	サイン
1	月	22:09	♌	～	1	月	22:24	♍
3	水	15:20	♍	～	4	木	00:16	♎
6	土	03:52	♎	～	6	土	04:10	♏
8	月	08:00	♏	～	8	月	10:21	♐
10	水	18:15	♐	～	10	水	18:35	♑
13	土	04:22	♑	～	13	土	04:43	♒
15	月	16:11	♒	～	15	月	16:33	♓
17	水	22:25	♓	～	18	木	05:15	♈
20	土	16:39	♈	～	20	土	16:58	♉
23	火	00:44	♉	～	23	火	01:34	♊
25	木	05:52	♊	～	25	木	06:06	♋
27	土	07:05	♋	～	27	土	07:17	♌
29	月	06:50	♌	～	29	月	07:00	♍
31	水	05:15	♍	～	31	水	07:20	♎

8月

開始日		開始時刻	サイン		終了日		終了時刻	サイン
2	金	09:55	♎	～	2	金	10:01	♏
4	日	14:53	♏	～	4	日	15:48	♐
7	水	00:14	♐	～	7	水	00:24	♑
8	木	06:18	♑	～	9	金	11:02	♒
11	日	22:31	♒	～	11	日	23:02	♓
13	火	19:45	♓	～	14	水	11:46	♈
16	金	23:50	♈	～	17	土	00:01	♉
19	月	09:50	♉	～	19	月	09:52	♊
21	水	11:58	♊	～	21	水	15:49	♋
23	金	08:45	♋	～	23	金	17:52	♌
24	土	07:54	♌	～	25	日	17:26	♍
27	火	09:07	♍	～	27	火	16:42	♎
28	水	07:54	♎	～	29	木	17:46	♏
31	土	12:17	♏	～	31	土	22:07	♐

9月

開始日		開始時刻	サイン		終了日		終了時刻	サイン
2	月	17:33	♐	～	3	火	06:06	♑
5	木	00:34	♑	～	5	木	16:50	♒
7	土	12:03	♒	～	8	日	05:04	♓
9	月	22:42	♓	～	10	火	17:45	♈
13	金	02:20	♈	～	13	金	05:58	♉
15	日	04:52	♉	～	15	日	16:27	♊
17	火	15:50	♊	～	17	火	23:50	♋
19	木	22:31	♋	～	20	金	03:31	♌
20	金	20:21	♌	～	22	日	04:12	♍
24	火	03:06	♍	～	24	火	03:33	♎
24	火	20:02	♎	～	26	木	03:41	♏
27	金	05:53	♏	～	28	土	06:28	♐
29	日	16:05	♐	～	30	月	13:00	♑

10月

開始日		開始時刻	サイン		終了日		終了時刻	サイン
2	水	08:36	♑	～	2	水	23:04	♒
4	金	22:32	♒	～	5	土	11:18	♓
7	月	17:44	♓	～	7	月	23:57	♈
9	水	06:42	♈	～	10	木	11:48	♉
11	金	09:26	♉	～	12	土	22:01	♊
14	月	12:32	♊	～	15	火	05:55	♋
16	水	22:44	♋	～	17	木	11:00	♌
19	土	05:28	♌	～	19	土	13:24	♍
20	日	07:44	♍	～	21	月	14:04	♎
23	水	13:43	♎	～	23	水	14:31	♏
24	木	09:14	♏	～	25	金	16:34	♐
27	日	06:00	♐	～	27	日	21:41	♑
29	火	16:56	♑	～	30	水	06:33	♒

11月

開始日		開始時刻	サイン		終了日		終了時刻	サイン
1	金	07:39	♒	～	1	金	18:19	♓
4	月	02:03	♓	～	4	月	07:00	♈
6	水	15:12	♈	～	6	水	18:38	♉
8	金	18:25	♉	～	9	土	04:09	♊
10	日	16:41	♊	～	11	月	11:24	♋
12	火	23:23	♋	～	13	水	16:37	♌
15	金	06:59	♌	～	15	金	20:07	♍
17	日	13:21	♍	～	17	日	22:26	♎
19	火	10:04	♎	～	20	水	00:18	♏
22	金	01:19	♏	～	22	金	02:52	♐
23	土	17:41	♐	～	24	日	07:30	♑
26	火	01:26	♑	～	26	火	15:16	♒
28	木	14:52	♒	～	29	金	02:16	♓

12月

開始日		開始時刻	サイン		終了日		終了時刻	サイン
1	日	11:17	♓	～	1	日	14:57	♈
3	火	21:32	♈	～	4	水	02:48	♉
6	金	11:08	♉	～	6	金	12:01	♊
8	日	09:19	♊	～	8	日	18:16	♋
10	火	14:22	♋	～	10	火	22:24	♌
12	木	18:10	♌	～	13	金	01:29	♍
14	土	18:13	♍	～	15	日	04:23	♎
17	火	01:24	♎	～	17	火	07:36	♏
19	木	06:29	♏	～	19	木	11:31	♐
21	土	15:12	♐	～	21	土	16:47	♑
23	月	19:25	♑	～	24	火	00:19	♒
26	木	06:14	♒	～	26	木	10:41	♓
28	土	00:46	♓	～	28	土	23:13	♈
31	火	08:33	♈	～	31	火	11:38	♉

1958年【ボイドタイム】

1月

開始日	開始時刻	サイン		終了日	終了時刻	サイン
1 水	17:42	♉	~	2 木	21:22	♊
5 日	01:41	♊	~	5 日	03:22	♋
7 火	05:10	♋	~	7 火	06:22	♌
9 木	07:11	♌	~	9 木	07:59	♍
11 土	05:06	♍	~	11 土	09:52	♎
13 月	12:58	♎	~	13 月	13:03	♏
15 水	07:38	♏	~	15 水	17:50	♐
17 金	08:03	♐	~	18 土	00:13	♑
20 月	07:08	♑	~	20 月	08:23	♒
22 水	02:15	♒	~	22 水	18:42	♓
24 金	15:54	♓	~	25 土	07:03	♈
27 月	08:45	♈	~	27 月	19:57	♉
29 水	06:19	♉	~	30 木	06:48	♊

2月

開始日	開始時刻	サイン		終了日	終了時刻	サイン
1 土	10:14	♊	~	1 土	13:41	♋
3 月	07:31	♋	~	3 月	16:38	♌
5 水	05:56	♌	~	5 水	17:11	♍
7 金	06:19	♍	~	7 金	17:24	♎
9 日	07:49	♎	~	9 日	19:03	♏
11 火	08:33	♏	~	11 火	23:12	♐
13 木	19:10	♐	~	14 金	05:56	♑
14 金	20:14	♑	~	16 日	14:52	♒
19 水	00:38	♒	~	19 水	01:40	♓
21 金	02:17	♓	~	21 金	14:02	♈
23 日	22:12	♈	~	24 月	03:05	♉
25 火	09:48	♉	~	26 水	14:53	♊
28 金	13:34	♊	~	28 金	23:17	♋

3月

開始日	開始時刻	サイン		終了日	終了時刻	サイン
2 日	08:31	♋	~	3 月	03:27	♌
4 火	20:07	♌	~	5 水	04:15	♍
6 木	19:42	♍	~	7 金	03:36	♎
8 土	19:35	♎	~	9 日	03:35	♏
10 月	22:37	♏	~	11 火	05:57	♐
13 木	02:55	♐	~	13 木	11:37	♑
15 土	17:43	♑	~	15 土	20:28	♒
17 月	22:33	♒	~	18 火	07:42	♓
20 木	18:49	♓	~	20 木	20:17	♈
23 日	08:49	♈	~	23 日	09:16	♉
24 月	21:38	♉	~	25 火	21:20	♊
28 金	05:32	♊	~	28 金	06:53	♋
30 日	11:04	♋	~	30 日	12:46	♌

4月

開始日	開始時刻	サイン		終了日	終了時刻	サイン
1 火	13:36	♌	~	1 火	15:01	♍
3 木	08:07	♍	~	3 木	14:54	♎
5 土	11:55	♎	~	5 土	14:17	♏
6 日	13:44	♏	~	7 月	15:07	♐
9 水	15:05	♐	~	9 水	19:01	♑
12 土	01:43	♑	~	12 土	02:42	♒
14 月	13:34	♒	~	14 月	13:39	♓
16 水	17:25	♓	~	17 木	02:23	♈
19 土	15:05	♈	~	19 土	15:17	♉
22 火	02:49	♉	~	22 火	03:03	♊
24 木	12:30	♊	~	24 木	12:47	♋
26 土	11:58	♋	~	26 土	19:44	♌
28 月	23:23	♌	~	28 月	23:41	♍
30 水	17:18	♍	~	1 木	01:07	♎

5月

開始日	開始時刻	サイン		終了日	終了時刻	サイン
3 土	00:55	♎	~	3 土	01:15	♏
5 月	01:23	♏	~	5 月	01:44	♐
7 水	03:58	♐	~	7 水	04:21	♑
8 木	23:42	♑	~	9 金	10:30	♒
11 日	20:01	♒	~	11 日	20:27	♓
13 火	21:52	♓	~	14 水	08:58	♈
16 金	21:24	♈	~	16 金	21:50	♉
19 月	08:50	♉	~	19 月	09:14	♊
21 水	18:01	♊	~	21 水	18:23	♋
23 金	12:19	♋	~	24 土	01:15	♌
26 月	05:42	♌	~	26 月	06:00	♍
27 火	22:18	♍	~	28 水	08:56	♎
30 金	10:19	♎	~	30 金	10:34	♏

6月

開始日	開始時刻	サイン		終了日	終了時刻	サイン
1 日	11:41	♏	~	1 日	11:54	♐
3 火	14:12	♐	~	3 火	14:23	♑
5 木	17:47	♑	~	5 木	19:34	♒
8 日	04:19	♒	~	8 日	04:24	♓
10 火	01:38	♓	~	10 火	16:21	♈
12 木	14:09	♈	~	13 金	05:13	♉
14 土	11:01	♉	~	15 日	16:31	♊
17 火	16:59	♊	~	18 水	01:04	♋
19 木	16:26	♋	~	20 金	07:04	♌
22 日	00:35	♌	~	22 日	11:22	♍
24 火	08:45	♍	~	24 火	14:43	♎
26 木	03:41	♎	~	26 木	17:31	♏
27 金	19:51	♏	~	28 土	20:12	♐
30 月	09:36	♐	~	30 月	23:33	♑

7月

開始日	開始時刻	サイン		終了日	終了時刻	サイン
2 水	20:26	♑	~	3 木	04:45	♒
4 金	21:50	♒	~	5 土	12:57	♓
7 月	05:50	♓	~	8 火	00:18	♈
9 水	21:41	♈	~	10 木	13:10	♉
12 土	03:02	♉	~	13 日	00:47	♊
15 火	01:28	♊	~	15 火	09:16	♋
17 木	09:47	♋	~	17 木	14:31	♌
19 土	15:31	♌	~	19 土	17:42	♍
21 月	18:31	♍	~	21 月	20:12	♎
23 水	17:30	♎	~	23 水	22:58	♏
26 土	01:08	♏	~	26 土	02:26	♐
27 日	20:02	♐	~	28 月	06:53	♑
30 水	02:05	♑	~	30 水	12:53	♒

8月

開始日	開始時刻	サイン		終了日	終了時刻	サイン
1 金	10:24	♒	~	1 金	21:12	♓
3 日	11:10	♓	~	4 月	08:15	♈
6 水	10:50	♈	~	6 水	21:05	♉
8 金	14:24	♉	~	9 土	09:17	♊
11 月	10:19	♊	~	11 月	18:26	♋
13 水	18:05	♋	~	13 水	23:44	♌
15 金	19:54	♌	~	16 土	02:07	♍
17 日	09:30	♍	~	18 月	03:17	♎
19 火	23:35	♎	~	20 水	04:50	♏
22 金	04:44	♏	~	22 金	07:48	♐
24 日	11:49	♐	~	24 日	12:39	♑
26 火	15:35	♑	~	26 火	19:28	♒
29 金	01:09	♒	~	29 金	04:25	♓
31 日	00:13	♓	~	31 日	15:36	♈

9月

開始日	開始時刻	サイン		終了日	終了時刻	サイン
3 水	02:43	♈	~	3 水	04:24	♉
5 金	07:26	♉	~	5 金	17:07	♊
7 日	22:50	♊	~	8 月	03:23	♋
10 水	03:27	♋	~	10 水	09:42	♌
12 金	07:44	♌	~	12 金	12:20	♍
14 日	09:24	♍	~	14 日	12:45	♎
15 月	19:55	♎	~	16 火	12:50	♏
18 木	12:53	♏	~	18 木	14:16	♐
20 土	12:17	♐	~	20 土	18:13	♑
22 月	23:18	♑	~	23 火	01:04	♒
24 水	14:52	♒	~	25 木	10:34	♓
27 土	16:02	♓	~	27 土	22:08	♈
29 月	14:53	♈	~	30 火	10:58	♉

10月

開始日	開始時刻	サイン		終了日	終了時刻	サイン
2 木	20:49	♉	~	2 木	23:51	♊
4 土	16:27	♊	~	5 日	11:01	♋
6 月	11:13	♋	~	7 火	18:51	♌
9 木	07:10	♌	~	9 木	22:50	♍
11 土	09:07	♍	~	11 土	23:44	♎
13 月	15:09	♎	~	13 月	23:12	♏
15 水	00:05	♏	~	15 水	23:09	♐
17 金	13:55	♐	~	18 土	01:23	♑
19 日	23:07	♑	~	20 月	07:04	♒
22 水	12:53	♒	~	22 水	16:20	♓
24 金	11:55	♓	~	25 土	04:11	♈
27 月	16:08	♈	~	27 月	17:08	♉
30 木	05:22	♉	~	30 木	05:50	♊

11月

開始日	開始時刻	サイン		終了日	終了時刻	サイン
1 土	02:45	♊	~	1 土	17:09	♋
3 月	23:00	♋	~	4 火	02:03	♌
6 木	03:39	♌	~	6 木	07:46	♍
8 土	05:13	♍	~	8 土	10:17	♎
10 月	00:10	♎	~	10 月	10:30	♏
12 水	02:55	♏	~	12 水	10:03	♐
14 金	00:48	♐	~	14 金	10:55	♑
16 日	04:13	♑	~	16 日	14:53	♒
18 火	17:32	♒	~	18 火	22:57	♓
21 金	06:34	♓	~	21 金	10:29	♈
23 日	13:14	♈	~	23 日	23:31	♉
25 火	17:27	♉	~	26 水	12:01	♊
28 金	14:11	♊	~	28 金	22:52	♋
30 日	11:43	♋	~	1 月	07:41	♌

12月

開始日	開始時刻	サイン		終了日	終了時刻	サイン
3 水	07:15	♌	~	3 水	14:18	♍
5 金	12:13	♍	~	5 金	18:31	♎
7 日	14:49	♎	~	7 日	20:29	♏
9 火	03:56	♏	~	9 火	21:02	♐
11 木	16:53	♐	~	11 木	21:47	♑
13 土	07:46	♑	~	14 日	00:38	♒
16 火	02:35	♒	~	16 火	07:12	♓
18 木	13:26	♓	~	18 木	17:46	♈
21 日	03:18	♈	~	21 日	06:38	♉
23 火	03:37	♉	~	23 火	19:09	♊
26 金	03:08	♊	~	26 金	05:33	♋
28 日	00:58	♋	~	28 日	13:34	♌
30 火	18:24	♌	~	30 火	19:41	♍

1959年【ボイドタイム】

1月

開始日	開始時刻	サイン		終了日	終了時刻	サイン
1 木	23:33	♍	～	2 金	00:22	♎
4 日	03:20	♎	～	4 日	03:42	♏
6 火	02:33	♏	～	6 火	05:56	♐
8 木	00:56	♐	～	8 木	07:50	♑
10 土	03:06	♑	～	10 土	10:52	♒
12 月	09:06	♒	～	12 月	16:40	♓
14 水	18:53	♓	～	15 木	02:10	♈
17 土	06:26	♈	～	17 土	14:33	♉
20 火	00:56	♉	～	20 火	03:16	♊
21 水	13:27	♊	～	22 木	13:47	♋
24 土	17:18	♋	～	24 土	21:14	♌
26 月	23:00	♌	～	27 火	02:14	♍
29 木	03:15	♍	～	29 木	05:55	♎
31 土	08:22	♎	～	31 土	09:06	♏

2月

開始日	開始時刻	サイン		終了日	終了時刻	サイン
2 月	10:29	♏	～	2 月	12:11	♐
3 火	12:39	♐	～	4 水	15:29	♑
6 金	18:51	♑	～	6 金	19:41	♒
9 月	01:27	♒	～	9 月	01:51	♓
9 月	23:30	♓	～	11 水	10:55	♈
13 金	09:47	♈	～	13 金	22:48	♉
16 月	07:22	♉	～	16 月	11:40	♊
18 水	21:06	♊	～	18 水	22:51	♋
20 金	21:52	♋	～	21 土	06:38	♌
22 日	06:40	♌	～	23 月	11:06	♍
24 火	08:52	♍	～	25 水	13:29	♎
26 木	11:39	♎	～	27 金	15:15	♏

3月

開始日	開始時刻	サイン		終了日	終了時刻	サイン
1 日	03:39	♏	～	1 日	17:33	♐
3 火	14:24	♐	～	3 火	21:06	♑
4 水	20:08	♑	～	6 金	02:17	♒
7 土	02:00	♒	～	8 日	09:26	♓
9 月	19:51	♓	～	10 火	18:54	♈
12 木	08:42	♈	～	13 金	06:37	♉
15 日	06:25	♉	～	15 日	19:31	♊
18 水	00:10	♊	～	18 水	07:28	♋
20 金	14:53	♋	～	20 金	16:23	♌
22 日	02:48	♌	～	22 日	21:28	♍
24 火	07:42	♍	～	24 火	23:27	♎
26 木	10:17	♎	～	26 木	23:54	♏
27 金	19:59	♏	～	29 日	00:32	♐
30 月	16:19	♐	～	31 火	02:49	♑

4月

開始日	開始時刻	サイン		終了日	終了時刻	サイン
1 水	01:26	♑	～	2 木	07:42	♒
4 土	08:36	♒	～	4 土	15:23	♓
6 月	21:15	♓	～	7 火	01:33	♈
9 木	12:05	♈	～	9 木	13:32	♉
11 土	17:56	♉	～	12 日	02:25	♊
14 火	00:47	♊	～	14 火	14:48	♋
16 木	16:32	♋	～	17 金	00:55	♌
19 日	03:55	♌	～	19 日	07:28	♍
19 日	19:44	♍	～	21 火	10:19	♎
22 水	06:11	♎	～	23 木	10:34	♏
25 土	09:54	♏	～	25 土	09:59	♐
26 日	06:44	♐	～	27 月	10:33	♑
29 水	13:04	♑	～	29 水	13:56	♒

5月

開始日	開始時刻	サイン		終了日	終了時刻	サイン
1 金	19:34	♒	～	1 金	20:59	♓
4 月	05:17	♓	～	4 月	07:19	♈
6 水	08:50	♈	～	6 水	19:39	♉
9 土	05:17	♉	～	9 土	08:35	♊
11 月	16:05	♊	～	11 月	20:57	♋
14 木	03:23	♋	～	14 木	07:41	♌
16 土	11:03	♌	～	16 土	15:38	♍
18 月	15:21	♍	～	18 月	20:07	♎
20 水	09:53	♎	～	20 水	21:25	♏
22 金	15:38	♏	～	22 金	20:51	♐
23 土	16:50	♐	～	24 日	20:24	♑
26 火	16:16	♑	～	26 火	22:10	♒
28 木	20:09	♒	～	29 金	03:43	♓
31 日	12:10	♓	～	31 日	13:19	♈

6月

開始日	開始時刻	サイン		終了日	終了時刻	サイン
2 火	15:33	♈	～	3 水	01:37	♉
5 金	10:34	♉	～	5 金	14:36	♊
7 日	06:55	♊	～	8 月	02:44	♋
10 水	02:40	♋	～	10 水	13:19	♌
12 金	11:09	♌	～	12 金	21:51	♍
14 日	17:10	♍	～	15 月	03:42	♎
16 火	21:43	♎	～	17 水	06:39	♏
18 木	21:01	♏	～	19 金	07:15	♐
21 日	04:59	♐	～	21 日	07:02	♑
22 月	20:48	♑	～	23 火	08:01	♒
24 水	23:49	♒	～	25 木	12:10	♓
27 土	16:37	♓	～	27 土	20:28	♈
29 月	16:10	♈	～	30 火	08:11	♉

7月

開始日	開始時刻	サイン		終了日	終了時刻	サイン
2 木	09:59	♉	～	2 木	21:06	♊
5 日	02:52	♊	～	5 日	09:04	♋
7 火	04:36	♋	～	7 火	19:08	♌
9 木	14:27	♌	～	10 金	03:16	♍
11 土	19:37	♍	～	12 日	09:27	♎
14 火	06:38	♎	～	14 火	13:34	♏
16 木	11:15	♏	～	16 木	15:42	♐
18 土	14:26	♐	～	18 土	16:42	♑
20 月	12:33	♑	～	20 月	18:05	♒
22 水	07:50	♒	～	22 水	21:41	♓
24 金	14:03	♓	～	25 土	04:54	♈
26 日	17:32	♈	～	27 月	15:44	♉
29 水	12:40	♉	～	30 木	04:24	♊
31 金	13:47	♊	～	1 土	16:24	♋

8月

開始日	開始時刻	サイン		終了日	終了時刻	サイン
3 月	11:46	♋	～	4 火	02:10	♌
5 水	19:53	♌	～	6 木	09:30	♍
8 土	01:57	♍	～	8 土	14:57	♎
9 日	19:58	♎	～	10 月	19:00	♏
12 水	09:58	♏	～	12 水	21:59	♐
14 金	08:18	♐	～	15 土	00:19	♑
16 日	15:20	♑	～	17 月	02:54	♒
18 火	21:50	♒	～	19 水	07:00	♓
21 金	01:49	♓	～	21 金	13:52	♈
23 日	23:23	♈	～	23 日	23:59	♉
26 水	00:15	♉	～	26 水	12:19	♊
28 金	13:22	♊	～	29 土	00:34	♋
31 月	03:01	♋	～	31 月	10:34	♌

9月

開始日	開始時刻	サイン		終了日	終了時刻	サイン
2 水	08:17	♌	～	2 水	17:31	♍
4 金	20:18	♍	～	4 金	21:57	♎
6 日	05:08	♎	～	7 月	00:53	♏
8 火	20:04	♏	～	9 水	03:21	♐
10 木	10:38	♐	～	11 金	06:05	♑
13 日	03:14	♑	～	13 日	09:44	♒
15 火	08:46	♒	～	15 火	14:54	♓
17 木	16:30	♓	～	17 木	22:17	♈
19 土	10:45	♈	～	20 日	08:13	♉
22 火	19:59	♉	～	22 火	20:16	♊
25 金	08:45	♊	～	25 金	08:50	♋
27 日	16:49	♋	～	27 日	19:37	♌
30 水	01:11	♌	～	30 水	03:05	♍

10月

開始日	開始時刻	サイン		終了日	終了時刻	サイン
2 金	06:00	♍	～	2 金	07:09	♎
3 土	17:59	♎	～	4 日	08:54	♏
5 月	17:17	♏	～	6 火	09:55	♐
8 木	08:34	♐	～	8 木	11:39	♑
10 土	01:28	♑	～	10 土	15:13	♒
12 月	09:34	♒	～	12 月	21:06	♓
13 火	09:41	♓	～	15 木	05:20	♈
17 土	09:51	♈	～	17 土	15:40	♉
19 月	08:17	♉	～	20 火	03:40	♊
22 木	12:16	♊	～	22 木	16:23	♋
24 土	11:06	♋	～	25 日	04:04	♌
27 火	03:16	♌	～	27 火	12:49	♍
29 木	14:00	♍	～	29 木	17:42	♎
31 土	04:12	♎	～	31 土	19:15	♏

11月

開始日	開始時刻	サイン		終了日	終了時刻	サイン
2 月	07:08	♏	～	2 月	19:02	♐
4 水	10:08	♐	～	4 水	19:05	♑
6 金	15:23	♑	～	6 金	21:14	♒
8 日	10:03	♒	～	9 月	02:36	♓
10 火	10:05	♓	～	11 水	11:10	♈
13 金	04:10	♈	～	13 金	22:05	♉
15 日	18:41	♉	～	16 月	10:17	♊
18 水	04:49	♊	～	18 水	22:57	♋
21 土	06:45	♋	～	21 土	11:04	♌
23 月	06:37	♌	～	23 月	21:08	♍
26 木	03:05	♍	～	26 木	03:42	♎
27 金	15:39	♎	～	28 土	06:22	♏
30 月	01:41	♏	～	30 月	06:12	♐

12月

開始日	開始時刻	サイン		終了日	終了時刻	サイン
1 火	18:00	♐	～	2 水	05:11	♑
3 木	21:49	♑	～	4 金	05:35	♒
6 日	05:33	♒	～	6 日	09:17	♓
8 火	07:25	♓	～	8 火	17:00	♈
10 木	10:00	♈	～	11 金	03:56	♉
13 日	15:34	♉	～	13 日	16:25	♊
15 火	13:49	♊	～	16 水	05:01	♋
17 木	01:47	♋	～	18 金	16:58	♌
20 日	23:35	♌	～	21 月	03:30	♍
22 火	10:55	♍	～	23 水	11:29	♎
25 金	00:10	♎	～	25 金	16:01	♏
27 日	04:45	♏	～	27 日	17:16	♐
29 火	01:55	♐	～	29 火	16:38	♑
31 木	11:56	♑	～	31 木	16:15	♒

1960年【ボイドタイム】

1月

開始日		開始時刻	サイン		終了日		終了時刻	サイン
2	土	12:35	♒	~	2	土	18:19	♓
4	月	10:31	♓	~	5	火	00:22	♈
6	水	23:18	♈	~	7	木	10:23	♉
9	土	03:05	♉	~	9	土	22:46	♊
12	火	08:03	♊	~	12	火	11:24	♋
14	木	08:50	♋	~	14	木	23:00	♌
16	土	17:46	♌	~	17	日	09:04	♍
19	火	13:46	♍	~	19	火	17:15	♎
21	木	17:26	♎	~	21	木	23:00	♏
23	土	08:53	♏	~	24	日	02:03	♐
25	月	23:53	♐	~	26	火	03:00	♑
26	火	22:58	♑	~	28	木	03:19	♒
29	金	19:53	♒	~	30	土	04:57	♓

2月

開始日		開始時刻	サイン		終了日		終了時刻	サイン
1	月	00:41	♓	~	1	月	09:40	♈
3	水	09:32	♈	~	3	水	18:17	♉
5	金	14:51	♉	~	6	土	05:59	♊
8	月	14:15	♊	~	8	月	18:38	♋
10	水	10:38	♋	~	11	木	06:09	♌
13	土	10:29	♌	~	13	土	15:35	♍
15	月	18:43	♍	~	15	月	22:56	♎
18	木	00:59	♎	~	18	木	04:24	♏
20	土	06:30	♏	~	20	土	08:12	♐
22	月	08:34	♐	~	22	月	10:40	♑
23	火	23:19	♑	~	24	水	12:33	♒
26	金	14:00	♒	~	26	金	15:04	♓
28	日	19:05	♓	~	28	日	19:38	♈

3月

開始日		開始時刻	サイン		終了日		終了時刻	サイン
1	火	04:52	♈	~	2	水	03:19	♉
4	金	05:07	♉	~	4	金	14:08	♊
6	日	15:02	♊	~	7	月	02:37	♋
8	火	23:32	♋	~	9	水	14:26	♌
11	金	12:24	♌	~	11	金	23:48	♍
13	日	17:25	♍	~	14	月	06:20	♎
16	水	10:35	♎	~	16	水	10:38	♏
18	金	09:15	♏	~	18	金	13:38	♐
20	日	15:40	♐	~	20	日	16:15	♑
21	月	21:34	♑	~	22	火	19:10	♒
24	木	10:39	♒	~	24	木	23:02	♓
26	土	06:05	♓	~	27	日	04:30	♈
29	火	05:47	♈	~	29	火	12:14	♉
31	木	19:45	♉	~	31	木	22:32	♊

4月

開始日		開始時刻	サイン		終了日		終了時刻	サイン
2	土	17:06	♊	~	3	日	10:46	♋
5	火	12:30	♋	~	5	火	23:01	♌
7	木	08:36	♌	~	8	金	09:02	♍
10	日	01:50	♍	~	10	日	15:36	♎
12	火	05:27	♎	~	12	火	19:02	♏
14	木	16:51	♏	~	14	木	20:38	♐
16	土	15:51	♐	~	16	土	22:01	♑
18	月	21:56	♑	~	19	火	00:32	♒
20	水	05:51	♒	~	21	木	04:56	♓
22	金	14:05	♓	~	23	土	11:23	♈
24	日	22:07	♈	~	25	月	19:51	♉
27	水	08:42	♉	~	28	木	06:17	♊
30	土	08:51	♊	~	30	土	18:23	♋

5月

開始日		開始時刻	サイン		終了日		終了時刻	サイン
3	火	04:27	♋	~	3	火	06:59	♌
4	水	16:42	♌	~	5	木	17:59	♍
7	土	20:15	♍	~	8	日	01:31	♎
9	月	09:26	♎	~	10	火	05:07	♏
11	水	14:42	♏	~	12	木	05:56	♐
13	金	09:11	♐	~	14	土	05:51	♑
15	日	22:00	♑	~	16	月	06:52	♒
18	水	05:23	♒	~	18	水	10:24	♓
20	金	15:29	♓	~	20	金	16:56	♈
22	日	02:50	♈	~	23	月	02:00	♉
25	水	04:31	♉	~	25	水	12:55	♊
26	木	23:41	♊	~	28	土	01:07	♋
29	日	12:51	♋	~	30	月	13:51	♌

6月

開始日		開始時刻	サイン		終了日		終了時刻	サイン
1	水	20:48	♌	~	2	木	01:38	♍
3	金	11:06	♍	~	4	土	10:32	♎
5	日	20:27	♎	~	6	月	15:20	♏
7	火	20:49	♏	~	8	水	16:31	♐
10	金	15:45	♐	~	10	金	15:48	♑
12	日	05:17	♑	~	12	日	15:23	♒
14	火	16:23	♒	~	14	火	17:18	♓
16	木	21:13	♓	~	16	木	22:43	♈
19	日	05:24	♈	~	19	日	07:34	♉
21	火	07:36	♉	~	21	火	18:46	♊
24	金	03:39	♊	~	24	金	07:10	♋
26	日	16:18	♋	~	26	日	19:52	♌
29	水	03:12	♌	~	29	水	07:53	♍

7月

開始日		開始時刻	サイン		終了日		終了時刻	サイン
1	金	12:45	♍	~	1	金	17:47	♎
3	日	18:59	♎	~	4	月	00:09	♏
5	火	08:37	♏	~	6	水	02:43	♐
7	木	21:11	♐	~	8	金	02:35	♑
9	土	23:54	♑	~	10	日	01:43	♒
11	月	19:54	♒	~	12	火	02:19	♓
14	木	00:46	♓	~	14	木	06:07	♈
16	土	05:33	♈	~	16	土	13:49	♉
18	月	15:58	♉	~	19	火	00:41	♊
21	木	03:27	♊	~	21	木	13:09	♋
23	土	12:05	♋	~	24	日	01:46	♌
26	火	03:42	♌	~	26	火	13:32	♍
28	木	17:24	♍	~	28	木	23:34	♎
30	土	20:56	♎	~	31	日	06:55	♏

8月

開始日		開始時刻	サイン		終了日		終了時刻	サイン
2	火	10:57	♏	~	2	火	11:05	♐
4	木	03:04	♐	~	4	木	12:26	♑
6	土	03:00	♑	~	6	土	12:21	♒
8	月	09:50	♒	~	8	月	12:42	♓
10	水	14:04	♓	~	10	水	15:22	♈
12	金	10:14	♈	~	12	金	21:36	♉
14	日	14:36	♉	~	15	月	07:30	♊
17	水	07:37	♊	~	17	水	19:43	♋
18	木	20:56	♋	~	20	土	08:18	♌
22	月	18:15	♌	~	22	月	19:42	♍
24	水	17:27	♍	~	25	木	05:10	♎
27	土	01:13	♎	~	27	土	12:24	♏
29	月	06:51	♏	~	29	月	17:20	♐
31	水	14:52	♐	~	31	水	20:09	♑

9月

開始日		開始時刻	サイン		終了日		終了時刻	サイン
2	金	20:57	♑	~	2	金	21:36	♒
4	日	13:06	♒	~	4	日	22:51	♓
6	火	15:29	♓	~	7	水	01:26	♈
8	木	20:23	♈	~	9	金	06:45	♉
11	日	11:38	♉	~	11	日	15:31	♊
13	火	18:50	♊	~	14	水	03:11	♋
16	金	01:16	♋	~	16	金	15:47	♌
19	月	00:33	♌	~	19	月	03:08	♍
21	水	11:55	♍	~	21	水	11:59	♎
23	金	10:13	♎	~	23	金	18:18	♏
25	日	12:07	♏	~	25	日	22:42	♐
27	火	18:59	♐	~	28	水	01:54	♑
29	木	23:33	♑	~	30	金	04:33	♒

10月

開始日		開始時刻	サイン		終了日		終了時刻	サイン
2	日	01:08	♒	~	2	日	07:15	♓
4	火	04:59	♓	~	4	火	10:47	♈
6	木	10:37	♈	~	6	木	16:09	♉
8	土	13:47	♉	~	9	日	00:17	♊
11	火	06:31	♊	~	11	火	11:19	♋
13	木	02:25	♋	~	13	木	23:55	♌
16	日	08:27	♌	~	16	日	11:41	♍
18	火	18:12	♍	~	18	火	20:33	♎
21	金	00:30	♎	~	21	金	02:06	♏
22	土	20:59	♏	~	23	日	05:16	♐
25	火	07:07	♐	~	25	火	07:29	♑
26	水	23:43	♑	~	27	木	09:58	♒
29	土	05:17	♒	~	29	土	13:27	♓
31	月	06:10	♓	~	31	月	18:12	♈

11月

開始日		開始時刻	サイン		終了日		終了時刻	サイン
2	水	16:03	♈	~	3	木	00:28	♉
5	土	00:06	♉	~	5	土	08:45	♊
7	月	10:33	♊	~	7	月	19:26	♋
9	水	07:05	♋	~	10	木	08:00	♌
12	土	12:38	♌	~	12	土	20:24	♍
15	火	04:54	♍	~	15	火	06:08	♎
17	木	04:26	♎	~	17	木	11:54	♏
19	土	08:46	♏	~	19	土	14:17	♐
21	月	08:09	♐	~	21	月	15:03	♑
22	火	21:21	♑	~	23	水	16:05	♒
25	金	11:33	♒	~	25	金	18:50	♓
27	日	03:04	♓	~	27	日	23:51	♈
29	火	23:10	♈	~	30	水	07:00	♉

12月

開始日		開始時刻	サイン		終了日		終了時刻	サイン
2	金	07:55	♉	~	2	金	16:01	♊
4	日	18:31	♊	~	5	月	02:53	♋
7	水	13:45	♋	~	7	水	15:22	♌
9	金	19:42	♌	~	10	土	04:14	♍
11	日	18:38	♍	~	12	月	15:11	♎
14	水	14:38	♎	~	14	水	22:14	♏
16	金	18:02	♏	~	17	土	01:07	♐
18	日	19:46	♐	~	19	月	01:17	♑
20	火	06:00	♑	~	21	水	00:49	♒
22	木	18:27	♒	~	23	金	01:48	♓
24	土	21:54	♓	~	25	日	05:35	♈
27	火	11:57	♈	~	27	火	12:31	♉
29	木	13:10	♉	~	29	木	22:02	♊

1961年【ボイドタイム】

1月

開始日	開始時刻	サイン		終了日	終了時刻	サイン
1 日	00:08	♊	~	1 日	09:22	♋
3 火	01:10	♋	~	3 火	21:54	♌
6 金	01:10	♌	~	6 金	10:49	♍
8 日	03:37	♍	~	8 日	22:32	♎
10 火	22:09	♎	~	11 水	07:09	♏
13 金	06:16	♏	~	13 金	11:41	♐
15 日	04:36	♐	~	15 日	12:42	♑
17 火	06:30	♑	~	17 火	11:56	♒
19 木	03:09	♒	~	19 木	11:32	♓
20 金	23:39	♓	~	21 土	13:27	♈
23 月	09:01	♈	~	23 月	18:52	♉
25 水	17:14	♉	~	26 木	03:50	♊
28 土	04:29	♊	~	28 土	15:22	♋
30 月	22:47	♋	~	31 火	04:06	♌

2月

開始日	開始時刻	サイン		終了日	終了時刻	サイン
2 木	05:10	♌	~	2 木	16:49	♍
4 土	15:52	♍	~	5 日	04:27	♎
7 火	02:38	♎	~	7 火	13:51	♏
9 木	09:41	♏	~	9 木	20:02	♐
11 土	12:37	♐	~	11 土	22:51	♑
13 月	14:37	♑	~	13 月	23:15	♒
15 水	17:10	♒	~	15 水	22:53	♓
17 金	15:25	♓	~	17 金	23:41	♈
19 日	18:59	♈	~	20 月	03:22	♉
22 水	02:48	♉	~	22 水	10:52	♊
24 金	08:21	♊	~	24 金	21:49	♋
27 月	04:06	♋	~	27 月	10:35	♌

3月

開始日	開始時刻	サイン		終了日	終了時刻	サイン
1 水	15:30	♌	~	1 水	23:12	♍
4 土	06:09	♍	~	4 土	10:22	♎
6 月	16:14	♎	~	6 月	19:24	♏
8 水	23:50	♏	~	9 木	02:04	♐
11 土	01:27	♐	~	11 土	06:19	♑
13 月	07:46	♑	~	13 月	08:29	♒
15 水	06:51	♒	~	15 水	09:27	♓
17 金	06:34	♓	~	17 金	10:33	♈
19 日	11:44	♈	~	19 日	13:26	♉
21 火	15:42	♉	~	21 火	19:33	♊
24 金	03:14	♊	~	24 金	05:23	♋
26 日	14:44	♋	~	26 日	17:49	♌
29 水	02:07	♌	~	29 水	06:30	♍
31 金	14:41	♍	~	31 金	17:22	♎

4月

開始日	開始時刻	サイン		終了日	終了時刻	サイン
2 日	23:19	♎	~	3 月	01:37	♏
5 水	05:35	♏	~	5 水	07:34	♐
7 金	01:43	♐	~	7 金	11:52	♑
9 日	13:32	♑	~	9 日	15:03	♒
11 火	03:46	♒	~	11 火	17:32	♓
13 木	18:44	♓	~	13 木	19:56	♈
15 土	22:12	♈	~	15 土	23:17	♉
18 火	03:56	♉	~	18 火	04:55	♊
20 木	13:33	♊	~	20 木	13:50	♋
23 日	00:56	♋	~	23 日	01:43	♌
25 火	07:41	♌	~	25 火	14:31	♍
28 金	01:04	♍	~	28 金	01:35	♎
30 日	09:03	♎	~	30 日	09:27	♏

5月

開始日	開始時刻	サイン		終了日	終了時刻	サイン
2 火	14:05	♏	~	2 火	14:25	♐
4 木	03:31	♐	~	4 木	17:40	♑
6 土	20:08	♑	~	6 土	20:24	♒
8 月	14:33	♒	~	8 月	23:23	♓
11 木	02:40	♓	~	11 木	02:56	♈
13 土	07:08	♈	~	13 土	07:26	♉
15 月	13:15	♉	~	15 月	13:35	♊
17 水	06:28	♊	~	17 水	22:17	♋
20 土	09:16	♋	~	20 土	09:45	♌
22 月	06:09	♌	~	22 月	22:39	♍
25 木	09:38	♍	~	25 木	10:18	♎
27 土	17:51	♎	~	27 土	18:35	♏
29 月	22:24	♏	~	29 月	23:11	♐
31 水	18:13	♐	~	1 木	01:21	♑

6月

開始日	開始時刻	サイン		終了日	終了時刻	サイン
3 土	01:45	♑	~	3 土	02:45	♒
5 月	03:23	♒	~	5 月	04:51	♓
7 水	07:02	♓	~	7 水	08:24	♈
9 金	12:03	♈	~	9 金	13:38	♉
11 日	18:51	♉	~	11 日	20:41	♊
13 火	15:22	♊	~	14 水	05:50	♋
16 金	14:47	♋	~	16 金	17:16	♌
19 月	00:21	♌	~	19 月	06:12	♍
21 水	18:01	♍	~	21 水	18:32	♎
24 土	00:47	♎	~	24 土	03:51	♏
26 月	06:00	♏	~	26 月	09:06	♐
28 水	10:05	♐	~	28 水	11:00	♑
30 金	07:59	♑	~	30 金	11:18	♒

7月

開始日	開始時刻	サイン		終了日	終了時刻	サイン
2 日	02:38	♒	~	2 日	11:53	♓
4 火	10:11	♓	~	4 火	14:12	♈
6 木	14:31	♈	~	6 木	19:02	♉
8 土	21:26	♉	~	9 日	02:28	♊
11 火	00:05	♊	~	11 火	12:13	♋
13 木	17:52	♋	~	13 木	23:57	♌
16 日	00:48	♌	~	16 日	12:55	♍
18 火	18:52	♍	~	19 水	01:39	♎
21 金	08:13	♎	~	21 金	12:05	♏
23 日	12:08	♏	~	23 日	18:42	♐
25 火	12:35	♐	~	25 火	21:29	♑
27 木	15:17	♑	~	27 木	21:42	♒
29 土	13:00	♒	~	29 土	21:13	♓
31 月	15:38	♓	~	31 月	21:56	♈

8月

開始日	開始時刻	サイン		終了日	終了時刻	サイン
2 水	23:12	♈	~	3 木	01:19	♉
4 金	23:24	♉	~	5 土	08:04	♊
7 月	08:51	♊	~	7 月	17:57	♋
9 水	20:21	♋	~	10 木	06:00	♌
12 土	10:13	♌	~	12 土	19:01	♍
15 火	07:09	♍	~	15 火	07:44	♎
17 木	17:40	♎	~	17 木	18:45	♏
20 日	01:17	♏	~	20 日	02:44	♐
22 火	04:33	♐	~	22 火	07:08	♑
24 木	06:29	♑	~	24 木	08:26	♒
26 土	02:35	♒	~	26 土	08:03	♓
28 月	05:19	♓	~	28 月	07:49	♈
30 水	06:41	♈	~	30 水	09:37	♉

9月

開始日	開始時刻	サイン		終了日	終了時刻	サイン
1 金	11:26	♉	~	1 金	14:53	♊
3 日	19:17	♊	~	4 月	00:01	♋
6 水	07:36	♋	~	6 水	12:01	♌
8 金	19:46	♌	~	9 土	01:05	♍
11 月	08:43	♍	~	11 月	13:34	♎
13 水	19:55	♎	~	14 木	00:23	♏
16 土	04:53	♏	~	16 土	08:55	♐
18 月	11:07	♐	~	18 月	14:42	♑
20 水	13:17	♑	~	20 水	17:44	♒
22 金	15:56	♒	~	22 金	18:37	♓
24 日	14:21	♓	~	24 日	18:40	♈
26 火	17:43	♈	~	26 火	19:42	♉
28 木	20:53	♉	~	28 木	23:32	♊

10月

開始日	開始時刻	サイン		終了日	終了時刻	サイン
1 日	06:04	♊	~	1 日	07:20	♋
3 火	13:36	♋	~	3 火	18:44	♌
6 金	05:32	♌	~	6 金	07:46	♍
8 日	15:25	♍	~	8 日	20:04	♎
11 水	04:41	♎	~	11 水	06:20	♏
13 金	12:58	♏	~	13 金	14:21	♐
15 日	19:15	♐	~	15 日	20:24	♑
17 火	23:31	♑	~	18 水	00:38	♒
20 金	02:23	♒	~	20 金	03:10	♓
22 日	02:15	♓	~	22 日	04:36	♈
24 火	05:36	♈	~	24 火	06:07	♉
26 木	09:00	♉	~	26 木	09:25	♊
28 土	15:46	♊	~	28 土	16:03	♋
31 火	01:26	♋	~	31 火	02:30	♌

11月

開始日	開始時刻	サイン		終了日	終了時刻	サイン
1 水	23:46	♌	~	2 木	15:18	♍
4 土	16:32	♍	~	5 日	03:43	♎
7 火	04:55	♎	~	7 火	13:41	♏
9 木	14:50	♏	~	9 木	20:51	♐
10 金	14:29	♐	~	12 日	02:00	♑
14 火	05:56	♑	~	14 火	06:00	♒
15 水	21:12	♒	~	16 木	09:19	♓
18 土	04:13	♓	~	18 土	12:11	♈
20 月	07:20	♈	~	20 月	15:03	♉
22 水	18:43	♉	~	22 水	18:59	♊
23 木	12:49	♊	~	25 土	01:21	♋
27 月	03:14	♋	~	27 月	11:02	♌
29 水	18:26	♌	~	29 水	23:26	♍

12月

開始日	開始時刻	サイン		終了日	終了時刻	サイン
2 土	05:08	♍	~	2 土	12:08	♎
4 月	16:19	♎	~	4 月	22:30	♏
7 木	00:00	♏	~	7 木	05:25	♐
8 金	12:16	♐	~	9 土	09:31	♑
11 月	07:48	♑	~	11 月	12:12	♒
12 火	23:23	♒	~	13 水	14:42	♓
15 金	14:01	♓	~	15 金	17:45	♈
17 日	18:15	♈	~	17 日	21:39	♉
19 火	23:44	♉	~	20 水	02:48	♊
22 金	09:42	♊	~	22 金	09:50	♋
24 日	17:06	♋	~	24 日	19:26	♌
27 水	01:35	♌	~	27 水	07:30	♍
29 金	19:12	♍	~	29 金	20:27	♎

1962年【ボイドタイム】

1月

開始日		開始時刻	サイン		終了日		終了時刻	サイン
1	月	07:03	♎	～	1	月	07:42	♏
3	水	15:16	♏	～	3	水	15:24	♐
4	木	11:05	♐	～	5	金	19:24	♑
7	日	20:36	♑	～	7	日	21:00	♒
8	月	18:22	♒	～	9	火	21:54	♓
11	木	07:11	♓	～	11	木	23:34	♈
14	日	02:50	♈	～	14	日	03:02	♉
16	火	08:22	♉	～	16	火	08:42	♊
18	木	16:09	♊	～	18	木	16:40	♋
20	土	23:45	♋	～	21	日	02:50	♌
23	火	14:00	♌	～	23	火	14:54	♍
25	木	15:47	♍	～	26	金	03:52	♎
28	日	14:39	♎	～	28	日	15:55	♏
30	火	23:38	♏	～	31	水	01:00	♐

2月

開始日		開始時刻	サイン		終了日		終了時刻	サイン
2	金	04:45	♐	～	2	金	06:10	♑
3	土	04:50	♑	～	4	日	07:57	♒
6	火	06:18	♒	～	6	火	07:53	♓
7	水	05:18	♓	～	8	木	07:51	♈
10	土	07:35	♈	～	10	土	09:35	♉
12	月	12:01	♉	～	12	月	14:19	♊
14	水	21:47	♊	～	14	水	22:20	♋
16	金	00:27	♋	～	17	土	09:04	♌
19	月	18:14	♌	～	19	月	21:27	♍
21	水	00:48	♍	～	22	木	10:22	♎
24	土	19:02	♎	～	24	土	22:37	♏
27	火	05:10	♏	～	27	火	08:47	♐

3月

開始日		開始時刻	サイン		終了日		終了時刻	サイン
1	木	12:05	♐	～	1	木	15:39	♑
3	土	02:05	♑	～	3	土	18:52	♒
5	月	15:49	♒	～	5	月	19:17	♓
7	水	11:19	♓	～	7	水	18:32	♈
9	金	14:50	♈	～	9	金	18:40	♉
11	日	20:24	♉	～	11	日	21:36	♊
13	火	23:41	♊	～	14	水	04:26	♋
16	金	04:27	♋	～	16	金	14:56	♌
19	月	00:16	♌	～	19	月	03:33	♍
20	火	06:22	♍	～	21	水	16:29	♎
24	土	03:33	♎	～	24	土	04:29	♏
26	月	09:10	♏	～	26	月	14:49	♐
28	水	17:15	♐	～	28	水	22:46	♑
30	金	17:57	♑	～	31	土	03:44	♒

4月

開始日		開始時刻	サイン		終了日		終了時刻	サイン
2	月	01:06	♒	～	2	月	05:43	♓
3	火	09:01	♓	～	4	水	05:42	♈
6	金	00:12	♈	～	6	金	05:25	♉
8	日	01:23	♉	～	8	日	07:00	♊
10	火	06:03	♊	～	10	火	12:12	♋
12	木	09:53	♋	～	12	木	21:37	♌
15	日	02:57	♌	～	15	日	09:57	♍
17	火	19:19	♍	～	17	火	22:54	♎
20	金	09:33	♎	～	20	金	10:37	♏
22	日	13:43	♏	～	22	日	20:27	♐
24	火	21:48	♐	～	25	水	04:20	♑
27	金	06:57	♑	～	27	金	10:08	♒
29	日	07:36	♒	～	29	日	13:40	♓

5月

開始日		開始時刻	サイン		終了日		終了時刻	サイン
1	火	08:45	♓	～	1	火	15:13	♈
3	木	09:58	♈	～	3	木	15:49	♉
5	土	11:13	♉	～	5	土	17:17	♊
7	月	15:00	♊	～	7	月	21:28	♋
9	水	06:15	♋	～	10	木	05:36	♌
12	土	09:57	♌	～	12	土	17:12	♍
14	月	15:53	♍	～	15	火	06:03	♎
17	木	10:48	♎	～	17	木	17:43	♏
19	土	23:32	♏	～	20	日	03:03	♐
22	火	07:34	♐	～	22	火	10:09	♑
24	木	08:55	♑	～	24	木	15:31	♒
26	土	16:01	♒	～	26	土	19:30	♓
28	月	05:58	♓	～	28	月	22:15	♈
30	水	18:46	♈	～	31	木	00:17	♉

6月

開始日		開始時刻	サイン		終了日		終了時刻	サイン
1	金	21:08	♉	～	2	土	02:41	♊
4	月	01:14	♊	～	4	月	06:57	♋
5	火	11:16	♋	～	6	水	14:24	♌
8	金	19:04	♌	～	9	土	01:13	♍
10	日	21:45	♍	～	11	月	13:51	♎
13	水	20:02	♎	～	14	木	01:45	♏
16	土	08:17	♏	～	16	土	11:04	♐
18	月	12:38	♐	～	18	月	17:30	♑
19	火	21:26	♑	～	20	水	21:49	♒
22	金	20:37	♒	～	23	土	00:59	♓
24	日	09:25	♓	～	25	月	03:43	♈
27	水	02:30	♈	～	27	水	06:35	♉
29	金	06:09	♉	～	29	金	10:10	♊

7月

開始日		開始時刻	サイン		終了日		終了時刻	サイン
1	日	11:20	♊	～	1	日	15:19	♋
3	火	14:58	♋	～	3	火	22:56	♌
6	金	05:26	♌	～	6	金	09:23	♍
8	日	20:50	♍	～	8	日	21:48	♎
11	水	09:06	♎	～	11	水	10:06	♏
13	金	17:00	♏	～	13	金	20:01	♐
15	日	23:56	♐	～	16	月	02:32	♑
17	火	20:40	♑	～	18	水	06:08	♒
20	金	05:57	♒	～	20	金	08:01	♓
22	日	07:19	♓	～	22	日	09:34	♈
24	火	10:13	♈	～	24	火	11:57	♉
26	木	14:23	♉	～	26	木	15:57	♊
28	土	20:37	♊	～	28	土	22:01	♋
30	月	10:05	♋	～	31	火	06:21	♌

8月

開始日		開始時刻	サイン		終了日		終了時刻	サイン
2	木	16:01	♌	～	2	木	16:58	♍
4	土	19:51	♍	～	5	日	05:18	♎
7	火	17:35	♎	～	7	火	17:56	♏
10	金	04:46	♏	～	10	金	04:49	♐
11	土	23:30	♐	～	12	日	12:18	♑
13	月	07:23	♑	～	14	火	16:08	♒
16	木	10:32	♒	～	16	木	17:17	♓
18	土	12:55	♓	～	18	土	17:26	♈
20	月	15:58	♈	～	20	月	18:20	♉
22	水	19:26	♉	～	22	水	21:28	♊
24	金	13:06	♊	～	25	土	03:34	♋
27	月	04:50	♋	～	27	月	12:30	♌
29	水	05:54	♌	～	29	水	23:36	♍
30	木	21:51	♍	～	1	土	12:01	♎

9月

開始日		開始時刻	サイン		終了日		終了時刻	サイン
3	月	17:45	♎	～	4	火	00:47	♏
5	水	00:03	♏	～	6	木	12:27	♐
7	金	15:44	♐	～	8	土	21:20	♑
10	月	03:09	♑	～	11	火	02:27	♒
12	水	04:06	♒	～	13	木	04:02	♓
14	金	13:11	♓	～	15	土	03:33	♈
16	日	09:01	♈	～	17	月	03:01	♉
18	火	20:06	♉	～	19	水	04:29	♊
21	金	04:35	♊	～	21	金	09:26	♋
23	日	17:49	♋	～	23	日	18:07	♌
25	火	12:54	♌	～	26	水	05:31	♍
28	金	02:09	♍	～	28	金	18:08	♎
30	日	17:57	♎	～	1	月	06:49	♏

10月

開始日		開始時刻	サイン		終了日		終了時刻	サイン
3	水	08:59	♏	～	3	水	18:40	♐
5	金	00:25	♐	～	6	土	04:35	♑
8	月	07:30	♑	～	8	月	11:22	♒
10	水	05:18	♒	～	10	水	14:29	♓
12	金	07:19	♓	～	12	金	14:41	♈
13	土	21:33	♈	～	14	日	13:44	♉
16	火	08:21	♉	～	16	火	13:51	♊
18	木	06:33	♊	～	18	木	17:05	♋
20	土	19:41	♋	～	21	日	00:31	♌
23	火	09:46	♌	～	23	火	11:32	♍
25	木	19:12	♍	～	26	金	00:14	♎
27	土	08:30	♎	～	28	日	12:49	♏
30	火	17:38	♏	～	31	水	00:20	♐

11月

開始日		開始時刻	サイン		終了日		終了時刻	サイン
1	木	23:37	♐	～	2	金	10:18	♑
4	日	15:37	♑	～	4	日	18:03	♒
6	火	12:15	♒	～	6	火	22:53	♓
8	木	12:54	♓	～	9	金	00:46	♈
9	金	22:45	♈	～	11	日	00:45	♉
12	月	09:20	♉	～	13	火	00:44	♊
14	水	01:56	♊	～	15	木	02:49	♋
16	金	20:54	♋	～	17	土	08:40	♌
19	月	11:09	♌	～	19	月	18:34	♍
22	木	04:59	♍	～	22	木	06:58	♎
23	金	21:12	♎	～	24	土	19:34	♏
26	月	10:36	♏	～	27	火	06:44	♐
28	水	21:56	♐	～	29	木	16:01	♑
30	金	18:18	♑	～	1	土	23:26	♒

12月

開始日		開始時刻	サイン		終了日		終了時刻	サイン
3	月	14:19	♒	～	4	火	04:54	♓
5	水	11:45	♓	～	6	木	08:18	♈
7	金	22:00	♈	～	8	土	10:00	♉
9	日	23:50	♉	～	10	月	11:08	♊
12	水	11:17	♊	～	12	水	13:22	♋
13	木	14:36	♋	～	14	金	18:21	♌
16	日	15:42	♌	～	17	月	03:00	♍
19	水	07:42	♍	～	19	水	14:42	♎
22	土	01:59	♎	～	22	土	03:18	♏
24	月	04:21	♏	～	24	月	14:33	♐
26	水	13:39	♐	～	26	水	23:19	♑
28	金	18:37	♑	～	29	土	05:43	♒
31	月	01:05	♒	～	31	月	10:21	♓

1963年【ボイドタイム】

1月

開始日		開始時刻	サイン		終了日		終了時刻	サイン
2	水	06:57	♓	~	2	水	13:48	♈
4	金	06:56	♈	~	4	金	16:34	♉
6	日	18:45	♉	~	6	日	19:14	♊
8	火	11:45	♊	~	8	火	22:42	♋
10	木	08:08	♋	~	11	金	04:01	♌
12	土	22:21	♌	~	13	日	12:07	♍
15	火	11:31	♍	~	15	火	23:05	♎
18	金	05:34	♎	~	18	金	11:36	♏
20	日	22:55	♏	~	20	日	23:21	♐
22	火	13:46	♐	~	23	水	08:24	♑
25	金	04:25	♑	~	25	金	14:14	♒
26	土	23:07	♒	~	27	日	17:35	♓
29	火	05:29	♓	~	29	火	19:44	♈
31	木	11:32	♈	~	31	木	21:55	♉

2月

開始日		開始時刻	サイン		終了日		終了時刻	サイン
2	土	09:07	♉	~	3	日	01:03	♊
5	火	03:34	♊	~	5	火	05:41	♋
6	水	22:03	♋	~	7	木	12:06	♌
8	金	23:51	♌	~	9	土	20:36	♍
11	月	23:43	♍	~	12	火	07:19	♎
14	木	17:19	♎	~	14	木	19:39	♏
17	日	02:38	♏	~	17	日	07:57	♐
19	火	17:59	♐	~	19	火	18:01	♑
21	木	06:23	♑	~	22	金	00:24	♒
23	土	04:06	♒	~	24	日	03:18	♓
25	月	14:37	♓	~	26	火	04:06	♈
27	水	19:07	♈	~	28	木	04:39	♉

3月

開始日		開始時刻	サイン		終了日		終了時刻	サイン
2	土	01:07	♉	~	2	土	06:39	♊
3	日	21:31	♊	~	4	月	11:08	♋
6	水	05:02	♋	~	6	水	18:15	♌
9	土	01:57	♌	~	9	土	03:34	♍
11	月	02:52	♍	~	11	月	14:35	♎
13	水	02:53	♎	~	14	木	02:52	♏
16	土	06:06	♏	~	16	土	15:27	♐
18	月	21:07	♐	~	19	火	02:35	♑
21	木	09:47	♑	~	21	木	10:22	♒
22	金	23:16	♒	~	23	土	14:05	♓
25	月	11:22	♓	~	25	月	14:38	♈
27	水	08:11	♈	~	27	水	13:57	♉
29	金	12:27	♉	~	29	金	14:13	♊
31	日	15:36	♊	~	31	日	17:14	♋

4月

開始日		開始時刻	サイン		終了日		終了時刻	サイン
2	火	23:03	♋	~	2	火	23:46	♌
4	木	14:29	♌	~	5	金	09:21	♍
6	土	15:01	♍	~	7	日	20:50	♎
9	火	14:32	♎	~	10	水	09:14	♏
12	金	03:33	♏	~	12	金	21:48	♐
14	日	21:20	♐	~	15	月	09:27	♑
17	水	11:52	♑	~	17	水	18:35	♒
19	金	21:44	♒	~	19	金	23:54	♓
21	日	20:19	♓	~	22	月	01:30	♈
23	火	11:56	♈	~	24	水	00:51	♉
25	木	15:23	♉	~	26	金	00:07	♊
27	土	11:58	♊	~	28	日	01:27	♋
30	火	03:21	♋	~	30	火	06:25	♌

5月

開始日		開始時刻	サイン		終了日		終了時刻	サイン
2	木	14:31	♌	~	2	木	15:13	♍
3	金	19:27	♍	~	5	日	02:43	♎
7	火	00:04	♎	~	7	火	15:16	♏
9	木	12:50	♏	~	10	金	03:43	♐
12	日	00:51	♐	~	12	日	15:14	♑
14	火	21:59	♑	~	15	水	00:52	♒
17	金	02:43	♒	~	17	金	07:32	♓
19	日	06:08	♓	~	19	日	10:48	♈
21	火	00:56	♈	~	21	火	11:22	♉
23	木	02:01	♉	~	23	木	10:54	♊
25	土	03:51	♊	~	25	土	11:29	♋
27	月	01:27	♋	~	27	月	14:59	♌
29	水	17:45	♌	~	29	水	22:22	♍
31	金	16:42	♍	~	1	土	09:10	♎

6月

開始日		開始時刻	サイン		終了日		終了時刻	サイン
3	月	07:42	♎	~	3	月	21:39	♏
5	水	20:13	♏	~	6	木	10:01	♐
8	土	07:39	♐	~	8	土	21:07	♑
11	火	01:29	♑	~	11	火	06:22	♒
13	木	09:55	♒	~	13	木	13:21	♓
15	土	05:53	♓	~	15	土	17:47	♈
17	月	12:03	♈	~	17	月	19:55	♉
19	水	09:14	♉	~	19	水	20:44	♊
21	金	20:45	♊	~	21	金	21:47	♋
23	日	00:32	♋	~	24	月	00:45	♌
25	火	17:27	♌	~	26	水	06:57	♍
27	木	16:26	♍	~	28	金	16:41	♎
30	日	13:44	♎	~	1	月	04:48	♏

7月

開始日		開始時刻	サイン		終了日		終了時刻	サイン
3	水	02:02	♏	~	3	水	17:12	♐
5	金	23:40	♐	~	6	土	04:03	♑
7	日	14:48	♑	~	8	月	12:37	♒
10	水	04:45	♒	~	10	水	18:53	♓
12	金	07:42	♓	~	12	金	23:17	♈
14	日	12:29	♈	~	15	月	02:15	♉
16	火	22:30	♉	~	17	水	04:28	♊
18	木	22:03	♊	~	19	金	06:45	♋
21	日	05:42	♋	~	21	日	10:15	♌
23	火	00:12	♌	~	23	火	16:07	♍
25	木	23:10	♍	~	26	金	01:03	♎
28	日	02:11	♎	~	28	日	12:39	♏
30	火	21:38	♏	~	31	水	01:08	♐

8月

開始日		開始時刻	サイン		終了日		終了時刻	サイン
2	金	07:35	♐	~	2	金	12:13	♑
4	日	00:57	♑	~	4	日	20:26	♒
6	火	08:47	♒	~	7	水	01:46	♓
8	木	00:04	♓	~	9	金	05:07	♈
10	土	14:47	♈	~	11	日	07:38	♉
12	月	17:01	♉	~	13	火	10:16	♊
14	水	22:10	♊	~	15	木	13:40	♋
16	金	23:31	♋	~	17	土	18:17	♌
19	月	16:34	♌	~	20	火	00:41	♍
21	水	23:44	♍	~	22	木	09:26	♎
24	土	18:33	♎	~	24	土	20:39	♏
26	月	10:37	♏	~	27	火	09:16	♐
29	木	02:01	♐	~	29	木	20:58	♑
31	土	14:53	♑	~	1	日	05:38	♒

9月

開始日		開始時刻	サイン		終了日		終了時刻	サイン
2	月	23:30	♒	~	3	火	10:38	♓
4	水	09:10	♓	~	5	木	12:53	♈
7	土	08:09	♈	~	7	土	14:03	♉
8	日	19:33	♉	~	9	月	15:46	♊
11	水	17:57	♊	~	11	水	19:08	♋
13	金	12:42	♋	~	14	土	00:30	♌
15	日	08:34	♌	~	16	月	07:48	♍
18	水	16:48	♍	~	18	水	17:00	♎
20	金	02:50	♎	~	21	土	04:11	♏
23	月	15:52	♏	~	23	月	16:50	♐
25	水	13:15	♐	~	26	木	05:16	♑
27	金	21:46	♑	~	28	土	15:04	♒
29	日	21:45	♒	~	30	月	20:47	♓

10月

開始日		開始時刻	サイン		終了日		終了時刻	サイン
2	水	08:19	♓	~	2	水	22:48	♈
4	金	05:42	♈	~	4	金	22:50	♉
6	日	13:46	♉	~	6	日	22:59	♊
8	火	19:47	♊	~	9	水	01:01	♋
11	金	01:52	♋	~	11	金	05:55	♌
12	土	19:49	♌	~	13	日	13:35	♍
15	火	08:29	♍	~	15	火	23:25	♎
17	木	21:42	♎	~	18	金	10:53	♏
20	日	15:37	♏	~	20	日	23:33	♐
23	水	10:09	♐	~	23	水	12:21	♑
25	金	23:08	♑	~	25	金	23:21	♒
28	月	03:26	♒	~	28	月	06:37	♓
29	火	18:54	♓	~	30	水	09:41	♈
31	木	12:22	♈	~	1	金	09:43	♉

11月

開始日		開始時刻	サイン		終了日		終了時刻	サイン
3	日	03:18	♉	~	3	日	08:49	♊
4	月	11:16	♊	~	5	火	09:09	♋
6	水	10:50	♋	~	7	木	12:24	♌
8	金	19:42	♌	~	9	土	19:14	♍
11	月	12:49	♍	~	12	火	05:08	♎
13	水	14:37	♎	~	14	木	16:57	♏
16	土	15:50	♏	~	17	日	05:40	♐
18	月	16:33	♐	~	19	火	18:23	♑
22	金	03:21	♑	~	22	金	05:52	♒
24	日	00:48	♒	~	24	日	14:33	♓
26	火	11:56	♓	~	26	火	19:26	♈
28	木	18:19	♈	~	28	木	20:50	♉
30	土	00:56	♉	~	30	土	20:15	♊

12月

開始日		開始時刻	サイン		終了日		終了時刻	サイン
2	月	15:59	♊	~	2	月	19:45	♋
3	火	22:19	♋	~	4	水	21:20	♌
6	金	04:57	♌	~	7	土	02:27	♍
8	日	09:14	♍	~	9	月	11:22	♎
10	火	23:56	♎	~	11	水	23:05	♏
13	金	12:56	♏	~	14	土	11:54	♐
16	月	11:06	♐	~	17	火	00:22	♑
18	水	22:54	♑	~	19	木	11:29	♒
21	土	18:12	♒	~	21	土	20:29	♓
24	火	02:33	♓	~	24	火	02:41	♈
25	水	14:12	♈	~	26	木	05:58	♉
27	金	15:53	♉	~	28	土	06:59	♊
29	日	15:17	♊	~	30	月	07:07	♋
31	火	15:22	♋	~	1	水	08:09	♌

1964年【ボイドタイム】

1月

開始日	開始時刻	サイン		終了日	終了時刻	サイン
2 木	19:10	♌	～	3 金	11:48	♍
5 日	06:47	♍	～	5 日	19:10	♎
7 火	21:03	♎	～	8 水	06:04	♏
10 金	13:58	♏	～	10 金	18:50	♐
12 日	19:48	♐	～	13 月	07:14	♑
15 水	05:43	♑	～	15 水	17:48	♒
17 金	11:33	♒	～	18 土	02:04	♓
20 月	06:05	♓	～	20 月	08:11	♈
21 火	23:45	♈	～	22 水	12:24	♉
24 金	03:12	♉	～	24 金	15:05	♊
26 日	05:31	♊	～	26 日	16:52	♋
27 月	22:11	♋	～	28 火	18:45	♌
30 木	11:03	♌	～	30 木	22:09	♍

2月

開始日	開始時刻	サイン		終了日	終了時刻	サイン
1 土	06:15	♍	～	2 日	04:26	♎
4 火	02:46	♎	～	4 火	14:13	♏
6 木	15:25	♏	～	7 金	02:36	♐
9 日	10:52	♐	～	9 日	15:11	♑
11 火	02:15	♑	～	12 水	01:40	♒
14 金	00:48	♒	～	14 金	09:09	♓
15 土	16:53	♓	～	16 日	14:10	♈
18 火	15:25	♈	～	18 火	17:45	♉
20 木	14:19	♉	～	20 木	20:48	♊
22 土	17:46	♊	～	22 土	23:50	♋
24 月	08:22	♋	～	25 火	03:11	♌
27 木	02:08	♌	～	27 木	07:30	♍
28 金	15:24	♍	～	29 土	13:47	♎

3月

開始日	開始時刻	サイン		終了日	終了時刻	サイン
2 月	18:03	♎	～	2 月	22:54	♏
5 木	06:21	♏	～	5 木	10:47	♐
7 土	19:48	♐	～	7 土	23:36	♑
9 月	19:25	♑	～	10 火	10:36	♒
12 木	15:43	♒	～	12 木	18:06	♓
14 土	12:40	♓	～	14 土	22:16	♈
16 月	23:06	♈	～	17 火	00:31	♉
19 木	01:25	♉	～	19 木	02:26	♊
21 土	04:34	♊	～	21 土	05:12	♋
23 月	00:42	♋	～	23 月	09:15	♌
25 水	06:51	♌	～	25 水	14:42	♍
27 金	18:47	♍	～	27 金	21:48	♎
30 月	00:45	♎	～	30 月	07:04	♏

4月

開始日	開始時刻	サイン		終了日	終了時刻	サイン
1 水	12:29	♏	～	1 水	18:41	♐
4 土	03:29	♐	～	4 土	07:37	♑
6 月	16:37	♑	～	6 月	19:25	♒
9 木	02:14	♒	～	9 木	03:47	♓
10 金	10:11	♓	～	11 土	08:09	♈
12 日	21:37	♈	～	13 月	09:37	♉
14 火	13:11	♉	～	15 水	10:06	♊
17 金	06:12	♊	～	17 金	11:24	♋
19 日	13:09	♋	～	19 日	14:40	♌
20 月	20:47	♌	～	21 火	20:18	♍
23 木	05:08	♍	～	24 金	04:09	♎
25 土	20:03	♎	～	26 日	14:01	♏
27 月	23:06	♏	～	29 水	01:46	♐

5月

開始日	開始時刻	サイン		終了日	終了時刻	サイン
1 金	04:14	♐	～	1 金	14:43	♑
3 日	20:57	♑	～	4 月	03:07	♒
6 水	10:33	♒	～	6 水	12:44	♓
8 金	17:25	♓	～	8 金	18:16	♈
8 金	17:25	♈	～	10 日	20:10	♉
12 火	06:01	♉	～	12 火	20:02	♊
13 水	14:26	♊	～	14 木	19:54	♋
16 土	13:38	♋	～	16 土	21:32	♌
18 月	21:42	♌	～	19 火	02:03	♍
21 木	09:40	♍	～	21 木	09:42	♎
21 木	20:34	♎	～	23 土	19:58	♏
25 月	03:50	♏	～	26 火	08:04	♐
27 水	07:33	♐	～	28 木	21:01	♑
30 土	06:32	♑	～	31 日	09:33	♒

6月

開始日	開始時刻	サイン		終了日	終了時刻	サイン
1 月	21:54	♒	～	2 火	20:02	♓
4 木	11:17	♓	～	5 金	03:03	♈
6 土	05:24	♈	～	7 日	06:20	♉
9 火	04:34	♉	～	9 火	06:50	♊
10 水	13:22	♊	～	11 木	06:17	♋
13 土	00:54	♋	～	13 土	06:35	♌
15 月	06:11	♌	～	15 月	09:28	♍
17 水	15:36	♍	～	17 水	15:54	♎
19 金	23:32	♎	～	20 土	01:50	♏
21 日	09:46	♏	～	22 月	14:04	♐
24 水	18:41	♐	～	25 木	03:02	♑
26 金	13:26	♑	～	27 土	15:22	♒
29 月	13:08	♒	～	30 火	01:57	♓

7月

開始日	開始時刻	サイン		終了日	終了時刻	サイン
1 水	19:54	♓	～	2 木	09:53	♈
4 土	00:12	♈	～	4 土	14:43	♉
6 月	06:39	♉	～	6 月	16:43	♊
8 水	02:00	♊	～	8 水	16:57	♋
10 金	00:10	♋	～	10 金	17:01	♌
12 日	02:27	♌	～	12 日	18:45	♍
14 火	08:23	♍	～	14 火	23:42	♎
16 木	20:47	♎	～	17 金	08:33	♏
19 日	13:25	♏	～	19 日	20:29	♐
21 火	20:43	♐	～	22 水	09:27	♑
24 金	05:23	♑	～	24 金	21:31	♒
27 月	06:03	♒	～	27 月	07:36	♓
29 水	13:29	♓	～	29 水	15:26	♈
31 金	15:17	♈	～	31 金	21:01	♉

8月

開始日	開始時刻	サイン		終了日	終了時刻	サイン
2 日	12:54	♉	～	3 月	00:29	♊
5 水	01:27	♊	～	5 水	02:13	♋
6 木	16:51	♋	～	7 金	03:11	♌
8 土	18:37	♌	～	9 日	04:51	♍
10 月	22:27	♍	～	11 火	08:52	♎
12 水	21:08	♎	～	13 木	16:32	♏
15 土	16:57	♏	～	16 日	03:45	♐
18 火	06:25	♐	～	18 火	16:39	♑
20 木	18:57	♑	～	21 金	04:40	♒
23 日	05:19	♒	～	23 日	14:14	♓
25 火	13:01	♓	～	25 火	21:16	♈
27 木	04:57	♈	～	28 金	02:24	♉
29 土	22:53	♉	～	30 日	06:16	♊
31 月	05:43	♊	～	1 火	09:14	♋

9月

開始日	開始時刻	サイン		終了日	終了時刻	サイン
3 木	04:43	♋	～	3 木	11:37	♌
5 土	07:21	♌	～	5 土	14:13	♍
7 月	16:42	♍	～	7 月	18:20	♎
9 水	18:29	♎	～	10 木	01:20	♏
12 土	07:44	♏	～	12 土	11:48	♐
14 月	06:23	♐	～	15 火	00:31	♑
17 木	05:07	♑	～	17 木	12:48	♒
19 土	22:03	♒	～	19 土	22:23	♓
22 火	02:30	♓	～	22 火	04:44	♈
24 木	08:01	♈	～	24 木	08:47	♉
26 土	10:49	♉	～	26 土	11:47	♊
28 月	13:30	♊	～	28 月	14:40	♋
30 水	10:34	♋	～	30 水	17:53	♌

10月

開始日	開始時刻	サイン		終了日	終了時刻	サイン
2 金	20:08	♌	～	2 金	21:43	♍
4 日	18:39	♍	～	5 月	02:45	♎
7 水	07:52	♎	～	7 水	09:57	♏
9 金	17:40	♏	～	9 金	20:03	♐
12 月	05:54	♐	～	12 月	08:32	♑
14 水	10:41	♑	～	14 水	21:16	♒
17 土	04:50	♒	～	17 土	07:33	♓
19 月	03:56	♓	～	19 月	14:05	♈
21 水	14:49	♈	～	21 水	17:25	♉
23 金	16:27	♉	～	23 金	19:04	♊
25 日	17:56	♊	～	25 日	20:38	♋
27 火	14:48	♋	～	27 火	23:14	♌
30 金	00:30	♌	～	30 金	03:26	♍
31 土	20:13	♍	～	1 日	09:25	♎

11月

開始日	開始時刻	サイン		終了日	終了時刻	サイン
3 火	14:28	♎	～	3 火	17:25	♏
6 金	03:19	♏	～	6 金	03:44	♐
8 日	12:47	♐	～	8 日	16:06	♑
10 火	11:53	♑	～	11 水	05:09	♒
13 金	13:29	♒	～	13 金	16:29	♓
15 日	11:05	♓	～	16 月	00:11	♈
18 水	01:32	♈	～	18 水	03:57	♉
20 金	02:45	♉	～	20 金	04:59	♊
22 日	02:57	♊	～	22 日	05:04	♋
24 火	03:20	♋	～	24 火	05:59	♌
26 木	07:01	♌	～	26 木	09:03	♍
28 土	09:21	♍	～	28 土	14:55	♎
30 月	23:04	♎	～	30 月	23:31	♏

12月

開始日	開始時刻	サイン		終了日	終了時刻	サイン
3 木	08:45	♏	～	3 木	10:24	♐
5 土	21:29	♐	～	5 土	22:54	♑
7 月	12:41	♑	～	8 火	11:58	♒
10 木	23:14	♒	～	11 金	00:00	♓
12 土	17:05	♓	～	13 日	09:13	♈
15 火	14:25	♈	～	15 火	14:33	♉
17 木	11:59	♉	～	17 木	16:22	♊
19 土	11:41	♊	～	19 土	16:03	♋
20 日	23:53	♋	～	21 月	15:31	♌
23 水	03:17	♌	～	23 水	16:42	♍
25 金	06:06	♍	～	25 金	21:05	♎
27 日	08:05	♎	～	28 月	05:12	♏
30 水	02:40	♏	～	30 水	16:21	♐

1965年【ボイドタイム】

1月

開始日		開始時刻	サイン		終了日		終了時刻	サイン
1	金	16:42	♐	～	2	土	05:07	♑
4	月	07:08	♑	～	4	月	18:05	♒
6	水	15:38	♒	～	7	木	06:07	♓
9	土	08:09	♓	～	9	土	16:09	♈
11	月	21:21	♈	～	11	月	23:11	♉
13	水	21:13	♉	～	14	木	02:49	♊
15	金	22:47	♊	～	16	土	03:35	♋
17	日	22:40	♋	～	18	月	02:58	♌
19	火	10:17	♌	～	20	水	02:55	♍
22	金	01:30	♍	～	22	金	05:28	♎
23	土	04:47	♎	～	24	日	12:01	♏
26	火	18:33	♏	～	26	火	22:33	♐
29	金	07:22	♐	～	29	金	11:22	♑
31	日	20:16	♑	～	1	月	00:18	♒

2月

開始日		開始時刻	サイン		終了日		終了時刻	サイン
2	火	16:04	♒	～	3	水	11:56	♓
5	金	17:21	♓	～	5	金	21:44	♈
7	日	07:17	♈	～	8	月	05:24	♉
10	水	05:37	♉	～	10	水	10:37	♊
12	金	07:54	♊	～	12	金	13:14	♋
14	日	08:06	♋	～	14	日	13:55	♌
16	火	09:26	♌	～	16	火	14:06	♍
18	木	08:03	♍	～	18	木	15:45	♎
20	土	17:53	♎	～	20	土	20:46	♏
22	月	18:36	♏	～	23	火	05:58	♐
25	木	07:05	♐	～	25	木	18:18	♑
27	土	16:17	♑	～	28	日	07:15	♒

3月

開始日		開始時刻	サイン		終了日		終了時刻	サイン
1	月	23:16	♒	～	2	火	18:39	♓
4	木	10:34	♓	～	5	金	03:45	♈
4	木	10:34	♈	～	7	日	10:50	♉
9	火	00:42	♉	～	9	火	16:15	♊
11	木	02:52	♊	～	11	木	20:03	♋
13	土	09:27	♋	～	13	土	22:23	♌
15	月	11:09	♌	～	15	月	23:56	♍
17	水	20:23	♍	～	18	木	02:04	♎
19	金	05:48	♎	～	20	土	06:32	♏
22	月	06:09	♏	～	22	月	14:37	♐
25	木	00:09	♐	～	25	木	02:07	♑
27	土	03:40	♑	～	27	土	14:59	♒
29	月	16:35	♒	～	30	火	02:32	♓

4月

開始日		開始時刻	サイン		終了日		終了時刻	サイン
1	木	02:46	♓	～	1	木	11:19	♈
3	土	03:43	♈	～	3	土	17:29	♉
5	月	15:30	♉	～	5	月	21:55	♊
7	水	07:49	♊	～	8	木	01:25	♋
9	金	23:38	♋	～	10	土	04:24	♌
12	月	03:15	♌	～	12	月	07:15	♍
14	水	07:22	♍	～	14	水	10:39	♎
16	金	09:58	♎	～	16	金	15:42	♏
18	日	21:48	♏	～	18	日	23:32	♐
20	火	02:38	♐	～	21	水	10:24	♑
23	金	00:56	♑	～	23	金	23:05	♒
25	日	13:20	♒	～	26	月	11:03	♓
27	火	23:33	♓	～	28	水	20:13	♈
29	木	21:32	♈	～	1	土	02:04	♉

5月

開始日		開始時刻	サイン		終了日		終了時刻	サイン
2	日	10:32	♉	～	3	月	05:27	♊
4	火	10:07	♊	～	5	水	07:39	♋
6	木	20:30	♋	～	7	金	09:50	♌
9	日	04:04	♌	～	9	日	12:48	♍
11	火	13:16	♍	～	11	火	17:05	♎
13	木	17:50	♎	～	13	木	23:10	♏
15	土	20:52	♏	～	16	日	07:32	♐
17	月	14:12	♐	～	18	火	18:20	♑
21	金	06:02	♑	～	21	金	06:51	♒
22	土	19:50	♒	～	23	日	19:15	♓
25	火	06:54	♓	～	26	水	05:19	♈
27	木	13:36	♈	～	28	金	11:49	♉
30	日	03:54	♉	～	30	日	14:59	♊

6月

開始日		開始時刻	サイン		終了日		終了時刻	サイン
1	火	05:06	♊	～	1	火	16:06	♋
2	水	21:32	♋	～	3	木	16:47	♌
5	土	16:22	♌	～	5	土	18:34	♍
7	月	04:41	♍	～	7	月	22:30	♎
9	水	06:39	♎	～	10	木	05:04	♏
11	金	22:26	♏	～	12	土	14:10	♐
14	月	17:54	♐	～	15	火	01:21	♑
17	木	01:57	♑	～	17	木	13:52	♒
19	土	22:32	♒	～	20	日	02:29	♓
22	火	06:47	♓	～	22	火	13:30	♈
24	木	05:39	♈	～	24	木	21:17	♉
26	土	23:15	♉	～	27	日	01:19	♊
29	火	02:03	♊	～	29	火	02:20	♋

7月

開始日		開始時刻	サイン		終了日		終了時刻	サイン
1	木	01:32	♋	～	1	木	01:59	♌
2	金	05:48	♌	～	3	土	02:12	♍
4	日	07:07	♍	～	5	月	04:43	♎
6	火	10:57	♎	～	7	水	10:38	♏
8	木	19:23	♏	～	9	金	19:54	♐
11	日	07:42	♐	～	12	月	07:29	♑
14	水	02:01	♑	～	14	水	20:08	♒
16	金	12:37	♒	～	17	土	08:45	♓
19	月	12:55	♓	～	19	月	20:13	♈
22	木	02:53	♈	～	22	木	05:14	♉
24	土	07:15	♉	～	24	土	10:49	♊
26	月	09:56	♊	～	26	月	12:54	♋
27	火	16:29	♋	～	28	水	12:38	♌
30	金	11:31	♌	～	30	金	11:55	♍

8月

開始日		開始時刻	サイン		終了日		終了時刻	サイン
1	日	00:11	♍	～	1	日	12:55	♎
3	火	04:22	♎	～	3	火	17:21	♏
6	金	00:48	♏	～	6	金	01:50	♐
8	日	10:15	♐	～	8	日	13:23	♑
10	火	13:07	♑	～	11	水	02:10	♒
13	金	05:02	♒	～	13	金	14:38	♓
15	日	16:17	♓	～	16	月	01:57	♈
18	水	08:27	♈	～	18	水	11:28	♉
20	金	12:50	♉	～	20	金	18:21	♊
22	日	20:39	♊	～	22	日	22:05	♋
24	火	02:43	♋	～	24	火	23:02	♌
26	木	17:37	♌	～	26	木	22:37	♍
28	土	18:12	♍	～	28	土	22:53	♎
30	月	21:25	♎	～	31	火	01:54	♏

9月

開始日		開始時刻	サイン		終了日		終了時刻	サイン
1	水	15:06	♏	～	2	木	09:00	♐
4	土	16:05	♐	～	4	土	19:52	♑
6	月	14:22	♑	～	7	火	08:34	♒
9	木	18:28	♒	～	9	木	20:57	♓
12	日	05:59	♓	～	12	日	07:50	♈
14	火	15:39	♈	～	14	火	16:57	♉
16	木	11:26	♉	～	17	金	00:07	♊
19	日	04:38	♊	～	19	日	05:01	♋
21	火	03:34	♋	～	21	火	07:36	♌
22	水	19:07	♌	～	23	木	08:30	♍
25	土	08:28	♍	～	25	土	09:16	♎
25	土	12:17	♎	～	27	月	11:47	♏
29	水	10:55	♏	～	29	水	17:42	♐

10月

開始日		開始時刻	サイン		終了日		終了時刻	サイン
1	金	01:44	♐	～	2	土	03:29	♑
4	月	01:54	♑	～	4	月	15:49	♒
6	水	20:56	♒	～	7	木	04:14	♓
9	土	13:48	♓	～	9	土	14:54	♈
11	月	18:56	♈	～	11	月	23:17	♉
13	水	09:16	♉	～	14	木	05:40	♊
15	金	20:19	♊	～	16	土	10:27	♋
18	月	03:59	♋	～	18	月	13:52	♌
20	水	10:16	♌	～	20	水	16:14	♍
21	木	23:48	♍	～	22	金	18:21	♎
23	土	20:34	♎	～	24	日	21:32	♏
26	火	08:37	♏	～	27	水	03:10	♐
28	木	18:29	♐	～	29	金	12:05	♑
31	日	18:45	♑	～	31	日	23:50	♒

11月

開始日		開始時刻	サイン		終了日		終了時刻	サイン
3	水	06:05	♒	～	3	水	12:23	♓
5	金	22:52	♓	～	5	金	23:22	♈
7	日	22:12	♈	～	8	月	07:30	♉
9	火	18:41	♉	～	10	水	12:55	♊
12	金	13:47	♊	～	12	金	16:30	♋
14	日	04:23	♋	～	14	日	19:14	♌
16	火	10:53	♌	～	16	火	21:55	♍
19	金	00:55	♍	～	19	金	01:11	♎
21	日	04:59	♎	～	21	日	05:37	♏
22	月	17:46	♏	～	23	火	11:57	♐
25	木	19:08	♐	～	25	木	20:46	♑
27	土	14:52	♑	～	28	日	08:04	♒
30	火	17:49	♒	～	30	火	20:40	♓

12月

開始日		開始時刻	サイン		終了日		終了時刻	サイン
3	金	05:02	♓	～	3	金	08:23	♈
5	日	14:14	♈	～	5	日	17:12	♉
7	火	06:11	♉	～	7	火	22:28	♊
9	木	20:42	♊	～	10	金	00:57	♋
11	土	11:03	♋	～	12	日	02:09	♌
13	月	22:25	♌	～	14	火	03:36	♍
16	木	00:42	♍	～	16	木	06:34	♎
18	土	05:01	♎	～	18	土	11:41	♏
20	月	14:36	♏	～	20	月	19:02	♐
22	水	20:04	♐	～	23	木	04:27	♑
24	金	22:11	♑	～	25	土	15:45	♒
27	月	18:13	♒	～	28	火	04:18	♓
30	木	06:06	♓	～	30	木	16:40	♈

1966年【ボイドタイム】

1月

開始日	開始時刻	サイン		終了日	終了時刻	サイン
1 土	16:10	♈	~	2 日	02:47	♉
3 月	18:06	♉	~	4 火	09:07	♊
6 木	07:19	♊	~	6 木	11:41	♋
7 金	22:28	♋	~	8 土	11:50	♌
10 月	01:00	♌	~	10 月	11:35	♍
12 水	01:27	♍	~	12 水	12:53	♎
14 金	04:59	♎	~	14 金	17:09	♏
16 日	16:34	♏	~	17 月	00:40	♐
18 火	20:05	♐	~	19 水	10:45	♑
21 金	06:10	♑	~	21 金	22:27	♒
24 月	00:20	♒	~	24 月	10:59	♓
26 水	21:23	♓	~	26 水	23:33	♈
29 土	08:43	♈	~	29 土	10:43	♉
31 月	04:14	♉	~	31 月	18:44	♊

2月

開始日	開始時刻	サイン		終了日	終了時刻	サイン
2 水	08:26	♊	~	2 水	22:42	♋
4 金	10:39	♋	~	4 金	23:14	♌
6 日	09:51	♌	~	6 日	22:12	♍
8 火	20:45	♍	~	8 火	21:51	♎
10 木	22:09	♎	~	11 金	00:15	♏
13 日	04:25	♏	~	13 日	06:34	♐
15 火	08:11	♐	~	15 火	16:26	♑
18 金	01:01	♑	~	18 金	04:26	♒
20 日	01:15	♒	~	20 日	17:06	♓
23 水	03:52	♓	~	23 水	05:31	♈
25 金	16:48	♈	~	25 金	16:54	♉
27 日	16:05	♉	~	28 月	02:03	♊

3月

開始日	開始時刻	サイン		終了日	終了時刻	サイン
2 水	04:55	♊	~	2 水	07:48	♋
4 金	02:35	♋	~	4 金	09:57	♌
5 土	21:16	♌	~	6 日	09:37	♍
8 火	06:47	♍	~	8 火	08:49	♎
9 水	20:31	♎	~	10 木	09:47	♏
12 土	00:04	♏	~	12 土	14:19	♐
14 月	09:19	♐	~	14 月	22:56	♑
17 木	01:48	♑	~	17 木	10:35	♒
19 土	08:51	♒	~	19 土	23:19	♓
21 月	21:49	♓	~	22 火	11:34	♈
24 木	09:39	♈	~	24 木	22:32	♉
27 日	00:24	♉	~	27 日	07:42	♊
29 火	04:48	♊	~	29 火	14:24	♋
31 木	07:21	♋	~	31 木	18:13	♌

4月

開始日	開始時刻	サイン		終了日	終了時刻	サイン
2 土	12:27	♌	~	2 土	19:32	♍
4 月	11:15	♍	~	4 月	19:40	♎
6 水	20:10	♎	~	6 水	20:30	♏
8 金	12:20	♏	~	8 金	23:54	♐
10 日	22:52	♐	~	11 月	07:02	♑
13 水	10:31	♑	~	13 水	17:43	♒
16 土	03:01	♒	~	16 土	06:14	♓
18 月	12:15	♓	~	18 月	18:28	♈
20 水	23:49	♈	~	21 木	05:01	♉
23 土	04:02	♉	~	23 土	13:28	♊
25 月	16:25	♊	~	25 月	19:48	♋
27 水	16:14	♋	~	28 木	00:10	♌
30 土	00:58	♌	~	30 土	02:50	♍

5月

開始日	開始時刻	サイン		終了日	終了時刻	サイン
2 月	03:19	♍	~	2 月	04:32	♎
4 水	05:49	♎	~	4 水	06:24	♏
6 金	03:16	♏	~	6 金	09:53	♐
8 日	11:19	♐	~	8 日	16:13	♑
10 火	19:18	♑	~	11 水	01:52	♒
12 木	20:19	♒	~	13 金	13:55	♓
15 日	20:29	♓	~	16 月	02:16	♈
17 火	03:48	♈	~	18 水	12:50	♉
20 金	18:42	♉	~	20 金	20:40	♊
22 日	21:57	♊	~	23 月	02:01	♋
25 水	01:56	♋	~	25 水	05:37	♌
27 金	05:54	♌	~	27 金	08:23	♍
29 日	07:51	♍	~	29 日	11:00	♎
31 火	13:01	♎	~	31 火	14:12	♏

6月

開始日	開始時刻	サイン		終了日	終了時刻	サイン
2 木	15:50	♏	~	2 木	18:39	♐
4 土	22:30	♐	~	5 日	01:11	♑
7 火	07:49	♑	~	7 火	10:21	♒
9 木	02:04	♒	~	9 木	21:57	♓
12 日	08:21	♓	~	12 日	10:27	♈
14 火	06:48	♈	~	14 火	21:30	♉
17 金	03:56	♉	~	17 金	05:27	♊
19 日	08:49	♊	~	19 日	10:06	♋
21 火	11:23	♋	~	21 火	12:29	♌
23 木	07:11	♌	~	23 木	14:08	♍
25 土	15:28	♍	~	25 土	16:23	♎
27 月	02:58	♎	~	27 月	20:04	♏
30 木	00:44	♏	~	30 木	01:32	♐

7月

開始日	開始時刻	サイン		終了日	終了時刻	サイン
2 土	08:07	♐	~	2 土	08:52	♑
4 月	17:32	♑	~	4 月	18:15	♒
6 水	23:29	♒	~	7 木	05:40	♓
9 土	17:37	♓	~	9 土	18:16	♈
11 月	06:42	♈	~	12 火	06:04	♉
14 木	14:16	♉	~	14 木	14:52	♊
16 土	19:10	♊	~	16 土	19:45	♋
18 月	20:53	♋	~	18 月	21:28	♌
20 水	19:17	♌	~	20 水	21:47	♍
22 金	21:57	♍	~	22 金	22:39	♎
24 日	03:28	♎	~	25 月	01:32	♏
27 水	06:08	♏	~	27 水	07:05	♐
29 金	13:59	♐	~	29 金	15:05	♑
31 日	23:45	♑	~	1 月	01:02	♒

8月

開始日	開始時刻	サイン		終了日	終了時刻	サイン
2 火	15:23	♒	~	3 水	12:36	♓
5 金	23:33	♓	~	6 土	01:15	♈
7 日	18:25	♈	~	8 月	13:38	♉
10 水	21:40	♉	~	10 水	23:39	♊
13 土	03:41	♊	~	13 土	05:42	♋
15 月	06:35	♋	~	15 月	07:51	♌
16 火	20:47	♌	~	17 水	07:35	♍
19 金	04:42	♍	~	19 金	07:06	♎
21 日	03:49	♎	~	21 日	08:24	♏
23 火	12:01	♏	~	23 火	12:51	♐
25 木	17:02	♐	~	25 木	20:37	♑
28 日	02:54	♑	~	28 日	06:56	♒
30 火	09:23	♒	~	30 火	18:49	♓

9月

開始日	開始時刻	サイン		終了日	終了時刻	サイン
2 金	02:37	♓	~	2 金	07:28	♈
4 日	11:59	♈	~	4 日	20:00	♉
7 水	01:36	♉	~	7 水	06:53	♊
9 金	09:12	♊	~	9 金	14:27	♋
11 日	13:32	♋	~	11 日	18:02	♌
13 火	02:21	♌	~	13 火	18:26	♍
15 木	14:25	♍	~	15 木	17:33	♎
17 土	14:52	♎	~	17 土	17:34	♏
19 月	18:05	♏	~	19 月	20:22	♐
21 水	23:24	♐	~	22 木	02:53	♑
24 土	11:45	♑	~	24 土	12:48	♒
26 月	05:05	♒	~	27 火	00:49	♓
29 木	04:30	♓	~	29 木	13:30	♈

10月

開始日	開始時刻	サイン		終了日	終了時刻	サイン
1 土	11:35	♈	~	2 日	01:47	♉
4 火	03:24	♉	~	4 火	12:44	♊
6 木	13:52	♊	~	6 木	21:13	♋
8 土	17:32	♋	~	9 日	02:25	♌
11 火	02:26	♌	~	11 火	04:27	♍
12 水	19:52	♍	~	13 木	04:30	♎
14 金	12:51	♎	~	15 土	04:22	♏
16 日	20:21	♏	~	17 月	06:00	♐
19 水	01:33	♐	~	19 水	10:56	♑
21 金	14:34	♑	~	21 金	19:41	♒
23 日	22:16	♒	~	24 月	07:21	♓
26 水	12:22	♓	~	26 水	20:04	♈
27 木	02:57	♈	~	29 土	08:06	♉
31 月	06:03	♉	~	31 月	18:28	♊

11月

開始日	開始時刻	サイン		終了日	終了時刻	サイン
2 水	14:35	♊	~	3 木	02:43	♋
4 金	20:51	♋	~	5 土	08:37	♌
6 日	21:56	♌	~	7 月	12:10	♍
9 水	02:46	♍	~	9 水	13:55	♎
9 水	20:51	♎	~	11 金	14:54	♏
13 日	16:19	♏	~	13 日	16:37	♐
15 火	09:03	♐	~	15 火	20:37	♑
17 木	22:04	♑	~	18 金	04:04	♒
20 日	09:20	♒	~	20 日	14:53	♓
22 火	14:51	♓	~	23 水	03:32	♈
23 水	12:34	♈	~	25 金	15:37	♉
27 日	18:42	♉	~	28 月	01:31	♊
30 水	04:42	♊	~	30 水	08:50	♋

12月

開始日	開始時刻	サイン		終了日	終了時刻	サイン
2 金	12:14	♋	~	2 金	14:02	♌
4 日	05:09	♌	~	4 日	17:49	♍
6 火	10:50	♍	~	6 火	20:44	♎
8 木	10:55	♎	~	8 木	23:18	♏
10 土	23:54	♏	~	11 日	02:14	♐
13 火	03:58	♐	~	13 火	06:31	♑
15 木	02:41	♑	~	15 木	13:20	♒
17 土	12:56	♒	~	17 土	23:18	♓
20 火	06:40	♓	~	20 火	11:40	♈
21 水	15:24	♈	~	23 金	00:08	♉
24 土	23:39	♉	~	25 日	10:14	♊
27 火	07:01	♊	~	27 火	16:59	♋
29 木	11:26	♋	~	29 木	20:58	♌
31 土	22:18	♌	~	31 土	23:34	♍

1967年【ボイドタイム】

1月

開始日		開始時刻	サイン		終了日		終了時刻	サイン
2	月	16:37	♍	~	3	火	02:04	♎
5	木	00:35	♎	~	5	木	05:17	♏
6	金	23:38	♏	~	7	土	09:28	♐
9	月	05:02	♐	~	9	月	14:54	♑
11	水	12:10	♑	~	11	水	22:06	♒
13	金	19:42	♒	~	14	土	07:45	♓
16	月	19:43	♓	~	16	月	19:48	♈
19	木	07:54	♈	~	19	木	08:40	♉
21	土	18:18	♉	~	21	土	19:39	♊
23	月	19:13	♊	~	24	火	02:52	♋
26	木	04:11	♋	~	26	木	06:21	♌
28	土	01:17	♌	~	28	土	07:37	♍
30	月	05:33	♍	~	30	月	08:33	♎

2月

開始日		開始時刻	サイン		終了日		終了時刻	サイン
1	水	07:10	♎	~	1	水	10:44	♏
3	金	10:44	♏	~	3	金	14:56	♐
5	日	19:17	♐	~	5	日	21:11	♑
8	水	02:53	♑	~	8	水	05:17	♒
10	金	14:09	♒	~	10	金	15:19	♓
12	日	22:44	♓	~	13	月	03:17	♈
15	水	08:44	♈	~	15	水	16:19	♉
18	土	00:59	♉	~	18	土	04:16	♊
20	月	10:15	♊	~	20	月	12:48	♋
22	水	15:08	♋	~	22	水	17:05	♌
24	金	09:00	♌	~	24	金	18:04	♍
26	日	16:40	♍	~	26	日	17:45	♎
28	火	10:13	♎	~	28	火	18:10	♏

3月

開始日		開始時刻	サイン		終了日		終了時刻	サイン
2	木	20:35	♏	~	2	木	20:53	♐
4	土	13:25	♐	~	5	日	02:36	♑
7	火	01:03	♑	~	7	火	11:04	♒
9	木	10:26	♒	~	9	木	21:42	♓
11	土	22:55	♓	~	12	日	09:53	♈
14	火	11:43	♈	~	14	火	22:54	♉
17	金	02:13	♉	~	17	金	11:20	♊
19	日	18:53	♊	~	19	日	21:10	♋
21	火	17:21	♋	~	22	水	03:04	♌
23	木	19:38	♌	~	24	金	05:09	♍
25	土	20:06	♍	~	26	日	04:51	♎
27	月	19:24	♎	~	28	火	04:11	♏
29	水	20:00	♏	~	30	木	05:09	♐

4月

開始日		開始時刻	サイン		終了日		終了時刻	サイン
1	土	08:48	♐	~	1	土	09:11	♑
3	月	15:08	♑	~	3	月	16:49	♒
6	木	00:12	♒	~	6	木	03:29	♓
8	土	05:36	♓	~	8	土	15:57	♈
10	月	22:08	♈	~	11	火	04:57	♉
13	木	14:27	♉	~	13	木	17:15	♊
15	土	17:47	♊	~	16	日	03:37	♋
18	火	05:47	♋	~	18	火	10:55	♌
20	木	13:44	♌	~	20	木	14:43	♍
22	土	09:12	♍	~	22	土	15:42	♎
24	月	09:12	♎	~	24	月	15:19	♏
26	水	09:30	♏	~	26	水	15:27	♐
28	金	04:07	♐	~	28	金	17:54	♑
30	日	18:10	♑	~	30	日	23:58	♒

5月

開始日		開始時刻	サイン		終了日		終了時刻	サイン
2	火	20:36	♒	~	3	水	09:48	♓
5	金	16:54	♓	~	5	金	22:10	♈
8	月	06:35	♈	~	8	月	11:10	♉
10	水	19:21	♉	~	10	水	23:09	♊
12	金	14:51	♊	~	13	土	09:11	♋
15	月	14:34	♋	~	15	月	16:49	♌
17	水	14:17	♌	~	17	水	21:53	♍
19	金	23:32	♍	~	20	土	00:31	♎
22	月	01:04	♎	~	22	月	01:30	♏
23	火	14:18	♏	~	24	水	02:06	♐
25	木	11:34	♐	~	26	金	03:59	♑
27	土	19:26	♑	~	28	日	08:44	♒
30	火	12:11	♒	~	30	火	17:19	♓

6月

開始日		開始時刻	サイン		終了日		終了時刻	サイン
1	木	17:44	♓	~	2	金	05:07	♈
4	日	12:40	♈	~	4	日	18:05	♉
6	火	14:53	♉	~	7	水	05:53	♊
8	木	21:03	♊	~	9	金	15:18	♋
11	日	08:21	♋	~	11	日	22:19	♌
13	火	13:47	♌	~	14	水	03:24	♍
15	木	20:11	♍	~	16	金	06:59	♎
18	日	02:27	♎	~	18	日	09:26	♏
19	月	22:09	♏	~	20	火	11:20	♐
21	水	21:42	♐	~	22	木	13:47	♑
24	土	03:55	♑	~	24	土	18:11	♒
26	月	10:33	♒	~	27	火	01:50	♓
28	水	20:41	♓	~	29	木	12:53	♈

7月

開始日		開始時刻	サイン		終了日		終了時刻	サイン
1	土	12:44	♈	~	2	日	01:43	♉
4	火	05:37	♉	~	4	火	13:39	♊
6	木	19:07	♊	~	6	木	22:48	♋
8	土	19:56	♋	~	9	日	04:59	♌
11	火	01:58	♌	~	11	火	09:08	♍
12	水	22:13	♍	~	13	木	12:20	♎
15	土	11:29	♎	~	15	土	15:18	♏
17	月	07:36	♏	~	17	月	18:23	♐
19	水	21:38	♐	~	19	水	22:00	♑
21	金	23:39	♑	~	22	土	03:00	♒
23	日	18:39	♒	~	24	月	10:29	♓
26	水	04:30	♓	~	26	水	21:00	♈
28	金	02:44	♈	~	29	土	09:41	♉
31	月	05:58	♉	~	31	月	22:01	♊

8月

開始日		開始時刻	サイン		終了日		終了時刻	サイン
2	水	16:38	♊	~	3	木	07:32	♋
5	土	01:42	♋	~	5	土	13:27	♌
7	月	02:26	♌	~	7	月	16:36	♍
9	水	05:56	♍	~	9	水	18:35	♎
10	木	23:21	♎	~	11	金	20:45	♏
13	日	11:11	♏	~	13	日	23:53	♐
15	火	15:29	♐	~	16	水	04:19	♑
17	木	21:17	♑	~	18	金	10:17	♒
20	日	11:26	♒	~	20	日	18:18	♓
22	火	15:12	♓	~	23	水	04:48	♈
24	木	18:53	♈	~	25	金	17:22	♉
27	日	16:58	♉	~	28	月	06:09	♊
30	水	04:24	♊	~	30	水	16:35	♋

9月

開始日		開始時刻	サイン		終了日		終了時刻	サイン
1	金	13:01	♋	~	1	金	23:09	♌
3	日	18:58	♌	~	4	月	02:08	♍
5	火	22:18	♍	~	6	水	03:04	♎
7	木	14:32	♎	~	8	金	03:45	♏
10	日	05:25	♏	~	10	日	05:40	♐
12	火	08:03	♐	~	12	火	09:43	♑
14	木	06:02	♑	~	14	木	16:09	♒
16	土	20:55	♒	~	17	日	00:53	♓
19	火	01:59	♓	~	19	火	11:47	♈
21	木	19:34	♈	~	22	金	00:21	♉
24	日	09:05	♉	~	24	日	13:22	♊
26	火	21:34	♊	~	27	水	00:46	♋
29	金	05:54	♋	~	29	金	08:42	♌

10月

開始日		開始時刻	サイン		終了日		終了時刻	サイン
1	日	12:14	♌	~	1	日	12:39	♍
3	火	06:43	♍	~	3	火	13:35	♎
5	木	09:12	♎	~	5	木	13:15	♏
7	土	09:59	♏	~	7	土	13:32	♐
9	月	12:59	♐	~	9	月	16:04	♑
11	水	14:50	♑	~	11	水	21:46	♒
14	土	04:47	♒	~	14	土	06:38	♓
16	月	10:59	♓	~	16	月	17:58	♈
19	木	06:30	♈	~	19	木	06:42	♉
21	土	13:11	♉	~	21	土	19:39	♊
24	火	07:04	♊	~	24	火	07:28	♋
26	木	11:16	♋	~	26	木	16:41	♌
28	土	10:43	♌	~	28	土	22:20	♍
30	月	20:09	♍	~	31	火	00:32	♎
31	火	11:46	♎	~	2	木	00:27	♏

11月

開始日		開始時刻	サイン		終了日		終了時刻	サイン
3	金	19:55	♏	~	3	金	23:52	♐
5	日	20:46	♐	~	6	月	00:44	♑
8	水	01:08	♑	~	8	水	04:46	♒
10	金	00:50	♒	~	10	金	12:43	♓
12	日	19:52	♓	~	12	日	23:59	♈
14	火	09:05	♈	~	15	水	12:53	♉
17	金	22:00	♉	~	18	土	01:41	♊
20	月	09:51	♊	~	20	月	13:13	♋
22	水	21:54	♋	~	22	水	22:48	♌
24	金	19:38	♌	~	25	土	05:46	♍
27	月	07:19	♍	~	27	月	09:49	♎
29	水	07:36	♎	~	29	水	11:14	♏

12月

開始日		開始時刻	サイン		終了日		終了時刻	サイン
1	金	10:11	♏	~	1	金	11:11	♐
3	日	09:20	♐	~	3	日	11:25	♑
5	火	12:51	♑	~	5	火	13:57	♒
7	木	10:37	♒	~	7	木	20:20	♓
10	日	04:33	♓	~	10	日	06:44	♈
11	月	20:34	♈	~	12	火	19:32	♉
15	金	06:20	♉	~	15	金	08:19	♊
17	日	17:34	♊	~	17	日	19:23	♋
20	水	02:40	♋	~	20	水	04:21	♌
22	金	10:26	♌	~	22	金	11:22	♍
24	日	14:59	♍	~	24	日	16:27	♎
26	火	00:09	♎	~	26	火	19:37	♏
28	木	19:50	♏	~	28	木	21:10	♐
30	土	20:52	♐	~	30	土	22:11	♑

1968年【ボイドタイム】

1月

開始日		開始時刻	サイン		終了日		終了時刻	サイン
1	月	23:43	♑	~	2	火	00:24	♒
3	水	21:45	♒	~	4	木	05:36	♓
6	土	13:13	♓	~	6	土	14:46	♈
9	火	01:55	♈	~	9	火	03:03	♉
11	木	14:17	♉	~	11	木	15:55	♊
14	日	01:18	♊	~	14	日	02:54	♋
16	火	09:36	♋	~	16	火	11:10	♌
18	木	10:12	♌	~	18	木	17:11	♍
20	土	20:54	♍	~	20	土	21:48	♎
22	月	16:13	♎	~	23	火	01:28	♏
25	木	02:44	♏	~	25	木	04:24	♐
27	土	05:14	♐	~	27	土	06:57	♑
29	月	08:15	♑	~	29	月	10:06	♒
31	水	12:55	♒	~	31	水	15:16	♓

2月

開始日		開始時刻	サイン		終了日		終了時刻	サイン
2	金	21:23	♓	~	2	金	23:40	♈
4	日	03:06	♈	~	5	月	11:16	♉
7	水	21:30	♉	~	8	木	00:09	♊
10	土	08:54	♊	~	10	土	11:35	♋
12	月	17:11	♋	~	12	月	19:50	♌
14	水	20:23	♌	~	15	木	01:03	♍
17	土	03:54	♍	~	17	土	04:22	♎
19	月	05:45	♎	~	19	月	07:00	♏
21	水	06:49	♏	~	21	水	09:48	♐
23	金	10:02	♐	~	23	金	13:12	♑
25	日	14:13	♑	~	25	日	17:37	♒
27	火	23:35	♒	~	27	火	23:43	♓

3月

開始日		開始時刻	サイン		終了日		終了時刻	サイン
1	金	04:11	♓	~	1	金	08:15	♈
3	日	18:07	♈	~	3	日	19:28	♉
6	水	06:17	♉	~	6	水	08:17	♊
8	金	17:51	♊	~	8	金	20:22	♋
11	月	00:48	♋	~	11	月	05:28	♌
13	水	07:44	♌	~	13	水	10:52	♍
15	金	08:54	♍	~	15	金	13:24	♎
17	日	13:45	♎	~	17	日	14:34	♏
19	火	13:38	♏	~	19	火	15:54	♐
21	木	14:02	♐	~	21	木	18:35	♑
23	土	17:47	♑	~	23	土	23:17	♒
26	火	03:10	♒	~	26	火	06:16	♓
28	木	09:11	♓	~	28	木	15:32	♈
30	土	20:06	♈	~	31	日	02:55	♉

4月

開始日		開始時刻	サイン		終了日		終了時刻	サイン
2	火	08:36	♉	~	2	火	15:41	♊
4	木	21:04	♊	~	5	金	04:13	♋
7	日	10:08	♋	~	7	日	14:29	♌
9	火	14:09	♌	~	9	火	21:05	♍
11	木	17:39	♍	~	12	金	00:01	♎
13	土	18:03	♎	~	14	日	00:32	♏
15	月	17:59	♏	~	16	火	00:24	♐
17	水	21:17	♐	~	18	木	01:23	♑
20	土	04:35	♑	~	20	土	04:57	♒
22	月	09:06	♒	~	22	月	11:46	♓
24	水	13:10	♓	~	24	水	21:33	♈
27	土	01:02	♈	~	27	土	09:23	♉
29	月	13:52	♉	~	29	月	22:12	♊

5月

開始日		開始時刻	サイン		終了日		終了時刻	サイン
2	木	07:29	♊	~	2	木	10:50	♋
4	土	16:02	♋	~	4	土	21:54	♌
7	火	05:38	♌	~	7	火	05:59	♍
9	木	02:29	♍	~	9	木	10:21	♎
11	土	05:40	♎	~	11	土	11:30	♏
13	月	05:22	♏	~	13	月	10:54	♐
15	水	05:04	♐	~	15	水	10:31	♑
17	金	05:32	♑	~	17	金	12:22	♒
19	日	14:44	♒	~	19	日	17:53	♓
21	火	17:42	♓	~	22	水	03:15	♈
24	金	09:53	♈	~	24	金	15:16	♉
27	月	01:40	♉	~	27	月	04:13	♊
29	水	15:57	♊	~	29	水	16:43	♋
31	金	18:18	♋	~	1	土	03:54	♌

6月

開始日		開始時刻	サイン		終了日		終了時刻	サイン
3	月	09:52	♌	~	3	月	12:53	♍
5	水	10:12	♍	~	5	水	18:50	♎
7	金	19:43	♎	~	7	金	21:31	♏
9	日	20:23	♏	~	9	日	21:43	♐
11	火	20:11	♐	~	11	火	21:06	♑
13	木	13:41	♑	~	13	木	21:47	♒
16	日	00:09	♒	~	16	日	01:42	♓
18	火	05:45	♓	~	18	火	09:50	♈
20	木	20:25	♈	~	20	木	21:26	♉
23	日	00:44	♉	~	23	日	10:23	♊
25	火	13:22	♊	~	25	火	22:44	♋
28	金	00:32	♋	~	28	金	09:31	♌
30	日	07:49	♌	~	30	日	18:26	♍

7月

開始日		開始時刻	サイン		終了日		終了時刻	サイン
2	火	17:04	♍	~	3	水	01:10	♎
4	木	20:08	♎	~	5	金	05:21	♏
6	土	23:54	♏	~	7	日	07:05	♐
9	火	01:15	♐	~	9	火	07:24	♑
11	木	01:01	♑	~	11	木	08:04	♒
13	土	02:18	♒	~	13	土	11:03	♓
15	月	17:24	♓	~	15	月	17:52	♈
17	水	18:53	♈	~	18	木	04:31	♉
20	土	12:02	♉	~	20	土	17:13	♊
22	月	21:53	♊	~	23	火	05:32	♋
25	木	08:46	♋	~	25	木	15:55	♌
27	土	15:45	♌	~	28	日	00:10	♍
30	火	00:39	♍	~	30	火	06:33	♎

8月

開始日		開始時刻	サイン		終了日		終了時刻	サイン
1	木	05:45	♎	~	1	木	11:12	♏
3	土	11:20	♏	~	3	土	14:11	♐
5	月	10:38	♐	~	5	月	15:58	♑
7	水	12:25	♑	~	7	水	17:38	♒
9	金	13:00	♒	~	9	金	20:46	♓
11	日	21:30	♓	~	12	月	02:53	♈
14	水	08:37	♈	~	14	水	12:36	♉
16	金	19:32	♉	~	17	土	00:52	♊
19	月	08:18	♊	~	19	月	13:16	♋
21	水	19:11	♋	~	21	水	23:40	♌
23	金	22:49	♌	~	24	土	07:21	♍
26	月	09:05	♍	~	26	月	12:45	♎
28	水	08:22	♎	~	28	水	16:39	♏
30	金	16:34	♏	~	30	金	19:41	♐

9月

開始日		開始時刻	サイン		終了日		終了時刻	サイン
1	日	21:56	♐	~	1	日	22:22	♑
3	火	22:37	♑	~	4	水	01:20	♒
5	木	20:19	♒	~	6	金	05:28	♓
8	日	09:24	♓	~	8	日	11:50	♈
10	火	10:32	♈	~	10	火	21:06	♉
13	金	06:54	♉	~	13	金	08:55	♊
15	日	19:48	♊	~	15	日	21:29	♋
18	水	07:07	♋	~	18	水	08:26	♌
20	金	14:30	♌	~	20	金	16:16	♍
22	日	20:19	♍	~	22	日	21:00	♎
24	火	19:10	♎	~	24	火	23:39	♏
27	金	01:17	♏	~	27	金	01:31	♐
28	土	16:37	♐	~	29	日	03:45	♑
30	月	21:46	♑	~	1	火	07:11	♒

10月

開始日		開始時刻	サイン		終了日		終了時刻	サイン
3	木	02:42	♒	~	3	木	12:21	♓
5	土	09:41	♓	~	5	土	19:36	♈
7	月	14:57	♈	~	8	火	05:07	♉
10	木	06:23	♉	~	10	木	16:44	♊
12	土	21:26	♊	~	13	日	05:24	♋
15	火	07:22	♋	~	15	火	17:09	♌
17	木	17:15	♌	~	18	金	01:59	♍
20	日	04:06	♍	~	20	日	07:06	♎
22	火	06:44	♎	~	22	火	09:06	♏
24	木	02:44	♏	~	24	木	09:33	♐
26	土	03:56	♐	~	26	土	10:14	♑
28	月	06:50	♑	~	28	月	12:43	♒
30	水	09:48	♒	~	30	水	17:55	♓

11月

開始日		開始時刻	サイン		終了日		終了時刻	サイン
1	金	20:59	♓	~	2	土	01:51	♈
3	日	22:35	♈	~	4	月	12:02	♉
6	水	20:29	♉	~	6	水	23:48	♊
9	土	12:17	♊	~	9	土	12:27	♋
11	月	23:16	♋	~	12	火	00:45	♌
14	木	08:49	♌	~	14	木	10:55	♍
16	土	10:41	♍	~	16	土	17:27	♎
18	月	03:05	♎	~	18	月	20:07	♏
20	水	17:01	♏	~	20	水	20:04	♐
22	金	11:01	♐	~	22	金	19:20	♑
24	日	14:10	♑	~	24	日	20:03	♒
26	火	20:57	♒	~	26	火	23:53	♓
29	金	01:02	♓	~	29	金	07:26	♈
30	土	20:25	♈	~	1	日	17:58	♉

12月

開始日		開始時刻	サイン		終了日		終了時刻	サイン
3	火	23:41	♉	~	4	水	06:06	♊
6	金	08:34	♊	~	6	金	18:44	♋
9	月	04:21	♋	~	9	月	07:03	♌
11	水	12:22	♌	~	11	水	18:00	♍
13	金	21:00	♍	~	14	土	02:09	♎
16	月	04:26	♎	~	16	月	06:32	♏
18	水	03:12	♏	~	18	水	07:28	♐
20	金	03:18	♐	~	20	金	06:33	♑
22	日	01:53	♑	~	22	日	06:00	♒
24	火	03:44	♒	~	24	火	08:01	♓
26	木	09:32	♓	~	26	木	14:03	♈
28	土	22:24	♈	~	28	土	23:57	♉
31	火	07:37	♉	~	31	火	12:12	♊

1969年【ボイドタイム】

1月

開始日		開始時刻	サイン		終了日		終了時刻	サイン
2	木	19:24	♊	〜	3	金	00:53	♋
5	日	08:43	♋	〜	5	日	12:55	♌
7	火	19:45	♌	〜	7	火	23:43	♍
10	金	04:52	♍	〜	10	金	08:33	♎
11	土	23:00	♎	〜	12	日	14:33	♏
14	火	14:14	♏	〜	14	火	17:19	♐
16	木	09:42	♐	〜	16	木	17:40	♑
18	土	14:26	♑	〜	18	土	17:17	♒
20	月	15:26	♒	〜	20	月	18:21	♓
22	水	19:40	♓	〜	22	水	22:44	♈
24	金	11:24	♈	〜	25	土	07:13	♉
27	月	15:41	♉	〜	27	月	18:54	♊
30	木	00:34	♊	〜	30	木	07:37	♋

2月

開始日		開始時刻	サイン		終了日		終了時刻	サイン
1	土	17:54	♋	〜	1	土	19:29	♌
4	火	02:52	♌	〜	4	火	05:41	♍
6	木	11:21	♍	〜	6	木	14:01	♎
8	土	03:47	♎	〜	8	土	20:19	♏
10	月	22:01	♏	〜	11	火	00:24	♐
12	水	17:29	♐	〜	13	木	02:29	♑
15	土	01:18	♑	〜	15	土	03:31	♒
17	月	02:49	♒	〜	17	月	05:04	♓
19	水	06:28	♓	〜	19	水	08:49	♈
21	金	00:44	♈	〜	21	金	16:02	♉
24	月	01:14	♉	〜	24	月	02:42	♊
26	水	03:31	♊	〜	26	水	15:12	♋

3月

開始日		開始時刻	サイン		終了日		終了時刻	サイン
1	土	00:39	♋	〜	1	土	03:12	♌
3	月	10:40	♌	〜	3	月	13:07	♍
5	水	18:13	♍	〜	5	水	20:34	♎
7	金	16:16	♎	〜	8	土	01:57	♏
10	月	03:33	♏	〜	10	月	05:48	♐
12	水	06:50	♐	〜	12	水	08:41	♑
14	金	08:54	♑	〜	14	金	11:10	♒
16	日	11:44	♒	〜	16	日	14:04	♓
18	火	16:00	♓	〜	18	火	18:27	♈
20	木	19:15	♈	〜	21	金	01:21	♉
23	日	08:24	♉	〜	23	日	11:13	♊
25	火	15:00	♊	〜	25	火	23:19	♋
28	金	08:39	♋	〜	28	金	11:37	♌
30	日	19:00	♌	〜	30	日	21:54	♍

4月

開始日		開始時刻	サイン		終了日		終了時刻	サイン
2	水	04:37	♍	〜	2	水	05:04	♎
4	金	03:41	♎	〜	4	金	09:23	♏
6	日	10:41	♏	〜	6	日	11:58	♐
8	火	12:23	♐	〜	8	火	14:05	♑
10	木	14:38	♑	〜	10	木	16:47	♒
12	土	17:36	♒	〜	12	土	20:42	♓
14	月	23:06	♓	〜	15	火	02:14	♈
17	木	06:35	♈	〜	17	木	09:44	♉
19	土	15:43	♉	〜	19	土	19:29	♊
22	火	05:12	♊	〜	22	火	07:17	♋
24	木	18:26	♋	〜	24	木	19:51	♌
27	日	06:12	♌	〜	27	日	06:57	♍
29	火	10:52	♍	〜	29	火	14:44	♎
30	水	20:09	♎	〜	1	木	18:50	♏

5月

開始日		開始時刻	サイン		終了日		終了時刻	サイン
3	土	16:39	♏	〜	3	土	20:19	♐
5	月	15:24	♐	〜	5	月	20:57	♑
7	水	18:30	♑	〜	7	水	22:28	♒
9	金	21:49	♒	〜	10	土	02:04	♓
12	月	03:35	♓	〜	12	月	08:09	♈
13	火	12:28	♈	〜	14	水	16:29	♉
16	金	21:34	♉	〜	17	土	02:42	♊
19	月	06:43	♊	〜	19	月	14:31	♋
22	木	03:10	♋	〜	22	木	03:13	♌
24	土	09:36	♌	〜	24	土	15:07	♍
26	月	23:59	♍	〜	27	火	00:08	♎
28	水	17:01	♎	〜	29	木	05:06	♏
31	土	06:19	♏	〜	31	土	06:31	♐

6月

開始日		開始時刻	サイン		終了日		終了時刻	サイン
2	月	05:55	♐	〜	2	月	06:07	♑
4	水	05:51	♑	〜	4	水	06:04	♒
6	金	08:03	♒	〜	6	金	08:14	♓
8	日	13:22	♓	〜	8	日	13:37	♈
10	火	00:18	♈	〜	10	火	22:06	♉
13	金	08:34	♉	〜	13	金	08:49	♊
15	日	20:40	♊	〜	15	日	20:53	♋
18	水	09:25	♋	〜	18	水	09:36	♌
20	金	19:44	♌	〜	20	金	21:54	♍
23	月	08:01	♍	〜	23	月	08:04	♎
24	火	02:14	♎	〜	25	水	14:32	♏
27	金	13:29	♏	〜	27	金	17:00	♐
29	日	13:40	♐	〜	29	日	16:45	♑

7月

開始日		開始時刻	サイン		終了日		終了時刻	サイン
1	火	13:03	♑	〜	1	火	15:50	♒
3	木	10:13	♒	〜	3	木	16:27	♓
5	土	17:58	♓	〜	5	土	20:17	♈
8	火	02:21	♈	〜	8	火	03:54	♉
10	木	13:07	♉	〜	10	木	14:32	♊
13	日	02:01	♊	〜	13	日	02:48	♋
15	火	15:24	♋	〜	15	火	15:30	♌
17	木	19:51	♌	〜	18	金	03:43	♍
20	日	08:45	♍	〜	20	日	14:20	♎
22	火	21:09	♎	〜	22	火	22:04	♏
24	木	19:25	♏	〜	25	金	02:11	♐
26	土	16:10	♐	〜	27	日	03:10	♑
28	月	20:13	♑	〜	29	火	02:35	♒
30	水	19:56	♒	〜	31	木	02:31	♓

8月

開始日		開始時刻	サイン		終了日		終了時刻	サイン
2	土	01:55	♓	〜	2	土	04:55	♈
3	日	23:00	♈	〜	4	月	11:02	♉
6	水	18:01	♉	〜	6	水	20:50	♊
8	金	19:51	♊	〜	9	土	08:58	♋
11	月	13:27	♋	〜	11	月	21:39	♌
14	木	01:32	♌	〜	14	木	09:33	♍
16	土	12:06	♍	〜	16	土	19:51	♎
18	月	19:16	♎	〜	19	火	03:54	♏
21	木	05:03	♏	〜	21	木	09:13	♐
23	土	11:28	♐	〜	23	土	11:49	♑
25	月	07:53	♑	〜	25	月	12:36	♒
27	水	06:36	♒	〜	27	水	13:04	♓
29	金	08:15	♓	〜	29	金	14:58	♈
30	土	21:34	♈	〜	31	日	19:50	♉

9月

開始日		開始時刻	サイン		終了日		終了時刻	サイン
2	火	20:52	♉	〜	3	水	04:24	♊
5	金	04:46	♊	〜	5	金	15:58	♋
7	日	20:55	♋	〜	8	月	04:37	♌
10	水	08:56	♌	〜	10	水	16:21	♍
12	金	19:00	♍	〜	13	土	02:02	♎
15	月	02:15	♎	〜	15	月	09:26	♏
17	水	08:21	♏	〜	17	水	14:43	♐
19	金	16:11	♐	〜	19	金	18:14	♑
21	日	17:29	♑	〜	21	日	20:32	♒
23	火	16:34	♒	〜	23	火	22:23	♓
25	木	19:03	♓	〜	26	金	00:56	♈
27	土	00:20	♈	〜	28	日	05:29	♉
30	火	06:46	♉	〜	30	火	13:06	♊

10月

開始日		開始時刻	サイン		終了日		終了時刻	サイン
2	木	14:47	♊	〜	2	木	23:53	♋
5	日	05:58	♋	〜	5	日	12:26	♌
7	火	18:14	♌	〜	8	水	00:22	♍
10	金	04:07	♍	〜	10	金	09:49	♎
11	土	18:39	♎	〜	12	日	16:19	♏
14	火	15:34	♏	〜	14	火	20:34	♐
16	木	21:19	♐	〜	16	木	23:36	♑
18	土	21:40	♑	〜	19	日	02:22	♒
21	火	00:49	♒	〜	21	火	05:26	♓
23	木	04:42	♓	〜	23	木	09:18	♈
25	土	00:20	♈	〜	25	土	14:33	♉
27	月	17:20	♉	〜	27	月	22:01	♊
30	木	01:02	♊	〜	30	木	08:13	♋

11月

開始日		開始時刻	サイン		終了日		終了時刻	サイン
1	土	19:42	♋	〜	1	土	20:35	♌
4	火	04:38	♌	〜	4	火	09:01	♍
6	木	15:01	♍	〜	6	木	18:59	♎
8	土	20:25	♎	〜	9	日	01:18	♏
11	火	01:14	♏	〜	11	火	04:31	♐
13	木	00:49	♐	〜	13	木	06:09	♑
15	土	04:53	♑	〜	15	土	07:53	♒
17	月	07:55	♒	〜	17	月	10:53	♓
19	水	12:37	♓	〜	19	水	15:32	♈
21	金	13:18	♈	〜	21	金	21:53	♉
24	月	03:12	♉	〜	24	月	05:59	♊
26	水	10:22	♊	〜	26	水	16:11	♋
29	土	01:47	♋	〜	29	土	04:23	♌

12月

開始日		開始時刻	サイン		終了日		終了時刻	サイン
1	月	14:51	♌	〜	1	月	17:14	♍
4	木	02:12	♍	〜	4	木	04:17	♎
6	土	08:12	♎	〜	6	土	11:31	♏
8	月	13:11	♏	〜	8	月	14:43	♐
10	水	13:34	♐	〜	10	水	15:21	♑
12	金	14:14	♑	〜	12	金	15:28	♒
14	日	16:16	♒	〜	14	日	16:57	♓
16	火	19:49	♓	〜	16	火	20:56	♈
18	木	20:54	♈	〜	19	金	03:36	♉
21	日	11:34	♉	〜	21	日	12:28	♊
23	火	17:57	♊	〜	23	火	23:09	♋
26	金	10:44	♋	〜	26	金	11:22	♌
28	日	23:53	♌	〜	29	月	00:21	♍
31	水	12:01	♍	〜	31	水	12:19	♎

1970年【ボイドタイム】

1月

開始日		開始時刻	サイン		終了日		終了時刻	サイン
2	金	20:29	♎	~	2	金	21:04	♏
5	月	01:32	♏	~	5	月	01:34	♐
6	火	22:19	♐	~	7	水	02:31	♑
8	木	23:02	♑	~	9	金	01:48	♒
9	金	15:38	♒	~	11	日	01:37	♓
12	月	23:13	♓	~	13	火	03:48	♈
14	水	22:18	♈	~	15	木	09:21	♉
17	土	12:54	♉	~	17	土	18:08	♊
19	月	23:47	♊	~	20	火	05:14	♋
22	木	13:36	♋	~	22	木	17:41	♌
23	金	11:25	♌	~	25	日	06:33	♍
27	火	13:07	♍	~	27	火	18:43	♎
28	水	23:38	♎	~	30	金	04:35	♏

2月

開始日		開始時刻	サイン		終了日		終了時刻	サイン
1	日	05:46	♏	~	1	日	10:50	♐
3	火	08:34	♐	~	3	火	13:22	♑
5	木	08:38	♑	~	5	木	13:20	♒
6	金	21:21	♒	~	7	土	12:38	♓
9	月	08:14	♓	~	9	月	13:18	♈
11	水	11:36	♈	~	11	水	17:00	♉
13	金	22:58	♉	~	14	土	00:30	♊
16	月	04:54	♊	~	16	月	11:17	♋
18	水	17:17	♋	~	18	水	23:54	♌
20	金	15:07	♌	~	21	土	12:42	♍
23	月	17:51	♍	~	24	火	00:30	♎
25	水	21:20	♎	~	26	木	10:24	♏
28	土	11:22	♏	~	28	土	17:39	♐

3月

開始日		開始時刻	サイン		終了日		終了時刻	サイン
2	月	16:05	♐	~	2	月	21:55	♑
4	水	20:34	♑	~	4	水	23:35	♒
6	金	23:16	♒	~	6	金	23:49	♓
8	日	20:43	♓	~	9	月	00:17	♈
9	月	12:42	♈	~	11	水	02:44	♉
13	金	01:32	♉	~	13	金	08:37	♊
15	日	10:39	♊	~	15	日	18:19	♋
17	火	23:44	♋	~	18	水	06:40	♌
19	木	04:21	♌	~	20	金	19:30	♍
22	日	22:58	♍	~	23	月	06:57	♎
24	火	16:37	♎	~	25	水	16:11	♏
27	金	15:31	♏	~	27	金	23:07	♐
29	日	20:35	♐	~	30	月	04:01	♑

4月

開始日		開始時刻	サイン		終了日		終了時刻	サイン
1	水	01:27	♑	~	1	水	07:09	♒
3	金	08:04	♒	~	3	金	09:01	♓
5	日	03:11	♓	~	5	日	10:32	♈
6	月	13:09	♈	~	7	火	13:03	♉
9	木	09:47	♉	~	9	木	18:02	♊
11	土	17:39	♊	~	12	日	02:34	♋
14	火	07:29	♋	~	14	火	14:16	♌
17	金	00:06	♌	~	17	金	03:08	♍
19	日	05:18	♍	~	19	日	14:36	♎
20	月	01:46	♎	~	21	火	23:16	♏
23	木	20:38	♏	~	24	金	05:15	♐
26	日	00:58	♐	~	26	日	09:27	♑
28	火	04:17	♑	~	28	火	12:44	♒
30	木	02:46	♒	~	30	木	15:38	♓

5月

開始日		開始時刻	サイン		終了日		終了時刻	サイン
2	土	09:59	♓	~	2	土	18:33	♈
4	月	21:10	♈	~	4	月	22:05	♉
7	木	03:07	♉	~	7	木	03:18	♊
9	土	09:15	♊	~	9	土	11:17	♋
11	月	21:55	♋	~	11	月	22:22	♌
14	木	10:35	♌	~	14	木	11:11	♍
16	土	22:20	♍	~	16	土	23:03	♎
19	火	03:58	♎	~	19	火	07:50	♏
21	木	12:37	♏	~	21	木	13:12	♐
23	土	12:00	♐	~	23	土	16:14	♑
25	月	17:25	♑	~	25	月	18:26	♒
27	水	19:52	♒	~	27	水	20:59	♓
29	金	23:13	♓	~	30	土	00:27	♈

6月

開始日		開始時刻	サイン		終了日		終了時刻	サイン
1	月	03:15	♈	~	1	月	05:04	♉
3	水	09:38	♉	~	3	水	11:10	♊
5	金	12:51	♊	~	5	金	19:26	♋
8	月	04:22	♋	~	8	月	06:17	♌
10	水	16:58	♌	~	10	水	19:02	♍
13	土	05:37	♍	~	13	土	07:28	♎
15	月	13:37	♎	~	15	月	17:02	♏
17	水	20:36	♏	~	17	水	22:40	♐
19	金	21:27	♐	~	20	土	01:05	♑
21	日	23:55	♑	~	22	月	02:01	♒
24	水	00:59	♒	~	24	水	03:12	♓
26	金	03:30	♓	~	26	金	05:53	♈
28	日	03:36	♈	~	28	日	10:35	♉
30	火	14:41	♉	~	30	火	17:25	♊

7月

開始日		開始時刻	サイン		終了日		終了時刻	サイン
2	木	19:00	♊	~	3	金	02:21	♋
5	日	10:20	♋	~	5	日	13:26	♌
7	火	22:56	♌	~	8	水	02:12	♍
10	金	11:46	♍	~	10	金	15:03	♎
12	日	19:13	♎	~	13	月	01:41	♏
15	水	05:26	♏	~	15	水	08:26	♐
17	金	06:10	♐	~	17	金	11:20	♑
19	日	08:57	♑	~	19	日	11:45	♒
21	火	08:45	♒	~	21	火	11:37	♓
23	木	12:29	♓	~	23	木	12:43	♈
25	土	11:56	♈	~	25	土	16:19	♉
27	月	19:28	♉	~	27	月	22:53	♊
30	木	04:16	♊	~	30	木	08:14	♋

8月

開始日		開始時刻	サイン		終了日		終了時刻	サイン
1	土	16:10	♋	~	1	土	19:45	♌
4	火	05:32	♌	~	4	火	08:35	♍
6	木	17:45	♍	~	6	木	21:33	♎
9	日	07:13	♎	~	9	日	08:57	♏
11	火	13:43	♏	~	11	火	17:08	♐
13	木	20:54	♐	~	13	木	21:25	♑
15	土	22:28	♑	~	15	土	22:32	♒
17	月	19:04	♒	~	17	月	22:02	♓
19	水	18:50	♓	~	19	水	21:51	♈
21	金	20:18	♈	~	21	金	23:46	♉
24	月	01:42	♉	~	24	月	05:04	♊
26	水	08:25	♊	~	26	水	13:59	♋
28	金	22:01	♋	~	29	土	01:39	♌
31	月	11:00	♌	~	31	月	14:36	♍

9月

開始日		開始時刻	サイン		終了日		終了時刻	サイン
2	水	23:56	♍	~	3	木	03:26	♎
5	土	11:18	♎	~	5	土	14:55	♏
7	月	20:53	♏	~	7	月	23:59	♐
10	木	00:17	♐	~	10	木	05:52	♑
12	土	05:56	♑	~	12	土	08:34	♒
14	月	06:28	♒	~	14	月	08:58	♓
16	水	06:09	♓	~	16	水	08:36	♈
16	水	21:39	♈	~	18	金	09:21	♉
20	日	10:28	♉	~	20	日	13:02	♊
22	火	18:42	♊	~	22	火	20:41	♋
25	金	05:14	♋	~	25	金	07:55	♌
27	日	18:18	♌	~	27	日	20:54	♍
30	水	07:08	♍	~	30	水	09:34	♎

10月

開始日		開始時刻	サイン		終了日		終了時刻	サイン
1	木	03:35	♎	~	2	金	20:36	♏
5	月	03:31	♏	~	5	月	05:32	♐
7	水	10:05	♐	~	7	水	12:11	♑
9	金	14:49	♑	~	9	金	16:26	♒
11	日	17:03	♒	~	11	日	18:31	♓
13	火	17:52	♓	~	13	火	19:13	♈
15	木	05:21	♈	~	15	木	20:00	♉
17	土	21:30	♉	~	17	土	22:44	♊
20	火	04:11	♊	~	20	火	04:59	♋
22	木	14:07	♋	~	22	木	15:13	♌
25	日	03:01	♌	~	25	日	03:58	♍
27	火	15:52	♍	~	27	火	16:38	♎
28	水	13:55	♎	~	30	金	03:15	♏

11月

開始日		開始時刻	サイン		終了日		終了時刻	サイン
1	日	11:01	♏	~	1	日	11:25	♐
3	火	15:18	♐	~	3	火	17:33	♑
5	木	22:06	♑	~	5	木	22:11	♒
7	土	09:39	♒	~	8	日	01:33	♓
10	火	02:04	♓	~	10	火	03:52	♈
11	水	02:19	♈	~	12	木	05:51	♉
14	土	07:08	♉	~	14	土	08:49	♊
16	月	12:43	♊	~	16	月	14:24	♋
18	水	21:56	♋	~	18	水	23:36	♌
21	土	08:13	♌	~	21	土	11:50	♍
23	月	23:11	♍	~	24	火	00:40	♎
25	水	21:48	♎	~	26	木	11:25	♏
28	土	17:54	♏	~	28	土	19:03	♐
30	月	23:04	♐	~	1	火	00:06	♑

12月

開始日		開始時刻	サイン		終了日		終了時刻	サイン
3	木	02:48	♑	~	3	木	03:45	♒
5	土	04:54	♒	~	5	土	06:56	♓
7	月	09:13	♓	~	7	月	10:04	♈
8	火	12:46	♈	~	9	水	13:25	♉
11	金	16:48	♉	~	11	金	17:34	♊
13	日	22:47	♊	~	13	日	23:33	♋
16	水	07:37	♋	~	16	水	08:22	♌
18	金	11:29	♌	~	18	金	20:05	♍
21	月	08:20	♍	~	21	月	09:02	♎
22	火	11:44	♎	~	23	水	20:28	♏
26	土	03:54	♏	~	26	土	04:28	♐
28	月	08:30	♐	~	28	月	09:02	♑
30	水	10:54	♑	~	30	水	11:24	♒

1971年【ボイドタイム】

1月

開始日		開始時刻	サイン		終了日		終了時刻	サイン
1	金	09:07	♒	～	1	金	13:08	♓
3	日	15:03	♓	～	3	日	15:27	♈
5	火	16:19	♈	～	5	火	19:01	♉
7	木	23:35	♉	～	8	金	00:09	♊
10	日	06:34	♊	～	10	日	07:09	♋
12	火	15:46	♋	～	12	火	16:25	♌
14	木	16:52	♌	～	15	金	03:58	♍
17	日	16:09	♍	～	17	日	16:54	♎
20	水	03:08	♎	～	20	水	05:04	♏
22	金	13:30	♏	～	22	金	14:16	♐
24	日	18:48	♐	～	24	日	19:33	♑
26	火	20:51	♑	～	26	火	21:37	♒
28	木	06:57	♒	～	28	木	22:02	♓
30	土	21:45	♓	～	30	土	22:37	♈

2月

開始日		開始時刻	サイン		終了日		終了時刻	サイン
1	月	16:50	♈	～	2	火	00:49	♉
4	木	04:31	♉	～	4	木	05:35	♊
6	土	11:55	♊	～	6	土	13:07	♋
8	月	21:47	♋	～	8	月	23:07	♌
10	水	16:41	♌	～	11	木	10:58	♍
13	土	22:16	♍	～	13	土	23:51	♎
16	火	05:23	♎	～	16	火	12:22	♏
18	木	21:13	♏	～	18	木	22:46	♐
21	日	03:58	♐	～	21	日	05:37	♑
23	火	07:05	♑	～	23	火	08:44	♒
25	木	04:54	♒	～	25	木	09:06	♓
27	土	06:47	♓	～	27	土	08:30	♈

3月

開始日		開始時刻	サイン		終了日		終了時刻	サイン
1	月	02:28	♈	～	1	月	08:55	♉
3	水	09:56	♉	～	3	水	12:02	♊
5	金	16:26	♊	～	5	金	18:48	♋
8	月	02:20	♋	～	8	月	04:56	♌
10	水	14:28	♌	～	10	水	17:11	♍
13	土	03:10	♍	～	13	土	06:06	♎
14	日	07:03	♎	～	15	月	18:32	♏
18	木	02:21	♏	～	18	木	05:24	♐
20	土	11:30	♐	～	20	土	13:38	♑
22	月	15:34	♑	～	22	月	18:29	♒
24	水	09:24	♒	～	24	水	20:08	♓
26	金	16:54	♓	～	26	金	19:46	♈
28	日	16:51	♈	～	28	日	19:16	♉
30	火	17:27	♉	～	30	火	20:44	♊

4月

開始日		開始時刻	サイン		終了日		終了時刻	サイン
1	木	22:12	♊	～	2	金	01:51	♋
4	日	07:05	♋	～	4	日	11:06	♌
6	火	04:32	♌	～	6	火	23:17	♍
9	金	07:52	♍	～	9	金	12:17	♎
11	日	05:10	♎	～	12	月	00:28	♏
14	水	06:38	♏	～	14	水	11:04	♐
16	金	15:17	♐	～	16	金	19:39	♑
18	日	21:58	♑	～	19	月	01:46	♒
21	水	02:58	♒	～	21	水	05:08	♓
23	金	04:30	♓	～	23	金	06:09	♈
24	土	23:51	♈	～	25	日	06:07	♉
27	火	02:41	♉	～	27	火	06:59	♊
29	木	06:03	♊	～	29	木	10:44	♋

5月

開始日		開始時刻	サイン		終了日		終了時刻	サイン
1	土	15:58	♋	～	1	土	18:35	♌
3	月	18:11	♌	～	4	火	06:04	♍
6	木	13:24	♍	～	6	木	19:00	♎
8	土	19:27	♎	～	9	日	07:04	♏
11	火	11:45	♏	～	11	火	17:08	♐
13	木	19:54	♐	～	14	金	01:10	♑
16	日	05:14	♑	～	16	日	07:20	♒
18	火	10:41	♒	～	18	火	11:40	♓
20	木	11:36	♓	～	20	木	14:12	♈
21	金	06:18	♈	～	22	土	15:32	♉
24	月	12:04	♉	～	24	月	17:02	♊
26	水	15:11	♊	～	26	水	20:27	♋
28	金	22:17	♋	～	29	土	03:17	♌
31	月	09:09	♌	～	31	月	13:49	♍

6月

開始日		開始時刻	サイン		終了日		終了時刻	サイン
2	水	22:23	♍	～	3	木	02:27	♎
4	金	07:04	♎	～	5	土	14:37	♏
7	月	23:54	♏	～	8	火	00:29	♐
10	木	02:17	♐	～	10	木	07:46	♑
12	土	12:45	♑	～	12	土	13:03	♒
14	月	16:06	♒	～	14	月	17:02	♓
16	水	19:38	♓	～	16	水	20:06	♈
18	金	16:38	♈	～	18	金	22:39	♉
20	日	22:30	♉	～	21	月	01:24	♊
23	水	00:15	♊	～	23	水	05:31	♋
25	金	08:17	♋	～	25	金	12:13	♌
27	日	17:35	♌	～	27	日	22:07	♍
30	水	05:21	♍	～	30	水	10:23	♎

7月

開始日		開始時刻	サイン		終了日		終了時刻	サイン
2	金	10:59	♎	～	2	金	22:47	♏
5	月	03:40	♏	～	5	月	08:59	♐
7	水	11:03	♐	～	7	水	16:04	♑
9	金	15:43	♑	～	9	金	20:27	♒
11	日	17:58	♒	～	11	日	23:15	♓
13	火	21:02	♓	～	14	水	01:33	♈
15	木	14:46	♈	～	16	金	04:11	♉
18	日	03:15	♉	～	18	日	07:47	♊
20	火	08:21	♊	～	20	火	12:57	♋
22	木	18:15	♋	～	22	木	20:17	♌
25	日	01:38	♌	～	25	日	06:10	♍
27	火	13:22	♍	～	27	火	18:12	♎
30	金	02:46	♎	～	30	金	06:51	♏

8月

開始日		開始時刻	サイン		終了日		終了時刻	サイン
1	日	13:30	♏	～	1	日	17:50	♐
3	火	21:35	♐	～	4	水	01:33	♑
6	金	02:10	♑	～	6	金	05:47	♒
8	日	02:29	♒	～	8	日	07:35	♓
10	火	05:10	♓	～	10	火	08:27	♈
11	水	13:46	♈	～	12	木	09:56	♉
14	土	09:54	♉	～	14	土	13:11	♊
16	月	15:31	♊	～	16	月	18:50	♋
18	水	23:39	♋	～	19	木	02:58	♌
21	土	08:45	♌	～	21	土	13:19	♍
23	月	22:12	♍	～	24	火	01:23	♎
25	水	04:41	♎	～	26	木	14:09	♏
28	土	23:12	♏	～	29	日	01:57	♐
31	火	09:24	♐	～	31	火	10:55	♑

9月

開始日		開始時刻	サイン		終了日		終了時刻	サイン
2	木	14:06	♑	～	2	木	16:05	♒
4	土	16:22	♒	～	4	土	17:51	♓
6	月	16:39	♓	～	6	月	17:44	♈
8	水	14:24	♈	～	8	水	17:38	♉
10	金	19:08	♉	～	10	金	19:25	♊
12	日	22:47	♊	～	13	月	00:21	♋
15	水	07:09	♋	～	15	水	08:38	♌
16	木	09:05	♌	～	17	金	19:29	♍
20	月	06:37	♍	～	20	月	07:48	♎
21	火	09:54	♎	～	22	水	20:34	♏
25	土	07:57	♏	～	25	土	08:44	♐
27	月	18:19	♐	～	27	月	18:53	♑
30	木	01:16	♑	～	30	木	01:39	♒

10月

開始日		開始時刻	サイン		終了日		終了時刻	サイン
1	金	05:35	♒	～	2	土	04:37	♓
4	月	04:35	♓	～	4	月	04:41	♈
5	火	14:34	♈	～	6	水	03:42	♉
7	木	06:04	♉	～	8	金	03:54	♊
10	日	02:16	♊	～	10	日	07:11	♋
11	月	18:35	♋	～	12	火	14:31	♌
14	木	13:37	♌	～	15	金	01:17	♍
15	金	13:08	♍	～	17	日	13:48	♎
19	火	16:59	♎	～	20	水	02:31	♏
21	木	23:08	♏	～	22	金	14:32	♐
24	日	12:22	♐	～	25	月	01:06	♑
26	火	10:20	♑	～	27	水	09:12	♒
29	金	06:29	♒	～	29	金	13:57	♓
31	日	05:00	♓	～	31	日	15:27	♈

11月

開始日		開始時刻	サイン		終了日		終了時刻	サイン
2	火	11:20	♈	～	2	火	14:56	♉
4	木	12:43	♉	～	4	木	14:28	♊
6	土	16:02	♊	～	6	土	16:15	♋
7	日	20:01	♋	～	8	月	21:57	♌
10	水	05:51	♌	～	11	木	07:45	♍
12	金	22:51	♍	～	13	土	20:06	♎
15	月	05:02	♎	～	16	火	08:50	♏
18	木	10:45	♏	～	18	木	20:30	♐
20	土	08:49	♐	～	21	日	06:37	♑
22	月	14:02	♑	～	23	火	14:53	♒
25	木	12:03	♒	～	25	木	20:48	♓
27	土	20:41	♓	～	28	日	00:04	♈
29	月	20:43	♈	～	30	火	01:09	♉
30	火	23:07	♉	～	2	木	01:26	♊

12月

開始日		開始時刻	サイン		終了日		終了時刻	サイン
3	金	23:52	♊	～	4	土	02:51	♋
5	日	08:29	♋	～	6	月	07:17	♌
8	水	08:10	♌	～	8	水	15:41	♍
10	金	14:37	♍	～	11	土	03:20	♎
12	日	21:13	♎	～	13	月	16:02	♏
15	水	13:11	♏	～	16	木	03:38	♐
18	土	04:03	♐	～	18	土	13:08	♑
20	月	13:35	♑	～	20	月	20:33	♒
22	水	08:40	♒	～	23	木	02:10	♓
25	土	04:00	♓	～	25	土	06:10	♈
26	日	17:50	♈	～	27	月	08:46	♉
27	月	17:08	♉	～	29	水	10:39	♊
30	木	23:31	♊	～	31	金	13:02	♋

1972年【ボイドタイム】

1月

開始日	開始時刻	サイン		終了日	終了時刻	サイン
1 土	20:16	♋	～	2 日	17:22	♌
4 火	11:39	♌	～	5 水	00:51	♍
6 木	22:45	♍	～	7 金	11:34	♎
9 日	17:38	♎	～	10 月	00:04	♏
12 水	11:48	♏	～	12 水	11:58	♐
14 金	16:05	♐	～	14 金	21:27	♑
17 月	03:40	♑	～	17 月	04:04	♒
19 水	07:59	♒	～	19 水	08:29	♓
21 金	11:02	♓	～	21 金	11:36	♈
23 日	09:20	♈	～	23 日	14:18	♉
25 火	16:34	♉	～	25 火	17:14	♊
27 木	17:27	♊	～	27 木	21:02	♋
30 日	01:36	♋	～	30 日	02:22	♌

2月

開始日	開始時刻	サイン		終了日	終了時刻	サイン
1 火	09:07	♌	～	1 火	09:56	♍
3 木	19:17	♍	～	3 木	20:07	♎
6 日	07:58	♎	～	6 日	08:18	♏
8 火	19:54	♏	～	8 火	20:38	♐
10 木	12:45	♐	～	11 金	06:51	♑
13 日	13:07	♑	～	13 日	13:37	♒
15 火	16:49	♒	～	15 火	17:12	♓
17 木	18:35	♓	～	17 木	18:51	♈
19 土	20:02	♈	～	19 土	20:12	♉
20 日	06:23	♉	～	21 月	22:36	♊
23 水	05:32	♊	～	24 木	02:53	♋
25 金	10:57	♋	～	26 土	09:15	♌
27 日	22:59	♌	～	28 月	17:40	♍

3月

開始日	開始時刻	サイン		終了日	終了時刻	サイン
1 水	11:39	♍	～	2 木	04:01	♎
4 土	08:45	♎	～	4 土	16:01	♏
6 月	00:04	♏	～	7 火	04:37	♐
8 水	16:05	♐	～	9 木	15:50	♑
11 土	06:16	♑	～	11 土	23:43	♒
13 月	12:05	♒	～	14 火	03:40	♓
15 水	20:34	♓	～	16 木	04:38	♈
17 金	07:56	♈	～	18 土	04:28	♉
20 月	04:01	♉	～	20 月	05:13	♊
21 火	09:48	♊	～	22 水	08:27	♋
24 金	11:00	♋	～	24 金	14:47	♌
26 日	23:02	♌	～	26 日	23:48	♍
28 火	21:37	♍	～	29 水	10:42	♎
30 木	19:47	♎	～	31 金	22:49	♏

4月

開始日	開始時刻	サイン		終了日	終了時刻	サイン
3 月	09:33	♏	～	3 月	11:28	♐
4 火	20:19	♐	～	5 水	23:21	♑
7 金	08:44	♑	～	8 土	08:38	♒
9 日	20:06	♒	～	10 月	13:58	♓
11 火	06:07	♓	～	12 水	15:33	♈
14 金	05:31	♈	～	14 金	14:55	♉
15 土	03:41	♉	～	16 日	14:17	♊
18 火	15:43	♊	～	18 火	15:47	♋
20 木	20:38	♋	～	20 木	20:47	♌
22 土	03:55	♌	～	23 日	05:25	♍
25 火	16:12	♍	～	25 火	16:35	♎
27 木	10:49	♎	～	28 金	04:56	♏
30 日	16:56	♏	～	30 日	17:31	♐

5月

開始日	開始時刻	サイン		終了日	終了時刻	サイン
3 水	04:49	♐	～	3 水	05:29	♑
5 金	14:53	♑	～	5 金	15:36	♒
7 日	19:19	♒	～	7 日	22:28	♓
10 水	00:51	♓	～	10 水	01:35	♈
12 金	00:53	♈	～	12 金	01:48	♉
14 日	00:09	♉	～	14 日	00:58	♊
16 火	00:23	♊	～	16 火	01:17	♋
18 木	03:38	♋	～	18 木	04:38	♌
20 土	10:16	♌	～	20 土	11:57	♍
22 月	21:24	♍	～	22 月	22:37	♎
24 水	03:47	♎	～	25 木	11:01	♏
27 土	22:15	♏	～	27 土	23:34	♐
30 火	09:54	♐	～	30 火	11:13	♑

6月

開始日	開始時刻	サイン		終了日	終了時刻	サイン
1 木	19:58	♑	～	1 木	21:16	♒
3 土	00:12	♒	～	4 日	04:53	♓
6 火	08:17	♓	～	6 火	09:28	♈
7 水	18:39	♈	～	8 木	11:15	♉
10 土	10:18	♉	～	10 土	11:25	♊
12 月	11:42	♊	～	12 月	11:45	♋
14 水	12:58	♋	～	14 水	14:10	♌
16 金	15:09	♌	～	16 金	20:04	♍
19 月	04:20	♍	～	19 月	05:39	♎
21 水	07:49	♎	～	21 水	17:43	♏
24 土	04:58	♏	～	24 土	06:15	♐
26 月	16:25	♐	～	26 月	17:37	♑
29 木	01:56	♑	～	29 木	03:03	♒
30 金	15:45	♒	～	1 土	10:19	♓

7月

開始日	開始時刻	サイン		終了日	終了時刻	サイン
3 月	14:26	♓	～	3 月	15:23	♈
4 火	23:17	♈	～	5 水	18:25	♉
7 金	19:18	♉	～	7 金	20:05	♊
9 日	20:45	♊	～	9 日	21:30	♋
11 火	23:23	♋	～	12 水	00:06	♌
13 木	08:29	♌	～	14 金	05:17	♍
16 日	13:11	♍	～	16 日	13:49	♎
18 火	16:45	♎	～	19 水	01:16	♏
21 金	13:19	♏	～	21 金	13:47	♐
24 月	00:50	♐	～	24 月	01:11	♑
26 水	09:54	♑	～	26 水	10:08	♒
28 金	15:55	♒	～	28 金	16:30	♓
30 日	20:00	♓	～	30 日	20:51	♈

8月

開始日	開始時刻	サイン		終了日	終了時刻	サイン
1 火	22:52	♈	～	1 火	23:58	♉
3 木	13:54	♉	～	4 金	02:34	♊
6 日	05:00	♊	～	6 日	05:18	♋
7 月	07:07	♋	～	8 火	08:57	♌
10 木	12:16	♌	～	10 木	14:23	♍
12 土	20:03	♍	～	12 土	22:28	♎
15 火	09:17	♎	～	15 火	09:20	♏
17 木	10:09	♏	～	17 木	21:50	♐
20 日	06:45	♐	～	20 日	09:38	♑
21 月	15:57	♑	～	22 火	18:44	♒
24 木	21:50	♒	～	25 金	00:29	♓
27 日	01:08	♓	～	27 日	03:41	♈
29 火	03:13	♈	～	29 火	05:43	♉
30 水	17:13	♉	～	31 木	07:56	♊

9月

開始日	開始時刻	サイン		終了日	終了時刻	サイン
2 土	08:44	♊	～	2 土	11:12	♋
4 月	08:36	♋	～	4 月	15:54	♌
6 水	19:53	♌	～	6 水	22:16	♍
9 土	04:20	♍	～	9 土	06:37	♎
11 月	15:08	♎	～	11 月	17:16	♏
13 水	10:08	♏	～	14 木	05:43	♐
16 土	16:36	♐	～	16 土	18:08	♑
18 月	19:50	♑	～	19 火	04:05	♒
21 木	09:25	♒	～	21 木	10:10	♓
23 土	12:21	♓	～	23 土	12:45	♈
25 月	13:22	♈	～	25 月	13:28	♉
27 水	10:04	♉	～	27 水	14:15	♊
29 金	14:43	♊	～	29 金	16:39	♋

10月

開始日	開始時刻	サイン		終了日	終了時刻	サイン
1 日	00:00	♋	～	1 日	21:26	♌
4 水	00:53	♌	～	4 水	04:31	♍
5 木	19:29	♍	～	6 金	13:35	♎
8 日	21:32	♎	～	9 月	00:28	♏
9 月	08:47	♏	～	11 水	12:53	♐
13 金	06:32	♐	～	14 土	01:45	♑
15 日	21:54	♑	～	16 月	12:52	♒
18 水	10:54	♒	～	18 水	20:13	♓
20 金	07:16	♓	～	20 金	23:23	♈
22 日	22:25	♈	～	22 日	23:38	♉
24 火	10:02	♉	～	24 火	23:03	♊
26 木	14:29	♊	～	26 木	23:45	♋
28 土	22:16	♋	～	29 日	03:15	♌
30 月	15:14	♌	～	31 火	10:00	♍

11月

開始日	開始時刻	サイン		終了日	終了時刻	サイン
1 水	23:39	♍	～	2 木	19:28	♎
4 土	15:26	♎	～	5 日	06:47	♏
6 月	10:21	♏	～	7 火	19:17	♐
9 木	23:44	♐	～	10 金	08:12	♑
12 日	15:17	♑	～	12 日	20:03	♒
15 水	03:32	♒	～	15 水	04:57	♓
17 金	00:08	♓	～	17 金	09:45	♈
18 土	23:08	♈	～	19 日	10:53	♉
21 火	08:06	♉	～	21 火	10:06	♊
23 木	06:12	♊	～	23 木	09:31	♋
24 金	20:25	♋	～	25 土	11:12	♌
27 月	00:44	♌	～	27 月	16:25	♍
30 木	00:29	♍	～	30 木	01:16	♎

12月

開始日	開始時刻	サイン		終了日	終了時刻	サイン
1 金	19:56	♎	～	2 土	12:43	♏
4 月	18:03	♏	～	5 火	01:23	♐
6 水	21:40	♐	～	7 木	14:07	♑
9 土	20:44	♑	～	10 日	01:54	♒
12 火	10:01	♒	～	12 火	11:33	♓
14 木	07:20	♓	～	14 木	18:00	♈
16 土	11:26	♈	～	16 土	21:00	♉
18 月	20:51	♉	～	18 月	21:25	♊
20 水	18:45	♊	～	20 水	20:57	♋
22 金	11:59	♋	～	22 金	21:35	♌
24 日	17:27	♌	～	25 月	01:03	♍
27 水	03:18	♍	～	27 水	08:22	♎
29 金	04:31	♎	～	29 金	19:11	♏
31 日	06:35	♏	～	1 月	07:52	♐

1973年【ボイドタイム】

1月

開始日		開始時刻	サイン		終了日		終了時刻	サイン
3	水	16:36	♐	~	3	水	20:31	♑
5	金	17:48	♑	~	6	土	07:48	♒
8	月	08:01	♒	~	8	月	17:03	♓
10	水	21:02	♓	~	10	水	23:58	♈
12	金	16:18	♈	~	13	土	04:25	♉
14	日	21:06	♉	~	15	月	06:42	♊
16	火	20:17	♊	~	17	水	07:39	♋
19	金	06:28	♋	~	19	金	08:41	♌
20	土	23:23	♌	~	21	日	11:24	♍
23	火	16:13	♍	~	23	火	17:17	♎
25	木	14:01	♎	~	26	金	02:53	♏
28	日	03:06	♏	~	28	日	15:11	♐
30	火	13:56	♐	~	31	水	03:55	♑

2月

開始日		開始時刻	サイン		終了日		終了時刻	サイン
2	金	08:07	♑	~	2	金	14:56	♒
4	日	12:59	♒	~	4	日	23:23	♓
6	火	22:54	♓	~	7	水	05:29	♈
9	金	07:06	♈	~	9	金	09:54	♉
11	日	08:34	♉	~	11	日	13:11	♊
13	火	05:40	♊	~	13	火	15:45	♋
15	木	15:13	♋	~	15	木	18:13	♌
17	土	19:07	♌	~	17	土	21:32	♍
20	火	01:30	♍	~	20	火	02:59	♎
22	木	11:02	♎	~	22	木	11:36	♏
24	土	11:26	♏	~	24	土	23:15	♐
27	火	07:24	♐	~	27	火	12:04	♑

3月

開始日		開始時刻	サイン		終了日		終了時刻	サイン
1	木	19:11	♑	~	1	木	23:23	♒
3	土	17:49	♒	~	4	日	07:32	♓
6	火	09:53	♓	~	6	火	12:38	♈
8	木	02:56	♈	~	8	木	15:51	♉
10	土	12:21	♉	~	10	土	18:31	♊
12	月	12:26	♊	~	12	月	21:30	♋
14	水	13:49	♋	~	15	木	01:08	♌
16	金	15:43	♌	~	17	土	05:43	♍
19	月	08:33	♍	~	19	月	11:49	♎
21	水	12:27	♎	~	21	水	20:16	♏
24	土	04:51	♏	~	24	土	07:27	♐
26	月	03:26	♐	~	26	月	20:16	♑
28	水	15:42	♑	~	29	木	08:13	♒
31	土	01:17	♒	~	31	土	16:56	♓

4月

開始日		開始時刻	サイン		終了日		終了時刻	サイン
1	日	21:56	♓	~	2	月	21:49	♈
4	水	09:39	♈	~	4	水	23:59	♉
6	金	06:53	♉	~	7	土	01:12	♊
8	日	12:14	♊	~	9	月	03:05	♋
10	火	17:50	♋	~	11	水	06:32	♌
12	木	23:41	♌	~	13	金	11:47	♍
15	日	15:07	♍	~	15	日	18:51	♎
18	水	03:09	♎	~	18	水	03:52	♏
19	木	12:09	♏	~	20	金	15:02	♐
22	日	08:37	♐	~	23	月	03:50	♑
24	火	21:17	♑	~	25	水	16:22	♒
27	金	11:26	♒	~	28	土	02:10	♓
29	日	11:22	♓	~	30	月	07:54	♈

5月

開始日		開始時刻	サイン		終了日		終了時刻	サイン
2	水	02:35	♈	~	2	水	10:02	♉
4	金	05:23	♉	~	4	金	10:16	♊
6	日	10:23	♊	~	6	日	10:36	♋
8	火	02:56	♋	~	8	火	12:37	♌
10	木	12:17	♌	~	10	木	17:13	♍
12	土	07:49	♍	~	13	日	00:31	♎
14	月	14:45	♎	~	15	火	10:10	♏
17	木	13:58	♏	~	17	木	21:42	♐
19	土	15:27	♐	~	20	日	10:31	♑
22	火	02:05	♑	~	22	火	23:18	♒
24	木	17:18	♒	~	25	金	10:06	♓
27	日	02:10	♓	~	27	日	17:15	♈
29	火	06:54	♈	~	29	火	20:28	♉
30	水	21:54	♉	~	31	木	20:53	♊

6月

開始日		開始時刻	サイン		終了日		終了時刻	サイン
2	土	14:28	♊	~	2	土	20:21	♋
4	月	03:05	♋	~	4	月	20:50	♌
6	水	11:30	♌	~	6	水	23:52	♍
8	金	17:38	♍	~	9	土	06:16	♎
11	月	03:10	♎	~	11	月	15:52	♏
13	水	17:39	♏	~	14	木	03:43	♐
16	土	10:07	♐	~	16	土	16:37	♑
19	火	02:29	♑	~	19	火	05:20	♒
21	木	16:01	♒	~	21	木	16:29	♓
23	土	19:08	♓	~	24	日	00:49	♈
26	火	03:45	♈	~	26	火	05:38	♉
28	木	02:02	♉	~	28	木	07:18	♊
30	土	00:45	♊	~	30	土	07:09	♋

7月

開始日		開始時刻	サイン		終了日		終了時刻	サイン
1	日	13:11	♋	~	2	月	06:56	♌
4	水	02:33	♌	~	4	水	08:31	♍
6	金	07:30	♍	~	6	金	13:24	♎
8	日	16:23	♎	~	8	日	22:06	♏
10	火	08:50	♏	~	11	水	09:48	♐
13	金	18:05	♐	~	13	金	22:46	♑
15	日	20:56	♑	~	16	月	11:15	♒
18	水	18:52	♒	~	18	水	22:08	♓
21	土	04:08	♓	~	21	土	06:44	♈
23	月	10:41	♈	~	23	月	12:41	♉
25	水	06:46	♉	~	25	水	15:59	♊
27	金	16:08	♊	~	27	金	17:11	♋
29	日	06:18	♋	~	29	日	17:30	♌
31	火	18:17	♌	~	31	火	18:35	♍

8月

開始日		開始時刻	サイン		終了日		終了時刻	サイン
2	木	10:01	♍	~	2	木	22:13	♎
4	土	22:30	♎	~	5	日	05:36	♏
7	火	07:33	♏	~	7	火	16:37	♐
10	金	02:53	♐	~	10	金	05:30	♑
12	日	17:38	♑	~	12	日	17:53	♒
14	火	11:16	♒	~	15	水	04:15	♓
17	金	07:38	♓	~	17	金	12:16	♈
19	日	11:03	♈	~	19	日	18:14	♉
21	火	19:22	♉	~	21	火	22:27	♊
23	木	08:53	♊	~	24	金	01:08	♋
25	土	10:58	♋	~	26	日	02:50	♌
28	火	01:22	♌	~	28	火	04:34	♍
28	火	14:12	♍	~	30	木	07:53	♎
31	金	21:02	♎	~	1	土	14:18	♏

9月

開始日		開始時刻	サイン		終了日		終了時刻	サイン
2	日	08:01	♏	~	4	火	00:25	♐
5	水	18:38	♐	~	6	木	13:02	♑
8	土	13:19	♑	~	9	日	01:31	♒
11	火	06:07	♒	~	11	火	11:41	♓
13	木	17:59	♓	~	13	木	18:57	♈
15	土	09:05	♈	~	16	日	00:00	♉
17	月	18:03	♉	~	18	火	03:48	♊
20	木	01:10	♊	~	20	木	07:02	♋
22	土	07:54	♋	~	22	土	09:57	♌
23	日	23:17	♌	~	24	月	12:59	♍
25	火	12:34	♍	~	26	水	17:01	♎
28	金	10:29	♎	~	28	金	23:19	♏
30	日	12:15	♏	~	1	月	08:48	♐

10月

開始日		開始時刻	サイン		終了日		終了時刻	サイン
3	水	05:55	♐	~	3	水	21:03	♑
6	土	01:28	♑	~	6	土	09:49	♒
8	月	18:20	♒	~	8	月	20:24	♓
9	火	12:25	♓	~	11	木	03:29	♈
12	金	19:53	♈	~	13	土	07:37	♉
14	日	08:07	♉	~	15	月	10:09	♊
17	水	01:23	♊	~	17	水	12:29	♋
19	金	07:32	♋	~	19	金	15:25	♌
21	日	15:18	♌	~	21	日	19:19	♍
23	火	12:59	♍	~	24	水	00:29	♎
25	木	20:13	♎	~	26	金	07:28	♏
28	日	09:34	♏	~	28	日	16:58	♐
31	水	04:24	♐	~	31	水	04:58	♑

11月

開始日		開始時刻	サイン		終了日		終了時刻	サイン
2	金	15:55	♑	~	2	金	17:59	♒
5	月	03:39	♒	~	5	月	05:27	♓
7	水	00:02	♓	~	7	水	13:20	♈
9	金	12:42	♈	~	9	金	17:26	♉
10	土	23:26	♉	~	11	日	19:00	♊
13	火	13:55	♊	~	13	火	19:47	♋
15	木	14:47	♋	~	15	木	21:20	♌
17	土	17:23	♌	~	18	日	00:42	♍
20	火	01:08	♍	~	20	火	06:16	♎
22	木	05:46	♎	~	22	木	14:07	♏
24	土	00:31	♏	~	25	日	00:11	♐
27	火	03:51	♐	~	27	火	12:13	♑
29	木	17:08	♑	~	30	金	01:18	♒

12月

開始日		開始時刻	サイン		終了日		終了時刻	サイン
2	日	05:53	♒	~	2	日	13:33	♓
4	火	17:44	♓	~	4	火	22:51	♈
7	金	02:37	♈	~	7	金	04:09	♉
9	日	05:54	♉	~	9	日	05:58	♊
11	火	00:34	♊	~	11	火	05:52	♋
13	木	00:58	♋	~	13	木	05:45	♌
15	土	03:04	♌	~	15	土	07:21	♍
17	月	02:12	♍	~	17	月	11:54	♎
19	水	17:01	♎	~	19	水	19:44	♏
20	木	18:48	♏	~	22	土	06:20	♐
24	月	12:46	♐	~	24	月	18:42	♑
27	木	01:57	♑	~	27	木	07:43	♒
29	土	14:41	♒	~	29	土	20:10	♓
30	日	12:35	♓	~	1	火	06:35	♈

1974年【ボイドタイム】

1月

開始日		開始時刻	サイン		終了日		終了時刻	サイン
3	木	08:59	♈	~	3	木	13:38	♉
4	金	15:58	♉	~	5	土	17:00	♊
7	月	13:29	♊	~	7	月	17:29	♋
9	水	12:49	♋	~	9	水	16:43	♌
11	金	16:16	♌	~	11	金	16:42	♍
13	日	18:37	♍	~	13	日	19:22	♎
16	水	00:48	♎	~	16	水	01:55	♏
18	金	07:04	♏	~	18	金	12:13	♐
20	日	22:56	♐	~	21	月	00:48	♑
23	水	09:15	♑	~	23	水	13:50	♒
25	金	23:36	♒	~	26	土	02:01	♓
28	月	09:56	♓	~	28	月	12:32	♈
30	水	20:04	♈	~	30	水	20:42	♉

2月

開始日		開始時刻	サイン		終了日		終了時刻	サイン
1	金	23:28	♉	~	2	土	01:54	♊
4	月	01:21	♊	~	4	月	04:06	♋
6	水	00:39	♋	~	6	水	04:12	♌
8	金	00:55	♌	~	8	金	03:52	♍
10	日	01:56	♍	~	10	日	05:11	♎
12	火	06:21	♎	~	12	火	09:58	♏
14	木	10:49	♏	~	14	木	19:02	♐
17	日	02:59	♐	~	17	日	07:16	♑
19	火	15:32	♑	~	19	火	20:21	♒
22	金	03:57	♒	~	22	金	08:16	♓
24	日	14:53	♓	~	24	日	18:13	♈
27	水	00:27	♈	~	27	水	02:12	♉

3月

開始日		開始時刻	サイン		終了日		終了時刻	サイン
1	金	04:59	♉	~	1	金	08:11	♊
3	日	11:31	♊	~	3	日	12:00	♋
5	火	09:26	♋	~	5	火	13:49	♌
7	木	14:04	♌	~	7	木	14:34	♍
9	土	12:17	♍	~	9	土	15:52	♎
11	月	15:55	♎	~	11	月	19:40	♏
13	水	23:06	♏	~	14	木	03:20	♐
16	土	12:35	♐	~	16	土	14:42	♑
18	月	22:44	♑	~	19	火	03:39	♒
21	木	12:02	♒	~	21	木	15:34	♓
23	土	21:51	♓	~	24	日	01:03	♈
26	火	05:16	♈	~	26	火	08:10	♉
27	水	20:20	♉	~	28	木	13:34	♊
30	土	15:18	♊	~	30	土	17:40	♋

4月

開始日		開始時刻	サイン		終了日		終了時刻	サイン
1	月	14:34	♋	~	1	月	20:41	♌
3	水	21:04	♌	~	3	水	22:57	♍
5	金	23:41	♍	~	6	土	01:23	♎
8	月	03:54	♎	~	8	月	05:25	♏
10	水	07:22	♏	~	10	水	12:28	♐
12	金	21:55	♐	~	12	金	22:57	♑
15	月	03:04	♑	~	15	月	11:35	♒
17	水	23:31	♒	~	17	水	23:45	♓
20	土	08:57	♓	~	20	土	09:21	♈
22	月	07:53	♈	~	22	月	15:54	♉
23	火	22:55	♉	~	24	水	20:11	♊
26	金	17:10	♊	~	26	金	23:18	♋
28	日	17:59	♋	~	29	月	02:04	♌
30	火	20:43	♌	~	1	水	05:01	♍

5月

開始日		開始時刻	サイン		終了日		終了時刻	サイン
3	金	04:45	♍	~	3	金	08:40	♎
5	日	04:40	♎	~	5	日	13:44	♏
6	月	22:20	♏	~	7	火	21:06	♐
9	木	20:57	♐	~	10	金	07:16	♑
12	日	08:49	♑	~	12	日	19:35	♒
14	火	21:16	♒	~	15	水	08:04	♓
17	金	10:19	♓	~	17	金	18:20	♈
19	日	15:16	♈	~	20	月	01:11	♉
21	火	09:14	♉	~	22	水	04:55	♊
23	木	21:22	♊	~	24	金	06:46	♋
25	土	22:40	♋	~	26	日	08:13	♌
28	火	07:11	♌	~	28	火	10:26	♍
30	木	03:16	♍	~	30	木	14:17	♎

6月

開始日		開始時刻	サイン		終了日		終了時刻	サイン
1	土	11:19	♎	~	1	土	20:11	♏
3	月	21:57	♏	~	4	火	04:22	♐
6	木	02:51	♐	~	6	木	14:49	♑
9	日	02:39	♑	~	9	日	03:03	♒
11	火	03:20	♒	~	11	火	15:44	♓
13	木	10:45	♓	~	14	金	02:53	♈
16	日	00:08	♈	~	16	日	10:47	♉
17	月	22:04	♉	~	18	火	15:00	♊
20	木	13:55	♊	~	20	木	16:22	♋
22	土	08:57	♋	~	22	土	16:30	♌
24	月	13:42	♌	~	24	月	17:12	♍
25	火	22:41	♍	~	26	水	19:58	♎
28	金	14:04	♎	~	29	土	01:41	♏
30	日	10:55	♏	~	1	月	10:21	♐

7月

開始日		開始時刻	サイン		終了日		終了時刻	サイン
3	水	08:42	♐	~	3	水	21:20	♑
5	金	20:52	♑	~	6	土	09:42	♒
8	月	09:39	♒	~	8	月	22:26	♓
10	水	10:12	♓	~	11	木	10:11	♈
13	土	07:38	♈	~	13	土	19:22	♉
15	月	11:24	♉	~	16	火	00:55	♊
17	水	19:37	♊	~	18	木	02:57	♋
19	金	21:06	♋	~	20	土	02:44	♌
21	日	20:03	♌	~	22	月	02:10	♍
23	火	06:29	♍	~	24	水	03:19	♎
26	金	05:48	♎	~	26	金	07:46	♏
27	土	15:39	♏	~	28	日	16:00	♐
30	火	15:11	♐	~	31	水	03:11	♑

8月

開始日		開始時刻	サイン		終了日		終了時刻	サイン
2	金	03:45	♑	~	2	金	15:47	♒
4	日	16:37	♒	~	5	月	04:27	♓
6	火	19:41	♓	~	7	水	16:16	♈
9	金	15:22	♈	~	10	土	02:13	♉
12	月	02:07	♉	~	12	月	09:16	♊
14	水	03:30	♊	~	14	水	12:49	♋
16	金	04:42	♋	~	16	金	13:27	♌
18	日	04:43	♌	~	18	日	12:43	♍
19	月	12:42	♍	~	20	火	12:45	♎
22	木	13:21	♎	~	22	木	15:38	♏
23	金	22:15	♏	~	24	土	22:35	♐
26	月	23:11	♐	~	27	火	09:16	♑
29	木	11:52	♑	~	29	木	21:53	♒

9月

開始日		開始時刻	サイン		終了日		終了時刻	サイン
1	日	00:49	♒	~	1	日	10:30	♓
3	火	11:58	♓	~	3	火	21:59	♈
6	金	01:22	♈	~	6	金	07:51	♉
8	日	15:12	♉	~	8	日	15:37	♊
10	火	17:57	♊	~	10	火	20:40	♋
12	木	22:39	♋	~	12	木	22:55	♌
14	土	16:37	♌	~	14	土	23:13	♍
16	月	11:45	♍	~	16	月	23:17	♎
18	水	18:34	♎	~	19	木	01:14	♏
21	土	01:52	♏	~	21	土	06:47	♐
23	月	16:08	♐	~	23	月	16:22	♑
25	水	22:59	♑	~	26	木	04:39	♒
28	土	10:33	♒	~	28	土	17:15	♓
30	月	23:35	♓	~	1	火	04:26	♈

10月

開始日		開始時刻	サイン		終了日		終了時刻	サイン
3	木	07:56	♈	~	3	木	13:40	♉
4	金	23:31	♉	~	5	土	21:01	♊
7	月	21:39	♊	~	8	火	02:31	♋
10	木	01:36	♋	~	10	木	06:03	♌
12	土	03:49	♌	~	12	土	07:57	♍
13	日	14:26	♍	~	14	月	09:11	♎
16	水	07:34	♎	~	16	水	11:24	♏
17	木	19:58	♏	~	18	金	16:15	♐
20	日	20:57	♐	~	21	月	00:44	♑
23	水	10:53	♑	~	23	水	12:21	♒
25	金	22:20	♒	~	26	土	00:57	♓
27	日	14:32	♓	~	28	月	12:14	♈
30	水	18:32	♈	~	30	水	21:01	♉

11月

開始日		開始時刻	サイン		終了日		終了時刻	サイン
1	金	07:31	♉	~	2	土	03:24	♊
4	月	06:12	♊	~	4	月	08:02	♋
6	水	09:56	♋	~	6	水	11:31	♌
8	金	12:58	♌	~	8	金	14:19	♍
9	土	22:04	♍	~	10	日	16:59	♎
12	火	19:28	♎	~	12	火	20:24	♏
14	木	13:36	♏	~	15	金	01:39	♐
17	日	09:12	♐	~	17	日	09:42	♑
19	火	20:36	♑	~	19	火	20:39	♒
22	金	07:39	♒	~	22	金	09:12	♓
23	土	22:08	♓	~	24	日	21:00	♈
26	火	08:13	♈	~	27	水	06:05	♉
29	金	02:15	♉	~	29	金	11:59	♊
30	土	10:59	♊	~	1	日	15:22	♋

12月

開始日		開始時刻	サイン		終了日		終了時刻	サイン
3	火	08:15	♋	~	3	火	17:32	♌
5	木	12:53	♌	~	5	木	19:41	♍
7	土	18:27	♍	~	7	土	22:43	♎
9	月	18:19	♎	~	10	火	03:14	♏
11	水	10:37	♏	~	12	木	09:35	♐
14	土	01:25	♐	~	14	土	18:04	♑
16	月	03:21	♑	~	17	火	04:49	♒
19	木	10:38	♒	~	19	木	17:13	♓
22	日	04:43	♓	~	22	日	05:36	♈
23	月	14:07	♈	~	24	火	15:45	♉
25	水	22:01	♉	~	26	木	22:16	♊
27	金	20:00	♊	~	29	日	01:16	♋
30	月	11:33	♋	~	31	火	02:05	♌

1975年【ボイドタイム】

1月

開始日	開始時刻	サイン		終了日	終了時刻	サイン
1 水	01:49	♌	~	2 木	02:33	♍
3 金	22:36	♍	~	4 土	04:22	♎
6 月	07:55	♎	~	6 月	08:39	♏
8 水	13:24	♏	~	8 水	15:40	♐
10 金	08:22	♐	~	11 土	00:59	♑
12 日	19:19	♑	~	13 月	12:04	♒
15 水	14:45	♒	~	16 木	00:24	♓
18 土	07:24	♓	~	18 土	13:04	♈
21 火	00:14	♈	~	21 火	00:22	♉
22 水	14:06	♉	~	23 木	08:23	♊
25 土	00:34	♊	~	25 土	12:21	♋
26 日	18:03	♋	~	27 月	13:01	♌
29 水	09:50	♌	~	29 水	12:14	♍
30 木	18:23	♍	~	31 金	12:14	♎

2月

開始日	開始時刻	サイン		終了日	終了時刻	サイン
2 日	06:00	♎	~	2 日	14:54	♏
4 火	09:09	♏	~	4 火	21:11	♐
6 木	14:00	♐	~	7 金	06:43	♑
9 日	00:18	♑	~	9 日	18:17	♒
11 火	14:17	♒	~	12 水	06:46	♓
14 金	03:36	♓	~	14 金	19:23	♈
17 月	02:02	♈	~	17 月	07:10	♉
19 水	06:06	♉	~	19 水	16:35	♊
21 金	17:57	♊	~	21 金	22:19	♋
23 日	15:07	♋	~	24 月	00:14	♌
24 月	18:54	♌	~	25 火	23:38	♍
27 木	18:03	♍	~	27 木	22:39	♎

3月

開始日	開始時刻	サイン		終了日	終了時刻	サイン
1 土	21:23	♎	~	1 土	23:34	♏
3 月	21:27	♏	~	4 火	04:06	♐
6 木	06:40	♐	~	6 木	12:40	♑
8 土	19:10	♑	~	9 日	00:10	♒
10 月	21:32	♒	~	11 火	12:50	♓
13 木	22:49	♓	~	14 金	01:19	♈
16 日	11:53	♈	~	16 日	12:53	♉
18 火	22:39	♉	~	18 火	22:44	♊
21 金	05:04	♊	~	21 金	05:49	♋
22 土	02:53	♋	~	23 日	09:32	♌
24 月	11:28	♌	~	25 火	10:22	♍
26 水	08:24	♍	~	27 木	09:52	♎
28 金	16:08	♎	~	29 土	10:08	♏
30 日	22:04	♏	~	31 月	13:10	♐

4月

開始日	開始時刻	サイン		終了日	終了時刻	サイン
2 水	12:08	♐	~	2 水	20:09	♑
4 金	07:08	♑	~	5 土	06:46	♒
7 月	12:04	♒	~	7 月	19:18	♓
9 水	21:14	♓	~	10 木	07:45	♈
12 土	01:39	♈	~	12 土	18:54	♉
13 日	19:32	♉	~	15 火	04:15	♊
17 木	04:34	♊	~	17 木	11:28	♋
19 土	14:26	♋	~	19 土	16:15	♌
20 日	11:44	♌	~	21 月	18:43	♍
22 火	16:32	♍	~	23 水	19:42	♎
24 木	17:32	♎	~	25 金	20:40	♏
26 土	20:33	♏	~	27 日	23:20	♐
29 火	06:14	♐	~	30 水	05:09	♑

5月

開始日	開始時刻	サイン		終了日	終了時刻	サイン
2 金	14:31	♑	~	2 金	14:34	♒
5 月	02:19	♒	~	5 月	02:35	♓
7 水	08:33	♓	~	7 水	15:03	♈
10 土	01:44	♈	~	10 土	02:04	♉
11 日	20:55	♉	~	12 月	10:45	♊
14 水	16:13	♊	~	14 水	17:08	♋
16 金	20:37	♋	~	16 金	21:39	♌
18 日	23:38	♌	~	19 月	00:46	♍
21 水	02:18	♍	~	21 水	03:06	♎
23 金	04:03	♎	~	23 金	05:26	♏
24 土	08:48	♏	~	25 日	08:52	♐
27 火	12:45	♐	~	27 火	14:31	♑
29 木	21:10	♑	~	29 木	23:10	♒

6月

開始日	開始時刻	サイン		終了日	終了時刻	サイン
1 日	08:19	♒	~	1 日	10:33	♓
3 火	16:27	♓	~	3 火	23:02	♈
6 金	09:26	♈	~	6 金	10:19	♉
7 土	20:03	♉	~	8 日	18:50	♊
10 火	22:01	♊	~	11 水	00:22	♋
13 金	01:24	♋	~	13 金	03:46	♌
15 日	03:47	♌	~	15 日	06:11	♍
16 月	23:58	♍	~	17 火	08:41	♎
19 木	09:23	♎	~	19 木	12:00	♏
20 金	21:37	♏	~	21 土	16:35	♐
23 月	20:03	♐	~	23 月	22:57	♑
26 木	04:29	♑	~	26 木	07:34	♒
28 土	15:20	♒	~	28 土	18:34	♓
30 月	11:50	♓	~	1 火	07:03	♈

7月

開始日	開始時刻	サイン		終了日	終了時刻	サイン
3 木	15:41	♈	~	3 木	18:55	♉
5 土	22:29	♉	~	6 日	03:59	♊
8 火	07:25	♊	~	8 火	09:24	♋
10 木	09:08	♋	~	10 木	11:51	♌
12 土	12:22	♌	~	12 土	12:56	♍
14 月	01:28	♍	~	14 月	14:22	♎
16 水	14:35	♎	~	16 水	17:24	♏
18 金	13:26	♏	~	18 金	22:33	♐
21 月	02:50	♐	~	21 月	05:46	♑
23 水	14:28	♑	~	23 水	14:56	♒
25 金	22:59	♒	~	26 土	01:59	♓
28 月	13:53	♓	~	28 月	14:28	♈
31 木	00:05	♈	~	31 木	02:54	♉

8月

開始日	開始時刻	サイン		終了日	終了時刻	サイン
2 土	03:02	♉	~	2 土	13:03	♊
4 月	17:01	♊	~	4 月	19:18	♋
6 水	19:41	♋	~	6 水	21:44	♌
8 金	19:59	♌	~	8 金	21:54	♍
10 日	17:17	♍	~	10 日	21:51	♎
12 火	21:40	♎	~	12 火	23:31	♏
15 金	03:54	♏	~	15 金	04:00	♐
17 日	09:39	♐	~	17 日	11:26	♑
19 火	19:30	♑	~	19 火	21:10	♒
22 金	07:02	♒	~	22 金	08:33	♓
24 日	15:54	♓	~	24 日	21:03	♈
27 水	08:38	♈	~	27 水	09:45	♉
29 金	17:07	♉	~	29 金	20:54	♊

9月

開始日	開始時刻	サイン		終了日	終了時刻	サイン
1 月	03:58	♊	~	1 月	04:36	♋
3 水	07:43	♋	~	3 水	08:09	♌
5 金	08:14	♌	~	5 金	08:30	♍
7 日	06:00	♍	~	7 日	07:38	♎
9 火	06:25	♎	~	9 火	07:46	♏
11 木	09:37	♏	~	11 木	10:41	♐
13 土	09:35	♐	~	13 土	17:12	♑
16 火	02:34	♑	~	16 火	02:52	♒
18 木	05:21	♒	~	18 木	14:32	♓
20 土	20:50	♓	~	21 日	03:08	♈
23 火	07:26	♈	~	23 火	15:44	♉
25 木	20:18	♉	~	26 金	03:14	♊
28 日	06:59	♊	~	28 日	12:08	♋
30 火	06:52	♋	~	30 火	17:21	♌

10月

開始日	開始時刻	サイン		終了日	終了時刻	サイン
2 木	17:32	♌	~	2 木	19:04	♍
4 土	12:07	♍	~	4 土	18:39	♎
6 月	12:41	♎	~	6 月	18:09	♏
6 月	20:40	♏	~	8 水	19:36	♐
10 金	20:55	♐	~	11 土	00:29	♑
12 日	13:35	♑	~	13 月	09:10	♒
15 水	19:40	♒	~	15 水	20:41	♓
16 木	16:30	♓	~	18 土	09:21	♈
20 月	14:05	♈	~	20 月	21:44	♉
21 火	21:44	♉	~	23 木	08:52	♊
24 金	19:49	♊	~	25 土	17:58	♋
27 月	02:47	♋	~	28 火	00:20	♌
29 水	06:56	♌	~	30 木	03:47	♍
31 金	13:57	♍	~	1 土	04:56	♎

11月

開始日	開始時刻	サイン		終了日	終了時刻	サイン
2 日	19:10	♎	~	3 月	05:08	♏
4 火	21:45	♏	~	5 水	06:11	♐
7 金	04:49	♐	~	7 金	09:46	♑
9 日	16:28	♑	~	9 日	17:00	♒
11 火	03:20	♒	~	12 水	03:43	♓
13 木	21:00	♓	~	14 金	16:18	♈
16 日	00:13	♈	~	17 月	04:38	♉
19 水	07:28	♉	~	19 水	15:15	♊
20 木	20:31	♊	~	21 金	23:37	♋
24 月	01:57	♋	~	24 月	05:49	♌
26 水	09:56	♌	~	26 水	10:05	♍
28 金	11:40	♍	~	28 金	12:48	♎
30 日	12:27	♎	~	30 日	14:37	♏
30 日	22:45	♏	~	2 火	16:34	♐

12月

開始日	開始時刻	サイン		終了日	終了時刻	サイン
4 木	15:14	♐	~	4 木	19:59	♑
7 日	01:29	♑	~	7 日	02:13	♒
9 火	03:15	♒	~	9 火	11:52	♓
11 木	14:46	♓	~	12 金	00:07	♈
14 日	12:34	♈	~	14 日	12:40	♉
15 月	06:45	♉	~	16 火	23:13	♊
18 木	23:39	♊	~	19 金	06:50	♋
20 土	09:53	♋	~	21 日	11:54	♌
22 月	22:57	♌	~	23 火	15:28	♍
25 木	02:41	♍	~	25 木	18:28	♎
27 土	03:58	♎	~	27 土	21:29	♏
29 月	18:26	♏	~	30 火	00:54	♐
31 水	07:33	♐	~	1 木	05:17	♑

1976年【ボイドタイム】

1月

開始日	開始時刻	サイン		終了日	終了時刻	サイン
2 金	09:12	♑	~	3 土	11:33	♒
4 日	18:37	♒	~	5 月	20:36	♓
7 水	04:17	♓	~	8 木	08:22	♈
9 金	21:39	♈	~	10 土	21:10	♉
12 月	15:13	♉	~	13 火	08:20	♊
14 水	15:54	♊	~	15 木	16:01	♋
17 土	19:51	♋	~	17 土	20:16	♌
19 月	07:36	♌	~	19 月	22:26	♍
21 水	23:12	♍	~	22 木	00:11	♎
24 土	01:31	♎	~	24 土	02:49	♏
26 月	05:13	♏	~	26 月	06:52	♐
27 火	15:34	♐	~	28 水	12:25	♑
30 金	17:09	♑	~	30 金	19:35	♒

2月

開始日	開始時刻	サイン		終了日	終了時刻	サイン
1 日	07:47	♒	~	2 月	04:47	♓
4 水	12:55	♓	~	4 水	16:18	♈
7 土	01:25	♈	~	7 土	05:14	♉
9 月	13:14	♉	~	9 月	17:17	♊
11 水	10:13	♊	~	12 木	01:59	♋
14 土	03:23	♋	~	14 土	06:33	♌
16 月	01:43	♌	~	16 月	08:00	♍
18 水	04:29	♍	~	18 水	08:15	♎
20 金	04:37	♎	~	20 金	09:14	♏
22 日	07:15	♏	~	22 日	12:19	♐
24 火	05:32	♐	~	24 火	17:55	♑
26 木	19:50	♑	~	27 金	01:49	♒
29 日	00:16	♒	~	29 日	11:42	♓

3月

開始日	開始時刻	サイン		終了日	終了時刻	サイン
2 火	16:33	♓	~	2 火	23:23	♈
5 金	05:10	♈	~	5 金	12:19	♉
7 日	18:22	♉	~	8 月	00:56	♊
10 水	04:03	♊	~	10 水	10:59	♋
12 金	11:20	♋	~	12 金	16:56	♌
14 日	17:37	♌	~	14 日	18:59	♍
16 火	17:13	♍	~	16 火	18:45	♎
18 木	18:10	♎	~	18 木	18:18	♏
20 土	19:28	♏	~	20 土	19:34	♐
22 月	22:12	♐	~	22 月	23:49	♑
25 木	06:39	♑	~	25 木	07:20	♒
26 金	10:06	♒	~	27 土	17:34	♓
29 月	21:35	♓	~	30 火	05:38	♈

4月

開始日	開始時刻	サイン		終了日	終了時刻	サイン
1 木	10:30	♈	~	1 木	18:35	♉
3 土	23:22	♉	~	4 日	07:16	♊
6 火	12:53	♊	~	6 火	18:07	♋
8 木	18:42	♋	~	9 金	01:37	♌
10 土	13:10	♌	~	11 日	05:17	♍
12 月	23:56	♍	~	13 火	05:55	♎
14 水	23:25	♎	~	15 木	05:15	♏
16 金	23:21	♏	~	17 土	05:16	♐
19 月	05:52	♐	~	19 月	07:44	♑
21 水	07:23	♑	~	21 水	13:48	♒
23 金	08:20	♒	~	23 金	23:28	♓
26 月	05:05	♓	~	26 月	11:37	♈
28 水	18:22	♈	~	29 木	00:38	♉

5月

開始日	開始時刻	サイン		終了日	終了時刻	サイン
1 土	07:13	♉	~	1 土	13:06	♊
2 日	15:37	♊	~	3 月	23:54	♋
6 木	03:20	♋	~	6 木	08:10	♌
7 金	14:17	♌	~	8 土	13:22	♍
10 月	11:50	♍	~	10 月	15:40	♎
12 水	12:34	♎	~	12 水	16:03	♏
14 金	14:02	♏	~	14 金	16:05	♐
15 土	13:22	♐	~	16 日	17:32	♑
18 火	19:00	♑	~	18 火	22:03	♒
21 金	06:22	♒	~	21 金	06:27	♓
23 日	15:34	♓	~	23 日	18:08	♈
26 水	05:02	♈	~	26 水	07:08	♉
28 金	17:49	♉	~	28 金	19:23	♊
29 土	20:21	♊	~	31 月	05:40	♋

6月

開始日	開始時刻	サイン		終了日	終了時刻	サイン
2 水	13:03	♋	~	2 水	13:38	♌
4 金	10:43	♌	~	4 金	19:22	♍
6 日	15:33	♍	~	6 日	23:00	♎
8 火	03:40	♎	~	9 水	00:59	♏
10 木	22:13	♏	~	11 金	02:07	♐
12 土	13:15	♐	~	13 日	03:46	♑
14 月	11:29	♑	~	15 火	07:32	♒
17 木	06:50	♒	~	17 木	14:44	♓
19 土	23:05	♓	~	20 日	01:33	♈
21 月	19:27	♈	~	22 火	14:22	♉
24 木	11:18	♉	~	25 金	02:37	♊
27 日	00:46	♊	~	27 日	12:30	♋
29 火	04:33	♋	~	29 火	19:40	♌

7月

開始日	開始時刻	サイン		終了日	終了時刻	サイン
1 木	18:55	♌	~	2 金	00:47	♍
4 日	01:32	♍	~	4 日	04:35	♎
6 火	06:27	♎	~	6 火	07:34	♏
7 水	22:54	♏	~	8 木	10:06	♐
9 金	05:48	♐	~	10 土	12:50	♑
12 月	10:32	♑	~	12 月	16:54	♒
14 水	13:25	♒	~	14 水	23:37	♓
17 土	00:36	♓	~	17 土	09:40	♈
19 月	15:29	♈	~	19 月	22:12	♉
22 木	09:19	♉	~	22 木	10:41	♊
23 金	09:10	♊	~	24 土	20:40	♋
26 月	21:16	♋	~	27 火	03:19	♌
29 木	02:08	♌	~	29 木	07:24	♍
31 土	05:34	♍	~	31 土	10:14	♎

8月

開始日	開始時刻	サイン		終了日	終了時刻	サイン
2 月	07:55	♎	~	2 月	12:56	♏
4 水	12:22	♏	~	4 水	16:04	♐
6 金	15:25	♐	~	6 金	19:55	♑
8 日	22:07	♑	~	9 月	00:58	♒
11 水	05:34	♒	~	11 水	08:01	♓
13 金	15:49	♓	~	13 金	17:50	♈
15 日	14:55	♈	~	16 月	06:06	♉
18 水	17:57	♉	~	18 水	18:55	♊
21 土	01:17	♊	~	21 土	05:35	♋
23 月	12:28	♋	~	23 月	12:31	♌
24 火	08:05	♌	~	25 水	16:04	♍
27 金	05:49	♍	~	27 金	17:42	♎
28 土	12:05	♎	~	29 日	19:06	♏
31 火	18:40	♏	~	31 火	21:29	♐

9月

開始日	開始時刻	サイン		終了日	終了時刻	サイン
1 水	16:43	♐	~	3 金	01:30	♑
3 金	21:12	♑	~	5 日	07:21	♒
6 月	04:09	♒	~	7 火	15:12	♓
8 水	21:52	♓	~	10 金	01:19	♈
11 土	00:55	♈	~	12 日	13:31	♉
14 火	08:51	♉	~	15 水	02:33	♊
17 金	02:20	♊	~	17 金	14:07	♋
19 日	15:45	♋	~	19 日	22:11	♌
21 火	16:09	♌	~	22 水	02:17	♍
23 木	23:31	♍	~	24 金	03:28	♎
26 日	02:41	♎	~	26 日	03:34	♏
27 月	19:01	♏	~	28 火	04:22	♐
29 水	20:18	♐	~	30 木	07:14	♑

10月

開始日	開始時刻	サイン		終了日	終了時刻	サイン
2 土	04:08	♑	~	2 土	12:50	♒
4 月	15:14	♒	~	4 月	21:10	♓
6 水	23:04	♓	~	7 木	07:50	♈
8 金	13:55	♈	~	9 土	20:12	♉
11 月	09:06	♉	~	12 火	09:15	♊
14 木	02:34	♊	~	14 木	21:25	♋
17 日	06:48	♋	~	17 日	06:50	♌
19 火	12:03	♌	~	19 火	12:25	♍
21 木	13:47	♍	~	21 木	14:27	♎
23 土	14:09	♎	~	23 土	14:18	♏
25 月	12:31	♏	~	25 月	13:49	♐
27 水	08:40	♐	~	27 水	14:56	♑
29 金	16:47	♑	~	29 金	19:06	♒
31 日	23:55	♒	~	1 月	02:54	♓

11月

開始日	開始時刻	サイン		終了日	終了時刻	サイン
3 水	10:04	♓	~	3 水	13:46	♈
5 金	02:31	♈	~	6 土	02:24	♉
8 月	10:18	♉	~	8 月	15:22	♊
10 水	17:41	♊	~	11 木	03:29	♋
13 土	07:38	♋	~	13 土	13:37	♌
15 月	16:38	♌	~	15 月	20:47	♍
17 水	20:21	♍	~	18 木	00:35	♎
19 金	04:15	♎	~	20 土	01:32	♏
22 月	00:10	♏	~	22 月	01:04	♐
23 火	03:50	♐	~	24 水	01:04	♑
25 木	19:08	♑	~	26 金	03:31	♒
28 日	00:12	♒	~	28 日	09:48	♓
30 火	09:13	♓	~	30 火	20:02	♈

12月

開始日	開始時刻	サイン		終了日	終了時刻	サイン
2 木	20:45	♈	~	3 金	08:42	♉
5 日	10:59	♉	~	5 日	21:39	♊
7 火	07:17	♊	~	8 水	09:22	♋
10 金	06:34	♋	~	10 金	19:13	♌
12 日	14:19	♌	~	13 月	02:56	♍
14 火	19:47	♍	~	15 水	08:14	♎
17 金	02:33	♎	~	17 金	11:02	♏
18 土	23:45	♏	~	19 日	11:55	♐
21 火	11:07	♐	~	21 火	12:12	♑
23 木	00:33	♑	~	23 木	13:49	♒
25 土	09:06	♒	~	25 土	18:37	♓
27 月	20:55	♓	~	28 火	03:32	♈
30 木	12:53	♈	~	30 木	15:44	♉

1977年【ボイドタイム】

1月

開始日		開始時刻	サイン		終了日		終了時刻	サイン
1	土	21:53	♉	~	2	日	04:43	♊
4	火	15:37	♊	~	4	火	16:13	♋
6	木	09:03	♋	~	7	金	01:21	♌
8	土	16:32	♌	~	9	日	08:24	♍
10	月	22:18	♍	~	11	火	13:48	♎
13	木	04:55	♎	~	13	木	17:45	♏
15	土	11:41	♏	~	15	土	20:19	♐
16	日	21:28	♐	~	17	月	22:03	♑
19	水	23:11	♑	~	20	木	00:13	♒
21	金	12:53	♒	~	22	土	04:31	♓
23	日	19:42	♓	~	24	月	12:20	♈
26	水	00:49	♈	~	26	水	23:42	♉
29	土	03:53	♉	~	29	土	12:38	♊
31	月	21:05	♊	~	1	火	00:21	♋

2月

開始日		開始時刻	サイン		終了日		終了時刻	サイン
2	水	23:21	♋	~	3	木	09:12	♌
5	土	00:50	♌	~	5	土	15:18	♍
7	月	16:42	♍	~	7	月	19:37	♎
9	水	19:24	♎	~	9	水	23:05	♏
11	金	13:12	♏	~	12	土	02:12	♐
13	日	20:05	♐	~	14	月	05:14	♑
15	火	20:14	♑	~	16	水	08:46	♒
18	金	12:37	♒	~	18	金	13:45	♓
20	日	08:34	♓	~	20	日	21:23	♈
22	火	04:38	♈	~	23	水	08:07	♉
25	金	08:17	♉	~	25	金	20:51	♊
27	日	23:58	♊	~	28	月	09:03	♋

3月

開始日		開始時刻	サイン		終了日		終了時刻	サイン
2	水	08:08	♋	~	2	水	18:26	♌
4	金	15:12	♌	~	5	土	00:19	♍
6	日	19:21	♍	~	7	月	03:35	♎
8	火	18:39	♎	~	9	水	05:38	♏
11	金	00:34	♏	~	11	金	07:42	♐
13	日	00:55	♐	~	13	日	10:40	♑
15	火	08:42	♑	~	15	火	15:01	♒
17	木	17:08	♒	~	17	木	21:06	♓
20	日	03:32	♓	~	20	日	05:24	♈
22	火	03:58	♈	~	22	火	16:06	♉
25	金	00:49	♉	~	25	金	04:39	♊
27	日	01:47	♊	~	27	日	17:17	♋
30	水	01:52	♋	~	30	水	03:41	♌

4月

開始日		開始時刻	サイン		終了日		終了時刻	サイン
1	金	09:31	♌	~	1	金	10:26	♍
3	日	13:29	♍	~	3	日	13:40	♎
4	月	18:26	♎	~	5	火	14:40	♏
6	水	12:06	♏	~	7	木	15:09	♐
8	金	21:34	♐	~	9	土	16:41	♑
11	月	04:14	♑	~	11	月	20:24	♒
13	水	14:10	♒	~	14	木	02:50	♓
15	金	17:28	♓	~	16	土	11:53	♈
18	月	19:35	♈	~	18	月	23:03	♉
21	木	00:36	♉	~	21	木	11:38	♊
23	土	17:43	♊	~	24	日	00:26	♋
26	火	09:15	♋	~	26	火	11:44	♌
27	水	17:37	♌	~	28	木	19:53	♍
29	金	23:42	♍	~	1	日	00:13	♎

5月

開始日		開始時刻	サイン		終了日		終了時刻	サイン
2	月	02:10	♎	~	3	火	01:24	♏
3	火	22:03	♏	~	5	木	00:59	♐
6	金	01:40	♐	~	7	土	00:55	♑
8	日	05:08	♑	~	9	月	03:00	♒
10	火	13:08	♒	~	11	水	08:30	♓
13	金	01:38	♓	~	13	金	17:30	♈
14	土	23:44	♈	~	16	月	05:05	♉
18	水	11:51	♉	~	18	水	17:51	♊
20	金	04:16	♊	~	21	土	06:36	♋
22	日	20:34	♋	~	23	月	18:14	♌
25	水	10:33	♌	~	26	木	03:32	♍
27	金	07:00	♍	~	28	土	09:29	♎
30	月	02:53	♎	~	30	月	11:57	♏
31	火	12:21	♏	~	1	水	11:55	♐

6月

開始日		開始時刻	サイン		終了日		終了時刻	サイン
3	金	07:20	♐	~	3	金	11:08	♑
5	日	10:24	♑	~	5	日	11:44	♒
7	火	04:24	♒	~	7	火	15:36	♓
9	木	19:03	♓	~	9	木	23:35	♈
11	土	15:18	♈	~	12	日	10:57	♉
13	月	13:44	♉	~	14	火	23:50	♊
17	金	03:22	♊	~	17	金	12:29	♋
18	土	11:14	♋	~	19	日	23:54	♌
21	火	12:46	♌	~	22	水	09:30	♍
24	金	07:26	♍	~	24	金	16:36	♎
26	日	01:11	♎	~	26	日	20:43	♏
28	火	07:18	♏	~	28	火	22:03	♐
30	木	05:09	♐	~	30	木	21:49	♑

7月

開始日		開始時刻	サイン		終了日		終了時刻	サイン
2	土	14:21	♑	~	2	土	21:57	♒
4	月	20:33	♒	~	5	火	00:32	♓
6	水	16:06	♓	~	7	木	07:04	♈
9	土	12:09	♈	~	9	土	17:34	♉
11	月	21:31	♉	~	12	火	06:16	♊
14	木	03:59	♊	~	14	木	18:50	♋
17	日	04:45	♋	~	17	日	05:52	♌
19	火	03:03	♌	~	19	火	14:59	♍
21	木	19:31	♍	~	21	木	22:10	♎
23	土	17:53	♎	~	24	日	03:14	♏
25	月	23:18	♏	~	26	火	06:05	♐
28	木	05:59	♐	~	28	木	07:16	♑
29	金	02:21	♑	~	30	土	08:05	♒

8月

開始日		開始時刻	サイン		終了日		終了時刻	サイン
1	月	06:40	♒	~	1	月	10:24	♓
3	水	09:59	♓	~	3	水	15:55	♈
5	金	19:54	♈	~	6	土	01:19	♉
7	日	16:30	♉	~	8	月	13:30	♊
10	水	22:30	♊	~	11	木	02:05	♋
12	金	10:19	♋	~	13	土	12:57	♌
15	月	19:47	♌	~	15	月	21:26	♍
18	木	02:57	♍	~	18	木	03:50	♎
20	土	08:25	♎	~	20	土	08:36	♏
22	月	10:04	♏	~	22	月	12:03	♐
24	水	05:57	♐	~	24	水	14:31	♑
26	金	11:41	♑	~	26	金	16:41	♒
28	日	15:45	♒	~	28	日	19:47	♓
30	火	23:35	♓	~	31	水	01:12	♈

9月

開始日		開始時刻	サイン		終了日		終了時刻	サイン
1	木	20:01	♈	~	2	金	09:52	♉
4	日	07:38	♉	~	4	日	21:28	♊
6	火	20:52	♊	~	7	水	10:04	♋
8	木	17:02	♋	~	9	金	21:14	♌
11	日	18:38	♌	~	12	月	05:35	♍
13	火	18:22	♍	~	14	水	11:08	♎
16	金	05:31	♎	~	16	金	14:46	♏
18	日	08:59	♏	~	18	日	17:29	♐
20	火	15:18	♐	~	20	火	20:05	♑
22	木	22:11	♑	~	22	木	23:13	♒
24	土	19:40	♒	~	25	日	03:30	♓
26	月	08:19	♓	~	27	火	09:41	♈
29	木	10:48	♈	~	29	木	18:22	♉

10月

開始日		開始時刻	サイン		終了日		終了時刻	サイン
1	土	22:14	♉	~	2	日	05:34	♊
4	火	18:07	♊	~	4	火	18:10	♋
6	木	10:29	♋	~	7	金	05:58	♌
9	日	09:39	♌	~	9	日	14:59	♍
11	火	07:37	♍	~	11	火	20:30	♎
13	木	19:06	♎	~	13	木	23:12	♏
15	土	21:18	♏	~	16	日	00:28	♐
17	月	22:23	♐	~	18	火	01:51	♑
19	水	23:04	♑	~	20	木	04:37	♒
22	土	06:31	♒	~	22	土	09:27	♓
24	月	14:29	♓	~	24	月	16:35	♈
27	木	01:48	♈	~	27	木	01:54	♉
29	土	10:51	♉	~	29	土	13:09	♊
31	月	23:44	♊	~	1	火	01:41	♋

11月

開始日		開始時刻	サイン		終了日		終了時刻	サイン
2	水	18:40	♋	~	3	木	14:04	♌
5	土	23:06	♌	~	6	日	00:17	♍
8	火	01:25	♍	~	8	火	06:52	♎
10	木	09:24	♎	~	10	木	09:43	♏
12	土	09:40	♏	~	12	土	10:04	♐
14	月	09:36	♐	~	14	月	09:51	♑
15	火	23:31	♑	~	16	水	11:01	♒
18	金	06:52	♒	~	18	金	14:59	♓
20	日	18:20	♓	~	20	日	22:14	♈
22	火	08:35	♈	~	23	水	08:10	♉
24	木	19:36	♉	~	25	金	19:49	♊
27	日	23:14	♊	~	28	月	08:21	♋
30	水	10:46	♋	~	30	水	20:54	♌

12月

開始日		開始時刻	サイン		終了日		終了時刻	サイン
3	土	05:04	♌	~	3	土	08:06	♍
4	日	13:59	♍	~	5	月	16:18	♎
6	火	20:54	♎	~	7	水	20:34	♏
8	木	19:55	♏	~	9	金	21:22	♐
11	日	02:32	♐	~	11	日	20:27	♑
12	月	22:02	♑	~	13	火	20:00	♒
15	木	10:02	♒	~	15	木	22:10	♓
17	土	19:36	♓	~	18	日	04:12	♈
20	火	10:01	♈	~	20	火	13:55	♉
21	水	19:21	♉	~	23	金	01:52	♊
25	日	06:50	♊	~	25	日	14:31	♋
26	月	23:50	♋	~	28	水	02:52	♌
29	木	21:45	♌	~	30	金	14:14	♍

1978年【ボイドタイム】

1月

開始日	開始時刻	サイン		終了日	終了時刻	サイン
1 日	23:07	♍	~	1 日	23:32	♎
4 水	04:42	♎	~	4 水	05:36	♏
6 金	07:59	♏	~	6 金	08:04	♐
8 日	07:42	♐	~	8 日	07:55	♑
9 月	12:59	♑	~	10 火	07:06	♒
12 木	07:16	♒	~	12 木	07:51	♓
14 土	08:57	♓	~	14 土	12:06	♈
16 月	19:21	♈	~	16 月	20:31	♉
19 木	06:36	♉	~	19 木	08:07	♊
21 土	19:00	♊	~	21 土	20:51	♋
23 月	06:28	♋	~	24 火	09:03	♌
26 木	17:30	♌	~	26 木	19:57	♍
29 日	03:12	♍	~	29 日	05:08	♎
31 火	09:13	♎	~	31 火	12:04	♏

2月

開始日	開始時刻	サイン		終了日	終了時刻	サイン
2 木	13:15	♏	~	2 木	16:14	♐
4 土	14:43	♐	~	4 土	17:51	♑
6 月	11:46	♑	~	6 月	18:05	♒
8 水	15:06	♒	~	8 水	18:48	♓
10 金	15:19	♓	~	10 金	21:57	♈
13 月	02:36	♈	~	13 月	04:51	♉
15 水	09:52	♉	~	15 水	15:25	♊
18 土	01:11	♊	~	18 土	03:56	♋
20 月	02:14	♋	~	20 月	16:10	♌
22 水	20:10	♌	~	23 木	02:40	♍
25 土	03:51	♍	~	25 土	11:04	♎
27 月	10:47	♎	~	27 月	17:29	♏

3月

開始日	開始時刻	サイン		終了日	終了時刻	サイン
1 水	15:16	♏	~	1 水	22:03	♐
3 金	18:43	♐	~	4 土	00:59	♑
5 日	17:56	♑	~	6 月	02:51	♒
7 火	22:50	♒	~	8 水	04:46	♓
10 金	06:00	♓	~	10 金	08:09	♈
12 日	08:12	♈	~	12 日	14:19	♉
14 火	14:18	♉	~	14 火	23:49	♊
17 金	05:53	♊	~	17 金	11:50	♋
19 日	21:17	♋	~	20 月	00:13	♌
22 水	06:01	♌	~	22 水	10:50	♍
24 金	14:32	♍	~	24 金	18:42	♎
26 日	20:26	♎	~	27 月	00:02	♏
28 火	20:43	♏	~	29 水	03:38	♐
31 金	03:43	♐	~	31 金	06:24	♑

4月

開始日	開始時刻	サイン		終了日	終了時刻	サイン
2 日	07:03	♑	~	2 日	09:06	♒
4 火	10:30	♒	~	4 火	12:21	♓
6 木	15:27	♓	~	6 木	16:52	♈
8 土	22:28	♈	~	8 土	23:22	♉
10 月	20:32	♉	~	11 火	08:28	♊
13 木	07:31	♊	~	13 木	20:00	♋
15 土	22:55	♋	~	16 日	08:31	♌
18 火	15:37	♌	~	18 火	19:45	♍
20 木	11:45	♍	~	21 金	03:54	♎
22 土	21:44	♎	~	23 日	08:40	♏
25 火	06:02	♏	~	25 火	11:01	♐
27 木	01:59	♐	~	27 木	12:28	♑
28 金	13:39	♑	~	29 土	14:29	♒

5月

開始日	開始時刻	サイン		終了日	終了時刻	サイン
1 月	06:59	♒	~	1 月	18:00	♓
3 水	01:33	♓	~	3 水	23:28	♈
5 金	19:08	♈	~	6 土	06:53	♉
8 月	04:14	♉	~	8 月	16:19	♊
10 水	15:22	♊	~	11 木	03:42	♋
13 土	08:00	♋	~	13 土	16:18	♌
16 火	02:44	♌	~	16 火	04:16	♍
18 木	07:10	♍	~	18 木	13:25	♎
20 土	14:50	♎	~	20 土	18:40	♏
22 月	11:11	♏	~	22 月	20:32	♐
24 水	11:40	♐	~	24 水	20:42	♑
25 木	19:22	♑	~	26 金	21:10	♒
28 日	14:17	♒	~	28 日	23:37	♓
30 火	13:30	♓	~	31 水	04:53	♈

6月

開始日	開始時刻	サイン		終了日	終了時刻	サイン
2 金	03:03	♈	~	2 金	12:51	♉
4 日	13:05	♉	~	4 日	22:54	♊
7 水	02:30	♊	~	7 水	10:31	♋
9 金	05:20	♋	~	9 金	23:08	♌
12 月	09:17	♌	~	12 月	11:35	♍
14 水	17:40	♍	~	14 水	21:56	♎
17 土	00:37	♎	~	17 土	04:29	♏
19 月	00:37	♏	~	19 月	07:02	♐
21 水	05:30	♐	~	21 水	06:53	♑
22 木	04:41	♑	~	23 金	06:08	♒
25 日	01:19	♒	~	25 日	06:57	♓
26 月	13:02	♓	~	27 火	10:54	♈
29 木	12:44	♈	~	29 木	18:22	♉

7月

開始日	開始時刻	サイン		終了日	終了時刻	サイン
2 日	00:10	♉	~	2 日	04:38	♊
4 火	11:35	♊	~	4 火	16:34	♋
6 木	02:24	♋	~	7 金	05:14	♌
9 日	13:51	♌	~	9 日	17:45	♍
11 火	05:54	♍	~	12 水	04:49	♎
14 金	10:13	♎	~	14 金	12:48	♏
16 日	14:51	♏	~	16 日	16:51	♐
18 火	16:03	♐	~	18 火	17:34	♑
20 木	12:05	♑	~	20 木	16:42	♒
22 土	15:38	♒	~	22 土	16:27	♓
24 月	06:40	♓	~	24 月	18:46	♈
27 木	00:03	♈	~	27 木	00:51	♉
29 土	02:29	♉	~	29 土	10:31	♊
31 月	17:27	♊	~	31 月	22:29	♋

8月

開始日	開始時刻	サイン		終了日	終了時刻	サイン
3 木	09:28	♋	~	3 木	11:11	♌
4 金	18:49	♌	~	5 土	23:30	♍
8 火	10:20	♍	~	8 火	10:30	♎
10 木	09:12	♎	~	10 木	19:12	♏
12 土	16:11	♏	~	13 日	00:44	♐
15 火	01:23	♐	~	15 火	03:04	♑
16 水	20:51	♑	~	17 木	03:16	♒
18 金	20:22	♒	~	19 土	03:05	♓
20 日	23:09	♓	~	21 月	04:30	♈
23 水	08:09	♈	~	23 水	09:06	♉
25 金	13:14	♉	~	25 金	17:32	♊
27 日	09:57	♊	~	28 月	05:00	♋
30 水	15:15	♋	~	30 水	17:40	♌

9月

開始日	開始時刻	サイン		終了日	終了時刻	サイン
1 金	19:10	♌	~	2 土	05:47	♍
4 月	15:51	♍	~	4 月	16:16	♎
6 水	23:38	♎	~	7 木	00:39	♏
9 土	04:06	♏	~	9 土	06:40	♐
10 日	23:53	♐	~	11 月	10:20	♑
13 水	04:24	♑	~	13 水	12:09	♒
15 金	07:46	♒	~	15 金	13:10	♓
17 日	04:01	♓	~	17 日	14:51	♈
19 火	18:07	♈	~	19 火	18:44	♉
21 木	22:32	♉	~	22 金	01:57	♊
24 日	01:30	♊	~	24 日	12:32	♋
27 水	00:54	♋	~	27 水	01:02	♌
28 木	09:31	♌	~	29 金	13:12	♍
30 土	23:24	♍	~	1 日	23:17	♎

10月

開始日	開始時刻	サイン		終了日	終了時刻	サイン
3 火	05:45	♎	~	4 水	06:49	♏
5 木	18:19	♏	~	6 金	12:07	♐
7 土	20:58	♐	~	8 日	15:53	♑
10 火	06:52	♑	~	10 火	18:43	♒
12 木	15:56	♒	~	12 木	21:13	♓
14 土	11:16	♓	~	15 日	00:07	♈
16 月	15:09	♈	~	17 火	04:23	♉
18 水	21:41	♉	~	19 木	11:06	♊
21 土	16:00	♊	~	21 土	20:53	♋
23 月	19:10	♋	~	24 火	09:05	♌
26 木	11:37	♌	~	26 木	21:33	♍
29 日	01:56	♍	~	29 日	07:52	♎
30 月	16:07	♎	~	31 火	14:53	♏

11月

開始日	開始時刻	サイン		終了日	終了時刻	サイン
2 木	16:40	♏	~	2 木	19:04	♐
4 土	00:45	♐	~	4 土	21:41	♑
6 月	03:13	♑	~	7 火	00:04	♒
8 水	06:03	♒	~	9 木	03:07	♓
10 金	08:52	♓	~	11 土	07:12	♈
12 日	14:47	♈	~	13 月	12:36	♉
15 水	05:00	♉	~	15 水	19:45	♊
17 金	05:58	♊	~	18 土	05:17	♋
20 月	11:56	♋	~	20 月	17:10	♌
22 水	10:52	♌	~	23 木	05:58	♍
25 土	00:41	♍	~	25 土	17:08	♎
27 月	09:22	♎	~	28 火	00:39	♏
29 水	07:56	♏	~	30 木	04:24	♐

12月

開始日	開始時刻	サイン		終了日	終了時刻	サイン
1 金	15:43	♐	~	2 土	05:45	♑
3 日	11:49	♑	~	4 月	06:36	♒
5 火	23:31	♒	~	6 水	08:37	♓
8 金	06:11	♓	~	8 金	12:40	♈
10 日	15:25	♈	~	10 日	18:51	♉
12 火	05:31	♉	~	13 水	02:55	♊
14 木	21:30	♊	~	15 金	12:50	♋
17 日	02:22	♋	~	18 月	00:38	♌
20 水	08:58	♌	~	20 水	13:35	♍
22 金	04:18	♍	~	23 土	01:41	♎
24 日	14:08	♎	~	25 月	10:33	♏
26 火	21:55	♏	~	27 水	15:08	♐
28 木	22:36	♐	~	29 金	16:16	♑
31 日	05:27	♑	~	31 日	15:54	♒

1979年【ボイドタイム】

1月

開始日		開始時刻	サイン		終了日		終了時刻	サイン
2	火	08:21	♒	～	2	火	16:09	♓
4	木	13:50	♓	～	4	木	18:42	♈
6	土	17:36	♈	～	7	日	00:18	♉
8	月	14:09	♉	～	9	火	08:43	♊
10	水	21:56	♊	～	11	木	19:15	♋
13	土	19:51	♋	～	14	日	07:17	♌
16	火	00:25	♌	～	16	火	20:11	♍
19	金	05:48	♍	～	19	金	08:41	♎
20	土	22:50	♎	～	21	日	18:52	♏
23	火	09:37	♏	～	24	水	01:09	♐
25	木	10:25	♐	～	26	金	03:28	♑
28	日	00:59	♑	～	28	日	03:13	♒
29	月	14:02	♒	～	30	火	02:26	♓
31	水	18:05	♓	～	1	木	03:12	♈

2月

開始日		開始時刻	サイン		終了日		終了時刻	サイン
3	土	01:47	♈	～	3	土	07:04	♉
4	日	21:11	♉	～	5	月	14:34	♊
7	水	05:13	♊	～	8	木	01:06	♋
9	金	19:00	♋	～	10	土	13:26	♌
12	月	16:57	♌	～	13	火	02:18	♍
14	水	20:33	♍	～	15	木	14:38	♎
17	土	21:52	♎	～	18	日	01:13	♏
19	月	20:54	♏	～	20	火	08:52	♐
22	木	04:58	♐	～	22	木	13:01	♑
23	金	23:41	♑	～	24	土	14:13	♒
26	月	11:42	♒	～	26	月	13:53	♓
28	水	06:41	♓	～	28	水	13:55	♈

3月

開始日		開始時刻	サイン		終了日		終了時刻	サイン
2	金	15:58	♈	～	2	金	16:10	♉
4	日	21:29	♉	～	4	日	21:59	♊
6	火	12:48	♊	～	7	水	07:35	♋
9	金	18:40	♋	～	9	金	19:48	♌
11	日	14:16	♌	～	12	月	08:43	♍
14	水	19:09	♍	～	14	水	20:42	♎
17	土	05:11	♎	～	17	土	06:50	♏
19	月	12:57	♏	～	19	月	14:39	♐
21	水	03:19	♐	～	21	水	19:57	♑
23	金	21:13	♑	～	23	金	22:53	♒
25	日	16:41	♒	～	26	月	00:05	♓
27	火	23:10	♓	～	28	水	00:48	♈
30	金	00:57	♈	～	30	金	02:37	♉

4月

開始日		開始時刻	サイン		終了日		終了時刻	サイン
1	日	05:26	♉	～	1	日	07:09	♊
3	火	09:19	♊	～	3	火	15:24	♋
6	金	01:19	♋	～	6	金	02:58	♌
7	土	20:27	♌	～	8	日	15:53	♍
11	水	02:33	♍	～	11	水	03:46	♎
13	金	12:21	♎	～	13	金	13:16	♏
15	日	19:41	♏	～	15	日	20:19	♐
17	火	19:51	♐	～	18	水	01:24	♑
20	金	04:58	♑	～	20	金	05:03	♒
21	土	15:20	♒	～	22	日	07:42	♓
23	月	17:32	♓	～	24	火	09:52	♈
25	水	19:48	♈	～	26	木	12:28	♉
27	金	22:13	♉	～	28	土	16:49	♊
30	月	05:35	♊	～	1	火	00:12	♋

5月

開始日		開始時刻	サイン		終了日		終了時刻	サイン
2	水	13:51	♋	～	3	木	10:57	♌
5	土	06:19	♌	～	5	土	23:42	♍
7	月	15:57	♍	～	8	火	11:48	♎
10	木	19:40	♎	～	10	木	21:11	♏
12	土	11:00	♏	～	13	日	03:25	♐
15	火	05:43	♐	～	15	火	07:26	♑
17	木	08:16	♑	～	17	木	10:26	♒
19	土	08:56	♒	～	19	土	13:19	♓
21	月	15:53	♓	～	21	月	16:31	♈
23	水	02:18	♈	～	23	水	20:21	♉
25	金	22:31	♉	～	26	土	01:29	♊
27	日	13:09	♊	～	28	月	08:51	♋
29	火	19:51	♋	～	30	水	19:09	♌

6月

開始日		開始時刻	サイン		終了日		終了時刻	サイン
1	金	10:06	♌	～	2	土	07:41	♍
4	月	00:30	♍	～	4	月	20:12	♎
6	水	19:02	♎	～	7	木	06:06	♏
9	土	06:06	♏	～	9	土	12:15	♐
10	日	21:06	♐	～	11	月	15:24	♑
13	水	01:09	♑	～	13	水	17:07	♒
15	金	07:40	♒	～	15	金	18:57	♓
17	日	14:01	♓	～	17	日	21:53	♈
19	火	22:09	♈	～	20	水	02:19	♉
22	金	02:41	♉	～	22	金	08:23	♊
23	土	19:11	♊	～	24	日	16:25	♋
27	水	00:52	♋	～	27	水	02:48	♌
28	木	19:32	♌	～	29	金	15:15	♍

7月

開始日		開始時刻	サイン		終了日		終了時刻	サイン
1	日	15:34	♍	～	2	月	04:09	♎
4	水	09:27	♎	～	4	水	14:58	♏
5	木	22:48	♏	～	6	金	21:56	♐
8	日	05:44	♐	～	9	月	01:08	♑
10	火	05:02	♑	～	11	水	02:00	♒
12	木	07:29	♒	～	13	金	02:23	♓
14	土	13:07	♓	～	15	日	03:58	♈
16	月	19:58	♈	～	17	火	07:44	♉
19	木	05:55	♉	～	19	木	14:00	♊
21	土	00:00	♊	～	21	土	22:41	♋
23	月	14:59	♋	～	24	火	09:31	♌
26	木	03:08	♌	～	26	木	22:02	♍
29	日	06:13	♍	～	29	日	11:07	♎
31	火	11:43	♎	～	31	火	22:47	♏

8月

開始日		開始時刻	サイン		終了日		終了時刻	サイン
2	木	08:10	♏	～	3	金	07:06	♐
5	日	07:17	♐	～	5	日	11:24	♑
6	月	15:26	♑	～	7	火	12:29	♒
8	水	18:35	♒	～	9	木	12:06	♓
10	金	16:29	♓	～	11	土	12:11	♈
12	日	21:02	♈	～	13	月	14:22	♉
15	水	04:01	♉	～	15	水	19:42	♊
17	金	16:21	♊	～	18	土	04:18	♋
19	日	13:56	♋	～	20	月	15:29	♌
23	木	02:10	♌	～	23	木	04:12	♍
24	金	16:18	♍	～	25	土	17:14	♎
27	月	15:31	♎	～	28	火	05:13	♏
30	木	02:41	♏	～	30	木	14:40	♐

9月

開始日		開始時刻	サイン		終了日		終了時刻	サイン
1	土	15:05	♐	～	1	土	20:34	♑
3	月	02:33	♑	～	3	月	23:00	♒
5	水	15:09	♒	～	5	水	23:04	♓
7	金	04:55	♓	～	7	金	22:30	♈
9	日	16:21	♈	～	9	日	23:13	♉
11	火	20:22	♉	～	12	水	02:55	♊
14	金	04:23	♊	～	14	金	10:28	♋
16	日	19:13	♋	～	16	日	21:26	♌
19	水	05:55	♌	～	19	水	10:16	♍
21	金	18:57	♍	～	21	金	23:11	♎
24	月	09:54	♎	～	24	月	10:55	♏
26	水	19:28	♏	～	26	水	20:36	♐
29	土	03:25	♐	～	29	土	03:41	♑
30	日	14:13	♑	～	1	月	07:50	♒

10月

開始日		開始時刻	サイン		終了日		終了時刻	サイン
2	火	21:52	♒	～	3	水	09:24	♓
4	木	17:49	♓	～	5	金	09:29	♈
7	日	09:23	♈	～	7	日	09:45	♉
8	月	20:09	♉	～	9	火	12:08	♊
11	木	18:04	♊	～	11	木	18:10	♋
13	土	10:51	♋	～	14	日	04:12	♌
15	月	23:50	♌	～	16	火	16:52	♍
18	木	13:13	♍	～	19	金	05:45	♎
21	日	11:23	♎	～	21	日	17:03	♏
23	火	11:48	♏	～	24	水	02:10	♐
25	木	19:48	♐	～	26	金	09:12	♑
28	日	10:18	♑	～	28	日	14:17	♒
30	火	05:40	♒	～	30	火	17:30	♓

11月

開始日		開始時刻	サイン		終了日		終了時刻	サイン
1	木	12:17	♓	～	1	木	19:10	♈
3	土	06:48	♈	～	3	土	20:17	♉
5	月	11:42	♉	～	5	月	22:26	♊
7	水	16:32	♊	～	8	木	03:24	♋
10	土	00:48	♋	～	10	土	12:15	♌
12	月	17:11	♌	～	13	火	00:21	♍
15	木	02:20	♍	～	15	木	13:17	♎
17	土	22:26	♎	～	18	日	00:30	♏
20	火	04:48	♏	～	20	火	08:57	♐
22	木	06:25	♐	～	22	木	15:02	♑
24	土	11:29	♑	～	24	土	19:37	♒
26	月	18:36	♒	～	26	月	23:18	♓
28	水	18:53	♓	～	29	木	02:17	♈
30	金	13:32	♈	～	1	土	04:55	♉

12月

開始日		開始時刻	サイン		終了日		終了時刻	サイン
3	月	00:59	♉	～	3	月	08:03	♊
5	水	05:52	♊	～	5	水	13:02	♋
7	金	13:47	♋	～	7	金	21:10	♌
10	月	01:33	♌	～	10	月	08:33	♍
12	水	21:21	♍	～	12	水	21:30	♎
14	金	16:56	♎	～	15	土	09:09	♏
17	月	11:25	♏	～	17	月	17:37	♐
19	水	17:23	♐	～	19	水	22:55	♑
21	金	23:47	♑	～	22	土	02:13	♒
23	日	18:03	♒	～	24	月	04:51	♓
26	水	02:21	♓	～	26	水	07:41	♈
27	木	20:32	♈	～	28	金	11:08	♉
30	日	10:10	♉	～	30	日	15:33	♊

1980年【ボイドタイム】

1月

開始日	開始時刻	サイン		終了日	終了時刻	サイン
1 火	18:53	♊	～	1 火	21:30	♋
4 金	00:03	♋	～	4 金	05:48	♌
6 日	05:21	♌	～	6 日	16:49	♍
8 火	23:33	♍	～	9 水	05:39	♎
11 金	05:01	♎	～	11 金	17:56	♏
13 日	21:41	♏	～	14 月	03:18	♐
16 水	08:29	♐	～	16 水	08:52	♑
18 金	06:19	♑	～	18 金	11:26	♒
20 日	04:07	♒	～	20 日	12:34	♓
22 火	08:34	♓	～	22 火	13:52	♈
24 木	02:27	♈	～	24 木	16:32	♉
26 土	15:15	♉	～	26 土	21:12	♊
28 月	21:42	♊	～	29 火	04:03	♋
31 木	06:22	♋	～	31 木	13:09	♌

2月

開始日	開始時刻	サイン		終了日	終了時刻	サイン
2 土	14:49	♌	～	3 日	00:22	♍
5 火	05:30	♍	～	5 火	13:05	♎
7 木	09:51	♎	～	8 金	01:47	♏
10 日	04:44	♏	～	10 日	12:20	♐
12 火	11:54	♐	～	12 火	19:13	♑
14 木	15:17	♑	～	14 木	22:20	♒
16 土	17:51	♒	～	16 土	22:55	♓
18 月	15:32	♓	～	18 月	22:43	♈
20 水	10:56	♈	～	20 水	23:36	♉
22 金	19:08	♉	～	23 土	02:59	♊
25 月	00:22	♊	～	25 月	09:35	♋
27 水	10:30	♋	～	27 水	19:11	♌
29 金	21:58	♌	～	1 土	06:54	♍

3月

開始日	開始時刻	サイン		終了日	終了時刻	サイン
3 月	10:39	♍	～	3 月	19:41	♎
6 木	06:20	♎	～	6 木	08:23	♏
8 土	10:59	♏	～	8 土	19:39	♐
10 月	16:56	♐	～	11 火	04:03	♑
13 木	01:04	♑	～	13 木	08:46	♒
15 土	08:40	♒	～	15 土	10:11	♓
17 月	03:56	♓	～	17 月	09:42	♈
19 水	06:05	♈	～	19 水	09:14	♉
21 金	06:41	♉	～	21 金	10:48	♊
23 日	10:44	♊	～	23 日	15:56	♋
25 火	15:48	♋	～	26 水	00:59	♌
28 金	05:39	♌	～	28 金	12:53	♍
30 日	16:34	♍	～	31 月	01:50	♎

4月

開始日	開始時刻	サイン		終了日	終了時刻	サイン
2 水	06:19	♎	～	2 水	14:22	♏
4 金	17:34	♏	～	5 土	01:35	♐
7 月	03:00	♐	～	7 月	10:43	♑
9 水	08:00	♑	～	9 水	17:00	♒
11 金	13:29	♒	～	11 金	20:08	♓
13 日	17:45	♓	～	13 日	20:41	♈
15 火	14:21	♈	～	15 火	20:11	♉
17 木	15:00	♉	～	17 木	20:42	♊
19 土	23:37	♊	～	20 日	00:12	♋
21 月	21:17	♋	～	22 火	07:53	♌
24 木	14:31	♌	～	24 木	19:13	♍
26 土	20:32	♍	～	27 日	08:10	♎
29 火	18:10	♎	～	29 火	20:36	♏

5月

開始日	開始時刻	サイン		終了日	終了時刻	サイン
2 金	06:13	♏	～	2 金	07:22	♐
4 日	07:32	♐	～	4 日	16:15	♑
6 火	12:05	♑	～	6 火	23:04	♒
9 金	00:10	♒	～	9 金	03:34	♓
11 日	04:15	♓	～	11 日	05:45	♈
12 月	17:37	♈	～	13 火	06:25	♉
14 水	23:34	♉	～	15 木	07:08	♊
16 金	20:00	♊	～	17 土	09:53	♋
19 月	13:06	♋	～	19 月	16:15	♌
21 水	13:10	♌	～	22 木	02:33	♍
24 土	01:17	♍	～	24 土	15:12	♎
26 月	11:09	♎	～	27 火	03:37	♏
29 木	00:34	♏	～	29 木	14:05	♐
31 土	20:56	♐	～	31 土	22:15	♑

6月

開始日	開始時刻	サイン		終了日	終了時刻	サイン
2 月	15:35	♑	～	3 火	04:30	♒
4 水	20:28	♒	～	5 木	09:11	♓
7 土	10:55	♓	～	7 土	12:24	♈
9 月	11:17	♈	～	9 月	14:30	♉
11 水	03:47	♉	～	11 水	16:23	♊
13 金	12:01	♊	～	13 金	19:30	♋
15 日	11:14	♋	～	16 月	01:23	♌
18 水	04:20	♌	～	18 水	10:48	♍
20 金	21:31	♍	～	20 金	22:56	♎
22 日	23:01	♎	～	23 月	11:27	♏
25 水	11:51	♏	～	25 水	22:02	♐
27 金	16:32	♐	～	28 土	05:47	♑
30 月	02:24	♑	～	30 月	11:04	♒

7月

開始日	開始時刻	サイン		終了日	終了時刻	サイン
2 水	00:50	♒	～	2 水	14:49	♓
4 金	11:36	♓	～	4 金	17:47	♈
6 日	08:47	♈	～	6 日	20:31	♉
8 火	21:26	♉	～	8 火	23:34	♊
10 木	13:53	♊	～	11 金	03:45	♋
12 土	19:51	♋	～	13 日	10:03	♌
15 火	02:53	♌	～	15 火	19:12	♍
17 木	20:54	♍	～	18 金	06:56	♎
20 日	14:50	♎	～	20 日	19:34	♏
22 火	17:24	♏	～	23 水	06:43	♐
25 金	02:37	♐	～	25 金	14:45	♑
27 日	08:28	♑	～	27 日	19:35	♒
29 火	12:09	♒	～	29 火	22:11	♓
31 木	16:17	♓	～	31 木	23:54	♈

8月

開始日	開始時刻	サイン		終了日	終了時刻	サイン
2 土	20:45	♈	～	3 日	01:56	♉
4 月	19:28	♉	～	5 火	05:10	♊
7 木	00:33	♊	～	7 木	10:13	♋
9 土	07:47	♋	～	9 土	17:24	♌
11 月	10:29	♌	～	12 火	02:55	♍
14 木	05:17	♍	～	14 木	14:33	♎
16 土	14:02	♎	～	17 日	03:16	♏
19 火	07:28	♏	～	19 火	15:08	♐
21 木	21:35	♐	～	22 金	00:12	♑
23 土	23:30	♑	～	24 日	05:33	♒
26 火	04:04	♒	～	26 火	07:44	♓
28 木	03:20	♓	～	28 木	08:12	♈
29 金	17:02	♈	～	30 土	08:42	♉

9月

開始日	開始時刻	サイン		終了日	終了時刻	サイン
1 月	06:31	♉	～	1 月	10:51	♊
3 水	11:35	♊	～	3 水	15:40	♋
5 金	19:37	♋	～	5 金	23:23	♌
7 日	18:05	♌	～	8 月	09:32	♍
10 水	18:37	♍	～	10 水	21:23	♎
12 金	14:43	♎	～	13 土	10:07	♏
15 月	20:59	♏	～	15 月	22:29	♐
18 木	07:55	♐	～	18 木	08:46	♑
20 土	15:15	♑	～	20 土	15:31	♒
22 月	06:21	♒	～	22 月	18:28	♓
24 水	07:35	♓	～	24 水	18:38	♈
26 金	09:11	♈	～	26 金	17:54	♉
28 日	08:18	♉	～	28 日	18:22	♊
30 火	12:02	♊	～	30 火	21:47	♋

10月

開始日	開始時刻	サイン		終了日	終了時刻	サイン
2 木	19:13	♋	～	3 金	04:58	♌
5 日	04:54	♌	～	5 日	15:20	♍
7 火	20:39	♍	～	8 水	03:31	♎
9 木	23:00	♎	～	10 金	16:16	♏
12 日	22:36	♏	～	13 月	04:38	♐
15 水	10:48	♐	～	15 水	15:37	♑
17 金	20:15	♑	～	17 金	23:54	♒
19 日	22:15	♒	～	20 月	04:32	♓
22 水	03:55	♓	～	22 水	05:44	♈
23 木	16:27	♈	～	24 金	04:56	♉
26 日	03:45	♉	～	26 日	04:17	♊
28 火	00:14	♊	～	28 火	06:01	♋
30 木	10:49	♋	～	30 木	11:39	♌

11月

開始日	開始時刻	サイン		終了日	終了時刻	サイン
1 土	11:06	♌	～	1 土	21:19	♍
3 月	23:20	♍	～	4 火	09:32	♎
6 木	07:16	♎	～	6 木	22:20	♏
9 日	01:02	♏	～	9 日	10:26	♐
11 火	07:10	♐	～	11 火	21:16	♑
13 木	21:56	♑	～	14 金	06:11	♒
16 日	04:48	♒	～	16 日	12:22	♓
18 火	10:20	♓	～	18 火	15:22	♈
20 木	13:35	♈	～	20 木	15:52	♉
22 土	09:14	♉	～	22 土	15:28	♊
24 月	05:00	♊	～	24 月	16:19	♋
26 水	13:51	♋	～	26 水	20:24	♌
28 金	21:52	♌	～	29 土	04:38	♍

12月

開始日	開始時刻	サイン		終了日	終了時刻	サイン
1 月	09:29	♍	～	1 月	16:14	♎
3 水	15:50	♎	～	4 木	05:01	♏
6 土	10:58	♏	～	6 土	16:58	♐
8 月	15:00	♐	～	9 火	03:13	♑
11 木	06:30	♑	～	11 木	11:37	♒
13 土	13:23	♒	～	13 土	18:04	♓
15 月	18:06	♓	～	15 月	22:22	♈
17 水	17:16	♈	～	18 木	00:37	♉
19 金	21:59	♉	～	20 土	01:40	♊
21 日	16:59	♊	～	22 月	03:04	♋
24 水	02:59	♋	～	24 水	06:34	♌
26 金	09:57	♌	～	26 金	13:33	♍
28 日	20:33	♍	～	29 月	00:06	♎
31 水	00:43	♎	～	31 水	12:37	♏

1981年【ボイドタイム】

1月

開始日		開始時刻	サイン		終了日		終了時刻	サイン
2	金	21:42	♏	～	3	土	00:43	♐
4	日	23:40	♐	～	5	月	10:42	♑
7	水	15:52	♑	～	7	水	18:13	♒
9	金	21:37	♒	～	9	金	23:43	♓
12	月	01:51	♓	～	12	月	03:44	♈
13	火	21:06	♈	～	14	水	06:46	♉
16	金	07:45	♉	～	16	金	09:18	♊
18	日	02:26	♊	～	18	日	12:08	♋
20	火	15:01	♋	～	20	火	16:22	♌
22	木	21:48	♌	～	22	木	23:03	♍
25	日	07:37	♍	～	25	日	08:46	♎
27	火	09:23	♎	～	27	火	20:49	♏
30	金	08:22	♏	～	30	金	09:12	♐

2月

開始日		開始時刻	サイン		終了日		終了時刻	サイン
1	日	10:45	♐	～	1	日	19:38	♑
4	水	02:25	♑	～	4	水	02:56	♒
6	金	06:58	♒	～	6	金	07:22	♓
8	日	09:44	♓	～	8	日	10:02	♈
10	火	02:37	♈	～	10	火	12:11	♉
12	木	14:42	♉	～	12	木	14:52	♊
14	土	10:26	♊	～	14	土	18:43	♋
17	火	00:09	♋	～	17	火	00:11	♌
19	木	02:30	♌	～	19	木	07:35	♍
21	土	06:31	♍	～	21	土	17:13	♎
23	月	18:00	♎	～	24	火	04:55	♏
26	木	12:09	♏	～	26	木	17:30	♐
28	土	18:24	♐	～	1	日	04:47	♑

3月

開始日		開始時刻	サイン		終了日		終了時刻	サイン
3	火	01:55	♑	～	3	火	12:51	♒
5	木	08:13	♒	～	5	木	17:13	♓
7	土	10:14	♓	～	7	土	18:49	♈
9	月	10:53	♈	～	9	月	19:23	♉
11	水	12:58	♉	～	11	水	20:43	♊
13	金	19:03	♊	～	14	土	00:06	♋
16	月	04:09	♋	～	16	月	06:03	♌
18	水	04:29	♌	～	18	水	14:20	♍
21	土	00:22	♍	～	21	土	00:31	♎
23	月	01:53	♎	～	23	月	12:15	♏
26	木	00:41	♏	～	26	木	00:52	♐
28	土	02:43	♐	～	28	土	12:53	♑
30	月	21:56	♑	～	30	月	22:16	♒

4月

開始日		開始時刻	サイン		終了日		終了時刻	サイン
2	木	03:18	♒	～	2	木	03:42	♓
4	土	04:59	♓	～	4	土	05:26	♈
5	日	20:55	♈	～	6	月	05:05	♉
8	水	04:11	♉	～	8	水	04:48	♊
9	木	21:44	♊	～	10	金	06:34	♋
12	日	10:42	♋	～	12	日	11:37	♌
14	火	18:51	♌	～	14	火	19:57	♍
17	金	05:21	♍	～	17	金	06:39	♎
19	日	16:59	♎	～	19	日	18:40	♏
22	水	05:36	♏	～	22	水	07:16	♐
24	金	18:08	♐	～	24	金	19:32	♑
27	月	04:03	♑	～	27	月	05:58	♒
29	水	11:01	♒	～	29	水	12:57	♓

5月

開始日		開始時刻	サイン		終了日		終了時刻	サイン
1	金	14:02	♓	～	1	金	15:58	♈
3	日	07:20	♈	～	3	日	16:00	♉
5	火	12:56	♉	～	5	火	15:02	♊
7	木	06:08	♊	～	7	木	15:18	♋
9	土	16:02	♋	～	9	土	18:41	♌
12	火	01:36	♌	～	12	火	01:56	♍
14	木	09:04	♍	～	14	木	12:25	♎
16	土	12:59	♎	～	17	日	00:38	♏
19	火	09:25	♏	～	19	火	13:15	♐
21	木	13:37	♐	～	22	金	01:21	♑
24	日	07:59	♑	～	24	日	12:01	♒
26	火	16:06	♒	～	26	火	20:06	♓
29	金	00:38	♓	～	29	金	00:45	♈
30	土	16:18	♈	～	31	日	02:11	♉

6月

開始日		開始時刻	サイン		終了日		終了時刻	サイン
1	月	21:56	♉	～	2	火	01:49	♊
3	水	22:14	♊	～	4	木	01:39	♋
5	金	23:13	♋	～	6	土	03:43	♌
8	月	04:26	♌	～	8	月	09:26	♍
10	水	13:27	♍	～	10	水	18:56	♎
12	金	17:53	♎	～	13	土	06:55	♏
15	月	13:32	♏	～	15	月	19:32	♐
18	木	00:04	♐	～	18	木	07:22	♑
20	土	11:36	♑	～	20	土	17:37	♒
22	月	19:50	♒	～	23	火	01:45	♓
25	木	05:28	♓	～	25	木	07:19	♈
27	土	06:50	♈	～	27	土	10:17	♉
29	月	09:44	♉	～	29	月	11:22	♊

7月

開始日		開始時刻	サイン		終了日		終了時刻	サイン
1	水	06:25	♊	～	1	水	11:58	♋
3	金	07:49	♋	～	3	金	13:48	♌
5	日	11:59	♌	～	5	日	18:27	♍
7	火	20:53	♍	～	8	水	02:43	♎
10	金	10:13	♎	～	10	金	14:03	♏
12	日	19:04	♏	～	13	月	02:36	♐
15	水	09:53	♐	～	15	水	14:20	♑
17	金	16:49	♑	～	18	土	00:03	♒
20	月	00:27	♒	～	20	月	07:26	♓
22	水	11:18	♓	～	22	水	12:44	♈
24	金	15:40	♈	～	24	金	16:19	♉
26	日	12:10	♉	～	26	日	18:42	♊
28	火	08:04	♊	～	28	火	20:42	♋
30	木	16:36	♋	～	30	木	23:21	♌

8月

開始日		開始時刻	サイン		終了日		終了時刻	サイン
1	土	20:50	♌	～	2	日	03:55	♍
4	火	03:54	♍	～	4	火	11:25	♎
6	木	06:41	♎	～	6	木	21:59	♏
9	日	02:24	♏	～	9	日	10:23	♐
11	火	06:58	♐	～	11	火	22:21	♑
14	金	00:35	♑	～	14	金	07:57	♒
16	日	13:22	♒	～	16	日	14:35	♓
18	火	18:27	♓	～	18	火	18:50	♈
20	木	17:00	♈	～	20	木	21:44	♉
22	土	23:15	♉	～	23	日	00:19	♊
24	月	14:09	♊	～	25	火	03:17	♋
27	木	00:38	♋	～	27	木	07:11	♌
29	土	05:51	♌	～	29	土	12:32	♍
31	月	17:59	♍	～	31	月	20:03	♎

9月

開始日		開始時刻	サイン		終了日		終了時刻	サイン
2	水	15:33	♎	～	3	木	06:11	♏
5	土	11:16	♏	～	5	土	18:24	♐
7	月	17:43	♐	～	8	火	06:49	♑
10	木	10:36	♑	～	10	木	16:59	♒
12	土	22:47	♒	～	12	土	23:35	♓
14	月	21:30	♓	～	15	火	02:56	♈
16	水	17:05	♈	～	17	木	04:31	♉
19	土	00:51	♉	～	19	土	06:00	♊
21	月	04:47	♊	～	21	月	08:40	♋
23	水	07:57	♋	～	23	水	13:09	♌
25	金	16:09	♌	～	25	金	19:30	♍
27	日	22:28	♍	～	28	月	03:41	♎
30	水	01:11	♎	～	30	水	13:53	♏

10月

開始日		開始時刻	サイン		終了日		終了時刻	サイン
2	金	20:54	♏	～	3	土	02:00	♐
5	月	02:11	♐	～	5	月	14:50	♑
7	水	22:55	♑	～	8	木	02:02	♒
10	土	05:41	♒	～	10	土	09:33	♓
12	月	09:37	♓	～	12	月	13:02	♈
14	水	13:33	♈	～	14	水	13:44	♉
16	金	10:44	♉	～	16	金	13:42	♊
18	日	11:58	♊	～	18	日	14:53	♋
20	火	15:43	♋	～	20	火	18:35	♌
22	木	23:23	♌	～	23	金	01:06	♍
25	日	07:20	♍	～	25	日	09:57	♎
27	火	10:02	♎	～	27	火	20:39	♏
30	金	06:39	♏	～	30	金	08:49	♐

11月

開始日		開始時刻	サイン		終了日		終了時刻	サイン
1	日	12:26	♐	～	1	日	21:47	♑
4	水	08:21	♑	～	4	水	09:52	♒
6	金	17:44	♒	～	6	金	18:53	♓
8	日	22:49	♓	～	8	日	23:39	♈
10	火	19:18	♈	～	11	水	00:45	♉
12	木	23:36	♉	～	13	金	00:00	♊
14	土	19:28	♊	～	14	土	23:37	♋
16	月	21:53	♋	～	17	火	01:33	♌
19	木	03:49	♌	～	19	木	06:54	♍
21	土	13:09	♍	～	21	土	15:34	♎
24	火	01:15	♎	～	24	火	02:37	♏
26	木	05:21	♏	～	26	木	15:01	♐
28	土	19:26	♐	～	29	日	03:53	♑

12月

開始日		開始時刻	サイン		終了日		終了時刻	サイン
1	火	08:02	♑	～	1	火	16:10	♒
3	木	18:41	♒	～	4	金	02:17	♓
6	日	04:59	♓	～	6	日	08:50	♈
8	火	10:36	♈	～	8	火	11:32	♉
10	木	06:53	♉	～	10	木	11:31	♊
12	土	07:36	♊	～	12	土	10:41	♋
14	月	09:34	♋	～	14	月	11:09	♌
16	水	09:14	♌	～	16	水	14:39	♍
18	金	14:47	♍	～	18	金	21:59	♎
21	月	06:30	♎	～	21	月	08:40	♏
21	月	22:27	♏	～	23	水	21:12	♐
26	土	03:04	♐	～	26	土	10:00	♑
28	月	15:13	♑	～	28	月	21:54	♒
31	木	01:40	♒	～	31	木	08:02	♓

1982年【ボイドタイム】

1月

開始日		開始時刻	サイン		終了日		終了時刻	サイン
2	土	06:49	♓	~	2	土	15:34	♈
4	月	16:17	♈	~	4	月	20:03	♉
5	火	20:55	♉	~	6	水	21:49	♊
8	金	16:54	♊	~	8	金	22:02	♋
10	日	17:10	♋	~	10	日	22:22	♌
12	火	19:11	♌	~	13	水	00:38	♍
14	木	22:13	♍	~	15	金	06:18	♎
17	日	09:38	♎	~	17	日	15:47	♏
20	水	02:38	♏	~	20	水	04:01	♐
22	金	10:37	♐	~	22	金	16:52	♑
25	月	02:31	♑	~	25	月	04:26	♒
27	水	08:03	♒	~	27	水	13:50	♓
29	金	14:47	♓	~	29	金	20:59	♈
31	日	20:42	♈	~	1	月	02:04	♉

2月

開始日		開始時刻	サイン		終了日		終了時刻	サイン
2	火	20:34	♉	~	3	水	05:21	♊
5	金	02:12	♊	~	5	金	07:19	♋
7	日	03:43	♋	~	7	日	08:51	♌
9	火	05:57	♌	~	9	火	11:16	♍
11	木	09:37	♍	~	11	木	16:03	♎
13	土	18:13	♎	~	14	日	00:17	♏
16	火	05:21	♏	~	16	火	11:46	♐
18	木	23:50	♐	~	19	金	00:37	♑
21	日	05:58	♑	~	21	日	12:16	♒
23	火	15:08	♒	~	23	火	21:10	♓
25	木	22:27	♓	~	26	金	03:18	♈
28	日	04:52	♈	~	28	日	07:33	♉

3月

開始日		開始時刻	サイン		終了日		終了時刻	サイン
2	火	10:24	♉	~	2	火	10:51	♊
4	木	08:28	♊	~	4	木	13:49	♋
6	土	10:59	♋	~	6	土	16:51	♌
8	月	15:05	♌	~	8	月	20:28	♍
10	水	20:02	♍	~	11	木	01:35	♎
13	土	06:48	♎	~	13	土	09:17	♏
15	月	08:09	♏	~	15	月	20:04	♐
18	木	02:41	♐	~	18	木	08:48	♑
20	土	19:54	♑	~	20	土	20:54	♒
23	火	00:31	♒	~	23	火	06:02	♓
25	木	06:27	♓	~	25	木	11:38	♈
27	土	09:41	♈	~	27	土	14:40	♉
29	月	07:49	♉	~	29	月	16:45	♊
31	水	17:31	♊	~	31	水	19:10	♋

4月

開始日		開始時刻	サイン		終了日		終了時刻	サイン
2	金	15:33	♋	~	2	金	22:37	♌
4	日	23:55	♌	~	5	月	03:19	♍
7	水	03:59	♍	~	7	水	09:27	♎
9	金	11:51	♎	~	9	金	17:34	♏
10	土	07:51	♏	~	12	月	04:07	♐
14	水	10:32	♐	~	14	水	16:42	♑
16	金	21:42	♑	~	17	土	05:19	♒
19	月	13:02	♒	~	19	月	15:20	♓
21	水	15:59	♓	~	21	水	21:24	♈
23	金	18:50	♈	~	23	金	23:59	♉
25	日	07:42	♉	~	26	月	00:49	♊
27	火	20:29	♊	~	28	水	01:44	♋
29	木	22:48	♋	~	30	金	04:10	♌

5月

開始日		開始時刻	サイン		終了日		終了時刻	サイン
2	日	02:57	♌	~	2	日	08:46	♍
4	火	14:59	♍	~	4	火	15:33	♎
6	木	18:00	♎	~	7	金	00:25	♏
8	土	09:44	♏	~	9	日	11:17	♐
11	火	16:52	♐	~	11	火	23:50	♑
14	金	02:15	♑	~	14	金	12:45	♒
16	日	17:00	♒	~	16	日	23:47	♓
19	水	02:30	♓	~	19	水	07:05	♈
21	金	04:20	♈	~	21	金	10:23	♉
21	金	14:25	♉	~	23	日	10:55	♊
25	火	04:41	♊	~	25	火	10:39	♋
27	木	03:36	♋	~	27	木	11:28	♌
29	土	11:05	♌	~	29	土	14:44	♍
31	月	13:50	♍	~	31	月	21:03	♎

6月

開始日		開始時刻	サイン		終了日		終了時刻	サイン
2	水	22:32	♎	~	3	木	06:13	♏
3	木	13:42	♏	~	5	土	17:32	♐
7	月	21:55	♐	~	8	火	06:13	♑
10	木	07:34	♑	~	10	木	19:09	♒
12	土	22:31	♒	~	13	日	06:45	♓
15	火	07:30	♓	~	15	火	15:21	♈
17	木	12:43	♈	~	17	木	20:08	♉
19	土	09:10	♉	~	19	土	21:35	♊
21	月	20:51	♊	~	21	月	21:13	♋
23	水	16:47	♋	~	23	水	20:57	♌
25	金	14:53	♌	~	25	金	22:37	♍
27	日	19:08	♍	~	28	月	03:31	♎
30	水	03:01	♎	~	30	水	12:02	♏

7月

開始日		開始時刻	サイン		終了日		終了時刻	サイン
1	木	04:59	♏	~	2	金	23:26	♐
5	月	02:29	♐	~	5	月	12:16	♑
7	水	13:11	♑	~	8	木	01:04	♒
10	土	02:57	♒	~	10	土	12:36	♓
12	月	12:31	♓	~	12	月	21:50	♈
14	水	19:08	♈	~	15	木	04:01	♉
16	金	20:23	♉	~	17	土	07:04	♊
19	月	04:08	♊	~	19	月	07:47	♋
21	水	03:56	♋	~	21	水	07:36	♌
22	木	23:42	♌	~	23	金	08:21	♍
25	日	02:28	♍	~	25	日	11:46	♎
27	火	11:07	♎	~	27	火	18:59	♏
28	水	12:14	♏	~	30	金	05:48	♐

8月

開始日		開始時刻	サイン		終了日		終了時刻	サイン
1	日	16:04	♐	~	1	日	18:37	♑
3	火	19:59	♑	~	4	水	07:18	♒
6	金	09:19	♒	~	6	金	18:24	♓
8	日	17:02	♓	~	9	月	03:21	♈
11	水	01:47	♈	~	11	水	10:01	♉
13	金	11:32	♉	~	13	金	14:23	♊
15	日	07:44	♊	~	15	日	16:41	♋
17	火	08:57	♋	~	17	火	17:41	♌
19	木	11:45	♌	~	19	木	18:41	♍
21	土	11:35	♍	~	21	土	21:23	♎
23	月	17:42	♎	~	24	火	03:22	♏
26	木	07:28	♏	~	26	木	13:12	♐
28	土	15:23	♐	~	29	日	01:42	♑
31	火	04:22	♑	~	31	火	14:24	♒

9月

開始日		開始時刻	サイン		終了日		終了時刻	サイン
2	木	15:42	♒	~	3	金	01:12	♓
4	土	22:51	♓	~	5	日	09:25	♈
7	火	13:55	♈	~	7	火	15:28	♉
9	木	06:58	♉	~	9	木	19:58	♊
11	土	15:26	♊	~	11	土	23:19	♋
13	月	18:13	♋	~	14	火	01:47	♌
15	水	22:51	♌	~	16	木	03:58	♍
18	土	04:23	♍	~	18	土	07:04	♎
20	月	04:36	♎	~	20	月	12:33	♏
22	水	19:44	♏	~	22	水	21:31	♐
25	土	01:05	♐	~	25	土	09:32	♑
27	月	14:11	♑	~	27	月	22:22	♒
30	木	01:41	♒	~	30	木	09:19	♓

10月

開始日		開始時刻	サイン		終了日		終了時刻	サイン
2	土	07:01	♓	~	2	土	17:07	♈
4	月	15:33	♈	~	4	月	22:10	♉
5	火	19:39	♉	~	7	木	01:40	♊
8	金	22:30	♊	~	9	土	04:40	♋
11	月	01:42	♋	~	11	月	07:45	♌
13	水	05:12	♌	~	13	水	11:10	♍
15	金	06:01	♍	~	15	金	15:23	♎
17	日	15:20	♎	~	17	日	21:21	♏
19	火	01:43	♏	~	20	水	06:03	♐
22	金	14:34	♐	~	22	金	17:39	♑
25	月	03:19	♑	~	25	月	06:37	♒
27	水	12:37	♒	~	27	水	18:13	♓
29	金	23:13	♓	~	30	土	02:26	♈

11月

開始日		開始時刻	サイン		終了日		終了時刻	サイン
1	月	07:00	♈	~	1	月	07:05	♉
2	火	14:02	♉	~	3	水	09:23	♊
5	金	06:47	♊	~	5	金	11:00	♋
7	日	09:01	♋	~	7	日	13:11	♌
9	火	12:42	♌	~	9	火	16:41	♍
11	木	13:31	♍	~	11	木	21:46	♎
14	日	01:27	♎	~	14	日	04:43	♏
16	火	06:22	♏	~	16	火	13:52	♐
18	木	22:57	♐	~	19	金	01:22	♑
21	日	12:55	♑	~	21	日	14:21	♒
24	水	01:29	♒	~	24	水	02:43	♓
26	金	04:30	♓	~	26	金	12:08	♈
28	日	17:19	♈	~	28	日	17:32	♉
30	火	10:35	♉	~	30	火	19:37	♊

12月

開始日		開始時刻	サイン		終了日		終了時刻	サイン
2	木	17:30	♊	~	2	木	19:58	♋
4	土	18:02	♋	~	4	土	20:27	♌
6	月	20:08	♌	~	6	月	22:33	♍
9	木	00:56	♍	~	9	木	03:11	♎
11	土	08:11	♎	~	11	土	10:35	♏
13	月	15:14	♏	~	13	月	20:28	♐
16	木	05:58	♐	~	16	木	08:16	♑
18	土	19:02	♑	~	18	土	21:13	♒
21	火	07:55	♒	~	21	火	09:57	♓
23	木	19:33	♓	~	23	木	20:35	♈
26	日	02:02	♈	~	26	日	03:38	♉
27	月	21:46	♉	~	28	火	06:49	♊
30	木	05:55	♊	~	30	木	07:13	♋

1983年【ボイドタイム】

1月

開始日		開始時刻	サイン		終了日		終了時刻	サイン
1	土	05:33	♋	～	1	土	06:34	♌
3	月	05:37	♌	～	3	月	06:50	♍
5	水	08:00	♍	～	5	水	09:45	♎
7	金	15:01	♎	～	7	金	16:17	♏
9	日	13:16	♏	～	10	月	02:14	♐
12	水	13:13	♐	～	12	水	14:27	♑
15	土	02:17	♑	～	15	土	03:27	♒
17	月	15:36	♒	～	17	月	16:03	♓
20	木	01:14	♓	～	20	木	03:09	♈
22	土	10:40	♈	～	22	土	11:37	♉
24	月	03:52	♉	～	24	月	16:41	♊
26	水	17:41	♊	～	26	水	18:29	♋
28	金	17:25	♋	～	28	金	18:11	♌
30	日	16:49	♌	～	30	日	17:35	♍

2月

開始日		開始時刻	サイン		終了日		終了時刻	サイン
1	火	15:55	♍	～	1	火	18:48	♎
3	木	22:40	♎	～	3	木	23:33	♏
5	土	13:55	♏	～	6	日	08:29	♐
8	火	19:34	♐	～	8	火	20:34	♑
11	金	08:39	♑	～	11	金	09:41	♒
13	日	21:00	♒	～	13	日	22:02	♓
16	水	06:15	♓	～	16	水	08:47	♈
18	金	16:28	♈	～	18	金	17:31	♉
20	日	18:22	♉	～	20	日	23:53	♊
23	水	03:13	♊	～	23	水	03:32	♋
25	金	04:31	♋	～	25	金	04:47	♌
27	日	03:45	♌	～	27	日	04:50	♍

3月

開始日		開始時刻	サイン		終了日		終了時刻	サイン
1	火	03:46	♍	～	1	火	05:31	♎
3	木	07:33	♎	～	3	木	08:51	♏
5	土	09:33	♏	～	5	土	16:16	♐
8	火	01:51	♐	～	8	火	03:30	♑
10	木	14:45	♑	～	10	木	16:31	♒
13	日	03:03	♒	～	13	日	04:48	♓
15	火	13:23	♓	～	15	火	15:01	♈
17	木	21:33	♈	～	17	木	23:05	♉
20	日	02:45	♉	～	20	日	05:21	♊
22	火	08:30	♊	～	22	火	09:53	♋
24	木	10:46	♋	～	24	木	12:44	♌
26	土	13:01	♌	～	26	土	14:19	♍
28	月	14:31	♍	～	28	月	15:49	♎
30	水	17:36	♎	～	30	水	18:57	♏
31	木	20:52	♏	～	2	土	01:20	♐

4月

開始日		開始時刻	サイン		終了日		終了時刻	サイン
4	月	09:57	♐	～	4	月	11:30	♑
6	水	21:01	♑	～	7	木	00:07	♒
9	土	10:57	♒	～	9	土	12:31	♓
11	月	21:06	♓	～	11	月	22:38	♈
14	木	04:31	♈	～	14	木	06:00	♉
15	金	04:08	♉	～	16	土	11:16	♊
18	月	13:46	♊	～	18	月	15:15	♋
20	水	17:57	♋	～	20	水	18:27	♌
22	金	19:41	♌	～	22	金	21:12	♍
24	日	22:30	♍	～	25	月	00:05	♎
27	水	02:24	♎	～	27	水	04:05	♏
29	金	01:27	♏	～	29	金	10:29	♐

5月

開始日		開始時刻	サイン		終了日		終了時刻	サイン
1	日	18:02	♐	～	1	日	20:02	♑
4	水	03:32	♑	～	4	水	08:10	♒
6	金	18:32	♒	～	6	金	20:44	♓
9	月	06:02	♓	～	9	月	07:17	♈
11	水	14:02	♈	～	11	水	14:37	♉
13	金	14:34	♉	～	13	金	19:04	♊
15	日	20:47	♊	～	15	日	21:49	♋
17	火	22:47	♋	～	18	水	00:02	♌
20	金	01:08	♌	～	20	金	02:37	♍
22	日	03:45	♍	～	22	日	06:12	♎
24	火	09:16	♎	～	24	火	11:18	♏
25	水	19:22	♏	～	26	木	18:28	♐
29	日	01:25	♐	～	29	日	04:08	♑
31	火	12:58	♑	～	31	火	16:00	♒

6月

開始日		開始時刻	サイン		終了日		終了時刻	サイン
3	金	01:26	♒	～	3	金	04:43	♓
5	日	13:55	♓	～	5	日	16:00	♈
7	火	20:47	♈	～	8	水	00:06	♉
9	木	18:55	♉	～	10	金	04:38	♊
12	日	03:22	♊	～	12	日	06:33	♋
14	火	06:26	♋	～	14	火	07:22	♌
16	木	05:14	♌	～	16	木	08:39	♍
18	土	07:58	♍	～	18	土	11:37	♎
20	月	13:56	♎	～	20	月	17:00	♏
21	火	20:15	♏	～	23	木	00:56	♐
25	土	06:43	♐	～	25	土	11:09	♑
27	月	18:32	♑	～	27	月	23:07	♒
30	木	07:15	♒	～	30	木	11:52	♓

7月

開始日		開始時刻	サイン		終了日		終了時刻	サイン
2	土	18:54	♓	～	2	土	23:48	♈
5	火	04:52	♈	～	5	火	09:06	♉
7	木	10:50	♉	～	7	木	14:42	♊
9	土	15:46	♊	～	9	土	16:51	♋
11	月	13:24	♋	～	11	月	16:54	♌
13	水	13:13	♌	～	13	水	16:44	♍
15	金	16:10	♍	～	15	金	18:11	♎
17	日	18:54	♎	～	17	日	22:39	♏
19	火	23:34	♏	～	20	水	06:32	♐
22	金	13:21	♐	～	22	金	17:12	♑
25	月	01:43	♑	～	25	月	05:27	♒
27	水	14:40	♒	～	27	水	18:12	♓
30	土	00:09	♓	～	30	土	06:21	♈

8月

開始日		開始時刻	サイン		終了日		終了時刻	サイン
1	月	16:13	♈	～	1	月	16:38	♉
3	水	11:22	♉	～	3	水	23:44	♊
6	土	01:01	♊	～	6	土	03:10	♋
8	月	01:46	♋	～	8	月	03:38	♌
10	水	01:10	♌	～	10	水	02:50	♍
12	金	00:41	♍	～	12	金	02:52	♎
14	日	04:21	♎	～	14	日	05:45	♏
15	月	21:47	♏	～	16	火	12:34	♐
18	木	22:05	♐	～	18	木	23:00	♑
21	日	10:53	♑	～	21	日	11:26	♒
24	水	00:01	♒	～	24	水	00:11	♓
26	金	09:01	♓	～	26	金	12:09	♈
28	日	21:25	♈	～	28	日	22:39	♉
31	水	03:16	♉	～	31	水	06:50	♊

9月

開始日		開始時刻	サイン		終了日		終了時刻	サイン
2	金	07:43	♊	～	2	金	11:54	♋
4	日	09:57	♋	～	4	日	13:48	♌
6	火	09:58	♌	～	6	火	13:37	♍
8	木	11:36	♍	～	8	木	13:14	♎
10	土	11:07	♎	～	10	土	14:50	♏
12	月	12:24	♏	～	12	月	20:09	♐
15	木	01:35	♐	～	15	木	05:34	♑
17	土	13:51	♑	～	17	土	17:46	♒
20	火	02:47	♒	～	20	火	06:31	♓
22	木	15:36	♓	～	22	木	18:11	♈
25	日	01:02	♈	～	25	日	04:13	♉
27	火	08:57	♉	～	27	火	12:25	♊
29	木	17:42	♊	～	29	木	18:25	♋

10月

開始日		開始時刻	サイン		終了日		終了時刻	サイン
1	土	19:32	♋	～	1	土	21:55	♌
3	月	21:05	♌	～	3	月	23:16	♍
5	水	18:17	♍	～	5	水	23:42	♎
7	金	23:07	♎	～	8	土	01:07	♏
8	土	09:30	♏	～	10	月	05:21	♐
12	水	11:34	♐	～	12	水	13:31	♑
14	金	23:11	♑	～	15	土	01:01	♒
17	月	12:05	♒	～	17	月	13:42	♓
19	水	19:16	♓	～	20	木	01:19	♈
22	土	09:40	♈	～	22	土	10:48	♉
23	日	13:21	♉	～	24	月	18:11	♊
26	水	23:38	♊	～	26	水	23:48	♋
29	土	03:17	♋	～	29	土	03:51	♌
31	月	06:08	♌	～	31	月	06:34	♍

11月

開始日		開始時刻	サイン		終了日		終了時刻	サイン
2	水	03:55	♍	～	2	水	08:31	♎
4	金	10:45	♎	～	4	金	10:54	♏
6	日	08:50	♏	～	6	日	15:10	♐
8	火	20:37	♐	～	8	火	22:32	♑
10	木	23:57	♑	～	11	金	09:11	♒
13	日	18:38	♒	～	13	日	21:42	♓
16	水	06:40	♓	～	16	水	09:37	♈
18	金	14:53	♈	～	18	金	19:07	♉
20	日	21:29	♉	～	21	月	01:46	♊
23	水	02:33	♊	～	23	水	06:11	♋
24	木	08:56	♋	～	25	金	09:20	♌
27	日	08:43	♌	～	27	日	12:03	♍
29	火	11:44	♍	～	29	火	14:58	♎

12月

開始日		開始時刻	サイン		終了日		終了時刻	サイン
1	木	15:32	♎	～	1	木	18:41	♏
2	金	13:58	♏	～	3	土	23:57	♐
6	火	05:41	♐	～	6	火	07:29	♑
7	水	05:27	♑	～	8	木	17:40	♒
11	日	02:56	♒	～	11	日	05:54	♓
13	火	15:34	♓	～	13	火	18:17	♈
16	金	02:09	♈	～	16	金	04:34	♉
17	土	07:39	♉	～	18	日	11:24	♊
20	火	13:11	♊	～	20	火	15:03	♋
21	水	22:36	♋	～	22	木	16:44	♌
24	土	16:28	♌	～	24	土	18:02	♍
26	月	18:50	♍	～	26	月	20:19	♎
28	水	23:03	♎	～	29	木	00:27	♏
31	土	03:51	♏	～	31	土	06:45	♐

1984年【ボイドタイム】

1月

開始日	開始時刻	サイン		終了日	終了時刻	サイン
2 月	13:57	♐	~	2 月	15:08	♑
4 水	18:33	♑	~	5 木	01:31	♒
7 土	12:42	♒	~	7 土	13:35	♓
10 火	01:35	♓	~	10 火	02:16	♈
12 木	13:08	♈	~	12 木	13:37	♉
14 土	08:56	♉	~	14 土	21:41	♊
17 火	01:39	♊	~	17 火	01:48	♋
18 水	23:05	♋	~	19 木	02:50	♌
20 金	15:53	♌	~	21 土	02:36	♍
22 日	20:27	♍	~	23 月	03:08	♎
25 水	03:56	♎	~	25 水	06:05	♏
26 木	09:53	♏	~	27 金	12:13	♐
28 土	11:36	♐	~	29 日	21:13	♑
31 火	06:59	♑	~	1 水	08:12	♒

2月

開始日	開始時刻	サイン		終了日	終了時刻	サイン
2 木	16:05	♒	~	3 金	20:23	♓
5 日	22:53	♓	~	6 月	09:05	♈
8 水	19:12	♈	~	8 水	21:06	♉
10 金	12:59	♉	~	11 土	06:40	♊
13 月	00:22	♊	~	13 月	12:21	♋
15 水	05:29	♋	~	15 水	14:10	♌
17 金	09:41	♌	~	17 金	13:33	♍
19 日	12:32	♍	~	19 日	12:40	♎
20 月	16:48	♎	~	21 火	13:45	♏
23 木	02:55	♏	~	23 木	18:23	♐
25 土	19:00	♐	~	26 日	02:50	♑
27 月	20:07	♑	~	28 火	14:03	♒

3月

開始日	開始時刻	サイン		終了日	終了時刻	サイン
1 木	10:05	♒	~	2 金	02:30	♓
4 日	00:24	♓	~	4 日	15:08	♈
6 火	05:54	♈	~	7 水	03:10	♉
9 金	02:24	♉	~	9 金	13:30	♊
11 日	13:25	♊	~	11 日	20:49	♋
13 火	20:21	♋	~	14 水	00:22	♌
15 木	18:13	♌	~	16 金	00:48	♍
17 土	19:09	♍	~	17 土	23:52	♎
18 日	21:17	♎	~	19 月	23:49	♏
21 水	21:30	♏	~	22 木	02:42	♐
23 金	07:34	♐	~	24 土	09:37	♑
26 月	15:37	♑	~	26 月	20:10	♒
29 木	04:33	♒	~	29 木	08:38	♓
31 土	17:35	♓	~	31 土	21:15	♈

4月

開始日	開始時刻	サイン		終了日	終了時刻	サイン
2 月	00:11	♈	~	3 火	08:56	♉
5 木	15:55	♉	~	5 木	19:05	♊
8 日	02:45	♊	~	8 日	03:00	♋
10 火	04:59	♋	~	10 火	08:02	♌
12 木	07:04	♌	~	12 木	10:12	♍
14 土	07:08	♍	~	14 土	10:30	♎
16 月	04:10	♎	~	16 月	10:42	♏
18 水	08:14	♏	~	18 水	12:44	♐
19 木	13:06	♐	~	20 金	18:11	♑
22 日	20:41	♑	~	23 月	03:28	♒
25 水	07:20	♒	~	25 水	15:27	♓
27 金	18:43	♓	~	28 土	04:03	♈
30 月	10:35	♈	~	30 月	15:31	♉

5月

開始日	開始時刻	サイン		終了日	終了時刻	サイン
2 水	13:38	♉	~	3 木	01:03	♊
5 土	01:46	♊	~	5 土	08:27	♋
7 月	07:23	♋	~	7 月	13:44	♌
9 水	11:37	♌	~	9 水	17:03	♍
11 金	04:07	♍	~	11 金	18:55	♎
13 日	18:04	♎	~	13 日	20:23	♏
15 火	13:28	♏	~	15 火	22:51	♐
16 水	20:02	♐	~	18 金	03:44	♑
20 日	11:51	♑	~	20 日	11:56	♒
22 火	22:57	♒	~	22 火	23:09	♓
25 金	07:31	♓	~	25 金	11:40	♈
27 日	22:49	♈	~	27 日	23:14	♉
29 火	04:01	♉	~	30 水	08:24	♊

6月

開始日	開始時刻	サイン		終了日	終了時刻	サイン
1 金	14:22	♊	~	1 金	14:54	♋
3 日	18:44	♋	~	3 日	19:20	♌
5 火	21:49	♌	~	5 火	22:28	♍
7 木	01:41	♍	~	8 金	01:04	♎
10 日	03:02	♎	~	10 日	03:49	♏
11 月	00:45	♏	~	12 火	07:27	♐
14 木	11:52	♐	~	14 木	12:49	♑
16 土	19:39	♑	~	16 土	20:42	♒
19 火	06:10	♒	~	19 火	07:19	♓
21 木	15:08	♓	~	21 木	19:41	♈
24 日	07:35	♈	~	24 日	07:39	♉
25 月	06:45	♉	~	26 火	17:05	♊
28 木	22:53	♊	~	28 木	23:10	♋

7月

開始日	開始時刻	サイン		終了日	終了時刻	サイン
1 日	01:23	♋	~	1 日	02:31	♌
3 火	04:01	♌	~	3 火	04:28	♍
5 木	05:55	♍	~	5 木	06:27	♎
7 土	08:50	♎	~	7 土	09:29	♏
9 月	01:30	♏	~	9 月	14:04	♐
11 水	19:29	♐	~	11 水	20:24	♑
14 土	03:23	♑	~	14 土	04:42	♒
16 月	13:59	♒	~	16 月	15:11	♓
19 木	02:05	♓	~	19 木	03:27	♈
21 土	14:35	♈	~	21 土	15:53	♉
23 月	19:25	♉	~	24 火	02:11	♊
26 木	08:03	♊	~	26 木	08:45	♋
28 土	10:43	♋	~	28 土	11:42	♌
30 月	11:34	♌	~	30 月	12:30	♍

8月

開始日	開始時刻	サイン		終了日	終了時刻	サイン
1 水	11:30	♍	~	1 水	13:04	♎
3 金	14:11	♎	~	3 金	15:05	♏
5 日	13:43	♏	~	5 日	19:30	♐
8 水	02:10	♐	~	8 水	02:25	♑
10 金	10:38	♑	~	10 金	11:26	♒
12 日	21:30	♒	~	12 日	22:14	♓
15 水	08:06	♓	~	15 水	10:29	♈
17 金	22:42	♈	~	17 金	23:14	♉
20 月	04:40	♉	~	20 月	10:32	♊
22 水	18:04	♊	~	22 水	18:21	♋
24 金	21:50	♋	~	24 金	22:01	♌
26 日	22:28	♌	~	26 日	22:33	♍
28 火	19:52	♍	~	28 火	21:58	♎
30 木	20:12	♎	~	30 木	22:24	♏
31 金	17:44	♏	~	2 日	01:30	♐

9月

開始日	開始時刻	サイン		終了日	終了時刻	サイン
4 火	05:25	♐	~	4 火	07:56	♑
5 水	07:34	♑	~	6 木	17:12	♒
9 日	01:43	♒	~	9 日	04:25	♓
11 火	14:03	♓	~	11 火	16:47	♈
14 金	02:50	♈	~	14 金	05:34	♉
16 日	03:48	♉	~	16 日	17:26	♊
19 水	00:09	♊	~	19 水	02:37	♋
21 金	04:23	♋	~	21 金	07:50	♌
23 日	07:14	♌	~	23 日	09:20	♍
25 火	06:40	♍	~	25 火	08:42	♎
27 木	06:02	♎	~	27 木	08:05	♏
29 土	03:11	♏	~	29 土	09:33	♐

10月

開始日	開始時刻	サイン		終了日	終了時刻	サイン
1 月	12:14	♐	~	1 月	14:29	♑
2 火	17:22	♑	~	3 水	23:04	♒
6 土	07:59	♒	~	6 土	10:20	♓
8 月	20:34	♓	~	8 月	22:52	♈
11 木	09:17	♈	~	11 木	11:29	♉
13 土	05:27	♉	~	13 土	23:15	♊
16 火	07:08	♊	~	16 火	09:01	♋
18 木	11:02	♋	~	18 木	15:42	♌
20 土	17:26	♌	~	20 土	18:57	♍
22 月	18:09	♍	~	22 月	19:32	♎
24 水	17:50	♎	~	24 水	19:09	♏
25 木	22:32	♏	~	26 金	19:44	♐
28 日	21:49	♐	~	28 日	23:05	♑
30 火	09:06	♑	~	31 水	06:14	♒

11月

開始日	開始時刻	サイン		終了日	終了時刻	サイン
2 金	15:39	♒	~	2 金	16:50	♓
5 月	04:17	♓	~	5 月	05:21	♈
7 水	16:59	♈	~	7 水	17:54	♉
9 金	20:00	♉	~	10 土	05:11	♊
12 月	13:57	♊	~	12 月	14:32	♋
14 水	19:48	♋	~	14 水	21:34	♌
17 土	01:51	♌	~	17 土	02:09	♍
19 月	04:20	♍	~	19 月	04:30	♎
21 水	05:28	♎	~	21 水	05:31	♏
22 木	14:43	♏	~	23 金	06:35	♐
24 土	23:10	♐	~	25 日	09:18	♑
26 月	22:22	♑	~	27 火	15:07	♒
29 木	22:00	♒	~	30 金	00:34	♓

12月

開始日	開始時刻	サイン		終了日	終了時刻	サイン
1 土	19:25	♓	~	2 日	12:43	♈
4 火	13:35	♈	~	5 水	01:21	♉
7 金	07:21	♉	~	7 金	12:25	♊
9 日	19:00	♊	~	9 日	20:57	♋
11 火	13:54	♋	~	12 水	03:09	♌
13 木	21:40	♌	~	14 金	07:36	♍
16 日	00:25	♍	~	16 日	10:53	♎
18 火	07:00	♎	~	18 火	13:28	♏
20 木	09:10	♏	~	20 木	15:59	♐
22 土	15:20	♐	~	22 土	19:21	♑
24 月	13:48	♑	~	25 火	00:48	♒
26 水	22:06	♒	~	27 木	09:19	♓
29 土	09:38	♓	~	29 土	20:50	♈

1985年【ボイドタイム】

1月

開始日	開始時刻	サイン		終了日	終了時刻	サイン
1 火	01:32	♈	~	1 火	09:37	♉
3 木	19:11	♉	~	3 木	21:01	♊
5 土	14:49	♊	~	6 日	05:18	♋
8 火	02:23	♋	~	8 火	10:29	♌
10 木	09:55	♌	~	10 木	13:40	♍
12 土	08:59	♍	~	12 土	16:14	♎
14 月	09:44	♎	~	14 月	19:08	♏
16 水	16:02	♏	~	16 水	22:49	♐
18 金	06:17	♐	~	19 土	03:30	♑
21 月	03:02	♑	~	21 月	09:39	♒
23 水	11:26	♒	~	23 水	18:03	♓
25 金	23:29	♓	~	26 土	05:06	♈
28 月	13:26	♈	~	28 月	17:54	♉
31 木	02:53	♉	~	31 木	06:01	♊

2月

開始日	開始時刻	サイン		終了日	終了時刻	サイン
2 土	14:47	♊	~	2 土	15:00	♋
4 月	19:09	♋	~	4 月	20:03	♌
6 水	17:53	♌	~	6 水	22:10	♍
8 金	19:05	♍	~	8 金	23:11	♎
10 日	10:11	♎	~	11 月	00:50	♏
13 水	00:06	♏	~	13 水	04:10	♐
15 金	02:10	♐	~	15 金	09:28	♑
17 日	12:34	♑	~	17 日	16:37	♒
19 火	21:35	♒	~	20 水	01:39	♓
22 金	08:39	♓	~	22 金	12:43	♈
24 日	00:20	♈	~	25 月	01:28	♉
27 水	10:19	♉	~	27 水	14:12	♊

3月

開始日	開始時刻	サイン		終了日	終了時刻	サイン
1 金	04:21	♊	~	2 土	00:24	♋
4 月	03:11	♋	~	4 月	06:29	♌
6 水	05:39	♌	~	6 水	08:43	♍
8 金	05:48	♍	~	8 金	08:48	♎
10 日	02:19	♎	~	10 日	08:48	♏
12 火	07:16	♏	~	12 火	10:30	♐
14 木	13:34	♐	~	14 木	14:55	♑
16 土	18:31	♑	~	16 土	22:12	♒
19 火	03:58	♒	~	19 火	07:51	♓
21 木	15:15	♓	~	21 木	19:21	♈
23 土	12:45	♈	~	24 日	08:07	♉
26 火	16:39	♉	~	26 火	21:03	♊
28 木	09:21	♊	~	29 金	08:14	♋
31 日	11:40	♋	~	31 日	15:52	♌

4月

開始日	開始時刻	サイン		終了日	終了時刻	サイン
2 火	15:23	♌	~	2 火	19:26	♍
4 木	15:55	♍	~	4 木	19:55	♎
6 土	00:07	♎	~	6 土	19:11	♏
8 月	14:53	♏	~	8 月	19:18	♐
10 水	04:30	♐	~	10 水	21:58	♑
12 金	22:39	♑	~	13 土	04:05	♒
15 月	07:33	♒	~	15 月	13:31	♓
17 水	18:52	♓	~	18 木	01:19	♈
19 金	13:07	♈	~	20 土	14:13	♉
22 月	21:35	♉	~	23 火	03:01	♊
24 水	14:02	♊	~	25 木	14:27	♋
27 土	16:07	♋	~	27 土	23:11	♌
29 月	21:32	♌	~	30 火	04:25	♍

5月

開始日	開始時刻	サイン		終了日	終了時刻	サイン
1 水	23:39	♍	~	2 木	06:23	♎
3 金	10:08	♎	~	4 土	06:18	♏
5 日	22:51	♏	~	6 月	05:57	♐
7 火	15:38	♐	~	8 水	07:12	♑
10 金	03:07	♑	~	10 金	11:39	♒
12 日	14:42	♒	~	12 日	19:57	♓
14 火	21:12	♓	~	15 水	07:26	♈
16 木	17:36	♈	~	17 金	20:24	♉
20 月	06:41	♉	~	20 月	09:02	♊
21 火	19:07	♊	~	22 水	20:06	♋
24 金	18:05	♋	~	25 土	04:55	♌
27 月	00:31	♌	~	27 月	11:07	♍
29 水	08:17	♍	~	29 水	14:41	♎
31 金	06:55	♎	~	31 金	16:08	♏

6月

開始日	開始時刻	サイン		終了日	終了時刻	サイン
2 日	06:12	♏	~	2 日	16:34	♐
4 火	14:22	♐	~	4 火	17:35	♑
6 木	09:07	♑	~	6 木	20:53	♒
9 日	02:53	♒	~	9 日	03:47	♓
11 火	01:34	♓	~	11 火	14:25	♈
13 木	10:55	♈	~	14 金	03:12	♉
16 日	01:08	♉	~	16 日	15:46	♊
18 火	20:58	♊	~	19 水	02:23	♋
20 木	20:35	♋	~	21 金	10:33	♌
23 日	02:53	♌	~	23 日	16:33	♍
25 火	07:23	♍	~	25 火	20:48	♎
27 木	16:54	♎	~	27 木	23:38	♏
30 日	01:08	♏	~	30 日	01:31	♐

7月

開始日	開始時刻	サイン		終了日	終了時刻	サイン
1 月	03:53	♐	~	2 火	03:23	♑
4 木	01:41	♑	~	4 木	06:37	♒
6 土	12:16	♒	~	6 土	12:41	♓
8 月	06:05	♓	~	8 月	22:21	♈
10 水	15:04	♈	~	11 木	10:45	♉
13 土	07:28	♉	~	13 土	23:24	♊
15 月	13:02	♊	~	16 火	09:55	♋
18 木	09:00	♋	~	18 木	17:26	♌
20 土	09:54	♌	~	20 土	22:30	♍
23 火	01:50	♍	~	23 火	02:11	♎
25 木	04:53	♎	~	25 木	05:17	♏
27 土	00:06	♏	~	27 土	08:13	♐
29 月	03:17	♐	~	29 月	11:22	♑
31 水	00:29	♑	~	31 水	15:26	♒

8月

開始日	開始時刻	サイン		終了日	終了時刻	サイン
2 金	10:56	♒	~	2 金	21:34	♓
4 日	14:16	♓	~	5 月	06:43	♈
7 水	01:32	♈	~	7 水	18:42	♉
9 金	14:38	♉	~	10 土	07:32	♊
11 日	20:43	♊	~	12 月	18:29	♋
14 水	11:05	♋	~	15 木	01:58	♌
16 金	19:05	♌	~	17 土	06:16	♍
18 日	19:13	♍	~	19 月	08:45	♎
21 水	07:11	♎	~	21 水	10:52	♏
23 金	02:42	♏	~	23 金	13:37	♐
24 土	23:11	♐	~	25 日	17:25	♑
27 火	21:09	♑	~	27 火	22:32	♒
29 木	15:30	♒	~	30 金	05:26	♓

9月

開始日	開始時刻	サイン		終了日	終了時刻	サイン
1 日	00:12	♓	~	1 日	14:43	♈
3 火	17:52	♈	~	4 水	02:29	♉
6 金	13:11	♉	~	6 金	15:28	♊
9 月	01:28	♊	~	9 月	03:11	♋
10 火	23:01	♋	~	11 水	11:28	♌
13 金	04:31	♌	~	13 金	15:53	♍
15 日	06:56	♍	~	15 日	17:35	♎
17 火	08:06	♎	~	17 火	18:18	♏
19 木	13:45	♏	~	19 木	19:41	♐
21 土	21:33	♐	~	21 土	22:50	♑
23 月	17:39	♑	~	24 火	04:12	♒
26 木	01:14	♒	~	26 木	11:51	♓
28 土	11:07	♓	~	28 土	21:43	♈
30 月	02:33	♈	~	1 火	09:36	♉

10月

開始日	開始時刻	サイン		終了日	終了時刻	サイン
3 木	12:32	♉	~	3 木	22:37	♊
5 土	17:46	♊	~	6 日	11:00	♋
8 火	12:49	♋	~	8 火	20:34	♌
11 金	01:56	♌	~	11 金	02:10	♍
12 土	21:40	♍	~	13 日	04:13	♎
14 月	13:33	♎	~	15 火	04:14	♏
16 水	22:18	♏	~	17 木	04:06	♐
18 金	21:16	♐	~	19 土	05:36	♑
21 月	05:12	♑	~	21 月	09:55	♒
23 水	17:12	♒	~	23 水	17:28	♓
26 土	01:21	♓	~	26 土	03:48	♈
27 日	11:04	♈	~	28 月	16:00	♉
31 木	02:27	♉	~	31 木	05:00	♊

11月

開始日	開始時刻	サイン		終了日	終了時刻	サイン
1 金	21:10	♊	~	2 土	17:32	♋
5 火	01:17	♋	~	5 火	04:04	♌
7 木	09:11	♌	~	7 木	11:19	♍
9 土	13:18	♍	~	9 土	14:53	♎
10 日	17:46	♎	~	11 月	15:32	♏
13 水	14:08	♏	~	13 水	14:53	♐
14 木	17:18	♐	~	15 金	14:54	♑
17 日	07:58	♑	~	17 日	17:26	♒
19 火	18:03	♒	~	19 火	23:43	♓
22 金	08:58	♓	~	22 金	09:43	♈
23 土	20:07	♈	~	24 日	22:08	♉
26 火	16:42	♉	~	27 水	11:09	♊
29 金	03:35	♊	~	29 金	23:24	♋

12月

開始日	開始時刻	サイン		終了日	終了時刻	サイン
2 月	05:57	♋	~	2 月	10:00	♌
4 水	05:47	♌	~	4 水	18:15	♍
6 金	22:00	♍	~	6 金	23:34	♎
8 日	19:29	♎	~	9 月	01:57	♏
11 水	00:52	♏	~	11 水	02:14	♐
12 木	23:50	♐	~	13 金	02:00	♑
15 日	03:12	♑	~	15 日	03:16	♒
16 月	21:55	♒	~	17 火	07:51	♓
19 木	10:58	♓	~	19 木	16:37	♈
22 日	04:26	♈	~	22 日	04:42	♉
23 月	14:09	♉	~	24 火	17:46	♊
27 金	04:17	♊	~	27 金	05:45	♋
27 金	21:03	♋	~	29 日	15:45	♌
31 火	07:50	♌	~	31 火	23:44	♍

1986年【ボイドタイム】

1月

開始日		開始時刻	サイン		終了日		終了時刻	サイン
2	木	20:58	♍	～	3	金	05:46	♎
5	日	07:23	♎	～	5	日	09:45	♏
6	月	18:19	♏	～	7	火	11:48	♐
8	水	20:18	♐	～	9	木	12:43	♑
10	金	21:21	♑	～	11	土	14:02	♒
13	月	01:30	♒	～	13	月	17:40	♓
15	水	15:09	♓	～	16	木	01:04	♈
18	土	07:13	♈	～	18	土	12:14	♉
20	月	09:56	♉	～	21	火	01:13	♊
22	水	23:36	♊	～	23	木	13:15	♋
25	土	13:46	♋	～	25	土	22:48	♌
27	月	23:47	♌	～	28	火	05:52	♍
30	木	07:42	♍	～	30	木	11:11	♎

2月

開始日		開始時刻	サイン		終了日		終了時刻	サイン
1	土	07:10	♎	～	1	土	15:20	♏
3	月	11:23	♏	～	3	月	18:32	♐
5	水	14:49	♐	～	5	水	21:02	♑
6	木	09:22	♑	～	7	金	23:36	♒
9	日	22:49	♒	～	10	月	03:33	♓
11	火	18:31	♓	～	12	水	10:21	♈
14	金	17:37	♈	～	14	金	20:39	♉
17	月	07:27	♉	～	17	月	09:18	♊
19	水	21:05	♊	～	19	水	21:40	♋
21	金	07:15	♋	～	22	土	07:26	♌
23	日	23:34	♌	～	24	月	13:59	♍
26	水	09:14	♍	～	26	水	18:08	♎
28	金	07:37	♎	～	28	金	21:07	♏

3月

開始日		開始時刻	サイン		終了日		終了時刻	サイン
2	日	23:01	♏	～	2	日	23:52	♐
4	火	16:38	♐	～	5	水	02:57	♑
7	金	01:21	♑	～	7	金	06:43	♒
8	土	21:51	♒	～	9	日	11:49	♓
11	火	04:31	♓	～	11	火	19:04	♈
13	木	13:52	♈	～	14	金	05:05	♉
16	日	10:30	♉	～	16	日	17:24	♊
19	水	01:38	♊	～	19	水	06:05	♋
21	金	02:00	♋	～	21	金	16:39	♌
23	日	19:21	♌	～	23	日	23:40	♍
26	水	01:14	♍	～	26	水	03:23	♎
28	金	04:48	♎	～	28	金	05:06	♏
29	土	10:37	♏	～	30	日	06:21	♐

4月

開始日		開始時刻	サイン		終了日		終了時刻	サイン
1	火	05:17	♐	～	1	火	08:26	♑
2	水	15:47	♑	～	3	木	12:12	♒
5	土	04:06	♒	～	5	土	18:04	♓
7	月	11:37	♓	～	8	火	02:13	♈
9	水	21:24	♈	～	10	木	12:37	♉
12	土	13:35	♉	～	13	日	00:52	♊
15	火	07:58	♊	～	15	火	13:43	♋
17	木	19:34	♋	～	18	金	01:11	♌
20	日	08:42	♌	～	20	日	09:25	♍
22	火	03:23	♍	～	22	火	13:51	♎
24	木	02:23	♎	～	24	木	15:16	♏
26	土	14:07	♏	～	26	土	15:17	♐
28	月	02:35	♐	～	28	月	15:42	♑
29	火	18:41	♑	～	30	水	18:07	♒

5月

開始日		開始時刻	サイン		終了日		終了時刻	サイン
2	金	08:41	♒	～	2	金	23:31	♓
4	日	16:16	♓	～	5	月	08:02	♈
7	水	18:31	♈	～	7	水	19:00	♉
9	金	07:09	♉	～	10	土	07:27	♊
12	月	03:12	♊	～	12	月	20:19	♋
14	水	19:04	♋	～	15	木	08:16	♌
17	土	09:59	♌	～	17	土	17:46	♍
19	月	20:33	♍	～	19	月	23:42	♎
21	水	11:38	♎	～	22	木	02:03	♏
23	金	12:24	♏	～	24	土	01:58	♐
25	日	11:07	♐	～	26	月	01:16	♑
27	火	12:56	♑	～	28	水	02:01	♒
29	木	13:47	♒	～	30	金	05:55	♓
31	土	23:45	♓	～	1	日	13:44	♈

6月

開始日		開始時刻	サイン		終了日		終了時刻	サイン
3	火	15:49	♈	～	4	水	00:46	♉
5	木	23:18	♉	～	6	金	13:27	♊
8	日	08:00	♊	～	9	月	02:17	♋
11	水	02:22	♋	～	11	水	14:12	♌
13	金	08:25	♌	～	14	土	00:19	♍
15	日	20:59	♍	～	16	月	07:39	♎
18	水	05:26	♎	～	18	水	11:37	♏
20	金	00:24	♏	～	20	金	12:37	♐
21	土	23:37	♐	～	22	日	12:01	♑
24	火	07:35	♑	～	24	火	11:51	♒
25	水	20:42	♒	～	26	木	14:13	♓
28	土	06:35	♓	～	28	土	20:35	♈
30	月	11:56	♈	～	1	火	06:55	♉

7月

開始日		開始時刻	サイン		終了日		終了時刻	サイン
3	木	04:41	♉	～	3	木	19:33	♊
5	土	17:45	♊	～	6	日	08:20	♋
8	火	05:48	♋	～	8	火	19:57	♌
11	金	03:53	♌	～	11	金	05:51	♍
13	日	00:35	♍	～	13	日	13:41	♎
15	火	05:10	♎	～	15	火	18:59	♏
17	木	12:05	♏	～	17	木	21:35	♐
19	土	10:36	♐	～	19	土	22:11	♑
21	月	19:40	♑	～	21	月	22:18	♒
23	水	05:14	♒	～	24	木	00:00	♓
26	土	02:47	♓	～	26	土	05:03	♈
28	月	09:10	♈	～	28	月	14:12	♉
30	水	18:58	♉	～	31	木	02:20	♊

8月

開始日		開始時刻	サイン		終了日		終了時刻	サイン
2	土	01:43	♊	～	2	土	15:05	♋
4	月	19:16	♋	～	5	火	02:27	♌
6	水	14:07	♌	～	7	木	11:45	♍
9	土	15:08	♍	～	9	土	19:05	♎
12	火	00:10	♎	～	12	火	00:37	♏
13	水	13:28	♏	～	14	木	04:18	♐
15	金	17:30	♐	～	16	土	06:23	♑
17	日	16:44	♑	～	18	月	07:45	♒
20	水	03:54	♒	～	20	水	09:53	♓
21	木	21:19	♓	～	22	金	14:28	♈
24	日	00:23	♈	～	24	日	22:37	♉
26	火	19:21	♉	～	27	水	10:01	♊
29	金	19:55	♊	～	29	金	22:41	♋
31	日	22:00	♋	～	1	月	10:09	♌

9月

開始日		開始時刻	サイン		終了日		終了時刻	サイン
3	水	11:58	♌	～	3	水	19:07	♍
5	金	05:13	♍	～	6	土	01:34	♎
7	日	10:01	♎	～	8	月	06:13	♏
9	火	15:50	♏	～	10	水	09:41	♐
12	金	02:20	♐	～	12	金	12:29	♑
14	日	12:14	♑	～	14	日	15:08	♒
15	月	22:38	♒	～	16	火	18:28	♓
18	木	14:34	♓	～	18	木	23:34	♈
20	土	13:47	♈	～	21	日	07:26	♉
23	火	01:55	♉	～	23	火	18:14	♊
25	木	07:52	♊	～	26	金	06:45	♋
28	日	07:20	♋	～	28	日	18:40	♌
30	火	18:00	♌	～	1	水	03:58	♍

10月

開始日		開始時刻	サイン		終了日		終了時刻	サイン
3	金	04:13	♍	～	3	金	10:04	♎
5	日	09:57	♎	～	5	日	13:36	♏
7	火	14:08	♏	～	7	火	15:49	♐
8	水	23:36	♐	～	9	木	17:53	♑
11	土	03:32	♑	～	11	土	20:46	♒
13	月	07:52	♒	～	14	火	01:04	♓
15	水	13:38	♓	～	16	木	07:14	♈
18	土	04:21	♈	～	18	土	15:36	♉
20	月	07:22	♉	～	21	火	02:16	♊
23	木	13:33	♊	～	23	木	14:38	♋
25	土	18:19	♋	～	26	日	03:03	♌
28	火	08:30	♌	～	28	火	13:21	♍
30	木	17:37	♍	～	30	木	20:05	♎

11月

開始日		開始時刻	サイン		終了日		終了時刻	サイン
1	土	06:41	♎	～	1	土	23:20	♏
3	月	22:46	♏	～	4	火	00:20	♐
5	水	09:02	♐	～	6	木	00:49	♑
7	金	21:30	♑	～	8	土	02:29	♒
9	日	21:49	♒	～	10	月	06:30	♓
11	火	23:27	♓	～	12	水	13:15	♈
14	金	06:42	♈	～	14	金	22:25	♉
16	日	21:11	♉	～	17	月	09:27	♊
19	水	12:19	♊	～	19	水	21:47	♋
22	土	09:11	♋	～	22	土	10:26	♌
24	月	19:35	♌	～	24	月	21:47	♍
26	水	14:21	♍	～	27	木	06:00	♎
28	金	19:56	♎	～	29	土	10:14	♏
30	日	15:20	♏	～	1	月	11:09	♐

12月

開始日		開始時刻	サイン		終了日		終了時刻	サイン
2	火	21:35	♐	～	3	水	10:29	♑
4	木	22:26	♑	～	5	金	10:24	♒
7	日	05:12	♒	～	7	日	12:49	♓
9	火	17:00	♓	～	9	火	18:50	♈
11	木	13:16	♈	～	12	金	04:11	♉
13	土	09:38	♉	～	14	日	15:42	♊
16	火	16:04	♊	～	17	水	04:10	♋
18	木	11:34	♋	～	19	金	16:45	♌
22	月	03:44	♌	～	22	月	04:31	♍
24	水	01:07	♍	～	24	水	14:06	♎
26	金	09:25	♎	～	26	金	20:07	♏
28	日	09:12	♏	～	28	日	22:21	♐
30	火	11:42	♐	～	30	火	21:55	♑

1987年【ボイドタイム】

1月

開始日		開始時刻	サイン		終了日		終了時刻	サイン
1	木	12:46	♑	～	1	木	20:54	♒
3	土	15:06	♒	～	3	土	21:37	♓
5	月	22:40	♓	～	6	火	01:52	♈
7	水	22:36	♈	～	8	木	10:14	♉
9	金	23:30	♉	～	10	土	21:40	♊
12	月	22:41	♊	～	13	火	10:19	♋
15	木	15:03	♋	～	15	木	22:46	♌
17	土	23:31	♌	～	18	日	10:16	♍
20	火	19:50	♍	～	20	火	20:10	♎
22	木	18:07	♎	～	23	金	03:31	♏
24	土	17:33	♏	～	25	日	07:36	♐
27	火	00:41	♐	～	27	火	08:43	♑
28	水	20:31	♑	～	29	木	08:18	♒
31	土	00:34	♒	～	31	土	08:25	♓

2月

開始日		開始時刻	サイン		終了日		終了時刻	サイン
2	月	04:46	♓	～	2	月	11:10	♈
4	水	16:08	♈	～	4	水	17:54	♉
6	金	17:18	♉	～	7	土	04:24	♊
9	月	08:02	♊	～	9	月	16:56	♋
11	水	20:28	♋	～	12	木	05:22	♌
14	土	08:17	♌	～	14	土	16:27	♍
16	月	19:28	♍	～	17	火	01:45	♎
19	木	08:41	♎	～	19	木	09:05	♏
21	土	10:13	♏	～	21	土	14:10	♐
23	月	14:00	♐	～	23	月	16:58	♑
25	水	16:02	♑	～	25	水	18:09	♒
27	金	12:57	♒	～	27	金	19:08	♓

3月

開始日		開始時刻	サイン		終了日		終了時刻	サイン
1	日	21:05	♓	～	1	日	21:38	♈
3	火	20:30	♈	～	4	水	03:12	♉
5	木	04:54	♉	～	6	金	12:27	♊
8	日	17:17	♊	～	9	月	00:25	♋
10	火	15:04	♋	～	11	水	12:55	♌
13	金	23:52	♌	～	13	金	23:56	♍
16	月	02:17	♍	～	16	月	08:35	♎
18	水	08:57	♎	～	18	水	14:58	♏
20	金	18:11	♏	～	20	金	19:33	♐
22	日	17:11	♐	～	22	日	22:49	♑
24	火	11:03	♑	～	25	水	01:19	♒
26	木	23:34	♒	～	27	金	03:46	♓
29	日	01:30	♓	～	29	日	07:13	♈
31	火	06:47	♈	～	31	火	12:47	♉

4月

開始日		開始時刻	サイン		終了日		終了時刻	サイン
2	木	16:54	♉	～	2	木	21:17	♊
5	日	01:59	♊	～	5	日	08:34	♋
7	火	02:56	♋	～	7	火	21:05	♌
10	金	02:02	♌	～	10	金	08:29	♍
12	日	15:26	♍	～	12	日	17:06	♎
14	火	16:50	♎	～	14	火	22:42	♏
16	木	12:44	♏	～	17	金	02:02	♐
19	日	01:09	♐	～	19	日	04:22	♑
21	火	02:49	♑	～	21	火	06:46	♒
23	木	04:02	♒	～	23	木	10:03	♓
25	土	08:26	♓	～	25	土	14:41	♈
27	月	14:32	♈	～	27	月	21:07	♉
28	火	13:07	♉	～	30	木	05:44	♊

5月

開始日		開始時刻	サイン		終了日		終了時刻	サイン
2	土	09:20	♊	～	2	土	16:40	♋
3	日	22:14	♋	～	5	火	05:07	♌
7	木	09:38	♌	～	7	木	17:08	♍
9	土	19:17	♍	～	10	日	02:30	♎
12	火	01:19	♎	～	12	火	08:10	♏
13	水	21:50	♏	～	14	木	10:42	♐
16	土	08:38	♐	～	16	土	11:37	♑
18	月	06:51	♑	～	18	月	12:43	♒
20	水	14:23	♒	～	20	水	15:25	♓
22	金	12:41	♓	～	22	金	20:24	♈
24	日	19:29	♈	～	25	月	03:40	♉
25	月	22:03	♉	～	27	水	12:56	♊
29	金	22:09	♊	～	30	土	00:00	♋
31	日	17:31	♋	～	1	月	12:26	♌

6月

開始日		開始時刻	サイン		終了日		終了時刻	サイン
3	水	15:27	♌	～	4	木	00:57	♍
6	土	02:12	♍	～	6	土	11:25	♎
8	月	09:25	♎	～	8	月	18:07	♏
10	水	19:18	♏	～	10	水	20:54	♐
12	金	12:59	♐	～	12	金	21:06	♑
14	日	09:54	♑	～	14	日	20:46	♒
16	火	13:06	♒	～	16	火	21:55	♓
18	木	20:02	♓	～	19	金	01:57	♈
21	日	07:21	♈	～	21	日	09:10	♉
23	火	01:25	♉	～	23	火	18:55	♊
25	木	20:36	♊	～	26	金	06:23	♋
28	日	09:45	♋	～	28	日	18:53	♌
30	火	23:15	♌	～	1	水	07:35	♍

7月

開始日		開始時刻	サイン		終了日		終了時刻	サイン
3	金	14:37	♍	～	3	金	18:56	♎
6	月	02:52	♎	～	6	月	03:04	♏
7	火	04:09	♏	～	8	水	07:06	♐
10	金	03:06	♐	～	10	金	07:44	♑
12	日	02:38	♑	～	12	日	06:50	♒
14	火	02:38	♒	～	14	火	06:37	♓
15	水	21:58	♓	～	16	木	09:01	♈
18	土	11:23	♈	～	18	土	15:05	♉
20	月	19:00	♉	～	21	火	00:33	♊
23	木	09:10	♊	～	23	木	12:14	♋
25	土	22:11	♋	～	26	日	00:51	♌
28	火	11:11	♌	～	28	火	13:26	♍
30	木	11:35	♍	～	31	金	01:00	♎

8月

開始日		開始時刻	サイン		終了日		終了時刻	サイン
2	日	08:41	♎	～	2	日	10:10	♏
4	火	06:34	♏	～	4	火	15:48	♐
6	木	16:56	♐	～	6	木	17:52	♑
8	土	16:50	♑	～	8	土	17:38	♒
10	月	16:20	♒	～	10	月	17:02	♓
12	水	06:16	♓	～	12	水	18:10	♈
14	金	22:03	♈	～	14	金	22:39	♉
16	日	23:20	♉	～	17	月	07:00	♊
19	水	17:46	♊	～	19	水	18:20	♋
22	土	06:24	♋	～	22	土	06:59	♌
24	月	18:47	♌	～	24	月	19:24	♍
26	水	16:24	♍	～	27	木	06:36	♎
29	土	15:02	♎	～	29	土	15:50	♏
30	日	21:46	♏	～	31	月	22:25	♐

9月

開始日		開始時刻	サイン		終了日		終了時刻	サイン
3	木	01:05	♐	～	3	木	02:05	♑
5	土	02:15	♑	～	5	土	03:23	♒
7	月	02:19	♒	～	7	月	03:38	♓
8	火	16:33	♓	～	9	水	04:35	♈
11	金	06:04	♈	～	11	金	07:58	♉
13	日	05:47	♉	～	13	日	14:55	♊
15	火	22:30	♊	～	16	水	01:23	♋
18	金	10:29	♋	～	18	金	13:51	♌
20	日	22:27	♌	～	21	月	02:14	♍
23	水	12:08	♍	～	23	水	12:59	♎
25	金	17:05	♎	～	25	金	21:31	♏
27	日	14:34	♏	～	28	月	03:50	♐
30	水	03:10	♐	～	30	水	08:09	♑

10月

開始日		開始時刻	サイン		終了日		終了時刻	サイン
2	金	05:36	♑	～	2	金	10:52	♒
4	日	07:02	♒	～	4	日	12:40	♓
6	火	11:40	♓	～	6	火	14:36	♈
8	木	11:59	♈	～	8	木	17:58	♉
9	金	12:00	♉	～	11	日	00:04	♊
13	火	00:38	♊	～	13	火	09:32	♋
15	木	11:45	♋	～	15	木	21:35	♌
17	土	23:42	♌	～	18	日	10:07	♍
20	火	08:42	♍	～	20	火	20:51	♎
23	金	02:27	♎	～	23	金	04:42	♏
24	土	10:05	♏	～	25	日	09:58	♐
27	火	03:15	♐	～	27	火	13:34	♑
29	木	05:07	♑	～	29	木	16:28	♒
31	土	11:07	♒	～	31	土	19:20	♓

11月

開始日		開始時刻	サイン		終了日		終了時刻	サイン
2	月	19:23	♓	～	2	月	22:41	♈
4	水	22:56	♈	～	5	木	03:03	♉
6	金	01:46	♉	～	7	土	09:17	♊
9	月	14:35	♊	～	9	月	18:11	♋
12	木	05:39	♋	～	12	木	05:46	♌
14	土	08:05	♌	～	14	土	18:30	♍
16	月	20:05	♍	～	17	火	05:49	♎
19	木	07:38	♎	～	19	木	13:48	♏
21	土	15:33	♏	～	21	土	18:17	♐
23	月	19:47	♐	～	23	月	20:33	♑
25	水	06:26	♑	～	25	水	22:13	♒
27	金	23:41	♒	～	28	土	00:41	♓
29	日	21:04	♓	～	30	月	04:37	♈

12月

開始日		開始時刻	サイン		終了日		終了時刻	サイン
2	水	02:35	♈	～	2	水	10:06	♉
3	木	06:15	♉	～	4	金	17:14	♊
6	日	18:49	♊	～	7	月	02:21	♋
8	火	17:22	♋	～	9	水	13:41	♌
11	金	19:13	♌	～	12	土	02:31	♍
14	月	07:54	♍	～	14	月	14:41	♎
16	水	17:39	♎	～	16	水	23:42	♏
18	金	20:32	♏	～	19	土	04:34	♐
21	月	03:25	♐	～	21	月	06:08	♑
22	火	14:02	♑	～	23	水	06:21	♒
25	金	02:35	♒	～	25	金	07:11	♓
27	日	05:29	♓	～	27	日	10:06	♈
29	火	11:02	♈	～	29	火	15:37	♉
31	木	12:50	♉	～	31	木	23:30	♊

1988年【ボイドタイム】

1月

開始日	開始時刻	サイン		終了日	終了時刻	サイン
3 日	04:55	♊	～	3 日	09:17	♋
5 火	16:20	♋	～	5 火	20:48	♌
8 金	08:42	♌	～	8 金	09:36	♍
10 日	18:43	♍	～	10 日	22:18	♎
13 水	05:33	♎	～	13 水	08:40	♏
15 金	13:59	♏	～	15 金	14:59	♐
17 日	14:59	♐	～	17 日	17:16	♑
19 火	14:25	♑	～	19 火	17:03	♒
21 木	14:33	♒	～	21 木	16:27	♓
23 土	15:43	♓	～	23 土	17:32	♈
25 月	19:53	♈	～	25 月	21:37	♉
27 水	19:56	♉	～	28 木	05:03	♊
30 土	13:46	♊	～	30 土	15:12	♋

2月

開始日	開始時刻	サイン		終了日	終了時刻	サイン
1 月	13:54	♋	～	2 火	03:07	♌
4 木	14:56	♌	～	4 木	15:55	♍
7 日	03:53	♍	～	7 日	04:37	♎
9 火	15:13	♎	～	9 火	15:43	♏
11 木	08:50	♏	～	11 木	23:37	♐
14 日	03:34	♐	～	14 日	03:37	♑
15 月	21:37	♑	～	16 火	04:26	♒
18 木	00:54	♒	～	18 木	03:45	♓
20 土	00:32	♓	～	20 土	03:36	♈
22 月	05:09	♈	～	22 月	05:51	♉
23 火	04:13	♉	～	24 水	11:43	♊
26 金	16:43	♊	～	26 金	21:13	♋
29 月	05:36	♋	～	29 月	09:13	♌

3月

開始日	開始時刻	サイン		終了日	終了時刻	サイン
2 水	19:31	♌	～	2 水	22:07	♍
4 金	01:01	♍	～	5 土	10:33	♎
7 月	20:59	♎	～	7 月	21:28	♏
9 水	14:17	♏	～	10 木	06:00	♐
12 土	01:26	♐	～	12 土	11:32	♑
14 月	03:11	♑	～	14 月	14:09	♒
16 水	14:16	♒	～	16 水	14:43	♓
18 金	11:02	♓	～	18 金	14:46	♈
19 土	19:20	♈	～	20 日	16:06	♉
22 火	00:51	♉	～	22 火	20:22	♊
23 水	13:26	♊	～	25 金	04:28	♋
27 日	00:38	♋	～	27 日	15:55	♌
29 火	17:59	♌	～	30 水	04:50	♍

4月

開始日	開始時刻	サイン		終了日	終了時刻	サイン
1 金	12:00	♍	～	1 金	17:06	♎
3 日	23:10	♎	～	4 月	03:27	♏
6 水	10:26	♏	～	6 水	11:30	♐
7 木	19:44	♐	～	8 金	17:20	♑
10 日	04:21	♑	～	10 日	21:11	♒
12 火	10:45	♒	～	12 火	23:25	♓
13 水	18:41	♓	～	15 金	00:48	♈
16 土	21:00	♈	～	17 日	02:32	♉
17 日	22:08	♉	～	19 火	06:11	♊
20 水	08:39	♊	～	21 木	13:05	♋
22 金	11:01	♋	～	23 土	23:35	♌
25 月	13:28	♌	～	26 火	12:17	♍
28 木	06:09	♍	～	29 金	00:38	♎
30 土	20:21	♎	～	1 日	10:40	♏

5月

開始日	開始時刻	サイン		終了日	終了時刻	サイン
3 火	12:06	♏	～	3 火	17:53	♐
5 木	14:43	♐	～	5 木	22:55	♑
7 土	03:19	♑	～	8 日	02:38	♒
10 火	01:24	♒	～	10 火	05:40	♓
12 木	05:37	♓	～	12 木	08:24	♈
14 土	09:50	♈	～	14 土	11:23	♉
16 月	08:18	♉	～	16 月	15:32	♊
18 水	17:19	♊	～	18 水	22:06	♋
20 金	05:50	♋	～	21 土	07:52	♌
23 月	07:16	♌	～	23 月	20:13	♍
25 水	23:15	♍	～	26 木	08:50	♎
28 土	19:00	♎	～	28 土	19:07	♏
30 月	06:17	♏	～	31 火	01:58	♐

6月

開始日	開始時刻	サイン		終了日	終了時刻	サイン
2 木	05:36	♐	～	2 木	05:59	♑
3 金	15:50	♑	～	4 土	08:35	♒
6 月	10:22	♒	～	6 月	11:01	♓
8 水	13:16	♓	～	8 水	14:05	♈
10 金	18:01	♈	～	10 金	18:03	♉
12 日	08:54	♉	～	12 日	23:15	♊
15 水	05:40	♊	～	15 水	06:20	♋
17 金	02:20	♋	～	17 金	15:58	♌
20 月	02:38	♌	～	20 月	04:04	♍
22 水	15:10	♍	～	22 水	16:58	♎
25 土	01:56	♎	～	25 土	03:59	♏
27 月	02:40	♏	～	27 月	11:19	♐
29 水	12:48	♐	～	29 水	15:01	♑

7月

開始日	開始時刻	サイン		終了日	終了時刻	サイン
1 金	10:03	♑	～	1 金	16:30	♒
3 日	15:08	♒	～	3 日	17:34	♓
5 火	16:59	♓	～	5 火	19:38	♈
7 木	20:34	♈	～	7 木	23:28	♉
10 日	01:41	♉	～	10 日	05:17	♊
12 火	12:50	♊	～	12 火	13:09	♋
14 木	20:33	♋	～	14 木	23:12	♌
17 日	09:31	♌	～	17 日	11:18	♍
19 火	23:31	♍	～	20 水	00:23	♎
22 金	11:14	♎	～	22 金	12:14	♏
24 日	00:58	♏	～	24 日	20:43	♐
26 火	21:14	♐	～	27 水	01:08	♑
29 金	01:46	♑	～	29 金	02:26	♒
30 土	22:31	♒	～	31 日	02:24	♓

8月

開始日	開始時刻	サイン		終了日	終了時刻	サイン
1 月	22:49	♓	～	2 火	02:54	♈
4 木	01:03	♈	～	4 木	05:25	♉
5 金	07:07	♉	～	6 土	10:44	♊
8 月	13:50	♊	～	8 月	18:53	♋
9 火	13:54	♋	～	11 木	05:27	♌
13 土	12:13	♌	～	13 土	17:47	♍
16 火	01:12	♍	～	16 火	06:53	♎
18 木	13:36	♎	～	18 木	19:13	♏
21 日	00:51	♏	～	21 日	04:56	♐
23 火	05:48	♐	～	23 火	10:50	♑
24 水	21:17	♑	～	25 木	13:06	♒
27 土	08:24	♒	～	27 土	13:02	♓
29 月	08:03	♓	～	29 月	12:30	♈
31 水	08:28	♈	～	31 水	13:23	♉

9月

開始日	開始時刻	サイン		終了日	終了時刻	サイン
2 金	06:53	♉	～	2 金	17:12	♊
4 日	19:00	♊	～	5 月	00:38	♋
7 水	10:20	♋	～	7 水	11:15	♌
9 金	17:48	♌	～	9 金	23:49	♍
12 月	06:53	♍	～	12 月	12:52	♎
14 水	19:19	♎	～	15 木	01:08	♏
16 金	23:52	♏	～	17 土	11:26	♐
19 月	13:35	♐	～	19 月	18:46	♑
21 水	20:31	♑	～	21 水	22:44	♒
23 金	19:19	♒	～	23 金	23:52	♓
25 日	19:05	♓	～	25 日	23:30	♈
27 火	19:00	♈	～	27 火	23:30	♉
29 木	15:18	♉	～	30 金	01:44	♊

10月

開始日	開始時刻	サイン		終了日	終了時刻	サイン
2 日	02:41	♊	～	2 日	07:39	♋
4 火	08:34	♋	～	4 火	17:32	♌
7 金	00:50	♌	～	7 金	06:02	♍
9 日	14:03	♍	～	9 日	19:04	♎
12 水	02:14	♎	～	12 水	06:59	♏
13 木	05:38	♏	～	14 金	16:59	♐
16 日	20:38	♐	～	17 月	00:45	♑
18 火	22:01	♑	～	19 水	06:06	♒
21 金	05:38	♒	～	21 金	08:59	♓
23 日	07:00	♓	～	23 日	10:00	♈
25 火	07:38	♈	～	25 火	10:23	♉
27 木	11:44	♉	～	27 木	11:56	♊
29 土	16:15	♊	～	29 土	16:29	♋

11月

開始日	開始時刻	サイン		終了日	終了時刻	サイン
1 火	00:58	♋	～	1 火	01:04	♌
3 木	11:13	♌	～	3 木	13:03	♍
6 日	00:44	♍	～	6 日	02:05	♎
8 火	12:57	♎	～	8 火	13:47	♏
9 水	23:19	♏	～	10 木	23:07	♐
13 日	04:15	♐	～	13 日	06:13	♑
14 月	22:12	♑	～	15 火	11:37	♒
17 木	14:06	♒	～	17 木	15:35	♓
19 土	16:58	♓	～	19 土	18:13	♈
21 月	18:59	♈	～	21 月	20:03	♉
23 水	16:33	♉	～	23 水	22:12	♊
26 土	01:37	♊	～	26 土	02:20	♋
27 日	02:38	♋	～	28 月	09:53	♌
30 水	20:44	♌	～	30 水	21:00	♍

12月

開始日	開始時刻	サイン		終了日	終了時刻	サイン
3 土	09:21	♍	～	3 土	09:57	♎
4 日	13:49	♎	～	5 月	21:52	♏
8 木	05:15	♏	～	8 木	06:56	♐
9 金	23:25	♐	～	10 土	13:08	♑
12 月	14:57	♑	～	12 月	17:26	♒
14 水	18:00	♒	～	14 水	20:54	♓
16 金	21:26	♓	～	17 土	00:04	♈
18 日	21:46	♈	～	19 月	03:12	♉
21 水	02:38	♉	～	21 水	06:44	♊
22 木	09:25	♊	～	23 金	11:36	♋
25 日	13:44	♋	～	25 日	18:58	♌
27 火	23:33	♌	～	28 水	05:28	♍
30 金	11:45	♍	～	30 金	18:10	♎

1989年【ボイドタイム】

1月

開始日	開始時刻	サイン		終了日	終了時刻	サイン
2 月	03:34	♎	～	2 月	06:35	♏
4 水	09:44	♏	～	4 水	16:13	♐
6 金	12:03	♐	～	6 金	22:15	♑
8 日	19:20	♑	～	9 月	01:32	♒
10 火	21:17	♒	～	11 水	03:32	♓
12 木	23:12	♓	～	13 金	05:36	♈
15 日	04:18	♈	～	15 日	08:37	♉
17 火	07:15	♉	～	17 火	12:58	♊
18 水	09:28	♊	～	19 木	18:58	♋
21 土	19:36	♋	～	22 日	03:03	♌
24 火	05:49	♌	～	24 火	13:33	♍
26 木	18:12	♍	～	27 金	02:02	♎
29 日	14:40	♎	～	29 日	14:50	♏
31 火	21:30	♏	～	1 水	01:31	♐

2月

開始日	開始時刻	サイン		終了日	終了時刻	サイン
2 木	01:27	♐	～	3 金	08:31	♑
5 日	06:01	♑	～	5 日	11:52	♒
7 火	07:24	♒	～	7 火	12:53	♓
9 木	08:01	♓	～	9 木	13:19	♈
11 土	10:32	♈	～	11 土	14:46	♉
13 月	16:26	♉	～	13 月	18:23	♊
15 水	18:32	♊	～	16 木	00:41	♋
18 土	04:36	♋	～	18 土	09:34	♌
20 月	15:56	♌	～	20 月	20:35	♍
23 木	04:53	♍	～	23 木	09:06	♎
25 土	15:50	♎	～	25 土	21:58	♏
28 火	06:35	♏	～	28 火	09:30	♐

3月

開始日	開始時刻	サイン		終了日	終了時刻	サイン
1 水	16:37	♐	～	2 木	17:59	♑
4 土	21:03	♑	～	4 土	22:37	♒
6 月	22:57	♒	～	7 火	00:00	♓
8 水	23:01	♓	～	8 水	23:37	♈
10 金	22:59	♈	～	10 金	23:26	♉
12 日	10:47	♉	～	13 月	01:17	♊
14 火	19:10	♊	～	15 水	06:28	♋
17 金	08:07	♋	～	17 金	15:14	♌
18 土	20:33	♌	～	20 月	02:40	♍
22 水	11:08	♍	～	22 水	15:25	♎
23 木	18:08	♎	～	25 土	04:11	♏
27 月	12:09	♏	～	27 月	15:55	♐
28 火	11:49	♐	～	30 木	01:26	♑
31 金	04:28	♑	～	1 土	07:46	♒

4月

開始日	開始時刻	サイン		終了日	終了時刻	サイン
2 日	08:59	♒	～	3 月	10:38	♓
4 火	10:19	♓	～	5 水	10:52	♈
6 木	15:39	♈	～	7 金	10:08	♉
8 土	09:15	♉	～	9 日	10:32	♊
11 火	10:56	♊	～	11 火	13:59	♋
13 木	12:31	♋	～	13 木	21:32	♌
16 日	05:58	♌	～	16 日	08:40	♍
18 火	07:22	♍	～	18 火	21:32	♎
20 木	23:33	♎	～	21 金	10:14	♏
23 日	02:54	♏	～	23 日	21:39	♐
26 水	03:15	♐	～	26 水	07:16	♑
28 金	10:56	♑	～	28 金	14:34	♒
29 土	17:44	♒	～	30 日	19:04	♓

5月

開始日	開始時刻	サイン		終了日	終了時刻	サイン
2 火	01:32	♓	～	2 火	20:51	♈
3 水	19:08	♈	～	4 木	20:56	♉
6 土	10:40	♉	～	6 土	21:04	♊
7 日	15:00	♊	～	8 月	23:20	♋
11 木	04:18	♋	～	11 木	05:24	♌
12 金	23:19	♌	～	13 土	15:31	♍
15 月	16:51	♍	～	16 火	04:08	♎
17 水	07:29	♎	～	18 木	16:49	♏
21 日	03:16	♏	～	21 日	03:53	♐
22 月	07:11	♐	～	23 火	12:55	♑
24 水	17:46	♑	～	25 木	20:02	♒
27 土	06:15	♒	～	28 日	01:14	♓
30 火	03:48	♓	～	30 火	04:26	♈
31 水	21:34	♈	～	1 木	06:00	♉

6月

開始日	開始時刻	サイン		終了日	終了時刻	サイン
3 土	04:23	♉	～	3 土	07:03	♊
4 日	11:43	♊	～	5 月	09:18	♋
7 水	11:18	♋	～	7 水	14:29	♌
9 金	21:08	♌	～	9 金	23:30	♍
12 月	11:13	♍	～	12 月	11:32	♎
14 水	21:36	♎	～	15 木	00:12	♏
16 金	03:00	♏	～	17 土	11:13	♐
19 月	15:57	♐	～	19 月	19:42	♑
21 水	07:44	♑	～	22 木	01:58	♒
23 金	16:12	♒	～	24 土	06:37	♓
26 月	02:42	♓	～	26 月	10:07	♈
28 水	10:11	♈	～	28 水	12:46	♉
29 木	09:46	♉	～	30 金	15:09	♊

7月

開始日	開始時刻	サイン		終了日	終了時刻	サイン
2 日	07:25	♊	～	2 日	18:20	♋
3 月	16:08	♋	～	4 火	23:38	♌
6 木	21:55	♌	～	7 金	08:05	♍
9 日	10:02	♍	～	9 日	19:31	♎
11 火	23:48	♎	～	12 水	08:10	♏
14 金	02:31	♏	～	14 金	19:32	♐
16 日	22:25	♐	～	17 月	04:02	♑
19 水	03:39	♑	～	19 水	09:36	♒
21 金	09:34	♒	～	21 金	13:08	♓
23 日	12:56	♓	～	23 日	15:41	♈
25 火	16:10	♈	～	25 火	18:11	♉
27 木	13:16	♉	～	27 木	21:16	♊
30 日	01:02	♊	～	30 日	01:33	♋
30 日	23:37	♋	～	1 火	07:42	♌

8月

開始日	開始時刻	サイン		終了日	終了時刻	サイン
3 木	15:58	♌	～	3 木	16:20	♍
4 金	18:58	♍	～	6 日	03:29	♎
7 月	08:37	♎	～	8 火	16:06	♏
10 木	08:58	♏	～	11 金	04:03	♐
13 日	01:16	♐	～	13 日	13:17	♑
15 火	12:55	♑	～	15 火	19:00	♒
17 木	12:06	♒	～	17 木	21:46	♓
19 土	08:34	♓	～	19 土	23:00	♈
21 月	21:34	♈	～	22 火	00:11	♉
23 水	21:18	♉	～	24 木	02:40	♊
26 土	06:30	♊	～	26 土	07:14	♋
27 日	10:11	♋	～	28 月	14:12	♌
29 火	15:14	♌	～	30 水	23:30	♍

9月

開始日	開始時刻	サイン		終了日	終了時刻	サイン
1 金	11:02	♍	～	2 土	10:48	♎
4 月	02:31	♎	～	4 月	23:24	♏
6 水	18:50	♏	～	7 木	11:52	♐
9 土	14:58	♐	～	9 土	22:14	♑
12 火	03:29	♑	～	12 火	05:03	♒
13 水	03:46	♒	～	14 木	08:08	♓
16 土	04:44	♓	～	16 土	08:39	♈
16 土	23:55	♈	～	18 月	08:23	♉
20 水	03:57	♉	～	20 水	09:17	♊
22 金	11:10	♊	～	22 金	12:51	♋
23 土	12:58	♋	～	24 日	19:45	♌
26 火	00:44	♌	～	27 水	05:33	♍
29 金	12:39	♍	～	29 金	17:16	♎
30 土	12:39	♎	～	2 月	05:54	♏

10月

開始日	開始時刻	サイン		終了日	終了時刻	サイン
4 水	09:55	♏	～	4 水	18:30	♐
6 金	22:36	♐	～	7 土	05:46	♑
9 月	10:16	♑	～	9 月	14:07	♒
10 火	20:36	♒	～	11 水	18:38	♓
12 木	18:00	♓	～	13 金	19:42	♈
15 日	05:32	♈	～	15 日	18:53	♉
16 月	17:12	♉	～	17 火	18:20	♊
19 木	12:52	♊	～	19 木	20:10	♋
21 土	22:19	♋	～	22 日	01:48	♌
23 月	19:54	♌	～	24 火	11:16	♍
26 木	00:23	♍	～	26 木	23:12	♎
29 日	06:11	♎	～	29 日	11:57	♏
30 月	17:48	♏	～	1 水	00:24	♐

11月

開始日	開始時刻	サイン		終了日	終了時刻	サイン
3 金	10:14	♐	～	3 金	11:47	♑
4 土	16:45	♑	～	5 日	21:10	♒
7 火	00:51	♒	～	8 水	03:26	♓
9 木	07:44	♓	～	10 金	06:09	♈
10 金	23:21	♈	～	12 日	06:10	♉
13 月	17:24	♉	～	14 火	05:19	♊
13 月	17:24	♊	～	16 木	05:52	♋
18 土	09:26	♋	～	18 土	09:46	♌
20 月	13:43	♌	～	20 月	17:55	♍
22 水	00:43	♍	～	23 木	05:26	♎
24 金	18:03	♎	～	25 土	18:14	♏
27 月	11:20	♏	～	28 火	06:31	♐
29 水	16:48	♐	～	30 木	17:27	♑

12月

開始日	開始時刻	サイン		終了日	終了時刻	サイン
2 土	16:28	♑	～	3 日	02:43	♒
5 火	01:52	♒	～	5 火	09:49	♓
7 木	13:04	♓	～	7 木	14:12	♈
9 土	15:01	♈	～	9 土	16:00	♉
11 月	08:12	♉	～	11 月	16:16	♊
13 水	01:30	♊	～	13 水	16:50	♋
15 金	16:09	♋	～	15 金	19:42	♌
18 月	01:39	♌	～	18 月	02:20	♍
20 水	08:54	♍	～	20 水	12:46	♎
22 金	04:34	♎	～	23 土	01:19	♏
24 日	22:57	♏	～	25 月	13:38	♐
26 火	01:48	♐	～	28 木	00:11	♑
30 土	00:43	♑	～	30 土	08:39	♒
31 日	15:52	♒	～	1 月	15:11	♓

1990年【ボイドタイム】

1月

開始日		開始時刻	サイン		終了日		終了時刻	サイン
3	水	11:11	♓	~	3	水	19:57	♈
5	金	11:50	♈	~	5	金	23:05	♉
7	日	10:24	♉	~	8	月	01:03	♊
9	火	02:01	♊	~	10	水	02:53	♋
11	木	13:57	♋	~	12	金	06:03	♌
13	土	14:31	♌	~	14	日	11:58	♍
16	火	12:59	♍	~	16	火	21:18	♎
19	金	06:28	♎	~	19	金	09:17	♏
21	日	16:02	♏	~	21	日	21:45	♐
24	水	00:14	♐	~	24	水	08:28	♑
26	金	06:28	♑	~	26	金	16:26	♒
28	日	20:26	♒	~	28	日	21:52	♓
30	火	13:01	♓	~	31	水	01:35	♈

2月

開始日		開始時刻	サイン		終了日		終了時刻	サイン
1	木	14:52	♈	~	2	金	04:28	♉
3	土	16:42	♉	~	4	日	07:13	♊
5	月	10:23	♊	~	6	火	10:28	♋
8	木	05:10	♋	~	8	木	14:52	♌
10	土	04:15	♌	~	10	土	21:14	♍
12	月	13:11	♍	~	13	火	06:10	♎
15	木	09:40	♎	~	15	木	17:35	♏
18	日	03:47	♏	~	18	日	06:08	♐
19	月	00:50	♐	~	20	火	17:31	♑
22	木	15:42	♑	~	23	金	01:53	♒
24	土	09:38	♒	~	25	日	06:50	♓
27	火	04:03	♓	~	27	火	09:17	♈

3月

開始日		開始時刻	サイン		終了日		終了時刻	サイン
1	木	07:40	♈	~	1	木	10:44	♉
3	土	11:54	♉	~	3	土	12:38	♊
4	日	11:05	♊	~	5	月	16:03	♋
7	水	15:32	♋	~	7	水	21:25	♌
9	金	05:50	♌	~	10	土	04:48	♍
12	月	00:39	♍	~	12	月	14:10	♎
14	水	11:53	♎	~	15	木	01:26	♏
17	土	05:51	♏	~	17	土	13:57	♐
20	火	00:39	♐	~	20	火	02:02	♑
21	水	23:53	♑	~	22	木	11:32	♒
23	金	19:16	♒	~	24	土	17:09	♓
26	月	09:33	♓	~	26	月	19:16	♈
28	水	10:09	♈	~	28	水	19:27	♉
30	金	10:26	♉	~	30	金	19:43	♊

4月

開始日		開始時刻	サイン		終了日		終了時刻	サイン
1	日	12:47	♊	~	1	日	21:50	♋
4	水	00:43	♋	~	4	水	02:51	♌
6	金	10:01	♌	~	6	金	10:43	♍
8	日	10:27	♍	~	8	日	20:45	♎
10	火	21:59	♎	~	11	水	08:19	♏
13	金	10:34	♏	~	13	金	20:49	♐
16	月	01:24	♐	~	16	月	09:16	♑
18	水	16:02	♑	~	18	水	19:54	♒
21	土	02:42	♒	~	21	土	02:58	♓
22	日	22:04	♓	~	23	月	05:59	♈
24	火	22:33	♈	~	25	水	06:04	♉
26	木	21:45	♉	~	27	金	05:13	♊
28	土	19:07	♊	~	29	日	05:40	♋

5月

開始日		開始時刻	サイン		終了日		終了時刻	サイン
1	火	02:21	♋	~	1	火	09:09	♌
2	水	15:06	♌	~	3	木	16:19	♍
5	土	17:17	♍	~	6	日	02:29	♎
8	火	04:59	♎	~	8	火	14:23	♏
10	木	17:28	♏	~	11	金	02:57	♐
12	土	10:48	♐	~	13	日	15:22	♑
15	火	17:17	♑	~	16	水	02:31	♒
18	金	04:45	♒	~	18	金	10:55	♓
20	日	13:41	♓	~	20	日	15:32	♈
22	火	08:51	♈	~	22	火	16:43	♉
24	木	08:14	♉	~	24	木	16:01	♊
26	土	09:18	♊	~	26	土	15:35	♋
28	月	13:34	♋	~	28	月	17:30	♌
29	火	21:13	♌	~	30	水	23:09	♍

6月

開始日		開始時刻	サイン		終了日		終了時刻	サイン
1	金	22:13	♍	~	2	土	08:32	♎
4	月	09:32	♎	~	4	月	20:22	♏
6	水	21:54	♏	~	7	木	09:00	♐
8	金	20:01	♐	~	9	土	21:13	♑
12	火	07:57	♑	~	12	火	08:10	♒
14	木	02:57	♒	~	14	木	17:01	♓
16	土	13:47	♓	~	16	土	22:56	♈
18	月	20:43	♈	~	19	火	01:44	♉
20	水	17:26	♉	~	21	木	02:15	♊
22	金	06:12	♊	~	23	土	02:10	♋
25	月	02:53	♋	~	25	月	03:26	♌
27	水	03:28	♌	~	27	水	07:43	♍
29	金	02:42	♍	~	29	金	15:48	♎

7月

開始日		開始時刻	サイン		終了日		終了時刻	サイン
1	日	13:00	♎	~	2	月	03:02	♏
4	水	01:06	♏	~	4	水	15:36	♐
6	金	19:17	♐	~	7	土	03:40	♑
9	月	09:25	♑	~	9	月	14:07	♒
11	水	21:06	♒	~	11	水	22:30	♓
13	金	14:38	♓	~	14	土	04:37	♈
15	日	23:09	♈	~	16	月	08:30	♉
18	水	02:02	♉	~	18	水	10:33	♊
20	金	11:38	♊	~	20	金	11:45	♋
22	日	11:54	♋	~	22	日	13:30	♌
24	火	01:40	♌	~	24	火	17:18	♍
26	木	14:48	♍	~	27	金	00:19	♎
29	日	09:21	♎	~	29	日	10:40	♏
31	火	15:03	♏	~	31	火	23:01	♐

8月

開始日		開始時刻	サイン		終了日		終了時刻	サイン
1	水	16:48	♐	~	3	金	11:09	♑
5	日	15:57	♑	~	5	日	21:20	♒
7	火	03:41	♒	~	8	水	04:55	♓
10	金	07:03	♓	~	10	金	10:14	♈
12	日	11:38	♈	~	12	日	13:56	♉
14	火	15:13	♉	~	14	火	16:42	♊
16	木	07:05	♊	~	16	木	19:13	♋
18	土	09:55	♋	~	18	土	22:12	♌
20	月	21:39	♌	~	21	火	02:34	♍
23	木	00:41	♍	~	23	木	09:17	♎
24	金	22:14	♎	~	25	土	18:57	♏
28	火	03:07	♏	~	28	火	06:58	♐
30	木	04:45	♐	~	30	木	19:24	♑

9月

開始日		開始時刻	サイン		終了日		終了時刻	サイン
1	土	13:25	♑	~	2	日	05:52	♒
4	火	05:20	♒	~	4	火	13:07	♓
5	水	22:25	♓	~	6	木	17:24	♈
8	土	01:20	♈	~	8	土	19:56	♉
10	月	03:24	♉	~	10	月	22:05	♊
12	水	05:53	♊	~	13	木	00:54	♋
14	金	13:18	♋	~	15	土	04:53	♌
16	日	08:39	♌	~	17	月	10:19	♍
19	水	09:46	♍	~	19	水	17:35	♎
21	金	05:09	♎	~	22	土	03:07	♏
23	日	18:32	♏	~	24	月	14:53	♐
26	水	14:18	♐	~	27	木	03:37	♑
29	土	08:50	♑	~	29	土	14:55	♒
30	日	21:27	♒	~	1	月	22:43	♓

10月

開始日		開始時刻	サイン		終了日		終了時刻	サイン
3	水	20:09	♓	~	4	木	02:43	♈
5	金	09:52	♈	~	6	土	04:07	♉
7	日	10:40	♉	~	8	月	04:48	♊
9	火	05:56	♊	~	10	水	06:30	♋
11	木	14:58	♋	~	12	金	10:17	♌
13	土	21:57	♌	~	14	日	16:22	♍
16	火	03:53	♍	~	17	水	00:27	♎
19	金	00:36	♎	~	19	金	10:25	♏
21	日	00:42	♏	~	21	日	22:10	♐
24	水	07:00	♐	~	24	水	11:04	♑
26	金	02:32	♑	~	26	金	23:15	♒
28	日	08:25	♒	~	29	月	08:23	♓
30	火	19:47	♓	~	31	水	13:15	♈

11月

開始日		開始時刻	サイン		終了日		終了時刻	サイン
1	木	22:19	♈	~	2	金	14:32	♉
3	土	22:25	♉	~	4	日	14:07	♊
5	月	10:30	♊	~	6	火	14:08	♋
8	木	08:27	♋	~	8	木	16:25	♌
10	土	20:19	♌	~	10	土	21:49	♍
12	月	15:24	♍	~	13	火	06:09	♎
14	水	22:40	♎	~	15	木	16:40	♏
18	日	02:57	♏	~	18	日	04:40	♐
19	月	07:45	♐	~	20	火	17:32	♑
22	木	13:06	♑	~	23	金	06:08	♒
24	土	21:17	♒	~	25	日	16:33	♓
27	火	11:45	♓	~	27	火	23:07	♈
29	木	20:18	♈	~	30	金	01:38	♉

12月

開始日		開始時刻	サイン		終了日		終了時刻	サイン
1	土	13:20	♉	~	2	日	01:23	♊
3	月	05:47	♊	~	4	火	00:28	♋
5	水	13:00	♋	~	6	木	01:01	♌
7	金	17:39	♌	~	8	土	04:40	♍
10	月	06:14	♍	~	10	月	12:01	♎
12	水	09:28	♎	~	12	水	22:29	♏
15	土	10:22	♏	~	15	土	10:45	♐
17	月	13:21	♐	~	17	月	23:36	♑
20	木	09:36	♑	~	20	木	12:00	♒
22	土	19:47	♒	~	22	土	22:49	♓
25	火	03:24	♓	~	25	火	06:46	♈
27	木	08:53	♈	~	27	木	11:10	♉
29	土	08:57	♉	~	29	土	12:27	♊
31	月	04:06	♊	~	31	月	12:03	♋

1991年【ボイドタイム】

1月

開始日	開始時刻	サイン		終了日	終了時刻	サイン
2 水	08:16	♋	～	2 水	11:55	♌
4 金	10:09	♌	～	4 金	13:58	♍
6 日	15:39	♍	～	6 日	19:34	♎
8 火	22:12	♎	～	9 水	05:00	♏
11 金	13:43	♏	～	11 金	17:07	♐
14 月	04:59	♐	～	14 月	06:01	♑
16 水	16:14	♑	～	16 水	18:05	♒
19 土	03:29	♒	～	19 土	04:24	♓
21 月	08:50	♓	～	21 月	12:28	♈
23 水	15:02	♈	～	23 水	18:02	♉
25 金	18:41	♉	～	25 金	21:07	♊
27 日	18:45	♊	～	27 日	22:24	♋
29 火	21:29	♋	～	29 火	23:04	♌
31 木	08:20	♌	～	1 金	00:45	♍

2月

開始日	開始時刻	サイン		終了日	終了時刻	サイン
3 日	04:12	♍	～	3 日	05:03	♎
5 火	12:39	♎	～	5 火	13:02	♏
7 木	04:55	♏	～	8 金	00:24	♐
9 土	17:05	♐	～	10 日	13:17	♑
12 火	06:10	♑	～	13 水	01:17	♒
15 金	02:31	♒	～	15 金	11:00	♓
17 日	05:52	♓	～	17 日	18:12	♈
19 火	07:34	♈	～	19 火	23:25	♉
22 金	01:44	♉	～	22 金	03:11	♊
24 日	05:08	♊	～	24 日	05:57	♋
25 月	16:05	♋	～	26 火	08:13	♌
27 水	18:28	♌	～	28 木	10:51	♍

3月

開始日	開始時刻	サイン		終了日	終了時刻	サイン
1 金	22:01	♍	～	2 土	15:04	♎
3 日	20:20	♎	～	4 月	22:09	♏
6 水	13:25	♏	～	7 木	08:36	♐
9 土	09:40	♐	～	9 土	21:15	♑
11 月	15:01	♑	～	12 火	09:32	♒
14 木	07:53	♒	～	14 木	19:12	♓
16 土	17:10	♓	～	17 日	01:38	♈
19 火	05:34	♈	～	19 火	05:41	♉
21 木	08:21	♉	～	21 木	08:38	♊
23 土	01:27	♊	～	23 土	11:28	♋
25 月	00:30	♋	～	25 月	14:44	♌
27 水	12:23	♌	～	27 水	18:42	♍
29 金	19:29	♍	～	29 金	23:50	♎

4月

開始日	開始時刻	サイン		終了日	終了時刻	サイン
1 月	04:49	♎	～	1 月	07:02	♏
2 火	21:14	♏	～	3 水	17:00	♐
6 土	03:13	♐	～	6 土	05:20	♑
8 月	14:43	♑	～	8 月	18:01	♒
10 水	23:06	♒	～	11 木	04:19	♓
12 金	16:35	♓	～	13 土	10:50	♈
15 月	04:45	♈	～	15 月	14:06	♉
16 火	22:37	♉	～	17 水	15:42	♊
19 金	15:06	♊	～	19 金	17:18	♋
21 日	03:30	♋	～	21 日	20:05	♌
23 火	05:53	♌	～	24 水	00:30	♍
25 木	11:17	♍	～	26 金	06:37	♎
27 土	16:00	♎	～	28 日	14:35	♏
30 火	03:39	♏	～	1 水	00:43	♐

5月

開始日	開始時刻	サイン		終了日	終了時刻	サイン
2 木	21:59	♐	～	3 金	12:55	♑
5 日	04:48	♑	～	6 月	01:52	♒
8 水	10:57	♒	～	8 水	13:05	♓
10 金	03:05	♓	～	10 金	20:36	♈
12 日	15:51	♈	～	13 月	00:08	♉
14 火	13:35	♉	～	15 水	01:03	♊
17 金	00:40	♊	～	17 金	01:15	♋
18 土	21:37	♋	～	19 日	02:31	♌
21 火	04:46	♌	～	21 火	06:01	♍
23 木	08:19	♍	～	23 木	12:09	♎
25 土	19:28	♎	～	25 土	20:42	♏
27 月	10:58	♏	～	28 火	07:22	♐
29 水	00:15	♐	～	30 木	19:41	♑

6月

開始日	開始時刻	サイン		終了日	終了時刻	サイン
1 土	23:28	♑	～	2 日	08:42	♒
4 火	17:50	♒	～	4 火	20:37	♓
6 木	07:40	♓	～	7 金	05:26	♈
8 土	11:31	♈	～	9 日	10:14	♉
10 月	16:26	♉	～	11 火	11:37	♊
12 水	21:06	♊	～	13 木	11:17	♋
14 金	15:59	♋	～	15 土	11:11	♌
17 月	04:49	♌	～	17 月	13:04	♍
19 水	13:19	♍	～	19 水	18:02	♎
22 土	01:58	♎	～	22 土	02:19	♏
23 日	13:14	♏	～	24 月	13:17	♐
26 水	02:24	♐	～	27 木	01:50	♑
28 金	16:21	♑	～	29 土	14:48	♒

7月

開始日	開始時刻	サイン		終了日	終了時刻	サイン
1 月	12:47	♒	～	2 火	02:52	♓
4 木	12:09	♓	～	4 木	12:34	♈
6 土	12:57	♈	～	6 土	18:53	♉
8 月	18:42	♉	～	8 月	21:43	♊
10 水	21:21	♊	～	10 水	22:04	♋
12 金	04:06	♋	～	12 金	21:36	♌
14 日	21:09	♌	～	14 日	22:12	♍
16 火	13:34	♍	～	17 水	01:35	♎
19 金	00:10	♎	～	19 金	08:42	♏
21 日	15:19	♏	～	21 日	19:17	♐
24 水	02:31	♐	～	24 水	07:56	♑
25 木	19:39	♑	～	26 金	20:50	♒
28 日	12:50	♒	～	29 月	08:36	♓
30 火	18:40	♓	～	31 水	18:21	♈

8月

開始日	開始時刻	サイン		終了日	終了時刻	サイン
2 金	09:20	♈	～	3 土	01:33	♉
4 日	15:23	♉	～	5 月	05:55	♊
6 火	18:40	♊	～	7 水	07:48	♋
8 木	12:14	♋	～	9 金	08:10	♌
10 土	21:00	♌	～	11 日	08:36	♍
12 月	13:46	♍	～	13 火	10:53	♎
15 木	05:12	♎	～	15 木	16:34	♏
17 土	15:05	♏	～	18 日	02:12	♐
20 火	14:02	♐	～	20 火	14:35	♑
22 木	14:28	♑	～	23 金	03:28	♒
25 日	10:41	♒	～	25 日	14:52	♓
27 火	18:08	♓	～	28 水	00:02	♈
30 金	01:44	♈	～	30 金	07:01	♉

9月

開始日	開始時刻	サイン		終了日	終了時刻	サイン
1 日	11:51	♉	～	1 日	12:03	♊
3 火	12:01	♊	～	3 火	15:20	♋
4 水	21:19	♋	～	5 木	17:14	♌
7 土	16:50	♌	～	7 土	18:36	♍
9 月	00:36	♍	～	9 月	20:52	♎
12 木	01:29	♎	～	12 木	01:43	♏
13 金	16:53	♏	～	14 土	10:15	♐
16 月	07:01	♐	～	16 月	22:05	♑
19 木	01:23	♑	～	19 木	10:59	♒
21 土	06:53	♒	～	21 土	22:21	♓
23 月	14:06	♓	～	24 火	06:57	♈
26 木	01:52	♈	～	26 木	13:00	♉
28 土	08:21	♉	～	28 土	17:26	♊
30 月	13:58	♊	～	30 月	20:59	♋

10月

開始日	開始時刻	サイン		終了日	終了時刻	サイン
2 水	07:04	♋	～	2 水	23:59	♌
5 土	00:13	♌	～	5 土	02:46	♍
6 日	10:48	♍	～	7 月	06:01	♎
9 水	01:09	♎	～	9 水	11:01	♏
10 木	22:01	♏	～	11 金	18:59	♐
14 月	01:58	♐	～	14 月	06:11	♑
16 水	18:31	♑	～	16 水	19:05	♒
18 金	20:16	♒	～	19 土	06:54	♓
20 日	19:51	♓	～	21 月	15:34	♈
23 水	20:08	♈	～	23 水	20:56	♉
25 金	06:24	♉	～	26 土	00:10	♊
27 日	03:55	♊	～	28 月	02:38	♋
29 火	14:03	♋	～	30 水	05:21	♌
31 木	23:15	♌	～	1 金	08:48	♍

11月

開始日	開始時刻	サイン		終了日	終了時刻	サイン
3 日	09:39	♍	～	3 日	13:13	♎
4 月	14:52	♎	～	5 火	19:10	♏
8 金	00:03	♏	～	8 金	03:22	♐
8 金	23:52	♐	～	10 日	14:17	♑
12 火	07:13	♑	～	13 水	03:07	♒
14 木	23:01	♒	～	15 金	15:34	♓
17 日	14:36	♓	～	18 月	01:09	♈
19 火	10:35	♈	～	20 水	06:50	♉
22 金	07:56	♉	～	22 金	09:23	♊
23 土	21:52	♊	～	24 日	10:26	♋
26 火	07:56	♋	～	26 火	11:38	♌
28 木	13:04	♌	～	28 木	14:13	♍
30 土	08:11	♍	～	30 土	18:48	♎

12月

開始日	開始時刻	サイン		終了日	終了時刻	サイン
2 月	17:03	♎	～	3 火	01:34	♏
4 水	17:27	♏	～	5 木	10:33	♐
6 金	23:17	♐	～	7 土	21:42	♑
9 月	16:46	♑	～	10 火	10:28	♒
12 木	06:00	♒	～	12 木	23:20	♓
14 土	18:32	♓	～	15 日	10:07	♈
17 火	07:18	♈	～	17 火	17:11	♉
19 木	06:28	♉	～	19 木	20:22	♊
21 土	19:23	♊	～	21 土	20:55	♋
23 月	07:34	♋	～	23 月	20:39	♌
25 水	08:10	♌	～	25 水	21:24	♍
27 金	15:25	♍	～	28 土	00:38	♎
29 日	15:50	♎	～	30 月	07:04	♏

1992年【ボイドタイム】

1月

開始日		開始時刻	サイン		終了日		終了時刻	サイン
1	水	01:05	♏	~	1	水	16:31	♐
3	金	19:15	♐	~	4	土	04:10	♑
6	月	01:10	♑	~	6	月	17:00	♒
9	木	05:00	♒	~	9	木	05:53	♓
11	土	02:26	♓	~	11	土	17:23	♈
13	月	11:32	♈	~	14	火	02:01	♉
15	水	21:42	♉	~	16	木	06:56	♊
17	金	16:37	♊	~	18	土	08:27	♋
20	月	06:28	♋	~	20	月	07:58	♌
22	水	00:11	♌	~	22	水	07:23	♍
24	金	05:43	♍	~	24	金	08:43	♎
26	日	01:23	♎	~	26	日	13:33	♏
28	火	17:32	♏	~	28	火	22:21	♐
30	木	00:26	♐	~	31	金	10:08	♑

2月

開始日		開始時刻	サイン		終了日		終了時刻	サイン
2	日	08:29	♑	~	2	日	23:10	♒
4	火	21:26	♒	~	5	水	11:52	♓
7	金	09:16	♓	~	7	金	23:16	♈
9	日	20:05	♈	~	10	月	08:37	♉
12	水	06:36	♉	~	12	水	15:09	♊
14	金	11:54	♊	~	14	金	18:32	♋
16	日	16:59	♋	~	16	日	19:16	♌
18	火	17:04	♌	~	18	火	18:48	♍
20	木	07:32	♍	~	20	木	19:05	♎
22	土	01:22	♎	~	22	土	22:12	♏
24	月	16:04	♏	~	25	火	05:27	♐
26	水	17:58	♐	~	27	木	16:34	♑
29	土	17:30	♑	~	1	日	05:35	♒

3月

開始日		開始時刻	サイン		終了日		終了時刻	サイン
3	火	04:02	♒	~	3	火	18:12	♓
5	木	15:24	♓	~	6	金	05:08	♈
7	土	23:15	♈	~	8	日	14:06	♉
10	火	12:28	♉	~	10	火	21:04	♊
12	木	22:48	♊	~	13	金	01:51	♋
14	土	18:30	♋	~	15	日	04:21	♌
16	月	17:37	♌	~	17	火	05:14	♍
19	木	03:18	♍	~	19	木	05:56	♎
20	金	22:17	♎	~	21	土	08:21	♏
23	月	06:46	♏	~	23	月	14:14	♐
25	水	20:06	♐	~	26	木	00:09	♑
27	金	21:50	♑	~	28	土	12:45	♒
30	月	10:37	♒	~	31	火	01:24	♓

4月

開始日		開始時刻	サイン		終了日		終了時刻	サイン
1	水	22:26	♓	~	2	木	12:05	♈
3	金	23:43	♈	~	4	土	20:19	♉
7	火	01:09	♉	~	7	火	02:34	♊
9	木	05:07	♊	~	9	木	07:19	♋
11	土	08:50	♋	~	11	土	10:47	♌
13	月	01:29	♌	~	13	月	13:10	♍
15	水	02:18	♍	~	15	水	15:11	♎
17	金	13:42	♎	~	17	金	18:11	♏
19	日	09:25	♏	~	19	日	23:41	♐
21	火	10:32	♐	~	22	水	08:41	♑
24	金	04:36	♑	~	24	金	20:39	♒
26	日	20:31	♒	~	27	月	09:21	♓
29	水	10:05	♓	~	29	水	20:14	♈

5月

開始日		開始時刻	サイン		終了日		終了時刻	サイン
1	金	07:51	♈	~	2	土	04:10	♉
4	月	06:48	♉	~	4	月	09:29	♊
5	火	22:11	♊	~	6	水	13:10	♋
8	金	07:21	♋	~	8	金	16:08	♌
10	日	16:33	♌	~	10	日	18:57	♍
12	火	07:39	♍	~	12	火	22:06	♎
14	木	06:37	♎	~	15	金	02:16	♏
17	日	01:02	♏	~	17	日	08:23	♐
18	月	18:53	♐	~	19	火	17:14	♑
21	木	17:04	♑	~	22	金	04:44	♒
24	日	12:42	♒	~	24	日	17:26	♓
27	水	04:35	♓	~	27	水	04:53	♈
28	木	16:14	♈	~	29	金	13:17	♉
31	日	02:49	♉	~	31	日	18:20	♊

6月

開始日		開始時刻	サイン		終了日		終了時刻	サイン
2	火	05:01	♊	~	2	火	20:59	♋
4	木	09:31	♋	~	4	木	22:36	♌
6	土	13:57	♌	~	7	日	00:29	♍
8	月	23:22	♍	~	9	火	03:34	♎
11	木	03:16	♎	~	11	木	08:28	♏
12	金	22:15	♏	~	13	土	15:30	♐
15	月	14:43	♐	~	16	火	00:51	♑
17	水	17:34	♑	~	18	木	12:20	♒
21	日	00:00	♒	~	21	日	01:01	♓
22	月	23:44	♓	~	23	火	13:04	♈
25	木	17:37	♈	~	25	木	22:29	♉
27	土	11:31	♉	~	28	日	04:15	♊
29	月	10:21	♊	~	30	火	06:43	♋

7月

開始日		開始時刻	サイン		終了日		終了時刻	サイン
1	水	15:47	♋	~	2	木	07:16	♌
3	金	15:59	♌	~	4	土	07:38	♍
5	日	17:08	♍	~	6	月	09:28	♎
8	水	00:11	♎	~	8	水	13:54	♏
10	金	12:38	♏	~	10	金	21:18	♐
12	日	05:52	♐	~	13	月	07:16	♑
15	水	04:06	♑	~	15	水	19:04	♒
17	金	18:37	♒	~	18	土	07:45	♓
20	月	15:43	♓	~	20	月	20:08	♈
22	水	06:15	♈	~	23	木	06:37	♉
25	土	11:42	♉	~	25	土	13:45	♊
26	日	17:38	♊	~	27	月	17:09	♋
29	水	01:56	♋	~	29	水	17:40	♌
31	金	02:22	♌	~	31	金	17:02	♍

8月

開始日		開始時刻	サイン		終了日		終了時刻	サイン
2	日	01:12	♍	~	2	日	17:18	♎
4	火	13:38	♎	~	4	火	20:17	♏
7	金	01:37	♏	~	7	金	02:58	♐
8	土	10:35	♐	~	9	日	13:01	♑
11	火	05:18	♑	~	12	水	01:07	♒
13	木	19:27	♒	~	14	金	13:52	♓
16	日	06:37	♓	~	17	月	02:12	♈
19	水	05:40	♈	~	19	水	13:11	♉
21	金	19:01	♉	~	21	金	21:37	♊
23	日	08:36	♊	~	24	月	02:37	♋
25	火	15:30	♋	~	26	水	04:16	♌
27	木	12:43	♌	~	28	金	03:47	♍
29	土	23:04	♍	~	30	日	03:11	♎
31	月	19:35	♎	~	1	火	04:39	♏

9月

開始日		開始時刻	サイン		終了日		終了時刻	サイン
3	木	08:37	♏	~	3	木	09:51	♐
5	土	10:55	♐	~	5	土	19:07	♑
7	月	16:41	♑	~	8	火	07:09	♒
10	木	17:44	♒	~	10	木	19:57	♓
12	土	20:01	♓	~	13	日	08:03	♈
14	月	17:03	♈	~	15	火	18:48	♉
17	木	21:57	♉	~	18	金	03:41	♊
20	日	04:53	♊	~	20	日	10:00	♋
22	火	12:16	♋	~	22	火	13:20	♌
24	木	12:08	♌	~	24	木	14:09	♍
26	土	08:56	♍	~	26	土	13:56	♎
27	日	15:59	♎	~	28	月	14:45	♏
30	水	14:37	♏	~	30	水	18:34	♐

10月

開始日		開始時刻	サイン		終了日		終了時刻	サイン
2	金	23:12	♐	~	3	土	02:30	♑
5	月	11:32	♑	~	5	月	13:54	♒
7	水	09:11	♒	~	8	木	02:39	♓
10	土	14:27	♓	~	10	土	14:37	♈
12	月	03:03	♈	~	13	火	00:49	♉
14	水	21:21	♉	~	15	木	09:09	♊
17	土	04:16	♊	~	17	土	15:37	♋
19	月	19:22	♋	~	19	月	20:02	♌
21	水	19:37	♌	~	21	水	22:28	♍
23	金	10:42	♍	~	23	金	23:40	♎
25	日	09:26	♎	~	26	月	01:05	♏
28	水	00:23	♏	~	28	水	04:30	♐
29	木	01:52	♐	~	30	金	11:19	♑

11月

開始日		開始時刻	サイン		終了日		終了時刻	サイン
1	日	07:39	♑	~	1	日	21:44	♒
3	火	18:50	♒	~	4	水	10:14	♓
6	金	11:13	♓	~	6	金	22:20	♈
8	日	22:52	♈	~	9	月	08:20	♉
11	水	07:45	♉	~	11	水	15:50	♊
13	金	21:16	♊	~	13	金	21:20	♋
15	日	19:15	♋	~	16	月	01:24	♌
17	火	20:39	♌	~	18	水	04:29	♍
20	金	03:07	♍	~	20	金	07:04	♎
22	日	05:13	♎	~	22	日	09:53	♏
24	火	09:30	♏	~	24	火	14:02	♐
25	水	13:36	♐	~	26	木	20:39	♑
29	日	01:38	♑	~	29	日	06:20	♒

12月

開始日		開始時刻	サイン		終了日		終了時刻	サイン
1	火	05:15	♒	~	1	火	18:24	♓
4	金	01:45	♓	~	4	金	06:50	♈
6	日	12:04	♈	~	6	日	17:17	♉
9	水	00:24	♉	~	9	水	00:38	♊
10	木	08:40	♊	~	11	金	05:06	♋
13	日	01:36	♋	~	13	日	07:48	♌
14	月	23:55	♌	~	15	火	09:57	♍
17	木	04:44	♍	~	17	木	12:34	♎
19	土	11:53	♎	~	19	土	16:21	♏
21	月	11:20	♏	~	21	月	21:43	♐
23	水	03:26	♐	~	24	木	05:05	♑
26	土	03:47	♑	~	26	土	14:44	♒
28	月	15:22	♒	~	29	火	02:29	♓
31	木	06:50	♓	~	31	木	15:08	♈

1993年【ボイドタイム】

1月

開始日		開始時刻	サイン		終了日		終了時刻	サイン
2	土	23:31	♈	~	3	日	02:31	♉
5	火	01:04	♉	~	5	火	10:43	♊
6	水	16:43	♊	~	7	木	15:11	♋
9	土	08:24	♋	~	9	土	16:50	♌
11	月	09:04	♌	~	11	月	17:21	♍
13	水	10:06	♍	~	13	水	18:31	♎
15	金	13:01	♎	~	15	金	21:43	♏
17	日	22:52	♏	~	18	月	03:31	♐
19	火	13:42	♐	~	20	水	11:47	♑
22	金	12:28	♑	~	22	金	22:01	♒
25	月	00:08	♒	~	25	月	09:48	♓
27	水	12:50	♓	~	27	水	22:29	♈
29	金	13:51	♈	~	30	土	10:38	♉

2月

開始日		開始時刻	サイン		終了日		終了時刻	サイン
1	月	18:20	♉	~	1	月	20:16	♊
3	水	11:47	♊	~	4	木	01:57	♋
5	金	20:22	♋	~	6	土	03:52	♌
7	日	20:16	♌	~	8	月	03:30	♍
9	火	19:40	♍	~	10	水	02:59	♎
11	木	15:52	♎	~	12	金	04:24	♏
14	日	00:56	♏	~	14	日	09:09	♐
16	火	12:29	♐	~	16	火	17:21	♑
18	木	19:10	♑	~	19	金	04:06	♒
21	日	07:09	♒	~	21	日	16:13	♓
23	火	19:46	♓	~	24	水	04:51	♈
26	金	02:54	♈	~	26	金	17:12	♉
28	日	19:17	♉	~	1	月	03:53	♊

3月

開始日		開始時刻	サイン		終了日		終了時刻	サイン
2	火	23:53	♊	~	3	水	11:17	♋
5	金	07:13	♋	~	5	金	14:41	♌
7	日	07:47	♌	~	7	日	14:53	♍
9	火	06:43	♍	~	9	火	13:47	♎
11	木	04:29	♎	~	11	木	13:41	♏
13	土	08:36	♏	~	13	土	16:34	♐
15	月	13:46	♐	~	15	月	23:29	♑
18	木	04:20	♑	~	18	木	09:53	♒
20	土	12:51	♒	~	20	土	22:12	♓
23	火	01:29	♓	~	23	火	10:52	♈
25	木	14:52	♈	~	25	木	23:00	♉
28	日	02:25	♉	~	28	日	09:49	♊
30	火	11:39	♊	~	30	火	18:15	♋

4月

開始日		開始時刻	サイン		終了日		終了時刻	サイン
1	木	15:06	♋	~	1	木	23:22	♌
3	土	20:03	♌	~	4	日	01:11	♍
5	月	17:13	♍	~	6	火	00:55	♎
7	水	20:02	♎	~	8	木	00:33	♏
9	金	21:43	♏	~	10	土	02:11	♐
12	月	02:58	♐	~	12	月	07:25	♑
14	水	12:41	♑	~	14	水	16:37	♒
17	土	00:30	♒	~	17	土	04:33	♓
19	月	08:51	♓	~	19	月	17:15	♈
22	木	01:57	♈	~	22	木	05:09	♉
24	土	12:42	♉	~	24	土	15:28	♊
26	月	21:26	♊	~	26	月	23:46	♋
28	水	20:07	♋	~	29	木	05:40	♌

5月

開始日		開始時刻	サイン		終了日		終了時刻	サイン
1	土	07:22	♌	~	1	土	09:01	♍
3	月	01:21	♍	~	3	月	10:21	♎
5	水	09:46	♎	~	5	水	10:58	♏
7	金	11:32	♏	~	7	金	12:35	♐
9	日	15:57	♐	~	9	日	16:52	♑
11	火	13:43	♑	~	12	水	00:45	♒
14	金	11:17	♒	~	14	金	11:51	♓
16	日	15:29	♓	~	17	月	00:25	♈
19	水	12:08	♈	~	19	水	12:17	♉
21	金	10:41	♉	~	21	金	22:08	♊
23	日	06:53	♊	~	24	月	05:39	♋
26	水	00:14	♋	~	26	水	11:04	♌
28	金	04:10	♌	~	28	金	14:47	♍
30	日	07:32	♍	~	30	日	17:19	♎

6月

開始日		開始時刻	サイン		終了日		終了時刻	サイン
1	火	16:55	♎	~	1	火	19:23	♏
3	木	11:08	♏	~	3	木	22:02	♐
6	日	01:12	♐	~	6	日	02:27	♑
7	月	21:26	♑	~	8	火	09:40	♒
10	木	06:59	♒	~	10	木	19:58	♓
12	土	18:52	♓	~	13	日	08:15	♈
15	火	11:00	♈	~	15	火	20:20	♉
18	金	00:03	♉	~	18	金	06:13	♊
20	日	10:52	♊	~	20	日	13:06	♋
22	火	08:25	♋	~	22	火	17:27	♌
24	木	08:44	♌	~	24	木	20:19	♍
26	土	18:01	♍	~	26	土	22:46	♎
28	月	22:00	♎	~	29	火	01:38	♏

7月

開始日		開始時刻	サイン		終了日		終了時刻	サイン
1	木	05:26	♏	~	1	木	05:29	♐
3	土	10:38	♐	~	3	土	10:49	♑
5	月	16:50	♑	~	5	月	18:15	♒
8	木	03:36	♒	~	8	木	04:10	♓
10	土	07:39	♓	~	10	土	16:12	♈
13	火	03:36	♈	~	13	火	04:38	♉
15	木	13:55	♉	~	15	木	15:08	♊
17	土	20:47	♊	~	17	土	22:09	♋
19	月	20:24	♋	~	20	火	01:48	♌
22	木	01:46	♌	~	22	木	03:25	♍
23	金	16:42	♍	~	24	土	04:40	♎
26	月	04:52	♎	~	26	月	07:01	♏
28	水	08:45	♏	~	28	水	11:14	♐
30	金	14:37	♐	~	30	金	17:28	♑

8月

開始日		開始時刻	サイン		終了日		終了時刻	サイン
1	日	12:43	♑	~	2	月	01:37	♒
4	水	08:03	♒	~	4	水	11:44	♓
6	金	16:24	♓	~	6	金	23:40	♈
9	月	08:43	♈	~	9	月	12:23	♉
11	水	23:13	♉	~	11	水	23:48	♊
14	土	03:07	♊	~	14	土	07:47	♋
15	日	23:32	♋	~	16	月	11:44	♌
18	水	08:02	♌	~	18	水	12:42	♍
20	金	01:04	♍	~	20	金	12:36	♎
22	日	11:51	♎	~	22	日	13:28	♏
24	火	10:52	♏	~	24	火	16:46	♐
26	木	16:27	♐	~	26	木	22:59	♑
28	土	18:05	♑	~	29	日	07:43	♒
31	火	10:39	♒	~	31	火	18:19	♓

9月

開始日		開始時刻	サイン		終了日		終了時刻	サイン
2	木	16:12	♓	~	3	金	06:22	♈
5	日	10:34	♈	~	5	日	19:10	♉
7	火	22:33	♉	~	8	水	07:17	♊
10	金	12:23	♊	~	10	金	16:38	♋
12	日	10:06	♋	~	12	日	21:52	♌
14	火	15:31	♌	~	14	火	23:21	♍
16	木	12:10	♍	~	16	木	22:45	♎
18	土	15:46	♎	~	18	土	22:15	♏
20	月	21:40	♏	~	20	月	23:54	♐
23	木	04:32	♐	~	23	木	04:55	♑
25	土	10:41	♑	~	25	土	13:20	♒
27	月	13:23	♒	~	28	火	00:14	♓
29	水	23:36	♓	~	30	木	12:30	♈

10月

開始日		開始時刻	サイン		終了日		終了時刻	サイン
2	土	13:28	♈	~	3	日	01:14	♉
5	火	01:41	♉	~	5	火	13:28	♊
7	木	12:17	♊	~	7	木	23:43	♋
9	土	19:47	♋	~	10	日	06:35	♌
11	月	23:41	♌	~	12	火	09:37	♍
14	木	05:34	♍	~	14	木	09:48	♎
16	土	00:14	♎	~	16	土	09:02	♏
17	日	23:53	♏	~	18	月	09:24	♐
20	水	06:33	♐	~	20	水	12:43	♑
22	金	17:52	♑	~	22	金	19:50	♒
24	日	23:07	♒	~	25	月	06:18	♓
27	水	07:39	♓	~	27	水	18:40	♈
30	土	02:18	♈	~	30	土	07:21	♉

11月

開始日		開始時刻	サイン		終了日		終了時刻	サイン
1	月	08:51	♉	~	1	月	19:14	♊
4	木	02:43	♊	~	4	木	05:26	♋
6	土	11:28	♋	~	6	土	13:07	♌
8	月	17:03	♌	~	8	月	17:48	♍
10	水	11:44	♍	~	10	水	19:43	♎
12	金	10:06	♎	~	12	金	20:01	♏
14	日	12:39	♏	~	14	日	20:21	♐
16	火	12:11	♐	~	16	火	22:35	♑
18	木	21:04	♑	~	19	金	04:09	♒
21	日	11:03	♒	~	21	日	13:28	♓
23	火	16:42	♓	~	24	水	01:31	♈
26	金	02:48	♈	~	26	金	14:15	♉
28	日	17:40	♉	~	29	月	01:49	♊

12月

開始日		開始時刻	サイン		終了日		終了時刻	サイン
1	水	01:04	♊	~	1	水	11:18	♋
3	金	11:22	♋	~	3	金	18:34	♌
5	日	19:33	♌	~	5	日	23:44	♍
7	火	20:39	♍	~	8	水	03:04	♎
9	木	21:01	♎	~	10	金	05:05	♏
12	日	00:37	♏	~	12	日	06:40	♐
14	火	01:18	♐	~	14	火	09:07	♑
16	木	07:35	♑	~	16	木	13:52	♒
18	土	19:41	♒	~	18	土	22:00	♓
21	火	07:26	♓	~	21	火	09:20	♈
23	木	14:23	♈	~	23	木	22:06	♉
26	日	03:38	♉	~	26	日	09:47	♊
28	火	12:32	♊	~	28	火	18:47	♋
30	木	19:43	♋	~	31	金	01:00	♌

1994年【ボイドタイム】

1月

開始日	開始時刻	サイン		終了日	終了時刻	サイン
2 日	00:14	♌	～	2 日	05:16	♍
4 火	03:41	♍	～	4 火	08:32	♎
6 木	07:12	♎	～	6 木	11:30	♏
8 土	10:38	♏	～	8 土	14:35	♐
10 月	14:39	♐	～	10 月	18:17	♑
12 水	18:44	♑	～	12 水	23:26	♒
15 土	04:01	♒	～	15 土	07:05	♓
17 月	12:46	♓	～	17 月	17:43	♈
20 木	05:26	♈	～	20 木	06:23	♉
22 土	17:04	♉	～	22 土	18:36	♊
25 火	03:00	♊	～	25 火	03:56	♋
27 木	07:59	♋	～	27 木	09:39	♌
29 土	08:56	♌	～	29 土	12:40	♍
31 月	10:56	♍	～	31 月	14:35	♎

2月

開始日	開始時刻	サイン		終了日	終了時刻	サイン
2 水	05:45	♎	～	2 水	16:50	♏
4 金	16:34	♏	～	4 金	20:15	♐
6 日	10:30	♐	～	7 月	01:03	♑
9 水	03:30	♑	～	9 水	07:17	♒
11 金	11:52	♒	～	11 金	15:23	♓
13 日	21:51	♓	～	14 月	01:50	♈
16 水	08:20	♈	～	16 水	14:21	♉
19 土	02:47	♉	～	19 土	03:06	♊
20 日	14:36	♊	～	21 月	13:28	♋
23 水	16:24	♋	～	23 水	19:49	♌
25 金	19:16	♌	～	25 金	22:28	♍
27 日	19:59	♍	～	27 日	23:07	♎

3月

開始日	開始時刻	サイン		終了日	終了時刻	サイン
1 火	15:46	♎	～	1 火	23:44	♏
3 木	22:36	♏	～	4 金	01:55	♐
6 日	04:03	♐	～	6 日	06:25	♑
8 火	12:09	♑	～	8 火	13:16	♒
10 木	18:23	♒	～	10 木	22:10	♓
13 日	05:04	♓	～	13 日	09:00	♈
15 火	15:35	♈	～	15 火	21:28	♉
18 金	09:32	♉	～	18 金	10:30	♊
20 日	21:14	♊	～	20 日	21:55	♋
23 水	01:58	♋	～	23 水	05:40	♌
25 金	05:46	♌	～	25 金	09:15	♍
27 日	06:25	♍	～	27 日	09:47	♎
29 火	02:43	♎	～	29 火	09:16	♏
31 木	06:06	♏	～	31 木	09:42	♐

4月

開始日	開始時刻	サイン		終了日	終了時刻	サイン
1 金	18:35	♐	～	2 土	12:38	♑
4 月	14:36	♑	～	4 月	18:46	♒
6 水	23:24	♒	～	7 木	03:52	♓
9 土	13:29	♓	～	9 土	15:10	♈
11 月	20:02	♈	～	12 火	03:49	♉
14 木	16:04	♉	～	14 木	16:49	♊
16 土	21:23	♊	～	17 日	04:42	♋
19 火	11:34	♋	～	19 火	13:46	♌
21 木	14:30	♌	～	21 木	18:59	♍
23 土	16:23	♍	～	23 土	20:41	♎
25 月	19:11	♎	～	25 月	20:19	♏
27 水	15:24	♏	～	27 水	19:49	♐
28 木	12:32	♐	～	29 金	21:06	♑

5月

開始日	開始時刻	サイン		終了日	終了時刻	サイン
1 日	20:24	♑	～	2 月	01:35	♒
4 水	04:09	♒	～	4 水	09:48	♓
6 金	15:01	♓	～	6 金	21:02	♈
9 月	02:20	♈	～	9 月	09:51	♉
11 水	16:25	♉	～	11 水	22:44	♊
13 金	18:47	♊	～	14 土	10:28	♋
16 月	13:51	♋	～	16 月	19:59	♌
18 水	21:50	♌	～	19 木	02:32	♍
21 土	05:29	♍	～	21 土	05:55	♎
23 月	05:32	♎	～	23 月	06:52	♏
25 水	01:08	♏	～	25 水	06:44	♐
27 金	03:52	♐	～	27 金	07:18	♑
29 日	03:59	♑	～	29 日	10:20	♒
31 火	10:08	♒	～	31 火	17:04	♓

6月

開始日	開始時刻	サイン		終了日	終了時刻	サイン
2 木	20:04	♓	～	3 金	03:32	♈
5 日	07:48	♈	～	5 日	16:15	♉
7 火	21:16	♉	～	8 水	05:04	♊
9 木	17:26	♊	～	10 金	16:23	♋
12 日	19:07	♋	～	13 月	01:30	♌
15 水	01:01	♌	～	15 水	08:17	♍
17 金	05:45	♍	～	17 金	12:49	♎
19 日	11:20	♎	～	19 日	15:21	♏
21 火	09:42	♏	～	21 火	16:33	♐
22 水	12:45	♐	～	23 木	17:38	♑
25 土	12:48	♑	～	25 土	20:11	♒
27 月	17:48	♒	～	28 火	01:45	♓
30 木	05:22	♓	～	30 木	11:07	♈

7月

開始日	開始時刻	サイン		終了日	終了時刻	サイン
2 土	13:08	♈	～	2 土	23:24	♉
5 火	03:15	♉	～	5 火	12:13	♊
7 木	22:12	♊	～	7 木	23:18	♋
9 土	23:22	♋	～	10 日	07:44	♌
12 火	05:42	♌	～	12 火	13:49	♍
14 木	10:19	♍	～	14 木	18:16	♎
16 土	12:04	♎	～	16 土	21:36	♏
18 月	16:32	♏	～	19 火	00:10	♐
19 火	20:01	♐	～	21 木	02:31	♑
23 土	05:16	♑	～	23 土	05:39	♒
25 月	02:25	♒	～	25 月	10:57	♓
27 水	10:25	♓	～	27 水	19:31	♈
29 金	18:50	♈	～	30 土	07:14	♉

8月

開始日	開始時刻	サイン		終了日	終了時刻	サイン
1 月	11:33	♉	～	1 月	20:06	♊
3 水	23:07	♊	～	4 木	07:23	♋
6 土	12:43	♋	～	6 土	15:32	♌
8 月	12:29	♌	～	8 月	20:43	♍
10 水	16:51	♍	～	11 木	00:08	♎
12 金	22:11	♎	～	13 土	02:57	♏
14 日	21:52	♏	～	15 月	05:54	♐
17 水	05:19	♐	～	17 水	09:19	♑
19 金	05:20	♑	～	19 金	13:35	♒
21 日	15:47	♒	～	21 日	19:28	♓
23 火	18:59	♓	～	24 水	03:56	♈
26 金	01:02	♈	～	26 金	15:14	♉
28 日	18:49	♉	～	29 月	04:08	♊
31 水	02:10	♊	～	31 水	16:01	♋

9月

開始日	開始時刻	サイン		終了日	終了時刻	サイン
2 金	19:30	♋	～	3 土	00:38	♌
5 月	01:04	♌	～	5 月	05:34	♍
7 水	00:35	♍	～	7 水	07:58	♎
8 木	21:14	♎	～	9 金	09:27	♏
11 日	04:05	♏	～	11 日	11:26	♐
12 月	20:34	♐	～	13 火	14:45	♑
15 木	12:03	♑	～	15 木	19:43	♒
17 土	18:41	♒	～	18 日	02:32	♓
20 火	05:00	♓	～	20 火	11:31	♈
22 木	11:46	♈	～	22 木	22:48	♉
25 日	03:28	♉	～	25 日	11:42	♊
26 月	02:28	♊	～	28 水	00:13	♋
30 金	04:46	♋	～	30 金	09:56	♌

10月

開始日	開始時刻	サイン		終了日	終了時刻	サイン
2 日	09:00	♌	～	2 日	15:40	♍
4 火	17:39	♍	～	4 火	17:57	♎
6 木	06:09	♎	～	6 木	18:23	♏
8 土	12:50	♏	～	8 土	18:48	♐
9 日	21:06	♐	～	10 月	20:45	♑
12 水	18:53	♑	～	13 木	01:10	♒
15 土	01:52	♒	～	15 土	08:19	♓
17 月	11:24	♓	～	17 月	17:57	♈
20 木	04:15	♈	～	20 木	05:35	♉
22 土	12:00	♉	～	22 土	18:29	♊
24 月	18:57	♊	～	25 火	07:16	♋
27 木	12:22	♋	～	27 木	18:06	♌
29 土	20:11	♌	～	30 日	01:22	♍

11月

開始日	開始時刻	サイン		終了日	終了時刻	サイン
1 火	00:05	♍	～	1 火	04:47	♎
2 水	17:50	♎	～	3 木	05:20	♏
5 土	00:33	♏	～	5 土	04:47	♐
6 日	21:03	♐	～	7 月	05:03	♑
9 水	03:53	♑	～	9 水	07:49	♒
11 金	09:34	♒	～	11 金	14:05	♓
13 日	19:11	♓	～	13 日	23:45	♈
15 火	22:01	♈	～	16 水	11:45	♉
18 金	20:23	♉	～	19 土	00:42	♊
20 日	23:19	♊	～	21 月	13:22	♋
23 水	20:50	♋	～	24 木	00:34	♌
26 土	05:48	♌	～	26 土	09:10	♍
28 月	11:24	♍	～	28 月	14:23	♎
30 水	10:36	♎	～	30 水	16:22	♏

12月

開始日	開始時刻	サイン		終了日	終了時刻	サイン
2 金	13:44	♏	～	2 金	16:14	♐
4 日	12:07	♐	～	4 日	15:43	♑
6 火	15:41	♑	～	6 火	16:52	♒
8 木	21:01	♒	～	8 木	21:25	♓
11 日	03:39	♓	～	11 日	06:04	♈
13 火	06:38	♈	～	13 火	17:57	♉
16 金	04:52	♉	～	16 金	07:01	♊
18 日	16:23	♊	～	18 日	19:26	♋
21 水	04:33	♋	～	21 水	06:14	♌
23 金	13:34	♌	～	23 金	15:02	♍
25 日	20:13	♍	～	25 日	21:28	♎
27 火	17:10	♎	～	28 水	01:18	♏
30 金	01:52	♏	～	30 金	02:47	♐
30 金	15:25	♐	～	1 日	02:58	♑

1995年【ボイドタイム】

1月

開始日		開始時刻	サイン		終了日		終了時刻	サイン
3	火	02:57	♑	~	3	火	03:40	♒
5	木	06:11	♒	~	5	木	06:50	♓
7	土	13:24	♓	~	7	土	13:57	♈
9	月	16:50	♈	~	10	火	00:59	♉
12	木	13:40	♉	~	12	木	13:58	♊
13	金	09:01	♊	~	15	日	02:21	♋
17	火	12:35	♋	~	17	火	12:37	♌
18	水	19:47	♌	~	19	木	20:40	♍
21	土	20:57	♍	~	22	日	02:55	♎
24	火	07:06	♎	~	24	火	07:33	♏
26	木	09:11	♏	~	26	木	10:38	♐
28	土	10:00	♐	~	28	土	12:27	♑
30	月	09:20	♑	~	30	月	14:04	♒

2月

開始日		開始時刻	サイン		終了日		終了時刻	サイン
1	水	12:06	♒	~	1	水	17:06	♓
3	金	20:21	♓	~	3	金	23:13	♈
6	月	04:18	♈	~	6	月	09:10	♉
8	水	17:03	♉	~	8	水	21:45	♊
10	金	21:22	♊	~	11	土	10:18	♋
13	月	16:41	♋	~	13	月	20:32	♌
15	水	21:15	♌	~	16	木	03:53	♍
18	土	05:54	♍	~	18	土	09:01	♎
20	月	10:03	♎	~	20	月	12:56	♏
22	水	13:34	♏	~	22	水	16:14	♐
23	木	23:40	♐	~	24	金	19:12	♑
26	日	19:56	♑	~	26	日	22:15	♒
28	火	03:44	♒	~	1	水	02:17	♓

3月

開始日		開始時刻	サイン		終了日		終了時刻	サイン
3	金	06:25	♓	~	3	金	08:31	♈
5	日	15:51	♈	~	5	日	17:51	♉
8	水	04:05	♉	~	8	水	05:56	♊
10	金	04:46	♊	~	10	金	18:41	♋
13	月	04:10	♋	~	13	月	05:29	♌
14	火	09:21	♌	~	15	水	12:55	♍
17	金	16:26	♍	~	17	金	17:19	♎
19	日	19:09	♎	~	19	日	19:53	♏
21	火	21:22	♏	~	21	火	21:58	♐
23	木	14:24	♐	~	24	金	00:32	♑
26	日	03:48	♑	~	26	日	04:11	♒
28	火	08:49	♒	~	28	火	09:19	♓
30	木	16:18	♓	~	30	木	16:27	♈

4月

開始日		開始時刻	サイン		終了日		終了時刻	サイン
1	土	16:54	♈	~	2	日	02:00	♉
4	火	04:30	♉	~	4	火	13:50	♊
6	木	03:45	♊	~	7	金	02:41	♋
9	日	05:23	♋	~	9	日	14:17	♌
11	火	05:11	♌	~	11	火	22:40	♍
13	木	19:38	♍	~	14	金	03:21	♎
15	土	23:13	♎	~	16	日	05:14	♏
17	月	22:36	♏	~	18	火	05:52	♐
20	木	05:46	♐	~	20	木	06:54	♑
22	土	09:35	♑	~	22	土	09:39	♒
24	月	14:42	♒	~	24	月	14:52	♓
26	水	22:26	♓	~	26	水	22:42	♈
29	土	00:07	♈	~	29	土	08:54	♉

5月

開始日		開始時刻	サイン		終了日		終了時刻	サイン
1	月	20:22	♉	~	1	月	20:54	♊
3	水	16:37	♊	~	4	木	09:46	♋
6	土	21:09	♋	~	6	土	21:56	♌
9	火	06:43	♌	~	9	火	07:34	♍
11	木	12:37	♍	~	11	木	13:31	♎
13	土	08:30	♎	~	13	土	15:54	♏
15	月	14:59	♏	~	15	月	15:59	♐
17	水	09:35	♐	~	17	水	15:37	♑
19	金	15:25	♑	~	19	金	16:40	♒
21	日	20:35	♒	~	21	日	20:41	♓
24	水	02:35	♓	~	24	水	04:14	♈
26	金	05:32	♈	~	26	金	14:47	♉
29	月	01:06	♉	~	29	月	03:08	♊
31	水	03:07	♊	~	31	水	16:00	♋

6月

開始日		開始時刻	サイン		終了日		終了時刻	サイン
3	土	02:02	♋	~	3	土	04:18	♌
5	月	12:29	♌	~	5	月	14:47	♍
7	水	19:58	♍	~	7	水	22:14	♎
10	土	02:01	♎	~	10	土	02:04	♏
12	月	02:43	♏	~	12	月	02:51	♐
13	火	17:09	♐	~	14	水	02:06	♑
16	金	01:34	♑	~	16	金	01:53	♒
18	日	01:36	♒	~	18	日	04:14	♓
20	火	09:53	♓	~	20	火	10:30	♈
22	木	19:48	♈	~	22	木	20:36	♉
25	日	08:03	♉	~	25	日	09:03	♊
27	火	11:10	♊	~	27	火	21:57	♋
30	金	08:43	♋	~	30	金	10:03	♌

7月

開始日		開始時刻	サイン		終了日		終了時刻	サイン
2	日	17:05	♌	~	2	日	20:36	♍
5	水	03:48	♍	~	5	水	04:56	♎
7	金	08:43	♎	~	7	金	10:20	♏
9	日	10:59	♏	~	9	日	12:39	♐
11	火	04:22	♐	~	11	火	12:44	♑
13	木	10:29	♑	~	13	木	12:22	♒
15	土	10:12	♒	~	15	土	13:38	♓
17	月	15:57	♓	~	17	月	18:24	♈
20	木	00:33	♈	~	20	木	03:21	♉
22	土	13:11	♉	~	22	土	15:24	♊
24	月	17:06	♊	~	25	火	04:17	♋
27	木	12:43	♋	~	27	木	16:08	♌
29	土	22:05	♌	~	30	日	02:13	♍

8月

開始日		開始時刻	サイン		終了日		終了時刻	サイン
1	火	06:52	♍	~	1	火	10:24	♎
3	木	12:57	♎	~	3	木	16:30	♏
5	土	16:43	♏	~	5	土	20:15	♐
7	月	13:20	♐	~	7	月	21:53	♑
9	水	18:55	♑	~	9	水	22:29	♒
11	金	20:07	♒	~	11	金	23:47	♓
13	日	23:47	♓	~	14	月	03:42	♈
16	水	06:40	♈	~	16	水	11:26	♉
18	金	18:19	♉	~	18	金	22:41	♊
21	月	06:04	♊	~	21	月	11:25	♋
23	水	19:02	♋	~	23	水	23:14	♌
26	土	04:53	♌	~	26	土	08:51	♍
28	月	14:06	♍	~	28	月	16:16	♎
30	水	16:41	♎	~	30	水	21:52	♏

9月

開始日		開始時刻	サイン		終了日		終了時刻	サイン
1	金	22:28	♏	~	2	土	01:58	♐
4	月	00:44	♐	~	4	月	04:46	♑
6	水	05:11	♑	~	6	水	06:48	♒
8	金	05:51	♒	~	8	金	09:09	♓
10	日	09:52	♓	~	10	日	13:15	♈
12	火	14:15	♈	~	12	火	20:22	♉
15	金	03:13	♉	~	15	金	06:49	♊
17	日	06:09	♊	~	17	日	19:17	♋
20	水	03:59	♋	~	20	水	07:20	♌
22	金	13:57	♌	~	22	金	17:02	♍
24	日	21:00	♍	~	24	日	23:51	♎
26	火	22:24	♎	~	27	水	04:21	♏
29	金	05:01	♏	~	29	金	07:31	♐
30	土	17:33	♐	~	1	日	10:11	♑

10月

開始日		開始時刻	サイン		終了日		終了時刻	サイン
3	火	10:41	♑	~	3	火	13:00	♒
5	木	14:20	♒	~	5	木	16:36	♓
7	土	19:29	♓	~	7	土	21:42	♈
10	火	03:48	♈	~	10	火	05:06	♉
12	木	13:02	♉	~	12	木	15:11	♊
14	土	07:20	♊	~	15	日	03:21	♋
17	火	13:58	♋	~	17	火	15:47	♌
20	金	00:38	♌	~	20	金	02:12	♍
22	日	07:56	♍	~	22	日	09:16	♎
24	火	07:27	♎	~	24	火	13:07	♏
26	木	13:58	♏	~	26	木	14:57	♐
27	金	21:23	♐	~	28	土	16:16	♑
30	月	17:38	♑	~	30	月	18:24	♒

11月

開始日		開始時刻	サイン		終了日		終了時刻	サイン
1	水	21:39	♒	~	1	水	22:18	♓
4	土	03:50	♓	~	4	土	04:22	♈
6	月	06:42	♈	~	6	月	12:36	♉
8	水	22:44	♉	~	8	水	22:56	♊
10	金	11:00	♊	~	11	土	10:58	♋
13	月	17:49	♋	~	13	月	23:38	♌
15	水	20:40	♌	~	16	木	11:03	♍
18	土	14:22	♍	~	18	土	19:19	♎
20	月	19:13	♎	~	20	月	23:41	♏
23	木	00:42	♏	~	23	木	00:57	♐
24	金	18:32	♐	~	25	土	00:49	♑
26	日	21:18	♑	~	27	月	01:16	♒
29	水	01:29	♒	~	29	水	04:00	♓

12月

開始日		開始時刻	サイン		終了日		終了時刻	サイン
1	金	05:45	♓	~	1	金	09:52	♈
3	日	14:34	♈	~	3	日	18:41	♉
6	水	01:35	♉	~	6	水	05:36	♊
8	金	05:36	♊	~	8	金	17:45	♋
11	月	02:49	♋	~	11	月	06:25	♌
13	水	08:50	♌	~	13	水	18:27	♍
16	土	01:17	♍	~	16	土	04:10	♎
18	月	07:40	♎	~	18	月	10:08	♏
20	水	10:06	♏	~	20	水	12:14	♐
22	金	11:22	♐	~	22	金	11:47	♑
24	日	09:08	♑	~	24	日	10:53	♒
26	火	08:34	♒	~	26	火	11:46	♓
28	木	14:32	♓	~	28	木	16:07	♈
30	土	22:56	♈	~	31	日	00:22	♉

1996年【ボイドタイム】

1月

開始日	開始時刻	サイン		終了日	終了時刻	サイン
2 火	10:18	♉	~	2 火	11:30	♊
4 木	02:53	♊	~	4 木	23:57	♋
7 日	11:54	♋	~	7 日	12:31	♌
9 火	09:31	♌	~	10 水	00:30	♍
12 金	10:53	♍	~	12 金	10:56	♎
14 日	16:35	♎	~	14 日	18:31	♏
16 火	14:37	♏	~	16 火	22:26	♐
18 木	08:20	♐	~	18 木	23:08	♑
20 土	21:50	♑	~	20 土	22:16	♒
21 日	14:01	♒	~	22 月	22:03	♓
24 水	16:52	♓	~	25 木	00:38	♈
26 金	23:04	♈	~	27 土	07:17	♉
29 月	09:13	♉	~	29 月	17:43	♊
31 水	14:00	♊	~	1 木	06:12	♋

2月

開始日	開始時刻	サイン		終了日	終了時刻	サイン
3 土	10:34	♋	~	3 土	18:47	♌
5 月	14:21	♌	~	6 火	06:23	♍
8 木	14:31	♍	~	8 木	16:31	♎
10 土	17:35	♎	~	11 日	00:36	♏
13 火	02:09	♏	~	13 火	05:59	♐
15 木	07:47	♐	~	15 木	08:30	♑
17 土	03:14	♑	~	17 土	09:01	♒
19 月	08:30	♒	~	19 月	09:10	♓
21 水	05:04	♓	~	21 水	10:59	♈
23 金	09:55	♈	~	23 金	16:09	♉
25 日	18:44	♉	~	26 月	01:15	♊
28 水	03:20	♊	~	28 水	13:11	♋

3月

開始日	開始時刻	サイン		終了日	終了時刻	サイン
1 金	19:25	♋	~	2 土	01:48	♌
4 月	08:37	♌	~	4 月	13:14	♍
6 水	16:58	♍	~	6 水	22:41	♎
9 土	00:42	♎	~	9 土	06:06	♏
11 月	06:27	♏	~	11 月	11:33	♐
13 水	09:51	♐	~	13 水	15:09	♑
15 金	12:37	♑	~	15 金	17:16	♒
16 土	11:25	♒	~	17 日	18:51	♓
19 火	19:44	♓	~	19 火	21:16	♈
21 木	21:10	♈	~	22 金	02:00	♉
24 日	09:02	♉	~	24 日	10:00	♊
26 火	18:09	♊	~	26 火	21:07	♋
29 金	07:18	♋	~	29 金	09:38	♌
31 日	14:45	♌	~	31 日	21:16	♍

4月

開始日	開始時刻	サイン		終了日	終了時刻	サイン
3 水	05:25	♍	~	3 水	06:27	♎
5 金	08:39	♎	~	5 金	12:58	♏
7 日	13:15	♏	~	7 日	17:22	♐
9 火	02:05	♐	~	9 火	20:31	♑
11 木	19:13	♑	~	11 木	23:10	♒
13 土	15:05	♒	~	14 日	02:01	♓
16 火	01:41	♓	~	16 火	05:44	♈
18 木	07:48	♈	~	18 木	11:06	♉
20 土	14:35	♉	~	20 土	18:55	♊
22 月	13:34	♊	~	23 火	05:26	♋
25 木	13:11	♋	~	25 木	17:45	♌
27 土	23:32	♌	~	28 日	05:50	♍
30 火	11:41	♍	~	30 火	15:28	♎

5月

開始日	開始時刻	サイン		終了日	終了時刻	サイン
2 木	21:23	♎	~	2 木	21:44	♏
4 土	22:46	♏	~	5 日	01:06	♐
6 月	18:29	♐	~	7 火	02:55	♑
9 木	00:52	♑	~	9 木	04:40	♒
11 土	02:07	♒	~	11 土	07:30	♓
13 月	07:55	♓	~	13 月	12:01	♈
15 水	14:23	♈	~	15 水	18:26	♉
17 金	22:20	♉	~	18 土	02:49	♊
20 月	09:53	♊	~	20 月	13:17	♋
22 水	20:38	♋	~	23 木	01:29	♌
25 土	09:39	♌	~	25 土	13:59	♍
27 月	19:53	♍	~	28 火	00:34	♎
30 木	03:06	♎	~	30 木	07:31	♏

6月

開始日	開始時刻	サイン		終了日	終了時刻	サイン
1 土	06:31	♏	~	1 土	10:44	♐
3 月	02:58	♐	~	3 月	11:30	♑
5 水	07:33	♑	~	5 水	11:45	♒
7 金	06:23	♒	~	7 金	13:20	♓
9 日	12:59	♓	~	9 日	17:24	♈
11 火	19:07	♈	~	12 水	00:12	♉
14 金	03:56	♉	~	14 金	09:17	♊
16 日	10:35	♊	~	16 日	20:09	♋
19 水	02:33	♋	~	19 水	08:23	♌
20 木	14:00	♌	~	21 金	21:08	♍
24 月	02:49	♍	~	24 月	08:38	♎
26 水	11:22	♎	~	26 水	16:54	♏
28 金	15:49	♏	~	28 金	21:02	♐
30 日	15:10	♐	~	30 日	21:48	♑

7月

開始日	開始時刻	サイン		終了日	終了時刻	サイン
2 火	16:02	♑	~	2 火	21:06	♒
3 水	20:26	♒	~	4 木	21:08	♓
6 土	17:57	♓	~	6 土	23:43	♈
8 月	23:29	♈	~	9 火	05:44	♉
11 木	08:13	♉	~	11 木	14:53	♊
13 土	08:47	♊	~	14 日	02:09	♋
16 火	13:35	♋	~	16 火	14:32	♌
18 木	17:05	♌	~	19 金	03:17	♍
21 日	12:35	♍	~	21 日	15:15	♎
23 火	21:54	♎	~	24 水	00:44	♏
25 木	23:47	♏	~	26 金	06:25	♐
27 土	18:42	♐	~	28 日	08:18	♑
30 火	01:38	♑	~	30 火	07:48	♒

8月

開始日	開始時刻	サイン		終了日	終了時刻	サイン
1 木	04:48	♒	~	1 木	07:01	♓
3 土	01:51	♓	~	3 土	08:06	♈
5 月	09:10	♈	~	5 月	12:34	♉
7 水	12:49	♉	~	7 水	20:50	♊
9 金	05:08	♊	~	10 土	07:58	♋
12 月	11:50	♋	~	12 月	20:30	♌
14 水	16:34	♌	~	15 木	09:08	♍
17 土	12:15	♍	~	17 土	20:56	♎
20 火	01:02	♎	~	20 火	06:51	♏
22 木	12:36	♏	~	22 木	13:49	♐
24 土	14:49	♐	~	24 土	17:23	♑
26 月	10:50	♑	~	26 月	18:11	♒
27 火	04:01	♒	~	28 水	17:50	♓
30 金	10:36	♓	~	30 金	18:16	♈

9月

開始日	開始時刻	サイン		終了日	終了時刻	サイン
1 日	13:06	♈	~	1 日	21:20	♉
3 火	20:44	♉	~	4 水	04:09	♊
5 木	04:06	♊	~	6 金	14:30	♋
9 月	01:26	♋	~	9 月	02:55	♌
9 月	13:38	♌	~	11 水	15:29	♍
14 土	00:40	♍	~	14 土	02:52	♎
16 月	03:04	♎	~	16 月	12:21	♏
18 水	11:18	♏	~	18 水	19:32	♐
20 金	20:22	♐	~	21 土	00:13	♑
23 月	02:37	♑	~	23 月	02:40	♒
24 火	08:51	♒	~	25 水	03:44	♓
26 木	20:31	♓	~	27 金	04:47	♈
28 土	22:46	♈	~	29 日	07:25	♉

10月

開始日	開始時刻	サイン		終了日	終了時刻	サイン
1 火	06:07	♉	~	1 火	13:02	♊
3 木	20:46	♊	~	3 木	22:15	♋
6 日	00:22	♋	~	6 日	10:13	♌
7 月	20:22	♌	~	8 火	22:50	♍
11 金	00:15	♍	~	11 金	10:01	♎
13 日	09:27	♎	~	13 日	18:47	♏
15 火	16:12	♏	~	16 水	01:08	♐
17 木	19:50	♐	~	18 金	05:38	♑
20 日	03:09	♑	~	20 日	08:52	♒
22 火	09:30	♒	~	22 火	11:23	♓
24 木	05:29	♓	~	24 木	13:51	♈
26 土	14:51	♈	~	26 土	17:12	♉
28 月	20:44	♉	~	28 月	22:35	♊
29 火	02:08	♊	~	31 木	06:57	♋

11月

開始日	開始時刻	サイン		終了日	終了時刻	サイン
2 土	08:33	♋	~	2 土	18:17	♌
3 日	18:47	♌	~	5 火	06:58	♍
7 木	09:13	♍	~	7 木	18:30	♎
9 土	18:22	♎	~	10 日	03:03	♏
12 火	00:18	♏	~	12 火	08:27	♐
13 水	15:17	♐	~	14 木	11:45	♑
16 土	06:31	♑	~	16 土	14:15	♒
18 月	10:09	♒	~	18 月	17:01	♓
20 水	17:37	♓	~	20 水	20:35	♈
23 土	00:15	♈	~	23 土	01:13	♉
24 日	23:19	♉	~	25 月	07:21	♊
26 火	16:22	♊	~	27 水	15:38	♋
29 金	18:01	♋	~	30 土	02:31	♌

12月

開始日	開始時刻	サイン		終了日	終了時刻	サイン
2 月	07:21	♌	~	2 月	15:12	♍
4 水	19:17	♍	~	5 木	03:24	♎
7 土	05:11	♎	~	7 土	12:40	♏
9 月	11:08	♏	~	9 月	18:00	♐
11 水	05:20	♐	~	11 水	20:16	♑
13 金	14:59	♑	~	13 金	21:15	♒
15 日	18:56	♒	~	15 日	22:45	♓
17 火	19:31	♓	~	18 水	01:56	♈
20 金	03:50	♈	~	20 金	07:11	♉
22 日	07:42	♉	~	22 日	14:18	♊
24 火	16:29	♊	~	24 火	23:15	♋
27 金	05:02	♋	~	27 金	10:10	♌
28 土	13:38	♌	~	29 日	22:46	♍

1997年【ボイドタイム】

1月

開始日		開始時刻	サイン		終了日		終了時刻	サイン
1	水	10:01	♍	～	1	水	11:33	♎
3	金	16:10	♎	～	3	金	22:03	♏
5	日	23:12	♏	～	6	月	04:28	♐
8	水	01:43	♐	～	8	水	06:56	♑
10	金	02:33	♑	～	10	金	07:01	♒
10	金	14:25	♒	～	12	日	06:52	♓
14	火	05:15	♓	～	14	火	08:23	♈
16	木	10:18	♈	～	16	木	12:41	♉
18	土	18:27	♉	～	18	土	19:54	♊
19	日	05:12	♊	～	21	火	05:30	♋
23	木	12:09	♋	～	23	木	16:51	♌
24	金	02:58	♌	～	26	日	05:27	♍
28	火	14:01	♍	～	28	火	18:22	♎
31	金	01:49	♎	～	31	金	05:49	♏

2月

開始日		開始時刻	サイン		終了日		終了時刻	サイン
2	日	11:23	♏	～	2	日	13:52	♐
3	月	15:22	♐	～	4	火	17:45	♑
6	木	15:28	♑	～	6	木	18:22	♒
8	土	00:06	♒	～	8	土	17:35	♓
10	月	14:46	♓	～	10	月	17:30	♈
12	水	17:10	♈	～	12	水	19:57	♉
14	金	23:04	♉	～	15	土	01:54	♊
17	月	07:55	♊	～	17	月	11:14	♋
19	水	20:09	♋	～	19	水	22:53	♌
21	金	21:17	♌	～	22	土	11:39	♍
24	月	21:59	♍	～	25	火	00:24	♎
27	木	11:49	♎	～	27	木	11:58	♏

3月

開始日		開始時刻	サイン		終了日		終了時刻	サイン
1	土	19:05	♏	～	1	土	21:02	♐
2	日	18:37	♐	～	4	火	02:40	♑
6	木	03:25	♑	～	6	木	04:55	♒
6	木	21:04	♒	～	8	土	04:58	♓
10	月	03:59	♓	～	10	月	04:34	♈
12	水	04:22	♈	～	12	水	05:38	♉
14	金	08:34	♉	～	14	金	09:49	♊
16	日	12:31	♊	～	16	日	17:52	♋
19	水	03:59	♋	～	19	水	05:09	♌
20	木	06:54	♌	～	21	金	18:00	♍
24	月	05:40	♍	～	24	月	06:36	♎
26	水	16:54	♎	～	26	水	17:43	♏
29	土	01:59	♏	～	29	土	02:41	♐
31	月	04:31	♐	～	31	月	09:08	♑

4月

開始日		開始時刻	サイン		終了日		終了時刻	サイン
2	水	12:29	♑	～	2	水	13:00	♒
3	木	14:44	♒	～	4	金	14:43	♓
6	日	14:57	♓	～	6	日	15:20	♈
8	火	16:00	♈	～	8	火	16:21	♉
10	木	19:10	♉	～	10	木	19:29	♊
12	土	16:34	♊	～	13	日	02:04	♋
15	火	12:07	♋	～	15	火	12:23	♌
17	木	19:51	♌	～	18	金	01:01	♍
20	日	13:26	♍	～	20	日	13:37	♎
23	水	00:11	♎	～	23	水	00:20	♏
25	金	08:25	♏	～	25	金	08:33	♐
26	土	18:51	♐	～	27	日	14:33	♑
29	火	18:45	♑	～	29	火	18:51	♒

5月

開始日		開始時刻	サイン		終了日		終了時刻	サイン
1	木	04:04	♒	～	1	木	21:51	♓
3	土	23:54	♓	～	4	日	00:00	♈
6	火	01:59	♈	～	6	火	02:05	♉
8	木	05:15	♉	～	8	木	05:22	♊
10	土	10:21	♊	～	10	土	11:14	♋
12	月	20:24	♋	～	12	月	20:34	♌
14	水	19:55	♌	～	15	木	08:44	♍
17	土	21:14	♍	～	17	土	21:28	♎
20	火	07:56	♎	～	20	火	08:13	♏
22	木	15:34	♏	～	22	木	15:52	♐
24	土	05:59	♐	～	24	土	20:52	♑
26	月	23:59	♑	～	27	火	00:21	♒
28	水	13:10	♒	～	29	木	03:19	♓
31	土	05:51	♓	～	31	土	06:19	♈

6月

開始日		開始時刻	サイン		終了日		終了時刻	サイン
2	月	09:08	♈	～	2	月	09:40	♉
4	水	13:20	♉	～	4	水	13:56	♊
6	金	10:15	♊	～	6	金	20:03	♋
9	月	04:23	♋	～	9	月	04:59	♌
11	水	00:27	♌	～	11	水	16:44	♍
14	土	04:34	♍	～	14	土	05:36	♎
16	月	15:46	♎	～	16	月	16:52	♏
19	木	00:05	♏	～	19	木	00:40	♐
21	土	04:09	♐	～	21	土	05:03	♑
23	月	06:10	♑	～	23	月	07:21	♒
24	火	19:11	♒	～	25	水	09:10	♓
27	金	10:16	♓	～	27	金	11:39	♈
29	日	13:54	♈	～	29	日	15:24	♉

7月

開始日		開始時刻	サイン		終了日		終了時刻	サイン
1	火	18:57	♉	～	1	火	20:36	♊
3	木	11:02	♊	～	4	金	03:34	♋
6	日	10:45	♋	～	6	日	12:46	♌
8	火	05:43	♌	～	9	水	00:23	♍
11	金	10:59	♍	～	11	金	13:22	♎
13	日	22:56	♎	～	14	月	01:21	♏
16	水	07:41	♏	～	16	水	10:03	♐
18	金	02:45	♐	～	18	金	14:46	♑
20	日	14:11	♑	～	20	日	16:30	♒
22	火	14:24	♒	～	22	火	17:01	♓
24	木	15:32	♓	～	24	木	18:04	♈
26	土	19:34	♈	～	26	土	20:54	♉
28	月	23:07	♉	～	29	火	02:05	♊
30	水	16:46	♊	～	31	木	09:39	♋

8月

開始日		開始時刻	サイン		終了日		終了時刻	サイン
2	土	16:00	♋	～	2	土	19:28	♌
4	月	19:10	♌	～	5	火	07:16	♍
7	木	16:26	♍	～	7	木	20:18	♎
10	日	04:57	♎	～	10	日	08:51	♏
12	火	14:59	♏	～	12	火	18:46	♐
14	木	18:01	♐	～	15	金	00:43	♑
17	日	01:10	♑	～	17	日	02:59	♒
18	月	19:55	♒	～	19	火	03:02	♓
20	水	23:12	♓	～	21	木	02:46	♈
23	土	03:25	♈	～	23	土	03:58	♉
25	月	03:50	♉	～	25	月	07:57	♊
26	火	20:07	♊	～	27	水	15:12	♋
29	金	20:35	♋	～	30	土	01:20	♌
31	日	16:29	♌	～	1	月	13:28	♍

9月

開始日		開始時刻	サイン		終了日		終了時刻	サイン
3	水	21:25	♍	～	4	木	02:31	♎
6	土	10:05	♎	～	6	土	15:11	♏
8	月	20:59	♏	～	9	火	01:55	♐
11	木	06:55	♐	～	11	木	09:24	♑
13	土	08:45	♑	～	13	土	13:11	♒
14	日	22:10	♒	～	15	月	14:00	♓
17	水	09:10	♓	～	17	水	13:26	♈
19	金	08:57	♈	～	19	金	13:22	♉
21	日	12:30	♉	～	21	日	15:39	♊
22	月	23:58	♊	～	23	火	21:34	♋
26	金	02:50	♋	～	26	金	07:13	♌
28	日	18:42	♌	～	28	日	19:28	♍

10月

開始日		開始時刻	サイン		終了日		終了時刻	サイン
1	水	03:08	♍	～	1	水	08:33	♎
3	金	15:21	♎	～	3	金	20:58	♏
6	月	02:17	♏	～	6	月	07:44	♐
7	火	16:14	♐	～	8	水	16:05	♑
10	金	16:35	♑	～	10	金	21:30	♒
12	日	05:00	♒	～	13	月	00:00	♓
14	火	19:55	♓	～	15	水	00:26	♈
16	木	19:45	♈	～	17	金	00:17	♉
18	土	20:45	♉	～	19	日	01:27	♊
21	火	00:51	♊	～	21	火	05:46	♋
23	木	13:48	♋	～	23	木	14:11	♌
25	土	02:45	♌	～	26	日	02:00	♍
28	火	09:33	♍	～	28	火	15:06	♎
30	木	21:56	♎	～	31	金	03:16	♏

11月

開始日		開始時刻	サイン		終了日		終了時刻	サイン
2	日	08:22	♏	～	2	日	13:28	♐
4	火	19:48	♐	～	4	火	21:32	♑
7	金	00:42	♑	～	7	金	03:34	♒
9	日	07:11	♒	～	9	日	07:36	♓
11	火	05:34	♓	～	11	火	09:45	♈
13	木	06:42	♈	～	13	木	10:46	♉
15	土	08:00	♉	～	15	土	12:06	♊
16	日	12:35	♊	～	17	月	15:33	♋
19	水	18:10	♋	～	19	水	22:39	♌
22	土	08:58	♌	～	22	土	09:34	♍
24	月	17:56	♍	～	24	月	22:30	♎
27	木	06:26	♎	～	27	木	10:44	♏
29	土	16:30	♏	～	29	土	20:29	♐

12月

開始日		開始時刻	サイン		終了日		終了時刻	サイン
1	月	03:07	♐	～	2	火	03:39	♑
4	木	05:28	♑	～	4	木	08:59	♒
5	金	15:02	♒	～	6	土	13:08	♓
8	月	13:14	♓	～	8	月	16:25	♈
10	水	17:22	♈	～	10	水	19:01	♉
12	金	18:39	♉	～	12	金	21:36	♊
14	日	23:40	♊	～	15	月	01:26	♋
17	水	05:54	♋	～	17	水	07:59	♌
19	金	12:33	♌	～	19	金	18:01	♍
22	月	03:41	♍	～	22	月	06:36	♎
24	水	16:28	♎	～	24	水	19:08	♏
27	土	02:46	♏	～	27	土	05:08	♐
28	日	20:40	♐	～	29	月	11:49	♑
31	水	14:07	♑	～	31	水	15:59	♒

1998年【ボイドタイム】

1月

開始日		開始時刻	サイン		終了日		終了時刻	サイン
2	金	06:07	♒	～	2	金	18:57	♓
4	日	20:08	♓	～	4	日	21:44	♈
6	火	23:24	♈	～	7	水	00:53	♉
9	金	03:21	♉	～	9	金	04:43	♊
11	日	05:44	♊	～	11	日	09:44	♋
13	火	15:37	♋	～	13	火	16:46	♌
15	木	17:23	♌	～	16	金	02:32	♍
18	日	13:53	♍	～	18	日	14:45	♎
21	水	02:56	♎	～	21	水	03:35	♏
23	金	13:59	♏	～	23	金	14:26	♐
25	日	17:25	♐	～	25	日	21:40	♑
28	水	01:21	♑	～	28	水	01:28	♒
30	金	00:54	♒	～	30	金	03:09	♓
31	土	23:05	♓	～	1	日	04:22	♈

2月

開始日		開始時刻	サイン		終了日		終了時刻	サイン
3	火	05:46	♈	～	3	火	06:26	♉
4	水	14:08	♉	～	5	木	10:10	♊
6	金	16:57	♊	～	7	土	15:58	♋
9	月	02:27	♋	～	9	月	23:58	♌
11	水	19:22	♌	～	12	木	10:10	♍
14	土	01:20	♍	～	14	土	22:18	♎
17	火	07:14	♎	～	17	火	11:14	♏
19	木	19:25	♏	～	19	木	22:57	♐
21	土	15:07	♐	～	22	日	07:31	♑
24	火	02:00	♑	～	24	火	12:11	♒
25	水	17:41	♒	～	26	木	13:43	♓
28	土	08:25	♓	～	28	土	13:43	♈

3月

開始日		開始時刻	サイン		終了日		終了時刻	サイン
2	月	10:56	♈	～	2	月	14:01	♉
4	水	15:44	♉	～	4	水	16:16	♊
6	金	14:08	♊	～	6	金	21:28	♋
8	日	08:32	♋	～	9	月	05:47	♌
10	火	19:05	♌	～	11	水	16:36	♍
13	金	13:34	♍	～	14	土	04:59	♎
15	日	21:03	♎	～	16	月	17:52	♏
19	木	01:45	♏	～	19	木	05:57	♐
20	金	21:28	♐	～	21	土	15:44	♑
23	月	05:29	♑	～	23	月	22:03	♒
25	水	09:50	♒	～	26	木	00:44	♓
26	木	20:02	♓	～	28	土	00:50	♈
29	日	10:59	♈	～	30	月	00:07	♉
31	火	14:29	♉	～	1	水	00:38	♊

4月

開始日		開始時刻	サイン		終了日		終了時刻	サイン
2	木	21:22	♊	～	3	金	04:11	♋
4	土	23:34	♋	～	5	日	11:37	♌
7	火	13:40	♌	～	7	火	22:26	♍
9	木	04:29	♍	～	10	金	11:05	♎
12	日	23:14	♎	～	12	日	23:57	♏
14	火	08:10	♏	～	15	水	11:53	♐
17	金	16:32	♐	～	17	金	22:06	♑
20	月	04:52	♑	～	20	月	05:42	♒
22	水	00:31	♒	～	22	水	10:07	♓
23	木	16:34	♓	～	24	金	11:31	♈
26	日	03:05	♈	～	26	日	11:10	♉
27	月	23:46	♉	～	28	火	10:56	♊
30	木	05:20	♊	～	30	木	12:58	♋

5月

開始日		開始時刻	サイン		終了日		終了時刻	サイン
2	土	15:37	♋	～	2	土	18:50	♌
4	月	20:49	♌	～	5	火	04:48	♍
6	水	22:10	♍	～	7	木	17:20	♎
9	土	23:19	♎	～	10	日	06:11	♏
12	火	01:05	♏	～	12	火	17:49	♐
15	金	02:42	♐	～	15	金	03:40	♑
17	日	06:52	♑	～	17	日	11:31	♒
19	火	13:35	♒	～	19	火	17:04	♓
21	木	16:43	♓	～	21	木	20:07	♈
23	土	18:13	♈	～	23	土	21:07	♉
25	月	11:15	♉	～	25	月	21:26	♊
27	水	20:43	♊	～	27	水	22:59	♋
30	土	03:09	♋	～	30	土	03:39	♌

6月

開始日		開始時刻	サイン		終了日		終了時刻	サイン
1	月	11:23	♌	～	1	月	12:22	♍
3	水	14:07	♍	～	4	木	00:18	♎
6	土	12:28	♎	～	6	土	13:07	♏
8	月	16:00	♏	～	9	火	00:35	♐
11	木	02:07	♐	～	11	木	09:51	♑
13	土	10:03	♑	～	13	土	17:04	♒
15	月	11:38	♒	～	15	月	22:32	♓
17	水	20:33	♓	～	18	木	02:24	♈
20	土	01:48	♈	～	20	土	04:48	♉
22	月	01:24	♉	～	22	月	06:27	♊
24	水	03:45	♊	～	24	水	08:40	♋
26	金	08:10	♋	～	26	金	13:05	♌
28	日	10:04	♌	～	28	日	20:55	♍

7月

開始日		開始時刻	サイン		終了日		終了時刻	サイン
1	水	07:57	♍	～	1	水	08:06	♎
3	金	16:34	♎	～	3	金	20:46	♏
6	月	04:08	♏	～	6	月	08:25	♐
8	水	13:33	♐	～	8	水	17:28	♑
10	金	20:15	♑	～	10	金	23:53	♒
12	日	12:48	♒	～	13	月	04:23	♓
15	水	04:25	♓	～	15	水	07:46	♈
17	金	04:50	♈	～	17	金	10:34	♉
19	日	10:00	♉	～	19	日	13:19	♊
21	火	13:19	♊	～	21	火	16:44	♋
23	木	18:13	♋	～	23	木	21:49	♌
25	土	23:56	♌	～	26	日	05:35	♍
28	火	12:02	♍	～	28	火	16:15	♎
31	金	01:13	♎	～	31	金	04:45	♏

8月

開始日		開始時刻	サイン		終了日		終了時刻	サイン
2	日	13:01	♏	～	2	日	16:49	♐
4	火	21:45	♐	～	5	水	02:19	♑
7	金	03:59	♑	～	7	金	08:32	♒
9	日	03:47	♒	～	9	日	12:05	♓
11	火	09:25	♓	～	11	火	14:11	♈
13	木	15:52	♈	～	13	木	16:05	♉
15	土	13:17	♉	～	15	土	18:47	♊
17	月	16:56	♊	～	17	月	22:56	♋
20	木	03:48	♋	～	20	木	05:02	♌
22	土	11:03	♌	～	22	土	13:22	♍
24	月	23:57	♍	～	25	火	00:03	♎
27	木	12:14	♎	～	27	木	12:26	♏
30	日	00:38	♏	～	30	日	00:56	♐

9月

開始日		開始時刻	サイン		終了日		終了時刻	サイン
1	火	01:57	♐	～	1	火	11:24	♑
3	木	17:55	♑	～	3	木	18:22	♒
5	土	18:55	♒	～	5	土	21:49	♓
7	月	22:22	♓	～	7	月	22:53	♈
9	水	22:42	♈	～	9	水	23:17	♉
12	土	00:02	♉	～	12	土	00:41	♊
13	日	16:47	♊	～	14	月	04:21	♋
16	水	09:58	♋	～	16	水	10:49	♌
17	木	19:56	♌	～	18	金	19:53	♍
21	月	05:57	♍	～	21	月	06:58	♎
23	水	18:17	♎	～	23	水	19:23	♏
26	土	06:58	♏	～	26	土	08:06	♐
28	月	12:41	♐	～	28	月	19:31	♑

10月

開始日		開始時刻	サイン		終了日		終了時刻	サイン
1	木	03:26	♑	～	1	木	03:54	♒
3	土	03:27	♒	～	3	土	08:24	♓
5	月	08:34	♓	～	5	月	09:33	♈
7	水	08:26	♈	～	7	水	08:58	♉
9	金	07:43	♉	～	9	金	08:45	♊
11	日	07:36	♊	～	11	日	10:49	♋
13	火	15:17	♋	～	13	火	16:26	♌
15	木	08:54	♌	～	16	金	01:33	♍
18	日	11:49	♍	～	18	日	13:03	♎
21	水	00:24	♎	～	21	水	01:37	♏
23	金	13:06	♏	～	23	金	14:17	♐
25	日	03:57	♐	～	26	月	02:06	♑
28	水	11:23	♑	～	28	水	11:45	♒
30	金	17:20	♒	～	30	金	17:59	♓

11月

開始日		開始時刻	サイン		終了日		終了時刻	サイン
1	日	20:00	♓	～	1	日	20:28	♈
3	火	19:27	♈	～	3	火	20:13	♉
5	木	18:28	♉	～	5	木	19:12	♊
7	土	18:01	♊	～	7	土	19:40	♋
9	月	22:51	♋	～	9	月	23:34	♌
12	木	05:05	♌	～	12	木	07:38	♍
14	土	18:21	♍	～	14	土	18:59	♎
17	火	07:10	♎	～	17	火	07:42	♏
19	木	19:48	♏	～	19	木	20:14	♐
22	日	03:51	♐	～	22	日	07:46	♑
24	火	17:33	♑	～	24	火	17:44	♒
26	木	21:09	♒	～	27	金	01:15	♓
28	土	09:56	♓	～	29	日	05:35	♈

12月

開始日		開始時刻	サイン		終了日		終了時刻	サイン
1	火	02:53	♈	～	1	火	06:54	♉
2	水	12:43	♉	～	3	木	06:31	♊
5	土	02:07	♊	～	5	土	06:29	♋
7	月	04:08	♋	～	7	月	08:56	♌
9	水	10:00	♌	～	9	水	15:22	♍
12	土	01:30	♍	～	12	土	01:44	♎
14	月	08:10	♎	～	14	月	14:17	♏
16	水	06:32	♏	～	17	木	02:48	♐
19	土	07:50	♐	～	19	土	13:56	♑
21	月	17:18	♑	～	21	月	23:18	♒
24	木	00:56	♒	～	24	木	06:46	♓
25	金	20:22	♓	～	26	土	12:05	♈
28	月	09:41	♈	～	28	月	15:06	♉
30	水	04:21	♉	～	30	水	16:23	♊

1999年【ボイドタイム】

1月

開始日		開始時刻	サイン		終了日		終了時刻	サイン
1	金	11:57	♊	~	1	金	17:16	♋
3	日	16:34	♋	~	3	日	19:32	♌
5	火	20:31	♌	~	6	水	00:50	♍
7	木	20:07	♍	~	8	金	09:54	♎
10	日	15:31	♎	~	10	日	21:50	♏
12	火	21:53	♏	~	13	水	10:24	♐
15	金	15:43	♐	~	15	金	21:30	♑
18	月	00:48	♑	~	18	月	06:12	♒
20	水	07:43	♒	~	20	水	12:41	♓
22	金	09:34	♓	~	22	金	17:26	♈
24	日	19:25	♈	~	24	日	20:53	♉
26	火	18:43	♉	~	26	火	23:30	♊
28	木	21:52	♊	~	29	金	01:58	♋
31	日	01:16	♋	~	31	日	05:17	♌

2月

開始日		開始時刻	サイン		終了日		終了時刻	サイン
2	火	06:40	♌	~	2	火	10:38	♍
4	木	15:18	♍	~	4	木	18:57	♎
7	日	02:22	♎	~	7	日	06:07	♏
9	火	17:00	♏	~	9	火	18:39	♐
12	金	05:39	♐	~	12	金	06:11	♑
14	日	12:31	♑	~	14	日	14:58	♒
16	火	18:41	♒	~	16	火	20:41	♓
18	木	16:41	♓	~	19	金	00:07	♈
21	日	01:11	♈	~	21	日	02:30	♉
22	月	06:36	♉	~	23	火	04:55	♊
25	木	07:28	♊	~	25	木	08:10	♋
27	土	12:24	♋	~	27	土	12:45	♌
28	日	14:18	♌	~	1	月	19:06	♍

3月

開始日		開始時刻	サイン		終了日		終了時刻	サイン
2	火	15:58	♍	~	4	木	03:35	♎
5	金	07:43	♎	~	6	土	14:23	♏
7	日	23:37	♏	~	9	火	02:47	♐
10	水	19:40	♐	~	11	木	14:55	♑
13	土	12:33	♑	~	14	日	00:33	♒
16	火	00:39	♒	~	16	火	06:31	♓
18	木	03:48	♓	~	18	木	09:14	♈
19	金	10:07	♈	~	20	土	10:10	♉
22	月	05:52	♉	~	22	月	11:06	♊
24	水	05:10	♊	~	24	水	13:34	♋
26	金	06:46	♋	~	26	金	18:23	♌
27	土	22:45	♌	~	29	月	01:35	♍
30	火	18:02	♍	~	31	水	10:50	♎

4月

開始日		開始時刻	サイン		終了日		終了時刻	サイン
1	木	17:38	♎	~	2	金	21:50	♏
4	日	16:00	♏	~	5	月	10:08	♐
7	水	06:07	♐	~	7	水	22:40	♑
10	土	03:06	♑	~	10	土	09:25	♒
12	月	16:02	♒	~	12	月	16:36	♓
14	水	13:52	♓	~	14	水	19:47	♈
16	金	13:22	♈	~	16	金	20:08	♉
17	土	21:55	♉	~	18	日	19:40	♊
20	火	20:21	♊	~	20	火	20:28	♋
21	水	23:31	♋	~	23	金	00:07	♌
24	土	05:56	♌	~	25	日	07:05	♍
26	月	13:14	♍	~	27	火	16:47	♎
29	木	06:07	♎	~	30	金	04:14	♏

5月

開始日		開始時刻	サイン		終了日		終了時刻	サイン
1	土	13:35	♏	~	2	日	16:37	♐
4	火	19:36	♐	~	5	水	05:13	♑
7	金	15:45	♑	~	7	金	16:41	♒
9	日	23:01	♒	~	10	月	01:17	♓
11	火	12:51	♓	~	12	水	05:54	♈
14	金	02:59	♈	~	14	金	06:57	♉
15	土	21:05	♉	~	16	日	06:08	♊
18	火	00:03	♊	~	18	火	05:40	♋
20	木	04:51	♋	~	20	木	07:38	♌
22	土	05:14	♌	~	22	土	13:16	♍
23	日	19:36	♍	~	24	月	22:30	♎
26	水	23:56	♎	~	27	木	10:06	♏
29	土	06:07	♏	~	29	土	22:38	♐

6月

開始日		開始時刻	サイン		終了日		終了時刻	サイン
1	火	00:53	♐	~	1	火	11:07	♑
3	木	17:38	♑	~	3	木	22:38	♒
6	日	03:26	♒	~	6	日	08:02	♓
7	月	13:20	♓	~	8	火	14:09	♈
10	木	11:27	♈	~	10	木	16:45	♉
11	金	19:34	♉	~	12	土	16:49	♊
14	月	12:19	♊	~	14	月	16:15	♋
16	水	13:38	♋	~	16	水	17:08	♌
18	金	18:10	♌	~	18	金	21:13	♍
21	月	03:13	♍	~	21	月	05:11	♎
23	水	14:36	♎	~	23	水	16:19	♏
26	土	02:49	♏	~	26	土	04:52	♐
28	月	17:10	♐	~	28	月	17:13	♑

7月

開始日		開始時刻	サイン		終了日		終了時刻	サイン
1	木	01:36	♑	~	1	木	04:20	♒
3	土	12:21	♒	~	3	土	13:35	♓
4	日	16:25	♓	~	5	月	20:22	♈
7	水	19:06	♈	~	8	木	00:23	♉
9	金	23:09	♉	~	10	土	02:01	♊
12	月	01:37	♊	~	12	月	02:28	♋
13	火	11:24	♋	~	14	水	03:27	♌
15	木	05:54	♌	~	16	金	06:40	♍
18	日	03:27	♍	~	18	日	13:20	♎
20	火	18:00	♎	~	20	火	23:31	♏
23	金	11:27	♏	~	23	金	11:49	♐
24	土	18:51	♐	~	26	月	00:09	♑
27	火	08:05	♑	~	28	水	10:55	♒
29	木	17:56	♒	~	30	金	19:28	♓

8月

開始日		開始時刻	サイン		終了日		終了時刻	サイン
2	月	01:03	♓	~	2	月	01:48	♈
4	水	04:12	♈	~	4	水	06:10	♉
6	金	06:35	♉	~	6	金	08:58	♊
7	土	09:42	♊	~	8	日	10:54	♋
10	火	12:01	♋	~	10	火	12:56	♌
11	水	20:08	♌	~	12	木	16:23	♍
14	土	00:30	♍	~	14	土	22:25	♎
17	火	06:11	♎	~	17	火	07:41	♏
19	木	15:06	♏	~	19	木	19:33	♐
22	日	04:35	♐	~	22	日	08:00	♑
24	火	07:12	♑	~	24	火	18:50	♒
26	木	18:31	♒	~	27	金	02:51	♓
29	日	02:41	♓	~	29	日	08:10	♈
31	火	09:39	♈	~	31	火	11:42	♉

9月

開始日		開始時刻	サイン		終了日		終了時刻	サイン
2	木	13:46	♉	~	2	木	14:26	♊
3	金	23:59	♊	~	4	土	17:11	♋
5	日	22:23	♋	~	6	月	20:30	♌
8	水	05:30	♌	~	9	木	00:58	♍
10	金	09:33	♍	~	11	土	07:17	♎
12	日	18:37	♎	~	13	月	16:09	♏
16	木	00:23	♏	~	16	木	03:36	♐
18	土	05:05	♐	~	18	土	16:15	♑
20	月	22:04	♑	~	21	火	03:39	♒
22	水	19:38	♒	~	23	木	11:52	♓
24	金	17:26	♓	~	25	土	16:35	♈
27	月	07:33	♈	~	27	月	18:52	♉
29	水	11:00	♉	~	29	水	20:22	♊

10月

開始日		開始時刻	サイン		終了日		終了時刻	サイン
1	金	15:08	♊	~	1	金	22:32	♋
3	日	21:52	♋	~	4	月	02:14	♌
6	水	05:14	♌	~	6	水	07:41	♍
8	金	02:26	♍	~	8	金	14:53	♎
10	日	14:33	♎	~	11	月	00:02	♏
12	火	06:41	♏	~	13	水	11:19	♐
15	金	21:49	♐	~	16	土	00:05	♑
17	日	23:59	♑	~	18	月	12:18	♒
20	水	14:52	♒	~	20	水	21:34	♓
22	金	13:24	♓	~	23	土	02:43	♈
25	月	04:04	♈	~	25	月	04:26	♉
26	火	23:21	♉	~	27	水	04:34	♊
29	金	03:55	♊	~	29	金	05:10	♋
31	日	06:00	♋	~	31	日	07:48	♌

11月

開始日		開始時刻	サイン		終了日		終了時刻	サイン
2	火	10:43	♌	~	2	火	13:08	♍
4	木	11:03	♍	~	4	木	20:58	♎
7	日	03:00	♎	~	7	日	06:47	♏
8	月	14:56	♏	~	9	火	18:16	♐
12	金	01:52	♐	~	12	金	07:01	♑
14	日	14:08	♑	~	14	日	19:47	♒
17	水	00:30	♒	~	17	水	06:22	♓
19	金	06:03	♓	~	19	金	12:58	♈
21	日	09:42	♈	~	21	日	15:27	♉
23	火	11:23	♉	~	23	火	15:15	♊
25	木	08:20	♊	~	25	木	14:30	♋
27	土	08:35	♋	~	27	土	15:20	♌
29	月	11:43	♌	~	29	月	19:12	♍

12月

開始日		開始時刻	サイン		終了日		終了時刻	サイン
1	水	04:11	♍	~	2	木	02:30	♎
4	土	08:03	♎	~	4	土	12:36	♏
6	月	11:29	♏	~	7	火	00:28	♐
9	木	03:35	♐	~	9	木	13:15	♑
11	土	16:14	♑	~	12	日	02:00	♒
14	火	03:45	♒	~	14	火	13:19	♓
16	木	09:50	♓	~	16	木	21:31	♈
18	土	19:03	♈	~	19	日	01:46	♉
20	月	07:46	♉	~	21	火	02:40	♊
22	水	18:03	♊	~	23	木	01:53	♋
24	金	17:31	♋	~	25	土	01:33	♌
26	日	19:06	♌	~	27	月	03:35	♍
29	水	03:51	♍	~	29	水	09:15	♎
31	金	12:34	♎	~	31	金	18:37	♏

2000年【ボイドタイム】

1月

開始日	開始時刻	サイン		終了日	終了時刻	サイン
3 月	04:28	♏	～	3 月	06:33	♐
5 水	10:06	♐	～	5 水	19:25	♑
7 金	23:00	♑	～	8 土	07:54	♒
10 月	10:40	♒	～	10 月	19:00	♓
12 水	11:22	♓	～	13 木	03:49	♈
15 土	02:47	♈	～	15 土	09:39	♉
17 月	06:50	♉	～	17 月	12:26	♊
19 水	07:20	♊	～	19 水	13:02	♋
21 金	07:36	♋	～	21 金	12:59	♌
23 日	10:29	♌	～	23 日	14:08	♍
24 月	16:47	♍	～	25 火	18:10	♎
27 木	20:59	♎	～	28 金	02:02	♏
29 土	16:11	♏	～	30 日	13:19	♐

2月

開始日	開始時刻	サイン		終了日	終了時刻	サイン
1 火	22:08	♐	～	2 水	02:11	♑
4 金	11:16	♑	～	4 金	14:32	♒
6 日	22:34	♒	～	7 月	01:03	♓
9 水	04:45	♓	～	9 水	09:18	♈
11 金	14:18	♈	～	11 金	15:22	♉
13 日	08:21	♉	～	13 日	19:24	♊
15 火	14:51	♊	～	15 火	21:46	♋
17 木	21:50	♋	～	17 木	23:12	♌
19 土	04:05	♌	～	20 日	00:54	♍
21 月	05:59	♍	～	22 火	04:22	♎
23 水	12:15	♎	～	24 木	10:59	♏
25 金	21:18	♏	～	26 土	21:11	♐
28 月	09:27	♐	～	29 火	09:46	♑

3月

開始日	開始時刻	サイン		終了日	終了時刻	サイン
1 水	13:37	♑	～	2 木	22:15	♒
4 土	10:12	♒	～	5 日	08:31	♓
6 月	14:16	♓	～	7 火	15:55	♈
9 木	11:34	♈	～	9 木	21:02	♉
11 土	20:31	♉	～	12 日	00:47	♊
13 月	15:59	♊	～	14 火	03:52	♋
15 水	22:43	♋	～	16 木	06:44	♌
18 土	03:06	♌	～	18 土	09:49	♍
20 月	13:44	♍	～	20 月	13:58	♎
22 水	19:26	♎	～	22 水	20:18	♏
24 金	08:53	♏	～	25 土	05:44	♐
26 日	20:26	♐	～	27 月	17:52	♑
29 水	08:43	♑	～	30 木	06:35	♒
31 金	21:19	♒	～	1 土	17:13	♓

4月

開始日	開始時刻	サイン		終了日	終了時刻	サイン
3 月	16:44	♓	～	4 火	00:23	♈
5 水	11:03	♈	～	6 木	04:30	♉
7 金	17:24	♉	～	8 土	06:59	♊
10 月	01:01	♊	～	10 月	09:17	♋
12 水	09:44	♋	～	12 水	12:17	♌
14 金	06:13	♌	～	14 金	16:20	♍
15 土	22:45	♍	～	16 日	21:37	♎
19 水	02:41	♎	～	19 水	04:36	♏
20 木	19:36	♏	～	21 金	13:59	♐
23 日	06:25	♐	～	24 月	01:48	♑
26 水	03:12	♑	～	26 水	14:43	♒
28 金	19:44	♒	～	29 土	02:07	♓

5月

開始日	開始時刻	サイン		終了日	終了時刻	サイン
1 月	06:13	♓	～	1 月	09:56	♈
2 火	21:58	♈	～	3 水	13:55	♉
5 金	00:07	♉	～	5 金	15:24	♊
7 日	01:01	♊	～	7 日	16:15	♋
9 火	01:31	♋	～	9 火	18:02	♌
11 木	09:11	♌	～	11 木	21:42	♍
14 日	00:57	♍	～	14 日	03:28	♎
15 月	17:54	♎	～	16 火	11:17	♏
18 木	16:34	♏	～	18 木	21:10	♐
20 土	14:30	♐	～	21 日	09:02	♑
23 火	16:31	♑	～	23 火	22:01	♒
25 木	18:56	♒	～	26 金	10:08	♓
28 日	13:17	♓	～	28 日	19:09	♈
30 火	08:15	♈	～	31 水	00:03	♉

6月

開始日	開始時刻	サイン		終了日	終了時刻	サイン
1 木	15:08	♉	～	2 金	01:35	♊
3 土	11:02	♊	～	4 日	01:31	♋
5 月	16:47	♋	～	6 火	01:46	♌
7 水	19:22	♌	～	8 木	03:58	♍
10 土	00:48	♍	～	10 土	09:00	♎
12 月	11:14	♎	～	12 月	16:56	♏
14 水	20:31	♏	～	15 木	03:19	♐
17 土	10:50	♐	～	17 土	15:28	♑
19 月	23:46	♑	～	20 火	04:27	♒
22 木	13:25	♒	～	22 木	16:53	♓
25 日	00:40	♓	～	25 日	02:57	♈
26 月	16:23	♈	～	27 火	09:20	♉
29 木	11:34	♉	～	29 木	12:00	♊
30 金	20:47	♊	～	1 土	12:10	♋

7月

開始日	開始時刻	サイン		終了日	終了時刻	サイン
3 月	06:36	♋	～	3 月	11:39	♌
5 水	07:25	♌	～	5 水	12:20	♍
7 金	10:57	♍	～	7 金	15:48	♎
9 日	13:10	♎	～	9 日	22:49	♏
12 水	05:29	♏	～	12 水	09:07	♐
14 金	01:02	♐	～	14 金	21:29	♑
17 月	06:48	♑	～	17 月	10:28	♒
19 水	19:37	♒	～	19 水	22:45	♓
22 土	08:07	♓	～	22 土	09:10	♈
24 月	07:10	♈	～	24 月	16:45	♉
26 水	19:20	♉	～	26 水	21:03	♊
28 金	05:17	♊	～	28 金	22:31	♋
30 日	21:18	♋	～	30 日	22:25	♌

8月

開始日	開始時刻	サイン		終了日	終了時刻	サイン
1 火	21:34	♌	～	1 火	22:28	♍
3 木	23:50	♍	～	4 金	00:32	♎
6 日	03:55	♎	～	6 日	06:05	♏
8 火	15:17	♏	～	8 火	15:31	♐
10 木	05:14	♐	～	11 金	03:45	♑
11 金	15:02	♑	～	13 日	16:44	♒
15 火	14:12	♒	～	16 水	04:42	♓
17 木	04:58	♓	～	18 金	14:45	♈
20 日	18:13	♈	～	20 日	22:32	♉
23 水	03:50	♉	～	23 水	03:56	♊
24 木	16:57	♊	～	25 金	07:01	♋
26 土	23:10	♋	～	27 日	08:18	♌
28 月	13:44	♌	～	29 火	08:56	♍
31 木	10:21	♍	～	31 木	10:34	♎

9月

開始日	開始時刻	サイン		終了日	終了時刻	サイン
1 金	21:23	♎	～	2 土	14:56	♏
4 月	10:34	♏	～	4 月	23:09	♐
7 木	07:26	♐	～	7 木	10:48	♑
8 金	19:26	♑	～	9 土	23:46	♒
12 火	05:09	♒	～	12 火	11:35	♓
14 木	04:37	♓	～	14 木	21:01	♈
17 日	03:49	♈	～	17 日	04:06	♉
19 火	02:30	♉	～	19 火	09:23	♊
21 木	10:28	♊	～	21 木	13:17	♋
23 土	12:58	♋	～	23 土	16:01	♌
25 月	10:33	♌	～	25 月	18:03	♍
26 火	12:44	♍	～	27 水	20:23	♎
29 金	01:56	♎	～	30 土	00:31	♏

10月

開始日	開始時刻	サイン		終了日	終了時刻	サイン
1 日	07:42	♏	～	2 月	07:51	♐
3 火	17:02	♐	～	4 水	18:43	♑
5 木	21:34	♑	～	7 土	07:34	♒
8 日	17:54	♒	～	9 月	19:37	♓
11 水	10:09	♓	～	12 木	04:52	♈
13 金	17:53	♈	～	14 土	11:07	♉
16 月	15:17	♉	～	16 月	15:20	♊
18 水	10:01	♊	～	18 水	18:38	♋
20 金	21:15	♋	～	20 金	21:43	♌
23 月	00:11	♌	～	23 月	00:53	♍
25 水	03:33	♍	～	25 水	04:31	♎
26 木	10:03	♎	～	27 金	09:24	♏
29 日	15:04	♏	～	29 日	16:41	♐
31 火	22:42	♐	～	1 水	03:03	♑

11月

開始日	開始時刻	サイン		終了日	終了時刻	サイン
3 金	14:36	♑	～	3 金	15:42	♒
6 月	01:25	♒	～	6 月	04:14	♓
8 水	11:04	♓	～	8 水	14:03	♈
10 金	14:07	♈	～	10 金	20:13	♉
12 日	20:12	♉	～	12 日	23:28	♊
14 火	03:51	♊	～	15 水	01:22	♋
16 木	23:30	♋	～	17 金	03:20	♌
19 日	02:03	♌	～	19 日	06:16	♍
21 火	08:45	♍	～	21 火	10:36	♎
22 水	17:18	♎	～	23 木	16:34	♏
25 土	18:52	♏	～	26 日	00:34	♐
27 月	09:57	♐	～	28 火	10:58	♑
30 木	16:33	♑	～	30 木	23:27	♒

12月

開始日	開始時刻	サイン		終了日	終了時刻	サイン
3 日	09:51	♒	～	3 日	12:24	♓
5 火	16:26	♓	～	5 火	23:18	♈
8 金	05:22	♈	～	8 金	06:28	♉
10 日	03:00	♉	～	10 日	09:51	♊
11 月	23:14	♊	～	12 火	10:50	♋
14 木	04:03	♋	～	14 木	11:10	♌
16 土	04:56	♌	～	16 土	12:31	♍
18 月	09:41	♍	～	18 月	16:02	♎
20 水	20:07	♎	～	20 水	22:13	♏
22 金	21:27	♏	～	23 土	06:58	♐
24 日	19:02	♐	～	25 月	17:55	♑
27 水	19:51	♑	～	28 木	06:26	♒
30 土	08:47	♒	～	30 土	19:28	♓

2001年【ボイドタイム】

1月

開始日	開始時刻	サイン		終了日	終了時刻	サイン
1 月	20:35	♓	~	2 火	07:15	♈
3 水	19:09	♈	~	4 木	15:58	♉
6 土	11:09	♉	~	6 土	20:45	♊
8 月	04:19	♊	~	8 月	22:10	♋
10 水	21:38	♋	~	10 水	21:45	♌
12 金	12:08	♌	~	12 金	21:27	♍
14 日	13:12	♍	~	14 日	23:06	♎
16 火	21:34	♎	~	17 水	04:03	♏
19 金	10:44	♏	~	19 金	12:37	♐
21 日	03:18	♐	~	21 日	23:58	♑
24 水	00:38	♑	~	24 水	12:44	♒
26 金	14:27	♒	~	27 土	01:40	♓
29 月	04:48	♓	~	29 月	13:36	♈
31 水	22:36	♈	~	31 水	23:22	♉

2月

開始日	開始時刻	サイン		終了日	終了時刻	サイン
2 金	19:31	♉	~	3 土	05:57	♊
4 日	17:12	♊	~	5 月	09:01	♋
7 水	02:30	♋	~	7 水	09:22	♌
9 金	06:24	♌	~	9 金	08:36	♍
11 日	05:18	♍	~	11 日	08:47	♎
13 火	02:31	♎	~	13 火	11:52	♏
15 木	12:23	♏	~	15 木	19:03	♐
18 日	04:22	♐	~	18 日	06:00	♑
20 火	08:03	♑	~	20 火	18:55	♒
22 木	21:17	♒	~	23 金	07:46	♓
25 日	09:24	♓	~	25 日	19:21	♈
27 火	13:34	♈	~	28 水	05:07	♉

3月

開始日	開始時刻	サイン		終了日	終了時刻	サイン
2 金	03:57	♉	~	2 金	12:37	♊
4 日	03:45	♊	~	4 日	17:25	♋
6 火	12:10	♋	~	6 火	19:31	♌
8 木	12:49	♌	~	8 木	19:45	♍
10 土	13:01	♍	~	10 土	19:48	♎
12 月	11:44	♎	~	12 月	21:44	♏
14 水	21:17	♏	~	15 木	03:18	♐
17 土	12:48	♐	~	17 土	13:03	♑
19 月	23:40	♑	~	20 火	01:37	♒
22 木	08:02	♒	~	22 木	14:29	♓
24 土	19:58	♓	~	25 日	01:45	♈
26 月	22:10	♈	~	27 火	10:52	♉
29 木	13:29	♉	~	29 木	18:02	♊
31 土	11:54	♊	~	31 土	23:24	♋

4月

開始日	開始時刻	サイン		終了日	終了時刻	サイン
2 月	23:26	♋	~	3 火	02:55	♌
5 木	01:46	♌	~	5 木	04:48	♍
7 土	03:18	♍	~	7 土	05:58	♎
8 日	21:30	♎	~	9 月	08:02	♏
11 水	10:43	♏	~	11 水	12:48	♐
13 金	10:55	♐	~	13 金	21:22	♑
16 月	08:00	♑	~	16 月	09:12	♒
18 水	21:26	♒	~	18 水	22:01	♓
21 土	02:40	♓	~	21 土	09:19	♈
23 月	12:34	♈	~	23 月	17:57	♉
25 水	14:07	♉	~	26 木	00:12	♊
28 土	01:12	♊	~	28 土	04:50	♋
29 日	06:53	♋	~	30 月	08:26	♌

5月

開始日	開始時刻	サイン		終了日	終了時刻	サイン
2 水	08:43	♌	~	2 水	11:17	♍
4 金	11:38	♍	~	4 金	13:51	♎
6 日	15:03	♎	~	6 日	17:02	♏
8 火	12:25	♏	~	8 火	22:06	♐
11 金	04:19	♐	~	11 金	06:11	♑
13 日	01:17	♑	~	13 日	17:21	♒
16 水	03:53	♒	~	16 水	06:02	♓
18 金	15:18	♓	~	18 金	17:42	♈
20 日	23:48	♈	~	21 月	02:30	♉
22 火	23:06	♉	~	23 水	08:13	♊
25 金	08:12	♊	~	25 金	11:43	♋
26 土	21:43	♋	~	27 日	14:13	♌
29 火	14:13	♌	~	29 火	16:39	♍
31 木	18:40	♍	~	31 木	19:42	♎

6月

開始日	開始時刻	サイン		終了日	終了時刻	サイン
2 土	23:41	♎	~	2 土	23:57	♏
4 月	20:29	♏	~	5 火	05:59	♐
7 木	13:41	♐	~	7 木	14:24	♑
7 木	15:56	♑	~	10 日	01:21	♒
12 火	09:38	♒	~	12 火	13:54	♓
14 木	19:25	♓	~	15 金	02:04	♈
17 日	03:31	♈	~	17 日	11:40	♉
19 火	08:21	♉	~	19 火	17:43	♊
21 木	12:24	♊	~	21 木	20:42	♋
22 金	23:11	♋	~	23 土	21:56	♌
25 月	16:22	♌	~	25 月	22:59	♍
27 水	19:11	♍	~	28 木	01:12	♎
30 土	00:06	♎	~	30 土	05:30	♏

7月

開始日	開始時刻	サイン		終了日	終了時刻	サイン
2 月	04:25	♏	~	2 月	12:14	♐
4 水	17:35	♐	~	4 水	21:23	♑
6 金	00:04	♑	~	7 土	08:34	♒
9 月	19:28	♒	~	9 月	21:06	♓
12 木	09:09	♓	~	12 木	09:37	♈
14 土	08:51	♈	~	14 土	20:14	♉
16 月	16:40	♉	~	17 火	03:27	♊
18 水	20:46	♊	~	19 木	06:57	♋
21 土	04:44	♋	~	21 土	07:44	♌
22 日	21:34	♌	~	23 月	07:30	♍
24 火	16:47	♍	~	25 水	08:09	♎
27 金	00:09	♎	~	27 金	11:18	♏
29 日	12:50	♏	~	29 日	17:45	♐

8月

開始日	開始時刻	サイン		終了日	終了時刻	サイン
1 水	01:24	♐	~	1 水	03:17	♑
1 水	11:21	♑	~	3 金	14:54	♒
5 日	13:52	♒	~	6 月	03:31	♓
7 火	14:39	♓	~	8 水	16:06	♈
10 金	13:53	♈	~	11 土	03:24	♉
13 月	07:31	♉	~	13 月	12:00	♊
15 水	04:42	♊	~	15 水	16:56	♋
16 木	22:03	♋	~	17 金	18:26	♌
19 日	11:55	♌	~	19 日	17:54	♍
21 火	05:21	♍	~	21 火	17:20	♎
23 木	10:34	♎	~	23 木	18:51	♏
25 土	20:16	♏	~	26 日	00:00	♐
27 月	21:50	♐	~	28 火	09:03	♑
30 木	15:28	♑	~	30 木	20:49	♒

9月

開始日	開始時刻	サイン		終了日	終了時刻	サイン
2 日	02:36	♒	~	2 日	09:33	♓
4 火	17:36	♓	~	4 火	21:59	♈
7 金	07:31	♈	~	7 金	09:19	♉
9 日	03:30	♉	~	9 日	18:42	♊
11 火	10:41	♊	~	12 水	01:10	♋
13 木	12:16	♋	~	14 金	04:17	♌
15 土	17:35	♌	~	16 日	04:40	♍
17 月	19:27	♍	~	18 火	04:01	♎
20 木	01:38	♎	~	20 木	04:28	♏
22 土	06:09	♏	~	22 土	08:03	♐
24 月	09:31	♐	~	24 月	15:49	♑
26 水	23:38	♑	~	27 木	03:06	♒
29 土	14:27	♒	~	29 土	15:51	♓
30 日	22:02	♓	~	2 火	04:09	♈

10月

開始日	開始時刻	サイン		終了日	終了時刻	サイン
4 木	13:44	♈	~	4 木	15:02	♉
6 土	07:33	♉	~	7 日	00:13	♊
9 火	01:23	♊	~	9 火	07:20	♋
11 木	02:47	♋	~	11 木	11:55	♌
13 土	01:34	♌	~	13 土	13:59	♍
15 月	13:52	♍	~	15 月	14:27	♎
17 水	04:23	♎	~	17 水	15:04	♏
19 金	07:29	♏	~	19 金	17:48	♐
21 日	20:42	♐	~	22 月	00:12	♑
24 水	05:11	♑	~	24 水	10:27	♒
26 金	04:32	♒	~	26 金	22:57	♓
28 日	06:31	♓	~	29 月	11:16	♈
31 水	04:17	♈	~	31 水	21:49	♉

11月

開始日	開始時刻	サイン		終了日	終了時刻	サイン
2 金	13:20	♉	~	3 土	06:14	♊
5 月	04:45	♊	~	5 月	12:45	♋
7 水	16:10	♋	~	7 水	17:35	♌
9 金	05:29	♌	~	9 金	20:50	♍
11 日	03:40	♍	~	11 日	22:54	♎
13 火	09:41	♎	~	14 水	00:46	♏
15 木	15:40	♏	~	16 金	03:52	♐
17 土	17:14	♐	~	18 日	09:41	♑
20 火	14:57	♑	~	20 火	18:56	♒
22 木	16:37	♒	~	23 金	06:53	♓
25 日	14:29	♓	~	25 日	19:22	♈
27 火	13:43	♈	~	28 水	06:07	♉
30 金	08:20	♉	~	30 金	14:05	♊

12月

開始日	開始時刻	サイン		終了日	終了時刻	サイン
2 日	10:47	♊	~	2 日	19:31	♋
3 月	20:03	♋	~	4 火	23:17	♌
6 木	23:20	♌	~	7 金	02:12	♍
8 土	07:57	♍	~	9 日	04:58	♎
10 月	17:43	♎	~	11 火	08:10	♏
12 水	21:47	♏	~	13 木	12:31	♐
15 土	17:23	♐	~	15 土	18:49	♑
16 日	18:35	♑	~	18 火	03:44	♒
20 木	11:41	♒	~	20 木	15:10	♓
22 土	17:44	♓	~	23 日	03:46	♈
25 火	12:21	♈	~	25 火	15:13	♉
27 木	09:22	♉	~	27 木	23:40	♊
29 土	15:24	♊	~	30 日	04:41	♋
31 月	22:43	♋	~	1 火	07:10	♌

2002年【ボイドタイム】

1月

開始日		開始時刻	サイン		終了日		終了時刻	サイン
2	水	20:16	♌	～	3	木	08:35	♍
4	金	16:30	♍	～	5	土	10:25	♎
7	月	01:05	♎	～	7	月	13:42	♏
9	水	06:03	♏	～	9	水	18:58	♐
11	金	15:49	♐	～	12	土	02:19	♑
14	月	04:23	♑	～	14	月	11:42	♒
16	水	09:25	♒	～	16	水	23:01	♓
19	土	11:26	♓	～	19	土	11:36	♈
21	月	10:50	♈	～	21	月	23:48	♉
23	水	21:28	♉	～	24	木	09:29	♊
26	土	04:22	♊	～	26	土	15:18	♋
27	日	04:03	♋	～	28	月	17:32	♌
30	水	08:03	♌	～	30	水	17:41	♍
31	木	20:46	♍	～	1	金	17:45	♎

2月

開始日		開始時刻	サイン		終了日		終了時刻	サイン
3	日	09:45	♎	～	3	日	19:36	♏
5	火	23:02	♏	～	6	水	00:22	♐
7	木	21:38	♐	～	8	金	08:09	♑
10	日	15:50	♑	～	10	日	18:16	♒
12	火	19:21	♒	～	13	水	05:54	♓
14	木	16:43	♓	～	15	金	18:27	♈
18	月	04:55	♈	～	18	月	06:59	♉
20	水	08:34	♉	～	20	水	17:51	♊
22	金	16:53	♊	～	23	土	01:17	♋
24	日	22:39	♋	～	25	月	04:37	♌
27	水	01:30	♌	～	27	水	04:48	♍
28	木	12:17	♍	～	1	金	03:48	♎

3月

開始日		開始時刻	サイン		終了日		終了時刻	サイン
2	土	20:57	♎	～	3	日	03:52	♏
4	月	23:42	♏	～	5	火	06:56	♐
7	木	11:31	♐	～	7	木	13:49	♑
9	土	00:06	♑	～	9	土	23:57	♒
12	火	04:28	♒	～	12	火	11:57	♓
14	木	11:02	♓	～	15	金	00:35	♈
17	日	06:07	♈	～	17	日	13:02	♉
19	火	21:53	♉	～	20	水	00:21	♊
22	金	03:14	♊	～	22	金	09:07	♋
23	土	19:19	♋	～	24	日	14:14	♌
26	火	10:56	♌	～	26	火	15:45	♍
28	木	10:31	♍	～	28	木	15:05	♎
30	土	09:56	♎	～	30	土	14:22	♏

4月

開始日		開始時刻	サイン		終了日		終了時刻	サイン
1	月	11:13	♏	～	1	月	15:49	♐
3	水	16:12	♐	～	3	水	20:59	♑
5	金	18:59	♑	～	6	土	06:08	♒
8	月	13:08	♒	～	8	月	17:59	♓
11	木	02:31	♓	～	11	木	06:42	♈
13	土	18:52	♈	～	13	土	18:56	♉
16	火	01:53	♉	～	16	火	05:57	♊
18	木	11:17	♊	～	18	木	15:02	♋
20	土	08:55	♋	～	20	土	21:22	♌
22	月	21:29	♌	～	23	火	00:36	♍
24	水	23:06	♍	～	25	木	01:23	♎
26	金	22:29	♎	～	27	土	01:16	♏
28	日	23:25	♏	～	29	月	02:14	♐

5月

開始日		開始時刻	サイン		終了日		終了時刻	サイン
1	水	03:10	♐	～	1	水	06:04	♑
2	木	02:16	♑	～	3	金	13:45	♒
5	日	21:46	♒	～	6	月	00:47	♓
7	火	11:10	♓	～	8	水	13:23	♈
10	金	22:47	♈	～	11	土	01:33	♉
13	月	09:29	♉	～	13	月	12:05	♊
15	水	18:08	♊	～	15	水	20:34	♋
17	金	20:26	♋	～	18	土	02:53	♌
20	月	05:34	♌	～	20	月	07:02	♍
22	水	01:53	♍	～	22	水	09:20	♎
24	金	08:39	♎	～	24	金	10:39	♏
26	日	10:20	♏	～	26	日	12:21	♐
28	火	15:39	♐	～	28	火	15:55	♑
29	水	20:46	♑	～	30	木	22:36	♒

6月

開始日		開始時刻	サイン		終了日		終了時刻	サイン
2	日	06:19	♒	～	2	日	08:38	♓
3	月	19:58	♓	～	4	火	20:52	♈
7	金	06:47	♈	～	7	金	09:08	♉
9	日	17:14	♉	～	9	日	19:30	♊
12	水	01:04	♊	～	12	水	03:16	♋
14	金	06:43	♋	～	14	金	08:40	♌
16	日	10:17	♌	～	16	日	12:25	♍
18	火	09:29	♍	～	18	火	15:12	♎
20	木	15:38	♎	～	20	木	17:43	♏
22	土	18:26	♏	～	22	土	20:43	♐
24	月	22:37	♐	～	25	火	01:02	♑
26	水	16:37	♑	～	27	木	07:37	♒
29	土	14:12	♒	～	29	土	17:02	♓

7月

開始日		開始時刻	サイン		終了日		終了時刻	サイン
1	月	14:42	♓	～	2	火	04:50	♈
4	木	14:11	♈	～	4	木	17:17	♉
7	日	00:56	♉	～	7	日	04:02	♊
9	火	08:37	♊	～	9	火	11:38	♋
11	木	13:25	♋	～	11	木	16:09	♌
13	土	15:42	♌	～	13	土	18:42	♍
15	月	14:08	♍	～	15	月	20:40	♎
17	水	19:58	♎	～	17	水	23:14	♏
19	金	23:34	♏	～	20	土	03:03	♐
22	月	04:44	♐	～	22	月	08:27	♑
24	水	12:05	♑	～	24	水	15:41	♒
26	金	20:46	♒	～	27	土	01:05	♓
29	月	11:01	♓	～	29	月	12:40	♈

8月

開始日		開始時刻	サイン		終了日		終了時刻	サイン
1	木	00:48	♈	～	1	木	01:18	♉
3	土	07:58	♉	～	3	土	12:48	♊
5	月	17:42	♊	～	5	月	21:03	♋
5	月	17:42	♋	～	8	木	01:28	♌
9	金	22:36	♌	～	10	土	03:04	♍
11	日	21:01	♍	～	12	月	03:39	♎
14	水	00:10	♎	～	14	水	05:02	♏
16	金	03:13	♏	～	16	金	08:26	♐
18	日	08:39	♐	～	18	日	14:16	♑
20	火	05:13	♑	～	20	火	22:18	♒
23	金	07:29	♒	～	23	金	08:12	♓
25	日	15:57	♓	～	25	日	19:49	♈
28	水	06:18	♈	～	28	水	08:33	♉
30	金	13:44	♉	～	30	金	20:46	♊

9月

開始日		開始時刻	サイン		終了日		終了時刻	サイン
2	月	01:55	♊	～	2	月	06:15	♋
4	水	05:31	♋	～	4	水	11:38	♌
6	金	10:33	♌	～	6	金	13:17	♍
8	日	09:54	♍	～	8	日	12:58	♎
10	火	09:52	♎	～	10	火	12:49	♏
12	木	07:52	♏	～	12	木	14:45	♐
14	土	16:54	♐	～	14	土	19:49	♑
16	月	14:58	♑	～	17	火	03:55	♒
19	木	11:35	♒	～	19	木	14:19	♓
21	土	23:36	♓	～	22	日	02:12	♈
24	火	12:29	♈	～	24	火	14:56	♉
26	木	18:26	♉	～	27	金	03:28	♊
29	日	12:01	♊	～	29	日	14:03	♋

10月

開始日		開始時刻	サイン		終了日		終了時刻	サイン
1	火	03:59	♋	～	1	火	20:59	♌
3	木	22:16	♌	～	3	木	23:53	♍
5	土	22:21	♍	～	5	土	23:52	♎
7	月	21:29	♎	～	7	月	22:58	♏
9	水	21:38	♏	～	9	水	23:22	♐
12	土	01:07	♐	～	12	土	02:46	♑
14	月	07:41	♑	～	14	月	09:52	♒
16	水	18:15	♒	～	16	水	20:08	♓
19	土	06:16	♓	～	19	土	08:15	♈
21	月	18:54	♈	～	21	月	20:58	♉
23	水	23:13	♉	～	24	木	09:18	♊
26	土	18:01	♊	～	26	土	20:11	♋
28	月	17:22	♋	～	29	火	04:21	♌
31	木	06:51	♌	～	31	木	09:00	♍

11月

開始日		開始時刻	サイン		終了日		終了時刻	サイン
2	土	08:19	♍	～	2	土	10:29	♎
4	月	07:56	♎	～	4	月	10:11	♏
6	水	01:48	♏	～	6	水	10:02	♐
8	金	09:14	♐	～	8	金	12:00	♑
9	土	17:21	♑	～	10	日	17:28	♒
12	火	23:06	♒	～	13	水	02:43	♓
15	金	10:38	♓	～	15	金	14:39	♈
17	日	23:05	♈	～	18	月	03:25	♉
20	水	10:33	♉	～	20	水	15:26	♊
22	金	21:06	♊	～	23	土	01:49	♋
25	月	01:50	♋	～	25	月	10:01	♌
27	水	10:51	♌	～	27	水	15:43	♍
29	金	14:01	♍	～	29	金	18:55	♎

12月

開始日		開始時刻	サイン		終了日		終了時刻	サイン
1	日	20:06	♎	～	1	日	20:16	♏
3	火	13:15	♏	～	3	火	20:59	♐
5	木	16:55	♐	～	5	木	22:40	♑
6	金	05:19	♑	～	8	日	02:55	♒
10	火	03:35	♒	～	10	火	10:47	♓
12	木	14:02	♓	～	12	木	21:59	♈
15	日	02:18	♈	～	15	日	10:44	♉
17	火	14:11	♉	～	17	火	22:44	♊
20	金	04:10	♊	～	20	金	08:31	♋
21	土	18:31	♋	～	22	日	15:49	♌
24	火	13:58	♌	～	24	火	21:06	♍
26	木	16:09	♍	～	27	金	00:54	♎
28	土	21:15	♎	～	29	日	03:42	♏
31	火	02:03	♏	～	31	火	06:02	♐

2003年【ボイドタイム】

1月

開始日		開始時刻	サイン		終了日		終了時刻	サイン
2	木	02:23	♐	～	2	木	08:44	♑
4	土	09:55	♑	～	4	土	12:58	♒
6	月	17:44	♒	～	6	月	19:58	♓
8	水	20:55	♓	～	9	木	06:16	♈
11	土	12:10	♈	～	11	土	18:49	♉
14	火	02:43	♉	～	14	火	07:09	♊
16	木	11:16	♊	～	16	木	16:57	♋
18	土	19:47	♋	～	18	土	23:30	♌
20	月	22:46	♌	～	21	火	03:33	♍
22	水	18:33	♍	～	23	木	06:24	♎
25	土	04:48	♎	～	25	土	09:10	♏
27	月	08:14	♏	～	27	月	12:27	♐
29	水	12:26	♐	～	29	水	16:31	♑
30	木	19:34	♑	～	31	金	21:45	♒

2月

開始日		開始時刻	サイン		終了日		終了時刻	サイン
3	月	01:02	♒	～	3	月	04:56	♓
4	火	23:52	♓	～	5	水	14:45	♈
7	金	23:21	♈	～	8	土	03:00	♉
10	月	12:28	♉	～	10	月	15:46	♊
12	水	23:28	♊	～	13	木	02:20	♋
13	木	21:22	♋	～	15	土	09:05	♌
17	月	10:18	♌	～	17	月	12:24	♍
19	水	00:56	♍	～	19	水	13:49	♎
21	金	13:29	♎	～	21	金	15:10	♏
23	日	16:15	♏	～	23	日	17:47	♐
25	火	20:50	♐	～	25	火	22:12	♑
27	木	21:58	♑	～	28	金	04:26	♒

3月

開始日		開始時刻	サイン		終了日		終了時刻	サイン
2	日	11:30	♒	～	2	日	12:27	♓
4	火	22:04	♓	～	4	火	22:31	♈
7	金	10:10	♈	～	7	金	10:37	♉
9	日	23:29	♉	～	9	日	23:39	♊
11	火	20:24	♊	～	12	水	11:13	♋
14	金	06:13	♋	～	14	金	19:07	♌
16	日	10:24	♌	～	16	日	22:54	♍
18	火	19:34	♍	～	18	火	23:44	♎
20	木	12:02	♎	～	20	木	23:39	♏
22	土	13:30	♏	～	23	日	00:34	♐
24	月	20:58	♐	～	25	火	03:49	♑
26	水	03:16	♑	～	27	木	09:52	♒
29	土	05:27	♒	～	29	土	18:27	♓
31	月	15:58	♓	～	1	火	05:06	♈

4月

開始日		開始時刻	サイン		終了日		終了時刻	サイン
3	木	07:04	♈	～	3	木	17:21	♉
5	土	09:15	♉	～	6	日	06:25	♊
8	火	06:34	♊	～	8	火	18:37	♋
10	木	14:34	♋	～	11	金	03:55	♌
12	土	23:18	♌	～	13	日	09:08	♍
15	火	03:38	♍	～	15	火	10:43	♎
17	木	05:21	♎	～	17	木	10:17	♏
19	土	06:52	♏	～	19	土	09:53	♐
21	月	10:02	♐	～	21	月	11:21	♑
22	火	21:40	♑	～	23	水	15:59	♒
25	金	15:18	♒	～	26	土	00:03	♓
28	月	02:18	♓	～	28	月	10:55	♈
30	水	15:12	♈	～	30	水	23:27	♉

5月

開始日		開始時刻	サイン		終了日		終了時刻	サイン
2	金	14:27	♉	～	3	土	12:28	♊
5	月	17:43	♊	～	6	火	00:43	♋
7	水	13:21	♋	～	8	木	10:47	♌
10	土	12:13	♌	～	10	土	17:32	♍
12	月	16:08	♍	～	12	月	20:43	♎
14	水	17:13	♎	～	14	水	21:15	♏
16	金	12:36	♏	～	16	金	20:44	♐
18	日	17:41	♐	～	18	日	21:04	♑
20	火	22:29	♑	～	21	水	00:02	♒
23	金	03:49	♒	～	23	金	06:42	♓
25	日	14:32	♓	～	25	日	17:00	♈
28	水	03:41	♈	～	28	水	05:33	♉
30	金	00:53	♉	～	30	金	18:33	♊

6月

開始日		開始時刻	サイン		終了日		終了時刻	サイン
2	月	05:54	♊	～	2	月	06:28	♋
4	水	01:27	♋	～	4	水	16:26	♌
6	金	15:17	♌	～	6	金	23:52	♍
9	月	01:27	♍	～	9	月	04:31	♎
11	水	02:00	♎	～	11	水	06:40	♏
13	金	06:50	♏	～	13	金	07:13	♐
15	日	06:04	♐	～	15	日	07:39	♑
15	日	12:12	♑	～	17	火	09:42	♒
19	木	10:07	♒	～	19	木	14:58	♓
21	土	23:45	♓	～	22	日	00:07	♈
23	月	12:28	♈	～	24	火	12:16	♉
25	水	22:41	♉	～	27	金	01:14	♊
29	日	11:31	♊	～	29	日	12:53	♋
30	月	03:38	♋	～	1	火	22:14	♌

7月

開始日		開始時刻	サイン		終了日		終了時刻	サイン
4	金	03:06	♌	～	4	金	05:17	♍
5	土	13:15	♍	～	6	日	10:21	♎
7	月	19:23	♎	～	8	火	13:45	♏
10	木	02:58	♏	～	10	木	15:49	♐
12	土	00:53	♐	～	12	土	17:22	♑
14	月	04:21	♑	～	14	月	19:39	♒
16	水	07:57	♒	～	17	木	00:15	♓
18	金	23:49	♓	～	19	土	08:21	♈
21	月	16:01	♈	～	21	月	19:49	♉
23	水	18:14	♉	～	24	木	08:43	♊
26	土	06:38	♊	～	26	土	20:24	♋
29	火	04:25	♋	～	29	火	05:18	♌
31	木	00:46	♌	～	31	木	11:28	♍

8月

開始日		開始時刻	サイン		終了日		終了時刻	サイン
1	金	18:01	♍	～	2	土	15:49	♎
4	月	10:33	♎	～	4	月	19:13	♏
6	水	14:22	♏	～	6	水	22:12	♐
8	金	18:00	♐	～	9	土	01:03	♑
9	土	23:57	♑	～	11	月	04:25	♒
13	水	03:34	♒	～	13	水	09:20	♓
14	木	19:28	♓	～	15	金	17:01	♈
17	日	23:35	♈	～	18	月	03:53	♉
20	水	13:29	♉	～	20	水	16:42	♊
23	土	03:15	♊	～	23	土	04:45	♋
25	月	05:50	♋	～	25	月	13:49	♌
26	火	21:00	♌	～	27	水	19:28	♍
29	金	16:26	♍	～	29	金	22:42	♎
31	日	03:37	♎	～	1	月	01:01	♏

9月

開始日		開始時刻	サイン		終了日		終了時刻	サイン
2	火	19:18	♏	～	3	水	03:33	♐
4	木	20:23	♐	～	5	金	06:52	♑
6	土	21:43	♑	～	7	日	11:16	♒
8	月	18:01	♒	～	9	火	17:08	♓
11	木	14:41	♓	～	12	金	01:10	♈
13	土	10:39	♈	～	14	日	11:51	♉
17	水	00:25	♉	～	17	水	00:33	♊
19	金	12:50	♊	～	19	金	13:08	♋
21	日	19:21	♋	～	21	日	23:04	♌
24	水	04:33	♌	～	24	水	05:06	♍
25	木	10:52	♍	～	26	金	07:50	♎
28	日	08:10	♎	～	28	日	08:53	♏
30	火	09:08	♏	～	30	火	09:58	♐

10月

開始日		開始時刻	サイン		終了日		終了時刻	サイン
2	木	11:25	♐	～	2	木	12:22	♑
4	土	07:40	♑	～	4	土	16:46	♒
6	月	22:05	♒	～	6	月	23:21	♓
8	水	08:30	♓	～	9	木	08:09	♈
11	土	17:31	♈	～	11	土	19:06	♉
14	火	06:02	♉	～	14	火	07:46	♊
16	木	18:54	♊	～	16	木	20:42	♋
18	土	21:31	♋	～	19	日	07:42	♌
21	火	13:18	♌	～	21	火	15:02	♍
22	水	22:19	♍	～	23	木	18:28	♎
25	土	17:30	♎	～	25	土	19:10	♏
27	月	17:15	♏	～	27	月	18:56	♐
29	水	17:51	♐	～	29	水	19:38	♑
31	金	17:06	♑	～	31	金	22:42	♒

11月

開始日		開始時刻	サイン		終了日		終了時刻	サイン
3	月	04:40	♒	～	3	月	04:53	♓
4	火	15:36	♓	～	5	水	14:04	♈
7	金	23:16	♈	～	8	土	01:30	♉
10	月	11:59	♉	～	10	月	14:15	♊
13	木	00:57	♊	～	13	木	03:11	♋
14	金	22:38	♋	～	15	土	14:49	♌
17	月	21:38	♌	～	17	月	23:37	♍
19	水	23:15	♍	～	20	木	04:43	♎
22	土	04:44	♎	～	22	土	06:25	♏
24	月	04:27	♏	～	24	月	06:04	♐
26	水	03:57	♐	～	26	水	05:32	♑
27	木	12:52	♑	～	28	金	06:49	♒
30	日	09:46	♒	～	30	日	11:26	♓

12月

開始日		開始時刻	サイン		終了日		終了時刻	サイン
2	火	18:39	♓	～	2	火	19:57	♈
5	金	05:52	♈	～	5	金	07:31	♉
7	日	18:54	♉	～	7	日	20:27	♊
10	水	07:48	♊	～	10	水	09:12	♋
12	金	15:53	♋	～	12	金	20:41	♌
15	月	05:05	♌	～	15	月	06:08	♍
17	水	02:48	♍	～	17	水	12:48	♎
19	金	15:38	♎	～	19	金	16:21	♏
21	日	16:43	♏	～	21	日	17:17	♐
23	火	16:29	♐	～	23	火	16:56	♑
24	水	22:52	♑	～	25	木	17:14	♒
27	土	19:57	♒	～	27	土	20:11	♓
29	月	09:03	♓	～	30	火	03:09	♈

2004年【ボイドタイム】

1月

開始日	開始時刻	サイン		終了日	終了時刻	サイン
1 木	11:27	♈	~	1 木	14:03	♉
3 土	04:20	♉	~	4 日	02:59	♊
6 火	08:13	♊	~	6 火	15:40	♋
8 木	05:00	♋	~	9 金	02:39	♌
11 日	06:59	♌	~	11 日	11:39	♍
13 火	17:01	♍	~	13 火	18:39	♎
15 木	13:45	♎	~	15 木	23:34	♏
17 土	20:48	♏	~	18 日	02:19	♐
19 月	12:58	♐	~	20 火	03:25	♑
21 水	14:34	♑	~	22 木	04:12	♒
23 金	18:33	♒	~	24 土	06:30	♓
25 日	20:09	♓	~	26 月	12:07	♈
28 水	13:59	♈	~	28 水	21:47	♉
30 金	11:04	♉	~	31 土	10:19	♊

2月

開始日	開始時刻	サイン		終了日	終了時刻	サイン
2 月	21:56	♊	~	2 月	23:04	♋
5 木	02:52	♋	~	5 木	09:51	♌
7 土	02:38	♌	~	7 土	18:04	♍
9 月	09:23	♍	~	10 火	00:14	♎
11 水	14:42	♎	~	12 木	04:59	♏
13 金	22:39	♏	~	14 土	08:36	♐
16 月	05:20	♐	~	16 月	11:15	♑
17 火	13:59	♑	~	18 水	13:28	♒
20 金	02:33	♒	~	20 金	16:28	♓
22 日	07:10	♓	~	22 日	21:46	♈
25 水	03:54	♈	~	25 水	06:31	♉
26 木	11:55	♉	~	27 金	18:23	♊
29 日	19:08	♊	~	1 月	07:13	♋

3月

開始日	開始時刻	サイン		終了日	終了時刻	サイン
3 水	12:42	♋	~	3 水	18:19	♌
6 土	02:12	♌	~	6 土	02:19	♍
7 日	17:49	♍	~	8 月	07:32	♎
9 火	21:43	♎	~	10 水	11:04	♏
12 金	13:11	♏	~	12 金	13:58	♐
14 日	06:00	♐	~	14 日	16:53	♑
16 火	14:33	♑	~	16 火	20:11	♒
18 木	21:15	♒	~	19 金	00:27	♓
21 日	05:57	♓	~	21 日	06:30	♈
23 火	00:13	♈	~	23 火	15:11	♉
25 木	07:28	♉	~	26 金	02:36	♊
28 日	07:44	♊	~	28 日	15:24	♋
31 水	01:00	♋	~	31 水	03:08	♌

4月

開始日	開始時刻	サイン		終了日	終了時刻	サイン
2 金	08:55	♌	~	2 金	11:46	♍
4 日	03:23	♍	~	4 日	16:53	♎
6 火	06:26	♎	~	6 火	19:25	♏
7 水	20:06	♏	~	8 木	20:51	♐
10 土	09:29	♐	~	10 土	22:34	♑
12 月	12:46	♑	~	13 火	01:34	♒
15 木	04:27	♒	~	15 木	06:25	♓
16 金	22:43	♓	~	17 土	13:25	♈
19 月	22:21	♈	~	19 月	22:44	♉
21 水	04:35	♉	~	22 木	10:11	♊
24 土	08:21	♊	~	24 土	22:57	♋
26 月	18:56	♋	~	27 火	11:15	♌
29 木	11:08	♌	~	29 木	21:01	♍

5月

開始日	開始時刻	サイン		終了日	終了時刻	サイン
1 土	20:31	♍	~	2 日	03:04	♎
4 火	01:49	♎	~	4 火	05:40	♏
5 水	06:36	♏	~	6 木	06:09	♐
7 金	20:50	♐	~	8 土	06:18	♑
9 日	22:03	♑	~	10 月	07:47	♒
12 水	04:31	♒	~	12 水	11:53	♓
14 金	11:14	♓	~	14 金	19:03	♈
16 日	21:17	♈	~	17 月	04:58	♉
19 水	13:52	♉	~	19 水	16:48	♊
21 金	21:13	♊	~	22 土	05:36	♋
23 日	03:57	♋	~	24 月	18:08	♌
26 水	18:42	♌	~	27 木	04:53	♍
29 土	01:17	♍	~	29 土	12:24	♎
31 月	04:09	♎	~	31 月	16:09	♏

6月

開始日	開始時刻	サイン		終了日	終了時刻	サイン
2 水	06:15	♏	~	2 水	16:53	♐
4 金	02:12	♐	~	4 金	16:13	♑
5 土	21:28	♑	~	6 日	16:11	♒
8 火	03:08	♒	~	8 火	18:39	♓
10 木	08:37	♓	~	11 金	00:50	♈
12 土	20:30	♈	~	13 日	10:38	♉
15 火	11:34	♉	~	15 火	22:45	♊
18 金	05:27	♊	~	18 金	11:38	♋
20 日	19:46	♋	~	21 月	00:06	♌
22 火	16:54	♌	~	23 水	11:11	♍
25 金	02:19	♍	~	25 金	19:51	♎
27 日	08:41	♎	~	28 月	01:14	♏
29 火	09:57	♏	~	30 水	03:17	♐

7月

開始日	開始時刻	サイン		終了日	終了時刻	サイン
1 木	11:52	♐	~	2 金	03:02	♑
3 土	23:24	♑	~	4 日	02:23	♒
5 月	11:15	♒	~	6 火	03:27	♓
7 水	14:29	♓	~	8 木	08:04	♈
9 金	21:51	♈	~	10 土	16:52	♉
12 月	08:29	♉	~	13 火	04:46	♊
14 水	21:33	♊	~	15 木	17:41	♋
17 土	20:24	♋	~	18 日	05:57	♌
20 火	03:49	♌	~	20 火	16:45	♍
22 木	06:48	♍	~	23 金	01:40	♎
25 日	06:54	♎	~	25 日	08:09	♏
26 月	19:48	♏	~	27 火	11:49	♐
29 木	00:06	♐	~	29 木	12:59	♑
30 金	20:21	♑	~	31 土	12:55	♒

8月

開始日	開始時刻	サイン		終了日	終了時刻	サイン
2 月	05:51	♒	~	2 月	13:35	♓
4 水	11:58	♓	~	4 水	17:00	♈
6 金	22:58	♈	~	7 土	00:27	♉
9 月	09:46	♉	~	9 月	11:34	♊
11 水	04:59	♊	~	12 木	00:21	♋
13 金	19:17	♋	~	14 土	12:31	♌
16 月	10:24	♌	~	16 月	22:50	♍
18 水	16:15	♍	~	19 木	07:10	♎
21 土	10:39	♎	~	21 土	13:38	♏
23 月	05:53	♏	~	23 月	18:10	♐
25 水	20:12	♐	~	25 水	20:48	♑
27 金	11:57	♑	~	27 金	22:09	♒
29 日	18:22	♒	~	29 日	23:34	♓
31 火	17:28	♓	~	1 水	02:47	♈

9月

開始日	開始時刻	サイン		終了日	終了時刻	サイン
3 金	01:17	♈	~	3 金	09:17	♉
5 日	15:55	♉	~	5 日	19:26	♊
8 水	03:08	♊	~	8 水	07:51	♋
10 金	13:41	♋	~	10 金	20:07	♌
12 日	10:22	♌	~	13 月	06:17	♍
15 水	09:55	♍	~	15 水	13:55	♎
17 金	10:31	♎	~	17 金	19:26	♏
19 日	21:24	♏	~	19 日	23:31	♐
22 水	01:19	♐	~	22 水	02:36	♑
24 金	04:40	♑	~	24 金	05:11	♒
25 土	15:25	♒	~	26 日	07:56	♓
28 火	10:12	♓	~	28 火	11:58	♈
30 木	10:52	♈	~	30 木	18:25	♉

10月

開始日	開始時刻	サイン		終了日	終了時刻	サイン
3 日	01:34	♉	~	3 日	03:56	♊
4 月	19:27	♊	~	5 火	15:55	♋
7 木	21:13	♋	~	8 金	04:24	♌
9 土	19:42	♌	~	10 日	15:01	♍
12 火	16:31	♍	~	12 火	22:33	♎
14 木	23:22	♎	~	15 金	03:11	♏
17 日	00:42	♏	~	17 日	05:59	♐
19 火	00:46	♐	~	19 火	08:08	♑
21 木	06:58	♑	~	21 木	10:39	♒
22 金	21:20	♒	~	23 土	14:14	♓
25 月	14:17	♓	~	25 月	19:25	♈
27 水	21:24	♈	~	28 木	02:38	♉
30 土	06:49	♉	~	30 土	12:12	♊

11月

開始日	開始時刻	サイン		終了日	終了時刻	サイン
1 月	10:21	♊	~	1 月	23:54	♋
4 木	11:00	♋	~	4 木	12:33	♌
6 土	17:44	♌	~	7 日	00:01	♍
9 火	03:32	♍	~	9 火	08:24	♎
11 木	13:02	♎	~	11 木	13:06	♏
13 土	10:34	♏	~	13 土	14:57	♐
15 月	00:57	♐	~	15 月	15:34	♑
17 水	12:07	♑	~	17 水	16:40	♒
19 金	14:50	♒	~	19 金	19:39	♓
22 月	00:35	♓	~	22 月	01:12	♈
24 水	03:46	♈	~	24 水	09:17	♉
26 金	13:37	♉	~	26 金	19:26	♊
29 月	00:04	♊	~	29 月	07:12	♋

12月

開始日	開始時刻	サイン		終了日	終了時刻	サイン
1 水	13:28	♋	~	1 水	19:51	♌
3 金	23:51	♌	~	4 土	08:01	♍
6 月	11:28	♍	~	6 月	17:47	♎
8 水	17:40	♎	~	8 水	23:45	♏
10 金	20:03	♏	~	11 土	01:55	♐
12 日	13:02	♐	~	13 月	01:43	♑
14 火	20:43	♑	~	15 水	01:11	♒
16 木	17:33	♒	~	17 金	02:25	♓
19 日	01:39	♓	~	19 日	06:53	♈
21 火	14:16	♈	~	21 火	14:53	♉
23 木	22:41	♉	~	24 金	01:33	♊
25 土	22:30	♊	~	26 日	13:39	♋
28 火	16:33	♋	~	29 水	02:15	♌
30 木	23:54	♌	~	31 金	14:34	♍

2005年【ボイドタイム】

1月

開始日		開始時刻	サイン		終了日		終了時刻	サイン
2	日	15:22	♍	～	3	月	01:21	♎
4	火	23:20	♎	～	5	水	09:01	♏
7	金	03:29	♏	～	7	金	12:45	♐
9	日	12:02	♐	～	9	日	13:12	♑
11	火	02:58	♑	～	11	火	12:08	♒
13	木	00:43	♒	～	13	木	11:51	♓
15	土	05:22	♓	～	15	土	14:28	♈
17	月	15:57	♈	～	17	月	21:07	♉
20	木	07:19	♉	～	20	木	07:25	♊
22	土	06:25	♊	～	22	土	19:43	♋
24	月	18:17	♋	～	25	火	08:22	♌
27	木	07:39	♌	～	27	木	20:25	♍
30	日	06:07	♍	～	30	日	07:14	♎

2月

開始日		開始時刻	サイン		終了日		終了時刻	サイン
1	火	12:21	♎	～	1	火	15:52	♏
3	木	07:56	♏	～	3	木	21:22	♐
5	土	22:07	♐	～	5	土	23:33	♑
7	月	10:47	♑	～	7	月	23:27	♒
9	水	13:18	♒	～	9	水	23:00	♓
11	金	14:13	♓	～	12	土	00:22	♈
13	日	19:53	♈	～	14	月	05:19	♉
16	水	12:07	♉	～	16	水	14:19	♊
18	金	14:23	♊	～	19	土	02:14	♋
20	日	21:06	♋	～	21	月	14:56	♌
23	水	18:47	♌	～	24	木	02:45	♍
26	土	02:00	♍	～	26	土	13:00	♎
28	月	10:49	♎	～	28	月	21:22	♏

3月

開始日		開始時刻	サイン		終了日		終了時刻	サイン
2	水	19:25	♏	～	3	木	03:31	♐
5	土	06:44	♐	～	5	土	07:13	♑
6	日	17:28	♑	～	7	月	08:50	♒
9	水	00:28	♒	～	9	水	09:33	♓
11	金	01:44	♓	～	11	金	11:04	♈
13	日	05:13	♈	～	13	日	15:06	♉
15	火	15:10	♉	～	15	火	22:45	♊
18	金	04:19	♊	～	18	金	09:45	♋
20	日	21:59	♋	～	20	日	22:18	♌
22	火	23:20	♌	～	23	水	10:11	♍
25	金	09:36	♍	～	25	金	20:01	♎
27	日	17:30	♎	～	28	月	03:30	♏
29	火	16:06	♏	～	30	水	08:58	♐

4月

開始日		開始時刻	サイン		終了日		終了時刻	サイン
1	金	03:24	♐	～	1	金	12:49	♑
2	土	23:34	♑	～	3	日	15:32	♒
5	火	08:32	♒	～	5	火	17:46	♓
7	木	11:03	♓	～	7	木	20:29	♈
9	土	14:59	♈	～	10	日	00:51	♉
11	月	14:37	♉	～	12	火	07:56	♊
14	木	14:00	♊	～	14	木	18:04	♋
16	土	23:37	♋	～	17	日	06:18	♌
19	火	17:12	♌	～	19	火	18:28	♍
21	木	17:45	♍	～	22	金	04:28	♎
24	日	01:46	♎	～	24	日	11:26	♏
26	火	09:24	♏	～	26	火	15:47	♐
28	木	15:02	♐	～	28	木	18:34	♑
30	土	07:00	♑	～	30	土	20:55	♒

5月

開始日		開始時刻	サイン		終了日		終了時刻	サイン
2	月	13:47	♒	～	2	月	23:44	♓
4	水	17:21	♓	～	5	木	03:37	♈
6	金	22:22	♈	～	7	土	09:02	♉
9	月	14:15	♉	～	9	月	16:30	♊
11	水	23:58	♊	～	12	木	02:21	♋
14	土	00:03	♋	～	14	土	14:18	♌
16	月	17:56	♌	～	17	火	02:47	♍
19	木	09:59	♍	～	19	木	13:31	♎
21	土	09:40	♎	～	21	土	20:50	♏
23	月	13:54	♏	～	24	火	00:39	♐
25	水	15:51	♐	～	26	木	02:12	♑
28	土	00:22	♑	～	28	土	03:11	♒
29	日	18:19	♒	～	30	月	05:10	♓

6月

開始日		開始時刻	サイン		終了日		終了時刻	サイン
1	水	02:52	♓	～	1	水	09:09	♈
3	金	14:24	♈	～	3	金	15:21	♉
5	日	14:25	♉	～	5	日	23:37	♊
8	水	03:50	♊	～	8	水	09:47	♋
10	金	19:18	♋	～	10	金	21:41	♌
12	日	20:40	♌	～	13	月	10:23	♍
15	水	14:24	♍	～	15	水	22:00	♎
18	土	00:02	♎	～	18	土	06:25	♏
20	月	05:06	♏	～	20	月	10:46	♐
22	水	00:34	♐	～	22	水	11:53	♑
24	金	07:04	♑	～	24	金	11:37	♒
26	日	00:23	♒	～	26	日	12:04	♓
28	火	10:47	♓	～	28	火	14:52	♈
30	木	16:57	♈	～	30	木	20:46	♉

7月

開始日		開始時刻	サイン		終了日		終了時刻	サイン
3	日	02:02	♉	～	3	日	05:27	♊
5	火	01:35	♊	～	5	火	16:08	♋
8	金	01:54	♋	～	8	金	04:12	♌
10	日	01:49	♌	～	10	日	16:58	♍
13	水	04:12	♍	～	13	水	05:10	♎
15	金	14:32	♎	～	15	金	14:52	♏
17	日	11:15	♏	～	17	日	20:36	♐
19	火	15:03	♐	～	19	火	22:27	♑
21	木	20:00	♑	～	21	木	21:56	♒
23	土	16:33	♒	～	23	土	21:13	♓
25	月	09:19	♓	～	25	月	22:24	♈
28	木	02:23	♈	～	28	木	02:55	♉
29	金	13:58	♉	～	30	土	11:03	♊

8月

開始日		開始時刻	サイン		終了日		終了時刻	サイン
1	月	06:10	♊	～	1	月	21:53	♋
3	水	00:59	♋	～	4	木	10:11	♌
6	土	06:44	♌	～	6	土	22:55	♍
8	月	19:09	♍	～	9	火	11:10	♎
11	木	06:10	♎	～	11	木	21:36	♏
13	土	21:06	♏	～	14	日	04:48	♐
16	火	05:43	♐	～	16	火	08:14	♑
17	水	10:02	♑	～	18	木	08:40	♒
20	土	02:53	♒	～	20	土	07:53	♓
21	日	18:45	♓	～	22	月	08:02	♈
23	火	20:46	♈	～	24	水	10:59	♉
25	木	15:14	♉	～	26	金	17:44	♊
28	日	11:49	♊	～	29	月	03:58	♋
30	火	16:22	♋	～	31	水	16:15	♌

9月

開始日		開始時刻	サイン		終了日		終了時刻	サイン
2	金	20:44	♌	～	3	土	04:57	♍
5	月	00:39	♍	～	5	月	16:53	♎
7	水	17:33	♎	～	8	木	03:11	♏
9	金	16:30	♏	～	10	土	11:04	♐
12	月	01:52	♐	～	12	月	15:58	♑
14	水	03:22	♑	～	14	水	18:03	♒
16	金	05:23	♒	～	16	金	18:25	♓
18	日	11:00	♓	～	18	日	18:44	♈
20	火	07:36	♈	～	20	火	20:48	♉
23	金	01:41	♉	～	23	金	02:08	♊
24	土	21:57	♊	～	25	日	11:11	♋
27	火	10:24	♋	～	27	火	23:04	♌
30	金	00:12	♌	～	30	金	11:45	♍

10月

開始日		開始時刻	サイン		終了日		終了時刻	サイン
2	日	10:22	♍	～	2	日	23:25	♎
5	水	00:15	♎	～	5	水	09:04	♏
7	金	14:51	♏	～	7	金	16:29	♐
9	日	15:20	♐	～	9	日	21:45	♑
11	火	19:42	♑	～	12	水	01:06	♒
13	木	22:34	♒	～	14	金	03:06	♓
15	土	15:55	♓	～	16	日	04:40	♈
18	火	03:58	♈	～	18	火	07:05	♉
19	水	19:50	♉	～	20	木	11:45	♊
22	土	18:07	♊	～	22	土	19:42	♋
25	火	06:16	♋	～	25	火	06:50	♌
27	木	11:23	♌	～	27	木	19:29	♍
30	日	06:06	♍	～	30	日	07:16	♎

11月

開始日		開始時刻	サイン		終了日		終了時刻	サイン
1	火	08:17	♎	～	1	火	16:30	♏
2	水	23:05	♏	～	3	木	22:56	♐
5	土	14:58	♐	～	6	日	03:18	♑
7	月	05:17	♑	～	8	火	06:32	♒
9	水	21:30	♒	～	10	木	09:24	♓
12	土	00:33	♓	～	12	土	12:23	♈
14	月	04:07	♈	～	14	月	16:03	♉
16	水	09:57	♉	～	16	水	21:11	♊
18	金	16:02	♊	～	19	土	04:43	♋
21	月	13:03	♋	～	21	月	15:11	♌
23	水	14:25	♌	～	24	木	03:43	♍
26	土	03:09	♍	～	26	土	15:59	♎
28	月	13:38	♎	～	29	火	01:34	♏

12月

開始日		開始時刻	サイン		終了日		終了時刻	サイン
1	木	00:16	♏	～	1	木	07:33	♐
3	土	00:17	♐	～	3	土	10:43	♑
5	月	03:56	♑	～	5	月	12:37	♒
7	水	06:58	♒	～	7	水	14:45	♓
9	金	13:16	♓	～	9	金	18:03	♈
11	日	19:50	♈	～	11	日	22:47	♉
14	水	03:46	♉	～	14	水	05:00	♊
16	金	02:11	♊	～	16	金	13:02	♋
17	土	09:32	♋	～	18	日	23:19	♌
21	水	10:08	♌	～	21	水	11:40	♍
23	金	13:30	♍	～	24	土	00:27	♎
26	月	00:53	♎	～	26	月	11:05	♏
27	火	16:26	♏	～	28	水	17:45	♐
30	金	12:01	♐	～	30	金	20:36	♑
31	土	18:08	♑	～	1	日	21:15	♒

2006年【ボイドタイム】

1月

開始日	開始時刻	サイン		終了日	終了時刻	サイン
3 火	20:43	♒	～	3 火	21:45	♓
5 木	21:10	♓	～	5 木	23:45	♈
7 土	23:34	♈	～	8 日	04:10	♉
10 火	03:56	♉	～	10 火	11:00	♊
12 木	10:46	♊	～	12 木	19:51	♋
14 土	18:48	♋	～	15 日	06:32	♌
17 火	09:35	♌	～	17 火	18:50	♍
20 金	07:12	♍	～	20 金	07:50	♎
22 日	17:53	♎	～	22 日	19:30	♏
24 火	06:53	♏	～	25 水	03:39	♐
27 金	00:24	♐	～	27 金	07:32	♑
28 土	16:57	♑	～	29 日	08:10	♒
31 火	01:00	♒	～	31 火	07:33	♓

2月

開始日	開始時刻	サイン		終了日	終了時刻	サイン
2 木	01:06	♓	～	2 木	07:47	♈
4 土	03:32	♈	～	4 土	10:32	♉
6 月	05:59	♉	～	6 月	16:33	♊
9 木	00:03	♊	～	9 木	01:34	♋
11 土	05:53	♋	～	11 土	12:45	♌
13 月	20:48	♌	～	14 火	01:14	♍
16 木	12:20	♍	～	16 木	14:10	♎
19 日	01:59	♎	～	19 日	02:12	♏
20 月	19:02	♏	～	21 火	11:39	♐
23 木	11:05	♐	～	23 木	17:17	♑
25 土	09:57	♑	～	25 土	19:16	♒
27 月	13:25	♒	～	27 月	18:57	♓

3月

開始日	開始時刻	サイン		終了日	終了時刻	サイン
1 水	13:13	♓	～	1 水	18:20	♈
3 金	16:42	♈	～	3 金	19:23	♉
5 日	17:14	♉	～	5 日	23:39	♊
8 水	01:09	♊	～	8 水	07:39	♋
10 金	05:41	♋	～	10 金	18:43	♌
13 月	00:38	♌	～	13 月	07:25	♍
15 水	13:32	♍	～	15 水	20:14	♎
18 土	01:31	♎	～	18 土	08:00	♏
20 月	16:54	♏	～	20 月	17:44	♐
22 水	18:47	♐	～	23 木	00:37	♑
24 金	08:30	♑	～	25 土	04:22	♒
27 月	00:18	♒	～	27 月	05:34	♓
29 水	00:20	♓	～	29 水	05:32	♈
31 金	00:41	♈	～	31 金	06:02	♉

4月

開始日	開始時刻	サイン		終了日	終了時刻	サイン
2 日	00:52	♉	～	2 日	08:50	♊
4 火	11:24	♊	～	4 火	15:16	♋
6 木	02:19	♋	～	7 金	01:26	♌
9 日	08:02	♌	～	9 日	14:00	♍
11 火	23:58	♍	～	12 水	02:48	♎
14 金	07:41	♎	～	14 金	14:09	♏
16 日	03:28	♏	～	16 日	23:21	♐
19 水	03:41	♐	～	19 水	06:14	♑
20 木	10:14	♑	～	21 金	10:57	♒
23 日	08:03	♒	～	23 日	13:44	♓
25 火	09:35	♓	～	25 火	15:13	♈
27 木	10:44	♈	～	27 木	16:28	♉
29 土	10:31	♉	～	29 土	18:59	♊

5月

開始日	開始時刻	サイン		終了日	終了時刻	サイン
1 月	20:13	♊	～	2 火	00:18	♋
4 木	03:35	♋	～	4 木	09:19	♌
6 土	14:01	♌	～	6 土	21:21	♍
9 火	02:48	♍	～	9 火	10:11	♎
11 木	14:14	♎	～	11 木	21:26	♏
13 土	15:51	♏	～	14 日	05:57	♐
16 火	05:15	♐	～	16 火	12:00	♑
18 木	11:10	♑	～	18 木	16:20	♒
20 土	18:20	♒	～	20 土	19:40	♓
22 月	15:45	♓	～	22 月	22:25	♈
24 水	18:16	♈	～	25 木	01:02	♉
26 金	19:38	♉	～	27 土	04:20	♊
29 月	08:23	♊	～	29 月	09:35	♋
31 水	13:41	♋	～	31 水	17:53	♌

6月

開始日	開始時刻	サイン		終了日	終了時刻	サイン
3 土	02:34	♌	～	3 土	05:18	♍
5 月	09:29	♍	～	5 月	18:10	♎
7 水	21:15	♎	～	8 木	05:42	♏
9 金	19:10	♏	～	10 土	14:06	♐
12 月	11:34	♐	～	12 月	19:20	♑
14 水	01:50	♑	～	14 水	22:33	♒
16 金	17:23	♒	～	17 土	01:06	♓
18 日	23:08	♓	～	19 月	03:55	♈
21 水	06:20	♈	～	21 水	07:24	♉
23 金	09:44	♉	～	23 金	11:50	♊
25 日	09:02	♊	～	25 日	17:49	♋
28 水	01:02	♋	～	28 水	02:10	♌
30 金	03:24	♌	～	30 金	13:16	♍

7月

開始日	開始時刻	サイン		終了日	終了時刻	サイン
2 日	15:58	♍	～	3 月	02:07	♎
5 水	04:17	♎	～	5 水	14:14	♏
7 金	04:54	♏	～	7 金	23:15	♐
9 日	19:31	♐	～	10 月	04:26	♑
12 水	05:58	♑	～	12 水	06:47	♒
13 木	23:23	♒	～	14 金	08:01	♓
16 日	04:56	♓	～	16 日	09:40	♈
18 火	10:33	♈	～	18 火	12:45	♉
20 木	14:48	♉	～	20 木	17:39	♊
23 日	00:17	♊	～	23 日	00:29	♋
24 月	18:07	♋	～	25 火	09:26	♌
27 木	09:32	♌	～	27 木	20:37	♍
29 土	22:05	♍	～	30 日	09:28	♎

8月

開始日	開始時刻	サイン		終了日	終了時刻	サイン
1 火	10:54	♎	～	1 火	22:09	♏
3 木	18:07	♏	～	4 金	08:14	♐
6 日	04:22	♐	～	6 日	14:21	♑
8 火	10:44	♑	～	8 火	16:49	♒
10 木	07:58	♒	～	10 木	17:11	♓
12 土	16:17	♓	～	12 土	17:23	♈
14 月	09:13	♈	～	14 月	19:01	♉
16 水	10:51	♉	～	16 水	23:08	♊
18 金	21:30	♊	～	19 土	06:04	♋
20 日	16:06	♋	～	21 月	15:34	♌
23 水	15:19	♌	～	24 木	03:09	♍
26 土	04:00	♍	～	26 土	16:02	♎
28 月	17:01	♎	～	29 火	04:57	♏
31 木	05:41	♏	～	31 木	16:01	♐

9月

開始日	開始時刻	サイン		終了日	終了時刻	サイン
2 土	16:49	♐	～	2 土	23:36	♑
4 月	23:24	♑	～	5 火	03:16	♒
6 水	18:29	♒	～	7 木	03:58	♓
8 金	18:02	♓	～	9 土	03:24	♈
10 日	17:52	♈	～	11 月	03:31	♉
13 水	05:58	♉	～	13 水	06:00	♊
15 金	01:00	♊	～	15 金	11:55	♋
17 日	09:31	♋	～	17 日	21:16	♌
19 火	21:16	♌	～	20 水	09:08	♍
22 金	20:45	♍	～	22 金	22:07	♎
24 日	23:11	♎	～	25 月	10:55	♏
27 水	14:32	♏	～	27 水	22:17	♐
30 土	05:45	♐	～	30 土	07:02	♑

10月

開始日	開始時刻	サイン		終了日	終了時刻	サイン
2 月	12:16	♑	～	2 月	12:25	♒
4 水	05:13	♒	～	4 水	14:34	♓
6 金	05:33	♓	～	6 金	14:33	♈
8 日	05:05	♈	～	8 日	14:05	♉
10 火	02:07	♉	～	10 火	15:07	♊
12 木	09:22	♊	～	12 木	19:22	♋
14 土	15:27	♋	～	15 日	03:39	♌
17 火	06:00	♌	～	17 火	15:17	♍
19 木	17:18	♍	～	20 金	04:20	♎
22 日	14:57	♎	～	22 日	16:55	♏
24 火	15:56	♏	～	25 水	03:54	♐
27 金	03:02	♐	～	27 金	12:48	♑
29 日	10:30	♑	～	29 日	19:18	♒
31 火	14:31	♒	～	31 火	23:12	♓

11月

開始日	開始時刻	サイン		終了日	終了時刻	サイン
2 木	16:54	♓	～	3 金	00:47	♈
4 土	17:04	♈	～	5 日	01:06	♉
6 月	19:17	♉	～	7 火	01:47	♊
8 水	20:15	♊	～	9 木	04:47	♋
11 土	05:58	♋	～	11 土	11:35	♌
13 月	17:28	♌	～	13 月	22:20	♍
16 木	07:41	♍	～	16 木	11:15	♎
18 土	14:41	♎	～	18 土	23:48	♏
21 火	08:53	♏	～	21 火	10:16	♐
23 木	10:19	♐	～	23 木	18:26	♑
25 土	10:43	♑	～	26 日	00:42	♒
27 月	22:00	♒	～	28 火	05:22	♓
30 木	01:29	♓	～	30 木	08:31	♈

12月

開始日	開始時刻	サイン		終了日	終了時刻	サイン
2 土	03:40	♈	～	2 土	10:27	♉
4 月	09:31	♉	～	4 月	12:06	♊
6 水	08:11	♊	～	6 水	15:02	♋
7 木	10:13	♋	～	8 金	20:53	♌
11 月	05:35	♌	～	11 月	06:32	♍
13 水	11:32	♍	～	13 水	19:02	♎
16 土	00:33	♎	～	16 土	07:44	♏
18 月	08:31	♏	～	18 月	18:11	♐
20 水	23:01	♐	～	21 木	01:40	♑
22 金	01:05	♑	～	23 土	06:50	♒
25 月	05:09	♒	～	25 月	10:44	♓
27 水	12:05	♓	～	27 水	14:05	♈
29 金	11:54	♈	～	29 金	17:09	♉
31 日	11:36	♉	～	31 日	20:17	♊

2007年【ボイドタイム】

1月

開始日	開始時刻	サイン		終了日	終了時刻	サイン
2 火	19:06	♊	～	3 水	00:15	♋
3 水	22:57	♋	～	5 金	06:15	♌
7 日	09:55	♌	～	7 日	15:19	♍
9 火	21:50	♍	～	10 水	03:16	♎
12 金	10:55	♎	～	12 金	16:09	♏
15 月	00:49	♏	～	15 月	03:12	♐
17 水	06:28	♐	～	17 水	10:50	♑
19 金	13:00	♑	～	19 金	15:17	♒
21 日	14:00	♒	～	21 日	17:49	♓
23 火	16:10	♓	～	23 火	19:53	♈
25 木	18:50	♈	～	25 木	22:30	♉
28 日	01:07	♉	～	28 日	02:11	♊
30 火	03:40	♊	～	30 火	07:17	♋
31 水	06:30	♋	～	1 木	14:16	♌

2月

開始日	開始時刻	サイン		終了日	終了時刻	サイン
3 土	19:55	♌	～	3 土	23:35	♍
6 火	07:37	♍	～	6 火	11:16	♎
8 木	20:38	♎	～	9 金	00:11	♏
10 土	19:38	♏	～	11 日	12:02	♐
13 火	17:45	♐	～	13 火	20:43	♑
15 木	12:24	♑	～	16 金	01:36	♒
18 日	01:14	♒	～	18 日	03:31	♓
20 火	01:43	♓	～	20 火	04:07	♈
22 木	02:41	♈	～	22 木	05:04	♉
24 土	04:46	♉	～	24 土	07:43	♊
26 月	10:21	♊	～	26 月	12:49	♋
27 火	15:03	♋	～	28 水	20:31	♌

3月

開始日	開始時刻	サイン		終了日	終了時刻	サイン
3 土	04:02	♌	～	3 土	06:33	♍
5 月	15:56	♍	～	5 月	18:26	♎
8 木	04:51	♎	～	8 木	07:18	♏
10 土	10:51	♏	～	10 土	19:38	♐
13 火	03:27	♐	～	13 火	05:36	♑
15 木	05:21	♑	～	15 木	11:53	♒
17 土	13:01	♒	～	17 土	14:31	♓
19 月	12:59	♓	～	19 月	14:43	♈
21 水	12:33	♈	～	21 水	14:16	♉
23 金	00:11	♉	～	23 金	15:07	♊
25 日	16:57	♊	～	25 日	18:50	♋
26 月	23:35	♋	～	28 水	02:05	♌
30 金	10:23	♌	～	30 金	12:28	♍

4月

開始日	開始時刻	サイン		終了日	終了時刻	サイン
1 日	22:37	♍	～	2 月	00:44	♎
4 水	11:29	♎	～	4 水	13:37	♏
6 金	11:54	♏	～	7 土	01:58	♐
9 月	10:35	♐	～	9 月	12:37	♑
11 水	18:57	♑	～	11 水	20:24	♒
13 金	22:50	♒	～	14 土	00:40	♓
16 月	00:02	♓	～	16 月	01:48	♈
17 火	23:26	♈	～	18 水	01:12	♉
19 木	11:29	♉	～	20 金	00:52	♊
22 日	00:51	♊	～	22 日	02:51	♋
23 月	18:10	♋	～	24 火	08:39	♌
26 木	16:01	♌	～	26 木	18:25	♍
29 日	04:14	♍	～	29 日	06:46	♎

5月

開始日	開始時刻	サイン		終了日	終了時刻	サイン
1 火	17:07	♎	～	1 火	19:42	♏
3 木	15:42	♏	～	4 金	07:49	♐
6 日	15:45	♐	～	6 日	18:22	♑
8 火	16:34	♑	～	9 水	02:49	♒
11 金	06:46	♒	～	11 金	08:33	♓
13 日	08:53	♓	～	13 日	11:20	♈
15 火	09:24	♈	～	15 火	11:49	♉
17 木	04:27	♉	～	17 木	11:35	♊
19 土	09:57	♊	～	19 土	12:39	♋
21 月	16:46	♋	～	21 月	16:58	♌
23 水	22:08	♌	～	24 木	01:27	♍
26 土	09:43	♍	～	26 土	13:17	♎
29 火	01:17	♎	～	29 火	02:12	♏
31 木	02:11	♏	～	31 木	14:08	♐

6月

開始日	開始時刻	サイン		終了日	終了時刻	サイン
2 土	20:29	♐	～	3 日	00:10	♑
5 火	06:43	♑	～	5 火	08:16	♒
7 木	10:46	♒	～	7 木	14:25	♓
9 土	14:52	♓	～	9 土	18:27	♈
11 月	16:57	♈	～	11 月	20:30	♉
13 水	08:17	♉	～	13 水	21:25	♊
15 金	18:58	♊	～	15 金	22:46	♋
17 日	16:39	♋	～	18 月	02:26	♌
20 水	06:22	♌	～	20 水	09:47	♍
22 金	15:50	♍	～	22 金	20:45	♎
25 月	04:22	♎	～	25 月	09:28	♏
27 水	05:23	♏	～	27 水	21:25	♐
30 土	02:07	♐	～	30 土	07:06	♑

7月

開始日	開始時刻	サイン		終了日	終了時刻	サイン
1 日	17:45	♑	～	2 月	14:25	♒
4 水	15:02	♒	～	4 水	19:53	♓
6 金	19:08	♓	～	6 金	23:58	♈
8 日	22:06	♈	～	9 月	02:55	♉
11 水	01:53	♉	～	11 水	05:11	♊
13 金	06:12	♊	～	13 金	07:40	♋
14 土	21:03	♋	～	15 日	11:44	♌
17 火	12:55	♌	～	17 火	18:40	♍
19 木	22:44	♍	～	20 金	04:54	♎
22 日	15:29	♎	～	22 日	17:19	♏
24 火	19:30	♏	～	25 水	05:31	♐
27 金	09:13	♐	～	27 金	15:22	♑
29 日	11:23	♑	～	29 日	22:15	♒
31 火	20:55	♒	～	1 水	02:42	♓

8月

開始日	開始時刻	サイン		終了日	終了時刻	サイン
3 金	00:36	♓	～	3 金	05:44	♈
5 日	02:31	♈	～	5 日	08:17	♉
7 火	10:49	♉	～	7 火	11:02	♊
9 木	14:27	♊	～	9 木	14:37	♋
10 金	21:57	♋	～	11 土	19:43	♌
13 月	22:34	♌	～	14 火	03:04	♍
16 木	06:02	♍	～	16 木	13:05	♎
18 土	21:21	♎	～	19 日	01:14	♏
21 火	10:33	♏	～	21 火	13:45	♐
23 木	21:54	♐	～	24 金	00:21	♑
25 土	08:41	♑	～	26 日	07:36	♒
28 火	10:23	♒	～	28 火	11:35	♓
30 木	07:22	♓	～	30 木	13:26	♈

9月

開始日	開始時刻	サイン		終了日	終了時刻	サイン
1 土	14:18	♈	～	1 土	14:36	♉
3 月	09:47	♉	～	3 月	16:31	♊
5 水	20:00	♊	～	5 水	20:09	♋
7 金	02:03	♋	～	8 土	02:00	♌
10 月	03:07	♌	～	10 月	10:11	♍
12 水	13:14	♍	～	12 水	20:32	♎
15 土	01:10	♎	～	15 土	08:38	♏
17 月	08:40	♏	～	17 月	21:22	♐
20 木	01:48	♐	～	20 木	08:53	♑
22 土	15:15	♑	～	22 土	17:19	♒
24 月	18:14	♒	～	24 月	21:56	♓
26 水	21:31	♓	～	26 水	23:24	♈
28 金	22:58	♈	～	28 金	23:18	♉
30 日	14:10	♉	～	30 日	23:35	♊

10月

開始日	開始時刻	サイン		終了日	終了時刻	サイン
2 火	19:51	♊	～	3 水	01:58	♋
4 木	05:41	♋	～	5 金	07:28	♌
7 日	14:28	♌	～	7 日	16:04	♍
9 火	20:08	♍	～	10 水	02:59	♎
12 金	08:22	♎	～	12 金	15:14	♏
14 日	06:23	♏	～	15 月	03:59	♐
17 水	09:32	♐	～	17 水	16:04	♑
19 金	17:33	♑	～	20 土	01:53	♒
22 月	04:35	♒	～	22 月	08:03	♓
24 水	05:17	♓	～	24 水	10:25	♈
26 金	06:46	♈	～	26 金	10:08	♉
27 土	16:15	♉	～	28 日	09:12	♊
30 火	04:50	♊	～	30 火	09:51	♋

11月

開始日	開始時刻	サイン		終了日	終了時刻	サイン
1 木	02:12	♋	～	1 木	13:49	♌
3 土	16:13	♌	～	3 土	21:46	♍
6 火	03:10	♍	～	6 火	08:48	♎
8 木	15:46	♎	～	8 木	21:19	♏
10 土	12:19	♏	～	11 日	10:00	♐
13 火	16:53	♐	～	13 火	22:02	♑
15 木	18:19	♑	～	16 金	08:31	♒
18 日	11:51	♒	～	18 日	16:16	♓
20 火	16:26	♓	～	20 火	20:25	♈
22 木	17:39	♈	～	22 木	21:20	♉
24 土	03:52	♉	～	24 土	20:30	♊
26 月	16:37	♊	～	26 月	20:08	♋
28 水	13:22	♋	～	28 水	22:24	♌

12月

開始日	開始時刻	サイン		終了日	終了時刻	サイン
1 土	02:24	♌	～	1 土	04:45	♍
3 月	11:12	♍	～	3 月	15:02	♎
5 水	23:48	♎	～	6 木	03:32	♏
7 金	19:16	♏	～	8 土	16:12	♐
11 火	00:36	♐	～	11 火	03:52	♑
12 水	08:57	♑	～	13 木	14:02	♒
15 土	20:50	♒	～	15 土	22:16	♓
18 火	03:26	♓	～	18 火	03:54	♈
20 木	04:33	♈	～	20 木	06:39	♉
21 金	15:06	♉	～	22 土	07:15	♊
24 月	05:25	♊	～	24 月	07:19	♋
25 火	22:17	♋	～	26 水	08:53	♌
28 金	11:54	♌	～	28 金	13:45	♍
30 日	22:08	♍	～	30 日	22:38	♎

2008年【ボイドタイム】

1月

開始日	開始時刻	サイン		終了日	終了時刻	サイン
2 水	09:33	♎	～	2 水	10:33	♏
4 金	09:30	♏	～	4 金	23:14	♐
7 月	09:27	♐	～	7 月	10:44	♑
8 火	20:37	♑	～	9 水	20:14	♒
12 土	02:52	♒	～	12 土	03:45	♓
14 月	08:41	♓	～	14 月	09:24	♈
16 水	12:39	♈	～	16 水	13:14	♉
18 金	11:05	♉	～	18 金	15:31	♊
20 日	16:46	♊	～	20 日	17:06	♋
21 月	19:56	♋	～	22 火	19:21	♌
24 木	23:43	♌	～	24 木	23:49	♍
26 土	20:32	♍	～	27 日	07:36	♎
29 火	06:47	♎	～	29 火	18:36	♏
31 木	17:34	♏	～	1 金	07:09	♐

2月

開始日	開始時刻	サイン		終了日	終了時刻	サイン
3 日	07:20	♐	～	3 日	18:53	♑
5 火	03:20	♑	～	6 水	04:11	♒
8 金	00:50	♒	～	8 金	10:47	♓
10 日	06:05	♓	～	10 日	15:18	♈
12 火	09:59	♈	～	12 火	18:35	♉
14 木	14:05	♉	～	14 木	21:20	♊
16 土	19:17	♊	～	17 日	00:13	♋
18 月	06:13	♋	～	19 火	03:52	♌
21 木	02:52	♌	～	21 木	09:07	♍
23 土	11:14	♍	～	23 土	16:46	♎
25 月	22:34	♎	～	26 火	03:07	♏
27 水	23:53	♏	～	28 木	15:23	♐

3月

開始日	開始時刻	サイン		終了日	終了時刻	サイン
2 日	01:54	♐	～	2 日	03:34	♑
3 月	15:16	♑	～	4 火	13:26	♒
6 木	06:46	♒	～	6 木	19:54	♓
8 土	04:03	♓	～	8 土	23:24	♈
10 月	20:09	♈	～	11 火	01:15	♉
13 木	02:26	♉	～	13 木	02:55	♊
15 土	05:23	♊	～	15 土	05:39	♋
17 月	03:58	♋	～	17 月	10:05	♌
19 水	03:38	♌	～	19 水	16:26	♍
21 金	04:28	♍	～	22 土	00:46	♎
23 日	21:41	♎	～	24 月	11:07	♏
26 水	09:35	♏	～	26 水	23:12	♐
28 金	22:20	♐	～	29 土	11:44	♑
31 月	13:54	♑	～	31 月	22:35	♒

4月

開始日	開始時刻	サイン		終了日	終了時刻	サイン
2 水	18:13	♒	～	3 木	05:56	♓
5 土	06:43	♓	～	5 土	09:28	♈
7 月	00:01	♈	～	7 月	10:21	♉
9 水	00:12	♉	～	9 水	10:28	♊
11 金	01:10	♊	～	11 金	11:44	♋
13 日	03:31	♋	～	13 日	15:30	♌
15 火	13:56	♌	～	15 火	22:08	♍
17 木	14:59	♍	～	18 金	07:11	♎
20 日	05:54	♎	～	20 日	18:01	♏
22 火	17:53	♏	～	23 水	06:08	♐
25 金	06:37	♐	～	25 金	18:48	♑
27 日	23:17	♑	～	28 月	06:28	♒
30 水	14:25	♒	～	30 水	15:12	♓

5月

開始日	開始時刻	サイン		終了日	終了時刻	サイン
2 金	18:34	♓	～	2 金	19:52	♈
4 日	16:15	♈	～	4 日	20:59	♉
6 火	17:21	♉	～	6 火	20:18	♊
8 木	10:36	♊	～	8 木	20:03	♋
10 土	09:06	♋	～	10 土	22:11	♌
12 月	17:08	♌	～	13 火	03:49	♍
15 木	01:38	♍	～	15 木	12:47	♎
17 土	12:28	♎	～	18 日	00:00	♏
20 火	11:11	♏	～	20 火	12:20	♐
22 木	13:19	♐	～	23 金	00:56	♑
24 土	21:26	♑	～	25 日	12:53	♒
27 火	11:49	♒	～	27 火	22:39	♓
29 木	15:22	♓	～	30 金	04:54	♈
31 土	21:54	♈	～	1 日	07:20	♉

6月

開始日	開始時刻	サイン		終了日	終了時刻	サイン
2 月	22:02	♉	～	3 火	07:07	♊
4 水	21:08	♊	～	5 木	06:17	♋
6 金	18:32	♋	～	7 土	07:01	♌
9 月	00:40	♌	～	9 月	11:02	♍
11 水	04:41	♍	～	11 水	18:56	♎
13 金	18:15	♎	～	14 土	05:54	♏
16 月	06:29	♏	～	16 月	18:21	♐
19 木	06:37	♐	～	19 木	06:53	♑
21 土	04:02	♑	～	21 土	18:35	♒
24 火	04:04	♒	～	24 火	04:33	♓
26 木	11:16	♓	～	26 木	11:50	♈
28 土	15:14	♈	～	28 土	15:51	♉
30 月	15:42	♉	～	30 月	17:04	♊

7月

開始日	開始時刻	サイン		終了日	終了時刻	サイン
2 水	16:08	♊	～	2 水	16:54	♋
4 金	05:13	♋	～	4 金	17:16	♌
6 日	19:04	♌	～	6 日	20:05	♍
9 水	01:21	♍	～	9 水	02:32	♎
11 金	11:13	♎	～	11 金	12:36	♏
13 日	12:05	♏	～	14 月	00:51	♐
16 水	11:43	♐	～	16 水	13:21	♑
18 金	16:59	♑	～	19 土	00:41	♒
21 月	08:25	♒	～	21 月	10:09	♓
23 水	15:38	♓	～	23 水	17:23	♈
25 金	20:30	♈	～	25 金	22:15	♉
27 日	13:51	♉	～	28 月	00:56	♊
30 水	00:25	♊	～	30 水	02:13	♋
31 木	14:30	♋	～	1 金	03:23	♌

8月

開始日	開始時刻	サイン		終了日	終了時刻	サイン
3 日	03:59	♌	～	3 日	06:00	♍
5 火	09:16	♍	～	5 火	11:29	♎
7 木	18:01	♎	～	7 木	20:27	♏
10 日	06:02	♏	～	10 日	08:11	♐
12 火	18:04	♐	～	12 火	20:43	♑
15 金	02:09	♑	～	15 金	07:57	♒
17 日	14:14	♒	～	17 日	16:47	♓
19 火	20:41	♓	～	19 火	23:11	♈
22 金	01:53	♈	～	22 金	03:39	♉
23 土	18:19	♉	～	24 日	06:49	♊
26 火	06:52	♊	～	26 火	09:20	♋
28 木	09:13	♋	～	28 木	11:52	♌
30 土	12:44	♌	～	30 土	15:19	♍

9月

開始日	開始時刻	サイン		終了日	終了時刻	サイン
1 月	18:01	♍	～	1 月	20:46	♎
4 木	02:09	♎	～	4 木	05:03	♏
6 土	00:45	♏	～	6 土	16:12	♐
9 火	01:42	♐	～	9 火	04:46	♑
10 水	22:15	♑	～	11 木	16:21	♒
13 土	22:19	♒	～	14 日	01:06	♓
16 火	04:03	♓	～	16 火	06:40	♈
18 木	07:26	♈	～	18 木	09:58	♉
20 土	07:51	♉	～	20 土	12:18	♊
22 月	14:04	♊	～	22 月	14:50	♋
24 水	06:16	♋	～	24 水	18:15	♌
26 金	20:20	♌	～	26 金	22:53	♍
29 月	02:30	♍	～	29 月	05:07	♎

10月

開始日	開始時刻	サイン		終了日	終了時刻	サイン
1 水	10:47	♎	～	1 水	13:27	♏
3 金	07:46	♏	～	4 土	00:15	♐
6 月	10:08	♐	～	6 月	12:50	♑
8 水	04:37	♑	～	9 木	01:04	♒
11 土	08:13	♒	～	11 土	10:32	♓
13 月	14:02	♓	～	13 月	16:08	♈
15 水	16:36	♈	～	15 水	18:32	♉
17 金	16:33	♉	～	17 金	19:26	♊
19 日	18:52	♊	～	19 日	20:41	♋
21 火	20:54	♋	～	21 火	23:36	♌
24 金	02:53	♌	～	24 金	04:41	♍
26 日	10:02	♍	～	26 日	11:49	♎
28 火	19:05	♎	～	28 火	20:48	♏
30 木	14:45	♏	～	31 金	07:42	♐

11月

開始日	開始時刻	サイン		終了日	終了時刻	サイン
2 日	18:41	♐	～	2 日	20:14	♑
4 火	15:47	♑	～	5 水	09:03	♒
7 金	18:33	♒	～	7 金	19:44	♓
10 月	01:28	♓	～	10 月	02:27	♈
12 水	04:17	♈	～	12 水	05:06	♉
14 金	02:12	♉	～	14 金	05:12	♊
16 日	04:17	♊	～	16 日	04:53	♋
17 月	22:42	♋	～	18 火	06:09	♌
20 木	09:47	♌	～	20 木	10:14	♍
22 土	17:02	♍	～	22 土	17:21	♎
25 火	02:45	♎	～	25 火	02:55	♏
26 水	21:32	♏	～	27 木	14:15	♐
29 土	09:53	♐	～	30 日	02:49	♑

12月

開始日	開始時刻	サイン		終了日	終了時刻	サイン
2 火	00:43	♑	～	2 火	15:46	♒
4 木	11:14	♒	～	5 金	03:24	♓
7 日	09:43	♓	～	7 日	11:45	♈
9 火	06:35	♈	～	9 火	15:53	♉
11 木	07:23	♉	～	11 木	16:34	♊
13 土	03:00	♊	～	13 土	15:41	♋
15 月	07:27	♋	～	15 月	15:24	♌
17 水	09:45	♌	～	17 水	17:37	♍
19 金	19:29	♍	～	19 金	23:24	♎
22 月	01:57	♎	～	22 月	08:38	♏
24 水	14:29	♏	～	24 水	20:14	♐
27 土	08:25	♐	～	27 土	08:57	♑
29 月	18:19	♑	～	29 月	21:44	♒

2009年【ボイドタイム】

1月

開始日	開始時刻	サイン		終了日	終了時刻	サイン
1 木	03:33	♒	~	1 木	09:28	♓
3 土	17:50	♓	~	3 土	18:51	♈
5 月	11:44	♈	~	6 火	00:47	♉
7 水	15:05	♉	~	8 木	03:13	♊
9 金	15:39	♊	~	10 土	03:15	♋
11 日	13:26	♋	~	12 月	02:42	♌
13 火	15:38	♌	~	14 水	03:34	♍
15 木	23:37	♍	~	16 金	07:31	♎
18 日	11:45	♎	~	18 日	15:21	♏
20 火	12:36	♏	~	21 水	02:31	♐
23 金	01:23	♐	~	23 金	15:19	♑
25 日	18:08	♑	~	26 月	03:58	♒
28 水	02:12	♒	~	28 水	15:13	♓
30 金	18:23	♓	~	31 土	00:26	♈

2月

開始日	開始時刻	サイン		終了日	終了時刻	サイン
2 月	03:08	♈	~	2 月	07:10	♉
4 水	10:27	♉	~	4 水	11:16	♊
6 金	02:44	♊	~	6 金	13:07	♋
8 日	04:07	♋	~	8 日	13:44	♌
10 火	04:28	♌	~	10 火	14:39	♍
12 木	13:17	♍	~	12 木	17:34	♎
14 土	23:46	♎	~	14 土	23:52	♏
17 火	06:37	♏	~	17 火	09:54	♐
19 木	10:36	♐	~	19 木	22:26	♑
21 土	18:01	♑	~	22 日	11:07	♒
24 火	11:08	♒	~	24 火	22:01	♓
26 木	15:09	♓	~	27 金	06:25	♈

3月

開始日	開始時刻	サイン		終了日	終了時刻	サイン
1 日	02:51	♈	~	1 日	12:34	♉
3 火	07:42	♉	~	3 火	17:00	♊
5 木	11:10	♊	~	5 木	20:08	♋
7 土	09:28	♋	~	7 土	22:25	♌
9 月	16:56	♌	~	10 火	00:35	♍
11 水	14:47	♍	~	12 木	03:47	♎
14 土	07:39	♎	~	14 土	09:24	♏
16 月	09:43	♏	~	16 月	18:23	♐
19 木	02:47	♐	~	19 木	06:20	♑
21 土	05:05	♑	~	21 土	19:08	♒
23 月	21:09	♒	~	24 火	06:09	♓
26 木	01:53	♓	~	26 木	14:04	♈
28 土	11:17	♈	~	28 土	19:10	♉
30 月	15:00	♉	~	30 月	22:37	♊

4月

開始日	開始時刻	サイン		終了日	終了時刻	サイン
1 水	18:02	♊	~	2 木	01:31	♋
3 金	17:58	♋	~	4 土	04:34	♌
6 月	00:38	♌	~	6 月	08:02	♍
8 水	01:52	♍	~	8 水	12:23	♎
10 金	10:45	♎	~	10 金	18:24	♏
13 月	02:28	♏	~	13 月	03:02	♐
15 水	13:07	♐	~	15 水	14:28	♑
18 土	01:42	♑	~	18 土	03:20	♒
20 月	07:15	♒	~	20 月	14:56	♓
22 水	22:29	♓	~	22 水	23:10	♈
24 金	21:11	♈	~	25 土	03:47	♉
27 月	00:41	♉	~	27 月	06:03	♊
29 水	01:22	♊	~	29 水	07:39	♋

5月

開始日	開始時刻	サイン		終了日	終了時刻	サイン
1 金	01:45	♋	~	1 金	09:57	♌
3 日	07:08	♌	~	3 日	13:38	♍
5 火	10:30	♍	~	5 火	18:52	♎
7 木	19:00	♎	~	8 金	01:49	♏
10 日	03:48	♏	~	10 日	10:50	♐
12 火	14:55	♐	~	12 火	22:10	♑
15 金	09:58	♑	~	15 金	11:02	♒
17 日	19:39	♒	~	17 日	23:18	♓
20 水	06:43	♓	~	20 水	08:31	♈
22 金	07:36	♈	~	22 金	13:41	♉
24 日	09:48	♉	~	24 日	15:35	♊
26 火	10:17	♊	~	26 火	15:59	♋
28 木	12:06	♋	~	28 木	16:45	♌
30 土	17:18	♌	~	30 土	19:19	♍

6月

開始日	開始時刻	サイン		終了日	終了時刻	サイン
1 月	17:32	♍	~	2 火	00:18	♎
4 木	03:00	♎	~	4 木	07:45	♏
6 土	11:18	♏	~	6 土	17:25	♐
8 月	22:51	♐	~	9 火	05:01	♑
11 木	12:31	♑	~	11 木	17:54	♒
14 日	06:04	♒	~	14 日	06:33	♓
16 火	10:17	♓	~	16 火	16:53	♈
18 木	18:35	♈	~	18 木	23:21	♉
20 土	21:02	♉	~	21 日	02:01	♊
22 月	21:19	♊	~	23 火	02:13	♋
24 水	20:24	♋	~	25 木	01:51	♌
26 金	21:28	♌	~	27 土	02:48	♍
29 月	00:25	♍	~	29 月	06:26	♎

7月

開始日	開始時刻	サイン		終了日	終了時刻	サイン
1 水	06:58	♎	~	1 水	13:20	♏
3 金	19:03	♏	~	3 金	23:12	♐
6 月	04:17	♐	~	6 月	11:09	♑
8 水	18:43	♑	~	9 木	00:04	♒
11 土	11:16	♒	~	11 土	12:45	♓
13 月	17:03	♓	~	13 月	23:41	♈
16 木	00:07	♈	~	16 木	07:31	♉
18 土	05:48	♉	~	18 土	11:42	♊
20 月	07:12	♊	~	20 月	12:52	♋
22 水	11:34	♋	~	22 水	12:29	♌
24 金	05:28	♌	~	24 金	12:24	♍
26 日	08:13	♍	~	26 日	14:27	♎
28 火	11:53	♎	~	28 火	19:57	♏
30 木	21:54	♏	~	31 金	05:11	♐

8月

開始日	開始時刻	サイン		終了日	終了時刻	サイン
2 日	14:42	♐	~	2 日	17:09	♑
4 火	22:21	♑	~	5 水	06:09	♒
7 金	09:19	♒	~	7 金	18:35	♓
9 日	21:44	♓	~	10 月	05:24	♈
12 水	05:03	♈	~	12 水	13:51	♉
14 金	12:16	♉	~	14 金	19:27	♊
16 日	15:19	♊	~	16 日	22:14	♋
18 火	16:09	♋	~	18 火	22:58	♌
20 木	19:01	♌	~	20 木	23:02	♍
22 土	20:44	♍	~	23 日	00:13	♎
25 火	03:10	♎	~	25 火	04:17	♏
27 木	03:34	♏	~	27 木	12:17	♐
29 土	14:26	♐	~	29 土	23:45	♑

9月

開始日	開始時刻	サイン		終了日	終了時刻	サイン
1 火	03:08	♑	~	1 火	12:44	♒
3 木	14:19	♒	~	4 金	00:59	♓
6 日	01:53	♓	~	6 日	11:15	♈
8 火	09:12	♈	~	8 火	19:19	♉
10 木	16:17	♉	~	11 金	01:18	♊
12 土	20:30	♊	~	13 日	05:21	♋
14 月	22:57	♋	~	15 火	07:40	♌
17 木	01:10	♌	~	17 木	08:57	♍
19 土	08:56	♍	~	19 土	10:27	♎
21 月	03:43	♎	~	21 月	13:53	♏
23 水	12:32	♏	~	23 水	20:44	♐
25 金	23:15	♐	~	26 土	07:20	♑
28 月	12:33	♑	~	28 月	20:08	♒
30 水	20:34	♒	~	1 木	08:27	♓

10月

開始日	開始時刻	サイン		終了日	終了時刻	サイン
3 土	12:29	♓	~	3 土	18:22	♈
5 月	14:46	♈	~	6 火	01:34	♉
8 木	02:19	♉	~	8 木	06:48	♊
10 土	10:34	♊	~	10 土	10:49	♋
12 月	10:36	♋	~	12 月	14:04	♌
14 水	06:20	♌	~	14 水	16:46	♍
16 金	19:18	♍	~	16 金	19:31	♎
18 日	14:33	♎	~	18 日	23:24	♏
21 水	03:57	♏	~	21 水	05:50	♐
23 金	15:38	♐	~	23 金	15:40	♑
26 月	03:14	♑	~	26 月	04:09	♒
28 水	16:22	♒	~	28 水	16:46	♓
30 金	13:55	♓	~	31 土	02:58	♈

11月

開始日	開始時刻	サイン		終了日	終了時刻	サイン
1 日	22:29	♈	~	2 月	09:46	♉
4 水	03:04	♉	~	4 水	13:54	♊
6 金	12:47	♊	~	6 金	16:44	♋
8 日	07:26	♋	~	8 日	19:24	♌
10 火	11:43	♌	~	10 火	22:31	♍
12 木	16:13	♍	~	13 金	02:23	♎
14 土	20:09	♎	~	15 日	07:25	♏
17 火	04:13	♏	~	17 火	14:23	♐
19 木	11:46	♐	~	20 金	00:02	♑
22 日	12:04	♑	~	22 日	12:12	♒
24 火	12:35	♒	~	25 水	01:09	♓
26 木	23:17	♓	~	27 金	12:12	♈
29 日	08:32	♈	~	29 日	19:35	♉

12月

開始日	開始時刻	サイン		終了日	終了時刻	サイン
1 火	22:39	♉	~	1 火	23:25	♊
3 木	19:27	♊	~	4 金	01:02	♋
5 土	14:08	♋	~	6 日	02:08	♌
7 月	17:57	♌	~	8 火	04:07	♍
9 水	19:04	♍	~	10 木	07:48	♎
12 土	02:44	♎	~	12 土	13:33	♏
14 月	10:17	♏	~	14 月	21:26	♐
16 水	21:02	♐	~	17 木	07:33	♑
19 土	05:07	♑	~	19 土	19:40	♒
21 月	21:53	♒	~	22 火	08:43	♓
24 木	17:09	♓	~	24 木	20:41	♈
26 土	20:44	♈	~	27 日	05:27	♉
29 火	02:54	♉	~	29 火	10:14	♊
31 木	05:29	♊	~	31 木	11:46	♋

2010年【ボイドタイム】

1月

開始日		開始時刻	サイン		終了日		終了時刻	サイン
2	土	00:42	♋	~	2	土	11:42	♌
4	月	06:55	♌	~	4	月	11:54	♍
6	水	02:24	♍	~	6	水	13:59	♎
8	金	15:07	♎	~	8	金	19:01	♏
11	月	00:02	♏	~	11	月	03:11	♐
13	水	11:43	♐	~	13	水	13:55	♑
15	金	18:02	♑	~	16	土	02:18	♒
18	月	05:22	♒	~	18	月	15:18	♓
20	水	15:05	♓	~	21	木	03:37	♈
23	土	04:46	♈	~	23	土	13:41	♉
25	月	12:02	♉	~	25	月	20:12	♊
27	水	15:32	♊	~	27	水	23:02	♋
29	金	13:48	♋	~	29	金	23:11	♌
31	日	15:26	♌	~	31	日	22:24	♍

2月

開始日		開始時刻	サイン		終了日		終了時刻	サイン
2	火	13:17	♍	~	2	火	22:43	♎
4	木	18:27	♎	~	5	金	01:57	♏
7	日	01:11	♏	~	7	日	09:05	♐
9	火	13:58	♐	~	9	火	19:45	♑
11	木	21:38	♑	~	12	金	08:25	♒
14	日	13:32	♒	~	14	日	21:24	♓
16	火	23:32	♓	~	17	水	09:31	♈
19	金	12:52	♈	~	19	金	19:56	♉
21	日	21:15	♉	~	22	月	03:48	♊
24	水	02:29	♊	~	24	水	08:30	♋
26	金	02:48	♋	~	26	金	10:09	♌
28	日	05:15	♌	~	28	日	09:53	♍

3月

開始日		開始時刻	サイン		終了日		終了時刻	サイン
2	火	02:36	♍	~	2	火	09:32	♎
4	木	05:43	♎	~	4	木	11:12	♏
6	土	13:31	♏	~	6	土	16:37	♐
8	月	20:13	♐	~	9	火	02:14	♑
11	木	06:59	♑	~	11	木	14:43	♒
13	土	21:57	♒	~	14	日	03:45	♓
16	火	09:00	♓	~	16	火	15:33	♈
18	木	20:22	♈	~	19	金	01:30	♉
21	日	04:41	♉	~	21	日	09:29	♊
23	火	10:48	♊	~	23	火	15:17	♋
25	木	13:39	♋	~	25	木	18:40	♌
27	土	16:03	♌	~	27	土	19:58	♍
29	月	15:55	♍	~	29	月	20:22	♎
31	水	21:13	♎	~	31	水	21:42	♏

4月

開始日		開始時刻	サイン		終了日		終了時刻	サイン
2	金	21:53	♏	~	3	土	01:54	♐
5	月	05:57	♐	~	5	月	10:08	♑
7	水	17:18	♑	~	7	水	21:52	♒
10	土	06:44	♒	~	10	土	10:49	♓
12	月	21:51	♓	~	12	月	22:32	♈
15	木	04:22	♈	~	15	木	07:56	♉
17	土	13:57	♉	~	17	土	15:09	♊
19	月	19:20	♊	~	19	月	20:40	♋
21	水	23:07	♋	~	22	木	00:43	♌
24	土	00:35	♌	~	24	土	03:25	♍
26	月	03:20	♍	~	26	月	05:18	♎
28	水	04:45	♎	~	28	水	07:30	♏
30	金	09:39	♏	~	30	金	11:37	♐

5月

開始日		開始時刻	サイン		終了日		終了時刻	サイン
2	日	17:07	♐	~	2	日	19:01	♑
5	水	04:07	♑	~	5	水	05:53	♒
7	金	15:36	♒	~	7	金	18:35	♓
10	月	05:12	♓	~	10	月	06:30	♈
12	水	13:11	♈	~	12	水	15:49	♉
14	金	21:28	♉	~	14	金	22:19	♊
17	月	02:06	♊	~	17	月	02:47	♋
19	水	05:35	♋	~	19	水	06:07	♌
21	金	08:42	♌	~	21	金	08:59	♍
23	日	11:33	♍	~	23	日	11:51	♎
25	火	13:00	♎	~	25	火	15:18	♏
27	木	20:13	♏	~	27	木	20:17	♐
30	日	01:39	♐	~	30	日	03:45	♑

6月

開始日		開始時刻	サイン		終了日		終了時刻	サイン
1	火	12:41	♑	~	1	火	14:09	♒
3	木	23:55	♒	~	4	金	02:35	♓
6	日	14:49	♓	~	6	日	14:51	♈
8	火	22:13	♈	~	9	水	00:42	♉
11	金	04:50	♉	~	11	金	07:12	♊
13	日	08:34	♊	~	13	日	10:51	♋
15	火	09:38	♋	~	15	火	12:55	♌
17	木	12:24	♌	~	17	木	14:42	♍
19	土	14:04	♍	~	19	土	17:14	♎
21	月	18:44	♎	~	21	月	21:15	♏
24	木	00:32	♏	~	24	木	03:11	♐
26	土	08:33	♐	~	26	土	11:22	♑
28	月	18:55	♑	~	28	月	21:53	♒

7月

開始日		開始時刻	サイン		終了日		終了時刻	サイン
1	木	07:03	♒	~	1	木	10:11	♓
3	土	20:17	♓	~	3	土	22:45	♈
6	火	06:24	♈	~	6	火	09:30	♉
8	木	15:09	♉	~	8	木	16:52	♊
10	土	19:17	♊	~	10	土	20:39	♋
12	月	20:48	♋	~	12	月	21:55	♌
14	水	19:22	♌	~	14	水	22:16	♍
16	金	22:45	♍	~	16	金	23:25	♎
18	日	23:25	♎	~	19	月	02:43	♏
21	水	08:42	♏	~	21	水	08:50	♐
23	金	13:50	♐	~	23	金	17:40	♑
25	日	23:19	♑	~	26	月	04:39	♒
28	水	12:46	♒	~	28	水	17:01	♓
30	金	12:44	♓	~	31	土	05:43	♈

8月

開始日		開始時刻	サイン		終了日		終了時刻	サイン
2	月	12:54	♈	~	2	月	17:14	♉
4	水	21:44	♉	~	5	木	01:55	♊
7	土	06:21	♊	~	7	土	06:51	♋
8	日	03:45	♋	~	9	月	08:24	♌
11	水	04:10	♌	~	11	水	08:02	♍
12	木	09:03	♍	~	13	金	07:44	♎
15	日	05:05	♎	~	15	日	09:27	♏
17	火	14:24	♏	~	17	火	14:35	♐
19	木	22:58	♐	~	19	木	23:18	♑
22	日	10:08	♑	~	22	日	10:38	♒
24	火	17:29	♒	~	24	火	23:12	♓
27	金	10:59	♓	~	27	金	11:50	♈
29	日	17:47	♈	~	29	日	23:36	♉

9月

開始日		開始時刻	サイン		終了日		終了時刻	サイン
1	水	08:13	♉	~	1	水	09:20	♊
3	金	14:40	♊	~	3	金	15:52	♋
5	日	17:31	♋	~	5	日	18:46	♌
7	火	17:17	♌	~	7	火	18:54	♍
9	木	17:58	♍	~	9	木	18:02	♎
11	土	14:15	♎	~	11	土	18:22	♏
13	月	20:52	♏	~	13	月	21:53	♐
16	木	03:51	♐	~	16	木	05:31	♑
18	土	14:13	♑	~	18	土	16:36	♒
20	月	22:09	♒	~	21	火	05:16	♓
23	木	14:52	♓	~	23	木	17:48	♈
25	土	22:11	♈	~	26	日	05:18	♉
28	火	12:02	♉	~	28	火	15:12	♊
30	木	19:36	♊	~	30	木	22:47	♋

10月

開始日		開始時刻	サイン		終了日		終了時刻	サイン
3	日	00:21	♋	~	3	日	03:22	♌
4	月	22:52	♌	~	5	火	05:01	♍
7	木	01:42	♍	~	7	木	04:53	♎
8	金	22:37	♎	~	9	土	04:53	♏
11	月	03:27	♏	~	11	月	07:10	♐
13	水	09:07	♐	~	13	水	13:18	♑
15	金	18:49	♑	~	15	金	23:25	♒
18	月	03:48	♒	~	18	月	11:53	♓
20	水	19:25	♓	~	21	木	00:24	♈
23	土	10:36	♈	~	23	土	11:31	♉
25	月	16:49	♉	~	25	月	20:49	♊
27	水	23:19	♊	~	28	木	04:15	♋
30	土	04:48	♋	~	30	土	09:40	♌

11月

開始日		開始時刻	サイン		終了日		終了時刻	サイン
1	月	06:01	♌	~	1	月	12:52	♍
3	水	09:36	♍	~	3	水	14:20	♎
5	金	08:33	♎	~	5	金	15:17	♏
7	日	12:44	♏	~	7	日	17:29	♐
9	火	21:35	♐	~	9	火	22:38	♑
12	金	04:56	♑	~	12	金	07:33	♒
14	日	15:33	♒	~	14	日	19:25	♓
17	水	01:37	♓	~	17	水	08:00	♈
19	金	14:32	♈	~	19	金	19:05	♉
22	月	02:27	♉	~	22	月	03:47	♊
24	水	06:56	♊	~	24	水	10:15	♋
26	金	12:44	♋	~	26	金	15:02	♌
28	日	17:29	♌	~	28	日	18:35	♍
30	火	20:17	♍	~	30	火	21:16	♎

12月

開始日		開始時刻	サイン		終了日		終了時刻	サイン
2	木	17:08	♎	~	2	木	23:45	♏
4	土	21:13	♏	~	5	日	03:00	♐
7	火	06:46	♐	~	7	火	08:17	♑
9	木	10:07	♑	~	9	木	16:32	♒
11	土	20:09	♒	~	12	日	03:42	♓
14	火	09:35	♓	~	14	火	16:16	♈
16	木	20:41	♈	~	17	金	03:50	♉
19	日	06:36	♉	~	19	日	12:38	♊
21	火	17:13	♊	~	21	火	18:23	♋
23	木	16:25	♋	~	23	木	21:52	♌
25	土	18:28	♌	~	26	日	00:15	♍
27	月	21:20	♍	~	28	火	02:39	♎
30	木	00:05	♎	~	30	木	05:51	♏

2011年【ボイドタイム】

1月

開始日		開始時刻	サイン		終了日		終了時刻	サイン
1	土	04:56	♏	~	1	土	10:22	♐
3	月	11:08	♐	~	3	月	16:40	♑
5	水	21:15	♑	~	6	木	01:09	♒
8	土	05:51	♒	~	8	土	11:58	♓
10	月	20:12	♓	~	11	火	00:25	♈
13	木	11:47	♈	~	13	木	12:38	♉
15	土	21:46	♉	~	15	土	22:24	♊
18	火	02:57	♊	~	18	火	04:30	♋
20	木	06:26	♋	~	20	木	07:17	♌
22	土	03:57	♌	~	22	土	08:11	♍
24	月	05:07	♍	~	24	月	09:00	♎
26	水	07:03	♎	~	26	水	11:17	♏
28	金	12:00	♏	~	28	金	15:56	♐
30	日	19:10	♐	~	30	日	23:05	♑

2月

開始日		開始時刻	サイン		終了日		終了時刻	サイン
2	水	04:31	♑	~	2	水	08:22	♒
4	金	15:11	♒	~	4	金	19:25	♓
7	月	04:13	♓	~	7	月	07:47	♈
9	水	16:30	♈	~	9	水	20:24	♉
12	土	04:26	♉	~	12	土	07:22	♊
14	月	12:19	♊	~	14	月	14:50	♋
16	水	16:06	♋	~	16	水	18:15	♌
18	金	17:35	♌	~	18	金	18:40	♍
20	日	16:18	♍	~	20	日	18:02	♎
22	火	17:34	♎	~	22	火	18:30	♏
24	木	20:14	♏	~	24	木	21:47	♐
27	日	03:08	♐	~	27	日	04:33	♑

3月

開始日		開始時刻	サイン		終了日		終了時刻	サイン
1	火	13:03	♑	~	1	火	14:15	♒
3	木	23:36	♒	~	4	金	01:48	♓
6	日	13:34	♓	~	6	日	14:15	♈
9	水	01:03	♈	~	9	水	02:53	♉
11	金	14:25	♉	~	11	金	14:32	♊
13	日	22:10	♊	~	13	日	23:31	♋
15	火	19:05	♋	~	16	水	04:34	♌
18	金	04:58	♌	~	18	金	05:54	♍
20	日	03:10	♍	~	20	日	05:04	♎
22	火	03:34	♎	~	22	火	04:18	♏
24	木	05:07	♏	~	24	木	05:46	♐
26	土	10:24	♐	~	26	土	10:58	♑
28	月	12:17	♑	~	28	月	20:01	♒
31	木	07:21	♒	~	31	木	07:39	♓
31	木	22:43	♓	~	2	土	20:17	♈

4月

開始日		開始時刻	サイン		終了日		終了時刻	サイン
4	月	19:04	♈	~	5	火	08:47	♉
6	水	08:02	♉	~	7	木	20:23	♊
9	土	11:23	♊	~	10	日	06:03	♋
11	月	21:05	♋	~	12	火	12:38	♌
14	木	04:58	♌	~	14	木	15:41	♍
16	土	05:48	♍	~	16	土	16:00	♎
18	月	11:44	♎	~	18	月	15:20	♏
20	水	13:53	♏	~	20	水	15:51	♐
22	金	01:57	♐	~	22	金	19:25	♑
24	日	09:13	♑	~	25	月	03:00	♒
26	火	20:27	♒	~	27	水	13:59	♓
28	木	04:52	♓	~	30	土	02:34	♈

5月

開始日		開始時刻	サイン		終了日		終了時刻	サイン
2	月	00:20	♈	~	2	月	14:59	♉
3	火	15:50	♉	~	5	木	02:10	♊
7	土	05:12	♊	~	7	土	11:33	♋
9	月	15:52	♋	~	9	月	18:36	♌
11	水	13:52	♌	~	11	水	23:00	♍
13	金	11:51	♍	~	14	土	00:58	♎
16	月	01:01	♎	~	16	月	01:33	♏
17	火	20:08	♏	~	18	水	02:24	♐
19	木	23:17	♐	~	20	金	05:17	♑
22	日	06:04	♑	~	22	日	11:33	♒
24	火	16:40	♒	~	24	火	21:25	♓
26	木	03:14	♓	~	27	金	09:37	♈
29	日	19:27	♈	~	29	日	22:03	♉

6月

開始日		開始時刻	サイン		終了日		終了時刻	サイン
1	水	00:37	♉	~	1	水	08:57	♊
3	金	17:08	♊	~	3	金	17:37	♋
5	日	14:33	♋	~	6	月	00:04	♌
8	水	00:26	♌	~	8	水	04:34	♍
9	木	17:12	♍	~	10	金	07:32	♎
11	土	17:04	♎	~	12	日	09:34	♏
14	火	02:43	♏	~	14	火	11:39	♐
16	木	12:30	♐	~	16	木	15:00	♑
18	土	17:07	♑	~	18	土	20:48	♒
21	火	05:22	♒	~	21	火	05:46	♓
22	水	11:51	♓	~	23	木	17:25	♈
25	土	07:07	♈	~	26	日	05:54	♉
28	火	01:24	♉	~	28	火	16:57	♊
30	木	16:32	♊	~	1	金	01:14	♋

7月

開始日		開始時刻	サイン		終了日		終了時刻	サイン
1	金	20:37	♋	~	3	日	06:44	♌
4	月	01:25	♌	~	5	火	10:16	♍
6	水	09:19	♍	~	7	木	12:55	♎
8	金	15:29	♎	~	9	土	15:32	♏
10	日	22:05	♏	~	11	月	18:48	♐
12	火	21:20	♐	~	13	水	23:15	♑
15	金	15:39	♑	~	16	土	05:31	♒
17	日	21:23	♒	~	18	月	14:14	♓
20	水	20:14	♓	~	21	木	01:26	♈
23	土	06:34	♈	~	23	土	13:59	♉
25	月	22:11	♉	~	26	火	01:35	♊
28	木	09:35	♊	~	28	木	10:13	♋
29	金	08:03	♋	~	30	土	15:17	♌

8月

開始日		開始時刻	サイン		終了日		終了時刻	サイン
1	月	15:19	♌	~	1	月	17:43	♍
2	火	08:37	♍	~	3	水	19:05	♎
5	金	20:56	♎	~	5	金	20:58	♏
8	月	00:14	♏	~	8	月	00:22	♐
10	水	05:24	♐	~	10	水	05:39	♑
11	木	05:33	♑	~	12	金	12:49	♒
14	日	21:25	♒	~	14	日	21:55	♓
15	月	17:21	♓	~	17	水	09:03	♈
19	金	20:49	♈	~	19	金	21:37	♉
22	月	08:59	♉	~	22	月	09:54	♊
24	水	18:33	♊	~	24	水	19:32	♋
25	木	22:04	♋	~	27	土	01:10	♌
29	月	02:11	♌	~	29	月	03:14	♍
30	火	07:14	♍	~	31	水	03:26	♎

9月

開始日		開始時刻	サイン		終了日		終了時刻	サイン
2	金	02:35	♎	~	2	金	03:49	♏
4	日	04:41	♏	~	4	日	06:05	♐
6	火	09:30	♐	~	6	火	11:05	♑
8	木	05:35	♑	~	8	木	18:43	♒
11	日	02:31	♒	~	11	日	04:28	♓
13	火	10:45	♓	~	13	火	15:50	♈
16	金	02:10	♈	~	16	金	04:26	♉
18	日	16:08	♉	~	18	日	17:07	♊
21	水	01:33	♊	~	21	水	03:55	♋
23	金	10:22	♋	~	23	金	10:56	♌
25	日	11:39	♌	~	25	日	13:50	♍
26	月	04:47	♍	~	27	火	13:52	♎
29	木	10:51	♎	~	29	木	13:06	♏

10月

開始日		開始時刻	サイン		終了日		終了時刻	サイン
1	土	11:17	♏	~	1	土	13:43	♐
3	月	14:37	♐	~	3	月	17:17	♑
5	水	14:57	♑	~	6	木	00:19	♒
8	土	07:08	♒	~	8	土	10:14	♓
9	日	01:50	♓	~	10	月	21:58	♈
13	木	09:08	♈	~	13	木	10:36	♉
15	土	19:51	♉	~	15	土	23:16	♊
18	火	07:17	♊	~	18	火	10:39	♋
20	木	12:30	♋	~	20	木	19:07	♌
22	土	21:34	♌	~	22	土	23:42	♍
24	月	05:47	♍	~	25	火	00:50	♎
26	水	21:18	♎	~	27	木	00:09	♏
28	金	20:49	♏	~	28	金	23:46	♐
30	日	22:30	♐	~	31	月	01:40	♑

11月

開始日		開始時刻	サイン		終了日		終了時刻	サイン
2	水	05:59	♑	~	2	水	07:09	♒
4	金	12:40	♒	~	4	金	16:19	♓
5	土	17:04	♓	~	7	月	04:03	♈
9	水	14:46	♈	~	9	水	16:46	♉
12	土	01:26	♉	~	12	土	05:11	♊
14	月	12:42	♊	~	14	月	16:20	♋
16	水	14:22	♋	~	17	木	01:18	♌
19	土	04:05	♌	~	19	土	07:20	♍
21	月	07:21	♍	~	21	月	10:17	♎
23	水	08:04	♎	~	23	水	10:59	♏
25	金	08:04	♏	~	25	金	10:58	♐
27	日	09:06	♐	~	27	日	12:06	♑
29	火	08:01	♑	~	29	火	16:03	♒

12月

開始日		開始時刻	サイン		終了日		終了時刻	サイン
1	木	20:26	♒	~	1	木	23:46	♓
3	土	03:05	♓	~	4	日	10:52	♈
6	火	20:12	♈	~	6	火	23:36	♉
9	金	08:39	♉	~	9	金	11:53	♊
11	日	19:24	♊	~	11	日	22:27	♋
14	水	01:05	♋	~	14	水	06:49	♌
16	金	10:20	♌	~	16	金	13:00	♍
18	日	11:29	♍	~	18	日	17:07	♎
20	火	18:48	♎	~	20	火	19:34	♏
22	木	18:49	♏	~	22	木	21:04	♐
24	土	20:35	♐	~	24	土	22:48	♑
26	月	22:35	♑	~	27	火	02:15	♒
29	木	06:31	♒	~	29	木	08:46	♓
30	金	22:37	♓	~	31	土	18:49	♈

2012年【ボイドタイム】

1月

開始日		開始時刻	サイン		終了日		終了時刻	サイン
3	火	05:06	♈	～	3	火	07:17	♉
5	木	17:46	♉	～	5	木	19:45	♊
8	日	04:51	♊	～	8	日	06:06	♋
10	火	11:25	♋	～	10	火	13:36	♌
12	木	17:23	♌	～	12	木	18:45	♍
14	土	10:58	♍	～	14	土	22:29	♎
17	火	00:28	♎	～	17	火	01:35	♏
19	木	03:31	♏	～	19	木	04:30	♐
21	土	06:49	♐	～	21	土	07:41	♑
23	月	10:38	♑	～	23	月	11:54	♒
25	水	17:33	♒	～	25	水	18:12	♓
27	金	13:52	♓	～	28	土	03:29	♈
30	月	15:08	♈	～	30	月	15:29	♉

2月

開始日		開始時刻	サイン		終了日		終了時刻	サイン
2	木	04:05	♉	～	2	木	04:16	♊
4	土	14:06	♊	～	4	土	15:05	♋
6	月	21:31	♋	～	6	月	22:25	♌
9	木	01:42	♌	～	9	木	02:33	♍
10	金	14:11	♍	～	11	土	04:55	♎
13	月	06:09	♎	～	13	月	07:02	♏
15	水	02:03	♏	～	15	水	09:57	♐
17	金	13:03	♐	～	17	金	14:04	♑
19	日	18:21	♑	～	19	日	19:29	♒
22	水	01:16	♒	～	22	水	02:32	♓
23	木	11:23	♓	～	24	金	11:49	♈
26	日	21:52	♈	～	26	日	23:31	♉
29	水	04:45	♉	～	29	水	12:28	♊

3月

開始日		開始時刻	サイン		終了日		終了時刻	サイン
2	金	22:13	♊	～	3	土	00:09	♋
5	月	07:17	♋	～	5	月	08:19	♌
7	水	10:27	♌	～	7	水	12:28	♍
8	木	18:39	♍	～	9	金	13:51	♎
11	日	12:09	♎	～	11	日	14:25	♏
13	火	03:29	♏	～	13	火	15:55	♐
15	木	16:34	♐	～	15	木	19:25	♑
17	土	22:00	♑	～	18	日	01:13	♒
20	火	05:31	♒	～	20	火	09:06	♓
21	水	17:38	♓	～	22	木	18:58	♈
25	日	02:17	♈	～	25	日	06:44	♉
27	火	13:34	♉	～	27	火	19:44	♊
30	金	03:04	♊	～	30	金	08:08	♋

4月

開始日		開始時刻	サイン		終了日		終了時刻	サイン
1	日	13:20	♋	～	1	日	17:37	♌
3	火	22:47	♌	～	3	火	22:54	♍
5	木	14:37	♍	～	6	金	00:33	♎
7	土	19:15	♎	～	8	日	00:19	♏
9	月	15:55	♏	～	10	火	00:13	♐
11	水	20:05	♐	～	12	木	02:03	♑
14	土	02:04	♑	～	14	土	06:49	♒
16	月	07:41	♒	～	16	月	14:39	♓
17	火	23:34	♓	～	19	木	01:00	♈
21	土	04:34	♈	～	21	土	13:06	♉
23	月	02:10	♉	～	24	火	02:06	♊
26	木	05:31	♊	～	26	木	14:43	♋
28	土	16:05	♋	～	29	日	01:12	♌
30	月	23:17	♌	～	1	火	08:03	♍

5月

開始日		開始時刻	サイン		終了日		終了時刻	サイン
2	水	19:58	♍	～	3	木	11:05	♎
5	土	03:01	♎	～	5	土	11:21	♏
6	日	21:14	♏	～	7	月	10:40	♐
9	水	10:33	♐	～	9	水	11:01	♑
11	金	04:11	♑	～	11	金	14:04	♒
13	日	09:52	♒	～	13	日	20:43	♓
15	火	20:59	♓	～	16	水	06:47	♈
18	金	06:44	♈	～	18	金	19:04	♉
20	日	21:34	♉	～	21	月	08:06	♊
23	水	07:50	♊	～	23	水	20:32	♋
25	金	23:33	♋	～	26	土	07:12	♌
28	月	08:54	♌	～	28	月	15:07	♍
30	水	14:50	♍	～	30	水	19:47	♎

6月

開始日		開始時刻	サイン		終了日		終了時刻	サイン
1	金	10:30	♎	～	1	金	21:32	♏
3	日	18:29	♏	～	3	日	21:33	♐
5	火	14:08	♐	～	5	火	21:32	♑
7	木	21:38	♑	～	7	木	23:18	♒
10	日	03:32	♒	～	10	日	04:23	♓
11	月	19:41	♓	～	12	火	13:22	♈
14	木	12:08	♈	～	15	金	01:23	♉
16	土	21:09	♉	～	17	日	14:25	♊
20	水	00:02	♊	～	20	水	02:35	♋
22	金	01:48	♋	～	22	金	12:48	♌
24	日	07:26	♌	～	24	日	20:44	♍
26	火	19:52	♍	～	27	水	02:16	♎
28	木	17:22	♎	～	29	金	05:33	♏

7月

開始日		開始時刻	サイン		終了日		終了時刻	サイン
1	日	04:45	♏	～	1	日	07:05	♐
3	火	07:20	♐	～	3	火	07:52	♑
4	水	21:25	♑	～	5	木	09:27	♒
7	土	00:48	♒	～	7	土	13:30	♓
8	日	19:59	♓	～	9	月	21:15	♈
11	水	18:23	♈	～	12	木	08:32	♉
14	土	04:46	♉	～	14	土	21:28	♊
16	月	19:56	♊	～	17	火	09:32	♋
19	木	13:24	♋	～	19	木	19:14	♌
21	土	14:17	♌	～	22	日	02:25	♍
23	月	09:44	♍	～	24	火	07:39	♎
26	木	00:22	♎	～	26	木	11:30	♏
27	金	00:38	♏	～	28	土	14:19	♐
30	月	06:01	♐	～	30	月	16:30	♑

8月

開始日		開始時刻	サイン		終了日		終了時刻	サイン
1	水	08:30	♑	～	1	水	18:57	♒
3	金	16:24	♒	～	3	金	22:59	♓
6	月	02:56	♓	～	6	月	06:00	♈
8	水	05:04	♈	～	8	水	16:29	♉
10	金	03:55	♉	～	11	土	05:12	♊
13	月	06:49	♊	～	13	月	17:29	♋
15	水	17:21	♋	～	16	木	03:06	♌
18	土	02:55	♌	～	18	土	09:34	♍
19	日	08:26	♍	～	20	月	13:46	♎
22	水	16:13	♎	～	22	水	16:55	♏
23	木	18:34	♏	～	24	金	19:51	♐
26	日	15:39	♐	～	26	日	23:00	♑
28	火	19:33	♑	～	29	水	02:40	♒
31	金	02:48	♒	～	31	金	07:32	♓

9月

開始日		開始時刻	サイン		終了日		終了時刻	サイン
2	日	05:02	♓	～	2	日	14:38	♈
4	火	20:06	♈	～	5	水	00:42	♉
6	木	03:54	♉	～	7	金	13:11	♊
9	日	19:58	♊	～	10	月	01:50	♋
12	水	06:58	♋	～	12	水	12:02	♌
14	金	14:13	♌	～	14	金	18:32	♍
16	日	20:26	♍	～	16	日	21:56	♎
18	火	20:30	♎	～	18	火	23:47	♏
20	木	22:11	♏	～	21	金	01:35	♐
23	日	01:45	♐	～	23	日	04:22	♑
25	火	06:18	♑	～	25	火	08:34	♒
27	木	12:33	♒	～	27	木	14:25	♓
29	土	11:34	♓	～	29	土	22:15	♈

10月

開始日		開始時刻	サイン		終了日		終了時刻	サイン
2	火	07:31	♈	～	2	火	08:27	♉
4	木	16:44	♉	～	4	木	20:48	♊
6	土	06:08	♊	～	7	日	09:46	♋
8	月	16:33	♋	～	9	火	20:56	♌
11	木	06:39	♌	～	12	金	04:25	♍
13	土	08:48	♍	～	14	日	08:03	♎
15	月	21:02	♎	～	16	火	09:07	♏
17	水	11:23	♏	～	18	木	09:27	♐
20	土	05:26	♐	～	20	土	10:42	♑
22	月	12:32	♑	～	22	月	14:03	♒
24	水	10:27	♒	～	24	水	20:01	♓
27	土	00:04	♓	～	27	土	04:32	♈
28	日	10:32	♈	～	29	月	15:16	♉
30	火	06:01	♉	～	1	木	03:41	♊

11月

開始日		開始時刻	サイン		終了日		終了時刻	サイン
2	金	18:21	♊	～	3	土	16:44	♋
4	日	17:36	♋	～	6	火	04:40	♌
8	木	00:27	♌	～	8	木	13:36	♍
10	土	09:27	♍	～	10	土	18:36	♎
12	月	14:13	♎	～	12	月	20:11	♏
14	水	19:38	♏	～	14	水	19:53	♐
16	金	18:44	♐	～	16	金	19:36	♑
18	日	14:54	♑	～	18	日	21:11	♒
20	火	23:31	♒	～	21	水	01:56	♓
22	木	15:32	♓	～	23	金	10:13	♈
24	土	10:34	♈	～	25	日	21:19	♉
27	火	09:57	♉	～	28	水	09:59	♊
29	木	10:04	♊	～	30	金	22:56	♋

12月

開始日		開始時刻	サイン		終了日		終了時刻	サイン
2	日	15:54	♋	～	3	月	10:58	♌
5	水	07:07	♌	～	5	水	20:53	♍
7	金	19:35	♍	～	8	土	03:36	♎
9	日	09:37	♎	～	10	月	06:52	♏
11	火	22:08	♏	～	12	水	07:23	♐
13	木	17:41	♐	～	14	金	06:44	♑
16	日	06:15	♑	～	16	日	06:54	♒
18	火	03:11	♒	～	18	火	09:49	♓
20	木	14:19	♓	～	20	木	16:44	♈
22	土	21:57	♈	～	23	日	03:26	♉
25	火	14:58	♉	～	25	火	16:14	♊
27	木	15:50	♊	～	28	金	05:08	♋
28	金	23:43	♋	～	30	日	16:46	♌

2013年【ボイドタイム】

1月

開始日	開始時刻	サイン		終了日	終了時刻	サイン
1 火	06:51	♌	~	2 水	02:36	♍
3 木	21:15	♍	~	4 金	10:12	♎
6 日	08:13	♎	~	6 日	15:10	♏
7 月	20:31	♏	~	8 火	17:29	♐
9 水	11:28	♐	~	10 木	17:55	♑
12 土	04:43	♑	~	12 土	18:02	♒
13 日	17:37	♒	~	14 月	19:50	♓
16 水	18:32	♓	~	17 木	01:08	♈
19 土	09:40	♈	~	19 土	10:37	♉
21 月	03:16	♉	~	21 月	23:05	♊
23 水	20:41	♊	~	24 木	12:01	♋
26 土	05:35	♋	~	26 土	23:21	♌
29 火	01:59	♌	~	29 火	08:28	♍
31 木	10:58	♍	~	31 木	15:37	♎

2月

開始日	開始時刻	サイン		終了日	終了時刻	サイン
2 土	10:02	♎	~	2 土	21:03	♏
4 月	21:31	♏	~	5 火	00:46	♐
6 水	05:42	♐	~	7 木	02:56	♑
7 木	21:43	♑	~	9 土	04:18	♒
10 日	16:20	♒	~	11 月	06:21	♓
12 火	02:03	♓	~	13 水	10:52	♈
15 金	12:35	♈	~	15 金	19:09	♉
18 月	05:30	♉	~	18 月	06:51	♊
20 水	03:47	♊	~	20 水	19:46	♋
22 金	11:08	♋	~	23 土	07:13	♌
25 月	13:50	♌	~	25 月	15:54	♍
27 水	03:13	♍	~	27 水	22:03	♎
28 木	17:37	♎	~	2 土	02:35	♏

3月

開始日	開始時刻	サイン		終了日	終了時刻	サイン
3 日	18:19	♏	~	4 月	06:12	♐
6 水	00:28	♐	~	6 水	09:15	♑
8 金	06:14	♑	~	8 金	12:03	♒
9 土	07:08	♒	~	10 日	15:20	♓
12 火	04:51	♓	~	12 火	20:18	♈
13 水	17:01	♈	~	15 金	04:09	♉
17 日	08:11	♉	~	17 日	15:10	♊
20 水	02:26	♊	~	20 水	03:56	♋
21 木	03:01	♋	~	22 金	15:51	♌
23 土	12:28	♌	~	25 月	00:50	♍
25 月	21:45	♍	~	27 水	06:33	♎
28 木	03:14	♎	~	29 金	09:55	♏
30 土	05:24	♏	~	31 日	12:14	♐

4月

開始日	開始時刻	サイン		終了日	終了時刻	サイン
1 月	13:59	♐	~	2 火	14:36	♑
3 水	19:35	♑	~	4 木	17:43	♒
6 土	02:21	♒	~	6 土	22:01	♓
8 月	13:09	♓	~	9 火	04:03	♈
11 木	01:24	♈	~	11 木	12:23	♉
13 土	21:30	♉	~	13 土	23:14	♊
16 火	04:41	♊	~	16 火	11:50	♋
18 木	21:31	♋	~	19 金	00:15	♌
20 土	06:06	♌	~	21 日	10:10	♍
22 月	15:02	♍	~	23 火	16:26	♎
24 水	21:11	♎	~	25 木	19:26	♏
26 金	17:56	♏	~	27 土	20:33	♐
29 月	13:36	♐	~	29 月	21:22	♑

5月

開始日	開始時刻	サイン		終了日	終了時刻	サイン
1 水	23:07	♑	~	1 水	23:21	♒
3 金	13:24	♒	~	4 土	03:26	♓
6 月	01:00	♓	~	6 月	10:04	♈
7 火	21:40	♈	~	8 水	19:10	♉
10 金	09:28	♉	~	11 土	06:22	♊
12 日	22:32	♊	~	13 月	18:58	♋
15 水	21:14	♋	~	16 木	07:39	♌
18 土	13:34	♌	~	18 土	18:34	♍
21 火	01:48	♍	~	21 火	02:08	♎
22 水	16:35	♎	~	23 木	05:56	♏
24 金	22:55	♏	~	25 土	06:50	♐
26 日	19:22	♐	~	27 月	06:30	♑
29 水	03:40	♑	~	29 水	06:49	♒
31 金	08:56	♒	~	31 金	09:31	♓

6月

開始日	開始時刻	サイン		終了日	終了時刻	サイン
2 日	13:30	♓	~	2 日	15:35	♈
4 火	15:08	♈	~	5 水	00:55	♉
5 水	22:25	♉	~	7 金	12:33	♊
9 日	17:29	♊	~	10 月	01:17	♋
11 火	06:14	♋	~	12 水	13:59	♌
14 金	20:14	♌	~	15 土	01:27	♍
17 月	06:25	♍	~	17 月	10:20	♎
19 水	12:55	♎	~	19 水	15:40	♏
21 金	04:16	♏	~	21 金	17:32	♐
23 日	16:08	♐	~	23 日	17:09	♑
25 火	11:23	♑	~	25 火	16:28	♒
26 水	22:08	♒	~	27 木	17:33	♓
29 土	09:16	♓	~	29 土	22:08	♈

7月

開始日	開始時刻	サイン		終了日	終了時刻	サイン
1 月	15:47	♈	~	2 火	06:44	♉
4 木	00:50	♉	~	4 木	18:23	♊
6 土	21:30	♊	~	7 日	07:15	♋
8 月	20:43	♋	~	9 火	19:49	♌
12 金	04:54	♌	~	12 金	07:13	♍
14 日	00:26	♍	~	14 日	16:42	♎
16 火	12:18	♎	~	16 火	23:25	♏
18 木	20:12	♏	~	19 金	02:55	♐
20 土	23:59	♐	~	21 日	03:40	♑
22 月	00:53	♑	~	23 火	03:08	♒
23 火	23:00	♒	~	25 木	03:23	♓
26 金	03:43	♓	~	27 土	06:30	♈
28 日	11:19	♈	~	29 月	13:44	♉
31 水	00:57	♉	~	1 木	00:43	♊

8月

開始日	開始時刻	サイン		終了日	終了時刻	サイン
2 金	01:48	♊	~	3 土	13:31	♋
5 月	15:49	♋	~	6 火	01:59	♌
7 水	06:50	♌	~	8 木	12:58	♍
10 土	07:05	♍	~	10 土	22:09	♎
12 月	10:28	♎	~	13 火	05:19	♏
15 木	06:29	♏	~	15 木	10:05	♐
17 土	02:32	♐	~	17 土	12:26	♑
19 月	03:25	♑	~	19 月	13:08	♒
21 水	10:44	♒	~	21 水	13:44	♓
23 金	10:38	♓	~	23 金	16:14	♈
25 日	19:01	♈	~	25 日	22:14	♉
28 水	07:58	♉	~	28 水	08:09	♊
29 木	13:44	♊	~	30 金	20:34	♋

9月

開始日	開始時刻	サイン		終了日	終了時刻	サイン
1 日	09:06	♋	~	2 月	09:02	♌
4 水	02:52	♌	~	4 水	19:45	♍
6 金	19:09	♍	~	7 土	04:14	♎
9 月	05:45	♎	~	9 月	10:45	♏
10 火	18:21	♏	~	11 水	15:37	♐
13 金	02:08	♐	~	13 金	18:57	♑
15 日	08:16	♑	~	15 日	21:06	♒
16 月	17:19	♒	~	17 火	22:59	♓
19 木	20:13	♓	~	20 金	01:59	♈
21 土	10:25	♈	~	22 日	07:34	♉
23 月	16:13	♉	~	24 火	16:35	♊
26 木	20:21	♊	~	27 金	04:26	♋
29 日	16:30	♋	~	29 日	16:58	♌

10月

開始日	開始時刻	サイン		終了日	終了時刻	サイン
1 火	13:48	♌	~	2 水	03:53	♍
4 金	03:57	♍	~	4 金	12:01	♎
6 日	07:27	♎	~	6 日	17:34	♏
8 火	13:53	♏	~	8 火	21:23	♐
10 木	19:10	♐	~	11 金	00:18	♑
12 土	09:04	♑	~	13 日	03:01	♒
15 火	05:28	♒	~	15 火	06:07	♓
16 水	16:14	♓	~	17 木	10:19	♈
19 土	08:37	♈	~	19 土	16:28	♉
21 月	06:01	♉	~	22 火	01:15	♊
23 水	09:34	♊	~	24 木	12:37	♋
26 土	05:31	♋	~	27 日	01:13	♌
28 月	21:25	♌	~	29 火	12:46	♍
31 木	11:48	♍	~	31 木	21:23	♎

11月

開始日	開始時刻	サイン		終了日	終了時刻	サイン
2 土	21:46	♎	~	3 日	02:36	♏
4 月	13:23	♏	~	5 火	05:15	♐
6 水	01:48	♐	~	7 木	06:45	♑
8 金	16:38	♑	~	9 土	08:31	♒
10 日	14:57	♒	~	11 月	11:37	♓
12 火	23:33	♓	~	13 水	16:40	♈
15 金	05:57	♈	~	15 金	23:50	♉
18 月	00:16	♉	~	18 月	09:08	♊
20 水	00:59	♊	~	20 水	20:24	♋
22 金	16:11	♋	~	23 土	08:58	♌
24 日	17:58	♌	~	25 月	21:12	♍
27 水	20:43	♍	~	28 木	07:01	♎
29 金	20:13	♎	~	30 土	13:04	♏

12月

開始日	開始時刻	サイン		終了日	終了時刻	サイン
2 月	10:33	♏	~	2 月	15:32	♐
4 水	12:45	♐	~	4 水	15:50	♑
6 金	14:31	♑	~	6 金	15:54	♒
7 土	21:11	♒	~	8 日	17:35	♓
10 火	15:41	♓	~	10 火	22:07	♈
13 金	00:37	♈	~	13 金	05:41	♉
15 日	11:54	♉	~	15 日	15:42	♊
17 火	18:28	♊	~	18 水	03:18	♋
20 金	13:36	♋	~	20 金	15:49	♌
22 日	22:25	♌	~	23 月	04:20	♍
25 水	12:54	♍	~	25 水	15:18	♎
27 金	20:00	♎	~	27 金	22:59	♏
29 日	22:54	♏	~	30 月	02:38	♐
30 月	20:36	♐	~	1 水	03:02	♑

2014年【ボイドタイム】

1月

開始日		開始時刻	サイン		終了日		終了時刻	サイン
2	木	20:11	♑	~	3	金	02:04	♒
4	土	10:46	♒	~	5	日	01:59	♓
6	月	18:44	♓	~	7	火	04:46	♈
9	木	01:22	♈	~	9	木	11:25	♉
11	土	19:58	♉	~	11	土	21:27	♊
13	月	06:33	♊	~	14	火	09:26	♋
16	木	13:52	♋	~	16	木	22:02	♌
18	土	17:51	♌	~	19	日	10:25	♍
21	火	05:55	♍	~	21	火	21:44	♎
23	木	12:50	♎	~	24	金	06:45	♏
25	土	22:55	♏	~	26	日	12:14	♐
28	火	07:02	♐	~	28	火	14:05	♑
30	木	01:47	♑	~	30	木	13:34	♒

2月

開始日		開始時刻	サイン		終了日		終了時刻	サイン
1	土	01:44	♒	~	1	土	12:46	♓
3	月	01:34	♓	~	3	月	13:56	♈
5	水	08:14	♈	~	5	水	18:48	♉
7	金	13:49	♉	~	8	土	03:45	♊
10	月	06:08	♊	~	10	月	15:34	♋
12	水	19:51	♋	~	13	木	04:16	♌
15	土	12:13	♌	~	15	土	16:27	♍
17	月	14:04	♍	~	18	火	03:24	♎
20	木	06:52	♎	~	20	木	12:34	♏
22	土	07:09	♏	~	22	土	19:13	♐
24	月	18:25	♐	~	24	月	22:51	♑
26	水	19:51	♑	~	26	水	23:57	♒
28	金	19:54	♒	~	28	金	23:54	♓

3月

開始日		開始時刻	サイン		終了日		終了時刻	サイン
2	日	20:04	♓	~	3	月	00:41	♈
5	水	02:31	♈	~	5	水	04:13	♉
6	木	22:54	♉	~	7	金	11:38	♊
9	日	16:52	♊	~	9	日	22:34	♋
12	水	04:50	♋	~	12	水	11:10	♌
14	金	16:24	♌	~	14	金	23:19	♍
17	月	02:08	♍	~	17	月	09:47	♎
19	水	10:07	♎	~	19	水	18:14	♏
21	金	12:11	♏	~	22	土	00:40	♐
23	日	19:40	♐	~	24	月	05:04	♑
25	火	21:34	♑	~	26	水	07:40	♒
27	木	22:13	♒	~	28	金	09:11	♓
29	土	22:44	♓	~	30	日	10:55	♈

4月

開始日		開始時刻	サイン		終了日		終了時刻	サイン
1	火	05:06	♈	~	1	火	14:21	♉
3	木	15:43	♉	~	3	木	20:49	♊
5	土	23:55	♊	~	6	日	06:41	♋
8	火	03:13	♋	~	8	火	18:51	♌
10	木	15:25	♌	~	11	金	07:09	♍
13	日	02:11	♍	~	13	日	17:34	♎
15	火	16:42	♎	~	16	水	01:21	♏
17	木	16:09	♏	~	18	金	06:45	♐
20	日	10:16	♐	~	20	日	10:29	♑
22	火	08:20	♑	~	22	火	13:19	♒
24	木	01:10	♒	~	24	木	15:56	♓
26	土	05:02	♓	~	26	土	19:02	♈
27	日	20:01	♈	~	28	月	23:24	♉

5月

開始日		開始時刻	サイン		終了日		終了時刻	サイン
1	木	00:53	♉	~	1	木	05:57	♊
2	金	08:31	♊	~	3	土	15:14	♋
5	月	17:45	♋	~	6	火	02:57	♌
7	水	19:50	♌	~	8	木	15:25	♍
10	土	07:08	♍	~	11	日	02:20	♎
12	月	09:51	♎	~	13	火	10:08	♏
15	木	04:16	♏	~	15	木	14:45	♐
16	金	16:43	♐	~	17	土	17:13	♑
19	月	16:02	♑	~	19	月	18:59	♒
21	水	07:21	♒	~	21	水	21:19	♓
23	金	15:25	♓	~	24	土	01:02	♈
26	月	00:57	♈	~	26	月	06:29	♉
27	火	18:09	♉	~	28	水	13:49	♊
29	木	18:58	♊	~	30	金	23:14	♋

6月

開始日		開始時刻	サイン		終了日		終了時刻	サイン
1	日	15:32	♋	~	2	月	10:44	♌
3	火	23:41	♌	~	4	水	23:21	♍
6	金	18:12	♍	~	7	土	11:02	♎
9	月	04:46	♎	~	9	月	19:39	♏
11	水	11:21	♏	~	12	木	00:24	♐
13	金	13:11	♐	~	14	土	02:06	♑
15	日	15:35	♑	~	16	月	02:28	♒
18	水	03:07	♒	~	18	水	03:27	♓
20	金	04:05	♓	~	20	金	06:27	♈
22	日	07:23	♈	~	22	日	12:04	♉
24	火	10:48	♉	~	24	火	20:07	♊
26	木	20:56	♊	~	27	金	06:07	♋
29	日	10:02	♋	~	29	日	17:44	♌

7月

開始日		開始時刻	サイン		終了日		終了時刻	サイン
1	火	18:59	♌	~	2	水	06:25	♍
4	金	13:21	♍	~	4	金	18:44	♎
7	月	00:30	♎	~	7	月	04:35	♏
9	水	07:32	♏	~	9	水	10:26	♐
11	金	09:19	♐	~	11	金	12:26	♑
13	日	10:56	♑	~	13	日	12:08	♒
15	火	04:22	♒	~	15	火	11:41	♓
17	木	09:57	♓	~	17	木	13:08	♈
19	土	11:17	♈	~	19	土	17:44	♉
21	月	23:12	♉	~	22	火	01:37	♊
24	木	09:52	♊	~	24	木	12:00	♋
25	金	22:53	♋	~	26	土	23:56	♌
28	月	09:37	♌	~	29	火	12:38	♍
31	木	23:47	♍	~	1	金	01:10	♎

8月

開始日		開始時刻	サイン		終了日		終了時刻	サイン
2	土	11:57	♎	~	3	日	11:58	♏
5	火	02:42	♏	~	5	火	19:20	♐
6	水	23:51	♐	~	7	木	22:40	♑
9	土	17:09	♑	~	9	土	22:53	♒
11	月	07:11	♒	~	11	月	21:56	♓
13	水	01:00	♓	~	13	水	22:01	♈
16	土	00:50	♈	~	16	土	00:59	♉
17	日	21:26	♉	~	18	月	07:42	♊
20	水	11:53	♊	~	20	水	17:46	♋
22	金	04:34	♋	~	23	土	05:50	♌
24	日	17:25	♌	~	25	月	18:34	♍
27	水	11:28	♍	~	28	木	06:55	♎
30	土	00:59	♎	~	30	土	17:54	♏

9月

開始日		開始時刻	サイン		終了日		終了時刻	サイン
2	火	00:39	♏	~	2	火	02:18	♐
4	木	03:06	♐	~	4	木	07:16	♑
6	土	00:08	♑	~	6	土	09:00	♒
8	月	02:18	♒	~	8	月	08:48	♓
10	水	04:09	♓	~	10	水	08:34	♈
11	木	09:57	♈	~	12	金	10:18	♉
13	土	22:31	♉	~	14	日	15:27	♊
16	火	11:05	♊	~	17	水	00:25	♋
19	金	03:38	♋	~	19	金	12:11	♌
21	日	13:33	♌	~	22	月	00:55	♍
23	火	21:14	♍	~	24	水	13:00	♎
26	金	21:38	♎	~	26	金	23:30	♏
29	月	05:30	♏	~	29	月	07:51	♐
30	火	12:28	♐	~	1	水	13:42	♑

10月

開始日		開始時刻	サイン		終了日		終了時刻	サイン
3	金	01:18	♑	~	3	金	17:01	♒
5	日	03:32	♒	~	5	日	18:25	♓
7	火	04:38	♓	~	7	火	19:08	♈
8	水	23:20	♈	~	9	木	20:45	♉
11	土	09:48	♉	~	12	日	00:52	♊
14	火	02:58	♊	~	14	火	08:31	♋
16	木	08:27	♋	~	16	木	19:30	♌
18	土	22:09	♌	~	19	日	08:09	♍
21	火	12:29	♍	~	21	火	20:13	♎
24	金	02:21	♎	~	24	金	06:11	♏
26	日	01:11	♏	~	26	日	13:41	♐
28	火	01:18	♐	~	28	火	19:04	♑
30	木	12:01	♑	~	30	木	22:53	♒

11月

開始日		開始時刻	サイン		終了日		終了時刻	サイン
1	土	15:21	♒	~	2	日	01:38	♓
3	月	18:05	♓	~	4	火	03:54	♈
5	水	22:25	♈	~	6	木	06:34	♉
8	土	01:17	♉	~	8	土	10:46	♊
10	月	01:21	♊	~	10	月	17:39	♋
12	水	18:16	♋	~	13	木	03:45	♌
15	土	11:52	♌	~	15	土	16:09	♍
17	月	20:11	♍	~	18	火	04:31	♎
19	水	23:25	♎	~	20	木	14:32	♏
22	土	14:53	♏	~	22	土	21:20	♐
24	月	12:16	♐	~	25	火	01:33	♑
27	木	00:30	♑	~	27	木	04:24	♒
29	土	02:14	♒	~	29	土	07:04	♓

12月

開始日		開始時刻	サイン		終了日		終了時刻	サイン
1	月	05:47	♓	~	1	月	10:15	♈
3	水	11:41	♈	~	3	水	14:16	♉
5	金	15:44	♉	~	5	金	19:29	♊
7	日	18:51	♊	~	8	月	02:35	♋
10	水	09:14	♋	~	10	水	12:15	♌
12	金	21:48	♌	~	13	土	00:20	♍
15	月	11:10	♍	~	15	月	13:06	♎
17	水	14:39	♎	~	17	水	23:53	♏
20	土	06:11	♏	~	20	土	06:56	♐
21	日	21:34	♐	~	22	月	10:26	♑
23	火	12:17	♑	~	24	水	11:53	♒
26	金	00:11	♒	~	26	金	13:08	♓
28	日	00:43	♓	~	28	日	15:36	♈
30	火	09:45	♈	~	30	火	19:57	♉

2015年【ボイドタイム】

1月

開始日	開始時刻	サイン		終了日	終了時刻	サイン
1 木	21:19	♉	~	2 金	02:10	♊
3 土	20:54	♊	~	4 日	10:09	♋
5 月	13:53	♋	~	6 火	20:04	♌
9 金	02:04	♌	~	9 金	07:59	♍
11 日	00:45	♍	~	11 日	20:58	♎
13 火	18:46	♎	~	14 水	08:45	♏
16 金	08:51	♏	~	16 金	17:02	♐
18 日	04:25	♐	~	18 日	21:05	♑
19 月	19:51	♑	~	20 火	22:01	♒
22 木	10:45	♒	~	22 木	21:49	♓
23 金	20:12	♓	~	24 土	22:32	♈
26 月	23:23	♈	~	27 火	01:38	♉
28 水	11:18	♉	~	29 木	07:37	♊
30 金	18:24	♊	~	31 土	16:10	♋

2月

開始日	開始時刻	サイン		終了日	終了時刻	サイン
1 日	22:36	♋	~	3 火	02:42	♌
4 水	14:30	♌	~	5 木	14:47	♍
7 土	07:09	♍	~	8 日	03:45	♎
9 月	20:58	♎	~	10 火	16:06	♏
12 木	14:32	♏	~	13 金	01:48	♐
15 日	00:15	♐	~	15 日	07:25	♑
17 火	05:17	♑	~	17 火	09:14	♒
18 水	10:58	♒	~	19 木	08:49	♓
20 金	08:01	♓	~	21 土	08:14	♈
22 日	09:35	♈	~	23 月	09:29	♉
24 火	11:57	♉	~	25 水	13:55	♊
26 木	17:43	♊	~	27 金	21:51	♋

3月

開始日	開始時刻	サイン		終了日	終了時刻	サイン
1 日	02:53	♋	~	2 月	08:35	♌
3 火	17:47	♌	~	4 水	20:59	♍
6 金	03:36	♍	~	7 土	09:53	♎
9 月	10:24	♎	~	9 月	22:11	♏
12 木	04:46	♏	~	12 木	08:31	♐
14 土	08:11	♐	~	14 土	15:41	♑
16 月	17:02	♑	~	16 月	19:15	♒
18 水	03:18	♒	~	18 水	19:59	♓
20 金	18:36	♓	~	20 金	19:29	♈
22 日	07:51	♈	~	22 日	19:41	♉
23 月	23:24	♉	~	24 火	22:24	♊
26 木	21:35	♊	~	27 金	04:46	♋
29 日	10:58	♋	~	29 日	14:49	♌
30 月	22:57	♌	~	1 水	03:13	♍

4月

開始日	開始時刻	サイン		終了日	終了時刻	サイン
2 木	18:00	♍	~	3 金	16:09	♎
5 日	00:58	♎	~	6 月	04:05	♏
8 水	05:41	♏	~	8 水	14:09	♐
10 金	02:41	♐	~	10 金	21:48	♑
12 日	17:15	♑	~	13 月	02:45	♒
15 水	04:44	♒	~	15 水	05:13	♓
16 木	06:37	♓	~	17 金	06:01	♈
19 日	03:56	♈	~	19 日	06:32	♉
20 月	08:06	♉	~	21 火	08:29	♊
22 水	14:38	♊	~	23 木	13:27	♋
25 土	02:03	♋	~	25 土	22:14	♌
27 月	23:12	♌	~	28 火	10:08	♍
30 木	21:23	♍	~	30 木	23:04	♎

5月

開始日	開始時刻	サイン		終了日	終了時刻	サイン
2 土	23:03	♎	~	3 日	10:48	♏
5 火	10:49	♏	~	5 火	20:14	♐
8 金	02:51	♐	~	8 金	03:17	♑
10 日	05:35	♑	~	10 日	08:23	♒
11 月	19:36	♒	~	12 火	11:54	♓
14 木	01:55	♓	~	14 木	14:15	♈
15 金	21:03	♈	~	16 土	16:03	♉
18 月	13:13	♉	~	18 月	18:28	♊
20 水	02:57	♊	~	20 水	22:57	♋
22 金	09:36	♋	~	23 土	06:43	♌
24 日	19:49	♌	~	25 月	17:53	♍
27 水	11:21	♍	~	28 木	06:43	♎
30 土	05:20	♎	~	30 土	18:35	♏

6月

開始日	開始時刻	サイン		終了日	終了時刻	サイン
1 月	20:01	♏	~	2 火	03:40	♐
3 水	14:59	♐	~	4 木	09:52	♑
5 金	19:53	♑	~	6 土	14:03	♒
7 日	23:30	♒	~	8 月	17:17	♓
10 水	03:08	♓	~	10 水	20:15	♈
12 金	08:42	♈	~	12 金	23:17	♉
14 日	07:06	♉	~	15 月	02:52	♊
16 火	23:05	♊	~	17 水	07:52	♋
19 金	14:52	♋	~	19 金	15:24	♌
22 月	01:09	♌	~	22 月	02:00	♍
24 水	14:12	♍	~	24 水	14:42	♎
26 金	08:22	♎	~	27 土	02:58	♏
29 月	10:50	♏	~	29 月	12:22	♐

7月

開始日	開始時刻	サイン		終了日	終了時刻	サイン
1 水	03:17	♐	~	1 水	18:12	♑
3 金	19:37	♑	~	3 金	21:22	♒
5 日	21:31	♒	~	5 日	23:24	♓
7 火	23:36	♓	~	8 水	01:39	♈
9 木	22:46	♈	~	10 金	04:51	♉
12 日	06:52	♉	~	12 日	09:17	♊
14 火	12:31	♊	~	14 火	15:15	♋
16 木	20:24	♋	~	16 木	23:16	♌
19 日	06:41	♌	~	19 日	09:48	♍
21 火	19:06	♍	~	21 火	22:24	♎
24 金	03:12	♎	~	24 金	11:08	♏
26 日	18:14	♏	~	26 日	21:26	♐
28 火	22:36	♐	~	29 水	03:49	♑
31 金	03:50	♑	~	31 金	06:41	♒

8月

開始日	開始時刻	サイン		終了日	終了時刻	サイン
2 日	07:02	♒	~	2 日	07:37	♓
4 火	05:35	♓	~	4 火	08:25	♈
6 木	08:29	♈	~	6 木	10:30	♉
8 土	13:46	♉	~	8 土	14:41	♊
10 月	20:45	♊	~	10 月	21:09	♋
13 木	02:44	♋	~	13 木	05:53	♌
15 土	13:36	♌	~	15 土	16:47	♍
18 火	02:16	♍	~	18 火	05:24	♎
20 木	11:56	♎	~	20 木	18:25	♏
23 日	04:31	♏	~	23 日	05:42	♐
25 火	07:03	♐	~	25 火	13:23	♑
27 木	16:19	♑	~	27 木	17:05	♒
29 土	16:02	♒	~	29 土	17:52	♓
31 月	15:53	♓	~	31 月	17:34	♈

9月

開始日	開始時刻	サイン		終了日	終了時刻	サイン
2 水	01:37	♈	~	2 水	18:03	♉
4 金	19:20	♉	~	4 金	20:49	♊
6 日	08:03	♊	~	7 月	02:41	♋
9 水	10:27	♋	~	9 水	11:37	♌
11 金	22:03	♌	~	11 金	22:57	♍
14 月	11:07	♍	~	14 月	11:42	♎
16 水	13:22	♎	~	17 木	00:44	♏
19 土	04:48	♏	~	19 土	12:33	♐
21 月	17:59	♐	~	21 月	21:34	♑
23 水	08:12	♑	~	24 木	02:52	♒
25 金	13:01	♒	~	26 土	04:45	♓
27 日	01:32	♓	~	28 月	04:30	♈
29 火	16:44	♈	~	30 水	03:58	♉

10月

開始日	開始時刻	サイン		終了日	終了時刻	サイン
1 木	19:43	♉	~	2 金	05:05	♊
4 日	02:18	♊	~	4 日	09:23	♋
5 月	20:04	♋	~	6 火	17:32	♌
8 木	06:10	♌	~	9 金	04:52	♍
10 土	07:12	♍	~	11 日	17:47	♎
13 火	09:05	♎	~	14 水	06:39	♏
15 木	09:58	♏	~	16 金	18:19	♐
18 日	17:48	♐	~	19 月	03:53	♑
21 水	05:31	♑	~	21 水	10:39	♒
23 金	13:21	♒	~	23 金	14:19	♓
24 土	20:18	♓	~	25 日	15:23	♈
26 月	21:25	♈	~	27 火	15:08	♉
29 木	00:20	♉	~	29 木	15:25	♊
31 土	11:52	♊	~	31 土	18:10	♋

11月

開始日	開始時刻	サイン		終了日	終了時刻	サイン
2 月	12:35	♋	~	3 火	00:49	♌
4 水	10:46	♌	~	5 木	11:24	♍
7 土	21:47	♍	~	8 日	00:15	♎
9 月	11:42	♎	~	10 火	13:04	♏
12 木	23:54	♏	~	13 金	00:15	♐
14 土	12:18	♐	~	15 日	09:22	♑
17 火	05:52	♑	~	17 火	16:25	♒
19 木	17:19	♒	~	19 木	21:23	♓
21 土	22:23	♓	~	22 日	00:13	♈
23 月	04:16	♈	~	24 火	01:27	♉
25 水	10:25	♉	~	26 木	02:16	♊
27 金	12:35	♊	~	28 土	04:28	♋
29 日	21:45	♋	~	30 月	09:48	♌

12月

開始日	開始時刻	サイン		終了日	終了時刻	サイン
2 水	12:09	♌	~	2 水	19:10	♍
4 金	13:59	♍	~	5 土	07:35	♎
7 月	11:02	♎	~	7 月	20:27	♏
9 水	15:39	♏	~	10 木	07:26	♐
12 土	01:05	♐	~	12 土	15:48	♑
14 月	08:07	♑	~	14 月	22:00	♒
16 水	16:16	♒	~	17 木	02:46	♓
19 土	00:14	♓	~	19 土	06:27	♈
21 月	07:01	♈	~	21 月	09:14	♉
22 火	23:26	♉	~	23 水	11:32	♊
25 金	05:03	♊	~	25 金	14:28	♋
27 日	12:35	♋	~	27 日	19:32	♌
30 水	02:38	♌	~	30 水	03:59	♍

2016年【ボイドタイム】

1月

開始日		開始時刻	サイン		終了日		終了時刻	サイン
1	金	14:33	♍	~	1	金	15:42	♎
3	日	01:23	♎	~	4	月	04:37	♏
6	水	02:47	♏	~	6	水	15:57	♐
8	金	11:44	♐	~	9	土	00:08	♑
11	月	02:39	♑	~	11	月	05:24	♒
12	火	10:09	♒	~	13	水	08:55	♓
15	金	01:31	♓	~	15	金	11:49	♈
17	日	08:26	♈	~	17	日	14:49	♉
19	火	15:49	♉	~	19	火	18:14	♊
21	木	17:00	♊	~	21	木	22:29	♋
23	土	15:20	♋	~	24	日	04:22	♌
25	月	11:51	♌	~	26	火	12:47	♍
28	木	09:10	♍	~	29	金	00:00	♎
30	土	10:34	♎	~	31	日	12:51	♏

2月

開始日		開始時刻	サイン		終了日		終了時刻	サイン
2	火	09:35	♏	~	3	水	00:51	♐
4	木	19:03	♐	~	5	金	09:45	♑
7	日	00:53	♑	~	7	日	15:00	♒
8	月	23:39	♒	~	9	火	17:32	♓
11	木	13:25	♓	~	11	木	18:56	♈
13	土	19:32	♈	~	13	土	20:37	♉
15	月	19:53	♉	~	15	月	23:36	♊
18	木	01:36	♊	~	18	木	04:25	♋
19	金	23:35	♋	~	20	土	11:18	♌
22	月	10:17	♌	~	22	月	20:25	♍
24	水	23:22	♍	~	25	木	07:43	♎
26	金	20:18	♎	~	27	土	20:27	♏

3月

開始日		開始時刻	サイン		終了日		終了時刻	サイン
1	火	04:55	♏	~	1	火	08:57	♐
3	木	11:54	♐	~	3	木	19:03	♑
6	日	01:05	♑	~	6	日	01:23	♒
7	月	17:46	♒	~	8	火	04:10	♓
9	水	10:54	♓	~	10	木	04:41	♈
12	土	03:23	♈	~	12	土	04:45	♉
13	日	18:46	♉	~	14	月	06:05	♊
16	水	02:02	♊	~	16	水	09:58	♋
18	金	13:08	♋	~	18	金	16:56	♌
20	日	05:43	♌	~	21	月	02:40	♍
22	火	12:55	♍	~	23	水	14:24	♎
25	金	05:55	♎	~	26	土	03:10	♏
27	日	16:25	♏	~	28	月	15:47	♐
30	水	10:55	♐	~	31	木	02:46	♑

4月

開始日		開始時刻	サイン		終了日		終了時刻	サイン
2	土	01:39	♑	~	2	土	10:38	♒
4	月	08:15	♒	~	4	月	14:47	♓
5	火	19:33	♓	~	6	水	15:47	♈
7	木	23:56	♈	~	8	金	15:12	♉
9	土	18:49	♉	~	10	日	15:00	♊
12	火	03:57	♊	~	12	火	17:08	♋
14	木	12:59	♋	~	14	木	22:54	♌
17	日	02:48	♌	~	17	日	08:24	♍
18	月	21:29	♍	~	19	火	20:25	♎
21	木	15:13	♎	~	22	金	09:19	♏
24	日	06:46	♏	~	24	日	21:47	♐
27	水	00:51	♐	~	27	水	08:56	♑
29	金	16:07	♑	~	29	金	17:48	♒

5月

開始日		開始時刻	サイン		終了日		終了時刻	サイン
1	日	11:55	♒	~	1	日	23:35	♓
3	火	14:08	♓	~	4	水	02:05	♈
5	木	13:17	♈	~	6	金	02:11	♉
7	土	11:10	♉	~	8	日	01:36	♊
9	月	13:15	♊	~	10	火	02:25	♋
11	水	16:34	♋	~	12	木	06:33	♌
14	土	02:02	♌	~	14	土	14:53	♍
16	月	18:20	♍	~	17	火	02:34	♎
19	木	00:22	♎	~	19	木	15:31	♏
21	土	20:39	♏	~	22	日	03:49	♐
24	火	00:37	♐	~	24	火	14:35	♑
26	木	10:11	♑	~	26	木	23:28	♒
29	日	05:18	♒	~	29	日	06:07	♓
31	火	08:10	♓	~	31	火	10:10	♈

6月

開始日		開始時刻	サイン		終了日		終了時刻	サイン
2	木	00:42	♈	~	2	木	11:48	♉
4	土	08:02	♉	~	4	土	12:02	♊
6	月	01:47	♊	~	6	月	12:42	♋
8	水	09:17	♋	~	8	水	15:48	♌
10	金	16:13	♌	~	10	金	22:47	♍
12	日	23:46	♍	~	13	月	09:34	♎
15	水	16:00	♎	~	15	水	22:19	♏
17	金	22:52	♏	~	18	土	10:35	♐
20	月	20:02	♐	~	20	月	20:56	♑
22	水	17:57	♑	~	23	木	05:10	♒
25	土	00:47	♒	~	25	土	11:32	♓
27	月	04:55	♓	~	27	月	16:09	♈
29	水	16:46	♈	~	29	水	19:04	♉

7月

開始日		開始時刻	サイン		終了日		終了時刻	サイン
1	金	09:18	♉	~	1	金	20:45	♊
3	日	12:42	♊	~	3	日	22:21	♋
5	火	15:29	♋	~	6	水	01:29	♌
7	木	21:06	♌	~	8	金	07:42	♍
10	日	12:27	♍	~	10	日	17:33	♎
13	水	00:01	♎	~	13	水	05:53	♏
15	金	07:21	♏	~	15	金	18:15	♐
17	日	17:57	♐	~	18	月	04:34	♑
20	水	07:56	♑	~	20	水	12:11	♒
22	金	10:55	♒	~	22	金	17:36	♓
24	日	16:06	♓	~	24	日	21:34	♈
26	火	15:18	♈	~	27	水	00:39	♉
29	金	00:13	♉	~	29	金	03:18	♊
30	土	20:46	♊	~	31	日	06:10	♋

8月

開始日		開始時刻	サイン		終了日		終了時刻	サイン
2	火	09:43	♋	~	2	火	10:13	♌
4	木	13:12	♌	~	4	木	16:35	♍
6	土	12:20	♍	~	7	日	01:58	♎
9	火	02:41	♎	~	9	火	13:53	♏
11	木	14:22	♏	~	12	金	02:25	♐
14	日	02:36	♐	~	14	日	13:13	♑
16	火	11:45	♑	~	16	火	20:53	♒
18	木	18:26	♒	~	19	金	01:35	♓
20	土	21:20	♓	~	21	日	04:20	♈
22	月	20:47	♈	~	23	火	06:20	♉
25	木	04:37	♉	~	25	木	08:41	♊
27	土	09:30	♊	~	27	土	12:07	♋
29	月	15:23	♋	~	29	月	17:13	♌
31	水	13:19	♌	~	1	木	00:23	♍

9月

開始日		開始時刻	サイン		終了日		終了時刻	サイン
3	土	07:12	♍	~	3	土	09:57	♎
5	月	09:30	♎	~	5	月	21:40	♏
8	木	09:42	♏	~	8	木	10:21	♐
10	土	09:50	♐	~	10	土	21:56	♑
12	月	18:59	♑	~	13	火	06:30	♒
15	木	00:31	♒	~	15	木	11:24	♓
17	土	04:05	♓	~	17	土	13:23	♈
19	月	05:10	♈	~	19	月	13:59	♉
21	水	12:32	♉	~	21	水	14:54	♊
23	金	16:56	♊	~	23	金	17:34	♋
25	日	10:41	♋	~	25	日	22:49	♌
27	火	17:52	♌	~	28	水	06:44	♍
29	木	19:05	♍	~	30	金	16:53	♎

10月

開始日		開始時刻	サイン		終了日		終了時刻	サイン
2	日	14:42	♎	~	3	月	04:44	♏
5	水	10:04	♏	~	5	水	17:27	♐
7	金	15:25	♐	~	8	土	05:41	♑
10	月	01:51	♑	~	10	月	15:34	♒
12	水	08:48	♒	~	12	水	21:44	♓
14	金	16:13	♓	~	15	土	00:09	♈
16	日	13:23	♈	~	17	月	00:05	♉
17	月	23:46	♉	~	18	火	23:31	♊
20	木	20:16	♊	~	21	金	00:29	♋
23	日	04:13	♋	~	23	日	04:35	♌
24	月	21:21	♌	~	25	火	12:17	♍
27	木	03:32	♍	~	27	木	22:52	♎
29	土	19:09	♎	~	30	日	11:02	♏

11月

開始日		開始時刻	サイン		終了日		終了時刻	サイン
1	火	11:43	♏	~	1	火	23:44	♐
3	木	19:35	♐	~	4	金	12:06	♑
6	日	18:56	♑	~	6	日	22:56	♒
8	火	22:54	♒	~	9	水	06:46	♓
11	金	08:16	♓	~	11	金	10:46	♈
12	土	21:45	♈	~	13	日	11:25	♉
14	月	22:52	♉	~	15	火	10:24	♊
16	水	19:57	♊	~	17	木	09:58	♋
19	土	07:02	♋	~	19	土	12:16	♌
21	月	17:33	♌	~	21	月	18:35	♍
23	水	02:41	♍	~	24	木	04:43	♎
25	金	22:52	♎	~	26	土	17:03	♏
28	月	06:48	♏	~	29	火	05:47	♐

12月

開始日		開始時刻	サイン		終了日		終了時刻	サイン
1	木	13:08	♐	~	1	木	17:53	♑
3	土	19:16	♑	~	4	日	04:45	♒
5	月	20:23	♒	~	6	火	13:32	♓
7	水	23:05	♓	~	8	木	19:17	♈
10	土	10:06	♈	~	10	土	21:42	♉
12	月	13:04	♉	~	12	月	21:42	♊
14	水	14:57	♊	~	14	水	21:10	♋
16	金	06:36	♋	~	16	金	22:16	♌
19	月	01:55	♌	~	19	月	02:53	♍
21	水	10:55	♍	~	21	水	11:41	♎
23	金	04:31	♎	~	23	金	23:34	♏
25	日	16:21	♏	~	26	月	12:20	♐
28	水	10:45	♐	~	29	木	00:13	♑
30	金	17:06	♑	~	31	土	10:30	♒

2017年【ボイドタイム】

1月

開始日		開始時刻	サイン		終了日		終了時刻	サイン
2	月	16:58	♒	~	2	月	18:58	♓
5	木	01:14	♓	~	5	木	01:21	♈
7	土	03:41	♈	~	7	土	05:19	♉
8	日	11:22	♉	~	9	月	07:07	♊
11	水	06:38	♊	~	11	水	07:50	♋
12	木	20:34	♋	~	13	金	09:09	♌
15	日	00:17	♌	~	15	日	12:53	♍
17	火	15:09	♍	~	17	火	20:17	♎
19	木	17:54	♎	~	20	金	07:10	♏
22	日	10:24	♏	~	22	日	19:46	♐
25	水	02:33	♐	~	25	水	07:44	♑
27	金	16:17	♑	~	27	金	17:38	♒
29	日	14:52	♒	~	30	月	01:11	♓

2月

開始日		開始時刻	サイン		終了日		終了時刻	サイン
1	水	02:35	♓	~	1	水	06:48	♈
3	金	01:50	♈	~	3	金	10:51	♉
5	日	07:41	♉	~	5	日	13:45	♊
7	火	07:53	♊	~	7	火	16:04	♋
9	木	06:59	♋	~	9	木	18:42	♌
11	土	14:52	♌	~	11	土	22:53	♍
13	月	21:36	♍	~	14	火	05:44	♎
16	木	10:53	♎	~	16	木	15:42	♏
18	土	04:38	♏	~	19	日	03:53	♐
21	火	08:37	♐	~	21	火	16:09	♑
23	木	12:23	♑	~	24	金	02:18	♒
26	日	03:11	♒	~	26	日	09:26	♓
28	火	08:08	♓	~	28	火	13:53	♈

3月

開始日		開始時刻	サイン		終了日		終了時刻	サイン
2	木	11:18	♈	~	2	木	16:44	♉
4	土	00:20	♉	~	4	土	19:07	♊
6	月	17:21	♊	~	6	月	21:55	♋
8	水	23:59	♋	~	9	木	01:47	♌
11	土	02:05	♌	~	11	土	07:08	♍
13	月	11:36	♍	~	13	月	14:29	♎
15	水	19:05	♎	~	16	木	00:12	♏
18	土	06:56	♏	~	18	土	12:01	♐
20	月	19:37	♐	~	21	火	00:32	♑
22	水	22:19	♑	~	23	木	11:29	♒
25	土	14:55	♒	~	25	土	19:08	♓
27	月	19:19	♓	~	27	月	23:12	♈
29	水	21:06	♈	~	30	木	00:49	♉
31	金	08:12	♉	~	1	土	01:41	♊

4月

開始日		開始時刻	サイン		終了日		終了時刻	サイン
2	日	23:42	♊	~	3	月	03:28	♋
5	水	05:45	♋	~	5	水	07:14	♌
7	金	09:16	♌	~	7	金	13:21	♍
9	日	17:21	♍	~	9	日	21:35	♎
12	水	03:18	♎	~	12	水	07:43	♏
14	金	13:17	♏	~	14	金	19:28	♐
17	月	03:26	♐	~	17	月	08:06	♑
19	水	18:56	♑	~	19	水	19:53	♒
22	土	03:22	♒	~	22	土	04:44	♓
24	月	06:34	♓	~	24	月	09:34	♈
26	水	06:53	♈	~	26	水	10:57	♉
28	金	10:18	♉	~	28	金	10:40	♊
30	日	06:28	♊	~	30	日	10:49	♋

5月

開始日		開始時刻	サイン		終了日		終了時刻	サイン
2	火	05:22	♋	~	2	火	13:13	♌
4	木	13:35	♌	~	4	木	18:48	♍
6	土	21:42	♍	~	7	日	03:21	♎
9	火	07:58	♎	~	9	火	14:02	♏
11	木	06:42	♏	~	12	金	02:01	♐
14	日	11:14	♐	~	14	日	14:39	♑
16	火	19:22	♑	~	17	水	02:51	♒
19	金	09:32	♒	~	19	金	12:53	♓
21	日	12:39	♓	~	21	日	19:12	♈
23	火	15:59	♈	~	23	火	21:34	♉
25	木	04:08	♉	~	25	木	21:16	♊
27	土	15:18	♊	~	27	土	20:26	♋
29	月	15:59	♋	~	29	月	21:13	♌
31	水	20:14	♌	~	1	木	01:17	♍

6月

開始日		開始時刻	サイン		終了日		終了時刻	サイン
3	土	06:48	♍	~	3	土	09:05	♎
5	月	17:56	♎	~	5	月	19:47	♏
7	水	09:35	♏	~	8	木	08:00	♐
10	土	15:20	♐	~	10	土	20:37	♑
13	火	03:45	♑	~	13	火	08:46	♒
15	木	14:39	♒	~	15	木	19:19	♓
17	土	20:32	♓	~	18	日	02:56	♈
20	火	04:42	♈	~	20	火	06:54	♉
21	水	13:25	♉	~	22	木	07:45	♊
24	土	03:45	♊	~	24	土	07:08	♋
26	月	03:44	♋	~	26	月	07:08	♌
28	水	06:11	♌	~	28	水	09:42	♍
30	金	05:34	♍	~	30	金	16:03	♎

7月

開始日		開始時刻	サイン		終了日		終了時刻	サイン
2	日	22:16	♎	~	3	月	02:00	♏
5	水	10:34	♏	~	5	水	14:09	♐
7	金	23:11	♐	~	8	土	02:46	♑
10	月	11:12	♑	~	10	月	14:36	♒
12	水	21:40	♒	~	13	木	00:52	♓
15	土	02:00	♓	~	15	土	08:53	♈
17	月	11:19	♈	~	17	月	14:05	♉
19	水	15:11	♉	~	19	水	16:32	♊
21	金	14:40	♊	~	21	金	17:11	♋
23	日	15:04	♋	~	23	日	17:35	♌
25	火	18:22	♌	~	25	火	19:33	♍
27	木	15:31	♍	~	28	金	00:38	♎
30	日	06:30	♎	~	30	日	09:24	♏
31	月	20:10	♏	~	1	火	21:02	♐

8月

開始日		開始時刻	サイン		終了日		終了時刻	サイン
4	金	06:38	♐	~	4	金	09:38	♑
6	日	18:21	♑	~	6	日	21:17	♒
9	水	04:07	♒	~	9	水	06:57	♓
10	木	22:37	♓	~	11	金	14:23	♈
13	日	17:01	♈	~	13	日	19:41	♉
15	火	10:15	♉	~	15	火	23:07	♊
17	木	22:38	♊	~	18	金	01:14	♋
20	日	00:16	♋	~	20	日	02:56	♌
22	火	03:30	♌	~	22	火	05:26	♍
24	木	05:02	♍	~	24	木	10:06	♎
26	土	14:39	♎	~	26	土	17:54	♏
28	月	18:38	♏	~	29	火	04:49	♐
31	木	13:42	♐	~	31	木	17:20	♑

9月

開始日		開始時刻	サイン		終了日		終了時刻	サイン
3	日	01:29	♑	~	3	日	05:07	♒
5	火	14:15	♒	~	5	火	14:29	♓
7	木	05:28	♓	~	7	木	21:02	♈
10	日	00:52	♈	~	10	日	01:24	♉
11	月	09:54	♉	~	12	火	04:30	♊
14	木	03:35	♊	~	14	木	07:13	♋
16	土	06:23	♋	~	16	土	10:10	♌
18	月	09:54	♌	~	18	月	13:53	♍
20	水	14:30	♍	~	20	水	19:07	♎
22	金	22:04	♎	~	23	土	02:41	♏
24	日	16:32	♏	~	25	月	13:02	♐
27	水	20:08	♐	~	28	木	01:25	♑
30	土	09:13	♑	~	30	土	13:41	♒

10月

開始日		開始時刻	サイン		終了日		終了時刻	サイン
2	月	20:12	♒	~	2	月	23:27	♓
4	水	16:19	♓	~	5	木	05:41	♈
7	土	07:38	♈	~	7	土	08:57	♉
8	日	22:45	♉	~	9	月	10:46	♊
11	水	07:24	♊	~	11	水	12:39	♋
13	金	12:59	♋	~	13	金	15:42	♌
15	日	14:27	♌	~	15	日	20:20	♍
17	火	20:26	♍	~	18	水	02:36	♎
20	金	04:12	♎	~	20	金	10:42	♏
22	日	20:35	♏	~	22	日	20:58	♐
25	水	01:44	♐	~	25	水	09:13	♑
27	金	14:22	♑	~	27	金	22:00	♒
30	月	01:21	♒	~	30	月	08:47	♓

11月

開始日		開始時刻	サイン		終了日		終了時刻	サイン
1	水	06:07	♓	~	1	水	15:44	♈
3	金	12:03	♈	~	3	金	18:47	♉
5	日	18:28	♉	~	5	日	19:27	♊
7	火	19:39	♊	~	7	火	19:46	♋
9	木	14:14	♋	~	9	木	21:30	♌
11	土	17:55	♌	~	12	日	01:42	♍
14	火	00:45	♍	~	14	火	08:27	♎
16	木	09:50	♎	~	16	木	17:20	♏
18	土	20:42	♏	~	19	日	04:00	♐
21	火	09:26	♐	~	21	火	16:15	♑
23	木	19:32	♑	~	24	金	05:15	♒
26	日	11:37	♒	~	26	日	17:05	♓
28	火	21:08	♓	~	29	水	01:31	♈

12月

開始日		開始時刻	サイン		終了日		終了時刻	サイン
1	金	03:37	♈	~	1	金	05:39	♉
2	土	10:53	♉	~	3	日	06:22	♊
5	火	04:12	♊	~	5	火	05:38	♋
7	木	02:55	♋	~	7	木	05:38	♌
9	土	07:40	♌	~	9	土	08:10	♍
11	月	12:02	♍	~	11	月	14:02	♎
13	水	21:27	♎	~	13	水	23:00	♏
15	金	10:42	♏	~	16	土	10:08	♐
18	月	22:09	♐	~	18	月	22:35	♑
21	木	00:37	♑	~	21	木	11:30	♒
23	土	19:12	♒	~	23	土	23:43	♓
25	月	11:48	♓	~	26	火	09:28	♈
28	木	05:57	♈	~	28	木	15:24	♉
29	金	23:00	♉	~	30	土	17:32	♊

2018年【ボイドタイム】

1月

開始日	開始時刻	サイン		終了日	終了時刻	サイン
1 月	08:38	♊	～	1 月	17:11	♋
3 水	07:46	♋	～	3 水	16:24	♌
5 金	08:09	♌	～	5 金	17:13	♍
7 日	11:50	♍	～	7 日	21:16	♎
10 水	01:12	♎	～	10 水	05:07	♏
11 木	23:53	♏	～	12 金	16:05	♐
14 日	17:48	♐	～	15 月	04:43	♑
17 水	15:29	♑	～	17 水	17:33	♒
19 金	20:51	♒	～	20 土	05:28	♓
22 月	10:12	♓	～	22 月	15:28	♈
24 水	13:16	♈	～	24 水	22:41	♉
26 金	12:16	♉	～	27 土	02:41	♊
28 日	19:39	♊	～	29 月	03:59	♋
31 水	01:40	♋	～	31 水	03:54	♌

2月

開始日	開始時刻	サイン		終了日	終了時刻	サイン
1 木	19:58	♌	～	2 金	04:14	♍
3 土	16:06	♍	～	4 日	06:48	♎
6 火	03:45	♎	～	6 火	12:58	♏
8 木	16:16	♏	～	8 木	22:55	♐
11 日	01:38	♐	～	11 日	11:22	♑
13 火	14:43	♑	～	14 水	00:13	♒
16 金	06:05	♒	～	16 金	11:43	♓
18 日	07:13	♓	～	18 日	21:06	♈
20 火	20:11	♈	～	21 水	04:13	♉
22 木	20:45	♉	～	23 金	09:09	♊
25 日	04:58	♊	～	25 日	12:07	♋
27 火	06:50	♋	～	27 火	13:43	♌

3月

開始日	開始時刻	サイン		終了日	終了時刻	サイン
1 木	08:13	♌	～	1 木	14:59	♍
3 土	08:50	♍	～	3 土	17:22	♎
5 月	15:18	♎	～	5 月	22:24	♏
7 水	17:54	♏	～	8 木	07:04	♐
10 土	11:27	♐	～	10 土	18:53	♑
13 火	00:36	♑	～	13 火	07:46	♒
15 木	16:32	♒	～	15 木	19:13	♓
17 土	22:11	♓	～	18 日	03:58	♈
20 火	04:29	♈	～	20 火	10:08	♉
22 木	02:20	♉	～	22 木	14:31	♊
24 土	12:52	♊	～	24 土	17:54	♋
26 月	15:57	♋	～	26 月	20:46	♌
28 水	18:54	♌	～	28 水	23:31	♍
30 金	13:58	♍	～	31 土	02:53	♎

4月

開始日	開始時刻	サイン		終了日	終了時刻	サイン
2 月	03:29	♎	～	2 月	07:58	♏
4 水	01:06	♏	～	4 水	15:56	♐
6 金	22:35	♐	～	7 土	03:02	♑
9 月	11:39	♑	～	9 月	15:51	♒
11 水	23:55	♒	～	12 木	03:41	♓
13 金	20:27	♓	～	14 土	12:27	♈
16 月	14:59	♈	～	16 月	17:52	♉
18 水	07:04	♉	～	18 水	21:03	♊
20 金	21:04	♊	～	20 金	23:28	♋
22 日	23:58	♋	～	23 月	02:10	♌
25 水	03:39	♌	～	25 水	05:41	♍
26 木	18:49	♍	～	27 金	10:14	♎
29 日	14:31	♎	～	29 日	16:13	♏

5月

開始日	開始時刻	サイン		終了日	終了時刻	サイン
1 火	11:56	♏	～	2 水	00:21	♐
4 金	09:49	♐	～	4 金	11:07	♑
6 日	22:48	♑	～	6 日	23:50	♒
9 水	11:28	♒	～	9 水	12:12	♓
11 金	18:02	♓	～	11 金	21:41	♈
14 月	03:04	♈	～	14 月	03:16	♉
16 水	05:29	♉	～	16 水	05:44	♊
18 金	03:17	♊	～	18 金	06:48	♋
20 日	06:14	♋	～	20 日	08:12	♌
21 月	12:29	♌	～	22 火	11:04	♍
23 水	23:55	♍	～	24 木	15:53	♎
26 土	06:04	♎	～	26 土	22:41	♏
29 火	02:25	♏	～	29 火	07:30	♐
30 水	15:25	♐	～	31 木	18:28	♑

6月

開始日	開始時刻	サイン		終了日	終了時刻	サイン
2 土	12:37	♑	～	3 日	07:07	♒
4 月	14:10	♒	～	5 火	19:55	♓
7 木	15:35	♓	～	8 金	06:27	♈
10 日	04:36	♈	～	10 日	13:05	♉
12 火	12:28	♉	～	12 火	15:54	♊
14 木	04:43	♊	～	14 木	16:21	♋
16 土	01:18	♋	～	16 土	16:22	♌
18 月	12:25	♌	～	18 月	17:42	♍
20 水	19:50	♍	～	20 水	21:30	♎
22 金	10:34	♎	～	23 土	04:12	♏
24 日	22:59	♏	～	25 月	13:30	♐
26 火	21:53	♐	～	28 木	00:53	♑
29 金	17:57	♑	～	30 土	13:38	♒

7月

開始日	開始時刻	サイン		終了日	終了時刻	サイン
2 月	07:55	♒	～	3 火	02:32	♓
4 水	18:46	♓	～	5 木	13:51	♈
7 土	16:08	♈	～	7 土	21:52	♉
10 火	01:09	♉	～	10 火	01:59	♊
11 水	05:00	♊	～	12 木	03:00	♋
13 金	11:47	♋	～	14 土	02:32	♌
15 日	08:11	♌	～	16 月	02:32	♍
17 火	19:49	♍	～	18 水	04:43	♎
20 金	04:52	♎	～	20 金	10:14	♏
22 日	18:17	♏	～	22 日	19:13	♐
24 火	17:21	♐	～	25 水	06:50	♑
26 木	22:41	♑	～	27 金	19:42	♒
29 日	18:25	♒	～	30 月	08:29	♓

8月

開始日	開始時刻	サイン		終了日	終了時刻	サイン
1 水	07:41	♓	～	1 水	19:56	♈
3 金	11:52	♈	～	4 土	04:52	♉
6 月	08:46	♉	～	6 月	10:33	♊
7 火	16:54	♊	～	8 水	13:02	♋
9 木	20:20	♋	～	10 金	13:19	♌
11 土	18:57	♌	～	12 日	13:00	♍
14 火	13:37	♍	～	14 火	13:58	♎
16 木	16:56	♎	～	16 木	17:55	♏
19 日	00:06	♏	～	19 日	01:46	♐
21 火	08:46	♐	～	21 火	13:02	♑
23 木	23:19	♑	～	24 金	01:57	♒
25 土	13:38	♒	～	26 日	14:34	♓
28 火	22:54	♓	～	29 水	01:36	♈
31 金	08:03	♈	～	31 金	10:31	♉

9月

開始日	開始時刻	サイン		終了日	終了時刻	サイン
2 日	14:56	♉	～	2 日	17:03	♊
4 火	15:37	♊	～	4 火	21:05	♋
6 木	21:43	♋	～	6 木	22:55	♌
8 土	22:31	♌	～	8 土	23:30	♍
11 火	00:12	♍	～	11 火	00:21	♎
12 水	07:57	♎	～	13 木	03:16	♏
14 金	17:53	♏	～	15 土	09:46	♐
17 月	08:15	♐	～	17 月	20:09	♑
20 木	02:10	♑	～	20 木	08:53	♒
22 土	02:13	♒	～	22 土	21:28	♓
24 月	14:25	♓	～	25 火	08:05	♈
26 水	19:28	♈	～	27 木	16:17	♉
29 土	07:36	♉	～	29 土	22:27	♊

10月

開始日	開始時刻	サイン		終了日	終了時刻	サイン
1 月	00:37	♊	～	2 火	03:02	♋
3 水	17:33	♋	～	4 木	06:13	♌
5 金	20:33	♌	～	6 土	08:20	♍
7 日	23:02	♍	～	8 月	10:11	♎
9 火	17:50	♎	～	10 水	13:10	♏
12 金	08:12	♏	～	12 金	18:54	♐
14 日	09:58	♐	～	15 月	04:18	♑
17 水	06:49	♑	～	17 水	16:37	♒
19 金	21:27	♒	～	20 土	05:22	♓
22 月	08:47	♓	～	22 月	15:59	♈
24 水	03:17	♈	～	24 水	23:34	♉
26 金	23:48	♉	～	27 土	04:42	♊
28 日	13:37	♊	～	29 月	08:28	♋
31 水	11:30	♋	～	31 水	11:43	♌

11月

開始日	開始時刻	サイン		終了日	終了時刻	サイン
2 金	13:31	♌	～	2 金	14:49	♍
4 日	16:26	♍	～	4 日	18:02	♎
6 火	17:18	♎	～	6 火	22:03	♏
8 木	19:42	♏	～	9 金	04:01	♐
11 日	12:34	♐	～	11 日	12:56	♑
14 水	00:13	♑	～	14 水	00:46	♒
16 金	12:58	♒	～	16 金	13:43	♓
18 日	17:03	♓	～	19 月	00:57	♈
21 水	07:46	♈	～	21 水	08:44	♉
22 木	18:58	♉	～	23 金	13:12	♊
25 日	14:31	♊	～	25 日	15:39	♋
27 火	16:21	♋	～	27 火	17:36	♌
29 木	18:46	♌	～	29 木	20:09	♍

12月

開始日	開始時刻	サイン		終了日	終了時刻	サイン
1 土	23:34	♍	～	1 土	23:50	♎
4 火	03:15	♎	～	4 火	04:56	♏
6 木	06:53	♏	～	6 木	11:50	♐
8 土	19:00	♐	～	8 土	21:03	♑
11 火	06:26	♑	～	11 火	08:41	♒
13 木	19:19	♒	～	13 木	21:41	♓
15 土	20:49	♓	～	16 日	09:45	♈
18 火	16:21	♈	～	18 火	18:38	♉
20 木	09:41	♉	～	20 木	23:36	♊
22 土	23:20	♊	～	23 日	01:29	♋
24 月	23:50	♋	～	25 火	02:00	♌
27 木	00:36	♌	～	27 木	02:51	♍
29 土	01:26	♍	～	29 土	05:24	♎
31 月	07:53	♎	～	31 月	10:24	♏

2019年【ボイドタイム】

1月

開始日	開始時刻	サイン		終了日	終了時刻	サイン
2 水	07:26	♏	～	2 水	18:00	♐
5 土	02:41	♐	～	5 土	03:56	♑
7 月	15:20	♑	～	7 月	15:47	♒
10 木	01:53	♒	～	10 木	04:45	♓
11 金	23:24	♓	～	12 土	17:19	♈
15 火	00:55	♈	～	15 火	03:32	♉
17 木	03:33	♉	～	17 木	10:01	♊
19 土	10:32	♊	～	19 土	12:45	♋
21 月	10:49	♋	～	21 月	12:56	♌
23 水	10:19	♌	～	23 水	12:23	♍
24 木	22:50	♍	～	25 金	13:04	♎
27 日	14:21	♎	～	27 日	16:32	♏
29 火	07:38	♏	～	29 火	23:34	♐

2月

開始日	開始時刻	サイン		終了日	終了時刻	サイン
1 金	07:33	♐	～	1 金	09:48	♑
3 日	19:52	♑	～	3 日	22:04	♒
6 水	08:58	♒	～	6 水	11:03	♓
8 金	07:13	♓	～	8 金	23:35	♈
11 月	08:47	♈	～	11 月	10:30	♉
13 水	07:26	♉	～	13 水	18:33	♊
15 金	21:48	♊	～	15 金	23:04	♋
17 日	23:17	♋	～	18 月	00:22	♌
19 火	22:51	♌	～	19 火	23:48	♍
21 木	10:51	♍	～	21 木	23:18	♎
24 日	00:10	♎	～	24 日	00:57	♏
25 月	21:13	♏	～	26 火	06:21	♐
28 木	15:17	♐	～	28 木	15:49	♑

3月

開始日	開始時刻	サイン		終了日	終了時刻	サイン
3 日	03:47	♑	～	3 日	04:07	♒
5 火	17:05	♒	～	5 火	17:12	♓
8 金	04:08	♓	～	8 金	05:29	♈
10 日	02:13	♈	～	10 日	16:11	♉
12 火	18:30	♉	～	13 水	00:49	♊
14 木	21:30	♊	～	15 金	06:50	♋
17 日	03:03	♋	～	17 日	09:58	♌
19 火	00:19	♌	～	19 火	10:42	♍
21 木	00:21	♍	～	21 木	10:29	♎
23 土	03:10	♎	～	23 土	11:17	♏
25 月	11:23	♏	～	25 月	15:07	♐
27 水	11:36	♐	～	27 水	23:09	♑
30 土	09:04	♑	～	30 土	10:47	♒

4月

開始日	開始時刻	サイン		終了日	終了時刻	サイン
1 月	12:01	♒	～	1 月	23:49	♓
4 木	00:35	♓	～	4 木	11:58	♈
6 土	11:14	♈	～	6 土	22:07	♉
8 月	17:28	♉	～	9 火	06:16	♊
11 木	02:26	♊	～	11 木	12:32	♋
13 土	08:32	♋	～	13 土	16:51	♌
15 月	10:38	♌	～	15 月	19:15	♍
17 水	13:29	♍	～	17 水	20:23	♎
19 金	20:12	♎	～	19 金	21:42	♏
21 日	12:59	♏	～	22 月	01:00	♐
23 火	20:43	♐	～	24 水	07:51	♑
26 金	04:48	♑	～	26 金	18:28	♒
28 日	18:43	♒	～	29 月	07:13	♓

5月

開始日	開始時刻	サイン		終了日	終了時刻	サイン
1 水	06:57	♓	～	1 水	19:25	♈
3 金	17:47	♈	～	4 土	05:19	♉
6 月	00:10	♉	～	6 月	12:41	♊
8 水	08:49	♊	～	8 水	18:08	♋
10 金	11:06	♋	～	10 金	22:15	♌
12 日	21:24	♌	～	13 月	01:23	♍
15 水	02:18	♍	～	15 水	03:52	♎
16 木	18:37	♎	～	17 金	06:27	♏
19 日	06:11	♏	～	19 日	10:22	♐
21 火	02:04	♐	～	21 火	16:57	♑
23 木	12:57	♑	～	24 金	02:50	♒
25 土	21:51	♒	～	26 日	15:09	♓
28 火	13:21	♓	～	29 水	03:33	♈
31 金	00:08	♈	～	31 金	13:44	♉

6月

開始日	開始時刻	サイン		終了日	終了時刻	サイン
2 日	07:52	♉	～	2 日	20:49	♊
5 水	00:42	♊	～	5 水	01:18	♋
6 木	23:10	♋	～	7 金	04:17	♌
9 日	06:23	♌	～	9 日	06:46	♍
10 月	21:01	♍	～	11 火	09:30	♎
13 木	00:15	♎	～	13 木	13:04	♏
15 土	04:45	♏	～	15 土	18:04	♐
17 月	17:30	♐	～	18 火	01:14	♑
19 水	20:19	♑	～	20 木	11:02	♒
21 金	23:02	♒	～	22 土	23:03	♓
25 火	08:10	♓	～	25 火	11:39	♈
27 木	16:51	♈	～	27 木	22:33	♉
30 日	03:38	♉	～	30 日	06:10	♊

7月

開始日	開始時刻	サイン		終了日	終了時刻	サイン
2 火	06:48	♊	～	2 火	10:25	♋
3 水	23:24	♋	～	4 木	12:20	♌
5 金	15:24	♌	～	6 土	13:26	♍
8 月	01:50	♍	～	8 月	15:08	♎
10 水	04:35	♎	～	10 水	18:30	♏
12 金	09:28	♏	～	13 土	00:06	♐
14 日	10:30	♐	～	15 月	08:06	♑
17 水	06:38	♑	～	17 水	18:20	♒
19 金	00:53	♒	～	20 土	06:20	♓
22 月	17:34	♓	～	22 月	19:03	♈
24 水	23:48	♈	～	25 木	06:43	♉
27 土	13:28	♉	～	27 土	15:30	♊
29 月	00:23	♊	～	29 月	20:32	♋
31 水	12:32	♋	～	31 水	22:19	♌

8月

開始日	開始時刻	サイン		終了日	終了時刻	サイン
2 金	05:48	♌	～	2 金	22:22	♍
4 日	13:27	♍	～	4 日	22:31	♎
6 火	16:35	♎	～	7 水	00:33	♏
8 木	23:57	♏	～	9 金	05:36	♐
11 日	04:50	♐	～	11 日	13:51	♑
13 火	07:11	♑	～	14 水	00:37	♒
16 金	10:01	♒	～	16 金	12:51	♓
18 日	07:34	♓	～	19 月	01:34	♈
21 水	13:06	♈	～	21 水	13:38	♉
23 金	06:32	♉	～	23 金	23:35	♊
25 日	15:58	♊	～	26 月	06:06	♋
27 火	17:55	♋	～	28 水	08:55	♌
29 木	09:06	♌	～	30 金	08:58	♍
31 土	17:46	♍	～	1 日	08:09	♎

9月

開始日	開始時刻	サイン		終了日	終了時刻	サイン
2 月	17:33	♎	～	3 火	08:36	♏
4 水	19:58	♏	～	5 木	12:09	♐
7 土	01:03	♐	～	7 土	19:38	♑
9 月	17:30	♑	～	10 火	06:25	♒
11 水	14:22	♒	～	12 木	18:53	♓
14 土	13:32	♓	～	15 日	07:34	♈
17 火	01:02	♈	～	17 火	19:32	♉
19 木	22:56	♉	～	20 金	05:59	♊
22 日	11:41	♊	～	22 日	13:51	♋
24 火	07:05	♋	～	24 火	18:21	♌
26 木	01:13	♌	～	26 木	19:38	♍
28 土	12:58	♍	～	28 土	19:04	♎
30 月	11:05	♎	～	30 月	18:43	♏

10月

開始日	開始時刻	サイン		終了日	終了時刻	サイン
2 水	18:46	♏	～	2 水	20:45	♐
4 金	16:33	♐	～	5 土	02:44	♑
7 月	08:25	♑	～	7 月	12:43	♒
9 水	03:26	♒	～	10 木	01:06	♓
11 金	18:55	♓	～	12 土	13:47	♈
14 月	06:59	♈	～	15 火	01:25	♉
16 水	17:37	♉	～	17 木	11:31	♊
19 土	11:14	♊	～	19 土	19:44	♋
21 月	21:39	♋	～	22 火	01:30	♌
23 水	18:14	♌	～	24 木	04:31	♍
25 金	21:59	♍	～	26 土	05:21	♎
27 日	17:22	♎	～	28 月	05:30	♏
30 水	02:34	♏	～	30 水	07:00	♐
31 木	23:29	♐	～	1 金	11:39	♑

11月

開始日	開始時刻	サイン		終了日	終了時刻	サイン
3 日	14:46	♑	～	3 日	20:21	♒
5 火	23:36	♒	～	6 水	08:09	♓
8 金	10:12	♓	～	8 金	20:50	♈
10 日	23:00	♈	～	11 月	08:19	♉
13 水	00:48	♉	～	13 水	17:47	♊
15 金	20:39	♊	～	16 土	01:16	♋
18 月	05:14	♋	～	18 月	06:58	♌
20 水	06:11	♌	～	20 水	10:56	♍
22 金	12:31	♍	～	22 金	13:21	♎
24 日	11:49	♎	～	24 日	14:59	♏
26 火	02:30	♏	～	26 火	17:12	♐
28 木	19:49	♐	～	28 木	21:34	♑
30 土	12:56	♑	～	1 日	05:14	♒

12月

開始日	開始時刻	サイン		終了日	終了時刻	サイン
2 月	21:27	♒	～	3 火	16:12	♓
5 木	17:14	♓	～	6 金	04:46	♈
8 日	00:01	♈	～	8 日	16:30	♉
10 火	10:12	♉	～	11 水	01:48	♊
12 木	14:12	♊	～	13 金	08:24	♋
15 日	00:56	♋	～	15 日	12:57	♌
17 火	07:09	♌	～	17 火	16:17	♍
19 木	17:06	♍	～	19 木	19:06	♎
21 土	20:45	♎	～	21 土	21:58	♏
23 月	12:27	♏	～	24 火	01:35	♐
25 水	20:18	♐	～	26 木	06:46	♑
28 土	06:02	♑	～	28 土	14:22	♒
30 月	19:23	♒	～	31 火	00:43	♓

2020年【ボイドタイム】

1月

開始日	開始時刻	サイン		終了日	終了時刻	サイン
2 木	11:13	♓	～	2 木	13:02	♈
4 土	10:18	♈	～	5 日	01:16	♉
6 月	21:08	♉	～	7 火	11:12	♊
9 木	07:15	♊	～	9 木	17:44	♋
11 土	08:58	♋	～	11 土	21:17	♌
13 月	22:41	♌	～	13 月	23:08	♍
15 水	21:11	♍	～	16 木	00:44	♎
17 金	21:58	♎	～	18 土	03:22	♏
20 月	06:21	♏	～	20 月	07:42	♐
21 火	13:45	♐	～	22 水	14:01	♑
24 金	11:08	♑	～	24 金	22:22	♒
26 日	04:06	♒	～	27 月	08:45	♓
29 水	10:08	♓	～	29 水	20:52	♈

2月

開始日	開始時刻	サイン		終了日	終了時刻	サイン
1 土	00:09	♈	～	1 土	09:29	♉
3 月	20:27	♉	～	3 月	20:30	♊
5 水	23:19	♊	～	6 木	04:04	♋
8 土	00:43	♋	～	8 土	07:46	♌
10 月	01:08	♌	～	10 月	08:40	♍
12 水	03:25	♍	～	12 水	08:38	♎
14 金	06:40	♎	～	14 金	09:39	♏
16 日	07:19	♏	～	16 日	13:08	♐
18 火	18:03	♐	～	18 火	19:38	♑
20 木	23:18	♑	～	21 金	04:43	♒
22 土	13:08	♒	～	23 日	15:38	♓
25 火	23:11	♓	～	26 水	03:48	♈
28 金	12:25	♈	～	28 金	16:31	♉

3月

開始日	開始時刻	サイン		終了日	終了時刻	サイン
2 月	00:52	♉	～	2 月	04:22	♊
4 水	11:19	♊	～	4 水	13:26	♋
6 金	16:11	♋	～	6 金	18:29	♌
8 日	17:12	♌	～	8 日	19:48	♍
10 火	17:32	♍	～	10 火	19:04	♎
12 木	17:11	♎	～	12 木	18:29	♏
14 土	19:06	♏	～	14 土	20:10	♐
16 月	18:34	♐	～	17 火	01:26	♑
19 木	09:48	♑	～	19 木	10:17	♒
20 金	18:00	♒	～	21 土	21:34	♓
23 月	23:51	♓	～	24 火	09:59	♈
26 木	16:16	♈	～	26 木	22:38	♉
29 日	08:04	♉	～	29 日	10:39	♊
31 火	00:10	♊	～	31 火	20:44	♋

4月

開始日	開始時刻	サイン		終了日	終了時刻	サイン
3 金	01:49	♋	～	3 金	03:27	♌
4 土	04:28	♌	～	5 日	06:20	♍
6 月	22:28	♍	～	7 火	06:17	♎
8 水	21:49	♎	～	9 木	05:18	♏
11 土	04:35	♏	～	11 土	05:36	♐
12 日	20:46	♐	～	13 月	09:06	♑
15 水	08:47	♑	～	15 水	16:38	♒
17 金	23:34	♒	～	18 土	03:31	♓
20 月	08:31	♓	～	20 月	16:01	♈
22 水	21:31	♈	～	23 木	04:37	♉
25 土	09:42	♉	～	25 土	16:21	♊
28 火	02:00	♊	～	28 火	02:29	♋
30 木	04:29	♋	～	30 木	10:07	♌

5月

開始日	開始時刻	サイン		終了日	終了時刻	サイン
2 土	01:04	♌	～	2 土	14:36	♍
4 月	11:24	♍	～	4 月	16:11	♎
6 水	11:30	♎	～	6 水	16:06	♏
8 金	11:38	♏	～	8 金	16:16	♐
10 日	15:10	♐	～	10 日	18:40	♑
12 火	19:29	♑	～	13 水	00:40	♒
14 木	23:02	♒	～	15 金	10:26	♓
17 日	16:59	♓	～	17 日	22:37	♈
20 水	05:32	♈	～	20 水	11:12	♉
22 金	17:01	♉	～	22 金	22:37	♊
24 日	20:09	♊	～	25 月	08:10	♋
27 水	10:06	♋	～	27 水	15:34	♌
28 木	22:30	♌	～	29 金	20:41	♍
31 日	18:16	♍	～	31 日	23:39	♎

6月

開始日	開始時刻	サイン		終了日	終了時刻	サイン
2 火	19:39	♎	～	3 水	01:07	♏
4 木	20:36	♏	～	5 金	02:18	♐
6 土	13:10	♐	～	7 日	04:45	♑
9 火	03:05	♑	～	9 火	09:55	♒
10 水	23:35	♒	～	11 木	18:33	♓
13 土	21:44	♓	～	14 日	06:04	♈
16 火	09:49	♈	～	16 火	18:37	♉
18 木	21:02	♉	～	19 金	06:01	♊
21 日	06:47	♊	～	21 日	15:03	♋
23 火	16:20	♋	～	23 火	21:34	♌
24 水	14:34	♌	～	26 金	02:06	♍
28 日	05:01	♍	～	28 日	05:18	♎
29 月	22:02	♎	～	30 火	07:49	♏

7月

開始日	開始時刻	サイン		終了日	終了時刻	サイン
2 木	10:20	♏	～	2 木	10:22	♐
3 金	22:05	♐	～	4 土	13:49	♑
6 月	18:35	♑	～	6 月	19:09	♒
7 火	13:37	♒	～	9 木	03:14	♓
11 土	12:48	♓	～	11 土	14:07	♈
14 火	00:54	♈	～	14 火	02:35	♉
16 木	12:21	♉	～	16 木	14:20	♊
18 土	06:14	♊	～	18 土	23:25	♋
21 火	02:55	♋	～	21 火	05:17	♌
22 水	09:27	♌	～	23 木	08:41	♍
25 土	08:07	♍	～	25 土	10:55	♎
27 月	10:08	♎	～	27 月	13:13	♏
29 水	13:01	♏	～	29 水	16:26	♐
31 金	09:07	♐	～	31 金	20:59	♑

8月

開始日	開始時刻	サイン		終了日	終了時刻	サイン
2 日	22:59	♑	～	3 月	03:12	♒
5 水	06:45	♒	～	5 水	11:29	♓
7 金	21:53	♓	～	7 金	22:06	♈
10 月	04:49	♈	～	10 月	10:29	♉
12 水	16:55	♉	～	12 水	22:47	♊
14 金	20:19	♊	～	15 土	08:37	♋
17 月	08:59	♋	～	17 月	14:40	♌
19 水	14:38	♌	～	19 水	17:21	♍
21 金	12:36	♍	～	21 金	18:17	♎
23 日	13:19	♎	～	23 日	19:17	♏
25 火	15:27	♏	～	25 火	21:50	♐
27 木	20:59	♐	～	28 金	02:38	♑
30 日	04:30	♑	～	30 日	09:38	♒

9月

開始日	開始時刻	サイン		終了日	終了時刻	サイン
1 火	13:56	♒	～	1 火	18:35	♓
3 木	23:34	♓	～	4 金	05:23	♈
6 日	13:44	♈	～	6 日	17:45	♉
8 火	21:46	♉	～	9 水	06:29	♊
11 金	13:48	♊	～	11 金	17:24	♋
13 日	21:04	♋	～	14 月	00:34	♌
16 水	00:09	♌	～	16 水	03:38	♍
17 木	20:42	♍	～	18 金	03:57	♎
19 土	23:28	♎	～	20 日	03:34	♏
22 火	03:12	♏	～	22 火	04:33	♐
24 木	02:31	♐	～	24 木	08:17	♑
26 土	12:35	♑	～	26 土	15:09	♒
28 月	16:17	♒	～	29 火	00:35	♓

10月

開始日	開始時刻	サイン		終了日	終了時刻	サイン
1 木	02:29	♓	～	1 木	11:48	♈
3 土	14:47	♈	～	4 日	00:14	♉
6 火	03:41	♉	～	6 火	13:04	♊
8 木	10:56	♊	～	9 金	00:47	♋
11 日	01:03	♋	～	11 日	09:26	♌
12 月	23:29	♌	～	13 火	13:57	♍
15 木	07:47	♍	～	15 木	14:55	♎
17 土	07:11	♎	～	17 土	14:07	♏
19 月	06:42	♏	～	19 月	13:44	♐
21 水	12:38	♐	～	21 水	15:45	♑
23 金	13:34	♑	～	23 金	21:18	♒
25 日	06:53	♒	～	26 月	06:19	♓
28 水	09:46	♓	～	28 水	17:46	♈
31 土	01:12	♈	～	31 土	06:20	♉

11月

開始日	開始時刻	サイン		終了日	終了時刻	サイン
2 月	11:29	♉	～	2 月	19:01	♊
4 水	22:48	♊	～	5 木	06:47	♋
7 土	10:26	♋	～	7 土	16:19	♌
9 月	20:04	♌	～	9 月	22:31	♍
11 水	19:58	♍	～	12 木	01:11	♎
13 金	20:32	♎	～	14 土	01:20	♏
15 日	20:12	♏	～	16 月	00:48	♐
17 火	16:54	♐	～	18 水	01:36	♑
20 金	01:29	♑	～	20 金	05:26	♒
21 土	09:48	♒	～	22 日	13:07	♓
24 火	19:44	♓	～	25 水	00:06	♈
27 金	08:45	♈	～	27 金	12:44	♉
29 日	21:48	♉	～	30 月	01:17	♊

12月

開始日	開始時刻	サイン		終了日	終了時刻	サイン
1 火	13:21	♊	～	2 水	12:34	♋
4 金	19:29	♋	～	4 金	21:54	♌
6 日	07:27	♌	～	7 月	04:47	♍
9 水	07:35	♍	～	9 水	09:02	♎
11 金	09:56	♎	～	11 金	11:00	♏
13 日	10:57	♏	～	13 日	11:40	♐
15 火	01:16	♐	～	15 火	12:36	♑
17 木	14:34	♑	～	17 木	15:28	♒
19 土	17:44	♒	～	19 土	21:40	♓
21 月	19:24	♓	～	22 火	07:33	♈
24 木	07:50	♈	～	24 木	19:57	♉
26 土	20:31	♉	～	27 日	08:34	♊
29 火	12:01	♊	～	29 火	19:29	♋
31 木	22:44	♋	～	1 金	03:59	♌

2021年【ボイドタイム】

1月

開始日		開始時刻	サイン		終了日		終了時刻	サイン
3	日	07:00	♌	~	3	日	10:14	♍
5	火	06:33	♍	~	5	火	14:43	♎
7	木	14:54	♎	~	7	木	17:55	♏
9	土	10:58	♏	~	9	土	20:16	♐
11	月	03:29	♐	~	11	月	22:31	♑
13	水	16:22	♑	~	14	木	01:45	♒
14	木	18:28	♒	~	16	土	07:18	♓
18	月	12:44	♓	~	18	月	16:08	♈
20	水	17:28	♈	~	21	木	03:57	♉
23	土	06:27	♉	~	23	土	16:44	♊
25	月	16:17	♊	~	26	火	03:53	♋
28	木	02:55	♋	~	28	木	11:55	♌
30	土	10:53	♌	~	30	土	17:04	♍

2月

開始日		開始時刻	サイン		終了日		終了時刻	サイン
1	月	20:09	♍	~	1	月	20:26	♎
3	水	15:15	♎	~	3	水	23:16	♏
5	金	18:19	♏	~	6	土	02:18	♐
7	日	15:16	♐	~	8	月	05:53	♑
10	水	02:21	♑	~	10	水	10:21	♒
12	金	04:05	♒	~	12	金	16:24	♓
14	日	16:28	♓	~	15	月	00:55	♈
17	水	09:16	♈	~	17	水	12:13	♉
19	金	16:28	♉	~	20	土	01:05	♊
22	月	03:39	♊	~	22	月	12:54	♋
24	水	13:53	♋	~	24	水	21:24	♌
26	金	20:31	♌	~	27	土	02:08	♍

3月

開始日		開始時刻	サイン		終了日		終了時刻	サイン
1	月	00:57	♍	~	1	月	04:18	♎
2	火	23:09	♎	~	3	水	05:39	♏
5	金	01:09	♏	~	5	金	07:44	♐
6	土	18:43	♐	~	7	日	11:21	♑
9	火	09:52	♑	~	9	火	16:42	♒
11	木	12:31	♒	~	11	木	23:45	♓
14	日	01:37	♓	~	14	日	08:45	♈
16	火	12:40	♈	~	16	火	19:57	♉
19	金	05:39	♉	~	19	金	08:48	♊
21	日	21:04	♊	~	21	日	21:19	♋
24	水	00:26	♋	~	24	水	06:57	♌
25	木	22:27	♌	~	26	金	12:27	♍
28	日	08:48	♍	~	28	日	14:23	♎
30	火	09:07	♎	~	30	火	14:34	♏

4月

開始日		開始時刻	サイン		終了日		終了時刻	サイン
1	木	09:28	♏	~	1	木	15:00	♐
3	土	14:23	♐	~	3	土	17:14	♑
5	月	16:05	♑	~	5	月	22:05	♒
7	水	19:04	♒	~	8	木	05:32	♓
10	土	08:48	♓	~	10	土	15:12	♈
12	月	21:06	♈	~	13	火	02:45	♉
15	木	08:59	♉	~	15	木	15:36	♊
18	日	00:02	♊	~	18	日	04:26	♋
20	火	09:03	♋	~	20	火	15:12	♌
22	木	21:04	♌	~	22	木	22:09	♍
24	土	19:50	♍	~	25	日	01:07	♎
26	月	21:39	♎	~	27	火	01:19	♏
28	水	21:31	♏	~	29	木	00:44	♐
30	金	22:26	♐	~	1	土	01:17	♑

5月

開始日		開始時刻	サイン		終了日		終了時刻	サイン
2	日	23:37	♑	~	3	月	04:32	♒
5	水	09:05	♒	~	5	水	11:10	♓
7	金	16:36	♓	~	7	金	20:54	♈
10	月	07:50	♈	~	10	月	08:48	♉
12	水	21:23	♉	~	12	水	21:44	♊
14	金	19:50	♊	~	15	土	10:32	♋
17	月	15:22	♋	~	17	月	21:45	♌
20	木	04:12	♌	~	20	木	06:00	♍
22	土	04:56	♍	~	22	土	10:37	♎
24	月	06:36	♎	~	24	月	12:02	♏
26	水	06:19	♏	~	26	水	11:40	♐
28	金	02:35	♐	~	28	金	11:25	♑
30	日	07:14	♑	~	30	日	13:05	♒

6月

開始日		開始時刻	サイン		終了日		終了時刻	サイン
1	火	15:13	♒	~	1	火	18:09	♓
3	木	20:10	♓	~	4	金	03:00	♈
6	日	07:47	♈	~	6	日	14:47	♉
9	水	00:06	♉	~	9	水	03:49	♊
11	金	02:37	♊	~	11	金	16:24	♋
13	日	20:16	♋	~	14	月	03:24	♌
16	水	02:27	♌	~	16	水	12:03	♍
18	金	12:54	♍	~	18	金	17:55	♎
20	日	19:51	♎	~	20	日	20:59	♏
22	火	15:43	♏	~	22	火	21:57	♐
24	木	11:08	♐	~	24	木	22:06	♑
26	土	21:49	♑	~	26	土	23:10	♒
28	月	04:07	♒	~	29	火	02:52	♓

7月

開始日		開始時刻	サイン		終了日		終了時刻	サイン
1	木	02:39	♓	~	1	木	10:22	♈
3	土	13:14	♈	~	3	土	21:29	♉
6	火	01:57	♉	~	6	火	10:25	♊
8	木	13:20	♊	~	8	木	22:52	♋
11	日	01:10	♋	~	11	日	09:22	♌
12	月	21:29	♌	~	13	火	17:32	♍
15	木	15:46	♍	~	15	木	23:33	♎
17	土	20:03	♎	~	18	日	03:39	♏
20	火	01:30	♏	~	20	火	06:09	♐
22	木	07:25	♐	~	22	木	07:37	♑
24	土	01:34	♑	~	24	土	09:14	♒
26	月	08:13	♒	~	26	月	12:31	♓
28	水	10:12	♓	~	28	水	18:59	♈
31	土	04:38	♈	~	31	土	05:09	♉

8月

開始日		開始時刻	サイン		終了日		終了時刻	サイン
2	月	16:40	♉	~	2	月	17:47	♊
5	木	04:37	♊	~	5	木	06:18	♋
7	土	07:11	♋	~	7	土	16:33	♌
9	月	21:22	♌	~	9	月	23:57	♍
11	水	20:21	♍	~	12	木	05:09	♎
14	土	05:38	♎	~	14	土	09:02	♏
16	月	12:04	♏	~	16	月	12:13	♐
18	水	10:42	♐	~	18	水	14:59	♑
20	金	08:59	♑	~	20	金	17:50	♒
22	日	21:01	♒	~	22	日	21:44	♓
24	火	18:12	♓	~	25	水	03:58	♈
27	金	06:14	♈	~	27	金	13:28	♉
29	日	23:58	♉	~	30	月	01:43	♊

9月

開始日		開始時刻	サイン		終了日		終了時刻	サイン
1	水	05:48	♊	~	1	水	14:27	♋
3	金	14:37	♋	~	4	土	00:59	♌
5	日	23:21	♌	~	6	月	08:07	♍
8	水	04:23	♍	~	8	水	12:22	♎
10	金	13:47	♎	~	10	金	15:06	♏
12	日	14:32	♏	~	12	日	17:36	♐
14	火	19:57	♐	~	14	火	20:35	♑
16	木	14:39	♑	~	17	金	00:24	♒
18	土	18:14	♒	~	19	日	05:24	♓
21	火	08:54	♓	~	21	火	12:14	♈
23	木	11:04	♈	~	23	木	21:39	♉
25	土	22:09	♉	~	26	日	09:38	♊
28	火	13:18	♊	~	28	火	22:35	♋
30	木	23:48	♋	~	1	金	09:55	♌

10月

開始日		開始時刻	サイン		終了日		終了時刻	サイン
3	日	08:42	♌	~	3	日	17:39	♍
5	火	17:46	♍	~	5	火	21:42	♎
7	木	14:03	♎	~	7	木	23:23	♏
9	土	15:05	♏	~	10	日	00:25	♐
11	月	13:30	♐	~	12	火	02:16	♑
13	水	19:53	♑	~	14	木	05:48	♒
15	金	21:32	♒	~	16	土	11:23	♓
18	月	08:24	♓	~	18	月	19:05	♈
20	水	23:56	♈	~	21	木	05:00	♉
23	土	05:35	♉	~	23	土	16:58	♊
25	月	23:10	♊	~	26	火	06:01	♋
28	木	15:01	♋	~	28	木	18:08	♌
30	土	16:04	♌	~	31	日	03:11	♍

11月

開始日		開始時刻	サイン		終了日		終了時刻	サイン
2	火	02:00	♍	~	2	火	08:12	♎
4	木	07:32	♎	~	4	木	09:54	♏
6	土	01:10	♏	~	6	土	09:54	♐
7	日	22:43	♐	~	8	月	10:05	♑
10	水	02:51	♑	~	10	水	12:04	♒
12	金	04:52	♒	~	12	金	16:55	♓
14	日	14:40	♓	~	15	月	00:49	♈
17	水	00:50	♈	~	17	水	11:19	♉
19	金	17:57	♉	~	19	金	23:34	♊
22	月	00:52	♊	~	22	月	12:34	♋
24	水	14:45	♋	~	25	木	01:00	♌
27	土	01:23	♌	~	27	土	11:13	♍
29	月	09:02	♍	~	29	月	17:56	♎

12月

開始日		開始時刻	サイン		終了日		終了時刻	サイン
1	水	13:19	♎	~	1	水	20:57	♏
3	金	14:22	♏	~	3	金	21:14	♐
5	日	14:08	♐	~	5	日	20:32	♑
7	火	13:42	♑	~	7	火	20:50	♒
9	木	18:59	♒	~	9	木	23:54	♓
12	日	04:39	♓	~	12	日	06:47	♈
14	火	11:52	♈	~	14	火	17:12	♉
17	金	01:08	♉	~	17	金	05:44	♊
19	日	15:02	♊	~	19	日	18:43	♋
21	火	23:43	♋	~	22	水	06:55	♌
24	金	15:39	♌	~	24	金	17:25	♍
26	日	17:39	♍	~	27	月	01:25	♎
29	水	06:10	♎	~	29	水	06:17	♏
31	金	02:10	♏	~	31	金	08:09	♐

2022年【ボイドタイム】

1月

開始日	開始時刻	サイン		終了日	終了時刻	サイン
1 土	17:15	♐	~	2 日	08:03	♑
4 火	01:20	♑	~	4 火	07:45	♒
5 水	09:44	♒	~	6 木	09:18	♓
8 土	07:23	♓	~	8 土	14:27	♈
10 月	16:23	♈	~	10 月	23:48	♉
13 木	04:38	♉	~	13 木	12:09	♊
15 土	11:21	♊	~	16 日	01:12	♋
18 火	08:48	♋	~	18 火	13:04	♌
20 木	17:15	♌	~	20 木	23:03	♍
23 日	04:45	♍	~	23 日	07:04	♎
25 火	07:09	♎	~	25 火	12:58	♏
27 木	14:27	♏	~	27 木	16:36	♐
29 土	03:59	♐	~	29 土	18:10	♑
31 月	13:43	♑	~	31 月	18:44	♒

2月

開始日	開始時刻	サイン		終了日	終了時刻	サイン
1 火	20:01	♒	~	2 水	20:01	♓
4 金	18:40	♓	~	4 金	23:58	♈
7 月	02:20	♈	~	7 月	07:54	♉
9 水	13:47	♉	~	9 水	19:28	♊
11 金	17:22	♊	~	12 土	08:28	♋
14 月	19:26	♋	~	14 月	20:18	♌
17 木	01:56	♌	~	17 木	05:44	♍
19 土	08:19	♍	~	19 土	12:52	♎
21 月	14:01	♎	~	21 月	18:20	♏
23 水	18:23	♏	~	23 水	22:30	♐
25 金	12:24	♐	~	26 土	01:29	♑
27 日	23:49	♑	~	28 月	03:37	♒

3月

開始日	開始時刻	サイン		終了日	終了時刻	サイン
1 火	11:01	♒	~	2 水	05:55	♓
4 金	06:44	♓	~	4 金	09:54	♈
6 日	13:01	♈	~	6 日	17:01	♉
8 火	23:34	♉	~	9 水	03:41	♊
11 金	01:42	♊	~	11 金	16:25	♋
14 月	00:44	♋	~	14 月	04:33	♌
15 火	19:55	♌	~	16 水	14:00	♍
18 金	17:11	♍	~	18 金	20:27	♎
20 日	21:40	♎	~	21 月	00:46	♏
23 水	01:00	♏	~	23 水	04:00	♐
24 木	21:59	♐	~	25 金	06:55	♑
27 日	08:50	♑	~	27 日	09:56	♒
28 月	23:11	♒	~	29 火	13:33	♓
31 木	15:36	♓	~	31 木	18:32	♈

4月

開始日	開始時刻	サイン		終了日	終了時刻	サイン
2 土	22:51	♈	~	3 日	01:51	♉
5 火	10:52	♉	~	5 火	12:05	♊
7 木	12:14	♊	~	8 金	00:31	♋
10 日	10:01	♋	~	10 日	13:01	♌
12 火	19:16	♌	~	12 火	23:09	♍
15 金	03:11	♍	~	15 金	05:47	♎
17 日	06:56	♎	~	17 日	09:24	♏
19 火	08:54	♏	~	19 火	11:18	♐
21 木	05:55	♐	~	21 木	12:53	♑
23 土	12:52	♑	~	23 土	15:18	♒
25 月	09:33	♒	~	25 月	19:16	♓
27 水	22:35	♓	~	28 木	01:11	♈
30 土	06:38	♈	~	30 土	09:20	♉

5月

開始日	開始時刻	サイン		終了日	終了時刻	サイン
2 月	19:12	♉	~	2 月	19:48	♊
5 木	05:36	♊	~	5 木	08:06	♋
7 土	19:25	♋	~	7 土	20:51	♌
9 月	21:38	♌	~	10 火	07:54	♍
12 木	12:59	♍	~	12 木	15:36	♎
14 土	17:07	♎	~	14 土	19:35	♏
16 月	18:28	♏	~	16 月	20:52	♐
18 水	12:59	♐	~	18 水	21:03	♑
20 金	20:59	♑	~	20 金	21:54	♒
22 日	16:19	♒	~	23 月	00:51	♓
25 水	06:33	♓	~	25 水	06:41	♈
27 金	12:20	♈	~	27 金	15:24	♉
29 日	23:10	♉	~	30 月	02:24	♊

6月

開始日	開始時刻	サイン		終了日	終了時刻	サイン
1 水	05:10	♊	~	1 水	14:50	♋
4 土	00:15	♋	~	4 土	03:39	♌
6 月	08:12	♌	~	6 月	15:23	♍
8 水	21:08	♍	~	9 木	00:24	♎
11 土	02:36	♎	~	11 土	05:42	♏
13 月	06:39	♏	~	13 月	07:33	♐
14 火	23:58	♐	~	15 水	07:15	♑
17 金	03:41	♑	~	17 金	06:45	♒
19 日	03:50	♒	~	19 日	08:02	♓
21 火	12:10	♓	~	21 火	12:38	♈
23 木	17:02	♈	~	23 木	20:59	♉
26 日	04:02	♉	~	26 日	08:14	♊
28 火	11:38	♊	~	28 火	20:55	♋

7月

開始日	開始時刻	サイン		終了日	終了時刻	サイン
1 金	05:14	♋	~	1 金	09:41	♌
3 日	18:58	♌	~	3 日	21:32	♍
6 水	03:03	♍	~	6 水	07:26	♎
8 金	10:03	♎	~	8 金	14:16	♏
10 日	13:34	♏	~	10 日	17:35	♐
12 火	10:42	♐	~	12 火	18:02	♑
14 木	13:16	♑	~	14 木	17:14	♒
16 土	13:36	♒	~	16 土	17:19	♓
18 月	15:42	♓	~	18 月	20:19	♈
20 水	23:18	♈	~	21 木	03:24	♉
23 土	08:44	♉	~	23 土	14:12	♊
25 月	17:14	♊	~	26 火	02:55	♋
28 木	09:54	♋	~	28 木	15:37	♌
30 土	13:29	♌	~	31 日	03:12	♍

8月

開始日	開始時刻	サイン		終了日	終了時刻	サイン
2 火	07:29	♍	~	2 火	13:07	♎
4 木	15:19	♎	~	4 木	20:48	♏
6 土	20:24	♏	~	7 日	01:40	♐
8 月	19:30	♐	~	9 火	03:40	♑
11 木	01:39	♑	~	11 木	03:46	♒
12 金	20:06	♒	~	13 土	03:45	♓
15 月	00:10	♓	~	15 月	05:44	♈
17 水	05:18	♈	~	17 水	11:23	♉
19 金	20:05	♉	~	19 金	21:07	♊
22 月	07:06	♊	~	22 月	09:30	♋
24 水	18:40	♋	~	24 水	22:10	♌
26 金	15:54	♌	~	27 土	09:26	♍
29 月	12:08	♍	~	29 月	18:46	♎
31 水	19:43	♎	~	1 木	02:12	♏

9月

開始日	開始時刻	サイン		終了日	終了時刻	サイン
3 土	02:21	♏	~	3 土	07:41	♐
5 月	10:51	♐	~	5 月	11:04	♑
7 水	06:42	♑	~	7 水	12:42	♒
8 木	21:33	♒	~	9 金	13:43	♓
11 日	09:28	♓	~	11 日	15:48	♈
13 火	13:53	♈	~	13 火	20:40	♉
15 木	21:58	♉	~	16 金	05:17	♊
18 日	06:52	♊	~	18 日	17:00	♋
21 水	00:56	♋	~	21 水	05:39	♌
22 木	20:07	♌	~	23 金	16:55	♍
25 日	21:49	♍	~	26 月	01:44	♎
28 水	01:20	♎	~	28 水	08:16	♏
30 金	06:19	♏	~	30 金	13:05	♐

10月

開始日	開始時刻	サイン		終了日	終了時刻	サイン
2 日	06:46	♐	~	2 日	16:39	♑
4 火	12:48	♑	~	4 火	19:22	♒
6 木	07:45	♒	~	6 木	21:48	♓
8 土	20:10	♓	~	9 日	00:58	♈
10 月	23:01	♈	~	11 火	06:05	♉
13 木	06:41	♉	~	13 木	14:09	♊
15 土	13:10	♊	~	16 日	01:12	♋
18 火	05:56	♋	~	18 火	13:46	♌
20 木	19:35	♌	~	21 金	01:27	♍
23 日	03:17	♍	~	23 日	10:25	♎
25 火	09:35	♎	~	25 火	16:20	♏
27 木	13:27	♏	~	27 木	19:56	♐
29 土	22:10	♐	~	29 土	22:23	♑

11月

開始日	開始時刻	サイン		終了日	終了時刻	サイン
1 火	00:14	♑	~	1 火	00:44	♒
2 水	20:08	♒	~	3 木	03:48	♓
5 土	07:05	♓	~	5 土	08:08	♈
7 月	07:29	♈	~	7 月	14:16	♉
9 水	21:00	♉	~	9 水	22:38	♊
12 土	07:28	♊	~	12 土	09:23	♋
14 月	19:40	♋	~	14 月	21:49	♌
17 木	08:55	♌	~	17 木	10:05	♍
19 土	17:46	♍	~	19 土	19:59	♎
21 月	20:14	♎	~	22 火	02:17	♏
24 木	03:15	♏	~	24 木	05:17	♐
26 土	04:21	♐	~	26 土	06:19	♑
28 月	05:11	♑	~	28 月	07:08	♒
29 火	15:53	♒	~	30 水	09:16	♓

12月

開始日	開始時刻	サイン		終了日	終了時刻	サイン
2 金	11:44	♓	~	2 金	13:42	♈
4 日	14:46	♈	~	4 日	20:39	♉
7 水	04:02	♉	~	7 水	05:50	♊
9 金	15:13	♊	~	9 金	16:50	♋
12 月	03:48	♋	~	12 月	05:10	♌
14 水	00:51	♌	~	14 水	17:47	♍
17 土	04:13	♍	~	17 土	04:50	♎
19 月	07:35	♎	~	19 月	12:32	♏
21 水	11:44	♏	~	21 水	16:14	♐
23 金	05:15	♐	~	23 金	16:51	♑
25 日	12:10	♑	~	25 日	16:15	♒
27 火	03:19	♒	~	27 火	16:35	♓
29 木	15:20	♓	~	29 木	19:37	♈
31 土	21:43	♈	~	1 日	02:10	♉

2023年【ボイドタイム】

1月

開始日	開始時刻	サイン		終了日	終了時刻	サイン
3 火	07:16	♉	~	3 火	11:45	♊
5 木	09:07	♊	~	5 木	23:16	♋
8 日	07:22	♋	~	8 日	11:41	♌
10 火	10:52	♌	~	11 水	00:16	♍
13 金	08:06	♍	~	13 金	11:58	♎
15 日	17:39	♎	~	15 日	21:09	♏
17 火	23:27	♏	~	18 水	02:34	♐
19 木	19:08	♐	~	20 金	04:13	♑
22 日	00:52	♑	~	22 日	03:30	♒
23 月	19:19	♒	~	24 火	02:37	♓
26 木	01:11	♓	~	26 木	03:49	♈
28 土	06:01	♈	~	28 土	08:44	♉
30 月	14:51	♉	~	30 月	17:36	♊

2月

開始日	開始時刻	サイン		終了日	終了時刻	サイン
1 水	20:58	♊	~	2 木	05:13	♋
4 土	15:19	♋	~	4 土	17:50	♌
6 月	23:15	♌	~	7 火	06:15	♍
9 木	15:40	♍	~	9 木	17:48	♎
12 日	01:41	♎	~	12 日	03:36	♏
14 火	08:51	♏	~	14 火	10:32	♐
16 木	10:05	♐	~	16 木	14:01	♑
18 土	13:17	♑	~	18 土	14:36	♒
20 月	11:00	♒	~	20 月	13:57	♓
22 水	13:05	♓	~	22 水	14:15	♈
24 金	16:21	♈	~	24 金	17:30	♉
26 日	23:42	♉	~	27 月	00:49	♊

3月

開始日	開始時刻	サイン		終了日	終了時刻	サイン
1 水	10:07	♊	~	1 水	11:41	♋
3 金	23:22	♋	~	4 土	00:17	♌
6 月	12:18	♌	~	6 月	12:40	♍
8 水	23:07	♍	~	8 水	23:45	♎
11 土	08:36	♎	~	11 土	09:07	♏
13 月	15:58	♏	~	13 月	16:22	♐
15 水	17:50	♐	~	15 水	21:07	♑
17 金	23:13	♑	~	17 金	23:26	♒
19 日	19:33	♒	~	20 月	00:13	♓
22 水	00:57	♓	~	22 水	01:02	♈
24 金	02:13	♈	~	24 金	03:43	♉
26 日	01:19	♉	~	26 日	09:43	♊
28 火	10:39	♊	~	28 火	19:23	♋
30 木	22:45	♋	~	31 金	07:32	♌

4月

開始日	開始時刻	サイン		終了日	終了時刻	サイン
2 日	15:02	♌	~	2 日	19:58	♍
4 火	22:49	♍	~	5 水	06:52	♎
6 木	21:42	♎	~	7 金	15:30	♏
9 日	18:09	♏	~	9 日	21:58	♐
11 火	19:47	♐	~	12 水	02:34	♑
13 木	23:14	♑	~	14 金	05:43	♒
16 日	00:15	♒	~	16 日	07:58	♓
18 火	03:56	♓	~	18 火	10:10	♈
20 木	13:12	♈	~	20 木	13:31	♉
22 土	12:41	♉	~	22 土	19:12	♊
24 月	21:14	♊	~	25 火	04:00	♋
27 木	08:40	♋	~	27 木	15:31	♌
29 土	19:52	♌	~	30 日	04:00	♍

5月

開始日	開始時刻	サイン		終了日	終了時刻	サイン
2 火	08:52	♍	~	2 火	15:10	♎
4 木	18:16	♎	~	4 木	23:33	♏
6 土	23:37	♏	~	7 日	05:05	♐
9 火	05:27	♐	~	9 火	08:34	♑
11 木	08:52	♑	~	11 木	11:07	♒
13 土	12:15	♒	~	13 土	13:40	♓
15 月	11:56	♓	~	15 月	16:57	♈
17 水	18:09	♈	~	17 水	21:29	♉
20 土	02:50	♉	~	20 土	03:49	♊
22 月	07:11	♊	~	22 月	12:30	♋
24 水	18:11	♋	~	24 水	23:36	♌
26 金	15:38	♌	~	27 土	12:06	♍
29 月	18:45	♍	~	29 月	23:52	♎
31 水	23:53	♎	~	1 木	08:46	♏

6月

開始日	開始時刻	サイン		終了日	終了時刻	サイン
3 土	09:51	♏	~	3 土	14:05	♐
5 月	12:23	♐	~	5 月	16:32	♑
7 水	13:39	♑	~	7 水	17:43	♒
9 金	13:23	♒	~	9 金	19:15	♓
11 日	18:09	♓	~	11 日	22:22	♈
14 水	03:26	♈	~	14 水	03:32	♉
16 金	10:36	♉	~	16 金	10:47	♊
18 日	15:23	♊	~	18 日	19:59	♋
21 水	06:43	♋	~	21 水	07:05	♌
23 金	02:00	♌	~	23 金	19:36	♍
26 月	07:24	♍	~	26 月	07:58	♎
28 水	17:18	♎	~	28 水	17:57	♏
30 金	23:20	♏	~	1 土	00:01	♐

7月

開始日	開始時刻	サイン		終了日	終了時刻	サイン
2 日	22:33	♐	~	3 月	02:21	♑
5 水	01:45	♑	~	5 水	02:31	♒
6 木	22:41	♒	~	7 金	02:34	♓
9 日	03:21	♓	~	9 日	04:20	♈
11 火	08:11	♈	~	11 火	08:57	♉
13 木	15:10	♉	~	13 木	16:27	♊
15 土	21:35	♊	~	16 日	02:15	♋
18 火	12:05	♋	~	18 火	13:41	♌
20 木	23:08	♌	~	21 金	02:14	♍
23 日	13:05	♍	~	23 日	14:55	♎
26 水	00:05	♎	~	26 水	01:56	♏
28 金	07:35	♏	~	28 金	09:25	♐
30 日	08:51	♐	~	30 日	12:45	♑

8月

開始日	開始時刻	サイン		終了日	終了時刻	サイン
1 火	11:12	♑	~	1 火	12:59	♒
3 木	06:15	♒	~	3 木	12:07	♓
5 土	10:20	♓	~	5 土	12:20	♈
7 月	13:12	♈	~	7 月	15:26	♉
9 水	19:38	♉	~	9 水	22:06	♊
12 土	02:27	♊	~	12 土	07:53	♋
14 月	16:46	♋	~	14 月	19:37	♌
16 水	18:38	♌	~	17 木	08:15	♍
19 土	17:50	♍	~	19 土	20:55	♎
22 火	05:30	♎	~	22 火	08:23	♏
24 木	14:10	♏	~	24 木	17:09	♐
26 土	20:56	♐	~	26 土	22:06	♑
28 月	20:48	♑	~	28 月	23:33	♒
30 水	12:04	♒	~	30 水	22:58	♓

9月

開始日	開始時刻	サイン		終了日	終了時刻	サイン
1 金	19:35	♓	~	1 金	22:26	♈
3 日	20:56	♈	~	4 月	00:01	♉
6 水	01:45	♉	~	6 水	05:08	♊
8 金	07:21	♊	~	8 金	14:01	♋
10 日	21:47	♋	~	11 月	01:37	♌
13 水	00:05	♌	~	13 水	14:19	♍
15 金	22:49	♍	~	16 土	02:46	♎
18 月	10:06	♎	~	18 月	13:59	♏
20 水	19:21	♏	~	20 水	23:07	♐
23 土	04:31	♐	~	23 土	05:21	♑
25 月	05:05	♑	~	25 月	08:31	♒
26 火	21:38	♒	~	27 水	09:19	♓
29 金	05:57	♓	~	29 金	09:18	♈

10月

開始日	開始時刻	サイン		終了日	終了時刻	サイン
1 日	06:49	♈	~	1 日	10:19	♉
3 火	10:19	♉	~	3 火	14:04	♊
5 木	15:34	♊	~	5 木	21:33	♋
8 日	04:11	♋	~	8 日	08:26	♌
10 火	18:36	♌	~	10 火	21:03	♍
13 金	05:10	♍	~	13 金	09:23	♎
15 日	16:01	♎	~	15 日	20:05	♏
18 水	00:43	♏	~	18 水	04:38	♐
20 金	04:02	♐	~	20 金	10:56	♑
22 日	15:00	♑	~	22 日	15:07	♒
24 火	04:04	♒	~	24 火	17:34	♓
26 木	15:39	♓	~	26 木	19:03	♈
28 土	17:19	♈	~	28 土	20:45	♉
30 月	20:35	♉	~	31 火	00:09	♊

11月

開始日	開始時刻	サイン		終了日	終了時刻	サイン
1 水	21:36	♊	~	2 木	06:31	♋
4 土	12:27	♋	~	4 土	16:22	♌
6 月	16:25	♌	~	7 火	04:40	♍
9 木	13:55	♍	~	9 木	17:09	♎
12 日	00:05	♎	~	12 日	03:40	♏
14 火	08:03	♏	~	14 火	11:24	♐
16 木	07:56	♐	~	16 木	16:43	♑
18 土	17:27	♑	~	18 土	20:29	♒
20 月	19:49	♒	~	20 月	23:30	♓
23 木	00:09	♓	~	23 木	02:21	♈
25 土	02:40	♈	~	25 土	05:30	♉
27 月	06:51	♉	~	27 月	09:41	♊
29 水	10:03	♊	~	29 水	15:55	♋

12月

開始日	開始時刻	サイン		終了日	終了時刻	サイン
1 金	22:06	♋	~	2 土	01:02	♌
4 月	11:11	♌	~	4 月	12:51	♍
6 水	22:50	♍	~	7 木	01:36	♎
9 土	10:05	♎	~	9 土	12:36	♏
11 月	17:57	♏	~	11 月	20:12	♐
13 水	15:48	♐	~	14 木	00:33	♑
16 土	01:03	♑	~	16 土	02:57	♒
17 日	21:03	♒	~	18 月	04:59	♓
20 水	06:03	♓	~	20 水	07:48	♈
22 金	11:47	♈	~	22 金	11:51	♉
24 日	15:39	♉	~	24 日	17:16	♊
26 火	16:55	♊	~	27 水	00:16	♋
29 金	07:57	♋	~	29 金	09:24	♌
31 日	14:18	♌	~	31 日	20:54	♍

2024年【ボイドタイム】

1月

開始日	開始時刻	サイン		終了日	終了時刻	サイン
3 水	08:36	♍	~	3 水	09:48	♎
5 金	20:40	♎	~	5 金	21:41	♏
8 月	05:22	♏	~	8 月	06:10	♐
10 水	03:24	♐	~	10 水	10:34	♑
12 金	11:33	♑	~	12 金	12:02	♒
13 土	18:58	♒	~	14 日	12:30	♓
16 火	13:32	♓	~	16 火	13:50	♈
18 木	17:02	♈	~	18 木	17:13	♉
20 土	22:57	♉	~	20 土	22:59	♊
23 火	05:39	♊	~	23 火	06:52	♋
25 木	07:58	♋	~	25 木	16:38	♌
27 土	06:19	♌	~	28 日	04:12	♍
30 火	08:19	♍	~	30 火	17:05	♎

2月

開始日	開始時刻	サイン		終了日	終了時刻	サイン
1 木	18:03	♎	~	2 金	05:38	♏
4 日	12:24	♏	~	4 日	15:29	♐
6 火	14:06	♐	~	6 火	21:10	♑
8 木	16:52	♑	~	8 木	23:01	♒
10 土	07:59	♒	~	10 土	22:44	♓
12 月	21:31	♓	~	12 月	22:27	♈
14 水	19:20	♈	~	15 木	00:03	♉
17 土	00:00	♉	~	17 土	04:41	♊
19 月	12:20	♊	~	19 月	12:26	♋
21 水	15:37	♋	~	21 水	22:42	♌
23 金	13:18	♌	~	24 土	10:39	♍
26 月	16:35	♍	~	26 月	23:31	♎
28 水	03:21	♎	~	29 木	12:10	♏

3月

開始日	開始時刻	サイン		終了日	終了時刻	サイン
2 土	16:47	♏	~	2 土	22:57	♐
5 火	00:40	♐	~	5 火	06:16	♑
7 木	04:35	♑	~	7 木	09:40	♒
9 土	03:55	♒	~	9 土	10:05	♓
11 月	04:45	♓	~	11 月	09:20	♈
12 火	20:07	♈	~	13 水	09:29	♉
15 金	07:29	♉	~	15 金	12:17	♊
17 日	13:42	♊	~	17 日	18:42	♋
20 水	03:52	♋	~	20 水	04:34	♌
22 金	15:33	♌	~	22 金	16:43	♍
25 月	00:49	♍	~	25 月	05:39	♎
27 水	08:08	♎	~	27 水	18:04	♏
30 土	00:39	♏	~	30 土	04:53	♐

4月

開始日	開始時刻	サイン		終了日	終了時刻	サイン
1 月	09:15	♐	~	1 月	13:06	♑
3 水	14:40	♑	~	3 水	18:09	♒
5 金	14:39	♒	~	5 金	20:14	♓
7 日	17:26	♓	~	7 日	20:26	♈
9 火	11:38	♈	~	9 火	20:24	♉
11 木	19:03	♉	~	11 木	22:00	♊
13 土	23:45	♊	~	14 日	02:46	♋
16 火	08:22	♋	~	16 火	11:25	♌
18 木	21:02	♌	~	18 木	23:12	♍
21 日	09:19	♍	~	21 日	12:09	♎
23 火	08:23	♎	~	24 水	00:21	♏
26 金	08:16	♏	~	26 金	10:38	♐
28 日	16:30	♐	~	28 日	18:39	♑

5月

開始日	開始時刻	サイン		終了日	終了時刻	サイン
1 水	00:18	♑	~	1 水	00:21	♒
2 木	18:28	♒	~	3 金	03:53	♓
5 日	04:06	♓	~	5 日	05:42	♈
6 月	14:57	♈	~	7 火	06:43	♉
9 木	06:55	♉	~	9 木	08:22	♊
11 土	10:48	♊	~	11 土	12:14	♋
13 月	18:12	♋	~	13 月	19:37	♌
16 木	01:41	♌	~	16 木	06:34	♍
18 土	18:08	♍	~	18 土	19:24	♎
20 月	00:48	♎	~	21 火	07:35	♏
23 木	16:27	♏	~	23 木	17:25	♐
25 土	23:47	♐	~	26 日	00:37	♑
28 火	05:01	♑	~	28 火	05:46	♒
29 水	23:19	♒	~	30 木	09:34	♓

6月

開始日	開始時刻	サイン		終了日	終了時刻	サイン
1 土	11:54	♓	~	1 土	12:29	♈
3 月	07:03	♈	~	3 月	14:56	♉
5 水	17:08	♉	~	5 水	17:37	♊
7 金	21:15	♊	~	7 金	21:42	♋
10 月	04:05	♋	~	10 月	04:30	♌
12 水	04:16	♌	~	12 水	14:40	♍
15 土	02:53	♍	~	15 土	03:13	♎
17 月	15:05	♎	~	17 月	15:39	♏
20 木	01:18	♏	~	20 木	01:33	♐
22 土	07:58	♐	~	22 土	08:10	♑
24 月	12:05	♑	~	24 月	12:15	♒
26 水	07:29	♒	~	26 水	15:09	♓
28 金	17:44	♓	~	28 金	17:53	♈
30 日	13:56	♈	~	30 日	21:01	♉

7月

開始日	開始時刻	サイン		終了日	終了時刻	サイン
3 水	00:42	♉	~	3 水	00:51	♊
5 金	05:43	♊	~	5 金	05:53	♋
7 日	12:47	♋	~	7 日	12:57	♌
9 火	15:03	♌	~	9 火	22:49	♍
12 金	10:54	♍	~	12 金	11:08	♎
14 日	07:48	♎	~	14 日	23:54	♏
17 水	10:10	♏	~	17 水	10:26	♐
19 金	16:58	♐	~	19 金	17:15	♑
21 日	20:26	♑	~	21 日	20:44	♒
23 火	18:58	♒	~	23 火	22:24	♓
25 木	23:31	♓	~	25 木	23:53	♈
27 土	07:14	♈	~	28 日	02:24	♉
30 火	05:59	♉	~	30 火	06:29	♊

8月

開始日	開始時刻	サイン		終了日	終了時刻	サイン
1 木	11:46	♊	~	1 木	12:20	♋
3 土	19:31	♋	~	3 土	20:11	♌
6 火	00:16	♌	~	6 火	06:18	♍
8 木	17:40	♍	~	8 木	18:33	♎
10 土	06:44	♎	~	11 日	07:35	♏
13 火	18:00	♏	~	13 火	19:02	♐
16 金	01:52	♐	~	16 金	02:52	♑
18 日	05:43	♑	~	18 日	06:46	♒
20 火	03:25	♒	~	20 火	07:53	♓
22 木	06:53	♓	~	22 木	08:03	♈
23 金	21:44	♈	~	24 土	09:01	♉
26 月	10:40	♉	~	26 月	12:05	♊
28 水	16:13	♊	~	28 水	17:49	♋
31 土	00:24	♋	~	31 土	02:10	♌

9月

開始日	開始時刻	サイン		終了日	終了時刻	サイン
2 月	09:24	♌	~	2 月	12:50	♍
5 木	01:06	♍	~	5 木	01:13	♎
7 土	14:08	♎	~	7 土	14:20	♏
10 火	02:11	♏	~	10 火	02:27	♐
12 木	09:20	♐	~	12 木	11:39	♑
14 土	16:34	♑	~	14 土	16:55	♒
16 月	14:03	♒	~	16 月	18:40	♓
18 水	18:02	♓	~	18 水	18:25	♈
20 金	17:38	♈	~	20 金	18:04	♉
22 日	19:13	♉	~	22 日	19:25	♊
24 火	20:58	♊	~	24 火	23:51	♋
27 金	07:12	♋	~	27 金	07:48	♌
29 日	12:35	♌	~	29 日	18:43	♍

10月

開始日	開始時刻	サイン		終了日	終了時刻	サイン
2 水	06:38	♍	~	2 水	07:21	♎
4 金	19:40	♎	~	4 金	20:23	♏
7 月	07:52	♏	~	7 月	08:35	♐
9 水	14:53	♐	~	9 水	18:39	♑
12 土	00:53	♑	~	12 土	01:32	♒
13 日	23:11	♒	~	14 月	04:56	♓
16 水	05:00	♓	~	16 水	05:35	♈
18 金	04:26	♈	~	18 金	05:01	♉
20 日	04:33	♉	~	20 日	05:08	♊
22 火	05:59	♊	~	22 火	07:51	♋
24 木	13:47	♋	~	24 木	14:25	♌
26 土	17:03	♌	~	27 日	00:49	♍
29 火	12:54	♍	~	29 火	13:31	♎

11月

開始日	開始時刻	サイン		終了日	終了時刻	サイン
1 金	01:57	♎	~	1 金	02:30	♏
3 日	13:50	♏	~	3 日	14:21	♐
5 火	19:23	♐	~	6 水	00:18	♑
8 金	07:37	♑	~	8 金	07:59	♒
10 日	09:23	♒	~	10 日	13:01	♓
12 火	15:13	♓	~	12 火	15:27	♈
14 木	15:49	♈	~	14 木	16:00	♉
16 土	16:02	♉	~	16 土	16:10	♊
18 月	13:08	♊	~	18 月	17:51	♋
20 水	20:19	♋	~	20 水	22:52	♌
22 金	22:14	♌	~	23 土	08:02	♍
25 月	14:34	♍	~	25 月	20:21	♎
27 水	18:14	♎	~	28 木	09:22	♏
30 土	15:18	♏	~	30 土	20:54	♐

12月

開始日	開始時刻	サイン		終了日	終了時刻	サイン
3 火	00:46	♐	~	3 火	06:10	♑
5 木	08:34	♑	~	5 木	13:22	♒
7 土	09:01	♒	~	7 土	18:50	♓
9 月	17:44	♓	~	9 月	22:39	♈
11 水	07:13	♈	~	12 木	00:56	♉
13 金	21:38	♉	~	14 土	02:23	♊
15 日	23:31	♊	~	16 月	04:22	♋
18 水	03:33	♋	~	18 水	08:40	♌
20 金	14:19	♌	~	20 金	16:38	♍
22 日	22:27	♍	~	23 月	04:09	♎
24 火	19:43	♎	~	25 水	17:07	♏
27 金	23:23	♏	~	28 土	04:48	♐
30 月	08:34	♐	~	30 月	13:38	♑

2025年【ボイドタイム】

1月

開始日	開始時刻	サイン		終了日	終了時刻	サイン
1 水	15:02	♑	~	1 水	19:51	♒
3 金	13:12	♒	~	4 土	00:22	♓
5 日	23:30	♓	~	6 月	04:02	♈
8 水	06:15	♈	~	8 水	07:12	♉
10 金	07:49	♉	~	10 金	10:08	♊
12 日	09:03	♊	~	12 日	13:25	♋
14 火	13:45	♋	~	14 火	18:13	♌
16 木	13:10	♌	~	17 金	01:47	♍
19 日	11:01	♍	~	19 日	12:34	♎
21 火	13:33	♎	~	22 水	01:21	♏
24 金	09:03	♏	~	24 金	13:30	♐
26 日	18:39	♐	~	26 日	22:44	♑
29 水	00:48	♑	~	29 水	04:33	♒
30 木	20:28	♒	~	31 金	07:54	♓

2月

開始日	開始時刻	サイン		終了日	終了時刻	サイン
2 日	07:05	♓	~	2 日	10:11	♈
3 月	19:19	♈	~	4 火	12:35	♉
6 木	12:29	♉	~	6 木	15:45	♊
8 土	16:51	♊	~	8 土	20:05	♋
10 月	22:49	♋	~	11 火	02:02	♌
13 木	04:11	♌	~	13 木	10:08	♍
15 土	17:35	♍	~	15 土	20:46	♎
18 火	08:23	♎	~	18 火	09:20	♏
20 木	19:05	♏	~	20 木	21:56	♐
23 日	05:38	♐	~	23 日	08:10	♑
25 火	12:28	♑	~	25 火	14:41	♒
27 木	07:04	♒	~	27 木	17:48	♓

3月

開始日	開始時刻	サイン		終了日	終了時刻	サイン
1 土	17:05	♓	~	1 土	18:53	♈
2 日	22:51	♈	~	3 月	19:38	♉
5 水	19:53	♉	~	5 水	21:30	♊
7 金	23:56	♊	~	8 土	01:30	♋
10 月	06:32	♋	~	10 月	08:00	♌
12 水	05:15	♌	~	12 水	16:57	♍
15 土	02:47	♍	~	15 土	04:00	♎
16 日	18:53	♎	~	17 月	16:32	♏
20 木	04:28	♏	~	20 木	05:18	♐
22 土	15:52	♐	~	22 土	16:30	♑
25 火	00:00	♑	~	25 火	00:26	♒
26 水	19:15	♒	~	27 木	04:33	♓
29 土	05:29	♓	~	29 土	05:37	♈
30 日	18:17	♈	~	31 月	05:17	♉

4月

開始日	開始時刻	サイン		終了日	終了時刻	サイン
2 水	02:42	♉	~	2 水	05:27	♊
4 金	03:26	♊	~	4 金	07:51	♋
6 日	07:54	♋	~	6 日	13:35	♌
8 火	13:08	♌	~	8 火	22:41	♍
11 金	04:48	♍	~	11 金	10:13	♎
13 日	19:00	♎	~	13 日	22:55	♏
16 水	11:23	♏	~	16 水	11:38	♐
18 金	20:37	♐	~	18 金	23:13	♑
21 月	02:20	♑	~	21 月	08:23	♒
23 水	06:55	♒	~	23 水	14:08	♓
25 金	11:57	♓	~	25 金	16:25	♈
27 日	01:17	♈	~	27 日	16:18	♉
29 火	14:17	♉	~	29 火	15:36	♊

5月

開始日	開始時刻	サイン		終了日	終了時刻	サイン
1 木	12:48	♊	~	1 木	16:24	♋
3 土	17:02	♋	~	3 土	20:30	♌
5 月	22:03	♌	~	6 火	04:41	♍
8 木	13:11	♍	~	8 木	16:07	♎
10 土	15:17	♎	~	11 日	04:59	♏
13 火	15:36	♏	~	13 火	17:36	♐
16 金	03:28	♐	~	16 金	04:59	♑
18 日	13:26	♑	~	18 日	14:31	♒
20 火	20:58	♒	~	20 火	21:30	♓
23 金	01:06	♓	~	23 金	01:27	♈
24 土	20:43	♈	~	25 日	02:39	♉
26 月	22:51	♉	~	27 火	02:23	♊
28 水	22:00	♊	~	29 木	02:34	♋
31 土	01:50	♋	~	31 土	05:18	♌

6月

開始日	開始時刻	サイン		終了日	終了時刻	サイン
2 月	08:37	♌	~	2 月	12:01	♍
4 水	20:11	♍	~	4 水	22:39	♎
7 土	10:04	♎	~	7 土	11:24	♏
9 月	21:06	♏	~	9 月	23:57	♐
12 木	04:57	♐	~	12 木	10:56	♑
14 土	17:51	♑	~	14 土	20:01	♒
17 火	02:30	♒	~	17 火	03:10	♓
19 木	06:34	♓	~	19 木	08:09	♈
21 土	10:49	♈	~	21 土	10:54	♉
23 月	10:50	♉	~	23 月	11:58	♊
23 月	17:25	♊	~	25 水	12:45	♋
27 金	14:15	♋	~	27 金	15:06	♌
29 日	20:02	♌	~	29 日	20:45	♍

7月

開始日	開始時刻	サイン		終了日	終了時刻	サイン
2 水	05:46	♍	~	2 水	06:18	♎
3 木	04:30	♎	~	4 金	18:34	♏
7 月	07:03	♏	~	7 月	07:07	♐
8 火	06:29	♐	~	9 水	17:56	♑
11 金	05:36	♑	~	12 土	02:22	♒
13 日	04:45	♒	~	14 月	08:46	♓
16 水	02:09	♓	~	16 水	13:33	♈
18 金	09:37	♈	~	18 金	17:00	♉
20 日	15:43	♉	~	20 日	19:23	♊
22 火	04:51	♊	~	22 火	21:27	♋
24 木	09:42	♋	~	25 金	00:30	♌
26 土	20:01	♌	~	27 日	05:57	♍
29 火	09:56	♍	~	29 火	14:44	♎
30 水	12:58	♎	~	1 金	02:26	♏

8月

開始日	開始時刻	サイン		終了日	終了時刻	サイン
3 日	10:06	♏	~	3 日	15:02	♐
6 水	00:28	♐	~	6 水	02:05	♑
7 木	02:39	♑	~	8 金	10:19	♒
9 土	16:54	♒	~	10 日	15:51	♓
11 月	15:54	♓	~	12 火	19:34	♈
14 木	07:54	♈	~	14 木	22:23	♉
16 土	14:12	♉	~	17 日	01:02	♊
18 月	20:53	♊	~	19 火	04:06	♋
20 水	21:27	♋	~	21 木	08:18	♌
22 金	03:13	♌	~	23 土	14:25	♍
25 月	22:53	♍	~	25 月	23:09	♎
27 水	11:06	♎	~	28 木	10:28	♏
30 土	09:47	♏	~	30 土	23:06	♐

9月

開始日	開始時刻	サイン		終了日	終了時刻	サイン
2 火	10:38	♐	~	2 火	10:46	♑
4 木	19:07	♑	~	4 木	19:33	♒
6 土	05:51	♒	~	7 日	00:55	♓
9 火	02:43	♓	~	9 火	03:38	♈
10 水	15:53	♈	~	11 木	05:05	♉
13 土	05:13	♉	~	13 土	06:39	♊
15 月	07:46	♊	~	15 月	09:31	♋
17 水	12:13	♋	~	17 水	14:21	♌
19 金	21:21	♌	~	19 金	21:24	♍
22 月	04:54	♍	~	22 月	06:42	♎
24 水	01:01	♎	~	24 水	18:01	♏
27 土	02:43	♏	~	27 土	06:38	♐
29 月	14:43	♐	~	29 月	18:56	♑

10月

開始日	開始時刻	サイン		終了日	終了時刻	サイン
2 木	00:33	♑	~	2 木	04:53	♒
4 土	03:15	♒	~	4 土	11:08	♓
6 月	09:29	♓	~	6 月	13:49	♈
8 水	03:23	♈	~	8 水	14:14	♉
10 金	09:31	♉	~	10 金	14:13	♊
12 日	11:55	♊	~	12 日	15:38	♋
14 火	14:05	♋	~	14 火	19:48	♌
16 木	14:06	♌	~	17 金	03:07	♍
19 日	06:10	♍	~	19 日	13:03	♎
21 火	21:25	♎	~	22 水	00:43	♏
24 金	13:13	♏	~	24 金	13:20	♐
27 月	01:41	♐	~	27 月	01:54	♑
29 水	12:38	♑	~	29 水	12:56	♒
31 金	15:15	♒	~	31 金	20:47	♓

11月

開始日	開始時刻	サイン		終了日	終了時刻	サイン
3 月	00:15	♓	~	3 月	00:41	♈
4 火	20:21	♈	~	5 水	01:17	♉
6 木	23:50	♉	~	7 金	00:22	♊
8 土	23:31	♊	~	9 日	00:07	♋
11 火	02:22	♋	~	11 火	02:35	♌
13 木	08:29	♌	~	13 木	08:53	♍
15 土	18:08	♍	~	15 土	18:45	♎
17 月	20:50	♎	~	18 火	06:46	♏
20 木	18:24	♏	~	20 木	19:27	♐
23 日	06:47	♐	~	23 日	07:54	♑
25 火	18:09	♑	~	25 火	19:17	♒
28 金	02:53	♒	~	28 金	04:25	♓
30 日	09:05	♓	~	30 日	10:08	♈

12月

開始日	開始時刻	サイン		終了日	終了時刻	サイン
2 火	03:14	♈	~	2 火	12:14	♉
4 木	10:50	♉	~	4 木	11:49	♊
6 土	09:54	♊	~	6 土	10:55	♋
8 月	10:44	♋	~	8 月	11:49	♌
10 水	13:56	♌	~	10 水	16:21	♍
12 金	23:50	♍	~	13 土	01:05	♎
15 月	12:36	♎	~	15 月	12:52	♏
18 木	00:24	♏	~	18 木	01:40	♐
20 土	12:40	♐	~	20 土	13:54	♑
22 月	23:43	♑	~	23 火	00:53	♒
25 木	06:41	♒	~	25 木	10:10	♓
27 土	16:03	♓	~	27 土	17:03	♈
29 月	11:13	♈	~	29 月	20:58	♉
31 水	21:24	♉	~	31 水	22:14	♊

2026年【ボイドタイム】

1月

開始日	開始時刻	サイン		終了日	終了時刻	サイン
2 金	21:23	♊	～	2 金	22:10	♋
4 日	21:59	♋	～	4 日	22:45	♌
6 火	22:04	♌	～	7 水	01:58	♍
9 金	08:22	♍	～	9 金	09:07	♎
11 日	02:54	♎	～	11 日	19:56	♏
14 水	07:58	♏	～	14 水	08:35	♐
16 金	20:18	♐	～	16 金	20:48	♑
19 月	06:56	♑	～	19 月	07:19	♒
21 水	11:16	♒	～	21 水	15:51	♓
23 金	22:17	♓	～	23 金	22:27	♈
25 日	06:36	♈	～	26 月	03:06	♉
28 水	02:57	♉	～	28 水	05:56	♊
30 金	04:56	♊	～	30 金	07:33	♋

2月

開始日	開始時刻	サイン		終了日	終了時刻	サイン
1 日	06:51	♋	～	1 日	09:10	♌
3 火	07:55	♌	～	3 火	12:22	♍
5 木	16:49	♍	～	5 木	18:34	♎
7 土	20:59	♎	～	8 日	04:14	♏
10 火	16:00	♏	～	10 火	16:23	♐
13 金	04:28	♐	～	13 金	04:46	♑
15 日	10:31	♑	～	15 日	15:18	♒
17 火	21:01	♒	～	17 火	23:10	♓
20 金	00:22	♓	～	20 金	04:40	♈
21 土	20:11	♈	～	22 日	08:32	♉
24 火	07:28	♉	～	24 火	11:30	♊
26 木	08:00	♊	～	26 木	14:12	♋
28 土	13:21	♋	～	28 土	17:18	♌

3月

開始日	開始時刻	サイン		終了日	終了時刻	サイン
2 月	21:27	♌	～	2 月	21:35	♍
4 水	23:52	♍	～	5 木	03:57	♎
6 金	08:22	♎	～	7 土	13:03	♏
9 月	20:28	♏	～	10 火	00:38	♐
11 水	18:38	♐	～	12 木	13:08	♑
14 土	20:33	♑	～	15 日	00:15	♒
17 火	04:56	♒	～	17 火	08:17	♓
19 木	10:23	♓	～	19 木	13:04	♈
20 金	18:23	♈	～	21 土	15:36	♉
23 月	14:39	♉	～	23 月	17:20	♊
25 水	07:37	♊	～	25 水	19:34	♋
27 金	20:40	♋	～	27 金	23:11	♌
30 月	02:27	♌	～	30 月	04:34	♍

4月

開始日	開始時刻	サイン		終了日	終了時刻	サイン
1 水	09:31	♍	～	1 水	11:52	♎
2 木	17:55	♎	～	3 金	21:12	♏
6 月	06:28	♏	～	6 月	08:33	♐
8 水	18:51	♐	～	8 水	21:05	♑
11 土	07:23	♑	～	11 土	08:57	♒
13 月	16:42	♒	～	13 月	17:57	♓
15 水	22:07	♓	～	15 水	23:05	♈
17 金	20:51	♈	～	18 土	00:59	♉
20 月	00:44	♉	～	20 月	01:19	♊
20 月	14:17	♊	～	22 水	02:01	♋
24 金	04:28	♋	～	24 金	04:42	♌
25 土	07:20	♌	～	26 日	10:06	♍
27 月	20:11	♍	～	28 火	18:04	♎
30 木	17:51	♎	～	1 金	04:03	♏

5月

開始日	開始時刻	サイン		終了日	終了時刻	サイン
2 土	17:47	♏	～	3 日	15:35	♐
5 火	06:33	♐	～	6 水	04:07	♑
7 木	23:18	♑	～	8 金	16:29	♒
10 日	14:08	♒	～	11 月	02:41	♓
12 火	19:04	♓	～	13 水	09:05	♈
15 金	06:32	♈	～	15 金	11:32	♉
17 日	10:02	♉	～	17 日	11:24	♊
18 月	04:35	♊	～	19 火	10:47	♋
20 水	22:26	♋	～	21 木	11:49	♌
22 金	07:05	♌	～	23 土	15:58	♍
25 月	09:54	♍	～	25 月	23:35	♎
27 水	20:32	♎	～	28 木	09:54	♏
30 土	09:04	♏	～	30 土	21:46	♐
31 日	22:20	♐	～	2 火	10:20	♑

6月

開始日	開始時刻	サイン		終了日	終了時刻	サイン
4 木	12:04	♑	～	4 木	22:47	♒
6 土	04:50	♒	～	7 日	09:44	♓
9 火	09:38	♓	～	9 火	17:35	♈
11 木	17:22	♈	～	11 木	21:29	♉
13 土	16:30	♉	～	13 土	22:07	♊
15 月	11:54	♊	～	15 月	21:15	♋
17 水	16:40	♋	～	17 水	21:06	♌
19 金	20:30	♌	～	19 金	23:38	♍
22 月	02:32	♍	～	22 月	05:56	♎
24 水	13:11	♎	～	24 水	15:44	♏
27 土	02:09	♏	～	27 土	03:42	♐
28 日	14:04	♐	～	29 月	16:20	♑

7月

開始日	開始時刻	サイン		終了日	終了時刻	サイン
1 水	20:50	♑	～	2 木	04:34	♒
4 土	02:27	♒	～	4 土	15:31	♓
6 月	14:21	♓	～	7 火	00:08	♈
9 木	03:41	♈	～	9 木	05:32	♉
10 金	19:13	♉	～	11 土	07:43	♊
12 日	07:11	♊	～	13 月	07:48	♋
14 火	18:43	♋	～	15 水	07:36	♌
16 木	07:26	♌	～	17 金	09:08	♍
19 日	07:13	♍	～	19 日	13:58	♎
21 火	20:05	♎	～	21 火	22:36	♏
23 木	06:48	♏	～	24 金	10:08	♐
25 土	23:58	♐	～	26 日	22:45	♑
28 火	15:10	♑	～	29 水	10:47	♒
31 金	06:26	♒	～	31 金	21:15	♓

8月

開始日	開始時刻	サイン		終了日	終了時刻	サイン
2 日	21:33	♓	～	3 月	05:38	♈
5 水	03:51	♈	～	5 水	11:37	♉
7 金	08:24	♉	～	7 金	15:09	♊
9 日	14:26	♊	～	9 日	16:47	♋
10 月	16:30	♋	～	11 火	17:39	♌
13 木	02:36	♌	～	13 木	19:19	♍
14 金	04:23	♍	～	15 土	23:21	♎
17 月	20:30	♎	～	18 火	06:47	♏
20 木	11:46	♏	～	20 木	17:31	♐
23 日	05:30	♐	～	23 日	06:00	♑
24 月	15:30	♑	～	25 火	18:03	♒
27 木	06:59	♒	～	28 金	04:05	♓
29 土	01:13	♓	～	30 日	11:39	♈

9月

開始日	開始時刻	サイン		終了日	終了時刻	サイン
1 火	04:46	♈	～	1 火	17:02	♉
2 水	19:46	♉	～	3 木	20:48	♊
5 土	17:39	♊	～	5 土	23:32	♋
7 月	22:39	♋	～	8 火	01:51	♌
10 木	03:57	♌	～	10 木	04:36	♍
11 金	14:52	♍	～	12 土	08:53	♎
13 日	23:26	♎	～	14 月	15:45	♏
16 水	12:29	♏	～	17 木	01:42	♐
19 土	05:43	♐	～	19 土	13:56	♑
21 月	23:31	♑	～	22 火	02:16	♒
23 水	17:18	♒	～	24 木	12:25	♓
26 土	17:31	♓	～	26 土	19:24	♈
28 月	18:50	♈	～	28 月	23:41	♉
30 水	08:36	♉	～	1 木	02:27	♊

10月

開始日	開始時刻	サイン		終了日	終了時刻	サイン
2 金	11:41	♊	～	3 土	04:55	♋
4 日	00:08	♋	～	5 月	07:55	♌
6 火	19:21	♌	～	7 水	11:54	♍
8 木	03:56	♍	～	9 金	17:12	♎
11 日	08:07	♎	～	12 月	00:22	♏
13 火	17:45	♏	～	14 水	10:01	♐
16 金	06:55	♐	～	16 金	21:58	♑
19 月	01:12	♑	～	19 月	10:41	♒
21 水	17:42	♒	～	21 水	21:36	♓
23 金	12:31	♓	～	24 土	04:55	♈
26 月	07:59	♈	～	26 月	08:36	♉
27 火	23:51	♉	～	28 水	10:03	♊
30 金	06:43	♊	～	30 金	11:07	♋

11月

開始日	開始時刻	サイン		終了日	終了時刻	サイン
1 日	06:59	♋	～	1 日	13:19	♌
3 火	09:10	♌	～	3 火	17:29	♍
4 水	15:57	♍	～	5 木	23:39	♎
7 土	22:19	♎	～	8 日	07:41	♏
10 火	08:25	♏	～	10 火	17:37	♐
12 木	20:28	♐	～	13 金	05:28	♑
15 日	03:55	♑	～	15 日	18:25	♒
17 火	23:25	♒	～	18 水	06:21	♓
20 金	10:46	♓	～	20 金	14:53	♈
22 日	16:38	♈	～	22 日	19:11	♉
24 火	19:09	♉	～	24 火	20:11	♊
26 木	14:23	♊	～	26 木	19:52	♋
28 土	14:40	♋	～	28 土	20:22	♌
30 月	19:10	♌	～	30 月	23:14	♍

12月

開始日	開始時刻	サイン		終了日	終了時刻	サイン
2 水	18:10	♍	～	3 木	05:05	♎
5 土	07:40	♎	～	5 土	13:36	♏
7 月	18:07	♏	～	8 火	00:08	♐
10 木	06:06	♐	～	10 木	12:10	♑
11 金	04:12	♑	～	13 日	01:07	♒
15 火	07:39	♒	～	15 火	13:37	♓
17 木	14:42	♓	～	17 木	23:36	♈
20 日	01:39	♈	～	20 日	05:31	♉
22 火	02:26	♉	～	22 火	07:28	♊
24 木	02:00	♊	～	24 木	07:00	♋
25 金	09:09	♋	～	26 土	06:13	♌
28 月	01:38	♌	～	28 月	07:14	♍
29 火	19:17	♍	～	30 水	11:28	♎

2027年【ボイドタイム】

1月

開始日		開始時刻	サイン		終了日		終了時刻	サイン
1	金	12:27	♎	~	1	金	19:17	♏
3	日	22:32	♏	~	4	月	05:58	♐
6	水	10:22	♐	~	6	水	18:18	♑
8	金	14:11	♑	~	9	土	07:12	♒
11	月	10:58	♒	~	11	月	19:37	♓
13	水	16:32	♓	~	14	木	06:15	♈
16	土	05:34	♈	~	16	土	13:45	♉
18	月	13:57	♉	~	18	月	17:34	♊
20	水	10:01	♊	~	20	水	18:22	♋
21	木	09:45	♋	~	22	金	17:46	♌
24	日	08:33	♌	~	24	日	17:46	♍
26	火	02:56	♍	~	26	火	20:13	♎
28	木	16:46	♎	~	29	金	02:22	♏
31	日	09:36	♏	~	31	日	12:15	♐

2月

開始日		開始時刻	サイン		終了日		終了時刻	サイン
2	火	22:05	♐	~	3	水	00:34	♑
3	水	21:52	♑	~	5	金	13:30	♒
7	日	10:46	♒	~	8	月	01:33	♓
8	月	12:52	♓	~	10	水	11:50	♈
12	金	06:48	♈	~	12	金	19:46	♉
14	日	16:58	♉	~	15	月	01:00	♊
16	火	23:49	♊	~	17	水	03:40	♋
18	木	06:49	♋	~	19	金	04:32	♌
21	日	01:01	♌	~	21	日	05:00	♍
22	月	16:53	♍	~	23	火	06:46	♎
25	木	08:58	♎	~	25	木	11:25	♏
27	土	15:35	♏	~	27	土	19:54	♐

3月

開始日		開始時刻	サイン		終了日		終了時刻	サイン
2	火	01:19	♐	~	2	火	07:37	♑
3	水	10:37	♑	~	4	木	20:33	♒
6	土	23:00	♒	~	7	日	08:27	♓
8	月	18:29	♓	~	9	火	18:04	♈
11	木	14:06	♈	~	12	金	01:17	♉
13	土	22:32	♉	~	14	日	06:32	♊
16	火	05:52	♊	~	16	火	10:12	♋
18	木	07:51	♋	~	18	木	12:42	♌
20	土	01:16	♌	~	20	土	14:38	♍
20	土	18:33	♍	~	22	月	17:03	♎
24	水	16:58	♎	~	24	水	21:19	♏
26	金	12:04	♏	~	27	土	04:44	♐
28	日	21:39	♐	~	29	月	15:34	♑
31	水	01:12	♑	~	1	木	04:21	♒

4月

開始日		開始時刻	サイン		終了日		終了時刻	サイン
2	金	22:28	♒	~	3	土	16:26	♓
5	月	14:21	♓	~	6	火	01:50	♈
7	水	16:21	♈	~	8	木	08:11	♉
9	金	21:22	♉	~	10	土	12:22	♊
12	月	01:09	♊	~	12	月	15:33	♋
14	水	07:56	♋	~	14	水	18:31	♌
16	金	14:52	♌	~	16	金	21:41	♍
18	日	21:56	♍	~	19	月	01:23	♎
20	火	17:39	♎	~	21	水	06:22	♏
23	金	01:12	♏	~	23	金	13:38	♐
25	日	11:54	♐	~	25	日	23:53	♑
27	火	16:18	♑	~	28	水	12:25	♒
30	金	15:31	♒	~	1	土	00:53	♓

5月

開始日		開始時刻	サイン		終了日		終了時刻	サイン
2	日	05:47	♓	~	3	月	10:44	♈
5	水	11:08	♈	~	5	水	16:54	♉
7	金	15:48	♉	~	7	金	20:08	♊
9	日	18:54	♊	~	9	日	22:00	♋
11	火	16:45	♋	~	12	水	00:02	♌
14	金	02:31	♌	~	14	金	03:07	♍
15	土	21:47	♍	~	16	日	07:35	♎
17	月	23:55	♎	~	18	火	13:34	♏
20	木	19:58	♏	~	20	木	21:28	♐
22	土	17:58	♐	~	23	日	07:44	♑
25	火	06:29	♑	~	25	火	20:06	♒
28	金	07:23	♒	~	28	金	08:56	♓
29	土	20:03	♓	~	30	日	19:40	♈

6月

開始日		開始時刻	サイン		終了日		終了時刻	サイン
1	火	16:01	♈	~	2	水	02:34	♉
3	木	19:22	♉	~	4	金	05:44	♊
5	土	21:44	♊	~	6	日	06:40	♋
8	火	05:55	♋	~	8	火	07:14	♌
10	木	00:21	♌	~	10	木	09:02	♍
11	金	19:55	♍	~	12	土	12:58	♎
14	月	10:33	♎	~	14	月	19:18	♏
16	水	13:45	♏	~	17	木	03:55	♐
19	土	09:44	♐	~	19	土	14:37	♑
21	月	18:36	♑	~	22	火	03:02	♒
24	木	08:02	♒	~	24	木	16:02	♓
27	日	03:08	♓	~	27	日	03:37	♈
29	火	09:27	♈	~	29	火	11:48	♉

7月

開始日		開始時刻	サイン		終了日		終了時刻	サイン
1	木	07:41	♉	~	1	木	15:57	♊
3	土	13:05	♊	~	3	土	17:00	♋
5	月	11:35	♋	~	5	月	16:41	♌
7	水	13:10	♌	~	7	水	16:58	♍
9	金	16:28	♍	~	9	金	19:25	♎
11	日	23:49	♎	~	12	月	00:56	♏
14	水	08:08	♏	~	14	水	09:34	♐
16	金	16:41	♐	~	16	金	20:40	♑
19	月	04:06	♑	~	19	月	09:17	♒
21	水	20:17	♒	~	21	水	22:15	♓
24	土	00:47	♓	~	24	土	10:11	♈
26	月	16:43	♈	~	26	月	19:29	♉
28	水	06:28	♉	~	29	木	01:11	♊
30	金	23:48	♊	~	31	土	03:26	♋

8月

開始日		開始時刻	サイン		終了日		終了時刻	サイン
2	月	00:53	♋	~	2	月	03:26	♌
3	火	23:30	♌	~	4	水	02:58	♍
4	水	17:46	♍	~	6	金	03:56	♎
8	日	04:04	♎	~	8	日	07:54	♏
9	月	13:54	♏	~	10	火	15:37	♐
12	木	22:18	♐	~	13	金	02:36	♑
15	日	10:57	♑	~	15	日	15:21	♒
17	火	23:48	♒	~	18	水	04:13	♓
18	水	23:32	♓	~	20	金	15:56	♈
23	月	00:15	♈	~	23	月	01:34	♉
23	月	23:42	♉	~	25	水	08:28	♊
27	金	08:20	♊	~	27	金	12:22	♋
29	日	09:45	♋	~	29	日	13:44	♌
31	火	11:40	♌	~	31	火	13:45	♍

9月

開始日		開始時刻	サイン		終了日		終了時刻	サイン
2	木	10:28	♍	~	2	木	14:08	♎
4	土	12:05	♎	~	4	土	16:45	♏
6	月	04:05	♏	~	6	月	23:02	♐
9	木	03:28	♐	~	9	木	09:13	♑
11	土	15:42	♑	~	11	土	21:51	♒
14	火	04:19	♒	~	14	火	10:40	♓
16	木	08:03	♓	~	16	木	21:57	♈
19	日	00:39	♈	~	19	日	07:06	♉
21	火	10:13	♉	~	21	火	14:07	♊
23	木	12:35	♊	~	23	木	19:03	♋
25	土	19:03	♋	~	25	土	22:02	♌
27	月	16:55	♌	~	27	月	23:29	♍
29	水	04:48	♍	~	30	木	00:32	♎

10月

開始日		開始時刻	サイン		終了日		終了時刻	サイン
1	金	19:24	♎	~	2	土	02:47	♏
3	日	15:42	♏	~	4	月	07:57	♐
6	水	12:01	♐	~	6	水	17:01	♑
8	金	19:21	♑	~	9	土	05:11	♒
11	月	11:03	♒	~	11	月	18:03	♓
14	木	02:03	♓	~	14	木	05:11	♈
16	土	03:37	♈	~	16	土	13:38	♉
17	日	21:36	♉	~	18	月	19:48	♊
20	水	18:48	♊	~	21	木	00:26	♋
23	土	02:29	♋	~	23	土	04:04	♌
24	日	20:36	♌	~	25	月	06:55	♍
26	火	21:12	♍	~	27	水	09:22	♎
29	金	01:19	♎	~	29	金	12:24	♏
31	日	15:00	♏	~	31	日	17:25	♐

11月

開始日		開始時刻	サイン		終了日		終了時刻	サイン
2	火	12:39	♐	~	3	水	01:42	♑
4	木	23:44	♑	~	5	金	13:14	♒
7	日	19:09	♒	~	8	月	02:10	♓
9	火	21:31	♓	~	10	水	13:40	♈
12	金	08:15	♈	~	12	金	21:59	♉
14	日	14:06	♉	~	15	月	03:16	♊
16	火	18:40	♊	~	17	水	06:41	♋
19	金	02:57	♋	~	19	金	09:29	♌
21	日	09:48	♌	~	21	日	12:26	♍
23	火	12:26	♍	~	23	火	15:54	♎
25	木	20:05	♎	~	25	木	20:11	♏
27	土	20:21	♏	~	28	日	02:02	♐
30	火	00:02	♐	~	30	火	10:20	♑

12月

開始日		開始時刻	サイン		終了日		終了時刻	サイン
2	木	11:17	♑	~	2	木	21:27	♒
4	土	16:46	♒	~	5	日	10:21	♓
7	火	13:39	♓	~	7	火	22:32	♈
9	木	15:17	♈	~	10	金	07:37	♉
12	日	05:57	♉	~	12	日	12:56	♊
14	火	09:03	♊	~	14	火	15:25	♋
16	木	10:42	♋	~	16	木	16:42	♌
18	土	17:56	♌	~	18	土	18:18	♍
20	月	18:10	♍	~	20	月	21:14	♎
22	水	10:00	♎	~	23	木	02:02	♏
25	土	03:11	♏	~	25	土	08:51	♐
27	月	12:13	♐	~	27	月	17:52	♑
29	水	23:28	♑	~	30	木	05:05	♒
31	金	23:41	♒	~	1	土	17:54	♓

2028年【ボイドタイム】

1月

開始日		開始時刻	サイン		終了日		終了時刻	サイン
4	火	01:22	♓	~	4	火	06:37	♈
6	木	00:06	♈	~	6	木	16:57	♉
8	土	19:01	♉	~	8	土	23:28	♊
10	月	22:08	♊	~	11	火	02:16	♋
12	水	22:44	♋	~	13	木	02:44	♌
14	金	12:54	♌	~	15	土	02:41	♍
16	日	23:38	♍	~	17	月	03:53	♎
19	水	04:25	♎	~	19	水	07:36	♏
21	金	09:30	♏	~	21	金	14:25	♐
23	日	18:46	♐	~	24	月	00:03	♑
26	水	06:07	♑	~	26	水	11:45	♒
28	金	08:31	♒	~	29	土	00:35	♓
31	月	07:15	♓	~	31	月	13:24	♈

2月

開始日		開始時刻	サイン		終了日		終了時刻	サイン
2	水	11:25	♈	~	3	木	00:38	♉
5	土	03:04	♉	~	5	土	08:47	♊
7	月	12:34	♊	~	7	月	13:08	♋
9	水	08:18	♋	~	9	水	14:14	♌
11	金	02:44	♌	~	11	金	13:36	♍
13	日	06:43	♍	~	13	日	13:14	♎
15	火	07:49	♎	~	15	火	15:04	♏
17	木	17:07	♏	~	17	木	20:31	♐
19	土	20:34	♐	~	20	日	05:46	♑
22	火	07:41	♑	~	22	火	17:45	♒
24	木	19:12	♒	~	25	金	06:45	♓
27	日	08:13	♓	~	27	日	19:23	♈
29	火	21:26	♈	~	1	水	06:43	♉

3月

開始日		開始時刻	サイン		終了日		終了時刻	サイン
3	金	04:20	♉	~	3	金	15:50	♊
5	日	13:43	♊	~	5	日	21:55	♋
7	火	17:24	♋	~	8	水	00:44	♌
9	木	18:19	♌	~	10	金	01:01	♍
11	土	13:41	♍	~	12	日	00:23	♎
13	月	18:40	♎	~	14	火	00:54	♏
15	水	22:38	♏	~	16	木	04:34	♐
18	土	09:45	♐	~	18	土	12:28	♑
20	月	18:00	♑	~	20	月	23:58	♒
23	木	07:38	♒	~	23	木	13:02	♓
25	土	07:31	♓	~	26	日	01:32	♈
28	火	08:29	♈	~	28	火	12:25	♉
30	木	17:22	♉	~	30	木	21:24	♊

4月

開始日		開始時刻	サイン		終了日		終了時刻	サイン
2	日	01:39	♊	~	2	日	04:16	♋
4	火	06:38	♋	~	4	火	08:39	♌
6	木	09:07	♌	~	6	木	10:38	♍
7	金	18:09	♍	~	8	土	11:04	♎
10	月	10:58	♎	~	10	月	11:38	♏
11	火	19:30	♏	~	12	水	14:20	♐
14	金	15:59	♐	~	14	金	20:46	♑
17	月	01:36	♑	~	17	月	07:13	♒
19	水	19:44	♒	~	19	水	19:58	♓
21	金	09:04	♓	~	22	土	08:28	♈
24	月	13:34	♈	~	24	月	19:00	♉
26	水	11:33	♉	~	27	木	03:16	♊
28	金	11:55	♊	~	29	土	09:39	♋
30	日	17:08	♋	~	1	月	14:24	♌

5月

開始日		開始時刻	サイン		終了日		終了時刻	サイン
2	火	21:53	♌	~	3	水	17:37	♍
5	金	01:13	♍	~	5	金	19:35	♎
7	日	03:33	♎	~	7	日	21:17	♏
9	火	04:48	♏	~	10	水	00:13	♐
11	木	11:06	♐	~	12	金	06:01	♑
14	日	02:38	♑	~	14	日	15:28	♒
16	火	19:42	♒	~	17	水	03:40	♓
19	金	13:41	♓	~	19	金	16:14	♈
21	日	03:14	♈	~	22	月	02:50	♉
23	火	13:58	♉	~	24	水	10:36	♊
25	木	18:24	♊	~	26	金	16:01	♋
28	日	06:26	♋	~	28	日	19:56	♌
30	火	12:29	♌	~	30	火	23:02	♍

6月

開始日		開始時刻	サイン		終了日		終了時刻	サイン
1	木	18:00	♍	~	2	金	01:48	♎
2	金	23:02	♎	~	4	日	04:45	♏
6	火	06:22	♏	~	6	火	08:46	♐
7	水	17:40	♐	~	8	木	14:54	♑
10	土	01:54	♑	~	10	土	23:58	♒
12	月	19:31	♒	~	13	火	11:42	♓
15	木	13:27	♓	~	16	金	00:20	♈
18	日	05:57	♈	~	18	日	11:26	♉
20	火	00:10	♉	~	20	火	19:26	♊
22	木	06:28	♊	~	23	金	00:18	♋
24	土	10:12	♋	~	25	日	03:04	♌
26	月	00:07	♌	~	27	火	04:59	♍
28	水	15:05	♍	~	29	木	07:11	♎
30	金	12:21	♎	~	1	土	10:29	♏

7月

開始日		開始時刻	サイン		終了日		終了時刻	サイン
2	日	23:18	♏	~	3	月	15:25	♐
5	水	10:34	♐	~	5	水	22:27	♑
7	金	15:33	♑	~	8	土	07:50	♒
10	月	04:17	♒	~	10	月	19:25	♓
12	水	20:33	♓	~	13	木	08:05	♈
15	土	12:15	♈	~	15	土	19:52	♉
17	月	20:16	♉	~	18	火	04:47	♊
20	木	09:03	♊	~	20	木	10:04	♋
22	土	12:01	♋	~	22	土	12:18	♌
23	日	15:39	♌	~	24	月	12:57	♍
26	水	04:39	♍	~	26	水	13:42	♎
27	木	23:27	♎	~	28	金	16:03	♏
30	日	12:20	♏	~	30	日	20:56	♐

8月

開始日		開始時刻	サイン		終了日		終了時刻	サイン
1	火	20:19	♐	~	2	水	04:34	♑
4	金	06:53	♑	~	4	金	14:35	♒
7	月	00:28	♒	~	7	月	02:22	♓
9	水	09:01	♓	~	9	水	15:03	♈
11	金	04:43	♈	~	12	土	03:18	♉
14	月	09:34	♉	~	14	月	13:24	♊
16	水	17:10	♊	~	16	水	19:56	♋
18	金	20:53	♋	~	18	金	22:47	♌
20	日	19:43	♌	~	20	日	23:01	♍
22	火	21:55	♍	~	22	火	22:29	♎
24	木	11:00	♎	~	24	木	23:13	♏
27	日	00:46	♏	~	27	日	02:52	♐
28	月	04:15	♐	~	29	火	10:08	♑
31	木	14:57	♑	~	31	木	20:28	♒

9月

開始日		開始時刻	サイン		終了日		終了時刻	サイン
2	土	00:34	♒	~	3	日	08:34	♓
5	火	20:07	♓	~	5	火	21:16	♈
7	木	01:51	♈	~	8	金	09:36	♉
9	土	19:43	♉	~	10	日	20:26	♊
12	火	09:45	♊	~	13	水	04:27	♋
14	木	19:25	♋	~	15	金	08:50	♌
16	土	14:32	♌	~	17	日	09:53	♍
19	火	03:23	♍	~	19	火	09:07	♎
20	水	14:21	♎	~	21	木	08:40	♏
22	金	14:35	♏	~	23	土	10:40	♐
24	日	23:51	♐	~	25	月	16:34	♑
26	火	22:39	♑	~	28	木	02:22	♒
30	土	08:49	♒	~	30	土	14:35	♓

10月

開始日		開始時刻	サイン		終了日		終了時刻	サイン
1	日	19:16	♓	~	3	火	03:19	♈
4	水	16:11	♈	~	5	木	15:24	♉
7	土	06:35	♉	~	8	日	02:11	♊
9	月	18:58	♊	~	10	火	10:58	♋
11	水	20:56	♋	~	12	木	16:55	♌
14	土	10:00	♌	~	14	土	19:39	♍
15	日	20:42	♍	~	16	月	19:57	♎
18	水	14:05	♎	~	18	水	19:31	♏
20	金	16:53	♏	~	20	金	20:31	♐
23	月	00:24	♐	~	23	月	00:52	♑
25	水	02:41	♑	~	25	水	09:24	♒
26	木	22:02	♒	~	27	金	21:08	♓
29	日	00:39	♓	~	30	月	09:53	♈

11月

開始日		開始時刻	サイン		終了日		終了時刻	サイン
1	水	17:37	♈	~	1	水	21:46	♉
2	木	18:17	♉	~	4	土	07:59	♊
5	日	13:16	♊	~	6	月	16:25	♋
7	火	21:34	♋	~	8	水	22:51	♌
10	金	06:25	♌	~	11	土	03:01	♍
12	日	13:00	♍	~	13	月	05:01	♎
14	火	16:18	♎	~	15	水	05:50	♏
16	木	22:17	♏	~	17	金	07:07	♐
19	日	05:57	♐	~	19	日	10:43	♑
21	火	17:04	♑	~	21	火	17:58	♒
23	木	06:41	♒	~	24	金	04:46	♓
25	土	16:17	♓	~	26	日	17:21	♈
28	火	09:11	♈	~	29	水	05:19	♉
30	木	20:38	♉	~	1	金	15:11	♊

12月

開始日		開始時刻	サイン		終了日		終了時刻	サイン
3	日	07:07	♊	~	3	日	22:43	♋
5	火	15:16	♋	~	6	水	04:21	♌
8	金	01:15	♌	~	8	金	08:30	♍
10	日	10:40	♍	~	10	日	11:31	♎
12	火	00:42	♎	~	12	火	13:53	♏
14	木	14:30	♏	~	14	木	16:30	♐
16	土	16:38	♐	~	16	土	20:35	♑
19	火	01:08	♑	~	19	火	03:21	♒
21	木	12:53	♒	~	21	木	13:17	♓
23	土	02:48	♓	~	24	日	01:30	♈
26	火	02:11	♈	~	26	火	13:48	♉
28	木	17:02	♉	~	28	木	23:59	♊
30	土	21:44	♊	~	31	日	07:07	♋

2029年【ボイドタイム】

1月

開始日		開始時刻	サイン		終了日		終了時刻	サイン
2	火	03:03	♋	~	2	火	11:36	♌
4	木	06:30	♌	~	4	木	14:28	♍
6	土	12:42	♍	~	6	土	16:52	♎
8	月	12:20	♎	~	8	月	19:39	♏
10	水	05:50	♏	~	10	水	23:28	♐
12	金	21:47	♐	~	13	土	04:47	♑
15	月	08:46	♑	~	15	月	12:06	♒
17	水	14:57	♒	~	17	水	21:49	♓
19	金	18:43	♓	~	20	土	09:40	♈
22	月	15:53	♈	~	22	月	22:15	♉
24	水	14:18	♉	~	25	木	09:20	♊
27	土	11:51	♊	~	27	土	17:06	♋
29	月	16:29	♋	~	29	月	21:17	♌
31	水	18:24	♌	~	31	水	22:54	♍

2月

開始日		開始時刻	サイン		終了日		終了時刻	サイン
2	金	05:50	♍	~	2	金	23:41	♎
4	日	20:49	♎	~	5	月	01:16	♏
6	火	15:12	♏	~	7	水	04:52	♐
9	金	06:08	♐	~	9	金	10:54	♑
11	日	14:13	♑	~	11	日	19:10	♒
14	水	00:13	♒	~	14	水	05:21	♓
15	木	01:30	♓	~	16	金	17:08	♈
19	月	00:22	♈	~	19	月	05:49	♉
21	水	07:45	♉	~	21	水	17:46	♊
23	金	23:40	♊	~	24	土	02:54	♋
26	月	02:58	♋	~	26	月	08:02	♌
28	水	04:38	♌	~	28	水	09:34	♍

3月

開始日		開始時刻	サイン		終了日		終了時刻	サイン
1	木	02:10	♍	~	2	金	09:12	♎
4	日	03:42	♎	~	4	日	09:03	♏
6	火	08:54	♏	~	6	火	11:04	♐
8	木	09:47	♐	~	8	木	16:21	♑
10	土	17:34	♑	~	11	日	00:51	♒
13	火	03:42	♒	~	13	火	11:37	♓
15	木	13:19	♓	~	15	木	23:40	♈
18	日	03:18	♈	~	18	日	12:20	♉
20	火	23:32	♉	~	21	水	00:39	♊
23	金	09:05	♊	~	23	金	10:59	♋
25	日	08:30	♋	~	25	日	17:46	♌
27	火	11:30	♌	~	27	火	20:31	♍
28	水	14:05	♍	~	29	木	20:20	♎
31	土	09:56	♎	~	31	土	19:17	♏

4月

開始日		開始時刻	サイン		終了日		終了時刻	サイン
1	日	11:35	♏	~	2	月	19:37	♐
4	水	11:46	♐	~	4	水	23:11	♑
7	土	04:35	♑	~	7	土	06:40	♒
9	月	03:59	♒	~	9	月	17:20	♓
12	木	02:54	♓	~	12	木	05:39	♈
14	土	06:40	♈	~	14	土	18:19	♉
17	火	01:04	♉	~	17	火	06:29	♊
19	木	16:17	♊	~	19	木	17:13	♋
21	土	18:27	♋	~	22	日	01:16	♌
23	月	18:13	♌	~	24	火	05:44	♍
25	水	23:50	♍	~	26	木	06:56	♎
27	金	15:37	♎	~	28	土	06:21	♏
30	月	00:16	♏	~	30	月	06:04	♐

5月

開始日		開始時刻	サイン		終了日		終了時刻	サイン
1	火	23:37	♐	~	2	水	08:10	♑
4	金	07:31	♑	~	4	金	14:02	♒
6	日	18:31	♒	~	6	日	23:43	♓
9	水	01:40	♓	~	9	水	11:51	♈
11	金	02:42	♈	~	12	土	00:32	♉
14	月	03:07	♉	~	14	月	12:25	♊
16	水	14:17	♊	~	16	水	22:46	♋
19	土	03:29	♋	~	19	土	07:00	♌
20	日	16:35	♌	~	21	月	12:34	♍
23	水	09:51	♍	~	23	水	15:24	♎
24	木	23:38	♎	~	25	金	16:15	♏
27	日	12:38	♏	~	27	日	16:38	♐
29	火	15:02	♐	~	29	火	18:21	♑
31	木	20:32	♑	~	31	木	23:02	♒

6月

開始日		開始時刻	サイン		終了日		終了時刻	サイン
2	土	11:18	♒	~	3	日	07:25	♓
5	火	01:03	♓	~	5	火	18:51	♈
7	木	06:21	♈	~	8	金	07:28	♉
10	日	11:07	♉	~	10	日	19:14	♊
12	火	12:50	♊	~	13	水	05:02	♋
14	木	17:27	♋	~	15	金	12:35	♌
17	日	11:20	♌	~	17	日	18:01	♍
19	火	18:53	♍	~	19	火	21:37	♎
21	木	12:45	♎	~	21	木	23:52	♏
23	土	19:06	♏	~	24	日	01:38	♐
25	月	07:12	♐	~	26	火	04:07	♑
27	水	16:27	♑	~	28	木	08:36	♒
30	土	10:28	♒	~	30	土	16:07	♓

7月

開始日		開始時刻	サイン		終了日		終了時刻	サイン
2	月	09:42	♓	~	3	火	02:44	♈
4	水	15:07	♈	~	5	木	15:09	♉
7	土	11:06	♉	~	8	日	03:06	♊
9	月	14:50	♊	~	10	火	12:44	♋
12	木	05:46	♋	~	12	木	19:30	♌
14	土	11:02	♌	~	14	土	23:56	♍
16	月	16:58	♍	~	17	火	03:00	♎
18	水	23:41	♎	~	19	木	05:36	♏
21	土	07:13	♏	~	21	土	08:27	♐
22	日	20:11	♐	~	23	月	12:09	♑
25	水	05:27	♑	~	25	水	17:22	♒
27	金	12:39	♒	~	28	土	00:49	♓
29	日	22:32	♓	~	30	月	10:57	♈

8月

開始日		開始時刻	サイン		終了日		終了時刻	サイン
1	水	15:36	♈	~	1	水	23:09	♉
3	金	23:32	♉	~	4	土	11:28	♊
6	月	20:12	♊	~	6	月	21:34	♋
8	水	18:00	♋	~	9	木	04:11	♌
10	金	22:12	♌	~	11	土	07:41	♍
13	月	03:44	♍	~	13	月	09:29	♎
14	火	22:51	♎	~	15	水	11:09	♏
17	金	04:41	♏	~	17	金	13:54	♐
19	日	11:57	♐	~	19	日	18:18	♑
21	火	16:51	♑	~	22	水	00:30	♒
23	木	22:47	♒	~	24	金	08:35	♓
26	日	17:53	♓	~	26	日	18:44	♈
28	火	20:28	♈	~	29	水	06:48	♉
31	金	09:22	♉	~	31	金	19:30	♊

9月

開始日		開始時刻	サイン		終了日		終了時刻	サイン
2	日	22:26	♊	~	3	月	06:32	♋
5	水	07:10	♋	~	5	水	13:55	♌
7	金	11:46	♌	~	7	金	17:23	♍
9	日	17:15	♍	~	9	日	18:14	♎
11	火	14:13	♎	~	11	火	18:25	♏
13	木	13:15	♏	~	13	木	19:51	♐
15	土	20:34	♐	~	15	土	23:43	♑
18	火	03:47	♑	~	18	火	06:14	♒
20	木	13:24	♒	~	20	木	15:01	♓
23	日	01:29	♓	~	23	日	01:36	♈
24	月	14:35	♈	~	25	火	13:42	♉
27	木	15:40	♉	~	28	金	02:35	♊
29	土	16:35	♊	~	30	日	14:29	♋

10月

開始日		開始時刻	サイン		終了日		終了時刻	サイン
2	火	13:07	♋	~	2	火	23:16	♌
4	木	22:57	♌	~	5	金	03:49	♍
7	日	04:06	♍	~	7	日	04:50	♎
8	月	09:59	♎	~	9	火	04:10	♏
10	水	18:19	♏	~	11	木	04:02	♐
12	金	11:34	♐	~	13	土	06:17	♑
15	月	00:26	♑	~	15	月	11:54	♒
17	水	08:53	♒	~	17	水	20:40	♓
19	金	18:38	♓	~	20	土	07:40	♈
22	月	18:27	♈	~	22	月	19:58	♉
24	水	18:46	♉	~	25	木	08:46	♊
27	土	09:08	♊	~	27	土	20:59	♋
29	月	17:11	♋	~	30	火	06:56	♌

11月

開始日		開始時刻	サイン		終了日		終了時刻	サイン
1	木	09:14	♌	~	1	木	13:11	♍
3	土	14:36	♍	~	3	土	15:35	♎
5	月	14:53	♎	~	5	月	15:23	♏
7	水	02:02	♏	~	7	水	14:35	♐
8	木	19:00	♐	~	9	金	15:18	♑
11	日	11:18	♑	~	11	日	19:11	♒
14	水	02:12	♒	~	14	水	02:51	♓
16	金	00:49	♓	~	16	金	13:39	♈
18	日	00:32	♈	~	19	月	02:07	♉
21	水	13:02	♉	~	21	水	14:50	♊
23	金	01:15	♊	~	24	土	02:44	♋
25	日	18:49	♋	~	26	月	12:52	♌
28	水	04:03	♌	~	28	水	20:17	♍
30	金	15:27	♍	~	1	土	00:29	♎

12月

開始日		開始時刻	サイン		終了日		終了時刻	サイン
2	日	22:43	♎	~	3	月	01:55	♏
4	火	14:44	♏	~	5	水	01:53	♐
6	木	04:29	♐	~	7	金	02:12	♑
8	土	22:23	♑	~	9	日	04:42	♒
10	月	15:21	♒	~	11	火	10:45	♓
13	木	08:06	♓	~	13	木	20:32	♈
15	土	20:36	♈	~	16	日	08:50	♉
18	火	09:28	♉	~	18	火	21:34	♊
21	金	07:46	♊	~	21	金	09:04	♋
23	日	05:54	♋	~	23	日	18:33	♌
25	火	06:18	♌	~	26	水	01:48	♍
27	木	16:35	♍	~	28	金	06:51	♎
29	土	18:35	♎	~	30	日	09:56	♏
31	月	19:55	♏	~	1	火	11:37	♐

2030年【ボイドタイム】

1月

開始日	開始時刻	サイン		終了日	終了時刻	サイン
2 水	13:14	♐	～	3 木	12:56	♑
5 土	00:18	♑	～	5 土	15:19	♒
7 月	05:02	♒	～	7 月	20:17	♓
9 水	13:16	♓	～	10 木	04:48	♈
12 土	02:37	♈	～	12 土	16:28	♉
14 月	19:43	♉	～	15 火	05:16	♊
17 木	11:40	♊	～	17 木	16:47	♋
20 日	00:54	♋	～	20 日	01:38	♌
21 月	20:51	♌	～	22 火	07:51	♍
24 木	02:04	♍	～	24 木	12:15	♎
25 金	13:41	♎	～	26 土	15:38	♏
28 月	09:32	♏	～	28 月	18:33	♐
29 火	19:28	♐	～	30 水	21:26	♑

2月

開始日	開始時刻	サイン		終了日	終了時刻	サイン
1 金	16:34	♑	～	2 土	00:54	♒
3 日	21:46	♒	～	4 月	05:59	♓
6 水	06:26	♓	～	6 水	13:49	♈
8 金	02:47	♈	～	9 土	00:45	♉
11 月	05:46	♉	～	11 月	13:32	♊
13 水	14:47	♊	～	14 木	01:30	♋
16 土	04:11	♋	～	16 土	10:28	♌
18 月	15:19	♌	～	18 月	15:59	♍
20 水	13:53	♍	～	20 水	19:05	♎
22 金	05:36	♎	～	22 金	21:19	♏
24 日	19:27	♏	～	24 日	23:54	♐
27 水	01:57	♐	～	27 水	03:27	♑

3月

開始日	開始時刻	サイン		終了日	終了時刻	サイン
1 金	03:27	♑	～	1 金	08:08	♒
3 日	09:33	♒	～	3 日	14:13	♓
5 火	20:29	♓	～	5 火	22:19	♈
7 木	02:29	♈	～	8 金	08:56	♉
10 日	16:42	♉	～	10 日	21:35	♊
12 火	23:14	♊	～	13 水	10:09	♋
15 金	15:33	♋	～	15 金	20:00	♌
17 日	21:40	♌	～	18 月	01:51	♍
20 水	02:56	♍	～	20 水	04:19	♎
21 木	06:44	♎	～	22 金	05:09	♏
24 日	02:01	♏	～	24 日	06:13	♐
25 月	14:52	♐	～	26 火	08:52	♑
28 木	08:48	♑	～	28 木	13:39	♒
30 土	15:36	♒	～	30 土	20:32	♓

4月

開始日	開始時刻	サイン		終了日	終了時刻	サイン
1 月	23:44	♓	～	2 火	05:23	♈
4 木	13:40	♈	～	4 木	16:16	♉
6 土	22:13	♉	～	7 日	04:52	♊
8 月	18:44	♊	～	9 火	17:48	♋
11 木	21:46	♋	～	12 金	04:46	♌
14 日	05:01	♌	～	14 日	11:51	♍
16 火	08:12	♍	～	16 火	14:54	♎
18 木	12:19	♎	～	18 木	15:18	♏
20 土	07:54	♏	～	20 土	15:01	♐
21 日	19:38	♐	～	22 月	15:57	♑
24 水	10:51	♑	～	24 水	19:27	♒
26 金	17:25	♒	～	27 土	01:59	♓
29 月	03:26	♓	～	29 月	11:14	♈

5月

開始日	開始時刻	サイン		終了日	終了時刻	サイン
1 水	19:41	♈	～	1 水	22:35	♉
4 土	03:50	♉	～	4 土	11:18	♊
6 月	19:06	♊	～	7 火	00:18	♋
9 木	07:15	♋	～	9 木	11:56	♌
11 土	17:10	♌	～	11 土	20:26	♍
13 月	20:53	♍	～	14 火	00:59	♎
15 水	05:26	♎	～	16 木	02:11	♏
17 金	23:38	♏	～	18 土	01:40	♐
19 日	08:08	♐	～	20 月	01:24	♑
22 水	00:51	♑	～	22 水	03:11	♒
24 金	06:19	♒	～	24 金	08:17	♓
26 日	15:29	♓	～	26 日	16:59	♈
28 火	04:12	♈	～	29 水	04:27	♉
31 金	17:06	♉	～	31 金	17:20	♊

6月

開始日	開始時刻	サイン		終了日	終了時刻	サイン
2 日	06:20	♊	～	3 月	06:12	♋
5 水	06:28	♋	～	5 水	17:51	♌
8 土	01:05	♌	～	8 土	03:06	♍
9 日	14:48	♍	～	10 月	09:08	♎
11 火	20:19	♎	～	12 水	11:57	♏
13 木	19:11	♏	～	14 金	12:26	♐
16 日	03:40	♐	～	16 日	12:07	♑
18 火	03:30	♑	～	18 火	12:53	♒
20 木	14:33	♒	～	20 木	16:25	♓
22 土	21:48	♓	～	22 土	23:47	♈
25 火	01:12	♈	～	25 火	10:42	♉
26 水	23:39	♉	～	27 木	23:34	♊
30 日	10:08	♊	～	30 日	12:20	♋

7月

開始日	開始時刻	サイン		終了日	終了時刻	サイン
2 火	01:22	♋	～	2 火	23:34	♌
4 木	14:02	♌	～	5 金	08:38	♍
7 日	14:36	♍	～	7 日	15:18	♎
9 火	02:56	♎	～	9 火	19:30	♏
11 木	02:36	♏	～	11 木	21:35	♐
13 土	13:53	♐	～	13 土	22:22	♑
15 月	11:11	♑	～	15 月	23:15	♒
17 水	10:04	♒	～	18 木	01:58	♓
20 土	02:37	♓	～	20 土	08:02	♈
22 月	17:07	♈	～	22 月	17:58	♉
25 木	01:30	♉	～	25 木	06:31	♊
27 土	01:40	♊	～	27 土	19:16	♋
29 月	07:16	♋	～	30 火	06:09	♌
31 水	22:44	♌	～	1 木	14:31	♍

8月

開始日	開始時刻	サイン		終了日	終了時刻	サイン
3 土	05:39	♍	～	3 土	20:41	♎
5 月	12:59	♎	～	6 火	01:12	♏
7 水	20:40	♏	～	8 木	04:26	♐
9 金	17:05	♐	～	10 土	06:41	♑
12 月	04:06	♑	～	12 月	08:41	♒
13 火	21:54	♒	～	14 水	11:41	♓
16 金	02:43	♓	～	16 金	17:10	♈
18 日	17:16	♈	～	19 月	02:10	♉
21 水	10:15	♉	～	21 水	14:13	♊
23 金	11:33	♊	～	24 土	03:02	♋
25 日	19:04	♋	～	26 月	14:00	♌
28 水	08:07	♌	～	28 水	21:53	♍
30 金	14:00	♍	～	31 土	03:05	♎

9月

開始日	開始時刻	サイン		終了日	終了時刻	サイン
2 月	00:26	♎	～	2 月	06:45	♏
4 水	08:27	♏	～	4 水	09:50	♐
6 金	00:21	♐	～	6 金	12:52	♑
8 日	02:15	♑	～	8 日	16:07	♒
10 火	07:26	♒	～	10 火	20:10	♓
12 木	12:48	♓	～	13 金	02:01	♈
14 土	20:46	♈	～	15 日	10:40	♉
17 火	10:35	♉	～	17 火	22:16	♊
20 金	04:56	♊	～	20 金	11:11	♋
22 日	21:50	♋	～	22 日	22:42	♌
24 火	21:55	♌	～	25 水	06:50	♍
27 金	07:34	♍	～	27 金	11:31	♎
29 日	10:31	♎	～	29 日	14:00	♏

10月

開始日	開始時刻	サイン		終了日	終了時刻	サイン
1 火	15:14	♏	～	1 火	15:50	♐
3 木	06:09	♐	～	3 木	18:14	♑
5 土	15:41	♑	～	5 土	21:48	♒
7 月	21:16	♒	～	8 火	02:48	♓
10 木	04:39	♓	～	10 木	09:34	♈
12 土	04:40	♈	～	12 土	18:35	♉
15 火	02:38	♉	～	15 火	06:02	♊
17 木	13:54	♊	～	17 木	18:59	♋
20 日	05:57	♋	～	20 日	07:14	♌
22 火	16:08	♌	～	22 火	16:25	♍
24 木	08:51	♍	～	24 木	21:38	♎
26 土	11:27	♎	～	26 土	23:40	♏
28 月	00:38	♏	～	29 火	00:12	♐
30 水	12:37	♐	～	31 木	01:00	♑

11月

開始日	開始時刻	サイン		終了日	終了時刻	サイン
1 金	12:23	♑	～	2 土	03:26	♒
3 日	23:03	♒	～	4 月	08:16	♓
6 水	13:16	♓	～	6 水	15:38	♈
8 金	10:08	♈	～	9 土	01:21	♉
11 月	00:27	♉	～	11 月	13:03	♊
13 水	16:25	♊	～	14 木	01:59	♋
16 土	08:23	♋	～	16 土	14:39	♌
18 月	17:32	♌	～	19 火	01:05	♍
21 木	07:21	♍	～	21 木	07:47	♎
22 金	20:54	♎	～	23 土	10:41	♏
24 日	02:48	♏	～	25 月	10:59	♐
27 水	04:31	♐	～	27 水	10:30	♑
28 木	03:39	♑	～	29 金	11:08	♒
30 土	23:21	♒	～	1 日	14:28	♓

12月

開始日	開始時刻	サイン		終了日	終了時刻	サイン
3 火	05:22	♓	～	3 火	21:16	♈
5 木	21:03	♈	～	6 金	07:15	♉
7 土	03:19	♉	～	8 日	19:21	♊
11 水	07:43	♊	～	11 水	08:18	♋
12 木	08:02	♋	～	13 金	20:55	♌
15 日	20:51	♌	～	16 月	07:57	♍
18 水	09:00	♍	～	18 水	16:10	♎
20 金	18:20	♎	～	20 金	20:52	♏
21 土	21:50	♏	～	22 日	22:21	♐
24 火	06:46	♐	～	24 火	21:55	♑
26 木	06:04	♑	～	26 木	21:27	♒
28 土	06:42	♒	～	28 土	23:00	♓
30 月	21:07	♓	～	31 火	04:09	♈

2031年【ボイドタイム】

1月

開始日	開始時刻	サイン		終了日	終了時刻	サイン
2 木	12:18	♈	～	2 木	13:21	♉
3 金	14:23	♉	～	5 日	01:29	♊
7 火	05:22	♊	～	7 火	14:33	♋
9 木	20:31	♋	～	10 金	02:53	♌
12 日	09:56	♌	～	12 日	13:39	♍
14 火	10:34	♍	～	14 火	22:22	♎
16 木	21:47	♎	～	17 金	04:33	♏
19 日	05:27	♏	～	19 日	07:55	♐
20 月	20:39	♐	～	21 火	08:54	♑
22 水	06:12	♑	～	23 木	08:48	♒
25 土	06:00	♒	～	25 土	09:33	♓
26 日	20:25	♓	～	27 月	13:08	♈
29 水	09:17	♈	～	29 水	20:51	♉

2月

開始日	開始時刻	サイン		終了日	終了時刻	サイン
1 土	04:55	♉	～	1 土	08:18	♊
3 月	04:48	♊	～	3 月	21:21	♋
4 火	19:52	♋	～	6 木	09:34	♌
8 土	05:53	♌	～	8 土	19:46	♍
10 月	15:13	♍	～	11 火	03:53	♎
12 水	22:46	♎	～	13 木	10:10	♏
15 土	07:49	♏	～	15 土	14:40	♐
17 月	14:35	♐	～	17 月	17:22	♑
19 水	17:50	♑	～	19 水	18:46	♒
21 金	11:33	♒	～	21 金	20:08	♓
23 日	14:47	♓	～	23 日	23:17	♈
25 火	21:17	♈	～	26 水	05:49	♉
27 木	14:19	♉	～	28 金	16:12	♊

3月

開始日	開始時刻	サイン		終了日	終了時刻	サイン
2 日	21:00	♊	～	3 月	04:56	♋
5 水	07:21	♋	～	5 水	17:18	♌
7 金	21:02	♌	～	8 土	03:18	♍
10 月	05:05	♍	～	10 月	10:36	♎
12 水	10:58	♎	～	12 水	15:55	♏
14 金	08:13	♏	～	14 金	20:01	♐
16 日	19:13	♐	～	16 日	23:18	♑
18 火	22:13	♑	～	19 水	02:03	♒
21 金	01:19	♒	～	21 金	04:49	♓
23 日	05:24	♓	～	23 日	08:44	♈
25 火	11:53	♈	～	25 火	15:07	♉
27 木	08:17	♉	～	28 金	00:46	♊
30 日	10:05	♊	～	30 日	13:02	♋

4月

開始日	開始時刻	サイン		終了日	終了時刻	サイン
1 火	08:43	♋	～	2 水	01:37	♌
4 金	09:42	♌	～	4 金	12:02	♍
6 日	17:07	♍	～	6 日	19:12	♎
8 火	21:41	♎	～	8 火	23:35	♏
11 金	02:19	♏	～	11 金	02:24	♐
13 日	03:01	♐	～	13 日	04:47	♑
14 月	21:57	♑	～	15 火	07:31	♒
17 木	09:22	♒	～	17 木	11:10	♓
19 土	14:20	♓	～	19 土	16:13	♈
21 月	21:18	♈	～	21 月	23:20	♉
23 水	09:08	♉	～	24 木	09:00	♊
26 土	18:31	♊	～	26 土	20:59	♋
28 月	05:48	♋	～	29 火	09:44	♌

5月

開始日	開始時刻	サイン		終了日	終了時刻	サイン
1 木	18:12	♌	～	1 木	20:56	♍
4 日	02:02	♍	～	4 日	04:50	♎
6 火	06:38	♎	～	6 火	09:11	♏
7 水	12:39	♏	～	8 木	11:03	♐
10 土	08:46	♐	～	10 土	11:57	♑
12 月	07:04	♑	～	12 月	13:24	♒
14 水	15:45	♒	～	14 水	16:33	♓
16 金	17:31	♓	～	16 金	22:00	♈
19 月	00:51	♈	～	19 月	05:56	♉
20 火	08:08	♉	～	21 水	16:10	♊
23 金	21:48	♊	～	24 土	04:12	♋
25 日	19:02	♋	～	26 月	17:01	♌
28 水	21:38	♌	～	29 木	04:56	♍
31 土	12:38	♍	～	31 土	14:03	♎

6月

開始日	開始時刻	サイン		終了日	終了時刻	サイン
2 月	13:57	♎	～	2 月	19:25	♏
4 水	19:42	♏	～	4 水	21:24	♐
6 金	13:53	♐	～	6 金	21:25	♑
7 土	21:30	♑	～	8 日	21:20	♒
10 火	14:05	♒	～	10 火	22:57	♓
12 木	20:04	♓	～	13 金	03:34	♈
15 日	00:27	♈	～	15 日	11:32	♉
16 月	13:30	♉	～	17 火	22:14	♊
20 金	07:24	♊	～	20 金	10:34	♋
21 土	17:48	♋	～	22 日	23:24	♌
24 火	22:53	♌	～	25 水	11:36	♍
27 金	11:35	♍	～	27 金	21:46	♎
30 月	02:54	♎	～	30 月	04:39	♏

7月

開始日	開始時刻	サイン		終了日	終了時刻	サイン
1 火	15:28	♏	～	2 水	07:50	♐
3 木	22:52	♐	～	4 金	08:10	♑
5 土	08:38	♑	～	6 日	07:21	♒
7 月	22:15	♒	～	8 火	07:28	♓
10 木	00:49	♓	～	10 木	10:29	♈
12 土	08:03	♈	～	12 土	17:27	♉
14 月	19:23	♉	～	15 火	03:59	♊
17 木	08:41	♊	～	17 木	16:30	♋
19 土	22:40	♋	～	20 日	05:19	♌
22 火	10:12	♌	～	22 火	17:23	♍
24 木	18:48	♍	～	25 金	03:53	♎
27 日	04:56	♎	～	27 日	11:56	♏
29 火	10:37	♏	～	29 火	16:46	♐
31 木	12:24	♐	～	31 木	18:27	♑

8月

開始日	開始時刻	サイン		終了日	終了時刻	サイン
1 金	22:20	♑	～	2 土	18:07	♒
4 月	10:55	♒	～	4 月	17:42	♓
6 水	12:20	♓	～	6 水	19:22	♈
8 金	17:23	♈	～	9 土	00:49	♉
10 日	18:17	♉	～	11 月	10:23	♊
13 水	14:55	♊	～	13 水	22:41	♋
16 土	00:32	♋	～	16 土	11:30	♌
18 月	16:07	♌	～	18 月	23:16	♍
21 木	04:26	♍	～	21 木	09:24	♎
23 土	11:14	♎	～	23 土	17:37	♏
24 日	20:11	♏	～	25 月	23:31	♐
27 水	21:14	♐	～	28 木	02:48	♑
29 金	03:51	♑	～	30 土	03:54	♒
31 日	22:58	♒	～	1 月	04:09	♓

9月

開始日	開始時刻	サイン		終了日	終了時刻	サイン
3 水	00:11	♓	～	3 水	05:29	♈
5 金	04:13	♈	～	5 金	09:48	♉
7 日	17:56	♉	～	7 日	18:06	♊
9 火	23:42	♊	～	10 水	05:44	♋
11 木	19:10	♋	～	12 金	18:28	♌
15 月	00:27	♌	～	15 月	06:07	♍
17 水	10:17	♍	～	17 水	15:41	♎
19 金	18:02	♎	～	19 金	23:12	♏
22 月	02:18	♏	～	22 月	04:55	♐
24 水	04:11	♐	～	24 水	08:57	♑
25 木	09:35	♑	～	26 金	11:29	♒
28 日	08:36	♒	～	28 日	13:11	♓
30 火	10:39	♓	～	30 火	15:20	♈

10月

開始日	開始時刻	サイン		終了日	終了時刻	サイン
2 木	14:35	♈	～	2 木	19:30	♉
4 土	19:03	♉	～	5 日	02:56	♊
7 火	09:48	♊	～	7 火	13:43	♋
9 木	20:14	♋	～	10 金	02:17	♌
12 日	08:40	♌	～	12 日	14:09	♍
14 火	18:20	♍	～	14 火	23:36	♎
17 金	01:15	♎	～	17 金	06:19	♏
18 土	02:16	♏	～	19 日	10:57	♐
21 火	09:56	♐	～	21 火	14:20	♑
23 木	16:36	♑	～	23 木	17:08	♒
25 土	14:54	♒	～	25 土	19:56	♓
27 月	18:13	♓	～	27 月	23:26	♈
29 水	22:58	♈	～	30 木	04:28	♉
31 金	20:21	♉	～	1 土	11:54	♊

11月

開始日	開始時刻	サイン		終了日	終了時刻	サイン
3 月	17:23	♊	～	3 月	22:09	♋
6 木	05:23	♋	～	6 木	10:26	♌
8 土	19:55	♌	～	8 土	22:44	♍
11 火	07:03	♍	～	11 火	08:48	♎
13 木	14:42	♎	～	13 木	15:31	♏
15 土	12:26	♏	～	15 土	19:15	♐
17 月	15:16	♐	～	17 月	21:12	♑
19 水	21:38	♑	～	19 水	22:50	♒
21 金	23:44	♒	～	22 土	01:20	♓
23 日	22:45	♓	～	24 月	05:29	♈
26 水	04:28	♈	～	26 水	11:36	♉
27 木	08:55	♉	～	28 金	19:50	♊
30 日	22:06	♊	～	1 月	06:09	♋

12月

開始日	開始時刻	サイン		終了日	終了時刻	サイン
3 水	15:34	♋	～	3 水	18:14	♌
5 金	22:14	♌	～	6 土	06:51	♍
8 月	17:53	♍	～	8 月	17:58	♎
10 水	17:39	♎	～	11 木	01:44	♏
12 金	06:27	♏	～	13 土	05:41	♐
14 日	23:14	♐	～	15 月	06:46	♑
16 火	04:31	♑	～	17 水	06:47	♒
19 金	01:57	♒	～	19 金	07:41	♓
21 日	09:00	♓	～	21 日	10:58	♈
23 火	07:57	♈	～	23 火	17:14	♉
25 木	19:57	♉	～	26 金	02:12	♊
28 日	10:39	♊	～	28 日	13:05	♋
29 月	14:38	♋	～	31 水	01:13	♌

2032年【ボイドタイム】

1月

開始日		開始時刻	サイン		終了日		終了時刻	サイン
2	金	02:54	♌	～	2	金	13:53	♍
4	日	20:12	♍	～	5	月	01:47	♎
7	水	00:36	♎	～	7	水	11:04	♏
8	木	18:57	♏	～	9	金	16:26	♐
11	日	08:41	♐	～	11	日	18:02	♑
13	火	05:06	♑	～	13	火	17:24	♒
15	木	07:14	♒	～	15	木	16:43	♓
17	土	12:16	♓	～	17	土	18:09	♈
19	月	21:14	♈	～	19	月	23:09	♉
21	水	18:35	♉	～	22	木	07:50	♊
24	土	06:39	♊	～	24	土	19:05	♋
26	月	13:36	♋	～	27	火	07:29	♌
29	木	07:12	♌	～	29	木	20:03	♍
31	土	22:37	♍	～	1	日	08:03	♎

2月

開始日		開始時刻	サイン		終了日		終了時刻	サイン
3	火	05:54	♎	～	3	火	18:17	♏
5	木	23:44	♏	～	6	金	01:22	♐
7	土	17:41	♐	～	8	日	04:38	♑
9	月	15:20	♑	～	10	火	04:51	♒
12	木	03:35	♒	～	12	木	03:51	♓
13	金	22:38	♓	～	14	土	03:55	♈
16	月	06:29	♈	～	16	月	07:05	♉
18	水	12:28	♉	～	18	水	14:21	♊
20	金	11:39	♊	～	21	土	01:08	♋
22	日	21:27	♋	～	23	月	13:39	♌
25	水	12:31	♌	～	26	木	02:11	♍
28	土	07:28	♍	～	28	土	13:50	♎

3月

開始日		開始時刻	サイン		終了日		終了時刻	サイン
1	月	11:31	♎	～	1	月	23:59	♏
3	水	20:48	♏	～	4	木	07:52	♐
6	土	01:03	♐	～	6	土	12:47	♑
8	月	06:11	♑	～	8	月	14:44	♒
10	水	12:22	♒	～	10	水	14:50	♓
12	金	07:36	♓	～	12	金	14:55	♈
14	日	12:06	♈	～	14	日	17:02	♉
16	火	18:17	♉	～	16	火	22:43	♊
19	金	05:56	♊	～	19	金	08:17	♋
21	日	14:25	♋	～	21	日	20:25	♌
23	火	19:45	♌	～	24	水	08:59	♍
26	金	16:05	♍	～	26	金	20:22	♎
29	月	02:24	♎	～	29	月	05:51	♏
31	水	10:35	♏	～	31	水	13:19	♐

4月

開始日		開始時刻	サイン		終了日		終了時刻	サイン
2	金	13:21	♐	～	2	金	18:39	♑
4	日	21:42	♑	～	4	日	21:56	♒
6	火	13:23	♒	～	6	火	23:40	♓
9	金	00:18	♓	～	9	金	00:58	♈
11	日	03:04	♈	～	11	日	03:21	♉
13	火	00:34	♉	～	13	火	08:18	♊
15	木	13:17	♊	～	15	木	16:42	♋
18	日	00:24	♋	～	18	日	04:06	♌
20	火	05:02	♌	～	20	火	16:38	♍
22	木	19:07	♍	～	23	金	04:05	♎
25	日	03:34	♎	～	25	日	13:09	♏
27	火	17:39	♏	～	27	火	19:40	♐
29	木	14:55	♐	～	30	金	00:11	♑

5月

開始日		開始時刻	サイン		終了日		終了時刻	サイン
1	土	09:41	♑	～	2	日	03:25	♒
3	月	21:20	♒	～	4	火	06:01	♓
6	木	00:07	♓	～	6	木	08:42	♈
8	土	03:38	♈	～	8	土	12:14	♉
9	日	22:35	♉	～	10	月	17:35	♊
12	水	16:33	♊	～	13	木	01:32	♋
15	土	01:09	♋	～	15	土	12:17	♌
17	月	18:43	♌	～	18	火	00:42	♍
20	木	11:52	♍	～	20	木	12:34	♎
22	土	14:04	♎	～	22	土	21:51	♏
24	月	01:35	♏	～	25	火	03:52	♐
27	木	00:37	♐	～	27	木	07:15	♑
28	金	11:51	♑	～	29	土	09:19	♒
31	月	05:11	♒	～	31	月	11:24	♓

6月

開始日		開始時刻	サイン		終了日		終了時刻	サイン
2	水	08:19	♓	～	2	水	14:28	♈
4	金	15:41	♈	～	4	金	19:01	♉
5	土	22:08	♉	～	7	月	01:20	♊
9	水	05:53	♊	～	9	水	09:40	♋
10	木	19:24	♋	～	11	金	20:14	♌
14	月	02:43	♌	～	14	月	08:32	♍
16	水	20:18	♍	～	16	水	20:54	♎
19	土	03:21	♎	～	19	土	07:02	♏
21	月	03:54	♏	～	21	月	13:27	♐
23	水	12:31	♐	～	23	水	16:20	♑
25	金	16:36	♑	～	25	金	17:11	♒
27	日	14:27	♒	～	27	日	17:51	♓
29	火	19:24	♓	～	29	火	19:58	♈

7月

開始日		開始時刻	サイン		終了日		終了時刻	サイン
1	木	23:27	♈	～	2	金	00:29	♉
4	日	05:52	♉	～	4	日	07:26	♊
6	火	14:32	♊	～	6	火	16:28	♋
9	金	00:30	♋	～	9	金	03:19	♌
11	日	14:52	♌	～	11	日	15:37	♍
14	水	04:15	♍	～	14	水	04:21	♎
16	金	13:38	♎	～	16	金	15:30	♏
18	日	18:22	♏	～	18	日	23:07	♐
21	水	01:23	♐	～	21	水	02:37	♑
22	木	22:03	♑	～	23	金	03:04	♒
25	日	01:41	♒	～	25	日	02:31	♓
27	火	02:23	♓	～	27	火	03:04	♈
29	木	05:47	♈	～	29	木	06:20	♉
31	土	07:57	♉	～	31	土	12:53	♊

8月

開始日		開始時刻	サイン		終了日		終了時刻	サイン
2	月	22:06	♊	～	2	月	22:14	♋
5	木	03:21	♋	～	5	木	09:30	♌
6	金	21:13	♌	～	7	土	21:55	♍
10	火	09:16	♍	～	10	火	10:44	♎
12	木	11:26	♎	～	12	木	22:33	♏
14	土	20:38	♏	～	15	日	07:32	♐
17	火	02:54	♐	～	17	火	12:29	♑
19	木	03:39	♑	～	19	木	13:46	♒
21	土	10:46	♒	～	21	土	13:02	♓
23	月	01:50	♓	～	23	月	12:27	♈
25	水	02:33	♈	～	25	水	14:04	♉
27	金	15:13	♉	～	27	金	19:13	♊
30	月	03:49	♊	～	30	月	03:59	♋

9月

開始日		開始時刻	サイン		終了日		終了時刻	サイン
1	水	00:52	♋	～	1	水	15:20	♌
3	金	16:20	♌	～	4	土	03:53	♍
6	月	01:30	♍	～	6	月	16:34	♎
8	水	23:48	♎	～	9	木	04:23	♏
11	土	12:46	♏	～	11	土	14:07	♐
13	月	16:08	♐	～	13	月	20:36	♑
15	水	11:36	♑	～	15	水	23:32	♒
17	金	13:19	♒	～	17	金	23:50	♓
19	日	18:30	♓	～	19	日	23:17	♈
21	火	21:44	♈	～	21	火	23:55	♉
23	木	13:58	♉	～	24	金	03:29	♊
25	土	10:45	♊	～	26	日	10:52	♋
28	火	06:38	♋	～	28	火	21:39	♌

10月

開始日		開始時刻	サイン		終了日		終了時刻	サイン
1	金	01:45	♌	～	1	金	10:12	♍
3	日	08:02	♍	～	3	日	22:46	♎
5	火	20:02	♎	～	6	水	10:09	♏
8	金	06:17	♏	～	8	金	19:37	♐
10	日	03:44	♐	～	11	月	02:41	♑
12	火	21:02	♑	～	13	水	07:04	♒
15	金	04:01	♒	～	15	金	09:05	♓
17	日	09:06	♓	～	17	日	09:47	♈
19	火	03:57	♈	～	19	火	10:40	♉
21	木	03:24	♉	～	21	木	13:26	♊
23	土	11:24	♊	～	23	土	19:27	♋
25	月	23:39	♋	～	26	火	05:07	♌
28	木	14:17	♌	～	28	木	17:20	♍
31	日	05:25	♍	～	31	日	05:57	♎

11月

開始日		開始時刻	サイン		終了日		終了時刻	サイン
2	火	08:09	♎	～	2	火	17:01	♏
5	金	01:25	♏	～	5	金	01:43	♐
6	土	21:52	♐	～	7	日	08:07	♑
9	火	07:27	♑	～	9	火	12:40	♒
11	木	15:42	♒	～	11	木	15:51	♓
13	土	13:13	♓	～	13	土	18:09	♈
15	月	15:57	♈	～	15	月	20:22	♉
17	水	19:38	♉	～	17	水	23:34	♊
19	金	02:42	♊	～	20	土	05:02	♋
22	月	10:49	♋	～	22	月	13:42	♌
23	火	19:53	♌	～	25	木	01:19	♍
27	土	12:54	♍	～	27	土	14:03	♎
30	火	01:08	♎	～	30	火	01:20	♏

12月

開始日		開始時刻	サイン		終了日		終了時刻	サイン
1	水	22:14	♏	～	2	木	09:37	♐
3	金	23:54	♐	～	4	土	14:58	♑
6	月	17:17	♑	～	6	月	18:25	♒
8	水	18:34	♒	～	8	水	21:11	♓
10	金	04:08	♓	～	11	土	00:08	♈
13	月	03:37	♈	～	13	月	03:41	♉
14	火	02:54	♉	～	15	水	08:09	♊
17	金	13:44	♊	～	17	金	14:09	♋
18	土	18:06	♋	～	19	日	22:31	♌
22	水	08:45	♌	～	22	水	09:37	♍
24	金	21:18	♍	～	24	金	22:23	♎
27	月	09:05	♎	～	27	月	10:21	♏
29	水	09:24	♏	～	29	水	19:09	♐
31	金	22:41	♐	～	1	土	00:08	♑

2033年【ボイドタイム】

1月

開始日	開始時刻	サイン		終了日	終了時刻	サイン
2 日	01:35	♑	～	3 月	02:22	♒
5 水	01:59	♒	～	5 水	03:40	♓
7 金	03:45	♓	～	7 金	05:36	♈
9 日	07:05	♈	～	9 日	09:09	♉
10 月	21:31	♉	～	11 火	14:29	♊
13 木	19:01	♊	～	13 木	21:32	♋
16 日	01:43	♋	～	16 日	06:25	♌
18 火	14:22	♌	～	18 火	17:26	♍
21 金	02:51	♍	～	21 金	06:09	♎
23 日	15:23	♎	～	23 日	18:46	♏
25 火	15:32	♏	～	26 水	04:46	♐
28 金	07:25	♐	～	28 金	10:36	♑
30 日	05:35	♑	～	30 日	12:43	♒

2月

開始日	開始時刻	サイン		終了日	終了時刻	サイン
1 火	09:43	♒	～	1 火	12:51	♓
3 木	10:35	♓	～	3 木	13:05	♈
5 土	11:36	♈	～	5 土	15:08	♉
6 日	22:34	♉	～	7 月	19:53	♊
9 水	23:13	♊	～	10 木	03:19	♋
11 金	09:10	♋	～	12 土	12:55	♌
14 月	19:46	♌	～	15 火	00:18	♍
17 木	08:19	♍	～	17 木	12:59	♎
19 土	21:10	♎	～	20 日	01:52	♏
21 月	15:02	♏	～	22 火	12:57	♐
24 木	16:07	♐	～	24 木	20:22	♑
26 土	00:20	♑	～	26 土	23:40	♒
28 月	20:09	♒	～	28 月	23:58	♓

3月

開始日	開始時刻	サイン		終了日	終了時刻	サイン
2 水	19:25	♓	～	2 水	23:15	♈
4 金	19:36	♈	～	4 金	23:35	♉
6 日	12:07	♉	～	7 月	02:36	♊
9 水	04:32	♊	～	9 水	09:03	♋
10 木	23:48	♋	～	11 金	18:39	♌
14 月	01:35	♌	～	14 月	06:25	♍
16 水	14:24	♍	～	16 水	19:13	♎
19 土	03:15	♎	～	19 土	07:58	♏
21 月	19:08	♏	～	21 月	19:23	♐
24 木	01:14	♐	～	24 木	04:02	♑
26 土	04:17	♑	～	26 土	09:04	♒
28 月	07:13	♒	～	28 月	10:47	♓
30 水	07:07	♓	～	30 水	10:33	♈

4月

開始日	開始時刻	サイン		終了日	終了時刻	サイン
1 金	06:47	♈	～	1 金	10:11	♉
3 日	07:43	♉	～	3 日	11:39	♊
5 火	15:35	♊	～	5 火	16:23	♋
7 木	10:39	♋	～	8 金	00:57	♌
10 日	10:40	♌	～	10 日	12:32	♍
12 火	21:48	♍	～	13 水	01:27	♎
15 金	10:35	♎	～	15 金	14:01	♏
17 日	11:44	♏	～	18 月	01:05	♐
20 水	07:03	♐	～	20 水	09:55	♑
22 金	06:36	♑	～	22 金	16:03	♒
24 日	17:10	♒	～	24 日	19:28	♓
26 火	18:38	♓	～	26 火	20:43	♈
28 木	19:06	♈	～	28 木	21:03	♉
30 土	20:20	♉	～	30 土	22:05	♊

5月

開始日	開始時刻	サイン		終了日	終了時刻	サイン
2 月	23:45	♊	～	3 火	01:33	♋
4 水	11:06	♋	～	5 木	08:40	♌
7 土	17:51	♌	～	7 土	19:27	♍
10 火	06:53	♍	～	10 火	08:15	♎
12 木	19:40	♎	～	12 木	20:45	♏
14 土	19:42	♏	～	15 日	07:20	♐
17 火	14:59	♐	～	17 火	15:32	♑
19 木	19:20	♑	～	19 木	21:34	♒
22 日	01:39	♒	～	22 日	01:46	♓
23 月	10:17	♓	～	24 火	04:29	♈
25 水	19:09	♈	～	26 木	06:15	♉
27 金	09:57	♉	～	28 土	08:04	♊
29 日	22:30	♊	～	30 月	11:20	♋

6月

開始日	開始時刻	サイン		終了日	終了時刻	サイン
1 水	08:09	♋	～	1 水	17:32	♌
3 金	22:23	♌	～	4 土	03:20	♍
5 日	08:38	♍	～	6 月	15:46	♎
8 水	07:26	♎	～	9 木	04:23	♏
10 金	13:09	♏	～	11 土	14:50	♐
13 月	08:18	♐	～	13 月	22:20	♑
15 水	09:25	♑	～	16 木	03:26	♒
18 土	01:38	♒	～	18 土	07:08	♓
20 月	08:29	♓	～	20 月	10:14	♈
21 火	19:52	♈	～	22 水	13:08	♉
23 木	20:00	♉	～	24 金	16:13	♊
26 日	02:34	♊	～	26 日	20:16	♋
28 火	14:08	♋	～	29 水	02:27	♌

7月

開始日	開始時刻	サイン		終了日	終了時刻	サイン
1 金	04:09	♌	～	1 金	11:41	♍
3 日	22:02	♍	～	3 日	23:43	♎
5 火	16:22	♎	～	6 水	12:31	♏
7 木	20:44	♏	～	8 金	23:21	♐
10 日	12:47	♐	～	11 月	06:45	♑
12 火	18:28	♑	～	13 水	11:01	♒
14 木	20:56	♒	～	15 金	13:33	♓
17 日	06:46	♓	～	17 日	15:45	♈
19 火	13:06	♈	～	19 火	18:33	♉
21 木	20:40	♉	～	21 木	22:23	♊
23 土	11:48	♊	～	24 日	03:28	♋
25 月	16:00	♋	～	26 火	10:21	♌
28 木	19:28	♌	～	28 木	19:39	♍
31 日	07:04	♍	～	31 日	07:28	♎

8月

開始日	開始時刻	サイン		終了日	終了時刻	サイン
2 火	20:01	♎	～	2 火	20:28	♏
5 金	01:44	♏	～	5 金	08:04	♐
6 土	22:00	♐	～	7 日	16:10	♑
9 火	03:26	♑	～	9 火	20:27	♒
11 木	05:45	♒	～	11 木	22:06	♓
12 金	23:59	♓	～	13 土	22:55	♈
15 月	12:07	♈	～	16 火	00:28	♉
17 水	18:42	♉	～	18 木	03:45	♊
20 土	03:54	♊	～	20 土	09:11	♋
22 月	09:42	♋	～	22 月	16:50	♌
24 水	06:51	♌	～	25 木	02:41	♍
26 金	13:13	♍	～	27 土	14:35	♎
29 月	06:47	♎	～	30 火	03:39	♏
31 水	16:43	♏	～	1 木	15:58	♐

9月

開始日	開始時刻	サイン		終了日	終了時刻	サイン
3 土	12:48	♐	～	4 日	01:19	♑
6 火	02:33	♑	～	6 火	06:38	♒
7 水	15:27	♒	～	8 木	08:29	♓
9 金	14:34	♓	～	10 土	08:28	♈
11 日	17:25	♈	～	12 月	08:30	♉
14 水	09:59	♉	～	14 水	10:14	♊
16 金	14:05	♊	～	16 金	14:47	♋
18 日	14:04	♋	～	18 日	22:26	♌
21 水	07:02	♌	～	21 水	08:45	♍
23 金	00:23	♍	～	23 金	20:58	♎
26 月	07:19	♎	～	26 月	10:02	♏
28 水	19:32	♏	～	28 水	22:36	♐

10月

開始日	開始時刻	サイン		終了日	終了時刻	サイン
1 土	05:45	♐	～	1 土	09:02	♑
2 日	23:33	♑	～	3 月	15:57	♒
5 水	15:48	♒	～	5 水	19:08	♓
7 金	08:59	♓	～	7 金	19:33	♈
9 日	15:21	♈	～	9 日	18:53	♉
11 火	15:17	♉	～	11 火	19:05	♊
13 木	17:44	♊	～	13 木	21:55	♋
16 日	01:51	♋	～	16 日	04:27	♌
18 火	09:36	♌	～	18 火	14:35	♍
20 木	09:02	♍	～	21 金	03:00	♎
23 日	10:53	♎	～	23 日	16:04	♏
25 火	23:22	♏	～	26 水	04:26	♐
28 金	10:16	♐	～	28 金	15:06	♑
30 日	07:15	♑	～	30 日	23:13	♒

11月

開始日	開始時刻	サイン		終了日	終了時刻	サイン
2 水	00:03	♒	～	2 水	04:11	♓
3 木	15:57	♓	～	4 金	06:10	♈
6 日	05:01	♈	～	6 日	06:11	♉
8 火	02:26	♉	～	8 火	05:55	♊
10 木	06:21	♊	～	10 木	07:20	♋
11 金	20:19	♋	～	12 土	12:12	♌
14 月	17:48	♌	～	14 月	21:13	♍
16 水	22:10	♍	～	17 木	09:24	♎
19 土	19:47	♎	～	19 土	22:30	♏
22 火	08:22	♏	～	22 火	10:33	♐
24 木	19:03	♐	～	24 木	20:42	♑
26 土	19:51	♑	～	27 日	04:48	♒
29 火	10:07	♒	～	29 火	10:46	♓

12月

開始日	開始時刻	サイン		終了日	終了時刻	サイン
1 木	08:53	♓	～	1 木	14:29	♈
3 土	00:34	♈	～	3 土	16:11	♉
5 月	01:13	♉	～	5 月	16:49	♊
6 火	21:13	♊	～	7 水	18:03	♋
9 金	04:21	♋	～	9 金	21:46	♌
11 日	08:55	♌	～	12 月	05:23	♍
14 水	00:27	♍	～	14 水	16:44	♎
16 金	19:04	♎	～	17 土	05:46	♏
18 日	20:58	♏	～	19 月	17:48	♐
22 木	01:31	♐	～	22 木	03:24	♑
23 金	14:48	♑	～	24 土	10:37	♒
25 日	17:37	♒	～	26 月	16:06	♓
28 水	00:54	♓	～	28 水	20:20	♈
30 金	04:08	♈	～	30 金	23:27	♉

2034年【ボイドタイム】

1月

開始日		開始時刻	サイン		終了日		終了時刻	サイン
1	日	11:57	♉	～	2	月	01:43	♊
3	火	16:45	♊	～	4	水	04:01	♋
5	木	22:55	♋	～	6	金	07:49	♌
7	土	15:02	♌	～	8	日	14:38	♍
10	火	22:02	♍	～	11	水	01:03	♎
13	金	02:53	♎	～	13	金	13:47	♏
15	日	22:32	♏	～	16	月	02:07	♐
17	火	11:58	♐	～	18	水	11:47	♑
19	木	19:49	♑	～	20	金	18:20	♒
22	日	03:44	♒	～	22	日	22:37	♓
24	火	02:59	♓	～	25	水	01:51	♈
26	木	20:24	♈	～	27	金	04:51	♉
29	日	03:08	♉	～	29	日	08:00	♊
31	火	09:09	♊	～	31	火	11:40	♋

2月

開始日		開始時刻	サイン		終了日		終了時刻	サイン
1	水	18:34	♋	～	2	木	16:33	♌
4	土	21:13	♌	～	4	土	23:38	♍
6	月	05:30	♍	～	7	火	09:37	♎
9	木	20:56	♎	～	9	木	21:58	♏
11	土	20:08	♏	～	12	日	10:39	♐
14	火	12:29	♐	～	14	火	21:04	♑
16	木	18:25	♑	～	17	金	03:55	♒
19	日	01:17	♒	～	19	日	07:35	♓
20	月	09:42	♓	～	21	火	09:26	♈
23	木	09:51	♈	～	23	木	10:59	♉
24	金	17:09	♉	～	25	土	13:23	♊
27	月	01:32	♊	～	27	月	17:20	♋

3月

開始日		開始時刻	サイン		終了日		終了時刻	サイン
1	水	12:20	♋	～	1	水	23:11	♌
3	金	09:18	♌	～	4	土	07:11	♍
5	日	19:34	♍	～	6	月	17:27	♎
8	水	09:46	♎	～	9	木	05:39	♏
11	土	04:12	♏	～	11	土	18:29	♐
13	月	22:04	♐	～	14	火	05:50	♑
16	木	05:20	♑	～	16	木	13:52	♒
17	金	23:12	♒	～	18	土	18:06	♓
20	月	19:14	♓	～	20	月	19:28	♈
22	水	03:00	♈	～	22	水	19:37	♉
24	金	09:24	♉	～	24	金	20:19	♊
26	日	14:43	♊	～	26	日	23:03	♋
29	水	01:21	♋	～	29	水	04:40	♌
31	金	01:39	♌	～	31	金	13:12	♍

4月

開始日		開始時刻	サイン		終了日		終了時刻	サイン
2	日	15:36	♍	～	3	月	00:05	♎
4	火	15:21	♎	～	5	水	12:27	♏
8	土	00:01	♏	～	8	土	01:17	♐
10	月	08:01	♐	～	10	月	13:11	♑
12	水	18:41	♑	～	12	水	22:31	♒
14	金	18:41	♒	～	15	土	04:14	♓
17	月	04:42	♓	～	17	月	06:25	♈
19	水	04:25	♈	～	19	水	06:17	♉
21	金	05:30	♉	～	21	金	05:43	♊
22	土	14:30	♊	～	23	日	06:43	♋
24	月	17:40	♋	～	25	火	10:54	♌
27	木	00:35	♌	～	27	木	18:53	♍
29	土	03:06	♍	～	30	日	05:57	♎

5月

開始日		開始時刻	サイン		終了日		終了時刻	サイン
1	月	23:30	♎	～	2	火	18:36	♏
5	金	04:57	♏	～	5	金	07:23	♐
7	日	00:59	♐	～	7	日	19:16	♑
9	火	11:51	♑	～	10	水	05:17	♒
11	木	22:10	♒	～	12	金	12:28	♓
14	日	06:55	♓	～	14	日	16:15	♈
16	火	12:31	♈	～	16	火	17:07	♉
18	木	12:12	♉	～	18	木	16:31	♊
20	土	12:45	♊	～	20	土	16:27	♋
22	月	03:56	♋	～	22	月	19:02	♌
24	水	15:51	♌	～	25	木	01:36	♍
27	土	04:43	♍	～	27	土	12:03	♎
29	月	19:19	♎	～	30	火	00:43	♏
31	水	15:28	♏	～	1	木	13:28	♐

6月

開始日		開始時刻	サイン		終了日		終了時刻	サイン
3	土	20:48	♐	～	4	日	01:02	♑
5	月	19:03	♑	～	6	火	10:54	♒
8	木	12:35	♒	～	8	木	18:39	♓
10	土	18:35	♓	～	10	土	23:50	♈
13	火	01:43	♈	～	13	火	02:19	♉
14	水	11:53	♉	～	15	木	02:49	♊
16	金	19:25	♊	～	17	土	02:56	♋
18	日	15:06	♋	～	19	月	04:42	♌
21	水	09:25	♌	～	21	水	09:55	♍
23	金	03:05	♍	～	23	金	19:13	♎
25	日	15:26	♎	～	26	月	07:26	♏
28	水	05:49	♏	～	28	水	20:10	♐
30	金	16:13	♐	～	1	土	07:30	♑

7月

開始日		開始時刻	サイン		終了日		終了時刻	サイン
3	月	09:35	♑	～	3	月	16:46	♒
5	水	15:48	♒	～	6	木	00:05	♓
8	土	04:15	♓	～	8	土	05:34	♈
10	月	03:22	♈	～	10	月	09:11	♉
12	水	01:32	♉	～	12	水	11:11	♊
13	木	23:48	♊	～	14	金	12:27	♋
16	日	05:33	♋	～	16	日	14:33	♌
18	火	05:26	♌	～	18	火	19:12	♍
20	木	23:33	♍	～	21	金	03:30	♎
23	日	06:11	♎	～	23	日	15:01	♏
25	火	19:30	♏	～	26	水	03:41	♐
28	金	00:09	♐	～	28	金	15:05	♑
30	日	17:35	♑	～	30	日	23:57	♒

8月

開始日		開始時刻	サイン		終了日		終了時刻	サイン
1	火	16:42	♒	～	2	水	06:25	♓
4	金	06:14	♓	～	4	金	11:06	♈
6	日	10:14	♈	～	6	日	14:38	♉
8	火	13:31	♉	～	8	火	17:24	♊
10	木	08:55	♊	～	10	木	19:57	♋
12	土	20:07	♋	～	12	土	23:11	♌
14	月	15:58	♌	～	15	火	04:16	♍
17	木	09:53	♍	～	17	木	12:12	♎
19	土	21:19	♎	～	19	土	23:08	♏
22	火	10:28	♏	～	22	火	11:42	♐
24	木	22:57	♐	～	24	木	23:29	♑
27	日	08:33	♑	～	27	日	08:37	♒
29	火	00:36	♒	～	29	火	14:37	♓
30	水	07:19	♓	～	31	木	18:13	♈

9月

開始日		開始時刻	サイン		終了日		終了時刻	サイン
2	土	09:43	♈	～	2	土	20:34	♉
4	月	00:14	♉	～	4	月	22:47	♊
6	水	20:00	♊	～	7	木	01:41	♋
9	土	02:43	♋	～	9	土	05:55	♌
11	月	11:20	♌	～	11	月	11:59	♍
13	水	01:13	♍	～	13	水	20:21	♎
15	金	14:38	♎	～	16	土	07:06	♏
18	月	09:49	♏	～	18	月	19:33	♐
21	木	03:39	♐	～	21	木	07:53	♑
23	土	09:41	♑	～	23	土	17:55	♒
25	月	19:03	♒	～	26	火	00:25	♓
27	水	12:41	♓	～	28	木	03:34	♈
30	土	01:34	♈	～	30	土	04:40	♉

10月

開始日		開始時刻	サイン		終了日		終了時刻	サイン
1	日	19:19	♉	～	2	月	05:23	♊
4	水	02:43	♊	～	4	水	07:16	♋
6	金	05:28	♋	～	6	金	11:23	♌
8	日	07:33	♌	～	8	日	18:07	♍
11	水	02:51	♍	～	11	水	03:15	♎
12	木	20:23	♎	～	13	金	14:19	♏
14	土	22:23	♏	～	16	月	02:43	♐
18	水	04:16	♐	～	18	水	15:23	♑
21	土	00:36	♑	～	21	土	02:31	♒
23	月	09:47	♒	～	23	月	10:23	♓
24	火	05:02	♓	～	25	水	14:18	♈
27	金	07:30	♈	～	27	金	15:06	♉
28	土	16:20	♉	～	29	日	14:32	♊
31	火	03:43	♊	～	31	火	14:42	♋

11月

開始日		開始時刻	サイン		終了日		終了時刻	サイン
2	木	04:15	♋	～	2	木	17:25	♌
4	土	15:24	♌	～	4	土	23:38	♍
6	月	00:42	♍	～	7	火	09:04	♎
9	木	01:50	♎	～	9	木	20:36	♏
11	土	10:16	♏	～	12	日	09:07	♐
14	火	05:05	♐	～	14	火	21:46	♑
16	木	22:09	♑	～	17	金	09:31	♒
19	日	13:01	♒	～	19	日	18:50	♓
21	火	23:18	♓	～	22	水	00:28	♈
23	木	23:10	♈	～	24	金	02:21	♉
26	日	00:54	♉	～	26	日	01:45	♊
27	月	16:42	♊	～	28	火	00:47	♋
29	水	19:05	♋	～	30	木	01:42	♌

12月

開始日		開始時刻	サイン		終了日		終了時刻	サイン
2	土	01:36	♌	～	2	土	06:17	♍
3	日	01:46	♍	～	4	月	14:55	♎
6	水	05:52	♎	～	7	木	02:30	♏
8	金	11:25	♏	～	9	土	15:12	♐
11	月	15:42	♐	～	12	火	03:42	♑
13	水	18:50	♑	～	14	木	15:17	♒
16	土	14:21	♒	～	17	日	01:12	♓
19	火	02:44	♓	～	19	火	08:22	♈
21	木	10:50	♈	～	21	木	12:07	♉
22	金	15:33	♉	～	23	土	12:53	♊
24	日	19:45	♊	～	25	月	12:13	♋
26	火	19:19	♋	～	27	水	12:17	♌
28	木	23:15	♌	～	29	金	15:12	♍
31	日	13:22	♍	～	31	日	22:14	♎

2035年【ボイドタイム】

1月

開始日		開始時刻	サイン		終了日		終了時刻	サイン
3	水	07:57	♎	~	3	水	09:01	♏
5	金	17:36	♏	~	5	金	21:40	♐
7	日	13:11	♐	~	8	月	10:07	♑
10	水	19:48	♑	~	10	水	21:14	♒
12	金	10:57	♒	~	13	土	06:40	♓
15	月	03:58	♓	~	15	月	14:07	♈
17	水	13:45	♈	~	17	水	19:10	♉
19	金	20:23	♉	~	19	金	21:45	♊
21	日	05:53	♊	~	21	日	22:36	♋
23	火	06:29	♋	~	23	火	23:18	♌
25	木	08:08	♌	~	26	金	01:42	♍
27	土	16:46	♍	~	28	日	07:23	♎
30	火	07:02	♎	~	30	火	16:52	♏

2月

開始日		開始時刻	サイン		終了日		終了時刻	サイン
2	金	02:49	♏	~	2	金	05:00	♐
3	土	21:13	♐	~	4	日	17:31	♑
6	火	22:45	♑	~	7	水	04:29	♒
8	木	18:31	♒	~	9	金	13:11	♓
11	日	16:14	♓	~	11	日	19:45	♈
13	火	23:21	♈	~	14	水	00:34	♉
15	木	22:16	♉	~	16	金	03:56	♊
18	日	04:33	♊	~	18	日	06:19	♋
20	火	08:02	♋	~	20	火	08:32	♌
22	木	06:56	♌	~	22	木	11:44	♍
24	土	16:10	♍	~	24	土	17:11	♎
27	火	00:25	♎	~	27	火	01:45	♏

3月

開始日		開始時刻	サイン		終了日		終了時刻	サイン
1	木	11:30	♏	~	1	木	13:09	♐
3	土	06:43	♐	~	4	日	01:40	♑
6	火	10:57	♑	~	6	火	12:59	♒
8	木	12:47	♒	~	8	木	21:32	♓
11	日	01:02	♓	~	11	日	03:11	♈
13	火	04:32	♈	~	13	火	06:46	♉
15	木	07:02	♉	~	15	木	09:21	♊
17	土	05:14	♊	~	17	土	11:55	♋
19	月	12:39	♋	~	19	月	15:11	♌
21	水	09:17	♌	~	21	水	19:41	♍
23	金	23:05	♍	~	24	土	01:56	♎
26	月	07:27	♎	~	26	月	10:28	♏
28	水	20:05	♏	~	28	水	21:24	♐
30	金	19:05	♐	~	31	土	09:51	♑

4月

開始日		開始時刻	サイン		終了日		終了時刻	サイン
2	月	18:39	♑	~	2	月	21:46	♒
4	水	19:37	♒	~	5	木	06:59	♓
7	土	09:55	♓	~	7	土	12:35	♈
9	月	12:42	♈	~	9	月	15:12	♉
11	水	14:38	♉	~	11	水	16:20	♊
13	金	10:59	♊	~	13	金	17:41	♋
15	日	18:13	♋	~	15	日	20:34	♌
17	火	20:44	♌	~	18	水	01:37	♍
20	金	06:33	♍	~	20	金	08:49	♎
22	日	15:49	♎	~	22	日	17:59	♏
25	水	02:57	♏	~	25	水	04:59	♐
27	金	16:07	♐	~	27	金	17:21	♑
30	月	05:12	♑	~	30	月	05:46	♒

5月

開始日		開始時刻	サイン		終了日		終了時刻	サイン
2	水	02:19	♒	~	2	水	16:06	♓
4	金	21:47	♓	~	4	金	22:40	♈
7	月	00:47	♈	~	7	月	01:23	♉
9	水	01:16	♉	~	9	水	01:39	♊
10	木	17:40	♊	~	11	金	01:29	♋
12	土	23:14	♋	~	13	日	02:52	♌
14	月	19:28	♌	~	15	火	07:06	♍
17	木	06:35	♍	~	17	木	14:25	♎
19	土	11:12	♎	~	20	日	00:10	♏
22	火	00:30	♏	~	22	火	11:33	♐
24	木	15:59	♐	~	24	木	23:58	♑
26	土	23:40	♑	~	27	日	12:34	♒
29	火	22:12	♒	~	29	火	23:47	♓
31	木	14:32	♓	~	1	金	07:47	♈

6月

開始日		開始時刻	サイン		終了日		終了時刻	サイン
3	日	01:16	♈	~	3	日	11:42	♉
5	火	11:17	♉	~	5	火	12:17	♊
7	木	01:51	♊	~	7	木	11:26	♋
9	土	10:33	♋	~	9	土	11:21	♌
11	月	03:34	♌	~	11	月	13:58	♍
13	水	04:49	♍	~	13	水	20:15	♎
15	金	18:21	♎	~	16	土	05:49	♏
17	日	20:44	♏	~	18	月	17:28	♐
21	木	04:37	♐	~	21	木	06:00	♑
23	土	07:00	♑	~	23	土	18:31	♒
25	月	18:52	♒	~	26	火	06:00	♓
28	木	04:15	♓	~	28	木	15:03	♈
30	土	15:45	♈	~	30	土	20:33	♉

7月

開始日		開始時刻	サイン		終了日		終了時刻	サイン
2	月	05:15	♉	~	2	月	22:29	♊
4	水	15:04	♊	~	4	水	22:09	♋
6	金	12:46	♋	~	6	金	21:36	♌
8	日	13:36	♌	~	8	日	22:53	♍
10	火	10:16	♍	~	11	水	03:36	♎
13	金	01:35	♎	~	13	金	12:08	♏
15	日	08:11	♏	~	15	日	23:32	♐
18	水	01:09	♐	~	18	水	12:07	♑
20	金	22:10	♑	~	21	土	00:28	♒
23	月	01:06	♒	~	23	月	11:38	♓
25	水	17:02	♓	~	25	水	20:50	♈
27	金	17:44	♈	~	28	土	03:19	♉
30	月	01:03	♉	~	30	月	06:49	♊

8月

開始日		開始時刻	サイン		終了日		終了時刻	サイン
1	水	03:04	♊	~	1	水	07:57	♋
3	金	03:50	♋	~	3	金	08:06	♌
5	日	06:57	♌	~	5	日	09:05	♍
7	火	09:00	♍	~	7	火	12:39	♎
9	木	09:34	♎	~	9	木	19:50	♏
12	日	03:06	♏	~	12	日	06:27	♐
14	火	15:41	♐	~	14	火	18:54	♑
17	金	04:00	♑	~	17	金	07:11	♒
19	日	15:28	♒	~	19	日	17:53	♓
21	火	23:02	♓	~	22	水	02:27	♈
23	木	22:51	♈	~	24	金	08:48	♉
26	日	12:15	♉	~	26	日	13:03	♊
28	火	11:10	♊	~	28	火	15:36	♋
30	木	12:13	♋	~	30	木	17:12	♌

9月

開始日		開始時刻	サイン		終了日		終了時刻	サイン
1	土	09:28	♌	~	1	土	19:02	♍
3	月	15:38	♍	~	3	月	22:27	♎
5	水	18:01	♎	~	6	木	04:45	♏
8	土	04:32	♏	~	8	土	14:24	♐
10	月	18:46	♐	~	11	火	02:30	♑
13	木	14:14	♑	~	13	木	14:55	♒
15	土	14:01	♒	~	16	日	01:31	♓
17	月	23:23	♓	~	18	火	09:23	♈
20	木	04:03	♈	~	20	木	14:45	♉
22	土	16:58	♉	~	22	土	18:26	♊
24	月	10:50	♊	~	24	月	21:20	♋
26	水	13:29	♋	~	27	木	00:05	♌
28	金	16:25	♌	~	29	土	03:16	♍

10月

開始日		開始時刻	サイン		終了日		終了時刻	サイン
1	月	04:43	♍	~	1	月	07:33	♎
3	水	02:35	♎	~	3	水	13:50	♏
5	金	16:37	♏	~	5	金	22:54	♐
8	月	05:17	♐	~	8	月	10:35	♑
10	水	21:30	♑	~	10	水	23:14	♒
12	金	21:23	♒	~	13	土	10:20	♓
14	日	21:37	♓	~	15	月	18:09	♈
17	水	11:35	♈	~	17	水	22:40	♉
19	金	05:29	♉	~	20	土	01:04	♊
21	日	23:36	♊	~	22	月	02:55	♋
23	火	17:35	♋	~	24	水	05:30	♌
25	木	21:03	♌	~	26	金	09:24	♍
28	日	06:01	♍	~	28	日	14:49	♎
30	火	19:33	♎	~	30	火	21:54	♏

11月

開始日		開始時刻	サイン		終了日		終了時刻	サイン
1	木	10:48	♏	~	2	金	07:03	♐
4	日	03:48	♐	~	4	日	18:29	♑
6	火	16:20	♑	~	7	水	07:18	♒
9	金	04:38	♒	~	9	金	19:17	♓
11	日	13:28	♓	~	12	月	04:00	♈
13	火	19:44	♈	~	14	水	08:39	♉
16	金	02:33	♉	~	16	金	10:11	♊
18	日	01:17	♊	~	18	日	10:32	♋
20	火	07:16	♋	~	20	火	11:37	♌
22	木	14:16	♌	~	22	木	14:47	♍
24	土	19:08	♍	~	24	土	20:27	♎
26	月	13:34	♎	~	27	火	04:21	♏
29	木	11:46	♏	~	29	木	14:07	♐

12月

開始日		開始時刻	サイン		終了日		終了時刻	サイン
2	日	01:30	♐	~	2	日	01:39	♑
3	月	22:17	♑	~	4	火	14:30	♒
6	木	22:18	♒	~	7	金	03:09	♓
8	土	10:55	♓	~	9	日	13:16	♈
11	火	05:09	♈	~	11	火	19:13	♉
13	木	08:31	♉	~	13	木	21:12	♊
15	土	09:32	♊	~	15	土	20:51	♋
17	月	16:26	♋	~	17	月	20:23	♌
19	水	17:01	♌	~	19	水	21:45	♍
22	土	01:28	♍	~	22	土	02:11	♎
23	日	18:24	♎	~	24	月	09:52	♏
26	水	07:56	♏	~	26	水	20:06	♐
28	金	15:31	♐	~	29	土	08:01	♑
31	月	14:24	♑	~	31	月	20:51	♒

2036年【ボイドタイム】

1月

開始日		開始時刻	サイン		終了日		終了時刻	サイン
2	水	17:05	♒	～	3	木	09:36	♓
5	土	11:49	♓	～	5	土	20:40	♈
7	月	16:18	♈	～	8	火	04:20	♉
10	木	01:32	♉	～	10	木	07:57	♊
12	土	06:33	♊	～	12	土	08:25	♋
13	日	20:15	♋	～	14	月	07:32	♌
15	火	21:04	♌	～	16	水	07:27	♍
18	金	05:15	♍	～	18	金	10:00	♎
20	日	15:46	♎	～	20	日	16:13	♏
22	火	04:08	♏	～	23	水	01:59	♐
25	金	12:38	♐	～	25	金	14:04	♑
27	日	10:40	♑	～	28	月	02:58	♒
29	火	23:28	♒	～	30	水	15:28	♓

2月

開始日		開始時刻	サイン		終了日		終了時刻	サイン
1	金	13:09	♓	～	2	土	02:31	♈
3	日	20:28	♈	～	4	月	11:05	♉
6	水	14:51	♉	～	6	水	16:27	♊
8	金	05:51	♊	～	8	金	18:43	♋
10	日	14:09	♋	～	10	日	18:56	♌
12	火	07:08	♌	～	12	火	18:47	♍
13	水	16:12	♍	～	14	木	20:08	♎
16	土	19:46	♎	～	17	日	00:37	♏
19	火	08:46	♏	～	19	火	09:00	♐
21	木	05:28	♐	～	21	木	20:37	♑
23	土	18:26	♑	～	24	日	09:34	♒
26	火	07:11	♒	～	26	火	21:52	♓
28	木	13:13	♓	～	29	金	08:20	♈

3月

開始日		開始時刻	サイン		終了日		終了時刻	サイン
2	日	12:58	♈	～	2	日	16:34	♉
4	火	10:17	♉	～	4	火	22:30	♊
6	木	14:12	♊	～	7	金	02:16	♋
8	土	21:27	♋	～	9	日	04:15	♌
11	火	00:47	♌	～	11	火	05:21	♍
13	木	04:29	♍	～	13	木	06:55	♎
14	金	22:32	♎	～	15	土	10:33	♏
17	月	12:03	♏	～	17	月	17:34	♐
20	木	03:38	♐	～	20	木	04:12	♑
22	土	03:35	♑	～	22	土	16:57	♒
24	月	16:25	♒	～	25	火	05:19	♓
27	木	01:03	♓	～	27	木	15:23	♈
29	土	11:19	♈	～	29	土	22:45	♉
31	月	22:36	♉	～	1	火	03:58	♊

4月

開始日		開始時刻	サイン		終了日		終了時刻	サイン
3	木	04:20	♊	～	3	木	07:49	♋
5	土	00:34	♋	～	5	土	10:51	♌
7	月	03:22	♌	～	7	月	13:27	♍
9	水	04:20	♍	～	9	水	16:15	♎
11	金	10:00	♎	～	11	金	20:16	♏
13	日	15:34	♏	～	14	月	02:46	♐
16	水	05:30	♐	～	16	水	12:33	♑
18	金	23:05	♑	～	19	土	00:55	♒
21	月	04:50	♒	～	21	月	13:31	♓
23	水	16:38	♓	～	23	水	23:47	♈
25	金	23:27	♈	～	26	土	06:40	♉
28	月	06:08	♉	～	28	月	10:49	♊
30	水	11:31	♊	～	30	水	13:35	♋

5月

開始日		開始時刻	サイン		終了日		終了時刻	サイン
2	金	13:14	♋	～	2	金	16:12	♌
4	日	17:11	♌	～	4	日	19:20	♍
6	火	21:58	♍	～	6	火	23:16	♎
8	木	19:44	♎	～	9	金	04:21	♏
10	土	19:03	♏	～	11	日	11:17	♐
13	火	11:44	♐	～	13	火	20:50	♑
15	木	23:38	♑	～	16	金	08:53	♒
18	日	17:39	♒	～	18	日	21:43	♓
20	火	03:41	♓	～	21	水	08:41	♈
23	金	08:15	♈	～	23	金	15:58	♉
25	日	04:58	♉	～	25	日	19:41	♊
27	火	14:25	♊	～	27	火	21:17	♋
29	木	15:43	♋	～	29	木	22:32	♌
31	土	17:53	♌	～	1	日	00:47	♍

6月

開始日		開始時刻	サイン		終了日		終了時刻	サイン
2	月	10:09	♍	～	3	火	04:45	♎
5	木	03:23	♎	～	5	木	10:34	♏
7	土	05:53	♏	～	7	土	18:20	♐
9	月	20:46	♐	～	10	火	04:15	♑
12	木	08:39	♑	～	12	木	16:15	♒
14	土	21:45	♒	～	15	日	05:15	♓
17	火	14:51	♓	～	17	火	17:01	♈
19	木	23:19	♈	～	20	金	01:23	♉
21	土	14:35	♉	～	22	日	05:43	♊
24	火	01:22	♊	～	24	火	07:01	♋
26	木	01:33	♋	～	26	木	07:06	♌
28	土	02:10	♌	～	28	土	07:49	♍
29	日	08:32	♍	～	30	月	10:34	♎

7月

開始日		開始時刻	サイン		終了日		終了時刻	サイン
2	水	09:54	♎	～	2	水	16:01	♏
4	金	06:55	♏	～	5	土	00:10	♐
7	月	04:07	♐	～	7	月	10:38	♑
9	水	16:14	♑	～	9	水	22:50	♒
12	土	05:18	♒	～	12	土	11:52	♓
14	月	08:28	♓	～	15	火	00:07	♈
17	木	03:45	♈	～	17	木	09:42	♉
19	土	10:08	♉	～	19	土	15:25	♊
21	月	12:24	♊	～	21	月	17:33	♋
23	水	12:29	♋	～	23	水	17:29	♌
25	金	12:03	♌	～	25	金	17:06	♍
27	日	00:20	♍	～	27	日	18:14	♎
29	火	16:41	♎	～	29	火	22:18	♏
31	木	23:38	♏	～	1	金	05:52	♐

8月

開始日		開始時刻	サイン		終了日		終了時刻	サイン
3	日	13:09	♐	～	3	日	16:28	♑
5	火	22:31	♑	～	6	水	04:55	♒
8	金	11:29	♒	～	8	金	17:55	♓
10	日	10:19	♓	～	11	月	06:09	♈
13	水	10:17	♈	～	13	水	16:21	♉
15	金	10:35	♉	～	15	金	23:29	♊
17	日	21:47	♊	～	18	月	03:13	♋
19	火	22:57	♋	～	20	水	04:11	♌
22	金	02:35	♌	～	22	金	03:49	♍
23	土	18:46	♍	～	24	日	03:58	♎
26	火	00:42	♎	～	26	火	06:29	♏
28	木	02:19	♏	～	28	木	12:40	♐
30	土	15:54	♐	～	30	土	22:38	♑

9月

開始日		開始時刻	サイン		終了日		終了時刻	サイン
2	火	04:06	♑	～	2	火	11:06	♒
4	木	17:01	♒	～	5	金	00:04	♓
7	日	00:08	♓	～	7	日	11:58	♈
9	火	15:10	♈	～	9	火	21:58	♉
11	木	22:45	♉	～	12	金	05:40	♊
14	日	04:40	♊	～	14	日	10:47	♋
16	火	07:15	♋	～	16	火	13:25	♌
18	木	09:22	♌	～	18	木	14:15	♍
20	土	12:52	♍	～	20	土	14:37	♎
22	月	12:00	♎	～	22	月	16:20	♏
24	水	16:57	♏	～	24	水	21:08	♐
27	土	01:58	♐	～	27	土	05:56	♑
29	月	09:46	♑	～	29	月	17:58	♒

10月

開始日		開始時刻	サイン		終了日		終了時刻	サイン
2	木	06:43	♒	～	2	木	06:56	♓
4	土	14:53	♓	～	4	土	18:35	♈
7	火	02:09	♈	～	7	火	03:57	♉
9	木	09:48	♉	～	9	木	11:06	♊
11	土	15:36	♊	～	11	土	16:29	♋
13	月	12:44	♋	～	13	月	20:17	♌
15	水	22:34	♌	～	15	水	22:43	♍
17	金	18:04	♍	～	18	土	00:22	♎
19	日	20:49	♎	～	20	月	02:29	♏
21	火	18:23	♏	～	22	水	06:43	♐
24	金	07:03	♐	～	24	金	14:28	♑
27	月	00:37	♑	～	27	月	01:45	♒
29	水	06:15	♒	～	29	水	14:41	♓
31	金	18:05	♓	～	1	土	02:28	♈

11月

開始日		開始時刻	サイン		終了日		終了時刻	サイン
3	月	06:57	♈	～	3	月	11:27	♉
5	水	01:32	♉	～	5	水	17:41	♊
7	金	13:52	♊	～	7	金	22:06	♋
9	日	23:06	♋	～	10	月	01:39	♌
11	火	20:08	♌	～	12	水	04:50	♍
13	木	22:49	♍	～	14	金	07:51	♎
16	日	02:03	♎	～	16	日	11:13	♏
18	火	09:14	♏	～	18	火	16:01	♐
20	木	13:11	♐	～	20	木	23:26	♑
22	土	23:10	♑	～	23	日	10:05	♒
25	火	11:37	♒	～	25	火	22:52	♓
28	金	01:22	♓	～	28	金	11:09	♈
30	日	18:04	♈	～	30	日	20:33	♉

12月

開始日		開始時刻	サイン		終了日		終了時刻	サイン
2	火	07:21	♉	～	3	水	02:26	♊
4	木	20:06	♊	～	5	金	05:43	♋
6	土	22:20	♋	～	7	日	07:54	♌
9	火	00:30	♌	～	9	火	10:13	♍
11	木	05:12	♍	～	11	木	13:24	♎
13	土	07:30	♎	～	13	土	17:46	♏
15	月	16:49	♏	～	15	月	23:40	♐
18	木	00:34	♐	～	18	木	07:40	♑
20	土	17:38	♑	～	20	土	18:12	♒
22	月	18:46	♒	～	23	火	06:48	♓
24	水	22:32	♓	～	25	木	19:35	♈
28	日	04:06	♈	～	28	日	06:02	♉
29	月	18:21	♉	～	30	火	12:42	♊

2037年【ボイドタイム】

1月

開始日	開始時刻	サイン		終了日	終了時刻	サイン
1 木	08:13	♊	～	1 木	15:48	♋
3 土	07:10	♋	～	3 土	16:48	♌
5 月	12:24	♌	～	5 月	17:27	♍
7 水	18:48	♍	～	7 水	19:14	♎
9 金	17:10	♎	～	9 金	23:08	♏
11 日	13:27	♏	～	12 月	05:33	♐
14 水	03:00	♐	～	14 水	14:24	♑
16 金	18:34	♑	～	17 土	01:23	♒
19 月	01:59	♒	～	19 月	13:57	♓
21 水	10:29	♓	～	22 木	02:55	♈
24 土	03:02	♈	～	24 土	14:23	♉
26 月	10:02	♉	～	26 月	22:34	♊
28 水	22:05	♊	～	29 木	02:49	♋
31 土	02:18	♋	～	31 土	03:55	♌

2月

開始日	開始時刻	サイン		終了日	終了時刻	サイン
1 日	18:28	♌	～	2 月	03:30	♍
3 火	22:50	♍	～	4 水	03:30	♎
5 木	20:00	♎	～	6 金	05:41	♏
7 土	18:22	♏	～	8 日	11:10	♐
10 火	09:19	♐	～	10 火	20:06	♑
12 木	20:32	♑	～	13 金	07:34	♒
15 日	19:38	♒	～	15 日	20:21	♓
17 火	05:23	♓	～	18 水	09:13	♈
20 金	19:33	♈	～	20 金	21:02	♉
23 月	04:42	♉	～	23 月	06:28	♊
25 水	10:33	♊	～	25 水	12:31	♋
27 金	06:35	♋	～	27 金	15:02	♌

3月

開始日	開始時刻	サイン		終了日	終了時刻	サイン
1 日	12:43	♌	～	1 日	15:01	♍
3 火	00:01	♍	～	3 火	14:13	♎
5 木	11:48	♎	～	5 木	14:43	♏
7 土	14:59	♏	～	7 土	18:24	♐
9 月	22:12	♐	～	10 火	02:12	♑
12 木	09:11	♑	～	12 木	13:30	♒
14 土	21:30	♒	～	15 日	02:27	♓
17 火	08:35	♓	～	17 火	15:14	♈
19 木	21:22	♈	～	20 金	02:46	♉
22 日	06:59	♉	～	22 日	12:28	♊
24 火	14:15	♊	～	24 火	19:43	♋
26 木	16:47	♋	～	27 金	00:01	♌
28 土	20:16	♌	～	29 日	01:33	♍
30 月	09:14	♍	～	31 火	01:24	♎

4月

開始日	開始時刻	サイン		終了日	終了時刻	サイン
2 木	00:29	♎	～	2 木	01:26	♏
3 金	21:37	♏	～	4 土	03:44	♐
6 月	03:09	♐	～	6 月	09:55	♑
8 水	19:07	♑	～	8 水	20:13	♒
11 土	05:32	♒	～	11 土	08:58	♓
13 月	05:32	♓	～	13 月	21:43	♈
16 木	02:05	♈	～	16 木	08:52	♉
18 土	10:37	♉	～	18 土	18:01	♊
20 月	19:38	♊	～	21 火	01:15	♋
23 木	00:50	♋	～	23 木	06:28	♌
25 土	04:17	♌	～	25 土	09:34	♍
27 月	01:50	♍	～	27 月	10:57	♎
29 水	06:53	♎	～	29 水	11:48	♏

5月

開始日	開始時刻	サイン		終了日	終了時刻	サイン
1 金	07:04	♏	～	1 金	13:55	♐
3 日	13:52	♐	～	3 日	19:04	♑
5 火	22:46	♑	～	6 水	04:09	♒
8 金	10:53	♒	～	8 金	16:17	♓
10 日	23:17	♓	～	11 月	05:01	♈
13 水	11:34	♈	～	13 水	16:05	♉
15 金	17:44	♉	～	16 土	00:39	♊
18 月	04:36	♊	～	18 月	07:01	♋
20 水	10:45	♋	～	20 水	11:49	♌
22 金	14:41	♌	～	22 金	15:24	♍
24 日	03:39	♍	～	24 日	18:01	♎
26 火	16:49	♎	～	26 火	20:15	♏
28 木	17:45	♏	～	28 木	23:14	♐
31 日	00:56	♐	～	31 日	04:24	♑

6月

開始日	開始時刻	サイン		終了日	終了時刻	サイン
2 火	09:15	♑	～	2 火	12:49	♒
4 木	23:37	♒	～	5 金	00:16	♓
6 土	12:12	♓	～	7 日	12:57	♈
9 火	21:09	♈	～	10 水	00:19	♉
12 金	04:39	♉	～	12 金	08:48	♊
14 日	11:47	♊	～	14 日	14:27	♋
16 火	15:38	♋	～	16 火	18:08	♌
18 木	18:47	♌	～	18 木	20:53	♍
20 土	22:44	♍	～	20 土	23:29	♎
23 火	00:17	♎	～	23 火	02:33	♏
25 木	04:35	♏	～	25 木	06:42	♐
27 土	10:51	♐	～	27 土	12:41	♑
29 月	18:54	♑	～	29 月	21:11	♒

7月

開始日	開始時刻	サイン		終了日	終了時刻	サイン
2 木	07:14	♒	～	2 木	08:18	♓
3 金	23:19	♓	～	4 土	20:54	♈
7 火	08:44	♈	～	7 火	08:48	♉
9 木	03:41	♉	～	9 木	17:56	♊
11 土	21:51	♊	～	11 土	23:37	♋
14 火	00:50	♋	～	14 火	02:29	♌
16 木	02:19	♌	～	16 木	03:54	♍
17 金	21:28	♍	～	18 土	05:20	♎
20 月	06:20	♎	～	20 月	07:57	♏
22 水	11:53	♏	～	22 水	12:31	♐
24 金	17:40	♐	～	24 金	19:22	♑
27 月	02:46	♑	～	27 月	04:31	♒
29 水	13:57	♒	～	29 水	15:44	♓
31 金	10:03	♓	～	1 土	04:18	♈

8月

開始日	開始時刻	サイン		終了日	終了時刻	サイン
3 月	14:53	♈	～	3 月	16:40	♉
5 水	11:16	♉	～	6 木	02:52	♊
8 土	07:54	♊	～	8 土	09:30	♋
10 月	11:02	♋	～	10 月	12:33	♌
12 水	11:42	♌	～	12 水	13:11	♍
14 金	10:54	♍	～	14 金	13:09	♎
16 日	12:43	♎	～	16 日	14:19	♏
18 火	09:59	♏	～	18 火	18:04	♐
20 木	23:07	♐	～	21 金	00:58	♑
23 日	08:42	♑	～	23 日	10:41	♒
25 火	20:12	♒	～	25 火	22:18	♓
27 木	21:33	♓	～	28 金	10:53	♈
30 日	21:12	♈	～	30 日	23:26	♉

9月

開始日	開始時刻	サイン		終了日	終了時刻	サイン
2 水	02:28	♉	～	2 水	10:31	♊
4 金	16:28	♊	～	4 金	18:37	♋
6 日	20:51	♋	～	6 日	22:55	♌
8 火	21:53	♌	～	8 火	23:55	♍
10 木	22:25	♍	～	10 木	23:12	♎
12 土	20:43	♎	～	12 土	22:54	♏
14 月	14:44	♏	～	15 火	01:01	♐
17 木	04:12	♐	～	17 木	06:52	♑
19 土	13:28	♑	～	19 土	16:24	♒
22 火	01:10	♒	～	22 火	04:17	♓
24 木	07:56	♓	～	24 木	16:59	♈
27 日	02:03	♈	～	27 日	05:24	♉
29 火	09:23	♉	～	29 火	16:43	♊

10月

開始日	開始時刻	サイン		終了日	終了時刻	サイン
1 木	22:34	♊	～	2 金	01:54	♋
4 日	04:39	♋	～	4 日	07:52	♌
6 火	08:35	♌	～	6 火	10:20	♍
8 木	06:05	♍	～	8 木	10:14	♎
10 土	06:15	♎	～	10 土	09:27	♏
12 月	06:33	♏	～	12 月	10:12	♐
14 水	11:13	♐	～	14 水	14:25	♑
16 金	19:28	♑	～	16 金	22:49	♒
19 月	05:52	♒	～	19 月	10:26	♓
21 水	20:35	♓	～	21 水	23:12	♈
24 土	09:15	♈	～	24 土	11:25	♉
26 月	20:33	♉	～	26 月	22:21	♊
29 木	02:49	♊	～	29 木	07:35	♋
31 土	13:24	♋	～	31 土	14:34	♌

11月

開始日	開始時刻	サイン		終了日	終了時刻	サイン
2 月	14:32	♌	～	2 月	18:43	♍
4 水	19:29	♍	～	4 水	20:14	♎
6 金	19:41	♎	～	6 金	20:19	♏
8 日	20:19	♏	～	8 日	20:52	♐
10 火	18:51	♐	～	10 火	23:55	♑
13 金	06:23	♑	～	13 金	06:51	♒
15 日	15:17	♒	～	15 日	17:32	♓
18 水	05:40	♓	～	18 水	06:09	♈
20 金	17:50	♈	～	20 金	18:22	♉
23 月	04:15	♉	～	23 月	04:50	♊
25 水	07:21	♊	～	25 水	13:20	♋
27 金	19:09	♋	～	27 金	19:57	♌
29 日	19:00	♌	～	30 月	00:45	♍

12月

開始日	開始時刻	サイン		終了日	終了時刻	サイン
2 水	02:40	♍	～	2 水	03:44	♎
4 金	04:13	♎	～	4 金	05:27	♏
6 日	05:36	♏	～	6 日	07:04	♐
8 火	04:09	♐	～	8 火	10:11	♑
10 木	14:02	♑	～	10 木	16:14	♒
12 土	18:54	♒	～	13 日	01:50	♓
15 火	10:46	♓	～	15 火	13:59	♈
17 木	22:44	♈	～	18 金	02:23	♉
20 日	08:58	♉	～	20 日	12:55	♊
22 火	14:08	♊	～	22 火	20:46	♋
24 木	21:48	♋	～	25 金	02:17	♌
26 土	23:54	♌	～	27 日	06:12	♍
29 火	04:04	♍	～	29 火	09:15	♎
31 木	06:23	♎	～	31 木	12:00	♏

2038年【ボイドタイム】

1月

開始日		開始時刻	サイン		終了日		終了時刻	サイン
2	土	08:57	♏	～	2	土	15:05	♐
4	月	12:46	♐	～	4	月	19:19	♑
6	水	18:46	♑	～	7	木	01:37	♒
9	土	09:08	♒	～	9	土	10:41	♓
11	月	12:40	♓	～	11	月	22:17	♈
14	木	03:26	♈	～	14	木	10:51	♉
16	土	14:36	♉	～	16	土	22:02	♊
18	月	23:28	♊	～	19	火	06:08	♋
21	木	04:42	♋	～	21	木	10:58	♌
23	土	07:29	♌	～	23	土	13:31	♍
25	月	08:36	♍	～	25	月	15:12	♎
27	水	11:18	♎	～	27	水	17:21	♏
29	金	16:30	♏	～	29	金	20:53	♐
31	日	19:52	♐	～	1	月	02:13	♑

2月

開始日		開始時刻	サイン		終了日		終了時刻	サイン
3	水	08:00	♑	～	3	水	09:31	♒
5	金	12:11	♒	～	5	金	18:53	♓
7	日	13:50	♓	～	8	月	06:15	♈
10	水	12:03	♈	～	10	水	18:51	♉
12	金	18:29	♉	～	13	土	06:50	♊
15	月	13:28	♊	～	15	月	16:03	♋
17	水	15:53	♋	～	17	水	21:24	♌
19	金	18:14	♌	～	19	金	23:23	♍
21	日	08:34	♍	～	21	日	23:37	♎
23	火	19:05	♎	～	24	水	00:05	♏
25	木	14:01	♏	～	26	金	02:28	♐
28	日	02:19	♐	～	28	日	07:40	♑

3月

開始日		開始時刻	サイン		終了日		終了時刻	サイン
2	火	10:09	♑	～	2	火	15:37	♒
4	木	20:11	♒	～	5	金	01:42	♓
6	土	17:50	♓	～	7	日	13:17	♈
9	火	20:29	♈	～	10	水	01:52	♉
12	金	00:35	♉	～	12	金	14:20	♊
14	日	20:05	♊	～	15	月	00:49	♋
17	水	03:21	♋	～	17	水	07:38	♌
19	金	06:32	♌	～	19	金	10:23	♍
20	土	19:08	♍	～	21	日	10:18	♎
23	火	05:57	♎	～	23	火	09:27	♏
24	水	23:13	♏	～	25	木	10:02	♐
27	土	10:04	♐	～	27	土	13:45	♑
29	月	17:22	♑	～	29	月	21:09	♒

4月

開始日		開始時刻	サイン		終了日		終了時刻	サイン
1	木	03:43	♒	～	1	木	07:28	♓
3	土	15:02	♓	～	3	土	19:27	♈
6	火	06:34	♈	～	6	火	08:04	♉
8	木	08:02	♉	～	8	木	20:32	♊
11	日	07:21	♊	～	11	日	07:42	♋
13	火	13:23	♋	～	13	火	15:59	♌
15	木	18:07	♌	～	15	木	20:24	♍
17	土	07:25	♍	～	17	土	21:20	♎
19	月	19:35	♎	～	19	月	20:26	♏
21	水	10:17	♏	～	21	水	19:57	♐
23	金	20:09	♐	～	23	金	21:57	♑
26	月	02:00	♑	～	26	月	03:47	♒
28	水	11:40	♒	～	28	水	13:23	♓
30	金	22:15	♓	～	1	土	01:22	♈

5月

開始日		開始時刻	サイン		終了日		終了時刻	サイン
3	月	12:41	♈	～	3	月	14:04	♉
5	水	14:40	♉	～	6	木	02:20	♊
8	土	12:24	♊	～	8	土	13:23	♋
10	月	21:30	♋	～	10	月	22:17	♌
13	木	03:32	♌	～	13	木	04:07	♍
14	金	22:12	♍	～	15	土	06:44	♎
17	月	06:43	♎	～	17	月	07:02	♏
19	水	03:23	♏	～	19	水	06:45	♐
21	金	07:51	♐	～	21	金	07:56	♑
23	日	05:23	♑	～	23	日	12:17	♒
25	火	14:58	♒	～	25	火	20:32	♓
28	金	06:07	♓	～	28	金	07:55	♈
30	日	15:26	♈	～	30	日	20:34	♉

6月

開始日		開始時刻	サイン		終了日		終了時刻	サイン
2	水	04:34	♉	～	2	水	08:41	♊
4	金	08:05	♊	～	4	金	19:13	♋
7	月	01:35	♋	～	7	月	03:44	♌
9	水	03:39	♌	～	9	水	09:56	♍
11	金	13:14	♍	～	11	金	13:45	♎
13	日	06:02	♎	～	13	日	15:37	♏
15	火	07:02	♏	～	15	火	16:36	♐
17	木	11:30	♐	～	17	木	18:10	♑
19	土	16:09	♑	～	19	土	21:56	♒
22	火	04:31	♒	～	22	火	05:01	♓
24	木	04:03	♓	～	24	木	15:27	♈
27	日	00:56	♈	～	27	日	03:51	♉
29	火	04:04	♉	～	29	火	16:00	♊

7月

開始日		開始時刻	サイン		終了日		終了時刻	サイン
1	木	14:42	♊	～	2	金	02:14	♋
3	土	22:18	♋	～	4	日	09:58	♌
6	火	04:42	♌	～	6	火	15:26	♍
8	木	08:47	♍	～	8	木	19:14	♎
10	土	13:58	♎	～	10	土	21:59	♏
12	月	18:34	♏	～	13	火	00:19	♐
14	水	23:34	♐	～	15	木	03:05	♑
16	金	21:24	♑	～	17	金	07:19	♒
19	月	02:13	♒	～	19	月	14:01	♓
21	水	21:26	♓	～	21	水	23:42	♈
24	土	01:19	♈	～	24	土	11:44	♉
26	月	14:07	♉	～	27	火	00:07	♊
28	水	22:04	♊	～	29	木	10:33	♋
31	土	09:22	♋	～	31	土	17:51	♌

8月

開始日		開始時刻	サイン		終了日		終了時刻	サイン
2	月	10:55	♌	～	2	月	22:19	♍
4	水	17:35	♍	～	5	木	01:04	♎
6	金	20:04	♎	～	7	土	03:21	♏
9	月	01:58	♏	～	9	月	06:08	♐
10	火	22:05	♐	～	11	水	09:59	♑
13	金	08:08	♑	～	13	金	15:16	♒
15	日	09:30	♒	～	15	日	22:25	♓
18	水	00:41	♓	～	18	水	07:54	♈
20	金	14:12	♈	～	20	金	19:39	♉
23	月	08:11	♉	～	23	月	08:18	♊
25	水	07:31	♊	～	25	水	19:27	♋
27	金	21:29	♋	～	28	土	03:11	♌
29	日	19:23	♌	～	30	月	07:14	♍

9月

開始日		開始時刻	サイン		終了日		終了時刻	サイン
1	水	05:59	♍	～	1	水	08:49	♎
3	金	07:23	♎	～	3	金	09:44	♏
5	日	06:58	♏	～	5	日	11:38	♐
7	火	02:28	♐	～	7	火	15:29	♑
9	木	16:48	♑	～	9	木	21:29	♒
11	土	15:18	♒	～	12	日	05:27	♓
14	火	10:43	♓	～	14	火	15:19	♈
16	木	22:30	♈	～	17	金	03:01	♉
19	日	13:14	♉	～	19	日	15:50	♊
22	水	01:26	♊	～	22	水	03:50	♋
24	金	09:08	♋	～	24	金	12:45	♌
26	日	04:15	♌	～	26	日	17:29	♍
28	火	15:50	♍	～	28	火	18:46	♎
30	木	15:41	♎	～	30	木	18:30	♏

10月

開始日		開始時刻	サイン		終了日		終了時刻	サイン
2	土	16:00	♏	～	2	土	18:48	♐
4	月	10:52	♐	～	4	月	21:21	♑
7	木	00:01	♑	～	7	木	02:56	♒
9	土	00:59	♒	～	9	土	11:17	♓
11	月	18:47	♓	～	11	月	21:42	♈
14	木	06:44	♈	～	14	木	09:37	♉
16	土	19:37	♉	～	16	土	22:25	♊
19	火	10:50	♊	～	19	火	10:54	♋
21	木	19:09	♋	～	21	木	21:06	♌
24	日	03:15	♌	～	24	日	03:23	♍
26	火	03:36	♍	～	26	火	05:40	♎
28	木	05:01	♎	～	28	木	05:20	♏
30	土	04:08	♏	～	30	土	04:32	♐

11月

開始日		開始時刻	サイン		終了日		終了時刻	サイン
1	月	04:52	♐	～	1	月	05:23	♑
3	水	08:44	♑	～	3	水	09:24	♒
5	金	16:12	♒	～	5	金	17:01	♓
8	月	01:06	♓	～	8	月	03:33	♈
10	水	14:36	♈	～	10	水	15:44	♉
13	土	03:39	♉	～	13	土	04:30	♊
15	月	16:33	♊	～	15	月	16:53	♋
18	木	02:12	♋	～	18	木	03:38	♌
20	土	09:56	♌	～	20	土	11:23	♍
22	月	13:08	♍	～	22	月	15:27	♎
24	水	14:58	♎	～	24	水	16:25	♏
26	金	13:34	♏	～	26	金	15:52	♐
28	日	14:11	♐	～	28	日	15:48	♑
30	火	16:37	♑	～	30	火	18:09	♒

12月

開始日		開始時刻	サイン		終了日		終了時刻	サイン
2	木	22:10	♒	～	3	金	00:10	♓
5	日	06:38	♓	～	5	日	09:53	♈
7	火	19:40	♈	～	7	火	22:02	♉
10	金	07:47	♉	～	10	金	10:50	♊
12	日	20:23	♊	～	12	日	22:52	♋
15	水	06:48	♋	～	15	水	09:14	♌
17	金	14:55	♌	～	17	金	17:20	♍
19	日	20:51	♍	～	19	日	22:45	♎
22	水	01:20	♎	～	22	水	01:33	♏
24	金	00:57	♏	～	24	金	02:30	♐
26	日	01:31	♐	～	26	日	03:00	♑
28	火	03:16	♑	～	28	火	04:43	♒
30	木	06:42	♒	～	30	木	09:18	♓

2039年【ボイドタイム】

1月

開始日	開始時刻	サイン		終了日	終了時刻	サイン
1 土	16:07	♓	~	1 土	17:37	♈
4 火	02:15	♈	~	4 火	05:11	♉
6 木	16:32	♉	~	6 木	18:01	♊
9 日	04:29	♊	~	9 日	05:54	♋
11 火	14:13	♋	~	11 火	15:36	♌
13 木	20:17	♌	~	13 木	22:55	♍
16 日	02:53	♍	~	16 日	04:14	♎
18 火	07:44	♎	~	18 火	07:59	♏
20 木	10:13	♏	~	20 木	10:35	♐
22 土	11:41	♐	~	22 土	12:37	♑
24 月	13:28	♑	~	24 月	15:06	♒
26 水	17:31	♒	~	26 水	19:21	♓
29 土	00:33	♓	~	29 土	02:37	♈
31 月	10:39	♈	~	31 月	13:17	♉

2月

開始日	開始時刻	サイン		終了日	終了時刻	サイン
2 水	23:22	♉	~	3 木	01:59	♊
5 土	11:42	♊	~	5 土	14:09	♋
7 月	21:26	♋	~	7 月	23:40	♌
10 木	04:02	♌	~	10 木	06:06	♍
12 土	07:15	♍	~	12 土	10:15	♎
14 月	11:30	♎	~	14 月	13:21	♏
16 水	12:52	♏	~	16 水	16:17	♐
18 金	18:47	♐	~	18 金	19:32	♑
20 日	22:45	♑	~	20 日	23:24	♒
23 水	02:52	♒	~	23 水	04:28	♓
25 金	06:48	♓	~	25 金	11:40	♈
27 日	20:13	♈	~	27 日	21:44	♉

3月

開始日	開始時刻	サイン		終了日	終了時刻	サイン
2 水	04:12	♉	~	2 水	10:11	♊
4 金	21:33	♊	~	4 金	22:48	♋
7 月	07:52	♋	~	7 月	08:55	♌
9 水	14:25	♌	~	9 水	15:17	♍
11 金	12:22	♍	~	11 金	18:29	♎
13 日	19:33	♎	~	13 日	20:09	♏
15 火	15:16	♏	~	15 火	21:55	♐
18 金	00:29	♐	~	18 金	00:53	♑
20 日	05:08	♑	~	20 日	05:25	♒
22 火	11:24	♒	~	22 火	11:33	♓
24 木	10:38	♓	~	24 木	19:29	♈
26 土	21:05	♈	~	27 日	05:38	♉
29 火	13:17	♉	~	29 火	17:54	♊

4月

開始日	開始時刻	サイン		終了日	終了時刻	サイン
1 金	06:31	♊	~	1 金	06:52	♋
3 日	07:42	♋	~	3 日	17:59	♌
5 火	16:35	♌	~	6 水	01:17	♍
7 木	23:19	♍	~	8 金	04:37	♎
9 土	21:43	♎	~	10 日	05:25	♏
11 月	21:59	♏	~	12 火	05:40	♐
14 木	01:52	♐	~	14 木	07:06	♑
16 土	10:46	♑	~	16 土	10:50	♒
18 月	13:25	♒	~	18 月	17:07	♓
20 水	15:48	♓	~	21 木	01:45	♈
23 土	03:22	♈	~	23 土	12:26	♉
25 月	15:35	♉	~	26 火	00:47	♊
28 木	04:43	♊	~	28 木	13:51	♋
30 土	15:59	♋	~	1 日	01:46	♌

5月

開始日	開始時刻	サイン		終了日	終了時刻	サイン
3 火	04:22	♌	~	3 火	10:26	♍
5 木	11:35	♍	~	5 木	14:59	♎
7 土	09:05	♎	~	7 土	16:10	♏
9 月	14:41	♏	~	9 月	15:43	♐
11 水	08:33	♐	~	11 水	15:39	♑
13 金	09:49	♑	~	13 金	17:42	♒
15 日	14:58	♒	~	15 日	22:53	♓
18 水	01:45	♓	~	18 水	07:20	♈
20 金	09:43	♈	~	20 金	18:21	♉
22 日	22:19	♉	~	23 月	06:57	♊
25 水	11:13	♊	~	25 水	19:59	♋
28 土	00:09	♋	~	28 土	08:07	♌
30 月	09:42	♌	~	30 月	17:48	♍

6月

開始日	開始時刻	サイン		終了日	終了時刻	サイン
1 水	19:45	♍	~	1 水	23:56	♎
3 金	23:31	♎	~	4 土	02:31	♏
5 日	20:55	♏	~	6 月	02:39	♐
7 火	19:10	♐	~	8 水	02:05	♑
9 木	21:05	♑	~	10 金	02:45	♒
11 土	22:35	♒	~	12 日	06:17	♓
14 火	07:31	♓	~	14 火	13:34	♈
16 木	20:34	♈	~	17 金	00:16	♉
19 日	07:02	♉	~	19 日	12:58	♊
21 火	20:10	♊	~	22 水	01:57	♋
24 金	08:39	♋	~	24 金	13:49	♌
26 日	19:48	♌	~	26 日	23:40	♍
29 水	04:30	♍	~	29 水	06:48	♎

7月

開始日	開始時刻	サイン		終了日	終了時刻	サイン
1 金	09:40	♎	~	1 金	10:59	♏
3 日	11:33	♏	~	3 日	12:36	♐
5 火	11:55	♐	~	5 火	12:47	♑
7 木	11:00	♑	~	7 木	13:08	♒
9 土	07:24	♒	~	9 土	15:29	♓
11 月	18:19	♓	~	11 月	21:18	♈
14 木	04:09	♈	~	14 木	07:02	♉
16 土	16:50	♉	~	16 土	19:29	♊
18 月	22:37	♊	~	19 火	08:25	♋
21 木	18:00	♋	~	21 木	19:56	♌
23 土	19:57	♌	~	24 日	05:15	♍
26 火	11:02	♍	~	26 火	12:18	♎
28 木	16:18	♎	~	28 木	17:17	♏
30 土	19:39	♏	~	30 土	20:23	♐

8月

開始日	開始時刻	サイン		終了日	終了時刻	サイン
1 月	15:36	♐	~	1 月	22:03	♑
3 水	22:55	♑	~	3 水	23:14	♒
5 金	16:34	♒	~	6 土	01:27	♓
8 月	00:22	♓	~	8 月	06:20	♈
10 水	13:24	♈	~	10 水	14:57	♉
12 金	21:12	♉	~	13 土	02:50	♊
15 月	10:42	♊	~	15 月	15:45	♋
17 水	22:51	♋	~	18 木	03:10	♌
20 土	05:50	♌	~	20 土	11:53	♍
22 月	15:04	♍	~	22 月	18:06	♎
24 水	12:52	♎	~	24 水	22:39	♏
27 土	01:05	♏	~	27 土	02:11	♐
29 月	03:26	♐	~	29 月	05:03	♑
31 水	06:25	♑	~	31 水	07:37	♒

9月

開始日	開始時刻	サイン		終了日	終了時刻	サイン
2 金	00:42	♒	~	2 金	10:42	♓
4 日	15:17	♓	~	4 日	15:37	♈
6 火	12:18	♈	~	6 火	23:35	♉
8 木	22:52	♉	~	9 金	10:50	♊
11 日	21:45	♊	~	11 日	23:43	♋
13 火	16:35	♋	~	14 水	11:29	♌
16 金	18:11	♌	~	16 金	20:09	♍
18 日	17:22	♍	~	19 月	01:37	♎
20 火	18:31	♎	~	21 水	05:00	♏
23 金	07:15	♏	~	23 金	07:40	♐
24 土	23:51	♐	~	25 日	10:29	♑
27 火	02:01	♑	~	27 火	13:53	♒
29 木	12:09	♒	~	29 木	18:09	♓

10月

開始日	開始時刻	サイン		終了日	終了時刻	サイン
1 土	01:31	♓	~	1 土	23:55	♈
3 月	22:11	♈	~	4 火	08:01	♉
6 木	13:06	♉	~	6 木	18:55	♊
9 日	06:45	♊	~	9 日	07:44	♋
10 月	23:34	♋	~	11 火	20:05	♌
13 木	17:22	♌	~	14 金	05:29	♍
15 土	18:46	♍	~	16 日	11:04	♎
18 火	04:08	♎	~	18 火	13:40	♏
20 木	04:11	♏	~	20 木	14:56	♐
22 土	14:10	♐	~	22 土	16:26	♑
24 月	07:02	♑	~	24 月	19:16	♒
26 水	12:16	♒	~	26 水	23:55	♓
28 金	18:25	♓	~	29 土	06:34	♈
31 月	02:39	♈	~	31 月	15:23	♉

11月

開始日	開始時刻	サイン		終了日	終了時刻	サイン
2 水	14:35	♉	~	3 木	02:26	♊
5 土	08:45	♊	~	5 土	15:10	♋
8 火	03:49	♋	~	8 火	03:59	♌
10 木	01:54	♌	~	10 木	14:33	♍
12 土	13:52	♍	~	12 土	21:18	♎
14 月	13:18	♎	~	15 火	00:17	♏
16 水	19:12	♏	~	17 木	00:51	♐
18 金	19:39	♐	~	19 土	00:49	♑
20 日	22:43	♑	~	21 月	01:57	♒
22 火	17:59	♒	~	23 水	05:33	♓
25 金	07:58	♓	~	25 金	12:09	♈
27 日	08:49	♈	~	27 日	21:32	♉
30 水	05:56	♉	~	30 水	09:04	♊

12月

開始日	開始時刻	サイン		終了日	終了時刻	サイン
2 金	19:21	♊	~	2 金	21:50	♋
5 月	08:54	♋	~	5 月	10:43	♌
7 水	21:59	♌	~	7 水	22:07	♍
10 土	05:50	♍	~	10 土	06:27	♎
12 月	00:09	♎	~	12 月	10:59	♏
14 水	02:03	♏	~	14 水	12:14	♐
16 金	01:48	♐	~	16 金	11:43	♑
17 土	16:00	♑	~	18 日	11:21	♒
20 火	09:35	♒	~	20 火	13:06	♓
22 木	03:04	♓	~	22 木	18:19	♈
24 土	19:06	♈	~	25 日	03:19	♉
27 火	10:30	♉	~	27 火	15:07	♊
29 木	15:47	♊	~	30 金	04:04	♋
31 土	06:17	♋	~	1 日	16:45	♌

2040年【ボイドタイム】

1月

開始日	開始時刻	サイン		終了日	終了時刻	サイン
3 火	16:35	♌	~	4 水	04:10	♍
5 木	07:30	♍	~	6 金	13:25	♎
8 日	09:26	♎	~	8 日	19:41	♏
10 火	13:09	♏	~	10 火	22:43	♐
12 木	14:06	♐	~	12 木	23:12	♑
14 土	22:27	♑	~	14 土	22:39	♒
16 月	13:53	♒	~	16 月	23:07	♓
18 水	23:06	♓	~	19 木	02:33	♈
21 土	06:36	♈	~	21 土	10:09	♉
23 月	10:32	♉	~	23 月	21:27	♊
25 水	23:35	♊	~	26 木	10:29	♋
27 金	10:48	♋	~	28 土	23:03	♌
31 火	04:01	♌	~	31 火	09:59	♍

2月

開始日	開始時刻	サイン		終了日	終了時刻	サイン
1 水	08:42	♍	~	2 木	18:59	♎
4 土	16:47	♎	~	5 日	01:55	♏
6 月	21:55	♏	~	7 火	06:32	♐
9 木	00:39	♐	~	9 木	08:49	♑
10 金	23:22	♑	~	11 土	09:29	♒
13 月	02:11	♒	~	13 月	10:05	♓
15 水	11:23	♓	~	15 水	12:36	♈
17 金	15:17	♈	~	17 金	18:43	♉
19 日	19:40	♉	~	20 月	04:53	♊
22 水	17:08	♊	~	22 水	17:37	♋
25 土	05:14	♋	~	25 土	06:14	♌
27 月	10:42	♌	~	27 月	16:50	♍

3月

開始日	開始時刻	サイン		終了日	終了時刻	サイン
1 木	00:46	♍	~	1 木	01:03	♎
3 土	06:57	♎	~	3 土	07:21	♏
5 月	11:41	♏	~	5 月	12:10	♐
7 水	12:30	♐	~	7 水	15:37	♑
9 金	17:15	♑	~	9 金	17:54	♒
11 日	13:01	♒	~	11 日	19:47	♓
13 火	21:51	♓	~	13 火	22:41	♈
16 金	03:16	♈	~	16 金	04:13	♉
18 日	12:17	♉	~	18 日	13:23	♊
20 火	18:19	♊	~	21 水	01:31	♋
23 金	12:57	♋	~	23 金	14:14	♌
25 日	17:55	♌	~	26 月	01:00	♍
28 水	07:35	♍	~	28 水	08:49	♎
30 金	12:53	♎	~	30 金	14:06	♏

4月

開始日	開始時刻	サイン		終了日	終了時刻	サイン
1 日	16:39	♏	~	1 日	17:52	♐
3 火	19:34	♐	~	3 火	20:58	♑
5 木	22:39	♑	~	5 木	23:53	♒
7 土	21:11	♒	~	8 日	03:01	♓
10 火	05:51	♓	~	10 火	07:07	♈
12 木	11:52	♈	~	12 木	13:10	♉
14 土	20:42	♉	~	14 土	22:02	♊
17 火	04:24	♊	~	17 火	09:40	♋
19 木	21:09	♋	~	19 木	22:26	♌
22 日	03:41	♌	~	22 日	09:48	♍
24 火	16:59	♍	~	24 火	18:01	♎
26 木	22:00	♎	~	26 木	22:55	♏
29 日	00:43	♏	~	29 日	01:32	♐
30 月	22:13	♐	~	1 火	03:16	♑

5月

開始日	開始時刻	サイン		終了日	終了時刻	サイン
3 木	04:39	♑	~	3 木	05:19	♒
5 土	03:21	♒	~	5 土	08:33	♓
7 月	12:58	♓	~	7 月	13:29	♈
9 水	20:04	♈	~	9 水	20:29	♉
12 土	05:32	♉	~	12 土	05:49	♊
14 月	11:28	♊	~	14 月	17:22	♋
16 水	22:35	♋	~	17 木	06:07	♌
19 土	16:00	♌	~	19 土	18:09	♍
22 火	00:53	♍	~	22 火	03:24	♎
24 木	03:55	♎	~	24 木	08:56	♏
26 土	06:31	♏	~	26 土	11:16	♐
28 月	07:10	♐	~	28 月	11:49	♑
29 火	23:23	♑	~	30 水	12:19	♒

6月

開始日	開始時刻	サイン		終了日	終了時刻	サイン
1 金	09:24	♒	~	1 金	14:20	♓
3 日	04:59	♓	~	3 日	18:54	♈
5 火	20:51	♈	~	6 水	02:21	♉
8 金	06:36	♉	~	8 金	12:20	♊
10 日	18:16	♊	~	11 月	00:10	♋
12 火	22:21	♋	~	13 水	12:57	♌
16 土	00:01	♌	~	16 土	01:21	♍
18 月	06:31	♍	~	18 月	11:43	♎
20 水	17:58	♎	~	20 水	18:37	♏
22 金	18:05	♏	~	22 金	21:48	♐
24 日	20:35	♐	~	24 日	22:12	♑
26 火	12:08	♑	~	26 火	21:36	♒
28 木	16:52	♒	~	28 木	21:59	♓
30 土	15:27	♓	~	1 日	01:07	♈

7月

開始日	開始時刻	サイン		終了日	終了時刻	サイン
3 火	01:59	♈	~	3 火	07:55	♉
5 木	11:45	♉	~	5 木	18:03	♊
7 土	23:42	♊	~	8 日	06:13	♋
10 火	18:33	♋	~	10 火	19:03	♌
13 金	00:51	♌	~	13 金	07:28	♍
15 日	11:31	♍	~	15 日	18:25	♎
17 火	20:29	♎	~	18 水	02:41	♏
20 金	03:27	♏	~	20 金	07:26	♐
22 日	04:45	♐	~	22 日	08:52	♑
24 火	04:46	♑	~	24 火	08:17	♒
26 木	02:01	♒	~	26 木	07:42	♓
28 土	06:35	♓	~	28 土	09:17	♈
30 月	07:56	♈	~	30 月	14:37	♉

8月

開始日	開始時刻	サイン		終了日	終了時刻	サイン
1 水	22:28	♉	~	2 木	00:01	♊
4 土	11:28	♊	~	4 土	12:09	♋
6 月	14:27	♋	~	7 火	01:02	♌
9 木	05:35	♌	~	9 木	13:14	♍
11 土	20:18	♍	~	12 日	00:03	♎
14 火	01:32	♎	~	14 火	08:53	♏
16 木	09:06	♏	~	16 木	15:02	♐
18 土	11:23	♐	~	18 土	18:06	♑
20 月	01:23	♑	~	20 月	18:42	♒
22 水	18:09	♒	~	22 水	18:21	♓
24 金	10:04	♓	~	24 金	19:10	♈
26 日	15:32	♈	~	26 日	23:06	♉
28 火	22:56	♉	~	29 水	07:11	♊
31 金	09:59	♊	~	31 金	18:43	♋

9月

開始日	開始時刻	サイン		終了日	終了時刻	サイン
3 月	04:25	♋	~	3 月	07:32	♌
5 水	10:48	♌	~	5 水	19:34	♍
7 金	00:13	♍	~	8 土	05:52	♎
10 月	05:54	♎	~	10 月	14:18	♏
12 水	12:36	♏	~	12 水	20:47	♐
14 金	17:10	♐	~	15 土	01:04	♑
16 日	17:29	♑	~	17 月	03:16	♒
18 火	21:04	♒	~	19 水	04:13	♓
21 金	02:42	♓	~	21 金	05:27	♈
23 日	01:39	♈	~	23 日	08:50	♉
25 火	06:42	♉	~	25 火	15:46	♊
27 木	23:46	♊	~	28 金	02:20	♋
29 土	06:25	♋	~	30 日	14:54	♌

10月

開始日	開始時刻	サイン		終了日	終了時刻	サイン
2 火	17:16	♌	~	3 水	03:00	♍
4 木	07:01	♍	~	5 金	13:00	♎
7 日	11:32	♎	~	7 日	20:38	♏
9 火	17:26	♏	~	10 水	02:18	♐
11 木	21:49	♐	~	12 金	06:30	♑
14 日	03:12	♑	~	14 日	09:33	♒
16 火	10:16	♒	~	16 火	11:56	♓
17 水	07:52	♓	~	18 木	14:28	♈
20 土	18:16	♈	~	20 土	18:25	♉
22 月	15:26	♉	~	23 火	01:01	♊
25 木	00:43	♊	~	25 木	10:48	♋
27 土	08:40	♋	~	27 土	22:57	♌
30 火	01:00	♌	~	30 火	11:19	♍

11月

開始日	開始時刻	サイン		終了日	終了時刻	サイン
1 木	07:00	♍	~	1 木	21:38	♎
3 土	19:34	♎	~	4 日	04:56	♏
6 火	02:09	♏	~	6 火	09:33	♐
8 木	08:22	♐	~	8 木	12:31	♑
10 土	13:03	♑	~	10 土	14:56	♒
12 月	08:49	♒	~	12 月	17:39	♓
14 水	07:40	♓	~	14 水	21:18	♈
16 金	17:09	♈	~	17 土	02:27	♉
19 月	04:05	♉	~	19 月	09:38	♊
21 水	09:12	♊	~	21 水	19:16	♋
23 金	15:58	♋	~	24 土	07:04	♌
26 月	09:22	♌	~	26 月	19:40	♍
29 木	03:51	♍	~	29 木	06:51	♎

12月

開始日	開始時刻	サイン		終了日	終了時刻	サイン
1 土	05:36	♎	~	1 土	14:48	♏
3 月	12:26	♏	~	3 月	19:10	♐
5 水	12:44	♐	~	5 水	20:57	♑
7 金	13:41	♑	~	7 金	21:47	♒
9 日	15:35	♒	~	9 日	23:18	♓
11 火	11:45	♓	~	12 水	02:44	♈
14 金	01:26	♈	~	14 金	08:33	♉
16 日	07:26	♉	~	16 日	16:41	♊
19 水	02:24	♊	~	19 水	02:48	♋
21 金	09:01	♋	~	21 金	14:33	♌
23 日	22:24	♌	~	24 月	03:13	♍
24 月	21:25	♍	~	26 水	15:13	♎
28 金	21:25	♎	~	29 土	00:33	♏
31 月	00:06	♏	~	31 月	05:57	♐

2041年【ボイドタイム】

1月

開始日		開始時刻	サイン		終了日		終了時刻	サイン
2	水	06:02	♐	～	2	水	07:43	♑
4	金	06:02	♑	～	4	金	07:26	♒
6	日	06:09	♒	～	6	日	07:13	♓
7	月	11:17	♓	～	8	火	09:00	♈
10	木	13:43	♈	～	10	木	14:03	♉
12	土	14:10	♉	～	12	土	22:24	♊
15	火	00:44	♊	～	15	火	09:07	♋
17	木	16:10	♋	～	17	木	21:10	♌
20	日	01:29	♌	～	20	日	09:46	♍
22	火	08:16	♍	～	22	火	22:04	♎
25	金	01:00	♎	～	25	金	08:35	♏
27	日	10:24	♏	～	27	日	15:41	♐
29	火	12:27	♐	～	29	火	18:48	♑
31	木	12:05	♑	～	31	木	18:50	♒

2月

開始日		開始時刻	サイン		終了日		終了時刻	サイン
2	土	11:53	♒	～	2	土	17:44	♓
4	月	15:30	♓	～	4	月	17:51	♈
6	水	14:42	♈	～	6	水	21:05	♉
8	金	21:36	♉	～	9	土	04:20	♊
11	月	08:01	♊	～	11	月	14:56	♋
13	水	15:45	♋	～	14	木	03:15	♌
16	土	11:20	♌	～	16	土	15:52	♍
16	土	22:40	♍	～	19	火	03:57	♎
21	木	08:34	♎	～	21	木	14:43	♏
23	土	17:21	♏	～	23	土	23:04	♐
25	月	22:45	♐	～	26	火	03:59	♑
27	水	19:38	♑	～	28	木	05:33	♒

3月

開始日		開始時刻	サイン		終了日		終了時刻	サイン
2	土	00:28	♒	～	2	土	05:06	♓
3	日	00:38	♓	～	4	月	04:41	♈
6	水	01:37	♈	～	6	水	06:28	♉
8	金	08:40	♉	～	8	金	12:00	♊
10	日	16:11	♊	～	10	日	21:30	♋
12	火	19:49	♋	～	13	水	09:35	♌
15	金	17:05	♌	～	15	金	22:15	♍
18	月	06:38	♍	～	18	月	10:04	♎
20	水	15:41	♎	～	20	水	20:21	♏
23	土	00:18	♏	～	23	土	04:42	♐
25	月	09:50	♐	～	25	月	10:35	♑
27	水	12:43	♑	～	27	水	13:49	♒
29	金	13:32	♒	～	29	金	14:58	♓
31	日	09:45	♓	～	31	日	15:25	♈

4月

開始日		開始時刻	サイン		終了日		終了時刻	サイン
2	火	14:42	♈	～	2	火	17:00	♉
4	木	17:37	♉	～	4	木	21:23	♊
7	日	01:52	♊	～	7	日	05:31	♋
9	火	12:24	♋	～	9	火	16:49	♌
12	金	01:30	♌	～	12	金	05:25	♍
14	日	11:50	♍	～	14	日	17:11	♎
17	水	01:30	♎	～	17	水	02:57	♏
19	金	07:11	♏	～	19	金	10:29	♐
21	日	12:52	♐	～	21	日	16:00	♑
23	火	12:58	♑	～	23	火	19:46	♒
25	木	19:22	♒	～	25	木	22:14	♓
27	土	17:55	♓	～	28	日	00:11	♈
29	月	23:53	♈	～	30	火	02:43	♉

5月

開始日		開始時刻	サイン		終了日		終了時刻	サイン
2	木	06:07	♉	～	2	木	07:07	♊
4	土	11:25	♊	～	4	土	14:28	♋
6	月	13:54	♋	～	7	火	00:55	♌
9	木	10:07	♌	～	9	木	13:16	♍
11	土	06:36	♍	～	12	日	01:16	♎
14	火	08:09	♎	～	14	火	11:01	♏
16	木	15:09	♏	～	16	木	17:51	♐
18	土	19:41	♐	～	18	土	22:16	♑
20	月	16:59	♑	～	21	火	01:14	♒
23	木	01:15	♒	～	23	木	03:46	♓
24	金	12:39	♓	～	25	土	06:37	♈
27	月	07:48	♈	～	27	月	10:24	♉
29	水	13:01	♉	～	29	水	15:41	♊
31	金	20:22	♊	～	31	金	23:09	♋

6月

開始日		開始時刻	サイン		終了日		終了時刻	サイン
3	月	02:54	♋	～	3	月	09:11	♌
5	水	20:24	♌	～	5	水	21:16	♍
7	金	06:40	♍	～	8	土	09:39	♎
10	月	17:07	♎	～	10	月	19:59	♏
13	木	00:10	♏	～	13	木	02:52	♐
15	土	03:55	♐	～	15	土	06:30	♑
16	日	18:46	♑	～	17	月	08:11	♒
19	水	06:57	♒	～	19	水	09:33	♓
20	木	15:47	♓	～	21	金	11:59	♈
23	日	13:22	♈	～	23	日	16:13	♉
25	火	19:27	♉	～	25	火	22:27	♊
28	金	03:29	♊	～	28	金	06:38	♋
30	日	08:11	♋	～	30	日	16:48	♌

7月

開始日		開始時刻	サイン		終了日		終了時刻	サイン
3	水	02:05	♌	～	3	水	04:48	♍
5	金	15:14	♍	～	5	金	17:29	♎
8	月	01:18	♎	～	8	月	04:45	♏
10	水	09:16	♏	～	10	水	12:33	♐
12	金	13:15	♐	～	12	金	16:22	♑
14	日	05:42	♑	～	14	日	17:18	♒
16	火	14:11	♒	～	16	火	17:16	♓
18	木	11:21	♓	～	18	木	18:16	♈
20	土	18:12	♈	～	20	土	21:41	♉
23	火	00:12	♉	～	23	火	03:59	♊
25	木	08:44	♊	～	25	木	12:45	♋
27	土	11:32	♋	～	27	土	23:25	♌
30	火	11:05	♌	～	30	火	11:30	♍
31	水	22:17	♍	～	2	金	00:20	♎

8月

開始日		開始時刻	サイン		終了日		終了時刻	サイン
4	日	07:51	♎	～	4	日	12:21	♏
6	火	17:11	♏	～	6	火	21:30	♐
8	木	23:10	♐	～	9	金	02:31	♑
10	土	20:59	♑	～	11	日	03:49	♒
12	月	23:17	♒	～	13	火	03:10	♓
14	水	21:05	♓	～	15	木	02:45	♈
17	土	00:58	♈	～	17	土	04:34	♉
19	月	05:00	♉	～	19	月	09:46	♊
21	水	15:34	♊	～	21	水	18:19	♋
24	土	03:01	♋	～	24	土	05:17	♌
26	月	13:47	♌	～	26	月	17:35	♍
27	火	09:51	♍	～	29	木	06:23	♎
31	土	16:36	♎	～	31	土	18:37	♏

9月

開始日		開始時刻	サイン		終了日		終了時刻	サイン
2	月	23:15	♏	～	3	火	04:47	♐
5	木	11:04	♐	～	5	木	11:23	♑
7	土	01:23	♑	～	7	土	14:07	♒
9	月	09:16	♒	～	9	月	14:05	♓
10	火	18:23	♓	～	11	水	13:14	♈
13	金	08:30	♈	～	13	金	13:42	♉
15	日	11:36	♉	～	15	日	17:14	♊
17	火	22:24	♊	～	18	水	00:36	♋
20	金	05:47	♋	～	20	金	11:13	♌
22	日	16:55	♌	～	22	日	23:37	♍
24	火	20:12	♍	～	25	水	12:21	♎
27	金	17:35	♎	～	28	土	00:18	♏
30	月	04:01	♏	～	30	月	10:34	♐

10月

開始日		開始時刻	サイン		終了日		終了時刻	サイン
2	水	11:55	♐	～	2	水	18:11	♑
4	金	18:39	♑	～	4	金	22:36	♒
6	日	18:26	♒	～	7	月	00:10	♓
8	火	15:07	♓	～	9	水	00:10	♈
10	木	18:34	♈	～	11	金	00:25	♉
13	日	02:31	♉	～	13	日	02:45	♊
15	火	02:21	♊	～	15	火	08:34	♋
17	木	12:06	♋	～	17	木	18:08	♌
20	日	00:41	♌	～	20	日	06:16	♍
21	月	00:31	♍	～	22	火	18:59	♎
25	金	02:24	♎	～	25	金	06:36	♏
27	日	09:11	♏	～	27	日	16:14	♐
29	火	20:49	♐	～	29	火	23:39	♑

11月

開始日		開始時刻	サイン		終了日		終了時刻	サイン
1	金	02:34	♑	～	1	金	04:49	♒
3	日	06:11	♒	～	3	日	07:56	♓
4	月	04:04	♓	～	5	火	09:35	♈
7	木	09:59	♈	～	7	木	10:53	♉
9	土	06:46	♉	～	9	土	13:13	♊
11	月	18:01	♊	～	11	月	18:04	♋
13	水	09:03	♋	～	14	木	02:24	♌
16	土	06:18	♌	～	16	土	13:52	♍
18	月	19:24	♍	～	19	火	02:37	♎
21	木	06:56	♎	～	21	木	14:14	♏
23	土	16:22	♏	～	23	土	23:18	♐
25	月	23:06	♐	～	26	火	05:43	♑
28	木	06:04	♑	～	28	木	10:12	♒
30	土	07:19	♒	～	30	土	13:34	♓

12月

開始日		開始時刻	サイン		終了日		終了時刻	サイン
1	日	20:18	♓	～	2	月	16:26	♈
4	水	13:06	♈	～	4	水	19:16	♉
6	金	16:28	♉	～	6	金	22:43	♊
8	日	21:19	♊	～	9	月	03:46	♋
10	火	16:27	♋	～	11	水	11:27	♌
13	金	15:10	♌	～	13	金	22:11	♍
15	日	22:32	♍	～	16	月	10:51	♎
18	水	17:05	♎	～	18	水	22:56	♏
21	土	03:07	♏	～	21	土	08:09	♐
23	月	12:53	♐	～	23	月	13:54	♑
25	水	05:02	♑	～	25	水	17:06	♒
27	金	15:19	♒	～	27	金	19:17	♓
29	日	15:49	♓	～	29	日	21:47	♈

2042年【ボイドタイム】

1月

開始日		開始時刻	サイン		終了日		終了時刻	サイン
1	水	00:23	♈	~	1	水	01:16	♉
3	金	01:25	♉	~	3	金	05:58	♊
5	日	07:01	♊	~	5	日	12:03	♋
7	火	11:03	♋	~	7	火	20:02	♌
10	金	00:32	♌	~	10	金	06:27	♍
12	日	11:03	♍	~	12	日	18:57	♎
15	水	03:20	♎	~	15	水	07:36	♏
17	金	12:31	♏	~	17	金	17:46	♐
19	日	19:09	♐	~	19	日	23:55	♑
21	火	22:36	♑	~	22	水	02:32	♒
23	木	23:56	♒	~	24	金	03:19	♓
26	日	01:16	♓	~	26	日	04:14	♈
28	火	02:25	♈	~	28	火	06:44	♉
30	木	09:18	♉	~	30	木	11:28	♊

2月

開始日		開始時刻	サイン		終了日		終了時刻	サイン
1	土	13:55	♊	~	1	土	18:21	♋
4	火	01:58	♋	~	4	火	03:10	♌
6	木	13:12	♌	~	6	木	13:52	♍
9	日	02:11	♍	~	9	日	02:17	♎
11	火	11:00	♎	~	11	火	15:15	♏
14	金	00:55	♏	~	14	金	02:31	♐
16	日	06:32	♐	~	16	日	10:03	♑
17	月	02:12	♑	~	18	火	13:24	♒
20	木	10:53	♒	~	20	木	13:50	♓
21	金	13:13	♓	~	22	土	13:23	♈
24	月	11:13	♈	~	24	月	14:06	♉
26	水	14:28	♉	~	26	水	17:25	♊
28	金	20:50	♊	~	28	金	23:50	♋

3月

開始日		開始時刻	サイン		終了日		終了時刻	サイン
3	月	02:37	♋	~	3	月	09:02	♌
5	水	17:18	♌	~	5	水	20:15	♍
7	金	05:09	♍	~	8	土	08:47	♎
10	月	19:03	♎	~	10	月	21:45	♏
13	木	07:07	♏	~	13	木	09:35	♐
15	土	16:19	♐	~	15	土	18:31	♑
17	月	18:11	♑	~	17	月	23:31	♒
19	水	23:13	♒	~	20	木	00:58	♓
21	金	12:55	♓	~	22	土	00:29	♈
23	日	22:27	♈	~	24	月	00:03	♉
25	火	23:58	♉	~	26	水	01:35	♊
28	金	04:47	♊	~	28	金	06:25	♋
28	金	20:59	♋	~	30	日	14:53	♌

4月

開始日		開始時刻	サイン		終了日		終了時刻	サイン
2	水	00:37	♌	~	2	水	02:11	♍
2	水	15:55	♍	~	4	金	14:56	♎
7	月	02:24	♎	~	7	月	03:45	♏
9	水	14:15	♏	~	9	水	15:28	♐
11	金	23:54	♐	~	12	土	00:58	♑
13	日	20:08	♑	~	14	月	07:24	♒
16	水	09:47	♒	~	16	水	10:36	♓
18	金	00:37	♓	~	18	金	11:20	♈
20	日	10:26	♈	~	20	日	11:06	♉
22	火	11:06	♉	~	22	火	11:45	♊
24	木	14:22	♊	~	24	木	15:00	♋
26	土	21:34	♋	~	26	土	22:00	♌
29	火	08:03	♌	~	29	火	08:37	♍

5月

開始日		開始時刻	サイン		終了日		終了時刻	サイン
1	木	19:46	♍	~	1	木	21:20	♎
4	日	09:39	♎	~	4	日	10:06	♏
6	火	21:00	♏	~	6	火	21:23	♐
9	金	06:11	♐	~	9	金	06:31	♑
11	日	10:26	♑	~	11	日	13:18	♒
13	火	17:30	♒	~	13	火	17:45	♓
15	木	16:02	♓	~	15	木	20:07	♈
17	土	21:00	♈	~	17	土	21:11	♉
19	月	22:03	♉	~	19	月	22:14	♊
22	木	00:41	♊	~	22	木	00:51	♋
24	土	00:05	♋	~	24	土	06:36	♌
26	月	15:59	♌	~	26	月	16:08	♍
28	水	20:04	♍	~	29	木	04:28	♎
31	土	17:05	♎	~	31	土	17:14	♏

6月

開始日		開始時刻	サイン		終了日		終了時刻	サイン
3	火	04:07	♏	~	3	火	04:17	♐
5	木	12:33	♐	~	5	木	12:42	♑
7	土	09:29	♑	~	7	土	18:49	♒
9	月	23:05	♒	~	9	月	23:16	♓
12	木	00:46	♓	~	12	木	02:32	♈
14	土	04:49	♈	~	14	土	05:02	♉
16	月	07:05	♉	~	16	月	07:18	♊
18	水	10:11	♊	~	18	水	10:26	♋
20	金	03:57	♋	~	20	金	15:48	♌
23	月	00:24	♌	~	23	月	00:29	♍
24	火	22:21	♍	~	25	水	12:16	♎
28	土	00:53	♎	~	28	土	01:06	♏
30	月	11:48	♏	~	30	月	12:18	♐

7月

開始日		開始時刻	サイン		終了日		終了時刻	サイン
2	水	20:09	♐	~	2	水	20:24	♑
5	土	01:22	♑	~	5	土	01:35	♒
7	月	04:50	♒	~	7	月	05:02	♓
8	火	18:58	♓	~	9	水	07:54	♈
11	金	10:43	♈	~	11	金	10:51	♉
13	日	13:28	♉	~	13	日	14:14	♊
15	火	17:37	♊	~	15	火	18:28	♋
17	木	16:38	♋	~	18	金	00:21	♌
20	日	07:47	♌	~	20	日	08:52	♍
22	火	19:47	♍	~	22	火	20:14	♎
25	金	07:49	♎	~	25	金	09:08	♏
27	日	19:33	♏	~	27	日	20:55	♐
30	水	04:02	♐	~	30	水	05:23	♑

8月

開始日		開始時刻	サイン		終了日		終了時刻	サイン
1	金	00:00	♑	~	1	金	10:14	♒
3	日	11:15	♒	~	3	日	12:38	♓
5	火	11:49	♓	~	5	火	14:12	♈
7	木	14:46	♈	~	7	木	16:19	♉
9	土	18:03	♉	~	9	土	19:43	♊
11	月	22:53	♊	~	12	火	00:42	♋
13	水	18:43	♋	~	14	木	07:29	♌
16	土	14:18	♌	~	16	土	16:27	♍
18	月	14:43	♍	~	19	火	03:47	♎
21	木	14:15	♎	~	21	木	16:43	♏
24	日	02:38	♏	~	24	日	05:09	♐
26	火	12:13	♐	~	26	火	14:40	♑
28	木	10:34	♑	~	28	木	20:11	♒
30	土	20:01	♒	~	30	土	22:20	♓

9月

開始日		開始時刻	サイン		終了日		終了時刻	サイン
1	月	14:37	♓	~	1	月	22:47	♈
3	水	20:54	♈	~	3	水	23:21	♉
5	金	22:53	♉	~	6	土	01:31	♊
8	月	03:29	♊	~	8	月	06:06	♋
10	水	09:44	♋	~	10	水	13:18	♌
12	金	21:49	♌	~	12	金	22:55	♍
15	月	10:06	♍	~	15	月	10:33	♎
17	水	19:52	♎	~	17	水	23:30	♏
20	土	08:39	♏	~	20	土	12:19	♐
22	月	22:20	♐	~	22	月	22:58	♑
25	木	02:56	♑	~	25	木	05:56	♒
27	土	06:49	♒	~	27	土	09:01	♓
29	月	07:51	♓	~	29	月	09:25	♈

10月

開始日		開始時刻	サイン		終了日		終了時刻	サイン
1	水	05:42	♈	~	1	水	08:54	♉
3	金	08:56	♉	~	3	金	09:24	♊
5	日	08:49	♊	~	5	日	12:27	♋
7	火	12:29	♋	~	7	火	18:56	♌
10	金	00:28	♌	~	10	金	04:40	♍
11	土	23:40	♍	~	12	日	16:40	♎
15	水	02:59	♎	~	15	水	05:41	♏
17	金	13:58	♏	~	17	金	18:26	♐
20	月	01:17	♐	~	20	月	05:39	♑
22	水	12:14	♑	~	22	水	14:01	♒
24	金	14:56	♒	~	24	金	18:51	♓
25	土	10:14	♓	~	26	日	20:28	♈
28	火	16:28	♈	~	28	火	20:08	♉
30	木	15:56	♉	~	30	木	19:40	♊

11月

開始日		開始時刻	サイン		終了日		終了時刻	サイン
1	土	17:06	♊	~	1	土	21:03	♋
3	月	05:50	♋	~	4	火	01:55	♌
6	木	06:12	♌	~	6	木	10:48	♍
7	金	22:12	♍	~	8	土	22:45	♎
11	火	07:03	♎	~	11	火	11:51	♏
13	木	19:39	♏	~	14	金	00:21	♐
16	日	06:44	♐	~	16	日	11:17	♑
18	火	12:29	♑	~	18	火	20:07	♒
20	木	23:30	♒	~	21	金	02:22	♓
22	土	15:58	♓	~	23	日	05:50	♈
25	火	03:13	♈	~	25	火	06:57	♉
27	木	03:14	♉	~	27	木	06:55	♊
29	土	03:49	♊	~	29	土	07:37	♋

12月

開始日		開始時刻	サイン		終了日		終了時刻	サイン
1	月	03:55	♋	~	1	月	10:58	♌
3	水	14:03	♌	~	3	水	18:21	♍
4	木	20:01	♍	~	6	土	05:34	♎
8	月	14:10	♎	~	8	月	18:37	♏
11	木	02:44	♏	~	11	木	07:01	♐
13	土	13:19	♐	~	13	土	17:23	♑
14	日	20:23	♑	~	16	火	01:36	♒
18	木	04:16	♒	~	18	木	07:56	♓
20	土	09:27	♓	~	20	土	12:31	♈
22	月	12:03	♈	~	22	月	15:22	♉
24	水	13:41	♉	~	24	水	16:54	♊
26	金	15:05	♊	~	26	金	18:16	♋
28	日	03:10	♋	~	28	日	21:14	♌
31	水	00:02	♌	~	31	水	03:27	♍

2043年【ボイドタイム】

1月

開始日	開始時刻	サイン		終了日	終了時刻	サイン
2 金	02:18	♍	~	2 金	13:33	♎
4 日	22:45	♎	~	5 月	02:15	♏
7 水	11:29	♏	~	7 水	14:48	♐
9 金	21:57	♐	~	10 土	01:00	♑
11 日	15:52	♑	~	12 月	08:24	♒
14 水	11:05	♒	~	14 水	13:43	♓
16 金	10:33	♓	~	16 金	17:51	♈
18 日	18:52	♈	~	18 日	21:15	♉
20 火	21:53	♉	~	21 水	00:10	♊
23 金	00:49	♊	~	23 金	03:01	♋
24 土	09:09	♋	~	25 日	06:49	♌
27 火	10:45	♌	~	27 火	12:56	♍
29 木	11:58	♍	~	29 木	22:17	♎

2月

開始日	開始時刻	サイン		終了日	終了時刻	サイン
1 日	08:21	♎	~	1 日	10:27	♏
3 火	21:16	♏	~	3 火	23:12	♐
6 金	08:11	♐	~	6 金	09:54	♑
8 日	13:12	♑	~	8 日	17:13	♒
10 火	20:18	♒	~	10 火	21:38	♓
12 木	19:53	♓	~	13 金	00:24	♈
15 日	01:40	♈	~	15 日	02:46	♉
17 火	04:35	♉	~	17 火	05:35	♊
19 木	08:23	♊	~	19 木	09:18	♋
20 金	21:33	♋	~	21 土	14:20	♌
23 月	20:31	♌	~	23 月	21:16	♍
26 木	05:36	♍	~	26 木	06:42	♎
28 土	18:26	♎	~	28 土	18:31	♏

3月

開始日	開始時刻	サイン		終了日	終了時刻	サイン
3 火	06:59	♏	~	3 火	07:22	♐
5 木	18:38	♐	~	5 木	18:52	♑
7 土	05:50	♑	~	8 日	03:04	♒
9 月	11:39	♒	~	10 火	07:35	♓
11 水	18:08	♓	~	12 木	09:28	♈
13 金	10:06	♈	~	14 土	10:19	♉
16 月	08:46	♉	~	16 月	11:40	♊
18 水	10:02	♊	~	18 水	14:42	♋
20 金	19:29	♋	~	20 金	20:03	♌
22 日	21:13	♌	~	23 月	03:51	♍
25 水	08:41	♍	~	25 水	13:55	♎
27 金	04:47	♎	~	28 土	01:50	♏
29 日	13:41	♏	~	30 月	14:40	♐

4月

開始日	開始時刻	サイン		終了日	終了時刻	サイン
2 木	01:45	♐	~	2 木	02:46	♑
3 金	12:36	♑	~	4 土	12:15	♒
5 日	19:42	♒	~	6 月	17:58	♓
7 火	23:05	♓	~	8 水	20:12	♈
10 金	04:06	♈	~	10 金	20:19	♉
12 日	05:55	♉	~	12 日	20:07	♊
14 火	11:27	♊	~	14 火	21:28	♋
16 木	19:50	♋	~	17 金	01:45	♌
19 日	07:03	♌	~	19 日	09:26	♍
20 月	17:02	♍	~	21 火	19:59	♎
23 木	11:46	♎	~	24 金	08:15	♏
25 土	16:38	♏	~	26 日	21:04	♐
28 火	21:20	♐	~	29 水	09:19	♑

5月

開始日	開始時刻	サイン		終了日	終了時刻	サイン
1 金	12:00	♑	~	1 金	19:42	♒
3 日	23:05	♒	~	4 月	02:58	♓
5 火	05:41	♓	~	6 水	06:37	♈
7 木	18:48	♈	~	8 金	07:17	♉
9 土	12:20	♉	~	10 日	06:34	♊
12 火	02:19	♊	~	12 火	06:31	♋
13 水	20:17	♋	~	14 木	09:06	♌
16 土	06:04	♌	~	16 土	15:35	♍
18 月	20:42	♍	~	19 火	01:48	♎
20 水	05:10	♎	~	21 木	14:14	♏
22 金	18:37	♏	~	24 日	03:06	♐
25 月	06:53	♐	~	26 火	15:09	♑
28 木	00:09	♑	~	29 金	01:40	♒
30 土	15:28	♒	~	31 日	09:53	♓

6月

開始日	開始時刻	サイン		終了日	終了時刻	サイン
2 火	03:03	♓	~	2 火	15:07	♈
3 水	15:04	♈	~	4 木	17:17	♉
6 土	14:58	♉	~	6 土	17:19	♊
7 日	19:34	♊	~	8 月	16:58	♋
10 水	10:51	♋	~	10 水	18:22	♌
12 金	22:40	♌	~	12 金	23:19	♍
15 月	07:10	♍	~	15 月	08:26	♎
17 水	18:37	♎	~	17 水	20:33	♏
19 金	02:32	♏	~	20 土	09:25	♐
22 月	18:05	♐	~	22 月	21:14	♑
23 火	21:05	♑	~	25 木	07:17	♒
27 土	11:23	♒	~	27 土	15:26	♓
29 月	17:05	♓	~	29 月	21:27	♈

7月

開始日	開始時刻	サイン		終了日	終了時刻	サイン
2 木	00:19	♈	~	2 木	01:05	♉
3 金	06:58	♉	~	4 土	02:36	♊
5 日	21:54	♊	~	6 月	03:07	♋
8 水	00:22	♋	~	8 水	04:27	♌
10 金	01:50	♌	~	10 金	08:28	♍
12 日	08:46	♍	~	12 日	16:22	♎
14 火	19:16	♎	~	15 水	03:44	♏
17 金	04:41	♏	~	17 金	16:29	♐
19 日	19:00	♐	~	20 月	04:14	♑
22 水	12:23	♑	~	22 水	13:48	♒
24 金	14:53	♒	~	24 金	21:12	♓
26 日	23:31	♓	~	27 月	02:50	♈
29 水	06:20	♈	~	29 水	06:54	♉
30 木	11:52	♉	~	31 金	09:38	♊

8月

開始日	開始時刻	サイン		終了日	終了時刻	サイン
2 日	02:04	♊	~	2 日	11:33	♋
3 月	08:27	♋	~	4 火	13:49	♌
6 木	07:24	♌	~	6 木	17:55	♍
8 土	13:47	♍	~	9 日	01:09	♎
10 月	23:35	♎	~	11 火	11:44	♏
13 木	07:13	♏	~	14 金	00:15	♐
16 日	02:27	♐	~	16 日	12:14	♑
17 月	21:34	♑	~	18 火	21:48	♒
21 金	00:04	♒	~	21 金	04:33	♓
22 土	22:16	♓	~	23 日	09:07	♈
25 火	01:47	♈	~	25 火	12:23	♉
26 水	20:06	♉	~	27 木	15:07	♊
29 土	07:26	♊	~	29 土	17:54	♋
31 月	06:26	♋	~	31 月	21:23	♌

9月

開始日	開始時刻	サイン		終了日	終了時刻	サイン
3 木	02:18	♌	~	3 木	02:24	♍
4 金	23:09	♍	~	5 土	09:48	♎
7 月	19:42	♎	~	7 月	20:00	♏
10 木	07:51	♏	~	10 木	08:16	♐
12 土	20:07	♐	~	12 土	20:37	♑
14 月	14:15	♑	~	15 火	06:49	♒
17 木	13:04	♒	~	17 木	13:41	♓
19 土	10:46	♓	~	19 土	17:31	♈
21 月	18:45	♈	~	21 月	19:28	♉
23 水	20:12	♉	~	23 水	20:59	♊
25 金	22:25	♊	~	25 金	23:17	♋
27 日	09:07	♋	~	28 月	03:12	♌
30 水	08:07	♌	~	30 水	09:11	♍

10月

開始日	開始時刻	サイン		終了日	終了時刻	サイン
2 金	15:16	♍	~	2 金	17:22	♎
5 月	02:26	♎	~	5 月	03:44	♏
7 水	14:28	♏	~	7 水	15:52	♐
10 土	03:05	♐	~	10 土	04:32	♑
11 日	16:04	♑	~	12 月	15:44	♒
14 水	22:15	♒	~	14 水	23:39	♓
17 土	01:05	♓	~	17 土	03:48	♈
19 月	03:41	♈	~	19 月	05:01	♉
21 水	03:41	♉	~	21 水	05:03	♊
23 金	04:44	♊	~	23 金	05:47	♋
24 土	17:52	♋	~	25 日	08:45	♌
27 火	13:04	♌	~	27 火	14:44	♍
29 木	19:05	♍	~	29 木	23:33	♎

11月

開始日	開始時刻	サイン		終了日	終了時刻	サイン
1 日	08:36	♎	~	1 日	10:27	♏
3 火	22:23	♏	~	3 火	22:41	♐
6 金	09:30	♐	~	6 金	11:25	♑
8 日	04:30	♑	~	8 日	23:22	♒
11 水	07:00	♒	~	11 水	08:47	♓
12 木	22:45	♓	~	13 金	14:21	♈
15 日	14:37	♈	~	15 日	16:10	♉
17 火	14:08	♉	~	17 火	15:38	♊
19 木	13:21	♊	~	19 木	14:52	♋
21 土	13:53	♋	~	21 土	16:02	♌
23 月	19:00	♌	~	23 月	20:42	♍
25 水	17:16	♍	~	26 木	05:09	♎
28 土	14:34	♎	~	28 土	16:23	♏

12月

開始日	開始時刻	サイン		終了日	終了時刻	サイン
1 火	03:04	♏	~	1 火	04:52	♐
3 木	15:46	♐	~	3 木	17:31	♑
5 土	17:05	♑	~	6 日	05:33	♒
8 火	14:21	♒	~	8 火	15:54	♓
10 木	12:56	♓	~	10 木	23:12	♈
13 日	01:28	♈	~	13 日	02:44	♉
15 火	01:57	♉	~	15 火	03:06	♊
17 木	00:58	♊	~	17 木	02:05	♋
19 土	01:41	♋	~	19 土	01:55	♌
21 月	03:38	♌	~	21 月	04:45	♍
23 水	03:31	♍	~	23 水	11:45	♎
25 金	21:19	♎	~	25 金	22:26	♏
28 月	09:58	♏	~	28 月	11:00	♐
30 水	22:41	♐	~	30 水	23:37	♑

2044年【ボイドタイム】

1月

開始日	開始時刻	サイン		終了日	終了時刻	サイン
2 土	04:44	♑	～	2 土	11:18	♒
4 月	20:50	♒	～	4 月	21:32	♓
7 木	00:45	♓	～	7 木	05:38	♈
9 土	10:23	♈	～	9 土	10:51	♉
11 月	12:42	♉	～	11 月	13:03	♊
13 水	12:56	♊	～	13 水	13:13	♋
15 金	11:54	♋	～	15 金	13:09	♌
17 日	14:50	♌	～	17 日	14:58	♍
19 火	20:13	♍	～	19 火	20:19	♎
21 木	11:56	♎	～	22 金	05:42	♏
24 日	14:55	♏	～	24 日	17:50	♐
26 火	11:46	♐	～	27 水	06:29	♑
29 金	15:45	♑	～	29 金	17:54	♒

2月

開始日	開始時刻	サイン		終了日	終了時刻	サイン
1 月	01:39	♒	～	1 月	03:27	♓
3 水	10:39	♓	～	3 水	11:02	♈
5 金	02:26	♈	～	5 金	16:38	♉
7 日	19:13	♉	～	7 日	20:11	♊
9 火	05:47	♊	～	9 火	22:06	♋
11 木	22:45	♋	～	11 木	23:23	♌
14 日	01:04	♌	～	14 日	01:34	♍
16 火	05:52	♍	～	16 火	06:14	♎
18 木	12:39	♎	～	18 木	14:23	♏
21 日	01:34	♏	～	21 日	01:39	♐
23 火	09:42	♐	～	23 火	14:14	♑
25 木	20:01	♑	～	26 金	01:48	♒
27 土	23:21	♒	～	28 日	10:58	♓

3月

開始日	開始時刻	サイン		終了日	終了時刻	サイン
1 火	12:49	♓	～	1 火	17:35	♈
3 木	20:41	♈	～	3 木	22:14	♉
5 土	22:32	♉	～	6 日	01:36	♊
8 火	03:37	♊	～	8 火	04:20	♋
10 木	05:22	♋	～	10 木	07:04	♌
11 金	15:14	♌	～	12 土	10:33	♍
14 月	15:25	♍	～	14 月	15:45	♎
16 水	02:08	♎	～	16 水	23:30	♏
19 土	08:01	♏	～	19 土	10:04	♐
21 月	00:17	♐	～	21 月	22:25	♑
23 水	16:52	♑	～	24 木	10:25	♒
26 土	19:52	♒	～	26 土	19:57	♓
29 火	01:58	♓	～	29 火	02:11	♈
30 水	16:35	♈	～	31 木	05:41	♉

4月

開始日	開始時刻	サイン		終了日	終了時刻	サイン
2 土	07:17	♉	～	2 土	07:44	♊
3 日	17:36	♊	～	4 月	09:44	♋
6 水	11:56	♋	～	6 水	12:42	♌
8 金	16:14	♌	～	8 金	17:12	♍
10 日	22:16	♍	～	10 日	23:29	♎
12 火	18:38	♎	～	13 水	07:44	♏
15 金	16:22	♏	～	15 金	18:09	♐
18 月	02:59	♐	～	18 月	06:19	♑
20 水	16:21	♑	～	20 水	18:45	♒
23 土	02:38	♒	～	23 土	05:12	♓
25 月	09:23	♓	～	25 月	12:02	♈
26 火	19:07	♈	～	27 水	15:14	♉
29 金	13:15	♉	～	29 金	16:07	♊
30 土	21:08	♊	～	1 日	16:35	♋

5月

開始日	開始時刻	サイン		終了日	終了時刻	サイン
3 火	14:54	♋	～	3 火	18:23	♌
5 木	18:40	♌	～	5 木	22:37	♍
8 日	01:00	♍	～	8 日	05:26	♎
10 火	02:24	♎	～	10 火	14:28	♏
12 木	19:50	♏	～	13 金	01:15	♐
14 土	13:33	♐	～	15 日	13:24	♑
17 火	20:24	♑	～	18 水	02:03	♒
20 金	13:01	♒	～	20 金	13:26	♓
22 日	15:17	♓	～	22 日	21:34	♈
24 火	05:53	♈	～	25 水	01:35	♉
26 木	20:20	♉	～	27 金	02:21	♊
28 土	07:34	♊	～	29 日	01:45	♋
30 月	20:53	♋	～	31 火	01:57	♌

6月

開始日	開始時刻	サイン		終了日	終了時刻	サイン
1 水	21:26	♌	～	2 木	04:45	♍
4 土	02:51	♍	～	4 土	10:57	♎
5 日	22:26	♎	～	6 月	20:10	♏
8 水	22:02	♏	～	9 木	07:23	♐
11 土	06:45	♐	～	11 土	19:41	♑
14 火	06:47	♑	～	14 火	08:21	♒
16 木	18:04	♒	～	16 木	20:12	♓
19 日	03:25	♓	～	19 日	05:33	♈
20 月	16:33	♈	～	21 火	11:05	♉
23 木	11:43	♉	～	23 木	12:53	♊
25 土	12:18	♊	～	25 土	12:21	♋
27 月	02:32	♋	～	27 月	11:39	♌
29 水	03:07	♌	～	29 水	12:54	♍

7月

開始日	開始時刻	サイン		終了日	終了時刻	サイン
1 金	06:56	♍	～	1 金	17:36	♎
3 日	06:47	♎	～	4 月	02:02	♏
6 水	01:05	♏	～	6 水	13:13	♐
8 金	05:56	♐	～	9 土	01:41	♑
11 月	01:42	♑	～	11 月	14:14	♒
13 水	13:34	♒	～	14 木	01:58	♓
15 金	23:58	♓	～	16 土	11:49	♈
18 月	11:46	♈	～	18 月	18:39	♉
20 水	19:16	♉	～	20 水	22:03	♊
22 金	16:34	♊	～	22 金	22:43	♋
24 日	12:04	♋	～	24 日	22:18	♌
26 火	20:07	♌	～	26 火	22:49	♍
28 木	14:47	♍	～	29 金	02:06	♎
31 日	07:54	♎	～	31 日	09:09	♏

8月

開始日	開始時刻	サイン		終了日	終了時刻	サイン
2 火	17:59	♏	～	2 火	19:38	♐
5 金	04:57	♐	～	5 金	08:02	♑
7 日	07:46	♑	～	7 日	20:31	♒
9 火	23:35	♒	～	10 水	07:51	♓
12 金	16:41	♓	～	12 金	17:20	♈
14 日	23:25	♈	～	15 月	00:29	♉
17 水	03:38	♉	～	17 水	05:04	♊
19 金	01:17	♊	～	19 金	07:19	♋
21 日	06:11	♋	～	21 日	08:12	♌
22 月	23:28	♌	～	23 火	09:11	♍
25 木	09:06	♍	～	25 木	11:55	♎
27 土	14:25	♎	～	27 土	17:46	♏
29 月	23:17	♏	～	30 火	03:11	♐

9月

開始日	開始時刻	サイン		終了日	終了時刻	サイン
1 木	02:08	♐	～	1 木	15:11	♑
4 日	00:02	♑	～	4 日	03:43	♒
6 火	09:54	♒	～	6 火	14:49	♓
8 木	18:48	♓	～	8 木	23:35	♈
11 日	01:15	♈	～	11 日	06:01	♉
13 火	05:48	♉	～	13 火	10:34	♊
15 木	04:10	♊	～	15 木	13:42	♋
17 土	11:15	♋	～	17 土	16:02	♌
19 月	11:13	♌	～	19 月	18:19	♍
21 水	20:02	♍	～	21 水	21:37	♎
23 金	21:49	♎	～	24 土	03:07	♏
26 月	06:06	♏	～	26 月	11:41	♐
28 水	15:23	♐	～	28 水	23:07	♑

10月

開始日	開始時刻	サイン		終了日	終了時刻	サイン
1 土	10:29	♑	～	1 土	11:44	♒
3 月	17:18	♒	～	3 月	23:05	♓
6 木	02:44	♓	～	6 木	07:32	♈
8 土	08:36	♈	～	8 土	13:00	♉
10 月	12:31	♉	～	10 月	16:27	♊
12 水	11:53	♊	～	12 水	19:04	♋
14 金	18:37	♋	～	14 金	21:50	♌
16 日	22:25	♌	～	17 月	01:17	♍
19 水	03:16	♍	～	19 水	05:48	♎
21 金	08:55	♎	～	21 金	11:53	♏
23 日	18:29	♏	～	23 日	20:16	♐
26 水	05:24	♐	～	26 水	07:16	♑
28 金	19:12	♑	～	28 金	19:57	♒
31 月	07:48	♒	～	31 月	07:58	♓

11月

開始日	開始時刻	サイン		終了日	終了時刻	サイン
2 水	16:23	♓	～	2 水	16:58	♈
4 金	22:05	♈	～	4 金	22:10	♉
6 日	18:50	♉	～	7 月	00:29	♊
8 火	21:11	♊	～	9 水	01:39	♋
10 木	07:35	♋	～	11 金	03:22	♌
13 日	00:59	♌	～	13 日	06:43	♍
14 月	23:04	♍	～	15 火	11:59	♎
17 木	13:03	♎	～	17 木	19:04	♏
19 土	23:57	♏	～	20 日	03:59	♐
22 火	08:38	♐	～	22 火	14:57	♑
23 水	16:55	♑	～	25 金	03:36	♒
27 日	10:02	♒	～	27 日	16:18	♓
28 月	21:06	♓	～	30 水	02:31	♈

12月

開始日	開始時刻	サイン		終了日	終了時刻	サイン
2 金	03:11	♈	～	2 金	08:37	♉
4 日	05:45	♉	～	4 日	10:52	♊
6 火	05:57	♊	～	6 火	10:56	♋
7 水	21:39	♋	～	8 木	10:58	♌
10 土	07:25	♌	～	10 土	12:47	♍
12 月	12:58	♍	～	12 月	17:23	♎
14 水	18:44	♎	～	15 木	00:46	♏
17 土	04:05	♏	～	17 土	10:23	♐
19 月	17:52	♐	～	19 月	21:43	♑
20 火	22:29	♑	～	22 木	10:21	♒
24 土	16:32	♒	～	24 土	23:19	♓
26 月	04:36	♓	～	27 火	10:39	♈
29 木	12:11	♈	～	29 木	18:24	♉
31 土	16:04	♉	～	31 土	21:55	♊

2045年【ボイドタイム】

1月

開始日		開始時刻	サイン		終了日		終了時刻	サイン
2	月	16:35	♊	～	2	月	22:14	♋
3	火	19:19	♋	～	4	水	21:21	♌
6	金	21:11	♌	～	6	金	21:26	♍
8	日	03:13	♍	～	9	月	00:13	♎
10	火	23:25	♎	～	11	水	06:32	♏
13	金	08:26	♏	～	13	金	16:04	♐
15	日	19:45	♐	～	16	月	03:47	♑
18	水	13:25	♑	～	18	水	16:33	♒
20	金	20:56	♒	～	21	土	05:22	♓
23	月	07:16	♓	～	23	月	17:00	♈
26	木	01:02	♈	～	26	木	02:01	♉
28	土	06:57	♉	～	28	土	07:23	♊
30	月	01:52	♊	～	30	月	09:16	♋
31	火	04:35	♋	～	1	水	08:59	♌

2月

開始日		開始時刻	サイン		終了日		終了時刻	サイン
3	金	00:55	♌	～	3	金	08:27	♍
4	土	03:56	♍	～	5	日	09:38	♎
7	火	05:17	♎	～	7	火	14:07	♏
9	木	12:49	♏	～	9	木	22:28	♐
12	日	08:50	♐	～	12	日	09:56	♑
13	月	11:15	♑	～	14	火	22:49	♒
17	金	08:50	♒	～	17	金	11:27	♓
18	土	20:45	♓	～	19	日	22:41	♈
22	水	02:39	♈	～	22	水	07:48	♉
24	金	04:14	♉	～	24	金	14:15	♊
26	日	08:15	♊	～	26	日	17:55	♋
28	火	15:19	♋	～	28	火	19:20	♌

3月

開始日		開始時刻	サイン		終了日		終了時刻	サイン
2	木	10:51	♌	～	2	木	19:39	♍
4	土	16:30	♍	～	4	土	20:33	♎
6	月	15:52	♎	～	6	月	23:44	♏
8	水	23:04	♏	～	9	木	06:31	♐
11	土	10:15	♐	～	11	土	17:01	♑
13	月	15:38	♑	～	14	火	05:44	♒
16	木	13:54	♒	～	16	木	18:21	♓
19	日	02:14	♓	～	19	日	05:08	♈
21	火	11:25	♈	～	21	火	13:30	♉
23	木	18:34	♉	～	23	木	19:41	♊
25	土	23:47	♊	～	26	日	00:03	♋
27	月	16:37	♋	～	28	火	02:57	♌
29	水	17:32	♌	～	30	木	04:53	♍
31	金	17:44	♍	～	1	土	06:46	♎

4月

開始日		開始時刻	サイン		終了日		終了時刻	サイン
2	日	21:52	♎	～	3	月	09:55	♏
5	水	02:54	♏	～	5	水	15:46	♐
7	金	12:33	♐	～	8	土	01:11	♑
10	月	05:08	♑	～	10	月	13:25	♒
13	木	00:59	♒	～	13	木	02:09	♓
15	土	09:07	♓	～	15	土	12:54	♈
17	月	16:26	♈	～	17	月	20:38	♉
19	水	13:10	♉	～	20	木	01:48	♊
21	金	17:04	♊	～	22	土	05:28	♋
23	日	05:27	♋	～	24	月	08:32	♌
25	火	23:09	♌	～	26	水	11:31	♍
27	木	17:27	♍	～	28	金	14:46	♎
30	日	06:06	♎	～	30	日	18:52	♏

5月

開始日		開始時刻	サイン		終了日		終了時刻	サイン
2	火	12:56	♏	～	3	水	00:53	♐
4	木	20:31	♐	～	5	金	09:45	♑
7	日	17:23	♑	～	7	日	21:29	♒
9	火	19:42	♒	～	10	水	10:20	♓
12	金	05:06	♓	～	12	金	21:33	♈
14	日	16:20	♈	～	15	月	05:21	♉
17	水	03:26	♉	～	17	水	09:48	♊
19	金	00:22	♊	～	19	金	12:15	♋
21	日	07:19	♋	～	21	日	14:14	♌
23	火	15:35	♌	～	23	火	16:53	♍
25	木	19:05	♍	～	25	木	20:41	♎
27	土	15:37	♎	～	28	日	01:50	♏
29	月	19:54	♏	～	30	火	08:39	♐

6月

開始日		開始時刻	サイン		終了日		終了時刻	サイン
1	木	04:32	♐	～	1	木	17:44	♑
3	土	00:22	♑	～	4	日	05:15	♒
6	火	16:42	♒	～	6	火	18:11	♓
8	木	05:22	♓	～	9	金	06:06	♈
11	日	02:47	♈	～	11	日	14:43	♉
13	火	08:25	♉	～	13	火	19:24	♊
15	木	12:04	♊	～	15	木	21:10	♋
17	土	04:31	♋	～	17	土	21:50	♌
19	月	20:45	♌	～	19	月	23:05	♍
21	水	17:09	♍	～	22	木	02:07	♎
24	土	03:20	♎	～	24	土	07:24	♏
26	月	03:50	♏	～	26	月	14:55	♐
28	水	13:19	♐	～	29	木	00:36	♑
30	金	09:01	♑	～	1	土	12:17	♒

7月

開始日		開始時刻	サイン		終了日		終了時刻	サイン
3	月	17:41	♒	～	4	火	01:14	♓
6	木	09:58	♓	～	6	木	13:42	♈
8	土	23:13	♈	～	8	土	23:29	♉
10	月	20:19	♉	～	11	火	05:18	♊
12	水	23:13	♊	～	13	木	07:29	♋
14	金	19:27	♋	～	15	土	07:34	♌
16	日	23:56	♌	～	17	月	07:29	♍
19	水	03:03	♍	～	19	水	08:56	♎
21	金	10:51	♎	～	21	金	13:08	♏
23	日	12:02	♏	～	23	日	20:28	♐
25	火	22:02	♐	～	26	水	06:32	♑
27	木	16:15	♑	～	28	金	18:34	♒
30	日	23:20	♒	～	31	月	07:32	♓

8月

開始日		開始時刻	サイン		終了日		終了時刻	サイン
1	火	18:01	♓	～	2	水	20:09	♈
5	土	06:21	♈	～	5	土	06:47	♉
7	月	13:30	♉	～	7	月	14:04	♊
9	水	11:52	♊	～	9	水	17:38	♋
11	金	11:22	♋	～	11	金	18:20	♌
13	日	12:45	♌	～	13	日	17:49	♍
15	火	09:19	♍	～	15	火	17:58	♎
17	木	15:26	♎	～	17	木	20:32	♏
19	土	22:17	♏	～	20	日	02:40	♐
22	火	11:13	♐	～	22	火	12:24	♑
23	水	22:29	♑	～	25	金	00:34	♒
27	日	08:51	♒	～	27	日	13:35	♓
29	火	00:06	♓	～	30	水	01:59	♈

9月

開始日		開始時刻	サイン		終了日		終了時刻	サイン
1	金	08:49	♈	～	1	金	12:42	♉
3	日	17:29	♉	～	3	日	20:55	♊
5	火	23:05	♊	～	6	水	02:05	♋
8	金	00:31	♋	～	8	金	04:21	♌
10	日	02:15	♌	～	10	日	04:38	♍
11	月	14:06	♍	～	12	火	04:32	♎
14	木	03:49	♎	～	14	木	05:56	♏
16	土	10:07	♏	～	16	土	10:32	♐
18	月	17:14	♐	～	18	月	19:09	♑
21	木	03:19	♑	～	21	木	07:00	♒
23	土	18:37	♒	～	23	土	20:02	♓
25	月	06:30	♓	～	26	火	08:10	♈
28	木	17:34	♈	～	28	木	18:23	♉

10月

開始日		開始時刻	サイン		終了日		終了時刻	サイン
1	日	01:54	♉	～	1	日	02:28	♊
3	火	08:04	♊	～	3	火	08:24	♋
5	木	09:01	♋	～	5	木	12:11	♌
7	土	11:03	♌	～	7	土	14:05	♍
8	日	16:58	♍	～	9	月	14:58	♎
10	火	19:36	♎	～	11	水	16:19	♏
12	木	20:06	♏	～	13	金	19:57	♐
15	日	12:27	♐	～	16	月	03:18	♑
18	水	03:54	♑	～	18	水	14:22	♒
20	金	22:18	♒	～	21	土	03:18	♓
23	月	02:57	♓	～	23	月	15:26	♈
25	水	03:26	♈	～	26	木	01:09	♉
28	土	06:02	♉	～	28	土	08:22	♊
30	月	01:57	♊	～	30	月	13:46	♋
31	火	17:30	♋	～	1	水	17:56	♌

11月

開始日		開始時刻	サイン		終了日		終了時刻	サイン
3	金	16:56	♌	～	3	金	21:05	♍
5	日	22:43	♍	～	5	日	23:30	♎
6	月	17:38	♎	～	8	水	01:56	♏
9	木	08:14	♏	～	10	金	05:44	♐
11	土	16:02	♐	～	12	日	12:24	♑
14	火	15:49	♑	～	14	火	22:37	♒
17	金	00:25	♒	～	17	金	11:17	♓
19	日	18:39	♓	～	19	日	23:43	♈
21	火	00:06	♈	～	22	水	09:33	♉
24	金	09:29	♉	～	24	金	16:09	♊
26	日	16:06	♊	～	26	日	20:23	♋
28	火	21:22	♋	～	28	火	23:31	♌
30	木	06:35	♌	～	1	金	02:27	♍

12月

開始日		開始時刻	サイン		終了日		終了時刻	サイン
2	土	12:45	♍	～	3	日	05:39	♎
4	月	12:16	♎	～	5	火	09:24	♏
7	木	05:46	♏	～	7	木	14:17	♐
8	金	20:40	♐	～	9	土	21:15	♑
11	月	09:31	♑	～	12	火	07:06	♒
14	木	03:27	♒	～	14	木	19:26	♓
16	土	22:07	♓	～	17	日	08:15	♈
19	火	14:29	♈	～	19	火	18:53	♉
21	木	03:18	♉	～	22	金	01:50	♊
23	土	09:11	♊	～	24	日	05:29	♋
25	月	07:33	♋	～	26	火	07:14	♌
28	木	00:31	♌	～	28	木	08:41	♍
30	土	08:47	♍	～	30	土	11:03	♎
31	日	16:36	♎	～	1	月	14:59	♏

2046年【ボイドタイム】

1月

開始日	開始時刻	サイン		終了日	終了時刻	サイン
2 火	16:36	♏	～	3 水	20:48	♐
5 金	05:46	♐	～	6 土	04:42	♑
7 日	17:13	♑	～	8 月	14:53	♒
10 水	07:05	♒	～	11 木	03:05	♓
13 土	01:03	♓	～	13 土	16:05	♈
15 月	18:42	♈	～	16 火	03:42	♉
18 木	10:29	♉	～	18 木	11:57	♊
20 土	06:43	♊	～	20 土	16:16	♋
22 月	09:52	♋	～	22 月	17:36	♌
24 水	11:17	♌	～	24 水	17:39	♍
26 金	01:36	♍	～	26 金	18:12	♎
28 日	16:39	♎	～	28 日	20:47	♏
30 火	07:21	♏	～	31 水	02:15	♐

2月

開始日	開始時刻	サイン		終了日	終了時刻	サイン
2 金	09:12	♐	～	2 金	10:40	♑
3 土	17:03	♑	～	4 日	21:28	♒
6 火	15:22	♒	～	7 水	09:52	♓
9 金	04:43	♓	～	9 金	22:51	♈
12 月	10:40	♈	～	12 月	10:59	♉
14 水	20:08	♉	～	14 水	20:38	♊
17 土	01:58	♊	～	17 土	02:36	♋
18 日	10:53	♋	～	19 月	04:56	♌
21 水	03:58	♌	～	21 水	04:50	♍
22 木	15:28	♍	～	23 金	04:08	♎
25 日	03:39	♎	～	25 日	04:51	♏
27 火	07:13	♏	～	27 火	08:41	♐

3月

開始日	開始時刻	サイン		終了日	終了時刻	サイン
1 木	14:37	♐	～	1 木	16:22	♑
3 土	20:59	♑	～	4 日	03:19	♒
6 火	13:45	♒	～	6 火	16:01	♓
8 木	15:32	♓	～	9 金	04:57	♈
11 日	14:23	♈	～	11 日	17:00	♉
14 水	00:34	♉	～	14 水	03:16	♊
16 金	08:02	♊	～	16 金	10:44	♋
18 日	10:51	♋	～	18 日	14:52	♌
20 火	13:20	♌	～	20 火	16:00	♍
22 木	10:15	♍	～	22 木	15:26	♎
24 土	12:16	♎	～	24 土	15:11	♏
26 月	14:05	♏	～	26 月	17:19	♐
28 水	20:07	♐	～	28 水	23:23	♑
31 土	07:14	♑	～	31 土	09:32	♒

4月

開始日	開始時刻	サイン		終了日	終了時刻	サイン
2 月	17:58	♒	～	2 月	22:11	♓
4 水	21:24	♓	～	5 木	11:08	♈
7 土	18:32	♈	～	7 土	22:52	♉
10 火	04:32	♉	～	10 火	08:49	♊
12 木	16:33	♊	～	12 木	16:44	♋
14 土	20:40	♋	～	14 土	22:14	♌
16 月	22:19	♌	～	17 火	01:05	♍
18 水	14:35	♍	～	19 木	01:52	♎
20 金	22:04	♎	～	21 土	02:01	♏
22 日	23:19	♏	～	23 月	03:29	♐
25 水	03:39	♐	～	25 水	08:10	♑
27 金	06:45	♑	～	27 金	17:00	♒
30 月	00:15	♒	～	30 月	05:04	♓

5月

開始日	開始時刻	サイン		終了日	終了時刻	サイン
2 水	02:47	♓	～	2 水	17:58	♈
5 土	00:34	♈	～	5 土	05:31	♉
7 月	10:07	♉	～	7 月	14:52	♊
9 水	17:37	♊	～	9 水	22:12	♋
11 金	12:58	♋	～	12 土	03:47	♌
14 月	03:23	♌	～	14 月	07:39	♍
16 水	01:40	♍	～	16 水	09:57	♎
18 金	07:22	♎	～	18 金	11:25	♏
20 日	12:14	♏	～	20 日	13:27	♐
22 火	13:27	♐	～	22 火	17:45	♑
24 木	19:16	♑	～	25 金	01:35	♒
27 日	12:39	♒	～	27 日	12:49	♓
29 火	21:45	♓	～	30 水	01:33	♈

6月

開始日	開始時刻	サイン		終了日	終了時刻	サイン
1 金	08:56	♈	～	1 金	13:14	♉
3 日	18:20	♉	～	3 日	22:19	♊
6 水	01:07	♊	～	6 水	04:50	♋
7 木	13:44	♋	～	8 金	09:29	♌
10 日	09:40	♌	～	10 日	13:00	♍
12 火	00:27	♍	～	12 火	15:52	♎
14 木	15:28	♎	～	14 木	18:32	♏
16 土	18:46	♏	～	16 土	21:47	♐
18 月	23:43	♐	～	19 火	02:42	♑
21 木	09:11	♑	～	21 木	10:21	♒
23 土	18:05	♒	～	23 土	21:01	♓
25 月	15:28	♓	～	26 火	09:32	♈
28 木	19:05	♈	～	28 木	21:33	♉

7月

開始日	開始時刻	サイン		終了日	終了時刻	サイン
1 日	04:52	♉	～	1 日	07:01	♊
3 火	11:24	♊	～	3 火	13:15	♋
5 木	09:50	♋	～	5 木	16:55	♌
7 土	17:48	♌	～	7 土	19:13	♍
9 月	05:56	♍	～	9 月	21:19	♎
11 水	23:00	♎	～	12 木	00:05	♏
14 土	03:15	♏	～	14 土	04:11	♐
16 月	09:22	♐	～	16 月	10:06	♑
18 水	09:54	♑	～	18 水	18:18	♒
21 土	04:38	♒	～	21 土	04:54	♓
22 日	19:11	♓	～	23 月	17:16	♈
25 水	06:58	♈	～	26 木	05:42	♉
27 金	19:18	♉	～	28 土	16:01	♊
30 月	02:53	♊	～	30 月	22:52	♋

8月

開始日	開始時刻	サイン		終了日	終了時刻	サイン
1 水	08:58	♋	～	2 木	02:20	♌
3 金	10:04	♌	～	4 土	03:34	♍
5 日	21:55	♍	～	6 月	04:12	♎
8 水	00:41	♎	～	8 水	05:50	♏
10 金	09:17	♏	～	10 金	09:36	♐
11 土	19:41	♐	～	12 日	16:01	♑
14 火	04:26	♑	～	15 水	00:57	♒
16 木	23:49	♒	～	17 金	11:56	♓
19 日	02:46	♓	～	20 月	00:18	♈
22 水	11:18	♈	～	22 水	12:57	♉
24 金	06:46	♉	～	25 土	00:12	♊
26 日	13:28	♊	～	27 月	08:22	♋
29 水	02:30	♋	～	29 水	12:42	♌
31 金	06:37	♌	～	31 金	13:51	♍

9月

開始日	開始時刻	サイン		終了日	終了時刻	サイン
2 日	08:06	♍	～	2 日	13:26	♎
3 月	17:52	♎	～	4 火	13:29	♏
6 木	14:42	♏	～	6 木	15:50	♐
7 金	22:45	♐	～	8 土	21:35	♑
10 月	09:54	♑	～	11 火	06:41	♒
12 水	20:36	♒	～	13 木	18:07	♓
15 土	15:38	♓	～	16 日	06:38	♈
17 月	17:25	♈	～	18 火	19:15	♉
21 金	02:53	♉	～	21 金	06:57	♊
23 日	05:03	♊	～	23 日	16:23	♋
25 火	17:13	♋	～	25 火	22:19	♌
27 木	21:36	♌	～	28 金	00:36	♍
29 土	06:58	♍	～	30 日	00:18	♎

10月

開始日	開始時刻	サイン		終了日	終了時刻	サイン
1 月	04:22	♎	～	1 月	23:26	♏
3 水	05:49	♏	～	4 木	00:10	♐
5 金	08:17	♐	～	6 土	04:22	♑
7 日	15:12	♑	～	8 月	12:38	♒
10 水	08:33	♒	～	11 木	00:01	♓
13 土	00:56	♓	～	13 土	12:42	♈
15 月	17:25	♈	～	16 火	01:11	♉
17 水	14:12	♉	～	18 木	12:42	♊
20 土	22:23	♊	～	20 土	22:35	♋
23 火	05:07	♋	～	23 火	05:53	♌
24 水	16:30	♌	～	25 木	09:56	♍
26 金	18:47	♍	～	27 土	10:59	♎
28 日	18:53	♎	～	29 月	10:30	♏
30 火	15:29	♏	～	31 水	10:32	♐

11月

開始日	開始時刻	サイン		終了日	終了時刻	サイン
1 木	20:48	♐	～	2 金	13:15	♑
3 土	21:48	♑	～	4 日	20:00	♒
6 火	12:39	♒	～	7 水	06:35	♓
9 金	04:21	♓	～	9 金	19:11	♈
11 日	14:37	♈	～	12 月	07:37	♉
14 水	18:04	♉	～	14 水	18:42	♊
16 金	13:02	♊	～	17 土	04:05	♋
19 月	05:28	♋	～	19 月	11:34	♌
21 水	15:09	♌	～	21 水	16:47	♍
23 金	11:14	♍	～	23 金	19:35	♎
25 日	15:09	♎	～	25 日	20:36	♏
27 火	18:29	♏	～	27 火	21:18	♐
29 木	12:26	♐	～	29 木	23:35	♑

12月

開始日	開始時刻	サイン		終了日	終了時刻	サイン
1 土	20:53	♑	～	2 日	05:06	♒
4 火	13:50	♒	～	4 火	14:28	♓
6 木	21:22	♓	～	7 金	02:34	♈
9 日	04:18	♈	～	9 日	15:05	♉
11 火	01:00	♉	～	12 水	02:02	♊
14 金	01:46	♊	～	14 金	10:42	♋
15 土	17:53	♋	～	16 日	17:16	♌
18 火	16:02	♌	～	18 火	22:10	♍
20 木	23:42	♍	～	21 金	01:40	♎
23 日	01:35	♎	～	23 日	04:10	♏
24 月	12:51	♏	～	25 火	06:24	♐
27 木	03:53	♐	～	27 木	09:31	♑
29 土	06:39	♑	～	29 土	14:53	♒
31 月	18:06	♒	～	31 月	23:22	♓

2047年【ボイドタイム】

1月

開始日		開始時刻	サイン		終了日		終了時刻	サイン
3	木	05:52	♓	~	3	木	10:45	♈
5	土	20:31	♈	~	5	土	23:19	♉
7	月	23:09	♉	~	8	火	10:40	♊
10	木	16:20	♊	~	10	木	19:14	♋
12	土	10:20	♋	~	13	日	00:55	♌
15	火	02:39	♌	~	15	火	04:30	♍
17	木	05:40	♍	~	17	木	07:07	♎
19	土	08:38	♎	~	19	土	09:42	♏
21	月	02:37	♏	~	21	月	12:57	♐
23	水	17:08	♐	~	23	水	17:25	♑
24	木	23:03	♑	~	25	金	23:38	♒
27	日	23:59	♒	~	28	月	08:09	♓
29	火	17:37	♓	~	30	水	19:05	♈

2月

開始日		開始時刻	サイン		終了日		終了時刻	サイン
1	金	00:05	♈	~	2	土	07:34	♉
4	月	02:26	♉	~	4	月	19:36	♊
6	水	16:30	♊	~	7	木	04:58	♋
9	土	02:18	♋	~	9	土	10:42	♌
11	月	11:19	♌	~	11	月	13:21	♍
13	水	12:04	♍	~	13	水	14:25	♎
15	金	09:18	♎	~	15	金	15:36	♏
17	日	15:42	♏	~	17	日	18:18	♐
19	火	05:51	♐	~	19	火	23:14	♑
21	木	08:31	♑	~	22	金	06:26	♒
23	土	17:55	♒	~	24	日	15:40	♓
26	火	00:30	♓	~	27	水	02:42	♈
28	木	18:23	♈	~	1	金	15:06	♉

3月

開始日		開始時刻	サイン		終了日		終了時刻	サイン
3	日	01:57	♉	~	4	月	03:37	♊
5	火	20:41	♊	~	6	水	14:12	♋
8	金	05:44	♋	~	8	金	21:06	♌
10	日	13:28	♌	~	11	月	00:03	♍
12	火	10:36	♍	~	13	水	00:19	♎
14	木	22:05	♎	~	14	木	23:55	♏
16	土	22:51	♏	~	17	日	00:55	♐
19	火	01:10	♐	~	19	火	04:48	♑
21	木	03:32	♑	~	21	木	11:57	♒
23	土	16:42	♒	~	23	土	21:45	♓
25	月	08:10	♓	~	26	火	09:14	♈
28	木	13:38	♈	~	28	木	21:41	♉
30	土	09:17	♉	~	31	日	10:20	♊

4月

開始日		開始時刻	サイン		終了日		終了時刻	サイン
2	火	16:23	♊	~	2	火	21:47	♋
5	金	02:12	♋	~	5	金	06:13	♌
7	日	07:45	♌	~	7	日	10:35	♍
9	火	09:49	♍	~	9	火	11:25	♎
11	木	09:21	♎	~	11	木	10:28	♏
12	金	14:49	♏	~	13	土	10:01	♐
15	月	03:00	♐	~	15	月	12:07	♑
17	水	12:29	♑	~	17	水	17:58	♒
20	土	02:34	♒	~	20	土	03:24	♓
21	日	16:12	♓	~	22	月	15:07	♈
23	火	22:35	♈	~	25	木	03:43	♉
27	土	01:00	♉	~	27	土	16:15	♊
29	月	11:41	♊	~	30	火	03:50	♋

5月

開始日		開始時刻	サイン		終了日		終了時刻	サイン
2	木	05:59	♋	~	2	木	13:14	♌
4	土	15:25	♌	~	4	土	19:13	♍
6	月	21:24	♍	~	6	月	21:36	♎
7	火	04:20	♎	~	8	水	21:27	♏
10	金	03:23	♏	~	10	金	20:43	♐
11	土	08:53	♐	~	12	日	21:35	♑
14	火	13:50	♑	~	15	水	01:47	♒
17	金	01:45	♒	~	17	金	09:57	♓
19	日	17:51	♓	~	19	日	21:14	♈
21	火	18:42	♈	~	22	水	09:52	♉
24	金	01:19	♉	~	24	金	22:16	♊
27	月	04:37	♊	~	27	月	09:29	♋
29	水	05:14	♋	~	29	水	18:50	♌
31	金	07:21	♌	~	1	土	01:39	♍

6月

開始日		開始時刻	サイン		終了日		終了時刻	サイン
3	月	01:00	♍	~	3	月	05:33	♎
5	水	05:51	♎	~	5	水	06:58	♏
6	木	15:12	♏	~	7	金	07:12	♐
8	土	19:13	♐	~	9	日	08:02	♑
10	月	18:06	♑	~	11	火	11:14	♒
13	木	16:11	♒	~	13	木	18:00	♓
16	日	00:01	♓	~	16	日	04:19	♈
18	火	14:25	♈	~	18	火	16:42	♉
20	木	10:02	♉	~	21	金	05:04	♊
23	日	04:17	♊	~	23	日	15:54	♋
25	火	07:08	♋	~	26	水	00:35	♌
27	木	17:45	♌	~	28	金	07:03	♍
29	土	22:21	♍	~	30	日	11:28	♎

7月

開始日		開始時刻	サイン		終了日		終了時刻	サイン
2	火	01:44	♎	~	2	火	14:10	♏
4	木	00:48	♏	~	4	木	15:53	♐
6	土	07:47	♐	~	6	土	17:43	♑
8	月	05:22	♑	~	8	月	21:02	♒
10	水	22:08	♒	~	11	木	03:04	♓
13	土	12:13	♓	~	13	土	12:25	♈
15	月	23:40	♈	~	16	火	00:19	♉
18	木	02:56	♉	~	18	木	12:46	♊
20	土	22:24	♊	~	20	土	23:36	♋
22	月	16:07	♋	~	23	火	07:42	♌
25	木	11:39	♌	~	25	木	13:13	♍
27	土	15:11	♍	~	27	土	16:55	♎
29	月	17:49	♎	~	29	月	19:43	♏
31	水	18:01	♏	~	31	水	22:22	♐

8月

開始日		開始時刻	サイン		終了日		終了時刻	サイン
2	金	23:14	♐	~	3	土	01:30	♑
4	日	17:28	♑	~	5	月	05:47	♒
7	水	09:14	♒	~	7	水	12:01	♓
9	金	17:47	♓	~	9	金	20:53	♈
12	月	04:57	♈	~	12	月	08:20	♉
14	水	19:10	♉	~	14	水	20:55	♊
17	土	04:42	♊	~	17	土	08:14	♋
19	月	06:26	♋	~	19	月	16:26	♌
21	水	18:15	♌	~	21	水	21:15	♍
23	金	20:29	♍	~	23	金	23:44	♎
25	日	22:09	♎	~	26	月	01:27	♏
27	火	19:30	♏	~	28	水	03:44	♐
30	金	03:52	♐	~	30	金	07:24	♑

9月

開始日		開始時刻	サイン		終了日		終了時刻	サイン
1	日	11:28	♑	~	1	日	12:42	♒
3	火	15:59	♒	~	3	火	19:46	♓
6	金	00:57	♓	~	6	金	04:51	♈
8	日	12:06	♈	~	8	日	16:06	♉
10	火	19:57	♉	~	11	水	04:47	♊
13	金	13:03	♊	~	13	金	16:50	♋
15	日	17:56	♋	~	16	月	01:56	♌
18	水	04:19	♌	~	18	水	07:01	♍
20	金	05:57	♍	~	20	金	08:49	♎
22	日	06:26	♎	~	22	日	09:10	♏
24	火	02:38	♏	~	24	火	10:02	♐
26	木	10:10	♐	~	26	木	12:52	♑
28	土	17:30	♑	~	28	土	18:16	♒
30	月	23:27	♒	~	1	火	02:02	♓

10月

開始日		開始時刻	サイン		終了日		終了時刻	サイン
3	木	09:18	♓	~	3	木	11:44	♈
5	土	20:54	♈	~	5	土	23:08	♉
8	火	08:59	♉	~	8	火	11:50	♊
10	木	22:48	♊	~	11	金	00:27	♋
13	日	01:11	♋	~	13	日	10:49	♌
15	火	16:14	♌	~	15	火	17:10	♍
17	木	18:51	♍	~	17	木	19:30	♎
19	土	18:54	♎	~	19	土	19:18	♏
21	月	08:27	♏	~	21	月	18:45	♐
23	水	19:48	♐	~	23	水	19:54	♑
25	金	11:43	♑	~	26	土	00:06	♒
27	日	17:58	♒	~	28	月	07:35	♓
30	水	07:11	♓	~	30	水	17:40	♈

11月

開始日		開始時刻	サイン		終了日		終了時刻	サイン
1	金	09:34	♈	~	2	土	05:26	♉
4	月	13:52	♉	~	4	月	18:08	♊
7	木	05:54	♊	~	7	木	06:50	♋
9	土	00:55	♋	~	9	土	18:02	♌
11	月	09:23	♌	~	12	火	01:59	♍
13	水	14:15	♍	~	14	木	05:54	♎
14	木	18:38	♎	~	16	土	06:33	♏
17	日	21:58	♏	~	18	月	05:42	♐
19	火	01:36	♐	~	20	水	05:32	♑
22	金	07:03	♑	~	22	金	07:56	♒
24	日	03:30	♒	~	24	日	14:00	♓
26	火	20:58	♓	~	26	火	23:35	♈
28	木	23:42	♈	~	29	金	11:30	♉

12月

開始日		開始時刻	サイン		終了日		終了時刻	サイン
1	日	03:22	♉	~	2	月	00:16	♊
3	火	07:12	♊	~	4	水	12:43	♋
6	金	03:29	♋	~	6	金	23:51	♌
8	日	13:04	♌	~	9	月	08:37	♍
10	火	22:04	♍	~	11	水	14:13	♎
13	金	07:40	♎	~	13	金	16:39	♏
14	土	23:56	♏	~	15	日	16:57	♐
17	火	08:37	♐	~	17	火	16:48	♑
19	木	09:23	♑	~	19	木	18:05	♒
21	土	21:37	♒	~	21	土	22:28	♓
23	月	18:50	♓	~	24	火	06:42	♈
26	木	16:15	♈	~	26	木	18:08	♉
28	土	08:48	♉	~	29	日	06:58	♊
30	月	05:21	♊	~	31	火	19:13	♋

2048年【ボイドタイム】

1月

開始日	開始時刻	サイン		終了日	終了時刻	サイン
3 金	00:32	♋	～	3 金	05:45	♌
4 土	17:38	♌	～	5 日	14:06	♍
7 火	00:30	♍	～	7 火	20:11	♎
9 木	03:48	♎	～	10 金	00:05	♏
11 土	10:24	♏	～	12 日	02:11	♐
13 月	09:26	♐	～	14 火	03:22	♑
15 水	20:31	♑	～	16 木	04:57	♒
17 金	23:10	♒	～	18 土	08:31	♓
20 月	15:04	♓	～	20 月	15:24	♈
21 火	20:52	♈	～	23 木	01:51	♉
24 金	15:45	♉	～	25 土	14:30	♊
26 日	14:47	♊	～	28 火	02:53	♋
29 水	15:38	♋	～	30 木	13:02	♌

2月

開始日	開始時刻	サイン		終了日	終了時刻	サイン
1 土	01:02	♌	～	1 土	20:29	♍
3 月	09:08	♍	～	4 火	01:43	♎
5 水	07:52	♎	～	6 木	05:34	♏
8 土	08:31	♏	～	8 土	08:39	♐
9 日	19:00	♐	～	10 月	11:24	♑
12 水	14:17	♑	～	12 水	14:20	♒
14 金	11:46	♒	～	14 金	18:23	♓
16 日	19:59	♓	～	17 月	00:48	♈
18 火	00:32	♈	～	19 水	10:23	♉
21 金	22:25	♉	～	21 金	22:38	♊
22 土	17:39	♊	～	24 月	11:18	♋
26 水	00:58	♋	～	26 水	21:47	♌
28 金	09:53	♌	～	29 土	04:49	♍

3月

開始日	開始時刻	サイン		終了日	終了時刻	サイン
1 日	15:28	♍	～	2 月	08:57	♎
3 火	21:20	♎	～	4 水	11:33	♏
6 金	04:31	♏	～	6 金	14:00	♐
8 日	12:25	♐	～	8 日	17:07	♑
10 火	05:44	♑	～	10 火	21:11	♒
12 木	11:15	♒	～	13 金	02:25	♓
14 土	23:27	♓	～	15 日	09:23	♈
16 月	13:14	♈	～	17 火	18:47	♉
20 金	06:34	♉	～	20 金	06:41	♊
21 土	14:21	♊	～	22 日	19:37	♋
24 火	18:52	♋	～	25 水	06:54	♌
27 金	04:09	♌	～	27 金	14:31	♍
29 日	09:22	♍	～	29 日	18:21	♎
30 月	20:01	♎	～	31 火	19:48	♏

4月

開始日	開始時刻	サイン		終了日	終了時刻	サイン
2 木	18:20	♏	～	2 木	20:44	♐
3 金	23:49	♐	～	4 土	22:42	♑
6 月	20:13	♑	～	7 火	02:33	♒
9 木	02:44	♒	～	9 木	08:27	♓
11 土	11:18	♓	～	11 土	16:17	♈
13 月	14:19	♈	～	14 火	02:10	♉
16 木	10:54	♉	～	16 木	14:03	♊
19 日	01:40	♊	～	19 日	03:05	♋
21 火	14:20	♋	～	21 火	15:11	♌
23 木	13:26	♌	～	24 金	00:02	♍
25 土	17:44	♍	～	26 日	04:42	♎
27 月	14:20	♎	～	28 火	06:04	♏
29 水	15:19	♏	～	30 木	05:55	♐

5月

開始日	開始時刻	サイン		終了日	終了時刻	サイン
1 金	14:33	♐	～	2 土	06:16	♑
3 日	17:13	♑	～	4 月	08:39	♒
5 火	21:43	♒	～	6 水	13:53	♓
8 金	05:09	♓	～	8 金	21:57	♈
10 日	12:17	♈	～	11 月	08:23	♉
13 水	05:57	♉	～	13 水	20:33	♊
15 金	11:16	♊	～	16 土	09:36	♋
18 月	18:18	♋	～	18 月	22:04	♌
21 木	04:53	♌	～	21 木	08:05	♍
22 金	23:41	♍	～	23 土	14:16	♎
24 日	19:02	♎	～	25 月	16:42	♏
27 水	03:48	♏	～	27 水	16:41	♐
28 木	17:28	♐	～	29 金	16:06	♑
31 日	03:39	♑	～	31 日	16:53	♒

6月

開始日	開始時刻	サイン		終了日	終了時刻	サイン
2 火	06:33	♒	～	2 火	20:32	♓
4 木	12:58	♓	～	5 金	03:44	♈
6 土	15:27	♈	～	7 日	14:08	♉
9 火	10:59	♉	～	10 水	02:32	♊
12 金	06:16	♊	～	12 金	15:35	♋
14 日	13:01	♋	～	15 月	03:58	♌
17 水	07:37	♌	～	17 水	14:27	♍
19 金	19:48	♍	～	19 金	21:55	♎
20 土	22:00	♎	～	22 月	02:00	♏
23 火	15:35	♏	～	24 水	03:13	♐
25 木	02:17	♐	～	26 金	02:57	♑
27 土	15:30	♑	～	28 日	02:58	♒
29 月	17:06	♒	～	30 火	05:09	♓

7月

開始日	開始時刻	サイン		終了日	終了時刻	サイン
1 水	22:01	♓	～	2 木	10:51	♈
4 土	09:55	♈	～	4 土	20:24	♉
7 火	00:11	♉	～	7 火	08:42	♊
8 水	20:22	♊	～	9 木	21:44	♋
11 土	20:32	♋	～	12 日	09:50	♌
14 火	07:17	♌	～	14 火	20:00	♍
16 木	17:45	♍	～	17 金	03:49	♎
19 日	03:31	♎	～	19 日	09:06	♏
21 火	10:13	♏	～	21 火	11:56	♐
22 水	21:32	♐	～	23 木	13:00	♑
25 土	03:03	♑	～	25 土	13:29	♒
27 月	04:20	♒	～	27 月	15:06	♓
29 水	08:07	♓	～	29 水	19:33	♈
31 金	20:46	♈	～	1 土	03:53	♉

8月

開始日	開始時刻	サイン		終了日	終了時刻	サイン
3 月	15:00	♉	～	3 月	15:36	♊
6 木	03:41	♊	～	6 木	04:35	♋
8 土	04:13	♋	～	8 土	16:30	♌
10 月	14:52	♌	～	11 火	02:04	♍
12 水	23:16	♍	～	13 木	09:18	♎
15 土	05:36	♎	～	15 土	14:37	♏
17 月	09:31	♏	～	17 月	18:25	♐
19 水	15:53	♐	～	19 水	20:57	♑
21 金	12:34	♑	～	21 金	22:46	♒
23 日	18:37	♒	～	24 月	00:57	♓
26 水	04:07	♓	～	26 水	05:03	♈
28 金	06:36	♈	～	28 金	12:27	♉
30 日	11:04	♉	～	30 日	23:23	♊

9月

開始日	開始時刻	サイン		終了日	終了時刻	サイン
2 水	07:26	♊	～	2 水	12:14	♋
4 金	12:08	♋	～	5 土	00:16	♌
7 月	06:23	♌	～	7 月	09:35	♍
9 水	13:24	♍	～	9 水	15:58	♎
11 金	18:17	♎	～	11 金	20:21	♏
13 日	13:08	♏	～	13 日	23:46	♐
16 水	01:36	♐	～	16 水	02:50	♑
17 木	21:51	♑	～	18 金	05:52	♒
20 日	08:44	♒	～	20 日	09:18	♓
22 火	13:48	♓	～	22 火	14:02	♈
23 水	09:25	♈	～	24 木	21:15	♉
26 土	18:56	♉	～	27 日	07:37	♊
28 月	09:51	♊	～	29 火	20:16	♋

10月

開始日	開始時刻	サイン		終了日	終了時刻	サイン
1 木	19:50	♋	～	2 金	08:44	♌
4 日	06:13	♌	～	4 日	18:27	♍
6 火	23:29	♍	～	7 水	00:36	♎
8 木	02:44	♎	～	9 金	03:58	♏
10 土	19:00	♏	～	11 日	06:06	♐
12 月	14:45	♐	～	13 火	08:18	♑
15 木	08:24	♑	～	15 木	11:22	♒
17 土	05:18	♒	～	17 土	15:39	♓
19 月	08:59	♓	～	19 月	21:26	♈
22 木	03:24	♈	～	22 木	05:16	♉
24 土	02:46	♉	～	24 土	15:36	♊
26 月	09:23	♊	～	27 火	04:05	♋
29 木	11:26	♋	～	29 木	16:57	♌
31 土	13:56	♌	～	1 日	03:40	♍

11月

開始日	開始時刻	サイン		終了日	終了時刻	サイン
2 月	21:42	♍	～	3 火	10:35	♎
5 木	02:24	♎	～	5 木	13:52	♏
7 土	03:01	♏	～	7 土	14:56	♐
9 月	12:58	♐	～	9 月	15:33	♑
11 水	04:43	♑	～	11 水	17:16	♒
13 金	20:53	♒	～	13 金	21:03	♓
16 月	02:45	♓	～	16 月	03:17	♈
18 水	10:57	♈	～	18 水	11:55	♉
20 金	20:18	♉	～	20 金	22:43	♊
23 月	09:09	♊	～	23 月	11:11	♋
25 水	08:15	♋	～	26 木	00:12	♌
28 土	08:48	♌	～	28 土	11:51	♍
30 月	16:53	♍	～	30 月	20:15	♎

12月

開始日	開始時刻	サイン		終了日	終了時刻	サイン
2 水	21:07	♎	～	3 木	00:42	♏
4 金	22:51	♏	～	5 土	01:56	♐
6 日	21:24	♐	～	7 月	01:35	♑
8 火	12:17	♑	～	9 水	01:35	♒
11 金	00:32	♒	～	11 金	03:40	♓
13 日	02:38	♓	～	13 日	08:57	♈
15 火	10:20	♈	～	15 火	17:38	♉
17 木	12:04	♉	～	18 金	04:55	♊
20 日	15:38	♊	～	20 日	17:36	♋
22 火	13:14	♋	～	23 水	06:31	♌
25 金	08:21	♌	～	25 金	18:27	♍
27 日	20:48	♍	～	28 月	04:03	♎
30 水	06:56	♎	～	30 水	10:18	♏

2049年【ボイドタイム】

1月

開始日		開始時刻	サイン		終了日		終了時刻	サイン
1	金	11:40	♏	～	1	金	13:01	♐
3	日	03:16	♐	～	3	日	13:09	♑
5	火	10:55	♑	～	5	火	12:24	♒
7	木	01:49	♒	～	7	木	12:51	♓
9	土	09:13	♓	～	9	土	16:19	♈
11	月	11:23	♈	～	11	月	23:51	♉
13	水	22:28	♉	～	14	木	10:56	♊
16	土	14:20	♊	～	16	土	23:49	♋
19	火	11:28	♋	～	19	火	12:38	♌
21	木	08:18	♌	～	22	金	00:14	♍
23	土	18:16	♍	～	24	日	10:00	♎
26	火	02:06	♎	～	26	火	17:24	♏
28	木	09:41	♏	～	28	木	21:57	♐
30	土	14:42	♐	～	30	土	23:45	♑

2月

開始日		開始時刻	サイン		終了日		終了時刻	サイン
1	月	17:14	♑	～	1	月	23:47	♒
3	水	09:31	♒	～	3	水	23:49	♓
5	金	23:21	♓	～	6	土	01:55	♈
7	日	20:33	♈	～	8	月	07:47	♉
10	水	11:58	♉	～	10	水	17:49	♊
12	金	18:26	♊	～	13	土	06:30	♋
15	月	04:28	♋	～	15	月	19:19	♌
18	木	05:46	♌	～	18	木	06:32	♍
20	土	02:46	♍	～	20	土	15:40	♎
22	月	10:49	♎	～	22	月	22:53	♏
24	水	16:59	♏	～	25	木	04:14	♐
27	土	00:15	♐	～	27	土	07:38	♑

3月

開始日		開始時刻	サイン		終了日		終了時刻	サイン
1	月	04:44	♑	～	1	月	09:20	♒
3	水	08:17	♒	～	3	水	10:22	♓
5	金	02:50	♓	～	5	金	12:23	♈
7	日	07:24	♈	～	7	日	17:14	♉
10	水	00:59	♉	～	10	水	02:01	♊
12	金	10:10	♊	～	12	金	14:01	♋
14	日	20:03	♋	～	15	月	02:53	♌
16	火	23:25	♌	～	17	水	14:05	♍
19	金	21:22	♍	～	19	金	22:38	♎
21	日	21:16	♎	～	22	月	04:54	♏
24	水	02:25	♏	～	24	水	09:37	♐
26	金	02:02	♐	～	26	金	13:18	♑
28	日	09:40	♑	～	28	日	16:10	♒
30	火	08:27	♒	～	30	火	18:39	♓

4月

開始日		開始時刻	サイン		終了日		終了時刻	サイン
1	木	15:30	♓	～	1	木	21:43	♈
3	土	20:44	♈	～	4	日	02:45	♉
6	火	04:25	♉	～	6	火	10:53	♊
8	木	12:35	♊	～	8	木	22:12	♋
11	日	04:37	♋	～	11	日	10:58	♌
13	火	18:27	♌	～	13	火	22:34	♍
16	金	06:30	♍	～	16	金	07:13	♎
18	日	10:03	♎	～	18	日	12:49	♏
20	火	11:32	♏	～	20	火	16:20	♐
22	木	14:44	♐	～	22	木	18:57	♑
24	土	16:54	♑	～	24	土	21:32	♒
26	月	21:40	♒	～	27	火	00:41	♓
29	木	02:32	♓	～	29	木	04:54	♈

5月

開始日		開始時刻	サイン		終了日		終了時刻	サイン
1	土	09:11	♈	～	1	土	10:53	♉
3	月	18:29	♉	～	3	月	19:17	♊
4	火	19:06	♊	～	6	木	06:17	♋
8	土	13:38	♋	～	8	土	18:56	♌
10	月	18:01	♌	～	11	火	07:04	♍
13	木	11:35	♍	～	13	木	16:30	♎
15	土	17:41	♎	～	15	土	22:22	♏
17	月	20:44	♏	～	18	火	01:15	♐
19	水	13:46	♐	～	20	木	02:31	♑
21	金	23:05	♑	～	22	土	03:43	♒
23	日	21:43	♒	～	24	月	06:06	♓
26	水	05:18	♓	～	26	水	10:30	♈
28	金	13:53	♈	～	28	金	17:15	♉
30	日	20:25	♉	～	31	月	02:23	♊

6月

開始日		開始時刻	サイン		終了日		終了時刻	サイン
2	水	05:47	♊	～	2	水	13:37	♋
4	金	23:58	♋	～	5	土	02:13	♌
7	月	03:35	♌	～	7	月	14:45	♍
9	水	18:34	♍	～	10	木	01:15	♎
12	土	01:47	♎	～	12	土	08:14	♏
14	月	05:19	♏	～	14	月	11:33	♐
16	水	04:26	♐	～	16	水	12:15	♑
18	金	05:43	♑	～	18	金	12:05	♒
20	日	11:35	♒	～	20	日	12:53	♓
22	火	08:46	♓	～	22	火	16:11	♈
24	木	14:35	♈	～	24	木	22:45	♉
26	土	23:27	♉	～	27	日	08:19	♊
28	月	08:57	♊	～	29	火	19:59	♋

7月

開始日		開始時刻	サイン		終了日		終了時刻	サイン
2	金	04:49	♋	～	2	金	08:41	♌
4	日	11:51	♌	～	4	日	21:19	♍
6	火	23:33	♍	～	7	水	08:34	♎
9	金	08:49	♎	～	9	金	16:58	♏
11	日	16:38	♏	～	11	日	21:39	♐
12	月	19:27	♐	～	13	火	22:59	♑
15	木	22:01	♑	～	15	木	22:23	♒
17	土	14:51	♒	～	17	土	21:53	♓
19	月	18:42	♓	～	19	月	23:33	♈
22	木	03:47	♈	～	22	木	04:51	♉
24	土	05:42	♉	～	24	土	14:00	♊
26	月	17:47	♊	～	27	火	01:50	♋
29	木	06:14	♋	～	29	木	14:39	♌
31	土	18:56	♌	～	1	日	03:11	♍

8月

開始日		開始時刻	サイン		終了日		終了時刻	サイン
3	火	06:35	♍	～	3	火	14:33	♎
5	木	10:02	♎	～	5	木	23:51	♏
7	土	23:02	♏	～	8	日	06:06	♐
9	月	11:13	♐	～	10	火	08:57	♑
12	木	02:52	♑	～	12	木	09:09	♒
14	土	02:10	♒	～	14	土	08:25	♓
16	月	02:24	♓	～	16	月	08:56	♈
18	水	04:17	♈	～	18	水	12:39	♉
20	金	16:10	♉	～	20	金	20:35	♊
22	日	23:19	♊	～	23	月	07:58	♋
25	水	14:20	♋	～	25	水	20:48	♌
28	土	04:06	♌	～	28	土	09:11	♍
30	月	14:55	♍	～	30	月	20:10	♎

9月

開始日		開始時刻	サイン		終了日		終了時刻	サイン
1	水	21:01	♎	～	2	木	05:24	♏
4	土	05:27	♏	～	4	土	12:27	♐
6	月	06:45	♐	～	6	月	16:50	♑
8	水	13:23	♑	～	8	水	18:38	♒
10	金	12:35	♒	～	10	金	18:53	♓
12	日	15:17	♓	～	12	日	19:22	♈
14	火	18:27	♈	～	14	火	22:09	♉
17	金	01:46	♉	～	17	金	04:42	♊
19	日	08:03	♊	～	19	日	15:07	♋
22	水	01:56	♋	～	22	水	03:41	♌
24	金	07:57	♌	～	24	金	16:02	♍
27	月	02:24	♍	～	27	月	02:38	♎
28	火	17:58	♎	～	29	水	11:11	♏

10月

開始日		開始時刻	サイン		終了日		終了時刻	サイン
1	金	10:20	♏	～	1	金	17:50	♐
3	日	12:56	♐	～	3	日	22:41	♑
5	火	22:47	♑	～	6	水	01:48	♒
7	木	20:31	♒	～	8	金	03:36	♓
9	土	23:38	♓	～	10	日	05:11	♈
11	月	16:35	♈	～	12	火	08:09	♉
14	木	09:16	♉	～	14	木	13:59	♊
16	土	21:31	♊	～	16	土	23:23	♋
19	火	02:54	♋	～	19	火	11:27	♌
21	木	20:56	♌	～	21	木	23:55	♍
24	日	01:39	♍	～	24	日	10:35	♎
26	火	03:03	♎	～	26	火	18:34	♏
28	木	15:46	♏	～	29	金	00:11	♐
30	土	15:05	♐	～	31	日	04:10	♑

11月

開始日		開始時刻	サイン		終了日		終了時刻	サイン
1	月	23:19	♑	～	2	火	07:15	♒
4	木	06:58	♒	～	4	木	09:59	♓
6	土	04:25	♓	～	6	土	12:58	♈
8	月	03:34	♈	～	8	月	17:03	♉
10	水	19:07	♉	～	10	水	23:12	♊
12	金	12:34	♊	～	13	土	08:09	♋
15	月	09:06	♋	～	15	月	19:41	♌
17	水	23:31	♌	～	18	木	08:16	♍
20	土	16:25	♍	～	20	土	19:32	♎
22	月	15:48	♎	～	23	火	03:48	♏
24	水	23:15	♏	～	25	木	08:49	♐
27	土	03:37	♐	～	27	土	11:30	♑
29	月	13:06	♑	～	29	月	13:15	♒

12月

開始日		開始時刻	サイン		終了日		終了時刻	サイン
1	水	12:38	♒	～	1	水	15:21	♓
3	金	09:04	♓	～	3	金	18:44	♈
5	日	14:16	♈	～	5	日	23:54	♉
7	火	21:29	♉	～	8	水	07:03	♊
9	木	22:09	♊	～	10	金	16:19	♋
12	日	18:24	♋	～	13	月	03:38	♌
15	水	03:57	♌	～	15	水	16:13	♍
17	金	20:14	♍	～	18	土	04:16	♎
20	月	11:02	♎	～	20	月	13:39	♏
22	水	13:04	♏	～	22	水	19:14	♐
24	金	06:11	♐	～	24	金	21:25	♑
26	日	16:48	♑	～	26	日	21:46	♒
28	火	11:50	♒	～	28	火	22:11	♓
30	木	19:53	♓	～	31	金	00:23	♈

2050年【ボイドタイム】

1月

開始日		開始時刻	サイン		終了日		終了時刻	サイン
2	日	04:09	♈	~	2	日	05:22	♉
4	火	09:12	♉	~	4	火	13:11	♊
6	木	17:55	♊	~	6	木	23:11	♋
9	日	07:42	♋	~	9	日	10:45	♌
11	火	20:45	♌	~	11	火	23:16	♍
14	金	09:54	♍	~	14	金	11:44	♎
16	日	21:47	♎	~	16	日	22:23	♏
19	水	04:54	♏	~	19	水	05:30	♐
20	木	16:41	♐	~	21	金	08:35	♑
23	日	06:49	♑	~	23	日	08:41	♒
24	月	21:15	♒	~	25	火	07:47	♓
27	木	05:21	♓	~	27	木	08:09	♈
29	土	08:05	♈	~	29	土	11:35	♉
31	月	14:28	♉	~	31	月	18:46	♊

2月

開始日		開始時刻	サイン		終了日		終了時刻	サイン
2	水	12:32	♊	~	3	木	05:01	♋
5	土	12:15	♋	~	5	土	16:59	♌
8	火	02:48	♌	~	8	火	05:33	♍
10	木	11:03	♍	~	10	木	17:57	♎
12	土	21:59	♎	~	13	日	05:11	♏
15	火	07:10	♏	~	15	火	13:48	♐
17	木	16:36	♐	~	17	木	18:39	♑
19	土	12:56	♑	~	19	土	19:55	♒
21	月	08:48	♒	~	21	月	19:07	♓
23	水	10:57	♓	~	23	水	18:27	♈
25	金	11:52	♈	~	25	金	20:08	♉
27	日	16:25	♉	~	28	月	01:38	♊

3月

開始日		開始時刻	サイン		終了日		終了時刻	サイン
2	水	03:34	♊	~	2	水	11:04	♋
4	金	22:17	♋	~	4	金	23:02	♌
7	月	08:48	♌	~	7	月	11:42	♍
9	水	12:54	♍	~	9	水	23:53	♎
12	土	00:00	♎	~	12	土	10:52	♏
14	月	09:23	♏	~	14	月	19:56	♐
16	水	19:07	♐	~	17	木	02:11	♑
19	土	02:24	♑	~	19	土	05:15	♒
20	日	20:04	♒	~	21	月	05:49	♓
22	火	20:27	♓	~	23	水	05:34	♈
24	木	21:08	♈	~	25	金	06:32	♉
27	日	00:27	♉	~	27	日	10:32	♊
29	火	13:18	♊	~	29	火	18:30	♋

4月

開始日		開始時刻	サイン		終了日		終了時刻	サイン
1	金	05:40	♋	~	1	金	05:46	♌
3	日	06:48	♌	~	3	日	18:24	♍
5	火	19:57	♍	~	6	水	06:28	♎
8	金	07:01	♎	~	8	金	16:57	♏
10	日	16:08	♏	~	11	月	01:27	♐
12	火	18:44	♐	~	13	水	07:49	♑
15	金	03:55	♑	~	15	金	11:57	♒
17	日	12:55	♒	~	17	日	14:09	♓
19	火	08:11	♓	~	19	火	15:19	♈
21	木	10:58	♈	~	21	木	16:54	♉
23	土	14:28	♉	~	23	土	20:29	♊
25	月	15:52	♊	~	26	火	03:19	♋
28	木	12:11	♋	~	28	木	13:33	♌
30	土	16:09	♌	~	1	日	01:53	♍

5月

開始日		開始時刻	サイン		終了日		終了時刻	サイン
3	火	08:22	♍	~	3	火	14:03	♎
5	木	19:27	♎	~	6	金	00:20	♏
8	日	03:57	♏	~	8	日	08:04	♐
10	火	04:13	♐	~	10	火	13:32	♑
12	木	14:33	♑	~	12	木	17:22	♒
14	土	16:51	♒	~	14	土	20:10	♓
16	月	20:55	♓	~	16	月	22:38	♈
19	木	00:20	♈	~	19	木	01:32	♉
21	土	05:10	♉	~	21	土	05:48	♊
22	日	11:39	♊	~	23	月	12:26	♋
25	水	14:21	♋	~	25	水	21:58	♌
28	土	02:13	♌	~	28	土	09:52	♍
30	月	14:53	♍	~	30	月	22:16	♎

6月

開始日		開始時刻	サイン		終了日		終了時刻	サイン
1	水	07:49	♎	~	2	木	08:52	♏
4	土	10:01	♏	~	4	土	16:22	♐
6	月	00:04	♐	~	6	月	20:54	♑
8	水	17:53	♑	~	8	水	23:32	♒
10	金	20:05	♒	~	11	土	01:36	♓
12	日	22:43	♓	~	13	月	04:12	♈
14	火	20:53	♈	~	15	水	08:01	♉
17	金	07:49	♉	~	17	金	13:22	♊
19	日	17:21	♊	~	19	日	20:36	♋
22	水	00:24	♋	~	22	水	06:05	♌
24	金	12:02	♌	~	24	金	17:44	♍
27	月	00:48	♍	~	27	月	06:21	♎
29	水	08:03	♎	~	29	水	17:42	♏

7月

開始日		開始時刻	サイン		終了日		終了時刻	サイン
1	金	21:04	♏	~	2	土	01:47	♐
3	日	23:01	♐	~	4	月	06:07	♑
6	水	03:41	♑	~	6	水	07:44	♒
8	金	07:04	♒	~	8	金	08:25	♓
10	日	05:55	♓	~	10	日	09:54	♈
12	火	07:27	♈	~	12	火	13:23	♉
14	木	15:07	♉	~	14	木	19:16	♊
16	土	20:59	♊	~	17	日	03:18	♋
19	火	09:02	♋	~	19	火	13:14	♌
21	木	20:42	♌	~	22	金	00:55	♍
24	日	09:31	♍	~	24	日	13:39	♎
26	火	17:40	♎	~	27	水	01:47	♏
29	金	07:28	♏	~	29	金	11:04	♐
31	日	07:54	♐	~	31	日	16:14	♑

8月

開始日		開始時刻	サイン		終了日		終了時刻	サイン
2	火	14:46	♑	~	2	火	17:47	♒
4	木	14:33	♒	~	4	木	17:28	♓
6	土	17:12	♓	~	6	土	17:26	♈
8	月	08:13	♈	~	8	月	19:31	♉
10	水	21:30	♉	~	11	木	00:43	♊
12	金	18:09	♊	~	13	土	08:55	♋
15	月	15:59	♋	~	15	月	19:22	♌
18	木	03:53	♌	~	18	木	07:17	♍
20	土	16:40	♍	~	20	土	20:03	♎
22	月	11:58	♎	~	23	火	08:34	♏
25	木	15:53	♏	~	25	木	19:00	♐
28	日	01:33	♐	~	28	日	01:42	♑
30	火	01:39	♑	~	30	火	04:20	♒

9月

開始日		開始時刻	サイン		終了日		終了時刻	サイン
1	木	01:36	♒	~	1	木	04:10	♓
3	土	00:40	♓	~	3	土	03:16	♈
4	日	22:32	♈	~	5	月	03:47	♉
7	水	04:28	♉	~	7	水	07:24	♊
9	金	12:34	♊	~	9	金	14:43	♋
11	日	21:47	♋	~	12	月	01:06	♌
14	水	11:04	♌	~	14	水	13:15	♍
16	金	22:33	♍	~	17	土	02:00	♎
19	月	03:20	♎	~	19	月	14:25	♏
21	水	22:56	♏	~	22	木	01:18	♐
24	土	01:01	♐	~	24	土	09:18	♑
26	月	10:36	♑	~	26	月	13:39	♒
28	水	11:52	♒	~	28	水	14:49	♓
30	金	11:20	♓	~	30	金	14:18	♈

10月

開始日		開始時刻	サイン		終了日		終了時刻	サイン
2	日	09:20	♈	~	2	日	14:07	♉
4	火	12:54	♉	~	4	火	16:15	♊
6	木	20:32	♊	~	6	木	21:59	♋
9	日	03:54	♋	~	9	日	07:27	♌
11	火	16:57	♌	~	11	火	19:28	♍
14	金	03:58	♍	~	14	金	08:15	♎
16	日	20:03	♎	~	16	日	20:20	♏
19	水	02:34	♏	~	19	水	06:50	♐
21	金	11:12	♐	~	21	金	15:07	♑
23	日	16:37	♑	~	23	日	20:42	♒
25	火	19:37	♒	~	25	火	23:36	♓
27	木	20:38	♓	~	28	金	00:35	♈
29	土	23:16	♈	~	30	日	01:02	♉

11月

開始日		開始時刻	サイン		終了日		終了時刻	サイン
1	火	02:32	♉	~	1	火	02:41	♊
2	水	20:22	♊	~	3	木	07:07	♋
5	土	10:06	♋	~	5	土	15:14	♌
7	月	21:06	♌	~	8	火	02:35	♍
10	木	09:40	♍	~	10	木	15:21	♎
11	金	23:50	♎	~	13	日	03:19	♏
15	火	07:37	♏	~	15	火	13:11	♐
17	木	10:58	♐	~	17	木	20:42	♑
19	土	21:29	♑	~	20	日	02:09	♒
22	火	05:24	♒	~	22	火	05:55	♓
24	木	03:09	♓	~	24	木	08:29	♈
26	土	02:35	♈	~	26	土	10:30	♉
28	月	07:19	♉	~	28	月	12:57	♊
30	水	12:48	♊	~	30	水	17:08	♋

12月

開始日		開始時刻	サイン		終了日		終了時刻	サイン
2	金	17:47	♋	~	3	土	00:15	♌
5	月	07:27	♌	~	5	月	10:42	♍
7	水	16:04	♍	~	7	水	23:17	♎
9	金	20:32	♎	~	10	土	11:31	♏
12	月	14:20	♏	~	12	月	21:16	♐
14	水	19:43	♐	~	15	木	03:55	♑
17	土	01:40	♑	~	17	土	08:11	♒
19	月	06:24	♒	~	19	月	11:17	♓
21	水	13:14	♓	~	21	水	14:10	♈
22	木	09:44	♈	~	23	金	17:23	♉
25	日	14:17	♉	~	25	日	21:14	♊
27	火	18:15	♊	~	28	水	02:17	♋
30	金	01:44	♋	~	30	金	09:23	♌

〈監修者〉

松村　潔（まつむら・きよし）

1953年生まれ。西洋占星術、タロットカード、神秘哲学における日本の第一人者。
10代の頃より西洋占星術やタロットの基礎となる古代哲学（ヘレニズム思想）や西洋神秘学に関心を持ち研究を開始、占星術、カバラ、生命の樹、数秘術、タロット、エニアグラム、禅の十牛図、絵画分析（ライフシンボル）などを研究。
西洋占星術においては古典的な解釈にとらわれず、古今の宇宙思想をふまえた壮大な体系を構築する。著書は『ヘリオセントリック占星術』（説話社）、『「月星座」占星術入門』（技術評論社）、『決定版!! サビアン占星術』（学習研究社）など多数。

〈著　者〉

大澤義孝（おおさわ・よしたか）

1964年生まれ。神秘思想研究家。コンピュータ・プログラマー。
10代よりゲーム・プログラマーとして活躍。20代初めに西洋魔術に興味を持ち、瞑想や幽体離脱の実践とタロットの研究に熱中する。その後インターネットを中心に「祐天寺タロット研究会」を主宰。不定期で幽体離脱講座を開催。
西洋／東洋占星術書籍用の暦作成、Webベースの自動占いシステムの開発も行っている。
著書に『幽体離脱入門』『幽体離脱トレーニングブック』（アールズ出版）、『MOON DIARY』(技術評論社)の暦計算を担当。占星術ソフト・アマテルの作者。
ホームページ http://tetramorph.to/oobe/

編集協力／シーズンズ（益川幸子）

日本占星天文暦（にほんせんせいてんもんれき）　1900-2050

2014年３月31日　初版第１刷発行
2022年２月25日　初版第２刷発行

監修者　松村　潔
著　者　大澤義孝
発行者　岩野裕一
発行所　株式会社実業之日本社
〒107-0062　東京都港区南青山5-4-30
emergence aoyama complex 2F
電話　03-6809-0452（編集）　03-6809-0495（販売）
https://www.j-n.co.jp/

印刷・製本　大日本印刷株式会社

ISBN978-4-408-21521-1（PM）